鲁泰纺织股份有限公司

鲁泰纺织股份有限公司是在中泰合资鲁泰纺织有限公司的基础上，于一九九三年经对外经济贸易部批准改制而成的股份制企业。鲁泰公司于一九九七年七月经国务院证券委员会批准发行 8000 万股境内上市外资股 (B股) 而成为上市公司。公司总资产近6亿元人民币。公司总部位于工业基础雄厚、交通发达、风景隽秀的山东省淄博市淄川区。

鲁泰公司从事一整套纺纱、漂染、织布、整理及制衣生产，为国内少数具备高度垂直综合生产能力的现代化纺织企业集团，其主要产品为纱线、色织布及成衣。亦为亚洲六大色织布生产商之一。

公司主要生产设备全部从日本、西欧等国家引进，具备九十年代初国际先进水平。

公司发行B股的资金主要用于扩建96台织布机，届时，公司规模将达：纺纱纱锭 30000枚，喷气织机、剑杆织机 300 余台，经轴、筒子染色机23台，后整理生产线一条及衬衣生产线 5 条。生产能力将达到年产高支精梳纱3200吨，色织布2200万米，高档衬衣70万件。

董事长、总经理：刘石祯

公司始终高度重视质量管理及控制。拥有全套乌斯特、电子测配色等先进检测设备及一整套完善的检测程序，保证了产品的优质、高档。

一九九五年十一月公司全面通过ISO9002质量保证体系认证，并在中国商检质量认证中心获得注册。

鲁泰公司产品80%以上出口至日本、韩国、新西兰及东南亚等10多个国家；并通过北京、上海、青岛等分公司的辐射联络，业已在国内建立了完善而稳固的销售网络。

地址：山东淄博淄川
松龄东路81号
电话：0533-5180888
传真：0533-5180807
邮编：255100

瓦房店轴承股份有限公司
WAFANGDIAN BEARING COMPANY LIMITED
瓦轴为员工创造幸福
地址：大连瓦房店市北共济街1段1号 邮编：116300
电话：(0411) 5509888 传真：(0411) 5500585

秦皇岛华联商城股份有限公司

QINHUANG DAO HUALIAN BUSINESS BUILDING COMPANY LIM ITED

公司董事长：孙志浩

公司副董事长、总经理：韩树仁

秦皇岛华联商城股份有限公司是经河北省人民政府冀股办［1997］18号文批准，由原秦皇岛华联商厦股份有限公司和秦皇岛商城股份有限公司采取新设合并方式设立的"秦皇岛华联商城股份有限公司"，秦皇岛华联集团有限公司作为公司国家股权持股单位是公司的控股公司。公司总股本11005万股，发起人5550万股，其中国家股4247万股，法人股183万股，内部职工股2272万股，社会公众股3000万股。公司是经中国证监会批准的河北省第一家向社会发行股票并上市的商贸流通企业。

公司主要从事商业零售、批发业务。设有秦皇岛商城、华联商厦、商城酒店、康保公司、保龄球俱乐部、秦客隆连锁公司、商品供配货经 营中心等十八个经 营分公司。公司所属商城、华联两个大型商场建筑面积4.5万平方米，经营商品60000余种。1996年实现销售收入29332.89万元，实现净利润3064.26万元，其营业面积、商品种类、销售额、利润额等多项指标均居河北省前列，是河北省最大的商贸企业之一。秦皇岛市作为国家首批14个进一步对外开放的沿海港口城市之一，拥有世界最大的能源输出港和国家级经济技术开发区，历史名城山海关，旅游圣地夏都北戴河每年接待600多万中外游客。商贸流通业的繁荣与发展在经济建设中占有重要地位。公司将充分发挥地域优势，以强强联合为契机，逐步把公司建设成为一业为主，多元化发展的大型综合性企业，创更好的经济效益，回报社会，回报股民。

公司礼仪小姐队列表演

公司保龄球俱乐部

地址：秦皇岛市 海港区河北大街152号
电话：0335-3023349
邮编：066000
传真：0335-3048694

董事长：王一荃

安徽安凯汽车股份有限公司是国家重点生产高档豪华大客车及客车底 盘的国有大型企业，年综合生产高档豪华大客车300辆，底盘2500辆，拥有各类设备近千台，资产总额五亿多元。

中德技术合作生产的安凯牌星级豪华大客车、国际先进、国内一流。采用德国BENZ集团EVOBUS欧洲客车公司 Ⓚ SETRA客车技术设计的全承载车身，电子预选操纵、ABS（防抱死）、ASR（防侧滑）、空气独立悬挂装置以及卫生间、冰箱、电视、电话、微波炉和换气式淋浴空调等设施，代表当今国际最先进的技术。在“97中国首届城市旅游汽车推荐会”上获豪华高档最佳推荐产品第一名。安凯客车底盘消化和吸收国外先进技术，囊括10米、11米、12米中高档3种系列近20种产品，荣获95年度中国汽车工业科技进步二等奖（一等奖空缺）。

公司在“九五”期间，实现高档豪华大客车1000辆，客车底盘及专用车4000辆生产规模，成为我国大客车生产及出口基地。

安徽安凯汽车股份有限公司

地址：安徽省合肥市葛淝路 1 号
邮编：230051
电话：(0551) 4841562
传真：(0551) 4841273

广东汕头超声电子股份有限公司

GUANGDONG GOWORLD CO., LTD.

中共中央总书记、国家主席江泽民
在听取林盛川董事长的汇报

广东省证监会刘兴强主任同公司林盛川董事长、
莫少山总经理在“超声电子”上市新闻发布会上

司外观

地址：广东省汕头市兴业路21号　　邮编：515041
电话：(0754) 8610992、8626997　传真：(0754) 8628027

太原双塔刚玉股份有限公司

TAIYUAN TWIN TOWER ALUMINUM OXIDE CO.LTD.

太原双塔刚玉股份有限公司董事长兼总经理程明远先生，连续三年被评为省、市优秀企业家，并荣获太原市特级劳动模范等称号。太原双塔刚玉股份有限公司，被社会各界誉为国有企业资产优势重组，强强组合的典范。

太原双塔刚玉股份有限公司是山西省太原市国有企业通过资产重组组建起来的、符合国家产业政策的基础原材料的股票上市企业。她集山西资源和能源的优势，具有自备电厂和铝矾土原料基地，其中刚玉系列产品具有广阔的国际国内市场，生产能力居世界同行业领先地位。另一主要产品---自动化立体仓库是市场潜力巨大的产品。太原刚玉正向着同行业中规模最大、品种最全、竞争力最强的国际化企业集团迈进。

地址：山西省太原市郝庄正街62号 电话：(0351)4374433 4374425 传真：(0351)4380232 邮编：030045

海口管道燃气股份有限公司

HAIKOU PIPING GAS CO.,LTD.

公司董事长刘广林先生（左）和总经理祁农先生（右）

海口管道燃气股份有限公司是1992年经海南省股份制试点领导小组办公室批准，以募集方式设立的规范化股份制企业。发起人为海口市煤气管理总公司、海南赛格国际信托投资公司、海南赛格燃气有限公司、海南省石油化工工业总公司、海南华银国际信托投资公司、海口海甸岛房地产开发总公司、海南新远实业公司、海南立森实业有限公司等八家企业。1997年7月，经中国证监会批准，公司获准发行并上市5000万A股。现公司总股本12700万股。

作为中国燃气行业第一家上市公司，公司将以股票上市为契机，紧紧围绕管道燃气这一主导产业，利用海南岛富含优质廉价天然气资源，发挥公司作为海口管道燃气工程的唯一开发、建设单位这一优势，积极开发天然气利用的相关行业，适时上马燃气汽车、燃气空调、玻璃制品厂等项目。依托政府的大力支持和政策优势，在立足城市燃气事业的基础上，以雄厚之资金实力、灵活之经营机制，积极谋求其他经营领域的突破，逐步涉足相关新兴行业，培植新的经济增长点，实现经济效益与社会环境效益的统一，努力将公司发展成为一个企业集团化、产业多元化现代企业集团。

海口管道燃气股份有限公司将充分把撑住股票上市所带来的良好机遇，继续坚持“发展燃气事业，造福海南人民”的宗旨，为海南省基础设施的开发建设和经营管理作出更大的贡献，以更优异的成绩回报广大股东。

公司办公大楼

地址：海南省海口市海甸四东路颐和花园B座三楼
电话：86-898-6269434
传真：86-898-6255636
邮编：570208

长流液化气储存站4×1000米^{3}球罐

西北永新化工股份有限公司

董事长：张军先生

公司创立大会即第一届股东大会

公司董事会监事会高级管理领导成员合影

省领导为公司揭牌

公司股民投票选举董事会、监事会

地址：甘肃省兰州市东岗东路 685 号　　邮编：730020　　电话：(0931)8497111　　传真：(0931)84960

董事长：杨石根先生

江西万年青水泥股份有限公司，地处江西省万年县城，东临浙赣线、皖赣铁路傍厂而过，206国道靠厂伸延，鄱阳湖近毗厂区，交通十分便利。公司目前拥有两条湿法生产线，年产水泥46万吨，1986年建成的国内第一条日产2000T熟料的窑外分解生产线，年产水泥64万吨，形成了110万吨的年生产能力，公司现有职1435工人，其中各类专业技术人员263人，现有净资产总额36220万元，为江西省最大的水泥生产企业。产量、产值、利税持续稳定增长，连续十余年位居江西省十大盈利企业之列。

公司的股票于1997年8月20日在深圳交易所上网发行成功，共募集资金20450万元，将用于建一条日产2000T新型干法水泥生产线，建成投产后，公司总生产能力将达到160万吨／年，目前公司主导产品为525R普通硅酸盐水泥和425R普通硅酸盐水泥，公司将加大复合水泥、道路水路、快硬水泥等新产品的开发力度，形成以早强型高标号为主的品种齐全的优质产品系列。公司生产的“万年青”水泥为国内名牌产品，合格率连续12年达100%，优质品率达90%以上，产品广泛用于国家大型及重点工程。

在销售市场中，除稳定在原有的江西、福建、上海市场的基础上，将积极开拓江西南部和广东市场，利用京九铁路开通的有利条件，进军香港及国际市场，增强公司市场竞争能力，提高公司的出口创汇能力。

公司将充分利用上市这一有利条件，进一步加大融资力度，加快技术开发和技术改造，使公司逐步成为综合性大型股份集团公司。

地址：江西省万年县陈营镇东郊
邮编：335506
电话：0793-3839605
传真：0793-3839776
上市地点：深圳证券交易所
股票简称：江西水泥
股票代码：0789

江西万年青水泥股份有限公司

延边公路建设股份有限公司

董事长：　朴东洙

总经理：　李振远

地址：吉林省延吉市河南街1号　　电话：0433-2855985

传真：0433-2853913　　邮编：133001

西安飞机国际航空制造股份有限公司

XI'AN AIRCRAFT INTERNATIONAL CORPORATION

董事长： 杨忠

总经理： 姜忠亮

地址：西安高新技术产业开发区

电话：(029) 6845495

传真：(029) 6846638

邮编：710075

山西漳泽电力股份有限公司

210MW主控室

发电机房

地址：山西省长治市北郊19号
电话：0355-5050969
传真：0355-5050960
邮编：046021

上市地点：深圳证券交易所
股票简称：漳泽电力
股票代码：0767

桥东商城全景
桥东商城中央音乐喷泉

公司董事长：白尚显

本钢板材股份有限公司

1700mm热连轧机

地址：辽宁省本溪市平山区人民路16号
邮编：117100
电话：(0414)7828734
传真：(0414)7827004

华通 huatong

湖北車橋

有湖北车桥

越千山万水

董事长兼总经理：郭桂华

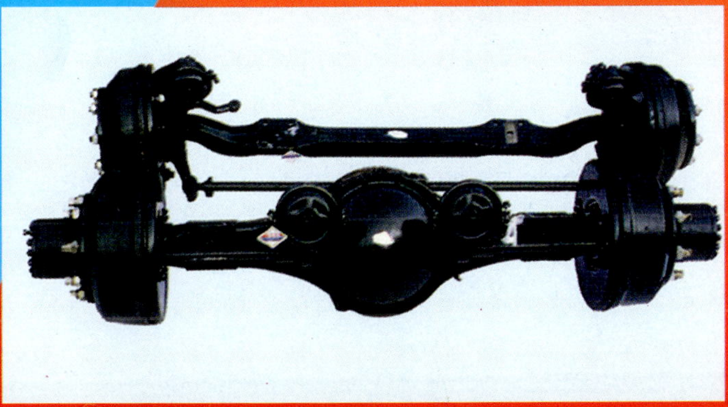

生产HT1090型及HT1060型汽车前后桥总成

生产JN2815型平头平板、自卸系列农用车(三平柴)及JN2815G型长头平板、自卸系列农用车JN1608型小四轮农用车

湖北车桥股份有限公司

股票简称：湖北车桥

股票代码： 0760

上市地点：深圳证券交易所

地址：中国湖北公安县城关荆江大道178号

邮编：434300

电话：(0716)5225925

传真：(0716)5234203

WHZB
武汉中百集团
武汉中心百货集团股份有限公司
WUHAN CENTER DEPARTMENT STORE(GROUP) CO.,LTD.
股票简称：武汉中百　股票代码：000759
公司法定代表人：汪爱群
经营范围：主营百货、针纺织品、五金交电（不含消防器材）、副食品零售兼批发，烟、酒、彩电、金银、首饰零售。
兼营工艺美术品、家俱、日用杂品（不含烟花爆竹）零售兼批发，丁烷气体、油漆粘胶零售；彩扩、家用电器、钟表维修；汽车运输；家用电器及旧货调剂。
地址：湖北省武汉市江汉区江汉路129号　邮编：430021
电话：027-2777083　传真：027-2823568

中国有色金属建设股份有限公司

董事长：张健

总经理：王宝林

我们需要世界
世界需要我们

广州--深圳高速公路

新加坡淡马锡理工学院商业系教学楼外景

地址：中国北京复兴路乙212号　　邮编：100814
电话：(010) 68515369　68514477-9231　　传真：(010) 68515364

EMEI

四川峨眉柴油机股份有限公司

SICHUAN EMEI BRAND DIESEL ENGINE JOINT-STOCK CO.,LTD.

公司领导班子

公司主要产品系列

公司办公大楼一角

股票简称：内江峨柴

股票代码：0757

上市地点：深圳证券交易所

上市时间：1997年6月27日

地址：四川省内江市椑木镇

电话：(0832) 2411131

传真：(0832) 2411301

邮编：641004

中国振华（集团）科技股份有限公司

▲公司董事长:陈清洁先生

▼新型墙体材料成套设备吸收了国外先进技术，泥料处理精细、挤出压力大、切割尺寸精确、码运自动化程度高，是大、中型砖厂生产空心砖的理想设备。产品质量在国内居领先地位。

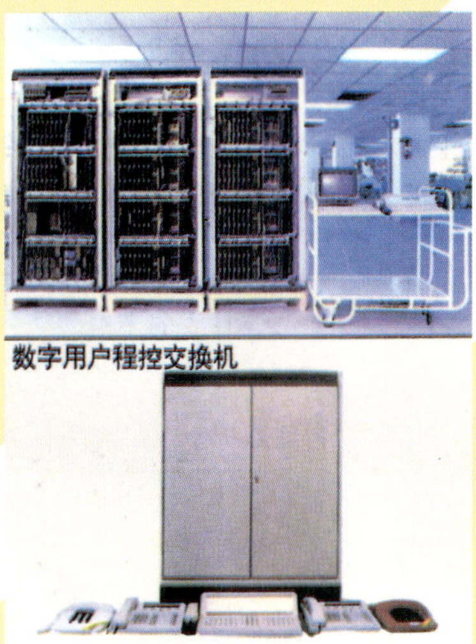

▼1988年从荷兰飞利浦公司引进技术生产的具有国际先进水平的程控交换机，具有系统机构全模块化，集成化程度高，系统硬件配套高度灵活，全汉化维护，体积小，耗电量低等特点。在国内引进的十种机型中，销售量已连续数年居首位。已于1996年通过ISO9002质量保证体系认证。公司还生产JSQ-4000数字用户程控交换机和无线接入系统及光纤环路系统。

▲真空开关管属输变电设备中的关键部件。公司是国内最早研制生产真空开关管的厂家之一，拥有40多个品种，200多家用户，产品获贵州省“名牌产品”称号，产品产量和质量名列同行业前茅。

▲片式钽电容属新型元器件中的表面贴装元器件，具有体积小、质量轻和高可靠等特点，公司已从美国、日本引进较为先进的生产线，推出具有国际先进水平的系列片式钽电容器，公司生产的全系列钽电容器已通过ISO9002质量保证体系认证。公司还生产各类铝电解电容器。

地址：贵州省贵阳市乌当区新添大道150号
电话:(0851)6845114　传真:(0851)6846354
上市地址：深圳证券交易所
上市时间：1997年7月3日
股票简称：振华科技　股票代码：0733

北京化二股份有限公司

北京化二股份有限公司办公楼

新建年产8万吨氯乙烯装置

新建年产8万吨聚氯乙烯装置

地址：北京市朝阳区大郊亭 电话：010-67712530 传真：010-67781459 邮编：100022

唐山鋼鐵股份有限公司

董事长兼总经理：王天义

唐山钢铁股份有限公司三期连铸

第二炼钢铁厂连铸车间

唐山钢铁股份有限公司扩建炼铁新区

中国 河北唐山市路北区滨河路9号
电话：（0315）2702462
（0315）2702092
（0315）2702198
传真：（0315）2702402
邮编：063016

湖南正虹饲料股份有限公司

董事长兼总经理：吴明夏

湖南正虹饲料股份有限公司由原湖南正虹饲料厂改制募集设立。位于湘北鱼米之乡——岳阳市屈原行政区，东临京广线、一0七国道，西接湘江连长江黄金水道，南靠省会长沙，水陆交通十分便利。其主要产品——正虹牌猪鸡鸭鱼四大系列十八个品种的饲料畅销全国十五个省区。公司在省外还合资兴建了十五家全资、控股、参股联营企业，拥有二十条微机生产线，饲料年产销能力达60万吨，综合实力列全国国有饲料行业第一位。

正虹牌饲料连续十年荣获国家科技博览会、全国饲料工业博览会、全国第二届农业博览会、墨西哥实用技术展览会等多项金奖。正虹牌浓缩料荣获中华人民共和国饲料行业唯一最高质量奖，并被国家科委确定为“九·五”期间“国家级”科技成果重点推广项目。

湖南正虹饲料股份有限公司依照“发展饲料主体产业、开发农业相关产业、投资高新科技产业”的战略，通过“公司加农户”的模式，走一条产供销，种养加贸工农一体化的发展之路。公司拥有一流科研机构和试验基地，各类中高级技术人才占员工的40%。公司将顺应改革大潮，把握发展机遇，科教先行，重视人才，立体开发，滚动发展，向着产业化、高科技化、集团化的目标迈进。

新建大型饲料厂

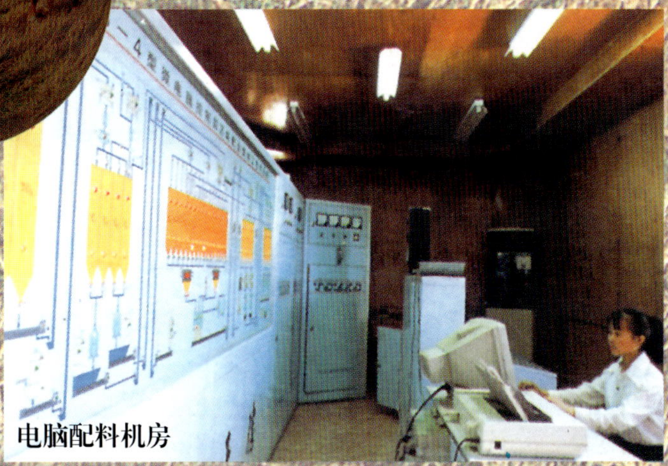

电脑配料机房

地址：湖南省屈原行政区营田镇

电话：(0730)5723508 5223245

邮编：414418　　电挂：3240

成都泰康化纤股份有限公司

CHENGDU—TAIKANG CHEMICAL FIBRE CO.,LTD.

成都泰康化纤股份有限公司是一九九零年一月经成都市体改委批准，由成都涤纶厂改组的股份制试点企业。一九九零年二月经中国人民银行成都市分行、成都市体改委批准向社会公开发行股票。一九九三年十二月国家体改委确认为进行规范化股份制试点企业。一九九七年元月经中国证券监督管理委员会批准公司股票在深圳证券交易所上市交易。

董事长、总经理　王大伟

公司前身是原纺织工业部在西南地区定点生产涤纶长丝的首家专业化大型企业，公司注册资本10833万元，总股本10833万股，其中，国有股3597万股，占33.2%；法人股4506万股，占41.6%；社会流通股2730万股，占25.2%。占地200亩，建筑面积60920m²，现有职工790人。其中具有高级技术人员25人，中级专业技术职称人员96人。自85年建厂以来，公司得到了蓬勃的发展。自90年起公司连续三年进入"中国500家最佳经济效益工业企业"行列，并于92年名列全国化纤行业第六位，是四川省100户综合效益最佳企业之一，省级先进企业，成都市重点骨干企业和利税大户。公司的主要产品"川牌"涤纶低弹丝为四川省名牌产品，多次荣获省市优质产品奖，以质量高、信誉好、畅销全国十八个省市自治区并出口国外。

享誉全国的四川名牌"川牌"系列低弹丝

公司坚持以市场为导向，经济效益为中心的指导思想，凭借技术实力和产品优势积极开拓，不断进取。加强技改力度，增强企业发展后劲，逐步实现以抽丝到织造、印染的一条龙发展，实行一业为主，多种经营，向房地产、证券、餐饮、娱乐业等领域拓展新的市场。把公司逐步建设成为西南地区大型的集工业、贸易物业开发、旅游、餐饮娱乐为一体，能经受各种风险考验的现代化企业集团。

公司新貌

成都泰康化纤股份有限公司

CHENGDU—TAIKANG CHEMICAL FIBRE CO.,LTD.

股票简称： 泰康股份　**股票代码：** 0693

公司地址：四川省成都市温江新西路86号

电　　话：(028) 2722311　2722049

传　　真：(028) 2724076

邮　　编：611130

锦州经济技术开发区六陆实业股份有限公司

THE LIULU INDUSTRIAL CO.,LTD. OF JINZHOU ECONOMIC & TECHNOLOGY DEVELOPMENT ZONE

董事长　杨学庄

总经理　裘振声

六陆牌纯大豆色拉油系六陆油脂公司全套引进德国九十年代先进水平的工艺和设备，通过纯物理方法对毛油经过脱溶、脱胶、脱酸、脱色、脱臭等工序精炼而成的，它去除了毛油中的有害物质，对人体具有良好的保健作用，是人们理想的烹调用油。

清香入口　爱上心头

六陆大豆色拉油

建设中的环丁砜装置

环丁砜产品是一种多效溶剂，主要用做抽提芳烃的溶剂，具有较高的溶解能力和选择性，也用于净化天然气、合成气及其它酸性气体，除去其中的硫化氢、二氧化碳。还可用来作为分离较接近的醇、脂肪酸等溶剂，纺织工业中做印染助剂，使色彩鲜艳。本品及其衍生物可广泛作为增塑剂、分散剂、稳定剂及许多化学反应溶剂，在国防工业、科研、有机化工等方面都有它独特的用途。

锦州六陆油脂公司厂区一景

地址：辽宁省锦州市凌河区云飞街二段11号　　邮编：121000

股票简称：锦州六陆　　电话：(0416) 3150233

股票代码：　0686　　传真：(0416) 3135450

地址：内蒙古伊克昭盟东胜市鄂托西街10号
电话：(0477) 8839874
8325001

传真：(0477) 8339874
邮编：017000

公司总裁、董事长：李武先生

内蒙古远兴天然碱股份有限公司

公司所属吉兰泰碱厂

公司碱湖科学试验战

内蒙古远兴天然碱股份有限公司是经内蒙古自治区人民政府（内政股批字［1997］16号）的批准，由伊克昭盟化学工业集团总公司独家发起，通过募集方式设立的股份有限公司。

公司正式创立于一九九七年一月二十三日，一月三十一日公司股票在深圳证券交易所挂牌上市，简称“天然碱”，代码“0683”。截止目前，公司总股本为43000万股，其中国有法人股30000万股，社会公众股13000万股。公司现有资产总额89475.67万元。

公司以天然碱和无机盐系列产品的生产经营为主业。主要产品重质纯碱、烧碱、小苏打、硫化碱、元明粉的生产能力均具规模。公司拥有13个生产企业：碱湖试验站，化工一厂、二厂、三厂、四厂、五厂、六厂、七厂、八厂、科隆化工厂、科强化工厂、海拉尔氯碱厂、吉兰泰碱厂；2个原料矿：合同查汗淖碱矿、盐海子芒硝矿；1个技术研究开发机构：即技术研究开发中心（挂靠伊化研究设计院）；公司总部设五部一室：生产技术部、经营销售部、计划财务部、证券事务部、综合管理部、总经理办公室。

公司现有员工6848人，其中具有中专以上学历的员工占员工总数的21%，各类工程技术人员616人，员工平均年龄为28.8岁。公司拥有良好的发展背景，以远兴天然碱公司为主体生产企业的伊化集团是国家大型一档企业，国务院1996年选定的1000家重点企业前500家之一，内蒙古自治区四大支柱产业之一的化工行业的龙头企业，国内最大的天然碱研究、开发和生产基地。

公司创立以来，以股票上市为良好契机，加快现代企业制度建设和经营机制的转换，全面深化内部改革，实施资本经营，使公司的整体实力得到进一步增强，已初步形成以芒硝化工和盐碱化工为两翼，以天然碱化工为主体的产业结构体系。

公司将坚持以科技为先导，优化资源配置，优化产品、产业结构。在保持国内天然碱加工龙头企业地位的基础上，建设国家重要的芒硝化工基地，发展氨碱、氯碱化工、天然气化工、精细化工，扩大市场占有份额，使之成为具备国内、国际竞争实力的现代化大型企业集团。

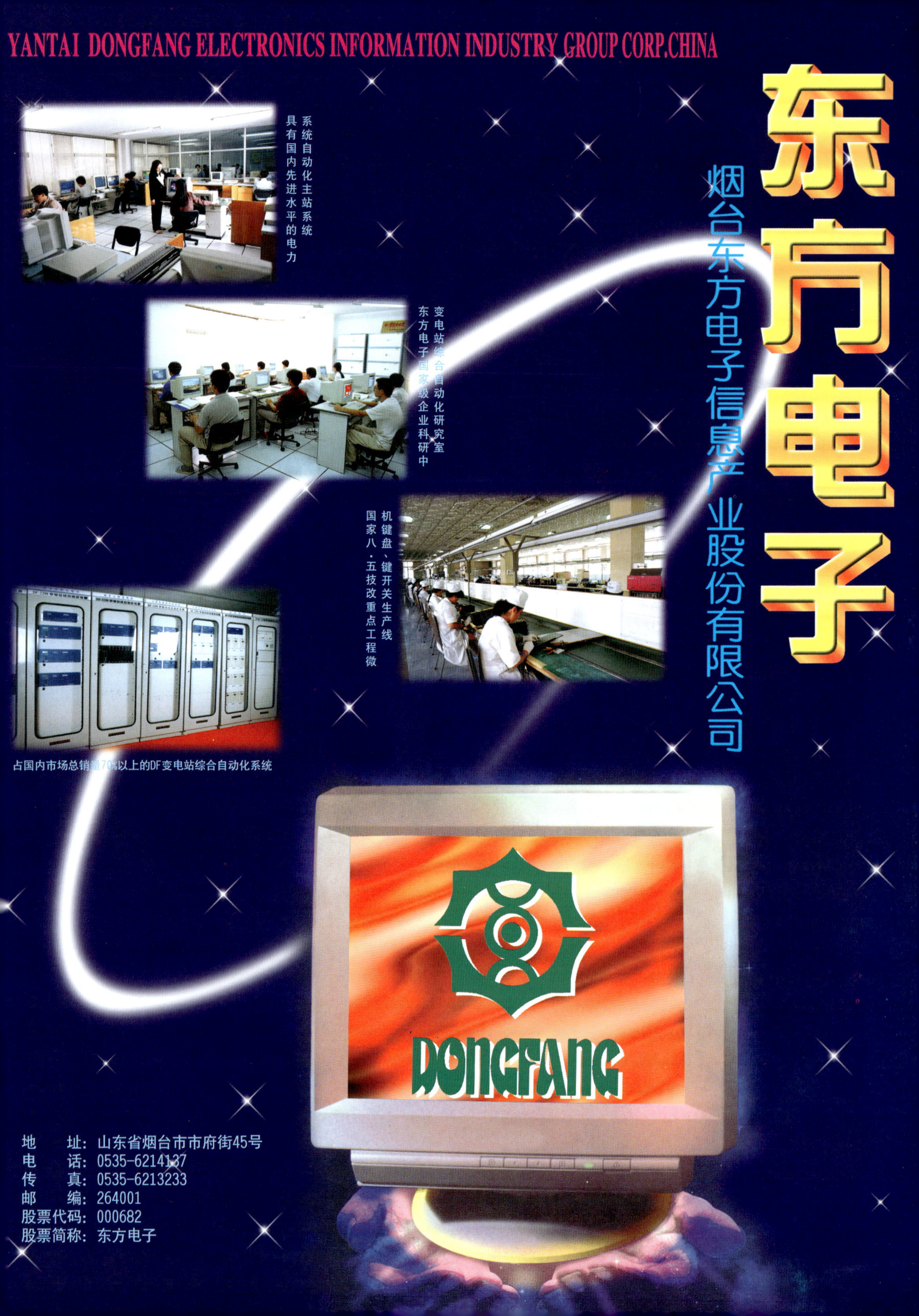
YANTAI DONGFANG ELECTRONICS INFORMATION INDUSTRY GROUP CORP.CHINA
东方电子
烟台东方电子信息产业股份有限公司
具有国内先进水平的电力系统自动化主站系统
东方电子国家级企业科研中
变电站综合自动化研究室
国家八·五技改重点工程微机键盘、键开关生产线
占国内市场总销量70%以上的DF变电站综合自动化系统
DONGFANG
地　　址：山东省烟台市市府街45号
电　　话：0535-6214137
传　　真：0535-6213233
邮　　编：264001
股票代码：000682
股票简称：东方电子

山东山推工程机械股份有限公司

陈绍隆总经理：

1942年8月出生，中共党员，大学学历，高级工程师，历任山东推土总厂三分厂副厂长，厂长，二分厂厂长，总厂常务副厂长，山推股份公司常务副总经理，现任山东山推工程机械股份有限公司副董事长兼总经理。

山东山推工程机械股份有限公司地处山东省济宁市，是我国大中型推土机、挖掘机与零部件专业化制造厂家，是我国推土机行业的排头兵和主要的生产基地，是国内同行业第一家股票挂牌上市公司，1997年6月通过了ISO9001质量体系认证。公司设有本部与履带分公司、液力变矩器分公司，主要生产推土机、液压挖掘机、履带总成、液力变矩器和工程机械“四轮”总成五大系列，及推耙机、液压托式铲运机、装载机、压路机等60多种规格型号的产品，其产品性能达到国际80年代末水平，其中TY220型推土机于1990年荣获全国工程机械行业首枚且为目前国内同行业唯一国优金奖，1993年TY220与TY160型推土机荣获全国百家用户满意产品称号并获出口产品许可证；TB70型推耙机荣获国家重大技术装备表彰项目三等奖及国家专利，填补了国内空白；PC220、PC200型等挖掘机系列产品质量性能达到国际先进水平。产品销往全国各地，其中大中型推土机的市场占有率已达65%以上，并在国外建立了新加坡山推公司、巴基斯坦办事处及多家代理公司，产品远销4 0多个国家和地区，每年创汇在千万美元以上，在国内外享有较高的声誉。

山推股份公司建有国家级的技术中心，拥有一支由专家、教授、高级工程师、工程师等专业技术人员组成的实力雄厚的科研技术队伍，并与日本小松株式会社制作所，清华大学、哈尔滨工业大学、吉林工业大学、山东工业大学、机械部第一设计研究院、机械部规划院等高等院校、科研单位建立了长期的、密切的技术协作关系。

公司在消化引进日本小松产品技术的同时，积极吸收世界先进的工艺技术。上市后，加大技改力度，工艺水平与生产规模得以迅速发展，其整体工艺水平与规模处于国内同行业领先地位，关键工艺已达到世界先进水平。目前，公司已形成了年产推土机800台，履带总成5000台套，液力变矩器5000台的生产能力。

公司是山东工程机械集团有限公司的控股子公司，集团实行省级计划单列，有进出口自营权，并享受国家、省、市给予的多项优惠政策。公司依托集团，依靠科技进步，注重人才及产品开发，搞好资产经营，搞活资本运营，推进“两个转变”，公司正以新的姿态创造未来。到2000年公司预计实现销售收入25亿元，利润2.6亿元，实现与国际惯例接轨，在国际工程机械市场上创出名牌。

地址：山东省济宁市太白楼东路58号
电话：(0537) 2314636
传真：(0537) 2315986
邮编：272135

卓海文化 卓海实业
ZHUOHAI 卓海
卓越的管理模式
深圳市卓海文化传播实业发展有限公司
SHENZHEN ZHUOHAI CULTURE DISSEMINATION INDUSTRIAL DEVELOPMENT CO.,LTD

ZHUOHAI 卓海
卓海商标 卓海品牌
一流的品牌形象
深圳市卓海文化传播实业发展有限公司
SHENZHEN ZHUOHAI CULTURE DISSEMINATION INDUSTRIAL DEVELOPMENT CO.,LTD

春山可望

中国证券大全

（1997）

名誉总编辑：屠光绍　桂敏杰
总　编　辑：任正德　杨祥海　庄心一
主　　　编：陈京华

②

A COMPREHENSIVE HANDBOOK OF CHINESE SECURITIES

上海证券交易所
深圳证券交易所　协办

中国证券大全编辑委员会　编

中国经济出版社

中国证券大全（1997）

SDG特发集团

特力TELLUS

深圳市特力（集团）股份有限公司

洪湖畔上的特力大厦

深圳市特力（集团）股份有限公司（以下简称“公司”）的前身是一家成立于1982年3月18日的国营企业——深圳市机械工业公司。1993年4月18日机械公司通过公开募集方式发行了A股、B股股票，并于同年6月21日A、B股同时在深圳证券交易所上市。1994年4月18日更名为现名。经过十几年的艰苦创业，公司已发展成为以工业制造、房地产开发为主、兼有进出口贸易及汽车测试、维修服务等第三产业的多元化、综合性企业集团。现有全资企业20家，控股企业2家，参股企业34家。拥有总资产10.65亿元，净资产2.99亿元，共有员工1796人，其中具高级职称39人，中级职称198人，初级职称137人。技术力量雄厚。

公司所属企业生产的产品约有18个门类、200多个品种、500多种规格，如高档风扇、抽油烟机、多士炉、机械模具、纸箱印刷成型机、树脂砂轮、高速油印机、插头线和电源延续线、电脑键盘等。产品远销欧美，覆盖全国。

公司从事汽车测试、维修服务的新永通实业公司是深圳市同行业中历史最悠久、规模最大、技术力量最强、服务项目最全的企业之一。该公司所生产的电脑全自动汽车、摩托车检测线成套设备等产品在国内处于领先地位，并以其先进的管理水平和雄厚的技术力量被广东省评为先进企业。

公司的房地产开发始于1984年，已开发了水贝、布心、笋岗、平湖、石岩等五个工业及生活区，占地面积45万平方米，建筑面积达40万平方米。目前，建筑面积27,600平方米、楼高30层的特力大厦已落成，推出市场。特力广场等一些投资大、前景好的房地产项目也正在积极筹划中。公司积十几年的房地产开发经验，已具备大面积整片工业区和高层建筑楼宇的综合开发和管理能力。公司在深圳特区内拥有大量物业，具备发展第三产业的潜力。

公司从事进出口贸易已有十余年的历史，机械设备进出口公司充分利用毗邻香港的地理优势，积极寻求业务渠道，拓展进出口贸易，客户遍及欧美、东南亚、中东、南美等地。目前，年销售收入占全公司销售收入三分之一以上。

1997年4月深圳市投资管理公司将持有公司72.40%的国有股划转给深圳经济特区发展（集团）公司持有和经营，这一重大举措将给公司摆脱近两年的困境提供了条件，在深圳市政府和特发集团的支持、帮助下，特力公司将在二次创业中重振昔日雄风，迈向更辉煌的历程。

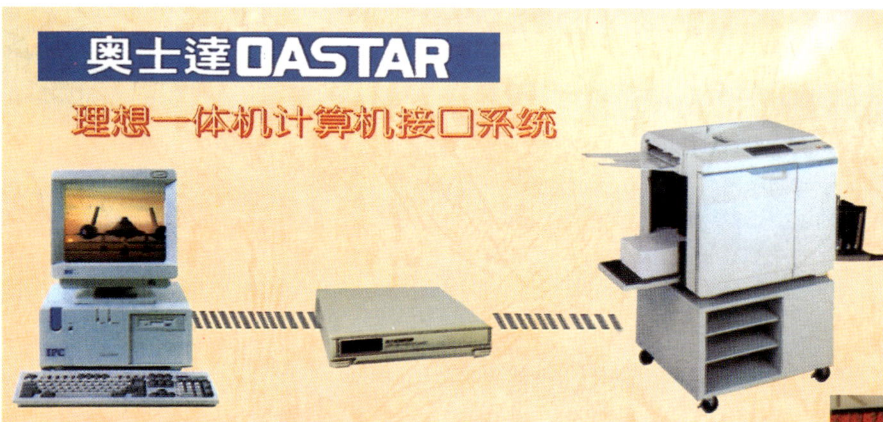

多层复合包装软管

电脑汽车全自动检测线

多士炉

地址：深圳市人民北路128号永通大厦10楼　邮编：518025

董事长：陈宏明　　总经理：禹来

电话：0755-2225342　传真：0755-2227468

深圳中金实业股份有限公司

董事长 陈胜年先生

总经理 倪旭先生

Nonfemet

深圳特区发展中心大厦（47层146m）该工程是我公司与法国CFEM公司的合作项目：隐框结构、银白反射玻璃、蜂窝铝板幕墙/工程面积3100m²

金阳金行

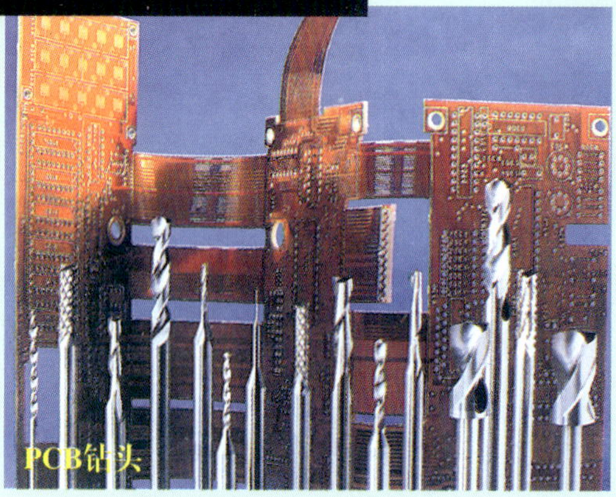

PCB钻头

地址：深圳市建设路南洋大厦C座10-11楼

电话：(0755)2294483

传真：(0755)2224893

邮编：518001

CHINA NONFEMET HOLDINGS LIMITED

许继电气股份有限公司
许继电气
先进科技
许继集团
科技领先
首届"中国机械"
奖
首届"中国机械"十杰评委会
一九九五年四月
地址：河南省许昌市建设路178号
邮编：461000
电话：0374-3314554
传真：0374-3315509
股票简称：许继电气
股票代码：0400
上市地址：深圳证券交易所

CHONGQING HUAYA MODERN PAPERS CO.,LTD

公司办公大楼

重庆华亚现代纸业股份有限公司是以华西包装集团公司为唯一发起人，以其下属全资国有企业－重庆华亚现代纸业有限责任公司整体改组，并向社会公开募集设立的股份公司。华西包装集团公司是持有公司61.9%股份的国有法人股股东。

重庆华亚现代纸业股份有限公司设有两分厂、十二个部门。目前公司拥有代表国际纸箱包装行业九十年代先进水平的美国双拱重型瓦楞纸板生产线，日本D3型五层瓦楞纸箱生产线，意大利双色印刷自动高速制箱生产线，台湾E楞彩面贴面粘盒机、台湾添进裕产2750-6PS双色印刷开槽模切机等，“彩色瓦楞纸盒成型线”部分设备已投产使用，公司还拥有先进的CAD设计系统、树脂胶板制版系统和现代化产品检测设备及科学的计算机管理系统。公司的主营产品是重型瓦楞纸板、各类包装纸箱、E楞彩面纸盒、EPS发泡包装等。公司与一批国际国内名牌产品用户，如百事可乐公司、中国嘉陵工业股份有限公司、建设集团、宜宾五粮液酒厂、贵州茅台酒厂、中国粤妮化妆品公司、涪陵太极集团公司等长期保持良好的经营合作关系。

96年公司在重庆工业企业五十强中排名上升十几位，继“六五”、“七五”获国家技术进步奖后，又获“八五”国家技术优秀奖，是国内同行和重庆市的优秀国家大型工业企业。

97年面临“重庆建立直辖市”、“三峡工程库区经 济大发展”“国家实施中西部发展战略”、“长江流域经济开放发展”和我国“复关”谈判恢复等机遇。公司将不懈倡导“团结奋进、追求卓越”的企业精神，抓住机遇、加快发展，努力成为国际同行业中的知名大型企业。

重庆华亚现代纸业股份有限公司

地址：重庆市沙坪坝区满山红村7号
电话：(023) 68614990
传真：(023) 68617494
邮编：630039

华意压缩机股份有限公司是由华意电器总公司作为独家发起人、以其下属的华意压缩厂和华意电冰箱厂经营性净资产折为国有法人代股、通过社会募集方式设立的股份有限公司。公司于1996年5月发行A种股票3500万股，占总股本的25%。当年6月在深圳证交所挂牌上市，成为中国股市第一支"无氟"新军。

公司地处江西省景德镇市，所辖压缩机厂和电冰箱厂，目前年生产能力分别为100万台无氟压缩机和30万台无氟电冰箱。总资产为6.5亿多元，净资产为3·06亿多元。拥有员工1300多名。主导产品为无氟压缩机和无氟电冰箱，其无氟技术是九十年初从美国泰康公司引进的高科技成果，在国内处于领先地位，无氟压缩机是国内唯一可以替代进口的产品。公司以技术先进、规模宏大、品种齐全而成为我国乃至亚洲地区名符其实的无氟制冷设备的生产和出口基地。

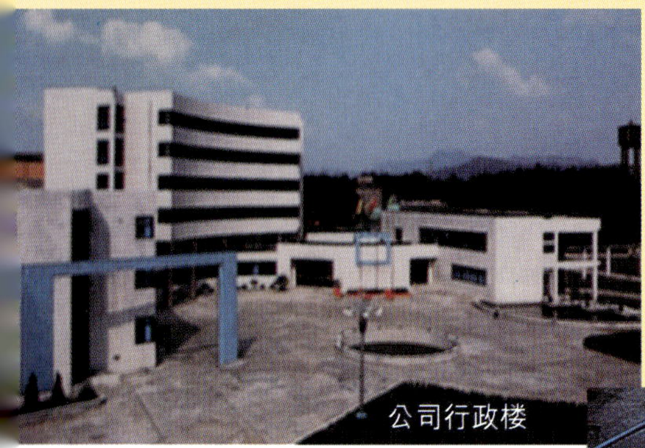
公司行政楼

压缩机总装生产线

电冰箱生产流水线

华意压缩机股份有限公司

地址：江西省景德镇市新厂东路28号
电话：(Tel) 0798-8441770
8441771 8441772
传真：(Fax) 0798-8441779
邮编：P.C 333000

山东胜利股份有限公司

SHANDONG SHENGLI CO.,LTD

山东胜利股份有限公司，是1994年5月由国家大型一类企业，山东省重点支持的大型集团——山东省胜利集团公司独家发起设立的股份制企业，注册资本为7865万元人民币。总部设在中国济南市，1996年7月在深圳证券交易所挂牌上市。

胜利股份是在改革开放的大潮中成长壮大起来的现代化大型企业。几年来，胜利股份始终注重用高起点的战略意识指导企业的操作，用高层次的人才队伍拓进企业的发展，用高品质的文化理念开创全新的事业。在“敢为人先，敢争第一，敢创大业”的精神感召下，走出了一段辉煌的历程。

董事长兼总经理：徐建国先生

经过几年的不懈追求，胜利股份已构建了以物资流通和国际贸易为基础，以地产和金融投资为两翼，积极拓进和构建现代化大工业的战略化发展格局。

在地域空间的拓展方面，胜利股份已初步形成了以山东为基地，向国内外辐射扩张的发展态势。

以大智慧、高境界和新观念，对社会资源进行战略化整合，是胜利股份成就和升华自身的现代经营思想。

在几年的发展过程中，胜利股份以精神挑战物质，以创新挑战自封，不断汲取古今中外经营思想和管理哲学的精华，并仿照大自然之精密，衍化生成了一套和谐而科学的经营管理运行体系，使企业呈现出生生不息的生机和长盛不衰的发展活力。

敢为人先 敢争第一 敢创大业

公司主导产品——高密度聚乙烯（HDPE）塑胶管材

从奥地利引进的两条具有国际九十年代先进水平的塑胶管道主生产线之一

地址：山东省济南文化西路25号　　传真：(0531) 6909240
电话：(0531) 6930644　　邮编：250011

河北华玉股份有限公司

HUAYU

董事长：张士成先生

副董事长、总经理：吕虎太先生

地址：河北省邯郸市峰峰矿区彭新路21号 传真：(0310)5023067 电话：(0310)5022361 邮编：056200

HEBEI HUAYU SHARE CO.,LTD

石家庄宝石电子玻璃股份有限公司

石家庄宝石电子玻璃股份有限公司(以下简称本公司)系由石家庄显像管总厂(现石家庄宝石电子集团公司)、中国电子进出口总公司、中化河北进出口公司共同发起，于1992年12月26日注册成立的定向募集公司，本公司B种股票和A种股票分别于1996年7月8日、1996年9月25日在深圳证券交易所挂牌交易。

本公司主要生产和销售黑白显像管、黑白显像管玻壳及其它电子玻璃产品。截止1996年底，公司总资产达139480万元，净资产达93595万元。

本公司投资控股的石家庄宝石彩色玻壳有限责任公司(以下简称彩壳公司)现拥有一条从日本NEG 公司引进的具有九十年代世界先进技术水平的大屏幕彩色玻壳生产线，主要生产和销售彩色显像管玻壳。

董事长兼总经理：董庆祥

厂部外景

地址：河北省石家庄市中山东路819号
邮编：050031
电话：0311-5054586
传真：0311-5052467

華天大酒店

CHHTHOTEL

董事长兼总经理：朱方地先生

充满大自然气息的华天大酒店大堂

湖南华天大酒店股份有限公司成立于1996年8月3日，是经对原华天大酒店独家改组而成的上市公司，是深交所第一家上市的军队企业。现有总股本1.44亿，总资产达5亿元，净资产3.09亿元。本公司是湖南省第一家四星级涉外酒店，自1992年跨入全国旅游饭店百强行列起，多次荣获全国最佳星级饭店、全国外商投资先进饭店称号，1995年被国家旅游局评为“全国优秀星级饭店五十佳”，并位居第29位，1996年被评为全军质量效益双佳饭店，被誉为湖南省“改革开放的窗口”、“旅游行业的排头兵”。现拥有株洲华天大酒店等连锁店，客房300余套，均配有空调、卫星闭路电视、IDD、私人保险柜、迷你酒吧和冰箱；酒店拥有中、西大小餐厅28个，汇集了东、西方美味佳肴，以环境高雅、菜肴精美著称。国际商务会所，系

气势宏伟的华天大酒店主楼

湖南省外事、商务活动首选场所；近万平方米的娱乐中心，华天大剧场，桑拿按摩、保龄、旅游、健身等设施一应俱全，拥有订票、租车等一系列配套服务。

酒店现在已完成五星级改造扩建。高三层、富丽堂皇、相当于原有面积4.8倍的大堂已投入使用，具有国际一流水准的独特装饰，饰以中国传统艺术品，美轮美奂，尽显酒店高尚气派。第三层为千人多功能宴会大厅，此大厅以其容纳人数之多、设备之豪华、先进称奇。湖南省独一无二的立体车库现已正式启用，可泊车300余辆。这些现代化配套设施的建成，进一步提高了酒店的接待能力与星级水平。目前，酒店正全面开展创五星活动，力争97年下半年通过国家旅游局五星级验收。

溶东方典雅与西方浪漫于一体的华天大剧场

中国湖南华天大酒店股份有限公司

CHINA HUNAN HUATIAN GREAT HOTEL CO LTD

地址：湖南省长沙解放东路380号

邮编：410001

电话：(0731) 4442888

传真：(0731) 4442270

电传：982021 HTDJD CN

电挂：1066

董事长、总经理：周天勤

成都动力配件股份有限公司

成都动力配件股份有限公司是一家综合型上市公司，国家大型企业，机械工业部气缸套摩擦副组件四大生产基地之一，具有五十余年生产气缸套、铝活塞的悠久历史。

公司以“立于国内同行之首，跻身世界强手之林”为抱负和理想，积极引进国际上先进的加工及检测技术和设备，加速产品开发，严格企业管理，荣获国家二级企业称号和机电部、四川省颁发的质量管理奖。并于1996年通过ISO9002质量体系认证。

公司具有年产气缸套200万只，铝活塞500万只的能力，生产直径φ32~250毫米各型气缸套、铝活塞200余种，多个产品获得国家银质奖，部、省优质产品奖，在国内同行业名列前茅。

公司以“诚信为本”立世，以高品质的产品和优质的服务奉献于我们心中的“上帝”

使用公司的产品将是您最佳的选择！

谢谢！

地址：四川省成都市二环路东三段　邮编：610051　电话：028-4326618　4310296　传真：028-4331092

铝活塞加工生产线

德国纳格尔、格林珩磨机等组成的气缸套加工生产线。

广州市东方宾馆股份有限公司

GUANGZHOU DONGFANG HOTEL CO.,LTD

东方宾馆正门广场

广州市东方宾馆股份有限公司的前身是广州市东方宾馆，於1961年10月建成开业，原名羊城宾馆，1966年经广东省人民政府批准，改名为东方宾馆。1961年至1973年属於事业性单位，1973年改为企业化经营管理。1979年至1985年期间进行大规模改造后，进入世界高级名酒店行列，1990年被国家旅游局评定为五星级宾馆。

1992年10月，经广州市人民政府批准，以广州市东方酒店集团为发起人，对广州市东方宾馆进行股份制改造，1993年9月经中国证监会监审字(1993)42号文批准公司转为社会募集公司，首次向社会公开发行人民币普通股2,100万股，并於同年11月18日在深圳证券交易所上市。

公司主营旅馆业，兼营各种相关配套服务，发展其他多元业务。公司主营场所占地近6万平方米，建筑面积近12万平方米，拥有各种客房和商务套房近1,200间，公司各类员工近2,300人。

东方宾馆大花园

广州市东方宾馆股份有限公司
地址：广东省广州市流花路120号
邮编：510016
电话：(020) 86669900
传真：(020) 86669900－3102

甘肃长风宝安实业股份有限公司

地址：兰州市安宁区安宁西路 270 号

电话：(0931) 7667111　7666251　7667854

传真：(0931) 7667172

邮编：730070

甘肃长风宝安实业股份有限公司是一九九三年十二月十六日由国营长风机器厂在股份制改组的基础上，联合中国宝安集团股份有限公司和甘肃电子集团物业公司发起创立的，是西北五省区第一家公开发行股票并异地上市的工业企业。

作为公司发起人的国营长风机器厂始建于一九五六年，是“一五”期间国家 156 项重点工程之一。企业占地面积 35.6 万平方米，建筑面积 26.8 万平方米。建厂 40 余年来为我国国防建设事业做出了突出的贡献。改革开放以来，在全国率先成功地走出了一条“保军转民，二次创业”的企业自我发展之路，逐步建成了全国唯一能自行研制和生产四大系列军用电子装备及洗衣机、电视机、电冰箱、多功能消毒灭菌器等 多种系列民用电器产品的大型综合性企业，带动了甘肃经济的发展。公司曾荣获国家“五一劳动奖”，“国家级安全企业”，一九九一年进入“国家一级企业”行列，被评为“全国用户满意企业”，连续 10 年被列入全国电子百强企业。产品多次荣获国家、部、省级优质产品称号。洗衣机作为公司的主导产品，曾荣获国家最高奖银质奖和“全国用户满意产品”连续三年被 中国消费者协会列为推荐商品。据《人民日报》调查公布，全国市场占有率名列第 6 位，为全国十大名牌洗衣机之一。同时，产品还远销欧美、中东及东南亚地区。

为了适应社会主义市场机制的转换，贯彻江总书记国有企业改革的精神，公司制订了“开拓市场，科技进步，规模经营，联合发展”的经营方针，通过整顿完善长风集团体制，抓住“亮点”，放眼未来，发掘新的经济增长点，使长风的事业迈向更加辉煌的明天。

董事长：陈光辉

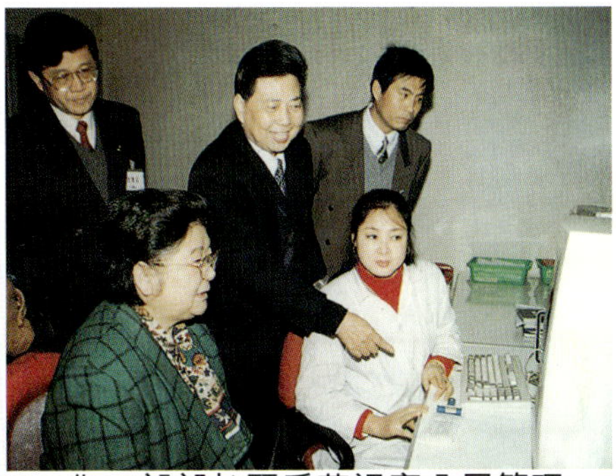
化工部部长顾秀莲视察公司管理

引进意大利方便桶自动生产线

硝基调漆生产车间

LUZHOU OLD-CELLAR CO.,LTD

泸州老窖股份有限公司

董事长：郭来虎先生

泸州老窖股份有限公司总部

泸州老窖股份有限公司是由原泸州老窖酒厂于1993年6月整体改组，以募集设立方式，按每股价格5.83元，向社会公开招股2188万股，而在1994年3月11日正式成立的上市公司。是我国唯一一家蝉联历届“中国名酒”称号的浓香型白酒企业，17次荣获国际金奖。公司占地900余亩，固定资产原值近亿元，员工近3000人，公司拥有国内保护最完整的泸州老窖池群——始建于明朝万历年间（约公元1573年），该池群1996年被国务院批准为“全国重点文物保护单位”。

公司主要生产和销售泸州老窖系列酒。主导系列产品泸州牌泸州老窖特曲（大曲酒）是国家最早的四大名酒之一，是浓香型白酒的典型代表。目前，公司年产泸州老窖系列酒两万吨，达18个品种，40多个包装系列，其“泸州”牌注册商标是中国十大驰名商标之一。随着改革的不断深化和市场经济体制的日臻完美，公司住机遇，解放思想，开拓进取，其经济效益持续增长，名优酒比率逐年上升，实现利税从1992年的1个多亿增长到1996年的5.4亿元，公司综合经济实力和市场竞争能力大大增强，产品知名度、美誉度进一步提高。自1993年改组建制以来，公司先后荣获“中国企业最佳形象AAA级”、“全国经济效益最佳500强大型骨干企业”“深交所十佳上市公司”等称号，连续五年被评为全国500家、四川省100家最佳经济效益型企业。最近，又获得国家外经贸委“进出口经营权”。

地址：四川省泸州市中区桂花街46号　邮编：646000
电话：(0830) 2292023　传真：(0830) 2391774

衡阳中药实业股份有限公司

集团总裁、公司董事长申甲球同志是第八届全国人大代表、全国五一劳动奖章获得者、全国劳动模范，其强烈的敬业精神、开拓进取意识和敢为天下先的气魄和胆略，得到了社会各界的广泛好评和赞誉。他曾多次受到江泽民、李鹏、乔石、李瑞环、朱镕基、胡锦涛等党和国家领导人的亲切接见。

古漢集團

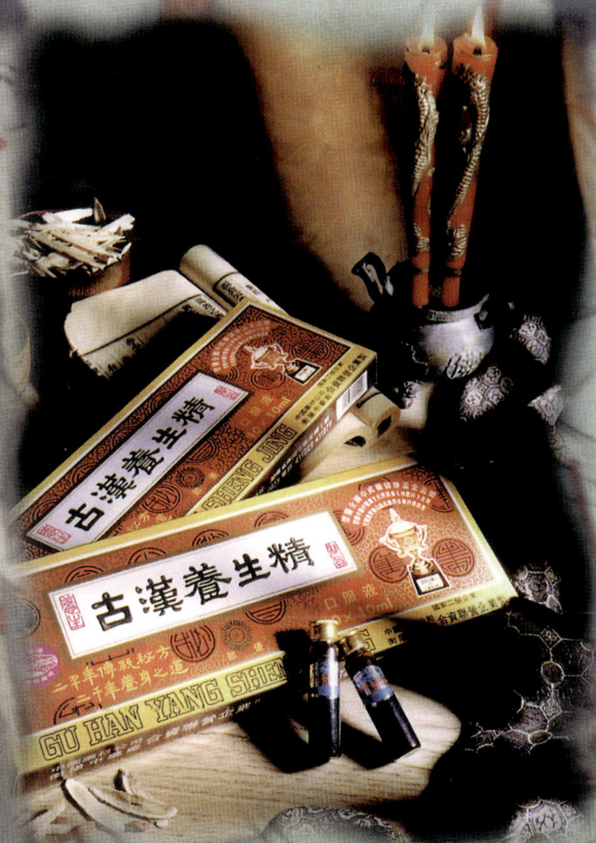

衡阳中药实业股份有限公司的拳头产品"古汉养生精（口服液）"系根据长沙马王堆汉墓发掘的竹简医书《养生方》与现代科技加地道中药材相融合的高技术、高附加值的具有治疗兼保健功效的"准"字号药品。它具有补肾益脾，健脑安神之功能。对于脾肾功能衰弱引起的头晕心悸、目眩耳鸣、健忘失眠、食欲不振、腰膝乏力、阳萎早泄、夜尿频数、尿后余沥不尽等疾病，有明显治疗作用。因其组方合理，质量可靠，疗效确切而被列入国家中药保护品种、国家基本药物品种目录。其生产工艺、处方被列为国家一级绝密，曾先后荣获全国中成药"健康杯"金奖、"全国信得过药品奖"、"中国中药名牌产品"、"医生推荐用药"等数十项殊荣，被誉为"中国仙药"、"人类健康的福音"，并已获得美国FDA认证和韩国二类药品进口许可证，深受广大患者的青睐，畅销国内外。其系列产品"古汉养生精片"被国家科委列入97年国家火炬计划。

公司地址：湖南省衡阳市罗金桥1号　邮编：421003
电话：(0734) 8411277　8411229　传真：(0734) 8411413

安徽古井贡酒股份有限公司
ANHUI GUJING DISTILLERY COMPANY LIMITED
地址：安徽省亳州市古井镇
电话：(0558) 5571057 5571149
传真：(0558) 5571006
邮编：236820
董事长：王效金
公司开发的高档产品古井贡酒十年陈酿
公司主导产品古井贡酒
中国名酒
古井贡酒
GUJING

HUWEI

虎威企業

谦和禮賢
集思成城
突顯自我
創造至尊

公司参加全国首届企业形象展示会，图为公司虎威旗在北京国际会议中心前飘扬

广西虎威股份有限公司

GUANGXI HUWEI CO.,LD

昨天，我们每一个虎威人，为了一个共同的理想云集在这块厚土育物之地上。这个理想就是广聚英才，共创伟业。

我们这群虎威人，来自四面八方，我们同顶一样的蓝天，同喝一川的水，所以我们同样具有“谦和礼贤”的传统。因为，我们时刻清醒地意识到自己的不足，所以我们谦和待人、我们视人才为宝，所以我们崇尚礼治，任人为贤。

我们坚信：“民心齐者強，上下同欲者胜”，自从企业诞生的那天起，我们就一直在风雨中搏击，无论风有多狂，雨有多大，每一次我们都手挽手，挺立在虎头山上……。我们比任何人都懂得“集思成城”的力量。

大千世界，云云众生，但是一切都不会重复，一切都独一无二，差异就意味着生存。我们将时刻保持清醒的头脑，宁可拓荒，也不步人后尘，走自己的路，在激烈的竞争中，突显自我。

谦和礼贤，是我们的行为准则，集思成城是我们的力量源泉，突显自我，是我们的生存方式，只要我们牢牢掌握这三大法宝，我们就一定能创造至尊，这就是我们虎威企业的深层文化理念。

今天，我们站在时代的转折点上，写下历史。

明天，我们站在时代的前列，将硕果留给子孙。

生产区一角

地址：广西北流市虎威大道

电话：(0775) 6222508　6222322

传真：(0775) 6222484

电挂：3055　　邮编：537400

公司办公大楼

济南柴油机股份有限公司

Jinan Diesei Engine co., Ltd

驰動 CHIDONG

济南柴油机股份有限公司是由中国石油天然气总公司直属企业—济南柴油机厂作为唯一发起人，经过国家体改委批准，以募集方式设立的股份有限公司。公司于1996年10月10日创立，公司股票于1996年10月22日在深圳证券交易所挂牌交易。

Z12V190BC型柴油机

公司主导产品“驰动牌”190系列柴油机作为我国石油工业主要钻探动力，占据国内90%以上的钻探动力市场为我国石油工业发展做出了巨大贡献。目前190系列柴油机已有41个品种105个型号，广泛用于石油钻探、调度机车、船舶等动力市场和发电机组市场，是国内高速、大功率、大缸径柴油机年产量和社会拥有量最多的机型。Z12V190B型柴油机是国内大功率柴油机唯一获国家金质奖产品。济南柴油机厂1995年通过了ISO 9001质量体系认证

500~800KV 柴油发电机组

公司坚持“团结、求实严细、创新”的企业精神不断深化改革，积极开拓市场，为公司发展团结奋斗、再创辉煌。

6190ZIC型柴油机

济南柴油机股份有限公司
地址：山东省济南市文化西路14号
电话：0531--2944219　　2965971
传真：0531--2961241 邮编：250063

延边敖东药业(集团)股份有限公司

Yanbian Aodong Medicine industry (Groups)Co.,Ltd.

延边敖东药业(集团)股份有限公司(以下简称公司)前身是国家二级企业延边敖东集团公司，经过1993年改制为股份制企业，1993年3月20日正式注册成立，公司A股股票于1996年10月28日在深圳证券交易所挂牌交易。

本公司是一个以制药工业、养鹿企业为基础产业，集印刷业、商业、房地产业、养殖业融为一体的国家二级企业。现已成为初具规模基本符合GMP(药品管理规范)标准，以生产中成药为主的国家大(二)型企业，是吉林省现代企业制度试点企业之一，同时被吉林省评为标准化股份制企业，公司"九五"规划中的长白山动植物药二次开发系列精品工程项目被国家列为"双加"工程。

公司位于中国吉林省长白山脚下，亚洲最大的长白山梅花鹿饲养场及人参场是本公司的资源基地，同时，也是吉林省政府确定的鹿业发展基地。

全封闭的现代化生产厂房，从西德、意大利引进的具有世界先进水平的整套制药生产线，使公司立于国内中药制造业的先进行列，公司依靠长白山天然药用资源优势，可生产八大剂型60多种中西药品，年产值3亿元，效益居全国同行业前列。

名牌产品"安神补脑液"、"利脑心"、"益血生"、"颐和春"等畅销全国各地，远销香港、日本、东南亚、东欧、美国等国家和地区。多次获国优、部优、省优产品称号，其中"安神补脑液"被国家卫生部批准为国家首批中药保护产品，临床必备药品。这些产品的质量和实力保证了公司在市场上的竞争力和发展

董事长兼总经理：李秀林

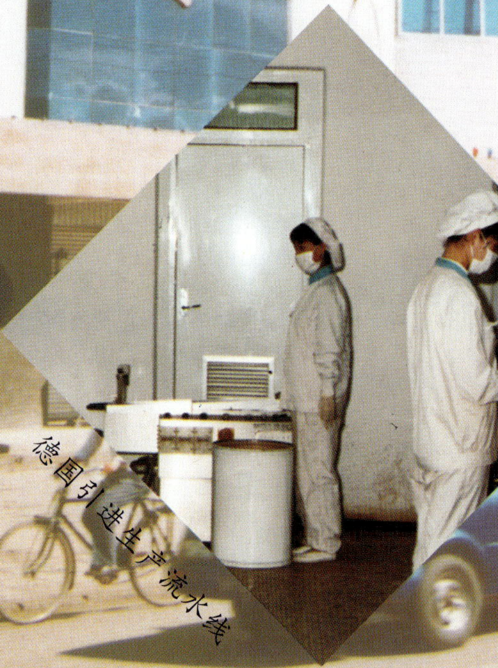

德国引进生产流水线

主要产品

地址：吉林省敦化市胜利南大街88号
电话：0433-6222692
传真：0433-6222105
邮编：133700

福建省石狮新发股份有限公司

FUJIAN SHISHI XINFA CO., LTD.

福建省石狮新发股份有限公司是于1991年8月经福建省体改委与中国人民银行福建省分行批准以募集设立方式设立的福建省首批股份制企业之一，是福建省第一家完全按股份制动作的乡镇企业，是省体改委及各有关职能部门在石狮这个综合改革试验区的一个具体试验项目。公司社会公众股股票于1996年12月18日在深交所挂牌上市，为在民营经济条件下建立现代企业制度作了有益的探索，为闽东南地区众多乡镇企业提供了较好的借鉴经验。

公司首期发行800万股普通股股票，每股面值人民币1元，发行价1元，每手500股。当时发行的是股票实物券，每手一张。发起人三家，分别是福建省新湖集团公司、石狮新湖工贸公司和石狮市开发企业服装有限公司。现总股本6382.2924万股，其中法人持股4719.15万股，社会公众持股1663.1424万股。截止1996年，公司总资产10327万元，净资产8621万元。

公司现有分公司三家（石狮新乐园大酒店、石狮福沪无纺布分公司和泉州无鸿鞋业分公司），控股企业一家（石狮鸿发轻工企业有限公司），参股企业二家（石狮火炬高新技术公司和泉州港宝盛石港区发展有限公司）。新乐园大酒店集客房、餐厅、商场、夜总会、的士高舞厅、咖啡厅、写字楼为一体，是旅游探亲，贸易商洽的理想居所。石狮福沪无纺布分公司生产中孔弹力片、松棉、羽绒衬布、中弹力绒、无纺粘全衬布等无纺布系列产品。泉州元鸿鞋业分公司主要生产各种中、高档真皮时装鞋、旅游鞋。石狮鸿发轻发工有限公司生产压旋式瓶盖，石狮火炬高新技术公司以研究和生产高新技术产品为主。

泉州港宝盛石湖港区发展有限公司是由公司与澳门宝盛集团公司和福建省石狮市投资开发公司等三家企业共同投资组建的，投资总额人民币1.675亿元，开发建设泉州石湖港区及配套的1800亩土地。石湖港区位于泉州湾南岸，属于石狮市辖区的东北部蚶江镇石湖半岛。该港区自然条件优越，是泉州湾泊域最广，发展前途最好的港口。首期工程年吞量40万吨（包括2万个标准箱）的万吨级多用途泊位，计划于年底建成投产，目前从市区到港口的专用公路已投入使用。同时，由于该港口项目由公司首倡，且一直积极开展前期筹建工作，为港口项目的顺利建设奠定了基础，因而在港区码关建设和配套土地开发、利用中公司拥有优先投资权。

公司规划以石狮市新兴的港口经济为依托，通过资产重组，优化资产结构，培育新的经济增长点，以产权为纽带向跨地区、跨行业、多元化经营的企业集团发展。

法定代表人：吴彦赞
地址：福建省石狮市民生路208号
邮编：362700
电话：(0595) 8875202
传真：(0595) 8876677

白银铜城商厦(集团)股份有限公司

白银铜城商厦（集团）股份有限公司地处全国最大的有色金属基地—甘肃省白银市，这里景色宜人，经济繁荣。煤炭、化工、电力、稀土等都有相当的规模，是一座新型的快速发展的工业城市。

铜城集团是1992年在原白银五金公司的基础上进行股份制改造成立的。经过几年努力，现已发展成一个大型的综合性企业集团。

铜城集团经营范围主要涉及商贸、三星级酒店（内设25层旋转餐厅、保龄球、总统套房、室内四季游泳馆等）服务、房地产开发、矿产品的开发及加工、旅游服务、金融投资、无线寻呼、信息、法律咨询服务等领域。

铜城集团总占地面积 48803 平方米，总建筑面积 56321平方米，有1320名员工及14家子（分）公司，在白银市黄金地段有三座营业大厦，其中新营业楼铜城商厦集自动化和现代化于一身成为白银市的标志性建筑。

铜城集团股票于1996年12月18日在深交所挂牌上市，今年5月，在由《中国证券报》和中国城信证券评估公司共同进行的上市公司综合排名中，铜城集团列全国530家上市公司的第268位，被甘肃省评为“最佳经济效益企业50强”，综合排名22位。

“九七”时期，是铜城集团改革和发展的重要历史时期，公司在完善机制和全方位起动的同时，充分利用白银市被国务院确定为“优化资本结构试点城市”的优惠政策，通过资本运营，盘活资产等方式，不断调整产业结构，寻求和培育新的经济增长点，使铜城集团逐步向大型的集团化、现代化企业迈进!

1996年12月18日，铜城集团股票在深交所挂牌上市仪式

全国人大副委员长费孝通视察铜城集团

铜城集团主营业楼铜城商厦外景

白银铜城商厦（集团）股份有限公司

地　址：甘肃白银市白银区五一街8号

邮　编：730900

电　话：(0943) 8223409

传　真：(0943) 8224960

股票简称：铜城集团

股票代码：　0672

青树翠蔓怡人处

目　录

第七卷　证券发行与承销

第八卷　证券交易基本常识

第九卷　沪深证券交易所

二、商业类

三、地产类

四、公共事业类

五、综合类

第十一卷 深圳证券交易所 上市公司信息汇集

一、工业类

二、商业类

三、金融类

四、地产类

五、公用事业类

六、综合类

七、深市上市公司中期业绩一览表 …… 3967

彩页索引 P1377 前

彩页索引 P2744 后

第十二卷 证券商

彩页索引 P2745 前

第十三卷 投资基金汇集

第十四卷 证券服务机构

第十五卷　证券投资分析

附录：

重要说明：①本目录表在第十卷、十一卷上市公司信息汇集中，其每家上市公司的详细资料分别为：带"●"刊登96年报、97中报；带"◇"刊登招股说明书、上市公告书、97中报；带"◆"刊登上市公告书、96年报、97中报；带"△"刊登招股说明书、上市公告书；带"■"刊登上市公告书；带"★"刊登96年报(精选)；带"☆"刊登97中报；带"▲"刊登招股说明书、97中报；带"▲"刊登96年报；带"▲"刊登招股说明书；带"○"刊登上市公告书、97中报；另由于部分上市公司提供资料不及时，或没有提供故带"*"缺资料，特此一并说明。

②本编委会对在本书中所刊载的信息资料或广告概不负责，对其准确性、完整性亦不发表任何评论。并表示不对因该资料全部或部分内容产生的或依赖该资料而引致的任何损失承担责任。投资者若依附本书中的资料而作投资决策时，请直接与刊户联系，采取商业或证券交易中应有的慎重考虑。

大连商场股份有限公司

大连商场股份有限公司1996年年度报告摘要

一、公司简况

1. 公司名称:大连商场股份有限公司
   英文名称:DALIAN MARKET STOCK LIMITED COMPANY
   英文缩写:DDS
2. 公司注册和办公地址:大连市中山区青三街1号
   邮政编码:116001
3. 公司法定代表人:牛钢先生
4. 公司咨询服务机构:证券部
   电　　话:(0411)3643215
   传　　真:(0411)3630358
   联　系　人:姜福德
5. 会计师事务所:大连会计师事务所
6. 股票简称:大连商场
   证券代码:600694

二、主要财务数据与财务指标

指标项目	本年数(合并)	上年数(合并)	比上年增减(%)
1. 主营业务收入(万元)	88,883.62	94,752.96	-6.19
2. 净利润(万元)	5,521.46	5,384.13	2.55
3. 资产总计(万元)	55,804.44	52,581.09	6.13
4. 股东权益(万元)	36,569.28	31,047.82	17.78
5. 每股收益(元)	0.41	0.40	2.50
6. 每股净资产(元)	2.69	2.29	17.47
7. 净资产收益率(%)	15.10	17.34	-12.92
8. 股东权益比率(%)	65.53	59.05	10.97

三、公司业务回顾

1. 一年来经营情况

1996年是公司实行两年任期目标的第一年,亦是公司深变革、多举措、大发展的一年。一年来,公司上下紧紧围绕董事会提出的经营方针,从经营、管理等多方面加强工作力度,积极稳妥地拓展经营领域,提高经济效益;同时进一步理顺进货渠道,加强自营工作质量,深化和完善了自营新体制。上半年,为扭转自95年下半年以来商业市场的低迷排徊状态,公司充分发挥大型综合性商店优势,适时地抓住节日旺季的良机,最大限度地营造市场热点,实现利润3,179.67万元,在95年配股股本扩大的情况下,仍实现每股收益0.20元的可喜业绩。进入到下半年后,市场略有复苏,并伴随着一系列的重大节日,公司又适时地制造了旺销的市场氛围,特别是为配合"96金秋大商购物节",公司实行三日"八三折"大酬宾,更堪为文化节锦上添花的一笔,三天实现销售4,020.8万元,同比增长6.5倍,占全年总销的4%,并创造了日销售额达1800万元的历史最高记录,为全年实现利润6488.75万元利润奠定了基础。

2. 主要经济指标分析

经审核本公司报告期内主营业务收入88,883.61万元,比95年下降6.19%,其中主要是副食品下降19.8%,原因是96年大宗粮油批发额下降50.5%,扣除该因素,副食品销售与同期基本持平。净利润实现5521.46万元,比95年增长2.55%。

3.. 对前次募集资金的运用情况的说明

(1)1993年10月发行股票所募集的1.5亿元中,投资中日合资大连国际商贸大厦9000万元的项目建设延续到本年度,国贸大厦于1995年1月1日注册成立后,9000万元资金于94年投入了203.7万元,其余资金按双方所签章程之规定于95年1月和5月分两次投入。配套资金已由该公司与在中国境内的日本银行签订了贷款合同,落实完毕。95年8月1日举行了大厦奠基仪式,并经国际招标,日本清水建设大连工事事务所为项目建设总承包商,并进行土石方工程。96年里不仅完成了土石方工程,而且地下三层主体工程已完毕,地上群楼工程完成二层,塔楼工程完成九层。

(2)1995年9月配股所募集的5409.3万元资金使用情况。公司于1996年5月17日召开1995年度股东大会,审议并通过了《关于变更1995年配股资金投资方向的报告》,配股所募资金原投向为"大商D座"超级市场的项目建设和扩大商流业务。经大会批准变更投入大商中央大堂3000万元,北一楼等装修改造费1300万元,其余1109.3万元仍用于扩大商流业务。1995年8月开始投资兴建的中央大堂于6月15日全部竣工,16日正式开业。从而改变了公司以往购物环境欠佳的局面,丰富了服务功能,营造了休闲购物的新天地。自试营业起,先后举办迎新世界名曲欣赏会、瑞士浪琴表中国巡回展、荷兰名贵花卉展销等展销活动46次,盈利306万元。对北一楼等装修改造也于6月同时竣工,改造后不仅提高营业卖场的档次和标准,增加特色,而且增加营业面积560平方米,增加效益63万元。

(3)募集资金使用情况表

时　间	发行股票(万股)	价格(元)	募集资金(万元)	资金投向	实际投向
1993年10月	2500	6.20	15000	国贸和商流	国贸和商流
1995年9月	1380.39	4.00	5409.3	"大商D座"	中央大堂等

四、股本变化及股本结构情况

1. 股权变化及股本结构情况

(1)截至1996年12月31日公司股本结构如下:

股权单位:万股;面值:每股1元

股份类别	期初数	本年增减	期末数
尚未流通股份			
①发起人股份	5,620	0	5,620
其中:国家股	5,620	0	5,620
②募集法人股	850	0	850
③社会公众受让转配	108.39	0	108.39
尚未流通股份合计	6,578.39	0	6,578.39
已流通股份			
A股	7,000	0	7,000
已流通股份合计	7,000	0	7,000
股份总数	13,578.39	0	13,578.39

(2)本报告期内公司股本没有变动

(3)主要股东持股情况

名称	年末持股数(万股)	占总股本(%)
国家股	5,620	41.39
华商特	367.94	2.71
北京特能	322.34	2.37

阳光基金	193.97	1.43
大连国际信托投资公司	175.95	1.30
唐山证券	120	0.88
大连信托投资公司	85	0.63
华夏风	73.13	0.54
伍先菌	50.13	0.37
郑玉珍	34.45	0.25

注:A、国家股持股单位为大连市国有资产管理局;

B、华夏风持股数已超过国家规定限额,公司已向监管部门做了报告。

(4)截至1996年12月31日,公司股东总数为40,602户。

2. 公司董事、监事与高级管理人员持股情况

单位:股

姓名	职务	年初持股数	年末持股数
牛钢	董事长兼总经理	19990	19990
韩德良	副董事长	9996	9996
王志良	董事	9996	9996
陈秀娥	董事	19990	19990
姜玲琴	董事	19990	19990
丛贵昌	董事兼副总经理	5880	5880
曲鹏	董事	4704	4704
王德宏	董事	0	0
阚治东	董事	0	0
张传增	董事	0	0
刘洪	董事兼副总经理	1176	1176
田梅君	董事	9996	9996
姜福德	董事兼董秘	3528	3528
芦惠英	监事会主席	1176	1176
江崇洪	监事	17000	17000
于金慧	监事	8500	8500
杨彬	监事	8500	8500
徐强	监事	9996	9996
汤玲	监事	1000	1000
赵淑美	监事	600	600
苏德润	副总经理	0	0
范春华	副总经理	0	0
吕伟顺	副总经理	0	0

五、重要事项

1. 大商中央大堂竣工开业,1995年8月开始投资兴建的中央大堂于1996年6月15日全部竣工,16日正式开业。

2. 公司于1996年4月28日在大连市工商行政管理局进行年检登记。上述两项详见8月9日《上海证券报》。

3.1996年4月15日公司董事会召开会议,审议通过了1995年度董事会工作报告、财务报告、1995年度分配预案、变更1995年配股资金投资方向的决议、监事会工作报告、修改公司章程,并决定召开1995年度股东大会事宜。详见1996年4月17日《上海证券报》。

4. 公司1995年度股东大会于1996年5月17日在大连市中山区解放街10号召开。出席会议股东共297人,代表股份68,374,818股,占公司股份总额的50.36%。会议通过了董事会工作报告、监事会工作报告、1995年度财务报告、1995年度红利分配方案、关于变更1995年配股资金投资方向的报告和公司章程修改条款六项决议。详见1996年5月18日《上海证券报》。

5.1996年7月8日公司董事会召开会议;调整和聘任高级管理人员。原公司副总经理王志良、王德宏、曲鹏因工作变动,不再担任公司副总经理职务;经董事长、总经理牛钢提名,与会董事一致表决通过,聘任苏德润、范春华、刘洪、吕伟顺担任公司副总经理职务,详见7月9日《上海证券报》。

6. 根据1995年度股东大会决议,公司实施了向全体股东按每10股派发2.60元(含税)的1995年度分配方案,股权登记日为1996年7月11日,除息基准日7月12日。详见7月8日《上海证券报》。

7.1996年10月23日公司董事会召开会议,讨论并一致通过了公司董事、副总经理陈秀娥由于年龄和健康原因辞去副总经理职务的辞呈。详见10月24日《上海证券报》。

8.1996年10月23日公司监事会召开会议,讨论并通过了监事会主席江崇洪由于年龄和健康原因提出的辞去监事会主席职务的辞呈,并一致选举芦惠英为监事会主席。详见10月24日《上海证券报》。

9. 本报告期内公司无重大诉讼、仲裁事项。

六、子公司及关联企业

公司名称	地址	主营业务范围	本公司所有权益(%)	注册资金(万元)
大连现代商用电脑有限公司	大连市中山区荣盛街25号	生产商用微机、承担商用微机系统工程的咨询及软件编制等	75	56
大连金首饰铸模有限公司	大连市中山区青三街1号	生产金首饰铸模,经营加工金首饰工具等有关业务	50	50
大连国际商贸大厦有限公司	大连市中山区五惠路	商品零售、进出口、客房、写字间、餐饮、娱乐、美容等	30	30000

七、财务报告

1. 审计意见:公司财务报告经大连会计师事务所张立云、宋连作注册会计师审计,并出具无保留意见的审计报告(大会师内审字〔1997〕29号)。

2. 财务报表(详见附表)

3. 财务报表附注

(一)主要会计政策

(1)会计制度:执行《股份制试点企业会计制度》并结合行业归口执行《商品流通企业会计制度》。

(2)合并报表原则:对公司拥有100%权益的全资附属企业和拥有50%以上权益的控股企业会计报表进行合并。在编制合并会计报表时,对内部投资,内部往来等按合并会计报表原则进行抵销。本年度仍对控股企业中外合资大连现代商用电脑有限公司会计报表进行了合并。

(3)长期投资的核算:

对于联营投资中拥有被投资单位20%以下的采用成本法进行核算,20%以上至50%的采用权益法进行核算,50%以上的按权益法核算并合并会计报表。

债券投资和股权投资采用成本法进行核算。

(4)无形资产主要为土地使用权价值,按使用年限进行摊销。

其它主要会计政策与上年度采用的会计政策相互一致。

(二)合并会计报表有关项目附注:

(1)货币资金79,816,104.51元。其中:现金201,767.86元,银行存款79,614,336.65元。比年初增加47.52%,主要由于公司强化资金管理,加大售后货款结算力度,有计划储备存货,从而相应增加了货币资金结余。

(2)应收帐款36,839,333.35元,其中:

帐龄	金额(元)	比例(%)
一年以内	28,210,916.45	76.58
一年到两年	7,174,362.36	19.47

二年到三年	1,181,037.84	3.21
三年以上	273,016.70	0.74

注:无持有5%以上股份的主要股东欠款。

(3)预付货款14,196,145.15元。比年初增加65.73%,主要是公司年末为准备两大节日市场物资预定了大量名优商品,使预付商品价款增加。

(4)其他应收款49,642,625.40元。其中:

帐　龄	金　额(元)	比例(%)
一年以内	29,703,526.41	59.83
一年到两年	18,208,257.64	36.68
二年到三年	12,943.57	0.03
三年以上	1,717,897.78	3.46

注:无持有5%以上股份的主要股东欠款。

(5)一年内到期的长期债券投资30,000.00元,为年内到期的国库券投资。比上年净减少95,200.00元,系本年度收回的到期的国库券125,200.00元,本年从长期投资转入年内到期的国库券30,000.00元。

(6)长期投资90,434,000.00元。其中:

A、联营投资90,150,000.00元。列示如下:

被投资公司名称	投资期限	占被投资单位注册资金比例	已投资金额
中日合资大连国际商贸大厦有限公司	30年	30%	90,000,000元
中港合资大连金首饰铸模有限公司	5年	50%	150,000元

B、债券投资20,000.00元。比上年减少30,000.00元,系转入一年内到期的长期债券投资。

C、股权投资264,000.00元。比上年减少100,000.00元,系收回常熟金狮自行车股份有限公司的股权投资。

(7)在建工程6,578,027.62元。比上年减少了71.31%,主要是中央大堂等工程年内竣工决算转出所致。

(8)无形资产7,999,952.82元,比年初减少了43.08%,主要为出售鞍山土地使用权。

(9)短期借款15,400,000.00元,比年初减少了75.36%,系年内公司及时归还贷款所致。

(10)应付帐款112,052,022.81元,比年初增加了56.85%,主要由于年末增加商品采购,而部分货款尚未结算所致。

注:未有与公司有关联公司的款项。

(11)其他应付款55,871,169.09元,比年初增加了86.74%,主要为尚未付国家股红利、未付职工工资、未付工程保修费等。注:未有与公司有关联的公司的款项。

(12)应交税金447,404.97元,比年初减少了76.77%,系公司及时上交税金所致。

(13)其他流动负债111,250.77元,比年初减少了33.33%,系大连现代商用电脑有限公司年内转销汇兑损益。

(14)其他长期负债327,323.84元。比年初增加了53.66%,为住房周转金。

(15)资本公积131,545,842.15元,本年度未变动。

(16)盈余公积39,075,912.98元,本年度增加了11,042,920.24元。其中:按税后利润10%提取法定盈余公积金5,521,460.12元;按税后利润10%提取公益金5,521,4606.12元。

(17)未分配利润59,287,111.23元。

本年度可供股东分配的利润为44,171,680.90元,加上年初未分配利润15,115,430.33元,共59,287,111.23元。

公司董事会本年度分配预案为:以现股本13,578.39万元为基数,向全体股东按每10股送3股红股的方式进行。分红总额为40,735,170.00元,结余未分配利润18,551,941.23元,转入下年度。

(18)其他业务利润3,369,370.02元。其中:

大型展销会租金利润	3,065,525.60元
维修钟表利润	303,844.42元

(19)投资收益129,300.00元。其中:

1. 债券投资收益72,300.00元,为到期兑付的国库券投资收益;

2. 股权投资收益57,000.00元,为本年度转让的常熟金狮自行车股份有限公司的股票收益。

八、其他事项说明

公司董事会于1997年4月25日召开会议,内容详见1997年4月28日《上海证券报》董事会决议公告。

大连商场股份有限公司

一九九七年四月二十八日

资产负债表

编制单位:大连商场股份有限公司　　1996年12月31日　　单位:元

资产	行次	母公司年初数	合并年初数	母公司年末数	合并年末数	负债及股东权益	行次	母公司年初数	合并年初数	母公司年末数	合并年末数
流动资产:						流动负债:					
货币资金	1	53174481.63	54105344.69	79129850.58	79816104.51	短期借款	41	62500000.00	62500000.00	15400000.00	15400000.00
短期投资	2					应付票据	42			1997200.00	1997200.00
应收票据	3			2002740.00	2002740.00	应付帐款	43	70928940.35	71440524.31	111880804.89	112052022.81
应收帐款	4	35236195.92	35440131.92	36617810.19	36839333.35	预收货款	44	1085554.25	1085554.25	787539.44	787539.44
减:坏帐准备	5	106096.78	106096.78	108431.57	108431.57	应付福利费	45	3468319.69	3468319.69	4844845.23	4844845.23
应收帐款净额	6	35130099.14	35334035.14	36509378.62	36730901.78	未付股利	46	35303814.00	35333978.52		
预付货款	7	8026418.04	8565910.84	14037816.75	14196145.15	未交税金	47	1923646.10	1925854.41	345733.00	447404.97
其他应收款	8	39999477.47	40656498.43	48751202.73	49642625.40	其他未交款	48	6760.90	6760.90		
待摊费用	9	9186858.67	9186858.67	8091896.83	8091896.83	其他应付款	49	29289787.09	29918450.19	55550262.44	55871169.09
存　　货	10	106493267.50	106563675.91	88595805.22	88607830.37	预提费用	50	105372.66	105372.66	150000.00	150000.00
减:存货变现损失准备	10-1					一年内到期的长期负债	51	8850000.00	8850000.00		
存货净额	10-2	106493267.50	106563675.91	88595805.22	88607830.37	其他流动负债	52		166876.15		111250.77
待处理流动资产净损失	11	-24175.03	-24175.03								
一年内到期的长期债券投资	12	125200.00	125200.00	30000.00	30000.00	流动负债合计	55	213462195.04	214801691.08	190956385.00	191661432.31
其他流动资产	13					长期负债:					
流动资产合计	15	252111627.42	254513348.65	277148690.73	279118244.04	长期借款	56				
长期投资:						应付债券	57				

资产	行次	母公司年初数	合并年初数	母公司年末数	合并年末数	负债及股东权益	行次	母公司年初数	合并年初数	母公司年末数	合并年末数
长期投资	16	91353945.78	90564000.00	91358529.18	90434000.00	长期应付款	58				
合并价差(合并报表填列)(货差以"-"号表示)	16-1					其他长期负债	60	213012.07	213012.07	327323.84	327323.84
固定资产:											
固定资产原价	17	141436718.02	141720598.80	177196022.76	177479903.54	长期负债合计	65	213012.07	213012.07	327323.84	327323.84
减:累计折旧	18	26292714.18	26530892.44	29202262.87	29463277.41	递延税项:					
固定资产净值	19	115144003.84	115189706.36	147993759.89	148016626.13	递延税款贷项	66				
在建工程	20	22928390.62	22928390.62	6578027.62	6578027.62	负债合计	67	213675207.11	215014703.15	191283708.84	191988756.15
固定资产清理	21										
待处理固定资产净损失	22					少数股东权益(合并报表填列)	67-1		317981.93		362843.06
固定资产合计	23	138072394.46	138118096.98	154571787.51	154594653.75						
无形资产及递延资产						股东权益:					
无形资产	24	14055575.22	14055575.22	7999952.82	7999952.82	股本	68	135783900.00	135783900.00	135783900.00	135783900.00
递延资产	25	28559829.45	28559829.45	25897514.96	25897514.96	资本公积	69	131545842.15	131545842.15	131545842.15	131545842.15
无形及递延资产合计	30	42615404.67	42615404.67	33897467.78	33897467.78	盈余公积	70	28032992.74	28032992.74	39075912.98	39075912.98
其他长期资产:						其中:公益金	71	13011388.63	13011388.63	18507555.75	18507555.75
其他长期资产	31					未分配利润(未弥补亏损以"-"号表示)	72	15115430.33	15115430.33	59287111.23	59287111.23
递延税项						外币报表折算差额(合并报表填列)	72-1				
递延税款借项	32					股东权益合计	79	310478165.22	310478165.22	365692766.36	365692766.36
资产总计	40	524153372.33	525810850.30	556976475.20	558044365.57	负债及股东权益总计	80	524153372.33	525810850.30	556976475.20	558044365.57

利润及利润分配表

编制单位:大连商场股份有限公司　　1996年度　　单位:元

项目	行次	母公司上年数	合并上年数	母公司本期数	合并本期数
一.主营业务收入	1	946407348.62	947529636.67	887719941.83	888836154.59
减:　营业成本	2	783656543.46	784424681.78	719598062.84	720583446.56
销售费用	3	43378500.65	43800838.78	49201599.96	49400843.79
管理费用	4	50326620.49	50562497.57	51421402.65	51519793.15
财务费用	5	3817625.36	3705561.57	970984.43	899852.03
进货费用	6				
营业税金及附加	7	4785857.62	4785857.62	4041605.24	4041605.24
二.主营业务利润(亏损以"-"号表示)	8	60442201.04	60250199.35	62486286.71	62390613.82
加:其他业务利润(亏损以"-"号表示)	9	1454995.88	1735915.18	3149364.88	3369370.02
三.营业利润(亏损以"-"号表示)	10	61897196.92	61986114.53	65635651.59	65759983.84
加:投资收益(损失以"-"号表示)	11	426679.26	341934.80	322225.75	129300.00
补贴收入	11-1				
营业外收入	12	613995.09	662685.43	481671.54	635181.02
减:　营业外支出	13	342723.10	342723.10	1636972.32	1636972.32
加:　以前年度损益调整(调减以"-"号表示)	14	714420.65	714420.65		
四.利润总额(亏损以"-"号表示)	15	63309568.82	63362432.31	64802576.56	64887492.54
减:　所得税	16	9468262.88	9488713.95	9587975.42	9608582.81
减:　少数股东损益(合并报表填列)(亏损以"-"号表示)	16-1		32412.42		64308.59
五.净利润(亏损以"-"号表示)	17	53841305.94	53841305.94	55214601.14	55214601.14
加:　年初未分配利润(未弥补亏损以"-"号表示)	18	7346199.57	7346199.57	15115430.33	15115430.33
盈余公积转入数	19				
六.可分配的利润(亏损以"-"号表示)	20	61187505.51	61187505.51	70330031.47	70330031.47
减:提取法定公积金	21	5384130.59	5384130.59	5521460.12	5521460.12
提取法定公益金	22	5384130.59	5384130.59	5521460.12	5521460.12
职工奖金福利(合并报表填列,子公司为外商投资企业项目)	22-1				
	22-2				
七.可供股东分配的利润(亏损以"-"号表示)	23	50419244.33	50419244.33	59287111.23	59287111.23

项目	行次	母公司上年数	合并上年数	母公司本期数	合并本期数
减：已分配优先股股利	24				
提取任意公积金	25				
已分配普通股股利	26	35303814.00	35303814.00		
八．未分配利润(未弥补亏损以"－"号表示)	27	15115430.33	15115430.33	59287111.23	59287111.23

财务状况变动表

编制单位:大连商场股份有限公司　　1996 年度　　单位:元

流动资金来源和运用	行次	母公司	合并	流动资金各项目的变动	行次	母公司	合并
一、流动资金来源				一、流动资产本年增加数:			
1. 本年净利润	1	55214601.14	55214601.14	1. 货币资金	30	25955368.05	25710759.82
加:不减少流动资金的费用和损失	2			2. 短期投资	31		
(1)少数股东权益			64308.59	3. 应收票据	32	2002740.00	2002740.00
(2)固定资产折旧	3	7154841.00	7177677.28	4. 应收帐款净额	33	1379279.48	1396866.64
(3)无形资产、递延资产及其他	4	10127349.35	10127349.35	5. 预付货款	34	6011398.71	5630234.31
资产摊销(减其他负债转销)				6. 其他应收款	35	8751725.26	8986126.97
(4)固定资产盘亏(减盘盈)	5			7. 待摊费用	36	－1094961.84	－1094961.84
(5)清理固定资产损失(减收益)	6	1395872.22	1395872.22	8. 存货	37	－17897462.28	－17955845.54
(6)递延税款	7			9. 待处理流动资产损失(减收益)	38	24175.03	24175.03
(7)其他不减少流动资金费用和损失	8			10. 一年内到期的长期债券投资	39	－95200.00	－95200.00
小　计	9	73892663.71	73979808.58	11. 其他流动资产	40		
2. 其他来源					41		
(1)固定资产清理收入(减清理费)	10				42		
(2)增加长期负债	11	114311.77	114311.77		43		
(3)收回长期投资	12	283542.35	225200.00		44		
(4)对外投资转出固定资产	13			流动资产增加净额	45	25037063.31	24604895.39
(5)对外投资转出无形资产	14			二．流动负债本年增加数:			
(6)资本净增加额	15	11042920.24	11042920.24	1. 短期借款	46	－47100000.00	－47100000.00
(7)少数股东资本净增加额			44861.13	2. 应付票据	47	1997200.00	1997200.00
小　计	16	11440774.36	11427293.14	3. 应付帐款	48	40951864.54	40611498.50
流动资金来源合计	17	85333438.07	85407101.72	4. 预收货款	49	－298014.81	－298014.81
二．流动资金运用:				5. 应付福利费	50	1376525.54	1376525.54
1. 利润分配:				6. 未付股利	51	－35303814.00	－35333978.52
(1)提取法定公积金	18	5521460.12	5521460.12	7. 未交税金	52	－1577913.10	－1478449.44
(2)提取法定公益金	19	55214606.12	5521460.12	8. 其他未交款	53	－6760.90	－6760.90
(3)提取任意公积金	20			9. 其他应付款	54	26260475.35	25952718.90
(4)已分配股利	21			10. 预提费用	55	44627.34	44627.34
(5)少数股东利润分配			64308.59	11. 一年内到期的长期负债	56	－8850000.00	－8850000.00
小　计	22	11042920.24	11107228.83	12. 其他流动负债	57		－55625.38
2. 其他运用:				流动负债增加净额	58	－22505810.04	－23140258.77
(1)固定资产和在建工程净增加额	23	25145306.27	25145306.27	流动资金增加净额	59	47542873.35	47745154.16
(2)增加无形、递延及其他资产	24	1409412.46	1409412.46				
(3)偿还长期负债	25						
(4)增加长期投资	26	192925.75					
小　计	27	26747644.48	26554718.73				
流动资金运用合计	28	37790564.72	37661947.56				
流动资金增加净额	29	47542873.35	47745154.16				

大连商场股份有限公司一九九七年度中期报告

一、财务报告(已审计)

本财务报告业经大连会计师事务所注册会计师张立云、石笛侠注册会计师审计，并出具无保留意见审计报告(大会师内审字〔1997〕172 号)。

1. 财务报表

(1)简化的资产负债表

1997 年 6 月 30 日　　金额单位:元

项　目	年初数(母公司)	年初数(合并)	期末数(母公司)	期末数(合并)
资产				
流动资产	277148690.73	279118244.04	320960919.50	322244898.99

长期投资	91358529.18	90434000.00	91015351.09	90434000.00
固定资产净值	147993759.89	148016626.13	142882892.80	142930373.66
在建工程	6578027.62	6578027.62	9371434.78	9371434.78
无形资产及递延资产	33897467.78	33897467.78	31239283.85	31239283.85
其他长期资产				
资产总计	556976475.20	558044365.57	595469882.02	596219991.28
负债及股东权益				
流动负债	190956385.00	191661432.31	195373929.30	195753564.97
长期负债	327323.84	327323.84	395330.66	395330.66
负债合计	191283708.84	191988756.15	195769259.96	196232333.71
少数股东权益		362843.06		287035.51
股本	135783900.00	135783900.00	135783900.00	135783900.00
资本公积	131545842.15	131545842.15	131545842.15	131545842.15
盈余公积	39075912.98	39075912.98	39075912.98	39075912.98
其中:公益金	18507555.75	18507555.75	18507555.75	18507555.75
未分配利润	59287111.23	59287111.23	93294966.93	93294966.93
股东权益合计	365692766.36	365692766.36	399700622.06	399700622.06
负债及股东权益合计	556976475.20	558044365.57	595469882.02	596219991.28

(2)简化的损益表

金额单位:元

项目	上年同期数(母公司)	上年同期数(合并)	1997年1-6月(母公司)	1997年1-6月(合并)
主营业务收入	458565603.53	458755223.70	406491641.86	406502668.52
主营业务利润	31933142.20	31697987.11	36586178.14	36277010.36
其他业务利润	1091999.81	1111885.18	3777915.35	3786101.20
投资收益	-161452.29		-227422.64	
营业外收支净额	-1013198.04	-1013198.04	-87295.44	-89452.70
利润总额	31850491.68	31796674.25	40049375.41	39973567.86
所得税	4777573.75	4777573.75	6041519.71	6041519.71
净利润	27072917.93	27072917.93	34007855.70	34007855.70

2.财务指标

	97年1-6月	上年同期数
(1)每股收益	0.25元	0.20元
(2)净资产收益率	8.51%	8.02%
(3)每股净资产	2.94元	2.49元

注:本期和同期每股收益和每股净资产是以当期期末公司总股本13578.39万股为基数计算的。

3.财务报表附注

(1)本期财务报告所采用的会计政策与会计方法和1996年度财务报告所采用的会计政策与会计方法相互一致。

(2)本报告期内主体未发生合并、分立等变化。

(3)合并报表原则:对公司拥有100%权益的全资附属企业和拥有50%以上权益的控股企业会计报表进行合并。在编制合并会计报表时,对内部投资、内部往来等按合并报表原则进行抵销。本年度仍对控股企业中外合资大连现代商用电脑有限公司会计报表进行合并。

(4)本公司关联企业

公司名称	地址	主营业务范围	本公司所有权益(%)	注册资金(万元)
大连现代商用电脑有限公司	大连市中山区荣盛街25号	生产商用微机、承担商用微机系统工程的咨询及软件编制等	75	56
大连金首饰铸模有限公司	大连市中山区青三街1号	生产金首饰铸模,经营加工金首饰工具等有关业务	50	50
大连国际商贸大厦有限公司	大连市中山区五惠路	商品零售、进出口、客房、写字间、餐饮、娱乐、美容等	30	30,000

本公司关联企业之间不存在关联交易。

(5)货币资金11,239.06万元,比年初增加40.81%,主要由于公司强化资金管理,加大货款结算力度,适度储备存货,从而相应增加了货币资金结余。

(6)在建工程937.14万元,比年初增加42.46%。

工程名称	工程进度	实际支出数	原预算数	资金来源
南楼电梯工程	40%	276.82万元	267万元	自筹
中央空调	50%	660.32万元	1300万元	自筹

注:实际支出数没有利息费用。

(7)短期借款3400万元,比年初增加120.78%,系增加工商银行短期借款所致。

(8)应交税金177.96万元,比年初增加297.75%,系应交增值税及应交房产税增加所致。

(9)预提费用22.08万元,比年初增加47.26%,系本年预提租赁费。

(10)未分配利润9,329.5万元。系上年结余数和本期净利润数之和。

公司股东大会通过1996年度分配方案为:以现股本13,578.39万元为基数,向全体股东按每10股送3股红股的方式进行。分红总数为40,735,170.00元,期末尚未实施。

(11)财务费用-118.12万元,系增加货币资金存款利息所致。

(12)其他业务利润378.6万元,增加240.5%,主要是"翻斗乐"和中央大堂等租金利润290.71万元;公司北楼广告利润52.85万元。

(13)营业外收支净额-8.94万元,系营业外收入7.42万元,为处理固定资产净收益;营业外支出16.36万元,为固定资产报废损失。

二、经营情况的回顾与展望

1.上半年经营情况的回顾

(1)97年1-6月是本公司进入第二个高速增长期的头半年。93年、94年是第一个高速增长期,年营业收入从4亿元猛增到10亿元,利润从1500万元猛增到6800万元,两年翻了两番。95年、96年公司进入稳定期,利润保持在6300万元以上。97年、98年公司将进入第二个高增长期,今年上半年实现利润3997万元,创历史同期最好水平,同比增长25.72%。

(2)97年以来,公司从思想上、战略上进一步将工作重点转移到提高经济效益上来。上半年在抓主营业务的同时,加强其它业务管理,使其它业务利润达378.6万元,比同期增加267万元。资金管理、费用管理收到明显效果。

(3)变革营销体制,实施经营管理体制改组,走上科学化管理轨道。大商集团去年组建的供配货中心今年正式运行。目前公司穿、用商品主要从该中心进货,较好地降低了营业成本。实行自营是公司二年来改革营销体制的大举措,不仅反响巨大,而且效果明显,上半年毛利率又增加了1.1个百分点。

(4)发挥"大连第一店"龙头作用,营造大连商业繁荣兴旺景象。公司在大连具有"第一店"的美誉,具有引导消费、领导潮流、营造市场热点的作用。上半年公司通过三大轰动全市的营销战役,塑造了三次销售高潮。"迎新春大联展"创造了春节第一个销售高潮;承办"97全国家电交电商品交易会"创造家交电商品春季销售高潮;举办"首届大商夏凉节"创造第三次夏季商品销售高潮。

(5)对外合资合作取得突破性进展。大连国贸大厦等与日、港合资的大项目拔地而起,将先后进入封顶层,下半年将进入内外装修和营业前的准备及开业庆典倒计时阶段。

(6)制订了新一轮扩充计划。上半年先后论证了同业收购、跨业收购

和自建合作等发展设想，研究了国家股以大连秋林公司、大连贸易大世界、大连食品商城的净资产配股方案。这些方案的逐步实施，将为公司扩大规模，增加市场份额奠定基础。

2. 下半年计划

下半年，公司将以'97 辽宁商品交易会等三大业务活动为契机，开辟增销创利新点，确保全年经济效益创历史新纪录；组织实施配股方案，配置优良资产，扩大企业规模；抓住国有资产重组的机遇，实施公司扩充计划，力争在购并上有新的突破。

三、重大事件的说明

1. 公司于 1997 年 6 月 10 日在大连市工商行政管理局进行年检登记。

2. 本公司无炒作股票行为。

3.1993 年 10 月发行股票所募集的 1.5 亿元中，投资中日合资大连国际商贸大厦 9000 万元的项目建设延续到本期。上半年工程进展顺利，地上裙楼工程已完毕，塔楼工程完成至三十一层。

4. 本报告期内公司无重大诉讼、仲裁事项。

四、发行在外股票的变动和股权结构的变化

1. 股权结构情况(单位:万股，每股面值:1.00 元人民币)

	1997年6月30日	比率(%)	1996年末	比率(%)
(一)尚未流通股份	6578.39	48.45	6578.39	48.45
(1)国家股	5620	41.39	5620	41.39
(2)社会法人股	850	6.26	850	6.26
(3)社会公众受让转配	108.39	0.80	108.39	0.80
(二)已流通股份	7000	51.55	7000	51.55
境内上市的人民币普通股	7000	51.55	7000	51.55
(三)股份总额	13578.39	100.00	13578.39	100.00

本报告期内公司股本结构没有变化。

2. 主要股东持股情况

股东名称	持股数(万股)	所占比例(%)
国家股	5620	41.39
大连国际信托投资公司	175.95	1.30
大连信托投资公司	85	0.63
王孔顺	59.44	0.44
王羽京	43.86	0.32
浙假日俱	30	0.22
李晓亚	28.06	0.207
李世辉	28	0.206
广西人保	27	0.199
魏志华	22.99	0.169

注:A、国家股持股单位为大连国有资产管理局，本报告期内无变化。

五、股东大会简介

本公司 1996 年度股东大会于 1997 年 5 月 29 日在大连市中山区青三街 1 号(公司南十五楼)召开。出席会议股东 226 人，代表股份 64,925,009 股。经大会审议、表决和大连市公证处公证，通过如下决议:

1. 批准了由董事长、总经理牛钢先生作的《1996 年度董事会工作报告》;

2. 批准了由监事会主席芦惠英女士作的《1996 年度监事会工作报告》;

3. 批准了《1996 年度财务报告》;

4. 批准了《1996 年度红利分配方案》;

公司 1996 年实现净利润 5521.46 万元利润分配方案为:提取法定盈余公积金和公益金各 10%，各计 552.14 万元后，当年可供股东分配利润 4417.17万元，加上上年结转的 1511.54 万元，股东实际可分配利润 5928.71 万元，1996 年度普通股分配方案为:以现有总股本 13,578.39 万股，向全体股东按每 10 股送 3 股红股方式进行分配，分红总额为 4,073.51 万元，节余未分配利润 1,855.19 万元，转入上一年度。

5. 批准了《1997 年增资配股方案》。

大会采取逐项表决方式分别通过了以下事项:

(1)配股比例:以 1996 年末公司总股本 13,578.39 万股为基数，向全体股东按 10 股配 3 的比例配售新股。其中国家股拥有 1686 万股配股权，拟以大商集团之秋林公司、贸易大世界和食品商城经评估后的净资产折价认购，不足或超出部分用现金支付。法人股拥有 255 万股配股权，根据反馈意见本次法人股单位全部放弃配股权并不转让给社会公众股股东。公众股拥有 2132.517 万股配股权(其中包括公众股转配之配股权 32.517 万股)。因此本次配股总额为 3,818.517 万股。

(2)配股价格幅度:每股 6.50－9.50 元。

(3)募集资金投资方向:本次募集资金主要用于在大连市繁华地段收购零售物业权益，扩大连销经营。

(4)配股有效期:一年。

(5)授权事项:授权董事会全权处理本次配股有关事项，并在配股结束后，根据配股实际结果，修改公司章程有关条款，并及时变更注册登记。

六、备查文件

1. 载有公司董事长、总经理牛钢先生亲笔签名的一九九七年度中期报告原本。

2. 载有大连会计师事务所盖章、注册会计师张立云、石笛侠亲笔签字的审计报告正文及财务报表。

查阅地址:大连市中山区青三街 1 号公司证券部

大连商场股份有限公司

一九九七年七月十七日

重庆百货大楼股份有限公司

重庆百货大楼股份有限公司简介

一、公司概况

重庆百货大楼股份有限公司前身为重庆百货大楼，成立于1950年，是西南地区最早一家国营大型零售企业，地处重庆解放碑商业黄金地区中心。1979年企业扩大自主权，成为重庆市"以税代收、自负盈亏"的试点单位。1983年企业实行经理负责制，1988年企业实行"利税分流、税收承包"逐步成为相对独立、自主经营、自负盈亏、自我发展的经济实体。经过92年股份制改革，公司逐渐发展成了以零售为主，下属22家分、子公司，经营范围涉及房地产、贸易等领域的大型综合性商业企业。经营业绩逐年提高，连续多届被评为"全国百家规模最大效益最佳零售商业企业"。96年实现销售9.28亿元，利润6650万，在全国100多家最大零售商业企业中排名第22位，利润排名第11位，被重庆市国有资产管理局评称为10名"重庆经济的脊梁"之一。96年7月2日，公司经中国证监会，上交所批准3000万A股在沪挂牌交易，为公司进一步发展奠定了基础。

二、分、子公司简介

重百北碚商场、重百阳光商场、重百杨家坪商厦是公司实施"壮大主体、推进两翼、三种模式、扩展集团"的战略方针，先后在重庆各繁华商业区兴建的大型连锁商场，开业以来，均成绩斐然。这三座连锁综合性商场在体现公司规模效应、扩大公司市场占有率和增强公司市场竞争实力等方面都起到了重要作用。标志着公司外延拓展已见成效。

重百北碚商场是公司采取独资形式，投入资本800万元兴建，94年10月开业，位于北碚区繁华中心地段，营业面积4000m^2，96年实现销售收入8416万元。

重百阳光商场，是公司与房地产开发公司合作，采取租赁方式，投入资本1000万元，在江北区观音桥租赁经营场地经营，租期10年，于96年12月18日开业，开业以来，平均日销额达30余万元，97年中期实现销售收入5522万元。

重百杨家坪商厦，是公司投入2100万元，对杨家坪百货公司控股，拥有其51%的股权，在此基础上成立的又一家连锁商场。位于九龙地区杨家坪地区，背靠三家职工人数在2万人以上的特大型企业：建设工业集团、西南汽车制造厂、重庆钢铁公司，经营范围辐射至李家沱地区，客源充足，97年中期实现销售收入3078万元。

重庆百货大楼股份有限公司1996年年度报告摘要

一、公司简况

公司法定中文名称：重庆百货大楼股份有限公司

公司英文名称：CHONG QING DEPARTMENT STORE CO.LTD

公司英文名称缩写：CBDL

公司注册地址：重庆市渝中区民权路2号

公司办公地址：重庆市渝中区民权路2号

邮编：630010

公司法定代表：龚小力

公司咨询服务机构：重百大楼证券办公室

电话：0811—3844133

传真：0811—3844133

联系人(董秘)：董事会秘书张邕先生

二、主要财务数据与财务指标

指标项目	本年数	上年数	比上年增减(%)
1.主营业务收入(万元)	79326.78	68514.89	15.78
2.净利润(万元)	5307.63	5003.64	6.08
3.总资产(万元)	57510.37	43344.89	32.68
4.股东权益(万元)	31738.58	26430.95	20.08
5.每股收益(元)	0.4423	0.42	6.07
6.每股净资产(元)	2.6449	2.2026	20.00
7.净资产收益率(%)	16.72	18.93	-11.67
8.股东权益比率(%)	55.19	60.98	-9.49

三、公司主要业务回顾

1. 一年经营情况：

1996年，公司所处地区商业竞争激烈，新开业商场较1995年增加了许多，使原本消费增长低于供应增长的市场格局进一步加剧，尽管经营环境变化较快，但公司变压力为动力，积极从规模和管理入手，使公司较好完成计划。全年共实现主营业务收入79326.78万元，比上年增长15.78%，净利润5307.63万元，比上年增长6.08%，分别完成公司股票《上市公告书》披露1996年盈利预测的105.35%和100.79%。

过去的一年，公司的发展依赖于全国经济的复苏，但更为主要的是公司面对竞争日益激烈的市场，紧紧抓住上市后实力增强的契机，充分挖掘内部潜力，取得了较显著的成绩。

1) 大力发展连锁经营，使公司规模再上台阶。

1996年，由于各种合资商场的开业，公司市场空间相对缩小，为了进一步的发展，提高市场占有份额，公司采取合作，独资，租赁等方式，大力开办连锁商场，相继在北碚，江北，九龙坡区组建了重百分店，使公司覆盖面大大增加，满足了城乡居民的需求，公司也取得了规模效益。

2) 树立名店，名品，名特产，优服务的形象。

在百货行业经营范围，品种都大同小异的情况下，为了提高效益，公司从平凡中脱颖而出，体现自身特点，公司继续发扬"老字号"的传统，以信誉立口碑，坚决杜绝假冒伪劣产品，保护消费者权益，以独特的名品，名特产吸引消费者，以优质服务树立良好的重百形象。

3) 加大批发力度，引进名牌商品，提高市场占有率

今年公司销售额突破9.28亿(含税销售)，创建店来的历史新高，较上年增长15.78%，这些成绩的取得和批发密不可分，公司把抓品牌，拓批发作为战略目标，采取"引进来，走出去"的策略。一方面挖掘消费者喜爱品牌，满足消费的需求；另一方面利用自身商誉好，经营能力强的优势，大力拓展批发渠道，克服经营场地有限的不足，搞柜台延伸，使公司经营地区范围辐射至万县，南充，万盛等地。

2. 募集资金使用情况说明

公司1992年改制时共筹集资金11700万元，公司基本按照招股说明书披露的资金运用方案使用募集资金，资金使用情况如下：

1) 江北龙溪镇基地：总投资15700万元，实际投资4096.53万元。

本年度新增投资1328.72万元，共完成整个工程进度的35%。工程进度的缓慢主要受阻于重庆市政府修建黄花园嘉陵江大桥所致。

2）连锁分店：投资2100万元(包括公司以80万元商誉投入)与杨家坪百货公司组建重百九龙百货有限公司，公司占权益的51%。预计97年年初开业。投资830万元采取合作租赁经营场地的方式筹建重百阳光商场，已于96年12月28日开业。

3）出资96.80万元补办黄泥磅79亩土地50年使用权手续；按协议上交民权路2号等三宗土地的土地出让金340万元。

四、股本变化及股本结构情况

	期初数	本次变动增减(+，-)					期末数
		配股	送股	公积金转股	其他	小计	
一、尚未流通股份							
1.发起人股份							
其中：							
国家拥有股份	4200万股						4200万股
境内法人持有股份							
外资法人持有股份							
其他							
2.募集法人股	4800万股						4800万股
3.内部职工股	3000万股						
4.优先股或其他							
尚未流通股份合计							
二、已流通股份							
1.境内上市的人民币普通股							3000万股
2.境内上市的外资股							
3.境外上市的外资股							
4.其他							
已流通股份合计							3000万股
三、股份总数	12000万股						12000万股

主要股东持股情况(前十名股东)

名次	股东名称	年初持股数(万股)	占总股本(%)
1	重庆华贸国有资产经营有限公司	4200	35.00
2	重庆庆通贸易公司	400	3.33
3	中国农业银行重庆信托投资公司	200	1.67
4	中国人民建设银行重庆信托投资公司	200	1.67
5	重庆市银中经济开发公司	200	1.67
6	重庆银桥贸易服务公司	200	1.67
7	重庆银海租赁股份有限公司	160	1.33
8	重庆金利贸易公司	150	1.25
9	重庆银鹰物业公司	110	0.92
10	重庆银渝贸易公司	100	0.83

公司董事、监事与高级管理人员持股情况

姓　名	职　务	年初持股数	年末持股数	变动原因
龚小力	董事长	12000	12000	
夏作人	副董事长	10000	10000	
郭仁模	副董事长	10000	10000	
林吉祥	董事	10000	10000	
王宏金	董事	0	0	
王定基	董事	0	0	
王敬先	监事会主席	0	0	
王　敏	监事会副主席	7000	7000	
郑　蓉	监事	7000	7000	
陈安福	监事	7000	7000	
李开健	监事	0	0	
肖诗新	副总经理	7000	7000	
张　邕	总会计师	4000	4000	

五、重要事项

1.1996年7月2日，重庆百货大楼股份有限公司1992年发行的3000万A股在上海证券交易所上市交易。

2.公司投资兴建的百汇食品超市1996年正式投产营业。

3.公司投资举办的重百九龙百货有限公司，江北区重百阳光商场年末已开始试营业，但工程项目将在1997年上半年完工。

4.公司所属的妇幼商店1996年初正式撤销，并入百汇食品超市经营场地经营。

5.1997年3月1日公司第一届董事会第九次会议通过了1995、1996年度利润合并分配预案，96年度净利润在提取10%法定盈余公积金和5%公益金后，加上以前年度的未分配利润51,375,937.47元，可供股东分配的利润总额为96,490,903.23元。另提取任意盈余公积金12,490,803.23元，其余84,000,000.00元按每10股送7股进行分配，公司据此已调整了96年度会计报表相关科目的年初数。(将1995年已计入未付股利3000万元调整在1995年度的未分配利润中)。该预案提请股东大会审议。

6.公司于1996年5月10日召开了第一届第八次董事会会议，会议审议了《1995年董事长及总经理业务报告》、《1995年利润分配预案》，听取了监事会对公司1995年工作的评价意见，研究了《股票上市方案》，研究了第二届董事会换届问题，审议《会计师审计报告》、通过了“关于争取公司股票在上海上市的决议”、“关于公司股票含权上市的决议”、“关于推迟召开股东大会的决议”、“关于延长第一届董事任期的决议”、“关于聘张邕同志任公司总会计师的决议”。

7.本报告期内公司无重大诉讼、仲裁事件。

六、子公司及关联企业

	企业名称	注册资金(万元)	主营业务	本公司拥有权益%
1	百佳广告艺术公司	150	广告，摄影	100
2	重庆百发房地产开发公司	500	城建综合开发	100
3	劳动保护用品公司	100	劳保用品及用具	100
4	重百北碚商场	800	百货	100
5	百盛汽车贸易公司	200	汽车，汽车零部件	100
6	重庆百汇食品超市	500	食品，药材	100
7	重百九龙百货有限公司	2100	百货零售	51
8	重百阳光商场	500	百货零售	100

七、财务报告

(一)审计意见：本公司财务报表经重庆会计师事务所中国注册会计师杨友明、邓兴政审计，并出具无保留意见的审计报告。

(二)财务报表：合并资产负债表，合并损益表，合并财务状况表附后。

(三)主要会计政策：

1.会计制度：公司执行《股份制试点企业会计制度》

2.会计年度：公司会计年度为公历1月1日至12月31日

3.报表合并：公司对所属子公司报表均进行了合并，合并时对内部交易和内部往来已作了抵销，公司对外报送合并报表。

4.记帐原则和计价基础：公司按权责发生制组织会计核算，以实际成本为计价基础。

5.存货计价：存货包括库存商品、库存材料、低值易耗品按实际成本核算，材料发出按加权平均法结转成本，低值易耗品领用时实行“五五摊销”。

6.长期投资：指投资期限在一年以上的债券投资和股权投资，公司对持有20%以下股权的股权投资采用成本核算，对持有20%以上的股权投资采用权益法核算，其中持股比例50%以上的编入合并报表，债券投资按期计算利息收入。

7.固定资产及折旧：固定资产按实际成本计价，入帐标准为价值在2000元以上，使用年限在

一年以上,折旧采用直线法,分类折旧资料如下:

类别	使用年限	年折旧率	残值率
房屋及建筑物	20	4.85%	3%
运输设备	10	9.7%	3%
其它设备	5-10	19.4-9.7%	3%

8. 无形资产:为土地使用权,采用直线法分五十年摊销。

9. 税项:公司承担主要税项如下:

增值税:按销售收入的17%计算销项税,按销项税扣除进项税后的差额缴纳增值税。

城市建设维护税:按流转税税额的7%缴纳。

教育费附加:按流转税税额的3%缴纳。

所得税:根据重庆市人民政府重府发〔1993〕83号文及公司与重庆市地税局实际汇算清缴结果本年度1-5月按应税所得额的33%缴纳,6-12月按应税所得额的15%缴纳,以后年度均按应税所得额的15%缴纳。

10. 利润分配:公司税后利润在提取10%法定公积金和5%公益金后,其余根据股东大会决议进行分配。

(四)会计报表附注:

1. 应收帐款:年末数17565141.92元

其中:

帐龄在1年以内	15931583.72元	90.7%
帐龄在1-2年	878257.10元	5%
帐龄在2-3年	281042.27元	1.6%
帐龄在3年以上	474258.83元	2.7%

应收帐款中无持有5%以上股东的欠款。

年末按应收帐款余额的0.5%计提坏帐准备金87825.71元,应收帐款较年初增长2.67倍,主要是因为批发比重扩大,货款往来单位增加所至。

2. 短期投资年末数160427933.66元,全部为委托银行贷款。

3. 其他应收款:5,106,940.49元

其中:

帐龄在1年以内	4623313.22元	90.53%
帐龄在1-2年	91924.93元	1.8%
帐龄在2-3年	61283.29元	1.2%
帐龄在3年以上	330419.05元	6.47%

其它应收款中无持有5%以上股东的欠款。

其他应收款均为各种暂付,代垫款项,较年初数无重大变化,三年以上其他应收款据分析基本能收回。

4. 长期投资:35,450,290.64元

(1)股权投资

被投资单位	股数(万股)	占比例	投资金额(元)
中贸联公司	300	3.9%	3,000,000
重庆华夏证券公司	100	0.67%	1,000,000
上海华联商厦	16.5	0.06%	928,000
成都电热器厂	50	0.99%	500,000
重庆产权转让中心	30	6%	300,000
常州自行车厂	10	0.98%	100,000
合计			5,828,000

以上投资按成本法核算

(2)债券投资

债券种类	到期日	面值(元)	年利率	投资金额(元)
93年国库券(5年期)	98.8	6,424,000	13.96%	6,424,000
96年无记名国库券(3年期)	99.3	8,000,000	14.5%	8,000,000
96年记帐式国库券(3年期)	99.8	6,000,000	10.96%	6,000,000
其他债券		1,026,348.96		1,026,348.96
合计		21,450,348.96		21,450,348.96

(3)应计利息

国库券	7,901,210.66元
债券	270,731.01元
合计	8,171,941.67元

长期投资较年初降低18.85%,主要是一部分即将到期债券计入一年内到期债券投资。

5. 资本公积:66,045,686.47元

本年度资本公积金无变化

6. 盈余公积:47,340,126.66元

期初余额	本期增加	期末余额
26,887,876.53	20,452,250.13	47,340,126.66

本期增加20,452,250.13元,系根据公司董事会预分方案,按照公司章程提取法定盈余公积金5,307,631.27元,提取法定公益金2,653,815.63元,提取任意盈余公积金12,490,803.23元。

7. 未分配利润:84,000,000.00元

期初余额	本期增加	本期减少	期末余额
51,375,937.47	53,076,312.66	20,452,250.13	84,000,000.00

本期增加数为本年净利润。

本期减少系根据公司董事会预分方案提取数。

1997年3月1日公司第一届董事会第九次会议通过了1995,1996年度利润合并分配方案,公司据此调整了1996年度会计报表本科目及应付股利的年初数。

8. 投资收益:21,590,137.93元

其中:债券投资收益	7,474,232.43
委托贷款收益	14,015,905.50
非控股公司分来利润	100,000.00

上述非控股公司分来利润系收到的成都电热器厂分回的利润,以实际收到的金额入帐,本年度投资收益总额较去年下降29.02%,主要是收回投资,利率下调等原因形成。同时债券投资因购入时间短,投资收益相对较少。

八、其他事项

重百阳光商场已于1996年12月28日开业酬宾,截止1997年1月21日,累计完成零售销售额9,662,445元,日平均销售额达到40万元,是北碚商场日销售额的153.13%,占整个公司日销售额的10.86%,成为继北碚商场后,公司另一个新的利润增长点。

重庆百货大楼股份有限公司董事会

一九九七年三月四日

资产负债表

编制单位:重庆百货大楼股份有限公司　　1996年12月31日　　金额单位:元

资　　产	行次	年初数(母公司)	年初数(合并)	年末数(母公司)	年末数(合并)
流动资产:					
货币资金	1	4798721.52	8081237.69	90077337.62	98881405.35
短期投资	2	157188056.66	157188056.66	160427933.66	160427933.66
应收票据	3				358700.16
应收帐款	4	3674903.76	4792053.75	13429292.25	17565141.92

资　　产	行次	年初数(母公司)	年初数(合并)	年末数(母公司)	年末数(合并)
减:坏帐准备	5	18374.52	23960.27	63393.52	87825.71
应收帐款净额	6	3656529.24	4768093.48	13365898.73	17477316.21
预付货款	7	1662661.18	1668006.81	3715620.17	5114697.87
其他应收款	8	19729271.46	5262529.18	25377282.56	5106940.49
待摊费用	9	3470175.44	3595066.52	2212756.99	2275314.99
存货	10	64702499.02	76050794.21	67995017.35	92511191.05
减:存货变现损失准备	10-1				
存货净额	10-2				
待处理流动资产净损失	11	242061.08	247141.48	2002274.69	1994916.27
一年内到期的长期债券投资	12	37069500.00	37069500.00	26800000.00	26800000.00
其他流动资产	13				
流动资产合计	15	292519475.60	293930426.03	391974121.77	410948416.05
长期投资:					
长期投资	16	58188743.12	43685450.64	48099690.29	35450290.63
合并价差(合并报表填列)	16-1				
固定资产:					
固定资产原价	17	53163519.07	59695182.86	73943430.09	79275744.07
减:累计折旧	18	19794263.07	20592856.93	23016373.72	24122361.93
固定资产净值	19	33369256.00	39102325.93	50927056.37	55153382.14
在建工程	20	35992494.76	35992494.76	53541537.44	53541537.44
固定资产清理	21				
待处理固定资产净损失	22				
固定资产合计	23	69361750.76	75094820.69	104468593.81	108694919.58
无形资产及递延资产:					
无形资产	24	8372500.00	8372500.00	9136619.97	9136619.97
递延资产	25	11039274.14	12365718.01	9775616.00	10873491.56
无形及递延资产合计	30	19411774.14	20738218.01	18912235.97	20010111.53
其他长期资产:					
其他长期资产	31				
递延税项:					
递延税款借项	32				
资产总计	40	439481743.62	433448915.37	563454641.84	575103737.79
负债及所有者权益	行次	年初数(母公司)	年初数(合并)	年末数(母公司)	年末数(合并)
流动负债:					
短期借款	41	39200000.00	42200000.00	64010000.00	67010000.00
应付票据	42		293130.71	46599604.86	70706913.86
应付帐款	43	18277169.99	25877819.34	16065228.22	20495139.51
应付货款	44	1200.00	1539996.29	149466.00	266575.12
应付福利费	45	49959.01	320878.58	858930.79	1549619.44
未付股利	46	588000.00	588000.00	218400.00	218400.00
未交税金	47	-434855.90	-818017.02	11002491.91	9545845.72
其他未交款	48	169164.53	170217.42	180563.45	182048.99
其他应付款	49	102745275.60	84391059.66	92402019.36	73161257.90
预提费用	50	6000000.00	6000000.00	6000000.00	6000000.00
一年内到期的长期负债	51				
其他流动负债	52				
流动负债合计	55	166595913.23	160563084.98	237486704.59	249135800.54
长期负债:					
长期借款	56				
应付债券	57				
长期应付款	58	8576329.92	8576329.92	8582124.12	8582124.12
其他长期负债	60				
长期负债合计	65	8576329.92	8576329.92	8582124.12	8582124.12
递延税项:					
递延税款贷项	66				
负债合计	67	175172243.15	169139414.90	246068828.71	257717924.66
少数股东权益(合并报表填列)	67-1				
股东权益:					
股本	68	120000000.00	120000000.00	120000000.00	120000000.00
资本公积	69	66045686.47	66045686.47	66045686.47	66045686.47
盈余公积	70	26887876.53	26887876.53	47340126.66	47340126.66
其中:公益金	71	7367032.67	7367032.67	10020848.30	10020848.30
未分配利润	72	51375937.47	51375937.47	84000000.00	84000000.00
外币报表折算差额	72-1				
股东权益合计	79	264309500.47	264309500.47	317385813.13	317385813.13
负债及股东权益总计	80	439481743.62	433448915.37	563454641.84	575103737.79

利润及利润分配表

编制单位:重庆百货大楼股份有限公司　　1996 年度　　金额单位:元

项　　目	行次	上年数(母公司)	上年数(合并)	本期数(母公司)	本期数(合并)
一、主营业务收入	1	586681275.77	685148940.49	676229059.06	793267755.13
减:营业成本	2	491052062.46	573964739.11	577201759.89	677094502.20
销售费用	3	31896212.96	39313040.45	22729083.02	33396654.89
管理费用	4	22281795.42	25797342.70	22860429.50	28614382.95
财务费用	5	2227126.29	2079639.97	3624159.87	2736861.41
进货费用	6				
营业税金及附加	7	3159957.33	3966751.37	5283645.18	6372314.00
二、主营业务利润(亏损以"-"号表示)	8	36064121.31	40027426.89	44529981.60	45053039.68
加:其他业务利润(亏损以"-"号表示)	9	290154.04	292034.33	322628.83	327424.61
三、营业利润(亏损以"-"号表示)	10	36354275.35	40319461.22	44852610.43	45380464.29
加:投资收益(亏损以"-"号表示)	11	29112927.33	30413281.25	21918707.95	21590137.93
补贴收入	11-1				
营业外收入	12	257662.46	271777.63	126627.86	138422.73
减:营业外支出	13	849092.66	5909498.59	485616.89	611013.46
加:以前年度损益调整(调减以"-"号表示)	14				
四、利润总额(亏损以"-"号表示)	15	64875772.48	65095021.51	66412329.35	66498011.49
减:所得税	16	14839324.63	15058573.66	13336016.69	13421698.83
减:少数股东损益(合并报表填列)(亏损以"-"号表示)	16-1				
五、净利润(亏损以"-"号表示)	17	50036447.85	50036447.85	53076312.66	53076312.66
加:年初未分配利润(未弥补亏损以"-"号表示)	18	8844956.80	8844956.80	51375937.47	51375937.47
盈余公积转入数	19				
六、可分配的利润(亏损以"-"号表示)	20	58881404.65	58881404.65	104452250.13	104452250.13
减:提取法定公积金	21	5003644.79	5003644.79	5307631.27	5307631.27
提取法定公益金	22	2501822.39	2501822.39	2653815.63	2653815.63
职工奖金福利(合并报表填列子公司为外商投资企业项目)	22-1				
	22-2				
七、可供股东分配的利润(亏损以"-"号表示)	23	51375937.47	51375937.47	96490803.23	96490803.23
减:已分配优先股股利	24				
提取任意公积金	25				
已分配普通股股利	26			12490803.33	12490803.23
八、未分配利润(未弥补亏损以"-"号表示)	27	51375937.47	51375937.47	84000000.00	84000000.00

财务状况变动表

编制单位:重庆百货大楼股份有限公司　　1996 年度　　金额单位:元

流动资金来源和运用	行次	金额(母公司)	金额(合并)	流动资金各项目的变动	行次	金额(母公司)	金额(合并)
一、流动资金来源:				一、流动资产本年增加数:			
1.本年净利润(合并报合并净利润)	1	53076312.66	53076312.66	1.货币资金	31	85278616.10	90800167.66
加:少数股东本期损益(合并报表填列)	2			2.短期投资	32	3239877.00	3239877.00
加:不减少流动资金的费用和损失:				3.应收票据	33		358700.16
(1)固定资产折旧	3	4134216.97	4665566.04	4.应收帐款净额	34	9709369.49	12709222.73
(2)无形资产、递延资产及其他资产摊销(减其他负债转销)	4	1467538.17	1903604.70	5.预付货款	35	2052958.99	3446691.06
(3)固定资产盘亏(减盘盈)	5			6.其他应收款	36	5648011.10	-155588.69
(4)清理固定资产损失(减收益)	6	442622.52	546322.52	7.待摊费用	37	-1257418.45	-1319751.53
(5)递延税款	7			8.存货净额	38	3292518.33	16460396.84
(6)其他不减少流动资金的费用和损失	8			9.待处理流动资产净损失	39	1760213.61	1747774.79
小　　计	10	59120690.32	60191805.92	10.一年内到期的长期债券投资	40	-10269500.00	-10269500.00
2.其他来源:				11.其他流动资产	41		
(1)固定资产清理收入(减清理费用)	11	1765342.16	2102681.72		42		
(2)增加长期负债	12	5794.20	5794.20	流动资产增加净额	45	99454646.17	117017990.02
(3)收回长期投资	13			二、流动负债本年增加数:			
(4)对外投资转出固定资产	14			1.短期借款	46	24810000.00	24810000.00
(5)对外投资转出无形资产	15			2.应付票据	47	46599604.86	70413783.15
(6)资本净增加额	16	20452250.13	20452250.13	3.应付帐款	48	-2211941.77	-5382679.83
(7)少数股东资本净增加额(合并报表填列)	16-1			4.预收货款	49	148266.00	-1273421.17
小　　计	17	22223386.49	22560726.05	5.应付福利费	50	808971.78	1228740.86
二、流动资金运用:				6.未付股利	51	-369600.00	-369600.00
1.利润分配:				7.未交税金	52	11437347.81	10363862.74
(1)提取法定公积金	18	5307631.27	5307631.27	8.其他未交款	53	11398.92	11831.57
(2)提取法定公益金	19	2653815.63	2653815.63	9.其他未付款	54	-10343256.24	-11229801.76
(3)提取任意公积金	20			10.预提费用	55		
(4)已分配股利	21	12490803.23	12490803.23	11.一年内到期的长期负债	56		
小　　计	22	20452250.13	20452250.13	12.其他流动负债	57		
2.少数股东利润分配							
3.其它运用							
(1)固定资产和在建工程净增加额	23	41449024.69	40914669.16				
(2)增加无形资产、递延资产及其他资产	24	968000.00	1175498.22				
(3)偿还长期负债	25						
(4)增加长期投资	26	-10089052.82	-8235160.00				
小　　计	27	32327971.87	33855007.38				
流动资金运用合计	28	52780222.00	54307257.51				
外币会计报表折算差额	29			流动负债增加净额	58	70890791.36	88572715.56
流动资金增加净额	30	28563854.81	28445274.46	流动资金增加净额	59	28563854.81	28445274.46

重庆百货大楼股份有限公司一九九七年度中期报告

一、财务报告

(一)财务报表(未经审计)

1. 简化的资产负债表

单位:元

项目	年初数母公司	年初数(合并)	期末数(母公司)	期末数(合并)
流动资产	391974121.77	410948416.05	385687379.47	414362697.24
长期投资	48099690.29	35450290.63	151552512.26	120552812.26
固定资产净值	50927056.37	55153382.14	40758488.87	76179346.40
在建工程	53541537.44	53541537.44	46533901.37	46533901.37
无形资产	9136619.97	9136619.97	9051619.95	9851619.95
递延资产	9775616.00	10873491.56	9775616.00	22628959.64
其他长期资产	—	—	—	—
资产总计	563454641.84	575103737.79	643359517.92	690109336.86
流动负债	237486704.59	249135800.54	278668059.88	301275942.49
长期负债	8582124.12	8582124.12	5630824.12	5630824.12
负债合计	246068828.71	257717924.66	284298884.00	306906766.61
少数股东权益	—	—	—	20514159.46
股本	120000000.00	120000000.00	204000000.00	204000000.00
资本公积	66045686.47	66045686.47	71785686.47	71785686.47
盈余公积	47340126.66	47340126.66	47340126.66	47340126.66
其中:公益金	10020848.30	10020848.30	10020848.30	10020848.30
未分配利润	84000000.00	84000000.00	35934820.79	39562597.66
股东权益合计	317385813.13	317385813.13	359060633.92	383202570.25
负债及股东权益合计	563454641.84	575103737.79	643359517.92	690109336.86

2. 简化的损益表

项目	上年同期数(母公司)	上年同期数合并	1997年1—6月(母公司)	1997年1—6月(合并)
主营业务收入	374022804.27	437527487.99	445857104.60	635130002.20
主营业务利润	21787165.15	23614383.91	28716092.44	33299909.66
其他业务利润	116245.62	131483.93	129857.24	135815.29
投资收益	9330558.49	7489164.93	10228472.27	10228472.27
营业外收支净额	-958304.88	-959368.39	-1141832.10	-1195643.15
利润总额	30275664.38	30275664.38	37932589.85	42468554.07
所得税	3682339.10	3682339.10	1997769.12	2088786.83
净利润	26593325.28	26593325.28	35934820.73	39725607.78

(二)财务指标(全面摊薄)

	1997年1-6月	1996年1-6月
(1)每股收益:	0.195元	0.22元
(2)净资产收益率:	10.37%	10.19%
(3)每股净资产:	1.88元	2.17元

注:财务指标的股本数以期末数为计算基础。

(三)财务报表附注

(1)本期财务报告所采用的会计政策与会计方法和1996年度财务报告所采用的会计政策与会计方法相互一致。

(2)合并报表原则:对公司拥有100%权益的全资附属企业和拥有50%以上权益的控股企业会计报表进行合并。在编制合并会计报表时,对内部投资、内部往来等按合并报表原则进行抵销。合并单位增加1997年上半年开业的重百阳光商场和重百九龙百货。

(3)本公司关联企业

企业名称	经济性质	法定代表	注册地	注册资本	主营业务	所持股份
劳动保护用品公司	股份制	李运杨	渝中区西来寺36号	100万元	劳保用品生产销售	100%
百盛汽车贸易公司	股份制	三明汉	杨家坪西郊路24号	200万元	汽车批发零售	100%
百佳艺术广告公司	股份制	刘嗣民	渝中区民权路2号	150万元	广告设计制作	100%
北碚商场	股份制	杨峰	北碚区中山路66号	800万元	商业批发零售	100%
百发房地产开发公司	股份制	郭仁模	渝中区民权路2号	500万元	房地产开发	100%
百汇食品超市	股份制	张晓晖	渝中区新华路222号	500万元	食品批发零售	100%
重百阳光商场	股份制	徐世同	渝北区渝北三村6号	500万元	商业批发零售	100%
重百九龙百货	有限责任	夏作人	杨家坪正街20号	4107万元	商业批发零售	51%

(4)母公司为全资子公司劳动保护用品公司、北碚商场、百汇食品超市、重百阳光商场以及控股的子公司重百九龙百货提供部分商品;母公司的全资子公司百盛汽车贸易公司、百佳艺术广告公司、百发房地产开发公司,因业务范围与母公司主营业务无任何关系,故不存在相互交易情况。本报告期关联交易情况如下:

企业名称	1997年1-6月(万元)
劳动保护用品公司	22.00
北碚商场	130.40
百汇食品超市	87.69
重百阳光商场	134.49
重百九龙百货	159.23

(5)应收帐款

1997年6月30日余额:1507.49万元,无持股5%的股东欠款。

帐龄	余额	比例
1年以内	1334.76万元	88.54%
1-2年	157.85万元	10.47%
2-3年	11.56万元	0.77%
3年以上	3.32万元	0.22%

(6)其他应收款

1997年6月30日余额:2932.96万元,无持股5%的股东欠款。

帐龄	余额	比例
1年以内	2806.31万元	95.68%
1-2年	109.54万元	3.73%
2-3年	5.82万元	0.20%
3年以上	11.29万元	0.39%

(7)长期投资增加8510.25万元,主要是用于购买长期国库券。

(8)固定资产净值增加2102.60万元,主要是因上半年新开业的重百阳光商场、重百九龙百货纳入合并范围所致。

(9)递延资产增加1175.55万元,主要是因新开业商场的开办费。

(10)流动负债增加5214.01万元,主要是:

a. 短期借款增加2400万元,因两个连锁商场新建开业,为储备铺底货源而增加的商品流转借款。

b. 应付票据增加3035万元,全部为本年度签发的银行承兑汇票,将于97年下半年陆续付款。

(11)少数股东权益增加2051.42万元,主要是控股公司重百九龙百货所剩余49%股权持有者权益。

(12)股本增加8400万元,是根据股东大会通过的按每10股送7股的决议而增加的。

(13)资本公积增加574万元,主要是根据重财企一〔1995〕117号文财政返还流转税转入494万元,以商誉80万元投资重百九龙百货。

(14)盈余公积与期初一致,本期无变化。

(15)未分配利润3956.26万元是上半年所实现利润,年初8400万元已按股东大会决议分配红股。

(16)主营业务收入增加19760.25万元,是因公司在保持自身经营稳定增长的同时,又新开业了两家商场。

(17)主营业务利润增加968.55万元,是因主营业务收入增加而增加。

(18)投资收益增加273.93万元,是因增收国债到期利息。

(19)所得税减少159.36万元,是因调整以前年度减免所得税,以及免税国债利息收入增加。

二、经营情况的回顾与展望

(一)上半年经营情况的回顾:

九七年是重庆历史发展关键之年,上半年公司在"解放思想、转变观念、稳中求进、加快发展"指导思想下,不断研究市场、调整结构、突出品牌、扩大批发,建立了相对固定的消费群体,并在思想战略上将工作重点转移到提高经济效益上来。在抓主营业务的同时,加强其他业务及闲置资金的管理,收到明显效果。上半年实现主营业务收入63513万元(不含税),同比增收45.16%,完成计划的61.93%,实现净利润3972.56万元,同比增长49.38%,创历史最好水平,继续保持了公司在重庆市的商业龙头地位。

(二)下半年展望:

(1)制订新一轮扩充计划。请专业技术人员论证同业收购、跨业兼并和自建与合作等发展设想,抓住重庆市荣升直辖市的历史机遇,实施公司扩充计划,力争在购并上有新的突破,为公司扩大规模,拓展集团奠定基础。

(2)加快培养人才,大力引进人才,大胆启用人才,继续建设高素质的员工队伍,加强开展中高级管理人员在岗培训,注意专业技术人员的知识更新,为进一步扩张和发展储备人才。

(3)巩固成果,发展连锁,多元推进,增强实力,沿长江、成渝高速公路两线由近向远拓展,通过资本多元化结构加快发展新产业。

三、重大事件说明

1.我公司在5月22日《严禁国有企业和上市公司炒作股票的规定》下达后进行认真自查。目前我公司持有已上市流通股票情况如下:

股票代码	股票简称	股票数量	成本价	6/27收盘价
0498	丹东化纤	261928股	5.96元	7.63元

2.公司投资兴办的江北区重百阳光商场、重百九龙百货已于今年初正式营业。本报告期始编制合并会计报表。

3.今年4月,公司与重庆商学院签订了双方互设教学实习基地和人才培训计算机管理开发培训基地的协议,这是为公司迅速扩张和发展强化人才培养工作,提高管理人员和员工队伍的科技含量,向科技兴商迈出的坚实一步。

4.本报告期内公司无重大诉讼事项

发行在外股票的变动和股权结构的变化

(一)股本变化原因

本公司1996年股东大会通过95-96年度利润分配方案,按10送7的比例派送红股,现上述方案已经实施。

(二)股本变动及股本结构情况(单位:万股,每股面值1元)

	期初数	本次变动增加(送股)	期末数
一、尚未流通股份			
1.发起人股份			
其中:			
国家拥有股份	4200	2940	7140
境内法人持有股份	4800	3360	8160
外资法人持有股份			
其他			
2.募集法人股			
3.内部职工股			
4.优先股或其他			
尚未流通股份合计	9000	6300	15300
二、已流通股份			
1.境内上市的人民币普通股	3000	2100	5100
2.境内上市的外资股			
3.境外上市的外资股			
已流通股份合计			
三、股份总数	12000	8400	20400

(三)主要股东持股情况

股东名称	持股数(万股)	占总股本比例%
1.重庆华贸国有资产经营有限公司	7140	35.00
2.中国农业银行信托投资公司	340	1.67
3.中国建设银行信托投资公司	340	1.67
4.重庆市银桥贸易服务公司	340	1.67
5.重庆银海租赁股份有限公司	272	1.33
6.重庆金利贸易公司	255	1.25
7.中保人寿保险有限公司重庆渝中区支公司	170	0.83
8.中保人寿保险有限公司重庆分公司	170	0.83
9.重庆市商业储运公司	170	0.83
10.长城证券有限责任公司	170	0.83

五、股东大会简介

1997年4月8日公司96年度股东大会在重庆市政协礼堂召开,出席会议的股东69名,代表股权数4277.34万股。

大会审议通过了如下决议:

①审议通过了公司第一届董事会工作报告;

②审议通过了公司1996年总经理业务报告;

③审议通过了公司1996年度财务工作报告;

④审议通过了公司第一届监事会工作报告;

⑤审议通过了公司95-96年度利润分配方案:二年共实现税后利润10311.27万元,提取法定公积金1031.13万元,法定公益金515.56万元,任意盈余公积金1249.08万元,加上以前年度结余利润884.5万元,今年可供股东分配的利润为9649.08万元。公司本年度派发红利股份的方案为向全体股东按十送七的比例派送红股。分配后未分配利润无余额。

本次大会还受理了重庆华贸国有资产经营有限公司向大会提交的"关于推迟选举重庆百货大楼股份有限公司第二届董事会、监事会的提案",经本次股东大会表决同意将本次股东大会原定关于选举产生第二届董事会、监事会的议题推迟到1997年下半年进行。同时,因本届董事会中林吉祥先生离休,王宏金先生远离重庆不便参与董事会工作,同意林吉祥、王宏金不再担任公司董事,王世全先生病故,为有利于加强董事会工作并使其有效运转,本次会议选举通过增补刘全利、肖诗新、杨峰为第一届董事会董事。

本次股东大会决议公告于1997年4月9日《上海证券报》。

六、备查文件

1.载有公司董事长、总经理龚小力先生亲笔签名的中期报告原文。

2.公司1996年度股东大会材料。

查阅地址:重庆市渝中区民权路2号

电　话:(023)63844133

重庆百货大楼股份有限公司

一九九七年二月二十八日

中油龙昌(集团)股份有限公司

中油龙昌(集团)股份有限公司概况

公司简介

中油龙昌(集团)股份有限公司(PBTROLEUM LONG GHAMP (GROUP) CO.,LTD)是1993年3月29日经河北省经济体制改革委员会冀体改委股字〔1993〕6号批准,由中国石油天然气管道局、中油管道多种经营总公司、中油管道河北石油天然气销售公司和中国工商银行河北省信托投资公司发起组建,以定向募集方式设立的股份有限公司、公司原名称为"石油管道龙昌实业股份有限公司",1996年5月23日经国家工商行政管理局核准更名为"中油龙昌(集团)股份有限公司",在河北省注册登记。1996年11月4日公司股票在上海证券交易所上市。

公司主要从事石油及天然气管道运输,同时为分散主业风险,在河北省廊坊经济技术开发区兴建了医药、电子、通信和焊接技术等产业。

公司在主营业务上依托国家对石油管道运输行业垄断经营的背景,坚持高起点、规范化发展规模经济、走集团化发展之路,不断优化产业结构现已拥有全资、控股企业7家、员工623人,各类专业技术人员200人。公司依靠创建时募集的1.44亿元人民币开发建设和投资发展,总资产已达到4.61亿元人民币,是组建伊始的3.2倍,累计实现税后利润1亿多元。为继续保持公司效益增长和股东权益进一步升值,公司将抓住我国石油工业和管道建设大发展的良好机遇,充分发挥行业优势,不断扩大主营业务,保持合理的产业结构,使公司向增加效益、节约资源、自主创新、优化配置方向发展。

公司崇尚以人为本的管理思想,在职工中倡导"忠实、高效、顽强、拼搏"的工作作风,培育"团结拼搏、自强奋起、科学管理、争创效益"的企业精神,营造了特有的企业文化,公司将依托国民经济大发展的宏观背景和特有的行业优势,加强管理,加快发展,创造更好的业绩与信誉,赢得股东的厚爱与支持,走向更大的成功和辉煌。

董事长、总经理介绍

陈吉庆,男,现年55岁,满族,中共党员,教授级高级工程师。1966年7月毕业于北京石油学院机械系储运专业。1966年6月到1987年8月先后历任技术员、车间主任、生产科科长、副处长、处长、局副总工程师。1987年8月起,历任管道局副总工程师兼运销处处长、副局长,1994年9月至今任管道局局长,1994年起兼任中国交通运输协会副会长、中国交通运输协会管道专业委员会主任、中国企业管理协会常务理事、河北省企业协会副会长、中国能源学会理事。

赵从贵,男,汉族,天津武清人,生于1946年。1965年入党,大学本科学历,高级经济师。曾历任石油部赴伊拉克总队工长,中国石油天然气管道局长庆输油公司党委书记、襄樊输油公司经理兼党委书记,中国管道多种经营总公司常务副总经理,现任中国石油天然气管道局局长助理,中油龙昌(集团)股份有限公司副董事长兼总经理。

中油龙昌(集团)股份有限公司1996年年度报告摘要

一、公司简况

股票代码:600772
股票简称:石油龙昌
公司法定中文名称:中油龙昌(集团)股份有限公司
公司英文名称:PETROLEUM LONG CHAMP (GROUP) CO.,LTD.
公司英文名称缩写:CPLC
公司注册地址:河北省廊坊经济技术开发区金源道
公司办公地址:河北省廊坊市爱民东道158号
邮　　编:065000
公司法定代表:陈吉庆
公司咨询服务机构:董事会秘书处
电话:(0316)2075875　2078888
传真:(0316)2077066
联系人(董事会秘书):池洪建
会计师事务所:京都会计师事务所
律师事务所:北京大成律师事务所

二、主要财务数据与财务指标

指标项目	本年数	上年数	比上年增减(%)
1.主营业务收入(万元)	2957.86	3621.20	-18.30
2.净利润(万元)	2636.12	2030.60	29.82
3.总资产(万元)	41427.80	30886.80	34.10
4.股东权益(万元)	26261.48	17081.59	53.74
5.每股收益(元)	0.23	0.42	-45.24
6.每股净资产(元)	2.26	3.56	-36.52
7.净资产收益率(%)	10.04	11.89	-15.56
8.股东权益比率(%)	63.39	55.31	14.61

备注:

1.经1996年度临时股东大会审议通过关于用资本公积金按公司总股本5820万股向全体股东以10:10的比例转增股本。新增股本5820万股,故每股收益、每股净资产、净资产收益率按全面摊薄法计算与1995年相比均有所减少。

2.扣除发行新股申购无效资金的利息收入,本公司1996年净利润24,456,964.17元,每股净收益0.21元。

三、公司业务经营回顾

1.一年来的经营情况

一九九六年是本公司成为上市公司的第一年,也是本公司实施"九五"规划的第一年。在董事会的领导下,公司经营班子带领全体员工以石油工业"九五"计划发展为指导,坚持以输油及延伸企业建设为主业,实施多元发展战略,充分发挥行业优势,完成了预定经营目标,经营业绩稳步增长,企业持续发展。全年实现收入6969.45万元,比上年增长22.6%;税后净利润2636.12万元,比上年增长29.82%,完成年度计划的115%。

(1)公司所属胜青石油有限公司管理的胶州至青岛输油管道以安全生产为重点,保证了低耗平稳输油,全年输送原油97.2305万吨,比上年增输7.14%。昌盛输油公司和所辖的黄岛至东营管道改造项目正在按原招股说明书披露计划进行,预计1997年7月1日投产运营。

(2)公司所属河北龙昌药业有限公司建成投产的第一个经营年度重点建立健全市场营销网络,招聘和培训了一批高素质的营销企划和执行人员的同时并顺利完成了生产现场的工艺调整、设备运行调试、节能降耗、劳动组织优化等多项任务,其"龙昌钙+D"正成为该市场补钙品的优质品牌,其它产品如庆大霉素颗粒和香菊鼻炎康等也已陆续投放市场。经国家批准成立了以药品的批发零售为主营业务的医药商业企业——中油龙昌集团医药有限公司,其工商并举,并以此为龙头开发石油行业内的医药市场,降低行业医药费用成本。

(3)中油龙昌集团焊接技术有限公司是主业延伸项目,1996年度开始工业化试验,并根据管道建设需要增加产品和服务项目以进一步开拓市场。

(4)公司控股经营的龙昌华英现代通信联合公司以经营移动通信业务为主,信息产业产品为辅,业务范围不断扩大,圆满完成全年任务,社会效益和经济效益良好。

2.关于经营成果与预测差异的说明 1996年公司主营业务收入2957.86万元,比上年递减18.3%,其主要原因有:

(1)公司募集股本金到位时间较晚,昌盛输油公司的改造工程虽于1996年中期已经开工,但预计投产时间为1997年7月1日,该公司未进行其它经营活动,因此无业务收入。

(2)科帝微型软盘有限公司的唯一产品3.5英寸电脑软盘的国际国内市场发生重大变化,致使国内市场软盘售价跌到成本价以下,影响该公司未能完成预期任务。

(3)龙昌焊接技术有限公司的主要产品药芯焊丝正处于工业化试验阶段,完善工艺及工业化制造尚需一定周期,该公司尽管增加了一些与主

业配套的产品及服务，致使去年未能完成预定计划任务。

(4) 河北龙昌药业有限公司是第一个投产年度，由于各地卫生行政的限制使销售受到阻碍，同时完善和培育产品市场需要一定的周期，使该公司业务收入受到影响。

3. 筹集资金使用情况说明

公司1996年10月向社会公开发行人民币普通股股票1020万股，扣除发行费用后共募集资金6666.7万元。按当时公司招股说明书披露的投资计划，该项资金应投资3500万元用于青岛昌盛输油有限公司东营至黄岛输油管线的改造工程，投资1700万元用于中油龙昌集团焊接技术有限公司扩大药芯焊丝生产规模，另外1500万元用于补充公司所需的流动资金。

由于公司本年度募集资金到位已近年末，资金正式运营效果从1997年初开始体现。按原投资计划，投资3500万元用于青岛昌盛输油公司的资金1996年实际到位1550万元，其余资金今年3月底全部到位。补充公司的流动资金1500万元已经到位。原计划投入龙昌焊接技术有限公司的1700万元拟改投资兴建广饶——辛店输油管道。这是我国东部管网改造配套、实现原油合理配置的工程项目之一，是供给齐鲁石化进口原油的唯一渠道，同时可与其它下游炼厂提供进口原油运输服务，该项目的实施将增加公司的主营业务收入。

中油龙昌集团焊接技术有限公司所需资金拟由中油管道建设集团总公司与本公司合资经营后由该公司追加投资，缺口部分由银行贷款解决。

以上事项已提交董事会研究，按法定程序报股东大会批准后实施。

四、股本变化及股本结构情况

1. 股本变化及股本结构情况

截至1996年末公司股本结构如下：

		本次变化增减(+,-)		单位：万股	
股份类别	期初数	配股	送股	公积金转增	期末数
一、尚未流通股份	4320			+4320	8640
1. 发起人股份境内法人持有股份	2400			+2400	4800
2. 募集法人股份	1800			+1800	3600
3. 内部职工股	120			+120	240
未流通股份合计	4320			+4320	8640
二、已流通股份	1500			+1500	3000
三、股份总数	5820			5820	11640

2. 股本变动原因

本年度公司新增发行1020万股(A股)社会公众股，另有480万股内部职工股占用本次发行新股额度随新股一起上市，使公司股本从年初的4800万股增至5820万股。1996年12月21日召开临时股东大会通过了关于用资本公积金按总股本5820万股向全体股东以10:10的比例转增股本，从而使本年度末总股本增至11640万股。

1996年12月31日本公司共有23468名股东。其中法人股东144名，个人股东23324名，包括内部职工股东4619名。

主要股东(前十位)

名次	股东名称	年末持股数(万股)	占总股本(%)
1	中国石油天然气管道局	2640	22.7
2	中油管道多种经营总公司	1920	16.5
3	江苏联信商贸发展中心	400	3.4
4	上海金福实业发展公司	240	2.1
5	北京华能融禹投资咨询公司	240	2.1
6	黑龙江电力股份有限公司	240	2.1
7	中油管道河北石油天然气销售公司	160	1.4
8	潍坊胜利管道安装工程公司	160	1.4
9	上海瑞创贸易有限公司、	160	1.4
10	海南盛通实业发展公司	94.56	0.8

公司董事、监事与高级管理人员持股情况

姓名	职务	年初持股数	年末持股数	变动原因
陈吉庆	董事长	800	1600	10:10转增
刘　磊	副董事长	0	0	
赵从贵	副董事长、总经理	800	1600	10:10转增
杨　宇	董事副总经理	800	1600	10:10转增
张士馥	董事副总经理	800	1600	10:10转增
王永祥	董事	800	1600	10:10转增
陈孝厚	董事	0	0	
郭宝林	董事	800	1600	10:10转增
刘国庆	董事	0	0	
李东军	董事	0	0	
袁开华	董事	0	0	
蒋国强	董事	0	0	
邢振兴	董事	0	0	
惠泽人	监事长	0	0	
李久杰	监事	400	800	10:10转增
仇树柏	监事	0	0	
周文杰	监事	0	0	
陆海飚	监事	0	0	
池洪建	董事会秘书	80	160	10:10转增

五、重要事项

1. 报告期内召开的股东大会,董事会情况说明

(1)股东大会情况

第四次股东大会

公司第四次股东大会于1996年5月18日在河北省廊坊市管道局接待处三楼会议室召开。出席会议的股东共54人,代表股份4467.43万股,占公司总股本5820万股的76.76%。

大会通过决议内容:

1、首届董事会三年工作报告

2、首届监事会三年工作报告

3、1995年经营情况:1996年经营计划报告和总经理三年任期报告。确定1996年度公司经营班子的任务目标是完成产值1.48亿元人民币,实现利税2800万元。

4、1995年财务决算报告

5、1995年利润分配方案

1995年度净利润20,305,672.20元中,按会计制度和章程规定,提取10%法定盈余公积金和5%公益金,其供股东可分配的利润为17,438,003.10元。会议同意1995年度暂不分红截转至1996年一并分配。

6、关于公司公开发行股票的报告本次股东大会还选举产生了公司第二届董事会、监事会。

1996年临时股东大会

公司1996年临时股东大会于1996年12月21日在河北省廊坊市管道局接待处三楼会议室召开。出席会议的股东共45人,代表股份4188.0971万股,占公司总股本5820万股的71.96%。大会通过了关于用资本公积金转增股本的方案,即:公司截止1996年10月30日,公积金为15206.00万元,会议同意按总股本5820万股向全体股东以10:10比例转增股本,转增股本后公司股本总额由原来的5820万股增加到11640万股,其中:

法人股	8400万股	占总股本的72.17%
内部职工股	240万股	占总股本的2.06%
社会公众股	3000万股	占总股本的25.77%

(2)董事会情况

1996年5月8日上午,一届七次董事会在河北省廊坊市管道局接待处二楼会议室召开。通过了以下事项:

一、关于人才、公司闲置土地、公司注册地办公、职工住房的报告;

二、通过了第二届董事会董事候选人名单,其成员由陈吉庆、刘磊、赵从贵、杨宇、张士馥、陈孝厚、王永祥、郭宝林、袁开华、蒋国强、李东军、刘国庆、邢振兴组成,并在第四次股东大会上表决通过。

三、通过了第二届监事候选人名单,其成员由惠泽人、周文杰、陆海飚、李久杰、仇树柏同志组成,并在第四次股东大会上进行了表决通过。

四、会议同意聘任张福禄先生为公司名誉董事长,蔡诚、马洪、蔡适生先生为公司顾问。

1996年5月18日,在河北省廊坊市召开第四次股东大会暨二届一次董事会上,聘任了陈吉庆为公司董事长、刘磊为副董事长,赵从贵为副董事长兼总经理,杨宇为副总经理、张士馥为总会计师。

1996年11月17日,在河北省廊坊市管道局接待处召开了二届四次董事会,通过了:

一、关于用公司资本公积金转增股本的预案,即按公司总股本5820万股向全体股东以10:10的比例转增股本;

二、聘任池洪建先生为公司董事会秘书。

1996年12月21日上午在河北省廊坊市管道局接待处三楼会议室召开了1996年临时股东大会同意了二届四次董事会通过的关于用资本公积金向全体股东以10:10比例转增股本的预案。

转增股本对象:1996年12月26日交易结束后在上海证券中央登记结算公司登记在册的公司全体股东。

股权登记日:1996年12月26日

股权交易日:1996年12月27日

转增股本办法:通过上海证券中央登记结算公司按符合要求的在册股东名册自动转增。

1、转增股本方案实施后,公司于1996年12月27日变更工商注册登记。

2、报告期内未发行配股、收购、兼并、重大投资事项。

3、报告期内公司注册地址、会计师事务所、法律顾问均未发行变动。

4、本报告期内,公司未发生法定代表变更事项。

5、重大事件简介

(1)1996年10月8日,本公司经中国证券监督管理委员会证监发字〔1996〕242号文和证监发〔1996〕243号文批准获得人民币普通股发行额度1500万股,以"全额预缴款、比例配售、余款转存"方式向社会公开发行1020万股股票,另内部职工股占额度上市480万股。1996年10月18日在上海证券报刊登了发行公告和招股说明书。1996年10月19日在中国证券报、上海证券报刊登了上市公告书,公司股票从10月10日至11月30日已圆满顺利完成发行工作,于11月4日在上海证券所上市挂牌交易。

(2)公司法人营业执照于1996年12月27日在河北省工商行政管理局做了变更登记、注册资本由原来的5820万元变更为11640万元。

六、子公司及关联企业

企业名称	注册资金(万元)	主营业务	本公司拥有权益%
1. 中油龙昌(集团)股份有限公司北京分公司	(非独立核算)	国内商业 技术咨询服务	
2. 青岛胜青石油有限公司	2500	石油管道运输	76
3. 青岛昌盛输油有限公司	3500	石油管道运输	50
4. 龙昌焊接技术公司	1500	焊丝、焊条、焊接设备及相关技术服务	66.67
5. 河北龙昌药业有限公司	3050	中成药、化学药剂、中药保健品、食品制造	98.36
6. 中油龙昌医药有限公司	800	药品批发、零售	99
7. 科帝微型软盘有限公司	424(美元)	生产销售软磁盘、磁带、计算机配件等	58
8. 龙昌华英现代通讯联合公司	100	无线寻呼及集群移动通讯服务等	50

七、财务报告

一、审计意见

公司财务报告经过京都会计师事务所注册会计师童登书、魏刚审计,并出具无保留意见审计报告。【京都会审字〔1997〕第320号】

二、财务报表(详见附表)

三、主要会计政策

1、公司采用的主要会计政策

a、会计制度

本公司除控股子公司——科帝微型软盘有限公司执行《外商投资企业会计制度》外,其他公司执行《股份制试点企业会计制度》。

b、会计年度

本公司会计年度自公历每年一月一日起至十二月三十一日止。

c、记帐原则和计价基础

本公司采用权责发生制原则,以实际成本为计价基础。

d、合并报表的编制方法

本公司对其拥有50%以上权益的子公司会计报表进行合并,合并会计报表系根据财政部《合并会计报表暂行规定》编制。

e、外币折算方法

本公司以人民币为记帐本位币。日常外币收付以当日市场汇价记帐,期末调整差额计入当期损益(筹建期差额根据有关规定计入相关资产科目)。

f、存货计价方法

本公司及子公司除青岛胜青石油有限公司存货之原材料采用计划成本及龙昌华英现代通讯联合公司之库存商品采用先进先出法核算外,其他公司存货采用全月加权平均方法核算其发出、领用成本。

由于子公司与母公司所规定的会计政策差异不大,并且对财务状况和经营成果影响不大,本公司未对子公司会计报表进行调整。

g、坏帐准备

本公司不计提坏帐准备,发生坏帐时按坏帐损失的实际发生额列入当期损益。

h、长期投资核算方法

本公司投资额占投资企业资本总额20%(含20%)以上时采用权益法核算,其中投资额占被投资企业资本总额50%以上的子公司会计报表予以合并。

i、固定资产及其折旧

本公司固定资产为使用年限在一年以上且单位价值在2000元以上的房屋建筑物、机器设备、运输工具及其他与生产经营有关的设备、工具等。固定资产以实际成本计价,并按直线法计提折旧,各类固定资产的折旧年限及折旧率如下:

固定资产类别	折旧年限	折旧率
房屋、建筑物	20-30年	3.23-4.85%
机器设备	15年	6.47%
输油管线	14年	6.93%
运输工具	6年	16.17%
其他设备	5年	19.40%

j、无形资产及摊销

本公司无形资产包括土地使用权和焊接专有技术、药业香菊胶囊专利技术,其中土地使用权系公司成立时由中油管道多种经营总公司投入,其投入作价经中国审计事务所评估。

本公司自一九九五年开始摊销已投入使用的土地使用权,摊销期限按50年计算。

k、递延资产及摊销

本公司递延资产包括开办费、待转销汇兑损失。开办费摊销期限为5年(科帝软盘公司摊销期限为10年),待转销汇兑损失摊销期限为8年。科帝软盘公司开办费摊销期限调整为5年后,将减少科帝软盘公司各会计年度(期间)的净利润,其中:

1995年度	364,509.48
1996年度	416,607.48

L. 税项

(1)营业税

本公司计缴营业税的应税收入及税率如下:

房屋租金收入	5%
管输费收入	3%
通讯费收入	3%

(2)增值税

本公司软盘、药品销售收入计缴增值税,增值税税率为17%,以抵扣进项额后缴纳,其中软盘出口销售收入适用零税率。

(3)所得税

根据河北省人民政府冀政函〔1996〕53号批复规定,本公司股票上市后依照省政府冀政〔1995〕81号文件精神执行15%的所得税税率。

本公司所属廊坊市经济技术开发区企业执行开发区有关税收政策,青岛胜青石油有限公司1996年度所得税税率为15%。

(4)房产税

本公司出租房屋之房产税按租金收入的12%计缴,自用房屋之房产税,按房产折算价值1.2%计缴。

(5)其他税项

本公司按营业税增值税的7%和3.5%(河北省企业)计缴城市维护建设税和教育费附加。

m、收入实现的确认

本公司以产品已经销售、劳务已经提供确认收入实现。其中管输费收入以实际输油量和固定费率按月计算营业收入。

n、利润分配

本公司二届五次董事会通过1996年度利润分配预案。1996年度净利润提取10%法定盈余公积和5%的公益金后,连同1995年度未分配利润按10:2比例派送红股。

2、合并会计报表主要项目注释

(1)短期投资

股票投资	8,041,348.77
期货投资	1,000,000.00
商贸投资	41,500,000.00
	50,541,348.77

说明:

a、股票投资系本公司在股票一级市场投入的申购资金,截止1996年12月31日,该股票尚未上市流通。

b、商贸投资为本公司与沈阳丹诚(350万)、上海锦绣商务中心(2000万)、南京安禾公司(800万)及深圳新产业公司(1000万)共同经营短期商贸业务的出资。

(2)应收帐款

A、帐龄分析及百分比

帐龄	金额	比例
一年以内	1,951,947.04	91.31%
一至二年	129,776.68	6.07%
二至三年	56,006.40	2.62%
	2,137,730.12	100.00%

B、大额应收帐款及性质

单位	金额	性质
通用工业发展贸易公司	580,965.00	未收销货款
青岛石化	1,054,214.66	未收管输费
北京人友	120,960.00	未收销货款

C、持有本公司5%以上股份的股东欠款

以上应收帐款无持有本公司5%以上股份的股东欠款。

(3)其他应收款

A. 帐龄分析及百分比

帐龄	金额	比例
一年以内	58,669,167.69	64.58%
一至二年	21,637,720.27	23.82%
二至三年	5,751,589.43	6.33%
三年以上	4,787,660.00	5.27%
	90,846,137.39	100.00%

B. 大额款项的性质与内容

单位	金额	性质
中油建设总公司	5,000,000.00	往来款
沈阳北方石材	3,083,200.70	垫付款
中国石油天然气管道局	4,775,660.00	垫付款
新加坡昌明出入口公司(59万美元)	5,159,100.00	往来款
香港新泰公司	2,499,930.00	往来款
沈阳丹诚(40万美元)	3,360,000.00	往来款
北京双全房地产	15,000,000.00	项目合作款
金龙昌	3,000,000.00	项目预付款
上海展锋公司	29,968,031.53	往来及垫付款

C、持本公司5%以上股份的股东欠款

以上应收款项中,除中国石油天然气管道局持有本公司22.68%的股份外,不存在其他持5%以上股份的股东欠款。

(4)长期投资

公司名称	性质	投资比例	投资金额
青岛昌盛输油有限公司	股权投资	50%	15,550,000.00
青岛胜青石油有限公司	合并价差		1,000,000.00
			16,550,000.00

说明:青岛胜青石油有限公司合并价差系本公司95年8月受让青岛市经协办500万股权时支付600万转让价款形成的长期投资差额。

(5)资本公积

	1996/12/31	1995/12/31
定向募集股本溢价	95,450,133.47	95,450,133.47
资本折算差异	142,755.75	142,755.75
公开发行股票溢价	55,217,063.04	—
有效申购资金利息	20,635.29	
减转增股本	58,200,000.00	—
	92,630,587.55	95,592,889.22

(6)盈余公积

	1996/12/31	1995/12/31
年度净利润	26,361,170.60	20,305,672.20
法定盈余公积10%	2,636,117.06	2,030,567.22
公益金5%	1,318,058.53	1,015,283.61
所属公司提取10%	270,225.40	289,728.82
所属公司提取5%	135,112.71	144,864.41
提取盈余公积合计	4,359,513.70	3,480,444.06
加期初盈余公积	9,785,025.01	6,304,580.95
期末盈余公积	14,144,538.71	9,785,025.01

(7)未分配利润

	1996/12/31	1995/12/31
年度净利润	26,361,170.60	20,305,672.20
减提取盈余公积	4,359,513.70	3,480,444.06
加年初未分配利润	17,438,003.10	612,774.96
减已分配股利	—	—
年末未分配利润	39,439,660.00	17,438,003.10

(8)投资收益

	1996年度	1995年度
股权投资	119,215.82	1,450,058.72
联营投资	8,397,861.78	12,186,505.00
其他投资	23,262,934.65	6,656,714.19
证券投资	5,251,799.68	—
	37,031,811.93	20,293,277.91

八、其他事项

1、经公司二届五次董事会研究决定,公司1996年度利润分配预案为:1996年公司实现税后利润26,361,170.60元,提取10%法定公积金2,636,117.06元,提取5%公益金1,318,058.53元,加上年末分配利润17,438,003.10元,本年可分配利润39,439,660元。董事会决定向全体股东每10股派送2股红股,计派出23,280,000元,剩余未分配利润16,159,660元,结转至下年分配。

2、本年度内公司无重大诉讼仲裁事项。

3、公司有关信息披露刊登于《中国证券报》、《上海证券报》。

中油龙昌(集团)股份有限公司董事会

一九九七年四月十四日

资产负债表

编制单位:中油龙昌(集团)股份有限公司　　1996年12月31日　　金额单位:元

项　目	行次	本年合并数	本年母公司	上年合并数	上年母公司
货币资产	3.1	31,462,954.52	21,537,117.54	17,391,119.38	13,007,539.42
短期投资	3.2	50,541,348.77	50,541,348.77	7,202,922.32	7,202,922.32
应收帐款	3.3	2,137,730.12	—	3,181,884.51	—
预付帐款	3.4	36,557,594.96	31,932,724.00	9,345,089.74	5,365,272.00
其他应收款	3.5	90.846,137.39	85,195,357.86	85,209,053.01	86,359,390.37
存货	3.6	13,235,276.87	126,210.60	8,851,710.32	84,140.40
待摊费用	3.7	5,029,672.58	—	8,916.00	—
待处理财产损益		1,980,297.30	—	—	—
其他流动资产		42,982.04	—	—	—
流动资产合计		231,833,994.55	189,332,758.77	131,190,695.28	112,019,264.51
长期投资	3.8	16,550,000.00	90,018,851.46	14,346,952.96	87,359,186.68
固定资产原值	3.9	159,065,103.21	40,752,789.24	116,829,177.36	39,367,907.34

项　　目	行次	本年合并数	本年母公司	上年合并数	上年母公司
减:累计折旧	3.9	33,115,263.54	2,358,871.88	27,139,077.24	1,221,017.92
固定资产净值		125,949,839.67	38,393,917.36	89,690,100.24	38,146,889.42
固定资产清理		—	—	——	
在建工程		1,126,644.14	44,306.58	36,816,478.04	59,306.58
固定资产合计		127,121,533.73	38,438,223.94	126,506,578.16	38,206,196.00
无形资产	3.10	25,722,142.20	23,378,357.20	25,986,855.63	24,089,038.63
递延资产	3.11	12,954,457.97	2,330,622.79	10,836,661.66	2,364,970.36
无形资产及递延资产合计		38,676,600.17	25,708,979.99	38,823,517.29	26454008.99
其他长期资产		96,106.59	96,106.59	—	—
资产总计		414,278,235.04	343,594,920.75	308,867,743.69	264,038,656.18

项　　目	行次	本年合并数	本年母公司	上年合并数	上年母公司
短期借款	3.12	72,685,706.00	36,000,000.00	50,377,242.00	10,000,000.00
应付帐款	3.13	5,078,663.53	—	1,323,928.36	
应付票据	3.14	2,252,500.00	2,252,500.00	—	—
预收帐款		43,575.00	—	1,514,511.23	500.00
其他应付款	3.15	14,478,279.01	7,972,340.96	43,390,977.89	60,675,913.93
应付福利费		170,424.68	106,696.59	202,929.83	40,421.45
未交税金	3.16	5,525,714.92	5,185,774.72	1,447,905.23	688,640.61
未付股利		213,362.00	213,362.00	1,374,852.00	1,374,852.00
其他未交款		12,589.64	8,240.22	14,770.32	3,085.86
预提费用	3.17	2,994,635.95	2,859,120.00	82,969.00	—
其他流动负债		137,922.27	—	—	—
一年内到期的长期负债		—	—	—	—
流动负债合计		103,593,373.00	54,598,034.49	99,730,085.86	72,783,413.85
长期借款	3.18	26,382,100.00	26,382,100.00	20,439,325.00	20,439,325.00
其他长期负债		181,910.88	—	272,866.31	
长期负债合计		26,564,010.88	26,382,100.00	20,712,191.31	20,439,325.00
少数股东权益	3.19	21,506,064.90	—	17,609,549.19	—
股本	3.20	116,400,000.00	116,400,000.00	48,000,000.00	48,000,000.00
资本公积	3.21	92,630,587.55	92,630,587.55	95,592,889.22	95,592,889.22
盈余公积	3.22	14,144,538.71	13,132,992.39	9,785,025.01	9,178,816.80
其中:公益金		4,456,392.04	4,119,209.93	3,003,220.80	2,801,151.40
未分配利润	3.23	39,439,660.00	40,451,206.32	17,438,003.10	18,044,211.31
股东权益合计		262,614,786.26	262,614,786.26	170,815,917.33	170,815,917.33
负债及股东权益合计		414,278,235.04	343,594,920.75	308,867,743.69	264,038,656.18

合并利润及利润分配表

编制单位:中油龙昌(集团)股份有限公司　　1996 年度　　金额单位:元

项目	附注	1996 年合并数	1996 年母公司	1995 年合并数	1995 年母公司
一.主营业务收入	3.24	29,578,620.84	3,607,170.82	36,211,981.55	4,482,114.23
减:营业成本		18,830,160.22	2,088,754.70	22,519,015.71	1,835,024.61
销售费用		1,767,755.90	—	3,119,917.67	—
管理费用		9,573,597.00	3,795,111.52	7,074,711.84	1,801,907.35
财务费用	3.25	7,422,426.77	6,365,274.45	859,037.48	1,468,882.91
营业税金及附加		901,709.75	188,332.25	881,264.30	235,470.08
二.主营业务利润		−8,917,028.80	−8,830,302.10	1,758,034.55	−859,170.72
加:其他业务利润		185,842.54	—	90,364.39	—
三.营业利润		−8,731,186.26	−8,830,302.10	1,848,398.94	−859,170.72
加:投资收益	3.26	37,031,811.93	36,835,345.61	20,293,277.91	21,504,277.93
营业外收入	3.27	2,898,191.66	2,818,281.98	260,450.14	247,639.38
减:营业外支出		229,015.09	185,110.18	125,912.59	15,410.00
四.利润总额		30,969,802.24	30,638,215.31	22,276,214.40	20,877,336.59
减:所得税	3.28	4,902,985.00	4,277,044.71	1,220,654.28	571,664.39
少数股东收益	3.29	−294,353.36	—	749,887.92	—
五.净利润		26,361,170.60	26,361,170.60	20,305,672.20	20,305,672.20
加:年初未分配利润		17,438,003.10	18,044,211.31	612,774.96	784,389.94
六.可分配的利润		43,799,173.70	44,405,381.91	20,918,447.16	21,090,062.14
减:提取法定公积金		2,906,342.46	2,636,117.06	2,320,296.04	2,030,567.22
提取公益金		1,453,171.24	1,318,058.53	1,160,148.02	1,015,283.61
七.可供股东分配利润		39,439,660.00	40,451,206.32	17,438,003.10	18,044,211.31
减:已分配利润		—	—	—	—
八.未分配利润		39,439,660.00	40,451,206.32	17,438,003.10	18,044,211.31

财务状况变动表

编制单位:中油龙昌(集团)股份有限公司　　　　1996 年度　　　　金额单位:元

流动资金来源和运用	合并数	母公司	流动资金各项目的变动	合并数	母公司
一、流动资金来源			一、流动资产本年增加数		
1、本年净利润	26,361,170.60	26,361,170.60	1、货币资金	14,071,835.14	8,529,578.12
加:不影响流动资金的费用和损失			2、短期投资	43,338,426.45	43,338,426.45
(1)少数股东本期损益	−294,353.36	—	3、应收票据	—	—
(2)固定资产折旧	6,461,910.76	1,242,852.10	4、应收帐款净额	−1,044,154.39	—
(3)无形资产.递延资产及其他资产摊销	1,626,294.62	1,091,478.31	5、预付帐款	27,212,505.22	26,567,452.00
(4)固定资产盘亏(减盘盈)	—	—	6、其他应收款	5,637,084.38	−1,164,032.51
(5)清理固定资产损失(减收益)	−124,375.53	−184,444.55	7、存货	4,383,566.55	42,070.20
(6)递延税项	—	—	8、待摊费用	5,020,756.58	—
(7)其他不减少流动资金的费用和损失	—	—	9、一年内到期的长期债券投资	—	—
小计	34,030,647.09	28,511,056.46	10、待处理流动资产净损失	1,980,297.30	—
2、其他来源			11、其他流动资产	42,982.04	—
(1)固定资产清理收入(减清理费用)	921,636.44	718,000.34			
(2)增加长期负债	10,101,475.00	10,101,475.00			
(3)收回长期投资	8,346,952.96	10,643,868.90			
(4)对外投资转出固定资产	—	—			
(5)对外投资转出无形资产	—	—			
(6)资本净增加额	69,797,212.03	69,391,873.92			
(7)少数股东资本净增加额	4,996,834.54	—			
小计	94,164,110.97	90,855,218.16			
流动资产来源合计	128,194,758.06	119,366,274.62	流动资产增加净额	100,643,299.27	77,313,494.26
二、流动资金运用			二、流动负债本年增加数		
1、利润分配			1、短期借款	22,308,464.00	26,000,000.00
(1)提取法定公积金	2,906,342.46	2,636,117.06	2、应付帐款	3,754,735.17	
(2)提取法定公益金	1,453,171.24	1,318,058.53	3、应付票据	2,252,500.00	2,252,500.00
(3)提取任意公积金	—	—	4、预收帐款	−1,470,936.23	−500.00
(4)已分配股利	—	—	5、其他应付款	−28,912,698.88	−52,703,572.97
(5)未分配利润调整	—	—	6、应付福利费	−32,505.15	66,275.14
小计	4,359,513.70	3,954,175.59	7、未交税金	4,077,809.69	4,497,134.11
2、少数股东利润分配	805,965.47	—	8、未付股利	−1,161,490.00	−1,161,490.00
3、其他运用			9、其他未交款	−2,180.68	5,154.36
(1)固定和在建工程净增加额	7,874,127.24	2,008,435.83	10、预提费用	2,911,666.95	2,859,120.00
(2)增加无形资产、递延资产及其他资产	3,575,484.09	442,555.90	11、一年内到期的长期负债	—	—
(3)偿还长期负债	4,249,655.43	4,158,700.00	12、其他流动负债	137,922.27	—
(4)增加长期投资	10,550,000.00	13,303,533.68			
小计	26,249,266.76	19,913,225.41			
流动资产运用合计	31,414,745.93	23,867,401.00	流动负债增加净额	3,863,287.14	−18,185,379.36
流动资金增加净额	96,780,012.13	95,498,873.62	流动资金增加净额	96,780,012.13	95,498,873.62

中油龙昌(集团)股份有限公司一九九七年度中期报告

一、财务报告(已审计)

本公司财务报告已经京都会计师事务所注册会计师童登书、魏刚审计,并出具京都会审字〔1997〕第 514 号无保留意见的审计报告。

1、审计意见

中油龙昌(集团)股份有限公司全体股东:

我们接受委托,审计了中油龙昌(集团)股份有限公司(以下简称贵公司)一九九七年六月三十日公司及合并的资产负债表和一九九七年一至六月公司及合并的利润及利润分配表。这些会计报表由贵公司负责,我们的责任是对这些会计报表发表审计意见。我们的审计是根据《中国注册会计师独立审计准则》进行的。在审计过程中,我们结合贵公司实际情况,实施了包括抽查会计记录等我们认为必要的审计程序。

我们认为,上述会计报表的编制符合《企业会计准则》及《股份制试点企业会计制度》的有关制度,在所有重大方面公允地反映了贵公司一九九七年六月三十日的财务状况及一九九七年一至六月经营成果,会计处理方法的选用遵循了一贯性原则。

京都会计师事务所　　　　中国注册会计师　童登书

中国北京　　　　中国注册会计师　魏　刚

一九九七年八月十三日

2、财务报表

简化的资产负债表

单位:人民币元

资　产	合并数		母公司	
	1997.6.30	1996.12.31	1997.6.30	1996.12.31
流动资产	269575510.47	231833994.55	201007331.25	189332758.77
长期投资	28000000.00	16550000.00	100042845.14	90018851.46
固定资产净值	124227052.57	125949839.67	38380705.41	38393917.36
在建工程	2157959.51	1171694.06	44306.58	44306.58

无形及递延资产合计	37868878.75	38772706.76	25497392.41	25805086.58
资产合计	461829401.30	414278235.04	364972580.79	34359420.75
流动负债	129687538.66	103593373.00	53476184.37	54598034.49
长期负债	26573883.16	26564010.88	26437450.00	26382100.00
少数股东权益	20509033.06	21506064.90		
股本	151320000.00	116400000.00	151320000.00	116400000.00
资本公积	92630587.55	92630587.55	92630587.55	92630587.55
盈余公积	14144538.71	14144538.71	13132992.39	13132992.39
未分配利润	26963820.16	39439660.00	27975366.48	40451206.32
股东权益合计	285058946.42	262614786.26	285058946.42	262614786.26
负债及股东权益合计	461829401.30	414278235.04	364972580.79	343594920.75

简化的合并损益表

单位:人民币元

项　目	合并数		母公司	
	1997.1-6	1996.1-6	1997.1-6	1996.1-6
一、主营业务收入	23680516.85	13895633.68	1652364.35	1592299.65
二、主营业务利润	-8002856.02	1203296.61	-5741084.70	695273.56
三、其它业务利润	241993.81	66305.16		
四、投资收益	34580537.57	4631349.81	32393748.89	4950095.04
五、营业外收支净额	14850.45	655583.20	-130.00	670500.10
六、利润总额	26834525.81	6556534.78	26652534.19	6315868.70
七、减所得税	4581202.59	1210715.44	4208374.03	835960.79
八、减少数股东收益	-190836.94	-134088.57		
九、净利润	22444160.16	5479907.91	22444160.16	5479907.91
加:期初未分配利润	4519660.00	17438003.10	5531206.32	18044211.31
十、可供分配利润	26963820.16	22917911.01	27975366.48	23524119.22

3、财务指标

	1997年1-6月(合并数)	1996年1-6月(合并数)
每股收益	0.148	0.11
净资产收益率	7.87%	2.08%
每股净资产	1.88元	5.47元

注:1996年1-6月财务指标按总股本4800万股计算。

1997年1-6月财务指标按1997年送红股后总股本15132万股计算。

4、财务报表附注说明

(1)本期财务报告所采用的会计政策与会计方法和1996年度财务报告所采用的会计政策和会计方法相互一致。

(2)合并报表原则:对公司拥有50%以上权益的子公司会计报表进行合并。合并会计报表应根据财政部《合并会计报表暂行规定》编制。

(3)应收帐款

帐　龄	金　额	比　例
一年以内	4436650.01	96.46%
一至二年	35028.46	0.76%
二至三年	127766.72	2.78%
合　　计	4599445.19	100.00%

截止1997年6月30日止,不存在持公司5%以上股份的股东欠款。

(4)其他应收款

帐　龄	金　额	比　例
一年以内	28426251.19	50.12%
一至二年	22890573.39	40.36%
二至三年	5387355.36	9.50%
三年以上	12318.00	0.02%
合　　计	56716497.94	100.00%

本期不存在持有本公司5%以上股份的股东欠款。

(5)期末总股本15132万元,比年初增加3492万元,主要是一九九七年五月十八日经第五次股东大会决议,本公司以1996年末总股本11640万股为基数,每10股派送3股红股,共送股3492万股所致。

(6)年初未分配利润3943.96万元,1997年5月按10股送3股红股,减少利润3492万元。1997年6月增加半年净利润2244.42万元。期末未分配利润为2696.38万元。

(7)主营业务收入

管输费收入	895.16万元,
药品销售收入	702.15万元,
通讯电子收入	580.51万元,
其他收入	190.23万元。

与1996年同期相比主营业务收入增加70.4%。

(8)投资收益

商贸合作投资收益	877万元。
证券投资收益	2581万元。

证券投资收益主要是本公司1997年1-6月股票一级市场投资取得。

(9)变动幅度超过30%项目的说明

A、货币资金较年初数增加63.74%,主要是收回其他应收款及本年利润结存。

B、短期投资较年初数增加81.63%,主要是增加对上海宝国国际贸易公司的商贸投资。

C、就收帐款较年初数增加115.16%,主要应收天津爱康公司委托加工费(该款已于1997年7月收回)。

D、其他应收款较年初减少37.57%,主要是收回证券投资结存资金及项目合作往来款。

E、存货较年初数增加39.62%,主要是清算石材公司收回石材及软盘产成品增加。

F、待摊费用较年初数减少34.02%,主要是龙昌药业本期摊销广告费。

G、长期投资较年初数增加69.18%,主要是增加青岛昌盛输油公司的投资。

H、预提费用较年初数增加91.38%,主要是预提借款利息。

(10)短期投资

商贸投资　91800000.00÷91800000.00

说明:商贸投资为本公司与沈阳丹诚(280万元)、上海锦绣商务中心(2000万元)、南京安禾公司(800万元)、深圳新产业公司(1000万元)、河北科技开发投资公司(1000万元)及上海宝国国际贸易公司(4100万元)共同经营短期商贸业务的出资。

(11)关联企业及交易

关联企业名称	注册资本	本公司占有权益	注册地	主营业务
中油龙昌焊接技术有限公司	RMB1500万元	66.67%	廊坊经济技术开发区	焊丝
河北省龙昌药业有限公司	RMB3050万元	98.36%	廊坊经济技术开发区	制药
青岛胜青石油有限公司	RMB2500万元	76.00%	青岛高科技工业园	管输
科帝微型软盘有限公司	USD 424万元	58.00%	廊坊经济技术开发区	磁盘
华英现代通讯联合公司	RMB 100万元	50.00%	廊坊经济技术开发区	无线寻呼
中油龙昌集团医药有限公司	RMB 800万元	99.00%	廊坊经济技术开发区	中西药批零
青岛昌盛输油有限公司	RMB3500万元	50.00%	青岛经济技术开发区	管道输送

关联交易除母公司为科帝公司、药业公司提供土地出租交易外,无其他任何交易。

二、经营情况与回顾

1、上半年经营情况的回顾

(1)主要指标完成情况

1997年上半年实现收入5851.78万元,比去年同期增长204%,实现净利润2244.42万元,比去年同期增长309%。

(2)采取的措施及进展情况

1997年上半年,公司坚持继续扩大主营业务在石油管道运输行业中的份额,充分发挥行业优势,强化企业管理,推进科技进步,实现了公司持续稳定发展。

a、输油管道经营、建设情况

公司所属胜青石油有限公司狠抓企业管理,努力降低成本,搞好职工技术培训,整治事故隐患,截止6月底做到了安全、平稳、低耗输送原油49.7万吨,管输费收入895.16万元,成本费用635.79万元,实现利润241万元。

公司所属昌盛输油有限公司所管辖的东营至黄岛输油管道,部分单项工程已接近尾声,在加快施工进度,强化施工监理,严把施工质量过程中,做好了投油前的各项准备工作。

b、河北龙昌药业公司上半年共生产"龙昌钙+D"口服液466.72万支,已经卫生部正式批准生产,并被评为河北省高新技术产品,龙昌药业

公司也同时被评为"河北省高新技术企业","龙昌钙+D"在全国,尤其是在北方各省、市形成一定销售规模。龙昌药业上半年又推出硫酸庆大霉素颗粒上市,已生产19.6万袋。为使公司得到长足发展,减少经营风险,目前正在报批"龙昌钙+D"的第二代产品。公司将遵循以品牌为导向,营销活动建立在发展全国的营销网络上,药品批发和零售业依托石油行业背景向全国辐射,龙昌医药公司的业务得到了中国石油天然气总公司的大力支持,并正式发文确定为行业药品购销主渠道。陆上石油全行业药品销售总额约12亿元人民币,该公司具有广阔的市场前景。

c、中油龙昌焊接技术公司是公司主营业务的延伸项目,上半年实现销售收入70万元。公司在试产药芯焊丝产品的同时,为扩大产品线,从2月28日到4月15日仅用一个半月时间建成了热收缩带车间并投产,上半年实现59.55万元的销售额。与此同时,为进一步扩大市场,全面为管道建设服务,同时生产销售吊管机、对口器等 产品,以满足石油管道建设的需要。由于其大部分产品还处于工业性试验阶段,技术有待不断完善,市场还需进一步开拓,上半年略的盈余。

d、科帝微型软盘有限公司生产的3.5英寸电脑软盘由于产品单一,行业竞争加剧,成本上升,销售价格下降。尽管全体员工齐心协力,克服困难,做了大量工作,1-6月共生产3.5英寸软磁盘2778736片,销售2039108片,但1-6月仍亏损175.27万元。

(3)、募集资金的运用情况

a、投资3500万元用于青岛昌盛输油公司山东省东营市至黄岛油港输油管道(简称东黄线)技术改造工程,将承运从黄岛油港进口的原油至齐鲁石油化等我国东部石油炼化企业。已按计划逐步实施。

b、投资1700万元用于广饶--辛店输油管道建设,广饶--辛店输油管道总长度44公里,管径529毫米,年设计输油能力800万吨。广饶--辛店输油管线的建设管理仍由公司控股的青岛昌盛输油有限公司负责完成。

2、1997年下半年展望

(1)公司将根据国家宏观经济背景,瞄准中国石油天然气管道事业发展之大趋势和发展中的石油、天然气和成品油运输市场,不失时机地扩大主营业务,通过资产重组等措施,不断增加输油主业收入。

(2)对于公司为分散主业经营风险而创建的龙昌药业,科帝软盘和龙昌焊接等企业,下半年将内抓管理、质量,外抓市场,不断提高营销水平,占领更大市场。

(3)在现有项目基础之上,集中和利用现有技术和人力,根据市场情况不断开发新产品使企业保持良好发展趋势,实施人才发展战略,利用公司优势,充分发挥科技人员力量,依靠科技进步,组织科技人员进行科技攻关,搞好新产品开发、新技术推广和革新项目。

三、重大事件说明

1、东黄输油管线改造及广饶到辛店输油管道对调项目说明。

青岛昌盛输油公司管辖的东营到黄岛输油管道建设所有项目于7月31日前全部完工,其它影响投产的单项工程如阴极保护、个别河流跨越斜拉吊索整治将陆续整治完毕,计划8月份管线分段试压,9月份进行各站单机试运和联合试运并投产。原计于7月1日投产有所推迟的原因是受国家进口油配置流向调整等因素的影响。根据中国石油天然气总公司和中国石油化工总公司的约定,自今年7月1日开始进口原油600万吨/年,由于今年4月中石化经请示国家计委,将原油流向进行了重大变更调整,根据国家进口原油调整计划安排,今年4月,齐鲁石化公司依据国家计委关于资源配置的流向调整意见及中石化「1997」计字106号文有关要求,"关于齐鲁石化公司加快进口原油优化乙烯原料实施方案的批复"要求,齐鲁石化公司加快炼制进口原油的改造步伐,并于今年10月份完成。齐鲁石化〔1997〕函字82号《关于请求开通广饶至胜利炼油厂管道的函》,希望尽快完成黄岛油库、东营--广饶原油管线改造,新建广饶至齐鲁石化公司炼油厂输油管线,以满足进口原油的运输要求。为此,今年6月16日,中国石油天然气管道局和齐鲁石化在北京签订了"管道局黄岛油库--齐鲁石化公司管道输送进口原油协议书",规定了进口原油1997年10月1日达到投油条件,最迟1997年12月31日向齐鲁石化供油,年度输量安排为1998年260万吨,1999年350万吨,2000年600万吨,下世纪初达到800万吨,进口原油由中国石油化工总公司组织进口。

由于原油流向的重大调整,必须从广饶泵站至齐鲁石化公司和胜利炼油厂新建一条直为529毫米的输油管道以解决末端原油运输问题,广饶到齐鲁石化44km管线(简称广--辛线)现在正在进行各项前期准备工作,投入的1700万元资金将陆续到位,设备材料定货,线路勘察设计,线路征用地手续,协调地方关系等各项工作正在进行,设计、施工、供货、质检等几个合同已经签署。8月30日前设备、材料到位,设计施工图全部完成,9月1日按时开工,12月20日全线贯通达到投油条件,12月21日-30日进行单机试运,联合试运,12月31日投产输送进口原油。

2、本报告期内无合同重大诉讼、仲裁事项。

3、其他需要说明的情况

公司自5月22日收到《严禁国有企业和上市公司炒作股票》的通知后,立即对原有的股票投资进行了清理并已在规定期内清理完毕。经自查本公司及子公司郑重保证,在以往证券投资活动中没有违反国家政策法规行为。本期末公司无持有任何上市流通股,今后如果从事证券投资,将严格遵循国家政策法规和本公司章程规定。

四、发行在外股票的变动和股权结构的变化

1、本公司1997年5月18日召开的第五次股东大会通过了每10股派送3股红股方案,法人股、内部职工股、社会公众股同比例增长。

2、股权结构情况

1997年6月30日止　　数量单位:万股　　每股面值:1元

股份类别	期初数	本次变动增减(+、-) 派送红股	期末数
一、尚未流通股份	8640	2592	11232
1、发起人股份境内法人持有股份	4800	1440	6240
2、募集法人股份	3600	1080	4680
3、内部职工股	240	72	312
二、已流通股份(A股)	3000	900	3900
三、股份总数	11640	3492	15132

3、主要股东持股情况(截止6月30日)

股东名称	持股数(万股)	所占比例(%)
中国石油天然气管道局	3432	22.7
中油管道多种经营总公司	2496	16.5
江苏联信商贸发展中心	520	3.4
上海金福实业发展公司	312	2.1
北京华能融禹投资咨询公司	312	2.1
黑龙江电力股份有限公司	312	2.1
中油管道河北石油天然气有限公司	208	1.4
潍坊胜利管道安装工程公司	208	1.4
上海瑞创贸易有限公司	208	1.4
海南盛通实业发展公司	122.928	0.8

五、股东大会简介

中油龙昌(集团)股份有限公司第五次股东大会于1997年5月18日在河北省廊坊市召开,出席会议的代表54人,代表股份8913.799万股,占公司总股本的76.58%,符合《中华人民共和国公司法》和公司《章程》有关规定,会议合法有效,大会审议通过了以下决议:

1. 审议通过了董事会工作报告;
2. 审议通过了监事会工作报告;
3. 审议通过了总经理1996年经营情况、1997年经营计划报告;
4. 审议通过了1996年度财务决算报告;
5. 审议通过了关于变更资金投向的议案,即原计划投入龙昌焊接技术有限公司1700万元用于扩大药芯焊丝生产规模项目改投兴建广饶——辛店输油管道项目;
6. 审议、修改、通过了1996年度利润分案,将公司二届五次董事会通过的《关于1996年度利润分配预案》中的每10股派送2股红股修改为每10股派送3股红股。

六、备查文件

本公司董事会秘书处备有以下备查文件,随时供股东查阅:

1. 载有董事长、总经理亲笔签名的中期报告原本;
2. 公司有关统计报表;
3. 公司《章程》。

地址:河北省廊坊市爱民东道158号
联系电话:(0316)2075875、2078888
传真:(0316)2077066
邮政编码:065000

中油龙昌(集团)股份有限公司
一九九七年八月二十二日

重庆东源钢业股份有限公司

重庆东源钢业股份有限公司股票上市公告书

一、释义

本公告书中,下列简称具有以下意义:

本公司:指重庆东源钢业股份有限公司

董事会:指本公司董事会

元:指人民币元

二、绪言

本公司股票上市申请经中国证券监督管理委员会证监发字〔1996〕323号文批准和深圳证券交易所深证发字〔1996〕第434号文同意,于1996年11月28日在深圳证券交易所挂牌交易。

本公司股票上市公告书依据《中华人民共和国公司法》、《股票发行与交易管理暂行条例》和《深圳证券交易所业务规则》的规定编制。本公司股票上市公告书旨在向社会披露公司基本情况及有关资料,本公司董事会及其成员愿就上市公告书所载资料的真实性、准确性和完整性负个别及连带责任。上市公告书中的内容由本公司董事会负责解释。

三、公司概况

1. 公司法定名称:重庆东源钢业股份有限公司

公司英文名称:CHONGQING DONGYUAN STEEL Co. Ltd

2. 公司注册地址:重庆市綦江县三江镇(邮政编码631431)

3. 公司法定代表人:郭代仪

4. 公司董事、监事及高级管理人员简历:

董事长:郭代仪先生,58岁,大学学历,教授级高级工程师。曾任重庆钢铁公司第五钢铁厂副厂长、厂长,重庆钢铁公司技改指挥部第一副指挥长,重庆钢铁公司经理,现任重庆钢铁(集团)有限责任公司董事长、党委书记兼总经理。中国冶金现代化管理协会理事、中国企业管理协会理事、中国企业家协会理事。1989年被评为全国劳动模范,1992年经批准享受政府特殊津贴,全国第八届人大代表。持本公司股票1400股。

副董事长:李成甫先生,54岁,大学学历,高级政工师。曾任重庆钢铁公司第四钢铁厂冷轧车间主任、宣传科长、党委副书记,本公司党委书记、副董事长兼总经理。现任重庆钢铁(集团)有限责任公司党委副书记,重庆市第十二届人大代表。持本公司股票1600股。

副董事长:赵昌谷先生,54岁,大学学历,高级工程师。曾任重庆钢铁公司第四钢铁厂带钢车间主任、副厂长,本公司副总经理、总经理、党委书记。持本公司股票1600股。

董事兼总经理:王文玮先生,47岁,大学学历,高级工程师。曾任重庆钢铁公司第四钢铁厂带钢车间副主任、主任,本公司副总经理。持本公司股票1600股。

董事兼副总经理:李金春先生,44岁,大专学历,高级经济师。曾任重庆钢铁公司第四钢铁厂宣传科长、办公室主任。持本公司股票1600股。

董事:张煜煌先生,43岁,大专学历,政工师。曾任重庆钢铁公司第四钢铁厂宣传科长、本公司党办主任、党委副书记。持本公司股票1600股。

董事:朱建派先生,39岁,大学学历,工程师。曾任重庆钢铁公司经理办公室秘书科科长、劳动人事处副处长、处长,现任重庆钢铁(集团)有限责任公司人事部部长。持本公司股票0股。

董事:刘贤富先生,44岁,大专学历,高级经济师。曾任重庆钢铁公司总调度室生产调度科科长、总调度室副主任、主任,现任重庆钢铁(集团)有限责任公司钢铁事业部生产处处长。持本公司股票1000股。

董事:黄幼和先生,44岁,大专学历,高级经济师。曾任重庆钢铁公司干部处干部管理科科长、劳动人事处副处长、资产处处长,现任重庆钢铁(集团)有限责任公司财务部资产经营管理处处长。持本公司股票600股。

董事:谷士英先生,52岁,大学学历,高级经济师。曾任重庆钢铁公司第四钢铁厂薄板车间副主任,重庆钢铁公司计划处副处长,现任重庆钢铁(集团)有限责任公司规划发展部规划处副处长。持本公司股票1600股。

董事:袁进夫先生,34岁,大学学历,高级会计师。曾任重庆钢铁公司财务处会计科科长、财务处副处长,现任重庆钢铁(集团)有限责任公司财务部财务处副处长。持本公司股票600股。

监事会主席:龚荣光先生,55岁,大学学历,教授级高级工程师。曾任重庆钢铁公司第二炼钢厂厂长,重庆钢铁公司党委干部部长、干部处处长,重庆钢铁公司副经理兼技改指挥部第一副指挥长,重庆钢铁公司党委副书记。现任重庆钢铁(集团)有限责任公司党委副书记,重庆市第十二届人大常务委员。持本公司股票1600股。

监事:刘秀英女士,46岁,大学学历,高级政工师。曾任重庆钢铁公司组织部干部科科长、技校党委书记、副校长,重庆钢铁公司工会副主席。现任重庆钢铁(集团)有限责任公司工会副主席。持本公司股票2600股。

监事:王祖琴女士,51岁,大学学历,高级经济师。曾任重庆钢铁公司技改办合同预算科副科长、副处长。现任重庆钢铁(集团)有限责任公司审计处处长。持本公司股票1600股。

监事:黄清云先生,45岁,大专学历,高级政工师。曾任重庆钢铁公司第四钢铁厂厂办副主任,党委办公室主任、本公司工会主席。本公司党委副书记。持本公司股票1600股。

监事:张力先生,51岁,初中学历,四川省劳动模范,本公司硅钢片厂工段长。持本公司股票600股。

副总经理:李兰天先生,40岁,大学学历,高级工程师。曾任本公司硅钢片厂副厂长、总经理助理。持本公司股票1000股。

副总经理:李文明先生,45岁,大专学历,高级经济师。曾任重庆钢铁公司第四钢铁厂机动车间副主任,本公司冷轧车间主任。持本公司股票1600股。

财务部部长:黄绍蓉女士,49岁,大专学历,会计师。曾任本公司财务部副部长。持本公司股票600股。

本公司董事、监事及高级管理人员持有本公司股票24400股,占公司总股本的0.13‰,其持有股份按照《中华人民共和国公司法》规定在任职期内不得转让。

5. 公司其他情况:

(1)公司所属行业:冶金

(2)公司成立日期:1987年3月20日

工商营业执照登记号:20281954—4

(3)在册职工人数:(截止1996年6月30日)3104人,其中生产性人员2797人,占90%,行政管理人员148人,占4.8%,各类专业技术人员159人,其中高级技术职称23人,占14%,中级技术职称37人,占23%。

(4)公司占地面积:362,452.58平方米。

(5)公司咨询项目

本公司董事会委托郭乐三、曾朝夕先生为本公司授权代表,专司股证及相关事务。投资人如对本公告书有任何疑问,可咨询本公司授权代表。

咨询电话:(0811)8875333/(08212)249255

股东接待日期:星期四上午8:00—11:30

公司文件资料索阅地点:重庆市大渡口区重钢红楼321号

綦江县三江镇东源公司办公楼

(6)上市推荐机构:

A. 名称:华夏证券有限公司

法定代表人:黄玉峻

地址:北京市复兴路乙63号

电话:(0811)3806785

联系人:杨雨松

B. 名称:安徽省国际信托投资公司
法定代表人:卢继延
地址:安徽省合肥市寿春路111号
电话:(0551)2634400—1501
联系人:朱永平
(7)律师事务所:
名称:四川省投资与证券律师事务所
法定代表人:顾培东
经办律师:刘西荣、王建平、朱方明
地址:四川省成都市物资大厦八楼
电话:(028)6744456—20829、20820
(8)会计师事务所:
名称:重庆会计师事务所
法定代表人:付思福
经办注册会计师:付思福、石义杰
地址:重庆市渝中区人和街
电话:(0811)3852555
(9)资产评估机构:
名称:重庆审计事务所
法定代表人:黄兰茹
经办评估人员:牛裕民、何继陶
地址:重庆市渝中区学田湾正街55号
电话:(0811)3851614
(10)资产评估确认机构:重庆市国有资产管理局
国家国有资产管理局
6. 公司股票发行情况
(1)股票种类:人民币普通股A股
(2)股票面值:100元人民币/股
(3)股票发行价格:100元人民币/股
(4)股票发行起止日期及规模:

A. 第一次1987年7月5日至9月10日,向内部职工和社会公众发行37万股;

B. 第二次1988年3月8日至7月2日,向内部职工和社会公众发行37万股;

注:以上发行之股票已于1992年根据重庆市体改委批准拆细为每股面值1元。

C. 公司本次申请上市的社会公众股为6700万股。
(5)股东人数:39955人,其中持1000股以上的7456人。
(6)股票发行对象:内部职工及社会公众。
(7)股票承销机构:由本公司自办发行。
(8)股票登记机构:深圳证券登记有限公司
(9)股票上市日期:1996年11月28日
(10)股票上市交易代码:0656
(11)股票上市交易简称:重庆东源
(12)股票上市地点:深圳证券交易所
7. 公司经营范围和经营方式
(1)经营范围
主营:钢材、锰铁、氧气。
兼营:火车运输、汽车运输、机械加工。
(2)经营方式:生产、销售
8. 公司主要业务及主要产品

公司的主要业务是钢板、钢带、硅钢片等钢压延加工;锰铁冶炼;金属涂镀。

公司主要产品是薄钢板、冷轧钢带、热轧硅钢片、镀铅(锌)钢板带、锰铁等。

四、公司组织状况

1. 公司发起人及公司沿革

本公司发起人为原重庆钢铁公司,是一家有106年历史的国有特大型钢铁联合企业,1992年末重庆钢铁公司改组为重庆钢铁(集团)公司,是以钢铁为主业,产业、科研、金融、流通、外贸相结合的集团公司。生产经营范围包括黑色金属冶炼及压延加工、耐火材料、金属制品、机械制造、焦炭及煤化工等。1995年该公司改制为重庆钢铁(集团)有限责任公司,现为本公司的控股公司。

本公司前身是1937年成立的"东原实业股份有限公司",全国解放后,1951年收为国有,取名为"国营东原炼铁厂"。1958年并入新建的"国营三江钢铁厂"。1964年"三线建设"初期,国家投资在西南地区建立薄板生产基地,三江钢铁厂划归重庆钢铁公司管理,定名为"重庆钢铁公司第四钢铁厂"。1986年12月,经重庆市人民政府重府发〔1986〕290号文批准,在重庆钢铁公司第四钢铁厂进行向社会公开发行股票的股份制试点,改制成立重庆东源钢业股份有限公司。

2. 公司改制过程及非经营性资产的剥离情况

1986年12月,经重庆市人民政府重府发〔1986〕290号文批准,在重钢四厂进行向社会公开发行股票的股份制试点,改制成立本公司,并经中国人民银行重庆市分行重人行〔1987〕58号和重人行〔1988〕9号文批准,先后两次向内部职工和社会公众发行股票,共筹集资金6700万元。1992年在规范化过程中,对全部资产进行了评估,调整了股本结构和股权关系。1993年10月经国家体改委体改生〔1993〕151号文批准,本公司继续进行规范化的股份制企业试点。为争取异地上市,再次进行了资产评估,剥离了非经营性资产。

职工住房、医疗、生产后勤、教育、文体娱乐、公共设施等非经营性资产经重庆审计事务所评估(重审事发〔93〕015号文)、重庆市国资局确认(国资办发〔93〕第101号文),其价值量为31,965,876.00元。本公司将这部分剥离的非经营性资产交由重钢产业公司下属重庆鑫源物业公司管理,鑫源公司是独立经营、自负盈亏的企业法人,对上述非经营性根据双方签订的协议实行有偿服务。

3. 公司组织结构

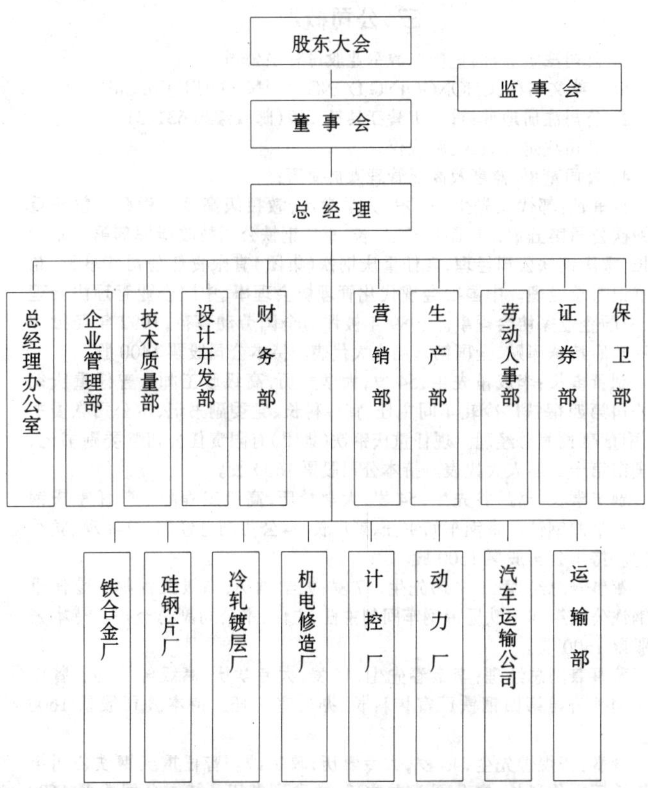

4. 公司董事会、股东大会的决议、纪要:

1987年10月25日,首次股东代表大会,通过本公司章程,选举产生了第一届董事会,并决定再次向社会公众发行股票。

1987年10月26日,首届董事会第一次会议,选举郭代仪为董事长,聘任潘显华为总经理。

1988年1月8日,第一届董事会第二次会议,审议了八七年工作总结和财务报告,确定了八八年工作安排,通过了增发股票的方案。

1988年3月5日,第二次股东代表大会,通过了董事会的工作报告,审议了年度财务决算报告,同意1987年公众股不派息不分红,留待下年度一并发放的决议。

1989年1月25日，第一届董事会第四次会议，任命李成甫为总经理，因工作调离免去潘显华总经理职务。

1989年2月25日，第三次股东代表大会，因工作调离免去潘显华的董事职务，选举李成甫、张煜煌为本公司董事，审议了董事会的88年工作报告和财务报告，通过了89年财务工作计划和88年股利分配方案。

1989年6月15日，第一届董事会第五次会议，增选李成甫为副董事长。

1990年3月13日，第四次股东代表大会，审议通过了董事长的89年工作报告和财务报告，同意公司90年工作安排和财务计划，并同意了89年利润分配方案。

1991年3月5日第五次股东代表大会，审议通过了董事会的90年工作报告和财务报告，同意公司91年工作安排和90年利润分配方案。

1992年2月29日，第六次股东代表大会，审议通过了公司91年工作报告和财务报告，同意公司92年工作安排和财务计划，并同意了91年利润分配方案。

1992年8月5日，特别股东代表大会，大会专题审议和讨论了公司股份制规范化问题，通过了《关于继续进行规范化股份制试点的决议》、《关于股票拆细的决议》，决定将公司股票由100元/股拆细为1元/股。

1993年3月4日，第一届董事会第十二次会议，同意修改公司章程，决定按新章程进行董事会换届选举，设立监事会。

1993年4月4日，第七次股东代表大会，通过了修改后的《重庆东源钢业股份有限公司章程》和《重庆东源钢业股份有限公司募股章程》，选举产生了新一届董事会、第一届监事会，同意按国资局确认的资产评估结果，将股本结构调整为现在的结构，同意92年利润分配方案和93年工作安排。

1993年4月5日，第二届董事会第一次会议，选举郭代仪为董事长，曹景胜、李成甫为副董事长。

1993年11月5日，临时股东大会。会议通过了公司股票异地上市的决议和修改公司章程的决议。

1994年4月7日，第八次股东大会。会议审议通过了董事会93年度工作报告、监事会93年度工作报告及93年财务决算报告；同意董事会关于94年工作安排及财务预算；决定了93年度利润分配方案。

1995年7月25日，第九次股东大会。会议审议通过了董事会94年度工作报告、监事会94年度工作报告及94年财务决算报告；决定因工作调离免去曹景胜同志董事职务，选举赵昌谷同志为公司董事；同意了94年度利润分配方案。

1996年4月12日，第十次股东大会。会议审议通过了董事会、监事会工作报告及财务决算报告；通过了按《公司法》修改后的公司章程；选举产生了第三届董事会、第二届监事会；责成董事会继续进行股票异地上市的申报工作，决定在深圳证券交易所上市交易；通过了95年度利润分配方案，并决定股利发放待上市后实施。

五、股本结构及主要股东持股情况

1. 股本结构

截止1996年6月30日止，本公司总股本为187,110,770股，股本结构如下：

国有法人股	120,110,770股	占总股本的64.19%
社会公众股	67,000,000股	占总股本的35.81%

以上股本结构经重庆会计师事务所〔93〕重会所内验字第277号文验证。

2. 股本形成过程

1987年公司成立时，由原重庆钢铁公司第四钢铁厂的固定资产帐面净值和国拔流动资金6857万元人民币折为国家股，共计68.57万股(每股面值100元)。同年经中国人民银行重庆市分行重人行〔1987〕58号文批准，按面值向内部职工和社会公众发售30万股人民币普通股(每股面值100元)。至此，公司总股本为98.57万股，其中国家股68.57万股，占总股本的69.56%，社会公众股30万股，占总股本的30.44%。1988年经公司第一届股东代表大会通过并经重庆市人民银行重人行〔1988〕9号文批准，本公司再次向职工和社会公众发行37万股人民币普通股票(每股面值100元)，至此，公司总股本为135.57万股。其中国家股68.57万股，占总股本的50.58%，社会公众股67万股，占总股本的49.42%。1992年在规范化过程中，经重庆市体改委渝改委〔1992〕54号文批准，将本公司股份由原来的每股面值100元拆细为每股面值1元。同年公司委托重庆审计事务所对全部资产进行了评估，评估结果报经重庆市国资局确认，截止1992年10月31日，本公司生产经营性净资产为192570512.22元，扣除盈余公积金、未分配利润后的187110770元界定为总股本。其中国家股120110770股，占总股本的64.19%，社会公众股67000000股，占总股本的35.81%。1993年3月经重庆市政府重府函〔1993〕62号文批准，将重庆钢铁(集团)公司投入本公司的资产确定为国有法人股。同年为争取异地上市，经国家国资局资产评估立项，本公司委托重庆审计事务所进行了第二次评估，评估结果经国家国资局国资评〔1993〕545号文确认，截止1993年9月30日，本公司经营性资产24529.75万元，评估增值部分纳入资本公积金，不调整股本结构。

3. 公司主要股东持股情况

重庆钢铁(集团)有限责任公司	120110770股	64.19%
孙　军	100000股	0.053%
李永兰	94000股	0.050%
刘建军	94000股	0.050%
李有年	92000股	0.049%
成守利	80000股	0.043%
张　伟	80000股	0.043%
孙祖国	80000股	0.043%
贺白兰	70000股	0.037%
李德树	70000股	0.037%

六、公司近三年经营业绩

1. 经营概述

本公司是我国最为完善的板带钢材生产企业之一，已发展成为我国板带钢的涂镀层重要基地。公司建立以来，深化改革、强化内部管理，形成“团结、活力、拼搏、创新”的企业精神，制订了“依靠板材，发展涂镀，多种经营，综合开发”的发展方针，使企业充满了生机和活力。公司强化质量管理，质量不断提高，荣获“冶金部质量管理优秀单位”称号，主要产品分别获国家银质奖及部、省、市优秀产品奖。企业生产规模、品种不断提高，现有主要设备包括：4台1200热轧薄板机组，700/20冷轧和630冷轧带钢机组各1台，电镀锌生产线1条，热连镀铅锌生产线1条，100M3高炉1座，具有年产钢材10万吨，锰铁2万吨，加工涂镀钢材4万吨的生产能力。产品市场广阔，畅销全国各地，部分产品出口。企业效益不断提高，1995年实现利润4342万元，比1990年的2469万元增长76%。

2. 经营业绩

根据重庆会计师事务所提供的审计报告，公司近三年经营业绩如下：

单位：元

项　目	1996年1—6月	1995年度	1994年度	1993年度
主营业务收入	244,921,559.24	470,109,343.16	588,678,934.00	689,801,521.40
主营业务利润	22,845,514.02	41,381,976.60	35,341,845.60	53,783,190.63
营业利润	21,858,144.01	41,856,429.92	31,420,960.46	44,516,518.06
利润总额	21,858,144.01	43,420,728.22	33,827,879.73	45,452,616.62
所得税款	7,213,187.52	14,318,504.71	11,160,428.31	14,999,363.48
税后利润	14,644,956.49	29,102,223.51	22,667,451.42	30,453,253.14

七、公司财务状况

(一)验资报告书(摘要)(〔93〕重会所内验字第227号)：重庆东源钢业股份有限公司：

我所接受委托，对贵公司实收股本金进行验证。

截止1993年9月30日止，贵公司股本金实际到位情况为：

一、法人股：以原重庆钢铁公司第四钢铁厂所拥有的资产，经评估机构评估后，并由国家国有资产管理局确认，将其用于生产经营的全部资产作价人民币120,110,770元，作为重庆钢铁公司持有的国有法人股投入，并已交付贵公司。

二、个人股：由公司职工和社会公众自愿认购股本金为人民币67,000,000元。已由重庆钢铁公司于1987年8月14日至1988年7月4日先后划转贵公司。

至本报告之日止，贵公司股本金人民币187,110,770元，已全部投足到位。

重庆会计师事务所

中国注册会计师：王文铠　李家淑

一九九三年十二月二十五日

(二)资产评估报告书(摘要)(重审事发〔1993〕第127号):重庆东源钢业股份有限公司:

贵公司经国家国有资产管理局批准立项,委托我所对贵公司一九九三年九月三十日的全部资产及相关负债进行评估,目的是为贵公司股票异地上市提供净资产数据。

经评估,贵公司一九九三年九月三十日资产总值为409870595.58元;负债总值为164573076.61元;资产净值(即股东权益)为245297518.97元。评估增值32318592.85元,增值率为15.17%。

重庆审计事务所

项目负责人:牛裕民

一九九三年十一月二十八日

(三)资产评估结果确认书(摘要)(国资评〔1993〕545号):

经我局资产评估中心审核验证,同意该项评估结论,资产评估后,重庆东源钢业股份有限公司全部生产经营性资产总额为40987.06万元人民币,总负债为16457.31万元人民币,净资产为24529.75万元人民币。

国家国有资产管理局

一九九三年十二月十六日

说明:93年9月30日为评估基准日,此次申请上市未重新评估。

(四)审计报告(摘要)(重会所内审字〔96〕第075号)重庆东源钢业股份有限公司全体股东:

我们接受委托,对重庆东源钢业股份有限公司1993年12月31日、1994年12月31日、1995年12月31日、1996年6月30日资产负债表和1993年度、1994年度、1995年度、1996年1—6月的利润表、利润分配表以及1995年度的财务状况变动表进行了审计。这些会计报表由贵公司负责,我们的责任是对这些会计报表发表审计意见。我们的审计是依据《中国注册会计师独立审计准则》进行的。在审计过程中,我们结合贵公司的实际情况,实施了包括抽查会计记录等我们认为必要的审计程序。

我们认为,上述会计报表符合《企业会计准则》、《股份制试点企业会计制度》的有关规定,在所有重要方面公允地反映了公司1993年12月31日、1994年12月31日、1995年12月31日、1996年6月30日的财务状况和1993年度、1994年度、1995年度和1996年1—6月的经营成果以及1995年度资金变动情况,会计处理方法的选用遵循了一贯性原则。

重庆会计师事务所

中国注册会计师:付思福、石义杰

一九九六年七月二十八日

1.资产负债表主要数据截止日:1996年6月30日(附后)

2.利润表主要数据截止日:1996年6月30日(附后)

(五)会计报表注释

1.主要会计政策

(1)会计制度:公司执行《股份制试点企业会计制度》。

(2)会计年度:公历1月1日至12月31日。

(3)记帐本位币:公司记帐本位币为人民币。

(4)记帐原则和计价基础:按权责发生制,采用实际成本计价。

(5)坏帐准备:按期末应收帐款余额的3‰计提。

(6)存货核算:库存材料实行永续盘存制和计划成本核算,月末调整材料成本差异;产成品按实际成本核算,采用加权平均法结转成本;低值易耗品采用分期摊销法核算。

(7)固定资产及其折旧:固定资产入帐标准为:使用期限超过一年的房屋、建筑物、机器、机械、运输工具以及其他与生产经营有关的设备、器具、工具等。不属于生产经营主要设备的物品,单位价值在2000元以上,并且使用期限超过两年的,均为固定资产。

固定资产按历史成本计价。

固定资产按照行业财务制度的规定,采用平均年限法计提折旧,残值率为2—4%。分类、折旧年限及折旧率为:

固定资产类别	折旧年限(年)	年折旧率(%)	残值率(%)
通用设备	18	5.38	3.16
专用设备	10	9.79	2.1
房屋	40	2.40	4.0
建筑物	25	3.88	3.0

(8)无形资产及其摊销:土地使用权从取得之日起分50年平均摊销。

(9)收入实现的确认:销售商品的收入于商品已经发出、商品的所有权已自卖方转移给买方,收到货款或取得收取货款的证据时,确认营业收入实现。劳务收入于劳务已经提供、收到款项或取得收取款项的证据时,确认收入实现。

(10)税项及附加费:

A.增值税	17%	按销项税抵扣进项税后差额计征
B.所得税	33%	按应纳税所得额计征
C.城市维护建设税	5%	按应交流转环节税计征
D.教育费附加	3%	按应交流转环节税计征
E.重点交通建设附加	5%	按应交纳流转税计征

八、财务指标分析

指标名称	1996年6月	1995年12月
流动比率	1.31	1.23
速动比率	1.05	0.98
股东权益比率	42.01%	38.35%
存货周转率	2.74次	4.06次
应收帐款周转率	0.69次	1.27次
每股收益	0.078元	0.156元
每股净资产	1.36元	1.28元
净资产收益率	5.77%	12.16%

注:上述指标均采用1995年度及1996年1—6月经审计的会计报表数据计算得出的。

速动资产=流动资产-存货-待摊费用-预付货款

九、上市之承诺

1.严格遵守《公司法》、《股票发行与交易管理暂行条例》、《深圳证券交易所业务规则》和有关法律、法规的规定。

2.按照法律、法规的规定程序和要求披露重大信息,并接受证券主管部门、深圳证券交易所的监督和管理。

3.及时、准确、真实地在主管部门指定的报刊上公告本公司中期、年度财务及经营业绩报告,并备置于规定场所供投资者查阅。

4.在任何公共传播媒介中出现的消息可能对本公司股票的市场价格产生误导性影响时,本公司知悉后将及时对该消息予以公开澄清。

5.本公司董事、监事及高级管理人员将认真听取公众的建议和批评,自觉抵制不正之风,不利用已获得的内幕信息直接从事股票买卖活动。

十、重要事项揭示

1.公司章程关于利润分配顺序的说明

公司缴纳所得税后的利润按下列顺序分配:

(1)提取法定盈余公积金(提取比例为10%);

(2)提取公益金(提取比例为5—10%);

(3)提取任意盈作公积金(提取比例由股东会决议);

(4)分配普通股股利。

公司股利分配的一般政策是每年派付一次红利,一般于下年度分配,股利分配采取现金和股票的形式。

2.按33%所得税税率计算,本公司1996年度盈利预测税后利润为2927.50万元,每股税后利润0.156元。

3.经本公司股东大会批准,九五年度股利发放留待公司股票上市后进行,本次上市为含 权上市。

4.1993年11月,本公司召开临时股东大会,通过了《关于公司股票异地上市的决议》,同意公司股票异地上市;1996年4月,本公司召开第十届股东大会,决定公司股票在深圳证券交易所上市。

5.关联关系:

本公司主要关联企业是重庆钢铁(集团)有限责任公司,其作为本公司法人股股权代表机构,已得到重庆市政府授权。本公司由重庆钢铁(集团)有限责任公司提供部分产品原料(硅钢坯、普板坯)、燃料(焦碳),均按市场价格结算,供货、付款方式亦按供销合同履行。双方完全依照市场公平原则发生往来,不存在互相损害对方权益的情况,也不存在由于本公司与其关系而影响本公司重大合同条款及其履行的可能性。

本公司关联企业还有重庆鑫源物业公司,其作为本公司剥离的非经营性资产的管理机构。该公司是独立经营、自负盈亏的企业法人。本公司与其对非经营性资产根据双方签订的协议实行有偿服务,双方服务均

按市场价格结算,无市场价格的服务则双方协商定价。不存在互相损害对方权益的情况,也不存在由于本公司与其关系而影响本公司重大合同条款及其履行的可能性。

6. 重大合同:

本公司近年来签订的购销、借贷、投资等各类合同中,金额在100万元以上的合同主要有:

(1)1996年1月2日,与湖北省竹溪县机械工业设备材料公司签订工矿产品购销合同,购买对方冷卷4000吨,金额2020万元人民币。

(2)1995年12月14日,与南桐矿务局签订工矿产品购销合同,购买对方混煤6000吨、锅炉煤4000吨、其它用精煤600吨,总金额合计155.7万元人民币。

(3)1996年2月29日,与重庆东源工贸公司签订工矿产品购销合同,购买对方冷卷合计4000吨,总金额计2050万元人民币。

(4)1995年11月1日,与重庆南岸高频管厂签订合同,供应对方光亮冷带合计240吨,合计金额106.4万元人民币。

(5)1995年12月5日,与北京汽车油箱厂签订合同,供应对方冷轧镀铅板700吨,金额460万元人民币。

(6)1995年10月18日,与东风汽车公司供应处签订合同,供应对方镀铅板700吨,金额462.4万元人民币。

(7)1996年1月24日,与柳江县穿山矿产品加工厂签订合同,购买对方氧化锰块矿合计3000吨,总金额171万元人民币。

(8)1996年1月2日,与中国对外贸易开发总公司签订《锰矿进料加工复出口代理协议书》,合同总金额130.2万美元。

(9)1996年1月1日,与广东省揭阳市工交物资揭阳批发部签订合同,供应对方矽钢片5500吨,金额2447.5万元人民币。

(10)1996年2月5日,与广东省二轻供销公司签订合同,供应对方矽钢片7000吨,金额3115万元人民币。

1994年11月1日,公司与中国工商银行綦江县支行签订了《贷款抵押总合同》字第001号,向抵押权人申请贷款人民币陆仟万元,抵押资产包括机器设备、房产和土地使用权。

7. 重大诉讼事项:

本公司没有尚未了结的重大诉讼事项,本公司法定代表人和其他主要负责人均没有被追究刑事责任或涉及重大经济、民事、行政诉讼、仲裁或行政处罚的情况。

8. 历年股利发放情况:

公司在92年未进行规范以前,税后利润扣除还贷以后,先提取三金〈公积金、公益金、奖励基金〉,再根据公司效益情况,确定个人股的股金分红率。个人股除分红外,还按8%的年利率取得利息。1988—1991年个人股分红率:88年为8%;89年为5%;90年为6%,91年为8%。

1992年下半年公司开始规范化运作以来,分别按税后利润的10%、5%计提法定盈余公积金和公益金,1992年按0.13元/股(含税)分红,1993年、1994年分别按0.10元/股(含税)分红,1995年按0.15元/股(含税)分红(未实施,待上市后实施),其余未分配利润结转1996的分配。

9. 历次募股资金利用情况

本公司分别在1987、1988年先后两次向社会发行股票共筹集资金6700万元,主要用于以下技改和质量升级项目:

(1)连续热镀铅(锌)工程(国内第一条连镀铅生产线)

投资4029.39万元,1992年竣工,年生产能力4万吨,产量和质量大幅度提高。

(2)高炉污水处理工程

投资523.4万元,1988年完工,每年节约排污费24万元。

(3)连续电镀锌工程

投资308.86万元,1988年竣工,年生产能力1万吨,扩大了生产规模,增加了品种。

(4)矽钢片扩产工程

投资217.35万元,1989年竣工,年产量增加2万吨,年增加利润1000万元。

(5)天然气、加热炉改造工程

投资300万元,1992年竣工,每年节约天然气150万立方米,并大幅度降低待气停产时间。

(6)大纵剪改造工程

投资354万元,1993年完工,年创效益400万元。

以上建设和技改工作如期完成,公司生产规模进一步扩大,设备得以更新,产品质量不断提高,1992年实现利润4307.8万元,比1990年增长74%,为把本公司建成西南地区最大的薄板、涂镀层生产基地打下了坚实的基础。

(7)其余967万元用作部分小型项目建设及弥补企业流动资金不足。

10. 债项

经重庆会计师事务所审计,截止1996年6月30日,本公司负债总额为350,600,205.20万元,其中:流动负债350,600,205.20元。自1996年6月30日到本公告书刊登之日止,本公司债务情况无重大变化,无任何或有负债。

以下资料摘自重庆会计师事务所重会所内审字〔96〕第075号审计报告:

(1)短期借款:

1996年6月30日余额33,296,240.15元,均为人民币借款。

借款单位	金　额	借款条件	月利率‰	到期日
綦江工商行四钢分理处	31,408,000.00	抵押	10.050	96.7.4—97.6.19
綦江县建行四钢服务组	1,000,000.00	抵押	10.050	96.11.30
綦江农行三江分理处	500,000.00	信用	10.065	96.12.25
綦江县税务局	388,240.15	信用	7.50	
合计	33,296,240.15			

(2)应付票据:

1996年6月30日余额为18,000,000.00元,均为应付重庆钢铁有限责任公司的银行承兑汇票。到期日为1996年7月4日至8月28日。

(3)应付帐款:

1996年6月30日余额226,663,379.03元,均为应付原辅材料款。

A. 帐龄分析:

帐龄在一年以内的14户,金额为226,635,808.70,占总数的99.99%;

帐龄在一年以上二年以内的1户,金额为27,570.33元,占总数的0.01%。

B. 余额在100万元以上的1户,金额为221,516,087.44元。

单位名称	金额(元)
重庆钢铁(集团)有限公司	221,516,087.44

C. 余额在100万元以下的14户,金额为5,147,291.59元。

(4)预收货款:

1996年6月30日余额17,126,492.71元,均为预收销货款。

A. 帐龄分析:

帐龄在一年以内的151户,金额为15,830,996.80元,占总额的92.44%。

帐龄在一年以上二年以内的15户,金额为419,979.96元,占总额的2.45%。

帐龄在二年以上三年以内的9户,金额为217,006.57元,占总额的1.27%。

帐龄在三年以上的37户,金额为658,509.38元,占总额的3.84%。

B. 余额在100万元以上的3户,金额为3,654,014.28元。

单位名称	金额(元)
重钢矿山炉料经营公司	1,318,338.92
重钢轧钢总厂供销公司	1,320,000.00
重庆川崎实业公司	1,015,675.36

C. 余额在100万元以下的209户,金额为13,472,478.43元。

(5)应付福利费:

1996年6月30日余额为2,951,489.64元。

(6)未付股利:

1996年6月30日余额为28,066,615.50元。均为95年度应付股利,经公司股东大会批准,留待公司股票上市后发放。其中:

应付国有法人股股利	18,016,615.50元
应付个人股股利	10,050,000.00元

(7)其他应付款:

1996年6月30日余额为15,046,904.62元,均为暂收和应付款项。

A. 帐龄分析:

帐龄在一年以内的26户,金额为14,989,891.34元,占总额的99.62%。

帐龄在一年以上二年以内的6户,金额为57,013.28元,占总额的0.38%。

B.余额在50万元以上的单位5户,金额9,164,743.79元。

单位名称	金额(元)
重钢中兴实业公司	3,119,920.80(废钢押金)
綦江县社管所	1,166,220.00(应付保险费)
建房集资款	1,018,261.54(职工建房款)
綦南供电所	694,651.55(应付电费)
重钢型钢厂	3,165,689.90(废钢押金)

C.余额在100万元以下的单位27户,金额为5,882,160.83元。

(8)其他流动负债:

1996年6月30日余额为9,449,083.55元。

十一、投资环境、风险及对策、发展规划

(一)投资环境

本公司所在地重庆市,位于长江上游,是我国西南地区经济、交通、文化中心,与我国最大的工业城市上海遥相呼应,在带动长江经济带、尤其是中西部地区的经济发展上起着极其重要的作用。

重庆市资源丰富,交通便利,市场前景广阔,现正成为境外投资和我国东部发达地区向内地投资的热点和重点。

"九五"期间及以后的一个重要任务是国家决策要加快中西部地区的发展,"三峡工程"是跨世纪的宏伟工程,重庆市是距三峡库区最近的中西部中心城市,在"九五"期间或下个世纪,在我国经济发展中的地位将更趋明显和重要。

(二)风险因素及对策

1.风险因素

(1)政策风险:

A.国家宏观政策的影响

本公司的生产经营活动亦受国家宏观经济政策的影响,一般而言,在国家实行经济紧缩政策时,本公司的业务将会受到影响。

B.复关的影响

中国恢复"关税与贸易总协定"缔约国地位后可能产生的某些政策变化将会对本公司的生产经营产生较大影响。由于进口关税的下降,国外的钢板、钢带产品大量进口;再加上国内机电、汽车行业受进口产品冲击,需求量减少,将会影响本公司现有产品的销量。

(2)行业风险

钢铁行业目前处于生产方式由粗放到集约转变的时期,生产受能源、交通发展的制约,产品销售受其他行业发展的影响。同业竞争激烈,本公司生产技术和设备在同类企业中有较大优势,但依然面临风险。

(3)经营风险

A.原材料供应风险

本公司尽管主要产品生产坯料有可靠保障,但也有个别产品坯料时有紧缺,从而影响生产正常进行。

B.能源供应、交通运输风险

本公司属于冶金行业,是能源(电、天然气)、铁路运输的大户。若遇能源供应、交通紧张,有可能影响正常生产经营。

C.原材料、能源等价格上涨的风险

本公司生产所需能源(电、天然气、焦碳)及生产原料价格有不断上扬的趋势,带来生产成本不断上升的问题,直接影响企业效益。

(4)市场风险

我国钢板、钢带生产企业正在兴起,目前从事生产的企业有数十家,市场竞争较为激烈。其中,相当部分企业竞争能力较差,处于生存竞争之中;少数大中型企业竞争旗鼓相当,处于发展竞争之中。本公司尽管有着质量、管理、品种等多种优势,仍存在市场竞争之风险。

2.风险对策

针对上述风险,本公司将采取以下措施:

(1)本公司将立足质量优势,进一步通过降低生产成本,提高产品质量,扩大生产来巩固和扩大市场,不断提高市场占有率,保证公司经营效益的持续稳定提高。

(2)本公司将采取有效的节能降耗措施减少对能源的需求,并进一步办好自发电,努力扩大电力生产,保证能源供应,此外,继续加强内部管理,强化调度指挥,有效进行内外衔接,把能源和运输的制约降到最低限度。

(3)本公司一方面将从国内外市场寻求原料的适当补充,另一方面扩大自身供压能力,保证生产持续、均衡进行。

(4)本公司将在现有产品品种多样的情况下继续进行技术改造,开发新产品,引进先进的工艺和设备。逐步形成以硅钢片、钢板、钢带、锰铁、镀层板为龙头的产品,与商贸、运输、金融相结合,多元化经营,分散风险,提高综合实力。

(三)发展规划

本公司属原材料基础产业,系国家二级企业,产品曾多次荣获国家、部、省颁发的质量优质奖。本公司成为上市公司后,将坚持股份制规范化运作,转换经营机制,巩固经营成果。坚持以市场为导向,以效益为中心,以质量为保证,依靠科技进步和新产品开发,寻求更快更好的发展途径,在近期内将本公司建设成为西南地区最为完善的板带钢材生产基地和涂镀层生产基地。

1.经营目标:本公司在大力发展生产,注重产量规模的同时,努力抓好销售和供应环节,强化财务成本管理,争取实现销售收入和利润的稳步增长,使公司成为效益一流企业。

2.经营策略:不断巩固和配套完善轧钢生产,大力发展涂镀层业务,努力扩大电机硅钢片生产规模,逐步提高热轧硅钢片产量,形成整体规模效益;积极开发其他经营项目,投资生产汽车用板材、带钢卷、中小型钢材,增强实力,提高本公司抗风险能力。

3.坚持技术进步:本公司将依靠技术进步,改良设备,引进消化新技术新工艺,节约能源,降低消耗,提高产品质量,把公司技术水平、产品结构和档次提高到一个新的水平:

(1)配套完善涂镀生产线,重点突破工艺难关,采用世界最先进科技成果,达到涂镀技术、生产工艺、品种开发的全国先进水平。

(2)开发电炉短流程板带生产线。

4.重视人才:本公司将不断培养和引进技术和管理人才,充分发挥产业工人的生产主力军作用,保证本公司以一流的技术、一流的人才、一流的管理立于不败之地。

十二、盈利预测

(一)盈利预测审核报告(重会所内审字〔96〕091号)重庆东源钢业股份有限公司。

我们接受委托,对贵公司编制的一九九六年十月至十二月盈利预测进行了审核。该盈利预测由贵公司负责,我们的责任是对该盈利预测发表审核意见。我们的审核是依据《中国注册会计师独立审计准则》进行的。在审核过程中,我们结合贵公司的实际情况,实施了包括调查、比较、核实等必要的审核程序。

经审核,我们未发现表明上述盈利预测依据的基本假设不合理的证据。我们认为,上述盈利预测依据的基本假设已充分披露;盈利预测采用的会计政策与编制会计报表采用的会计政策一致;盈利预测依据的历史数据可靠,支持未来数据的证据充分,采用的预测方法恰当。

重庆会计师事务所

中国注册会计师:付思福　石义杰

一九九六年十月二十五日

(二)盈利预测基准

本盈利预测是根据公司业经审计的1995年度和1996年1—6月经营业绩以及未经审计的1996年7—9月经营业绩、现时各项基础、能力、潜力和业务发展的各项计划而编制的。本预测遵循了我国现行法律、法规和制度的有关规定,并在各方面与公司采用的会计原则一致。

(三)盈利预测假设

1.与公司有关的国家法律、法规、政策和制度无重大变化;

2.公司所处的政治、经济、社会环境无重大改变;

3.公司适用的税率和银行信贷利率无异常变化;

4.公司生产经营所需的原材料供应和产品销售市场无重大变化;

5.公司无其他人力不可预测或不可抗拒因素造成的重大影响。

(四)盈利预测表

金额单位:千元

项　目	1996年1—6月已审实现数	1996年7—9月未审实现数	1996年10-12月预测数	1996年全年预测数
一、主营业务收入	244,922	139,309	104,530	488,761
减:营业成本	205,249	118,540	84,420	408,209

销售费用				
管理费用	13,516	7,253	7,830	28,599
财务费用	2,113	946	1,010	4,069
进货费用				
营业税金及附加	1,199	555	550	2,304
二、主营业务利润	22,845	12,015	10,720	45,580
加:其他业务利润	-987	-338	-180	-1,505
三、营业利润	21,858	11,677	10,540	44,075
加:投资收益				
营业外收入				
减:营业外支出		382		382
加:以前年度损益调整				
四、利润总额	21,858	11,295	10,540	43,693
减:所得税	7,213	3,727	3,478	14,418
五、净利润	14,645	7,568	7,062	29,275

十三、备查文件目录

1. 证监会复审意见书(证监发字〔1996〕323号)

2. 国家体改委《关于重庆东源钢业股份有限公司继续进行股份制试点的批复》(体改生〔1993〕151号)

3. 重庆市人民政府《关于同意在重庆钢铁公司第四钢铁厂进行股份制试点的批复》(重府发〔1986〕290号)

4. 中国人民银行重庆市分行《关于同意重庆东源钢业股份有限公司发行股票的批复》(重人行〔1987〕58号)

5. 中国人民银行重庆市分行《关于同意重庆东源钢业股份有限公司发行股票的批复》(重人行〔1988〕9号)

6. 重庆市体改委同意股票拆细的批复(渝改委〔1992〕54号)

7. 上市承诺函

8. 上市通知书

9. 历次董事会、股东大会决议

10. 历次股票发行与管理办法

11. 重庆东源钢业股份有限公司章程

12. 重庆东源钢业股份有限公司企业法人营业执照

重庆东源钢业股份有限公司

1996年11月26日

利 润 表

编制单位:重庆东源钢业股份有限公司　　金额单位:元

项　目	行次	注标	1996年1—6月	1996年度	1994年度	1993年度
一、主营业务收入	01	注26	244,921,559.64	470,109,343.16	588,678,934.00	689,801,521.40
减:营业成本	02	注27	205,248,706.42	394,609,897.57	523,739,599.86	553,034,495.59
销售费用	03					
管理费用	04	注28	13,515,627.67	27,276,715.27	24,218,674.56	22,615,409.47
财务费用	05	注29	2,113,174.99	4,847,372.75	2,339,688.27	1,789,816.66
进货费用	06					
营业税金及附加	07	注30	1,198,536.54	1,993,380.97	3,039,125.68	58,578,609.05
二、主营业务利润	08		22,845,514.02	41,381,976.60	35,341,845.60	53,783,190.63
加:其他业务利润	09	注31	-987,370.01	474,453.32	-3,920,885.17	-9,266,672.57
三、营业利润	10		21,858,144.01	41,856,429.92	31,420,960.46	44,516,518.06
加:投资收益	11	注32		31,320.00	8,400.00	
营业外收入	12	注33		1,532,978.30	2,398,519.27	936,098.56
减:营业外支出	13					
加:以前年度损益调整	14					
四、利润总额	15		21,858,144.01	43,420,728.22	33,827,879.73	45,452,616.62
减:所得税	16	注34	7,213,187.52	14,318,504.71	11,160,428.31	14,999,363.48
五、净利润	17		14,644,956.49	29,102,223.51	22,667,451.42	30,453,253.14

资 产 负 债 表

编制单位:重庆东源钢业股份有限公司　　金额单位:元

资　　产	行次	注标	1996年6月30日	1995年12月31日	1994年12月31日	1993年12月31日
流动资产:						
货币资金	01	注1	4,817,704.00	4,069,938.15	1,379,443.48	3,832,928.33
短期投资	02					
应收票据	03	注2	1,990,000.00	300,000.00		
应收帐款	04	注3	344,247,761.02	366,783,427.69	377,630,428.86	106,739,235.68
减:坏帐准备	05	注4	1,032,743.28	1,100,350.28	1,132,891.29	320,217.70
应收帐款净额	06		343,215,017.74	365,683,077.41	376,497,537.57	106,419,017.98
预付货款	07	注5	534,808.97	615,783.81	3,978,649.73	4,812,758.40
其他应收款	08	注6	17,649,060.84	7,408,908.50	6,066,648.40	8,254,492.05
待摊费用	09	注7	17,520,241.70	18,700,909.19	17,978,429.91	2,709,531.23
存货	10	注8	73,098,568.34	76,536,753.69	117,649,851.76	132,369,187.14
待处理流动资产净损失	11					
一年内到期的长期债券投资	12					
其他流动资产	13					
流动资产合计	15		458,825,401.59	473,315,370.75	523,550,560.85	258,397,915.13
长期投资:						
长期投资	16	注9	323.00	323.00	54,323.00	75,098.00
固定资产:						
固定资产原价	17	注10	238,007,136.69	238,007,136.69	237,081,722.96	234,801,874.92

资　　产	行次	注标	1996年6月30日	1995年12月31日	1994年12月31日	1993年12月31日
减:累计折旧	18	注10	118,502,039.31	112,658,562.09	97,318,878.23	92,823,470.94
固定资产净值	19		119,505,097.38	125,348,574.60	139,762,844.73	141,978,403.98
在建工程	20	注11	11,690,898.92	10,728,487.19	9,992,503.66	11,438,494.32
固定资产清理	21					
待处理固定资产净损失	22					
固定资产合计	23		131,195,996.30	136,077,061.79	149,755,348.39	153,416,898.30
无形资产及递延资产:						
无形资产	24	注12	14,547,239.80	14,700,368.64	15,006,626.32	15,312,884.00
递延资产	25					
无形及递延资产合计	30		14,547,239.80	14,700,368.64	15,006,626.32	15,312,884.00
其他长期资产:						
其他长期资产	31					
递延税项:						
递延税款借项	32					
资产总计	40		604,568,960.69	624,093,124.18	688,366,858.56	427,202,795.43
负债及股东权益	行次	注标	1996年6月30日	1995年12月31日	1994年12月31日	1993年12月31日
流动负债:						
短期借款	41	注13	33,296,240.15	35,008,000.00	37,308,000.00	28,208,000.00
应付票据	42	注14	18,000,000.00			
应付帐款	43	注15	226,663,379.03	300,120,742.20	325,094,995.40	88,622,546.23
预收货款	44	注16	17,126,492.71	4,582,224.28	6,041,520.71	7,732,160.54
应付福利费	45	注17	2,951,489.64	4,923,327.88	3,120,889.28	1,014,089.43
未付股利	46	注18	28,066,615.50	28,066,615.50	18,711,077.00	18,711,077.00
未交税金	47	注19	7,546,784.10	3,022,994.14	42,510,645.25	38,640,847.74
其他未交款	48	注20	1,902,299.45	1,897,977.56	1,681,544.16	1,084,658.11
其他应付款	49	注21	15,046,904.62	7,147,443.62	15,609,995.77	8,793,043.89
预提费用	50					64,555.92
一年内到期的长期负债	51					
其他流动负债	52					
流动负债合计	55		350,600,205.20	384,769,325.18	450,078,667.57	192,870,978.86
长期负债:						
长期借款	56					
应付债券	57					
长期应付款	58					
其他长期负债	60					
长期负债合计	65					
递延税项:						
递延税款贷项	66					
负债合计	67		350,600,205.20	384,769,325.18	450,078,667.57	192,870,978.86
股东权益:						
股本	68	注22	187,110,770.00	187,110,770.00	187,110,770.00	187,110,770.00
资本公积	69	注23	32,383,968.85	32,383,968.85	32,383,968.85	32,383,968.85
盈余公积	70	注24	15,219,681.49	15,219,681.49	10,854,347.96	7,454,230.25
其中:公益金	71	注24	4,111,146.41	4,111,146.41	2,656,035.23	1,522,662.66
未分配利润	72		19,254,335.15	4,609,378.66	7,939,104.18	7,382,847.47
股东权益合计	79	注25	253,968,755.49	239,323,799.00	238,288,190.99	234,331,816.57
负债及股东权益总计	80		604,568,960.69	624,093,124.18	688,366,858.56	427,202,795.43

重庆东源钢业股份有限公司1996年度报告摘要

一、公司简况

1. 公司名称:

重庆东源钢业股份有限公司(以下称"本公司")

CHONGQING DONGYUAN STEEL CO.Ltd

2. 公司地址:重庆市綦江县三江镇(邮政编码:631431)

3. 公司法定代表人:郭代仪先生

4. 公司股证事务代表:郭乐三、曾朝夕先生

电话:(08212)249255　　传真:(08212)200017

二、主要财务数据与财务指标(经重庆会计师事务所审计)

单位:万元

指　标　项　目	本年数	上年数	比上年增减(%)
1.主营业务收入	52147	47011	10.93
2.净利润	2975	2910	2.23
3.总资产	55912	62409	-10.41
4.股东权益	26908	23932	12.44

5.每股收益(元/股)	0.159	0.156	1.92
6.每股净资产(元/股)	1.44	1.28	12.50
7.净资产收益率(%)	11.06	12.16	-9.05
8.股东权益比率(%)	48.13	38.35	25.50

三、公司业务回顾

1996年是公司发展较有成效的一年。钢材交库总量为112000吨,实现销售收入52147万元,实现利润4441万元。分别比上年增加25.46%、10.93%和2.23%。

在钢铁行业竞争激烈的情况下,公司取得较好的成绩实属不易,公司主要作了以下几方面的工作:

A.完成了公司股票在深圳证券交易所的上市,并以此为契机,制定了"依靠板材、发展涂镀、综合开发、多种经营"的经营发展方针,面向市场,抓生产,促销售,建立了市场调查网和市场预测体系,转变经营思想,改变经营作风,强化销售手段,产销率达100%,做到以销定产,以销促产。

B.公司进一步加强了企业依法运作的规范化管理,对全体员工进行了股份制企业规范化管理的培训,确立了"以财务管理为中心的全过程管理"的公司管理原则,注重质量管理、计划管理、劳资管理、物资管理等基础管理。各项经济技术指标均优于1995年,1996年还创造了连续5个月钢材产量破万吨和热轧产量连续5个月刷新历史记录的优异成绩。

C.公司制定了以成材率为主的考核指标,推行生产经营全过程的责任成本管理,全年成本比去年降低5.52%,加强以资金管理为中心的财务管理,坚持现款现货,减少在途资金占用,推行资金预算管理,将各项财务指标层层分解下达,严格考核奖惩,管好用活资金。取得了良好的经营效果,全面完成了董事会年初提出的经营目标。

2.关于经营成果与预测差异的说明

报告年度内经营成果与预测无重大差异。实现净利润是预测的101.62%。

3.前次募集资金的使用情况说明

公司属历史遗留问题企业,在报告年度内没有募集资金,此前募集的资金所投入的项目建设未延续到本年度。

四、股本变化及股本结构情况

1.股本变化及股本结构情况

股份类别	期初数	本次变动增减(±)	期末数
一、尚未流通股份	120110770	无	120110770
1.发起人股份	120110770	无	120110770
其中:			
国有法人股	120110770	无	120110770
外资法人持有股份			
其它			
2.募集法人股			
3.内部职工股			
4.优先股或其它			
尚未流通股份合计	120110770		120110770
二、已流通股份	67000000		67000000
1.境内上市的人民币普通股	67000000		67000000
2.境内上市的外资股			
3.境外上市的外资股			
4.其它			
已流通股份合计	67000000		67000000
三、股份总数	187110770		18710770

2.要股东持股情况(前十名)

名次	股东名称	年末持股数	占总股本(%)
1	重庆钢铁(集团)有限责任公司	120110770	64.19
2	黄木顺	1090316	0.583
3	天骥投资基金	480000	0.256
4	曾友碧	433700	0.232
5	梁伟清	400000	0.214
6	南方番禺	353800	0.189
7	罗爱华	169700	0.091
8	石化纶贸	161220	0.086
9	杨恩华	150000	0.080
10	李要焦	130000	0.069

(三)年末股东情况

截止1996年12月31日,公司股东总数52709户,其中国家股东一户,社会公众股东52708户。

(四)公司董事、监事及高级管理人员持股情况

姓名	职务	年初持股数	年末持股数	变动原因
郭代仪	董事长	1400	1400	
李成甫	副董事长	1600	1600	
赵昌谷	副董事长	1600	1600	
王文玮	董事兼总经理	1600	1600	
李金春	董事兼副总经理	1600	1600	
张煜煜	董事	1600	1600	
朱建派	董事	0	0	
刘贤富	董事	1000	1000	
黄幼和	董事	600	600	
谷士英	董事	1600	1600	
袁进夫	董事	600	600	
龚荣光	监事会主席	1600	1600	
刘秀英	监事	2600	2600	
王祖琴	监事	1600	1600	
黄清云	监事	1600	1600	
张力	监事	600	600	
李兰天	副总经理	1000	1000	
李文明	副总经理	1600	1600	
黄绍蓉	财务部部长	600	600	

五、重要事项

1.1996年3月5日,公司召开了第二届董事会第八次会议,会议通过如下决议:同意修改公司章程草案,交股东大会审议通过;同意经营班子关于1995年工作报告及1996年生产经营计划;同意公司关于1995年财务决算报告及1996年度盈利预测;同意1995年度利润预分方案;1995年税后利润29,091,887.91。提取10%法定盈余公积,5%公益金,每股按0.15元(含税)分红;决定1996年股东大会于1996年4月12日召开;抓紧股票异地上市的申办,争取年内上市。

2.1996年4月12日公司召开了第十届股东大会,会议通过了1995年董事会工作报告;1995年监事会工作报告;1995年财务决算报告和1996年盈利预测报告;会议决定:1995年公司税后利润2910.222万元,在提取10%公积金,按5%提取公益金,股利按0.15元(含税)分配,暂不分配,待上市后再行分配;通过了关于修改"重庆东源钢业股份有限公司章程"的说明情况;选举产生了新的董事会,由郭代仪、李成甫、赵昌谷、王文玮等11位同志组成;会议产生了新的监事会,由龚荣光、刘秀英、黄清云等5位同志组成;责成董事会加紧股票异地上市的申报工作,争取早日在深交所上市。

3.1996年7月9日公司召开了第三届董事会第一次会议,会议选举了郭代仪为公司董事长,李成甫、赵昌谷为副董事长;聘任王文玮为公司总经理;李金春、李文明、李兰天为公司副总经理。

4.1996年11月28日,重庆东源钢业股份有限公司6700万股A股在深交所上市。

5.报告期内没有发生配股、收购兼并、重大投资等事项。

6.公司法定代表未发生变动。

7.公司注册地址、会计师事务所、法律顾问未发生变动。

8.本报告期内无重大诉讼、仲裁事项发生。

六、子公司及关联企业

公司目前尚无对外投资及合资、合作项目,无子公司及关联企业。

七、财务报告

(一)审计意见

公司财务报告经重庆会计师事务所石义杰、翁宇注册会计师审计,并出具"无保留意见的审计报告"。

(二)财务报表(见附表)

(三)财务报表附注:

1. 主要会计政策

(1)会计年度:公历1月1日至12月31日。

(2)记帐本位币:公司记帐本位币为人民币。

(3)会计制度:公司执行《股份制试点企业会计制度》

(4)记帐原则和计价基础:按权责发生制,采用实际成本计价。

(5)坏帐准备:按年末应收帐款余额的3‰计提。

(6)存货核算:存货实行永续盘存制,库存材料按计划成本核算,月末调整材料成本差异。产成品按实际成本核算,采用加权平均法结转成本;低值易耗品采用分期摊销法核算。

(7)固定资产及其折旧:固定资产按历史成本计价。固定资产按照行业财务制度规定的固定资产类别、使用年限和估计残值(原价的2—4%),确定其折旧率如下:

类别	年折旧率(%)
通用设备	5.38
专用设备	9.79
房屋	2.40
建筑物	3.88

(8)无形资产及其摊销:土地使用权从取得之日起分50年平均摊销。

(9)收入实现的确认:销售商品的收入于商品已经发出,收到货款或取得收取货款的证据时,确认营业收入实现。劳务收入于劳务已经提供,收到款项或取得收取款项的证据时,确认收入实现。

(10)税项及附加费:

A. 增值税:税率为17%,按销项税抵扣进项税后的差额缴纳增值税。

B. 城市维护建设税:按应交流转环节税的5%计征。

C. 教育费附加:按应交流转环节税的3%计征。

D. 重点交通建设附加:根据重庆市人民政府办公厅重办发〔1993〕11号文规定按应交纳流转税的5%计征。

E. 所得税:按应纳税所得额的33%计征。

(11)利润分配:根据公司章程规定,1996年度分别按税后利润的10%、5%计提法定盈余公积金和公益金。根据1997年3月24日董事会的有关决议,公司预分配方案为每10股送1股红股,剩余利润留待以后年度分配。

2. 会议报表项目注释

(1)应收票据:1996年12月31日余额为950,000.00元,均系银行承兑汇票。比期初增长216.67%,主要原因是在销货环节较多地采用了票据结算。

(2)应收帐款:1996年12月31日余额为302,425,130.94元,均系应收销货款。比期初降低了17.55%,主要原因是加强了货款的催收,货款回笼加快。

A. 帐龄分析:

帐龄在一年以内的152户,为276,863,403.04元,占总额的91.55%。

帐龄在一年以上二年以内的16户,金额为8,309,341.76元,占总额的2.74%。

帐龄在二年以上三年以内的8户,金额为16,225,754.00元,占总额的5.37%。

帐龄在三年以上的22户,金额为1,026,632.14元,占总额的0.34%。

B. 无持有5%以上股份股东的欠款。

(3)预付货款:1996年12月31日余额为92,272.62元,系预付供货单位货款,比期初降低了85.02%,主要原因是加强了与供货单位的结算。

(4)其他应收款:1996年12月31日余额5,626,528.86元,主要系代垫及暂付款项。比期初降低了24.06%,主要原因是代垫和暂付款项减少。

A. 帐龄分析:

帐龄在一年以内的82户,金额为4,615,654.01元,占总额的82.03%。

帐龄在一年以上二年以内的9户,金额为17,944.07元,占总额的0.32%。

帐龄在三年以上的7户,金额为992,930.78元,占总额的17.65%。

B. 无持有5%以上股份股东的欠款。

(5)存货　1996年12月31日余额85,147,689.72元,其中:

产成品	21,865,365.77元
在产品	35,032,309.78元
原材料	24,638,674.17元
低值易耗品	3,611,340.00元

(6)应付票据:1996年12月31日余额为5,180,000.00元,均为无息银行承兑汇票。比期初增加5,180,000.00元,主要原因是在购货环节较多地采用了票据结算。

(7)应付帐款:1996年12月31日余额186,290,241.43元,均为应付原辅材料款。比期初降低了37.93%,主要原因是加速了资金回笼,得以及时偿付购货款。

(8)预收货款:1996年12月31日余额5,753,822.30元,均为预收销货款。无持有5%以上股东预付货款。

(9)未付股利:1996年12月31日余额为28,066,615.50元,其中:

应付国有法人股股利	18,016,615.50元
应付个人股股利	10,050,000.00元

(10)未交税金:1996年12月31日余额为12,485,584.54元,主要原因是应交所得税增加:其中:

应交增值税	1,509,124.51元
应交城市维护建设税	293,182.15元
应交所得税	10,683,277.88元

(11)其他未交款:1996年12月31日余额为1,526,099.46元,其中:

教育费附加	472,023.86元
重点交通建设费附加	1,054,075.60元

(12)其他应付款:1996年12月31日余额为14,443,345.06元,均为暂收和应付款项。比期初增长了102%,主要原因是代收和暂收款项增加。

(13)盈余公积:1996年12月31日余额为19,682,401.27元,其中:公益金5,598,719.67元,法定盈余公积14,083,681.60元。

(14)未分配利润:1996年未分配利润变化情况如下:

年初余额	4,609,378.66元
加:本年净利润	29,751,465.20元
减:提取法定盈余公积	2,975,146.52元
提取公益金	1,487,573.26元
期末余额	29,898,124.08元

(15)财务费用:1996年度累计额为2,422,165.62元。比期初降低了50.03%,主要原因是加速了资金周转,减少了资金占用,从而降低了利息支出。

八、其它事项

公司董事会于1997年3月24日召开,审议通过了公司1996年度分红预案为每10股送1股。同时一并实施每10股派1.5元(含税)现金的1995年度分红方案。

重庆东源钢业股份有限公司董事会

1997年3月27日

利润及利润分配表

编制单位:重庆东源钢业股份有限公司　　1996 年度　　金额单位:元

项　　目	行次	上年累计数	本年累计数
一、主营业务收入	01	470,109,343.16	521,470,319.44
减:营业成本	02	394,609,897.57	445,731,719.05
销售费用	03		
管理费用	04	27,276,715.27	24,896,850.12
财务费用	05	4,847,372.75	2,422,165.62
进货费用	06		
营业税金及附加	07	1,993,380.97	2,222,137.95
二、主营业务利润	08	41,381,976.60	46,197,446.70
加:其他业务利润	09	474,453.32	-1,806,609.01
三、营业利润	10	41,856,429.92	44,390,837.69
加:投资收益	11	31,320.00	
营业外收入	12	1,532,978.30	52,668.76
减:营业外支出	13		38,334.51
加:以前年度损益调整	14		
四、利润总额	15	43,420,728.22	44,405,171.94
减:所得税	16	14,318,504.71	14,653,706.74
五、净利润	17	29,102,223.51	29,751,465.20
加:年初未分配利润	18	7,939,104.18	4,609,378.66
盈余公积转入数	19		
六、可分配的利润	20	37,041,327.69	34,360,843.86
减:提取法定公积金	21	2,910,222.35	2,975,146.52
提取法定公益金	22	1,455,111.18	1,487,573.26
七、可供股东分配的利润	23	32,675,994.16	29,898,124.08
减:已分配优先股股利	24		
提取任意公积金	25		
已分配普通股股利	26	28,066,615.50	
八、未分配利润	27	4,609,378.66	29,898,124.08

财务状况变动表

编制单位:重庆东源钢业股份有限公司　　1996 年度　　金额单位:元

流动资金来源和运用	行次	金　额	流动资金各项目的变动	行次	金　额
一、流动资金来源:			一、流动资金本年增加数:		
1. 本年净利润	1	29,751,465.20	1. 货币资金	31	801,132.08
加:不减少流动资金的费用和损失:	2		2. 短期投资	32	
(1)固定资产折旧	3	11,592,772.79	3. 应收票据	33	650,000.00
(2)无形资产、递延资产及其他资产摊销(或其他负债转销)	4	306,257.68	4. 应收帐款净额	34	-64,274,261.45
(3)固定资产盘亏(减盘盈)	5		5. 预付货款	35	-523,511.19
(4)清理固定资产损失(减收益)	6		6. 其他应收款	36	-1,782,379.64
(5)递延税款	7		7. 待摊费用	37	-4,681,457.44
(6)其他不减少流动资金的费用和损失	8		8. 存货净额	38	8,610,936.03
小计	10	41,650,495.67	9. 待处理流动资金净损失	39	
2. 其他来源			10. 一年内到期的长期债券投资	40	
(1)固定资产清理收入(减清理费用)	11		11. 其他流动资产	41	
(2)增加长期负债	12				
(3)收回长期投资	13	323.00	流动资产增加净额	45	-61,199,541.61
(4)对外投资转出固定资产	14		二、流动负债本年增加数:		
(5)对外投资转出无形资产	15		1. 短期借款	46	-811,759.85
(6)资本净增加额	16	4,462,719.78	2. 应付票据	47	5,180,000.00
小计	17	4,463,042.78	3. 应付帐款	48	-113,830,500.77
流动资金来源合计	18	46,113,538.45	4. 预收货款	49	1,171,598.02
二、流动资金运用:			5. 应付福利费	50	-2,818,507.81
1. 利润分配			6. 未付股利	51	
(1)提取法定公积金	19	2,975,146.52	7. 未交税金	52	9,462,590.40
(2)提取法定公益金	20	1,487,573.26	8. 其他未交款	53	-371,878.10
(3)提取任意公积金	21		9. 其他应付款	54	7,295,901.44
(4)已分配股利	22		10. 预提费用	55	
小计	23	4,462,719.78	11. 一年内到期的长期负债	56	
2. 其他运用			12. 其他流动负债	57	
(1)固定资产和在建工程净增加额	24	8,127,803.61			
(2)增加无形资产、递延资产及其他资产	25				
(3)偿还长期负债	26				
(4)增加长期投资	27				
小计	28	8,127,803.61			
流动资金运用合计	29	12,590,523.39	流动负债增加净额	58	-94,722,556.67
流动资金增加净额	30	33,523,015.06	流动资金增加净额	59	33,523,015.06

资产负债表

会股01表

编制单位:重庆东源钢业股份有限公司　　1996年12月31日　　金额单位:元

资　产	行次	年初数	期末数	负债及股东权益	行次	年初数	期末数
流动资产:				流动负债:			
货币资金	01	4,069,938.15	4,871,070.23	短期借款	41	35,008,000.00	34,196,240.15
短期投资	02			应付票据	42		5,180,000.00
应收票据	03	300,000.00	950,000.00	应付帐款	43	300,120,742.20	186,290,241.43
应收帐款	04	366,783,427.69	302,425,130.94	预收货款	44	4,582,224.28	5,753,822.30
减:坏帐准备	05	1,100,350.28	1,016,314.98	应付福利费	45	4,923,327.88	2,104,820.07
应收帐款净额	06	365,683,077.41	301,408,815.96	未付股利	46	28,066,615.50	28,066,615.50
预付货款	07	615,783.81	92,272.62	未交税金	47	3,022,994.14	12,485,584.54
其他应收款	08	7,408,908.50	5,626,528.86	其他未交款	48	1,897,977.56	1,526,099.46
待摊费用	09	18,700,909.19	14,019,451.75	其他应付款	49	7,147,443.62	14,443,345.06
存货	10	76,536,753.69	85,147,689.72	预提费用	50		
待处理流动资产净损失	11			一年内到期的长期负债	51		
一年内到期的长期债券投资	12			其他流动负债	52		
其他流动资产	13						
流动资产合计	15	473,315,370.75	412,115,829.14	流动负债合计	55	384,769,325.18	290,046,768.51
长期投资:				长期负债:			
长期投资	16	323.00		长期借款	56		
固定资产:				应付债券	57		
固定资产原价	17	238,007,136.69	252,608,577.89	长期应付款	58		
减:累计折旧	18	112,658,562.09	124,251,334.88				
固定资产净值	19	125,348,574.60	128,357,243.01	其他长期负债	60		
在建工程	20	10,728,487.19	4,254,849.60				
固定资产清理	21			长期负债合计	65		
待处理固定资产净损失	22			递延税项:			
固定资产合计	23	138,077,061.79	132,612,092.61	递延税款贷项	66		
无形资产及递延资产:				负债合计	67	384,769,325.18	290,046,768.51
无形资产	24	14,700,368.64	14,394,110.96	股东权益:			
递延资产	25			股本	68	187,110,770.00	187,110,770.00
无形资产及递延资产合计	30	14,700,368.64	14,394,110.96	资本公积	69	32,383,968.85	32,383,968.85
其他长期资产:				盈余公积	70	15,219,681.49	19,682,401.27
其他长期资产	31			其中:公益金	71	4,111,146.41	5,598,719.67
递延税项:				未分配利润	72	4,609,378.66	29,898,124.08
递延税款借项	32			股东权益合计	79	239,323,799.00	269,075,264.20
资产总计	40	624,093,124.18	559,122,032.71	负债及股东权益总计	80	624,093,124.18	559,122,032.71

重庆东源钢业股份有限公司1997年中期报告

一、财务报告(未经审计)

(一)财务报表

1. 简化的资产负债表·　　单位:人民币元

项目	1996年12月31日	1997年6月30日
资产		
流动资产	412,115,829.14	419,444,893.85
固定资产净值	128,357,243.01	124,935,293.84
在建工程	4,254,849.60	4,035,527.37
无形资产及递延资产	14,394,110.96	14,250,169.86
资产总计	559,122,037.71	562,729,737.70
负债及股东权益		
流动负债	290,046,768.51	278,038,461.44
负债合计	290,046,768.51	278,038,461.44
股东权益	269,075,264.20	284,691,276.26
其中:股本	187,110,770.00	205,821,847.00
资本公积金	32,383,968.85	32,383,968.85
盈余公积金	19,682,401.27	19,682,401.27
未分配利润	29,898,124.06	26,803,059.14
负债及股东权益合计	559,122,032.71	562,729,737.70

2. 简化的损益表　　单位:人民币元

项目	1997年1—6月	1996年1—6月
主营业务收入	260,017,799.25	244,921,559.64
主营业务利润	18,851,582.49	22,845,514.02
其它业务利润	－375,183.21	－987,370.01
投资收益		
营业外收支净额	－104,620.39	
利润总额	18,371,778.89	21,858,144.01
所得税	2,755,766.83	7,213,187.52
净利润	15,616,012.06	14,644,956.49

3. 主要财务指标

项目	1997年1—6月	1996年1—6月
每股收益(元)	0.076	0.078
净资产收益率(%)	5.485	5.766
每股净资产(元)	1.383	1.357

注:1997年1—6月主要财务指标系按6月30日末总股本205821847股全面摊薄计算。

(2)会计报表附注:

1.本报告期所采用的会计政策和会计方法与上年一致。

2.应收票据:

1997年6月30日余额8,600,000.00元,均系银行承兑汇票,比期初增长805.26%。主要原因是在销货环节较多地采用了票据结算。

3.应收帐款:

1997年6月30日余额为302,794,276.36元,均系应收销货款,比期初增加0.12%。

(1)帐龄分析:

帐龄在一年以内的117户,金额为263,928,818.52元,占总额的87.16%。

帐龄在一年以上二年以内的30户,金额为27,892,048.85元,占总额的9.21%。

帐龄在二年以上三年以内的23户,金额为9,703,052.44元,占总额的3.21%。

帐龄在三年以上的30户,金额为1,270,259.54元,占总额的0.42%。

无持有5%以上股份股东的欠款。

4.预付货款:

1997年6月30日余额为201,678.44元,系预付供货单位货款,比期初增加了118.57%。主要原因是所购材料属紧俏物资,需要货币资金结算,其中:

帐龄在一年以内的2户,金额为55,118.84元,占总额的27.33%。

帐龄在三年以上的3户,金额为146,559.60元,占总额的72.67%。

5.其他应收款:

1997年6月30日余额为5,186,644.54元,主要系代垫及暂付款项,比期初减少了7.82%。主要原因是代垫和暂付款项减少。

(1)帐龄分析

帐龄在一年以内的40户,金额为1,992,314.71元,占总额 的38.41%。

帐龄在一年以上二年以内的12户,金额为1,068,194.60元,占总额的20.60%。

帐龄在三年以内的13户,金额为2,126,135.23元,占总额的40.99%。

(2)无持有5%以上股份股东的欠款。

6.固定资产清理:

1997年6月30日余额为63,852.78元,是固定资产有偿转让差价,待处理完毕后进行会计处理。

7.应付票据

1997年6月30日余额为8,000,000.00元,均为无息银行承兑汇票,比期初增加了2,820,000.00元,主要原因是在购货环节较多地采用了票据结算,明细单位列示如下:

单位名称	金额(元)	到期日
重钢财务处	4,000,000.00	1997年7月28日
重钢财务处	4,000,000.00	1997年8月26日
合计	8,000,000.00	

8.未付股利:

1997年6月30日余额为:18,019,543.50元,其中:

应付国有法人股股利	18,016,615.50元
应付个人股股利	2,928.00元

9.股本:

1997年6月30日余额为205,821,847.00元,均为普通股,本年度增加了18,711,077.00元,根据1997年4月28日股东大会审议通过,1996年未分配利润每10股送1股红股,其中:

项目	年初余额(元)	本年增加(元)	期末余额(元)
国有法人股	120,110,770.00	12,011,077.00	132,121,847.00
个人股	67,000,000.00	6,700,000.00	73,700,000.00
合计	187,110,770.00	18,711,077.00	205,821,847.00

10、资本公积:

1997年6月30日余额为32,383,968.85元,均系1993年9月法定资产评估增值,本年度无增减变化。

11.盈余公积:

1997年6月30日余额为19,682,401.27元,其中:公益金5,598,719.67元,法定盈余公积金14,083,681.60元。

12.未分配利润:

1997年6月30日余额为26,803,059.14元,增减情况如下:

项目	1997年6月
年初余额	29,898,124.08元
加:本年净利润	15,616,012.06元
减:已分配普通股股利	18,711,077.00元
期末余额	26,803,059.14元

13.其他业务利润:

1997年6月30日累计额为-375,183.21元,其中:

项目	金额(元)
材料销售	-171,950.94
对外加工	2,528.21
包装物销售	-366,145.21
汽车对外运输及外运输等	160,384.73
合计	-375,183.21

14.营业外支出:

1997年6月30日累计额为104,620.39元,其中:

(1)固定资产报废净损失	74,212.50元
(2)编外人员生活费	30,407.87元

15.承诺事项:

除与主要客户签订的产品供销合同外,无其他重大合同承诺。

16.或有事项:

截至1997年8月17日止,公司无重大未决诉讼、未决索赔或其他重大经济纠纷,现有资产中6000万元已作银行借款抵押。

17.关联企业及关联交易

(1)本公司的关联企业名称及关系

关联企业名称	重庆钢铁(集团)有限责任公司
注册地	重庆市大渡口区
与本公司关系	母公司
持有股数	132121847股
占总股本百分比	64.19%

(2)关联企业交易事项

①本公司1-6月同重庆钢铁(集团)有限责任公司按市场价购买普板坯及硅钢坯,成交金额分别为1,660.91万元及15,920.41万元。

②本公司1-6月向重庆钢铁(集团)有限责任公司销售锰铁4,695.83吨,成交金额1,643.66万元。

注:上述两项均按市场价格结算。

③应付重庆钢铁(集团)有限责任公司货款162,578,689.54元,占本

公司应付货款的89.61%。

18. 期后事项

截至1997年8月17日止,已到期的应付票据已如期兑付。

除上述事项外,1997年上半年未发生其他对本报告有重大影响需予揭示的事项。

二、经营情况的回顾与展望

1. 上半年经营情况的回顾

今年上半年,东源公司在激烈的市场竞争形势下,加强管理,严格考核,狠抓促销。全体员工克服重重困难,取得了较好的成绩。

钢材产量为61784吨,完成全年目标的56.17%;钢材销售量为58020吨,完成全年目标的52.75%,比去年同期多销2850吨,增长5.17%;实现利润1837万元,完成全年目标的41.28%。利润比去年同期下降了348.64万元,下降幅度为15.95%,其主要原因是本公司主导产品热轧硅钢片受冷轧硅钢片降价的影响,各大厂家为抢占市场,竞相降价。本公司下降幅度较大,从而影响了利润的增长。净利润比去年同期增长97.11万元,主要是所得税率从33%下降到15%。

2. 下半年的计划

为了确保全年利润目标的完成,公司下半年将采取以下措施:

(1)继续抓好主导产品热轧硅钢片的生产,进一步降耗降成本。提高产品质量,提高市场竞争能力。

(2)抓营销龙头。全面落实以销定产的经营思想,缩短生产周期及产品交货期,为用户提供"准时、按时、保质、周到"的服务;健全市场调查网络和预测体系,提高经营决策的准确性,增强市场应变能力;强化销售手段,加大抢占市场、尽善服务的力度,并根据市场变化,适时灵活地制定合理的价格。

(3)坚持以资金管理为中心的财务管理,全面推行资金预算。在坚持"现款现货"原则的同时,要加大对老欠款的催收力度;减少资金占用;盘活存量资产;降低财务费用。

(4)加强管理,过硬考核。本公司制定了更高、更细的考核指标分解到各分厂(部门)、工段、班组和岗位,以便从管理中取得了更大的经济效益。

(5)加大新产品的开发力度,培育新的经济增长点。

三、重大事件的说明

1. 根据国务院、中国人民银行、国家经贸委5月21日联合发布的《严禁国有企业和上市公司炒作股票》的规定,公司作了认真自查,迄今为止,公司未在任何证券机构开设股票帐户,也没有为私人炒作股票提供资金的行为。公司今后如果从事股票投资,将严格遵守国家政策法规和本公司章程的规定。

2. 1997年3月24日下午3时公司召开了董事会三届二次会议,会议主要内容如下:

(1)审议1996年度总经理工作报告;

(2)审议1996年度董事会工作报告;

(3)审议1996年度财务决算和1997年度财务工作安排;

(4)审议1995、1996年利润分配方案;

(5)审议变更董事事宜;

(6)审议召开1996年度股东大会事宜。

3. 所得税:根据重庆市地方税务局文件,重地税函〔1997〕58号文规定所得税率由33%减为15%。

4. 本报告期内公司无重大诉讼、仲裁事项。

5. 1997年中期利润不分配。

四、发行在外股票的变动和股权结构的变化

1. 本公司因1996年6月6日实施了每10股送1股的分红方案,故报告期内股本发生了变化。分红前总股本为187110770股,分红后总股本变为205821847股。

2. 股本变化及股本结构情况(截止1997年6月30日末,单位:股)

股份类别	期初数	本次变动增减(+-)	期末数
一、尚未流通股份	120110770	12011077	132121847
1.发起人股份	120110770	12011077	132121847
其中:			
国有法人股份	120110770	12011077	132121847
外资法人持有股份			
其它			
2.募集法人股			
3.内部职工股			
4.优先股或其它			
尚未流通股份合计	120110770	12011077	132121847
二、已流通股份	67000000	67000000	73700000
1.境内上市的人民币普通股	6700000	6700000	73700000
2.境风上市的外资股			
3.境外上市的外资股			
4.其它			
已流通股份合计	67000000	6700000	73700000
三、股份总数	187110770	18711077	205821847

3. 主要股东持股情况(前十名股东,截止1997.6.30)

名次	股东名称	报告期末持股数	占总股本
1	重庆钢铁(集团)有限责任公司	132121847	64.19%
2	邓青	462330	0.22%
3	童济民	179200	0.09%
4	郑淑卿	165000	0.08%
5	中山市华龙装饰工程公司	139470	0.07%
6	陈志勇	135400	0.07%
7	人防物资	133000	0.06%
8	王技梅	132000	0.06%
9	李树全	126500	0.06%
10	罗嫩林	114000	0.06%

五、股东大会简介

东源公司1996年股东大会于1997年4月28日下午在重庆市大渡口区天云娱乐城召开,出席会议股东27人,持有股份120156270股,占公司总股本的64.22%。大会表决通过如下决议:

1. 审议通过公司董事会1996年度工作报告;

2. 审议通过公司监事会1996年度工作报告;

3. 审议通过公司1996年度财务决算和1997年财务工作安排;

4. 审议通过公司1996年度利润分配及分红方案;

1996年对全体股东每10股送1股,在实施时一并实施每10股派1.5元(含税)现金的1995年度分红方案。

5. 免去赵昌谷、张煜煌两位先生董事职务,任命李兰天先生、李文明先生任公司董事。

六、备查文件

1. 载有董事长、总经理亲笔签名的1997年中期报告原本。

2. 公司1997年上半年财务报告原件。

3. 公司1996年股东大会资料。

4. 公司1996年年度报告原本及年度报告摘要。

重庆东源钢业股份有限公司

1997年8月26日

西藏明珠股份有限公司

西藏明珠股份有限公司1996年年度报告摘要

一、公司简况

公司法定名称:西藏明珠股份有限公司

公司英文名称:Tibet Pearl Star co.,Ltd.

公司英文名称缩写:TPS

公司上市交易所:上海证券交易所

公司股票名称:西藏明珠

公司股票代码:600873

公司注册地址:西藏自治区拉萨市北京西路224号

公司办公及通讯地址:四川省成都市人民北路10号

邮政编码: 610081

公司法定代表人:何盛秋

公司信息披露机构:总经理办公室

公司信息披露事务人员:董事会秘书 傅勇

电话(Tel):(028)3333988—2204

传真(Fax):(028)3333988—2158

注:公司总部近期将迁至成都市黄瓦街56号,具体联系地址、电话等另行公告

二、主要财务数据与财务指标

单位:元

指标项目	1996	1995	1994	96比95增减(%)
主营业务收入	47,941,360.09	45,451,271.05	42,905,820.98	1.74
净利润	25,550,769.55	24,585,953.53	9,259,760.34	3.92
总资产	344,131,736.64	288,787,015.74	142,733,922.77	19.26
股东权益	231,562,693.12	219,297,923.58	104,770,173.76	5.59
每股收益	0.27	0.26	0.22	3.85
每股净资产	2.44	2.31	2.43	5.62
股东权益比率(%)	67.29	75.90	73.4	-11.34
净资产收益率(%)	11.03	11.21	8.84	-1.61

三、公司业务回顾

1.一年来经营情况

1996年是公司创立的第二年。一年来,公司围绕董事会制定的经营目标,规范运作,加强管理,挖掘潜力,取得了较好的经营业绩。公司骨干企业成都西藏饭店保持了较好的赢利能力,各投资项目进展较为顺利,公司已初步从单一的酒店业转变成为集酒店业、房地产开发、工业、水电等多元化经营的综合性企业集团。

1996年公司营业收入47,941,360.09元,实现利润29,246,383.36元,净利润25,550,769.55元,分别为1995年的111.74%、100.65%和103.92%,每股收益为0.27元/股,较好地完成了1996年的经营计划。

1996年是公司主体企业成都西藏饭店经营比较困难的一年,96年成都酒店业由于客源增长缓慢,新店不断开业,供求失衡的矛盾进一步加大,各大酒店为求生存陷入削价竞争的恶性循环。面对不利的市场环境,饭店销售人员加强了与各大旅行社的密切联系,建立客源网络和远程预订系统,使团队客量超过95年的数量。住房率保持在较好水平。饭店餐饮业在96年保持了较好的经营业绩。年初饭店针对竞争异常激烈的餐饮市场,及时推出"红宫婚宴"这一颇具民族特色的餐饮项目,以其质优价廉在成都市赢得了较大的市场和知名度。此后,又针对工薪阶层,适时推出"明珠晚茶",赢得了较好的市场反响。

服务质量是饭店经营的灵魂,1996年饭店加大了培训工作力度,以加强岗位服务知识、服务技能为中心,重点强化了对各层管理人员的素质培训,同时大力开展对前台员工的英语、计算机操作和服务用语的培训,使饭店的服务质量和管理水平较1995年有明显的进步,住店客人满意度为98%。

改造工程方面,员工电梯于2月投入使用,配套娱乐项目星光迪吧于6月开业,完成了17楼国际会议厅的改造,于9月投入使用。国际会议厅的建成对下半年吸引团队客人提供了有利的硬件条件。监控工程、员工食堂、新员工澡堂已投入使用。餐饮楼改造的土建工程进入尾声,大堂扩建方案已送有关部门报批。

随着饭店改造工程的进行,饭店硬件档次将达到一个新的水平。1996年下半年公司向饭店明确提出"奋斗两年上四星"的发展计划,为成都西藏饭店的未来指明了方向。

2.募集资金使用及投资情况说明

1996年4月12日,公司第三次股东大会审议通过了1995年选取的投资项目:

(1)上海西藏大厦

大厦筹建办于96年2月在西藏拉萨注册成立上海西藏大厦股份有限公司。已明确落实了减免投调税和城市配套费等一系列优惠政策,大厦与市政工程的水、电、气、道路等的衔接工作已完成,动迁工程延至年底完成,扩充设计及开工前准备工作正在进行,预计97年3月正式破土动工。1996年公司完成该项目投资258万元,累计完成投资3648万元。

(2)成都明珠物贸广场

1996年上半年该工程在项目报批过程中遇到了一些障碍,但经过公司上下努力,极力斡旋,物贸广场于1996年9月28日正式破土动工。年底工程施工量达正负零。目前工程施工正常,已完成地面两层的土建工作。1996年大厦完成投资947.7万元,累计完成投资3559万元。

(3)黄瓦街综合楼

1996年7月公司正式验收该楼后,立即开始了装修工程。为发挥公司经营特长和扩大经营规模,大楼一二层约一千二百平米已用作经营中高档餐饮娱乐业,酒楼定名为红宫长顺大酒楼,由公司注册成立的红宫餐饮娱乐发展有限公司进行经营管理,酒楼于1997年元月开始试营业。1996年完成投资743.8万元,累计完成投资2533.8万元。

(4)鲁家湾水电站

由于该电站在最初的可行性研究报告中对地质情况估计不足,预算偏小,造成1996年工程资金短缺,取水隧道工程工期延长,投资成本增加,公司为此在原股份的基础上向该工程投资200万元。截至1996年底,水电站厂房及各类设备已建成安装,尚余70余米隧洞工程未完,预计在1997年4月可正式发电。

(5)四川田力宝公司

四川田力宝实业有限公司注册资本500万元人民币,注册地:什邡县方亭镇陵园路六十一号,公司主营微生物肥料、复合肥料的生产和销售。

四川田力宝公司自1996年上半年完成工商登记注册以来,进行了大量田间推广实验,实验结果得到当地农科部门和农民的极大肯定。该公司已与北京田力宝总公司签订了技术转让合同,完成了厂房及设备的修建安装工程,正进行设备调试工作,97年4月可建成投产,春季产品可向市场大面投入使用。

截至1996年底,公司各项目累计投资11138万元,与募集股金总额持平。

四、股本变化及股本结构情况

1. 股本变化及股本结构情况

数量单位:股　　每股面值:1元

	期初数	配股	送股	公积金转股	其他	小计	期末数
		本次变动增减(+,-)					
一、尚未流通股份							
1. 发起人股份							
其中:							
国家拥有股份	48,438,000						48,438,000
境内法人持有股份	7,462,000						7,462,000
外资法人持有股份							
其他							
2. 募集法人股							
3. 内部职工股							
4. 优先股或其他							
尚未流通股份合计	55,900,000						55,900,000
二、已流通股份							
1. 境内上市的人民币普通股	39,000,000						39,000,000
2. 境内上市的外资股							
3. 境外上市的外资股							
4. 其他							
已流通股份合计	39,000,000						39,000,000
三、股份总数	94,900,000						94,900,000

2. 主要股东持股情况

名　　称	持股数量(万)	持股比例(%)
西藏自治区国有资产管理局(国有股)	4843.800	51.04
西藏自治区信托投资公司(发起人法人股)	373.100	3.932
西藏兴藏实业开发公司(发起人法人股)	373.100	3.932
尹险峰	37.000	0.390
蓝天基金	33.941	0.358
蒋容	30.984	0.326
张力松	28.000	0.295
王玉兰	26.000	0.274
伍先荫	25.197	0.266
杨耀程	25.000	0.263

到1996年底,公司股东总数为24673户,其中国家股东1户,法人股东2户,社会公众股东24670户。

3. 董事、监事与高级管理人员持股情况

董事长兼总经理:何盛秋先生,年初年末持有公司股票7800股

副董事长兼常务副总经理:房远林先生,年初年末持有公司股票6500股

董事兼副总经理:张天成先生,年初年末持有公司股票6500股

董事兼副总经理:刘祝云女士,年初年末持有公司股票6500股

董事:陈次端先生,年初年末持有公司股票3900股

董事:罗春鹏先生,年初年末持有公司股票3900股

董事:邓科奇先生,年初年末持有公司股票3900股

监事会主席:喻积业先生,年初年末未持有公司股票

监事:黄仕华先生,年初年末持有公司股票3900股

监事:康志忠先生,年初年末持有公司股票3900股

董事会秘书:傅勇先生,年初年末未持有公司股票

五、重要事项

1.1996年2月13日,上海西藏大厦投资五方在西藏自治区拉萨市注册成立上海西藏大厦股份有限公司,注册资本2000万元人民币。西藏明珠股份有限公司持股36.84%。

2.1996年5月10日公司召开第三次股东大会(年会),审议通过了公司95年度财务决算、95年度分红方案、96年度经营计划和财务预算、公司章程修改方案以及公司重大投资项目等预案。有关信息已在96年5月11日的《上海证券报》上披露。

3. 公司1995年度分红方案为每10股派发现金2.10元(含税),扣除个人所得税,社会公众股每股红利为0.186元,股权登记日为96年6月21日,除息交易日为96年6月24日。

4.1996年9月18日,公司独资兴建的成都明珠物贸广场正式破土动工,大厦建筑面积23500平方米,建设工期600天。

5.1996年12月6日,公司出资注册成立成都红宫餐饮娱乐发展有限公司,注册资本80万元,公司占股份90%。该公司主营黄瓦街长顺潮洲大酒楼,营业面积约1200平方米。

6.1996年12月19日,公司在成都西藏饭店召开1996年度临时股东大会,会议审议通过了公司1996年度配股预案,对预案中配股募集资金用途作了修改,原用途为弥补上海西藏大厦入股资金缺口,修改后为首先用于扩大成都西藏饭店更新改造工程,剩余部分用于弥补上海西藏大厦入股资金缺口,以上信息披露刊登在1996年12月20日的《中国证券报》上。

7.1996年11月18日公司第一届董事会第七会议对经营困难、竞争力弱、规模较小的全资子公司成都广益汽车租赁公司作出停业清理的决定。该公司于一九九五年一月注册成立,注册资本50万元,经清理和对公司资产处理后,共收回资金56万元。该公司财务状况已经蜀都会计师事务所审计,公司已于1996年8月7日在成都市工商管理局注销。

8.1997年2月27日,公司举行第一届董事会第八次会议,会议对公司1996年度经营业绩及财务决算、1996年年度报告及摘要、1996年度分红预案、1997年度经营计划及财务预算进行了审议。

经成都市蜀都会计师事务所审计,1996年度公司实现利润29,246,383.36元,扣除所得税3,695,613.81元,净利润为25,550,769.55元。按10%提取法定公积金2,555,076.96元,加上年初未分配利润969,060.50元,可供股东分配的利润为21,409,676.13元。按35%提取任意盈余公积金7,493,386.65元后,余额13,916,289.48元用作分配。公司1996年度股利分配预案为:对全体股东实行现金分红,按目前公司总股本9490万股,每10股派现金1.40元(含税),余额630,289.48元留作下一年分配。

10. 公司控股60%的北海恒峰实业发展公司的清理工作大部分已于1996年度完成,待扫尾工作结束后另行公告具体情况。

六、子公司及关联企业

名称	注册资金(万元)	公司拥有权益(%)	主营业务	地　址
成都西藏饭店	2000	100	涉外旅游饭店	四川成都
成都红宫餐饮娱乐发展有限公司	80	90	餐饮娱乐	四川成都
北海恒峰实业发展公司	458.7	60	餐饮娱乐	广西北海
西藏珠星通讯器材有限公司	50(万美元)	49	通讯服务	西藏拉萨
四川美华旅游开发有限公司	600	40	旅游饭店业	四川成都
四川田力宝实业有限责任公司	500	40	微生物肥	四川什邡
上海西藏大厦股份有限公司	2000	36.84	综合服务	西藏拉萨
西蜀经济发展有限责任公司	200	20	商品贸易	四川成都

七、财务报告

(一)审计意见:

公司财务报告经成都市蜀都会计师事务所陈必明、李承瑞、曾红注册会计师审计,并出具无保留意见的审计报告(成蜀审〈97〉字第3-2号)。

(二)财务报表:〈见附表〉

(三)财务报告附注:

1．会计制度：公司执行《股份制试点企业会计制度》。

2．记帐原则和计价基础：公司记帐原则为权责发生制，各项财产物资的计价基础为实际成本。

3．合并报表编制方法：按照财政部《合并报表暂行规定》及补充规定编制合并报表。北海恒峰实业发展公司因停业清理，未合并报表。

4．固定资产及折旧：

(1)固定资产以使用年限在一年以上，单位价值在两千元以上为标准确定，按取得时的成本计价。

(2)固定资产折旧以原值扣除5%的残值后，按直线法计算。

(3)各类固定资产年折旧率：

类　别	年折旧率(%)
房屋及建筑物	3.16
通用设备	4.75—19.4
运输设备	9.5

5．税项：

主要税种	计税依据	税率(%)
增值税	增值额	17
营业税	应纳税营业额	5
城市维护建设税	应纳流转税额	7
房产税	房屋原值70%	1.2
土地使用税	占用土地面积	0.6/平方米
所得税	应纳税所得额	15

所得税按15%计税，系依据西藏自治区人民政府1994年7月1日藏政复(1994)39号“关于减征西藏明珠股份有限公司所得税的批复”执行。

6．会计报表主要项目注释：

(1)短期投资551.09万元，比年初增加250.19万元，系股票投资增加。1996年12月31日市价为476.26万元，历史成本551.09万元。

(2)应收帐款326户共计131.28万元。其中：1年以内325户，金额为126.72万元占96.53%；1至2年1户，金额为4.56万元占3.47%。主要为应收房费。

(3)预付帐款18户共计2181.14万元。其中：1年以内15户，金额为1971.96万元占90.41%；1至2年3户，金额为209.18万元，占9.59%。主要为预付购房款及货款。

(4)其他应收款56户共计2346.90万元。其中：1年以内40户，金额2229.89万元占95.01%；1至2年11户，金额为114.95万元占4.89%；2至3年5户，金额为2.05万元占0.10%。系委托金融部门拆借资金等。

(5)存货1613.66万元，比上年增加897.30万元，系房地产开发成本增加。

(6)长期投资5100.51万元，明细项目列示如下：

①股票投资25万元

股票种类	股　数	面　值	投资金额(元)
聚脂股票	250,000	1.00	250,000.00

②债券投资50万元

债券名称	到期日	投资金额(元)
电力债券	1998年	500,000.00

③联营及投资5025.51万元

被投资企业名称	投资期限	投资金额(元)	投资比例(%)
北海恒峰实业发展公司	10年	2,927,430.49	60
西藏珠星通讯器材公司	20年	957,631.58	49
大邑鲁家湾水电站		7,000,000.00	45.46
四川美华旅游公司		290,000.00	40
四川田力宝实业有限责任公司		2,000,000.00	40
上海西藏大厦		36,480,060.00	36.84
西蜀经济发展有限责任公司		400,000.00	20
西藏金太阳印务有限公司	20年	200,000.00	10

(7)在建工程7885.74万元，比年初增加2394.36万元，系成都明珠物贸广场和成都黄瓦街综合楼工程支出增加。

(8)资本公积11756.85万元，本年无变动。

(9)盈余公积1864.38万元，九六年变化情况如下：

项　目	合　计	法定公积	法定公益	任意盈余公积
期初余额	5,860,330.87	3,906,887.24	1,953,443.63	
本年利润分配	12,603,540.57	2,555,076.96	2,555,076.96	7,493,386.65
期末余额	18,463,871.44	6,461,964.20	4,508,520.59	7,493,386.65

(10)未分配利润630,289.48元，系根据董事会1996年度利润分配预案，提取公积金、公益金和任意盈余公积金后，按每股0.14元分配，剩下的余额专作下一年度分配数。

(11)投资收益612.13万元。明细项目列示如下：

项　目	金　额(元)
股票投资收益	5,328,355.14
非控股公司分来利润	1,200,000.00
年末调整的被投资公司所有者权益净增减金额	-406,983.68
合　计	6,121,371.46

(12)或有事项：

①成都西藏饭店1993年-1996年12月31日累计投入北海恒峰实业发展公司2,927,430.49元，占被投资企业权益性资本60%，由于该公司经营困难，投资各方于1995年8月签订停业协议，96年继续清理，可能发生投资损失。

②中美合资四川美华旅游开发有限公司由公司投资290,000.00元，占被投资企业权益性资本40%，但外方资金一直未到位，企业未正常运行。

八、其它事项

1．公司总部将于近期迁至成都市黄瓦街56号，具体通讯地址另行公告。

2．因公司迁址，公司第四次股东大会的时间、地点另行公告。

西藏明珠股份有限公司董事会

一九九七年二月二十七日

合并资产负债表

编制单位：西藏明珠股份有限公司　　1996年12月31日　　金额单位：元

资产	行次	合并报表		母公司		负债及股东权益	行次	合并报表		母公司	
		年初数	期末数	年初数	期末数			年初数	期末数	年初数	期末数
流动资产						流动负债：					
货币资金	1	42022922.13	48858610.66	35766566.73	43835544.25	短期借款	41	29000000.00	72800000.00	25000000.00	63000000.00
短期投资	2	3009074.87	5510892.23	3009074.87	5510892.23	应付票据	42				
应收票据	3					应付帐款	43	3054691.88	3173591.48		
应收帐款	4	1431745.58	1312868.72			预收货款	44	2181573.46	3319257.38	711180.00	2150000.00
减：坏帐准备	5	7158.73	6564.34			应付福利款	45	256960.02	548065.87	12414.52	17034.68

资产	行次	合并报表年初数	合并报表期末数	母公司年初数	母公司期末数	负债及股东权益	行次	合并报表年初数	合并报表期末数	母公司年初数	母公司期末数
应收帐款净额	6	1424586.85	1306304.38			未付股利	46	19929000.00	13286000.00	16218047.08	13286000.00
预付货款	7	4431057.30	21811411.44	3725000.00	19180500.00	未交税金	47	3599794.37	4006284.15	3515049.93	3832526.56
其他应收款	8	30966662.91	23469007.12	79175792.09	77933369.71	其他未交款	48	35956.69	54139.11		7514.34
待摊费用	9	240167.83	249680.21		3300.00	其他应付款	49	8141608.55	11538262.03	389.60	16270153.66
存货	10	7163599.50	16136566.89	2725419.56	11697419.56	预提费用	50	29778.00	239772.00		181500.00
减:存货变现损失准备	10-1					一年内到期的长期负债	51				
存货净额	10-2										
待处理财产净损失	11					其他流动负债	52				
一年内到期债券投资	12					流动负债合计	55	66229362.97	108965372.02	45457081.13	98744729.24
其他流动资产	13					长期负债:					
流动资产合计	14	89258071.39	117342472.93	124401853.25	158161025.75	长期借款	56				
长期投资:	16					应付债券	57				
长期投资	16	44691232.96	51005122.07	64691232.96	75417540.15	长期应付款	58				
合并价差	16-1					其他长期负债	60	3259729.19	3603671.49	24.60	260.68
固定资产:						长期负债合计	65	3259729.19	3603671.49	24.60	260.68
固定资产原价	17	86611184328	88124872.66	24886.79	676256.79	递延税项					
减:累计折旧	18	20010531.21	23371741.26	1773.12	64586.76	递延税款贷项	66				
固定资产净值	19	66600653.07	64753131.40	23113.67	611670.03	负债合计	67	69489092.16	112569043.51	45457105.73	98744989.92
在建工程	20	54913728.23	78857375.24	43745499.34	65230820.12						
固定资产清理	21										
待处理固定资产净损失	22					少数股东权益	67-1				
固定资产合计	23	121514381.30	143610506.64	43768613.01	65842490.15						
无形及递延资产						股东权益:					
无形资产	24	32457756.80	31668144.80	31027756.80	30381136.80	股本	68	94900000.00	94900000.00	94900000.00	94900000.00
递延资产	25	865573.29	505490.20	865573.29	505490.20	资本公积	69	117568532.21	117568532.21	117568532.21	117568532.21
无形及递延资产合计	30	33323330.09	32173635.00	31893330.09	30886627.00	盈余公积	70	5860330.87	18463871.44	5860330.87	18463871.44
其他长期资产:						其中:公益金	71	1953443.63	4508520.59	1953443.63	4508520.59
其他长期资产	31					未分配利润	72	969060.50	630289.48	969060.50	630289.48
递延税项:						外币报表折算差额	72-1				
递延税款借项	32					股东权益合计	79	219297923.58	231562693.13	219297923.58	231562693.13
资产总计	40	288787015.74	344131736.64	264755029.31	330307683.05	负债及股东权益总计	79	288787015.74	344131736.64	264755029.31	330307683.05

合并利润及利润分配表

编制单位:西藏明珠股份有限公司　　1996 年 12 月 31 日　　金额单位:元

项目	行次	合并报表上年数	合并报表本年累计数	母公司上年数	母公司本年累计数
一、主营业务收入	1	45451271.05	47941360.09		
减:营业成本	2	7137494.84	8151024.41		
销售费用	3	12715532.57	14722745.95		
管理费用	4	7472664.68	9182520.25	1105523.95	2507770.40
财务费用	5	-9929746.06	-10398791.90	-10193913.37	-10881317.18
进货费用	6				
营业税金及附加	7	2473244.15	2612014.85	22050.56	
二、主营业务利润(亏损以“-”号表示)	8	25582080.87	23671846.53	9066338.86	8373546.78
加:其他业务利润(亏损以“-”号表示)	9				
三、营业利润(亏损以“-”号表示)	10	25582080.87	23671846.53	9066338.84	8373546.78
加:投资收益(损失以“-”号表示)	11	3416168.04	6121371.46	19993280.48	20922836.58
补贴收入	12				
营业外收入	13	1102213.78	192956.51	435.98	
减:营业外支出	14	1041557.37	739791.14	1150.00	50000.00
加:以前年度损益调整	15				
四、利润总额(亏损以“-”号表示)	16	29058905.32	29246383.36	29058905.32	29246383.36
减:所得税	17	4472951.79	3695613.81	4472951.79	3695613.81
减:少数股权	18				
五、净利润	19	24585953.53	25550769.55	24585953.53	25550769.55
加:年初未分配利润(未弥补亏损以“-”号表示)	20		969060.50		969060.50

项目	行次	合并报表上年数	合并报表本年累计数	母公司上年数	母公司本年累计数
盈余公积转入数	21				
六、可分配利润	22	24585953.53	26519830.05	24585953.53	26519830.05
减:提取法定盈余公积	23	2458595.35	2555076.96	2458595.35	2555076.96
提取法定公益金	24	1229297.68	2555076.96	1229297.68	2555076.96
职工奖励福利	25				
	26				
七、可供股东分配的利润	27	20898060.50	21409676.13	20898060.50	21409676.13
减:已分配优先股股利	28				
提取任意公积	29		7493386.65		7493386.65
已分配普通股股利	30	19929000.00	13286000.00	19929000.00	13286000.00
八、未分配利润(未弥补亏损以"-"号表示)	31	969060.50	630289.48	969060.50	630289.48

合并财务状况变动表

编制单位:西藏明珠股份有限公司(并表)　　1996 年 12 月 31 日　　金额单位:元

流动资金来源和运用	行次	金额	流动资金各项目的变动	行次	金额
一、流动资金来源			一、流动资产本年增加数:		
1. 本年净利润	1	25550769.55	1. 货币资金	27	6835688.53
加:不减少流动的费用和损失			2. 短期投资	28	2501817.36
(1)固定资产折旧	2	3839206.67	3. 应收票据	29	
(2)无形资产、递延资产及其他资产摊销(减其他负债转销)	3	1149695.09	4. 应收帐款净额	30	-118282.47
(3)固定资产盘亏(减盘盈)	4		5. 预付货款	31	17380354.14
(4)清理固定资产损失(减收益)	5	95626.78	6. 其他应收款	32	-7497655.79
(5)递延税款			7. 待摊费用	33	9512.38
(6)其他不减少流动资金的费用和损失	8		8. 存用	34	8972967.39
小　计	9	30635298.09	9. 一年内到期的长期债券投资	38	
2. 其他来源			10. 待处理流动资产净损失	39	
(1)固定资产清理收入(减清理费用)	10		流动资产增加净额	40	28084401.54
(2)增加长期负债	11	451155.96		41	
(3)收回长期投资	12	408034.21		42	
(4)对外投资转出固定资产	13			43	
(5)对外投资转出无形资产	14			44	
(6)资本增加净额	15	12603540.57	流动资产增加净额	45	
小　计	16	13462730.74	二、流动负债本年增加数		
流动资金来源合计	17	44098028.83	1. 短期借款	46	43800000.00
二、流动资金运用			2. 应付票据	47	
1. 利润分配			3. 应付帐款	48	118899.60
(1)提取法定公积金	18	2555076.96	4. 预收货款	49	1137683.92
(2)提取法定公益金	19	2555076.96	5. 应付福利费	50	291105.85
(3)提取任意公积金	20	7493386.65	6. 应付福利费	51	
(4)已分配股利	21	13286000.00	7. 未交税金	52	406489.78
小　计	22	25889540.57	8. 未付股利	53	-6643000.00
2. 其他运用			9. 其他未交款	54	18182.42
(1)固定资产和在建工程净增加额	23	26030958.79	10. 预提费用	55	209994.00
(2)增加无形资产、递延资产及其他资产	24		11. 一年内到期的长期负债	56	
(3)偿还长期负债	25	107213.66	12. 其他流动负债	57	
(4)增加长期投资	26	6721923.32	13. 其他应付款		3396653.48
小　计	27	32860095.77			
流动资金运用合计	28	58749636.34	流动负债增加净额	58	42736009.05
流动资金增加净额	29	-14651607.51	流动资金增加净额	59	-14651607.51

西藏明珠股份有限公司一九九七年度中期报告

一、财务报告(未经审计)

(一)、财务报表

1. 简化的资产负债表　　1997 年 6 月 30 日　　金额单位:元

项目	合并数 年初数	合并数 期末数	母公司 年初数	母公司 期末数
流动资产	117342472.93	109275440.00	158161025.75	150456214.25
长期投资	51005122.07	66922041.38	75417540.15	92586437.44
固定资产净额	64753131.40	67980737.20	611670.03	1278140.47
在建工程	78857375.24	80575133.41	65230820.12	64595604.81
无形资产及递延资产	32173635.00	31652456.46	30886627.00	30436944.46
资产总计	344131736.64	356405808.45	330307683.05	339353341.43

流动负债	108965372.02	119999852.49	98744729.24	103648228.78
长期负债	3603671.49	701085.79	260.68	242.48
负债合计	112569043.51	120700938.28	98744989.92	103648471.26
股本	94900000.00	94900000.00	94900000.00	94900000.00
资本公积	117568532.21	117568532.21	117568532.21	117568532.21
盈余公积	18463871.44	18463871.44	18463871.44	18463871.44
其中:公益金	4508520.59	4508520.59	4508520.59	4508520.59
未分配利润	630289.48	4772466.52	630289.48	4772466.52
股东权益合计	231562693.13	235704870.17	231562693.13	235704870.17
负债及股东权益总计	344131736.64	356405808.45	330307683.05	339353341.43

2. 简化的损益表　1997年6月份　金额单位:元

	合并数		母公司	
项目	上年同期数	1—6月累计数	上年同期数	1—6月累计数
主营业务收入	22861810.50	21974208.59		
主营业务利润	12754847.35	4251127.77	5882354.72	-1379948.60
投资收益	2092540.00	800000.00	8771965.65	6464396.06
营业外收支净额	-243066.98	-177978.31	-50000.00	-211298.00
利润总额	14604320.37	4873149.46	14604320.37	4873149.46
所得税	2190648.06	730972.42	2190648.06	730972.42
净利润	12413672.31	4142177.04	12413672.31	4142177.04

3. 主要财务指标

项目	1997年上半年	1996年上半年
1. 每股收益(元)	0.044	0.131
2. 净资产收益率(%)	1.76	5.36
3. 每股净资产(元)	2.48	2.44

注:财务指标中股本数的计算是以期末数为基数。

(二)、财务报表附注:

1. 本报告与1996年度报告采用的会计政策和会计方法一致,合并报表范围一致。

2. 货币资金19709890.73元,较年初减少59.7%。系各建设项目投入资金增加,相应减少货币资金。

3. 应收帐款1724828.96元,系应收各旅行社等单位房费、餐费等款项。帐龄分析:

帐龄	户数	金额	比例(%)
1年以内	101	1448751.49	84.00
1至2年	14	247521.27	14.40
2至3年	4	28556.20	1.60

4. 预付帐款35394966.84元,较年初增长62.3%。主要是新增饭店改造预付工程款和购买娱乐健身设施、空调等款荐。

5. 其他应收款33077403.45元

帐龄	户数	金额	比例(%)
1年以内	29	20956617.69	63.40
1至2年	22	11227985.76	33.90
2至3年	2	892800.00	2.70

6. 长期投资66922041.38元

其中:股票投资250000元(聚脂法人股票)

投资债券500000元

联营投资66172041.38元

7. 长期负债701085.79元,较年初减少81%。主要是减少了住房周转金。

8. 未分配利润4772466.52元

年初留存:630289.48元

期末增加:4142177.04元

9. 财务费用383964.23元,较上年同期增加7419372.29万元,系利息收入减少和新增短期借款利息支出。

10. 利润总额、每股收益、净资产收益率较上年同期下降,主要是各建设项目均处于投入阶段,自有资金存量减少,银行贷款增加,致使财务费用较上年同期大幅度增加;另一方面上半年成都西藏饭店新建大堂工程进行封闭作业,对经营带来了影响,致使利润总额减少。

11. 关联企业及其交易

(1)关联企业

名称	注册资金(万元)	公司拥有权益(%)	主营业务	地址
成都西藏饭店	2000	100	涉外旅游饭店	四川成都
成都红宫餐饮娱乐发展有限公司	80	90	餐饮娱乐	四川成都
北海恒峰实业发展公司	458.7	60	餐饮娱乐	广西北海
西藏珠星通讯器材有限公司	50(万美元)	49	通讯服务	西藏拉萨
四川美华旅游开发有限公司	600	40	旅游饭店业	四川成都
四川田力宝实业有限责任公司	500	40	微生物肥	四川什邡
上海西藏大厦股份有限公司	2000	36.84	综合服务	西藏拉萨
西蜀经济发展有限责任公司	200	20	商品贸易	四川成都

(2)关联交易

本公司在本报告期内未与以上企业发生关联交易。

二、经营情况的回顾与展望

1. 上半年经营情况回顾

1997年公司经营面临市场竞争和改造投资两大压力。上半年成都市旅游市场供求失衡的矛盾使旅游企业竞争进入白热化状态,宾馆饭店普遍面临客房出租率和房价同时下降的局面,面对严峻的市场挑战,公司力保主营,加快改造项目和重点投资项目的建设进度,一手抓经营,一手抓项目,团结一致,共渡难关。公司主营成都西藏饭店克服大堂改造等不利因素,通过加大促销,灵活经营等措施,客房住房率基本与去年同期持平,经营业绩仍名列成都市三星级宾馆的前茅。上半年,公司实现主营收入21974208.59元,与去年同期相比约有减少,净利润4142177.04元,比去年同期减少66.63%。

97年公司重点投资项目开始进入投资高峰期。上半年,成都西藏饭店顺利实现了改造项目的功能转换,办理了大堂改造的规划报批,新建临时大堂及相应的附属设施,对原大堂进行了封闭,于四月开始动工。到上半年末,已完成了原大堂的拆除工程。饭店餐饮楼于二月完成土建工程后,立即开始了二楼新红宫歌舞餐厅的装修工程,截止六月底,已基本完工,将于近期投入使用。新红宫歌舞餐厅总面积约1200平方米,除500平方米的宴会厅外,另设中式和藏式包间,设施精良,风格独特,典雅气派,是成都西藏饭店向四星级宾馆迈进的第一步。

公司重点投资项目上海西藏大厦年初完成基地动迁工作,于三月举行奠基仪式,至六月底,已完成了扩初设计。

成都明珠物贸广场工程进展顺利,截止上半年,已完成地面十四层的土建工程,与此同时,大厦功能、营销方案及装修设计等已初步确定,经营机构开始组建,预计八月底封顶。

鲁家湾水电站已开始试机发电。

2. 下半年展望

由于公司重点投资项目在97年开始进入投资高峰期,资金投入量加大,负债增加,财务费用较去年同期增加7419372.29元,加之成都西藏饭店面临市场和改造的双重影响,致使上半年未能完成经营计划,经营收入和利润分别为半年计划的88%和39%。面对不利的形势,公司下半年的工作重点:

一是抓成都西藏饭店的经营,力保主营收入能基本保持去年的水平。饭店继续推行经营与改造并重的方针,将促销放在经营工作的首要位置,改进销售策略和服务方式,提高服务质量,争取更多的客源,将因大堂改造造成的不利影响减至最低限度。改造工程方面,年底完成大堂土建基础工程至正负零,桑纳浴等康乐设施装修及设备安装工程力争年底峻工,并投入使用。

二是抓重点投资项目的建设进度。上海西藏大厦按照上海市有关部

门批准的扩初方案，抓紧进行开工前各项准备工作，计划下半年完成施工图设计，土建工程招标，开工打桩，年底基本完成桩基和围扩。成都明珠物贸广场于年底完成部分主要设备的安装调试工作和外墙体的装饰工程，积极展开招商工作。

三、重大事件说明

1．按照国务院证券委、中国人民银行、国家经贸委5月21日联合发布的《严禁国有企业和上市公司炒作股票》的要求，本公司经过认真自查，已于规定期限内将原使用的股票帐户中所持有的股票全部平仓，撤回资金并注销了帐户。至本报告期末，本公司未持有已上市流通股票，未有以公司名义以外开设的公司股票帐户。

2．公司1996年临时股东大会审议通过的增资配股方案，报经西藏自治区证券委同意后，于6月24日由中国证券监督管理委员会证监上字(1997)29号文复审通过，公司配股说明书刊登在1997年7月5日的《上海证券报》上，配股工作已于8月23日结束，公司股份变动公告请见8月23日的《上海证券报》。

3．募集资金使用情况：

公司1995年初发行股票募集资金1.02亿元，已于1995、1996年分别投入到上海西藏大厦、成都明珠物贸广场、成都西藏饭店改造、大邑鲁家湾水电站等建设项目中，截止1996年底完成投资11138万元。上述项目1997年资金投入系公司通过银行贷款解决。

4．公司股利分红情况：

1997年6月16日公司第四次暨96年度股东大会审议通过了96年度分红预案，即以现金方式向全体股东派发股利，每10股派现金1.40元(含税)，股权登记日7月14日，除息日7月15日。

5．公司总部于三月中旬从成都市人民北路10号成都西藏饭店迁至成都市长顺中街88号，邮政编码：610031，电话：(028)6601188—212，传真：(028)6600928。

6．本报告期公司无重大诉讼、仲裁事件。

四、发行在外股票的变动和股权结构变化

1．股本结构情况

填报日期：1997年6月30日　　数量单位：股　　每股面值：1元

	期初数	本次变动增减(+,-)					期末数
		配股	送股	公积金转股	其他	小计	
(一)尚未流通股份							
(1)发起人股份							
其中：							
国家拥有股份	48438000						48438000
境内法人持有股份	7462000						7462000
外资法人持有股份							
其他							
(2)募集法人股							
(3)内部职工股							
(4)优先股或其他							
尚未流通股份合计	55900000						55900000
(二)已流通股份							
(1)境内上市的人民币普通股	39000000						39000000
(2)境内上市的外资股							
(3)境外上市的外资股							
(4)其他							
已流通股份合计	39000000						39000000
(三)股份总数	94900000						94900000

2．主要股东持股情况

名称	期末持股数量(股)	持股比例(%)
西藏自治区国有资产管理局(国有股)	48438000	51.04
西藏自治区信托投资公司(发起人法人股)	3731000	3.932
西藏兴藏实业开发公司(发起人法人股)	3731000	3.932
泰阳实业	964228	1.016
杨耀程	450000	0.474
何仲文	396100	0.417
李祥可	386050	0.407
蓝天基金	339410	0.358
大鹏证券	310340	0.327
宏源物业	300000	0.316

五、股东大会简介

公司第四次暨九六年度股东大会于1997年6月16日在公司总部成都市长顺中街88号805会议室举行。到会股东21名，代表股份55966110股，占公司总股本9490万股的58.97%。公司除两名董事委托代表参加会议并行使表决权外，其余董事、监事和高级管理人员出席了会议。会议经认真审议和民主表决，形成如下决议：

1．审议通过公司1996年度工作报告；

2．审议通过公司1996年度财务决算报告；

3．审议通过公司1997年度财务预算和经营计划；

4．审议通过公司监事会1996年度工作报告；

5．审议通过公司1996年度利润及股利分配预案。

经成都市蜀都会计师事务所审计，1996年度公司实现利润29246383.36元，扣除所得税3695613.81元，净利润为25550769.55元。

公司1996年度利润及股利分配方案为：按10%提取法定公积金2555076.96元，按10%提取法定公益金2555076.96元，加上年初未分配利润969060.50元，可供股东分配的利润为21409676.13元。按35%提取任意盈余公积金7493386.65元后，余额13916289.48元，对全体股东实行现金分红，按公司总股本9490万股，每10股派现金1.40元(含税)，余额630289.48元作为未分配利润留作下一年分配。

六、备查文件

1．公司董事长兼总经理何盛秋先生亲笔签名的中期报告原本

2．公司第四次暨九六年度股东大会文件

3．查阅地址：成都市长顺中街88号8楼

西藏明珠股份有限公司

一九九七年八月二十九日

天津百货大楼股份有限公司

天津百货大楼股份有限公司股票上市公告书

一、要览

总股本:11,460万股

可流通股本:6,091.4万股

社会公众股:3,000股

内部职工股:3,091.4万股

本次上市流通股本:3,000万股

股票简称:津百股份

股票代码:600082

上市地点:上海证券交易所

上市时间:1997年6月20日

登记机构:上海证券中央登记结算公司

二、绪言

本上市公告书是根据《中华人民共和国公司法》、《股票发行与交易管理暂行条例》、《公开发行股票公司信息披露实施细则(试行)》和《上海证券交易所交易市场业务试行规则》等国家法律、法规的规定编制的。本公司股票上市申请经上海证券交易所上证上字(1997)52号文批准,于1997年6月20日(星期五)在上海证券交易所挂牌交易,本次上市流通的股票为1997年6月6日向社会公众发行的3,000万股A股,公司原有3,091.4万股内部职工股按国家有关规定从新股发行之日起期满三年后方可上市流通。

本公司于1997年6月2日在《中国证券报》和《上海证券报》上刊登了《招股说明书概要》,距今不足六个月,故与其重复内容在此不再重述,敬请投资者查阅本公司的《招股说明书概要》。

本公司董事会及各位董事确信本公告书不存在任何重大遗漏或者误导,并对其真实性、准确性、完整性负个别的和连带的责任。

三、公司概况

(一)概况

公司法定名称:天津百货大楼股份有限公司

公司法定代表人:郭淑芬

公司成立日期:1992年11月28日

公司注册地址:天津市和平区和平路172-176号

邮编:300020

经营范围:

经营本系统商业的进出口业务;接受本系统单位的委托代理出口业务;经营本系统的技术进出口业务;经营本系统的技术进出口业务;承办中外合资经营、合作生产及三来一补业务;易货经贸易及转口贸易、仓储;设计、制作、宣传广告;日用电子器具、日用机械、首饰修理及改制;中餐、快餐;提供信息;汽车货运;商业。

公司营业执照注册号:10307063

公司咨询电话:(022)27304716

联系人:李忠悌

(二)公司历史沿革

本公司有着70年经营历史,其前身是天津中原股份有限公司,始建于1926年,1949年改名为天津百货大楼,是华北地区第一家国营大型百货公司,亦是全国十大百货商店贸易联合会(简称"贸联会")的发起人和最早成员。天津百货大楼及其独特的哥德式的钟塔楼塔尖,历来是天津商业乃至天津市的象征。

公司改制四年多来,转换经营机制,加强内部管理和业务开拓,取得了良好的经营业绩,受到了国家和天津市政府的重视和支持,是全国百家最大规模,最佳效益零售商店。1993年被国内贸易部认证为"中华老字号"。1994年被天津市政府列入第一批现代企业制度试点单位,同时又被国家经贸委授予外贸进出口经营权,是天津市内贸系统唯一一家享有进出口权的零售企业,同年,在企业公众信誉度调查活动中荣获"九四公众信誉良好企业",在法国荣获"国际名望企业金帆奖"。公司商厦改扩工程被列为天津重点工程。近年来公司还十分重视外向型发展,把经营触角伸到国外,与国际知名的大零售商开展友好往来和业务交流,扩大了公司在国际上的知名度及影响。

公司所属零售商业企业。公司96年末总资产为61603万元,净资产为30980万元。按经营规模比较,公司在天津市大型零售商业中列第2位,在全国100家大型零售商业中列29位。本公司9.5万平方米的商厦改扩建工程竣工,经营规模和经济效益将有突破性飞跃。

四、股票发行及承销

(一)本次公开发行

发行数量:3,000万股

发行价格:5.18元/股

发行方式:上网定价

配售比例:0.57004212%

配售户数:29839户

持有1,000股及以上的户数:29839户

发行费用总额:5,040,000元

每股发行费用:0.168元

发行市盈率:14.8倍

(二)股票承销

本次公开发行的3,000万股社会公众股已全部由社会公众认购,承销团成员无包销比例及数量。

(三)验资报告

津会字(1997)第1118号

天津百货大楼股份有限公司全体股东:

我们接受委托,对贵公司截至1997年6月12日止的注册资本变更情况的真实性和合法性进行了审验。在审验过程中,我们按照《独立审计实务公告第1号-验资》的要求,实施了必要的审验程序。贵公司的责任是提供真实、合法、完整的验资资料,保护资产的安全、完整。我们的责任是按照《独立审计实务公告第1号-验资》的要求,出具真实、合法的验资报告。

贵公司变更前的注册资本为84,600,602.00元,本次经批准向社会公开发行人民币普通股股票30,000,000.00元。每股面值1元人民币,发行价每股5.18元人民币,变更后的注册资本为114,600,602.00股。根据我们的审验,截至1997年6月12日止,贵公司已收到本次向社会公众发行的各股股东投入的股款150,360,000.00元,(已扣除承销费等发行费用)其中增加实收资本30,000,000.00元。溢价收入增加资本公积120,360,000.00元,加上变更前的注册资本84,600,602.00元(业经天津会计师事务所验资并出具了津会字[1997]774号验资报告)。变更后的实收资本为114,600,602.00元。与上述变更相关的资产总额747,533,564.84元,负债总额292,158,662.37元,所有者权益455,374,902.47

元,其中实收资本114,600,602.00元,资本公积316,681,436.02,盈余公积210,936,93.21元,未分配利润2,999,171.24元。

附件(一)变更前后注册资本对照表

附件(二)变更前后资产、负债和所有者权益对照表

附件(三)验资事项说明

天津会计师事务所　中国注册会计师　方勤

中国注册会计师　柴寿功

地址:赤峰道30号增1号

报告日期:1997年6月12日

五、董事、监事及高级管理人员持股情况

姓名	职务	持股数量(股)	持股比例(‰)
郭淑芬女士	董事长、党委书记	1500	0.013
史建华先生	副董事长、总经理	2500	0.022
苏斌奇先生	副董事长、副总经理	1500	0.013
肖广禄先生	董事、副总经理	2500	0.022
买卖吐逊先生	董事、副总经理	500	0.004
姜锦霞女士	董事、工会主席	500	0.004
阚治东先生	董事	0	0
吴守仁先生	董事	0	0
范新培先生	董事	0	0
张自强先生	监事会主席、党委副书记	500	0.004
卢金瑞先生	监事、纪委书记	0	0
于凤敏女士	监事、审计部部长	0	0
张大发先生	监事、工会副主席	0	0
於文娟女士	监事、纺织商场经理	0	0
张明先生	副总经理	500	0.004

本公司董事,监事和高级管理人员共持有本公司股票1万股,占公司总股本的0.087‰,其持有股份按照《中华人民共和国公司法》规定在任职期间不得转让。

六、公司设立

(一)1997年3月26日公司96年度股东大会作出决议:本公司向社会公众发行的3000万股每股面值1元的普通股在上海证券交易所上市。

(二)本次股票成功发行后,本公司变更注册登记工作已结束,详细资料如下:

公司注册资金:11,460万元

注册时间:1997年6月13日

注册地点:天津市和平区和平路172号

公司法定代表人:郭淑芬

营业执照注册号码:10307063

七、关联企业及关联交易

(1)集团总公司是经天津市委、市政府批准,由原天津市第一商业局改组,并于1996年3月正式成立,具有企业法人资格。根据天津市国有资产管理局津国字(1996)49号文"关于对天津市益商集团总公司实行国有资产授权经营的批复",益商集团总公司是本公司国家股持股单位,持有本公司股份2560万股,占股本总额的30.26%。本公司的国有土地是向该公司租赁,公司改制时剥离的非经营性资产是该公司委托本公司代管,该公司不从事具体的商业批发及销售活动,因而与本公司不存在同行业竞争。

(2)天津百益大厦有限公司(以下简称百益)是公司与香港长益投资有限公司共同合资设立的企业,公司对其投资7557.6万元人民币,占合资公司的75%股份,新辟营业面积2万余平方米,每年可创利1460万元。百益的经营范围是从事物业管理、房屋出租、餐饮、娱乐、配套小商品零售、展览展示、装饰装修及相关的咨询服务。百益主要是从事物业管理业务,与公司无关联交易。

(3)天津市百宏进口电器有限公司(以下简称百宏)是公司与广东省中山市宏业贸易总公司共同设立的企业,公司对其投资343万元人民币,占合资公司的49%的股份。百宏的经营范围为五金交电、百货、电子计算机批发兼零售、代购代销、信息咨询、日用电器、日用电子器具修理。百宏主要的业务是以进口电器的批发为主,而公司在这方面的业务主要是零售。两公司从事的经营范围不同,进货渠道不同,业务往来均是按市场价格合理确定。

(4)天津百货大楼股份有限公司食乐园(以下简称食乐园)是公司与天津港保税区豪斯国际贸易公司合资设立的企业,公司出资50万元,占注册资本的55%。食乐园主要从事餐饮、娱乐,与公司无关联交易。

八、股本结构及大股东持股情况

(一)本次A股发行完成后,本公司的股本结构如下表:

股份名称	股数(万股)	占总股本比例(‰)
尚未流通股份	5,368.6	46.85
国家股	2,560	22.34
募集法人股	2,808.6	24.51
可流通股份	6,091.4	53.15
本次公开发行股份	3,000	26.17
内部职工股	3,091.4	26.98
总股本	11,460	100.00

(二)前十名股东所持股数及比例

股东名称	持有股数(万股)	占总股本比例(‰)
1、天津益商集团总公司	2,560	30.26
2、上海鸿运服装厂	50	0.59
3、上海华晨实业公司	50	0.59
4、中国金融教育发展基金会	50	0.59
5、江西证券公司上海业务部	50	0.59
6、浙江省湖州市供销贸易有限公司	50	0.59
7、江苏证券公司	50	0.59
8、锡山市金城塑料厂	50	0.59
9、济南信托投资公司	50	0.59
10、工行云南省信托投资公司	50	0.59

九、公司财务会计资料

(一)审计报告

津会字(1997)第493号

天津百货大楼股份有限公司全体股东:

我们接受委托,审计了贵公司1994年12月31日、1995年12月31日、1996年12月31日母公司及合并的资产负债表,1994年度、1995年度、1996年度母公司及合并利润及利润分配表以及1996年度母公司及合并的财务状况变动表。这些会计报表由贵公司负责,我们的责任是对这些会计报表发表审计意见。我们的审计是依据中国注册会计师独立审计准则进行的。在审计过程中,我们结合贵公司的实际情况,实施了包括抽查会计记录等我们认为必要的审计程序。我们认为,上述会计报表符合《企业会计准则》和《股份制试点企业会计制度》的有关规定,在所有重大方面公允地反映了贵公司1994年12月31日、1995年12月31日、1996年12月31日的财务状况及1994年度、1995年度、1996年度的经营成果和1996年度的资金变动情况,会计处理方法的选用遵循了一贯性原则。

天津会计师事务所　中国注册会计师　侯杏倩　柴寿功

地址:天津市和平区赤峰道30号增1号

1997年3月27日

(二)资产负债表、损益表、财务状况变动表分别见表1、表2、表3。

表1　资产负债表(1994－1996年度)　单位:元

资产	1996年12月31日	1995年12月31日	1994年12月31日
流动资产:			
货币资金	74,748,568.19	25,846,193.74	43,648,673.96
短期投资	11,250,000.00	23,975,000.00	39,631,000.00
应收票据			

应收帐款	2,509,025.19	2,127,294.82	13,526,279.80
减:备抵坏帐			
应收帐款净额	2,509,025.19	2,127,294.82	13,526,279.89
预付货款	21,370,057.31	7,678,047.26	8,030,937.24
其他应收款	43,179,976.58	39,140,955.03	35,998,414.13
待摊费用	2,420,611.17	2,864,477.57	2,654,653.08
存货	37,159,886.89	35,655,105.51	39,892,019.49
待处理流动资产净损失		656,111.66	468,807.63
流动资产合计	192,638,125.33	137,961,185.59	183,940,785.42
长期投资	8,206,300.00	10,147,800.00	30,897,823.44
固定资产:			
固定资产原值	57,526,338.16	49,465,463.04	51,478,169.36
减:累计折旧	11,293,414.29	9,969,532.58	8,283,495.39
固定资产净值	46,232,923.87	39,495,930.46	43,194,673.97
固定资产清理			
在建工程	365,142,255.00	223,483,938.88	153,243,938.88
待处理固定资产净损失		5,680,288.39	3,780,290.38
固定资产合计	411,375,178.87	268,660,157.73	200,218,903.23
无形资产及递延资产			
无形资产			
递延资产	3,806,579.36	4,613,776.94	2,661,095.62
无形及递资产合计	3,806,579.36	4,613,776.94	2,661,095.62
递延税款借项			
资产总计	616,026,183.56	421,382,920.26	417,718,607.71
负债与股东权益	1996年12月31日	1995年12月31日	1994年12月31日
流动负债:			
短期借款	40,500,000.00	34,200,000.00	21,600,000.00
应付票据	10,200,000.00	3,250,000.00	
应付帐款	30,574,813.84	26,156,198.42	39,944,774.16
预收货款	6,884,296.10	3,121,297.92	2,418,847.51
应付福利费	1,390,857.27	1,035,390.34	179,620.70
未付股利	17,960,013.87	27,835,262.90	11,012,043.96
未交税金	4,802,679.46	2,626,890.03	-3,418,397.90
其他未交款	29,687.74	-18,550.25	9,135.14
其他应付款	22,616,709.16	21,209,763.81	50,127,809.39
预提费用			25,532.50
其他流动负债			
一年内到期的长期负债	1,600,000.00	1,700,000.00	1,800,000.00
流动负债合计	136,559,057.44	121,116,253.17	123,499,365.46
长期借款	143,400,000.00	2,500,000.00	1,000,000.00
应付债券			
长期应付款		2,829,036.04	2,699,771.47
其他长期负债	1,077,947.32		
长期负债合计	144,477,947.32	5,329,036.04	3,699,771.47
递延税款贷项			
负债合计	281,037,004.76	126,445,289.21	127,199,136.93
少数股东权益	25,192,100.00		
股东权益:			
股本	169,201,204.00	169,201,204.00	169,201,204.00
资本公积	112,287,054.05	112,007,607.09	112,015,165.59
盈余公积	21,540,772.59	13,728,819.96	9,303,101.19
其中:公益金	8,289,091.83	5,139,097.71	3,663,839.94
未分配利润	6,768,048.16		
股东权益合计	309,797,078.80	294,937,631.05	290,519,470.78
负债及股东权益总计	616,026,183.56	421,382,920.26	417,718,607.71

表2、损益表(1994-1996年度) 单位:元

项目	1996年12月31日	1995年12月31日	1994年12月31日
一、主营业务收入	550,175,005.84	590,872,145.60	614,016,582.21
减:营业成本	491,522,178.86	523,720,185.91	538,872,522.37
销售费用	15,950,123.16	31,474,057.46	31,236,074.92
管理费用	15,539,889.61	14,908,114.54	14,346,687.78
财务费用	2,032,566.12	2,483,921.94	-357,008.72
进货费用			
营业税金及附加	2,119,561.89	2,992,627.07	990,756.20
二、主营业务利润	23,010,686.20	15,293,238.68	28,927,549.66
加:其他业务利润	7,220,438.99	5,980,942.95	1,817,430.54
加:投资收益	3,539,906.90	22,190,589.06	9,108,391.08
营业外收入	9,466,040.23	1,172,253.08	467,520.49
减:营业外支出	3,563,284.27	7,030,438.40	6,209,334.91
加:以前年度损益调整	882,389.76		
四、利润总额	40,556,177.81	37,606,585.37	34,111,556.86
减:所得税	9,056,056.62	8,101,795.39	5,859,102.61
少数股东者权益			
五、净利润	31,500,121.19	29,504,789.98	28,252,454.25
加:年初未分配利润			
盈余公积转入数			
六、可分配利润	31,500,121.19	29,504,789.98	28,252,454.25
减:提取法定公积金	3,150,012.12	2,950,479.00	2,825,245.43
提取法定公益金	3,150,012.12	1,475,239.77	1,467,641.41
七、可供股东分配的利润	25,200,096.95	25,079,071.21	23,959,567.41
减:提取任意公积金	1,511,928.39		
已分配普通股股利	16,920,120.40	25,079,071.2	23,959,567.41
八、未分配利润	6,768,048.16		

表3、财务状况变动表(1996年度) 单位:元

一、流动资金来源		一、流动资金本年增加数	
1、净利润	31,500,121.19	1、货币资金	48,884,374.45
加:不减少流动资金的费用和损失		2、短期投资	-12,725,000.00
(1)固定资产折旧	2,850,570.94	3、应收票据	
(2)无形资产、递延资产摊销	939,162.37	4、应收帐款净额	381,730.37
(3)固定资产盘亏(减盘亏)		5、预付帐款	13,692,010.05
(4)清理固定资产损失			
(减收益)	-8,914,669.31	6、其他应收款	4,039,021.55
		7、存货净额	1,504,781.38
小计	26,375,185.19	8、待转其他业务支出	
		9、待摊费用	-433,866.40
2、其他来源		10、待处理流动资产净损失	-656,111.66
(1)固定资产清理收入			
(减清理费用)	10,338,499.19	11、一年内到期的长期债券投资	
(2)增加长期负债	144,448,682.75	12、其他流动资产	
(3)收回长期投资	14,667,780.96		
(4)对外投资转出固定资产		流动资产增加净额	54,676,939.74
(5)少数股东资本净增加额	25,192,100.00		
(6)资本净增加额	8,091,399.59		
小计	202,738,462.49	二、流动负债本年增加数	
流动资金来源合计	229,113,647.68	1、短期借款	6,300,000.00
二、流动资金运用		2、应付票据	6,950,000.00
1、利润分配		3、应付帐款	4,418,615.42
(1)提取法定公积金	3,150,012.12	4、预收货款	3,762,998.18
(2)提取法定公益金	3,150,012.12	5、其他应付款	1,406,945.35
(3)提取任意公积金	1,511,928.39	6、应付工资	
(4)已分配股利	16,920,120.40	7、应付福利费	355,466.93
		8、未交税金	2,175,789.43
小计	24,732,073.03	9、未付股利	-9,875,249.03
		10、其他未交款	48,237.99
2、其他运用		11、预提费用	
(1)固定资产和在建工程净增加额	146,989,421.96	12、其他流动负债	
(2)增加无形资产、递延资产	131,964.79	13、一年内到期的长期负债	-100,00.00
(3)偿还长期负债	5,299,771.47		
(4)增加长期投资	12,726,280.96		
小计	165,147,439.18		
流动资金运用合计	180,879,512.21	流动负债增加净额	15,442,804.27

流动资金增加净额	39,234,135.47	流动资金增加净额	39,234,135.47

(三)会计报表的模拟编制方法

公司财务报表分母公司报表和合并报表。

1、母公司财务报表采取汇总方式编制:系公司及内部相对独立核算、统一上交所得税的17个营业商场(部)。各场(部)的财务报表与公司财务部报表除内部往来相互抵销外,其余帐项逐一进行汇总,形成公司财务报表。

2、合并报表合并范围:合并财务财务报表包括(汇总)财务报表和13个法人资格的全资子公司及1个控股子公司的财务报表合并而成。

3、公司在对被投资企业报表进行合并过程中,按照有关规定对公司权益性投资与并表的被投资企业所有者权益中有关部分进行抵消,对公司与并表单位之间的相互往来进行抵消。对并表企业之间内部销售进行抵消。根据《合并报表暂行规定》的要求,不需合并的没予合并。

4、合并报表合并范围三年变化情况说明:根据财政部颁发的《合并报表暂行规定》的要求,按照母公司拥有其过半数以上权益性资本的被投资企业均属合并范围的规定,并入1994年母公司合并报表的为11个全资子公司。1995年新成立4个全资子公司,合并报表合并范围增至于5个。1996年3个全资子公司经营不善,停业清算,根据不包括在合并报表合并范围之内的几种情况规定,未予合并,同年新增全资子公司和控股公司各一个,至止合并报表范围为14个企业。

天津百益大厦有限公司系控股公司,该公司虽1994年12月23日颁发营业执照,因1996年3月27日双方资金全部到位,因此,1995年为筹建期,1996年并入合并报表。

(四)公司采用的主要会计制度

公司执行财政部、国家体改委制定的《股份制试点企业会计制度》及《股份制企业财务管理若干问题的暂行规定》。

2、会计期间

公司采用公历制,即每年1月1日起至12月31日止。

3、记帐原则和计价基础

公司记帐原则采用权责发生制。各项财产物资按取得时的实际成本为计价。

4、长期投资核算方法

债券投资:公司购入债券按实际支付的款项记帐,实际支付的价款中,含有债权利息,扣除应计利息后入帐。债权投资在年终计算应计利息,计入当年损益;股权投资联营投资:公司向其他企业投出的资金按投时支付或确定的金额记帐,一般采用成本法核算。投资额占被投资单位注册资金50%以上,采用权益法核算,并合并会计报表。

5、固定资产及其折旧

公司固定资产按实际成本计价,公司拥有使用期限在一年以上的房屋建筑物、机器设备、工具等资产作为固定资产,不属于生产经营用的物品,单位价值在2000元以上,并且使用年限超过两年的也作为固定资产,并按企业财务制度规定分类和确定折旧年限,全部固定资产均采用直线法计算折旧。公司固定资产的分类、计提折旧年限折旧率残值如下:

固定资产类别	预计折旧年限(年)	折旧率(%)	残值率(%)
房屋及建筑物	32	3	4
机器及运输设备	12	8	4
其他设备	8-10	12-9.6	4

6、税项

公司增值税按商品销售收入17%税率计算当期销售项税额,扣除允许在当期抵口的进项税额后缴纳;营业税按其他业务收入5%的税率缴纳;城市税、教育附加机防洪工程维护费分别按实际应缴纳流转税额的7%、3%和1%缴纳;所得税按应纳税所得额的33%交纳,子公司凡在开发区注册的执行所得税率33%,根据天津市地方税务局经济技术开发区分局津地税管减字(1994)5号文精神享受二年免税三年减半征收优惠政策;消费税按规定应交纳税的范围(贵重首饰及珠宝玉石)营业收入交纳。

7、利润分配

公司每一个会计年度的税后利润按以下原则分配:弥补上年度亏损后,(1)提取10%法定盈余公积金;(2)提取5%-10%法定公益金;(3)提取任意盈余公积金;(4)分配股利公司分配股利,实行同股同利的原则,年度股利每年分配一次。近三年提取法定公积金、公益金、任意盈余公积金比例如下:

年份	提取法定盈余公积金比例	提取法定盈余公益金比例	提取任意盈余公积金比例
94年	10%	5%	
95年	10%	5%	
96年	10%	10%	4.8%

(五)资产负债表部分项目注释

1、应收帐款

(1)帐龄分析	金额	比例
1年以内	2,196,203.53	87.53%
1-2年	168,500.00	6.72%
2-3年	14,343.10	0.57%
3年以上	129,978.56	5.18%
小计	2,509,025.19	100.00%

(2)无持本公司5%以上股份的主要股东单位欠款

2、长期投资

(1)股权投资

被投资单位名称	股数	占被投资单位股权比例	投资金额	期末市价
天津劝业场股份有限公司	50000	0.04%	75,000.00	法人股无市价
天津轮船实业股份有限公司	50000	0.03%	80,000.00	法人股无市价
天津港储运公司	50000	0.05%	70,000.00	法人股无市价
天津灯塔涂料股份有限公司	50000	0.04%	110,000.00	
天津海运股份有限公司	50000		75,000.00	法人股无市价
内蒙古民族商场股份有限公司(集团)	100000	0.18%	200,000.00	法人股无市价
太原五一百货大楼股份有限公司(集团)	70000	0.15%	140,000.00	
上海华联商厦股份有限公司	160000	0.09%	1,309,500.00	
天津市百宏进口电器有限公司		49%	3,430,00.00	
常州自行车厂			50,000.00	
中贸联实业有限公司		5%	2,000,000.00	
天津市百货大楼股份有限公司食乐园(正在清理整顿中)		55%	500,00.00	
小计			8,039,500.00	

按照破产程序,已宣告被清理整顿的子公司,本次未合并报表。

(2)债券投资

债券种类	到期日	面值	年利率	投资金额	应收利息	合计
国库券	92年	21,220.00	14%	21,220.00	27,980.00	49,200.00
特种国债	91年	62,800.00	15%	62,800.00	54,800.00	117,600.00
小计				84,020.00	82,780.00	166,800.00

3、短期借款

贷款单位	金额	期限	年利率	借款条件	期初金额
建设银行天津红桥支行	2,000,000	96.8.26-97.8.25	10.08%	担保	
建设银行天津红桥支行	800,000	96.8.26-97.8.25	10.08%	担保	
建设银行天津红桥支行	2,500,000	96.8.26-97.8.25	10.08%	担保	
建设银行天津红桥支行	10,800,000	96.8.26-97.8.25	10.08%	担保	
建设银行天津红桥支行	9,800,000	96.8.26-97.8.25	10.08%	担保	
建设银行天津红桥支行	9,800,000	96.8.26-97.8.25	10.08%	担保	
建设银行天津红桥支行	3,100,000	96.8.26-97.8.25	10.08%	担保	
建设银行天津红桥支行	1,000,000	96.8.26-97.8.25	10.08%	担保	
建设银行天津红桥支行	700,000	96.8.26-97.8.25	10.08%	担保	
小计	40,500,000				34,200,000

4、应付帐款

期末余额	期初余额
30,574,813.84	26,156,198.42

其中公司各商场部进货估价入帐款 21,011,843.12

上述应付帐款中设有欠与公司有关联的公司的款项。

5、股本

股东类别	1996年12月31日	1995年12月31日	1994年12月31日	结构
国家股	51,201,204.00	51,201,204.00	51,201,204.00	30.26%
法人股	56,172,000.00	56,172,000.00	56,172,000.00	33.20%
内部职工股	61,828,000.00	61,828,000.00	61,828,000.00	36.54%
小计	169,201,204.00	169,201,204.00	169,201,204.00	100%

6、资本公积

	96年	95年	94年
期初数	112,007,607.09	112,015,165.59	111,250,834.46
本期增减	279,446.96	-7,558.50	764,331.13
期末余额	112,287,054.05	112,007,607.09	112,015,165.59

94年增加764,331.13元,其中50万元属以前年度帐务处理错误应冲股本而冲资本公积,94年进行调整。另外,264,331.13元为子公司天津开发区百达商业公司返还所得税按开发区津地税管减字(1994年)5号规定增加资本公积。95年减少7,558.50元,其中92年资产评估重复计帐30,000.00元冲回,天津开发区百达商业公司所得税返款22,441.94元,(根据天津市地方税务局经济技术开发区分局津地税管减字(1994)第5号批复增加资本公积)。96年子公司天津开发区的百欧商业公司百达商业公司万国电器堡公司所得税返款279,446.96元,(根据津地税管减字(1994年)5号批复增加资本公积)。

7、未分配利润

	1996年12月31日	1995年12月31日	1994年12月31日
净利润	31,500,121.19	29,504,789.98	28,252,454.25
可供分配利润	31,500,121.19	29,504,789.98	28,252,454.25
提取盈余公积	3,150,012.12	2,950,479.00	2,825,245.43
提取公益金	3,150,012.12	1,475,239.77	1,467,641.41
提取任意公益金	1,511,928.39		
分配股利	16,920,120.40	25,079,071.21	23,959,567.41
未分配利润	6,768,048.16		

(六)主要财务指标(按津会字[1997]第493审计报告有关数据计算)

指标	1996年	1995年	1994年
(1)流动比率(%)	141.07	114	149
(2)速动比率(%)	114	84	117
(3)股东权益比例(%)	54.38	70	69.55
(4)应收帐款周转率(%)	237.33	75.85	45.39
(5)净资产收益率(%)	10.17	10.00	9.72
(6)每股收益(元/股)	0.372	0.349	0.334
(7)每股净资产(元)	3.66	3.49	3.43

注:(6)(7)两项按缩股后的股本8460万股计算而得。

十、董事会上市承诺

本公司董事会将严格遵守《中华人民共和国公司法》、《股票发行与交易管理暂行条例》、《上海证券交易所交易市场业务试行规则》和有关法律、法规的规定,并自股票上市之日起作出如下承诺:

(一)按照法律、法规的规定程序和要求披露重大的信息,并接受证券主管机关,上海证券交易所的监督管理。

(二)及时、真实、准确地公布中期报告和年度报告,并备置于规定场所供投资者查询、阅读。

(三)本公司董事、监事及高级管理人员如发生人事变动或持本公司股票发生变化时,在报告证券主管机关和上海证券交易所的同时,向投资者公布。

(四)在任何公共传播媒介中出现的消息可能对本公司股票的市场价格产生误导性影响时,本公司知悉后将及时对该消息予以公开澄清。

(五)本公司董事、监事及高级管理人员将认真听取社会公众的意见和批评,不利用已获得内幕消息和其他不正当手段直接或间接从事股票买卖活动。

(六)本公司没有无记录负债。

十一、重要事项揭示

(一)根据本公司章程规定,本公司的税后利润按下列顺序分配:

1、按国家规定弥补以前年度的亏损;

2、提取税后利润的10%为法定盈余公积金;

3、提取税后利润的5%-10%为法定公益金;

4、提取任意盈余公积金;

5、支付普通股股利。

公司预期本次发行后首次股利分配的时间为1998年6月底以前,持有本公司发行新股的股东参与1997年度股利分配,但不参与1996年度股利分配。

(二)根据国家有关规定,本公司原3091.4万股内部职工股按国家有关规定从新股发行之日起,期满三年后方可上市流通。

(三)根据公司章程及公司93年度、94年度、95年度、96年度股东大会决议,公司93年发放现金股利0.144元/股;94年发放现金股利0.14元/股;95年发放现金股利0.083元/股;96年发放现金股利0.10元(按缩股前股本计算)。

(四)经天津会计师事务所津会字(1997)第819号《盈利预测审核报告》审核,本公司1997年预计可实现利润3377万元(按当年所得税金额返还计算),按发行上市后公司总股本11460万股全面摊薄,每股税后利润0.29元。

(五)发行后每股净资产3.97元。

(六)截止本公告书公布之日,本公司无重大诉讼事项。

十二、备查文件

(一)公司成立的注册登记文件

(二)招股说明书

(三)审计报告

(四)验资报告

(五)营业执照

(六)公司章程

(七)法律意见书

十三、咨询机构

发行人:天津百货大楼股份有限公司

法定代表人:郭淑芬

地址:天津市和平区和平路172-176号

电话:(022)27304716　　传真:(022)27301922

联系人:李忠悌

上市推荐人:申银万国证券股份有限公司

地址:上海市南京东路99号

电话:(021)64312800　　传真:(021)64310778

联系人:顾振宇、孙宪国

上市推荐人:天津北方国际信托投资公司

法定代表人:梁建三

地址:天津市开发区第一大街29号

电话:(022)5106280　　传真:(022)5106383

联系人:徐平

上市推荐人:天津证券股份有限责任公司

法定代表人:葛子平

地址:天津市和平区赤峰道132号

电话:(022)5106280　　传真:(022)5106383

联系人:张群生

天津百货大楼股份有限公司

一九九七年六月十八日

成都百货(集团)股份有限公司

成都百货(集团)股份有限公司股票上市公告书

一、释义

公司、本公司及上市公司:指成都百货(集团)股份有限公司

社会公众股:指中国人民银行成都市分行成人行金管(88)字第111号文批准本公司发行的2,750万股个人股

元:指人民币元

二、绪言

经中国证券监督管理委员会证监发字(1997)399审核批准,上海证券交易所上证上字(1997)第073号文审核通过,本公司股票将于1997年8月7日(星期四)在上海证券交易所挂牌交易。1988年7月,经中国人民银行成都市分行成人行金管(88)字第111号文批准,同意公司发行社会个人股2,750万元。本公司总股份7,098.27万股,本次上市流通股份2,750万股,上市股份类别属历史遗留问题股票。

本公告书根据《中华人民共和国公司法》、《股票发行与交易管理暂行条例》、《公开发行股票公司信息披露实施细则》、《上海证券交易所市场业务试行规则》等有关证券管理的规定编制,目的是为股票公开上市而向社会公众披露公司基本情况及相关资料。

本公司董事会及全体董事已批准本上市公告书,确信其中不存在任何重大遗漏或者误导,并对其真实性、准确性、完整性负个别的和连带的责任。

三、公司概况

(一)本公司概况

1. 公司法定名称:成都百货(集团)股份有限公司

CHENGDU COMMODITIES CO.LTD (GROUP)

2. 注册地址:四川省成都市大慈寺路83号

3. 注册资本:70,982,696.43元

4. 法定代表人:郑启沃

5. 成立日期:1988年7月20日

6. 营业执照注册号:20196194-0

7. 经营范围:批发零售日用百货、针纺织品、五金交电、办公机械等。

8. 所属行业:商业

9. 员工情况

截止1997年4月本公司现有在册员工2,074人。其结构如下:

(1)按专业分类

类别	人数(人)	占总人数的比例(%)
营业人员	1,469	70.83
管理人员	395	19.05
其中:财务人员	146	7.04
其它人员	210	10.12

(2)按接受教育程度分类

类别	人数(人)	占总人数的比例(%)
大专以上	197	9.50
中专	154	7.43
中专以下	1.723	83.07

(3)按年龄分类

类别	人数(人)	占总人数的比例(%)
20-30岁	575	27.72
31-40岁	746	35.97
41岁以上	753	36.31

到目前为止,本公司离休人员17人,退休人员525人,其中:1993年1月改制前离休人员17人,退休人员448人。根据国家体改委、国家国有资产管理局、国家工商行政管理局体改生(1996)122号文规定,改制前离退休人员费用由国家股分红解决,改制后离退休人员费用由本公司负担。

本公司为全体员工办理了基本养老保险、统筹医疗保险等各种社会保险。

10. 公司组织结构图

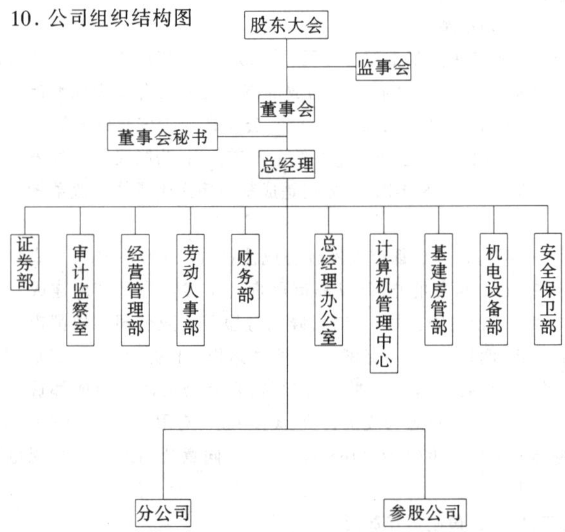

11. 本公司的附属分公司和参股公司

(1)本公司的附属分公司

a. 批发分公司

光学电子仪器分公司

光电制冷设备分公司

鞋类运动服装分公司

洗涤化妆用品分公司

搪铝玻制品分公司

五金钟表缝纫机分公司

文化用品分公司

针纺织品分公司

家用电器分公司

塑玩杂品分公司

通信器材公司

食品分公司

b. 零售商场

成都市第一百货商场

成百批发商场(成都市第二百货商场)

牛市口百货商场

成都鞋店

c. 综合经营分公司

仓储运输分公司

广告分公司

(2)本公司的参股公司

单位名称	占权益比例(%)	主营业务	注册地	注册资本
成都嘉宾电子公司	2.5	电脑、电子原件及通信工程	成都市	1600万元
成都百隆绣品厂	23.33	生产、销售踏花被等	双流县	60万元
成都保温容器联合经营部	44.51	销售保温容器	成都市	100万元

12.关联企业及关联交易

(1)本公司关联企业

单位名称	占被投资企业权益比例%	主营业务
成都保温容器联合经营部	44.51	销售保温容器
成都百隆绣品厂	23.33	生产、销售踏花被等

(2)关联交易

本公司与上述关联企业按照公平、公正的市场原则,根据签定的购销合同进行业务往来。

(二)、公司沿革

公司的前身为成都市百货公司(站),是1954年成立的批零兼营的商业企业,1984年省属二级批发站与成都市百货公司合并为成都市百货公司(站),是西南地区最大的商业企业。公司在四十多年的发展演变过程中,一直发挥着国有大型商业企业的主渠道作用,为国民经济的发展做出了较大贡献。自1988年以来,公司是成都市历次流通体制改革的试点单位。

1988年7月,经成都市人民政府成流体改(1988)9号文及成都市体改委(1988)042号文批准,以成都市百货公司(站)为基础组建成立了成都百隆商务股份有限公司,成都百隆商务服务有限公司与成都市百货公司(站)实行"两块牌子、一套班子"的方式运作。1992年6月,经成都市体改委成体改(1992)174号文批准,成都市百货公司(站)与成都百隆商务股份有限公司统一更名为成都百货(集团)股份有限公司。1993年10月,经国家体改委体改生(1993)165号文批准,同意公司继续进行规范化的股份制企业试点。

(三)历年股份制运作简况

1.公司历次股东大会决议简介

(1)1988年7月20日,在成都军区第二招待所召开了公司股份制试点工作筹备大会暨第三届第二次职工代表大会,出席会议职工代表124人,会议经审议一致通过了股份制试点方案、股票发行与管理办法、向社会个人公开发行股票2,750万元,首期发行300万元股票的决议。

(2)1989年3月23日,在公司会议室召开了成都百隆商务股份有限公司创立大会,出席会议股东82人。会议经审议一致通过了公司章程(草案)、年度工作报告、财务预决算报告、年度利润分配方案,向社会个人发行1.500万元股票的决议,并选举了罗在明等11人为公司第一届董事会成员。

(3)1990年3月6日,在公司会议室召开了1989年度股东大会,出席会议股东84人,会议经审议一致通过了89年度工作报告、财务预决算报告、年度利润分配方案,向社会个人发行950万元股票的决议。

(4)1991年3月17日,在成都红星饭店召开了1990年度股东大会,出席会议股东76人,代表股权40.56万股。会议经审议一致通过了董事会年度工作报告及发行股票的总结报告、财务预决算报告、年度利润分配方案的决议,并选举了李发明等11人为第二届董事会成员。

(5)1992年5月10日,在公司会议室召开1991年度股东大会,出席会议股东89人,代表股权52.933万股。会议经审议一致通过了企业股并入国家股的决议、股票面值拆细决议、公司更名决议、年度工作报告、财务预决算报告、年度利润分配方案。

(6)1993年3月2日,在公司会议室召开了1992年度股东大会,出席会议股东140名,代表股权5,820.6万股。会议经审议一致通过了董事会年度工作报告、财务预决算报告、年度利润分配方案、发行法人股的决议,并选举了陈泽如等9人为第三届董事会成员,方子明等5人为首届监事会成员。

(7)1994年6月8日,在公司会议室召开了1993年度股东大会。出席会议股东186人,代表股权4,781万股。会议经审议一致通过了董事会年度工作报告、财务预决算报告、年度利润分配方案、国家股调整方案、监事会年度工作报告的决议。

(8)1995年6月15日,在公司会议室召开了1994年度股东大会,,出席会议股东125人,代表股权4,631万股,占总股本的65.24%。会议经审议一致通过了董事会年度工作报告,财务预决算报告、年度利润分配方案、修改后的公司章程,监事会年度工作报告的决议。

(9)1996年6月6日,在公司会议室召开1995年度股东大会,出席会议股东100人,代表股权4,226.36万股,占公司股本总额的59.54%。会议经审议一致通过了董事会年度工作报告、财务预决算报告、利润分配方案、修改后的公司章程、监事会年度工作报告、公司股票上市的决议,并选举了郑启沃等9人为第四届董事会成员,赵路等5人为第二届监事会成员。

(10)1997年5月29日,在公司会议室召开1996年度股东大会,出席会议股东116人,代表股权4,049.47万股,占公司股本总额的57.05%。会议经审议一致通过了1996年度董事会工作报告、财务预决算报告、年度利润分配方案、监事会年度工作报告的决议。

2.历年股利发放情况

成都百货(集团)股份有限公司历年股利发放情况如下:

项目	1988年度	1989年度	1990年度	1991年度	1992年度	1993年度	1994年度	1995年度	1996年度
国家股分红	4.60	6.50	11.00	11.90	0.119	0.10	0.103	0.10	0.14
企业股分红	4.60	6.50	11.00	11.90					
法人股分红						0.081	0.103	0.10	0.14
个人股分红	3.60	4.10	9.00	11.90	0.119	0.10	0.103	0.10	0.14

注:1.1988年至1991年度分红按股票面值100元计算,1992年度以后分红按股票面值拆细为一元计算。

2.企业股并入国家股,从1992年度起不再享受分红。

3.法人股的募集时间为1993年4月5日至1993年6月30日,由于股本金到位时间不一致,经1993年度股东大会决议,1993年度法人股按实际到位时间分红,平均每股0.081元。

4.由于1988年、1989年、1990年个人股股本金到位时间不一致,经1988年、1989年、1990年股东大会决议,每股分红按实际到位时间计算,平均分别为0.036元、0.041元和0.09元。

5.1995年度可供股东分配利润7,280,375.03元,经股东大会决议,每股分红0.10元,暂不派发。1996年度可供股东分配利润9,988,374.71元,经股东大会决议,每股分红0.14元(含税),暂不派发。两年未付股利共计17,268,749.74元,待上市后一并派发。

四、历次股票发行及股本结构

1.股票发行

(1)股票发行数量、发行日期如下:

发行日期	发行额(万元)	股本类别
1988.7	300	社会公众股
1989.3	1,500	社会公众股
1990.3	950	社会公众股
1993.4	1,000	法人股
合计	3,750	

(2)股票面值:每股100元,1992年拆细为每股1元。

(3)股票发行价格:社会公众股按面值发行;法人股按1:2.2的价格发行。

(4)募集资金总额:4,950万元,其中:发行社会公众股募集资金2,750万

元,发行法人股募集资金2,200万元。

(5)股票发行方式:公司自办发行

(6)持1,000股以上的户数:11,936户

2.股票托管情况

本公司全部股票已在成都证券公司进行了集中托管,成都市证券监督管理办公室成证管函(1997)13号文对公司股票托管情况已予以确认。

3.股本形成过程

1988年7月,成都市人民政府以成流体改(1988)9号文,成都市体改委以成体改(1988)042号文批准,同意以成都市百货公司(站)为基础组建成立成都百隆商务股份有限公司。

1988年7月,中国人民银行成都市分行以成人行金管(88)字第111号文批准,同意公司向社会发行个人股票2,750万元,首期发行300万元,以后的股份募集应根据企业基建规模情况逐步到位。1988年7月至1990年4月,公司分三期向社会发行个人股2,750万元,每股面值100元,共计27.5万股。

1989年3月,成都市财政局以成财商(1989)56号文批准,同意公司按1988年末帐面净资产总额32,149,087.07元折股,股票面值100元,共设置股份32.149万股,其中国家股28.1527万股,企业股3.9963万股。

1992年5月,经1991年度股东代表大会决议通过,并经成都市体改委、成都市国资局成体改企(1992)56号文批准,同意本公司将企业股并入国家股,并将公司股票面值拆细为每股人民币1元。至此,公司股本总额59,649,087.07股,其中,国家股32,149,087.07股,社会个人股27,500,000股。

1993年4月,经成都市体改委成体改企(1993)47号文批准,同意本公司发行法人股1,000万股。

1993年11月,经成都市国资局成国资商字(1993)83号文批准,同意本公司土地折价增加国家股3,120,000.00股,剥离非生产经营性资产减少国家股1,786,390.64股,将国家股调整为33,482,696.43股。

1993年11月,经成都市体改委成体改企(1993)189号文确认,本公司股本总额为7,098.27万股,其中国家股3,348.27万股,占股本总额的47.17%;法人股1,000万股,占股本总额的14.09%;社会公众股2,750万股,占股本总额的38.74%。

4.股本结构

截止1997年3月31日,本公司注册资本为7,098.27万元,股本总额为7,098.27万股,股本结构如下:

股份类别	股数(万股)	占总股本比例(%)
总股本	7,098.27	100.00
尚未流通股份	4,348.27	61.26
其中:(1)国家股	3,348.27	47.17
(2)法人股	1,000.00	14.09
本次流通股份		
社会公众股	2,750.00	38.74

5.前十名股东持股情况

股东单位名称	持股数(万股)	持股比例(%)
成都市国有资产管理局	3,348.27	47.17
成都市国有资产投资经营公司	250	3.52
中国光大国际信托投资公司	160	2.25
深圳天极光电技术实业股份有限公司	110	1.55
四川电器股份有限公司	70	0.99
成都彩虹股份有限公司	40	0.56
成都蓝风股份有限公司	40	0.56
吉林轻工股分有限公司	40	0.56
蜀都大厦股份有限公司	40	0.56
大连银企科技发展有限公司	20	0.28

五、公司章程摘录

(一)股东的权利、义务:

1.公司股东享有下列权利:

(1)出席或委托代理人出席公司股东大会并行使表决权;

(2)查阅公司章程,股东会会议纪要、会议记录和财务会计报告,监督公司的经营,提出建议或质询;

(3)按其股份取得红利;

(4)依国家规定及本章程规定转让股份;

(5)按所持股份享有配股权;

(6)公司终止后依法取得公司的剩余财产;

(7)公司章程规定的其他权利;

2.公司股东应尽下列义务;

(1)遵守公司章程;

(2)依其所认购股份和入股方式缴纳股金;

(3)依其所持股份对公司承担责任;

(4)在公司设立登记后,股东不得退股;

(5)国家法律、行政法规规定应当承担的其他义务。

公司依法维护中小股东合法权益,具体措施经征求中小股东的意见后根据《公司法》由董事会另定。

(二)股东大会的职权和议事规则

1.股东大会是公司的权力机构,对下列事项做出决议并行使其职权。

(1)决定公司的经营方针和投资计划;

(2)选举和更换董事,决定有关董事报酬事项;

(3)选举和更换由股东代表出任的监事,决定有关监事报酬;

(4)审议批准董事会的报告;

(5)审议批准监事会的报告;

(6)审议批准公司的年度财务预算报告、决算报告、资产负债表、利润表及其他会计报表;

(7)审议批准公司的利润分配方案和弥补亏损方案;

(8)对公司增加或减少股本作出决议;

(9)对公司发行债券作出决议;

(10)对公司合并、分立、解散和清算等事项作出决议;

(11)修改公司章程;

公司股东大会的决议内容不得违反国家法律、法规。

2.股本大会的议事规则

(1)股东大会分为股东年会和临时股东大会。

(2)股东大会由董事会依照《公司法》规定负责召集,由董事长主持。董事长因特殊原因不能履行职务时,由董事长指定的副董事长或其他董事主持。召开股东大会,应当将会议审议事项于会议召开三十日以前通知各股东。临时股东大会不得对通知中未列明的事项作出决议。

(3)股东出席股东大会,所持有每一股份有一表决权。股东大会作出决议,必须经出席会议的股东所持表决权的半数以上通过。股东大会对公司合并,分立或者解散作出决议,必须经出席会议的股东所持表决权的三分之二以上通过。

(4)修改公司章程必须经出席股东大会的股东所持表决权的三公之二以上通过。

(5)股东可委托代理人出席股东大会,代理人应当向公司提交股东授权委托书,并在授权范围内行使表决权。

(6)股东大会对所议事项的决定作成会议纪录,由出席会议的董事签名,会议记录应当与出席股东的签名册及代理出席的委托书一并保存。

(7)股东大会、董事会的决议违反法律、行政法规,侵犯股东合法权益的,股东有权向人民法院提起要求停止该违法行为和侵害行为的诉讼。

六、董事、监事及高级管理人员简介及持股情况

董事长 郑启沃先生,45岁,大专文化,高级经济师。曾任雅安地区商业局财会科长,五交化公司总经理、党委书记,成都市第一商业局局长助理、副局长,党组成员,成都市交电公司总经理、党委书记,成都百货大楼总经理。现任公司总经理。持5,000股。

副董事长 李力建女士,43岁,大专文化。曾任自贡市委组织部一处干事,成都市第一商业局组织人事处副处长、处长,成都市第一商业局机关党委书记,党组成员。现任公司党委书记。持0股。

副董事长 尹慕兰女士,55岁,高中文化,高级经济师。曾任温江地区商业局、地区百货公司业务科科员、财会计划科副科长、公司副经理,成都市百货公司(站)副总经理。现任公司副总经理。持4,000股。

董事 赵克忠先生,53岁,大专文化,经济师。曾任成都市百货公司(站)物价科副科长,工会副主席,搪塑经营部副经理,第二百货商场经理,成都市百货公司(站)副总经理。现任公司副总经理。持4,000股。

董事 李勇先生,35岁,大专文化,会计师。曾任成都市百货公司(站)会计,成都市第一商业局财会处副处长。现任公司副总经理兼董事会秘书。持0股。

董事 曾建国先生,41岁,大专文化,经济师。曾任成都市百货公司(站)百货科、搪塑经营部副经理,五金分公司经理,公司监事。现任公司副总经理兼洗化分公司经理。,持2,000股。

董事 张大德先生,53岁,高中文化,经济师。曾任成都市百货公司(站)综合经营部经理。现任公司光电仪分公司经理。持2,000股。

董事 乔建荣女士,36岁,大专文化。曾任成都市财政局专管员、主任科员。现任成都市国有资产投资经营公司投资部经理,持0股。

董事 王维平先生,31岁,大学文化。曾任中国光大国际信托投资公司项目经理,光大国际信托投资公司成都代表处副主任,光大国际信托投资公司银行部副总经理。现任光大国际信托投资公司成都代表处主任。持0股。

监事会主席 赵路先生,42岁,大专文化。曾任中共成都市纪委主任科员,市纪委驻市财办纪检组主任科员、副处级纪检员,财贸政治部组织处处长。现任成都市财贸干部学校副校长。持1000股。

监事 刘彦明先生,43岁,高中文化,政工师。曾任成都市百货公司(站)纪委副书记,光电仪经营部副经理、东风商场支部书记兼副经理、经理。现任公司工会主席。持4,000股。

监事 温学琼女士,40岁,大专文化,会计师。现任公司审计监察室主任助理。持1500股。

监事 刘本明先生,48岁,大专文化,助理经济师。曾任成都市百货公司(站)仓库副主任、主任。现任公司仓储运输分公司经理。持2,000股。

监事 余立忠先生,49岁,大专文化,工程师。曾任成都市百货公司(站)光电仪经营部副经理。现任公司计算机中心主任兼证券部负责人。持2,000股。

副总经理 李卓先生,54岁,高中文化,高级经济师。曾任成都市百货公司(站)业务科副科长,业务计划科科长、副总经理。持4000股。

副总经理 苏文志先生,47岁,大专文化,高级经济师。曾任成都市百货公司(站)钟表眼镜缝纫机商店副经理、经理、五金经营部主任,经理办公室主任。现兼任第一百货商场经理。持4000股。

总会计师 邓合瑞女士,53岁,高中文化,高级审计师。曾任成都市百货公司(站)财会科副科长、科长、公司财务部部长。持4000股。

公司董事、监事及高级管理人员共持股39,500股,持股比例0.056%。其持有股份按《公司法》规定在任职期间不得转让。

七、历次募集资金的运用

公司自成立以来,发行社会公众股和法人股,共募集资金4,950万元,募集资金运用情况如下:

1. 成都市第一百货商场(原春熙路百货商场)危房改造,使用募集资金750万元,该项目分别经成都市第一商业局成一商基(87)字第56号文、成都市经委成经技改(87)字第49号文、成都市财办商业网点办公室成财网(1987)78号文、成都市人防办公室成防工办字(1987)49号文批准立项。该工程建筑面积12,800平方米,总投资为1580万元。该工程于1988年3月动工,1991年11月交付使用。该项目资金运用效果良好。

2. 成都百货大厦(原东风商场)基建工程,使用募集资金1400万元。该项目分别经成都市第一商业局以成一商基(88)字第70号文、成都市计委成计基函(87)116号文、成都市人防办公室成防办工安(1988)52号文批准立项。该工程建筑面积13,395平方米,总投资2,150万元,该工程于1988年底动工,1991年2月投入使用。该项目资金运用效果良好。

3. 八里庄仓储设施,使用募集资金570万元,该项目经成都市计委成计市场(1991)41号文批准立项。该工程建筑面积15,911平方米,总投资1,070万元。该工程于1991年12月动工,1994年1月投入使用。该项目资金运用效果良好。

4. 上述三项共使用募集资金2,720万元,其余2,230万元用于补充公司自有流动资金。

八、经营业绩

1. 生产经营的一般情况

公司成立以来,积极参与市场竞争,不断扩大经营规模,坚持"工商、商商、技贸、批零"四结合,是450余种国内、外名优品牌商品的总经销、总代理,形成了"立足四川、辐射西南"的西南地区规模最大、品种最多、实力雄厚的百货商业批发中心之一,在全国工商企业中享有较高的知名度。1990年以来,曾被原商业部、四川省人民政府、成都市人民政府授予全国百货经营管理先进单位,省、市先进企业等荣誉称号。1990年经国务院企业管理委员会批准为"国家二级企业",1991年被"管理世界中国企业评价中心"评为"中国500家最大服务企业",1992年被中国商业部和国家统计局排列为"全国100家最大批发企业排序名单"第39位,1994年被评为"全国300家最大股份制企业之一",1995、1996年度排名为成都市工商企业利税大户。

2. 近三年公司每年销售总额和利润总额的情况如下:

单位:万元

项目	1996年度	1995年度	1994年度
销售收入	95,036.06	94,859.44	71,417.51
营业利润	1,437.92	1,236.43	771.82
利润总额	1,351.59	1,258.76	1,064.22

注:以上数据来源于成都市蜀都会计师事务所成蜀审(97)字第3-33号《审计报告》

3. 公司业务收入的主要构成

公司业务收入主要为商品的批发与零售收入,1996年度主营业务收入总额为95,036.06万元,明细如下:

单位:万元

项目	金额	比例(%)
商品批发收入	86,284.56	90.79
商品零售收入	8,751.50	9.21

4. 公司完成的主要工作

(1)坚持品牌战略,带动整个商品销售。公司同国内外1,200余家名优品牌生产厂家建立了长期购销关系,并为450余种名优品牌商品在成都地区充当总经理、总代理、分销商,保持有一批如同国内的长虹电视、春兰、海尔、华凌等制冷设备,达芙妮、森达、上海皮鞋等,夏仕莲、旁氏、雅倩等护肤化妆系列,苏泊尔压力锅、南方不粘锅系列,凯达灭害灵、洁新剂、金鸡鞋油,爱德利婴儿系列以及美国惠普电脑、美能达复印机,日本爱普生、佳能打印机、健伍音响、索尼摄像机、韩国LG、香港登路士、永恩集团等产品。

(2)公司成立以来,通过募集资金运用,完成了成都市第一百货商场、成都百货大厦及八里庄仓库的项目建设,使公司的营业面积增加到3万平方米,仓储面积增加到4.5万平方米,大大增加了公司的实力。

(3)发展连锁店,做好市场定位。公司先后在成都繁华地段开业了玉林、少城,双桥等八个超市。

(4)公司引进培养了一支经营管理技术队伍,其中研究生15人。

5. 职工数量与业务水平的变动情况

公司成立之初,员工总数为1,407人,具有大中专及以上学历的仅有121人,目前,公司在册员工总数已达2,074人,其中具有大中专及以上学历的已有351人,占在册员工总数的16.92%。公司对所有上岗人员都实行全员劳动合同制,并进行岗前培训,按照上岗条件实行逐级聘用、择优上岗、双向选择,签订上岗合同的方式进行。公司在商品陈列、营销策略、商品应用知识与使用推广等方面的业务水平有了明显提高。

九、股利分配政策

1. 股利分配的一般政策

根据公司《章程》规定,公司税后利润按以下顺序分配:

(1)弥补亏损

(2)提取法定公积金10%,当公司法定公积金累计额为公司注册资本的50%以上时,可不再提取。

(3)提取法定公益金(5%-10%)

(4)提取任意公积金

(5)支付普通股股利。

按股东所持股份派发股利,在每个会计年度结束后的六个月内进行,经股东大会决议,也可在中期进行股利分配。股利以现金或股票形式派发。具体分配方案,由公司董事会根据当年经营状况和发展需要拟定预分方案,提交股东大会审议通过后实施。

经股东大会决议,公司可用公积金转增股本的形式分配股利,但转增后的公司法定公积金不得低于注册资本的25%。

2. 经股东大会决议,1995、1996年度每股分红为0.10元、0.14元,待公司上市后一并派发。

3. 股利分配时,公司依法代扣个人股东红利收入应交纳的税金。

十、公司财务会计资料

(一)审计报告

成蜀审(97)字第3-33号

成都百货(集团)股份有限公司全体股东:

我们接受委托,审计了贵公司1994年12月31日、1995年12月31日、1996年12月31日、1997年3月31日的资产负债表及1994年度、1995年度、1996年度、1997年1至3月份利润及利润分配表和1996年度财务状况变动表。这些会计报表由贵公司负责,我们的责任是对这些报表发表审计意见。我们的审计是依据《中国注册会计师独立审计准则》进行的。在审计过程中,我们结合贵公司实际情况,实施了包括抽查会计记录等我们认为必要的审计程序。

我们认为,上述财务报表符合《企业会计准则》和《股份制试点企业会计制度》的有关规定,在所有重大方面公允地反映了贵公司1994年12月31日、1995年12月31日、1996年12月31日、1997年3月31日的财务状况及1994年度、1995年度、1996年度、1997年1至3月份经营成果和1996年度资金变动情况,会计处理方法的选用遵循了一贯性原则。

成都市蜀都会计师事务所　　中国注册会计师　李承瑞

中国注册会计师　陈必明

中国注册会计师　曾　红

中国、成都　　1997年5月8日

(二)会计报表

经成都市蜀都会计师事务所成蜀审[97]字第3-33号审计的会计报表见附表。

(三)会计报表附注

1. 公司采用的主要会计政策

(1)会计制度

公司执行《股份制试点企业会计制度》及其有关补充规定。

(2)会计期间

采用公历会计年度,每年1月1日至12月31日为一个会计年度。

(3)记帐原则和计价基础

公司的记帐原则为权责发生制,计价基础为历史成本。

(4)外币折算方法

外币业务发生时,以中国人民银行公布的当日市场汇价折合人民币记帐,年末对有关外币帐户余额按期末市场汇价调整,差额计入汇兑损益。

(5)坏帐准备:按应收帐款年末余额3‰计提坏帐准备,并计入当期损益。

(6)存货计价方法

存货以实际成本计价,采用永续盘存制。发出存货的计价:批发商品和库存材料采用先进先出法计算;零售商品采用售价金额核算,月末按进销差价率计算成本,年度终了落实进销差价,调整为实际成本;低值易耗品在领用时,采用五五摊销法核算。

(7)长期投资核算方法

债券投资:债券投资按实际支付的款项记帐。溢价或者折价购入的债券,其实际支付的价款与债券面值的差额,在债券到期前分期摊销。债券投资在存续期内的应计利息,以及出售时收回的本息与债券面值成本及尚未收回应计利息的差额,计入当期损益。

股权投资和联营投资:公司投资额占被投资企业资本总额20%以下的,采用成本法核算;投资额占被投资企业资本总额20%至50%的,采用权益法核算;投资额占被投资企业资本总额50%以上的,采用权益法核算,合并会计报表。

(8)固定资产及其摊销

固定资产的标准:使用期超过一年的房屋、建筑物、运输设备、机器、设备、工具等;不属于经营主要设备的物品,单位价值在2,000元以上,并且使用期限超过2年的,也作为固定资产。

固定资产的计价;自行购建的固定资产按实际成本计价;投资者投入的,按评估确认的价值计价;接受捐赠的,按发票帐单金额加上企业负担的有关费用计价。

固定资产折旧:固定资产原值扣除3%的残值后,采用直线法分类计提。

各类固定资产使用年限及年折旧率如下:

类别	使用年限	年折旧率(%)
房屋及建筑物	5-35年	19.4-2.77
通用设备	5-18年	19.4-5.39
运输工具	5-15年	19.4-6.47

(9)无形资产及其摊销

土地使用权:以资产评估确认价值入帐,按50年平均摊销。

(10)递延资产及其摊销

开办费按5年期限平均摊销。

租入固定资产改良支出:按租赁期25年平均摊销。

退职人员安置费:按7年期限平均摊销。

(11)税项

主要税种	计税依据	税率%
增值税	纳税收入额	17
营业税	纳税收入额	5
消费税	纳税收入额	5
城市建设维护税	流转税额	7
所得税	应纳税所得额	15

注:根据成都市政府成府函(1993)122号文,从1993年1月1日起所得税率按15%征收。

(12)收入实现的确认

公司在发出商品、提供劳务时收讫价款或取得收取货款的凭证后确认为营业收入的实现。

2. 会计报表项目附注

(1)应收帐款27,154,564.02元

单位:元

帐龄	户数	金额	比例(%)
1年以内	409	18,537,090.84	68.2
1-2年	202	6,834,557.69	25.2
2-3年	45	596,549.47	2.2
3年上	225	1,186,366.02	4.4
合计	881	27,154,546.02	100

应收帐款中无应收占本公司股权5%以上的股东欠款

(2)预付帐款9,105,456.75元

预付帐款中无预付占本公司股权5%以上股东款项

(3)其他应收款21,489,492.14元　单位:元

帐龄	户数	金额	比例(%)
1年以内	254	20,546,551.86	95.61
1-2年	45	689,851.53	3.21
2-3年	16	52,471.50	0.24
3年以上	23	200,617.25	0.94
合计	338	21,489,492.14	100

其他应收款中无占本公司股权5%以上的股东欠款

(4)存货88,490,108.79元　单位:元

项目	金　额
库存商品	86,126,577.33
减:商品削价准备金	258,379.73
库存材料	329,267.15
低值易耗品	2,292,644.04

(5)固定资产及累计折旧　单位:千元

类别	原值	累计折旧	净值
房屋及建筑物	123,538.49	25,911.08	97,627.41
通用设备	8,149.95	2,619.05	5,530.89
运输工具	10,163.47	4,195.95	5,967.52
合计	141,851.91	32,726.08	109,125.82

(6)在建工程27,980,621.71元

单位:元

工程名称	工程进度	实际支用数	原预算数	资金来源
二期拆迁工程	10.59%	26,693,362.59	248,000,000.00	自筹
新蓉工程	10.33%	1,287,259.12	12,450,000.00	自筹

(7)无形资产2,854,800.00元

单位:元

项目	原值	已摊金额	期末金额	剩余摊销年限	来源
土地使用权	3,120,000.00	265,200.00	2,854,800.00	45.9	国家股投入

(8)短期借款136,760,000.00元

单位:元

贷款单位	借款日	到期日	月利率(‰)	金额	借款条件
中国工商银行成都市春熙支行	97.1.2	97.7.5	9.24	5,000,000.00	担保B
中国工商银行成都市春熙支行	97.1.3	97.7.25	9.24	5,000,000.00	担保B
中国工商银行成都市春熙支行	97.2.4	97.8.5	9.24	5,000,000.00	担保B
中国工商银行成都市春熙支行	97.1.3	97.8.5	9.24	5,000,000.00	担保B
中国工商银行成都市春熙支行	97.1.3	97.8.25	9.24	5,000,000.00	抵押A
中国工商银行成都市春熙支行	97.2.21	97.8.27	9.24	5,000,000.00	抵押A
中国工商银行成都市春熙支行	96.9.26	97.9.5	9.24	5,000,000.00	抵押A
中国工商银行成都市春熙支行	97.1.3	97.9.5	9.24	5,000,000.00	抵押A
中国工商银行成都市春熙支行	97.3.6	97.9.7	9.24	5,000,000.00	抵押A
中国工商银行成都市春熙支行	97.1.3	97.9.25	9.24	5,000,000.00	抵押A
中国工商银行成都市春熙支行	96.9.26	97.9.25	9.24	5,000,000.00	抵押A
中国工商银行成都市春熙支行	97.1.3	97.10.5	9.24	5,000,000.00	抵押A
中国工商银行成都市春熙支行	97.1.3	97.10.25	9.24	5,000,000.00	抵押A
中国工商银行成都市春熙支行	96.10.7	97.4.8	9.24	5,000,000.00	抵押A
中国工商银行成都市春熙支行	96.10.28	97.4.7	9.24	5,000,000.00	抵押A
中国工商银行成都市春熙支行	96.9.27	97.4.15	9.24	1,500,000.00	抵押A
中国工商银行成都市春熙支行	96.11.5	97.5.8	9.24	5,000,000.00	抵押A
中国工商银行成都市春熙支行	96.11.20	97.5.21	9.24	5,000,000.00	抵押A
中国工商银行成都市春熙支行	96.11.28	97.5.30	9.24	1,360,000.00	抵押A
中国工商银行成都市春熙支行	96.12.5	97.6.6	9.24	5,000,000.00	抵押A
中国工商银行成都市春熙支行	96.10.22	97.6.10	9.24	5,000,000.00	抵押A
中国工商银行成都市春熙支行	96.10.29	97.6.20	9.24	4,000,000.00	抵押A
中国工商银行成都市春熙支行	97.2.19	97.6.21	9.24	1,000,000.00	抵押A
中国工商银行成都市春熙支行	96.12.24	97.6.25	9.24	500,000.00	抵押A
中国工商银行成都市春熙支行	96.12.27	97.6.28	9.24	700,000.00	抵押A
中国工商银行成都市春熙支行	96.12.27	97.6.28	9.24	5,000,000.00	抵押A
中国工商银行成都市春熙支行	96.12.30	97.7.1	9.24	1.500,000.00	抵押A
中国工商银行成都市春熙支行	96.11.31	97.7.10	9.24	3.000,000.00	抵押A
中国工商银行成都市春熙支行	97.1.10	97.7.12	9.24	2.000,000.00	抵押A

中国工商银行成都市春熙支行	96.11.28	97.7.30	9.24	2,000,000.00	抵押A
中国工商银行成都市春熙支行	97.2.5	97.8.6	9.24	1,500,000.00	抵押A
中国工商银行成都市春熙支行	97.1.17	97.8.8	9.24	1,200,000.00	抵押A
中国工商银行成都市春熙支行	97.2.27	97.8.28	9.24	1,000,000.00	抵押A
中国工商银行成都市春熙支行	96.9.26	97.9.15	9.24	2,000,000.00	抵押A
中国工商银行成都市春熙支行	97.3.13	97.9.15	9.24	1,000,000.00	抵押A
中国工商银行成都市春熙支行	97.3.25	97.9.26	9.24	1,500,000.00	抵押A
中国工商银行成都市春熙支行	97.3.15	97.9.29	9.24	3,500,000.00	抵押A
中国工商银行成都市春熙支行	97.1.13	97.11.5	9.24	1,000,000.00	抵押A
中国建设银行成都市分行一支行	96.10.8	97.9.28	9.24	2,000,000.00	抵押A
中国建设银行成都市分行五支行	96.12.18	97.7.17	9.24	2,000,000.00	抵押A
成都市信托投资公司	96.12.6	97.10.5	9.24	1,000,000.00	抵押A
成都市财政局	97.1.15	97.4.15	7	1,000,000.00	抵押A
中国银行重庆市沙坪坝支行	97.3.24	97.10.25	9.24	500,000.00	抵押A

注:1:抵押A是指用本公司房产抵押。

2:担保B是指由成都人民商场、成都商业储运公司担保。

(9)应付帐款40,650,222.15元

应付帐款中无关联企业款项

(10)未付股利17,035,847.14元

单位:元

项目	1997.3.31	1996.12.31	1995.12.31	1994.12.31
年初数	17,035,847.14	7,317,122.56	14,219,487.37	6,908,269.64
本期增加		9,937,577.50	7,098,269.64	7,311,217.73
本期减少		218,852.92	14,000,634.45	
期末数	17,035,847.14	17,035,847.14	7,317,122.56	14,219,487.37

(11)其他应付款10,645,684.38元

单位:元

主要债权人	款项内容	金　额
股票发行手续费收入	股票发行手续费	1,801,717.49
公司员工	应付工资	2,530,778.46
公司员工	职工待业风险金	1,219,224.87
职工教育经费	职工教育经费	214,235.21
党务经费	党务经费	87,046.50
成都国商公司	服务费及房租	36,644.00
东洋之花经营部	预收广告费	364,999.20
肯德基公司	预收广告费	187,640.93
其它271户		4,203,397.72

其他应付款中无关联企业款项

(12)其他长期负债4,605,633.58元　　单位:元

项目	金　额
住房周转金	795,566.27
职工购房款	3,810,067.31

(13)资本公积23,727,810.94元

单位:元

项　目	97.3.31	96.12.31	95.12.31	94.12.31
资产评估增值	10,764,344.94	10,764,344.94	10,764,344.94	10,764,344.97
接受捐赠	963,466.00	963,466.00	812,866.00	649,646.00
法人股溢价	12,000,000.00	12,000,000.00	12,000,000.00	12,000,000.00
合计	23,727,810.94	23,727,810.94	23,577,210.94	23,413,990.94

(14)未分配利润3,622,180.96元

单位:元

项目	金　额
年初数	304,092.07
本年增加	3,318,088.89
本年减少	
期末数	3,622,180.96

(15)主营业务收入

明细项目列示如下:

单位:元

类别	97.1-3	96年	95年	94年
零售	16,181,703.80	87,515,005.88	113,747,,409.21	115,101,891.29
批发	195,098,968.00	862,845,620.56	834,846,963..68	599,073,196.98
其中:				
百货批发	77,048,354.79	362,935,595.50	368,391,951.95	255,235,257.07
鞋类批发	22,850,661.98	113,131,962.60	108,048,056.90	83,219,201.94
针纺批发	2,571,022.33	15,742,178.00	19,296,337.69	23,019,938.61
光家电批发	92,628,928.90	371,035,884.46	339,110,617.14	237,598,799.36
合计	211,280,671.80	950,360,626.44	948,594,372.89	714,175,088.27

(16)主营业务利润

明细项目列示如下:

单位:元

类别	97年1-3月	96年	95年	94年
零售	-358,823.79	295,905.75	844,715.48	2,938,434.59
批发	4,396,825.93	11,257,346.36	9,861,593.42	4,536,963.71
其中:				
百货批发	2,544,983.11	5,576,647.54	6,614,057.97	-4,176,514.17
鞋类批发	1,000,696.20	3,470,519.00	3,842,573.93	3,781,119.05
针纺批发	-79,010.92	71,386.60	431,713.23	1,139,618.02
光家电批发	930,157.54	2,138,793.22	-1,026,751.71	3,792,677.81
合计	4,038,002.14	11,553,252.11	10,706,308.90	7,475,398.30

(17)其他业务利润

明细项目列示如下:

单位:元

项目	97.1-3	96年	95年	94年
代销手续费	420,591.21	1,840,929.79	1,537,089.85	225,100.00
维修	31,426.71	179,493.00	110,936.19	16,246.06
房租	221,953.00	736,859.90		
其他	7,214.90	68,642.06	9,951.56	1,466.71
合计	681,185.82	2,825,924.75	1,657,977.60	242,812.77

3.或有负债的说明

(1)96年8月13日为成都文钟公司担保向成都市信托投资公司贷款100万元应于97年7月10日归还。

(2)96年11月6日为成都文钟公司担保向成都市信托投资公司贷款100万元应于97年11月1日归还。

(3)97年1月15日为成都益商房地产开发公司担保向成都市信托投资公司贷款80万元,应于97年10月30日归还。

4.主要财务指标:

项目	97.3.31	96.12.31	95.12.31	94.12.31

流动比率	0.85	0.84	0.90	0.83
速动比率	0.45	0.32	0.43	0.46
资产负债率(%)	68.11	69.55	74.77	71.82
应收帐款周转率(次/年)	7.78	34.65	29.09	15.23
存货周转率(次/年)	1.86	7.01	7.95	5.83
每股收益(元)	0.047	0.166	0.153	0.128
每股净资产(元)	1.50	1.46	1.43	1.37
净资产收益率(%)	3.11	11.36	10.71	9.30

以上各项主要财务指标是以会计师事务所对公司所作的审计报告中的数据为依据计算产生的。

十一、验资报告摘要

根据成都市蜀都会计师事务所成蜀业(93)字第255号《验资报告》验证:公司截止到1993年9月30日,实有总股本为人民币70,982,696.43元,其中:国家股人民币33,482,696.43元,法人股10,000,000.00元,个人股27,500,000.00元,留存公积金及收益37,186,153.17元,股东权益总额108,168,849.60元。与股东权益相关的资产总额为285,744,678.64元,负债总额为177,575,829.04元。

十二、资产评估报告摘要

本公司委托成都资产评估事务所,对全部经营性资产进行评估,并已出具成资评(1993)字第033号评估报告书。

1.评估基准日:1993年9月30日

2.评估方法:现行市价法、重置成本法。

3.评估结果

评估前公司资产帐面总值(净值、下同)274,980,333.70元,负债总额177575829.04元,净资产值97,404,504.66元。

评估后公司资产总值285,744,678.64元,负债总额177575829.04元,评估后净资产值108,168,849.60元。

评估后与评估前比较,公司资产总值与净资产值均增值10,764,344.94元,增值率分别为3.91%、11.05%。

以上评估结果得到成都市国有资产管理局成国资商(1993)字第81号文的确认。公司已根据评估结果,按照会计制度调帐。

十三、风验因素与对策

投资者在评价本公司股票时,除本上市公告书提供的资料外,应特别认真地考虑下述各项风险因素;

(一)主要风险因素:

1.经营风验

(1)本公司经营的家用电器主要来自四川长虹、深圳康佳、青岛海尔、无锡小天鹅、广东容声等著名厂家。家用电器批发收入在主营业务收入中占20%左右,中国加入关贸总协定后,国内家电产品将受到较大冲击,从而影响公司经营。

(2)本公司属大型商贸批发企业,省内外商品占总销售额80%左右,商品进出量大,对交通运输依赖性强,交通运输的正常与否及运输费用的变动将影响公司的经营及效益。

(3)本公司所属行业的经营特点决定公司流动资金比重大。由于目前公司的资金来源渠道单一,主要为间接融资渠道,公司流动资金中的95%左右为银行贷款,对银行贷款依赖性大。当国家金融政策的变化,如贷款规模、银行利率调整将影响公司的经济效益。

2.行业风验

目前,成都市多渠道,少环节的商品流通格局已经形成,从事商品流通的人员和网点快速增加,超市、购物中心、专卖店、各类批发市场已不断兴起;随着市场经济的发展,经营自主权的扩大,生产企业直接进入流通领域,加上邮购、电视直销等营销方式的出现,导致行业竞争激烈,给公司经营带来一定的风验。

3.市场风险。

(1)本公司经营商品要受市场销售周期影响,一般地讲,一、四季度为商业销售旺季,二、三季度为商业销售淡季。

(2)由于本公司地处成都,成都为西南地区的商贸中心,批发、零售商业发达。由于本公司百货批发业务收入占主营业务收入的50%左右,目前除本公司以外,成都从事百货批发业务的大型批发市场、零售商场以及零兼批迅速增多,增加了公司的市场风险。

4.政策性风险。

目前,我国正处于产业政策调整期,控制消费基金过快增长等一系列政策措施的出台,在一定程度上将影响公司的经营和效益。另外,公司现行所得税率为15%,如果此优惠政策变化也将直接影响公司的经营业绩与投资回报。

5.股市风险

我国证券市场尚属初级阶段,相关的政策法规还不完善,股票市场投机性较强,股票价格波动较大,这些因素均可能导致公司股票价格偏离公司实际经营业绩,务请投资者予以重视。

(二)风险对策

1.针对经营风险

(1)坚持“以人为本”的经营宗旨,拓宽进货渠道,实施名牌战略,加强进口商品的经营,最大限度地满足市场的需求,增强公司抗风险能力。

(2)加强班子建设,通过实践培养一批高素质的经营和管理人才,建立适应市场机制的营销网络,以优质的服务搞好扩销增益的工作。

(3)努力拓展融资渠道,增强直接融资功能,提高公司自有流动资金比重,减 少对银行借款的依赖。

2.针对行业风险

充分发挥公司所处西南重镇-成都的地理优势和公司知名度高,市场占有率高,且销售规模大的优势,以中、高档名优商品为特色,以本省及毗邻省区大、中城市为重点,建立直销点,提高公司在同行业中的竞争能力,以规避行业风险。

3.针对市场风险

(1)针对本公司销售淡旺季周期性特点,制定科学的存货管理制度,适时调整营销策略,使公司销售始终保持旺盛。

(2)针对成都市批发、零售市场竞争激烈的状况,大力发展连锁商业,计划三年内在市郊开办30家直营和特许连锁店。

(3)实施企业横向扩张计划,以本公司为主体,打破所有制界线,以参股、控股等方式联合行业内外优秀企业进入公司,实现企业扩张,提高销售水平,规避市场风险。

4.针对政策风险

加强对国家宏观经济政策的分析和预测,建立信息和分析系统,及时了解、掌握政策动向,适时调整经营决策,建立现代企业制度,提高公司的应变能力。同时,加强存货及财务管理,提高公司抗御外部风险的能力。

5.针对股市风险

公司一方面将努力稳健经营,使经营业绩稳步提高,另一方面,公司将严格按照《公司法》、《上海证券交易所上市公司董事会秘书管理暂行办法》等有关法律、法规的要求规范运作,认真履行信息披露义务,及时公告有关信息,尽量避免因公司信息披露不当而造成公司股票价格的异常波动。

十四、盈利预测

(一)盈利预测审核报告

成蜀审(97)字第3-34号

成都百货(集团)股份有限公司全体股东:

我们接受委托,对贵公司一九九七年度的盈利预测进行了审查与复核。合理编制并充分披露盈利预测是贵公司的责任,我们的责任是按照《独立审计实务公告第4号一盈利预测审核》的要求,出具盈利预测审核报告。我们的审核是按照《独立审计实务公告第4号-盈利预测审核》进行的。在审核过程中,我们结合贵公司的实际情况,对该盈利预测依据的

基本假设、会计政策、编制基础等实施了必要的审核程序。

我们认为,贵公司1997年度预测所依据的基本假设已充分披露,未有证据表明这些基本假设是不合理的,选用的会计政策与实际采用的相关会计政策相一致,系按确定的编制基础编制的。

成都市蜀都会计师事务所　　中国注册会计师　陈必明

中国注册会计师　李承瑞

中国．成都　　一九九七年五月十二日

(二)基准与假设

1.基准

本盈利预测是根据中国注册会计师审计的本公司1994－1996年度及1997年1季度的经营业绩及本公司1997年度的经营计划,投资计划,充分考虑企业现有能力和潜力,并在下列各项基本假设的前提下编制的。编制该项盈利预测所依据的会计政策与本公司实际采用的相关会计政策相一致。

2.假设

(1)本公司所遵循的国家有关政策、法律、法规和制度无重大变化。

(2)本公司所在地成都市的社会经济环境无重大变化。

(3)本预测期内有关信贷利率、税率、汇率在正常范围内变动。

(4)本公司计划的经营项目和投资项目能按期实现或完成。

(5)本公司无其他人力不可抗拒及不可预见因素造成的重大不利影响。

(三)盈利预测表

单位:万元

项目	97年1－3月已审实现数	97年4－12月预测数	97年预测数
一、主营业务收入	21,128	80,560	101,688
减:营业成本	19,241	73,490	92,739
销售费用	580	2,897	3,477
管理费用	368	1,361	1,729
财务费用	336	894	1,230
进货费用	139	1,867	1,006
营业税金及附加	60	143	203
二、主营业务利润	404	900	1,304
加:其他业务利润	68	182	250
三、业务利润	472	1,082	1,554
加:投资收益	34	286	320
营业外收入	3	57	60
减:营业外支出	118	362	480
加:以前年度损益调整			
四、利税总额	391	1,063	1,454
减:所得税(33%)	129	351	480
(15%)	59	159	218
五、净利润(33%)	262	712	974
(15%)	332	904	1,236
六、每股净利润(元)(33%)	0.037	0.10	0.137
(15%)	0.047	0.127	0.174

十五、公司发展规划

(一)公司发展目标和规模

公司力争到2000年,实现商品销售总额20亿元,利税总额6000万元的目标,使公司经营规模、经济效益达到国内同行业前列水平。

(二)公司发展战略

本公司一方面要加快商业物流配送中心和连锁销售网的建设,形成现代商贸营销体系,又要充分利用成百无形和有形资产,以参股、控股、资产置换、重组等方式实现同行业优势企业的联合和兼并。通过纵向延伸和横向扩展两种方式,加快企业扩张,迅速提高公司市场控制能力和风险抗御能力,同时本公司还将加强与国内和国外一流企业合作。加强技术含量高的商品经营,确立经营理念,强化管理能力,提高技术水平,形成企业文化,在本世纪末把成百集团建设成资本经营和商品经营并重的跨地区、跨行业的一流商贸企业,逐步发展成为现代综合商社。

1.市场发展计划

(1)以人为本,坚定不移地坚持以管理为中心,技术服务和企业文化为手段,在跨入二十一世纪前建立高效的现代商业运行机制。

(2)改造批发业,建立大型配送中心。充分发挥公司批发优势,建立十万平方米的商品配送物流中心,在省内及毗邻省区大中城市建立直销网络。

(3)实施名牌商品战略。以名优品牌为龙头,在城乡发展一批专业店,建立一支高效的技术队伍,以畅通、准确的信息流为手段,大幅度降低存货量,提高名牌商品市场占有率,扩大销售规模,提高经济效益。

(4)积极发展连锁商业。在公司现有已开办的连锁店基础上,积极稳妥、规范地发展连锁经营,公司力争三年内在城郊逐步发展到30家连锁店,年销售额达到2亿元。

(5)加快重庆分公司的建设,充分利用重庆直辖市的政策优势,以重庆为依托,采用纵向发展直营联锁,横向参股,兼并二种方式,实现企业迅速扩张,用三年时间,使销售收入在现有基础上翻两番,达到2亿元。

(6)将八里庄部分仓库改造为大型仓储式超级市场,占地20000平方米,使之成为公司经营效益的新增长点。

2.销售计划

(1)对公司主营业务,按年均不低于10%的速度发展。围绕"一流人才、一流商品、一流效益"的经营理念,狠抓名优品牌战略,以市场为导向,构筑新型工商关系,全方位开拓经营,扩大市场占有份额。

(2)继续坚持品牌战略。国内的长虹电视、春兰、海尔、华凌等制冷设备,达芙妮、森达、上海皮鞋等,夏士莲、旁氏,雅倩等护肤化妆系列,苏泊尔压力锅、南方不粘锅系列,凯达灭害灵、洁新剂、金鸡鞋油,爱德利婴儿系列以及美国惠普电脑、美能达复印机、日本爱普生、佳能打印机,健伍音响,索尼摄像机、韩国ＬＧ、香港登路士、永恩集团等与本公司保持了稳定的购、销关系。

3.固定资产投资计划

(1)光电、家电分公司位于成都市商业繁华区,交通便利,人流量大,地理位置十分优越。为了挖掘潜力,提高固定资产利用率,拟于1998年投资800万元,对营业大楼进行技术改造,建造"成百电子信息大厦",使其成为公司电子、电器产品和信息产品销售中心。

(2)改造现有营销管理体制,引进电子信息和管理系统,逐步建立现代商业管理体系。

4.人员培训计划

(1)积极发展和建设有特色的经营队伍和效率高、技术精的售后服务队伍,公司将大力吸收具有大专及以上文化的专业人才,增加企业力量,提高员工整体素质。

(2)对公司营业员进行技术等级培训,到2000年,公司高级、中级、技师级营业员的比例将达8:60:2。

(3)对公司管理人员进行计算机技能培训,力争达到今年底中级管理人员取得合格证,三年内全部专业管理人员取得合格证的目标。

十六、董事会上市承诺

自公司股票上市之日起,本公司董事会自愿作出如下承诺:

本公司董事会将严格遵守《公司法》、《股票发行与交易管理暂行条例》、《公开发行股票公司信息披露实施细则》、《上海证券交易所市场业务试行规则》和有关法律、法规的规定,并自股票上市之日起作如下承诺:

1.按照法律、法规的规定程序和要求披露重大信息,并接受证券主管部门、上海证券交易所的监督管理。

2.及时、真实、准确地公布中期报告和年度报告,并备置于规定场所供投资者公众查阅。

3.本公司董事、监事及高级管理人员如发生人事变动或持本公司股

票发生变化时,在报告证券主管部门、证券交易所的同时向投资者公布。

4. 在任何公共传播媒介中出现的消息可能对本公司股票的市场价格产生误导性影响时,本公司知悉后及时对该消息予以公开澄清。

5. 本公司董事、监事及高级管理人员将认真听取社会公众的意见和批评,不利用已获得的内幕消息和其他不正当手段直接或间接从事股票买卖活动。

6. 本公司没有无记录负债。

十七、重大合同及重大诉讼事项

1. 重大合同

截止本上市公告书刊登之日,本公司目前尚未履行完的重大合同,主要是公司与中国工商银行成都市春熙支行签定的短期借款合同,共38份,合同金额130,260,000.00元。

2. 重大诉讼

截止本上市公告书签署之日,本公司未涉及任何重大诉讼和仲裁。董事会成员亦无任何尚未了结或可能面临的重大诉讼或索赔要求。

十八、有关当事人

1. 上市公司:成都百货(集团)股份有限公司
公司住所:四川省成都市大慈寺路83号
法定代表人:郑启沃
咨询电话:(028)6652203
传　　真:(028)6652203
联 系 人:余立忠　　蒋晓晶
投东接待时间:工作时间
股东接待及公司文件检查地点:本公司证券部
本公司证券部地址:成都市大慈寺路83号

2. 上市推荐人:君安证券有限责任公司
公司住所:深圳市春风路5号
法定代表人:张国庆
电　　话:(0755)2175560
传　　真:(0755)2296188
联 系 人:厉怒江、顾显波、何小忠、刘园

3. 上市推荐人:成都证券公司
公司住所:成都市顺城街南延线大业大厦16层
法定代表人:晏姚
电　　话:(028)6620939
传　　真:(028)6620939
联 系 人:张铭　　周斌

4. 财务审计机构:成都市蜀都会计师事务所
公司住所:四川省成都市蜀都大道少城路25号
法定代表人:陈良方
电　　话:(028)6248089
传　　真:(028)6648135
经办注册会计师:陈必明　　李承瑞　　曾红

5. 资产评估机构:成都资产评估事务所
公司住所:四川省成都市西玉龙街小福建营巷5号
法定代表人:屈信濂
电　　话:(028)6661003
传　　真:(028)6661003
经办评估人员:程学义　　梁学义

6. 资产评估确认机构:成都市国有资产管理局
公司住所:四川省成都市金家坝街3号
负 责 人:马蓉生
电　　话:(028)6646191

7. 律师事务所:成都市第三律师事务所
公司住所:成都市中南大街79号五楼
法定代表人:阎民宪
电　　话:(028)6251522　　6242951
传　　真:(028)6251522
经办律师:阎民宪　熊四平　肖兵

8. 股票登记机构:上海证券中央登记结算公司
法定代表人:王迪彬
电　　话:(021)63068888
传　　真:(021)65359066

十九、备查文件

1. 中国证券监督管理委员会(证监发字[1997]399号)文件《关于成都百货(集团)股份有限公司申请股票上市复审意见》。

2. 上海证券交易所(上证上字[1997]第037号)上市通知书。

3. 国家体改委体改生(1993)165号《关于成都百货(集团)股份有限公司继续进行股份制试点的批复》。

4. 成都市人民政府成流体改(1988)9号《关于同意成都市百货公司(站)实行股份制试点的批复》。

5. 成都市体改委成体改(1988)042号《关于同意成都市百货公司(站)成立成都百隆商务股份有限公司的通知》。

6. 成都百货(集团)股份有限公司营业执照。

7. 中国人民银行成都市分行成人行金管(88)字第111号《对成都市百货公司"关于开办股份公司申请发行股票的报告"的批复》。

8. 成都百货(集团)股份有限公司章程。

9. 成都市蜀都会计师事务所成蜀审(97)字第3-33号《审计报告》

10. 成都市蜀都会计师事务所成蜀业(93)字第255号《验资报告》

11. 成都资产评估事务所成资评(1993)字第033号《成都百货(集团)股份有限公司资产评估报告书》。

12. 成都市蜀都会计师事务所成蜀审(97)字3-34号《盈利预测审核报告》

成都百货(集团)股份有限公司

一九九七年八月四日

上海新世界股份有限公司

1996年年度报告摘要 (摘选)

一、公司简况

公司名称：上海新世界股份有限公司

法人代表：侯鹤良　　邮政编码：200003

公司地址：上海南京西路2～68号

电话：(021)63583331　(021)63582189

传真：(021)63583331　(021)63582189

二、主要财务数据与财务指标

指标项目	本年数	上年数	比上年增减(%)
1.主营业务收入(万元)	138363.93	28149.42	391.53
2.净利润(万元)	5233.41	1712.51	205.60
3.总资产(万元)	156897.97	125969.83	24.55
4.股东权益(万元)	32240.49	25388.97	26.99
5.每股收益(元)(摊薄)	0.37	0.22	68.18
6.每股净资产(元)	2.25	3.19	－29.47
7.净资产收益率(%)	16.23	6.75	140.44
8.股东权益比率(%)	20.55	20.15	1.99

注：(1) 1996年主营业务含税收入为161699.72万元。

(2) 1996年每股收益，按全面摊薄计算为0.37元；按年初、年末股本数简单加权计算为0.47元；按7950.696万股实际运行8个月，14311.2528万股实际运行4个月加权计算为0.52元。

(3) 1996年每股净资产同比下降29.47%，主要因股本扩张80%所致。然而，由于公司自筹资金建造的新世界城工程审计未结束，资产未能评估入帐，只能依据现有帐面数计算。

三、公司主要业务回顾

1. 1996年经营业绩

1996年是巩固新世界改制八年来发展成果的关键之年，也是实施新世界第二次飞跃的起步之年。公司全体员工抓住发展机遇，乘势而上，稳中求进；努力用改革创新的思路，用拼搏创业的精神，用科学规范的管理，用求实务实的作风，不断追求杰出与卓越。

(1) 公司自筹资金、自主建设、自己管理的，占地5500平方米，建筑面积近75000平方米，迄今上海浦西地区单体建筑面积最大的现代化商厦——新世界城，自1995年12月30日开业来，以"国产化"特色为中央和地方各级领导，为全国广大的消费者所称颂、关注。新世界城因设计造型、艺术观赏、购物环境，文化品味等各个方面获得一致好评，荣膺上海最佳商业建筑形象，名列十佳榜首；新世界城因双文明建设的成果，荣获"上海市第八届文明单位"称号，并受到中宣部和内贸部的通报表扬。

(2) 由于新世界城的良好运作，公司主营业务收入同比猛升391.53%，比计划指标增长24.38%。公司的销售额由1995年全上海商业第35位，一下子稳居第4位；过去，新世界在全国排不上号，但1996年以来，由全国第23位、第14位，迅速跃居全国第7位、第5位。据国家计委市场司、国家信息中心信息开发部、全国商业中心城市市场信息网络统计，1996年销售额累计，新世界已跻身全国商业第九强。

(3) 全年实现利润6198万元，同比上升204.98%，比计划上升23.96%。

(4) 年末净资产32240.49万元，同比升值26.99%。

(5) 在股本扩张80%的情况下，每股收益按全面摊薄法计算，同比增长68.18%。

(6) 公司的转制建设、规范运作，被上海市股份公司规范工作指导小组确认为全市首批49家规范化股份公司之一。

2. 前次募集资金使用情况说明

1995年6月8日，公司经中国证券监督管理委员会证监发审[1995]10号文复审同意，向全体股东配售1528.98万股，实际募集货币资金5007.596万元(扣除发行费)，已全部用于新世界城的工程建设。新世界城主体工程已于1995年12月提前峻工，其1至5楼商场已于1995年12月30日开张营业；6楼体育用品城于1996年2月16日开业，7楼美食城7月20日迎客，地下一层针棉织品城11月16日开市。以上项目，符合公司配股说明书所载之资金投向。由于新世界城的骄人业绩，公司1997年1月、2月份销售额，分别名列全商业第3、第4名，排行名次摘引自国家计委市场司、国家信息中心开发部和国家商中心城市市场信息网络主办的《商业中心城市市场信息》1997年第5、第8期。

四、股本变化及股本结构情况

1. 股本结构情况

1. 股本结构情况

一、尚未流通股份	年初数	送股	公积金转增	小计	年末数
(1)国家拥有股份	36489600	7297920	21893760	29191680	65681280
(2)社会法人股	11682960	2336592	7009776	9346368	21029328
(3)转配股	4896000	979200	2937600	3916800	8812800
尚未流通股份合计	53068560	10613712	31840036	42454848	95523408
二、已流通股份					
境内上市的人民币普通股	26438400	5287680	15863040	21150720	47589120
已流通股份合计	26438400	5287680	15863040	21150720	47589120
三、股份总数	79506960	15901392	47704176	63605568	143112528

2. 股本变动情况及原因

(1) 1996年7月30日，公司第五次股东大会通过了1995年度分配方案，即向全体股东每10股派送2股红股，共送股1590.1392万元；同时，向全体股东以资本公积金按10∶6的比例转增股本，共转增4770.4176万元。

(2) 1996年8月23日，上海市证券管理办公室以"沪证办(1996)178号"通知核准上述方案，公司原有股本总额7950.696万元，经本次利润分配和资本公积金转增股本，股本总额增至14311.2528万元。

3. 主要股东持股情况(前十名股东)

名次	股东名称	年末持股数(万股)	占总股本(%)
1	国家持股	6568.128	45.89
2	上海新世界控股(集团)公司	263.43	1.84
3	上海申银万国证券公司	125.78	0.88
4	上海第一百货商店股份有限公司	73.44	0.51
5	上海华联商厦股份有限公司	73.44	0.51
6	上海万象(集团)股份有限公司	73.44	0.51
7	上海黄浦区经济发展总公司	73.44	0.51
8	蔡同德堂药号	58.75	0.41
9	上海汇丰资产经营公司	58.75	0.41
10	上海国华瓷器商店	44.06	0.31

4. 年末股东户数

截止1996年12月31日，股东总数为45854户，其中，国家股东1户，法人股东140户，社会公众股东45713户。

上海市第一百货商店股份有限公司

1996年年度报告摘要　（摘选）

一、公司简况

公司名称：上海市第一百货商店股份有限公司

法人代表：陈显钊　　邮政编码：200001

公司地址：上海市南京东路830号

电话：021—63223344×2612 传真：021—63517447

二、主要财务数据与财务指标

单位：万元

指标项目	本年数	上年数	比上年增减（%）
1.主营业务收入	301,662.13	249,450.72	20.93
2.净利润	10,826.08	10,429.61	3.80
3.总资产	199,769.85	161,720.71	23.53
4.股东权益	106,966.77	93,672.08	14.19
5.每股收益（元）	0.41	0.44	－6.82
6.每股净资产（元）	4.09	3.94	3.81
7.净资产收益率（%）	10.12	11.13	－9.07
8.股东权益比率（%）	53.55	57.92	－7.54

注：上年度财务数据与财务指标均按原口径未予调整。

三、公司主要业务回顾

1．一年来公司经营情况

1)1996年，市场保持了平稳运行的基本态势：商品供应充足，品种增多，绝大部分商品供大于求；大型商场等各类商业网点的数量和规模大幅度增加和扩大；这便导致1996年商业企业间的竞争日益加剧，也使1996年消费品市场环境难以捉摸。面对如此形势，公司采取了一系列行之有效的措施，全面完成了年初制定的计划，实现了对广大股东的承诺。在内贸部发布的全国大商场销售额排行榜中，公司核心企业第一百货商店高居榜首。

2)1996年公司进出口业务势头良好，创汇1,052.7万美元，同比增长75%。

3)公司三大项目进展情况良好：中日合资第一八佰伴有限公司新世纪商厦于1月31日正式开业，至年底完成销售（含税）7.04亿人民币（未合并报表）；第一百货沪西商厦商场部于9月29日试营业，至年底完成销售5,257.96万元，酒店部已进入内装修阶段；市百一店东楼工程顺利封顶，也已进入内装修阶段并全面招商。

4)为进一步搞活经营，多元化发展，公司在96年度相继成立了五大分公司：第一百货物流中心、第一百货销售分公司（直销为主）、第一百货汽车销售分公司、第一百货管理咨询分公司（管理输出为主）、第一百货广告装潢分公司。

5)公司参与投资上海一百集团交家电有限公司、上海一百集团房地产公司和新上海商业城联合发展总公司，分别占其总投资的51%、10%和5%。

2．公司主营业务业绩概述

公司的主营业务系百货零售及批发。1996年，公司实现销售30.17亿元（不含税），同比增长20.93%；扣除少数股权后利润总额为12,608.68万元，同比增长2.15%；其中主营业务利润8,819.19万元，占利润总额的69.95%，同比下降14.30%。

注：主营业务利润下降主要系职工离退休支出按规定由营业外支出转列流通费用反映所致。

3．本年度实际经营结果与盈利预测无重大差异。

4．对前次募集资金的运用情况说明

本年度公司未募集过资金，但93年公司配股募得资金1.8亿元，所投入的项目的建设延续到本年度内。

1)资金的投入情况：

1992年募股及1993配股共筹集资金6.6亿元，至本年底所投入项目仍在建设中的有沪西商厦和市百一店东楼。其中市百一店东楼投入4.51亿元，进度为预算数的68.16%；沪西商厦投入3.50亿元，进度为预算数的92.11%。1996年投入资金来源为银行贷款及自身积累资金。从目前工程进度来看，两大在建工程投资额将不会超工程预算。

2)工程进展情况：

沪西商厦商场部分已于1996年9月底试营业，目前正在进行主楼（元博大酒店）的内装修，可望于97年上半年试营业；市百一店东楼将在97年下半年投入试营业。

3)公司投资项目均按招股及配股时的承诺进行，不存在改变投资项目的情况。

四、股本变化及股本结构情况

（一）股本变化及股本结构情况

1．股本结构情况（单位：股，每股面值1元）

截止1996年12月31日，公司股本结构如下：

	期初数	送股	期末数
1)、尚未流通股份			
(1)国家股	106,214,784	10,621,478	116,836,262
(2)法人股	74,264,006	7,426,401	81,690,407
尚未流通股份合计	180,478,790	18,047,879	198,526,669
2)、已流通股份			
境内上市人民币普通股	57,408,000	5,740,800	63,148,800
已流通股份合计	57,408,000	5,740,800	63,148,800
3)、股份总数	237,886,790	23,788,679	261,675,469

2．股本变化情况及原因

1996年5月27日，本公司1995年度股东大会通过董事会提出的利润分配方案，即每10股送1股并派发人民币现金红利1.50元（含税）。此方案已于1996年7月实施。此次共送红股23,788,679股，使总股本由年初的237,886,790股增至261,675,469股。

3．主要股东持股情况（前十名）

股东名称	年末持股数（股）	占总股本（%）
1)上海一百（集团）有限公司	116,836,262	44.65
2)富士德有限公司	6,170,945	2.36
3)上海万福建筑装饰有限公司	4,070,000	1.56
4)东莞利登时装有限公司	3,432,000	1.31
5)上海市妇女用品商店	2,975,093	1.41
6)上海华联商厦股份有限公司	2,325,231	0.89
7)申银万国证券股份有限公司	2,107,600	0.81
8)普陀区城建开发公司	1,372,800	0.52
9)交通银行上海分行	1,372,800	0.52
10)海通证券公司	1,372,800	0.52

说明：因社会法人股转让，使上海万福建筑装饰工程公司进入本公司十大股东之列。

4．股东数量

截止1996年末，本公司股东总数为76,985户，其中国家股股东1户，社会法人股股东580户，社会公众股股东76,404户。

上海华联商厦股份有限公司

1996年年度报告摘要　（摘选）

一、公司简况

公司名称：上海华联商厦股份有限公司

法人代表：张达夫　　　邮政编码：200001

公司地址：上海市南京东路635号

电话：021—63224466×7675　　传真：021—63526047

二、主要财务数据与财务指标

单位：万元

指标项目	本年数	上年数	比上年增减(%)
1.主营业务收入	232694.88	187578.26	+24.05
2.净利润	8248.40	7029.90	+17.33
3.总资产	181162.73	129812.04	+39.56
4.股东权益	81949.56	78345.32	+4.60
5.每股收益	0.42	0.40	+5.00
6.每股净资产	4.22	4.44	−4.95
7.净资产收益率	10.07%	8.97%	+12.26
8.股东权益比率	45.24%	60.35%	−25.04

三、公司主要业务回顾

1.一九九六年主营业务概述：

零售业是公司的主营业务，近年来由于新开大型零售商店的不断增加，零售企业的经营业务发生了分流的现象，继而在竞争手段上以价格为中心的促销让利式的竞争此起彼伏，本公司的主营业务也受到了一定的影响。为了保持公司经营规模和效益，采取了如下措施：

(1)加快发展超市网点，扩大经营规模。96年华联超市新开直营店24家，加盟店37家，使华联超市网点总数达101家。

(2)开拓新品种，发展自有品牌。96年华联超市首先在超市行业中引进阳澄湖大闸蟹与甲鱼经营，并获得了成功。另外还开发了定牌的餐巾纸、保鲜膜、大米、面包、小五金等150多种商品。华联商厦和妇女用品商店也开发了羊毛衫、内衣裤、西服等十几种定牌产品。

(3)调整商场格局，增强经营特色。96年公司下属商场开出专卖厅100多只，妇女用品商店还开设了具有经营特色的“太太服饰厅”和“少女休闲服饰厅”等。

(4)构筑经销网络，坚持滚动促销。96年公司下属企业开展大型展销百余次。上海华联商厦的“专卖厅”开到了武汉和济南，部分家电商品开始走总经销和总代理之路。

由此公司九六年的销售额达23.27亿元，在大型零售企业中继续保持全国第二的地位。公司下属上海华联超市公司连续二年在全国超市行业中保持规模、销售、利润三个第一。

华联超市零售的可口可乐、百事可乐、光明牌牛奶、飘柔洗发精等百余种商品获全市第一。上海华联商厦占全市销售第一的有化妆品、洗衣机、自行车助动车、淋浴器等。

2.公司预测96年主营业务收入20亿元，实际完成23.27亿元，完成计划116.35%；计划利润总额8000万元，实际完成9652.78万元，完成计划120.66%；计划净利润6800万元，实际完成8248.40万元，完成计划121.30%。

3.公司成立后第一期发展的项目，正按照计划进度进行。上海时代广场、新华联大厦全部工程将于九七年竣工。为了早出效益，经过公司职工与施工人员的共同努力，部分楼面商场经过装修提早对外试营业，抢占春节前后的旺季市场。华联集团大厦（原中友大厦）已竣工并对外试营业。

四、股本变化及股本结构情况

1.股本变化及股本结构情况　　数量单位：股　每股面值：元

	期初数	本次增加 送股	本次增加 资本公积转增	本次增加 小计	期末数
(一)尚未流通股份					
(1)发起人股份	63705000	6370500		6370500	70075500
其中：					
国家拥有股份	63705000	6370500		6370500	70075500
(2)募集法人股	68920275	6892027.50	7.50	6892035	75812310
尚未流通股合计	132625275	13262527.50	7.50	13262535	145887810
(二)已流通股份					
1.境内上市的人民币流通股	43950000	4395000	7028	4402028	48352028
已流通股份合计	43950000	4395000	7028	4402028	48352028
(三)股份总数	176575275	17657527.50	7035.50	17664563	194239838

2.股本变动原因

公司一九九六年股东年会通过一九九五年度分配方案：每10股送1股，派送1.10现金红利。实施送股的股权登记日为1996年6月26日，6月27日为除权除息及送股交易日，送股尾差采取四舍五入，增加尾差数由资本公积金列支，送股后公司总股本为194239838股。

3.主要股东持股情况：

股东名称	年末持股数	占总股本%
上海华联(集团)有限公司	70075500	36.08
上海第一百货商店股份有限公司	5204678	2.68
中国糖业酒类集团公司	2640000	1.36
上投公司证券投资信托部	1985940	1.02
上海申银证券公司	1402500	0.72
上海妇联生活服务部	1402500	0.72
交通银行上海分行	1402500	0.72
上海豫园旅游商城股份有限公司	1122000	0.58
上海市商业投资公司	907500	0.47
上海市投资信托公司	907500	0.47

4.本年末股东总数为54414户，其中社会公众股东53421户。

5.董事、监事与高级管理人员持股情况

姓名	职务	年初持股数	年末持股数	变动原因
张达夫	董事长	4080	4488	送股
吕勇明	副董事长	0	0	—
徐高明	副董事长	4080	4488	送股
陈佝尧	董事、总经理	365	402	送股
汤耀昌	董事、副总经理	3825	4208	送股
柯明瑜	董事、总会计师	4080	4488	送股
华　洲	董事	3825	4208	送股
陈月萍	董事	4080	4488	送股
吴建华	董事	0	0	—
戚仲华	董事	4080	4488	送股
蒋国泉	董事	0	0	—
钱树仁	监事长	765	842	送股
边风尧	监事	765	842	送股
汪丽珠	监事	4080	4488	送股
楼帼玲	监事	0	0	—
刘宝长	总工程师	0	0	—
肖树森	董事会秘书	0	0	—

上海新亚快餐食品股份有限公司

1996年年度报告摘要　　(摘选)

一、公司简况

公司名称:上海新亚快餐食品股份有限公司

法人代表:陈红军　　　　邮政编码:200082

公司地址:上海东长治路777号嘉丽商务大厦五、六楼

电话:021—65352088　　　　传真:021—65355804

二、主要财务数据与财务指标

指标项目	本年数	上年数	比上年增减(%)
1.主营业务收入	60,710,850.61	64,470,097.11	-5.83
2.净利润	595,632.80	5,173,772.42	-88.49
3.总资产	123,068,252.93	116,739,904.58	5.42
4.股东权益	66,396,531.10	65,800,898.30	0.91
5.每股收益	0.011	0.0967	-88.52
6.每股净资产	1.24	1.23	0.81
7.净资产收益率(%)	0.897	7.86	-88.59
8.股东权益比率(%)	53.95	56.37	-4.29

注:以上数据取自于合并报表数。

三、公司主要业务回顾

1.一年来公司经营情况

上海新亚快餐食品股份有限公司在1996年度面临宏观经济从紧、餐饮市场竞争激烈、经营网点成本高等困难,加强"新亚快餐"主业发展力度及品牌优势,增加经营品种,形成经营特色,所属连锁店均被市府授予"大众化早点供应点"铜牌,增强了社会信誉度与知名度,同时搞好嘉丽商务大厦、新亚商务大厦为主的"商务服务"业,提高客房、商务办公房出租率,经贸公司在做好连锁店原材料配供的同时,扩大对外经贸业,取得较好的经营效果。在抓好经济效益的同时,搞好"凝聚力工程"建设,抓好内部财务管理电脑化工作及深化股份制企业规范工作。

四、股本变化及股本结构情况

(一)股本结构:　　　　单位:股

	96年末数	比例(%)	95年末数	比例(%)
1)、尚未流通股份				
(1)发起人法人股	25,040,000.00	46.79	25,040,000.00	46.79
(2)社会法人股	7,476,750.00	13.97	7,476,750.00	13.97
小　计	32,516,750.00	60.76	32,516,750.00	60.76
2)、已流通股份				
境内上市人民币普通股	21,000,000.00	39.24	21,000,000.00	39.24
股份合计	53,516,750.00	100.00	53,516,750.00	100.00

(二)股本变动:

公司一九九六年度股本未发生变动。

(三)主要股东持股情况(前十名)

股东名称	持股数(万股)	占总股本(%)
1)新亚(集团)股份有限公司	1475	27.56
2)二纺机股份有限公司	1029	19.23
3)嘉宝实业股份有限公司	94.5	1.77
4)市出租汽车公司	94.5	1.77
5)申达实业股份有限公司	63	1.18
6)申银万国证券公司	63	1.18
7)永生制笔股份有限公司	63	1.18
8)珠江纺织企业公司	53.5	0.99
9)棱光实业股份有限公司	31.5	0.59
10)丰华圆珠笔股份有限公司	31.5	0.59

以上均为发起人股东、社会法人股东。

(四)年末股东户数:

总计16521户,其中发起人法人股东2户,社会法人股东51户。

(五)公司董事、监事和高级管理人员持股情况:

姓名	职务	95年末持股数	96年末持股数
陈红军	董事长	10500	10500
阴根兴	副董事长	10300	10300
王远荣	董事、总经理	10500	10500
王建新	董事、副总经理	4200	4200
段亿平	董事	0	0
屠美英	董事	0	0
陈皎华	董事	10500	10500
钱丽萍	董事	0	0
刘慧珍	董事	4200	4200
吴锡生	监事长	0	0
梅建中	监事	0	0
陈冬龙	监事	0	0
韦大春	副总经理	0	0
胡嘉捷	副总经理兼董事会秘书	0	

本年度公司董事、监事、高级管理人员持股数无变化。

因工作变动,原公司副总经理顾肖勇先生已调离本公司,不再担任副总经理职务。

上海新锦江大酒店股份有限公司

1996年年度报告摘要 （摘选）

一、公司简况

公司名称：上海新锦江大酒店股份有限公司

法人代表：沈懋兴　　　　邮政编码：200020

公司地址：上海市长乐路161号

电话：(021)64151188—653　　传真：(021)64150048

二、主要财务数据与财务指标(单位：元)

指标项目	本年数	上年数	比上年增减(%)
1.营业收入	258,347,912	248,037,697	+4.16
2.净利润	53,915,913	53,423,179	+0.92
3.总资产	1,650,361,453	1,591,745,766	+3.68
4.股东权益	1,458,987,975	1,405,072,062	+3.84
5.每股收益	0.155	0.169	-8.28
6.每股净资产	4.19	4.44	-5.63
7.净资产收益率(%)	3.70	3.80	-2.63
8.股东权益比率(%)	88.40	88.27	+0.15

三、公司主要业务回顾

1.一年来经营情况

一九九六年公司按年初制定的"苦练内功、完善机制、稳步发展"工作方针，瞄准国内外一流五星级酒店水准，认真扎实地开展了"学先进、找差距"活动，在提高经营管理水平和服务质量两个方面推出一系列措施，取得了较好的成果。通过精简机构，酒店部门从17部1室减少到11部1室。加强计划考核，奖金分配与部门的经营业绩挂钩，调动部门管理干部和员工的工作积极性。充实销售力量，增加销售人员，加强推销活动，同时酒店还加入了UTEL和INTERNET网络，开通英、日语电话热线服务台等，以方便客人的订房。调整营业结构，把二楼酒吧改建成商场，出租给国外名牌店，经济效益显著。强调干部管理到现场，充分优化酒店的硬件和软件，认真对待客人的每一条意见和投诉，让客人完全满意。

在过去的一年里，公司的输出管理和对外投资有了较大的进展。目前受托全权管理的星级酒店及办公楼有浦东大酒店、新民大酒店、船舶大厦等三家。新投资合资公司二家，分别为锦江麦德龙购物中心有限公司和上海锦江度假村有限公司。公司全资所有的新锦江假日酒店已于九六年九月投入正式营业，目前经营情况良好。

2.主要经营指标分析

1996年实现营业收入25834.8万元，比上年增长4.16%，实现税后利润5391.6万元，比上年增长0.92%。96年旅游饭店行业仍不够景气，客房出租率和平均房价都有所下降，竞争激烈，本店客房收入因此有所减少。营业收入增长主要是因为原出租给国外名牌店的商场改为承包经营，并入承包店营业收入2491万元。96年净利润微升的主要原因是公司加强成本费用控制，基本上消化了物价上升等不利因素。

四、股本变化及股本结构情况

(一)股本变动情况：

根据公司第四次股东大会决议，公司已于96年6月7日实施95年度利润分配(以10股送1股)方案，共计送红股31,658,064股。

(二)股本结构情况　　　　单位：万股

项　目	1995年末数	送股	1996年末数	比例(%)
1.尚未流通股份				
(1)发起法人持股	12,815.06	1281.51	14,096.57	40.48
(2)社会法人持股	7,200.00	720.00	7,920.00	22.74
(3)合　计	20,015.06	2001.51	22,016.57	63.22
2.已流通股份				
(1)社会个人股(A股)	2,400.00	240.00	2,640.00	7.58
(2)境内上市外资股(B股)	9,243.00	924.30	10,167.30	29.20
(3)合　计	11,643.00	1164.30	12,807.30	36.78
3.总股本数	31,658.06	3165.81	34,823.87	100.00

(三)主要股东持股情况

股东名称	持股数(万股)	比例(%)
1.上海市锦江(集团)公司	14096.57	40.48
2.HKSBCSB A/C CMB S/A TEMPLETON DRAGON FUND INC.	1203.46	3.46
3.HKSBCSB A/C CHASE MANHATTAN BANK NA S/A TEMPLETON DEVEL MKTS TRUST	564.96	1.62
4.HKSBCSB A/C CHASE MANHATTAN BANK NA S/A TEMPL ETON INSTITUTIONAL EMERGING MDTS	312,95	0.90
5.上海市国际投资信托公司	289.61	0.83
6.HKSBCSB A/C THE CHASE MANHATTAN BANK NA. S/A TEMPLETON CHINA WORLD FUND INC.	284.89	0.82
7.上海锦江饭店	233.11	0.67
8.上海友谊汽车服务公司	223.08	0.64
9.工商银行上海信托投资公司	198.00	0.57
10.上海振华汽车服务公司	190.08	0.55

(四)股东户数

截至1996年12月31日，本公司股东总户数为33452户，其中发起人法人股股东1户，社会法人股股东1048户，社会个人股(A股)股东30109户，境内上市外资股(B股)股东2294户。

(五)公司董事、监事和高级管理人员持股情况

姓名	职　务	年初持股数	年末持股数	变动原因
沈懋兴先生	董事长	0	2640	新持股
鲍友德先生	副董事长	0	0	
鲁家善先生	常务董事	0	0	
杨原平先生	常务董事、总经理	2400	2640	送　股
胡法光先生	董事	0	0	
马宾农先生	董事	0	0	
张尚德先生	董事、副总经理	2400	2640	送　股
陈文君女士	董事	2400	2640	送　股
张亚庄先生	董事	2400	2640	送　股
朱荣聘先生	监事长	2400	2640	送　股
黎敏幼女士	监事	2400	2640	送　股
马全福先生	监事	0	2640	新持股
曹建华先生	副总经理	2400	2640	送　股
王均行先生	财务总监	2400	2640	送　股
张积福先生	总经理助理	2400	2640	送　股

上海飞乐音响股份有限公司

1996年年度报告摘要　（摘选）

一、公司简况

公司名称：上海飞乐音响股份有限公司

法人代表：秦其斌　　邮政编码：200042

公司地址：上海江苏路61号

电话：021—62525566　　传真：021—62527788

二、主要财务数据与财务指标

指标项目	本年数	上年数	比上年增减(%)
1.主营业务收入(万元)	10180.08	7778.03	30.88
2.净利润(万元)	944.79	486.55	94.18
3.总资产(万元)	14380.88	12987.60	10.73
4.股东权益(万元)	13184.94	12258.76	7.56
5.每股收益(元)	0.151	0.078	93.59
6.每股净资产(元)	2.11	1.96	7.65
7.净资产收益率(%)	7.166	3.969	80.55
8.股东权益比率(%)	91.7	94.4	-2.86

三、公司主要业务回顾

1. 一年来公司经营情况

一九九六年，面对经济适度从紧，市场需求平淡，竞争日趋激烈形势下，公司全体员工在董事会、总经理领导下，积极开拓，勇于创新，克服重重困难，取得较好业绩。公司本年度主营业务收入计划完成10000万元，净利润计划完成860万元，实际完成主营业务收入10180.80万元，净利润944.79万元，分别比上年增长30.88%和94.18%。

根据宏观经济环境特点，公司以"抓机遇、求发展、抢市场、增效益"为工作方针，围绕三大结构调整，引进竞争机制，实现员工观念转变；确立"市场营销"的龙头地位，调整和优化公司内部组织结构；采用"借壳"销售方法建立联销网，低成本占领市场；充分发挥专业承接音响工程方面的优势，积极参与八运会体育场馆改、扩建工程；向管理要效益，强化内部管理力度；按照公司整体发展规划，在资产经营方面进行了积极地准备和筹划，现进入了实质性启动阶段。

2. 前次资金募集情况

本年度内没有募集过资金。

四、股本变化及股本结构情况

1. 股本变化及股本结构情况

1). 股权结构情况(公司无国家股且全部是流通股份)

	年末数		期初数
一.法人股	13937684股	占总股本22.3%	13937684
(其中:发起人股	12480000股	占总股本20%)	12480000
二.社会公众股	48462316股	占总股本77.7%	48462316
三.股份总数	62400000股	占总股本100%	62400000

2). 本年度内公司股本没有变化

3). 主要股东持股情况

股东	96年末持股数	占总股本%
上海飞乐股份有限公司	11,500,000股	18.43
利闻音响	980,000股	1.57
刘小兰	316,785股	0.51
杨涛	300,000股	0.48
崔宝栋	286,390股	0.46
郭芳莲	270,000股	0.43
李兵	250,554股	0.40
张卫云	250,000股	0.40
姚冬宁	220,000股	0.35
豫农嵩证	210,784股	0.34

4). 股东数量

报告期末股东总数　40169　人

其中法人股东　61　人

个人股东　40108　人

5). 公司董事、监事及高级管理人员持股情况

姓名	职务	年初持股数(股)	年末持股数(股)	增减变动量
秦其斌	董事长	1891	1891	
周金广	董事兼总经理	0	0	
蔡用溥	董事	4992	4992	
曹益群	董事	6240	6240	
李永正	董事	4800	4800	
章瑞珍	董事	960	960	
杜娟娟	监事	960	960	
吴康珍	监事	0	0	
刘仁仁	副总经理	0	0	

6). 子公司及关联企业

企业名称	注册资金(万元)	主营业务	拥有权益(%)
1)上海飞乐音响公司第二经营部	50	主营业务与公司同	100
2)上海飞乐音响股份有限公司普陀经营部	50	主营业务与公司同	100
3)上海飞乐电子产品经销部	34	主营业务与公司同	100
4)上海通乐实业有限公司	400美元	国际贸易、保税区内代理、仓储	48
5)上海太德工程技术有限公司	40美元	中央空调系统、中央热水器	50
6)上海飞乐房地产开发经营公司	1000	房地产开发、管理、建筑材料	20
7)上海大和飞乐汽车出租有限公司	300	汽车出租、汽车配件	50
8)上海华冠电子设备有限责任公司	1000	电力负荷监控装置开发生产销售	40

上海豫园旅游商城股份有限公司

1996年年度报告摘要　（摘选）

一、公司简况

公司名称：上海豫园旅游商城股份有限公司
法人代表：程秉海　　　邮政编码：200010
公司地址：上海市文昌路19号
电话：021—63559999　　传真：021—63550558

二、主要财务数据与财务指标

指标项目	本年数	上年数	比上年增减(%)
1.主营业务收入(万元)	212699.49	178188.32	19.37
2.净利润(万元)	8879.94	8425.01	5.40
3.总资产(万元)	189529.97	195133.88	-2.87
4.股东权益(万元)	87219.42	78536.83	11.06
5.每股收益(元)	0.40	0.42	-4.76
6.每股净资产(元)	3.95	3.91	1.02
7.净资产收益率(%)	10.18	10.73	-5.13
8.股东权益比率(%)	46.02	40.25	14.34

三、公司主要业务回顾

1．一年来的经营情况：

1996年是公司实施"九五"发展规划的第一年。公司以深化企业改革为抓手，坚持实施既定的发展战略，积极挖掘潜力，充分发挥优势，努力开拓创新，取得了新的进展。

1996年，公司实现主营业务收入24.31亿元(含税)同比增长19.40%，实现利润10480万元，同比增长7.31%，净利润8880万元，同比增长5.4%，进出口贸易总额2420万美元，同比增长120%，超额完成了年初股东大会提出的目标任务。同时，还新增了一批包括海外"窗口"和外省市大型商厦在内的外拓经营项目，进一步扩大了市场辐射与影响。

1996年，公司在日益激烈的市场竞争和不断分流的市场环境中，获得继续保持在商业企业中的领先优势。公司主要在以下各方面开展工作，获得新的成效与经验：

(1)着眼理顺格局，以机制改革增活力。公司以产权关系为纽带，资产重组为形式，理顺经营格局为主旨，对百货、餐饮两大行业主体进行了较大幅度的机制调整，成立了百货、饮食二大公司，统一了经营格局，精减了机构，完善了职能，节约了管理费用，提高了效益。

(2)适应市场变化，以经营调整促销售。公司在经营调整上下功夫，在经营格局、商品结构、市场主体、品牌意识、促销方式等方面取得了不同程度的新成效。目前公司年销售超亿元的单位已有7家，其中3家超3亿元。

(3)增强商旅特色，以功能开发引客流。公司坚持以"旅游为先导"，在强化民俗氛围，促进"以游兴市"；特色引进，开发旅游项目；深入挖掘潜力，构筑商业文化上下功夫，加强功能开发，以巩固特色，引进特色，创造特色。

(4)加快"两个突破"，以多元化发展闯新路。公司以"实施多种经营，推进资本经营"为目标，坚持发挥公司的综合实力，走"突破地域，突破行业"的多元化发展之路，确立新经济增长点。建成了总经营面积为2.2万平方米的济南商厦、大同商厦、苏州商厦；"老庙黄金"、"亚一金店"、"小吃世界"等稳步发展连锁网点，形成连锁经营；充分运用"老庙黄金"等无形资产，加快外拓发展。

(5)健全基础工作，以规范要求抓管理。公司以现代企业制度要求，结合企业机制改革，加强职能管理和基础管理，使各项基础管理上一台阶。

2．对前次募集资金的运用情况的说明：

公司在本年度内未募集过资金。1992年6月与1993年8月募集的6.2亿元资金主要用于上海市政府重点工程——豫园一期改扩建工程，该工程已于1994年9月竣工投入营业，并被评为上海市十大景观之一。

四、股本变化及股本结构情况

(一)股本变化及股本结构情况　　　单位：股，每股面值：1元

1．股本结构：

股份类别	期初数	配股	送股	公积金转股	小计	期末数
一、尚未流通股份						
1．发起人股份	81625087		8162509		8162509	89787596
其中：股份						
国家股持有	23157578		2315758		2315758	25473336
境内法人持有	58467509		5846751		5846751	64314260
境外法人持有						
2．募集法人股	82249610		8224961		8224961	90474571
3．内部职工股						
4．优先股或其他						
尚未流通股份合计	163874697		16387470		16387470	180262167
二、已流通股份						
1．境内上市的人民币普通股	37027692		3702769		3702769	40730461
2．境内上市的外资股						
3．境外上市的外资股						
4．其他						
已流通股份合计	37027692		3702769		3702769	40730461
三、股份总数	200902389		20090239		20090239	220992628

1．股本变动情况及原因

公司根据第二届第二次股东大会决议，于1996年6月向全体股东实施了每10股送1股，派发1.50元(含税)现金红利的分配方案，公司股本由原有股本200902389股增加为220992628股。

2．前十名股东持股情况：　　　单位：万股

股东名称	年末持股数	占总股本(%)
上海豫园旅游服务公司	3146	14.24
国家持股	2547.3336	11.53
上海市商业建设总公司	786.5	3.56
上海豫园商场	785.605	3.55
上海旅游公司	471.9	2.14
上海南房(集团)有限公司	408.9893	1.85
中国纺织机械股份有限公司	308.88	1.40
上海市南市区果品公司	235.95	1.07
上海国际投资信托公司	235.95	1.07
上海振南投资发展公司	231	1.05

注：1996年10月28日，上海豫园旅游服务公司转让、上海南房(集团)有限公司受让上海豫园旅游商城股份有限公司社会法人股408.9893万股。上海豫园旅游服务公司转让后，持有上海豫园旅游商城股份有限公司发起人法人股3146万股，占公司总股本的14.24%；上海南房(集团)有限公司受让后，持有上海豫园旅游商城股份有限公司社会法人股408.9893万股，占公司总股本的1.85%。

3．年末股东情况：

截至1996年12月31日，公司股东总数45075户，其中国家股东1户，法人股东529户，社会公众股东44545户。

北京市天桥百货股份有限公司

1996年年度报告摘要 （摘选）

一、公司简况

公司名称：北京市天桥百货股份有限公司

法人代表：周自武　　邮政编码：100050

公司地址：北京市崇文区永内大街1号

电话、传真：(010)67036891

二、主要财务数据与财务指标

指标项目	本年数	上年数	比上年增减(%)
1.主营业务收入(万元)	24280.32	30873.75	－21.36
2.净利润(万元)	1056.04	1498.39	－29.52
3.总资产(万元)	25760.10	25379.75	1.50
4.股东权益(万元)	19387.25	19247.03	0.73
5.每股收益(元)	0.14	0.20	－30.00
6.每股净资产(元)	2.54	2.52	0.79
7.净资产收益率(%)	5.45	7.79	－30.04
8.股东权益比率(%)	75.26	75.84	－0.76

三、公司主要业务回顾

(一)一年来经营情况

公司主营业务销售收入实现24280.32万元，较上年下降21.36%；净利润实现1056.04万元，较上年下降29.52%；每股收益实现0.14元，较上年下降30%。

1996年北京市百货零售业市场竞争非常激烈，公司在竞争加剧、经营难度加大的严重挑战面前，带领全体员工团结奋斗，紧紧围绕以提高经济效益为中心，贯彻“两个根本性转变”的指导方针，积极进行了经营结构与商品结构的调整，扩大整体促销，营造购物热点，强化服务管理，开展爱岗敬业竞赛活动；加强企业管理，成立资金结算中心，提高资金使用效率，节约了百万元的财务费用；进一步深化改革，精简公司机构、人员，在管理人员中实行竟聘上岗，进一步完善了劳动合同管理，虽然公司作了多方面的努力，进行了大量的工作，在许多方面取得了重要的成绩，但是公司1996年的整体经济效益仍比上年有较大幅度的下降。

造成效益下降的原因从主观因素上分析，(1)我们面对新的市场形势，思想还不够解放，经营观念还有些保守，业务开拓还不够大胆。(2)我公司的经营结构、商品结构与市场要求还有许多不适应的地方，在一定程度上影响了市场占有率。(3)我们在企业管理上作了不少努力，但管理上仍存在一些薄弱环节，所以也影响了企业效益。(4)服务工作方面虽然积累了一些经验，但与飞速发展的市场形势要求还有一些差距，服务工作总体水平还不够高，这些都对经济效益有一定影响。从客观因素上分析，(1)1996年北京大型商场、超级市场、连锁店等快速增加，致使购买力分流现象进一步加剧。(2)公司调整经营策略，减少批发销售额3475万元，同时由于补偿天桥商场二期扩建工程的拆迁企业而撤消一批公司所属分公司经营网点，也减少销售1370万元，以上两项共影响销售额4845万元，较上年下降销售额的73.48%，占销售总额的20%。(3)公司1996年为调整商品结构，提高商品适销率，积极消化处理有问题商品，影响利润100多万元。

(二)对前次募集资金的运用情况的说明

公司1994年初完成1993年度增资配股工作，所募集的资金均已按配股说明书所述拟投资项目使用，没有差异，并已在《1995年年度报告》及《报告摘要》中列表陈述。本年度没有新的募集资金。

天桥商场二期扩建工程项目由于拆迁工作受阻拖延2年多，情况发生了重要变化，为此公司董事会于1996年5月向第七次股东大会作了《关于天桥商场二期扩建工程问题的报告》，并通过了相应的决议。本年度完成了拆迁任务，工程尚未正式开工。符合股东大会决议的要求。

四、股本变化及股本结构情况

1.股本变化及股本结构情况

(1)1996年度公司股本结构变动情况

填报日期1997年4月17日　数量单位：股　每股面值：1元

	期初数	本次变动增减(+,－) 法人股转让	期末数
一、尚未流通股份			
1.发起人股份	9353573	+5450960	14804533
其中：			
国家拥有股份	9353573	+5450960	14804533
2.募集法人股	27898430	－5450960	22447470
尚未流通股份合计	37252003		37252003
二、已流通股份			
境内上市的人民币普通股	39066930		39066930
已流通股份合计	39066930		39066930
三、股份总数	76318933		76318933

2.股本结构变动原因：

尚未流通股份中国家持有股份由1995年末的9353573股变动为1996年末的14804533股，增加5450960股，境内法人持有股份由1995年末的27898430股变动为22447470股，减少5450960股，其原因是6户募集法人持有股份协议有偿转让给国家股份持有者北京市崇文区国有资产经营公司。详细情况已于1996年12月31日在《中国证券报》披露。

注：1997年1月15日，北京市崇文区国有资产经营公司又协议受让深圳天久实业有限公司持有的法人股40万股，截至1997年3月31日北京市崇文区国有资产经营公司持有我公司股份15204533股，占公司总股本的19.92%。

报告期内公司股本总额没有变动。

3.前10名最大股东的持股情况

单位：股

股东名称	年末持股数量	占总股本比例%	年度内股份增减变动情况
1.北京市崇文区国有资产经营公司(代表国家持股)	14804533	19.40	5450960
2.北京市住宅建设(集团)总公司	6400000	8.39	
3.工商银行北京信托投资公司	2306232	3.02	
4.北京电影发行公司	1920000	2.52	
5.玉泉路干休所管理处	1720000	2.25	
6.北京京融商贸公司	1200000	1.57	
7.深圳莱英达集团公司	1200000	1.57	
8.深圳中农信	1200000	1.57	
9.深圳莱英达集团开发公司	1000000	1.31	
10.中国对外友好合作服务中心	960000	1.25	

4.股东数量

报告期末的股东总数：23769户。

北京市天龙股份有限公司

1996年年度报告摘要　（摘选）

一、公司简况

公司名称：北京市天龙股份有限公司
法人代表：李冀中　　邮政编码：100062
公司地址：北京市崇文永定门外琉璃井东街3号楼
电话：(010) 64917247　　传真：(010) 64943866

二、主要财务数据与财务指标

指标项目	本年数	上年数	比上年增减(%)
1.主营业务收入(元)	197615728.98	263505880.30	－25
2.净利润(元)	23559903.21	24871531.49	－5.3
3.总资产(元)	595118438.32	532593016.02	11.7
4.股东权益(元)	322711552.56	299151649.35	7.9
5.每股收益(元)	0.21	0.22	－4.5
6.每股净资产(元)	2.90	2.69	+7.8
7.净资产收益率(%)	7.3	8.31	－1.01
8.股东权益比率(%)	54.23	56.17	－1.94

三、公司主要业务回顾

1. 一年来经营情况回顾

1996年是公司深化企业改革、调整产业结构的一年。过去，天龙公司主要是以生产资料经营为主业，经营几年的调整，天龙公司的利润结构逐渐发生了较大的变化。高科技、外贸、房地产、证券及新建的服务项目成为天龙公司新的利润增长点，经过三年多的调整，天龙公司已形成以科技为先导，内外贸易，工业生产，证券投资，多业并举的股份制企业集团框架。

96年生产资料市场继续不景气，公司生产资料经营企业受到较大冲击，效益严重下滑。1996年生产资料经营企业购进总值11523万元，比去年的12462万元下降7.5%，销售总额12385万元，比去年的16487万元下降24.8%。公司董事会年初决定，进一步调整企业组织、经营结构，进行资产重组，人员优化。将8家生产资料经营企业调整为不锈钢，有色金属，黑色金属三个专业经营分公司，集中了资金、场地，精简了人员，减少了仓储费用，降低了经营成本。为适应市场的变化，经营战略变为扩大经营规模，增加市场占有份额，变坐商经营为建立精干的推销员队伍，主动出击上门推销；变高价格，高毛利经营为薄利多销，抢占市场。同时，加强售后服务，广泛建立长期合作关系。天龙控股企业北京益德不锈钢商行经过一年的努力，市场份额不断扩大，站稳了脚跟，在北京地区市场占有率已达40%。同时，作为华北地区最大的不锈钢经销商，地位更加稳固。

工业企业中主要保证了对高科技企业的投入。公司下属工业企业销售总额为8438万元，比去年的5493万元递增53.6%。主要原因是高科技企业由前两年试生产阶段开始进入创利阶段。天津天龙科技公司目前国内最大的1400PS版生产线，于1995年5月18日第一次试车成功，96年进入小批量生产阶段，产品销往台湾、香港、新加坡等东南亚国家和地区，96年创利500万元。第二代电路维修测试仪、铈钨电极、钼制品、钨秆等高科技产品的产销率也有了不同程度地提高。

房地产受国家宏观调控的影响，销售受到影响，96年天津房地产项目水上公寓及别墅已签定的售房协议达70%，但回款情况不理想。天龙大厦一期工程已进入装修阶段，施工正按计划正常进行。

证券投资96年取得了一定的经济效益，为公司工业贸易的发展提供了较大的金融支持。

另外，新建成的项目天龙机动车检测场，是北京地区目前规模最大、服务水平较高的检测场之一，当年投资，当年见效，完成营业收入593万元，利润416万元。

2. 主要指标分析

本年度主营业务收入19762万元，比1995年26351万元下降25%，净利润2356万元，比1995年2487万元下降5.3%。主要原因是：

(1) 生产资料市场本年度仍不景气，公司对生产资料经营企业进行大幅收缩、重组，重点发展几个骨干专业经营公司。但调整后短期内尚无法产生明显的经济效果。

(2) 公司一直致力于由单一生产资料经营向多元化企业集团发展，经过几年的努力已初见成效，初步形成高科技、外贸、房地产、证券等的增长点，因此净利润总额下降幅度较小。

3. 募集资金使用情况说明

一九九五年五月五日在北京中国棋院公司召开的第二届三次股东大会上，审议并通过了向公司全体股东按10:3比例配股的方案，每股配股价3元，北京市证券监督委员会以京证监发(1995)3号文批复，报经中国证券监督管理委员会以证监发审字(1995)47号文批复。通过配股增加股本2100.3544万股，共募集资金6301.0632万元，资金于一九九五年十一月二日全部到位。

募集资金96年度使用情况

募集资金已按计划投入以下项目：

(一) 天津天龙PS版生产流水线新增设备，如剪切机，拉拴平衡机等购置及其安装、调试费用3000万，试生产期间投入流动资金2000万元。

(二) 工业开发项目供投入1300万，其中：

(1) 原有的包装材料制造设备更新投入650万元；

(2) 天龙方正公司新产品软胶片生产投入350万元；

(3) 超能电路维修测试仪生产投入流动资金150万元；

(4) 超临界提取技术项目投入150万元。

四、股本变化及股本结构情况

1. 股本结构情况

数量单位：股　　每股面值：1元

	期初数	配股	送股	公积金转股	其他	小计	期末数
(一)尚未流通股份							
1. 发起人股份							
其中：							
国家拥有股份	3,983,200						3,983,200
境内法人持有股份	43,985,560						43,985,560
2. 社会公众受让转配股份	3,163,984						3,163,984
尚未流通股份合计	51,132,744						51,132,744
(二)已流通股份							
境内上市的人民币普通股	60,216,000						60,216,000
已流通股份合计	60,216,000						60,216,000
(三)股份总数	111,348,744						111,348,744

2. 股本变动情况及原因

本年度公司股本未发生变动

3. 主要股东持股情况(前十名股东)

名次	股东名称	年末持股数(万股)	占总股本(%)
1	崇文天龙公司	2035.3784	18.28
2	北京市供销合作总社	1716.1400	15.41
3	农行北京市分行信托投资公司	647.0400	5.81
4	北京市崇文区商业网点开发公司	398.3200	3.58
5	谭美娇	72.4664	0.65
6	梁春芝	68,7529	0.61
7	刘志强	51,4000	0.46
8	周　明	50.0000	0.45
9	肖玉华	43.6000	0.39
10	杨　博	40.0000	0.36

4. 年末股东户数

本报告期末股东总数34467户。其中，国家股东1户，法人股东3户，社会公众股东34463户。

东北华联集团股份有限公司

1996年年度报告摘要 （摘选）

一、公司简况

公司名称：东北华联集团股份有限公司

法人代表：王功权　　邮政编码：130042

公司地址：长春市大经路96号

电话：0431—8741038－2129　　传真：0431—8711491

二、主要财务数据与财务指标

单位:元

指标项目	本年数	上年数	比上年增减(%)
1.主营业务收入	191,456,973.73	463,226,743.95	－58.67
2.净利润	－118,136,320.67	6,573,248.89	－1,897.23
3.总资产	430,069,632.83	550,896,069.74	－21.93
4.股东权益	229,701,595.49	347,837,916.16	－33.96
5.每股收益	－0.842	0.047	－1,891.49
6.每股净资产	1.64	2.48	－33.87
7.净资产收益率	－51.34%	1.89%	－2,816.40
8.股东权益比率	53.41%	63%	－15.22

三、公司主要业务回顾

1.公司经营情况的回顾

一九九六年公司在市场环境艰难，过去投资缺乏科学性、管理粗放等问题进一步显露出来的情况下，从实际出发，及时提出了“稳定、整顿、发展”的战略方针，在资金清欠、资产活化等方面取得了一定的进展。在搞活经营、节约挖潜上取得了一定成效，先后开展了“三保一包”和“试、退、送、奖”系列服务活动，进一步赢得了广大消费者的信赖。但一九九四年以来出现的经济效益大幅度滑坡的局面，以及投资缺乏科学性、管理粗放带来的问题在相当大的程度上制约了企业效益的增长，使企业出现较大幅度的亏损。

2.主要经济指标比较分析：

一九九六年公司实现主营业务收入191,456,973.73元，较去年减少58.67%；实现税后利润总额－118,136,320.67元，较去年减少1,897.23%。

四、股本变化及股本结构情况

股本变化及股本结构情况：

1)报告期内公司股本总额及股本结构均未发生变化。

2)股本结构情况(单位:股；每股面值:一元)

尚未流通股份	96年末数	比例%	95年末数	比例%
1.国家持股	21,053,039	15%	21,053,039	15%
2.社会法人持股	33,228,582	23.68%	33,228,582	23.68%
3.社会公众持股				
其中:职工持股	7,954,080	5.67%	7,954,080	5.67%
小计:	62,235,701	44.35%	62,235,701	44.35%
已流通股份				
1.境内上市的人民币普通股:	78,097,983	55.65%	78,097,983	55.65%
股份合计:	140,333,684	100%	140,333,684	100%

3)主要股东持股情况：

股东名称	年末持股数量(股)	持股比例(%)
1)万通实业集团有限公司	21,909,962	15.61%
2)吉林省国有资产管理局	15,015,000	10.70%
3)辽源市国有资产管理局	6,038,039	4.30%
4)广州市经贸实业投资公司	2,310,000	1.65%
5)太原兆和投资发展有限公司	2,310,000	1.65%
6)深圳鸿基集团股份有限公司	2,100,000	1.50%
7)西安市金鑫金店	1,496,942	1.07%
8)深圳市通海生物工程投资股份有限公司	1,155,000	0.82%
9)吉林省工商银行信托投资股份有限公司白山市办事处	1,155,000	0.82%
10)吉林长白山木业有限公司	1,155,000	0.82%

注:万通实业集团有限公司一九九五年末持有本公司股份23013237股，占16.4%，本期末为21,909,962股，占15.61%，减少1,103,275股，占0.79%。

4)股东数量：

截止1996年12月31日公司共计股东人数64094户。

5)子公司及关联企业

公司名称	所在地	主营业务范围	本公司持有该子公司所有者权益的份数
长春华联商厦	吉林省长春市	商业零售及批发	100%
东北华联光复路批发市场	吉林省长春市	商业零售及批发	100%
东北华联集团股份有限公司实业总公司	吉林省长春市	综合	100%
东北华联四平金龙(集团)公司	吉林省四平市	城市综合开发	100%
吉林省华联房地产开发公司	吉林省长春市	城市综合开发	100%
辽源华联商厦	吉林省辽源市	商业零售批发	100%
东北华联集团经贸总公司	吉林省长春市	综合	100%
东北华联对外经济贸易公司	吉林省长春市	对外工程承包、劳务合作、对外贸易	100%
东北华联集团广州经贸公司	广州市	农副土特产品、参茸及其制品	100%
东北华联华港娱乐有限公司	吉林省长春市	餐饮娱乐业	90.64%

南京新街口百货商店股份有限公司

1996年年度报告摘要　(摘选)

一、公司简况

公司名称：南京新街口百货商店股份有限公司

法人代表：姜愉斌　　邮政编码：210005

公司地址：江苏省南京市中山南路3号

电话：(025)4517494　　传真：(025)4510722

二、主要财务数据与财务指标

金额单位：元

项目	1996年(母公司)	1995年(母公司)	比上年增减(%)
主营业务收入	956,539,100.07	916,775,993.41	4.34
净利润	32,778,349.42	42,453,326.99	-22.79
总资产	976,561,653.22	761,315,704.87	28.27
股东权益	493,073,159.73	387,755,771.59	27.16
每股收益	0.171	0.274	-37.59
每股净资产	2.58	2.50	3.2
净资产收益率	6.65%	10.95%	-39.27
股东权益比率	50.49%	50.93%	-0.86

三、公司主要业务回顾

1. 公司经营情况回顾

一九九六年，是公司经营发展困难最大的一年。从外部环境来说，社会商业迅速崛起，市场销售出现行业性滑坡；从企业内部来看，公司二期裙楼加紧施工，经营业务全部压缩至一万平方米左右的后营业厅，且四面都在施工，严重影响了顾客和货物的进出。在极其困难的条件下，公司全体员工团结一致，奋力拼博，努力使公司效益下降的幅度减至最小的程度。一是以市场需要为准绳，适时调整经营结构和布局，划细经营品类，形成专业特色，并重点抓好双休和节假日销售，充分利用有限的经营面积和经营空间，做足做好每一笔生意。二是开发新品名品，实施品牌战略，抢占市场份额。三是扩大总经销，总代理，实现规模经营。四是拓展外向型经济，做好进出口业务，全年出口创汇324万美元，比上年增长221%。五是把握市场节拍，开展高品位的商品促销活动，全年实现销售9.57亿元(不含税)，实现利润3764万元。

2. 公司原定1996年计划完成主营业务收入9.4亿元(不含税)，完成利润5000万元，经决算，1996年实际完成主营业务收入为9.57亿元(不含税)，完成计划的101.81%，比上年上升4.34%；利润为3764万元，完成计划的75.29%，比上年下降24.32%；税后利润为3277.83万元，比上年下降22.79%。

公司九六年实际经营成果与年初盈利预测出现较大差异的原因如下：

(1) 公司一九九五年老营业楼拆除后，营业面积减少了一半，而且由于后营业厅的四面均在施工，严重影响了顾客和货物的进出。为不使公司市场份额降低，公司加大了批发销售比重，全年批发比重上升2.59%，减少利润569万元。

(2) 一九九六年，各项费用支出增加较大，如：运杂费增支96万元，递延资产摊销增支87万元，退休费用增支138万元，进出口费用增支116万元，职工生活补贴增支129万元，电脑联网设备摊销费增加68万元，水电费增支47万元等等，合计增加支出一千余万元。

(3) 公司一九九四年投资的扬州分店，因定位不准市场变化，经营出现亏损。经公司一届十二次董事会决议，一九九六年下半年予以撤销，并进行了清算，清算损失594万元。

3. 前次募集资金的使用情况说明

本年度，公司经中国证监会证监上字(96)1号文批准，对全体股东按10:3的比例进行了配股，每股配售价格2.90元，共募集资金10,129万元，该资金已在本年度全部投入中山南路二期工程，至本年年末，公司已投入该工程资金22,775万元，其中利息资本化1125万元。

公司中山南路二期裙楼工程预计1997年9月份竣工营业。

四、股本变化及股本结构情况

1. 股本变化及股本结构

数量单位：万股　　每股面值：1元

	期初数	本次变动增减(+、-) 配股	送股	公积金转配	其他	小计	期末数
一、尚未流通股份							
1. 发起人股份	4819.26	500				500	5319.26
其中：							
国家拥有股份	4816.26	500				500	5319.26
其他							
2. 募集法人股	2004.81	33.57				33.57	2038.38
3. 转配股	2040	1100.99				1100.99	3140.99
尚未流通股份合计	8864.07	1634.56				1634.56	10498.63
二、已流通股份							
1. 境内上市的人民币普通股	6630	1989				1989	8619
已流通股份合计	6630	1989				1989	8619
三、股份总数	15494.07	3623.57				3623.57	19117.63

2. 主要股东持股情况：

股东名称	持有数量(万股)	持股比例%
国家股	5319.26	27.83
南京咨询信息公司	300	1.57
南京市商业网点建设办公室	150	0.78
中轻南友进出口公司上海经营部	150	0.78
深圳天久实业有限公司	75	0.39
江苏省财税信息中心	60	0.31
南京无线电厂	50.33	0.26
南京资源节约开发利用总公司	45	0.24
南京安泰实业公司	43.5	0.23
宁银实业劳动服务公司	37.5	0.20

3. 股东数量

截止本报告期末，本公司股东总数为57375户，其中：国家股1户，法人股247户，社会个人股57127户。

4. 子公司及关联企业

名　称	注册资金	拥有权益%	主营业务
芜湖南京新百大厦有限公司	6000万元	45	商业 娱乐 餐饮 商住等
南京新百股份有限公司新电商场	95万元	60	百货 服装 鞋帽 家电等
南京新永现代办公用品中心	30万(美元)	45	文化用品等

注：扬州新百开发商厦有限责任公司，因经营亏损已于一九九六年底清算结束。

宁波华联集团股份有限公司

1996年年度报告摘要　（摘选）

一、公司简况

公司名称：宁波华联集团股份有限公司

法人代表：王家兴　　　邮政编码：315000

公司地址：宁波市江厦街21—23号

电话：(0574)7361088　　传真：(0574)7367652

二、主要财务数据与财务指标

金额单位：元

指标项目	本年数	上年数	比上年增减(%)
1.主营业务收入	825,678,963.92	946,818,526.66	-12.79
2.净利润	20,029,769.10	41,796,726.82	-52.08
3.总资产	1,098,624,444.26	1,031,359,839.70	6.52
4.股东权益	587,097,740.39	564,825,491.01	3.94
5.每股收益	0.10	0.27	-62.96
6.每股净资产	2.95	3.68	-19.84
7.净资产收益率	3.41%	7.40%	-53.92
8.股东权益比率	53.44%	54.77%	-2.43

注：上年股东权益及相关指标已按96年报表要求的新口径进行调整。如不调整，上年股东权益为534,171,071.01元。

三、公司主要业务回顾

1．一年来经营情况

本公司是商业集团公司，同时实行多元化经营，主营业务涉及内外贸、房地产和服务三大行业。1996年度，在零售、批发行业和房地产行业竞争日益激烈，买方市场业已形成的严峻形势下，公司克服重重困难，精心策划营销，保证了各项主营业务的稳定开展。

贸易方面，公司充分发挥"华联商厦"店名、店誉优势，不断推出各种促销措施，大力推广商品总经销、总代理制，继续兴办以"U2"为代表的各类专卖店，使商厦商品销售收入和创利税额连续第七年名列全市零售企业前茅；以五交化传统批发企业为主的批发业，经过盘活资产、重组结构、缩编人员的工作措施，促进了运行质量的提高，继续保持全市同行的领先地位；外贸出口创汇640万美元。房地产开发亦取得一定进展，建筑面积4万平方米的镇安怡苑花园进入主体施工阶段，3万平方米的甬港住宅小区和配套农贸市场桩基工程基本完成。宾馆、汽车出租等服务性子公司经营或营运情况良好。控股银星城市信用社整体划归市城市合作银行工作于1996年9月顺利结束。

2．主要经营指标分析

主营业务收入82567.90万元，完成年计划的91.74%，比上年减少12.79%。其中商品销售收入78726.41万元，房产销售收入1931.82万元，宾馆、餐饮、汽车出租等服务性收入1471.50万元。实现净利润2002.98万元，完成年计划的78.55%，比上年减少52.08%。上述指标的完成未达到年度计划目标，且净利润减幅大于主营业务收入减幅，其主要原因是商品毛利率下降使主营业务利润受到较大影响。此外，短期投资减少，投资收益相应下降，也在一定程序上影响了公司的利润。

3．前次募集资金的使用情况说明

公司于1993年9月、1994年10月分别进行了社会公众股的发行和首次增资配股，实收募集资金计25237.37万元，已按照招股说明书和增资配股公告公布的资金预定投向，全部分期投入在建项目"华联2号楼"。目前该大楼正进入室外工程和设备安装阶段，大楼商场部分计营业面积3万平方米预计于1997年第四季度开业，写字楼部分的租、售准备工作亦已在年前展开。

由于该项目的前期拆迁费用较大，加上建筑工程的定额提高，至1996年底项目总投入额已超过原3.5亿元的预算金额，累计达到3.52亿元(其中利息资本化金额7149.11万元)。预计总投资额为6亿元，尚有资金缺口，将通过新商场的效益，写字楼的预售、预租和争取商业网点建设贷款等渠道来解决。

四、股本变化及股本结构情况

1．股本结构及变动情况　　数量单位：万股　每股面值：1元

股份类别	期初数	送股	公积金转股	期末数
(一)尚未流通股份				
1.发起人股份	4425.20	885.04	442.52	5752.76
其中：国家拥有股份	3281.20	656.24	328.12	4265.56
境内法人持有股份	1144.00	228.80	114.40	1487.20
2.募集法人股	3987.36	797.47	398.74	5183.57
3.社会公众受让转配	1626.98	325.39	162.70	2115.07
小　计	10039.54	2007.90	1003.96	13051.40
(二)已流通股份				
境内上市的人民币普通股	5287.67	1057.53	528.77	6873.97
(三)股份合计	15327.21	3065.44	1532.72	19925.37

2．股本变动原因

公司于1996年6月6日实施的利润分配方案为每10股送2股，另从资本公积中每10股转1股，股本总数因此增加4598.16万股。

3．主要股东持股情况　　数量单位：万股

股东名称	96年末持股数	占总股份(%)
国家	4265.56	21.41
宁波市工商信托投资公司	772.42	3.88
郑州豫融企业	481.61	2.42
农行河南省信托投资公司	424.31	2.13
郑州丽晶俱乐部	396.47	1.99
郑州豫盛宝元	385.80	1.93
交通银行宁波市分行	338.00	1.70
中国糖业酒类集团公司	304.20	1.53
宁波市工商银行劳动服务公司	253.50	1.27
中国华能浙江公司	219.70	1.14

持有本公司5%以上股份的国家股东，其所持股份在报告期内增加984.36万股，系因送股和公积金转股增加所致。

4．股东数量

1996年末公司股东总数为9806户，其中法人股东421户，社会公众股东9384户。

福州东街口百货大楼股份有限公司

1996年年度报告摘要　(摘选)

一、公司简况

公司名称：福州东街口百货大楼股份有限公司
法人代表：陈明魁　　　邮政编码：350001
公司地址：福建省福州市八一七北路84号
电话：(0591)7531724　　　传真：(0591)7533172

二、主要财务数据与财务指标

指标项目 (单位：万元)	1996年 (合并)	1995年 (合并)	比1995年 增减(%)
1.主营业务收入：	38,154.57	35,719.78	+6.82
2.净利润：	3,360.96	2,821.52	+19.12
3.总资产：	43,746.98	294,62.51	+48.48
4.股东权益：	36,566.21	22,261.94	+64.25
5.每股收益(元/股)	0.28	0.301	-6.98
6.每股净资产(元/股)	3.05	2.41	+26.56
7.净资产收益率(%)	9.19	12.67	-27.47
8.股东权益比率(%)	83.59	75.56	+10.63

三、公司主要业务回顾

1. 1996年公司经营情况

公司将1996年确定为“管理效益年”。在管理方面，重点抓好现代化管理过程，逐步推进商场POS管理，导入企业CI，推行现代营销策略，严格落实规章制度，努力规范服务标准，建立高效的分配机制，积极开展人才培训教育。促使各项经济工作建立在良好的经营机制、管理机制、激励机制和人才机制基础上，为迎接东百大厦全面开业打下坚实基础。

在主业经营上，确立通过“调整经营结构，创造经营热点，扩大市场占有率”，实施“立足福州、辐射全省，走向全国，面向世界”的经营战略。目前，公司在福清市、莆田市、泉州市等地实现了跨地区的连锁经营，一条福建沿海商业黄金新走廊即将形成。这些连锁店具有基础好、规模大、投资省、见效快的特点，从而极大地增强了公司的经营实力和竞争能力。通过努力，公司全年实现主营业务收入38154.57万元，完成净利润3360.96万元，分别比去年同期增长6.82%和19.12%。1996年公司被评为“全国用户满意先进单位”。

2. 募集资金使用情况说明：

公司1996年度配股募集资金10800万元(已扣除发行费用)，1994年配股募集资金7382万元，两次共募集资金18182万元，截至1996年末资金使用情况如下：

① 投入“东百大厦”(原“百华大厦”更名)工程14439.65万元。至1996年底已如期实现23层“东百大厦”主体工程的全面封顶，并进行1-8层商场的内部装修。预计“东百大厦”商场部分将在1997年7月份全面营业。

② 投资福清东百24小时超级商场3200万元，该商场已于1996年11月份按期开业。

上述项目的资金运用与募集资金投向及投资进度符合计划要求，且达到预期的目标。

四、股本变化及股本结构

1. 股本结构及变化情况

项　目	期初数 (万股)	本期变动数(配股) (万股)	期末数 (万股)	期末数占总股本 (%)
(一)尚未流通股份				
(1)发起人股份				
其中：国家拥有股份	3,634.40	1,090.32	4,724.72	39.37
(2)募集法人股	682.00	21.252	703.252	5.86
(3)其他				
(社会公众受让转配)	1,165.43	532.978	1,698.408	14.15
尚未流通股份合计	5,481.83	1,644.55	7,126.38	59.38
(二)已流通股份				
境内上市的人民币流通股	3,749.55	1,124.86	4,874.41	40.62
(三)股本总额	9,231.38	2,769.41	12,000.79	100.00

2. 股本变动情况及原因

根据公司第五次股东大会(临时会议)审议通过并经中国证券监督管理委员会证监上字(1996)6号文复审实施的1996年度配股方案，以1995年末股本总额9231.38万股为基数，向全体股东按10:3比例配股，每股配售价格3.98元，共配售股份总额2769.41万股。该配股方案已于1996年8月6日至8月20日按计划全面完成。

(一) 主要股东持股情况(前十名股东)

股东名称	持股数(万股)	占总股本比例(%)
福州市财政局	4724.72	39.37
福建兴业证券公司	1570.96	13.09
张　斌	53.76	0.45
余逊红	45.66	0.38
刘有娥	45.00	0.37
屈孝元	36.01	0.30
谢凯军	34.50	0.29
杜红卫	32.71	0.27
危常武	30.50	0.25
李兴强	29.34	0.24

(二) 年末股东户数

截至1996年末，公司股东总数为22078户，其中国家股东1户，法人股东80户，社会公众股东21997户。

(三) 公司董事、监事与高级管理人员持股情况

姓名	职务	年初持股数(股)	年末持股数(股)
陈明魁	董事长兼总裁	18440	23972
朱　榕	副董事长兼副总裁	13132	17071
郑天禄	董事兼副总裁	12852	16707
朱韶明	董事兼副总裁	12852	16707
吴芝兰	董事兼副总裁	13271	17252
陈　汉	董事	0	0
陈日亮	董事	0	0
王水金	董事	4610	5993
施敏秀	监事长	300	390
郑秀英	副监事长	6705	8716
朱翠琴	监事	0	0
陈　玲	董秘	1000	1300

上述人员持股数发生变化原因系1996年按10:3比例配股所致。

长春欧亚集团股份有限公司

1996年年度报告摘要 （摘选）

一、公司简况

公司名称：长春欧亚集团股份有限公司

法人代表：曹和平　　邮政编码：130021

公司地址：长春市工农大路14号

电话：(0431)5666440、5620053　　传真：(0431)5666517

二、主要财务数据与财务指标

单位：人民币元

指标项目	本年数	上年数	比上年增减(%)
1.主营业务收入	369,751,460.45	221,779,317.76	66.72
2.净利润	20,323,626.57	20,262,829.84	0.30
3.总资产	319.883,489.90	284,563,065.57	12.41
4.股东权益	194,827,466.01	174,503,839.44	11.65
5.每股收益	0.236	0.235	0.43
6.每股净资产	2.26	2.03	11.33
7.净资产收益率%	10.43	11.61	-10.16
8.股东权益比率%	60.91	61.32	-0.7

三、公司主要业务回顾

1.一年来经营情况

1996年，是我们公司认真贯彻党的十四届五中、六中全会精神，加快改革步伐，积极推进经济体制和经济增长方式转变，各项工作都取得显著成绩的一年。根据董事会提出的工作规划，围绕“巩固集团，扩大规模，发挥优势，全面发展”的工作思路，我们以强者的姿态参与市场竞争，抓住机遇，开拓经营，扩大规模，占领市场，在全体股东的大力支持和全体员工的共同努力下，如期实现了经济效益高、管理水平高、服务质量好、经营措施好的“两高”、“两好”工作目标，企业得到了日新月异地发展。

主营业务收入、利润同创历史最好水平，首次进入全国商业百强行列。主营业务收入36,975万元，比上年增长66.72%万元，其主要原因是分公司欧亚商都增加营业面积及加强促销手段，使销售额增加。利润实现2,391万元，比上年增长0.3%。其中：主营业务利润实现1,205.3万元，比上年增长2.8%；其它业务利润实现822.4万元，比上年增长0.44%；投资收益实现435.9万元，比上年增长10.80%。

规模、多元经营同步发展，产生了商务经营“以大制胜”，多元经营“以全制胜”的竞争优势。欧亚商都的崛起和发展，欧亚科技城的建立和开业。欧亚矿泉水饮料有限责任公司的运作和生产，不断拓展了公司新的发展空间和新的经济效益增长点。标志着公司的经营步入了一个全新的阶段。

管理、服务同结硕果，多次在市、省、国家级会议上介绍经验。1月，在吉林省第三届董事长(总经理)工作会议上，介绍了《全心全意依靠职工，努力办好股份制企业》的经验。6月，在吉林省市场流通工作会议上，介绍了《扩大规模，综合发展，走集团化经营之路》的经验。7月，在全国流通企业改革经验交流会上，介绍了《发展企业集团，壮大企业实力》的经验。

本年度公司还先后获“全国五一劳动奖状”、“吉林省文明单位”、“吉林省思想政治工作优秀企业”、“职业道德十佳单位”、“全国商业中心城市市场信息先进单位”等多项殊荣。

2.募集资金使用情况说明

本年度内公司没有募集资金。1993年10月份向社会公开发行股票所募集资金7800万元，全部投入欧亚商都二期工程建设项目。该项目已于95年10月份竣工，并陆续交付使用，项目的收益与预测基本相符。

四、股本变化及股本结构情况

(1)股本结构情况(数量单位：股，每股面值：1元)

股份类别	期初数	期末数
(一)尚未流通股份		
1.发起人股份(国家股)	33357228	33357228
2.募集法人股	14752460	14752460
3.内部职工股	3187000	3187000
尚未流通股份合计	51296688	51296688
(二)已流通股份		
境内上市的人民币普通股	34793000	34793000
已流通股份合计	34793000	34793000
(三)股份总数	86089688	86089688

(2)股本变化情况

本报告期内公司股本无变化。

(3)主要股东持股情况

股东名称	年末持股数量(股)	占总股本%
长春市汽车城商业总公司(国家股代表)	33357228	38.75
吉林省国际信托投资公司	3300000	3.83
长春市兴业百货贸易公司	2474700	2.88
深圳万科企业股份有限公司	2200000	2.56
沈阳万众企业股份有限公司	1650000	1.92
南方证券有限公司	1100000	1.28
深圳市赛格达声股份有限公司	1100000	1.28
深圳蛇口安达实业股份有限公司	1100000	1.28
罗定山	1032350	1.20
海南正大资产管理公司	550000	0.64

(4)股东年末户数

截至1996年12月31日公司股东总数为25215户，其中国家股东1户，法人股东23户，社会公众股东20483户，内部职工股4708户。

(5)公司董事、监事与高级管理人员持股情况

姓名	职务	年初持股数	年末持股数
曹和平	董事长兼总经理	13200	13200
张　德	副董事长兼副总经理	9900	9900
曲慧霞	副董事长兼副总经理	9900	9900
李树文	董事	0	0
尹士君	董事	0	0
邱洪玺	董事	5500	5500
张福荣	董事	5500	5500
席汝珍	董事	2200	2200
李荣秀	董事	0	0
姜国臣	监事会主席	6600	6600
靳维贤	监事	0	0
王秋晶	监事	5500	5500
王艳丽	监事	2200	2200
彭淑兰	监事	5280	5280
王宪臣	副总经理	5500	5500
王　军	副总经理	6600	6600
孙建立	副总经理	5500	5500
邢科立	副总经理	1100	1100

注：本年度内公司董事、监事及高级管理人员持股情况无变化。

陕西百隆(集团)股份有限公司

1996年年度报告摘要　(摘选)

一、公司简况

公司名称：陕西百隆(集团)股份有限公司

法人代表：闫百古　　邮政编码：710004

公司地址：西安市南新街28号

电话：(029)7215541　　传真：(029)7218622

二、主要财务数据与财务指标(合并报表)

序号	指标项目	本年数	上年数	比上年增减(%)
1	主要业务收入(元)	432,077,576.69	470,232,345.78	-8.11
2	利润总额(元)	14,480,185.93	13,769,666.02	5.16
3	净利润(元)	12,433,257.73	11,699,157.76	6.27
4	总资产(元)	351,197,702.53	290,104,630.56	21.06
5	股东权益(元)	102,197,938.43	84,659,680.69	20.72
6	每股收益(元/股)	0.22	0.23	-4.35
7	每股净资产(元/股)	1.82	1.66	9.64
8	净资产收益率(%)	12.17	13.81	-11.88
9	股东权益比率(%)	29.10	29.18	-0.27

三、公司主要业务回顾

(一)一年来经营情况：

1996年，在市场竞争更趋激烈，购买力分流，资金紧缺等诸多不利的条件下，我公司广大员工团结奋战、努力拼搏、全年实现销售收入4.32亿元，净利润1243万元，年末公司总资产35,119.77万元，净资产10,219.79万元。

本公司是以百货、文化用品、劳保用品批发为主的商业企业，针对全行业市场竞争日趋激烈的现实情况，大力调整经营结构，千方百计提高市场占有率；狠抓品牌经营，建立稳定的名优商品货源基地；大举进军零售业，培育企业新的利润增长点。全年已建成百隆连锁超市7家，一个配送中心，自行研制开发了连锁经营计算机管理系统，实现了超市的全面微机管理，并被确定为内贸部商业自动化推广单位和陕西省连锁经营试点企业之一。在西安市进行了建立三家大中型零售店的前提准备工作以及省内其它地区批零网点的筹建工作。

本公司综合营业楼一期工程基本建成并投入营运，并开始了二期工程的前期准备工作。公司经营的房地产开发、石油、铁矿开采、宾馆等一些新开拓项目，逐渐进入产出期，确保了公司实现利润的逐年增长。

(二)对实现经营结果与盈利预测的重大差异的说明

本年度公司主营业务收入为4.32亿元，比上年降低8.11%，净利润为1243万元，比上年增长6.27%，同本年度盈利预测比较，完成计划的81.26%，其主要原因是：在净利润中，其中房地产公司获利505.30万元，比上年460.48万元，增长9.1%；万方公司在陕北油田进入收益期，利润比上年2.24万元，增加25倍，但由于批发全行业竞争激烈，采取了让利不让市场的策略；公司主营百货批发业务收入呈负增长，公司原计划去年下半年开业的几个零售商场，推迟到今年初开业，中百商厦的连锁零售前期投入较大，目前尚未产生规模效益，经营亏损。

四、股本变化及股本结构情况

(一)股本变化及股本结构情况

1. 股本结构　　单位：万股

股份类别	期初数	本期送股增加	期末数
(1)尚未流通股份：			
发起人股份(国家股)	1401.4	140.14	1541.54
募集法人股	1723.0	172.30	1895.30
尚未流通股合计	3124.4	312.44	3436.84
(2)已流通股份			
境内上市普通股	1980.6	198.06	2178.66
已流通股份合计	1980.6	198.06	2178.66
(3)股份总数	5105.0	510.50	5615.50

2. 股本变动情况及原因

1996年7月1日，本公司实施股东大会批准的公司董事会提出的每10股送红股1股的股利分配方案，总股本由5105万股增加为5615.5万股。

3. 前10名大股东持股情况

股东名称	年末持股数量(万股)	占总股本比例(%)
(1)陕西省国有资产管理局	1541.54	27.4
(2)农行陕西信托投资公司	143.00	2.5
(3)深圳安达实业股份有限公司	143.00	2.5
(4)深圳海王药业股份有限公司	143.00	2.5
(5)浙江中联石油公司	143.00	2.5
(6)北京青年旅行社实业有限公司	143.00	2.5
(7)深圳市莱英达集团公司	108.90	1.9
(8)广州大龙发展有限公司	100.10	1.8
(9)五环(集团)股份有限公司	71.50	1.3
(10)长安信息产业股份有限公司	71.50	1.3

4. 股东数量

1996年末，本公司有股东14325户，其中国家股1户，法人股东55户，个人股东14269户。

(二)公司董事、监事与高级管理人员持股情况。

序号	姓名	职务	年初持股数(股)	年末持股数(股)	股份变动原因
1	闫百古	董事长兼总经理	13000	14300	送股
2	田印财	副董事长兼副总经理	7000	7700	送股
3	王继春	董事兼副总经理	3400	3740	送股
4	姚瑾瑜	董事兼副总经理	5200	5720	送股
5	姚清祯	董事兼副总经理	5000	5500	送股
6	强福庆	董事兼财务总监	0	0	
7	李孝岐	董事	0	0	
8	崔晓浔	董事	0	0	
9	赵庆元	董事	0	0	
10	薛现柱	监事会主席	0	0	
11	李永忠	监事	2600	2860	送股
12	马友仙	监事	0	0	
13	唐永康	副总经理	7000	7700	送股
14	郝选民	副总经理	0	0	
15	王　烎	副总经理	0	0	
16	何远鼎	副总经理	0	0	
合计			43200	47520	

南宁百货大楼股份有限公司

1996年年度报告摘要　（摘选）

一、公司简况

公司名称：南宁百货大楼股份有限公司

法人代表：覃本东　　　　邮政编码：530012

公司地址：广西南宁市朝阳路39号

电话：(0771)2828313转6091传真：(0771)2810261

二、主要财务数据与财务指标

指标项目	本年数（合并）	上年数（合并）	比上年增减（%）	扣息后指标
1.主营业务收入(万元)	35553.02	31446.83	13.06	35553.02
2.净利润(万元)	3618.35	2280.12	58.69	3390.97
3.总资产(万元)	65214.40	38963.53	67.37	64978.88
4.股东权益(万元)	29525.70	10717.87	175.48	29290.18
5.每股收益(元)	0.40	0.36	11.11	0.38
6.每股净资产(元)	3.27	1.69	93.49	3.24
7.净资产收益率(%)	12.25	21.27	-42.41	11.58
8.股东权益比率(%)	45.27	27.51	64.56	45.08

注：每股收益按摊薄法计算，按加权平均法计算则为0.47元。

三、公司主要业务回顾

（一）一年来经营情况

一九九六年，公司克服了零售市场竞争激烈、购买力分流严重的重重困难，认真学习、领会中共中央关于“两个根本性转变”理论精神，结合抓好现代企业制度试点工作，确立了“以经济效益为中心，以股票上市为契机，围绕市场抓经营，围绕效益抓管理，围绕宗旨抓服务”的经营战略，各项工作取得了一定成绩。全年实现主营业务收入35553万元，比去年同期增长13.06%，实现利润4371万元，比去年同期增长28.19%。在全区同行业中，销售总额排名第二名，利润总额排名第一名，增长幅度居全区同行业第一名。在国家统计局统计的全国200家重点百货商店主要经济指标排序中，销售总额排88名，利润总额排23名。

1．抓好主营业务，巩固经济支撑点。去年，由于各种平价超市和专卖店的迅速掘起，公司的零售业务受到一定冲击。公司一方面抓好现有市场阵地的巩固，另一方面抓紧新北楼的装修工作。针对复杂多变的市场形势，不断改变营销策略，强化营销措施，年内开展了一系列灵活多样的促销活动，特别是结合建店四十周年大庆，融企业文化于促销活动之中，收到了很好的效果。其次是努力扩大花色品种，上品种、上档次、上名优，随着新北楼的部分开业，经营品种由30000多种增加到40000多种。

2．抓文明优质服务，树企业良好形象。年内，公司加大了商品质量管理的力度，实行“质量先行负责制”开展“百城万店无假货活动”，并与销售部门签订了“不进假货，不卖假货”的承诺书，与生产厂家签订了“商品质量保证协议”，推行商品质量保险。签署《全国商业服务企业质量与信誉承诺书》，提高了企业信誉，维护了消费者的利益。

3．加快投资项目的进度。去年，公司认真抓好投资项目的建设和完善工作，到年底止所有项目均已完工投入运转，部分产品已开始走向市场，其中竹木地板及导光纤维产品可望在97年获得较好的收益。

4．积极做好边贸及进出口业务。去年，公司克服了政策面及大环境所带来的影响，不断拓宽业务范围，与国内外客商建立了良好的业务往来关系，边境贸易、外贸代理和自营业务都取得了一定的收益。

（二）主要经济指标分析

截至1996年12月31日，经成都市蜀都会计师事务所审计，本公司1996年实现主营业务收入35553.02万元，实现利润总额4371.03万元，税后利润3618.35万元，分别完成计划的61.66%、97.87%、95.32%。

差异原因：1．由于多种因素的影响，公司新北楼未能如期全面投入使用。受顾客消费心理的影响，运转部分亦未能达到预期的效果。

2．新楼部分开业，新增人员数量翻倍，费用开支增大影响利润。

3．导光纤维等投资项目由于受生产条件及其它因素的影响，推迟投资时间，影响利润增长。

（三）募集资金使用情况说明

1996年6月26日，公司通过新股发行上市，共募集资金16092万元（扣除发行费用），按照《招股说明书》所述，用于公司南营业楼的扩建、改造工作。截至1996年12月31日止，本公司已投入382.9万元作为该地段旧民宅居民拆迁周转用房的建设。

四、股本变化及股本结构情况

1．股本变化及股本结构情况

（1）股本结构情况　　（单位：万股）

	期初数	本年度增减	期末数
一、尚未流通股份			
1．发起人股份			
国家拥有股份	2226		2226
2．募集法人股	2862		2862
3．内部职工股	1272	-318	954
尚未流通股份合计	6360		6042
二、已流通股份			
境内上市的人民币普通股		+3000	3000
已流通股份合计			3000
三、股份总额	6360		9042

股本变动情况及原因

经中国证监会批准，本公司1996年6月3日采用“上网定价”方式公开发行人民币普通股2682万股，6月26日在上海证券交易所挂牌交易，原内部职工股318万股占额度上市。

（3）主要股东持股情况（前十名股东）

股东名称	年末持股数（万股）	占总股本比例（%）
1．南宁市国有资产管理局	2226	24.62
2．南宁泰安物业发展有限公司	499.8	5.53
3．南宁中兴公司	410	4.53
4．南宁市银丰劳动服务公司	120	1.33
5．广西区工商银行信托投资公司	100	1.11
6．南宁市永胜工贸公司	100	1.11
7．南宁市海辉物质供应公司	72.2	0.798
8．广西南宁金苑房地产公司	72	0.796
9．南宁市保险公司	70	0.774
10．李继群	68.5255	0.758

（4）年末股东总户数为22184户，其中国家股东1户，法人股东131户，社会公众股东22052户。

北京市西单商场股份有限公司

1996年年度报告摘要　（摘选）

一、公司简况

公司名称：北京市西单商场股份有限公司

法人代表：王　权　　　　邮政编码：100031

公司地址：北京西单北大街120号

电话：010—66024984　　　传真：010—66014196

二、主要财务数据与财务指标

指标项目	1996年	1995年	比上年增长(%)	1994年	扣息后指标
1.主营业务收入(万元)	156918.73	109406.53	43.43	44901.11	156918.73
2.净利润(万元)	6978.85	2642.94	164.06	512.80	6284.76
3.总资产(万元)	77360.62	62748.95	23.29	57714.81	77360.62
4.股东权益(万元)	53432.77	19797.95	169.89	18316.03	52738.68
5.每股收益(元)	0.36	0.18	100.00	0.03	0.33
6.每股净资产(元)	2.79	1.31	112.98	1.16	2.75
7.净资产收益率(%)	13.06	13.35		2.84	11.92
8.股东权益比率(%)	69.07	31.55		31.74	68.17

三、公司主要业务回顾

1．一年来公司经营情况

公司在1996年国家宏观经济环境向好，消费市场稳中趋活的有利形势下，商品经营稳步增长，经营能力不断提高，全年实际销售总额15.69亿元，比上年增长43.43%；实现利润1.06亿元，比上年增长162.81%。商品销售总额继93年之后再次跃居北京市零售企业销售总额第一位。

公司1996年销售计划15.40亿元，实际完成15.69亿元，完成101.88%，利润计划1.02亿元，实际完成1.06亿元，完成103.73%。

公司96年在主营业务方面根据市场消费需求的变化，进一步明确以利润为中心的指导思想，调整经营、挖掘潜力，提高质量，满足消费者多层次、高品位的购物需求。一是适应市场需求变化，调整商品经营结构。在坚持已确定的商品经营定位的原则下，将北楼调整成为面向青年消费群体，突出名牌经营特色的经营场地。南楼突出了大众名牌规模经营特色，经营布局调整后效益显著。自8月份以来，公司主营销售和利润月月处于全国同行业领先水平。二是抓好零售业务，提高经营质量。不断降低进货成本，提高商品毛利率。以重点商品、应季商品和热销商品，带动整体促销。在北京市率先推出社会公众公开服务承诺制度，公司的信誉度显著提高。三是开拓新领域，增强服务功能，开设了快餐店与室内旱冰场，使公司服务功能进一步完善。

繁星超市公司全年新开连锁店22家，总体规模已达30家，总经营面积10000平方米，经营规模的扩大大幅度降低了成本，平均毛利率由上年的16%上升到20%。10月份，新配送中心的电脑物流管理系统和库房投入使用，商品配送率达到85%。连锁店开发已步入低投入、低成本、高速度、规范化的发展道路，显示了良好的发展前景。

2．公司前次募集资金使用情况说明

1996年6月，公司向社会公开发行A股4080万股，实际募集资金26559万元，现将募集资金使用情况说明如下：

(1) 用于繁星超市公司投资3500万元，全年开办22家连锁超市。

(2) 瑞海大厦因拆迁困难工程推迟，该项目由西单商场集团筹备，公司代垫工程款5000万元。

(3) 用于南营业楼改造工程款15000万元。

(4) 补充公司流动资金3059万元。

四、股本变化及股本结构情况

1．股本变化及股本结构情况

(1) 股本结构情况　　　（单位：万股）

一、尚未流通股份	期初数	本年度增减	期末数
1．发起人股份	11683.23		11683.23
其中：国家拥有股份	10083.23		10083.23
境内法人持有股份	1600.00		1600.00
2．募集法人股	600.00		600.00
3．内部职工股	2800.00	-980.00	1820.00
尚未流通股份合计	15083.23	-980.00	14103.23
二、已流通股份			
境内上市的人民币普通股	5060.00		5060.00
已流通股份合计	5060.00		5060.00
三、股份总数	15083.23	4080.00	19163.23

(2) 股本变动情况说明

经中国证监会批准，本公司于1996年6月27日在上证所以"上网定价"方式发行社会公众股4080万股，并于1996年7月16日上市交易，内部职工股980万股占额度一并上市交易，上表期末数是1996年新股发行后的股本数。

(3) 主要股东持股情况

股东名称	持股数量(万股)	持股比例%
1) 北京西单商场集团	10083.23	52.62
2) 中国五金矿产进出口总公司	400.00	2.09
3) 中国宝安集团股份有限公司	400.00	2,09
4) 中国工商银行北京信托投资公司	400.00	2.09
5) 中国建设银行信托投资公司	400.00	2.09
6) 振泰实业	176.98	0.92
7) 李伟芳	83.96	0.44
8) 北京市国有资产经营公司	80.00	0.42
9) 周静	72.10	0.38
10) 赵刚	68.50	0.36

(4) 年末股东总数为28195户，其中国有法人股东1户，法人股东38户，社会公众股东28156户。

2．公司董事、监事及高级管理人员持股情况

姓名	职务	年初持股数(股)	年末持股数(股)
王　权	董事长	24000	24000
刘秀玲	副董事长、总经理	23000	23000
李恒茂	董事、副总经理	21000	21000
丁淑芳	董事、副总经理	21000	21000
朱立青	董事、副总经理、总会计师	21000	21000
杨星奎	董事、副总经理	21000	21000
李　宪	董事、副总经理	17000	17000
边　江	董事	0	0
于　帆	董事	20000	20000
李大铮	董事	20000	20000
王培林	董事	0	0
杨姿聪	副总经理	14000	14000
岳其徽	监事长	14000	14000
王秀婷	监事	19000	19000
张春玲	监事	15000	15000

山东环宇(集团)股份有限公司

1996年年度报告摘要　（摘选）

一、公司简况

公司名称：山东环宇(集团)股份有限公司

法人代表：李光法　　　　邮政编码：276002

公司地址：山东省临沂市解放路88号

电话：0539—8225018—2031　传真：0539—8226339

二、主要财务数据与财务指标(合并)

指标项目	本年数	上年数	比上年增减(%)
1.主营业务收入(万元)	18242.8	29928.1	-39.0
2.净利润(万元)	106.1	773.9	-86.3
3.总资产(万元)	20768.5	20997.9	-1.1
4.股东权益(万元)	13336.4	13230.3	0.8
5.每股收益(元)(摊薄)	0.01	0.13	-92.3
6.每股净资产(元)(摊薄)	1.52	2.27	-33.0
7.净资产收益率(%)	0.80	5.85	-86.3
8.股东权益比率(%)	64.21	63.01	1.9

三、公司主要业务回顾

1.一年来经营情况

1996年公司在董事会的直接指导下，认真执行股东大会决议，紧紧围绕公司全年总的工作指导思想，开拓经营，强化管理，取得了一定成绩。1996年公司全年实现商品销售收入18242.8万元，税后利润106.1万元。全年实现零售业务收入和利润额在国家统计局贸易外经司统计的全国215家重点百货零售企业排序中分别列第163位和第131位。一年来，行业竞争的日趋激烈给公司业务造成较大压力和冲击。同时，由于金融政策的从紧，公司流动资金匮乏，影响了公司经营的不断扩展。在不利的经营条件下，公司及时调整经营策略，采取了各种促销增效措施：一是眼睛向内，以财务管理为中心，全面加强企业管理。二是合理调整营业结构，对公司所属两大零售商场统一布局，统一管理。三是以过硬的商品和优质的服务来赢得顾客，保住市场。四是广泛开展了一系列促销活动，如举办了“欢乐购物节”，“免费购物日”，“首届服装节”等活动。五是突出经营重点，搞好特色经营。由于以上措施的实施，一定程度上遏制了经营不断下滑的局面。

2.本年度主营业务收入、净利润完成情况分析：

1996年公司实现营业收入18242.8万元，低于预测数30000万元的39.19%；实现税后利润106.1万元，低于预测数901万元的88.22%。造成差异的主要原因有如下几点：

(1) 报告期公司实现主营业务收入低于预测数的39.19%，系公司所属临沂国际贸易公司实现商品销售收入较上年大幅下降所致。分析主要原因：一是其内部经营责任制没能充分调动经营人员的积极性。二是原先主营的建筑材料、农副产品等大类商品市场发生变化，而公司没能及时调整经营结构，适应市场需要。三是流动资金紧张，导致大量机遇买卖丢失。

(2) 报告期公司实现税后利润低于预测数的88.22%，主要系公司所属两大零售商场报告期毛利率较上年大幅度下降所致。报告期由于外部经营环境变化，为在日趋激烈的市场竞争中站稳脚跟，公司采取薄利多销策略，让利不让市场，加之为盘活现有资产，加速资金周转，降价处理了一批销小存大商品，致使两大零售商场报告期商品毛利率仅为7.4%，较上年的11.9%下降4.5%，由此减少利润785.2万元。

(3) 内部管理存在薄弱环节，一是内部经营责任制不够完善，没有充分调动全体员工的积极性，内部经营管理潜力较大。二是财务管理需进一步加强。报告期与上年相比，资金占用不甚合理，周转速度明显减慢，各项费用开支压缩潜力较大。三是服务质量有待进一步提高。董事会并经理班子对此向全体股东致歉。

四、股本变化及股本结构情况

1.股本变化及股本结构情况

(1) 截止1996年末，公司股本结构如下：

单位：万股

	年初数	送红股数	年末数
一、尚未流通股			
1.发起人股份			
国家股	3030	1515	4545
尚未流通股份合计	3030	1515	4545
二、已流通股份			
1.境内上市的人民币普通股	2808.15	1404.075	4212.225
三、股份总额	5838.15	2919.075	8757.225

(2) 股本变动情况及原因

根据1995年度股东大会决议，公司于1996年9月20日实施了每10股送5股的分配方案。以上方案实施后，公司股本总额由原5838.15万股增加至8757.225万股。

(3) 主要股东持股情况(前十名股东)

股东名称	年末持股数(万股)	占总股本(%)
临沂国有资产管理局	4545	51.90
李　军	101.085	1.15
刘志强	78.6	0.90
顾　忠	35	0.40
李　文	35	0.40
钟建政	33	0.38
姚兰亭	24	0.27
陈前平	23	0.26
曾德清	23	0.26
陈水林	20	0.23

4.股东数量：截止1996年12月31日股东总数为22839户，其中国家股东1户，社会公众股东22838户。

5.子公司及关联企业

企业名称	注册资金(万元)	主营业务	本公司拥有权益(%)
1 临沂鲁南商业大厦	2118	商品零售	100
2 临沂人民商场	310	商品零售	100
3 临沂国际贸易公司	203	进出口业务	100
4 临沂永利食品有限公司	168.2	脱水蔬菜加工销售	37.50
5 临沂恒利食品有限公司	168.2	脱水蔬菜加工销售	37.50
6 临沂通利珠宝钻石工艺品有限公司	187.3	钻石制品加工销售	42.98

兰州民百(集团)股份有限公司

1996年年度报告摘要　（摘选）

一、公司简况

公司名称：兰州民百(集团)股份有限公司

法人代表：范余祯　　　邮政编码：730030

公司地址:兰州市中山路368号

电话：(0931)8473891、8488999－2902　　传真：(0931)8486468

二、主要财务数据与财务指标

单位:人民币万元

指标项目	本年数	上年数	比上年增减(%)
1.主营业务收入	61267	55241	10.91
2.净利润	2079	2011	3.38
3.总资产	57768	47915	20.56
4.股东权益	19771	17152	16.44
5.每股收益(元)	0.41	0.40	2.5
6.每股净资产(元)	3.94	3.42	15.20
7.净资产收益率(%)	10.41	11.72	－11.17
8.股东权益比率(%)	34.22	35.80	－4.41

三、公司业务回顾

(一)一年来经营情况

1996年,本公司处于全国零售商业销售普遍疲软和竞争日趋激烈的环境,下半年由于公司主要零售商场之一"民百大楼"实施改、扩建工程,对公司主营业务收益增长有一定影响。全年完成商品销售收入61267万元,比上年度增长10.91%,完成净利润2079万元,比上年度增加3.4%。

1996年,本公司最大的零售商场亚欧商厦建设工程基本告竣,新增建设工程投资转为固定资产约1亿元,公司当年开始对这部分新增固定资产计提折旧,当年累计新增折旧900万元,折旧大幅度增加,也从一定程度上影响了公司利润总额和净利润的增长。

1996年7月30日公司股票《上市公告书》披露1996年盈利预测为商品销售收入额68600万元,利润总额4000万元,净利润2680万元,实际分别完成预测值的89.31%、77.55%和77.57%。

(二)前次募集资金使用情况的说明

本公司1992年8月经兰州市人民政府批准,向社会公开发行股票,共募得资金9115万元,全部投入亚欧商厦工程建设,亚欧商厦已在基本竣工后营业2年6个月,运营情况良好。至本报告年末止,公司未有实施配售新股和发行其它股票增资。

四、股本变化及股本结构情况

(一)股权结构:

截至1996年12月31日,公司总股本及其股权结构与公司股票《上市公告书》披露的完全一致,未发生任何变动。股权结构是:(单位:股;面值:1元)

股份类别	年初数		年末数	
	股份数	比例(%)	股份数	比例(%)
1、尚未流通股份				
(1)国家股	880	17.55	880	17.55
(2)境内法人股	1400.5	27.92	1400.5	27.92
尚未流通股份合计	2280.5	45.47	2280.5	45.47
2、已流通股份				
(1)社会公众股	2734.5	54.53	2734.5	54.53
3、股份总数	5015	100	5015	100

(二)主要股东持股情况

截止1996年12月31日,本公司位列前10名股东的持股情况:

股东名称	持股数(万股)	持股比例(%)
1)兰州市一商国有资产经营公司	880	17.55
2)兰州第三产业集团公司	780	15.55
3)南京呈元建筑装饰有限公司	312	6.22
4)周喜庆	107	2.13
5)寻财胜	97	1.93
6)黄华	96.27	1.92
7)甘肃世安电子监控公司	78	1.56
8)杨广纪	73.06	1.46
9)杨明选	72.875	1.45
10兰州市城市建设综合开发公司	60.06	1.20
合计	2556.265	50.97

(三)年末股东人数

截止1996年12月31日,公司股东总人数12746人,其中:

国家股　　1人;

法人股　　17人;

社会公众股　　12728人。

(四)公司董事、监事与高级管理人员持股情况

姓名	职务	年初持股数	年末持股数
范余祯	董事长兼总经理	3000	3000
甘培万	董事　副总经理	3000	3000
禄正平	董事　副总经理	3000	3000
仇俊杰	董事　副总经理	1500	1500
王汝荣	董事	0	0
李俊飞	董事	0	0
刘冠平	董事	0	0
李郁芬	董事	0	0
刘富贵	副总经理	1500	1500
苏亚光	副总经理	1500	1500
张石林	监事会主席	2250	2250
付天恩	监事	0	0
余祥容	监事	10350	10350
张国海	监事	1500	1500
马　丽	监事	4500	4500
合　计		32100	32100

(注:期内公司董事、监事及高级管理人员持股情况未发生变动,其与公司股票《上市公告书》披露的持股总额不一致系因3位董事、4位监事辞去职务。)

上海新亚(集团)股份有限公司

1996年年度报告摘要 (摘选)

一、公司简况

公司名称：上海新亚(集团)股份有限公司

法人代表：沈思明　　邮政编码：200002

公司地址：上海市江西中路180号

电话：(021)63536304;63538008×2404　　传真：(021)63533021

二、主要财务数据与财务指标

(单位：元)

指标项目	本年数	上年数	比上年增减(%)
1.主营业务收入	744,607,273.75	695,545,416.43	7.05
2.净利润	87,410,749.44	76,571,675.68	14.16
3.总资产	1,811,167,216.56	1,810,849,804.85	0.02
4.股东权益	871,841,581.26	745,856,773.93	16.89
5.每股收益	0.246	0.228	7.89
6.每股净资产	2.46	2.22	10.81
7.股东权益比率(%)	48.14	41.19	16.87
8.净资产收益率(%)	10.02	10.27	-2.43

三、公司主要业务回顾

1．一年来经营情况

上海新亚(集团)股份有限公司在1996年酒店、餐饮业市场供应增长大于消费增长、竞争加剧的情况下，重视管理，扎实工作，狠抓主营业务酒店和餐饮，拓展多元化经营，资产经营有所突破，公司A股发行并上市，规范化建设取得新进展，全年实现营业收入7.45亿元，比上年增长7.05%，完成年度计划的97.97%；税后净利润8741万元，比上年增长14.16%，完成年度计划的112.07%；年末总资产18.11亿元，净资产8.72亿元。

在酒店业方面，一批新建酒店完工，并投入试营业，使公司全资或控股的酒店客房数达到5400间，按五星级标准合资建造的新亚汤臣大酒店于6月28日起试营业，是浦东新区首家高星级酒店，经营呈稳步上升的良好态势；新亚广场大酒店和新亚长城大酒店分别于5月6日和8月28日起试营业，在涉外接待中初步打开了局面；新亚明珠大酒店和新亚之光大酒店也于年内试营业，以上新酒店的建成开业，为公司主营业务的经营与发展奠定了良好的基础。

原有高星级酒店经营稳定、略有提高。扬子江大酒店全年营业收入为25888万元，海仑宾馆为16952万元，建国宾馆为12012万元。这二家酒店效益明显，已进入收获期。

原有中档酒店在竞争日益加剧的困难情况下，拓展业务、发扬特色、努力保持市场份额，客房入住率在全市平均水平之上。

酒店管理业务迈开步子、发展较快，年内新亚(集团)酒店管理公司已有三个项目试营业，为公司增加了新的盈利增长点。

连锁快餐业持续稳定发展。年内肯德基新开餐厅12家，共达28家，全年实现营业收入46744万元，比上年增长75%，税后净利润比上年增长50%。

2．前次募集资金使用情况说明

公司于1996年9月发行人民币普通股(A股)1900万股，共募集资金8835万元，规划用于以下项目：

(1)新亚食品厂迁址扩建投入资金人民币2651万元，1996年已投入1300万元，用于购置土地厂房，更新、添置设备；

(2)新城饭店整体改造项目计划投入资金人民币2997万元，1996年已投入124万元用于改造消防监控系统和更新油锅炉项目；

(3)向上海新亚(集团)酒店管理公司增加注册资本人民币1700万元，使其注册资本达到2000万元，整个增资工作将在1997年上半年完成；

(4)1487万元已按计划补充公司流动资金。

四、股本变化及股本结构情况

1．股本结构情况　　(单位：股，每股面值一元)

	96年末数	比例%	95年末数	比例%
A.尚未流通股份	229,641,500	64.75	235,641,500	70.21
其中：国家持股	163,641,500	46.14	163,641,500	48.75
社会法人持股	60,000,000	16.92	60,000,000	17.88
职工内部股	6,000,000	1.69	12,000,000	3.58
B.已流通股份	125,000,000	35.25	100,000,000	29.79
人民币普通股	25,000,000	7.05		
境内上市的外资股(B股)	100,000,000	28.20	100,000,000	29.97
C.股份合计	354,641,500	100.00	335,641,500	100.00

2．96年9月向社会公开发行人民币普通股1900万股，并与600万股公司内部职工一同于1996年10月在上海证券交易所上市。

3．主要股东持股情况

股东名称	持股数量(万股)	持股比例%
(1)上海新亚(集团)有限公司	16364.15	46.14
(2)上海国际信托投资公司	900.00	2.54
(3)上海久事公司	800.00	2.26
(4)上海轮胎橡胶(集团)股份有限公司	600.00	1.69
(5)上海市城市建设投资开发总公司	600.00	1.69
(6)交通银行上海分行	500.00	1.41
(7)上海市陆家嘴金融贸易区开发股份有限公司	500.00	1.41
(8)上海闵行联合发展有限公司	500.00	1.41
(9)HKSBCSB A/C STATE STREET BANK AND TRUST S/A THE CHINA FUND	454.50	1.28
(10)HKSBCSB A/C STB S/A IV-TOYO CHINA FUND	395.00	1.11

4．1996年末，公司流通股股东总数为24223户；未流通股股东总数为13247户。

烟台华联商厦股份有限公司

1996年年度报告摘要 （摘选）

一、公司简况

公司名称：烟台华联商厦股份有限公司

法人代表：孙德志　　　　　邮政编码：264001

公司地址：中国山东烟台南大街261号

电话：0535—6224206-3509　　　　传真:0535—6215301

二、主要财务数据与财务指标(合并)

单位:万元

指 标 项 目	本年数	上年数	比上年增减(%)
1.主营业务收入	21,614.65	23,403.38	-7.64
2.净利润	908.89	1,203.31	-24.47
3.总资产	18,445.42	15,430.27	+19.54
4.股东权益	8,463.39	7,554.50	+12.03
5.每股收益(元)	0.17	0.23	-26.09
6.每股净资产(元)	1.58	1.41	+12.06
7.净资产收益率(%)	10.74	15.93	-32.58
8.股东权益比率(%)	45.88	48.96	-6.29

三、公司主要业务回顾

1.一年来经营情况

1996年是国家实施"九五"计划的第一年，也是公司二次创业的奠基之年。公司在董事会的领导下，以提高对"两个根本性转变"的认识入手，紧紧围绕公司全年总的工作指导思想，以抓管理创效益，抓调整创特色为目标，积极推进建立现代企业制度的进程，扎扎实实地开展各项工作。1996年，公司实现主营业务收入21614.65万元，实现利润1356万元。在内贸部商业信息中心200家重点大商场主要经济指标排序中，1-11月份公司销售额和利润额分别排列第68位和48位；在拥有38家成员单位的全国华联商厦集团中，公司销售和利润分别排列第13位和第7位；在山东省商业系统中，销售额及利税分别排列第7位和第9位。

全年主要做了以下几项工作：

1)以市场为导向，优化结构，促进销售。

今年在市场竞争和消费分流加剧的双重压力下，公司确立了"以调整促发展"的经营策略，加大经营布局和商品结构的调整力度，运用广告宣传、价格策略、优势品牌和委托代理等手段，树立了精品、专柜、总经销、总代理的经营特色。增强了公司在同行业中的竞争能力，使销售工作有了一定拓展。

2)以管理为本，向管理要效益。

公司在抓销售的同时，向管理要效益，眼睛向内，以加强管理工作为重点，以理顺财务管理体制、加强费用预算管理为出发点，通过控制资金占用、费用支出和库存总量，处理有问题商品和应收应付款项，强化商品质量与服务质量管理等一系列措施，降低成本提高效益。

3)规范运作，强化法人治理机制。

1996年是公司转为上市公司的第一年，公司以股票上市为契机，本着对全体股东高度负责的精神，牢固树立了股东第一位和依法规范运作的观念，对现有的公司法人治理机制进行了进一步的规范，保证了股东大会、董事会、监事会和经理层权责明确、各司其职、各尽其责。

4)加强职工队伍建设，提高企业整体素质。

2.本年度主营业务收入，净利润实际完成情况分析：

公司全年实现主营业务收入：21,614.65万元，比上年降低7.64%，其主要原因在于部分商场装修改造和商场内部结构调整；全年实现净利润908.89万元，较去年下降24.47%，其主要原因在于：根据山东省政府(93)鲁政函159号文和山东省鲁证字1995(150)号文规定，自1993年起公司实现利润按15%计征所得税，所得税按应付税款法核算。1996年根据山东省政府鲁证字(1996)101号文的规定，公司实现的利润由税务部门按33%征收所得税，由财政部门按18%返还，列收列支，返还部分用于企业发展，共同享有。由于核算方法的不同，1996年实现净利润与上年相比下降幅度较大。

四、股本变化及股本结构情况

1)股本结构(截止1996年末)

数量单位:股　每股面值:1元

	年初数	年末数
一、尚未流通股份		
1.发起人股份		
国家拥有股份	25,980,000	25,980,000
2.募集法人股	10,700,000	10,700,000
尚未流通股份合计	36,680,000	36,680,000
二、已流通股份		
其中:境内上市的		
人民币普通股	16,725,900	16,725,900
已流通股份合计	16,725,900	16,725,900
三、股份总数	53,405,900	53,405,900

2)1996年公司总股份及股本结构未发生变化。

3)主要前十名股东持股情况

股 东 名 称	年末持股数(股)	占总股本(%)
1)烟台市国有资产经营公司(国家股)	25,980,000	48.65
2)中国糖业酒类集团总公司	8,000,000	14.98
3)建行芝罘区支行西南河办事处	1,000,000	1.87
4)烟台张裕葡萄酿酒公司	500,000	0.94
5)烟台市聚氨脂制品工业公司	500,000	0.94
6)张福兴	250,000	0.47
7)陈静静	250,000	0.47
8)杨启明	210,000	0.39
9)烟台市华侨商品供应公司	200,000	0.37
10)烟台市龙口发电厂	200,000	0.37

4)股东数量

截止1996年12月31日公司股东总数为13230位，其中：国家股股东1位，社会法人股股东9位，社会公众股股东13220位。

武汉市汉商集团股份有限公司

1996 年年度报告摘要　（摘选）

一、公司简况

公司名称：武汉市汉商集团股份有限公司

法人代表：张宪华　　　邮政编码：430050

公司地址：武汉市汉阳大道 134 号

电话：(027)4843197　　　传真：(027)4842384

二、主要财务数据与财务指标

指标项目	本年数	上年数	比上年增减(%)
1.主营业务收入(万元)	75,963.03	61,437.57	+23.64
2.净利润(万元)	3,615.80	3,125.04	+15.70
3.总资产(万元)	46,258.55	28,849.84	+60.34
4.股东权益(万元)	20,589.52	14,374.45	+43.24
5.每股收益(元)	0.72	0.62	+16.13
6.每股净资产(元)	4.10	2.86	+43.36
7.净资产收益率(%)	17.56	21.74	−19.22
8.股东权益比率(%)	44.51	49.83	−10.68

三、公司主要业务回顾

(一) 一年来经营情况

1996 年是公司改革、发展史上具有里程碑意义的一年。面对国家在宏观上继续实行紧缩政策、市场竞争更趋激烈、百货零售业普遍大滑坡的大环境，公司围绕党中央提出的"实现两个根本转变"的方针，坚持发挥本身的商誉优势、资金优势、管理优势，审时度势，把握机遇，果断决策，不断壮大主营业务的经营规模，创造规模效益；大力强化以商品力、形象力、经营力、文化力为主的"四力并重"经营策略，形成适应市场、引导市场的新的竞争优势，从而，变被动为主动，取得了显著成效。全年实现主营业务收入 8.89 亿元，实现利润总额 4268.26 万元，分别比上年同期增长 23.64%和 24.24%，增幅居全省、全市同行业前列。

1. 着力资本运营，壮大经营规模。扩大经营规模，发挥规模效益，是公司主营业务高速发展的重要途径。1996 年公司完成了对原武汉商贸城的兼并。这是公司发展史上第六次兼并，也是全市商界首次最大的企业资产流动和重组，在社会各界引起了巨大的反响。公司又注入资金 5000 余万元，仅用 191 天时间，高质量、高标准完成其改扩建工程，一个崭新的购物中心——汉商集团汉口商场展现在三镇闹市中心的江汉路上，使公司经营面积由原 3.2 万平方米扩大为 5.6 万平方米，实现当年兼并、当年改造开业、当年销售过亿元、当年还贷 1500 万元，实现了资产增值和跨江经营的第一步目标，为夺取全年优良业绩创造了良好条件。

2. 强化营销策略，创建独特风格的经营优势。1996 年公司成功地推出了"四力并重"的营销策略，强劲地显示了独具风格的经营活力。

(1) 强化企业形象宣传，进一步提高公司知名度。企业形象是企业的生命。本年度，公司以市商委发出的"全市商业学汉商"号召和汉口商场开业及公司股票上市为契机，擂响了以汉商集团作为 96 年度全市经济战线第一个重大新闻典型进行系列宣传的战鼓，中央、省、市多媒体新闻报道达 224 篇之多，公司还在武汉电视台天气预报前推出了"购物天堂数汉商"的广告导语和组织了多方位、多种形式的文艺活动和展销活动，极大地提高了公司在公众中的声誉，为扩大经营培育了良好的社会环境。

(2) 狠抓特色经营，抢占市场份额。一是扩大自营，确保了商品品种和质量。各商品公司按照集团公司的决策，由过去以代销为主转变为以自营为主，狠抓商品的多样化和系列化，抓优势品牌商品，顺应潮流；二是优价扩销，增强竞争优势。电讯公司加强与生产厂家联手，采取独家买新的销售形式，在全市实行家电产品最低价，以绝对优势吸引众多消费者；三是变坐商为行商，送货上门，放下大商场架子，在大型厂矿和郊区为重点，选择物美价廉的商品，上门服务，深受消费者欢迎。

3. 完善现代企业制度，探索科学管理的新途径。为适应经营规模迅速扩展的需要，公司确立了"一体经营、分级考核、条块结合、权责对应"的管理新体制，实行"一套资金、一套商品、一套库存、一套班子"的连锁经营与四级管理并举的运行模式，重新审修了主要规章制度，实现了经营费用明显节约，资金周转显著加快，经济效益稳步提高，标志着公司加速了由粗放型经营向集约化经营的转变。

(二) 主要经济指标分析

本年度主营业务收入年计划 8.58 亿元，实际完成 8.89 亿元，完成计划的 103.61%，全年利润计划 4000 万元，实际完成 4268.26 万元，完成计划的 106.71%，完成预测的各项指标数。

四、股本变化及股本结构情况

(一) 公司股本变化与结构情况

1. 公司股本结构

数量单位：万股　　每股面值：1 元

	期初数	本次变动数	期末数
(1) 尚未流通股份			
其中：国家拥有股份	2000	0	2000
境内法人拥有股份	1741	0	1741
尚未流通股份合计	3741	0	3741
(2) 已流通股份			
境内上市人民币普通股	1280	0	1280
(3) 股份总额	5021	0	5021

2. 公司本年度股本结构未作变动。

3. 主要股东持股情况(前十名股东)

名次	股东名称	持股数(万股)	占总股本(%)
(1)	武汉市汉阳区国有资产管理委员会办公室	2000	39.8
(2)	交通银行武汉分行	300	5.97
(3)	中国建设银行武汉市信托投资公司	200	3.98
(4)	中国工商银行武汉市信托投资公司	200	3.98
(5)	中国农业银行武汉市信托投资公司	200	3.98
(6)	海通证券有限公司	154.84	3.08
(7)	中国工商银行湖北省信托投资公司	100	1.99
(8)	武汉国际租赁公司	52	1.03
(9)	武汉证券公司	50	1.00
(10)	中国五环化学工程总公司	50	1.00

4. 截止 1996 年底，公司股东总数为 7774 户，其中国家股股东 1 户，法人股股东 44 户，社会公众股股东 7729 户。

银川新华百货商店股份有限公司

1996年年度报告摘要 （摘选）

一、公司简况

公司名称：银川新华百货商店股份有限公司

法人代表：徐鸣凤　　邮政编码：750004

公司地址：宁夏回族自治区银川市新华东街59号

电话：0951－6024044　　传真：0951－6041983

二、主要财务数据与财务指标

指标项目	本年数	上年数	比上年增减(%)
1.主营业务收入(元)	74,677,537.89	109,708,722.11	－31.93
2.净利润(元)	5,091,933.92	6,651,137.83	－23.44
3.总资产(元)	60,137,613.29	43,334,285.42	38.78
4.股东权益(元)	50,219,485.83	27,681,123.20	81.42
5.每股收益(元)	0.18	0.35	－48.57
6.每股净资产(元)	1.79	1.46	22.60
7.净资产收益率(%)	10.14	24.03	－57.80
8.股东权益比率(%)	83.51	63.88	30.73

注：根据宁夏回族自治区宁政函发110号、银川市人民政府银政发62号文所得税实行先征后返，故公司1996年实现利润即净利润，以此计算每股收益为0.27元。

三、公司业务经营回顾

1．一年来经营情况

本公司是以百货零售为主的综合性大楼。1996年全年完成主营业务收入7,467.75万元，实现利润759.99万元，分别比预测数下降21.39%和9.25%，主要是下半年企业进行翻、扩建，部分主营业楼拆除，两个正门封闭、主街受阻所致。但公司努力克服此不利因素，通过革新经营方式、强化内部管理、举办各种促销活动，开展“净化语言工程”，并在本地区率先推出“总经理名片服务”等活动，优化进货渠道，稳定货源基地，充分发挥分店的优势，形成一个以名牌商品为龙头、以大众化品牌为基础的具有“新华百货”特色的销售格局，以最大限度来弥补公司翻、扩建造成的经济损失；同时，公司聘请实力较强的建筑监理公司监督工程的进度和质量，以确保按期交工。竣工后，商场营业面积将增加三倍，销售额预计达2.5亿元，将成为宁夏回族自治区最大的集购物、娱乐、餐饮为一体的综合性商业大厦。届时，公司将以良好的业绩回报广大股东。

2、募集资金使用情况说明

公司于1996年12月24日向社会公开发行人民币普通股2550万股(含公司职工股255万股)，扣除发行费用510万元，实际到位资金9,817.5万元，已按资金运用计划投入使用。截止1996年12月末翻、扩建工程实际投入资金1,286.67万元，主楼已建至四层框架，工程进度达到12.8%，预计1997年10月中旬竣工。

四、股本变化及股本结构情况

1．截止1996年末，公司股本结构如下：

	期初数	革次变动增减(＋、－)	期末数
一.尚未流通股份			
1.发起人股份			
其中：国有法人持有股份	1,300	600	1,900
2.募集法人股		650	650
3.公司职工股		255	255
尚未流通股份合计	1,300	1,505	2,805
二.已流通股份			
境内上市的人民币普通股			
三.股份总数	1,300	1,505	2,805

(2)股本变动原因：

截止1996年末股本总额为2,805万股，较上年增加1,505万股，系公司发起人及公司职工股股本投入。社会公众股(不含公司职工股)至1996年12月31日股本已投入，但银行到帐为1997年1月3日，故2,295万股未反映在本期。

(3)主要股东持股情况(前十名股东)

股东名称	年初持股数(万股)	占总股本(%)
银川市新华百货商店	1900	67.74
宁夏长城机器制造厂	200	7.13
宁夏制药厂	200	7.13
宁夏糖酒副食品总公司	150	5.35
银川市电信局顺达开发公司	100	3.56
徐鸣凤	0.3	0.01
郑潮英	0.2	0.01
林立	0.2	0.01
邓军	0.2	0.01
张凤琴	0.2	0.01

(4)截止到1996年末，公司股东总数为23,560户，其中：法人股东5户，社会公众股股东22,950户，公司职工股股东605户。

2、公司董事、监事与高级管理人员持股情况

姓名	职务	年初持股数	年末持股数	变动原因
徐鸣凤	董事长	0	3000	本次买入
郑潮英	副董事长兼副总经理	0	2000	本次买入
邓　军	董事兼总经理	0	2000	本次买入
张凤琴	董事兼副总经理	0	2000	本次买入
马卫红	董事	0	1000	本次买入
孙文靖	董事	0	0	
胡吉东	董事	0	0	
蒋　瑛	董事	0	0	
侯随宁	董事	0	0	
林　立	监事会主席	0	2000	本次买入
喻　晶	监事	0	1000	本次买入
王金玲	监事	0	1000	本次买入
李金元	监事	0	1000	本次买入
袁　青	监事	0	1000	本次买入

济南百货大楼股份有限公司

1996年年度报告摘要　（摘选）

一、公司简况

公司名称：济南百货大楼股份有限公司

法人代表：刘传俊　　邮政编码：250011

公司地址：中国山东省济南市泉城路264号

电话：(0531)6030094　6912688—3042　传真：(0531)6914416

二、主要财务数据与财务指标

指标项目	1996年	1995年	比上年增减(%)
1.主营业务收入(万元)	21341	21474	－0.62
2.净利润(万元)	125	394	－68.22
3.总资产(万元)	30389	26672	＋13.94
4.股东权益(万元)	16522	16603	－0.49
5.每股收益(元)	0.015	0.06	－75
6.每股净资产(元)	1.99	2.40	－17.08
7.净资产收益率(%)	0.76	2.37	－67.93
8.股东权益比率(%)	54.37	62.25	－12.66

三、公司主要业务回顾

1．一年来经营情况：

一九九六年市场销售随着社会主义市场经济的逐步深入和各种宏观调控政策的实行已然发生了较大地变化，资金短缺和消费基金分流两大矛盾严重困扰着整个零售业，作为主营业务为百货零售业的公司，在经营方面遇到了诸多客观困难，在这种困难条件下，公司董事会带领全体员工，积极拓展市场，寻找市场销售热点，密切厂商关系，增加花色品种，提高服务质量，实施服务竞争战略，充分调动了广大员工的销售积极性，增收节支，狠抓管理，收到了一定的效果。一九九六年，公司主营业务收入实现21341万元，较上年下降0.62%，净利润实现125万元，较上年下降68.22%，其利润下降的主要原因是销售总值增幅不大，市场竞争加剧，利润率大幅下降，各种费用急剧增大，削价商品损失亦是今年利润下降的主要原因之一。

2．股金运用情况：

公司在一九九二年七月向社会公众公开发行股票，每股面值1元，溢价发行，发行价4元，所募资金主要用于公司中外合资建设的济南友谊装饰工程有限公司、济南友谊娱乐有限公司、济南友谊宾馆、济南友谊房地产有限公司，根据与合资外方签订的合资协议，我方主要是工程的前期投入(征地、拆迁等)，公司目前已向上述工程投资14960万元，但由于合资外方的原因，致使合资资金未如期投入，工程暂时搁置。目前，公司在有关部门的协调下，正在积极寻求解决方法，但公司的股金运用与原招股说明书无误。

四、股本变化及股本结构情况

1．股本变化及股本结构情况：

(1) 股本结构情况：

	96年末(万股)	比例(%)	95年末(万股)	比例(%)
(一)尚未流通股份：				
1.国家持股	2790	33.61	2325	33.61
2.社会法人股	561.6	6.77	468	6.77
小计	3351.6	40.38	2793	40.38
(二)已流通股份：				
境内上市的人民币普通股	4950	59.62	4125	59.62
(三)股份合计	8301.6	100	6918	100

(2) 股本变动情况及原因：

报告期内股份总额由九五年末的6918万股增加至8301.6万股，增加股数1383.6万股，其增加股份的原因是根据公司九五年度利润分配方案，每10股送2股所致。

(3) 前10名最大股东的持股情况：

股东名称	年初持股数量(万股)	比例(%)	年末持股数量(万股)	比例(%)	变动情况(万股)
1.济南市国有资产管理局	2325	33.61	2790	33.61	送股增加465
2.建行山东信托济南办事处	112.5	1.62	135	1.62	送股增加22.5
3.济南市高新技术开发建设总公司	112.5	1.62	135	1.62	送股增加22.5
4.山东国际信托投资公司	75	1.08	90	1.08	送股增加15
5.泰安市郊区范镇化工厂	26.25	0.37	31.5	0.37	送股增加5.25
6.北园城市信用社	22.5	0.32	27	0.32	送股增加4.5
7.重汽集团财务公司	14.25	0.20	17.1	0.20	送股增加2.85
8.农行山东信托潍坊办事处	11.25	0.16	13.5	0.16	送股增加2.25
9.农行山东信托淄博办事处	11.25	0.16	13.5	0.16	送股增加2.25
10.农行山东信托威海办事处	7.5	0.10	9	0.10	送股增加1.5

(4) 报告期末的股东总数19747户。

其中。国家股1户，法人股22户，社会个人股东19724户。

2．公司董事、监事与高级管理人员持股情况：

序号	姓名	职务	年初持股数	年末持股数	年内增加数	变动原因
1	刘传俊	董事长兼总经理	1500	1800	300	分红送股
2	刘绪顺	副董事长	1500	1800	300	分红送股
3	孟秀云	董事兼副总经理	1000	1200	200	分红送股
4	许金友	董事兼副总经理	1000	1200	200	分红送股
5	董　力	董事	1000	1200	200	分红送股
6	赵天山	董事	0	0		
7	张虎生	董事	0	0		
8	谢金河	监事会主任	1000	1200	200	分红送股
9	李淑贤	监事		500		
10	杨庆军	监事	0	0		
11	王玉琴	副总经理	0	0		
12	韩毅	副总经理	1000	12000	200	分红送股
13	孙绍群	副总经理	0	0		
14	刘莉	总经理助理	0	0		

3．子公司与关联企业

企业名称	注册资本	公司拥有权益	主营业务
大新家电商场	33万	100%	家用电品的零售批发
解放路商店	49.5万	100%	综合百货零售
中原商店	50万	100%	综合百货零售和批发

杭州解放路百货商店股份有限公司

1996年年度报告摘要 （摘选）

一、公司简况

公司名称：杭州解放路百货商店股份有限公司

法人代表：胡崇杏　　　　邮政编码：310001

公司地址：浙江省杭州市解放路211号

电话：(0571)7016888转　　传真：(0571)7012247

二、主要财务数据与财务指标

指标项目	本年数	上年数	比上年增减(%)
1.主营业务收入(万元)	92058.23	89749.04	2.57
2.净利润(万元)	4573.40	5603.35	－18.38
3.总资产(万元)	66632.00	48504.72	37.37
4.股东权益(万元)	35632.53	31909.22	11.67
5.每股收益(元)	0.318	0.428	－25.7
6.每股净资产(元)	2.48	2.44	1.64
7.净资产收益率(%)	12.83%	17.56%	－26.94
8.股东权益比率(%)	53.48%	65.79%	－18.71

三、公司主要业务回顾

1. 一年来经营情况

1996年，宏观经济环境稳定，在国家适度从紧的政策下，市场需求较为平淡，加上纷纷涌现的专业市场，公司的主营业务经历了前所未有的困难。对此，公司适时地提出二次创业的口号，及时调整经营思路，较好地克服了种种不利因素，各项工作仍取得一定成绩。公司在社会各界和全体股东的支持下，通过全体员工的辛勤工作，全年完成销售总额为111531.3万元(含税)，实现利润总额为5423.4万元。

1. 狠抓大本营建设，使之成为公司二次创业的支柱。

目前公司正处于大投入大发展的时期，会出现投入产出不平衡的暂时性困难，为稳步地渡过这一困难阶段，公司在经营方面进行了三大调整：一是以市场为导向，采取针对性的措施调整经营结构和经营场地。二是调整经营方式，增加总经销总代理的品种，提高自营能力。三是调整经营品种，加大品牌经营力度，积极引进国内外著名品牌，争取更多的销售额。

2. 以规模促增长，孕育新的经济增长点。

(1) 拓展周边市场，开设大型分店

96年公司利用自身的无形资产、营销实力、软件管理等优势在义乌、临安、萧山和东阳开设了大型分店，总面积达23000平方米。以上分店的商品全部由公司的配货中心统一配送，一方面以批量效益降低了进货成本，另一方面也保证了商品质量，维护公司的信誉。

(2) 发展连锁超市

超市发展中心目前已开张的连锁超市有6家，总面积1666平方米96年销售额达2050万元，公司将继续加快网点建设，抢占市场空白点，争取早日形成规模，产生效益。

(3) 适时调整参股控股的分子公司

经过几年的发展，公司已拥有十几家分子公司，本着实事求是的精神，96年公司按照“调整、巩固、充实、提高”的方针对部分分子公司进行了调整。此外，公司还参股杭州城市合作银行，探索银企结合的新路子。通过调整，夯实了基础，这些分子公司将在公司第二次创业中发挥更大的作用。

(4) 积极开展进出口贸易

96年，公司进出口贸易部创汇300万美元，收汇率达100%。取得了较好的经济效益。

3. 强化科学管理，推行商业自动化进程

96年，公司被评为浙江省商业系统“电子信息应用示范单位”。MIS-POS电脑管理系统已进入全面推广应用阶段，有效地提高了工作效率。

(二) 前次募集资金使用情况

公发募集资金12188万元，配股资金6000万元，合计18188万元，截止96年12月31日止，资金投入使用情况如下：

项目	金额
1. 建设资金	8764万元
其中：解百商业城	7350万元
POS工程	1414万元
2. 长期投资项目	3285.5万元
义乌商贸有限公司	700万元
肖山商厦	700万元
临安钱王商厦	490万元
临安华兴工贸有限公司	192.5万元
解百超市发展中心	300万元
杭州城市合作银行	500万元
桐庐富春江旅游公司	403万元

其余资金为“解百商业城”97年度工程计划用款。

四、股本变化及股本结构情况

1. 股本变化及股本结构情况

(1) 股本结构情况　　(单位：万股，　每股面值：1元)

股份类别	年初数	本年度变动增加(送股)	年末数	比率%
一、尚未流通股份				
1.发起人股份	4577.69	457.769	5035.459	
其中：国家股	4577.69	457.769	5035.459	35
2.募集法人股	2913.9258	291.3926	3205.3184	22.28
3.社会公众股东受让法人股转配部分	375.0742	37.5074	412.5816	2.87
尚未流通股份合计：	7866.69	786.669	8653.359	
二、已流通股份				
社会公众股	5211.57	521.157	5732.727	39.85
三、股份总数	13078.26	1307.826	14386.086	100

(2) 股份变动情况说明

1996年5月3日，第八次股东大会通过95年度利润分配方案为10送1股派现金2元(含税)，该方案经浙江省证券委批复同意，公司总股本从13078.26万元增至14386.086万元。

(3) 1996年末股东总人数46312人，其中：国家股股东1人，法人股股东241人，个人股股东46070人。

(4) 主要股东持股情况

名称	年末持股数量(万股)	所占比例
1. 杭州市国有资产管理局	5035.459	35%
2. 浙江省商业财务公司	200.2	1.39%
3. 杭州三汇贸易公司	121.3212	0.83%
4. 浙江上证	110	0.765%
5. 谢仁国	79.2934	0.55%
6. 徐平涛	71.5	0.497%
7. 浙江省商业厅机关工会	71.3	0.496%
8. 杭州西湖电子集团公司	69.069	0.48%
9. 周肖吾	68.66	0.477%
10. 周世善	63	0.44%

天津劝业场股份有限公司

1996年年度报告摘要 （摘选）

一、公司简况

公司名称：天津劝业场股份有限公司

法人代表：韩文彬　　　邮政编码：300022

公司地址：天津市和平区和平路290号

电话：(022)27211111转2869传真：(022)27305348

二、主要财务数据与财务指标

指标项目	本年数	上年数	比上年增减(%)
1.主营业务收入(万元)	127,129.80	122,868.00	+3.47
2.净利润(万元)	4,705.76	4,677.38	+0.61
3.总资产(万元)	52,829.59	42,857.07	+23.21
4.股东权益(万元)	37,514.95	26,104.64	+43.71
5.每股收益(元)	0.29	0.33	-12.12
6.每股净资产(元)	2.30	1.84	+25.00
7.净资产收益率(%)	12.54	17.92	-30.02
8.股东权益比率(%)	71.01	60.91	+16.58

三、公司主要业务回顾

1. 一年来的经营情况

一九九六年是公司为二步发展打基础的关键一年。公司自一九九二年至一九九四年实施扩建工程，一九九四年八月二十六日竣工开业，一九九五年全面运营，开业两年来保持了良好的发展势头，公司各项经济指标在一九九五年大幅度增长的基础上一九九六年又有所增长，全年实现主营业收入127129.8万元，比上年增长3.47%，净利润4705.76万元，比上年增长0.61%，一九九六年各项经济指标在天津市位居首位。主营业务收入连续两年进入全国前十名。

市场经济的蓬勃发展，为商业提供了广阔的发展前景，各类经济成份共处一个大市场，也为大商场的经营提出了新的课题，为在竞争中取胜，公司一年来主要做了以下几项工作。

(1) 开拓思路　放宽眼界　集思广益　确立公司发展方向

一九九五年，公司各项经济指标在天津市居首位，主营业务收入首次进入全国前十名。这为公司二步发展开了一个好头，但面对严峻的市场竞争，固守原有模式，沿袭传统经营，必然会被市场淘汰，为此，年初伊始，公司领导班子就多次发动管理者和经营者，集思广益，为公司发展献计献策，以确定公司发展方向。一九九六年公司经营工作的指导思想是：总销售在保持规模和适度增长的同时，调整销售结构，扩大零售比例，确立一九九六年工作的指导思想是：调整销售结构，扩大零售比例，确立一九九六年工作的指导方针是：巩固、深化、提高、发展。即：巩固一九九五年取得的一切成果；深化公司内部改革、深化公司内部管理；提高市场占有率、提高零售份额、提高全员素质；促进公司进一步发展。在搞好公司本部工作的前提下，充分发挥劝业的综合优势，扩大经营规模，实现连锁经营，向集约化发展，向多领域延伸。

(2) 开拓经营　加强管理　增收节支　促进公司全面均衡发展

一年来，公司坚持经营、管理两手抓，两手都要硬的工作思路，在经营上打破原有经营模式，强调市场意识，在公司各商场内部开展总经销，总代理，形成了规模经营。五金电讯、家用电器、电子通讯等商场都开辟了各自的名品专卖店，公司新建立的内部时装公司发挥了时装规模经营的综合优势，经济效益良好。公司典当行是我公司涉足金融领域的尝试，且当年开业，当年盈利，实现了新突破后的新飞跃。

在管理上，我们坚持做到对公司负责，对股东负责，重点抓了三个管理：一是对业务经营的管理，继续实施资产有偿经营；二是对服务现场的管理，提高公司在广大投资者及顾客心中的信誉；三是对管理者的管理，注重人才和管理者素质的提高。通过以上管理，做到经营管理并举，增收节支同行，保证了公司全面均衡发展。公司不仅销售在天津市位居第一，销售额在全国大型零售商场中居第九位，而且还被评为天津市商业系统十面红旗之一。

2. 关于经营成果与预测差异的说明

公司一九九六年实现利润5539.83万元，比盈利预测增长0.72%，无重大差异。

公司一九九六年提取折旧956万元，为影响公司利润的一个主要因素，剔除上列因素，公司一九九六年利润实际比一九九五年增长18.11%。

3. 募集资金使用情况的说明

一九九六年五月二十九日经中国证券监督管理委员会证监发[1996]13号文批准，公司于一九九六年六月二十三日至七月五日实施配股，经天津市会计师事务所津会内验字(1996)第10号文验收，本次配股募集资金68650132.80元，扣除主承销费883092元，缴款手续费284898元，一九九六年七月十二日到位资金67482142.80元，扣除上缴国家股转让费719969.40元，实际到位资金66762173.40元，其中20584898元计入股本，其余计入资本公积。

公司本次募集资金主要用于扩大连锁经营，公司新厦计算机网络配套。

(1) 连锁经营

目前已在公司本部建立了一座地下超市。该超市营业面积700平方米，主营食品，百货，超市启动后销售情况良好，月销售额达150万元，为进一步发展该超市，公司已决定将地下超市营业面积扩大到1200平方米，预计可实现月销售额280万元，此项投资先期投入800万元，后期预计追加500万元。

目前公司正在筹建一座大型仓储商场，为对股东负责，公司主要领导采取积极谨慎的态度，经多方勘察选址，现已基本确定。预计一九九七年上半年可投入内部设施配套建设。

(2) 计算机网络

目前公司已实施了全部计算机网络配套设置，已在两个商场进行了收款的计算机管理和帐项管理，并逐步推广到全公司，截至1996年末，此项投资的具体项目和资金如下：

〈1〉前期布线，购置网络配件，前期开发费用和前台POS机，计515万元；

〈2〉购置小型机，PC机，打印机，其它网络配件和软件计446万元；

〈3〉微机及软件，网络配件计135万元。

预计后期还应追加投资150—200万元。

四、股本变化及股本结构情况

1. 股本变化及变动情况(单位：股　每股面值：1元)

	期初数	配股数	转配数	期末数
(一)尚未流通股份				
国家拥有股份	45353000			45353000
境内法人持有股份	36027384			36027384
国家股转配			2399898	2399898
非流通股份合计	81380384		2399898	83780282
(二)已流通股份合计	60617565	18185000		78802565
境内上市人民币普通股	60617565	18185000		78802565
(三)股份总数	141997949	18185000	2399898	162582847

二、股本变动原因

公司于一九九六年六月二十三日按10:3比例配股，社会公众股东还可按10:2.2受让国家股东配股权。

三、主要股东持股情况(前十名股东)

名次	股东名称	年初持股数(万股)	占总股本(%)
1	天津环海公司	500.00	3.08
2	天津市证券公司	222.588	1.37
3	外贸信托	79.00	0.49
4	杨远明	78.2452	0.48
5	广州兴南	70.8059	0.44
6	平安保险	65.2010	0.40
7	李栓成	45.00	0.28
8	伍先荫	39.63	0.24
9	何承	38.99	0.24
10	许树国	36.00	0.22

四、股东数量

至本年度末，公司股东总数为56287户，其中国有股1户，法人股东474户，社会公众股东55812户。

上海万象(集团)股份有限公司

1996年年度报告摘要　（摘选）

一、公司简况

公司名称：上海万象(集团)股份有限公司

法人代表：于文娟　　邮政编码：200001

公司地址：上海市南京东路819号

电话：021-63588398　　传真：021-63588395

二、主要财务数据与财务指标

指标项目	本年数	上年数	比上年增减(%)
1.主营业务收入(万元)	49,130.42	33,955.09	+44.69
2.净利润(万元)	3,701.69	2,952.62	+25.37
3.总资产(万元)	50,945.07	39,654.02	+28.47
4.股东权益(万元)	36,666.01	21,908.32	+67.36
5.每股收益(元)	0.31	0.37	-16.22
6.每股净资产(元)	3.06	2.74	+11.68
7.净资产收益率(%)	10.10	13.48	-25.07
8.股东权益比率(%)	71.97	55.25	+30.26

注：按加权法计算1996年每股收益为0.41元。

三、公司主要业务回顾

1. 经营情况概述：

1996年，在市场平稳，商业竞争日趋激烈的情况下，公司坚持发扬“努力拼搏，万象更新”的企业精神，以品牌为龙头，发扬名特优势，积极拓展全国市场，推动了公司主业的发展。同时，公司通过加强对资产的运作和管理，并开展投资、房产、广告等业务，促进了公司效益的增长。

96年公司继续深化企业内部改革，进一步完善了竞聘上岗的用工机制和经营者年薪制、员工职薪制的分配机制，有效地调动了公司全体成员经营管理的积极性。同时，公司通过人才的引进、培训和借用外脑，与上海市纺织科研院联手成立了联合科研中心，公司依托科技开发了新产品，调整了品牌产品结构和经营结构，提高了品牌产品的含金量和市场占有率。公司拥有的品牌产品象牌衬衫、羊毛衫、恒源祥牌、小囡牌绒线、上卧牌床上系列用品，96年均被推荐为上海市名牌产品。公司所属的“恒源祥”还荣获了国内外两张ISO9002国际管理标准的认证证书，为品牌产品走出国门打下了基础。公司在逐步规范化的过程中，取得了“两个效益”的双丰收。

2. 主营业务收入、净利润完成情况：

主营业务收入49,130.42万元，比上年增长44.69%，利润总额4,370.44万元，净利润3,701.69万元，比上年上升25.37%，完成了股东大会确定的目标。

3. 前次募集资金运用情况的说明：公司在报告期通过配股实际募得资金9456万元(已扣除发行费用144万元)，按计划投人万象国际广场项目。该项目已于96年12月18日奠基，目前处在试桩阶段，近期将进行项目扩初。

四、股本变化及股本结构情况

1. 股本变化及股本结构情况

(1) 截至1996年末，公司股本结构如下：

本次变动增减(+、-)

数量单位：万股　　每股面值：1元

	期初数	配股	送股	小计	期末数
(一)尚未流通股份					
1.国家股	4200	+189	+840	+1029	5229
2.法人股	1050	+33	+210	+243	1293
3.95年国家股法人股转配	750	+225	+150	+375	1125
4.96年国家股法人股转配		+1353		+1353	1353
尚未流通合计	6000	+1800	+1200	+3000	9000
(二)已流通股份	2000	+600	+400	+1000	3000
已流通股份合计	2000	+600	+400	+1000	3000
(三)股份总数	8000	2400	1600	+4000	12000

(2) 股本变动情况及原因：96年实施95年度的分配方案即向全体股东每10股送红股2股，现金红利1元；96年实施了按95年度分配(送股)后的股本10:2.5的比例配股，国家股和法人股东总计转让了1353万股配股权给社会公众股东。

(3) 主要股东持股情况(前十名股东)

股东名称	年末持股数量(股)	持股比例(%)
国家持股	52,290,000	43.58
沪通实业有限公司	4,204,500	3.50
上海国际信托投资公司	2,730,000	2.28
上海浦东国有资产投资管理公司	2,340,000	1.95
梁美好	1,750,000	1.46
杨斐林	1,286,260	1.07
上海黄浦国有资产经营公司	780,000	0.65
崔根源	699,606	0.58
潘　茹	633,601	0.53
海通证券公司	612,125	0.51

(4) 股东数量

报告期末，本公司有股东17744户。

2. 公司董事、监事与高级管理人员持股情况：

姓名	职务	年初持股	年末持股	变化原因
于文娟	董事长兼总经理	4400	8764	送、配
吴国耀	董事、副总经理	3740	7450	送、配
张林祥	董事	2200	4382	送、配
刘瑞旗	董事	2560	5099	送、配
喻远志	董事	0	0	(原无持股)
张　伟	董事	0	0	(原无持股)
方立平	董事	0	0	(原无持股)
李德明	董事	0	0	(原无持股)
王开国	董事	0	0	(原无持股)
张惠芬	监事长	3740	7450	送、配
周公豪	监事	3300	6573	送、配
杨妙英	监事	2560	3840	送、配
沈荣芳	监事	2100	3150	送、配
许静源	监事	0	0	(原无持股)
张节宏	副总经理	0	0	(原无持股)

上海益民百货股份有限公司

1996年年度报告摘要　（摘选）

一、公司简况

公司名称：上海益民百货股份有限公司

法人代表：罗传钧　　邮政编码：200020

公司地址：上海淮海中路645－659号

电话：021—63272597　　传真：021—63724576

二、主要财务数据与财务指标

单位：万元

指标项目	本年数	上年数	比上年增减(%)
1.主营业务收入	47538.58	39377.09	20.73
2.净利润	3398.47	2905.20	16.98
3.总资产	43652.70	38062.35	14.69
4.股东权益	26459.82	23629.57	11.98
5.每股收益(元)	0.40	0.38	5.26
6.每股净资产(元)	3.11	3.13	-0.64
7.净资产收益率(%)	12.84	12.29	4.48
8.股东权益比率(%)	60.61	62.08	-2.37

三、公司主要业务回顾

1. 一年来公司经营情况

1996年是益民百货规模壮大，经济稳步发展的一年，在过去的一年里，公司坚持稳固和发展主业的方针，在董事会领导下，公司针对96年社会商业发展趋势，形态特点和新的经济增长方式分析市场背景和竞争特点，明确发展重点和策略，全力抓好以上海市名牌产品"古今"牌胸罩为代表的自产品牌及其他项目的新一轮经济增长点的开发，推进产业规模迅速发展，努力搞活专业特色经营，在"专"和"特"上化功夫，使淮海路上名特专业商店在"大市场、大流通、大商业"上做文章，奋力开拓全国大市场，开设分店、专柜，发展批发业务；经济运行呈现良好的发展势头，主要经济指标达到了股东大会确定的目标。公司在业务经营中做了以下几项工作：

1)依托特色，发展品牌，经济质量跃上新台阶

淮海路上的专业特色商店历来是公司重要的经济基础。在激烈的商战中，公司拥有的这批名特商店充分发挥了名特效应，显露出极具竞争力。根据一届五次股东大会提出的加大力度推进名店连锁经营发展，加紧名店名牌输出的战略意图，公司在96年度内着力推进自产品牌——上海市名牌产品"古今"牌胸罩，"益民牌"男式衬衫、羊绒衫，"上上牌"床上用品的品牌发展，在加强新产品开发，提高产品科技含量，塑造名牌效应方面做了大量工作，开出了一批专卖店、专卖柜，取得了较好的经济效益和社会效果，公司所属的益民商厦、上海钟表商店、红星眼镜公司，天宝金银首饰商店、龙凤金银珠宝商店都是沪上知名商家，他们挖掘潜力，积极向外拓展业务，有力地推动了整个公司的经济发展。

2)加快项目产出，开拓经济增长新领域

自产品牌、超市、房产、餐饮是公司着力培育和发展的新的经济增长要素，随着开发进程，这些项目初步显露了经济规模。"古今牌"胸罩，"益民牌"衬衫、羊绒衫，"上上牌"床上用品系列等自产品牌已为公司创造了良好的经济效益和社会效益，"益民公寓"的2号楼现已结构封顶，1号楼已盖至十五层，益民大酒店已进入规范经营期，益民超市至年末已开出七家超市连锁店、围炉烧烤、旅馆，并尝试了走半成品加工的路子，初步取得了连锁经营的规模效益。

3)深化改革，转换机制，促进公司规范发展

公司在抓好经济工作的同时，强调深化企业内部改革，公司根据市场经济的要求，实施现代企业制度，以优化资源配置为目的，在企业中实现责权利的统一，通过委托代理制建立起企业资本保值增值的责任体系。根据市场要求进行组织机构设置及人才配备，建立适应市场经济的企业激励机制和约束机制。为实现企业资本的增值和规范发展提供了制度保证和强大动力。

2. 主要经济指标分析

公司全年实现主营业务收入47538.58万元，比上年增长20.73%，完成计划109.71%；利润总额3613.77万元，比上年增长5.75%，实现计划100.66%；净利润3398.47万元，比上年增长16.98%，实现计划106.20%。

3. 对前次募集资金的运用情况的说明

公司93年募集资金8232万元，95年增资配股又募集资金7138万元，使用情况如下：金额单位：万元

投资项目	计划投资	93年募集资金投入	95年增资配股资金投入
1. 益民商厦	6619	3223.81 (其他由贷款解决)	
2. 培斯塔实业公司	3000	642	445.93
3. 益民老商场改造	4000	248.86	0
4. 延平路二幢25层高楼(益民公寓)	14367	3712.65	4490.78
5. 益民大酒店	1350	489.13	731.27
6. 益民超市有限公司	3000		1385.57
7. 巨鹿路225地块改造	7787		0

以上投资项目中编号1、2、3是招股说明书投资项目，其中益民商厦已于1994年1月竣工营业，效益符合预测要求；益民老商场因区政府决定扩大该地块改造范围，选择外资参于改造，现暂缓启动；培斯塔实业公司一期工程厂房已竣工，因浦东规划的地铁二号线迄今未启动，现厂房移作超市配货中心及古今化纤内衣制造厂，其余缓建。编号4、5是第一届第二次股东大会上通过的投资项目，其中益民大酒店已于95年11月竣工开业。编号6是第一届第五次股东大会通过的投资项目；编号4、7是配股说明书投资项目，编号4项目投资按计划进度进行。编号7项目在前期准备工作中，因1995年整个市区动迁工作政策形势严峻，未获动迁批准，有关主管部门决定终止巨鹿路225号地块的开发项目，公司董事会决定，将该地块的前期投入转作对益民公寓及益民超市的投资追加。

四、股本变化及股本结构情况

1. 股本结构情况(单位：股，每股面值1元)

	期初数	本次变动增减	期末数
一、尚未流通股份			
(1)发起人股份	47,561,600	5,945,200	53,506,800
其中：国家拥有股份	47,561,600	5,945,200	53,506,800
(2)社会公众持有股份	8,890,000	1,112,919	10,002,919
其中：受让转配	8,890,000	1,112,919	10,002,919
尚未流通股份合计	56,451,600	7,058,119	63,509,719
二、已流通股份			
境内上市人民币普通股	19,050,000	2,383,984	21,433,984
已流通股份合计	19,050,000	2,383,984	21,433,984
三、股份总数	75,501,600	9,442,103	84,943,703

2. 股本变化情况及原因

根据一九九五年度股东大会通过的一九九五年度分配方案向全体股东按10:1.25派送股票股利，另派发现金股利1.25元，由于送股票股利中存在四舍五入现象，共送股9442103股。

3. 主要股东持股情况(前十名)

股东名称	年末持股数(万股)	占总股本(%)
1)国家	5350.68	62.99
2)华夏证券有限公司	230.9146	2.72
3)益信实业公司	112.5	1.32
4)安徽省财政证券公司	103.2488	1.22
5)朝代文化	53.7287	0.63
6)徐建民	33.48	0.39
7)五压缩司	29.15	0.34
8)朝代咨询	27.2981	0.32
9)黄许明	20.8	0.24
10)郑玉珍	20	0.24

年末股东户数17789人，其中国家股股东1户，社会公众股股东17788户。

上海时装股份有限公司

1996年年度报告摘要　（摘选）

一、公司简况

公司名称：上海时装股份有限公司

法人代表：钱树仁　　邮政编码：200001

公司地址：上海市南京东路690号

电话：(021)63225445　　传真：(021)63517889

二、主要财务数据与财务指标

金额单位：万元

指标项目	本年数	上年数	比上年增减(%)
1.主营业务收入	29,760.87	32,422.24	－8.21
2.净利润	185.83	1,033.21	－82.01
3.总资产	35,431.76	34,775.21	＋1.89
4.股东权益	16,219.95	15,484.12	＋4.75
5.每股收益(元)	0.031	0.19	－83.68
6.每股净资产(元)	2.68	2.82	－4.96
7.净资产收益率(%)	1.15	6.67	－82.76
8.股东权益比率(%)	45.78	44.53	＋2.81

三、公司主要业务回顾

（一）一年来经营情况

1996年，公司面对日益激烈的商业竞争，带领全体员工以提高经济效益为中心，从调整经营战略、转变经济增长方式、创造时装股份特色着手，主要做了以下工作：1.通过各种系列活动，辐射市内外的展销和宣传公司形象，千方百计扩销创利。2.一手抓硬件——商场改造，一手抓软件——规范管理，调整商场格局，健全规章制度，开源节流。3.加快品牌开发进程，增强企业后劲；加大自营比例，提高经营能力。4.加强对投资项目的管理，通过优化配置，盘活存量，开发新的经济增长点。5.深化用工、分配改革，精简公司机构、人员，奖勤罚懒，调动职工积极性。96年公司虽然作了多方面的努力，做了大量的工作，取得了一定的效果，但是公司1996年的经济效益仍比上年有较大幅度的下降。

（二）主要指标分析

1996年度，公司实现主营业务收入29,760.87万元，完成年度计划的85.03%，实现净利润185.83万元，完成年度计划的16.82%。造成效益下降的主观因素：1.面对新的市场形势，观念更新还不够快，业务开拓力度不够。2.专业特色的创新不够，商品结构还须进一步调整。3.内部机制转换力度不够大等，这些都直接影响了效益的增长。客观因素：1.本市大批新商厦相继开业及市区改造客源分流，购买力降低，服装业竞相削价促销，致使毛利率下降。2.公司本部大楼停业改造二个月，影响销售计划实现。3.公司用房租金提价幅度较大，管理费用居高不下，影响利润实现。4.公司投资的服饰中心大厦由于房产市场不景气、资金到位不及时等因素影响，使投资回报缓慢，影响利润。

（三）前次募集资金的使用情况说明

公司于1993年向社会公开发行普通股A股股票，实际募集资金10,654.20万元。资金的运用均按《招股说明书》的资金运用计划进行，其中投资“上海服饰中心”大厦6,455万元。1993年经上海市建设委员会沪建设(93)0136号文批准，该大厦投资核定为12,506万元，1995年9月经上海市计划委员会沪计投(1995)441号号文批准，追加投资7,477万元，故计划总投资为19,983万元。目前已投入资金17,760万元，其中招股募集资金6,455万元，银行贷款筹集资金7,683万元，预售大厦部分楼面预收款3622万元。该项目的建设基本按计划进度进行，1994年12月一楼商场试营业，1996年上半年大楼部分场地交付使用。本报告年度内没有募集资金。

四、股本变化及股本结构情况

（一）股本变化及股本结构情况

1.股本结构情况

截止1996年12月31日止，股权结构如下：

数量单位：万股　　每股面值：1元

股份类别	年初数	本年送股增加	年末数	比例%
(1)尚未流通股份				
其中：国家拥有股份	3300	330	3630	60
境内法人持有股份	825	82.5	907.50	15
尚未流通股份合计	4125	412.5	4537.50	75
(2)已流通股份				
其中：境内上市的				
人民币普通股	1375	137.5	1512.50	25
(3)股份总数	5500	550	6050	100

2.股本变动情况及原因

根据公司一九九五年年度股东大会(第三次股东大会)通过的《1995年度利润分配方案》，公司于1996年6月向公司全体股东实施每10股送1股红股的一九九五年利润分配方案。送股后公司的股本由原来的5500万股增至6050万股。

3.主要股东持股情况(前十名股东)：

股东名称	年末持股数(万股)	占总股本%
国家持股上海华联(集团)有限公司	3630	60.00
上海友谊华侨股份有限公司	163.7009	2.70
上海第九百货商店股份有限公司	121	2.00
上海永久自行车股份有限公司	37.6673	0.62
宁波杉杉股份有限公司	36.3	0.60
上海钢铁汽车运输股份有限公司	33.88	0.56
广东东莞友联皮具有限公司	30.25	0.50

注：公司前十名股东中有三名社会公众股东，但没有超过《公司法》规定的申报数额。

4.股东户数

1996年年末股东总户数12,819户，其中国家股股东1户，法人股股东279户，社会公众股股东12,539户。

（二）公司董事、监事与高级管理人员持股情况

姓名	职务	年初持股数(股)	年末持股数(股)	变化原因
钱树仁	董事长	1760	1936	送红股
王志刚	董事、总经理	1430	1573	送红股
王文生	董事、副总经理	1760	1936	送红股
支家贤	董事、副总经理	1540	1694	送红股
王孟瑾	董事、总会计师	1650	1815	送红股
胡淑波	董事	1760	1936	送红股
蒋乾浩	董事	1540	1694	送红股
陈锡康	监事长	1980	2178	送红股
黄家康	监事	1760	1936	送红股
王富强	监事	1540	1694	送红股

上海兰生股份有限公司

1996年年度报告摘要 （摘选）

一、公司简况

公司名称：上海兰生股份有限公司

法人代表：张兰生　　　　邮政编码：200437

公司地址：上海市中山北一路1230号

电话：(021)65445880×2041 传真：(021)65446061

二、主要财务数据与财务指标

指标项目	1996年	比上年增减(%)	1995年
1.主营业务收入(万元)	163,145.72	-37.41	260,637.96
2.净利润(万元)	7,767.11	+8.31	7,171.33
3.总资产(万元)	123,189.45	-31.51	179,857.35
4.股东权益(万元)	53,803.51	+20.31	44,722.43
5.每股收益摊薄(元)	0.326	-35.57	0.506
6.每股净资产摊薄(元)	2.26	-28.48	3.16
7.净资产收益率(%)	14.44	-9.98	16.04
8.股东权益比率(%)	43.68	+75.63	24.87

注：1996年数据为公司合并报表内容。1996年每股收益按加权法计算为0.452元。

三、公司主要业务回顾

1.一年来经营情况

1996年公司出口41.668万美元，同比增长1.53%，比预测增长4.17%，出口规模在上海专业外贸公司中排列第3名。由于贯彻效益第一的指导思想，公司主营业务利润创公司历史最好记录，再次跃居上海外贸同行榜首。

公司在经营中一是认真贯彻党中央提出的“两个根本转变”的方针，经济增长方式从粗放型向集约型转变，突出效益，加强核算，采取生产成本压一块，管理费用省一块，外销价格提一块的经营策略，取得良好的效益；二是认真贯彻国务院提出的外贸经营方式转变的精神，逐步与国际贸易的规范要求接轨；三是实施市场多元化战略，加大了促销力度，先后举办香港、迪拜洽淡会，参加德国ISPO博览会，纽伦堡国际玩具展、法兰克福乐器展等大型国际展览会，在巩固欧、美、日、澳市场的同时，开拓了拉美、非洲、独联体和东欧市场；四是依靠科技进步，优化出口商品结构，推出了高尔夫运动器材系列、键身器材等具有高科技含量和高附加值产品，改善了出口商品结构，增强了出口竞争能力。

2.主要指标分析

1996年度公司计划主营业务收入人民币190.000万元，实际完成163,146万元，为年度计划的85.87%，比95年下降37.41%。主要原因一是根据国务院关于深化外贸改革的方向是推行代理制的精神，公司已逐步由单纯的收购制经营方式向收购制与代理制并举的经营方式转变，因而虽公司的出口规模上升，但由于财务核算差额入帐，所以反映在帐面上主营业务收入减少；二是公司贯彻经贸部“在规模与效益发生冲突时，要服从于效益”的精神，主动削减了部分效益不佳的产品出口，不盲目追求规模。

1996年计划利润为7,200万元，实际完成9081万元，由于并表原因，会计报表体现为8,624万元，为年度计划的119.78%，比95年增长7.30%，完成税后利润7,767万元，为年度计划6,120万元的126.91%，比95年增长8.31%，主要原因是在对外进行了合理提高销售价格的同时，强化企业内部管理，加快了退税，降低各项费用，压缩库存，加强了对投资企业的管理。

3.募集资金使用情况说明

公司于1996年12月11日至25日实施增资配股，募集资金于1997年1月3日到位，公司将按计划于97年投入有关项目。

四、股本变化及股本结构情况

1.股本变化及股本结构情况

截至1996年末，公司股本结构如下：

（数量单位：股　每股面值：1元）

	期初数	本次变动增减(+,-) 送股	公积金转股	小计	期末数
(一)尚未流通股份					
国家拥有股份	106,130,400	21,226,080	50,942,592	72,168,672	178,299,072
(二)已流通股份					
境内上市的人民币普通股	35,500,000	7,100,000	17,040,000	24,140,000	59,640,000
(三)股份总数	141,630,400	28,326,080	67,982,592	96,308,672	237,939,072

2.股本变动原因：公司分别于1996年6月24日实施95年度按10:2比例送红股的分红方案，于1996年11月26日实施1996年临时股东大会通过的按10:4比例用资本公积金转增股本的方案。

本公司于1996年12月11日到12月25日实施配股，共计配售42,489,120股，配股资金于1997年1月3日到位，公司股本总额已由96年末237,939,072股增至280,428,192股，股本变动报告详见1997年1月15日《上海证券报》。

3.主要股东持股情况

股东名称	年末持股数量(万股)	占总股本(%)
(1)国家持股	17829.90	74.93
(2)天信咨询	428.68	1.80
(3)赵菊芳	85.00	0.36
(4)刘文娟	80.50	0.34
(5)萧立宪	79.00	0.33
(6)吴阿妹	73.34	0.31
(7)盛林奎	72.52	0.30
(8)林国祥	64.67	0.27
(9)林　园	60.42	0.25
(10)范根发	29.00	0.12

4.年末股东户数：40689户。其中：国家股股东1户，社会公众股东40688户。

5.公司董事、监事和高级管理人员持股情况单位：股）

姓名	职务	年初持股数	年末持股数
张兰生	董事长	10,000	16,800
钱福昌	董事兼总经理	10,000	16,800
翁思庆	董事兼副总经理	10,000	16,800
陆宗英	董事兼副总经理	10,000	16,800
屠安顺	董事	10,000	16,800
韩月清	董事	10,000	16,800
王志慧	董事	10,000	16,800
顾国强	监事会主席	6,000	10,080
蒋政康	监事	6,000	10,080
华佩云	监事	6,000	10,080
程　康	监事	4,600	7,728
季　青	监事	4,600	7,728

上海友谊华侨股份有限公司

1996年年度报告摘要　（摘选）

一、公司简况

公司名称：上海友谊华侨股份有限公司

法人代表：钟华君　　邮政编码：200002

公司地址：上海浦东新区东方路751号

电话：(021)63744768　　传真：(021)63743588

二、主要财务数据与财务指标

单位：元

指标项目	本年数	上年数	比上年增减(%)
(1)主营业务收入	581,774,344.32	538,979,297.42	+7.94
(2)净利润	49,119,745.24	28,313,468.96	+73.49
(3)总资产	800,626,314.06	791,887,368.99	+1.10
(4)股东权益	340,880,411.54	356,772.426.30	-4.45
(5)每股收益	0.44元	0.28元	+57.14
(6)每股净资产	3.04元	3.50元	-13.14
(7)净资产收益率	14.41%	7.94%	+81.49
(8)股东权益比率	42.58%	45.05%	-5.48

注：1. 本年度净利润中含94、95两年损益调整数1492.16万元，剔除此因素，净利润为3419.82万元，同比增长20.78%；每股收益为0.30元，同比增7.14%；每股净资产为3.04元，同比减13.14%，净资产收益率为10.03%，同比增26.32%。

2. 每股收益及每股净资产，上年按10,200万股计算，本年按11,220万股计算。

3. 本年股东权益中，包括3366万元，将转作股本的准备金。

三、公司主要业务回顾

1. 一年来经营情况

1996年，上海消费品市场需求持续平缓，商业竞争日趋激烈。公司董事会坚持以市场需求为导向，以促销创效为中心，突出主营重点，弘扬经营特色，优化资产运作，全面推进经济效益持续增长。今年，友谊商店、华侨商店、虹桥友谊商城等主要零售企业重点在货品展示、购物环境，销售服务等环节上进一步加强经营和管理，发挥名店、名品效应优势，增强企业参与市场竞争的能力。同时，公司加强功能开发，扩大批发和进出口业务，有序拓展新的经济增长点。年内，公司还以资产为纽带，合理配置资源，通过吸收合并、重组、出租、转让等途径，盘活存量资产，理顺资产的权属关系，全面推行资产授权经营管理，从而优化资产运作。

公司全体干部员工尽心尽责，锐意进取，96年全资和联营企业实现销售12.36亿元(含税)，同比增长14.81%；利润总额5631.85万元，剔除调整以前年度汇兑损益1755.48万元后，同比增长14.99%；出口创汇448万美元，同比增长51.35%，基本实现了董事会预期目标。

2. 主要指标分析

主营业务收入58177.43万元，比上年53897.93万元增加4279.5万元，上升7.94%，利润总额5631.85万元，比上年3371.16万元增加2260.69万元；净利润4911.97万元，剔除调整以前年度汇兑收益1492.16万元，比上年2831.35万元增加588.46万元，增长20.78%。

3. 募集资金使用情况说明

公司于1993年11月改制为股份公司，通过发行A、B股，共募集资金计人民币22149.228万元，其中A股7694.7万元人民币，B股1661.44万美元。按《招股说明书》，募集的资金用于新建的虹桥友谊商城及改扩建友谊商店、华侨商店和古玩商店，前三个项目94年年底前已经完成，并在95年年度股东大会上予以报告；古玩商店(友谊礼品商都)项目也已在96年12月28日部分试营业。由于该项目原计划建造七个楼层，后增加三个楼层，实际投资额比预计增加5200万元。至96年末，公司募集资金全部按《招股说明书》的规定投入。

四、股本变动及股本结构情况

1. 股本结构及变动情况(单位：万股，每股面值一元)

内　容	95年末	送股	96年末
(1)尚未流通股份			
国家持股	3600.00	360.00	3960.00
社会法人持股	596.34	59.634	655.974
尚未流通股份合计	4196.34	419.634	4615.974
(2)已流通股份			
境内上市的人民币普通股	1203.66	120.366	1324.026
境内上市的外资股	4800.00	480.00	5280.00
已流通股份合计	6003.66	600.366	6604.026
(3)股份合计	10200.00	1020.00	11220.00

2. 股本变动原因

公司95年末股本总额10200万元，1995年度利润分配按10∶1送股增加1020万元，股本总额增至11220万元，股本结构不变。

3. 主要股东持股情况

持　股　人	年末持股数(万股)	占总股本(%)
上海友谊(集团)有限公司(国家股)	3960.0	35.29
CITIBANK PTCL-BT PACIFTC BASIN FUND	388.1	3.46
郭　申	317.0	2.83
SCBHK A/C ROBERT FLEMING & CO. LTD. LUXEMBOURG S/A FLEMING FLAGSHIP FUND	265.9	2.37
SCBHK A/C OVERSEAS UNION BANK NOMINEES (H.K.) LTD.	257.0	2.29
SCBHK A/C ROBERT FLEMING AND CO. LTD. S/A THE FLEMING CHINESE INVESTMENT TRUST PL	199.2	1.78
DEUTSCHE BANK CAPITAL MARKETS (ASIA) LTD. S/A THE CHINA FUND (MG SING)	195.8	1.78
上海时装股份有限公司	185.6	1.65
海　通	183.2	1.63
上海市国际投资信托公司	165.0	1.47

4. 年末股东户数

本报告期末的股东总数为7515户。其中国家股1户；法人股股东56户；个人(A股)股东6600户；B股股东858户。

成都人民商场股份有限公司

1996年年度报告摘要　（摘选）

一、公司简况

公司名称：成都人民商场股份有限公司

法人代表：吕根旭　　邮政编码：610011

公司地址：成都市东御街19号

电话：(028)6665088　　传真：(028)6651176

二、主要财务数据与财务指标

指标项目	本年数	上年数	比上年增减(%)
1.主营业务收入(万元)	83,074.38	73,262.92	13.39
2.净利润(万元)	3,835.02	3,793.82	1.09
3.总资产(万元)	44,591.81	39,549.91	12.75
4.股东权益(万元)	21,715.10	20,946.67	3.67
5.每股收益(元)	0.45	0.44	2.27
6.每股净资产(元)	2.54	2.45	3.67
7.净资产收益率(%)	17.66%	18.11%	-2.48
8.股东权益比率(%)	48.70%	52.96%	-8.04

三、公司主要业务回顾

一九九六年，公司坚持以经济效益为中心，解放思想，深化改革，积极进行现代企业制度试点，使公司从原国有企业转变为股份制企业的基础上，又稳步向大型商业企业集团发展；充分发挥企业整体优势，实施规模经营战略，靠规模上效益，靠价格占市场、靠服务争顾客，靠管理添后劲，在做好主营业务的同时，大力开拓多元化经营，较好地完成了上次股东大会提出的各项任务。一九九六年公司各项经济指标完成较好，销售、利润均创历史最好水平。全年完成销售8.31亿元，实现利润4,507万元，分别比上年同期增长了13.9%和1.20%，每股净资产和每股税后利润都较上年同期有所增长。

一年来，公司积极进行现代企业制度试点，拟定了组建成都人民商场(集团)股份有限公司的方案，确立了以上市公司为基础来组建集团公司的思路，公司已被国内贸易部确定为商业企业集团重点联系企业，现组建集团公司的方案在市政府的领导下正逐步得到落实。

围绕资本经营，今年公司对此进行了大胆的尝试，公司对地处成都市重要商业口岸九眼桥一带、厂区占地面积8,000多平方米的成都华胜皮鞋厂，经过半年多的工作，通过"破产后整体接收的方式"，在华胜皮鞋厂依法破产后，根据成都市中级人民法院的裁定，在接收华胜厂职工和对普通债权人的财产清偿率不低于4.11%的原则下，于一九九七年三月四日整体接收了原华胜厂的全部资产2,129多万元(其中，土地使用权价值1,061万元)。公司还投资1,000万元认购成都市城市合作银行股份1,000万股和投资935万元以协议转让方式受让中国工商银行成都市分行在中国工商银行成都市信托投资公司的股份500万股，分别占两家金融机构总股本的3.33%和5.15%，积极参与金融资本的运作，以新的经济增长方式获得最好的经济效益。

主营业务历来是公司发展的基石。经过一年多的筹备，公司广大股东所关注的成都人民商场股份有限公司武侯仓储超市，于96年11月30日正式开业迎宾。该分场机制新、人员新、管理新，实行全电脑管理、全部商品条码自动售货、全方位电子监控、持卡消费，受到消费者和社会各界的好评。武侯分场的开业，不仅为公司寻求了新的经济增长点，而且为企业的发展闯出了一条新路。围绕着主营业务，公司还加强营业现场质量管理，开展各种形式的促销活动，努力扩大商品销售。

公司认真落实"一心为顾客，满意在商场"服务工程，认真落实"生意成不成情谊在，买得不满意就退钱"的承诺；积极参加中宣部、国内贸易部联合全国30家大型商业零售企业开展的"百城万店无假货活动"，努力形成"为人民服务，对社会负责"的良好职业道德风尚，依法经营、合法经商，维护消费者的合法权益，进一步在广大消费者中树立了良好的企业形象。

2. 主要经济指标比较分析

一九九六年公司各项经济指标完成较好，销售、利润均创历史最好水平，全年实现主营业务收入8.31亿元，利润总额4,507.29万元，净利润3,835.02万元，比上年分别增长13.39%、1.20%和1.09%，分别完成计划的103.88%、100.16%和100.16%。

3. 前次募集资金使用情况说明

人民商场于九三年十二月改制为股份有限公司后，九四年、九五年未实施配股，九六年度配股方案尚须报成都市证管办出具意见，并报中国证券监督管理委员会审核后实施。公司改制时募集的资金1.2亿元已基本按照第一次股东大会通过的股金运用计划投入使用和控制在预算金额范围之内，各个项目的建设已于九四年十二月以前完成，并基本达到股东大会和董事会预期的目标。

四、股本变化及股本结构情况

1. 股本变化及股本结构情况(单位：万股)

(1) 股本结构情况

股份类别	95年末数	比例(%)	96年末数	比例(%)	变动情况
尚未流通股份	6400	74.85	6400	74.85	无
①国家持股	5590.4411	65.38	5590.4411	65.38	无
②社会法人持股	809.5589	9.47	809.5589	9.47	无
已流通股份	2150	25.15	2150	25.15	无
①国内上市的人民币普通	2150	25.15	2150	25.15	无
股股份合计	8550	100	8550	100	无

注：本公司报告期内股本无变动。

(2) 主要股东持股情况

股东名称	年末持股数(万股)	持股比例(%)
①成都市国有资产管理局	5590.44	65.38
②深圳中华自行车(集团)股份有限公司	500.00	5.85
③成都锦城商贸公司	103.06	1.21
④黄勇	65.90	0.77
⑤海口海港贸易公司	65.00	0.76
⑥杨安坤	53.44	0.63
⑦王侃	40.21	0.47
⑧刘平	39.81	0.465
⑨陈建华	36.54	0.43
⑩潘永生	33.15	0.39

(3) 股东数量

截至1996年12月31日，股东总数为8679户，其中，国家股东1户，法人股东43户，社会公众股东8635户。

宁波城隍庙实业股份有限公司

1996 年年度报告摘要　(摘选)

一、公司简况

公司名称：宁波城隍庙实业股份有限公司

法人代表：陈吉伦　　　邮政编码：315000

公司地址：浙江省宁波市县学街 22 号

电话：0574—7315310　7315314　7315317

传真：0574—7294676

二、主要财务数据与财务指标

指标项目	本年数(合并)	上年数(合并)	比上年增减(%)
1.主营业务收入(万元)	28,519.16	45,220.77	－36.93
2.净利润(万元)	2,127.06	2,084.31	2.05
3.总资产(万元)	47,782.87	35,023.63	36.43
4.股东权益(万元)	20,967.79	20,555.74	2.00
5.每股收益(元)	0.238	0.257	－7.39
6.每股净资产(元)	2.35	2.43	－3.29
7.净资产收益率(%)	10.14	10.55	－3.89
8.股东权益比率(%)	43.88	55.03	－20.26

注：由于会计报表合并范围变动、故年初数已作调整，四项财务指标不变。

三、公司主要业务回顾

1. 一年来的经营情况

九六年，市场趋淡，供大于求，低成本的专业市场又不断涌现，竞争十分激烈，房地产与物资业的形势更为严峻，给公司的经营带来了相当的影响。为此，公司在九六年加快调整力度，一方面加强内部管理，改善服务，增强竞争实力；另一方面积极开拓新的经营领域，优化资本结构，使企业的综合实力持续增长，保持了较好的发展势头。

(1) 兴建美食城，营造新的经济增长优势

利用城隍庙的区域优势，兴建了 1.2 万平方米的城隍庙美食城。该美食城是目前宁波市餐饮业中规模最大、品种最全、最具特色和风格的美食中心，为营造集购物、美食、娱乐综合优势的区域经济奠定了扎实的基础，并也为创建宁波市优秀旅游城市起到了积极的作用。

(2) 优化资产结构，开拓经营领域

96 年，公司以 55.17% 的比例控股宁波海曙合作银行，取得较好的效益。目前，海曙合作银行根据国家有关政策，加入了宁波城市合作银行，本公司已成为该行除地方政府外的第一大股东。公司还通过强强联合、优势互补等举措，拓展经营，培育了新的利润增长点。

(3) 抓好主营业务，走内涵、发展之路

96 年，作为公司主营业务之一的城隍庙商城面对空前激烈的市场竞争，积极调整内部结构，优化商品品种，加大促销力度，改善优质服务，使商城的销售和利润仍保持在较好的态势。

与此同时，公司还邀请了北京著名经济学家来甬作实地考察，制定公司五年发展规划，确定了企业今后五年的经营思路和工作重点，为公司二次创业提供了指南。

2. 主要经济指标比较分析

主营业务收入 2.85 亿元，比上年减少 36.93%，利润 2502.35 万元，比上年增加 1.76%。销售减少主要原因系物资企业销售比上年减少 2.1 亿元。

3. 前次募集资金的使用情况说明

95 年 7 月，公司以每 10 股配 3 股的比例向全体股东实施 95 年度配股。共计募集资金 5070.50 万元，根据配股说明书所述，已全部投入城隍庙周边区域的开发。至 96 年底，城隍庙美食城工程已土建竣工，完成了原计划目标。

四、股本变化及股本结构情况

1. 股本变化及股本结构情况

(1) 股权结构情况　　　数量单位：股　每股面值：1 元

	期初数	比率	本次变动增减(+、-) 配股	送股	公积金转股	其他	小计	期末数	比率
(一)尚未流通股份									
〈1〉发起人股份	34938000	43.07%		3493800			3493800	38431800	43.07%
其中：									
国家拥有股份									
境内法人持有股份	3493800	43.07%		3493800			3493800	38431800	43.07%
外资法人持有股份									
其他									
〈2〉募集法人股	8889600	10.96%		888960			888960	9778560	10.96%
〈3〉内部职工股									
〈4〉优先股或其他	9750000	12.02%		975000			975000	10725000	12.02%
尚未流通股份合计	53577600	66.05%		5357760			5357760	58935360	66.05%
(二)已流通股份									
〈1〉境内上市人民币普通股	27542400	33.95%		2754240			2754240	30296640	33.95%
〈2〉境内上市的外资股									
〈3〉境外上市的外资股									
〈4〉其他									
已流通股份合计	27542400	33.95%		2754240			2754240	30296640	33.95%
(三)股份总数	81120000	100%		8112000			8112000	89232000	100%

注：① 尚未流通股份中的〈4〉系法人股转配股份。

② 本公司于 97 年 1 月 17 日——1 月 30 日实施了《1996 年度增资配股方案》，《股份变动报告》已刊登在 4 月 10 日《上海证券报》上。由此，公司股本已变动为 10535.8552 万元，并经大华会计事务所华业字(97)第 774 号出具验资报告书。

(2) 股本变动情况及原因

根据本公司 1996 年 5 月 6 日第六次股东大会决议，公司 1995 年度红利分配以送红股和派发现金红利方式实施，分配方案为每 10 股送红股 1 股，派发现金红利 1 元。送股后，本公司股本由 95 年末的 8112 万股增至 96 年末的 8923.2 万股。

(3) 主要股东持股情况(前十名股东持股)

股东名称	年末持股数(股)	占总股本比例(%)
宁波郡庙企业总公司	23466300	26.30 注①
中国农业银行宁波信托投资公司	4290000	4.81
宁波海方实业公司	3961100	4.44
中国工商银行宁波信托投资公司	2860000	3.21
宁波海曙经济协作公司	1850000	2.07
宁波钢铁总厂	1430000	1.60
宁波市旅游公司	1430000	1.60 注②
宁波市三和集团	1430000	1.60
宁波市药材股份公司	715000	0.80
宁波市华泰股份公司	704000	0.79

备注：①宁波海曙市场建设公司法人股 390 万股，在 1996 年 6 月全额协议转让给宁波郡庙企业总公司；

② 宁波市旅游总公司法人股 143 股，已在 1997 年 3 月全额转让给中信宁波集团公司；

(4) 股东数量：截止 1996 年 12 月 31 日，本公司股东总数为 21942 户，其中法人股东 82 户，社会公众股东 21860 户。

上海市第九百货商店股份有限公司

1996年年度报告摘要　（摘选）

一、公司简况

公司名称：上海市第九百货商店股份有限公司

法人代表：黄富贵　　　　邮政编码：200040

公司地址：上海市万航渡路50号

电话：(021)62536350—16 传真：(021)62539980

二、主要财务数据与财务指标

指标项目	本年数	上年数	比上年增减(%)
1.主营业务收入(万元)	37,587.31	48,848.00	-23.05
2.净利润(万元)	2,541.42	2,246.69	+13.12
3.总资产(万元)	38,789.20	34,510.49	+12.40
4.股东权益(万元)	25,200.15	22,360.93	+12.70
5.每股收益(元)	0.2845	0.3018	-5.73
6.每股净资产(元)	2.82	3.00	-6.00
7.净资产收益率(%)	10.08	10.05	+0.30
8.股东权益比率(%)	64.97	75.38	-13.81

三、公司主要业务回顾

1. 一年来经营情况

一九九六年是公司所处行业竞争激烈、消费分流加剧的一年。面对消费市场趋于饱和，地铁工程施工封路，经营环境发生变化等不利因素，公司以深化改革为动力，进一步理顺经营机制，调整商品经营结构，千方百计挖掘潜力，努力开拓市场。同时，加大批发业务的经营力度，开展灵活多样的营销活动来扩销增益。全年实现主营业务收37,587.31万元，比上年下降23.05%；实现税后利润2541.42万元，比上年增长13.12%；年末总资产3.88亿元，净资产2.52亿元，比上年都有所增长。

(1) 集中公司人、财、物优势，发展规模经营

公司通过组建配货中心，实现母公司与子公司、关联企业的统一进货、统一销售、统一结算、统一管理，发挥规模经营优势，提高了公司在市场上的竞争能力，成为公司新的经济增长点。

(2) 认真推行规范服务，保障消费者合法权益

九六年公司以规范服务为突破口，提高全体员工以优质服务促经济效益的自觉性。为此，公司制订了《服务规范管理和奖惩规定》、《商品质量管理规定》等一系列规章制度，使服务工作走上了规范有序的轨道。同时为保障消费者的合法权益，公司认真把好商品进货关，坚决杜绝假冒伪劣商品进店，把优质服务、优质的商品奉献给广大消费者。

(3) 强化内部管理，提高管理效益

九六年公司按现代企业制度要求，建立健全各项管理制度，调整内部管理机制，充分发挥财务管理和财务监督作用，加强核算，降低费用，提高了融资效率。

四、股本变化及股本结构情况

(一) 股本变化及股本结构情况

1. 截至一九九六年末公司股本结构如下：(万股)

项　目	期初数	配股	送股	公积金转股	其他	小计
(1) 尚未流通股份						
1. 发起人股份						
其中：国家拥有股份	3745		749			4494
2. 募集法人股份	950		190			1140
3. 社会公众受让转配股份	875		175			1050
尚未流通股份合计	5570		1114			6684
(2) 已流通股份						
境内上市的人民币普通股	1875		375			2250
已流通股份合计	1875		375			2250
(3) 股份总数	7445		1489			8934

2. 主要股东持股情况：(前十名股东)

股东名称	持股数(万股)	占总股本比例(%)
(1)国家持股	4494	50.3
(2)上海申银万国证券公司	194.4	2.17
(3) 上海时装股份有限公司	155.52	1.74
(4) 上海友谊华侨股份有限公司	126.216	1.41
(5) 上海上菱电器股份有限公司	89.2656	0.99
(6) 蓝天基金	40.50	0.45
(7) 麦华生	38.82	0.43
(8) 刘昌平	25	0.28
(9) 朱镇州	23.698	0.27
(10)上海爱建设计股份有限公司	20.16	0.23

3. 截至一九九六年末，股东总数为18275户，其中国家股股东1户，法人股股东358户，社会公众股股东17916户。

(二) 董事、监事及高级管理人员持股情况：

姓名	职务	年初持股数	年末持股数	变动原因
黄富贵	董事长	11000	13200	送股
乐富根	副董事长、总经理	13904	17344	送股
俞慧民	董事、副总经理	11704	14704	送股
陈奕明	董事、副总经理	11440	14388	送股
陈鑫宝	董事	9196	11404	送股
金霞玲	董事	9416	11299	送股
张念谟	董事	6600	7920	送股
杨国勇	监事长	11308	13569	送股
赵国桢	监事	11836	14203	送股
杜鑫伟	监事	7700	9504	送股

(三) 子公司及关联企业

企业名称	注册资金(万元)	公司拥有权益	主营业务
1. 百乐商城	500	100%	商业批零
2. 九百浦东实业公司	150	100%	商业批零
3. 百乐门针织制衣厂	100	100%	针织制衣
4. 宝隆商厦	50	100%	商业批零
5. 仙霞商厦	150	75%	商业批零
6. 卢湾商厦	100	50%	商业批零
7. 宝泉制条厂	100	50%	羊毛制条

8. 中外合作企业：中美合作上海美福服饰工艺品集团

绍兴市百货大楼股份有限公司

1996年年度报告摘要　（摘选）

一、公司简况

公司名称：绍兴市百货大楼股份有限公司

法人代表：傅阿云　　邮政编码：312000

公司地址：浙江省绍兴市解放北路333号

电话：(0575)5143317　　传真：(0575)5135766

二、主要财务数据与财务指标

指标项目	本年数	上年数	比上年增减(%)
1.主营业务收入(万元)	8834.92	18077.62	-51.13
2.净利润(万元)	717.30	1276.22	-43.79
3.总资产(万元)	16495.61	15738.74	4.81
4.股东权益(万元)	14245.21	13527.91	5.30
5.每股收益(元)	0.085	0.15	-43.33
6.每股净资产(元)	1.68	1.60	5.00
7.净资产收益率(%)	5.04	9.43	-46.55
8.股东权益比率(%)	86.36	85.95	0.48

三、公司业务经营回顾

1.一年来经营情况

1996年，是我公司努力开拓的一年，也是"百大人"艰苦创业的一年，在这一年中，我们一方面狠抓内部管理，进一步完善并落实了内部承包机制；另一方面在大商场林立，商战日趋激烈的今天，通过不断开拓新的经营领域、不断降低经营风险，在保持商业企业的传统优势上，继续扩大经营领域，多渠道投资，产生了良好的经济效益，九六年公司实现经营业务收入8834.92万元，净利润717.30万元，同时，公司获得了"浙江省AAA资信优等单位"、"绍兴市商品质量信得过单位"、"绍兴市直商业系统思想政治工作创新活动先进单位"等荣誉称号。

2.主要经济指标分析

根据公司1995年度股东大会审议并通过的1996年度工作计划，计划利润1500万元，实际完成主营业务收入8834.92万元，实现利润843.14万元，完成计划的56.21%。分别比去年同期减少51.13%和43.79%，比去年减少及与预测产生差异的主要原因有：(1)为了拓宽新的经济增长点，公司抓住机遇，发展自己，投资新的项目。如中兴路的商品市场及人民路的商住楼需大量的资金投入；(2)为适应市场竞争，改善购物环境，对大楼商场逐步进行了装修，装修期间停止营业，在短期内减少了零售一块的营业收入；(3)投资绍兴市物资集团总公司688.6万元和绍兴市外资企业物资公司178万元，目前这两家公司正在清算，在96年内未产生投资收益。

3.募集资金使用情况说明

公司本年内，没有募集资金，95年募集的资金投入建造人民路百大商城，该工程的资金投入及工程进度基本按年初股东大会通过的计划进行。项目的收益与预测基本相符。

四、股本变化及股本结构情况

1.股本结构情况

(1)截至1996年末，公司股本结构如下：

一、尚未流通股份(单位：万股，每股面值一元)		
其中：	期初数	期末数
国家持有股份	435.37	435.37
社会法人持有股份	4130.15	4130.15
社会公众受让的转配股份	3.00	3.00
尚未流通股份合计	4568.52	4568.52
二、已流通股份		
社会公众持股	3901.26	3901.26
已流通股份合计	3901.26	3901.26
三、股份合计	8469.78	8469.78

2.本年度内公司股本没有变动

3.主要股东持股情况

股东名称	年末持股数量(万股)	持股比例%
绍兴财务开发公司	1334.99	15.76
上海中桥投资股份有限公司	780.45	9.21
绍兴市国有资产管理办公室	435.37	5.14
绍兴市房地产开发公司	423.88	5.00
绍兴市房地产经营公司	363.00	4.29
杭州经济技术开发区	340.00	4.01
宁波经济技术开发区商品经营基地	339.00	4.00
中国人民保险公司绍兴分公司	242.00	2.86
交通银行绍兴分行	242.00	2.86
绍兴咸亨集团股份有限公司	242.00	2.86

4.公司董事、监事和经理人员持股情况

姓　名	职　务	年初持股数	年末持股数	变动原因
傅阿云	董事长、总经理	7700	7700	无变动
陈曾绶	副董事长	0	0	无变动
潘来友	董事、党委书记	3080	3080	无变动
张丽萍	董事、副总经理	6160	6160	无变动
陈忠信	董　事	2910	2910	无变动
杜世嘉	董　事	7700	7700	无变动
何六定	董　事	0	0	无变动
周庆治	董　事	0	0	无变动
何哨义	监事会主席	6930	6930	无变动
章少青	监事、工会主席	0	0	无变动
任永林	监　事	7700	7700	无变动
胡高祥	监　事	0	0	无变动

5.子公司及关联企业

企业名称	注册资金	公司拥有权益	主营业务
绍兴市百大宾馆	500万元	100%	客房、餐厅、娱乐
绍兴百大时装公司	50万元	100%	服装、鞋帽
绍兴市劳动防护用品公司	150万元	100%	劳保用品
绍兴人民针纺厂	135万元	100%	化纤、针棉织品

长春百货大楼集团股份有限公司

1996 年年度报告摘要 （摘选）

一、公司简况

公司名称：长春百货大楼集团股份有限公司

法人代表：范士良　　　　邮政编码：130061

公司地址：长春市人民大街 59 号

电话：0431—8965414　　　传真：0431—8922431

二、主要财务数据与财务指标

指标项目	本年数	上年数	比上年增减(%)
1.主营业务收入(万元)	53,913.96	49,270.66	9.42
2.净利润(万元)	2,306.49	2,269.02	1.65
3.总资产(万元)	39,430.92	32,170.47	22.57
4.股东权益(万元)	32,892.48	25,222.69	30.41
5.每股收益(元)	0.176	0.204	-13.73
6.每股净资产(元)	2.52	2.27	11.01
7.净资产收益率(%)	7.01	9	-22.11
8.股东权益比率(%)	83.42	78.4	6.40

净资产收益率较上年下降，系本期利润总额与上年基本持平，净资产上升幅度较大所致。

三、公司主要业务回顾

1．一年来经营情况

一九九六年公司进一步强化科学严格的管理，练好内功，首先，加大打假力度，净化经营环境，作为发起和参与单位积极参加中宣部、内贸部联合开展的“全国百城万店无假货”活动，其工作成果受到两部的充分肯定。其次加强服务质量管理。实施了服务质量“四零工程，即让顾客来大楼购物做到零风险、零遗憾、零起点、零距离。三是加强环境质量管理，使公司营业室内的喷泉、瀑布、人物群雕以及园林餐厅、观光电梯等成为消费者购物时的休闲景观。四是加强商品资金和各项费用管理，开展增收节支活动，做到三合理，即资金占用合理、库存结构合理、各项费用合理。

2．主要指标分析

公司为集团企业，96 年度主营业务收入 539,139,578.35 元，比上年增长 9.42%，实现利润总额 26,085,955.97 元，比上年增长 0.29%。公司能在全国多数大商店效益普遍下滑的情况下，继续保持上升的好势头，主要得益于规模经营，综合配套经营，硬件改造后新颖别致壮观、软件信誉不断加强，使公司以良好的形象赢得了市场，赢得了顾客。

四、股本变化及股本结构情况

(一) 股本变化及股本结构情况

1. 1996 年度公司股本结构情况

填报日期 1997 年 4 月 23 日

数量单位：万股(每股面值：1 元)

	期初数	配股	其它	小计	期末数
1)尚未流通股份					
国家拥有股份	3,626.40	435.92		435.92	4,062.32
募集法人股份	2,853.60	0		0	2,853.60
国家、法人股转配部分			130.77	130.77	130.77
尚未流通股份合计	6,480.00	435.92	130.77	566.69	7,046.69
2)以流通股份					
境内上市人民币普通股	4,620.00	1,386.00		1,386.00	6,006.00
已流通部分合计	4,620.00	1,386.00		1,386.00	6,006.00
3)股份总数	11,100.00	1,821.92	130.77	1,952.69	13,052.69

2．股本变动情况及原因

公司于 1995 年 12 月 18 日召开了 1995 年临时股东大会，审议通过了公司董事会关于 1995 年度增资配股方案。本次配股按 10:3 的比例向公司全体股东配售，配股价格为每股人民币 2.80 元。上述配股方案，经长春市证券监督管理委员会长证监发(1995)1 号文批准和中国证券监督管理委员会证监配审字(1996)3 号文批准实施。社会公众股应配 1,386 万股，实际认购 11,936,998 股，逾期未被认购的社会公众股配股部分由承销商包销。国家股应配 1,087.92 万股，已配售 435.92 万股。;国家股转让的 652 万股和法人股转让的 856.08 万股，实际转配 130.77 万股。配股登记日为 1996 年 5 月 9 日，除权日为 1996 年 5 月 10 日，可流通股份于 1996 年 6 月 24 日上市交易，使总股本由 111,000,000 股增到 130,526,937 股。

主要股东持股情况(前十名股东)

名次	股东名称	年初持股数(万股)	占总股本(%)
1	长春市国有资产管理局	4062.32	31.12
2	中国平安保险公司证券部	500	3.83
3	吉林省信托投资公司	460	3.52
4	深圳蓝天基金管理公司	300	2.30
5	长春信托投资公司	200	1.53
6	中国南方证券有限公司	192.30	1.48
7	吉林省送变电工程公司	150	1.15
8	深圳万科企业股份有限公司	150	1.15
9	中国物资工贸集团有限公司	100	0.77
10	深圳南山风险投资基金(公司)	100	0.77

公司董事、监事与高级管理人员持股情况

姓名	职务	年初持股数	年末持股数	变动原因
范士良	董事长、总经理	10,000	10,000	
路振霞	副董事长	10,000	10,000	
王建国	副董事长	10,000	13,000	配股
刘春玉	董事	10,500	13,500	配股
石灵芝	董事	4,700	4,700	
张万英	董事	10,000	10,000	
彰赐臣	董事	10,000	10,000	
崔海炳	董事	10,000	10,000	
李秀华	董事	0	0	
戴京焦	董事	0	0	
顾秀琴	监事会主席	10,000	10,000	
石　山	监事	0	0	
范桂兰	监事	6,700	10,000	配股
解曼丽	监事	4,000	4,000	
王来成	监事	2,000	2,000	
王连梅	监事	1,300	1,690	配股
李荣丽	监事	200	260	配股
迟玉萍	副总经理	0	0	
丁斌武	党委副书记	0	0	

宁波中百股份有限公司

1996年年度报告摘要　（摘选）

一、公司简况

公司名称：宁波中百股份有限公司

法人代表：林云秀　　　邮政编码：315000

公司地址：宁波中山东路13-19号

电话：(0574)7347621　7363263　　传真：(0574)7367996

二、主要财务数据与财务指标

单位：元

指标项目	本年数	上年数	比上年增减(%)
1. 主营业务收入	373549544.60	352050086.03	6.11
2. 净利润	14671575.54	14589662.57	0.56
3. 总资产	378944867.04	370263246.89	2.34
4. 股东权益	258152442.46	231730358.40	11.40
5. 每股收益	0.18	0.21	－14.29
6. 每股净资产	3.09	3.33	－7.21
7. 净资产收益率	5.68%	6.30%	－9.84
8. 股东权益比率	68.12%	62.59%	8.84

说明：1. 1996年度按加权平均法计算，股本为7650.5万股，每股收益为0.19元，同比减9.52%。

2. 根据财政部有关规定，95年的利润分配在96年进行的，其会计处理调整年初未分配利润及相关帐户，因此95年股东权益及相关指标口径与96年不一致，如按调整计算，95年度股东权益为243480866.92元，每股净资产为3.50元，净资产收益率为5.99%，股东权益比率为65.76%。

三、公司主要业务回顾

1. 一年来经营情况

公司主业为百货商业的批发和零售。1996年，面对中山路改造下属六家商店营业面积大幅度减少，中百商厦又因大规模资金投入影响投资效益等困难，强化名优品牌经营、促销措施和优质服务，实施现代企业制度试点，走内涵发展道路，从而取得了预期的成效，全年实现销售3.74亿元，实现利润1721.43万元。1996年公司的经济效益在市财政贸易办公室直属企业中名列前茅。

2. 1996年主营业务收入3.74亿元，比上年增长6.11%；实现利润1721.43万元，比上年增长0.37%。1996年，中百商厦建设资金大量投入，使公司其他业务利润和投资收益分别比上年减少32%和10.24%，但在市场较为疲软的情况下，由于公司在经营上采取了多种有效措施，主营业务利润却比上年增长46.18%，从而保证了公司全年经营目标的较好完成。

3. 前次募集资金运用情况的说明

公司在报告期前共募集资金17836万元，其主要投向的中百商厦建设1996年投入5152.87万元，累计投入13361.74万元，未超出工程预算额度。至1997年2月2日，商厦主楼提前98天全面结顶，目前该工程已进入室内外装潢及设备安装阶段。

四、股本变化及股本结构情况

1. 股本变化及股本结构情况

(1) 股本结构情况

数量单位：股　　面值每股：1元

股份类别	期初数	本年增减 送股	本年增减 公积金转股	期末数
①尚未流通股份				
发起人股份				
其中：				
国家股	18533300	3131211	575449	22239960
法人股	12500000	2111881	388119	15000000
募集法人股	5418900	915526	168254	6502680
其他(转配部分)	9869660	1667484	306448	11843592
尚未流通股份合计	46321860	7826102	1438270	55586232
②已流通股份				
A股－人民币普通股	23228140	3924406	721222	27873768
③股份总数	69550000	11750508	2159492	83460000

(2)股本变动情况及原因

经公司第七次股东大会决定，1995年度股利分配方案为每10股送红股1.69股、公积金划转0.31股(每股面值1元)，该送股方案于1996年6月19日实施，由此使本公司股份总数由6955万股变为8346万股。

(3) 主要股东持股情况　　单位：万股

股东名称	年末持股数	占总股本(%)
国家持股	2223.996	26.65
镇海炼油化工股份有限公司	390	4.67
宁波经济技术开发区联合(集团)股份有限公司	318	3.81
中国百货纺织品公司	240	2.88
中国工商银行宁波市信托投资公司	240	2.88
宁波中元股份有限公司	138.588	1.66
交通银行宁波分行	132	1.58
浙江省商业财务公司	120	1.44
鄞县煤气用具厂	60	0.72
中国人民保险公司宁波市分公司	60	0.72

因公司实施送股方案上述股东持股数均比年初数增加20%。

(4) 股东数量

至1996年底股东总数为16070户，其中国家股东1户，法人股东61户，社会公众股东16008户。

(5) 公司董事、监事及高级管理人员持股情况

姓名	职务	年初持股数	年末持股数	变化原因
林云秀	董事长兼总经理	15600	18720	送股
黄炎水	副董事长兼副总经理	15600	18720	送股
王利生	副董事长	0	0	
王维和	副董事长	0	0	
江宇程	董事兼副总经理	6600	7920	送股
陈冲娣	董事	9515	11418	送股
任敬珍	董事	0	0	
徐艰奋	董事	0	0	
虞一新	董事	0	0	
王世理	董事	0	0	
姜立鹤	监事会主席	22100	26520	送股
张　红	监事	1000	1200	送股
胡德发	监事	0	0	
傅其照	监事	0	0	
张志成	监事	0	0	
詹朝德	副总经理	20800	24960	送股
江仰峰	副总经理	3000	3600	送股

北京王府井百货(集团)股份有限公司

1996年年度报告摘要　　(摘选)

一、公司简况

公司名称：北京王府井百货(集团)股份有限公司

法人代表：郭传周　　邮政编码：100006

公司地址：北京王府井大街255号

电话：(010)65126677转515　传真：(010)65133133

二、主要财务数据与财务指标

指标项目	本年数(合并)	上年数(合并)	比上年增减(%)
1.主营业务收入(万元)	163348.67	162061.41	+0.79
2.净利润(万元)	9712.93	8399.77	+15.63
3.总资产(万元)	169047.44	124272.55	+36.03
4.股东权益(万元)	96094.77	90609.24	+6.05
5.每股收益(元)	0.48	0.457	+5.03
6.每股净资产(元)	4.75	4.93	-3.65
7.净资产收益率(%)	10.11	9.27(注)	+8.96
8.股东权益比率(%)	56.84	72.91	-22.04

注：净资产收益率按摊薄法计算，95年度按加权法计算为10.46%。

三、公司主要业务回顾

1．一年来经营情况

1996年，在日用消费品市场平淡，居民购买力分流，王府井大街改造等不利情况下，王府井百货大楼和新开业的广州王府井、北京海文王府井三家大型商店，积极采取措施借势造市，营造小环境，努力扩大销售，在力保主业效益上狠下功夫。公司不断拓展"满意工程"服务内涵，向社会推出"十满意"为内容的"一团火"满意服务社会承诺，开展了店堂邮寄、购物赠保险、电话购物、代客送礼等综合服务，受到消费者的欢迎。公司加强商品质量管理，实行商品准入制度，推行"质量承诺卡"，在保证商品质量方面做出承诺，并设立了退货基金作为打假保真的重要措施。

公司积极挖掘经营题材，举办各类营销活动，富于温馨人情味的王府井"园丁节"优惠卡、王府井"个人形象咨询"，将内涵丰富的内容融入传统大型营销活动中。"第六届服装节"以及为店庆41周年特制的"情意卡""礼备得"等多种促销手段，均取得较好的效果，服装节期间还举办了"第六届长城杯纯羊毛标志展评销"活动。京广两地强大的广告宣传，进一步树立了"王府井百货"的形象。由中国消费者报主办的消费者评选全国著名企业商标，徽标中，"王府井"商标名列第一。

2．主要经济指标分析

在截止1996年12月31日止年度内，本公司经审核，主营业务收入163349万元，比上年增长0.79%；利润总额12843万元，比上年增长2.78%，均超额完成年度计划。

3．筹集资金使用情况说明

1995年，公司配股筹集资金，扣除配股费用后实收175951621.43元，连同前次社会募集所筹资金，资金使用情况如下：

(一) 王府井北厦工程

该项目已投入资金15800万元，已完成拆迁，施工前期工程已经展开。

(二) 成都王府井商城

该项目已投入资金19837万元，二期工程开始施工，预计1998年春节期间开业。

(三) 南通王府物业发展有限公司

该项目已投入资金6820万元，现已完成主体结构封顶，进入内装修和经营筹备阶段，力争1997年上半年开业。

(四) 计算机系统

该系统开发已投入资金1000万元，预计于97年5月全部装配完毕。

(五) 组建王府井商业连锁有限公司

该项目已投入资金2850万元，在北京已开设17家超市连锁店。

(六) 主业大连锁工程

经公司董事会批准，公司以租赁经营方式，投资6000万元，组建广州王府井百货大楼有限责任公司，该商场已于1996年7月正式对外营业；公司以收购物业方式，投资8500万元，组建北京海文王府井百货有限责任公司，该商场已于1996年9月正式对外营业。

综上，本公司资金运用与募集资金投向相符，且达到预期的目标。

四、股本变化及股本结构情况

(一) 股本结构情况(单位：股　每股面值：一元)

	期初数	比率%	本年变动增加(送股)	期末数	比率%
1.尚未流通股份					
(1)发起人股份					
其中:国家持股	77625000	42.24	7762500	85387500	42.24
境内法人持股	8750000	4.76	875000	9625000	4.76
(2)募集法人股	4625000	2.52	462500	5087500	2.52
(3)内部职工股	26325000	14.33			
(4)其他					
(社会公众受让转配)	1444369	0.78	144437	1588806	0.78
尚未流通股份合计	118769369	64.63	9244437	101688806	50.30
2.已流通股份					
(1)境内上市的					
人民币普通股	65000000	35.37	9132855	100457855	49.70
(2)其他					
3.股份总额	183769369	100	18377292	202146661	100

(注：由于内部职工股1996年4月30日上市流通，计入普通股)

(二) 股东户数69488名

(三) 主要股东持股情况(前十名股东)

名次	股东名称	年末持股数(万股)	占总本(%)
1	北京市国有资产经营公司	8538.75	42.24
2	交通银行北京分行	275	1.36
3	深圳万科企业股份有限公司	275	1.36
4	中国宝安(集团)股份有限公司	275	1.36
5	工商银行北京信托投资公司	174.625	0.86
6	华德正业	152.3559	0.75
7	北京证券有限公司	148.5	0.73
8	华夏证券有限公司	137.5	0.68
9	姜玉梅	99.5	0.49
10	张祝秀	96.03	0.48

百大集团股份有限公司

1996年年度报告摘要 （摘选）

一、公司简况

公司名称：百大集团股份有限公司

法人代表：董伟平　　　邮政编码：310006

公司地址：杭州市延安路260号

电话：0571—5109129　　传真：0571—5150586

二、主要财务数据与财务指标

指标项目	本年数	上年数	比上年增减(%)
1.主营业务收入(万元)	88,209.38	93,557.38	-5.72
2.净利润(万元)	5,701.36	4,994.00	+14.16
3.总资产(万元)	74,722.79	64,435.96	+15.96
4.股东权益(万元)	47,672.80	41,971.44	+13.58
5.每股收益(元)	0.3129	0.36	-13.08
6.每股净资产(元)	2.62	2.99	-12.37
7.净资产收益率(%)	11.96	11.90	+0.50
8.股东权益比率(%)	63.80	65.14	-2.06

注：因公司96年8月以10:3的比例转增股本，以上每股收益和每股净资产指标系按摊薄计算，如按加权平均法计算，每股收益为0.35元，每股净资产为2.96元。

三、公司主要业务回顾

（一）一年来经营情况

1996年是实施"九五"计划和2010年远景目标纲要的第一年。在整个国民经济平稳发展的宏观背景下，公司努力实现内部经营机制的转变和经济增长方式的转变，充分发挥集团公司规模经营的优势，以管理促效益，经济效益取得稳步增长。本报告年度，集团总计实现营业收入88,209.38万元，利润总额7,026.55万元，净利润5,701.36万元，分别为去年同期的94.28%、116.84%和114.16%，完成年度计划的110.26%、111.53%和109.01%。

1.公司主业——百货业面临着激烈的同业竞争和市场购买力分流，公司管理层着眼于未来，确定了"在巩固和稳定原有市场份额的基础上，积极开拓新的富有潜力的市场，壮大规模，形成百货业规模经营的格局。"的工作重点，在杭城开辟了新的营业网点——杭州第二百货大楼，占领杭城北部市场；与海南日森公司合资组建百大集团日森有限公司（诸暨购物中心），以期占领浙江中部地区市场，为进一步拓展公司的百货业奠定了基础。

与此同时，公司对杭州百货大楼和嘉兴购物中心继续强化管理，实施顾客满意工程，全面推行POS-MIS系统，巩固原有的市场份额。

96年百货业共实现营业收入80,075.62万元和净利润4,917.80万元，分别占公司营业收入和净利润的90.78%和86.26%。

2.在旅游业利润趋于平均化的背景下，杭州大酒店明确目标市场，在巩固商务散客市场的同时，积极开拓团队市场，保持了年客房平均出租率85%的佳绩，并荣膺三星级旅游涉外饭店的称号。96年杭州大酒店共实现营业收入3,744.80万元，净利润874.61万元，分别占公司营业收入和净利润的4.25%和15.34%。

3.进出口贸易全年签订业务合同166份，履约率95%，创汇541万美元，收汇率80.7%。由于出口退税和货款回笼等原因增加利息支出，96年进出口贸易亏损95.68万元人民币。

4.本年度公司还涉足了金融和房地产等领域，参与组建杭州市城市合作银行，控股浙江万川房地产开发有限公司。并对个别不能形成规模效益的子公司作出了歇业调整的决定。

（二）前次募集资金的使用情况说明

95年12月公司实施配股共募集资金8,033.78万元，按配股说明书的规定，全部用于公司半道红商居大厦工程的建设。该项目预计总投资11,344.5万元，当年投入1,994万元，其余6,039.78万元结转96年度使用。本报告年度，该款项按计划全部投入使用，至12月31日，该工程实际投入资金12,829.93万元。96年12月20日，半道红商居大厦工程完工验收，交付使用。12月28日，1—4层的大厦裙房——杭州第二百货大楼如期开张营业

四、股本变化及股本结构情况

1.股本变化及股本结构情况

(1)股本结构情况

填报日期　12月31日　　数量：万股　　每股面值：1元

	期初数	本次变动增减(+、-) 其他	公积金转股	小计	期末数
一、尚未流通股份	8883.32	-121.32	+2628.60	+2507.28	11390.60
1.发起人股份	4968.00	0	+1490.40	+1490.40	6458.40
其中:国家拥有股份	4968.00	0	+1490.40	+1490.40	6458.40
2.募集法人股	3288.00	0	+986.40	+986.40	4274.40
3.社会公众持股	627.32	-121.32	+151.80	+30.48	657.80
其中:受让转配	506.00	0	+151.80	+151.80	657.80
职工持股	121.32	-121.32	0	-121.32	0
二、已流通股份	5134.68	+121.32	+1576.80	+1698.12	6832.80
境内上市的人民币普通股	5134.68	+121.32	+1576.80	+1698.12	6832.80
三、股份总数	14018.00	0	+4205.40	+4205.40	18223.40

(2)股份变动的原因

A.1996年8月5日，上海证券交易所安排公司内部职工股121.32万股上市流通。

B.1996年8月3日，公司第十次股东大会通过了96年中期资本公积金转增股本方案，即以资本公积金转增股本，转增比例为10:3。8月15日公司实施该方案后，公司总股本由14,018万股增至18,223.4万股。

(3)股东数量

截至12月31日，公司股东总数为9,795户，其中：国家股股东1户，法人股股东86户，社会公众股股东9,708户。

(4)主要股东持股情况(前十名股东)

名次	股东名称	年初持股数(万股)	占总股本(%)
1	杭州市国有资产管理局	6458.40	35.44
2	华新公司	358.92	1.97
3	浙江省商业(集团)总公司	312.00	1.71
4	浙江余杭市石油煤炭总公司	234.00	1.28
5	君安证券有限公司	229.74	1.26
6	杭州民生药业集团公司	202.80	1.11
7	杭州金源物业投资开发总公司	171.60	0.94
8	三通经贸公司	165.35	0.91
9	浙江省第三建筑工程公司	156.00	0.86
10	杭州市烟草分公司	156.00	0.86

哈尔滨秋林股份有限公司

1996年年度报告摘要　（摘选）

一、公司简况

公司名称：哈尔滨秋林股份有限公司

法人代表：赵廷阁　　邮政编码：150001

公司地址：哈尔滨市南岗区东大直街319号

电话：0451—3644632　　传真：0451—3649282

二、主要财务数据与财务指标

单位：万元

指标项目	本年度	上年度	比上年增减(%)
1.主营业务收入	47031.4	38394.4	22.50
2.净利润	4050.5	2421.6	67.27
3.总资产	52537.6	30500.1	72.25
4.股东权益	40183.7	21676.2	85.38
5.每股收益(元)	0.397	0.32	24.06
6.每股净资产(元)	3.94	2.89	36.33
7.净资产收益率(%)	10.08	11.17	-9.76
8.股东权益比率(%)	76.49	71.07	7.63

三、公司主要业务回顾

1.一年来经营情况

商业零售是本公司的主业和利润的主要来源。1996年公司以开展"质量管理年"活动为主线，实施了全方位的质量管理，在加强商品进货管理方面落实了进货责任制，加强了财务管理，强化了内部管理制约机制。积极参与和开展了"百城万店无假货"、"货真价实满意店"活动，提高了公司在广大消费者中的信誉。此外还着力开发新的经济增长点，确保了公司各项经济指标的完成。

1996年公司实现主营业务收入47031.4万元，比上年增加22.5%，利润总额4763.1万元，净利润4050.5万元，分别比上年增加67.24%和67.27%。公司股票《上市公告书》披露1996年盈利预测为利润总额5000万元，净利润4250万元，实际分别完成预测值的95.26%和95.3%。

2.募集资金使用情况的说明

公司年度内发行2700万股人民币普通股，扣除发行费用645.34万元后募集到资金17714.66万元，已全部投入到"秋林商厦"及相关工程建设项目中，资金投向与招股说明书所陈述的用途一致。现"秋林商厦"土建工程，外墙面装修及相关配套设施已基本完成。对募集资金具体使用情况说明如下：

投入"秋林商厦"工程建设11184.27万元，其中包括偿还先期已投入的3415万元贷款；

垫付"秋林大厦"（合资项目，该项目与"秋林商厦"系连体工程）6530.39万元，待该项目所筹资金到位后再行抽回，继续用于"秋林商厦"工程建设。

"秋林商厦"工程立项批准于1992年，总投资为1.38亿元，由于当时工程预算价格与现行价格存在差距，因此其投资总规模预计在2亿元人民币。预计将于1997年下半年竣工开业。

四、股本变化及股本结构情况

1.股本结构情况

截止1996年末　　单位：股　每股面值：1元

	期初数	新发行股份	期末数
一、尚未流通股份			
1.发起人股份	33,839,409		33,839,409
其中：国家拥有股份	26,939,409		26,939,409
境内法人持有股份	6,900,000		6,900,000
2.募集法人股	21,260,591		21,260,591
3.内部职工股	20,000,000		20,000,000
尚未流通股份合计	75,100,000		75,100,000
二、已流通股份			
境内上市人民币普通股		27,000,000	27,000,000
已流通股份合计		27,000,000	27,000,000
三、股份总数	75,100,000	27,000,000	102,100,000

2.股本变动情况和原因：

1996年3月6日向社会公开发行并于3月25日上市流通2700万股人民币普通股。

3.前十名主要股东持股情况

股东名称	年末持股数（万股）	占总股本（%）
1)哈尔滨市国有资产管理局(国家股)	2693.9409	26.39
2)康佳集团股份有限公司	500	4.90
3)中国工商银行哈尔滨信托投资公司	500	4.90
4)中国人民保险公司哈尔滨市分公司	500	4.90
5)上海泰阳实业有限公司	411.7385	4.03
6)黑龙江进出口公司永昌商贸公司	200	1.96
7)哈尔滨证券公司	190	1.86
8)深圳港京裘革厂有限公司	150	1.47
9)哈尔滨医药股份有限公司	100	0.98
10)哈尔滨海外房地产开发有限公司	100	0.98

4.股本数量：

至本年度末，公司股东总数为15829户，其中国家股股东1户，法人股股东41户，内部职工股股东5264户，社会公众股股东10523户。

石家庄劝业场股份有限公司

1996年年度报告摘要 （摘选）

一、公司简况

公司名称：石家庄劝业场股份有限公司

法人代表：姚君平　　邮政编码：050000

公司地址：河北省石家庄市中山东路51号

电话：0311—6033034　　传真：0311—6031453

二、主要财务数据与财务指标

指标项目	本年数	上年数	比上年增减(%)
1.主营业务收入(万元)	7925.94	11914.31	－33.48
2.净利润(万元)	72.70	459.39	－84.17
3.总资产(万元)	19157.46	17623.09	8.71
4.股东权益(万元)	7273.69	7200.99	1.01
5.每股收益(元)	0.014	0.091	－84.18
6.每股净资产(元)	1.44	1.43	0.70
7.净资产收益率(%)	1	6.37	－84.30
8.股东权益比率(%)	37.97	40.86	－7.07

三、公司业务经营回顾

1．一年来经营情况

1996年公司主营业务出现较大幅度滑坡，全年实现主营业务收入7925.94万元，比上年度下降33.48%，净利润72.70万元，比上年下降84.17%。

公司96年面临十分严峻的形势，尽管我们采取了包括开办自由连锁店，扩大市场份额；调整营销策略，加大促销力度；对商场进行重新装修，实行开架售货；设立内部银行，强化核算管理，推行财务管理电算化等措施，但仍未能完成股东会下达的计划任务。

2．实际经营结果与盈利预测产生重大差异的说明

公司1996年主营业务收入7925.94万元，净利润72.70万元，与原预测产生较大差异。主要原因是：

(1)公司经营环境发生较大变化。自95年末以来，公司附近数家营业面积大于我公司的大型商场相继开业，对我公司主营业务造成很大的冲击。尽管公司采取开办连锁店的办法相应扩大规模，但仍然难以摆脱毛利率大幅下降，费用不断增加的被动局面。

(2)石家庄虽为河北省会，但外来流动人员并不多，主要依靠本地区居民消费。由于96年房改政策出台，消费资金大量分流，居民购买欲望呈下降趋势，更加大了我们难度。

(3)公司所属五洲大酒店原承包单位国泰娱乐中心有限公司，虽已对酒店进行大量投入装修，终因多方原因无法履行合同。经法院判决解除合同后，酒店暂时无法营业，原预测300万元承包利润无法兑现。

(4)公司长期投资的广东东莞房地产项目原计划96年部分出售，并增加收益155万元，因大陆与台湾关系问题及房地产市场疲软等情况，未能如期实现。

四、股本变化及股本结构情况

1．股本结构情况(单位：万股)

	期初数	期末数	本年度增减
一、尚未流通股份			
1.发起人股份	1992.7	1992.7	
2.募集法人股	1526.33	1526.33	
3.普通股	1530.97	0	－1530.97
尚未流通股份合计	5050	3519.03	－1530.97
二、已流通股份			
境内上市的人民币普通股	0	1530.97	＋1530.97
已流通股份合计	0	1530.97	＋1530.97
三、股份总数	5050	5050	0

2．主要股东持股情况(前十名股东)

名次	股东名称	年初持股数(万股)	占总股本(%)
1	石家庄市桥东区城市建设开发公司	1992.7	39.5
2	河北省飞龙集团公司	488.3	9.68
3	交通银行石家庄分行	300.48	5.95
4	河北省农垦经济技术开发服务中心	234.3	4.64
5	石家庄站华通总公司	95.4	1.89
6	石家庄市义兴实业公司	70.9	1.40
7	石家庄市军兴实业公司	57.5	1.14
8	石家庄市井陉上安碳酸钙厂	46.8	0.93
9	石家庄市锅炉安装维修工程处	43.5	0.86
10	石家庄市华厦集团公司	40.65	0.80

3．公司董事、监事与高级管理人员持股情况

姓名	职务	年初持股数	年末持股数	变动原因
姚君平	董事长、党委书记	2000	2000	
李振同	副董事长、总经理	5000	5000	
姚松宜	副董事长	5000	5000	
王国英	董事、副总经理	1000	1000	
董　启	董事、副总经理	0	0	
庞毅军	董　事	1000	1000	
吴小新	董　事	0	0	
霍广志	董　事	1000	1000	
齐建新	董　事	0	0	
孔繁泉	监事会主席	0	0	
胡正秀	监　事	0	0	
曹福荣	监　事	1000	1000	
李慕晨	总会计师	1000	1000	

4．子公司及关联企业

企业名称	注册资金(万元)	主营业务	本公司拥有权益
1 石家庄金业装饰工程有限公司	200	装饰工程	45
2 珠海经济特区业海实业发展公司	300	纺织布料	43
3 石家庄德利工贸公司	50	家俱销售	40

郑州百文股份有限公司(集团)

1996年年度报告摘要 (摘选)

一、公司简况

公司名称:郑州百文股份有限公司(集团)

法人代表:李福乾　　邮政编码:450053

公司地址:郑州市南阳路2号

电话:(0371)3935801　3935993-3165　传真:(0371)3935570

二、主要财务数据与财务指标

指标项目	本年数	上年数	比上年增减(%)
1.主营业务收入(万元)	348225.42	138851.80	150.79
2.净利润(万元)	4989.95	2740.37	82.09
3.总资产(万元)	203439.90	73115.39	178.24
4.股东权益(万元)	31431.44	23334.10	34.70
5.每股收益(元)	0.37	0.26	42.31
6.每股净资产(元)	2.34	2.25	4.00
7.净资产收益率(%)	15.88	11.74	35.26
8.股东权益比率(%)	15.45	31.91	-51.58

注:1995年度股东权益,每股净资产,每股收益按上市公告书列示。

三、公司业务回顾

(一)一年来经营情况

1.一年来,公司全体员工在董事会领导下,紧紧围绕郑州百文本世纪末企业发展的指导思想和基本思路,以市场为导向,在主营业务经营上,逐步扩大市场和市场占有量,发展集约经营与规模经营,顺利完成了1996年股东大会决议的各项任务,全年共实现销售348,225.42万元,比上年增长150.79%;实现利润6601.41万元,比上年增长59.82%。公司总资产20.344亿元,净资产3.143亿元。

在取得上述业绩的过程中,我们主要做了以下几项工作:

(1)构筑新型工商关系,全方位开拓经营

在激烈的市场竞争中,公司下大力气狠抓名优产品的购销工作,调整经营结构,用优惠价格,上乘服务赢得客户,扩大市场占有额,一年来公司继续发展销售网络,外地营业收入已占总销售的40%以上。对占主导地位的名牌产品尝试买断经营,取得了较好的效益。

(2)强化内部管理,向管理要效益

继续加大执行公司各项规章制度的力度,把好经营活动的各个环节,减少费用,管好用好企业资金,提高资金运作能力。加强财务管理和监督审计工作,严格执行财务制度和一级法人三级核算的办法,堵塞漏洞,增加效益。

(3)加强员工队伍建设

年内对263名现职和后备管理人员进行了全面考核,对职工进行社会主义精神文明教育,为企业发展奠定了坚实基础。

2.本年度主营业务收入,净利润实际完成情况分析:

公司全年实现销售额为348,225.42万元,比同期138,851.80万元增加209,374.62万元,增幅为150.79%;实现利润6,601.41万元,比上期4,130.50万元,增加2,470.91万元,增幅为59.82%,主要原因为坚持薄利多销扩大市场,积极开拓外地市场,形成一个远至黑龙江,新疆,近至本省各地县的销售网络;优化进货渠道,降低进货成本,在一些拳头产品上敢于投入,创造了良好的经济效益。如家电分公司年销售272,071.5万元,较上期增加193,184.1万元,增幅为245%;洗化分公司年销售为35,380万元,较上期增加12,425万元,增幅为54.13%。

(二)前次募集资金运用情况的说明:

公司1992年12月增资扩股共募集资金19,562万元,主要使用情况如下:

1.投资1,300万元对本公司批发交易大厅进行第一、二期工程改造。改造后新增营业面积5,000多平方米。

2.投资1,450万元对长春楼进行改造并偿还银行借款。该工程已竣工并投入使用。

3.郑州高新技术开发区购买土地投资74万元,购买两栋楼宇670万元,上述两项共计744万元。

4.投资670万元,对家电楼进行装修改造,现成为公司综合性办公所在地。

5.投资680万元,参股组建郑州中意百文鞋业有限公司,目前该公司正在试生产。

6.投资330万元,参股郑州碧莎集团股份有限公司等,96年收益33万元。

7.投资100万元新建一座仓库,已投入使用。

8.投资330万元建两处配电房。

9.投资600万元购买运输设备。

10.偿还银行贷款4000万元。

11.投资2200万元与海南省对外经济贸易(集团)公司广州分公司在广州合作开发商业楼宇。已收回本金和收益3019万元。

12.用于流动资金7158万元。

四、股本变化及股本结构情况

1.股本变化及股本结构情况

(1)截止1996年12月31日,公司股本结构如下:

单位:股　　面值:每股1元

	期初数	本次变动增减(+、-) 配股	送股	公积金转股	其他	小计	期末数
一、尚未流通股份							
1.发起人股份	15610100		4683030				20293130
国家拥有股份	15610100		4683030				20293130
2.募集法人股	36380000		10914000				47294000
尚未流通股份合计	51990100		15597030				67587130
二、已流通股份							
境内上市的人民币普通股	51490000		15447000				66937000
已流通股份合计	51490000		15447000				66937000
三、股份总数	103480100		31044030				134524130

(2)股本变动原因:

1996年6月18日股东大会通过的1995年度分红送股方案为每10股送3股,实施后总股本增至134,524,130股。

(3)主要股东持股情况(前十名股东)

名次	股东名称	年末持股数(万股)	占总股本(%)
1	郑州市国有资产管理局	2029.313	15.08
2	君安深发	526.38	3.9
3	郑州投资合作基金公司	444.314	3.3
4	郑州市区信用合作联社营业部	195.0	1.44
5	河南省证券登记公司	169.0	1.25
6	河南省信托投资公司郑州铁路分公司	143.0	1.06
7	海口浙琼信托投资公司	130.0	0.97
8	河南豫银贸易公司	130.0	0.97
9	郑州人保公司汽车修配中心	130.0	0.97
10	河南省石油公司	100.62	0.74

(4)截止1996年末,公司股东总数21419户,其中国家股东1户,社会法人股股东286户,社会公众股股东21132户。

上海陆家嘴金融贸易区开发股份有限公司

上海陆家嘴金融贸易区开发股份有限公司1996年年度报告摘要

一、公司简况

公司中文名称：上海陆家嘴金融贸易区开发股份有限公司

公司英文名称：(缩写)：

SHANGHAI LUJIAZUI FINANCE & TRADE ZONE DEVELOPMENT CO., LTD.(SLDC)

公司注册地址：中国上海市浦东大道981号

邮编：200135

公司法定代表：王安德

公司咨询服务机构：董事会办公室

联系人：贾伟

电话：86—21—58878888(总机)

传真：86—21—58877100

二、主要财务数据与财务指标

单位：亿元

指标项目	本年数	上年数	比上年增减(%)
1.主营业务收入	16.07	7.62	110.89%
2.净利润	6.24	5.85	6.67%
3.总资产	77.52	71.65	8.19%
4.股东权益	37.95	20.08	88.99%
5.每股收益(全面摊薄)	0.47元	0.80元	−41.25%
6.每股净资产	2.84元	2.74元	3.65%
7.净资产收益率	16.55%	29.11%	−43.15%
8.股东权益比率	48.95%	28.02%	74.70%

三、公司业务经营回顾

1.一年来经营情况

1996年，公司紧紧抓住"九五"开局年的良好发展机遇，一方面做好已批租土地项目的履约和在建房产项目的竣工交付，另一方面在房地产市场结构性供求失衡矛盾依然严峻的情况下，加大对国内外著名企业集团的招商力度。全年共实现销售收入16.07亿元，税后利润6.24亿元，资产总计77.52亿元，股东权益37.95亿元。土地开发方面以陆家嘴中心地区为重点，完成环球金融中心等共3幅地块交付；房产开发与销售方面，明城花苑竣工交付使用，金杨新村商品房开始预售；年内还竣工动迁房(含公建)20余万平方米，滨江大道、区域市政配套等一批市政项目在建。年内新签土地批租项目3个，批租合同金额6800余万美元。

2.本年度主营业务收入、净利润实际完成情况分析

本年度公司完成主营业务收入16.07亿元，实现税后利润6.24亿元，与股东大会确定1996年度经营计划相比，主营业务收入完成133.92%，税后利润完成111.43%；与1995年相比，完成主营业务收入增加110.89%，税后利润增加6.67%。1996年公司业绩增长的主要原因是完成了重大经营项目日本环球金融中心的土地交付。该单个项目的销售收入即达10.8亿元。

3.募集资金使用情况说明

1996年11月，经上海市证券管理办公室批准并经中国证券监督管理委员会复审通过，公司按10:3向全体股东增资配股，每股配股价5.50元。此次实配新股21990万股，扣除发行费用后共募集资金11.77亿元，分别用于公司新增陆家嘴中心区N3地块、桃林小区(局部)的土地开发以及金杨新村商品房项目的建设。土地开发的预期收益将随有关土地实际转让之后逐步体现，商品房项目的预期收益将在项目竣工交付并实现销售时体现，目前预售情况良好，项目首期预计1997年末竣工。

四、股本变化及股本结构情况

(一)股本变化及股本结构情况

1.1996年度公司股本结构情况

填报日期：1997年4月16日

数量单位：万股　每股面值：1元

		本次变动增减(+,−)			
	期初数	配股	送股	小计	期末数
(1)尚未流通股份					
a.国家拥有股份	44,000	13,200	22,880	36,080	80,080
b.境内法人持有股份	3,000	900	1,560	2,460	5,460
尚未流通股份合计	47,000	14,100	24,440	38,540	85,540
(2)已流通股份					
a.境内上市的人民币普通股	6,300	1,890	3,276	5,166	11,466
b.境内上市的外资股(B股)	20,000	6,000	10,400	16,400	36,400
已流通股份合计	26,300	7,890	13,676	21,566	47,866
(3)股份总数	73,300	21,990	38,116	60,106	133,406

2.股本变动情况及原因

(1)1996年11月，经上海市证券管理办公室批准并经中国证券监督管理委员会复审通过，本公司按10:3向全体股东增配新股，每股配股价5.50元。本次实配新股21990万股，公司股份总额增至95290万股，所配新股于1996年12月26日在上海证券交易所上市交易。

(2)1996年12月，经公司1996年度第二次临时股东大会(通迅方式)审议通过，公司以1996年度中期税后利润按10:4的比例向全体股东送股(送股基数以本年度配股后的股本为准)。送股总数为38116万股，公司股份总额增至133406万股，所送新股的A股和B股分别于1996年12月31日和1997年1月6日在上海证券交易所上市交易。

3.主要股东持股情况(前十名股东)

名次	股东名称	年末持股数	占总股本(%)
(1)	上海市陆家嘴金融贸易区开发公司(国家持股)	800800000	60.0
(2)	上海国际信托投资公司(发起法人持股)	42000000	3.1
(3)	HKSBCSB A/C CHASE MANHATTAN BANK NA S/A TEMPLETON DEVEL MKTS	18383274	1.4
(4)	申银万国证券股份有限公司	12600000	0.9
(5)	HKSBCSB A/C CMB S/A TEMPLETON DRAGON FUND INC.	10969000	0.8
(6)	TOYO SECURITIES ASIA LTD.	10278030	0.8
(7)	CREDIT LYONNAIS SECURITIES (ASIA) LTD	9301331	0.7
(8)	WAH CHUN INTERNATIONAL LIMITED	7589361	0.6
(9)	HKSBCSB A/C CHASE MANHATTAN BANK		

NA S/A TEMPLETON EMERGING MKTS	7203840	0.5
(10) THE NOMURA SECURITES CO. LTD.	6817300	0.5

注:(1) 持有本公司5%以上股份的股东本年度内持股情况没有变化;

(2) 前10名股东中第3名、第5名至第10名均为B股股东。

4. 股东数量

公司年末股东总数为61,581名,其中国家股东1名,法人股东2名,境内公众股东51951名,境外股东(B股股东)9627名。

(二)公司董事、监事与高级管理人员持股情况

姓 名	职 务	年初持股数	年末持股数	变动原因
王安德	董事长、总经理	7560	13759	配送股增持
汪雅谷	董事、副总经理	7560	13759	配送股增持
郑尚武	董事、副总经理	7560	13759	配送股增持
张哲	董事、副总经理	7560	13759	配送股增持
任连友	董事	0	0	
何以平	董事	1260	2293	配送股增持
张耀伦	监事长	0	0	
沈伯根	监事	0	0	
朱蔚	监事	5040	9173	配送股增持

五、重要事项

(一)报告期内股东大会、董事会情况说明:

1.1996年4月15日,公司于上海召开第一届董事会第六次会议,会议决议事项如下:

(1)通过《董事会工作报告》提请股东年会审议。

(2)通过《董事长业务报告》提请股东年会审议。

(3)通过《1995年度财务决算和1996年度财务预算报告》。

1995年度公司实现净利润55068.8万元,建议年度分配方案为每股派发人民币现金红利0.36元,提请股东年会审议。

(4)批准公司1995年年度报告,决定1995年度股东大会于1996年5月22日召开。

2.1996年5月22日,公司于上海新华港务公司召开1995年度股东大会,出席本次大会的股东代表178人,代表股权数477028300股,占公司总股本的65.08%,会议决议事项如下:

(1)审议通过《董事会工作报告》,报告向大会通报了董事会一年的工作情况。

(2)审议通过《监事会工作报告》,报告向大会通报了监事会一年的工作情况。

(3)审议通过《董事长业务报告》,大会肯定了公司1995年度取得的经营业绩,确定1996年度公司力争完成销售收入12亿元,税后利润5.6亿元。

(4)审议通过《1995年度财务决算和1996年度财务预算报告》,1995年度公司实现净利润55068.8万元,年度分配方案为每股派发人民币现金红利0.36元。

本次股东大会经上海市公证处公证。

3.1996年7月5日,公司于上海召开第一届董事会第七次会议,会议决议事项如下:

(1)审议通过公司《1996年度中期报告》。

(2)审议通过《关于配股及1996年度中期分红的方案》。

(3)决定于1996年8月8日召开公司临时股东大会,审议配股及中期分红方案。

4.1996年8月8日,公司在上海浦东文化馆召开1996年度第一次临时股东大会,出席本次大会的股东代表459人,代表股权数522831697股,占公司总股本71.33%,会议决议事项如下:

(1)审议通过1996年度配股方案,即按公司股本总数的30%配股,配股总额21990万股,配股价每股5.00-5.50元,授权董事会按配股时市场情况确定,募集资金用于陆家嘴中心区N3地块、桃林小区(局部)土地开发及金杨新村住宅项目建设,配股有效期限为1996年12月31日前,授权董事会办理配股相关事项。

(2)要求董事会根据中国证监会《关于规范上市公司行为若干问题的通知》的精神,修改完善1996年度中期分配方案并提交当年度下一次临时股东大会通过。

本次临时股东大会经上海市公证处公证。

5.1996年11月15日,公司于上海召开第一届董事会第八次会议,会议决议事项如下:

(1)通过《关于1996年度中期分红的报告》。

(2)通过《关于修改〈公司章程〉的报告》。

(3)决定于1996年12月19日以通讯方式召开公司第二次临时股东大会,审议以上两个报告。

6.1996年12月19日,公司以通讯方式召开1996年度第二次临时股东大会,本次大会共收到有效表决81份,代表股权数471083306股,占公司总股本的64.3%,会议决议事项如下:

(1)审议通过1996年度中期分红方案,即以1996年度中期税后利润按10:4的比例向全体股东送股,送股总数为38116万股,送股后公司总股本增至133406万股,股本结构不变。

(2)审议通过《关于修改〈公司章程〉的报告》,因公司股本变化对公司章程相应条款作出修订。

本次临时股东大会经上海市公证处公证。

(二)配股

公司于本报告期内实施增资配股(具体情况见前文"股本变动情况及原因"一节,此略)。

(三)公司注册资本增加

公司本报告期内实施配送股,注册资本由年初73300万元增至年末133406万元,已经上海市工商行政管理局核准登记。

(四)重大合同

根据与上海市陆家嘴金融贸易区开发公司(开发公司)签订的一份土地使用权转让初步协议,公司于1996年4月15日与开发公司订立正式土地使用权受让合同,受让陆家嘴金融贸易区内塘东小区561677万平方米的土地,土地按原有条件提供,转让金合计为人民币294543510元,此转让金已在开发公司对本公司的应付款项中全额扣抵。

(五)本报告期内公司无重大诉讼、仲裁事项。

(六)公司在报告期内分红派息情况:

经公司1996年度第二次临时股东大会审议通过,公司以1996年度中期税后利润按10:4的比例向全体股东送股(送股基数以本年度配股后的股本为准),送股总数为38116万股,送股后公司股份总额增至133406万股。

(七)关于按两种会计准则计算的净利润的差异及其形成原因的说明:

1996年度公司仍聘请上海大华会计师事务所和香港永道会计师事务所对公司的年度财务报告进行审计,由于会计准则存在差异,审计后当年利润亦存在差异,现将差异有关数据列示如下:

单位:万元

经中国注册会计师审计税后净利	62371
调整 1. 以前年度汇总损益分摊	-2497
2. 联营公司利润调整	-43

3. 子公司递延税项实现	187
4. 子公司奖福基金提取	-1353
5. 周转房成本摊销	-364
6. 因调整事项而调整少数股东权益数额	1203
经香港注册会计师调整后1996年度税后净利	59504

公司1996年年度报告摘要的主要内容用英文同时在香港《亚洲华尔街日报》刊登。

六、子公司及关联企业

企业名称	注册资金(万元)	主营业务	本公司拥有权益
1.上海御桥发展有限公司	3000	房地产开发经营	70%
2.上海陆家嘴城建开发有限责任公司	1000	征地、动拆迁	70%
3.上海浦东新区陆家嘴、伊藤忠开发大厦有限公司	USD3483	批租地块内商办综合楼开发经营	60%
4.上海陆家嘴房产开发有限公司	3000	房地产开发经营	56.5%
5.上海陆家嘴金融贸易区联合发展有限公司	USD9800	成片土地开发房地产开发经营	55%
6.上海大光明建筑装饰工程有限公司	USD129.52	建筑装饰设计施工	55%
7.上海富都世界发展有限公司	USD3000	成片土地开发房地产开发经营	50%
8.上海浦东美术广告公司	50	广告设计制作	50%
9.上海东方货运有限公司	500	进出口货物承揽	50%
10.上海众城实业股份有限公司	16843.68	商品房、办公楼开发经营	22.96%
11.新上海国际大厦有限公司	3000	批租地块内商办综合楼开发经营	20%

七、财务报告

(一)审计意见:公司财务报告经大华会计师事务所注册会计师审计,并出具无保留意见的审计报告(华业字〔97〕第798号)

(二)财务报表(附后)

(三)财务报表附注

1. 重要会计政策:

(1)公司执行的会计制度:《股份制(试点)企业会计制度》

(2)会计期间:公历1月1日至12月31日

(3)合并报表编制方法:

①编制方法:根据财政部财会字〔1995〕11号《关于印发〈合并会计报表暂行规定〉的通知》等文件的规定,以公司本部和纳入合并范围的子公司的会计报表以及其他有关资料为依据,合并各项目数额编制而成,合并时,公司的重大内部交易和资金往来均相互抵销。

②合并范围:母公司拥有其50%以上(不含50%)权益性资本的被投资企业以及母公司虽然没有拥有被投资企业50%以上的权益性资本,但能被母公司控制的企业。

③合并单位如下:

被投资企业名称	业务性质	投资期限	母公司持股比例	实际投资额(万元)
上海陆家嘴金融贸易区联合发展有限公司	房地产	50	55%	32244
上海御桥发展有限公司	房地产	20	70%	2100
上海陆家嘴城建开发有限责任公司	房地产	20	70%	700
上海陆家嘴房产开发有限公司	房地产	10	70%	2100

以上合并范围本年度未发生变动。

④上海陆家嘴金融贸易区联合发展有限公司(以下简称陆家嘴联合发展公司)执行合资企业会计政策,其他四家均执行股份制企业会计制度,因陆家嘴联合发展公司固定资产和长期投资金额较小,并且会计政策不一致而造成的差异对合并报表的影响很小,故不予调整。

(4)记帐原则:权责发生制;计价基础:历史成本。

(5)外币折算方法:

本公司以人民币为记帐本位币,会计年度内涉及外币的经济业务,按发生当月月初外汇市场汇价折合人民币入帐,月末将外币帐户余额按期末外汇市场汇价折合本位币进行调整,调整后的记帐本位币余额与原帐面余额之间的差额列入财务费用——汇兑损益。

(6)存货计价方法:

①土地开发成本的实际发生数按项目归集,土地营业成本按实际发生及预估数结转以后按实调整。

②其余存货按实际成本核算,发出和领用时按分批认定法核算,低值易耗品领用时按一次摊销计入费用。

(7)长期投资核算方法:

①债券投资的入帐价值及收益确认:按实际支付的价款记帐,利息收入按权责发生制原则处理。

②股权投资和联营投资:凡持股在50%以上的长期投资,按权益法核算,并在年终编制合并会计报表;持股在50%以下的被投资企业按成本法核算。

(8)固定资产及其折旧:

①固定资产标准为:使用年限在一年以上,单位价值在2,000元以上的房屋及建筑物、机器设备以及其他与生产经营有关的设备、器具、工具等,以及单位价值在2,000元以上,并且使用期限超过两年的不属于生产经营主要设备的物品。

②固定资产计价:按实际成本计价。

③固定资产折旧采用直线法平均计算,并按各类固定资产的原值和估计的使用年限扣除残值(原值的3%)制定其折旧率,固定资产各类折旧率如下:

资产类别	使用年限	年折旧率
房屋建筑物	30年	3.23%
电子设备	5年	19.4%
办公设备	5年	19.4%
运输设备	6年	16.17%
其他设备	5年	19.4%

(9)无形资产摊销:

场地使用权:按实际购入时作价金额记入,待地块交付使用结转收入时,按转让土地使用权面积和每平方米应摊的金额转入营业成本。

(10)递延资产摊销:

a. 开办费从1992年起按5年摊销。

b. 其他递延资产主要为当年无收入的房地产开发企业所发生的费用,按销售收入比例摊销。

(11)税项:

本公司适用的流转税及附加的税种与税率:

税种	所得税	营业税	城建税
税率	15%	5%	7%
计税基数	应纳税所得额	营业额	应纳营业税额增值税额和消费税额
应交款	教育费附加	提防费	义优金
附加率	3%	1%	3‰
计算基数	应纳营业税额增值税额和消费税额	应纳营业税额增值税额和消费税额	应纳营业税额增值税额和消费税额

注1:陆家嘴联合发展公司按(93)沪外合144号文精神,享受浦东新区生产性外商投资企业税收优惠待遇,1996年为第三个所得税减半征收年度,适用税率7.5%。

陆家嘴城建开发有限责任公司(以下简称陆家嘴城建公司)自1995年11月1日至1996年10月31日免征所得税,批准文号为沪税浦三企业〔96〕282号(杨思所)减免税核定通知书。

注2:陆家嘴联合发展公司系外商投资企业,陆家嘴开发股份公司含外资股27.29%,两公司均不交城建税、教育费附加和提防费。

(12)利润分配:

根据公司法和公司章程规定,按当年度的税后利润10%分别提取法定盈余公积金、公益金和任意公积金。

(13)收入实现原则:

以签订有关土地使用权转让合同,土地移交买方开具销售发票收到货款或取得索取货款的权利,作为销售收入的实现。

(14)坏帐处理方法:

坏帐损失采用直接转销法。

2. 合并会计报表附注说明:

(1)短期投资:1996年12月31日余额为人民币24,902,800.00元。

项 目		金 额
债券投资:	市煤气建设债券	6,000.00
	市住宅建设债券	2,200.00

其他短期投资USD300万按1:8.2982折人民币24,894,600.00元。

(2)应收帐款:1996年12月31日余额为人民币213,875,197.31元,按帐龄分析:

帐 龄	户数	金 额	占总额比例
一至二年	3户	165,425,550.93	77.35%
一年以下	5户	48,449,646.38	22.65%

本帐户余额中无持本公司5%以上股份的主要股东的欠款。

(3)其他应收款:1996年12月31日余额为人民币557,813,016.89元,按帐龄分析:

帐 龄	户数	金 额	占总额比例
三年以上	8	1,713,636.12	0.31%
二至三年	35	13,737,037.69	1.46%
一至二年	59	169,209,791.30	30.33%
一年以下	124	373,152,551.78	66.90%
小 计		557,813,016.89	100%

持本公司5%以上股份的主要股东的欠款有:

上海市陆家嘴金融贸易区开发公司(以下简称陆家嘴开发公司)欠款为406,239,718.25元

大额款项的债务人与业务内容分类:

债 务 人	业务内容	金 额
陆家嘴开发公司	往来款	406,239,718.25
香港力顺有限公司	应收地价款	USD750万62,236,500.00

(4)长期投资1996年12月31日余额为人民币393,682,923.88元,其中:

①股权投资92,040,907.51元,其明细内容为:

A. 对上市公司的法人股投资:

被投资公司名称	股数	占被投资公司股权的比例	投资金额
浦东强生	6147900	5.03%	10,941,696.00
申能电力	2000000	<5%	5,600,000.00
国脉通讯	381888	<5%	694,900.00
双鹿电器	396000	<5%	1,349,000.00
新亚股份	500000	<5%	7,500,000.00
豫园商城	772200	<5%	3,513,000.00
华联商厦	84150	<5%	392,700.00
新黄浦置业	57600	<5%	153,500.00
第一百货	54912	<5%	250,000.00
爱建股份	52800	<5%	280,000.00
小 计			30,674,796.00

B. 对非上市公司的股权投资

华能集团	<5%	1,229,928.34
交行浦分	3.3%	5,260,500.00
国泰证券	<5%	10,000,000.00
泛亚招商控股有限公司	7.8%	1,000,000.00
招商银行	1%	16,375,683.17
天安保险公司	3.75%	7,500,000.00
浦东发展银行	<5%	20,000,000.00
小 计		61,366,111.51
股权投资合计		92,040,907.51

②债券投资1,930.00元,系购入上海市住宅建设债券1999,下半年到期,年利率3.6%,未计利息。

③联营投资301,640,086.37元,其中:

被投资企业名称	投资期限	持股比例	实际投资额	投资收益
*大光明建筑装饰工程有限公司	20年	55%	5,597,762.00	1,372,776.64
上海富都世界发展有限公司	88年	50%	115,060,630.00	64,268,692.23
*上海阳澄湖渡假村俱乐部		100%	10,000,000.00	(筹建期)
东方货运有限公司	25年	40%	2,000,000.00	
上海浦东美术广告公司	10年	50%	250,000.00	
上海众城实业股份有限公司		22.96%	51,705,280.00	
新上海国际大厦有限公司	50年	20%	39,018,800.00	
上海东城商都实业公司	15年	30%	1,500,000.00	
*御创实业公司	20年	90%	900,000.00	(筹建期)
*御桥物业有限公司	12年	70%	700,000.00	(筹建期)
丽阳家具有限公司	10年	20%	331,836.00	
宇惠物资贸易商行		30%	150,000.00	
御城工程处		15%	150,000.00	
御桥园艺发展有限公司	10年	50%	200,000.00	
陆家嘴丸峰物业管理有限公司	15年	40%	997,788.00	
陆家嘴贝思特物业管理有限公司	30年	33%	1,924,114.50	
明宫酒楼餐饮有限公司	15年	20%	2,163,200.00	
上海陆家嘴工程建设监理有限公司	20年	20%	100,000.00	
UCC咖啡厅	10年	10%	249,207.00	
上海陆家嘴绿苑发展有限公司	20年	30%	3,000,000.00	
小 计			235,998,617.50	65,641,468.87

*以上几家被投资单位因总资产、销售收入和净利润都较小或尚在筹建中等原因故不予合并,投资收益采用权益法。

(5)资本公积1996年12月31日余额为人民币1,846,079,349.19元,其中:期初数888,861,681.06元,本期增加数957,217,668.13元,增加原因系配股溢价。

(6)盈余公积(合并)1996年12月31日余额为人民币608,521,485.90元,其明细内容如下:

明细项目	期初余额	本期增加 母公司利润提取	本期增加 合并子公司提取盈余公积	小 计	期末余额
法定盈余公积	208,952,749.15	63,058,627.32	30,239,994.45	93,298,621.77	302,251,370.92
公益金	115,915,253.48	63,058,627.32	4,825,074.30	67,883,701.62	183,798,955.10
任意盈余公积	58,434,493.22	63,058,627.32	978,039.34	64,036,666.66	122,471,159.88
小 计	383,302,495.85	189,175,881.96	36,043,108.09	225,218,990.05	608,521,485.90

(7)未分配利润1996年12月31日余额为人民币6,234,805.90元,其来源为:

a.1995年12月31日未分配利润余额	2,436,197.11
b.加:1996年度合并净利润	623,713,990.59
c.减:提取法定盈余公积金	93,298,621.77
d. 提取法定公益金	67,883,701.62
e. 外商投资子公司提取的奖福基金	13,536,391.75
f. 1996年中期预分股利	381,160,000.00
g. 1996年度提取盈余公积	64,036,666.66
h. 1996年12月31日未分配利润余额	6,234,805.90

(8)投资收益1996年度发生额为人民币26,393,643.95元,其中:

收益类别	金 额
股票投资收益	8,746,279.94
债券投资收益	43,824.17
其他单位投资收益	17,603,539.84
小 计	26,393,643.95

3.会计报表中变动幅度超过30%的数据说明

(1)货币资金:比上年增54%,是公司配股后配股资金尚未投到既定项目上而暂时沉积于存款中。

(2)短期投资:比上年增23,908,600.00元,是公司为提高资金收益率,适当地将小部分存款暂时用于短期有价证券投资。

(3)预付帐款:比上年增加66%,这是公司为土地开发动迁居民,用于参建动迁房的预付款项。

(4)其他应收款:比上年减少54%,主要是公司经过努力,收回了开发公司的占用款项。

(5)待摊费用:比上年减少89%,是下属公司随项目完成摊入了项目成本。

(6)其他流动资产:比上年增加3392%,是股份公司新增加委托贷款所致。

(7)长期投资:比上年减少22%,是以权益法处理的投资收益得到现金返回的结果。

(8)固定资产:比上年减少61%,系公司将部分物业用于开展租赁经营,从固定资产调至经营用房(存货)科目。

(9)累计折旧:比上年增加86%,按正常计算方法提取而增加的年折旧。

(10)在建工程:比上年增加295%,是公司在建自用的固定资产项目。

(11)无形资产:比上年增加44%,这是公司增加土地储备向开发公司新购入的土地使用权。

(12)递延资产:比上增年加255%,是下属公司按税务局规定在尚未实现销售房产的期间费用列支本科目。

(13)短期借款:比上年增加39%,主要增加来源是公司新近筹措到的银团贷款和外资银行贷款。

(14)应付帐款:增加123%,是下属公司工程结束尚未清付的款项。

(15)预收帐款:减少60%,原列预收的土地批租款,在向客户完成交地后,转列销售入帐。

(16)未付股利:减少100%,本年度公司将所宣告发放的股利全部支付给各位股东,所剩余额为B股用美元折算尾数差额。

(17)未交税金:比上年减少145%,是公司本期增加土地批租预收款而预交的营业税,及公司尚未清算退回的预交所得税。

(18)其他未交款:比上年减少32%,是本年度新开征的义优金附加的预交。

(19)一年内到期长期负债:比上年增加1567%,这是长期借款到期从该科目调至本科目。

(20)长期借款:比上年减少57%,主要是将于1997年到期的借款由本科目转至一年内到期长期负债科目。

(21)其他长期负债:减少33%,是公司因摊销汇兑收益发生的。

(22)股本:比上年半加82%,系公司实施配3送4方案后增加股本。

(23)资本公积:比上年增加108%,是配股溢价收入。

(24)盈余公积金:比上年增加59%,是按本年利润和规定比例计提的法定盈余公积,任意盈余公积和法定公益金而增加数。

(25)未分配利润:比上年增加156%,利润在实施分配后尚有余额增加了期末款。

(26)主营业务收入:比上年增加111%,本年度公司按时完成交地条件实现土地销售,同时本年房产销售也有了突破。

(27)营业成本:比上年增加97%,这是因主营业务收入增长而相应增长。

(28)销售费用:比上年增加54%,本年度公司加大了地产、房产销售力度,新签了多个地产销售意向协议,同时推出多个物业项目,销售费用随之增加。

(29)管理费用:比上年增加了34%,由于子公司规模扩大,人员增加,相应增加了管理费用,同时公司本年增加了按营业税3‰比例计交义优金支出,且随同1995年应补交数一并列支在本年度。

(30)财务费用:比上年增加157%,配合销售形势,公司加大了开发投入,贷款规模比上年有所扩大,相应增加了财务费用。

(31)营业税金及附加:比上年增加了109%,主营业务收入增加使营业税金同比增加。

(32)其他业务利润:比上年减少84%,这是公司将原有的代理动迁业务交投资控股的子公司专门承担,使本年这部分收入在合并报表中列入主营业务收入。

(33)投资收益:比上年减少86%,这是本年度部分投资公司利润有较大回落所致。

(34)营业外收支:均比上年减少100%,上年营业外收入主要是子公司委托贷款利息收入,今年已调至其他业务利润进行核算。

(35)以前年度损益调整:比上年增加728%,这是本公司和客户双方同意中止履行协议而调减的上年营业收入。

(36)所得税:比上年增加59%,这是随同主营业务增加而同比增加。

(37)盈余公积提取及股利分配:分别比上年增加65%和44%,这是因公司利润增加,故提取数和分配数也相应增加。

八、其他事项

上海陆家嘴金融贸易区开发股份有限公司第一届董事会第九次会议于1997年4月16日举行,会议批准了公司1996年年度报告。1996年公司实现净利润623,713,990.59元,加上年初未分配利润2,436,197.11元,减去公司提取当年的法定盈余公积金、公益金、任意盈余公积金各

10%和子公司的盈余公积金等项后的可分配利润为387,394,805.90元,公司于1996年12月以中期利润共381,160,000元实施送股,年末剩余未分配利润6,234,805.90元,建议全部结转下年度分配。

上海陆家嘴金融贸易区开发股份有限公司董事会

一九九七年四月十八日

资 产 负 债 表

编报单位:上海陆家嘴金融贸易区开发股份有限公司

1996年12月31日

金额单位:元

资产	行次	母公司年初数	合并期初数	母公司期末数	合并期末数
流动资产:					
货币资金	1	435,192,290.49	988,583,122.77	1,022,139,034.98	1,523,648,067.30
短期投资	2		1,003,200.00	24,899,600.00	24,902,800.00
应收票据	3		56,929,284.36		56,797,868.02
应收帐款	4	30,882,075.53	199,118,414.53	16,683,310.93	213,875,197.31
减:坏帐准备	5				
应收帐款净额	6	30,882,075.53	199,118,414.53	16,683,310.93	213,875,197.31
预付帐款	7	180,787,428.75	285,521,264.47	106,541,208.66	472,985,547.14
其他应收款	8	1,011,371,821.87	1,207,257,948.56	366,036,739.45	557,813,016.89
待摊费用	9	331,795.00	621,356.00	70,205.50	70,205.50
存货	10	2,000,908,254.62	3,305,017,525.22	2,096,428,620.14	3,473,854,179.26
减:存货变现损失准备	10-1				
存货净额	10-2	2,000,908,254.62	3,305,017,525.22	2,096,428,620.14	3,473,854,179.26
待处理流动资产净损失	11				
一年内到期的长期债券投资	12				
其他流动资产:	13	5,300,000.00	5,466,000.00	127,300,000.00	190,872,644.00
	14				
流动资产合计	15	3,664,773,666.26	6,049,518,115.91	3,760,098,719.66	6,514,819,525.42
长期投资:					
长期投资	16	1,120,453,793.07	503,492,468.66	1,065,650,549.07	393,682,923.88
合并价差(货价差以"-"表示)					
固定资产:					
固定资产原价	18	24,331,177.71	69,615,296.20	9,660,235.95	26,985,069.51
减:累计折旧	19	967,163.07	4,012,101.90	1,394,714.91	7,446,523.21
固定资产净值	20	23,364,014.64	65,603,194.30	8,265,521.04	19,538,546.30
在建工程	21		847,600.21		3,345,450.21
固定资产清理	22				
待处理固定资产净损失	23				
固定资产合计	25	23,364,014.64	66,450,794.51	8,265,521.04	22,883,996.51
无形资产及递延资产					
无形资产	26	378,537,706.72	529,967,736.32	623,348,250.92	764,590,778.07
递延资产	30	0.00	15,795,063.50	0.00	56,041,244.02
无形资产及递延资产合计	35	378,537,706.72	545,762,799.82	623,348,250.92	820,632,022.09
其他长期资产:					
其他长期资产	36				
递延税项:					
递延税款借项	37				
资产总计	40	5,187,129,180.69	7,165,224,178.90	5,457,363,040.69	7,752,018,467.90

负债及所有者权益	行次	母公司年初数	合并期初数	母公司期末数	合并期末数
流动负债:					
短期借款	41	684,522,000.00	1,063,844,000.00	1,099,140,375.00	1,476,004,375.00
应付票据	42				
应付帐款	43	897,554.20	1,968,685.91	389,043.00	4,390,256.56
预收帐款	44	1,360,633,615.91	1,870,918,140.22	318,366,241.63	749,517,252.10
应付福利费	45	871,121.00	37,574,429.96	1,875,421.00	44,147,049.57
未付股利	46	549,264,272.00	549,264,272.00	60,865.39	66,049.39
未交税金	47	28,230,438.57	37,974,462.01	-30,133,783.66	-17,074,407.59
其他未交款	48	689,460.76	719,494.95	696,044.26	491,592.83
其他应付款	49	309,952,544.48	236,459,150.21	23,739,512.51	294,289,879.78
预提费用	50	84,467,799.75	304,609,048.51	67,925,006.24	280,877,715.41
一年内到期的长期负债	51		20,000,000.00		333,302,600.00
其他流动负债	52				
流动负债合计	55	3,019,528,806.67	4,123,331,683.77	1,482,058,725.37	3,166,912,363.05
长期负债					
长期借款	56	160,000,000.00	443,693,695.94	160,000,000.00	190,000,000.00
应付债券	57				
长期应付款	58		1,450,000.00		1,170,000.00
其他长期负债	60		74,917,298.33		49,947,298.33
长期负债合计	61	160,000,000.00	520,060,994.27	60,000,000.00	241,117,298.33
递延税项:					
递延税款贷项	62				
负债合计:	65	3,179,528,806.67	4,643,392,678.04	1,642,058,725.37	3,407,129,661.38
少数股东权权益(合并报列)			514,231,126.83		549,993,165.53
股东权益:					
股本	66	733,000,000.00	733,000,000.00	1,334,000.00	1,334,000.00
资本公积	67	888,861,681.06	888,861,681.06	1,846,079,349.19	1,846,079,349.19
盈余公积	68	260,322,291.50	383,302,495.85	449,498,173.46	608,521,485.90
其中:公益金	69	115,915,253.48	115,915,253.49	178,263,601.36	184,794,657.29
未分配利润	70	125,416,401.46	2,436,197.12	185,666,792.67	6,234,805.90
币报表折算差额					
股东权益合计	75	2,007,600,374.03	2,007,600,374.02	3,815,304,315.32	3,794,895,640.99
负债及股东权益合计	80	5,187,129,180.69	7,165,224,178.90	5,457,363,040.69	7,752,018,467.90

利润表及利润分配表

编制单位:上海陆家嘴金融贸易区开发股份有限公司　　1996 年度　　金额单位:元

项　目	行次	母公司上年数	合并上年数	母公司年末数	合并年末数
一、主营业务收入	1	248,222,767.74	761,596,364.42	1,078,984,800.00	1,606,604,043.39
减:营业成本	2	54,073,360.00	296,501,706.86	375,546,761.30	584,252,300.01
销售费用	3	2,990,795.66	5,636,842.94	3,086,460.06	8,689,782.78
管理费用	4	12,909,122.77	43,177,475.27	21,136,479.93	58,044,225.07
财务费用	5	-45,635,351.24	-103,495,256.10	91,937,277.10	58,780,494.59
进货费用	6				
营业税金及附加	7	12,411,138.38	39,210,942.00	53,949,240.00	82,062,427.26
二、主营业务利润(亏损以"-"号表示)	8	211,473,702.17	480,564,653.45	533,328,581.61	814,774,813.68
加:其他业务利润(亏损以"-"号表示)	9	62,966,860.31	76,760,413.85	1,674,054.49	12,549,049.66
三、营业利润(亏损以"-"号表示)	10	274,440,562.48	557,325,067.30	535,002,636.10	827,323,863.34
加:投资收益(损失以"-"号表示)	11	315,814,806.46	189,286,762.74	183,188,721.08	26,393,643.95
补贴收入	11-1				
营业外收入	12	2,053,934.18	2,055,184.18		1,140.00
减:营业外支出	13	216.00	1,125,526.00		3,941.79
加:以前年度损益调整(调减以"-"号表示)	14		1,888,547.80	-9,125,959.23	-11,852,295.00
四、利润总额(亏损以"-"号表示)	15	592,309,087.12	749,430,036.02	709,065,397.95	841,862,410.50
减:所得税	16	41,620,939.16	62,516,802.28	78,479,124.78	99,593,400.42
减:少数股东损益(合并报表填列)(亏损以"-"号表示)	16-1		102,399,265.16		118,555,019.49
五、净利润(亏损以"-"号表示)	17	550,688,147.96	584,513,968.58	630,586,273.17	623,713,990.59
加:年初未分配利润(未弥补亏损以"-"号表示)	18	3,814,697.87	-89,771,010.46	125,416,401.46	2,436,197.11
盈余公积转入数	19				
六、可分配利润(亏损以"-"表示)	20	554,502,845.83	494,742,958.12	756,002,674.63	626,150,187.70
减:提取法定公积金	21	55,068,814.79	56,489,573.69	63,058,627.32	93,298,621.77
提取法定公益金	22	55,068,814.79	55,779,194.24	63,058,627.32	67,883,701.62
职工奖福基金(子公司为外商投资企业项目)	22-1		33,825,820.61		13,536,391.75
	22-2				
七、可供股东分配利润(亏损以"-"表示)	23	444,365,216.25	348,648,369.58	629,885,419.99	451,431,472.56
减:已分配优先股股利	24				
提取任意公积金	25	55,068,814.79	82,332,172.46	63,058,627.32	64,036,666.66
已分配普通股股利	26	263,880,000.00	263,880,000.00	381,160,000.00	381,160,000.00
八、未分配利润(未弥补亏损以"-"号表示)	27	125,416,401.46	2,436,197.12	185,666,792.67	6,234,805.90

财务状况变动表

编制单位:上海陆家嘴金融贸易区开发股份有限公司　　1996 年度　　金额单位:元

流动资金来源和运用	行次	母公司金额	合并金额
一、流动资金来源:			
1.本年净利润(合并报表为合并净利润)	1	630,586,273.17	623,713,990.59
加:少数股东本期损益(合并报表填列)	2		118,555,019.49
加:不减少流动资金的费用和损失			
(1)固定资产折旧	3	427,551.84	3,437,923.36
(2)无形资产、递延资产及其资产摊销(减其他负债转销)	4	43,948,605.80	29,574,120.94
(3)固定资产盘亏(减:盘盈)	5		
(4)清理固定资产损失(减:收益)	6		2,777.95
(5)递延税款	7		
(6)其他不减少流动资金的费用和损失	8		
小　计	10	674,962,430.81	775,283,832.33
2.其他来源			
(1)固定资产清理收入(减:清理费用)	11		
(2)增加长期负债	12		20,000,000.00
(3)收回长期投资	13	228,397,309.25	125,879,221.61
(4)对外投资转出固定资产	14		
(5)对外投资转出无形资产	15		
(6)资本净增加额	16	1,747,453,550.09	1,783,496,658.18
(7)少数股东资本净增加额(合并报表填列)	16-1	0.00	25,354,206.61
小　计	17	1,975,850,859.34	1,954,730,086.40
流动资金来源合计	18	2,650,813,290.15	2,730,013,918.73
二、流动资金运用:			
1.利润分配			
(1)提取法定公积金	19	63,058,627.32	93,298,621.77
(2)提取法定公益金	20	63,058,627.32	67,883,701.62
(3)提取任意公积金(减盈余公积金转入)	21	63,058,627.32	64,036,666.66
(4)已分配股利	22	381,160,000.00	381,160,000.00
(5)职工奖福基金(合并报表中外商投资子公司项目)	22-1		13,536,391.75
小　计	23	570,335,881.96	619,915,381.80
2.少数股东利润分配(合并报表填列)	23-1		108,147,187.40
3.其他运用			
(1)固定资产和在建工程净增加额	24	-14,670,941.76	-40,126,096.69
(2)增加无形资产、递延资产及其他资产	25	288,759,150.00	329,413,343.21
(3)偿还长期负债	26		273,973,695.94
(4)增加长期投资	27	173,594,065.25	16,069,676.84
小　计	28	447,682,273.49	579,330,619.30
流动资产运用合计	29	1,018,018,155.45	1,307,393,188.50
外币会计报表折算差额	29-1		
流动资金增加净额	30	1,632,795,134.70	1,422,620,730.23

流动资金各项目的变动	行次	母公司金额	合并金额
一、流动资产本年增加数			
1.货币资金	31	586,946,744.49	535,064,944.53
2.短期投资	32	24,899,600.00	23,899,600.00
3.应收票据	33		-131,416.34
4.应收帐款净额	34	-14,198,764.60	14,756,782.78
5.预付帐款	35	-74,246,220.09	187,464,282.67
6.其他应收款	36	-645,335,082.42	-649,444,931.67
7.待摊费用	37	-261,589.50	-551,150.50
8.存货净额	38	95,520,365.52	168,836,654.04
9.待处理流动资产净损失	39		
10.一年内到期的长期债券投资	40		
12.其他流动资产	41	122,000,000.00	185,406,644.00
13.内部应收款	42		
流动资产增加净额	45	95,325,053.40	465,301,409.51
二、流动负债本年增加数			
1.短期借款	46	414,618,375.00	412,160,375.00
2.应付票据	47		
3.应付帐款	48	-508,511.20	2,421,570.65
4.预收帐款	49	-1,042,267,374.28	-1,121,400,888.12
7.应付福利费	50	1,004,300.00	6,572,619.61
8.未付股利	51	-549,203,406.61	-549,198,222.61
9.未交税金	52	-58,364,222.23	-55,048,869.60
10.其他未交款	53	6,583.50	-227,902.12
5.其他应付款	54	-286,213,031.97	57,830,729.57
11.预提费用	55	16,542,793.51.	-23,731,333.10
12.一年内到期的长期负债	56		313,302,600.00
13.其他流动负债	57		
流动负债增加净额	58	-1,537,470,081.30	-957,319,320.72
流动资金增加净额	59	1,632,795,134.70	1,422,620,730.23

上海陆家嘴金融贸易区开发股份有限公司一九九七年度中期报告

一、财务报告(未经审计)

1、财务报表

(1)简化的资产负债表

1996年6月30日　　金额单位:元

	年初数(母公司)	年初数(合并)	期末数(母公司)	期末数(合并)
资　产				
流动资产	3,760,098,719.66	6,514,819,525.42	4,083,418,641.58	6,738,260,938.76
长期投资	1,065,650,549.07	393,682,923.88	917,916,085.11	407,106,814.07
固定资产净值	8,265,521.04	19,538,546.30	8,071,470.12	19,976,917.03
在建工程	0.00	3,345,450.21	45,000,000.00	3,598,950.21
无形资产	8,265,521.04	22,883,996.51	53,071,470.12	23,575,867.24
递延资产	0.00	56,041,244.02	0.00	84,751,486.10
其他长期资产	0.00	0.00	0.00	0.00
资产总计	5,457,363,040.69	7,752,018,467.90	5,970,497,807.73	8,315,055,309.36
负债及股东权益				
流动负债	1,482,058,725.37	3,166,012,363.05	1,810,573,400.24	3,628,681,719.69
长期负债:	160,000,000.00	241,117,298.33	160,000,000.00	228,632,298.33
负债合计	1,642,058,725.37	3,407,129,661.38	1,970,573,400.24	3,857,314,018.02
股东权益合计	3,815,304,315.32	3,794,895,640.99	3,999,924,407.49	3,974,271,634.44
股本	1,334,060,000.00	1,334,060,000.00	1,334,060,000.00	1,334,060,000.00
资本公积	1,846,079,349.19	1,846,079,349.19	1,846,079,349.19	1,846,079,349.19
盈余公积	449,498,173.46	608,521,485.90	449,498,173.46	608,521,485.90
未分配利润	185,666,792.67	6,234,805.90	370,286,884.84	185,610,799.35
少数股东权益	0.00	549,993,165.53	0.00	483,469,656.90
负债及股东权益合　计	5,457,363,040.69	7,752,018,467.90	5,970,497,807.73	8,315,055,309.36

(2)简化的损益表

1997年1－6月　　金额单位:元

项　目	上年同期实际数(母公司)	上年同期实际数(合并)	本期实际数(母公司)	本期实际数(合并)
主营业务收入	1,078,984,800.00	1,091,413,333.56	531,113,404.07	382,859,187.17
主营业务利润(亏损以"－"表示)	626,074,702.21	623,530,693.49	227,063,773.89	92,610,956.62
其他业务利润(亏损以"－"表示)	－510,229.75	3,127,335.37	41,184,763.67	47,005,559.13
投资收益(亏损以"－"表示)	17,235,403.42	17,414,004.31	－42,481,618.61	26,078,131.74
营业外收支净额	0.00	－3,301.79	0.00	1,170,312.51
利润总额(亏损以"－"表示)	642,799,875.88	644,068,731.38	225,766,918.95	167,140,665.00
所得税	93,841,244.49	93,885,158.40	41,146,826.78	42,668,474.83
少数股东损益(合并报表填列)	0.00	1,224,941.59	0.00	－54,903,803.28
净利润(亏损以"－"表示)	548,958,631.39	548,958,631.39	184,620,092.17	179,375,993.45

2、主要财务指标(以1997年6月30日股本为计算基础)

(1)每股净收益:0.13元

(2)净资产收益率:4.51%

(3)每股净资产:2.98元

3、财务报表附注:

(1)本报告期与1996年度相比,会计政策与方法没有变化。

(2)本报告期财务报告主体未发生合并、分立等变化。

(3)财务报表主要项目变动说明:

a. 短期投资期末余额比期初减少24,891,630元,是公司收回短期融资性质的投资款。

b. 其他应收款比期初增加328,271,083.27元,主要是公司与上海市陆家嘴金融贸易区开发公司往来款增加所致。

c. 无形资产增加296,769,425.12元,主要系公司增加新的土地使用权储备。

d. 因本公司主要控股公司上海陆家嘴金融贸易区联合发展有限公司上半年因客户投资项目调整用地而发生经营亏损,计入本公司投资收益－67,933,882.45元,并在合并报表中已予轧抵,合并报表中投资收益26,078,113.74元系公司对集团外所得投资收益。

(4)关联方及关联交易

a. 关联方

上海市陆家嘴金融贸易区开发公司,国有企业,法定代表人王安德,注册地址上海市浦东新区,注册资本柒亿元,主营业务房地产经营、市政公用基础设施开发、设计、工程承包、建筑设备安装、工程装饰、仓储、运输、汽车出租、旅游,为本公司国家股持股单位,共持有国家股800,800,000股,报告期内该公司增持本公司募集法人股6,300,000股。

b. 关联交易

1997年上半年度,公司与上海市陆家嘴金融贸易区开发公司(开发公司)订立一份土地使用权转让合同,获得陆家嘴中心地区B2、B3、B4地块共129,377.7平方米土地使用权,土地按原有条件提供,合计转让金总额为人民币386,946,000元,全部在开发公司对本公司应付款项中抵扣。以上土地使用权转让的定价依据浦东新区政府确定的浦东地区不同地段的标准地价执行。

二、经营情况的回顾与展望

1. 上半年经营情况的回顾

1997年是浦东新一轮功能开发的重要一年,随着浦东新的功能性政策的逐步落实,一批外资银行、跨国公司、要素市场陆续迁址浦东,陆家嘴地区获得了新的发展机遇。公司抓住新的发展机遇,继续在中外金融机构和企业集团中加强招商活动,上半年完成两个土地批租项目签约,合同金额约6000万美元;此外,公司集团内上海富都世界发展有限公司上半年也新签土地批租合同两项,合同金额6700余万美元,以上项目将为公司今后年度盈利作出贡献。同时,公司亦抓紧房产的租售业务,其中金杨公寓完成销售6000余平方米,陆家嘴花园桃林苑项目已经开工。

1997年上半年,公司结算项目均为以前年度销售或调整的土地批租项目,实现销售收入3.83亿元,税后利润1.79亿元,分别完成年度计划的31.91%和28.47%。本公司开发范围内一家投资商因业务发展需要并经有关部门批准,对已在本公司的主要子公司上海陆家嘴金融贸易区联合发展有限公司开发区域竹园商贸区域内购置的土地进行退地调整,改投到公司范围内的金融中心区地域,因而该子公司上半年度出现经济亏损,影响

公司上半年总体业绩未如理想。

2、下半年计划

因市场疲软，经营困难以及项目调整等因素，使公司上半年度经营业绩未能达到计划目标。鉴于房地产具有投资周期较长，易受宏观因素影响波动较大的特点，公司必须通过长期努力才能逐步消除年度业绩波动的状况。董事会要求公司在下半年度房地产市场竞争激烈的状况下，充分发挥陆家嘴的区位优势，加大土地批租、房产租售的力度，把因经营困难对公司业绩带来的影响降到最低程度，力争完成股东大会确定的年度经营目标。

三、重大事件

1、本公司已对照《严禁国有企业和上市公司炒作股票的规定》进行自查，本公司未在二级市场参与任何股票的买卖或炒作。

2、1997年上半年度，公司与开发公司订立一份土地使用权转让合同，获得陆家嘴中心地区B2、B3、B4地块共129,377.7平方米土地使用权，土地按原有条件提供，合计转让金总额为人民币386,946,000元，全部在开发公司对本公司应付款项中抵扣。

3、1996年11月，经上海市证券管理办公室批准并经中国证券监督管理委员会复审通过，公司按10:3向全体股东增资配股，每股配股价5.50元，实配新股21990万股，扣除发行费用后共募集资金11.77亿元，分别用于公司新增陆家嘴中心地区N3地块、桃林小区（局部）土地开发以及金杨新村商品房项目的建设。此次配股募集资金从1996年12月份起陆续投入上述开发项目，进展良好，土地开发的预期收益将随有关土地实际转让之后逐步体现；商品房项目的预期收益将在项目竣工交付并实现销售时体现，目前N3地块局部及桃林小区已完成土地平整，金杨新村商品房销售情况良好。配股资金目前尚余约3.1亿元，为公司现金存款。

4、本报告期内公司无重大诉讼、仲裁事项。

四、发行在外股票的变动和股权结构的变化

1、股权结构情况

填报日期：1997年6月30日　　数量单位：股

每股面值：1元

	期初数	本次变动增减	期末数
一、尚未流通股份			
1、发起人股份			
其中：			
国家拥有股份	800,800,000	0	800,800,000
境内法人持有股份	42,000,000	0	42,000,000
2、募集法人股	12,600,000	0	12,600,000
尚未流通股份合计	855,400,000	0	855,400,000
二、已流通股份			
1、境内上市的人民币普通股	114,660,000	0	114,660,000
2、境内上市的外资股（B股）	364,000,000	0	364,000,000
已流通股份合计	478,660,000	0	478,660,000
三、股份总数	1,334,060,000	0	1,334,060,000

本报告期内公司股本结构没有变化。

2、主要股东持股情况

股东名称	1997年6月30日持股数量（股）	占总股本比例（%）
1、国家股	800,800,000	60.03
2、上海国际信托投资公司（发起法人持股）	42,000,000	3.15
3、HKSBCSB A/C CHASE MANHATTAN BANK NA S/A TEMPLETON DEVEL MKTS TRUST (3442)（B股）	17,381,910	1.30
4、HKSBCSB A/C CMB S/A TEMPLETON DRAGON FUND INC. B（B股）	10,969,000	0.82
5、MSCIL S/A SR GLOBAL FUND INC.（B股）	10,150,913	0.76
6、TOYO SECURITIES ASIA LTD. A/C CLIENT (B)股	9,356,406	0.70
7、HKSBCSB A/C CHASE MANHATTAN BANK NA S/A TEMPLETON EMERGING MKTS INVESTMENTS TRUS (B)股	7,203,840	0.54
8、HONG KONG SUCCESS LTD.（B股）	6,713,501	0.50
9、申银万国证券股份有限公司（募集法人股）	6,300,000	0.47
10、上海市陆家嘴金融贸易区开发公司（募集法人股）	6,300,000	0.47

注：上海市陆家嘴金融贸易区开发公司向申银万国证券股份有限公司受让本公司法人股6,300,000股，有关手续于1997年上半年完成，特此说明。

五、股东大会简介

1997年5月21日，公司1996年度股东大会在上海浦东文化馆召开。出席本次股东大会的股东代表698人，持股总数925,617,225股，占公司总股本的69.38%，符合《中华人民共和国公司法》和公司章程的有关规定。会议决议事项如下：

1、审议通过《董事会工作报告》，报告向大会通报了董事会一年来的工作情况。

2、审议通过《监事会工作报告》，报告认为，公司全体董事及高级管理人员在过去的一年中恪尽职守、勤勉工作、成绩显著，未发现有违反法律法规和公司章程的行为。

3、通过《董事长业务报告》，会议认为，公司圆满完成了1996年度经营目标，确定1997年度公司业绩目标为销售收入12亿元，税后利润6.3亿元。

4、通过《1996年度财务决算和1997年度财务预算报告》，1996年公司实现净利润623,713,990.59元，加上年初未分配利润2,436,197.11元，减去公司提取当年的法定盈余公积金、法定公益金、任意盈余公积金各10%和子公司的盈余公积金等项后的可分配利润为387,394,805.90元，公司于1996年12月以中期利润共381,160,000元实施送股，年末剩余未分配利润6,234,805.90元，决定全部结转下年度分配。

本次股东大会经上海市公证处公证。

六、备查文件

载有公司董事长兼总经理王安德亲笔签名的中期报告原本。查阅地址：上海市浦东大道981号，本公司董事会办公室。

上海陆家嘴金融贸易区开发股份有限公司

一九九七年八月十一日

上海兴业房产股份有限公司

1996年年度报告摘要　（摘选）

一、公司简况

公司名称：上海兴业房产股份有限公司

法人代表：唐相道　　　邮政编码：200031

公司地址：上海市四川南路38号

电话：021—63735258　　传真：021—64739488

二、主要财务数据与财务指标

单位：万元

指标项目	本年数	上年数	比上年增减(%)
主营业务收入	9,268.47	5,785.29	60.2
净利润	2,821.67	2,182.88	29.30
总资产	48,118.50	37,848.54	27.1
股东权益	28,010.65	25,201.27	11.1
每股收益	0.33	0.28	17.5
每股净资产	3.32	3.28	1.0
净资产收益率	10.07%	8.66%	16.30
股东权益比率	58.21%	66.58%	-12.6

三、公司主要业务回顾

一九九六年公司以邓小平同志建设有中国特色的社会主义理论为指导，在董事会的领导下，在监事会的监督支持下，公司领导带领全体员工，抓住机遇，积极开拓，齐心协力，尽责尽职，勤奋工作，超额完成和实现了第四次股东大会上公司董事会工作报告中提出的九六年度工作计划和利润目标。

1. 公司经营情况的回顾

九六年是国家实施宏观调控的第四年，房地产业继续处在低迷状态，公司面临着严峻的考验。面对困难，公司领导认真分析研究了市场情况，审时度势，提出了以销售为中心，加快资金回笼，抓好工程进度，适量开发项目，发展多种经营，力争多创利润的指导方针。全体员工奋力拼搏，经过一年的努力，超额完成了利润目标2520万元，销售指标8000万元的任务。

九六年公司增强销售力量，增设销售网点，采取多种措施扩大销售渠道。在以销售为主的同时，积极出租经营公司房源，盘活存量，为公司争创效益。重点对“金谷园”、“兴业公寓”、“黎安二村”、“兴业小庄”采用多种营销方式，回笼了资金，加快了工程进度。由于“兴业小庄”的地段优势、房型合理，销售适时，绝大部分已售出，并已进户。为拓展销售业务，在衡山路283号设立销售网点，扩大销售、中介、出租业务。

九六年公司加强了物业管理工作，培训专业管理人员，重点加强对“兴业小庄”。“黎安二村”的物业管理，制订了业主进户后的有关管理文件，客户对公司物业管理很满意。

九六年根据适量开发项目的精神，公司在新闸路、昌化路的“兴昌基地”和复兴路、武康路的基地，动迁工作基本完成，已做好开工准备。

九六年主建的工程五项，完工二项，全年竣工面积50245平方米。

其中“兴业小庄”竣工交付使用；“黎安二村”首期13幢竣工并交付使用；“兴业公寓”九六年完成5-18层结构、部分外装修和内粉刷，计划九七年六月三十日竣工；“南浦大厦”由于资金、拆迁、外线要改道等原因尚有1—2个月的工作量要跨年，若上述三个因素解决，可望九七年二季度竣工；“敬业大厦”九六年完成13-18层结构，外装修和内粉刷及部分水、电安装工程，鉴于市场因素，适当放慢进度，九六年工程质量全部达到合格要求，均一次验收通过。

同时，公司开展多种经营，资本经营与资产经营，发展贸易业务。

由于全体员工努力，九六年公司在各方面形成了以房地产为龙头，以金融证券、商贸、服务业、实业为依托，一业为主，多种经营，滚动发展的格局。工作效率有所提高，内部管理不断完善和加强。

2. 主要经济指标实现情况

公司主营收入9268.47万元，比去年同期增长60.2%；净利润2821.67万元，比去年同期增长29.3%，完成九六年原定的2142万元净利润；每股净资产值3.32元；每股税后利润为0.35元(按照加权法结算)，按摊薄法为0.33元。

3. 前次募集资金的使用情况说明

1994年6月17日公司第二次股东大会通过《公司九四年度增资配股方案》，经上海市证券管理办公室沪证办(1994)072号文批准和上海证券交易所复核，向老股东以1:0.3比例配股，共配售股份1,200万股，实现配股资金5,135万元，于1994年8月8日全部到位。

筹集资金的使用情况列表如下：

投资项目名称	计划投资	实际情况
兴昌大楼	2,622万元	2,728.5万元
兴业小庄	600万元	884.5万元
黎安二村	2,000万元	5,314.1万元
南浦大厦	1,800万元	3,736.0万元
杭州敬业大厦	1,500万元	1,779.4万元
合　计	8,522万元	14,442.5万元

四、股本变化及股本结构情况

股本变化及股本结构情况(1996年度公司股份变动情况)

(1) 股权结构情况

	96年末	比例	95年末	比例
流通股份	8448万股	100%	7680万股	100%

注：本公司全部股份为境内上市的人民币普通股；本公司全部股份为流通股。

	期初数	本次变动增减(+、-) 配股	送股	公积金转股	其他	小计	期末数
一、尚未流通股份							
1. 发起人股份							
其中：							
国家拥有股份							
境内法人持有股份							
外资法人持有股份							
其他							
2. 募集法人股							
3. 内部职工股							
4. 优先股或其他							
尚未流通股份合计							
二、已流通股份	76800000		7680000			7680000	84480000
1. 境内上市的人民币普通股	76800000		7680000			7680000	84480000
2. 境内上市的外资股							
3. 境外上市的外资股							
4. 其他							
已流通股份合计			7680000			7680000	84480000
三、股份总数	76800000		7680000			7680000	84480000

(2) 股本变动情况及原因

根据一九九六年六月八日公司第四次股东大会决议，公司在96年6月12日按10:1比例派送红股，股本由7680万股，增至为8448万股，并于1996年6月20日完成送股。

(3) 主要股东持股情况(前十名股东持股)

名　称	年末持股数量	占总股本%
云南恒丰集团公司	5918000股	7.005
上海纺织住宅开发总公司	5099342股	6.036
交通银行上海分行	3737865股	4.425
中华企业股份有限公司	3589023股	4.248
上海城开集团有限公司	3052528股	3.613
上海市房产经营公司	1797482股	2.128
铁力证券	1150030股	1.361
上海久事公司	1050631股	1.244
新皓工程	735736股	0.871
汇达房屋	717179股	0.849

(4) 股东数量

至96年度末，股东总数53430户，其中发起人股6户。

上海新浦置业股份有限公司

1996年年度报告摘要　（摘选）

一、公司简况

公司名称：上海新黄浦置业股份有限公司

法人代表：吴明烈　　邮政编码：200002

公司地址：上海延安东路110号七楼

电话：021—63238888　　传真：021—63237777

二、主要财务数据与财务指标

单位：万元

指标项目	本年度	上年度	比上年增减(%)
1.主营业务收入	51046.66	49053.84	4.06
2.净利润	12080.13	10263.22	17.70
3.总资产	137311.96	132166.18	3.89
4.股东权益	84314.25	72234.12	16.72
5.每股收益	0.40	0.40	--
6.每股净资产	2.79	2.87	-2.78
7.净资产收益率	14.33	14.20	0.91
8.股东权益比率	61.40	54.65	12.35

说明：

指标项目中已对下列有关财务数据按96年度的指标计算口径相应进行了调整。

三、公司主要业务回顾

1.一年来经营情况

1996年度上海房地产行业由于继续受到宏观调控的影响，整个市场处于消化吸收期，有效需求不足，市场竞争激烈，房地产企业的经营业绩呈现两极分化的趋势。面对严峻形势，公司决策层审时度势，充分发挥上海外滩中央商务区的地理优势，充分依托新黄浦集团雄厚经济实力和产业优势，着力调整产业结构，集中财力物力加快公司投资的高品位优质楼盘南京东路61号新黄浦金融大厦和北京东路71号地块外滩京城二个重点项目竣工，吸引了我国内外资银行和一批跨国公司落户，并与工商管理部门洽淡成功在外滩京城开设全国有影响的上海五金物资市场将提前开张，使公司的重大投资项目进入收获期。同时，公司针对市场需求，开发大量中低档住宅，在浦东陆家嘴金融贸易区内开发的凌家弄小区，陈家宅小区和由由小区陆续竣工，不但受到市场青睐，销售状况良好，而且在公司先后承接的重大市政工程项目延安东路高架动迁和地铁2号线工程河南路地铁站项目中，全部转化为动迁用房。另一方面，为保持公司经营业绩的稳定性和成长性，对升值潜力巨大的优质楼盘留作为公司自有产业开展出租经营，可在日后获取可观的固定租金收入，使公司进入良性循环。由此，在房地产业不景气形势下，公司96年度不但取得了较好的经营业绩。且为97年度公司的持续快速发展和经营业绩的较大幅度提升打下了扎实的基础，在坚持以房地产为主业的同时，公司正向多元化经营渗透，拓展装潢建材销售业：商贸业等领域，并开展资产经营，取得新的经济增长点，经营规模开始走上新台阶。

2.主要经济指标实现情况

公司董事会年初提出的主要经济指标预测为：主营业务收入55000万元，利润总额14000万元，净利润12000万元。实际完成主营业务入51046.66万元，占计划的92.81%，比上年49053.84万元增长4.06%，但经济效益有较大提高，实现利润总额14166.18万元，占计划的101.18%，比上年增长17.64%；实现净利润12080.13万元，占计划的100.66%，比上年增长17.70%；多项主要经济指标继续保持增长势头。

3.前次募集资金的使用情况说明

1995年3月30日股东大会审议通过《公司1995年度增资配股方案》，上海市证券管理办公室批复，并经中国证监会复审批准，以10股配3股的比例实施增资配股，于1995年11月2日完成配股事宜，共配售股份2,989.3417万股，募集资金13109.81万元，1995年11月3日验资工作结束。

这次所募集的资金全部按投资计划项目分别投入凌家弄危房改造3489万元和南京东路61号“新黄浦金融大厦”9620万元，项目建设均达计划进度要求。地处南京路近外滩的智能化现代建筑“新黄浦金融大厦”已经招商，将获得预期的良好效益。

四、股本变化及股本结构情况

1.股本变化及股本结构情况

截至1996年末，公司股本结构如下：（单位：股　面值1元）

	期初数	本次送股数	期末数	占总股
(1)尚未流通股				
国家拥有股份	90139407	18027881	108167288	35.87%
发起人股	22774752	4554950	27329702	9.06%
法人股	83661315	16732265	100393580	33.29%
转配股	16654313	3330860	19985173	6.63%
尚未流通股合计	213229787	42645956	255875743	84.85%
(2)已流通部分				
境内上市流通	38067097	7613444	45680541	15.15%
已流通股份合计	38067097	7613444	45680541	15.15%
(3)股份总额	251296884	50259400	301556284	100%

2.股本变动情况及原因

1996年5月20日股东大会通过1995年度利润分配方案为：每10股送红股2股，派发现金红利1元，送股后股本增加了50259400股。

主要股东持股情况(前十名股东)

名次　股东名称	年末持股数(股)	占总股本(%)
1.国家股(新黄浦集团)	108167288	35.87
2.众鑫实业有限责任公司(新黄浦集团控股)	19857505	6.59
3.新黄浦集团公司	11945730	3.96
4.东亚建筑装饰实业有限公司(新黄浦集团控股)	9138854	3.03
5.申银万国证券公司	8850400	2.93
6.广州美盈鞋业公司	6336000	2.10
7.万泰公司	4675693	1.55
8.上海城市建设投资公司	3861000	1.28
9.华厦证券公司	3531982	1.17
10.上海恒立房地产股份公司	2369227	0.79

上海金桥出口加工区开发股份有限公司

1996 年年度报告（摘要）

一、公司简介

公司名称：上海金桥出口加工区开发股份有限公司

法人代表：杨小明　　邮政编码：201206

公司地址：上海浦东新金桥路 188 号

电话：(021)58991818　　传真：(021)58991812

二、主要财务数据和财务指标

单位：万元

指标项目	本年数	上年数	比上年增长(%)
主营业务收入	59,318.60	51,636.45	14.88
净利润	11,346.63	10,647.33	6.57
总资产	531,430.77	515,283.10	3.13
股东权益	111,848.10	105,411.63	6.11
每股收益(元)	0.233	0.218	6.88
每股净资产(元)	2.29	2.16	6.02
净资产收益率(%)	10.14	10.10	0.40
股东权益比率(%)	21.05	20.46	2.88

注：此主要财务数据与财务指标中的上年数为 1995 年财务报表实际数。后附财务报表中的上年数，已按今年合并报表户数口径进行了调整。

三、公司主要业务回顾

1. 一年来经营情况

一九九六年，宏观形势有了转变，但房地产市场依然疲软。尽管如此公司在各级政府的支持下，认真执行年度股东大会的决议，全体员工努力工作，主营业务收入和净利润都达到了年度目标。

2. 主要指标分析

根据 1995 年度股东大会审议通过的 1996 年度经营目标，公司主营业务收入计划为 46．070 万元，实际为 59，318．6 万元，完成计划的 128．75%，净利润计划为 10，700 万元，实际为 11，346．63 万元，完成计划的 106．04%。

四、董事会报告

1. 股本结构情况　　（单位：万股，每股面值 1 元人民币）

	1995 年末	1996 年末	比例
尚未流通股份	27,000	27,000	55.33%
其中：国家股	24,000	24,000	49.18%
发起人法人股	3,000	3,000	6.15%
已流通股份	21,800	21,800	44.67%
其中：境内上市的人民币普通股	7,500	7,500	15.37%
境内上市的外资股	14,300	14,300	29.30%
股份合计	48,800	48,800	100%

注：报告期内股本没有变化。

2. 主要股东持股情况

持股者	持股数(万股)	持股比例(%)
上海市财政局(国家股)	24,000	49.18
上海国际信托投资公司(发起人法人股)	3,000	6.15
HKSBCSB A/C CMB S/A TEMPLETON DRAGON FUND INC.	833.82	1.70
TOYO SECURITIES ASIA LTD.	566.135	1.16
HKSBCSB A/C CHASE MANHATTAN BANK NA. S/A TEMPLETON DEVEL MKTS TRUST(3442)	529.9	1.08
ABU DHABI, UNITED ARAB EMIRATES	520	1.06
HKSBCSB A/C BANK OF SCOTLAND S/A NEWTON EXEMPT FUND	499.99	1.02
HKSBCSB A/C THE CHASE MANHATTAN BANK NA. S/A TEMPLETON CHINA WORLD FUND INC.	442.156	0.90
山一国际(香港)有限公司	388.6	0.79
高诚证券有限公司	367.5	0.75

3. 股东数量：至 1996 年 12 月 31 日，公司股东总户数为 68,095 户。

其中国家股 1 户，法人股 1 户，境内公众股 64,290 户，B 股 3,803 户。

4. 董事、监事、高级管理人员持股情况：

姓名	职务	年初持股数	年末持股数	变动原因
杨小明	董事长、总经理	原不持股	0	
罗伟德	董事、常务副总经理	原不持股	0	
张　玑	董事、副总经理	原不持股	0	
叶廉芳	董事、副总经理 总会计师	5,000	5,000	
严和海	董事、副总经理	5,050	5,050	
杨云良	董事、副总经理	5,000	5,000	
白文康	董事	5,250	5,250	
柳孝平	董事	1,000	1,000	
徐幼松	董事、上海市财政局城建处处长	原不持股	0	
徐建军	董事上海国际信托投资公司副总经理	原不持股	0	
宋金江	董事	5,000	5,000	
桂华况	董事、董事会秘书	原不持股	0	
绪瑞祥	监事长	原不持股	0	
虞家弼	副监事长	原不持股	0	
何以平	监事、上海国际信托投资公司副总会计师	原不持股	0	
郑毓琪	监事	1,250	1,250	
黄培俭	监事	原不持股	0	

上海众城实业股份有限公司

1996年年度报告摘要　（摘选）

一、公司简况

公司名称：上海众城实业股份有限公司
法人代表：郑尚武　　　邮政编码：200122
公司地址：中国上海市东方路818号
电话：021—58209335　　传真：021—58206640

二、主要财务数据与财务指标

单位：万元

指标项目	本年数	上年数	比上年增减(%)
1.主营业务收入	4558.62	10410.01	-56.21
2.净利润	93.40	2669.69	-96.5
3.总资产	45825.56	48283.32	-5.09
4.股东权益	33492.61	33399.21	0.28
5.每股收益(元)	0.0055	0.16	-96.56
6.每股净资产(元)	1.99	1.98	0.5
7.净资产收益率(%)	0.28	7.99	-96.5
8.股东权益比率(%)	73.09	69.17	5.67

三、公司主要业务回顾

1．一年来公司经营情况

1996年是公司经营陷入困境，业绩较大滑坡的一年，主要表现在房产存量严重积压，资金短缺，投资企业也受到生存和发展的重大考验。公司新一任董事会、经营班子在到位后的7个月时间里，认真分析了造成上述现状的主客观原因，采取了如下措施：

1)以市场为导向，盘活存量，调整结构：经过深入的市场调查，调整了原来不合理的房产销售价格；加大销售力度，充实销售力量，建立切实可行的营销机制、激励机制，96年实现房产销售合同金额237.74万美元；根据市场和资金情况，调整房产销售结构，将在建项目——众城商厦从单一的外销楼盘转向内销市场，并缓建了众城花苑和众城外高桥综合楼项目；

2)抓住主业，寻求适销对路的房产开发项目：公司紧紧抓住房产开发这一主业，在资金短缺的困难中寻求发展，一手抓盘活存量，一手抓项目开发，并及时调整投资结构，使投资方向朝有政府扶持、有市场需求、投资风险小的内销住宅倾斜；

3)强化投资企业产权管理：公司现有全资、控股、参股投资企业七家，普遍面临着亏损和效益滑坡等问题。对此，我们着重抓投资企业的经营目标、经营方向和对经营者的考核，同时从转变机制着手，整顿投资企业，对一些盈利无望的企业实行关、停、转；

4)以管理为本，向管理要效益，优化人员结构：公司在行政管理、财务管理、合同管理、工程项目预决算管理等各方面建立健全了一系列切实可行的规章制度，通过压缩行政开支，严格控制工程投资等措施，降低成本，提高效益。同时调整公司管理人员的配置，充实管理力量，对一些不合格员工予以辞退。

2．对实际经营结果与盈利预测的重大差异的说明：

公司96年度实现主营业务收入4558.62万元，比预测数减少了9641.38万元，实现税后利润93.4万元，比预测数降低了2706.6万元，造成上述差异的主要原因：1)宏观调控对房产市场特别是外销房市场的影响，造成外销商品房严重滞销。公司为了顺应市场，采取了降低房产销售价格的策略，其中众城大厦销售价格降低了26%，众城公寓下降了25%，致使销售毛利分别下降了60%和77%，严重影响了主营业务利润；2)作为以房地产为主的实业公司，成立于浦东开发之初。为了顺应浦东开放的势头，公司在房产项目和其它实业的投资定位上，选择了当时浦东建设初期非常紧缺，并且浦东开发形象上较急需的高档办公、住宅用房和规模较大的餐饮、娱乐项目，在投资上出现了比较单一的市场定位。随着浦东开发的快速发展，浦东高档办公、住宅用房和餐饮、娱乐项目层出不穷，形成了相当激烈的竞争市场，从而造成了公司单一结构的外销楼宇在市场上缺乏抗风险能力；3)在经营管理上缺乏一种长期、稳定的投资理念和市场观念，注重短期效益，致使公司存在着由于过去高速发展而带来的经营、管理、体制等诸方面问题。96年公司利润中需消化过去遗留的成本共计696万元，其中主要是消化以前的汇兑损益。

3．对前次募集资金的运用情况的说明：

公司于95年9月实施配股，总计募集配股资金9720万元。根据当时募集资金用途，上述资金已全部按计划投入众城公寓、众城商厦与众城外高桥房产项目。此外，公司还利用自有资金和贷款作为上述项目配套资金。目前，众城公寓已竣工，总投资10915.23万元；众城商厦工程已进入内外装饰阶段，投入资金近8767万元。外高桥综合楼已完成桩基工程，仓储加工用房已完成主体厂房，共计投入资金近3504万元。

四、股本变化及股本结构情况

1.股本变化及股本结构情况：

1)股本结构情况：

数量单位:万股　　每股面值:1元

一、尚未流通股份	
1.发起人股份	12307.68
其中:国有发起人股	12307.68
2.其他社会公众持有转配股	1512
尚未流通股份合计	13819.68
二、已流通股份	
境内上市人民币普通股	3024
已流通股份合计	3024
三、股份总数	16843.68

注：报告期内股本结构未发生变化

2)主要股东持股情况：

股东名称	年末持股数量（万股）	占总股本比例（%）
1)上海陆家嘴金融贸易区开发股份有限公司	3868.1280	22.97
2)上海国际信托投资公司	2813.1840	16.70
3)中国建设银行上海分行第二营业部	2813.1840	16.70
4)中房上海房地产开发总公司	2813.1840	16.70
5)任秀珍	46.5000	0.28
6)张玲英	28.4000	0.17
7)朱喜花	20.0000	0.12
8)刘庆文	19.0380	0.11
9)陈美敏	16.9988	0.10
10)陈洁	12.6680	0.08

注：前4名发起人股东报告期内持股数未发生变化

3)股东数量：公司96年末股东总数为30,240,061户。其中：国有发起人股4户，法人股东855,404户，社会公众股东29,384,653户。

上海外高桥保税区开发股份有限公司

1996年年度报告摘要 （摘选）

一、公司简况

公司名称：上海外高桥保税区开发股份有限公司

法人代表：阮延华　　　　邮政编码：200131

公司地址：中国上海浦东杨高北路889号

电话：86-21-58699888＊1240　　传真：86-21-58690000

二、主要财务数据与财务指标

	本年数	上年数	比上年增减(％)
主营业务收入(万元)	64815.53	46858.54	38.32
净利润(万元)	11389.91	12120.81	－6.03
资产总计(万元)	396768.15	361776.51	9.67
股东权益(万元)	113097.14	108591.56	4.15
每股收益(元)	0.185	0.197	－6.09
每股净资产(元)	1.837	1.764	4.14
净资产收益率(％)	10.07	11.16	－9.77
股东权益比率(％)	28.50	30.02	－5.06

三、总经理报告摘要

1．一年来经营情况

一九九六年中，外部环境条件仍然相当严峻，但公司利用了保税区新的功能性政策带来的机遇，把完善投资环境、全力招商引资作为工作的重点，把实现贸易、仓储、金融、保税商品交易等的全面突破作为第二次创业的新的经济增长点，在优化投资环境、全面招商引资和推进功能开发等方面均取得了进展。

2．主要经营指标

1996年内，公司取得经营收入64815万元人民币，实现利润总额13915万元人民币，扣除所得税和少数股权后，实现净利润11390万元人民币，净资产收益率为10.07％。

四、股本变化及股本结构情况

1．股本结构情况

股份类别	96年末	比率	95年末	比率
(一)尚未流通股份				
国家持股	36000	58.5％	36000	58.5％
发起法人持股	4500	7.3％	4500	7.3％
社会公众持股	2550	4.1％	2550	4.1％
其中：受让转配	2550	4.1％	2550	4.1％
小计	43050	69.9％	43050	69.9％
(二)已流通股份				
境内上市的人民币普通股	1950	3.2％	1950	3.2％
境内上市的外资股	16575	26.9％	16575	26.9％
小计	18525	30.1％	18525	30.1％
(三)股份合计	61575	100.00％	61575	100.00％

2．本报告期内，公司股本未发生变动

3．公司主要股东情况

股东名称	95年末持股数量	持股比例
上海市外高桥保税区开发公司（代表国家持有股份）	360,000,000	58.5％
上海国际信托投资公司	45,000,000	7.3％

4．年末股东人数

1996年末，公司股东户数22450户，其中A股17052户，B股5398户。

5．董事、监事与高级管理人员持股情况

阮延华先生	董事长兼总经理	5000	5000	无变动
李树铭先生	董事兼副总经理	4500	4500	无变动
瞿德龙先生	董事兼副总经理	4000	4000	无变动
徐幼松女士	董事	0	0	无变动
徐建军先生	董事	0	0	无变动
叶国安先生	董事	240000	240000	无变动
谢伟明先生	董事	3000	3000	无变动
贾留海先生	董事	3000	3000	无变动
高正梅女士	监事长	3000	3000	无变动
叶兆楷先生	监事	0	0	无变动
郑　为先生	监事	0	0	无变动
章兆丰先生	监事	0	0	无变动
朱　钢女士	监事	0	0	无变动

6．关联企业

公司名称	注册地址	主营业务	注册资本	本公司权益
上海外高桥保税区联合发展有限公司	上海	保税区内基础设施建设；房地产开发	1.2亿美元	55%
申高贸易有限公司	香港	贸易；投资	88万美元	100%
苏州保宏房地产有限公司	苏州	房地产开发	620万美元	65%
杭州千岛湖外高桥大酒店有限公司	杭州	酒店	351万美元	50%
上海外高桥公寓酒店有限公司	上海	物业管理和服务	250万美元	66%
上海外高桥飞宏商业发展有限公司	上海	商业批发和零售	5000万元人民币	100%
上海外高桥保宏大酒店有限公司	上海	酒店	2800万美元	75%
上海高图物业发展有限公司	上海	物业	350万美元	65%
上海外高桥保税区商业发展有限公司	上海	物资贸易	450万元人民币	100%
上海外高桥保税区玖益物资贸易有限公司	上海	商业批发和零售	1000万元人民币	100%
上海天宏进出口有限公司	上海	贸易	500万元人民币	90%
上海华庄仓储有限公司	上海	仓储	366.11万美元	22%
上海高华纺织品有限公司	上海	纺织；贸易	215万美元	22%
上海高宏有限公司	上海	纺织；贸易	210万美元	41.25%
上海联惠实业有限公司	上海	贸易	70万美元	27.5%
上海外高桥英联娱乐有限公司	上海	餐饮娱乐	105万美元	38.5%
上海外高桥保税区实业发展有限公司	上海	实业投资	500万美元	55%
上海市保税商品交易市场第一市场	上海	物资交易	250万美元	55%
上海艾达林克有限公司	上海	广告	50万美元	27.5%
上海浦东新区设备租赁公司	上海	租赁	1000万元人民币	55%
上海昶宏储运物资有限公司	上海	仓储	250万美元	41.25%
上海外高桥俱乐部有限公司	上海	娱乐	500万元人民币	49.5%
上海外高桥物业管理有限公司	上海	物业管理	400万元人民币	91%
上海外高桥英得网络信息有限公司	上海	网络服务及咨询	120万元人民币	77.5%

中华企业股份有限公司

1996年年度报告摘要 （摘选）

一、公司简况

公司名称：中华企业股份有限公司

法人代表：盛新健　　邮政编码：200002

公司地址：上海市浦东大道1700弄17号

电话：021—63299250　　传真：021—63290815

二、主要财务数据与财务指标

指标项目	1996年数(合并)	比上年增减(%)	1995年数(合并)
1.主营业务收入	48100.65万元	188.01	16700.88万元
2.净利润	5993.01万元	15.08	5207.57万元
3.总资产	150856.95万元	10.91	136014.95万元
4.股东权益	50709.64万元	13.08	44845.04万元
5.每股收益	0.385元	4.62	0.368元
6.每股净资产	3.26元	2.84	3.17元
7.净资产收益率	11.81%	1.72	11.61%
8.股东权益比率	33.61%	1.94	32.97%

三、公司主要业务回顾

1．一年来经营回顾

1996年，房地产市场竞争空前激烈，房地产行业经营困难突出，但是，公司董事会审时度势，积极适应“两个根本性转变”，带领全体员工勇闯难关，完成了公司第一届第四次股东大会确定的主要经济指标。

1996年初，公司董事会就根据“贡献政府，造福人民，得益股东”的宗旨，本着对全体股东极端负责的强烈责任感，对全年的房地产形势进行了充分的研究和评估。董事们一致认为，从总体上说，消化吸纳是1996年房地产市场的主调，竞争激烈和资金紧张仍是全年房地产行业的主要特点。因此，必须抓住机遇，扩大销量，积极回笼资金。为此，一年来，公司制定和实施了平衡资金，加大销量，提高质量，集中开发等四条措施和增长资产一个目标的“四加一”经营方针，并以加大商品房销量，努力回笼资金为业务重点，确保了资金的回笼和周转。在实际销售过程中，公司充分发挥下属专业销售公司的市场优势，形成点线面相结合的销售网络，采取以批为主，批零互补的灵活销售策略，重点进行大宗交易，积极推进中小盘子的销售，从而加快了资金的回笼。1996年公司销售回笼资金超过3个亿，不仅超额完成了预期的目标，而且创下了历史新高。

1996年公司在建项目面积超过20万平方米，竣工面积8万余平方米，包括鹿特丹花苑，康吉大楼，华业大厦等，当年工程质量优良率达30%左右，合格率100%。

年内公司进行了新项目的开发，已签约在上海静安区人和街开发建筑面积达6万平方米左右的住宅街坊“人和花园”，预计该项目于1997年第三季度正式开工。

2．主要指标分析

公司全年完成主营业务收入48100.65万元，是年度计划的192.4%，比上年增长188%；实现净利润5993.01万元，是年度计划的115.92%，比上年增长15.08%，公司主营业务收入增长幅度高于净利润增长幅度，其主要原因是公司在房地产市场相对低迷的情况下，采取了薄利多销的营销策略。此外，由于房地产项目资金的大量投入，增加了公司财务费用的支出，这在一定程度上影响了公司的利润。

3．前次募集资金运用情况的说明

公司1995年9月实施了第一次配股方案，募集资金11104万元，公司按《配股说明书》预定的使用方向将全部资金分期投入危旧房改造项目——中华企业大厦的建设。目前该大厦正在进行设备安装，预计1997年第二季度交付使用。大厦的招租工作已在年前开展。

四、股本变化及股本结构情况

1．股本结构及变动情况

截止1996年末，公司股本结构如下：(数量单位：万股；每股面值：1元)

	期初数	配股	送股	公积金转股	其他	期末数
(1)尚未流通股份						
国家拥有股份	9047.142	—	+904.7142	—	—	9951.8562
境内法人持有股份	888.12	—	+88.812	—	—	976.932
国家股转配	1506.6	—	150.66	—	—	1657.26
合计	11441.862	—	+1144.1862	—	—	12586.0482
(2)已流通股份						
境内上市的						
人民币普通股	2711.88	—	+271.188	—	—	2983.068
(3)股份总数	14153.742	—	+1415.3742	—	—	15569.1162

2．股本变动原因

公司于1996年7月3日实施的利润分配方案为每10股送1股，派送现金红利1.5元(含税)，因此，股本增加了1415.3742万股。

3．主要股东持股情况

名次	股东名称	年末持股数(万股)	占总股本(%)
1	国家股	9951.8562	63.92
2	上海沪通实业公司	218.052	1.40
3	童兆飞	104.9146	0.67
4	上海古北(集团)有限公司	82.5	0.53
5	上海爱建股份有限公司	79.2	0.51
6	梁　慧	50.82	0.33
7	中房上海房地产开发总公司	49.5	0.32
8	深圳蓝天基金管理公司	49.5	0.32
9	铁财证券	46.9023	0.30
10	蒋　明	41.6878	0.27

4．子公司与关联企业

(1) 子公司

公司名称	注册资金	拥有权益	主营业务
上海中企材料设备经营公司	100万元	100%	建材及设备经营
上海国泰房产发展有限公司	500万美元	65%	房地产开发经营
上海华业房地产发展有限公司	500万美元	60%	房产投资，经营经租各类商品房

(2) 关联企业

公司名称	注册资金	拥有权益	主营业务
上海鼎达房地产有限公司	1500万元	50%	房地产经营开发
上海华澳国际贸易有限公司	100万美元	50%	国际贸易，保税区内贸易，代理
上海中企物业管理有限公司	300万元	49%	楼宇租赁，物业管理
上海中企房屋装修有限公司	1050万元	48.86%	建筑装修
上海中顺房地产发展有限公司	500万元	42%	商品房开发经营
宁波华山小庄	620万元	30%	旅游，餐饮经营
上海古北(集团)有限公司	10000万元	25%	古北新区综合开发
上海东南对外房产发展公司	500万元	20%	侨汇房，外销房开发经营

广州珠江实业开发股份有限公司

1996年年度报告摘要 （摘选）

一、公司简况

公司名称：广州珠江实业开发股份有限公司

法人代表：董明训　　邮政编码：510060

公司地址：广州市华乐路49号华乐大厦二楼

电话：020—83838056　　传真:020—83808469

二、主要财务数据与财务指标

单位:元

指标项目	本年度	上年度	比上年增减(%)
1.主营业务收入	179.827.893.20	171.646.441.37	+4.8
2.净利润	48,005,784.16	81,646,470.81	-41.2
3.总资产	802,449,519.98	762,934,672.37	+5.18
4.股东权益	477,820,386.29	484,121,977.64	-1.3
5.每股收益	0.296	0.504	-41.2
6.每股净资产	2.95	2.99	-1.3
7.净资产收益率(%)	10.05	16.86	-40.4
8.股东权益比率(%)	59.55	63.46	-6.2

三、公司主要业务回顾

1.一年来经营情况

1996年房地产行业处于资金紧张、规模受控、市道平淡，商品房严重积压的状态，是公司市场环境较为困难的一年。面对这样的形势，公司首先努力提高规范化水平，认真贯彻执行《中华人民共和国公司法》和中国证监会对上市公司的有关法规和条例，以促进公司向好的方向发展；二是努力提高市场竞争能力，特别注重在经营管理上狠下功夫，积极推行“讲政治、抓开发、细经营、严管理”的工作方针，力求达到四个提高：提高员工思想政治水平、提高工程建设质量、提高经济效益、提高工作效率。在全体员工的共同努力下，取得了较好的业绩，全面完成了1996年的各项经济指标，其中最能反映企业经济效益的税后利润指标，年计划为4100万元，实际完成4800.58万元，完成年计划的117%。

为搞好房地产开发这一主营业务，我们采取了从征地抓起，到拆迁补偿、规划设计、报建开工、工程管理、验收交楼，一抓到底，环环紧扣的办法，使各个工程建设项目得到顺利发展。首先，在征地方面，96年如期完成征地计划，夏茅新征土地已经到手，同德围地块亦解决了附近村民违章抢建的问题，仅这两地区就拥有25万m2的土地存量，增强企业发展后劲。淘金北旧铁路和西华路两个项目亦完成拆迁工作，平整了场地，具备了开工条件。由于公司历年来在拆迁工作中成绩显著，96年上半年还被广州市政府授予“广州市优秀拆迁单位”的称号。其次，在规划设计方面，公司注意市场调查，及时改进工程项目的规划设计，冒岗路商住楼原规划功能是高级写字楼，现更改为商住公寓楼，以建小套型的普通住宅为主，使公司建设的商品楼更能适销对路，合符市场需求。三是在工程进度方面，公司加派人力，抓紧报建工作，使昌岗路商住楼和铁中西两个重点项目在96年如期开工。对已经开工的项目，加强现场监理，坚持实行“三级负责制”，使各个工程建设项目能按质、按进度完成。工程竣工后，又立即抓紧工程验收，做到按合同规定按期交楼，华侨乐园7、8、9、10、11号楼由于按时交楼给业主，为公司赢得了信誉。此外，公司花大力气开拓新的经营项目，利用公司资金相对充裕的优势，发掘公司新的利润增长点，投入2717.5万元的北京“京瑞大厦”项目，已于年内产生效益，在投资期14个月内共实现利润600万元，为公司增加了经济效益。

2.关于经营成果与预测差异的说明

公司在1996年初提出税后利润预测为4100万元，现实际完成税后利润4800.58万元，与原预测无重大差异。

3.募集资金使用情况说明

公司在本报告期内没有募集过资金。

在报告期年度以前，曾募集的资金所投入的项目建设，延续到报告期年度之内的有3个：

1)开发广州地铁一号沿线JY-8地块发展物业，在报告期内仍按计划进度进行。

2)铁中西住宅楼、在报告期内已正式开工，符合计划进度。

3)北京“京瑞大厦”，96年已经竣工，按期收回投资和收益。

四、股本变化及股本结构情况

1.股本变化及股本结构情况

截止1996年末　　单位:股　每股面值:1元

	期初数	本次变动增减(+、-) 配股	送股	公积金转股	其他	小计	期末数
一、尚未流通股份							
1.发起人股份							
其中:							
国家拥有股份	11,083,437.00						11,073,437.00
境内法人持有股份	74,100,940.20						74,100,940.20
2.社会公众持股	21,375,000.00						21,375,000.00
尚未流通股份合计	106,559,377.20						106,559,377.20
二、已流通股份							
境内上市人民币普通股	55,575,000.00						55,575,000.00
已流通股份合计	55,575,000.00						55,575,000.00
三、股份总数	162,134,377.20						162,134,377.20

2)前十名主要股东持股情况

股东名称	年末持股数(股)	占总股本(%)
1)广州珠江实业总公司	74,100,940.20	45.70
2)广州市国有资产管理局	11,083,437.00	6.84
3)铜陵诚信	429,060.00	0.26
4)袁怀东	348,814.00	0.21
5)袁厚祥	240,000.00	0.14
6)铜义证券	220,000.00	0.13
7)李亮	216,020.00	0.12
8)高剑平	209,000.00	0.12
9)刘溥	192,000.00	0.11
10)马季刚	160,000.00	0.09

3)年末股东户数:

截止1996年末，公司股东总数为61108户，其中国家股股东1户，法人股股东1户，社会公众股股东61106户。

上海商业网点发展实业股份有限公司

1996年年度报告摘要 （摘选）

一、公司简况

公司名称：上海商业网点发展实业股份有限公司

法人代表：邱嘉昌　　　　　　　　　邮政编码：200127

公司地址：上海市浦东新区浦三路1260弄4号

电话：021—62567672　　　　　　　　传真：021—62566366

二、主要财务数据与财务指标

单位：万元

指标项目	本年数	上年数	比上年增减(%)
1.主营业务收入	27634.16	19565.98	41.24
2.净利润	2043.16	1883.37	8.48
3.总资产	138458.39	121329.56	14.12
4.股东权益	20084.50	19064.27	5.35
5.每股收益(元)	0.22	0.23	-4.38
6.每股净资产(元)	2.18	2.28	-4.39
7.净资产收益率(%)	10.17	9.88	2.94
8.股东权益比率(%)	14.51	15.71	-7.64

注：(1)1996年数据为公司合并报表内容。

(2)有关股东权益及相关指标均按1996年度报表编制要求口径进行调整。

(3)合并范围中，因收回上海宝都物资贸易公司和上海宏裕实业有限公司投资。其资产总值、销售收入、净利润未超过按标准计算公式计算得出的比率10%，故本年度合并范围已剔除以上二个单位，期初数已作了相应调整。

三、公司主要业务回顾

1．一年来经营情况

1996年是国家实施"九五"计划的第一年。公司在董事会的领导下，按照"继续适度调整、完善企业管理、提高经济效益、稳步健康发展"的指导方针，主动适应宏观经济走向的变化，在发展中确定公司产业导向和市场定位，从加强管理入手，提高在激烈竞争中的生存发展能力，各项经济工作取得了一定的成绩，精神文明建设和廉政建设也有明显进展，基本达到年内确定的开好局起好步的目标。公司全年实现主营业务收入27634.16万元，净利润2043.16万元。房产竣工面积37886平方米，外贸交易额1800万元，创汇180万美元。

主要做了以下工作：一是抓销售，盘活存量：今年，公司把销售摆到了公司工作最重要的位置，通过抓销售台账和资料档案等销售基础工作，采取自己行销和委托中介单位代销相结合的办法，运用广告宣传、价格策略和委托代理等手段，使销售工作有了一定进展。在抓销售的同时，抓紧房产销售款项和应收帐款的回笼工作。二是抓财务管理，拓宽融资渠道：公司进一步加强了财务管理，以加强管理来降低成本，重新修改制定了"公司所属企业的财务管理办法"、"关于项目财务管理试行办法"、"管理费用控制使用的管理办法"、"公司固定资产与低值易耗品管理办法"等，努力降低费用，降低成本。三是抓工程管理：今年，在资金十分紧张的情况下，克服种种困难，想法设法努力完成了年初下达的工程指标。双龙宝都于10月28日竣工；虹临宝都年底土建安装基本竣工；鹏程宝都4幢2.8万平方米住宅于11月15日、航天宝都2.7万平方米C座办公楼已于1996年底结构封顶。武汉上海商城3.5万平方米的装饰工程总包任务的顺利竣工。保证了武汉上海商城的按时开业。四是调整投资结构，理顺产权关系：1996年公司从"理顺产权关系，优化投资结构"入手，加强了对所属公司的管理，进行了有效的调整。收回了对外投资975万元。五是抓队伍建设，努力探索现代企业制度完善的途径：制定了公司"9.5"规划和2010年远景目标大纲以及党建工作三年规划和党风廉政建设制度。大胆启用了年轻干部，引进了各类紧缺人才11人(其中高级职称2名)。改善了干部队伍结构，调动了广大员工的积极性。

2．本年度主营业务收入、净利润实际完成情况分析：

公司全年实现主营业务收入27634.16万元，比上年增长41.24%，净利润2043.16万元，比上年增长8.48%，利润增长幅度小于营业收入的增长幅度的主要原因为工程配套费用上升和资金成本上升。

四、股本变化及股本结构情况

1．股本结构情况

截止1996年末　　　　　　　　　　　　单位：股

	期初数	送股	期末数
一、尚未流通股份			
发起人股份	45144324	4514433	49658757
其中：			
境内法人持有股份	45144324	4514433	49658757
募集法人股	20742852	2074285	22817137
尚未流通股份合计	65887176	6588718	72475894
二、已流通股份			
境内上市人民币普通股	17760000	1776000	19536000
已流通股份合计	17760000	1776000	19536000
三、股份总数	83647176	8364718	92011894

2．股本变动情况和原因：

公司股本总数由83647176股增至92011894股，系根据第五次股东大会审议通过的向全体股东以每10股派送红股1股，发放红利0.40元的分配方案。股权登记日为1996年7月25日，除权除息及红股交易日为1996年7月26日，共送红股8364718股。

3．前十名主要股东持股情况

股东名称	年末持股数(股)	占总股本(%)
1)上海商业网点发展公司	19615200	21.32
2)上海内外联合贸易公司	6435000	6.99
3)上海新亚(集团)股份有限公司	6435000	6.99
4)交通银行上海分行	4290000	4.66
5)上海市土产物资总公司	4290000	4.66
6)上海国际信托投资公司	2574000	2.80
7)上海万国证券公司	1880050	2.04
8)上海市虹口区商业建设公司	1716000	1.86
9)上海南上海商业投资发展公司	1716000	1.86
10)上海市徐汇区商业建设总公司	1716000	1.86
11)上海氯碱化工股份有限公司	1716000	1.86

4．年末股东户数：

截止1996年12月31日，股东数量如下表所示：

股份类别	发起法人股	社会法人股	社会公众股	股东总数
股东数量	14家	65家	18863家	18942家

广州电力企业集团股份有限公司

广州电力企业集团股份有限公司法人介绍

杨丹地：男，1952年出生，研究生学历，经济师，1969年6月参加工作，历任广州市计划委员会副处长、处长，广州发展集团公司副总经理，现任广州发展集团公司总经理兼广州电力企业集团有限公司董事长、总经理，广州电力企业集团股份有限公司董事长兼总经理，中外合资广州珠江电力有限公司副董事长、广州东方电力有限公司董事长。

杨丹地擅长包括电力等大型基础设施项目和工业项目的策划、融资和投资管理；具有资本经营理念和实践经验；对企业组织理论、科学管理理论与实践和中国传统文化有系统研究，论文《儒家文化与家族式经营》在我国经济综合类杂志《经济界》发表，能兼收并蓄中西方优秀文化和管理理论并娴熟应用于管理实践。在管理实践中，信守"追求卓越"的管理精神，奉行"认真、清楚、求实、创新"八字方针，培育出了一个具有广州市行业龙头概念、资本经营概念和组织创新概念的上市公司——广州电力企业集团股份有限公司。

广州电力企业集团股份有限公司(筹)招股说明书概要

一、绪言

本招股说明书根据《中华人民共和国公司法》、《股票发行与交易管理暂行条例》、《公开发行股票公司信息披露实施细则》等法律、法规有关规定和发行人的实际情况编写而成，旨在向境内公众投资者提供有关发行人的基本情况和股票发行、认购的各项详细资料。发行人筹委会已批准该招股说明书，确信其中不存在任何重大遗漏或者误导，并对其真实性、准确性、完整性负个别的和连带的责任。

本次新发行的股票是根据本招股说明书所载明的资料申请发行的，除发行人和主承销商外，没有委托或授权任何他人提供未在本招股说明书中列载的信息和对本招股说明书作任何解释或者说明。

投资人应自行承担买卖本公司股票应支付的税款，发行人、推荐人和承销商对此不承担责任。

本公司在本次发行期间特设咨询电话： 020－83573188－1417

本次发行已经中国证券监督管理委员会证监发审〔1997〕364号文批准。

二、释义

本招股说明书中，除非示意另有所指，下列简称具有如下特定意义：

简称	释义
本公司(或发行人)	：指广州电力企业集团股份有限公司(筹)。
电力企业集团(或发起人)	：指广州电力企业集团有限公司。
发展集团	：指广州发展集团公司，原名广州市经济建设发展公司。
电力发展公司	：指广州电力发展股份有限公司。
金源公司	：指广州金源电力有限公司。
珠电公司(珠电一期)	：指广州珠江电力有限公司。
东电公司(珠电二期)	：指广州东方电力有限公司。
省电力集团	：指广东省电力集团有限公司(原广东省电力工业总公司。
证监会	：指中国证券监督管理委员会。
主承销商	：指广州证券公司。
股票(或A股)	：指广州电力企业集团股份有限公司(筹)即将发行的每股面值1元的人民币普通股股票。
元	：指人民币元。

三、本次发行的有关当事人

1、发行人：广州电力企业集团股份有限公司(筹)

住所：广州市麓景路3号17－19楼

负责人：杨丹地

电话：(020)83573188－1417　　传真：(020)83573568

联系人：马洪伟

2、主承销商：广州证券公司

住所：广州市环市中北较场路19号金鹰酒店6楼南厅

法定代表人：劳建光

电话：(020)83811888－6884、83804342　　传真：(020)83541077

联系人：戚曙光　郑德埕　王国忠

3、副主承销商：君安证券有限公司

住所：深圳市春风路5号

法定代表人：张国庆

电话：(0755)2175560　　传真：(0755)2296188

联系人：卢圣喜　蔡达建　蒋少文

4、分销商

(1)广东证券公司

住所：广州市东风东路703号

法定代表人：钟伟华

电话：(020)87666000－1201　　传真：(020)87784506

联系人：刘小群　胡汉杰

(2)海南港澳国际信托投资有限公司

住所：海口市滨海新村588号海景湾大厦

法定代表人：李耀祺

电话：0898－8513327　　传真：0898－8513379

联系人：彭旭　王雪梅

(3)辽宁省证券公司

住所：辽宁省沈阳市沈河区火炬大厦8楼

法定代表人：邵荣第

电话：0427－2826186　　传真：0427－2810293

联系人：董兴华、张晶华

(4)湘财证券有限责任公司

住所：长沙市韶关路附20号

法定代表人：陈学荣

电话：0731－4451488　　传真：0731－4415126

联系人：董泉　肖贤辉

(5)中国科技国际信托投资公司

住所：北京市朝阳区北辰东路8号

法定代表人：张钢

电话:(021)56057953　　传真:(021)56057961
联系人:吴　涛
(6)福建华兴信托投资公司
住所:福州市华林路华林坊16号
法定代表人:梁永新
电话:0591－7538459　　传真:0591－7558280
联系人:关智俊　余向东
(7)平安证券有限公司
住所:深圳八卦岭八卦三号中国平安大厦3楼
法定代表人:马明哲
电话:020－87667648　　传真:020－87776389
联系人:林华有　罗方
(8)深圳国投证券有限公司
住所:深圳红岭中路7号国际信托大厦3楼
法定代表人:叶连捷
电话:0755－5894167　　传真:0755－5564179
联系人:包学勤　邱晓华
(9)广州国际信托投资公司
住所:广州市沿江西路139号7－13楼
法定代表人:许智
电话:020－87382117　　传真:020－87382173
联系人:张俊杰
5、上市推荐人:君安证券有限公司
6、发行人律师:广州金鹏合作律师事务所
住所:广州市东风西路199号国际金融大厦东楼7楼
法定代表人:陈舒
电话:(020)83329282　83301162　　传真:(020)83328199
经办律师:王波、王石清
7、承销商律师:深圳信达律师事务所
住所:深圳市人民南路国际贸易大厦43层
法定代表人:徐育康
电话:(0755)3243139　　传真:(0755)3243108
经办律师:李东民　靳庆军　麻云燕
8、财务审计机构:羊城会计师事务所
住所:广州市大德路187号9楼
法定代表人:陈雄溢
电话:(020)83324195　83324196　　传真:(020)83338016
经办注册会计师:陈雄溢、潘文中
9、资产评估机构:广东资产评估公司
住所:广州市环市东路322号十一楼
法定代表人:伍国生
电话:(020)83805158－1109　　1110　　传真:(020)83802985
经办评估师:徐迎建、陈燮平、陈喜佟、傅晓东
10、资产评估确认机构:国家国有资产管理局
住所:北京市海淀区万泉河路66号
法定代表人:张佑才
电话:(010)62567744　　传真:(010)62561817
11、收款银行
名称:中国建设银行广州市分行东环支行
住所:广州环市东路336号
电话:(020)83373221
户名:广州电力企业集团有限公司
帐号:761－2638180－19
12、股票登记机构:上海证券中央登记结算公司
住所:上海市闵行路67号
法定代表人:王迪彬
电话:(021)63068888　　传真:(021)63257454
13、财务顾问:中国证券市场研究设计中心
住所:北京朝阳区农展南里12号通广华信写字楼4层
电话:(010)65951598
联系人:崔建国

四、发行情况

1. 股票种类:本次发行的股票全部为人民币普通股(A股),每股面值1元
2. 承销方式:余额包销
3. 发行价格:7.87元/股(根据94年、95年、96年三年每股税后利润的算术平均值乘以发行市盈率)
4. 发行数量:1000,000,000股
5. 发行总市值:787,000,000元
6. 募集资金:本次发行如获成功,扣除发行费用,预计募集资金为77,250万元
7. 发行市盈率:16.3倍
8. 发行方式:采用"上网定价"方式。
9. 发行地区:全国与上海证券交易所系统联网的各证券交易网点。
10. 发行对象:在上海证券交易所开户的,符合中华人民共和国法律规定的可以从事股票投资的境内自然人和法人。
11. 承销的起止日期:1997的6月25日至1997年7月25日。
12. 上市地点:本次发行结束后,预计1997年7月在上海证券交易所开始挂牌交易。

五、风险因素及对策

投资者在评价本发行人此次发售的股票时,除本招股说明书提供的其它资料外,应特别认真地考虑下述各项风险因素:

1. 主要风险因素

(1)经营风险

本公司以电力生产、销售为主营业务。本公司实际拥有珠电公司(珠电一期)50%的股权和东电公司(珠电二期)65%的股权。珠电一期总装机容量为2×30万千瓦,其综合技术指标居于全国同型号发电机组的先进水平,自1994年元月该公司两台机组投入商业运行以来,每年售电量均超过30亿千瓦时,投产、运行及效益情况良好,并在1995年全国城市公用事业企业综合效益评比中名列电力行业第一名。

珠电二期总装机容量为2×30万千瓦,第一台机组已于1996年4月投入试运行,第二台机组正在建设之中,预计于1997年年中投入试运行。

本公司的经营风险来自与电力生产销售有关的如下方面:

＊原材料供应与价格

本公司电力生产的主要原材料即是燃料——煤。燃料供应渠道的阻塞会影响本公司的正常发电;另外,燃料价格上涨会导致生产成本上升,从而影响到本公司的预期利润。

＊对主要客户的依赖

本公司的上网电量受上级主管部门广东省电力集团公司的调控,其上网电价又受制于物价部门的宏观调控。

＊对交通的依赖

本公司所需燃料——煤的运输主要依赖水路与陆路运输,本公司处于交通状况十分繁忙的广东省,陆地运输主要采用公路运输和铁路运输,水路运输主要采用轮船运输。

＊融资能力

从宏观而言,银行的商业化、国家适度从紧的货币政策,即使本公司有较高的信誉,其融资仍会受到一定条件的限制。从微观上讲,本公司资

产负债比率相对较高,也限制了自身融资能力。

＊汇率变动

珠电公司和东电公司的电厂建设采用项目融资方式,组成境外国际银团项目贷款,利用外资4亿多美元。这两期工程项目贷款的利率均采用英国伦敦银行同业拆借利率(LIBOR)加上一定的浮动比率。由于国际货币市场上利率与汇率经常波动,境外贷款的还本付息以美元支付,而回收的电费以人民币支付,由此产生了利率与外汇汇率风险。

(2)行业风险

＊产业政策的限制

本公司的主业是以燃煤为主的电力生产和销售,其所面临的行业风险相对较小,原因如下:(1)电力工业属国家重点扶持并鼓励发展的产业;(2)我国煤矿的蕴藏量丰富,燃煤供应充分,有利于以燃煤为主的电力生产。另外,核能,水能在本地区的能源结构中比例较小。

＊环保风险

燃煤电力生产过程中将会排放烟、尘、粉、灰、渣及废水、废气等,如果控制不好,就会造成环境污染,进而遭到环保部门的限制。

＊安全风险

本公司采用大型发电机组,设备相关环节复杂、庞大,因此,发电设备的工作状况将会直接影响电厂的安全运行。任何一个环节的失误都有可能影响电厂的安全生产。

＊行业内部竞争

发展集团控股的广州电力发展股份有限公司与本公司一样以电力的生产、销售为主,对本公司而言存在同行业竞争的风险。

(3)市场风险

我国是一个严重缺电的国家,国家对电力生产实行倾斜政策。本公司处于我国经济发展水平相对较高的广东珠江三角洲地区,该地区对电力的需求量较大,故本公司主要产品——电力的市场风险相对较小,但由于其它行为具有经济周期,导致对电力需求的波动,本公司的盈利能力亦可能会因此受到影响。

由于电力项目投资额大,建设周期较长,生产能力不能在短期内得以扩大,因此,在电力需求增长较快时,电力企业的效益因生产能力有限而不能同步增长。

(4)股市风险

中国证券市场尚属初级阶段,投资者在选择投资本公司股票时,还应充分考虑涉及到股票市场的各种风险。本公司股票的交易价格可能受到国家政治、经济政策及投资者心理因素及其他不可预料时间的影响。因此,股价的变动不仅取决于企业的经营状况和业绩,投资者对此应有充分的心理准备。

(5)其他风险

电力项目建设具有投资额大、建设周期长的特点。因此,在进行电力项目的投资建设时,会遇到诸如建设成本、建设质量以及工程进度等方面的风险。

本公司主要是电力生产、销售、存在产业过度集中的风险。

2. 主要风险对策

针对以上风险和影响,本公司将积极采取以下措施,将风险和影响因素降低到最小程度:

(1)经营风险对策:

＊原材料的供应和价格的风险影响因素对策

本公司的发电燃料主要是煤,本公司已委托属下的子公司——广州珠江电力燃料有限公司进行煤炭采购及运输代理。该子公司已与神华集团有限公司、山西煤炭运销总公司签订长期供煤协议,以此保证发电燃料来源的稳定。

针对燃料价格上升的风险,珠电公司、东电公司均与广东省电力集团公司签订了上网电量购售协议,其基本定价原则是"高来高去",即:如果燃料成本上升,电价亦相应上升,以保证正常利润。其中珠电公司与广东省电力集团公司签定的协议中还明确规定了珠电公司每千瓦时上网电量的电价中必须含的"单位可分配利润"。电价原则上每年核定一次,报有关物价管理部门批准,但不排除电价上限受到控制,燃料成本增长过快而导致的正常利润的受损之风险。

＊对主要客户依赖风险影响因素对策

珠电公司、东电公司均与广东省电力集团公司签订了长期的上网电量购售协议。省电力集团作为广东省电力行业的主管部门承诺全部购买珠电公司和东电公司4台机组的全部上网电量。

＊交通方面影响因素对策

本公司将加强与运输部门的联系,通过与当地有关部门协商,合理、有效地安排本公司所需燃料及时到达电厂,保证本公司的正常发电。另外,本公司建有一个4万吨的煤码头,保证煤的供应。

＊融资能力影响因素对策

本公司作为广州市最大的电力生产基地,与中国工商银行、中国建设银行等保持着密切的合作关系,并与海外一些金融机构有着良好的合作。此外,本公司将拓宽融资渠道,增加直接融资比例。

＊汇率变动影响因素对策

针对汇率的风险,本公司除密切注视国际金融市场利率,汇率市场走势外,还采取以下两项措施避免风险:其一、上网电价按"高来高去"的原则,并根据外汇汇率和利率的变化相应加以调整;其二、与有关银团签订或正在磋商以固定利率的形式来控制利率风险。

(2)行业风险对策

＊产业政策影响因素对策

电力工业属国家鼓励发展的产业,产业风险较小。

＊环保风险对策

本公司在环境管理、污染治理、绿化和美化环境等方面做了大量扎实的防范工作,以避免环保方面的风险,并使之对环境的影响控制在国家规定的标准之内。

＊安全风险对策

本公司采取两方面措施来规避安全经营风险:其一、珠电公司、东电公司均委托本公司负责运行管理,本公司负责珠电一期、珠电二期两个电厂运行管理的高中层干部均长期从事电厂生产管理工作,具有丰富的实践经验。本公司还组建了广州珠江电力检修有限公司、广州珠江电力物资有限公司、广州珠江电力燃料有限公司等子公司专门负责对发电机组维修管理及提供相应确保安全运行的条件。其二、本公司通过购买财产保险及与设备运行相关的其它类型之保险来分散风险。

＊行业内部竞争对策

发展集团承诺将妥善处理两公司之间的同业竞争问题,同时承诺不直接和间接发展与本公司有业务竞争的电力项目。

(3)市场风险对策

本公司的电力经相关部门按合同收购后全部用于广州地区,是广州地区电力供应的最重要来源。为了进一步保证本公司的主要产品——电力的销售,本公司所控制的珠电公司(珠电一期)、东电公司(珠电二期)已与广东省电力主管部门签定了上网电量购售协议,上网电量有充分的保障。

本公司针对生产能力有限的风险,在电力需求较大时,力求通过合理调度增加开机时间,在一定程度上增加生产能力。同时,本公司积极策划投资新的电力项目,为企业长期稳定的增长打好基础。

(4)股市风险对策

严格按照《公司法》、《股票发行与交易管理暂行条例》、《公开发行股票公司信息披露实施细则》等法规,规范公司行为,及时、公正、公开地披露重要信息,加强与投资公众的沟通,树立公司的良好形象。同时将采取积极措施,保持利润的稳定增长,为股东创造稳定丰厚的回报,保持企业良好的形象,尽可能降低投资风险。

(5)其他风险对策

对于重大投资项目,本公司在投资前严格进行项目可行性研究;在项目建设时,选择有实力、有经验的部门或单位进行合作,以降低或分散风险。

本公司成立之后,将在确保盈利的基础上择优投资,致力于从事电力产业项目的设计、投资、工程总承包建设、生产、管理、销售;并计划投资其它基础设施项目,使上市公司向着综合性、多元化的产业结构发展,以减少产业过度集中的风险。

本公司不排除因政治、经济以及自然灾害等不可抗力因素对公司经营带来的不利影响的可能性。对此,本公司将不断提高管理水平,加强风险管理。

六、募集资金的运用

本次A股发行扣除发行费用后预计共可募集资金77,250万元,筹委会计划将所得款项用作如下用途:

1、募集资金投入项目介绍

本次募集资金大部分将用于东电公司(珠电二期)工程的建设,该项目的可行性研究报告已经国务院批准,并于1995年9月15日以国家计委计交能〔1995〕1325号文批准立项,东电公司已经对外经贸部〔1995〕外经贸资二函字第804号文批准于1995年12月设立。

珠电二期项目总装机容量为2×30万千瓦,是在珠电一期项目(即本公司拥有50%股权的珠电公司,总装机容量为2×30万千瓦)的基础上扩建的大型电力工程项目。珠电一期建设时,已按4×30万千瓦规模的要求规划,公用系统及其有关设施大部分已建成,为珠电二期工程的建设奠定了良好的基础。

珠电二期项目采用同珠电一期项目同类型的哈尔滨汽机厂、锅炉厂、电机厂生产的设备。第一台机组于1996年4月投入试生产。第二台机组的进度为:1996年7月前完成所有土建项目,1996年8月前完成锅炉系统安装并进行水压试验,1996年12月前完成汽轮发电机安装及试验,1997年4月全厂受电并开始部分试运行,1997年7月前通过168小时连续运转并投入试运行,1997的12月前输变电工程完工并投入运行。

金源公司拥有东电公司60%的股权,其总资产为97307.54万元,净资产为17624.84万元,负债为79682.7万元。广州电力企业集团有限公司在本次发行上市前所进行的资产重组中,以现金17624.84万元购买金源公司的全部股权,并承担了金源公司的全部债务。

2. 募集资金投向的具体安排

(一)广州东方电力有限公司(珠电二期)工程建设的部分资金缺口约5.09亿元

根据国家计委计交能〔1995〕1325号文批准,珠电二期工程概算为29.74亿元人民币,预计实际发生总费用将达37.63亿元人民币,工程建设资金除东电公司注册资本9.9亿元人民币及境外国际银团贷款2.4亿美元(折人民币19.9亿元人民币)外,尚有资金缺口7.83亿元人民币。根据东电公司中外各方股东《关于解决珠电二期工程项目资金缺口问题协议书》有关"资金缺口按各股东所占合营企业注册资本比例分别垫资"的条款,中方资金缺口为:7.83亿元×65%=5.09亿元。该款项计划用于:与珠电二期配套的输变电工程,约4亿元;部分设备尾款,约1.09亿元。资金投入情况如下:

资金投向	资金量	项目状况
输变电线路	4亿元	项目正在建设之中,1998年建设完成。
设备尾款	1.09亿元	设备已到位,1997年下半年内支付完设备款。

目前,珠电二期项目中第一台30万千瓦机组已于1996年4月建成投入试运行。第二台30万千瓦机组正在建设之中,预计于1997年年中投入试运行,于1997年下半年产生效益。预计1997年售电量为15亿千瓦时,平均电价为0.487元每千瓦时,实现售电收入73050万元,利润为10350万元,该项目的动态投资回收期为8年。

(二)约1.76亿元用于偿还本公司因购买金源公司所借银行债务,降低公司的负债比。

(三)剩余部分资金作为本公司的流动资金。

3. 募集资金投入珠电二期的法律保证

发行人募股资金将通过本公司控股子公司金源公司和广州原电管理公司以东电公司中外双方股东同时同比例垫资的方式投入东电公司,从而确保发行人募股资金的投向和东电公司利润的回报。

七、股利分配政策

1、根据公司法和本公司章程的规定,本公司税后利润在弥补亏损后,按下列顺序和比例进行分配:

(1)提取法定公积金10%

(2)提取法定公益金5-10%

(3)提取任意公益金,比例由股东大会决定;

(4)分配股利。

2、本公司在提取法定公积金、法定公益金之前,不得向股东分配利润。

3、公司当年有盈利时,股利分配一年一次,在会计年度终了后六个月内进行,经董事会提议,股东大会批准,公司可进行中期分红。

4、股利派发形式:

(1)现金

(2)股票。

5、本公司向个人股东分配现金红利时,根据现行税法之规定,按可分配的金额代扣代缴个人收入所得税。

6、由于本公司尚未成立,故股利分配政策需等发行后由首届股东大会选举的董事会予以确定。

本次发行后,社会公众股股东与发起人同股同权,共享1997年度利润。首次分配股利时间预计在1998年6月。

八、发行人情况

1、发行人名称:广州电力企业集团股份有限公司(筹)

2、发行人已于1997年4月9日取得广州市工商局(穗)名称预核第4178号《企业名称预先登记核准通知书》。

3、筹建登记住所:广东省广州市麓景路3号17-19楼。

4、发行人历史情况简介

本次股票的发行人——广州电力企业集团股份有限公司(筹)是根据广州市人民政府穗府函[1997]82号文《关于筹备设立广州电力企业集团股分有限公司问题的批复》,在重组广州电力企业集团有限公司的基础上,拟通过公开发行股份,以募集设立方式成立的股份有限公司。

本公司前身为广州珠江电力工程公司,于1992年11月13日成立。

广州电力企业集团有限公司是在原广州珠江电力工程公司的基础上按照广州市计委穗计人[1996]1号文,并获广州市国资局及广州市工商局批准,于1996年5月成立的国有独资公司。该公司注册资本为27,155万元人民币,是广州市目前最大的电力生产企业,从事电力项目投资、生产、销售,同时从事与电力工业项目相关的工程设计、工程总承包建设、投资开发等业务。该公司于1996年被广州市政府列入重点扶持的56家大型企业集团之一,是被列入重点扶持企业中唯一的电力企业。广州电力企业集团有限公司是广州市国有资产授权经营单位——广州发展集团公司的全资附属公司。

广州电力企业集团有限公司承接了原由广州发展集团公司所持有的广州珠江电力有限公司的50%股权;同时承接了原发展集团下属的广州原电管理公司(持有的东电公司5%的股权),向广州电力发展股份有限公司购买了广州金源电力有限公司(拥有东电公司60%的股权)的全部股权,并对电力集团中的非电力业务、非经营性资产进行了剥离。重组后,电力集团实际拥有珠电公司50%的股权和东电公司65%的股权,管理和控制的电力装机容量已达120万千瓦。

广州电力企业集团有限公司是本公司的唯一发起人,以其重组后的

全部资产作为发起人资产,拟以募集方式设立本公司。

本公司创立的同时,作为发起人的广州电力企业集团有限公司将不再存续,其权利义务由本公司承担。本公司发起人股由广州发展集团公司持有。

5、发行人的组织、管理机构

(1)发行人的公司构架

重组改制后,本公司的关联企业和构架关系如下图:

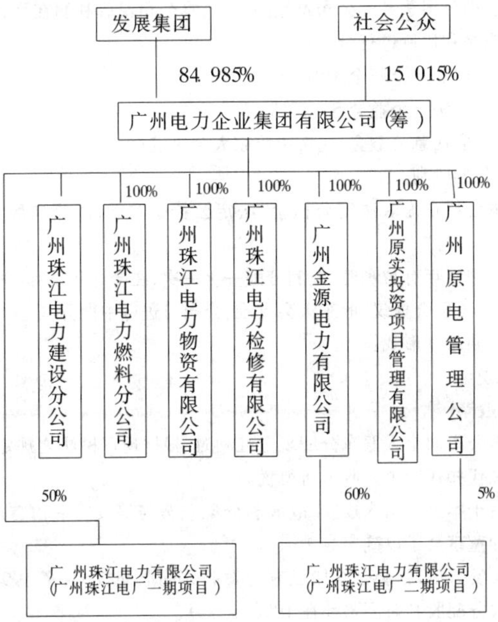

广州发展集团公司为本公司的控股公司。

广州发展集团公司设立于1989年9月26号,是广州市国有资产授权经营单位。注册资本为25,680万元。其主要业务是承担广州市政府管辖的重大项目的投资和管理,筹集、积累建设资金,已投资若干重大项目,主要涉及能源、原材料及企业技术改造等方面;并与国外财团、国际银团共同合作,开避融资渠道,发展广州的基础产业。经过数年的发展,发展集团已成为一大型投资集团,除坚持主业外,还致力于高科技工业、房地产、旅游业和贸易等方面的业务。

(2)发行人的内部管理结构

本公司成立后的内部管理结构如下图:

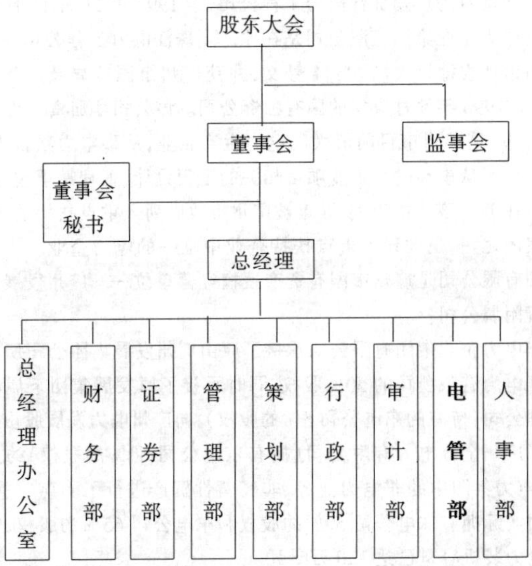

股东大会为本公司的最高权力机构,董事会为常设经营决策机构,下设九个职能部门。

本公司成立后,将依法在广州市登记注册。

6、重大关联交易情况

1)发展集团和珠电公司于1993年3月10签定了《广州市经济建设发展公司垫资协议》。发展集团先期投入珠电一期的40,777万元作为对珠电公司的股东垫资,用于珠电一期工程项目及其它费用支出,在1995年1月1日以前按年利率11%计算,之后按国内银行同期人民币贷款利率计算;还款期从珠电一期竣工六个月后的首个6月15日或12月15日起,每年分两期,共14期等额偿还。协议的内容是公平的,现处于良好履行状态。

2)发展集团和珠电公司于1996年4月11日签定了《广州珠江电力有限公司第二笔股东垫资协议》。协议约定由于广州珠江电力有限公司在建设期间发生设计变更和新增项目,出现资金缺口达26,000万元,经股东协商并经亚州开发银行和银团同意,发展集团投入13,000万元作为对珠电公司的第二笔股东垫资,用于支付珠电一期项目收尾结算款项,利率按商业银行同期固定资产贷款利率计算,还款期为每年6月15日和12月15日,首个还款日为1996年6月15日,分16期等额偿还。协议的内容是公平的,现处于良好履行状态。

3)1996年11月6日,东电公司与电力企业集团签订了《中外合资经营广州东方电力有限公司实行工程总承包合同》,该合同约定珠电二期工程建设由电力企业集团实行总承包。承包总金额284,500万元人民币,但是,若非承包者直接原因(该原因须经合资公司董事长会认可)所致的超支,应由合资各方按股比另行提供股东贷款或筹措资金或由承包者代合资各方筹措资金解决。

4)1996年11月6日,东电公司与电力企业集团签订了《委托运行管理合同》,委托电力企业集团对珠电二期进行运行管理。委托管理期限为两台机组分别从通过满负荷连续运转168小时并移交生产之日起到2003年12月31日止。

5)1996年12月10日,电力发展公司与电力企业集团签定协议,电力发展公司将其拥有的金源公司的全部权益按评估后的净资产值转让给电力企业集团,该协议的转让价格和方式均符合产权交易规则,符合法律上的公平原则。

6)1997年3月27日,发展集团与电力企业集团、珠电公司三方签定关于转让珠电公司管理权的《协议书》,发展集团将其在珠电一期两台机组投产后十年每年向珠电公司咨询管理费的权利转让给电力企业集团,电力企业集团同时承担对珠电公司的管理责任。

7)1997年4月10日,发展集团与电力企业集团签订了《房屋租赁契约》,发展集团将广州市麓景路3号广州发展大厦17-19楼租给电力企业集团。租赁期为1997年5月1日至10月31日,每月租金为32177.31元。

7、本公司的职工情况

截止1996年12月31日,本公司共有职工2185人,其具体构成如下:

	类别	人数(人)	占职工人数比例
(一)	按岗位分		
(1)	生产人员	598	27%
(2)	生产辅助人员	345	16%
(3)	销售人员	219	10%
(4)	技术人员	813	38%
(5)	财务人员	124	5%
(6)	管理人员	86	4%
	合计	2185	100%
(二)	按学历分		
(1)	中专以上	727	34%

(2)	专科以上	316	15%
(3)	本科以上	380	18%
(三)	按职称分		
(1)	初级和中级	1136	52%
(2)	高级	30	1.3%
(四)	按年龄来分		
(1)	35岁以下	1598	73%
(2)	35--50岁	481	22%

本公司的职工享有住房、教育等方面的福利,同时根据国家及地方政府的有关规定,享有养老、工伤、医疗、子女生育等方面保险。本公司已参加地方退休保险计划,退休员工的工资由社会保险养老金和企业补充养老金两块构成。本公司目前没有离退休人员(改制时有离退休人员24人,已交由发展集团管理,其工资、福利待遇由国有法人股红利解决)。

本公司对管理干部实行聘任制,对员工实行合同制,自主决定人员的配置,并有权自行招聘和解聘人员。

8、经营范围

主营:从事电力产业项目的设计、投资、工程总承包建设、生产、管理、销售;从事基础设施项目投资和经营管理;从事工业、商业、房地产及其它产业项目的投资和经营管理;

兼营:从事煤炭、石油制品、电力设备及电力相关产品的贸易、服务;从事有关市场、融资、投资,管理等方面的咨询业务。

9、实际从事的主要业务

本公司坚持以电力为核心业务,把电力工程项目的投资、建设、生产、管理、销售及相关工程的建设作为主要业务。

10、主要产品、生产能力和上网电量及电价

本公司的主要产品是电力,总装机容量为120万千瓦,年售电量可达60亿千瓦时以上。1994年、1995年、1996年的销售额分别为24亿、29亿、32亿元。上网电量全部按协议由省电力集团公司负责收购。

11、燃料的供应

公司所依赖的主要燃料是煤。公司购买原煤是按市场原则,优质优价,择优选择,建立长期的煤炭供应渠道,价格相对优惠。公司的煤的供应由专门设立的燃料公司负责。

12、安全生产

安全是电力生产的命脉。本公司坚持"安全第一,以预防主为"的生产方针,强化安全管理。

13、环境保护

本公司在环境管理、污染治理和绿化美化环境等方面做了大量的扎扎实实的工作。达到了其预期的效果。具体措施包括:

1)建立了环境监测站,由一名副总经理分管环保工作,制定了环保人员的职责、任务等规定,按部颁《火电厂环境监测条例》开展工作;

2)配置了4台高效静电除尘器,使用优质低硫煤;

3)整个传输煤系统采用全封闭式高架栈桥,并设静电除尘、喷湿装置;煤场周围均值树造林,并设置了喷水装置;

4)对废水净化处理、噪声的防治、粉煤灰渣综合利用等方面的各项指标都控制在国家标准范围内;

5)本公司所属发电厂的绿化面积占可绿化面积的100%。

14、质量控制体系

本公司属下的珠电公司(珠电一期)和东电公司(珠电二期)除了采用先进的生产设备和工艺技术来保证机组安全、稳定地运行外,还从管理机构和管理体制上下功夫。几年来,逐步建立和健全了一系列的生产管理和技术质量保证体系,管理水平和机组运行质量不断地提高,各种质量和管理控制体系如下:

一、为了提高企业综合素质与管理水平,加强企业现代化管理,成立了以总经理为首和有关部门领导参加的现代化管理和全面质量管理委员会,构成全厂的三级管理网络,形成了分层负责、全面落实的现代化管理机构和质量保证体系。

二、成立了技术监督领导小组,下设化学、热工、金属、绝缘和电测计量五个专业技术监督小组,构成了电厂、专业小组和班组的三级技术监督管理网络机构,确保了发电机组安全、经济、稳定运行。

三、全面贯彻落实电力部和国家节能降耗有关规定的精神,成立了节能管理领导小组,组长由副总经理兼总工程师担任,形成了由各有关人员参加的公司、分部、班组三级节能网络。

除了上述各种质量管理和控制体系外,公司还设立有机组大小修质量控制网络和大修分步验收控制标准和组织措施、燃料监测和质量控制体系等全面质量控制系统。

15、东电公司(珠电二期)的投资情况和珠电公司(珠电一期)的技术改造情况

东电公司(珠电二期)发电设备采用的是国产30万千瓦引进型机组,其中锅炉、汽轮机及发电机三大主机由哈尔滨电站设备成套(集团)公司提供;控制系统、部分配件及附件从国外进口。由于东电公司采用的上述主机设备与本公司下属的珠电公司(珠电一期)采用的基本相同,从珠电公司三年高效、安全动作的经验来看,上述设备组合的可靠性与效率都较高,并且本公司三年来负责珠电公司的运行管理所积累的经验对东电公司的投产运作是很有帮助的。

珠电公司(珠电一期)自1994年投入商业运行以来,十分注重发电设备及主要设施的技术改进工作。该公司每年投入几千万元引进新设备、新技术,诸如为防止电气火灾事故而对6千伏开关柜进行全封闭改造,为节能降耗进行凝结水泵改造,为解决汽轮机因设计制造和材料质量问题引起的高中压缸内缸螺栓断裂、汽缸接合面漏汽和低压缸末级拱形围带断裂进行的汽轮机改造,等等。这些措施大大地提高了设备的安全性和可靠性,取得了巨大的经济效益,使得珠电公司的一、二号机组分别在94-95年度、95-96年度中获得了广东省火电厂30万千瓦级大机组评比第一名。

16、国家法规、政策、制度对发行人的影响

根据广州市政府穗府函〔1997〕77号《关于广州电力企业集团所得税计算缴返还确认》的文件,本公司上市后所得税按33%的税率执行,由当地财政部门按18%返还,实际税负为15%。

珠电公司和东电公司享受中外合资企业"免二减三"的税收优惠,其中珠电公司根据国家税务局税发〔1993〕568号文批准,所得税率为15%。1997年为该公司享受税收减半优惠的第一年,享受7.5%的税收优惠。

17、发展集团不竞争承诺

广州电力发展股份有限公司与发行人同属电力行业,该公司尚持有广州员村热电厂25%的股权。广州员村热电厂的主要股东为广州发电厂,并由其承担建设任务,广州电力发展股份有限公司仅为参股单位。该厂总装机容量2×5万千瓦,总投资约5亿元,其中广州电力发展股份有限公司投资3178万元,主要从事热力、电力的生产销售。其生产的热力、电力主要供应该厂附近的工业企业。目前,该厂尚在建设之中,预计于1997年底建成投产。该厂规模较小,对本公司不构成明显的竞争压力。

为了更为妥善地处理本公司和广州电力发展股份有限公司可能存在的同业竞争问题,两公司绝对控股股东发展集团(持有电力发展公司81.41%股份,持有发行人84.985%股份)承诺妥善处理两公司的同行业竞争问题。代表其出任广州电力发展股份有限公司的董事(目前该公司的董事为八名,其中五名代表发展集团)将对该公司发展新的电力业务行使否决权,同时,发展集团保证今后不直接或间接发展与本公司有业务竞争的电力项目。

九、公司筹委会成员

本公司筹委会成员名单及简历如下:

杨丹地先生:男,1952年出生,研究生学历,经济师,1969年6月参加工作,历任广州市计划委员会副处长、处长,广州发展集团公司副总经理,现任广州发展集团公司总经理兼广州电力企业集团有限公司总经理,广

州电力企业集团股份有限公司筹委会主任。

唐学林先生:男,1945年出生,大专学历,工程师,1964年8月参加工作,历任广州军区空军航空工程部助理、科长,空军驻广州地区军事代表室总军代表,广州军区空军航空工程部部长、副部长,广州发展集团公司副总经理,现任广州发展集团公司党委书记。

潘世泽先生:男,1941年出生,大学本科学历,高级工程师,1965年7月参加工作,历任湖北省电建一公司工程师、电气队副队长、公司副总经理、湖北省汉川电厂筹建处主任、厂长、党委委员,广州珠江电力有限公司副总经理、总经理、现任广州电力企业集团有限公司副总经理。

梁刚毅先生:男,1938年出生,大学本科学历,高级工程师,1964年9月参加工作,历任河北省电力勘测设计院副主任、院长、广州珠江电厂工程筹备处总工室副总工程师,广州珠江电力有限公司副总经理,广州珠江电力工程公司副总经理,现任广州电力企业集团有限公司副总经理。

陈大卫先生:男,1947年出生,大专学历,助理研究员,历任广州市农工商总公司河南园艺公司岭南管理区副主任,广州市经济研究院院长助理,广州市经济建设发展公司办公室主任,广州发展集团公司管理发展部经理,广州电力发展股份有限公司常务副总经理、总经理、广州发展集团公司总经理助理,现任广州发展集团公司副总经理。

李国华先生:男,1964年生,大学本科学历,律师,历任广州发展集团公司管理发展部经理助理、副经理,现任广州电力企业集团有限公司管理部副经理。

李红梅女士:女,1964年生,研究生学历,经济师,历任广州电力发展股份有限公司总经理助理、副总经理,现任广州电力企业集团有限公司管理部副经理。

陈　辉先生:男,1965年生,大学本科学历,历任广州原能发展公司项目经理、总经理助理,现任广州电力企业集团有限公司管理部副经理。

戴加火先生:男,1962年生,大学本科学历,会计师,历任江西贵溪电厂劳动服务公司副经理,广州珠江电力有限公司财务科科长、计财部副经理,现任广州电力企业集团有限公司财务部副经理。

十、经营业绩

假设本公司重组后的结构从1994年1月1日起已经存在,从而模拟得出前三年经营业绩如下:

1、生产经营概况

本公司1994年以来,主营业务收入与利润一直保持增长。为建立一个综合性的现代化生产管理体系,本公司坚持以电力生产和建设为核心业务,形成了较强的电力生产专业化配套体系,培养了过硬的电力工程建设队伍,承担了大宗的电力工程总承包任务,建立了长期稳定的、燃料和电力物资供应系统,健全了电力生产检修力量,完善了为电力生产服务的后勤保障体系。

目前,本公司提出"第二次创业"的新的战略要求,在进一步完善生产经营管理体系的基础上,认真贯彻中共中央关于实行两个根本性转变的战略方针,培育和壮大产业优势,实现产业经营和资本经营相结合,建立合理的资本结构,走集约化经营道路,全面提高资产质量。

2、销售和利润情况

本公司近三年的经营业绩概况是:94年、95年、96年完成主营业务收入分别为24亿元、28.8亿元、31.8亿元;税后利润分别为2.1亿元、3.04亿元、3.02亿元。

3、公司业务收入的主要构成

本公司的业务以电力生产销售为主,上网电量的销售收入为公司的主要业务收入来源。本公司的业务收入主要来自珠电公司和东电公司的上网电量销售收入,还有一部分来自电力工程建设总承包收入。

4、完成的主要工作

近三年来,本公司完成的主要工作有:

(1)1994年1月,本公司投资的珠电公司2×30万千瓦发电机组正式投入商业运行。三年来,本公司一直负责该公司的运行管理,取得了良好的效益。

(2)本公司完成了珠电二期的项目的报批,引进外资组建了东电公司,并于1996年底成功取得2.4亿美元的国际银团贷款。

(3)本公司投资的东电公司2×30万千瓦发电机组,第一台机组已于1996年4月投入试运行,第二台机组预计于1997年年中投入试运行。

5、产品的市场情况

本公司所生产的电力,除自用外全部按上网电量购售协议售给省电力集团公司,故销售有保证,受广州市电网调峰的影响较小。

6、投资与筹资情况

本公司下属珠电公司于1992年10月在国内首次直接向亚洲开发银行申请并获得项目贷款5000万美元;1993的3月,珠电公司又成功地取得了国际银团项目贷款1.4亿美元。

本公司在珠电公司成功引进境外财团资本和国际银团贷款的基础上,又与香港新世界集团下属的Altima International Limited和香港越秀企业(集团)有限公司合资组建了东电公司,共同投资珠电二期工程,并于1996年底获得2.4亿美元国际银团项目贷款。

本公司为广州市在基础产业领域利用巨额外资,建设重大项目创造了成功的范例。

7、职工数量与业务水平变化

截至96年12月31日,本公司职工人数为2185人。为提高员工素质和业务,公司定期和不定期地进行员工培训,包括设立培训班和派出学习等。公司定期设立的全面质量管理培训班成绩显著,已出了若干成果,产生了一定经济效益。此外,公司在实际工作中亦特别注意新老员工的结合与新职员业务水平的提高。

十一、股本

1、拟注册股份:本公司本次发行完毕后,拟注册股份为人民币66,600万元。

2、本公司经广州市人民政府穗府函〔1997〕68号文及中国证监发字〔1997〕364号文批准,本次发行社会公众股100,000,000股。社会公众股每股面值1元,采用溢价发行方式,每股发行价格7.87元,超过面值的部分在扣除发行费用以后将计入本公司的资本公积金。本公司的资本公积金将用于弥补本公司生产经营过程中可能出现的亏损和转增本公司的股本。

3、本公司是经广州市人民政府穗府函〔1997〕82号文批准,由广州电力企业集团有限公司独家发起。采用募集方式设立的股份有限公司。发起人以其净资产87.183万元,按1:0.65的比例折为56,600万股。上述股份经广东省国有资产管理局粤国资一〔1997〕40号文确认为国有法人股,由广州市国有资产授权经营单位——广州发展集团公司持有。

4、本次发行后本公司的股本结构为:

	股　数(股)	占总股本比例(%)
发起人股	566,000,000	84.985
社会公众股	100,000,000	15.015
其中公司职工股	10,000,000	
总股本	666,000,000	100

5. 本次发行后,本公司净资产总额为164,433万元。

6. 本次发行前,每股净资产为1.54元。

7. 本次发行后,在不考虑申购资金冻结利息的情况下,每股净资产为2.47元(已扣除发行费用)。

8. 本公司本次发行前,前十名股东持股情况:

	股数	占总股本的比例(%)
广州发展集团公司	566,000,000	100

本公司在发行前没有其他股东。

本公司本次社会公众股发行前,未向筹委会成员及公司职工发售本公司股份。本次发行中,本公司将向公司职工及筹委会成员以同等价格

发售10,000,000股,该类股份(除本公司董事、监事和经理持有的股份外)将按国家有关规定在社会公众股上市之日起半年以后安排上市流通。

本公司设立后,其董事、监事及经理所持有本公司股份转让,按照国家证券管理部门的有关规定办理。

9、股票回购程序

根据《公司法》规定,公司不得收购本公司股票。但在下列情况下,经公司审批机构批准。可以回购公司发行在外的股份:

(1)为减少公司资本而注销股份;

(2)与持有本公司股票的其它公司合并;

(3)法律、法规许可的其它情况。

公司回购股票后,必须在10日内注销该部分股份,依照规定办理变更登记,并公告。

十二、债项

根据羊城会计师事务所出具的《审计报告》〔(97)羊查字第4413号〕,截止1996年12月31日,本公司主要债项情况如下:

(一)短期借款

短期借款一九九六年十二月三十一日余额345,100,000.00元,明细列示如下:

贷款单位	金额	期限	利率(月)	借款条件
中国建设银行广东省分行	5,000,000,00	96.4.11-97.4.10	12.06‰	担保
广州市建行南沙经济办	20,000,000.00	96.11.30-97.5.29	7.65‰	担保
广州市工商银行南沙支行	50,000,000.00	96.7.5-97.6.28	10.065‰	担保
广州市工商银行国际业务部	50,000,000.00	96.7.26-97.7.30	9.6‰	担保
广州市工商银行国际业务部	50,000,000.00	96.8.30-97.8.30	8.4‰	担保
广州市建设银行东环支行	10,000,000.00	96.4.24-97.4.24	11.05‰	担保
广州市交通银行越秀支行	30,000,000.00	96.6.4-97.5.20	10.065‰	担保
广州市交通银行越秀支行	20,000,000.00	96.8.14-97.7.15	10.065‰	担保
中国银行广州市分行	20,000,000.00	96.6.28-97.6.20	10.065‰	担保
深圳发展银行广州分行	3,000,000.00	96.3.26-97.3.25	12.06‰	担保
广州市工商银行国际业务部(注1)	11,000,000.00	95.12.25-96.6.25	10.2‰	担保
广州市工商银行国际业务部(注1)	30,000,000.00	95.12.25-96.6.25	10.2‰	担保
广州市工商银行国际业务部(注1)	20,000,000.00	96.3.28-96.6.28	10.2‰	担保
广州市工商银行国际业务部(注1)	26,100,000.00	95.12.28-96.6.28	10.2‰	担保
合计	345,100,000.00			

注1:上述向广州市工商银行国际业务部借款合计8,710万元,已经广州市工商银行同意展期,没有逾期罚息。

(二)一年内到期的长期负债

一年内到期的长期负债一九九六年十二月三十一日余额45,963,421.00元,明细列示如下:

贷款单位	金额 外币(美元)	金额 折合人民币	期限	利率(月)	借款条件
中国工商银行南沙支行		20,000,000,00	94.12.8-97.12.7	10.2‰	担保
中国工商银行南沙支行		10,000,000,00	94.12.14-97.12.7	10.2‰	担保
中国工商银行南沙支行		5,000,000,00	94.12.28-97.12.23	10.2‰	担保
中国工商银行南沙支行		10,000,000,00	94.8.29-97.8.29	9.15%	担保
亚洲开发银行	116,100,00	963,421,00	92.10.16-97.1.16	LIBOR+1.375%	担保
合计		45,963,421,00			

(三)长期借款

长期借款一九九六年十二月三十一日余额3,456,024.788.00元,明细列示如下:

贷款单位		金额 外币	金额 折合人民币	期限	利率(月)	借款条件
中国建设财务(香港)有限公司	美元	87,500,000,00	726,092,500,00	93.3.13-2001.3.13	LIBOR+1%	担保
亚洲开发银行	美元	44,478,700,00	369,093,148.00	92.10.16-2007.1.15	LIBOR+1.375%	担保
京城财务(香港)有限公司	美元	240,000,000,00	1,991,568,000.00	96.11.6-2004.11.5	LIBOR+1.375%	担保
香港能勇有限公司	港币	120,600,000,00	129,271,140,00	96.4.11-2003.12.31	12.5‰	信用
中国工商银行南沙支行			10,000,000,00	95.2.28-98.2.25	9.75‰	担保
中国工商银行南沙支行			10,000,000,00	95.3.25-98.3.25	9.75‰	担保
中国工商银行南沙支行			10,000,000,00	95.6.6-98.6.6	9.75‰	担保
中国工商银行南沙支行			10,000,000,00	95.6.30-98.6.30	9.75‰	担保
中国工商银行南沙支行			10,000,000,00	95.10.5-98.10.5	11.25‰	担保
中国工商银行南沙支行			10,000,000,00	95.12.1-98.11.30	11.25‰	担保
中国工商银行国际业务部			40,000,000,00	96.6.20-98.6.20	10.95‰	信用
中国工商银行国际业务部			40,000,000,00	96.6.20-98.6.20	10.95‰	担保
中国工商银行国际业务部			30,000,000,00	95.12.28-98.12.25	11.25‰	担保
中国工商银行国际业务部			20,000,000,00	96.3.28-99.3.26	11.25‰	担保
中国建设银行东环支行			50,000,000,00	96.7.6-2001.7.30	9.75‰	担保
合计			3,465,024,788.00			

(四)应付债券

应付债券一九九六年十二月三十一日余额为328,215,772.50元,明细列示如下:

名称	面值	期限	利率(年)	应计利息	批文
广州珠江电厂二期工程建设债券	294,000,000,00	2年期	16.38%	34,215,772,50	穗计财[1996]2号

注:此项债券是电力集团购买广州金源电力有限公司而承接的电力股份所发行的债券。

(五)长期应付款

长期应付款一九九六年十二月三十一日余额477,882,472.17元,明细列示如下:

单位名称	金额	性质
广州发展集团公司(注)	378,764,260.27	借款
ALTMA INTERNATIONAL LIMITED	88,430,792.13	借款
香港越秀企业(集团)有限公司	10,687,419.77	借款
合计	477,882,472.17	

注:关联公司借款余额。该项借款是根据广州珠江电力有限公司(以下简称"合资公司")合资合同规定,由中方股东按所占股比代合资公司向国内银行贷款,从一九九四年一月一日开始借款,期限为七年,利率按同期银行利率计算,本息均由合资公司归还。

(六)其他长期负债

其他长期负债一九九六年十二月三十一日余额 3,500,000.00 元,其中:

项　目	金　额
住房周转金	3,500,000.00
合　计	3,500,000,00

十三、主要固定资产

以下资料摘自广东资产评估公司粤资评[1997]047 号资产评估报告书。

广州电力企业集团有限公司固定资产原折旧情况表

单位:人民币元

项　目	原　值	累计折旧	净　值
建筑物	15,264,123,52	2,271,424.09	12,992,699.43
机器设备	1,559,041.06	420,137.42	1,138,903.64
车辆	1,510,253.00	44,920.18	1,465,332.82

十四、财务会计资料

根据羊城会计师事务所对本公司截止 1996 年 12 月 31 日的三个会计年度财务报表的审计报告〔(97)羊查字第 4413 号〕,本公司 1994 年、1995 年和 1996 年的资产负债情况、经营成果资料及主要会计政策列示如下:

一、资产负债表情况

合并资产负债表

企业名称:广州电力企业集团股份有限公司　　单位:人民币元

资　产	1996 年	1995 年	1994 年
流动资产			
货币资金	696,665,765	725,028,549	627,627,854
短期投资			
应收票据			
应收帐款	74,625,981	81,923,200	73,375,232
减:坏帐准备			
应收帐款净额	74,625,981	81,923,200	73,375,232
预付货款	154,220,956	1,162,495,704	1,681,435,152
其他应收款	25,372,947	25,975,577	19,044,955
存　货	127,958,668	72,758,337	40,531,606
待摊费用	15,837,840	10,339,421	18,931,744
待处理流动资产净损失			
一年内到期的长期债券投资			
其他流动资产			
流动资产合计:	1,094,682,158	2,078,520,787	2,460,991,543
长期投资:			
长期投资		500,000	500,000
合并差价		4,744,586	
固定资产			
固定资产原价	6,569,040,396	2,738,530,084	2,726,887,189
减:累计折旧	597,884,922	492,610,160	245,732,596
固定资产净值	5,971,155,473	2,245,919,924	2,481,154,594
在建工程	10,941,720	4,200,000	3,070,000
固定资产清理			
待处理固定资净损失			
固定资产合计:	5,982,097,193	2,250,119,924	2,484,224,594
无形资产及递延资产:			
无形资产			
递延资产			
无形及递延资产合计:			
其他长期资产:			
其他长期资产			
递延税项:			
递延税款借项			
资产总计:	7,076,779,351	4,333,885,297	4,945,716,137
负债及股东权益			
流动负债:			
短期借款	345,100,000	66,500,000	80,092,400
应付票据			
应付帐款	83,426,557	80,185,494	96,368,792
预收贷款	2,270,000	1,142,026,083	1,821,173,687
其他应付款	17,325,706	10,942,545	16,906,030
应付福利费	19,566,343	17,769,452	3,821,666
未付股利	37,500,000	37,500,000	37,500,000
未交税金	41,103,422	13,054,125	36,864,044
其他未交款	5,825,381	843,444	6,663
预提费用	69,027,705	63,709,582	47,423,346
一年内到期的长期负债	45,963,421	286,034,595	317,345,584
其他流动负债			
流动负债合计:	667,108,534	1,718,565,320	2,457,502,212
长期负债:			
长期借款	3,456,024,788	1,097,719,639	1,342,676,308
应付债券	328,215,773		
长期应付款	477,882,472	354,859,792	342,050,857
其他长期负债	3,500,000	3,500,000	3,500,000
长期负债合计:	4,265,623,033	1,456,079,432	1,688,227,166
递延税项:			
递延税款贷项			
负债合计:	4,932,731,567	3,174,644,752	4,145,729,377
少数股东权益:			
少数股东权益	1,272,214,624	369,713,949	314,958,042
股东权益			
股本	566,000,000	271,550,000	271,550,000
资本公积	305,833,161		
盈余公积		77,696,489	32,021,808
其中:公益金		25,898,830	10,673,936
未分配利润		440,280,106	181,456,910
股东权益合计:	871,833,161	789,526,595	485,028,718
负债及股东权益总计:	7,076,779,351	4,333,885,297	4,945,716,137

二、利润表情况

合并利润及利润分配表

企业名称:广州电力企业集团股份有限公司　　单位:人民币元

项　目	1996 年	1995 年	1994 年
1、主营业务收入	3,182,333,045	2,880,652,744	2,403,376,797
减:营业成本	2,511,800,899	2,308,584,652	2,031,755,969
销售费用			
管理费用	117,095,587	77,422,726	61,338,461
财务费用	138,628,117	159,648,833	50,561,791
进货费用			
营业税金及附加	15,882,659	10,717,014	
2、主营业务利润	398,925,782	324,279,517	259,720,575
加:其他业务利润	15,983,460	31,203,315	290,982

3、营业利润	414,909,242	355,482,832	260,011,557
加:投资收益	190,342	21,979	
营业外收入	97,971,428	131,880,306	95,925,203
减:营业外支出	850,290	4,277,909	
加:以前年度损益调整			
4、利润总额	512,220,722	483,107,208	355,936,759
减:所得税	80,700,646	54,213,081	
少数股东损益	129,379,184	124,396,250	142,458,042
5、净利润	302,140,892	304,497,877	213,478,718
加:年初未分配利润	440,280,106	181,456,910	
盈余公积转入数			
6、可分配利润	742,420,998	485,954,788	213,478,718
减:提取法定公积金	30,214,089	30,449,788	21,347,878
提取法定公益金	15,107,045	15,224,894	10,673,936
7、可供股东分配的利润	697,099,864	440,280,106	181,456,910
减:已分配优先股股利			
提取任意公积金			
已分配普通股股利	697,099,864		
8、未分配利润	0.00	440,280,106	181,456,910

三、合并财务状况变动表情况(见附件)

四、重要会计政策

(一)会计制度

本公司执行《股份制试点企业会计制度》。

中外合资经营企业执行《中华人民共和国外商投资企业会计制度》。

(二)会计年度

本公司以每年一月一日起至十二月三十一日为一个会计年度。

(三)合并报表的编制方法

本公司合并会计报表是按照财政部〔1995〕11号文《合并会计报表暂行规定》对母公司及所有应纳入合并范围的子公司个别会计报表经充分抵销内部投资,内部交易和内部债权,债务等内部会计事项后合并编制的。

已纳入合并会计报表的子公司概况列示如下:

企业名称	注册地	注册资本	实际投资额	占投资比例	主营业务
广州原电管理公司	广州市	人民币300万元	人民币300万元	100%	电力项目的投资、开发、管理
广州原实投资项目管理有限公司	广州市	人民币300万元	人民币300万元	100%	投资项目开发,管理
广州珠江电力燃料有限公司	广州市	人民币500万元	人民币500万元	100%	燃料供应
广州珠江电力物资有限公司	广州市	人民币250万元	人民币250万元	100%	电力生产设备、物资供应
广州珠江电力检修有限公司	广州市	人民币300万元	人民币300万元	100%	电力设备安装、检修
广州金源电力有限公司	广州市	人民币12,100万元	人民币12,100万元	100%	项目开发、管理
广州珠江电力有限公司	广州市	人民币42,000万元	人民币21,000万元	50%	电力的生产、销售

(四)记帐原则和计价基础

本公司会计核算采用权责发生制原则,资产计价以历史成本为计价基础。

(五)外币折算方法

本公司以人民币为记帐本位币,发生外币业务时,与借款相关业务采用固定汇率,其他日常业务采用业务发生时的市场汇率折合人民币记帐,月份终了,有关外币帐户的外币余额按照月末市场汇率折合人民币,差额作为汇兑损益,列作当期财务费用。

(六)坏帐准备

本公司坏帐损失采用直接核销法计算,对于实际发生的坏帐损失计入当期损失。

(七)存货计价方法

本公司存货实行永续盘存制,按实际成本核算,各类存货计价原则:燃料按实际成本计价,发出的燃料成本采用先进先出法计算,其他各类材料、物质日常按照计划成本计价,月终将计划成本调整为实际成本;低值易耗品采用一次摊销法。

(八)长期投资核算方法

联营投资

本公司对于投资额占联营公司资本总额50%以上或实际拥有控制权的,采用权益法,并合并会计报表。投资额占联营公司资本总额20%至50%的,采用权益法核算,投资额占联营公司资本总额20%以下的,采用成本法核算。

本公司拥有珠电公司50%股权,并全面管理该公司的生产经营业务,故本公司采用合并报表的方法进行处理。

(九)固定资产及其折旧

1、本公司固定资产是指使用年限在一年以上,单位价值在人民币2,000元以上的房屋建筑物,机器,机械设备,运输工具和电子设备等,经评估的固定资产以评估确认的重置完全价值计价。

2、本公司固定资产折旧采用直线法计算,并按照固定资产原价、预计使用年限和估计的残值(因有企业为5%,珠电公司、东电公司为10%)确定其折旧率:

固定资产类别	折旧年限(年)	年折旧率	残值率
房屋建筑物	20	4.5%-4.75%	5%-10%
机器、机械设备	10	9%-9.5%	5%-10%
运输设备	5	18%-19%	5%-10%
其他设备	5	18%-19%	5%-10%

(十)在建工程

本公司在建工程按实际成本计价,经评估的在建工程按评估确认的评估值列示。

(十一)收入实现的确认

1. 本公司按上网电量确定售电收入

2. 本公司的长期合同工程,按合同规定的形象进度分次确认已完阶段工程收入的实现。工程形象进度是指用文字(结合数字)简要反映已施工的单位工程所达到的主要工程部位和进度情况。

(十二)税项

本公司应纳税项如下:

1. 增值税

本公司售电收入销项税额按增值税税率17%确定。进项税额:燃料按13%,其他材料及物资按17%,运输费按10%确定,并以增值税专用发票确定的税额作为抵扣依据。

2. 营业税

本公司的长期合同工程以工程的全部承包额减去付给分包人或者转包人的价款后的余额为营业额计算缴纳营业税,税率为3%

3. 城市维护建设税

本公司按实际缴流转税税额的7%计算和缴纳城市维护建设税(中外合资经营企业免税)。

4. 教育费附加

本公司按实际应缴纳流转税税额的3%(中外合资经营企业免缴)计算和缴纳教育费附加。

5. 教育专项基金

本公司按实际应缴纳流转税税额的4%计算和缴纳教育专项基金。

6. 企业所得税

本公司经广州市政府"穗府函〔1997〕77号文"批准,在一九九五年至

一九九六年度(一九九四年度母公司没有应税利润),实行企业所得税先征收后返还政策。其中:一九九五年度返还33%(即全额返还),一九九六年度返还31.77%(即上缴率1.23%),从一九九七年度起,在"九五"期间,实行企业所得税按33%征收,由广州市财政局返还18%的优惠政策。

(十三)利润分配

本公司缴纳企业所得税后的利润按下列顺序分配:

1. 弥补以前年度亏损;

2. 按税后利润的10%提取法定盈余公积金,当法定盈余公积金累计余额已达注册资本的50%时不再提取;

3. 按税后利润的5-10%提取法定公益金;

4. 按股东大会决议提取任意盈余公积金;

5. 支付普通股股利;

本公司税后利润的分配和股利支付,由公司董事会提出方案,报股东大会审议通过。

四、财务指标

项目	1996年	1995年	1994年
流动比率	1.64	1.21	1.00
速动比率	1.45	1.17	0.99
资产负债率	69.70%	73.25%	85.05%
应收帐款周转率(次)	41	37	33
存货周转率(次)	25	41	50
净资产收益率	34.66%	38.40%	44.16%
每股净利润(元)	0.534	0.536	0.379

十五、资产评估

本公司发起人委托广东资产评估公司,以1996年12月31日为基准日,对发起人拟投入本公司的各类资产进行了评估,广东资产评估公司为此出具的关于广州电力企业集团有限公司资产评估报告粤资评[1997]047号文已获得国家国有资产管理局国资评[1997]388号文的确认,依据资产评估报告,发起人投入本公司的全部资产、负债和净资产在评估基准日所表现的评估价值如下:

评估基准日:1996年12月31日　　　　单位:人民币万元

序号　项目	帐面价值		评估价值		增(减)值幅度	
	原值	净值	重置价值	评估价值	金额	百分比(%)
一、资产总额		200,198.67		246,259.75	46,061.08	23.01
1. 流动资产		74,043.27		74,069.43	26.16	0.04
2. 长期投资		124,536.66		171,059.18	46,522.52	37.36
3. 房屋建筑	1,526.41	1,299.27	1,187.41	862.22	437.05	-33.64
4. 机器设备	306.93	260.42	293.97	268.92	8.50	3.26
5. 递延资产		59.05			-59.05	-100
二、负债		159,076.43		159,076.43		
1. 流动负债		158,426.43		158,426.43		
2. 长期负债		650.00		650.00		
三、所有者权益		41,122.24		87,183.32	46,061.08	112.01

本公司资产评估所采用的主要方法

1. 流动资产采用:重置成本法

2. 房屋建筑采用:重置成本法

3. 机器设备采用:重置成本法

4. 长期投资采用:重置成本法

十六、盈利预测

本发行人提醒投资者,鉴于盈利预测所依据的种种假设的不确定性,进行投资时不应过于依赖该项资料。

羊城会计师事务所对本公司出具的一九九七年盈利预测表进行了审核,并出具了广州电力企业集团股份有限公司(筹)1997年度盈利预测审核报告(97)羊专审字第029号如下:

盈利预测的基准和假设

一、基准

本盈利预测是根据公司一九九四年度至一九九六年度的经营业绩为基础:根据一九九七年度生产经营计划和各项财务收支预算以及考虑公司上市后资产结构的改善、生产能力和经济效益的提高而编制的,并遵循了我国现行法律法规和《股份制试点企业会计制度》的有关规定,所依据的会计原则在各重要方面与公司通常所采用的会计原则相一致。

二、假设;

1. 公司所遵循的我国有关政策法律、法规及制度对公司的生产经营没有产生显著影响的重大变化;

2. 公司所在的城市和区域的经济环境为现时状况而没有重大变化;

3. 主要原材料、燃料供应及商品销售市场没有不可预见的重大变化以及成本没有重大变动而产生的不利影响;

4. 现行税收税率、信贷利率和汇率在正常范围内变动;

5. 没有其他不可抗力因素造成的重大不利影响。

广州企业集团股份有限公司筹委会

一九九七年七月一日

一九九七年度利润预测表

	1997年度预测数	1996年度实际数
一、主营业务收入	219,167	318,233
减:营业成本	142,929	251,180
经营费用		
管理费用	12,780	11,709
财务费用	23,543	13,863
营业税金及附加	979	1,588
二、主营业务利润	38,936	39,893
加:其它业务利润		1,598
三、营业利润	38,936	41,491
加:投资收益		19
营业外收入	8,875	9,797
减:营业外支出		85
以前年度损益调整		
四、利润总额	47,811	51,222
减:所得税(15%)	5,197	
所得税(33%)	7,794	
少数股东权益(15%)	11,698	
少数股东权益(33%)		
	11,698	12,938
五、净利润(15%)	30,916	
(33%)	28,319	30,214

二、盈利预测说明

(一)主营业务利润

本公司的利润主要来源于售电收入和其他收入,其中售电收入来源于广州珠江电力有限公司1#、2#机组和东方电力有限公司的3#、4#机组,其他收入是来源燃料物资销售业务。

1. 主营业务收入

公司一九九七年预测主营业务收入219,167万元,比一九九六年减少31%,主要原因是工程结算收入由于东方电力有限公司(珠电二期)于一九九六年末纳入上市公司架构,一九九七年合并会计报表时,作为内部销售收入予以抵销,因而减少了集团营业收入。

A. 售电业务:

项目	预计售电量(千瓦时)	平均电价(元/千瓦时)	预计1997年度售电收入(万元)	1996年度(万元)	变动情况(%)

售电收入－1#、2#机组	30亿	0.461	138,300	131,913	4.84%
－3#、4#机组	15亿	0.487	73,050	18,957	285.35%
小计	45亿		211,350	150,870	

B. 其他业务

项 目	收入	1997年度成本	(万元)利润	1996年度(万元)利润	变动情况%
燃料物资销售业务利润	7,817	7,387	430	531	－19%

由于销售燃料和物资的成本上升，使得商品销售利润减少。

C. 工程建设业务

项 目	1997年度(万元)	1996年度(万元)	变动情况(%)
工程结算收入	93,100	161,682	－42.4%
工程结算成本	77,000	152,200	－49.4%

注：工程结算收入和成本在合并会计报表时全部予以抵销。

2. 营业外收入

广州珠江电力有限公司售电收入改征增值税后负增加部分可以退税，预计一九九七年度可退税8,875万元，比一九九六年减少9%，主要原因是燃料价格上升使得进项税额增加。

3. 主营业务成本

公司一九九七年预测主营业务成本142,929万元，比一九九六年251,180万元减少43%，原因主要是工程结算成本在一九九七年合并会计报表中作内部销售成本予以抵销(详见第1点说明)。

预计一九九七年标准煤价格511元/吨，比一九九六年上升了6%，燃油价格2,380元/吨，比一九九六年上升了2.1%，导致一九九七年度主营业务成本略有上升。

项 目	1997年度(万元)	1996年度(万元)	变动情况(%)
珠电电力运行维修成本	91,000	87,000	4.6%
东电电力运行维修成本	50,500	18,957	166.4%
工程结算成本	——	151,551	－100%

4. 管理费用和财务费用

项 目	1997年度(万元)	1996年度(万元)	变动情况(%)
管理费用	12,780	11,694	9.3%
财务费用	23,543,	10,669	121%

管理费用比一九九六年上升9.3%，主要是由于东电公司正式投产后(预计一九九七年七月一日全部投产)，将会随之增加行政管理费支出。

财务费用的上升原因主要是由于东方电力有限公司正式投入试运行，借款利息列入期间费用而引起的。

(二)利润总额和净利润

本公司一九九七年度预测利润总额(合并后)47,811万元，按照一九九七年度的所得税政策(根据广州市人民政府穗府函[1997]77号文批处复，公司上市后一九九七年度实际负担所得税率15%)，公司除税后净利润为30,916万元，每股盈利0.464元。

总的来说，一九九七年度预测的净利润与一九九六年基本持平，主要是：

1. 由于金源电力有限公司一九九六年底纳入上市公司架构内，使东方电力有限公司(珠电二期)工程利润变成内部销售利润，在编制合并报表时予以抵销，减少了集团利润；

2. 经资产评估后固定资产增值，造成一九九七年度折旧费用增加；

3. 东方电力有限公司3#、4#机组一九九七年年中投入试运行，盈利将有较大幅度增长。

十七、公司发展规划

本公司在目前成功投资建设广州珠电一期、珠电二期工程项目的基础上，将继续以电力基础产业为核心业务，并大力拓展基础设施项目。

1995年，广州市全市用电约150亿千瓦时，总装机容量约需325万千瓦，而实际上装机容量只有254万千瓦，缺口达28%。根据广州市国民经济发展第九个五年计划及2010个远景目标需要，到"九五"期末及2010年，广州市人均发电装机容量将分别需要0.6千瓦、1.4千瓦，全社会用电量将分别达到225亿千瓦时及550亿千瓦时，相应地总装机容量将分别需要500及1150万千瓦，为了满足这一时期经济发展对电力的需求，预计到2010年广州市则需增加650万千瓦。本公司作为广州市政府扶持的唯一一家大型电力集团公司，将依托已成功投资的广州珠江电厂一、二期工程项目，到2010年，争取建成珠江电厂三期项目，将现有的120万千瓦总装机容量、60亿千瓦时的年发电量的生产能力扩大到总装机容量达180万千瓦、年发电量达90亿千瓦时的水平，并积极进行广州番禺电厂的建设，以满足广州地区经济和社会发展的不断增长的电力需求。

在加强建设广州地区能源基础产业的同时，本公司将利用所积累的大型基础设施项目策划、融资、投资、建设、生产经营等成功经验，立足广东，在全国范围内特别是经济高增长区域投资、收购或参股能源、路桥等基础设施项目。目前，本公司正在积极准备，已对一些项目进行了深入的可行性研究。一旦条件成熟，本公司将大力拓展上述业务，进一步提高本公司盈利水平，给全体股东提供更丰厚的回报。

本公司确定的生产经营发展的战略是：以市场需求为导向，培养和壮大电力支柱产业，积极开拓基础设施产业的投资和经营，稳健开展工业、商业、房地产及其他产业的投资和经营，实现产业经营与资本经营相结合的经营方式，建立合理的资本结构，走集约化经营道路，全面提高本公司的资产质量和企业素质，建立起以电力产业为中心的基础设施产业核心业务群，成为大型现代化企业集团。

公司人员培训计划：为适应本公司"二次创业"的要求，提高员工队伍的整体素质，按照"实用性、速成性、多样性"的原则，根据不同层次、不同岗位、不同专业的不同需要，本公司制定了详细的员工培训计划，并积极组织实施，严格考核，建立起一支团结、有力的员工队伍。

十八、重要合同及重大诉讼事项

(一)截止本招股说明书签署日，发行人已签订了如下对本公司生产经营活动、未来发展或者财务状况具有重要影响的合同：

(1)1992年1月31日，发展集团与香港新世界有限公司属下能勇有限公司签订《中外合资经营广州珠江电力有限公司合同》及《补充合同》，投资总额为人民币20.72亿元人民币，中外双方各占50%股权，合资期限为25年；在此基础上，发展集团与外方签订了《运行管理总承包协议》，该协议是在合资合同约定的定额利润基础上签订的。1996年11月23日，发展集团、电力企业集团与香港能勇有限公司签订《中外合资经营广州珠江电力有限公司同意股权转让协议》。协议约定：发展集团将其拥有的珠电公司50%股权转让给电力企业集团。

(2)《广州珠江电力有限公司发电机组(2×30万千瓦)上网电量购售协议》：1992年12月31日由珠电公司与广东省电力集团公司签订，规定广东省电力集团收购珠电公司两台三十万千瓦机组全部上网电量。

(3)《中外合资经营广州东方电力有限公司合同》：1995年12月8日由金源公司(占60%股权)、ALTIMA INTERNATIONAL IJMITED(占25%股权)、赵秀企业集团有限公司(占10%股权)和原电公司(占5%股

权)四方签订,投资总额为人民币29.738亿元,合资期限25年。

(4)《广州珠江电厂二期2×30千瓦机组上网电量购售协议》:1995年12月27日由东电公司与广东省电力集团公司签订,规定广东省电力集团公司收购东电公司两台三十万千瓦机组全部上网电量。

(5)《中外合资经营广州东方电力有限公司实行工程总承包合同》:1996年11月6日由东电公司与电力企业集团签订,该合同约定珠电二期工程建设由电力企业集团实行总承包。

(6)1996年12月10日,电力发展公司与电力企业集团签订了《权益转让协议书》,电力发展公司将其拥有金源公司的全部权益转让给电力企业集团,转让价格为973,075,483.07元人民币,其中796,827,040.61元以承接债务的方式支付,余款176,248,442.46元以现金支付。

(7)《广州市经济建设发展公司垫资协议》:广州市经济建设发展公司(即发展集团)与珠电公司于1993年3月10日签订。发展集团先期投入珠电一期人民币407,770,370元作为珠电公司借款。

(8)《长期供煤协议》:1995年11月5日由燃料公司与神华集团有限公司签订。神华集团有限公司保证每年供煤150万吨给燃料公司作为珠电一、二期发电之用,合作期限为10年。

(9)《为广州珠江2×30万千瓦发电提供一亿四千万美元融资的贷款协议》(下称"银团贷款协议"):由珠电公司作为借款人,与中国银行广州分行和中国建设财务(香港)有限公司等金融机构于一九九三年三月十三日签订。协议约定:银团向借款人提供一亿四千万美元额度的五年期货款,到期可展期三年。

(10)《广州东方电力有限公司二亿四仟万美元融资贷款协议》:由东电公司与中国银行广州市分行和KINCHENG INSURANCE (H.K)LIMITED等金融机构于1996年11月6日签订,中国银行广州市分行等国际金融机构向东电公司提供二亿四仟万美元贷款用于东电公司工程建设,贷款期限为五年,到期可展期三年。

(11)《亚银贷款协议》:由亚洲开发银行与珠电公司于1992年10月26日签订,亚洲开发银行贷款5000万元美元给珠电公司用于珠电一期、二期项目工程建设。

(12)1996年11月6日,东电公司与电力企业集团签订《委托运动管理合同》,委托电力企业集团对珠电二期进行运行管理。

(13)发展集团和珠电公司于1996年4月11日签订了《广州珠江电力有限公司第二笔股东垫资协议》。协议约定由于广州珠江电力有限公司在建设期间发生设计变更和新增项目,出现资金缺口达26,000万元,经股东协商并经亚洲开发银行和银团同意,发展集团投入13,000万元作为对珠电公司的第二笔股东垫资。协议的内容是公平的,现处于良好履行状态。

上述协议合法有效,均处在良好履行状态,不存在对发行人的经营活动和股东利益造成不利影响的因素。

(二)重大诉讼事项

本公司概无涉及任何重大诉讼、仲裁或行政处罚,据本公司筹委会所知,本公司亦无任何尚未了结或可能被控之重大诉讼、仲裁、行政处罚或索赔要求。其中,因发起人重组而划入本公司的资产、债权、债务和其它权利、义务亦尚未或可能涉及诉讼、仲裁或者行政处罚。

本公司筹委会成员未受任何刑事诉讼。

本公司的控股公司和子公司未有重大诉讼事项。

十九、附录

附录一:羊城会计师事务所关于广州电力企业集团股份有限公司(筹)1994年至1996年的审计报告

附录二:羊城会计师事务所关于广州电力企业集团股份有限公司(筹)1996年12月31日的《验资报告》

附录三:羊城会计师事务所关于广州电力企业集团股份有限公司(筹)1997年的《盈利预测审核报告》

附录四:广东资产评估公司关于广州电力企业集团股份有限公司(筹)的《资产评估报告》

附录五:广州金鹏合作律师事务所关于广州电力企业集团股份有限公司(筹)1996年度股票发行、上市的《法律意见书》

附录六:广州金鹏合作律师事务所关于广州电力企业集团股份有限公司(筹)的1996年度股票发行、上市出具《法律意见书》的《工作报告》

附录七:深圳信达律师事务所关于广州电力企业集团股份有限公司(筹)1997年度股票发行、上市申报材料的《法律意见书》

广州电力企业集团股份有限公司股票上市公告书

一、要览

上市日期:1997年7月18日

上市地点:上海证券交易所

总股本:66,600万股

可流通股本:10,000万股

本次上市流通股本:9,000万股

证券简称:广发电力

证券编码:600098

股份登记机构:上海证券中央登记结算公司

二、绪言

经中国证券监督管理委员会证监发字〔1997〕364号文和证监发字365号文批准,本公司已成功地向社会公众公开发行每股面值为1.00元的人民币普通股10,000万股。根据上海证券交易所上证上〔97〕字第071号《上市通知书》,本公司人民币股票9000万元将于1997年7月18日在上海证券交易所挂牌交易。本公司现有总股本为66,600万股,本次上市流通的9,000万普通股均为1997年6月27日在上交所上网发行的新股,另有1000万内部职工股,将按有关规定在半年后上市流通。

本上市公告书系依据《中华人民共和国公司法》、国务院《股票发行与交易管理暂行条例》、《上海证券交易所交易市场业务规则》及国家证券管理机关颁布的有关证券管理的现行法规、规定而编制,旨在向投资者提供有关本公司的基本情况和股票上市等资料。

本公司董事会及董事会各成员已批准了本上市公告书,确信其中不存在任何重大遗漏或误导,并愿对其中所载资料的真实性、准确性、完整性负个别及连带责任。

本次上市的股票是根据本上市公告书所载明的资料申请上市的,除本公司和上市推荐人外,没有委托或授权任何其他人提供未在本上市公告书中列载的信息和对本上市公告书作任何解释或者说明。

三、发行企业概况

1. 主要发起人简介:

法定名称:广州电力企业集团有限公司

注册资金:27,155万元人民币

法定代表人:杨丹地

成立日期:1996年12月31日

经营范围:本公司主营业务是从事电力产业项目的设计、投资、工程总承包建设、生产、管理、销售、从事基础设施项目投资和经营管理;从事工业、商业、房地产及其它产业项目的投资和经营管理;兼营:从事煤炭、石油制品、电力设备及与电力相关产品的贸易、服务;从事有关市场、融资、投资、管理等方面的咨询业务。

所属行业:电力

联系电话:020-83573468

2.本公司的历史沿革

(1)发行人简介

本次股票的发行人——广州电力企业集团股份有限公司(筹)是根据广州市体改委穗改股字〔1997〕32 号文《关于筹备设立广州电力企业集团股份有限公司问题的批复》,在对广州电力企业集团有限公司进行整体改制的基础上,通过公开发行股份,以募集设立方式成立的股份有限公司。

广州电力企业集团有限公司是在原广州珠江电力工程公司的基础上按照广州市计委穗计人〔1996〕1 号文,并获广州市国资局及广州市工商局批准,于 1996 年 5 月成立的国有独资公司。该公司是广州市目前最大的电力生产企业,主要从事电力项目投资、生产,同时从事与电力工业项目相关的工程设计、工程总承包建设、投资开发等业务。广州电力企业集团有限公司是广州市国有资产授权经营单位——广州发展集团公司的全资附属公司。

广州电力企业集团有限公司是本公司的唯一发起人,以其重组后的全部资产作为发起人资产,以募集方式设立本公司。根据资产评估结果和广东省国资局粤国资办(1997)40 号文确认,进入股份公司经营性资产 87,183 万元,折国家股 56,600 万股(每股 1 元人民币),折股剩余部分计 30,583 万元列入股份公司资本公积金,折股比例为 1:0.65。1997 年 6 月 27 日向社会公开发行 A 股 9000 万股,向内部职工募集 1000 万股,总股本为 66,600 万股,公司于 1997 年 7 月 11 日在广东省工商行政管理局注册登记。

四、股票发行及承销

1、股票公开发行

社会公众股发行数量:9,000 万股

公司职工股:1,000 万股

股票发行价格:7.87 元/股

募集资金总额:77,250 万元(已扣除发行费用)

发行方式:上网发行

发行市盈率:16.3 倍

发行费用总额:1450 万元

每股发行费用:0.145 元

配售比例:1.10918483%

配售户数:83968 户

持 1,000 股以上的户数:85954 户

2、股票承销

此次发行的超额认购倍数达 90.1563 倍,无余额由承销团包销。

3、验资报告

经羊城会计师事务所(97)羊验字第 3599 号验资报告验证确认:

募集资金的入帐时间 1997 年 7 月 8 日

入帐金额 77,250 万元

入帐帐号 761-2638180-19

开户银行 中国建设银行广州市分行东环支行

五、董事、监事及高级管理人员持股情况

1、董事、监事及高级管理人员持股数量及比例

(1)董事会成员

杨丹地先生:现任广州电力企业集团股份有限公司董事长。持有本公司 2 万股。占总股数的 0.003%。

唐学林先生:现任广州发展集团公司党委书记。持有本公司 2 万股。占总股数的 0.003%。

潘世泽先生:现任广州电力企业集团股份有限公司副总经理。持有本公司 2 万股。占总股数的 0.003%。

梁刚毅先生:现任广州电力企业集团股份有限公司副总经理。持有本公司 1.8 万股。占总股数的 0.0027%。

陈大卫先生:现任广州发展集团公司副总经理、广州电力企业集团股份有限公司付总经理。持有本公司 1.8 万股。占总股数的 0.0027%。

刘海涛先生:现任广州电力企业集团有限公司董事会秘书。持有本公司 1.5 万股。占总股数的 0.00225%。

梁正国先生:持有本公司 1.5 万股。占总股数的 0.00225%。

刘强文先生:持有本公司的 1.5 万股。占总股数的 0.00225%。

李国华先生:现任广州电力企业集团股份有限公司管理部副经理。持有本公司 1.5 万股。占总股数的 0.00225%。

(2)监事会成员

李星云先生:现任广州电力企业集团股份有限公司党工部主任。持有本公司 1.5 万股。占总股数的 0.00225%。

胡应照先生:现任广州电力企业集团股份有限公司人事部经理。持有本公司 1.5 万股。占总股数的 0.00225%。

曾燕萍女士:现任广州电力企业集团股份有限公司审计部副经理。持有本公司 1.5 万股。占总股数的 0.00225%。

六、公司设立

一、本公司 1997 年 7 月 9 日第一届股东大会决议:

1、同意本公司在 1997 年度公开新发行 A 股 10000 万股,并在上海证券交易所上市。

2、如发行成功,本公司自成立以来未分配完而滚存的利润,由新股发行后的全体新老股东共享。

3、授权董事会根据国家证券主管部门的意见调整发行新股的具体额度,决定具体上市地点和时间,制定招股章程草案,并依法处理本次公开发行上市有关的其他事宜。

二、公司注册资金:66,600 万元

三、公司注册时间:1997 年 7 月 11 日

四、公司注册地点:广东省广州市麓景路 3 号

五、营业执照注册号码:23124317-3

七、关联企业及关联交易

1、关联企业及其概况

本公司与子公司的关系如下:

1)广州原电管理公司:成立于 1994 年 8 月 18 日,注册资本 300 万元,是一项目公司,原属发展集团属下广州原能发展公司的全资子公司,1996 年 12 月 26 日,由其产权主管单位——发展集团将其划转给电力企业集团,成为本公司的全资公司。

2)广州原实投资项目管理有限公司(以下简称“原实公司”)于 1994 年 12 月 13 日经广州市工商行政管理局注册的有限公司,注册资本为 300 万元。为本公司的全资子公司。

3)广州珠江电力燃料有限公司:其前身是“广州珠江电力燃料公司”,成立于 1993 年 10 月 18 日,原为电力企业集团属下子公司,1996 年 8 月 26 日改制为有限责任公司并变更为现名,注册资本 500 万元,主要从事珠电公司、东电公司的燃料供应总代理业务。现为本公司属下全资子公司。

4)广州珠江电力物资有限公司:其前身是“广州珠江电力物资公司”,成立于 1994 年 4 月 20 日,原为电力企业集团属下子公司,1996 年 8 月 24 日改制为有限责任公司并变更为现名,注册资本 250 万元,主要从事珠电公司、东电公司的设备和备品备件的采购供应业务。现为本公司属下全资子公司。

5)广州珠江电力检修有限公司:成立于 1996 年 2 月 13 日,注册资本 300 万元。主要从事珠电公司、东电公司的发电设备、发电机组的大中修、日常的设备维护,为本公司属下全资子公司。

6)广州金源电力有限公司:成立于 1995 年 5 月 15 日,注册资本 500 万元,于 1996 年 12 月 30 日变更注册资本为 12,100 万元。现为本公司属下全资子公司。

本公司还持有以下两间中外合资公司的股权：

7)广州珠江电力有限公司：于1992年6月1日经国家工商行政管理局批准注册的中外合资(港资)企业，注册资本为42,000万元人民币，本公司占该公司50%股权。

8)广州东方电力有限公司于1995年12月28日经国家工商行政管理局注册成立的中外合资(港资)企业，注册资本99,000万元。本公司通过金源公司和原电公司拥有该公司65%股权。

另，本公司拥有一家分公司：

9)广州珠江电力建设分公司：为电力企业集团的分公司，本公司创立后，将成为本公司的分公司，主要从事电力工程承包、工程建设；销售电力机械、建筑材料。

2. 重大关联交易情况

1)发展集团和珠电公司于1993年3月10日签定了《广州市经济建设发展公司垫资协议》。发展集团先期投入珠电一期的40,777万元作为对珠电公司的股东垫资，用于珠电一期工程项目及其它费用支出，在1995年1月1日以前按年利率11%计算，之后按国内银行同期人民币贷款利率计算；还款期从珠电一期竣工六个月后的首个6月15日或12月15日起，每年分两期，共14期等额偿还。协议的内容是公平的，现处于良好履行状态。

2)发展集团和珠电公司于1996上4月11日签定了《广州珠江电力有限公司第二笔股东垫资协议》。协议约定由于广州珠江电力有限公司在建设期间发生设计变更和新增项目，出现资金缺口达26,000万元，经股东协商并经亚洲开发银行和银团同意，发展集团投入13,000万元作为对珠电公司的第二笔股东垫资，用于支付珠电一期项目收尾结算款项，利率按商业银行同期固定资产贷款利率计算，还款期为每年6月15日和12月15日，首个还款日为1996年6月15日，分16期等额偿还。协议的内容是公平的，现处于良好履行状态。

3)1996年11月6日，东电公司与电力企业集团签订了《中外合资经营广州东方电力有限公司实行工程总承包合同》，该合同约定珠电二期工程建设由电力企业集团实行总承包。承包总金额284,500万元人民币，但是，若非承包者直接原因(该原因须经合资公司董事会认可)所致的超支，应由合资各方按股比另行提供股东贷款或筹措资金或由承包者代合资各方筹措资金解决。

4)1996年11月6日，东电公司与电力企业集团签订了《委托运行管理合同》，委托电力企业集团对珠电二期进行运行管理。委托管理期限为两台机组分别从通过满负荷连续运转168小时并移交生产之日起到2003年12月31日止。

5)1996年12月10日，电力发展公司与电力企业集团签定协议，电力发展公司将其拥有的金源公司的全部权益按评估后的净资产值转让给电力企业集团，该协议的转让价格和方式均符合产权交易规则，符合法律上的公平原则。

6)1997年3月27日，发展集团与电力企业集团、珠电公司三方签定关于转让珠电公司管理权的《协议书》，发展集团将其在珠电一期两台机组投产后十年每年向珠电公司咨询管理费的权利转让给电力企业集团，电力企业集团同时承担对珠电公司的管理责任。

7)1997年4月10日，发展集团与电力企业集团签订了《房屋租赁契约》，发展集团将广州市麓景路3号广州发展大厦17-19楼租给电力企业集团。租赁期为1997年5月1日到10月31日，每月租金为32177.31元。

八、股本结构及大股东持股情况

1、本次上市前公司的股东结构为

		股 数(股)	占总股本比例(%)
不可流通股	发起人股		
	其中：国家持有股份	566,000,000	84.985
可流通股	社会公众股	100,000,000	15.015
	其中：公司内部职工股(占用额度部分)	10,000,000	
	总股本	666,000,000	100

2、前十名股东所持股数及比例

股东名称	持股数(万股)	比例(%)
广州发展集团公司	56600	84.985
杨丹地	2	0.003
唐学林	2	0.003
潘世泽	1.8	0.0027
梁刚毅	1.8	0.0027
陈大卫	1.8	0.0027
王章根	1.8	0.0027
刘强文	1.8	0.0027
伍　强	1.8	0.0027
曾燕萍	1.8	0.0027

九、公司财务会计资料

1、审计报告

(97)羊查字第4682号

广州电力企业集团股份有限公司筹委会：

我们接受贵公司的委托，对贵公司提供的一九九四年十二月三十一日、一九九五年十二月三十一日、一九九六年十二月三十一日和一九九七年三月三十一日的公司及合并资产负债表，一九九四年度、一九九五年度、一九九六年度及一九九七年三月三十一日相关会计期间的公司及合并利润表，以及一九九六年度公司及合并财务状况变动表进行了审计。贵公司管理阶层应对以上会计报表的真实性负责，我们的责任则是根据审计的结果，对这些会计报表发表审计意见。我们的审计是依据《中国注册会计师独立审计准则》进行的。在审计过程中，我们结合贵公司的实际情况，实施了包括抽查会计记录等我们认为必要的审计程序。

我们认为，上述会计报表，符合《企业会计准则》和《股份制试点企业会计制度》的有关规定，在所有重大方面公允地反映了贵公司上述会计截止日的财务状况及相应会计期间的经营成果和一九九六年度的资金变动情况，会计处理方法的选用遵循了一贯性原则。

羊城会计师事务所　　中国注册会计师　陈雄溢

中国·广州　　中国注册会计师　潘文中

一九九七年六月二十七日

2、本公司招股说明书概要刊登在97年6月24号《证券时报》、《中国证券报》、《上海证券报》、和《羊城晚报》上。该招股说明书已对本公司有关财务资料作了详细的披露。

3、财务报表附注

一、合并会计报表编制及表达基础

本公司合并会计报表编制的基础是假设本公司现行结构在整个审计期间业已存在，该等会计报表是按照本公司之现行架构而模拟编制。

本公司本次改制的资产重估增值是根据国家国有资产管理局"国资评〔1997〕年388号"资产评估报告列报。

二、重要会计政策

(一)会计制度

本公司执行《股份制试点企业会计制度》。

中外合资经营企业执行《中华人民共和国外商投资企业会计制度》。

(二)合并报表的编制方法

本公司合并会计制度是按照财政部〔1995〕11号文《合并会计报表暂行规定》对母公司及所有应纳入合并范围的子公司个别会计报表经充分抵销内部投资，内部交易和内部债权、债务等内部会计事项后合并编制的。

(三)记帐原则和计价基础

本公司会计核算采用权责发生原则,资产计价以历史成本为计价基础。

(四)外币折算方法

本公司以人民币为记帐本位币,发生外币业务时,与借款相关业务采用固定汇率,其他日常业务采用业务发生时的市场汇率折合人民币记帐,月份终了,有关外币帐户的外币余额按照月末市场汇率折合人民币,差额作为汇兑损益,列作当期财务费用。

(五)长期投资核算方法

联营投资

本公司对于投资额占联营公司资本总额50%以上(不含50%)的,采用权益法,并合并会计报表;投资额占联营公司资本总额20%至50%的,采用权益法核算,拥有实质控制权的,合并会计报表;投资额占联营公司资本总额20%以下的,采用成本法核算。

本公司拥有珠电公司50%股权,并全面管理该公司的生产经营业务,故本公司采用合并报表的方法进行处理。

(六)收入实现的确认

1、本公司按上网电量确定售电收入

2、本公司的长期合同工程,按合同规定的形象进度分次确认已完阶段工程收入的实现。工程形象进度是指用文字(结合数字)简要反映已施工的单位工程所达到的主要工程部委合进度情况。

(七)税项

本公司应纳税项如下:

1、增值税

本公司售电收入销项税额按增值税税率17%确定。进项税额:燃料按13%,其他材料及物资按17%,运输费按10%并以增值税专用发票确定的税额作为抵扣依据。

2、营业税

本公司的长期合同工程以工程的全部承包额减去付给分包人或者转包人的价款后的余额为营业额计算缴纳营业税,税率为3%。

3、城市维护建设税

本公司按实际营缴流转税税额的7%计算和缴纳城市维护建设税(中外合资经营企业免税)。

4、教育费附加

本公司按实际应缴纳流转税税额的3%(中外合资经营企业免缴)计算合缴纳教育费附加。

5、教育专项资金

本公司按实际应缴纳流转税税额的4%计算和缴纳教育专项资金。

6、企业所得税

本公司经广州市人民政府"穗府办函〔1997〕77号文"批准,在一九九五年至一九九六年度(一九九四年度母公司没有应税利润),实行企业所得税先征收后返还政策。其中:一九九五年度返还33%(即全额返还),一九九六年度返还31.77%(即上缴率1.23%),从一九九七年度起,在"九五"期间,实行企业所得税按33%征收,由广州市财政局返还18%的优惠政策。

(八)利润分配

本公司缴纳企业所得税后的利润按下列顺序分配:

1、弥补以前年度亏损;

2、按税后利润的10%提取法定盈余公积金,当法定盈余公积金累计余额已达注册资本的50%时不再提取;

3、按税后利润的5-10%提取法定公益金;

4、按股东大会决议提取任意盈余公积金;

5、支付普通股股利。

本公司税后利润的分配和股利支付,由公司董事会提出方案,报股东大会审议通过。

4、财务指标分析

财务指标	94年	95年	96年
流动比率	1.00	1.21	1.64
速动比率	0.99	1.17	1.45
应收帐款周转率	33	37	41
存货周转率	50	41	25
净资产收益率	44.16%	38.40%	34.66%
每股收益	0.379	0.536	0.534

注:以上指标均根据羊城会计师事务所(97)羊查字第4682号之审计报告的数据计算得出的。

十、董事会上市承诺

本公司董事会将严格遵守《公司法》、《股票发行与交易管理暂行条例》、《公开发行股票公司信息披露实施细则》、《上海证券交易所交易市场业务规则》和有关法律、法规的规定,并自股票上市之日起作出如下承诺:

1、按照法律、法规的规定程序和要求披露重大的信息、并接受证券主管机关、上海证券交易所的监督管理。

2、及时、真实、准确地公布中期报告和年度报告、并备置于规定场所供投资者公众查阅。

3、本公司董事、监事及高级管理人员如发生人事变动或持本公司股票发生变化时,在报告证券主管机关、证券交易所的同时向投资者公布。

4、在任何公共传播媒介中出现的消息可能对本公司股票的市场价格产生误导性影响时,本公司知悉后将及时对该消息予以公开澄清。

5、本公司董事、监事及高级管理人员将认真听取社会公众的意见和批评,不利用已获得的内幕消息和其他不正当手段直接或间接从事股票买卖活动。

6、本公司没有无记录负债。

十一、主要事项揭示

1、重要合同

(1)1992年1月31日,发展集团与香港新世界有限公司属下能勇有限公司签订《中外合资经营广州珠江电力有限公司合同》及《补充合同》,投资总额为人民币20.72亿元人民币,中外双方各占50%股权,合资期限为25年;在此基础上,发展集团与外方签订了《运行管理总承包协议》,该协议是在合资合同约定的定额利润基础上签订的。1996年11月23日,发展集团、电力企业集团与香港能勇有限公司签订《中外合资经营广州珠江电力有限公司同意股权转让协议》。协议约定:发展集团将其拥有的珠电公司50%股权转让给电力企业集团。

(2)《广州珠江电力有限公司发电机组(2*30万千瓦)上网电量购售协议》:1992年12月31日由珠电公司与广东省电力集团公司签订,规定广东省电力集团公司收购珠电公司两台三十万千瓦机组全部上网电量。

(3)《中外合资经营广州东方电力有限公司合同》:1995年12月8日由金源公司(占60%股权)、ALTIMA INTERNATIONAL LIMITED(占25%股权)、越秀企业集团有限公司(占10%股权)和原电公司(占5%股权)四方签订,投资总额为人民币29.738亿元,合资期限25年。

(4)《广州珠江电厂二期2*30千瓦机组上网电量购售协议》:1995年12月27日由东电公司与广东省电力集团公司签订,规定广东省电力集团公司收购东电公司两台三十万千瓦机组全部上网电量。

(5)《中外合资经营广州东方电力有限公司实行工程总承包合同》:1996年11月6日由东电公司与电力企业集团签订,该合同约定珠电二期工程建设由电力企业集团实行总承包。

(6)1996年12月10日,电力发展公司与电力企业集团签订了《权益转让协议书》,电力发展公司将其拥有金源公司的全部权益转让给电力企业集团,转让价格为973,075,483.07元人民币,其中796,827,040.61元以承接债务的方式支付,余款176,248,442.46元以现金支付;1996年12月20日,原实公司与原能公司签订了《股权转让协议书》,原能公司将其在金源公司所占的1%股权转让给原实公司。

(7)《广州市经济建设发展公司垫资协议》:广州市经济建设发展公司(即发展集团)与珠电公司于1993的3月10日签订。发展集团先期投入珠电一期人民币407,770,370元作为珠电公司借款。

(8)《长期供煤协议》:1995年11月5日由燃料公司与神华集团有限公司签订。神华集团有限公司保证每年供煤150万吨给燃料公司作为珠电一、二期发电之用,合作期限为10年。

(9)《为广州珠江2*30万千瓦发电厂提供一亿四千万美元融资的贷款协议》(下称"银团贷款协议"):由珠电公司作为借款人,与中国银行广州分行和中国建设财务(香港)有限公司等金融机构于一九九三年三月十三日签订。协议约定:银团向借款人提供一亿四千万美元额度的五年期贷款,到期可展期三年。

(10)《广州东方电力有限公司二亿四仟万美元融资贷款协议》:由东电公司与中国银行广州市分行和KINCHENG INSURANCE(H.K)LIMITED等金融机构于1996年11月6日签订,中国银行广州市分行等国际金融机构向东电公司提供二亿四仟万美元贷款用于东电公司工程建设,贷款期限为五年,到期可展期三年。

(11)《亚银贷款协议》:由亚洲开发银行与珠电公司于1992年10月26日签订,亚洲开发银行贷款5000万元美元给珠电公司用于珠电一期项目工程建设。

(12)1996年11月6日,东电公司与电力企业集团签订《委托运行管理合同》,委托电力企业集团对珠电二期进行运行管理。

(13)发展集团和珠电公司于1996年4月11日签定了《广州珠江电力有限公司第二笔股东垫资协议》。协议约定由于广州珠江电力有限公司在建设期间发生设计变更和新增项目,出现资金缺口达26,000万元,经股东协商并经亚洲开发银行和银团同意,发展集团投入13,000万元作为对珠电公司的第二笔股东垫资。协议的内容是公平的,现处于良好履行状态。

上述协议合法有效,均处在良好履行状态,不存在对发行人的经营活动和股东利益造成不利影响的因素。

2、重大诉讼事项

本公司概无涉及任何重大诉讼、仲裁或行政处罚,据本公司筹委会所知,本公司亦无任何尚未了结或可能被控之重大诉讼、仲裁、行政处罚或索赔要求。其中,因发起人重组而划入本公司的资产、债权、债务和其它权利、义务亦尚未或可能涉及诉讼、仲裁或者行政处罚。

本公司筹委会成员未受任何刑事诉讼。

本公司的控股公司和子公司未有重大诉讼事项。

3、其他重要事项

一九九七年度预测利润总额(合并后)47,811万元,按照一九九七年度的所得税政策(税率15%),公司除税后净利润为30,916万元,每股盈利0.464元。

十二、有关当事人

一、发行人

名称:广州电力企业集团股分有限公司(筹)

住所:广州市麓景路3号17-19楼

负责人:杨丹地

电话:(020)83573188-1417　　传真:(020)83573568

联系人:马洪伟

二、上市推荐人

名称:君安证券有限责任公司

住所:深圳市春风路5号

法定代表人:张国庆

电话:(0755)2175560　　传真:(0755)2296188

联系人:卢圣喜、文川维

三、发行人律师

名称:广州金鹏合作律师事务所

住所:广州市东风西路199号国际金融大厦东楼7楼

法定代表人:陈舒

电话:(020)83329282　83301162　　传真:(020)83328199

经办律师:王波、王石清

四、承销商律师

名称:深圳信达律师事务所

住所:深圳市深南中路东风大厦21层

法定代表人:徐育康

电话:(0755)3243139　　传真:(0755)3243108

经办律师:李东民、靳庆军、麻云燕

五、财务审计机构

名称:羊城会计师事务所

住所:广州市大德路187号9楼

法定代表人:陈雄溢

电话:(020)83324195　83324196　　传真:(020)83338016

经办注册会计师:陈雄溢、潘文中

六、资产评估机构

名称:广东资产评估公司

住所:广州市环市东路322号十一楼

法定代表人:伍国生

电话:(020)83805158-1109　1110　　传真:(020)83802985

经办评估师:徐迎建、陈燮平、陈喜佟、傅晓东

七、资产评估确认机构

名称:国家国有资产管理局

住所:北京市海淀区万泉河路66号

法定代表人:张佑才

电话:(010)62567744　　传真:(010)62561817

八、收款银行

名称:中国建设银行广州市分行东环支行

住所:广州环市东路336号

电话:(020)83373221

户名:广州电力企业集团有限公司

帐号:761-2638180-19

九、股票登记机构

名称:上海证券中央登记结算公司

住所:上海市黄浦路15号

法定代表人:王迪彬

电话:(021)63566651　　传真:(021)63257454

十三、备查文件目录

1、中国证监会复审意见书

2、公司章程

3、营业执照

4、各级主管部门对公司设立、历次股票发行的批复

5、资产评估报告

6、审计报告

7、验资报告

8、法律意见书

9、上市推荐书

10、招股说明书

广州电力企业集团股份有限公司

1997年7月16日

合并资产负债表

企业名称:广州电力企业集团股份有限公司 单位:人民币元

资　产	1997.3.31	1996.12.31	1995.12.31	1994.12.31	资　产	1997.3.31	1996.12.31	1995.12.31	1994.12.31
流动资产					流动负债				
货币资金	493,174,772.96	696,665,765	725,028,549	627,672,854	短期借款	260,000,000.00	345,100,000	66,500,000	80,092,400
短期投资					应付票据				
应收票据					应付帐款	100,313,024.45	83,426,557	80,185,494	96,368,792
应收帐款	109,996,990.71	74,625,981	81,923,200	73,375,232	预收货款	368,060,700.00	2,270,000	1,142,026,083	1,821,173,687
减:坏帐准备					其他应付款	12,654,921.72	17,325,706	10,942,545	16,906,030
应收帐款净额	109,996,990.71	74,625,981	81,923,200	73,375,232	应付福利费	23,248,740.96	19,566,343	17,769,452	3,821,666
预付货款	250,032,376.74	154,220,956	1,162,495,704	1,681,435,152	未付股利	86,972,566.12	37,500,000	37,500,000	37,500,000
其他应收款	25,361,249.17	25,372,947	25,975,577	19,044,955	未交税金	46,502,652.43	41,103,422	13,054,125	36,864,044
存货	165,507,420.89	127,958,668	72,758,337	40,531,606	其他未交款	5,978,668.35	5,825,381	843,444	6,663
待摊费用	9,819,442.50	15,837,840	10,339,421	18,931,744	预提费用	14,638,844.14	69,027,705	63,709,582	47,423,346
待处理流动资产净损失					一年内到期的长期负债	45,963,421.00	45,963,421	286,034,595	317,345,584
一年内到期的长期债券投资					其他流动负债				
其他流动资产					流动负债合计	964,333,539.17	667,108,534	1,718,565,320	2,457,502,212
流动资产合计	1,053,892,252.97	1,094,682,158	2,078,520,787	2,460,991,543	长期负债				
长期投资					长期借款	3,357,337,389.00	3,456,024,788	1,097,719,639	1,342,676,308
长期投资			500,000	500,000	应付债券	340,291,927.50	328,215,773		
合并差价			4,744,586		长期应付款	428,538,163.34	477,882,472	354,859,792	342,050,857
固定资产					其他长期负债	3,504,731.08	3,500,000	3,500,000	3,500,000
固定资产原价	6,882,980,659.60	6,569,040,396	2,737,530,084	2,726,887,189	长期负债合计	4,129,672,210.92	4,265,623,033	1,456,079,432	1,688,227,166
减:累计折旧	710,625,906.78	597,884,922	492,610,160	245,732,596	递延税项				
固定资产净值	6,172,354,752.82	5,971,155,473	2,245,919,924	2,481,154,594	递延税款贷项				
在建工程		10,941,720	4,200,000	3,070,000	负债合计	5,094,005,750.09	4,932,731,567	3,174,644,752	4,145,729,377
固定资产清理					少数股东权益				
待处理固定资产净损失					少数股东权益	1,200,390,096.21	1,272,214,624	369,713,949	314,958,042
固定资产合计	6,172,354,752.82	5,982,097,193	2,250,119,924	2,484,224,594	股东权益				
无形资产及递延资产					股本	566,000,000.00	566,000,000	271,550,000	271,550,000
无形资产					资本公积	305,833,160.86	305,833,161		
递延资产					盈余公积			77,696,489	32,021,808
无形及递延资产合计					其中:公益金			25,898,830	10,673,936
其他长期资产					未分配利润	60,017,998.63		440,280,106	181,465,910
其他长期资产					股东权益合计	931,851,159.49	871,833,161	789,526,595	485,028,718
递延税项					负债及股东权益总计	7,226,247,005.79	7,076,779,351	4,333,885,297	4,945,716,137
递延税款借项									
资产总计	7,226,247,005.79	7,076,779,351	4,333,885,297	4,945,716,137					
负债及股东权益									

合并利润及利润分配表

企业名称:广州电力企业集团股份有限公司 单位:人民币元

项　目	1997.1-3	1996.1-12	1995.1-12	1994.1-12	项　目	1997.1-3	1996.1-12	1995.1-12	1994.1-12
一、主营业务收入	321,719,311.26	3,182,333,045	2,880,652,744	2,403,376,797	四、利润总额	81,015,480.82	512,220,722	483,107,208	355,935,759
减:营业成本	211,148,737.43	2,511,800,899	2,308,854,652	2,031,755,969	减:所得税	10,249,859.68	80,700,646	54,213,081	
销售费用					少数股东损益	10,747,622.51	129,379,184	124,396,250	142,458.04
管理费用	27,115,283.77	117,095,587	77,422,727	61,338,462	五、净利润	60,017,998.63	302,140,892	304,497,877	213,478,718
财务费用	17,997,741.20	138,628.117	159,648,834	50,561,791	加:年初未分配利润		440,280,106	181,456,910	
进货费用					盈余公积转入数				
营业税金及附加	2,393,889.12	15,882,659	10,717,014		六、可分配利润	60,017,998.63	742,420,998	485,954,788	213,478,718
二、主营业务利润	63,063,659.74	398,925,782	324,279,517	259,720,575	减:提取法定公积金		30,214,089	30,499,788	21,347,872
加:其他业务利润	845,108.75	15,983,460	31,203,315	290,982	提取法定公益金		15,107,045	15,224,894	10,673,946
三、营业利润	63,908,768.49	414,909,242	355,482,832	260,011,557	七、可供股东分配的利润	60,017,998.63	697,099,864	440,280,106	181,456,910
加:投资收益		190,342	21,979		减:已分配优先股股利				
营业外收入	17,254,497.55	97,971,428	131,880,306	95,925,203	提取任意公积金				
减:营业外支出	147,785.22	850,290	4,277,909		已分配普通股股利		697,099,864		

项　目	1997.1-3	1996.1-12	1995.1-12	1994.1-12	项　目	1997.1-3	1996.1-12	1995.1-12	1994.1-12
加:以前年度损益调整					八、未分配利润	60,017,998.63	0.00	440,280,106	181,456,910

资产负债表

企业名称:广州电力企业集团股份有限公司(母公司)　　单位:人民币元

资　产	1997.3.31	1996.12.31	1995.12.31	1994.12.31	资　产	1997.3.31	1996.12.31	1995.12.31	1994.12.31
流动资产:					流动负债:				
货币资金	41,656,262.62	46,923,268	77,620,472	89,084,636	短期借款	25,000,000.00	112,100,000	15,000,000	30,092,400
短期投资					应付票据				
应收票据					应付帐款		40,712,400		
应收帐款					预收货款	365,050,000.00		1,023,012,906	1,675,518,487
减:坏帐准备					其他应付款	186,577,052.04	463,271,831	2,328,086	4,587,829
应收帐款净额					应付福利费		392,300	2,032,333	335,843
预付货款	114,099,422.53	54,932,609	1,104,327,275	1,635,171,164	未付股利	49,472,566.12			
其他应收款	10,090,033.37	8,757,242	24,738,998	61,448,184	未交税金	17,130,237.18	7,445,102	7,974,668	
存　货					其他未交款	5,968,215.00	5,808,347	839,709	
待摊费用				1,307,886	预提费用				
待处理流动资产净损失					一年内到期的长期负债				
一年内到期的长期债券投资					其他流动负债				
					流动负债合计:	649,198,106.34	629,729,979	1,051,187,702	1,710,534,558
其他流动资产					长期负债:				
流动资产合计	165,845,718.52	110,613,119	1,206,686,745	1,785,703,983	长期借款				30,000,000
长期投资:					应付债券				
长期投资	1,410,665,170.04	1,386,315,798	624,646,692	429,786,604	长期应付款				
固定资产:					其他长期负债	3,504,731.08	3,500,000	3,500,000	3,500,000
固定资产原价	11,356,835.00	11,261,535	14,264,519	14,264,519	长期负债合计:	3,504,731.08	3,500,000	3,500,000	33,500,000
减:累计折旧	3,313,726.65	3,163,312	1,383,658	691,829	递延税项:				
固定资产净值	8,043,108.35	8,098,223	12,880,860	13,572,689	递延税款贷项				
在建工程					负债合计:	652,702,837.42	633,229,979	1,054,687,702	1,744,034,558
固定资产清理					少数股东权益:				
待处理固定资产净损失					少数股东权益				
固定资产合计:	8,043,108.35	8,098,223	12,880,860	13,572,689	股东权益				
无形资产及递延资产:					股本	566,000,000.00	566,000,0001	271,550,000	271,550,000
无形资产					资本公积	305,833,160.86	305,833,161		
递延资产					盈余公积			77,696,489	32,021,808
无形及递延资产合计:					其中:公益金			25,898,830	10,763,936
其他长期资产:					未分配利润	60,017,998.63		440,280,106	181,456,910
其他长期资产					股东权益合计:	931,851,159.49	871,833,161	789,526,595	485,028,718
递延税项:					负债及股东权益总计:	1,584,553,996.91	1,505,063,140	1,844,214,297	2,229,063,276
递延税款借项									
资产合计:	1,584,553,996.91	1,505,063,140	1,844,214,297	2,229,063,276					
负债及股东权益									

利润及利润分配表

企业名称:广州电力企业集团股份有限公司(母公司)　　单位:人民币元

项　目	1997.1-3	1996.1-12	1995.1-12	1994.1-12	项　目	1997.1-3	1996.1-12	1995.1-12	1994.1-12
一、主营业务收入	53,526,000.00	1,664,044,857	1,626,442,056	1,206,601,822	四、利润总额	66,448,643.22	355,809,257	358,089,840	213,478,718
减:营业成本	10,907,609.20	1,515,515,521	1,473,460,656	1,206,601,822	减:所得税	6,430,644.59	53,668,364	53,591,963	
销售费用					少数股东损益				
管理费用	6,723,099.05	14,736,554	9,429,846		五、净利润	60,017,998.63	302,140,892	304,497,877	213,478,718
财务费用	323,535.33	-10,497,053	-4,172,184	1,226	加:年初未分配利润		440,280,106	182,568,613	
进货费用					盈余公积转入数				
营业税金及附加	2,393,889.12	14,492,254	10,717,014		六、可分配利润	60,017,998.63	742,420,998	485,954,786	213,478,718
二、主营业务利润	33,177,867.30	129,797,581	137,006,725	-1,307,886	减:提取法定公积金		30,214,089	30,449,788	21,347,872
加:其他业务利润	8,406,404.14	8,301,984	26,701,048		提取法定公益金		15,107,045	15,224,894	10,673,936
三、营业利润	41,584,271.44	138,099,565	163,707,773	-1,307,886	七、可供股东分配的利润	60,017,998.63	697,099,864	440,280,106	181,456,910

项　目	1997.1-3	1996.1-12	1995.1-12	1994.1-12	项　目	1997.1-3	1996.1-12	1995.1-12	1994.1-12
加:投资收益	24,872,802.12	217,668,565	194,382,067	214,786,604	减:已分配优先股股利				
营业外收入	12,592.70	391,256			提取任意公积金				
减:营业外支出	21,023.04	350,129			已分配普通股股利		697,099,864		
加:以前年度损益调整					八、未分配利润	60,017,998.63		440,280,106	181,456,910

合并财务状况变动表

企业名称:广州电力企业集团股份有限公司　　1996 年度　　单位:人民币元

流动资金来源和运用	金额	流动资金各项目的变动	金额
一、流动资金来源:		一、流动资产本年增加数	
1. 本年净利润	302,140,892	1. 货币资金	-28,362,784
加:不减少流动资金的费用的损失		2. 短期投资	
(1)固定资产折旧	340,347,653	3. 应收票据	
(2)无形资产、递延资产及其他资产摊销		4. 应收帐款净额	-7,297,218
(减其他负债转销)		5. 预付货款	-1,008,274,747
(3)固定资产盘亏(减盘盈)		6. 其他应收款	-602,630
(4)清理固定资产损失(减收益)	13,185	7. 待摊费用	5,498,419
(5)递延税款		8. 存货	55,200,331
(6)其他不减少流动资金的费用和损失		9. 待处理流动资产净损失(减收益)	
小计	642,501,730		
2. 其他来源:		10. 一年内到期的长期债券投资	
(1)固定资产清理收入(减清理费用)	20,000	11. 其他流动资产	
(2)增加长期负债	2,809,543,601		
(3)收回长期投资	5,244,586		-983,838,629
(4)对外投资转出固定资产		流动资产增加净额:	
(5)对外投资转出无形资产			
(6)资本净增加额	984,807,240		
小计	3,799,615,426	二、流动负债本年增加数:	278,600,000
流动资金来源合计	4,442,117,157	1. 短期借款	
二、流动资金运用:		2. 应付票据	3,241,063
1. 利润分配:		3. 应付帐款	-1,139,756,083
(1)提取法定公积金	30,214,089	4. 预收货款	1,796,891
(2)提取法定公益金	15,107,045	5. 应付福利费	
(3)提取任意公积金		6. 未付工资	28,049,297
(4)已分配股利	256,819,758	7. 未交税金	4,981,937
小　计	302,140,892	8. 其他未交款	6,383,160
2. 其他运用:		9. 其他应付款	5,318,123
(1)固定资产和在建工程净增加额	4,072,358,108	10. 预提费用	-240,071,174
(2)增加无形资产、递延资产及其他资产		11. 一年内到期的长期负债	
(3)偿还长期负债		12. 其他流动负债	
(4)增加长期投资			
小　　计	4,072,358,108		
流动资金运用合计	4,374,499,000		-1,051,456,786
流动资金增加净额	67,618,157	流动负债增加净额	67,618,157
		流动资金增加净额	

财务状况变动表

企业名称:广州电力企业集团股份有限公司(母公司)　　1996 年度　　单位:人民币元

流动资金来源和运用	金额	流动资金各项目的变动	金额
一、流动资金来源:		一、流动资产本年加数	
1. 本年净利润	302,140,892	1. 货币资金	-30,697,204
加:不减少流动资金的费用和损失		2. 短期投资	
(1)固定资产折旧	704,315	3. 应收票据	
(2)无形资产、递延资产及其他资产摊销		4. 应收帐款净额	
(减其他负债转销)		5. 预付货款	-1,049,394,666
(3)固定资产盘亏(减盘盈)		6. 其他应收款	-15,981,756

流动资金来源和运用	金额	流动资金各项目的变动	金额
(4)清理固定资产损失(减收益)		7.待摊费用	
(5)递延税款		8.存货	
(6)其他不减少流动资金的费用和损失		9.待处理流动资产净损失(减收益)	
小 计	302,845,243	10.一年内到期的长期债券投资	
2.其他来源		11.其他流动资产	
(1)固定资产清理收入(减清理费用)	20,000		
(2)增加长期负债			
(3)收回长期投资		流动资产增加净额:	-1,096,073,626
(4)对外投资转出固定资产			
(5)对外投资转出无形资产			
(6)资本净增加额	82,306,566	二、流动负债本年增加数:	
小 计	82,326,566	1.短期借款	97,100,000
流动资金来源合计	385,171,809	2.应付票据	
二、流动资金运用:		3.应付帐款	40,712,400
1.利润分配:		4.预收货款	-1,023,012,906
(1)提取法定公积金	30,214,089	5.应付福利费	-1,640,033
(2)提取法定公益金	15,107,045	6.未付工资	
(3)提取任意公积金		7.未交税金	-529,566
(4)已分配股利	256,819,758	8.其他未交款	4,968,638
小 计	302,140,892	9.其他应付款	460,943,744
2.其他运用:		10.预提费用	
(1)固定资产和在建工程净增加额	-4,058,286	11.一年内到期的长期负债	
(2)增加无形资产、递延资产及其他资产		12.其他流动负债	
(3)偿还长期负债			
(4)增加长期投资	761,705,106		
小 计	757,646,820		
流动资金运用合计	1,059,787,712	流动负债增加净额	-421,457,723
流动资金增加净额	-674,615,903	流动资金增加净额	-674,615,903

广州电力企业集团股份有限公司一九九七年中期报告

一、财务报告

(一)财务报表(未经审计)

1.简化资产负债表

母公司　单位:元

项目	1997年6月30日	1997年12月31日
流动资产	929,244,810.27	110,613,118.84
固定资产净值	7,935,079.60	8,098,223.00
在建工程		
递延资产		
资产总计	2,092,136,301.50	1,505,063,140.17
负债及股东权益		
流动负债	292,157,443.83	629,729,979.31
长期负债	4,537,662.79	3,500,000.00
负债合计	296,695,106.62	633,229,979.31
少数股东权益		
股东权益	1,795,441,194.88	871,833,160.86
其中:股本	666,000,000.00	566,000,000.00
资本公积	975,854,110.86	305,833,160.86
未分配利润	153,587,084.02	
负债及股东权益合计	2,092,136,301.50	1,505,603,140.17

合并　单位:元

项目	1997年6月30日	1996年12月31日
流动资产	1,774,863,383.33	1,094,682,157.77
固定资产净值	6,103,794,496.39	5,971,155,473.33
在建工程	104,512,569.70	10,941,720.00
递延资产	520,076.54	
资产总计	7,983,690,525.96	7,076,779,351.10
负债及股东权益		
流动负债	680,779,443.33	667,108,533.99
长期负债	4,207,811,861.07	4,265,623,032.67
负债合计	4,888,591,304.40	4,932,731,566.66
少数股东权益	1,299,658,026.68	1,272,214,623.58
股东权益	1,795,441,194.88	871,833,160.86
其中:股本	666,000,000.00	566,000,000.00
资本公积	975,854,110.86	305,833,160.86
未分配利润	153,587,084.02	
负债及股东权益合计	7,983,690,525.96	7,076,779,351.10

2.简化的损益表

母公司　单位:元

项目	1997年1—6月
主营业务收入	63,893,609.20
主营业务利润	855,654.42
营业外收支净额	－34,980.34
利润总额	153,715,432.18
所得税	128,348.16
少数股东损益	
净利润	153,587,084.02

合并　单位:元

项目	1997年1－6月
主营业务收入	888,899,042.23
主营业务利润	172,811,056.51
营业外收支净额	26,626,507.70
利润总额	199,437,564.21
所得税	12,835,416.27
少数股东损益	33,015,063.92
净利润	153,587,084.02

(二)主要财务指标

截止1997年6月30日的主要财务指标为:

1. 每股净收益　　0.2306 元
2. 每股净资产　　2.70 元
3. 净资产收益率　　8.55%

注:财务指标的股本数以期末数为计算基础。若按年初股本数计算,本公司 1997 年上半年每股净收益 0.271 元。

(三)财务报表附注

1. 本中期财务报告所采用的会计政策及会计方法与本公司招股说明书中所采用的会计政策及会计方法一致。

2. 本期净收益未包括股票发行利息收入。

3. 货币资金较年初增加 601,831,059.61 元,主要是暂未投入使用的募股资金 770,020,950 元所致。

4. 应收帐款较年初增加 54,186,291.66 元,主要是 6 月份售电收入较上年末有较大幅度增加且当月售电收入需在下月完成结算所致。应收帐款帐龄均在一年以内,无持股 5% 以上股东欠款。

5. 在建工程较年初增加 93,570,849.70 元,为本期投入珠电二期输变电工程款。

6. 其他应付款较年初增加 57,790,044.89 元,主要为本期发生的应付珠电二期 2.4 亿美元国际银团贷款担保费及利息。

7. 营业外收入 26,834,999.59 元,为本期增值税退税收入。

8. 根据中国证监会〖证监发字(1997)364 号〗和〖证监发字(1997)365 号〗文件批准,今年 6 月 27 日发行 10,000 万股社会公众股,其募集资金 787,000,000 元,按规定增加股本 100,000,000 元,溢价收入扣减发行费用后的余额 670,020,950 元转为公司资本公积金。

9. 关联企业及关联交易:

(1)关联企业:

母公司:

企业名称	经济性质	法定代表人	注册地址	注册资本	与本公司关系
广州发展集团公司	国有	杨丹地	广州	25680 万元	发起人股东

子公司:

企业名称	经济性质	法定代表人	注册地址	注册资本	拥有权益	主营业务
广州原电管理公司	国有	刘强文	广州	300 万元	100%	电力项目投资、开发、管理
广州原实投资项目管理有限公司	国有	杨丹地	广州	300 万元	100%	投资项目的开发、管理
广州珠江电力燃料有限公司	国有	梁正国	广州	500 万元	100%	燃料供应
广州珠江电力检修有限公司	国有	潘世泽	广州	300 万元	100%	电力设备安装、检修
广州珠江电力物资有限公司	国有	罗良铨	广州	250 万元	100%	电力生产设备、物资供应
广州金源电力有限公司	国有	杨丹地	广州	12100 万元	100%	项目开发、管理
广州东方电力有限公司	合资	杨丹地	广州	99000 万元	65%	电力的生产、销售
广州珠江电力有限公司	合资	郑家纯	广州	42000 万元	50%	电力的生产、销售

(2)关联贸易:本公司属下的广州东方电力有限公司租用同属于本公司的广州珠江电力有限公司投资的煤码头等共用设施,根据租赁双方签署的租赁协议,本期应付租赁费 10,919,389.34 元。

二、经营情况的回顾和展望

上半年经营情况回顾

1. 今年上半年,本公司经营保持良好发展势头,上半年完成发电量 18.22 亿千瓦时,比去年同期增长 8.6%,实现主营业务收入 88889.9 万元,实现税后利润 15358.7 万元,完成年度税后利润计划的 50%。

2. 本公司属下珠江电厂二期项目工程建设进展顺利,项目总投资预计 37.63 亿元人民币,至今年 6 月底累计完成投资 32.04 亿元人民币,目前工程已进人最后收尾阶段,3 号机组已于去年底投入生产;4 号机组已完成厂用受电、点火冲管,正式进入整组启动状态,并于年中并网试运行;配套输变电工程已批出红线图并完成所有前期工作,施工单位已进入现场施工。

3. 本公司完善各项成本核算,强化生产管理,提高经济效益。进一步完善各项财务管理制度,强化目标考核,核定定额成本,形成较为完善的成本控制体系,降低了公司成本费用。与此同时,公司还加强对珠江电厂的设备维护及技术改造工作,采取各项节能降耗措施,从而使电厂经济效益进一步提高。

4. 本公司以进行股份制改造发行股票上市为契机,实现公司制度创新,建立现代化企业制度。本公司建立及健全了一套完善的管理制度及管理体系,实行规范管理,精简机构,优化人员结构。同时下大力气提高员工综合素质和业务水平,先后组织了高级职员培训班、经济合同法培训班、财务管理培训班、公司法培训班等多项培训。

下半年计划

1. 以电力生产为中心,在安全生产前提下,做到稳发多供,以全面完成全年的售电计划及利润计划。

2. 全面完成珠电二期收尾工程,确保珠电二期项目两台机组全面并网发电。在 3 号机组去年底投产、4 号机组通过 168 小时连续试运转的基础上,重点确保 4 号机组于今年 8 月底投入商业运行。同时,加紧对珠电二期配套输变电工程建设全面收尾工作,确保珠番二回线于 9 月底完工,珠都线于 10 月底完工。在珠电二期项目建成投产后,珠江电厂将形成总装机容量 120 万千瓦,年发电能力达 60 亿千瓦时,这将有效保证全年发电计划的完成,并比去年同期有较大幅度增长。

3. 本公司上市所募集资金将严格按照原定计划进行合理使用,在新募集的 7.7 亿元资金中,其中 5.09 亿元人民币将按计划分期投入珠电二期收尾工程,主要用于输变电工程及支付工程设备质保金;1.76 亿元人民币用于偿还本公司购买广州金源电力有限公司资产应支付的款项,其余资金用作本公司流动资金。

4. 加强主营业务的统一管理,并强化本公司属下各子公司的专业经营管理职能,使燃料、检修、物资供应等各下属公司紧紧围绕本公司主业开展专业化分工协作并拓展对外经营,从而全面提高企业的经济效益。

5. 本公司实行产业经营与资本经营相结合的经营方式。要积极推进珠电三期项目的前期工作同时,积极策划对路桥等基础设施项目和其他公用事业项目的投资、购并工作,形成多元化的投资结构,建立起以电力产业为中心的基础设施产业核心业务群。本公司下半年主要任务是在对一批电力、路桥等基础设施项目进行深入的可行性研究基础上,对一些风险小、收益高的项目进行投资,从而拓宽公司业务领域,创造新的利润增长点,进一步提高公司盈利水平,保持本公司优良业绩的长期稳定发展。

三、重大事项说明

1. 本公司于 1997 年 6 月 27 日发行了 1 亿股社会公众股,其中 1000 万股为公司职工股;

2. 根据国务院证券委、中国人民银行、国家经贸委 5 月 21 日联合发布的《严禁国有企业和上市公司炒作股票的规定》,公司就有关情况进行认真自查,经自查,本公司没有从事违反规定的事项。

3. 本报告期内公司无重大诉讼、仲裁事项。

四、发行在外股票的变动和股权结构变化

1. 经中国证监会证监发字(1997)364号文和证监发字(1997)365号文批准于1997年6月27日发行了1亿股社会公众股,其中1000万股为公司职工股。

2. 截止1997年6月30日股权结构:

一、尚未流通股份	
1. 国有法人股	566,000,000股
2. 公司职工股	10,000,000股
尚未流通股份合计	576,000,000股
二、境内上市人民币普通股	90,000,000股
已流通股合计	90,000,000股
三、股份总数	666,000,000股

3. 主要股东持股情况

股东	持股数	比例
广州发展集团公司	566,000,000股	84.98%
杨丹地	20,000股	0.003%
唐学林	20,000股	0.003%
潘世泽	18,000股	0.0027%
梁刚毅	18,000股	0.0027%
陈大卫	18,000股	0.0027%
王章根	18,000股	0.0027%
刘浩辉	18,000股	0.0027%
伍　强	18,000股	0.0027%
曾繁清	18,000股	0.0027%

五、股东大会简介

本公司创立大会暨首届股东大会于1997年7月9日上午在广州市广东国际大酒店国际宴会厅举行,出席本次会议的股东或股东代理人44人,代表股数56639.5万股,占股本总额的85.04%,大会审议通过了以下决议:

1. 关于通过"广州电力企业集团股份有限公司筹建工作报告"的决议;
2. 关于创立广州电力企业集团股份有限公司的决议;
3. 关于通过广州电力企业集团股份有限公司章程的决议;
4. 关于选举产生广州电力企业集团股份有限公司第一届董事会的决议;
5. 关于选举产生广州电力企业集团股份有限公司第一届监事会的决议;
6. 关于广州电力企业集团股份有限公司股票在上海证券交易所上市的决议;
7. 关于通过"广州电力企业集团股份有限公司设立费用的审核报告的决议"。

六、备查文件

1. 载有董事长、总经理亲笔签名的中期报告原本。
2. 股东大会文件。

联系地址:广州市麓景路3号广州发展大厦18楼
联系电话:(020)8357188-1417,1422
传真:(020)83573568

广州电力企业集团股份有限公司
一九九七年八月十五日

重庆三峡水利电力(集团)股份有限公司

重庆三峡水利电力(集团)股份有限公司概况

一、公司概况

重庆三峡水利电力(集团)股份有限公司,原名为四川三峡水利电力(集团)股份有限公司地处三峡库区腹地——重庆万县市。公司有着近70年的产业历史。四十年代初,我国水电泰斗张光斗先生等在万县设计、建造了公司前身——壤渡电站。1994年4月28日万县市电力总公司与小江电厂合并以定向募集方式设立股份有限公司;1995年,公司先后被省市遴选为现代企业制度试点单位;1997年7月23日公司经中国证券监督管理委员会证监发〔1997〕386、387号文批准成功发行A股5000万元。1997年8月4日,公司A股在上海证券交易所上市。

重庆三峡水利电力(集团)股份有限公司,现有总股本15888万元,其中国家股6338万股、法人股4278万股,内部职工股272万股、流通股5000万股。公司现有总装机12.81万千瓦,年供电量4.7亿千瓦时,输配电线路总长3000余公里。公司水火电配套、供电网络完整,担负着三峡库区腹地万县市主要地区的发供电任务,其电力产品销售占万县市市场份额90%。

公司现有职工2489人,其中高级职称人员56人,占职工总数2.2%;中级职称人员347人,占职工总数13.9%。

公司成立以来,对分公司、子公司加强成本管理,推行内部模拟法人制度。公司还推行资本运作方式,加快公司重点水、火电工程的建设步伐,取得了良好的经济效益和社会效益,得到了部、省的充分肯定,在水利水电行业有着显著的示范作用。公司先后获得"全国水利系统先进企业"、"四川省水利电力系统优秀企业"、"全国水利行业经济十强企业"等荣誉称号。

二、经营范围

主营:发电、供电、供水、水产养殖

兼营:发输变电设备的设计、安装和调试;锅炉压力容器制造及安装;水电物质、建筑材料;旅游商业、信息服务咨询、投资服务等。

三、经营业绩

项目	97年1-6月	96年	95年	94年
营业收入	6060	12370	10438	8639
利润总额	2004	5336	4912	4560
税后利润	1704	4769	4672	4440

四、发展前景

公司经营发展战略是:深化"模拟法人制度",推行"精细"管理方式,搞好资产经营、资本运营,推动外延扩大,实现水利为主的产业多元化的协调发展。主要措施是:完成大型供水,壮大水利经济,开发三峡库区水利资源;扩大市场份额,完成电源点、电网的扩建与收购;强化融资能力。

到本世纪末,公司将按照现代企业制度的要求,规范企业运作,调整合理产业结构、实现规模经济。至2000年,实现总资产20亿元,销售收入7亿元以上,税金6000万元以上,利润2亿元以上的总目标。具体目标是:新增大型供水25万吨/日;新增装机18万千瓦,总装 机超25万千瓦时;新增 输配电线路1700公里;新增售电量8.15亿千瓦时,售电量达到12亿千瓦时。将公司建成大一型地方水利电力集团,给股东以丰厚的回报。

五、董事长、总经理简介

于和平,男,1954年8月27日出生,汉族,中共党员,大专文化程度,高级工程师,现任公司董事长兼党委副书记。1977年10月,毕业于重庆大学工业企业自动化专业。曾任万县地区小江水力发电厂工程指挥长,万县地区行署三电办常务副主任、万县市电力总公司总经理、股份公司副董事长兼总经理。于和平同志是四川省劳动模范,中国水电学会地电协会会员,其模拟法人制度管理思想,受到行业好评,论文获得过行业评审一等奖。

邹小剑,男,1953年9月出生,汉族,中共党员,大专文化程度,经济师,现任公司董事兼总经理。曾任万县市电力总公司办公室主任、副总经理、股份公司董事、常务副总经理,熟悉供电、水电企业领导工作,参与领导过多项市属发、输、配电、供水重点项目。

重庆三峡水利电力(集团)股份有限公司招股说明书概要

一、释　　义

在本招股说明书概要中,除非另有说明,下列词组具有以下含义:

本说明书	指	本招股说明书
本公司或公司	指	重庆三峡水利电力(集团)股份有限公司,重庆直辖市设立前,原名为四川三峡水利电力(集团)股份有限公司
发行人	指	本公司
股票	指	本公司发行的记名式人民币普通股股票
内部职工股	指	本公司向在册职工定向募集的记名式 、人民币普通股股票
证监会	指	中国证券监督管理委员会
证交所	指	上海证券交易所
主承销商	指	南方证券有限公司
上市推荐人	指	国泰证券有限公司和南方证券有限公司
元	指	人民币元

二、绪　　言

本招股说明书概要是根据《中华人民共和国公司法》、《股票发行与交易管理暂行条例》和《公开发行股票公司信息披露实施细则》等国家法律、法规以及招股说明书正文编写而成,其内容与正文一致,旨在向社会提供本公司的基本情况及本次发行和认购的各项有关资料。

本招股说明书概要已经发行人董事会全体成员批准通过,确信其中不存在任何重大遗漏或者误导。本公司董事会成员愿对其真实性、准确性、完整性负个别的和连带的责任。

本次发行业经中国证券监督管理委员会证监发字〔1997〕386号文件和证监发字〔1997〕387号文件批准。

三、新股发行的有关当事人

1. 发行人:重庆三峡水利电力(集团)股份有限公司
   法定代表人:于和平
   地址:重庆万县市鸽子沟72号
   联系电话:(0819)8234759,8251153　　传真:(0819)8251153
   联系人:陈丽娟、曹洪文
2. 财务顾问:中华企业股份制咨询公司
   法人代表:孙效良
   地址:北京安德路惠天大酒店303室
   联系电话:(010)64225577-2306,2304　　传真:(010)64290310
3. 主承销商:南方证券有限公司
   法定代表人:沈沛
   注册地址:深圳市深南东路南方国际大酒店12层
   联系电话:(010)67642130,67642135

传真:(010)67617384
联系人:贺庆、杨扬、祝健
4. 副主承销商:国泰证券有限公司
法定代表人:金建栋
地址:上海市延平路135号
联系电话:(028)6615898　　传真:(028)6615808
联系人:唐纯
5. 分销商:中国教育科技信托投资有限公司
联系电话:(010)68361565
联系人:杨忠、崔玲
6. 分销商:中煤信托投资有限责任公司
联系电话:(010)64279933－6712
联系人:李玉石
7. 分销商:蔚深证券有限责任公司
联系电话:(0755)3236140
联系人:罗亚斌
8. 分销商:中工信托投资公司
联系电话:(010)62183561
联系人:舒娅
9. 发行人律师:中辰律师事务所
法定代表人:刘西荣
地址:成都市人民东路48号物资大厦829房间
电话:(028)6744456－21013　　传真:(028)6611178
经办律师:刘榕、王建平
10. 主承销商律师:嘉和律师事务所
法定代表人:杨月臣
地址:北京市工体北春秀路甲1号华夏宾馆3号楼2层
联系电话:(010)64156613　　传真:(010)64156614
经办律师:颜羽、任丽颖
11. 会计师事务所:重庆会计师事务所
法定代表人:付思福
地址:重庆市市中区张家花园192号
联系电话:(023)63861971　　传真:(023)63811961
经办会计师:付思福、杨友明、邓兴政
12. 资产评估机构:中评资产评估事务所
法定代表人:袁东英
地址:北京市西城区白云观南里9号
联系电话:(010)68513377－408/409　传真:(010)68518030
经办评估师:刘铁良、殷同立
13. 资产评估确认机构:国家国有资产管理局
法定代表人:张佑才
地址:北京市海淀区万泉河路66号
联系电话:(010)62567744　　传真:(010)62561817
14. 股款收款银行:农行北京分行南三环东路分理处
地址:北京市丰台区方庄芳群园4区23号楼
15、股票登记机构:上海证券中央登记结算公司
法定代表人:王迪彬
地址:上海市黄浦路15号
联系电话:(021)63068888

四、发行情况

(一)主要情况:
1、股票种类:记名式人民币普通股
2、发行数量:50,000,000股
3、每股面值:1.00元
4、每股发行价:6.38元
5、发行总市值:319,000,000元
6、发行方式:上网定价方式
7、发行前每股净资产:1.74元
8、发行后每股净资产:3.13元
9、发行地区:与上海证券交易所联网的证券营业网点
10、发行对象:中华人民共和国公民及其他投资者(法律、法规禁止者除外)。
11、上市地点:拟在上海证券交易所上市
(二)发行价格的确定方法
本公司本次股票发行价格依据1994年、1995年、1996年已实现每股税后利润算术平均值和预定市盈率水平来计算。计算公式为:

$$发行价格=\frac{94年、95年、96年每股税后利润之和}{3}\times 市盈率$$

其中:1994年每股税后利润为0.408元,1995年每股税后利润为0.429元,1996年每股税后利润为0.438元,市盈率15倍。
发行价格=(0.408+0.429+0.438)/3×15=6.38元/股

五、风险因素与对策

投资者在评价发行人本次发售的股票时,除招股说明书概要提供的资料外,应特别认真考虑下述各项风险因素。
本公司是以发、供电为主的工业企业,其潜在风险因素主要有:
一、经营风险
1、资源供应风险:
(1)水力发电的主要风险:
水力发电的风险主要为气候条件的变化,尤其是降雨量的丰欠。本公司地处重庆东部三峡地区的山谷盆地,有其独特的气候特征,可能会出现冬夏两次季节性水力不足,主要是夏季伏旱期(8月份)和冬季枯水期(1,2月份),水力不足会影响本公司水力电厂的发电量。
水力发电的另一风险是不可抗拒的自然灾害,如山洪爆发等。
(2)燃煤火力发电的主要风险:
燃煤火力发电的主要风险是原材料供应的风险,火力发电在生产过程中需要大量的燃煤,燃煤供应是否稳定、充足,燃煤价格是否波动,是影响公司生产能力和盈利水平的重要因素。
2、产品价格限制的风险:
电力是国家重点基础行业,电力销售价格由有关部门统一制定,现行电价较低,而燃煤等原辅材料及运输费用为市场价格。可能会为企业带来一定风险。
3、融资能力约束的风险:
本公司的融资能力受国家金融政策变化的影响。虽然公司不存在销售问题,售电收入能及时回收,营运资金较为充足,但是电力行业项目投资规模大,建设周期长,投入产出期相对较长,故在发展扩充过程中,对资金的需求量很大,可能会存在着资金不足的风险。
二、行业风险
本公司属于国家鼓励发展的基础行业,但公司所属火力发电厂,在生产经营过程中会造成环境污染,主要是灰渣和烟气的排放。每年废弃的灰渣,占用了堆积场地,排放的烟气中含有的烟尘和二氧化硫,这些都对周围环境有一定的影响。
另外,公司所拥有的地方电网覆盖万县市90%的区域,国家电网覆盖10%的区域,其他小型电厂及电网的存在会对公司产、供、销电产生一定影响,在行业内部形成竞争。
三、市场风险
电力是国民经济的基础产业,电力需求量受国家宏观经济发展水平的影响比较大,就本公司而言,将特别受到重庆万县市的经济发展速度及当地工业企业用电量的制约。万县市地处三峡库区腹地,建国以来受三峡工程久拖未决的影响,经济发展速度及用电量低于全国平均水平,公司若进一步扩大装机规模,增加供电量,则市场规模会直接受制于三峡工程及库区移民搬迁的进展速度。
四、政策性风险
随着改革开放的深入,我国的经济政策也会作出相应的调整。国家电价政策、税收制度等方面的变化,会直接影响公司的经营状况;国家产业政策的调整、劳动工资制度改革等,都将给公司的生产、经营造成潜在的影响。
五、其他风险
1、投资项目风险
公司本次募集资金将主要投向水利电力项目,这些项目的资金能否及时到位、工程质量是否符合设计要求、工期长短等都会对项目经济效益产生影响,并进一步影响公司的经营业绩。
2、现有股东控制风险
公司现有大股东虽未对公司形成绝对控股或相对控股,但仍可能通过行政干预,行使股票权或其他方式对公司的经营决策、人事方面进行控制。
3、股市风险
中国的证券市场为新兴的市场,现行的法律、法规尚不完善,因此目前证券市场有一定的投资风险。投资者一经进入股票市场,就必须承担股票市场上的风险,股市会随着各上市公司的经营状况、发展前景、股票市场的供求关系、国家金融政策、通货膨胀、国内外经济形势以及投资者

心理的变化而波动,都可能给投资者带来风险。

本公司针对以上风险,将采取以下对策:

一、经营风险的主要对策

1、本公司针对水力发电的主要风险新建、扩建水电站调节水库。在磨刀溪上游将新建太阳坪水库和大滩口水库。库容分别为4000万立方米和26400万立方米。在下游将建成鱼背山水库和长滩水库。库容分别为8000万立方米和1600万立方米。这四个水库的修建将使各级水电站达到年调节能力。

2、针对火力发电的主要风险,本公司已着手多方面扩大煤源。与邻近的几家煤矿签定了长期稳定的供煤合同,并拟投资开发煤炭资源,实现煤电联产,以确保发电用煤,使发电成本保持稳定的水平。

3、作为基础行业,由国家确定电力售价的在一定时期还将存在。公司将向有关部门积极争取,根据当地经济发展状况和物价水平,适时调整电价,以保持正常合理收费水平。

4、电力行业投资大,产出期长。本次募集成功后,筹集到的3.09亿元资金将使近期的投资项目基本得到满足。公司还将继续开辟多种渠道并采取多种方式筹集资金。

二、行业风险对策

公司所属火力发电厂在煤烟除尘、粉煤灰贮存等方面均利用先进设备和方法处理,以减少对周围环境的污染。目前(1)通过水膜除尘器已基本控制了烟尘的排放,并达到了国家的有关环保标准。(2)正在试验炉内添加剂脱硫方法。(3)正在研究试验烟气炉外脱硫方法。(4)筹建灰渣制砖厂,采用"高掺量压制成型粉煤灰——页岩烧结砖"技术,变废为宝。

三、市场风险对策

公司将针对市场需求,调节生产计划。公司还将积极发展输变电能力,扩大电网的辐射,实现与邻近地区的联网,保证电产品的顺利销售。同时利用自身优势进一步拓展新领域,优化产品结构,积极发展水产养殖、供水、工业设备制造与安装、三峡旅游及具有用电调节能力的高耗能产品等回报较高的行业。弥补产品结构单一对公司利润增长的不利影响,提高盈利水平。

四、政策风险对策

本企业所属三峡库区及水利电力行业均系国家政策重点倾斜和扶持的区域及行业,为此,公司将积极争取国家及地方相关的优惠政策。同时,公司将加强对国家经济形势的研究和追踪,公司的生产经营将针对国家经济政策的变动采取相应的措施。

五、股市风险主要对策

本公司将严格按照《公司法》和《股票发行与交易管理暂行条例》等法律法规,规范公司行为,及时公开披露信息,并加强与投资公众的信息沟通,树立公司良好的形象。公司将尽可能给股东以长期、稳定的回报,提高本公司股票在二级市场上的抗风险能力。

六、募集资金的运用

(一)定向募集资金运用情况

1994年4月,公司经四川省体改委川体改〔1993〕145号文、川体改〔1994〕225号文批准采用定向募集方式设立,注册资本10888万元。除主要发起人万县地区电力公司、万县地区小江水力发电厂以评估后的生产经营性净资产全额入股外,其他股东全部以现金入股,共计人民币4550万元。资金到位后,公司严格按照招股说明书的投资方向,投资2000万元用于磨刀溪中段第二级双河电厂、投资2000万元用于第三级赶场电厂、投资550万元用于相应配套送出工程的建设。

募集资金的集中使用,加快了万县市电源点和电网的建设,缓解了三峡工程开发性移民迁建工程用电需求与电力供给不足的紧张局面,并充分利用三峡库区发展电力事业的优势,大大提高了电力供应的可靠性和布局的合理性。同时,资金的合理运用及公司资产结构的进一步改善也为公司带来可观的收益。公司设立以来的经营业绩如下表所示:

经营业绩

单位:万元

项目	97年1-4月	96年	95年	94年
营业收入	3447	12370	10438	8639
利润总额	1420	5336	4912	4560
税后利润	1207	4769	4672	4440

(二)本次增资扩股所筹资金运用计划:

若本次股票发行成功,扣除发行费用,公司实际募集资金3.09亿元。根据公司股东大会决议,拟将此次募集资金主要用于磨刀溪中段梯级开发及电网改造工程等4个项目。

磨刀溪是长江上游右岸的一条支流。干流全长170Km,流域面积3167Km^2、河口多年平均流量63.0m^3/S,年径流量19.87亿m^3。磨刀溪系山区性河流,河谷狭窄,坡陡流急,干流平均比降为5‰,具有水力资源开发的优越条件。其中,位于中段的长滩口至鱼背山河段,落差更为集中,且交通方便,在该河段上游鱼背山筑坝建库能形成具有不完全年调节的库容。公司拟投资对上述河段的第二级双河电厂、第三级赶场电厂、第四级长滩电厂及相应的配套设施进行重点开发。

1、收购双河电厂

双河电厂转机容量为2×5500KW+2×8000KW,总投资6760万元,已于97年5月底全部按工程设计要求竣工投产。该工程由本公司与万县市电力开发公司联合投资建设,本公司投资2000万元,其余资金由万县市电力开发公司投入,工程发生的盈亏由双方按投资比例进行分配。现本公司已与万县市电力开发公司签订协议,拟利用本次公开发行股票所筹的资金5000万元收购该项目中万县市电力开发公司拥有的权益,本次收购已获得万县市国资局及万县市的水利电力局批准,收购价格为工程决算价格扣除本公司已投资的2000万元。该项目收购预计于1997年8月31日前完成,收购完成后97年可增加税后利润425万元,全部投产后,每年可增加利润3358万元,除去15%的所得税504万元,每年可增税后利润2854万元。预计3年即可收回投资。

2、收购赶场电厂

赶场电厂为双河电厂的下级电站,位置距负荷 中心万县市较近,输电距离短。上游鱼背山具有不完全年调节库容,本电厂具有容积较大的日调节池,是万县市最好的,也是目前装机容量最大的一座水电厂,总装机容量达3.75万千瓦,承担了电网中的调峰任务,本电厂经四川省计委川计〔1994〕能21号文批准建设,于94年动工,已于97年5月底全部按工程设计要求竣工投产。该项目共投入资金13834万元。该工程由本公司与万县市电力开发公司联合投资建设,本公司投资2000万元,其余资金由万县市电力开发公司投入,工程发生的盈亏由双方按投资比例进行分配。现本公司已与万县市电力开发公司签订协议,拟利用本次公开发行股票所筹的资金12000万元收购该项目中万县市电力开发公司拥有的权益,本次收购已获得万县市国资局及万县市水利电力局批准,收购价格为工程价格决算扣除本公司已投资的2000万元。该项目收购预计于1997年8月31日前完成,收购完成后,97年可增加税后利润595万元,全部投产后每年可增利润4485万元,扣除15%的所得税,可实现税后利润3812万元。预计4年可收回投资。

3、长滩电厂扩建工程

长滩电厂建于六十年代中期,装机容量4×1560KW(共计6240KW)。由于使用期长,设备陈旧,维修费用大,而且主要设备多来自国外,备件难寻。从电站设计来说,水头低,引用流量小,造成一定程序的水能浪费。扩大长滩电厂的规模,改进电厂技术条件,与上游的赶场电厂水位衔接,完善磨刀溪开发的系统工程,形成规模效益,已势在必行。该项目经过充分的分析论证,并由四川省经贸委川经贸〔1996〕技改305号文批准通过,拟于1997年10月正式动工,总工期31个月,2000年4月工程全面完工。工程包括:

A、建装机2×10000千瓦电站及110千伏送出工程;

B、建电站首部取水枢纽,输水系统,主副厂房及生活设施;

C、农用灌溉工程。

电厂扩建工程总投资16880万元,本次募股资金计划投入7860万元,资金缺口由公司贷款解决。工程建成后可年创利润2600万元,扣除15%的所得税,可实现税后利润2210万元,投资回收期4.66年。

4、电网改造工程

电网是电力企业的产品销售系统。由于电力企业的特殊性,企业的产品——电,即产即销,没有库存,所以发达的电网系统是企业扩大生产规模的必要前提。万县市电网系统布局不合理,电压等级低,已无法承担日益扩大的供电任务的需要。经过周密的可行性分析,公司决定投资改造电网,包括鱼背山送出工程(川经贸1996技274号文批准)、农村电力排灌电网技改工程(川经1995技811号文批准)和农村电网综合技术改造35KV工程(川经1995技改864号文批准),工程从96年开工建设,分别到97、98年竣工投入使用。以上三项工程总投资9968万元,使用本次募集资金6000万元,其余资金由公司贷款解决。全部建成投产后,可为公司每年创造税后利润2397万元,投资回收期为4年。

资金使用计划时间表

项 目	1997年计划投入	1998年计划投入	项目投资回收期
收购双河电厂	5000万元		3年

收购赶场电厂	12000万元	\	4年
扩建长滩电厂	7860万元	\	4.66年
电网改造工程	4200万元	1800万元	4年
合　　计	29060万元	1800万元	\

对暂时无法投入项目使用的资金,用于补充公司流动资金。

七、股利分配政策

一、按本公司章程所载之利润分配政策,本公司本着同股同利的原则,每年之税后利润在弥补亏损后按下列顺序和比例分配:

1、提取法定盈余公积金10%;

2、提取公益金5%-10%;

3、提取任意盈余公积金,提取比例按当年股东大会决议确定;

4、税后利润在提取公益金和公积金后用于股利分配。

根据公司章程,每一年度的具体分配方案由董事会提议,报股东大会审定。

除股东大会有特别决议外,公司股利每年派发一次,采取现金和股票两种形式,股利的派发以年终财务决算为依据,于次年6月份之前派发。

二、股份公司历年发放股利情况;

1、1994年公司利润4,560万元,税后利润4,440万元。经1994年度股东大会审议通过:1994年税后利润在提取10%法定盈余公积金、5%公益金后,每10股派发现金1.97元。剩余税后利润1,710万元作为未分配利润结转下一年。

2、1995年公司实现利润总额为4,912万元,税后利润4,672万元,按10%提取法定公积金、5%提取公益金后,加上1994年未分配利润,经1995年度股东大会通过,公司按每10股派发现金2.20元。剩余税后利润3,285万元作为未分配利润结转下一年。

3、1996年公司实现利润总额为5,336万元,税后利润4,769万元,按10%提取法定公积金、5%提取公益金后,加上1995年末未分配利润,经1996年度股东大会通过,公司按每10股派发现金3.00元。剩余税后利润4,073万元作为未分配利润结转下一年。

三、公司承诺,历年的滚存利润4073万元连同1997年公司实现的利润,由新老股东共同享有。公司预计在1997会计年度结束后,进行公开发行股票后首次利润分配。

四、公司承诺,待本次股票发行上市后,将一如既往地认真维护股东权益,按上市公司的标准做好每一年度的股利发放工作。

八、发行人情况

(一)发行人概况

发行人名称:重庆三峡水利电力(集团)股份有限公司

英文名称:Chongqing Three Gorges Water Conservancy and Electric Power Co.,Ltd.

注册地址:重庆万县市鸽子沟72号

法定代表人:于和平

注册资本:10888万元

发行人成立时间:1994年4月28日

(二)公司沿革:

重庆三峡水利电力(集团)股份有限公司,原名为四川三峡电力(集团)股份有限公司,其主要发起人——万县地区电力公司隶属于万县地区水利电力局,注册资本4149.88万元。主要从事发、购、供电、兼营锅炉、压力容器制造安装,发电机组安装及锅炉水处理,110千伏变电站及以下线路安装、调试、设计等业务。总装机容量6.164万千瓦,年发电量逾1.2亿千瓦时,输配电线路总长2000余公里,是万县地区最大的以电养电地方电力企业。80年代以来,曾获得全国小水电管理先进单位、省安全生产优秀企业和安全先进集体等荣誉称号。

公司另一主要发起人万县地区小江水力发电厂系国家水利部投资企业,主营水力发电,兼营机电维修、安装等业务,注册资本为2894万元,总装机容量1.296万千瓦,年发电量5700万千瓦时,是万县市电网中具有季调节能力的骨干电厂。

万县地区电力公司和万县地区小江电厂共同担负着三峡库区腹地万县主要地区的供电任务。

为了充分利用社会闲散资金,进一步提高生产效益,扩大供电规模。缓解当地电力供应的紧张局面,万县地区电力公司、万县地区小江水力发电厂、万县市水电建筑勘察设计研究院和万县市建筑勘察基础工程公司共同发起,报经四川省体改委同意(川体改〔1993〕145号文,川体改〔1994〕225号文批复),1994年4月,采取定向募集方式成立了四川三峡电力(集团)股份有限公司,总股本为10888万元。其中,万县地区电力公司以其经评估、确认的经营性净资产3362万元,万县地区小江水力发电厂以其经评估、确认的经营性净资产2976万元,以1:1的折股比例折为国家股;另两家发起人以现金方式认购180万股;向其他社会法人和内部职工定向募集4370万股。国家股由万县市国有资产局持有。1997年7月,根据水利部水经济〔1997〕274号文,重庆市国资局渝国资管〔1997〕12号、44号文以及万县市人民政府万府函〔1997〕93号文的精神,原万县地区电力公司净资产折为的3362万股国家股由万县市电力总公司持有,原小江电厂净资产折为的2976万股国家股由水利部水利经济管理局持有。

公司设立时,对主要发起人的非经营性净资产(包括学校、职工宿舍等)进行了剥离,剥离的非经营性净资产共计4164万元,经万县市国资局、财政局批准,由公司受托管理,独立建帐核算,并组织对外提供服务、有偿使用等方式创收,并通过国有股分红部分提供包干补贴,用于托管资产的维护、更新,公司不承担这部分费用支出。

公司股权结构如下:

	类　别	股份数(万股)	占总股本比例(%)
尚未流通部分	发起人股	6,518	59.86
	其中:国家股	6,338	58.21
	法人股	180	1.65
	募集法人股	4,098	37.64
	内部职工股	272	2.50
	总股本	10,888	100.00

公司是三峡库区首家电力股份有限公司,自成立以来,严格按照《公司法》、《股份有限公司规范意见》等法律法规,遵照建立现代企业制度的要求,进行规范化的运作和管理。公司依法设立"三会",严格执行股份制财务会计制度,并根据有关规定,对募集股份进行了集中托管。公司的成立,充分利用了各企业的相对优势,形成了规模经济,增强了生产能力和电网实力。公司规范的运作和显著经济效益得到了部、省的充分肯定,在水利水电行业有着显著的示范作用。1996年,公司被列为水利部、四川省现代企业制度试点企业,并按《公司法》的规定和要求,进行了规范。1997年3月,公司更名为"四川三峡水利电力(集团)股份有限公司"。1997年7月,随着重庆直辖市的设立,公司更名为"重庆三峡水利电力(集团)股份有限公司"。

1997年初,公司被列为水利部96年度推荐的股票(A股)公开发行并上市试点单位,获得公开发行股票额度5000万元人民币(面值)。

(三)本公司组织结构

本公司组织、管理结构如图:

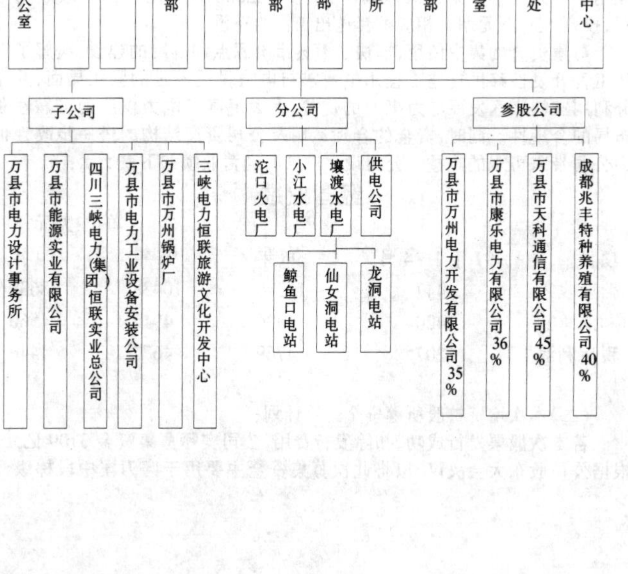

公司现有小江水电厂、沱口火电厂、壤渡水电厂、供电公司等四个分公司,万州锅炉厂、万县电力工业设备安装公司、三峡电力恒联旅游文化开发中心、四川三峡水电(集团)恒联实业总公司、万县市电力设计事务所、万县市能源实业有限公司等六个子公司,以及万州康乐电力有限公司等四家参股公司。公司内部采取事业部制与直线职能制相结合的形式,设置了12个行政科室,即总经理办公室、中心调度所、财务部、证券部、劳人部、法律部、技术部、安监部、政治部、事务处、审计室和培训中心等。

(四)职工与福利

公司现有职工2489人,各类专业技术人员893人,其中:现有高级职称56人,中级职称347人,初级职称490人,全体员工的学历、年龄、专业结构如下:

(1)学历结构		
大专及大专以上学历	398人	占15.99%
中专以上学历	499人	占20.05%
(2)年龄结构		
50岁及50岁以上	358人	占14.38%
36-50岁	850人	占34.15%
21-35岁	930人	占37.36%
20岁及20岁以下	351人	占14.11%
(3)专业结构		
生产人员	1695人	占68.10%
技术人员	568人	占22.82%
管理及财务人员	226人	占9.08%

公司执行国家关于职工医疗福利、劳资、待业保险及养老保险的有关规定,全体员工均参加职工统筹养老保险,公司按照国家有关规定向万县市社会保险事业管理局缴纳规定的费用。公司设立时,对离退休人员进行了剥离,万县市国资局委托公司代为管理,离退休人员发生的全部费用由国有股分红承担。

(五)业务经营范围

主营:发电、供电、供水、水产养殖

兼营:发输变电设备的设计、安装和调试;锅炉压力容器制造及安装;水电物质、建筑材料;旅游商业、信息服务咨询、投资服务等。

(六)公司主要业务

公司主营发、供电,水火电配套,供电网络完整。现已投产总装机7.46万千瓦,其中水电3.86万千瓦,火电3.6万千瓦,年供电能力4.7亿千瓦时,在建水电机组7.35万千瓦;公司拥有110千伏变电站4座(在建2座),输配电线路总长3000多公里,其电网以万县市龙宝、天城、五桥三区为中心,向六县幅射,东至巫溪,西至忠县、南至湖北利川,北至开县,其电力产品销售占万县市市场份额的90%。公司售电价格由当地物价部门核定,94年平均为281元/千千瓦时,95年平均为304元/千千瓦时,96年平均为336元/千千瓦时。1996年,公司发电量为2.42亿千瓦时,网供电量近3.75亿千瓦时,售电收入1.24亿元。

(七)主营业务收入及利润

单位:人民币元

项　目	1997年1-4月	1996年	1995年	1994年
主营业务收入	34,467,846	123,695,632	104,375,234	86,390,700
主营业务利润	11,376,508	42,347,503	37,757,129	31,207,493
利润总额	14,197,771	53,361,544	49,115,793	45,595,011
税后利润	12,068,105	47,692,808	46,715,793	44,395,011

(八)主要原材料的供应及自然资源的耗用

1.本公司生产经营主要需要水和燃煤等能源资源。

2.万县市地处重庆东部山区,地势起伏,河流落差大,水量充沛,年降水量达1000毫米以上,水力资源丰富,具有足够的高水头水力来满足本公司水力发电的需要。

3.万县市煤碳资源丰富,年开采量为1000万吨左右,用其1/3作发电煤,可装机100万千瓦,为现有规模的2倍。

(九)无形资产

本公司1997年4月30日无形资产余额535万元,为土地使用权。

(十)重大科研项目及新技术开发情况

公司研究开发、科技引进的应用项目共二十余项。其中,"N12—35—型汽轮发电机顶峰超负荷技术"获得国家专利,专利号ZL292221848X。

(十一)正在进行或计划进行的投资项目、技改项目等一般情况

1、计划新增大中型供水项目。项目是:江南供水工程,一期日供水5万吨,二期供水20万吨。工程前期准备已经开始进行。

2、新增水电装机。项目是:磨刀溪中段开发鱼背山电厂、双河电厂、赶场电厂,总装机8.15万千瓦时,已于1994年全面破土动工,通过联合投资建厂、收购等方式完成。长滩电厂技术改造工程,总装机2万千瓦,前期准备工作即将完成。

3、贮备水电项目。项目是:磨刀溪上段四步河水电工程,总装机约4.5万千瓦,前期准备工作正在加紧进行。

4、计划建设中型火电项目。项目是:康乐火电厂工程(二期),总装机10万千瓦。机组投产计划在1998-1999年,目前已立项并通过可行性研究、环保评审。

5、建设输变电工程。项目是:万县市五桥110千伏枢纽变电站;万县市至忠县110千伏输电线;万县市至湖北利川市110千伏输电线。目前已峻工,即将投人运行;万县市农村电网综合技术改造工程,拟改造建输变电站18处,总容量223.4兆伏安,其中35千伏站14处,110千伏站4处;另外,改造改建输配电线路1510.5公里,其中,10千伏线860公里,35千伏线402公里,110千伏线248.5公里。目前,前期工作已基本完成。

(十二)优惠与限制

1、经重庆市人民政府重府函〔1997〕44号文批准,公司享受所得税实际税负为15%的优惠政策,优惠期限为1997年至2001年。

2、当地政府有权根据本地经济发展状况和物价水平对电价作相应的调整。另外97年国家电价调整的政策已经出台,当地政府根据文件可能上调本地电价。

3、公司在生产经营上无任何限制。

(十三)发行人在过去三年内除名称变更外,没有发生重大改组、变更、收购、兼并、清理整顿行为。

(十四)关联企业与关联交易情况

公司的关联企业及关联关系如下:

关联公司名称	与本公司关系
万县市万州电力开发有限公司	本公司参股公司
万县市康乐电力有限公司	本公司参股公司
成都兆丰特种养殖有限责任公司	本公司参股公司
万县市天科通信有限公司	本公司参股公司
万县市电力总公司	本公司股东
水利部经济管理局	本公司股东
万县市建筑勘察基础工程公司	本公司股东
万县市水电建筑勘察设计研究院	本公司股东
长江流域水资源开发总公司	本公司股东

经查证,截止一九九七年四月三十日,公司与关联公司之间无关联交易事项。

(十五)董事、监事及高级管理人员

于和平,男,43岁,大专文化程度,高级工程师,现任公司董事长兼党委副书记。曾任万县地区小江水力发电厂工程指挥长、原万县地区行署三电办常务副主任、万县市电力总公司总经理、本公司副董事长兼总经理。于和平同志是四川省劳动模范、中国水电学会地电协会会员,万县市商会会长,其模拟法人制度管理思想,受到行业好评,论文获得行业评审一等奖。持有本公司股票800股。

邹小剑,男,44岁,大专文化程度,经济师,现任公司董事兼总经理。曾任万县市电力总公司办公室主任、副总经理、本公司董事、常务副总经理,熟悉发、供电企业领导工作,参与领导过多项市属发、输、配电、供水重点项目。持有本公司股票800股。

李永忠,男,59岁,中专文化程度,经济师,现任公司董事、党委书记。1995年参军,复员后曾任万县市电力总公司党委书记。持有本公司股票800股。

蒋发文,男,51岁,大专文化程度,高级工程师,现任公司董事、常务副总经理。1965年4月参加工作,曾任电气技术员、电力职校校长、生技科副科长、中心调度所所长,长期从事并主持电力生产技术工作和电力工程建设。持有本公司股票0股。

牟世富,男,53岁,中专文化程度,政工师,现任公司董事、工会主席。曾任万县市电力总公司团委书记、政治处副主任、万县市电力总公司党委委员、工会主席。1995年,被评为全国优秀工会干部。持有本公司股票800股。

陈奇才,男,63岁,教授级高级工程师。现任公司董事、总工程师。曾任万县市电力总公司副总经理、市重点项目-沱口电厂技改工程副指挥长,主持过四川省水电行业技工培训教材编写,其主持的"N12—35—I型汽轮发电厂顶峰超负荷技术"研究获国家专利、联合国技术信息促进系

统中国国家分部科技之星奖。持有本公司股票800股。

张志云,男,32岁,经济学硕士,现任公司董事、国泰证券有限公司证券发行三部总经理,深圳分公司副总经理。曾主持多家股份公司的改组和上市工作,具有四年以上投资银行业务经验。持有本公司股票0股。

吴秀荣,女,49岁,大专文化程度,经济师,现任公司董事、水利部经济局企业处负责人。曾任水电部第二工程局修造厂党办副主任、水利部综合经营管理办公室秘书,具有多年的企业经营管理经验。持有本公司股票0股。

叶建桥,男,27岁,经济学硕士,助理经济师,现任公司董事、水利部经济局企业处干部。具有较高的企业管理理论水平,参与过多家企业的管理咨询。持有本公司股票0股。

何治华,男,57岁,大学文化程度,教授级高级工程师,现任公司董事、长江水利水电开发总公司总经理。曾任葛洲坝工程局计划处处长、长江水利委员会水利水电工程管理局局长。持有本公司股票0股。

廖方炳,男,59岁,大学文化程度,教授级高级工程师,现任公司董事、长江水利水电开发总公司董事、副总经理。曾任长江水利委员会规划处技术秘书和科长、计财处副总工程师、基建处处长,其参加编写的《国家水利资源普查》、编制的调节和多年调节电站水能程度等多次获国家、水利部的科技成果奖。持有本公司股票0股。

周尚敏,男,52岁,大学文化程度,高级工程师,现任公司副总经理、万州电网发展公司董事长兼总经理。曾任万县地区电力总公司副总经理。主持过多项市重点电网工程。持有本公司股票800股。

汤启严,男,42岁,大专文化程度,现任公司副总经理。曾任万县市物价局工交科科长、万县地区电力总公司总经理助理。持有本公司股票800股。

籍毅,男,42岁,大专文化程度,助理工程师,现任集团公司副总经理兼供电公司经理。曾任技术员、车间主任、副所长、党总支书记,主持供电及输、配电工程建设工作多年。持有本公司股票800股。

李鲁川,男,44岁,大专文化程度,工程师,现任公司监事会主席、党委副书记。曾任小江电厂工程指挥部副指挥长、小江电厂副厂长、厂长兼党总支书记,主持过多项水电工程建设。持有本公司股票800股。

王陶浪,男,40岁,大学文化程度,现任公司监事。曾在国家水电部电力科学研究院工作,获院科技成果二等奖;历任万县地区电力公司副总经理、输变电工程处处长等职。主持过多项市属重点水利、电力工程。持有本公司股票0股。

李莉玲,女,40岁,大专文化程度,统计师,现任本公司监事、工会副主席、女工委员会主任。曾担任中心调度室调度员、生技科统计员等职。从事企业技术、工会工作多年。持有本公司股票800股。

程中华,女,49岁,高中文化,现任本公司监事,工会副主席。曾任万县电力公司东方红电厂、沱口电厂化验员,兼任团支部书记,厂工会办主持女工工作。持有本公司股票800股。

张晓光,男,31岁,大专文化,经济师。现任本公司监事,三峡电力集团小江电厂工会主席,党总支副书记。持有本公司股票800股。

陈丽娟,女36岁,大专文化程度,经济师,现任公司董事会秘书,证券部副主任。持有本公司股票800股。

冉宏传,男,43岁,大专文化程度,会计师,现任公司财务部主任。持本公司股票800股。

九、经营业绩

1、生产经营情况回顾

公司自1994年4月28日创立以来,对分公司、子公司加强成本管理,推行内部模拟法人制度。公司还推行资本运作方式,加快公司重点水、火电工程的建设步伐,取得了良好的经济效益,得到了部、省的充分肯定,在水利水电行业有着显著的示范作用。1994年利税居四川省水利电力企业第二名,1995年为第一名,1995年在四川省最佳经济效益,最大市场占有,最大规模的500强企业评比中列水利电力企业第一名。公司先后获得"全国水利系统先进企业"、"四川省水利电力系统优秀企业"、"全国水利行业经济十强企业"等荣誉称号。

2、经营业绩

单位:人民币元

项　目	1997年1-4月	1996年	1995年	1994年
主营业务收入	34,467,846	123,695,632	104,375,234	86,390,700
主营业务利润	11,376,508	42,347,503	37,757,129	31,207,493
利润总额	14,197,771	53,361,544	49,115,793	45,595,011
税后利润	12,068,105	47,692,808	46,715,793	44,395,011

3、业务收入的主要构成

单位:人民币万元

项　目	1997年1-4月	1996年	1995年	1994年
主营业务收入	3446.78	12,369.56	10,437.52	8,639.07
其中:水电	1,565.18	5,937.39	5,040.02	4,400.36
火电	1,024.04	3,958.26	3,210.00	2,966.90
趸电	857.56	2,473.91	2,187.50	1,271.81

4、完成的主要工作

(1)与万县市电力开发公司共同投资的磨刀溪中段水电工程第二级双河电厂3号、4号机组2×0.8万千瓦、第三级赶场电厂1号、2号、3号机组3×1.25万千瓦已于97年5月底前竣工;

(2)与奉节电力公司共同投资的康乐火电工程第一期1号机组1.35万千瓦已于97年5月底竣工;

(3)五桥110千伏变电站枢纽及四条主线路竣工;

(4)万州锅炉厂的移民搬迁替代工程——观音岩重型机构厂主体工程竣工;

(5)三峡电力恒联旅游文化开发中心、成都兆丰特种水产养殖场、高压开关厂等多种经营项目投入运营;

(6)"N12—35—I型汽轮发电机顶峰超负荷技术"获得国家专利、联合国技术信息促进系统中国国家分部"科技之星"奖。

5、筹资与投资方面的情况

公司成立时,采用定向募集方式,共募得股本金10888万元,其货币资金4550万元全部投入双河电厂和赶场电厂及配套设施的建设。国家到位的移民补偿资金为3403万元,另外公司目前还争取到各种长短期借款9,576万元,也都全部投入到各个在建项目中。这些项目是:鱼背山水库及电站工程、观音岩重型机械厂、康乐火电工程、五桥110千伏输变电工程等。

6、职工状况

公司现有职工2489人,其中高级职称人员56人(含教授级高工2人),占职工总数的2.2%;中级职称人员347人,占职工总数的13.9%。公司注重通过岗位培训,提高职工的业务水平,每年接收各种在职培训的员工达总人数的25%以上。公司还注意培养年轻管理人员和技术人员,经过多年的努力,已锻炼出一支富有管理经验和技术才能的年轻队伍。

十、股本

1、注册股份为10,888万元。

2、本公司股本状况为:股本总数(金)额为10,888万股(元),全部为记名式普通股。每股面值为人民币1元,股本结构如下:

	类　别	股份数(万股)	占总股本比例(%)
尚未流通部分	发起人股	6,518	59.86
	其中:国家股	6,338	58.21
	法人股	180	1.65
	募集法人股	4,098	37.64
	内部职工股	272	2.50
	总股本	10,888	100.00

3、发起人和发起人认购股份情况:

单　位	认购股数(万股)	占总股本比例(%)
万县地区电力总公司	3,362	30.88
万县地区小江水力发电厂	2,976	27.33
万县市水电建筑勘察设计研究院	160	1.47
万县市建筑勘察基础工程公司	20	0.18
合　计	6,518	59.86

4、此次募股溢价发行后,超过股本缴入的资本,均作为公司的资本公积金。

5、内部职工股:严格遵照国家的有关规定,设立时内部职工配售的股份占公司股本总额的2.5%,即272万股。在本次股票发行三年后上市。

6、发行后股本结构

本次发行后,本公司注册资本15,888万元,股本结构如下:

	类　别	股份数(万股)	占总股本比例(%)
尚未流通部分	发起人股	6,518	41.03
	其中:国家股	6,338	39.89
	法人股	180	1.14
	募集法人股	4,098	25.79
	内部职工股	272	1.71
可流通部分	社会公众股	5,000	31.47
	总股本	15,888	100.00

本次股票上市额度为5000万股,公开发行5000万股。

7、本次发行前每股净资产1.74元;本次发行后净资产总额为49752万元;本次发行后每股净资产3.13元。

8、目前公司最大十名股东持股情况

单　位	认购股数(万股)	占总股本比例(%)
万县市电力总公司(国家股)	3362	30.88
水利部经济管理局(国家股)	2976	27.33
万县市三峡电力(集团)股份有限公司职工持股会	1905.6	17.50
长江流域水资源开发总公司	1000	9.18
万县市中建房地产开发有限公司	200	1.83
万县市水电建筑勘察设计研究院	160	1.47
中国灌排技术开发公司	100	0.92
四川长平机械厂	100	0.92
德阳电站成套设备有限公司	62	0.57
万县金贸商务实业公司	60	0.55

十一、财务会计资料

以下摘自重庆会计师事务所重会所审字〔97〕第234号审计报告,报告中的四川三峡水利电力(集团)股份有限公司已于1997年7月更名为重庆三峡水利电力(集团)股份有限公司。

四川三峡水利电力(集团)股份有限公司全体股东:

我们接受委托,审计了贵公司一九九四年十二月三十一日、一九九五年十二月三十一日、一九九六年十二月三十一日及一九九七年四月三十日的合并及母公司资产负债表,一九九四年度、一九九五年度、一九九六年度、一九九七年一至四月的合并及母公司利润及利润分配表和一九九六年度的合并及母公司财务状况变动表。这些会计报表由贵公司负责,我们的责任是对这些会计报表发表审计意见。我们的审计是依据《中国注册会计师独立审计准则》进行的。在审计过程中,我们结合贵公司实际情况,实施了包括抽查会计记录等我们认为必要的审计程序。

我们认为,上述会计报表符合《企业会计准则》和《股份制试点企业会计制度》的有关规定,在所有重大方面公允地反映了贵公司一九九四年十二月三十一日、一九九五年十二月三十一日、一九九六年十二月三十一日、一九九七年四月三十日的财务状况和一九九四度、一九九五年度、一九九六年度、一九九七年一至四月的经营成果以及一九九六年度资金变动情况,会计处理方法的选用遵循了一贯性原则。

重庆会计师事务所　　中国注册会计师:杨友明

中国·重庆　　中国注册会计师:邓兴政

一九九七年六月八日

(一)主要会计政策

1. 会计制度:公司执行《股份制试点企业会计制度》。

2. 会计年度:公历每年1月1日至12月31日。

3. 记帐原则和计价基础:按照权责发生制原则进行会计核算,以实际成本为计价基础。

4. 记帐本位币:公司以人民币为记帐本位币。

5. 合并会计报表编制基础,按财政部《合并会计报表暂行规定》及财政部财会字〔1996〕2号补充规定进行。合并时已抵减了对各子公司的投资及所有内部往来。

纳入合并会计报表合并范围的子公司资料列示如下:

公司名称	投资比例(%)	投资金额(万元)	业务性质
万县市电力设计事务所	100	30.00	送变电工程设计
万县市能源实业有限公司	100	55.00	水电工程设计安装
四川三峡电力(集团)恒联实业总公司	100	27.00	电力设备维修服务
万县市电力工业设备安装公司	100	30.00	发电设备、锅炉安装
万县市万州锅炉厂	100	108.00	锅炉制造
三峡电力恒联旅游文化开发中心	100	100.00	旅游开发服务

6. 坏帐准备:按应收帐款年末余额的3‰提取坏帐准备金。

7. 存货:存货实行永续盘存制,按实际成本计价。原材料按计划成本进行日常核算,月末通过材料成本差异调整为实际成本;产成品按实际成本核算,发出按加权平均法结转成本,低值易耗品领用时一次摊销。

8、长期投资:包括债券投资和联营投资。公司对拥有20%以下,股权的联营投资采用成本法核算,对拥有20%以上股权的联营投资采用权益法核算;并对拥有50%以上股权的联营投资合并会计报表。债券投资按取得成本入帐,按期计算利息收入。

9、固定资产及其折旧:公司的固定资产是指公司拥有的使用年限在一年以上的房屋、建筑物、机器、设备、器具、工具等生产经营主要设备,以及单位价值在2000元以上,并且使用年限超过两年的不属于生产经营主要设备的物品。

公司的固定资产按实际成本计价。固定资产折旧采用直线法核算,分类折旧年限及折旧率为:

类　别	使用年限	年折旧率	残值率
房屋及建筑物	40	2.425%	3%
运输设备	10	9.7%	3%
专用设备	20	4.85%	3%
通用设备	15	6.47%	3%

10. 无形资产:为土地使用权,按50年使用期采用直线法摊销。

11. 递延资产:为公司开办费,分5年采用直线法摊销。

12. 收入确认:以商品及劳务已经提供、收到货款或取得收款凭据时确认收入实现。

13. 税项及附加费:

公司主要承担以下税项:

(1)所得税:根据万县市人民政府与四川三峡水利电力(集团)股份有限公司于1994年4月1日签订的《万县市企业经济目标责任制》确定公司1994、1995年所得税实行定额缴纳,定额所得税额分别为120万元、240万元;96年经四川省现代企业制度试点领导小组川试组〔1995〕12号文件《关于四川三峡电力(集团)股份有限公司现代企业制度试点方案的批复》,同意四川三峡电力(集团)股份有限公司为省现代企业制度试点单位,其所得税按33%计算,返还18%。经万县市人民政府万府函〔1996〕200号文件同意,返还部分作税后利润处理,实际按15%计征。根据重庆市人民政府以重府函〔1997〕44号文批复同意公司自1997年至2001年止,公司继续执行上述税收政策。

(2)增值税:税率17%;

(2)城建税:按流转税额的7%计缴;

(4)教育费附加:按流转税额的3%计缴;

14. 利润分配:公司税后利润按下列顺序分配:

(1)弥补以前年度亏损;

(2)按10%提取法定盈余公积金;

(3)按5%提取公益金;

(4)提取任意盈余公积金;

(5)分配普通股股利。

(二)各项财务指标

1、流动比率=流动资产/流动负债×100%

2、速动比率=(流动资产-存货)/流动负债×100%

3、资产负债率=负债总额/资产总额×100%

4、应收帐款周转率=主营业务收入/应收帐款平均余额×100%

5、存货周转率=主营业务成本/存货平均余额×100%

6、净资产收益率=净利润/期末净资产总额×100%

7、每股净利=净利润/期末股本总额

项目	96年	95年	94年
流动比率	1.03	1.23	1.06
速动比率	0.94	1.15	0.94
资产负债率	54.88%	51.31%	50.04%
应收帐款周转率	7.67	7.24	5.53

存货周转率	10.16	8.63	5.74
净资产收益率	26.97%	28.87%	31.93%
每股净利(元)	0.438	0.429	0.408

(三)会计报表主要项目附注

1. 货币资金

1997年4月30日余额为24,747,213.09元,列示如下:

现金 346,912.66元

银行存款——人民币存款 24,400,300.43元

2. 应收帐款

1997年4月30日余额为17,252,247.95元,全部为应收销货款。

帐龄分析

A. 帐龄在1年以内的14,705,487.79元,占总金额的85.24%;

B. 帐龄在1年以上2年以内的1,340,048.58元,占总金额的7.77%;

C. 帐龄在2年以上3年以内的1,206,711.58元,占总金额的6.99%;

D. 无帐龄在3年以上的应收帐款。

注:公司应收帐款中无持有公司5%以上股份的股东欠款。

3. 其他应收款

1997年4月30日余额为26,683,100.85元。

(1)帐龄分析

A. 帐龄在1年以内的14,081,002.95元,占总金额的52.77%;

B. 帐龄在1年以上2年以内的9,583,514.17元,占总金额的35.91%;

C. 帐龄在2年以上3年以内的2,601,881.59元,占总金额的9.75%;

D. 帐龄在3年以上的416,702.14元,占总金额的1.57%。

注:公司其他应收款中无持有公司5%以上股份的股东欠款。

4. 长期投资

1997年4月30日余额为77,825,642.25元,列示如下:

(1)联营投资:1997年4月30日余额为76,579,575.00元,列示如下:

被投资公司名称	投资期限	投资比例	1997年4月30日余额
万县市万州电力开发有限公司	30年	35%	26,742,375.00
万县市康乐电力有限公司	30年	36%	7,200,000.00
成都兆丰特种水产养殖有限公司	20年	40%	1,737,200.00
万县市天科通信有限公司	20年	45%	900,000.00
双河、赶场电站	无限期	20%	40,000,000.00
合 计			76,579,575.00

注:截至97年4月30日止,联营投资尚未按被投资单位净资产增加额调整其帐面值。

(2)债券投资:1997年4月30日余额为1,199,150.00元。

(3)应计利息:1997年4月30日余额为46,917.25元,全部为国债利息。

5. 固定资产及累计折旧

1997年4月30日固定资产原值为207,077,957.66元,累计折旧为66,055,460.07元,净值为141,022,497.59元。

6. 短期借款

1997年4月30日余额为19,249,620.00元,列示如下:

借款单位	借款日	到期日	年利率%	币种	借款条件	金 额
工行万县分行	96.11.13	97.6.12	9.24	人民币	信用	1,434,620.00元
工行万县分行信托部	96.10.2	97.9.1	10.98	人民币	信用	400,000.00元
建行万县分行	96.11.6	97.6.5	10.08	人民币	信用	9,615,000.00元
建行分行房地产信贷部	97.1.10	97.7.10	12.06	人民币	信用	300,000.00元
万县市移民办	96.12.22	97.10.21	10.98	人民币	信用	200,000.00元
农行万县分行	97.1.30	97.12.31	12.06	人民币	信用	7,100,000.00元
万川城市信用社	97.4.28	97.7.28	9.0	人民币	信用	200,000.00元

7. 应付帐款

1997年4月30日余额为4,515,674.79元,主要为原材料及外购电力欠款。

(1)余额在10万元以上的有6户,金额为3,825,272.80元,占总金额的84.71%;

(2)余额在10万元以下的有48户,金额为690,401.99元,占总金额的15.29%。

注:公司应付帐款中无持有公司5%以上股份的股东往来。

8. 长期借款

1997年4月30日余额为76,511,000.00元

9. 长期应付款

1997年4月30日余额为34,030,000.00,全部系拨入的移民资金。

注:公司部分区域属三峡库区淹没区,该拨入资金主要用于移民安置及淹没损失补偿。

10. 未分配利润

1997年4月30日余额为52,793,257.61元,94年至97年4月30日变动情况列示如下:

项 目	97年1-4月	96年	95年	94年
期初余额	40,725,152.70	32,850,266.14	17,095,442.25	
减:提取法定公积金		4,769,280.77	4,671,579.28	4,439,501.08
提取公益金		2,384,640.39	2,335,789.64	2,219,750.54
期末余额	52,793,257.61	40,725,152.70	32,850,266.14	17,095,442.25

注:根据公司1997年3月8日股东会决议,本次股票发行后的新股东将与原有股东共同参与分配发行前未分配利润。

11. 主营业务收入全部系电力收入。

97年1-4月	96年	95年	94年
34,467,845.67	123,695,631.83	104,375,234.46	86,390,699.98

12. 营业成本全部系发、供电成本。

97年1-4月	96年	95年	94年
17,193,536.79	63,044,508.60	51,178,847.54	39,890,002.58

13. 其他业务利润

项 目	97年1-4月	96年	95年	94年
电力贴费收入	3,271,907.61	6,951,282.60	6,852,000.00	6,323,800.00
设计、安装业务	-441,929.90	-301,655.14	8,550.88	353,368.33
加工劳务		176,989.55	557,638.70	2,255,389.34
合 计	2,829,977.71	6,826,617.01	7,418,189.58	8,932,557.67

注:四川三峡水利电力(集团)股份有限公司于1994年、1995年、1996年、1997年1-4月收取的电力贴费、增容费,共计23,398,990.21元,由于公司未能明确财务处理办法,将该项收入列作"其他应付款",根据万县市财政局万市财工〔1997〕02号文件批复,将该项收入按94年、95年、96年、97年1-4月实际收取数从"其他应付款"转入"其他业务收入",上述三个年度分别体现为6,323,800.00元、6,852,000.00元、6,951,282.60元、3,271,907.61元。

14. 投资收益

项 目	97年1-4月	96年	95年	94年
债券投资收益	0	89,970.61	22,381.50	37,500.00
按权益法核算年末调整的被投资公司的所有者权益净增加额		3,837,575.60	3,926,192.18	5,496,338.07
合 计	0	3,927,546.21	3,948,573.68	5,533,838.07

十二、资产评估

以下摘自中评资产评估公司的资产评估报表:

(一)评估基准日:一九九六年十二月三十一日

(二)评估原则:

评估遵循独立性、客观性、公正性、科学性的工作原则。

(三)评估范围及对象

此次评估的对象以四川三峡水利电力(集团)股份有限公司提供的《资产清查明细表》为基础,具体范围包括该公司申报评估的房屋建筑物、机器设备、车辆、土地使用权、流动资产、在建工程、无形资产及相关的负债和所有者权益。上述资产均归四川三峡水利电力(集团)股份有限公司所有。

(四)评估结果:(金额单位:万元)

1、评估后资产总值: 43652.48万元

负债总值: 21414.40万元

净资产总值: 22237.98万元

2、具体结果如下:

资产评估结果汇总表

评估基准日:1996年12月31日 单位:人民币元

资产项目	帐面原值	帐面净值	重置价值	评估值	增加值	增值率%

流动资产		88391275.36		88414979.39	23704.03	0.03
长期投资		77425642.25		77425642.25	0	0
在建工程		77386857.44		79696435.71	309578.27	3.0
房屋建筑物	68327083.09	61437749.08	102295773.20	57755791.14	-3681957.94	-6.0
机器设备	119831153.17	81537477.91	173261244.39	101108642.57	19571164.66	24.0
土地使用权		5389659.20		26948896.60	21559237.40	400
固定资产清理		254939.04		0		
递延资产		207456.31		205121.31	-2335.00	-1.13
资产总计		392031056.59		436524808.97	44493752.38	11.35
流动负债		86019356.09		84984974.85	-1034381.24	-1.2
长期负债		129160000.00		129160000.00	0	0
负债合计		215179356.09		214144974.85	-1034381.24	-0.48
净资产		176851700.50		222379834.12	45528133.62	25.74

十三、盈利预测

公司提醒广大投资者，鉴于盈利预测所依据的种种假设的不确定性，进行投资判断时不应过于依赖该项资料。

(一)基准

本盈利预测是在业经中国注册会计师审计的本公司一九九四年度、一九九五年度、一九九六年度经营业绩基础上，结合本公司一九九七年度生产经营计划和现时的各项基础、能力，本着求实、稳健的原则，并采用本公司一贯采用的会计政策和计算方法而编制的。本盈利预测所依据的会计原则在所有重大方面遵循了我国现行法律、法规和财务会计制度的有关规定。

(二)假设

1、本公司所遵循的现行法律、法规和国家对电力行业的有关政策无重大变化；

2、本公司所在地的社会经济环境无重大变化；

3、本公司在建工程——万忠110千伏输变线等主要项目能按计划投产，电力销售价格不会下降。本公司收购双河、赶场电站的计划能如期实现；

4、在本公司盈利预测期间，有关信贷利率、汇率及市场行情在正常范围内变动，税负无重大变化；

5、无其他人力不可抗拒及不可预测因素的重大不利影响。

(三)一九九七年盈利预测

根据本公司编制并经重庆会计师事务所审阅，本公司1997年盈利预测如下：

一九九七年度盈利预测表

金额单位：人民币万元

项　目	1-4月实际数	5-12月预测数	全年合计数
一.主营业务收入	3,447.00	9,050.00	12,497.00
减：营业成本	1,719.00	3,820.00	5,539.00
管理费用	420.00	1,160.00	1,580.00
财务费用	115.00	190.00	305.00
营业税金及附加	55.00	120.00	175.00
二.主营业务利润	1,138.00	3,760.00	4,898.00
加：其他业务利润	283.00	420.00	703.00
三.营业利润	1,421.00	4,180.00	5,601.00
加：投资收益		500.00	500.00
营业外收入	5.00	15.00	20.00
减：营业外支出	6.00	15.00	21.00
四.利润总额	1,420.00	4,680.00	6,100.00
减：所得税(15%)	213.00	702.00	915.00
减：所得税(33%)	468.00	1,545.00	2,013.00
五.净利润(所得税按15%计征)	1,207.00	3978.00	5,185.00
净利润(所得税按33%计征)	951.00	3,136.00	4,087.00
六.每股净利润*(元/股)(所得税按15%计征)			0.326
每股净利润*(元/股)(所得税按33%计征)			0.257

注：*：每股净利润按全面摊薄法计算，计算中使用的股本总额为本次发行后的股本总额15888万股。

十四、公司发展规划

一、生产经营发展战略

公司经营发展战略是：深化模拟法人制度，推行“精细”管理方式，搞好资产经营、资本运作，推动外延扩大，实现水利电力为主和产业多元化的协调发展。主要措施是：完成大型供水，壮大水利经济，开发三峡库区水利资源；扩大市场份额，完成电源点、电网扩建与收购；强化融资能力，完成三峡电力发展投资基金、全国城乡供水基金设立与运作。

二、发展目标和规模

到本世纪末，公司将按照现代企业制度的要求，规范企业运作，力争实现公司股票的境外发行和上市，将公司建成产业结构合理、具有规模经济、科技水平先进、人才资源丰富、经济效益显著的大一型水利电力集团企业。至2000年，实现总资产20亿元、销售收入7亿元以上、税金6000万元以上、利润2亿元以上的总目标。具体目标是：新增大型供水25万吨/日；新增装机18万千瓦，总装机超25万千瓦时；新增输配电线路1700公里；新增售电量8.15亿千瓦时。售电量达到12亿千瓦时。

三、生产经营计划

1、精心组织，搞好电力的产供销。

要注意保持设备的健康水平；充分利用水能，降低单位水耗、煤耗；提高可调小时，实现安全可靠地供电；减少对用户的停、限电时间，提高供电可靠率。1997年，水电、火电上网电量要达1.77亿千瓦时，募股资金到位完成对赶场、双河电厂收购后，新增上网电量要达1.6亿千瓦时，供电系统线损率控制在12.5%以内。

2、新增水电装机，提高整体效益。

通过完成对双河、赶场两电厂的收购，以及对长滩电厂的扩建工程，扩大装机容量。要注意已完工机组的正常运营和在建项目的工程质量及进度。

3、建设输变电工程和电网扩建工程，提高规模经济效益。

力争用2-3年时间，新建一个110千伏枢纽变电电站，并完成对万县现有电网的改扩建，包括鱼背山送出工程、农村电力排灌电网技改工程、农村电网综合技术改造工程。

4、新增大中型供水，壮大主导产业。

项目是：江南供水工程，一期日供20万吨，计划总投资4000万元，年销售收入17,200万元，利润总额1,000万元，投资利润率25%。工程前期准备已开始进行。

5、贮备水电项目，进一步保证效益。

项目有长滩电厂技术改造工程，总装机2万千瓦；四步河水电工程，总装机约4.5万千瓦，现已着手前期准备工作。

十五、重大合约及重大诉讼事项

1、公司主要的投资合同有：

(1)1994年4月，公司向万州电力开发有限公司投资2,386.3万元人民币，占出资比例的35%；

(2)1994年4月，公司投资4,000万元人民币，用于与万县市电力开发公司联合建设双河电厂、赶场电厂；

(3)1995年12月，公司向万县康乐电力有限公司投资720万元人民币，占出资比例的35%；

(4)1996年4月，公司向成都兆丰特种养殖有限责任公司投资160万元人民币，占出资比例的40%；

(5)1997年3月，公司关于双河、赶场电厂权益的转让协议；

(6)1994年12月，公司向万县市天科通信有限公司投资90万元人民币，占出资比例的45%；

(7)1996年2月，公司与万县市人民政府三峡工程移民办公室，就淹没搬迁及移民补偿事宜签订市属企业搬迁合同。

2、公司标的额在50万元以上的借款合同共16份。

中辰律师事务所出具的法律意见书表明：未发现公司将要和正在履行的重大合同存在法律障碍，主要条款和形式要件齐备，内容合法。公司在上述合约项下的权益是有保障的。至本招股说明书签署之日止，发行人不存在任何导致其股票不能公开发行和上市的尚未了结之重大诉讼、仲裁或行政处罚，亦不存在任何可能针对发行人的重大诉讼或仲裁的威胁。

十六、其他重要事项

1、关于公司的供电合同

经律师审查，公司未与用户签订书面形式的供用电合同。主要是基于以下原因：

1)公司生产的水力电力、火力电力供用指标，受地方政府指令计划调

度和调控，致使公司的书面供用电合同签订意义不大；

2)公司生产的电力供用价格，属关系国计民生大局的重要价格，由政府物价部门严格控制，公司无权自行定价或调价；

3)公司生产的电力靠公司自办自营的地方电网输供用户，未形成公司生产的电力销往其他供电网的情形；

4)公司以按月抄录用户用电总表用电数字、用户签字认可的方式，由用户按用电数字逐月缴纳电费的方法明确双方的权利义务。

鉴于公司近三年来以前述方式处理与供用电用户的交易关系，用户也未提出异议或形成重大纠纷。发行人律师认为：公司未与用户签订书面形式的供用电合同，不构成公司本次股票发行上市的法律障碍。律师已建议公司在条件具备时，应与用户签订规范的书面《供用电合同》。

2、公司地处三峡库区的万县市，公司所属的部分资产沱口电厂东方红车间、燃料供应站及万州供应站及万州锅炉厂将随着三峡大坝的建设而被淹没，这部分资产被淹没后，国家将给予相应的移民补偿资金。1996年2月公司与万县市人民政府三峡工程移民办公室，就淹没搬迁及移民补偿事宜签订市属企业搬迁合同。根据万县市三峡工程移民办公室移民补偿计划，截止94年4月，我公司已取得移民补偿资金3403万元，分别用于观音岩重型机械厂工程和康乐火电工程。

十七、备查文件目录

投资者可以按下述时间、地点到本公司查阅以下文件：

时间：1997年7月23日至1997年8月3日

地址：重庆万县市鸽子沟72号公司证券部

电话：0819－8234759

1、审计报告、财务报表及附注

2、发行人设立的注册登记文件；

3、水利部关于下达发行人股票公开发行额度的文件；

4、上海证券交易所同意安排上市的承诺函；

5、发行人与南方证券有限公司签订的社会公众股的承销协议；

6、国家国有资产管理局关于资产评估的确认文件；

7、发行人设立的其他有关资料；

8、重要合同；

9、其他备查文件。

重庆三峡水利电力(集团)股份有限公司

一九九七年七月二十一日

合并利润及利润分配表

单位：人民币元

项目	行次	1997年1－4月	1996年度	1995年度	1994年度
一、主营业务收入	01	34,467,846	123,695,632	104,375,234	86,390.700
减：营业成本	02	17,193,537	63,044,509	51,178,848	39,890,003
销售费用	03				
管理费用	04	4,204,723	13,799,994	11,547,332	11,192,729
财务费用	05	1,149,869	2,952,869	2,872,688	3,470,477
进货费用	06				
营业税金及附加	07	543,209	1,550,757	1,019,237	629,999
二、主营业务利润	08	11,376,508	42,347,503	37,757,129	31,207,492
加：其他业务利润	09	2,829,978	6,826,617	7,418,190	8,932,558
三、营业利润	10	14,206,486	49,174,120	45,175,319	40,140,050
加：投资收益	11		3,927,547	3,948,574	5,533,838
加：营业外收入	12	53,343	219,493	180,689	
减：营业外支出	13	61,058	231,254	188,789	78,877
加：以前年度损益调整	14		271,638		
四、利润总额	15	14,197,771	53,361,544	49,115,793	45,595,011
减：所得税	16	2,129,666	5,668,736	2,400,000	1,200,000
减：少数股东损益	17				
五、净利润	20	12,068,105	47,692,808	46,715,793	44,395,011
加：年初未分配利润	21	40,725,153	32,850,266	17,095,442	
盈余公积转入数	22				
六、可分配的利润	23	52,793,258	80,543,074	63,811,235	44,395,011
减：提取法定公积金	24		4,769,281	4,671,579	4,439,501
提取法定公益金	25		2,384,640	2,335,790	2,219,751
七、可供股东分配利润	26	52,793,258	73,389,153	56,803,866	37,735,759
减：已分配优先股股利	27				
提取任意公积金	28				
已分配普通股利	29		32,664,000	23,953,600	20,640,317
八、未分配利润	30	52,793,258	40,725,153	32,850,266	17,095,442

合并财务状况变动表

单位：人民币元

流动资金来源和运用	行次	1996年度	流动资金各项目的变动	行次	1996年度
一、流动资金来源			一、流动资产本年增加数：		
1．本年净利润	01	47,692,808	1．货币资金	41	12,072,363
加：不减少流动资金的费用和损失：			2．短期投资	42	
(1)少数股东本期损益	02		3．应收票据	43	
(2)固定资产折旧	03	9,314,090	4．应收帐款净额	44	5,831,685
(3)无形资产、递延资产及其他资产摊销(减其他负债转销)	04	170,488	5．预付货款	45	－100,089
(4)固定资产盘亏(减收益)	05		6．其他应收款	46	－9,871,680
(5)清理固定资产损失(减收益)	06	40,075	7．待摊费用	47	－221,914
(6)递延税款	07		8．存货	48	2,611,090
(7)其他不减少流动资金的费用和损失	08		9．待处理流动资产净损失(减收益)	49	
小计	10	57,217,461	10．一年内到期的长期债券投资	50	
2、其他来源：			11．其他流动资产	51	
(1)固定资产清理收入(减清理费用)	11	409,911			
(2)增加长期负债	12	35,570,000			
(3)收回长期投资	13	4,539,950			
(4)对外投资转出固定资产	14				
(5)对外投资转出无形资产	15				
(6)资本净增加额	16	7,181,921			
小计	19	47,701,782	流动资产增加净额	60	10,321,455
流动资金来源合计	20	104,919,243	二、流动负债本年增加数		
二、流动资金运用：			1．短期借款	61	5,930,000
1．利润分配			2．应付票据	62	
(1)提取法定公积金	21	4,769,281	3．应付帐款	63	－654,281
(2)提取法定公益金	22	2,384,640	4．预收货款	64	792,468
(3)提取任意公积金	23		5．应付福利费	65	323,285
(4)已分配股利	24	32,664,000	6．未付股利	66	8,710,400
小计	25	39,817,921	7．未交税金	67	3,986,436
2．少数股东利润分配	26		8．其他未交款	68	－1,631,005
3．其他运用			9．其他应付款	69	5,677,830
(1)固定资产和在建工程净增加额	27	40,807,300	10．预提费用	70	－825,325
(2)增加无形资产、递延资产及其他资产	28		11．一年内到期的长期负债	71	
(3)偿还长期负债	29	13,230,000	12．其他流动负债	72	
(4)增加长期投资	30	23,052,375			
小计	31	77,089,675			
流动资产运用合计	32	116,907,596	流动负债增加净额	79	22,309,808
流动资金增加净额	40	－11,988,353	流动资金增加净额	80	－11,988,353

合并资产负债表

单位:人民币元

	行次	97年4月30日	96年12月31日	95年12月31日	94年12月31日
流动资产:					
货币资金	01	24,747,213	29,624,865	17,552,502	6,916,002
短期投资	02				
应收票据	03				
应收帐款	04	17,252,248	19,107,403	13,258,171	15,656,990
减:坏帐准备	05	57,032	57,322	39,775	46,971
应收帐款净额	06	17,195,216	19,050,081	13,218,396	15,610,019
预付货款	07	3,349,706	3,153,002	3,253,092	3,149,737
其他应收款	08	26,683,101	28,153,390	38,025,070	26,417,960
待摊费用	09	1,046,500	896,106	1,118,020	1,439,244
存货	10	8,612,915	7,513,831	4,902,741	6,950,565
待处理流动资产净损失	11				
一年内到期的长期债券投资	12				
其他流动资产	13				
流动资产合计	15	81,634,651	88,391,275	78,069,821	60,483,527
长期投资:					
长期投资	16	77,825,642	77,425,642	58,913,217	46,044,531
其中:合并价差	17				
固定资产:					
固定资产原价	18	207,077,958	206,158,235	195,076,187	191,832,982
减:累计折旧	19	66,055,460	63,183,008	58,339,728	53,096,529
固定资产净值	20	141,022,498	142,975,227	136,736,459	138,736,453
在建工程	21	82,474,715	77,386,858	52,837,341	27,079,681
固定资产清理	22	254,939	254,939		
待处理固定资产净损失	23				
固定资产合计	30	233,752,152	220,617,024	189,573,800	165,816,134
无形资产及递延资产					
无形资产	31	5,353,728	5,389,659	5,504,333	5,619,006
递延资产	32	167,960	207,457	263,270	342,251
无形资产及其他资产合计	33	5,521,688	5,597,116	5,767,603	5,961,258
其他长期资产:					
其他长期资产	34				
递延税项:					
递延税款借项	35				
资产总计	36	388,734,133	392,031,057	332,324,441	278,305,450
负债及所有者权益	行次	97年4月30日	96年12月31日	95年12月31日	94年12月31日
流动负债:					
短期借款:	41	19,249,620	17,215,000	11,285,000	5,755,000
应付票据	42				
应付帐款	43	4,515,675	3,762,150	4,416,431	6,695,585
预收货款	44	4,351,791	4,363,589	3,571,120	3,533,387
应付福利费	45	1,648,172	1,534,058	1,210,773	719,328
未付股利	46	13,650,000	32,664,000	23,953,600	8,148,119
未交税金	47	11,805,968	7,951,903	3,965,467	1,272,080
其他未交款	48	1,111,225	864,038	2,495,042	2,153,135
其他应付款	49	17,261,998	14,008,666	8,330,837	26,909,352
预提费用	50	4,453,986	3,655,952	4,481,277	1,866,764
一年内到期的长期负债	51				
其他流动负债	52				
流动负债合计	55	78,048,435	86,019,356	63,709,548	57,052,750
长期负债:					
长期借款	56	76,511,000	89,150,000	84,380,000	80,890,000
应付债券	57				
长期应付款	58	34,030,000	34,030,000	20,000,000	
其他长期负债	59	11,224,893	5,980,000	2,440,000	1,330,000
长期负债合计	60	121,765,893	129,160,000	106,820,000	82,220,000
递延税项:					
递延税项贷项	61				
负债合计	62	199,814,328	215,179,356	170,529,548	139,272,750
少数股东权益	63				
股东权益:					
股本	64	108,880,000	108,880,000	108,880,000	108,880,000
资本公积	65	6,426,006	6,426,006	6,398,006	6,398,006
盈余公积	66	20,820,542	20,820,542	13,666,621	6,659,251
其中:公益金	67	6,940,181	6,940,181	4,555,540	2,219,751
未分配利润	68	52,793,257	40,725,153	32,850,266	17,095,442
外币报表折算差额	69				
股东权益合计	70	188,919,805	176,851,701	161,794,893	139,032,700
负债及股东权益总计	80	388,734,133	392,031,057	332,324,441	278,305,450

重庆三峡水利电力(集团)股份有限公司股票上市公告书

一、要览

总股本:	15,888万股
可流通股本:	5,000万股
本次上市流通股本:	5,000万股
股票简称:	三峡水利
股票代码:	600116
上市地点:	上海证券交易所
上市时间:	1997年8月4日
登记机构:	上海证券中央登记结算公司
上市推荐人:	国泰证券有限公司、南方证券有限公司

二、绪言

本上市公告书是根据《中华人民共和国公司法》、《股票发行与交易管理暂行条例》、《公开发行股票公司信息披露实施细则(试行)》和《上海证券交易所市场业务试行规则》等国家法律、法规和上海证券交易所的规定编制的。本公司股票上市申请经上海证券交易所上证上字(1997)第072号文批准,于1997年8月4日(星期一)在上海证券交易所挂牌交易。本次上市流通的股票为1997年7月23日向社会公众发行的5,000万股A股,公司内部职工持股272万股依照国家有关法律、法规的规定,自公司本次公开发行股份发行三年后上市。

本公司于1997年7月21日在《中国证券报》、《上海证券报》及《证券时报》上刊登了《招股说明书概要》,距今不足六个月,故与其重复的内容在此不再重述,投资者需详细了解本公司的情况,敬请查阅本公司的《招股说明书概要》。

本公司董事会及董事会成员已批准了本上市公告书,确信本公告书不存在任何重大遗漏或者误导,并对具真实性、准确性、完整性负个别的和连带的责任。

三、公司概况

(一)概况

公司法定名称:重庆三峡水利电力(集团)股份有限公司

英文名称:CHONGQING THREE GORGES WATER CONSERVANCY AND ELECTRIC POWER CO.,LTD.

公司法定代表人:于和平

公司成立日期:1993年5月8日

公司注册地址:重庆万县市鸽子沟72号

邮编:634000

经营范围:

主营:发电、供电、供水、水产养殖

兼营:发输变电设备的设计、安装和调试;锅炉压力容器制造及安装;水电物质、建筑材料;旅游商业、信息服务咨询、投资服务等。

公司营业执照注册号:20791100-4

公司咨询电话:(0819)8234759/8251153

联系人:陈丽娟、曹洪文

(二)公司沿革

1、股份制改制过程

重庆三峡水利电力(集团)股份有限公司,原名为四川三峡电力(集团)股份有限公司,是由万县地区电力公司、万县地区小江水力发电厂、万县市水电建筑勘察设计研究院和万县市建筑勘察基础工程公司共同发起,报经四川省体改委同意(川体改〈1993〉145号文,川体改〈1994〉225号文批复),于1994年4月,采取定向募集方式设立了四川三峡电力(集团)股份有限公司。

本公司设立时,对主要发起人的非经营性净资产(包括学校、职工宿舍等)进行了剥离,剥离的非经营性净资产共计4164万元,经万县市国资局、财政局批准,由本公司受托管理,独立建帐核算,并组织对外提供服务、有偿使用等方式创收,并通过国有股分红部分提供包干补贴,用于托管资产的维护、更新,本公司不承担这部分费用支出。

本公司是三峡库区首家电力股份有限公司,自成立以来,严格按照《公司法》、《股份有限公司规范意见》等法律法规,进行规范化的运作和管理,并根据有关规定对募集股份进行了集中托管。1996年,本公司被列为水利部、四川省现代企业制度试点企业,并按《公司法》的规定和要求进行了规范。1997年3月,本公司更名为"四川三峡水利电力(集团)股份有限公司"。1997年7月,随着重庆直辖市的设立,本公司再次更名为"重庆三峡水利电力(集团)股份有限公司"。

2、历次股票发行情况

(1)1994年4月,经四川省体改委川体改〈1993〉145号文和川体改〈1994〉222号文批准,采取定向募集方式设立了四川三峡电力(集团)股份有限公司。总股本为1088万元。其中,万县地区电力公司和万县地区小江水力发电厂分别以其经评估、确认的经营性净资产3362万元和2976万元,以1:1的折股比例折为国家股;另两家发起人以现金方式认购180万股;向其他社会法人内部职工定向募集4370万股。国家股由万县市国有资产局持有。1997年7月,根据水利部水经济(1997)274号文,重庆市国资局渝国资管(1997)12号、44号文以及万县市人民政府万府函(1997)93号文,原万县地区电力公司净资产折为的3362万股国家股由万县市电力总公司持有,原小江电厂净资产折为的2976万股国家股由水利部经济管理局持有。

本次发行前公司股权结构如下:(见附表一)

(2)本次经中国证监会证监发字(1997)386号文和(1997)387号文批准,本公司于1997年7月23日以每股6.38元的价格,通过上海证券交易所交易系统采取上网定价方式,向社会公众发行了5,000万股社会公众股。

本次成功发行后,本公司注册资本15,888万元,总股本15,888万股。

四、股票发行及承销

(一)本次公开发行

发行数量:5,000万股

发行价格:6.38元/股

发行方式:上网定价

中签率:0.69441898%

股东户数:50,900户

持有1000股以上的户数:48,253户

募集资金总额:319,000,000元

发行费用总额:10,400,000元

每股发行费用:0.208元

发行市盈率:15倍

(二)股票承销

本次公开发行的5,000万股社会公众股已全部由社会公众认购,承销团成员无包销比例及数量。

(三)验资报告(摘要)(重会所验字第〈100〉号)

重庆三峡水利电力(集团)股份有限公司全体股东:

我们接受委托,对重庆三峡水利电力(集团)股份有限公司截至一九九七年七月二十九日止的实收股本的真实性和合法性进行了审验,在审验过程中,我们按照《独立审计公告第一号——验资》的要求,实施了必要的审验程序。重庆三峡水利电力(集团)股份有限公司的责任是提供真实、合法、完整的验资资料,保护资产的安全、完整,我们的责任是按照《独

立审计实务公告第一号－验资》的要求,出具真实、合法的验资报告。

重庆三峡水利电力(集团)股份有限公司的申请注册资本为人民币15888万元,本次社会公众股发行前的实收资本为10888万元,业经本所重会所验字(97)39号验资报告验证。本次经中国证监会批准向社会公众发行人民币普通股5000万股,每股面值1元,发行价6.38元。根据我们的审验,截至1997年7月29日止,重庆三峡水利电力(集团)股份有限公司已收到本次社会公众股东投入的资本30860万元,其中股本5000万元,资本公积25860万元(已扣除预计发行费用1040万元)。至此,重庆三峡水利电力(集团)股份有限公司的实收资本总额为15888万元,其中国家股6338万元,法人股4278万元,社会公众股5000万元,内部职工股272万元。

重庆会计师事务所　　中国注册会计师:杨友明

中国　重庆　　中国注册会计师:邓兴政

一九九七年七月二十九日

五、董事、监事及高级管理人员持股情况

姓名	职务	持股数量(股)	持股比例(%)
于和平	董事长	800	0.00050
邹小剑	董事兼总经理	800	0.00050
李永忠	董事	800	0.00050
蒋发文	董事、常务副总经理	0	0
牟世富	董事	800	0.00050
陈奇才	董事、总工程师	800	0.00050
张志云	董事	0	0
吴秀荣	董事	0	0
叶建桥	董事	0	0
何治华	董事	0	0
廖方炳	董事	0	0
周尚敏	副总经理	800	0.00050
汤启严	副总经理	800	0.00050
籍毅	副总经理	800	0.00050
李鲁川	监事会主席	800	0.00050
王陶浪	监事	0	0
李莉玲	监事	800	0.00050
程中华	监事	800	0.00050
张晓光	监事	800	0.00050
陈丽娟	董事会秘书、证券部副主任	800	0.00050
冉宏传	财务部主任	800	0.00050

本公司董事、监事和高级管理人员共持有本公司股票1.12万股,占本公司总股本的0.00705%,其持有股份按照《中华人民共和国公司法》规定在任职期间不得转让。

六、公司设立

(一)本公司经四川省体改委川体改[1993]145号文和川体改[1994]225号文批准以定向募集方式设立,于1994年4月,在万县市召开了公司创立大会暨首届股东大会。

(二)本公司于1997年3月8日在万县市召开了公司一九九六年度股东大会,审议通过了《四川三峡电力(集团)股份有限公司关于变更公司形式发行A股并上市的议案》及其他议案。

(三)本次经中国证监会证监发字(1997)386号文和(1997)387号文批准,本公司于1997年7月23日以每股6.38元的价格,通过上海证券交易所交易系统采取上网定价方式,向社会公众发行了5,000万股社会公众股。本次成功发行后,本公司注册登记变更工作已结束,详细资料如下:

公司注册资金:15.888万元

变更注册时间:1997年7月30日

注册地点:重庆万县市鸽子沟72号

公司法定代表人:于和平

营业执照注册号码:20791100－4

七、关联企业及关联交易

本公司的关联企业及关联关系如下:

关联公司名称	与本公司关系
万县市万州电力开发有限公司	本公司参股公司
万县市康乐电力有限公司	本公司参股公司
成都兆丰特种养殖有限责任公司	本公司参股公司
万县市天科通信有限公司	本公司参股公司
万县市电力总公司	本公司股东
水利部经济管理局	本公司股东
万县市建筑勘察基础工程公司	本公司股东
万县市水电建筑勘察设计研究院	本公司股东
长江流域水资源开发总公司	本公司股东

截止本上市公告书公布之日,本公司与关联公司之间无关联交易事项。

八、股本结构及大股东持股情况

(一)本次A股发行完成后,本公司的股本结构如下表:(见附表二)

(二)前十名股东所持股数及比例

股东名称	持有股数(股)	占总股本比例(%)
1、万县市电力总公司(国家股)	3362	21.16
2、水利部经济管理局(国家股)	2976	18.73
3、万县市三峡电力(集团)股份有限公司职工持股会	1905.6	11.99
4、长江流域水资源开发总公司	1000	6.29
5、万县市中建房地产开发有限公司	200	1.26
6、万县市水电建筑勘察设计研究院	160	1.01
7、中国灌排技术开发公司	100	0.63
8、四川长平机械厂	100	0.63
9、德阳电站成套设备有限公司	62	0.39
10、万县金贸商务实业公司	60	0.38

九、公司财务会计资料

以下摘自重庆会计师事务所(重会所审字〈97〉第234号)审计报告,报告中的四川三峡水利电力(集团)股份有限公司已于1997年7月更名为重庆三峡水利电力(集团)股份有限公司。

(一)审计报告

四川三峡水利电力(集团)股份有限公司全体股东:

我们接受委托,审计了贵公司一九九四年十二月三十一日、一九九五年十二月三十一日、一九九六年十二月三十一日及一九九七年四月三十日的合并及母公司资产负债表,一九九四年度、一九九五年度、一九九六年度、一九九七年一至四月的合并及母公司利润及利润分配表和一九九六年度的合并及母公司财务状况变动表。这些会计报表由贵公司负责,我们的责任是对这些会计报表发表审计意见。我们的审计是依据《中国注册会计师独立审计准则》进行的。在审计过程中,我们结合贵公司实际情况,实施了包括抽查会计记录等我们认为必要的审计程序。

我们认为,上述会计报表符合《企业会计准则》和《股份制试点企业会计制度》的有关规定,在所有重大方面公允地反映了贵公司一九九四年十二月三十一日、一九九五年十二月三十一日、一九九六年十二月三十一日、一九九七年四月三十日的财务状况和一九九四年度、一九九五年度、一九九六年度、一九九七年一至四月的经营成果以及一九九六年度资金变动情况,会计处理方法的选用遵循了一贯性原则。

重庆会计师事务所　　中国注册会计师:杨友明

中国·重庆　　中国注册会计师:邓兴政

一九九七年六月八日

(二)资产负债表、利润及利润分配表、财务状况变动表分别见表1、表1、表3。

(三)主要会计数据

项目	96年	95年	94年
流动比率	1.03	1.23	1.06

速动比率	0.94	1.15	0.94
股东权益比率(%)	45.12%	48.69%	49.96%
应收帐款周转率(次)	7.67	7.24	5.53
净资产收益率(%)	26.97%	28.87%	31.93%
每股净利(元)	0.438	0.429	0.408

(四)公司重要会计政策

1、会计制度:公司执行《股份制试点企业会计制度》。

2、会计年度:公历每年1月1日至12月31日。

3、记帐原则和计价基础:按照权责发生制原则进行会计核算,以实际成本为计价基础。

4、记帐本位币:公司以人民币为记帐本位币。

5、合并会计报表编制基础:按财政部《合并会计报表暂行规定》及财政部财会字(1996)2号补充规定进行。合并时已抵减了对各子公司的投资及所有内部往来。

纳入合并会计报表合并范围的子公司资料列示如下:

公司名称	投资比例(%)	投资金额(万元)	业务性质
万县市电力设计事务所	100	30.00	送变电工程设计
万县市能源实业有限公司	100	55.00	水电工程设计安装
四川三峡电力(集团)恒联实业总公司	100	27.00	电力设备维修服务
万县市电力工业设备安装公司	100	30.00	发电设备、锅炉安装
万县市万州锅炉厂	100	108.00	锅炉制造
三峡电力恒联旅游文化开发中心	100	100.00	旅游开发服务

6、坏帐准备:按应收帐款年末余额的3‰提取坏帐准备金。

7、存货:存货实行永续盘存制,按实际成本计价。原材料按计划成本进行日常核算,月末通过材料成本差异调整为实际成本;产成品按实际成本核算,发出按加权平均法结转成本,低值易耗品领用时一次摊销。

8、长期投资:包括债券投资和联营投资。公司对拥有20%以下,股权的联营投资采用成本法核算,对拥有20%以上股权的联营投资采用权益法核算;并对拥有50%以上股权的联营投资合并会计报表。债券投资按取得成本入帐,按期计算利息收入。

9、固定资产及其折旧:公司的固定资产是指公司拥有的使用年限在一年以上的房屋、建筑物、机器、设备、器具、工具等生产经营主要设备,以及单位价值在2000元以上,并且使用年限超过两年的不属于生产经营主要设备的物品。

公司的固定资产按实际成本计价。固定资产折旧采用直线法核算,分类折旧年限及折旧率为:

类别	使用年限	年折旧率	残值率
房屋及建筑物	40	2.425%	3%
运输设备	10	9.7%	3%
专用设备	20	4.85%	3%
通用设备	15	6.47%	3%

10、无形资产:为土地使用权,按50年使用期采用直线法摊销。

11、递延资产:为公司开办费,分5年采用直线法摊销。

12、收入确认:以商品及劳务已经提供、收到货款或取得收款凭据时确认收入实现。

13、税项及附加费:

公司主要承担以下税项:

(1)所得税:根据万县市人民政府与四川三峡水利电力(集团)股份有限公司于1994年4月1日签订的《万县市企业经济目标责任制》确定公司1994、1995年所得税实行定额缴纳,定额所得税额分别为120万元、240万元;96年经四川省现代企业制度试点领导小组川试组(1995)第12号文件《关于四川三峡电力(集团)股份有限公司现代企业制度试点方案的批复》,同意四川三峡电力(集团)股份有限公司为省现代企业制度试点单位,其所得税按33%计算,返还18%。经万县市人民政府万府函(1996)200号文件同意,返还部分作税后利润处理,实际按15%计征。根据重庆市人民政府以重府函(1997)44号文批复同意公司自1997年起至2001年止,公司继续执行上述税收政策。

(2)增值税:税率17%;

(3)城建税:按流转税额的7%计缴。

(4)教育费附加:按流转税额的3%计缴。

14、利润分配:公司税后利润按下列顺序分配:

(1)弥补以前年度亏损;

(2)按10%提取法定盈余公积金;

(3)按5%提取公益金;

(4)提取任意盈余公积金;

(5)分配普通股股利。

(五)会计报表主要项目附注(单位:人民币元)

1、其他应收款

1997年4月30日余额为26,683,100.85元。

帐龄分析:

A、帐龄在1年以内的14,081,002.95元,占总金额的52.77%;

B、帐龄在1年以上2年以内的9,583,514.17元,占总金额的35.91%;

C、帐龄在2年以上3年以内的2,601,881.59元,占总金额的9.75%;

D、帐龄在3年以上的416,702.14元,占总金额的1.57%。

2、长期投资

1997年4月30日余额为77,825,642.25元,列示如下:

(1)联营投资:1997年4月30日余额为76,579,575.00元,列示如下:

被投资公司名称	投资期限	投资比例	1997年4月30日余额
万县市万州电力开发有限公司	30年	35%	26,742,375.00
万县市康乐电力有限公司	30年	36%	7,200,000.00
成都兆丰特种水产养殖有限公司	20年	40%	1,737,200.00
万县市天科通信有限公司	20年	45%	900,000.00
双河、赶场电站	无限期	20%	40,000,000.00
合计			76,579,575.00

注:截至97.4.30止,联营投资尚未按被投资单位净资产增加额调整其帐面值。

(2)债券投资:1997年4月30日余额为1,199,150.00元,列示如下

种类	到期日	面值(元)	年利率	金额(元)
88年3年期国库券	91.7	80,000.00	6%	80,000.00
86年5年期国库券	91.7	34,650.00	6%	34,650.00
87年5年期国库券	92.7	56,000.00	6%	56,000.00
95年无记名国库券	98.3	500,000.00	14.5%	500,000.00
91年5年期特种国债	96.9	5,000.00	9%	5,000.00
电力债券*	96.6	523,500.00	无息	523,500.00

*:电力债券为西南电管局于87年6月30日发行的无息债券。

(3)应计利息:1997年4月30日余额为46,917.25元,全部为国债利息。

3、资本公积

1997年4月30日余额为6,426,006.10元,94年至97年4月30日变动情况列示如下:

项目	97年4月30日	96年	95年	94年
期初余额	6,426,006.10	6,398,006.10	6,398,006.10	
加:两金减免转人				3,758,542.10
捐赠收入		28,000.00		
税金减免				2,639,464.00
期末余额	6,426,006.10	6,426,006.10	6,398,006.10	6,398,006.10

注:94年根据万市税直审(1993)63号文、万市税直审(1994)6号文,分别减免产品税937,429.00元、1,702,035.94元,万市税直审(1994)010号减免能交基金,预算调节基金3,758,542.10元,共计6,398,006.10元

转入资本公积。

4、盈余公积

1997年4月30日余额为20,820,541.70元,94年至97年4月30日变动情况列示如下:

项目	97年4月30日	96年	95年	94年
法定公积金:				
年初余额	13,880,361.13	9,111,080.36	4,439,501.08	
加:税后利润提取数		4,769,280.77	4,671,579.28	4,439,501.08
期末余额	13,880,361.13	13,880,361.13	9,111,080.36	4,439,510.08
公益金:				
年初余额	6,940,180.57	4,555,540.18	2,219,750.54	
加:税后利润提取数		2,384,640.39	2,335,789.64	2,219,750.54
期末余额	6,940,180.57	6,940,180.57	4,555,540.18	2,219,750.54

注:公司税后利润分别按10%、5%提取法定盈余公积金、公益金,94年、95年、96年税后利润分别为44,395,010.77元、46,715,792.81元、47,692,807.72元,相应计提盈余公积6,659,251.62元、7,007,368.92元、7,153,921.16元。

5、未分配利润

1997年4月30日余额为52,793,257.61元,94年至97年4月30日变动情况列示如下:

项目	97年1-4月	96年	95年	94年
期初余额	40,725,152.70	32,850,266.14	17,095,442.25	
加:本年净利润	12,069,104.91	47,692,807.72	46,715,792.81	44,395,010.77
减:提取法定公积金		4,769,280.77	4,671,579.28	4,439,501.08
提取公益金		2,384,640.39	2,335,789.64	2,219,750.54
已分配普通股股利		32,664,000.00	23,953,600.00	20,640,316.90
期末余额	52,793,257.61	40,725,152.70	32,850,266.14	17,095,442.25

注:根据公司1997年3月8日股东会决议,本次股票发行后的新股东将与原有股东共同参与分配发行前未分配利润。

6、投资收益

项目	97年1-4月	96年	95年	94年
债券投资收益	0	89,970.61	22,381.50	37,500.00
按权益法核算年末调整的被投资公司的所有者权益净增加额		3,837,575.60	3,926,192.18	5,496,338.07
合计	0	3,927,546.21	3,948,573.68	5,533,838.07

(六)或有事项

1、公司现有资产中,价值1,600万元的设备已用于借款抵押,抵押权人为万县市建设银行。

2、截至本报告日止,公司无重大诉讼、仲裁事项。

十、董事会上市承诺

本公司董事会将严格遵守《中华人民共和国公司法》、《股票发行与交易管理暂行条例》、《公开发行股票公司信息披露实施细则(试行)》、《上海证券交易所市场业务试行规则》和有关法律、法规的规定,并自股票上市之日起作出如下承诺:

(一)按照法律、法规的规定程序和要求披露重大的信息,并接受证券主管机关,上海证券交易所的监督管理。

(二)及时、真实、准确地公布中期报告和年度报告,并备置于规定场所供投资者查询、阅读。

(三)本公司董事、监事及高级管理人员如发生人事变动或持本公司股票发生变化时,在报告证券主管机关和上海证券交易所的同时,向投资者公布。

(四)在任何公共传播媒介中出现的消息可能对本公司股票的市场价格产生误导影响时,本公司知悉后将及时对该消息予以公开澄清。

(五)本公司董事、监事及高级管理人员将认真听取社会公众的意见和批评,不利用已获得的内幕消息和其他不正当手段直接或间接从事股票买卖活动。

(六)本公司没有无记录负债。

十一、重要事项揭示

(一)本次发行前每股净资产1.74元,本次发行后每股净资产3.13元。

(二)本公司严格遵照国家的有关规定,内部职工配售的股份占公司股本总额的2.5%,即272万股。在本次股票发行三年后上市。

(三)本公司承诺,历年的滚存利润4073万元连同1997年公司实现的利润,由新老股东共同享有。公司预计在1997会计年度结束后,进行公开发行股票后首次利润分配

(四)根据本公司编制并经重庆会计师事务所审阅的盈利预测报告,本公司按实际享受所得税税负15%计算,预计1997年将实现净利润5,185,00万元,每股净利润为0.326元(按全国摊薄法计算,股本总额为本次发行后的15888万股)。

(五)优惠与限制

1、经重庆市人民政府重府函(1997)44号文批准,公司享受所得税实际税负为15%的优惠政策,优惠期限为1997年至2001年。

2、当地政府有权根据本地经济发展状况和物价水平对电价作相应的调整。另外97年国家电价调整的政策已经出台,当地政府根据文件可能上调本地电价。

3、公司在生产经营上无任何限制。

(六)本公司地处三峡库区的万县市,公司所属的部分资产沱口电厂东方红车间、燃料供应站及万州锅炉厂将随着三峡大坝的建设而被淹没,这部分资产被淹没后,国家将给予相应的移民补偿资金。1996年2月,本公司与万县市人民政府三峡工程移民办公室,就淹没搬迁及移民补偿事宜签订市属企业搬迁公司。根据万县市三峡工程移民办公室移民资金补偿计划,截止94年4月,本公司已取得移民补偿资金3403万元,分别用于观音岩重型机械厂工程和康乐火电工程。

十二、咨询机构

发行人:重庆三峡水利电力(集团)股份有限公司

法定代表人:于和平

地址:重庆万县市鸽子沟72号

电话:(0819)8234759/8251153

传真:(0819)8251153

联系人:陈丽娟、曹洪文

股东接待日:每周四下午3:00-5:00。(遇国家法定节假日顺延)

上市推荐人:国泰证券有限公司

法定代表人:金建栋

地址:上海市浦东新区乳山路61号

电话:(028)6615848

传真:(0819)6615808

联系人:唐纯、赵波

上市推荐人:南方证券有限公司

法定代表人:沈沛

地址:深圳市深南东路南方国际大酒店12层

电话:(010)67642130/67642135

传真:(010)67617384

联系人:贺庆、杨扬、祝健

十三、备查文件

(一)公司本次发行后的注册资本变更登记文件

(二)上海证券交易所上市通知书

(三)招股说明书

(四)审计报告

(五)验资报告

(六)营业执照

(七)公司章程

(八)法律意见书

重庆三峡水利电力(集团)股份有限公司

一九九七年七月三十一日

附表一:

类别		股份数(万股)	占总股本比例(%)
尚未流通股份	发起人股	6,518	59.86
	其中:国家股	6,338	58.12
	法人股	180	1.65
	募集法人股	4,098	37.64
	内部职工股	272	2.50
总股本		10.888	100.00

附表二:

类别		股份数(万股)	占总股本比例(%)
尚未流通股份	发起人股	6,518	41.03
	其中:国家股	6,338	39.89
	法人股	180	1.14
	募集法人股	4,098	25.79
	内部职工股	272	1.71
可流通股份	社会公众股	5,000	31.47
总股本		15,888	100.00

表 1、合并资产负债表

单位:人民币元

资产	97.4.30	96.12.31.	95.12.31.	94.12.31	负债及所有者权益	97.4.30	96.12.31	95.12.31	94.12.31
流动资产:					流动负债:				
货币资金	24,747,213	29,624,865	17,552,502	6,916,002	短期借款	19,249,620	17,215,000	11,285,000	5,755,000
短期投资					应付票据				
应收票据					应付帐款	4,515,675	3,762,150	4,416,431	6,695,585
应收帐款	17,252,248	19,107,403	13,258,171	15,656,990	预收货款	4,351,791	4,363,589	3,571,120	3,533,387
减:坏帐准备	57,032	57,322	39,775	46,971	应付福利费	1,648,172	1,534,058	1,210,773	719,328
应收帐款净额	17,195,216	19,050,081	13,218,396	15,610,019	未付股利	13,650,000	32,664,000	23,935,600	8,148,119
预付货款	3,349,706	3,153,002	3,253,092	3,149,737	未交税金	11,805,968	7,951,903	3,965,467	1,272,080
其他应收款	26,683,101	28,153,390	38,025,070	26,417,960	其他未交款	1,111,225	864,038	2,495,042	2,153,135
待摊费用	1,046,500	896,106	1,118,020	1,439,244	其他应付款	17,261,998	14,008,666	8,330,837	26,909,352
存货	8,612,915	7,513,831	4,902,741	6,950,565	预提费用	4,453,986	3,655,952	4,481,277	1,866,764
待处理流动资产净损失					一年内到期的长期负债				
一年内到期的长期债券投资					其他流动负债				
其他流动资产					流动负债合计	78,048,435	86,019,356	63,709,548	57,052,,750
流动资产合计	81,634,651	88,391,275	78,069,821	60,483,527	长期负债:				
长期投资:					长期借款	76,511,000	89,150,000	84,380,000	80,890,000
长期投资	77,825,642	77,425,642	58,913,217	46,044,531	应付债券				
其中:合并价差					长期应付款	34,030,000	34,030,000	20,000,000	
固定资产:					其他长期负债	11,224,893	5,980,000	2,440,000	1,330,000
固定资产原价	207,077,958	206,158,235	195,076,187	191,832,982	长期负债合计	121,765,893	129,160,000	106,820,000	82,220,000
减:累计折旧	66,055,460	63,183,008	58,339,728	53,096,529	递延税项:				
固定资产净值	141,022,498	142,975,227	136,736,459	138,736,453	递延税项贷项				
在建工程	82,474,715	77,386,858	52,837,341	27,079,681	负债合计	199,814,328	215,179,356	170,529,548	139,272,750
固定资产清理	254,939	254,939							
待处理固定资产净损失					少数股东权益				
固定资产合计	233,752,152	220,617,024	189,573,800	165,816,134					
无形资产及递延资产					股东权益:				
无形资产	5,353,728	5,389,659	5,504,333	5,619,006	股本	108,880,000	108,880,000	108,880,000	108,880,000
递延资产	167,960	207,457	263,270	342,251	资本公积	6,426,006	6,426,006	6,398,00	66,398,006
无形资产及其他资产合计	5,521,688	5,597,116	5,767,603	5,961,258	盈余公积	20,820,542	20,820,542	13,666,621	6,659,251
其他长期资产:					其中:公益金	6,940,181	6,940,181	4,555,540	2,219,751
其他长期资产					未分配利润	52,793,257	40,725,153	32,850,266	17,095,442
递延税项:					外币报表折算差额				
递延税项借项					股东权益合计	188,919,805	176,851,701	161,794,893	139,032,700
资产总计	388,734,133	392,031,057	332,324,441	278,305,450	负债及股东权益总计	388,734,133	392,031,057	332,324,441	278,305,450

表 2、合并利润及利润分配表:

单位:人民币元

项目	1997年1-4月	1996年度	1995年度	1994年度	项目	1997年1-4月	1996年度	1995年度	1994年度
一、主营业务收入	34,467,846	123,695,632	104,375,234	86,390,700	四、利润总额	14,197,771	53,361,544	49,115,793	45,595,011

减:营业成本	17,193,537	63,044,509	51,178,848	39,890,003	减:所得税	2,129,666	5,668,736	2,400,000	1,200,000
销售费用					减:少数股东损益				
管理费用	4,204,723	13,799,994	11,547,332	11,192,729	五、净利润	12,068,105	47,692,808	46,715,793	44,395,011
财务费用	1,149,869	2,952,869	2,872,688	3,470,477	加:年初未分配利润	40,725,153	32,850,266	17,095,442	
进货费用					盈余公积转入数				
营业税金及附加	543,209	1,550,757	1,019,237	629,999	六、可分配的利润	52,793,258	80,543,074	63,811,235	44,395,011
二、主营业务利润	11,376,508	42,347,503	37,757,129	31,207,492	减:提取法定公积金		4,769,281	4,671,579	4,439,501
加:其他业务利润	2,829,978	6,826,617	7,418,190	8,932,558	提取法定公益金		2,384,640	2,335,790	2,219,751
三、营业利润	14,206,486	49,174,120	45,175,319	40,140,050	七、可供股东分配利润	52,793,258	73,389,153	56,803,866	37,735,759
加:投资收益		3,927,547	3,948,574	5,533,838	减:已分配优先股股利				
加:营业外收入	52,343	219,493	180,689		提取任意公积金				
减:营业外支出	61,058	231,254	188,789	78,877	已分配普通股股利		32,664,000	23,953,600	20,640,317
加:以前年度损益调整		271,638			八、未分配利润	52,793,258	40,725,153	32,850,266	17,095,442

表3、1996年度合并财务状况变动表

单位:人民币元

流动资金来源和运用	1996年度	流动资金各项目的变动	1996年度
一、流动资金来源		一、流动资产本年增加数:	
1、本年净利润	47,692,808	1、货币资金	12,072,363
加:不减少流动资金的费用和损失:		2、短期投资	
(1)少数股东本期损益		3、应收票据	
(2)固定资产折旧	9,314,090	4、应收帐款净额	5,831,685
(3)无形资产,递延资产及其他资产摊销(减其他负债转销)	170,488	5、预付货款	-100.089
(4)固定资产盘亏(减收益)		6、其他应收款	-9,871,680
(5)清理固定资产损失(减收益)	40,075	7、待摊费用	221,914
(6)递延税款		8、存货	2,611,090
(7)其他不减少流动资金的费用和损失		9、待处理流动资产净损失(减收益)	
小计	57,217,461	10、一年内到期的长期债券投资	
2、其他来源:		11、其他流动资产	
(1)固定资产清理收入(减清理费用)	409,911		
(2)增加长期负债	35,570,000		
(3)收回长期投资	4,539,950		
(4)对外投资转出固定资产			
(5)对外投资转出无形资产			
(6)资本净增加额	7,181,921		
小计	47,701,782	流动资产增加净额	10,321,455
流动资金来源合计	104,919,243	二、流动负债本年增加数	
二、流动资金运用:		1、短期借款	5,930,000
1、利润分配:		2、应付票据	
(1)提取法定公积金	4,769,281	3、应付帐款	-654,281
(2)提取法定公益金	2,384,640	4、预收货款	792,468
(3)提取任意公积金		5、应付福利费	323,285
(4)已分配股利	32,664,000	6、未付股利	8,710,400
小计	39,817,921	7、未交税金	3,986,436
2、少数股东利润分配		8、其他未交款	1,631,005
3、其他运用		9、其他应付款	5,677,830
(1)固定资产和在建工程净增加额	40,807,300	10、预提费用	-825,325
(2)增加无形资产,递延资产及其他资产		11、一年内到期的长期负债	
(3)偿还长期负债	13,230,000	12、其他流动负债	
(4)增加长期投资	23,052,375		
小计	77,089,675		
流动资金运用合计	116,907,596	流动负债增加净额	22,309,808
流动资金增加净额	11,988,353	流动资金增加净额	11,988,353

重庆三峡水利电力(集团)股份有限公司一九九七年度中期报告

一、财务报告

1. 简化的资产负债表

重庆三峡水利电力(集团)股份有限公司　　1997年6月30日　　金额单位:元

项　目	年初数(母公司)	年初数(合并)	期末数(母公司)	期末数(合并)
资产:				
流动资产	83,977,526.72	88,391,275.36	83,211,741.26	91,827,347.58
长期投资	80,825,642.25	77,425,642.25	78,426,361.75	74,926,361.75
固定资产净值	137,274,982.97	142,975,226.99	136,408,014.68	140,023,071.64
在建工程	70,197,142.93	77,386,857.44	75,387,379.97	84,861,238.92
固定资产清理	254,939.04	254,939.04	254,939.04	254,939.04
无形资产及递延资产	5,474,149.37	5,597,115.51	5,369,252.85	5,488,099.53
资产总计	378,004,383.28	392,031,056.59	379,057,689.55	397,381,058.46
负债及股东权益:				
流动负债	76,084,159.74	86,019,356.09	54,490,951.03	69,115,785.50
长期负债	125,072,473.04	129,160,000.00	130,000,000.00	134,370,000.00
负债合计	201,156,632.78	215,179,356.09	184,490,951.03	203,485,785.50
少数股东权益				
其中:股本	108,880,000.00	108,880,000.00	108,880,000.00	108,880,000.00
资本公积	6,422,056.10	6,426,006.10	6,422,056.10	6,426,006.10
盈余公积	20,820,541.70	20,820,541.70	20,820,541.70	20,820,541.70
其中:公益金	6,940,180.57	6,940,180.57	6,940,180.57	6,940,180.57
未分配利润	40,725,152.70	40,725,152.70	58,444,140.72	57,768,725.16
股东权益合计	176,847,750.50	176,847,760.50	194,566,738.52	193,895,272.96
负债及股东权益合计	378,004,383.28	392,031,056.59	379,057,689.55	397,381,058.46

2. 简化的损益表

重庆三峡水利电力(集团)股份有限公司　　1997年6月30日　　金额单位:元

项　目	上年同期数(母公司)	上年同期数(合并)	1997年1-6月(母公司)	1997年1-6月(合并)
主营业务收入	58,318,122.24	58,318,122.24	60,603,539.00	60,603,539.00
主营业务利润	14,684,071.66	14,684,071.66	17,115,060.37	17,115,060.37
其他业务利润	3,023,431.99	2,663,570.57	3,578,322.96	2,902,907.40
投资收益	85,470.61	85,470.61	41,594.50	41,594.50
营业外收支净额	-19,872.94	-19,872.94	-15,640.76	-15,640.76
利润总额	17,773,101.32	17,413,239.90	20,719,337.07	20,043,921.51
减:所得税	2,599,165.39	2,599,165.39	3,000,349.05	3,000,349.05
净利润	15,173,935.93	14,814,074.51	17,718,988.02	17,043,572.46

3. 财务指标

	1997年1-6月	1996年1-6月
(1)每股收益	0.157元	0.136元
(2)净资产收益率	8.79%	8.39%
(3)每股净资产	1.78元	1.62元

注:本期和上年同期每股收益和每股净资产是以当期期末公司总股本10888万股为基数计算的。

4. 财务报表附注

(1)本期财务报告所采用的会计政策与会计方法和1996年度财务报告所采用的会计政策与会计方法相互一致。

(2)本报告期内主体未发生合并、分立等变化。

(3)合并报表原则:对公司拥有100%权益的全资附属企业和拥有50%以上权益的控股企业会计报表进行合并。在编制合并会计报表时,对内部投资、内部往来等按合并报表原则进行抵销。

(4)应收帐款

1997年6月30日帐面余额为16,203,454.82元,全部为应收销货款。

帐龄分析:

A. 帐龄在1年以内的13,865,742.12元,占总金额的85.57%;

B. 帐龄在1年以上2年以内的1,131,001.12元,占总金额的6.98%;

C. 帐龄在2年以上3年以内的1,206,711.58元,占总金额的7.45%;

D. 无帐龄在3年以上的应收帐款。

(5)其他应收款

1997年6月30日帐面余额为31,676,061.76元

A. 帐龄在1年以内的19,440,476.11元,占总金额的61.37%;

B. 帐龄在1年以上2年以内的9,217,001.92元,占总金额的29.1%;

C. 帐龄在2年以上3年以内的2,601,881.59元,占总金额的8.21%;

D. 帐龄在3年以上的416,702.14元,占总金额的1.32%。;

注:公司其他应收款中无持有公司5%以上股份的股东欠款。

(6)长期投资

1997年6月30日帐面余额为74,926,361.75元,其中:

A. 联营投资:1997年6月30日帐面余额为73,563,000.00元,列示如下:

B. 债券投资:1997年6月30日帐面余额为1,363,361.75元。

(7)应付帐款

1997年6月30日帐面余额为3,961,222.87元,主要为原材料及外购电力欠款。

注:公司应付帐款中无持有公司5%以上股份的股东往来。

(8)其他应付款

1997年6月30日帐面余额为16,423,288.68元。

注:公司其他应付款中无持有公司5%以上股份的股东往来。

(9)未分配利润

1997年6月30日帐面余额为57,768,725.16元,比期初数增加17,043,572.46元,为1997年上半年实现的净利润。

(10)投资收益41,594.50元全部为国债利息收入。

(11)本公司关联企业与关联交易:

A. 关联公司名称	与本公司关系
万县市万州电力开发有限公司	本公司参股公司
万县市康乐电力开发有限公司	本公司参股公司
成都兆丰特种养殖有限责任公司	本公司参股公司
万县市天科通信有限公司	本公司参股公司
万县市电力总公司	本公司股东
水利部经济管理局	本公司股东
万县市建筑勘察工程总公司	本公司股东
万县市水电建筑勘察设计研究院	本公司股东
长江流域水资源开发总公司	本公司股东

B. 截止一九九七年六月三十日,本公司与关联公司无交易事项。

二、经营情况的回顾与展望

1. 上半年经营情况的回顾:

(1)主要指标完成情况:

公司上半年实现主营业务收入6060万元,比去年同期增长3.9%,实现净利润1704.4万元,比去年同期增长15%。

(2)业务开展情况:

公司上半年根据董事会制定的目标,A. 加强了公司对参与投资的电站工程建设的监管,双河电站、赶场电站已于5月底建成投产;康乐火电厂一期工程全部建成投产。同时对电网进行了改进、扩建,其中江北变电站升压11万伏工程已进入调试阶段。B. 针对城乡居民和工矿企业对电力需求不断增长的局面,一方面将通过收购其它发电厂来增加公司的装机容量,同时通过加强生产现场管理,充分利用现有机组的发电能力等措

施,完成了上半年的供电任务,同时也取得了较好的经济效益,与去年同期比较,主营业务收入和净利润都有一定的增长。C.依托公司的行业优势,发展水产养殖、城乡供水等水利经济,上半年水产养殖已进入成长期,江南供水工程前期准备工作正在抓紧进行。D.通过招聘、培训等手段,为公司引进了一批素质较高的人才,为公司的发展储备充足的现代人才资源。

2.下半年展望:

(1)更加强化财务管理,合理使用资金,并按规定用途使用募股资金,同时进一步加强对投资项目的管理,以确保工程如期建立或投产,早日为公司创造效益。

(2)下半年特别是三季度是全年供电的高峰季节,为此,公司从上至下,从人力、物力等方面都作好了充分准备。各电站所有的运行设备和电网按计划都完成了检修工作,充分挖掘潜力,保证在供电高峰季节优质、安全地完成供电任务,实现公司全年的经济效益目标。

(3)在9月底前完成双河、赶场电站的收购,使之成为公司利润的增长点。

(4)加快水利经济的发展步伐,近期集中精力发展水产养殖,同时加紧进行江南供水工程的前期工作。

三、重大事件的说明

1.本报告期内,3月8日召开了1996年度股东大会,大会审议通过了1996年度税后利润分配方案,批准同意增资扩股发行5000万元A股及募集资金运用方案、公司名称变更议案、公司章程修改方案。

2.按照国务院证券委、中国人民银行、国家经贸委5月21日联合发布的《严禁国有企业和上市公司炒作股票的规定》的要求,公司经认真自查,没有从事任何违反规定的事项。

3.本报告期内无重大诉讼、仲裁事项。

4.本公司无中期分红事项。

5.重大期后事项说明

经中国证监会1997年7月17日以证监发字[1997]386、387号文批准公司采取上网定价方式发行5000万元A股,1997年7月23日通过上海证券交易所的交易系统成功的发行了5000万元A股,发行价格为6.38元/股,扣除发行费用后实际到位资金30860万元,1997年8月4日本公司A股在上海证券交易所上市。

四、发行在外股票的变动和股权结构的变化

1.股权结构情况(单位:股,每股面值:1.00元人民币)

股份类别	1997年6月30日	比率(%)	1996年12月31日	比率(%)
1.发起人股份	65180000	59.86	65180000	59.86
其中:国家股	63380000	58.21	63380000	58.21
法人股	1800000	1.65	1800000	1.65
2.募集法人股	40980000	37.64	40980000	37.64
3.内部职工股	2720000	2.5	2720000	2.5

本报告期内公司股本及股权结构没有变化。

2.主要股东持股情况

股东名称	持股数量(单位:万股)	所占比例(%)
万县市电力总公司	3362	30.88
水利部经济管理局	2976	27.33
万县市三峡电力(集团)股份有限公司职工持股会	1905.6	17.50
长江流域水资源开发总公司	1000	9.18
万县市中建房地产开发有限公司	200	1.83
万县市水电建筑勘察设计研究院	160	1.47
中国灌排技术开发公司	100	0.92
四川长平机械厂	100	0.92
德阳电站成套设备有限公司	62	0.57
万县金贸商务实业公司	60	0.55

五、股东大会简介

本公司于1997年3月8日重庆万县市鸽子沟72号公司会议室召开1996年度股东大会,出席会议的股东及股东代表69人,所持股份10111.7万股,占公司总股本的92.67%,会议符合法定程序和规定。

本次大会审议、通过了如下决议:

1.1996年度董事会工作报告

2.1996年度监事会工作报告

3.1996年度财务决算方案和1997年度财务预算方案

4.1996年度利润分配方案

5.未分配利润处理方案

6.1997年度投资计划

7.增资扩股发行5000万A股并上市的议案

8.募股资金运用方案

9.公司名称变更的议案

10.公司章程修改方案

并改选了董事会、监事会,大会决定:

1.1996年度分红派息为每10股派送现金股息3.00元人民币(含税)

2.发行5000万元A股并在上海证券交易所上市

3.截止1996年底历年未分配利润共4073万元及1997年全年利润由新老股东共同享有

4.公司名称在重庆直辖市成立后变更为重庆三峡水利电力(集团)股份有限公司

六、备查文件

1.载有公司董事长、总经理亲笔签名的中期报告原本

2.公司1997年上半年度财务报告原本

3.1996年度股东大会资料

查阅地址:重庆万县市鸽子沟72号公司证券部

联系电话:(0819)8234759 8223444

传 真:(0819)8251153

重庆三峡水利电力(集团)股份有限公司

一九九七年八月二十七日

南京水运实业股份有限公司

南京水运实业股份有限公司股票上市公告书

一、要览

总股本：　　12,478.6万股
可流通股本：　　3,500万股
本次上市流通股本：3,150万股
股票简称：　　南京水运
股票代码：　　600087
上市地点：　　上海证券交易所
上市时间：　　1997年6月12日
登记机构：　　上海证券中央登记结算公司

二、绪言

本上市公告书是根据《中华人民共和国公司法》、《股票发行与交易管理暂行条例》、《公开发行股票公司信息披露实施细则（试行）》和《上海证券交易所交易市场业务试行规则》等国家法律、法规的规定而编制的。本公司股票上市申请经上海证券交易所上证上字（1997）第043号文批准，于1997年6月12日（星期四）在上海证券交易所挂牌交易，本次上市流通的股票均为1997年5月27日至6月3日向社会公众发行的3,150万股A股，本公司职工持股350万股的上市日期将按国家及上海证券交易所有关规定执行。

本公司于1997年5月24日在《上海证券报》、《中国证券报》、《南京日报》上刊登了《招股说明书概要》，距今不足六个月，故与其重复内容在此不再重述，敬请投资者查阅本公司的《招股说明书概要》。

本公司董事会及各位董事确信本上市公告书不存在任何重大遗漏或者误导，并对其真实性、准确性、完整性负个别和连带的责任。

三、发行公司概况

1. 概况

公司法定名称：　　南京水运实业股份有限公司
英文名称：NANJING WATER TRANSPORT INDUSTRY CO. LTD
法定代表人：　　王一定
公司成立日期：　　1993年9月18日
公司注册资金：　　12478.6万元
公司注册地址：　　南京市新港工业区（中山北路241号）
公司营业执照注册号：13495566－2
联系电话：　　025－3720378
联系人：　　冯春明、曾善柱

2. 公司历史沿革

本公司是经国家体改委（体改生[1993]120号文）批准，由南京长江油运公司及长江沿线各大石油化工厂等9家国有大中型企业共同发起，以定向募集方式设立的股份有限公司，其主要发起人及控股公司为南京长江油运公司。南京长江油运公司以其40艘船舶经评估值按1:1折股入股，其他股东均以现金方式按1:1入股。

本公司于1993年7月20日经国家体改委批准设立，1993年9月18日经南京市工商行政管理局注册登记，于1993年9月28日正式开业运转。

本公司设立时股本为22446.5万股，1997年4月经国家体改委批准，按2.5:1缩减股本，缩股后注册资本为8978.6万元。

四、股票发行及承销

1. 本次公开发行

发行数量：　　3500万股（其中向公司职工配售350万股）
发行价格：　　6.05元/股
募集资金总额：　　21,175万元
发行方式：　　全额预缴、比例配售、余额转存
配售比例：　　13,33852%
配售户数：　　3719户
持有1000股以上的户数：2334户
发行费用总额：　　770万元
每股发行费用：　　0.22元
发行市盈率：　　15倍

2. 股票承销

本次公开发行3500万股社会公众股已全部由社会公众（含公司职工）认购。承销团成员无包销比例及数量。

3. 验资报告　　〔宁会内－验字（97）028号〕

南京水运实业股份有限公司：

本所接受委托，对贵公司截止1997年6月2日的注册资本、实收资本变更情况的真实性和合法性进行了审验。在审验过程中，我们按照《独立审计实务公告第1号－验资》的要求，实施了必要的审验程序。贵公司的责任是提供真实、合法、完整的验资资料，保护资产的安全、完整；我们的责任是按照《独立审计实务公告第1号－验资》的要求，出具真实、合法的验资报告。

贵公司委托验证的注册资本为12,478.60万元。经我们审验，本次社会公众股（A股）发行前，贵公司的股本总额为8,978.60万元，业经本所验证并出具了宁会内一验字（97）003号验资报告。经中国证券监督管理委员会证监发字（1997）232号和（1997）233号文批准贵公司股票发行额度为3,500万股（其中向社会公众发行人民币普通股3,150万股，向公司职工发行人民币普通股350万股），每股面值1元，发行价每股6.05元，应募集资金21,175万元。发行结束后，贵公司共筹集资金20,405万元（已扣除预计发行费用770万元），其中股本为3,500万元，溢价收入计入资本公积16,905万元，贵公司在本次公开发行后注册资本总额为12,478.60万元。其中：

发起人法人股本6,783.64万元，占注册资本54.36%；
定向募集法人股本2,194.96万元，占注册资本17.59%；
社会公众股本3,150.00万元，占注册资本25.24%
内部职工股本350.00万元，占注册资本2.81%。

南京会计师事务所　　中国注册会计师　　伍　敏、邹宏伟
中国·南京　　一九九七年六月二日

资金入帐时间：1997年6月2日
资金入帐金额：21,175万元
银行帐号：0779880208710001
开户行：招商银行城北支行

五、董事、监事及高级管理人员持股情况

姓名	职务	持股数量（股）	持股比例（%）
王一定	董事长	10000	0.0080
王镭	副董事长	8000	0.0064
张文标	副董事长	8000	0.0064
王民余	董事	6000	0.0048
王荣生	董事	6000	0.0048
李贵珊	董事	6000	0.0048
张有根	董事	6000	0.0048
张鹭洲	董事	6000	0.0048

邱安翔	董事	6000	0.0048
陈熙文	董事	6000	0.0048
金卫民	董事	6000	0.0048
周明	董事	6000	0.0048
姚玉魁	董事	6000	0.0048
郭津林	董事	6000	0.0048
胡继山	董事	6000	0.0048
道明照	董事	6000	0.0048
薛国良	董事、总经理	6000	0.0048
冯春明	副总经理	4000	0.0032
李海叙	副总经理	4000	0.0032
曾善柱	董事会秘书	4000	0.0032
顾玉璋	监事会主席	6000	0.0048
宣林	监事	4000	0.0032
刘元	监事	4000	0.0032
王季麟	监事	4000	0.0032
葛道峰	监事	4000	0.0032

本公司董事、监事和高级管理人员共持有本公司股票14.4万股，占总公司总股本的0.1154%，其持有股份按照《中华人民共和国公司法》规定在任职期间不得转让。

六、公司设立

1. 公司于1997年1月22日召开的临时股东大会作出决议：本公司向社会公众发行的3500万股每股面值1元的普通股将在上海证券交易所上市。

2. 公司注册资金：12478.6万元

3. 本次发行后变更注册登记时间：1997年6月3日。

4. 公司注册地点：南京市新港工业区(中山北路241号)

5. 营业执照注册号码：13495566-2

七、关联企业及关联交易

1. 本公司的控股股东

名称	持有股份(万股)	占总股本比例(%)	主要业务
南京长江油运公司	4763.64	38.17	石油化工产品运输

2. 本公司无控股子公司

八、股本结构及大股东持股情况

1. 本次上市前的股本结构

股份名称	股数(万股)	占总股本比例(%)
总股本	12478.6	100
尚未流通部分：		
(1)发起人法人股	6783.64	54.36
其中：国有法人股	6783.64	54.36
(2)募集法人股	2194.96	17.59
可流通部分：		
(1)本次公开发行股份	3500	28.05
其中：公司职工股	350	2.80

2. 前十名股东所持股数及比例

股东名称	持有股数(万股)	占总股本比例(%)
南京长江油运公司	4763.64	38.17
中国工商银行重庆信托投资股份有限公司	480	3.85
巴陵石油化工公司长岭炼油化工厂	320	2.56
中国石化九江石油化工总厂	320	2.56
中国石化安庆石油化工总厂	320	2.56
中国石化武汉石油化工厂	260	2.08
中国石化荆门石油化工总厂	200	1.60
中国石化金陵石油化工公司	200	1.60
中国石化销售中南公司	200	1.60
中国石化销售华东公司	200	1.60
华东输油管理局	200	1.60
江苏省石油总公司	200	1.60
深圳市石化集团股份有限公司	200	1.60

九、公司财务会计资料

1. 审计报告

南京水运实业股份有限公司全体股东：

我们接受委托，审计了贵公司1996年12月31日、1995年12月31日、1994年12月31日的资产负债表及1996年度、1995年度、1994年度的利润及利润分配表和1996年度的财务状况变动表，这些会计报表由贵公司负责，我们的责任是对这些会计报表发表审计意见。我们的审计是依据中国注册会计师独立审计准则进行的。在审计过程中，我们结合贵公司的实际情况，实施了包括抽查会计记录等我们认为必要的审计程序。

我们认为，上述会计报表符合《企业会计准则》和《股份制试点企业会计制度》的有关规定，在所有重大方面公允地反映了贵公司1996年12月31日、1995年12月31日、1994年12月31日的财务状况及1996年度、1995年度、1994年度的经营成果和1996年度的资金变动情况，会计处理方法的选用遵循了一贯性原则。

南京会计师事务所　　中国注册会计师：杜文俊　伍敏

中国·南京　　一九九七年三月一日

2. 资产负债表、利润及利润分配表、财务状况变动表

分别见附表1、附表2、附表3

3. 财务报表附注

(1)会计制度

公司执行《股份制试点企业会计制度》。

(2)会计年度

公历一月一日至十二月三十一日为一个会计年度。

(3)记帐本位币

以人民币为记帐本位币。

(4)记帐原则和计价基础

以权责发生制为记帐原则，以历史成本法为计价基础。

(5)存货计价

库存材料按实际价格计价。

存货的发出按个别成本法核算。

低值易耗品采用一次摊销法。

(6)固定资产及其折旧

评估入帐的固定资产按重置成本法计价，其他均按实际成本计价，计价标准为2000元以上(包括2000元)，采用直线法计提折旧。

残值率为3%-5%，折旧年限及年折旧率分别为：

固定资产类别	折旧年限	年折旧率
房屋	40年	2.43%
运输船舶	15年-18年	5.28%-6.47%
通讯设备	8年	12.12%
办公设备	6年-14年	6.93%-16.17%

(7)递延资产及其摊销

开办费按5年平均摊销。

(8)坏帐准备

按期末应收帐款余额的5%计提坏帐准备。

(9)营业收入的确认

在发出商品、提供劳务，同时在收讫价款或取得收取价款的凭据时，确认营业收入的实现。

(10)税项

①流转税

运输收入按3%计征营业税；

房租收入按5%计征营业税；

贸易收入交纳增值税，销项税率17%。

②城建税及教育费附加

按应交营业税，增值税金额的7%计征城市维护建设税；3%计征教育费附加，根据宁财行(1995)324号，宁国发(1995)241号、宁地税发(1995)178号、宁教计(1995)25号文规定，从1995年1月1日起增加计征1%教育地方附加费。

③所得税

公司在新港工业区注册，享受该地区税收优惠政策。根据南京市国家税务局对外分局宁税对外减字(95)第(18)号文，1994年10月至1995年9月减半征收所得税，税率为16.5%；1995年10月起所得税税率为33%。

(11)根据股东大会决议,按税后年净利润的10%分别计提法定盈余公积金。公益金,94年按32.88%、95年按4.23%分别计提任意盈余公积金。

4. 主要财务指标

	1996年	1995年	1994年
流动比率	1.32	1.93	5.36
速动比率	1.27	1.87	5.28
股东权益比率(%)	87.23	80.08	85.66
应收帐款周转率(次)	1.094	1.034	0.934
净资产收益率(%)	11.43	12.21	17.67
每股净利(元/股)	0.35	0.36	0.50
每股净资产(元)	1.21	1.17	1.13

(注:每股净利润按经缩股后的总股本8978.6万股模拟计算。)

十、董事会上市承诺

公司董事会将严格遵守《中华人民共和国公司法》、《股票发行与交易管理暂行条例》、《公开发行股票公司信息披露实施细则》、《上海证券交易市场交易业务试行规则》和有关法律、法规的规定,并自股票上市之日起作出如下承诺:

1. 严格按照有关法律、法规的规定程序和要求披露本公司重大信息,自觉接受证券主管机关、上海证券交易所的监督管理,认真听取政府、股东、证券管理及经营部门和社会公众的意见、建议和批评。

2. 及时、准确、真实地公告本公司中期报告和年度报告,并备置于规定场所供投资者公众查阅。

3. 本公司董事、监事及高级管理人员如发生人事变动,或持有本公司股份数量发生变化时,在及时通报证券主管机关、上海证券交易所的同时向投资者公布。

4. 在任何公共传播媒介中出现的消息,可能对本公司股票的市场价格产生误导性影响时,本公司知悉后将及时对该消息予以公开澄清。

5. 本公司董事、监事及高级管理人员将认真听取社会公众的意见和批评,不利用已获得的内幕消息和其他不正当手段直接或间接从事股票买卖活动。

6. 本公司没有无记录负债。

十一、重要事项揭示

1. 经南京市会计师事务所审核本公司1997年预测主营业务收入为18,540万元;主营业务利润为5,822.62万元;利润总额为6,302.62万元;每股税后利润按发行后股本全面摊薄计算为0.338元。

2. 本公司股票上市后,新、老股东依持股比例共同享有1996年度未分配利润及1997年度利润,预计最近一次利润分配在1998年上半年进行。

3. 本公司上市后的所得税率为33%。

十二、咨询机构

1. 本公司: 南京水运实业股份有限公司
   地　址: 江苏省南京市新港工业区
   法定代表人: 王一定
   电　话: 025-3720378
   传　真: 025-3709524
   联系人: 冯春明　曾善柱

2. 上市推荐人兼财务顾问:君安证券有限责任公司
   地址: 深圳市春风路5号
   法定代表人: 张国庆
   电话: 021-62712014
   传真: 021-62712514
   联系人: 吴晖、郑哲、谢建军

3. 上市推荐人:招银证券公司
   地址: 深圳市振华路2号深纺大厦C座
   法定代表人: 李麦秋
   电话: 0755-3362974
   传真: 0755-3362954
   联系人: 王汴京　王福清　孟志一　许永良

十三、备查文件

1. 发行人成立的注册登记文件

国家体改委体改生(1993)120号文《关于同意组建南京水运实业股份有限公司的批复》

2. 主管部门和上海证券交易所批准发行上市的文件

3. 承销协议

4. 评估确认报告

国家国有资产管理局国资评(1993)255号文《关于同意南京长江油运公司股份制改造项目资产评估结果的确认通知》

5. 发行人改组的其他有关资料

国家体改委体改生(1997)193号文《关于同意南京水运实业股份有限公司调整公司股本的批复》

6. 审计报告

7. 盈利预测报告

8. 资产评估报告

9. 发行人律师法律意见书及律师工作报告

10. 主承销商律师法律意见书

11. 验资报告

12. 证监会要求的其他文件

南京水运实业股份有限公司

一九九七年六月九日

附件一:

资产负债表

编制单位:南京水运实业股份有限公司　　　　单位:人民币元

资　产	注释	1996年12月31日	1995年12月31日	1994年12月31日	负债及股东权益	注释	1996年12月31日	1995年12月31日	1994年12月31日
流动资产					流动负债:				
货币资金	3-1	3,723,958.19	29,430,315.27	21,446,946.46	短期借款			23,055,400.00	4,000,000.00
短期投资	3-2	5,857,257.53	18,324,000.00	15,335,500.00	应付票据				
应收票据					应付帐款	3-10	171,682.42	2,721,180.02	2,731,570.90
应收帐款	3-3	34,602,583.93	29,163,027.57	27,252,596.00	预收货款				
减:备抵坏帐		173,012.92	145,815.14	136,262.98	应付福利费		3,892,013.69	2,482,214.66	1,521,917.43
应收款项净额		34,429,571.01	29,017,212.43	27,116,333.02	未付股利		22,496,500.00	22,523,200.00	26,027,900.00
预付货款	3-4	2,403,451.70	12,000.00		未交税金	3-11	9,084,994.88	5,879,617.20	-103,329.06
其他应收款	3-5	4,208,484.64	3,414,155.59	22,684,097.95	其他未交款	3-12	25,320.36	15,395.32	17,993.05
待摊费用			806,000.00	240,000.00	其他应付款	3-13	4,218,580.14	8,880,531.84	8,270,908.44
存　货	3-6	1,865,742.20	2,083,660.79	1,258,153.75	预提费用				
流动资产合计		52,488,465.27	83,087,344.08	88,081,031.18	待扣税金				
长期投资					一年内到期的长期负债				
长期投资					流动负债合计		39,889,109.49	65,557,539.04	42,466,960.76
固定资产					长期负债:				
固定资产原价	3-7	311,555,458.98	281,888,912.98	173,042,254.90	长期借款				
减:累计折旧	3-7	65,286,374.93	40,260,376.53	18,041,924.77	应付债款				
固定资产净值		246,269,084.05	241,628,545.45	155,000,330.13	长期应付款				

资　　产	注释	1996年12月31日	1995年12月31日	1994年12月31日	负债及股东权益	注释	1996年12月31日	1995年12月31日	1994年12月31日
在建工程	3-8	13,290,000.00	3,897,276.10	52,556,295.28	长期负债合计				
固定资产清理					股东权益:				
固定资产合计		259,559,084.05	245,525,821.55	207,556,625.41	股本	3-14	224,465.000.00	224,465,000.00	224,465,000.00
无形及其他资产:					资本公积	3-15	260,000.00		
无形资产					盈余公积	3-16	43,288,356.14	37,061,693.50	29,264,985.75
递延资产	3-9	295,000.00	451,000.00	607,000.00	其中,公益金		5,070,616.81	2,412,296.79	5,534,059.58
					未分配利润	3-17	4,440,083.69	1,979,933,09	47,710.08
无形及其他资产合计		295,000.00	451,000.00	607,000.00	股东权益合计		272,453,439.83	263,506,626.59	253,777,695.83
待处理财产损失									
待处理流动资产损失(减收益)									
待处理固定资产损失(减收益)									
待处理财产损失合计									
资产总计		312,342,549.32	329,064,165.63	296,244,656.59	负债及股东权益合计		312,342,549.32	329,064,165.63	296,244,656.59

利润及利润分配表

附件二:

编制单位:南京水运实业股份有限公司　　　　单位:人民币元

利润及利润分配项目	注释	1996年度	1995年度	1994年度	利润及利润分配项目	注释	1996年度	1995年度	1994年度
一、主营业务收入	3-18	147,895,990.97	131,807,908.69	100,243,006.27	四、利润总额(亏损以"—"号表示)		46,467,631.70	40,197,290.02	46,058,777.92
减:营业成本	3-19	92,785,423.65	87,385,626.53	62,998,799.79	减:所得税		15,334,318.26	8,021,859.26	1,207,664.66
销售费用					五、净利润		31,133,313.24	32,175,430.76	44,851,113.26
管理费用		4,485,288.23	4,708,949.93	6,482,353.10	加:年初未分配利润(未弥补亏损以"—"号表示)		1,979,933.09	47,710.08	8,391,586.05
财务费用	3-20	1,190,526.19	-543,344.90	-3,583,211.11	盈余公积转人数				
进货费用					六、可供分配的利润		33,113,246.33	32,223,140.84	53,242,699.31
营业税金及附加		5,122,145.56	4,360,689.28	3,318,189.30	减:提取法定公积金		3,113,331.32	3,217,543.08	4,485,111.32
二、主营业务利润(亏损以"—"号表示)		44,312,607.34	35,895,987.85	31,026,875.19	提取法定公益金		3,113,331.32	3,217,543.08	4,485,111.32
加:其他业务利润(亏损以"—"号表示)	3-21	668,162.05	862,266.70	3,185,867.57	七、可供股东分配的利润		26,886,583.69	25,788,054.68	44,272,476.67
三、营业利润(亏损以"—"号表示)		44,980,769.39	36,758,254.55	34,212,742.76	减:已分配优先股股利				
加:投资收益(损失以"—"号表示)	3-22	1,736,638.91	3,598,215.50	2,214,472.19	提取任意公积金			1,316,621.59	18,196,866.59
营业外收入	3-23		450,122.00	7,786,371.93	已分配普通股股利		22,446,500.00	22,446,500.00	26,027,900.00
减:营业外支出	3-24	154,054.00	609,302.03	600.00	八、未分配利润(未弥补亏损以"—"号表示)		4,440,083.69	1,979,933.09	47,710.08
加:以前年度损益调整	3-25	-95,722.60		1,845,791.04					

附件三:

财务状况变动表

编制单位:南京水运实业股份有限公司　　　　1996年度　　　　单位:人民币元

流动资金来源和运用	行　次	金　额	流动资金各项目的变动	行　次	金　额
一、流动资金来源			一、流动资产本年增加数		
1. 本年净利润	1	31,133,313.24	1. 货币资金	27	-25,706,357.08
加:不减少流动资金的费用和损失			2. 短期投资	28	-12,466,742.47
(1)固定资产折旧	2	25,026,007.40	3. 应收票据	29	
(2)无形资产、递延资产摊销	3	156,000.00	4. 应收帐款净额	30	5,412,358.58
(3)固定资产盘亏(减盘盈)	4		5.预付货款	31	2,391,451.70
(4)清理固定资产损失(减收益)	5		6. 其他应收款	32	794,329.05
小　计	6	56,315,320.64	7. 待摊费用	33	-806,000.00
2. 其他来源:			8. 存货	34	-217,918.59
(1)固定资产清理收入(减清理费用)	7		9. 待处理流动资产损失(减收益)	35	
(2)增加长期负债	8		流动资产增加净值	36	-30,598,878.81
(3)收回长期投资	9				
(4)对外投资转出固定资产	10				
(5)对外投资转出无形资产	11				
(6)资本净增加额	12	6,486,662.64			
小　计	13	6,486,662.64	二、流动负债本年增加数:		
流动资金来源合计	14	62,801,983.28	1. 短期借款	37	-23,055,400.00
			2. 应付票据	38	
二、流动资金运用:			3. 应付帐款	39	-2,549,497.60
1. 利润分配			4. 预收货款	40	
(1)提取盈余公积	15	3,113,331.32	5. 应付福利费	41	1,409,817.03
(2)提取公益金	16	3,113,331.32	6. 未付股利	42	-26,700.00
(3)已分配股利	17	22,446,500.00	7. 未交税金	43	3,205,377.68
小　计	18	28,673,162.64	8. 其他未交款	44	9,925.04
2. 其他运用			9. 其他应付款	45	-4,661,951.70
(1)固定资产和在建工程净增加额	19	39,059,269.90	10 预提费用	46	
(2)增加无形资产、递延资产	20		11. 待扣税金	47	
(3)偿还长期负债	21				
(4)增加长期投资	22				
小　计	23	39,059,269.90			
流动资金运用合计	24	67,732,432.54	流动负债增加净额	48	-25,668,429.55
流动资金增加净额	25	-4,930,440.26	流动资金增加净额	49	-4,930,449.26

四川明星电力股份有限公司

四川明星电力股份有限公司股票上市公告书

一、要览

公司总股本:6182.32 万股

可流通股本:2900.00 万股

本次上市流通股本:2900.00 万股

96 年每股税后利润:0.425 元

96 年末每股净资产:2.90 元

证券代码:600101

股票简称:明星电力

上市地:上海证券交易所

上市时间:1997 年 6 月 27 日

上市推荐人:申银万国证券股份有限公司

登记机构:上海证券登记中央结算公司

二、绪言

经中国证券监督管理委员会证监发字(1997)第 359 号文批准和上海证券交易所上证上(1997)字第 056 号文审核同意,本公司股票将于 1997 年 6 月 27 日在上海证券交易所挂牌交易。本次上市流通的股票属历史遗留问题股票,流通的股本数量为 2900 万股。

本公司股票上市公告书依据《中华人民共和国公司法》、《股票发行与交易管理暂行条例》和《上海证券交易所交易市场业务试行规则》的规定,并参照国际惯例编制。本公司股票上市公告书旨在向社会公众披露公司基本情况及有关资料。本公司董事会及其成员已批准本上市公告书,确信其中未遗漏本公司任何重大事项,亦不存在任何误导和虚假成分,愿就本股票上市公告书所载资料的真实性、准确性和完整性负个别及连带责任。

本股票上市公告书中的内容由本公司董事会负责解释。

三、公司概况

(一)公司简介:

1. 公司法定名称:四川明星电力股份有限公司

英文名称:Sichuan Mingxing Electric Power Co. ,Ltd.

2. 公司注册地址:遂宁市中区大东街 18 号

(邮政编码:629000)

英文地址:NO. 18 Dadong Street Suining,Sichuan

(POST CODE:629000)

3. 公司法定代表人:费庆伦

4. 所属行业:电力行业。

5. 公司历史沿革:

公司前身可追溯到 1926 年由官绅合办的“明星电灯公司”。新中国成立后,扩大了生产能力,建立了遂宁县水电厂。为进一步开发遂宁的水电资源,由国家投资,地方城镇、乡镇投劳和投资,于 1959 年和 1978 年先后建成了龙凤电站和小白塔电站,成立了遂宁电力公司,企业集电力发、供、建、管于一体,形成了完整的电力生产、供应体系。

1980 年,本公司通过了“县社联办章程”,采取“县社联办、合股经营、按股分红”的方式,发展地方水电事业。1988 年 3 月 8 日,根据四川省人民政府川府发(1988)36 号《关于扩大全民所有制大中型企业股份制试点的意见》精神,经遂宁市人民政府遂府函(1988)3 号文批准,由遂宁电力公司独家发起设立“遂宁电力股份有限公司”。1993 年 2 月 13 日经遂宁市转换企业经营机制领导小组遂转企发(1993)04 号文批准,公司更名为“四川明星电力股份有限公司”。

1993 年,公司根据国家和省、市有关文件精神,对本公司的股份制试点进行了规范,并于 1993 年 12 月获国家体改委体改生(1993)269 号文批准,成为继续向社会公开发行股票的股份制试点企业。

6. 公司组织机构及其职能

公司设股东大会,为本公司最高权力机构;董事会为股东大会常设执行机构,监事会为常设监督机构;公司设总经理一名、副总经理五名、总工程师一名。

本公司实行董事会领导下的总经理负责制。

公司组织机构见附图:

各机构及职能为:

公司办公室:负责公司文秘、档案、资料及对外关系工作;

生产技术部:负责公司生产组织、指挥、调度,公司安全管理及技术改造的组织实施,环保、设备管理;

经营管理部:负责公司的供、用电管理、电价管理、计量管理及节能降损工作;

投资开发部:负责公司新项目的论证、实施及多种经营管理;

人事劳资部:负责公司的劳动、人事、工资管理及员工教育培训;

财务证券部:负责公司会计核算、财务管理、资产管理和证券管理;

宣传教育部:负责公司宣传教育工作、职工技术培训、专业技术人员管理;

公安武装部:负责公司治安保卫、消防工作;

审计监察室:负责公司内部财务审计和监督。

(二)公司其他情况:

1. 成立日期:1988 年 4 月 29 日　　营业执照编号:20615280。

2. 公司员工情况:截止 1996 年 12 月 31 日,公司员工总数为 1094 人,高级技术职称:13 人,占员工总数的 1.19%;中级技术职称:116 人,占员工总数的 10.60%;初级技术职称:231 人,占员工总数的 21.12%。公司有离、退休人员 138 名,均已参加了遂宁市社会保险事业管理局的社会统筹保险,退休金由遂宁市社会保险局发放。

3. 公司占地面积:

占地面积 1013176.9 平方米,其中,建筑面积 41030.49 平方米。

4. 公司咨询服务项目:电话:(0825)2227626

邮编:629000　　传真:(0825)2210012

股东接待日:每月 1 日和 15 日(节假日顺延)

公司文件资料索阅地址:遂宁市中区大东街 18 号

公司董事会办公室　　联系人:蒋青

5. 公司经营方式:生产、供应、安装、加工、修理、批发、零售

6. 公司经营范围:

主营:电力生产、供应。

兼营:送变电工程,线路及设备安装、加工、修理,五金、交电、电器设备、仪器、仪表、汽车配件。

7. 非经营资产管理情况:本公司在进行股份制试点时,已将职工食堂、非生产性用房、职工医院、环卫管理等辅助性生产系统和公用设施与经营性资产分开经营,未包含在公司资产之中。该部分非经营资产已于 1994 年组建了遂宁市益星实业公司,并经工商行政管理部门登记注册,是

独立经营的企业法人。

四、公司股票上市有关中介机构

1. 股票上市推荐人:申银万国证券股份有限公司

地址:上海市南京东路 99 号

电话:(021)63295888　　传真:(021)63298734

邮编:200002

2. 会计师事务所:四川会计师事务所

法定代表人:黄万清

经办注册会计师:罗建平、刘瑜

地址:成都市红庙子街 60 号

电话:(028)7766661

邮编:610017

3. 资产评估机构:四川省资产评估事务所

法定代表人:唐光兴

经办评估人员:杨金凤、卢继文、葛永康

地址:四川省成都市太升南路 61 号

电话:(028)6619785　　传真:(028)6620887

邮编:610017

4. 资产评估确认机构:国家国有资产管理局

地址:北京万泉河路 66 号

电话:(010)3463910　　传真:(010)2559697

邮编:100045

5. 律师事务所:中辰律师事务所

法定代表人:刘西荣

经办律师:刘西荣、刘榕

地址:成都市人民东路 48 号物资大厦 8 层

电话:(028)6744456-20829　　传真:(028)6616885

邮编:610015

6. 股票登记机构:上海证券中央登记结算公司

法定代表人:王迪彬

地址:上海市闵行路 67 号

电话:(021)63566651　　传真:63257454

邮编:200080

五、股票发行

(一)股票发行

公司 1988 年 5 月 18 日经中国人民银行遂宁市分行遂人行金(1988)第 32 号《关于同意遂宁电力股份有限公司公开发行个人股股票的批复》批准,向社会公开发行公众股股票 2900 万股,股票发行自 1988 年 6 月 1 日开始,1989 年 10 月 28 日结束,股票发行情况如下:

1. 股票种类:普通股
2. 社会公众股发行数量:2900 万股
3. 股票发行价格:每股 1 元
4. 募集资金总额:2900 万元
5. 股票发行对象:境内城乡居民
6. 股东户数:14566 户
7. 持 1000 股以上的股东:14566 户

(二)验资报告

1. 验资报告(摘要):

川会师业一(1996)第 168 号

四川明星电力股份有限公司董事会:

我们接受委托,根据《股票发行与交易管理暂行条例》有关规定,对贵公司截至 1995 年 12 月 31 日止包括股本在内的股东权益及相关资产和负债的真实性、合法性进行了审验。在审验过程中,我们按照《独立审计实务公告第 1 号一验资》的要求,实施了必要的审验程序。

贵公司注册资本为 6182 万元。根据我们对贵公司 1995 年 12 月 31 日资产负债表审计结果,截至 1995 年 12 月 31 日止,贵公司已收到各股东投入的资本(股东权益合计)152,884,473.05 元,其中发起人原遂宁电力公司投入的资本为 51,201,010.02 元,社会其他股东投入的资本为 101,683,463.03 元。投入的资本中包括股本 61,823,200 元,资本公积 45,344,849.06 元,盈余公积 23,511,288.51 元(其中:公益金 6,152,077.16 元),未分配利润 22,205,136.48 元。与上述投入资本相关的资产总额为 205,636,284.32 元,负债总额为 52,751,811.27 元。

四川会计师事务所　中国注册会计师　罗建平　刘贵彬

报告日期:1996 年 6 月 16 日

2. 募集资金入帐时间:1988 年 6 月至 1989 年 10 月

3. 入帐金额:2900 万元

4. 开户银行

开户银行	帐　号
建设银行遂宁市中心支行	2613092
农业银行遂宁市中区办事处	43709

六、董事、监事及高级管理人员简介及持股情况

(一)董事、监事及高级管理人员简介

董事会成员:

费庆伦先生,本公司董事长兼总经理,54 岁,大学学历,高级工程师。曾任本公司副经理。1984 年至今任公司经理、总经理。四川省劳动模范,四川省地方电力企业优秀经理、遂宁市十佳明星企业家。持有本公司股票 4000 股。

张万富先生,本公司副董事长,51 岁,大学学历,高级政工师,曾任本公司党委办公室主任、政治处主任、党委副书记,1993 年至今任公司党委书记兼副总经理。四川省"优秀党务工作者"。持有本公司股票 3000 股。

王和平先生,本公司副董事长,46 岁,高中学历,曾任遂宁市中区农业办公室主任、市中区人民政府副区长,1995 年 9 月至今任遂宁金源科技发展公司总经理。持有本公司股票 0 股。

蒋福贵先生,本公司董事,57 岁,中专学历,高级经济师,曾任本公司供电所副所长,办公室主任。1988 年至今任公司副总经理。持有本公司股票 3000 股。

薛居树先生,本公司董事,48 岁,大学学历,经济师,曾任本公司水电厂副厂长、办公室主任、经理助理。1993 年至今任公司副总经理。持有本公司股票 4000 股。

李加贵先生,本公司董事,48 岁,中专学历,工程师,曾任本公司生产技术科科长,经理助理。1993 年起任公司副总经理。持有本公司股票 4000 股。

周秀华女士,本公司董事,38 岁,大学学历,经济师,曾任本公司团委副书记、政治处副主任、党委办公室主任、工会主席,1995 年起任公司副总经理。持有本公司股票 2000 股。

何庆联先生,本公司董事,48 岁,大学学历,工程师,曾任射洪县水电局副局长、本公司副经理,1994 年起任公司总工程师。持有本公司股票 3000 股。

陈光金先生,本公司董事,51 岁,初中学历,高级经济师,曾任遂宁市市中区财政局局长,地方税务局局长,1995 年 9 月起任遂宁金源科技发展公司副总经理。持有本公司股票 0 股。

监事会成员

李玉常先生,本公司监事会主席,48 岁,大学学历,高级政工师,曾任四川工业学院机械系铸造教研室副主任,遂宁热电厂副厂长、本公司办公室主任、经理助理,1994 年起任公司党委副书记、工会主席。持有本公司股票 2000 股。

张晓耕先生,本公司监事,48 岁,大专学历,政工师,曾任本公司组织科科长,1993 年至今任纪委副书记、书记。持有本公司股票 2000 股。

王益民先生,本公司监事,41 岁,大学学历,工程师,1988 起任南北堰管理所所长。持有本公司股票 3000 股。

冉东升先生,本公司监事,40岁,大专学历,助理政工师,现任遂宁明星加气砖厂副厂长。持有本公司股票4000股。

刘安祥先生,本公司监事,56岁,高中学历,曾任农业局局长、审计局局长。现任遂宁金源科技发展公司副总经理。持有本公司股票0股。

本公司董事、监事以及高级管理人员持有本公司股票34000股,占公司总股本的0.055%,其持有股份按照《中华人民共和国公司法》规定,在任聘期间不得转让。

七、公司设立及组织状况

(一)公司设立

公司于1988年3月经遂宁市人民政府批准进行股份制试点,1988年4月15日召开公司创立大会,并在遂宁市工商行政管理部门登记注册。

公司注册资金:6182万元

公司注册时间:1988年4月29日

公司注册地点:四川省遂宁市

营业执照号码:20615280

(二)公司股东大会关于同意公司股票在上海证券交易所交易的决议(摘要)

公司一九九四年股东大会听取、审议了公司董事会《关于公司股票上市交易的议案》。大会认为,董事会对国家金融、证券和股份制法规进行认真研究后,根据公司的实际情况提出的《关于公司股票上市交易的议案》是适宜的,有利于公司的股份制规范化运作和长远发展的需要,大会同意公司股票在上海证券交易所上市交易。

(三)公司历次股东大会简况(摘要)

1.1988年4月15日,公司召开了第一次股东代表大会(暨公司创立大会),通过了《遂宁电力股份有限公司章程》,选举产生了公司第一届董事会,通过了《向社会公开发行个人股股票的决议》。

2.1989年6月9日,公司召开了一九八九年股东代表大会,审议通过了董事会一九八八年度工作报告,通过了公司一九八八年度利润分配方案。

3.1990年6月15日,公司召开了1990年股东代表大会,审议通过了董事会一九八九年度工作报告,通过了公司一九八九年度利润分配方案。对部分董事会成员进行了调整。

4.1991年5月20日,公司召开了一九九一年股东代表大会,审议通过了董事会1990年度工作报告,通过了公司1990年度利润分配方案。

5.1992年4月29日,公司召开了一九九二年股东代表大会,审议通过了董事会一九九一年度工作报告,通过了公司一九九一年度利润分配方案。

6.1993年2月12日,公司召开了一九九三年股东代表大会,审议通过了董事会一九九二年度工作报告,选举产生了公司第二届董事会和第一届监事会,通过了《加速进行公司规范化工作的决议》,《通过了公司更名为四川明星电力股份有限公司的决议》,通过了《关于公司股票拆细的决议》,审议通过了公司一九九二年度利润分配方案。

7.1994年6月28日,公司召开了一九九四年股东大会,审议通过了董事会一九九三年度工作报告,选举产生了公司第三届董事会和第二届监事会,通过了《公司股票异地上市的决议》,通过了《关于重新处理一九九三年资产评估结果的决议》,审议通过了公司一九九三年度利润分配方案。

8.1995年6月23日,公司召开了一九九五年股东大会,审议通过了董事会一九九四年度工作报告,通过了关于修改公司章程的决议,审议通过了关于调整公司股本的决议,审计通过了公司一九九四年度利润分配方案。

9.1996年7月8日,公司召开了一九九六年股东大会,审议通过了董事会一九九五年度工作报告,调整了公司董事会、监事会成员,审议通过了关于购买热电厂1号机组及相关资产的决议,审议通过了公司一九九五年度利润分配方案,决定一九九五年度暂不分红,滚存到下一年度一并分配。

10.1997年1月31日,公司董事会第三届第十一次会议对公司一九九六年度利润分配问题进行了讨论,决定暂不分红,与一九九五年度的利润滚存到上市之后一并分配。

八、关联企业及关联交易

(一)公司关联企业情况

被投资单位	投资金额(人民币:万元)	投资时间	占总投资比例
四川飞虹轴瓦股份有限公司	200	93.3	6.67%
遂宁市川中建筑材料开发有限公司	118.2	94.6	35.00%
遂宁市浅层天燃气开发有限责任公司	65	93.8	10.00%
遂宁市金龙城市信用社	133.8	94.8	13.81%
四川省证券股份有限公司遂宁办事处	20	94.1	2.00%

因国家现行政策的限制,本公司承诺在三个月内退出对四川省证券股份有限公司遂宁办事处投资。

(二)公司全资子公司及控股公司编介:

1.遂宁市水电建设公司:

该公司成立于1992年7月,是本公司的全资子公司,该公司法定代表人:王运厚,注册资本1410.5万元,总资产2511万元。该公司经省建委批准为水利电力施工二级企业,主要经营水利电力工程建筑、中小型水利电力工程测量、地质勘探、基础处理等业务。

2.遂宁明星加气砖厂:该公司成立于1996年5月,是本公司的全资子公司,该公司法定代表人:陈茂益,注册资本:185万元,总投资250万元。该公司主要生产各型加气混凝土砖,年产量1.5万立方米。

(三)授权代管的公司:

遂宁市益星实业公司:该公司成立于1993年8月,是本公司进行股份制试点时所剥离出的非经营资产组建的企业,遂宁市国有资产管理局遂宁国资办(1993)42号文授权本公司代管,该公司法定代表人:李建民,注册资本为633万元。主要经营房屋建设、维修,餐饮服务,医疗服务,园林服务。

(四)关联交易情况

经中辰律师事务所查证,本公司的董事、监事及高级管理人员均严格遵守《公司法》和公司章程的有关规定,未发现上述人员利用职务之便与公司进行关联交易。

公司的投资、参股企业,均为依法设立并经工商部门批准登记注册的企业法人,独立经营。本公司仅持有股份,不存在有互相损害对方权益的情况。

遂宁市益星实业公司是本公司授权管理的企业,独立开展经营活动,为本公司提供相应的后勤等一系列服务,为约束两公司之间出现的关联交易,两公司于1993年9月签订了《服务协议》,益星实业公司为本公司提供的一系列服务,包括职工住房、房屋维修、医疗保健、餐饮服务、绿化环卫等;本公司为益星实业公司提供物资、原材料采购,培训管理、技术干部及技术人员,提供必要的经营项目支持,修理设备等方面服务。

本公司与上述企业的产权关联明晰,经济来往正常,经济利益划分明确,不存在由于这些关系而影响本公司重大合同条款及其履行的可能性。

九、股本结构及大股东持股情况

(一)上市前的股本结构

	股本数额	占总股本比例
国家股	2070.56	33.49
法人股	1211.76	19.60
社会公众股	2900.00	46.91
总股本	6182.32	100.00

(二)股本形成过程

时间	总股本	国家股	法人股	公众股	变动原因
88.3	2699.63	1545.56	1154.07		
88.12	4273.13	1545.56	1154.07	1573.50	发行股票

89.10	5599.63	1545.56	1154.07	2900.00	发行股票
93.5	9640.31	3858.89	2881.42	2900.00	评估增值进入股本
95.4	6182.32	2070.56	1211.76	2900.00	股本调整

公司经批准进行股份制试点后，遂宁市财政局会同市水电局、农业银行等部门于1988年3月25日对原遂宁电力公司的资产形成和投资进行了清理，根据遂宁市财政局遂市财工字(1988)31号《关于遂宁电力股份有限公司清产折股的通知》，核定国家投入和应享有企业积累部分共计1545.56万元，折为国家股计1545.56万股；核定遂宁市市中区筹资投入和应享有企业积累部分1154.07万元，折为法人股计1154.07万股。

1988年5月18日，中国人民银行遂宁市分行遂人行金(1988)第32号文批准公司向社会公开发行2900万元个人股股票，发行从1988年6月1日开始，直到1989年10月28日全部发行完毕，募集资金2900万元。至此，公司总股本5599.63万元，其中国家股1545.56万元，法人股1154.07万元，个人股2900万元。

1993年4月，公司进行股份制规范化试点，委托遂宁市审计师事务所对1993年3月31日前的全部资产进行了评估，评估净资产10856.57万元，净资产增值4040.68万元，评估结果经遂宁市国有资产管理局遂宁市国资办(1993)40号文批准确认，并将评估增值4040.68万元全部进入了国家股和法人股，调整后的公司股本总额为9640.31万元，其中，国家股3858.89万元，占股本总额的40.03%；法人股2881.42万元，占股本总额的29.89%；社会公众股2900万元，占股本总额的30.08%。

1994年6月28日，公司股东大会对公司资产评估增值全部进入国家股和法人股的作法提出异议，要求重新作出处理，并形成了《关于重新处理公司资产评估结果的决议》，授权公司董事会报国有资产管理部门审批。1995年4月，经四川省国有资产管理局川国资企(1995)20号文《关于四川明星电力公司调整股权结构、规范国有股权管理的补充请示》和国家国有资产管理局国资企函发(1995)68号《关于四川明星电力股份有限公司股权管理的批复》批准，同意对公司股本作如下调整：

①将1993年资产评估增值4040.68万元中的土地增值447.69万元全部进入国家股；

②由于公司改组成立时未进行资产评估，根据物价和统计部门提供的1987年物价指数测算，国家股增加77.31万元，法人股增加57.69万元，共增加的135万元从资产评估增值中转入；

③资产评估增值中扣出增加股本的582.69万元，其余的3457.99万元全部进入资本公积金。调整后公司股本总额为6182.32万元，其中国家股2070.56万元，占股本总额的33.49%；法人股1211.76万元，占股本总额的19.60%；社会公众股2900万元，占股本总额的46.91%。

该股本调整结果经1995年6月23日的股东大会审议通过。

(三)关于公司法人股的演变过程：

在建设龙凤电站和小白塔电站的过程中，市中区(原遂宁县)各乡镇、城镇的投工、投资等形式的投入和应享有的企业积累，经遂宁市财政局核定，折为法人股计1154.07万元，其中，遂宁市城工办276.44万元，34个乡、镇877.63万元。1988年8月2日，法人股股东各方召开了关于法人股股权管理的协调会，同意将持有的1154.07万元公司法人股交由市中区财政代管。遂宁市市中区人民政府也以遂区府发(1988)231号文件对代管事宜作了安排。1993年3月，遂宁市市中区人民政府遂区府发(1993)179号文决定，将公司的法人股转交由遂宁金源科技发展公司代管。现各法人持股单位都与遂宁金源科技发展公司签定了公司法人股委托代管协议。1995年公司经过股本调整后，法人股变为1211.76万元。

根据有关法规的规定，政府有关部门不能持有股份公司的股份。遂宁市人民政府已以遂府发(1997)60号文作出承诺：在公司股票上市后，责成有关部门解除《法人股委托代管协议》；在上市六个月内，市政府将采取有效措施，督促、责成有关方面通过有偿转让、股权移交等形式变更法人股的持股单位。

(四)大股东持股情况

1. 国家股、法人股前十名持股单位：

股　　东	持股数	持股比例(%)
遂宁市国有资产管理局	20705600	33.49
遂宁市城市工作办公室	2902600	4.70
遂宁市中区南强镇	1754000	2.84
遂宁市中区新桥乡	867700	1.40
遂宁市中区船山乡	782300	1.27
遂宁市中区北固乡	691400	1.12
遂宁市中区安居镇	351600	0.57
遂宁市中区仁里镇	290900	0.44
遂宁市中区永兴镇	267400	0.43
遂宁市中区桂花镇	256700	0.42

2. 个人股持股前十名的股东

谭国华	159000	0.257
覃琼玉	158000	0.256
奉万友	157000	0.254
蒋明体	156000	0.252
杨绪书	154000	0.249
敬井华	152000	0.246
陈春蓉	109000	0.176
唐明军	107000	0.173
何玉英	105000	0.170
杨和平	105000	0.170

本公司已委托四川省证券交易中心对公司股份全部进行托管。本公司托管的国家股股东1名，法人股股东35名，社会公众股股东14566人，其中，持有1000股以上的股东14566人。

十、公司财务会计资料

(一)公司近三年经营情况

1. 经营情况概述

公司自成立以来，坚持“抓住机遇、加快发展”的方针，深化内部改革，加强经营管理，大力进行技术改造，深挖企业内部潜力，现已发展成为集电力发、供、建、管四位一体的地方电力中型骨干企业，是川中地区重要的电力生产基地。在电力生产方面，公司拥有发电设备11台(套)，装机容量34580千瓦，年发电量1.8亿千瓦时以上；在电力供应方面，公司有独立、完整的供电网络，并与国家大电网并网运行，现有110千伏变电站1座，35千伏变电站12座，变电容量183250千伏安，110千伏线路56公里，35千伏线路193.3公里，10千伏线路1476公里。公司的技术设备先进，管理水平较高，各项技术经济指标在同行业中居于领先水平，经济效益稳步上升，经四川省统计局等单位评定，本公司近年来经济效益一直位居四川省工业企业产前100名，同行业前3名。公司在搞好电源、电网建设与改造的同时，正进一步开展多种经营，并通过参股、联办，兼并等形式向其他行业渗透。

公司在生产管理中广泛地运用计算机等高新技术手段，实现了遥测、遥信，微机调度监控管理，并将计算机技术运用到发电运行、供电管理中，提高了公司生产管理和指挥能力。公司研制发明的“晶闸管导通角监测仪”、“脉冲微流线圈”先后于1991年、1993年获得国家发明专利。

公司6次被国家水利电力部授予“全国水利电力系统先进集体”称号，被四川省委、省人民政府评为“省级最佳文明单位”、“省级先进企业”。联合国能源考察团曾于1983年来原公司引水枢纽工程、发电站考察；中国国际广播电台也于1984年用43种语言向全世界报道了原公司的生产、建设和管理成就，全国农业展览馆也展出了公司小白塔电站的灯光布景。

2. 经营业绩

本公事经四川会计师事务所审计，注册会计师鉴证的1994年至1996年经营业绩如下：

(单位：人民币千元)

项　目	1996年度	1995年度	1994年度
主营业务收入	85,416	58,030	42,979

减:营业成本	49,722	34,409	20,724
销售费用	65	36	26
管理费用	8,987	6,058	6,283
财务费用	-1,203	-3,022	-2,156
营业税金及附加	915	613	313
主营业务利润	26,930	19,936	17,788
加:其他业务利润	3,401	5,318,	5,466
营业利润	30,331	25,254	23,254
加:投资收益	627	-159	71
营业外收入	23	61	23
减:营业外支出	175	137	73
利润总额	30,805	25,019	23,275
减:所得税	4,538	3,777	3,481
净利润	26,267	21,242	19,794

(二)公司财务状况

1. 公司主要固定资产情况

单位:千元

类别	原值	累计折旧	净值
房屋建筑物	101,400	34,663	66737
专用设备	59,999	26,172	33827
通用设备	3,634	804	2830
运输设备	3,863	1,287	2576
合计	168,896	62,926	105970

2. 公司债务情况

根据四川会计师事务所川会师业一(1997)第02号审计报告,截止1996年12月31日,公司流动负债为40,317,828.78元,其中短期借款为200,000.00元,一年内到期的长期负债为414,522.00元,长期负债为7,833,039.28元,其中长期借款为0元。公司负债总额为48,150,868.06元。

3. 资产评估报告(摘要)

川资评字(1994)11号

四川明星电力股份有限公司:

我所受贵公司委托,对贵公司1994年10月31日拥有的全部资产进行了评估。评估结果如下:资产总值183,244,336.58元,负债总额25,955,658.75元,净资产157,288,677.83元,净资产评估增值10,784,918.09元,增值率7.26%。具体各项如下:

(单位:人民币元)

项目	帐面价值	评估价值	评估增减值	增减%
流动资产	50243295.58	50161415.31	-81880.27	-0.16
固定资产	98290808.48	108170491.84	9879883.36	9.13
无形资产	8125673.00	8947424.00	821751.00	10.00
资产总计	172479418.49	183244338.58	10764918.09	6.24
负债总计	25955658.75	25955658.75		
净资产	146523759.74	157288677.83	10764918.09	7.35

四川省资产评估事务所

项目负责人:杨金凤

主要经办人:卢继文　葛永康

一九九四年十二月三十一日

4. 资产评估确认(摘要)

国资评(1995)155号

四川省国有资产管理局:

你局川资评管(1995)21号文与四川明星电力股份有限公司股票上市项目资产评估报告收悉。经我局资产评估中心审核验证,同意该项资产评估结论。资产评估后,四川明星电力股份有限公司的总资产为18,324.43万元人民币,负债为2,595.57万元人民币,净资产为15,728.86万元人民币。

国家国有资产管理

一九九五年三月三十日

5. 审计报告*

川会师业一(1997)第02号

四川明星电力股份有限公司全体股东:

我们接受委托,审计了贵公司1994年12月31日、1995年12月31日、1996年12月31日资产负债表和1995年12月31日、1996年12月31日合并资产负债表,1994年、1995年、1996年度利润及利润分配表和1995年、1996年度合并利润及利润分配表以及1996年财务状况变动表、合并财务状况变动表。这些会计报表由贵公司负责,我们的责任是对这些会计报表发表审计意见。我们的审计是依据《中国注册会计师独立审计准则》进行的。在审计过程中,我们结合贵公司实际情况,实施了包括抽查会计记录等我们认为必要的审计程序。

我们认为,上述会计报表及相关附注符合《企业会计准则》和《股份制试点企业会计制度》有关规定,在所有重大方面公允地反映了贵公司1994年12月31日、1995年12月31日、1996年12月31日财务状况和1995年12月31日、1996年12月31日的合并财务状况以及1994年、1995年、1996年度经营成果和1995年、1996年合并经营成果以及1996年度资金变动情况,会计处理方法的选用遵循了一贯性原则。

四川会计师事务所中国注册会计师　罗建平　刘　瑜

中国·四川·成都

报告时间:1997年1月18日

*:公司在公司股票异地上市交易的申报工作中,根据当时的有关规定,委托四川省资产评估事务所对公司1994年10月31日以前的资产进行了评估,评估结果,公司资产净值为157288677.83元(包括93年和94年1-10月的未分配利润39441097.36元)。

1994年11月,公司对93年的利润进行分配,向股东以每股0.22元的比例分配利润,共计发放股利13304104元(未领取的股利放入未付股利中);同时,根据公司董事会"1994年每股分红0.25元"的利润分配方案,94年的分红金额15455800元,计入未付股利之中。两年分红共计减少净资产28759904元,故94年底的资产负债表上的净资产在加入了1994年10-12月的利润等因素后,为131642260.17元,与94年资产评估时的净资产数据有差异。

资产负债表、利润及利润分配表、财务状况变动表附后

6. 公司主要会计政策

(1)存货计价方法

本公司存货是为水力发电站维护保养和辅设线路所需的各种材料、器具,包括维修材料(钢材、铜芯电缆、轴承、螺栓、各种金具、葫芦、电杆、螺丝等285种)、备品备件(变压器、电压互感器、线圈等100余种)和低值易耗品(绝缘带、白纱布、毛巾、变压油、工具等)。维修材料、备品备件领用发出时按先进先出法计价核算,低值易耗品于领用时一次性摊销。

(2)坏帐准备

于决算日,对资产负债表上列示的应收帐款按3‰计提坏帐准备并记入当年管理费用。

(3)固定资产折旧

固定资产折旧采用直线法平均计算,并按固定资产类别的原价、规定使用年限和5%的残值率确定各类固定资产的年折旧率如下:

类　别	使用年限	年折旧率
房屋及建筑物	40-45	2.11-2.38%
电力工业专用设备:		
-发电设备	25	3.8%
-变配电设备	22	4.32%
-输电线路	40	2.375%
-通讯设备	20	4.75%
-测试设备	10	9.5%
机械设备	15	6.33%
管理用设备、用具	10	9.5%

(4)销售的核算

本公司行业特点决定本公司产品——电力的生产和供应销售是同时完成。本公司供电部门(各供电所及变电所)每月根据各用户实际用电抄见度计算电费收入并编制"应收电费汇总表",报公司财务部作为登记"主

营业务收入"帐户的依据;公司财务部同时根据供电部门上报的"实收电费汇总表"冲销"应收帐款",应收和实收数如有差额列入"应收帐款"或"预收货款"反映。

(5)流转税

税种	税目	税率
增值税	电力销售收入	6%
营业税	电力安装收入	3%

另外,按应纳增值税、营业税金额的7%和3%分别缴纳城市建设维护税和教育费附加。其他税项按国家规定缴纳。

7.会计报表重要项目附注

(1)应收帐款

本公司"应收帐款"为应收各用电单位和居民户的电费及电气安装款。1996年12月31日余额为21,020,072.40元,1995年12月31日余额为14,344,655.54元,对1996年12月31日的余额帐龄分析如下:

帐龄	户数	金额	比例(%)
1年以内	13,524	20,985,057.58	99.83
1—2年	5	35,014.82	0.17
合计	13,529	21,020,072.40	100

上述电费绝大部分于次月即能收回,个别拖欠电费的单位经采取催收措施后也能收回。

(2)预付货款

本公司"预付货款"为预付购电气材料、设备款等,1996年12月31日余额为4,935,478.19元,帐龄分析如下:

帐龄	户数	金额	比例(%)
1年以内	30	2,219,673.66	44.97
1—2年	21	2,715,804.53	55.03
合计	51	4,935,478.19	100

(3)其它应收款

本公司"其它应收款"余额为除应收帐款、预付帐款之外的本公司内外部单位、个人暂借款,1996年12月31日的余额为15,470,775.22元。1995年12月31日的余额为24,383,708.46元。1996年12月31日余额帐龄分析如下:

帐龄	户数	金额	比例(%)
1年以内	62	1,795,130.56	11.60
1—2年	71	10,461,532.61	67.62
2—3年	48	2,564,720.51	16.58
3年以上	24	649,391.54	4.20
合计	205	15,470,775.22	100

(4)存货

本公司存货为电气安装、修理备品、备件、器材及对外安装的未完工程。

	1996-12-31	1995-12-31
原材料(维修材料、备品备件)	3,320,230.71	2,518,030.29
在建水电安装工程	1,931,069.30	2,443,576.44
	5,251,300.01	4,961,606.73

(5)长期投资

投资项目	投资比例(%)	金额
四川飞虹轴瓦股份有限公司	6.67	2,000,000.00
四川福斯特实业股份有限公司	1.67	500,000.00
遂宁市浅层天燃气开发有限责任公司	5.00	650,000.00
遂宁市川中建筑材料开发有限公司	19.4	1,242,000.00
四川省证券股份有限公司遂宁办事处*	2.00	200,000.00
遂宁市金龙城市信用社	13.81	1,338,060.00
债券投资		310,000.00
合计		6,240,060.00

*公司已承诺在上市后三个月内退出对四川省证券股份有限公司遂宁办事处的投资。

(6)在建工程

本公司1996年12月31日在建工程明细项目如下:

工程项目	96-12-31	完工进度	资金来源
热电1号机工程	24,809,363.10	98.5%	自筹
加气砼砖工程	2,674,038.56	99%	自筹
城北供电所	741,857.05	17.5%	
白禅寺电站前期工程	708,045.02		自筹
龙凤油库、热电厂综合楼维修	293,080.19	50%	自筹
开发区公司办公大楼工程	5,436,252.58	42.3%	自筹
解热线、永南线等线路改造	73,122.90	75%	自筹
移动电话系统	46,301.96	23.5%	
待安装设备(打桩机、推土机等)	118,227.57	80.2%	自筹
其他	52,789.09		自筹
合计	34,953,078.02		

(7)无形资产

	原值	已摊金额	1996-12-31	剩余摊销年限
土地使用权	8,947,424.00	603,667.15	8,343,756.85	46.5年

(8)短期借款

借款单位	1996-12-31	借款期	还款期	月利率‰
遂宁市财政局	200,000.00	1996.08.07	1997.02.06	9.00

(9)应付帐款

应付帐款明细帐列示如下:

遂宁市热电厂(材料、设备款)	1,502,204.79
资中供电局(应付大网电费)	98,262.32
富顺水电线路器材厂	1,300.00
遂宁市电力物资公司	679,748.96
青岛汽轮机配件厂	11,444.64
重庆开关厂	15,000.00
郑州中华阀门厂	16,867.10
广汉冶化通机厂	7,750.00
宜兴江南水电设备厂	27,000.00
陕西略阳铸造厂	3,894.00
合计	2,363,471.81

(10)预收货款

本公司"预收货款"1996年12月31日余额为6,233,094.82元,计102户,主要是本公司预收的电汽安装工程及施工工程款,其中余额较大的单位有:

遂宁市隆华药业有限公司	200,000.00
遂宁市邮电局	200,000.00
遂宁市广播事业局	200,000.00
遂市市中区木材公司	100,000.00
遂宁市酵母厂	150,000.00
遂宁市金龙城市信用社	300,000.00
遂宁市中区农行基建办	139,290.94
遂宁市邮电大厦	120,000.00
遂宁市热电厂35KV开关间	315,000.00
长虹电器股份有限公司遂宁经营部	245,387.49
四川福斯特实业股份有限公司	94,797.22
遂宁市中区职业中学	90,510.91
遂宁市船山中学	143,219.22
遂宁市商业局(商业大厦)	181,370.10
遂宁市城建开发总公司	102,097.85
潼南电力大厦	100,000.00
遂宁市晶华玻璃厂	50,000.00

(11)其它应付款

本公司"其他应付款"1996年12月31日余额为24,909,175.76元,计123户,主要是各种代收费和暂收款,其中余额较大的户有:

应付工资*	2,832,458.82
电力建设基金**	9,291,907.04
遂宁市电气化指挥部	1,386,223.64
四川省集中电力基金***	772,735.33

高峰低谷电价差额(代物价局收)	545,130.14
城市用电附加(代财政局收)	614,831.90
电力价格调节基金(代物价局收)	987,262.17
暂收职工电话安装费	1,060,620.00
用电权	897,218.20

(12)未交税金

增值税	159,428.21
营业税*	43,402.14
城市维护建设税*	-59,275.85
土地使用税	-19,783.39
所得税	3,564,864.41
合　计	3,688,653.52

*:营业税,城市维护费建设税期末出现负数的原因是本公司电气安装工程收入、工程施工收入会计上按完工结算计算收入数并计提税金,而税收征管机关按实际收到款项计征税金。

(13)其他未交款

教育费附加	33,772.00
能源交通重点建设基金	60,489.08
预算调节基金	44,411.34
交通建设附加费*	38,479.53
副食品价格调节基金**	8,356.26
合　计	185,508.21

*:根据四川省人民政府办公厅川办发(1992)70号《关于开征交通建设费附加的通知》按应纳增值税,营业税税额的4%计征。

**:根据遂宁市人民政府遂府发(1994)125号《遂宁市人民政府发布遂宁市城区主要副食品价格调节基金暂行办法的通知》规定,按销售收入1‰征集。

(14)一年内到期的长期负债

借款单位	金额	借款期	还款期	年利率(%)	借款条件
遂宁市建设银行	414,522.00	1989.09	1994.12*	3.2	抵押借款

*:系1990年9月进行本公司110千伏变电站第二期工程时的贷款,1996年10月归还100万元,余额计划于1997年7月归还,银行未要求罚息。

(15)其他长期负债

其他长期负债均为住房周转金余额。1996年12月31日余额为7,833,039.28元,包括职工建房集资款4,058,693.45元,住房公积金607,475.29元,建房基金3,052,717.18元,房屋租金,保证金114,153.36元。

(16)资本公积

"资本公积"为45,344,849.06元,系遂宁市审计师事务所对本公司1993年3月31日资产评估的净增值额34,579,930.97元,此次评估结果获遂宁市国有资产管理局国资办[1993]40号文确认和国家国有资产管理局国资企函发[1995]68号文确认;以及四川省资产评估事务所对本公司1994年10月31日资产评估的净增值额10,764,918.09元,此次评估结果获国家国有资产管理局[1995]155号文确认,两次评估净增值合计45,344,849.06元。

(17)主营业务收入

	1996年	1995年	1994年
电力销售收入	72,828,713.59	51,610,760.61	39,646,496.65
电气安装工程收入	6,032,514.15	4,792,290.80	3,332,566.10
工程施工收入	6,554,687.24	1,626,499.66	——
合计	86,415,914.98	58,029,551.07	42,979,062.75

(18)财务费用

	1996年	1995年	1994年
利息净支出*	-1,206,704.45	-3,025,418.18	-2,159,056.81
银行手续费	3,322.00	3,100.00	2,430.50
合　计	-1,203,382.45	-3,022,318.18	-2,156,626.31

*包括本公司通过遂宁市金龙城市信用社对外借款所收取的借款利息。

(19)营业税金及附加

	1996年	1995年	1994年
营业税	259,188.13	124,108.24	68,958.31
城市维护建设税	295,924.12	222,973.88	173,070.88
教育费附加	129,421.61	94,702.32	71,426.62
交通建设附加	169,766.41	126,815.06	——
副食品价格调节基金	60,249.83	44,151.38	——
合　计	914,550.10	612,750.88	313,455.81

(20)其他业务利润

	1996年	1995年	1994年
供电贴费收入	3,180,000.00	3,160,000.00	3,781,340.74
销售材料利润	121,257.98	1,701,098.03	1,518,377.33
其他(工程维修、用电工程咨询收入)	99,740.72	457,440.95	165,975.51
合　计	3,400,998.70	5,318,538.98	5,465,693.58

(21)利润分配

	1996年	1995年	1994年
净利润	26,267,241.83	21,242,212.88	19,794,310.45
加:年初未分配利润	22,205,135.48	5,211,365.18	5,131,716.83
减:法定盈余公积金	2,626,724.18	2,124,221.29	1,979,431.05
公益金	2,626,724.18	2,124,221.29	1,979,431.05
可供股东分配的利润	43,218,928.95	22,205,135.48	20,967,165.18
减:已分股利	—	—	15,455,800.00
任意盈余公积金	—	—	300,000.00
期末未分配利润	43,218,928.95	22,205,135.48	5,211,365.18

(22)或有事项

截止1997年1月18日(审计结束日),本公司没有因债权、债务纠份引起的诉讼、索赔等事项,也没有对外经济担保而承担的负债等事项。

(23)期后事项

截止1997年1月18日(审计结束日),本公司未发生任何可能影响1996年度会计报表的经济事项。

(三)财务指标分析

指标名称	计算公式	指标数
1流动比率:	流动资产/流动负债	1.78
2速动比率:	速动资产/流动负债	1.65
3应收帐款周转率:	主营业务收入/应收帐款平均余额	4.85
4存货周转率:	营业成本/存货平均余额	9.74
5股东权益比率:	股东权益/资产总额	78.82%
6每股收益率:	税后利润/股本总额	0.425
7每股净资产:	股东权益/股本总额	2.90
8净资产收益率:	税后利润/净资产总额	14.66%

注:上述指标系根据1996年12月31日财务报表计算。

十一、上市之承诺

本公司董事会将严格遵守《中华人民共和国公司法》、《股票发行与交易管理暂行条例》、《上海证券交易所交易市场业务试行规则》和有关法律、法规的规定,并自股票上市之日起,本着向股东及社会各界负责的态度,承诺如下:

1.按照法律、法规的规定程序和要求披露重大信息,并接受证券主管机关、上海证券交易所监督管理;

2.及时、真实、准确地按有关要求和规定通过正常传播媒介向社会公告本公司的中期及年度财务报告,并备置于规定场所供投资者公众查阅,接受社会公众及股东的监督;

3.真实、准确地向社会公众及股东披露公司的重大经营活动以及各种变动情况,并承诺在本公司董事、监事及高级管理人员持有本公司股票发生变化时,将及时通知证券管理机关、上海证券交易所,并及时通过证券主管部门指定的报刊通告社会公众;

4.本公司不利用内幕消息和非法手段从事股票投机交易,在任何公

众传播媒介中出现的消息可能对本公司股票的市场价格产生误导性的影响时,本公司在知悉后将及时对该消息予以公开澄清;

5.本公司董事会、监事会及高级管理人员绝不利用已获得的内幕消息直接、间接从事本公司股票的买卖活动;

6.本公司不存在无记录的负债。

十二、重要事项揭示

1.会计制度:公司原执行《国营工业企业会计制度》,1993年1月1日起执行《股份制试点会计制度》。

2.所得税率:根据四川省人民政府川府发(1984)100号文和遂宁市人民政府遂府函(1993)69号文件精神,公司1993年及以前免交所得税;经遂宁市人民政府遂府函(1994)189号文批准,公司1994年执行15%的所得税;经遂宁市人民政府遂府发(1995)178号文同意,四川省地方税务局批准,公司继续执行15%的所得税,四川省人民政府川府函(1997)199号文也对公司94年、95年的所得税税率予以确认,公司经遂宁市人民政府遂府发(1996)126号文和四川省人民政府川府函(1997)198号文批准,公司从1996年1月1日起按15%的企业所得税负担。

3.股利分配政策:

根据国家有关法律、法规及本公司章程的规定,公司股利按以下顺序分配:

(1)弥补亏损;

(2)提取10%的公司法定公积金。当公司法定公积金累计额为公司注册资本的50%以上时,可以不再提取;

(3)提取10%的公司法定公益金;按股东大会决议,提取任意公积金;

(4)分配股东股利。

4.四川省资产评估事务所对本公司1994年10月31日的资产进行评估,净资产评估增值10,784,918.09元,评估结果经国家国有资产管理局国资评(1995)155号文确认,并已于1995年12月31日进行帐务调整,其评估增值全部进入资本公积金。

5.1993年2月14日经遂宁市经济体制改革委员会遂体改发(1993)4号文批准,将公司股票由每股100元折细为每股1元。

6.历年分红情况:

1988年:每十股派现金0.94元;

1989年:每十股派现金0.71元;

1990年:每十股派现金0.73元;

1991年:每十股派现金0.78元;

1992年:每十股派现金1.01元;

1993年:每十股派现金2.20元;

1994年:每十股派现金2.50元;

1995年:暂不分配,留待以后分配;

1996年:暂不分配,待上市后分配。

7.一九九五年九月十九日经遂宁市国有资产管理局遂市国资企(1995)38号《关于遂宁市热电厂资产处置方案请示的批复》批准,公司董事会和1996年股东大会同意,购买遂宁市热电厂装机容量为0.3万千瓦的一号机组及相关资产,公司对机组进行技术改造,该机组现装机容量已达1.2万千瓦,已于96年7月26日正式发电。

8.公司没有尚未了结或者可预见的涉及诉讼、仲裁或行政处罚的重大案件。公司的现有资产未作任何担保。

9.公司现有各类购销、投资、借贷、委托贷款等正在履行或者准备履行的标的额较大的合同计12份,主要有下列各项:

(1)1995年8月18日,公司与四川省遂宁经济技术开发区国土管理局签订了《国有土地使用权出让合同》,受让国有土地38.4495亩,受让年限50年,支付土地费总额7,613,001元;

(2)1993年3月4日,公司与四川遂宁市轴瓦厂签订了《四川飞虹轴瓦股份有限公司发起人协议书》,共同投资设立四川飞虹轴瓦股份有限公司,公司注册资本3000万元,公司投资200万元,占6.67%;

(3)1993年8月5日,公司与遂宁市煤气公司签订了《遂宁市开发天然气入股协议书》,公司向煤气公司投资入股100万元,实际投入65万元;

(4)1994年8月18日,公司与四川福斯特实业股份有限公司签订《法人股本认购协议书》,公司认购福斯特公司法人股50万元;

(5)1996年1月11日,公司与遂宁市金龙城市信用社签订了《委托贷款协义书》,公司委托金龙信用社在1996年1月1日起至1996年12月31日止,共12个月期限内对外贷款不超过人民币1200万元;

(6)1996年3月2日,公司与遂宁市金龙城市信用社签订《关于增加投资的协议》,公司向金龙信用社增加投资103.8万元。

(7)1995年11月15日,公司与中国农业银行遂宁市市中区支行签订《最高额抵押担保借款契约合同》。公司以土地、房产作抵押物,评估价值1,228万元,抵押率为60%,抵押物的从物、孳息及衍生的从权利一并抵押,可视为经营情况分次向该行申请借款,借款本金余额最高限度为1200万元,抵押借款期限自本合同生效之次日起至96年12月31日止;

(8)1995年11月27日,公司与中国农业银行遂宁市中区支行签订《最高额抵押担保借款契约》。公司向该行借款90万元,期限10个月,月利率12.06%;

(9)1995年11月28日,公司与中国农业银行遂宁市市中区支行签订《最高额抵押担保借款契约》,公司向该行借款200万元,期限6个月,月利率12.06%;

(10)1995年12月29日,公司与中国农业银行遂宁市中区支行签订《最高额抵押担保借款合同》,公司向该行借款90万元,期限9个月,月利率12.06%;

(11)1996年2月6日,公司与中国农业银行遂宁市中区支行签订《最高额抵押担保借款契约》。公司向该行借款250万元,期限10个月,月利率12.06%;

(12)1996年2月9日,公司与中国农业银行遂宁市中区支行签订《最高额抵押担保借款契约》。公司向该行借款250万元,期限9个月,月利率13.06%;

上述合同内容和形式符合《中华人民共和国经济合同法》、《借款合同条例》等有关合同条例的规定。按合同规定,公司在上列合同所承担的义务与贵公司在其他法律文件中所应承担的义务没有冲突。

10.上市推荐人的推荐意见摘要:

我公司作为贵所确认的有资格的上市推荐人,与该公司签订了《上市推荐协议》,本公司与该公司无任何特殊利益关系,愿意接受委托,担当该公司的上市推荐人。

本公司作为该公司的上市推荐人,在审核公司财务、经营状况、公司设立、股本的形成和发展规划等文件后认为,该公司根据国家和省市有关精神,大胆探索,进行股份制试点并向社会公开发行股票,取得了很好的社会效益和经济效益。该公司自觉进行规范化工作,使企业达到了上市的标准。根据四川会计师事务所对其净资产和经营业绩进行的审查结果表明,该公司的财务状况良好,经营能力和资产回报能力属较好的水平。在未来的发展中,该公司由于拥有较雄厚的实力和合理的产业结构,将有一个长期稳定的市场,加之严谨务实的经营作风将会有良好的发展前景。

十三、公司募股资金的运用情况

公司经中国人民银行遂宁市分行遂人行金(1988)32号文件批准,向社会公开发行2900万元股票,共计募集资金2900万元。

公司所募集的资金主要用于两个方面,一是偿还建设小白塔电站及小白塔后续工程中向银行的贷款985万元,其中,1988年偿还货款610万元,1989年偿还货款375万元。二是根据从国家电网引进电力,提高公司供电能力,缓解市区供用电矛盾的需要,新建了110千伏输变电工程,同时,针对公司送电线路老化、设备陈旧、线损过高、隐患较多的具体情况,新建和改造了5个35千伏变电站及部分输电线路。共计投入资金1879.72万元,两个方面共计投入资金2864.72万元。工程投入的情况如

下：

项目名称	投资额
110 千伏变电站	674.00
东禅 35 千伏输变电工程	171.06
安居 35 千伏输变电工程	114.67
横山 35 千伏输变电工程	181.50
白马 35 千伏输变电工程	88.35
遂南 35 千伏输变电工程	669.10

上述工程项目均有政府有关部门批准立项的文件,募集资金实际使用情况与计划基本相符,投资项目建成后,公司引进电力提高 4.34 倍,线损率下降 2.66%,利润增长 5.25 倍,保证了公司经济效益的快速增长。

十四、投资环境、投资风险及发展规划

(一)投资环境

公司位于四川省中部的遂宁市,紧邻成都、重庆,并形成等距离三角形,铁路、公路、水路在市区交汇,交通方便,商业发达,是四川省重要的交通枢纽。近年来,遂宁市加大开放力度,努力调整产业结构,并利用重庆设立直辖市,国家加快中西部地区发展的有利时机,实施"中通"战略,加强能源、交通、通讯和市场建设,改善投资环境。已成为四川重要的轻工业、农副产品生产基地。遂宁经济发达,政治稳定,具有良好的发展前景。

遂宁地处涪江中游,水利资源丰富,可开发量约 6 万千瓦,为公司的发展提供了优越、充足的条件。

(二)风险因素

投资者在评价本公司的股票时,除本上市公告书提供的多项资料外,还应考虑下列风险因素：

1. 经营风险

(1)原材料供应的风险

公司的主要业务是电力生产、调度和销售。公司的电力生产是以水电为主,火电为辅。水电对自然水情的依赖性较大,在丰水期可满负荷发电,到枯水期电力生产受到影响。公司火电主要受煤炭价格和运输成本的影响较大。因此,自然水情的变化和煤炭价格的波动对公司的电力生产会带来一定的风险。

(2)产品结构的风险

公司产品以电力为主。主营业务利润占公司利润总额的 86.99%,其他经营产品相对弱,产业结构较为集中。因此,公司发电能力的充分利用将对本公司的经营产生一定的影响。

(3)自然条件风险

本公司不排除国家政策、经济和干旱、洪水、地震、雷击及其他自然灾害等不可预见因素对公司生产经营造成危害和损失的可能性。

2. 市场风险

公司的发电量远远不能满足本地工农业生产发展的需要,每年还需要从国家电网购入部分电力,公司的发展有待进一步加快。

公司专营本地电力市场,国家电网没有进入本地,不能向本地用户直接供电,不存在与公司争夺用户的情况。因此公司在主营业务方面不存在产品市场竞争和产品销售的风险,但公司在其他业务方面存在较强的市场竞争。

3. 行业风险

本公司所属的电力行业是一个技术密集型的基础产业,项目投资规模大、投资回收期较长,因此公司电力发展存在较多的制约因素。

4. 政策风险

由于电力在国民经济中的重要作用,受国家政策倾斜的影响较大。国家为了扶持行业发展,给予了较多的优惠政策;但是另一方面电力价格又受到政府严格制约,企业没有定价权,公司的电价远远低于四川省的平均水平,不能真正体现出公司的经营水平和经济效益。因此国家的优惠政策和政府对电价的控制发生变化,都将直接影响到公司的盈利水平。

5. 股市风险

目前股票市场尚不完善,投机性较强,股价波动较大,不可预见的因素较多,国内外政治、经济形势的变化和国家金融政策的调整,本公司的经营业绩及发展前景,投资者的心理变化等诸多因素都会给股票投资带来一定的风险。

(三)、风险对策

针对上述风险和影响,本公司将积极采取以下措施,将风险和影响降低至最低限度：

1. 针对原材料供应风险:本公司将加快电力开发步伐,加快水能的梯级开发利用,发挥生产优势,扩大生产规模。继续对原有的部分设备进行技术改造,搞好电网建设,使公司主营业务收入和利润继续保持持续稳定的增长。

2. 针对产品结构风险:本公司以市场为导向,以提高经济效益为目标,充分利用自身的人力、财力和技术优势,将公司有关技术职能部门组织成立相应的经营公司,利用自身的行业优势和特点,发展多种经营,取得了良好的社会效益和经济效益。同时,公司通过参股、联办等方式向其他行业渗透,逐渐使公司利润来源多元化,以分散公司经营风险,增强抵御风险的能力。

3. 针对市场风险:本公司以提高经济效益为中心,强化公司内部管理,少投入多产出,努力挖掘发电设备潜力,降低线损率,做好国家大电网电力的引进工作,力争多发、少损、多供,做到挖潜增效,增产增收。

4. 针对政策风险:本公司与政府有关部门保持了密切的联系,争取政策,用活政策,寻求政府的理解和支持,理顺电价,提高经济效益。

5. 针对行业风险:电力作为国家鼓励发展和重点扶持的基础产业,公司的进一步发展得到了可靠的保证。本公司将进一步转换企业经营机制,加强内部管理,实行多级承包责任制,各项经济技术指标层层分解、层层包干、层层负责,形成了一种有风险的激励竞争经营机制,充分调动员工的生产经营积极性。提高经营管理效率,增强抗风险能力。

加强人才培养,抓好初、中级人才培养和职工岗位技能培训,改善公司人才结构,提高员工素质,以适应公司生产经营发展的需要。

6. 针对股市风险:虽然股市具有不可预测的风险,但本公司将本着对股东负责的精神,规范信息披露,以良好的业绩的规范的运作树立公司在二级市场的形象。更主要是针对可能引起股市波动的有关本公司的信息,严格按有关准则及时、准确地进行披露。

(五)公司发展规划

1. 经营发展战略

公司坚持"一业为主、多种经营、综合开发"的发展战略。公司在继续开发电力资源的同时,将加速开发高技术、高附加值的电子技术产品,通过参股、联营和兼并等方式,实行多元化经营。公司的发展目标是形成以电力生产为主的,跨地区、跨行业经营的集团公司。计划在今后三年内扩大电力工程建设,并在工民用建筑、电气设备的生产和安装、电力技术咨询等方面有较大的发展,并将业务进一步拓展到其他领域。

公司在搞好电力主业的同时,在多种经营方面主要抓好以下几项工作：

①以水电建设公司为主,全面开拓建筑市场,扩大劳务输出,大力拓展省内外市场。积极推广设计、施工方面的科技成果,不断提高建筑产品的质量和档次,提高效益。

②提高粉煤灰处理水平,加快建筑产业的发展,提高加汽混凝土砌块的质量和市场占有率,开发新型多种建筑材料。

③以主业为依托、把电力技术的开发研究与应用研究有机地结合起来,扩大电力技术咨询和技术服务的水平,开发附加值较好的高新电子技术产品,充分发挥公司的技术优势和人才优势。

④利用公司的资金优势和所在地的地理优势,逐渐将业务向房地产业和金融业渗透,以增加公司的利润来源。

2. 发展规划

公司在建或近期将要投资的项目主要有：

①坚持开发、引进相结合的方针,建设装机 48000 千瓦的白禅寺电航

工程,年发电量2.5亿千瓦时,总投资约4.5亿元。该工程预计1999年11月第一台机组发电运行,2000年10月全部建成投产,投产后产出较大,有可靠的销售市场和稳定的现金收益。

②新建110千伏遂南变电站,投资800万元,扩大供电能力2万千瓦。

十五、公司盈利预测

(一)盈利预测的审阅报告(摘要)

川会师业一(1997)第04号

我们根据有关法规、制度和贵公司提供的相关资料对1997年度盈利预测表进了审阅。我们认为,本审阅报告后附的贵公司盈利预测表是根据我们审计的近三年经营业绩和贵公司确定的基准与假设而适当编制的。所依据的基准与假设是公允的,采用的会计原则和计算方法 符合我国现行有关法律、法规和财务会计制度的规定,并与贵公司一贯采用的会计政策一致。

四川会计师事务所

中国注册会计师:罗建平、刘瑜

中国·四川·成都

报告日期:1997年1月18日

(二)盈利预测表

项　目	金　额(万元)
1.主营业务收入	11,460.00
减:营业成本	6,941.00
销售费用	6.00
管理费用	1,050.00
财务费用	-4.00
营业税金及附加	119.63
2.主营业务利润	3,347.37
加:其他业务利润	300.00
3.营业利润	3,647.37
加:投资收益	80.00
营业外收入	2.00
减:营业外支出	20.00
4.利润总额	3,709.37
减:所得税(15%)	556.41
所得税(33%)	1224.09
5.净利润(所得税15%)	3,152.96
净利润(所得税33%)	2,485.28
6.每股税后利润(所得税15%)	0.51
每股税后利润(所得税33%)	0.40

(三)盈利预测的基准与假设

A.盈利预测的基准

1.现已拥有的生产能力、销售状况及其增长因素;

2.现有的经营管理水平和已取得的经营业绩,包括近三年取得的经营业绩之水平及其增长速度;

3.实行股份制运作以来一贯执行会计原则和会计政策;

4.现已执行及将于预测年度执行的政府各项物价、税收政策;

5.符合我国现有有关法律、法规和财务会计制度规定,公允合理的预测计算方法。

B.盈利预测的假设

1.不发生重大生产事故及经营管理的失误;

2.不发生导致生产、经营中断的不可抗力事件;

3.生产、经营所在地的社会经济状况不发生导致生产、经营恶化的情况;

4.现已执行的法律、法规、会计原则和会计政策继续一贯执行;

5.现已执行及将于预测年度执行的政府各项物价、税收政策继续,如期实施。

(四)预测主要指标说明(摘要)

本公司1997年盈利预测是根据1993年至1996年企业实际情况各年经营业绩及其增长速度和1997年的市场需求和公司的生产能力以及国家出台的现行各种物价政策进行预测的。本公司对盈利预测中所依据的各种资料的真实性合法性负完全责任。

1.售电量的预测

本年预计水电发电量1.56亿千瓦时,除去厂用电后供电量为1.557亿千瓦时热电1号机发电上网4500万千瓦时,外购电1.65亿千瓦时,合计供电量3.657亿千瓦时,除去线损电量0.3291亿万千瓦时后售电量为3.3279亿千瓦时。

2.各项收入预测

①1996年的不含税平均售电单价为216.53元/千千瓦时。1996年根据省物价局川价字重(95)139号等文件精神,市物价局已做出了调价方案,经市政府审查后,决定分两步实施,即1996年4月起调价40.00元/千千瓦时,1997年电单价可达248.66元/千千瓦时,预计全年实现收入8,275.00万元(248.66×332,790)。热电厂1号机组发电4500万千瓦时,平均490元/千千瓦时,收入2,205.00万元,电力收入合计10,480万元。

②1997年预计实现安装收入980.00万元。主营业务收入合计11,460.00万元。

③投资收益、其他业务收入和营业外收入3,820,000.00万元。

3.各项成本费用支出的预测:

①今年预计营业成本6941万元、售电成本6410万元,其中:自发电部份成本为1,410万元,外购电成本3,200万元,其中:购大电网电量1.4亿千瓦时,支付购电费2,800万元。购本地电站电量2500万千瓦时,支付购电成本300万元,热电1号机组建成发电,预计到年底可上网电4500万千瓦时,发生成本费用为1800万元,对外安装施工成本支出531万元。

②销售费用预计支出6万元,主要是反窃电奖励。

③管理费用预计为1050万元,其中:安装部份的管理费用为100万元。电力为950万元。

十六、公司章程摘要

1995年6月23日公司一九九五年股东大会通过的公司章程摘要如下:

1.股东的权利、义务:

第二十九条　公司的股东为依法持有公司股份并且其姓名(或名称)登记在股东名册上的人。股东按其持有的股份类别和份额享有权利,承担义务。

公司股东按投入公司的资本享有所有者的资产受益、重大决策和选择管理者等权利。

第三十条　法人作为公司股东时,须由法定代表人或法定代表人的代理人代表其行使权利。

第三十一条　股东享有以下权利:

(一)出席或委托代理人出席股东大会并行使表决权;

(二)依国家规定及公司章程的规定转让股份;

(三)查阅公司章程、股东大会会议纪要、会议记录和会计报告,对公司的经营提出建议或质询;

(四)按其股份取得股利;

(五)公司终止后依法取得公司的剩余财产;

(六)股东大会、董事会的决议违反法律、行政法规,侵犯股东合法权益时,股东有权向人民法院提起要求停止该违法行为和侵害行为的诉讼;

(七)国家法律、行政法规及本章程所赋予的其他权利。

第三十二条　股东承担以下义务:

(一)遵守公司章程,服从股东大会和董事会的决议;

(二)依其认购股份和入股方式缴纳股金;

(三)依其所持股份为限,对公司的债务承担责任;

(四)在公司办理工商登记手续后,股东不得退股;

(五)国家法律、行政法规及本章程规定应当承担的其他义务。

2.股东大会的职权和议事规则

第三十三条　股东大会是公司的权力机构,对下列事项作出决议并

行使其职权：

(一)审议、批准董事会和监事会的报告,决定公司的经营方针和投资计划;

(二)审议批准公司利润分配方案及亏损弥补方案;

(三)审议批准公司年度财务预、决算方案;

(四)对公司增减股本,扩大股份认购范围作出决议;

(五)对发行公司债券作出决议;

(六)选举或者更换董事会成员以及由股东代表出任的监事,决定其报酬事项;

(七)对公司的分立、合并、解散和清算等事项作出决议;

(八)修改公司章程;

公司股东大会的决议内容不得违反法律、法规。

第三十四条　股东大会分为股东年会和临时股东大会。

(一)股东年会每年召开一次,并于每个会计年度终结后六个月内召开;

(二)有下列情形之一,董事会应在二个月内召开临时股东大会:

(1)董事人数不足《公司法》规定的人数或者本章程所定人数的三分之二时;

(2)公司未弥补的亏损达股本总额的三分之一时;

(3)持有公司股份百分之十以上的股东请求时;

(4)董事会认为必要时;

(5)监事会提议召开时。

第三十五条　股东大会会议由董事会依照《公司法》规定负责召集,由董事长主持。董事长因特殊原因不能履行职务时,由董事长指定的副董事长或者其他董事主持。召开股东大会,应当将会议审议的事项于会议召开三十日以前通知各股东。临时股东大会不得对通知中未列明的事项作出决议。

3. 公司董事的职权及议事规则

第四十条　董事会是公司的日常议事决策机构,向股东大会负责。

第四十一条　董事会行使下列职权:

(一)负责召集股东大会向股东大会报告工作;

(二)执行股东大会的决议;

(三)制订公司的经营计划和投资方案;

(四)制订公司的年度财务预、决算、利润分配方案和弥补亏损方案;

(五)制订公司增加或者减少注册资本的方案以及发行公司债券的方案;

(六)拟订公司分立、合并、解散的方案;

(七)决定公司内部管理机构的设置;

(八)聘任或者解聘公司总经理,根据总经理的提名,聘任或者解聘公司副总经理、财务负责人,并决定其报酬等事项;

(九)制定公司的基本管理制度。

第四十二条　董事会的议事规则:

①董事会每年度至少召开二次会议,每次会议须于会议召开十日以前通知全体董事。董事会召开临时会议,可以另定召集董事会的通知方式和通知时限。

②董事会会议应由二分之一以上的董事出席方可举行。

③董事会作出决议,必须经全体董事的过半数通过。

④董事会会议,应由董事本人出席。董事因故不能出席,可以书面委托其他董事代为出席董事会,委托书中应载明授权范围。

⑤董事会对会议所议事项的决定作成会议记录,出席会议的董事和记录员在会议记录上签名。

⑥董事会对董事会的决议承担责任。董事会决议违反法律、行政法规或者公司章程,致使公司遭受严重损失的,参与决议的董事对公司负赔偿责任。但经证明在表决时曾表明异议并记载于会议记录的,该董事可以免除责任。

4. 公司法定代表人及其职权

第四十三条　董事长为公司的法定代表人。

第四十四条　董事长行使下列职权:

(一)主持召开股东大会和召集、主持董事会会议;

(二)检查董事会决议的实施情况;

(三)签署公司股票、公司债券。

副董事长协助董事长工作,董事长不能履行职权时,由董事长指定的副董事长代行职权。

5. 总经理的职权

第四十七条　公司设总经理,由董事会聘任或者解聘。董事会成员可以兼任总经理。

第四十八条　总经理对董事会负责,行使下列职权:

(一)主持公司的生产经营管理工作,组织实施董事会决议;

(二)组织实施公司年度经营计划和投资方案;

(三)拟定公司内部管理机构设置方案;

(四)拟定公司的基本管理制度;

(五)制定公司的具体规章;

(六)提请聘任或者解聘公司副总经理、财务负责人;

(七)聘任或者解聘除应由董事会聘任或者解聘以外的其他人员;

(八)公司章程和董事会授予的其他职权。

总经理为非公司董事会董事时,应列席董事会会议。

总经理行使职权时,不得变更股东大会和董事会的决议,或超越授权范围。

6. 监事会的组成、职权及议事规则

第五十六条　公司设立监事会,监事会成员五人。监事会在其组成人员中推选一名召集人。

监事会成员的二人由公司职工民主选举产生的职工代表担任。

监事会成员的三人由股东大会选举产生。

董事、总经理、副总经理、财务负责人等公司高级管理人员不得兼任监事。

第五十七条　监事的每届任期为三年。监事任期届满,连选可以连任。

第五十八条　监事会行使下列职权:

(一)检查公司的财务;

(二)对董事、总经理、副总经理、财务负责人等高级管理人员执行公司职务时违反法律、法规或者公司章程的行为进行监督;

(三)当董事、总经理、副总经理、财务负责人等高级管理人员的行为损害公司的利益时,要求其予以纠正;

(四)提议召开临时股东大会;

(五)公司章程规定的其他职权。

监事列席董事会会议。

第五十九条　监事会的议事规则:

(一)监事会每年度至少召开一次会议。监事会召开会议应于会议召开十日以前通知全体监事。监事会召开临时会议,可以另定召集监事会的通知方式和通知时限。

(二)监事会会议应由三人以上(含三人)的监事出席方可举行。监事会作出决议,必须由全体监事的三人以上(含三人)通过方为有效。

(三)监事会会议,应由监事本人出席。监事因故不能出席,可以书面委托其他监事代为出席监事会,委托书中应载明授权范围。

(四)监事会应当对会议所议事项的决定作成会议记录,出席会议的监事和记录员在会议记录上签名。

(五)监事应当对监事会的决议承担责任。监事会的决议违反法律、行政法规或者公司章程,致使公司遭受严重损失的,参与决议的监事应对公司负赔偿责任。但是经证明在表决时曾表明异议并记载于会议记录的,该监事可以免除责任。

第六十条　监事应当依照法律、行政法规、公司章程，忠实履行监督职责。

十七、备查文件

1. 国家体改委关于同意四川明星电力股份有限公司进行规范化股份制企业试点的批复
2. 遂宁市人民政府关于成立遂宁电力股份有限公司的批复
3. 四川明星电力股份有限公司营业执照
4. 中国人民银行遂宁市分行关于同意遂宁电力股份有限公司公开发行个人股股票的批复
5. 四川明星电力股份有限公司章程
6. 四川会计师事务所关于四川明星电力股份有限公司财务审计报告
7. 四川会计师事务所关于四川明星电力股份有限公司 1996 年度盈利预测的审阅报告
8. 中辰律师事务所关于四川明星电力股份有限公司股票上市的法律意见书
9. 中辰律师事务所关于四川明星电力股份有限公司股票上市出具法律意见书的工作报告
10. 四川省资产评估事务所关于四川明星电力股份有限公司资产评估报告书
11. 四川会计师事务所关于四川明星电力股份有限公司股本金的验证报告
12. 国家国有资产管理局关于四川明星电力股份有限公司上市股票项目资产评估结果的确认通知
13. 国家国有资产管理局关于四川明星电力股份有限公司国家股股权管理的批复
14. 遂宁市国土局关于同意四川明星电力股份有限公司土地资产处置方案的函
15. 申银万国证券股份有限公司关于四川明星电力股份有限公司股票异地上市的推荐书
16. 上海证券交易所上市通知书

公司组织机构图

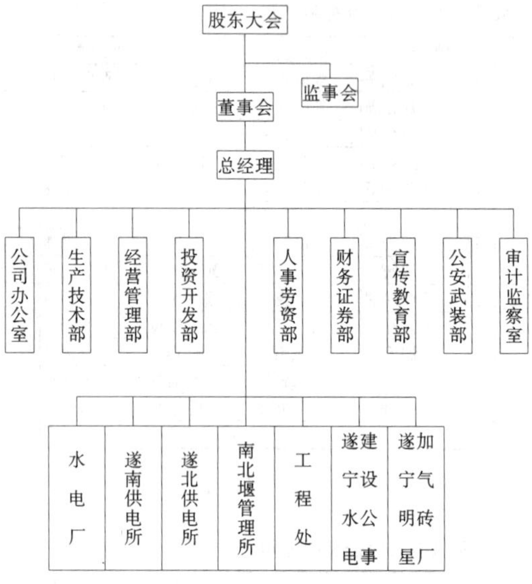

四川明星电力股份有限公司

一九九七年六月二十四日

资产负债表

编制单位：四川明星电力股份有限公司　　　　单位：人民币元

资产	注释	1996.12.31(母公司)	1996.12.31(合并)	1995.12.31(母公司)	1995.12.31(合并)	1994.12.31	负债及股东权益	注释	1996.12.31(母公司)	1996.12.31(合并)	1995.12.31(母公司)	1995.12.31(合并)	1994.12.31
流动资产:							短期借款	11	200,000.00	200,000.00	7,100.000.00	7,100.000.00	2,000,000.00
货币资金	1	24,647,237.28	25,130,558.97	10,969,052.99	11,134,694.35	3,751,673.73	应付票据						
短期投资							应付帐款	12	2,363,471.81	2,363,471.81	1,300.00	1,300.00	1,201,510.07
应收票据							预收货款	13	4,675,973.18	6,233,094.82	4,510,355.20	8,580,165.53	5,470,568.72
应收帐款	2	21,020,072.40	21,020,072.40	14,344,655.54	14,344,655.54	10,139,671.63	其他应付款	14	24,592,396.33	24,909,175.76	20,532,410.34	21,261,530.45	21,529,679.18
减:坏帐准备		63,060.21	63,060.21	43,033.97	43,033.97	30,251.55	应付福利款		277,532.79	277,532.79	45,554.80	45,554.80	-1,057,084.45
应收帐款净额		20,957,012.19	20,957,012.19	14,301,621.57	14,301,621.57	10,109,420.08	未付股利	15	1,931,690.75	1,931,690.75	7,897,934.29	7,897,934.29	21,894,332.41
预付货款	3	3,697,723.22	4,935,478.19	7,267,233.02	10,134,299.48	3,203,024.85	未交税金	16	3,707,032.38	3,688,653.52	2,623,377.04	2,503,598.39	374,893.06
其他应收款	4	15,081,246.97	15,470,775.22	24,110,372.46	24,383,708.46	35,338,656.44	其他未交款	17	178,879.77	185,508.21	172,084.81	167,982.43	122,800.03
存货	5	3,587,836.17	5,251,300.01	2,022,555.91	4,961,606.73	4,691,481.97	预提费用		114,179.12	114,179.12	48,412.84	48,412.84	
待摊费用	6	50,796.89	50,796.89	15,182.79	15,182:79	122,782.46	一年内到期的长期负债	18	414,522.00	414,522.00	1,414,522.00	1,414,522.00	
待处理流动资产净损失							其他流动负债						
一年内到期的长期债券投资													
其他流动资产							流动负债合计		38,455,678.13	40,317,828.78	44,345,951.32	49,021,000.73	51,536,699.02
流动资产合计		68,021,852.72	71,795,921.47	58,686,018.74	64,931,113.38	57,117,039.53							
长期投资							长期负债:						
长期投资	7	20,556,176.60	6,240,060.00	19,637,806.11	5,385,974.00	16,406,265.43	长期借款						1,614,522.00
固定资产:							应付债券						
固定资产原价	8	155,418,835.71	168,895,669.71	148,659,388.30	161,955,172.30	156,688,150.15	长期应付款						
减:累计折旧		60,273,466.44	62,925,903.11	55,969,327.46	58,195,698.97	53,674,019.40	其他长期负债	19	7,833,039.28	7,833,039.28	3,730,810.54	3,730,810.54	3,548,813.34
固定资产净值		95,145,369.27	105,969,766.60	92,690,060.84	103,759,473.33	103,014,130.75	长期负债合计		7,833,039.28	7,833,039.28	3,730,810.54	3,730,810.54	5,163,335.34
在建工程	9	34,953,078.02	34,953,078.02	23,036,018.28	23,036,018.28	3,101,205.01	递延税款贷项						
固定资产清理													
待处理固定资产净损失							负债合计		46,288,717.41	48,150,868.06	48,076,761.86	52,751,811.27	56,700,034.36
固定资产合计		130,098,447.29	140,922,844.62	115,726,079.12	126,795,491.61	106,115,335.76							
无形资产及递延资产:							股东权益:						
无形资产	10	6,763,955.68	8,343,756.85	6,911,330.94	8,523,705.33	8,703,653.81	股本	20	61,823,200.00	61,823,200.00	61,823,200.00	61,823,200.00	61,823,200.00
递延资产							资本公积	21	45,344,849.06	45,344,849.06	45,344,849.06	45,344,849.06	45,344,849.06
无形及递延资产合计		6,763,955.68	8,343,756.85	6,911,330.94	8,523,705.33	8,703,653.81	盈余公积	22	28,764,736.87	28,764,736.87	23,511,288.51	23,511,288.51	19,262,845.93
其他长期资产:							其中:公益金		8,778,801.35	8,778,801.35	6,152,077.17	6,152,077.17	4,027,855.88

资产	注释	1996.12.31(母公司)	1996.12.31(合并)	1995.12.31(母公司)	1995.12.31(合并)	1994.12.31	负债及股东权益	注释	1996.12.31(母公司)	1996.12.31(合并)	1995.12.31(母公司)	1995.12.31(合并)	1994.12.31
其他长期资产							未分配利润		43,218,928.95	43,218,928.95	22,205,135.48	22,205,135.48	5,211,365.18
递延税项:							股东权益合计		179,151,714.88	179,151.714.88	152,884,473.05	152,884,473.05	131,642,260.17
递延税项借项:							少数股东权益						
资产总计		225,440,432.29	227,302,582.94	200,961,234.91	205,636,284.32	188,342,294.53	负债及股东权益总计		225,440,432.29	227,302,582.94	200,961,234.91	205,636,284.32	188,342,294.53

利润及利润分配表

编制单位:四川明星电力股份有限公司　　　　金额单位:人民币元

项目	注释	1996年度(母公司)	1996年度(合并)	1995年度(母公司)	1995年度(合并)	1994年度	项目	注释	1996年度(母公司)	1996年度(合并)	1995年度(母公司)	1995年度(合并)	1994年度
一、主营业务收入	23	79,062,946.39	85,415,914.98	56,403,051.41	58,029,551.07	42,979,062.75	四、利润总额		30,805,418.80	30,805,418.80	25,018,900.32	26,018,900.32	23,274,935.45
减:营业成本		44,000,111.36	49,722,115.48	32,849,938.08	34,409,294.16	20,724,333.22	减:所得税		4,538,176.97	4,538,176.97	3,776,687.44	3,776,687.44	3,480,625.00
销售费用		65,499.93	65,499.93	36,337.49	36,337.49	26,178.86	五、净利润		26,267,241.83	26,267,241.83	21,242,212.88	21,242,212.88	19,794,310.45
管理费用		8,576,941.15	8,986,462.67	5,885,245.67	6,057,690.65	6,283,275.37	加:年初未分配利润		22,205,135.48	22,205,135.48	5,211,365.18	5,211,365.18	5,131,716.83
财务费用	24	-1,188,290.47	-1,203,382.45	-3,006,363.29	-3,022,318.18	-2,156,626.31	盈余公积转入数						
进货费用							六:可分配的利润		48,472,377.31	48,472,377.31	26,453,578.06	26,453,578.06	24,926,027.28
营业税金及附加	25	810,895.66	914,550.10	558,588.44	612,750.88	313,455.81	减:提取法定公积	30	2,626,724.18	2,626,724.18	2,124,221.29	2,124,221.29	1,979,431.05
二、主营业务利润		26,797,788.76	26,930,669.25	20,079,305.02	19,935,796.07	17,788,445.80	提取公益金	30	2,626,724.18	2,626,724.18	2,124,221.29	2,124,221.29	1,979,431.05
加:其他业务利润	26	3,400,998.70	3,400,998.70	5,318,538.98	5,318,538.98	5,465,693.58	七、可供股东分配利润		43,218,928.95	43,218,928.95	22,205,135.48	22,205,135.48	20,967,165.18
三、营业利润		30,198,787.46	30,331,667.95	25,397,844.00	25,254,335.05	23,254,139.38	减:已分配优先股股利						
加:投资收益	27	750,905.68	626,621.19	-302,524.87	-159,015.92	70,768.80	提取任意公积金						300,000.00
营业外收入	28	22,535.82	22,535.82	60,502.04	60,502.04	22,946.77	已分配普通股利						15,455,800.00
减:营业外支出	29	166,810.16	175,406.16	136,920.85	136,920.85	72,919.50	八、未分配利润		43,218,928.95	43,218,928.95	22,205,135.48	22,205,135.48	5,211,365.18
加:以前年度损益调整													

财务状况变动表

编制单位:四川明星电力股份有限公司　　　　金额单位:人民币元

流动资金来源和运用	行次	合并金额	母公司	流动资金各项目的变动	行次	合并金额	母公司
一、流动资金来源				一、流动资产本年增加数			
1. 本年净利润	1	26,267,241.83	26,267,241.83	1. 货币资金	30	13,995,864.62	13,678,184.29
加:不减少流动资金的费用和损失	2			2. 短期投资	31		
(1)固定资产折旧	3	4,730,204.14	4,304,138.80	3. 应收票据	32		
(2)无形资产、递延资产及其他资产摊销(减其他负债转销)	4	179,948.48	147,375.26	4. 应收帐款净额	33	6,655,390.62	6,655,390.62
(3)固定资产盘亏(减盘亏)	5			5. 预付货款	34	-5,198,821.29	-3,569,509.80
(4)清理固定资产损失(减收益)	6			6. 其他应收款	35	-8,912,933.24	-9,029,125.49
(5)递延税款	7			7. 待摊费用	36	35,614.10	35,614.10
(6)其他不减少流动资金的费用和损失	8			8. 存货	37	289,693.28	1,565,280.26
小计	9	31,177,394.45	30,718,755.89	9. 待处理流动资金损失(减收益)	38		
2. 其他来源				10. 一年内到期的长期债券投资	39		
(1)固定资产清理收入(减清理费用)	10			11. 其他流动资产	40		
(2)增加长期负债	11	4,102,228.74	4,102,228.74		41		
(3)收回长期投资	12	243,974.00	243,914.00		42		
(4)对外投资转出固定资产	13				43		
(5)对外投资转出无形资产	14				44		
(6)资本净增加额	15	5,253,448.36	5,253,448.36	流动资产增加净额	45	6,864,808.09	9,335,833.98
小计	16	9,599,651.10	9,599,591.10	二、流动负债本年增加数			
流动资金来源合计	17	40,777,045.55	40,318,346.99	1. 短期借款	46	-6,900,000.00	-6,900,000.00
二、流动资金运用:				2. 应付票据	47		
1. 利润分配				3. 应付帐款	48	2,362,171.81	2,362,171.81
(1)提取法定公积金	18	2,626,724.18	2,626,724.18	4. 预收货款	49	-2,347,070.71	165,617.98
(2)提取法定公益金	19	2,626,724.18	2,626,724.18	5. 应付福利费	50	231,977.99	231,977.99
(3)提取任意公积金	20			6. 未付股利	51	-5,966,243.54	-5,966,243.54
(4)已分配股利	21			7. 未交税金	52	1,185,055.13	1,083,655.34
小计	22	5,253,448.36	5,253,448.36	8. 其他未交款	53	17,525.78	6,794.96
2. 其他运用:				9. 其他应付款	54	3,647,645.31	4,059,985.99
(1)固定资产和在建工程净增加额	23	18,857,557.15	18,676,446.97	10. 预提费用	55	65,766.28	65,766.28
(2)增加无形资产、递延资产及其他资产	24			11. 一年内到期的长期负债	56	-1,000,000.00	-10,000,000.00
(3)偿还长期负债	25			12. 其他流动负债	57		
(4)增加长期投资	26	1,098,060.00	1,162,344.49	流动负债增加净额	58	-8,703,171.95	-5,890,273.19
小计	27	19,955,617.15	19,838,791.46	流动资金增加净额	59	15,567,980.04	15,226,107.17
流动资金运用合计	28	25,209,065.51	25,092,239.82				
流动资金增加净额	29	15,567,980.04	15,226,107.17				

重庆路桥股份有限公司

重庆路桥股份有限公司股票上市公告书

一、要览

股本总额:31,000 万股

本次可流通股本:8822.5 万股

股票简称:重庆路桥

股票交易代码:600106

上市地点:上海证券交易所

上市时间:1997 年 6 月 18 日

上市推荐人:海通证券有限公司

登记机构:上海证券中央登记结算公司

二、绪言

本公司股票发行经中国证券监督管理委员会证监发字(1997)262 号文和证监发字(1997)263 号文批准,股票上市申请经上海证券交易所上证上字(1997)字第(050)号《上市通知书》审核同意,将于 1997 年 6 月 18 日在上海证券交易所挂牌交易。

本公司总股本 31,000 万股,可流通股本 9000 万股,本次上市流通的股票 8822.5 万股,均为 1997 年 6 月 3-5 日向社会公开发行的人民币普通股,公司职工股 177.5 万股预计将于本次发行股票上市半年以后上市。

三、公司概况

一、发起人简介

1 法定名称:重庆大桥建设总公司

2 注册地址:重庆市市中区人民支路 2 号

3 法定代表人:陈国栋

4 注册资金:16721.6 万元

5 成立日期:1992 年 6 月 27 日

6 经营范围:主营:城市建设综合开发(二级)

兼营:五金工具,建筑材料,建筑机械设备,钢材,汽车(不含小轿车),工程技术咨询。

7 所属行业:公用事业

二、发行人历史沿革

1 法定名称:重庆路桥股份有限公司

2 注册地址:重庆市渝中区上清寺路 112 号

3 法定代表人:方纪中

4 注册资金:31000 万元

5 成立日期:1997 年 6 月 13 日

6 经营范围:主营:重庆牛角沱嘉陵江大桥、长江石板坡大桥经营维护管理,桥梁建设和基础设施建设维护经营管理,小区综合开发;

兼营:建筑材料、装饰材料,五金,金属材料(不含希贵金属),木材,水泥,建筑材料,水暖器材。

7 所属行业:公用事业

8 联系电话:(023)63870285　63878045

重庆路桥股份有限公司是经重庆市人民政府重府函(1997)21 号文批准,由重庆市大桥建设总公司独家发起,以募集设立方式设立的股份有限公司。以 1996 年 12 月 31 日为评估基准日,根据重庆审计师事务所评估并经重庆市国资局国资评(1997)168 号文确认的净资产 249,527,556.54 元,根据重庆市国资局渝国资管(1997)15 号文批准以 88.17% 的折股比例折为 2.2 亿股国家股,由重庆市国资局持有。

1997 年 6 月 3-5 日,公司采取"全额预缴款、比例配售、余款转存"的发行方式,在重庆市按 5.40 元/股的发行价格发行社会公众股 9000 万股,其中公司职工股 177.5 万股,发行市盈率为 14 倍,发行价格 5.40 元/股。

四、股票发行及承销

1 股票公开发行

社会公众股发行数量:9000 万股

其中:公司职工股:177.5 万股

发行价格:5.40 元/股

募集资金总额:473,670,000 元

发行方式:全额预缴、比例配售、余款转存

配售比例:1:7.43710%

持 1000 股以上户数(含 1000 股):3508

发行费用:1233 万元

发行市盈率:14 倍

2 股票承销

本次发行超额配售,无余额由承销团包销。

3 验资报告

(1)验资报告

重庆路桥股份有限公司筹委会:

我们接受委托,对重庆路桥股份有限公司(筹)截至一九九七年六月十日止的实收股本的真实性、合法性进行了审验。在审验过程中,我们按照《独立审计实务公告第 1 号-验资》的要求,实施了必要的审验程序。重庆路桥股份有限公司(筹)的责任是提供真实、合法、完整的验资资料和保护资产的安全、完整,我们责任是按照《独立审计实务公告第 1 号-验资》的要求,出具真实、合法的验资报告。

重庆路桥股份有限公司(筹)申请的注册资本为人民币 310,000,000.00 元,根据我们的审验,截至一九九七年六月十日止,重庆路桥股份有限公司(筹)已由到本次发行社会公众股股本金人民币 90,000,000.00 元,溢价款人民币 396,000,000.00 元,合计人民币 486,000,000.00 元(不含申购成功的投资者其资金在冻结期所产生的存款利息收入)。连同我所"重会所内验字(97)第 049 号"验资报告已验证股本人民币 220,000,000.00 元,截止一九九七年六月十日,重庆路桥股份有限公司实收股本为人民币 310,000,000.00 元。其中:国有股人民币 220,000,000.00 元,占股本总额的 70.79%;社会公众股人民币 90,000,000.00 元,占股本总额的 29.03%。

重庆会计师事务所　　中国注册会计师:付思福

中国注册会计师:石义杰

一九九七年六月十日

(2)募集资金入帐时间:1997 年 6 月 10 日

(3)入帐金额:473,670,000 元

(4)入帐帐号:2612805952

(5)开户银行:中国建设银行重庆市分行直属支行

五、公司董事、监事及高级管理人员持股情况:

董事会成员:

方纪中,男,58 岁,大专文化,副教授,历任重庆钢铁学校(现重庆钢铁专科学校)教务副校长,重庆经济管理干部学院党委副书记、书记,长期

从事《企业领导学》的教学与研究,并取得了一定成效。现为股份公司董事长。

安代成,男,51岁,大学文化,高级经济师,律师,注册审计师。历任重庆市政二公司生产计划科科长,厦渝市政公司副经理,重庆市政二公司副经理兼总经济师,重庆市城市建设局审计处副处长,重庆市政工程定额站站长。现为股份公司总经理。

夏松青,男,44岁,大专文化。历任重庆市中药材公司秘书、副科长、常务副经理,重庆市政府办公厅处级秘书,中国药材公司深圳华辰药业公司总经理。现为股份公司副董事长。

陈国栋,男,59岁,大学文化,教授级高级工程师。任重庆市政公司桥处五队队长,伊拉克巴格达桥梁厂项目负责人,重庆市桥梁公司经理,东北牡丹江大桥,重庆石门大桥等工程项目负责人,重庆市政建设开发公司经理、书记,重庆市长江二桥建设指挥部副指挥长。

史小曼,女,47岁,大学文化,高级经济师。长期从事企业生产、经营、财务管理工作。重庆无线电三厂车间主任、厂长助理、副厂长、常务副厂长,重庆华蜀光电集团副总经理。现为股份公司副总经理。

陶渝,男,46岁,大专文化,经济师。历任重庆市政公司采石场、供应处党总支副书记,重庆市城建局团委副书记,重庆市桥梁工程公司党委副书记,重庆市政二公司党委书记、经理、董事。

张漫,男,28岁,大学文化,助工。先后在重庆发电厂作技术工作,重庆市技术改造投资公司任投资部项目经理和业务科副科长,对资本市场动作有较丰富的经验。现为股份公司董事。

董事、监事、高级管理人员持股情况:

姓名	职务	持股数
方纪中	董事长	8000
安代成	总经理	8000
夏松青	副董事长	8000
陈国栋	副董事长	8000
史小曼	副总经理	8000
夏正荣	副总经理	8000
陶　渝	董事	8000
张　漫	董事	8000
何淑英	监事	8000
黄传骅	监事	8000
贾学农	监事	8000
张利昌	监事	8000
邓成福	监事	6000

本公司董事、监事及高级管理人员持有公司股票102000股,其持有的股份按《中华人民共和国公司法》的规定,在任职期间内不得转让。

六、公司创立

1.本公司于1997年6月12日召开了第一届股东大会,审议并通过了本次向社会公开发行的9000万股人民币普通股在上海证券交易所申请上市交易的决议,并责成公司董事会作好各项准备工作。

2.公司注册资金:31000万元

3.公司注册登记时间:1997年6月13日

4.公司注册登记地址:重庆市渝中区上清寺路112号

5.营业执照注册号码:渝直20283810-6

七、关联企业及关联交易

本公司是由重庆市大桥建设总公司独家发起,以募集设立方式设立的股份有限公司。重庆市大桥建设总公司以其全部净资产249,527,556.54元,整体改制折为2.2亿股国家股,由重庆市国资局持有。

本公司目前不存在关联公司,也无任何重大关联交易。

八、股本结构及大股东持股情况

1.本公司本次上市前股本结构:

	股数(万股)	占总股本比例(%)
国家股	22000	70.97
社会公众股	9000	29.03
其中:内部职工股	177.5	0.57
股本总额	31000	100.00

2.本公司前十名股东持股情况:

股东名称	持股数(股)	占比例(%)
重庆市国资局	220000000	70.79
重庆百货	1152750	0.37
欣华置业	873115	0.28
温州国信	818081	0.26
省财证券	743710	0.24
服务中心	617279	0.20
锡恒达	557782	0.18
锡水公司	557782	0.18
长房公司	520597	0.17
森雷财务	477610	0.15

3.股东人数:本次新股发行后,公司股东人数为23714户,其中持有本公司股票1000股以上的股东人数为3508户。

九、公司财务会计资料

一、审计报告

1.审计报告(摘要)[重会所审字(97)第068号]

重庆路桥股份有限公司筹委会:

我们接受委托,审计了重庆路桥股份有限公司(筹)1994年12月31日、1995年12月31日、1996年12月31日的资产负债表和1994年度、1995年度、1996年度的利润表以及1996年度的财务状况变动表。这些会计报表由重庆路桥股份有限公司(筹)负责。我们的责任是对这些会计报表发表审计意见。我们的审计是依据《中国注册会计师独立审计准则》进行的。在审计过程中,我们结合贵公司的实际情况,实施了包括抽查会计记录等我们认为必要的审计程序。

我们认为,上述会计报表符合《企业会计准则》和《股份制试点企业会计制度》的有关规定,在所有重大方面公允地反映了重庆路桥股份有限公司(筹)1994年12月31日、1995年12月31日、1996年12月31日的财务状况和1994年度、1995年度、1996年度的经营成果以及1996年度的资金变动情况,会计处理方法的选用遵循了一贯性原则。

二、财务报表(附表见后)

三、公司的主要会计政策:

(1)会计年度:

公历1月1日起至12月31日。

(2)记帐本位币:

公司记帐本位币为人民币。

(3)会计制度:

公司执行《股份制试点企业会计制度》。

(4)外币折算:

采用业务发生日的市场汇率折合为记帐本位币记帐;并按资产负债表日市场汇率进行调整;由此产生的人民币折算差额计入"财务费用"项目。

(5)记帐原则和计价基础。

按权责发生制记帐,以实际成本为计价基础。

(6)坏帐损失:

采用直接核销法核算。

(7)存货核算:

存货核算实行永续盘存制;收入存货按实际成本计价;发出存货采用加权平均法计价。低值易耗品采用分期摊销法核算。

(8)长期投资核算方法:

债券投资按实际支付的款项入帐；并按权责发生制原则计算应计利息。

(9)固定资产及其折旧：

固定资产的标准为使用年限超过一年的房屋、建筑物、机器、机械、运输工具以及其他与生产经营有关的设备、器具、工具等。不属于生产经营主要设备的物品，单位价值在2000元以上，并且使用期限超过两年的均为固定资产。

固定资产采用历史成本计价。

折旧方法采用平均年限法。固定资产分类及折旧年限、折旧率和残值率列示如下：

固定资产类别	折旧年限(年)	年折旧率(%)	残值率(%)
建筑物	50-0	1.94-1.62	3
机器设备	10	9.7	3
运输设备	5-10	19.4-9.7	3

(10)税项及附加费：

增值税：材料销售适用税率17%，按销售税项抵扣进项税额后的差额缴纳。

营业税：过桥费收入按3%计缴。根据重庆市人民政府重府函(1994)205号文规定，一九九四年至一九九六年营业税由重庆市财政局全额返还。一九九四年返还2,608,914.64元，一九九五年返还3,205,761.09元，一九九六年返还3,304,243.07元。返还营业税按财政部财会字(1995)6号文的规定进行会计处理。

城市建设维护税：按应纳流转环节税的7%计缴。

教育费附加：按应纳流转环节税的3%计缴。

所得税：透用税率33%。根据重庆市人民政府重府函(1994)205号文批复一九九四年至一九九六所得税全额返还。重庆市地方税务局为支持重庆市基础设施建设，确保资金的即时到位，同意一九九四年至一九九六年公司不计缴所得税。根据重庆市人民政府重府函(1997)116号文规定，公司采取募集方式设立后交纳的所得税全额返还，纳入公司利润分配。

(11)收入实现的确认

过桥费收入以实际收到过桥费确认收入实现；工程结算收入按合同规定的付款日分次确认收入实现；物资销售以货物已经发出，同时收取货款或取得索取货款的凭据确认收入实现。

(12)利润分配

根据重庆市城市建设局重城办发(1994)24号文规定，重庆长江石板坡大桥、重庆嘉陵江牛角沱大桥实现的净收益全额上交；公司不计提法定盈余公积金及公益金。公司采取募集方式设立后将按照《中华人民共和国公司法》及其他有关规定，提取法定盈余公积金、公益金、任意盈余公积金和分配股利。

四、主要财务指标

项　目	1996年	1995年
流动比率	1.08	1.10
速动比率	0.99	0.93
应收帐款周转率(%)	1.1	5.6
股东权益比率(%)	60%	53.87%
每股收益(元)	0.43	0.40
净资产收益率(%)	38%	92.5%
每股净资产额(元)	1.134	0.432

注：以上指标根据公司经审计的截至1996年12月31财务报表计算，每股净资产额为发行前数股份按发起人股计算，发行后每股净资产为2.375元。

十、董事会上市之承诺

本公司董事会承诺将严格遵守《中华人民共和国公司法》、《股票发行与交易管理暂行条例》、《上海证券交易所交易市场业务试行规则》和有关法律、法规的规定，并自上市之日起向全体股东作出如下承诺：

1. 按照法律、法规的规定程序和要求披露重大信息，并接受证券主管机关、上海证券交易所的监督管理。

2. 及时、真实、准确地公布中期报告和年度报告，并备置于规定场所供投资者查阅。

3. 本公司董事、监事及高级管理人员持有本公司股票发生变化时，在报告证券主管机关、证券交易所的同时向投资者公布。

4. 在任何公共传播媒介中出现的消息可能对本公司股票的市场价格产生误导性影响时，本公司知悉后将及时对该消息予以公开澄清。

5. 本公司董事、监事及高级管理人员将认真听取社会公众的意见和批评，自觉抵制不正之风，不利用已获得的内幕消息直接或间接从事股票买卖活动。

6. 本公司没有无记录负债。

7. 董事会各位董事保证不就任何未经主管机关审阅的可能影响股价变动之重大信息私自发表公告或发表意见。

十一、重要事项揭示

1. 利润分配政策

根据公司章程，本公司缴纳所得税后利润按以下顺序分配：

(1)如果需要弥补以前年度亏损的，弥补亏损；

(2)按税后利润的10%提取法定公积金，当法定公积金已达注册资本50%时可不再提取；

(3)按税后利润的5-10%提取法定公益金；

(4)按股东会决议提取任意盈余公积金；

(5)支付股利

除股东大会有特别决议外，每年分红一次，股利分配可采用现金股利和股票股利两种形式。

本次股票发行中购买公司股票的股东参加1997年度5月起的利润分配。

2. 1997年盈利预测

根据重庆会计师事务所重会所审字(97)第075号《盈利预测审核报告》，重庆路桥股份有限公司1997年主营业务收入预计可达到102,666,010.00元，利润总额为80,053,890.00元，扣除33%的所得税后，净利润为53,636,110.00元。如果1997年按公司设立后全额返还所得税计算，1997年公司净利润为80,053,890.00元。

3. 根据有关规定，本公司177.5万公司职工股将自本公司A股上市之日起三年后上市。

4. 公司所享受的优惠政策

根据重庆市人民政府重府函(1997)116号文件，公司设立后，三年内所交纳的营业税和所得税全额返还，纳入公司利润分配。

5. 截至法律意见书出具日，公司目前未涉及任何诉讼和仲裁或受行政处罚的案件。

十二、咨询机构

1 上市公司：重庆路桥股份有限公司

法定代表人：方纪中

地址：重庆市渝中区5号

联系人：张漫

电话：(023)63870285　63878045

2 上市推荐人：海通证券有限公司

法定代表人：李惠珍

地址：上海市唐山路218号

联系人：林　涌　金烨辉

电话：(021)65841458

传真：(021)65841935

地址：重庆市人民路13号

联系人:曹小林　苑登锋
电话:(023)63612746
传真:(023)63612743

十三、备查文件目录

1. 发行人成立的注册登记文件;
2. 主管部门和证券交易所批准发行上市的文件;
3. 公司章程;
4. 审计报告;
5. 资产评估报告;
6. 验资报告;
7. 招股说明书;
8. 发行人改组的其他相关文件。

重庆路桥股份有限公司
一九九七年六月十五日

利　润　表

重庆路桥股份有限公司(筹)　　　　单位:人民币元

	1996年度	1995年度	1994年度		1996年度	1995年度	1994年度
一、主营业务收入	100,274,514.10	97,208,692.89	79,158,382.13	三、营业利润	94,839,502.58	87,854,818.60	72,102,592.30
减:营业成本	5,725,973.90	7,717,441.76	6,378,330.89	加:投资收益			
销售费用	58,884.55	88,781.52	44,045.03	营业外收入			
管理费用	3,064,728.89	2,334,852.52	1,656,324.25	减:营业外支出			100.00
财务费用	-60,145.44	-45,699.10	-50,718.03	加:以前年度损益调整			
进货费用				四、利润总额	94,839,502.58	87,854,818.60	72,102,492.30
营业税金及附加	4,815.88	2,125.76	3,311.91	减:所得税			
二、主营业务利润	91,480,256.32	87,111,190.43	71,127,088.08	五、净利润	94,839,502.58	87,854,818.60	72,102,492.30
加:其他业务利润	3,359,246.26	743,628.17	975,504.22				

资产负债表

单位:人民币元

	1996年度 12月31日	1995年度 12月31日	1994年度 12月31日		1996年度 12月31日	1995年度 12月31日	1994年度 12月31日
流动资产				流动负债			
货币资金	3007272.24	22241881.68	2497186.18	短期借款			
短期投资				应付票据			
应收票据				应付帐款	58304096.50	3805049.00	3743193.22
应收帐款	149205886.46	33716502.74	927060.24	预收货款	50000.27	3365293.27	
减:坏帐准备				应付福利费	55657.97	13515.83	15426.03
应收帐款净额				未付股利			
预付货款	2043000.00	5378000.00		未交税金	-182279.59	-208351.30	-162060.79
其他应收款	9825580.49	13287434.86	658047.91	其他未交款	15078.00	10678.52	8965.20
待摊费用	372505.27	610382.45	965572.22	其他应付款	82439840.15	74338692.77	12823868.76
存货	14466567.38	13951138.89	15738083.34	预提费用			
待处理流动资产净损失				一年内到期的长期负债	25000000.00		
一年内到期长期债券投资				其他流动负债			
其他流动资产				流动负债合计	165682393.30	81324878.09	16429392.42
流动资产合计	178920811.84	89185340.62	20785949.89	长期负债			
长期投资	1820.00	39750.00	39750.00	长期借款			
固定资产				应付债券			
固定资产原价	358903574.00	144155736.00	143844235.50	长期应付款			
减:累计折旧	122616256.00	57084608.14	54124383.65	待转销汇兑损益			
固定资产净值	236287318.00	87071128.36	89719851.85	其他长期负债			
在建工程				长期负债合计			
固定资产清理				递延税项			
待处理固定资产净损失				递延税款货项			
固定资产合计	236287318.00	87071128.36	89719851.85	负债合计	165682393.30	81324878.09	16429392.42
无形资产及递延资产				股东权益			
无形资产				股本	220000000.00	92995335.00	92995335.00
递延资产				资本公积金	29527556.54		
无形资产及递延资产合计				盈余公积金			
其他长期资产				其中:公益金			
其他长期资产				未分配利润		1976005.89	1120824.32

	1996年度 12月31日	1995年度 12月31日	1994年度 12月31日		1996年度 12月31日	1995年度 12月31日	1994年度 12月31日
递延税项				股东权益合计	249527556.54	94971340.89	94116159.32
递延税款借项				负债及股东权益总计	415209949.84	176296218.98	110545551.74
资产总计	415209949.84	176296218.98	110545551.74				

1996年度财务状况变动表

重庆路桥股份有限公司(筹)　　　　单位:人民币元

流动资金来源和运用		流动资金来源和运用	
一、流动资金来源:		流动资金各项目的变动	
1. 本年净利润	94,839,502.58	一、流动资产本年增加数:	
加:不减少流动资金的费用和损失		1. 货币资金	-19,234,609.44
(1)固定资产折旧	2,870,327.46	2. 短期投资	
(2)无形资产、递延资产及其他资产摊销(减其他负债转销)		3. 应收票据	
(3)固定资产盘亏(减盘盈)		4. 应收帐款净额	115,489,383.72
(4)清理固定资产损失(减收益)		5. 预付帐款	-3,335,000.00
(5)递延税款		6. 其他应收款	3,461,854.37
(6)其他不减少流动资金的费用和损失		7. 待摊费用	-237,877.18
小计	97,709,830.04	8. 存货	515,428.49
2. 其他来源:		9. 待处理流动资产损失(减收益)	
(1)固定资产清理收入(减清理费用)		10. 一年内到期的长期债券投资	
(2)增加长期负债		11. 其他流动资产	
(3)收回长期投资	38,750.00	流动资产增加净额	89,735,471.22
(4)投资转出固定资产		二、流动负债本年增加数:	
(5)投资转出无形资产		1. 短期借款	
(6)资本净增加额	156,532,221.54	2. 应付票据	
小计	156,570,971.54	3. 应付帐款	54,499,047.50
流动资金来源合计	254,280,801.58	4. 预付帐款	-3,315,293.00
二、流动资金运用:		5. 应付福利费	42,142.14
1. 利润分配:		6. 未付股利	
(1)提取法定公积金		7. 未交税金	26,071.71
(2)提取法定公益金		8. 其他未交款	4,399.48
(3)单项留用利润		9. 其他应付款	8,101,147.38
(4)已分配股利	96,815,508.47	10. 预提费用	
小计	96,815,508.47	11. 一年内到期的长期负债	25,000,000.00
2. 其他运用:		12. 其他流动负债	
(1)固定资产和在建工程净增加额	152,086,517.10	流动动负债增加额	84,357,515.21
(2)增加无形资产、递延资产及其他资产		流动资金增加净额	5,377,956.01
(3)偿还长期负债			
(4)增加长期投资	820.00		
小计	152,087,337.10		
流动资金运用合计	248,902,845.57		
流动资金增加净额	5,377,956.01		

乐山电力股份有限公司

1996 年年度报告摘要　（摘选）

一、公司简况

公司名称：乐山电力股份有限公司

法人代表：刘虎廷　　　　邮政编码：614000

公司地址：四川省乐山市市中区嘉定北路 46 号

（公司主要办公机构地址）

电话：(0833)2132160-2028　传真：(0833)2132357

二、主要财务数据与财务指标

指标项目	一九九六年度 金额	增长率%	一九九五年度 金额
1.主营业务收入(万元)	13,186.38	34.41	9,810.64
2.净利润(万元)	2,131.71	17.29	1,817.41
3.总资产(万元)	44,257.62	18.43	37,369.53
4.股东权益(万元)	18,926.80	17.77	16,071.22
5.每股收益(元)	0.28	6.63	0.26
6.每股净资产(元)	2.47	7.06	2.30
7.净资产收益率(%)	11.26	-0.40	11.31
8.股东权益比率(%)	42.77	-0.56	43.01

三、公司主要业务回顾

公司主业电力生产经营着重消化九五年度电网大规模扩容后网内上网电源结构和下网工业重点用户结构问题，本着"技术可行，效益优先"原则，增加了乐山南部工业片区供电比例，使公司电网生产经营指标完成良好；同时公司投资重点有序转向原有电厂设备技改和新电源开发建设，为公司九七年度电力生产经营的稳步发展奠定了坚实的基础。

1. 公司主营业务业绩概述：

公司主营业务范围包括地方中小水(火)电力开发、生产经营和电力调度。一九九六年度完成发电量 23,120 万 KWH(含公司控股之大堡水电公司电量 7,554 万 KWH)，较上年减少 150 万 KWH，系年内公司安排象月电厂技改停机少发，较年度计划 21,000 万 KWH，增发 2,120 万 KWH，完成年度发电计划的 110.09%；电网外供售电量 52,578 万 KWH，比上年增长 4.12%，完成年度计划的 94.23%，系公司调整电网供用结构时，调减了部分相对高进低出上下网电量。

2. 主要经济指标完成情况：

实现主营业务（发、供电）收入 13,186.38 万元，比上年增长 34.41%，完成年度计划的 96.96%，其中：年发电收入 4,878.19 万元，较上年增长 18.45%，年电网转供电业务收入 8,308.19 万元，较上年增长 45.96%。年度利润总额实现 2,893.42 万元，较上年增长 30.49%，完成年度计划(2200 万元)的 131.52%；年税后净利润 2,131.71 万元，较上年增长 17.29%。

3. 前次募集资金使用情况说明

公司一九九三年八月配股募集资金投入项目，到一九九六年末大部分项目均在前期逐年投产运行；使用该次募集资金项目至一九九六年末仍处在建阶段的有以下两项。

(1) 计划与实际投资项目比较表

投资项目	九三年募集计划投入	实际投资额	比计划增减%
乐山大沫水电站 (2×1.25 万 KW)	650 万元	696.46 万元	+7.15
电力调度中心	200 万元	175.00 万元	-12.50

(2) 公司参股投资的乐山大沫水电站，由于获得国家水利部的资金支持，原计划在一九九七年春季投产发电，但因其主要工程中长距离引水隧洞遇复杂地质影响需延期贯通，故该电站计划投产期将延至一九九七年冬季竣工。

(3) 公司电力调度中心工程因公司九六年度电网调整投资规模，并已用替代方案改善了公司近期电力调度系统，故该项目主体暂不动工，留待九七年度内决定其方案。

四、股本变化及股本结构情况

1. 股本结构及变化情况表　股份单位：股　面值：每股 1 元

股份类别	年初数	本年增加(减少) 送股	小计	年末数
一、尚未流通股份				
1. 发起人股份				
其中：国家拥有股份	19528400	1952840	1952840	21481240
境内法人持有股份	19011600	1901160	1901160	20912760
尚未流通股合计	38540000	3854000	3854000	42394000
二、已流通股份				
1. 境内上市的				
人民币普通股	31200000	3120000	3120000	34320000
已流通股份合计	31200000	3120000	3120000	34320000
股份总数	69740000	6974000	6974000	76714000

2. 股本变动原因

本公司 1996 年 10 月 4 日(按年初股本 6974 万股为基数)向全体股东按 10:1 送红股 697.40 万股，年末总股本由 6974 万股增至 7671.40 万股。

3. 股东数量

1996 年末股东户数为 30517 户，其中：国有股东 1 户，法人股东 9 户，社会公众股东 30507 户。

4. 主要股东持股情况

股东名称	年末持股数(万股)	占总股本数%
1. 国家股(乐山市国有资产管理局)	2,148.124	28.00
2. 峨眉铁合金(集团)股份有限公司	1,702.976	22.20
3. 峨眉山盐化工业(集团)股份有限公司	176.00	2.29
4. 成都华冠实业股份有限公司	110.00	1.43
5. 四川金顶(集团)股份有限公司	55.00	0.72
6. 裘凯平	47.299	0.617
7. 刘燕敏	28.00	0.365
8. 怡华电梯	26.00	0.339
9. 蔡志强	22.00	0.287
10. 乐山市碱厂	22.00	0.287

5. 关联企业

企业名称	地　址	主营业务	拥有权益(%)
峨边大堡水电有限公司	四川峨边大堡镇	水力发电	61.81
乐山大岷水电有限公司	四川五通桥区	水力发电	59.26
乐山金粟电厂	四川五通桥区金粟镇	火力发电	49.00
五通桥给排水设备厂	四川五通桥区	机械加工	49.30

上海市原水股份有限公司

1996年年度报告摘要　（摘选）

一、公司简况

公司名称：上海市原水股份有限公司

法人代表：芮友仁　　邮政编码：200085

公司地址：上海市浦东新区北艾路1540号

电话：(021)63564899＊516　传真：(021)63564880

二、主要财务数据与财务指标

指标项目	本年数	上年数	比上年增减(%)
1.主营业务收入(万元)	40962.12	36215.18	13.11
2.净利润(万元)	21389.01	19543.53	9.44
3.总资产(万元)	364663.32	258880.83	40.86
4.股东权益(万元)	213429.55	158133.76	34.97
5.每股收益(元)	0.21	0.23	－8.70
6.每股净资产(元)	2.13	1.87	13.90
7.净资产收益率(%)	10.02	12.35	－18.87
8.股东权益比率(%)	58.53	61.08	－4.18

三、公司主要业务回顾

1. 一年来公司经营情况

1996年，公司在深化企业改革，优化内部管理的同时，坚持一手抓原水供应，一手抓工程建设，取得了较好的经营业绩。

(1) 坚持安全第一，确保原水正常供应

加强生产管理，提前完成机泵年修和设备改造任务，全年累计售水8.9亿立方米，比95年增长17.1%。

加强水质管理，重点抓好春夏两季对黄浦江水质的检测、分析和预报工作，落实长江原水避咸蓄淡措施，保证了原水水质。

加强安全管理，公司连续四年实现安全生产无事故，并获得“上海市95—96年度安全生产先进单位”。

(2) 加快建设进度，确保工程如期完成

如期完成长江引水二期工程陈行水库扩容、泵站土建、设备安装、近40公里的大口径排管等工程，96年6月全线贯通供水，新增90万立方米/日供水能力，目前已将原水输送到泰和、月浦、凌桥、吴淞和闸北等水厂，较大地改善了原水水质。抓紧黄浦江上游引水二期工程的建设，年底前已完工和开工的项目有：大桥泵站、松江、马桥、张车村、临江段渠道、长桥泵站，临江过江管，配水系统改造等项目；同时临江取水工程已完成集水井、泵房基础土建部分。

2. 主要指标分析

(1) 公司96年主营业务收入40962.12万元，较上年上升13.11%，其主要原因是长江引水二期工程建成投产，增加原水供应量所至。

(2) 净利润21389.01万元，较上年上升9.44%，其主要原因是原水供应收入增加所至。

3. 本次募集资金的使用情况说明

96年2月12日公司董事会发布股份变动公告，自95年12月份开始的配股工作于96年2月12日圆满结束，经验证共筹集资金339,067,839.02元，全部用于两大工程建设项目，黄浦江上游引水二期工程项目96年投资70400万元，长江引水二期工程项目96年投资56619万元，资金不足部分由城市建设投资开发总公司贷款解决。

四、股本变化及股本结构情况

1. 股本变化及股本结构情况

(1) 截止1996年12月31日，公司股本结构如下

数量单位：股　　每股面值：1元

	期初数	本次变动增减(＋、－) 配股	其他	小计	期末数
(一) 尚未流通股份					
1. 发起人股份					
其中：					
国家拥有股份	489930100	90910000		90910000	580840100
境内法人持有股份	262470300	859343		859343	263329643
外资法人持有股份					
其他			34859697	34859697	34859697
2. 募集法人股					
3. 内部职工股					
4. 优先股或其他					
尚未流通股份合计	752400400	91769343	34859697	126629040	879029440
(二) 已流通股份					
1. 境内上市的人民币普通股	94987200	28496160		28496160	123483360
2. 境内上市的外资股					
3. 境外上市的外资股					
已流通股份合计	94987200	28496160		28496160	123483360
(三) 股份总数	847387600	120265503	34859697	155125200	1002512800

(2) 股本变动情况及原因

经公司一届四次股东大会决议(1995年5月)，公司于1995年12月按10股配3股的比例向全体股东进行配股、并按10股转7股的比例向公众股股东受让国家股、法人股配股权配股。

1996年2月12日经上海会计师事务所验证配股资金到位，公司总股本由84738.76万股增至100251.28万股。

2. 主要股东持股情况(前十名股东)

名次	股东名称	年末持股数(万股)	占总股本(%)
1	上海市国有资产管理办公室	58084.01	57.94
2	申银万国证券公司	4353	4.34
3	中国建设银行上海信托投资公司	640.3	0.64
4	华夏证券公司	610	0.61
5	中国国际海运集装箱股份有限公司	300	0.29
6	南通市新海通有限公司	279.9	0.27
7	苏州电视机组件厂	255.5	0.25
8	上海市城市建设投资开发公司	235	0.23
9	上海市明城房地产开发总公司	216	0.21
10	交通银行上海分行	200	0.20
	公路房地产联合开发经营公司	200	0.20
	深圳市特力机电股份有限公司	200	0.20

3. 股东数量

截止1996年12月31日，股东数量如下：

股份类别	股东数量
国家股	1
社会法人股	821
社会公众股	75179
合计	76001

上海浦东强生出租汽车股份有限公司

1996 年年度报告摘要 （摘选）

一、公司简况

公司名称：上海浦东强生出租汽车股份有限公司

法人代表：张同恩　　邮政编码：200041

公司地址：上海浦东新区浦东南路 2184 号

电话：021—62151515＊870，021—62151181

传真：021—62151160

二、主要财务数据与财务指标

单位：万元

指标项目	本年数	上年数	比上年增减(％)
主营业务收入	16152.31	15057.39	7.27
净利润	4145.64	3039.86	36.38
总资产	44638.46	27390.30	62.97
股东权益	39462.01	22781.49	73.22
每股收益	0.34 元	0.36 元	－5.56
每股净资产	3.23 元	2.70 元	19.63
净资产收益率	10.51％	13.34％	－21.21
股东权益比率	88.40％	83.17％	6.29

三、公司业务回顾

1. 一年来经营情况

公司贯彻“集中发展主业，争取规模效应”的经营策略，在 1996 年继续取得良好的业绩。

公司通过连续三次筹资收购兼并，至 1996 年底主业的出租汽车规模已达 1637 辆，累计为社会提供出租汽车服务车次达 1103.45 万次，占全行业的 5.93％。全公司率先完成行业达标，一年来累计收到表扬信 382 封，救死扶伤助人为乐，见义勇为的优质服务事迹仅见诸报端的共的 105 人次，社会声誉良好。公司全部车辆于 96 年实现了 IC 卡管理，刷卡收费及动态营运管理达到新水平。公司投资的汽车租赁、公共交通等项目运转良好，96 年已取得良好的收益。

2. 本年度主要业务收入，净利润完成情况的分析

95 年报股东大会制定的 96 年目标为主营业务收入 15400 万元，实际完成 16152.31 万元，比计划增加 4.89％，净利润目标为 3060 万元，实际完成 4145.64 万元，比计划增加 35.48％。

3. 募集资金使用情况

公司 1996 年 9 月向全体股东按 10 比 2.6 实施配股，共计配股 2527.20 万股，共募集资金 11258.68 万元，正按计划收购强生集团所属的出租汽车第三分公司。

四、股本变化及股东结构情况

1. 股本结构的编制

	期初数	本次变动增减(+,-) 配股	送股	公积金转股	其他	小计	期末数
一、尚水流通股份							
1. 发起人股份							
其中:							
国家拥有股份							
境内法人持有股份	4276.8	1283.04	641.52			1924.56	6201.36
外资法人持有股份							
其他							
2. 募集法人股							
3. 内部职工股							
4. 优先股或其他	648	194.40	97.20			291.60	939.60
尚未流通股份合计	4924.8	1477.44	738.72			2216.16	7140.96
二、已流通股份							
1. 境内上市的人民币普通股	3499.2	1049.76	524.88			1574.64	5073.84
2. 境内上市的外资股							
3. 境外上市的外资股							
4. 其他							
已流通股份合计	3499.2	1049.76	524.88			1574.64	5073.84
三、股份总数	8424	2527.20	1263.60			3790.80	12214.80

2. 股本变动情况及原因的编制

经 1995 年度股东大会通过，向全体股东按 10:1.5 派送红股(10 股送 1.5 股)共计 1263.60 万股，股权登记日为 1996 年 5 月 9 日。

1995 年度股东大会通过的配股方案，已经上海市证券管理办公室沪证字(1996)098 号文和中国证券监督管理委员会证监上字(1996)9 号文复审通过，已于 1996 年 9 月 23 日至 10 月 7 日以 10:2.6 向全体股东配售新股共计 2527.20 万股，其中发起人股配售 1283.04 万股，非上市流通社会公众股配售 194.4 万股，社会公众流通股配售 1049.76 万股，所配股份可流通部分已于 1996 年 11 月 1 日上市交易。

3. 主要股东持股情况　　1996 年 12 月 31 日

单　位	持有数量(万股)
上海强生经济发展(集团)公司	3981.29
上海上投实业公司	683.10
陆家嘴金融贸易区开发股份有限公司	614.79
中国建设银行上海市分行	614.79
文汇报	307.40
宏尚物资	199.50
广融物业	125.30
金华证券	103.23
金信证券	99.16
华夏证券	98.68

4. 年末股东户数

年末股东户数为 46928 人。

5. 公司董事、监事及经理人员持股情况

姓　名	职　务	年初持股数	年末持股数	变化原因
张同恩	董事长	3456	5008	送股、配股
杜建国	副董事长	0	0	
张　哲	副董事长	0	0	
司安佩	副董事长	0	0	
曹国和	副董事长	0	0	
丁伟国	董事	0	0	
孙毅宜	董事	0	0	
徐　元	董事	248	313	送股、配股
吉冬宝	董事	0	0	
孙继元	董事	1152	1670	送股、配股
陈惠怡	董事	1152	1670	送股、配股
冯　骏	董事	0	0	
朱宗巍	董事	0	0	
刘燕宾	董事	0	0	
陈剑峰	董事	0	0	
章时耀	总经理	1152	1670	送股、配股
吴本初	董事会秘书	4800	6956	送股、配股
徐建民	监事长	0	0	
张敏康	监事	0	0	
李和平	监事	0	0	
胡颂恩	监事	0	0	
黄先富	监事	0	0	

上海亚通股份有限公司

1996年年度报告摘要　（摘选）

一、公司简况

公司名称：上海亚通股份有限公司

法人代表：季利平　　　　邮政编码：202150

公司地址：上海市崇明县八一路1号

电话：021—59623807　　　　传真：021—59621803

二、主要财务数据与财务指标

单位：万元

指　标　项　目	1996年	1995年	比上年增减(%)
1.主营业务收入	8553.06	6568.79	30.21
2.净利润	2450.80	1598.29	53.34
3.总资产	26765.15	20835.28	28.46
4.股东权益	16470.88	12718.16	29.50
5.每股收益(元)	0.291	0.228	27.41
6.每股净资产(元)	1.95	1.81	7.73
7.净资产收益率(%)	14.88	12.57	18.38
8.股东权益比率(%)	61.54	61.04	0.01

三、公司主要业务回顾

1.一年来经营情况

公司的主营业务是以申崇水上客货运输为主，实行江海陆并举，一业为主多种经营的格局，朝着集团化方向发展。业务已由内河客货运输陆上出租汽车运输逐步向沿海航运方向发展，通过在主营业务上加大配套运输功能，实现水陆一条龙服务，同时向跨行业的领域拓展，经营建筑装潢、参股电厂、修船业、旅游业等项目，有力地促进了企业的发展，增加了企业的后劲。

1996年度公司在全体股东的关心和支持下，通过全体员工的共同努力，抓住发展机遇，经济效益创历史最高水平。经营业绩在同类企业中名列前茅。

1996年公司计划完成业务收入7800万元，实际完成业务收入8553.06万元，为年度计划的109.65%，比95年增长30.21%；计划完成利润总额为2100万元，实际完成利润总额为2799.80万元，为年度计划的133.32%，比95年增长53.73%；税后利润为2450.80万元，比95年增长53.34%。

营业收入和利润增加的原因：

1)公司在96年中加强了单船、单站的核算，降低了物资消耗，并且控制了修船成本和修船时间，从而提高了船舶的营运率。

2)船舶的载客率、载车率提高，增加了营业收入。

3)95年中新建的船舶在96年中产生效益。

四、股本变化及股本结构情况

1.股本结构(截止1996年12月31日)

数量单位：万股　每股面值：1元

本次变动增减(+、-)

	期初数	配股	送股	公积金转股	其他小计	期末数
一、尚未流通股份						
1.发起人股份						
其中：						
国家拥有股份	3922.176		784.4352			4706.6112
境内法人持有股份	1000.000		200.0000			1200.0000
外资法人持有股份						
受让转配部分	700.000		140.0000			840.0000
2.募集法人股						
3.内部职工股						
4.优先股或其他						
尚未流通股份合计	5622.176		1124.4352			6746.6112
二、已流通股份						
1.境内上市的						
人民币普通股	1400.000		280.0000			1680.0000
2.境内上市的外资股						
3.境外上市的外资股						
已流通股份合计	1400.000		280.0000			1680.0000
三、股份总数	7022.176		1404.4352			8426.6112

2.股本变 动情况及原因

公司股本总数由7022.176万股增至8426.6112万股，系根据公司1996年4月22日召开的第四次股东大会上通过的1995年利润分配方案，即向全体股东以每10股派送红股2股。

3.主要前十名股东持股情况

股　东　名　称	持股数(万股)	占总股本(%)
1)国家持股	4706.6112	55.90
2)上海银马实业公司	416.2680	4.94
3)上海吴桥旅游用品公司	168.0000	1.99
4)上海申银证券公司	123.1848	1.46
5)江苏白茆渔轮公司	72.1107	0.85
6)上海蓝天投资公司	66.0000	0.78
7)无锡军湖商行	66.0000	0.78
8)崇明轮综经营公司	44.2550	0.52
9)上海物资贸易公司	39.6000	0.47
10)崇明县石化公司	30.0000	0.35

4.年末股东数量

截至1996年12月31日，公司股东总数为10722户，其中：国家股股东1户，法人股股东41户，社会公众股股东10680户。

天津港储运股份有限公司

1996年年度报告摘要　（摘选）

一、公司简况

公司名称：天津港储运股份有限公司
法人代表：王恩德　　　　邮政编码：300456
公司地址：天津市塘沽区新港二号路卡子门内
电话：(022)5706615　　　传真：(022)5708244

二、主要财务数据与财务指标

指标项目	本年数(合并)	上年数(合并)	比上年增减%
(1)主营业务收入(万元)	10931.11	9238.78	18.32
(2)净利润(万元)	3050.16	2172.16	40.42
(3)总资产(万元)	27601.6	25463.2	8.4
(4)股东权益(万元)	18695.0	16506.4	13.2
(5)每股净收益(元)	0.22	0.22	0
(6)每股净资产(元)	1.34	1.65	-18.8
(7)净资产收益率(%)	16.3	13.2	3.1个百分点
(8)股东权益比率(%)	67.7	64.8	2.9个百分点
(9)股本总额(万元)	13969	9978	40

三、公司主要业务回顾

1. 一年来经营情况

一九九六年是天津港储运股份有限公司由定向募集公司转为上市公司的第一年。公司面对激烈的市场竞争及国际市场需求发生变化严峻的外部经营环境，认真贯彻“立足改革、开拓进取、稳中求进”的工作思路，继续坚持以市场为导向，以天津港为依托，充分发挥自己规模经济优势的工作方针，加强企业内部经营管理，拓展新的货源渠道，改进货源结构，使公司生产经营持续稳步的增长。全年实现主营业务收入10931.11万元，比上年增长18.3%，利润总额3801万元，比上年增长20.6%；税后净利润3050.16万元，比上年增长40.4%，经营业绩令人鼓舞。

公司是全国沿海港口首家股份制企业，也是沿海港口规模最大的仓储运输企业。公司是天津港集疏运系统的重要组成部分，起着港口进出口物资集疏中心和中转枢纽的重要作用。公司所处行业属于国家产业政策鼓励和优先发展的产业。

(1) 公司主营业务业绩概述

本公司主营内外贸进出口货物的储存、运输，主要货类包括煤、焦炭、集装箱、件杂货等。公司以优质高效的服务树立了良好的市场形象和公司信誉，赢得了用户的信赖，与众多进出口用户保持着长期稳定的合作关系。

1996年公司完成运输量885万吨，入库量527万吨，出库量555万吨，其中出库量为天津港1996年吞吐量的8.97%，占天津港出口物资的11.47%。

(2) 公司投资情况说明

一九九六年公司共完成基本建设投资额1006.3万元，主要项目：完成了1.6万平方米货场的修建工程；进行了货物道路改造和车队停车场改建；继续进行业务楼的建设，公司采取保证重点、控制一般的原则，使公司建设计划得到落实，按期完成。

(3) 在经营中出现的问题与困难及解决方案

1996年，公司在生产经营中由于受到国际煤炭市场疲软的影响，特别是焦碳出口量的锐减，给公司的生产任务造成了一定的冲击。面对严峻的生产形势，公司上下齐心协力，密切合作，一方面通过开发货源，进一步提高服务质量和水平，提高效率和控制成本，从而使公司在市场的竞争力进一步加强；另一方面坚持搞好与大进出口公司的业务合作，积极进行与铁路、船公司、货主的协调与配合，改进货物储存结构，使公司的业务摆脱困境，保持了增长的势头。

2. 关于经营成果与预测差异的说明

1996年，公司预测主营业务收入10946万元，利润总额3515万元，净利润2430万元，公司实际实现主营业务收入10931万元，利润总额3801万元，净利润3050万元，分别为年预测的99.86%、108.13%、125%。影响实际经营成果比预测有较大增长的直接原因是成本下降企业所得税率下调等，主要有：

(1) 公司营业成本及费用比预测降低7.18%。主要原因是注重调整货源结构，并增强成本意识，认真实行“学邯钢、抓管理、控成本、增效益”，合理安排仓储、运输生产，使公司营业成本较年预测降低527万元。

(2) 企业所得税率由33%变为15%。1996年6月14日，公司股票在上交所挂牌上市。公司自上市之日起，实行15%的企业所得税税率。由此，公司企业所得税比盈利预测减少355万元。

(3) 由于成本较年预测减少、营业外支出及其他业务利润增加等因素使利润总额比年预测增加286万元，增长8.13%。所得税减少355万元，净利润增加619万元，比年预测增长25%。

四、股本变化及股本结构情况

1. 股本变化及股本结构情况

(1) 截至1996年末，公司股本结构如下：

数量单位：股　　每股面值：1元　　本次变动增减(+，-)

	期初数	配股	送股	公积金转股	其他	小计	期末数
(一)尚未流通股份							
1. 发起人股份	65279772		22847920.20	3263988.60			91391681
其中：							
国家拥有股份	65279772		22847920.20	3263988.60			91391681
2. 募集法人股	8430000		2950500	421500			11802000
3. 募集个人股	26070000						
尚未流通股份合计	99779772		25798420.20	3685488.60			103193681
(二)已流通股份							
1. 境内上市的人民币普通股	0						26070000
本年增加			9124500	1303500			10428000
已流通股份合计	0		9124500	1303500			36498000
(三)股份总额	99779772		34922920.20	4988988.60			139691681

(2) 股本变动情况及原因：

本年度5月12日经中国证监会批准，占用天津市1995年度股票发行额度上市。6月14日，公司2607万股社会公众股在上海证券交易所挂牌上市。

本报告期末总股份数比年初增加39,911,909股，为1996年度8月12日九五年股东年会通过九四、九五年度分红送股方案每10股送3.5股，公积金每10股转增0.5股的增加数，除权交易为1996年8月20日。

(3) 主要股东持股情况(前十名股东)

名次	股东名称	年末持股数(万股)	占总股本(%)
1	天津港务局	9139.17	65.42
2	金华信托	245.77	1.76
3	淮涤丝厂	239.60	1.72
4	中国电子系统工程总公司	98	0.70
5	天津中药集团股份有限公司	70	0.50
6	天津信托投资公司	70	0.50
7	沈阳建设投资公司	70	0.50
8	天津北方国际信托投资公司	70	0.50
9	深圳渔丰实业股份有限公司	70	0.50
10	交通银行天津分行	56	0.40

(4) 截至1996年末，公司股东总数18231户，其中国家股股东1户，法人股股东53户，社会公众股东18177户。

大连热电股份有限公司

1996年年度报告摘要 (摘选)

一、公司简况

公司名称:大连热电股份有限公司

法人代表:冷少宏　　　　　　　　邮政编码:116021

公司地址:大连市沙河口区香周路210号

电话:0411—6642089-2188　　　　传真:0411—6641794

二、主要财务数据与财务指标

单位:万元

指 标 项 目	1996年	比上年增减(%)	1995年	1994年
1.主营业务收入	25,967.81	20.70	21,513.67	19,519.76
2.净利润	7,735.05	152.06	3,068.77	3,147.49
3.总资产	73,527.18	43.06	51,395.39	52,139.08
4.股东权益	37,106.79	92.68	19,258.64	19,381.12
5.每股收益(元)	0.79	107.89	0.38	0.39
6.每股净资产(元)	3.81	58.09	2.41	2.42
7.净资产收益率(%)	20.85	30.89	15.93	16.23
8.股东权益比率(%)	50.47	34.69	37.47	37.17

注:公司发行股票冻结申购资金利息1,088.31万元,其中冻结有效申购资金利息5.96万元,进入资本公积金;冻结无效申购资金利息1,082.35万元,其中541.17万元进入1996年营业外收入,扣除该部分利息后,1996年净利润为7,275.06万元,股东权益36,761.79万元,每股收益0.75元,每股净资产3.77元,净资产收益率19.79%,股东权益比率49.99%。

三、公司主要业务回顾

1.一年来经营情况

1996年是"九五"计划的第一年,也是本公司由定向募集公司转为上市公司的第一年。在过去的一年里,通过改革,进一步完善了公司的生产经营管理体系,很好地实现了年度计划中规定的各项目标。全年实现主营业务收入25,967.81万元,比上年增长了20.7%;实现净利润7,735.05万元,比上年增长了152.06%,完成年初预测的125.39%。在大连地区的热电行业中,无论是产品产量,还是营业收入和实现利润等,均居首位。

在1996年的经营活动中,遇到的主要困难是工业热用户的用汽量下降幅度较大,但是居民和公建采暖的用汽量在快速增长,1996年工业用汽量比上年下降了26%,而供暖用汽量比上年增长45%。针对这种情况,公司采取了如下措施:

1)加强安全生产管理,提高设备检修质量,确保设备安全可靠运行,最大限度地满足用户的用热需求,同时使电量生产最大化;

2)加强经济运行管理,严格控制物耗水平,全面提高生产过程的经济性;

3)大力发展供暖用户,增加售汽量和发电量,适时地对各种可能的运行方式进行经济分析、评价和决策。

2.关于经营成果与预测差异的说明

1996年公司实现净利润7,735.05万元,比上年增长152.06%,比年初预测增长125.39%。影响实际经营成果较预测有较大差异的原因如下:

1)加强成本管理,降低费用及增加了发电量;

2)本期6-12月份税赋为15%,上年和本年预测的为33%;

3)1994、1995年财政返税1,643万元;

4)本年度股票发行时申购无效者存款利息按两年分摊转入541.17万元。

3.募集资金使用情况

1)去年发行股票募集的资金,已按计划项目使用,即用于增补流动资金和四号炉的建设工程。四号炉工程进展顺利,其他配套资金已按进度拨付到位。

2)四号炉工程计划总投资10,169万元,到1996年底,累计完成投资2,612万元,该工程于1996年4月6日正式开工,当年完成了水处理工程的设备安装工作,主厂房框架吊装和设备基础及有关附属工程的土建工程已达到设备安装条件,该工程预计1997年11月底投产。

四、股本变化及股本结构情况

1.股本变化及股本结构情况

1)股本结构(截止1996年末)

数量单位:股　每股面值:1元

	期初数	本次变动增减(+、-) 配股	送股	公积金转股	其他小计	期末数
一、尚未流通股份						
发起人股份	65,000,000					65,000,000
其中:						
国家拥有股份	40,000,000					40,000,000
境内法人持有股份	25,000,000					25,000,000
内部职工股	15,000,000				-7,500,000	7,500,000
尚未流通股份合计	80,000,000					72,500,000
二、已流通股份						
1.境内上市的人民币普通股					25,000,000	25,000,000
已流通股份合计					25,000,000	25,000,000
三、股份总数	80,000,000				17,500,000	97,500,000

2)股本变动原因:本年度新增发行1,750万股社会公众股,使公司股本总额由年初的8,000万股增至9,750万股。

3)主要前十名股东持股情况(截止96年12月31日)

名次 股 东 名 称	年末持股数(万股)	占总股本(%)
1)大连市国有资产管理局	4000	41.03
2)大连市电业局劳动服务公司	1000	10.26
3)深圳市安信财务顾问有限公司	850	8.72
4)深圳市安信投资发展公司	500	5.13
5)大连市经济技术协作总公司	150	1.54
6)王秀杰	87.48	0.90
7)陶志强	60.59	0.62
8)刘一波	48.20	0.49
9)万国宝鼎	39.93	0.41
10)汤永泉	39.28	0.40

4)股东数量

截止1996年末,公司股东总数为22517户,其中国家股东1户,法人股东4户,内部职工股股东6130户,社会公众股股东16382户。

黑龙江电力股份有限公司

1996年年度报告摘要（摘选）

一、公司简况

公司名称：黑龙江电力股份有限公司

法人代表：薛扬　　　　　　　　邮政编码：150001

公司地址：哈尔滨市香坊区市高新技术开发区12号楼B座

电话：0451—2525778　　　　　传真：0451—2525878

二、主要财务数据与财务指标

单位：万元

指标项目	1996年	1995年	比上年增减(%)
1.主营业务收入	29,674	27,890	6.40
2.净利润	12,528	8,303	50.88
3.总资产	101,004	59,244	70.49
4.股东权益	61,729	31,164	98.08
5.每股收益(元)	0.40	0.41	-2.44
6.每股净资产(元)	1.98	1.54	28.57
7.净资产收益率(%)	20.30	26.65	-23.83
8.股东权益比率(%)	61.11	52.60	16.18

三、公司主要业务回顾

1.一年来经营情况及经济指标分析

1996年公司按照年初制定的"改革、创新、增效、发展；实现公司有形资产和无形资产的超常增长；为股东创造丰厚回报"的经营工作指导思想，紧紧抓住电量、电价、成本三个环节，通过有效的资本运营，出色地完成了年初制定的各项任务。

截止1996年12月31日，公司总资产达到10.10亿元，比1995年末的5.92亿元增长了70.5%；股东权益达到6.17亿元，比1995年的3.12亿元增长了98.08%。以上两个指标增长的主要原因是公司在1996年发行了A、B两种股票和1.5亿元电力建设债券。1996年公司的发电量为17.78亿千瓦时，销售电量(供电量)为16.36亿千瓦时，实现主营业务收入为29674万元，比1995年的27890万元增长6.4%，但没能达到年初预测的33391万元，主要是由于收购双鸭山发电厂二期30%部分发电机组年末完成和哈尔滨第三发电厂#3机组商业化运营推迟。

公司1996年实现税后利润12528万元，比1995年的8303.8万元增长50.9%，比年初预测的10504万元超额完成19.3%，每股税后利润达到0.402元。股本总额1996年比1995年增长了54.5%，保持了效益增长与股本扩张同步。

2.募集资金使用情况

1996年本公司进行了三次公开募集活动，一次是3月份对社会公开发行1.5亿元建设债券，另外两次分别是发行A股和B股。扣除发行费用后，共计募集资金39,641万元。募集资金运用情况如下：

1)投资23,000万元于哈尔滨第三发电厂二期三号机组：1996年3月底，本公司将发行电力建设债券所募集资金15,000万元投资于哈尔滨第三发电厂二期三号机组；公司于1996年6月28日将B股发行所募集资金中的8,000万元投资于哈尔滨第三发电厂二期三号机组。

2)公司于1996年12月投资8,400万元用于收购双鸭山发电厂二期三、四号机组30%部分资产(约折合3.6万千瓦机组容量)。

3)余额用于偿还因购买牡丹江第二发电厂一期机组产生之负债。

四、股本变化及股本结构情况

1)股本结构(截止1996年12月31日)

数量单位：股　每股面值：1元

	期初数	期末数
一、尚未流通股份		
1.发起人股份	20,740,700	20,740,700
其中：		
境内法人持有股份	20,740,700	20,740,700
2.募集法人股	151,063,700	151,063,700
尚未流通股份合计	171,804,400	171,804,400
二、已流通股份		
1.境内上市的人民币普通股	40,000,000	40,000,000
2.境内上市的外资股	100,000,000	100,000,000
已流通股份合计	140,000,000	140,000,000
三、股份总数	311,804,400	311,804,400

注：本表期初数为公司A、B股票发行后的股本数，按照A股《上市公告书》中数据填列。

2)主要前十名股东持股情况

股东名称	持股数(万股)	占总股本(%)
1)中国东北电力集团公司	14,810.07	47.50
2)黑龙江省电力公司	1,185.18	3.80
3)HKSBCSB A/C CHASE MANHATTAN BANK, LONDON S/A FIDELITY EMERGING MARKETS FUND	800.00	2.57
4)NAITO SECURITIES CO. LTD.	513.26	1.65
5)CHASE S/A SHELL PENSIONS TRUST LIMITIED AS TRT OF THE SHELL CONTRIBUTORY PENSION	425.00	1.36
6)黑龙江省电力开发公司	370.37	1.19
7)HKSBCSB A/C MORGAN STANLEY BANK LUXEMBOURG S/A HYPOBANK INT'L S.A.	340.20	1.09
8)TOYO SECURITIES ASIA LTD.	307.65	0.99
9)中国建设银行黑龙江省信托投资公司	296.30	0.95
10)中国电力信托投资有限公司	296.30	0.95

上海巴士实业股份有限公司

1996年年度报告摘要 （摘选）

一、公司简况

公司名称：上海巴士实业股份有限公司
法人代表：金晓林　　　　　　　　　邮政编码：200020
公司地址：浦东南路500号
电话：(021)64373588　　　　　　　传真：(021)64311687

二、主要财务数据与财务指标

单位：万元

指　标　项　目	本年数	上年数	比上年增减(%)
1.主营业务收入(万元)	24431	10087	142.2
2.净利润(万元)	3187	936	240.49
3.总资产(万元)	52179	8853	489.39
4.股东权益(万元)	19468	4274	355.50
5.每股收益(元)	0.31	0.31	0
6.每股净资产(元)	1.87	1.42	31.69
7.净资产收益率(%)	16	21.90	-26.94
8.股东权益比率(%)	37.31	48.28	-22.72

注：表中每股收益系按全面摊薄法计算，若按加权平均法计算，加权平均的总股本为(3000X7+5200万股X4+10400万股X1)/12=4350万股，每股收益0.73元，比上年增长135.48%，每股净资产4.48元，比上年增长139.57%。扣除1996年公司发行股票申购无效的保证金利息收入，净利润2663万元、每股收益0.26元、净资产收益率14%。

三、公司业务经营回顾

1．一年来经营情况

1996年是上海巴士实业股份有限公司成立以来发展最快的一年。公司2200万股A种股票的公开发行，使公司具备了发展所需的资金。同时上海公交体制改革深化，成为公司快速发展的契机。公司通过收购兼并等手段，对原公交总公司所属19家企业进行资产重组，迅速有效地拓展了市场，在激烈的市场竞争中不断巩固壮大。顺利地实施了公积金10:10转增股本，使公司总股本达到10400万股，为公司发展奠定了基础。

(1)公司主营业务概述

1996年是上海公交体制改革步子较大的一年，市场竞争更趋激烈。公司通过对原有线路、车辆的调整，挖潜改造，力争多开新线路，同时运用各种资产经营手段占领市场，扩大市场份额。截止年底，公司拥有营运线路70条、营运车辆1351辆，全年行车里程4200.87万公里，载客12996万人次，牢固确立了公司在上海专线客运市场的地位，初步形成了以客运为主，集广告、房产、物贸、旅游为一体的多元经营格局。

(2)公司投资情况说明

1996年8月公司向社会公开发行了A种股票2200万股，公司股票的成功发行，摆脱了长期困扰公司发展的资金短缺问题，公司进入快速发展的新时期。现将募集的资金使用情况说明如下：

根据市场发展需要，投资400万元联合组建上海巴士快捷客运有限公司，随着沪宁高速公路的开通，参与城市间高速客运业务。根据股东大会决议，公司出资5250万元，收购(受让)原公交总公司所属上海新新汽车服务公司等19家公司的线路、车辆等全部(部分)产权。通过对这些企业进行归并、调整和改造，使之成为本公司新的经济增长点，1996年公司因此增加利润1143万元。

投资上海巴士拓华科技发展有限公司115万元，公司开始涉足电脑、电子等高科技领域。投资上海巴士旅行社56万元，逐渐形成与客运相关的多元经营格局。

投资2250万元购置车辆，逐步更新原有车辆，扩大企业规模，以树立国际化大都市的公交企业形象。

利用资金运用的时间差进行短期投资2250万元，到年底取得了一定的投资收益。

在浦东建设巴士浦东长途汽车站，第一期工程投入500万元，工程已于1996年底开工。该项目预计总投入1514万元，预计于1998年上半年竣工。

公司归还了以前银行贷款1500万元。

(3)加强内部管理，走可持续发展之路

为树立良好的社会形象，提高服务档次，公司对自身的整体形象、市场定位、内部运行机制及发展战略进行了系统策划，以新型、规范的管理模式，高效的运作手段，使企业向更高更深层次发展。同时，重视人才培养，发挥人才优势，加强管理者队伍建设，有计划地挖掘、引进、培养一批文化层次高、善于经营、精于管理、勇于开拓的优秀经理人才，确保企业持续、快速发展。在硬件设施上，不断提高车辆档次，逐步以美观、舒适的空调车替代原有车辆，以满足不同层次的乘客需求，为市民提供一流的服务。

2、公司于1996年8月14日，经政府有关部门批准，向社会公众发行A股2200万股，公司募集资金后即投入运作，收购了上海新新汽车服务公司等19家企业，公司由单一的客运服务企业发展为集广告、房产、物贸、旅游等多元经济实体，公司经营效益得以明显提高。

1996年公司主营业务收入24431万元，比预测14600万元增长67.34%。

1996年公司实现税后利润3187万元，比预测的1870万元增长70.43%。每股税后利润0.31元。按加权平均计算实现每股税后利润0.73元。

注：1996年公司发行股票申购无效的保证金利息收入，根据沪财企一(1997)第24号文件规定，按五年平均分摊计入公司营业外收入616万元。

四、股本变化及股本结构情况

(一)股本变化及股本结构情况

(1)股本结构情况

填报日期：1997.1.　　　　　　　　　　　　　　单位：万股

股　份　类　别	期初数	配股	送股	公积金转股	其他	小计	期末数
一、尚未流通股份							
1.发起人股份	2700			2700		2700	5400
境内法人持有股份	2700			2700		2700	5400
尚未流通股份合计	2700			2700		2700	5400
二、已流通股份							
1.境内上市的人							
人民币普通股	2500			2500		2500	5000
已流通股份合计	2500			2500		2500	5000
三、股份总数	5200			5200		5200	10400

(2)股本变动原因

1996年11月29日，经公司第二届第一次股东大会审议通过，决定于1996年12月9日实施向全体股东以公积金按10:10比例转增股本方案，总股本由5200万元增加到10400万元。

(3)主要股东持股情况(前十名股东)

股　东　名　称	年初持股数(万股)	占总股本(%)
1)上海公交控股公司	1900	18.27
2)上海市强生出租汽车股份有限公司	683.94	6.58
3)上海市原水股份有限公司	600	5.77
4)上海市大众出租汽车股份有限公司	600	5.77
5)上海市煤气公司	400	3.85
6)上海南洋国际实业股份有限公司	400	3.85
7)上海市上投房地产公司	400	3.85
8)上海市公路房地产联合开发经营公司	200	1.92
9)上海国脉通信股份有限公司	100	0.96
10)上海公交建筑设计院	80	0.76

(4)截止1996年末，公司股东总数为44679户，其中：法人股股东13户，社会公众股股东44666户。

湖南华银电力股份有限公司

1996 年年度报告摘要　（摘选）

一、公司简况

公司名称：湖南华银电力股份有限公司

法人代表：吴海春　　　邮政编码：410007

公司地址：湖南省长沙市韶山路 64 号

电话：0731—5543400，5543457　　传真：0731—5502984

二、主要财务数据与财务指标

指标项目	本年数	上年数	比上年增减(%)
1.主营业务收入(万元)	51994.63	46014.17	13.00
2.净利润(万元)	15593.61	9775.35	59.52
3.总资产(万元)	153025.35	147209.25	3.95
4.股东权益(万元)	94362.74	49542.81	90.47
5.每股收益(元)	0.81	0.68	19.12
6.每股净资产(元)	4.91	3.44	42.73
7.净资产收益率(%)	16.53	19.73	－16.22
8.股东权益比率(%)	61.66	33.65	83.24

注 1：按加权法计算 1996 年每股收益为 1.00 元。

注 2：公司发行股票冻结申购资金利息 74,654,224.44 元，其中冻结有效申购资金利息 343409.00 元，进入资本公积金；冻结无效申购资金利息 74,310,815.44 元，其中 14,862,815.44 元进入 1996 年营业外收入。剔除发行股票冻结申购资金利息后，会计数据和业务数据摘要为：

指标项目	本年数	上年数	比上年增减(%)
1.净利润(万元)	14107.32	9775.34	44.32
2.股东权益(万元)	92842.21	49542.81	87.40
3.每股收益(元)	0.73	0.68	7.35
4.每股净资产(元)	4.84	3.44	40.70
5.净资产收益率(%)	15.19	19.73	－23.09
6.股东权益比率(%)	63.78	33.65	89.54

三、公司主要业务回顾

1. 一年来经营情况

1996 年是公司求实图强并取得积极发展的一年。在本年度中，公司全体员工弘扬“团结、勤奋、务实、奋发”的精神，抓管理、重效益、定指标、查落实，使效益实现和超过了计划目标。年内公司于 8 月 22 日公开发行 4800 万股普通股(A 股)，并于 9 月 5 日在上海证券交易所上市，为公司未来发展注入了活力。公司属电力股份制企业，目前主要经营湖南华银株洲火力发电公司 2×12.5 万千瓦机组。1996 年发电量 165250 万千瓦时，实现销售收入 50723.19 万元，实现净利润 15593.61 万元，公司发电量约占湖南省电力系统全年发电量的 8.27%。

公司利润的主要来源为电力生产利润，约占公司利润的 91.56%，其他利润约占 8.44%。

2. 主要指标分析

公司在招股说明书概要中披露 1996 年度盈利预测净利润 10041 万元。实际实现净利润 15593.61 万元。实现净利润比预测增加 55.30%，净利润比预测增加的原因是：主营业务收入增加、单位发电量煤耗下降使成本降低、借款减少银行降息使财务费用降低以及冻结申购股票资金利息使收入增加等。

3. 前次募集资金使用情况说明

公司年内发行 4800 万股 A 股募集资金 38880 万元，按招股说明书所述募集资金用途，投入湖南华银株洲火力发电公司 2×12.5 万千瓦机组辅助配套工程及配套送变电工程 22400 万元，归还机组技改贷款 4000 万元，拨付机组流动资金 4000 万元。结余资金继续投资 2×12.5 万千瓦机组综合楼等辅助设施及配套送变电工程。所有募集资金均按计划进度投入，各在建工程均控制在批准的预(概)算内，项目建设符合计划进度，预计建成后，收益与预测相符。

四、股本变化及股本结构情况

(1) 股本结构情况

填报日期 1996 年 12 月 31 日　　数量单位：股　　每股面值：元

	期初数	本次变动增(+)减(-) 配股	送股	公积金转股	其他	小计	期末数
一、尚未流通股份							
1. 发起人股份	115575000						115575000
其中：							
国家拥有股份							
境内法人持有股份	115575000						115575000
其他							
2. 募集法人股	10425000						10425000
3. 内部职工股	18000000						18000000
4. 优先股或其他							
尚未流通股份合计	144000000						144000000
二、已流通股份							
1. 境内上市的人民币普通股	4800000						4800000
2. 境外上市的外资股							
4. 其他							
已流通股份合计	48000000						48000000
三、股份总数	192000000						192000000

注：期初数为公司向社会公开发行 4800 万股(流通股)后的数据，公开发行股票的日期：1996 年 8 月 22 日，上市日期 1996 年 9 月 5 日。

(2) 股本变动情况原因

1996 年末比 1995 年末增加股本 4800 万股，是由于本年度发行 4800 万股社会公众股，公司股票上市后，股本未变动。

主要股东持股情况(前十名股东)

名次	股东名称	年初持股数(万股)	占总股本(%)
1	湖南省电力公司	6370.00	33.18
2	工行湖南省信托投资公司	1556.25	8.11
3	湖南华天实业集团公司	1556.25	8.11
4	建行湖南省信托投资公司	1037.50	5.40
5	湖南银宏实业发展总公司	537.50	2.80
6	湖南省华夏房地产开发公司	518.75	2.70
7	中国湖南国际经济技术合作煤炭公司	518.75	2.70
8	中电信电力开发有限责任公司	505.00	2.63
9	陈建华	211.64	1.10
10	王熙松	115.00	0.60

天津市海运股份有限公司

1996年年度报告摘要　（摘选）

一、公司简况

公司名称：天津市海运股份有限公司

法人代表：宋兴庭　　　　邮政编码：300070

公司地址：天津市和平区吴家窑大街河沿路金泉里13号

电话：23349358　　　　传真：23345982

二、主要财务数据与财务指标

指标项目	本年数	上年数	比上年增减(%)
1.主营业务收入(万元)	49065.6	32078.6	52.95
2.净利润(万元)	9747.2	6989.7	39.45
3.总资产(万元)	85104.9	58054.7	46.59
4.股东权益(万元)	53019.2	25596.3	107.14
5.每股收益(摊薄)(元)	0.418	0.488	-13.93
6.每股净资产(元)	2.28	1.79	27.37
7.净资产收益率(摊薄)(%)	18.4	27.3	-32.6
8.股东权益比率(%)	0.62	0.44	40.91

三、公司业务经营回顾

1．一年来经营情况

1996年是公司在竞争中发展的一年，在日益激烈的航运市场的竞争中，公司积极开展船队规模和经营规模，扩大工营运力，增强揽货网络，开拓货源，通过完善经营机制，加强内部管理，进一步降低营运成本，在企业经营、管理、发展上又上了一个台阶，经受住了市场激烈竞争的考验。

公司于96年4月发行9000万B股，共募集资金近2亿人民币，并顺利完成了B股发行时制定的资金运用计划，共购进两条集装箱船"亚洲之星"，且通过资产重组购入珠海北洋轮船公司之100%股份及天神国际海运有限公司33%的权益("天顺"轮、"天神"轮)，使公司的营运能力和经营规模得以很大的发展和壮大。

2、关于主营业务收入、利润总额及净利润实际完成情况

1996年度公司主营业务收入完成49065.6万元，为1995年实际32078.6万元的152.95%，为本年预测数50150万元的97.84%。

利润总额完成118123万元，为上年实际数9954万元的118.67%，为本年预测数12000万元的98.44%。

净利润完成9747.2万元，为上年实际6989.7万元的139.45%，为本年预测数9665万元的100.85%。

四、股本变化及股本结构情况

1．股本变化及股本结构情况

股份类别	年初数	本年增减数	年末数	年末股份结构
(1)尚未流通股份				
1.国有法人股	90684000	0	906800	38.92%
2.法人股	12435500	0	12435500	5.34%
3.内部职工股	39880500	-34640000	5240500	2.25%
尚未流通股份合计	143000000	-34640000	108360000	46.51%
(2)已流通股份				
1.境内上市普通股	0	+34640000	34640000	14.87%
2.境内上市外资股	0	+90000000	90000000	38.62%
已流通股份合计	0	+124640000	124640000	52.49%
(3)股份总数	143000000	90000000	233000000	100%

说明：

1．本公司于1996年3月31日发行B股90000000股

2．本公司原内部职工股39880500股按86.86%的比例合计34640000股于96年9月9日于上海证券交易所上市

主要股东持股情况(前十名)

股东名称	年末持股数(万股)	占总股本(%)
1)天津市天海集团公司	9068.40	38.92
2)HKSBCSB STAIE STREET BANK AND TRUST S/A THE CHINA FUND	346.30	1.49
3)SCBHK A/C GIVERNMENT OF SINGARPORE INVESTMENT CORPORATION-A/C"C"	300.00	1.29
4)HKSBCSB A/C BANQUE DE NEUFLZE SCHLUMBERGER MALIE S/A PLACEMENT SCHINE	300.00	1.29
5)卢锦彬 LOH KIN PIN	270.00	1.16
6)PEARL ORCHID CO.LTD	270.00	1.16
7)上海明鸿房地产发展有限公司	230.00	0.99
8)北京雪莲羊绒有限公司	220.00	0.94
9)WTCARR(OVERSEAS)NOMENEES LTD	211.67	0.91
10)HKSBCSB S/A HSBC CHINA RUND LTD	200.50	0.86

公司董事、监事与高级管理人员持股情况

姓名	职务	年初持股数	年末持股数	变动原因
宋兴庭	董事长兼总经理	5000	5000	
海涛	董事	2000	2000	
刘占网	董事	2000	2000	
殷文正	董事	2000	2000	
崔凤莲	董事	2000	2000	
段一民	监事会主席	2000	2000	
于传美	监事	0	0	
冯世芳	监事	2000	4000	买入
宋玉发	监事	2000	2000	
孙晓川	副总经理	2000	2000	
赵占成	副总经理	2000	2000	
方明	副总经理	2000	2000	
张志忠	总经济师	2000	2000	
穆进	总会计师	2000	2000	
桂业富	总工程师	2000	2000	
王长清	总经理助理	2000	2000	
宋阳	总经理助理	2000	2000	

宁波市华通股份有限公司

1996年年度报告摘要 （摘选）

一、公司简况

公司名称：宁波市华通股份有限公司

法人代表：应祖亮　　邮政编码：315040

公司地址：宁波市中山东路336号

电话：0574—7375667　　传真：0574—7375883

二、主要财务数据与财务指标

单位：万元

指标项目	1996年	比上年增长(%)	1995年
1.主营业务收入	11467.49	55.81	7360.1
2.净利润	1352.61	70.55	793.1
3.总资产	15474.95	90.22	8135.4
4.股东权益	12229.59	174.08	4462.1
5.每股收益(元)	0.26	23.81	0.21
6.每股净资产(元)	2.37	102.56	1.17
7.净资产收益率(%)	11.06	-37.76	17.77
8.股东权益比率(%)	79.03	44.08	54.85

注：(1)96年度净利润中包含部分新股申购冻结资金利息，尚有部分利息(168.6万元)计转入97年度。

(2)95年指标项目并未按96年度口径进行调整。

扣除新股申购利息后：

单位：万元

指标项目	1996年	比上年增长(%)
1.主营业务收入	11467.49	55.81
2.净利润	1184.02	49.29
3.总资产	15136.61	86.06
4.股东权益	12059.83	170.27
5.每股收益(元)	0.23	9.52
6.每股净资产(元)	2.34	100
7.净资产收益率(%)	9.82	-44.74
8.股东权益比率(%)	79.67	45.25

三、公司主要业务回顾

1. 一年来公司经营情况

1996年度公司主营业务收入实现11467.49万元，较上年增长55.81%，净利润实现1352.61万元，较上年增长70.55%，每股收益实现0.26元，较上年增长23.81%，每股净资产为2.44元，较上年增长108.25%。

1996年面对不断上扬的交通运输成本和日益短缺的货源，在日渐加剧的市场竞争条件下，公司以"稳健经营，稳步增长"为策略，深化企业改革，强化企业管理，以抢占市场份额，提高市场占有率为战略目标，从而达到规模经营的效益。公司的主营业务是储运业务，96年公司实现主营业务利润1091.15万元，占公司利润总额的80.67%，同时，把握"抓大不放小"的竞争策略，不断加强港口、码头及大中型项目货物运输的承揽力度，通过承揽大宗物资运输业务来稳定货源、降低企业成本，从而达到规模经营的效果。1996年，港口、码头、大中型项目货物运输总量占全公司中总货运量的90%以上。同时，充分盘活现有仓库、场地，以多种方式进行经营，较好地帮助企业渡过了经济难关。

2. 关于经营成果与预测差异的说明

1996年，公司预测主营业务收入11618万元，净利润2086万元，公司实际实现主营业务收入11467万元，利润总额1352.6万元，净利润1352.6万元，分别完成年初预测的98.7%和64.86%。实际经营成果同预测相比存有差异。具体导致预测利润下降的因素：

(1)原定3万吨建筑材料的销售业务，因96年房产业未见好转，该笔业务无法兑现，导致利润124万元未实现。

(2)原定承接某公司大型锅炉10台的运输业务，因对方要求顺延至97年第二季度后进行，导致该笔利润78万元未实现。

(3)原与一家信托投资公司的短期合作经营因延期到97年，约160万利润未予实现。

(4)原预测96年度下半年，特别是第四季度按惯例为运输旺季，营业利润将会有所上升，但市场并未好转，导致约70余万利润未实现。以上约导致450万元的预测利润减少。

(5)与运输相关的各种费用名目繁多，企业经营成本大幅上涨。上交国家及有关部门的各项税费比95年多交370万元。

(6)下半年，货源不足，车辆停车待运局面时有发生，市府规定的单、双日出车制也严重制约了生产的正常运行。

(7)公开募集资金比预计的时间晚到了三个月，也较大程度地约束了企业效益增长。在此，公司向全体投资者及各级监管部门致以深深歉意。

3. 对前次募集资金使用情况说明

1996年，公司募集资金7072万元，扣减募集费用后，将有6664万元的资金投入使用。由于资金到位比预计时间晚了三个多月，计划投资的项目建设进程受到限制。资金到位后除部分用于还贷外，到1996年底，实际使用620万元，具体情况如下表：

单位：万元

项目名称	投资额	96年计划	96年实际投资	项目进度
1)国际集装箱中转站	4000	461	220	延后实施
2)购置大型运输设备	2801	561	400	延后实施

四、股本变化及股本结构情况

1)股权结构情况(截止1996年12月31日)

股份单位：万股　：每股1元

股份类别	期初数	本次变化增加(+、-) 配股	送股	公积金转增	其他小计	期末数
一、尚未流通股	3672					3672
1.发起人股份						
其中：						
境内法人持有股份	3672					3672
2.募集法人股						
3.内部职工股	128					128
尚未流通股份合计	3800					3800
二、已流通股份						
境内上市的人民币普通股						1360
已流通股份合计						1360
三、股份总额	3800					5160

2)股本变动原因

1996年10月28日发行并于11月11日上市流通1360万股人民币普通股，公司股本总数由期初的3800万股增至5160万股。

3)主要股东持股情况(前十名股东含"有争议的股东")

股东名称	期末持股数(股)	占总股本(%)
1)宁波市第三运输公司	1028	19.92
2)深圳蓝天基金管理公司	800	15.50
3)北京紫龙电子有限公司	320	6.20
4)浙江省财务开发公司	246	4.77
5)华厦证券有限公司	244	4.73
6)宁波经济技术开发区联合(集团)总公司	226	4.38
7)中国工商银行宁波市信托投资公司	108	2.09
8)宁波市中元股份有限公司	100	1.94
9)宁波市保税区晶盛发展有限公司	100	1.94
10)有争议股权(注)	500	9.69

注："有争议股权"指：本公司发起人之一的宁波联合实业有限公司原持有的本公司500万法人股股份于1996年7月8日与本公司发起人之一的宁波市中元股份有限公司签订了法人股转让协议书，但尚在按程序办理股权登记过户过程中，宁波联合实业有限公司又将该500万股权转让给湖北省轻工业品进出口公司。当中元公司于1997年1月2日从《上海证券报》获知该信息披露后，即提出股权归属异议，并于1997年1月28日向法院提起股权归属诉讼。宁波市中级人民法院于1997年2月20日受理此案，并在审理之中。

4)年末股东情况

截止1996年末，公司股东总数为12594户，其中：法人股股东10户，内部职工股股东620户，社会公众股股东11964户。

大连东北热电发展股份有限公司

大连东北热电发展股份有限公司股票上市公告书

一、要览

股票简称:东北热电　　总股本:5100万股

本次上市流通股本:1280万股　　股票代码:600795

上市场所:上海证券交易所　　上市时间:1997年3月18日

登记机构:上海证券中央登记结算公司

上市推荐人:申银万国证券股份有限公司

二、绪言

本公司股票上市申请,经中国证券监督管理委员会证监发字[1997]50号文审核通过和上海证券交易所上证上[1997]第010号文审核批准,于1997年3月18日在上海证券交易所挂牌交易。

本次上市流通的股本数量1280万股,全部为定向募集内部职工股。

本公司股票上市公告书依据《中华人民共和国公司法》、《股票发行与交易管理暂行条例》和《上海证券交易所市场业务试行规则》的规定并参照国际惯例编制,本公司股票上市公告书旨在向社会公众披露公司基本情况及有关资料。本公司董事会及其成员愿就本公司股票上市公告书所载资料的真实性、准确性和完整性负个别的和连带的责任。

三、公司概况

1. 公司法定名称:大连东北热电发展股份有限公司

英文名称:DALIAN NORTHEAST HEATING&POWER DEVELOPMENT CO.,LTD.

英文缩写:DNHD

2. 公司注册地址:辽宁省大连经济技术开发区沈阳路4号

邮政编码:116600

3. 公司法定代表人:张贵行

4. 公司经营范围

主营:火力发电、蒸汽、热水生产和供应。

兼营:金属材料、煤碳、木材、建筑材料、五金化工、普通机械及配件、电器设备销售。

5. 公司其它情况

(1)所属行业:公用事业类

(2)成立日期:1992年12月31日

营业执照注册号:大工商企法定24239799-5

(3)员工情况:截止1996年12月31日,公司在册员工为517人,其中行政管理人员47人(含财务人员8人),占9.1%,生产及服务人员470人,占90.9%;公司员工中,大专以上学历56人,占10.8%;中专学历85人,占16.4%。

公司现无离退休人员。

公司员工参加电力系统养老统筹,公司按员工月工资总额的17%提取养老保险金(公司缴纳部分),并扣除其月工资总额的3%(个人缴纳部分)。按员工月工资总额的1%逐月缴纳失业保险金。

(4)公司占地面积:85111平方米

(5)公司咨询服务项目

电话:0411-7617308

传真:0411-7617568

联系人:杨永久　陈　康

股东接待日期:每周二上午8:30-11:30　下午1:00-4:00

资料查阅地址:公司股权管理办公室

6. 股票发行情况

(1)股票种类:人民币普通股

(2)股票面值:每股人民币1元

(3)发行价格:每股人民币1.40元

(4)股票发行日期:1992年11月2日至1992年11月10日

(5)股东人数:8695人,其中1000股以上的股东为4611人;

(6)发行对象:发起人和企业内部职工

(7)发行方式:定向募集

(8)股票上市推荐机构:申银万国证券股份有限公司

(9)股票托管登记机构:上海证券中央登记结算公司

(10)股票上市时间:1997年3月18日

(11)股票上市地:上海证券交易所

(12)股票简称:东北热电

(13)股票上市交易代码:600795

四、公司沿革

1. 公司设立

大连东北热电发展股份有限公司是1992年经辽宁省经济体制改革委员会辽体改发[1992]68号文批准,由东北电力开发公司、中国人民建设银行辽宁省信托投资股份有限公司、大连发电总厂共同发起,以定向募集方式设立。公司共发行股票5100万股,均按1:1.4溢价发行。其中东北电力开发公司以其经评估确认后的部分生产经营性净资产2994.9万元和货币资金1303.1万元投入;中国人民建设银行辽宁省信托投资股份有限公司和大连发电总厂分别投入货币资金700万元和350万元;向内部职工募集货币资金1792万元。

公司于1992年12月31日在辽宁省大连经济技术开发区工商行政管理局注册登记,注册资金5100万元。公司于1997年1月14日在辽宁省大连市工商行政管理局重新注册登记,注册资金5100万元。

2. 公司主要发起人简介

东北电力开发公司注册资金2000万元,主要经营电力开发。公司经营规模迅速发展,资产总值达29.69亿元,净资产6.60亿元。年创利润2.32亿元。建设银行辽宁省信托投资股份有限公司,注册资金1.5亿元,近两年平均实现年利润1100万元。大连发电总厂注册资金4847万元,是中国东北电力集团公司所属发电企业。以上三家发起人都属国有企业,有较高资信度和足够的投资能力。

3. 公司历次股东大会重要决议

(1)1992年12月8日公司创立会议通过决议:

审议通过《关于设立公司的报告》和《公司章程》,选举产生公司第一届董事会、监事会成员。

(2)1993年3月20日公司股东大会通过了公司《关于一九九三年工作安排的报告》和《关于一九九三年财务预算的报告》。

(3)1994年3月10日公司股东年会决议:

同意赵希正、牛文波辞去公司董事职务,选举黄金凯、张贺为公司董事。

审议并批准了《关于1993年度分红派息的方案》。

(4)1995年3月9日公司股东年会决议:

审议批准了公司1994年度分红派息方案。

(5)1996年3月18日召开股东年会:

对任期届满的董事及监事进行换届选举。董事会中任期末满的董事一并换届。选举张贵行、张玉书、袁祖耀、张贺、耿占东、袁景祥、白乃志为公司董事,刘曙光、吕显全为公司监事,张秀华为职工推选的监事。

批准董事会提出的1995年度分红派息方案。

(6)1996年12月31日公司临时股东会议决议:

批准董事会提出的公司股票上市方案,同意公司取得的1280万元额度不再公开发行股票,并将1280万股内部职工股占额度上市。

通过董事会制定的公司章程修改草案,授权董事会在有关主管部门审核上市材料过程中按国家有关规定对章程中的相应条款进行相应修改,不再另行召开股东大会审议批准。

同意袁景祥、白乃志辞去公司董事职务,选举章钢柱、倪士华为公司董事。

同意公司股票在上海证券交易所申请挂牌上市。

4. 公司组织机构

公司组织机构图:见附图

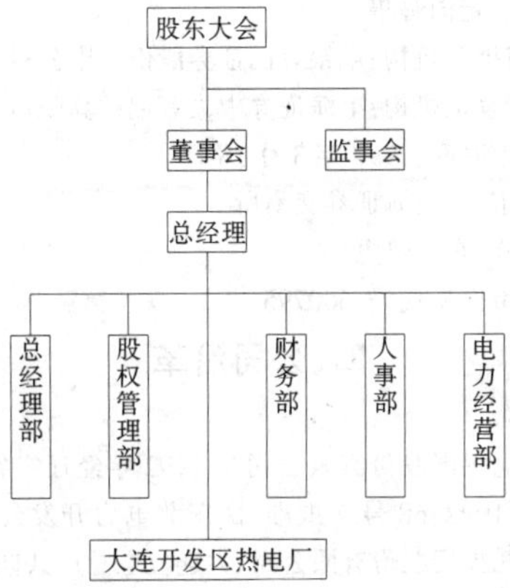

附图:

五、公司经营业绩

1. 经营情况概述

公司为电力及热力生产企业,拥有2台1.2万千瓦供热机组,年发电量约为1.8亿千瓦时,年供热量171万吉焦,电力资产占总资产的90%,年发电所创利润占公司利润总额的55%,供热所创利润占45%左右。公司成立以来,坚持以经济建设为中心,几年来创造了良好的经营业绩。1996年末总资产达22635万元,净资产10768万元,固定资产15028万元。1993年~1996年公司的股本金利润率均达到40%以上,远远高于全国电力行业的平均水平。

2. 公司近三年经营业绩(单位:万元)

项目	1996年度	1995年度	1994年度
主营业务收入	12113.0	11409.6	11165.9
主营业务利润	2393.5	2106.7	2047.5
营业利润	2393.3	2106.9	2047.5
利润总额	2483.8	2109.9	2071.7
所得税	—	—	—
税后利润	2483.8	2109.9	2071.7

说明:公司享受大连经济技术开发区税收优惠政策,经大连经济技术开发区管委会批准,并经大连市人民政府同意,公司1994年、1995年、1996年免缴企业所得税,公司股票上市后按15%的税率缴纳企业所得税。

六、董事、监事和高级管理人员简介及持股情况

1. 公司董事、监事和高级管理人员简介

(1)董事

张贵行先生,本公司董事长,54岁,大学本科,教授级高级工程师。历任清河发电厂副总工程师、副厂长,东北电业管理局安监处副处长,通辽发电总厂厂长,中国东北电力集团公司副总工程师、副总经理,现任中国东北电力集团公司总经理。

张玉书先生,本公司副董事长,59岁,大学本科,教授级高级工程师。历任东北电业管理局计划处副处长、处长,水利电力部东北审计分局局长,东北电业管理局总经济师,现任中国东北电力集团公司副总经理兼总经济师。

章钢柱先生,本公司副董事长,34岁,经济学硕士,副教授。历任哈尔滨工业大学管理学院副教授,黑龙江股份经济设计咨询公司副总经理。现任黑龙江电力股份有限公司副总经理兼董事会秘书。

张贺先生,43岁,大学本科,高级经济师,历任东北电业管理局计划处副处长、处长,东北电力开发公司总经理,中国东北电力集团公司副总经济师,现任本公司总经理。

耿占东先生,43岁,大学本科,高级会计师。历任东北电管局第三工程公司财务科科长、副总会计师、总会计师,东北电管局财务处副处长,东北电力集团公司财务部副主任、主任。

袁祖耀先生,59岁,大学本科,教授级高级工程师。历任大连第二发电厂生技科专责工程师、大连发电总厂生技科科长、副厂长,大连电力经济管理学校校长、大连发电总厂厂长。

倪士华先生,58岁,大学本科,教授级高级工程师。历任北票发电厂生技科专责工程师、副科长、厂长,现任本公司副总经理,本公司热电厂厂长。

(2)监事:

吕显全先生,49岁,大学专科,高级会计师。历任大连发电总厂修配厂厂长、多经处处长,现任大连发电总厂财务处处长。

刘曙光先生,36岁,大学本科,高级工程师。历任东北电业管理局计划处副科长、副总工程师,基建计划处副处长,现任东北电力开发公司投资证券部副经理。

张秀华女士,43岁,工程师,中专学历。历任东北电业管理局用电处统计员,东北电力开发公司综合部副经理,现任本公司经营部副经理。

(3)董事会秘书:

杨永久先生,49岁,研究生,高级经济师。历任东北电业管理局机关党委宣传部副部长、部长、党委秘书、直属机关纪委副书记、政治部办公室副主任,东北电力开发公司综合部经理。

2. 公司董事、监事和高级管理人员持股情况

姓名	持股数	占总股本比例(%)
张贵行	4000	0.008
张玉书	3000	0.006
章钢柱	3000	0.006
张贺	4000	0.008
耿占东	2000	0.004
袁祖耀	2000	0.004
倪士华	2000	0.004
吕显全	2000	0.004
刘曙光	2000	0.004
张秀华	2000	0.004
杨永久	2000	0.004

以上公司董事、监事及高级管理人员共持有本公司股票28000股,占股本总额0.055%,其持有的股份,按《中华人民共和国公司法》规定,在任期间不得转让。

七、公司股本结构和大股东持股情况

1. 公司设立时股权结构:

	股本数(万股)	占总股本比例(%)
发起人股	3830	74.9

其中:东北电力开发公司	3070	60.2
建行信托投资股份有限公司	500	9.8
大连发电总厂	250	4.9
内部职工股	1280	25.1

2. 本次股票上市前公司股本结构:

	股本数(万股)	占总股本比例(%)
发起人股(国有法人股)	3820	74.9
其中:东北电力开发公司	3570	70.0
大连发电总厂	250	4.9
内部职工股	1280	25.1

注:1996年12月30日中国建设银行辽宁省信托投资股份有限公司和东北电力开发公司签订《股份转让协议》,中国建设银行辽宁省信托投资股份有限公司将其持有的本公司法人股500万股转让给东北电力开发公司持有。国家国有资产管理局国资企发[1997]5号文批复同意了该次股权转让。

3. 公司前十名股东持股情况

股东名称	持股数量(万股)	持股比例(%)
东北电力开发公司	3570	70.0
大连发电总厂	250	4.9

公司前十名股东中其余股东均为个人股东,其持有数额未达到法规规定需披露的数额。

八、公司财务会计资料

(一)验资报告

验字[1992]600号

东北电力开发公司:

接受贵公司委托,依据《中华人民共和国法人登记管理条例》、《中华人民共和国注册会计师条例》和国家有关文件规定,对大连东北热电发展股份有限公司(筹)提供的有关验资资料进行依法验证,现将验证结果报告如下:

截至一九九二年十一月十五日,各出资方已按发起人协议和招股说明书的规定缴足入股资金共计人民币7140万元(其中:股本5100万元,资本公积2040万元),各出资方的出资方式为:

东北电力开发公司以经资产评估后的净资产值2994.9万元和货币资金1301.1万元,共出资4298万元;

中国人民建设银行辽宁省信托投资股份有限公司以货币资金出资700万元;

大连发电总厂以货币资金出资350万元;

职工个人以货币资金出资1792万元。

中国注册会计师　李　颖

大连北方会计师事务所

一九九二年十一月十五日

(二)资产评估报告(摘要)

中惠字9209297号

东北电力开发公司大连经济技术开发区分公司:

我所接受东北电力开发公司委托,对你公司所属大连经济技术开发区分公司的全部资产进行评估,评估基准日为1992年7月31日,评估结果如下:

资产评估总值为16501万元,资产评估净值为2994.9万元。

资产评估结果汇总表

单位:万元人民币

类型	原值	净值	重置价值	评估值	增长额	增长率
固定资产	12524.3	11864.5	13774.8	13070.5	1206	10.2%
流动资产	2637.9	2637.9	2637.9	2637.9	0	0
专项资产	106.9	106.9	424.3	424.3	317.4	296.9%
无形资产	368.3	368.3	368.3	368.3	0	0
小计	15637.4	14977.6	17205.3	16501	1523.4	10.2%
负债		13506.1		13506.1	0	0
净资产		1471.5		2994.9	1523.4	103.5%

资产评估小组:孙逸仁　许湘瑜　李第安　裴启亮

中惠会计师事务所　1992年9月7日中国北京

(三)资产评估确认(摘要)(国资评[1992]169号)

能源部:

你部所属东北电力开发公司大连开发区分公司股份制试点项目资产评估报告收悉,经我局资产评估中心审核验证,同意该项资产评估结论。东北电力开发公司大连开发区分公司资产评估价值总额为16501万元人民币,负债13506.1万元人民币,资产评估净值为2994.9万元人民币。

国家国有资产管理局

一九九二年十月二十六日

说明:公司设立时,总资产中有建筑面积为8000平方米的职工住宅系作为负债资产入帐,不符合国家有关非经营性资产应予剥离的股改政策。为按规范要求剥离非经营性资产,依照国家有关政策,并根据股份公司董事会1996年12月25日的决议,与东北电力开发公司于1996年12月26日达成协议,将该8000平方米的职工住宅楼按设立时评估进帐值7100577.75元退还给东北电力开发公司。同时,公司按同一价值冲减了公司对东北电力开发公司的负债。协议约定自该协议生效后三十日内,双方共同到政府有关部门办理房产过户手续。

(四)审计报告(摘要)

大北会师内审字[1997]4号

大连东北热电发展股份有限公司全体股东:

我们接受委托,审计了贵公司1996年12月31日、1995年12月31日、1994年12月31日的资产负债表及1996年度、1995年度、1994年度利润及利润分配表和财务状况变动表。

我们认为,上述会计报表符合《企业会计准则》和《股份制试点企业会计制度》的有关规定,在所有重大方面公允地反映了贵公司1996年12月31日、1995年12月31日、1994年12月31日的财务状况及1996年度、1995年度、1994年度的经营成果和资金变动情况,会计处理方法的选用遵循了一贯性原则。

大连北方会计师事务所

中国注册会计师　张立群　李　颖

中国·大连　一九九七年一月十六日

(五)会计报表(资产负债表、利润及利润分配表、财务状况变动表)见财务会计资料附表一、二、三。

(六)会计报表注释

1. 公司概况

大连东北热电发展股份有限公司(以下简称"公司"),英文名DALIAN NORTHEAST HEATING&POWER DEVELOPMENT CO., LTD.,为1992年辽宁体改委辽体改发(1992)68号文件批准改组设立的股份制企业。公司的注册资金为人民币伍仟壹佰万元,注册地为辽宁省大连经济技术开发区。公司主营业务火力发电、蒸汽、热水生产和供应,兼营金属材料、煤炭、木材、建筑材料、石油及制品、五金化工、普通机械及配件、电子产品、电器设备销售。截止1996年12月31日,公司资产总额为人民币22,635万元,负债总额为人民币11,867万元,股东权益总额为人民币10,768万元,主营业务利润为人民币2,394万元,净利润为人民币2,484万元。

2. 公司采用的主要会计政策

2.1 公司执行的会计制度

公司按照中华人民共和国《股份制试点企业会计制度》进行经济业务的会计处理和会计报表的编制。

2.2 会计期间

公司的会计期间采用公历制,即自日历1月1日至12月31日为一会计年度。本会计报表为信息披露需要,列示了截至12月31日止的1996年、1995年和1994年连续三个年度的会计报表。

2.3 记帐原则和记价基础

公司以权责发生制为记帐原则,采用复式借贷记帐方法,以人民币为记帐本位币,以历史成本法计价。

2.4 短期投资与计价

公司短期投资为国库券投资,按成本法核算,并于年末计算应计利息。

2.5 存货与计价

公司存货的主要内容是燃料及材料物资、低值易耗品等。燃料采用移动加权平均法核算。低值易耗品采用一次摊销法在领用时一次摊入成本。其它材料物资采用计划成本,按月分摊结转成本差异,将发出存货的计划成本调整为实际成本。

2.6 应收帐款的坏帐处理

公司应收帐款的坏帐损失采用直接转销法。

2.7 固定资产及其折旧

公司将使用期限在一年以上,单项价值超过人民币2000元,且在使用过程中保持其实物形态的资产列作固定资产。固定资产按实际成本计价,预留3%残值,以直线法按下列折旧和年折旧率在其有效使用年限期间内计提折旧:

	折旧年限	年折旧率
生产用房屋	30年	3.23%
非生产用房屋	35年	2.77%
其它建筑物	15年	6.47%
机械工器具	14年	6.93%
自动化控制及运输设备	12年	8.08%
发电及供电设备	20年	4.85%
变配电设备	22年	4.41%

2.8 无形资产及其摊销

公司的无形资产主要是贮灰场使用权,按实际成本计价,从获得使用权起分7年摊销。

2.9 递延资产及其摊销

公司的递延资产主要是开办费及其它递延支出,按实际成本计价,在生产期按7年摊销。

2.10 税项

2.10.1 所得税

根据大连经济技术开发区管理委员会大开管发(94)30号文、(95)10号文及大开管复(97)1号文规定,公司1994年度、1995年度和1996年度企业所得税免税,所得税按应付税款法核算。

2.10.2 流转税

1996年度、1995年度和1994年度,公司实际增值税。电力税率为17%,热力税率为13%。

2.10.3 城市维护建设税

1996年度、1995年度和1994年度,公司城市维护建设税及教育费附加分别按本期应交增值税的7%和3%计缴。

2.11 利润分配

公司的税后利润按以下顺序分配:

(1)弥补以前年度亏损;

(2)按税后利润的10%提取法定盈余公积金;

(3)按税后利润的5%提取法定公益金;

(4)按股东大会决议提取任意盈余公积金;

(5)按股东大会决议支付普通股股利。

3. 会计报表主要项目说明

3.1 货币资金

货币资金1996年末余额14,946,328.98元,其中:

银行存款	14,943,188.43
现金	3,140.55
小计	14,946,328.98

上述银行存款在中国建设银行等多家银行开户,共有帐户5个。

3.2 短期投资

短期投资为国库券投资,1996年末无余额,该项投资已于1996年3月11日到期收回:

债券名称	日期	面值	年利率
93年3年期可转让国库券	96/3/11	1,000,000.00	13.96%

3.3 应收帐款:

应收帐款1996年末余额26,603,458.77元,为应收1996年后2个月的电力及热力销售款:

帐龄	户数	金额
1年以内	2	26,603,458.77

3.4 预付货款:

预付货款1996年末余额7,776,563.84元,均为预付采购燃料款:

帐龄	户数	金额
1年以内	1	7,776,563.84

预付货款比1995年末增加7,776,563.84元,系公司1996年应付帐款期末借方余额。

3.5 其它应收款:

其他应收款1996年末余额7,042,132.59元,其中:

帐龄	户数	金额	金额%
1年以内	4	1,732,932.48	24.6%
1-2年	3	5,079,079.89	72.1%
2-3年	5	230,120.22	3.3%
小计	12	7,042,132.59	100%

上述其它应收款的主要项目包括:

与其它单位款项往来	6,840,815.73
业务周转金和备用金	38,675.12
存出保证金	60,500.00
其它	102,141.74
小计	7,042,132.59

其中:替东北电力开发公司建设马桥子电厂二期工程垫支6,657,083.06元。

其它应收款比1995年末减少60.90%,主要是公司收回了对东北电力开发公司等单位的部分往来款。

3.6 待摊费用

	1996年期初余额	本期增加	本期减少	1996年期末余额
期初进项税	1,021,861.47	0.00	734,100.73	286,760.74
主辅设备大修费	1,386,150.36	714,049.07	0.00	2,100,199.43
小计	2,408,011.83	714,049.07	734,100.73	2,386,960.17

3.7 存货

存货1996年末余额15,907,195.90元,包括:

存库材料	504,658.40
燃　料	15,176,046.95
物资采购	170,976.64
低值易耗品	55,513.91
小计	15,907,195.90

3.8 固定资产及累计折旧

(1)固定资产原价

类别	1996年期初价值	本年增加	本年减少	1996年期末价值
房屋及建筑物	70,561,345.39	5,716,161.92	7,100,577.75	70,176,929.56
通用设备	11,008,595.26	5,142,258.69	0.00	16,150,853.95
专用设备	108,988,532.01	1,604,968.63	8,723,362.08	101,870,138.56
运输工具	2,068,235.00	0.00	0.00	2,068,235.00
小计	192,626,707.66	13,463,389.24	15,823,939.83	190,266,157.07

(2)累计折旧

类别	1996年期初数	本年增加	本年减少	1996年期末数
房屋及建筑物	8,251,798.98	3,007,245.62	344,200.50	10,914,844.10
通用设备	2,432,527.02	1,669,376.88	0.00	4,101,903.90
专用设备	20,080,758.69	4,459,001.09	0.00	24,539,759.78
运输工具	348,370.32	167,113.39	0.00	515,483.71
小计	31,113,455.01	9,302,736.98	344,200.50	40,071,991.49

3.9 无形资产

种　类	1996年期初余额	本期增加	本期减少	1996年期末余额	剩余摊销年限
贮灰场使用权	1,124,000.00	0.00	408,000.00	716,000.00	2年

上述贮灰场为公司1992年从华能国际电力开发公司大连分公司租入使用该贮灰场于1989年建成,预计可使用10年。贮灰场使用权价值按7年平均摊销。

3.10 递延资产

项　目	1996年期初余额	本年增加	本年减少	1996年期末余额	剩余摊销年限
开办费	549,830.90	0.00	180,000.00	369,830.90	2年
软件费	0.00	23,000.00	1,152.00	21,848.00	9.5年
其它递延支出	462,239.50	0.00	170,755.22	291,484.28	3年
小　计	1,012,070.40	23,000.00	351,907.22	683,163.18	

3.11 应付帐款

应付帐款1996年末无余额,系由于应付帐款1996年末为借方余额转至预付帐款中。

3.12 未付股利

未付股利1996年度已全部支付,年末无余额。

3.13 未交税金

未交税金1996年末余额1,331,147.23元　包括:

应交增值税　　1,240,114.94

应交城建税　　86,836.48

应交个人收入所得税　4,195.81

1996年度、1995年度和1994年度企业所得税免税。

3.14 其它未交款

其它未交款1996年末余额为37,215.64元,均为应付教育费附加。

3.15 其它应付款:

其它应付款1996年末余额34,906,753.69元,包括:

应付东北电力开发公司长期借款利息	24,452,593.99
大连发电总厂代垫款	1,236,057.05
应付大连经济技术开发区财政税务局长期借款利息	8,708,200.00
应付工会经费	45,764.36
应付职工养老保险统筹基金	60,274.85
应付结余奖	281,998.96
其它	121,864.48

其中:占公司5%以上股份的债权人有:

a.东北电力开发公司　24,452,593.99

3.16 长期借款

截止1996年12月31日公司的长期借款余额为82,007,198.74元,详见下表:

贷款单位	余额	借款日	年利率(%)	还款日	备注
大连开发区财税局	10,000,000.00	1990.07.25	11.16%	2000.07.25	信用
大连开发区财税局	10,000,000.00	1990.10.11	11.16%	2000.10.11	信用
东北电力开发公司	11,327,198.74	1991.01.01	9.60%	2001.01.01	信用
东北电力开发公司	50,680,000.00	1994.01.01	11.16%	2004.01.01	信用

其中:占公司5%以上股份的债权人有:

东北电力开发公司 62,007,198.74

长期借款比1995年末减少30%,系由于1996年公司归还东北电力开发公司部分长期借款。

3.17 其它长期负债

其它长期负债1996年末余额为32,608.13元,均为住房周转金。

3.18 股本

	1996年末		1995年末		1994年末	
	持股比例	股本金	持股比例	股本金	持股比例	股本金
法人股	74.9%	38,200,000.00	74.9%	38,200,000.00	74.9%	38,200,000.00
个人股	25.1%	12,800,000.00	25.1%	12,800,000.00		
合　计	100%	51,000,000.00	100%	51,000,000.00	100%	51,000,000.00

本公司股票均为普通股,每股面值人民处1元,共51,000,000.00股,均发行在外。1996年度、1995年度、1994年度内公司股本总额均无变动。

3.19 资本公积

	1996年末	1995年末	1994年末
股本溢价	20,400,000.00	20,400,000.00	20,400,000.00

上述资本公积是公司根据辽宁省经济体制改革委员会1992年10月30日所发辽体改发(1992)68号文件规定各出资方缴入公司的股本溢价部分。1996年度、1995年度和1994年度内资本公积均无变动。

3.20 盈余公积

	1996年	1995年	1994年
期初数	9,276,459.23	6,111,623.15	3,004,128.45
本年增加	3,725,678.57	3,164,836.08	3,107,494.70
其中:法定盈余公积金	2,483,785.71	2,109,890.72	2,071,663.20
法定公益金	1,241,892.86	1,054,945.36	1,035,831.50
期末余额	13,002,137.80	9,276,459.23	6,111,623.15
其中:法定盈余公积金	8,668,091.93	6,184,306.22	4,074,415.50
法定公益金	4,334,045.87	3,092,153.01	2,037,207.65

本公司1996年度、1995年度和1994年度按税后利润的10%和5%分别提取法定盈余公积金和法定公益金。

3.21 未分配利润

	1996年	1995年	1994年
年初未分配利润	2,166,603.30	1,732,532.20	923,394.50
加:本年净利润	24,837,857.13	21,098,907.18	20,716,632.40
减:提取法定盈余公积金	2,483,785.71	2,109,890.72	2,071,663.20
提取公益金	1,241,892.86	1,054,945.36	1,035,831.50
已分配普通股股利	0.00	17,500,000.00	16,800,000.00
年末未分配利润	23,278,781.86	2,166,603.30	1,732,532.20

3.22 主营业务收入

公司的主营业务收入为电力和热力销售收入

	1996年度	1995年度	1994年度
电力销售收入	64,110,374.87	63,010,223.52	66,096,590.25
热力销售收入	57,019,995.41	51,086,097.89	45,561,982.35
小计	121,130,370.28	114,096,321.41	111,658,572.60

3.23 营业成本

公司的营业成本为电力和热力销售成本。

	1996年度	1995年度	1994年度

电力销售成本	41,608,320.80	40,838,885.22	41,964,958.43
热力销售成本	39,767,516.03	34,675,208.48	37,393,856.15
	81,375,836.83	75,514,093.70	79,358,814.58

3.24 财务费用

	1996 年度	1995 年度	1994 年度
利息净支出	11,265,321.82	11,169,072.81	6,956,175.86
金融机构手续费	403.08	136.90	254.30
小计	11,265,724.90	11,169,209.71	6,956,430.16

3.25 投资收益

	1996 年度	1995 年度	1994 年度
国库券投资收益	324,466.67	139,600.00	255,933.33

国库券投资收益 1996 年度比 1995 年度增加 132%,系由于 1996 年国库券到期增加部分保值补贴收益;1995 年度比 1994 年度减少 45%,系由于 1994 年度补提 1993 年度国库券应计利息所致。

3.26 营业外支出

	1996 年度	1995 年度	1994 年度
公益性捐赠支出	10,000.00	108,000.00	11,818.85
其它	150.00	1,950.00	2,484.98
小计	10,150.00	109,950.00	14,303.83

3.27 以前年度损益调整

以前年度损益调整本年增加 590,058.00 元,系由于退回东电开发公司投资入股的非生产用固定资产而冲回的以前年度该项资产计提折旧数。

4. 财务指标分析

指标名称	1996 年	1995 年	1994 年
流动比率	2.04	1.57	1.44
速动比率	1.33	1.22	0.93
应收帐款周转率	4.32	3.32	3.58
存货周转率	4.54	3.24	2.74
股东权益比率	47.57%	31.48%	39.12%
每股收益	0.487	0.414	0.406
每股净资产	2.11	1.62	1.55
净资产收益率	23.07%	25.47%	26.14%

5. 或有事项、期后事项

截至本会计报表签发日(1997 年 1 月 16 日),公司并未发生影响本公司会计报表阅读和理解的重大的或有事项和期后事项。

九、董事会上市承诺

本公司董事会将严格遵守《公司法》、《股票发行与交易管理暂行条例》、《公开发行股票信息披露实施细则》、《上海证券交易所市场业务试行规则》和有关法律、法规的规定,并自股票上市之日起作出如下承诺:

1. 按照法律、法规的规定程序和要求披露重大的信息,并接受证券主管机关、上海证券交易所的监督管理。

2. 及时、真实、准确地公布中期报告和年度报告,并备置于规定场所供投资者公众查阅。

3. 本公司董事、监事及高级管理人员如发生人事变动或持本公司股票发生变化时,在报告证券主管机关、证券交易所的同时向投资者公布。

4. 在任何公共传播媒介中出现的消息可能对本公司股票的市场价格产生误导性影响时,本公司知悉后将及时对该消息予以公开澄清。

5. 本公司董事、监事及高级管理人员将认真听取社会公众的意见和批评,不利用已获得的内幕消息和其它不正当手段直接或间接从事股票买卖活动。

6. 本公司没有无记录负债。

十、重要事项揭示

1. 公司本次共取得发行额度 1280 万股,经公司股东大会决议,将内部职工股 1280 万股全部占用本次发行额度上市。

2. 公司税后利润分配顺序:

(1)弥补亏损;

(2)提取法定盈余公积金 10%;

(3)提取法定公益金 5%;

(4)提取任意盈余公积;

(5)支付普通股股利。

3. 历年股利分配情况

(1)1993 年股利分配为每股现金股利 0.316 元;

(2)1994 年股利分配为每股现金股利 0.329 元;

(3)1995 年股利分配为每股现金股利 0.343 元。

4. 公司 1996 年净利润为 2483.8 万元,未分配利润为 2327.9 万元,尚未分配。

5. 经大连市人民政府和大连开发区文件批准,公司股票上市后按 15% 的税率缴纳企业所得税。

十一、盈利预测

1. 经大连北方会计师事务所审核的公司 1997 年盈利预测表

单位:千元

项 目	1997 年预计
主营业务收入	122,465
减:营业成本	79,123
管理费用	3,722
财务费用	8,658
营业税金及附加	950
主营业务利润	30,012
加:其他业务利润	
营业利润	30,012
利润总额	30,012
减:所得税(按 15%税率计算)	4,502
所得税(按 33%税率计算)	9,904
净利润	
(所得税按 15%税率计算)	25,510
(所得税按 33%税率计算)	20,108
每股净利润	
(所得税按 15%税率计算)	0.500 元/股
(所得税按 33%税率计算)	0.394 元/股

根据大连开发区文件大开管复[1997]1 号批复,并经大连市人民政府批准,公司股票上市后按 15% 的税率交纳企业所得税。

2. 盈利预测基准与假设

(1)基准

本盈利预测是根据业经大连北方会计师事务所审核的本公司 1994 年、1995 年、1996 年的综合经营业绩,结合本公司现时的基础、生产经营能力和发展潜力,考虑 1997 年有关因素变化的影响而编制的,遵循了我国现行法律、法规和财务会计制度的有关规定。

(2)假设

上述盈利预测,建立在下列基本假设的基础上:

a. 公司遵循国家、地方现行法律、法规、政策和经济环境无重大变化;

b. 公司生产经营之原材料和产品市场无重大变化;

c. 现行的信贷利率、法规、政策和经济环境无重大变动;

d. 公司所得税依据大连市人民政府和大连开发区管委会大开管复(97)1 号文规定,按 15% 计算;

e. 无其它不可抗力和不可预见因素的重大影响。

3. 盈利预测说明

(1)会计政策和计算方法

本盈利预测所执行的会计政策与经审计的 1996 年度会计报表一致,

其计算方法按照《企业会计准则》和《股份制试点企业会计制度》规定执行。

(2)分项说明

a.主营业务收入:1994 年 - 1996 年主营业务收入平均增长速度 4.17%,但 1996 年实际供热供电量已接近目前设备的最大供热供电水平。因而考虑目前供热及供电能力等因素,确定 1997 年主营业务收入 12,246.5 万元,较 1996 年增长 1.10%。其中,电力销售收入 6,560 万元,热力销售收入 5,686.5 万元。

b.营业成本:1997 年营业成本预测 7,912.3 万元,比 1996 年降低 2.77%,主要有以下两方面因素,一是工资费用有所降低。1997 年公司将进行工资及管理体制改革,预计将使工资费用支出比 1996 年减少 100 万元左右,从而使营业成本降低 1.23%;二是大修费用的减少。1997 年公司为大修间歇期,预计大修费用支出比 1996 年减少 125 万元左右,使营业成本降低 1.54%。

c.管理费用:根据公司业务发展规模和管理体制改革的要求,及据此确定的各部门费用控制指标综合测定,1997 年管理费用 372.2 万元,比 1996 年增长 7.45%。

d.财务费用:1997 年长期借款计息率仍按 1996 年利率水平计算,公司 1996 年已归还部分长期借款,使 1997 年利息支出比 1996 年减少 355 万元。1997 年财务费用预测 865.8 万元,比上年降低 23.15%。

e.营业税金及附加:预计公司 1997 年缴纳增值税 950 万元左右,根据适用税(费)率预测 1997 年营业税金及附加为 95 万元。

f.所得税:公司 1996 年、1995 年和 1994 年的所得税均免税,1997 年所得税税率按 15%计算。

g.其它业务利润及营业外净收入以往年度金额微小,未预测;以前年度国库券投资于 1996 年收回,1997 年投资收益未预测。

十二、风险因素、对策和发展规划

(一)、风险因素、对策

1.行业风险

(1)电力属于国民经济的基础产业,其需求量受国民经济总需求规模、经济发展周期循环和国家的宏观调控措施的影响。就本公司而言,尤其与东北地区的经济发展速度、规模和工业企业的用电需求密切相关。本公司利用位于开发区的优势,热电联产,在向开发区独家供热的同时,上网电量也得到稳定的保证。本公司确信随着新一轮经济增长周期的到来和大连市、大连经济技术开发区经济建设的进一步发展,本公司生产的电力和热力的供应将有预期的稳定增长。

(2)热电联产、集中供热属于城市建设公用事业,发展规模和速度与城市建设的总体规划和速度相关。供热范围也有划分和限制。本公司的优势在于是国家级经济技术开发区大连开发区唯一的供热电厂。在开发区供热基本建设规划中,供热范围将有较大增加,本公司的供热也将不断增长。

2.经营风险

(1)原料供应

本公司生产的主要原料是煤,占生产成本的 70%左右。目前本公司按市场价格采购原料用煤,煤的质地和价格的异动直接影响到本公司的经营成本和利润。本公司采取的对策是和一些大的煤矿建立长期稳定的供货关系,以保障稳定的煤炭供应和合理的价格,并根据生产计划,保证合理的储备量,同时,东北电力燃料总公司承诺,当本公司自行采购燃煤的能力不足时,将及时足量地供给本公司生产用煤,价格不高于市场价。

(2)供热

本公司供热收入约占总收入的 45%左右。其需求量的变动将影响本公司的经营。本公司虽是开发区内最大的供热单位,但现有供热能力也仅能满足开发区规划需求量的 30%。近期供热仍将不敷需求。

(3)供电

本公司的电力通过东北电网销售,电力生产和销售直接受到电网的制约。本公司已与中国东北电力集团公司签订并网协议,优先满足本公司发电机组的生产能力,并保证本公司机组的年平均利用小时不少于 6000 小时。

3.政策性风险

本公司属于公用事业,蒸汽和电力的价格受政府管理的约束。这两种产品的价格在税收及其它成本因素发生变化时经当地物价部门批准后方可作出调整。价格的调整一般会略滞后于原料和燃料价格的上涨。因国家政策调整通货膨胀、燃料和运费及其它因素造成成本变化时,产品的价格会得到相应的提高。迄今为止,公司的调价申请均获批准。经过调整,上网电价由 0.373 元/千瓦时调整到一九九四年的 0.41 元/千瓦时(不含税价)。本公司的蒸汽销售价格一九九三年为 27 元/吉焦,一九九四年十月一日起调整为 37.8 元/吉焦(含税)。

4.环保风险

本公司在生产过程中产生粉尘和含硫气体的排放、废水和噪音,在日常生产和投资新的项目中均必须遵守国家和地方环境保护法规所订立的标准,否则将承担相应的罚责和经济损失。目前,本公司的上述废气物的排放及噪音均达到国家环境及工业卫生标准。

5.股市风险

股票市场受到国家宏观经济状况以及经济、金融政策等系统风险的影响,同时受投资者心理预测、市场投机等不可测因素的影响,存在收益机会,也蕴含了较大的风险。

(二)、发展规划

电力工业是资金密集型企业,未来辽宁省乃至东北地区的电力需求呈稳定增长趋势。基于此,公司今后发展的重点是,在投资能力逐年增强的情况下逐步增加对电力项目的投资,此外还将选择技术含量高,产品附加值大与电力行业相关的产业进行投资,以使股东权益能够长期稳定地得到保证。公司有信心采取各种法律允许的经营形式,努力扩大自身的再投资能力,使之在东北电网中所占的投资份额逐年增加,综合经济实力不断增强。做为经营目标,公司将采取各种经营措施使股东回报高于同行业平均水平。做为管理目标,公司将坚持不懈地按现代企业制度标准运作。

十三、募集资金的运用

股份公司成立时的股本总额为 5100 万股,每股面值一元,按 1:1.4 溢价发行。其中国有法人股 3820 万股,占股本总额的 74.9%,职工个人股 1280 万股,占股本总额的 25.1%。股份公司 3820 万股法人股(国有)全部由公司三家发起人认购。其中,东北电力开发公司以其原所属大连开发区分公司(热电厂)存量净资产 2994.9 万元,货币资金 1303.1 万元认购 3070 万股份;中国人民建设银行辽宁省信托投资股份有限公司以货币资金 700 万元认购 500 万股份;大连发电总厂以货币资金 350 万元认购 250 万股份。股份公司职工个人股 1280 万股由公司员工和公司发起人单位员工以现金 1792 万元认购。除存量净资产外共募集货币性资金 4145.1 万元,其中 3000 万元用于偿还热电厂建设所负债务,其余 1145.1 万元用于生产流动资金,增强了企业自我发展能力。

上述募集资金的运用,和定向募股招股说明书所述的资金投向一致,且取得了良好的经济效益。

十四、公司章程摘录

(一)股东权利和义务

1.股东的权利

第二十五条　公司股东为公司股份的依法持有人。

股东按其持有股份享有权利,承担义务。法人作为公司股东时,应由其法定代表人或法定代表人授权的代理人代表其行使权利。

第二十六　公司普通股股东享有下列权利:

(1)依照其所持有的股份份额领取股利和其它形式的利益分配;

(2)参加或者委派股东代理人参加股东会议,并行使表决权;

(3)对公司的业务经营活动进行监督管理,提出建议或者质询;

(4)依照法律、行政法规及公司章程的规定转让股份;

(5)依照公司章程的规定获得有关信息,包括:公司章程、财务报告、股东大会决议等;

(6)公司终止或者清算时,按其所持有的股份份额参加公司剩余财产的分配;

(7)法律、行政法规及公司章程所赋予的其他权利。

2.股东的义务

第二十七条　公司普通股股东承担下列义务:

(1)遵守公司章程,承认并执行股东大会及股东大会授权董事会所作的决议;

(2)依其所认购股份和入股方式缴纳股金;

(3)依其所认购股份为限对公司的亏损和债务承担责任;

(4)交纳股金后,不得退股;

(5)法律、行政法规及公司章程规定应当承担的其它义务。

(二)股东大会的职权和议事规则

1.股东大会职权

第三十条　股东大会由公司全体股东组成,是公司的权力机构,依据法律、法规和公司章程行使职权。

第三十一条　股东大会行使下列职权:

(1)决定公司的经营方针和投资计划;

(2)选举和更换董事,决定有关董事的报酬事项;

(3)选举和更换由股东代表出任的监事,决定有关监事的报酬事项;

(4)审议批准董事会的工作报告;

(5)审议批准监事会的工作报告;

(6)审议批准公司的年度财务预算方案、决算方案;

(7)审议批准公司的利润分配方案和弥补亏损方案;

(8)对公司增加或者减少注册资本作出决议;

(9)对公司合并、分立、解散和清算等事项作出决议;

(10)对公司发行债券作出决议;

(11)修改公司章程;

(12)法律、行政法规规定应当由股东大会作出决议的其它事项。

2.股东大会议事规则

第三十二条　股东大会分为股东年会和临时股东大会、股东年会每年召开一次,并应于上一会计年度完结之后的六个月内举行。

有下列情形之一的,董事会应当在两个月内召集临时股东大会:

(1)董事人数少于公司法规定的人数或者公司章程所定人数的三分之二时;

(2)公司未弥补亏损达股本总额的三分之一时;

(3)持有公司股份百分之十以上(含百分之十)的股东以书面形式要求召开临时股东大会时;

(4)董事会认为必要或者监事会提出召开时。

临时股东会不得对通知中未载明的事项作出决议。

第三十三条　公司召开股东大会,应当于会议召开三十日以前发出书面通知,将会议拟审议的事项以及开会的日期和地点告知所有在册股东;或在证券主管机构指定的一家或多家报刊上公告召开会议的有关事项。一经公告,视为股东已收到有关股东会议的通知。

第三十四条　股东大会的通知应当符合下列要求:

(1)以书面形式作出;

(2)指定会议的地点,日期和时间;

(3)说明会议将讨论的事项;

(4)以明显的文字说明,有权出席和表决的股东有权委任股东代理人代为出席和表决,而该股东代表人不必为股东。

(5)股东及其委托代理人登记确认的时间和地点。

第三十五条　有权得到会议通知的股东没有收到会议通知,会议及会议作出的决议并不因此无效。

第三十六条　任何有权出席股东大会并有表决权的股东,有权委任一人(该人可以不是股东)作为其股东代理人,代为出席和表决,该股东代理人依照该股东的委托,在授权范围内,行使表决权。

第三十七　股东应当以书面形式委托代理人,由委托人签署或者由其以书面形式委托的代理人签署。委托人为法人的,应当加盖法人印章。

第三十八条　股东出席股东大会,应持有公司当届股东大会出席证和本人身份证明。出席证应写明股东姓名、持有或代表股数、大会时间等。

第三十九条　股东大会决议分为普通决议和特别决议。

股东大会作出普通决议,应当由出席股东大会的股东(包括股东代理人)所持表决权的二分之一以上通过。

股东大会作出特别决议,应当由出席股东大会的股东(包括股东代理人)所持表决权的三分之二以上通过。

第四十条　股东(包括股东代理人)在股东大会表决时,以其所代表的有表决权的股份数额行使表决权,每一股份有一票表决权。

第四十一条　会议通过决议可以采用投票方式表决。

第四十二条　下列事项由股东大会的普通决议通过:

(1)董事会和监事会的工作报告;

(2)董事会拟订的利润分配方案和亏损弥补方案;

(3)选举和更换董事,决定有关董事的报酬事项;

(4)选举和更换由股东代表出任的监事,决定有关监事的报酬事项;

(5)公司年度预、决算报告,资产负债表、利润表及其他财务报表;

(6)公司的批营方针和投资计划。

(7)除法律、行政法规规定或者公司章程规定应当以特别决议通过以外的其他事项。

第四十三条　下列事项由股东大会以特别决议通过:

(1)公司增、减注册资本;

(2)发行公司债券;

(3)公司的分立、合并、解散和清算;

(4)公司章程的修改;

(5)股东大会以普通决议通过认为对公司产生重大影响的、需要以特别决议通过的其他事项。

第四十四条　股东大会会议由董事会召集,由董事长主持,董事长因特殊原因不能履行职务时,由董事长指定的副董事长或者其他董事主持。

第四十五条　股东大会应对所议事项的决定作成会议记录,由出席会议的董事签名。

会议记录连同出席股东的签名薄及代理出席的委托书,应当在公司住所一并保存。

(三)、公司法定代表人及其职权

第五条　公司法定代表人是公司董事长。

第四十九条　董事长行使下职权:

(1)主持股东大会和召集、主持董事会会议;

(2)检查董事会决议的实施情况;

(3)签署公司发行的证券;

(4)董事会授予的其他职权。

董事长不能履行职权时,可以由董事长指定一名董事代行其职权。

(四)、董事会的组成、职权的议事规则

1.董事会的组成

第四十六条　公司设董事会,董事会由7名董事组成,其中设董事长一人,副董事长一至二名。

第四十七条　董事由股东大会选举产生,任期三年。董事任期届满,可以连选连任。

董事长和副董事长由全体董事的过半数选举和罢免,董事长和副董事长任期三年,可以连选连任。

2. 董事会的职权

第四十八条　董事会对股东大会负责，行使下列权利：

(1)负责召集股东大会，并向股东大会报告工作；

(2)执行股东大会的决议；

(3)决定公司经营计划和投资方案；

(4)制定公司的财务预算方案、决算方案；

(5)制定公司的利润分配方案和弥补亏损方案；

(6)制定公司增加或者减少注册资本的方案以及发行公司债券的方案；

(7)拟定公司合并、分立、解散的方案；

(8)决定公司内部管事机构的设置；

(9)聘任或者解聘公司总经理，根据总经理的提名，聘任或者解聘公司副经理、财务负责人，决定其报酬事项；

(10)制定公司的基本管理制度；

(11)制订公司章程修改方案；

(12)股东大会授予的其他职权。

董事会作出决议事项，须经全体董事的过半数通过。

3. 董事会议事规则

第五十条　董事会每年至少召开两次会议，由董事长召集，于会议召开 10 日以前通知全体董事。

第五十一条　董事会及监时董事会会议召开的通知可采取邮寄挂号信、传真、电报、电话或送达方式。

第五十二条　董事会会议应由二分之一以上的董事出席方可举行，每一位董事有一票表决权。董事会会议，应当由董事本人出席。董事因故不能出席，可以书面委托其他董事代为出席董事会，委托书中应当载明授权范围。

代为出席会议的董事应当在授权范围内行使董事的权利，董事未出席某次董事会会议，亦未委托代表出席的，应当视作已放弃在该次会议上的投票权。

第五十三条　董事会应当对会议所议事项的决定作成会议记录。出席会议的董事和记录员应当在会议记录上签名。董事应当对董事会的决议承担责任。董事会的决议违反法律、行政法规或者公司章程，致使公司遭受严重损失的，参与决议的董事对公司负赔偿责任；但经证明在表决时曾表明异议并记载于会议记录的。该董事可以免除责任。

第五十四条　公司可以设董事会秘书，董事会秘书为公司的高级管理人员，可以由董事、高级管理人员兼任。

(五)经营管理机构的组成，职权和议事规则

1. 经营管理机构的组成

第五十六条　公司设总经理一名，由董事会聘任或者解聘；设副总经理若干名，协助总经理工作，副总经理由总经理提名，经董事会审议同意后由董事会聘任。

2. 经营管理机构职权

第五十七条　公司总经理对董事会负责。行使下列职权：

(1)主持公司的日常经营管理工作、组织实施董事会决议；

(2)组织实施公司年度经营计划和投资方案；

(3)制定公司内部管理机构设置方案；

(4)拟定公司的基本管理制度；

(5)拟定公司的具体规章；

(6)提请聘任或者解聘公司副总经理、财务负责人；

(7)聘任或者解聘除应由董事会聘任或解聘以外的管理人员；

(8)代表公司对外处理重要业务；

(9)公司章程和董事会授予的其他职权。

第五十八条　公司总经理列席董事会会议。非董事经理在董事会会议上没有表决权。

3. 经营管理机构议事规则

第五十九条　公司总经理在行使职权时，应当根据法律、行政法规和本章程的规定，履行诚信和勤勉的义务。维护公司利益，不得利用在公司的地位和职权谋取私利，不得变更股东大会和董事会决议或超越授权范围。

第七十二条　公司董事、监事和经理及其他公司高级管理人员不得从事损害本公司利益的活动。从事上述活动的，所得收入应当归公司所有。

第七十三条　公司董事、监事和经理及其他公司高级管理人员除公司章程规定或者股东大会同意外，不得同本公司订立合同或进行交易。

(六)监事会的组成，职权和议事规则

1. 监事会的组成

第六十条　公司设监事会，监事会由三人组成，其中两人为股东代表，一人为公司职工代表，监事会中的职工代表由公司职工民主选举产生，监事会设召集人一名。监事会召集人的选举与罢免应由三分之二及以上监事表决同意方可作出，监事任期三年，可以连选连任。

第六十一条　公司董事、经理和财务负责人不得兼任监事。

2. 监事会的职权

第六十二条　监事会向股东大会负责，并依法行使下列职权：

(1)　检查公司的财务；

(2)　对公司董事、经理和其他高级管理人员执行公司职务时违反法律、行政法规或者公司章程的行为进行监督：

(3)　当公司董事、经理和其他高级管理人员的行为损害公司的利益时，要求前述人员予以纠正；

(4)　　提议召开临时股东大会；

(5)　　公司章程规定的其他职权；

监事列席董事会会议。

3. 监事会的议事规则

第六十三条　监事会会议采取投票方式表决。实行一人一票制。监事会决议需经二分之一以上监事表决同意方可作出。

第六十四条　监事会行使职权时聘请律师、注册会计师、执业审计师等专业人员所发生的合理费用。应当由公司负责承担。

第六十五条　监事应当依照法律、行政法规及公司章程的规定，忠实履行职责。

(七)公司利润分配政策

第八十二条　公司除法定会计帐册外，不得另立会计帐册。

公司缴纳所得税后的利润应按下列顺序分配：

(1)　弥补亏损；

(2)　提取法定公积金；

(3)　提取法定公益金；

(4)　提取任意公积金；

(5)　支付普通股股利；

第八十三条　法定公积金按照税后利润 10%提取，当法定公积金达到注册资本 50%以上时，可不再提取；提取 5%的法定公益金；任意公积金按股东大会决议依法提取和使用。

第八十七条　公司股利每年至少派发一次，公司当年无利润时，不得分配股利。

第八十八条　公司可以下列形式分配股利；

(1)　现金；

(2)　股票；

公司分派股利时，依法代扣股票股利收入的应纳税金。

十五、重要合同及重大诉讼事项

(一)公司正在履行中的重要合同

1.1996 年 12 月 25 日中国东北电力燃料总公司《关于燃煤供应保障的承诺函》。

2.1996 年 12 月 26 日与中国东北电力集团签订《并网协议》及附件

《关于大连东北热电发展股份有限公司所属机组与东北电网并网运行的调度协议》和《关于大连东北热电发展股份有限公司所属机组与电网并网运行上网电价及电费结算协议》。

3.1994年1月18日与东北电力开发公司签订《垫资建设款协议》

1996年12月20日签订《关于对大连东北热电发展股份有限公司热电厂3号炉工程决算值的确认》,双方确定东北电力开发公司为本公司的垫资建设款为5068万元人民币。

4.1993年与大连经济技术开发区热力公司签订《供用热协议》。

5.1996年12月20日与东北电力开发公司签订协议书,双方就东北电力开发公司因建设电厂需要占用本公司租用的土地达成关于结算土地使用费、重新办理土地使用手续的协议。

6.1990年3月9日,东北电业管理局与大连经济技术开发区管理委员会签订《关于建设马桥热电厂原则协议》,双方就投资建设马桥热电厂一期工程及热电厂电量、热量的供应与销售达成协议。

7.1990年7月25日,大连经济技术开发区财政税务局和本公司签订《借款合同》,借给本公司1000万元,偿还期限及偿还办法均按《关于建设马桥热电厂原则协议》办理。

8.1990年10月11日,大连经济技术开发区管理委员会和本公司签订协议。建行大连开发区分行贷款1000万元给本公司。借款期限及偿还办法均按《关于建设马桥热电厂原则协议》办理。

(二)、本公司目前无重大诉讼事项。

十六、中介机构

1.上市推荐人:申银万国证券股份有限公司

法定代表人:阚治东

所在地:上海市南京东路99号

电话:(021)64312800

联系人:吴毓明　沈兆铭　周永发

2.会计师事务所:大连北方会计师事务所

法定代表人:张立群

所在地:中国大连开发区长春路

电话:0411－7612323

经办注册会计师:张立群　李　颖

3.资产评估机构:中惠会计师事务所

法定代表人:魏振雄

所在地:北京海淀区学院南路39号

电话:010－62243199　　传真:010－62243303

经办评估人:孙逸仁　许湘瑜

4.土地评估机构:辽宁省土地估价事务所

法定代表人:李志超

所在地:辽宁省沈阳市皇姑区宁山东路新新巷1－1号

电话:024—6227576

经办评估师:李志超　曲长令　刘晓辉　于　河

5.资产评估确认机构:国家国有资产管理局

法定代表人:张佑才

所在地:北京市海淀区厂洼街5号

电话:010－66766690　传真:010－68483089

6.律师事务所:北京国证律师事务所

法定代表人:权绍宁

所在地:北京市西城区车公庄大街6号

电话:010－68311455　传真:010－68366392

经办律师:权绍宁　杨　华

7.股票登记机构:上海证券中央登记结算公司

法定代表人:王迪彬

所在地:上海市闵行路76号

电话:021－63119568

附件1.资产评估报告

2.审计报告

3.盈利预测审核报告

4.法律意见书及律师工作报告

备查文件

1.中国证券监督管理委员会及上海证券交易所批准上市的文件

2.国家电力工业部和辽宁省人民政府下达给公司国内股票发行额度的文件

3.上市推荐协议

4.公司章程

5.营业执照

6.重要合约、协议

大连东北热电发展股份有限公司

一九九七年三月十四日

资产负债表

编制单位:大连东北热电发展股份有限公司　　1996年12月31日　　单位:人民币元

资产	注释号	1996.12.31	1995.12.31	1994.12.31	负债及股东权益	注释号	1996.12.31	1995.12.31	1994.12.31
流动资产:					流动负债:				
货币资金	3.1	14946328.98	28581708.70	5075915.88	应付帐款	3.11		1841462.70	18013179.19
短期投资	3.2		1000000.00	1000000.00	应付福利费		350125.92	118586.97	－32971.58
应收帐款	3.3	26603458.77	29430928.28	39283872.12	未付股利	3.12		33878950.00	19725310.00
减:坏帐准备					未交税金	3.13	1331147.23	－36667.84	1869218.81
应收帐款净额	3.3	26603458.77	29430928.28	39283872.12	其他未交款	3.14	37215.64	－1049.14	52408.00
预付货款	3.4	7776563.84			其他应付款	3.15	34906753.69	27357478.82	15246944.71
其他应收款	3.5	7042132.59	18013664.54	5641979.25	预提费用				
待摊费用	3.6	2386960.17	2408011.83	1202189.97	流动负债合计		36625242.48	63158761.51	54874089.13
存货	3.7	15907195.90	19978367.03	26696060.12					
流动资产合计		74662640.25	99412680.38	78900017.34	长期负债:				
					长期借款	3.16	82007198.74	117143776.49	68427776.49
长期投资:					其他长期负债	3.17	32608.13	6402.90	
固定资产									
固定资产原价	3.8	190266157.07	192626707.66	142755246.47	负债合计		118665049.35	180308940.90	123301865.62
减:累计折旧	3.8	40071991.49	31113455.01	22194594.74					
固定资产净值	3.8	150194165.58	161513252.65	120560651.73	股东权益:				

资产	注释号	1996.12.31	1995.12.31	1994.12.31	负债及股东权益	注释号	1996.12.31	1995.12.31	1994.12.31
在建工程		90000.00	90000.00	823521.00	股本	3.18	51000000.00	51000000.00	51000000.00
固定资产合计		150284165.58	161603252.65	121384172.73	资本公积	3.19	20400000.00	20400000.00	20400000.00
					盈余公积	3.20	9276459.23	6111623.15	
无形及递延资产:					其中:公益金	3.20	4334045.87	3092153.01	2037207.65
无形资产	3.9	716000.00	1124000.00	1532000.00	未分配利润	3.21	23278781.86	2166603.30	1732532.20
递延资产	3.10	683163.18	1012070.40	729830.90	股东权益合计		107680919.66	83843062.53	79244155.35
无形递延资产合计		1399163.18	2136070.40	2261830.90					
资产总计		226345969.01	263152003.43	202546020.97	负债及股东权益总计		226345969.01	263152003.43	202546020.97

利润及利润分配表

编制单位:大连东北热电发展股份有限公司　　1996 年度　　单位:人民币元

项目	注释号	1996 年度	1995 年度	1994 年度	项目	注释号	1996 年度	1995 年度	1994 年度
一、主营业务收入	3.22	121130370.28	114096321.41	111658572.60	四、利润总额		24837857.13	21098907.18	20716632.40
减:营业成本	3.23	81375836.83	75514093.70	79358814.58	减:所得税				
管理费用		3464242.70	5458340.63	4089439.16	五、净利润		24837857.13	21098907.18	20716632.40
财务费用	3.24	11265724.90	11169209.71	6956430.16	加:年初未分配利润		2166603.30	1732532.20	923394.50
营业税金及附加:		1089055.66	887817.29	778729.67	六、可分配的利润		27004460.43	22831439.38	21640026.90
二、主营业务利润		23935510.19	21066860.08	20475159.03	减:提取法定公积金		2483785.71	2109890.72	2071663.20
加:其他业务利润		−2027.73	2397.10	−156.13	提取法定公益金		1241892.86	1054945.36	1035831.50
三、营业利润		23933482.46	21069257.18	20475002.90	七、可供股东分配的利润		23278781.86	19666603.30	18532532.20
加:投资收益	3.25	324466.67	139600.00	255933.33	减:已分配优先股股利			17500000.00	16800000.00
减:营业外支出	3.26	10150.00	109950.00	14303.83	八、未分配利润		23278781.86	2166603.30	1732532.20
加:以前年度损益调整	3.27	590058.00							

财务状况变动表

编制单位:大连东北热电发展股份有限公司　　1996 年度　　单位:人民币元

流动资金来源和运用	1996 年度	流动资金各项目的变动	1996 年度
一、流动资金来源:		一、流动资产本年增加数:	
1. 本年净利润	24837857.13	1. 货币资金	−13635379.72
加:不减少流动资金的费用的损失		2. 短期投资	−1000000.00
(1)固定资产折旧	8958536.48	3. 应收帐款净额	−2827469.51
(2)无形资产、递延资产及其他资产摊销	667914.72	4. 预付货款	7776563.84
小计		5. 其他应收款	−10971531.95
2. 其他来源		6. 待摊费用	−21051.66
(1)增加长期负债	−5110372.52	7. 存货净额	−4071171.13
(2)资本净增加额	3725678.57	流动资产增加净额	−24750040.13
小计	−1384693.95	二、流动负债本年增加数	
流动资金来源合计	33079614.38	1. 短期借款	
二、流动资金运用		2. 应付帐款	−1841462.70
1. 利润分配		3. 应付福利费	231538.95
(1)提取法定公积金	2483785.71	4. 未付股利	−33878950.00
(2)提取法定公益金	1241892.86	5. 未交税金	1367815.07
(3)已分配股利		6. 其他应交款	38264.78
小计	3725678.57	7. 其他应付款	7549274.87
2. 其他运用			
(1)固定资产和在建工程净增加额	−2360550.59		
(2)增加无形资产、递延资产和其他资产	−68992.50		
(3)偿还长期负债	30000000.00		
小计	27570456.91		
流动资金运用合计	31296135.48	流动负债增加净额	−26533519.03
流动资金增加净额	1783478.90	流动资金增加净额	1783478.90

宁 波 海 运 股 份 有 限 公 司

宁波海运股份有限公司股票上市公告书

一、要览

股票简称:宁波海运

总股本:16400 万股

本次上市流通股本:3690 万股

上市时间:1997 年 4 月 23 日

股票代码:600798

可流通股本:4100 万股

上市地:上海证券交易所

登记机构:上海证券中央登记结算公司

上市推荐人:国泰证券有限公司

二、绪言

本公司本次股票发行及其发行方案已获中国证券监督管理委员会证监发字(1997)51 号和证监发字(1997)52 号文件批准,并于 1997 年 3 月 20 日通过上海证券交易所实施了上网定价发行。

经上海证券交易所上证上字(1997)18 号文同意,定于 1997 年 4 月 23 日在上海证券交易所挂牌交易。本公司可流通股本为 4100 万股。本次申请上市流通股本为 3690 万股,另外 410 万股公司职工股将在本次上市流通股上市之日起六个月后上市。

公司于 1997 年 3 月 14 日在《上海证券报》、《中国证券报》、和《宁波日报》上刊登了《招股说明书概要》,至今不足六个月,故与其重复的内容在此不再赘述,敬请投资者查询本公司的《招股说明书》及其概要。

本公司董事会及其成员已批准本上市公告书,并愿就本公告书所载资料的真实性、准确性和完整性负个别和连带的责任。

三、本公司概况

(一)公司概况

法定名称:宁波海运股份有限公司

注册资金:人民币壹亿陆千肆百万元

法定代表人:金润芳

法定地址:宁波市中马路 202 号

公司成立日期:1997 年 4 月 18 日

经营范围:主营:沿海、内河(长江)货物运输和国际远洋运输

兼营:货物中转、联运、仓储和劳务输出服务

所属行业:交通运输

在册职工数:826

联系电话:0574－7356271

(二)公司沿革

本公司前身宁波海运(集团)总公司货轮运输分公司成立于 1992 年 10 月,主营沿海运输(含国际货物运输)、货运中转及代办业务。

1996 年 12 月 30 日宁波市人民政府以甬政发(1996)289 号文批准以宁波海运集团总公司货轮运输分公司为基础,以募集方式设立本公司。

四、股票发行及承销

(一)、股票公开发行

股票种类:人民币普通股

每股面值:人民币 1 元

社会公众股发行数量:4100 万股

其中:本次上市流通股　3690 万股

公司职工股　410 万股

股票发行价格:6.45 元/每股

募集资金总额:252,150,000 元(已扣除有关发行费用)

发行方式:3690 万股在上海证券交易所定价上网发行,410 万股向公司职工直接配售。

配售比例:可流通部分的社会公众股配售比例(即中签率)5.455‰

配售户数:可流通部分社会公众股:36900 户公司职工持股:825 户

持股 1000 股以上的户数:37515

发行费用总额:12,300,000 元

每股发行费用:0.30 元

发行市盈率:15 倍

(二)、股票承销

1. 承销方式:余额包销

2. 承销结果:本次发行社会公众股 4100 万股,全部为符合法律法规规定的社会公众和公司职工足额认购。无余额由承销团包销。

3. 验资报告:

公司筹委会委托大华会计师事务所对募集资金进行验资。该所已出具华业字(97)第 732 号和华业字(97)第 817 号验资报告,分别对本次上网发行的 3960 万股可流通股和向公司职工配售的 410 万股公司职工股所募集资金进行验资。

根据上述验资报告揭示,本次发行的主承销商于 1997 年 3 月 27 日解入中国工商银行宁波市江北支行＃230302210028506 帐号宁波海运股份有限公司(筹)人民币帐户人民币 126,935,000.00 元,交通银行宁波市分行人民路办事处＃62720100141009265 帐号宁波海运股份有限公司(筹)人民币帐户人民币 100,000,000.00 元。主承销商解入交通银行宁波市分行人民路办事处＃62720100141009265 帐号人民币 26,445,000.00 元(含应支付的发行费用 1230 万元)。

公司本次募集 4100 万股,扣除发行费用 1230 万元后,实际到位股款 25215 万元。其中股本 4100 万元,资本公积 21115 万元。

五、董事、监事及高级管理人员持股情况

1. 董事及高级管理人员简介

金润芳先生,董事长、总经理。49 岁,大学学历,工程师,从事企业管理工作多年,历任宁波海运总公司航修站站长、副总经理、总经理等职;曾当选为中共宁波市第八届党代会代表,1995 年被评为"浙江省优秀企业家"。持有本公司股票 5000 股。占总股本的 0.003%。

孔详驹先生,副董事长,42 岁,大专学历,经济师,从事企业管理工作十余年,历任浙江省电力燃料总公司副处长,现任浙江省电力燃料总公司总经理,持有本公司股票 5000 股。占总股本的 0.003%。

蒋宏生先生,副董事长,46 岁,大专学历,政工师,从事企业管理工作多年,历任宁波海运总公司团委书记、党委副书记、副总经理、党委书记等职;曾当选浙江省第九次党代会代表、宁波市第十届人大代表。1995 年被评为浙江省优秀政工师。持有本公司股票 5000 股。占总股本的 0.003%。

许爱红女士,董事,45 岁,大学学历,会计师,从事财务管理工作 20 余年,曾任浙江省电力燃料总公司主办会计师。现任浙江省电力燃料总公司财务部经理。持有本公司股票 4000 股。占总股本的 0.0024%。

邵国宗先生,董事、副总经理,52 岁,大学学历,高级工程师,从事企

业管理工作多年,历任宁波海运公司机务科副科长、计划科科长、宁波江海运输公司经理。持有本公司股票4000股。占总股本的0.0024%。

吴明越先生,董事、董事会秘书,47岁,大专学历,从事企业管理工作17余年,历任宁波海运总经理秘书、办公室主任、总经理助理。持有本公司股票4000股。占总股本的0.0024%。

周小弟先生,董事,45岁,高中学历,从事企业管理工作多年,现任宁波经济技术开发区顺风贸易公司经理。持有本公司股票4000股。占总股本的0.0024%。

周志文先生,董事,40岁,大学学历,经济师,从事军队生产经营工作多年,1976年2月入伍,1988年调入中国人民解放军总政治部直工部从事军队生产经营管理工作,现任中国政通实业总公司内蒙古煤矿矿长。持有本公司股票4000股。占总股本的0.0024%。

贺迎一先生,董事,41岁,大专学历,工程师,从事企业管理工作多年。历任浙江北仑发电厂燃运部部长,现任浙江北仑发电厂副厂长。持有本公司股票4000股。占总股本的0.0024%。

夏　刚先生,董事、副总经理,40岁,大学学历,工程师,从事企业管理工作多年,历任宁波海运总公司航修站副站长、站长、宁波海运总公司物资供应分公司副经理、经理、副总经理。持有本公司股票4000股。占总股本的0.0024%。

谢欣然先生,董事,59岁,大专学历,从事企业管理工作多年,历任宁波海运总公司行政办副主任、副总经理等职。持有本公司股票4000股。占总股本的0.0024%。

管雄文先生,董事、副总经理,44岁,助理经济师,从事企业管理工作多年,历任宁波海运公司商务调度科副科长、科长、副总经理。持有本公司股票4000股,占总股本的0.0024%。

虞顺德先生,董事,48岁,大专学历,从事企业管理工作多年,曾任宁波联运公司经理,宁波市交通委员会处长等职。现任宁波市交通投资开发公司经理。持有本公司股票4000股。占总股本的0.0024%。

2.监事简介:

费晓鸣先生,监事会主席,46岁,大专学历,政工师,从事企业管理工作多年,历任宁波海运公司宣传科长、政治处主任、宁波海运总公司党办主任,现任宁波海运总公司工会主席。持有本公司股票4000股。占总股本的0.0024%。

王获菲先生,监事,29岁,大专学历,会计师,浙江北仑发电厂财务处工作。持有本公司股票0股。

金雪芬女士,监事,45岁,大专学历,会计师,从事财务管理工作20余年,曾任宁波海运公司财务科副科长。现任宁波海运总公司财务处副处长。持有本公司股票4000股。占总股本的0.0024%。

王心悦先生,监事,56岁,大专学历,政工师。从事企业管理工作多年,历任宁波海运总公司纪委副书记,政治处主任。持有本公司股票4000股。占总股本的0.0024%。

俞加树先生,监事,56岁,中专学历,工程师,从事企业管理工作多年,历任宁波海运公司副总工程师,海监处处长。持有本公司股票4000股。占总股本的0.0024%。

以上公司董事、监事及高级管理人员共持有本公司股票67000股,占股本总额的0.4085‰,其持有的股份,按《中华人民共和国公司法》规定,在任期内不得转让。

六、公司设立

(一)本公司于1996年12月30日经宁波市人民政府甬政发(1996)289号文批准,以宁波海运(集团)总公司货轮运输分公司为基础,采取募集方式设立本公司。

(二)本公司发起人全权委托宁波海运股份有限公司筹委会负责公司设立及各项准备工作。

(三)本公司于1997年4月16日在宁波市召开公司创立大会,宣告公司成立,并通过了公司发行的社会公众股股票在上海证券交易所上市的决议及其他有关决议。

(四)本公司于1997年4月18日在宁波市工商行政管理局注册登记。

公司注册资金:16,400万元

公司注册地点:宁波中马路202号

公司注册时间:1997年4月18日

营业执照注册号码:25410625—1

七、关联企业及关联交易

本公司的关联企业是宁波海运(集团)总公司。本公司的前身宁波海运集团总公司货轮运输分公司,其燃润料供应、船舶维修、生产生活设施保障等事项均由集团总公司代为办理,在公司正式成立前,公司主要以支付集团总公司管理费的方式支付集团总公司提供的各项服务费用;燃润料、备件备品供应及船舶维修则是以市场价格定价,因此公司与集团公司之间存在关联交易。为保证公司成立后的各项业务即能正常开展,本公司已与集团总公司遵照公平、公正的市场原则,在公司筹备时草签了《后勤服务保障协议》、《生产经营服务保障协议》、《关于船舶投资项目和船舶营运等事宜的承诺》等服务协议;公司登记注册后,上述协议将由双方正式签署。在经济、高效的前提下,公司计划逐步建立自己的生产后勤保障系统,减少与集团总公司关联交易的范围和数量。

八、股本结构及大股东持股情况

1.本次上市前的股本结构

股份类别	股本数(万股)	占股本比例(%)
总股本	16,400	100
尚未流通股份:		
发起人持股	12,300	75
可流通股份:		
社会公众股	4100	25
其中:公司职工持股	410	2.5

2.前十名股东所持股数及比例

(以持股比例排序)

股东名称	股数(万股)	比例(%)
宁波海运(集团)总公司	8,675.6	52.9
浙江省电力燃料总公司	3,053.44	18.62
宁波市经济技术开发区顺风贸易公司	284.96	1.74
中国政通实业总公司内蒙古煤矿	229.6	1.4
宁波市交通投资开发总公司	56.4	0.34
李勇龙	0.5	0.00003
赵田初	0.5	0.00003
王躬安	0.5	0.00003
楼明朗	0.5	0.00003
石宗珏	0.5	0.00003

九、公司财务会计资料

经上海大华会计师事务所审计,主要会计资料如下:

(一)审计报告

华业字(97)第025号审计报告。

宁波海运股份有限公司筹委会:

我们接受委托,审计了贵公司1993年至1995年每年12月31日和1996年1月至10月的资产负债表、利润表以及1995年度的财务状况变动表,这些会计报表由贵公司负责,我们的责任是对这些会计报表发表审计意见。我们的审计是依据中国注册会计师独立审计准则进行的。在审计过程中,我们结合贵公司的实际情况,实施了包括抽查会计记录等我们认为必要的审计程序。

我们认为,上述会计报表的编制符合《企业会计准则》和《股份制试点

企业会计制度》的规定;在所有重大方面公允地反映了贵公司1993年至1995年每年12月31日和1996年10月31日的财务状况以及各该年度和1996年1月至10月的经营成果和1995年度资金变动情况,会计处理方法的选用遵循一贯性原则。

大华会计师事务所
中国注册会计师　陆水炜、朱鸣里
中国·上海
一九九七年一月十二日

(二)本公司招股说明书概要已刊登在1997年3月14日的《上海证券报》、《中国证券报》和《宁波日报》上。该招股书已对本公司的财务资料作了详细的披露,并且审计时间至今没有变动,故在此仅刊登有关财务资料的简要情况。

资产负债表主要数据(附后)

利润表主要数据(附后)

财务状况变动表(附后)

(三)财务指标分析

财务指标	1996年度	1995年度	1994年度	1993年度
流动比例(%)	172.95	23.77	73.89	22.49
速动比例(%)	155.57	20.50	72.69	22.47
资产负债率(%)	25.29	59.50	38.04	58.34
净资产收益率(%)	33.09	72.55	82.68	78.91
销售利润率(%)	50.01	44.64	45.24	46.93
应收帐款周转率(次)	4.59	7.62	7.58	10.84
存货周转率(次)	15.54	21.16	——	——

(四)公司重要会计政策

1.公司执行的会计制度:公司1993年~1996年10月原执行运输企业会计制度,会计报表按《股份制试点企业会计制度》进行调整

2.会计期间:公历1月1日至12月31日。

3.记帐原则:权责发生制。计价基础:历史成本。

4.记帐本位币:人民币。

5.存货计价方法:各类存货的购入与领用按计划成本计价,实际与计划成本的差异每月月末直接调整成本。

6.应收帐款的坏帐损失采用直接转销法。

7.固定资产计价及折旧方法:

(1)固定资产按实际成本计价。其标准为单位价值2,000元以上。使用期限超过一年;

(2)固定资产折旧采用直线法,并按固定资产的原值和估计使用年限扣除残值(原值的4%)制定其折旧率,折旧率如下:

固定资产类别	使用年限	年折旧率
船舶运输设备	17.5年	5.5%

8.税项:

税种	税率	
(1)营业税	3%	(按营业收入)
(2)城市建设维护税	7%	(按营业税额)
(3)教育费附加	3.5%	(按营业税额)
(4)水利建设专项基金	2‰	(按营业收入)

公司根据宁波市人民政府甬政发(1997)16号文《关于宁波海运股份有限公司所得税问题的批复》,公司所得税按规定税率计征,全额返回。

9.利润分配:

根据公司章程规定,按年度净利润提取法定盈余公积金10%,法定公益金10%,其余可供分配的利润根据公司合同、章程进行分配。

10.运输收入实现条件:

运输业务:以劳务已经提供,收迄价款或取得收取价款的凭证时确认为营业收入的实现。

十、董事会上市承诺

本公司董事会将严格遵守《中华人民共和国公司法》、《股票发行与交易管理暂行条例》、《公开发行股票公司信息披露实施细则》、《上海证券交易所市场业务试行规则》和有关法律、法规的规定,并自股票上市之日起向全体股东作出如下承诺:

1.按照法律、法规的规定程序和要求披露重大的信息、并接受证券主管机关,上海证券交易所的监督管理。

2.及时、真实、准确地公布中期报告和年度报告、并备置于规定场所供投资者公众查阅。

3.本公司董事、监事及高级管理人员如发生人事变动或持本公司股票发生变化时,在报告证券主管机关、证券交易所的同时向投资者公告。

4.在任何公共传播媒介中出现的消息可能对本公司股票的市场交易价格产生误导性影响时,本公司知悉后将及时对该消息予以公开澄清。

5.本公司董事、监事及高级管理人员将认真听取社会公众的意见和批评,不利用已获得的内幕消息和其他不正当手段直接或间接从事股票买卖活动。

6.本公司没有无记录负债。

十一、重要事项揭示

股利分配政策:

1.公司税后利润的分配在弥补亏损后,按下列顺序及比例分配

(1)提取法定盈余公积金10%

(2)提取法定公益金5—10%

(3)提取任意盈余公积金

(4)支付普通股红利

2.公司股利分配本着同股同利的原则,按各股东所持有的份额进行分配,股利分配采用现金或股票两种方式。本公司分配股利时,按有关法律和法规的规定代扣个人股东股利收入的应纳税金。

3.每个会计年度由董事会制定股利分配方案,并提交股东大会审议批准后实施。

4.预期本次公开发行股票后首次股利分配时间为1998年6月以前。

以上股利分配政策尚须待公司创立大会(即公司第一次股东大会)予以确认。

5.根据发起人会议决议,公司1996年11月1日起至公司正式成立以前形成的利润,由认购公司本次发行的社会公众股股票的股东和公司发起人共同享受,并按同股同权同利原则分配。

盈利预测(附后)

十二、咨询机构

(一)本公司:宁波海运股份有限公司

法定代表人:金润芳

地址:宁波中马路202号

电话:0574—7356271

联系人:吴明越、黄敏辉

(二)主承销商:申银万国证券股份有限公司

法定代表人:阚治东

地址:上海南京东路99号

电话:021—64312800

联系人:吴毓明

(三)上市推荐人:国泰证券有限公司

法定代表人:金建栋

办公地址:上海市延平路135号

电话:021—62587719

联系人:戴敏云　魏逸飞

十三、备查文件目录

1.本公司注册登记文件

2. 上海证券交易所上市批准
3. 验资报告
4. 审计报告
5. 上市推荐书
6. 本公司创立大会暨第一次股东大会决议
7. 本公司招股说明书
8. 公司章程

宁波海运股份有限公司
一九九七年四月十九日

附件一

资产负债表

金额单位:元

资产	附注	96年10月31日	95年12月31日	94年12月31日	93年12月31日	负债及股东权益	附注	96年10月31日	95年12月31日	94年12月31日	93年12月31日
流动资产:						流动负债:					
货币资金	1	2,529,686	8,443,363	7,887,961	5,074,102	应付帐款	7	1,183,578	1,492,909	0	0
应收帐款	2	31,843,079	11,135,319	16,622,983	9,435,066	未付股利	9	20,829,117	37,775,315	33,262,411	29,315,074
应收帐款净额		31,843,079	11,135,319	16,622,983	9,435,066	其他未交款	10	149,293	65,964	101,394	29,382
其他应收款	3	1,011,880	—19,915	252,844	104,800	其他应付款	8	582,541	56,054,674	705,425	35,689,002
待摊费用	4	297,333	89,882	409,398	14,134	流动负债合计		22,744,529	95,388,861	34,069,230	65,033,458
存　货	5	3,655,807	3,029,015	0	0	长期负债:					
存净额货		3,655,807	3,029,015	0	0	长期应付款	12	37,320,000	0	0	0
流动资产合计		39,337,785	22,677,663	25,173,185	14,628,102	其他长期负债	11	458,003	219,877	92,934	0
固定资产:						长期负债合计		37,778,003	219,877	92,934	0
固定资产原价	6	782,360,000	162,211,575	82,107,906	113,549,322	负债合计		60,522,531	95,608,738	34,162,164	65,033,459
减:累计折旧		582,340,000	24,196,946	17,479,202	16,705,198	股东权益					
固定资产净值		200,020,000	138,014,629	64,628,704	96,844,124	股本	13	119,223,503	39,110,000	39,110,000	39,110,000
固定资产合计		200,020,000	138,014,629	64,628,704	96,844,124	资本公积	13	59,611,751			
资产总计		239,357,785	160,692,292	89,801,890	111,472,226	盈余公积			25,973,554	16,529,725	7,328,768
负债及股东权益						其中:公益金			12,986,777	8,264,863	3,664,384
						股东权益合计		178,835,254	65,083,554	55,639,725	46,438,768
								239,357,785	160,692,292	89,801,890	111,472,226

利　润　表

附件二

金额单位:元

项　目	96年1至10月	1995年度	1994年度	1993年度
一、主营业务收入	98,611,535	105,782,702	101,682,040	78,068,327
减:营业成本	51,951,246	54,242,437	50,718,847	37,436,349
销售费用				
管理费用	1,057,790	1,158,557	1,401,808	1,331,917
财务费用	—76,995	—243,297	—170,047	—30,256
营业税金及附加	2,623,817	3,405,862	3,726,647	2,686,475
二、主营业务利润(亏损以负号表示)	43,055,677	47,219,143	46,004,785	36,643,842
加:其他业务利润(亏损以负号表示)	6,261,502	0	0	0
三、营业利润(亏损以负号表示)	49,317,179	47,219,143	46,004,785	36,643,842
四、利润总额(亏损以负号表示)	49,317,179	47,219,143	46,004,785	36,643,842
减:所得税	0	0	0	0
五、净利润(亏损以负号表示)	49,317,179	47,219,143	46,004,785	36,643,842

附件三

财务状况变动表

1995年度

金额单位:元

流动资金来源和运用	金额	流动资金各项目的变动	金额
一、流动资金来源		一、流动资产本年增加数:	
1. 本年净利润(合并报表为合并净利润)	47,219,143	1. 货币资金	555,401
加:不减少流动资金的费用和损失:		3. 应收票据	
(1)固定资产折旧	6,717,744	4. 应收帐款净额	—5,487,664
(2)固定资产盘亏(减盘盈)		6. 其他应收款	—0272,759
(3)清理固定资产损失(减收益)		7. 待摊费用	—319,516
(4)递延税款		8. 存货净额	3,029,015
小　计	53,936,888	10. 一年内到期长期债券投资	
2. 其他来源		12. 其他流动资产	
(1)增加长期负债	126,943	流动资产增加净额	—2,495,523
(2)收回长期投资		二、流动负债本年增加数:	

流动资金来源和运用	金额	流动资金各项目的变动	金额
(3)资本净增加额	9,443,829	3.应付帐款	1,492,909
小　计	9,570,772	5.应付福利费	
流动资金来源合计	63,507,659	6.未付股利	4,512,904
二、流动资金运用:		7.未交税金	
1.利润分配		8.其他未交款	—35,431
(1)提取法定公积金	4,721,914	9.其他应付款	55,349,249
(2)提取法定公益金	4,721,914	10.预提费用	
(3)已分配股利	37,775,315	12.其他流动负债	
小　计	47,219,143		
3.其他运用			
(1)固定资产和在建工程净增加额	80,103,669		
小　计	80,103,669		
流动资金运用合计	127,322,812		
外币会计报表折算差额(合并报表填列)		流动负债增加净额	61,319,631
流动资金增加净额	—63,815,153	流动资金增加净额	—63,815,153

附件四

盈利预测

单位:千元

项目	1996年度			1997年度预测数	项目	1996年度			1997年度预测数
	全年预测数	1—10月已审实现数	11—12月预测数			全年预测数	1—10月已审实现数	11—12月预测数	
一、主营业务收入	122,910	98,610	24,300	209,140	三、利润总额	60,050	49,320	10,730	78,850
减:营业成本	64,590	51,950	12,640	114,850	减:所得税	0	0	0	0
管理费用	1,290	1,060	230	3,710	所得税(按33%计征)	19,815	16,276	3,541	26,021
财务费用	—100	—80	—20	4,380	四、净利润(全额返回)	60,050	49,320	10,730	78,850
营业税金及附加	3,340	2,620	720	7,350	净利润(按33%计征)	40,235	33,044	7,189	52,829
加:其它业务利润	6,260	6,260	0	0	五、每股税后利润(元/股)*	0.50	---	---	0.48
二、营业利润	60,050	49,320	10,730	78,850	六、预计市盈率(倍)**	12.90	---	---	13.43
加:投资收益	0	0	0	0	七、预计每股净资产(元/股)***	1.59	---	---	3.21

注:*:每股税后利润按全面摊薄法计算,计算中1996年股本为公司1996年10月31日(资产评估基准日)的评估净资产按1.5:1比例折股形成的股份,1997年股本为本次发行后的总股本。

**:预计市盈率=每股发行价格/每股税后利润

***:预计每股净资产=净资产/股本　　(股本计算同上)。

上海隧道工程股份有限公司

1996年年度报告摘要　（摘选）

一、公司简况

公司名称：上海隧道工程股份有限公司

法人代表：程　骁　　　邮政编码：200032

公司地址：上海市肇嘉浜路239号

电话：021—64339412　　　传真：021—64377289

二、主要财务数据与财务指标

指标项目	本年数	上年数	比上年增减(%)
1.主营业务收入(万元)	122192.02	83925.04	45.60
2.净利润(万元)	4309.28	3642.49	18.31
3.总资产(万元)	103906.12	67406.82	54.15
4.股东权益(万元)	33214.91	30508.75	8.87
5.每股收益(元)	0.3318	0.3085	7.55
6.每股净资产(元)	2.56	2.58	−0.78
7.净资产收益率(%)	12.97	11.94	8.63
8.股东权益比率(%)	31.97	45.26	−29.36

说明：1）上述数据均为合并报表数据，每股收益和净资产收益率按全面摊薄计算；

2）1995年的股东权益及相关指标均按1996年报表要求口径进行调整。

三、公司业务经营回顾

1. 一年来的经营情况：

1996年是公司五年发展规划实施的第一年，公司努力贯彻“向结构化要效益、向规模经营要效益、向科技进步要效益、向科学管理要效益”的指导思想，全体职工通力合作、知难而进、拼搏奉献、乘势而上。企业的施工能力和综合实力走上了历史新台阶，全年实现主营业务收入122192.02万元，实现利润总额4936.90万元，创历史新高；公司全面出色完成市重点工程施工任务，年竣工项目规模、数量创历史之最，实际完成形象进度率达94.50%，公司深入开展“创达标窗口、建文明工地”活动，实施ISO9002标准要求的质量体系，努力推进两个文明建设的共同进步。96年中公司荣获上海市重点工程、实事立功竞赛优秀公司十连冠；上海市建委首批命名“达标窗口单位”称号；荣获上海市“学知识、学科学、学技术”先进集体称号；公司参加建设的南北高架道路获鲁班奖（国家优质工程）；地铁一号线车站和隧道获全国市政金杯奖；地铁一号线和南北高架道路获上海市政金奖。

1996年，公司承建的延安路西段高架2．3标，延安东路南线隧道、沪宁高速公路江桥立交、长江引水顶管、广东中山电厂取排水工程、福州长乐机场主跑道和候机楼高架道路等19个大中型项目如期竣工。其中延安东路南线隧道从1994年1月奠基开工到1996年11月全面通车，施工期仅两年十个月，延安路高架西段2.3标段等大型项目当年开工，当年竣工，地铁二号线杨高路、陆家嘴路车站、杨高路至东方路地铁区间隧道、延安路高架东段1.1标段等一批新开项目，克服了重重困难，在短期内形成了施工高峰，把握了工程施工的主动权。

根据公司“坚持一业为主，培育两大支柱、形成三足鼎立”的三大产业结构模式，盾构、顶管等地下施工机械制造、防水材料生产、商品混凝土、岩土工程量测技术、液压技术、房地产开发、木业制品、肉鸽生产、餐饮服务等。投资多元化与主营施工业务相关产业正在形成。

1996年，公司在“大经营”思想指导下，积极开拓市场，参加50余个工程项目的投标，中标26个，中标率为42%，承接业务工作量12亿（其中外地工程两个）。包括宁波北仑港电厂取排水工程、杨高路、陆家嘴、静安寺等地铁车站、延安东路东段高架道路、置信广场等工程项目。

2. 主营业务收入与利润完成情况分析

1996年，公司主营业务收入计划110000万元，实际完成122192.02万元，完成计划的111.08%，比上年度增长45.59%，实现利润总额4936.90万元，比上年度增长16.68%；实现净利润4309.27万元，比上年度增长18.31%。其中主营业务利润4263.77万元，主营业务利润仍是公司利润总额的主要来源，占86.37%。

公司主营业务收入中，隧道工程占36.67%，高架道路与立交桥工程占22.21%，地下变电站、车站、停车场结构工程占19.86%，机场跑道与停机坪工程占10.18%，商住楼工程占7.95%，其它（顶管）工程占3.13%，隧道工程业务收入比重仍占首位，高架道路和基础结构工程业务收入比重比95年有所上升。公司总资产和负债总额上升的主要原因是公司主营业务比上年增长45.60%，为满足生产经营扩大的需要而增加短期借款，同时应收帐款因工程增加而增多。

四、股本变化及股本结构情况

填报日期：1996年12月31日　　数量单位：股　每股面值：1元

	期初数	送股	期末数
1. 尚未流通股份			
(1)国家持股	69,457,380	6,945,738	76,403,118
(2)募集法人股	10,600,000	1,060,000	11,660,000
(3)转配	10,000,000	1,000,000	11,000,000
尚未流通股份总计	90,057,380	9,005,738	99,063,118
2、已流通股份			
境内上市的人民币普通股	28,000,000	2,800,000	30,800,000
已流通股份总计	28,000,000	2,800,000	30,800,000
3. 股份总计	118,057,380	11,805,738	129,863,118

主要股东持股情况(前十名股东)

名次	股东名称	年初持股数(万股)	占总股本(%)
1	国家股	7640.3118	58.83
2	伟盟建筑材料有限公司	482.394	3.71
3	深圳蓝天基金管理公司	121	0.932
4	申银万国证券股份有限公司	96.8	0.745
5	沪财徐汇	75.6265	0.582
6	陈念	68	0.524
7	陈新国	67.6351	0.521
8	宫东辉	54	0.416
9	李红旗	53	0.409
10	宋桂珍	48	0.370

上海凌桥自来水股份有限公司

1996 年年度报告摘要　（摘选）

一、公司简况

公司名称：上海凌桥自来水股份有限公司

法人代表：徐国祥　　邮政编码：200122

公司地址：上海市浦东大道 840 号

电话：(021)58308595　　传真：(021)58308595

二、主要财务数据与财务指标

指标项目	本年数	上年数	比上年增减(%)
1. 主营业务收入(万元)	9581.38	7172.83	33.58
2. 净利润(万元)	3869.62	3789.66	2.11
3. 总资产(万元)	43200.01	34894.80	23.80
4. 股东权益(万元)	22184.19	21590.58	2.75
5. 每股收益(元)	0.213	0.208	2.40
6. 每股净资产(元)	1.22	1.186	2.87
7. 净资产收益率(%)	17.44	17.55	-0.63
8. 股东权益比率(%)	51.35	61.87	-17.00

三、公司业务经营回顾

1. 一年来经营情况：

1996 年公司以安全供水，优质服务为龙头，同时抓紧完成市府重大工程凌桥水厂扩建工程，做到了生产、基建两不误，取得了较好的经营业绩。

(1) 安全供水。为确保安全供水，我们积极做好生产设备的维修保养工作，提前完成了供水设备的年度大检修任务，使设备始终处于良好的运行状态，为安全供水打下了扎实的基础，全年制水 10000 万吨，比去年增长 35.34%。

(2) 优质服务。96 年公司面临的源水水质十分复杂，黄浦江水源与长江水源交叉使用，为确保水质，我们不断改进净水工艺，充分利用引进设备，加强净水生产的现场管理，采用国际通用的 NTU 浊度仪，使浊度标准与国际接轨，96 年在供水主业增长 35.34% 的情况下，出厂水水质全部达到国家 A 级饮用水标准。

(3) 完成市府重点工程，增加供水能力。凌桥水厂扩建工程被市府列为重点市政工程，为保证重点工程的如期完成，我们充分发挥广大建设者的积极性，以工程建设为重点，与各施工单位加强协调、通力合作，合理安排工序，加班加点，抢时间，争速度，在确保质量的前提下仅用 8 个月的时间，提前完成了市府重点工程，于 96 年 6 月并网通水，至此凌桥水厂已形成日供水 40 万吨的生产能力。

2. 主要指标分析：

(1) 96 年公司主营业务收入为 9,581.38 万元，比去年上升了 33.58%，其主要原因是凌桥水厂扩建工程并网通水，供水量增加所致。

(2) 96 年公司净利润为 3869.62 万元，比去年上升了 2.11%，其主要原因是供水量增加，主营业务收入增加所致。

3. 募集资金使用情况说明：

自本公司股票发行以来，未进行过增资配股，前次募集资金共计人民币 2 亿元，用于建造一座日产 20 万吨自来水的凌桥水厂，资金投入符合招股说明书的要求，所投资的行业也符合国家的产业政策。

四、股本变化及股本结构情况

1. 股本变化及股本结构情况

截至 1996 年 12 月 31 日本公司股本结构未发生变化，股本结构情况如下：

数量单位：万股，每股面值：1 元

	96 年末数	比例(%)	95 年末数	比例(%)
一、尚未流通股份				
1. 发起人持股				
其中：				
国家持股	12000	65.93	12000	65.93
发起人法人持股	2500	13.74	2500	13.74
境内法人持股	1300	7.14	1300	7.14
外资法人持股				
其他				
2. 募集法人股				
3. 内部职工股				
4. 优先股或其他				
尚未流通股份合计	15800	86.81	15800	86.81
二、已流通股份				
1. 境内上市的人民币普通股	2400	13.19	2400	13.19
2. 境内上市的外资股				
3. 境外上市的外资股				
4. 其他				
已流通股份合计	2400	13.19	2400	13.19
三、股份总数	18200	100.00	18200	100.00

2. 主要股东持股情况(前十名股东)

名次	股东名称	年末持股数(万股)	占总股本(%)
1	国家持股	12000	65.93
2	上海市自来水公司	2100	11.54
3	上海市城市建设投资开发总公司	500	2.75
4	上海申银证券公司	422	2.32
5	南洋制衣公司	60	0.33
6	上海祥盛工贸实业公司	60	0.33
7	中条管道公司	48	0.26
8	王家正	47	0.26
9	上海住安建设发展公司	40	0.22
10	前进进出口公司	30	0.16
	上海市公共交通总公司	30	0.16
	同济大学科学技术开发公司	30	0.16
	上海施乐复印机有限公司	30	0.16
	大众出租汽车股份有限公司	30	0.16

3. 股东数量

截至 1996 年 12 月 31 日本公司股东总人数为 23710 人。

其中：国家股　1 人

社会法人股　51 人

社会个人股　23658 人

内蒙古蒙电华能热电股份有限公司

1996年年度报告摘要　（摘选）

一、公司简况

公司名称：内蒙古蒙电华能热电股份有限公司

法人代表：乌力吉　　　　邮政编码：014030

公司地址：包头市青山区厂前路

电话：0472—3151123、3128993 传真：0472—3135384、3151228

二、主要财务数据与财务指标

单位：

指标项目	本年数	上年数	比上年增减(%)
1.主营业务收入	388,266,317.95	356,883,937.57	8.79
2.净利润	92,289,139.54	80,885,166.55	14.10
3.总资产	1,122,472,709.11	1,034,636,663.82	8.49
4.股东权益	983,181,161.11	830,878,404.57	18.33
5.每股收益	0.22	0.20	11.00
6.每股净资产	2.30	2.02	13.86
7.净资产收益率(%)	9.39	9.73	-3.49
8.股东权益比率(%)	87.59	80.31	9.06

三、公司主要业务回顾

1.一年来经营情况

本公司是以发电和供热为主的火力发电厂，共有装机容量42.5万千瓦，年发电量在26亿千瓦时以上，供热为600多万吉焦。属内蒙古西部电网的主力发电厂之一。并拥有装机容量为20万千瓦机组的海勃湾电力股份有限公司40%的股权。

1996年度，公司在全体股东的大力支持下，加强管理，注重效益，经过全体员工的努力，圆满的完成了全年的计划目标。安全生产实现了全年无事故的好成绩，全年发电量实现26.6亿千瓦时、供热量实现616.9万吉焦、主营业务收入38826.63万元、净利润9228.91万元。

公司的主营业务收入主要来源于发电，占收入的86.74%。在本年度，公司的主营业务收入和净利润分别比上年增加了8.79%和14.10%。主要原因是在1996年度，电力价格由1995的126.60元/千千瓦时，上调到142.50元/千千瓦时，热力价格也从96年12月1日由9.2元/吉焦上调到12.2元/吉焦。在1996年度 热力经营属于亏损，对公司的业绩产生了一定影响，但这种状况由于1996年12月的热价上调，在1997将得以改善。另外，公司对海勃湾电力股份有限公司的持股增加，也相应增加了投资收益。

此外，公司加大了设备的治理和改造，开展了"创一流火力发电厂"活动，先后通过了电力部规定的"安全文明生产达标"和华北局"无渗漏"企业标准的考评，并在1996年又通过了华北局"二星级"火力发电厂的验收。

2.募集资金的使用说明

公司在1996年度实施配股，共募集资金5820万元，其中用5203万元以1.1:1收购内蒙古电力总公司持有海勃湾电力股份有限公司股份4730万股。收购后，公司对海勃湾电力股份有限公司的持股增加到2亿股，持股比例达到40%。其余资金将用于公司设备的更新改造。

四、股本变化及股本结构情况

1.股本变化及股本结构情况

1)股本结构情况

填表时间：1996年12月31日　　　单位：股　每股面值：1元

	期初数	本次变动增减(+、-) 配股	送股	公积金转股	其他	小计	期末数
一、尚未流通股份							
1.发起人股份							
其中：							
国家持股	55000000						55000000
境内法人持股	307000000						307000000
外资法人持股							
其他							
2.募集法人股							
3.内部职工股							
4.优先股或其他							
尚未流通股份合计	362000000						362000000
二、已流通股份							
1.境内上市人民币普通股	50000000	15000000				15000000	65000000
2.境内上市的外资股							
3.境外上市的外资股							
4.其他							
已流通股份合计	50000000	15000000				15000000	65000000
三、股份总数	412000000	15000000				15000000	427000000

2)股本变动情况和原因：

已流通股份的人民币普通股的增加，是由于本公司在年度内以10股配3股的比例实施配股增加的，国家股和法人股由于放弃配股权，故股本未发生变动。

3)主要股东持股情况

股东名称	年末持股数(股)	占总股本(%)
1)内蒙电力总公司	229,320,000	53.71
2)华能发电公司	75,680,000	17.72
3)国家股	55,000,000	12.88
4)华能内蒙发电公司	2,000,000	0.47
5)建总信托	943,090	0.22
6)安信财务	400,000	0.09
7)王永汉	351,910	0.08
8)姜影	343,435	0.08
9)储惠忠	300,000	0.07
10)陈东	290,000	0.07

4)股本数量：

年末股东户数44539户，其中社会公众股东44535户。

哈尔滨岁宝热电股份有限公司

1996年年度报告摘要（摘选）

一、公司简况

公司名称：哈尔滨岁宝热电股份有限公司

法人代表：杨祥波　　　　邮政编码：150038

公司地址：哈尔滨市香坊区化工路133号

电话：0451—7672779　　　　传真：0451—7672779

二、主要财务数据与财务指标

单位：元

指标项目	1996年	1995年	较上年增减(%)
1.主营业务收入	90,428,848.09	70,378,157.47	28.4
2.净利润	22,155,201.04	22,836,293.03	-2.98
3.总资产	390,039,163.63	345,378,918.17	12.93
4.股东权益	245,337,430.12	223,182,229.08	9.93
5.每股收益	0.23	0.24	-4.17
6.每股净资产	2.59	2.35	10.2
7.净资产收益率	9.03%	10.23%	-1.2
8.股东权益比率	62.90%	64.62%	-1.72

三、公司主要业务回顾

哈尔滨岁宝热电股份有限公司主要业务范围：热电、电力生产与供应；热力、电力工程设备及相关产品生产与销售。是哈尔滨市最大的地方电厂，也是哈尔滨市盈利大户之一，一九九六年在董事会的正确领导下，经过公司全体员工的不懈努力，围绕着生产经营活动做了大量工作，取得了一定的成绩，没有辜负全体股东的期望。

(一)公司一九九六年各项指标完成情况

1、主营业务收入9042.8万元，比1995年7037.8万元增长28.4%；

2、利润2606.4万元，比1995年2687万元下降2.98%；

3、税后利润2215.5万元，比1995年2284万元下降2.98%；

4、1996年末总资产39003.9万元，比上年增加4466万元；长期负债814万元，比上年增加20万元；股东权益24533万元，每股收益0.23元，股东权益比率62.9%，净资产收益率9.03%；

5、发电量21866万千瓦时，完成年计划的99.8%；供电量17549万千瓦时，完成年计划的97.5%；全年售汽38.7万吨，完成年计划96.51%；实现工业总产值2248万元，完成年计划的104.5%。

为了确保各项指标的完成，我们采取的主要措施有：

第一、注重安全管理、安全生产创历史最好水平

安全生产工作是我们的重中之重，工厂始终把安全生产工作放在首位，在安全管理上，我们以安全长周期运行为目的，坚持长期安全教育，安全检查和每周一次的安全活动，把安全检查放在预防为主的首位，每年春季和秋季分别进行一次安全大检查，由公司安全委员会组织有关部门进行联合检查，深入到车间，有目的的进行重点检查，发现问题即通知所在单位进行处理，对一些需停炉停机处理的缺陷，则由安监处下"隐患整改通知单"限期整改，从上到下形成了健全有力的三级安全网。

加强安全教育，提高职工安全技术素质和安全意识，通过技术考试，每年组织两次反事故演习，提高职工的安全意识和对事故的应变能力。由于安全教育抓的及时，职工安全意识不断提高，安全第一的观念得到贯彻落实，1996年6月24日实现了安全生产两周年，创本企业历史最好水平。

第二、集中人力、物力、确保大修和技改工作的完成

1996年大修技改工作的主要任务是：对1#炉系统，1#汽轮发电机组的设备进行全面大修，在大修期间对危害我厂效益的现有除尘器系统进行彻底改造，既废除旋风子式除尘方式，改为目前国内先进的静电除尘，根治我厂最大的公害，我们在时间紧、任务重、人员少的情况下，集中人力、物力，做好思想准备；资金准备，制定了安全措施、组织措施、技术措施，严把关键部位质量关，严格执行三级验收标准，保质、保量完成了大修任务。

在除尘器改造工作中，拆除旧的除尘器是一件工作量大，很危险的工作。除尘器高28米，仅钢材就有384吨，为了节约资金，由检修人员自己拆除，全体检修人员起早贪晚，星期六、星期日不休息，仅一个半月时间就将1#旧除尘器全部拆除；仅此一项就为工厂节约资金20万元。

第三、深化改革、完善用人机制

随着内部配套改革的深入，我们把干部队伍建设作为重点来抓，干部实行聘任制，并严格进行考核，本着为干部的选拔、晋升、奖惩、培养提供依据的宗旨，去年我们首次对中层干部的德、能、勤、绩四个方面进行了考核，并把考核结果同干部聘任、晋级结合起来，增强了干部的事业心、责任感和危机感，真正做到了干部能上能下。

通过上述的改革措施，把竞争机制引入工厂，极大的调动了广大党员、干部、职工的积极性，焕发了工作热情，使人人都有一种危机感，真正认识到无论在什么岗位上，只能干好，别无选择。

第四、抓队伍建设，培育"四有"新人

紧紧围绕经济建设这个中心，坚持"两个文明"一起抓，通过多种渠道，采取多种形式，开展敬业爱岗活动，涌现出一批先进人物，并选拔优秀演讲员参加化工集团公司组织的敬业爱岗演讲比赛，获得二等奖。去年我们结合安全生产两周年举办了系列活动，召开了全厂安全生产两周年庆祝大会，进行安全生产抢答赛，举办首届职工卡拉OK大奖赛，开展篮球、排球比赛等活动。

通过开展一系列活动，不仅使职工的思想觉悟和业务水平有了不同程度的提高，而且丰富了职工的业余文化生活。

四、股本变化及股本结构情况

1.股本结构情况

填报日期1996年12月31日　　数量单位：万股　　每股面值：1元

	期初数	配股	送股	公积金转股	其他	小计	期末数
一、尚未流通股份							
1.发起人股份	6733.1						6733.1
其中：							
国家拥有股份	3319.8						3319.8
境内法人持有股份	3413.3						3413.3
外资法人持有股份							
其它							
2.募集法人股							
3.内部职工股							
4.优先股或其它							
尚未流通股份合计	6733.1						6733.1
二、已流通股份							
1.境内上市人民币普通股	2750						2750
2.境内上市的外资股							
3.境外上市的外资股							
4.其他							
已流通股份合计	2750						2750
三、股份总数	9483.1						9483.1

2.股东数量：报告期末的股东总户数17698户。

其中：国有股东1户；法人股东2户；个人股东17695户。

3.主要股东持股情况：

10名最大股东的持股情况

股东名称	持股数量（万股）	占总股本比例（%）
哈尔滨石油化学工业(集团)公司	33198000	35
岁宝集团(深圳)实业有限公司	32241000	34
泰阳实业	2650844	2.79
阿城市热电厂	1892000	2.00
颜金龙	593010	0.62
王宏	580000	0.60
高乐力	204600	0.21
怡华电梯	190000	0.2
李敏	172300	0.18
屈孝元	159998	0.17

哈尔滨石油化学工业(集团)公司代表国家持股

海南海盛船务实业股份有限公司

1996年年度报告摘要 （摘选）

一、公司简况

公司名称：海南海盛船务实业股份有限公司
法人代表：黎文范　　邮政编码：570206
公司地址：海口市海秀大道华侨新村1号楼
电话：0898－8918498　　传真：0898－8922095

二、主要财务数据与财务指标

单位：万元

指　标　项　目	本年数	上年数	比上年增减(%)
1.主营业务收入	14731.64	14561.94	1.17
2.净利润	3277.27	2324.41	40.99
3.总资产	44515.26	36049.63	23.48
4.股东权益	30932.23	14614.68	111.65
5.每股收益(元)	0.197	0.186	5.91
6.每股净资产(元)	1.86	1.17	58.97
7.净资产收益率(%)	10.60	15.9	－33.33
8.股东权益比率(%)	69.49	40.54	71.41

注：扣除股票发行利息收入后，各项指标为：主营业务收入14731.64万元，净利润3158.16万元，总资产为43871.41万元，股东权益为30813.12万元，每股收益0.189元，每股净资产1.85元，净资产收益率10.25%，股东权益比率70.24%。

三、公司主要业务回顾

（一）一年来经营情况

1996由于航运企业同样受国家严峻的外部环境影响，也不可避免地面临着经营上的很大困难。国内市场总体货源不足、航运市场竞争进一步加剧，相当数量的不良资产和应收帐款有待处理，运输成本持续上升。

我公司作为海南省规模最大的航运企业，受国家的财经政策、特区政策、经济发展的周期性以及市场等因素的影响更为敏感，海南建省后经历了经济的高速增长，目前已有所回落，处于调整、复苏期，进出海岛的货物明显减少。但由于我公司主要承运海南省电力工业所需的进岛煤炭和大型钢厂所需的铁矿石，所以货源相对稳定，在海南省大宗散货运输市场上仍占据主导地位，从而保证了营运效益。

一年来，公司经营班子认真贯彻一九九六年第一届董事会第九次会议提出的“规范制度、拓展市场、优化结构”的工作方针，以公司股票发行上市为契机，以强化安全生产为重点，面临着严峻的外部经营环境压力，通过抓市场、抓管理，在董事会领导和监事会的监督下，经营班子齐心协力、克服困难，带领公司全体员工和广大船员积极努力的开展工作，取得了良好的经营业绩，基本上完成了董事会制定的经营计划。全年完成货运量274.4万吨，主营业务收入14731.64万元；税后净利润3277.27万元，分别比去年同期增长9.53%、1.17%和40.99%。

一九九六年经营上重点抓了以下几项工作：

1、巩固现有货运市场，确保效益航线。

96年公司全力以赴承运海口火电厂电煤、海南铁矿矿石及华南地区部分煤炭。该三大货源市场的运量占全年总货运量的98.69%，其中电煤81万吨、海南铁矿102.1万吨、其他方向煤87.7万吨。在航线上仍以国内沿海南北双向航线为主。铁矿北上与电煤南下基本均衡，从而使南北双向航线成为公司获得最大运输收入与效益的经济航线。

2、清理不良资产，调整运力结构。

为了充分发挥规模优势，节约航运成本和船舶修理费用，公司根据市场状况，及时清理不良资产，对外处理两艘技术状况不理想、安全上存在潜在风险、营运成本高、经济效益差的老旧船。同时公司又利用发行股票所募集的资金购置了一艘状况良好的2.8万吨级的进口散货船“金盛”轮，进一步优化了资产结构和运力结构，从而使公司在激烈的航运市场竞争中占有明显的优势。

3、增强安全意识，加强船舶管理。

船舶营运状态及安全管理的好坏，直接关系到公司航运业务的拓展和经营效益，为此公司今年在抓制度、抓落实上下功夫，建立了完善的质量保证体系。在货运质量、船舶技术状况、船员素质等三个方面严格把关，对安全意识与保障措施更是贯彻始终。及时消除事故隐患，切实保障安全生产，从而实现了96年公司营运船舶未发生重大安全责任事故。4月25日公司与中国船级社海南分社签约，开始建立符合国际惯例要求的船舶安全营运和防污染管理系统及认证咨询，并设立开展ISM工作的常设机构，争取1997年上半年获得国家有关部门的一次检验合格。

4、加强资金管理，努力控制成本，积极催收运费和其他应收帐款。

受国家宏观调控的影响，港航企业之间运费拖欠严重，应收帐款回收困难，流动资金相当紧缺，公司96年底应收帐款拖欠达8187.54万元。针对上述严峻的局面，公司成立专门的清债小组，明确职责，先后多次奔赴港口、货主及有关单位，采取多种措施，包括贸易方式、法律手段，进行了积极有效的运费清欠工作。在控制成本方面，着重抓船舶生产管理，积极采取措施，鼓励船员自修，在燃油价格居高不下的情况下，采取走经济航线，提高货运周转量，确定合理的燃油消耗比例。同时积极努力，精简机构，最大程度地控制公司的管理费用开支。

5、调整产业结构，加快油库工程建设

几年来，公司始终将抓油库的工程建设作为调整产业结构的一个重要发展战略。通过96年公司股票发行募集资金，保证油库工程建设的顺利进行，96年12月12日油库正式竣工投产。在海南省政府的大力支持下，还成立了海南燃料油配送中心，使国盛公司成为全省燃油料的定点供应单位。国盛公司经营运作以来，建立了灵活有效的促销网络，完成了海陆供应的组建，为今后创造良好的经济效益打下基础。

6、通过公司上市工作不断强化规范化管理。

按照证券主营部门的要求，根据《公司法》有关规定组织制定了“三会”工作条例、总经理工作条例，信息披露制度等一系列规范化文件，取得了较好的成绩，第一批通过了省证管办的验收，并受到海南省政府主管部门的表彰。

（二）前次募集资金使用情况说明

1996年4月11日，公司通过上交所上网定价发行了4170万股社会公众股，募集资金约1.50亿元人民币(已扣除发行费用)。主要投资情况如下：

1、投资5734.52万元购买“金盛”轮散货船一艘。该轮产地日本，船龄20年，载重量2.8万吨，已于4月份正式投入营运，大大增加了公司的实力。截止1996年12月31日，“金盛”轮实现单船运输收入2490.29万元，创利967.31万元。

2、投资2500万元建设海口船舶燃料供应专用码头。该码头是公司主营外最大投资项目，总投资1.35亿元，我公司出资6750万元，占总投资额的5%。经过二年多的紧张施工建设，1996年12月12日海南省首家海上燃油专用供应码头全面竣工，投入营运，将成为公司新的利润增长点。

3、公司原计划年内购买两艘船，但由于96年航运市场的不景气，导致运力相对过剩，为节约成本，公司决定延迟购船计划。在尚未购置第二艘船舶之前，公司将剩余部分的5000万元作为银行一年期定期存款，其余作为公司日常生产流动资金。为适应市场需要，合理安排生产、调整船型结构，在本年度报告出台期间，公司已投资2120万元，购置了一艘2.6万吨级的散货船，船名为“兴安岭”，产地日本，该轮已于1997年2月27日正式投入运营。

四、股本变化及股本结构情况

1.股本变化及股本结构情况

(1)股本结构情况

数量单位：股　　每股面值：1元

股　份　类　别	期初数	本次变动增减(+、-) 发行新股	期末数
一、尚未流通股份			
1.发起人股份	92,500,000		92,500,000
其中：			
境内人持有股份	92,500,000		92,500,000
2.募集法人股	7,500,000		7,500,000
3.内部职工股	25,000,000		25,000,000
尚未流通股份合计	125,000,000		125,000,000
二、已流通股份			
境内上市的人民币普通股		+41,700,000	41,700,000
已流通股份合计		+41,700,000	41,700,000
三、股份总数	125,000,000	+41,700,000	166,700,000

(2)股本变动情况及原因

1996年4月11日发行了4170万股社会公众股，公司总股本由12500万股增加到16670万股。

(3)主要股东持股情况

股东名称	年末持股数量(万股)	持股比例
1)广州海运(集团)有限公司	7050	42.29%
2)海南省电力公司	700	4.2%
3)海口港集团公司	700	4.2%
4)交通银行海南分行	400	2.4%
5)招商银行	400	2.4%
6)江建军	105.05	0.63%
7)张玉珍	83.43	0.5%
8)江建军	70.67	0.42%
9)海南中兴联合投资公司	50	0.3%
10)海南糖烟酒股份有限公司	50	0.3%

(4)1996年底，公司股东总数为49272户，其中法人股东55户，社会公众股东24404户，内部职工股东24813户。

厦门机场发展股份有限公司

1996年年度报告摘要　（摘选）

一、公司简况

公司名称：厦门机场发展股份有限公司

法人代表：王倜侥　　邮政编码：361006

公司地址：厦门高崎国际机场

电话：0592—6022936—6005　传真：0592—6022936—8888

二、主要财务数据与财务指标

指标项目	本年数	上年数	比上年增减(%)
1.主营业务收入(万元)	11,150.69	8,826.79	26.33
2.净利润(万元)	7,581.94	6,109.07	24.11
3.总资产(万元)	70,361.46	40,359.46	74.34
4.股东权益(万元)	43,724.55	13,352.04	227.47
5.每股收益(元)	0.702	0.754	-6.90
6.每股净资产(元)	4.05	1.65	145.45
7.净资产收益率(%)	17.34	45.75	-62.10
8.股东权益比率(%)	62.14	33.08	87.85

注：本年每股收益按加权平均计算为0.802元。扣除募集资金冻结利息后净利润为7,239.95万元，每股收益为0.67元。

三、公司业务回顾

1．一年经营情况

1996年是公司实现质的飞跃的一年，公司围绕“新楼、新制、新形象”的总体规划展开各项工作，顺利完成两件大事：一是成功地进行了股份制改制，完成了由国有企业向股份制企业的转变，实现了股份公司规范运作及现代企业制度建立；二是三号候机楼落成投入使用，公司顺利完成了由一、二号候机楼向三号候机楼的搬迁启用工作，公司在硬件水平方面上了一个新的台阶，成功地完成了三号候机楼的首期商业特许经营权招租工作。全年没有出现重大安全责任事故。服务环境和质量继续保持良好水平。

96年全年航空港航空业务量获得稳步增长，全年共保障安全飞行37606架次，比上年增长12.8%；共迎送中外旅客359.41万人次，比上年增长3%；货物吞吐量达9.16万吨，比上年增长19.4%。在'96中国民航服务质量综合评比中，荣获“最佳地面服务奖”。

2．主要经济指标的分析

96年全年公司共实现收入11,555.52万元，完成年计划的96.65%；实现利润总额8,937.42万元，完成年计划的128%，取得了显著的业绩。其中，航空地面服务业务取得良好经济效益，实现收入9,198.88万元；经营、出租候机楼内的航空营业场所(值机柜台、头等舱旅客及贵宾休息室)、商业场所和办公场所，取得营业收入1,655.23万元；广告收入166.47万元；募集资金冻结利息收入(无效申购部分)402.34万元；其它收入130.11万元。

3．关于经营成果与预测差异的说明

1996年，公司实现利润总额8,937.42万元，比年初预测增长30%。主要原因是：一公司加大了管理力度，积极挖掘潜力，努力提高各种设备设施的运作水平，为公司效益的稳步增长打下了一个良好的基础；二是募集资金冻结利息收入(无效申购部分)共计402.34万元，占利润总额的4.5%；三是三号候机楼正式使用后公司控制了各项成本费用的支出，同时由于正式使用时间的推迟，节约了设备租赁费、水电费等项目的开支。

4．前次募股资金运用情况的说明

本公司于1996年4月17日利用上海证券交易系统采用上网定价发行方式向社会公众发行A股2,430万股，另有270万股公司职工股同日由公司职工全额认购，共募集资金227,796,711元(已扣除发行费用)，所募资金于96年4月24日全部到位，募集资金按预定使用方向全部用于三号候机楼的建设，确保了三号楼的建设进度，三号候机楼已于96年12月份正式投入营运，取得了预期的经济效益和良好的社会效益。

四、股本变化及股本结构情况

1．股本变化及股本结构情况(单位：万股，每股面值1元)

(1) 截止1996年12月31日，公司股本结构如下：

	期初数	增减变动	期末数
一、尚未流通股份合计	8100	0	8100
其中：国有法人股份	8100	0	8100
二、已流通股份合计	0	2700	2700
其中：境内上市的人民币普通股	0	2700	2700
股份总计	8100	2700	10800

(2) 主要股东持股情况(前十名股东)

名次	股东名称	年末持股数(万股)	占总股本%
1	厦门国际航空港集团有限公司	8100	75
2	彭尔康	39	0.36
3	福建华福	27.315	0.25
4	颜真真	22	0.20
5	南顺	16	0.15
6	丁洋	15	0.14
7	新民生	11	0.10
8	吉林证券	10	0.09
9	苏红	9	0.08
10	王长虎	9	0.08

(3) 年末股东数量

至本年度末，公司股东总户数23917户。

2．公司董事、监事与高级管理人员持股情况(单位：股)

姓名	职务	年初持股数	年末持股数
王倜侥	董事长兼公司总经理	10000	10000
王泽源	董事	10000	10000
王燕飞	董事	10000	10000
钱进群	董事	10000	10000
王加成	董事兼副总经理	10000	10000
邵德义	董事	10000	10000
陈　斌	董事兼副总经理	10000	10000
张连夫	监事会主席	8000	8000
聂新阶	监事	8000	8000
王新中	监事	8000	8000
林文杰	监事	8000	8000
苏永宁	监事	8000	8000
王建港	董事会秘书、财务部经理	10000	10000

武汉祥龙电业股份有限公司

武汉祥龙电业股份有限公司1996年年度报告摘要

一、公司简况

公司名称:武汉祥龙电业股份有限公司
英文名称:WUHAN XI ANGLONG POWER INDUSTRY CO.LTD
公司地址:武汉市洪山区葛化街化工路31号
邮政编码:430078
公司法定代表人:江涤清
公司咨询机构:证券部
联系人:郭唐明
联系电话:027—7600367
传真:027—7600367
公司股票简称及代码:祥龙电业 600769

二、主要财务数据与财务指标

指标项目	1996年数 含发行新股冻结资金利息	1996年数 不含发行资金利息	1995年数	96年比95年增减(%) 含发行资金利息	96年比95年增减(%) 不含发行资金利息
1.主营业务收入	10167.84		5483.82	85.42	
2.净利润	4628.66	4239.36	1017.40	354.95	316.69
3.总资产	26493.66	26035.66	8669.39	205.60	200.32
4.股东权益	19583.39	19194.09	7277.92	169.08	163.73
5.每股收益(摊薄)	0.552	0.51	0.145	280.69	251.72
6.每股收益(加权)	0.63	0.58	0.145	334.79	300
每股净资产	2.34	2.29	1.04	125	120.19
7.净资产收益率(%)	23.64	22.09	13.98	69.10	58.01
8.股东权益比率(%)	73.92	73.72	83.95	-11.95	-12.19

三、公司主要业务回顾

1.一年来经营情况

1996年,公司以发新股、促上市为动力,以资本营运为主线,在继续完善二期改扩建工程的基础上,进一步加强内部管理,开展"节能降耗"工程,挖掘生产潜力,使主营业务再次踏上了一个新的台阶,继续保持了公司经营的高成长性。1996年,公司发电1.48亿度、产汽95.82万吨,分别比上年增加70.47%、24.70%。

本公司主营业务为发电、供汽、供热,属国家和地方政府重点支持的节能型基础产业。1996年,公司实现主营业务收入10167.84万元,主营业务利润4524.86万元,利润总额5445.48万元,净利润4628.66万元,分别比上年增长85.42%、195.50%、258.61%、354.95%,其中,主营业务利润的增长主要是因为:一、产量的增长,由于二期改扩建工程于95年10月正式竣工投产,发电、产汽量分别比上年增长70.47%、24.70%;二、规模效益带来电、汽单位成本分别降低16.67%、9.1%;三、产品售价的提高,根据国家和地方政府文件精神,电价相应提高0.07元/度(含税),经与用汽单位协商同意,参照同行业情况,汽价提高22元/吨(含税)。公司《股票上市公告书》披露1996年盈利预测为主营业务收入10381.86万元,主营业务利润4442.47万元,利润总额4719.47万元,净利润4011.55万元,实际分别完成预测值的98%、101.86%、115.38%、115.38%,基本与预测相符。

2.前次募集资金的使用情况说明

1996年10月15日至17日,公司在武汉市采用"全额预缴、比例配售、余款即退"的发行方式向社会公开发行股票1385万股,扣除发行费后共募集资金7675.44万元。本公司属国家和武汉市地方政府重点支持的基础能源企业,为支持公司的快速发展,自1996年6月起,武汉市经委通过其下属武汉华原能源物资开发公司(为本公司发起单位之一)向公司注入6000万元资金,并于1996年11月全部到位。按照本公司《招股说明书》所述资金用途,以上两笔资金均用于本公司三期扩建工程。截止1995年底,本公司共签订有关三期工程合同金额计5000余万元,按合同要求,实付款项1300余万元。

四、股本变化及股本结构情况

1.股本变化及股本结构情况

1)股本结构及变动情况表

数量单位:股　每股面值:1元

	期初数	新发行股份	期末数
一、尚未流通股份			
1.发起人股份	61850000		61850000
其中:			
境内法人股	61850000		61850000
2.募集法人股	1000000		1000000
3.内部职工股	7150000		
尚未流通股份合计	70000000		62850000
二、已流通股份		13850000	21000000
境内上市的			
人民币普通股		13850000	21000000
三、股份总数	70000000	13850000	83850000

2)股本变动情况及原因

1996年度,公司总股本增加1385万股,系因本公司1996年10月15日至17日向社会公众发行新股1385万股造成。1996年11月1日,原内部职工股715万股与新发行社会公众股1385万股一起占用额度在上海证交所挂牌上市,已流通股份合计2100万股。

3)主要前十名股东持股情况(截止96年12月31日)

股东名称	持股数(股)	占总股本(%)
1)武汉葛化工业集团公司	46120000	55.36
2)武汉建设投资公司	4750000	5.66
3)武汉市电力开发公司	4300000	5.13
4)武汉华原能源物资开发公司	3380000	4.03
5)武汉市汉口建银房地产开发公司	3000000	3.58
6)武汉市洪山区吕墩农工商总公司	1000000	1.2
7)何　伟	941983	1.12
8)吕湘绮	612984	0.73
9)王生云	546188	0.65
10)周道芳	463482	0.55

4)股东数量

1996年末,公司股东总数为13165户,其中法人股东6户,社会公众股股东13159户。

2、公司董事、监事及高级管理人员持股情况

姓名	职务	年初持股数	年末持股数
江涤清	董事长、总经理	1000	1000
李承佩	副董事长	1000	1000
杨守峰	副董事长	1000	1000

林一铀	董事	1000	1000
张安涛	董事	0	0
夏浩中	董事	1000	1000
肖　斌	董事	500	500
尹　征	董事	5000	5000
顾光学	董事	0	0
薛长钧	董事	0	0
许宝林	董事	0	0
何宗尧	董事、副总经理	0	0
杜振华	董事、副总经理	1000	1000
郭唐明	董事会秘书长 副总经理	500	500
朱华能	监事会主席	1000	1000
王念渝	监事	1500	1500
田明婉	监事	1000	1000
王嘉瑜	监事	1000	1000
张厚甫	监事	3000	3000

五、重要事项

㈠、本报告期内的股东大会、董事会情况

1、股东大会情况

本公司于1996年5月23日在公司会议室召开了1995年度股东大会,出席会议股东63人,代表股份6300万股,占公司总股本的90%。大会审议并通过了如下决议:

⑴、1995年度董事会工作报告、监事会工作报告

⑵、1995年度财务决算报告和1996年度财务预算报告。

⑶、关于公司热电厂进行三期扩建的报告。

⑷、公司董事会、监事会成员调整的报告。

⑸、修改后的《公司章程》草案。

⑹、董事会关于公司1995年分红派息方案的预案。具体利润分配方案为:截止1995年底公司累计实现净利润1257.92万元,提取法定公积金、公益金、任意盈余公积共277.92万元后,按每10股派发现金红利1.40元进行分配,实际分配利润980万元,派息日为1996年6月20日。

⑺、关于公司增发新股并连同公司内部职工股一同上市的决议。具体内容:以政府批准的额度为准,经国家证监会审核批准通过后,向社会公众公开增发新股并将内部职工股715万股占用额度转为社会公众股后连同新发股份在上海证交所上市;增发新股募集资金的用途为全部用于公司热电厂三期扩建工程项目;股东大会授权董事会全权办理本次增发新股和上市的一切事宜。

2、董事会情况

本公司第一届董事会第六次、第七次会议分别于1996年2月8日和1996年4月16日召开。两次董事会主要就董事会工作报告,公司1995年度财务决算和1996年度财务预算报告,公司发行新股,公司股票上市,公司利润分配预案,公司热电厂三期扩建等有关事宜作出了决议。

㈡、按照公司董事会和股东大会决议,1996年10月公司热电三期扩建工程正式开工,预计建设期为两年,工程共需投入资金1.2亿元,工程竣工投产后,预计年新增利润4300万元,投资回收期2.58年,具有良好的社会效益和经济效益。

㈢、公司董事会、监事会变动情况说明

经董事会提出预案并提请股东大会决议通过,因工作变动,免去李仕先、刘汉成董事职务,增补杜振华、何宗尧为公司董事;因工作变动免去李达木、张德灯监事职务,增补王嘉瑜、张厚甫为公司监事。

㈣、重大事件简介

1、本公司于1996年10月11日在《中国证券报》、《上海证券报》、《证券时报》、《武汉证券报》等报刊上刊登了公司招股说明书,向社会公众公开发行新股1385万股,每股发行价5.88元,发行方式为"全额预缴、比例配售、余款即退"。1996年10月15日至17日,公司实施并圆满完成新股发行工作。

2、本公司于1996年10月29日在《中国证券报》、《上海证券报》等报刊上刊登了公司上市公告书,公司股票于1996年11月1日在上海证券交易所成功挂牌交易,流通股数2100万股,上市开盘价14.98元。

3、至1996年11月上旬,为支持本公司发展,武汉市经委通过其下属武汉华原能源物资开发公司向本公司投入的6000万元地方基础能源建设基金全部到位。该项资金的处理,暂作无息负债,公司将于条件成熟后再转作股本金投人,公司已于1996年12月在《中国证券报》、《上海证券报》等报刊上将此事予以公告。

㈤、重大诉讼、仲裁事项报告

本报告期内公司无重大诉讼、仲裁事项。

六、财务报告

㈠、审计意见

公司财务报告经武汉中华会计师事务所中国注册会计师胡家望、欧阳韬审计,并出具了无保留意见审计报告。

㈡、财务报表(详见附表)

㈢财务报表附注:

注:1 主要会计政策

⑴、公司执行《股份制试点企业会计制度》。

⑵、会计年度采用公历年制,即1月1日至12月31日。

⑶、记帐方法采用借贷复式记帐法。

⑷、会计核算以人民币作为记帐本位币。

⑸、存货

A、公司存货包括燃料、修理用备品、备件。

B、存货采用实际成本计价,发出时采用加权平均法核算。

⑹、固定资产

A、固定资产按实际成本计价。

B、固定资产折旧采用平均年限法,按分类折旧率计算折旧。固定资产分类及折旧年限如下:

固定资产分类	折旧年限	残值率
房屋及建筑物	40	4%
专用设备	25	4%
运输工具	6	4%
办公设备	6	4%

⑺、公司坏帐采用直接核销法。

⑻、税项及教育费附加

A、供电收入增值税销项税率为17%,供汽收入增值税销项税率为13%,按扣除进项税后的余额缴纳。

B、城市维护建设税为应纳增值税额的7%。

C、教育费附加为应纳增值税额的3%。

D、堤防费为应纳增值税额的1%。

E、平仰物价基金为销售收入的1%。

F、所得税按15%税率计算。

⑼、利润分配

历年的利润分配于次年进行,按有关规定调整年初"未分配利润"及相关帐户,不在次年会计报表中反映。

注2:货币资金

货币资金77034361.09,比年初增加主要是因为本年度发行新股和政府投入地方能源建设基金所致。

注3:短期投资

短期投资余额为30120000元,具体情况如下:

	成本	利率	年未市值
96(8)国债	30120000	8.56%	29737476

注4:应收帐款

应收帐款期未余额为11338556.49元,其帐龄分析如下:

帐龄	户数	金额
一年以内	7	11338556.49

持公司5%以上股份的主要股东的欠款为6605343.49元

注 5:其他应收款

其他应收款期末余额为 29613783.93 元,其帐龄分析如下:

帐龄	户数	金额	占总额比例
一年以内	11	27480083.93	92.8%
一至二年	2	2133700	7.2%

持公司 5%以上股份的主要股东欠款 15000000 元。

注 6:存货

存货期末余额为 1033219.99 元,分类如下:

燃料	8968799.97
修理用备品备件	1364420.02

注 7:固定资产及累计折旧

A、固定资产原价

类别	期初价值	本年增加	本年减少	期未价值
房屋及建筑物	27924149.73			27924149.73
专用设备	49824070.86			49824070.86
运输工具	553000	656416		1209416
办公设备		231790.94		
合计	78301220.59	888206.94		79189426.53

B、累计折旧

类别	期初价值	本年增加	本年减少	期未价值
房屋及建筑物	6665507.40	698103.72		7363611.12
专用设备	6223744.31	1992962.76		8216707.07
运输工具	282180	201569.28		483749.28
办公设备		11315.44		11315.44
合计	13171431.71	2903951.20		16075382.91

注 8、在建工程

在建工程期未余额为 13882678.05 元,具体情况如下:

工程名称	工程进度	实际支用数	原预算数	批准文号	资金来源
2.5 万机组工程	开工	9772067.61	120000000	鄂计能源字〔1996〕第0167号	自筹
机械化煤场	接近完工	2531256.87	3139200		自筹
沉灰池	开工	1579353.37	3000000	武计能交〔1996〕第247号	
合计		1388267805	126139000		

注 9、未付股利

未付股利期末余额 316,722 元,为公司 93－95 年度股利分配发放余额。

注 10、未交税金

未交税金期末余额为 7043383.93,税项如下:

增值税	3670273.31
所得税	3373110.62

注 11、其他未交款

其他未交款期末余额为 163502 元,明细项目如下:

教育费附加	66149.13
堤防费	56621.85
平抑物价基金	40731.02

注 12、其他应付款期末余额为 61433487.2 元,明细项目如下:

武汉自筹电办公室地方集资办	6000000
其他	1433487.2

注 13、预提费用

预提费用期末余额为 134019.62 元,系预提维修费。

注 14、股本

股本总额为 8385 万股,每股面值 1 元,股本总金额为 8385 万元. 其股份结构如下:

A、发行人股份

股份类别	期初数(股)	期末数(股)
1、发起人股份	61850000	61850000
其中:境内法人股	61850000	61850000
2、募集法人股	1000000	1000000
3、内部职工股	7150000	
尚未流通股份合计	70000000	628500000
B、已流通股份合计(A 股)		21000000
已流通股份合计		21000000
C、股份总数	70000000	83850000

期末股份总数比期初增加 13850000 股,系公司 1996 年度向社会公开发行 13850000 股。

注 15、资本公积

资本公积余额为 62918065.80 元,具体情况如下:

项目	期初数	期末数
股票发行溢价收入		62904400
申购有效资金存款利息收入		13665.80

注 16、盈余公积

盈余公积期末余额为 2779232.53 元,本期无变动,明细项目如下:

项目	期初	期末
法定公积金	2150270.90	6778931.92
法定公益金	628961.63	2943292.14
合计	2779232.53	9722224.06

盈余公积期末比期初增加 6942991.53 元,系根据公司董事会 1996 年度利润预分配方案,按本净利润的 10%提取法定公积金,按本年净利润 5%提取法定公益金。

注 17、主营业务收入

公司 1996 年主营业务收入总额为 101678423.31 元,明细项目如下:

供电收入	48133497.66
供汽收入	53544925.65

注 18、财务费用

1996 年度财务费用总额为－1988893.05 元,明细项目如下:

利息收入	－1989183.67
手续费	290.62

注 19、其他业务利润

公司 1996 年度其他业务利润 4500000 元,系公司处理煤碴收入。

注 20、投资收益

公司 1996 年度投资收益为 285333.33 元,系债券投资收益。

注 21、营业外收入

1996 年度营业外收入总额 4572171.45 元,系公司发行股票申购无效资金冻结期间存款利息收入。

注 22、营业外支出

1996 年度营业外支出总额为 312331.35 元,明细项目如下:

堤防费	120652.78
平抑物价基金	101678.57
赞助费	90000

注 23、以前年度损益调整

1996 年度以前年度损益调整总额为 161070.94 元,系调整以前年度计人当期损益的资本性支出。

注 24、或有负债

公司本期无或有负债

注 25、关联交易

公司产品主要销售往公司发起人葛化工业集团公司,产品价格由双方协商,以书面合同形式确定,截止 1996 年 12 月 31 日,公司应收葛化集团公司销售款 6605343.49 元。

武汉祥龙电业股份有限公司

一九九七年三月十三日

利润及利润分配表

编制单位:武汉祥龙电业股份有限公司　　　　单位:人民币元

项目	行次	1996 年度	1995 年度
一、主营业务收入	1	101,678,423.31	54,838,189.56
减:营业成本	2	56,143,119.55	38,357,017.29
销售费用	3		
管理费用	4	1,069,077.94	683,664.55
财务费用	5	-1,988,893.05	-101,075.29
进货费用	6		
营业税金及附加	7	1,206,527.75	585,768.12
二、主营业务利润	8	45,248,591.12	15,312,814.89
加:其他业务利润	9	4,500,00.00	
三、营业利润	10	49,748,591.12	15,312,814.89
加:投资收益	11	285,333.33	
营业外收入	12	4,572,171.45	
减:营业外支出	13	312,331.35	127,785.32
加:以前年度损益调整	14	161,070.94	
四、利润总额	15	54,454,835.49	15,185,029.57
减:所得税	16	8,168,225.32	5,011,059.75
减:少数股东本期损益	17		
五、净利润	18	46,286,610.17	10,173,969.82
加:年初未分配利润	19		2,044,473.30
盈余公积转入数	20		
六、可分配的利润	21	46,286,610.17	12,218,443.30
减:提取法定公积金	22	4,628,661.02	1,017,396.98
提取法定公益金	23	2,314,330.51	508,698.49
七、可供股东分配的利润	24	39,343,618.64	10,692,347.65
减:已分配优先股股利	25		
提取任意公积金	26		892,347.65
已分配普通股股利	27		9,800,000.00
八、未分配利润	28	39,343,618.64	

资产负债表

编制单位:武汉祥龙电业股份有限公司　　　　单位:人民币元

资产	行次	1996 年 12 月 31 日	1995 年 12 月 31 日	负债	行次	1996 年 12 月 31 日	1995 年 12 月 31 日
流动资产:				流动负债:			
货币资金	1	77,034,361.09	2,557,544.01	短期借款	30		
短期投资	2	30,120,000.00		应付票据	31		
应收票据	3	29,500,000.00		应付帐款	32		
应收帐款	4	11,338,556.49	9,244,190.86	预收货款	33		
减:坏帐准备	5			应付福利费	34	11,620.92	23,778.80
应收帐款净额	6	11,338,556.49	9,244,190.86	未付股利	35	316,722.00	9,800,000.00
预付货款	7			未交税金	36	7,043,388.93	1,277,762.54
其他应收款	8	29,613,783.93	4,390,759.00	其他未交款	37	163,502.00	15,164.23
待摊费用	9			其他应付款	38	61,433,487.20	2,130,125.76
存货	10	10,333,219.99	5,123,865.69	预提费用	39	134,019.62	667,830.00
待处理流动资产净损失	11			一年内到期的长期负债	40		
一年内到期的长期债券投资	12			其他流动负债	41		
其他流动资产	13			流动负债合计	42	69,102,735.67	13,914,661.33
流动资产合计	14	187,939,921.50	21,316,359.56	长期负债:	43		
长期投资:				长期借款	44		
长期投资	15			应付债券	45		
固定资产:				长期应付款	46		
固定资产原值	17	79,189,427.53	78,301,220.59	其他长期负债	47		
减:累计折旧	18	16,075,382.91	13,171,431.71	长期负债合计	48		
固定资产净值	19	63,114,044.62	65,129,788.88	递延税项:			
固定资产清理	20			递延税款贷项	49		
在建工程	21	13,882,678.05	247,745.42	负债合计	50	69,102,735.67	13,914,661.33
待处理固定资产损失	22			少数股东权益	51		
固定资产合计	23	76,996,722.67	65,377,534.30	股东权益:			
无形资产及递延资产:				股本	52	83,850,000.00	70,000,000.00
无形资产	24			资本公积	53	62,918,065.80	
递延资产	25			盈余公积	54	9,722,224.06	2,779,232.53
无形及递延资产合计	26			其中:公益金	55	2,943,292.14	628,961.63
其他长期资产:				未分配利润	56	39,343,618.64	
其他长期资产	27						
递延税项:							
递延税款借项	28			股东权益合计	57	195,833,908.50	72,779,232.53
资产总计	29	264,936,644.67	86,693,893.86	负债及所有者权益合计	58	264,936,644.17	86,693,893.86

财 务 状 况 变 动 表

(1996 年度)　　单位:人民币元

流动资金来源和运用	金额	流动资金各项目的变动	金额
一、流动资金来源		一、流动资产本年增加数:	
1、本年净利润	46,286,610.17	1、货币资金	74,476,817.08
加:不减少流动资金的费用和损失		2、短期投资	30,120,000.00
(1)少数股东本期损益		3、应收票据	29,500,000.00
(2)固定资产折旧	2,903,951.20	4、应收帐款净额	2,094,365.63
(3)无形资产、递延资产摊销		5、预付货款	
(4)固定资产盘亏(减盘盈)		6、其他应收款	25,223,024.93
(5)清理固定资产损失(减收益)		7、待摊费用	
(6)递延税款		8、存货	5,209,354.30
(7)其他不减少流动资金的费用和损失		9、待处理流动资产净损失	
小计	49,190,561.37	10、一年内到期的长期债券投资	
2、其他来源		11、其他流动资产	
(1)固定资产清理收(减清理费用)		流动资产增加净额	166,623,561.94
(2)增加长期负债			
(3)收回长期投资			
(4)对外投资转出固定资产			
(5)对外投资转出无形资产			
(6)资本净增加额	83,711,057.33		
(7)少数股东资本净增加额			
(8)盈余公积转入数			
小计	83,711,057.33	二、流动负债本年增加数:	
流动资金来源合计	132,901,618.70	1、短期借款	
二、流动资金运用		2、应付票据	
1、利润分配		3、应付帐款	
(1)提取法定盈余公积金	4,628,661.02	4、预收货款	
(2)提取法定公益金	2,314,330.51	5、应付福利费	(12,157.88)
(3)提取任意公积金		6、未付股利	(9,483,278.00)
(4)预分配股利		7、未交税金	5,765,621.39
小计	6,942,991.53	8、其他未交款	148,337.77
2、少数股东利润分配		9、其他应付款	59,303,361.44
3、其他运用		10、预提费用	(533,810.38)
(1)固定资产和在建工程净增加额	14,523,139.57	11、一年内到期的长期负债	
(2)增加无形资产、递延资产及其他资产		12、其他流动负债	
(3)偿还长期负债			
(4)增加长期投资			
小计	14,523,139.57		
流动资金运用合计	21,466,131.10	流动负债增加净额	55,188,074.34
外币会计报表折算差额			
流动资金增加净额	111,435,487.60	流动资金增加净额	111,435,487.60

武汉祥龙电业股份有限公司一九九七年度中期报告

一、财务报告(未经审计)

(一)、财务报表

1、简化的资产负债表

资产负债表　　1997 年 6 月 30 日

项目	年初数	期末数
流动资产	187,939,921.50	165,302,592.01
长期投资		
固定资产净值	63,114,044.62	142,453,014.97
在建工程	13,882,678.05	73,322,021.48
无形资产及递延资产		
其他长期资产		
资产总计	264,936,644.17	381,077,628.46
流动负债	69,102,735.67	116,871,317.53
长期负债		28,277,000.00
股本	83,850,000	167,700,000
资本公积	62,918,065.80	12,608,065.80
盈余公积	9,722,224.06	9,722,224.06
未分配利润	39,343,618.64	45,899,021.07
股东权益合计	195,833,908.50	235,929,310.93
负债及股东权益合计	264,936,644.17	381,077,628.46

损益表

项目	1997 年 1－6 月	1996 年 1－6 月

一、主营业务收入	123,631,638.01	47,942,960.48
二、主营业务利润	43,326,935.75	19,188,081.83
三、其他业务利润		
四、投资收益	4,164,440	
五、营业外收支净额	(320,314.07)	(113,950.78)
六、利润总额	47,171,061.68	19,074,131.05
七、所得税	7,075,659.25	2,861,119.66
八、净利润	40,095,402.43	16,213,011.39

3、主要财务指标　1997年1-6月

(1)每股收益:　0.24

(2)净资产收益率　16.99

(3)每股净资产　1.41

注:1997年指标值是按照1996年度利润分配方案和资本公积转增股本方案(即10股送4股转增6股)实施后的总股本16770万股计算的。

(二)财务报表附注

1、与以前年度相比,本报告期内会计政策未发生任何变化;

2、短期投资全部为短期债券投资,本期减少1000万元,为卖出国债现券;

3、应收票据减少2950万元,其原因为在本年度4月份本公司实施受让葛化集团氯碱厂经营性资产行为过程中,公司将所有商业票据背书转让给葛化集团作为支付款。

4、应收帐款增加2548.69万元,主要为受让氯碱厂后增加的应收销货款;

5、其他应收款减少828.75万元,为本公司上半年收回款项引起;

6、存货增加732.15万元,主要为受让氯碱厂后该厂原材料、备品备件存货及产成品、在产品存货并入本公司报表所致;

7、固定资产原价增加8256.17万元,主要是因为公司本年4月18日协议受让葛化集团氯碱厂固定资产8013.20万元所致;

8、在建工程增加5943.93万元,系本公司上半年热电三期扩建工程投入;

9、短期借款增加1000万元,系公司新增流动资金贷款;

10、应付帐款增加985万元,系本期增加的应付原材料、燃料等款项;

11、其他应付款增加2457.72万元,主要为受让葛化集团氯碱厂资产未支付完余款和热电三期扩建工程未付工程款;

12、预提费用增加82.58万元,系预提本年度大修费和财产保险费;

13、长期借款增加2827.70万元,系本年增加长期银行贷款,详见重大事项说明;

14、股东权益变动情况:

(1)股本增加8385万元,系公司根据96年度股东大会决议实施10送4转增6后所致。

(2)资本公积金减少5031万元,系用资本公积金转增股本后减少所致,转增比例为10:6。

(3)未分配利润科目在年初基础上10:4送红股后减少3354万元,本期增加4009.54万元,两项合计增加655.54万元;

15、投资收益416.44万元,系资产委托管理,主要为新股申购收益及国债投资的部分利润;

16、主营业务收入、主营业务利润分别是去年同期的257.87%、225.80%,有显著增长,其原因有三:

(1)公司产品品种、产量增加,公司受让葛化集团氯碱厂后,盈利产品增加,同时各产品产量与去年同期相比均有较大增长;

(2)根据国家计委、电力工业部计价管〔1997〕437、448号文精神,自97年3月起电产品提价0.036元/度;

(3)通过加强管理,全卤制碱技术改造等节能降耗措施降低成本。

17、关联交易

(1)与公司存在关联交易的关联方为武汉葛化集团有限公司,该公司拥有本公司55.36%股权。

(2)公司热电厂产品电、汽的主要销售对象为武汉葛化集团有限公司,截止1997年6月30日,本期间公司发生对葛化集团公司销售款5382万元。

(3)1997年4月18日,本公司协议受让葛化集团氯碱厂经营性资产8765.95万元,此次受让均履行了法定的程序和手续,经济关系、法律关系清晰。(详见4月21日《上海证券报》)

二、经营情况的回顾与展望

1、上半年经营情况的回顾

1997年上半年,在全体员工的努力下,公司经营再次上了一个新的台阶,取得了较好的经营业绩:1-6月份,发电7800.80万度,产汽52.19万吨,分别完成年度计划的52%、54%。完成主营业务收入12,363.16万元,实现利润总额4717.11万元,分别比上年同期增长157.87%、147.30%;期末总资产3.81亿元,净资产2.36亿元,分别比上年末增长43.77%、20.41%,再次实现了公司经营的高成长发展。良好业绩的取得,主要源于公司根据97年度业务发展规划,做了以下几项工作:

(1)继续抓好资本营运主线,积极推进资产重组,成功地受让了葛化集团氯碱厂经营性资产8765.95万元,受让结束后,公司投资700万元对该厂实施全卤制碱工艺改造,工程竣工后将使该厂年增利润720万元,目前改造工程已部分投产,卤水使用量已达40%,今年九月份可全部发挥效益。自4月18日受让结束到6月30日,该厂即为公司新增利润850余万元。

(2)强化管理,对内大力挖潜,对外拓展市场。上半年,公司对内继续深入开展节能降耗、降低成本的"生命工程",生产单位电、汽煤耗比同期下降9.05%,在同等规模的热电厂中处于领先地位,氯碱厂烧碱单位电耗同比下降100多kwh,取得较好的效益;对外开展多项市场调研活动,寻找发展机会,为公司下半年的发展规划提供了科学的决策依据。

(3)致力于公司员工素质的提高。通过培训、调研等手段,"请进来,走出去",促使公司管理人员进一步解放思想、更新观念、提高业务素质、管理素质;从大专院校引进一批素质较高的优秀毕业生,为公司的发展储备充足的现代人才资源。

(4)强化技改工程管理,扎扎实实做好热电三期扩建工程项目。目前三期扩建工程进展顺利,上半年完成了调整投资计划后的全年工程量68%,并较好地控制了投资支出。

2、下半年经营展望

(1)进一步深化公司从产品生产者向资本营运者的转变,为顺应当前资产重组的潮流,使资本市场与产品市场有机结合起来,用资本营运的手段促进产品市场的发展,公司拟在上半年开展的市场调研的基础上,有的放矢、科学决策,在公司氯碱产品的上游产品(如盐、卤水等)企业中和下游产品企业中筛选出目标企业,采取控股、参股等资本营运手段合作经营,不仅可以解决原材料的供应问题,降低氯碱厂生产成本,增加利润,而且还可以有效地稳固、开拓产品销售市场,同时还可以获取可观的投资利润,开发新的利润增长点。目前,此项工作已提上公司工作日程,待公司决策层和经营层充分论证批准后即将迅速全面地展开。

(2)加快热电三期扩建工程施工进度,争取全年完成投资超6200万元,累计投资超1.12亿元,累计完成工程量达86%以上,根据目前进度,预计工程将比原计划提前半年于1998年7月竣工投产,工程投产后,将给 广大股东每年新增利润4300万元回报。

(3)彻底完成氯碱厂全卤制碱工艺改造。降低原材料成本是增利的主要手段之一,公司受让氯碱厂后即着手全卤制碱(以卤水代替盐作为制碱原材料)改造工程,到六月底工程已部分投产,卤水使用量达40%,公司下半年将致力使该工程于九月份全部完工,使卤水使用量达90%以上,届时,将使氯碱厂生产成本比技改工程前降低7%,月增利润60万元。

(4)加强生产营销管理。充分挖掘生产潜力,在扩大销售市场的前提下增加产品产量,提高产品质量;继续开展"生命工程",降低产品生产成

本、销售成本。

(5)强化财务管理、监督职能,合理用好资金,在尽量降低资金成本的同时使资金产生更大的效益。

三、重大事项说明

1、在《严禁国有企业和上市公司炒作股票的规定》发布后,公司进行了严格自查。目前,我公司未拥有已上市流通股票及未有以公司以外的名义开设的股票帐户。本公司郑重声明,公司今后将严格遵照《规定》要求规范投资行为。

2、经过一系列法定程序、手续、积极实施优质资产重组,本年4月18日,公司与葛化集团签订协议,成功受让葛化集团氯碱厂经营性资产并按照有关规定,将此次受让行为立即于4月21日在《上海证券报》上予以详细公告。

3、募集资金使用情况说明

公司于1996年10月15日－17日向社会公开发行股票1385万股,募集资金7654.44万元,《招股说明书》中载明,此笔资金将和公司发起人之一武汉华原能源物资开发公司投入的6000万元资金一道全部用于本公司热电三期扩建工程。截止97年6月底,公司扩建工程累计投入7200万元,完成了工程量的51.43%,超出了原来的预计进度,很好地履行了《招股说明书》的承诺。尚未投入的资金除购买了2012万元(成本价)国债外全部存入银行。

4、银行贷款事项

(1)鉴于公司资产利润率较高,举债能力较强,为合理运用财务杠杆获取更大收益,优化资金结构,结合公司实际需要,公司于5月向交行武汉市分行江岸支行申请流动资金贷款1000万元,贷款月利率9.24‰,贷款期6个月。

(2)为支持公司实施资产重组,受让葛化集团氯碱厂经营性资产,壮大公司实力,建行武汉市分行于6月向本公司贷款2827.70万元,期限三年,年利率10.98%。

5、经武汉市企业信誉评级委员会严格审核,公司于六月份首次评审即被评审为AAA资信等级。

6、本报告期内公司无重大诉讼、仲裁事项。

四、发行在外股票的变动和股权结构的变化

1、本报告期内,公司实施96年度股东大会决议通过的利润分配及转增股本方案,每10股送4股转增6股,股本结构变动如下表:

1997年中期公司股份变动情况表

填报日期1997年6月30日　　数量单位:股　　每股面值:1元

	期初数	配股	送股	公积金转股	其他	小计	期末数
		本次变动增减(+,－)					
一、尚未流通股份							
1、发起人股份	61,850,000		24,740,000	37,110,000		61,850,000	123,700,000
其中							
国家拥有股份							
境内法人持有股份	61,850,000		24,740,000	37,110,000		61,850,000	123,700,000
外资法人持有股份							
其他							
2、募集法人股	1,000,000		400,000	600,000		1,000,000	2,000,000
3、内部职工股							
4、优先股或其他							
尚示流通股份合计	62,850,000		25,140,000	37,710,000		62,850,000	125,700,000
二、已流通股份							
1、境内上市的人民币普通股	21,000,000		8,400,000	12,600,000		21,000,000	42,000,000
2、境内上市的外资股							
3、境外上市的外资股							
已流动股份合计	21,000,000		8,400,000	12,600,000		21,000,000	42,000,000
三、股份总数	83,850,000		33,540,000	50,310,000		83,850,000	167,700,000

2、截止6月30日,本公司主要股东持股情况

股东名称	持股数量(股)	比例(%)
武汉葛化集团有限公司	92,840,000	55.36
武汉建设投资公司	9,500,000	5.66
武汉市电力开发公司	8,600,000	5.13
武汉华原能源物资开发公司	6,670,000	4.03
武汉市汉口建银房地产开发公司	6,000,000	3.58
武汉市洪山区吕墩农工商总公司	2,000,000	1.20
陈昌逢	493,350	0.29
王兴汉	483,354	0.29
曾翠英	469,644	0.28
刘伯光	419,746	0.25

五、股东大会简介

公司1996年度股东大会于1997年4月16日在武汉市三阳宾馆召开,出席会议股东76名,代表股数6285.13万股,占总股本的74.96%,符合《公司法》及章程的规定。大会审议通过了如下方案:

一、1996年度董事会工作报告

二、1996年度监事会工作报告

三、1996年度总经理业务报告

四、1996年度财务决算报告

五、1996年度利润分配及转增股本方案,即10股送4股转6股。

六、关于收购武汉葛化集团有限公司氯碱厂的议案。

七、关于调整热电厂三期扩建工程投资计划的议案。

八、关于选举公司第二届董事会董事的议案。

九、关于选举公司第二届监事会监事的议案。

此次股东大会决议公告已刊登于1997年4月17日《上海证券报》。

备查文件

1、载有董事长亲笔签名的中期报告原本

2、公司1996年度股东大会资料

3、公司受让葛化集团氯碱厂经营性资产有关资料

查阅地址:武汉市洪山区葛化街化工路武汉祥龙电业股份有限公司办公室

电话:(027)7600367

武汉祥龙电业股份有限公司

一九九七年八月十二日

海南航空股份有限公司

海南航空股份有限公司境内上市外资股(B股)上市公告书

一、要览

总股本:471,160,001股

可流通股本:71,000,000股

本次上市流通B股股本:71,000,000股

股票简称:海航B股

股票代码:900945

上市地点:上海证券交易所

上市时间:1997年6月26日

上市推荐人:君安证券有限责任公司

登记机构:上海证券中央登记结算公司

二、绪言

本上市公告书系根据《中华人民共和国公司法》、《股票发行与交易管理暂行条例》、《国务院关于股份有限公司境内上市外资股的规定》、《股份有限公司境内上市外资股规定的实施细则》以及国家与地方政府制定的与股票发行有关的其它法律、法规编制。

经国务院证券委员会证委发[1997]24号文批准,本公司已成功发行每股面值1元人民币的境内上市外资股7100万股。经上海证券交易所上证上字(97)第058号上市通知书批准,本公司B股将于1997年6月26日(星期四)在上海证券交易所挂牌交易。

本公司于1997年6月16日在《上海证券报》、《中国证券报》上刊登了《招股说明书概要》,距今尚不足六个月,故本公告书对其重复内容不再重述,敬请投资者查阅本公司的《招股说明书概要》。

本公司董事会已批准本市公告书,确信其不存在重大遗漏或者误导,并对其真实性、准确性、完整性负个别和连带的责任。

三、公司概况

(一)概况

1. 法定名称:海南航空股份有限公司

2. 英文名称:HaiNan Airlines Company. Limited

3. 注册资金:471160001元人民币

4. 法定代表人:陈峰

5. 成立日期:1989年10月18日

6. 经营范围:经营经批准的国内航空客货运输业务、国内公务包机业务、航空维修和服务、航空旅游等业务。

7. 所属行业:航空运输

8. 注册地址:海南省海口市机场路168号

9. 联系电话:0898-6715990

(二)公司历史沿革

1989年10月,经中国民航局和海南省人民政府批准,本公司正式成立,公司名称"海南省航空公司",海南省政府投资人民币10,000,000元于海南航空。

1991年12月,本公司获民航总局发给民用航空运输企业经营许可证。

1992年7月,中国民航局和国家同意本公司进口四架波音737飞机。引进波音飞机标志着本公司跨入全国干线航空运输企业,成为全国除上海航空公司、厦门航空公司以外的第三家进口干线飞机的地方航空公司。1992年,本公司以定向募集方式进行规范化股份制改组。成为全国第一家股份制航空企业。

1993年1月8日,经海南省工商局注册登记,注册资本为25,010万元。

1994年3月12日,发行人召开的股东大会以琼航股字(1994)第8号决议通过1993年度送扩股方案,每10股送2股红股,共派送5002万股红股,注册资本变更为30,012万股。

1995年11月2日,经海南省人民政府、中国民航总局、中国对外贸易经济合作部等部门批准向境外投资者(美国航空有限公司)发行100,040,001股外资股,公司变更为中外合资股份有限公司,注册资本为400,160,001元。

1997年6月16日,经国家证券委员会证委发(1997)24号文批准,公司发行境内上市外资股7100万股。

四、股票发行及承销

(一)本次私募配售:

1. 境内上市外资股数量:71,000,000股

2. 股票发行价格:每股3.90元/人民币,折合0.47美元

3. 募集资金总额(已扣除发行费用):25623万元

4. 发行方式:私募发行,股票承销采用承销商包销方式

5. 配售户数:255户

6. 发行费用总额:2007万元人民币

7. 每股发行费用:0.28元

8. 发行市盈率:备考全面摊薄:11.9倍、加权平均:12.2倍

(二)股票承销

承销团包销股票的数量:7100万股

主承销商及承销团分销比例及数量:

公司名称	分销数量	分销比例(%)
君安证券有限责任公司	37,630,000	53
惠嘉融资亚洲有限公司	21,300,000	30
高诚融资亚洲有限公司	3,550,000	5
海南港澳国际投资有限公司	2,485,000	3.5
中国长城证券有限公司	2,485,000	3.5
海裕证券有限公司	1,420,000	2
君安证券(香港)有限公司	710,000	1
申银万国融资(香港)有限公司	1,420,000	2

(三)验资报告

海南航空股份有限公司:

我们接受委托,对贵公司截至一九九七年六月二十日向社会公众募集境内上市外资股(B股)而增加的股本及相关的资产的真实性和合法性进行审验。在审验过程中,我们按照《独立审计实务公告第1号——验资》的要求,实施了必要的审验程序。贵公司的责任是提供真实、合法、完整的验资资料,保护资产的安全与完整,我们的责任是按照《独立审计实务公告第1号-验资》的要求,出具真实、合法的验资报告。

根据贵公司1996年股东大会通过并报经中国证监会批准的向社会公开募集境内上市外资股(B股)的决议,以及与君安证券有限公司签订的承销协议,贵公司发行每股面值为1元的B股共计为7,100万股,以溢价发行,发行价格为每股美元0.47元,总值为美元33,370,000元。经过我们审验,截至一九九七年六月二十日止,承销机构在扣除相关的一部分

发行费用及佣金计美元 1,601,675.99 元后,实际缴入贵公司募集股款计美元 31,768,324.01 元。

海南大正会计师事务所　　中国注册会计师李瑛、吕述俊

中国·海口　　一九九七年六月二十三日

五、董事、监事及高级管理人员持股情况

姓名	职务	持有股份(股)
陈峰	董事长兼总裁	38400
王健	董事兼常务副总裁	53600
张恩华	董事	0
刘家骧	董事	0
李清	董事兼副总裁	34800
陈文理	董事	33000
陈天新	董事	0
W. James Peet	董事	0
Bharat Bhise	董事	0
李先华	监事会召集人	22200
李兵	监事	10800
钱道云	监事	0
李维艰	总裁助理	13800
谭向东	董事长助理	24000
李立端	副总会计师	25800
杜小平	市场销售部总经理	0
李晓明	计财部总经理	0
张汉安	驻机场总代表	21600
涂志正	宁波基地总经理	12600
张尚辉	董事会秘书	0

本公司董事、监事和高级管理人员共持有公司股票 290600 股,占发行前总股本 0.71%,其持有股份按《公司章程》规定在其任职期间不得转让。

六、本公司股东大会董事会关于 B 股发行及上市决议

本公司第四届股东大会于 1996 年 5 月 6 日在海南省海口市召开,出席会议股东代表 58 人,代表股价 27066.0983 万股,占公司总股本的 67.63%,符合法定要求,本次股东大会审议通过了《关于海航增资扩股及发行 A、B 股、外资股情况的报告》,决定申请发行 B 股,并授权公司董事会全权处置公司 B 股发行工作中的具体事宜。

1997 年 2 月 25 日,公司董事会通过了《关于同意公开发行股票的决议》,同意公司公开发行 7100 万元境内上市外资股(B 股)和 1753 万元 A 股,并在上海证券交易所上市。

七、关联企业及关联交易

(一)本公司的关联公司

名称	注册资本	拥有权益(%)	主要业务
海南金鹿航空销售有限公司	800 万人民币	95	机票销售代理
海南海航飞机维修有限公司	2000 万美元	75	飞机维修
上海海航西域酒店管理有限公司	400 万人民币	51	酒店管理
海南航空公务服务有限公司	102 万美元	51	专机公务服务
海南航空食品有限公司	100 万美元	30	机上食品供应

(二)本公司关联交易情况

本公司与关联公司、参股企业均不存在同业竞争,相互经营往来均依照一般商业条件进行。

八、股本结构及大股东持股情况

1. 股本结构:

公司本次 B 股发行后股本结构如下:

	股数(股)	占总股本比例(%)
发起人股	124,848,662	26.5
募集法人股	115,271,338	24.5
内部职工股	60,000,000	12.7
已发行外资股	100,040,001	21.3
境内上市外资股(B 股)	71,000,000	15.0
总计	471,160,001	100

2. 本次 B 股配售后前十名股东持股数及比例(截止 1997 年 6 月 23 日)

股东名称	股份(股)	占总股本(%)
1. 美国航空有限公司	100,040,001	21.23
2. 中国光大国际信托投资公司	24,540,000	5.2
3. 海南省人民政府	16,008,662	3.4
4. Wardley James Capel Far East LTD	11,360,000	2.4
5. 海南海航飞机维修有限公司	10,000,000	2.1
6. 中安成长基金大连海珍品有限公司	9,250,000	1.9
7. 申银万国证券股份有限公司	8,000,000	1.7
8. 中国国际旅行社	6,000,000	1.3
8. 交通银行海南省分行	6,000,000	1.3
8. 海南琪兴实业投资有限公司	6,000,000	1.3
8. 中国兴南贸易公司	6,000,000	1.3

九、公司财务会计资料

本公司在《招股说明书概要》内已刊登了国际会计师永道会计师事务所根据国际会计准则对本公司的经营业绩进行审计的结果,在此不再赘述,以下为中信永道会计师事务所出具的审计报告摘要。

(一)审计报告

海南航空股份有限公司:

我们接受委托审计了海南航空股份有限公司(以下简称贵公司)1994 年 12 月 31 日、1995 年 12 月 31 日和 1996 年 12 月 31 日的资产负债表及 1994 年、1995 年和 1996 年度的利润表及 1996 年度的财务状况变动表,这些会计报表由贵公司负责编制,我们的责任是对这些会计报表发表审计意见,我们的审计是按照中国注册会计师独立审计准则进行的。我们抽查了有关会计记录和凭证,并完成了在当时情况下我们认为必要的其他审计程序。

我们认为,上述会计报表符合《企业会计准则》和《股份制试点企业会计制度》的有关规定,在所有重大方面公允地反映了贵公司 1994 年 12 月 31 日、1995 年 12 月 31 日和 1996 年 12 月 31 日的财务状况及 1994 年、1995 年和 1996 年度的经营成果及 1996 年度财务状况的变动情况,会计处理方法的选用符合一贯性原则。

中信永道会计师事务所　　注册坐计师:张克、刘明

一九九七年一月三十一日

(二)财务报告

1. 以下为中信永道会计师事务所出具的审计报告中关于本公司的合并资产负债表。

单位:人民币千元

资产	1996 年 12 月 31 日	1995 年 12 月 31 日	1996 年 12 月 31 日
流动资产			
货币资金	200,801	258,853	112,384
短期投资	44,759	45,601	62,853
应收帐款	68,061	31,529	27,408
减:坏帐准备	95	95	76
应收帐款净额	67,966	31,434	27,332
预付货款	11,583	2,507	3,074
其他应收款及保证金	245,272	153,771	61,619
待摊费用	46,631	14,220	14,077

存货	181,050	146,747	130,223
流动资产合计	798,062	653,133	411,562
长期投资			
长期投资	143,341	87,387	59,142
固定资产			
固定资产原价	1,123,304	972,535	903,798
减:累计折旧	194,299	127,563	69,793
固定资产净值	929,005	844,972	834,005
在建工程	481,775	290,750	182,039
固定资产清理	0	27	-61
固定资产合计	1,410,780	1,135,749	1,015,983
无形资产及递延资产			
无形资产	0	0	0
递延资产	124,091	77,837	69,604
无形资产及递延资产合计	124,091	77,837	69,604
资产总计	2,476,274	1,954,106	1,556,291
负债及股东权益	1996年12月31日	1995年12月31日	1994年12月31日
流动负债			
短期借款	400,889	217,070	186,350
应付帐款	531,025	63,492	178,338
预收货款	5,288	8,095	18,879
国内票证结算	3,887	-3719	-40,824
其他应付款	47,398	214,525	2,542
未交税金	11,323	7,682	6,704
其他未交款	5,293	4,155	578
未付股利	19,118	9,231	0
预提费用	65,910	30,088	1,966
一年内到期的长期负债	163,499	289,518	130,632
待处理固定资产收益	10,695	0	0
流动负债合计	1,264,325	840,137	485,165
长期负债			
长期借款	430,017	322,823	184,771
长期应付款	114,887	381,784	486,163
长期负债合计	544,904	704,607	670,934
少数股东权益	12,340	0	0
负债合计	1,821,569	1,544,744	1,156,099
股东权益			
股本	400,160	300,120	300,120
资本公积金	70,178	0	0
盈余公积金	52,153	35,610	21,389
未分配利润	132,214	73,632	78,683
股东权益合计	654,705	409,362	400,192
负债及股东权益总计	2,476,274	1,954,106	1,556,291

2. 以下为中信永道会计师事务所出具的审计报告中关于本公司营业状况的利润表。

单位:人民币千元

项目	1996年	1995年	1994年
一、主营业务收入	914,629	487,888	388,985
减:营业成本	575,448,	318,085	262,460
销售费用	73,763	48,466	27,819
管理费用	68,042	43,663	38,386
财务费用	46,875	12,485	(8,774)
机场服务费	16,261	8,677	6,011
营业税金及附加	30,389	13,613	12,678
二、主营业务利润	103,851	42,899	50,405
加:其他业务利润	33,370	35,373	23,006
三、营业利润	137,221	78,272	73,411
加:投资效益	0	7,572	14,257
营业外收入	220	116	8
减:营业外支出	514	681	513
四、利润总额	136,927	85,279	87,163
减:所得税	5,414	4,080	0
加:少数股东权益	140	0	0
五、净利润	131,653	81,199	87,163

3. 以下是中信永道会计师事务所出具的审计报告中关于本公司营业状况的财务状况变动表。

单位:人民币千元

流动资金来源和运用	金额
一、流动资金来源	
1. 本年净利润	131,653
加:不减少流动资金的费用和损失	
(1)固定资产折旧	66,828
(2)无形资产递延资产及他资产摊销	20,685
(3)固定资产盘亏(减盘盈)	-
(4)清理固定资产损失(减收益)	443
(5)递延税款	-
(6)其他不减少流动资金的费用和损失	-
小计	219,609
2. 其他来源	
(1)固定资产清理收入	1,586
(2)增加长期负债	407,338
(3)回收长期投资	49,521
(4)对外投资转出固定资产	-
(5)对外投资转出无形资产	-
(6)资本及公积金净增加额	186,761
(7)增加少数股东权益	12,340
小计	657,546
流动资金来源合计	877,155
二、流动资金运用	
1. 利润分配	
(1)所得税	-
(2)提取公积金及公益金	16,646
(3)分配股利	56,425
小计	73,071
2. 其他运用	
(1)固定资产和在建工程增加额	343,888
(2)增加无形资产、递延资产和其他资产	66,939
(3)偿还长期负债	567,041
(4)增加长期投资	105,475
小计	1,083,343
流动资金运用合计	1,156,414
流动资金增加净额	(279,259)
流动资金各项目的变动	金额
一、流动资产本年增加数	
1. 货币资金	(58,052)
2. 短期投资	(842)
3. 应收票据	-
4. 应付帐款净额	36,532
5. 预付货款	9,076
6. 其他应收款及保证金	91,201
7. 待摊费用	32,411

8. 存货	34,309
9. 待处理流动资产净损失(减收益)	–
10. 一年内到期的长期债券投资	–
11. 其他流动资产	–
流动资产增加净额	144,929
二、流动负债本年增加数	
1. 短期借款	183,819
2. 应付票据	–
3. 应付帐款	467,533
4. 预收贷款	(2,807)
5. 应付工资	–
6. 应付福利费	–
7. 国内票证结算	7,606
8. 未交税金	3,641
9. 其他未交款	1,138
10. 应付股利	9,887
11. 其他应付款	(167,127)
12. 预提费用	35,822
13. 一年内到期的长期负债	(126,019)
14. 待处理固定资产收益	10,695
流动负债增加净额	424,188
流动资金增加净额	(279,259)

(三)财务报表附注

1. 会计年度

股份公司的会计年度自公历每年一月一日至十二月三十一日。

2. 货币换算

股份公司以人民币为记帐本位币,对于发生的非本位币经济业务,以发生日中国人民银行公布的市场汇价为记帐汇率折合为人民币记帐,年度终了按照十二月三十一日中国人民银行公布的市场汇价进行,调整外币折合为记帐本位币与帐面记帐本位币金额的差额,作汇兑损益,计入当期损益。

3. 营业收入

客运、包机劳动及货运收益于提供运输服务时确认为营业收入。

4. 佣金

佣金用于实际提供运输服务并获得有关收入时始确认为支出。

5. 短期投资

短期投资为股份公司进行的不超过一年的联营投资及其他投资。

6. 存货

高价周转件:股份公司董事会根据中国民用航空总局颁发的《民航运输企业高价周转件以摊销形式计入成本的试行办法》的通知,并结合股份公司特点制定的高价周转件的核算方法为:高价周转件购入当年不摊销,以后按六年平均摊销。

航材消耗件:航材消耗件按加权平均成本入帐。

低值易耗品:低值易耗品采用一次摊销法。

7. 坏帐准备

一般坏帐准备按企业估计可能发生的坏帐金额(以不超过年末应收帐款余额的3‰为限)提取。

8. 长期投资

对投资额占被投资企业资本25%以下的合营企业以成本法核算。由于股份公司本公司投资占被投资企业资本25%以上及50%以下的及占被投资企业资本50%以上但未经合并之附属公司的帐目对股份公司整体帐目之影响并不重大,故有关长期投资采用成本法核算,占被投资企业资本50%以上之合并附属公司采用权益法核算,并编制合并会计报表。

9. 固定资产

固定资产除融资租赁飞机及发动机外均按实际成本计价,融资租赁飞机及发动机按租赁合同确定的价款加租赁有关费用计算,拥有固定资产及融资租赁飞机及发动机折旧按估计可使用年限扣除预计残值后以直线法计算,预计残值率为5%,固定资产之估计可使用年限如下:

房屋及建筑物	40年
飞机及发动机	10年至15年
运输工具	10年
器具设备	8年至14年

10. 在建工程

在建工程指股份公司按成本列帐的兴建中的职工宿舍,办公楼、酒店、旅游开发设施及有偿转让土地使用权预付款,这包括所有属于该等建筑物及安装之费用及其他直接成本、预付款项及定金,以及于建造期间在工程借款所应付的利息,在建工程不计提折旧直至有关资产完成及转移作有关用途为止。

11. 递延资产

递延资产中的开办费及长期待摊费用分别按5年及3－7年平均摊销。

12. 机架及发动机大修

对于可以提高营运性能或延长机架及发动机使用期限之大修费用,根据估计成本按实际飞行小时及在两次大修期间的估计飞行小时之比例,预提有关费用入帐,大修的估计成本与实际成本间的差额将包括在大修当期的经营业绩内,日常维修与保养费用乃按实际发生数入帐。

13. 退休福利

股份公司依其员工基本薪金18%的比例向由有关地方政府部门所组织之指定供款退休会计划供款。支付退休统筹计划的费用于发生时自损益帐中列支。

14. 主要税项

股份公司应纳税项列示如下:

(1)企业所得税

股份公司从开始获利的年度起,第一年和第二年免征企业所得税,第三年至第五年减半征收企业所得税(现时税率为15%),股份公司1993年开始获利,1993年及1994年为股份公司免征企业所得税的年度。自1995年起,股份公司步入三年减半征收所得税期,应按7.5%税率计征所得税,但依据琼财税[1995]所字第337号文件、1995年度应纳税所得额的30%部分免税,即实际所得税率为5.25%。

根据海南省财税厅琼财税[1996]所字第264号文"关于海南省航空公司减免企业所得税问题的通知"的规定,股份公司25%外资股部分按新办的中外合资企业处理,从1996年度开始,享受一年免征和两年减半征收企业所得税的税务优惠,而股份公司75%内资股部分仍按原政策,执行按此规定,股份公司1996年应缴企业所得税率为3.9375%。

金鹿及维修公司从开始获利的年度起,第一年免征企业所得税(现税率为15%),第二年减半征收企业所得税;而维修公司第三年也可获减半征企业所得税,金鹿1996年开始获利,1996年为金鹿免征企业所得税的年度;而维修公司则自成立以来至1996年12月31日止尚未获利,故无须缴付所得税。

(2)流转税及附加费

税目	计税依据	税率
营业税	运输收入及手续费收入	3%
城市建设维护税	营业税额	7%
教育费附加	营业税额	3%
物价调节基金	营业税额	1%

15. 利润分配

按股份公司章程规定,股份公司税后利润按下列顺序分配。

(1)弥补亏损;

(2)提取10%法定盈余公积金;

(3)提取法定公益金;

(4)提取任意盈余公积金;

(5)支付股利。

(四)国际会计准则调整对税后利润及净资产的净影响

单位:人民币千元

	净利润			净资产
	1994年	1995年	1996年	1996年12月31日
本公司审计报告所列示金额	87,163	81,199	131,653	654,705
国际会计准则调整:				
-多计/(少计)之固定资产折旧费用	2,559	406	(6,847)	(1,317)
-多计之高价周转件摊销费用	6,074	18,624	26,583	51,281
-少计之高价周转件修理费用	(729)	(2,703)	(7,951)	(11,383)
-少计之飞机大修理费用	(2,729)	(1,430)	-	(4,283)
-少计之融资租赁利息	(63,165)	(62,553)	(49,850)	(222,900)
-多计在建工程利息资本化金额	-	(2,210)	(2,053)	(4,263)
-多计递延资产利息资本化金额	-	-	(2,319)	(2,319)
-少计汇兑亏损	(3,539)	-	-	(3,539)
-多计/(少计)燃油遇、起降费及餐食费	(12,115)	7,256		(11,953)
根据国际会计准则调整后所列示金额	13,519	38,589	89,216	444,029

十、董事会上市承诺

本公司董事会将严格遵守《中华人民共和国公司法》、《股票发行与交易管理暂行条例》、《国务院关于股份有限公司境内上市外资股的规定》、《股份有限公司境内上市外资股规定的实施细则》、《公开发行股票信息披露实施细则》、《上海证券交易所市场业务试行规则》和有关法律法规的规定,并自股票上市之日起向全体股东做如下承诺:

1. 按照法律、法规的规定程序和要求披露重大的信息,并接受证券主管机关、上海证券交易所的监督管理;

2. 及时、准确、真实地在证券主管部门指定的报刊公布中期报告、年终报告及经营业绩等资料,并置于规定场所供投资者查阅;

3. 本公司董事、监事及高级管理人员持股数量发生变化时,及时报告证券管理机关、上海证券交易所,并及时通过证券主管部门指定的报刊通告社会公众;

4. 在任何公共传播媒介中出现的消息可能对本公司股票的市场价格产生误导性影响时,本公司知悉后将及时对该消息予以公开澄清;

5. 本公司董事、监事及高级管理人员将认真听取社会公众的意见和批评,决不利用已获得的内幕消息直接或间接从事股票买卖活动;

6. 本公司没有无记录负债。

十一、主要事项揭示

1. 本公司在分配利润时,所依据的税后可分配利润根据境内会计准则编制的财务报表和境外会计准则调整的会计报表中两个累计税后可分配利润数按孰低原则确定。

2. 本公司向股东支付股利均以人民币计价和宣布,A股股东的现金股利以人民币派发,B股股东的人民币现金股利,以美元派发,人民币兑换美元的汇率根据股东大会决议指按股利分配后的首个营业日中国人民银行公布的美元现汇交易的中间价计算,外汇股利可按国家规定汇出境外。

3. 本公司已获海南省证管办的批复〔琼证办(1996)147号文件〕同意新发行17,530,000股A股。

4. 公司董事会已通过决议案并将提请股东大会批准,公司96年度暂不分红,滚存至下一年度。如该分配预案经股东大会批准。本次B股股东将参与96、97年度的分红派息。

5. 鉴于本公司上市首日距离发行结束未超过90日,根据《公开发行股票公告信息核算实施细则(试行)》第十条的规定,本公司仅编制简要上市公告书,在简要上市公告书中省略的事项在该期间没有发生重大变化。

十二、咨询机构

1. 上市公司:海南航空股份有限公司

法定代表人:陈峰

地址:海口市海秀路29号

电话:0898-6722714

传真:0898-6798976

联系人:李林、张尚辉

2. 主承销商及上市推荐人:君安证券有限责任公司

法定代表人:张国庆

地址:上海市常德路466号

电话:021-62712014

传真:021-62712514

联系人:张自立、魏　淳

十三、备查文件

1. 国务院证券委员会批准文件;

2. 上海证券交易所上市通知书;

3. 本公司营业执照;

4. 本公司的章程,全文(及其英文译本);

5. 承销协议;

6. 永道会计师事务所于1997年6月13日发出的国际会计师报告;

7. 承销商的中国法律顾问上海联合律师事务所为本次B股发行出具的法律意见书;

8. 本公司的中国法律顾问中信律师事务所为本次B股发行出具的法律意见书;

9. 主承销商、国际协调人、永道会计师事务所就本资料备忘录的刊发发出的同意书;

10. 中信永道会计师事务所出具的审计报告;

11. 海南大正会计师事务所出具的验资报告;

12. 盈利预测报告。

海南航空股份有限公司

一九九七年六月二十四日

浙江东南发电股份有限公司

浙江东南发电股份有限公司招股说明书概要

一、释义

在本招股说明书概要中,下列用词的含义是:

1. 本公司:指浙江东南发电股份有限公司,也称发行人或东南发电
2. 主承销商及上市推荐人:指浙江证券有限责任公司
3. 国际协调人:指巴克莱德胜亚洲有限公司
4. 承销商:指浙江证券有限责任公司
   巴克莱德胜亚洲有限公司
   荷银浩威·洛希尔
   J.P.摩根证券亚洲有限公司
   怡富证券有限公司
   中国银行国际(英国)有限公司
   山一国际(香港)有限公司
   惠嘉融资亚洲有限公司
   和升国际有限公司
   乐金证券有限公司
   中国光大证券(香港)有限公司
   中信证券有限责任公司
   瑞士联合证券(东亚)有限公司
   新鸿基国际有限公司
   万胜国际融资有限公司
5. 存托机构:指纽约银行
6. 存托协议:指本公司与存托机构签订之协议,全球存托凭证将根据该协议发行
7. 全球存托凭证:指根据存托协议将由存托机构按全球存托凭证发行价发行之全球存托凭证即144A规则全球存托凭证及国际性全球存托凭证,每份全球存托凭证代表50股B股
8. 股票:指发行人本次发行的每股面值人民币1元的境内上市外资股
9. 境外投资者:指外国的自然人、法人和其他组织;中国香港、澳门、台湾地区的自然人、法人和其他组织;定居在国外的中国公民;国务院证券委员会规定的境内上市外资股其他投资人
10. 元:指人民币元,中国法定货币单位
11. 美元:指美国法定货币单位

二、绪言

本招股说明书概要系根据《中华人民共和国公司法》、《国务院关于股份有限公司境内上市外资股的规定》、《股份有限公司境内上市外资股规定的实施细则》、《股票发行与交易管理暂行条例》、《公开发行股票信息披露实施细则》以及国家与地方政府制订的有关法律、法规、规定编制,经国务院证券委员会证委发(1997)44号文批准,本公司本次发行境内上市外资股600,000,000股(其中最多300,000,000股B股以全球存托凭证的形式配售),并可行使不超过本次B股发行额度15%的超额配售权,超额配售权将在公司B股上市之日起的三十日内行使。本公司董事会成员已批准本招股说明书概要,确信其中不存在任何重大遗漏或者误导,并对其真实性、准确性、完整性负个别和连带的责任。

本次发行的股票是根据本招股说明书概要所载明的资料以及本公司准备的日期为1997年9月11日的资料备忘录(合称"招股文件")申请发行的。除发行人、主承销商及国际协调人外,没有委托或授权任何其他人提供未在本招股文件中列载的信息和对本招股文件作任何解释或者说明。

本招股说明书概要提醒投资者自行负担买卖本公司股票所应支付的税款,发行人、上市推荐人和承销商对此不承担任何责任。

三、发售新股的有关当事人

1. 发行人:浙江东南发电股份有限公司
   法定代表人:陈积民
   法定地址:浙江省杭州市凤起路147号
   电话:86-571-7068779-2651
   传真:86-571-7077321
   联系人:杨晓东、蒋丽萍、杨洋
2. 主承销商及上海上市推荐人:浙江证券有限责任公司
   法定代表人:李训
   法定地址:浙江省杭州市延安路400号
   电话:86-571-7062121
   传真:86-571-7028432
   联系人:范国祖、骆军、张小燕
3. 国际协调人:巴克莱德胜亚洲有限公司
   地址:香港中环花园道3号万国宝通银行大厦42楼
   电话:00852-29032000
   传真:00852-29032390
4. 全球存托凭证伦敦上市的上市代理:巴克莱德胜有限公司
   地址:5North Colonnade, Canay Wharf, London E144BB
   电话:0044-171-6232323
5. 国际存托机构:纽约银行
   联系电话:00852-28409875
   传真:00852-28770863
6. 承销商:
   名称:荷银浩威·洛希尔
   地址:香港中环置地广场公爵大厦30楼
   电话:00852-28464350
   传真:00852-28452977
   名称:J.P.摩根证券亚洲有限公司
   地址:香港皇后大道中15号公爵大厦24楼
   电话:00852-28411354
   传真:00852-28453565
   名称:怡富证券有限公司
   地址:香港中环康乐广场1号怡和大厦41楼
   电话:00852-28438888
   传真:00852-28106558
   名称:中国银行国际(英国)有限公司
   地址:One Canada Square London E145AA, U.K
   电话:0044-171-6618888
   传真:0044-171-6618850
   名称:山一国际(香港)有限公司
   地址:香港金钟道88号太古广场第二期30楼
   电话:00852-28260700

传真:00852－25369916

名称:惠嘉融资亚洲有限公司

地址:香港中环康乐广场 8 号交易广场第一座 43 楼

电话:00852－28207373

传真:00852－25240119

名称:和升国际有限公司

地址:香港中环夏悫道 12 号美国银行中心 11 楼

电话:00852－28677288

传真:00852－28100281

名称:乐金证券有限公司

地址:韩国汉城特别市永登浦区汝矣岛洞 34－6

电话:00822－7687000

名称:中国光大证券(香港)有限公司

地址:香港金钟夏悫道 16 号远东金融中心 36 楼

电话:00852－25376689

传真:00852－25269912

名称:中信证券有限责任公司

地址:北京市朝阳区新源南路 6 号京城大厦 1208 室

电话:021－64660088－8352

名称:瑞士联合证券(东亚)有限公司

地址:香港毕打街 11 号置地广场告罗士打大厦 11 楼

电话:00852－28464745

传真:00852－28461417

名称:新鸿基国际有限公司

地址:香港金钟道 88 号太古广场 1 座 12 楼

电话:00852－28225475

传真:00852－28225552

名称:万胜国际融资有限公司

地址:香港中环花园道 1 号中银大厦 37A

电话:00852－28431430

传真:00852－28459036

7. 发行人境外法律顾问:史密夫律师行

地址:香港中环毕打街 11 号告罗士打大厦 23 楼

电话:00852－28456639

传真:00852－28459099

8. 发行人中国法律顾问:众鑫律师事务所

地址:北京市东直门外小街甲 27

电话:86－10－64609052－57

传真:86－10－64609058

经办律师:王云杰、蒋兆康

9. 承销商境外法律顾问:易周律师行

地址:香港干诺道中 111 号永安中心 13 楼

电话:00852－29057888

传真:00852－28549596

经办律师:周怡菁

10. 承销商中国法律顾问:上海市方达律师事务所

地址:上海市浦东新区浦东大道 138 号永华大厦 15 楼

电话:86－21－58793228

传真:86－21－58792338

经办律师:李骐、黄伟民

11. 承销商美国法律顾问:世达美国律师行

地址:香港中环金钟道 89 号力宝中心百富勤大厦 30 楼

12. 国际会计师事务所:普华亚洲会计有限公司

地址:Po Box 1448 New York City NY 10185－1448,U.S.A

电话:86－21－63863456

传真:86－21－63863300

13. 中国会计师事务所:浙江会计师事务所

地址:浙江省杭州市体育场路 423 号

法定代表人:陈如洪

电话:86－571－5178325

传真:86－571－5178273

14. 境内评估公司:浙江资产评估公司

地址:浙江省杭州市体育场路 423 号

法定代表人:朱永勤

电话:86－571－5055156

传真:86－571－5055193

15. 土地评估机构:浙江省地产评估咨询中心

地址:浙江省杭州市体育场路 455 号

法定代表人:黄益中

电话:86－571－7051347

传真:86－571－7051314

16. 收款银行:花旗银行上海分行

地址:上海市浦东大道 1 号船舶大厅 1 楼

17. 股票登记机构:上海证券中央登记结算公司

地址:上海市闵行路 67 号

电话:86－21－63068888

传真:86－21－63068555

18. 上市交易所:上海证券交易所

地址:上海市黄浦路 15 号

电话:86－21－63068888

传真:86－21－63068555

四、发行情况

(一)本公司为根据中国法律和经浙江省人民政府证券委员会浙证委(1997)49 号文批准,由浙江省电力公司、浙江省电力开发公司、浙江八达股份有限公司、浙江省电力物资供应公司、浙江电力房地产开发有限责任公司共同发起,以台州发电厂的资产和业务为基础进行改组,以发起设立的方式于 1997 年 5 月 15 日成立的永久存续的股份有限公司。浙江省电力公司、浙江省电力开发公司以台州发电厂的资产投入本公司,该等资产经国家国有资产管理局以国资评(1997)418 号文确认,净资产为 195,019.73 万元,另外三家发起人以现金出资投入 890.4 万元。国家国有资产管理局国资企发(1997)88 号文同意,将上述资产折为 132,000 万股,其中浙江省电力公司占 51,403.68 万股、浙江省电力开发公司占 79,996.32 万股、浙江省电力物资供应公司占 100 万股,上述股份为国有法人股;浙江八达股份有限公司占 400 万股、浙江电力房地产开发有限责任公司占 100 万股,上述股份为法人股。

1997 年 9 月,经国务院证券委员会证委发(1997)44 号文批准,本公司发行境内上市外资股 600,000,000 股(其中最多 300,000,000 股 B 股以全球存托凭证的形式配售),并可行使不超过本次 B 股发行额度 15% 的超额配售权。本次发行的 B 股将在上海证券交易所上市,同时全球存托凭证将在伦敦证券交易所第二上市。

同时,本公司作为浙江省 1996 年 A 股发行计划内第一家推荐企业,已获得在中国境内向公众发行 8000 万元 A 股的额度。董事会预期在无发生不可预见因素的情况下,建议的 A 股发行将在 1997 年底前进行。

(二)股票名称:浙江东南发电股份有限公司境内上市外资股

(三)股票类型:记名式普通股

(四)发行数量与面值:本次发行 600,000,000 股,并可行使不超过本次 B 股发行额度 15% 的超额配售权,每股面值人民币 1 元。

(五)发行价格:B 股每股人民币 2.868 元,每单位全球存托凭证为人民币 143.4 元,代表 50 股 B 股。投资者按中国人民银行公布的在承销 B 股首日的前一个日历星期美元现汇兑人民币中间价的平均值 8.2885 人

民币/美元，折算成现汇美元，每股以0.346美元认购。每份全球存托凭证认购价17.3美元。

（六）每股税后利润及市盈率

截至1997年12月31日止年度预测

本公司除税及少数股东权益后及未计非经常项目前经调整合并溢利预测（附注一）约人民币4.50亿元。

每股盈利

（A）加权平均（附注二）　　人民币0.303元

（B）备考全面摊薄（附注三）　　人民币0.258元

发售B股统计数字

B股市值（附注四）　　人民币172,080万元（约合20,761.3万美元）

B股市盈率倍数（附注五）

（A）加权平均　　9.47倍

（B）备考全面摊薄　　11.12倍

每股经调整有形资产净值（附注六）　　人民币1.79元（约合0.216美元）

倘超额配售权获全面行使，则：

备考全面摊薄每股盈利　　人民币0.25元

备考全面摊薄市盈率倍数　　11.49倍

附注：

一、截至1997年12月31日止年度之除税后及未计非经常性项目经调整之溢利预测乃按国际会计师报告所载之基准及假设而编制。

二、预测加权平均每股盈利乃根据本公司截至1997年12月31日止年度之除税后及未计非经常项目经调整之溢利及于该年度已发行股份之加权平均数1,484,383,562股计算，但并未计及超额配售权获行使后可能将予发行的任何B股，也没有计及因建议的A股发行完成而可能将予发行的任何A股。

三、备考全面摊薄每股盈利乃根据本公司截至1997年12月31日止年度之除税后但未计非经常性项目经调整之溢利预测及依据已发行之总数1,920,000,000股计算，但并无计及超额配售权获行使后可能发行的B股。截至1997年12月31日止年度除税后及未计非经常性项目前之溢利预测经过调整，已计入假设发售B股按发售价人民币2.868元，所得款项已于1997年1月1日收取。该款项按年利率4.5%计算，并扣除15%税金的利息收入。

四、B股之市值并无计入可能因行使超额配售权而发行之B股，如全数行使超额配售权，则以每股2,868元发售价计算之B股市值将为人民币197,892万元。

五、有关（A）项之预计市盈率乃根据1997年12月31日止年度之预测加权平均每股盈利人民币元计算（附注二），而有关（B）项之预计市盈率乃根据该年度之备考全面摊薄每股盈利人民币元计算（附注三）。

六、已按下文“经调整有形资产净值”一节所述而作调整并根据已发行之股份1,920,000,000股计算，但并无计及可能因超额配售权获行使而发行的B股。

（七）承销方式：余额包销

（八）配售日期：1997年9月13日至1997年9月17日

（九）发行对象：境内上市外资股的投资者

（十）上市交易：本公司已申请并获得上海证券交易所承诺将本次发行的股票在上海证券交易所挂牌交易，本公司全球存托凭证在伦敦证券交易所第二上市。

（十一）预计本公司B股将于1997年9月23日或左右在上海证券交易所挂牌交易，本公司全球存托凭证将于1997年9月23日或左右在伦敦证券交易所挂牌交易。

五、风险因素及对策

投资者在评价本发行人此次发售的股票时，应特别认真地考虑下述各项风险因素。

（一）经营风险

1．公司本身的考虑因素

本公司现拥有一座台州发电厂，并预备收购浙江萧山发电厂。因此，本公司的每年业绩和财务状况将受台州发电厂营运因素影响，并且还将受到本公司未来购买及经营新发电厂能力因素的影响。

2．上网电价

本公司的业务收入依赖于电力的销售。公司已与浙江省电力公司签订了《购售电协议》，规定了计算上网电价的公式，上网电价包括年预计运营成本、年预计营业费用、年预计税金、年预计合理税后利润。上网电价的核定必须首先获浙江省物价局核准，有关新建机组的电价须由电力部和国家计委核准。然而不能保证浙江省物价局、电力部和国家计委是否批准根据购售电协议计算的任何时间的上网电价。倘不获批准，本公司的盈利能力可能受重大不利影响。

核定的上网电价可追溯至获核准年度的一月一日（1997年除外）。对于年度内燃料价格、运输价格，汇率、利率等本公司无法控制的成本因素的提高，导致本公司的实际利润比预计合理税后利润低，年内如有充足的时间，本公司将与浙江省电力公司协商调整上网电价，使公司当年实际利润符合合理水平，如果当年未能调整，则在下一年度核定电价时加以补偿。但公司不能保证物价主管部门对此是否作出核准，从而影响公司的盈利能力。

3．外汇

人民币目前除经常性项目外基本不能自由兑换外汇。1994年1月1日，中国采用外汇并轨制，并轨后的人民币汇率由市场因素决定。

由于本身的扩建计划，本公司可能将于未来借入相当的外汇借贷，且全球配售完成后，本公司也将需要额外的外汇，用以派发股息予B股股东及全球存托凭证持有人。本公司并不预期在可见将来有很多外汇收入，且须不时将人民币兑换外币，以满足对外币的需求。

1996年7月1日生效的《结汇、售汇及付汇管理规定》容许企业在经常项目下的交易从获授权的外汇银行购买外汇，然而就有关资本项目交易的外汇，则必须取得外管局或其有关分局的批准。因此在现有外汇制度下，不能充分保证有足够外汇可按指定汇率进行兑换以满足某一企业的需求，不能保证如果外汇短缺不会限制本公司取得足够外汇支付B股及全球存托凭证的股息或满足其他外汇需求的能力。

（二）行业风险

1．环保

鉴于本公司的业务性质，本公司台州发电厂会产生相当数量的废物并向周围环境排放。本公司已建立了环保制度，以处理某些废料并防止有关环境的意外事故发生。但不能确定政府不会实行使本公司作出预算以外的额外环保支出的环保新法规。本公司目前排放的烟尘和灰渣符合国家环保要求，但不能保证，当国家环保要求提高时，公司能否符合新的标准以及负担额外环保费的支出。

2．开发因素

本公司目前正在开发并拟增建发电厂，而新发电厂项目向政府有关部门申请批准需时甚久，且发电厂的建设工程牵涉多项风险，包括设备、物料、天气、环境等问题，在获取所需的许可出现延误，以及无法预计的成本上涨时，将会导致公司成本超支。

（三）政治与经济考虑因素

中国经济正逐步从计划经济转向社会主义市场经济。然而，国家计划还可能直接或间接地影响电力供求、燃料供应和成本以及本公司的盈利情况。同时由于经济增长过猛导致地区发展不平衡，政府不时采取措施以压制通胀及调控经济增长，因此而达到的通胀下降可能有利于本公司，但也可能对本公司的业务前景构成不利影响。

（四）流通程度

本公司已申请本次发行的B股在上海证券交易所上市，上海证券市

场是一个发展中的市场,在此上市的外资股(B股)的总市值及总成交额比较成熟之市场相对较小,这意味着在上海证券市场买卖股票的规模较小,流通程度可能较低,价格波动也可能较大。

本次发行的B股还有一部分分配为全球存托凭证在伦敦证交所上市,这在一定程度上增加本公司B股在二级市场的流通程度,但同时在上海证交所买卖之B股数目将按比例减少,而影响B股之流通性及在上海证交所买卖价格之波动。

(五)对浙江省电力公司的依赖

本公司的主要参股股东之一浙江省电力公司已与本公司签订了《购售电协议》、《并网调度协议》,承诺购买本公司并网机组的全部上网电量,但如浙江省电力公司未能履行其合同责任,将会对本公司的业务和业绩造成不利影响。此外,公司就开发项目和未来发电厂计划获取政府的批准和同意将有赖于浙江省电力公司的协助。

(六)其他因素

1.法律

中国法律制度以成文法规为基础,法院判例可能被引述以供参考,惟并无约束力。该等法律与法规已大大加强对外国投资者的保障,然而部分法律仍属试行性质,有待加以改善。中国目前尚无全国性的证券法。为了有效管理证券市场,国家有关部门先后颁布了《股份有限公司规范意见》、《股票发行与交易管理暂行条例》、《中华人民共和国公司法》等一系列法律,法[illegible]995年12月,又颁布了《国务院关于股份有限公司境内上市外资股的规定》,目前国家正在起草全国性的证券法,待由全国人民代表大会通过及履行有关手续后将向全国颁布,届时证券市场的管理将进入一个更规范的阶段。

2.会计与审计准则

中国通用的会计准则与国际会计准则在坏帐准备、折旧、递延税项、存货准备、或然负债及外币换算等方面存在一定的差异,本公司自成立之日起采用国家规定的股份制试点企业会计准则,发售B股后,本公司还需提供按国际会计准则调整的财务报告,如果按两种会计准则提供的财务报告存在重大差异,应当在财务报告中说明。

(七)股市风险

中国的证券市场正处于发展变动期,故证券买卖可能上下波动。投资者进入股票市场必然要承担风险。因此,特别提醒投资者对此要有足够认识。

六、募集资金运用

(一)计划用途

本次发售B股所得款项净额约为16.4亿元人民币,公司拟将此笔款项用于以下项目:

(1)台州发电厂四期工程8号机组的建设;

(2)收购萧山发电厂;

剩余资金将用于偿还债务和作为公司营运资金。

(二)项目介绍

(1)台州发电厂四期工程包括两台330兆瓦机组(7-8号机组)的建设,计划总投资约34亿元。8号机组经国家计委计能源[1993]242号文批复立项,其建设主要是为了缓和浙江省"八五"末、"九五"初的严重缺电局面。该机组已于1994年9月动工,计划于1997年底完工,并进入试生产。

(2)萧山发电厂是经国家计委计工[1990]1725号文批准,由浙江省电力开发公司和萧山市经济建设发展公司共同投资兴建,包括两台125兆瓦国产燃煤机组,始建于1991年,于1993年、1994年相继建成投产,工程质量优良。萧山发电厂现总装机容量250兆瓦。公司已与浙江省电力开发公司和萧山市经济建设发展公司在1997年5月19日签署了收购意向书,并得到浙江省计经委浙计经金[1997]472号文批复,同意公司购并萧山发电厂。为体现公平交易原则,公司于1997年6月26日签署收购协议。根据协议,浙江省电力开发公司和萧山市经济建设发展公司各自授予本公司以相等于浙江资产评估公司按重置成本估值法评估并经浙江省国有资产管理局批准的资产价值的价格购买彼等在萧山发电厂全部或部分资产权益的选择权。这项选择权有效性为由浙江省国有资产管理局确认萧山发电厂资产评估价值之日起一年内有效。

七、股利分配政策

1.本公司的税后利润分配方案和弥补亏损方案由董事会制定,经股东大会审议批准。本公司每一年度的税后利润按下列顺序分配:

(1)弥补亏损

(2)提取法定公积金

(3)提取法定公益金

(4)提取任意公积金

(5)支付普通股股利

2.除非股东大会通过的决议另有规定,公司每年分配股利一次。

3.本公司的股利按同股同权的原则,采取现金或股票形式按各股东所持比例进行分配。

4.本公司将于每年有关年度帐目结束后派发股利。根据董事会决议,本次发行所有B股持有人将不享受B股上市交易之月前公司产生的盈利而可能派发的股利。

5.本公司派发的B股股利,如以现金形式派发,将以人民币计价和宣布,并按股东大会决议日的下一个营业日中国人民银行公布的美元兑人民币中间价换算成美元派发。

6.公司的财务报表除应按中国会计准则及法规编制外,还应当按国际会计准则编制,公司在分配股利时,所依据的税后可分配利润,以前述两种财务报表中较少者为准。

八、发行人及发行人主要成员的情况

1.发行人名称:浙江东南发电股份有限公司

英文名称:ZHEJIANG SOUTHEAST ELECTRIC POWER COMPANY LIMITED

2.发行人法定地址:浙江省杭州市凤起路147号

3.发行人1997年4月30日在册员工约2640人

4.发行人历史简介:

本公司为根据中国法律和经浙江省人民政府证券委员会批准,由浙江省电力公司、浙江省电力开发公司、浙江八达股份有限公司、浙江省电力物资供应公司、浙江电力房地产开发有限责任公司共同发起,以台州发电厂的资产和业务为基础进行改组,以发起设立方式于1997年5月15日成立的永久存续的股份有限公司。

本公司经营范围为投资、开发及经营发电厂、发电机组。

本公司目前拥有已全部投产的台州发电厂1-6号发电机组(总装机容量750兆瓦)及厂区前三千吨级和一万吨级的两座货运码头,本公司亦拥有正在建设中的台州发电厂四期工程7-8号机组及五千吨级码头一座。其中,7号机组于1997年1月底完工,并于1997年8月1日投入商业运行,8号机组将于1997年底完工。四期工程建成后,其总装机容量为660兆瓦。

5.管理阶层及职员

(一)董事:

陈积民:54岁,本科学历,本公司董事长。历任江西萍乡电厂技术员、宁波发电厂技术员、宁波电业局副科长、科长及局长、宁波经委副主任。现任浙江省电力公司、浙江省电力开发公司副总经理并主持工作。陈先生于电力行业有逾30年管理经验。

庄虎卿:47岁,大专学历。本公司副董事长兼总经理,负责本公司业务整体管理。曾任黑龙江生产建设兵团副科长,浙江省电力局劳资处副处长、处长。现兼任浙江省电力公司、浙江省电力开发公司副总经理。庄先生于电力行业有逾18年管理经验。

陈青达:58岁,本科学历,本公司董事兼副总经理。历任浙江水电技校教员,台州地区水电局技术员、台州地区电力公司技术员、调度所副所

长、台州电业局科长、副局长，浙江省电力公司办公室副主任。陈先生于电力行业有逾35年管理经验。

梁绍斌：50岁，本科学历，本公司董事兼副总经理，负责本公司的生产和管理。历任辽宁鞍山发电厂技术员、助理工程师，台州发电厂工程师、副厂长。现任台州发电厂厂长。梁先生于电厂技术管理有逾27年经验。

朱长荣：55岁，本科学历，本公司董事。历任青海曲沟水电厂技术员，青海西宁供电局助理工程师，青海格尔木发电厂副厂长，青海龙羊电厂副厂长，青海电力局基建处处长，浙江萧山发电厂厂长，浙江嘉兴电厂（筹）主任，现任浙江省电力工会主席。朱先生于电厂管理方面有逾30年经验。

毛乾元：58岁，本公司董事。历任杭州电气公司财务科、闸口发电厂财务科科员，浙江省电力局财务处主办会计、副主任会计师、主任会计师、副处长，现任浙江省电力公司、浙江省电力开发公司副总会计师。毛先生于电力行业有逾38年管理经验。

陶克勤：58岁，本科学历，本公司董事。历任浙江省电力局技术员及生产处工程师，梅溪发电厂工程指挥部技术员，半山发电厂第一副厂长、厂长。现任浙江省电力公司发电处处长。陶先生于电厂技术管理方面有逾35年经验。

吴庆林：58岁，本公司董事。历任杭州电气公司调度员，浙江省电力中心调度所调度员、副科长，浙江省电力局用电处副处长、处长。现任浙江省电力开发公司办公室主任。吴先生于电力行业有逾38年管理经验。

付木庆：39岁，大专学历，本公司董事。曾任台州发电厂电气分场主任、厂办公室副主任等职。现任台州发电厂党委书记。付先生于电力行业有逾19年管理经验。

王佳富：44岁，大专学历，本公司董事。历任台州发电厂班长、分工会副主席、厂工会副主席。现任台州发电厂工会主席。王先生于电力行业有逾27年管理经验。

（二）监事

柯毓柱：59岁，本公司监事会主席。曾任浙江省火电建设公司经理，现任浙江省电力公司纪检组组长。

谢伯康：59岁，本公司监事。现任浙江省电力公司审计处处长。

唐信根：50岁，本公司监事，现任浙江省电力公司监察处处长。

孔繁祥：55岁，本公司监事。现任浙江省电力公司工会副主席。

吴宏飞：31岁，大专学历，本公司监事。现任台州发电厂7号机机组长。

（三）高级管理人员

戴建成：40岁，大专学历，本公司董事会秘书。历任杭州钻机厂助理工程师，浙江省电力局秘书，浙江电力开发公司集融资主管，本公司筹备委员会办公室副主任。戴先生于公司管理方面有逾12年经验。

王金根：59岁，本公司财务负责人。历任台州发电厂会计科副科长、科长、副总会计师。王先生于财务管理方面有逾34年经验。

（四）员工情况

截止1997年4月30日，本公司有约2640名员工，其中约9%为管理人员、约3%为工程技术人员、约88%为其他雇员。

6. 股东大会

股东大会是公司的最高权力机构，董事会是公司的常设执行机构，公司实行董事会领导下的总经理负责制，公司的日常活动由总经理主持下的组织机构来管理，监事会是股东大会领导下的公司监督机构。

7. 组织机构（附图）

九、股东权利与义务

公司股票的持有人为公司股东。股东按其持有的股份额享有权利并承担义务。股东应遵循入股自愿、股权平等、利益共享、风险共担原则。

1. 股东权利

（1）出席或委托股东代理人出席股东大会并按其所持股份行使表决权；

（2）依所持有的股份额领取股利和其他形式的利益分配；

（3）依有关法律、法规及公司章程的规定转让、赠与及质押股份；

（4）查阅公司章程、股东大会会议决议、会议记录和财务会计报告，监督公司的经营，提出建议和质询；

（5）对公司员工进行监督、对违法乱纪、损公肥私、玩忽职守者进行检举、控告；

（6）公司终止或清算时，按所持有的股份份额参加剩余财产的分配；

（7）股东大会、董事会的决议违反法律、法规、侵犯股东合法权益的，股东有向人民法院提起要求停止该违法行为和侵害行为的诉讼权利；

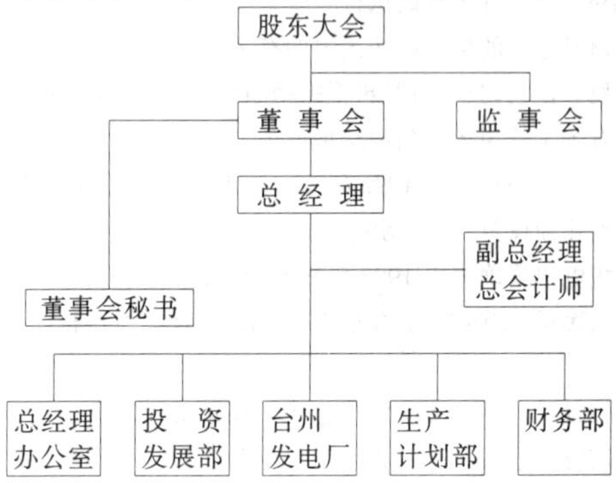

2. 股东义务

（1）遵守公司章程；

（2）依所认购的公司股份和入股方式缴纳股金；

（3）依所持股份为限，对公司的债务承担责任；

（4）法律、法规以及章程规定的其他义务。

十、经营业绩

本公司现拥有浙江台州发电厂1－6号机组，装机容量总计750兆瓦，及在建四期工程7－8号机组，其装机容量为660兆瓦，其中7号机组于1997年1月底完工，1997年8月1日投入商业运行。预计8号机组于1997年年底完工，1998年6月底开始商业运行。台州发电厂是浙江省电力公司与浙江省电力开发公司属下的骨干企业。自1982年1号燃煤机组投产发电以来，全厂职工队伍的素质和企业管理水平不断提高，曾多次荣获电力部、浙江省人民政府、浙江省计经委颁发的“设备管理先进单位”、“节能先进单位”和“经济效益先进单位”等称号。根据重组协议，台州发电厂管理人员及生产与工程人员将继续聘用，使公司的生产与经营得到持续保障。

公司已与浙江省电力公司签署了《购售电合同》及《并网调度合同》，合同有效期为二十年。浙江省电力公司承诺将购买公司发电机组每年不少于5500的发电利用小时的上网电量，如因社会经济原因，电网的用电负荷发生大幅度下降，双方经友好协商可调整正常上网电量，但调整后最低年利用小时将不低于全网同类型、同品质机组的年平均利用小时数。

浙江省电力公司将每月分三次向公司支付当月电费。如由于浙江省电力公司原因（包括但不限于调峰、调频），使公司未能实现年正常上网电量，浙江省电力公司将按合同约定向公司进行电费补偿。

本公司的上网电价将按照浙江省物价局浙价工（1996）88号文规定的原则核定。该原则规定台州发电厂1－6号机组的投资回报以固定利润的方式核定上网电价；公司新建机组或电厂的投资，按净资产回报率（税后）15%核定上网电价；当有关电力投资属借贷时，年贷款利率与借贷回报率之和不高于16.5%，当借贷年利率低于14.5%时，借贷回报率可高于2%。据此原则，本公司计算上网电价的公式如下：

不含增值税上网电价＝（年预计营业成本＋年预计营业费用＋年预计税金＋年预计合理税后利润）/年正常上网电量

1997年的合理税后利润根据下列办法核定：

（1）1－6号机组每千瓦时的固定税后利润为每千瓦时人民币0.0702

元,以后年度每年每千瓦时固定税后利润将不会少于该额;

(2)7-8号机组的投资回报按年初净资产和预计年末净资产的平均值乘以15%回报率确定;借贷回报按年初贷款和年末贷款的平均值乘以借贷回报率确定。

根据浙江省物价局核定,台州发电厂1-6号发电机组1997年的上网电价为每千瓦时人民币0.353元。根据国家计划委员会及电力部发出计价管(1997)444号文,1997年7号机组上网电价为每千瓦时人民币0.415元。1-7号机组1997年综合上网电价为每千瓦时人民币0.37元,从1997年9月1日起执行。

台州发电厂的增值税按国家的有关规定,每千千瓦时每月预交4元给当地税务机关,公司每月再根据销项税、进项税及台州发电厂的预交税情况向有关主管税务部门清交增值税。

以下为本公司截止1996年12月31日三个年度及1997年1-4月之经调整业绩概要,此等调整假设公司于1994年1月1日已经存在,且根据购售电协议确定之1997年新电价重新确认经营收入,即每千瓦时税后利润人民币0.0702元,并按15%的税负计提所得税。

单位:千元

项目	1997年1-4月	1996年	1995年	1994年
经调整营业收入	450,624	1,516,080	1,239,194	1,349,124
经调整税前利润	113,590	404,942	358,359	384,695
经调整应交所得税	17,038	60,741	53,754	57,704
经调整税后利润	96,552	344,201	304,605	326,991

有关本公司截止1996年12月31日止三个年度及1997年1-4月之经调整业绩详情,请查阅国际会计师报告。

十一、股本结构

本次发行前公司的股本结构如下:

股本类别	股本	占总股本比例
发起人股	132,000万股	100%

于本次600,000,000股境内上市外资股发售完毕后,本公司的股本结构如下:

股本类别	股本	占总股本比例
发起人股	132,000万股	68.75%
境内上市外资股(B股)	60,000万股	31.25%
总计	192,000万股	100.00%

倘行使15%的超额配售权,则本公司股本结构将作如下调整:

股本类别	股本	占总股本比例
发起人股	132,000万股	65.67%
境内上市外资股(B股)	69,000万股	34.33%
总计	201,000万股	100.00%

本公司董事预期在无发生不可预见的情况下,本公司的A股发行将于1997年度之前进行。待建议中的A股发售完毕,并假设B股超额配售权获全面行使,本公司的股本结构将作如下调整:

股本类别	股本	占总股本比例
发起人股	132,000万股	63.16%
境内上市外资股(B股)	69,000万股	33.01%
A股	8,000万股	3.83%
总计	209,000万股	100.00%

十二、主要固定资产

以下为国际会计师事务所普华亚洲会计有限公司出具的审计报告中截止1997年4月30日本公司的主要固定资产的历史性数据(注):

人民币千元

	原值	累计折旧	净值
房屋建筑物	192,421	71,534	120,887
发电设备	455,597	257,840	197,757
汽车	10,169	5,453	4,716
家具、装置及其他设备	4,577	4,256	321
合计	662,764	339,083	323,681

注:历史性数据中未包括资产评估增值数,若考虑资产评估增值因素,则固定资产净值为675,534千元。

十三、财务会计资料

1. 以下为浙江会计师事务所出具的审计报告中关于本公司的资产负债表概要:

单位:人民币千元

	1997年4月30日	1996年12月31日	1995年12月31日	1994年12月31日
流动资产	355,343	369,627	164,453	66,612
长期投资	7,200	6,698	6,149	6,469
固定资产原值	3,261,195	1,837,381	956,556	940,750
固定资产净值	2,254,504	854,254	515,695	565,967
在建工程	1,731,712	3,059,583	1,753,817	789,008
固定资产合计	3,986,216	3,913,836	2,269,512	1,354,975
无形及递延资产	172,649	174,343	49,808	5,652
资产总计	4,521,409	4,464,504	2,489,923	1,433,708
流动负债	54,534	46,079	34,166	22,451
长期负债	2,516,383	2,468,228	1,256,656	275,213
负债合计	2,579,917	2,514,307	1,290,822	297,664
股东权益合计	1,950,492	1,950,197	1,199,100	1,136,044
负债及股东权益合计	4,521,409	4,464,504	2,489,923	1,433,708

2. 以下为浙江会计师事务所出具的审计报告中关于本公司营业状况的损益表概要:

单位:人民币千元

	1997年1-4月	1996年	1995年	1994年
主营业务收入	439,649	1,431,207	1,169,457	1,136,869
主营业务利润	123,172	383,121	315,025	316,758
营业利润	123,210	383,263	315,148	316,935
利润总额	123,191	382,168	313,970	316,065
净利润	82,544	256,260	210,430	211,745

注:本公司1994年度-1996年度及1997年1-4月损益表中的主营业务收入,以全省集资电厂(机组)各该年度平均上网电价为公司的结算电价,乘以各该年度公司实际上网电量计算确认。所得税率为33%。

3. 以下为国际会计师事务所普华亚洲会计有限公司出具的审计报告中经调整合并资产负债表概要:

人民币千元

1997年4月30日

流动资产	
现金及现金等同物	142,814
专项存款	6,608
应收有关联公司款	163,135
其他应收款	20,477
预付帐款	177,063
存货	27,519
土地使用权	171,283
房屋建筑物及设备(净值)	675,534
在建工程	2,971,313
其他长期投资	7,593
资产合计	4,363,339
流动负债	
短期银行借款	3,000
应付有关联公司款	6,000
应付帐款及其他应付款	29,174

长期负债	2,511,590
其他长期负债	4,793
股东权益	1,808,782
负债及股东权益合计	4,363,339

4．以下为国际会计师事务所普华亚洲会计有限公司出具的审计报告中至1996年12月31日止三个会计年度及1997年1－4月经调整的损益表概要：

单位：人民币千元

	1997年1－4月	1996年	1995年	1994年
经调整营业收入	450,624	1,516,080	1,239,194	1,349,124
经调整经营成本及费用	336,866	1,110,583	880,315	963,304
经调整营业利润	113,758	405,497	358,879	385,820
经调整税前利润	113,590	404,942	358,359	384,695
经调整应交所得税	17,038	60,741	53,754	57,704
经调整除税利润	96,552	344,201	304,605	326,991

注：经调整合并损益表系根据国际会计准则编制，并以若干假设为依据，包括：

(1)自1994年1月1日本公司已一直存在且重组已于该日完成；

(2)在1994年1月1日至1997年4月30日期间，1－6号发电机组已经进行商业生产，且与浙江省电力公司达成1997年之电力购售价格，已于截止1996年12月31日止三个年度及1997年1－4月生效；

(3)公司执行的所得税率为15%。

5．中国会计师报告中列示的净利润和净资产与按国际会计准则计算的经调整税后利润及净资产差异汇总：

单位：人民币千元

	1997年1－4月	1996年	1995年	1994年
按中国会计师报告利润表中列示的净利润	82,544	256,260	210,430	211,745
冲销按中国会计制度作的模拟调整				
(A)营业收入	(109,908)	(253,701)	(316,892)	(175,008)
(B)燃料成本	-	(5,456)	33,700	(79,473)
(C)管理费用	-	736	(9,248)	(10,973)
(D)利息支出	-	-	(48)	(53)
(E)营业税金及附加	331	11,740	10,245	10,684
(F)所得税	40,647	126,008	103,540	104,320
按中国会计准则调整的历史净利润(超出成本及费用后的拨付款及补贴费)	13,614	135,587	31,727	61,242
按照国际会计准则作的审计调整				
(G)增加计提员工福利	(2,559)	(6,471)	(3,541)	(1,910)
(H)冲回摊销开办费	538	1,615	1,615	1,615
(I)减少计提折旧及摊销	8,699	24,102	24,102	21,187
(J)其他	(5)	266	252	-
按国际会计准则计算的历史净利润(超出成本及费用后的拨付及补贴款)	20,287	155,099	54,155	82,134
按国际会计准则作的调整数				
(K)营业收入	120,883	338,575	386,630	387,263
(L)折旧及土地使用权摊销	(28,599)	(74,878)	(70,877)	(72,736)
(M)其他－城建税及教育附加	1,019	(13,854)	(11,549)	(11,966)
(N)所得税	(17,038)	(60,741)	(53,754)	(57,704)
按国际会计准则计算的经调整税后净利润	96,552	344,201	304,605	326,991

单位：人民币千元

	1997年4月30日	1996年12月31日	1995年12月31日	1994年12月31日
按中国会计师报告资产负债表中列示的净资产	1,950,492	1,950,197	1,199,100	1,136,044
按国际会计准则而作的调整				
(A)冲销一九九三年清产核资形成的增值数	(282,598)	(282,598)	(282,561)	(236,754)
(B)冲销一九九六年资产评估增值形成的增值数	(684,506)	(684,506)	-	-
(C)减少计提员工福利	16,273	18,357	12,774	6,330
(D)冲回摊销的开办费	(1,884)	(2,422)	(4,037)	(5,652)
(E)减少计提折旧及摊销	81,148	72,438	48,335	24,232
按国际会计准则计算的历史净资产	1,078,925	1,071,466	973,611	924,200
(F)国际性的独立评估增值数	729,857			
按国际会计准则计算的经调整净资产	1,808,782			

十四、盈利预测

经国际会计师事务所普华亚洲会计有限公司审阅，本公司自1997年1月1日至1997年12月31日止年度12个月的除税后及未计非经常项目前的溢利预测将不低于人民币450,000,000元。

上述预测假设重组、资产重估及购售电协议自1997年1月1日生效。公司全年执行的上网电价为0.37元/千瓦时，所得税率为15%。

十五、资产评估

1．经浙江资产评估公司对本公司1996年12月31日止资产进行评估，并由国家国有资产管理局审核，以国资评(1997)418文确认，本公司至1996年12月31日之资产

按帐面净值：

资产合计为人民币3,779,997,177.13元

负债合计为人民币2,514,306,739.48元

净资产为人民币1,265,690,437.65元

确认评估后：

资产合计为人民币4,464,504,079.28元

负债合计为人民币2,514,306,739.48元

净资产为人民币1,950,197,339.80元

2．以下为本公司的经调整有形资产净值报表，乃根据国际会计师报告所载本公司于1997年4月30日的有形资产净值编制：

	人民币 (除每股金额外，以千元计)
本公司于1997年4月30日的资产净值	1,808,782
截止1997年7月31日止三个月未经审计除税后溢利	40,255
截止1997年7月31日止三个月未经审计所有者权益变动	(56,016)
配售B股的估计所得款项净额	1,643,000
经调整有形资产净值	
经调整每股有形资产净值	1.79元

(按600,000,000股将予发行的B股为基准)

十六、前景与展望

电力是国民经济的基础产业之一，一向受到国家政策的重点扶持，董事相信目前中国经济已进入又一个健康、稳定的高速增长时期，经济的增长必将增加对电力的需求，为本公司的发展提供了广阔的市场。

以目前的装机容量和发电量衡量，本公司为浙江省电力行业的大型骨干发电公司之一，本公司的目标是成为集能源电力筹资、投资与资产管理功能为一体的大型发电公司，本公司将利用现有的资产结构和经营优势，以及与浙江省电力公司、浙江省电力开发公司的良好关系，在浙江省内选择一些基础好、回报率稳定、前景广阔的现有电厂或发电机组进行投资，本公司还将参与浙江省内新建电厂或机组的建设。

本次B股发行成功后，本公司将充分利用筹集的资金完成本公司8号机组在建工程的建设，同时还将收购浙江萧山发电厂。本公司已与萧山发电厂拥有者浙江省电力开发公司及萧山市经济建设发展公司签订收购协议书，若该项协议最终可以实施，本公司装机容量将达到1,660兆瓦，年发电量将达9,000,000兆瓦时，收购萧山发电厂将为本公司带来新

的利润增长点。

除收购萧山发电厂外,本公司计划在今后若干年内通过国内外资本及资金市场,不断拓宽融资渠道,将募集的资金不断投资于浙江省及其周边地区电力项目的建设。

董事相信本公司之成功一直有赖并将继续获益于下列因素:

——本公司地处中国东部沿海的长江三角洲地区,该地区以上海为中心是近年来中国经济发展最蓬勃的区域,经济的增长引发对电力的大量需求,目前华东电网是中国15个地区电网中用电量增长最快的电网,而其中的浙江省电力公司服务地区又是华东电网中用电量增长最快的地区,浙江省目前是华东地区缺电最严重的省份。浙江省经济的高速发展及对电力的大量需求为本公司在浙江省电力公司服务地区未来开发新的电力项目创造了很好的市场条件;

——本公司已获浙江省电力公司及浙江省电力开发公司之承诺,对浙江省电力公司、浙江省电力开发公司未来参与的浙江省内新建、扩建、改建及转让的电力项目享有优先投资权;

——本公司与浙江省电力公司签订的购售电协议列明本公司准许回报率的基础,使本公司未来电价的确定获得保证;

——本公司目前拥有的台州发电厂位于椒江入海口北岸,水陆运输发达,使本公司易于获得低运输成本的煤;

——本公司拥有强大的管理队伍及其在发电业拥有广泛经验,本公司的高层管理人员在电厂的管理、财务管理和人力资源方面均拥有丰富的直接经验。本公司台州发电厂机组运行综合效益在浙江省同规模电厂中名列前茅。

十七、重要合同和诉讼事项

1. 本公司所订立而在本招股书刊发日或之后仍有重要义务需由本公司履行的重要合同如下:

(1)本公司与浙江省电力公司签订的《购售电协议》

(2)本公司与浙江省电力公司签订的《并网调度协议》

(3)本公司与浙江省电力燃料公司签订的《燃煤供应协议》

(4)本公司与台州发电厂实业总公司签订的《综合服务协议》

(5)本公司与浙江省电力公司、浙江省电力开发公司签订的《债务合同》

(6)本公司与浙江证券有限责任公司、巴克莱德胜亚洲有限公司签署的《承销协议》

(7)本公司与纽约银行签署的《存托协议》

(8)本公司与浙江省电力开发公司、萧山市经济建设发展公司签订的《关于萧山发电厂之资产收购协议书》

2. 本公司在此招股书刊登之日前并无牵涉任何重大的诉讼或仲裁;而据董事所知,本公司亦无任何尚未了结或面临威胁之重大诉讼、仲裁或索偿要求。

十八、备查文件及查阅地点

1. 供查阅的有关文件

(1)公司章程;

(2)存托协议;

(3)普华亚洲会计有限公司于1997年9月11日作出的国际会计师报告;

(4)普华亚洲会计有限公司有关盈利预测的函件;

(5)本公司法律顾问众鑫律师事务所的法律意见书;

(6)承销商的中国法律顾问上海市方达律师事务所的法律意见书;

(7)资料备忘录;

(8)有关重要合同;

(9)有关批准文件;

(10)承销协议。

2. 查阅地点:浙江东南发电股份有限公司

地址:杭州市凤起路147号凤起大厦六楼

联系人:楼战英

浙江东南发电股份有限公司

一九九七年九月十三日

浙江东南发电股份有限公司上市公告书

一、释义

在本上市公告书中,除非另有说明,下列简称具有以下意义:

1. 本公司:指浙江东南发电股份有限公司,也称发行人或东南发电

2. 全球存托凭证(GDR):指根据存托协议将由存托机构按全球存托凭证发行价发行之全球存托凭证即144A规则全球存托凭证及国际全球存托凭证,每份全球存托凭证代表50股B股

3. 股票:指发行人本次发行的每股面值人民币为1元的境内上市外资股

4. 证交所:指上海证券交易所

5. 元:指人民币元,中国法定货币单位

6. 美元:指美国法定货币单位

二、绪言

本上市公告书是根据《中华人民共和国公司法》、《股票发行与交易管理暂行条例》、《国务院关于股份有限公司境内上市外资股的规定》、《股份有限公司境内上市外资股规定的实施细则》以及国家与地方政府制订的与股票发行有关的其他法律、法规编制。

经国务院证券委员会证委发[1997]44号文批准,本公司已成功发行每股面值1元人民币的境内上市外资股600,000,000股(并未行使不超过本次B股发行额度15%的超额配售权),其中72,614,700股以GDR的形式配售,代表1,452,294份GDR。经上海证券交易所上证上[97]第081号上市通知书批准,本公司B股将于1997年9月23日在上海证券交易所挂牌交易。本公司在全球配售的GDR已获伦敦证券交易所同意,将于1997年9月23日在伦敦证券交易所挂牌交易。

本公司董事会成员已批准该上市公告书,确信其中不存在任何重大遗漏或者误导,并对其真实性、准确性、完整性负个别的和连带的责任。

三、发行公司概况

(一)发行人简介:

1. 法定名称:浙江东南发电股份有限公司

2. 注册资金:192,000万元人民币

3. 法定代表人:陈积民

4. 成立日期:1997年5月15日

5. 经营范围:电力的投资、开发及经营

6. 所属行业:电力行业

7. 注册地址:杭州市凤起路147号

联系电话:0571-7068779-2651

(二)发行人历史沿革:

本公司的前身为台州发电厂,始建于1979年。1997年5月经浙江省人民政府证券委员会浙证委[1997]49号文件批准,由浙江省电力公司,浙江省电力开发公司、浙江八达股份有限公司、浙江省电力物资供应公司、浙江电力房地产开发有限责任公司共同发起,以台州发电厂的资产和业务为基础进行改组,以发起设立方式于1997年5月15日成立的永久存续的股份有限公司。

四、股票发行及承销

(一)本次私募配售

发行数量:60,000 万股(其中 7,261.47 万股以 GDR 形式配售)

发行价格:2.868 元/股　GDR 发行价格:143.4 元/份

募集资金总额(扣除发行费用):167,067.98 万元

发行方式:私募发行、承销采取余额包销方式

配售户数:343 户

发行费用总额:6,028.63 万元

每股发行费用:0.10 元

发行市盈率:加权平均　　9.47 倍

　　　　　备考全面摊薄　11.12 倍

(二)股票承销

本次 B 股配售采取各承销商按一定比例包销方式,主承销商及承销团成员分销比例及数量如下:

	承销数量(万股)	承销比例
浙江证券有限责任公司	10,800	18%
巴克莱德胜亚洲有限公司	34,200	57%
荷银浩威·洛希尔	3,600	6%
J.P·摩根证券亚洲有限公司	2,400	4%
怡富证券有限公司	2,400	4%
中国银行国际(英国)有限公司	1,200	2%
山一国际(香港)有限公司	600	1%
惠嘉融资亚洲有限公司	600	1%
和升国际有限公司	600	1%
乐金证券有限公司	600	1%
中国光大证券(香港)有限公司	600	1%
中信证券有限责任公司	600	1%
瑞士联合证券(东亚)有限公司	600	1%
新鸿基国际有限公司	600	1%
万胜国际融资有限公司	600	1%
合　　计	60,000	100%

(三)验资报告

浙会验(1997)第 128 号

浙江东南发电股份有限公司全体股东:

我们接受委托,对浙江东南发电股份有限公司截至 1997 年 9 月 18 日止的实收股本及相关的资产和负债的真实性和合法性进行了审验。在审验过程中,我们按照《独立审计实务公告第 1 号——验资》的要求,实施了必要的审验程序。浙江东南发电股份有限公司的责任是提供真实、合法、完整的验资资料,保护资产的安全、完整;我们的责任是按照《独立审计实务公告第 1 号——验资》的要求,出具真实、合法的验资报告。

浙江东南发电股份有限公司申请的注册资本为 1920000000.00 元。根据我们的审验,浙江东南发电股份有限公司本次公开发行境内上市外资股(B 股)股票前的股本总额为 1320000000.00 元,资本公积为 639101339.80 元,本次公开发行境内上市外资股(B 股)60000 万股,每股面值 1 元,截至 1997 年 9 月 18 日止,共募集 B 股资金 20760 万美元,扣除按《承销协议》规定的承销佣金和文件制作费、境外律师费及路演费用等 6007919.00 美元后余额 201592081.00 美元,按缴款当日国家市场汇价折合人民币 1670679797.76 元,再扣除其它各项发行费用人民币 10496047.00 元后发行者的净所得款项折人民币为 1660183750.76 元,其中股本 600000000.00 元,资本公积 1060183750.76 元。连同公开发行股票前,累计股本壹拾玖亿贰仟万元正(192000 万元)、资本公积 1699285090.56 元。

浙江会计师事务所　中国注册会计师　王越豪

中国注册会计师　陈　曙

报告日期:1997 年 9 月 18 日

五、董事、监事及高级管理人员持股情况

姓名	职务
陈积民:	董事长
庄虎卿:	副董事长兼总经理
陈青达:	董事兼副总经理
梁绍斌:	董事兼副总经理
朱长荣:	董事
毛乾元:	董事
陶克勤:	董事
吴庆林:	董事
付木庆:	董事
王佳富:	董事
柯毓柱:	监事会主席
谢伯康:	监事
唐信根:	监事
孔繁祥:	监事
吴宏飞:	监事
戴建成:	董事会秘书
王金根:	财务负责人

公司董事、监事和高级管理人员均不持有本公司股票

六、B 股发行及上市之本公司股东大会有关决议

1997 年 5 月 12 日,公司在杭州凤起饭店召开创立大会,公司所有发起人由法定代表人或其授权委托人出席了创立大会。会议选举陈积民、庄虎卿、朱长荣、毛乾元、陈青达、梁绍斌、吴庆林、陶克勤、王佳富、付木庆为公司第一届董事会董事,任期三年;选举柯毓柱、谢伯康、孔繁祥、唐信根为第一届监事会成员,任期三年。

1997 年 5 月 16 日,公司在杭州凤起饭店召开公司首届股东大会,公司全体股东均由法定代表人或其授权委托人出席会议,与会人员代表公司股份的 100%,符合《公司法》及公司章程的规定,会议召开合法有效。大会经过认真审议,通过以下决议:

(1)审议通过公司增资发行 B 股决议;

(2)审议通过在 B 股发行后,增资发行 A 股的决议;

(3)审议通过 A、B 股募集资金投向的决议;

(4)审议通过 A、B 股发行成功后在上海证券交易所上市的决议及 GDR 在伦敦证券交易所上市的决议;

(5)审议通过公司按照《公司法》及《国务院关于境内上市外资股的决定》及有关法规修改的公司章程草案;

(6)授权董事会全权处理在发行境内上市外资股及此后的 A 股发行过程中的一切事项。

七、关联企业及关联交易

公司的重要关联企业有浙江省电力公司(以下简称浙江电力)和浙江省电力开发公司(以下简称浙江开发),两公司均为公司的主要发起人,公司 B 股发行完成后,浙江电力和浙江开发持有的股份分别为 26.77% 和 41.67%。浙江电力是浙江省规模最大的工业企业,拥有多家独资及合资的燃煤及燃油发电厂及水力发电站,负责投资、兴建和经营浙江省内的发电厂,检查浙江省电网的运作及管理浙江电力服务地区的输变电设施。浙江开发是浙江省人民政府设立并拥有的电力行业的投资及开发公司,由浙江省计划经济委员会直接管理,主要从事开发、投资、建设、拥有和经营浙江省内发电厂。

公司已与浙江电力属下的浙江省电力燃料总公司签署了《燃煤供应协议》,协议有效期限为 20 年,协议约定双方每年制定年度供应合同,确定当年供煤的质量、规格、数量、价格等事宜,浙江省电力燃料总公司向本公司供应的燃料价格条件应不高于其向其他发电厂供应的同类燃料的价格条件,也不高于双方在商定价格时,本公司在一般市场上可得的同类燃料的价格条件,否则本公司有权自行采购燃料。

根据公司与浙江电力签订的《购售电协议》,浙江电力将负责购买自协议生效之日起 20 年内的全部上网电量。公司上网电价每年核定一次,由本公司和浙江电力双方根据浙江省电力公司浙电企[1996]0282 号文和浙江省物价局浙价工[1996]88 号文规定的原则协商提出上网电价方案,上报有关物价主管部门批准后共同执行。

在本公司因本次发行进行的资产重组中,浙江电力和浙江开发将其共同拥有的台州发电厂四期工程以其中的509,770,562.00元资产折股投入公司,其余资产作为公司的债务,公司已与浙江电力和浙江开发签署了债务合同,明确在新建机组试生产结束后,本公司向上述两公司分期等额偿还本息。

八、股本结构及大股东持股情况

11.股本结构

本公司的股本结构如下:

股本类别	股本	占总股本比例
发起人股	132,000万股	68.75%
境内上市外资股(B股)	60,000万股	31.25%
总　　计	192,000万股	100.00%

本公司发行的B股中有7,261.47万股以GDR的形式在全球配售。

2.公司B股前十名股东所持股数及比例

本公司全球配售GDR部分之B股的存托银行为纽约银行,除此以外的B股前十名股东名单如下:

序号	股东名称	持股数量	占总股本比例
1	HKSBCSB A/C CHASE LONDON S/A GOVETT ORIENTAL INVESTMENT TRUST PLC.	21,700,000股	1.13%
2	SCBHK A/C GOVERNMENT OF SINGPORE INVESTMENT CORPORATION-A/C"C"	18,920,000股	0.985%
3	BSDT S/A COLONIAL NEWPORT GREATER CHINA FUND	16,000,000股	0.833%
4	SCBHK A/C BROWN BROTHERS HARRIMAN & CO SUB A/C THE GREATER CHINA FUND INC	13,000,000股	0.677%
5	美国信达国际有限公司	12,000,000股	0.625%
6	SCBHK A/C ROBERT FLEMING & CO.,LTD. LUXEMBOURG S/A FLEMING FLAGSHIP FUND	11,170,000股	0.582%
7	HKSBCSB A/C CHASE MANHATTAN BANK N.A.(LONDON) S/A DEAN WITTER REYNOLDS INC.	10,350,000股	0.539%
8	BARCLAYS DE ZOETE WEDD(ASIA)LTD.	10,289,000股	0.536%
9	SHANGHAI SHENYIN (H.K.) HOLDINGS LTD.	10,000,000	0.521%
10	CITIBANK A/C FLEDGELING SECURITIES LTD.	8,118,000	0.423%

九、公司财务会计资料

(一)国内会计师审计报告

浙会审字(1997)第475号

浙江东南发电股份有限公司全体股东:

我们接受委托,审计了贵公司1997年4月30日的资产负债表和1997年1-4月的利润表。这些会计报表由贵公司负责,我们的责任是对这些会计报表发表审计意见。我们的审计是依据中国注册会计师独立审计准则进行的。在审计过程中,我们结合贵公司实际情况,实施了包括抽查会计记录等我们认为必要的审计程序。

我们认为,上述会计报表符合《企业会计准则》和《股份制试点企业会计制度》的有关规定,在所有重大方面公允地反映了贵公司1997年4月30日的财务状况和1997年1-4月经营成果,会计处理方法的选用遵循了一贯性原则。

浙江会计师事务所　　中国注册会计师:王越豪

中国注册会计师:陈曙

报告日期:1997年8月14日

(二)财务报表

1.以下为浙江会计师事务所出具的审计报告中资产负债表数据(单位:人民币元):

	1997年1月1日	1997年4月30日
流动资产		
货币资金	82,572,110.57	149,421,180.31
其他应收款	264,007,776.11	177,702,292.58
存　货	22,997,002.91	27,775,537.69
一年内到的长期债券投资	49,800.00	444,305.00
合　计	369,626,709.59	355,343,315.58
长期投资	6,698,455.00	7,200,295.83
固定资产		
固定资产原价	1,837,380,866.00	3,261,194,839.77
减:累计折旧	983,127,300.00	1,006,690,639.92
固定资产净值	854,253,566.00	2,254,504,199.85
在建工程	3,059,582,650.96	1,731,712,209.80
合　计	3,913,836,216.96	3,986,216,409.65
无形及递延资产		
无形资产	171,765,500.00	170,620,396.67
递延资产	2,577,197.73	2,028,598.20
合　计	174,342,697.73	172,648,994.87
资产总计	4,464,504,079.28	4,521,409,015.93
流动负债		
短期借款	3,000,000.00	3,000,000.00
应付福利费	1,223,961.59	3,102,981.33
未交税金	725,231.21	472,249.42
其他未交款	23,722.51	17,645.18
其他应付款	41,106,188.25	37,786,064.65
预提费用	——	10,155,103.12
合　计	46,079,103.56	54,534,052.70
长期负债		
长期借款	7,000,000.00	7,000,000.00
长期应付款	2,456,077,482.65	2,504,589,762.81
其他长期负债	5,150,153.27	4,793,039.86
合　计	2,468,227,635.92	2,516,382,802.67
负债合计	2,514,306,739.48	2,570,916,855.37
股东权益		
股　本	1,314,000,000.00	1,314,000,000.00
资本公积	636,197,339.80	636,492,160.56
合　计	1,950,197,339.80	1,950,492,160.56
负债及股东权益总　计	4,464,504,079.28	4,521,409,015.93

2.以下为浙江会计师事务所出具的审计报告中利润表的数据(单位:人民币元):

	1997年1-4月
一、主营业务收入	439,648,716.51
减:营业成本	302,139,179.27
管理费用	8,826,965.52
财务费用	(1,584.56)
营业税金及附加	5,512,224.51
二、主营业务利润	123,171,931.77
加:其他业务利润	38,390.15
三、营业利润	123,210,321.92
加:投资收益	72,445.83
减:营业外支出	91,572.46
四、利润总额	123,191,195.29
减:所得税	40,647,337.32
五、净利润	82,543,857.97

(三)主要会计政策

1.会计制度

执行《股份制试点企业会计制度》及其补充规定。

2.会计期间

会计年度自公历1月1日起至12月31日止。本报告所载财务信息期间为1997年1月1日至1997年4月30日。

3. 记帐原则和记价基础

以权责发生制为记帐原则，以历史成本为计价基础。

4. 记帐本位币及外币换算

本公司以人民币为记帐本位币。对发生的外币经济业务，采用当月一日中国人民银行公布的市场汇价（中间价）折合人民币记帐；对外币帐户的外币期末余额按期末市场汇价调整，差额计入当期财务费用。

5. 坏帐准备

按期末应收帐款余额的5‰计提坏帐准备。

6. 存货

实行永续盘存制和实际成本核算，燃料发出计价采用加权平均法。

低值易耗品的摊销采用一次摊销法。

7. 长期投资

(1)债券投资：按实际成本核算；

(2)股权投资和联营投资：股权投资占20%（含20%）以下的投资项目采用成本法核算；股权比例占20%－50%（含50%）的投资项目采用权益法核算；股权比例占50%以上的投资项目采用权益法核算，并合并会计报表。

8. 固定资产及其折旧

固定资产的标准为：使用年限在一年以上的房屋及建筑物、机器设备、运输工具以及其他与生产经营有关的设备、器具、工具等；不属于生产经营主要设备的物品，单位价值在2,000元以上，并且使用期限超过两年的。固定资产折旧按实际成本计价，其折旧采用直线法平均计算，并根据固定资产类别的原值、估计经济使用年限和预计残值（原值3%）确定其折旧率如下：

固定资产类别	使用年限（年）	年折旧率（%）
房屋及建筑物	8－35	12.13－2.77
通用设备	5－18	19.40－5.39
专用设备	12	8.08
运输工具	6	16.17
其他设备	9	10.78

9. 无形资产及其摊销

土地使用权：按受益期50年平均摊销。

10. 递延资产及其摊销

递延资产在受益期内平均摊销。

11. 主营业务收入的确认

本公司是在台州发电厂基础上改制设立的。台州发电厂改制前系浙江省电力公司和浙江省电力开发公司下属的18家发电厂之一，实际上是一个发电车间和成本中心。其产品（电力）全部由浙江省电力公司通过其输送网络及配电设施传至最终用户，连同其他发电厂的上网电价统一对外销售。为适应内部核算的需要，原由浙江省电力公司确定内部转移价格，供计算内部考核指标用，而并非对外销售价格。

为使1997年1－4月主营业务收入数额真实、可比，浙江省电力公司核准本公司1997年1－4月上网电价以全省1997年1－4月平均集资电价为标准，浙江省电力公司浙电企(1996)0282号《关于浙江东南发电股份有限公司上网电价核定原则的意见函》中也同样规定，公司上网电价按省内集资电厂（机组）核定，该意见业经浙江省物价局浙价工(1996)88号文原则同意。

据此，本公司1997年1－4月利润表中的主营业务收入，以全省集资电厂（机组）1997年1－4月平均上网电价为公司的结算电价，乘以1997年度1－4月公司实际上网电量计算确认。

对于1997年5月1日起公司的上网电价，按照浙江省电力公司与本公司签订的《购售电协议》和《〈购售电协议〉补充协议》，1－6号机组5月1日起至公司股票发行之月前，按0.27元/每千瓦时结算；7号机组商业运行日（1997年8月1日）起至公司股票发行之月前，按0.415元/每千瓦时结算；公司股票发行之月起，根据浙江省物价局浙价工(1997)180号文规定，1－7号机组结算电价为0.37元/每千瓦时。

依上述两协议，本公司将所属发电厂所发电量于协议生效后20年内售给浙江省电力公司，由其负责购买全部上网电量。并且，公司以后的上网电价每年核定一次，由浙江省电力公司和本公司双方根据浙江省电力公司浙电企(1996)0282号文和浙江省物价局浙价工(1996)88号文规定的原则协商提出方案，上报有关物价主管部门批准后共同执行。

12. 税项

(1)增值税：税率为17%。

(2)营业税：税率为5%，按其他业务收入计缴。

(3)城市维护建设税：按应交流转税额7%计缴。

(4)教育费附加：按应交流转税额4%计缴。

(5)所得税：1997年1－4月按公司适用税率33%计列。公司上市后，根据浙江省人民政府浙政发(1997)102文批复同意，按33%比例税率征收企业所得税，其中18%由财政返还，其实际所得税负为15%。

13. 利润分配

按照公司章程规定，当年税后利润按下列顺序及规定进行分配：

(1)弥补亏损：

(2)提取法定公积金，按税后利润的10%提取；

(3)提取法定公益金，在5%至10%的比例中按股东大会决议提取；

(4)提取任意公积金，按股东大会决议提取；

(5)支付普通股股利，按股东大会决议分配。

根据公司首届股东大会补充决议；公司1997年1－4月的净利润由浙江省电力公司和浙江省电力开发公司按投资比例享有，且已分配转帐。

（四）国际会计师财务报表

1. 以下为国际会计师事务所普华亚洲会计有限公司出具的审计报告中资产负债表的数据（单位：人民币千元）：

	1997年4月30日
资产	
流动资产	
现金及现金等同物	142,814
专项存款	6,608
应收有关联公司款	163,135
其他应收款	20,477
预付帐款	177,063
存货	27,519
	537.616
土地使用权	171,283
房屋建筑物及设备	1,014,617
累计折旧	(339,083)
在建工程	2,971,313
其他长期投资	7,593
资产合计	4,363,339
负债及所有者权益	
流动负债	
短期银行借款	3,000
应付有关联公司款	6,000
应付帐款及其他应付款	29,174
	38,174
长期负债	2,511,590
其他长期负债	4,793
负债合计	2,554,557
浙江电力及浙江开发的拥有权益	1,808,782
负债及所有者权益合计	4,363,339

2. 以下为国际会计师事务所普华亚洲会计有限公司出具的审计报告中1997年1-4月经调整合并损益表数据(单位:人民币元):

	1997年1-4月
经调整营业收入	450,624
经调整经营成本及费用	
燃料成本	241,952
修理费	22,369
工资及员工福利	13,249
经调整折旧及摊销	44,313
经调整其他费用	14,983
	336,866
经调整营业利润	113,758
借贷利息支出	168
经调整税前溢利	113,590
经调整应交所得税	17,038
经调整税后溢利	96,552

注:经调整损益表系根据国际会计准则编制,并以若干假设为依据,包括:

(1)自1997年1月1日本公司已一直存在且重组已于该日完成;

(2)在1997年1月1日至1997年4月30日期间,1-6号发电机组已经进行商业生产,且与浙江省电力公司达成1997年之电力购售价格,已于截止1997年1-4月生效;

(3)公司执行的所得税率为15%。

(五)中国会计师报告中列示的净利润和净资产与按国际会计准则计算的经调整税后利润及净资产差异汇总:

单位:人民币千元

	1997年1-4月
按中国会计师报告利润表中列示的净利润	82,544
冲销按中国会计制度作的审计调整	
(a)营业收入	(109,908)
(b)燃料成本	——
(c)管理费用	——
(d)利息支出	——
(e)营业税金及附加	331
(f)所得税	40,647
按中国会计准则调整的历史净利润(超出成本及费用后的拨付款及补贴款)	13,614
按照国际会计准则作的审计调整	
(g)增加计提员工福利	(2,559)
(h)冲回摊销开办费	538
(i)减少计提折旧及摊销	8,699
(j)其他	(5)
按国际会计准则计算的历史净利润(超出成本及费用后的拨付及补贴款)	20,287
按国际会计准则作的调整数	
(k)营业收入	120,883
(l)折旧及土地使用权摊销	(28,599)
(m)其他-城建税及教育附加	1,019
(n)所得税	(17,038)
按国际会计准则计算的经调整税后净利润	96,552

单位:人民币千元

	1997年4月30日
按中国会计准则计算的净资产	1,950,492
按国际会计准则而作的调整	
(a)冲销一九九三年清产核资形成的增值数	(282,598)
(b)冲销一九九六年资产评估增值形成的增值数	(684,506)
(c)减少计提员工福利	16,273
(d)冲回摊销的开办费	(1,884)
(e)减少计提折旧及摊销	81,148
按国际会计准则计算的历史性净资产	1,078,925
(f)国际性的独立评估增值数	729,857
按国际会计准则计算的经调整净资产	1,808,782

十、董事会上市承诺

本公司董事将严格遵守《公司法》、《股票发行与交易管理暂行条例》、《公开发行股票公司信息披露实施细则》、《国务院关于股份有限公司境内上市外资股的规定》、《股份有限公司境内上市外资股规定的实施细则》、《上海证券交易所交易市场业务规则》和国家及上海市其他有关证券的法律、法规,并自上市之日起作如下承诺:

1. 按照法律、法规的规定和要求披露重大的信息,并接受证券主管机关、上海证券交易所的监督管理。

2. 及时、真实、准确地公布中期报告和年度报告,并备置于规定场所供投资者公众查阅。

3. 本公司董事、监事及高级管理人员如发生人事变动或持本公司股票发生变化时,在报告证券主管机关、证券交易所的同时向投资者公布。

4. 在任何公共传播媒介中出的消息可能对本公司股票的市场价格产生误导性影响时,本公司知悉后将及时对该消息予以公开澄清。

5. 本公司董事、监事及高级管理人员将认真听取社会公众的意见和批评,不利用已获得的内幕消息和其他不正当手段直接或间接从事股票买卖活动。

6. 本公司没有无记录负债。

十一、重要事项揭示

1.B股股东不享受B股上市交易之月前公司产生的盈利而可能派发的股利。

2. 本公司已授予主承销商超额配售选择权,可要求本公司增加发行不多于本次B股发行规模的15%,即90,000,000股B股(其中最多24,784,300股B股将以GDR形式配售),该超额配售权将于B股在上海证券交易所上市日起三十天内行使。

3. 本公司在上交所上市之B股与在伦敦证交所上市之GDR可以互相转换。

十二、备查文件及查阅地点

1. 供查阅的有关文件

1)公司章程;

2)存托协议;

3)普华亚洲会计有限公司于1997年9月作出的国际会计师报告;

4)普华亚洲会计有限公司有关盈利预测的函件;

5)本公司法律顾问众鑫律师事务所的法律意见书;

6)承销商的中国法律顾问上海市方达律师事务所的法律意见书;

7)资料备忘录;

8)有关重要合同;

9)有关批准文件;

10)承销协议。

2. 查阅地点:浙江东南发电股份有限公司

地址:杭州市凤起路147号凤起大厦六楼

联系人:楼战英

浙江东南发电股份有限公司

一九九七年九月二十日

宁波联合集团股份有限公司

宁波联合集团股份有限公司股票上市公告书

一、要览

总股本:12000 万股

可流通股本:3000 万股

本次上市流通股本:3000 万股

股票简称:宁波联合

股票代码:600051

上市地点:上海证券交易所

上市时间:1997 年 4 月 10 日

登记机构:上海证券中央登记结算公司

二、绪言

本公司本次新股发行经中国证券监督管理委员会证监发字〔1997〕第72号文、第73号文批准。股票上市申请经上海证券交易所上证上字〔1997〕012 同意,于 1997 年 4 月 10 日(星期四)在上海证券交易所挂牌交易。本公司总股本 12000 万股,本次上市流通的股票 3000 万股均为 1997 年 3 月 31 日向社会公开发行的新股。公司前次定向募集时发行的内部职工股 388.804 万股预计于三年后上市。

本公司于 1997 年 3 月 25 日在《上海证券报》、《中国证券报》、《浙江日报》、《宁波日报》上刊登了《招股说明书概要》,距今不足六个月,故与其重复的内容在此不再重述,敬请投资者查阅本公司的《招股说明书概要》。

本公司董事会成员已批准本上市公告书,确信其中不存在任何重大遗漏或者误导,并对其直实性、准确性、完整性负个别的和连带的责任。

三、公司概况

(一)概况

1. 公司法定名称:宁波联合集团股份有限公司

英文名称:NINGBO UNITED GROUP CO.,LTD

英文简称:NUG

2. 公司注册地址:宁波经济技术开发区东海路 1 号联合大厦

邮政编码:315803

3. 公司法定代表人:叶锡宏

4. 经营范围:能源、交通、通讯项目及市政基础设施的开发与建设;高新技术项目及产品投资开发生产。

5. 公司所属行业:综合类

6. 公司成立日期:1994 年 3 月 31 日

公司营业执照注册号:25410108-X

7. 公司在册职工人数:1839 人

8. 公司占地面积:1.62 平方公里

9. 公司咨询电话:0574-6221609

10. 联系人:朱德昌、黄亦驹、周雅萍

股东接待和公司文件资料索阅地点:宁波经济技术开发区东海路 1 号联合大厦 8 楼本公司证券部

(二)公司历史沿革

本公司的前身宁波经济技术开发区联合发展有限总公司成立于 1988 年。1993 年 11 月,经宁波市经济体制改革委员会甬体改(1993)37 号文批准,公司以定向募集的方式改建为股份有限公司。

1996 年 6 月,公司在对非经营性资产进行了分离后更名为宁波联合集团股份有限公司。

1997 年 1 月,公司对所有股份进行了同比例缩股,股本总额缩至 9000 万元。

四、股票发行与承销

(一)本次公开发行

发行数量:3000 万股

发行价格:每股 11.78 元

发行市盈率:13 倍

股票面值:每股 1 元

发行日期:1997 年 3 月 31 日

发行方式:在上海证券交易所定价上网发行

配售户数:30000 户

配售比例:1.5325%

持 1000 股以上的户数:30000 户

发行费用总额:942 万元

每股发行费用:0.314 元

实募资金总额:34398 万元

(二)股票承销

本次公开发行 3000 万股股票全部被符合法律、法规规定的投资者所认购。

(三)验资报告

宁波联合集团股份有限公司:

我们接受委托,对贵公司截至 1997 年 4 月 4 日止的注册资本、实收股本变更情况的真实性和合法性进行了审验。在审验过程中,我们按照《独立审计实务公告第 1 号—验资》的要求,实施了必要的审验程序。贵公司的责任是提供真实、合法、完整的验资资料,保护资产的安全、完整,我们的责任是按照《独立审计实务公告第 1 号—验资》的要求,出具真实、合法的验资报告。

贵公司申请的注册资本为 120000000 元。经我们审验,本次社会公众股(A 股)发行前,贵公司的股本总额为 90000000 元,业经本所验证,并出具宁会验字(1997)33 号验资报告。经中国证券监督管理委员会证监发字(1997)72 号、73 号文批准贵公司向社会公众发行人民币普通股 30000000 股,每股面值 1 元,发行价每股 11.78 元,应募集资金 353400000 元,发行结束后,贵公司共募集资金 343980000 元(已扣除部分发行费用 9420000 元),其中股本 30000000 元,资本公积 313980000 元。本次公开发行后股本总额为 120000000 元。

附件:变更前后注册资本、实收股本明细表

宁波会计师事务所　　中国注册会计师

舒国平、邱韫

中国宁波　　一九九七年四月四日

五、董事、监事及高级管理人员持股情况

姓名	职务	持股数(股)	比例(%)
叶锡宏	董事长	9130	0.0076
李秀山	副董事长	4730	0.0039
肖刚	副董事长	0	0
孟昭臣	董事	4257	0.0035
苏玉民	董事	0	0

王维和	董事	4257	0.0035
徐学成	董事	16991	0.0140
王一鸣	董事	4257	0.0035
周孝成	董事	0	0
张弼君	董事	7096	0.0059
江强国	监事会主席	4257	0.0035
钟建国	监事	0	0
钱文耀	监事	0	0
邱定根	监事	3500	0.0029
郁善鸣	监事	3690	0.0030
张宁	副总裁	3942	0.0033
陈建华	总裁助理	4257	0.0035
何筱禄	总裁助理	4257	0.0035

公司董事、监事和高级管理人员共持有本公司股票74561股,占公司股本总额的0.062%。按照《中华人民共和国公司法》规定,其持有股份在任职期间不得转让。

六、公司设立

1.本公司1996年11月6日召开的1996年度第二次临时股东大会通过了公司申请向社会公开发行股票并在上海证券交易所上市的决议。

2.公司注册资金12000万元

3.本次发行后重新注册登记时间:1997年4月4日

4.公司注册地点:宁波经济技术开发区东海路1号联合大厦

5.营业执照注册号码:25410108-X

七、关联企业及关联交易

(一)本公司的大股东情况

名称	持有本公司股份(万股)	持股比例(%)	主要业务
宁波经济技术开发区控股公司	4305.598	35.88	宁波经济技术开发区内国有资产的管理
中国五金矿产进出口总公司	3100.0306	25.83	进出口贸易
中国机械进出口总公司	1205.5674	10.05	进出口贸易

(二)本公司持股子公司情况

名称	持有股份数(万股)	持股比例(%)	主要业务
宁波经济技术开发区	2062.5	55	石油有限责任公司

八、股本结构及大股东持股情况

(一)本次上市前本公司总股本为12000万元。其中:

种　类	股数(万股)	比例(%)
1.尚未流通股	9000	75
(1)发起人股	8611.196	71.76
国家股	4305.598	35.88
法人股	4305.598	35.88
其中:中国五矿	3100.0306	25.83
中国机械	1205.5674	10.05
(2)内部职工持股	388.804	3.24
2.可流通股份	3000	25
合计	12000	100

(二)本公司前十名股东所持股数及持股比例

股东名称	股份(万股)	占总股本比例(%)
1.宁波经济技术开发区控股公司	4305.598	35.88
2.中国五金矿产进出口总公司	3100.0306	25.83
3.中国机械进出口总公司	1205.5674	10.05
4.丁绍林	1.6991	0.014
5.李启昌	1.6991	0.014
6.徐学成	1.6991	0.014
7.邬素珍	1.322	0.011
8.王桂荣	1.2734	0.01
9.史建勇	1.23	0.01
10.徐俊江	1.1733	0.009

九、公司财务会计资料

(一)审计报告

华业字(96)第1273号

宁波联合集团股份有限公司全体股东:

我们接受委托,审计了贵公司1993年12月31日、1994年12月31日、1995年12月31日、1996年10月31日的资产负债表和合并资产负债表及1993年度、1994年度、1995年度、1996年1-10月利润及利润分配表和合并利润及利润分配表、1995年度合并财务状况变动表。这些会计报表由贵公司负责,我们的责任是对这些会计报表发表审计意见。我们的审计是依据中国注册会计师独立审计准则进行的。在审计过程中,我们结合贵公司实际情况,实施了包括抽查会计记录等我们认为必要的审计程序。

我们认为,上述会计报表符合《企业会计准则》和《股份制试点企业会计制度》的有关规定,在所有重大方面公允地反映了贵公司1993年12月31日、1994年12月31日、1995年12月31日、1996年1—10月的经营成果和1995年度的资金变动情况;会计处理方法的选用遵循一贯性原则。

大华会计师事务所

陆国豪、曹培青

一九九六年十二月五日

(二)报表附注

1.公司采用股份制企业会计制度

2.会计期间:以公历每年一月一日至十二月三十一日为一个会计年度

3.记帐原则:权责发生制

4.记帐本位币:公司以人民币为记帐本位币

5.存货计价:存货以实际成本计价

6.收入实现条件:凡商品(产品)已经发出并收到货款或取得收取货款的权利,即确认收入实现。

7.固定资产及折旧:

A.使用期限超过1年的房屋及建筑物、机器、机械、运输工具以及其他与生产经营有关的设备、器具、工具等,以及不属于生产经营主要设备,但单位价值在1000元以上,并且使用期限超过两年的物品。

B.固定资产按实际成本计价

C.固定资产折旧采用直线法平均计算,并按各类固定资产的原值和估计的使用年限扣除残值(原值的4%)制定其折旧率,各类折旧率如下:

资产类别	使用年限	年折旧率(%)
房屋建筑物	30—45年	3.2—2.13
通用设备	5—12年	19.2—8
专用设备	5—12年	19.2—8
运输工具	4—10年	24—9.6
其他设备	8—10年	12—9.6

8.无形资产和递延资产按受益期平均摊销

9.坏帐处理:直接转销法

10.长期投资核算:

股票投资和债权投资:采用成本法核算

股权投资:对外投资占被投资单位注册资本50%以上的,采用权益法核算并合并报表;50%以上(50%)的,按成本法核算。

11.本公司1993年、1994年、1995年度的会计报表均系按公司分立后的股本模拟编制而成。

12.税项:

A. 公司适用的流转税及附加的税种与税率：

税种	增值税	营业税	城建税	教育费附加
税率	13%、17%	5%	7%	3.5%
计征基数	当期销项税额 当期进项税额	营业额	应纳营业税额 和增值税额	和增值税额

B. 所得税：

按财政部(91)财地字第24号文件，(94)财地字第177号文件以及浙江省人民政府、宁波经济技术开发区有关文件，1993、1994、1995年本公司按15%缴纳所得税，办理完税手续，但所缴纳的所得税款全额返回，公司实际所得税税负为零。根据宁波经济技术开发区宁开政联〔1996〕071号文和宁开政联〔1996〕074号文的批复，本公司1996年和股票上市后实际所得税负为15%。

13. 利润分配：

按公司法规定，净利润按下列顺序分配：

a. 弥补亏损；

b. 提取法定盈余公积金；

c. 提取公益金；

d. 提取任意盈余公积金；

e. 分配普通股股利。

14. 合并报表编制基准：

公司在编制合并报表时，对拥有过半数以上权益性资本的企业按权益法核算并合并会计报表，在将集团内投资、内部往来、内部交易等事项全部抵销的基础上，逐项合并，并计算少数股东权益。

公司在编制母公司报表时，对母公司中所属各分公司之间的往来及交易均已作了抵销。

15. 主要财务指标如下：

	1996.10.31	1995年	1994年	1993年
流动比率	1.24	1.30	0.99	1.09
速动比率	0.66	0.70	0.46	0.52
资产负债率(%)	65.01	59.57	75.75	77.27
应收帐款周转率(次/年)	3.74	11.05	14.59	32.03
每股净利润(元)	0.53	0.69	0.60	0.41
每股净资产(元)	2.35	2.20	1.61	1.21
净资产利润率(%)	22.41	31.48	37.50	33.70

计算上述每股净利润与每股净资产时采用的股本为当时实际股本，若按公司缩股后的股本推算，则每股净利润与每股净资产为：

每股净利润(元)	0.87	1.14	0.83	0.56
每股净资产(元)	3.88	3.63	2.22	1.66

(三)资产负债表、利润及利润分配表、财务状况变动表

见附表1、附表2、附表3

十、董事会上市承诺

本公司董事会将严格遵守《中华人民共和国公司法》、《股票发行与交易管理暂行条例》、《上海证券交易所市场业务试行规则》和有关法律法规的规定，并自股票上市之日起向全体股东做如下承诺：

1. 按照法律、法规的规定程序和要求披露重大的信息，并接受证券主管机关、上海证券交易所的监督管理；

2. 及时、准确、真实地在证券主管部门指定的报刊公布中期报告、年终报告及经营业绩等资料，并置于规定场所供投资者查阅；

3. 本公司董事、监事及高级管理人员持股数量发生变化时，及时报告证券管理机关、上海证券交易所，并及时通过证券主管部门指定的报刊通告社会公众；

4. 在任何公共传播媒介中出现的消息可能对本公司股票的市场价格产生误导性影响时，本公司知悉后将对该消息予以公开澄清；

5. 本公司董事、监事及高级管理人员将认真听取社会公众的建议和批评，决不利用已获得的内幕消息直接或间接从事股票买卖活动；

6. 本公司没有无记录负债。

十一、无重要事项揭示

十二、咨询机构

发行人：宁波联合集团股份有限公司

法定代表人：叶锡宏

地址：宁波经济技术开发区东海路1号联合大厦

电话：0574—6221609

联系人：朱德昌、黄亦驹、周雅萍

主承销商：君安证券有限公司

法定代表人：张国庆

地址：深圳市罗湖区春风路5号

联系地址：君安证券上海总部常德路466号306室

电话：021—62712014

联系人：谭浩、万峻

上市推荐人：君安证券有限公司

国泰证券有限公司

法宁代表人：金建栋

地址：上海市浦东新区乳山路61号

联系电话：0574—7324771

传真：0574—7324655

联系人：曹成龙、魏逸飞

十三、备查文件

1. 上海证券交易所上市通知书
2. 招股说明书
3. 审计报告
4. 营业执照
5. 公司章程
6. 法律意见书

宁波联合集团股份有限公司

一九九七年四月七日

资产负债表

编制单位：　宁波联合集团股份有限公司　　1996年12月31日　　金额单位：元

资产	行次	1996.10.31	1995.12.31	1994.12.31	1993.12.31	负债及股东权益	行次	1996.10.31	1995.12.31	1994.12.31	1993.12.31
流动资产						流动负债					
货币资金	1	138956933.41	41301339.34	70467448.99	25077310.73	短期借款	41	85951050.00	111604537.81	138985374.00	44569080.00
短期投资	2	10200000.00	24683399.25	13185600.43	191490.00	应付票据	42	3830000.00	4600000.00	0.00	0.00
应收票据	3	0.00	1590000.00	70000.00	0.00	应付帐款	43	317220754.23	102580142.10	47191569.07	70977358.10
应收帐款	4	212188625.06	113906521.89	98681800.10	25808115.14	预收贷款	44	26319189.79	12008825.22	0.00	94735.29
减:坏帐准备	5	0.00	0.00	0.00	0.00	应付税款	45	4108617.02	4009404.06	4215648.74	6040699.80
应帐款净额	6	212188625.06	113906521.89	98681800.10	25808115.14	未付股利	46	0.00	0.00	0.00	0.00
预付贷款	7	12472478.79	11681363.60	0.00	67878.00	未交税金	47	8864951.27	46394.33	5438677.74	2993825.22

其他应收款	8	27237940.42	102724043.10	33852290.32	39156993.29	其他未交款	48	364641.32	373872.81	202913.86	1458.42
待摊费用	9	2616005.41	1502858.65	2648251.22	4900426.60	其他应付款	49	125934311.07	139129117.31	235890428.29	238205694.43
存货	10	346812508.90	259266357.42	247867699.12	231025657.68	预提费用	50	20270059.89	35075116.08	39637005.34	59843054.71
减:存货变现损失准备	10-1	0.00	0.00	0.00	0.00	待扣税金	51	0.00	191868.07	199368.35	0.00
存货净额	10-2	346812508.90	259266357.42	247867699.12	231025657.68	一年内到期的长期负债	52	14800000.00	17419230.00	0.00	0.00
待处理流动资产净损失	11	0.00	719.11	5328.32	847569.37	其他流动负债	53	0.00	0.00	0.00	0.00
一年内到期的长期债券投资	12	0.00	0.00	0.00	0.00						
其他流动资产	13	0.00	0.00	0.00	72362655.86						
流动资产合计	15	750484491.99	557157152.36	466778419.00	449438096.67	流动负债合计	55	607663574.59	426945719.13	471760987.39	422725905.97
长期投资						长期负债投资					
长期投资	16	105963366.89	107767569.98	113645569.79	59747062.34	长期借款	56	59318074.34	61546182.17	70148389.97	75928821.70
合并价值(合并报表)	16-1	0.00	0.00	0.00	0.00	应付债券	57	0.00	9360000.00	8640000.00	7920000.00
固定资产						长期应付款	58	11603476.37	6794367.87	6050098.11	0.00
固定资产原价	17	172503773.39	169166353.70	147232037.95	115495081.18	其他长期负债	60	4404305.07	3809092.41	3659580.86	1134472.83
减:累计折旧	18	24893033.92	17324348.03	9775254.21	1358338.59	长期负债合计	65	75325855.78	81509642.45	88498068.94	89983294.53
固定资产净值	19	147610739.47	151842005.67	137456783.74	114136742.59	递延税项					
在建工程	20	43731303.66	30600905.00	31811288.14	32300582.20	递延税款贷项	66	0.00	0.00	0.00	0.00
固定资产清理	21	129066.99	0.00	0.00	0.00	负债合计	67	682989430.37	508455361.58	560259056.33	507709200.50
待处理固定资产净损失	22	0.00	0.00	0.00	0.00	少数股东权益(合并报表填列)	67-1	18645702.24	18370668.39	0.00	0.00
固定资产合计	23	191471110.12	182442910.67	169268071.88	146437324.79						
无形资产及递延资产						股东权益					
无形资产	24	48163.12	49283.20	1271113.28	0.00	股本	68	148379000.00	148379000.00	123649168.00	123649168.00
递延资产	25	2633294.91	6057200.53	8697067.24	1448684.00	资本公积	69	16929089.64	16929089.64	16929089.64	16929089.64
无形及递延资产合计	30	2681458.03	6106483.73	9968180.52	1448684.00	盈余公积	70	41332967.10	97234732.82	45644615.09	8260090.30
其他长期资产:						其中:公益金	71	20411051.59	20411051.59	9993553.21	2516648.25
其他长期资产	31	0.00	0.00	0.00	0.00	未分配利润	72	142324237.68	64105264.31	13178312.13	523619.36
递延税项						外币报表折算差额	72-1				
递延税款借项	32	0.00	0.00	0.00	0.00	股东权益合计	79	348965294.42	326648086.77	199401184.86	14938196.30
资产总计	40	1050600427.03	853474116.74	759660241.19	657071167.80	负债及股东权益总计	80	1050660427.03	853474116.74	759660241.19	657071167.80

利润及利润分配表

编制单位:宁波联合集团股份有限公司　　　　金额单位:元

项　目	行次	调整后母公司上年实际数	调整后合并上年实际数	母公司本年实际数	合并本年实际数
一、主营业务收入	1	610043572.92	117451684.81	908042562.67	826542712.40
减:营业成本	2	480375601.82	1034329511.69	798921695.08	737693450.11
销售费用	3	12443887.84	11271822.84	12444490.96	3944235.07
管理费用	4	30073066.92	38477911.51	31015145.07	32901836.60
财务费和	5	5026675.40	3270789.66	5373088.82	1658876.25
进货费用	6	3099020.52	4448660.32	4818178.55	0.00
营业税金及附加	7	1944155.34	3369552.52	5648908.26	7820227.20
二、主营业务利润(亏损以"-"号表示)	8	77081165.08	79343436.27	49821055.93	42524087.17
加:其它业务利润(亏损以"-"号表示)	9	6118530.32	5283304.68	3953395.61	2753050.34
三、营业利润(亏损以"-"号表示)	10	83199695.40	84626740.95	53774451.54	45277137.51
加:投资收益(损失以"-"号表示)	11	7649649.850	9616682.13	2209266.04	344000.10
补贴收入	11-1	981036.46	9141079.51	139126.19	1126122.46
营业外收入	12	880182.77	2400127.94	21228582.78	9370390.12
减:营业外支出	13	436956.12	1907539.73	2582376.99	5784685.27
加:以前年度损益调整(调减以"-"号表示)	14	0.00	0.00	0.00	0.00
四、利润总额(亏损以"-"号表示)	15	92273608.36	103877090.80	74769049.56	50332964.92
减:所得税	16	13779601.15	0.00	0.00	0.00
	16—1	275033.84	1360020.89	0.00	0.00
五、净利润(亏损以"-"号表示)	17	78218973.37	102517069.91	74769049.56	50332964.92
加:年初未分配利润(未弥补亏损以"-"号表示)	18	64105264.31	13178312.13	523619.36	0.00
盈余公积转入数	19				
六、可分配的利润(亏损以"-"号表示)	20	142324237.68	115695382.04	75292668.92	50332964.92

减:提取法定公积金	21	0.00	10417498.38	7476904.96	5033296.49
提取法定公益金	22	0.00	10417498.38	7476904.96	2516648.25
职工奖福基金(合并报表填列,子公司为外商投资企业项目)	22—1				
七、可供股东分配的利润(亏损以"-"号表示)	23	142324237.68	94860385.28	60338859.00	42783020.18
减:已分配利优先股股利	24				
提取任意公积金	25	0.00	30755120.97	22430714.87	
已分配普通股股利	26		0.00	24729832.00	42259400.82
八、未分配利润(未弥补亏损以"-"号表示)	27	142324237.68	64105264.31	13178312.13	523619.36

财务状况变动表

编制单位:宁波联合集团股份有限公司　　1995 年度　　金额单位:元

流动资金来源和运用	行次	金额	流动资金各项目的变动	行次	金额
一、流动资金来源			一、流动资产本年增加数		
1. 本年净利润(合并报表为合并净利润)	1	102517069.91	1. 货币资金	31	—28665559.65
加:少数股东本期损益(合并报表填列)	2	1360020.89	2. 短期投资	32	14497798.82
加:不减少流动资金的费用和损失:			3. 应收票据	33	1520000.00
(1)固定资产折旧	3	7549093.82	4. 应收帐款净额	34	15224721.79
(2)无形资产、递延资产及其他资产摊销(减其他负债转销)	4	5813884.32	5. 预付货款	35	11681363.60
(3)固定资产盘亏(减盘盈)	5		6. 其他应收款	36	68871752.28
(4)清理固定资产损失(减收益)	6		7. 待摊费用	37	—1145392.57
(5)递延税款	7		8. 存货净额	38	11398658.30
(6)其他不减少流动资金的费用和损失	8		9. 待处理流动资产净损失	39	—4609.21
小计	10	117240068.94	10. 一年内到期的长期债券投资	40	
2. 其他来源			11. 其他流动资产	41	
(1)固定资产清理收入(减清理费用)	11			42	
(2)增加长期负债	12	3000000.00	流动资产增加净额	45	90378733.36
(3)收回长期投资	13	2400000.00	二、流动负债本年增加数:		
(4)对外投资转出固定资产	14		1. 短期借款	46	—27380836.19
(5)对外投资转出无形资产	15		2. 应付票据	47	4600000.00
(6)资本净增加额	16	76319949.73	3. 应付帐款	48	55388573.03
(7)少数股东资本净增加额(合并报表填列)	16—1	18370688.39	4. 预收货款	49	12008825.22
小计	17	100090618.12	5. 应付福利费	50	—206244.68
流动资金来源合计	18	217330687.06	6. 未付股利	51	
二、流动资金运用			7. 未交税金	52	—5485072.07
1. 利润分配			8. 其他未交款	53	170956.95
(1)提取法定公积金	19	10251706.99	9. 其他应付款	54	96761310.98
(2)提取法定公益金	20	10417498.28	10. 预提费用	55	—4561889.26
(3)提取任意公积金	21	30755120.27	11. 一年内到期的长期负债	56	17419230.00
(4)已分配股利	22		12. 其他流动负债	57	—7500.28
(5)职工奖福基金(合并报表中外商投资子公司项目)	22—1				
小计	23	51424326.24			
3. 其他运用					
(1)固定资产和在建工程净增加额	24	20723932.61			
(2)增加无形资产、递延资产及其他资产	25				
(3)偿还长期负债	26	99882426.49			
(4)增加长期投资	27				
小计	28	30712359.10			
流动资金运用合计	29	82136685.44	流动负债增加净额	58	—44815268.26
流动资金增加净额	30	135194001.62	流动资金增加净额	59	135194001.62

宁波联合集团股份有限公司 1996 年年度报告摘要

一、公司简况

1. 公司法定中文名称:宁波联合集团股份有限公司

公司英文名称:NINGBO UNITED GROUP CO.,LTD

公司英文名称缩写:NB UNITED

2. 公司注册地址:宁波经济技术开发区东海路 1 号联合大厦

邮政编码:315803

3. 公司法定代表人:叶锡宏

4. 公司咨询服务机构:总裁办公室

电话:(0574)6221609、6221001

传真:(0574)6221320

联系人(董秘):陈建华

二、主要财务数据与财务指标

指标项目	本年数	上年数	增减(%)
1. 主营业务收入(万元)	73083.89	117451.16	-37.78
2. 净利润(万元)	9509.44	10251.71	-7.24
3. 总资产(万元)	94903.69	85347.41	+11.20
4. 股东权益(万元)	34184.07	32664.81	+4.66
5. 每股收益(元)	1.06	0.69	+68.12
6. 每股净资产(元)	3.80	2.20	+72.70
7. 净资产收益率(%)	27.82	31.48	-11.63
8. 股东权益比率(%)	36.02	38.27	-5.88

注:上年股本总额为14837.9万元,实际所得税税负为零;本年股本总额为9000万元,实际所得税税负为15%。

三、公司业务经营回顾

1. 一年来经营情况

1996年在国家继续实行宏观调控的形势下,公司紧紧围绕年初制定的工作计划,坚持以经济效益为中心,深化企业改革,加强管理,拓宽经营思路,调整经营结构,克服种种困难,取得了良好的经济效益。

2. 公司主要财务指标情况说明

1996年主营业务收入73083.89万元,比上年减少37.78%,其中产品(商品)销售收入52235万元,热电、供电收入6158.5万元,基础设施收入12708.99万元,餐饮服务收入1981.4万元;实现税后利润9509.44万元,比预测利润9410.27万元增加1.05%。

年初公司调整经营结构,减少国内外贸易量,加强实业发展及高科技产品的开发投入,影响主营业务收入;净利润帐面反映比上年减少,原因为所得税税负上年为零,本年为15%,若按同口径计算,净利润则比上年增加。

四、股本变化及股本结构情况

1. 股本结构情况(单位:万股,每股面值:1元)

股票类别	96年初	96年缩股数	96年末	比例(%)
(1)尚未流通股份				
发起人股	14196.896%	5585.70	8611.196	95.68
国家股	7098.448	2792.85	4305.598	47.84
法人股	7098.448	2792.85	4305.598	47.84
其中:中国五矿	5110.8826	2010.852	3100.0306	34.44
中国机械	1987.5654	781.998	1205.5674	13.40
内部职工持股	641.004	252.20	388.804	4.32
(2)已流通股份	0	0	0	0
总计	14837.900	5837.90	9000.000	100

2. 股本变动情况说明

1996年6月,本公司对非经营性资产进行了分离,公司更名为宁波联合集团股份有限公司,注册资本变更为14837.9万元。在公司申请公开发行股票时,审计采用摸拟报表的办法,1995年的股本总额确定为14837.9万元。1997年1月,本公司对国家股、法人股和内部职工股进行了同比例缩股,将股本总额由14837.9万元缩至9000万元,在编制1996年会计年报时作了预先调整(公司在1997年3月25日《上海证券报》刊登的招股说明书中已对投资者作了特别提醒)。

3. 主要股东持股情况(前十名股东)

名次	股东名称	年末持股数(万股)	占总股本(%)
(1)	宁波经济技术开发区控股公司	4305.598	47.84
(2)	中国五金矿产进出口总公司	3100.0306	34.44
(3)	中国机械进出口总公司	1205.5674	13.40
(4)	丁绍林	1.6991	0.0189
(5)	李启昌	1.6991	0.0189
(6)	徐学成	1.6991	0.0189
(7)	邬素珍	1.322	0.0147
(8)	王桂荣	1.2734	0.0141
(9)	史建勇	1.23	0.0137
(10)	徐俊江	1.1733	0.0130

4. 股东数量

截至1996年末,公司股东总数为1550户,其中国家股股东1户,法人股股东2户,内部职工股股东1547户。

5. 公司董事、监事及高级管理人员持股情况

姓名	职务	年初持股数	年末持股数	比例(%)	变化原因
叶锡宏	董事长	15053	9130	0.0101	缩股减持
李秀山	副董事长	7798	4730	0.0053	缩股减持
肖刚	副董事长	0	0	0	
孟昭臣	董事	7019	4257	0.0053	缩股减持
苏玉民	董事	0	0	0	
王维和	董事	7019	4257	0.0053	缩股减持
徐学成	董事	28013	16991	0.0189	缩股减持
王一鸣	董事	7019	4257	0.0053	缩股减持
周孝成	董事	0	0	0	
张弼君	董事	11699	7096	0.0079	缩股减持
江强国	监事会主席	7019	4257	0.0053	缩股减持
钟建国	监事	0	0	0	
钱文耀	监事	0	0	0	
邱定根	监事	5770	3500	0.0039	缩股减持
郁善鸣	监事	6083	3690	0.0041	缩股减持
张宁	副总裁	6499	3942	0.0044	缩股减持
陈建华	总裁助理	7019	4257	0.0053	缩股减持
何筱禄	总裁助理	7019	4257	0.0053	缩股减持

五、重要事项

1. 报告期内股东大会、董事会情况

(1)股东大会情况

1996年3月11日,公司召开了1996年度第一次临时股东大会。A. 审议通过了公司规范暨分立方案,决定将非经营性资产分离出去另行组建有限责任公司,分离后,公司名称变更为宁波联合集团股份有限公司,注册资本变更为14837.9万元,国家股持股方变更为宁波开发区控股公司(详见1997年3月25日《上海证券报》本公司招股说明书概要);B、审议通过了规范后的公司章程;C、审议通过了取消下属六家全资子公司的独立法人资格的决议;D、根据董事会提议,同意刘德树、丁绍林先生辞去公司董事职务,同时补选肖刚、王一鸣先生担任公司董事;E、同意林毓发先生辞去公司监事职务,补选钟建国先生担任公司监事。

1996年5月31日,公司召开了1995年度股东大会(即第三次股东大会),审议通过了1995年度董事会工作报告、监事会工作报告和1995年度利润分配方案:1995年度税后利润除提取10%法定盈余公积金、10%公益金、30%任意盈余公积金外,不再分配,待与1996年度一并分配。

1996年11月6日,公司召开了1996年度第二次临时股东大会,审议通过了:A、公司申请向社会公开发行股票并在上海证券交易所上市的议案,并授权董事会按国家有关规定和程序准备申报材料;B、《宁波联合集团股份有限公司章程(修正案)》;C、公司滚存利润分配办法:决定公司1996年度未分配利润及其以前年度的滚存利润由新老股东共享。

(2)董事会情况

1996年2月7日,公司召开了首届三次董事会议,A、审议通过了董事会《关于公司规范的自查报告》和公司规范方案及相关议案,并决定将公司规范方案和相关议案提交临时股东大会审议。B、审议通过了刘德

树、丁绍林先生辞去公司董事的请求和补选肖刚、王一鸣先生担任董事的提议,并决定提请临时股东大会审议、选举。

1996年5月30日,公司召开了首届四次董事会议,审议通过了:A、1995年度董事会工作报告、1995年度总裁业务报告、1995年度财务决算报告和1996年度财务预算报告;B、1995年度利润分配预案;C、选举肖刚先生为董事会副董事长;D、聘任张宁、王一鸣先生为公司副总裁;E、同意李启昌、丁绍林先生不再担任公司副总裁职务。

1996年7月5日,公司召开了首届五次董事会议,会议决定:公司经规范重新登记后,原总裁领导班子成员全部继续聘用。

1996年10月26日,公司召开首届六次董事会议,审议通过了公司申请公开发行股票并在上海证券交易所上市的议案和公司章程修正案,并决定将上述议案提交临时股东大会审议。

2. 经公司1996年度第一次临时股东大会决议并经宁波市财政局、宁波市经济体制改革委员会批准,1996年6月30日,公司按法定手续在宁波市工商行政管理局办理了重新登记。规范后,公司注册资本为14837.9万元。

3. 年度内,公司法定代表人、注册地址,均未发生变动。

4. 期后重要事项:

(1)1997年1月7日,公司召开首届七次董事会议,根据申请公开发行股票的需要,审议通过了关于公司股份实行同比例缩股的议案和相应修改公司章程的方案,并决定提交1997年度临时股东大会审议。

(2)1997年1月13日,公司召开1997年度第一次临时股东大会,A、审议通过了公司国家股、法人股、内部职工股按14837.9:9000的比例同比缩股的方案,缩股后,公司注册资本变更为9000万元;B、授权董事会按公司缩股后的股权结构修改公司章程。

(3)1997年2月3日,公司召开首届八次董事会议,根据国家有关董事任职的规定,同意谢建邦先生辞去公司董事、董事长职务的请求,并决定将辞去公司董事的请求提交临时股东大会审议;同时,一致选举叶锡宏先生为公司董事长。

(4)1997年2月3日,公司召开1997年度第二次临时股东大会,同意谢建邦先生辞去公司董事职务的请求。

(5)根据1997年度第一次临时股东大会决议,经宁波市财政局、宁波市证券和期货监管办公室批准,97年1月17日,公司按法定手续在宁波市工商行政管理局办理了缩股后的注册资本变更登记。变更登记后,公司注册资本为9000万元。

(6)根据首届八次董事会议决议,1997年2月5日,公司在宁波市工商行政管理局办理了法定代表人的变更登记。

(7)经中国证监会证监发字(1997)72号、证监发字(1997)73号文批准,1997年3月31日,公司采用"上网定价"方式,向社会公开发行A股3000万股(招股说明书概要刊登在1997年3月25日《中国证券报》、《上海证券报》)。

(8)1997年4月10日,公司3000万A股在上海证券交易所上市交易(上市公告书刊登在1997年4月7日《中国证券报》、《上海证券报》)。

注:上述重要事项,可参看公司刊登在《中国证券报》、《上海证券报》上的《招股说明书概要》、《上市公告书》。

六、子公司及关联企业

1. 本公司的全资附属企业

本公司拥有全资附属企业6家,其简况如下:

企业名称	注册资本	拥有权益(%)	主要业务
宁波经济技术开发区热电公司	--	100	热电生产供应管理
宁波经济技术开发区建设开发公司	--	100	房地产经营工程建筑
宁波联合集团股份有限公司戚家山宾馆	--	100	住宿、饮食
宁波经济技术开发区商业物资公司	--	100	商业物资的经营
宁波经济技术开发区环保实业公司	--	100	环保产品生产、销售
宁波联合集团股份有限公司仪器仪表公司	--	100	仪器仪表开发、生产、销售

2. 本公司的控股子公司及关联企业

公司拥有控股子公司一家,即宁波经济技术开发区石油有限责任公司,该公司注册资金3750万元,主营石油及石油制品,本公司持股比例为55%。

公司共有参股企业24家,其中占股权20%及其以上的9家,具体如下:

企业名称	投资金额(元)	拥有权益(%)
鹿甬贸易公司	192,361.74	50
开发区东隆房地产公司	3,000,000.00	50
宁波医药股份有限公司	29,988,000.00	46.97
戚家山俱乐部	5,025,784.84	33
宁波联众公司	600,000.00	30
上海大明置业有限公司	4,000,000.00	25
开发区房地产股份公司	3,300,000.00	25
宁波亚太生物技术有限公司	3,979,622.21	22.5
宁波国际信托投资公司	4,400,000.00	20

七、财务报告

(一)审计意见

本公司财务报告经大华会计师事务所中国注册会计师陆国豪、戎凯宇审计,并出具无保留意见的审计报告(华业字(97)第902号)。

(二)财务报表(见附件)

1. 资产负债表(母公司及合并报表)

2. 利润及利润分配表(母公司及合并报表)

3. 财务状况变动表(母公司及合并报表)

(三)财务报表附注

1. 主要会计政策

(1)会计制度:公司执行《股份制试点企业会计制度》。

(2)会计期间:以公历每年1月1日至12月31日为一个会计年度。

(3)记帐原则:权责发生制。

(4)记帐本位币:公司以人民币为记帐本位币。

(5)存货计价:存货以实际成本计价。

(6)收入实现条件:凡商品(产品)已经发出并收到货款或取得收取货款的权利,即确认收入实现。

(7)固定资产及折旧:

A、固定资产标准为使用期限超过1年的房屋及建筑物、机器、机械、运输工具以及其他与生产经营有关的设备、器具、工具等,以及不属于生产经营主要设备,但单位价值在1000元以上,并且使用期限超过两年的物品。

B、固定资产按实际成本计价。

C、固定资产折旧采用直线法平均计算,并按各类固定资产的原值和估计的使用年限扣除残值(原值的4%)制定其折旧率,各类折旧率如下:

资产类别	使用年限	年折旧率(%)
房屋建筑物	30—45年	3.2—2.13
通用设备	5—12年	19.2—8
专用设备	5—12年	19.2—8
运输工具	4—10年	24—9.6
其他设备	8—10年	12—9.6

(8)无形资产和递延资产按受益期平均摊销。

(9)坏帐处理:直接转销法。

(10)长期投资核算:

股票投资和债券投资:股票投资占被投资单位注册资本50%以下的采用成本法核算;占被投资单位50%以上的,按权益法核算并合并会计报表;但对于被投资单位资产总额、当期净利润、销售收入总额均在母公司

资产总额、当期净利润、销售收入总额10%以下的，则按财政部(1996)2号《关于合并会计报表合并范围的复函》的规定，不纳入合并范围。

股权投资：对外投资占被投资单位注册资本50%以上的，采用权益法核算并合并报表；50%以下(50%)的，按成本法核算。

(11)税项

A、公司适用的流转税及附加的税种与税率：

税种	税率	计征基数
增值税	13%、17%	当期销项税额—当期进项税额
营业税	5%	营业额
城建税	7%	应纳营业税额和增值税额
教育费附加	3.5%	应纳营业税额和增值税额

B、所得税

公司按33%计缴所得税，但经宁波开发区管委会宁开政联(1996)071号文同意返还18%所得税，公司实际所得税负为15%。

(12)利润分配

按公司法规定，净利润按下列顺序分配：

a.弥补亏损

b.提取10%法定盈余公积金；

c.提取10%公益金；

d.提取任意盈余公积金；

e.分配普通股股利。

(13)合并报表编制方法：

A、公司在编制合并报表时，对拥有过半数以上权益性资本的企业按权益法核算并合并会计报表，在将集团内投资、内部往来、内部交易等事项全部抵销的基础上，逐项合并，并计算少数股东权益。

公司在编制母公司报表时，对母公司中所属各分公司之间的往来及交易均已作了抵销。

B、合并范围：

母公司：宁波联合集团股份有限公司

子公司：宁波经济技术开发区石油有限责任公司，经营范围：石油制品、化工原料及产品、液化气及液化气器具。注册资本3750万元，本公司投资比例55%，实际投资额2062.50万元，投资时间1995年1月。

C、母公司与子公司采用的会计政策和会计处理方法一致。

2.主要报表项目附注

(1)货币资金：1996年末余额13699.1万元，比年初余额增加9518.9万元，增长277.7%，主要系短期投资变现，应收帐款收回。

(2)短期投资：期初2468万元，年末为零，是下属商物分公司投资收回和石油对杭州坚胜贸易商行投资款调整至其他应收款所致。

(3)应收帐款：

帐龄	金额(元)	占总额比例(%)
1年以内	71,766,889.49	76.29
1—2年	17,153,900.75	18.23
2—3年	5,061,887.32	5.38
3年以上	93,260.00	0.10
合　计	94,075,937.56	100

本项目无持有本公司5%以上股份的主要股东的欠款情况。

帐龄三年以上的应收帐款中，没有属于已经发生坏帐的款项。

年末数比年初数减少1953.5万元，减少20%；系压缩应收帐款，收回货款。

(4)其他应收款：

帐龄	金额(元)	占总额比例(%)
1年以内	46,845,945.20	63.33
1—2年	24,338,348.83	32.90
2—3年	1,691,912.15	2.29
3年以上	1,093,146.00	1.48
合　计	73,969,352.18	100

本帐户余额中无持有本公司5%以上股份的主要股东的欠款。

年末数比年初数减少2875.5万元，38.9%。年初公司成立清欠小组，加大力度催讨应收帐款、其他应收款，取得一定成绩。

(5)长期投资：1996年12月31日余额为105,566,416.05元，其中：

A、股权投资

被投资企业名称	投资金额
宁波医药股份有限公司	29,988,000.00
宁波化通股份有限公司	6,811,000.00
宁波中百股份有限公司	5,299,243.00
宁波国际信托投资公司	4,400,000.00
宁波新东方股份有限公司	3,840,000.00
上海石化股份有限公司	3,270,000.00
宁波华联股份有限公司	1,359,000.00
宁波奉通股份有限公司	1,050,000.00
上海耀华皮尔金顿股份有限公司	205,424.00
开发区房地产公司	39,000.00
小　计	56,191,658.00

B、债券投资70,000.00元；

C、联营投资25,099,894.88元；

D、开发区石油有限责任公司对外投资24,204,863.17元。

(6)在建工程：1996年12月31日余额为51,675,065.17元，较年初增加2107.4万元，增幅为68.87%，主要是增加热电公司三期工程和戚家山宾馆新客房大楼建设投资。

(7)资本公积：

1996年12月31日余额为75,308,089.64元，较上年末增加5837.9万元，系96年底公司缩股所致。

(8)盈余公积：

1996年年初盈余公积金余额为97,234,732.82元，1996年公司分立时分给宁波开发区联合发展有限公司55,901,765.72元，1996年度计提法定盈余公积金、公益金21,633,453.40元，1996年12月31日余额为62,966,420.50元。

(9)未分配利润：

1996年年初未分配利润为64,105,264.31元，1996年净利润为95,094,354.11元，可供分配利润为159,199,618.42元，提取法定盈余公积金、公益金21,633,453.40元，预分1996年度股利24,000,000.00元，则1996年年末未分配利润为113,566,165.02元。

(10)投资收益为4832.1万元，比上年增加402.7%，主要系股权投资、联营投资收益增加所致。

(11)或有损失：

本公司子公司开发区石油公司于95年4月投资1000万元，与杭州坚胜食品包装有限公司共同经营炒货食品业务，该笔投资期限为95年4月至96年4月，但合作期满后，杭州坚胜公司未能及时将投资款返还给石油公司，石油公司已于96年9月向宁波市中级人民法院起诉，目前该案正在诉讼之中。

八、其他事项

公司1996年实现利润95,094,354.11元，根据公司章程规定和股利分配政策，首届九次董事会议提议公司九六年度利润作如下分配：提取10%法定盈余公积金，计9,509,435.41元，提取10%公益金，计9,509,435.41元，加上以前年度滚存利润64,105,264.31元，并扣除石油公司已提取的法定盈余公积金1,743,055.05元和公益金871,527.53元，可供股东分配的利润为137,566,165.02元，拟向全体股东按每10股派发现金红利2.00元(含税)，每10股送红股4股，剩余65,566,165.02

元未分配利润转入下一年度分配。

本案须经股东大会审议通过，报经有关部门批准后实施。

宁波联合集团股份有限公司董事会

一九九七年四月二十八日

利润及利润分配表

编制单位：宁波联合集团股份有限公司　　1996 年度　　金额：人民币元

项目	行次	上年数(母公司)	本年数(母公司)	上年数(合并)	本年数(合并)
一、主营业务收入	1	1,017,000,354.97	688,645,475.42	1,174,511,684.81	730,838,881.82
减：营业成本	2	884,284,758.60	546,271,393.99	1,034,329,511.69	588,949,520.85
销售费用	3	10,185,878.68	14,485,727.49	11,271,822.84	15,198,989.63
管理费用	4	35,652,358.94	45,865,768.98	38,477,911.51	53,488,649.35
财务费用	5	4,170,984.78	3,156,633.01	3,270,789.66	5,522,338.45
进货费用	6	4,448,660.32	3,744,746.54	4,448,660.32	3,744,746.54
营业税金及附加	7	2,071,352.65	3,627,158.72	3,369,552.52	3,626,996.88
二、主营业务利润(亏损以“-”号表示)	8	76,186,361.00	71,494,046.69	79,343,436.27	60,307,640.12
加：其他业务利润(亏损以“-”号表示)	9	5,865,279.38	5,083,398.05	5,283,304.68	8,656,512.54
三、营业利润(亏损以“-”号表示)	10	82,051,640.38	76,577,444.74	84,626,740.95	68,964,152.54
加：投资收益(损失以“-”号表示)	11	10,820,210.19	24,577,320.45	9,616,682.13	48,321,275.75
补贴收入	11-1	9,141,079.51	2,920,928.27	9,141,079.51	6,534,906.01
营业外收入	12	2,399,724.52	2,144,013.12	2,400,127.94	2,443,295.10
减：营业外支出	13	1,895,584.69	457,743.32	1,907,539.73	647,616.64
加：以前年度损益调整(调减以“-”号表示)	14				
四、利润总额(亏损以“-”号表示)	15	102,517,069.91	105,761,963.26	103,877,090.80	125,616,012.76
减：所得税	16		10,667,609.15		16,260,299.15
少数股东损益(合并报表填列)	16-1			1,360,020.89	14,261,359.50
五、净利润(亏损以“-”号表示)	17	102,517,069.91	95,094,354.11	102,517,069.91	95,094,354.11
加：年初未分配利润(亏损以“-”号表示)	18	13,178,312.13	64,436,847.09	13,178,312.13	64,105,264.31
盈余公积金转入数	19				
六、可分配的利润(亏损以“-”号表示)	20	115,695,382.04	159,531,201.20	115,695,382.04	159,199,618.42
减：提取法定盈余公积金	21	10,251,706.99	9,509,435.41	10,417,498.38	11,252,490.46
提取公益金	22	10,251,706.99	9,509,435.41	10,417,498.38	10,380,962.94
职工奖福基金(子公司为外商投资企业项目)	22-1				
七、可供股东分配的利润(亏损以“-”号表示)	23	95,191,968.06	140,512,330.38	94,860,385.28	137,566,164.02
减：已分配优先股股利	24				
提取任意盈余公积金	25	30,755,120.97		30,755,120.97	
已分配普通股股利	26		24,000,000.00		24,000,000.00
八、未分配利润(亏损以“-”号表示)	27	64,436,847.09	116,512,330.38	64,105,264.31	113,566,165.02

资产负债表

编制单位：宁波联合集团股份有限公司　　1996 年 12 月 31 日　　金额：人民币元

资产	行次	年初数(母公司)	年末数(母公司)	年初数(合并)	年末数(合并)	负债及股东权益	行次	年初数(母公司)	年末数(母公司)	年初数(合并)	年末数(合并)
流动资产：						流动负债：					
货币资金	1	36,652,164.72	44,759,873.49	41,801,889.34	136,991,892.96	短期借款	41	85,980,827.81	79,107,588.00	111,604,537.81	99,405,788.00
短期资金	2	13,883,399.25		24,683,399.25		应付票据	42	4,600,000.00	7,160,000.00	4,600,000.00	7,160,000.00
应收票据	3	1,590,000.00	100,000.00	1,590,000.00	100,000.00	应付帐款	43	78,334,450.08	117,016,712.24	102,580,142.10	150,387,377.98
应收帐款	4	88,243,726.53	78,011,495.47	113,906,521.89	94,075,937.56	预收货款	44	12,008,825.22	17,385,518.36	12,008,825.22	18,237,194.82
减：坏帐准备	5					应付福利费	45	4,941,259.15	3,146,576.02	4,009,404.06	2,231,822.30
应收帐款净额	6	88,243,726.53	78,011,495.47	113,906,521.89	94,075,937.56	未付股利	46		24,000,000.00		24,000,000.00
预付货款	7	11,681,363.60	15,133,137.65	11,681,363.60	15,576,471.31	未交税金	47	860,173.38	9,126,938.44	-46,394.33	13,188,505.36
其他应收款	8	101,053,551.06	43,422,925.20	102,724,043.10	73,969,352.18	其他未交款	48	41,375.11	33,420.84	373,872.81	366,008.54
待摊费用	9	1,502,858.65	520,560.36	1,502,858.65	520,560.36	其他应付款	49	122,697,086.98	130,515,343.09	139,129,117.31	157,077,177.15
存货	10	258,522,302.30	327,725,261.42	259,266,357.42	328,020,708.32	预提费用	50	34,428,172.00	7,820,663.89	35,075,116.08	16,133,131.71
减：存货变现损失准备	10-1					待扣税金	51	191,868.07		191,868.07	
存货净额	10-2	258,522,302.30	357,725,261.42	259,266,357.42	328,020,708.32	一年内到期的长期负债	52	17,419,230.00	31,158,392.19	17,419,230.00	31,158,392.19
待处理流动资产净损失	11	719.11	63,518.40	719.11	63,518.40	其他流动负债	53				
一年内到期的长期债券投资	12										
其他流动资产	13										

流动资产合计	15	513,130,085.22	509,736,771.99	557,157,152.36	649,318,444.09	流动负债合计	55	361,503,267.80	426,471,153.07	426,945,719.13	519,345,398.05
长期投资:						长期负债:					
长期投资	16	68,358,966.96	116,616,142.53	107,767,569.98	105,566,416.05	长期借款	56	49,046,182.17	28,470,625.00	61,546,182.17	38,514,350.00
合并价差(合并报表)	16-1					应付债款	57	9,360,000.00		9,360,000.00	
固定资产:						长期应付款	58	6,794,367.87	13,833,898.45	6,794,367.87	13,833,898.45
固定资产原价	17	161,609,621.33	160,313,479.65	169,166,353.70	166,546,557.13	其他长期负债	60	3,471,694.73	2,168,855.05	3,809,092.41	2,575,565.64
减:累计折旧	18	16,440,350.08	25,504,046.03	17,324,348.03	26,389,589.67	长期负债合计	65	68,671,944.77	44,473,378.50	81,509,642.45	54,923,814.09
固定资产净值	19	145,169,271.25	134,809,433.63	151,842,005.67	140,156,967.46	递延税项:					
在建工程	20	28,943,995.10	49,696,360.43	30,600,095.00	51,675,065.17	递延税款贷项	66				
固定资产清理	21		121,599.99		121,599.99	负债合计	67	430,175,212.57	470,944,531.57	508,453,361.58	574,269,212.14
待处理固定资产净损失	22					少数股东权益(合并报表填列)	67-1			18,370,668.39	32,632,027.89
固定资产合计	23	174,113,266.35	184,627,394.04	182,442,910.67	191,953,632.62						
无形资产及递延资产						股东权益:					
无形资产	24	49,283.20	58,163.12	49,283.20	58,163.12	股本	68	148,379,000.00	90,000,000.00	148,379,000.00	90,000,000.00
递延资产	25	1,171,697.61	1,746,735.05	6,057,200.53	1,845,259.31	资本公积	69	16,929,089.64	75,308,089.64	16,929,089.64	75,308,089.64
无形资产及递延资产合计	30	1,220,980.81	1,804,898.17	6,104,483.73	1,903,422.43	盈余公积	70	96,903,150.04	60,020,255.14	97,234,732.82	62,966,420.50
其他长期资产:						其中:公益金	71	20,245,260.20	29,754,695.61	20,411,051.59	30,626,223.14
其他长期资产	31					未分配利润	72	64,436,847.09	116,512,330.38	64,105,264.31	113,566,165.02
递延税项:						外币报表折算差额(合并报表)	72-1				
递延税款借项	32					股东权益合计	79	326,648,086.77	341,840,675.16	326,648,086.77	341,840,675.16
资产总计	40	756,823,299.34	812,785,206.73	853,474,116.74	948,741,915.19	负债及股东权益总计	80	756,823,299.34	812,785,206.73	853,474,116.74	948,741,915.19

财务状况变动表

编制单位:宁波联合集团股份有限公司　　1996年度　　金额:人民币元

流动资金来源和运用	行次	母公司	合并数	项目	行次	母公司	合并数
一、流动资金来源:				一、流动资产本年增加数:			
1.本年净利润(合并报表为合并净利润)	1	95,094,354.11	95,094,354.11	1.货币资金	31	8,107,708.77	95,190,003.62
加:少数股东本期损益(合并报表填列)	2		14,261,359.50	2.短期投资	32	-13,883,399.25	-24,683,399.25
不减少流动资金的费用和损失				3.应收票据	33	-1,490,000.00	-1,490,000.00
(1)固定资产折旧	3	9,063,695.95	9,065,241.64	4.应收帐款净额	34	-10,232,231.06	-19,830,584.33
(2)无形资产、递延资产及其他资产摊销(减其他负债转销)	4	100,743.25	5,290,576.40	5.预付货款	35	3,451,774.05	3,895,110.71
(3)固定资产盘亏(减盘盈)	5			6.其他应收款	36	-57,630,625.86	-28,754,690.92
(4)清理固定资产损失(减收益)	6	122,097.63	122,097.63	7.待摊费用	37	-982,298.29	-982,298.29
(5)递延税款	7			8.存货净额	38	69,202,959.12	68,754,350.90
(6)其他不减少流动资金的费用和损失	8			9.待处理流动资产净损失	39	62,799.29	62,799.29
小计	10	104,380,890.94	123,833,629.28	10.一年内到期的长期债券投资	40		
2.其他来源:				11.其他流动资产	41		
(1)固定资产清理收入(减清理费用)	11	155,513.66	155,513.66		42		
(2)增加长期负债	12	28,567,175.82	28,636,188.73	流动资产增加净额	45	-3,393,313.23	92,161,291.73
(3)收回长期投资	13	3,767,004.97	69,072,764.65	二、流动负债本年增加数:			
(4)对外投资转出固定资产	14			1.短期借款	46	-6,873,239.81	-12,198,749.81
(5)对外投资转出无形资产	15			2.应付票据	47	2,560,000.00	2,560,000.00
(6)资本净增加额	16	-36,882,894.90	-34,268,312.32	3.应付帐款	48	38,682,262.16	47,807,235.88
(7)少数股东资本净增加额(合并报表填列)	16-1		2,139,203.93	4.预收货款	49	5,376,693.14	6,228,369.60
小计	17	-4,393,200.45	65,735,358.65	5.应付福利费	50	-1,794,683.13	-1,777,581.76
流动资金来源合计	18	99,987,690.93	189,568,987.93	6.未付股利	51	24,000,000.00	24,000,000.00
二、流动资金运用:				7.未交税金	52	8,266,765.06	13,234,899.69
1.利润分配				8.其他未交款	53	-7,954.27	-7,864.27
(1)提取法定公积金	19	9,509,435.41	11,252,490.46	9.其他应付款	54	7,821,256.11	17,948,059.84
(2)提取法定公益金	20	9,509,435.41	10,380,962.94	10.预提费和	55	-26,607,508.11	-18,941,984.37
(3)提取任意公积金(减盈余公积转入)	21			116一年内到期的长期负债	56	13,739,162.19	13,739,162.19
(4)已分配股利	22	24,000,000.00	24,000,000.00	12.其他流动负债	57	-191,868.07	-191,868.07
(5)职工奖福基金(合并报表中外商投资子公司项目)	22-1						
小计	23	43,018,870.82	45,633,453.40				
2.少数股东利润分配(合并报表填列):	23-1		2,139,203.93				
3.其他运用:							

(1)固定资产和在建工程净增加额	24	19,855,434.93	15,853,574.88				
(2)增加无形资产、递延资产及其他资产	25	684,660.61	1,087,515.10				
(3)偿还长期负债	26	52,765,742.09	55,222,017.09				
(4)增加长期投资	27	52,024,180.54	66,871,610.72				
小计	28	125,330,018.17	139,034,717.79				
流动资金运用合计	29	168,348,888.99	186,807,375.12				
外币会计报表折算差额(合计报表填列)	29-1			流动负债增加净额	58	64,967,885.27	89,399,678.92
流动资金增加净额	30	-68,361,198.50	2,761,612.81	流动资金增加净额	59	-68,361,198.50	2,761,612.81

宁波联合集团股份有限公司一九九七年度中期报告

一、财务报表(未经审计)

1.财务报表

(1)简化的资产负债表(1997年6月30日)　　金额单位:人民币元

项目	母公司年初数	合并年初数	母公司期末数	合并期末数
流动资产	509,736,771.99	649,318,444.09	833,618,321.37	1,091,704,003.26
长期投资	116,616,142.53	105,566,416.05	122,061,387.42	87,229,168.61
固定资产净值	134,809,433.62	140,156,967.46	147,615,514.07	165,641,474.89
在建工程	49,696,360.43	51,675,065.17	53,165,108.62	70,596,247.04
无形资产及递延资产	1,804,898.17	1,903,422.43	1,707,445.70	2,766,513.44
资产总计	812,785,206.73	948,741,915.19	1,158,986,470.30	1,418,756,100.36
流动负债	426,471,153.07	519,345,398.05	352,569,648.12	545,746,190.53
长期负债	44,473,378.50	54,923,814.09	49,597,882.13	50,456,148.61
负债合计	470944531.57	574269212.14	402167530.25	596202339.14
少数股东权益	0.00	32,632,027.89	0.00	65,734,821.17
股本	90,000,000.00	90,000,000.00	168,000,000.00	168,000,000.00
资本公积	75,308,089.64	75,308,089.64	388,089,053.00	388,089,053.00
盈余公积	60,020,255.14	62,966,420.50	60,020,255.14	62,966,420.50
未分配利润	116,512,330.38	113,566,165.02	140,709,631.91	137,763,466.55
股东权益合计	341,840,675.16	341,840,675.16	756,818,940.05	756,818,940.05
负债及股东权益总计	812,785,206.73	948,741,915.19	1,158,986,470.30	1,418,756,100.36

(2)简化的损益表(1997年1—6月)　　金额单位:人民币元

项目	母公司本年数	合并本年数
主营业务收入	274,609,727.33	549,025,787.30
主营业务利润	40,420,226.70	44,507,553.56
其他业务利润	783,847.72	1,014,989.69
投资收益	37,198,233.42	39,132,614.31
营业外收支净额	3,893,063.27	3,760,893.44
利润总额	82,912,274.04	89,139,815.52
所得税	10,714,972.51	11,740,349.58
少数股东损益	0.00	5,202,164.41
净利润	72,197,301.53	72,197,301.53

2.财务指标(1997年1—6月)

		剔除未中签申购资金冻结利息后
每股收益	0.43元	0.41元
净资产收益率	9.54%	9.04%
每股净资产	4.51元	4.48元

上述财务指标按股本16800万元全面摊薄计算。

3.报表附注:

(1)本期财务报告所采用的会计政策、会计方法与上年度一致。

(2)1997年6月23日公司受让宁波市国有资产管理局持有的宁波医药股份有限公司国家股168.3万股,持股比例增至51%。因此合并报表中子公司由一个增至两个,对内部往来、内部投资按合并报表的编制原则已作了抵销。

(3)货币资金

1997年6月30日余额为388,033,291.91元,比本年初的136,991,892.96元增加183%,主要系公司发行新股筹集资金到位后尚未投入项目的资金及上半年实现利润。

(4)短期投资

1997年6月30日余额为23,000.00元,系宁波医药股份有限公司国债投资23,000.00元。

(5)应收帐款

1997年6月30日余额为190,649,788.81元,比本年初94,075,937.56元增加102%,主要系宁波医药股份有限公司并表所致;无持股5%以上股东欠款。

应收帐款帐龄分析:

	金额	所占比例(%)
一年内	165,278,911.27	86.56
一至二年	21,378,904.83	11.20
二至三年	4,282,164.67	2.24
三年以上	0	0
合计	190,939,980.77	100

(6)在建工程

1997年6月30日余额为70,596,247.04元,比本年初51,675,065.17元增加36.61%,主要系热电三期完工转出、宁波医药股份有限公司改建仓库、商场和戚家山宾馆客房扩建投资。

(7)应付帐款

1997年6月30日余额为215,310,561.53元,比本年初150,387,377.98元增加43%,系宁波医药股份有限公司合并报表所致。

应付帐款帐龄分析:

	金额	所占比例(%)
一年内	183,034,205.28	85.01
一至二年	19,645,818.76	9.12
二至三年	3,884,206.15	1.80
三年以上	8,746,331.34	4.07
合计	215,310,561.53	100

(8)股本

1997年6月30日余额为168,000,000.00元,较本年初90,000,000.00元增加78,000,000.00元,系3月31日经中国证监会发字(1997)第072号、第073号文批准上网发行30000000流通股,6月6日根据股东大会决议按120,000,000.00元股本实施10:4比例送红股,增加48000000股。

(9)资本公积

1997年6月30日余额为388,089,053.00元,比本年初75,308,089.64元增加415%,主要系发行股票溢价所致。

(10)盈余公积

1997年6月30日余额为62,966,420.40元,与年初相比无变化。

(11)未分配利润

1997年6月30日137,763,466.55元,系上年结余利润加本年实现利润。

(12)营业收入

本期营业外收入4,357,973.71元,其中3,746,500.00元系发行新股未中签申购资金冻结利息收入。

(13)净利润

本期净利润72,197,301.53元,完成年度盈利预测的67.95%,实现了时间过半、完成利润过半的目标。

4. 子公司及关联企业

(1)本公司的全资附属企业

本公司拥有全资附属企业6家,其简况如下:

企业名称	注册资本	拥有权益(%)	主要业务
宁波经济技术开发区热电公司	--	100	热电生产供应管理
宁波经济技术开发区建设开发公司	--	100	房地产经营工程建筑
宁波联合集团股份有限公司戚家山宾馆	--	100	住宿、饮食
宁波经济技术开发区商业物资公司	--	100	商业物资的经营
宁波经济技术开发区环保实业公司	--	100	环保产品生产、销售
宁波联合集团股份有限公司仪器仪表公司	--	100	仪器仪表开发、生产、销售

(2)本公司的控股子公司及关联企业

本公司拥有控股子公司两家,具体如下:

企业名称	注册资本	拥有权益(%)	主要业务
宁波经济技术开发区石油有限责任公司	3750万元	55	石油及石油制品
宁波医药股份有限公司	4180万元	51	批发、零售化学药制剂

本公司共有参股企业23家,其中占股权20%及其以上的7家,具体如下:

企业名称	投资金额(元)	拥有权益(%)
鹿甬贸易公司	192,361.74	50
开发区东隆房地产公司	3,000,000.00	50
戚家山俱乐部	5,025,784.84	33
宁波联众公司	600,000.00	30
上海大明置业有限公司	4,000,000.00	25
开发区房地产股份公司	3,300,000.00	25
宁波亚太生物技术有限公司	3,979,622.21	22.5

本公司与关联企业间不存在关联交易。

二、经营情况的回顾与展望

1. 上半年经营情况的回顾

今年是公司股票公开发行并正式挂牌交易的第一年。公司紧紧抓住这一时机,在规范内部运作、进一步提高经济效益等方面都取得了一定成效,各项经济指标均达到"时间过半、任务过半"要求。上半年共完成营业收入5.49亿元,占全年计划的73.2%;实现利润总额8913.98万元,占全年计划的71.3%;净利润7219.73万元,占全年计划的67.95%;公司负责开发建设的联合开发区域上半年引进外资3276.56万美元,占全年计划的131.06%;转让土地42570平方米,占全年计划的94.6%。

为取得上述成绩,公司在经营上采取了多种措施:

(1)大力发展资产经营。根据股东大会确立的资产经营计划,公司出资299.57万元,增持宁波医药股份有限公司股份168.3万股,实现了对该公司的控股,为进一步发展医药实业打下了基础。另有几项资产经营项目正在进一步洽谈之中。

(2)加大基础设施投入,进一步完善基础设施和配套设施,基础设施收入稳步增加。

(3)对下属实业企业实施技术改造。热电公司三期技改工程已顺利完成并投产,戚家山宾馆客房扩建工程已进入内装修阶段。

(4)运用灵活的销售机制,狠抓房产销售和资金回笼,并以良好的服务赢得客户。

(5)加强与有实力生产厂家的贸易合作,同时采用代理制贸易方式,在回避经营风险的同时,保持了一定的贸易规模。

2. 下半年计划

为争取超额完成全年各项计划,公司下半年将继续依托市场发展各项主营业务;加大资产经营力度,积极探索下属企业资产重组方式;加快招商引资和区域开发;抓紧在建项目进度,争取早出效益。此外要进一步加强内部管理,大力提倡艰苦创业,降低经营费用,提高经济效益。

三、重大事件的说明

1.1997年1月7日,公司召开首届七次董事会议,根据申请公开发行股票的需要,会议通过了关于公司股份实行同比例缩股的议案和相应修改公司章程的方案,并决定提交1997年度临时股东大会审议。

2.1997年2月3日,公司召开首届八次董事会议,根据国家有关董事任职的规定,同意谢建邦先生辞去公司董事、董事长职务的请求,并决定将辞去公司董事的请求提交临时股东大会审议;同时,一致选举叶锡宏先生为公司董事长。

3. 根据1997年度第一次临时股东大会决议,经宁波市财政局、宁波市证券和期货监管办公室批准,97年1月17日,公司按法定手续在宁波市工商行政管理局办理了缩股后的注册资本变更登记。变更登记后,公司注册资本为9000万元。

4. 根据首届八次董事会议决议,1997年2月5日,公司在宁波市工商行政管理局办理了法定代表人的变更登记。

5. 经中国证监会证监发字(1997)72号、证监发字(1997)73号文批准,1997年3月31日,公司采用"上网定价"方式,向社会公开发行A股3000万股(招股说明书概要刊登在1997年3月25日《中国证券报》、《上海证券报》)。

6.1997年4月10日,公司3000万A股在上海证券义易所上市交易(上市公告书刊登在1997年4月7日《中国证券报》、《上海证券报》)。

7. 根据公司1997年5月31日召开的第七次(1996年度)股东大会决议,公司于1997年6月9日(除权日)实施1996年度分红派息,即向全体股东按每10股派发现金红利2.00元(含税),每10股派送红股4股。

8.1997年4月27、28日,公司在总部会议厅召开了首届九次董事会议。会议审议通过了公司董事会1996年工作报告、经营班子1996年工作报告、1996年财务决算报告和1997年财务预算报告、1996年度利润分配预案等各项议案。

9.1997年5月31日下午,公司在总部会议厅召开了首届十次董事会议。会议通过了如下决议:A. 聘任马德志先生为公司副总裁;B. 同意徐学成先生辞去公司副总裁职务。

10.6月23日,公司增持宁波医药股份有限公司股份168.3万股,实现了对该公司的控股。

11. 公司募集资金使用情况

(1)热电公司三期技改工程

该工程预算总投资2200万元,至今年6月已建成投产,总计投入1950万元,比计划节余250万元。

(2)基础设施配套工程

该工程主要是完善联合开发区域东区的基础设施和西区的围涂造地。至今年6月底已投入资金4117.72万元,占预算总投资额的86.31%,主体工程已基本完成。

(3)生化诊断试剂项目

该项目原计划独资兴办。经过市场调研、分析,并经公司1996年度股东大会同意,变更为合资兴办,即公司增持宁波亚太生物技术有限责任公司的股份至控股,利用亚太公司现有的、符合美国FDA标准的厂房、设备,投入一定的资金以扩大生化诊断药品、试剂生产。目前,与亚太公司其它股东方的洽谈正在进行之中。

12. 对照国务院证券委、中国人民银行、国家经贸委5月21日联合发布的《严禁国有企业和上市公司炒作股票的规定》,公司经自查,没有任何违规行为。

13. 公司控股子公司开发区石油公司与杭州坚胜食品包装有限公司

共同经营炒货食品业务，至1996年4月合作期满，坚胜公司未能及时返回石油公司所投1000万元资金。石油公司已于1996年9月向宁波市中级人民法院起诉坚胜公司，目前该案尚在诉讼之中。

四、发行在外股票的变动和股权结构的变化

1. 股票发行情况

1997年3月31日，公司3000万社会公众股在上海证券交易所上网定价发行；4月10日，公司股票在上海证券交易所挂牌交易。

2. 股本变化原因

1997年6月9日，公司实施经股东大会批准的1996年度利润分配方案，向全体股东按每10股派发现金红利2.00元(含税)，每10股派送红股4股。公司总股本增至16800万股。

3. 股本结构

填报日期1997年6月30日　数量单位：股　每股面值：1元

	期初数	发行新股	送股增加	期末数
(一)尚未流通股份				
1. 发起人股	86111960		34444784	120556744
国家股	43055980		17222392	60278372
法人股	43055980		17222392	60278372
其中：中国五矿	31000306		12400122	43400428
中国机械	12055674		4822270	16877944
3. 内部职工股	3888040		1555216	5443256
尚未流通股份合计	90000000		36000000	12600000
(二)已流通股份				
1. 境内上市人民币普通股	30000000		12000000	42000000
已流通股份合计	30000000		12000000	42000000
(三)股份总数	90000000	30000000	48000000	168000000

4. 主要股东持股情况

股东名称	期末持股数(万股)	比例(%)
(1)宁波经济技术开发区控股公司	6027.8372	35.88
(2)中国五金矿产进出口总公司	4340.0428	25.83
(3)中国机械进出口总公司	1687.7944	10.05
(4)建业房产	37.814	0.23
(5)顾建婉	32.2	0.19
(6)刘必荣	29.8014	0.18
(7)狄秋虎	28	0.17
(8)海南深圳	21.7065	0.13
(9)张小伟	14.4	0.09
(10)李德显	14	0.08

注：宁波经济技术开发区控股公司为国家股股东。

五、股东大会简介

1997年1月13日，公司召开1997年度第一次临时股东大会，A、审议通过了公司国家股、法人股、内部职工股按14837.9：9000的比例同比缩股的方案，缩股后，公司注册资本变更为9000万元；B、授权董事会按公司缩股后的股权结构修改公司章程。

1997年2月3日，公司召开1997年度第二次临时股东大会，同意谢建邦先生辞去公司董事职务的请求。

1997年5月31日公司在总部二楼会议厅召开了1996年度股东大会。出席会议的股东46人，代表股份8930.9702万股，占公司股份总额的74.4%，符合《公司法》和公司章程的规定。大会审议并通过了如下决议：1. 批准公司董事会一九九六年度工作报告和一九九七年度工作安排；2. 批准公司监事会一九九六年度工作报告；3. 批准公司一九九六年度财务决算报告和一九九七年度财务预算报告；4. 批准公司一九九六年度利润分配方案：

1996年，公司实现净利润95,094,354.11元，根据公司章程的有关规定，提取10%的法定盈余公积金计9,509,435.41元，提取10%的公益金计9,509,435.41元，可供股东分配利润76,075,483.29元。加上年未分配利润64,436,847.09元，合计可供股东分配利润140,512,330.38元。大会决定：以公司股本总额12000万股为基数，向全体股东按每10股派现金红利2.00元(含税)计24,000,000.00元，同时，每10股送红股4股，每股面值1元，计48,000,000.00元；余额68,512,330.388元，留存下年度分配。

授权公司董事会全权办理派现送股有关事宜。

授权公司董事会根据股份变动修改公司章程有关条款，并办理公司变更登记手续。

5. 批准更换和补选董事、监事的议案。因工作需要，会议同意徐学成先生辞去董事职务、钱文耀先生辞去监事职务的请求，同时，选举马德志、何大元先生为公司董事，选举李雪花女士为公司监事。

同意董事会、监事会的换届选举工作推后进行。

6. 审议通过改聘宁波市会计师事务所为公司财务审计机构的议案。

六、备查文件

1. 载有公司董事长、总裁亲笔签名的中期报告原本；

2. 公司1996年度股东大会材料；

3. 查阅地点：宁波开发区东海路1号联合大厦5楼公司证券部

宁波联合集团股份有限公司

一九九七年八月四日

浙江广厦建筑集团股份有限公司

浙江广厦建筑集团股份有限公司简介

一、公司概况

浙江广厦建筑集团股份有限公司是以建筑业为主体，集建筑设计、承包施工、房地产综合开发、建材和建筑机械生产经营、工、商、贸、科、金融、服务为一体的上市公司。拥有总股本2.52亿股，总资产6.43亿元，员工10000余名，其中具有高级职称的50余人，中级职称的280人，初级职称的800余人。96年总产值8亿余元，创利税8500余万元，97年中期主营业务收入5.12亿元，完成净利润4200万元。发展势头迅猛。是"中国建筑业优秀企业"、"全国企业形象最佳单位"，浙江省百家现代企业制度试点企业、浙江省"五个一批"重点骨干企业——第一批大集团、大企业之一。

广厦建筑集团股份有限公司的龙头企业东阳市第三建筑工程公司。该公司为国家一级建筑资质，97年获中国集体建筑企业全面质量管理优秀奖(金屋奖)，连续8年被评为浙江省"先进集体建筑企业"和"信用特级企业"，是全国500家最佳经济效益建筑企业之一。曾荣获上海市"白玉兰杯"、浙江省"钱江杯"和"西湖杯"、"双龙杯"等省、地级优质工程奖二十多项。目前以承接高、大、难工程为主，是浙江省实力雄厚的建筑劲旅之一。

广厦建筑集团股份有限公司总部设在杭州。在杭州、上海、北京、广西、湖南等二十多个省市自治区和美国均设有子公司或贸易窗口，同俄罗斯、塞拉里昂、香港等国家和特区建立了良好的业务关系，正迅速同国际经济接轨。

广厦建筑集团股份有限公司的宗旨是：推进技术进步和管理现代化，创造一流业绩，提供一流产品，为社会繁荣、人类进步作贡献。

广厦建筑集团股份有限公司的企业精神是：求实、创新、拼搏、奉献。

广厦建筑集团股份有限公司的发展战略是：立足浙江，服务全国，跻身世界。

安得广厦千万间，装点江山俱欢颜。广厦集团将恪守企业宗旨，广纳天下英才，务实奉献，竭诚为中外客户服务。热忱欢迎国内外各界朋友光临指导与合作。

法人代表：楼忠福

总部地址：浙江省杭州市保叔路221号　　邮编：310007

电话：(0571)7963808　　传真：(0571)7963818

本部地址：浙江省东阳市吴宁西路21号　邮编：322100

电话：(0579)6633706　6633708　6624011(总机)

传真：(0579)6633886

二、董事长、总经理介绍

董事长兼总经理楼忠福，大专，共产党员，高级政工师、高级经济师。现任浙江广厦建筑集团董事局主席兼党委书记，浙江省集体建筑业协会常务理事，浙江省股份经济研究会常务理事，浙江省企业家科学家联谊会副会长，金华市建筑业协会副会长，浙江省人大代表。

楼忠福同志是一位敢立改革潮头、擅抓发展机遇、成功地实现了一次又一次攀登的年轻企业家。自84年上任经理以来的短短十二年间，使一个名不见经传的乡镇建筑队，一跃成为拥有6亿余元资产、10000余名员工，其中各类专业技术人员900余名的全国首家以建筑业为主体的上市公司，"全国建筑业优秀企业"、"全国企业形象最佳单位"。其龙头企业东阳市第三建筑工程公司，是全国500家最佳经济效益建筑企业。

由于业绩裴然，楼忠福同志先后获"全国新时期集体建筑企业家"、"全国优秀集体建筑企业家"、连续三届的"浙江省十佳青年厂长(经理)"、"浙江省劳动模范"、"全国经营大师"、'全国经营管理大师"、"全国500位改革者"等称号。

一九九七年七月二十九日

浙江广厦建筑集团股份有限公司招股说明书概要

一、绪言

本招股说明书是依据《中华人民共和国公司法》、《股票发行与交易管理暂行条例》等法律法规编制而成的，旨在向投资者提供有关本公司的基本情况和本次发行的详细资料。发行人董事会全体成员已批准了本招股说明书，确信其中不存在任何重大遗漏或者误导，并对其真实性、准确性、完整性负个别和连带的责任。

本公司新发行的股票是根据本招股说明书所载明的资料申请发行的。除本发行人和主承销商外，没有委托或授权任何其他人提供未在本招股说明书中所载的信息和对本招股说明书作任何解释或者说明。

投资人应注意：投资人自行负担买卖本公司股票所应支付的税款，发行人、上市推荐人和承销商对此不承担责任。

二、释义

在本招股说明书中除非另有说明，下列简称具有如下意义：

公司、本公司或发行人：指依法设立的浙江广厦建筑集团股份有限公司；

广厦集团公司：指浙江广厦建筑企业集团公司，其后更名为浙江广厦建筑集团公司；

发起人：指浙江广厦建筑集团公司、中国人民建设银行浙江省信托投资公司、东阳市农村信用合作社联合社；

东阳三建公司：指浙江省东阳市第三建筑工程公司

主承销商：指广发证券有限责任公司

上市推荐人：指广发证券有限责任公司、金华市信托投资股份有限公司

股份：指发行人发行的面值为人民币1元的普通股；

元：指人民币元；

新股：指本公司本次公开发行的3500万股人民币普通股；

本次发行：指本公司向社会公开发行3500万A股的行为。

三、新股发行的有关当事人

1. 发行人：浙江广厦建筑集团股份有限公司

地址：杭州市环城西路49号

浙江省东阳市吴宁西路21号

法定代表人：楼忠福

电话：0571-7963858，0579-6633886

联系人：何飞龙、徐征宇、金志成

2．主承销商：广发证券有限责任公司
地址：广州农林下路83号广发金融大厦4楼
法定代表人：陈云贤
电话：020-87310888-2420
传真：020-87310255
联系人：罗斌华、李正军、方红、邵佩东
3．副主承销商：君安证券有限公司
地址：深圳市春风路5号
法定代表人：张国庆
电话：0755-2175560
4．分销商：(1)深圳国投证券有限公司
地址：深圳市红岭中路国际信托大厦3楼
法定代表人：叶连捷
电话：0755-5594167
(2)广州证券公司
地址：广州北较场路19号金鹰酒店附六楼
法定代表人：劳建光
电话：020-83804342
(3)金华市信托投资股份有限公司
地址：浙江金华市西市街111号
法定代表人：葛政
电话：0579-2322265
5．上市推荐人：广发证券有限责任公司
金华市信托投资股份有限公司
6．会计师事务所：蜀都会计师事务所
地址：成都市蜀都大道少城路25号少城大厦13号
电话：028-6243607
经办会计师：杨士珍、张绵蓉
7．资产评估机构：中建资产评估事务所
地址：北京丰体北路4号
法定代表人：郑锦达
电话：010-63819994-3716
经办评估人员：宋吉力、王化龙
8．资产评估确认机构：浙江省东阳市吴宁镇人民政府
地址：浙江省东阳市吴宁镇迎晖路28号
电话：0579-6621000
9．发行人之律师：大成律师事务所
地址：北京西城区复兴门内大街49号民族文化宫八楼
法定代表人：彭雪峰
电话：010-66065791
经办律师：郭卫东、江华
10．主承销商律师：广州经纶律师事务所
地址：广州市麓景路广信商业中心9楼
电话：020-83501923
法定代表人：梁山
经办律师：叶东文、彭清正
11．土地估价机构：浙江省地产评估咨询中心
地址：杭州市体育场路545号
法定代表人：黄益中
经办估价师：张治中、金洪良
12．股票登记机构：上海证券中央登记结算公司
地址：上海市闵行路67号
电话：021-63566657

四、风险因素及对策

投资者在评价本发行人此次发售的股票时，除本招股说明书提供的其他资料外，应特别认真地考虑下述风险因素：

(一)风险因素

1．经营风险

(1)本公司是国家一级施工资质的企业，业务范围分布在全国十四个省市，工程业务量较大，对各种钢材、水泥、木材的需求量也很大。若这些材料市场价格发生大的波动，会影响本公司实行总承包工程的成本、费用支出和经营业绩。

(2)项目风险：本公司所承建的部分工程项目较大，施工周期长，工程量大，承建成本高，且往往需要垫资施工，经营业绩能否实现，对工程业主具有一定的依赖性。如果业主信誉差，拖欠工程款，或业主缺乏资金，工程款不能及时到位，将会增加经营成本，影响本公司收益的如期实现，甚至形成呆帐。

(3)外汇风险：本公司部分施工设备和生产新型建材的部分设备要从国外进口，若外汇汇率发生变动，将可能会增加本公司的进口成本。

(4)安全风险：建筑业是一个安全系数要求非常高的行业。本公司承建的工程往往是高层建筑，对安全的要求非常高，若安全措施没做好，很容易发生工伤事故，影响本公司的正常经营。

2．行业风险

(1)在我国，建筑施工企业众多，行业间的竞争非常激烈，特别是国家“九五”期间，国家要将建筑业建设成为国民经济的支柱产业，各地对建筑业的投入会进一步加大，行业间的竞争会进一步加剧，行业间日益加剧的竞争会或多或少地影响本公司的生产经营。

(2)建筑业、建材工业与房地产业是休戚与共的，建筑业对房地产业存在较大的依赖性，当房地产业不景气时，会影响本公司的建筑施工业务。

(3)目前，本公司绝大部分收入和利润来自建筑施工业务，收入来源较为单一，一旦建筑业不景气，将会影响本公司的经济效益。

3．市场风险

(1)作为国民经济的支柱产业之一，建筑业的发展能带动国民经济整体的发展；同样地，国民经济的整体发展状况也直接影响到建筑业的兴旺。可见，本公司的这一主营业务与国民经济的整体运行状况密切相关，建筑施工业务较易受到商业周期的影响。当经济不景气时，建筑业处于低潮，会影响本公司的主营业务。

(2)本公司所处建筑行业存在一定程度的市场分割，虽然所属浙江省东阳市第三建筑施工程公司具有较高知名度，已在国内许多省市开展业务，但由于跨地区竞争的成本更高，管理更为复杂，需要协调的关系更多，增加了本公司开拓其它地区业务的难度。

4．政策性风险

国家调整经济政策，尤其是遇到经济形势过热，执行适度从紧的货币政策，控制固定资产投资规模和新开工项目等都将直接影响本公司的主营业务收入，甚至会导致一些合同不能按期履行，经济效益受到影响。

另外，国家外汇政策和税收政策变化会直接影响本公司的经营业绩。

5．股市风险

股票价格是诸多因素综合作用的结果。国家经济政策的调整，企业盈利水平的变化，股票市场的投机行为和投资者的心理预期的波动等，都会造成股票价格的波动，增加投资者的投资风险。

(二)对策

本公司将以积极态度迎接各种挑战，认清形势，抓住机遇，开拓市场，强化管理，提高效益，稳中求发展，稳中求提高。为了保护投资者的利益，本公司已经或准备采取以下措施以减少上述风险的影响：

1．针对经营风险，将采取以下对策：

(1)针对原材料价格上涨，本公司一方面通过在建筑施工合同中将物价上涨因素考虑进去，减轻物价上涨的压力；另一方面，通过与有长期合作关系的原材料供应商建立稳定的合作关系，在一定时期内，保证价格的相对稳定。

(2)针对项目风险:本公司要加强建筑工程项目的可行性研究和业主的信誉及背景调查,减少承接项目的盲目性;在可行性研究的基础上,在建筑承包合同中,确定合理的施工期限,对于非本公司原因导致工期延长或垫资较大或对方拖延工程款等情况,在合同中增加对本公司的保障性条款。

(3)针对外汇风险:本公司将尽可能减少进口施工设备或建材生产设备,尽可能采用国内同档设备;另外,积极拓展海外建筑工程业务,寻求外汇的自我平衡。

(4)对于安全风险:加强安全知识培训,提高员工的安全意识;同时,加强安全检查工作,定期或不定期对各工地进行安全检查;另外,在公司总部和各基地及工地设立专门的安全检查员,实行安全责任制。

2. 针对行业风险和政策性风险

(1)针对行业内部竞争:本公司一方面采取了措施加强主营业务这一基础,已经并将继续向社会各界吸引各类专业技术人才和管理人才;将继续抓好职工教育和员工技术培训,提高全员素质和企业整体素质,以保障施工质量,扩大信誉,使本公司在建筑业立于不败之地。

另一方面,公司运用本次募股资金和以后的自我积累资金加大设备投入和技术投入,提高施工效率,提高施工能力,实现规模效益,节约费用支出,提高竞争实力。

(2)针对业务较为单一和政策性风险:实行多元化经营,增强抵御风险的能力。本次募集资金将主要用于生产新型建材,培训另一个经济增长点的发展,进一步减少从事单一建筑业的风险。

3. 针对市场风险,本公司将运用现代市场营销理论进行市场组合,合理进行市场定位,增加本公司抵御市场风险的能力。

针对市场分割,目前本公司已在国内设立了二十多个业务联络处,专门从事本公司在当地的业务联系,了解、收集当地建筑市场的信息;为了充分发挥本公司的技术优势和人才优势,公司将调整业务结构,将业务重点放在国家的重点建设项目特别是基础项目上,因为基础项目如交通、能源等项目在较长的时期内受到国家的产业政策的扶持或鼓励,具有一定的政策刚性。主动承揽高、精、尖工程项目及大型基础设施建设项目。这样既在一定程度上避开与一般建筑企业的正面竞争,又有利于获取较高经营效益。

同时,本公司将立足于建筑业这个主产业,全方位开拓市场,有计划、有步骤地在境内外设立分支机构及子公司,发展跨国经营,争取在国际国内两个市场上赢得较高的投资回报率,增强抵御市场风险和提高市场竞争的能力。

4. 针对股市风险,本公司将严格按照国家的有关规定,规范动作,规范披露信息,对于市场不实传闻或谣言,及时给予辟谣或澄清。尽本公司最大的努力减少投资者的风险。

本公司提醒投资者:在买卖本公司股票时应对股市风险有充分的了解。

五、募集资金的运用

1. 本次募集资金的使用计划

公司此次拟发行社会公众股3500万股,若发行成功,可募集股款19950万元,在扣除发行费用后,可运用资金19250万元,拟将这些资金用于以下项目。

(1)投资4942万元用于更新施工设备项目

经浙江省建设厅建计发(1996)244、245、246、247、248号文批准,拟将本次所募股款4942万元用于大规模更新施工设备。拟购置SKAKO丹麦进口MOB3000-100立方米/h搅拌站一台,砼输送车(6立方米/辆)8台,双卧辅砼拦机6台等设备。

(2)投资2724万元用于粉煤灰砼承重空心砌块生产线项目

本项目已获浙江省计划与经济委员会浙计经技(1996)1269号文批准立项。总投资2824万元,由本公司和浙江建材总厂合资建设,其中浙江建材总厂投资100万元,余下的2724万元由本公司用本次所募股款投入。本项目预计98年初建成投资。投产后,可年产粉煤灰砼承重空心砌块1600万块(约22万立方米)。本项目投产后,可年产22万立方米粉煤灰砼承重空心砌块,预计实现年销售收入2420万元,实现税后利润982万元,动态投资回收期为4.73年。

(3)投资5700万元用于年产600万平方米纸面石膏板和12万吨石膏粉生产线项目

本项目已获浙江省计划与经济委员会浙计经技(1996)259号、浙计经投(1996)1263号文批准立项。本项目投资估算总额为5900万元,由本公司和浙江建材总厂合资建设,其中浙江建材总厂以土地使用权作价投入200万元,其余5700万元由本公司本次所募股款投入。本项目建设进度为1年,预计1998年中建成投资。投产后,可形成年产600万平方米的纸面石膏板和12万吨的石膏粉的生产能力。可年实现销售收入7200万元,年平均实现税后利润1887.76万元。投资利润率达32%,动态投资回报期为4.42年。

(4)投资2855万元用于年产200万平方米GRC外墙板生产线项目

本项目已获浙江省计划与经济委员会浙计经投(1996)1268号文批准立项。本项目总投资2980万元,由本公司和浙江建材总厂合资建设,其中浙江建材总厂出资125万元,本公司用所募股款投入2855万元。本项目建设进度为1年,预计1998年中建成投产;投产后,第一年达到设计生产量的60%,第二年即可达到年产200万平方米GRC外墙板生产能力;年实现销售收入为5000万元,年实现税后利润946万元,静态投资回收期3.02年。

(5)用3029万元归还银行借款。本次募股资金使用时间计划表

单位:万元

投资项目	一九九七年(上半年)	一九九七年(下半年)	一九九八年(上半年)	一九九八年(下半年)	合计
投资4942万元用于更新施工设备项目	2000	2942			4942
投资2724万元用于粉煤灰砼承重空心砌块生产线项目		1000	1724		2724
投资5700万元用于石膏板和石膏粉生产线项目	1500	2000	2000	200	5700
投资2855万元用于200万平方米GRC外墙板生产线项目	500	1000	1355		2855
用3029万元还借款	3029				3029
合计	7029	6942	5079	200	19250

六、股利分配政策

1. 根据国家有关法律和公司章程的规定,本公司缴纳所得税后的利润按如下顺序和比例进行分配:

(1)弥补亏损;

(2)提取法定公积金10%

(3)提取公益金5-10%

(4)提取任意公积金;

(5)分红;

2. 公司当年有盈利时,分红一年一次,在会计年度结束后六个月内进行。但经董事会提议,股东大会决议,本公司可进行中期分红,公司当年无利润时,不得分配股利。但公司已用公积金弥补亏损后,公司为维护其股票信誉,经股东大会特别决议,用公积金转增股本形式分配股利,但转增股本后的公司该项法定公积金不得低于注册资本的百分之二十五。

3. 本次发行后,新老股东同股同权,共同享受1996年的分红派息。预计首次分红派息的时间为1997年8月前。

4. 历年分红派息情况:1993年度每10股送0.5股派现金0.5元;1994年度每10股派现金2.25元;1995年度每10股派现金2.00元。

七、承销

1. 承销方式:余额包销;

2. 承销起止日期:1997年3月25日至4月25日

3. 发行方式:上网定价发行;

4. 发行地区:与上海证券交易所联网的证券业务部;

5. 发行对象:中国法律法规规定可以买卖股票的自然人和法人(法律法规禁止购买者除外)。

6. 发行股票种类、面值、数量:本次发行新股为记名式人民币普通股股票,发行面值为每股1.00元,发行数量为3500万股。

7. 发行价格:5.70元/股。

8. 发行市盈率:15倍。

八、发行人情况

1. 发行人名称:浙江广厦建筑集团股份有限公司;

Zhojiang Guangsha Building Group Co. ltd.

2. 发行人成立日期:1993年7月13日。

3. 注册地址:浙江省东阳市吴宁西路21号。

4. 发行人的历史沿革

本公司的前身是浙江省东阳市第三建筑工程公司。该公司成立于1973年,当时名称为浙江省东阳县城关修建社(东阳县革委会(73)200号文批准),企业性质属城镇集体所有制,经过12年的发展壮大,1985年经东阳市建设局东建设(85)49号文批准,正式组建浙江省东阳市第三建筑工程公司。1992年经浙江省金华市政府金政发(1992)71号文批准,以浙江东阳第三建筑公司为核心企业组建了浙江广厦建筑企业集团公司(后更名为浙江广厦建筑集团公司)。

1992年12月经浙江省股份制试点工作协调小组"浙股(1992)55号"文和1993年3月经浙江省经济体制改革委员会"浙经体改(1993)22号"文批准,浙江广厦建筑企业集团公司作为主要发起人在对其全资附属的核心企业——浙江省东阳市第三建筑工程公司的进行整体改组的基础上,中国人民建设银行浙江省信托投资公司、浙江省东阳市农村信用合作社联合社作为其他发起人,以定向募集方式,向其他社会法人和内部职工募集股份而设立了浙江广厦建筑集团股份有限公司。

5. 发行人的组织结构和内部管理结构。

全资子公司简介

目前,本公司唯一的全资子公司就是浙江省东阳市第三建筑工程公司。其法定代表人是楼忠福。注册资本4218万元。注册地址:东阳市吴宁镇吴宁西路21号。经营范围是主营房屋建筑;兼营水电安装,公路、桥涵工程建筑,房屋装修。1996年1月8日,被中华人民共和国建设部授予工业与民用建筑工程施工壹级企业。作为建筑工程施工壹级企业,可承担各类型工业与民用建设项目的建筑施工;小型工业建设项目的设备、管道、电器、仪表的安装,非标准钢构件的制作、安装及一般公用、民用建设项目的设备安装;单位工程造价1500万元以下建筑(包括车、船、飞机)的室内外装饰装修工程的施工。

6. 发行人职工与福利情况

本公司现有注册员工8529人,根据其专业分工、受教育程度和职称,其结构如下:

类别	人数(人)	占总人数的比例(%)
●按专业分		
生产人员	6801	79.74
技术人员	756	8.86
行政人员	593	6.95
财务人员	188	2.20
其他人员	191	2.24
●按教育程度分		
本科以上	125	1.47
大专与中专	906	10.62
中学	7308	85.68
小学以下	190	2.23
●按职称分		
高级职称	45	0.53
中级职称	266	3.12
初级职称	786	9.22

到目前为止,本公司没有离退休人员

本公司按照国家及地方政府的规定,已为所有员工办理了养老保险、工伤保险、女工生育保险和失业保险。

7. 发行人的经营业务范围

本公司的经营范围:房屋建筑(资质一级),建筑材料、建筑机械、服装的制造、销售,水电设备安装、家电销售、房地产开发(资质叁级),文化娱乐。

8. 发行人主要业务

本公司主要从事建筑工程的承揽、设计与施工;建筑材料的制造与销售。

9. 发行人的主要产品品种、施工能力、主要市场

主要产品品种:本公司的主要产品品种就是一幢幢拔地而起的造型各异的高楼大厦、工业厂房等。

施工能力:目前本公司人均动力装备率达到3.1KW,人均技术装备率近4000元,公司年施工能力达110万平方米以上。

主要市场:本公司目前业务范围主要是以浙江、上海为主、遍及天津、南昌、昆明、北海、长沙、西安、贵州等省市。

10. 发行人主营业务收入的构成

单位:千元

项目	1996年度		1995年度		1994年度	
	金额	比例	金额	比例	金额	比例
建筑施工	657464	92.58%	334976	31.84%	238016	85.58%
房地产开发	52682	7.42%	29758	8.16%	40093	14.42%
合　计	710146	100%	364734	100%	278109	100%

11. 主要原材料的供应情况

本公司承包工程采购主要原材料的原则是必须采购有国家质量认可且有质量保证书的施工材料。采购原材料一般是会同投资方管理人员按施工图纸指定的特殊原材料进行采购。

12. 新工艺、新技术的研制开发与推广应用

本公司成立以来,大力发展"第一生产力",在建筑工程施工中大力推广并应用新工艺、新技术、大大提高了施工速度和施工质量。

(1)应用SP-70模板及支撑系统

(2)普通运用竖向钢筋电渣压力焊及气压焊技术

(3)在高层建筑施工中,大量采用外爬、吊架、挑架技术

(4)根据混凝土工程中的不同需要,开发运用各种添加剂

(5)应用软土地基深坑围护技术。

13. 国家政策的优惠

经浙江省东阳市税务局批准并经浙江省地方税务局确认,本公司1994年、1995年和1996年所得税实际税负15%;根据浙江省政府浙政发(1997)13号文精神,本次发行上市后,本公司所得税实际税负15%。

九、董事、监事及高级管理人员

楼忠福,董事,男43岁,大专,高级经济师、高级政工师。1970年参加工作,曾任东阳三建公司总经理,长期从事建筑企业的管理工作,具有丰富的企业管理经验。是浙江省八届人大代表,浙江省集体建筑业协会常务理事,中国青年志愿者协会常务理事,浙江省科学家、企业家联谊会副会长,浙江省企业改革发展研究会副会长,浙江省劳动协会副会长,浙江省人才研究学会副会长,金华市集体建筑业协会副会长,金华市政协委员。曾荣获"全国优秀集体建筑企业家"、"中国经营大师"、"中国经营管理大师"、"全国500位改革者"、"浙江省劳动模范"、连续三届的浙江省"十佳"青年厂长(经理)等称号。现任广厦集团公司董事局主席,总裁,本公司董事长兼总经理。持有本公司股票315000股。

楼正文,董事,男,45岁,大专,工程师,政工师。曾任东阳城建公司

施工队长,东阳三建公司东阳工区处长、东阳三建公司副总经理。曾多次被评为地、市级优秀厂长(经理)、优秀共产党员、工作标兵。现任集团公司董事局副主席、本公司副董事长兼常务副总经理、东阳三建公司总经理。持有本公司股票262500股。

吴小伟,董事,男49岁,大专,工程师、政工师。曾任东阳城建公司队长、东阳三建公司杭州工区区长、东阳三建副总经理。现任集团公司董事局副主席、本公司副董事长兼副总经理。持有本公司股票262500股。

吴为民,董事,男46岁,大专,经济师。曾任东阳市信用联社科长。现任东阳信用联社副主任。持有本公司股票6250股。

缪宏,董事,男,36岁,大专,助理经济师。曾任东阳市建设工程开发公司经理。现任东阳市建设工程开发公司副总经理。持有本公司股票0股。

李跃军,董事,男,36岁,大学,工程师。曾任金华县水电局工程师、金华三联水泥厂厂长、金信集团金信建筑工程安装有限公司经理。现任金信集团置业发展有限公司总经理。持有本公司股票0。

徐跃平,董事,男,33岁,大专,助理经济师,曾任东阳市歌山信用社主任,现任东阳市吴宁信用总社主任。持有本公司股票15000股。

蒋海华,董事,男,45岁,大专,会计师,统计师。曾任浙江省轻工业厅会计,东阳市统计局副局长兼农调队队长、集团公司证券部经理、三建公司财务科长。现任本公司财务部经理。持有本公司股票15000股。

吕育土,监事,男,44岁,大专,工程师,政工师。曾任东阳城建公司和集团公司办公室主任。现任三建公司办公室主任、工会主席,本公司监事会主席。持有本公司股票14700股。

徐步高,监事,男,52岁,大专,经济师。曾任东阳市吴宁时装厂厂长东阳市时装厂厂长、东阳市时装总厂厂长、党支部书记,东阳市电子器材一厂厂长、党支部书记。现任东阳市永灵电子总公司总经理。持有本公司股票31500股。

赵大建,监事,男,44岁,大专,助理经济师。曾任东阳市三建公司人事科长。现任本公司人事干事。持有本公司股票13650股。

十、经营业绩

1. 生产经营的一般情况

公司自成立以来,一直坚持以建筑施工为主业,充分利用股份制的优势,大胆改革,投入大量资金购置先进的施工设备,在经营机制、技术能力和施工能力等各个方面取得了重大突破。公司经营机制从单纯的承包制转化为股份制;施工领域从承接低层建筑和土建工程的建筑为主向承接高、大、难、精工程,包括设计、土建、水暖安装、装饰等各方面全方位发展为主;在市场区域方面,已走出浙江,进驻上海,在全国十几个省市开辟了市场。公司的经营规模和经济效益持续增长,经营已进入良性循环。三年来,公司承建了一大批高、大、难、精工程,质量好,受到政府部门和业主的普通好评,公司信誉不断提高,并获得过多项殊荣。

连续六年被评为浙江省"先进集体建筑企业"和"信用特级企业";

1993年,被国务院研究中心、建设部、国家统计局联合核定为全国500家最佳经济效益的建筑企业(农牧渔业系统)第23名;

1995年,被浙江省人民政府列为百家现代企业制度试点企业,荣获中国集体建筑企业全面质量管理优秀奖(金屋奖),荣获"中国建筑优秀企业"称号(全国仅二家);

1996年1月8日,被建设部核定为"工业与民用建筑工程施工壹级"企业(证书编号:B330783021203)。

2. 每年销售总额和利润总额

经成都蜀都会计事务所成蜀审二(1997)008号审计报告审计,公司1994年、1995年和1996年三个会计年度的业绩如下:(单位:元)

	1996年度	1995年度	1994年度
主营业务收入	710146054	364734118	278108719
利润总额	54788659	48476089	33066360
净利润	47579445	44031934	28098906

3. 完成的主要工作

(1)东阳市房地产综合开发公司第五期商品房1-32幢建筑工程:工程内容为1-32幢土建、水电安装、室外道路、下水道等,建筑面积为58000平方米,工期为300天,竣工日期为1994年7月,合同价款为1830万元;

(2)杭州华日电冰箱厂一分厂电冰箱生产厂房建筑工程:工程内容为生产厂房26913平方米及道路3820平方米,包工包料,土建、水电安装、暖通、内外装饰、绿化和道路等,工期为350天,竣工日期为1995年5月,合同价款为1588万元;

(3)上海南光大楼建筑工程:工程内容为土建及设计规定的所有装修、设备安装、规划红线内的道路、化粪池等,建筑面积为14000平方米,工期为17个月,1996年下半年竣工,合同价款为2030万元;

(4)上海"白玉南村"住宅工程项目一期工程:工程内容为图纸内的全部土建、照明、给排水、消防、避雷等,工期为349天,竣工日期为1996年12月,合同价款为1400万元。

(5)宁波银天大厦工程:工程内容为土建、电器、给排水、空调及各种管道、道路、围墙等,建筑面积为18000平方米,工期为390天,竣工日期为1995年4月,合同价款为2127万元。

(6)上海真西高层住宅24层计4幢1到4房建筑工程:工程内容为土建,建筑面积为70884平方米,工期为540天,竣工日期为1996年6月,合同价款为8800万元。

(7)上海万联大厦建筑工程:工程内容为凡施工图纸所表明的全部土建、上水、电、下水工程以及室外总体配套工程及装饰工程,建筑面积为30000平方米,工期为550天,竣工日期为1996年10月,合同价款为6000万元。

4. 服务的市场情况

国务院《90年代我国产业政策》和九五计划明确指出,要使建筑业发展成为国民经济的支柱产业。目前在发达国家建筑业占国民生产总值的10%左右,而我国仅有2-3%,建筑业作为国家导向产业和国家的支柱产业,具有广阔的发展前景。"大力振兴建筑业,使之尽快成为带动整个经济增长和结构升级的支柱产业",这是建设部提出的"九五"计划的奋斗目标。全国目前城市住房困难户至少有1000万个左右,从现在到2000年,国家计划建造城镇住宅10亿平方米左右;我国城镇每年要建成2.4亿平方米的住宅和1.2亿平方米的公共与生产性建筑;原有的20亿平方米的城镇住宅需要不同程度地更新改造;全国农村平均每年需要建设住宅6亿平方米,生产与公共建筑1.5亿平方米。同时,到2000年预计新增城市150个左右,新建集镇3000个左右。因此,本公司的主业——建筑施工是大有前途的。

"九五"期间,在房地产业和建筑业迅速发展的大背景下,随着人们对居住环境越来越高的装饰要求和可利用资源的逐渐减少,市场对新型建材的需求越来越大,我国建材行业也将发生结构性的变化,传统的砖瓦、水泥、玻璃工业将要进行结构性的调整和技术改造,而新型建材及制品的发展将成为"九五"期间建材工业的新的经济增长点。为此,国家建材局已制定了发展新型建材及制品的一系列扶持政策,建设部也将发展新型建材及制品列入了建筑业跨世纪发展的"一、二、三、四"战略构思中。因此,本公司用本次发行所募的大部分股款投资于新型建材项目,既符合国家产业政策,又有良好的发展前景。

5. 产品性能、质量方面的情况

本公司所从事的建筑工程项目的合格率在100%,优良率在48%以上。特别是对一些高、难、大精项目都能按业主的要求,保质保量按时完成,受到政府部门和业主的好评。公司所承接的多个项目获得过多个殊荣。

1994年2月,兰溪市邮电局电信综合楼工程荣获一九九三年度浙江省"钱江"杯赛工程奖;

1995年1月,东阳市交警大楼工程荣获1994年度浙江省"钱江"杯工

程奖；

1995 年 5 月，东阳市中百纺织综合楼工程荣获九四年度金华市建设工程“双龙杯优质工程奖”；

1995 年 7 月，东阳市广厦大厦大体积混凝土 QC 小组荣获一九九五年度全国集体建筑企业优秀质量管理小组集建杯赛二等奖；

1996 年 7 月，浙江省财政厅工地安全生产 QC 小组荣获一九九六年度全国集体建筑企业质量管理小组集建杯赛优秀奖；

1996 年，上海白玉南村 3 号楼荣获上海建筑业最高荣誉奖——“白玉兰杯”优质工程奖。

6. 经营设备、主要固定资产的增加、改造情况随着公司业务的迅速扩大和业主对建筑工程质量越来越高的要求，三年来，本公司投入 1000 多万元资金更新设备，购置了包括大型塔吊、高层人货两用电梯、全自动混凝土搅拌站和全套高层输送泵、挖掘机和运输车等大型设备在内的施工设备和运输设备，大大提高了本公司施工技术水平和施工能力。

7. 经营管理的改进情况

本公司近年来一直致力于经营管理水平的提高，主要内容有：

(1)强化内部管理，在经营管理模式上大胆改革

(2)完善基层施工机构，巩固现有基地，拓展新的市场

(3)加强建筑工程项目的质量管理，做好售后服务

公司对每一个建筑工程项目都实行严格的质量管理。

A. 公司执行严格质量管理标准

B. 建立了工程质量的保障体系

8. 职工数量与业务水平方面的变动

近三年来，本公司在引进和招聘(含公司自培)347 名初级职称以上的各类专业人才的同时，非常重视对员工进行长期的技术和管理培训，在提高员工素质上花了大力气，主要措施有：先后举办了二期大专学历专业培训班，102 人获证，二期项目经理培训班，202 人获证；上岗质量安全检查员培训班，69 人获证；全国质量管理全员培训，管理人员取证合格率达 100%，操作人员取证合格率达 82%；四次派主要管理人员参加 IS09000 族标准的培训。上岗质安员培训班，共有近 500 名员工获毕业证书。经过培训，员工的业务素质有了很大的提高。目前，公司有各类专业经济技术人员 600 余人；有各类上岗持证人员 518 人，科技人员占职工总人数的 8.3%，在浙江省同行业中名列前茅。

十一、股本

1. 公司注册资本 10500 万元，本次发行后，注册资本将为 14,000 万元。

2. 本公司股本的形成过程：

1992 年 12 月经浙江省股份制试点工作协调小组“浙股[1992]55 号”文和 1993 年 3 月经浙江省经济体制改革委员会“浙经体改[1993]22 号”文批准，浙江广厦建筑企业集团公司在对其全资附属的核心企业——浙江省东阳市第三建筑工程公司进行整体改组的基础上，由其联合中国人民建设银行浙江省信托公司、浙江省东阳市农村信用合作社联合社共同发起，以定向募集方式，向其他社会法人和内部职工募集股份而设立了浙江广厦建筑集团股份有限公司。其中，发起人广厦集团公司以其全资子公司——浙江省东阳市第三建筑工程公司的全部经营性净资产 3003.43 万元以 1∶1 的比例折成 3003.43 万股法人股，由浙江广厦建筑企业集团公司持有；中国人民建设银行浙江省信托投资公司和东阳市农村信用合作社联合社分别以现金 200 万元和 1000 万元认股，按 1∶1 的比例分别认购 200 万股法人股和 1000 万股法人股；其他社会法人和内部职工分别以现金 5694.855 万元和 3000 万元按 1∶1.5 的比例认购 3796.57 万股和 2000 万股。股份总额合计 10000 万股，于 1993 年 7 月 13 日在浙江省东阳市工商局办理工商登记。经本公司 1993 年度股东大会决议，本公司 1993 年度分红方案为每 10 股送 0.5 股派现金 0.50 元，分红方案实施后本公司的股本结构如下：

类　别	股数(万股)	占总股本比例(%)
法人股	8400.0	80.00
其中：发起人股	4413.6015	42.03
内部职工股	2100.0	20.00
总股本	10500.0	100.00

1993 年度分红方案实施后至本次发行前，本公司股本总额及股本结构未有变动。

3. 内部职工股情况

1993 年定向募集时，向内部职工共募集股份 2000 万股，1993 年度分红派息时，每 10 股送 0.5 股，内部职工股变为 2100 万股。

定向募集时，内部职工股的发行对象严格限制在广厦集团公司在册的职工范围内。

根据 1997 年 1 月浙江省证券登记中心提供的托管证明[浙证登托总 76 号]，本公司的内部职工股已全部集中托管在浙江省证券登记中心。

根据现行规定，本公司内部职工股要在本次所发行的社会公众股发行之日起满三年后方可申请上市流通。

4. 本次发行后本公司的股权结构

本公司获准向社会公众发行 3500 万股。若发行成功，本公司股权结构如下：

类　别	股数(万股)	占总股本比例(%)
尚未流通股份	10500.0	75.00
其中：法人股	8400.0	60.00
内部职工股	2100.0	15.00
可流通股份	3500.0	25.00
其中：社会公众股	3500.0	25.00
总股本	14000.0	100.00

5. 本次发行后的净资产总额：39016.6 万元

6. 本次发行前后每股净资产

本次发行前每股净资产 1.88 元；

本次发行后每股净资产 2.79 元。

7. 本次发行前，本公司前 10 名股东持股情况

本次发行前本公司前十名大股东持股情况如下：

股东名称	持股数(万股)	占总股本比例(%)
1. 浙江广厦建筑企业集团公司	3153.6015	30.03
2. 东阳市信用联社	1050.0	10.00
3. 浙江建设银行信托投资公司	210.0	2.00
4. 东阳市吴宁镇信用总社	157.5	1.50
5. 浙江广厦装璜材料公司	157.5	1.50
6. 浙江广厦白云建筑工程公司	156.0	1.49
7. 浙江广厦第一建材厂	152.25	1.45
8. 浙江广厦装璜门窗厂	138.0	1.31
9. 浙江广厦自应力压力管厂	136.5	1.30
10. 东阳市建筑实业公司	136.5	1.30
合　计	5447.8515	51.88

十二、资产评估

经中建资产评估事务所中建资评字(97)第 003 号评估报告，截止 1996 年 12 月 31 日，本公司的评估情况如下：

单位：千元

项　目	帐面值	评估值	增减额(+、-)	增减值率(+、-)
流动资产	322,985	330,614	7,629	2.36%
长期投资	26,080	37,907	11,827	45.35%
固定资产净值	37,858	43,143	5,285	13.96%
土地使用权	21,021	42,533	21,512	102.34%

资产总计	399,970	462,395	62,425	15.61%
负债总计	202,304	202,304	0	0
净资产	197,666	260,091	62,425	31.58%

土地使用权是由浙江省地产评估咨询中心浙地估[1997]03号土地评估报告评定的,土地使用权面积为92796.77平方米,评估值为4253.3万元。

注:本次资产评估结果只作为发行定价参考,不予调帐。

十三、财务会计资料

1.合并资产负债表。请见附录一。

2.合并利润表。请见附录二。

3.重大会计政策公司会计政策系根据企业会计准则,股份制试点企业会计制度、施工企业会计制度和国家其他有关规定,结合公司具体情况制定。

(1)公司执行的会计制度:本公司从1993年1月1日起执行《股份制试点企业会计制度》。

(2)会计期间:自公历每年1月1日起到12月31日。

(3)合并报表的编制方法:合并范围:对直属全资子公司东阳市第三建筑工程公司纳入合并报表;合并方法:将母公司与子公司权益和内部往来等低销后合并。

(4)记帐原则和计价基础:本公司依据权责发生制原则,以历史成本为计价基础。

(5)坏帐准备核算:本公司未提坏帐准备,发生坏帐按确认数记入管理费。

(6)存货计价方法:本公司存货按照《施工企业会计制度》规定,分别划分为库存材料、周转材料、低值易耗品、在产品、产成品,在建场地进行核算,以实际成本计价,采用永续盘存制,发出存货按加权平均成本计价。低值易耗品公司本部采用五五摊销法,施工企业在领用时采用一次摊销法。

(7)长期投资核算方法:

a.债券投资:按实际支付金额计价,采用成本法核算

b.股权投资:对外长期投资占被投资企业注册资本20%以下的按成本法进行核算;20%以上至50%以下的采用权益法核算;50%以上和实际拥有控股权的公司编制合并会计报表。

(8)固定资产及累计折旧:固定资产按实际成本计价,以使用年限在一年以上,单位价值在人民币2000元以上为标准。固定资产折旧按照《施工企业财务制度》的规定,经东阳市财税部门同意,按各类固定资产的原值扣除3%残值采用直线法计提。分类折旧率如下:

类别	估计使用年限(年)	年折旧率(%)
房屋及建筑物	30-40	2.425-3.23
专用设备	5-10	9.7-19.4
运输工具	8-10	9.7-12.12
其他设备	5	19.4

(9)无形资产及其摊销:本公司无形资产系土地使用权,自取得合法有效使用权起分50年平均摊销。

(10)递延资产及其摊销:本公司递延资产为开办费和群体雕塑(列长期待摊费用)。开办费按10年平均摊销,群体雕塑按20年平均摊销。

(11)税项:

a.营业税:建筑施工按营业收入3%缴纳,房地产开发按营业收入5%缴纳。

b.所得税:根据浙江省人民政府浙政办发(93)137号文件规定,经东阳市税务局批准,并经东阳市地方税务局和浙江省地方税务局同意,所得税按15%税率征收。

(12)利润分配:本公司利润分配比例为:盈余公积金10%,公益金1994年、1995年为5%,1996年为10%,其他分配比例待董事会提出建议由股东大会审议决定。

4.正在进行或计划进行的重大资本支出项目

本公司拟将本次发行所募股款投资于以下项目:

a.投资4942万元用于更新施工设备;

b.投资2724万元用于粉煤灰砼承重空心砌块生产线项目;

c.投资5700万元用于年产600万平方米纸面石膏板和12万吨石膏粉生产线项目;

d.投资2855万元用于年产200万平方米GRC外墙板生产线项目;

e.用3029万元用于归还银行借款。

若以上支出项目能取得预期效果,将大大改善财务状况,将公司的建筑工程施工技术水平和施工能力提高到一个新的水平,为本公司增加新的收入来源。

5.财务指标分析

指标项目	1996年	1995年	1994年
1.流动比率	1.64	1.32	1.18
2.速动比率	1.13	0.94	0.89
3.资产负债率(%)	50.58	59.10	54.15
4.应收帐款周转率	14.80	11.44	
5.存货周转率	6.92	5.01	
6.净资产收益率(%)	24.07	29.34	19.55
7.主营业务收入利润率(%)	6.70	13.74	10.10
8.每股净利润(元)	0.453	0.419	0.268

从上表可看出,(1)本公司具有一定的偿债能力,流动比率和速动比率逐年提高,资产负债率逐渐降低;(2)每股收益稳步增加,但主营业务收入利润率波幅较大。

十四、盈利预测

1.盈利预测表

下面数据摘自蜀都会计师事务所成蜀审二(1997)009号盈利预测审核报告。

单位:千元

项目	一九九七年预测		
	合计	建筑业	其他
一、主营业务收入	1063840	1000000	63840
减:营业成本	950480	907190	43290
销售费用			
管理费用	17910	149100	3000
财务费用	2000		2000
营业税金	46090	42900	3190
二、主营业务利润(亏损以"-"号表示)	47360	35000	12360
加:其他业务利润(亏损以"-"号表示)	4510		4510
三、营业利润(亏损以"-"号表示)	51870	35000	16870
加:投资收益(亏损以"-"号表示)	9160		9160
营业外收入			
减:营业外支出			
四、利润总额(亏损以"-"号表示)	61030	35000	26030
五、减:应交所得税			
按15%税率计		7780	
按33%税率计		17117	
六、净利润			
按15%税率计		53250	
按33%税率计		43913	
七、每股净利润(按总股本1.4亿计算)			
按15%税率计		0.38元/股	
按33%税率计		0.314元/股	

注:经浙江省人民政府浙政发[1997]13号文批准,本公司自1997年

起按15%的所得税率征收所得税。

2. 基准与假设

(1)盈利预测的基准

本公司盈利预测是依据1994年到1996年期间的经营业绩,并根据公司目前的经营实力和潜力,以及1997年规划,本着求实、稳健的原则编制,在重要方面与本公司1996年所采用的会计政策相一致。

(2)盈利预测的假设

(一)本公司所遵循的我国现行的有关政策、法律、法规无重大变化。

(二)本公司所在地区和承接施工地区社会经济环境无重大变化。

(三)本公司所经营的各项业务涉及国家和地区的有关法律、政策无重大变化。

(四)本公司在预测期间内,有关税率、信贷利率、各种规费及市场行情无重大变化。

(五)本公司在盈利预测期内各项业务能正常营运,各项重大投资项目及承包项目能按预期目标实现。

(六)无其他人力不可抗拒因素及不可预见因素所造成的不利影响。

十五、重要合同及重大诉讼事项

1. 借款合同

(1)1996年11月5日,本公司与东阳市吴中信用总社东门分社签订短期借款合同,金额为1000万元,期限从1996年11月5日至1997年2月10日,月利率为12.81%。

(2)1996年12月,本公司与建设银行东阳支行签订短期借款合同,金额为1960万元,期限为半年,从1996年12月28日至1997年6月20日,月利率为8.415‰。

2. 建筑施工合同

1995年和1996年,本公司陆续与各地业主签订了多份建筑工程施工合同,合同价款均在5000万元以上,合同项目依次是金华市府办公大楼、上海建京大厦、天津松宝跨世纪商贸城、湖南长沙财神国际大酒店(后改为长沙楚天大酒店),浙江财政证券机械设备联建大楼,这些大楼将分别在1997年或1998年建成竣工。

3. 生活服务与生产协作协议

1993年11月20日,本公司与广厦集团公司签订《生活服务与生产协作协议》,该协议根据市场经济原则对广厦集团公司为公司提供住房、上下班交通、托儿所、医疗卫生等生活后勤服务而需要支付的费用及费用的计算作了规定;同时对离退休人员费用承担,公安消防费用的分配,房屋有偿使用等作了规定;另外,在协议中明确规定,广厦集团公司和本公司在生产方面可能按市场经济原则进行协作,但广厦集团公司在业务上不得与本公司发生竞争。

到目前为止,本公司没有任何对生产经营活动产生影响的重大诉讼,也没有尚未了结的重大诉讼,本公司董事会成员、监事会成员和高级管理人员没有受到刑事起诉。

十六、公司发展规划

1993年,本公司通过股份制改组,建立了灵活的经营机制,明晰了产权关系,取得了长足的发展;本公司将凭借这次公开发行股票并上市的机会,进一步转换经营机制,抓住国民经济步入新一轮增长期的机遇,充分利用国家给予建筑业和建材工业的优惠政策,根据国家"九五"计划所制定的目标,将本公司建设成为一个主业明确、管理科学、运作规范的建筑施工类大型股份有限公司。

1. 生产经营发展战略

由目前的以工程施工为主向以工程施工和建材的制造与销售并重的方向发展,在工程施工中,以国内工程承包特别是住宅建设、建筑劳务输出及拓展海外市场、基地建设为重点,确保工程施工主业的市场占有率;在建材经营中,以科技含量高的新型建材为主,培养新的经济增长点。

2. 发展目标和规模

到2000年,使本公司的经营规模和各主要技术经济指标达到国内同类企业领先水平。

3. 市场发展计划

以巩固本公司在浙江和上海现有市场基础上,加强建筑基地建设,用2—3年的时间,在国内经济较发达的华南、华北、华东建立8—10个建筑大基地,稳步提高本公司在国内建筑市场的占有率;同时,要积极开拓国际市场。

4. 生产经营计划

(1)在建筑工程承包量稳步提高的同时,加强路桥工程、水电工程、旧城改造、市政设施等建设能力,从而提高承接国家大型建设项目的能力。

(2)强化质量管理,提高技术水平,积极创建优质工程,争取在1997年通过ISO9000质量认证体系。

(3)充分利用本公司对国内外建材市场了解的优势,通过技改和引进高新技术,大力生产新型建筑材料,一方面满足市场的需求,另一方面为本公司建筑施工直接提供所需建料,减少中间环节,节约了成本。公司拟在"九五"期间投资3—5亿元,初步建成一个新型建材基地,形成公司的第二支柱产业。

5. 固定资产投资及设备更新计划

为适应不断扩大的业务量的需要,公司计划在"九五"期间投入1.2亿元对本公司的建筑施工机械进行技术改造,提高技术施工水平和施工能力。

(1)为适应高层建筑,特别是24层以上建筑施工的需要,有计划增加大型塔吊及施工电梯,到2000年达到100台左右。

(2)投入使用一定数量的预应力张拉设备。

(3)配套增加其他所需设备,使装备数量和质量成平衡增长趋势,并于2000年达到人均动力装备率6千瓦/人、技术装备率7000元/人的国内建筑业先进技术水平。

6. 建立计算机网络,提高设计能力和施工效率。①借助计算机进行复杂结构计算,以解决设计与施工中各种重大技术难题;②应用最新的CAD技术,提高建筑设计能力;③主要施工现场采用计算机管理,如工程预决算,通过PERT软件计算关键路径,以便有效缩短工期等。

7. 人员扩充计划

公司将进一步加强员工队伍建设,培养和引进优秀人才,适应企业发展的需要。

备查文件

1. 蜀都会计师事务所的审计报告、财务报表及附注;
2. 主管部门和上海证券交易所批准发行上市的文件;
3. 承销协议;
4. 浙江省东阳市吴宁镇政府关于资产评估的确认报告;
5. 重要合同;
6. 证监会要求的其它文件。

浙江广厦建筑集团股份有限公司

一九九七年三月二十五日

附表一:

合并资产负债表

资产	1996年12月31日	1995年12月31日	1994年12月31日
流动资产:			
货币资金	36,105,188.49	13,628,868.05	14,072,784.46
短期投资		16,000.00	94,000.00
应收票据			
应收帐款	64,992,260.60	30,958,414.27	32,797,513.68
减:备抵坏帐			
应收帐款净额	64,992,260.60	30,958,414.27	32,797,513.68
预付帐款	66,565,244.49	30,986,201.11	25,498,267.71

其他应收款	54,237,032.63	86,088,315.02	75,801,652.27
待摊费用			
存　货	101,085,184.05	80,369,442.33	47,551,928.42
待处理流动资产损失(减收益)			
其他流动资产		36,374,733.83	
流动资产合计	322,984,910.26	278,421,974.61	195,816,146.54
长期投资:			
长期投资	26,079,570.98	30,867,508.98	54,154,008.98
固定资产:			
固定资产原价	48,576,902.96	49,951,419.79	44,592,486.99
减:累计折旧	10,718,693.67	8,798,754.06	5,306,519.66
固定资产净值	37,858,209.29	41,152,665.73	39,285,967.33
在建工程	7,109,814.48	10,037,810.06	17,556,492.86
固定资产清理			
固定资产合计	44,968,023.77	51,190,475.79	56,842,460.19
无形资产及递延资产:			
无形资产	2,102,106.00	2,146,506.00	2,190,906.00
递延资产	3,835,316.22	4,323,388.47	4,526,995.64
无形及递延资产合计	5,937,422.22	6,469,894.47	6,717,901.64
待处理固定资产损失(减收益)			
资产总计	399,969,927.23	366,949,853.85	313,530,517.35
负债及股东权益	1996年12月31日	1995年12月31日	1994年12月31日
流动负债:			
短期借款	121,280,000.00	101,260,000.00	96,260,000.00
应付票据			
应付帐款	3,477,412.26	4,103,639.34	27,117.57
预收帐款	90,000.00	27,680,000.00	14,500,000.00
应付福利费	1,578,270.78	2,190,331.27	1,338,677.04
未付股利	18,657,385.84	38,473,192.79	30,162,897.79
未交税金	10,748,305.06	12,915,712.92	11,233,984.14
其他未交款			3,371.74
其他应付款	40,980,518.90	24,608,689.50	8,022,474.78
预提费用			
长期负债:			
待扣税金			
一年内到期的长期负债			5,000,000.00
流动负债合计	196,811,892.84	211,231,565.82	166,548,523.06
长期借款	5,000,000.00	5,000,000.00	
应付债券			
长期应付款	491,874.52	631,573.44	·3,241,000.00
长期负债合计	5,491,874.52	5,631,573.44	3,241,000.00
股东权益:			
股本	105,000,000.00	105,000,000.00	105,000,000.00
资本公积金	32,067,527.25	32,067,527.25	32,067,527.25
盈余公积金	22,535,076.40	13,019,187.34	6,414,397.17
其中:公益金	9,097,673.63	4,339,729.11	2,138,132.39
未分配利润	38,063,556.22	0	259,069.87
股东权益合计	197,666,159.87	150,086,714.59	143,740,994.29
负债及股东权益总计	399,969,927.23	366,949,853.85	313,530,517.35

附表二:

合并利润表

项　目	1996年	1995年	1994年
一、主营业务收入	710,146,054.00	364,734,117.88	278,108,719.73
减:营业成本	627,894,850.45	320,467,209.83	235,004,208.10
销售费用	187,690.80	110,560.50	116,735.48
管理费用	7,817,106.13	10,060,725.92	9,482,917.36
财务费用	1,010,004.54	2,082,656.58	-2,285,992.40
进货费用			
营业税金	30,659,599.90	12,086,550.01	11,073,045.99
二、主营业务利润	42,576,802.18	19,926,415.04	24,717,805.20
加:其他业务利润	4,924,990.57	9,192,665.07	142,025.00
三、营业利润	47,501,792.75	29,119,080.11	24,859,830.20
加:投资收益	7,244,064.69	17,420,685.69	8,113,770.00
营业外收入	46,991.00	965,436.21	145,563.48
减:营业外支出	4,189.00	200.00	52,804.00
加:以前年度损益调整	0	971,087.21	
四、利润总额	54,788,659.44	48,476,089.22	33,066,359.68
减:所得税	7,209,214.16	4,444,154.77	4,967,453.95
五、净利润	47,579,445.28	44,031,934.45	28,098,905.73
加:年初未分配利润	0	259,069.87	
六、可分配利润	47,579,445.28	44,291,004.32	28,098,905.73
减:提取法定盈余公积金	4,757,944.53	4,403,193.45	2,809,890.57
提取公益金	4,757,944.53	2,201,596.72	1,404,945.29
七、可供股东分配的利润	38,063,556.22	37,686,214.15	23,884,069.87
减:已分配优先股股利			
提取任意公积金			
已分配普通股股利		37,686,214.15	23,625,000.00
八、未分配利润	38,063,556.22	0	259,069.87

浙江广厦建筑集团股份有限公司股票上市公告书

一、要览

总股本:14000万股

可流通股本:3500万股

本次上市流通股本:3500万股

证券编码:600052

上市地点:上海证券交易所

上市时间:1997年4月15日

登记机构:上海证券中央登记结算公司

上市推荐人:广发证券有限责任公司

金华市信托投资股份有限公司

二、绪言

经中国证券监督管理委员会证监发字[1997]89号文和证监发字[1997]90号文批准,本公司已向社会公众公开发行人民币普通股3500万股,每股面值1.00元,每股发行价5.70元。本次公开发行的股票经上海证券交易所上证上字[1997]013号文同意,将于1997年4月15日(星期二)在上海证券交易所挂牌交易。本次上市流通股3500万股,均为1997年4月1日向社会公开发行的新股,公司内部职工股(前次定向募集时发行)2100万股将按规定于发行期满三年后上市。

本公司于1997年3月25日在《上海证券报》、《中国证券报》、《浙江日报》上刊登了《招股说明书概要》,距今不足6个月,故与其重复的内容在此不再重述,敬请投资者查阅本公司的《招股说明书概要》。

本公司董事会成员已批准本上市公告书,确信其中不存在任何重大遗漏或者误导,并对其真实性、准确性、完整性负个别的和连带的责任。

三、公司概况

1. 公司基本情况

法定名称:浙江广厦建筑集团股份有限公司

Zhejiang Guangsha Building Group Co. ltd

注册地址:浙江省东阳市吴宁西路 21 号

成立日期:1993 年 7 月 13 日

法定代表人:楼忠福

经营范围:房屋建筑(资质一级),建筑材料、建筑机械、服装的制造、销售,水电设备安装、家电销售、房地产开发(资质叁级),文化娱乐。

所属行业:综合类

2. 公司历史沿革

1992 年 12 月经浙江省股份制试点工作协调小组"浙股[1992]55 号"文和 1993 年 3 月经浙江省经济体制改革委员会"浙经体改[1993]22 号"文批准,以浙江广厦建筑集团公司为主要发起人,联合中国人民建设银行浙江省信托投资公司、浙江省东阳市农村信用合作社联合社共同发起,以定向募集方式,向其他社会法人和内部职工募集股份而设立了浙江广厦建筑集团股份有限公司。其中,浙江广厦集团公司以其全资子公司——浙江省东阳市第三建筑工程公司的全部经营性净资产折成 3003.43 万股法人股,中国人民建设银行浙江省信托投资公司和东阳市农村信用合作社联合社分别以现金认购 200 万股法人股和 1000 万股法人股;其它社会法人和内部职工分别认购 3796.57 万股和 2000 万股。股份总额合计 10000 万股,于 1993 年 7 月 13 日在浙江省东阳市工商局办理工商登记,股本结构如下:

股份类别	股份数量(万股)	所占比例(%)
法人股	8000.0	80.00
其中:发起人股	4203.43	42.03
内部职工股	2000.0	20.00
股份总额	10000.0	100.00

根据本公司 1993 年度股东大会决议,本公司 1993 年度分红方案为每 10 股送 0.5 股派现金 0.5 元,分红方案实施后本公司的股本结构如下:

类　别	股数(万股)	占总股本比例(%)
法人股	8400.0	80.00
其中:发起人股	4413.6015	42.03
内部职工股	2100.0	20.00
总股本	10500.0	100.00

四、股票发行及承销

1. 本次公开发行

发行数量:3500 万股

发行价格:5.70 元/股

发行市盈率:15 倍

发行日期:1997 年 4 月 1 日

发行方式:上网定价发行

配售比例:0.9474%

配售户数:35000 户

持 1000 股以上的户数:35000 户

发行费用总额:700 万元

每股发行费用:0.20 元

实募资金总额:19250 万元

2. 股票承销

本次股票发行获得超额认购,承销商无余股认购。

3. 验资报告(羊城会计师事务所(97)羊验字 3531 号)

浙江广厦建筑集团股份有限公司:

我们接受委托,对贵公司截至一九九七年四月七日止的实收社会公众股 A 股股本的真实性和合法性进行了审验。在审验过程中,我们按照《独立审计实务公告第 1 号——验资》的要求,实施了必要的审验程序。贵公司的责任是提供真实、合法、完整的验资资料,保护资产的安全、完整,我们的责任是按照《独立审计实务公告第 1 号——验资》的要求,出具真实,合法的验资报告。

经中国证券监督管理委员会证监发字[1997]89、90 号文批准贵公司向社会公开发行人民币普通股 3,500 万股,每股面值 1 元,发行价格每股 5.70 元,应募集资金 199,500,000.00 元。发行结束后,贵公司共募集资金 198,801,750.00 元(已扣除部份发行费用 698,250.00 元),其中股本 35,000,000.00 元,资本公积 163,801,705.00 元。

羊城会计师事务所

中国注册会计师　黄伟成

中国注册会计师　刘佩莲

一九九七年四月七日

注:至一九九七年四月七日止,上述款项存广东发展银行华泰营业部浙江广厦建筑集团股份有限公司 382-504-206 帐号内。

五、董事、监事及高级管理人员持股情况

名　称	职务	持股数(股)	占总股本比例(%)
楼忠福	董事长及总经理	315,000	0.225
楼正文	副董事长	262,500	0.188
吴小伟	副董事长	262,500	0.188
吴为民	董事	6,250	0.004
缪　宏	董事	0	0
李跃军	董事	0	0
徐跃平	董事	15,000	0.011
蒋海华	董事	15,000	0.011
吕育土	监事会主席	14,700	0.011
徐步高	监事	31,500	0.023
赵大建	监事	13,650	0.010

六、公司设立

1. 本公司 1996 年 5 月 28 日召开的股东大会年会通过了公司申请向社会公开发行股票并上市的决议,并全权授权董事会做好各项工作。

2. 公司注册资金:14000 万元

3. 本次发行后重新注册登记时间:1997 年 4 月 9 日

4. 公司注册地址:浙江省东阳市吴宁西路 21 号

5. 营业执照注册号码:14294131-6

七、关联企业及关联交易

1. 关联企业概况

(1)本公司大股东浙江广厦建筑集团公司,注册资本 5130 万元,持有本公司股份 3153.6015 万股,持股比例为 22.53%,经营范围、主营二级工程总承包,建筑材料制造(除水泥),建筑机械制造,三级房地产开发,兼营服装制造、销售;

(2)本公司全资子公司浙江省东阳市第三建筑工程公司,注册资本 4218 万元,经营范围:主营房屋建筑,兼营水电安装,公路、桥梁工程建筑,房屋装修。

2. 本公司是建筑施工一级资质企业,而集团公司中的其他企业都未取得建筑施工一级资质资格,因此本公司与集团公司在业务上不存在同业竞争情况。

八、股本结构及大股东持股情况

1. 本公司本次上市前股权结构如下:

类　别	股数(万股)	占总股本比例(%)
尚未流通股份	10500.0	75.00
其中:法人股	8400.0	60.00
内部职工股	2100.0	15.00

可流通股份	3500.0	25.00
其中:社会公众股	3500.0	25.00
总股本	14000.0	100.00

2.本公司前十名股东所持股数及比例

股东名称	持股数(万股)	占总股本比例(%)
(1)浙江广厦建筑企业集团公司	3153.6015	22.53
(2)东阳市信用联社	1050.0	7.50
(3)浙江建设银行信托投资公司	210.0	1.50
(4)东阳市吴宁镇信用总社	157.5	1.13
(5)浙江广厦装潢材料公司	157.5	1.13
(6)浙江广厦白云建筑工程公司	156.0	1.11
(7)浙江广厦第一建材厂	152.25	1.09
(8)浙江广厦装潢门窗厂	138.0	0.99
(9)浙江广厦自应力压力管厂	136.5	0.98
(10)东阳市建筑实业公司	136.5	0.98

九、公司财务会计资料

1.审计报告(成蜀审二(1997)008号)

浙江广厦建筑集团股份有限公司全体股东:

我们接受委托,审计了贵公司1994年12月31日、1995年12月31日、1996年12月31日母公司及合并的资产负债表,1994年度、1995年度、1996年度母公司及合并的利润及利润分配表和1996年度母公司及合并的财务状况变动表。这些会计报表由贵公司负责,我们的责任是对这些会计报表发表审计意见。我们的审计是依据《中国注册会计师独立审计准则》进行的,在审计过程中,我们结合贵公司具体情况,实施了包括抽查会计记录等我们认为必要的审计程序。

我们认为,上述贵公司会计报表符合《企业会计准则》和《股份制试点企业会计制度》的有关规定,在所有重大方面公允地反映了母公司及合并的1994年12月31日、1995年12月31日、1996年12月31日的财务状况和1994年度、1995年度、1996年度的经营成果以及1996年度资金变动情况,会计方法的选用遵循了一贯性原则。

成都市蜀都会计师事务所
中国注册会计师　　杨士珍
中国注册会计师　　张绵蓉
一九九七年一月二十三日

2.合并资产负债表、合并利润表及财务状况变动表见附表

3.重大会计政策

公司会计政策系根据企业会计准则,股份制试点企业会计制度、施工企业会计制度和国家其他有关规定,结合公司具体情况制定。

(1)合并报表的编制方法:合并范围:对直属全资子公司东阳市第三建筑工程公司纳入合并报表;合并方法:将母公司与子公司权益和内部往来等抵销后合并。

(2)坏帐准备核算:本公司未提坏帐准备,发生坏帐按确认数记入管理费。

(3)存货计价方法:本公司存货按照《施工企业会计制度》规定,分别划分为库存材料、周转材料、低值易耗品、在产品、产成品,在建场地进行核算,以实际成本计价,采用永续盘存制,发出存货按加权平均成本计价。低值易耗品公司本部采用五五摊销法,施工企业在领用时采用一次摊销法。

(4)长期投资核算方法:

a.债券投资:按实际支付金额计价,采用成本法核算

b股权投资:对外长期投资占被投资企业注册资本20%以下的按成本法进行核算;20%以上至50%以下的采用权益法核算;50%以上和实际拥有控股权的公司编制合并会计报表。

(5)无形资产及其摊销:本公司无形资产系土地使用权,自取得合法有效使用权起分50年平均摊销。

(6)递延资产及其摊销:本公司递延资产为开办费和群体雕塑(列长期待摊费用)。开办费按10年平均摊销,群体雕塑按20年平均摊销。

(7)税项:

a.营业税:建筑施工按营业收入3%缴纳,房地产开发按营业收入5%缴纳。

b.所得税:根据浙江省人民政府浙政办发(93)137号文件规定,经东阳市税务局批准,并经东阳市地方税务局和浙江省地方税务局同意,所得税按15%税率征收。

(8)利润分配:本公司利润分配比例为:盈余公积金10%,公益金1994年、1995年为5%,1996年为10%,其他分配比例待董事会提出建议由股东大会审议决定。

4.主要财务指标

指标项目	1996年	1995年	1994年
流动比率	1.64	1.32	1.18
速动比率	1.13	0.94	0.89
应收帐款周转率	14.80	11.44	
股东权益比例(%)	49.42	40.90	45.85
每股收益(元)	0.453	0.419	0.268
每股净资产(元)	1.88	1.43	1.37
净资产收益率(%)	24.07	29.34	19.55

十、董事会上市之承诺

本公司董事会将严格遵守《中华人民共和国公司法》、《股票发行与交易管理暂行条例》、《上海证券交易所市场业务试行规则》和有关法律法规的规定,并自股票上市之日起向全体股东做如下承诺:

1.按照法律、法规的规定程序和要求披露重大的信息,并接受证券主管机关、上海证券交易所的监督管理;

2.及时、准确、真实地在证券主管部门指定的报刊公布中期报告、年终报告及经营业绩等资料,并置于规定场所供投资者查阅;

3.本公司董事、监事及高级管理人员持股数量发生变化时,及时报告证券管理机关、上海证券交易所,并及时通过证券主管部门指定的报刊通告社会公众;

4.在任何公共传播媒介中出现的消息可能对本公司股票的市场价格产生误导性影响时,本公司知悉后将对该消息予以公开澄清;

5.本公司董事、监事及高级管理人员将认真听取社会公众的建议和批评,决不利用已获得的内幕消息直接或间接从事股票买卖活动;

6.本公司没有无记录负债。

十一、重要事项揭示

1.历年分红派息情况:1993年度每10股送0.5股派现金0.5元;1994年度每10股派现金2.25元;1995年度每10股派现金2.00元。

2.本次发行A股股东参与1996年度利润分配,预计首次分红派息的时间为1997年8月前。

3.经蜀都会计师事务所成蜀审二(1997)009号盈利预测审核报告审阅验证,本公司1997年度预测每股净利润0.38元/股(按1.4亿股本、15%所得税率计算)。

十二、咨询机构

发 行 人:浙江广厦建筑集团股份有限公司
法人代表:楼忠福
住　　所:浙江省东阳市吴宁西路21号
电　　话:(0571)7963858
联 系 人:何飞龙　徐征宇　金志成
主承销商:广发证券有限责任公司
法人代表:陈云贤

住　　所:广州市农林下路83号广发金融大厦4楼
电　　话:(020)87310888-2420 联 系 人:罗斌华　方红
上市推荐人:
(1)广发证券有限责任公司
(2)金华市信托投资股份有限公司
地　　址:浙江金华市西市街111号
法人代表:葛政
电　　话:(0579)2322265

备查文件

1. 招股说明书
2. 审计报告
3. 验资报告
4. 公司章程

浙江广厦建筑集团股份有限公司
一九九七年四月十二日

合并资产负债表

单位:元

资产	1996年12月31日	1995年12月31日	1994年12月31日	资产	1996年12月31日	1995年12月31日	1994年12月31日
流动资产:				负债及股东权益			
货币资金	36,105,188.49	13,628,868.05	14,072,784.46	流动负债:			
短期投资		16,000.00	94,000.00	短期借款	121,280,000.00	101,260,000.00	96,260,000.00
应收票据				应付票据			
应收帐款	64,992,260.60	30,958,414.27	32,797,513.68	应付帐款	3,477,412.26	4,103,639.34	27,117.57
减:备抵坏帐				预收帐款	90,000.00	27,680,000.00	14,500,000.00
应收帐款净额	64,992,260.60	30,958,414.27	32,797,513.68	应付福利费	1,578,270.78	2,190,331.27	1,338,677.04
预付帐款	66,565,244.49	30,986,201.11	25,498,267.71	未付股利	18,657,385.84	38,473,192.79	30,162,897.79
其他应收款	54,237,032.63	86,088,315.02	75,801,652.27	未交税金	10,748,305.06	12,915,722.92	11,233,984.14
待摊费用				其他未交款			3,371.74
存货	101,085,184.05	80,369,442.33	47,551,928.42	其他应付款	40,980,518.90	24,608,689.50	8,022,474.78
待处理流动资产损失(减收益)				预提费用			
其他流动资产		36,374,733.83		待扣税金			
流动资产合计	322,984,910.26	278,421,974.61	195,816,146.54	一年内到期的长期负债			5,000,000.00
长期投资:				流动负债合计	196,811,892.84	211,231,565.82	166,548,523.06
长期投资	26,079,570.98	30,867,508.98	54,154,008.98	长期负债:			
固定资产:				长期借款	5,000,000.00	5,000,000.00	
固定资产原价	48,576,902.96	49,951,419.79	44,592,486.99	应付债券			
减:累计折旧	10,718,693.67	8,798,754.06	5,306,519.66	长期应付款	491,874.52	631,573.44	3,241,000.00
固定资产净值	37,858,209.29	41,152,665.73	39,285,967.33	长期负债合计	5,491,874.52	5,631,573.44	3,241,000.00
在建工程	7,109,814.48	10,037,810.06	17,556,492.86	股东权益:			
固定资产清理				股本	105,000,000.00	105,000,000.00	105,000,000.00
固定资产合计	44,968,023.77	51,190,475.79	56,842,460.19	资本公积金	32,067,527.25	32,067,527.25	32,067,527.25
无形资产及递延资产:				盈余公积金	22,535,076.40	13,019,187.34	6,414,397.17
无形资产	2,102,106.00	2,146,506.00	2,190,906.00	其中:公益金	9,097,673.63	4,339,729.11	2,138,132.39
递延资产	3,835,316.22	4,323,388.47	4,526,995.64	未分配利润	38,063,556.22	0	259,069.87
无形及递延资产合计	5,937,422.22	6,469,894.47	6,717,901.64	股东权益合计	197,666,159.87	150,086,714.59	143,740,994.29
待处理固定资产损失(减收益)				负债及股东权益总计	399,969,927.23	366,949,853.85	313,530,517.35
资产总计	399,969,927.23	366,949,853.85	313,530,517.35				

合并利润表

单位:元

项目	1996年12月31日	1995年12月31日	1994年12月31日
减:营业成本	627,894,850.45	320,467,209.83	235,004,208.10
销售费用	187,690.80	110,560.50	116,735.48
管理费用	7,817,106.13	10,060,725.92	9,482,917.36
财务费用	1,010,004.54	2,082,656.58	−2,285,992.40
进货费用			
营业税金	30,659,599.90	12,086,550.01	11,073,045.99
二、主营业务利润	42,576,802.18	19,926,415.04	24,717,805.20
加:其他业务利润	4,924,990.57	9,192,665.07	142,025.00
三、营业利润	47,501,792.75	29,119,080.11	24,859,830.20
加:投资收益	7,244,064.69	17,420,685.69	8,113,770.00
营业外收入	46,991.00	965,436.21	145,563.48

减:营业外支出	4,189.00	200.00	52,804.00
加:以前年度损益调整	0	971,087.21	
四、利润总额	54,788,659.44	48,476,089.22	33,066,359.68
减:所得税	7,209,214.16	4,444,154.77	4,967,453.95
五、净利润	47,579,445.28	44,031,934.45	28,098,905.73
加:年初未分配利润	0	259,069.87	
六、可分配利润	47,579,445.28	44,291,004.32	28,098,905.73
减:提取法定盈余公积金	4,757,944.53	4,403,193.45	2,809,890.57
提取公益金	4,757,944.53	2,201,596.72	1,404,945.29
七、可供股东分配的利润	38,063,556.22	37,686,214.15	23,884,069.87
减:已分配优先股股利			
提取任意公积金			
已分配普通股股利		37,686,214.15	23,625,000.00
八、未分配利润	38,063,556.22	0	259,069.87

财务状况变动表

单位:元

流动资金来源和运用	合并	流动资金各项目的变动	合并
一、流动资金来源:		一、流动资产本年增加数:	
1. 本年净利润	47,579,445.28	1. 货币资金	22,476,320.44
加:不减少流动资金费用和损失:		2. 短期投资	-16,000.00
(1)固定资产折旧	3,978,795.51	3. 应收票据	
(2)无形资产,递延资产及其他资产摊销(减其他负债转销)	537,753.19	4. 应收帐款净额	34,033,846.33
(3)固定资产盘亏(减盘盈)		5. 预付帐款	35,579,043.38
(4)清理固定资产损失(减收益)	4,189.00	6. 其他应收款	-31,851,282.39
小计	52,100,182.98	7. 待摊费用	
2. 其他来源:		8. 存货	20,715,741.72
(1)固定资产清理收入(减清理费用)		9. 其他流动资产	-36,374,733.83
(2)增加长期负债	92,626.30	10. 一年内到期的长期债券投资	
(3)收回长期投资	1,903,100.00	流动资产增加净额	44,562,935.65
(4)对外投资转出固定资产			
(5)对投资外转出无形资产			
(6)资本净增加额	9,515,889.06		
(7)少数股东资本净增加额			
小计	11,511,615.36	二、流动负债本年增加数:	
流动资金来源合计	63,611,798.34	1. 短期借款	20,020,000.00
二、流动资金运用:		2. 应付票据	
1. 利润分配:		3. 应付帐款	-626,227.08
(1)提取法定公积金	4,757,944.53	4. 预收帐款	-27,590,000.00
(2)提取法定公益金	4,757,944.53	5. 应付福利费	-612,060.49
(3)已分配股利		6. 未付股利	-19,815,806.95
(4)提取任意公积金		7. 未交税金	-2,167,407.86
小计	9,515,889.06	8. 其他未交款	
2. 其他运用:		9. 其他应付款	16,371,829.40
(1)固定资产和在建工程净增加额	-2,239,467.51	10. 预提费用	
(2)增加无形资产、递延资产及其他资产	5,280.94	11. 一年内到期的长期负债	
(3)偿还长期负债	232,325.22	12. 其他流动负债	
(4)增加长期投资	-2,884,838.00		
小计	-4,886,699.35		
流动资金运用合计	4,629,189.71	流动负债增加净额	-14,419,672.98
流动资金净增加额	58,982,608.63	流动资产增加净额	58,982,608.63

浙江广厦建筑集团股份有限公司一九九七年度中期报告摘要

一、财务报告(未经审计)

1.财务报表(未经审计)

(一)简化的合并资产负债表　　1997年6月30日　　金额单位:元

	年初数(母公司)	年初数(合并)	期末数(母公司)	期末数(合并)
资产:				
流动资产	234,578,488.21	322,984,910.26	487,299,983.69	567,079,630.34
长期投资	93,076,721.54	26,079,570.98	68,195,770.98	26,079,570.98
固定资产净值	15,849,790.72	37,858,209.29	16,063,938.72	37,640,001.29
在建工程	5,587,703.38	7,109,814.48	5,677,594.38	7,199,705.48
无形资产	2,102,106.00	2,102,106.00	2,079,906.00	2,079,906.00
递延资产	3,613,333.08	3,835,316.22	3,385,153.08	3,570,138.29
资产总计	354,808,142.93	399,969,927.23	582,702,326.85	643,648,952.38
负债及股东权益:				
流动负债	151,650,108.54	196,811,892.84	149,979,860.65	210,926,486.18
长期负债	5,491,874.52	5,491,874.52	366,115.52	366,115.52
负债合计	157,141,983.06	202,303,767.36	150,345,976.17	211,292,601.70
股东权益	197,666,159.87	197,666,159.87	432,356,350.68	432,356,350.68
其中:股本	105,000,000.00	105,000,000.00	140,000,000.00	140,000,000.00
资本公积	32,067,527.25	32,067,527.25	189,600,444.75	189,600,444.75
盈余公积	22,535,076.40	22,535,076.40	22,535,076.40	22,535,076.40
其中:公益金	9,097,673.63	9,097,673.63	9,097,673.63	9,097,673.63
未分配利润	38,063,556.22	38,063,556.22	80,220,829.53	80,220,829.53
负债及股东权益	354,808,142.93	399,969,927.23	582,702,326.85	643,648,952.38

(二)简化的合并损益表(1997年1至6月)

金额单位:元

	上年同期数(母公司)	上年同期数(合并)	上半年实际数(母公司)	上半年实际数(合并)
主营业务收入	25,814,355.82	362,174,487.50	41,187,727.86	512,314,081.86
主营业务利润	6,908,258.98	21,714,169.45	12,261,454.72	36,232,556.72
其他业务利润	3,903,200.00	3,903,200.00	5,560,745.88	5,560,745.88
投资收益	18,687,475.16	3,881,564.69	30,,604,116.10	6,632,694.10
利润总额	29,498,934.14	29,498,934.14	48,426,316.70	48,426,316.70
减:所得税	3,842,605.42	3,842,605.42	6,269,043.39	6,269,043.39
净利润	25,656,328.72	25,656,328.72	42,157,273.31	42,157,273.31

2.财务指标

	96年上半年	97年上半年
每股收益	0.24元	0.301元
净资产收益率	12.9%	9.7%
每股净资产	1.88元	3.09元

注:财务指标的股本数以新股发行后14000万股为基数。

3.财务报表注释

1.本中期报表所采用的会计政策与以前年度所采用的会计政策一致,报表合并范围未发生变化。

2.本公司在今年4月份募股成功并在上交所挂牌流通,新注入公司资金1.9亿余元,使公司的总资产和净资产同时增长。有关财务指标和会计科目也随之变化,相关的主要科目有:

①短期投资增加1亿元购买随时可变现的国债。

②应收帐款12866.35万元,比期初增加97.9%,主要系工程结算款拖欠增加所致。

③其他应收款10049.85万元,比期初增加85.5%,系增加工程垫资款所致。

④长期投资余额2607.96万元与期初相同。

⑤股本为14000万,比期初增加3500万,系97年4月公发募股所致。

⑥资本公积为189600444.75元,比期初增加157532917.50系股本溢价发行所致。

⑦投资收益6632694.10元,全部为联营收益。

3.公司无关联交易发生。

4.今年1—6月份,公司完成主营业务收入5.12亿元,比上年同期的3.62亿元增加41.5%。主要原因有二:一是公司总部迁移杭州后,大力开拓了杭州的建筑业市场,扩大了工程业务。二是公司的全资子公司东阳三建公司全力进军上海,取得了可喜的成绩。由于工程建筑业务的扩大和连年来在技术装备上的大量投入,提高了效率,使主营业务利润较快增长。

二、公司经营情况回顾与展望

1.上半年经营情况回顾:

(1)为了适应上市公司的发展需要,开拓广厦未来事业,上半年公司又招聘了一批高素质人才,主要从事资金运作、财务管理、发展研究工作,均具有相关专业硕士以上学历和一定的工作经验。此次招聘的成功,将为广厦二次创业注入新的活力。

(2)公司继续狠抓质量和安全,取得了很好的效果,实现了半年生产无事故。上海康佳公寓一期工程荣获“白玉兰杯”,上海南关大楼工程被评为“普陀区文明工地”、“上海市级安全标化工地”,上海京津大厦工程被评为“文明工地”,浙江省财政厅综合楼工程被国家建设部评为“安全检查优良工程”,获“西湖杯”,并推荐评“钱江杯”。

(3)公司全面展开艰苦奋斗,二次创业教育。要求公司各级人员继续发扬艰苦奋斗、勤俭节约的优良传统,加强财务核算,用好每一分钱,给股东以最大回报。

(4)公司上半年在全国建筑业竞争异常激烈的形势下,积极开拓,狠抓主产业,已利用募集资金注入建筑业5000余万元,购置了大量现代化施工设备,施工质量和效率大幅提高,建筑市场拓展到20个省市。在公司股票上市后就新承接业务6亿多元,在建工程量达到25亿元,与去年同期相比增长62%。主营业务收入5.12亿元,同比增长41.5%,净利润4215.7万元,同比增长64.3%,已完成97年度预测利润的79%。

2.下半年经营计划:

(1)加大企业内部改革力度,继续努力实施企业向经营管理型的转变。公司将形成资金运作、财务管理、资本运作、企业管理、人才培训、审计监督六大职能中心。在调整机构的同时,大幅精简机关办事人员,削减非生产性开支,提高资金运作效率。随着上述措施落实,下半年盈利还将大幅提高。

(2)在主产业上下大力气,加强市场营销,主攻大市场。公司确定专职副总主抓市场,开拓业务。公司还决定扩大建筑业规模,拟收购一、二家有一定实力的建筑企业。

(3)为了公司的快速发展,充分利用大城市的信息和资源优势,公司重心继续向杭州转移。在发展主产业的同时,在资本运作上开拓新思路,公司将做好资产重组和购并工作,形成新的经济增长点。

(4)按股东大会决议要求,公司参股的景宁白鹤电站将于下半年开工。

三、重大事件的说明

(1)公司股票于1997年4月15日在上海证券交易所挂牌上市,为公司的二次创业奠定了坚实的基础,同时也标志着公司的发展又进入了一个新领域。

(2)经第五次股东大会审议,对公司章程第一章、第三章、第五章、第六章等有关章节进行了修改,注册资本已变更为14000万元。

(3)对照国务院证券委、中国人民银行、国家经贸委5月21日联合发布的《严禁国有企业和上市公司炒作股票的规定》,公司经自查,没有从事任何违反规定的事项。

(4)公司决定投资景宁自治县白鹤电站和英川一级电站项目。投资小水电项目符合国家的产业政策,而且电力产品又具有产供销同时完成的特点,市场和效益均较稳定。目前项目已获得当地政府实质性支持,正在做前期准备工作。

(5)浙江省建材工业总公司、新型建材工业设计院、省计经委、省经济规划院、省环保局、省建材科研所等二十几个单位对公司的17万立方米混凝土砌块、12万吨石膏粉、600万平方米纸面石膏板、GRC外墙板等项目进行了认真的研究和分析,并形成了纪要。公司董事会根据有关专家的意见决定暂缓投入石膏板、石膏粉、GRC外墙板等项目,并已经第五次股东大会批准通过。目前已报送有关部门。

(6)公司1997年4月发行股票所募资金1.925亿元,已投资建筑业5000万元。尚未投入资金部分购买国债,部分留作银行存款。

(7)公司本报告期内无重大诉讼、仲裁事项。

四、发行在外股票的变动和股本结构的变化

一、股本结构

在本报告期内,公司股票发行上市现有股本结构如下:

数量单位:股　　每股面值:1元

	期初数	配股	送股	公积金转股	其它	小计	期末数
(一)尚未流通股份							
1.发起人股份							
其中:							
国有法人股							
境内法人持股	4413.6015						4413.6015
境外法人持股							
其它							
2.募集法人股	3986.3985						3986.3985
3.内部职工股	2100						2100
4.优先股或其它							
尚未流通股份会计	10500						10500
(二)已流通股份							
1.境内上市的人民币普通股						3500	3500
2.境内上市的外资股							
3.境外上市的外资股							
已流通股份合计							3500
(3)股份总数							14000

二、主要股东持股情况(1997年6月27日)

股东名称	持股数(万股)	持股比例(%)
1.浙江广厦建筑集团公司	3153.6015	22.53
2.东阳市信用联社	1050.00	7.5
3.金华市金实股份有限公司	211.2781	1.51
4.浙江建设银行信托投资公司	210.0	1.50
5.金华金信公司	172.332	1.23
6.金信电脑股份有限公司	168.054	1.20
7.东阳市吴宁镇信用总社	157.5	1.13
8.浙江广厦装璜材料公司	157.5	1.13
9.浙江广厦白云建筑工程公司	156.0	1.11
10.浙江广厦第一建材厂	152.25	1.09

五、股东大会简介

浙江广厦建筑集团股份有限公司第五次股东大会于1997年6月23日在公司总部召开。出席会议的股东及股东代表56人,代表股份106,552,460股,合公司总股本的76.11%,符合《公司法》和本公司章程之规定,大会审议并通过了如下决议:

1.审议并通过了《1996年度董事会工作报告》。

2.审议并通过了《1996年财务决算及1997年财务预算报告》。

3.审议并通过了《1996年度监事会工作报告》。

4.审议并通过了《1996年度分红方案和公积金转增股本方案》。每10股送红股2.5股,资本公积金转增5.5股。

5.审议通过项目投资原则的议案。

6.审议批准公司章程修正方案,授权公司董事会具体办理有关事宜。

7.审议批准更换董、监事议案。

六、备查文件

1.载有公司董事长、总经理楼忠福先生亲笔签名的中期报告原本。

2.公司1996年度股东大会材料。

3.查阅地址:杭州市保叔路221号

董事长:楼忠福

浙江广厦建筑集团股份有限公司

一九九七年七月二十一日

黄山旅游发展股份有限公司

黄山旅游发展股份有限公司简介

一、企业概况

黄山旅游发展股份有限公司成立于1996年11月18日，它由黄山旅游发展总公司作为独家发起人，以其所属的十余家企业的经营性资产作为出资并向境内外投资者募集股份而设立。其8000万B股已于96年11月22日在上证所挂牌交易，4000万A股已于4月17日上网发行。这只股票因涵括多元化的旅游业务，成为目前中国第一只完整意义的旅游概念股。

现纳入股份公司的9家宾馆(三星级3家，二星级2家，经济饭店4家)、2家旅行社、一条客运索道、一家招待所和一家园林开发公司，均为风景区内素质较好、业绩优良的骨干企业。公司还承包经营黄山西海饭店(三星级)，已收购了黄山白云宾馆和黄山玉屏索道80%的股权。与上海锦江集团国际管理公司携手成立的"黄山—锦江国际管理有限责任公司"已正式启动。股份公司的业务范围广及旅游接待、旅游饭店、旅游交通、旅游商品、旅游娱乐、旅游贸易、旅游开发、旅游促销及其它与旅游密切相关的领域。

公司现有员工1269人，注册资金2.33亿元。因经营业务的多元化及在风景区享有的优先发展权和主导性经营地位，以及一大批已经形成或正在形成的新的经济增长点，股份公司有着巨大的发展潜力，并必将呈现广阔的发展前景。

二、公司主要领导简介

汪巍然，男，汉族，43岁，大学文化。历任共青团徽州地区副书记、书记，共青团黄山市委书记、党组书记，黄山市委宣传部副部长，《黄山日报》社党委书记、总编。现任黄山风景区管委会党委书记、副主任，总公司总经理，本公司董事长。

黎志，男，汉族，47岁，大学文化，高级工程师。历任黄山林业局技术员、徽州专区林业勘察队队长、徽州行署林业局副局长、黄山市林业局副局长、黄山风景区管委会园林局局长。现任黄山风景区管委会副主任、党委委员、中国风景名胜协会副秘书长、本公司副董事长兼总经理。

黄山旅游发展股份有限公司招股说明书概要

一、绪言

本招股说明书系根据《中华人民共和国公司法》、《股票发行与交易管理暂行条例》、《公开发行股票公司信息披露实施细则(试行)》等国家现行有关股票发行的法律、法规及政策而编制，并经本公司董事会审议通过，旨在向各投资者提供发行人本次招股的有关资料和介绍发行人的基本情况。本公司全体董事确信本招股说明书并无遗漏任何重大事实，亦无对投资者存有任何误导和虚假说明。本公司对本招股说明书内容的真实性、准确性和完整性负个别和连带责任。

二、释义

在本招股说明书概要中，除非另有说明，下列简称具有如下意义：

管委会　　指　黄山市黄山风景区管理委员会；

总公司　　指　黄山旅游发展总公司；

本公司　　指　黄山旅游发展股份有限公司，亦称发行人；

元　　　　指　人民币元；

A股　　　指　本公司发行的股票中，供境内社会公众认购的人民币普通股4000万股；

B股　　　指　本公司配售的面额总计人民币8000万元的以美元现汇认购、买卖，在上海证券交易所上市交易的股票，即境内上市外资股。

公司职工股指　本公司发行的股票中，仅供本公司职工认购的人民币普通股250万股。

三、发售新股的有关当事人

(一)发行人

发行人：黄山旅游发展股份有限公司

住所：安徽省黄山市黄山风景区温泉

法定代表人：汪巍然

联系人：方延庆

电话：0559—5561207

传真：0559—5561110

(二)股票发行承销机构

1. 主承销商及上市推荐人：安徽省证券公司

住所：安徽省合肥市长江中路357号证券大厦

法定代表人：汪永平

联系人：沈志龙

电话：0551—2819543

传真：0551—2819524

2. 副主承销商：厦门国际信托投资公司

住所：福建省厦门市湖滨北路振业大厦

法定代表人：游永华

3. 分销商：广发证券有限责任公司

住所：广州市农林下路83号

法定代表人：陈云贤

4. 分销商：安徽省信托投资公司

住所：安徽省合肥市阜阳北路48号

法定代表人：夏存伶

5. 分销商：长城证券有限责任公司

住所：中国深圳福田区八卦岭八卦3路平安大厦

法定代表人：李仁杰

(三)发行人的法律顾问：中银律师事务所

地址：北京市南礼士路21号648室

法定代表人：朱玉栓

电话：010—68573796

传真：010—68573559

经办律师：朱玉栓、唐金龙

(四)承销团法律顾问：上海市方达律师事务所

地址：上海市浦东新区浦东大道138号永华大厦15楼E、F座

法定代表人：李骐

电话：021—58793228

传真:021—58792338/2339

经办律师:黄伟民、周志峰

(五)会计师事务所:上海中华社科会计师事务所

法定代表人:王文彬

地址:上海浦东大道288号东信大厦七楼200120

电话:021—58799970

传真:021—58872507

经办注册会计师:林东模、傅林生

(六)资产评估机构:

1. 中评资产评估事务所

地址:北京市三里河贵阳饭店408、409室

电话:010—68513377转408/409

传真:010—68518030

2. 安徽资产评估事务所

地址:合肥市益民街28号

电话:0551—2623389

传真:0551—2644149

经办评估人:邓春芳、双菊友、李家川、叶煜林

(七)资产评估确认机构:国家国有资产管理局

地址:北京市海淀区万泉河路66号

法定代表人:张佑才

电话:010—62567744

传真:010—62561817

(八)土地估价机构

1. 中国地产咨询评估中心

地址:北京市海淀区大柳树路21号

电话:010—62712347

2. 上海帝恒地产咨询评估中心

地址:上海市丽园路234号

电话:021—63761027

经办估价师:姚宏、朱兰新、范树印、尤孝明、夏传全、陶玉厚

(九)土地评估确认机构:安徽省土地管理局

地址:合肥市曙光新村办公楼

电话:0551—3655768

(十)股票登记机构:上海证券中央登记结算公司

法定代表人:王迪彬

住所:上海市闵行路67号

电话:021—63068888

传真:021—63257454

(十一)拟定上市交易所:上海证券交易所

法定代表人:杨祥海

住所:上海市黄浦路15号

电话:021—63068888

传真:021—63565173

四、本次发行情况

1. 发行方式:上网定价

2. 发行时间:1997年4月17日

3. 发行对象:中华人民共和国公民和法人(法律、法规禁止购买者除外)

4. 股票类型:记名式人民币普通股股票

5. 面值:每股1.00元

6. 发行数量:社会公众股40000000股,其中:公司职工股2500000股,按国家有关规定安排上市。

7. 发行价格:6.02元/股

计算公式=(1994年度每股税后利润+1995年度每股税后利润+1996年度每股税后利润)/3×市盈率=0.43×14=6.02元。

8. 发行总市值:24080万元

9. 发行市盈率:14倍

10. 发行前每股净资产1.715元(含B股),发行后每股净资产2.411元。

11. 拟定上市交易所:上海证券交易所

12. 挂牌交易:发行人本次发行的股票已获得上海证券交易所的上市承诺。

五、风险因素与对策

投资者在评价发行人此次发售的股票时,除本招股说明书提供的各项其它资料外,应特别认真考虑下述各项风险因素。

1. 经营风险

①黄山的旅游环境

本公司经营及管理黄山风景区内的两条索道、九家宾馆、一家招待所以及一家位于黄山市内的宾馆。黄山风景区的旅游设施,包括旅游饭店、景区内道路及其他服务配套设备等游览环境的完善程度和安全性,直接关系着黄山对游客的吸引力,影响着黄山的客流量。因此,黄山旅游环境的优劣直接影响本公司的业务。

②客源分布不均,环境容量限制

目前黄山风景区客源分布不均衡。在旺季,北海等部分景区人满为患,环境容量趋于饱和,而玉屏、云谷、温泉等景区过于冷淡,影响着黄山风景区整体环境容量,从而影响本公司效益。

③外部交通制约旅游发展

经过十几年的改革开放,黄山风景区对外交通条件有了很大改观,但交通还不能很好适应旅游业的发展。目前,风景区有95%的旅客由南大门进出。交通不便影响风景区的游客人数。

④水电供应不畅影响黄山旅游的服务质量。

2. 行业风险

旅游业属于无烟工业,从目前国家产业政策来看,旅游业是国家大力发展与支持的行业,可以一定程度地享受政策优惠。如果国家产业政策有所调整,将对本公司的效益有一定的影响。同时,本公司的业务开展是以黄山自然风景资源为依托,战争、水灾、病虫害等自然灾害以及人们的生活水平的大幅度下降都会造成旅游业滑坡,这必然会对本公司产生严重的影响。另外,行业内部竞争激烈,公司下属的宾馆、招待所会和位于黄山风景区内但不属于总公司的七零一台招待所、气象处招待所、双溪宾馆、税务招待所、工行招待所、邮电疗养院、干部疗养院、云海度假村等有直接的竞争。

3. 市场风险

每年11月下旬至次年3月上旬为黄山旅游淡季。冬季由于天气寒冷,因此,冬季黄山游客占全年接待比例小,旅游收入很受影响。

4. 外汇风险

目前,人民币不可自由兑换成外币,政府亦控制外汇储备。在1994年实施货币改革前,国内企业及外商投资企业可以在外汇调剂中心将人民币兑换为外币,汇率受外币在国内的实际供求情况的影响。

1996年4月1日国务院颁布实施《中华人民共和国外汇管理条例》。在新的外汇管理制度下,人民币仍非自由兑换。此因素使得本公司在以稳定汇率取得足够外汇以应付外汇需要方面产生风险。

5. 股市风险

股票投资是风险投资,股票价格一方面取决于本公司的经营状况及发展潜力,另一方面取决于国家的政治形势、经济状况、股票的供求关系以及投资者的心理状态等因素。因此投资者除应认真考虑本公司的风险外,还应对其他因素变动所带来的股价波动的风险有充分了解。

6. 其他风险

本公司的控股股东为总公司,本次股票发行后,总公司持有本公司48.5%的股权。总公司的决策对本公司的运作起主导作用。对总公司决

策权的使用如何进行有效监督，对本公司的发展有很大影响。

对策

1. 经营风险

①改善旅游环境，完善旅游配套设施

本公司将根据黄山旅游的需要，努力改善旅游环境，提高服务质量，以增强黄山对游客的吸引力，进而提高本公司的效益。

②针对目前黄山客源分布不均，部分景区容量趋于饱和的现状，总公司于1995年已着手进行分区游览规划的实施，扩大游览面积，增加环境容量，使游客在空间分布趋于均衡，增加本公司收益。

③解决外部交通制约因素

安徽省和黄山市政府已制定改善黄山外部交通的方案，着手建设徽杭高速公路、太平湖大桥、合肥到黄山高等级公路等。同时，风景区西大门和北大门将全部打开，迎接四方宾客，增加客流量。

④彻底解决水、电供应矛盾

目前黄山管委会与芬兰正在洽谈合作兴建黄山风景区供水工程事宜；总公司兴建35KV的供电工程已经竣工，短期内将彻底解决黄山风景区内的供电问题，从而提高黄山旅游服务质量。

2. 行业风险

本公司将以黄山为依托发展旅游事业，同时积极拓展与旅游相关的业务，逐步实现跨地区、跨行业经营，分散行业风险。

3. 市场风险

本公司一方面根据黄山冬季的特色，与省、市旅游局一起积极开发冬季旅游项目，通过加大宣传力度等手段，吸引更多的游客，同时积极开展多种经营，以消除季节性因素给公司带来的不良影响。

4. 外汇风险

本公司在九四年之前，从境外游客中亦收取部分外汇券。1994年之后，基本上以人民币结算。为取得足够的外汇收入用于支付B股股利，本公司在今后的经营活动中，加强宣传，以吸引更多的境外游客，为国家创造更多的外汇收入。

5. 股市风险

针对股市风险，本公司将在发展业务的基础上进一步加强管理，降低费用，争取给股东以更优厚的回报，从根本上维护股东的利益。另外本公司将严格按照国家有关管理部门的要求，准确、及时、真实、完整地向股东公布本公司的财务状况和重大事项，加强同广大股东的沟通，树立良好的形象，避免本公司股票价格的不正常变动，减少股东的投资风险。

6. 其他风险

本公司成立之后，最高权力机构是股东大会。根据国家法律、法规以及本公司章程，董事会负责制定本公司的投资计划与经营方针等。监事会对董事、总经理及其他高级管理人员履行公司职责时违反法律、法规或者公司章程的行为进行监督。而且本公司还有一整套的议事规则，完善的信息披露体系。相信在广大投资者的监督下，公司能够稳步健康发展。

六、募集资金的运用

(一)上次募集资金的运用

本公司B股募集资金原计划主要用于购买总公司持有的黄山玉屏客运索道有限责任公司80%的股权、狮林饭店改扩建、黄山天海饭店建设，本公司按原定计划，与总公司签订了《关于白云宾馆产权转让协议》、《关于黄山玉屏客运索道有限公司股权转让协议》。总公司以评估后价格18350842.08元转让白云宾馆产权，以评估后价格53919264.42元转让黄山玉屏客运索道有限责任公司80%的股权给本公司，本公司先支付总公司450万美元，余款在1997年4月底结清。

由于狮林饭店改扩建计划，资金投入分阶段实施。为了提高资金使用的效益，目前本公司将约2000万元股款用于偿还本公司贷款。

(二)本次公开发行4000万A股所募集资金净额23080万元，主要用于以下项目投资：

1. 投资6000万元人民币，用于西海地段开发工程项目；

2. 投资4400万元人民币，用于黄山玉屏精舍整体改扩建工程项目；

3. 投资3500万元人民币，用于黄山别墅楼改扩建工程项目；

4. 投资6600万元人民币，用于黄山宾馆综合改造工程项目；

5. 投资4600万元人民币，用于黄山温泉游泳池改造工程项目；

6. 投资5200万元人民币，用于黄山温泉康乐中心建设项目；

七、股利分配政策

根据《公司法》以及公司章程，本公司将本着同股同利的原则分配股利。公司董事会根据当年的经营业绩和未来的生产经营计划提出股利分配方案，经股东大会批准后实施。

本公司公司章程第八章有关利润分配的条款如下：

第五十六条　公司分配当年税后利润时，应当提取税后利润的10%列入公司法定公积金，并提取税后利润的5%到10%列入公司法定公益金。公司法定公积金累计额为公司注册资本的50%以上的，可不再提取。

公司的法定公积金不足以弥补上一年度公司亏损的，在依照前款规定提取法定公积金和法定公益金之前，应当先用当年的利润弥补亏损。

公司在从税后利润中提取法定公积金后，经股东大会决议，可以提取任意公积金。

公司弥补亏损和提取公积金、法定公益金后所余利润，按股东持有的股份比例分派股利。

公司在分派股利时，所依据的税后可分配利润根据下列两个数据按孰低原则确定：

(一)经会计师事务所审计的根据中国会计准则编制的财务报表中的累计税后可分配利润数；

(二)以中国会计准则编制的、已审计的财务报表为基准，按照国际会计准则或者境外主要募集行为发生地会计准则调整的财务报表中的累计税后可分配利润数。

第五十七条　公司当年的股利于次年的第二季度内派付。A股及B股的股利同时派付。

公司分派股利时，应按公司章程公告通知股东。

第五十八条　公司采取现金股利和/或股票股利的形式分派股利。

第五十九条　公司向股东支付股利及其他款项，均以人民币计价和宣布。其中A股的现金股利及其他分派以人民币派付，B股的现金股利以美元派付，或以股东大会决定的其他外币派付，美元或其他外币的汇率应采用股东大会作出决议之日的下一周中国人民银行公布的美元或其他外币兑换人民币的中间汇率的加权平均值。

公司所筹集的外币资本金的管理和公司支付股利及其他款项所需的外币，按照国家有关外汇管理的规定办理。

第六十条　公司分派股利时，按有关法律和法规的规定代扣股东股利收入的应纳税金。

本次发行如能按计划完成，预计首次派发股利的时间为1998年上半年。

1996年度本公司的股东仅有国有法人股股东和B股股东。

由于B股于1996年度发行，B股持有人就1996年度的利润所应收取的股利，将根据B股在1996年度资金到位的天数占全年366天的比例计算。

本公司1996年B股投资者所应分配的股利转存到1997年年终一并派发。

A股投资者1997年度的股利仍按照资金到位时间确定分配比例。

八、发行人情况

1. 发行人名称：黄山旅游发展股份有限公司

英文名称：Huangshan Tourism Development Co.,Ltd.

2. 成立日期：1996年11月18日，注册号为14897367－7

3. 发行人住所：安徽省黄山市黄山风景区温泉

英文住所：Hot Spring，Huangshan Scenic Spot，Huangshan Anhui P.R.

China

4. 发行人的历史沿革

根据安徽省经济体制改革委员会体改委字(1996)第055号文批准同意,本公司是由黄山旅游发展总公司作为独家发起人,以其所属的黄山北海宾馆、黄山桃源宾馆、黄山狮林饭店、黄山索道总公司、黄山玉屏楼宾馆、黄山云谷山庄宾馆、黄山宾馆、黄山海外旅行社、黄山排云楼宾馆和黄山园林开发公司等十家单位全部经营性净资产作为出资,向境内上市外资股投资者募集股份而设立。

1996年10月31日－11月5日,本公司成功向境内上市外资股投资者配售8000万股B股。1996年11月18日召开创立大会,并于当日在安徽省工商行政管理局办理工商登记,领取营业执照。同年11月22日本公司8000万B股在上海证券交易所上市交易。

总公司的前身为安徽省黄山旅游开发公司,成立于1985年10月10日。1989年2月24日经黄山市人民政府政函字(1989)8号文批准,管委会撤销旅游处,以原旅游处和安徽省黄山旅游开发公司为基础,成立安徽省黄山旅游总公司。1995年11月7日,经黄山市人民政府办秘(1995)114号文批准,更名为黄山旅游发展总公司。

自总公司成立以来,黄山游客人数一直呈上升趋势。1978年,黄山游客仅8.4万人次,其中入境游客1.1万人次,到1992年游客高达90.6万人次,其中入境游客8.1万人次,为历年来游客最高的一年。

随着黄山国际旅游市场的拓展,总公司与世界五大洲70多个国家(地区)建立了广泛的业务联系,在国际旅游市场上,尤其是日本、东南亚市场上拥有一定的竞争实力。1995年,游客人数为83.1万人次,其中入境游客为4.16万人次,比上年同期分别增长了6.10%和17.20%,截止到1995年底,总公司共接待游客895万人次,其中入境游客45万人次,直接旅游收入43499万元。1996年1—10月份进山游客人数为777750人次,其中入境游客为48292人次,比上年同期38639人次增长了25%,1996的1—10月份,营业收入151608千元,实现利润60371千元,税后利润51082千元。

本公司与总公司和管委会的隶属关系图示如下:

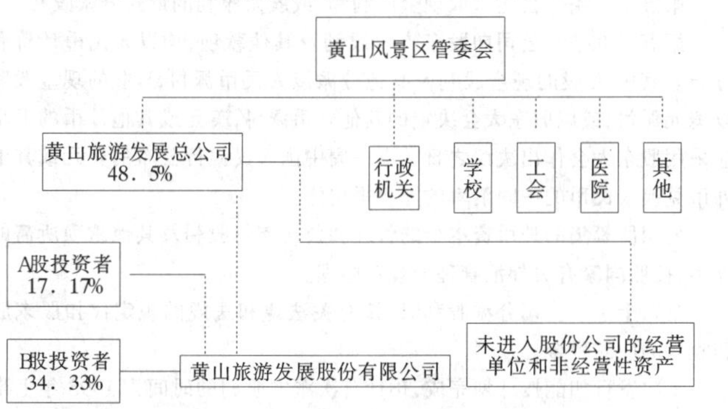

5. 发行人的组织机构

本公司成立前,发起人总公司组织机构图示如下:(见附图一)

本公司的组织机构如下:(见附图二)

上述组织机构中,黄山海外旅行社为本公司全资子企业,黄山玉屏客运索道有限责任公司为本公司持股80%的控股企业,本公司无其他全资或控股企业。此外,本公司还承包经营了黄山西海饭店。

总公司以下述十家经营单位的净资产作为出资,这十家企业情况简介如下:

(1)黄山园林开发公司

黄山园林开发公司成立于1995年,位于黄山风景区内,集门票销售、游览区环境卫生、老景点及桥梁道路维护、新景点开发以及风景区宣传促销于一身。黄山园林开发公司员工兢兢业业,勤勉劳作,94年,黄山被国家建设部评为"卫生山",95年,又被评为国家级"安全山"并获得省级"文明景区"荣誉称号,96年正在通过国家级"文明山"验收。

(2)黄山海外旅行社

黄山海外旅行社成立于1979年10月,是黄山市最早成立的旅行社,其前身为黄山中国旅行社、黄山华侨旅行社、中国国际旅行社黄山支社。1988年正式改名为黄山海外旅行社。1992年12月,经国家旅游局批准,黄山海外旅行社正式晋升为国家一类旅行社,由黄山风景区下迁屯溪,由黄山市旅游局管理。

十六年来,黄山海外旅行社一直致力于黄山旅游客源市场的拓展和招徕,企业自身能力不断增强,拥有一批业务熟练、知识面广、经验丰富的管理销售人员和优秀翻译导游。接待队伍训练有素,服务优良,通晓英、日、韩、法、德等多国语种和粤、闽等地方语种,备受海内外旅游者信赖。黄山海外旅行社又是黄山市旅行社中唯一一家民航售票代理,并与省内外100多家旅行社以及民航、铁路、航运等部门建立了密切的业务联系,在海外旅游市场上,已辐射到16个国家和地区。黄山海外旅行社,现已发展成为一家具有综合接待能力的旅游骨干企业。

由于黄山海外旅行社业务的需要,在本公司成立后,仍保留其独立企业法人资格。

(3)黄山北海宾馆

黄山北海宾馆坐落在海拔1630米的北海景区,是一家三星级旅游涉外宾馆。它由主楼、散花精舍、贡阳山庄三个既独立又统一的建筑组成。1958年建馆,1981年西海山庄分部建成,1985年贡阳山庄建成,1989年5月1日北海宾馆改建完毕。标准、高级客房108间(套)。370余张床位。另有西海山庄、竹木客房计500余张经济床位。

北海宾馆设施齐备。拥有中央空调、国际国内直拨(磁卡)电话、闭路电视、自动消防报警系统等现代化设施以及会议厅、卡拉OK歌厅、美容美发厅、桑拿按摩室、酒吧、咖啡屋、各项娱乐室、购物、商务中心、外币兑换等服务设施和项目。此外,还有高级中、西餐厅、豪华宴会厅10处、普客餐厅3处。

(4)黄山桃源宾馆

黄山桃源宾馆位于温泉景区,坐落在秀丽的桃花峰下,环境优美,交通便捷。黄山桃源宾馆成立于1980年,是黄山市最早的一家三星级饭店,集吃、住、行、游、娱、购于一体,各类设施一应俱全,尤其是汽车出租及民航售票业务。九四年被评为全国最佳星级饭店。

宾馆拥有客房213间,其中标准房209间,套房4间。其组成部分——黄山温泉大酒店,是一座揉合中国古代宫廷特色和徽派建筑风格又兼容现代化设施设备的旅游涉外饭店。

(5)黄山云谷山庄宾馆

黄山云谷山庄宾馆坐落于云谷景区,筹建于1983年,1987年5月29日正式营业,是一家具有现代化水平的三星级旅游涉外饭店。由东西南北中五个区域组成的徽派建筑群,松环竹抱,跨溪临泉,以古徽州文化为主调的富丽堂皇的装饰、独树一帜的仿古建筑与巧夺天工的园林有机完美的结合,成为黄山四绝之外的人文景观一杰。

宾馆拥有标准客房100间,豪华套房2间。设有多种风格的中西餐厅、宴会厅,供应各式名肴;通讯、商务、医疗保健、桑拿按摩、娱乐购物等服务设施先进齐全;登山索道近在咫尺,是宾客观光揽胜、休闲度假理想的下榻地。九四年入选全国百佳餐馆,九五年被评为安徽省仅有的三家"最佳星级饭店"之一,荣获"95全国百家优秀星级饭店"称号。九四年十二月,国家旅游局正式评定云谷山庄宾馆为三星级旅游涉外宾馆。

(6)黄山宾馆

黄山宾馆建于1956年,位于温泉景区中心,是一座颇具民族特色的华贵建筑。其交通便利,地理位置极为优越。黄山四绝之一——温泉,紧邻其右。经过不断地翻新改造,挖掘潜力,宾馆现拥有标准房120间,套房2间,大小餐厅7个。设有中央空调、闭路电视、国际直拨电话、先进的卫生设施,另辟有购物商场、棋牌室、酒吧、咖啡雅座、宴会厅及多功能厅;再加上旅行社、温泉游泳池及温泉浴室,各类设备齐全,服务配套。温泉游泳池、温泉浴是国内外宾客揽胜之余的绝佳处所。

附图一

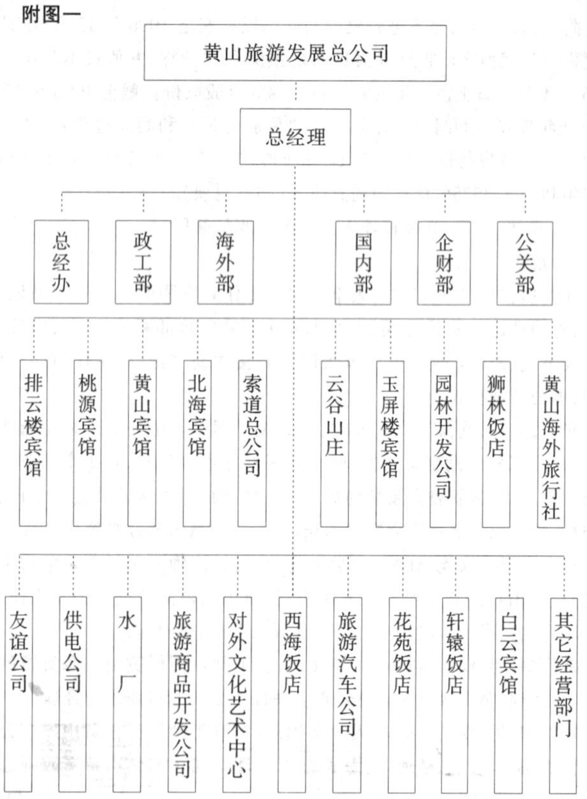

(7)黄山排云楼宾馆

黄山排云楼宾馆位于西海景区，丹霞峰麓，是一座观光型二星级旅游饭店。

黄山排云楼宾馆共有四人房、标准三人房和标准双人房 70 余间，设施齐备。宾馆遵循“宾客至上，服务第一”的经营宗旨，能适应国内中高档游客与境外普通游客的消费水平。

(8)黄山玉屏楼宾馆

黄山玉屏楼宾馆位于海拔 1716 米的玉屏峰畔，著名的天都峰、莲花峰毗邻左右，迎客松近在咫尺。

黄山玉屏楼宾馆拥有各种高中低档床位 200 余张，大小餐厅 6 个，可同时容纳 200 余人就餐。同时设有快餐厅，出售高中档快餐。黄山玉屏索道上站紧邻宾馆分部。宾馆周围的游览景点丰富，可达景点 34 处，可观景点 27 处，素享“半壁风华在玉屏”的美誉。

(9)黄山狮林饭店

黄山狮林饭店坐落于北海景区，是一家正待扩建的旅游涉外饭店。它由狮子楼和清凉别墅两部分组成，1992 年 12 月 11 日，设立狮子林饭店筹备处，以集资方式对北海狮子楼进行改造。目前拥有高中低档客房 72 间共 267 张床位以及大小餐厅、KTV 歌舞厅、酒吧和商品部等，设施齐全，经济实惠，最适合国内游客购物食宿，经营收入年年递增。改、扩建后的狮林饭店，床位达 400 张，将以全新的面貌竭诚欢迎国内外宾客惠顾。

(10)黄山索道总公司

黄山索道总公司其前身是黄山索道公司，成立于 1984 年，专营 1986 年建成的、东南亚最长的黄山云谷客运索道。1993 年，黄山旅游发展总公司与国家旅游局下属的中国旅游服务总公司合资成立黄山玉屏客运索道有限责任公司，黄山旅游发展总公司拥有其 80% 的股权。1995 年，黄山玉屏客运索道工程正式启动，由此成立黄山索道总公司。其下辖黄山云谷客运索道和黄山索道宾馆，受总公司委托筹建黄山玉屏客运索道。本公司成立后，黄山索道总公司撤销，成立黄山云谷索道公司和黄山索道宾馆两个分公司。

黄山玉屏客运索道已于 1996 年 9 月底投入试运营。1996 年 12 月 26 日，黄山旅游发展总公司已与本公司签订了协议，以评估后价格 53919264.42 元转让黄山玉屏客运索道有限责任公司 80% 的股权给本公司。

附图二

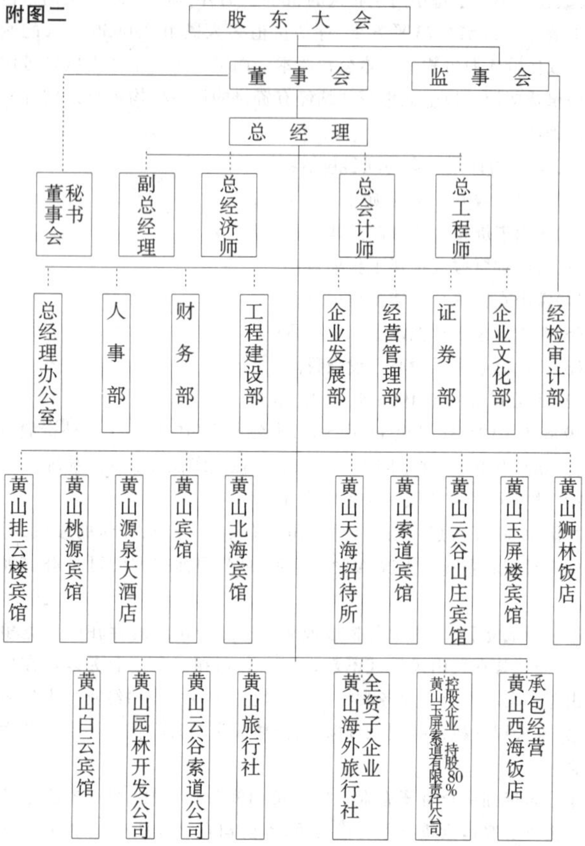

本公司成立后，上述企业（黄山海外旅行社除外）的独立法人资格均被注销，将成为本公司的分公司。

本公司承包经营的黄山西海饭店情况如下：

黄山西海饭店是由总公司与香港新利酒店（集团）有限公司合作兴建的旅游饭店，合作期限到 2001 年。1990 年 6 月正式对外营业。饭店设有标准双人间 123 间，高级套房 5 间。1994 年 11 月 16 日经安徽省外经贸委批准，同意自 1995 年起由中方承包经营。总公司从本公司成立之日起将西海饭店转包给本公司，承包期至 1998 年底。

6．发行人的职工人数

截止 1996 年 11 月底，本公司共有正式职工 1269 人，其中本科以上 79 人，大、中专 352 人；高级职称 24 人，中级职称 65 人，初级职称 276 人；行政管理人员 255 人，专业技术人员 521 人，财务人员 173 人，本公司亦聘用部分临时员工，以满足服务之需要。此外，本公司员工实行劳动合同制，为保障员工利益，根据安徽省及黄山市有关文件规定，参加市退休基金、待业保险基金和合同制工人保险基金统筹。

7．发行人的经营范围

主要经营范围为旅游接待、服务，旅游商品开发、销售，旅游运输，饮食服务，旅游资源开发，组织举办与旅游相关贸易活动，信息咨询。

8．本公司的主要业务包括宾馆的经营与管理、索道的经营与管理、园林管理与门票的出售、旅行社业务以及其它业务。

9.1995 年度，本公司宾馆房间及餐饮收入占本公司营业收入的 45%，门票收入占 32%，索道收入占 20%，共它收入占 3%。

10．无形资产

本公司所使用的无形资产包括黄山风景区旅游门票专营权和土地使用权。黄山风景区旅游门票专营权，其价值经评估约为 2 亿元。门票专

营权为黄山风景区管委会所有,由管委会委托本公司经营管理门票房,本公司每年按季度向管委会交纳门票专营权使用费和防火、防虫等其他费用,其数额大小等于每年门票收入的50%。另外,本公司位于黄山市区的两块土地,面积8511.73平方米,评估价值为人民币2569367元,此两块土地采取作价入股方式进入本公司股本。而本公司位于黄山风景区内的土地均租赁使用。以上无形资产均经有资格的评估机构进行评估并经主管部门确认。

11.本公司计划投资的项目包括:

(1)西海地段开发工程项目;

(2)黄山玉屏精舍整体改扩建工程项目;

(3)黄山别墅楼改扩建工程项目;

(4)黄山宾馆综合改造工程项目;

(5)黄山温泉游泳池改造工程项目;

(6)黄山温泉康乐中心建设项目。

12.本公司成立于1996年11月18日。

1996年10月31日至11月5日,本公司成功向境内上市外资股投资者配售8000万B股,并于同年11月22日在上海证券交易所挂牌交易。

13.本公司的控股股东及关联企业

本次4000万A股发行前,总公司拥有本公司58.55%的股权,是本公司的绝对控股企业。本次A股发行后,总公司拥有本公司的48.5%的股权。

本公司成立后,为避免与控股股东——总公司之间存在同业竞争关系,总公司就其在黄山风景区不新设与本公司相竞争之业务以及在依法只能由总公司新设上述业务时将该项目优先交由本公司经营一事签署了承诺书,本公司的权益得到充分保护,全体股东的共同权益不会因此而受到损害。

本公司现拥有全资子企业一家—黄山海外旅行社,拥有控股企业一家—黄山玉屏客运索道有限责任公司,本公司在该控股企业中拥有80%的股权;本公司无其他全资或控股企业。

本公司并未因上述关联关系的存在而影响本公司重大合同条款及其履行。本公司决定依法按市场经济原则予以处理本公司与其关联企业之间的经济往来。本公司与关联企业间的经济往来依照等价、有偿、公开交易的原则,采用经济合同的方式进行,交易价格等条款均按同类商品或服务的市场价格条件确定,以公平维护本公司、各股东及交易相对人的正当权益,为此双方已签订了有关生产、生活服务等涉及关联经济关系的协议。

14.上次发行的一般情况简介

(1)1996年10月30日国务院证券委员会证委发(1996)32号文批准,经上海市证券管理办公室沪证办(1996)228号文同意,本公司发行境内上市外资股(B股)80000000股。

(2)股票名称:黄山旅游发展股份有限公司境内上市外资股

(3)股票类型:记名式普通股

(4)发行数量与面值:发行B股80000000股,每股面值人民币1元。

(5)发行价格:每股人民币2.14元,投资者按中国人民银行公布的1996年9月27日止上周美元现汇兑人民币中间价之平均值8.30218人民币元/美元,折算成美元现汇,每股为0.258美元认购。

(6)每股税后利润及市盈率:

a)每股盈利:备考全面摊薄(附注):人民币0.364元

b)B股总市值:人民币171200千元

c)B股股价/盈利倍数(备考全面摊薄):5.88倍

d)B股发行后每股经调整净资产值:人民币1.70元(0.205美元等值)

(7)承销方式:包销

(8)承销日期:10月31日—11月5日

(9)发行对象:B股投资者

附注:备考全面摊薄每股税后利润系根据截至1996年12月31日止年度税后利润但未计非经常项目前之预测利润计算,并假设本公司已于1996年1月1日上市及年内共发行19300万股股份。截至1996年12月31日止年度税后利润但未计非经营项目前的预测利润经过调整,加入假设配售B股按发行价人民币2.14元所得款项已于1996年1月1日到位并按年利率4.4375%计算的利息收入(扣除税项)。

15.董事、监事、高级管理人员及重要职员简历

(1)董事

汪巍然,男,汉族,43岁,大学文化。历任共青团徽州地委副书记、书记,共青团黄山市委书记、党组书记,黄山市委宣传部副部长,《黄山日报》社党委书记、总编。现任黄山风景区管委会党委书记、副主任,总公司总经理,本公司董事长。

黎志,男,汉族,47岁,大学文化,高级工程师。历任黄山林业局技术员、徽州专区林业勘察队队长、徽州行署林业局副局长、黄山市林业局副局长、黄山风景区管委会园林局局长。现任黄山风景区管委会副主任、党委委员、中国风景名胜协会副秘书长、本公司副董事长兼总经理。

朱立刚,男,汉族,51岁,大学文化,高级经济师。历任黄山市物资局副局长、黄山市经济协作办公室副主任、黄山市商品流通办公室主任,黄山市政府副秘书长。现任本公司副董事长兼副总经理。

袁代福,男,汉族,44岁,大专文化,政工师。历任黄山桃源宾馆副总经理、总经理,黄山西海饭店总经理。现任本公司董事兼副总经理。

郑忠印,男,汉族,48岁,大学文化,高级政工师。历任黄山友谊公司业务科长、副经理、总经理,北海宾馆总经理。现任本公司董事兼副总经理。

(2)监事

王桂梭,男,汉族,58岁,大专文化,高级政工师。历任黄山区区委书记、区长,黄山园林局副局长、局长。现任黄山风景区管委会副主任、党委副书记、中国风景名胜协会常务理事,本公司监事、监事会召集人。

宣如友,60岁,助理政工师。历任黄山北海宾馆副总经理、黄山宾馆副总经理、黄山云谷山庄宾馆副总经理及总经理。现任黄山风景区管委会工会副主席,本公司监事。

姚敏生,女,34岁,注册会计师,历任黄山管委会计财处财务科会计及副科长。现任黄山管委会计财处财务科科长,本公司监事。

九、发行人主要经营业绩

(一)下表为本公司1993年至1995年三年及1996年1—10月的经营业绩概要:

金额单位:人民币千元

项目	1996年1—10月	1995年度	1994年度	1993年度
主营业务收入	151608	143779	98869	53989
主营业务利润	50027	52141	34933	23314
营业利润	60309	59939	39848	30504
利润总额	60371	59776	40201	29710
减:所得税	9289	16464	10982	4712
所得税率	15%	33%	33%	15%
净利润	51082	43312	29219	24999

(二)黄山风景区客源的分布情况

自改革开放以来,黄山旅游经济得到迅猛发展,截止95年底,黄山共接待游客895万人次,其中,入境游客45万人次,占总人数的5%左右。

国内客源市场主要以黄山为中心,以500公里为半径的范围内,偏重于华东地区,占全部游客的60%左右。据抽样调查,近年来黄山国内十大主要客源市场分布情况如下:

客源地区　　所占比例

安徽	18.5%
北京	14.3%
江苏	13.6%
广东	11.1%
上海	9.6%
浙江	9.6%
江西	4.3%
福建	3.9%
湖北	2.8%
湖南	2.1%

(三)黄山风景区所获各项荣誉

本公司在狠抓经济效益的同时,扎扎实实地开展了环境卫生管理、社会治安综合治理、文明山创建等各项工作,取得了良好的效果。1991年黄山榜列全国风景名胜区"四十佳";1992年、1993年黄山先后被授予"全国风景区系统先进集体"和"全国环境卫生管理达标风景区"称号;1994年获全国"九四管理成就奖";1995年5月,黄山"安全山"顺利通过国家建设部的验收;1996年初黄山又被安徽省人民政府授予"文明景区"称号。

(四)本公司的经营优势主要为:

①黄山风景区旅游资源极其丰富,是世界级品位的风景区,越来越为世人所瞩目。

②黄山风景区荣获全国"安全山"、"卫生山"、"文明山"称号,饮誉海内外。

③黄山风景区内外部交通的改善,将使黄山旅游业的发展驶入快车道。

④黄山风景区优良的服务质量和高水平的管理为企业的发展铆足了后劲。

⑤积极推行有效的旅游宣传和扩展计划以及新的旅游项目,使黄山的国内外知名度显著提高。

⑥黄山地理位置优越,距离经济发达、人口众多的大城市如沪、宁、杭很近,发展旅游事业潜力很大。

十、股本

1. 本公司成立于1996年11月18日,注册资金为19300万元人民币。

2. 本公司截止1996年5月31日,评估前净资产为8064.65万元,评估后净资产为17168.26万元,并已得到国家国有资产管理局(1996)国资评字第628号文确认。根据国家国有资产管理局国资企发(1996)143号文,评估后净资产按65.82%折股,计11300万股,其余部分列入资本公积金,股权性质为国有法人股,由总公司持有并行使股权。根据国务院证券委员会证委发(1996)32号文批准,上海市证券管理办公室沪证(1996)228号文同意,本公司已于10月31日—11月5日发行境内上市外资股8000万股,并于22日在上海证券交易所挂牌交易。本次发行前每股净资产为1.715元(含B股)。

3. 本次发行4000万A股,超过面值并扣取发行费用后缴入的资本为19080万元,将进入资本公积金,股票发行后每股净资产为2.411元。

4. 本次发行4000万A股,其中250万股公司职工股将根据国家有关规定安排上市。

5. 本次股票发行前后公司股权结构变动情况如下:

	发行前	发行后
股本总额	19300万股	23300万股
国有法人股	11300万股,占总股本58.55%	11300万股,占总股本48.50%
B股	8000万股,占总股本41.45%	8000万股,占总股本34.33%
A股		4000万股,占总股本17.17%
其中:公司职工股		250万股,占总股本1.07%

6. 1996年11月22日本公司B股上市之日,前十大股东为:(总股本按19300万股计算)

持股单位	持股数量(万股)	所占比例
黄山旅游发展总公司	11300	58.55%
CITIBANK N.A S/B JARDINE FLEMMING CHINA REGION FUND	1548.8	8.02%
新利华集团有限公司	1000	5.18%
CITIBANK A/C FLEDGELING SECURITIES LTD.	542.1	2.81%
HKSBCSB ACC H.K. BANK INT. TRUSTEE LTD. S/A JF CHINA TRUST	387.2	2.01%
LONGBUSY INVESTMENT LTD.	375.7	1.95%
HKSBCSS A/C STATE STREET BANK AND TRUST S/A THE CHINA FUND	282.6	1.46%
CITIBANK A/C CAPTIAL GROWTH FUND SELECTIVE PORTFOLIO	200	1.04%
上海国泰证券公司	200	1.04%
HONGKONG SUCCESS LTD.	195	1.01%
SCBHK A/C ROBERT FLEMING & CO., LTD. LUXEMBOURG S/A FLEMING FLAGSHIP FUND	193.6	1.00%

十一、资产评估

(一)根据中评资产评估事务所出具的资产评估报告,本公司截止1996年5月31日的资产评估结果主要情况如下:单位:人民币元

项目	帐面数	评估值	增(减)值	+(-)%
流动资产				
货币资金	7287201	7287201		
短期投资	369065	369065		
应收帐款	16758017	16758017		
减:坏帐准备	12564	74783		
应收帐款净额	16745453	16683234	-62219	0.33
预付货款				
其他应收款	8089429	8549429		
待摊费用	947339	947339		
存货	5684814	5684814		
待处理流动资产				
在用低值易耗品		289559		
其他流动资产	30628	12399		
流动资产合计	39153929	39823040	669111	1.7
长期投资:				
长期投资				
固定资产:				
固定资产原值	165368144			
减:累计折旧	48939351			
固定资产净值	116428793	204843895	88415102	75.9
在建工程	4781638	4781638		
固定资产清理	31337			
待处理固定资产净损失				
固定资产合计	121241768	209625533	88367823	72.8
其他长期资产	460000			
无形及递延资产				
其中:土地使用仅		2569367	2569367	
递延资产	2801230	2675107	-126123	-4.5
无形及递延资产合计		5244474		
资产总计	163656927	254693047	91036120	55.6
流动负债:	70363177	70363177		

长期负债:	12647245	12647245
负债总计	83010422	83010422
所有者权益小计	80646505	80646505
重估溢余		91036120
净资产	80646505	171682625

(二)评估增值的说明

1. 流动资产评估增值669111元,增值1.7%。

2. 固定资产评估增值88415102元,增值75.9%

3. 折价入股之土地使用权的评估价值为2569367元。

(三)主要评估方法

1. 固定资产采用重置成本法进行评估。

2. 流动资产除存货、待摊费用和待处理流动资产外,按帐面价值进行评估。

3. 土地使用权采用成本法进行评估。

4. 负债除预提费用外,按照帐面价值进行评估。

十二、财务会计资料

(一)资产负债表主要数据

根据——注册会计师审计报告,本公司1993、1994、1995及1996年1—10月的资产负债表主要数据如下:金额单位:元

资产	注释号	1996年10月31日	1995年度12月31日	1994年度12月31日	1993年度12月31日
流动资产:					
货币资金	3.1	19820216	12936794	18469471	15499126
短期投资	3.2	83368	464066	573053	401273
应收票据					
应收帐款	3.3	23226101	18019711	14998015	12299829
减:坏帐准备		69678	30693	39606	35951
应收帐款净额		23156423	17989018	14958409	12263878
预付货款			291491		
其他应收款	3.4	38078741	16842010	10817266	6669001
存货	3.5	5720917	5733093	5069683	3452229
减:存货变现损失准备					
存货净额		5720917	5733093	5069683	3452229
待摊费用		762610	400494	218665	377825
待处理流动资产净损失		19602			11506
一年内到期的长期债券投资					
其他流动资产		156825	19908	13395	6169
流动资产合计		88090193	54385383	50119942	38681007
长期投资:	3.6	1051941			
长期投资					
合并价差					
固定资产:	3.7				
固定资产原值		278925165	160866517	106926942	63647316
减:累计折旧		74874056	42692872	31417876	23896816
固定资产净值		204051109	118173645	75509066	39750500
在建工程	3.8	6561530	4828669	23585381	21700768
固定资产清理				23333	
待处理固定资产净损失					
固定资产合计		210612640	123025647	99094447	61451268
无形资产及递延资产:					
无形资产	3.9.1	2569367			
递延资产	3.9.2	3390731	664346	841708	96717
无形及递延资产合计		5960098	664346	841708	96717
其他长期资产	3.10				
其他长期资产			460000	360000	
递延税项					
递延税项借款					
资产总计		306174872	178435376	150056097	100228992

负债及股东权益	注释号	1996年10月31日	1995年度12月31日	1994年度12月31日	1993年度12月31日
流动负债:					
短期借款	3.11	48330000	36620000	30878924	7190000
应付票据					
应付帐款		3880378	4524621	4686198	2985797
预收货款		850355			
应付福利费	3.13	3938971	4174060	4499530	4248524
未付股利		25076093		457091	43502
未交税金	3.14	2188450	2255266	1765767	2884631
其他未交款	3.15	413985			
其他应付款	3.12	29170854	38184943	35857356	25777540
预提费用	3.16	3010986	3841575	3870077	2208586
一年内到期的长期负债	3.17	6900000			
其他流动负债		408673	368766	328802	149119
流动负债合计		24168746	89969231	82343745	45487699
长期负债:					
长期借款	3.18	9910120	9200000	9000000	7024776
应付债券					
长期应付款		151709			
其他长期负债		261470	644073	624496	2963
其中:住房周转金					
长期负债合计		10323300	9844073	9624496	7027739
递延税项:					
递延税款贷项					
负债合计		134492046	99813304	91968241	52515554
少数股东权益(合并报表填列)					
股东权益:					
股本	3.19	113000000	32247019	25495501	28480733
资本公积	3.20	58682826	10242022	10242022	10242022
盈余公积	3.21		30315980	21647914	10531335
其中:公益金					
未分配利润	3.22	0	5817051	702419	1540536
折算价差(合并报表填列)					
股东权益合计		171682826	78622072	58087856	47713554
负债及股东权益总计		306174872	178435376	150056097	100228992

(二)利润表及利润分配表主要数据

根据 注册会计师审计报告,本公司1993、1994、1995及1996年1—10月的利润及利润分配表主要数据如下: 单位:元

项目	注释号	1996年1—10月	1995年度	1994年度	1993年度
一、营业收入	3.23	151607765	143778904	98869155	65989215
减:营业成本		44002263	32007480	22604823	13406084
营业费用		34423790	36814834	28002929	21968142
管理费用		9865236	10730213	8995968	4914909
财务费用	3.24	6566132	5529743	261017	(431811)
进货费用					
营业费用		6723002	6555367	4071498	2817732
二、主营业务利润		50027342	52141267	34932920	23314159
加:其他业务利润	3.25	10281692	7797647	4914872	7190002
三、营业利润		60309034	59938914	39847792	30504161
加:投资收益	3.26	24688	212731	2250	
补贴收入				52513	
营业外收入	3.27	106014	88582	713069	19838
减:营业外支出	3.28	75301	463796	414603	813607
加:以前年度损益调整		6997			

四、利润总额	60371432	59776431	40201021	29710392
减:所得税 2.11	9289454	16464413	10982010	4711667
五、净利润	51081978	43312018	29219011	24998725

(三)财务指标分析

本公司1996年1—10月的主要财务指标如下:

指标	1996年1—10月	1995年	1994年	1993年
净资产比率(%)	56.1	44.1	38.7	47.6
负债比率(%)	43.9	55.9	61.3	52.4
流动比率	0.71	0.6	0.61	0.85
速动比率	0.66	0.54	0.55	0.77
应收帐款周转率(次)	7.35	8.7	7.24	4.83
净资产收益率(%)	29.8	49	50	52

(四)主要会计政策

组建结构中的各企业均执行《股份制试点企业会计制度》,按该制度进行经济业务的会计处理和会计报表的编制,采纳的主要会计政策列示如下:

1.会计期间

会计期间采用公历制,即自日历1月1日至12月31日为一会计年度,本会计报表为信息披露需要,列示截止1996年10月31日止的1995年、1994年和1993年连续三年又十个月的会计报表。

2.记帐本位币和外币业务

以人民币为记帐本位币。外币业务以业务发生当日的汇率将外币折合成人民币入帐。月末对外币货币性资产的余额按月末汇率重新折合人民币进行调整,此数额与原帐面人民币余额的差额,计作"财务费用(汇兑损益)"列作当期损益。

3.会计核算

以权责发生制为基础,采取借贷复式记帐法。

4.应收帐款的坏帐准备

对应收帐款的坏帐损失采用备抵法,按期末应收帐款余额的3‰计提坏帐准备,计作"管理费用(坏帐损失)"。实际发生的坏帐损失在履行了规定的审批程序后,冲减坏帐准备。

5.存货及其计价

存货的主要内容是宾馆购入的副食品、酒类、客房用低值易耗品、燃料等。存货按购入时的实际成本计价。1996年度为改制股份制企业,存货资产进行了价值重估,在用的低值易耗品按国家国有资产管理局确认的资产评估价值进行了报表调整。

宾馆的存货,每月末根据实际消耗量,按加权平均法摊销其价值。

6.固定资产及其折旧

将使用年限在一年以上,并在使用过程中保持其实物形态的耐用资产列作固定资产。固定资产以实际成本作为原价,其中云谷山庄宾馆按1993年资产价值重估后的价值作为原价,预留3%残值后,以直线法在其估计使用年限内计提折旧,使用年限如下:

房屋及建筑物	6—40年
装潢	5年
索道设备	12年
机器设备	10年
通讯设备	8年
运输设备	5年
其他设备	5年

7.长期投资及其计价

长期投资主要分为对其他单位直接投资和购买有价证券进行间接投资两大类。长期投资中,对拥有20%及20%以下权益的企业采用成本法核算;对拥有20%以上至50%权益的企业采用权益法核算;对拥有50%以上权益的企业采用权益法核算,并合并其会计报表。

8.递延资产及其摊销

递延资产系黄山风景区内所建的公共设施和水电增容附加费,公共设施按直线法分五年摊销,水电增容附加费按直线法分十年摊销。

9.收入、成本和费用归属期的确定

对收入、成本和费用归属期按权责发生制原则确定,主营业务收入主要包括宾馆客房收入、餐饮收入、索道售票收入等,以开出发票,收到货款作为收入的实现,同时将与其配比的经营成本和期间费用予以结转。

10.会计报表汇总的原则

公司对组建结构中的各独立核算企业的会计报表在经过内部往来抵销后,根据《企业会计准则》和《股份制试点企业会计制度》,编制公司的汇总会计报表。

11.税项

11.1 营业税金及附加

酒店收入按5%缴纳营业税;

索道门票收入按3%缴纳营业税;

按营业税款的5%缴纳城市维护建设税;

按营业税款的3%缴纳教育费附加;

按营业税款的1%缴纳水利基金。

11.2 所得税

组建结构中的各企业,1993年度按税前利润的15%缴纳所得税;1994年和1995年根据国家规定按33%的税率缴纳所得税;1996年经安徽省人民政府批准,从1996年1月1日起先按33%的税率交纳所得税,再按18%予以返还,实际税率为15%。

12.利润分配

组建结构中的各企业,在组建前按各企业不同情况分别进行利润分配,公司成立后按下列顺序进行分配:

(1)弥补亏损。

(2)按税后利润的10%提取法定盈余公积金。

(3)按税后利润的5%至10%提取法定公益金。

(4)按股东大会决议提取任意盈余公积金。

(5)按股东大会决议支付股利。

(五)本公司计划进行的重大资本支出项目主要有西海地段开发工程;黄山玉屏精舍整体改扩建工程;黄山别墅楼改扩建工程;黄山宾馆综合改造工程;黄山温泉游泳池改造工程;黄山温泉康乐中心建设。其资金来源主要是本次股票发行所募集的资金,不足部分通过其它融资渠道解决。这些项目建成投产后,将会有良好的经济效益。

(六)按国际会计准则调整对税后利润及净资产的影响。

单位:人民币元

	税后利润				净资产
	未经安达信公司审计				一九九六年
				一月一日至	一九九六年
	1993年度	1994年度	1995年度	5月31日	5月31日
公司法定帐目金额	24998725	29219011	43312018	10672079	80646505
调整:					
提取坏帐准备	(589000)	(958000)	(351000)	(377907)	(3587000)
职工福利及能源交通建设基金调整为当期费用	(3251604)	(572693)	(673240)		
折旧调整	(514936)	(403615)	(403616)	(168173)	
外币资金负债重估	9343963	299794	(153602)	(64001)	2042126
按国际会计准则重编后之金额	29987148	27584497	41730560	10061998	79101631

十三、盈利预测

本公司根据以下基准和假设,并经注册会计师审核,1996年度税后利润(11—12月为未经审计实现数)为6430万元,全面摊薄每股盈利0.333元,1997年度预计税后利润为7340万元,全面摊薄每股盈利0.315元(按总股本23300万元计算)。(均按15%的所得税率)

黄山旅游发展股份有限公司

1997年盈利预测表

(单位:人民币千元)

	注释号	一九九六年 1—10月 (已审计)	11—12月 (未审实现数)	合计	一九九七年 (预测)
一、主营业务收入	1	151608	17462	169070	231932
减:营业成本	2	44002	4868	48870	62900
营业费用	2	34424	3997	38421	65139
管理费用	2	9865	1973	11838	17062
财务费用	3	6566	-1868	4698	-2410
营业税金及附加		6723	774	7497	10495
二、主营业务利润		50028	7719	57746	78746
加:其他业务利润		2804	196	3000	3000
三、营业利润		52832	7915	60746	81746
加:投资收益		25	3	28	28
营业外净收入		31	5	36	36
西海饭店承包利润	4	7478	522	8000	8800
其他	5	6	6994	7000	
四、利润总额		60372	15439	75810	90610
减:所得税(按15%计算)	6	9289	2233	11522	13592
(按33%计算)					29901
减:少数股东权益(按15%计算)	7				1629
(按33%计算)					1284
五、净利润(按15%计算)		51082	13207	64288	75389
(按33%计算)					59425
六、减:或有风险金额					2000
税后净利润(按15%计算)					73389
(按33%计算)					57425

(一)预测基准

本盈利预测是根据本公司一九九六年一月一日至十月三十一日业经审计的损益表,本公司一九九六年十一月一日至十二月三十一日未经审计的损益表及中国企业会计准则的会计政策及假设所编制。

(二)基本假设

a)我国现行法律、法规或经济状况无重大变动;

b)现行汇率及利率在预测期内无重大变动;

c)国家现行税收政策不会因发生增加课税而增加企业负担;

d)本公司之业务不会因不可抗拒灾祸的发生而受到重大影响。

(三)本公司一九九七及以后年度将编制合并会计报表。

十四、重要合同及重大诉讼事项

(一)以下合同为本公司招股说明书签署时,于日常业务之外订立的重大或性质可属重大的合同;

1.本公司与管委会于1996年8月13日订立了关于授权管理黄山风景区门票事宜的协议。根据协议,管委会委托本公司经营管理门票房,本公司每年按季度向管委会缴纳门票经营权使用费和防火防虫等其他费用,其数额大小等于门票收入的50%。该协议已经安徽省人民政府以皖政秘〖1996〗207号文件批准。

2.本公司与总公司于1996年9月10日签订黄山西海饭店承包经营合同,承包期约两年,上交承包总利润为六百五十万元人民币。

3.本公司与黄山市土地管理局于1996年8月13日签订国有土地使用权租赁合同,根据合同规定,黄山市土地管理局将位于黄山风景区的37宗国有土地的使用权租赁给本公司使用,面积为74320平方米,租赁期为40年,自1996年10月1日起至2036年10月1日止。合同规定,土地使用权租金为每年每平方米19.13元人民币,计每年1421741.50元人民币。土地租金按年度(公历年)每年六月三十日前一次性支付。土地租金自合同签订之日起到1997年底免交,1998年至1999年底,减半交纳,2000年按上述规定全额交纳,第2001年后按上述规定金额每年以6%递增。

4.本公司与总公司于1996年8月9日签订了生产经营综合服务合同,约定总公司在四十年的合同有效期内,应保证以市场公平价格优先向本公司提供正常生产经营所需的各项服务,并约定服务费用的确定标准等事项。

5.本公司与总公司于1996年9月10日签订了关于总公司为本公司职工提供生活服务的合同,合同约定总公司应优先向本公司职工提供生活服务与便利的范围、服务条件以及服务费用的合理确定,并规定了服务项目的终止违约责任等事项。

6.本公司与总公司于1996年12月26日签订了《关于白云宾馆产权转让协议》和《关于黄山玉屏客运索道有限公司股权转让协议》,协议主要内容是总公司按评估后的价格将白云宾馆的产权和黄山玉屏客运索道有限公司80%的股权转让给本公司,该协议还约定了付费方式等。

(二)本公司并无牵涉任何重大诉讼或仲裁;而根据本公司董事所知,本公司并无任何尚未了结或面临威胁的重大诉讼或索偿要求。

(三)公司税务问题

(1)根据黄山市国家税务局、地方税务局出具的证明,发行人(包括其改组前身企业)近三年来依法纳税,所执行税率符合国家法律、法规及地方性法规的要求,不存在税务违法问题。

(2)本公司执行33%的所得税率,这一税率符合国家法律、法规及地方性法规的要求,根据安徽省人民政府皖政秘〖1996〗132号文件批复,本公司在缴纳33%的所得税后,将由地方财政返还18%,公司所得税实际负担税率为15%。根据黄山市人民政府政秘〖1996〗37号文件规定,上述税收优惠政策自1996年1月1日起实行。

十五、公司发展规划

随着中国经济的迅速发展,以及中国人民生活水平不断提高,中国的旅游业前景乐观。本公司在黄山风景区占主导地位,凭借黄山在国内国际的盛誉以及黄山风景区巨大的发展潜力,计划进一步壮大实力,拓展业务。

1.本公司的近期发展规划:

(1)在中国大城市,如北京、上海以及广州等进一步设立旅游推广办事处;

(2)在继续满足发展国内市场需求的同时,本公司将专注开拓国外市场,特别是东南亚地区,如香港、台湾、新加坡、韩国、日本等;

(3)本公司将积极参与每年在香港、日本及韩国举办的旅游展览会,向境外游客推广黄山;

(4)本公司计划设立票务中心,为游客提供票务服务;

(5)本公司将积极参与兴建黄山至杭州高速公路工程,该高速公路将缩短杭州到黄山的行车时间至四小时,每年约有一千万旅客到杭州旅游,因此,该高速公路的建成将大大增加到黄山的旅客人数;

(6)本公司将积极开辟新的旅游景点,如完成白云景区至西海景区的新景点开发及设立其他新景点以分散游客密度;

(7)本公司计划推广冬季旅游。黄山每年的旅游高峰期为四月到十一月,淡季约有近四个月时间,然而,黄山全年均适合游玩,特别是黄山壮丽的冬季雪景,为鼓励游客在冬季前往黄山,本公司在1995年冬季已经展开推广计划,给予黄山市居民进山门票、索道及住宿特别优惠,从1996年11月起,本公司已经展开冬季旅游推广功势,优惠面扩大到中国更广泛地区,尤其为安徽省及领近的浙江省、江苏省及上海等其他城市;

(8)本公司已和上海锦江集团就合资成立一家公司来管理本公司所有宾馆酒店签署的一项备忘录。引进该集团管理本公司旗下的酒店,这将有助于管理素质的提高。

2.本公司的长期发展规划:

二十一世纪远景目标:一是开发多展次、多功能旅游服务项目,研讨、策划并推出除"黄山之冬"之外的系列旅游项目,充分利用黄山丰富不衰

的旅游资源,挖掘、开发高品位、高档次的旅游产品;二是建立旅游产业的集团化经营,开辟与旅游相关联的贸易业务,积极渗人文化、艺术、体育诸领域,实现旅游与其他产业的互利融合;三是增辟多条国际包机航线,进一步拓展境外业务,将公司发展成为外向型的大型国际旅游集团。

"九五"计划和到2010年发展规划总的指导思想是:以经济效益为中心,深化机制改革,促进旅游与环境协调发展,把黄山建设成为环境优美、设施完善、秩序井然的现代化旅游风景区。主要任务目标及工作重点:"九五"期末在旅游资源保扩方面初步建立起科学的网络系统,2010年全面实现计算机网络管理。

"九五"期间计划接待国内外游客总量达到580万人次,年均增长10%,其中入境游客52万人次,年均递增13%。"九五"期末,接待床位达到5050张,其中标准间床位2870张;2010年接待床位达5500张,其中标准间床位4000张。

"九五"期末各项经营收入总额16亿元,年均递增20%,2001—2010年经营收入总额达185亿,年均增长25%。

"九五"期末,干部、职工文化素质85%达到中专以上水平、高中级职称110人,初级职称300人;2010年干部职工文化素质90%达到中专以上水平,高中级职称150人,初级职称400人。

3. 为实现上述目标,具体分两步走:

第一步:"九五"期间,进一步完善旅游配套机制,加强旅游软件建设,扩大对外宣传促销,提高黄山在国际旅游市场上的知名度,特别是对欧美、大洋洲等经济发达地区的宣传促销。完成基础设施配套,实施分区旅游计划和黄山之"冬"旅游。

第二步:2001—2010年期间,实现管理现代化,人员专业化。从优从严开发旅游资源。经营上严格以国家的法律、法规来规范企业的行为,建立健全一套强有力的质量检查体系,真正发挥中国旅游业"拳头产品"的优势和作用。

考虑到上述因素,除境外游客及中国国民的旅游业具较大的增长潜力外,本公司董事对公司的前景抱有信心,并对其未来感到乐观。

备查文件目录

1. 安徽省人民政府《关于同意设立黄山旅游发展股份有限公司的批复》

2. 黄山旅游发展股份有限公司企业法人营业执照

3. 安徽省人民政府《关于推荐黄山旅游发展股份有限公司为我省1996年发行A股备选企业的函》

4. 安徽省证券管理办公室《关于同意黄山旅游发展股份有限公司股票发行申请材料报证监会复审的报告》

5. 中国证券监督管理委员会关于黄山旅游发展股份有限公司股票发行的复审意见书

6. 上海证券交易所《上市承诺书》

7. 承销协议

8. 国家国有资产管理局《关于黄山旅游发展总公司股份制改造并发行上市股票项目资产评估立项的批复》

9. 国家国有资产管理局《对黄山旅游发展总公司组建上市公司并发行上市股票项目资产评估结果的确认通知》

10. 安徽省国有资产管理局《关于黄山旅游发展股份有限公司国有股权管理的批复》

11. 安徽省人民政府《关于黄山旅游发展总公司国有资产授权经营问题的批复》

12. 安徽省土地管理局《关于黄山旅游发展股份有限公司土地资产处置意见的函》

13. 安徽省土地管理局《关于确认黄山旅游发展股份有限公司土地使用权价格评估结果的批复》

14. 安徽省黄山市地方财政局《关于黄山旅游发展总公司改制后所得税问题的批复》

15. 安徽省人民政府《关于黄山旅游发展股份有限公司所得税征收问题的批复》

16. 黄山旅游发展股份有限公司本次公开发行4000万A股募集资金运用可行性研究报告

17.《关于白云宾馆产权转让协议》

18.《关于黄山玉屏客运索道有限公司股权转让协议》

招股说明书全文及以上备查文件的查阅期为自本概要登报之日起到本次发行结束前的期间,查阅地点为本公司住址

黄山旅游发展股份有限公司

一九九七年四月十一日

黄山旅游发展股份有限公司股票上市公告书暨一九九六年年度报告摘要

一、要览

总股本	233,000,000股
上市时间	1997年5月6日
本次上市流通股本	37,500,000股(A股)
上市地	上海证券交易所
登记机构	上海证券中央登记结算公司
上市推荐人	安徽省证券公司

二、释义

在本公告书中,除非另有说明,下列简称具有如下意义:

管委会	指	黄山市黄山风景区管理委员会;
总公司	指	黄山旅游发展总公司;
本公司或公司	指	黄山旅游发展股份有限公司,亦称发行人;
元	指	人民币元;
A股	指	本公司发行的股票中,供境内社会公众认购的人民币普通股股票4000万股;
B股	指	本公司配售的面额总计人民币8000万元的以美元现汇认购、买卖,在上海证券交易所上市交易的股票,即境内上市外资股;
公司职工股	指	本公司发行的股票中,仅供本公司职工认购的人民币普通股股票250万股。

三、绪言

本公告书依据《中华人民共和国公司法》、《股票发行与交易管理暂行条例》、《公开发行股票公司信息披露实施细则》和《上海证券交易所交易规则》及国家有关证券管理法规的规定编制,为本公司股票公开上市之目的而向社会公众提供各种资料。

经中国证券监督管理委员会证监发字(1997)122号文和证监发字(1997)123号文批准,已向社会公开发行人民币普通股4000万股(含250万股公司职工股),每股面值1.00元,每股发行价格6.02元;本次上市流通股本总数3750万股,接上海证券交易所上证上(1997)20号文,本公司3750万股可流通股将于1997年5月6日在上交所挂牌交易,250万公司职工股将根据国家有关规定安排上市。

本公司于1997年4月11日在《上海证券报》第9、10版上刊登了《黄山旅游发展股份有限公司招股说明书概要》,距今不足6个月,故与其重复的内容在此不再重述,敬请投资者查阅本公司的招股说明书概要。

本公司董事会成员已批准本上市公告书,确信其中不存在任何重大遗漏或者误导,并对其真实性、准确性和完整性负个别及连带责任,上市公告书的内容由本公司董事会负责解释。

四、有关当事人

1. 发行人:黄山旅游发展股份有限公司

法定代表人:汪巍然

住所:安徽省黄山市黄山风景区温泉

联系人:何杰

电话:0559—5561113　　传真:0559—5561110

2. 主承销商及上市推荐人:安徽省证券公司

法定代表人:汪永平

住所:安徽省合肥市长江中路357号证券大厦

联系人:沈志龙

电话:0551—2819543　　传真:0551—2819524

3. 会计师事务所:

(1)安达信—华强会计师事务所

住所:中国北京建国门外大街1号中国国际贸易中心办公楼1118

电话:010—65053333　　传真:010—65051828

(2)安徽会计师事务所

住所:安徽省合肥市京皖大厦

电话:0551—2646135　　传真:0551—2648722

4. 股票登记机构:上海证券中央登记结算公司

法定代表人:王迪彬

住所:上海市闵行路67号

电话:021—63069555　　传真:021—63068555

5. 上市交易所:上海证券交易所

法定代表人:杨祥海

住所:上海市黄浦路15号

电话:021—63068888　　传真:021—63565173

五、公司概况

(一)发起人简介

1. 法定名称:黄山旅游发展总公司

2. 成立日期:1996年5月28日

3. 法定代表人:汪巍然

4. 注册资金:5000万元

5. 所属行业:旅游服务业

6. 注册地址:安徽省黄山市黄山风景区温泉

邮政编码:242709

7. 总公司的经营范围:

主营　接待外国人、华侨、港澳同胞和中国公民的旅游业务。

兼营　旅游饭店,旅游交通、旅游商品,旅游开发,引进外资咨询服务。

(二)本公司历史沿革

(1)股份制改制过程

根据安徽省人民政府皖证秘〔1996〕235号文批准同意,本公司由黄山旅游发展总公司作为独家发起人,以其所属的黄山北海宾馆、黄山桃源宾馆、黄山狮林饭店、黄山索道总公司、黄山玉屏楼宾馆、黄山云谷山庄宾馆、黄山宾馆、黄山海外旅行社、黄山排云楼宾馆和黄山园林开发公司等十家单位全部经营性净资产17168.26万元作为出资,折成11300万股国有法人股,并向境内上市外资股投资者募集8000万股B股而设立。1996年11月18日召开创立大会,并于当日在安徽省工商行政管理局办理工商登记,领取营业执照。

(2)历次股票发行情况

1996年10月31日—11月5日,本公司成功地向境内上市外资股投资者配售8000万股B股。同年11月22日本公司8000万股B股在上海证券交易所上市交易。

1997年4月17日,本公司采用上网定价方式成功地发行了3750万股A股,并向本公司职工配售250万股公司职工股。

六、股票发行及承销

1. 本次股票公开发行

发行数量:社会公众股4000万股,其中:公司职工股250万股

发行价格:6.02元

发行市盈率:14倍

发行时间:1997年4月17日

发行方式:上网定价发行

发行对象:中华人民共和国公司和法人(法律、法规禁止购买者除外)

股票种类:记名式人民币普通股

面值:每股1.00元

配售比例:0.43156789%

配售户数:37499户

持1000股以上的户数:37499户

发行费用总额:9,965,858.67万元

每股发行费用:0.25元

2. 股票承销:

本次A股发行,超额认购231.7倍

在本资A股发行中,各承销商的包销比例为:

承销商名称	包销比例	包销数量(万股)	包销金额(万元)
安徽省证券公司	28%	1120	7392
厦门国际信托投资公司	18%	720	4752
广发证券有限责任公司	18%	720	4752
安徽省信托投资公司	18%	720	4752
长城证券有限责任公司	18%	720	4752

3. 验资报告

安徽会计师事务所会事股字(1997)第222号

黄山旅游发展股份有限公司:

我们接受委托,对黄山旅游发展股份有限公司截至1996年4月24日止的注册资本、投入股本变更情况的真实性和合法性进行了审验。在审验过程中我们根据国家有关法律、法规的规定,并按照《独立审计实务公告第1号—验资》的要求,实施了必要的审验程序。黄山旅游发展股份有限公司的责任是提供真实、合法、完整的验资资料,我们的责任是按照《独立审计实务公告第1号—验资》的要求,出具真实、合法的验资报告。

黄山旅游发展股份有限公司变更前的注册资本和投入股本均为193,000,000.00元,变更后注册资本为233,000,000.00元。根据我们审验截至1997年4月24日止,黄山旅游发展股份有限公司增加投入股本40,000,000.00元,变更后投入股本总额为233,000,000.00元。

验资事项说明

一、黄山旅游发展股份有限公司经安徽省经济体制改革委员会皖体改函字(1996)第055号文批准,以黄山旅游发展总公司所属的黄山北海宾馆、黄山玉屏楼宾馆、黄山云谷山庄宾馆、黄山宾馆、黄山海外旅行社、黄山排云楼宾馆和黄山园林开发公司等十家单位的全部经营性净资产出资,向社会募集股份设立。1996年10月30日经国务院证券委员会证委发(1996)32号文批准,经上海市证券管理办公室沪办(1996)228号文同意,发行境内上市外资股(B股)80,000,000股,1996年11月18日在安徽省工商行政管理局办理注册登记手续。1997年4月17日经中国证券监督管理委员会证监发字〔1997〕122号及123号文件批准,向社会公开发行人民币普通股40,000,000股(含公司职工股2,500,000股),社会公众股(A股)发行后,黄山旅游发展股份有限公司股本增至233,000,000股。

二、注册资本及投入股本的变更情况

投资主体	变更前 注册资本	变更前 投入股本	变更后 注册资本	变更后 投入股本	出资时间	出资方式
国有法人股股东	113,000,000	113,000,000	113,000,000	113,000,000	96年5月	经营性净资产

外资股股东(B股)	80,000,000	80,000,000	80,000,000	80,000,000	96年11月	货币资金
社会公众股东(A股)			40,000,000	40,000,000	97年4月	货币资金
合计	193,000,000	193,000,000	233,000,000	233,000,000		

三、社会公众股(A股)发行募集资金情况

社会公众股(A股)发行共募集资金240,800,000.00元,扣除发行费用9,965,858.67元,实收股本及溢价款230,834,141.33元,折为股本40,000,000.00元,资本公积190,834,141.33元。

安徽会计师事务所　　中国注册会计师　童传江

中国注册会计师　汪群

1997年4月24日

七、董事、监事及高级管理人员持股情况

本公司自成立以来,董事、监事及高级管理人员没有发生变动。公司董事、监事及高级管理人员持股数量和比例如下:

姓名	职务	认购股数(股)	所占比例‰
汪巍然	董事长	6050	0.026
黎志	副董事长、总经理	6000	0.026
朱立刚	副董事长、副总经理	6000	0.026
袁代福	董事、副总经理	5000	0.021
郑忠印	董事、副总经理	5000	0.021
王桂梭	监事会主席	6000	0.026
宣如友	监事	3500	0.015
姚敏生	监事	3500	0.015

公司董事、监事和高级管理人员共持有本公司股票41050股,占公司总股本的0.0176%,均为公司职工股,按照《中华人民共和国公司法》规定,其持有股份在任职期内不得转让。

八、公司设立

1.本公司1997年1月14日召开的临时股东大会审议通过了董事会所作的关于增资扩股发行A股并上市的提案,同意公司发行A股并在上海证券交易所上市;授权董事会全权处理A股发行上市的一切事宜。

2.公司注册资金:23300万元

3.本次发行后变更注册登记时间:1997年4月28日

4.公司注册地址:安徽省黄山市黄山风景区温泉

5.营业执照注册号为14897367—7

6.主要经营范围为旅游接待、服务、旅游商品开发、销售、旅游运输、饮食服务,旅游资源开发,组织举办与旅游相关贸易活动,信息咨询。

7.本公司的主要业务包括:宾馆的经营与管理、索道的经营与管理、园林管理与门票的出售、旅行社业务以及其它业务。

九、关联企业及关联交易

1.关联企业名称及概况

本次4000万股A股发行前,总公司拥有本公司58.55%的股权,是本公司的绝对控股企业。本次A股发行后,总公司拥有本公司48.5%的股权。注册资金:5000万元。经营范围:主营接待外国人、华侨、港澳同胞和中国公民的旅游业务。兼营旅游饭店,旅游交通,旅游商品,旅游开发,引进外资咨询服务。

本公司现拥有控股企业一家—黄山玉屏客运索道有限责任公司,本公司在该控股企业中拥有80%的股权,该公司主要经营管理黄山玉屏客运索道,本公司无其他控股或参股企业。

2.关联交易

本公司成立后,为避免与控股股东—总公司之间存在同业竞争关系,总公司就其在黄山风景区不新设与本公司相竞争之业务以及在依法只能由总公司新设上述业务时将该项目优先交由本公司经营一事签署了承诺书,本公司的效益得到充分保护,全体股东的共同权益不会因此而受到损害。

上述关联关系的存在并未影响本公司重大合同条款及其履行,本公司决定依法按市场经济原则予以处理本公司与其关联企业之间的经济往来,本公司与关联企业间的经济往来依照等价、有偿、公开的交易原则,采用经济合同的方式进行,交易价格等条款均按同类商品或服务的市场价格条件确定,以公平维护本公司及交易相对人的正当权益,为此双方已签订了有关生产、生活服务等涉及关联经济关系的协议。

十、股本结构及大股东持股情况

1.本次A股上市前本公司的股本结构如下:

股本类别	股数(万股)	比例(%)
总股本	23300	100
尚未流通股份:		
国有法人股	11300	48.50
可流通股份:		
B　股	8000	34.33
A　股	4000	17.17
(1)本次公开发行股份	4000	17.17
其中:公司职工股	250	1.07

2.截至1997年4月21日,本公司前十名股东所持股数及比例如下:

持股单位	持股数量(万股)	所占比例
黄山旅游发展总公司	11300	48.50%
CITIBANK N.A S/B JARDINE FLEMMING CHINA REGION FUND	1430	6.14%
新利华集团有限公司	1000	4.29%
CITIBANK A/C FLEDGELING SECURITIES LTD.	425	1.82%
HKSBCSB A/C STATE STREET BANK AND TRUST S/A THE CHINA FUND	282.6	1.21%
HKSBCSB ACC H.K. BANK INT. TRUSTEE LTD. S/A JF CHINA TRUST	275	1.18%
SCBHK A/C ROBERT FLEMING & CO.,LTD. LUXEMBOURG S/A FLEMING FLAGSHIP FUND	193.6	0.83%
WANG XINSHUN	170	0.73%
SANTANDER NEW WORLD INV. GROUP-EXPLORER FUND	163	0.70%
SCBHK A/C INVESTORS BANK & TRUST CO.,S/A GUINESS FLIGHT INVESTMENT FUND	153.1	0.66%

十一、公司财务会计资料

(一)审计报告

致:黄山旅游发展股份有限公司全体股东

安达信·华强会计师事务所(以下简称"我们")接受委托,审计了黄山旅游发展股份有限公司(以下简称"贵公司")及其子公司(以下总称为"贵集团")一九九六年十二月三十一日的合并资产负债表和一九九六年十一月十八日(公司注册日)至一九九六年十二月三十一日的全并利润及利润分配表和合并财务状况变动表,编列这些合并财务报表是贵集团管理阶层的责任,我们的责任是依据我们的审计对这些合并财务报表发表意见。我们的审计是依据《中国注册会计师独立审计准则》和有关法规进行的。在审计过程中,我们结合贵集团的实际情况,实施了包括抽查会计记录等我们认为必要的审计程序。

我们认为,上述合并财务报表符合《中华人民共和国企业会计准则》和《股份制试点企业会计制度》,《关于在证券交易所和交易系统已挂牌和申请挂牌的公司如何执行会计制度的函》,《合并会计报表暂行规定》及其他有关的规定,在所有重大方面公允地反映了贵集团一九九六年十二月三十一日的财务状况和一九九六年十一月十八日至十二月三十一日的经营成果及资金变动情况。

安达信·华强会计师事务所　　中国注册会计师　　贾健

中国注册会计师　　李燕玉

中国·北京　　一九九七年四月二十六日

(二)合并资产负债表,合并利润及利润分配表,合并财务状况变动表

见附表

(三)财务报表附注

1.财务报表的编制基准

根据本公司与总公司的重组协议,重组于一九九六年十一月十八日(公司注册日)完成,同时本集团成立前的税后利润不包括在本集团于一九九六年十一月十八日至十二月三十一日的合并财务报表中。

为方便比较目的,本公司董事认为应呈列截至一九九五年度及一九九六年度之备考合并利润表。备考合并利润表是在假设本集团的结构在一九九五年及一九九六年全年度已存在基础上编制的。

2.主要会计政策

(a)会计年度

采用公历制,自一月一日起至十二月三十一日止。

(b)会计制度

执行《股份制试点企业会计制度》。

(c)记帐本位币

人民币。

(d)合并报表的编制方法

截至一九九六年十二月三十一日,本集团的合并财务报表包括本公司及下列子公司的财务报表:

合并子公司	注册资本	权益比例	主要业务
黄山海外旅行社	948,600	100%	经营一类旅行社业务;信息咨询服务

子公司是指本公司持有其股权50%以上作为长期投资的公司。在编制合并报表时,并已冲销集团间的重大内部交易及余额。

(e)会计核算

以权责发生制为基础。

(f)短期投资

短期投资按成本列计。

(g)坏帐准备

坏帐准备按年末应收帐款余额的5‰计提。

(h)存货

存货成本按加权平均成本计价。

(i)长期投资

长期投资于国库券按投资成本列记。长期投资于联营公司按权益法计价。

(j)固定资产及折旧

固定资产按照实际成本或评估值减累计折旧入帐,折旧根据实际成本或评估值减去3%的估计残值后,在估计使用年限内按直线法计提折旧。固定资产的估计使用年限如下:

类别	使用年限
房屋及建筑物	5—40年
索道设备	24年
机器设备	6—20年
通讯设备	7—14年
运输设备	5—18年
其他	4—20年

(k)在建工程

在建工程指建造中之房屋及安装测试中的机器设备,按成本列记。成本包括固定资产购置、安装及建造成本支出。以借款支付在建工程时,于建造、安装及测试期间发生与该借款有关的利息支出均予资本化。

(l)无形资产

无形资产系土地使用权以评估值减累计摊销列记。无形资产按直线法分40年摊销。

(m)所得税

本集团的所得税是根据当期帐面税前利润增减不须课税或不可扣除的各项收支项目计算。

(n)外币折算

以外币结算之交易按发生时的汇率折算为人民币记帐,以外币结算之货币性资产及负债按资产负债表日汇率折算成人民币,汇兑损益均列入当期损益处理。

3.货币资金

	一九九六年十二月三十一日
现金	258,275.08
银行存款	154,177,071.75
合计	154,435,346.83

4.应收帐款

	1年以内	1—2年	2年—3年以上	3年以上	合计
帐龄分析	16,311,248.09	1,362,947.97	204,409	2,068,369.73	19,946,974.79

无持股5%以上股东欠款情况。

5.其他应收款

	1年以内	1—2年	2年以上	合计
帐龄分析	23,735,640.75	1,131,085.66	379,295.00	25,246,021.41

其中持有本公司58.55%股权的总公司的应收款为人民币4,227,910.06元。

6.存货

	一九九六年十二月三十一日
食品及饮料	387,137.08
物料	4,019,330.50
库存商品	306,543.84
低值易耗品	1,379,435.64
合计	6,092,447.78

7.长期投资

本公司长期投资包括:

(a)债券投资

种类	年利率	面值	合计
国库券	14%	210,500	210,500

(b)联营投资

被投资公司名称	投资比例	帐面价值
黄山黄河有限责任公司	23.22%	1,000,000

8.固定资产

固定资产于一九九六年十一月十八日至十二月三十一日之变动如下:

成本/评估值	期初金额	本期增加	本期减少	期末金额
房屋及建筑物	160,855,789.13	2,267,686.48	—	163,123,475.61
索道设备	73,000,000.00	—	—	73,000,000.00
机器设备	9,195,836.30	1,544.00	—	9,197,380.30
通讯设备	1,992,249.04	65,607.83	—	2,057,856.87
运输设备	7,271,440.00	593,080.00	(75,000.00)	7,789,520.00
其他	26,644,250.72	799,203.24		27,443,453.96
合计	278,959,565.19	3,727,121.55	(75,000.00)	282,611,686.74
累计折旧	期初金额	本期增加	本期减少	期末金额
房屋及建筑物	31,166,754.04	971,912.51	—	32,138,666.55
索道设备	30,323,374.00	483,868.00	—	30,807,242.00
机器设备	2,455,806.40	131,674.48	—	2,587,480.88
通讯设备	510,913.69	46,618.05		557,531.74
运输设备	2,442,206.12	137,937.82	(30,700.00)	2,549,443.94
其他设备	8,570,602.80	533,970.06	—	9,104,572.86
合计	75,469,657.05	2,305,980.92	(30,700.00)	77,744,937.97
净值	203,489,908.14			204,866,748.77

截至一九九六年十二月三十一日,净值约人民币1,600,000元的房屋及建筑物已抵押为银行借款的担保品。

9.在建工程

	一九九六年十二月三十一日
黄山狮林饭店改造工程	2,505,393.03
吊桥公路工程	2,302,247.00
水毁工程修复工程	1,487,705.15
蒲团松莲花精舍道路工程	1,450,000.00
温泉云谷寺公厕	1,440,994.00
北海西海垃圾池工程	596,033.00
光明顶至天海道路	493,214.00
索道上站装潢工程	450,000.00
索道磁翻转显示屏工程	440,000.00
办公楼改建装修工程	408,772.00
消防工程	310,000.00
急救中心维修工程	133,464.98
其他	837,953.34
合计	12,855,776.51

10. 无形资产

无形资产种类	原值	已摊销金额	期末余额	剩余摊销年限
土地使用权	2,569,367.00	1,643.92	2,567,723.08	39年11个月

11. 短期借款

币种	借款金额	年利率	担保	抵押
人民币	44,420,000.00	9.72—16.2%	管委会计财处及园林局	—
人民币	1,500,000.00	11.088%	—	净值约160万元的房屋
人民币	560,000.00	11.088%—14.472%	—	—
合计	46,480,000.00			

12. 未付股利

一九九七年四月二十六日本公司董事会建议，派发1996年年度股利每股人民币0.0254元予全体B股股东。

根据本公司章程，股利分派按中国会计制度编制的法定帐目及国际会计准则编制的报表，两者未分配利润较低数作为分派基础，于一九九六年十二月三十一日，本公司无可供股东分配利润。根据公司B股发行、上市之承诺，该部分股利由总公司承担。

13. 其他应付款

	一九九六年十二月三十一日
应付关联公司款项	15,550,961.00
应付工程款	1,995,802.83
应付审计费	940,000.00
应付证券发行费	928,737.66
黄山市水厂	600,000.00
黄山市供电公司	356,719.96
应付保险费	344,933.00
应付律师费	214,380.00
其他	3,624,863.52
合计	24,556,397.97

14. 长期借款

贷款单位	借款日	到期日	年利率	币种	金额	借款条件
安徽省信托投资公司	1995.6.15	1998.6.15	16.83%	人民币	400,000.00	管委会计财处担保
中国人民建设银行黄山办事处	1991.12.1	2002.12.1	3.00%	人民币	1,000,000.00	管委会计财处担保
中国人民建设银行黄山办事处	1992.12.31	2001.12.31	3.00%	人民币	700,000.00	管委会计财处担保
中国人民建设银行黄山办事处	1994.8.16	1998.2.15	13.86%	人民币	3,000,000.00	管委会计财处担保
中国人民建设银行黄山办事处	1986.8.25	1998.7.25	3.00%	人民币	4,100,000.00	管委会计财处担保
应付利息				人民币	3,651,769.58	管委会计财处担保
					12,851,769.58	

15. 股本

A股发行前，本公司的股本(每股面值1元)结构如下：

股权类别	股本	占总股本(%)
国有法人股	113,000,000.00	58.5
B股	80,000,000.00	41.5
合计	193,000,000.00	100.0

本公司以每股面值人民币1元发行80,000,000股B股，每股发行价人民币2.14元(0.258美元)。B股在上海证券交易所上市。

16. 资本公积、盈余公积及未分配利润

一九九六年十一月十八日余额	资本公积	法定公积金	法定公益金	未分配利润	总计
国有股折股溢价	58,682,625.51	—	—	—	58,682,625.51
发行B股之溢价收入	91,356,995.50	—	—	—	91,356,995.50
发行B股之发行费用	15,440,454.90	—	—	—	15,440,454.90
本期亏损	—	—	—	(544.40)	(544.40)
一九九六年十二月三十一日余额	134,599,166.11	—	—	(544.40)	134,598,621.71
	注释17(a)	注释17(b)	注释17(c)		

(a)资本公积包括国有股以面值从总公司换取净资产而产生的溢价额及发行B股之总发行收入超过面值并扣除因发行股票发生的相关费用，包括承销佣金、中介机构费用及其他推介费用后的净额。

(b)根据本公司章程的规定本公司根据法定税后利润(弥补以前年度亏损后)提取10%的法定公积金，当法定公积金累计达到注册资本的50%时可不再提取。法定公积金可用于弥补亏损或转增股本，但弥补亏损或转增股本后剩余的公积金不得低于注册资本的25%。

(c)本公司还必须根据法定税后利润提取5%—10%的公益金。公益金只能用于职工集体福利的资本性支出。

17. 主要营业收入

	一九九六年十一月十八日至十二月三十一日	备考 一九九六年一月一日至十二月三十一日	备考 一九九五年一月一日至十二月三十一日
客房收入	2,161,424.54	44,875,965.57	40,605,720.56
餐饮收入	2,323,991.30	26,225,021.69	19,802,547.57
索道收入	1,717,614.56	28,127,098.00	26,947,998.27
园区门票收入	3,229,214.94	50,449,008.00	44,127,480.30
其他	2,372,784.19	19,392,325.44	14,019,335.43
合计	11,805,029.53	169,069,418.70	145,503,082.13

18. 财务费用

	一九九六年十一月十八日至十二月三十一日	备考 一九九六年一月一日至十二月三十一日	一九九六年一月一日至十二月三十一日
利息支出	969,940.75	4,990,606.07	6,915,883.85
利息收入	(1,398,606.02)	(3,489,215.46)	(942,390.41)
汇兑损益	81,369.01	(291,751.31)	(436,898.90)
其他	6,918.21	54,495.00	(6,851.24)
合计	(340,378.05)	1,264,134.30	5,529,743.30

19. 其他业务利润

其他业务利润系经营及管理黄山西海饭店的承包利润。

20. 营业外收入

	一九九六年十一月十八日至十二月三十一日	备考 一九九六年一月一日至十二月三十一日	备考 一九九六年一月一日至十二月三十一日
固定资产清理收入	100,230.00	100,230.00	

其他	186,340.09	239,597.83	306,561.34
合计	286,570.09	339,827.83	306,561.34

21. 税项

(1)营业税及附加

本公司营业税分别按酒店及索道园区门票营业收入的5%及3%缴纳;除营业税外,本公司尚须缴纳以下附加税:

城市维护建设税—营业税款的5%。

教育费附加—营业税款的3%。

水利基金—营业税款的1%。

(2)所得税

安徽省人民政府已批准本公司自一九九六年一月一日起先按33%的税率纳税,再按18%返还,亦即实际税率为15%。

22. 与关系公司交易

本公司重大的关系公司交易揭示如下:

	一九九六年十一月十八日至十二月三十一日	备考 一九九六年一月一日至十二月三十一日
(1)关联企业垫付在建工程款	2,462,451.00	3,714,580.00
关联企业垫付费用	2,260,324.00	9,655,561.00
总公司代垫款利息费用	193,648.00	1,610,803.00
总公司借款利息收入	1,068,822.26	2,811,874.26

(2)一九九六年十二月三十一日,本公司应收总公司款项如下:

融资借款	27,027,928.00
借款利息	4,422,577.06
应收总公司股息	4,902,548.00
应付利润	(30,425,834.00)
应付总公司款项	(656,861.00)
	5,270,458.06

上述借款系无抵押借款,年利率为9.516%。

(3)一九九六年十二月三十一日,应收关联公司款人民币2,638,086元,系应收黄山管委会款项(帐列其他应收款)。

(4)一九九六年十二月三十一日,本公司应付关联企业款项如下:

管委会融资借款	7,123,571.00
关联企业无息融资	3,175,000.00
应付一关联企业在建工程款	3,714,580.00
其他应付一关联企业款	1,537,810.00
	15,550,961.00

上述借款系无抵押借款,年利率为5.4%—6%。

应付及应收关联公司款项主要因利润分配及上述交易产生,无固定还款日期。

十二、董事会上市承诺

本公司董事会将严格遵守《中华人民共和国公司法》、《股票发行与交易管理暂行条例》、《公开发行股票公司信息披露实施细则》、《上海证券交易所交易规则》等有关法律法规,并自股票上市之日起作出如下承诺:

1. 按照法律、法规的规定程序和要求披露重大的信息、并接受证券主管机关、上海证券交易所的监督管理。

2. 及时、真实、准确地公布中期报告和年度报告并备置于规定场所供投资者查阅。

3. 本公司董事、监事及高级管理人员如发生人事变动或持本公司股票发生变化时,在报告证券主管机关、证券交易所的同时向投资者公布。

4. 在任何公共传播媒介中出现的消息可能对本公司股票的市场价格产生误导性影响时,本公司知悉后将及时对该消息予以公开澄清。

5. 本公司董事、监事及高级管理人员将认真听取社会公众的意见和批评,不利用已获得的内幕消息和其他不正当手段直接或间接从事股票买卖活动。

6. 本公司没有无记录负债。

十三、财务指标

1. 本公司1996年的主要会计数据和财务指标。

1)主营业务收入(万元)	16907
2)净利润(万元)	6401
3)总资产(万元)	42485
4)股东权益(万元)	32760
5)每股收益(元)	0.33
6)每股净资产(元)	1.70
7)净资产收益率(%)	19.53
8)股东权益比率(%)	77.10

注:以上数据根据1996年备考财务报告计算(按1996年末已发行股本总额193,000,000股)

2. 经国际会计师事务所安达信公司审计,净利润为60784千元人民币。

现将一九九六年度按中国会计准则和国际会计准则对净利润审计差异调整内容列示如下:(单位:(人民币元)

法定报表之除税后利润		64,013,876
依据国际会计准则所作调整		
计提坏帐准备	(55,126)	
职工福利及能源交通建设基金调整为当期费用		
折旧费用调整		
外币资产负债重估	(265,532)	
冲销开办费	(2,909,586)	
		(3,320,244)
按国际会计准则重编后之金额		60,783,632

十四、备查文件目录

1. 黄山旅游发展股份有限公司企业法人营业执照

2. 中国证券监督管理委员会关于黄山旅游发展股份有限公司股票发行的复审意见书

3. 上海证券交易所上市通知书

4. 各级主管机构对公司股份制改组、历次股票发行的批复

5. 资产评估报告

6. 业绩审计报告

7. 历次股票发行发行人法律顾问的法律意见书、律师工作报告,承销团法律顾问的法律意见书

8. 历次招股说明书

9. 历次股东大会决议、董事会决议

黄山旅游发展股份有限公司

一九九七年四月三十日

附表 1:

合并资产负债表

资　　产	注释	本　公　司	本　集　团	负债及股东权益	注释	本公司	本集团
流动资产:				流动负债:			
货币资金	4	153,931,919.80	154,435,346.83	短期借款	12	44,980,000.00	46,480,000.00
短期投资		75,750.00	75,750.00	应付票据			
应收票据				应付帐款		1,033,268.06	2,377,415.60
应收收款	5	15,558,023.30	19,946,974.79	预收货款			
减:坏帐准备		(90,289.67)	(106,937.67)	应付福利费		5,911,330.63	6,193,345.91
应收帐款净额		15,467,733.63	19,840,037.12	未付股利	13	4,902,548.00	4,902,548.00
预付货款		2,852,685.55	3,212,685.55	未交税金		2,081,917.29	2,044,783.57
其他应收款	6	25,078,487.77	25,246,021.41	其他未交款			
待摊费用		2,188,025.16	2,237,366.73	其他应付款	14	23,864,444.76	24,556,397.97
存货	7	6,092,447.78	6,092,447.78	预提费用		749,654.65	792,828.33
减:存货变现损失准备				一年内到期的长期负债		4,100,000.00	4,100,000.00
存货净额		6,092,447.78	6,092,447.78	其他流动负债		407,528.98	407,528.98
待处理流动资产净损失				流动负债合计		88,030,692.37	91,854,848.36
一年内到期的长期债券投资				长期负债:			
其他流动资产:		13,988.63	13,988.63	长期借款	15	12,851,769.58	12,851,769.58
流动资产合计		205,701,038.32	211,153,644.05	应付债券			
长期投资:				长期应付款		210,067.69	449,152.76
长期投资	8	5,933,120.62	1,210,500.00	其他长期负债			
合并价差				长期负债合计		13,061,837.27	13,300,922.34
固定资产:				递延税项:			
固定资产原值	9	278,682,162.74	282,611,686.74	负债合计		101,092,529.64	105,155,770.70
减:累计折旧	9	(76,346,999.83)	(77,744,937.97)	少数股东权益			
固定资产净值	9	202,335,162.91	204,866,748.77	股东权益:			
固定资产清理				股本	16	193,000,000.00	193,000,000.00
在建工程	10	12,447,004.50	12,855,776.51	资本公积	17	134,599,166.11	134,599,166.11
待处理固定资产净损失				盈余公积	17		
固定资产合计		214,782,167.41	217,722,525.28	其中公益金	17		
无形资产及递延资产:				未分配利润	17	(544.40)	(544.40)
无形资产	11	2,174,825.00	2,567,723.08	外币报表折算差额			
递延资产				股东权益合计		327,598,621.71	327,598,621.71
无形及递延资产合计		2,174,825.00	2,567,723.08	负债及股东权益总计		428,691,151.35	432,754,392.41
其他长期资产		100,000.00	100,000.00				
递延税项							
资产总计		428,691,151.35	432,754,329.41				

附表 2:

合并利润及利润分配表

		1996年11月18日—12月31日		1996年1月1日—12月31日(备考)	
项目	注释	本公司	本集团	本公司	本集团
一、主营业务收入	18	10,997,307.63	11,805,029.53	164,281,398.28	169,069,418.70
减:营业成本		(210,767.65)	(751,614.08)	(12,651,743.79)	(16,481,104.36)
营业费用		(7,143,734.08)	(7,241,901.57)	(62.747,557.69)	(63,093,880.36)
管理费用		(3,136,361.39)	(3,164,238.88)	(12,528,448.39)	(12,966,808.34)
财务费用	19	345,868.65	340,378.05	(1,492,555.37)	(1,264,134.30)
进货费用					
营业税金及附加	22	(438,158.62)	(456,618.84)	(7,043,657.74)	(7,116,009.62)
二、主营业务利润		414,154.54	531,034.21	67,817,435.30	68,147,481.72
加:其他业务利润	20	(818,148.70)	(818,148.70)	6,056,616.24	6,056,616.24
三、营业利润		(403,994.16)	(287,114.49)	73,874,051.54	74,204,097.96
加:投资收益		117,554.67		299,067.62	
补贴收入					
营业外收入	21	285,895.09	286,570.09	338,777.83	339,827.83
减:营业外支出					
加:以前年度损益调整					
其他收入					

		1996年11月18日—12月31日		1996年1月1日—12月31日(备考)	
四、利润总额		(544.40)	(544.40)	74,511,896.99	74,543,925.79
减:所得税	22			(10,501,020.87)	(10,533,049.67)
加:少数股东损益					
五、净利润	17	(544.40)	(544.40)	64,010,876.12	64,010,876.12
加:年初未分配利润					
盈余公积转入					
其他税后利润					
六、可分配利润		(544.40)	(544.40)		
减:提取法定公积金	17				
提取法定公益金	17				
七、可供股东分配的利润		(544.40)	(544.40)		
减:已分配优先股股利					
提取任意公积金	17				
已分配普通股股利	17				
其他分配利润					
年末未分配利润		(544.40)	(544.40)		

附表3:

合并财务状况变动表

流动资金来源和运用	注释	本公司	本集团	流动资金各项目的变动	注释	本公司	本集团
一、流动资金来源:				一、流动资产本期增加数			
1. 本期利润		(544.40)	(544.40)	1. 货币资金		134,034,115.60	134,028,854.03
加:少数股东净利润(合并报表填列)				2. 短期投资		(7,618.25)	(7,618.25)
加:不减少流动资金的费用和损失				3. 应收票据			
(1)固定资产折旧		2,254,863.44	2,305,980.92	4. 应收帐款净额		(1,902,027.34)	(2,487,559.83)
(2)无形资产、递延资产及其他资产摊销			1,643.92	5. 预付货款		2,601,020.94	2,601,020.94
(减其他负债转销)				6. 其他应收款		16,476,747.68	15,836,745.86
(3)固定资产盘亏(减盘盈)		26,300.00	26,300.00				
(4)清理固定资产损失(减收益)				7. 待摊费用		567,319.85	575,693.09
(5)递延税款				8. 存货净额		371,530.44	371,530.44
(6)其他不减少流动资金的费用和损失				9. 待处理流动资产净损失			
小计		2,280,619.04	2,333,380.44	10. 一年内到期的长期债券投资			
2. 其他来源				11. 其他流动资产		(10,600.00)	(10,600.00)
(1)固定资产清理收入(减清理费用)		18,000.00	18,000.00	流动资产增加净额		152,130,488.92	150,908,066.28
(2)增加长期负债				二、流动负债本期增加数			
(3)收回长期投资				1. 短期借款		1,850,000.000	1,850,000.000
(4)对外投资转出固定资产				2. 应付票据			
(5)对外投资转出无形资产				3. 应付帐款		(282,242.52)	722,657.46
(6)资本净增加额		155,916,540.60	155,916,540.60	4. 预收货款			
(7)少数股东资本净增加额(合并报表填列)				5. 应付福利费		(87,87172)	(81,656.06)
小计		155,934,540.60	155,934,540.60	6. 未付股利		(4,902,548.00)	(4,902,548.00)
流动资金来源合计		158,215,159.64	158,267,921.04	7. 未交税金		265,259.11	319,892.63
二、流动资金运用				8. 其他未交款			
1. 利润分配				9. 其他应付款		693,985.56	755,089.76
(1)提取法定公积金				10. 预提费用		1,768,157.72	1,768,157.72
(2)提取法定公益金				11. 其他流动负债		59,156.43	59,156.43
(3)提取职工奖福基金				流动负债增加净额		(636,103.42)	490,749.94
(4)提取任意公积金(减盈余公积转入)				流动资金增加净额		151,494,385.50	151,398,816.22
(5)已分配发起人利润							
小计							
2. 少数股东利润分配(合并报表填列)							
3. 其他运用							
(1)固定资产和在建工程净增加额		(6,396,126.71)	(6,641,126.70)				
(2)增加无形资产、递延资产及其他资产							
(3)偿还长期负债		(31,092.76)	(53,478.12)				
(4)增加长期投资		(293,554.67)	(174,500.00)				
小计		(6,720,774.14)	(6,869,104.82)				
流动资金运用合计		(6,720,774.14)	(6,869,104.82)				
流动资金增加净额		151,494,385.50	151,398,816.22				

黄山旅游发展股份有限公司一九九七年度中期报告

一、财务报告(未经审计)

1. 简化的资产负债表

1997年6月30日　　单位:元

项目	年初数 母公司	年初数 合并	期末数 母公司	期末数 合并
流动资产	205,701,038.32	211,153,644.05	355,178,160.01	365,721,611.09
长期投资	5,933,120.62	1,210,500.00	59,963,750.42	1,650,500.00
固定资产净值	202,335,162.91	204,866,748.77	218,511,064.14	275,641,374.16
固定资产清理				63,398.19
在建工程	12,447,004.50	12,855,276.51	10,164,374.47	14,543,146.48
无形资产及递延资产	2,174,825.00	2,567,723.08	9,024,197.19	9,305,286.06
其他长期资产	100,000.00	100,000.00	100,000.00	460,000.00
合并价差				2,347,371.14
资产总计	428,691,151.35	432,754,392.41	652,941,546.23	669,732,687.12
流动负债	88,030,692.37	91,854,848.36	54,313,486.73	57,764,834.86
长期负债	13,061,837.27	13,300,922.34	1,927,179.48	2,096,264.55
负债合计	101,092,529.64	105,155,770.70	56,240,666.21	59,861,099.41
少数股东股益				13,170,707.69
股本	193,000,000.00	193,000,000.00	233,000,000.00	233,000,000.00
资本公积	134,599,166.11	134,599,166.11	325,470,556.19	325,470,556.19
未分配利润	-544.40	-544.40	38,230,323.83	38,230,323.83
股东权益合计	327,598,621.71	327,598,621.71	596,700,880.02	596,700,880.02
负债及股东权益合计	428,691,151.35	432,754,392.41	652,941,546.23	669,732,687.12

2. 简化的损益表

单位:元

项目	上年同期数 母公司	上年同期数 合并	97年1—6月累计数 母公司	97年1—6月累计数 合并
主营业务收入	64,161,339.9	64,382,872.63	87,417,878.52	102,636,154.67
主营业务利润	18,341,655.22	18,338,534.98	31,394,909.36	34,303,715.40
其他业务利润	2,866,131.83	2,866,131.83	10,082,339.98	10,085,359.61
投资收益	-3,120.24		2,364,685.67	
营业外收支净额	1,129,725.99	1,129,725.99	295,113.82	295,113.82
比前年度损益调整			-181,707.85	-181,707.85
利润总额	22,334,392.80	22,334,392.80	43,955,340.98	44,502,480.98
所得税	3,350,158.92	3,350,158.92	5,725,017.15	5,725,017.15
少数股东权益				547,140.00
净利润	18,984,233.88	18,984,233.88	38,230,323.83	38,230,323.83

3. 主要财务指标

本期数	本期数	本期数(扣发行利息收入)
1. 每股收益(摊薄)	0.164	0.157
2. 净资产收益率	6.4%	6.1%
3. 每股净资产	2.56	2.55
4. 每股收益(加权平均)	0.184	0.176

说明:本期股本数233,000,000为计算基础。

本期加权平均股本数207,888,889为计算基础。

财务报表附注:(单位:人民币元)

1. 本期财务报告所采用的会计政策和会计方法与上年度一致。

2. 合并报表的单位增加了分公司白云宾馆与子公司黄山玉屏索道有限公司。

3. 货币资金本期比96年末(下同)增加133,069,239.58元,主要是公司4月份发行4000万A股募股资金到位。

4. 应收帐款:

1997年6月30日余额为32,027,884.70元,净额增加12,137,897.25元,主要是由于公司大力扩大营销市场,放宽了对各旅行社的信用期限所致。

帐龄	金额	占总额比例(%)
1年以内	18,080,350.20	56
1—2年	8,019,711.00	25
2年以上	5,927,823.50	19

5. 其他应收款:

1997年6月30日帐面余额为38,247,502.96元。

帐龄	金额	占总额比重(%)
1年以内	32,135,561.89	84
1—2年	5,832,646.07	15
2年以上	279,295.00	1

6. 固定资产比上年增加82,891,119.56元,主要系收购白云宾馆与玉屏索道。

7. 合并价差系玉屏索道收购价差。

8. 递延资产本期发生额6,849,372.19元,主要是园林开发公司的道路维修及公司成立开办费。

9. 短期投资减少10,000元为国库券到期收回。

10. 长、短期借款减少主要为偿还到期贷款。

11. 未付股利减少是由于按96年备考利润计算支付总公司国有法人股股利2,860,548元。

12. 股本及资本公积增加是由于发行A股所致。公司4月发行4000万A股,募集资金扣除发行费用后,净额为190,834,141.33元,记入资本公积金。

13. 未分配利润为本期实现净利润。承包利润系经营及管理西海饭店的利润。

14. 子公司及关联企业

①子公司企业名称	投资额(万元)	股权比例	主经经营业务
黄山海外旅行社	289.2	100%	一类旅行社业务
黄山玉屏客运索道有限责任公司	5,057.6	80%	索道客运
②联营公司			
黄山黄河有限责任公司	144	23.22%	旅游接待、服务

15. 关联交易

黄山旅游发展总公司持有本公司国有法人股11300万股,占总股本的48.5%,总公司与本公司同一法人代表。

到6月底止,本公司已结清历年与总公司的财务往来,实际支付总公司历年往来款30,357,125.81元。

本公司在收购玉屏客运索道80%股权,白云宾馆产权时,已相应扣除总公司融资借款本公司本息31,686,714.87元,实际支付总公司收购款40,583,391.63元。

本公司所属子公司黄山海外旅行社组团来山旅游,均住本公司所属宾馆饭店,这部分收入在合并会计报表时,已相互抵销。

16. 或有事项

依本公司与总公司1996年8月9日签署的于本公司领取营业执照起生效的《房屋租赁合同》和《总公司为本公司职工提供生活服务和合同》的规定,本公司可租用总公司房屋,总公司为本公司提供的生活服务及便利包括(但不限宿舍、水、电、液化气、食堂、浴室、学校、医院、班车等总公司将收取租赁或服务费用。费用收取标准在没有国家和地方政府统一规定的情况下,依提供服务的实际成本及合理利润来确定。

二、公司经营情况的回顾和展望

(一)上半年经营情况的回顾

公司上半年以97中国旅游年和公司A、B股成功发行为契机，以提高经济效益为中心，以谋求给股东最大回报为宗旨，认真做好各项工作，取得了较好的经济效益和社会效益。上半年公司共接待境内外游客466869人次，较去年同期增长29%，实现主营业务收入102,636,154.67元，比去年同期增长59.4%，实现税后利润38,230,328.83元，比去年同期增长101.4%，已完成全年盈利预测的52.1%(上半年利润一般占全年利润的40%左右)。本公司之所以能够取得较好的成绩，主要采取了下列措施。

1. 加强财务管理，制定了统一票据，核减接待费用，建立各下属公司的内部资金调拨流通网络，实行收支两条线等一系列财务管理办法，同时加大对应收帐款的催缴力度，截止5月30日，已追回各旅行社及相关单位的历年应收帐款1400多万元。同时，公司还对各下属单位的低值易耗品及原材料采购实行统一的价格监控，也收到了较明显的效果。

2. 成立"计调销售中心"，对外统一制定价格，市场营销统一调控，在很大程度上摒弃了过去各下属公司之间相互削价竞争的局面，又大大提高各宾馆的入住率。

3. 公司收购的玉屏索道(80%股权)及白云宾馆在今年上半年成为公司强劲的经济增长点。

4. 与上海锦江国际管理公司合资成立"黄山—锦江国际管理有限责任公司"，将锦江集团在饭店管理方面的先进模式和丰富经验引入本公司，为提高本公司酒店软件管理起到了很大的推动作用。

5. 加大对外宣传促销的力度，实行全方位多层次的宣传、促销手段。在境内，先后在上海、南京、合肥举办黄山冬游的新闻发布会，并参加在北京、西安、珠海等地举办的各类旅游交易洽谈会，与国内的各种宣传媒体保持经常的联系。在境外，先后组团赴韩国、新加坡、日本及澳大利亚等国家和地区参加各种世界旅游交易会，在东南亚和受汉文化影响的地区收到了良好的效果，同时还组团到英国、美国等欧美市场进行宣传促销。此外还积极参加国际券商在上海举办的推介会，并产生了不小的轰动效应。

(二)下半年计划

1. 下半年是黄山旅游旺季较为集中的时间，公司将充分利用97中国旅游年这一主题狠抓内部管理，进一步完善各种规章制度，使之合理化、科学化和规范化。

2. 公司将进一步加大宣传促销力度，从六月份起已开展今年黄山冬季旅游的宣传工作，做到未雨绸缪，力争实现全年接待游客总量达到100万，比去年增长18%。

3. 进一步发挥"计调销售中心"的统筹协调作用，真正做到以热点旅游景区带动温、冷旅游景区，从而使本公司下属酒店的客房出租率在整体上增至48%，比去年提高十个百分点。

4. 根据本公司A股招股说明书所披露的A股募集资金投向的承诺，本公司将抓紧落实项目施工前的务项准备工作，争取早日实施，成为本公司新的经济增长点。

三、重大事项说明

1. 公司与黄山旅游发展总公司签署了于1997年1月1日起生效的收购协议，以5392万元收购玉屏索道80%股权，以1835万元收购白云宾馆全部产权。

2. 狮林饭店的改扩建工程的第一部分的土建工程已经完工，目前全部工程正在加紧建设中，力争早日建成投入运营，成为公司又一新的经济增长点。

3.A股募集资金投向施工前期准备工作进展顺利。

4. 公司4000万A股在今年四月份上网发行，并于5月6日在上海证券交易所成功上市，每股发行价为6.02元，市盈率为14倍。

5. 公司出资40万元(占注册资本的40%)与上海锦江国际管理公司合资成立"黄山—锦江国际管理有限责任公司"，该管理公司已于1997年3月4日成立，并管理了我公司北海宾馆和云谷山庄宾馆。

6. 园林门票从97年3月21日起实行内外宾统一价格，外宾从80元/人降到65元/人，内宾从60元/人提高到65元/人。由于外宾人数一般只占公司全年接待游客总量的5%左右，因此，门票价格总体有所提升。

7. 本公司及子公司严格遵照《严禁国有企业及上市公司炒作股票的规定》，并进行了认真自查，未发现有炒作股票行为。

8. 在本报告期内，公司无重大诉讼、仲裁事项。

四、发行在外股票的变动和股权结构的变化

1. 本公司于今年四月份发行4000万股A股(其中含公司职工股250万股)，并于5月6日在上海证券交易所成功上市，本次4000万股A股发行价为6.02元/股，市盈率为14倍。

2. 本次4000万股A股股票发行前后股权结构变动情况如下：

名　称	发　行　前 (1996年12月31日)	比例(%)	发　行　后 (1997年6月30日)	比例(%)
尚未流通股份				
国有法人股	11300万股	58.55	11300万股	48.50
公司职工股			250万股	1.07
尚未流通股份合计	11300万股	58.55	11550万股	49.57
已流通股份				
B股	8000万股	41.45	8000万股	34.33
A股			3750万股	16.1
已流通股份合计	8000万股	41.45	11750万股	50.43
股本总额	19300万股	100	23300万股	100

3. 主要股东持股情况

序号	股东名称	持股数(万股)	所占比例(%)
①	国有法人股	11300	48.50
②	CITIBANK N.A S/B JARDINE FLEMING CHINA REGION FUND	1354.3	5.81
③	新利华集团有限公司	1000	4.29
④	CITIBANK A/C FLEDGELING SECURITIES LTD.	425	1.82
⑤	HKSBCSB S/A－BANQUE INT. ALUXEMBOURG S/A HSBC GLOBAL INV. FUNDS CHINESE EQUITY	343.1	1.47
⑥	HKSBCSB A/C STATE STREET BANK AND TRUST S/A THE CHINA FUND	282.6	1.21
⑦	HKSBCSB ACC H.K. BANK INT. TRUSTEE LTD S/A IF CHINA TRUST	275	1.18
⑧	SCBHK A/C INVESTORS BANK & TRUST CO., S/A GUINNESS FLIGHT INVESTMENTS FUNDS INC.	254.4	1.09
⑨	BARCLAYS BANK PLC S/A BARCLAY－TRUST INT RNATIONAL LTD.	194.12	0.83
⑩	SCBHK A/C ROBERT FLEMING & CO., LTD. LUXEMBOURG S/A FLEMING FLAGSHIP FUND	193.6	0.83

五、股东大会简介

本报告期内，公司共召开两次股东大会：

一、黄山旅游发展股份有限公司8000万股境内上市外资股发行上市完毕，公司根据《中华人民共和国公司法》第102条、103条、104条、105条第一款，106条第一款及《公司章程》的有关规定，于一九九七年元月十四日在中国安徽黄山风景区桃源宾馆召开了临时股东大会，出席会议的股东代表所持股份为11300万股，占股份总额的58.55%，经大会讨论表决，一致通过如下决议：

1. 同意董事会关于8000万股境内上市外资股(B股)发行上市情况的报告；

2. 同意公司增资扩股发行5000万A股；(注：经中国证监会批准，我司A股发行额度为4000万股)；

3. 授权董事会制定A股发行方案，并全权办理公司A股发行上市有关事宜；

4. 同意董事会拟定的章程修改草案，即公司注册资本为

243,000,000元,股份总数为243,000,000股,其中A股163,000,000股,B股80,000,000股(注:公司注册资本为23300万元,股份总数为23300万股,其中A股15300万股);

5.授权董事会全权办理西海饭店有关问题的说明及处理方案;

6.同意公司本次A股发行所募资金运用预案。

二、公司1996年度股东大会于1997年5月30日上午在中国安徽黄山风景区桃源宾馆召开,出席会议的股东代表所持股份数11305.4万股,占总股数的48.52%,符合《中华人民共和国公司法》及本公司章程,经出席会议的股东认真审议,一致通过了下列决议:

1.审议通过总经理业务报告;

2.审议通过董事会关于公司增发4000万股A股发行上市情况的报告;

3.审议通过董事会报告;

4.审议通过监事会报告;

5.审议通过公司《1996年度财务决算报告》,公司1996年实现主营业务收入16907万元,较上年增长16.2%,完成计划的99.9%,实现净利润6401万元(根据国内会计准则)较上年增长47.79%,完成计划的98.48%。

6.审议通过了公司《1996年度利润分配预案》,本公司于1996年11月18日正式成立,经安达信、华强会计事务所审计,1996年公司备考净利润为64,010,876.12元,由于每年11、12月份为黄山旅游淡季,因而从公司成立之日(1996年11月18日)到1996年12月31日,公司实际亏损544.40元。根据公司B股发行上市之承诺,本次股东大会决定按每股0.0254元人民币向B股股东派发1996年度现金股利,B股股利以美元派发,该部份股利由发起人承担,美元与人民币的汇率按本次股东大会决议日的下一日历星期由中国人民银行公布的美元兑换人民币中间价的加权平均值计算。

本次股东大会由公司法律顾问北京中银律师事务所郭峰律师到会见证。

六、备查文件

1.载有公司董事长汪巍然、总经理黎志亲笔签名的一九九七年度中期报告原本。

2.公司1996年度股东大会及1997年度第一次临时股东大会材料。

查阅地址:黄山市黄山风景区温泉,本公司董事会秘书室。

电话:0559—5561113

黄山旅游发展股份有限公司

一九九七年八月十一日

五矿发展股份有限公司

五矿发展股份有限公司招股说明书

一、绪言

本招股说明书是根据《中华人民共和国公司法》、《股票发行与交易管理暂行条例》、《公开发行股票公司信息披露实施细则》等国家法规以及本公司的实际情况编写而成,以便为投资者提供本公司的基本情况。本公司筹委会全体成员已批准本招股说明书,确信其中不存在任何重大遗漏或者误导,并对其真实性、准确性、完整性负个别的和连带的责任。

本次发行的股票是根据本招股说明书所载明的资料申请发行的。除本发行人和主承销商外,没有委托或授权任何其它人提供未在本招股说明书中列载的信息和对本招股说明书作任何解释或者说明。

投资人须自行负担买卖本发行人股票所应支付的税款,发行人、上市推荐人和承销商对此不承担任何责任。

经外经贸部[1997]外经贸计财股函字第91号文、[1997]外经贸计财股函字第128号文、中国证券监督管理委员会证监发字[1997]160号文和中国证券监督管理委员会证监发字[1997]161号文件批准,本公司向中国境内的社会公众公开发行7,500万股A股,其中向本公司职工配售492万股。

二、发售新股的有关当事人

发行人:五矿发展股份有限公司(筹)

筹委会主任:周可仁

住所:北京朝阳区安慧里四区15号楼

电话:(010)64916740

传真:(010)64930799

联系人:万　钧　　樊玉雯

主承销商:中信证券有限责任公司

法定代表人:常振明

注册地址:北京市朝阳区新源南路6号京城大厦

电话:(010)64665844　(010)64665894

传真:(010)64661493

联系人:金　昭　　谭　燕　　蔡志强

上市推荐人:申银万国证券股份有限公司

法定代表人:阚治东

注册地址:上海市黄浦区南京东路99号

电话:(021)64312800

传真:(021)64310778

联系人:张宏斌　王文星

中信证券有限责任公司

注册地址:北京市朝阳区新源南路6号京城大厦

电话:(010)64665844　(010)64665894

副主承销商:中国东方信托投资公司

法定代表人:唐棣华

注册地址:北京西城区西直门外高梁桥斜街18号中苑宾馆B楼

电话:(010)62178888-7212

传真:(010)62182677

联系人:王新宇　李　耀

分销商:南方证券有限公司
　　　　华夏证券有限公司
　　　　国泰证券有限公司
　　　　光大证券有限责任公司
　　　　中国新技术创业投资公司
　　　　大鹏证券有限责任公司
　　　　中国信达信托投资公司
　　　　长城证券有限责任公司
　　　　中国电力信托投资有限公司
　　　　海南省证券公司
　　　　中国旅游国际信托投资公司
　　　　中煤信托投资有限责任公司
　　　　大连证券有限责任公司
　　　　厦门证券公司
　　　　广东证券有限责任公司

发行人律师事务所:北京市博宇律师事务所

注册地址:北京北三环中路乙19号英斯泰克大厦614室

电话:(010)62044126

经办律师:黄丹涵　冀宗儒　潘忠仁

主承销商律师事务所:天达律师事务所

注册地址:北京市三里屯外交公寓东门

电话:(010)64629131

经办律师:宁　立　　徐俊峰

会计师事务所:中洲会计师事务所

注册地址:北京市海淀区阜成路33号　电话:(010)68437081

经办注册会计师:梁晓燕　　温秋菊

资产评估机构:中华财务会计咨询公司

注册地址:北京市阜成门外大街1号四川大厦东楼9层

电话:(010)68364755

经办评估师:邱洪生　　王川红

资产评估确认机构:中华人民共和国国家国有资产管理局

法定代表人:张佑才

注册地址:北京市海淀区万泉河路66号

电话:(010)62567744

股票登记机构:上海证券中央登记结算公司

法定代表人:俞建麟

注册地址:上海市闵行路67号

电话:(021)63566651

三、发行情况

1. 股票类型:记名式人民币普通股(A股)
2. 发行日期:1997年5月5日
3. 发行地区:面向全国发行。
4. 发行对象:中华人民共和国公民及法人(法律、法规禁止购买者除外)。
5. 承销期:1997年5月5日至1997年5月14日
6. 预计上市日期:1997年5月28日
7. 上市交易所:上海证券交易所
8. 发行方式:上网定价。
9. 每股面值:1.00元

10．每股发行价：8.52元

11．发行数量：7,500万股(其中向公司职工配售492万股)

12．发行总市值:63,900万元

四、风险因素与对策提示

投资者在评价本发行人此次发售的股票时,除本招股说明书提供的其它资料外,应特别认真地考虑下述各项风险因素。

1．经营风险

(1)重要商品及其供销渠道

本公司的主要业务为五金矿产品进出口贸易,进口商品中钢材约占进口营业额的80%,主要进口地为亚洲、欧洲和美洲;主要国家是日本、德国和巴西等。出口商品中生铁、钢材、焦炭、水泥、非金属矿产品约占出口营业额的70%。进口以代理为主,出口以自营为主。上述商品供应是否及时、质量和价格的高低会影响本公司的成交、合同履约和盈利水平。长期以来,本公司与国内外广大客商形成了良好和稳定的合作关系,保持了畅通的供销渠道,但随着市场变化而带来的供销渠道的变化,会给本公司业务带来一定影响。

(2)部分出口商品配额管理及有偿招标

目前,国家对部分出口商品实行配额管理和有偿招标的管理办法。1996年配额商品和有偿招标商品营业额占本公司总营业额的16.6%。本公司将根据业务发展的需要申请配额,参与有偿招标。配额得到与否,得到多少;中标率和中标价格的高低对本公司部分产品的出口有所影响。

(3)主营业务和主营商品相对集中

目前,本公司的贸易业务约占总营业额的90%,所经营的商品主要为大宗原料或资源性散杂货。进口商品以钢材、铁矿砂为主,出口商品以生铁、钢材、水泥、焦炭和非金属矿产品为主,上述商品的市场波动可能引起本公司的营业额和盈利水平的波动。公司的国际贸易运输业务将受整个航运市场波动的影响。

(4)融资能力

进出口贸易业务,尤其是自营业务需要大量的流动资金。本公司的流动资金主要依靠中国银行和中国工商银行等银行的贷款,融资成本的高低直接影响本公司进出口业务的成本。

(5)外汇风险

本公司的进出口贸易主要以外汇结算。目前,人民币与主要外币的汇率是以市场需求为基础的、统一的、有管理的浮动汇率;汇率的波动将对业务的成交和盈亏产生影响。

2．行业风险

随着我国对外贸易体制改革的深入,外贸经营权逐步放开。从事对外贸易、国际货运和国际招标的企业逐渐增加,业务竞争趋于激烈。

3．市场风险

本公司主要从事五金矿产品贸易和国际货运业务。国际贸易和国际货运市场受国内外经济周期及中国与贸易国政治、经济关系的影响,其中,进口贸易还受到国内生产能力和产品质量变化的影响。国内贸易市场受国内宏观经济变化的影响。

4．政策风险

进出口业务是本公司主营业务,国家对进出口关税水平及出口退税政策的调整将影响到本公司业务及盈利水平。

5．其它风险

(1)我国加入世界贸易组织的影响

当前,我国加入世界贸易组织的谈判正在进行。从事国际贸易和运输业务的国外企业非常重视中国市场,如果中国参加世界贸易组织,将会逐步向国外企业开放国内贸易和运输市场。届时,本公司不但要与国内企业竞争,而且将面临国外企业的竞争。

(2)募集资金投资项目的风险

在本次募集资金投向中包括购买船舶和酒店,以扩大国际货运业务和分散经营风险。船舶在营运中可能会遭受不可预见风险,如损坏、事故、燃油费涨价等。酒店经营可能会面临因行业竞争使客房率下降等风险。

6．股市风险

本公司股票将挂牌上市。股票价格不仅取决于企业的经营状况,同时也受到利率、汇率、通货膨胀以及国家有关政策等因素的影响,股票市场价格波动属股市正常现象。为此,本公司提醒投资者,必须正视股价波动及今后股市中可能涉及的风险。

针对上述风险,本公司拟采取如下对策:

1．经营风险的对策

(1)针对重要商品及其供销渠道风险的对策

本公司将充分利用五矿总公司几十年来在五金矿产品经营领域的渠道优势和信誉优势,稳定和巩固国内外供货渠道。进口方面,继续稳定和发展与日本、巴西、阿根廷、德国等国家的钢材进口关系,保持本公司同上述国家钢材进口的统一谈判和窗口地位;同时扩大和加强与俄罗斯、韩国、台湾等国家或地区的钢材进口地位。出口方面通过与国内生产厂家参股、联营、协作等措施,稳定货源供应,确保货源质量。同时积极扩大和加强进出口代理业务。

(2)对部分出口商品配额管理及有偿招标的对策

本公司将努力争取保持和扩大原有配额数量。针对出口业务中某些商品的招标工作,将通过作好市场调查,搞好市场预测,加强投标组织和领导工作等方法,提高中标率,增加中标数量,进一步巩固和扩大招标商品的出口。

(3)针对主营业务和主营商品相对集中的对策

本公司实行进口与出口相结合,外销与内销相结合的经营方针,进口方面通过代理、自营、仓储、批发、钢材加工等经营方式强化服务,扩大进口业务,保持市场占有率;出口方面,通过加强进料、来料加工和补偿贸易等方式扩大出口规模,降低成本,提高效益,保持出口市场占有率。此外,本公司已计划向具有稳定收益的酒店等其它经营领域发展,以分散业务集中的风险。

(4)融资能力风险的对策

公司将充分发挥国家对大型集团企业在金融信贷方面的政策倾斜和本公司多年来形成的良好的金融信贷优势,加强与银行已建立的良性的资金借贷关系,扩大融资渠道,满足业务发展的需要。

本公司注重财务管理,对资金实行集中统一运作的方针,加快资金周转、降低运营成本,不断提高资金使用效率和效益;强化资金投入、产出的核算观念和效益观念,并对资金使用实行跟踪管理。同时,进一步推行外贸代理制,减少资金占用,并将充分利用上市公司的优势,拓宽直接融资渠道,逐步提高自有资金比例。

(5)外汇风险的对策

本公司将强化外汇风险管理机制,设置专门人员对汇率的变动趋势进行分析和预测,以减小由于汇率变化而带来的风险。在出口贸易业务中除采用汇率基本稳定的货币作为结算货币以避免汇率损失外,在国际结算中出口业务尽可能采用汇率有可能升值的硬货币计价,进口业务采用汇率有可能贬值的软货币计价、支付。此外,将采用套期保值等方法减小外汇风险。

2．行业风险的对策

本公司是我国最早进入国际市场的外贸企业之一,有丰富的国际贸易经验,同时也是我国大型外贸公司中较早面向市场,较早转换经营机制的企业。本公司将发挥信誉优势、客户优势和资金优势,利用本公司的贸易网络加强与工、矿企业的合作,不断提高服务质量,增强本公司的竞争能力,扩大市场份额,增加营业收入。

同时,本公司将实施一业为主,多种经营,全方位开拓的经营方针,在已开展的运输业务和国际招标业务已取得了较高经济效益的基础上,还将积极向具有稳定收益的酒店经营等其它领域发展以分散行业风险。

3．市场风险的对策

针对市场风险,本公司将充分发挥市场信息灵通、网络健全的优势,做好市场调研和市场预测,利用世界各国经济周期不一致,对商品需求结构不相同的特点,及时调整市场经营战略和商品品种结构,并加强产品的更新换代。在巩固原有市场的基础上,积极开拓新市场、新产品,提高市场占有率。同时发挥人、财统一运作的优势,根据市场变化,及时合理调整资源配置。

4. 政策风险的对策

本公司将努力加强对国家有关政策、法规的研究,适应政策调整的变化,把握发展趋势,降低经营成本,尽可能规避政策变化带来的风险。

5. 其它风险的对策

(1)我国加入世界贸易组织的影响

本公司一方面通过提高服务质量,与工、矿企业建立密切的合作关系,增强竞争能力。另一方面,中国成为世界贸易组织成员国后,将享受到其它成员国进口关税减让等优惠,有利于本公司的出口业务。同时,世界贸易组织内资金和信息将具有良好的流动性,本公司将发挥熟悉国际贸易环境的优势,充分利用这些便利条件促进贸易和运输业务的发展。

(2)募集资金投资项目的风险

对于船舶损坏和事故等风险可通过保险手段得到补偿。燃油费等有可能涨价,此项风险对所有船东都存在,可通过提高运价的方式解决。本公司将购买的酒店在国内、外具有极高声誉,管理、服务和设备一流,故风险较低。

6. 股市风险的对策

本公司将完善经营机制,提高盈利水平,按照国家有关法规规范公司行为,及时、准确地披露财务和经营信息,树立良好的公司形象,提高公司股票在二级市场上的抗风险能力。

五、募集资金的运用

本公司通过本次A股的发行,预计共可募集资金净额6.24亿元,其计划用途如下:

1. 投资15,000万元购买三条万吨级二手杂货船

本公司计划投资15,000万元购买三条万吨级(船龄在8~10年)的二手杂货船。

预计该项目从1998年至2006年平均投资回报率为18%,每年为本公司带来2,000万元以上的税后利润,静态投资回收期为3.63年,动态投资回收期为4.37年,内部收益率为35%,该项目已得到外经贸部[1997]外经贸计财股函字第155号文批准。

2. 投资37,000万元收购北京香格里拉饭店有限公司51%的中方股权

本公司计划使用募集资金37,000万元收购饭店51%的中方股权。该饭店建成仅10年,软、硬件设施优良,正处于创利高峰期。饭店位于北京西部黄金地段,发展潜力大;是世界著名的香格里拉国际饭店集团连锁饭店之一,管理先进,客源稳定;服务质量及盈利能力在北京五星级饭店中居前列。年客房出租率达70%以上,1996年总资产收益率33.35%,净资产收益率65.91%,资产负债率47.85%。预计1997年可为本公司带来5,000万元的税后利润,投资回报率约为14%。投资回收期约为6.64年,内部收益率为18%。此投资项目有利于本公司稳定经营收益,改善资产结构。该项目已得到合资方同意五矿总公司转让股权的承诺,并获外经贸部[1997]外经贸资一函字第111号文批准。

3. 剩余10,400万元作为本公司出口贸易的流动资金。

剩余10,400万元将作为本公司出口贸易的流动资金,可减少年度财务费用1,250万元。该项资金的计划用途为:生铁出口流动资金3,800万元;钢材出口流动资金2,800万元;焦炭出口流动资金2,400万元;及水泥出口流动资金1,400万元。

上述项目使用资金的计划时间表见表1。

表1　　投资项目资金使用计划时间表　　单位:千元

项　目	总投资	资金使用计划(1997)	本公司投入
购买三条万吨级二手杂货船	150,000.00	150,000.00	150,000.00
收购香格里拉饭店51%股份	370,000.00	370,000.00	370,000.00
出口流动资金	104,000.00	104,000.00	104,000.00
其中:生铁	38,000.00	38,000.00	38,000.00
钢材	28,000.00	28,000.00	28,000.00
焦炭	24,000.00	24,000.00	24,000.00
水泥	14,000.00	14,000.00	14,000.00
合　计	624,000.00	624,000.00	624,000.00

六、股利分配政策

本公司的股利分配将按有关法律和法规本着同股同利的原则进行。在每个会计年度结束后的六个月内,本公司董事会根据当年的经营业绩和未来的经营计划提出股利分配方案,经股东大会批准后实施。本公司向个人分配股利时,按《中华人民共和国个人所得税法》和国家税务总局发布的《征收个人所得税若干问题的规定》,由本公司代扣、代缴个人收入所得税。

根据本公司章程(草案)规定,本公司的税后利润按下列顺序分配;

(1)按国家规定弥补以前年度的亏损;

(2)提取税后利润的10%为法定盈余公积金;

(3)提取税后利润的5%—10%为公益金;

(4)经股东大会决议提取任意盈余公积金;

(5)支付普通股股利。

本公司每年派发一次年度股利,年度股利在每一会计年度结束后的六个月内分配。经股东大会决议,本公司可决定分配中期股利。本次发行如能按计划完成,预计首次股利分配的时间在1998年6月底以前,首次分配的股利约占净利润的60%。本公司1997年1月1日起至本次发行结束期间的利润归本公司全体股东所有。股利分配采取现金或股票形式。

上述利润分配政策,尚需本次A股发行之后由本公司创立大会予以通过。

七、发行人情况

1. 发行人名称

中文名称:五矿发展股份有限公司(筹)

英文名称:MINMETALS DEVELOPMENT CO. LTD.

2. 发行人名称预先核准日期:1997年3月7日

3. 发行人住所:北京市朝阳区安慧里四区15号楼

4. 历史沿革

本公司的发起人为中国五金矿产进出口总公司。五矿总公司成立于1950年,总部设在北京,系外经贸部直属专业外贸公司。主要从事钢铁、有色金属、金属制品、矿产品及建材等的进出口贸易。目前,总资产为169.34亿元,净资产为25.74亿元。自成立以来,进出口商品品种发展到360多个,其中一些商品的营业额位居全国前列;贸易国家和地区超过150个;累计进出口额超过1,100亿美元。是我国规模最大的五金矿产品进出口贸易企业,1994年被中国对外贸易经济合作企业协会评为对外经贸优秀企业。最近三年年平均营业额50亿美元以上,进出口额在中国最大的500家进出口企业排名中始终名列前5位。

1992年经国务院批准,五矿总公司成为我国首批57家企业集团试点单位之一。1992年7月,以五矿总公司为核心,成立了中国五矿集团。目前,中国五矿集团已发展成为以国际贸易为龙头,贸易、金融、实业、货运、房地产、工程和劳务承包为支柱产业的综合性、多功能、国际化的企业集团。

为提高经营效益、分散风险和避免内部竞争,五矿总公司于1988年开始实行专业化经营,截止到1997年1月底,先后按业务或市场划分成立了不同类型的专业公司。此次进入本公司的业务和资产包括五矿钢

铁、中国矿产、五矿贸易、五矿东方、五矿货运和五矿招标。

经外经贸部[1997]外经贸政审字第567号文、[1997]外经贸计财股函字第91号文、[1997]外经贸计财股函字第128号文和国家经济体制改革委员会体改生[1997]40号文批准,由五矿总公司独家发起,以其下属的五矿钢铁,中国矿产,五矿贸易,五矿东方,五矿货运和五矿招标的资产投入,采取募集方式设立本公司。经中华财务会计咨询公司评估,并经国家国有资产管理局国资评[1997]243号文确认,投入本公司的资产总额为104,673.49万元,负债总额为70,085.88万元,净资产34,587.61万元;经国家国有资产管理局国资企发[1997]35号文批准,按1.537:1的比例折成国有法人股22,500万股,占股本总额的75%,由五矿总公司持有。本次发行以每股8.52元的价格向社会公众发行7,500万股,占股本总额的25%,其中向本公司职工配售492万股,占股本总额的1.64%。本次发行如获成功,本公司总股本为30,000万股。

5. 组织结构与发起人的关系

本公司按照《中华人民共和国公司法》的规定设置机构。拟设立的职能及业务部门包括:总经理办公室、人事部、证券部、财务部、企业及投资管理部、第一业务部、第二业务部、第三业务部,以及拟设立的6家附属企业。本公司的组织结构见图1。

图1. 五矿发展股份有限公司(筹)组织结构图

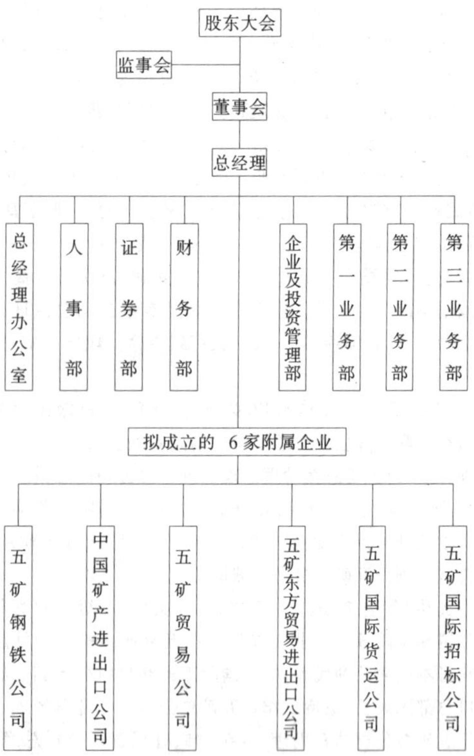

本次发行成功后,五矿总公司将持有本公司75%的股份,为本公司的控股股东。本公司拟设立的附属企业如下:

五矿钢铁,经营范围主要为钢材的代理及自营进口业务,是目前我国从事钢材进口业务的龙头企业。1994年至1996年年平均进口额约占我国钢材进口总额的25.9%。

中国矿产,主要经营水泥、焦炭、非金属矿产品、耐火材料的进出口业务。水泥和焦炭的出口量分别居于全国第一、二名。

五矿贸易,主要经营生铁、钢坯、优质钢和普通钢材的出口业务,以及铁矿砂、废船、废钢、轧钢坯料的进口及"三来一补"业务。生铁出口额和废船进口额居全国前列。

五矿东方,从事对独联体、东欧国家、及朝鲜、古巴等国家的五金矿产品,以及粮油、化工、纺织、轻工、机械产品的进出口及易货贸易业务。

五矿货运,是专业化的国际运输企业,经营范围为:承担进出口货物的运输业务及办理进出口货物的运输代理,仓储及运输保险代理业务。

五矿招标,从事国际金融组织贷款和日本输出入银行能源贷款项下的直接采购和招标采购业务;经营外国政府贷款、出口信贷、现汇项下的国家及地方重点建设项目的技术和成套设备的引进业务。

除本公司以外,五矿总公司还拥有261家下属企业,分别从事金融、实业、房地产、工程和劳务承包等业务。在五矿总公司的下属企业中,本公司占有重要地位。在资产规模上,本次A股发行后,本公司的总资产将达到172,066.56万元,居五矿总公司下属企业之首;在业务范围上,进入本公司的钢铁及炉料,废船,非金属矿产品,建筑材料,耐火材料等商品的自营和代理进出口业务,进出口货物的运输及代理,国际招标为五矿总公司的主要业务;在企业效益上,进入本公司的业务和资产为五矿总公司附属企业中效益较好的部份。

6. 人员情况

截至1996年12月31日,本公司职工人数为984人(包括离、退休职工192人),其中管理人员137人,业务人员621人,其它人员34人。

上述人员具有硕士以上学历68人,大学学历529人,具有大、中专学历134人,中专以下学历61人。本公司具有专业技术职称的人员有556人,其中高级商务师、高级工程师、高级会计师84人,商务师、工程师、会计师246人,助理商务师、助理工程师、助理会计师226人。

本公司职工实行全员劳动合同制,根据上级有关规定,参加北京市待业保险基金社会统筹。根据政府有关规定,本公司职工享有医疗、福利及物价等补贴。本公司成立前已离退休职工由五矿总公司负责管理并承担离退休费用。本公司成立后离退休的职工按国家对股份公司的有关政策及规定办理。

7. 业务经营范围

本公司的经营范围:

主营:钢铁及炉料(包括铁矿砂、生铁、废钢和焦炭等)、废船、非金属矿产品及其制品、建筑材料、耐火材料等商品的自营和代理进出口业务。

兼营:以上主营商品的生产和销售,自营和代理除国家组织统一经营的16种出口商品以外的其它商品的出口业务,自营和代理除国家实行核定公司经营的其余13种进口商品以外的其它商品的进口业务,技术进出口业务,进出口货物的运输和运输代理、仓储、保险业务,经营国际金融组织贷款和日本输出入银行能源贷款的直接采购和招标采购业务,经营外国政府贷款、出口信贷、现汇项下的国家和地方重点建设项目的技术和成套设备引进业务,酒店经营及服务等。

8. 主要业务

本公司主要从事以下业务:

91)五金矿产品贸易

五金矿产品贸易为本公司的主要业务,营业额约占本公司总营业额的90%。包括:

进口业务:经营范围主要为钢材的代理及自营进口业务,以及铁矿砂、废船、废钢、轧钢坯料的进口及"三来一补"业务。贸易方式包括自营和代理。

出口业务:生铁、钢材、焦炭、水泥、非金属矿产品、耐火材料等的出口业务。贸易方式包括自营和代理。

国内贸易业务:本公司于1994年开始经营内贸业务,目前主要经营钢材和建材等商品。贸易方式包括批发、零售、仓储和钢材加工等。

(2)国际货运代理

承担进出口货物的运输业务;对外办理进出口货物的运输代理、仓储、以及办理进出口货物的运输保险代理业务。

(3)国际招标业务

本公司于1995年开始经营国际招标业务。经营范围为经营国际金融组织贷款和日本输出入银行能源贷款项下的直接采购和招标采购业

务;经营外国政府贷款、出口信贷、现汇项下的国家及地方重点建设项目的技术和成套设备的引进业务。国际招标业务周期较长,目前,该项业务处于市场开拓阶段。

1994年至1996年以上业务的营业额占本公司总营业额的比例见表2。

表2　1994-1996年度各类业务营业额占本公司总营业额的比例
单位:千元

	1996年		1995年		1994年	
	营业额	占总营业额%	营业额	占总营业额%	营业额	占总营业额%
总营业额	12,587,199	100.00	14,185,080	100.00	12,589,770	100.00
进口贸易	8,427,073	66.95	10,026,660	70.68	10,128,366	80.45
其中:自营	894,325	7.11	634,200	4.47	302,064	2.40
代理	7,532,748	59.84	9,392,460	66.21	9,826,302	78.05
出口贸易	2,403,265	19.09	2,477,832	17.47	1,868,499	14.84
其中:自营	2,403,265	19.09	2,477,832	17.47	1,868,499	14.84
国内贸易	1,203,915	9.56	981,624	6.92	—	—
货运代理	552,946	4.40	698,964	4.93	592,905	4.71

注:内贸和货运营运额1994年按照1美元兑换8.70元人民币折算(94.1.4),1995年按照1美元兑换8.40元人民币折算(95.1.3),1996年按照1美元兑换8.30元人民币折算(96.1.2)。

9.主要商品、市场和销售

(1)主要商品

本公司主要进口商品为钢材、铁矿砂、废船等。主要出口商品为生铁、钢材、焦炭、水泥等。主要内贸商品为钢材和建材。1994至1996年本公司所经营的主要进出口商品占全国同类商品市场的份额见表3。

表3　1994-1996年度主要进出口商品占全国同类商品的市场份额
单位:千美元

商品	1996年度营业额			1995年度营业额			1994年度营业额		
	本公司	全国	%	本公司	全国	%	本公司	全国	%
进口钢材	875,490	3,043,430	28.77	1,060,170	3,267,360	32.45	964,660	5,824,640	16.56
出口主要商品:									
生铁	78,390	514,780	15.23	67,900	638,420	10.64	48,020	166,440	28.85
钢材	53,170	2,145,290	2.48	93,640	3,039,940	3.08	73,170	1,076,650	6.80
焦炭	43,900	531,640	8.26	32,310	542,210	5.96	18,010	219,680	8.20
水泥	32,690	390,320	8.38	31,950	289,350	11.04	17,140	159,520	10.74
轻(重)烧镁	23,470	193,080	12.15	17,100	298,580	5.73	10,920	160,180	6.82

(2)市场和销售

进口商品主要销售在华北(以北京为中心)、华南(以广东为中心)、华东(以上海为中心)等工业基础雄厚、经济比较发达的地区,上述地区的营业额约占进口额的80%。出口地区主要分布在亚洲(约占50%)、欧洲(约占13%)和美洲(约占11%)。国内贸易市场主要分布在华东(约占26%)、华北(约占26%)和华中(约占26%)地区。货运营业额较高的地区为北京地区,约占总货运营业额的60%以上。

10.主要货源供应

本公司所经营的五金矿产品由本公司向国内外工、矿企业采购。其中与本公司保持5年以上业务关系的企业超过500家,分布在世界各地,货源供应稳定。

11.关联交易

本公司由五矿总公司作为独家发起人,以募集方式设立。五矿总公司以其在所属六家公司的业务和经评估确认的资产投入本公司,本公司依法设立后,五矿总公司将成为本公司的控股股东,持有本公司75%的股份。本公司与五矿总公司将在房屋租赁、生活后勤服务、商标许可使用和产权转让方面存在关联交易关系。上述关联关系已分别通过《房屋租赁协议》、《注册商标使用许可协议》及《综合服务协议》予以确定。上述关联交易拟由本公司和五矿总公司依照等价有偿,平等互利的原则,采用经济合同的方式予以确认,其交易价格按不高于市场价格确定,以维护本公司及全体股东的利益。

本公司计划收购五矿总公司在香格里拉饭店中持有的51%的股权,该项股权转让属于关联交易范围,为保证该项交易的公平性,转让的股权将依照国家有关规定经法定评估部门进行评估,并以评估后的价值为准。本公司筹委会与五矿总公司根据公平交易原则签署的《关于股权转让的意向书》,将提交本公司创立大会审议通过。

八、筹委会成员

周可仁先生(筹委会主任),56岁,大学文化,高级经济师,毕业于北京对外贸易学院外贸经济专业。历任外贸部三局官员,中国驻丹麦大使馆商务处商务秘书,中国驻马尔他大使馆商务秘书、负责人,经贸部政策研究室副处长、处长、副主任兼经贸部发言人,中国驻挪威大使馆商务参赞,外经贸部欧洲司司长、外贸管理司司长及外经贸部党组成员、部长助理。现任五矿总公司总裁。

李秀山先生(筹委会副主任),54岁,大专文化,高级国际商务师,毕业于海军通信学校工程系电源专业。曾任五矿总公司货源处、出口五处、石材处副处长,日本中国石材株式会社副社长,五矿总公司计划处处长,宁波联合集团股份有限公司副董事长,五矿总公司总裁办公室主任、人事处处长。现任五矿总公司党委书记、副总裁。

周中枢先生(筹委会委员),45岁,大学文化,国际商务师,毕业于上海外国语学院西班牙语专业。曾任中国驻智利大使馆商务处随员,五矿总公司第七业务处副处长,南美五金矿产有限公司副总裁,巴西伊塔明冶金有限公司总裁,中国五金制品进出口公司总经理,五矿总公司总裁办公室主任、总裁助理、工会主席。现任五矿总公司副总裁。

张学武先生(筹委会委员),43岁,大学文化,高级国际商务师,毕业于北京对外贸易学院外贸英语专业。曾任中国驻加拿大大使馆商务处随员,英国金属矿产有限公司副总裁,五矿贸易公司总经理,五矿总公司企划部总经理、总裁助理。现任五矿总公司副总裁。

林锡忠先生(筹委会委员),51岁,大学文化,高级国际商务师,毕业于北京外国语学院英语专业。曾任企荣贸易有限公司总经理,企荣财务有限公司副董事长、总经理,第一太平银行副主席。现任五矿总公司副总裁。

黄天文先生(筹委会委员),42岁,硕士研究生,高级国际商务师,毕业于美国西东大学。曾任五矿总公司运输处副处长、处长,五矿国际货运公司总经理,五矿总公司总裁助理。现任五矿总公司副总裁。

高福来先生(筹委会委员),43岁,大学文化,国际商务师,毕业于北京对外贸易学院外贸英语专业。曾任五矿总公司副处长,南美五金矿产有限公司总裁。现任五矿总公司总裁助理。

翁庆宗先生(筹委会委员),53岁,大学文化,高级国际商务师,毕业于北京对外贸易学院日语专业。曾任日本五金矿产株式会社副社长,五矿总公司驻日本代表处副代表,中国国际工程和材料公司副总经理,五矿总公司进口总部副处长(主持工作),五矿总公司财务部总经理、进口总部部长。现任五矿总公司总裁助理、五矿钢铁有限责任公司总经理。享受政府特殊津贴的专业技术人员。

于元萍女士(筹委会委员),52岁,大专文化,高级工程师,毕业于天津师范数学专业。曾任五矿总公司纪检办公室副主任、监察处副处长、纪律检察委员会副书记,日本五金矿产株式会社驻京代表处首席代表。现任五矿总公司工会主席。

李林虎先生(筹委会委员),42岁,大学文化,毕业于北京对外贸易学院西班牙语专业。曾任外经贸部人事司官员,中国驻墨西哥大使馆、乌拉圭大使馆商务处秘书,外经贸部人事教育司副处长、处长。现行五矿总公司人事部总经理。

宗庆生先生(筹委会委员),37岁,大学文化,经济师,1982年毕业于南京大学中文系。曾任外经贸部人事司机构编制处副处长、处长,劳动工资处处长,企业管理指导委员会办公室副主任。现任五矿总公司总裁办

公室主任。

俞晓先生(筹委会委员),55岁,大学文化,高级国际商务师,毕业于北京大学俄罗斯语言文学系。曾任五矿总公司运输处副处长、处长、总经理助理,英国金属矿产有限公司董事长,企荣贸易有限公司董事长,现任五矿总公司企划部总经理。

刘道经先生(筹委会委员),34岁,经济学硕士,1988年毕业于南开大学会计学系西方财务与会计专业。曾任五矿总公司财务部副总经理、海外部副总经理(主持工作),兼任五矿总公司在美国发行一亿美元商业票据工作组组长。现任五矿总公司财务部总经理。

赵传喜先生(筹委会委员),53岁,大专文化,国际商务师,毕业于大连日语专科学校。曾任日本石材株式会社副社长,中国矿产进出口公司总经理,五矿总公司总裁办公室主任。现任五矿东方贸易进出口公司总经理。

周渭利先生(筹委会委员),42岁,大学文化,高级国际商务师,毕业于对外经济贸易大学外贸英语专业。曾任拉亚运输公司董事、副总裁,企荣财务有限公司董事、副总经理,英国金属矿产有限公司董事、副总经理,五矿国际货运公司副总经理。现任五矿国际货运公司总经理。

张元荣先生(筹委会委员),41岁,大学文化,国际商务师,毕业于北京邮电学院国际通讯专业。曾任五矿贸易公司副总经理,现任五矿贸易公司总经理。

张志刚先生(筹委会委员),39岁,大学文化,高级国际商务师,毕业于武汉大学英语专业。曾任五矿非洲有限公司总经理助理,中国矿产进出口公司副总经理。现任该公司总经理。

栗锋先生(筹委会委员),48岁,大专文化,国际商务师,曾任邮电部副部长秘书,外经贸部贷款司副处长。现任五矿国际招标有限责任公司总经理。

九、经营业绩

1. 经营的一般情况

本公司是我国营业额最大的五金矿产品进出口贸易企业,1994年至1996年钢材和废船的进口额,水泥、焦炭和生铁的出口额居全国前列;货运营业额在全国一级货运代理企业中位居于前列。

2. 年销售额和利润情况

本公司1994年至1996年三个会计年度的经注册会计师审计的经营业绩见表4。

表4　　1994-1996年度本公司经营业绩表　　单位:元

项　目	1996年度	1995年度	1994年度
主营业务收入	2,762,779,054	4,538,690,337	3,236,387,792
主营业务利润	138,003,474	150,773,198	230,234,716
加:其他业务利润	5,062,274	5,646,908	2,502,875
营业利润	143,065,748	156,420,106	232,737,591
利润总额	168,974,102	157,574,211	227,822,368
减:税项(33%)	53,491,996	50,669,006	66,640,176
净利润	115,482,106	106,905,205	161,182,192

注:1.1996年度比1995年度主营收入减少是由于代购代销业务比重增大。代购代销业务只核算代理手续费收入。

2.1995和1996年度净利润较1994年度下降的主要原因是:1995年和1996两年出口退税税率连续两次下调,影响了自营出口效益;另外近年来国家实行宏观调控,国内对钢材需求下降影响了进口的效益。随着宏观经济实现软着陆,国内市场趋于活跃,外贸经营环境进一步好转,1996年度净利润已有回升。

3. 业务收入构成

本公司1994至1996年度主营业务收入的构成见表5。

表5　　本公司1994-1996年度主营业务收入构成表　　单位:元

项　目	1996年度	1995年度	1994年度
主营业务收入	2,762,779,054	4,538,690,337	3,236,387,792
自营出口销售收入	1,395,835,738	2,485,164,343	1,402,528,445
自营进口销售收入	166,820,408	278,415,568	84,199,616
内销收入	499,230,997	1,058,827,966	1,097,478,168
代购代销收入	276,524,236	166,097,427	123,421,031
海运运杂费收入	99,534,398	64,272,059	43,276,388
程租船收入	300,322,925	473,490,708	479,176,753
期租船收入	18,240,610	3,287,966	—
代理招标收入	1,434,773	198,530	—
劳务收入	4,834,969	8,935,770	6,307,392

4. 商品的市场情况

1994至1996年,本公司进口商品的销售市场主要分布在华北(以北京为中心)、华南(以广东为中心)、华东(以上海为中心)等工业基础雄厚、经济比较发达的地区,上述地区的营业额约占进口总额的80%;其中,钢材进口分别占有16.56%、32.45%、28.77%的市场份额。本公司的出口市场主要分布在亚洲(约占50%)、欧洲(约占13%)和美洲(约占11%)等;1996年本公司生铁、焦炭、水泥、轻(重)烧镁出口分别占国内同类商品出口总额的15.23%、8.26%、8.38%、12.15%。1995至1996年,本公司的内贸业务主要在华东地区(约占26%)、华中地区(约占26%)、华北地区(约占26%)和东北地区(约占10%)。1994年至1996年,本公司货运业务在北京地区的营业额占货运总营业额的77.4%,其它地区的营业额占货运总营业额的22.6%。

5. 职工数量与业务水平

本公司职工队伍稳定,近年来职工人数保持在1,000人左右。本公司注重人才培养,与国内外著名院校建立起了良好的合作关系,每年都有一定比例的一般职工及各级管理人员送出学习。从而提高了整个公司职工的业务素质和工作技能,使公司的管理水平有了明显的提高。

十、股本

1. 本公司拟注册资本为30,000万元。

2. 经中华财务会计咨询公司评估,并经国家国有资产管理局国资评[1997]243号文确认,五矿总公司投入本公司的资产总额为104,673.49万元,负债总额为70,085.88万元,净资产34,587.61万元;经国家国有资产管理局国资企发[1997]35号文批准,按1.537:1的比例折成国有法人股22,500万股(超过面值的部分计入资本公积金),由五矿总公司持有该股权。

3. 本次发行,将以每股8.52元的价格向社会公众发行7,500万股,占总股本的25%,其中以每股8.52元的价格向本公司职工配售492万股,占总股本的1.64%。

本次发行后,扣除发行费用后超过面值的部分将计入资本公积金。本公司公司职工股占用本次发行额度,其上市时间将遵照国家和上海证券交易所的有关规定执行。

4. 本次发行后的股本结构

本次A股发行完成后,本公司将形成的股本结构见表6。

表6　　本公司本次发行后股本结构表

股　份　名　称	股数(万股)	占总股本比例(%)
尚未流通股份	22,500	75.00
国有法人股	22,500	75.00
可流通股份	7,500	25.00
社会公众股	7,500	25.00
其中:公司职工股	492	1.64
总　股　本	30,000	100.00

5. 本次发行前后,本公司净资产总额及每股净资产变动情况见表7。

表7　　本次发行前后本公司净资产变动情况表

	净资产总额(万元)	每股净资产(元)
发行前	34,587.61	1.537
发行后	96,987.61	3.233

十一、财务会计资料提示

投资人如果欲对本公司的财务状况、经营成果及会计政策进行更为详细的了解,应当认真阅读在附录中所载的本公司财务报表和注释。

1. 主要财务会计资料

中洲会计师事务所接受本公司的委托,根据国家有关法律、法规和本公司提供的有关文件资料,对本公司1994年12月31日、1995年12月31日、1996年12月31日的财务状况和1994年度、1995年度、1996年度的经营成果以及1996年度的资金变动情况进行了审计。审计报告及经审计的主要财务会计数据如下:

(1)审计报告

审计报告

中洲(97)发字第064号

五矿发展股份有限公司(筹委会):

我们接受委托,审计了贵公司1994年12月31日、1995年12月31日、1996年12月31日合并资产负债表和1994年度、1995年度、1996年度的合并利润及利润分配表以及1996年度合并财务状况变动表。这些会计报表由贵公司负责,我们的责任是对这些会计报表发表审计意见。我们的审计是依据中国注册会计师独立审计准则进行的。在审计过程中,我们结合贵公司的实际情况,实施了包括抽查会计记录等我们认为必要的审计程序。

我们认为,上述会计报表符合《企业会计准则》、《股份制试点企业会计制度》及其他有关规定,在所有重大方面公允地反映了贵公司1994年12月31日、1995年12月31日、1996年12月31日的财务状况和1994年度、1995年度、1996年度的经营成果以及1996年度的资金变动情况,会计处理方法的选用符合一贯性原则。

中洲会计师事务所　　中国注册会计师　梁晓燕

中国　　北京　　中国注册会计师　温秋菊

地址:北京海淀区阜成路33号　　1997年3月20日

(2)合并资产负债表

1994－1996年本公司合并资产负债表

表22　编制单位:五矿发展股份有限公司(筹委会)　单位:元

资　产	1996年12月31日	1995年12月31日	1994年12月31日
流动资产			
货币资金	152,784,191	174,595,199	138,481,931
短期投资	—	—	—
应收票据	41,514,711	12,700,000	2,676,750
应收帐款	458,695,345	376,582,922	488,122,938
减:坏帐准备	160,911	1,882,915	2,440,615
应收帐款净额	458,534,435	374,700,007	485,682,323
预付货款	153,200,161	93,480,598	86,866,413
其他应收款	87,911,324	115,837,048	92,005,888
待摊费用	—	12,841,560	6,104,398
存货	71,710,791	133,892,827	181,921,121
待处理流动资产净损失	—	—	—
一年内到期的长期债券投资	—	—	—
其他流动资产	—	—	—
流动资产合计	965,655,613	918,047,239	993,738,824
长期投资:			
长期投资	40,665,088	51,822,107	14,566,116
固定资产:			
固定资产原值	91,764,436	39,779,264	15,913,797
减:累计折旧	9,752,634	4,310,092	1,445,532
固定资产净值	82,011,802	35,469,173	14,468,265
在建工程	—	21,686	282,914
固定资产清理	—	—	—
待处理固定资产净损失	—	—	—
固定资产合计	82,011,802	35,490,859	14,751,179
无形资产及递延资产:			
无形资产	2,935,888	3,510,071	3,355,300
递延资产	5,397,220	3,729,298	1,643,810
无形及递延资产合计	8,333,107	7,239,369	4,999,111
其他长期资产:			
其他长期资产	—	—	—
递延税项:			
递延税款借项	—	—	—
资产总计	1,096,665,610	1,012,599,574	1,028,055,230
负债与股东权益			
流动负债:			
短期借款	395,639,532	316,500,000	432,400,000
应付票据	—	—	—
应付帐款	137,539,217	209,533,936	209,803,069
预收货款	78,031,989	55,149,437	40,921,684
应付福利费	(348,412)	(967,712)	(1,161,910)
未付股利	28,690,299	62,218,471	21,098,083
未交税金	15,688,139	(5,113,826)	9,112,671
其他未交款	22,939	51,334	54,922
其他应付款	75,809,689	54,928,947	32,700,673
预提费用	2,255,864	1,146,998	1,498,522
一年内到期的长期负债	—	—	—
其他流动负债	—	—	—
流动负债合计	733,329,257	693,447,586	746,427,714
长期负债:			
长期借款	—	—	—
应付债券	—	—	—
长期应负款	—	—	—
其他长期负债	—	—	—
长期负债合计	—	—	—
递延税项:			
递延税款贷项	17,460,251	26,190,377	32,427,986
负债合计	750,789,508	719,637,963	778,855,700
股东权益:			
股本	225,000,000	108,168,850	107,168,850
资本公积	120,876,103	—	—
盈余公积		184,792,762	142,030,680
其中:公益金		46,198,190	35,507,670
未分配利润	—	—	—
股东权益合计	345,876,103	292,961,612	249,199,530
负债及股东权益总计	1,096,665,610	1,012,599,574	1,028,055,230

(3)合并损益表主要数据

1994－1996年度本公司合并损益表

表23　编制单位:五矿发展股份有限公司(筹委会)　单位:元

项　目	1996年	1995年	1994年
一、主营业务收入	2,762,779,054	4,538,690,337	3,236,387,792
减:营业成本	2,153,493,451	3,882,412,942	2,780,093,748
销售费用	324,270,306	386,526,999	229,032,050
管理费用	84,255,602	65,865,077	43,548,736
财务费用	52,776,236	41,141,440	(64,327,406)
进货费用	—	—	—

营业税金及附加	9,979,985	11,970,682	17,805,949
二、主营业务利润	138,003,474	150,773,198	230,234,716
加:其他业务利润	5,062,274	5,646,908	2,502,875
三、营业利润	143,065,748	156,420,106	232,737,591
加:投资收益	6,877,144	4,031,770	3,109,372
营业外收入	44,853,399	13,640,681	7,748,808
减:营业外支出	25,822,189	16,518,345	15,773,402
加:以前年度损益调整	—	—	—
四、利润总额	168,974,102	157,574,211	227,822,368
减:所得税	53,491,996	50,669,006	66,640,176
五、净利润	115,482,106	106,905,205	161,182,192

(4)合并财务状况变动表

1996年度本公司合并财务状况变动表

表24 编制单位:五矿发展股份有限公司(筹委会) 单位:元

一、流动资金来源		一、流动资金本年增加数	
1. 本年利润	115,482,106	1. 货币资金	(21,811,008)
加:不减少流动资金的费用和损失		2. 短期投资	
(1)固定资产折旧	5,756,012	3. 应收票据	28,814,711
(2)无形资产、递延 资产及其他资产摊销	1,093,738	4. 应收帐款净额	83,834,428
(3)其他不减少流动资金的费用和损失	—	5. 预付帐款	59,719,563
小计	122,331,856	6. 其他应收款	(27,925,725)
2. 其他来源		7. 待摊费用	(12,841,560)
(1)收回长期投资	11,157,019	8. 存货	(62,182,036)
(2)资本净增加值	52,914,491	9. 待处理流动资产净损失	—
小计	64,071,510	10. 一年内到期的长期债券投资	—
流动资金来源合计	186,403,367	11. 其他流动资产	—
二、流动资金运用		流动资产增加净额	47,608,374
1. 利润分配		二、流动负债本年增加数	
(1)提取法定公积金	11,548,211	1. 短期借款	79,139,532
(2)提取法定公益金	11,548,211	2. 应付票据	—
(3)提取任意公积金	23,096,421	3. 应付帐款	(71,994,719)
(4)已分配股利	69,289,264	4. 预收货款	22,882,553
小计	115,482,106	5. 应付福利费	619,298
2. 其他运用		6. 应付利润	(33,528,172)
(1)固定资产和在建工程净增加额	51,963,485	7. 应交税金	20,801,966
(2)增加无形资产、递延资产及其他资产	2,500,946	8. 其他未交款	(28,395)
(3)偿还长期负债	8,730,126	9. 其他应付款	20,880,742
(4)偿还长期投资	—	10. 预提费用	1,108,866
小计	63,194,557	11. 一年内到期的长期负债	—
		12. 其他流动负债	—
流动资金运用合计	178,676,664	流动负债增加净额	39,881,671
流动资金增加净额	7,726,703	流动资产增加净额	7,726,703

2. 主要财务指标

表11 本公司主要财务指标表

主要财务指标	1996年	1995年	1994年
流动比率(%)	130.94	132.39	133.13
速动比率(%)	120.54	113.08	108.76
资产负债率(%)	68.46	71.07	75.76
应收帐款周转率(%)	679.67	1059.85	660.82
存货周转率(%)	2,139.96	2,486.61	1,982.00
净资产收益率(%)	33.39	36.49	64.68
每股净利(元/股)	0.51	0.48	0.72

3. 本公司主要会计政策

(1)本公司执行的会计制度

本公司改制前执行《商品流通企业会计制度》。本公司成立后,将执行《股份制试点企业会计制度》及有关规定,进行会计核算,编制会计报表。

(2)会计期间

本公司采用公历制,自公历1月1日至12月31日止。本报告所载财务信息为1994年1月1日至1996年12月31日止。

(3)合并报表的编制方法

根据财政部颁布的《合并报表暂行规定》及相关的规定。

(4)记帐原则和计价基础

采用借贷记帐法,按权责发生制核算,以历史成本作为计价基础。

(5)外币折算方法

本公司以人民币作为记帐本位币。涉及外币收支的经济业务,采用业务发生时中国人民银行公布的基准汇价将外币折合为人民币记帐。外币帐户的年末余额,按年末基准汇价折合为人民币,折合后的人民币余额与原帐面人民币余额的差额,作为汇兑损益,计入财务费用。

(6)坏帐准备计提方法:坏帐准备按年末应收帐款余额的0.5%计提。

(7)存货计价方法

存货采用永续盘存制。日常核算按实际成本计价,存货发出按加权平均法,大宗商品生铁按个别计价法核算,低值易耗品采用一次摊销法核算。

(8)长期投资核算方法

本公司的长期投资中无债券投资。

本公司对股权投资、联营投资中投资额占被投资企业股本总额的20%以下的子公司采用成本法核算,对投资比例超过20%的子公司采用权益法核算,其中投资比例超过50%的子公司编制合并会计报表。

(9)固定资产及折旧

按使用年限一年以上,单位价值在2,000元以上为标准。

固定资产按实际成本计价,其折旧采用直线法计算,并根据各类固定资产的原价、使用年限和估计残值(原值的3%)确定分类折旧率如下:

类别	年限	年折旧率
房屋及建筑物	20	4.85%
运输设备	8	12.13%
办公设备	5	19.40%

(10)无形资产及其摊销

按购入时或依照法律程序取得时的实际支出记帐,并按照预计使用期限分期摊销。本公司无形资产按20年分期摊销。

(11)递延资产及其摊销

按各项资产的实际收益年限或规定年限平均摊销。具体摊销期限为:

一期办公楼装修费	6年
二期办公楼装修费	6年
办公楼租金	27年
货运上海公司开办费	8年
上海公司装修费	6年

(12)收入实现的确认

本公司销售收入的确认采用权责发生制的原则,于产品已发出,劳务已经提供,同时收到价款或者取得收取价款的凭据时,确认销售收入的实现。

(13)税项

(a)增值税:按17%税率缴纳增值税。

(b)营业税:代购代销收入、国际招标收入、投标业务收入及服务收入等按5%税率计算缴纳,国际货运及仓储收入、货运代理业务收入,按3%税率计算缴纳。

(c)城建税、教育费附加:分别按增值税、营业税税额的7%和3%计算缴纳。

(d)所得税:均按33%计征缴纳。只有五矿国际货运公司1994年度应纳企业所得税,经北京市朝阳区国家税务局国税字(1995-1)号文件批

准,减半按16.5%征收。

本公司成立后,将按33%的税率缴纳所得税。

(e)递延税项:为1994年初汇率并轨时,本公司调整所属六家单位各外币帐户余额取得的汇兑收益,本公司一次进入当年损益,按年分期缴纳所得税形成的。

(14)利润分配

本公司法定盈余公积金、公益金分别按净利润总额的10%提取,任意盈余公积金1994年按净利润的30%计提,1995年1996年按净利润的20%计提。

本公司成立后,将按下列顺序进行利润分配:

(1)按国家规定弥补以前年度的亏损;

(2)提取税后利润的10%为法定盈余公积金;

(3)提取税后利润的5%-10%为公益金;

(4)经股东大会决议提取任意盈余公积金;

(5)支付普通股股利。

4.资产负债表主要项目注释

(1)应收帐款帐龄分析:

一年以内	395,725,869.60	86.27%
一年至二年	55,161,674.76	12.03%
二年至三年	7,807,800.79	1.70%

(2)坏帐准备1996年12月31日余额160,910.60元,比上年减少较多是因为评估调整所致。

(3)固定资产及累计折旧:固定资产原值增加较多,主要是由于本年新购入房屋建筑物及资产评估增值。

(4)股本1996年比1995年增加较多是因为根据国资局评估确认结果,净资产以1.537:1折股增加股本数。

(5)1996年资本公积为总公司投入股份公司的净资产(经评估确认)扣除实际投入股本后的余额。

5.利润表主要项目注释

主营业务收入:1996年度比1995年度主营业务收入减少是由于代购代销业务比重增大,代购代销业务只核算代理手续费收入,而销售货款本身不在销售收入科目中反映。

6.期后事项

五矿总公司钢材总部已于1997年1月17日注册为五矿钢铁有限责任公司。

十二、资产评估

1.资产评估结果

为了给本公司本次公开发行A股股票并上市提供资产的公允市值,并以此作为折股依据,本公司筹委会委托中华财务会计咨询公司对五矿总公司拟投入到本公司的全部资产进行了评估。以1996年12月31日为评估基准日的评估结果见表12。

表12　　单位:千元

项目	帐面原值	帐面净值	重置全价	评估值	增减值	增减率%
流动资产		892,311.1		894,837.6	2,526.5	0.28
长期投资		78,898.5		80,775.5	1,877.0	2.38
固定资产	73,460.7	65,861.2	75,888.8	68,185.9	2,324.7	3.53
无形资产		2,935.9	2,935.9		0.0	0.00
资产总计		1,040,006.7		1,046,734.9	6,728.2	0.65
流动负债		681,567.3		683,398.5	1,831.2	0.27
递延税款		17,460.3		17,460.3	0.0	0.00
负债总计		699,027.6		700,858.8	1,831.2	0.26
净资产		340,979.1		345,876.1	4,897.0	1.44

2.评估增减值的主要原因

流动资产和负债的增值主要是因为其中货币性项目中外币帐面值按评估基准日汇率调整所致。

本公司长期投资采用权益法核算,亦采用权益法评估,增值的主要原因是被投资企业固定资产增值而使净资产增加。

固定资产构成主要为办公设备、运输车辆和购置的商品房办公楼,该等固定资产近几年价格变化比较平稳,故增值率不大。

3.评估方法及过程

评估方法采用重置成本法、市场比较法。

(1)办公设备及运输设备的评估主要采用重置成本法。

(2)房屋建筑物的评估主要采用重置成本法,并以市价法验证。

(3)流动资产,采用现行市价法和重置成本法评估。

(4)长期投资,无形资产

在长期投资评估中,对投出时间在一年以内、投资额较小或投资额占被投资企业资本的比例较小的,以核实的帐面值为评估值;对于投出资金时间较长、投资额较大的,采用权益法对评估结果进行了合并以确定评估值。对于无形资产的评估,以核实的帐面值为评估值。

(5)流动负债和递延税款

关于流动负债项目的评估,以经过审查核实后的调整后数作为其评估值。递延税款,以核实的帐面值为评估值。

十三、盈利预测提示

发行人提醒投资者,鉴于盈利预测所依据的假设的不确定性,进行投资判断时不应过于依赖盈利预测资料。

本公司对1997会计年度作出盈利预测如下:

1.盈利预测基准

本盈利预测是依据经中国注册会计师审计过的本公司1996年度的经营业绩及现实各项基础、能力、潜力和业务发展规划,遵循我国现行法律、法规的有关规定和股份制试点企业财务会计制度,按照公认的会计准则,采用规定的计算方法,本着求实、稳健的原则编制的。会计处理方法符合一贯性原则。

2.基本假设

(1)本公司所遵循的国家现行法律、法规、制度及本公司所在地的社会政治和经济政策无重大变动;

(2)本公司各项经营业务所涉及地区的有关现行政策、法律、法规及其他经济环境无重大改变;

(3)本公司在盈利预测期间内,利率、税率、汇率及市场行情在正常范围内变化;

(4)本公司股票发行计划能如期完成;

(5)各项投资项目所形成的盈利能力能如期实现;

(6)无其他人力不可抗拒和不可预见的因素造成重大不利影响。

3.盈利预测表

本公司盈利预测表

表13　编制单位:五矿发展股份有限公司(筹)　单位:千元

项目	1997年度
一、主营业务收入	2,853,462
减:营业成本	2,223,493
销售费用	335,417
管理费用	75,807
财务费用	42,293
营业税金及附加	10,000
二、主营业务利润	166,452
加:其他业务利润	56,000
三、营业利润	222,452
加:投资收益	7,000
营业外收入	15,000
减:营业外支出	22,000
加:以前年度损益调整	—
四、利润总额	222,452

减:所得税(33%) 73,409

减:少数股东损益 —

五、净利润 149,043

六、摊薄每股净利润(33%所得税) 0.50(元)

七、市盈率 17.04(倍)

八、每股净资产 3.73(元)

4.上述预测结果已经中洲会计师事务所审核验证。

十四、公司发展规划

(一)公司发展战略

公司将充分利用股票上市给企业带来的优势和机遇,将以国际贸易为龙头,以国内、国际两个市场为导向,以转换企业内部经营机制为动力,以提高资产运营效益和资金使用效益为手段,以实现企业利润的最大化为目标。充分利用企业自身的各种经营优势,通过各种渠道筹集资金,加大投资力度,突出主业,形成规模经济;采用先进的管理技术,科学管理,实现质量效益型发展,确保本公司在同行业的领先地位。同时,向已形成具有一定规模和优势的国际运输、国际货运代理业务及酒店业方向发展,以分散风险。到本世纪末,将本公司逐步建成综合性、国际化、多元化的世界一流企业。

(二)公司发展目标和规模

本公司今后的发展目标是建立一个以进口贸易和国内贸易为主业,综合性、多元化、国际化的企业。重点发展国内外贸易及为之服务的运输、仓储等体系,进一步积极开拓国内外市场,完善国内外经营、销售网络;建立起"专业经营、统一运作、信息互通、利益共享"的业务经营机制;积极组织对国内外重点工程的投标、招标工作,进一步扩大经营范围,合理调整和改善商品经营结构,采用股权投资、合作经营、参股、签订长期供货协议等方式,巩固和发展出口货源基地。

预计到2000年,实现进出口贸易额达20亿美元,其中出口达5亿美元,进口达15亿美元,资产规模达到30亿元,净资产12亿元,税后利润力争突破3亿元。

(三)市场发展计划

本公司主要从事国际贸易和国内贸易,面向国际、国内两个市场,公司已拥有国内外大批稳定的工商客户,已初步建立稳定的国内外经销渠道和网络,主营业务中几项大宗商品在国内外均有一定的市场占有率和较高的商业信誉。面对日趋激烈的市场竞争形势,本公司将在原有的基础上进一步巩固和扩大公司几项主营大宗商品钢材、水泥、焦炭等的市场占有份额。与此同时,大力开拓非五矿类商品的进出口和国内贸易业务,进一步改善进出口商品结构,形成以深加工、高附加值的五金矿产品为骨干,以机电产品、成套设备和高新技术产品为辅的商品经营体系。

(四)商品进出口和国内销售计划

本公司将充分利用在国际、国内贸易中的资金、人才、商誉等各种优势,抓好贸易主业经营、完善公司国内外销售网络体系,建立分拨中心,开展金属材料的加工、批发、零售和仓储业务,加强和扩大与国内外大用户的业务关系,提高服务质量。

至1998年,本公司将组织国内短缺的优质钢材品种进口200万吨,钢材出口20万吨,生铁出口50万吨,焦炭出口70万吨,出口碲石、滑石20万吨,轻、重烧镁20万吨,水泥出口100万吨。

(五)人力资源开发计划

本公司将遵循"以人为本"的原则,在充分发挥现有的人力资源优势的基础上,通过大规模、多层次、多形式的企业员工培训,提高现有人员素质,培养出一批具有现代经营管理意识和经验的复合型人才,此外,还将通过多种渠道继续引进各类大中专毕业生,招聘与本公司行业相关的专业人才,以适应企业经营规模不断扩大,经营多元化、国际化的需要。

(六)公司的资金筹措和运用计划

1.公司主营业务——进出口和国内贸易的不断发展壮大,物流功能的不断健全,继续充实和完善公司的运输、仓储等贸易服务体系是必不可少的。公司将通过购置和期租等方式发展和扩大公司货运业务。到2000年,公司将形成中等规模的国际货运船队,运力将达到30万吨/年,新增效益将在20%以上。

2.为改变公司单一经营国内外贸易的经营现状,规避外经贸领域可能产生的行业风险,向非贸易领域扩展和渗透,尽快形成多元化、综合性经营格局,公司将在97年收购五矿总公司持有的北京香格里拉饭店51%股权。在此基础上,进一步做好市场调研,积极探讨酒店经营的深度开发工作,将酒店建成集餐饮、住店、办公楼、公寓、娱乐、商场为一体的综合服务中心,形成新的利润增长点。

十五、重要合同及重大诉讼事项

截止本招股说明书刊登之日,本公司的重大合同如下:

1.1996年9月26日,与中国工商银行北京分行朝阳支行签订的借款合同,借款金额300万美元,利率7.4938%,期限6个月。

2.1996年9月20日,与中国农业银行北京分行国际营业部签订的借款合同,借款金额人民币3,500万元,利率8.4‰(月),期限6个月。

3.1996年5月14日,与中国农业银行营业部签订的借款合同,借款金额人民币3,000万元,利率为12.078%,期限为1年。

4.1996年8月15日,与中国银行总行营业部为执行双方(94)中营信定字第058号借款合同签订的还款协议,金额为人民币3,700万元,利率为10.98%,到期日为1997年6月30日。

5.1996年8月15日,与中国银行总行营业部签订的《商品流转借款合同》,借款金额人民币4,800万元,利率为10.98%,期限为10个月。

6.本公司与五矿总公司将在房屋租赁、生活后勤服务、商标许可使用和产权转让方面存在关联交易关系。上述关联关系已分别通过《房屋租赁协议》、《注册商标使用许可协议》及《综合服务协议》予以确定。上述关联交易拟由本公司和五矿总公司依照等价有偿,平等互利的原则,采用经济合同的方式予以确认。

截止本招股说明书签字之日,本公司并无涉及重大诉讼、仲裁案件,涉及本公司关联企业的诉讼、仲裁案件主要是发起人五矿总公司作为一方当事人尚未了结的经济诉讼,没有涉及行政处罚的情况。

十六、其它重要事项

1.关于出口退税

为鼓励外贸出口,扩大创汇,国家于1985年实行出口退税政策。目前本公司按照国税发94031号文《关于出口货物退(免)税管理办法》的有关规定执行出口退税,本公司所经营的出口货物所适用的退税率主要为9%。

2.关于钢材进口的统一谈判的窗口地位

中日钢材进口共同谈判始于七十年代,五矿总公司为一方,以日本生产厂家为另一方,就中国从日本进口钢材的价格、数量等内容每年进行定期议定。五矿总公司是中国从日本生产厂家进口钢材的唯一渠道。从1996年起,由于受日本反垄断法的影响,五矿总公司与日本六家最大高炉厂家的共同谈判改为分别谈判,即五矿总公司仍作为一方,分别与日本六家高炉厂家进行谈判。但五矿总公司仍为中国进口日本钢材对外谈判的唯一窗口。另外,五矿总公司与巴西、德国、韩国的主要钢铁生产厂商就钢材的进口也有类似的谈判窗口地位。

3.关于外国政府和金融机构贷款项下的采购

外国政府和国际金融机构(世界银行和亚洲开发银行)向中国政府提供的优惠贷款项下的对外采购业务,是通过国家指定的专业外贸公司来执行的。五矿总公司是外经贸部指定的公司之一,具有承担国际招标业务资格,其资格是经世界银行、亚洲开发银行的有关部门认证的。

4.关于香格里拉饭店股权转让

北京香格里拉饭店是经外经贸部批准,由五矿总公司与香港香格里拉国际饭店(北京)有限公司(简称"外方")共同出资建造和经营的五星级中外合资饭店。该饭店于1987年开业,1994年已还清全部项目贷款。本

公司已就收购五矿总公司所占51%的股权与其达成意向;该股权转让意向已得到外方同意,并已取得合资企业原审批部门外经贸部的批准。本公司将按法定程序以经资产评估后的价格收购上述股权。有关香格里拉饭店股权转让的条件和程序符合国家有关国有资产的转让及合资企业股权转让的规定和公平交易的原则。

十七、备查文件

在本公司股票发行的承销期内,投资者可在本公司和主承销商的办公地点查阅到以下各种文件:

(1)招股说明书;

(2)外经贸部关于同意设立五矿发展股份有限公司的文件;

(3)国家体改委关于同意设立五矿发展股份有限公司的文件;

(4)外经贸部同意中国五金矿产进出口总公司列入1996年A股股票发行计划指标企业的文件;

(5)外经贸部下达给中国五金矿产进出口总公司1996年A股股票发行额度的文件;

(6)证监会批准五矿发展股份有限公司(筹)公开发行股票的文件;

(7)审计报告、财务报表及附注,验资报告;

(8)盈利预测报告及注册会计师的意见;

(9)资产评估报告;

(10)国有资产管理局关于资产评估的确认批复;

(11)国有资产管理局关于国有股权界定及持有人的批复;

(12)关于关联交易的处理协议;

(13)五矿总公司放弃与五矿发展股份有限公司竞争的承诺函。

五矿发展股份有限公司(筹)

一九九七年三月二十四日

1994-1996年度本公司合并损益表

编制单位:五矿发展股份有限公司(筹委会)　　　　单位:元

项目	1996年	1995年	1994年
一、主营业务收入	2,762,779,054	4,538,690,337	3,236,387,792
减:营业成本	2,153,493,451	3,882,412,942	2,780,093,748
销售费用	324,270,306	386,526,999	229,032,050
管理费用	84,255,602	65,865,077	43,548,736
财务费用	52,776,236	41,141,440	(64,327,406)
进货费用	—	—	—
营业税金及附加	9,979,985	11,970,682	17,805,949
二、主营业务利润	138,003,474	150,773,198	230,234,716
加:其他业务利润	5,062,274	5,646,908	2,502,875
三、营业利润	143,065,748	156,420,106	232,737,591
加:投资收益	6,877,144	4,031,770	3,109,372
营业外收入	44,853,399	13,640,681	7,748,808
减:营业外支出	25,822,189	16,518,345	15,773,402
加:以前年度损益调整	—	—	—
四、利润总额	168,974,102	157,574,211	227,822,368
减:所得税	53,491,996	50,669,006	66,640,176
五、净利润	115,482,106	106,905,205	161,182,192

1996年度本公司合并财务状况变动表

编制单位:五矿发展股份有限公司(筹委会)　　　　单位:元

一、流动资金来源		一、流动资金本年增加数	
1. 本年利润	115,482,106	1. 货币资金	(21,811,008)
加:不减少流动资金的费用和损失		2. 短期投资	
(1)固定资产折旧	5,756,012	3. 应收票据	28,814,711
(2)无形资产、递延资产及其他资产摊销	1,093,738	4. 应收帐款净额	83,834,428
(3)其他不减少流动资金的费用和损失	—	5. 预付帐款	59,719,563
小计	122,331,856	6. 其他应收款	(27,925,725)
2. 其他来源		7. 待摊费用	(12,841,560)
(1)收回长期投资	11,157,019	8. 存货	(62,182,036)
(2)资本净增加值	52,914,491	9. 待处理流动资产净损失	—
小计	64,071,510	10. 一年内到期的长期债券投资	—
流动资金来源合计	186,403,367	11. 其他流动资产	—
二、流动资金运用		流动资产增加净额	47,608,374
1. 利润分配		二、流动负债本年增加数	
(1)提取法定公积金	11,548,211	1. 短期借款	79,139,532
(2)提取法定公益金	11,548,211	2. 应付票据	
(3)提取任意公积金	23,096,421	3. 应付帐款	(71,994,719)
(4)已分配股利	69,289,264	4. 预收货款	22,882,553
小计	115,482,106	5. 应付福利费	619,298
2. 其他运用		6. 应付利润	(33,528,172)

一、流动资金来源		一、流动资金本年增加数	
(1)固定资产和在建工程净增加额	51,963,485	7. 应交税金	20,801,966
(2)增加无形资产、递延资产及其他资产	2,500,946	8. 其他未交款	(28,395)
(3)偿还长期负债	8,730,126	9. 其他应付款	20,880,742
(4)偿还长期投资	—	10. 预提费用	1,108,866
小计	63,194,557	11. 一年内到期的长期负债	—
		12. 其他流动负债	—
流动资金运用合计	178,676,664	流动负债增加净额	39,881,671
流动资金增加净额	7,726,703	流动资金增加净额	7,726,703

1994—1996 年本公司合并资产负债表

编制单位:五矿发展股份有限公司(筹委会)　　　　单位:元

资产	1996 年 12 月 31 日	1995 年 12 月 31 日	1994 年 12 月 31 日	资产	1996 年 12 月 31 日	1995 年 12 月 31 日	1994 年 12 月 31 日
流动资产				负债与股东权益			
货币资金	152,784,191	174,595,199	138,481,931	流动负债:			
短期投资	—	—	—	短期借款	395,639,532	316,500,000	432,400,000
应收票据	41,514,711	12,700,000	2,676,750	应付票据	—	—	—
应收帐款	458,695,345	376,582,922	488,100,220	应付帐款	137,539,217	209,533,936	209,803,069
减:坏帐准备	160,211	1,882,915	2,440,615	预收货款	78,031,989	55,149,437	40,921,684
应收帐款净额	458,534,435	374,700,007	485,682,323	应付福利费	(348,412)	(967,712)	(1,161,910)
预付货款	153,200,161	93,480,598	86,866,413	未付股利	28,690,299	62,218,471	21,098,083
其他应收款	87,911,324	115,837,048	92,005,888	未交税金	15,688,139	(5,113,826)	9,112,671
待摊费用	—	12,841,560	6,104,398	其他未交款	22,939	51,334	54,922
存货	71,710,791	133,892,827	181,921,121	其他应付款	75,809,689	54,928,947	32,700,673
待处理流动资产净损失	—	—	—	预提费用	2,255,864	1,146,998	1,498,522
一年内到期的长期债券投资	—	—	—	一年内到期的长期负债	—	—	—
其他流动资产	—	—	—	其他流动负债	—	—	—
流动资产合计	965,655,613	918,047,239	993,738,824	流动负债合计	733,329,257	693,447,586	746,427,714
长期投资:				长期负债:长期借款	—	—	—
长期投资	40,665,088	51,822,107	14,566,116	应付债券	—	—	—
固定资产:				长期应负款	—	—	—
固定资产原值	91,764,436	39,779,264	15,913,797	其他长期负款	—	—	—
减:累计折旧	9,752,634	4,310,092	1,445,532	长期负债合计	—	—	—
固定资产净值	82,011,802	35,469,17	314,468,265	递延税项			
在建工程	—	21,686	282,914	递延税款贷项	17,460,251	26,190,377	32,427,986
固定资产清理	—	—	—	负债合计	750,789,508	719,637,963	778,855,700
待处理固定资产净损失	—	—	—	股东权益:			
固定资产合计	82,011,802	35,490,859	14,751,179	股本	225,000,000	108,168,850	107,168,850
无形资产及递延资产:				资本公积	120,876,103	—	—
无形资产	2,935,888	3,510,071	3,355,300	盈余公积		184,792,762	142,030,680
递延资产	5,397,220	3,729,298	1,643,810	其中:公益金	46,198,190	35,507,670	
无形及递延资产合计	8,333,107	7,239,369	4,999,111	未分配利润	—	—	—
其他长期资产:其他长期资产	—	—	—	股东权益合计	345,876,103	292,961,612	249,199,530
递延税项:递延税款借项	—	—	—	负债及股东权益总计	1,096,665,610	1,012,599,574	1,028,055,230
资产总计	1,096,665,610	1,012,599,574	1,028,055,230				

五矿发展股份有限公司股票上市公告书

一、要览

总股本:	30,000 万股
可流通股本	7,500 万股
社会公众股:	7,500 万股
其中:公司职工股:	492 万股
本次上市流通股本:	7,008 万股
股票简称:	五矿发展
股票代码:	600058
上市地点:	上海证券交易所
上市时间:	1997 年 5 月 28 日
登记机构:	上海证券中央登记结算公司

二、绪言

本上市公告书是根据《中华人民共和国公司法》、《股票发行与交易管理暂行条例》、《公开发行股票公司信息披露实施细则(试行)》和《上海证

券交易所市场业务试行规则》等国家法律、法规的规定编制的。本公司股票上市申请经上海证券交易所上证上字(1997)34号文批准,于1997年5月28日(星期三)在上海证券交易所挂牌交易,本次上市流通的股票为1997年5月5日向社会公众发行的7,008万股A股,公司职工持股492万股的上市日期将按国家及上海证券交易所有关规定半年后上市。

本公司于1997年4月28日在《上海证券报》和《中国证券报》上刊登了《招股说明书概要》,距今不足六个月,故与其重复内容在此不再重述,敬请投资者查阅本公司的《招股说明书概要》。

本公司董事会及各位董事确信本公告书不存在任何重大遗漏或者误导,并对其真实性、准确性、完整性负个别的和连带的责任。

三、公司概况

(一)概况

公司法定名称:五矿发展股份有限公司

英文名称:MINMETALS DEVELOPMENT CO. LTD

公司法定代表人:周可仁

公司成立日期:1997年5月21日

公司注册地址:北京市朝阳区安慧里四区15号楼

邮编:100101

经营范围:钢铁及炉料(包括铁矿砂、生铁、废钢和焦炭等)、废船、非金属矿产品及其制品、建筑材料、耐火材料等商品的自营和代理进出口业务;以上主营产品的生产(废船除外)和销售;自营和代理除国家组织统一联合经营的16种出口商品以外的其它商品和技术出口业务;自营和代理除国家实行核定公司经营的其余13种进口商品以外的其它商品和技术进口业务;进出口货物的运输和运输代理、仓储、保险业务;经营国际金融组织贷款和日本输出入银行能源贷款项下的直接采购和招标采购业务,经营外国政府贷款、出口信贷、现汇项下国家及地方重点建设项目的技术和成套设备的引进业务;酒店经营及服务;自营和代理进出口贸易,“三来一补”业务,易货贸易,对销贸易,转口贸易,运输业务,饭店经营,上述商品的国内批发、零售、仓储、加工(国家有专项专营规定的需经特别批准)。

公司营业执照注册号:10002663—8

公司咨询电话::(010)64916740

联系人:万钧　樊玉雯

(二)公司历史沿革

本公司的发起人为中国五金矿产进出口总公司(以下简称“中国五矿总公司”)。中国五矿总公司成立于1950年,总部设在北京,系外经贸部直属专业外贸公司。主要从事钢铁、有色金属、金属制品、矿产品及建材等的进出口贸易。目前,在国内外拥有下属企业262家,其中国内企业212家,海外企业50家。总资产为169.34亿元,净资产为25.74亿元。自成立以来,进出口商品品种发展到360多个,其中一些商品的营业额位居全国前列;贸易国家和地区超过150个;累计进出口额超过1100亿美元。是我国规模最大的五金矿产品进出口贸易企业,1994年被中国对外贸易经济合作企业协会评为对外经贸优秀企业。最近三年年平均营业额50亿美元以上,进出口额在中国最大的500家进出口企业排名中始终名列前5位。

1992年经国务院批准,中国五矿总公司成为我国首批57家企业集团试点单位之一。1992年7月,以中国五矿总公司为核心,成立了中国五矿集团。目前,中国五矿集团已发展成为以国际贸易为龙头,贸易、金融、实业、货运、房地产、工程和劳务承包为支柱产业的综合性、多功能、国际化的企业集团。

为提高经营效益、分散风险和避免内部竞争,中国五矿总公司于1988年开始实行专业化经营,截止到1997年1月底,先后按业务或市场划分成立了不同类型的专业公司。此次进入本公司的业务和资产包括五矿钢铁、中国矿产、五矿贸易、、五矿东方、五矿货运和五矿招标。

经外经贸部[1997]外经贸政审字第567号文、[1997]外经贸计财股函字第91号文、[1997]外经贸计财股函字第128号文和国家经济体制改革委员会体改生[1997]40号文批准,由中国五矿总公司独家发起,以其下属的五矿钢铁,中国矿产,五矿贸易,五矿东方,五矿货运和五矿招标的资产投入,采取募集方式设立本公司。经中华财务会计咨询公司评估,并经国家国有资产管理局国资评[1997]243号文确认,投入本公司的资产总额为104,673.49万元,负债总额为70,085.88万元,净资产34,587.61万元;经国家国有资产管理局国资企发[1997]35号文批准,按1.537:1的比例折成国有法人股22,500万股,占股本总额的75%,由中国五矿总公司持有,本次发行以每股8.52元的价格向社会公众发行7,500万股,占股本总额的25%,其中向本公司职工配售492万股,占股本总额的1.64%。本次发行后,本公司总股本为30,000万股。

四、股票发行及承销

(一)本次公开发行

发行数量:7,500万股(其中向公司职工配售492万股)

发行价格:8.52元/股

发行方式:上网定价

配售比例:1.11338317%

配售户数:329694户

持有1,000股以上的户数:330678户

发行费用总额:13,387,866.61元

每股发行费用:0.179元

发行市盈率:15倍

(二)股票承销

本次公开发行的7,008万股社会公众股及492万股公司职工股已全部由社会公众及公司职工认购,承销团成员无包销比例及数量。

(三)验资报告

中洲(97)发字第094号

五矿发展股份有限公司(筹委会):

我们接受委托,对贵公司(筹)截至1997年5月12日止的实收股本真实性和合法性进行了审验。在审验过程中,我们按照《独立审计实务公告第1号—验资》的要求,实施了必要的审验程序,贵公司(筹)的责任是提供真实、合法、完整的验资资料,保护资产的安全、完整,我们的责任是按照《独立审计实务公告第1号-验资》的要求,出具真实、合法的验资报告。贵公司(筹)申请的注册资本为300,000,000.00元。根据我们的审验,截至1997年5月12日止,贵公司(筹)的实收股本为300,000,000.00元,资本公积为671,488,236.09元。

中洲会计师事务所本　　中国注册会计师　梁晓燕

中国　北京　　中国注册会计师　晏辉清

海淀区阜成路33号

五、董事、监事及高级管理人员持股情况

姓名	职务	持股数量(股)	持股比例(%)
周可仁先生	董事长	7000	0.023
李秀山先生	副董事长	6000	0.020
周中枢先生	董事	6000	0.020
张学武先生	董事、总经理	6000	0.020
林锡忠先生	董事	6000	0.020
黄天文先生	董事	6000	0.020
高福来先生	董事常务副总经理	6000	0.020
翁庆宗先生	董事副总经理	6000	0.020
李林虎先生	董事	5000	0.016
俞晓先生	董事	5000	0.016
刘道经先生	董事	5000	0.016
赵传喜先生	董事	5000	0.016
周渭利先生	董事	5000	0.016
张元荣先生	董事	5000	0.016

张志刚先生	董事	5000	0.016
栗锋先生	董事	5000	0.016
陈淑兰女士	董事	5000	0.016
于元萍女士	监事会主席	6000	0.020
苏桂梅女士	监事	5000	0.016
路少波先生	监事	5000	0.016
钟建国先生	监事	5000	0.016
刘青春先生	监事	5000	0.016
高勇先生	监事会秘书	5000	0.016

本公司董事，监事和高级管理人员共持有本公司股票12.5万股，占公司总股本的0.4166‰，其持有股份按照《中华人民共和国公司法》规定在任职期间不得转让。

六、公司设立

（一）本公司于1997年5月15日在北京市召开创立大会，宣告公司成立，并通过了公司发行的社会公众股股票在上海证券交易所上市的决议及其他有关决议。

（二）本次股票成功发行后，本公司注册登记工作已结束，详细资料如下：

公司注册资金：30,000万元

注册时间：1997年5月21日

注册地点：北京市朝阳区安慧里四区15号楼

公司法定代表人：周可仁

营业执照注册号码：10002663—8

七、关联企业及关联交易

本公司由中国五矿总公司作为独家发起人，以募集方式设立。中国五矿总公司以其在所属六家公司的业务和经评估确认的资产投入本公司。本公司依法设立后，中国五矿总公司将成为本公司的控股股东，持有本公司75%的股份。本公司与中国五矿总公司将在房屋租赁，生活后勤服务、商标许可使用和产权转让方面存在关联交易关系。上述关联关系已分别通过《房屋租赁协议》、《注册商标使用许可协议》及《综合服务协议》予以确定。上述关联交易拟由本公司和中国五矿总公司依照等价有偿，平等互利的原则，采用经济合同的方式予以确认，其交易价格按不高于市场价格确定，以维护本公司及全体股东的利益。

本公司计划收购中国五矿总公司在香格里拉饭店中持有的51%的股权，该项股权转让属于关联交易范围，为保证该项交易的公平性，转让的股权将依照国家有关规定经法定评估部门进行评估，并以评估后的价值为准。本公司筹委会与中国五矿总公司根据公平交易原则签署的《关于股权转让的意向书》，已提交本公司创立大会审议通过。

八、股本结构及大股东持股情况

（一）本次A股发行完成后，本公司的股本结构如下表：

股份名称	股数(万股)	占总股本比例(%)
尚未流通股份	22,500	75.00
国有法人股	22,500	75.00
可流通股份	7,500	25.00
社会公众股	7,500	25.00
其中：公司职工持股	492	1.64
总股本	30,000	100.00

（二）前十名股东所持股数及比例

股东名称	持有股数(股)	占总股本比例(%)
1. 中国五矿总公司	225,000,000	75.00
2. 周可仁	7,000	0.0023
3. 李秀山	6,000	0.0020
4. 林锡忠	6,000	0.0020
5. 周中枢	6,000	0.0020
6. 张学武	6,000	0.0020
7. 黄天文	6,000	0.0020
8. 高福来	6,000	0.0020
9. 翁庆宗	6,000	0.0020
10. 于元萍	6,000	0.0020

九、公司财务会计资料

（一）审计报告

中洲(97)发字第064号

五矿发展股份有限公司(筹委会)：

我们接受委托，审计了贵公司1994年12月31日、1995年12月31日、1996年12月31日资产负债表和1994年度、1995年度、1996年度的利润及利润分配表以及1996年度财务状况变动表。这些会计报表由贵公司负责，我们的责任是对这些会计报表发表审计意见。我们的审计是依据中国注册会计师独立审计准则进行的。在审计过程中，我们结合贵公司的实际情况，实施了包括抽查会计记录等我们认为必要的审计程序。

我们认为，上述会计报表符合《企业会计准则》、《股份制试点企业会计制度》及其他有关规定，在所有重大方面公允地反映了贵公司1994年12月31日、1995年12月31日、1996年12月31日的财务状况和1994年度、1995年度、1996年度的经营成果以及1996年度的资金变动情况，会计处理方法的选用符合一贯性原则。

中洲会计师事务所　　中国注册会计师　梁晓燕

中国　北京　　中国注册会计师　温秋菊

地址：北京海淀区阜成路33号

1997年3月20日

（二）资产负债表、损益表、财务状况变动表分别见表1、表2、表3。

表1、资产负债表(1994～1996年度)　　单位：元

资　产	1996年12月31日	1995年12月31日	1994年12月31日
流动资产：			
货币资金	152,784,191	174,595,199	138,481,931
短期投资	—	—	—
应收票据	41,514,711	12,700,000	2,676,750
应收帐款	458,695,345	376,582,922	488,122,938
减：坏帐准备	160,911	1,882,915	2,440,615
应收帐款净额	458,534,435	374,700,007	485,682,323
预付货款	153,200,161	93,480,598	86,866,413
其他应收款	87,911,324	115,837,048	92,005,888
待摊费用	—	12,841,560	6,104,398
存货	71,710,791	133,892,827	181,921,121
待处理流动资产净损失	—	—	—
一年内到期的长期债券投资	—	—	—
其他流动资产	—	—	—
流动资产合计	965,655,613	918,047,239	993,738,824
长期投资：			
长期投资	40,665,088	51,822,107	14,566,116
固定资产：			
固定资产原值	91,764,436	39,779,264	15,913,797
减：累计折旧	9,752,634	4,310,092	1,445,532
固定资产净值	82,011,802	35,469,173	14,468,265
在建工程	—	21,686	282,914
固定资产清理	—	—	—
待处理固定资产净损失	—	—	—
固定资产合计	82,011,802	35,490,859	14,751,179
无形资产及递延资产			
无形资产	2,935,888	3,510,071	3,355,300

递延资产	5,397,220	3,729,298	1,643,810
无形及递延资产合计	8,333,107	7,239,369	4,999,111
其他长期资产:			
其他长期资产	—	—	—
递延税项:			
递延税项借项	—	—	—
资产总计	1,096,665,610	1,012,599,574	1,028,055,230
负债与股东权益	1996年12月31日	1995年12月31日	1994年12月31日
流动负债:			
短期借款	395,639,532	316,500,000	432,400,000
应付票据	—	—	—
应付帐款	137,539,217	209,533,936	209,803,069
预收货款	78,031,989	55,149,437	40,921,684
应付福利费	(348,412)	(967,712)	(1,161,910)
未付股利	28,690,299	62,218,471	21,098,083
未交税金	15,688,139	(5,113,826)	9,112,671
其他未交款	22,939	51,334	54,922
其他应付款	75,809,689	54,928,947	32,700,673
预提费用	2,255,864	1,146,998	1,498,522
一年内到期的长期负债	—	—	—
其他流动负债	—	—	—
流动负债合计	733,329,257	693,447,586	746,427,714
长期负债:			
长期借款	—	—	—
应付债券	—	—	—
长期应付款	—	—	—
其他长期负债	—	—	—
长期负债合计	—	—	—
递延税项:			
递延税款贷项	17,460,251	26,190,377	32,427,986
负债合计	750,789,508	719,637,963	778,855,700
股东权益:			
股本	225,000,000	108,168,850	107,168,850
资本公积	120,876,103	—	—
盈余公积		184,792,762	142,030,680
其中:公益金		46,198,190	35,507,670
未分配利润	—	—	—
股东权益合计	345,876,103	292,961,612	249,199,530
负债及股东权益总计	1,096,665,610	1,012,259,574	1,028,055,230

表2、损益表(1994～1996年度)　　单位:元

项　目	1996年12月31日	1995年12月31日	1994年12月31日
一、主营业务收入	2,762,779,054	4,538,690,337	3,236,387,792
减:营业成本	2,153,493,451	3,882,412,942	2,780,093,748
销售费用	324,270,306	386,526,999	229,032,050
管理费用	84,253,602	65,865,077	43,548,736
财务费用	52,776,236	41,141,440	(64,327,406)
进货费用	—	—	—
营业税金及附加	9,979,985	11,970,682	17,805,949
二、主营业务利润	138,003,474	150,773,198	230,234,716
加:其他业务利润	5,062,274	5,646,908	2,502,875
三、营业利润	143,065,748	156,420,106	232,737,591
加:投资收益	6,877,144	4,031,770	3,109,372
营业外收入	44,853,399	13,640,681	7,748,808
减:营业外支出	25,822,189	16,518,345	15,773,402
加:以前年度损益调整	—	—	—
四、利润总额	168,974,102	157,574,211	227,822,368
减:所得税	53,491,996	50,669,006	66,640,176
五、净利润	115,482,106	106,905,205	161,182,192

表3、财务状况变动表(1996年度)　　单位:元

一、流动资金来源		一、流动资金本年增加数	
1.本年利润	115,482,106	1.货币资金	(21,811,008)
加:不减少流动资金的费用和损失		2.短期投资	
(1)固定资产折旧	5,756,012	3.应收票据	28,814,711
(2)无形资产、递延资产及其他资产摊销	1,093,738	4.应收帐款净额	83,834,428
(3)其他不减少流动资金的费用和损失	—	5.预付帐款	59,719,563
小计	122,331,856	6.其他应收款	(27,925,725)
2.其他来源		7.待摊费用	(12,841,560)
(1)收回长期投资	11,157,019	8.存货	(62,182,036)
(2)资本净增加值	52,914,491	9.待处理流动资产净损失	—
小计	64,071,510	10.一年内到期的长期债券投资	—
流动资金来源合计	186,403,367	11.其他流动资产	—
二、流动资金运用		流动资产增加净额	47,608,374
1.利润分配		二、流动负债本年增加数	
(1)提取法定公积金	11,548,211	1.短期借款	79,139,532
(2)提取法定公益金	11,548,211	1.应付票据	—
(3)提取任意公积金	23,096,421	3.应付帐款	(71,994,719)
(4)已分配股利	69,289,264	4.预收货款	22,882,553
小　计	115,482,106	5.应付福利费	619,298
2.其他运用		6.应付利润	(33,528,172)
(1)固定资产和在建工程净增加额	51,963,485	7.应交税金	20,801,966
(2)增加无形资产、递延资产及其他资产	2,500,946	8.其他未交款	(28,395)
(3)偿还长期负债	8,730,126	9.其他应付款	20,880,742
(4)偿还长期投资	—	10.预提费用	1,108,866
小　计	63,194,557	11.一年内到期的长期负债	—
		12.其他流动负债	—
流动资金运用合计	178,676,664	流动负债增加净额	39,881,671
流动资金增加净额	7,726,703	流动资金增加净额	7,726,703

(三)主要会计数据

本公司主要会计数据表

主要会计指标	1996年	1995年	1994年
流动比率(%)	130.94	132.39	133.13
速动比率(%)	120.54	113.08	108.76
资产负债率(%)	68.46	71.07	75.76
应收帐款周转率(%)	679.67	1,059.85	660.82
存货周转率(%)	2,139.96	2,486.61	1,982.00
净资产收益率(%)	33.39	36.49	64.68
每股净利润(元/股)	0.51	0.48	0.72

主要财务指标说明:

速动比率逐年提高是因为本公司注重财务管理,严把存货关,减少存货占压资金;资产负债率逐年降低是因为本公司不断优化资产结构,注重自有资金积累;净资产收益率降低是由于净资产逐年较大幅度增加。

1995年度应收帐款周转率高于1994年和1996年度,原因是:(1)1995年度自营出口大量超出1994、1996年度,本公司自营出口主要采取即期信用证付款方式与国外客户结算,资金回笼快。同时,1995年度预付货款却相对很小,大幅度减少了流动资金占用,相对加速了资金周转。(2)1995年度银行利率是近3年来最高的,为了减轻利息负担,本公司采取了宁可薄利也要加速资金回收的销售措施,从而保障了资金快速回笼。

(四)新改制企业的资产剥离情况

中国五矿总公司进入本公司的六家单位中,五矿招标的资产负债及权益全部进入本公司,五矿货运产权不明晰的固定资产及相应负债剥出,其余四家单位长期投资及部分流动资产、流动负债剥出,由中国五矿总公司进行经营管理。

（五）评估结果调整说明

根据国家国有资产管理局国资评[1997]243号文对本公司资产评估结果的确认批复，已对有关会计报表进行了相应的调整。审计后的资产负债表各项资产、负债及总资产与资产评估后的各项资产、负债及总资产不同，是由于审计后的资产负债表是包括了四家子公司的汇总报表。而资产评估后的会计报表，对四家子公司是以长期投资项目反映的。

（六）会计报表模拟编制方法

本公司改制前按照《商品流通企业会计制度》及有关规定编制会计报表。在资产重组的基础上，根据《股份制试点企业会计制度》的要求，模拟编制本公司会计报表。

（七）本公司主要会计政策

1. 本公司执行的会计制度

本公司改制前执行《商品流通企业会计制度》。本公司成立后，将执行《股份制试点企业会计制度》及有关规定，进行会计核算，编制会计报表。

2. 会计期间

本公司采用公历制，自公历1月1日至12月31日止。本报告所载财务信息为1994年1月1日至1996年12月31日止。

3. 会计报表的编制方法

根据《股份制试点企业会计制度》及相关的规定，本公司除了编制了六个组成单位中国五矿总公司钢材总部，中国矿产，五矿贸易，五矿东方，五矿货运和五矿招标的汇总报表外，还将五矿货运的四家全资子公司纳入了汇总范围。他们是：五矿货运河北公司、五矿货运天津公司、五矿货运上海公司、五矿货运深圳公司。同时，依据重要性原则，当子公司资产总额、销售收入及当期净利润占控股公司资产总额、销售收入及当期净利润之比均在10%以下时，不将其会计报表纳入汇总范围（对当期有累计未弥补亏损的子公司仍纳入汇总范围）。不纳入汇总范围的子公司（项目）包括：

公司名称	注册资本	经营业务	投资比例
五矿国际货运福建公司	2,000,000.00	运输	100%
五矿国际货运广东公司	1,000,000.00	运输	100%
五矿国际货运江苏公司	1,500,000.00	运输	100%
五矿国际货运辽宁公司	1,500,000.00	运输	100%
五矿国际货运连云港公司	3,500,000.00	运输	100%
五矿国际货运山东公司	1,500,000.00	运输	100%
五矿国际货运浙江公司	1,500,000.00	运输	100%
宁波金海菱液化储运有限公司	6,550,000.00	储运	26.2%
金玛国际空运服务有限公司	3,327,160.00	国际空运	50%
民生实业有限公司陀江轮项目	2,192,247.53	运输	30%

4. 记帐原则和计价基础

采用借贷记帐法，按权责发生制核算，以历史成本作为计价基础。

5. 外币折算方法

本公司以人民币作为记帐本位币。涉及外币收支的经济业务，采用业务发生时中国人民银行公布的基准汇价将外币折合为人民币记帐。外币帐户的年末余额，按年末基准汇价折合为人民币，折合后的人民币余额与原帐面人民币余额的差额，作为汇兑损益，计入财务费用。

6. 存货计价方法

存货采用永续盘准制。日常核算实际成本计价，存货发出按加权平均法，大宗商品生铁按个别计价法核算，低值易耗品采用一次摊销法核算。

7. 长期投资核算方法

本公司的长期投资中无债券投资。

本公司对股权投资、联营投资中投资额占被投资企业股本总额的20%以下的子公司采用成本法核算，对投资比例超过20%的子公司采用权益法核算，其中投资比例超过50%的子公司编制合并会计报表。

8. 固定资产及折旧

按使用年限一年以上，单位价值在2,000元以上为标准。

固定资产按实际成本计价，其折旧采用直线法计算，并根据各类固定资产的原价、使用年限和估计残值（原值的3%）确定分类折旧率如下：

类别	年限	年折旧率
房屋及建筑物	20	4.85%
运输设备	8	12.13%
办公设备	5	19.40%

9. 税项

（1）增值税：按17%税率缴纳增值税。

（2）营业税：代购代销收入、国际招标收入、投标业务收入及服务收入等按5%税率计算缴纳，国际货运及仓储收入、货运代理业务收入，按3%税率计算缴纳。

（3）城建税、教育费附加：分别按增值税、营业税税额的7%和3%计算缴纳。

（4）所得税：均按33%计征缴纳。只有五矿国际货运公司1994年度应纳企业所得税，经北京市朝阳区国家税务局国税字（1995－1）号文件批准，减半按16.5%征收。

本公司成立后，将按33%的税率缴纳所得税。

（5）递延税项：为1994年初汇率并轨时，本公司调整所属六家单位各外币帐户余额取得的汇兑收益，本公司一次进入当年损益，按年分期缴纳所得税形成的。

10. 利润分配

本公司法定盈余公积金、公益金分别按净利润总额的10%提取，任意盈余公积金1994年按净利润的30%计提，1995年1996年按净利润的20%计提。

（八）资产负债表主要项目注释

a. 应收帐款1996年12月31日余额458,695,345.15元，其中：

	金额	比例(%)
一年以内	395,725,869.60	86.27
一年至二年	55,161,674.76	12.03
二年至三年	7,807,800.79	1.70

b. 长期投资1996年12月31日余额40,665,087.96元，系本公司在下属公司中的股权投资。

c. 固定资产及累计折旧：固定资产原值1996年12月31日余额91,764,435.97元，累计折旧1996年12月31日余额9,752,633.72元，净值1996年12月31日余额82,011,802.25元。固定资产原值增加较多，主要是由于本年新购入房屋建筑物及资产评估增值。

d. 股本1996年比1995年增加较多是因为根据国资局评估确认结果，净资产以1.537:1折股增加股本数。

e. 1996年资本公积为总公司投入股份公司的净资产（经评估确认）扣除实际投入股本后的余额。

（九）期后事项

中国五矿总公司钢材总部已于1997年1月17日注册为五矿钢铁有限责任公司。

十、董事会上市承诺

本公司董事会将严格遵守《中华人民共和国公司法》、《股票发行与交易管理暂行条例》、《上海证券交易所市场业务试行规则》和有关法律、法规的规定，并自股票上市之日起作出如下承诺：

（一）按照法律、法规的规定程序和要求披露重大的信息，并接受证券主管机关，上海证券交易所的监督管理。

（二）及时、真实、准确地公布中期报告和年度报告，并备置于规定场所供投资者查询、阅读。

（三）本公司董事、监事及高级管理人员如发生人事变动或持本公司

股票发生变化时,在报告证券主管机关和上海证券交易所的同时,向投资者公布。

(四)在任何公共传播媒介中出现的消息可能对本公司股票的市场价格产生误导性影响时,本公司知悉后将及时对该消息予以公开澄清。

(五)本公司董事、监事及高级管理人员将认真听取社会公众的意见和批评,不利用已获得的内幕消息和其他不正当手段直接或间接从事股票买卖活动。

(六)本公司没有无记录负债。

十一、重要事项揭示

(一)根据本公司章程规定,本公司的税后利润按下列顺序分配:

1. 按国家规定弥补以前年度的亏损;
2. 提取税后利润的10%为法定盈余公积金;
3. 提取税后利润的5%～10%为公益金;
4. 经股东大会决议提取任意盈余公积金;
5. 支付普通股股利。

本公司每年派发一次年度股利,年度股利在每一会计年度结束后的六个月内分配。经股东大会决议,本公司可决定分配中期股利。本次发行如能按计划完成,预计首次股利分配的时间在1998年6月底以前,首次分配的股利约占净利润的60%。本公司1997年1月1日起至本次发行结束期间的利润归本公司全体股东所有。股利分配采取现金或股票形式。

(二)根据国家有关规定,本公司492万股职工股将于本次上市半年后,经批准方可上市。

(三)截止本公告书公布之日,本公司无重大诉讼事项。

十二、备查文件

(一)公司成立的注册登记文件

(二)上海证券交易所上市通知书

(三)招股说明书

(四)审计报告

(五)验资报告

(六)营业执照

(七)公司章程

(八)法律意见书

十三、咨询机构

发行人:五矿发展股份有限公司

法定代表人:周可仁

地址:北京朝阳区安慧里四区15号楼

电话:(010)64916740

传真:(010)64930799

联系人:万钧、樊玉雯

上市推荐人:申银万国证券股份有限公司

法定代表人:阚治东

地址:上海市南京东路99号

电话:(021)64312800

传真:(021)64310778

联系人:张宏斌、孔海燕

上市推荐人:中信证券有限责任公司

法定代表人:常振明

地址:北京市朝阳区新源南路6号京城大厦三楼

电话:(010)64665844、64665894

传真:(010)64661493

联系人:金昭、谭燕、蔡志强

五矿发展股份有限公司

一九九七年五月二十三日

五矿发展股份有限公司一九九七年度中期报告

一、财务报告(未经审计)

(一)财务报表

1. 简化的资产负债表　1997年6月30日　单位:元

资产	年初数	期末数
流动资产	965,655,613.00	2,196,323,981.97
长期投资	40,665,088.00	14,352,042.27
固定资产净值	82,011,802.00	93,687,689.27
无形及递延资产合计	8,333,107.00	12,070,194.07
资产总计	1,096,665,610.00	2,316,433,907.58
负债及股东权益		
流动负债	733,329,257.00	1,249,735,152.36
长期负债	17,460,251.00	15,020,104.71
负债合计	750,789,508.00	1,264,755,257,07
股东权益		
股本	225,000,000.00	300,000,000.00
资本公积	120,876,103.00	671,586,754.62
未分配利润		80,091,895.89
股东权益合计	345,876,103.00	1,051,678,650.51
负债及股东权益总计	1,096,665,610.00	2,316,433,907.58

2. 简化的损益表　单位:元

项目	1997年1—6月
主营业务收入	1,126,862,445.03
主营业务利润	98,880,118.00
其他业务利润	5,957,719.70
营业利润	104,837,837.70
投资收益	544,989.44
营业外收支净额	14,354,116.11
利润总额	119,736,943.25
所得税	39,645,047.36
净利润	80,091,895.89

(二)财务指标

1. 每股收益	0.27元
2. 净资产收益率	7.62%
3. 每股净资产	3.51元

注:(1)每股收益和每股净资产以公司期末总股本30,000万股为计算基础。

(2)剔除股票发行无效申购利息后,每股收益为0.25元,净资产收益率为7.06%。

(三)财务报表附注

1. 本期财务报告所采用的会计政策和会计方法与1996年度财务报告一致。需特别指出的是,《商品流通企业会计制度》规定进出口代理业务纳入营业收入核算的仅是手续费,不是营业额。手续费平均为营业额的1.2%。

2. 本期会计报表和年初相比,总资产增幅111%,主要原因是:(1)发行股票募集资金6.27亿元使公司总资产和净资产同时增加。(2)本期会计报表汇总范围较年初增加五矿货运下属七个全资子公司,它们是五矿国际货运福建公司、五矿国际货运广东公司、五矿国际货运江苏公司、五矿国际货运辽宁公司、五矿国际货运连云港公司、五矿国际货运山东公司、五矿国际货运浙江公司。(3)本公司代理进出口业务比重较大,客户往来资金增幅较多。

3. 货币资金 333,573,324.86 元,比年初增加 118%。

4. 应收帐款 730,519,629.66 元,较年初增加 271,824,284.66 元,增长 59%。

帐龄	金额	比例
一年以内	676,433,524.59	92.60%
一年至二年	42,690,071.01	5.84%
二年至三年	11,396,034.06	1.56%
合计	730,519,629.66	100%

5. 其他应收款 766,958,871.05 元,较年初增加 679,047,547.05 元,增长 772%,主要是正常代理进口业务占压的银行开证保证金和预付香格里拉饭店项目款 2.5 亿元。

帐龄	金额	比例
一年以内	738,728,871.05	96.32%
一年至二年	20,380,000	2.66%
二年至三年	7,850,000	1.02%
合计	766,958,871.05	100%

6. 长期投资 14,352,042.27 元,为联营投资,较年初减少 65%,是因为将《招股说明书》中载明的期初未纳入五矿货运的七家全资子公司,纳入了本期五矿货运的会计报表,其长期投资与股东权益对冲而致。联营投资具体如下:

被投资公司名称	投资期限(年)	投资金额	投资比例	所有者权益净增(减)
金玛空运公司	10	40 万美元	50%	51,937.95 元
宁波金海菱公司	10	655 万人民币	26.2%	478,042.36 元
上海沱江轮	正清理	22.8 万美元 30 万人民币	30%	

7. 资本公积金 671,586,754.62 元,本期增加 550,710,651.85 元,系 1997 年 5 月 5 日公开发行 7500 万股 A 股股票的溢价收入 564,000,000 元减去上市费用 13,387,866.61 元,再加上股票有效申购存款利息 98,518.46 元。

8. 未分配利润 80,091,895.89 元,系本期实现净利润。

9. 主营业务收入 1,126,862,445.03 元,实现主营业务利润 98,880,118 元,占利润总额的 82.58%。

10. 其他业务利润 5,957,719.7 元,主要是代地方执行合同手续费收入。

11. 投资收益 544,989.44 元,主要为金玛公司所有者权益净增 51,937.95 元,金海菱所有者权益净增 478,042.36 元。

12. 营业外收支净额 14,354,116.11 元。营业外收入 15,109,155.42 元,系股票无效申购存款利息和速遣费收入等,营业外支出 755,039.31 元,主要系非诉讼正常理赔支出和滞期费支出等。

(四)关联企业及关联交易

1. 关联企业

中国五金矿产进出口总公司(下称五矿总公司),经济性质:国有,法定代表人:周可仁,注册地:北京,注册资本:314,000,000 元,主营业务:有色金属、金属制品、建材等进出口贸易,金融,实业,房地产,工程和劳务承包等。

2. 关联交易

(1)五矿总公司是本公司的法人股东,持有本公司 75% 的股份。本期末本公司与五矿总公司关联交易中房租 2,010,665 元,综合管理费 5,781,620 元,均依照公司成立前的有关规定办理。公司成立后,本公司与五矿总公司在房屋租赁、生活后勤服务、商标许可使用和产权转让方面的关联交易,通过签订的《房屋租赁协议》,《注册商标使用许可协议》及《综合服务协议》,按照等价有偿、平等互利,且不高于市场价格的原则予以确定。

(2)本公司将购买五矿总公司在北京香格里拉饭店 51% 中方股权,已预付五矿总公司 2.5 亿元。

二、经营情况回顾与展望

1. 上半年经营情况的回顾

1997 年对于本公司来说是充满机遇的一年,也是转变、改革与发展的重要一年。公司 7500 万 A 股于 5 月 5 日成功发行并于 5 月 28 日成功上市。在第一届董事会的领导下,公司上半年经营状况良好,实现了时间过半,利润过半的经营目标;完成经营额(包括自营和代理)75,915 万美元;其中进口完成 54,733 万美元,出口完成 12,986 万美元;实现利润总额 11,974 万元,为年计划的 54%。上半年主要抓了以下几个方面的工作:

(1)以经济效益为中心,以国内外市场为导向,全力推动进出口贸易业务发展,上半年公司主营大宗商品如钢材进口到货 110 万吨、铁矿砂进口 100 万吨,生铁出口 20 万吨,焦炭出口 30 万吨,水泥出口 66 万吨;钢材进口规模及焦炭、水泥、硼石等大宗矿产品出口规模居全国前列,市场占有率继续保持上升趋势。五矿货运完成货运量 260 万吨,营业额 2,533 万美元,实现利润 1,137 万元,已成为公司稳定的业务支柱和新的利润增长点。

(2)致力于按现代企业制度规范运作。公司成立后,依法建立和完善了公司的组织结构,选举产生了董事会和监事会,聘任了公司的经营管理班子,为公司内部的高效运作和科学决策奠定了牢固的基础。

(3)转变经营机制,继续深化改革,强化企业内部管理,建立和完善权责分明、管理科学的内部管理体制。公司从资金管理、全面预算制管理入手、强化财务管理。正在逐步建立符合市场经济发展客观规律和现代企业制度规范的经营管理体系,并使之正常、有效、科学地运转。

(4)全力推进人事、劳动用工和分配制度改革,实施人员的重新定岗、定编和优化组合工作,提高全员劳动生产率。有计划、有组织、有针对性地对全公司员工进行不同层次、不同专题的业务培训,进一步提高员工素质,加大人力资源的开发力度。

2. 下半年工作计划

继续坚持"以经济效益为中心"的经营指导思想,努力完成或超额完成全年的经营计划和利润目标。下半年公司将抓好以下几个方面工作:

(1)在进出口贸易方面,在加强同日本、巴西、阿根廷等钢材进口统一谈判窗口地位的同时,大力加强钢材进口代理、自营、仓储、批发等业务,提高服务水平;继续保持钢材、铁矿砂等大宗进口商品的龙头地位。在继续保持出口不断增长良好势头的同时,强化出口推销工作和市场多元化,进一步实施和推进名牌战略,保持和扩大大宗出口商品的全国领先地位。

(2)在成本费用控制方面,公司继续开展以控制各项费用开支、降低各项经营成本为主要内容的"增收节支"活动,以目标经营管理为指导,以量化考核为尺度,把降低成本落实到公司经营的全过程,把控制费用落实到公司管理的全过程,以保证公司效益的全面完成。

(3)进一步抓好拳头商品、骨干商品的综合开发工作;把抓公司经济效益落实在商品经营上。公司将重点扶植开发 100 个适应国内外市场需求、有发展前途、盈利水平高的进出口商品,以优化商品结构、提高企业盈利水平和市场竞争能力。

(4)进一步抓紧完善和落实公司 3 年发展规划,着手制定 5—10 年发展战略,巩固商品经营,拓展资本、资产运营,拓宽国际、国内业务经营领域,培育新的利润增长点。为适应公司不断发展的需要,进一步充实和加强各类业务骨干队伍和领导班子建设,健全和完善人才的引进、使用、培训和管理制度,进一步加强职工的岗位培训和选拔优秀人才进修 MBA 和出国培训工作,为企业的长远发展培养一批优秀的复合型人才。

三、重大事件的说明

1. 按照国务院证券委、中国人民银行、国家经贸委 5 月 21 日联合发布的《严禁国有企业和上市公司炒作股票的规定》的要求,本公司进行了认真的自查,没有从事任何违反规定的事项。

2. 公司募集资金使用情况:(1)用于补充流动资金的 1.04 亿元已投入实际使用;(2)购买香格里拉饭店 51% 中方股权项目,已预付 2.5 亿元人民币,相关手续正按计划办理,年内完成;(3)买船项目正在落实之中,尚未投

入;(4)剩余资金2.73亿元暂作银行存款,将严格按照《招股说明书》载明的投资方向使用。

3.1997年5月5日,公司通过上海证券交易所主机系统采用"上网定价发行"的方式向社会公开发行人民币普通股(A股)7008万股,同时,向公司内部职工配售492万股,每股发行价8.52元。

4.1997年5月28日,公司7008万股社会公众股在上海证券交易所挂牌交易,公司内部职工股492万股从上市之日起半年后上市。

5.1997年5月15日,公司第一届董事会第一次会议在本公司会议室召开,会议选举周可仁先生为董事长、李秀山先生为副董事长,聘任张学武先生为总经理,高福来先生为常务副总经理,翁庆宗先生为副总经理,高勇先生为董事会秘书,刘道经先生为财务部总经理。

6.1997年5月15日,公司第一届监事会第一次会议在本公司会议室召开,会议选举于元萍女士为监事会主席。

7.上海沱江轮项目,我司占有30%股权,现帐面值为3,813,608.86元。该项目合作期已满,正处于清盘之中,我司将于下半年收回本金228,532.31美元,30万人民币和预计利润170万元。

8.本报告期内无重大诉讼、仲裁事项。

四、发行在外股票的变动和股权结构变化

(一)五矿发展股份有限公司股权结构情况

1997年6月27日　　单位:万股

每股面值:1元人民币

	期初数	本次变动增减(+,-)	期末数
一、尚未流通股份			
1.境内法人持有股份	22,500		22,500
2.内部职工股	492		492
尚未流通股份合计	22,992		22,992
二、已流通股份			
境内上市的人民币普通股	7,008		7,008
已流通股份合计	7,008		7,008
股份总数	30,000		30,000

注:期初各栏数为发行后股份数。

(二)持有公司股份前十名股东情况:

(1997年6月27日)　　(单位:万股)

股东	持股数	比例
1.中国五金矿产进出口总公司	22,500	75%
2.李军	70	0.0023%
3.湖北证券	60	0.002%
4.李军	50	0.0016%
5.沈海根	30	0.001%
6.张婴婴	26	0.00086%
7.振泰实业	24.4799	0.0081%
8.黎海鹰	22.7	0.00075%
9.刘海东	21.3	0.00071%
10.张莫丰	20	0.00066%

五、股东大会简介

五矿发展股份有限公司创立大会暨第一次股东大会于1997年5月15日在北京市北京剧院召开,出席会议的股东及股东授权代表共340人,共代表股份22,700万股,占公司股份总额的75.6667%,符合《公司法》和《公司章程》的有关规定,本次会议经投票表决,审议通过如下决议:

1.审议通过《公司筹办工作报告》;

2.审议通过《公司章程》;

3.审议通过《公司设立费用的报告》;

4.选举周可仁、李秀山、周中枢、张学武、林锡忠、黄天文、高福来、翁庆宗、李林虎、俞晓、刘道经、陈淑兰、赵传喜、张元荣、周渭利、张志刚、栗锋为公司董事;

5.选举于元萍、苏桂梅、路少波、钟建国、刘青春为公司监事;

6.审议通过《关于公司社会公众股股票申请在上海证券交易所上市交易的议案》。

六、备查文件

1.载有公司总经理亲笔签名的中期报告原本;

2.公司《招股说明书》及《上市公告书》;

3.1997年度股东大会决议及股东大会其它资料。

查阅地点:北京市朝阳区安慧里4区15号楼一层公司办公室。

五矿发展股份有限公司

一九九七年八月十一日

南京新港股份有限公司

南京新港股份有限公司招股说明书概要

一、绪言

本招股说明书概要系根据《中华人民共和国公司法》、国务院《股票发行与交易管理暂行条例》及国家证券管理机关颁布的有关证券管理的现行法规、规定而编制。本招股说明书概要已经本公司全体董事审议通过，旨在向投资者提供有关本公司及本次发行的资料。

本公司董事会及董事会各成员确认本招股说明书概要所摘内容与招股说明书正文一致，不存在任何重大遗漏或误导，并愿就其中所载资料的真实性、准确性、完整性负个别及连带的责任。

二、发售新股的有关当事人

1、发行人：南京新港股份有限公司

法定代表人：梁学忠

注册地址：南京经济技术开发区内

经办人：郭昭、孔军

电话：(025)5565084

2、股票承销机构：

主承销商：国泰证券有限公司

法定代表人：金建栋

注册地址：上海市浦东新区乳山路 61 号

办公地址：深圳市华强北路 3 号深纺大厦 13 层

经办人：张建强、黄洁

电话：(0755)3217225

分销商：南京市证券公司

法定代表人：徐福武

注册地址：南京市中山东路 200 号

电话：(025)4526112

分销商：深圳国投证券有限公司

法定代表人：叶连捷

注册地址：深圳市红岭中路 7 号国际信托大厦

电话：(0755)5564179

分销商：江苏证券股份有限公司

法定代表人：鲍志强

注册地址：南京市管家桥 85 号华荣大厦 14 层

电话：(025)4523777

分销商：中国科技国际信托投资公司

法定代表人：张钢

注册地址：北京市北辰东路 8 号北京国际会议中心

电话：(010)63178466

分销商：君安证券有限公司

法定代表人：张国庆

注册地址：深圳市罗湖区春风路 5 号

电话：(0755)2296666

分销商：南方证券有限公司

法定代表人：王景师

注册地址：深圳市深南东路 56 号南方国际大酒店

电话：(0755)2256728-1204

分销商：华夏证券有限公司

法定代表人：黄玉峻

注册地址：北京市海淀区复兴路乙 63 号

电话：(025)4512324

3、上市推荐人：深圳国投证券有限公司、国泰证券有限公司

4、发行人法律顾问：南京经济律师事务所

经办律师：陈应宁、景忠

注册地址：南京市鸡鸣寺路 1 号

电话：(025)7712401

5、主承销商法律顾问：信达律师事务所

经办律师：陈利民

注册地址：深圳市深南中路东风大厦 21 楼

电话：(0755)3243139

6、会计师事务所：无锡公证会计师事务所

注册会计师：王燕榕、郭建康

注册地址：无锡市县前西街 4 号

电话：(0510)2713977

7、资产评估机构：南京会计师事务所

经办评估师：郝孝普、蔡庆培

注册地址：南京市湖南路狮子桥 34 号

电话：(025)3225395

8、资产评估确认机构：南京市国有资产管理局

地址：南京市珠江路 342 号

电话：(025)3600946

9、土地评估确认机构：南京市国土管理局

地址：南京市解放路 53 号

电话：(025)4612277

10、收款银行：南京城市合作银行

注册地址：南京市太平南路 532 号

法定代表人：王晨曦

电话：(025)2258103

11、股票登记机构：上海证券中央登记结算公司

注册地址：上海市闵行路 67 号

法定代表人：王迪彬

电话：(021)63566651

12、辅导机构：国泰证券有限公司

13、财务顾问：江苏证券股份有限公司

三、发行情况

1、股票类型：人民币普通股

2、发行期：自 1997 年 4 月 23 日至 1997 年 4 月 29 日。

3、发行方式：全额预缴款、比例配售、余款转存。

4、发行地区：南京市。

5、发行对象：具有中华人民共和国国籍的自然人，境内登记的法人和经批准设立的其他机构。法律、法规规定不得购买的除外。

6、发行股票每股面值：1.00 元，发行数量：5000 万股。

7、发行价格：7.84 元/股

8、本次新股发行共可募集资金 39200 万元，扣除发行费用 1200 万元后，预计实收金额 38000 万元。

四、风险因素及对策

投资者在评价发行人此次发售股票时,应特别认真地考虑下述各项风险因素。

1、经营风险。

(1)本公司设立以来,主要从事了南京经济技术开发区的成片土地开发和基础设施建设,为开发区初步具备良好的投资环境作出了重要贡献,为一批高科技产业相继进区投产创造了有利条件。开发区目前只是初具规模,开发范围还将不断扩大,基础设施还需配套完善。因此,本公司仍将继续开展基础设施建设及土地开发业务。本公司承建基础设施主要是受管委会的委托,尽管委托方曾以宁新区办(1992)55号文明确了建设权归本公司,在实际操作中也一直予以积极支持,但仍不能排除双方今后可能在施工质量、交付时间、投资回报、支付方式等问题上产生分歧,影响业务的正常开展。因此本公司对管委会有一定程度的依赖。

(2)高新技术产业是一个高回报、高风险的行业,区别于其他行业,其高风险特别体现在高新技术发展较快,产品更新换代快,市场风险大;其次,高新技术产业是资金密集、技术密集的行业,资金实力与技术能力对项目能否顺利进展有较大的、甚至是关键性的影响;第三、设备订购与安装的技术及其他配套设施和条件的要求也很高,稍有疏漏将会影响投产后的效益水平;第四、项目投产后要求管理人员、技术人员的专业知识、经验及管理水平要有很高的水平。因此本公司投资高新技术产业存在一定的投资风险。

(3)本公司在经营中,部分土地销售及对外投资是以美元签定合同的,当美元与人民币汇率发生变化,就会给本公司的收益带来影响。

2、政策风险:

(1)本公司投资建设开发区基础设施及高新技术产业,属受国家产业政策鼓励发展的行业。设立开发区,在我国是实行改革开放以来出现的、有着中国特色的新事物,各项政策还有待规范和完善。国家对开发区实行的优惠政策,如税务减免政策、区内产品进出口政策等,随着改革开放的不断深入将会有所调整和变化,如果程度比较大,对所有的开发区都会造成影响。

(2)本公司在开发建设开发区的过程中,几年来获得的迅速发展客观上离不开市政府的政策支持。随着本公司的实力不断增强,以及成为公众公司后规范化的要求提高,这些支持尽管将不再成为影响本公司发展的主要因素,但仍是本公司稳定、快速发展所需要的。

3、市场风险:

(1)本公司从事开发区内土地成片开发业务,开发的土地能否按合理的价格及时转让是能否得到较好回报的关键。投资及时回笼才能推动业务的连续开展,否则将影响到公司经营的稳定性,影响滚动开发战略的顺利实施。

(2)根据发展规划,本公司将扩大高新技术产业投资,而高新技术产品的开发生产面临着较大的市场推广问题及强烈的竞争压力,本公司开发生产的高科技产品也将不可避免地会受到市场拓展难度和可替代技术、可替代产品之间的激烈竞争。市场占领及市场份额的保持和扩大需要增加资金、人力的投入,进而相应增加经营成本,影响经营效益。

4、行业风险:

(1)创办开发区是我国实行改革开放以来,为方便开展国际经济技术交流,吸收国际资本、技术和先进管理经验而兴起的新事物,因此从事开发区的投资、开发及经营业务在我国则是一个新兴行业。由于该行业经营中含有一定的固定资产投资业务,因此会受到国家控制固定资产投资规模的影响。

(2)南京高新技术产业开发区经国家科委批准实行一区多园结构,南京经济技术开发区的5平方公里中心区是其中的一个园区。尽管市政府对多园进行了统一规划,对拟进区投资企业加以指导,但仍不能排除多园之间存在竞争,事实上造成本公司与开发建设其他园区的公司之间产生激烈的竞争。

5、股市风险:

我国证券市场还处于试点阶段,相关的政策法规尚欠完善,加之目前的股票市场尚不成熟,投机性较大,市场和股票价格的波动剧烈,这些都有可能造成本公司股票的价格偏离公司的实际经营业绩。

针对以上风险,本公司拟采取以下对策:

1、经营风险对策

本公司将继续保持与管委会良好的合作关系,尽可能在承建基础设施的委托协议中明确双方的责、权、利,维护公司和股东的利益。在工程实施过程中,进一步加强与管委会的联系与协调,了解业主的要求,在实施过程中随时加以改进,避免发生不必要的分歧。同时要进一步严格工程管理,努力做到保质保量按时交工。本公司与管委会四年多的良好合作关系为本公司克服承建业务方面的风险奠定了良好的基础。

对于高新技术产业投资,本公司将依照制定出的一整套操作规程执行,项目选择一定要经过科学论证,要求科技含量高,市场前景好;项目实施前要严格按技术要求充分准备,项目实施中要严格按技术要求实施;如果是合资项目要通过多种渠道了解合作者的实力和信誉,确保资金按时到位,项目顺利投产;在人才方面,本公司已培养和招纳了一批优秀的专业技术人才和管理人才,他们已在项目的开发和论证过程中显示出较强的能力,发挥了重要作用。

本公司有关外汇方面的业务主要是土地销售和对外投资业务,且都以美元计算。尽管土地以外汇计价销售的数量仅占30%,且付款期一般控制在一年之内,对外投资也均以人民币计算回报,使本公司的外汇风险降得较低。但本公司在每次签定合同前仍要了解外汇市场的变化趋势,以便在签定合同时考虑进去,避免给公司造成汇率损失。

2、政策风险对策

本公司将通过坚持决策程序化、管理科学化、业务多元化的发展方针,依靠增强自身实力来降低政策变化带来的风险。规定重大投资项目一定要在充分研究论证的基础上经董事会讨论,提交股东大会审议决定,减少决策失误;项目实施要制定切实可行的方案,并强化管理,严格控制各项支出和成本;经营业务向多元化发展,主要是逐步形成以高新技术产品开发、生产,市政基础设施建设和土地成片开发并重的多元格局,形成多个利润来源。只要公司坚持规范运作,科学管理,灵活经营,不断增强自身实力,政策因素的影响就能大大降低。

3、市场风险对策

本公司在从事土地开发业务中,一是要统筹安排,严格监管,开源节流,减少开发成本,二是要注重了解国家政策和市场信息,对市场变化提早作出反应和安排,从而实现土地转让的利润最大化。对高新技术产业投资,将按照科学、谨慎的原则进行决策,有区别地采取合作开发、购买专利、引进技术等多种形式开发高新技术产品,多元组合,降低市场风险,同时加强市场调研和分析,加强科技开发力量,提高产品科技含量和附加值,确立产品在市场中的竞争优势。

4、行业风险对策

本公司除努力增强自身实力,降低宏观经济变化可能带来的风险外,对同行之间的竞争,一方面将积极加强宣传,突出开发区的港口优势和陆路交通优势,广泛宣传高新园近几年所取得的业绩及已形成的管理科学、服务优质的良好的投资环境,扩大在境内外投资者中的影响,提高竞争能力。另一方面继续扎实做好开发区的各项开发建设工作,进一步完善投资条件,吸引更多的境内外投资者前来办厂投资。

5、股市风险对策

本公司将努力提高经营效益,确保给股东以稳定、良好的投资回报。本公司还将认真按照国家关于股份制企业及证券市场的有关法规,规范运作,规范信息披露,维护股东权益。同时本公司提醒投资者,在投资本公司前,对中国股市现阶段存在的市场风险应有充分的了解。

五、募集资金的运用

1、本次发行募集资金用途及立项审批

本次计划募集39200万元资金，扣除发行费用后，实募38000万元，拟用于投资良好回报的高新技术实业和开发区的基础设施。

高新技术实业项目是：

(1)投资1270万元与华新藤仓新加坡股份有限公司组建南京华新藤仓光通信有限公司，该项目已经南京经济技术开发区管委会宁开委招字(1996)128号文批准；

(2)投资734万元与南京市电信局、南京市供电局、香港华贵国际有限公司合作建设南京华新电线电缆有限公司二期工程，该项目已经南京经济技术开发区管委会宁开委招字(1996)115号文批准；

(3)投资2973万元兴建CP线生产项目，该项目已经南京经济技术开发区管委会宁开委招字(1996)133号文批准；

(4)投资2990万元兴建生产立式硬齿面齿轮减速机项目，已经南京经济技术开发区管委会宁开委招字(1996)141号文批准；

(5)投资2980万元兴建高速重载齿轮减速机项目，已经南京经济技术开发区管委会宁开委招字(1996)145号文批准；

(6)投资2000万元生产TDS-818A小救星心脏监护报警器，已经南京经济技术开发区管委会宁开委招字(1996)124号文批准。

基础设施项目是：

(1)投资4950万元建设南京新港110KV和35KV两座输变电站，已分别经江苏省电力局苏电生字(1996)1149号文和南京经济技术开发区管委会宁开委字(1995)43号文批准；

(2)投资4900万元建设开发区附近新生圩地区3万吨供水系统，包括供水和增压泵站工程，已经南京市计划委员会宁计投资字(1996)69号文批准；

(3)投资4000万元建设开发区两万吨污水处理厂，已经南京市计划委员会宁计投资字(1996)385号文批准；

(4)投资4500万元建设尧新公路拓宽改造工程，已经南京市计划委员会宁计投资字(1996)480号文批准；

(5)投资4970万元建设开发区东南环区道路，已经南京市计划委员会宁计投资字(1996)641号文批准；

以上项目共需投资36267万元。本次实募资金38000万元，剩余1733万元资金用于补充本公司的流动资金。

2．项目简介

(1)投资1270万元与新加坡华新藤仓新加坡股份有限公司组建南京华新藤仓光通信有限公司

南京华新藤仓光通信有限公司，投资总额为2950万美元，注册资本为2000万美元，外方占91%，为1820万美元，本公司占9%，为180万美元，折合人民币1494万元，本公司已投入224万元，还需追加投资1270万元。该公司注册南京经济技术开发区内，是以生产、销售光纤、光缆及通信电缆为主的高新技术企业。

通信业是国民经济发展的重要一环。目前，光通信已经日渐成为信息通讯工程界的主流，光纤通信电线电缆正在逐步取代铜通讯电缆。该公司年产光纤40万芯公里，光缆20万公里，在国际、国内市场都有良好的前景，具有极强的竞争力。本项目总投资24485万元，投产后年净利润4177万元，投资报酬率17.06%，静态投资回收期5.9年。因此本项目从长远看可以为本公司带来稳定的回报。

(2)投资734万元与南京市电信局、南京市供电局、香港华贵国际有限公司合资建设南京华新电线电缆有限公司二期工程

南京华新电线电缆有限公司投资总额为2950万美元，注册资本为1900万美元，港方投资91%，南京方3家各3%，该公司注册南京经济技术开发区内，是以生产、销售各类铜条(8∅MM--9.5∅MM铜条，1.6∅MM－－4.2∅MM铜线)、电线电缆为主的目前我国最大铜条生产厂，生产规模为：投产的初期为年产8万吨铜条，次阶段逐步扩充到年产铜线材12万吨及电线电缆3600吨。

目前，在国际及国内市场上由于通讯业的迅速发展，对高速、高压、高传输性的铜线材需求量大增。本项目总投资24485万元，投产后年净利润4511万元，投资报酬率18.42%，静态投资回收期5.4年。因此，本项目盈利能力稳定，投资参股对本公司是有利的。

(3)投资2973万元兴建CP线生产线项目

CP线(即镀锡铜包钢线)，主要用于电子原器件中的引出线。在工业、农业、国防、民用等方面，全世界都在向电气自动化方向发展，因此电子原器件的重要性显得非常突出，而CP线，正是其中的关键元器件中必不可少的材料。目前国内每月需用CP线为300吨左右，而国内生产总量每月合计仅200吨左右，尚有100吨左右还需进口。国外的需求量更大，估计每月最少要2000吨以上。

本项目总投资2973万元，年生产能力2000吨，年净利润946万元，投资报酬率31.82%，静态投资回收期3.1年。因此该项目具有较好的投资回报。

(4)投资2990万元兴建生产立式硬齿面齿轮减速机项目

立式硬齿面齿轮减速机产品是现代设计技术、材质精练、热处理工艺、精加工技艺及装备先进等综合科技成果。硬齿面螺旋伞齿轮是机械工业重要基础件，是重大装备的关键零部件，其质量、性能、可靠性直接影响主机的运行质量和经济效益的好坏。根据规划，本项目建成后可形成年产40台中速磨煤机齿轮箱、30台建材立式磨机齿轮箱的生产能力。

根据电力部成套局意见，300MW、600MW中，可以考虑80%机组使用中速磨煤机，按平均一套机组配六台中速磨煤机计算，“九五”期间每年需中速磨煤机为258台到318台，另再考虑与国产发电机组成套出口等因素，则年需约300台。本项目总投资2990万元，年净利润613万元，投资报酬率20.5%，静态投资回收期4.9年，测算表明具有较好的投资前景。

(5)投资2980万元兴建高速重载齿轮减速机项目

高速重载齿轮是机械工业的重要基础件，是大型发电、化肥、炼油设备、矿山机械、通用机械、交通运输必不可少的传动件。根据规划，本项目达产后形成年产折合标准硬齿面通用减速机750台/1500吨的生产能力。

“九五”期间市场预测：发电行业：电站用燃气轮机发电增速齿轮箱年需10台。发电机组的高压给水泵齿轮箱年需100台，堆取料机、皮带机井下采掘设备中通用硬齿面齿轮箱年需1000台；石化行业：石油裂变加氢装置用高速重载齿轮箱年需20台；建材行业：大型水泥磨齿轮箱、立式磨、辊压磨选粉机用齿轮箱年需80台；冶金行业：大型连铸、冷轧板生产线，棒材轧机齿轮箱，高速线材轧机齿轮箱年需近200台。

本项目总投资2980万元，年净利润684万元，投资报酬率22.95%，静态投资回收期4.4年。测算表明，该项目具有较好的经济前景。

(6)投资2000万元生产TDS-818A小救星心脏监护报警器

TDS-818A小救星心脏监护报警器是本公司联合有关方面开发、研制的国家专利产品，已达到九十年代国际先进水平，具有24小时监护报警、报警状态贮存、24小时心率不间断显示等功能，适用范围广泛。

据不完全统计，我国现有心脏病患者3000多万人，而且目前我国正进入一个相对老年化的社会，老年人人数将达到1-2亿人之多，随着我国经济的迅速发展，国民收入快速增长，全民生活水平迅速提高，人们的自我保健意识正在逐渐增强。加之该产品性能稳定、功能多样、价格适中的特点，预计该产品的市场需求潜力巨大，前景十分广阔。

经充分的市场调查，结合公司人、财、物的实际情况，本项目年生产能力设计为8万台，项目总投资2000万元，年净利润624万元，投资报酬率31.2%，静态投资回收期3.2年。因此本项目具有十分良好的经济效益。

(7)投资4000万元建设日处理2万吨的污水处理厂

南京新港日处理2万吨污水厂，采取三沟式氧化沟先进工艺对开发区内河工业污水和生活污水进行处理，通过处理使之达到国家要求的污水排放标准。

开发区目前正处于发展阶段，众多的企业相继投产，使开发区的污水

处理已成为当务之急,据统计资料测算 1997 年污水排放量为 0.8 万吨,1998 年污水排放量将达 1.5 万吨。本项目总投资 4000 万元,日处理污水能力 2 万吨,经测算,投产后年净利润为 586 万元,投资报酬率 14.21%,静态投资回收期 7 年,因此本项目具有一定的经济效益。随着进区企业的增多,本项目达产后将会有更好的收益。

(8)投资 4900 万元建设新生圩供水工程项目

长期以来开发区的供水完全依赖港口来解决,现已不能满足进区企业的需要,建设供水工程以解决进区企业对水的需求量,是完善开发区功能,提高服务的重要项目之一。目前开发区的日供水量为 1 万吨,已不能满足需要。

本项目是由南京化纤厂通过 600mm 白钢管接水至新生圩增压泵站并供水至整个地区。日供水量规划为 3 万吨,项目总投资 4900 万元,年净利润 593 万元,投资报酬率 12.1%,静态投资回收期 8.3 年。本项目具有长期、稳定的经济效益。

(9)南京新港 110KV、35KV 输变电站两座

110KV 输变电站位于开发区北部,占地约 1609 平方米,35KV 变电站位于开发区南部,占地约 900 平方米。总投资 4950 万元。该两个变电站竣工后,经南京市供电局验收合格后,由开发区管委会根据委托协议向本公司支付委托建设费。该项目预计盈利 819.67 万元。

(10)承建尧新公路拓宽改造和开发区东南环区道路工程

南京经济技术开发区的迅速发展要求开发区加快道路建设,开发区管委会拟将尧新公路进行拓宽改造和在东南环区建设一条新路。本公司受委托分别筹资 4500 万元和 4970 万元建设。根据预算,预计工程实现利润分别为 990 万元和 1324 万元,因此该两项目对本公司也是十分有利的。

3. 投资时间表、效益产生时间、投资回收期

项 目	投资额(万元)	投资时间	效益产生时间	投资回收期(年)
南京华新藤仓光通信有限公司	1270	1997	1998.3	5.9
南京华新电线电缆有限公司	734	1997	1997.12	5.4
兴建 CP 线生产项目	2973	1997	1997.12	3.1
高速重载齿轮减速器	2980	1997	1998.3	4.4
立式硬齿面齿轮减速机	2990	1997	1997.12	4.9
TDS-818A 小救星心脏监护报警器	2000	1997	1997.10	3.2
南京新港 110KV、35KV 输变电站两座	4950	1997	1997.12	
南京化纤厂-新港新生圩地区 3 万吨供水工程	4900	1997	1997.10	8.3
南京新港 2 万吨污水处理厂	4000	1997	1998.7	7
尧新公路拓宽改造工程	4500	1997	1997.11	
开发区东南环区道路	4970	1997	1998.6	
合 计	36267			

六、股利分配政策

1. 股利分配的一般政策

由股东大会根据每一会计年度的盈利情况,按照公司章程的有关规定决定。根据本公司章程,本公司税后利润按下列顺序分配:

(1)弥补亏损;

(2)提取法定盈余公积金 10%(该项公积金达注册资本 50%时可以不再提取)。

(3)提取公益金 5-10%;

(4)提取任意盈余公积金;

(5)支付普通股股利。

任意盈余公积金由董事会根据公司的实际情况和需要拟定提取的比例,提请公司股东大会审议批准,并按股东大会的决议使用。公司分配股利采取现金股利和股票股利两种形式。股利分配方案经股东大会审议后决定。

2. 预期本公司本次发行后首次分配时间在 1997 年二或三季度,经本公司 1997 年 1 月 15 日临时股东大会决议通过,新股东享有本公司本次发行前的未分配利润。

七、本公司情况

1. 本公司名称:南京新港股份有限公司(原名南京新港经济技术开发股份有限总公司)

2. 本公司注册时间:1992 年 8 月 8 日

3. 本公司注册地址:南京经济技术开发区内

4. 本公司历史情况简介:

(1)设立情况

南京新港股份有限公司(原南京新港经济技术开发股份有限总公司,以下简称本公司)是于 1992 年 7 月 4 日经南京市体制改革委员会宁体改字(1992)254 号文批准设立的定向募集股份有限公司,股本总额 9600 万元,每股面值 1.00 元,折股比率 1:1,发行价 1.00 元。其中发起股东:南京新港开发总公司以经评估确认的 118.75 万平方米,使用期 50 年的土地使用权作价入股 4750 万股,南京港务管理局以经评估确认的实物资产 904.5 万元和现金 395.5 万元认购 1300 万股,南京市国际信托投资公司以现金认购 500 万股,中国工商银行南京市分行以现金认购 800 万股,交通银行南京分行以现金认购 400 万股,中国农业银行南京市信托投资公司以现金认购 200 万股,中国人民建设银行南京市信托投资公司以现金认购 200 万股,中国银行南京市分行以现金认购 200 万股,中国人民保险公司南京分公司以现金认购 200 万股,金陵石化华隆工业公司以现金认购 50 万股,内部职工以现金认购 1000 万股。股本金全部到位后,公司于 1992 年 7 月 25 日由南京会计师事务所验资,于 1992 年 7 月 30 日召开了创立大会暨第一次股东大会,于 1992 年 8 月 8 日在南京市工商行政管理局注册登记,工商注册号为 13491792-2。

(2)历史沿革

1995 年 6-8 月,本公司发起股东中,六家银行及保险公司股东根据中国人民银行总行关于按照《商业银行法》规范经营范围的规定,提出要求转让股份。为妥善解决这一问题,经协商,南京新港开发总公司分别受让了中国工商银行南京市分行持有的 800 万股,交通银行南京分行持有的 400 万股,中国农业银行南京市信托投资公司持有的 200 万股,中国人民建设银行南京市信托投资公司持有的 200 万股,中国银行南京市分行持有的 200 万股,中国人民保险公司南京分公司持有的 200 万股,共 2000 万股法人股。本公司于 1995 年 8 月 10 日召开的第四次股东大会通过了上述股份转让,南京市证券办于 1995 年 9 月 6 日以宁证办字(1995)29 号文同意了上述发起人股的转让。

1995 年 9 月 19 日,由于公司股东发生变化,本公司召开临时股东大会,选举出第二届董事会和第二届监事会,修改并根据《公司法》规范了《公司章程》,通过了公司更名为南京新港股份有限公司的决议,南京市证券办于 1995 年 9 月 28 日以宁证办字(1995)36 号文批准了公司更名和章程修改。本公司于 1995 年 10 月 9 日领取了新的企业法人营业执照。

1996 年 6 月 3 日,在本公司第五次股东大会上审议通过,南京港务管理局转让持有的 1300 万股本公司股份给南京港口经济发展总公司,南京市证券办于 1996 年 6 月 24 日以宁证办字(1996)30 号文同意了本公司该部分发起人股的转让。

5. 本公司所在开发区简介

本公司地处南京经济技术开发区,其前身南京新港工业区是于 1992 年 6 月经南京市政府批准设立的具有市级经济审批管理权限的开发区,1993 年 11 月获江苏省政府批准为省级开发区,1995 年更为现名,占地面积 12 平方公里。开发区近年来发展较快,多项经济指标在同行业中名列前茅。根据总体规划,开发区将建成为面向世界的集工业、仓储、金融贸易为一体的新型港口经济区。

与国内其他开发区比较,南京经济技术开发区具有一定的优势和特点。主要是:

——前沿港口优势突出。与开发区一路之隔的是亚洲内河第一大港

——新生圩外贸港口,该港是长江下游最大的进出口外贸物资集散地;

——陆路交通便捷。开发区连通312、104、205、328国道和绕城公路、沪宁高速公路,铁路环线与华东地区最大的铁路编组站联网营运,与长江三角洲经济最富活力的苏南地区紧密相连。

——进区项目具规模且科技含量高。累计进区企业305家,投资总额7.53亿美元,2800万美元以上的大项目20个,其中高新技术企业占90%,有世界五大光纤光缆生产基地之一的南京华新藤仓光通信公司,生产液晶电视和多媒体显示终端的夏普公司等。此外荷兰飞利浦、德国赫斯特、泰国正大、意大利赛斯、台湾华新丽华等跨国企业在开发区均有较大投资。

——开发区近年多项经济指标增长较快。开发区的前身新港工业区1992年设立,起步较晚,但近两年来发展速度较快,区内工业总产值和上缴利税均以200%左右的速度递增。

南京经济技术开发区设立以来,对加快南京经济区域以及长江下游地区的发展,促进国内外经济技术交流与合作发挥了一定作用。"九五"期间,市政府已决定进一步加大对开发区的支持力度,继续努力改善招商引资的软、硬环境,促使其发展成为南京经济区域的新的经济增长点。

6、主要发起人简介与本公司的关系

本公司主要发起人南京新港开发总公司是为适应设立南京新港工业区的需要而经市体改委宁体改字(1992)218号文批准由南京市投资公司负责筹建的国有企业。成立后,为解决开发资金,启动工业区的开发、建设,开发总公司又联合南京港务管理局、南京市国际信托投资公司、中国工商银行南京市分行等六家专业银行和保险公司以及金陵石化华隆工业公司共同发起设立了本公司,开发总公司持有本公司4750万股股份,占总股本的49.48%,是本公司的最大股东。1995年8月,开发总公司又受让了中国工商银行南京市分行等六家银行和保险公司持有的2000万股,至此持有股份增至6750万股,占总股本的比例增至70.31%。

开发总公司是本公司的最大股东,几年来主要从事了开发区内招商引资、投资办实业及向进区企业提供配套设备等业务。本公司在资产、人员、资金及经营场所等方面与开发总公司完全分离,构成相互独立的两个法人实体。

本公司与开发总公司已签署《避免竞争及优先选择协议》,协议明确双方如需要存在关联交易,而该关联交易对双方是有利、合理的,那么双方将依国家法律、法规的规定及市场规则进行,以避免损害本公司其他股东的利益。业务上,根据南京新港工业区管理委员会宁新区办(1992)55号及南京经济技术开发区管委会宁开委办字(1997)38号文规定,工业区内管委会预征土地的开发、经营权归本公司,基础设施原则上由本公司建设、经营和管理,开发总公司主要从事招商引资、物资供应及投资办企业,因而开发总公司和本公司在业务上无竞争关系。

7、组织机构

组织机构图(附后)

8、关联企业基本情况(20%以上股权关系)

(1)主要股东

南京新港开发总公司,法定代表人:梁学忠;注册资本:1.5亿元;主营业务:物资供应,国内贸易,投资兴办企业,项目开发。持有本公司70.31%的股份。

(2)全资子公司

南京新港工程设计所,法定代表人:宛英杰;注册资本:20万元;主营业务:工程设计、咨询。

南京新港广告公司,法定代表人:马利;注册资本:30万元;主营业务:广告制作、发布。

南京新港房地产开发公司,法定代表人:任祥麟;注册资本:1000万元;主营业务:房地产开发、销售。

(3)控股公司

南京经济技术开发区外贸公司,法定代表人:梁学忠;注册资本:500万元;主营业务:国内外贸易。本公司持有60%的股份。

(4)参股公司

南京新港液化气公司,法定代表人:庄秉钧;注册资本:650万元;主营业务:销售、生产生活用液化气。本公司持有25%的股份。

9、业务经济范围及实际从事的主要业务

业务经营范围:高新技术产业投资、开发;市政基础设施建设;土地成片开发;建筑安装工程;商品房开发、销售;物业管理;国内贸易;工程设计、咨询服务。

本公司设立以来实际从事了市政基础设施建设、土地成片开发及标准厂房建设业务,使开发区的起步区具备了较为理想的投资条件。自1995年起,本公司已开始逐步涉足高新技术产业,相继投资了光通讯、电线电缆等实业。此外,本公司还从事了建筑安装装饰工程和工程设计等业务。

10、优惠与限制

1992年12月,为推进新港工业区的开发建设,根据市政府宁政发(1992)278号文精神,原南京新港工业区管委会以宁新区办(1992)55号文同意区内的基础设施原则上由本公司建设、经营和管理;工业区管委会预征的土地由本公司开发、经营;税收方面比照南京高新技术产业开发区内企业,享受各项优惠政策;开发建设中应缴的各项规费,属于市收取的部分,五年内全部免缴。现南京经济技术开发区管委会以宁开委办字(1997)38号文明确本公司继续执行以上政策。

本公司的经营业务除应遵守国家有关法律、法规及政府部门有关规章外,尚未受到特别的政策限制。

11、董事、监事及高级管理人员

董事长:梁学忠,男,43岁,研究生,高级政工师,曾任南京经济技术开发区管委会主任,现任南京新港开发总公司总经理。

董事、总经理:张宁生,男,46岁,研究生,高级政工师,曾任南京经济技术开发区管委会副主任、南京新港开发总公司副总经理,现任本公司总经理。

董事:顾德冲,男,51岁,大专,经济师,曾任南京市交通局局长,现任南京新港开发总公司副总经理。

董事:任捷,男,49岁,大学,经济师,曾任南京市计划委员会办公室主任,现任南京新港开发总公司副总经理。

董事:查福康,男,52岁,研究生,经济师,现任南京新港开发总公司副总经理。

董事:张晓明,男,46岁,研究生,经济师,曾任南京市人民政府副秘书长,现任南京市投资公司总经理。

董事:奚志诚,男,55岁,研究生,高级工程师,现任南京港务管理局局长。

董事:郭园兰,女,44岁,大专,经济师,曾任南京市计划委员会外经处处长,现任南京市国际信托投资公司副总经理。

董事、副总经理:马利,女,44岁,研究生,经济师,曾任南京港务管理局干部处处长、南京新港开发总公司副总经理。现任本公司副总经理。

监事会主席:张良礼,男,47岁,大专,政工师,现任南京新港开发总公司党委书记。

监事:沙祥宝,男,49岁,研究生,经济师,曾任南京港口建设指挥部党委书记,现任南京新港开发总公司党委副书记。

监事:陈德贵,男,48岁,大专,政工师,南京新港股份有限公司职工。

监事:陈金英,女,52岁,大学,会计师,现任南京港务管理局审计处处长。

副总经理:王定吾,男,52岁,大学,高级经济师,曾任南京玉环热水器总厂厂长,南京玉环热水器有限公司董事长、总经理、党委书记。现任本公司副总经理。

总会计师:孔军,男,35岁,研究生,会计师,曾任南京港口建设指挥部财务科科长,现任本公司总会计师兼计划财务部主任。

总工程师:宛英杰,男,58岁,大学,高级工程师,曾任南京港口建设指挥部总工程师,现任本公司总工程师。

董事会秘书:郭昭,男,40岁,大专,会计师,曾任南京国际集装箱装卸有限公司副总会计师,本公司副总会计师,现任本公司董事会秘书。

八、经营业绩

1、生产经营概况

本公司成立以来,始终以"服务社会,回报股东"为宗旨。立足开发区,面向南京市,根据开发区的发展规划,积极开展区内的土地开发和基础设施建设,相继完成了约100万平方米土地平整开发和3.4万平方米的标准厂房建设,承建了包括水、电、路、通讯在内的一批基础设施,为开发区初步具备良好的投资环境,一批高科技产业相继进区投产奠定了基础条件,为南京市产业结构和产业布局的调整,着力形成新的经济增长点作了应有的贡献。

目前,开发区已初具规模,各项开发业务开始进入稳步进展阶段,而且本公司经过四年多的发展,规模已经扩大,实力得到了增强,因而无论从外在、还是内在因素来讲都对公司的经营结构提出了调整的要求。按照本公司经营规划,投资高新技术产业是既定的主营业务,是未来主要的利润生长点之一,本公司自95年以来已有选择地涉足该行业,相继参股了光通讯、电线电缆等实业,由于投资项目大多处在建设期且份额较少,效益未能得到体现。为此,本公司在今后几年里将按照经营规划既定的目标,有计划、有步骤地加大高新技术产业投资,逐步形成高新技术产品开发生产,市政基础设施建设和土地成片开发并举的经营格局,以保持经营效益继续快速、稳定的增长势头。

2、过去三年销售总额及利润总额(单位:千元)

	1996年	1995年	1994年
销售总额	274,130	174,362	85,497
利润总额	79,609	70,455	37,774

3、业务收入主要构成:

以下为本公司过去三年主要业务销售收入及比例(单位:千元)

	1996年		1995年		1994年	
主要业务	收入	%	收入	%	收入	%
市政基础设施承建	189,734	69.21	136,100	78.06	46,976	54.94
土地成片开发转让	66,222	24.15	22,923	13.15	27,973	32.72
商品房销售	-440	-0.16	2,533	1.45	1,100	1.29
建安装饰工程	6,596	2.41	2,393	1.37	3,135	3.67
商品销售	1,307	0.48	1,170	0.67	1,722	2.01
物业管理	8,500	3.10	7,500	4.30	4,350	5.09
其他	2,211	0.81	1,742	1.00	24	0.28
合计	274,130	100	174,362	100	85,497	100

4、已完成的重大项目

本公司已完成的重大投资项目有:承建太新公路、新港公路及高新园内道路;承建园内供电、给排水及通讯工程等配套设施;平整开发了100万平方米土地;建设3.4万平方米的标准厂房及投资南京华新电线电缆有限公司一期工程,四年多来累计已完成投资3.2亿元。

5、筹资与投资方面的情况

本公司目前资金主要来源于银行贷款,几年来本公司与中国工商银行南京市分行、交通银行南京分行、中国银行南京市分行、中国建设银行南京市分行等建立了良好的合作关系;本公司还在中国人民银行南京市分行、南京市财政局信誉良好,可优先获得发行企业债券的指标,1995年发行了1000万元企业债券。通过上述方式,本公司将筹集资金主要投资于开发区的基础设施,土地成片开发及标准厂房建设,少部分用于投资、参股高新技术产业。

6、固定资产增加情况

本公司设立以来,主要增加了以下的固定资产:五座400KVA临时变电站、现用于出租的01、02栋厂房及其他建筑物,价值共2203万元;购置了轿车、客车及工程车等运输设备,价值215.5万元;购置了电脑、打印机等电子设备,价值42.5万元;以及购置了价值48.6万元的其他办公设备。

7、经营管理的改进与提高

本公司按建立现代企业制度的要求,一直重视内部管理,注重提高企业整体素质,主要是建立并不断完善了以下制度:

(1)实行董事会领导下的总经理负责制,全员劳动合同制,中级职员聘任制;建立职员年度业绩考核制度;在积极引进人才,实行适当的职员淘汰、流动的同时,重视职员骨干队伍的稳定性。

(2)实行岗位技能工资为主,其他形式为辅的按劳分配制度。根据不同岗位的责任大小、工作强度、专业技能结合公司经营状况,决定工资奖金标准。

(3)建立以提高工作效率、保证工作质量、完善目标管理为核心的管理制度。公司实行适度授权制,以提高工作效益并增强部门的责任感,制定完善的部门和岗位职责并建立了完善的内部财务、业务管理监督机制。

8、职工队伍建设

本公司一直重视职工的队伍建设,树立以人为本的用人机制。为改善和加强职工队伍,公司长期采取两手抓的措施,一方面积极引进具有专业技术特长的人才,另一方面加强对现有职工的岗位技能培训。目前在公司全体职工中,具有中、高级职称和大专学历以上的占38%,职工的文化素质和业务能力有了较为明显的提高。

九、股本

1、本次发行前公司股权结构变化情况

(1)本公司设立时股本结构

股本	股份(万股)	比例(%)
总股本:	9600	100
发起人股	8600	89.58
内部职工股	1000	10.42

(2)本公司成立以来股权转让情况

原股东	股份(万股)	受让单位	变动原因及时间
中国工商银行南京市分行	800	开发总公司	协议转让1995.8
交通银行南京分行	400	开发总公司	协议转让1995.8
中国农业银行 南京市信托投资公司	200	开发总公司	协议转让1995.8
中国人民建设银行 南京市信托投资公司	200	开发总公司	协议转让1995.8
中国银行南京市分行	200	开发总公司	协议转让1995.8
中国人民保险公司南京分公司	200	开发总公司	协议转让1995.8
南京港务管理局	1300	南京港口经济发展总公司	协议转让1996.6

2、本公司内部职工股已按要求全部在南京证券登记公司集中托管,托管已经市证券办宁证办字(1997)7号文确认。内部职工股不随本次新增发行的股票上市,其上市事宜根据国家有关规定执行。

3、本公司发行后股本结构

	股份(万股)	比例(%)
总股本	14600	100
发起人股	8600	58.90
内部职工股	1000	6.85
社会公众股	5000	34.25

4、董事、监事、高级管理人员持有股份情况

姓名	职务	持有股数(股)
梁学忠	公司董事长	0
张宁生	公司董事、总经理	0
顾德冲	公司董事	0

任　捷	公司董事	11,500
查福康	公司董事	11,500
马　利	公司董事、副总经理	11,500
张晓明	公司董事	0
奚志诚	公司董事	8,000
郭园兰	公司董事	0
张良礼	公司监事会主席	0
沙祥宝	公司监事	11,500
陈德贵	公司监事	9,000
陈金英	公司监事	0
王定吾	副总经理	0
孔　军	总会计师	9,000
宛英杰	总工程师	9,000
郭　昭	董事会秘书	9,000

十、资产评估

1、本公司设立时，南京会计师事务所对南京新港开发总公司和南京港务管理局投入本公司的基准日为1992年4月30日的土地使用权和实物资产作了评估，并经南京市国资办宁国资办评估确认字(1992)51号和52号文确认，南京市国土局宁国土(1997)20号文对土地使用权的评估结果补了确认。该部分资产经评估确认的结果如下：

单位：千元

项　目	帐面净值	评估净值	增加值	增值率
土地使用权	——	47,500	47,500	——
房屋	4,536	6,120	1,584	34.92%
机器设备	2,179	2,712	533	24.46%
低值易耗品	——	212	212	——

2、该次资产评估的主要方法：

(1)土地使用权采用成本法评估；

(2)房屋建筑物采用重置成本法评估；

(3)机器设备采用重置成本法评估；

(4)低值易耗品采用重置成本法评估；

十一、财务会计资料

1、无锡公证会计师事务所出具的锡会股审(97)13号的审计报告

南京新港股份有限公司全体股东：

我们接受委托，审计了贵公司一九九六年、一九九五年、一九九四年各年十二月三十一日的资产负债表及合并资产负债表和上述三个年度的利润表及利润分配表、合并利润表及利润分配表，一九九六年的财务状况变动表及合并财务状况变动表。这些会计报表由贵公司负责，我们的责任是对这些会计报表发表审计意见。我们的审计是依据《中国注册会计师独立审计准则》进行的。在审计过程中，我们结合贵公司的实际情况，实施了包括抽查会计记录等我们认为必要的审计程序。

我们认为上述会计报表符合《企业会计准则》和《股份制试点企业会计制度》及国家有关法律法规的规定，在所有重大方面公允地反映了贵公司一九九六年、一九九五年、一九九四年各年十二月三十一日的财务状况及上述三个年度的经营成果和一九九六年的资金变动情况，会计处理方法的选用遵循了一贯性原则。

无锡公证会计师事务所　　中国注册会计师　王燕榕　郭建康

中国　　无锡　　一九九七年三月八日

2、资产负债表(合并)(见附表)

3、利润及利润分配表(合并)(见附表)

4、财务状况变动表(合并)(见附表)

5、主要会计指标

指　标	1996.12.31	1995.12.31	1994.12.31
资产负债率(%)	55.25	53.78	54.77
流动比率	1.72	1.93	1.93
速动比率	0.99	1.47	0.79
每股收益(元)	0.70	0.62	0.35
每股权益(元)	1.77	1.38	1.06
应收帐款周转率(%)	216.21	157.59	--
存货周转率(%)	165.00	97.80	--
净资产收益率(%)	39.79	45.07	33.04

6、合并会计报表注释

注释1. 基本情况

南京新港股份有限公司(原南京新港经济技术开发股份有限总公司)是1992年7月4日经南京市体制改革委员会宁体改字(1992)254号文件批准设立的定向募集股份有限公司，股本总额9,600万元，每股面值1元。共有10家发起人股东：南京新港开发总公司以经评估确认的118.75万平方米土地使用权作价入股4,750万股，南京港务管理局以经评估确认的实物资产904.50万元和现金395.50万元合计认购1,300万股，六家金融机构以现金认购2000万股，金陵石化华隆工业公司以现金认购50万股，内部职工以现金认购1,000万股，所有股份均以1:1被认购完毕。全部股本募集后经南京会计师事务所[宁会验(92)第1946号]验证，于1992年8月8日在南京市工商行政管理局注册登记，工商注册号为13491792-2。

1995年6-8月，公司发起人股东中，六家金融机构根据中国人民银行要求各金融机构规范自身经营的规定而将其持有的2000万股法人股转让给南京新港开发总公司，公司于第四次股东大会通过了上述股份的转让，南京市证券办已确认了上述发起人的股份转让。1995年9月19日，公司召开临时股东大会，通过了公司更名为“南京新港股份有限公司”的决议，公司于1995年10月9日领取了新的企业法人营业执照。

本公司主要经营范围为：高新技术产业投资、开发；市政基础设施建设；土地成片开发，建筑安装工程；商品房开发、销售；物业管理；国内贸易；工程设计；咨询服务等。

公司下设销售服务部和港湾工程公司、机电设备公司、经济技术贸易公司、汽车运输公司、公用事业公司五个分公司。五个分公司实行内部独立核算。公司财务部将销售服务部和五个分公司的内部会计报表汇总并作出调整后的会计报表作为对外报送的会计报表。

注释2. 重要会计政策

1、会计制度

本公司执行《股份制试点企业会计制度》，合并报表的控股子公司亦执行《股份制试点企业会计制度》。

2、会计年度

公历一月一日至十二月三十一日为一个会计年度。

3、合并报表的范围及编制方法

(1)合并范围

①截止1996年12月31日公司下设三个全资子公司及一个控股子公司。

三个全资子公司为：

全资子公司名称	注册地点	注册资本(万元)	投资金额(万元)	主要业务
南京新港房地产开发公司	南京经济技术开发区内	1000	1,000	房地产开发销售
南京新港工程设计所	南京经济技术开发区内	20	20	工程设计、咨询
南京新港广告公司	南京经济技术开发区内	30	30	广告制作、发布

一个控股子公司为：

控股子公司名称	注册地点	注册资本(万元)	投资比例	投资金额(万元)	主要业务
南京经济技术开发区对外贸易有限公司	南京经济技术开发区内	500	60%	300	国内贸易

②根据财政部颁发的合并会计报表暂行规定及财政部财会(二)字(1996)2号函精神，合并了本公司及上述南京新港房地产开发公司、南京新港工程设计所、南京新港广告公司三个全资子公司的会计报表。

鉴于南京经济技术开发区对外贸易有限公司96年12月成立,尚未正式运转,因此会计报表未作合并。

(2)合并方法:

①子公司提供给母公司、子公司提供给子公司的产品和服务等,在合并时将母子公司、子子公司之间的内部营业收入分别与营业成本、费用、存货相抵销。

②长期投资与子公司所有者权益相抵销。

③内部往来相互抵销。

4、记帐本位币

以人民币为记帐本位币。

5、记帐原则和计价基础

以权责发生制为记帐原则,以历史成本为计价基础。

6、外币核算

从1994年1月1日起外币帐户按中国人民银行公布的当日人民币基准汇价折合人民币记帐,并于期末进行调整,调整的差额分别计入相应的科目。

7、存货计价

(1)开发成本采用实际成本核算,平时按计划成本结转营业成本,年末调整为实际成本;

(2)库存材料以实际成本计价,采用先进先出法核算;

(3)低值易耗品采用领用时一次摊销的方法。

8. 长期投资核算方法

(1)投资金额占被投资单位资本金20%以下(含20%)的按成本法核算;

(2)投资金额占被投资单位资本金20%以上的按权益法核算;

(3)投资金额占被投资单位资本金50%以上的按权益法核算并合并会计报表。

9. 固定资产及其折旧

固定资产计价标准为2000元以上(含2000)元,使用年限一年以上。评估入帐的固定资产按重置成本法计价,其他均按实际成本计价,采用直线法计提折旧。

固定资产残值率为3%,折旧年限及年折旧率分别为:

固定资产类别	折旧年限	年折旧率
房屋及建筑物	20-40年	4.85%-2.43%
通用设备	5-10年	19.40%-9.70%
专用设备	8-15年	12.13%-6.47%
运输设备	6-12年	16.17%-8.08%
其他设备	5-10年	19.40%-9.70%

10. 无形资产及其摊销

按项目在受益期内平均摊销。

11. 递延资产及其摊销

开办费及其他按5年平均摊销。

12. 坏帐准备

采用直接核销法核算,不计提坏帐准备。

13. 营业收入的确认

以商品已经发出,商品的所有权已自卖方转移给买方,收到货款或取得收取货款的证据时确认营业收入实现。

14. 税项

(1)流转税:

A. 母公司

公司主要实行营业税,其基础设施建设项目收入、建安工程收入、运输收入均按营业收入的3%计征营业税,土地成片开发转让收入、其他项目按营业收入的5%计征营业税。

注:根据财政部、国家税务总局关于对1994年1月1日前签定开发及转让合同的房地产免征土地增值税的通知[财法字(1995)7号],本公司土地成片开发转让的收入免征土地增值税。

商品销售实行增值税,销项税税率为17%,按抵扣购进货物进项税金后的差额交纳。

B. 子公司

广告公司按营业收入的5%计征营业税;

房地产开发公司按营业收入的5%计征营业税;

工程设计所按营业收入的5%计征营业税。

(2)城建税及教育费附加:

按应交营业税、增值税金额的7%计征城市维护建设税,3%计征教育费附加,根据1994年11月28日苏财预字(1994)131号、苏国税(1994)170号、苏地税(1994)065号、苏教委(1994)189号文规定,从1995年1月1日起增加计征1%教育地方附加费。

(3)所得税:

税率为33%。根据南京市财政局宁财预(1994)557号文批复,从1994年起,三年内按33%交纳所得税,财政返还18%,实际所得税负为15%。

15. 利润分配

根据公司章程规定,按税后利润的10%和5—10%分别计提法定盈余公积金、公益金,1994年是在弥补以前年度亏损后,再按10%分别计提法定盈余公积金、公益金。

注释3. 财务报表项目说明(下列项目无特殊说明,均以96年12月31日为基准日,以人民币元为单位)

1. 应收帐款 93,569,400.33

(1)按帐龄分类

帐龄	比重	金额
1年以内	97.73%	91,440,450.94
1-2年	1.68%	1,573,949.39
2-3年	0.46%	435,000.00
3年以上	0.13%	120,000.00

(2)无持有5%以上股份股东欠款情况

比年初减少6,644.02万元,下降41.52%。主要是收回部分承建市政基础设施项目的欠款。

2. 预付帐款 44,158.918.71

(1)按帐龄分类

帐龄	比重	金额
1年以内	90.48%	39,953,485.41
1-2年	3.17%	1,398,971.80
2-3年	6.34%	2,800,000.00
3年以上	0.01%	6,461.50

(2)无持有5%以上股份股东欠款情况

比年初增加3,317.18万元,增长301.92%,主要是大面积基础设施建设中预付的工程款。

3. 其他应收款 2,407,958.83

(1)按帐龄分类

帐龄	比重	金额
1年以内	70.67%	1,701,780.83
1-2年	14.00%	337,174.24
2-3年	2.08%	50,000.00
3年以上	13.25%	319,003.76

(2)无持有5%以上股份股东欠款情况

(3)主要往来单位列示(款项性质)

南京经济技术开发区管委会(代垫水电维修费)	342,051.38
南京新港建港指挥部(往来款)	267,099.77
南京市国土管理局(土地保证金)	200,000.00

4. 存货 143,910,896.69

(1)库存材料 251,406.31

(2)开发成本 143,659,490.38

比年初增加8,313.72万元,增长136.8%。主要是土地存量增加。

5. 长期投资 8,454,166.40

被投资公司名称	投资期限	投资比例	投资金额	按权益法调整的金额	合计
南京华新电线电缆有限公司	30年	3%	1,588,544.40		1,588,544.40
南京新港液化气公司	50年	25%	1,625,000.00		1,625,000.00
南京华新藤仓光通信有限公司	50年	9%	2,240,622.00		2,240,622.00
南京经济技术开发区对外贸易有限公司	30年	60%	3,000,000.00		3,000,000.00
小　计			8,454,166.40		8,454,166.40

比年初增加587.82万元,增长69.53%,主要是系增加对外贸易公司、华新电线电缆有限公司、华新藤仓光通信有限公司的投资。

注:本公司控股子公司南京新港对外贸易公司96年12月才成立,尚未正式运转,本公司参股公司新港液化气公司96年末试投产,上述两家子公司未按权益法核算;华新电线电缆公司96年末投产,尚无经营业绩;华新藤仓光通信公司正在筹建。

6. 固定资产及累计折旧

(1)固定资产原值

固定资产类别	期初价值	本期增加	本期减少	期末价值
房屋及建筑物	26,916,398.24	1,234,403.80		28,150,802.04
专用设备	1,134,470.68	280,360.00	215,248.04	1,199,582.64
运输工具	3,436,081.01	1,954,284.50	630,673.00	4,786,692.51
其　他	750,761.50	75,875.40	138,558.40	688,078.40
合　计	32,264,711.43	3,544,923.70	984,479.54	34,825,155.59

(2)累计折旧

固定资产类别	期初价值	本期增加	本期减少	期末价值
房屋及建筑物	715,064.59	555,784.11		1,270,848.70
专用设备	635,979.36	140,261.05	200,451.07	575,789.34
运输工具	1,965,592.69	569,510.00	376,130.79	2,158,971.90
其　他	245,205.92	159,883.70	100,805.47	304,284.15
合　计	3,561,842.56	1,425,438.86	677,387.33	4,309,894.09

7. 短期借款 63,000,000.00

放款单位	借款日期	还款日期	年利率(%)	金额(万元)	借款条件
工行南京分行	96.12.13	97.7.15	11.088	2,200	无
交行南京分行	96.12.13	97.4.2	10.098	1,200	担保
交行南京分行	96.6.25	97.1.10	12.078	200	担保
建行南京分行	96.11.25	97.5.14	10.098	600	担保
中行南京分行	96.8.5	97.7.16	12.078	500	无
华夏银行	96.7.21	97.1.24	12.084	500	无
农行南京分行	96.7.17	97.4.17	13.038	300	无
建行南京分行	96.12.31	97.6.30	10.098	800	担保

8. 应付帐款 77,208,931.09

(1)按帐龄分类

帐龄	比重(%)	金额
1年以内	92.44	71,374,030.14
1-2年	7.56	5,834,900.95

(2)无关联企业往来款项

比年初增加6,233.25万元,增长419%,主要是基础设施建设工程中所欠施工单位款项。

9. 预收货款 4,831,342.50

(1)按帐龄分类

帐龄	比重(%)	金额
1年以内	61.16	2,954,800.00
1-2年	38.84	1,876,542.50

(2)无关联企业往来款项

10. 未交税金 1,379,637.73

税种	未交金额
增值税	-35,269.12
营业税	1,103,372.28
城市维护建设税	76,970.76
所得税	153,807.03
房产税等	80,756.78

比年初增加79.86万元,增长137.44%,主要是营业税增加。

11. 其他未交款 75,076.69

教育费附加 75,076.69

比年初增加2.74万元,增长57.56%,主要是计提基数增加。

12. 其他应付款 7,824,199.14

主要往来单位列示:

债权人	款项内容	金额
南京市港务局	代垫物资款	4,044,928.90
南京市财政局	借款利息	500,000.00
南京市劳动保险统筹处	劳保统筹	307,037.07
	工资基金结余	726,116.52

13. 一年内到期的长期负债 12,000,000.00

放款单位	借款日期	还款日期	年利率(%)	金额	借款条件
南京市建行	93.12	97.12	12.24	12,000,000.00	无

本项目为长期借款转入,利息支付采取按季结算的支付方法。

14. 应付债券 12,142,000.00

种　类	面值(元)	溢(折)价	期限	发行日	到期日	年利率(%)	金　额
企业债券	500	平价	三年	95.9	98.9	17.136	10,000,000.00
应付债券利息							2,142,000.00

1995年2月13日经南京市计委、中国人民银行南京分行宁计财字(1995)54号文批复,同意本公司向社会公众公开发行新港公路建设债券1,000万元,债券面值500元,债券期限为三年,年利率最高不得超过17.136%,本息到期一次付清,逾期不计息。债券委托市证券公司代理发行。95年10月5日发行完毕并将款项划转本公司。并经南京会计师事务所宁会验(95)0236号验证报告验证。

15. 股本 96,000,000.00

(1)一九九四年度内股本结构无变化

(2)一九九五年度

股本结构	期初余额	本期增加	本期减少	期末余额	比例
国有法人股本	47,500,000.00	20,000,000.00		67,500,000.00	70.31%
法人股本	38,500,000.00		20,000,000.00	18,500,000.00	19.27%
内部职工股本	10,000,000.00			10,000,000.00	10.42%
合　计	96,000,000.00	20,000,000.00	20,000,000.00	96,000,000.00	100%

1995年6-8月,本公司发起人股东中,六家金融机构根据中国人民银行要求各金融机构规范自身经营的规定而将其持有的2000万股法人股按每股面值1元的价格转让给南京新港开发总公司。本公司于1995年8月10日召开的第四次股东大会通过了上述股份转让的议案。南京市证券办于1995年9月6日以宁证办字(1995)29号文确认了上述发起人的股份转让。转让后,国有法人股本由4,750万元增至6,750万元,法人股本由3,850万元减至1,850万元。

(3)一九九六年度

股本结构	期初余额	本期增加	本期减少	期末余额	比例
国有法人股本	67,500,000.00			67,500,000.00	70.31%
法人股本	18,500,000.00	13,000,000.00	13,000,000.00	18,500,000.00	19.27%
内部职工股本	10,000,000.00			10,000,000.00	10.42%

合　计	96,000,000.00	13,000,000.00	13,000,000.00	96,000,000.00	100%

1996年6月3日,本公司第五次股东大会审议并通过了本公司发起人股东——南京港务管理局持有的1,300万股的股份按每股1元的价格转让给南京港口经济发展总公司的议案,南京市证券办于1996年6月20日以宁证办字(1996)30号文确认了该发起人的股份转让。

16.盈余公积

项　目	1996.12.31	1995.12.31	1994.12.31
法定盈余公积金	15,056,578.90	8,301,215.21	2,309,377.91
公盈金	15,056,578.90	8,301,215.21	2,309,377.91
合计	30,113,157.80	16,602,430.42	4,618,775.82

1994年12月31日至1996年12月31日期间的增加数均为税后净利润中的提取数。

17.未分配利润

1996.12.31	1995.12.31	1994.12.31
43,652,631.22	20,329,721.67	1,195,023.29

年末未分配利润为43,652,631.22元,待新股发行成功后新老股东共同享受。

18.主营业务收入

项　目	96年度	95年度	94年度
市政基础设施承建收入	189,734,362.36	136,100,442.54	46,975,838.40
土地成片开发转让收入	66,222,077.23	22,923,533.95	27,973,417.45
商品房销售收入	-440,000.00	2,533,088.00	1,100,000.00
建安装饰工程收入	6,595,705.80	2,393,093.99	3,134,584.18
商品销售收入	1,306,588.04	1,169,806.22	1,721,890.33
物业管理收入	8,500,000.00	7,500,000.00	4,350,000.00
其　他	2,210,930.94	1,741,543.24	241,364.10
合　计	274,129,664.37	174,361,507.94	85,497,094.46

19.主营业务成本

项　目	96年度	95年度	94年度
市政基础设施承建	135,444,589.05	75,353,840.22	25,121,712.74
土地成片开发转让	25,826,610.12	5,523,236.88	5,594,683.49
商品房销售	-225,316.00	878,892.00	767,000.00
建安装饰工程	3,825,129.60	1,387,490.90	1,325,138.12
商品销售	1,245,515.38	975,864.62	1,670,065.82
物业管理	2,076,689.38	1,887,899.44	1,431,139.37
其　他	672,780.94	509,312.44	36,958.36
合　计	168,865,998.47	86,516,536.50	35,946,697.90

20.财务费用

项　目	96年度	95年度	94年度
利息净支出	8,458,642.19	7,052,929.31	5,111,026.66
手续费	4,813.93	306,883.16	2,130.35
汇兑损益	9,271.70	1,625.99	18,827.51
合　计	8,472,727.82	7,361,438.46	5,131,984.52

21.其他业务利润

项目	96年度	95年度	94年度
咨询服务	--	--	32,754.69

22.营业外收入

项目	96年度	95年度	94年度
违约金收入	38,513.60	409,097.45	--

23.营业外支出

项　目	96年度	95年度	94年度
固定资产清理损失	37,092.91		13,750.85
捐赠支出	15,000.00		
其它	25,400.95	3,037.50	284.54
合计	77,493.86	3,037.50	14,035.39

注释4.资本承诺

截止一九九六年十二月三十一日,本公司有以下承诺:

按照签订的合同继续对二家中外合资企业投资共1,584.25万元。其中:南京华新电线电缆有限公司应投473.1万元,已投158.85万元,还需续投314.25万元;南京华新藤仓光通信有限公司应投1494万元,已投224万元,还需续投1,270万元。

注释5.或有负债或损失

截止一九九六年十二月三十一日本公司无对外担保或抵押,也无重大诉讼事项。

注释6.关联企业交易

本公司无关联企业交易

注释7.其它事项

本公司于一九九六年十月六日与江苏金宾林产工业公司(乙方)签订了200亩土地使用权转让合同。合同签字后30天内,乙方应缴纳400万元定金。乙方由于资金问题,只缴纳了100万元的定金,合同未能在96年履行,乙方也未提出终止合同的要求。

注释8.期后事项

根据江苏省财政厅、地方税务局苏财税(96)42号文规定,本公司97年所得税税率仍执行"先征后返"的税收政策,所得税税率为33%,返还18%,实际税负为15%。根据1997年2月24日南京市财政局"关于南京新港股份有限公司所得税政策的函"的精神,返还的所得税直接进入公司的净利润,在"利润分配"科目中反映。

十二、盈利预测

1、本公司对1997年度公司盈利情况进行了预测并经无锡公证会计师事务所审核验证如下:

项　目	1997年度
1.主营业务收入(万元)	31767
2.主营业务利润(万元)	8628
3.利润总额(万元)	8633
4.税后利润(万元)	
(按税赋15%计算)	7339
(按税赋33%计算)	5786
5.每股盈利(元)	
(按税赋15%计算)	0.50
(按税赋33%计算)	0.40
6.每股净资产(元)	3.77
7.市盈率(倍)	14

注:本公司从1997年度开始,执行南京市政府宁证发(1997)64号、南京市财政局《关于南京新港股份有限公司所得税政策的函》,所得税按33%纳税,财政返还18%,实际税负15%计征。

2、盈利预测基准和假设

本盈利预测基准是根据公司一九九四、一九九五和一九九六年度业已审计的经营业绩以及公司制订的一九九七年度发展规划,本着实事求是、稳步发展的原则,在遵循我国现行法律、政策有关规定、《股份制试点企业会计制度》和与前三年会计政策相一致的前提下编制的。

本盈利预测假设:

(1)公司所遵循的我国有关法律、法规、政策及公司所处的地区性社会环境仍如现实状况而无重大变化;

(2)公司经营所涉及国家或地区目前和政治、经济、法律、法规政策及社会环境仍如现实状况而无重大变化;

(3)在溢利预测时期内,有关信贷利率、税率、汇率及市场行情仍如现实状况而无重大变化;

(4)公司经营运作不受诸如原材料及机械设备台班及人员工资定额大幅度涨价、燃料供应不正常等不利因素的影响;

(5)公司制定的目标和措施按预定的时间和进度如期实现,并取得预期的效益;

(6)对外投资的投资收益能如期实现;

(7)无其他人力不可抗拒的因素及不可预见的因素造成的重大影响。

十三、重要合同及重大诉讼事项

1、重要合同

(1)土地使用权转让、出租、出让合同

A、目前仍在生效的《国有土地使用权转让合同》有11份:转让对象有:南京华新电线电缆有限公司、中国南京外轮代理公司、印尼金塔医药有限公司、南京三乐电气总公司、南京易初亿万涂料有限公司、南京天环实业公司、南京夏普电子有限公司、南京经济技术开发区对外贸易有限公司、飞利浦南京磁性材料有限公司、江苏金宾林产工业有限公司、南京医药股份有限公司等。

B、目前仍在生效的《国有土地使用权租赁合同》有1份:租赁对象为:南京艾欧史密斯热水器有限公司。

C、目前仍在生效的《国有土地使用权出让合同》有1份:与南京市国土管理局于1996年12月18日签订。

(2)标准厂房销售及出租合同

《通用厂房出售合同书》,销售对象为:南京鸿利源化学品有限公司;《租房合同》,出租对象为:南京莲华厨房设备有限公司。

(3)借款合同

A. 本公司正在履行中的短期贷款合同有8份,贷款银行为:工商行南京分行、交行南京分行、建行南京分行、中行南京分行、华夏银行、农行南京分行。

B. 长期贷款合同1份,贷款银行为:建行南京分行。

(4)委建合同

与南京经济技术开发区管委会1997年3月10日签订的《基础设施委建协议》,就贵公司受委托建设的基础设施事宜达成了若干原则。

2、重大诉讼

截止本招股书刊发之日,本公司及公司董事、监事及高级管理人员未涉及任何重大未裁决或未执行的诉讼事项,亦无任何自然人或法人声称将对本公司及公司董事、监事及高级管理人员提起诉讼。

十四、公司发展规划

南京经济技术开发区目前将结束原始开发和初级配套的创业时期,进入进一步扩大开发规模,配套完善功能的新阶段。开发区现已初具大规模投资办实业的条件,一批跨国企业也已进区兴办了各类高新技术产业,蓬勃发展的势头已经形成。根据南京市委、市政府的规划,南京经济技术开发区将通过10年的时间建成以港口为依托的外向型经济新区,成为南京市对外开放的窗口和新的经济增长点,进而推动全市社会经济的发展。

本公司作为开发区的主要建设者,为开发区的开发建设作出了重要贡献,为开发区高新技术产业集聚发挥了主导作用。在此基础上,本公司将继续承担开发区的开发任务,同时开始加大对高新技术产业投资,扩大自身的科技实力,最终建立自己的高新技术产业群,实现基础设施建设、土地成片开发、高新技术产业投资并举的多元化经营目标,依靠自己的实力从根本上保证持续、稳定、快速的发展。

为实现这一规划目标,本公司将按计划、有步骤地实施以下发展战略:

1、开展开发区基础设施配套项目建设和扩大土地开发范围。

开发区经过几年的开发建设,完成了100万平方米的开发任务,主要基础设施已逐步建成。本公司将继续开展园内交通、能源、公用设施等配套项目的建设以及土地的开发工作,现130万平方米土地的"五通一平"已经铺开。为扩大开发区的开发范围和完善开发区的投资环境,本公司将继续作出努力。

2. 继续参与高新技术产业的投资合作

本公司作为开发区的开发建设者,在开发区招商引资过程中具有天时地利的条件,每一进区企业均有与本公司合作的愿望。因此,本公司将有较充足的余地选择那些科技含量高、附加值高的高新技术产业合作投资。合作投资高新技术产业既是公司经营、发展的需要,又可有效地降低投资风险,因而将在公司的业务中继续占有一定比重。

3. 建立自己的高新技术产业,壮大公司的科技实力

本公司在过去的经营中已积累了一定的投资经营高新技术产业的经验,培养了一批专业人才。今后将开始逐步独立投资,形成自己的"拳头"产品,这既是公司持续、稳定、快速发展的要求,也是依靠自身力量增强开发区活力,吸引更多投资者的需要。独立投资的高新技术产业,首先要科技含量高,市场前景好,其次要上规模、上档次,才能具备市场竞争优势,取得良好的经济效益。

4. 有限度、有选择地进行资本运作

本公司上市后,将充分利用较高的知名度及资金、人才优势,有限度、有选择地进行资本运作,通过投资、合作、收购、兼并等手段向开发区外拓展业务,稳健地实施公司经营规模化、业务多元化的战略方针。

5. 人才培养和扩充计划

本公司经营发展战略的实施,需要一大批具有现代科技意识和专业技术水平,富有跨国企业管理经验的人才。本公司将通过各种渠道逐年引进各类富有经验的专业技术人才、归国留学人员及品学兼优的大学以上应届毕业生。同时,通过不同层次的员工培训,将公司员工的现代科技意识、专业知识和管理经验提高到一个新的水平,为公司的长远发展提供保证。

十五、招股书及备查文件查阅地点

1、发行人:南京新港股份有限公司

查阅地点:南京经济技术开发区管委会办公楼三层

2、主承销商:国泰证券有限公司

查阅地点:深圳市华强北路深纺大厦13层发行部

南京新港股份有限公司

一九九七年四月二十一日

附:组织机构图

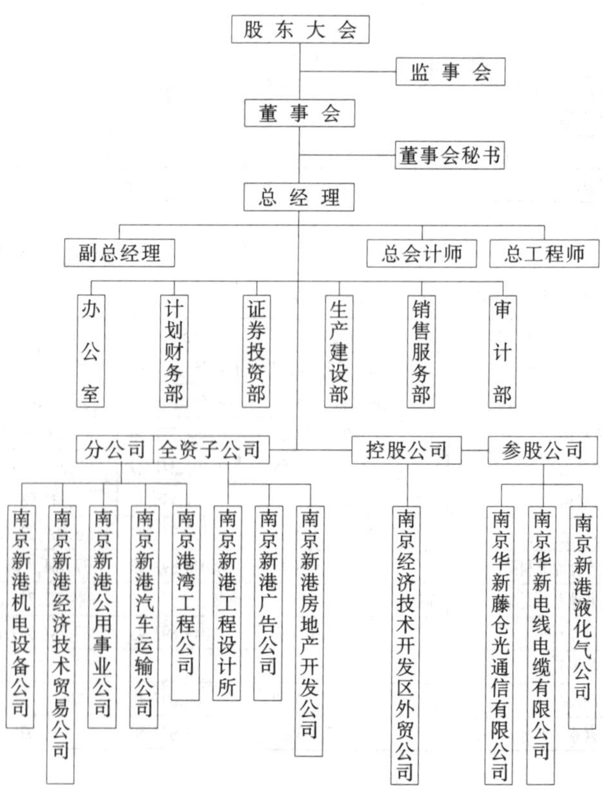

资产负债表(合并)

编制单位:南京新港股份有限公司　　　　单位:人民币元

资产	注释	1996年12月31日	1995年12月31日	1994年12月31日	负债及股东权益	注释	1996年12月31日	1995年12月31日	1994年12月31日
流动资产:					流动负债:				
货币资金		56,296,876.19	22,114,361.31	9,130,678.60	短期借款	3-7	63,000,000.00	65,000,000.00	62,700,000.00
短期投资					应付票据				
应收票据					应付帐款	3-8	77,208,931.09	14,876,407.08	12,275,726.11
应收帐款	3-1	93,569,400.33	160,009,648.10	61,274,192.28	预收帐款	3-9	4,831,342.50	5,305,949.20	303,211.31
减:坏帐准备					应付福利费		403,339.33	108,176.92	-59,778.08
应收帐款净额		93,569,400.33	160,009,648.10	61,274,192.28	应付股利		30,720,000.00	28,800,000.00	17,280,000.00
预付帐款	3-2	44,158,918.71	10,987,112.14	5,117,661.18	未交税金	3-10	1,379,637,73	581,056.20	1,679,021.33
其他应收款	3-3	2,407,958.83	1,944,980.65	4,082,792.25	其他未交款	3-11	75,076.69	47.650.74	68,737.21
待摊费用			27,701.05	47,487.50	其他应付款	3-12	7,824,199.14	7,557,331.82	7,084,583.23
存货	3-4	143,910,896.69	60,773,703.18	116,169,449.48	预提费用				
待处理流动资产损失			-13,008.08		一年内到期的长期负债	3-13	12,000,000.00	10,000,000.00	
一年内到期的长期债券投资					其他流动负债				
其他流动资产					流动负债合计		197,442,526.48	132,276,517.96	101,331,501.11
流动资产合计		340,344,050.75	255,844,498.35	195,822,261.29	长期负债:				
长期投资:					长期借款			12,000,000.00	22,000,000.00
长期投资	3-5	8,454,166.40	2,575,999.40	242,820.00	应付债券	3-14	12,142,000.00	10,428,400.00	
固定资产:					长期应付款				
固定资产原值	3-6	34,825,155,59	32,264,711.43	31,372,237.93	其他长期应付款				
减:累计折旧		4,309,894.09	3,561,842.56	2,390,381.93	其中:住房公积金				
固定资产净值		30,515,261.50	28,702,868.87	28,981,856.00					
固定资产清理		-31,526.00							
在建工程			433,005.54		长期负债合计		12,142,000.00	22,428,400.00	22,000,000.00
待处理固定资产净损失					负债合计		209,584,526.48	154,704,971.96	123,331,501.11
固定资产合计		30,483,735.50	29,135,874.41	28,981,856.00					
无形资产及递延资产:					股东权益:				
无形资产					股本	3-15	96,000,000.00	96,000,000.00	96,000,000.00
递延资产		68,362.85	80,751.89	98,342.93	资本公积				
无形资产及递延资产小计		68,362.85	80,751.89	98,342.93	盈余公积	3-16	30,113,157.80	16,602,430.43	4,618,755.82
其他长期资产					未分配利润	3-17	43,652,631.22	20,329,721.67	1,195,023.29
					股东权益合计		169,765,789.02	132,932,152.09	101,813,779.11
资产总计		379,350,315.50	287,637,124.05	225,145,280.22	负债及股东权益合计		379,350,315.50	287,637,124.05	225,145,280.22

利润及利润分配表(合并)

编制单位:南京新港股份有限公司　　　　单位:人民币元

项目	注释	1996年	1995年	1994年	项目	注释	1996年	1995年	1994年
一、主营业务收入	3-18	274,129,664.37	174,361,507.94	85,497,094.46	加:以前年度损益调整				
减:营业成本	3-19	168,865,998.47	86,516,536.50	35,946,697.90	四、利润总额		79,608,943.21	70,454,952.90	37,773,649.79
销售费用		937,647.19	494,351.90	490,307.04	减:所得税		12,055,306.28	10,536,579.92	4,130,026.87
管理费用		5,338,184.88	3,402,341.29	2,663,950.30	五、净利润		67,553,636.93	59,918,372.98	33,643,622.92
财务费用	3-20	8,472,727.82	7,361,438.46	5,131,984.52	加:年初未分配利润		20,329,721.67	1,195,023.29	-10,549,843.81
营业税金及附加		10,867,182.54	6,537,946.84	3,509,224.21	六、可供分配的利润		87,883,358.60	61,113,396.27	23,093,779.11
二、主营业务利润		79,647,923.47	70,048,892.95	37,754,930.49	减:提取法定盈余公积金		6,755,363.69	5,991,837.30	2,309,377.91
加:其他业务利润	3-21			32,754.69	提取公益金		6,755,363.69	5,991,837.30	2,309,377.91
三、营业利润		79,647,923.47	70,048,892.95	37,787,685.18	七、可供股东分配的利润		74,372,631.22	49,129,721.67	18,475,023.29
加:投资收益					减:提取任意盈余公积金				
营业外收入	3-22	38,513.60	409,097.45		已分配普通股股利		30,720,000.00	28,800,000.00	17,280,000.00
减:营业外支出	3-23	77,493.86	3,037.50	14,035.39	八、未分配利润		43,652,631.22	20,329,721.67	1,195,023.29

财务状况变动表

编制单位:南京新港股份有限公司　　　　单位:人民币元

流动资金来源和运用	金额	流动资金各项目的变动	金额
一、流动资金来源		一、流动资产本年增加数	
1.本年净利润	67,553,636.93	1.货币资金	34,182,514.88
加:不减少流动资金的费用和损失		2.短期投资	
(1)固定资产折旧	1,425,438.86	3.应收票据	
(2)无形资产和递延资产摊销	12,389.04	4.应收帐款净额	-66,440,247.77
(3)临时设施摊销		5.预付帐款	33,171,806.57
(4)固定资产盘亏(减盘盈)		6.其他应收款	462,978.18
(5)固定资产损失(减收益)	37,092.21	7.存货	83,137,193.51
(6)递延税款		8.待摊费用	-27,701.05
(7)		9.一年内到期的长期债券投资	
(8)其他不减少流动资金的费用和损失		10.	
小计	69,028,557.04	11.	
2.其他来源		12.	
(1)固定资产清理收入(减清理费用)	301,526.00	13.	
(2)增加长期负债	-286,400.00	14.	
(3)收回长期投资		15.	
(4)对外投资转出固定资产		16.待处理流动资产净损失	13,008.08
(5)对外投资转出无形资产		17.其他流动资产	
(6)长期资产转为流动资产		流动资产增加净额	84,499,552.40
(7)		二、流动负债本年增加数	
(8)资本净增加额	13,510,727.38	1.短期借款	-2,000,000.00
小　　计	13,525,853.38	2.应付票据	
流动资金来源合计	82,554,410.42	3.应付帐款	62,332,524.01
二、流动资金运用		4.预收帐款	-474,606.70
1.利润分配		5.其他应付款	266,867.32
(1)提取盈余公积(补亏用"-"表示)	13,510,727.38	6.应付工资	
(2)应付利润		7.应付福利费	295,162.41
(3)应付股利	30,720,000.00	8.未交税金	798,581.53
(4)归还借款的利润		9.未付利润	
(5)单项留用的利润		10.其他未交款	27,425.95
(6)		11.预提费用	
(7)		12.应付股利	1,920,000.00
小　　计	44,230,727.38	13.	
2.其他运用		14.	
(1)固定资产和在建工程净增加额	3,111,918.16	15.	
(2)增加无形资产、递延资产和其他资产		16.	
(3)偿还长期负债	10,000,000.00	17.一年内到期的长期负债	2,000,000.00
(4)增加长期投资	5,878,167.00	18.其他流动负债	
小　　计	18,990,085.16	19.	
流动资金运用合计	63,220,812.54	流动负债增加净额	65,165,954.52
流动资金增加净额	19,333,597.88	流动资金增加净额	19,333,597.88

南京新港股份有限公司股票上市公告书

一、要览

总股本:14600 万股

可流通股:5000 万股

本次上市流通股本:5000 万股

股票简称:南京新港

股票代码:600064

上市地点:上海证券交易所

上市日期:1997 年 5 月 6 日

登记机构:上海证券中央登记结算公司

二、绪言

本公司本次新股发行经中国证券监督管理委员会证监发字(1997)144 号文、145 号文批准,股票上市申请经上海证券交易所上证上字〔1997〕21 号同意,于 5 月 6 日在上海证券交易所挂牌交易,本公司总股本 14600 万股,本次上市流通的 5000 万股均为 1997 年 4 月 23 日至 29 日向社会公开发行的新股。公司前次定向募集时发行的内部职工股 1000 万股按规定于三年后上市。

本公司于1997年4月21日在《上海证券报》、《中国证券报》、《南京日报》刊登了《招股说明书概要》,距今不足六个月,故与其重复的内容在此不再重述,敬请投资者查阅本公司的《招股说明书概要》。

本公司董事会成员已批准本上市公告书,确认其中不存在任何重大遗漏或误导,并对其真实性、准确性、完整性负个别的和连带的责任。

三、公司概况

(一)概况

1. 公司法定名称:南京新港股份有限公司

英文名称:Nanjing Xingang Limited Company

2. 公司注册地址:南京高新技术产业开发区新港高科园

邮政编码:210038

3. 公司法定代表人:梁学忠

4. 经营范围:高新技术产业投资、开发;市政基础设施建设、土地成片开发、建筑安装工程;物业管理、商品房开发、销售;国内贸易、工程设计;咨询服务。

5. 公司所属行业:综合类

6. 公司成立日期:1992年8月8日

公司营业执照注册号:13491792—2

7. 注册资金:14600万元人民币

8. 公司咨询电话:(025)5565084

9. 联系人:郭昭、孔军

(二)公司历史沿革

本公司的前身南京新港经济技术开发股份有限总公司是于1992年7月4日经南京市经济体制改革委员会宁体改字(1992)254号文批准成立的定向募集股份有限公司,股本总额为9600万元。

1995年9月,经南京市证券委员会宁证办(1995)36号文批准,本公司根据《中华人民共和国公司法》修改并规范了公司章程,并更名为南京新港股份有限公司。

四、股票发行与承销

(一)本次公开发行

发行数量:5000万股

发行价格:7.84元

发行市盈率:14倍

股票面值:每股1元人民币

发行日期:1997年4月23日至29日

发行方式:全额预缴款、比例配售、余款转存

配售户数:12065户

配售比例:2.723%

持1000股以上户数:2916户

发行费用定额:1200万元

每股发行费用:0.24元

实募资金总额:38000万元

(二)股票承销

主承销商及分销商承销数量、比例:

公司名称	数量(万股)	分销比例(%)
国泰证券有限公司	1190	23.8
南京市证券有限公司	635	12.7
深圳国投证券有限公司	675	13.5
江苏证券有限公司	500	10
中国科技信托投资公司	500	10
君安证券有限公司	500	10
南方证券有限公司	500	10
华夏证券有限公司	500	10

本次公开发行5000万股股票全部被符合法律、法规规定的投资者所认购。

(三)验资报告

宁会内—验字(97)020号

南京新港股份有限公司:

本所接受委托,对贵公司截至1997年4月29日的注册资本,实收资本变更情况的真实性和合法性进行了审验。在审验过程中,我们按照《独立审计实务公告第1号——验资》的要求,实施了必要的审验程序。贵公司的责任是提供真实、合法、完整的验资资料,保护资产的安全、完整;我们的责任是按照《独立审计实务公告第1号——验资》的要求,出具真实、合法的验资报告。

贵公司委托验证的注册资本为14,600万元。经我们审验,本次社会公众股(A股)发行前,贵公司的股本总额为9,600万元,业经本所验证并出具了宁会验(92)1946号验资报告。经中国证券监督管理委员会证监发字(1997)144号和(1997)145号文批准贵公司向社会公众发行人民币普通股5,000万股,每股面值1元,发行价每股7.84元,应募集资金39,200万元。发行结束后,贵公司共募集资金38,000万元(已扣除预计发行费用1,200万元),其中股本为5,000万元,溢价收入计入资本公积33,000万元。贵公司在本次公开发行后注册资本总额为14,600万元。其中:

国有法人股6,750万元,占注册资本46.23%;

其他法人股1,850万元,占注册资本12.67%;

社会公众股5,000万元,占注册资本34.25%;

内部职工股1,000万元,占注册资本6.85%;

南京会计师事务所　　中国注册会计师

杜文俊　伍敏

中国　南京　　1997年4月29日

五、董事、监事及高级管理人员持股情况

姓名	职务	持有股数(股)
梁学忠	公司董事长	0
张宁生	公司董事、总经理	0
顾德冲	公司董事	0
任　捷	公司董事	11,500
查福康	公司董事	11,500
马　利	公司董事、副总经理	11,500
张晓明	公司董事	0
奚志诚	公司董事	8,000
郭园兰	公司董事	0
张良礼	公司监事会主席	0
沙祥宝	公司监事	11,500
陈德贵	公司监事	9,000
陈金英	公司监事	0
王定吾	副总经理	0
孔　军	总会计师	9,000
宛英杰	总工程师	9,000
郭　昭	董事会秘书	9,000

公司董事、监事和高级管理人员共持有本公司股票90,000股,占公司股本总额的0.06164%,根据《中华人民共和国公司法》规定,其持有股份在任职期间不得转让。

六、公司设立

1. 本公司1997年1月15日召开的1996年度股东大会通过了公司申请向社会公开发行股票并在上海证券交易所上市的决议

2. 公司注册资金:14600万元

3. 本次发行后重新注册登记时间:1997年4月29日

4. 公司注册地点:南京高新技术产业开发区新港高科园

5. 营业执照注册号码:13491792—2

七、关联企业及关联交易

(一)关联企业

1. 本公司的大股东情况

名称	持本公司股份(万股)	持股比例(%)	主要业务
南京新港开发总公司	6750	46.23	物资供应;国内贸易;投资兴办企业;项目开发
南京港口经济发展总公司	1300	8.90	拖驳船服务;装卸搬运业务;仓储;港口设备修理;安装

2. 本公司全资子公司情况

名称	法人代表	注册资金	主营业务
南京新港工程设计所	宛英杰	20万元	工程设计、咨询
南京新港广告公司	马 利	30万元	广告制作、发布
南京新港房地产开发公司	任祥麟	1000万元	房地产开发、销售

3. 控股及参股公司

名称	注册资金	持股比例	主营业务
南京经济技术开发区外贸有限公司	500万元	60%	国内外贸易
南京新港液化气公司	650万元	25%	生产销售生活用液化气

(二)关联交易

本公司已与南京新港开发总公司于1997年2月20日订立了《避免竞争和优先选择协议》,就双方之间的行业竞争和优先选择达成了若干原则。根据该协议,南京新港开发总公司作出承诺,不直接经营或参与经营任何与本公司业务有竞争或可能有竞争的业务。

本公司的子公司及参股公司均已在工商管理机关登记注册,领取了营业执照,不存在由于本公司与其关联企业的关系而影响公司的重大合同条款之有效性的可能性。

八、股本结构及大股东持股情况

(一)本次上市前公司总股本为14600万元,其中:

种类	股权(万股)	比例(%)
1. 尚未流通股	9600	65.75
(1)发起人股		
国有法人股	6750	46.23
社会法人股	1850	12.67
(2)内部职工持股	1000	6.85
2. 可流通股份	5000	34.25
合计	14600	100

(二)本公司前十名股东所持股数及持股比例

股东名称	持股数(股)	占总股本(%)
新港开发总公司	67,500,000	46.23
南京港口经济发展总公司	13,000,000	8.90
南京市国际信托投资公司	5,000,000	3.42
金陵石化华隆工业公司	500,000	0.34
常州市银联物资有限公司	198,779	0.14
河南京登封市石材总厂	198,779	0.14
湖北金奥青石粉防水隔垫材料有限公司	198,779	0.14
上海杨浦区正良石材商店	198,779	0.14
上海万科生化试剂有限公司	198,779	0.14
北京瀚翔艺术发展公司	198,779	0.14

九、公司财务会计资料

(一)审计报告

锡会股审(97)13号

南京新港股份有限公司全体股东:

我们接受委托,审计了贵公司一九九六、一九九五年、一九九四年各年十二月三十一日的资产负债表及合并资产负债表和上述三个年度的利润表及利润分配表,合并利润表及利润分配表,一九九六年的财务状况变动表及合并财务状况变动表。这些会计报表由贵公司负责,我们的责任是对这些会计报表发表审计意见。我们的审计是依据《中国注册会计师独立审计准则》进行的。在审计过程中,我们结合贵公司的实际情况,实施了包括抽查会计记录等我们认为必要的审计程序。

我们认为上述会计报表符合《企业会计准则》和《股份制试点企业会计制度》及国家有关法律法规的规定,在所有重大方面公允地反映了贵公司一九九六年、一九九五年、一九九四年各年十二月三十一日的财务状况及上述三个年度的经营成果和一九九六年的资金变动情况,会计处理方法的选用遵循了一贯性原则。

无锡公证会计师事务所　　中国注册会计师

王燕榕　郭建康

中国　无锡　　一九九七年三月八日

(二)财务报表附注

1. 会计制度

本公司执行《股份制试点企业会计制度》,合并报表的控股子公司亦执行《股份制试点企业会计制度》。

2. 会计年度

公历一月一日至十二月三十一日为一个会计年度。

3. 合并报表的范围及编制方法

(1)合并范围

①截至1996年12月31日公司下设三个全资子公司及一个控股子公司。

三个全资子公司为:

全资子公司名称	注册地点	注册资本(万元)	投资金额(万元)	主要业务
南京新港房地产开发公司	南京经济技术开发区内	1,000	1,000	房地产开发销售
南京新港工程设计所	南京经济技术开发区内	20	20	工程设计,咨询
南京新港广告公司	南京经济技术开发区内	30	30	广告制作、发布

一个控股子公司为:

控股子公司名称	注册地点	注册资本(万元)	投资比例	投资金额(万元)	主要业务
南京经济技术开发区对外贸易有限公司	南京经济技术开发区内	500	60%	300	国内贸易

②根据财政部颁发的合并会计报表暂行规定及财政部财会(二)字(1996)2号函精神,合并了本公司及上述南京新港房地产开发公司、南京新港工程设计所、南京新港广告公司三个全资子公司的会计报表。

鉴于南京经济技术开发区对外贸易有限公司1996年12月成立,尚未正式运转,因此会计报表未作合并。

(2)合并方法:

①子公司提供给母公司、子公司提供给子公司的产品和服务等,在合并时将母子公司、子子公司之间的内部营业收入分别与营业成本、费用、存货相抵销。

②长期投资与子公司所有者权益相抵销。

③内部往来相互抵销。

4. 记帐本位币

以人民币为记帐本位币。

5. 记帐原则和计价基础

以权责发生制为记帐原则,以历史成本为计价基础。

6. 外币核算

从1994年1月1日起外币帐户按中国人民银行公布的当日人民币基准汇价折合人民币记帐,并于期末进行调整,调整的差额分别计人相应的科目。

7. 存货计价

(1)开发成本采用实际成本核算,平时按计划成本结转营业成本,年

末调整为实际成本;

(2)库存材料以实际成本计价,采用先进先出法核算;

(3)低值易耗品采用领用时一次摊销的方法。

8. 长期投资核算方法

(1)投资金额占被投资单位资本金20%以下(含20%)的按成本法核算;

(2)投资金额占被投资单位资本金20%以上的按权益法核算;

(3)投资金额占被投资单位资本金50%以上的按权益法核算并合并会计报表。

9. 固定资产及其折旧

固定资产计价标准为2000元以上(含2000元),使用年限一年以上。评估入帐的固定资产按重置成本法计价,其他均按实际成本计价,采用直线法计提折旧。

固定资产残值率为3%,折旧年限及年折旧率分别为:

固定资产类别	折旧年限	年折旧率
房屋及建筑物	20-40年	4.85%-2.43%
通用设备	5-10年	19.40%-9.70%
专用设备	8-15年	12.13%-6.47%
运输设备	6-12年	16.17%-8.08%
其他设备	5-10年	19.40%-9.70%

10. 无形资产及其摊销

按项目在受益期内平均摊销。

11. 递延资产及其摊销

开办费及其他按5年平均摊销。

12. 坏帐准备

采用直接核销法核算,不计提坏帐准备。

13. 营业收入的确认

以商品已经发出,商品的所有权已自卖方转移给买方,收到货款或取得收取货款的证据时确认营业收入实现。

14. 税项

(1)流转税:

A. 母公司

公司主要实行营业税,其基础设施建设项目收入、建安工程收入、运输收入均按营业收入的3%计征营业税,土地成片开发转让收入、其他项目按营业收入的5%计征营业税。

注:根据财政部、国家税务总局关于对1994年1月1日前签定开发及转让合同的房地产免征土地增值税的通知[财法字(1995)7号],本公司土地成片开发转让的收入免征土地增值税。

商品销售实行增值税,销项税税率为17%,按抵扣购进货物进项税金后的差额交纳。

B. 子公司

广告公司按营业收入的5%计征营业税;

房地产开发公司按营业收入的5%计征营业税;

工程设计所按营业收入的5%计征营业税。

(2)城建税及教育费附加:

按应交营业税、增值税金额的7%计征城市维护建设税,3%计征教育费附加,根据1994年11月28日苏财预字(1994)131号、苏国税(1994)170号、苏地税(1994)065号、苏教委(1994)189号文规定,从1995年1月1日起增加计征1%教育地方附加费。

(3)所得税:

税率为33%。根据南京市财政局宁财预(1994)557号文批复,从1994年起,三年内按33%交纳所得税,财政返还18%,实际所得税负为15%。

15. 利润分配

根据公司章程规定,按税后利润的10%,分别计提法定盈余公积金、公益金,1994年是在弥补以前年度亏损后,再按10%分别计提法定盈余公积金、公益金。

(三)资产负债表、利润及利润分配表(见附表1、附表2、附表3)

(四)主要财务指标如下:

指　标	1996.12.31	1995.12.31	1994.12.31
资产负债率(%)	55.25	53.78	54.77
流动比率	1.72	1.93	1.93
速动比率	0.99	1.47	0.79
每股收益(元)	0.70	0.62	0.35
每股权益(元)	1.77	1.38	1.06
应收帐款周转率(%)	216.21	157.59	--
存货周转率(%)	165.00	97.80	--
净资产收益率(%)	39.79	45.07	33.04

本次发行实募资金3.8亿到帐后,每股净资产约为3.77元。

十、董事会上市承诺

本公司董事会将严格遵守《中华人民共和国公司法》、《股票发行与交易管理暂行条例》、《上海证券交易所市场业务试行规则》和有关法律法规的规定,并自股票上市之日起向全体股东作如下承诺:

1、按照法律、法规的规定程序和要求披露重大的信息,并接受证券主管机关,上海证券交易所的监督管理;

2、及时、准确、真实地在证券主管部门指定的报刊公布中期报告、年终报告及经营业绩等资料,并置于规定场所供投资者查阅;

3、本公司董事、监事及高级管理人员持股数量发生变化时,及时报告证券管理机关、上海证券交易所,及时通过证券主管部门指定的报刊通告社会公众。

4、在任何公共传播媒介中出现的消息可能对本公司股票的市场价格产生误导性影响时,本公司知悉后将对该消息予以公开澄清;

5、本公司董事、监事及高级管理人员将认真听取社会公众的建议和批评;决不利用已获得的内幕消息直接或间接从事股票买卖活动;

6、本公司没有无记录负债。

十一、无重要事项揭示

十二、咨询机构

发行人:南京新港股份有限公司

法定代表人:梁学忠

地址:南京高新技术产业开发区新港高科园

联系人:郭昭、孔军

电话:(025)5565084

主承销商:国泰证券有限公司

法定代表人:金建栋

地址:深圳市华强北路3号深纺大厦13层

联系人:张建强、黄洁

电话:(0755)3217225

上市推荐人:深圳国投证券有限公司

法定代表人:叶连捷

地址:深圳市红岭中路7号国际信托大厦三楼

联系人:陈华明、胡华勇

电话:(0755)5590102

上市推荐人:国泰证券有限公司

十三、备查文件

1. 上海证券交易所上市通知书

2. 招股说明书

3. 审计报告

4. 营业执照

5. 公司章程
6. 法律意见书

南京新港股份有限公司
一九九七年四月三十日

资产负债表(合并)

编制单位:南京新港股份有限公司　　　　金额单位:元

项目	注释	1996年12月31日	1995年12月31日	1994年12月31日	项目	注释	1996年12月31日	1995年12月31日	1994年12月31日
流动资产:					流动负债:				
货币资金		56,296,876.19	22,114,361.31	9,130,678.60	短期借款	3-7	63,000,000.00	65,000,000.00	62,700,000.00
短期投资					应付票据				
应收票据					应付帐款	3-8	77,208,931.09	14,876,407.08	12,275,726.11
应收帐款	3-1	93,569,400.33	160,009,648.10	61,274,192.28	预收帐款	3-9	4,831,342.50	5,305,949.20	303,211.31
减:坏帐准备					应付福利费		403,339.33	108,176.92	-59,778,08
应收帐款净额		93,569,400.33	160,009,648.10	61,274,192.28	应付股利		30,720,000.00	28,800,000.00	17,280,000.00
预付帐款	3-2	44,158,918.71	10,987,112.14	5,117,661.18	未交税金	3-10	1,379,637,73	581,056.20	1,679,021.33
其他应收款	3-3	2,407,958.83	1,944,980.65	4,082,792.25	其他未交款	3-11	75,076.69	47.650.74	68,737.21
待摊费用			27,701.05	47,487.50	其他应付款	3-12	7,824,199.14	7,557,331.82	7,084,583.23
存货	3-4	143,910,896.69	60,773,703.18	116,169,449.48	预提费用				
待处理流动资产损失			-13,008.08		一年内到期的长期负债	3-13	12,000,000.00	10,000,000.00	
一年内到期的长期债券投资					其他流动负债				
其他流动资产					流动负债合计		197,442,526.48	132,276,571.96	101,331,501.11
流动资产合计		340,344,050.75	255,844,498.35	195,822,261.29	长期负债:				
长期投资:					长期借款			12,000,000.00	22,000,000.00
长期投资	3-5	8,454,166.40	2,575,999.40	242,820.00	应付债券	3-14	12,142,000.00	10,428,400.00	
固定资产:					长期应付款				
固定资产原值	3-6	34,825,155,59	32,264,711.43	31,372,237.93	其他长期应付款				
减:累计折旧		4,309,894.09	3,561,842.56	2,390,381.93	其中:住房公积金				
固定资产净值		30,515,261.50	28,702,868.87	28,981,856.00					
固定资产清理		-31,526.00							
在建工程			433,005.54		长期负债合计		12,142,000.00	22,428,400.00	22,000,000.00
待处理固定资产净损失					负债合计		209,584,526.48	154,704,971.96	123,331,501.11
固定资产合计		30,483,735.50	29,135,874.41	28,981,856.00					
无形资产及递延资产:					股东权益:				
无形资产					股本	3-15	96,000,000.00	96,000,000.00	96,000,000.00
递延资产		68,362.85	80,751.89	98,342.93	资本公积				
无形资产及递延资产小计		68,362.85	80,751.89	98,342.93	盈余公积	3-16	30,113,157.80	16,602,430.42	4,618,755.82
其他长期资产					未分配利润	3-17	43,652,631.22	20,329,721.67	1,195,023.29
					股东权益合计		169,765,789.02	132,932,152.09	101,813,779.11
资产总计		379,350,315.50	287,637,124.05	225,145,280.22	负债及股东权益合计		379,350,315.50	287,637,124.05	225,145,280.22

利润及利润分配表(合并)

编制单位:南京新港股份有限公司　　　　金额单位:元

项目	注释	1996年	1995年	1994年	项目	注释	1996年	1995年	1994年
一、主营业务收入	3-18	274,129,664.37	174,361,507.94	85,497,094.46	加:以前年度损益调整				
减:营业成本	3-19	168,865,998.47	86,516,536.50	35,946,697.90	四、利润总额		79,608,943.21	70,454,952.90	37,773,649.79
销售费用		937,647.19	494,351.90	490,307.04	减:所得税		12,055,306.28	10,536,579.92	4,130,026.87
管理费用		5,338,184.88	3,402,341.29	2,663,960.30	五、净利润		67,553,636.93	59,918,372.98	33,643,622.92
财务费用	3-20	8,472,727.82	7,361,438.46	5,131,984.52	加:年初未分配利润		20,329,721.67	1,195,023.29	-10,549,843.81
营业税金及附加		10,867,182.54	6,537,946.84	3,509,224.21	六、可供分配的利润		87,883,358.60	61,113,396.27	23,093,779.11
二、主营业务利润		79,647,923.47	70,048,892.95	37,754,930.49	减:提取法定盈余公积金		6,755,363.69	5,991,837.30	2,309,377.91
加:其他业务利润	3-21			32,754.69	提取公益金		6,755,363.69	5,991,837.30	2,309,377.91
三、营业利润		79,647,923.47	70,048,892.95	37,787,685.18	七、可供股东分配的利润		74,372,631.22	49,129,721.67	18,475,023.29
加:投资收益					减:提取任意盈余公积金				
营业外收入	3-22	38,513.60	409,097.45		已分配普通股股利		30,720,000.00	28,800,000.00	17,280,000.00
减:营业外支出	3-23	77,493.86	3,037.50	14,035.39	八、未分配利润		43,652,631.22	20,329,721.67	1,195,023.29

财务状况变动表(合并)

编制单位:南京新港股份有限公司　　　　金额单位:元

流动资金来源和运用	金额	流动资金各项目的变动	金额
一、流动资金来源		一、流动资产本年增加数	
1.本年净利润	67,553,636.93	1.货币资金	34,182,514.88
加:不减少流动资金的费用和损失		2.短期投资	
(1)固定资产折旧	1,425,438.86	3.应收票据	
(2)无形资产和递延资产摊销	12,389.04	4.应收帐款净额	-66,440,247.77
(3)临时设施摊销		5.预付帐款	33,171,806.57
(4)固定资产盘亏(减盘盈)		6.其他应收款	462,978.18
(5)固定资产损失(减收益)	37,092.21	7.存货	83,137,193.51
(6)递延税款		8.待摊费用	-27,701.05
(7)		9.一年内到期的长期债券投资	
(8)其他不减少流动资金的费用和损失			
小计	69,028,557.04		
2.其他来源			
(1)固定资产清理收入(减清理费用)	301,526.00		
(2)增加长期负债	-286,400.00		
(3)收回长期投资			
(4)对外投资转出固定资产		16.待处理流动资产净损失	13,008.08
(5)对外投资转出无形资产		17.其他流动资产	
(6)长期资产转为流动资产		流动资产增加净额	84,499,552.40
(7)		二、流动负债本年增加数	
(8)资本净增加额	13,510,727.38	1.短期借款	-2,000,000.00
小　计	13,525,853.38	2.应付票据	
流动资金来源合计	82,554,410.42	3.应付帐款	62,332,524.01
二、流动资金运用		4.预收帐款	-474,606.70
1.利润分配		5.其他应付款	266,867.32
(1)提取盈余公积(补亏用“-”表示)	13,510,727.38	6.应付工资	
(2)应付利润		7.应付福利费	295,162.41
(3)应付股利	30,720,000.00	8.未交税金	798,581.53
(4)归还借款的利润		9.未付利润	
(5)单项留用的利润		10.其他未交款	27,425.95
(6)		11.预提费用	
(7)		12.应付股利	1,920,000.00
小　计	44,230,727.38		
(1)固定资产和在建工程净增加额	3,111,918.16		
(2)增加无形资产、递延资产和其他资产			
(3)偿还长期负债	10,000,000.00	17.一年内到期的长期负债	2,000,000.00
(4)增加长期投资	5,878,167.00	18.其他流动负债	
小　计	18,990,085.16		
流动资金运用合计	63,220,812.54	流动负债增加净额	65,165,954.52
流动资金增加净额	19,333,597.88	流动资金增加净额	19,333,597.88

南京新港股份有限公司一九九七年度中期报告

一、财务报告

1、财务报表(已经审计)(合并报表)

表一:资产负债表(简化)

单位:人民币元

项目	1997.6.30	1996.12.31
流动资产	693,684,437.02	340,344,050.75
长期投资	29,603,943.89	8,454,166.40
固定资产净值	31,002,764.80	30,483,735.50
在建工程	10,102,371.45	
无形资产		
递延资产	28,076.42	68,362.85
资产合计	764,421,593.58	379,350,315.50
负债及股东权益:		
流动负债	162,465,428.87	197,442,526.48
长期负债	12,998,800.00	12,142,000.00
负债合计	175,464,228.87	209,584,526.48
少数股东权益		
股本	146,000,000.00	96,000,000.00

资本公积金	330,064,680.00	
盈余公积金	330,064,680.00	
盈余公积金	30,113,157.80	30,113,157.80
未分配利润	82,779,526.91	43,652,631.22
股东权益合计	588,957,364.71	169,765,789.02
负债及股东权益合计	764,421,593.58	379,350,315.50

表二:损益表(简化) 单位:人民币元

项目	1997年1-6月	1996年1-6月
主营业务收入	181,521,813.90	123,358,348.97
主营业务利润	43,737,287.67	35,841,565.56
投资收益	-63,598.61	
营业外收支净额	2,428,094.62	-17,541.12
利润总额	46,093,895.50	35,824,024.44
应交所得税	6,966,999.81	5,399,988.78
净利润	39,126,895.69	30,424,035.66

表三:主要财务指标

(以14600万股本数为计算基础)(以9600万股本数为计算基础)

项目	1997年1-6月	1996年1-6月
每股收益	0.268元	0.317元
净资产收益率	6.64%	17.92%
每股净资产	4.034元	1.768元

(扣除新股发行利息收入后的财务指标)

项目	1997年1-6月
每股收益	0.254元
净资产收益率	6.32%
每股净资产	4.02元

2、会计注释

审计报告

锡会股审(97)26号

南京新港股份有限公司全体股东:

我们接受委托,审计了贵公司一九九七年六月三十日的资产负债表及合并资产负债表,该年度一至六月份的利润表及利润分配表、合并利润表及利润分配表。这些会计报表由贵公司负责,我们的责任是对这些会计报表发表审计意见。我们的审计是根据《中国注册会计师独立审计准则》进行的。在审计过程中,我们结合贵公司的实际情况,实施了包括抽查会计记录等我们认为必要的审计程序。

我们认为,上述会计报表符合《企业会计准则》、《股份制试点企业会计制度》及国家有关财务会计法规的规定,在所有重大方面公允地反映了贵公司一九九七年六月三十日的财务状况及该年度一至六月份的经营成果,会计处理方法的选用遵循了一贯性原则。

无锡公证会计师事务所　　中国注册会计师:马惠兰　金童罗

中国·无锡　　一九九七年七月三十一日

会计报表注释

注释1:编制基准

南京新港股份有限公司(以下简称"本公司")是于1992年5月经南京市经济体制改革委员会宁体改(1992)254号文批准设立的定向募集股份有限公司,原名为"南京新港经济技术开发股份有限公司",一九九五年经南京市证券委员会宁证办字(1995)36号文批准更名为"南京新港股份有限公司"。本公司于1992年8月8日在南京市工商行政管理局注册登记,营业执照注册号为13491792-2,主要经营范围为:高新技术产业投资、开发;市政基础设施建设;土地成片开发;建筑安装工程;商品房开发、销售;物业管理;国内贸易;工程设计;咨询服务等。

本公司经中国证券监督管理委员会证监发字(1997)144号文批复同意,于1997年4月23日至29日采取"全额预缴款、比例配售、余款转存"方式按1:7.48溢价向社会公开发行5000万股普通股,随后经上海证券交易所上证上字[1997]21号文同意,于1997年5月6日在该所挂牌上市交易,股票简称:"南京新港",股票代码:"600064"。

本公司现下设港湾工程分公司、公用事业分公司、机电设备分公司、经济技术贸易分公司、汽车运输分公司等五个分公司。本公司的会计报表由上述部门汇总调整后编制。

截至一九九七年六月三十日止,本公司拥有超过50%股权的控股子公司有:南京新港房地产开发公司(以下简称"房地产公司")和南京新港工程设计所(以下简称"新港设计所"),南京新港广告公司(以下简称"广告公司"),南京经济技术开发区对外贸易有限公司(以下简称"对外贸易公司")。

控股子公司的基本情况如下:

	注册地址	注册资本	本公司拥有股份	主营业务
房地产公司	南京市	1000万元	100%	房地产开发销售
新港设计所	南京市	20万元	100%	工程设计、咨询
广告公司	南京市	30万元	100%	广告制作、发布
对外贸易公司	南京市	500万元	60%	国内贸易

合并会计报表包含上述三个全资子公司。鉴于对外贸易公司于1996年12月成立,现正处于试运行阶段,本期暂不合并。

注释2:重要会计政策

编制本财务报表所采用的主要会计政策如下:

1、会计制度

本公司及合并报表的控股子公司均执行《股份制试点企业会计制度》。

2、会计年度

采用公历制,即从公历1月1日起至12月31日止为一个会计年度。

3、记帐本位币以人民币元为记帐单位。

4、会计核算以权责发生制为记帐原则,以历史成本为计价基础。

5、合并报表的编制方法

①母子公司及子公司之间提供产品及服务时,视同公司内部交易在合并时进行抵销;

②投资和权益及内部往来相互抵销。

6、外币核算

按中国人民银行外汇管理局公布的当月1日人民币基准汇价折合人民币记帐,并于资产负债表日按基准汇价进行调整,调整的差额按照不同对象分别列入相应的科目。

7、存货计价

(1)开发成本采用实际成本核算,平时按计划成本结转营业成本,年末调整为实际成本;

(2)库存材料以实际成本计价,采用先进先出法核算;

(3)低值易耗品采用领用时一次摊销的方法进行核算。

8、长期投资核算方法

(1)对其他单位投资金额占被投资单位资本金20%以下(含20%)的按成本法核算;

(2)对其他单位投资金额占被投资单位资本金20%以上的按权益法核算,50%以上的按权益法核算并合并会计报表。

9、固定资产及其折旧

固定资产按实际成本计价(评估入帐的固定资产按重置成本计价),计价标准为2000元以上(含2000元),使用年限一年以上,均采用直线法计提折旧。

固定资产残值率为3%,折旧年限及年折旧率分别为:

固定资产类别	折旧年限	年折旧率
房屋及建筑物	20-40年	4.85%-2.43%
通用设备	5-10年	19.4%-9.7%
专用设备	8-15年	12.13%-6.47%

运输设备　　6-12年　16.17%-8.08%

其他设备　　5-10年　　19.4%-9.7%

10、递延资产及其摊销:

开办费及其他按5年平均摊销。

11、坏帐准备

采用直接核销法核算,不计提坏帐准备。

12、营业收入的确认

以商品已经发出,商品的所有权已自卖方转移给买方,收到货款或取得收取货款的证据时确认营业收入实现。

13、税项

(1)流转税:

本公司的基础设施建设项目收入、建安工程收入、运输收入按营业收入的3%计征营业税;土地成片开发转让收入、其他项目按营业收入的5%计征营业税;商品销售实行增值税,销项税税率为17%,抵扣购进货物进项税金后的差额交纳。

子公司的广告收入、房地产开发收入、工程设计收入按5%计征营业税。

(2)流转税附加

按应交营业税、增值税总额的7%计征城市建设维护税、3%计征教育费附加和1%计征地方教育费附加。

(3)所得税:

根据江苏省财政厅、地方税务局苏财税(96)42号及南京市人民政府宁政发(1997)64号文的规定,本公司从1997年1月1日起按33%税率征收所得税,由地方政府退还18%,实际税负为15%。根据1997年2月24日南京市财政局关于返还18%所得税会计处理函,返还给本公司的所得税直接进入本公司净利润。

合并报表子公司所得税税率均为33%。

14、利润分配

根据公司章程规定:

(1)分别按净利润的10%计提法定盈余公积金及公益金;

(2)本公司在计提(1)项后依据股东大会决议进行红利分配;

本年上半年度未进行利润分配。

注释3:主要财务报表项目说明(下列项目无特殊说明,金额均以人民币元为单位)

1、应收帐款

本期末为161,163,984.95元比1996年末增长73.27%,系销售增长而增加的未回笼货款。

2、预付帐款

本期末为70,464,114.92元比1996年末增加59.57%,主要是增加预付工程材料款。

3、其他应收款

本期末为13,419,798.86元比1996年末增加457.31%,主要原因是代垫往来款。

4、存货

本期末为188,996,881.82元比1996年末增加31.33%,主要是增加开发成本。

5、长期投资

本期末为29,603,943.89元比1996年末增加250.17%,主要是增加光纤项目投资1270万元、电缆项目734万元,电缆一期项目投资85万元,对液化气公司追加投资25万元。

6、未交税金

本期末为5,671,289.28元比1996年末增加了311.07%,主要是利润增加而相应增加的应交所得税额。

7、其他应付款

本期末为3,872,993.01元比1996年末减少了50.50%,主要是偿还了代垫往来款。

8、股本

本期末为146,000,000.00元与1996年末相比增加了52.08%,主要系发行5000万元社会公众股。

9.资本公积

	附注	1997.06.30
股本溢价	(1)	330,000,000.00
96年发行股票冻结利息	(2)	64,680.00
		330,064,680.00

(1)股票溢价是指发行社会公众股所得价款超过其面值总额扣除发行费用后的部分;

(2)97年发行股票冻结利息是指根据财工字[1996]434号文的规定,在发行A股时,申购成功的投资者在申购期内冻结资金所产生的存款利息收入部分。

10、盈利公积

	1997.6.30
法定盈余公积	15,056,578.90
公益金	15,056,578.90
	30,113,157.80

11.未分配利润

年初未分配利润43,652,631.22元,加上本期实现净利润39,126,895.69元,期末未分配利润82,779,526.91元。

12、主营业务收入

	1997年1-6月
市政基础设施承建收入	149,125,456.80
土地成片开发转让收入	25,837,810.52
商品房销售收入	
建安装饰工程收入	
商品销售收入	
物业管理收入	5,138,728.00
其　　他	1,419,818.58
	181,521,813.90

13、营业外收入

	1997年1-6月
违约金收入	
固定资产清理收入	31,526.00
新股申购无效资金冻结利息	2,406,568.62
	2,438,094.62

14、投资收益

本期末为-63,598.61元,为本期调整的被投资公司权益净增减数。

注释4:关联交易事项

(一)存在控制关系的关联方

公司名称	注册资本	主营业务	同本公司关系	法定代表人
南京新港开发总公司	1.5亿元	项目开发、投资	母公司	梁学忠
房地产公司	1000万元	房地产开发、销售	子公司	梁学忠
新港设计所	20万元	工程设计、咨询	子公司	宛英杰
广告公司	30万元	广告制作、发布	子公司	马　利
对外贸易公司	500万元	国内贸易	子公司	梁学忠

(二)本公司同关联方在本期未发生关联交易事项

注释5:或有负债

截至一九九七年六月三十日止本公司无对外担保等重大或有负债和损失。

注释6:期后事项

无期后事项。

二、经营情况的回顾与展望

(一)上半年经营情况的回顾

今年上半年,公司在董事会的领导下,紧紧围绕全年的奋斗目标和“服务社会、回报股东”的宗旨,突出主业、开拓经营,加强管理,培植后劲,圆满完成了预定的目标、任务,实现了时间过半、任务效益过半。1-6月份公司主营业务收入18,152万元,较去年同期相比增长47.15%,主营业务利润4374万元,较去年同期相比增长22.04%,利润总额4609万元,较去年同期相比增长28.67%,税后利润3913万元,较去年同期相比增长28.61%。

上半年,公司投资10,650万元完成了南京经济技术开发区尧新路(一期)、3万吨供水系统、35KV乌龙变电站、新生圩防洪墙、排涝站等基础设施工程。这些工程的建成不仅为公司带来良好的经济效益和社会效益,对改善开发区投资环境、促进招商引资也起着十分重要的作用。

围绕开发区的一期和二期开发建设、公司挖运、回填、平整土方67.06万方;埋设雨污水管线7803米,预制各类涵管5388节;铺垫二期道路素土、灰土以及泥结碎石路基层81,778立方米,铺设道路砼面6420平方米,共计完成投资4642万元。

此外,较好地完成了两个高新技术项目的投资。一是投资1270万元与新加坡华新藤仓股份有限公司组建光纤光缆生产基地——南京华新藤仓光通信有限公司。该公司是以生产、销售光纤、光缆及通信电缆为主的高新技术企业。设计年产光纤40万芯公里,光缆20万芯公里,达产后年净利润4177万元,投资报酬率17.06%,静态投资回收期5.9年。目前该项目主体结构已经完成,将于1997年年底投产。二是投资734万元与南京市电信局、南京市供电局、香港华贵国际有限公司合资建设南京华新电线电缆有限公司二期工程。该公司是以生产销售各类铜条、电线电缆为主的目前我国最大的铜条生产厂。达产后年净利润4511万元,投资报酬率18.42%,静态投资回收期5.4年。目前该项目正在建设,将于1997年底建成投产。

本公司于1997年4月23日面向社会公开发行5000万股A股,以每股7.84元的价格发行获得成功,并于5月6日在上海证券交易所上市。此次募集到资金3.8亿元人民币,使公司实力大大增加,公司的改革和发展从此步入新的阶段。

(二)下半年发展计划

1、投资3690万元铺设开发区山南二期雨污水管线长约14公里。

2、投资1930万元修筑开发区区内道路长约13公里。

3、投资4970万元建设开发区东南环区道路;

4、投资780万元铺设开发区山南供水管线长约5公里;投资445万元建设周家山供水管线长约3公里;

5、投资1000万元建设周家山供电网络;

6、投资2050万元建设开发区110KV新港变电站;

7、投资4000万元建设开发区山南污水处理厂。

此外,本公司将继续实施对高新技术产业的投资计划。鉴于高新技术产业资金与技术密集,产品更新换代较快,有些项目具有一定的市场风险。因此本公司将本着对投资者认真负责的精神,严格依照科学的投资决策和操作程序,搞好进一步调研、论证,加强对投资项目的监督与管理,以确保所有项目有较高的投资回报率和良好的发展前景,使本公司和投资者有良好的投资收益。

三、重大事项说明

1、本公司招股说明书刊登在1997年4月21日的《中国证券报》、《上海证券报》、《南京日报》上,4月23日通过上海证券交易所交易系统,采用“全额预缴款、比例配售、余额转存”的方式向社会公开发行5000万股人民币普通股股票,每股面值人民币1元,发行价7.84元,发行总市值39200万元,扣除发行费用1200万元,实际收到募集资金38000万元,其中5000万元记入股本帐户,公司营业执照注册资本栏已由9600万元变更为14600万元。溢价部分净收入33000万元记入资本公积帐户。

2、本公司股票上市公告书刊登在1997年5月1日的《中国证券报》、《上海证券报》、《南京日报》上,5000万社会公众股于5月6日在上海证券交易所挂牌交易,股票简称“南京新港”,证券代码600064。

3、本公司本报告期内无重大诉讼、仲裁事项。

4、根据《严禁国有企业和上市公司炒作股票的规定》,我公司进行了认真自查。目前,我公司不持有已上市流通股票及以公司以外名义开立的股票帐户,如本公司今后从事股票投资,将严格遵循国家有关政策法规和本公司章程的规定。

5、本公司募集资金已根据《招股说明书》中的项目,本着认真负责的态度已进行投入,基础设施项目投资顺利,实业项目已投资两项,其他四项正在作进一步调研论证,以保证投资有较稳定的收益。

四、发行在外股票的变动和股权结构的变化

1、股权结构的变化情况(单位:万股)

	1997.6.30	比例(%)	1996.12.31	比例(%)
(1)尚未流通股份合计	9600	65.75	9600	100
其中　法人股	8600	58.90	8600	89.58
内部职工股	1000	6.85	1000	10.42
(2)已经流通股份合计	5000	34.25	0	0
境内上市A股	5000	34.25	0	0
(3)股份合计	14600	100	9600	100

注:股权结构的变化是因为报告期内本公司向社会公开发行了5000万A股,并获准在沪上市。

2、主要股东持股情况(1997.6.30)

股东名称	持股数量(万股)	占总股本比例(%)
南京新港开发总公司	6750	46.23
南京港口经济发展总公司	1300	8.90
南京国际信托投资公司	500	3.42
金陵石化华隆工业公司	50	0.34
浙江三江	30.0226	0.21
安晓红	28	0.19
鄂农宜昌	28	0.19
陶志强	21.1923	0.145
任小玲	20.34	0.139
中京秦	19.8779	0.136

五、股东大会简介

本公司临时股东大会于1997年1月15日在本公司会议室召开,出席会议的股东及股东授权代理人共37人,代表股份9318.2万股,占总股本的97.1%。大会作出的决议有:

1、审议通过了关于公司申请新增发行并上市5000万股A股的议案;

2、审议通过了根据新增发行股票的需要,授权董事会修改公司章程议案;

3、审议通过了董事会和监事会换届选举方案;

4、同意公司本年及上年结转利润按0.32元/股向老股东分配,余额待公司股票上市后由新老股东共享,具体方案由股东年会决定。

六、备查文件

1、载有董事长、总经理亲笔签名的中期报告原本;

2、报告期内本公司的《招股说明书》、《上市公告书》;

3、其他有关文件。

南京新港股份有限公司董事会

一九九七年八月七日

葛洲坝股份有限公司

葛洲坝股份有限公司(筹)招股说明书概要

一、绪言

为向投资者提供本公司各方面的基本资料,依据《中华人民共和国公司法》、《股票发行与交易的管理暂行条例》、《公开发行股票公司信息披露实施细则》和国家现行有关证券管理规定及政策,基于本公司的实际情况,编制本招股说明书,本公司筹备委员会成员已批准本招股说明书,确信其中不存在任何重大遗漏或者误导并对其真实性、准确性、完整性负个别的和连带的责任。

本次新发行的股票是根据本说明书所载明的资料申请发行的。除本发行人和主承销商外,没有委托或授权任何其他人提供未在说明书中列载的信息和对本说明书作任何解释或者说明。

投资人当自行负担买卖本发行人股票所应支付的税款,发行人、承销商和推荐人对此不承担责任。

本次发行已经中国证监会〔证监发字(1997)186 号文〕和〔证监发字(1997)188 号文〕批准。

二、释义

本招股说明中,除非文意另有所指,下列简称具有如下特定意义:

公司、本公司、发行人:	指	拟成立的葛洲坝股份有限公司。
集团公司、发起人:	指	中国葛洲坝水利水电工程集团公司。
葛洲坝集团:	指	葛洲坝水利水电工程集团。
筹委会:	指	本公司筹备委员会。
电力工业部:	指	中华人民共和国电力工业部。
三峡工程:	指	中国长江三峡水利枢纽工程。
三峡开发公司:	指	中国长江三峡工程开发总公司或其前身中国三峡工程开发总公司筹建处。
公司职工:	指	拟设立的葛洲坝股份有限公司在册职工。
主承销商:	指	湖北证券公司。
证监会:	指	中国证券监督管理委员会。
股票:	指	拟成立的葛洲坝股份有限公司发行的每股面值人民币一元的普通股股票。
本次发行:	指	发行人本次 19000 万股 A 股的发行。
元:	指	人民币元。

三、发售新股的有关当事人

1、发行人:葛洲坝股份有限公司(筹)

筹委会主任:乔生祥

地　址:湖北省宜昌市清波路 10 号

电　话:(0717)6272074　传真:(0717)6447953

联系人:吴汉明

2、发起人:中国葛洲坝水利水电工程集团公司

法定代表人:乔生祥

地　址:湖北省宜昌市清波路 10 号

电　话:(0717)6447448-83224　传真:(0717)6447953

联系人:崔大桥

3、主承销商:湖北证券公司

法定代表人:陈浩武

地　址:湖北省武汉市武昌彭刘杨路 232 号

电　话:(027)8311774　传真:(027)8040056

联系人:刘德明、喻大学、段寰友、孙华

4、副主承销商:海通证券有限公司

法定代表人:李惠珍

地　址:上海市四川中路 175 号

电　话:(027)3808485　传真:(027)3808490

联系人:周丽华

5、上市推荐人:海通证券有限公司、湖北证券公司

6、发行人财务顾问:湖北证券公司

法定代表人:陈浩武

地　址:湖北省武汉市武昌彭刘杨路 232 号

电　话:(027)8311774　传真(027)8040071

联系人:喻大学、孙华

7、分销商:

华夏证券有限公司	法定代表人:黄玉峻
蔚深证券有限责任公司	法定代表人:熊秉权
江苏证券股份有限公司	法定代表人:鲍志强
吉林省证券有限公司	法定代表人:张晶
君安证券有限公司	法定代表人:张国庆
三峡证券有限公司	法定代表人:邓贵安
平安证券有限责任公司	法定代表人:马明哲
海南港澳国际信托投资有限公司	法定代表人:李耀祺
河南省证券公司	法定代表人:胡燕
河北证券有限责任公司	法定代表人:武铁锁
内蒙古自治区证券公司	法定代表人:王连庄
内蒙古自治区信托投资公司	法定代表人:吴宏智
光大证券有限公司	法定代表人:刘纪元
中国新技术创业投资公司	法定代表人:徐振国
中国东方信托投资公司	法定代表人:唐棣华
西安证券公司	法定代表人:王文学
厦门国际信托投资股份有限公司	法定代表人:游永华
长城证券有限责任公司	法定代表人:李仁杰
金华市信托投资股份有限公司	法定代表人:葛政
武汉市信托投资公司	法定代表人:李明
中国电力信托投资有限公司	法定代表人:邹泽锦
武汉国际信托投资公司	法定代表人:许志超

8、发行人法律顾问:北京周刘律师事务所

法定代表人:周岩

地　址:北京市海淀区学院路丙 39 号都宇别墅 L 座

电　话:(010)62375666　传真:(010)62378999

经办律师:徐丽、刘玉明、周岩

9、主承销商法律顾问:北京金杜律师事务所

法定代表人:王峻峰

地　址:北京市东城区朝阳门北大街 8 号富华大厦 C 栋十七层

电　话:(010)65541628　传真:(010)65541560

经办律师:王峻峰、白延春

10、财务审计机构:湖北大信会计师事务所

法定代表人:吴益格

地　址:湖北省武汉市黄石路 1 号汉港大厦七楼

电　　话:(027)2813729　　传真(027)2816985

经办注册会计师:吴益格、邵九林、苏志坚

11、资产评估机构:中华财务会计咨询公司

法定代表人:盛焕德

地　　址:北京阜城门外大街1号四川大厦东楼九层

电　　话:(010)68364755　　传真:(010)68364751

经办评估人员:邱洪生、郑显红

12、土地评估机构:湖北省地产评估中心

法定代表人:方国成

地　　址:湖北省武汉市武昌梅苑小区

电　　话:(027)7893910　　传真:(027)7812303

经办评估人员:方国成、潘世炳

13、资产评估确认机构:国家国有资产管理局

法定代表人:张佑才

地　　址:北京市海淀区万泉河路66号

电　　话:(010)63463960

14、土地评估确认机构:国家土地管理局

法定代表人:邹汪川

地　　址:北京大柳树北村21号

15、股票登记机构:上海证券中央登记结算公司

法定代表人:王迪彬

地　　址:上海市闵行路7号

电　　话:(021)63068888　　传真:(021)63257454

四、发行情况

1、承销方式:本次发行的19,000万股社会公众股中,17,100万股由主承销商依法组成的承销团采用余额包销的方式向社会公开发行,1,900万股公司职工股由主承销商依据公司提供的经劳动部门审定的职工名册向公司职工配售;

2、承 销 期:1997年5月8日至1997年5月16日

3、发行日期:1997年5月8日;

4、发行方式:上网定价发行;

5、发行地区:与上海证券交易所系统联网的全国所有证券营业机构所在地;

6、发行对象:在上海证券中央登记结算公司开立股票帐户的中华人民共和国境内公民及法人(法律、法规禁止的购买者除外);

7、股票种类及数量:本次发行的股票全部为记名式人民币普通股(A股),每股面值人民币1.00元,共计19,000万股;

8、发行价格及确定价格的方法

发 行 价:6.00元/股

发行价确定方法[〔1994每股税后利润+1995年每股税后利润+1996年每股税后利润〕÷3]×市盈率

根据本公司经湖北大信会计师事务所审计的96、95、94年度财务报表,模拟计算的每股税后利润分别为:0.464元、0.403元、0.403元(所得税按33%征收,由财政返回50%计算),三年平均每股税后利润为0.423元。市盈率确定为14.2倍,则发行价格=0.423×14.2=6.00元/股

9、发行市值:人民币114,000万元;

10、挂牌交易:本公司已得到上海证券交易所的承诺,本次发行的社会公众股在发行结束后,将尽快在上海证券交易所挂牌交易。本次发行配售的公司职工股,将根据国关规定,在本次发行社会公众股上市六个月后上市交易。

五、风险因素与对策

投资者在评价本发行人此次发售的股票时,应特别认真地考虑下述各项风险因素。

(一)风险因素

1、经营风险

(1)主要原材料的供应和价格风险

在大型建筑工程承包业务中,主要材料如水泥、钢材、木材等的供应由建设单位负责,因而,不会直接影响本公司的效益,但是,建设单位因材料价格上涨而导致建设资金不足或材料供应困难,将影响到工程的进度和本公司效益的实现。

本公司水泥生产所需的主要原材料有石灰石、红砂岩、粉煤灰、铁粉等,集团公司拥有的石灰石矿B+C级储量11,560万吨,D级储量318万吨,可满足本公司85年的水泥生产需求,在本公司13公里的周边范围内,红砂岩储量为1,600万吨,通过投资办矿、联合开发或协议供货方式可充分满足本公司的需求,其他原材料供应均由当地厂家供应。受市场因素的影响,原材料的采购价格呈现上涨趋势,因而对本公司的经济效益将产生一定的影响。

(2)对主要客户的依赖

本公司是三峡工程建设的主力军,近几年的主要业务在三峡工程,已承包的工程量占三峡工程建安工程量的70%以上,工程承包业务收入占本公司总收入的70%。因而本公司在三峡工程建设的中标率和承包工程量以及中标工程价格是否适当都将直接影响公司的业务收入。

本公司水泥厂以生产特种水泥(大坝用中、低热水泥)为主,1996年三峡工程所用水泥60%由该厂供应,根据本公司与三峡开发总公司签订的协议,本公司近几年的水泥产品将主要供应三峡工程,因而在一定程度上构成了对三峡工程的依赖。

(3)能源供应的风险

本公司水泥生产所需燃料原煤年需求量约为20万吨,由于煤炭价格放开,原煤到厂成本已达200元/吨,原煤价格上涨会增加本公司水泥生产成本,影响盈利水平。

本公司水泥生产年耗电量约为1.5亿KWH,由国家下达 用电计划,荆门市供电局保证供应,其电价执行统一标准。

(4)运输风险

本公司水泥厂所处地理环境优越,交通十分便利,有连接焦柳铁路干线的专用铁路直通厂区,并临近207、308国道和宜黄高速公路,原材料、燃料以及产品的运输均依赖于铁路和公路运输,受运输环节各因素的影响,存在一定的运输风险。

(5)工程质量风险

本公司承揽的主要建筑工程项目,均是国家重要的能源、交通等基础设施工程,对工程的质量应有充分的保障,若出现质量问题,将对工期、成本、效益和信誉产生重大影响。

(6)工程承揽和成本控制风险

近几年来,国家对基本建设工程项目采用国际上通用的招投标制,建筑工程承包业务的竞争日趋激烈,工程承揽的难度加大,承包工程利润率偏低,同时建材市场价格的波动也会影响本公司的盈利水平,因此,承揽的业务量和成本控制构成了本公司经营的风险。

2、行业风险

(1)环保因素的限制

水泥生产会产生粉尘、噪音、废水等方面的污染,随着人民生活水平的提高,对环境保护的要求也越来越高,因而国家环保政策对本公司水泥产品的生产和发展将会有一定的限制,故存在环保风险。

(2)对其他行业的依赖

水泥生产对建筑业依赖性较大,建筑业发展的速度对本公司的水泥生产和销售都有所影响,

(3)行业内部竞争

本公司作为高度专业化的水利水电工程承包企业,在施工能力、技术水平、机械装备、管理水平、员工素质等方面均居国内同行业领先地位,具有较强的竞争力,但随着建筑业和建材业的发展,行业内部的竞争将会日趋激烈,从而形成一定风险。

3、市场风险

本公司生产的特种水泥广泛应用于水利水电工程、公路和桥梁等的建设,主要市场分布在湖北、湖南、河南、河北等地。国家众多的基本建设项目激发了各地水泥生产厂家迅速扩大规模、水泥市场供求关系发生变化,加大了市场风险。

4、政策风险

建筑和建材工业是国家的支柱产业,受国家的经济发展速度和基建规模的影响较大,我国国民经济的长期快速增长,将给本公司带来新的发展机遇,但是如遇国家调控政策紧缩,对本公司的发展将产生不利影响。

5、股市风险

我国的证券市场尤其是股票市场尚处于初级发展阶段,各项有关证券市场法规、制度尚须完善,股票的价格不仅仅取决于企业的经营状况,还受到各种政治、经济等因素的影响,股市波动较大,在给广大投资者带来较多获利机会的同时,也存在着价格和交易管理等方面的股市风险。

(二)对策

本公司在充分认识和分析上述风险因素后,采取或准备采取如下对策,以降低风险,增加收益、保护广大投资者的权益。

1、经营风险对策

(1)针对原材料的供应和价格风险

本公司已与集团公司就主要原材料石灰石矿的开采和供应签订长期协议,以保证石灰石的供应和价格的稳定。对其他原材料的供应,本公司将充分利用其优越的地理环境,采用投资办矿和联合开采以及协议供货方式,就近定点、定矿,获取长期稳定的资源并保持质量和价格的稳定。

(2)对主要客户依赖的对策

本公司将以参与三峡工程建设作为良好的发展机遇,以水利水电工程建设为重点,充分发挥人才、设备、技术优势,保持在三峡工程建设中的龙头地位,并通过"三高一流"的标准(即高质量、高速度、高效益和第一流的施工技术水平)进一步提高在三峡工程竞标中的中标率。同时还将加强其他水利水电项目的竞争,扩大其他工程项目(包括公路、桥梁、航道、码头等)的市场占有份额,并积极参与国际工程承包。

三峡工程计划水泥用量1,082万砘,按建设工期17年计算,平均每年需用64万吨,高峰年水泥用量为93.3万砘,本公司作为三峡工程大坝用水泥的主供单位,将充分利用与三峡开发总公司建立的良好合作关系,继续保持供货量的稳步增长,同时积极开拓国内市场,并参与国际市场的竞争,以缓解对主要客户的依赖。

(3)针对能源供应风险

本公司已与山西河州矿务局签订长期的合作协议,以保证原煤供应和价格的稳定,满足生产需要。同时,在保证质量的前提下,开辟多方供应渠道。

本公司水泥生产用电指标由国家计划解决,可满足扩大再生产的需求,本公司将加快对设备的技术改造,提高生产工艺水平,提高原煤利用率,降低原材料、能源消耗,加强管理,减少自然消耗。

(4)针对运输风险

为保证水泥厂原材料、燃料和产品的运输,本公司拟对该厂现有的铁路专线进行改造,由8股道增加到10股道,以提高铁路运输能力,公司还将扩大水陆联运数量,利用长江航运降低运输成本,缓解铁路和公路运输压力。

(5)针对工程质量风险

本公司长期从事水利水电工程建设,曾成功地兴建了我国目前最大的水利水电枢纽工程——长江葛洲坝工程,并承建了1,700多项建筑工程项目,积累了丰富的经验,无论在人才、技术、设备,管理还是资金实力都处于同行业领先地位,公司运用现代化的手段管理工程项目,采用TCV一体化系统管理方法(T代表TQC即全面质量管理,C表示关键线路法,V表示价值工程)和ISO9000系列质量标准严格控制工程质量,使各项承包工程有充分的质量保障。

(6)针对工程承揽和成本控制风险

建筑工程承揽业务在相当程度上凭借的是实力和经验,本公司在此方面有较大的优势,公司将以科研、勘测、设计、施工、机电安装等一条龙服务承揽各项建筑承包合同,并通过优化施工组织设计、提高设备利用率达到成本控制的要求,提高承包工程利润率。

2、行业风险对策

(1)针对环境因素限制

本公司将增加环保设施的投入,并从工艺设计上尽量减少环境污染,对可能产生污染的排入点已设置了防护和处理装置,如收尘器、消声器、水循环系统等,并且拟投资3,200万元引进先进的旁路防风系统,控制主要污染源。经国家有关部门检测,本公司对环境保护的控制符合国家规定。

(2)针对对其他行业依赖的风险

三峡工程、清江流域开发以及规划中的长江流域滚动开发对水泥产品的需求是长期增长的。本公司将以水利水电工程承包带动建材生产的发展,在保持特种水泥原有市场的同时,努力开拓普通水泥市场。

(3)针对行业内部竞争风险

我国水利水电资源十分丰富,已开发资源仅占可开发资源的13%,有广阔的发展前景。国家在未来水电发展规划中已明确了长江三峡及上游滚动开发规划及其他水电开发计划。本公司将加大科技投人,增强资金、技术、设备实力,强化管理,不断提高竞争能力,保持在行业中的领先地位,

3、市场风险对策

发挥公司跨地区、跨国界经营优势,使长、中、短项目和境内外项目合理布局,将业务重点放在国家重点建设的项目上,对重大的工程项目采取联合方式竞标,对有良好发展前景的项目进行共同开发,以建立稳定的收入来源,水泥产品通过提高产品质量,增加适销产品的产量,满足各种需求,扩大市场范围,分散市场风险。

实行多元化经营,有计划、有步骤地向其他行业渗透。

4、政策风险对策

《中华人民共和国国民经济和社会发展"九五"计划和2010年远景目标纲要》已明确要加强水利建设,重点建设一批具有综合效益的大、中型水利工程;水电要实行流域梯级滚动开发,国家已规划建设一批大、中型水电站,预计每年开发建设的规模都在500——600万千瓦左右;开发建设的重点是长江中、上游干支流,黄河上游、红水河和澜沧江中、下游的骨干电站。国民经济的持续快速增长为实现上述发展目标提供了经济保障,建筑业和建材工业作为国民经济的支柱产业,将服务于这一目标,因此国家的产业政策不会对本公司的经营产生不利的影响。

5、股市风险对策

公司将加强管理,努力降低经营成本,提高盈利水平,以维护股东利益,同时本公司提醒各位投资者,在投资本公司以前,对股市风险应有充分的了解。

六、募集资金的运用

本次发行所募集的资金,扣除有关发行费用后,实际可募集资金110,580万元,将用于以下两个投资项目;

(一)投资70,080万元购置三峡工程施工先进设备

该项投资计划需人民币112,233万元,1997年拟筹集82,700万元用于此项目,其中用本次募集资金解决70,080万元。

本公司是三峡工程建设最主要的施工承包单位,承担着三峡工程难度最大、技术最复杂、工期最紧张的施工任务,截止1996年12月,已与三峡工程业主签订三峡工程合同148项,合同金额48.66亿元,占三峡建安工程合同发包金额的70%在上,1997年大江截流的三大控制项目:右岸导流明渠工程、左岸临时船闸和升船机工程、大江截流及二期围堰工程全部由本公司承建。

在实现在大江截流后,三峡工程即进入二期工程。二期工程从1997

年11月左岸主河床完成截流开始,到2003年10月1日左岸电站厂房第一批机组发电,是三峡工程施工中最紧张的一个阶段。本公司将在二期工程中继续发挥三峡工程建设主力军的作用。

鉴于本公司在三峡工程中承包的工程量和本公司、集团公司、业主现有设备情况以及二期工程对施工设备的要求,本公司拟购置260台(套)先进施工机械,价值112,233万元,以确保三峡工程施工的质量和进度。

该项投资计划预计年平均投资利润率为15.31%;静态投资回收期为3.2年,内部收益率为20.5%

(二)投资40,500万元用于收购集团公司三号窑水泥生产线以及收购后的生产经营。

为满足三峡工程建设的需要,国家计委于1992年7月以〔计能源(1992)2141号〕文批准,同意集团公司水泥厂扩建三号窑,所需资金由三峡开发总公司以补偿贸易方式解决。该项目采用引进国外技术、国内制造的先进成熟的设备,部分关键设备从国外引进,年产熟料60万吨,水泥82万吨,技术指标达到国内九十年代先进水平。

三号窑主体工程已经完工并进行了调 试和试生产,根据帐面反映的总投资额为5.28亿元,比新建同样规模的生产线节约投资40%

1、投资7,375万元收购三号窑

本公司拟以三号窑评估后确认的净资产结合考虑履行补偿贸易合同和三号窑的未来收益确定收购价,向集团公司全面收购三号窑的资产并承担因建设三号窑所发生的债权债务和与此相关的各项义务,经初步测算,预计收购价为7,375万元。

本公司筹委会已与集团公司签订三号窑收购协议,整个收购工作将在本公司设立后半年内完成。集团公司承诺:①收购价格不会与上述预计价格出现重大差异,超过10%部分由集团公司承担;②若出现不可预料因素,使该项收购无法实现,集团公司将承担因此而发生的费用和风险。

2、投入33,140万元用于三号窑1997年后续建设和生产经营。

(1)偿还工程建设拖欠款3,322万元。

(2)完成厂内及厂外铁路工程尚需资金1,180万元。

(3)引进旁路放风系统需投入3,200万元。

(4)投入25,438万元,用于补偿贸易产品的生产及补充流动资金。

其中:补偿贸易产品生产资金14,750万元,补充流动资金8,228万元,垫付运杂费2,460万元。

3、经济效益预测

预计在补偿贸易合同执行期内,三号窑利润实现情况如下表所示;

单位:万元

	1997年度	1998年度	1999年度	2000年度
销售收入	26,050	26,360	28,220	32,033
销售利润	2,605	2,636	2,822	3,203
利　润	3,480	3,710	5,090	7,919

预计在补偿贸易合同履行完毕后,三号窑每年可实现销售收入33,800万元,利润9,230万元。

该项投资计划按总投资额计算的正常年份投资利润率为13,33%;投资回收期为6.3年;内部收益率为19.8%。

收购三号窑可以消除集团公司与本公司的同业竞争,并使本次发行所募集的资金在最短时间内发挥效益,对保持本公司利润的稳步增长,提高资本营运效率极为有利,可为公司的长期发展打下良好基础。

(三)投资项目使用资金计划时间表及来源:

单位:万元

	1997年度	1998年度	1999年度	2000年度
一、资金运用				
1、三峡工程施工设备	82,700	29,533		
2、三号窑水泥生产线	40,515	14,160	11,210	3,363
合　计	123,215	43,693	11,210	3,363
二、资金来源				
1、发行A股	110,580			
2、折旧基金		15,700	11,210	3,363
3、贷款	12,635	10,000		
4、融资租赁		17,993		
合　计	123,215	43,693	11,210	3,363

七、股份分配

本公司股利分配将本着同股同利的原则,按每个股东持有的股份比例进行分配。

除股东大会特别决议外,本公司每年分配一次股利,在每一会计年度结束后六个月内进行。股利分配采取现金和股票两种形式。分配股利时,按国家有关法律规定代扣代缴股东股利收入应纳税金。

税后利润按如下顺序进行分配:

(1)弥补上年年度亏损;

(2)提取法定公积金10%(当其累计额为公司注册资本的50%以上时,则不再提取):

(3)提取法定公益金5——10%;

(4)经股东大会决议,提取任意公积金;

(5)分配股利。

本公司的发起人已作出了承诺,本次发行后,所有股东均享有1997年全年度的股利分配权。

本次发行后,预计首次股利分配时间将不迟于1998年6月30日

股利分配政策需待发行完成之后由首届股东大会选举出的董事会,依据公司经营状况和发展需要拟定,并由股东大会最后审议批准。

八、发行人情况

1、名称:葛洲坝股份有限公司

英文名称:Gezhouba Company Limited

2、名称预先核准日期:1997年2月28日

3、发行人住所:湖北省宜昌市清波路10号

4 、发行人历史情况简介

本公司是经电力工业部〔电政法(1996)907号〕文和国家体改委〔体改生(1997)34号〕文批准,由中国葛洲坝水利水电工程集团公司独家发起,拟通过募集方式设立股份有限公司,设立后的公司总股本为49,000万股,其中国有法人股30,000万股,社会公众股19,000万股。经国家工商行政管理局预核准的公司名称为“葛洲坝股份有限公司”。本次发行完毕后将在湖北省工商行政管理局注册登记。

(1)发起人简介

中国葛洲坝水利水电工程集团公司隶属中华人民共和国电力工业部,是中国最大的水利水电施 工企业,享有对外经贸权、对外承包工程权、外事权、国际招标权,是全国1000家重点企业中第二批获主办银行制度支持的212家优强企业之一,集团公司是以建筑业为主、集建材、机电安装、化工、造船、金融、加工制造、商贸、矿产业、旅游服务等工作、三产业为一体的多元化经营大型施工企业,拥有14个专业化、机械化工程公司,6个大型工业企业,9个大型商贸、旅游服务性公司,4个勘测、设计、科研机构和23个社会及经营服务系统。

集团公司具有工程施工总承包一级资质(全国水电行业只有两家),曾成功兴建了目前我国已建成的最大水利枢纽——葛洲坝工程,并先后在国内外承建了1,700多项水利水电和建筑工程项目,完成的合同金额102.77亿元,其中承揽的水利水电工程占全国市场份额的24%以上。目前是三峡工程最主要的施工承包单位,截止1996年底,已签订的三峡工程承包合同148项,金额48.66亿元,占三峡工程已签建安工程合同发包金额的70%以上。截止96年12月底,集团公司总资产达39亿元,拥有各类大型施工机械设备13,300台(套),具有土石方挖填8,000万立方米、混凝土浇筑280万立方米,大型发电机组安装180万千瓦的年综合生产能力。

集团公司还拥有年产水泥135万吨的大型水泥生产厂,是"中国100家最大建材工业企业"之一、"全国最大特种水泥生产基地",部分型号产品取得国际标准验收合格证或通过国家质量认证。

集团公司现有职工5万余人,各类工程技术人员8,466人,其中高级职称703人,中级职称2,924人,另有工人技师451人。工人平均技术等级7.5级。

集团公司是葛洲坝水利水电工程集团的核心企业。葛洲集团被列为国务院56家大型企业集团试点单位,实行国家计划单列。

(2)历史沿革

集团公司之前身是于1970年12月组建的三三0工程局。1970年12月25日,中共中央[中发(1970)78号]文决定兴建宜昌长江葛洲坝水利枢纽工程,并同意为兴建该工程成立长江葛洲坝工程(代号三三0)指挥部(即三三0工程局)。该局由国务院从水利电力部第十工程局、第十三工程局、长江流域规划办公室陆水施工试验总队、鄂西水电工程指挥部等单位抽调骨干力量组建而成,隶属水利水电工程总公司。

1982年10月26日,经水利电力部[(82)水建计字第57号]文批准,三三0工程局更名为水利电力部长江葛洲坝工程局

1992年8月3日,经水利水电工程总公司[中水电劳(1992)60号]文批准,水利电力部长江葛洲坝工程局更名为中国水利水电长江葛洲坝工程局。

1994年8月22日,电力工业部以[电人教函(1994)102号]文通知中国水利水电葛洲坝工程局更名为中国葛洲坝水利水电工程集团公司,隶属于电力工业部。同年11月28日,集团公司在湖北省工商行政管理局登记注册。

1996年12月35日,经电力工业部[电政法(1996)907号]文批准,集团公司以其从事工程承包、机电安装、施工管理和建筑工程的勘测科研设计部门、实体单位以及水泥厂共10个单位的经营性资产改组,拟通过募集方式设立本公司。集团公司投入的净资产为45,080万元,按1.503:1的比例折为国有法人股30,000万股。

1997年4月8日,国家体改委[体改生(1997)34号]文正式批准设立本公司。

5、本公司组织结构

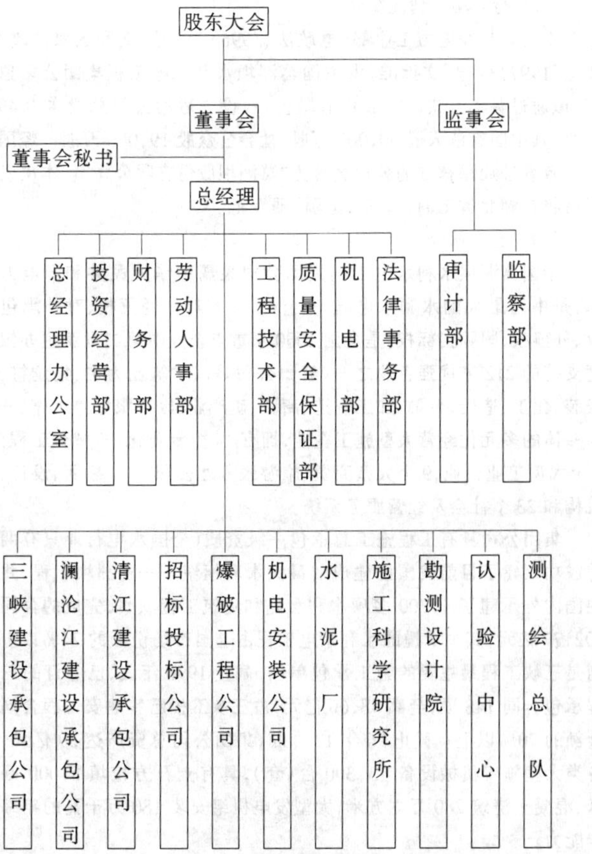

6、本公司主要成员介绍

三峡建设承包公司:其前身为成立于1992年11月的集团公司三峡工程施工指挥部,是集团公司为三峡工程建设而设立的代表集团公司全面负责三峡工程的投标和施工项目管理的专门机构。此次改组,集团公司以其资产投入本公司,是本公司承揽三峡工程合同并对施工项目进行管理的主要机构。

举世瞩目的三峡工程于1992年4月3日经第七届全国人大五次会议决议兴建,被列入国民经济和社会发展十年规划,1994年12月14日正式动工。三峡工程是综合治理和开发长江的国家重点工程,具有防洪、发电、航运、供水和促进经济发展等巨大的经济效益和社会效益,它的建设对加快我国现代化建设进程,提高综合国力具有重要意义,三峡工程整个工程静态投资总额约954亿元(以1993年5月价格水平计算),工期为17年,三峡水电站共装机26台,单机容量70万千瓦,装机总容量1,820万千瓦,年平均发电量847亿KWH。

三峡建设承包公司代表集团公司,已同三峡开发总公司签订工程承包合同148项,合同总额48.66亿元,占三峡建安工程发包合同金额的70%以上,是三峡工程建设最主要的施工承包单位。

已完工或在建的主要工程项目有:

①右岸一期工程　合同金额186,800万元
②茅坪溪防护大坝工程　合同金额26,399万元
③临时船闸及升船机工程　合同金额83,921万元
④通航建筑物及下游引航道工程　合同金额42,391万元
⑤大江截流及二期围堰工程　合同金额46,993万元

1997年是三峡工程一期工程的最后一年,大江截流的三大控制项目(右岸导流明渠,左岸临时船闸和升船机、大江截流和二期围堰工程)均由本公司承担。本公司将以雄厚的资金与技术实力,丰富的水利水电建设经验继续在三峡工程中发挥重要作用。

澜沧江建设承包公司:前身为集团公司于1987年6月成立的漫湾施工局,1996年6月更名为澜沧江施工局,主要从事澜沧江流域开发工程承包,曾承建了澜沧江流域漫湾水电站的大坝及厂区土建、金结安装和机电设备安装工程,完成合同额64,200万元,目前正在承建大朝山水电站的部分建筑和安装工程。澜沧江流域实行梯级滚动开发,计划兴建5座水电站,已建成的漫湾水电站位于澜沧江中游,装机容量150万千瓦,年发电量78.8亿KW.H。目前在建的大朝山水电站是该流域开发的第二座大型电站,装机容量135万千瓦,年发电量64.96亿KW.H。已规划并即将开发的水电工程还有小湾电站(装机420万千瓦)、糯扎渡电站(装机500万千瓦)、景洪电站(装机135万千瓦)等。本公司将在该流域开发中占有较大的市场份额。

清江建设承包公司:前身为集团公司于1987年7月成立的隔河岩施工局,1993年底更名为清江施工局,主要从事长江干支流清江流域的水电开发工程承包,曾承建了隔河岩水电站的主体混凝土、金属结构及机电设备安装和主体进水口石方明挖工程,完成合同额71,713万元。目前正在承建高坝州水电站的主体工程,合同额为51,300万元。清江流域实行梯级滚动开发,计划兴建水电站3座,已建成的隔河岩水电站装机容量120万千瓦,年发电量30.4亿KW.H。目前在建的高坝洲水电站装机容量25.2万千瓦,年发电8.98亿KW.H。清江干流计划开发的第三个电站是位于上游的水布垭电站(装机容量160万千瓦)。

本公司水泥厂:其前身为集团公司水泥厂,于1970年9月23日为配合长江葛洲坝工程,经湖北省革委会生产指挥组〔鄂革产(1970)462号文〕批准设立,名为三三0水泥厂,隶属于三三0指挥部。

1972年12月17日,经湖北省革委会〔鄂革(1992)247号〕文批准,更名为湖北省荆门水厂,划归省建委管辖。

1978年,湖北省计委〔鄂革计(1978年)第83号文〕、湖北省建委〔鄂革基材安(1978)第266号〕文,将水泥厂移交三三0工程局,称三三0工程局水泥厂,1982年更名为葛洲坝工程局水泥厂。

该厂具有年产水泥135万砘的生产能力(注:本次发行完毕,收购3号窑后),其中中低热水泥100万吨,是"中国100家最大建材工业企业"之一,被国务院发展研究中心授予"全国最大特种水泥生产基地"。生产的"三峡牌"水泥连续20年保持富裕标号合格率和出厂水泥合格率两个100%,行销全国20个省、市、自治区,并用于葛洲坝水利枢纽、隔河岩水电站、五强溪水电站、安康水电站等一批大、中型水利水电工程和大型桥梁、涵洞、高速公路,飞机场和码头建设。目前是三峡工程最主要的水泥供应单位。

机电安装公司:是从事水电站机电设备安装业务的专业化公司,曾安装了葛洲坝电站全部21台水轮发电机组,创造了年安装大型水轮发电机组6台、投产75万千瓦、单机安装工期33天的三项全国第一,荣获水电部"机电投产功臣集体",被全国科技大会授予"机电安装新技术奖"。该公司还先后参加过丰满、丹江口、黄龙滩、柘溪、隔河岩、天生桥、漫湾、大广坝等国内电站和阿尔及尼亚、坦桑尼亚、伊拉克、尼泊尔等境外电站的建设,安装各类水轮发电机组130余台,总装容量1,000多万千瓦,是目前我国最大的水利水电机电安装专业公司,具有较大的发展潜力。

爆破工程公司:成立于1996年4月,主要从事工业炸药生产销售及爆破工程施工。该公司的MES乳化炸药生产系统集原材运输、炸药现场混制、机械化装药于一体,具有生产效率高,装药爆破质量好、钻爆成本低、使用方便安全等特点,被广泛应用于三峡工程施工,是目前水利水电行业 唯一一家从事爆破工程施工的专业公司。

施工科学研究所:成立于1970年,是以水电工程施工科研为主,兼营水利水电施工监理、工程设计、技术服务的机构。从成立至今共完成科研成果近100项,8项获得部以上奖励,取得专利成果5项。

招标投标公司:是拟成立的分公司,该公司成立后将归口管理本公司招标投标工作,以发挥本公司的整体优势,提高投标中标率。

7、职工福利

截至1996年12月31日,本公司在册职工5039人,构成如下:

(1)职工专业结构

生产人员2,830人,占56.2%;

销售人员35人,占0.7%;

技术人员1,231人,占24.4%;

财务人员141人,占2.8%;

行政人员802人,占15.9%;

(2)专业技术人员构成

高级职称人员330人,占6.5%;

中级职称人员739人,占14.7%;

初级职称人员787人,占15.6%;

(3)职工文化程度构成

大专以上1,561人,占31%;

中专技校1,895人,占37.6%;

公司执行国家有关规定,给予职工福利、劳保、行业保险及养老保险待遇。

8、公司业务范围

主营:

(1)承包各种类型水利水电工程及辅助生产设施的勘测、设计、施工和安装。

(2)水泥的生产与销售。

兼营:

(1)承包航道、桥梁、机场、公路、隧道、输变电、市政工程和工业、民用及其他建筑工程的勘测、设计、施工和安装。

(2)建筑安装设备的购销和租赁,金属结构的制作。

(3)炸药的生产与销售。

(4)水电站及其他项目的投资与开发。

9、主要业务及构成

(1)承包各种类型水利水电工程,目前承揽的主要业务为长江三峡工程、清江高坝洲水电站、澜沧江大朝山水电站等工程项目的施工及设备安装。

(2)水泥的生产与销售。本公司生产的水泥分特种水泥和通用水泥两大类,共10多个品种,主要应用于水利水电及航道、桥梁、公路、隧道、机场等工程。

公司从事的主要业务中,工程承包收入占业务总收入的88.50%,水泥产品销售收入占总收入的9.23%。

10、生产能力及市场占有情况

本公司具备建筑工程施工总承包国家一级资质,可以承担各种类型建筑工程项目的建设,并具有生产水泥135万吨(其中特种水泥100万吨)以及工业民用炸药12,000吨的年生能力。

注:工程总承包指对工程建设项目中的勘察、设计、工程管理与施工、工程材料与设备采购,工程技术开发与应用等的承包。

本公司在完成对集团公司3号窑水泥生产线的收购以后,年生产水泥为135万吨,主要品种有:

特种水泥:525号中热硅酸盐水泥、425号低热硅酸盐水泥。

通用水泥:425号、525号、625号普通硅酸盐水泥,425号、525号矿渣硅酸盐水泥。

本公司工程承包业务,目前主要以水利水电工程为主,以公路、桥梁、航道等工程建设为辅。主要市场为国家重点水利水电工程项目和各地方用水电开发工程。现承建的工程项目主要是长江三峡工程、清江高坝洲水电站、澜沧江大朝山水电站的建筑和安装工程项目。其中签订的三峡工程承包合同占三峡工程建安工程发包金额的70%以上,承担了三峡工程主要的高难度、高技术项目,自建筑市场实行招投标制以来,面对激烈的市场竞争,公司始终坚持"高质量、高速度、高效益、创一流水平"的宗旨,在全国23家水利水电施工企业中,市场占有率一直处于领先地位,承建的工程量在水电系统占24%以上。

本公司水泥厂以生产特种水泥为主,主要应用于水利水电工程和公路、桥梁的施工,特种水泥和普通水泥的销售在湖北、湖南、广东、广西、河南、河北等省市都占有相当的市场份额,一般采取自销和代销方式 ,目前以满足三峡工程建设水泥需求为主。

11、主要原材料供应及自然资源情况

本公司工程承包业务所需的主要原材料一般由发包方提供。生产水泥所需主要原材料有石灰石、红砂岩、粉煤灰、铁粉等。集团公司拥有石灰石B+C级储量11,560万吨,D级储量318万吨,可满足本公司85年的水泥生产需求。本公司已与集团公司就石灰石供应签订了协议,在本公司13公里的周边范围内有红砂岩储量1,600万吨,通过投资办矿、联合开发或协议供货方式可充分满足本公司的需求。其他原材料均由本地厂家供应。

本公司水泥生产所需燃料原煤主要由山西河州矿务局供应,年耗燃煤约20万吨,生产用电1.5亿度/年,由荆门市供电局提供,生活及工业用水由四干渠和田家冲水库,火焰冲水库供应,年耗用量约500万立方米。

12、无形资产

(1)商标

本公司水泥产品所使用的"三峡牌"商标由集团公司水泥厂在国家工商行政管理局商标局登记注册,注册证号为第695731号、类别为第19类(核实使用商品为水泥)。本公司已就商标有偿使用与集团公司签订了协议。

(2)土地使用权

本公司现占用的土地面积为64,924.68平方米,由集团公司向宜昌市、荆门市人民政府土地管理部门以出让方式 取得土地使用权,本公司以租赁方式有偿使用。

13、重大的科研成果

1984年“葛洲一号”自浮式检修沉柜,获国家科技进步三等奖,水利电力部优秀科技成果三等奖;

1984年,夏季混凝土低温工程获水利电力部优秀科技成果二等奖;

1985年,葛洲坝二、三江工程及水电机组(施工部分),获国家科技进步特等奖;

1988年,葛洲坝工程大江上游围堰混凝土防渗心墙、水下爆破拆除技术获国家科技进步三等奖,水利电力部科学技术进步一等奖;

1989年,西北口水库施工汛期挡水垫层防护和防渗获国家科技攻关一等奖;

1991年,岩滩水电站碾压混凝土围堰施工技术获能源部科技进步一等奖;

14、正在承建的主要工程项目

(1)长江三峡水利枢纽右岸一期工程:于1993年12月31日签订合同,合同金额为186,800万元。

工程总工期为58个月(1992年12月1日——1997年9月30日)

(2)三峡水利枢纽升船机及临时船闸一期工程;于1994年3月17日签订合同,合同金额34,897万元。

工程总工期45.5个月(1994年3月15日——1998年12月31日)

(3)三峡水利枢纽大江截流及二期围堰工程:于1996年9月25日签订合同,合同金额为46,993万元。

工程总工期27.5个月(1996年10月1日——1998年12月31日)

(4)三峡一期茅坪溪防护大坝工程,于1996年12月签订合同,合同金额26,399万元。

工程总工期48个月(1997年元月11日——2000年12月31日)

(5)高坝洲水电站工程:高坝洲水电站位于湖北枝城市境内,上距隔河岩52KM,下距清江的长江入口处12KM,是清江干流开发最低一级。电站,主要功能 为发电与航运。于1996年6月30日签订合同,工程合同总价为51,300万元。

工程总工期65.5个月(1996年10月16日至2001年12月31日)

(6)大朝山水电站工程:大朝山水电站位于云南省云县境内,是澜沧江梯级开发的第二座大型电站,本公司承包了部分建筑和安装工程。

15、限制与优惠

国家对电力部所属水电施工企业所得税实行优惠政策。从1994年开始,按33%的税率征收,由财政返还50%。

本次股票发行后,根据财政部、国家税务总局财税字〔1997〕40号文,1997年本公司将继续享受所得税率优惠政策。从1998年1月1日起,电力工业部所属的水电施工企业一律执行国家统一的企业所得税政策,不再返还。

16、重组

1996年12月25日,电力工业部以电政法〔1996〕907号文批准集团公司改组设立股份公司。据此,集团公司以1996年12月31日为基准日,将集团公司下属的从事工程承包、机电安装、施工管理和建筑工程的科研设计部门、实体单位,以及水泥厂共10个单位(三峡工程施工指挥部、清江施工局、澜沧江施工局、机电建设公司、爆破工程公司、水泥厂、勘测设计院、施工科学研究所、试验中心及测绘总队)的经营性资产投入本公司折为发起人股,拟通过募集方式设立本公司。

1997年2月28日,国家工商行政管理局预核准本公司的名称为葛洲坝股份有限公司,设立地点为湖北省宜昌市。本次股票发行完毕,公司将在湖北省工商行政管理局登记注册。

此次资产重组,集团公司以其经评估后的净资产45,080万元按1.503:1比率折为30,000万股,占此次发行后股份公司总股本的61.22%。重组后,集团公司与本公司为两个独立法人。集团公司是本公司的控股公司,处于绝对控股地位,并依照有关法律、法规的规定,持有国有股权并行使相应的权利,承担相应的义务。

17、关联交易

本公司对与集团公司之间不可避免的关联交易,按正常商业条款遵照公平、公正的市场原则,与集团公司签订了《交易与服务总体协议书》,包括施工工程分包、矿石供应、房屋租赁、商标和专利使用许可、水电供应、后勤服务等方面,以确保股东权益不受侵犯。

九、筹委会成员简介

乔生祥先生　现年58岁,大学文化,1964年毕业于武汉水利电力学院水利工程施工专业,教授级高工,享受国家政府津贴的专家。曾任长江葛洲坝工程局副局长、局长,现任集团公司董事长兼总经理、党委书记;乔生祥先生系党的“十四大”代表、湖北省人大代表、省委候补委员,1990年荣获“中国施工企业管理金星奖”,1991年被评为全国施工企业优秀企业家,1994年被评为全国劳动模范、全国电力行业优秀企业家,为本公司筹委会主任。

孙鹤年先生　现年54岁,大学文化,1966年毕业于浙江大学水工专业,教授级高工。曾任长江葛洲坝工程局浇筑分局副局长、局长。工程局副局长、党委副书记等职,现任集团公司副总经理。为本公司筹委会副主任。

林善祥先生　现年58岁,大学文化,1963年毕业于华东水利电力学院水工专业,教授级高工,享受国家政府津贴的专家。曾任三三0工程局浇筑分局副局长,葛洲坝工程局副局长等职。现任集团公司副总经理兼清江施工局局长、党委书记。系湖北省劳动模范。

易运堂先生　现年57岁,大专文化,1986年毕业于河海大学管理工程专业,高级经济师,曾任葛洲坝水院党委副书记、工程局工会主席、副局长等职,现任集团公司副总经理兼澜沧江施工局局长、党委书记。

黄华平先生　现年57岁,大学文化,1964年毕业于武汉水利电力学院水建专业,教授级高工,享受国家政府津贴的专家。曾任工程局副局长,清江开发公司副经理等职,现任集团公司副总经理兼三峡工程指挥部常务副指挥长、党委副书记,系湖北省劳动模范。

张厚生先生　现年56岁,中专文化,1964年毕业于湖北工学院中专部,高级政工师。曾任工程局纪委书记,集团公司纪委书记等职,现任集团公司工会主席。

陈志鸿先生　现年51岁,大学文化,1968年毕业于武汉水利电力学院河川枢纽及水电站建筑专业,高级经济师。曾任葛洲坝工程局教委主任、工程局办室主任、集团公司工会主席等职,现任集团公司副总经理。

王广杰先生　现年57岁,中专文化,1959年毕业于长春水力发电学校,教授级高工,曾任葛洲坝工程局副局长等职,现任集团公司副总经理兼三峡施工指挥部副指挥长,系湖北省劳动模范。

王治山先生　现年55岁,大学文化,1966年毕业于武汉水利电力学院水工专业,教授级高工。曾任葛洲坝工程局副局长,现任集团公司副总经理。

杨继学先生　现年46岁,大学文化,高级经济师。1973年毕业于武汉大学,曾任葛洲坝工程局法律顾问处处长,第五工程公司经理,集团公司总经理助理兼总经理办副主任、集团公司副总经理等职,现任集团公司党委副书记。

姚本安先生　现年58岁,大专文化,1992年毕业于湖北省电视大学,高级会计师。曾任工程局财务处副处长、副总会计师,工程局总会计师等职,现任集团公司总会计师。

孙瑞兴先生　现年58岁,大学文化,1963年毕业于华东水利电力学院河川系,教授级高工。曾任工程局基建分局副局长,施工技术处处长,总工程师兼漫湾施工局局长等职,现任集团公司总工程师。

张崇久先生　现年44岁,大学文化,1976年毕业于武汉水利电力学院,高级经济师。曾任葛洲坝工程局计划处处长、副总经济师等职,现任集团公司总经济师兼招投标公司经理。

潘德富先生　现年42岁,1991年毕业于湖北省经济管理干部学院,大专文化,高级工程师。曾任葛洲坝工程局水泥厂化验室副主任、水泥厂副厂长,现任集团公司水泥厂厂长。曾荣获全国新长征突击手,电力行业

劳动模范,湖北省优秀青年企业家称号。

刘炎华先生　现年44岁,大学文化,1978年毕业于清华大学,高级工程师,曾任葛洲坝工程局党委组织部副部长,劳动人事处副处长,现任集团公司机电建设公司经理。

十、经营业绩

1、发行人近三年经营及利润情况

本公司多年来一直保持着经济效益的稳定和增长,经湖北大信会计师事务所审定的本公司1994——1996年度的经营业绩如下:

(单位:人民币千元)

项目	1996年度	1995年度	1994年度
主营业务收入	1,493,848	1,420,864	1,413,980
利润总额	166,874	144,707	144,872
净利润	139,340	120,831	120,968
净资产收益率	30.91%	48.62%	52.48%

注:所得税率执行行业优惠政策,实际税率为16.5%。

2、完成的重大项目

(1)葛洲坝水利枢纽工程。葛洲坝水利枢纽是长江上兴建的第一座大型利枢纽工程,于1970年12月经中共中央批准开始兴建,主要为解决华中地区电力紧张和兴建长江三峡工程进行实战准备,是国家重点建设项目,总投资约50亿元,电站装机容量271.5万千瓦,年发电量157亿KW.H,是我国目前最大的水电站。该工程于1988年全部建成,比计划提前一年,多发电42亿KW.H。被鉴定为优良工程。集团公司在1970——1988年独家承建了长江葛洲坝水利枢纽工程,在施工过程中广泛使用新设备、新技术,完善并创造了多项先进成果。1981年1月4日,仅用36小时23分钟完成了长江干流上的截流,截流流量为4,720立方米/秒,在世界水电工程截流史上是罕见的。该项工程还创造了年安装投产六台机组、总装机容量75万千瓦和大型机组单机安装33天的三个全国最新纪录,使我国大型机组安装水平跃居世界先进行列。

(2)其它主要已完工程项目。1984年后,集团公司率先在建筑业中走向市场,参与市场投标竞争,先后在国内15个省市和非洲、亚洲等国内、国际工程中承建了1,700多个水利水电、桥梁、公路、码头、港口、机场、工业及民用建筑工程等项目,截止1996年底累计合同金额102,77亿元,被列入国内水电建设中"五朵金花"的湖北清江隔河岩水电站、云南漫湾水电站、广西岩滩水电站由集团公司承建或主承建。

(3)三峡工程建安工程承包,1993年,集团公司以雄厚的整体实力和在长江上建成葛洲坝独有的技术优势,竞争参加三峡工程建设,成为三峡工程建设的主力军。截至1996年底,已同中国长江三峡工程开发总公司签订工程承包合同148项,金额48.66亿元,占三峡建安工程发包合同的70%以上,已完工程主要包括一期土石围堰、三期RCC围堰基础、茅坪溪防护大坝泄水建筑物等。目前正在建设1997年长江三峡工程大江截流的三大控制项目(右岸一期工程,左岸临时船闸和升船机、大江截流和二期围堰工程)和其它工程。

十一、股　本

1、本次发行完成后,本公司拟注册股本为490,000,000股。

2、本公司经电力工业部〔电政法(1996)907号〕文和国家体委〔体改生(1997)34号〕文批准,由集团公司独家发起,通过募集方式设立。集团公司以其从事建筑工程承包。机电安装施工管理以及建筑科研设计和建材生产的10个实体单位,部门经评估后的经营性净资产45,080万元投入,折股30,000万股,为国有法人股,其净资产超过面值折股部分计入本公司资本公积金。公司本次发行社会公众股19,000万股,其中17,100万股向社会公众公开发行,1,900万股向公司职工配售,每股面值1元,采用溢价发行,每股发行价6.00元,其超过面值缴入的股款在扣除本次发行费用后全部进入本公司资本公积金。

3、本次发行完成后,公司股本结构为:

	股数(万股)	占总股本比例(%)
总股本	49,000	100
国有法人股	30,000	61.22
社会公众股	19,000	38.78
其中:公司职工股	1,900	3.88

本公司此次发行股票,公司职工按社会公众股10%的比例认购,按国家有关规定,公司职工股在本次发行完成股票上市之日起半年后上市,

4、本次发行净资产总额:155,660万元

5、本次发行前每股净资产:1.503元

6、本次发行后每股净资产:3.18元

7、股票回购程序:本公司章程(草案)规定,公司可根据发展的需要,依照法律规定的程序,回购并注销公司的股份以减少公司的注册资本或与持有公司股份的其它公司合并。

十二、财务会计资料

本公司1994—1996年度的财务会计资料已经湖北大信会计师事务所审计并出具《审计报告》〔鄂信业字(1997)第223号〕

(一)审计报告

鄂信业字(1997)第223号

葛洲坝股份有限公司筹委会:

我们接受委托,对贵公司1994年12月31日、1995年12月31日和1996年12月31日的资产负债表,1994年度、1995年度 和1996年度的利润及利润分配表,1996年度财务状况变动表进行了审计。这些会计报表由贵公司负责,我们的责任是对这些会计报表发表审计意见。我们的审计是依据《中国注册会计师独立审计准则》进行的。在审计过程中,我们结合贵公司的实际情况,实施了包括抽查会计记录等我们认为必要的审计程序。

我们认为,上述会计报表符合《企业会计准则》和《股份制试点企业会计制度》的有关规定,在所有重大方面公允地反映了贵公司1994年12月31日、1995年12月31日、1996年12月31日的财务状况和1994年度、1995年度和1996年度的经营成果及1996年度资金变动情况,会计处理方法的选用遵循了一贯性原则。

湖北大信会计师事务所　中国注册会计师:吴益格

中国注册会计师:苏志坚

中国·武汉　中国注册会计师:邵九林

一九九七年四月五日

(二)财务报表

资产负债表

编制日期:1997年3月28日　单位:人民币元

资产	1996年12月31日	1995年12月31日	1994年12月31日
流动资产:			
货币资金	150,491,891	146,389,389	162,587,844
短期投资		185,500	
应收票据			
应收帐款	153,804,973	199,660,578	144,114,574
减:环帐准备	1,463,577	1,921,350	1,370,642
应收帐款净额	152,341,396	197,739,228	142,743,932
预付帐款	259,871,778	305,865,347	377,092,095
其他应收款	108,703,498	101,817,625	94,669,398
待摊费用	2,240,165	4,120,189	3,025,150
存货	141,047,052	45,723,862	7,705,836
待处理流动资产净损失			
其他流动资产			
流动资产合计	814,695,780	801,841,140	787,824,255
长期投资:			
长期投资	5,678,300	11,180,000	2,149,000
固定资产:			
固定资产原价	798,975,386	511,185,089	333,308,806

减:累计折旧	309,502,747	166,705,220	89,170,544
固定资产净值	489,472,639	344,479,869	244,138,262
在建工程		7,364,359	4,741,033
固定资产清理			
待处理固定资产净损失			
固定资产合计	489,472,639	351,844,228	248,879,295
无形资产及递延资产:			
无形资产			
递延资产	1,952,721	881,080	23,734
无形资产及递延资产合计	1,952,721	881,080	23,734
其他长期投资:			
其他长期资产	11,785,191	1,709,270	923,230
递延税项:			
递延税款借项			
资产总计	1,323,584,631	1,167,455,718	1,039,799,514

单位负责人:乔生祥　　财务负责人:刘建波　　编制人:陈新忠

资产负债表(续表)

编制日期:1997 年 3 月 28 日　　单位:人民币元

负债及股东权益	1996 年 12 月 31 日	1995 年 12 月 31 日	1994 年 12 月 31 日
流动负债:			
短期借款	448,600,000	394,047,900	288,479,00
应付票据			
应付帐款	173,196,923	178,489,508	168,156,375
预收货款	99,630,981	172,326,076	208,757,442
应付福利费	666,633	-92,413	-942,881
未付股利			
未交税金	6,664,854	1,179,830	-932,486
其他未交款	25,299	4,233	150,056
其他应付款	112,059,528	147,660,026	123,147,863
预提费用			
一年内到期的长期负债			
其他流动负债			
流动负债合计	840,844,218	891,255,500	786,815,369
长期负债:			
长期借款	2,000,000	2,000,000	2,000,000
应付债券			
长期应付款	18,017,299	18,961,927	19,906,554
其他长期负债	11,919,173	6,725,079	571,886
长期负债合计	31,936,472	27,687,006	22,478,440
递延税项:			
递延税款贷项			
负债合计	872,780,690	918,942,506	809,293,809
少数股东权益			
股东权益:			
股本	300,000,000	105,537,179	105,537,179
资本公积	150,803,941	40,000,000	40,000,000
盈余公积		36,269,892	18,145,279
其中:公益金		12,089,964	6,048,426
未分配利润		102,706,141	102,823,247
外币报表折算差额			
股东权益合计	450,803,941	248,513,212	230,505,705
负债及股东权益总计	1,323,584,631	1,167,455,718	1,039,799,514

单位负责人:乔生祥　　财务负责人:刘建波　　编制人:陈新忠

利　润　表

编制日期:1997 年 3 月 28 日　　单位:人民币元

项目	1996 年度	1995 年度	1994 年度
主营业务收入	1,493,848,337	1,420,863,577	1,413,979,599
减:营业成本	1,153,511,141	1,134,963,622	1,146,404,883
销售费用	15,421,627	13,786,417	13,258,186
管理费用	82,851,174	60,472,161	62,650,103
财务费用	42,178,935	37,697,791	20,551,305
进货费用			
营业税金及附加	33,854,156	34,143,958	28,328,821
主营业务利润	166,031,304	139,799,628	142,786,301
加:其他业务利润	2,598,081	8,593,580	4,902,502
营业利润	168,629,385	148,393,208	147,688,803
加:投资收益	703,900		
营业外收入	85,185	83,631	89,555
减:营业外支出	5,018,594	3,769,349	2,905,873
加:以前年度损益调整	2,474,037		
利润总额	166,873,913	144,707,490	144,872,486
减:所得税	27,534,196	23,876,736	23,903,960
减:少数股东权益			
净利润	139,339,717	120,830,754	120,968,526

单位负责人:乔生祥　　财务负责人:刘建波　　编制人:陈新忠

财务况变动表

编制日期:1997 年 3 月 28 日　　单位:人民币元

一、流动资金来源	
1、本年净利润	139,349,717
加:不减少流动资金费用和损失	
(1)少数股东本期损益	
(2)固定资产折旧	82,797,526
(3)无形资产,递延资产摊销	298,942
(4)固定资产盘亏(减盘盈)	1,250,239
(5)清理固定资产损失(减收益)	
(6)递延税项	
(7)其它不减少流动资金的费用与损失	197,802
小　计	223,884,226
2、其它来源	
(1)固定资产清理收入(减清理费用)	
(2)增加长期负债	4,249,467
(3)收回长期投资	5,501,700
(4)对外投资转出固定资产	
(5)对外投资转出无形资产	
(6)资本净增加额(减少以-表示)	186,558,110
(7)少数股东资本净增加额	
小　计	196,309,277
流动资金来源合计	420,193,503
二、流动资金运用	
1、利润分配	
(1)提取法定公积金	13,933,972
(2)提取法定公益金	6,966,986
(3)提取任意公积金	
(4)上缴集团	102,706,141
小　计	123,607,099
2、少数股东利润分配	
3、其它运用	
(1)固定资产和在建工程净增加额	221,676,176
(2)增加无形资产,递延资产及其它资产	11,644,306
(3)偿还长期负债	
(4)增加长期投资	
小　计	233,320,482

流动资金运用合计	356,927,581
外币会计报表折算差额	
流动资金增加净额	63,265,922

单位:乔生祥　　财务负责人:刘建波　　编制人:陈新忠

财务状况变动表(续表)

编制日期:1997年3月28日　　单位:人民币元

一、流动资产本年增加数	
1、货币资金	4,102,502
2、短期投资	-185,500
3、应收票据	
4、应收帐款净额	-45,397,832
5、预付帐款	45,993,569
6、其它应收款	6,885,873
7、侍摊费用	-1,880,024
8、存货	95,323,191
9、待处理流动资产净损失	
10、一年内到期的长期债券投资	
11、其它流动资产	
流动资产增加净额	12,854,641
二、流动负债增加数	
1、短期借款	54,552,100
2、应付票据	
3、应付帐款	-5,292,584
4、预收货款	-72,695,095
5、应付福利费	759,046
6、未付股利	
7、未交税金	7,844,684
8、其它未交款	21,065
9、其它应付款	-38,600,498
10、预提费用	
11、一年内到期的长期负债	
12、其它流动负债	
流动负债增加净额	-50,412,282
流动资金增加净额	63,265,923

单位负责人:乔生祥　　财务负责人:刘建波　　编制人:陈新忠

(三)会计报表附注

1、公司的主要会计政策

(1)公司前三年执行的会计制度:公司所属水泥厂执行《工业企业会计制度》、所属其他企业执行《施工企业会计制度》。

(2)会计期间:公司采用公历年度为会计年度,即从1月1日起至12月31日止为一个会计年度。

(3)会计报表编制方法

①公司对所属企业采用汇总会计报表的方法,其内部往来均予以抵销;

②本次编制会计报表按《股份制试点企业会计制度》的规定进行编制。

(4)记帐本位币:以人民币为记帐本位币。

(5)记帐方法:采用借贷复式记帐法记帐。

(6)记帐原则和计价基础:按权责发生制的原则,以实际成本作为计价基础。

(7)外币核算方法;发生的外币业务均按其发生当日国家公布的市场汇价(中间价)折合人民币记帐,每月月末,按该日国家公布市场汇价(中间价)调整各外币帐户的人民币帐面余额,并将其与原帐面人民币余额的差额作为汇兑损益,列入当期财务费用。

(8)坏帐准备

①施工企业按应收帐款余额的1%计提。

②工业企业按应收帐款余额的3‰计提。

(9)存货计价方法:

①原材料、燃料等,购进时按实际成本计价,发出或领用按移动加权平均法计算;

②未完工程按工程形象进度及发生的实际成本计价:

③低值易耗品购进时按实际成本计价,领用时采用一次摊销法核算。

(10)长期投资的核算方法:公司长期投资系债券投资,按投资时实际支付的价款计帐。

(11)固定资产及其折旧的核算:

①固定资产系指使用年限在一年以上,单位价值在2,000元以上的房屋,建筑物、机器、机械、运输工具和其他设备、工具、器具等。

②固定资产原价按购建时的实际成本计价,评估确认后的固定资产按重置完全价值计价

③固定资产的折旧采用直线法核算。

④固定资产类别、估计经济使用年限、预留残值率、年折旧率如下表:

类别	预计经济使用年限(年)	预留残值率(%)	年折旧率(%)
房屋及建筑物	15-40	3	6.47-2.43
机械设备	4-18	3	24.25-5.39
议器、仪表	5-10	3	19.4-9.7
交通运输工具	6-12	3	16.17-8.08
其他	4-14	3	25.25-6.93

(12)递延资产及其摊销:公司递延资产系开办费,按5年平均摊销。

(13)其他流动资产及其摊销:公司其他流动资产系施工临时设施,按工程受益期平均摊销,

(14)收入实现的确认

按权责发生制原则,一般企业以产品(商品)发出、劳务已提供,收讫价款或已取得索取价款凭证时,确认为收入的实现;施工企业工程施工和提供劳务作业,以出具的"工程价款结算帐单"经发包单位签证,确认为营业收入的实现。

(15)税项

税种	计税依据	税率
增值税	工业经营性收入	17%
营业税	施工收入	3%
城市维护建设税	应纳增值税额	7%
城市维护建设税	营业税额	5%
教育费附加	应纳增值额、营业税额	3%

所得税:根据国家财政部、国家税务总局、中国人民银行(94)财预字第55号、财税字〔1995〕20号、〔1997〕财税字40号文公司所得税采取先征后返办法,按上缴所得税额50%返还,实际税率16.5%。

(16)利润分配

公司改制前1993年税后利润全额上缴集团公司,公司改制前的1994、1995年税后利润提取法定盈余公积金10%、公益金5%后余额上缴集团公司;

改制后,根据《公司法》和公司章程的规定,对公司税后利润按以下顺序及比例进行分配:

①弥补以前年度亏损;

②提取法定盈余公积金10%;

③提取法定公益金5%——10%;

④提取任意盈余公积金,具体提取比例由股东大会决定;

⑤分配股利。

2、资产负债表主要项目注释

(1)应收帐款　153,804,973元,共计59户,其中:

1年内帐龄56户	26,599,824元	占总额的17.29%
1—2年帐龄2户	127,198,149元	占总额的82.70%

3年以上帐龄1户	7,000元	占总额的0.01%
坏帐准备金	1,463,577元	
应收帐款净值	152,341,396元	

3年以上一户可收回应收帐款中无关联企业款项

主要帐户列示如下:

户名	金额(元)	款项性质及内容
湖北清江开发有限责任公司	124,048,149	工程款
湖北高坝洲建设公司	9,540,031	工程款
湖北宜昌市华亨娱乐城	3,150,000	工程款

(2)其他应收款　108,703,498元,共计775户,其中:

1年内帐龄618户	100,411,186元	占总额的92.37%
1—2年帐龄36户	6,746,776元	占总额的6.21%
2—3年帐龄17户	1,319,330元	占总额的1.21%
3年以上帐龄10户	226,206元	占总额的0.21%

注:①该科目中主要系采购人员周转金,户数较多、每户金额 不大。

②该科目中3年以上帐龄的其他应收款系个人困难借款、职工家属医药费欠款,现正在逐步从职工工资中扣回。

关联企业款项

户名	金额(元)	款项性质及内容
中国葛洲坝水利水电工程集团公司中德二滩联营体Ⅱ标葛洲坝	2,900,000	代垫质保金
中国葛洲坝水利水电工程集团公司三峡医院	211,687	代垫药品款
中国葛洲坝水利水电工程集团公司西陵美食娱乐城	1,163,400	代垫开办费
中国葛洲坝水利水电工程集团公司物资公司锅炉安装公司	670,000	安装尾款
中国葛洲坝水利水电工程集团公司葛洲坝宾馆	250,000	代垫设备款
中国葛洲坝水利水电工程集团公司中心医院	200,000	代垫药品款
关联企业合计	5,395,087	

(3)长期投资　5,678,300元

债券投资

债券种类	购入日期	面值(元)	年利率(%)	投资金额(元)
地方电力建设债券	87.10.02	1,000,000	0	1,000,000
地方电力建设债券	87.12.21	680,000	0	680,000
地方电力建设债券	95.12.02	3,624,800	0	3,624,800
国库券	95.03.06	300,000	14	300,000
应计利息				73,500

注:地方电力建设债券含用电权,是不计利息的债券,从购买交款之日起,一年后每一元钱的债券每年提供两度用电指标,第十一年开始偿还本金,五年还清。国库券系三年期国库券,偿还日期为1998年3月6日。

(4)净资产变动情况

	1996年(元)	1995年(元)	1994年(元)
期初实收资本	105,537,179	105,537,179	105,537,179
加:资本公积	4,000,000	4,000,000	4,000,000
盈余公积	57,170,850	36,269,892	18,145,279
未分配利润	118,438,760	102,706,141	102,823,247
评估增值	165,657,153		
期末净资产	450,803,941	248,613,312	230,505,705

注:1994年、1995年未分配利润均于下年度上缴集团公司,1996年未分配利润作为集团公司投入折股。

(5)股本及资本公积

根据国家国有资产管理局国资评(1997)267号资产评估结果确认通知及国家国有资产管理局国企发(1997)37号关于本公司(筹)国有股权管理有关问题的批复,按本公司(筹)净资产450,803,941元,折为300,000,000股,每股面值1元、计股本金额300,000,000元,股本溢价部分150,803,941元,列入资本公积。

(6)投资收益　703,900元

债券投资收益　703,900元

(7)期后事项

公司在1996年度资产负债表日至审计外勤工作结束日止,这一段时间内,未发生影响公司审计期间财力状况,经营成果的重大期后事项。

(8)或有事项、承诺事项

公司目前不存在未决诉讼、未决索赔、税务纠纷、应收票据贴现等将来可能损害公司利益的或有损失,也不存在债务担保等承诺事项。

(9)关联交易

葛洲坝集团公司是葛洲坝股份有限公司的控股公司,两公司间签定的合同,协议均按公平、合理的原则签订。发生的交易按市场价格结算。

(四)主要财务指标:

	1996年	1995年	1994年
流动比率	0.97	0.90	1.00
速动比率	0.80	0.85	0.99
资产负债率(%)	65.94	78.71	77.83
应收帐款周转率(次)	8.53	8.34	9.86
存货周转率(次)	12.35	42.48	148.77
净资产收益率(%)	30.91	48.62	52.48

十三、资产评估

本公司委托中华财务会计咨询公司对发起人投入本公司的各类资产进行了评估,资产评估结果已经国家国有资产管理局国资评(1997)267号文确认,评估基准日为1996年12月31日。

经评估,发起人投入本公司的全部资产、负债、净资产在评估基准日的数据为:　(单位:人民币万元)

项目	评估前帐面价值	评估价值	增减额	增减幅度%
流动资产	79,393.22	81,469.58	2,076.36	2.61
长期投资	567,83	567.83		
固定资产原值	53,175.15	79,897.54	26,722.39	50.25
固定资产净值	32,852.86	48,947.26	16,094.40	48.99
其他资产	1,373.79	1,373.79		
资产总额	114,187.70	132,358.46	18,170,76	15.91
流动负债	82,479.37	84,084.42	1,605.05	1.95
长期负债	3,193.65	3,193.65		
所有者权益	28,514.68	45,080.39	16,565.71	58.10

本次资产评估,主要采用重置成本法。

十四、盈利预测

本公司根据目前生产经营及投资项目进展情况,对1997年度盈利作出预测,鉴于盈利预测所依据的种种假设的不确定性,投资者在进行投资判断时不应过于依赖该项资料。

1、盈利预测基准和假设

基准:本预测根据业经中国注册会计师审计的公司1994年度、1995年度、1996年度的会计报表和近三年的经营业绩,以及本公司在充分考虑现实基础和发展潜力及生产经营计划,并在下列各项假设的前提下编制,预测所依据的会计原则与本公司采用的会计原则相一致。

假设:本盈利预测的编制建立在下述假设之上;

(1)本公司所遵循的我国法律、法规、政策无重大变化;

(2)本公司所在地区社会经济环境无重大变化;

(3)本公司投资项目能如期实现;

(4)1997年度的信贷利率、税率及汇率将在正常范围内变动;

(5)本公司的施工和生产所需的原材料价格在正常范围内变动,不会受到价格大幅度上涨等不利因素的影响;

(6)本公司的经营运作不会受到客观因素的巨大变动而产生不利影响;

(7)无其他人力不可抗拒因素的重大不利影响。

2、1997年度盈利预见测:

盈利预测表:

(单位:人民币万元)

项目	九七年预测数
主营业务收入	156,100
营业成本	115,867
期间费用	11,000
税金及附加	4,518
主营业务利润	24,715
利润总额	24,895
减:所得税(16.5%)	4,107
净利润	20,788
每股净利润(元)	0.424

本公司所得税率执行财政部、国家税务总局财税字〔1997〕40号文,1997年按33%征收,由财政返还50%,实际税率为16.5%。

上述盈利预测,已经湖北大信会计师事务所审核并出具了审核报告。

3、预计1997年每股税后盈利为0.424元,上述预测实现后的每股净资产为3.60元。

十五、公司发展规划

1、生产经营发展战略

以三峡工程建设为契机,强化承包水利水电工程施工主业,不断优化产业结构,带动相关产业的发展,实现多元化经营;以追求利润最大化为目标,发挥本公司管理、技术、设备和资本运营优势,走联合发展的道路,以流域滚动开发为长期发展目标,使公司成为集勘测、设计、试验、施工承包、建材生产、水电项目投资开发于一体的现代化公司。

2、发展目标与规模

在"九五"及其今后较长时间内,以提高经济效益为中心,加快发展步伐,以主业的发展促进产业结构的调整,实现多元化经营;走联合发展道路,开拓国际建筑市场,以合资、合作等形式进行水电项目投资。使公司成为集勘测、设计、试验、施工、建材、投资开发于一体,具有经营规模化、装备现代化、人才科技化、产业多元化特点的资金、技术密集型的现代化公司,并在国内同行业中保持资产规模、技术水平、经营管理及经济效益等方面的领先地位,力争用十年左右的时间,接近或达到国际同行业先进水平。

为实施总体目标,公司的相关发展目标是:

继续保持在三峡建设中的主力军地位,力争全面承担包括大江截流在内的施工难度大、技术含量高的关键性项目,在整个三峡工程建设中,公司承包工程市场占有额不低于65%。

根据市场需求,不断调整、优化公司的产业结构,在保持建筑主业高速增长的同时,加快建材工业发展和水电项目开发,使工业、三产业产值占总产值的比重由1996年的13%提高到2000年的20%以上。

着力培育产业的科技优势、装备优势和人才优势,提高公司市场竞争能力,至2000年,总产值达到37亿元以上,至2005年,达到100亿元,

不断加大国际工程承包在建筑业中的比重,至2000年不低10%,至2005年不低于30%,使公司成为具有一定国际影响的跨国公司,以建筑业带动水电项目开发,促进工业发展。

3、市场发展规划

立足三峡,继续巩固公司在三峡工程建设中的主力军地位,积累特大型工程建设经验,为下世纪初开发建设长江上游的溪落渡、向家坝工程奠定坚实基础。

集中精力搞好清江流域的高坝洲电站、澜沧江流域的大朝山电站等重点工程施工,巩固公司在上述流域开发中的优势。

扩大国内建筑市场区域,在九五期间,公司要在巩固和发展现有的建筑市场的同时,向中西部水电市场扩张,增大中西部市场的占有份额;选择西南流域的滚动开发作为项目开发的突破口。

进一步拓展工程承包领域,向高等级公路、港口、码头、核电站等基础设施建设项目渗透。

充分利用国家赋予的国际工程招标权利,实施跨国经营。

4、生产经营计划

企业总产值,在1996年15.13亿元的基础上,每年以25%的速度递增,至2000年达到37亿元,至2005年,达到100亿元。

合同签约以30%的速度递增,至2000年达到合同签约55亿元的水平,

5、固定资产投资计划和设备更新计划

根据三峡工程、高坝洲工程等国内水电工程及国际工程施工的需要,添置一批技术性能先进、施工效率高的大型施工设备。近期主要完成三峡工程大江截流及二期工程所急需的价值11.22亿元的施工设备购置;收购集团公司3号窑。

5、人员扩充计划

至2000年,公司总人数7,000人,比1996年增加39%,大专以上文化程度职工从1996年的27.8%提高到35%;具有高级专业技术职称的人员达到520人,占总人数7.43%,中级专业技术职称人员达到1,200人,占总人数17.1%。

十六、重大合同及重大诉讼事项

(一)重大合同

(1)1993年12月31日,集团公司(承包方)与三峡开发总公司签订的标的为186,800万元人民币的三峡水利枢纽右岸一期工程合同。该合同规定的竣工日期为1997年9月;

(2)1995年5月27日,集团公司与三峡开发总公司签订的标的为42,390万元人民币的三峡水利枢纽通航建筑物下游引航道工程左岸大坝与电站第一阶段开挖工程承包合同。该工程的竣工日期为1998年1月30日,工期31个月;

(3)1995年11月14日,集团公司与三峡开发总公司签订的标的为49,023万元人民币的长江三峡水利枢纽临时船闸及升船机第二阶段工程承包合同。该合同的履行期限为39个月;

(4)1996年6月30日,集团公司与湖北清江高坝洲工程建设公司签订的标的为51,300万元人民币的清江高坝洲工程合同。该合同的履行期限截止到2001年12月31日;

(5)1996年9月25日,集团公司与三峡开发总公司签订的标的为46,993万元人民币的三峡水利枢纽大江截流及二期围堰工程承包合同。该工程的竣工日期为1998年12月31日;

(6)1997年1月3日,集团公司与三峡总公司签订的标的为26,399万元人民币的长江三峡水利枢纽茅坪溪防护土石坝工程第一标段施工承包合同。该合同的履行期限为4年。

(7)1997年3月25日,公司与集团公司签订的《国有土地使用权租赁协议》,该协议约定股份公司租用集团公司以出让方式取得的土地使用权,面积为64,924.68平方米,年租金为65.48万元,期限为50年。

(8)1997年3月25日,公司与集团公司签订的《交易和服务总体协议书》,在医疗服务、文化教育、交通通讯、环境卫生、科研服务、水电供应、房屋租赁、工程分包、矿石供应、商标和专利等方面规定了交易和服务的原则、方式、期限、质量标准、价格标准等。双方约定,各项具体交易或服务协议另行签订;

(9)1996年3月25日,本公司(筹)与集团公司签订了《水泥厂3号窑水泥生产线收购协议书》,双方约定,待本公司设立后正式签订收购协议,由集团公司出售、本公司收购3号窑。

因上述合同主体将发生变更,因此,发行人注册登记后,将依法办理该部分合同主体的变更手续。

(二)重大诉讼事项

截至本招股说明书刊登之日止,本公司以及本公司筹委会成员未涉及任何重大诉讼事项。

备查文件:

1、审计报告、财务报表及附注

2、本公司名称预先核准通知书

3、主管部门和证券交易所批准发行上市的文件

4、承销协议

5、国家国有资产管理部门对资产评估结果的确认批复

6、国家国有资产管理部门关于国有股权管理方案的批复

7、国家土地管理局关于土地使用权的处置方案的批复

8、发行人改组的其他有关资料

9、重要合同

备查文件的查阅时间为:每周一至周五　上午 8:30—11:30

下午 2:00—5:00

备查文件的查阅地点为:葛洲坝股份公司筹委会(股改办)、湖北证券公司投资银行总部。

葛洲坝股份有限公司

一九九七年五月五日

葛洲坝股份有限公司股票上市公告书

一、绪言

本公司股票上市公告书依据《中华人民共和国公司法》、《股票发行与交易管理暂行条例》、《公开发行股票公司信息披露实施细则(试行)》、《上海证券交易所交易市场业务试行规则》等规定编制。本次股票发行经中国证券监督管理委员会证监发字(1997)第 186 号及证监发字第 188 号文批准,股票上市申请经上海证券交易所[上证上(1997)字第 033]《上市通知市》审核批准,将于 1997 年 5 月 26 日在上海证券交易所挂牌交易。

本公司总股本 49,000 万股,可流通股本 19,000 万股。本次上市流通股 17,100 万股,均为 1997 年 5 月 8 日向社会公开发行的人民币普通股,公司职工股 1,900 万股预计将于本次发行股票上市半年以后上市。本公司于 1997 年 5 月 5 日的《中国证券报》、《上海证券报》和《证券时报》上刊登了招股书概要,距今不足 6 个月,相同内容不再重复。

发行人董事会和董事会成员已批准该上市公告书,确信其中不存在任何重大遗漏或者误导,并对其真实性、准确性和完整性负个别及连带责任。上市公告书中的内容由本公司董事会负责解释。

二、公司概况

(一)公司发起人简介

1. 法定名称:中国葛洲坝水利水电工程集团公司

2. 注册地址:湖北省宜昌市清波路 10 号

3. 法定代表人:乔生祥

4. 注册资金:57845.2 万元

5. 成立日期:1994 年 11 月 28 日

6. 经营范围:承包国内外、境内国际招标的水利水电建设工程及航道、桥梁、机场、隧道、输变电、其他建筑工程的勘察设计及施工安装;上述工程所需材料设备出口;经营代理本系统商品和技术进出口;对外派遣本行业劳务人员;金属结构、压力容器、低压开关柜制造安装汽车改装与维修;生产销售水泥、磷、碳化工产品、粘合剂、电焊条、大理石;运输及旅游服务。

7. 所属行业:工业(建筑建材)

8. 联系电话:(0717)6447448—83224

(二)发行人历史沿革

1. 公司名称:葛洲坝股份有限公司

2. 英文名称:Ge Zhou Ba Company Limited

3. 英文简称:GZB

4. 注册地址:湖北省宜昌市清波路 10 号

5. 法定代人:乔生祥

6. 经营范围:主营承包各种类型水利水电工程及辅助生产设施的勘测、设计、施工和安装。

7. 所属行业:工业(建筑建材)

8. 联系电话:(0717)6272074

9. 联系人:吴汉明

葛洲坝股份有限公司(以下简称"股份公司"或"公司")是经国家体改委[体改生(1996)34 号]文批准,由中国葛洲坝水利水电工程集团公司(以下简称"集团公司")作为独家发起人,以其从事工程承包、机电安装、施工管理和建筑工程的包括三峡建设承包公司、澜沧江建设承包公司、清江建设承包公司、机电安装公司、爆破工程公司、施工科学研究所、招标投标公司、水泥厂在内的 10 个单位的经营性资产改组。通过幕集方式设立股份公司。

经中华财务会计咨询公司评估和国家国有资产管理局国资评[1997]267 号文确认,截至 1996 年 12 月 31 日,集团公司投入股份公司的净资产为 45,080.39 万元。

根据国家国有资产管理局国资企发[1997]37 号文《关于葛洲坝股份有限公司(筹)国有股权管理有关问题的批复》,集团公司投入股份公司的净资产 45,080.39 万元按 66.55% 的折为股本,计 30,000 万股,其余 15,080.39 万元计入股份公司的资本公积金,股权性质为国有法人股,由集团公司持有。

股份公司 1997 年 5 月 8 日向社会公开发行了 17,100 万股社会公众股,每股面值 1.00 元,每股发行价为 6.00 元。同时,向公司内部职工发售公司职工股 1900 万股,每股面值 1.00 元,每股发行价 6.00 元。公司于 1997 年 5 月 20 日召开创立大会宣布公司设立,且于 1997 年 5 月 21 日在湖北省工商管理局办理了工商注册登记。设立后的股份公司总股本为 49,000 万,集团公司作为独家发起人,以 61.22% 的比例控股。

三、股票发行及承销

1. 股票公开发行

社会公众股发行数量:	19,000 万股
其中:公司职工股:	1,900 万股
发行价格:	6.00 元/股
募集资金总额:	114,000 万元
发行方式:	上网定价发行
配售比例:	1.2075%
持 1000 股以上户数(含 1000 股):	176,040 户
发行费用:	3,420 万元
每股发行费用:	0.18 元
发行市盈率:	14.2 倍

2、股票承销

本次发行为超额认购,故无余额由承销团包销。

3、验资报告

(1)验资报告,鄂信业字(1997)第 388 号

葛洲坝股份有限公司筹委会:

我们接受委托,对葛洲坝股份有限公司(筹)截至 1997 年 5 月 16 日止的实收股本的真实性和合法性进行了审验。在审验过程中,我们按照《独立审计实务公告第 1 号—验资》的要求,实施了必要的审验程序。葛

洲坝股份有限公司(筹)的责任是提供真实、合法、完整的验资资料,保护资产的安全、完整,我们的责任是按照《独立审实务公告第1号—验资》的要求,出具真实、合法的验资报告。

葛洲坝股份有限公司(筹)申请的注册资本为490,000,000.00元,根据我们的审验,截至1997年5月16日止,葛洲坝股份有限公司(筹)收到各股东投入的股本490,000,000.00元。其中:发起人投入股本300,000,000.00元,占股本总额的61.22%;社会公众股东投入股本190,000,000.00元,占股本总额的38.78%(含公司职工股19,000,000.00元,占总股本的3.88%)。

湖北大信会计师事务所　　中国注册会计师　邵九林

中国·武汉　　中国注册会计师　苏志坚

1997年5月16日

(2)募集资金的入帐时间:1997年5月16日

(3)入帐金额:1,123,010,000.00元

(4)入帐帐号:2880071210766

(5)开户银行:葛洲坝集团财务公司

四、董事、监事及高级管理人员持股情况

姓名	职务	持股数	持股比例(%)
乔生祥	董事长	10,000	0.0020
杨继学	副董事长	8,000	0.0016
孙鹤年	副董事长	8,000	0.0016
林善祥	董事	8,000	0.0016
易运堂	董事	8,000	0.0016
黄华平	董事、总经理	8,000	0.0016
张厚生	董事	8,000	0.0016
陈志鸿	董事、副总经理、董事会秘书	8,000	0.0016
王广杰	董事	8,000	0.0016
王治山	董事	8,000	0.0016
陈　飞	董事	8,000	0.0016
姚本安	董事、副总经理	8,000	0.0016
孙瑞兴	董事	8,000	0.0016
张崇久	董事、副总经理	8,000	0.0016
潘德富	董事、副总经理	8,000	0.0016
刘炎华	董事	8,000	0.0016
余长生	监事会主席	8,000	0.0016
戴满华	监事	0	0
黄兴龙	监事	700	0.0001
韩晋新	监事	3,000	0.0006
袁祖明	监事	2,800	0.0006
张金泉	副总经理	400	0.0001

五、公司创立

1、本公司于1997年5月20日召开了第一届股东大会,审议并通过了本次向社会公开发行的19,000万股A股股票在上海证券交易所申请上市交易的决议,并责成公司董事会做好各项准备工作。

2、公司注册资金:49,000万元

3、公司注册登记时间:1997年5月21日

4、公司注册地址:湖北省宜昌市清波路10号

5、营业执照注册号码:17761126-1

六、关联企业及关联交易

1、关联企业

本公司是由中国葛洲坝水利水电工程集团公司独家发起,以募集方式设立的股份公司。集团公司隶属中华人民共和国电力工业部,是中国最大的水利水电施工企业,享有对外经贸权、对外承包工程权、外事权、国际招标权,是全国1000家重点企业中第二批获主办银行制度扶持的212家优强企业之一。集团公司是以建筑业为主,集建材、机电安装、化工、造船、金融、加工制造、商贸、矿产业、旅游服务等工业、三产业为一体的多元化经营大型施工企业,拥有14个专业化、机械化工程公司,6个大型工业企业,9个大型商贸、旅游服务性公司,4个勘测、设计、科研机构和23个社会及经营服务系统。作为本公司的控股母公司,集团公司持有本公司30,000万股,占总股本的61.22%。

2、关联交易

公司与集团公司之间不可避免的关联交易,按正常商业条款遵照公平、公正的市场原则,与集团公司签订了《交易与服务总体协议书》,包括施工工程分包、矿石供应、房屋租赁、商标和专利使用许可、水电供应、后勤服务等方面,以确保股东权益不受侵犯。

七、股本结构及大股东持股情况

1、本公司本次上市前股权结构

股本类别	股数(万股)	占总股本比例(%)
尚未流通股份	30,000	61.22
其中:国有法人股	30,000	61.22
可流通股份	19,000	38.78
其中:社会公众股	17,100	34.90
公司职工股	1,900	3.88
总股本	49,000	100

2、本公司前十名股东所持股数及比例

股东名称	持股数(千股)	比例(%)
中国葛洲坝水利水电工程集团公司	300,000	61.22
乔生祥	10	0.0020
杨继学	8	0.0016
孙鹤年	8	0.0016
林善祥	8	0.0016
易运堂	8	0.0016
黄华平	8	0.0016
张厚生	8	0.0016
陈志鸿	8	0.0016
王广杰	8	0.0016

八、公司财务会计资料

(一)审计报告

1、湖北大信会计师事务所鄂信业字(1997)第223号审计报告

葛洲坝股份有限公司筹委会:

我们接受委托,对贵公司1994年12月31日、1995年12月31日、1996年12月31日的资产负债表,1994年度、1995年度和1996年度的利润及利润分配表,1996年度的财务状况变动表进行了审计。这些会计报表由贵公司负责,我们的责任是对这些会计报表发表审计意见。我们的审计是依据《中国注册会计师独立审计准则》进行的。在审计过程中,我们结合贵公司的实际情况,实施了包括抽查会计记录等我们认为必要的审计程序。

我们认为,上述会计报表符合《企业会计准则》和《股份制试点企业会计制度》的有关规定,在所有重大方面公允地反映了贵公司1994年12月31日、1995年12月31日、1996年12月31日的财务状况和1994年度、1995年度和1996年度的经营成果及1996年度资金变动情况,会计处理方法的选用遵循了一贯性原则。

湖北大信会计师事务所　　中国注册会计师:吴益格

中国注册会计师:苏志坚

中国·武汉　　中国注册会计师:邵九林

1997年4月5日

(二)财务报表

1. 资产负债表(附后)

2. 利润表(附后)

3. 财务状况变动(附后)

(三)公司的主要会计政策

1. 公司前三年执行的会计制度:公司所属水泥厂执行《工业企业会计制度》,所属其他企业执行《施工企业会计制度》。

2. 会计期间:公司采用公历年度为会计年度,即从1月1日起至12月31日止为一个会计年度。

3. 会计报表编制方法

(1)公司对所属企业采用汇总会计报表的方法,其内部往来均予以抵销;

(2)本次编制会计报表按《股份制试点企业会计制度》的规定进行编制;

4. 记帐方法:采用借贷复式记帐法记帐;

5. 记帐原则和计价基础:按权责发生制的原则,以实际成本作为计价基础:

6. 外币核算方法:发生的外币业务均按其发生当日国家公布的市场汇价(中间价)折合人民币记帐,每月月末,按该日国家公布市场汇价(中间价)调整各外币帐户的人民币帐面余额,并将其与原帐面人民币余额的差额作为汇兑损益,列入当期财务费用。

7. 坏帐准备

(1)施工企业按应收帐款余额的1%计提;

(2)工业企业按应收帐款余额的3‰计提;

8. 存货计价方法;

(1)原材料、燃料等,购进时按实际成本计价,发出或领用按移动加权平均法计算;

(2)未完工程按工程形象进度及发生的实际成本计价;

(3)低值易耗品购进时按实际成本计价,领用时采用一次摊销法核算。

9. 长期投资的核算方法:公司长期投资系债券投资,按投资时实际支付的价款记帐;

10. 固定资产及其折旧的核算:

(1)固定资产系指使用年限在一年以上,单位价值在2,000元以上的房屋、建筑物、机器、机械、运输工具和其他设备、工具、器具等。

(2)固定资产原价按购建时的实际成本计价,评估确认后的固定资产按重置完全价值计价。

(3)固定资产的折旧采用直线法核算。

(4)固定资产类别、估计经济使用年限、预留残值率、年折旧率如下表:

类别	预计经济使用年限(年)	预计残值率(%)	年折旧率(%)
房屋及建筑物	15-40	3	6.47-2.43
机械设备	4-18	3	24.25-5.39
仪器、仪表	5-10	3	19.4-9.7
交通运输工具	6-12	3	16.17-8.08
其他	4-14	3	24.25-6.93

11. 递延资产及其摊销:公司递延资产系开办费,按5年平均摊销。

12. 其他流动资产及其摊销:公司其他流动资产系施工临时设施,按工程受益期平均摊销。

13. 收入实现的确认:

按权责发生制原则,一般企业以产品(商品)发出、劳务已提供,收讫价款或已取得索取价款凭证时,确认为收入的实现;施工企业工程和提供劳务作业,以出具的"工程价款结算帐单"经发包单位签证,确认为营业收入的实现。

14. 税项:

税种	计税依据	税率
增值税	工业经营性收入	17%
营业税	施工收入	3%
城市维护建设税	应纳增值税额	7%
城市维护建设税	营业税额	5%
教育费附加	应纳增值税额、营业税额	3%

所得税:根据国家财政部、国家税务总局、中国人民银行(94)财预字第55号、财税字[1995]20号、[1997]财税字40号文公司所得税采取先征后返办法,按上缴所得税额50%返还,实际税率为16.5%。

15. 利润分配:

公司改制前的1993年税后利润全额上缴集团公司,公司改制前的1994、1995年税后利润提取法定盈余公积金10%、公益金5%后余额上缴集团公司;

改制后,根据公司法和公司章程的规定,对公司税后利润按以下顺序及比例进行分配:

(1)弥补以前年度亏损;

(2)提取法定盈余公积金10%;

(3)提取法定公益金5%—10%;

(4)提取任意盈余公积金,具体提取比例由股东大会决定;

(5)分配股利。

(四)主要财务指标

	1996年	1995年	1994年
流动比率	0.97	0.90	1.00
速动比率	0.80	0.85	0.99
股东权益比率(%)	34.06	21.29	22.17
应收帐款周转率(次)	8.53	8.34	9.86
净资产收益率(%)	30.91	48.62	52.48
每股收益	0.464	0.403	0.403
每股净资产	1.50	0.83	0.77

说明:每股收益和每股净资产计算时,股本均按30000万股计算。

九、董事会上市承诺

本公司董事会将严格遵守《中华人民共和国公司法》、《股票发行与交易管理暂行条例》和《上海证券交易所交易市场业务试行规则》和有关法律、法规的规定,并自股票上市之日起作出如下承诺:

1. 按照法律、法规的规定程序和要求披露重大的信息、并接受证券主管机关、上海证券交易所的监督管理。

2. 及时、真实、准确地公布中期报告和年度报告,并备置于规定场所供投资者公众查阅。

3. 本公司董事、监事及高级管理人员如发生人事变动或持本公司股票发生变化时,在报告证券主管机关、上海证券交易所的同时向投资者公布。

4. 在任何公共传播媒介出现的消息可能对本公司股票的市场价格产生误导性影响时,本公司知悉后将及时对该消息予以公开澄清。

5. 本公司董事、监事及高级管理人员将认真听取社会公众的意见和批评,不利用已获得的内幕消息和其他不正当手段直接或间接从事股票买卖活动。

6. 本公司没有无记录负债。

十、重要事项揭示

1.1997年度盈利预测

单位:人民币万元

项目	1997年预测数
一、主营业务收入	156,100
其中:施工工程收入	134,690
水泥收入	19,780
测绘收入	585

试验收入	590
设计收入	455
二、营业成本	115,867
其中:施工工程成本	103,982
水泥销售成本	10,868
测绘成本	380
试验成本	410
设计成本	227
三、期间费用	11,000
其中:销售费用	1,600
管理费用	9,400
财务费用	
四、税金及附加	4,518
五、主营业务利润	24,715
加:其他业务利润	540
减:营业外收支净额	360
六、利润总额	24,895
减:所得税(16.5%)	4,107
七、净利润	20,788
每股净利润	0.424 元/股
每股净资产	3.60 元

本公司所得税率执行财政部,国家税务总局财税字[1997]40 号文,1997 年按 33%征收,由财政返还 50%,实际税率为 16.5%。

上述盈利预测已经湖北大信会计师事务所审核并出具了审核报告。

2. 股利分配

本公司股利分配将本着同股同利的原则,按每个股东持有的股份比例进行分配。除股东大会特别决议外,本公司每年分配一次股利,在每一会计年度结束后六个月内进行。本次发行后,预计首次股利分配时间将不迟于 1998 年 6 月 30 日,发起人承诺,本次发行后,所有股东均享有 1997 年全年度的股利分配权。

十一、咨询机构

1. 上市公司:葛洲坝股份有限公司

地　　址:湖北省宜昌市清波路 10 号

法定代表人:乔生祥

电　　话:(0717)6272074

传　　真:(0717)6447953

联 系 人:吴汉明

2. 上市推荐人:海通证券有限公司

法定代表人:李惠珍

地　　址:上海市唐山路 218 号

电　　话:(021)-65842411

传　　真:(021)-65849531

联 系 人:毛旭峰

联系地址:湖北省武汉市汉口解放大道 586 号

联 系 人:周丽华

上市推荐人:湖北证券公司

法定代表人:陈浩武

地　　址:湖北省武汉市武昌彭刘杨路 232 号

电　　话:(027)-8311774

传　　真:9027)-8040056

联 系 人:刘德明,孙华

十二、备查文件目录

1. 发行人成立的注册登记文件
2. 主管部门和证券交易所批准发行上市的文件
3. 公司章程
4. 审计报告
5. 资产评估报告
6. 验资报告
7. 招股说明书
8. 发行人改组的其他有关文件

葛洲坝股份有限公司

1997 年 5 月 22 日

资产负债表

编制日期:1997 年 3 月 28 日　　　　单位:人民币元

资产	1996 年 12 月 31 日	1995 年 12 月 31 日	1994 年 12 月 31 日	负债及股东权益	1996 年 12 月 31 日	1995 年 12 月 31 日	1994 年 12 月 31 日
资产				流动负债:			
流动资产:				短期借款	448,600,000	394,047,900	288,479,000
货币资金	150,491,891	146,389,389	162,587,844	应付票据			
短期投资		185,500		应付帐款	173,196,923	178,489,508	168,156,375
应收票据				预收货款	99,630,981	172,326,076	208,757,442
应收帐款	153,804,973	199,660,578	144,114,574	应付福利费	666,633	-92,413	-942,881
减:坏帐准备	1,463,577	1,921,350	1,370,642	未付股利			
应收帐款净额	152,341,396	197,739,228	142,743,932	未交税金	6,664,854	-1,179,830	-932,486
预付帐款	259,871,778	305,865,347	377,092,095	其他未交款	25,299	4,233	150,056
其他应收款	108,703,498	101,817,625	94,669,398	其他应付款	112,059,528	147,660,026	123,147,863
待摊费用	2,240,165	4,120,189	3,025,150	预提费用			
存货	141,047,052	45,723,862	7,705,836	一年内到期的长期负债			
待处理流动资产损失				其他流动负债			
其他流动资产				流动负债合计	840,844,218	891,255,500	786,815,369
流动资产合计	814,695,780	801,841,140	787,824,255	长期负债:			
长期投资:				长期借款	2,000,000	2,000,000	2,000,000
长期投资	5,678,300	11,180,000	2,149,000	应付债券			
固定资产:				长期应付款	18,017,299	18,961,927	19,906,554
固定资产原价	798,975,386	511,185,089	333,308,806	其它长期负债	11,919,173	6,725,079	571,886
减:累计折旧	309,502,747	166,705,220	89,170,544	长期负债合计	31,936,472	27,687,006	22,478,440

资产	1996年12月31日	1995年12月31日	1994年12月31日	负债及股东权益	1996年12月31日	1995年12月31日	1994年12月31日
固定资产净值	489,472,639	344,479,869	244,138,262	递延税项:			
在建工程		7,364,359	4,741,033	递延税款贷项			
固定资产清理				负债合计	872,780,690	918,942,506	809,293,809
待处理固定资产净损失				股东权益:			
固定资产合计	489,472,639	351,844,228	248,879,295	股本	300,000,000	105,537,179	105,537,179
无形资产及递延资产;				资本公积	150,803,941	4,000,000	4,000,000
无形资产				盈余公积		36,269,892	18,145,279
递延资产	1,952,721	881,080	23,734	其中:公益金		12,089,964	6,048,426
无形资产及递延资产合计	1,952,721	881,080	23,734	未分配利润		102,706,141	102,823,247
其他长期资产:				股东权益合计	450,803,941	248,513,212	230,505,705
其他长期资产	11,785,191	1,709,270	923,230	负债及股东权益总计	1,323,584,631	1,167,455,718	1,039,799,514
递延税项:							
递延税款借项							
资产总计	1,323,584,631	1,167,455,718	1,039,799,514				

利润表

编制单位:葛洲坝股份有限公司(筹)

编制日期:1997年3月28日　　　　单位:人民币元

	1996年度	1995年度	1994年度
主营业务收入	1,4903,848,337	1,420,863,577	1,413,979,599
减:营业成本	1,153,511,141	1,134,963,622	1,146,404,883
销售费用	15,421,627	13,786,417	13,258,186
管理费用	82,851,174	60,472,161	62,650,103
财务费用	42,178,935	37,697,791	20,551,305
进货费用			
营业税金及附加	33,854,156	34,143,958	28,328,821
主营业务利润	166,031,304	139,799,628	142,786,301
加:其他业务利润	2,598,081	8,593,580	4,902,502
营业利润	168,629,385	148,393,208	147,688,803
加:投资收益	703,900		
营业外收入	85,185	83,631	89,555
减:营业外支出	5,018,594	3,769,349	2,905,873
加:以前年度损益调整	2,474,037		
利润总额	166,873,913	144,707,490	144,872,486
减:所得税	27,534,196	23,876,736	23,903,960
净利润	139,339,717	120,830,754	120,968,526

财务状况变动表

编制日期:1997年3月28日　　　　单位:人民币元

一、流动资金来源:		一、流动资产本年增加数:	
1. 本年净利润	139,349.717	1. 货币资金	4,102,502
加:不减少流动资金的费用和损失		2. 短期投资	-185,500
(1)固定资产折旧	82,797,526	3. 应收票据	
(2)无形资产、递延资产摊销	298,942	4. 应收帐款净额	-45,397,832
(3)固定资产盘亏(减盘盈)	1,250,239	5. 预付帐款	45,993,569
(4)清理固定资产损失(减收益)		6. 其他应收款	6,885,873
(5)递延税款		7. 待摊费用	-1,880,024
(6)其他不减少流动资金的费用和损失	197,802	8. 存货	95,323,191
小　计	223,884,226	9. 待处理流动资产损失(减收益)	
2. 其他来源:		10. 一年内到期的长期债券投资	
(1)固定资产清理收入(减清理费用)		11. 其他流动资产	
(2)增加长期负债	4,249,467	流动资产增加净额	12,854,641
(3)收回长期投资	5,501,700	二、流动负债本年增加数:	
(4)投资转出固定资产		1. 短期借款	54,552,100

(5)投资转出无形资产		2.应付票据	
(6)资本净增加额	186,558,110	3.应付帐款	-5,292,584
小 计	196,309,277	4.预收帐款	72,605,005
流动资金来源合计	420,193,503	5.应付福利费	759,046
二、流动资金来源合计		6.未付股利	
1.利润分配:		7.未交税金	7,844,684
(1)提取法定公积金	13,933,972	8.其他未交款	21,065
(2)提取法定公益金	6,966,986	9.其他应付款	-35,600,498
(3)提取任意公积金		10.预提费用	
(4)上缴集团	102,706,141	11.一年内到期的长期负债	
小 计	123,607,099	12.其他流动负债	
2.少数股东利润分配		流动负债增加净额	-50,412,282
3.其他运用:		流动资金增加净额	63,265,923
(1)固定资产和在建工程净增加额	221,676,176		
(2)增加无形资产、递延资产及其他资产	11,644,306		
(3)偿还长期负债			
(4)增加长期投资			
小 计	233,320,482		
流动资金运用合计	356,927,581		
流动资金增加净额	63,265,922		

葛洲坝股份有限公司1997年度中期报告

一、财务报告(未经审计)

1、财务报表

(1)简化的资产负债表 单位:元

项 目	1997年6月30日	1996年12月31日
流动资产	1422950915.18	814695780.83
长期投资	5699300.00	5678300.00
固定资产净值	974465303.84	489472639.13
递延资产	1180795.22	1952720.91
其他长期资产	20730147.65	11785190.63
资产总计	2425026461.89	1323584631.50
负债及股东权益		
流动负债	727138845.55	840844218.14
长期负债	30860673.04	31936472.18
负债合计	757999518.59	872780690.32
股东权益	1667026943.30	450803941.18
其中:股本	490000000.00	300000000.00
资本公积	1066836504.18	150803941.18
未分配利润	110190439.12	
负债及股东权益合计	2425026461.89	1323584631.50

(2)简化的损益表 单位:元

项 目	1997年1—6月
主营业务收入	794589047.09
主营业务利润	129762001.67
其他业务利润	2066361.64
投资收益	194990.00
营业外收支净额	-58755.56
利润总额	131964597.75
所得税	21774158.63
净利润	110190439.12

2、财务报表附注

(1)本期财务报告所采用的会计政策及会计方法与公司招股说明书中所采用的会计政策及会计方法一致。企业所得税按照财政部、国家税务总局财税字[1997]第40号文件规定的行业优惠政策执行,实际税率为16.5%。

(2)货币资金较年初增加407015426.36元,主要是暂未投入使用的募集资金371721399.98元。

(3)预付帐款210966560.38元,较年初减少11%,主要是支付给施工单位的工程预付款。其中关联企业中国葛洲坝集团公司、葛洲坝集团第五有限责任公司、第六有限责任公司、基础工程有限责任公司,金额为184390400.34元。

(4)其他应收款增加264738944.43元,主要是为回购水泥厂3#窑而暂付中国葛洲坝集团公司的预付款250000000.00元。

(5)固定资产净值增加484992664.71元,主要是按招股说明书披露的资金投向,用募集资金购置了三峡工程施工用的装载机46台(斗容3—10立方米),自卸汽车118台(载重量30—77吨),潜孔钻机64台(钻孔直径100—160毫米),推土机48台(功率220—575千瓦),液压挖掘机14台(斗容2—6立方米)及输送机、振动碾等大型进口施工设备685台(套),价值共计484141872.02元。

(6)其他资产增加8944957.02元,为三峡工程、清江高坝洲工程施工新建的临时设施。

(7)短期借款减少155600000.00元,为公司归还建设银行、工商银行到期贷款。

(8)应付帐款减少45445892.41元,主要是支付的外单位材料及设备款。

(9)预收工程款较年初增加61713075.65元,主要是三峡工程和清江高坝洲工程业主拨付1997年工程预付款。

(10)其他应付款比年初数增加23.50%,其中关联企业中国葛洲坝集团公司,金额是42431934.21元。

(11)投资收益194990.00元为企业债券投资收益。

(12)根据中国证监会[证监发字(1997)186号]和[证监发字(1997)188号]文件批准,今年5月8日发行的社会公众股190000000股,共募集资金1140000000元,按规定增加股本190000000元,溢价收入扣减发行费用后的余额916032563.00元转为公司资本公积。

(13)关联交易:公司与中国葛洲坝集团公司本着公平、合理的原则签订了有关承包工程劳务分包协议,其劳务分包量为115260163.31元占承包工程量的17.56%,发生的交易按市场价结算。

3、主要财务指标

截止1997年6月30日的主要财务指标为:

(1)净资收益率6.61%

(2)每股净资产3.40元

(3)每股净收益0.225元

每股净资产、每股净收益系按总股本490000000股计算。公司发行利息收入14019819.66元,其中有效申购利息169290.00元,无效申购利息13850529.66元,按规定本期转入2770105.93元。剔除这部分利息收入后,公司的主要财务指标为:

(1)净资产收益率6.44%

(2)每股净资产3.40元

(3)每股净收益0.219元

二、经营情况的回顾与展望

1、上半年经营情况的回顾

(1)公司上半年共完成企业总产值794589047.09元,占年计划的51%。实现净利润110190439.12元,占1997年全年盈利预测的52.9%,比去年同期增长57.9%。

(2)公司承担的三峡工程施工项目进展顺利。三峡工程大江截流的三大控制性关键项目(右岸导流明渠、左岸临时船闸和升船机,大江截流及二期围堰工程)均由本公司承担。其中,导流明渠工程已于5月1日比合同工期提前5个月顺利过水,6月30日编队过船成功。临时船闸和升船机土石方开挖已经完成,混凝土浇筑实现了第一阶段目标,临时船闸上、下闸首"人"字门已安装完毕。二期围堰上、下游戗堤进占及堰体填筑均达到了设计高程和预定桩号,目前正在抓紧进行四个预进占段的防渗墙施工。以上项目的顺利实施,为胜利实现今年下半年大江截流奠定了坚实的基础。

(3)公司水泥厂不断加强企业管理,努力开拓水泥销售市场,使企业经济效益不断提高。从国家建材总局1—5月份财务数据快报获悉,公司水泥厂利润率排在全国百家建材大中型企业第四位,实现利润总额为第六位,综合经济效益已跃居本行业十强之列。

(4)公司其他在建重点工程进展顺利。湖北清江高坝洲水电站工程去年截流成功后,今年上半年,基坑开挖、围堰填筑、砼浇筑三大项目的施工均满足合同要求;云南大朝山水电站工程今年上半年抓紧洞挖和大坝砼浇筑两大施工项目,进展顺利,达到合同要求。

(5)公司水泥厂于今年7月10日通过了ISO9002质量体系认证,使企业管理水平迈上了一个新的台阶。这对充分保证三峡工程水泥供应质量,巩固公司的名牌发展战略起到了十分重要作用。

2、下半年展望

(1)下半年是水电施工的黄金季节,公司要抓紧有利时机多完成产值和利润。公司将继续加强管理,降低消耗,控制成本,确保经济效益的稳步提高。

(2)三峡工程开工至今年6月30日,公司已签订三峡工程承包合同162项,累计金额达5000000000元。其中,三峡大江截流工程施工是公司今年下半年工作重点,成功截流标志着三峡建设进入二期工程施工程施工新阶段,是三峡工程建设的一个重要里程碑,也是国家重点工程建设上的一件大事,举世瞩目。为此,公司将高度重视施工质量和施工安全。精心组织、周密布置,以如临深渊、如履薄冰的严谨态度,恪尽职守,确保大江截流务期必成。

(3)由公司所属清江建设承包公司整体承包施工的高坝洲水电站工程,已于5月19日由国家计委下文批准正式开工,这是湖北省"九五"投资最大也是国家今年批准开工的全国第一个水电建设项目,标志着清江流域水电梯级开发进入了第二阶段。下半年,清江高坝洲电站将进入混凝土浇筑高峰期。由公司所属澜沧江建设承包公司承建云南大朝山电站将进行截流。公司将继续抓好这些电站的建设,并以此构筑公司新的经济增长点。

(4)公司将重点选择一批符合国家产业政策的以能源、交通为主的风险小、收入稳定的项目进行投资,以保持公司长期稳定发展。

(5)最近,国务院领导同志对公司股票上市给予了充分肯定,并指出公司今后的发展方向是立足三峡,面向全国,走向国际市场,把公司办得更好。公司将遵照国务院领导同志的指示,利用国家给予大型试点企业集团的政策扶持,通过生产经营和联合、兼并、收购、投资等多种手段,进行资本扩张,不断提高公司的经营规模和竞争能力。

三、重大事件说明

1、公司(葛洲坝)股票于1997年5月26日在上海证券交易所挂牌上市,从而成为全国水电建设行业唯一的一家上市公司,标志着公司的发展进入一个新阶段。

2、公司募集资金使用情况

公司募集资金严格按招股说明书载明(见1997年5月5日《中国证券报》)使用,即用于"三峡设备购置和水泥厂三号窑收购"。

(1)关于三峡工程施工设备购置,公司已购置设备685台(套),价值484141872.02元,募集资金中拟购买设备剩余的200000000多元资金计划购买三峡二期工程施工所需部分设备。公司于今年6月参加了三峡二期工程三个标段的投标工作,投标金额6682200000元人民币,预计在今年8月份定标,公司正着手准备三峡二期工程部分设备购置工作,以大幅度提高公司所属三峡建设承包公司的生产能力,有力地促进三峡工程建设的顺利进行,给公司带来良好的经济效益。

(2)关于水泥厂三号窑收购。电力工业部经资(1997)63号文已批准了该项收购计划,公司已预付收购款250000000元,公司于6月份开始进行三号窑收购工作,预计8月份可以结束。按招股说明书要求,此项工作可提前完成。该收购计划完成后,公司水泥厂将会获得良好的规模经济效益,更好地服务于三峡工程建设。

(3)暂未投入使用的资金去向。本次发行新股募集资金总计约1106000000元,已按招股说明书投向用去了734000000元,尚未投入使用的资金有372000000元,暂作银行存款。剩余资金将严格按招股说明书载明的投资方向使用。

3、公司已开始参与湖北清江流域最大一个梯级电站——水布垭电站(该电站装机容量在150万KW以上)的前期施工准备工作。

4、按照国务院证券委、中国人民银行、国家经贸委5月21日联合发布的《严禁国有企业和上市公司炒作股票的规定》的要求,公司经自查,没有从事任何违反规定的事项。

5、本报告期内公司无重大诉讼、仲裁事项,无对外提供担保。

四、发行在外股票的变动和股权结构变化

1、经中国证监会[证监发(1997)86号文]和[证监发(1997)188号文]批准,公司于1997年5月8日发行了190000000股社会公众股。

2、公司1997年5月发行新股前后及截止1997年6月30日股本情况如下:

单位:股

项目	发行前	发行后	1997.6.30
一、尚未流通股份			
1、国有法人股	300000000	300000000	300000000
2、公司职工股	0	19000000	19000000
尚未流通股合计	300000000	319000000	319000000
二、境内上市人民币普通股	0	171000000	171000000
已流通股份合计	0	171000000	171000000
三、股份总数	300000000	490000000	490000000

3、主要股东持股情况(截至6月30日)

股东名称	持股数(股)	占总股本(%)
中国葛洲坝集团公司	300000000	61.22
申银证券	1507000	0.308

外贸信托	1241720	0.253
环胜实业	909800	0.186
大地娱乐	730000	0.149
海南国际	574568	0.117
潘福妹	450600	0.092
王宁军	400000	0.082
葛　耀	400000	0.082
陈　曦	355071	0.072

五、股东大会简介

1997年5月20日上午8:00时,公司在葛洲坝集团大会议室召开了"葛洲坝股份有限公司创立大会暨首届股东大会"。出席本次大会的股东共68人,代表股份319280000股占公司总股份的65.16%,符合《公司法》和公司章程的有关规定,会议合法有效,大会审议通过了以下决议:

1、审议通过《葛洲坝股份有限公司筹建工作报告》。

2、审议通过《葛洲坝股份有限公司章程》。

3、选举乔生祥、杨继学、林善祥、孙鹤年、易运堂、黄华平、张厚生、陈志鸿、王广杰、王治山、陈飞、姚本安、孙瑞兴、张崇久、潘德富、刘炎华为董事。

4、选举余长生、戴满华、黄兴龙、韩晋新、袁祖明为监事。

5、审议通过《关于公司设立费用的报告》

6、审议通过《关于公司社会公众股在上海证券交易所上市方案报告》。

六、备查文件

1、载有董事长、总经理亲笔签名的中期报告原本;

2、公司股东大会材料;

查阅地址:湖北省宜昌市清波路10号公司办公楼

联系电话:(0717)6746439

传　真:(0717)6746470

葛洲坝股份有限公司

一九九七年七月二十八日

四川禾嘉股份有限公司

四川禾嘉股份有限公司简介

一、企业概况

四川禾嘉股份有限公司是于1997年4月经四川省人民政府川府函〖1997〗129号文件批准，在对四川禾嘉实业集团有限公司的全资公司四川实味食品有限公司进行整体改组的基础上，以募集方式设立的股份有限公司。公司注册资本为7500万元，其中禾嘉实业集团有限公司等发起单位占总股本的60%，另向社会公开发行股票3000万股，总募集资金24150万元。

公司宗旨：禾嘉股份将以市场为导向，以科技为先导，积极拓展农业、农产品加工工业及其他相关产业的发展空间，大力开发高科技含量和高效益的农产品及其深度加工产品，以满足市场需求，推进我国农业的产业化和现代化。

经营范围：粮种培育、作物种植、蔬果及其他农副产品加工销售、食品机械的设计、制做，提供粮种及作物种植技术、食品工程技术咨询、设备安装调试、技术转让和人员培训；

兼营：商贸、房地产及其他经批准的项目。

经营方式：科研设计、生产、加工、销售、租赁、投资、服务。

二、董事长介绍

四川禾嘉股份有限公司董事长、总裁夏朝嘉先生，中共党员，大学文化程度，高级经济师，一九四七年七月生於四川、现年四十八岁。

夏朝嘉先生长期从事经济工作，对建设具有中国特色的社会主义理论有深刻的研究和独到的见解。因此从六千元资金开始，经过十几年努力，使资产达到近十亿元，是一位深谙市场经济理论的理财高手。现正领导企业，以高科技的农业产业化和生物资源开发为主线，资本运作、房地产开发为辅助的经营模式，向农业要规模效益；以资产重组，房地产综合开发追求丰厚利润。在禾嘉股份公司上市后的半年已取得可喜的成绩。

夏朝嘉先生除重视自己企业的经营业绩外，还十分关心企业的社会效益，积极投身扶贫光彩事业。现任全国光彩事业推动委员会执委、四川省光彩事业推动委员会执行主任。此外，任四川省商会副会长、四川省工商联副主任。

多年以来，夏朝嘉先生获得过各种荣誉和奖励，其主要的有：一九八五年全国首届优秀青年企业家评选，被评为十名优秀青年企业家之一；一九八四至一九八七年连续荣获四年成都市劳动模范，一九九四年评为四川省优秀企业家、中国优秀民营企业家，企业也在一九九五年被省政府授予优秀企业称号。

四川禾嘉股份有限公司(筹)招股说明书概要

一、绪言

本招股说明书概要根据《中华人民共和国公司法》、《股票发行交易管理暂行条例》、《公开发行股票公司信息披露实施细则》等国家法规及发行有关实际情况编制，并经中国证监会证监发字[1997]303号文核准，旨在向投资者提供本次发行的基本情况及发行人的相关资料。本招股说明书概要已获本公司筹委会批准，本公司全体筹委会成员确信本招股说明书概要所摘内容与招股说明书一致，不存在任何重大遗漏或误导成份，并且对其真实性、准确性、完整性负个别的和连带责任。

新发行的股票是根据本招股说明书所截明的资料申请发行的。除本发行人和主承销商外，没有委托或授权任何其他人提供未在说明书中列载的信息和对本说明书作任何解释或者说明。

投资者买卖本公司发行的股票所应支付的印花税，本公司分红派发现金时所应支付的个人所得税由投资者自行负担，本公司、推荐人及承销机构对该税款不承担责任。

二、释义

在本招股说明书概要中，除非特别说明，下列词语具有如下含义：

本公司、公司、发行人：指四川禾嘉股份有限公司(筹)及其分公司

筹委会：指四川禾嘉股份有限公司筹备委员会

元：指人民币元

主承销商：指广发证券有限责任公司

副主承销商：指国泰证券有限公司

上市推荐人：指广发证券有限责任公司、成都证券公司

本次发行：指本公司此次发行面值为1.00元的30000万股人民币普通股之行为

上交所：指上海证券交易所

三、发售新股的有关当事人

发行人：四川禾嘉股份有限公司(筹)

地址：成都高新技术开发区第九区

筹委会负责人：夏朝嘉

电话：(028)5181928

传真：(028)5184384

联系人：樊平

发起人的财务顾问：中国诚信证券评估有限公司

地址：北京市东城区和平里东街民旺乙19号写字楼

法定代表人：毛振华

电话：(010)64275969

传真：(010)64275625

联系人：关勃

主承销商：广发证券有限责任公司

地址：广州农林下路83号广发金融大夏4楼

法定人代表：陈云贤

电话：(020)87310888—2417,2419

传真：(020)87310255

联系人：朱平

副主承销商：国泰证券有限公司

地址：上海市浦东乳山路61号

法定代表人：金建栋

电话：(021)62585568

传真：(021)62587719

联系人:张继毓
分销商:四川省国际信托投资公司
地址:四川省成都市少城路6号
法定代表人:陈远义
电话:(028)6748551
传真:(028)6692007
联系人:胡浩
分销商:成都证券公司
地址:成都市锣锅巷65号
法定代表人:晏姚
电话:(028)6622943
传真:(028)6620939
联系人:张铭　陈磊
分销商:辽宁信托投资公司
地址:沈阳市和平区桂林街68号
法定代表人:李安民
电话:(024)2859391
传真:(024)2859392
联系人:李锦铭
上市推荐人:广发证券有限责任公司
成都证券公司
发行人的法律顾问:中辰律师事务所
地址:四川成都市人民东路48号物资大厦8楼
法定代表 人:刘西荣
电话:(028)6744456—20829,20820
传真:(028)6611178
经办律师:刘西荣　刘榕
主承销商法律顾问:广东对外经济律师事务所
地址:广州东风东路707号自动化大厦12楼
法定代表人:张锡海
经办律师:张锡海　张建中
电话:(020)87760231
传真:(020)87300550
会计师事务所:湖北大信会计师事务所
地址:武汉黄石路1号汉港大厦7楼
法定代表人:吴益格
注册会计师:陈振奎　邵九林
电话:(027)2826726
传真:(027)2816985
资产评估机构:广东资产评估公司
法定代表人:伍国生
地址:广东市环市东路322号11楼
电话:(020)83802985
传真:(020)83802985
经办人:傅晓东　梁建东　肖浩
股票登记机构:上海证券中央登记结算公司
法定代表人:王迪彬
电话:(021)63068888
传真:(021)63539066

四、风险因素与对策

(一)风险分析

1.经营风险

(1)本公司的主要产品蔬果脆片所需的原料是蔬菜和水果,蔬菜和水果受地域、土壤的限制,而且蔬菜和水果的生产季节性强,每年收获季节相对集中,其余时间则无货或少货,这给生产和销售带来了一定的压力。如当年收获不丰或来不及加工则会造成蔬菜和水果的短缺或腐烂,增加生产成本,给生产带来不良影响

(2)优质水稻、小麦的种子培育难免受到气候、土壤等自然条件的影响,如水灾、旱灾、虫灾等自然灾害会影响到小麦和水稻的产出。

(3)蔬果脆片加工机械的销售对客户依赖较大,有时需要垫资,虽然这类销售的收益比较高,但资金回收慢。另外,如出现其它竞争者争夺客户,则会增加本公司该产品销售的难度。

(4)本公司的主要业务蔬果脆片及其加工机械、小麦、水稻种子属农业概念,产业结构单一;其产品也只涉及几种,结构为单一。因此,当市场发生剧烈变动或其他因素导致主要产品生产和销售发生滑坡时,本公司的经营将会面临一定的压力。

(5)本公司优质小麦、水稻以及加工机械的技术含量高、变化快、同类产品较多,竞争非常激烈。本公司需时刻关注新产品新技术,加大科技开发的力度,才能避免技术落后。因此,本公司的发展存在着高科技产业所面临的创业风险。

2.行业风险

目前世界上主要发达国家农业的发展都是通过加大农业科技投入,开发优良品种,扩展农副产品深加工进行的,我国也不例外。蔬果脆片面临着来自国内和国外两个方面的压力。尽管本公司生产的蔬果脆片在国内拥有垄断地位。但一方面蔬果脆片的市场在我国还未完全打开,另一方面其替代产品较多,因此仍会给本公司造成巨大的竞争压力。另外蔬果脆片的加工也依赖加工基地附近蔬果的自然资源。这些都会影响本公司的经营。

3.市场风险

(1)经济周期的变化与本公司的生产经营息息相关,经济处于低谷或萧条阶段时,人们的收入下降,消费需求也会下降,各级政府或投资主体因资金紧张对基础设施等项目工程的投资也会下降,这可能会影响本公司的蔬果脆片及其加工机械的销售。

(2)优质小麦、水稻种子受上一年全国粮食的价格水平和供应状况的影响,有着周期式的起伏。

(3)本公司产品的季节性特别强,小麦、水果成熟时,生产需求特别大,工厂加班加点,淡季时又无货供应。这给仓储、保存、运输提出很高的要求,也给公司带来了一定的风险。

4.政策性风险

国家宏观经济政策的变化会引起市场需求的变动,当国家对经济采取扩张的经济政策,刺激消费和需求,银根也相对放松,本公司的蔬果脆片加工机械的销售就会相应增加;当国家对经济采取紧缩的经济政策,将会影响本公司产品的销售。另外,本公司的主营业务是农业,农业受国家宏观产业政策的影响很大,一但国家产业政策或对农业的优惠发生变化则会影响到本公司业务的发展。最后,国家收税政策、外贸政策的变化也会直接影响本公司的经营成本和利润总额。

5.加入世界贸易组织风险

我国加入世界贸易组织后,进口关税将大幅度降低,外国小麦、水稻等同类产品的大量进口会降低国内粮食的价格;同时,国外先进的食品加工机械和技术的涌入都会对本公司的食品加工和良种培育带来一定的冲击。

6.股市风险

股票市场瞬息万变,股票价格受各种政治和经济因素的影响。政治局势、经济周期、国家财政政策和货币政策、上市公司的经营业绩以及股票市场中的投机行为都可能导致股价的波动,从而给投资者造成一定的风险。

为此,本公司提醒投资者对股市波动应有充分的了解,以避免或减少损失。

7.其他风险

公司此次募集资金大部分将投入粮食优良品种的培育基地的建设,

而农业建设项目具有投资大、回收期长的特点,各类自然灾害和自然条件的变化都可能会对育种基地项目造成不利影响,给公司带来不可预见的损失。

(二)风险对策分析

1. 针对经营风险,本公司将采取以下对策:

(1)针对本公司产品受地域限制的特点,本公司将采取增加生产基地,合理布局的方针加以解决。通过股票市场这一融资渠道,加大资金投入也使本公司增加生产基地的设想有了充分的保证。另外,本公司将通过开发新品种增加产品线并扩建原有仓储设备来克服季性强的问题,减少蔬果收获淡季因原料不足而造成的影响。

(2)针对产业结构和产品结构较为单一的风险,公司将利用股票市场这一融资渠道,开发高附加值的优良小麦和水稻新品种,巩固已有品种的推广并逐步走向全国。另外,本公司还将利用新募集的资金开展以农业为龙头的多元化经营。项目范围主要涉及粮食优良品种、食品加工、食品加工机械,并实行产品系列化,加强与相应科研单位的合作,拓宽业务范围使公司的经营走向全面化,多元化,以减少风险。

(3)尽管本公司食品加工机械销售对客户依赖性较强,但在对客户服务上、专有技术的拥有上、市场的占有率上本公司有比较明显的优势,已经签订了40多条生产线销售合同,产品供不应求。在今后的经营中,本公司打算继续保持技术的先进性,在加强设备国产化的基础上,进一步提高设备的性能,赢得市场上的竞争优势。

(4)针对本公司的主要产品蔬果脆片和小麦、水稻优良品种难免会受到水灾、旱灾、虫灾等自然灾害影响的特点,本公司一方面通过加强科技开发,研究新一代抗不良气候影响能力更强的小麦、水稻品种,另一方面,我国现阶段水利建设已日趋完善,各级农机站对自然灾害的预报、预防和防治已有相当的水准。因此,通过与各地农民及农机站的配合,本公司的小麦、水稻优良品种实际受到的影响较其他品种要小得多。

(5)针对农业高科技公司所面临的创业风险,本公司一方面在项目的选择上尽量做到更科学、更合理,并加大项目投产前的调查和预测工作;同时,本公司还打算加强与科研单位的联合开发,共同承担风险;或者,通过向社会公开募集的资金直接进行资产运作,收购现有的好项目以避开创业风险。

2. 针对行业风险本公司将采取如下对策:

在激烈的市场竞争中、只有千方百计提高企业自身的综合实力,培养核心资产,才能产生竞争优势,才能保持不败并求得发展。首先,加强对蔬果脆片加工技术的改造和技术升级,只有形成技术优势才能在行业的竞争中赢得胜利;其次,通过本次向社会公开发行股票,可以更快地向全国各地推广,在全国范围内建设一系列生产基地,从而突破地域的限制,形成规模经济减少风险;第三、本公司蔬果脆片以往主要销往国外,今年开始把战略重点转向国内,因此,本公司将注重产品形象的设计和宣传,建立“禾嘉”品牌在消费者中的良好信誉和与其他同类替代产品的差别,通过差别性战略从竞争者手中抢占一定的份额;最后,本公司属于农业概念高科技产业,受国家重点保护和扶持,本公司将充分利用这种有利条件,继续通过“公司+农户”经营方式,与农民结成紧密的伙伴关系,建立“禾嘉股份”的良好声誉,既培养自己的生产者也培养自己的消费者,从而形成稳定的生产和稳定的销售。

3. 针对市场风险的政策性风险,本公司将采取以下对策;

(1)采取“不要将所有鸡蛋放在一个篮子里”的经营策略,在优化产业结构的同时,逐渐开拓新的经济增长点,实行多元化经营,培养若干个主要利润来源,分散不良环境所带来的风险。

(2)本公司将在对消费者和市场调查的基础上,根据自身产品的特点,开发休闲类蔬果脆片和快餐用蔬果脆片,以适应当今社会追求营养、自然的趋势和需求;利用我国南北温差大和各地蔬果资源不同的特点,通过建立一系列生产基地来克服蔬果产品季节性强的特点。

(3)加强对新产品尤其是优质小麦、水稻和蔬果脆片加工机械的开发,一方面加强与科研单位的联合,另一方面适当引进国外先进的品种和机器设备加以改造吸收,加强生产能力,提高市场占有率。

4. 针对加入世界贸易组织风险,本公司将采取以下对策:

本公司股票上市后,通过不断的技术改造和生产基地的推广,蔬果脆片及其加工机械的生产和销售将会迅速提高,产生良好的规模效益;另一方面,开发更多的小麦、水稻优良品种加强对国外同类产品的竞争力。

5. 对于股市风险,本公司将严格按照《公司法》等有关法律、法规的要求规范运作,履行信息披露义务,及时公告有关信息,对市场上有关本公司的谣言,及时予以澄清,尽本公司的职责减少投资者的股市风险。

6. 对于项目风险,公司打算通过加强内部管理和项目与经营的管理,同时做好项目的可行性研究并按有关规定办理保险,把可能发生的损失降低到最低程度。

五、募集资金的运用

本次3000万股公众股发行后,可募集资金24150万元,扣除发行费用后,实际可运用资金23200万元,投资于以下项目:

1.5个优质小麦育种基地项目,其中:

A.1997年“87-248”型小麦新都基地投资2000万元;

B.1997年“85-1427”型小麦郫县基地投资2000万元;

C.1997年“87-248”改进型小麦眉山基地投资2000万元;

D.1997年“85-1427”改进型小麦邛崃基地投资2000万元;

E.1997年“87-248”改进型小麦成都基地投资2000万元;

1997年优质小麦5个项目共投资10000万元。

四川实味食品有限公司开发的优质小麦品种“87-248”、“85-1427”及其改进型制作的面粉具有蛋白质含量高和高面筋质的特点,可以代替南方的进口优质小麦制作的面粉。它是在四川大学生物系长期致力于优质小麦选育的基础上,由四川实味食品有限公司获得了这两个优质小麦品种的开发权,并请育种专家组织开发推广而成的,然后采取全种全收的方法,将优质麦种发给市郊各区推广,经过大田生产示范,积累了成片推广的技术资料,并在成都市郊及新都、郫县、眉山、邛崃等地县建立5个不同品种的优质小麦育种基地,以满足市场需求。

5个项目的实施目标是:在97年满足四川省对优质种麦的需求,98年满足西南地区的需求,到99年则完成向全国推广的计划。

5个优质小麦基地共投资13000万元人民币。分三年投入:1997年投资10000万元,1998年投入2000万元,1999年投入1000万元。1998年可种8.4万亩,预计可盈利800万元。1999年增加种植面积达50万亩,预计可盈利4900万元。5个项目总的投资回收期为5.01年,投资收益率为19.96%。这些项目已经川农业种便字(1997)第06号批准立项。

2.8个蔬果脆片布点企业项目,其中:

A.1997年盐源的苹果基地投资1200万元;

B.1997年洛阳的芹菜基地投资1200万元;

C.1997年广西的龙眼基地投资1200万元;

D.1997年河北的洋葱基地投资1200万元;

E.1997年甘肃的葡萄基地投资1200万元;

F.1997年山东的蔬菜基地投资1200万元;

G.1997年北京的胡萝卜基地投资1200万元;

H.1997年成都的草莓基地投资1200万元;

蔬果脆片8个项目1997年共投资9600万元。

蔬果脆片生产技术和生产工艺是四川实味食品有限公司于1997年从台湾引进,后经过公司多年的试验、改进和提高,现已达到世界90年代初期的先进成套技术水平。此套生产技术是以真空低温油炸干燥技术为手段,以蔬果为原料生产的一种新型健康食品。其技术特点是低温速冻保鲜技术和真空干燥保鲜技术在食品保鲜中的综合运用。该技术在生产的全过程中不加任何防腐剂、色素等化学添加剂,产品具有原色原味、原营养成份、富含维生素、纤维素和矿物质的特点。该技术的经济性是原料很多,加工后附加值高,是一项解决农副产品深加工,发展高效农业,创汇

农业的实用技术。"实味蔬果"系列产品分别被国家科委、四川省科委和成都市科委列入星火计划项目,被四川省科委和省农业厅列为"四川省农业产业化示范工程",公司被成都市科委认定为高新技术企业,蔬果系列产品被评为中国名牌产品。

本公司本着立足四川,辐射全国的战略方针,已制订严密的实施方案,确定在8个有丰富蔬果资源的地区建立蔬果脆片加工基地项目,每个加工基地项目须投入1200万元,全部8个布点企业于1997年投资,1998年投产。预计8个布点企业建成之后将形成年产7000吨,60多个品种的生产规模,1998年以后销售收入可达1.6亿元,年利润3400万元的经营业绩。这些项目投资回收期为4.94年,投资收益率为20.24%。并且已经川科委农(1996)03号文批准立项

3."优质杂交水稻"推广,其中:

A.1997年眉山基地投资1450万元;

B.1997年海南基地投资1450万元;

优质水稻2个项目1997年共投资2900万元;

"优质杂交稻"是受国务院委托面向全国推广的优良品种。本项目是由"国家杂交水稻工程技术研究中心"有关专家与四川实味食品有限公司和四川眉山农科所共同研究开发的,四川实味享有相应的品种控种权。该品种水稻的稻种当年用种,农户不能自留稻种,具有一次使用特征,在经营上具有的垄断性。公司计划1997年投资2900万元,初步建成海南和眉山两个育种基地;1998、1999年每年基地各增1000万元和500万元收储流动资金。

这2个项目的实施可于98年获利600万元,99年获利1100万元,并可享有国家重大农科项目利益,而种植"优质杂交水稻"的农民获利总额可在20亿左右。2个项目总的投资回收期为4.05年,投资收益率为24.69%。

项目资金使用计划表

时间	1997年 万元	1998年 万元	1999年 万元	合计 万元	投资 回收期	投资 收益率
优质小麦	10000	2000	1000	13000	5.01年	19.96%
新都基地	2000	400	200	2600		
郫县基地	2000	400	200	2600		
眉山基地	2000	400	200	2600		
成都基地	2000	400	200	2600		
邛崃基地	2000	400	200	2600		
蔬果脆片	9600			9600	4.94年	20.24%
苹果基地	1200			1200		
芹菜基地	1200			1200		
龙眼基地	1200			1200		
洋葱基地	1200			1200		
葡萄基地	1200			1200		
蔬菜基地	1200			1200		
草莓基地	1200			1200		
胡萝卜基地	1200			1200		
优质水稻	2900	2000	1000	5900	4.05年	24.69%
海南水稻	1450	1000	500	2950		
眉山水稻	1450	1000	500	2950		
总投入	22500	4000	2000	28500	4.67年	21.41%

上述项目计划总投入为2.85亿元资金,与募集资金2.32亿元之间的缺口部分0.53元通过自筹资金的方式解决。

六、股利分配政策

1. 根据《公司法》和本公司《章程草案》的有关规定,本公司的税后利润在弥补亏损后按如下顺序和比例进行分配:

提取法定公积金:10%

提取法定公益金:5%

提取任意公积金:比例由股东大会决定

支付股利:由董事会提出预案经股东大会决议

2. 本公司在弥补亏损和提取法定公积金、法定公益金之前,不得向股东分配利润。

3. 公司当年有盈利时,股利分配一年一次或二次,在会计年度终了后六个月内进行;经董事会的提议,股东大会批准,公司可进行中期分红,公司分配股利采取派发现金或送股的形式。公司当年无利润时,不得分配股利;但公司已用公积金弥补亏损后,公司为维护其股票信誉,经股东大会特别决议,可用公积金送股,进行上述分配后,所留存法定公积金不得不少于注册资本的25%。

4. 本次发行后,社会公众股东和发起人股东同股同权,共享1997年度的分红息,预计首次分配股利的时间为1998年上半年。

5. 本公司向个人股东分配现金红利时,根据现行税法之规定,按可分配的金额代扣代缴个人所得税。

七、承销

1. 承销方法:本次发行采用余额包销方式。

2. 承销期:1997年6月10日至1997年6月15日

3. 发行方式:上网定价。

4. 发行地点:面向全国所有上交所联网的证券交易网点。

5. 发行对象:中国法律规定可以从事股票投资的境内自然人和法人(法律、法规禁止者除外)。

6. 发行股票的种类、面值、数量:本次发行的股票为人民币普通股(A股),股票面值为1元,发行数量为3000万股(其中:公司职工为300万股)。

7. 发行价格:本次发行价格参照公司资产评估净值,结合公司盈利情况、市场影响等因素确定,每股发行价格为8.05元,按1994年与1995年和1996年的平均每股盈利来计算的,公式为:每股发行价格=前三年平均每股盈利×发行市盈率

8. 发行市盈率:预计发行市盈率为16倍。

9. 发行总市值:本次发行总市值为24150万元,扣除发行费用后为23200万元。

10. 承销机构

本次发行由下列机构成承销团,由承销团负余额包销责任

	承销商	承销数量	比例
主承销商:	广发证券有限责任公司	1200万股	40%
副主承销商:	国泰证券有限公司	1170万股	39%
分销商:	四川省际信托投资公司	270万股	9%
分销商:	成都证券公司	180万股	6%
公销商:	辽宁信托投资公司	180万股	6%

八、发行人情况

1. 发行人名称:四川禾嘉股份有限公司(筹)

2. 发行人地址:四川省成都市高新技术产业开发区第九区

3. 发行人历史情况简介:

四川禾嘉股份有限公司(筹)是由四川实味食品有限公司1997年4月经四川省人民政府川府函[1997]129号文件批准,在对四川实味食品有限公司进行整体改组的基础上,由原四川实味食品有限公司的五个股东四川禾嘉实业集团公司、成都市武候区百花洲娱乐世界、四川禾嘉房产开发公司、四川星火食品研究院五家单位共同发起,以募集方式设立的股份有限公司。

四川实味食品有限公司系1991年由四川省第三工业联合公司与台湾中国实味企业股份有限公司共同出资,经四川省计委川经(1991)外经786号文批准成立的中外合资性质的有限责任公司。公司注册资本1330万元,其中,四川三工出资占70%,台湾实味出资占30%。1993年6月,四川三工全部资产包括持有的四川实味有限公司的股权全部转让给四川

禾嘉实业集团有限公司。1994年8月,经征得台湾实味同意,四川禾嘉实业集团有限公司持有的四川实味食品有限公司的部分股权分别转让给四川禾嘉房地产开发有限公司,北海海利公司,成都市武侯区百花洲娱乐世界,四川星火食品研究院。1996年10月,经公司股东大会研究,同意台湾实味持有的四川实味食品有限公司30%的股权全部转让给四川禾嘉实业集团有限公司,到此,四川实味食品有限公司即变更为全部由中国境内法人投资的有限责任公司,并于1996年12月25日在四川省工商局重新注册登记,现其股东及股益构成如下:

四川禾嘉实业集团有限公司持有86.8%股东权益;

北海海利公司持有2.2%股东权益;

四川禾嘉房地产开发有限公司持有4.4%股东权益;

成都市武侯区百花洲娱乐世界持有4.4%股东权益;

四川星火食品研究院持有2.2%股东权益;

四川实味食品有限公司历次股东出资比例变更表

日期	禾嘉	三工	海利	房产	百花	星火	台湾
1991－1993.5		70%					30%
1993.6－1994.10	70%						30%
1994.10－1996.10	56.8%		2.2%	4.4%	4.4%	2.2%	30%
1996.10	86.8%		2.2%	4.4%	4.4%	2.2%	

4. 发行人组织结构及关联企业:

发行人股东大会是公司的权力机构,董事会对股东大会负责,聘任或解聘公司总经理,总经理对董事会负责,主持日常的经营管理工作,执行董事会的决议。监事会由股东代表和职工代表组成,监督董事和公司高级管理人员的经营管理行为,维护公司和股东的权益。

(1)本公司有五个发起人股东即四川禾嘉实业集团有限公司、成都市武侯区百花洲娱乐世界、四川禾嘉房地产开发公司、四川星火食品研究院、北海海利实业公司。

四川禾嘉实业集团有限公司简介

四川禾嘉实业集团有限公司系1993年3月成立,注册资金为1200万元。

公司地址:成都市高新技术产业开发区第九区。

法定代表人:夏朝嘉

公司经营范围:食品工业、食品机械、食品研究、包装印刷、塑料制品、房地产开发、国际国内贸易等。1944年公司被评为中国首批100家最大私营企业。全国排名第14位。同年荣获"中国明星企业"称号,四川省政府授予"四川省优秀企业"称号。

四川禾嘉实业集团公司以其所在地成都为中心,北起北京、天津、南至广州、香港、北海、以分公司、办事处的形式,向全国扩散并逐步进入国际经济大市场,在香港设立的香港朝嘉集团有限公司已成为产品外销、项目引进、联营合作和其它商贸活动的窗口企业。目前在蓉的企业有:四川实味食品有限公司、四川第三工业联合公司、成都市精印包装厂等企业,在省外有天津港保税区津鑫国际贸易有限公司、北海朝嘉房地产开发公司、海南振川工贸公司等企业,整个集团公司正处在高潜力、高效率、高效益的发展期。

北海利实业公司

注册地址:北海市云南西路二街二号

法定代表人:田云金

北海海利实业公司注册资金200万元,公司经营批发、零售、代销、开发等业务。公司现有资产规模1020万元,净资产598万元。1996年公司营业收入1034万元。

成都市武侯区百花洲娱乐世界

注册地址:成都市永丰乡百花村一组

法定代表人:吴健麟

成都市武侯区百花洲娱乐世界,注册资本800万元,公司从事水上游乐、餐馆、娱乐等业务。公司现有资产规模1457.5万元,净资产943万元。1996年公司营业收入1201万元。

四川禾嘉房地产开发公司

注册地址:成都白马寺110号

法定代表人:喻德露

四川禾嘉房地产开发公司注册资本500万元,公司从事房地产开发经营和建筑材料经营等业务。公司现有资产规模2000多万元,净资产800多万元,1996年公司收入627万元。

四川星火食品研究院

注册地址:成都市高技术产业开发区第九区

法定代表人:郁蓉娟

四川星火食品研究院,注册资本80万元,研究所从事蔬果及农产品加工技术服务和咨询,自研产品及相关配套产品和设备的研制和销售业务。四川星火食品研究与四川实味食品有限公司合作,对引进蔬果脆片技术进行吸收消化,成功试制出国产的蔬果脆片生产线。研究院还在优质小麦和优质杂交水稻的研究上与实味公司合作,取得大量科研成果。

(2)本公司组织结构和内部管理结构图(附后);

禾嘉集团公司组织示意图

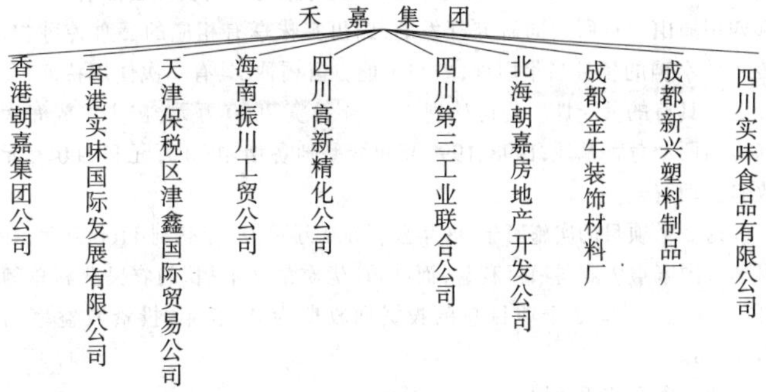

5. 发行人职工人数及其构成

截止1996年12月,本公司在册职工总数共748人。

项目	人数(人)	占总人数的比例(%)
(1)按业务分工类:		
一线生产工人	518	69.3%
工程技术人员	18	2.4%
财务人员	14	1.9%
销售人员	62	8.3%
管理人员	65	8.7%
其他人员	71	9.5%
合计	748	100%
(2)按职称分类		
高级职称	16	2.2%
中级职称	108	14.4%
初级职称	72	9.6%
(3)按文化程度分类:		
硕士	3	0.4%
大学	54	7.2%
大专	102	13.6%
中专	48	6.4%
(4)按年龄分类:		
30岁以下	231	30.4%
39岁—50岁	435	58.6%
50岁以上	82	11.0%

本公司目前尚无离退休职工。

本公司已为所有在册职工办理了养老保险、待业保险和劳动安全保险,并根据业务需要不定期对员工进行培训,积极改善员工的工作,生活环境及其他福利待遇。

6. 发行人经营业务范围

生产、加工脱水蔬菜、水果脆片、食品机械,种植、加工农副产品,销售本公司产品,提供食品工程技术咨询,设备安装调试,技术转让和人员培训服务。

7. 发行人实际从事的主要业务:

优质小麦、水稻种子培育及种植,蔬果及其他农副产品加工、销售、蔬果食品加工机械的设计制作,提供优质小麦、水稻种子的种植技术及蔬果食品加工、工程技术咨询,设备调试,技术转让和人员培训。

8. 发行人主要产品、生产能力及市场情况

(1)主要产品品种:

A. 四川是个农业大省,但四川省种植的小麦品质较差。用川麦生产的面粉,无论从蛋白质、面筋质数量及质量,都难以满足食品加工业的需要。“双高优质小麦”蛋白质含量高、面筋质含量高,对日照要求不大,能适应较大的温差变化。

B. 蔬果脆片是以真空低温油炸干燥技术为手段,以蔬果为原料生产的一种新型健康食品。其产品具有原色、原味、原营养成份、富含维生素、纤维素和矿物质,1994 年获“布鲁塞尔国际食品品鉴会金奖”1995 年又获 95 成都推荐产品精品奖。

C.“两系亚种间超高产杂交水稻”是从未有的新品种,也是袁隆平院士称之为几十年来水稻选择中从未有过的最佳品种。初步估计,该品种的超高产性籼、粳间种子(亩产高达 1800—2300 斤,一般籼型杂交稻为 900-1100 斤)将成为引导下一个十年期间杂交水稻新品种潮流的主力军。

(2)主要产品的年生产能力:

蔬果脆片为 600 吨,蔬果加工机械 10 条;小麦种子 96 年已与四川省各地签订了 4000 亩的协议,可产小麦 1400 吨。本次募股资金的投入将从资金上保证 97 年的优质小麦种子播种面积扩大到 8.4 万亩,年产小麦 2.9 万吨。

(3)市场情况:

本公司的双高优质小麦是经四川大学、星火食品研究院联合开发成功的,与国内其它优质小麦或国外优质小麦相比在蛋白质含量和面筋度上仍胜出一筹,尤其该品种对日照要求不强,适合在四川这样阴冷地区生长。本公司的‘嘉嘉爱’牌蔬果脆片在国内处于独家所有的垄断地位,其技术指标即为国内的行业标准。其产品符合当今社会追求快捷、天然和营养食品的趋势,市场潜力非常巨大;同样,蔬果加工机械的销售也是如此,目前本公司已签订了 30 多条生产线的销售合同。

9. 发行人业务收入的主要构成

本公司前三年的主营业务收入的主要构成如下:

年度	1996 年	比重	1995 年	比重	1994 年	比重
主营业务收入	8562	100%	6865	100%	4964	100%
果蔬脆片	5102	59.6%	4896	71.3%	3628	73.1%
食品加工设备	2333	27.2%	1927	28.1	1326	26.7%
麦种	-1114	13.0%				
其他	12	0.2	41	0.6%	11	0.2%

10. 主要原材料的供应情况

本公司的产品的原材料主要由国内提供,但部分辅料需从国外进口,主要包括浸渍用糖液、包装袋材质和干燥剂。目前本公司有 30% 的高麦芽糖来自台湾,50% 的包装袋材质来自香港,30% 的干燥剂来自日本,其余部分均来自国内。

11. 工业产权及类似无形资产(商标注册)情况

“实味”(TEUSNEX)牌商标是 1978 年在台湾工商管理局注册登记的,注册人为中国实味企业股份有限公司,后四川省第三工业联合公司与台湾中国实味企业股份有限公司合资创办“四川实味食品有限公司”并达成协议,以 20 万美元作价将“实味”商标转让给四川实味食品有限公司,经国家工商行政管理局商标局同意,对“实味”牌商标依法办理了变更注册手续,注册人变为四川实味有限公司,注册地址变为四川成都市高新技术产业开发区第九区。“实味”中文商标注册登记号是第 662226 号,商标注册有效期为十年。

1991 年 10 月 15 日四川省第三工业联合公司与台湾中国实味企业股份有限公司签订了“关于四川实味食品有限公司专有技术使用协议”台方分别以其蔬果脆片专有技术作价 20 美元的投入四川实味食品有限公司。1996 年 11 月 10 日,四川实味食品有限公司分别与四川星火食品研究院和四川高新精化公司签订了新型专利技术转让协议,准许四川实味食品有限公司生产的设备使用“使超标煎炸油再生的真空煎炸锅”、“化学吸湿型干燥剂及其制备方法”和“防水透气高强度复合包装制品”专利技术,协议转让价格分别为 100 万元、40 万元和 50 万元。

12. 新产品新项目研究开发情况

(1)1996 年四川实味食品有限公司在开发小麦成功的基础上又开始参与“水稻项目”的研究,与“国家杂交水稻工程技术研究中心”共同开发出“两系亚种间超高产杂交水稻”。该水稻品种亩产可比一般水稻高出一倍,且角质率、透明度高、米质好,至今全世界范围内尚未有如此特异品种。

(2)蔬果脆片新品种,目前公司根据市场需求,针对休闲食品和快餐便捷食品两个目标市场开发出巧克力系列、干果系列、鲜肉系列等产品。

13. 政府的优惠政策

因为发行人是地处国家级高新技术区的高新技术产业,本次公开发行股票并上市后,在所得税方面仍将享受 15% 所得税税率计征的优惠政策。

九、筹委会主要成员介绍

夏朝嘉,男,现年 48 岁,四川什邡县人,高级经济师,中国包装工程函授学院毕业。公司筹委会负责人,曾就读于国家经济干部管理研究班。现任四川省实味食品有限公司董事长兼总经理,全国工商联执行委员,四川省工商联副主任委员,省商会副会长,省政协委员。

袁东畤,男,现年 51 岁,四川仁寿县人,经济师,中国包装工程函授学院毕业,大专文化,中共党员。长期从事企业管理工作现任广州保税区四川省实味食品有限公司分公司总经理,香港朝嘉实业公司副总经理。

毛竞,女,现年 40 岁,大专文化,中共党员,经济师。从 1997 年至今任成都市精印包装厂总经理。现任禾嘉实业集团董事、副总裁。

郁蓉娟,女,现年 41 岁,大专文化,经济师。1974 年 8 月参加工作。现任四川实味食品有限公司副总经理、行政事务部经理,四川星火食品研究院院长,百花洲娱乐世界常务副总经理。

彭清颖,男,现年 48 岁。中共党员,工程师。现任禾嘉实业集团有限公司行政事务部副部长。

喻德露,男,现年 51 岁。中共党员,大专文化,经济师,现任四川禾嘉实业集团房地产开发公司总经理。

陈可仁,男,现年 52 岁,现任禾嘉实业集团常务董事,四川实味食品有限公司副总经理。

筹委会成员已承诺不在本公司和本公司之关联企业中同时担任高级管理人员。

十、经营业绩

1. 生产经营的一般情况

公司成立以来,坚持“服务农业、开发农业、科技兴农帮助农民脱贫致富”的经营宗旨,致力于优质小麦的研究开发和推广以及农副产品的深加工,在取得较好的社会效益的同时,也获得了前所未有的发展,主要经济指标大幅度提高,公司经济实力不断增强。1994 年公司生产的“实味牌天然蔬菜”被中国明星企业暨名牌展示会组织委员会评为中国名牌产品、“四川实味的实味牌蔬果脆片”荣获省政府产品金奖产品称号、公司的“嘉嘉爱四季果系列产品“被省政府授予庆祝中华人民共和国成立 45 周年四川省进步推荐产品、由轻工部选送布鲁塞尔博览会获得布鲁塞尔博鉴会

金奖,荣获“中国明星企业”称号。四川省政府授予“四川省优秀企业”称号,以下为本公司1996年经审计的经营业绩概要:

类别	1996年	1995年	1994年
一、产品销售收入	85,622,108	68,650,462	49,640,388
二、主营业务利润	23,916,694	18,246,196	15,314,018
三、营业利润	23,916,694	18,056,974	15,356,018
四、利润总额	23,922,194	18,056,974	15,356,018
五、净利润	20,333,865	15,348,428	13,052,616

2. 产品或者服务的市场情况

四川是个农业大省,但该省种植的小麦品质较差。“双高优质小麦”已经通过国家科委专家鉴定,并取得小面积试种成功非常适合四川的气候,受到市场的欢迎。

“两系亚种间超高产杂交水稻”是从未有的新品种,也是袁隆平院士称之为几十年来水稻选种中从未有过的最佳组合品种。该品种的超高产性籼、梗间种(亩产高达1800—2300斤,一般籼型杂交稻为900—1100斤)市场前景十分看好。

蔬果脆片保持蔬果原色、原味、原营养的天然素食特点,得到消费者的信赖和好评。

3. 产品性能、质量的情况

“双高优质小麦”已通过国家科委专家鉴定,其蛋白质含量较稿,面筋质数量、粉质性状都比较理想;而且,其对光照要求不高的特点是同类麦种不可比拟的,并改变了四川优质面粉一直依赖外省供应和进口的状况,为四川面粉及食品加工工业提供质优价廉的资源。

“两系亚种间超高产杂交水稻”新品种系父代“粳0-1”、母代“WS”杂交培育新种,间籼、粳型稻特征。粒型长椭圆型、长宽比2.8-3.0:1、腹白小、角质率高、透明度高、米质好,而且其产量是一般籼型杂交水稻的2倍。

“蔬果脆片”生产风味独特、食用方便、保留蔬果营养成分、色形俱佳、附加值高,公司制订的该产品企业标准已由中国轻工总会颁布为蔬果脆片产品行业标准。该产品的开发项目被四川省科委和农业厅列入“四川省农业产业化示范工程”。

4. 经营管理的改进与提高

科学的经营管理能给企业创造巨大的经济效益。本公司为了提高经济效益,发挥现代公司管理的优势,公司从社会上招聘了一批管理人才,而且公司也利用电子计算机进行管理,同时公司总裁夏朝嘉曾多次带领公司高级管理人员到美国、日本、韩国的一些著名的大公司进行访问,学习它们先进的管理经验,建立了一套严格科学的管理制度。

十一、股本

1. 本次公开发行前的股本结构

类别	股份数(万股)	占总股本比例(%)
四川禾嘉实业集团有限公司	3906	86.8%
北海海利实业公司	99	2.2%
成都市武候区百花洲娱乐世界	198	4.4%
四川禾嘉房地产开发公司	198	4.4%
四川星火食品研究院	99	2.2%
总股本	4500	100%

注:以上4500万股全部为发起人股。

2. 本次公开发行后的股本结构

本次3000万股社会公众股发行后的股本结构如下

类别	股份数(万股)	占总股本比例(%)
法人股	4500	60
社会公众股	3000	40
其中:公司职工股	300	4
总股本	7500	100

注:本次发行中,3000万股社会公众股的10%,即300万股向公司职工配售,根据有关规定,公司职工股要在新股上市半年后方可上市流通。

3. 本次发行后净资产总额

根据湖北大信会计师事务所鄂信业字(1997)第333号审计报告,截止1997年12月31日,本公司净资产为4501万元,本次发行成功后,可募集资金24150万元,扣除发行费用后,实际可运用资金23200万元。因此,发行后净资产为27701万元。

4. 发行前后每股净资产

按发行前总股本4500万股计算,每股净资产为1.00元

按发行后总股本7500万股计算,每股净资产为3.69元

5. 发起人持股情况

名称	股份数(万股)	占总股本的比例(%)
四川禾嘉实业集团有限公司	3960	52.08%
北海海利实业公司	99	1.32%
四川禾嘉房产开发公司	198	2.64%
成都市武候区百花洲娱乐世界	198	2.64%
四川星火食品研究院	99	1.32%
发起人股本	4500	60%

十二、债项

根据湖北大信会计师事务所出具的审计报告鄂信业字(1997)第333号,截止1996年12月31日,本公司负债总额为64,446,148.42元,其中,流动负债为41,146,148.42元,长期负债为23,300,000元。

本公司截止1997年12月31日借款情况如下:

借款类别	金额 短期	长期	年利率(%)	债务期间	抵押及担保情况	其他限制条件
银行借款	450万元		10.98	96.5-97.2	担保借款	
	400万元		10.98	96.11-97.5	担保借款	
	785万元		10.98	96.12-97.6	担保借款	
		350万元	12.24	94.4-98.4	担保借款	无
		275万元	12.96	95.1-98.6	担保借款	
		905万元	13.50	96.2-98.8	担保借款	
		800万元	13.50	96.5-98.9	担保借款	
合计	1635万元	2330万元				

关于或有负债,截止1996年12月31日,本公司没有为任何单位或个人提供担保,没有对外做过任何合同承诺,也没有逾期未偿还债务和对内部人员及关联企业的负债。

十三、主要会计资料

(一)资产负债表

编制单位:四川禾嘉股份有限公司(筹)　　单位:人民币元

资产	注释号	96年12月31日	95年12月31日	94年12月31日
货币资金	1	1,105,462	1,683,884	1,631,337
应收帐款净额		28,302,193	6,533,263	6,185,710
预付帐款	3	3,667,377	2,161,468	2,398,099
其他应收款	4	6,796,602	3,367,247	5,288,068
待摊费用	5	56,725	36,925	29,170
存货	6	10,336,905	5,132,720	6,910,560
流动资产合计		50,265,264	18,915,507	22,442,944
长期投资:				
固定资产净值	7	46,021,053	14,864,267	15,952,704
在建工程			13,809,301	
固定资产合计		46,021,053	28,673,568	15,952,704
无形资产及递延资产合计		13,170,741	9,777,612	10,393,699
资产总计		109,457,058	57,366,687	48,789,348
短期借款	10	16,350,000		

应付帐款	11	10,081,211	12,819,523	12,498,693
预收帐款	12	1,212,650	549,488	258,303
应付福利费	13	21,375	27,601	3,602
未付股利				
未交税金	14	8,295,189	1,688,658	1,382,893
其他未交款	15	240,098	105,988	59,396
其他应付款	16	4,945,625	5,155,237	4,618,532
流动负债合计		41,146,148	20,346,494	18,821,418.72
长期负债合计		23,300,000	19,250,000	14,500,000
负债合计		64,446,148	39,596,494	33,321,419
股本	18	45,000,000	13,300,000	13,300,000
资本公积	19	10,909		
盈余公积			4,470,193	2,167,929
其中:公益金			1,490,064	722,643
未分配利润				
股东权益合计		45,010,909	17,770,193	15,467,929
负债与股东权益合计		109,457,058	57,366,687	48,789,348

(二)利润表

编制单位:四川禾嘉股份有限公司(筹)　　单位:人民币元

项目	注释号	1996年度	1995年度	1994年度
产品销售收入	20	85,622,108	68,650,462	49,640,388
减:营业成本		57,063,724	46,724,498	31,054,072
销售费用		810,088	630,915	446,172
管理费用		2,475,204	2,354,034	2,231,489
财务费用	21	909,368	543,325	300,648
营业税金及附加	22	447,031	378,494	293,988
主营业务利润		23,916,694	18,046,196	15,314,018
加:其他业务利润	23		10,777	42,000
营业利润		23,916,694	18,056,974	15,356,018
加:投资收益				
营业外收入	24	6,000		
减:营业外支出	25	500		
利润总额		23,922,194	18,056,974	15,356,018
减:所得税		3,588,329	2,708,546	2,303,403
净利润		20,333,865	15,348,428	13,052,616
加:年初未分配利润				
盈余公积转入				
减:折股		20,333,865		
可分配的利润			15,348,428	13,052,616
减:提取法定公积金			1,534,843	1,305,262
提取法定公益金			767,421	652,631
上缴集团公司			13,046,163	11,094,723
可供股东分配的利润				
未分配利润				

(三)企业采用的主要会计政策

1. 执行的会计制度:公司执行《中外合资经营企业会计制度》。

2. 会计期间:会计年度采用公历年度,即从1月1日起至12月31日止为一个会计年度。

3. 报表编制方法

(1)因所属分公司未实行独立核算,由公司统一核算并编制会计报表。

(2)本次编制的会计报表按《股份制试点企业会计制度》的有关规定编制。

(3)本次编制的会计报表对资产评估结果进行了调整。

4. 记帐原则、计价基础、记帐方法、记帐本位币:

公司依据权责发生制原则,按实际成本计价,采用借贷复式记帐方法,以人民币为记帐本位币。

5. 坏帐准备:公司按应收帐款期末余额的5‰计提坏帐准备金。

6. 存货计价方法:公司存货是经营过程中为销售或耗用而储存的各种资产,包括:原材料、产成品、在产品、包装物、低值易耗品、库存商品、修理配件。其计价方法为:

(1)原材料、包装物、低值易耗品、库存商品、修理配件取得时按实际成本记帐、发出时采用加权平均法核算。

(2)产成品以产品全部完工的实际成本核算;在产品按完工程度和发生的实际成本核算。

(3)低值易耗品领用时采用一次摊销法摊销。

7. 固定资产及其折旧

(1)固定资产是指使用年限在1年以上,单位价值在1500元以上的房屋、建筑物、机器、机械、运输工具和其他设备、器具等。

(2)固定资产原价按购建的实际成本计价。

(3). 固定资产折旧采用直线法计提。

(4)固定资产类别、估计经济使用年限、预计残值率、年折旧率如下:

类别	估计经济使用年限(年)	预计残值率(%)	年折旧率(%)
房屋及建筑物	30	5	3.17
机器设备	12	5	7.92
电子仪器仪表	8	5	11.88
运输工具	8	5	11.88
其他	5	5	19.00

8. 无形资产及其摊销

无形资产系转让取得的经营性土地使用权、商标、专用技术,其中:

(1)经营性土地使用权按五十年期限采用直线法平均摊销;

(2)商标按十年期限采用直线法平均摊销;

(3)专用技术按十年期限采用直线法平均摊销。

9. 递延资产及其摊销:递延资产系开办费,按照五年的期限采用直线法平均摊销。

10. 销售收入确认原则:公司是以产品(商品)发出,货款收回或取得收取货款的合法凭证作为销售收入的实现。

11. 税项

(1)增值税:公司增值税销项税率17%,应交纳增值税额为按当期销售收入和销项税率计算销项税后,扣除当期进项税的余额。

(2)所得税:根据国家级高新技术开发区的高新技术企业税收优惠政策,1994年、1995年、1996年按15%征收所得税。

(3)城市维护建设税:按应纳增值税额的7%计提缴纳。

(4)教育费附加:按应纳增值税税额的3%计提缴纳。

12. 利润分配

拟成立的股份公司税后利润按以下顺序及比例进行分配:

(1)弥补亏损

(2)提取法定盈余公积金　　10%

(3)提取法定公益金　　5%

(4)提取任意公积金:提取比例由股东大会决定。

(5)分配股利:由董事会提出预案经股东大会决议

(四)财务指标分析

本公司前三年的财务指标如下:

类别	96年	95年	94年
流动比率	1.22	0.93	1.19
速动比率	0.97	0.68	0.83
应收帐款周转率(次)	4.89	10.79	8.15
存货周转率	7.38	7.76	4.63
资产负债率	58.9%	69.0%	68.3%
每股收益率(元/股)	0.45	1.16	0.98

净资产收益率	45%	86%	84%
每股净资产	1.00	1.34	1.16

如果投资者欲对公司的财务状况、经营成果及其会计政策进行更为详细的了解,应认真阅读附录中所载的公司财务报表和注释。

十四、资产评估

根据广东资产评估公司的资产评估报告〖粤资评(1997)050 号〗,本公司本次发行所进行的资产评估情况如下:

1. 评估基准日:1996 年 12 月 31 日

2. 评估方法

①流动资产采用成本法

②固定资产采用重置成本法及市场比较法

③无形资产采用成本法

3. 评估结果

单位:万元

资产类型	财面原值	帐面净值	重置价值	评估值	增减额	增减率(%)
流动资产		5,026.51		5,026.52	+0.01	+0.00
固定资产	4,656.05	4,141.35	5,671.58	4,602.11	+460.75	+11.13
土地使用权		729.32		1,009.24	+229.92	+29.5
其他资产		307.83		307.83		
资产合计		10,255.02		10,945.71	+690.69	+6.74
负债合计		6,444.61		6,444.61		
净资产		3,810.41		4,501.09	+690.68	+18.13

从上表可看出,资产总额的评估增长幅度不太大,为6.74%。增值较多的主要是固定资产及无形资产的评估增值。在固定资产评估中增值主要的项目有:(1)四川实味食品有限公司本部的低温真空脆片生产线,帐面净值 6967.33 千元,评估值 8871.67 千元,增值 1904.34 千元;(2)四川实味食品有限公司主厂房帐面净值 3101.15 千元,评估值 3825.75 千元,增值 724.60 千元;(3)广州保税区实味分公司仓储大楼帐面净值 27024.87 千元,评估值 29577.46 千元,增值 2552.58 千元,以上三项增值 5181.52 千元。土地使用权评估增值主要项目有:(1)广州保税区土地面积 3722 平方米,帐面值为 5704.42 千元,评估值为 6690.30 千元,增值 985.88 千元;(2)四川实味食品有限公司土地面积 5117.89 平方米,帐面值为 2088.77 千元,评估值为 3402.12 千元,增值 1313.34 千元,以上项目共增值 2299.22 千元。

十五、盈利预测

(1)盈利预测基准

本预测是根据已经中国注册会计师审计的本公司(筹)1994 年度、1995 年度、1996 年度的会计报表和近三年的经营业绩,以及本公司(筹)在充分考虑现实基础和发展潜力及生产经营计划,并在下列各项假设和前提下编制的,预测所依据的会计政策则与本公司(筹)采用的会计政策相一致。

(二)盈利预测假设

本盈利预测的编制建立在下述假设之上:

1. 本公司(筹)所遵循的我国法律、法规、政策无重大变化。

2. 本公司(筹)所在地区社会经济环境无重大变化。

3. 本公司(筹)投资项目能如期实现。

4. 1997 年度的信贷利率、税率及汇率将在正常范围内变动。

5. 本公司(筹)的经营运作不会受到客观因素的巨大变动而产生不利影响。

6. 无其他人力不可抗拒因素的重大不利影响。

(三)根据上述基准和假设,预测 1997 年度本公司(筹)可获税后净利润为 2,468.4 万元,主要经济指标详见盈利预测汇总表。

四川禾嘉股份有限公司(筹)

1997 年度盈利预测汇总表

单位:人民币千元

项目	1996 年已审实现数	1997 年预测数
一、主营业务收入	85,622	103,200
减:营业成本	57,064	68,956
销售费用	810	930
管理费用	2,475	2,770
财务费用	909	1,020
营业税金及附加	447	490
二、主营业务利润	23,917	29,034
加:其他业务利润		
三、营业利润	23,917	29,034
加:投资收益		
营业外收入	6	8
减:营业外支出	1	2
四、利润总额	23,922	29,040
减:所得税(税率 15%)	3,588	4,356
五、净利润(15%所得税率)	20,334	24,684

注:本公司地处国家级高新技术开发区成都市高新技术开发区,属高新技术产业,根据国家高新技术开发区,高新技术企业税收优惠政策,享受 15%所得税优惠。

十六、公司发展规划

(一)发展目标和规模

要未来五年内,本公司力争成为我国农业企业前 5 名;在社会效应上力争帮助千万农民达到小康;在财务指标上力争使本公司主营业务收入和税后利润每年增长率分别达到 30%和 10%;到 2000 年,使本公司的主营业务收入达到 2.4 亿元,税后利润达到 5000 万元,资产总额达到 5 亿元。

(二)发展战略

坚持以农业为主业是本公司的主要发展方向;立足农村生产、依托科技应用、占领城市市场是本公司今后发展的主要方针;"公司+农户"则是本公司主要的经营方式;从良种培育到加工和销售的纵向一体化是公司的主要经营战略。

1. 生产经营计划

(1)扩大优质小麦种子的种植面积占领四川及西南地区小麦种子市场,力争两年内在四川取代以往的品种,使四川摆脱无优质小麦的历史,并形成稳定的小麦种子生产基地,使明年优质小麦的翻种面积达到 8.4 万亩。

(2)"两系亚种间超高产杂交水稻"的推广。今年该种水稻已在四川眉山试种,在海南大面积生产,通过今年的试种和试生产,98 年要达到 10000 亩的播种面积,产亲本稻种 300 万斤、完成优质水稻的推广,与优质小麦共同组成"种子板块"。

(3)蔬果脆片生产基地的建设。本公司要在 4 年内建成 8 大蔬果生产基地,这些基地主要包括苹果基地、芹菜基地、龙眼基地、胡罗卜基地、葡萄基地以及蔬菜基地等。通过 8 大基地的建设形成年产蔬果脆片 10000 吨的规模。

(4)通过资产经营收购、兼并其它行业的企业,补充本公司目前存在的产业结构不够丰富的不足。

2. 市场发展计划

完善本公司的 CIS 整体设计,做好广告宣传,实行大品牌战略,提高公司的整体形象。第一步是利用本公司股票发行与上市的良好机会,精心策划,将"禾嘉"商标推向全国,让全国对"禾嘉"有个初步的认识;第二步是利用强有力的大众媒介,推出"禾嘉麦种"、"禾嘉水稻"、"禾嘉蔬菜片"、"禾嘉水果片"等系列,将"禾嘉"的品牌落实到具体产品,形成强烈的禾嘉即优质产品的联系;最后是将由本公司产品重点销售 扩大到全国,再由全国推向香港和东南亚。

3. 销售计划

(1)扩大并完善销售网络、结合市场发展计划在有一定的销售规模的地区建立销售办事处;对销售面不大或销售较少的市场,则实行代理制当销售达到一定的规模时取消代理制,建立本公司直属的销售办事处。本公司计划在未来二、三年内除已建立的北京、上海、广州办事处外,取消武汉、沈阳、西安、北海、重庆总代理商。代之以新的办事处。

(2)扩大对集团的销售。本公司产品一部分直接面对全国消费,这部分产品主要是通过超级市场和百货、食品公司销售;另一部分则面对集团消费者,他们主要是广大的民、餐饮业和食品加工厂。本公司在总代理商和办事处的基础上,通过农科所、农机站以及与其他集团消费者签订长期销售协议的形式,形成稳定的销售渠道,减少中间环节,计划在三年内成立一个遍布全国的供销战略联盟,构筑成一种有序、高效的销售网络。

十七、重要合同及重大诉讼事项

(一)转让协议

1.1991年10月15日四川省第三工业联合公司与台湾中国实味企业股份有限公司签订了"关于四川实味食品有限公司专有技术使用协议"台方分别以其蔬果脆片专有技术和"实味"商标作价40万美元投入四川实味食品有限公司。

2.1996年11月10日,四川实味食品有限公司公别与四川星火食品研究院和四川高新精化公司签订了新型专利技术使用权转让协议,准许四川实味食品有限公司生产的设备使用"使超标煎炸油再生的真空煎炸锅"和"防水透气高强度复合包装制品"专利技术,协议转让价格分别为120万元和100万元

3.1996年11月10日,四川禾嘉实业集团有限公司将其所属的"四川禾嘉集团优质粮油、食品开发中心"整体转让给四川实味食品有限公司。转让内容包括"四川禾嘉集团优质粮油、食品开发中心"的全部资产,该中心所拥有的"87—284"和"85—1427"优质小麦粮种和育种技术,以及以"四川禾嘉集团优质粮油、食品开发中心"的名义对外签订的全部合同和协议。

(二)业务经营合同协议

1.优质小麦联合开发协议

"四川禾嘉集团优质粮油、食品中心"于:

1996年10月21日与新都县泰兴镇农技战;

1996年10月14日与四川郫县犀浦农技战;

1996年8月27日与四川崇州市羊马镇家业技术服务战;

1996年8月8日与邛崃市技术推广中心农技战;

1996年5月28日与四川眉山县科技研究所;

1996年7月23日与四川眉山县科技研究所单位签署"优质小麦联合开发协议书"采用全种全收的方法租用农民土地销售麦种回收小麦。

2.蔬果脆片布点企业联合开发技术转让协议

1995年11月28日与"中美合资黔洛娱乐有限公司";

1996年6月6日与"张液市益康食品有限公司";

1995年3月21日与"高德镇企业发展总公司";

1994年1月6日与山东苍山生物育种中心

1993年12月13日与"洛阳物产集团股份有限公司";

1993年12月28日与"北京市红星粮食饲料公司"签署蔬果脆片成套设备及技术出售合同。

备查文件及查阅地点

1.湖北大信会计事务所关于四川禾嘉股份有限公司财务审计的报告;

2.湖北大信会计事务所关于四川禾嘉股份有限公司1997年度盈利预测的审核报告;

3.广东资产评估公司关于四川禾嘉股份有限公司资产评估的报告;

4.湖北大信会计事务所出具的验资报告;

5.中辰律师事务所关于四川禾嘉股份有限公司股票发行的法律意见书;

6.中辰律师事务所关于四川禾嘉股份有限公司股票发行的法律工作报告;

7.公司筹委会关于资产评估报告结果确认的决议;

8.发起人协议书;

9.关于所得税的文件;

10.公司章程草案;

11.中国证监会关于同意本公司公开发行股票的批文;

12.原企业的营业执照;

13.重要合同;

14.上海证券交易所同意本公司股票上市的承诺函。

15.承销协议

16.广东对外经济律师事务所对主承销商的法律工作报告

招股说明书全文及以上备查文件查阅期为自本概要登报之日起到本次发行结束前,查阅地点为四川实味食品有限公司及广发证券有限责任公司投资银行部;查阅时间在发行期。

四川禾嘉股份有限公司(筹)

一九九七年六月六日

(2)本公司组织结构和内部管理结构图如下:

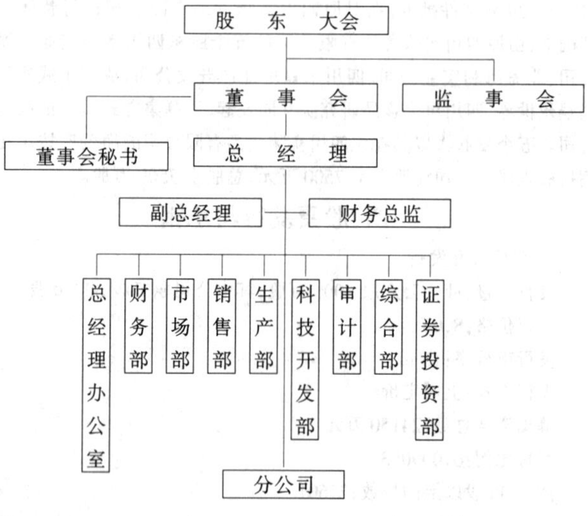

四川禾嘉股份有限公司股票上市公告书

一、要览

总股本:7500万股

可流通股本:3000万股

本次上市流通股本:2700万股

股票简称:禾嘉股份

股票代码:600093

上市地点:上海证券交易所

登记机构:上海证券中央登记结算公司

上市推荐人:广发证券有限责任公司成都证券公司

二、绪言

本公司根据《中华人民共和国公司法》、《股票发行与交易管理暂行条例》和《公开发行股票公司信息披露实施细则》和《上海证券交易所市场业务试行规则》等有关法律、法规、文件的规定,为本公司股票公开上市之目的向社会公众提供有关资料。

四川禾嘉股份有限公司(以下简称“本公司”)的股票公开发行已经中国证券监督管理委员会证监发字(1997)303号文和证监发字304号文批准,已向社会公开发行人民币普通股3000万股,本次上市流通股本为2700万股,根据国家有关规定,公司职工股自此次上市流通股上市之日起半年后上市。本公司股票上市申请经上海证券交易所上证上(97)字第060号文批准审核同意,将于1997年6月26日在上海证交易所挂牌交易。

本公司于1997年6月6日分别在《上海证券报》和《中国证券报》刊登了《抬股说明书概要》,距今不足6个月,故与其重复内容不再重复,敬请投资者查阅本公司的《招股说明书概要》。

本公司董事会全体成员已批准本上市公告书,确信其中不存在重大遗漏和误导,并对其真实性,准确性和完整性负个别和连带的责任

三、公司概况

1. 基本情况

公司法定名称:四川禾嘉股份有限公司

英文名称:SICHUAN HEJIA CO. LTD

法定代表人:夏朝嘉

公司成立日期:1997年6月23日

公司注册资金:7500万元

公司注册地址:四川省成都市高新技术产业开发区第九区

公司营业执照注册号:20189789-7

经营范围:种植及技术服务、农副产品的加工销售、食品机械的设计生产、设备安装及其他技术服务、食品加工工程、技术咨询及人员培训

所属行业:高科技农业

联系人:樊平

联系电话:028-5181928

2. 公司历史沿革

四川禾嘉股份有限公司是于1997年4月经四川省人民政府川府函[1997]129号文件批准,在对原四川实味食品有限公司进行整体改组的基础上,由原四川实味食品有限公司的五个股东四川禾嘉实业集团有限公司、北海海利实业公司、四川禾嘉房地产开发公司、成都市武候区百花洲娱乐世界、四川星火食品研究院共同发起,以募集方式设立的股份有限公司。五个发起人以其在原四川实味食品有限公司的净资产按1:1的比例折股入股。公司注册资本7500万元,总股本7500万股。

四、股票发行与承销

1. 股票公开发行

发行数量:社会公众股3000万股,其中公司职工股300万股

发行价格:8.05元

发行市盈率:16倍

发行方式:上网定价

募集资金总额:24150万元

配售比例:0.009083

持1000股以上的户数:27601

发行费用总额:950万元

2. 股票承销

本次A股发行,超额认购110倍,社会公众认购股票后,无余额由承销团包销。

3. 验资报告(鄂信业字〖1997〗第432号)

(1)验资报告

四川禾嘉股份有限公司筹委会:

我们接受委托,对四川禾嘉股份有限公司(筹)截至1997年6月18日止的实收股本的真实性和合法性进行了审验。在审验过程中,我们按照《独立审计实务公告第1号—验资》的要求,实施了必要的审验程序。四川禾嘉股份的有公司(筹)的责任是提供真实、合法、完整的验资资料,保护资产的安全,完整。我们的责任是按照《独立审计实务公告第1号—验资》的要求,出具真实、合法的验资报告。

四川禾嘉股份有限公司(筹)的股本为人民币45,000,000.00元,四川禾嘉股份有限公司(筹)申请的注册资本为人民币75,000,000.00元。根据我们的审验,截止1997年6月18日止,四川禾嘉股份有限公司(筹)已收到各股东投入的股本75,000,000.00元。其中:发起人股东投入股本45,000,000元,占股本总额的60%,社会公众股东投入股本30,000,000元,占股本总额的40%(含内部职工股3,000,000元,占总股本的40%)。

湖北大信会计师事务所　　中国注册会计师:陈振奎

中国·武汉　　中国注册会计师:房永旭

一九九七年六月十八日

(2)验资事项说明

根据我们审验,公司于1997年6月18日收到募股资金235,005,525元,(已扣除承销费5,433,750元,上网发行费用300,000元,上交所手续费760,725元),其中股本金额30,000,000,余下部分等扣除其他发行费用后列入资本公积。

五、董事、监事、高级管理人员持股情况

姓名	职务	持股数量(股)	持股比例(%)
夏朝嘉	董事长、总裁	5000	0.0067
袁东畴	副董事长	5000	0.0067
毛　竞	董事	5000	0.0067
郁蓉娟	董事	5000	0.0067
夏朝怡	董事	5000	0.0067
彭清颖	董事	5000	0.0067
吴健鳞	董事	5000	0.0067
陈旭东	董事	5000	0.0067
田云金	董事	5000	0.0067
喻德露	监事长	5000	0.0067
陈可仁	监事	5000	0.0067
夏朝铭	监事	5000	0.0067

本公司董、监事共持有股份60000股,占总股本的0.08%,根据《公司法》规定,所持股份在任职期间不得上市流通。

六、公司设立

1. 本公司于1997年6月22日召开创立大会,审议并通过了本次以发行3000万股(其中包括300万股公司职工股)A股股票在上海证券交易所上市交易的决议。

2. 公司注册资金:人民币7500万元

3. 公司注册时间:1997年6月23日

4. 公司注册地点:成都市高新技术产业开发区第九区

5. 营业执照注册号码:2018978-7

七、关联企业及关联交易

1. 本公司的控股股东

四川禾嘉实业集团有限公司持有本公司3906万股,占总股本52%。

2. 关联交易

1996年11月10日,四川禾嘉实业集团有限公司将其属的“四川禾嘉集团优质粮油、食品开发中心”整体转让给四川实味食品有限公司。转让内容包括“四川禾嘉集团优质粮油、食品开发中心”的全部资产,该中心所拥有的“87-284”和“85-1427”优质小麦粮种和育种技术,以及以“四川禾嘉集团优质粮油、食品开发中心”的名义对外签订了全部合同和协议。

八、股本结构及大股东持股情况

(一)本公司上市前的股本结构

股本类别　　股数　　比例

1. 尚未流通股份

发起人股	4500万股	60%
2. 流通股份		
社会公众股	3000万股	40%
3. 总股本	7500万股	100%

(二)前十名股东持股情况

股东名称	持股数(万股)	占总股本比例(%)
四川禾嘉实业集团有限公司	3906	52.8
成都市武候区百花洲娱乐世界	198	2.64
四川禾嘉房产开发公司	198	2.64
北海海利实业公司	99	1.32
四川星火食品研究院	99	2.64
付建珍	4.5	0.06
高敏毓	3.5	0.047
张德芝	3.5	0.047
何岸峰	3.0	0.04
陶慕琼	3.0	0.04

九、财务会计资料

一、审计报告　　鄂信业字[1997]第333号

四川禾嘉股份有限公司筹委会:

我所接受委托,对四川禾嘉股份有限公司(筹)[以下简称公司(筹)]1994年12月31日、1995年12月31日和1996年12月31日资产负债表,1994年度、1995年度和1996年度的利润及利润分配表,1996年度的财务状况变动表进行了审计,这些会计报表由贵公司筹委会负责,我们的责任是对这些会计报表发表审计意见。我们的审计是依据《中国注册会计师独立审计准则》进行的。在审计过程中,我们结合贵公司的实际情况,实施了包括抽查会计记录等我们认为必要的审计程序。

我们认为,上述会计报表符合《企业会计准则》和《股份制试点企业会计制度》的有关规定,在所有重大方面公允地反映了四川禾嘉股份有限公司(筹)1994年12月31日、1995年12月31日、1996年12月31日的财务状况和1994年度、1995年度、1996年度的经营成果及1996年度资金变动情况,会计处理方法的选用遵循了一贯性原则。

湖北大信会计师事务所　　**中国注册会计师:陈振奎**

中国·武汉　　**中国注册会计师:邵九林**

一九九七年三月二十五

二、财务报表

资产负债表

编制单位:四川禾嘉股份有限公司(筹)　单位:人民币元

资　　产	注释号	96年12月31日	95年12月31日	94年12月31日
流动资产:				
货币资金	1	1,105,462	1,683,884	1,631,337
短期投资				
应收票据				
应收帐款	2	28,444,415	6,566,093	6,216,794
减:坏帐准备		142,222	32,830	31,083
应收帐款净额		28,302,193	6,533,262	6,185,710
预付帐款	3	3,667,377	2,161,468	2,398,099
其他应收款	4	6,796,602	3,367,247	5,288,068
待摊费用	5	56,725	36,925	29,170
存货	6	10,336,905	5,132,720	6,910,560
待处理流动资产净损失				
一年内到期的长期债券投资				
其他流动资产				
流动资产合计		50,265,264	18,915,507	22,442,944
长期投资:				
长期投资				
固定资产				
固定资产原价		56,715,841	18,627,870	18,260,625
减:累计折旧		10,694,789	3,763,603	2,307,921
固定资产净值	7	46,021,053	14,864,267	15,952,704
在建工程			13,809,301	
固定资产清理				
待处理固定资产净损失				
固定资产合计		46,021,053	28,673,569	15,952,704
无形资产及递延资产:				
无形资产	8	12,752,412	9,150,119	9,557,043
递延资产	9	418,328	627,493	836,656
无形资产及递延资产合计		13,170,741	9,777,612	10,393,699
其他长期资产				
其他长期资产				
递延税项:				
递延税款借项				
资产总计		109,457,058	57,366,687	48,789,347
流动负债:				
短期借款	10	16,400,000		
应付票据				
应付帐款	11	10,081,211	12,819,523	12,498,693
预收帐款	12	1,212,650	549,488	258,303
应付福利费	13	21,375	27,601	3,602
未付股利				
未交税金	14	8,295,189	1,688,658	1,382,893
其他未交款	15	240,098	105,988	59,396
其他应付款	16	4,945,625	5,155,273	4,618,532
预提费用				
一年内到期的长期负债				
其他流动负债				
流动负债合计		41,196,148	20,346,494	18,821,419
长期负债:				
长期借款	17	23,250,000	19,250,000	14,500,000
应付债券				
长期应付款				
其他长期负债				
长期负债合计		23,250,000	19,250,000	14,500,000
递延税项				
递延税款贷项				
负债合计		64,446,148	39,596,494	33,321,419
股东权益				
股本	18	45,000,000	13,300,000	13,300,000
资本公积	19	10,909		
盈余公积			4,470,193	2,167,929
其中:公益金			1,490,064	722,643
未分配利润				
外币报表折算差额				
股东权益合计		45,010,909	17,770,193	15,467,929
负债与股东权益合计		109,457,058	57,366,687	48,789,348

利润及利润分配表

编制单位:四川禾嘉股份有限公司(筹)　单位:人民币元

项　目	注释号	1996年度	1995年度	1994年度
(一)产品销售收入	20	85,622,108	68,650,462	49,640,388
减:销售退回折扣折让				
主营业务收入净额		85,622,108	68,650,462	49,640,388

减:营业成本	21	57,063,724	46,724,498	31,054,072
销售费用	22	810,088	603,915	446,172
管理费用	23	2,475,204	2,354,034	2,231,489
财务费用	24	909,368	543,325	300,648
进货费用				
营业税金及附加	25	447,031	378,494	293,988
(二)主营业务利润		23,916,694	18,046,196	15,314,018
加:其他业务利润	26		10,777	42,000
(三)营业利润		23,916,694	18,056,974	15,356,018
加:投资收益				
营业外收入	27	6,000		
减:营业外支出	28	500		
加:以前年度损益调整				
(四)利润总额		23,922,194	18,056,974	15,356,018
减:所得税		3,588,330	2,708,546	2,303,403
(五)净利润		20,333,865	15,348,428	13,052,616
加:年初未分配利润				
盈余公积转入				
减:折股		20,333,865		
(六)可分配的利润			15,348,428	13,052,616
减:提取法定公积金			1,534,843	1,305,262
提取法定公益金			767,421	652,631
减:上缴集团公司			13,046,163	11,094,724
提取法定公益金			767,421	652,631
(七)可供股东分配的利润				
减:已分配优先股股利				
提取任意公积金				
已分配普通股股利				
(八)未分配利润				

财务状况变动表

编制单位:四川禾嘉股份有限公司

流动资金来源和运用	1996 年度
(一)流动资金来源	
1. 本年净利润	20,333,865
加:不减少流动资金的费用和损失	
(1)固定资产折旧	6,931,186
(2)无形资产、递延资产摊销	806,088
(3)固定资产盘亏(减盘盈)	
(4)清理固定资产损失(减收益)	
(5)递延税款	
(6)其他不减少流动资金的费用和损失	
小计	28,071,138
2. 其他来源	
(1)固定资产清理收入(减清理费用)	
(2)增加长期负债	4, 000,000
(3)收回长期投资	
(4)对外投资转出固定资产	
(5)对外投资转出无形资产	
(6)资本净增加额	27,240,716
小计	31,240,716
流动资金来源合计	59,311,854
(二)流动资金运用	
1. 利润分配	
(1)提取法定公积金	
(2)提取法定公益金	
(3)提取任意公积金	
(4)已分配股利	
(5)折股	20,333,865
小计	20,333,865
2. 其他运用	
(1)固定资产和在建工程增加额	24,278,670
(2)增加无形资产、递延资产及其他资产	4,199,216
(3)偿还长期负债	
(4)增加长期投资	
小计	28,477,886
流动资金运用合计	48,811,750
外币会计报表折算差额	
流动资金增加净额	10,500,104
(一)流动资产本年增加数	
1. 货币资金	578,422
2. 短期投资	
3. 短期票据	
4. 应收帐款净额	21,768,931
5. 预付货款	1,505,909
6. 其他应收款	3,429,355
7. 待摊费用	19,800
8. 存货(减收益)	5,204,185
9. 待处理流动资产净损失(减收益)	
10. 一年内到期的长期债券投资	
11. 其他流动资产	
流动资产增加净额	31,349,758
(二)流动负债本年增加数	
1. 短期借款	16,400,000
2. 应付票据	
3. 应付帐款	-2,738,312
4. 预收货款	663,163
5. 其他应付款	209,612
6. 应付福利费	-6,225
7. 未交税金	6,606 531
8. 未付股利	
9. 其他未交款	134,109
10. 预提费用	
11. 一年内到期的长期负债	
12. 其他流动负债	
(三)流动负债增加净额	20,849,654
流动资金增加净额	10,500,104

三、企业采用的主要会计政策

1. 执行的会计制度:公司原执行《中外合资经营企业会计制度》。

2. 会计期间:会计年度采用公历年度,即从 1 月 1 日起至 12 月 31 日止为一个会计年度。

3. 报表编制方法

(1)因所属分公司未实行独立核算,由公司统一核算并编制会计报表。

(2)本次编制的会计报表按《股份制试点企业会计制度》的有关规定编。

(3)本次编制的会计报表对资产评估结果进行了调整。

(4)本次编制的会计报表按重组方案,体现前后期一致的可行性原则,对四川实味食品有限公司 1996 年的财务状况和经营成果进行了会计报表的模拟编制。

-4. 记帐原则、计价基础、记帐方法、本位币:

公司依据权责发生制原则,按实际成本计价,采用借贷复式记帐方

法,以人民币为记帐本位币。

5.坏帐准备:公司按应收帐款期未余额的5‰计提坏帐准备金。

6.存货计价方法:公司存货是经营过程中为销售或耗用而储存的各种资产,包括:原材料、产成品、在产品、包装物、低值易耗品、库存商品、修理配件。其计价方法为:

(1)原材料、包装物、低值易耗品、库存商品、修理配件取得时按实际成本记帐,发出时采用加权平均法核算。

(2)产成品以产品全部完工的实际成本核算;在产品按完工程度的发生的实际成本核算。

(3)低值易耗品领用时采用一次摊销法摊销。

7.固定资产及折旧:

(1)固定资产是指使用年限在1年以上,单位价值在1500元以上的房屋、建筑物、机器、机械、运输工具和其他设备、器具等。

(2)固定资产原价按购建的实际成本计价。

(3)固定资产折旧采用直线法计提。

(4)固定资产类别,估计经济使用年限,预计残值率、年折旧率如下:

类别	估计经济使用年限(年)	预计残值率(%)	年折旧率(%)
房屋及建筑物	30	5	3.17
机器设备	12	5	7.92
电子仪器仪表	8	5	11.88
运输工具	8	5	11.88
其他	8-10	5	10.81

8.无形资产及递延资产

无形资产系转让取得的经营性土地使用权、商标、专有技术,其中:

(1)经营性土地使用权拟按五十年期限采用直线法平均摊销;

(2)商标拟案十年期限采用直线法平均摊销;

(3)专有技术拟按十年期限采用直线法平均摊销;

9.递延资产及其摊销,递延资产系开办费,按五年的期限采用直线法平均摊销;

10.销售收入确认原则:公司是以货物发出并收取货款或取得收取货款的合法凭证和依据作为销售收入的实现。

11.税项

(1)增值税:公司增值税销项税率17%,应交纳增值税额为按当期销售收入和销项税率计算稍项税后扣除当期进项税额的余额。

(2)所得税:根据国家级高新技术开发区的高新技术企业税收优惠政策,1994年、1995年、1996年按15%征收所得税。

(3)城市维护建设税:按应纳增值税税额的7%计提上缴。

(4)教育费附加:按应纳增值税税额的3%提上缴。

12.利润分配

拟成立的股份公司税后利润按以下顺序及比例分配:

(1)弥补亏损

(2)提取法定盈余公积金　　10%

(3)提取法定公益金　　5%

(4)提取任意公积金:提取比例由股东大会决议

(5)分配股利:由董事会提出预案经股东大会决议

四、主要会计报表项目附注

1.应收帐款28,444,414.86元

其中:

1年内帐龄129户	21,408,688.02元	占总额的75.26%
1-2年帐龄36户	6,436,600.49元	占总额的22.63%
2-3年帐龄8户	599,126.35元	占总额的2.11%
减:坏帐准备	142,222.07元	
应收帐款净额	28,302,192.79元	

公司"应收帐款"帐户中,无关联企业往来。

由于公司销售业务较上年有较大幅度增长,1996年末应收帐款净额28,302,192.79元,较1995年增加21,768,930.60元,主要原因:开辟了新的销售渠道和市场需求量的增长。(1)一年内帐龄(新增业户二十多个)较上年增加19,892,037.54元,占全部增加额的91.38%;(2)一年至二年帐龄的较上年增加1,876,893.06元,占全部增加额的8.62%。

2.其他应收款6,796,602.38元

1年内帐龄67户	4,908,504.30元	占总额的72.23%
1-2年帐龄25户	1,488,368.42元	占总额的21.89%
2-3年帐龄4户	399,729.66元	占总额的5.88%

3.资本公积10,909.36元,系四川实味食品有限公司1996年12月31日净资产折股余额转入。

4.主营业务收入　　单位:元

项目	1996年	1995年	1994年
主营业收入	85,622,108.37	68,650,461.95	49,640,388.30
果蔬脆片	51,020,405.32	48,964,784.14	36,277,000.74
食品加工设备(生产线)	23,333,457.21	19,272,456.23	13,255,411.58
麦种	11,144,000.35		
其他	124,245.49	413,221.58	107,175.98

公司主营业务收入1996年较1995年增长24.72%,主要是优质麦种的推广增加了销售。1995年较1994年增长38.11%,主要原因是果蔬脆片和食品加工设备市场需求量的增大。

5.其他业务利润　　单位:元

原材料销售利润	10,777.29	42,000.00

6.关联交易

截止报告日止,关联交易披露如下:

(1)其他应收款

成都精印包装厂	696,672.62	业务往来款
成都精细化工公司	262,719.45	业务往来款
四川第三工业联合公司	428,137.55	业务往来垫款

关联企业业务往来垫款共138.7万元,占其他应收款的20.41%

(2)其他应付款

四川星火研究院	1,400,000.00	暂欠款
四川高新精化公司	500,000.00	暂欠款
四川省禾嘉集团实业有限公司	700,000.00	暂欠款

其他应付款中与关联企业四川星火研究院、四川高新精化公司的关联交易欠款为购专利技术款,欠禾嘉集团70万元,共260万元,占其他应付款总额的52.57%

(3)应付帐款

成都精印包装印刷厂　　1,076,836.38

公司应付帐款帐户中关联企业成都精印包装印刷厂往来款107.68万元占总额的10.68%

7.截至报告日止,公司无债务担保等承诺事项。

8.截至报告日止,公司不存在未决诉讼,未决索赔,税务纠纷,应收票据贴现等将来可能损害公司利益的或有事项。

9.审计基准日至审计外勤工作结束日止,公司未发生影响审计期间财务状况、经营成果的重大期后事项。

五.主要财务指标

本公司前三年的财务指标如下:

类别	1996年	1995年	1994年
流动比率	1.22	0.93	1.19
速动比率	0.97	0.68	0.83
应收帐款周转率(次)	4.89	10.79	8.15
存货周转率(次)	7.38	7.76	4.63

股东权益比率	41.1%	31.0%	31.7%
每股收益率*	0.45	0.34	0.29
净资产收益率	45%	86%	84%
每股净资产	1.00	1.34	1.16

*按4500万股摊销计算

十、董事会上市承诺

本公司董事会将严格遵守《中华人民共和国公司法》、《股票发行与交易管理暂行条例》、《公开发行股票公司信息披露实施细则(试行)》、《深圳证券交易所业务规则》,以及国家其他有关的法律、规则的规定,并自股票上市之日起作出如下承诺:

1. 按照法律、法规的规定程序和要求披露重大信息、并接受证券主管机关、深圳证券交易所的监督管理。

2. 及时、真实、准确地公布中期报告和年度报告、并备置于规定场所供投资者公众查阅。

3. 本公司董事、监事及高级管理人员如发生人事变动或持本公司股票发生变化时,在报告证券主管机关、证券交易所的同时向投资者公布。

4. 在任何公共传播媒介中出现的消息可能对本公股票的市场价格产生误导性影响时,本公司知悉后将及时对该消息予以澄清。

5. 本公司董事、监事及高级管理人员将认真听取社会公众的意见和批评,不利用已获得的内幕消息和其他不正当手段直接或间接从事股票买卖活动。

6. 本公司没有无记录负债。

十一、重要事项揭示

(一)本公司本次发行的3,000万社会公众股,其中含公司职工股300万股,按有关规定该部分股票于半年后上市流通。

(二)截止本上市公告书刊登之日,本公司以及本公司的董事、监事和高级管理人员并无涉及任何尚未了结或可能发生的诉讼。

(三)本公司上市后所得税税率为15%。

(四)1997年盈利预测

根据湖北大兴会计师事务所鄂信业字(1997)335号《关于四川禾嘉股份有限公司(筹)1997年度盈利预测审核报告》四川禾嘉股份有限公司1997年主营业务收入可达10320万元利润总额为2904万元,扣除15%的所得税后,净利润为2468.4万元,每股盈利为0.329元。

(五)本公司股票发行后,每股净资产3.69元。

(六)公司97年度利润分配由新老股东共享。

十二、上市咨询机构

1. 上市公司:四川禾嘉股份有限公司
法定代表人:夏朝嘉
地址:成都高新技术开发区第九区
电话:(028)5181928
传真:(028)5184384
联系人:樊平
邮政编码:610041

2. 主承销商及
上市推荐人:广发证券有限责任公司
法定代表人:陈云贤
地址:广州市农林下路83号广发金融大厦四楼
电话:(020)87310888—2419
传真:(020)87310255
联系人:朱平

3. 上市推荐人:成都证券公司
法定代表人:晏姚
地址:成都市锣锅巷65号
电话:(028)6622943
传真:(028)6620939
联系人:张铭

十三、备查文件目录

1. 主管部门和证券交易所批准上市的文件
2. 审计报告;
3. 资产评估报告;
4. 招股说明书;
5. 验资报告;
6. 发行人成立的注册登记文件;
7. 公司章程;
8. 其他备查文件。

四川禾嘉股份有限公司
一九九七年六月二十三日

四川禾嘉股份有限公司一九九七年度中期报告

一、财务报告

(一)财务报表(未经审计)

表一:资产负债表(简表)

单位:人民币元

	1997.6.30	1997.1.1
1. 流动资产	238269684.00	50265624.00
2. 长期投资		
3. 固定资产净值	93022158.00	46021053.00
4. 在建工程	–	–
5. 无形资产及递延资产	13170741.00	13170741.00
6. 其他长期资产	–	
7. 资产合计	344462583.00	109457058.00
8. 流动负债	34160430.95	41196149.00
9. 长期负债	23250000.00	23250000.00
10. 负债合计	57410430.95	64446149.00
11. 股本	75000000.00	45000000.00
12. 资本公积金	200802152.05	10900.00
13. 盈余公积金	–	–
14. 未分配利润	11250000.00	–
15. 股东权益合计	287052152.05	45010909.00
16. 负债及股东权益合计	344462583.00	109457058.00

表二:

损益表(简表)

单位:人民币元

项目	1997年1-6月
1. 主营业务收入	47094650.43
2. 主营业务利润	13186502.12
3. 其他业务利润	–
4. 投资收益	45000.00
5. 营业外收支净额	3808.00
6. 利润总额	13235294.12
7. 所得税	1985294.12
8. 净利润	11250000.00

(二)主要财务指标

项目	1997年6月30日
1.每股收益(摊薄)	0.15元
2.净资产收益率(摊薄)	3.9%
3.每股净资产(摊薄)	3.83元

注:若按公开募集A股前的4500万股计算,每股净收益为0.25元。

(三)会计报表注释

1.公司采取的主要会计政策与方法本报告期内没有发生重大变化。

2.短期投资16240000.00元,系认购的国库券及企业债券。

3.资本公积200802152.05元系股本溢价

4.投资收益45000元,系短期债券投资利息收入。

5.净利润11250000元中不含发行A股的利息收入394万元。

6.关联方企业与关联交易:

企业名称	经济性质	主营业务	与本公司关系
四川禾嘉实业集团有限公司	股份制	食品加工、食品机械制造、销售	母公司

本公司报告期内与关联方企业未发生关联交易

二、经营情况的回顾与展望

(一)上半年经营情况的回顾

本年度是公司成立,运作的第一个年度,公司成立以来,充分发挥管理决策层的整体优势,紧紧依靠党和国家的政策,公司以开拓经营,转换机制、强化管理为工作重点,扎扎实实地开展各项工作。

公司在上半年的经营过程中,坚持"服务农业,开发农业,科技兴农,帮助农民脱贫致富"的经营宗旨,致力于优质小麦,优质水稻的研究和开发以及农副产品的深加工,在取得较好社会效益的同时,也获得了长足的发展,公司的经济实力不断增强。1997年上半年实现收入47094650.43元,实现利润总额13235294.12元,其中:主营业务利润13186502.12元,完成计划的45.64%

(二)下半年的计划

下半年,公司为面对现实,认真总结经验,再接再励,在上半年的基础上,继续强化内部管理,转换经营机制,积极开发新项目,在党和国家政策指导下,依靠广大员工的辛勤工作,努力完成主营业务收入1.03亿元的计划。具体措施如下:

1.蔬果产品,加大销售力度,增加广告宣传,力争完成收入6210万元。

2.食品加工设备,努力拓展市场,提高市场占有率,力争实现收入2100万元。

3.优质小麦和优质水稻:积极研究开发,力争实现收入1810万元。

三、重大事件说明

1.公司于1997年6月26日,在上海证交所采取上网定价发行的方式,面向境内自然人和法人发行人民币A股3000万股,发行价格8.05元,发行总市值24150万元,扣除发行费用后,募集资金23500万元。

2.本次发行A股募集资金,主要投资于蔬果脆片加工、优质小麦、优质水稻等项目的开发。但由于募集资金于6月底才到位,故尚未完全投入使用,本公司将按招股说明书的承诺,将所募集资金用于原有的优质小麦、优质水稻、蔬果脆片等项目。

3.本公司中期不分红。

4.报告期内本公司无重大诉讼、仲裁事项。

5.根据国务院证券委、中国人民银行、国家经贸委5月21日联合发布的《严禁国有企业和上市公司炒作股票的规定》,公司进行了认真的自查,至今为止,公司尚未在任何证券经营机构开设买卖上市流通股票的帐户。并且在以往的证券投资活动中,未有违反国家政策法律的行为。

四、发行在外股票的变化和股权结构变化

1.公司1997年6月发行A股3000万股新股前后及截止1997年6月30日的股本情况:

本公司注册股本7500万股,每股面值1元

单位:万股

项目	发行前(6月)	发行后(6月)	1997.6.30
一、尚未流通股份			
(1)发起法人股	4500	4500	4500
其中:境内法人持有股份	4500	4500	4500
(2)内部职工股	0	300	300
尚未流通股份合计	4500	4800	4800
二、已流通股份			
(1)境内上市的人民币普通股		2700	2700
(2)境内上市的外资股			
(3)境外上市的外资股			
已流通股份合计		2700	2700
三、股份总数	4500	7500	7500

2.截止1997年6月30日止,公司的主要股东

股东名称	持有股数(股)	持股比例(%)
(1)四川禾嘉实业集团有限公司	39060000	52.08
(2)北海海利实业公司	990000	1.32
(3)四川禾嘉房地产开发公司	1980000	2.64
(4)成都市武候区百花洲娱乐世界	1980000	2.64
(5)四川星火食品研究院	990000	1.32
(6)付建珍	45000	0.06
(7)高敏毓	35000	0.047
(8)张德芝	35000	0.047
(9)何岸峰	3000	0.04
(10)陶慕琼	3000	0.04

五、股东大会简介

四川禾嘉股份有限公司(以下简称"公司")于1997年6月22日14:00,在成都市召开公司创立大会暨第一届第一次股东大会(以下简称"本次大会"),出席本会议的股东或代理人48人,代表表决股份4545.4万股,占公司总股份的60.61%,符合《公司法》关于创立大会有效召开的有关规定。

经出席本次会议的股东或其代理人所持表决权的三分之二以上同意,本次会议通过下列决议:

1.审议通过《四川禾嘉股份有限公司筹备工作情况报告》;

2.审议通过《四川禾嘉股份有限公司章程》;

3.审议通过《四川禾嘉股份有限公司公众社会公众股票在上海证券交易所挂牌上市的议案》;

4.审议通过《四川禾嘉股份有限公司1997年工作计划的议案》;

5.选举产生了第一届董事会;一致选举夏朝嘉为董事长和法定代表人。

6.选举产生了第一届监事会;一致选举吴健麟为监事长。

六、备查文件

1.载有董事长、总经理亲笔签名的中期报告原件;

2.公司创立大会暨第一届第一次股东大会资料。

查阅地址:四川省成都高新技术开发区四川禾嘉股份有限公司

四川禾嘉股份有限公司

一九九七年八月二十日

哈尔滨高科技(集团)股份有限公司

哈尔滨高科技(集团)股份有限公司招股说明书概要

一、释义

在本招股说明书中,除另有说明外,下列名词之含义应由以下释义规范:

1、公司、本公司、发行人:指哈尔滨高科技(集团)股份有限公司

2. 发起人:指哈尔滨高新技术产业开发区房屋建设开发总公司、哈尔滨火炬高新技术开发总公司和哈尔滨高新技术产业开发区对外贸易公司

3、高新区:指哈尔滨高新技术产业开发区

4、证监会:指中国证券监督管理委员会

5、主承销商:指华夏证券有限公司

6、承销团:指由主承销商组建的承销团

7、承销协议:指本公司与主承销商达成的承销协议

8、元:指人民币元

二、绪言

本招股说明书概要是根据《中华人民共和国公司法》、《股票发行与交易管理暂行条例》和《公开发行股票公司信息披露实施细则》及国家现行有关证券管理法律、法规编写并公布,旨在向公众人士提供有关本公司的资料。公司董事会成员已批准本招股说明书概要,确信所摘内容与招股说明书正文一致且无重大误导、虚假及遗漏。

公司本次新发行的股票是根据本说明书(概要)所载明的资料申请发行的。除本发行人和主承销商外,没有委托或授权任何其他人提供未在本说明书(概要)中列载的信息和对本说明书(概要)作任何解释或者说明。

本招股说明书概要提醒投资者应自行负担买卖发行人之股票所应支付的税款和相关费用,发行人、承销商和推荐人对此不承担责任。

三、发售新股之有关当事人

1、发行人

名　　称:哈尔滨高科技(集团)股份有限公司

地　　址:哈尔滨市南岗区高新技术产业开发区26号楼

法定代表人:李明

电　　话:(0451)2301029

传　　真:(0451)2322839

联 系 人:王　辉　　黄宝育　　谢学耀

2、承销机构

主承销商

名　　称:华夏证券有限公司

地　　址:北京市海淀区复兴路乙63号

法定代表人:黄玉峻

电　　话:(010)68272277-3513

传　　真:(010)68286848

联 系 人:沈中华

副主承销商:

名　　称:黑龙江省证券公司

地　　址:哈尔滨市南岗区西大直街40号

法定代表人:卞玉祥

电　　话:(0451)3628839

传　　真:(0451)3627918

联 系 人:董师名

分 销 商:

名　　称:航空信托投资有限责任公司

地　　址:北京市朝阳区惠新西街21号

法定代表人:池耀宗

电　　话:(010)64951702

名　　称:中国科技国际信托投资公司

地　　址:北京市朝阳区北辰路8号

法定代表人:张钢

电　　话:(010)64953021

名　　称:蔚深证券有限责任公司

地　　址:深圳市福田区振华路飞亚达大厦5楼

法定代表人:熊秉权

电　　话:(0755)3241579

3、上市推荐人:

华夏证券有限公司

光大证券有限公司

地　　址:北京市复兴门外大街6号光大大厦

法定代表人:刘纪元

电　　话:(010)68561122

联 系 人:雷杰

4、发行人律师

名　　称:大成律师事务所

地　　址:北京市复兴门内大街49号民族文化宫八楼

法定代表人:彭雪峰

经 办 律 师:江　华　　郭卫东

电　　话:(010)66065791

传　　真:(010)66065793

5、主承销商律师:

名　　称:北京市博宇律师事务所

地　　址:北京市北三环中路219号英斯泰克大厦614房间

法定代表人:黄丹涵

经 办 律 师:冀宗儒　　黄丹涵

电　　话:(010)62044157

传　　真:(010)62044172

6、会计师事务所

名　　称:哈尔滨会计师事务所

地　　址:哈尔滨市道里区地段街106号

法定代表人:李贵增

经办注册会计师:李岩青　　蔡伟

电　　话:(0451)4613181　　4616353

传　　真:(0451)4613548

7、资产评估机构

名　　称:哈尔滨市资产评估事务所

地　　址:哈尔滨市道里区尚志胡同8号

法人代表人:冯万山

经办评估人员:邹万兴　　杨树本

电　　话:(0451)4689029

传　　真:(0451)4689029

8、资产评估确认机构

名　　称:哈尔滨市国有资产管理局

地　　址:哈尔滨市道里区买卖街61号

负 责 人:王基隆

电　　话:(0451)4693793

9、收款银行

名　　称:北京工行紫竹院分理外

地　　址:北京市西三环北路39号

10、股票登记机构

名　　称:上海证券中央登记结算公司

地　　址:上海市闵行路67号

电　　话:(021)63068888

四、发行情况

承销方式:余额包销

股票种类:人民币普通股

每股面值:1.00元

每股发行价:5.78元

发行数量:5000万股

发行总市值:28900万元

1997年盈利预测:4223万元(所得税率为15%)

每股盈利:0.33元(全面摊簿)

0.40元(加权平均,预计股金的到位时间为1997年6月31日)

发行市盈率:16.5倍

发行前每股净资产:2.11元

发行后每股净资产:3.45元

发行日期:1997年6月23日

发行方式:利用上海证券交易所交易系统进行上网定价发行

发行地点:全国与上海证券交易所联网的各证券交易网点

发行对象:非国家法律法规禁止购买的境内自然人和法人

上市证券交易所:本公司已申请在本次发行结束后、尽早在上海证券交易所挂牌交易

五、风险因素与对策

投资者在评价本公司此次发行的股票时,除招股说明书提供的其他资料外,应特别认真考虑下述各项风险因素:

1、经营风险

(1)高新技术产业需要不断进行新技术、新产品的开发和研制,具有高投入、高风险、高回报的特点,如果某项产品开发、研制失败,或销售市场发生变化,将会导致成本的提高,影响本公司的盈利水平。

(2)本公司生产的大豆高功能蛋白等大豆深加工产品的原料大豆主要来源于本地,精细化工产品原料重芳烃主要来源于大庆各炼厂,大豆和重芳烃等原料分别占生产成本的60%和70%左右。虽然上述原材料资源丰富,但由于气候、运输及其他原因导致原材料供应短缺或其价格上涨,将会直接影响产品的盈利能力。

(3)本公司主要业务包括高新技术产品的开发、研制、进出口贸易和开发区内基础设施建设,产业结构比较分散,将会给本公司的经营带来一定的风险。

(4)本公司生产大豆高功能蛋白、生白灵冻干粉针、溶血栓酶片和SKG系列数控切割机等高科技产品,其技术水平目前处于国际、国内领先地位,但科技水平的不断发展,新产品的不断涌现,会给本公司的经营带来风险。

(5)本公司目前主要与独联体、东欧等国家开展进出口贸易,上述国家市场不稳定性对本公司的进出口业务带来一定影响。此外,汇率的变化将影响本公司的盈利水平。

2、行业风险

(1)本公司生产的大豆高功能蛋白,虽然目前国内尚无相同产品,但市场的国际化、国外产品的进入,对本公司产品构成一定的竞争压力。

(2)本公司生产的生白灵冻干粉针,目前国内无同类产品的生产,但美国、日本的同类产品生白能和惠尔血在国内已有一定市场,对本公司产品的销售将会产生一些不利的影响。

(3)本公司生产的溶血栓酶片,目前国内已有三家生产同类产品的企业,年内还将有一家企业被批准生产该产品。本公司产品将面临与上述厂家的同类产品竞争的风险。

(4)本公司精细化工产品生产规模、生产技术及设备先进程度在同类企业中有一定优势,但也面临着与国外大公司的激烈竞争。

3、市场风险

(1)目前本公司高新技术产品市场处于进一步开拓阶段,市场拓展空间较大,但如果市场发育速度过于缓慢或本公司开拓市场力度不够,可能会影响本公司产品的销售。

(2)本公司产业规模不大,有些产品目前尚处于小规模生产阶段,产品的系列化不强,如果不在产业开发上加大力度,将影响市场竞争力,影响公司利润。

4、政策性风险

目前国家政策、法律对于本公司业务并无不利或限制性规定,但如果国家进出口贸易政策和高新技术产业开发区的税收优惠政策发生不利于本公司的变化,将会影响本公司的盈利水平

5、投资新项目风险

本次募股资金大部分用于高新技术项目,高新技术产品的规模化生产,需要相应的一大批高素质的技术人员和管理人才,本公司上市后,如果不在人才结构和管理水平上进行调整,不但将影响产品质量、生产成本和市场竞争力,而且将对公司长期发展带来不利影响。

针对上述风险,本公司采取以下对策:

1、经营风险对策

(1)对重大科技开发项目实行周密的市场调查和充分的可行性论证,同时,适当采取合作开发、购买专利和引进技术等多种形式,提高产品开发的成功率,降低开发成本,降低风险。

(2)充分利用本公司所在地丰富的农产品和化工原料资源,采取选点定点的采购方式,由本公司直接采购并组织运输,签订长期购货合同,发展巩固供应渠道,建立长期稳定的合作关系;同时坚持主要原料必须有两家以上的供货单位,通过比质、比价、比服务、保证优质、优价、可靠的供应,把原材料供应风险及价格波动的风险降至最低。

(3)在继续开展进出口贸易和区内基础设施建设业务的同时,加大对高新技术的产业的投入,扩大生产规模,进一步突出高新技术产业的主业地位,增强本公司在高科技行业中的竞争力。

(4)本公司将继续加大对新技术、新产品开发、研制的投入,不断推出最新产品和替代产品,以降低科技水平的不断发展给本公司经营带来的风险。

(5)本公司将不断开拓新的贸易渠道,增加对欧美等国家的贸易往来,以减少个别地区市场的不稳定性带来的风险。对于汇率风险,一方面不断扩大进出口业务,增加业务收入;另一方面强化汇率风险管理机制,时刻关注汇率变化趋势,尽量降低汇率风险。

2、行业风险对策

(1)本公司生产的大豆高功能蛋白和生白灵冻干粉针产品质量均达到国际标准,其中大豆高功能蛋白销售价格比国外同类产品低10%左右,而生白灵冻干粉针的销售价格仅为国外同类产品的十分之一,具有明显的价格优势。本公司将通过严格质量管理保证产品质量,降低生产成本,并采取有效的营销手段扩大本公司产品的市场占有率,从而降低外国

同类产品进入国内市场给本公司经营带来的风险。

(2)本公司的溶血栓酶片达产后,生产规模将位于同行业前列。本公司将采取重点区域突破,逐步扩展延伸的市场营销战略,扩大市场占有份额,降低国内市场同行业竞争的风险。

(3)本公司将强化企业内部管理,降低生产成本,采用一流的设备和一流的技术生产一流的产品,并不断加大研究开发力度,以优质、优价及规模经营增强产品的市场竞争力,使本公司在竞争中不断发展。

3、市场风险对策

(1)本公司在进行高科技产品开发研制和生产的同时,加强对市场情况的调查研究,采取多种市场宣传和促销手段,培育市场,挖掘潜在市场,扩大本公司产品的市场占有份额,并力争使本公司产品打入国际市场,树立本公司的品牌形象,增强本公司产品的市场竞争力和抗风险能力。

(2)本公司将利用本次发行新股所筹资金增加新产品开发和研制的投入,加强产品系列化的开发,扩大产业规模,增强市场竞争力,提高市场占有率。

4、政策风险对策

本公司经营的主要业务符合国家产业政策,近期内国家政策,法律不会产生不利于本公司业务发展的变化。国家对高新技术产业开发区、高新技术企业将进一步给予扶持,哈尔滨地方政府对高新技术产业开发区的优惠政策在一段时间也不会改变。本公司将充分利用现有的优势条件,扩大生产规模,提高效益,以较强的抗风险能力降低未来由于国家和地方政策法律某些变化可能带来的风险。

5、投资新项目风险对策

对于新投资项目,本公司将通过严格的生产管理和对生产、技术、管理、营销人员的培训和调整以及根据市场情况的变化及时调整本公司生产经营策略等有效手段来降低上述新投资项目生产经营方面的风险。

本公司提醒各位投资者注意,投资股票会有股市风险。由于股票价格波动,可能会对投资人造成损失。股价波动除受本公司经营业绩的影响外,还要受各种其它因素,如国家宏观经济政策的调整、国家金融形势的变化、利率的升降、物价的涨落、投资的心理预期变化及其他一些不可预见因素的影响。因此,投资者在投资本公司股票前,应对股市风险有充分的了解。

综上所述,本公司将以先进的技术、严格的管理、科学的决策和高素质的人才,努力为本公司保持稳定增长的盈利水平,使股东获得不断提高的投资回报。

六、募集资金的运用

本次股票公开发行扣除发行费用后,实际可募集资金28000万元,将主要投资以下项目:

(1)大豆高功能蛋白项目

该项目是黑龙江省粮食深加工工程的重点项目,其技术和生产工艺居国际先进水平,产品填补国内食品行业空白,该产品可替代进口,是集高功能性和高营养性于一体的新型食品添加剂。该项目已获黑经贸改发[1996]第405号文的批准。该项目达产后,年生产大豆高功能蛋白5000吨,按可行性研究报告,项目总投资6000万元。

投资效益预测:预计1999年达产,项目达产后,年产值16000万元,实现利润总额8570万元,投资回收期2.1年。

(2)大豆水溶纤维素粉和低聚糖浆项目

该项目是"大豆高功能蛋白"的配套项目,可以提高原料大豆的综合利用率。该项目已获哈计科技字[1997]第57号文的批准。项目达产后,年生产水溶纤维素粉4500吨,低聚糖浆(有效含量75%)1800吨。按可行性研究报告,项目总投资2980万元。

投资效益预测:预计1999年达产,项目达产后,年产值19350万元,实现利润总额2830万元。投资回收期2.7年。

(3)生白灵冻干粉针项目

该项目是96年国家级火炬计划项目,技术达到九十年代国际先进水平。产品已申报国家一类新药,属国内首创。该产品具有低毒高效的抗肿瘤、抗感染和强升白细胞作用,是一种具有广阔市场前景的升白新药。该项目已获哈计科技字[1997]第8号文的批准。该项目投产后,年生产冻干粉针90万支。按可行性研究报告投资总计3000万元人民币。

投资效益预测:预计1999年达产,项目达产后,年产值13500万元,实现利润总额3143万元,投资回收期2.7年。

(4)溶血栓酶片项目

该产品是采用生物工程技术,用鲜活蚯蚓为原料制成的治疗心脑血管类疾病的新药,已完成国家卫生部二期临床验证,预计一九九七年六月份取得国家二类新药试字药号。该项目技术达到国内先进水平。该项目已获哈计科技字[1996]第198号文的批准。该项目投产后,年生产溶血栓酶片10000万片。按可行性研究报告,项目投资总计3000万元。

投资效益预测:预计1999年达产,项目达产后,年产值10000万元,实现利润总额2222万元,投资回收期3.3年。

(5)SKG系列等离子火焰切割机

该项目是重点国家级火炬计划项目,主要用于工业生产钢板下料行业,产品技术达到九十年代国际先进水平。该产品具有高集成度、高可靠性、人机对话快捷、反应时间短、精度高等优点。该项目已获哈计科技字[1996]第73号文的批准。该项目投产后,年生产SKG系列等离子火焰切割机150台。按可行性研究报告,项目投资总计3000万元。

投资效益预测:预计1999年达产,项目达产后,年产值10500万元,实现利润总额1893万元。投资回收期3.1年。

(6)重芳烃原料开发系列精细化工产品项目

该项目以石油生产加工副产品重芳烃为原料提取的系列精细化工产品,是重要的石化原材料,广泛应用于航天、机电、化工和医药等领域。产品附加值高、质量可靠,可替代进口。该项目已获哈计科技字[1997]第82号文的批准。项目投产后,年处理重芳烃10000吨,生产7大系列精细化工产品。按可行性研究报告,项目总投资4940万元。

投资效益预测:预计2000年达产,项目达产后,年产值17272万元,实现利润总额5763万元。投资回收期3.2年。

(7)高新区南岗集中区基础设施建设

根据开发区总体建设发展规划,本公司投入资金3000万元,进行开发区供水、通信、排污管线、供热工程等建设,完成开发区部分"七通一平"工程。本项目已获哈高开委字[1997]第49号文的批准。

投资效益预测:年投资收益600万元,实行滚动开发。

上述投资项目总投资25920万元,本次募集资金中剩余部分,将用于补充流动资金。

上述项目符合中央和国务院将国家高技术产业开发区建成高科技产业基地的要求,也符合国家鼓励投资基础产业和高科技产业的产业政策,且社会效益和经济效益十分显著,计划到2000年,投资项目年总销售收入达86622万元,净利润16962万元,发展前景广阔。

项目投资计划及收益情况如下表:

单位:万元

序号	项目名称	投资计划			见效时间	投资回收期
		合计	1997年	1998年		
1	大豆高功能蛋白	6000	4885	1115	1998年	2.1年
2	大豆水溶纤维素粉和低聚糖浆	2980	2980		1998年	2.7年
3	生白灵冻干粉针	3000	2700	300	1998年	2.7年
4	溶血栓酶片	3000	2650	350	1998年	3.3年
5	SKG数控等离子火焰切割机	3000	2800	200	1998年	3.1年
6	重芳烃开发系列精细化工产品	4940	4340	600	1999年	3.2年
7	哈高新区南岗集中区基础设施建设	3000	3000		1998年	—
8	合计	25920	23355	2565	—	—

七、股利分配政策

本公司股利分配政策已载于公司章程。本公司税后利润按下列顺序

分配:

弥补亏损;

提取10%法定公积金;

提取5—10%法定公益金;

提取任意盈余公积金;

分红。

公司普通股股利,按各股东持有的股份比例进行分配。分配股利可采取现金或送股的形式。

每个会计年度由公司董事会根据公司的盈利状况及发展需要制定分配方案,并提交股东大会审议批准后实施。

本公司在本次股票发行后,第一个盈利年度,即派发股利,预计首次派发股利时间为1998年6月30日之前。本公司分派股利时,按有关法律和法规代扣股东股利收入的应纳税金。

根据公司1997年临时股东大会决议,本次新股发行后,新老股东共享本次发行完成前的滚存利润。

八、发行人情况

1、公司名称:哈尔滨高科技(集团)股份有限公司

2、成立日期:一九九三年十二月二十八日

3、住　　所:哈尔滨高新技术产业开发区26号楼

4、历史情况简介:

本公司是于1993年3月25日经哈尔滨市股份制协调领导小组哈股领办字[1993]42号文批准,由哈尔滨高新技术产业开发区管委会直属的哈尔滨高新技术产业开发区房屋建设开发总公司、哈尔滨火炬高新技术开发总公司、哈尔滨高新技术产业开发区对外贸易公司三家共同发起,采取定向募集方式新建设立的股份有限公司。三家发起人均以部分自有资产投资入股。本公司于一九九三年十二月二十八日正式成立,总股本为8000万股,其中哈尔滨高新技术产业开发区房屋建设开发总公司以自有资产认购3834万股,占总股本的47.9%;哈尔滨火炬高新技术开发总公司自有资产认购1492万股,占总股本的18.7%;哈尔滨高新技术产业开发区对外贸易公司以自有资产认购674万股,占总股本的8.4%。

哈尔滨高新技术产业开发区始建于1988年,1991年被首批列为国家级开发区,1996年被国家科委列为重点开发区,综合实力名列全国52个国家级高新技术产业开发区第七位。本公司作为开发区的龙头企业,自成立以来,充分利用高新区的政策优势、技术优势、人才优势及项目优势,坚持多元化、集团化、国际化的经营方针,在高新技术产品开发研制、高新区内基础设施配套建设和国内外贸易等方面均取得显著进展,获得了良好的经济效益。在高新技术产品开发、研制方面,本公司利用技术和人才优势,通过自行开发、合作开发和收购兼并等多种方式,开发研制了包括大豆高功能蛋白、生白灵冻干粉针、溶血栓酶片、数控切割机等一批处于国际国内先进水平的高新技术产品;在开发区基础设施配套建设和物业开发方面,先后承接了开发区一期、二期、三期、四期建设工程项目,为开发区建设做出了突出贡献,也为公司发展高新技术产业积累了资金;在国内外贸易方面,着重开展面向独联体和东欧国家的进出口贸易业务,并逐步打入东南亚地区和欧、美市场,为本公司向国际化迈进奠定了基础。

5、公司的组织结构、内部管理机构和关联企业:

(1)本公司组织结构图(附图)

(2)本公司发起人哈尔滨高新技术产业开发区房屋建设开发总公司主要从事房地产开发业务,可承担二十公顷以下的土地开发业务、建筑面积二十万平方米以下的住宅小区开发建设,目前业务范围已拓展至国内外,持有本公司股票3834万股;发起人哈尔滨火炬高新技术开发总公司主要从事高新技术产品的开发、研制,持有本公司股票1492万股;发起人哈尔滨高新技术产业开发区对外贸易公司是经国家经贸部批准享有进出口权的外贸企业,与东欧独联体及欧美等国家有稳定的贸易往来,持有本公司股票674万股。

(3)本公司控股子公司哈尔滨四海数控设备有限公司是开发生产机电一体化产品的高新技术企业,注册资本500万元,本公司持有该公司80%股权。该公司生产的SKG系列数控火焰切割机技术达到90年代国际先进水平,并被列为重点国家级火炬计划项目。该公司作为全国数控设备行业的骨干企业,产品在国内市场占绝对优势,远销东欧、马来西亚等国家地区,其产品技术可靠性指标达到美、日、德技术发达国家同类产品水平。

(4)本公司控股子公司哈尔滨高科技术集团卫健药业有限责任公司是以生物制药产品开发和生产为主的高新技术企业,注册资本1065万元,本公司持有该公司51%的股权。该公司成立以来,开发生产了生白灵冻干粉针、溶血栓酶片等生化新药。生白灵冻干粉针被列为国家级火炬计划项目,已报批国家一类新药。溶血栓酶片已完成国家卫生部二期临床验证,预计一九九七年六月份取得国家二类新药试字药号。

6、本公司的业务经营范围

从事高新技术产品开发、生产、销售;提供技术咨询、技术服务;开发区内土地开发、基础设施建设、物业管理;通过代理开展对外贸易;国内贸易(国家限制经营的商品除外);从事政策允许的劳务性服务。

7、本公司实际从事的主要业务

(1)高新技术产品的开发研制

本公司在粮豆深加工方面,开发研制了具有九十年代世界先进水平的大豆高功能蛋白;在生物制药方面,开发研制了国内首创的生白灵冻干粉针和技术水平处于国内领先地位的溶血栓酶片;在机电一体化领域,研制了具有九十年代先进水平的SKG系列数控火焰切割机产品。以上高科技产品市场前景广阔,经济效益十分显著。

(2)通过代理开展进出口贸易

主要通过代理从事钢材、机电、纺织品、医药等方面的进出口贸易,已在独联体、东欧等国家和地区形成稳定的业务渠道,并逐步打入东南亚和欧美市场,业务发展呈显著的增长势头。

(3)高新技术开发区内基础设施建设

本公司承接的高新技术产业开发区内基础设施建设项目,近年来已取得显著的经济效益,该部分业务目前已成为本公司稳定的收入来源。

8、本公司的主要产品、生产能力和市场情况

本公司生产的主要产品生白灵冻干粉针:年生产5万支,主要销往黑龙江、辽宁、北京和广东等地区,销售额750万元,销售方式主要采用自销、代理。

本公司生产的SKG数控等离子火焰切割机:年产36台,主要市场在国内及东欧国家。销售额1450万元,销售方式主要采用自销。

9、主要原材料的供应情况

本公司生产所需的主要原料:如大豆、重芳烃等均有丰富的货源,并通过与供应商签定合同,保证其来源稳定,渠道畅通。

本公司的水、电、汽、热供应有保证。

10、本公司通过关联企业即本公司发起人哈尔滨高新技术产业开发区对外贸易公司的代理从事进出口贸易。根据哈尔滨高新技术产业开发区管理委员会哈高开委字[1994]13号文,哈尔滨高新技术产业开发区对外贸易公司对本公司代理进出口业务,免收代理费。本公司也与该发起人签订的委托代理协议,该发起人保证及时优质地提供进出口代理服务,并且承诺不收取代理费。

11、为保障中小股东的利益,本公司与发起人哈尔滨高新技术产业开发区房屋建设开发总公司就双方的经营领域和经营范围签订了协议,明确本公司主要从事高新技术产业开发区内的基础设施建设业务,哈尔滨高新技术产业开发区房屋建设开发总公司主要从事高新区外业务。本公司的三家发起人共同承诺若三家发起人所经营的业务与本公司有竞争或存在利益冲突,发起人同意放弃其在上述方面的权利。

九、董事、监事及高级管理人员简介

1、董事会成员

李明:男,1945年5月出生,本科学历,高级工程师。现任哈尔滨高新技术产业开发区管理委员会主任,本公司董事长。历任黑龙江省机械厅办公室主任,省政府办公厅处长,市委办公厅副主任。李明同志待公司股票上市后将辞去公司董事长及董事职务。

张勤:男,1941年6月出生,本科学历,高级工程师,现任哈尔滨高新技术产业开发区管理委员会副主任、哈尔滨火炬高新技术开发总公司董事长、本公司副董事长、总经理。历任哈尔滨科技职工大学副校长、哈尔滨高新技术产业开发区管理委员会企业局局长。张勤同志待公司股票上市后将辞去管委会副主任职务。

林楠:男,1948年1月出生,本科学历,高级经济师,现任哈尔滨高新技术产业开发区房屋建设开发总公司董事长、本公司副董事长、副总经理。

栾贵书:男,1941年6月出生,本科学历,高级工程师,现任哈尔滨高新技术产业开发区对外贸易公司董事长、本公司董事、副总经理。历任省机械设备进出口公司副经理、绥纷河边贸公司副经理。

石晓莹:女,1953年1月出生,大专学历,会计师,现任本公司董事、财务部负责人。历任哈尔滨物资再生利用三公司财务科长、哈尔滨物资经销公司副经理。

2、监事会成员

申华楠:1940年2月出生,本科学历,高级工程师(教授级)。现任监事会召集人。历任黑龙江省机械工业研究所副所长、哈尔滨高科技创业服务中心副主任兼总工程师、哈尔滨高新技术产业开发区管理委员会企业局副局长、本公司副总经理。

施正威:男,1952年4月出生,大专学历,讲师,现任本公司监事。

黄宝育:男,1963年12月14日出生,本科学历,工程师,现任本公司监事。

3、高级管理人员

彭国军:男,1948年7月出生,大专学历,现行本公司副总经理。历任哈尔滨市电影公司副总经理、黑天鹅电影娱乐中心总经理。

许文冀:男,1952年8月出生,本科学历,现任本公司副总经理,哈尔滨高科技集团元元食品分公司经理。

王辉:男,1959年9月出生,本科学历,现任本公司董事会秘书、总经理助理。曾任哈尔滨高新产业开发区管理委员会办公室副主任。

十、经营业绩

1、生产经营的一般情况

本公司是从事高新技术产品的开发与研制、高新技术产业开发区基础设施建设和进出口贸易的股份制企业,是1991年首批被列为国家级高新技术开发区的哈尔滨高新技术产业开发区内高新技术企业。公司总资产和净资产分别从1994年底的50578万元、12409万元增加到1996年的55357万元、16847万元,分别增长了9.4%和35.8%;主营业务收入和净利润分别从1994年的13415万元、2404万元,增加到1996年的25637万元、3115万元。分别增长了91.1%和29.6%。

2、业务收入的主要构成

本公司业务收入主要由高新技术产品、开发区基础设施建设和经贸等业务收入构成,其中,高新技术产品收入占18%,基础设施建设收入占58%,经贸收入占5%,其他收入占19%。

3、重大项目和科研成果

本公司成立以来,研究开发了多项高新技术产品。其中大豆高功能蛋白、大豆水溶纤维素粉和低聚糖浆系列项目是黑龙江省粮食深加工工程的重点项目;生白灵冻干粉针,技术水平国际领先,是一种升白细胞药物,疗效显著,毒副作用小,已申报国家一类新药,1996年获哈尔滨市政府颁发的科学技术进步奖,并被列为国家级火炬计划项目;溶血栓酶片,是治疗心脑血管疾病药物,已通过卫生部二期临床,预计1997年6月份取得国家二类新药试字药号;SKG数控火焰切割机,技术水平属国内领先、具有集成度高、精度高、人机对话快捷等优点,整机产品性能好,畅销国内外,一九九四年被国家五部委联合评为国家级新产品,被中国质量检验协会推荐为国产精品,一九九五年被中国科协中华科技精品推展活动组委会推荐为中华科技精品,一九九六年SKG系列数控切割机被列为重点国家级火炬计划项目。

4、产品的市场情况

本公司凭借优良的产品性能和可靠的产品质量,采取极其灵活的销售策略,使产品销往全国各省市地区,部分产品打入国际市场,取得了广大客户的信赖。

十一、股本

1、本公司注册股份为8000万股,其中发起人持有6000万股,内部职工持有2000万股,每股面值1.00元,全部溢价发行,发行价为1.50元/股,超过面值的部分全部计入本公司资本公积金。因此,本次发行前公司股本结构如下:

股份类别	股份数额(万股)	占总股本的比例(%)
发起人股	6000	75
其中:法人持股	6000	75
内部职工股	2000	25
总股本:	8000	100

2、本公司发行的2000万股内部职工股,已按国家有关规定进行了清理,并且已全部按照要求,由哈尔滨证券登记有限公司集中托管,并得到哈尔滨市证管办哈证管办发[1997]6号文的确认。根据国家有关规定,本公司内部职工股自本次新股发行之日起,期满三年方可上市流通。

3、本公司本次发行后,股本结构如下:

股份类别	股份数额(万股)	占总股本的比例(%)
发起人股	6000	46.16
其中:法人持股	6000	46.16
内部职工股	2000	15.38
社会公众股	5000	38.46
总股本	13000	100.00

4、本公司本次发行后,净资产总额44847万元。

5、本公司本次发行前每股净资产2.11元。

6、本公司本次发行后每股净资产3.45元。

十二、财务会计资料

(一)以下为哈尔滨会计师事务所对本公司前三年会计报表出具的审计报告:

哈尔滨高科技(集团)股份有限公司全体股东:

我们接受委托,审计了贵公司1994年12月31日、1995年12月31日、1996年12月31日的母公司资产负债表和合并资产负债表,1994年度、1995年度、1996年度的母公司利润及利润分配表和合并利润及利润分配表,1996年度的母公司财务状况变动表和合并财务状况变动表。这些会计报表由贵公司负责,我们的责任是对这些会计报表发表审计意见。我们的审计是依据中国注册会计师独立审计准则进行的。在审计过程中,我们结合贵公司的实际情况,实施了包括抽查会计记录等我们认为必要的审计程序。

我们认为,上述会计报表符合《企业会计准则》和《股份制试点企业会计制度》的有关规定,在所有重大方面公允地反映了贵公司1994年12月31日、1995年12月31日、1996年12月31日的财务状况及1994年度、1995年度、1996年度的经营成果和1996年度的资金变动情况,会计处理方法的选用遵循了一贯性原则。

哈尔滨会计事务所　　中国注册会计师　李岩青

中国哈尔滨　　中国注册会计师　蔡　伟

一九九七年四月十五日

(二)会计报表(附后)

(三)公司采用的主要会计政策

1. 公司执行的会计制度:本公司执行《股份制试点企业会计制度》

2. 会计期间:本公司会计年度采用公历年度,即自公历1月1日至12月31日

3. 合并会计报表的编制方法:

合并会计报表是依据财政部《合并会计报表暂行规定》,以母公司及母公司的两个控股子公司哈尔滨四海数控设备有限公司和哈尔滨高科技(集团)卫健药业有限责任公司的会计报表为基础,抵销投入的股本、内部往来后编制而成。合并会计报表的控股子公司—哈尔滨四海数控设备有限公司,注册资本500万元,其中本公司投资400万元,占注册资本的80%,刘安丽投入60万元,占主册资本的12%,张延纯投入40万元,占注册资本的8%。合并会计报表的另一个控股子公司—哈尔滨高科技(集团)卫健药业有限责任公司,注册资本1,065万元,其中本公司投资543万元,占注册资本的51%,卫健制药厂投资522万元,占注册资本的49%。

4. 记帐原则和计价基础:本公司以仅责发生制为记帐原则,以历史成本为计价基础。

5. 记帐本位币:以人民币为记帐本位币。涉及外币的经济业务,按业务发生日的市场汇率折算为记帐本位币,按期末汇率调整差额计入当期损益。

6. 坏帐准备:本公司按期末应收帐款余额的3‰计提坏帐准备。

7. 存货的计价方法:本公司存货包括原材料,低值易耗品、在产品、产成品、库存商品等,存货均采用实际价格核算,原材料、在产品、库存商品、产成品等的发出采用加权平均法,低值易耗品采用"五五"摊销法。

8. 长期投资核算方法:

股权投资的核算—本公司的长期投资占被投资企业股权比例20%以下时,采用成本法核算;投资额占被投资企业股权比例在20%—50%之间的采用权益法核算;投资额占被投资企业股权比例为50%(不含50%)以上时,采用权益法核算,并编制合并会计报表。

9. 固定资产及其折旧:

固定资产按实际成本计价。

固定资产的标准是指使用期限在一年以上的房屋建筑物、机器设备、器具、工具等资产,以及不属于生产经营主要设备的物品,单位价值在2000元以上并且使用年限超过两年的资产。

固定资产采用直线法计提折旧。根据固定资产的类别,原始价值,估计经济使用年限,预计净残值(净残值率为3—5%)确定其折旧率如下:

资产类别	折旧年限	年折旧率
房屋及建筑物	30—35	2.71%—3.23%
通用设备	10—14	6.79%—9.70%
专用设备	10—12	7.92%—9.70%
运输工具	6—10	9.50%—16.17%
其他	5—10	9.50%—19.40%

10. 无形资产及其摊销:

本公司无形资产系土地使用权,土地使用权按五十年平均摊销。

11. 递延资产及其摊销:

本公司的递延资产系开办费,开办费从开始生产、经营当月起按五年分期摊销。

12. 税项:

本公司应纳税项和适用税率如下:

(1)所得税

本公司根据哈发[1992]9号、哈政发[1997]6号文件的规定免征所得税三年,即一九九四年、一九九五年、一九九六年三年免征所得税。上市后按15%的税率缴纳所得税。

(2)增值税

本公司执行的增值税税率除粮食加工为13%外,其余为17%。

(3)城市维护建设税

本公司按增值税应纳税额的7%计缴城市维护建设税。

(4)教育费附加

本公司1994年按增值税应纳税额的3%计缴教育费附加,1995年、1996年按4%计缴。

(5)防洪保安费

根据哈尔滨市人民政府哈政发[1994]18号文件规定,本公司按增值税的1%和0.5%计缴防洪保安费。

13. 销售收入的确认

销售收入以产品、商品已经发出,货款已经收到或者取得收取货款的凭据时,作为销售收入的实现标志。

14. 利润分配

本公司每一个会计年度的税后利润按照以下顺序分配:

(1)弥补亏损:

(2)提取10%法定盈余公积金;

(3)提取5%—10%法定公益金;

(4)经股东大会决议提取任意盈余公积金;

(5)支付普通股股利;

本公司分配股利实行同股同利的原则。

(四)主要财务指标

	1996年	1995年	1994年
流动比率	1.43	1.38	1.34
速动比率	1.00	0.95	0.91
资产负债率	67.70%	75.3%	74.0%
应收帐款周转率	244%	259%	243%
存货周转率	161%	94%	67%
净资产收益率	18.49%	21.0%	19.37%
每股净利	0.39元	0.36元	0.30元

如果投资人欲对本公司财务状况、经营成果及其会计政策进行更为详细的了解,应当认真阅读备查文件中的公司财务报表及其附注。

十三、资产评估

以下为哈尔滨市资产评估事务所对本公司设立时截止1993年2月28之资产评估的结果:

评估前资产总值209,725,331.35元,负债总额143,700,523.43元,净资产66,024,807.92元。通过资产评估,评定资产总值为235,126,586.62元,负债总额为143,700,523.43元,净资产91,426,063.19元,净资产均为生产经营性净资产。评估后比评估前净资产增值25,401,255.27元,增值率38.47%。

资产评估结果汇总表

评估基准日:1993年2月28日　　单位:人民币元

项目	帐面原值	帐面净值	重置价值	评估现值	增值额	增值率%
资产合计	209,767,803.26	209,725,331.35	235,169,085.53	235,126,586.62	25,401,255.27	12.11
流动资产	191,394,806.31	191,394,806.31	191,394,806.31	191,394,806.31		
固定资产	2,823,994.00	2,781,495.09	2,823,994.00	2,781,495.09		
长期资产	1,000,000.00	1,000,000.00	1,000,000.00	1,000,000.00		
无形资产	14,549,029.95	14,549,029.95	39,950,285.22	39,950,285.22	25,401,255.27	174.59
负债合计		143,700,523.43		143,700,523.43		
净资产(权益)		66,024,807.92		91,426,063.19	25,401,255.27	38.47

以上评估结果已经哈尔滨国有资产管理局确认。

本公司成立以后未再进行过资产评估。

十四、盈利预测

以下为本公司一九九七年度的盈利预测,哈尔滨会计师事务所对盈利预测进行了审核。该所认为,本公司编制的盈利预测所依据的基准和假设已充分披露,没有证据表明这些基本假设是不合理的。编制的盈利预测所采用的会计政策与已编报的会计报表和实际采用的会计政策前后

期一致,并遵循了中华人民共和国《企业会计准则》、《股份制试点企业会计制度》。根据该所的审核结果,认为本公司编制的盈利预测所依据的历史数据是可靠的,未来数据是充分的,采用的预测方法是恰当的。

单位:元

项目	1997年预测
一、主营业务收入	296,120,000.00
二、主营业务利润	46,590,000.00
加:其他业务利润	4,760,000.00
三、营业利润	51,350,000.00
加:投资收益	410,000.00
营业外收入	240,000.00
减:营业外支出	200,000.00
四、利润总额	51,800,000.00
减:所得税(按15%计算)	7,770,000.00
减:所得税(按33%计算)	17,094,000.00
减:少数股东损益	1,800,000.00
五、净利润(所得税15%)	42,230,000,00
净利润(所得税33%)	32,906,000,00
六、每股税后利润(15%)	0.325
每股税后利润(33%)	0.253

(一)基准

公司的盈利预测是根据前三年的经营业绩和公司的客观情况、潜力及今后发展规划,遵循我国现行法律、法规的有关规定和股份制试点企业的会计制度,本着求实、稳健的原则编制的。所依据的会计原则在重要方面与公司通常采用的会计原则相一致。

(二)假设:

1、公司所遵循的国家现行政策法律、法规和制度及公司所在的社会政策和经济政策无重大改变。

2、公司各项经营业务所涉及地区的有关政策,法律法规及其他经济环境无重大改变。

3、盈利预测期内的税率、汇率及市场行情在正常范围内无变化。

4、本公司的正常经营无其他人力不可抗拒及预见的因素,造成不利影响。

5、本公司社会募集的资金用于建设项目形成,生产能力和盈利预测将在计划期内如期实现。

本公司提醒投资者,鉴于盈利预测所依据的种种假设的不确定性能,进行投资判断时,不应过于依赖该项资料。

十五、公司发展规划

1、经营战略和发展目标:

本公司将充分利用国家实施"火炬计划"的有利契机和国家级高新技术产业开发区的优惠政策,以占据二十一世纪经济制高点为目标,大力弘扬"拼搏创新、高效敬业、举贤尚学、远望争先"的开发区精神,充分利用黑龙江省资源优势,在高新技术产业领域不断创新,努力实现高新技术产业化、国际化、以高素质的人才队伍和高水平的经营管理,力争在高新技术产业方面创造一流的产品、一流的服务和一流的业绩,把本公司建成以高新技术产业为主导,跨地区、跨行业,在国内外有深远影响的股份制企业集团。

2、市场发展计划

本公司立足国内、国际两个市场,利用本公司产品的技术优势和高新区政策优势,注重开发潜在市场,着力培育新兴市场,针对产业的不同规律和特点,分别采用直销、代销、委托经营等销售手段,强化产品市场竞争能力,使本公司产品在未来三年内,占有国内市场主要份额,在全国25个大中城市建立销售网络和服务网络。国际市场将进一步重点发展东南亚、日本和独联体市场,使本公司产品的10%—30%出口,提高创汇能力。

3、人员发展战略:

本公司将以人为本,在实行全员劳动合同制、干部任期制的基础上,从优化人才配置的原则出发,进一步改善公司的人才结构,要以三高(高学历、高能力、高素质)作为选用招聘人才的基本条件,逐步强化企业人才的竞争机制、风险机制和激励机制,推行高素质人才战略,把人才作为企业的第一资源。从1997年开始公司将有计划地重点充实高新技术项目研究开发人员、企业(产品、项目)高级策划人员和财务(审计)人员。

十六、重要合同及重大诉讼事项

(一)大成律师事务所审核了本公司提供的全部合同资料,确认目前尚未履行完毕的合同主体合格、内容合法、必备条款齐全,均为有效合同。现仅将该所律师认为可能影响本公司正常生产经营活动和本次股票发行的重大合同摘录如下:

1、租房协议书

一九九四年一月八日,哈尔滨高新技术产业开发区综合服务中心(甲方)与哈尔滨高科技公司(乙方)签订上述协议。根据该协议的规定,甲方统一将其拥有的生产用房及办公用房共计2500平方米租凭给乙方使用,年租金人民币80万元,租凭期限为五年。

2、人民币短期借款合同

一九九七年二月二十日,本公司(借款人)与中国工商银行黑龙江省分行(贷款人)签订上述协议。根据该协议的规定,借款人向贷款人借款人民币伍佰叁拾万元整。借款期限自一九九七年二月二十七日至一九九七年八月二十七日。借款利息为月息0.8415%。

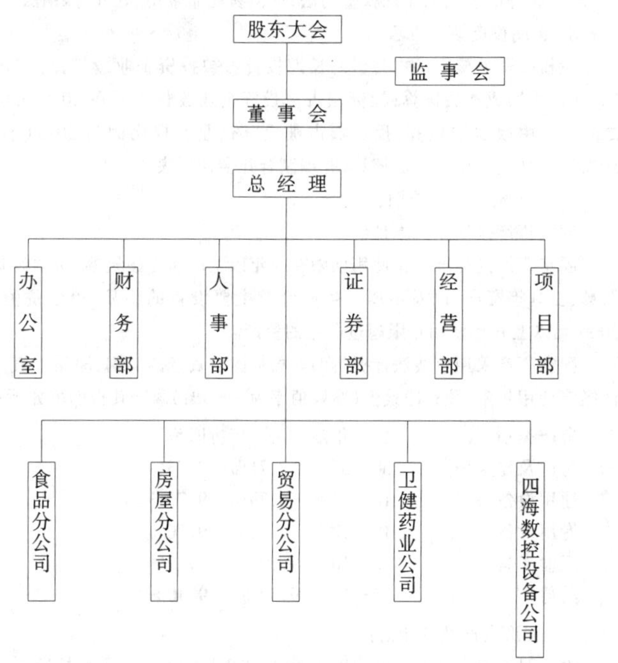

一九九七年三月五日,本公司(借款人)与中国农业银行哈尔滨开发区支行(贷款人)签订了人民币短期借款合同。根据该合同,借款人向贷款人借款人民币两千万元整,借款期限自一九九七年三月五日起至一九九八年三月四日止,借款利息为月息0.924%。

3、关于组建哈尔滨高科技集团卫健药业有限公司协议书

一九九四年十月十日,本公司(甲方)与哈尔滨市卫健制药厂(乙方)签订上述协议。根据该协议的规定,甲、乙双方共同投资组建哈尔滨高科技集团卫健药业有限公司。甲方以现金形式投入人民币543万元,占总投资的51%,乙方以生产厂房、仪器设备等资产投入,估价人民币522万元,占总投资的49%。

(二)发行人的诉讼情况

根据本公司常年法律顾问黑龙江省高新律师事务所出具的证明和大

律师事务所律师的查证,本公司现无正在进行的重大诉讼和仲裁事件及法律纠纷。

十七、备查文件

1、审计报告
2、资产评估报告
3、盈利预测报告
4、法律意见书
5、证监会批准本公司股票发行的文件;
6、上海证券交易所上市承诺书
7、承销协议
8、资产评估结果的确认通知
9、本公司发起人协议
10、重要合同

上述备查文件及招股说明书全文投资者可于发行期间在本公司和主承销商处查阅。

哈尔滨高科技(集团)股份有限公司
一九九七年六月十八日

利润及利润分配表(合并)

编制单位:哈尔滨高科技(集团)股份有限以司　　金额单位:人民币元

项目	附注	1996 年度	1995 年度	1994 年度
一、主营业务收入	27	256,368,711.70	198,133,278.49	134,150,783.13
减:营业成本	28	201,432,732.25	147,807,363.61	97,543,023.21
销售费用	29	1,975,604.74	2,798,113.24	412,343.87
管理费用	30	8,426,933.54	8,227,452.86	5,154,881.90
财务费用	31	11,908,758.40	9,212,479.92	6,777,998.83
进货费用				
营业税金及附加	32	255,645.97	497,892.28	1,943.88
二、主营业务利润		32,369,036.80	29,589,976.58	24,260,591.44
加:其他业务利润	33	586.22		
三、营业利润		32,369,623.02	29,589,976.58	24,260,591.44
加:投资收益	34	320,800.00		
补贴收入			1,087,871.41	
营业外收入	35	599,507.76	3,918.08	123,700.01
减:营业外支出	36	176,856.91	2,188.52	51,217.36
加:以前年度损益调整				
四、利润总额		33,113,073.87	30,679,577.55	24,333,074.09
减:所得税				
减:少数股东损益		1,965,697.33	1,847,481.51	293,958.70
五、净利润		31,147,376.54	28,832,096.04	24,039,115.39
加:年初未分配利润		9,340,529.72	433,248.08	
盈余公积转入数				
六、可分配利润		40,487,906.26	29,265,344.12	24,039,115.39
减:提取法定会积金		3,114,737.65	2,883,209.60	2,403,911.54
提取法定公益金		1,557,368.83	1,441,604.80	1,201,955.77
七、可供股东分配的利润		35,815,799.78	24,940,529.72	20,433,248.08
减:已分配优先股股利				
提取任意公积金				
已分配普通股股利			15,600,000.00	20,000,000.00
八、未分配利润		35,815,799.78	9,340,529.72	433,248.08

财务状况变动表

编制单位:哈尔滨高科技(集团)股份有限公司　　金额单位:人民币元

流动资金来源和运用	行次	合并	母公司	流动资金各项目的变动	行次	合并	母公司
一、流动资金来源				一、流动资产本年增加数			
1、本年净利润	1	31,147,376.54	31,147,376.54	1、货币资金	32	5,277,657.34	3,689,486.47
加:不减少流动资金的费用和损失	2			2、短期投资	33		
(1)少数股东本期损益	3	1,965,697.33		3、应收票据	34		
(2)固定资产折旧	4	1,526,779.12	1,042,923.12	4、应收帐款净额	35	15,548,957.84	18,887,833.01
(3)无形资产、递延资产及其他资产摊销	5	950,873.18	950,811.18	5、预付货款	36	-50,429,674.58	-52,372,328.77
(减其他负债转销)	6			6、其他应收款	37	12,014,314.68	8,327,807.36
(4)固定资产盈亏(减盘盈)	7			7、待摊费用	38	-6,386.60	-28,434.60
(5)清理固定资产损失(减收益)	8	41,312.03	41,312.03	8、存货	39	-15,594,490.58	-23,617,715.81
(6)递延税款	9			9、待处理流动资产损失(减收益)	40		

流动资金来源和运用	行次	合并	母公司	流动资金各项目的变动	行次	合并	母公司
小计	10	35,632,038.20	33,182,422.87	10、一年内到期的长期债券投资	41		
2、其他来源:				11、其他流动资产	42		
(1)固定资产清理收入(减清理费用)	11	102,056.91	102,056.91				
(2)增加长期负债	12						
(3)收回长期投资	13						
(4)对外投资转出固定资产	14						
(5)对外投资转出无形资产	15						
(6)资本净增加额	16	4,672,106.48	4,672,106.48				
小计	17	4,774,163.39	4,774,163.39				
流动资金来源合计	18	40,406,201.59	37,956,586.26	流动资产增加净额	45	−33,189,621.90	−45,113,352.34
二、流动资金运用				二、流动负债本年增加数:			
1、利润分配	19			1、短期借款	46	17,081,544.00	17,531,544.00
(1)提取法定公积金	20	3,114,737.65	3,114,737.65	2、应付票据	47		
(2)提取法定公益金	21	1,557,368.83	1,557,368.83	3、应付帐款	48	−12,528,840.00	−12,589,528.81
(3)提取任意公积金	22			4、预收货款	49	−84,637,629.64	−80,502,940.52
(4)已分配股利	23			5、应付福利费	50	69,926.51	−121,631.24
小计	24	4,672,106.48	4,672,106.48	6、未付股利	51	−3,121,790.00	−3,121,790.00
2、其他运用:				7、未交税金	52	−41,140.24	−1,104,422.34
(1)固定资产和在建工程净增加额	25	1,239,015.91	964,257.24	8、其他未交款	53	13,568.62	−18,763.35
(2)增加无形资产、递延资产及其他资产	26	−2,721,520.00	−2,721,520.00	9、其他应付款	54	18,598,521.12	15,923,472.26
(3)偿还长期负债	27	31,660,000.00	33,100,000.00	10、预提费用	55	1,711,619.13	1,711,619.13
(4)增加长期投资	28	1,120,000.00	6,970,654.01	11、一年内到期的长期负债	56	25,228,000.00	22,208,000.00
小计	29	31,297,495.91	38,313,391.25	12、其他流动负债	57		
流动资金运用合计	30	35,969,602.39	42,985,497.73	流动负债增加净额	58	−37,626,221.10	−40,084,440.87
流动资金增加净额	31	4,436,599.20	−5,028,911.47	流动资金增加净额	59	4,436,599.20	−5,028,911.47

资产负债表(合并)

编制单位:哈尔滨高科技(集团)股分有限公司　　　　金额单位:人民币元

资产	附注	96.12.31	95.12.31	94.12.31	负债及股东权益	附注	96.12.31	95.12.31	94.12.31
流动资产:					流动负债:				
货币资金	1	14,907,006.26	9,629,348.92	30,778,053.34	短期借款	11	82,024,336.38	64,942,792.38	54,758,165.38
短期投资					应付票据				
应收票据					应付帐款	12	76,487,675.57	89,016,516.17	72,020,389.09
应收帐款	2	113,136,148.86	97,540,403.79	55,195,072.09	预收货款	13	72,120,311.43	156,757,941.07	150,721,508.35
减:坏帐准备		339,408.44	292,621.21	165,585.22	应付福利费	14	47,262.77	−22,663.74	−81,480.55
应收帐款净额		112,796,740.42	97,247,782.58	55,029,486.87	未付股利	15	28,430,130.00	31,551,920.00	20,000,000.00
预付货款	3	137,863,944.40	188,293,618.98	157,671,286.71	未交税金	16	656,421.55	697,561.79	116,424.77
其他应收款	4	80,941,804.64	68,927,489.96	61,336,577.16	其他未交款	17	67,656.62	54,088.00	
待摊费用	5	27,048.00	33,434.60	3,600.00	其他应付款	18	45,185,138.22	26,586,617.10	25,030,761.47
存货	6	151,177,593.25	166,772,083.83	146,235,078.72	预提费用	19	14,902,389.87	13,190,770.74	3,201,717.94
待处理流动资产净损失					一年内到期的长期负债	20	27,940,000.00	2,712,000.00	10,392,000.00
一年内到期的长期债券投资					其他流动负债				
其他流动资产									
流动资产合计		497,714,136.97	530,903,758.87	451,054,082.80	流动负债合计		347,861,322.41	385,487,543.51	336,159,486.45
长期投资:					长期负债:				
长期投资	7	2,280,000.00	1,160,000.00	1,160,000.00	长期借款	21	26,900,000.00	58,520,000.00	39,000,000.00
合并价差					应付债券				
固定资产:					长期应付款			40,000.00	
固定资产原价	8	21,782,055.36	20,645,096.36	14,382,938.85	其他长期负债				
减:累计折旧		3,797,436.62	2,229,343.47	799,955.76					
固定资产净值		17,984,618.74	18,415,752.89	13,582,983.09	长期负债合计		26,900,000.00	58,560,000.00	39,000,000.00
固定资产清理					递延税项:				
在建工程					递延税款贷项:				
待处理固定资产净损失					负债合计		374,761,322.41	444,047,543.51	375,159,486.45
固定资产合计		17,984,618,74	18,415,752.89	13,582,983.09	少数股东权益	22	10,337,951.41	8,372,254.08	6,524,772.57

资产	附注	96.12.31	95.12.31	94.12.31	负债及股东权益	附注	96.12.31	95.12.31	94.12.31
无形资产及递延资产:									
无形资产	9	34,631,201.58	37,952,770.90	38,751,776.62	股东权益:				
递延资产	10	961,159.96	1,311,981.82	1,227,787.36	股本	23	80,000,000.00	80,000,000.00	80,000,000.00
无形及递延资产合计		35,592,361.54	39,264,752.72	39,979,563.98	资本公积	24	40,053,255.46	40,053,255.46	40,053,255.46
其他长期资产:					盈余公积	25	12,602,788.19	7,930,681.71	3,605,867.31
其他长期资产:					其中:公益金		4,200,929.40	2,643,560.57	1,201,955.77
递延税项:					未分配利润	26	35,815,799.78	9,340,529.72	433,248.08
递延税款借项					股东权益合计		168,471,843.43	137,324,466.89	124,092,370.85
资产总计		553,571,117.25	589,744,264.48	505,776,629.87	负债及股东权益总计		553,571,117.25	589,744,264.48	505,776,629.87

哈尔滨高科技(集团)股份有限公司股票上市公告书

一、要览

总股本:13000 万股

可流通股本:5000 万股

本次上市流通股本:5000 万股

股票简称:哈高科

证券编码:600095

上市地点:上海证券交易所

上市时间:1997 年 7 月 8 日

登记机构:上海证券中央登记结算公司

上市推荐人:华夏证券有限公司

光大证券有限公司

二、绪言

本公告书依据《中华人民共和国公司法》、《股票发行与交易管理暂行条例》、《公开发行股票公司信息披露实施细则》、《上海证券交易所市场业务试行规则》以及其它有关证券管理的规定编写,旨在向投资者提供本公司基本情况及有关资料。

经中国证券监督管理委员会证监发字[1997]351 号和证监发字[1997]352 号文批准,本公司已成功地向社会公众公开发行人民币普通股 5000 万股,每股面值 1.00 万元,每股发行价 5.78 元。本公司股票经上海证券交易所上证上(1997)字第 068 号文审核批准,将于 1997 年 7 月 8 日(星期二)在上海证券交易所挂牌交易。本次上市流通股本为 5000 万股新股,根据国家有关规定,内部职工股自本次股票发行之日起,期满三年方可上市流通。

本公司已于 1997 年 6 月 19 日在《中国证券报》、《上海证券报》、《证券时报》、《黑龙江日报》、《哈尔滨日报》上刊登了《招股说明书概要》,距今不足 6 个月,故与其重复的内容在此不再重述,敬请投资者查阅本公司的《招股说明书概要》。

本公司董事会成员已批准本上市公告书,确信其中不存在任何重大遗漏或者误导,并对其真实性、准确性、完整性负个别的和连带的责任。

本上市公告书中的内容由本公司董事会负责解释。

三、公司概况

1、基本情况

法定名称:哈尔滨高科技(集团)股份有限公司

注册资本:人民币 13000 万元

法定代表人:李明

成立日期:1993 年 12 月 28 日

经营范围:从事高新技术产品开发、生产、销售;提供技术咨询、技术服务:开发区内土地开发、基础设施建设、物业管理;通过代理开展对外贸易;国内贸易(国家限制经营的商品除外);从事政策允许的劳务性服务。

所属行业:高科技行业

注册地址:哈尔滨高技术产业开发区 26 号楼

联系电话:(0451)2301029

2、公司历史沿革

本公司是于 1993 年 3 月 25 日经哈尔滨股份制协调领导小组哈股领办字[1993]42 号文批准,由哈尔滨高新技术产业开发区管委会直属的哈尔滨高新技术产业开发区房屋建设开发总公司、哈尔滨火炬高新技术开发总公司、哈尔滨高新技术产业开发区对外贸易公司三家共同发起,采取定向募集方式设立的股份有限公司。三家发起人均以部分自有资产投资入股。本公司于一九九三年十二月二十八日正式成立,总股本为 8000 万股,其中哈尔滨高新技术产业开发区房屋建设开发总公司以自有资产认购 3834 万股,占总股本的 47.9%;哈尔滨火炬高新技术开发总公司以自有资产认购 1492 万股,占总股本的 18.7%;哈尔滨高新技术产业开发区对外贸易公司以自有资产认购 674 万股,占总股本的 8.4%;内部职工认购 2000 万股,占总股本的 25%。

本公司成立三年多来,在高新技术产品开发、研制及高新技术产业开发区内基础设施配套建设业务和国内外贸易业务方面都取得了显著的成绩。近年来,通过自行开发、合作开发和收购兼并等方式,开发研制了包括大豆高功能蛋白、生白灵冻干粉针、溶血栓酶片、数控切割机等一批处于国内外领先水平的高新技术产品,确立了以高新技术产品开发研制为主,以高新技术开发区内基础设施配套建设及国内外贸易为辅,多元化经营、综合性发展的企业战略。

四、股票发行及承销

1、股票公开发行:

发行数量:5000 万股

发行价格:5.78 元/股

实际募集资金总额(扣除发行费用):28000 万元

发行方式:上网定价发行

配售比例:0.67890718%

有效申购户数:518163 户

持有 1000 股以上(含 1000 股)的户数:46578 户

发行费用总额:900 万元

每股发行费用:0.18 元

发行市盈率:16.5 倍

2、股票承销

本次公开发行的 5000 万股社会公众股已全部由社会公众认购,承销团成员包销数量为零。

3、验资报告(哈会师股二验字(1997)第 034 号)

哈尔滨高科技(集团)股份有限公司全体股东:

我们接受委托,对哈尔滨高科技(集团)股份有限公司截止 1997 年 7 月 2 日止的实收股本及相关的资产和负债的真实性和合法性进行了审验。在审验过程中,我们按照《独立审计实务公告第 1 号—验资》的要求,

实施了必要的审验程序。贵公司中的责任是提供真实、合法、完整的验资资料,我们的责任是按照《独立审计实务公告第1号—验资》的要求,出具真实合法的验资报告。

哈尔滨高科技(集团)股份有限公司变更前注册资本为80,000.000元,变更后的注册资本为130,000.000元,根据我们的审验,截止1997年7月2日止,哈尔滨高科技(集团)股份有限公司已收到向社会公开募集资金289,000,000元,(每股发行价5.78元,向社会公开募集5,000万股,扣除发行费用9,000,000元,实际到位资金280,000,000元。由于本次发行申购资金利息尚未到帐,及尚有部分与本次发行有关的费用未结算,故资本公积还将发生变化,待确定后予以披露》。变更后哈尔滨高科技(集团)股份有限公司股东权益总额为464,175,737.30元,其中股本130,000,000元,资本公积270,053,255.46元,盈余公积12,602,788.19元(其中公益金4,200,929.40元),未分配利润51,519,693.65元。与上述变更后投人资本总额相关资产总额为849,801,582.69元,负债总额为385,625,845.39元。

哈尔滨会计师事务所　　中国注册会计师　李岩青
中国　　哈尔滨　　中国注册会计师　蔡　伟
一九九七年七月二日

五、董事、监事及高级管理人员持股情况

姓名	职务	持股数量(股)	持股比例(%)
李明	董事长	0股	0
张勤	副董事长、总经理	5000股	0.0038
林楠	副董事长、副总经理	5000股	0.0038
栾贵书	董事、副总经理	5000股	0.0038
石晓莹	董事	0股	0
申华楠	监事会召集人	5000股	0.0038
施正威	监事	3000股	0.0023
黄宝育	监事	2000股	0.0015
彭国军	副总经理	0股	0
许文冀	副总经理	5000股	0.0038
王辉	董事会秘书	0股	0

本公司董事、监事及高级管理人员共持有本公司股票30000股,占公司股本总额的0.023%。

六、公司设立

1、本公司1997年2月18日临时股东大会审议通过了公司向社会公众公开发行股票并上市的决议,并授权董事会根据实际情况安排股票发行及上市等事宜。

2、公司注册资本:人民币13000万元

3、本次发行后公司重新注册时间:1997年7月2日

4、公司注册地点:哈尔滨高新技术产业开发区26号楼

5、营业执照注册号码:12803488-3

七、关联企业及关联交易

本公司通过关联企业即本公司发起人哈尔滨高新技术产业开发区对外贸易公司的代理从事进出口贸易。哈尔滨高新技术产业开发区对外贸易公司是经国家经贸部批准享有进出口权的外贸企业,与东欧独联体及欧美等国家有稳定的贸易往来,持有本公司股票674万股。根据哈尔滨高新技术开发区管理委员会哈高开委字[1994]13号文,哈尔宾高新技术产业开发区对外贸易公司对本公司代理进出口业务,免收代理费。本公司也与该发起人签订了委托代理协议,该发起人保证及时优质地提供进出口代理服务,并且承诺不收取代理费。

八、股本结构及大股东持股情况

1、上市前的股本结构

股份类别	股数(万股)	占总股本比例(%)
(1)尚未流通股本		
发起人股	6000	46.16
其中:法人持股	6000	46.16
内部职工股	2000	15.38
(2)可流通股本		
社会公众股	5000	38.46
总股本	13000	100.00

2、前十名股东所持股数及比例

股东名称	持有股数(万股)	占总股本比例(%)
哈尔滨高新技术产业开发区房屋建设开发总公司	3834	29.49
哈尔滨火炬高新技术开发总公司	1492	11.48
哈尔滨高新技术产业开发区对外贸易公司	674	5.18
罗荣熙	10	0.077
徐淑芳	10	0.077
李岩洪	10	0.077
赵国荣	6.5	0.05
咸培英	6	0.046
张新文	6	0.046
冷洪华	5.7	0.044

九、公司财务会计资料

(一)、审计报告(哈会师股份二审字[1997]第033号)

哈尔滨高科技(集团)股份有限公司全体股东:

我们接受委托,审计了贵公司1994年12月31日、1995年12月31日、1996年12月31日、1997年5月31日的母公司资产负债表和合并资产负债表,1994年度、1995年度、1996年度、1997年1—5月的母公司利润及利润分配表和合并利润及利润分配表,1996年度的母公司财务状况变动表和合并财务状况变动表。这些会计报表由贵公司负责,我们的责任是对这些会计报表发表审计意见。我们的审计是依据中国注册会计师独立审计准则进行的。在审计过程中,我们结合贵公司的实际情况,实施了包括抽查会计记录等我们认为必要的审计程序。

我们认为,上述会计报表符合《企业会计准则》和《股份制试点企业会计制度》的有关规定,在所有重大方面公允地反映了贵公司1994年12月31日、1995年12月31日、1996年12月31日、1997年5月31日的财务状况及1994年度、1995年度、1996年度、1997年1—5月的经营成果和1996年的资金变动情况,会计处理方法的选用遵循了一贯性原则。

哈尔滨会计师事务所　　中国注册会计师　李岩青
中国　　哈尔滨　　中国注册会计师　蔡　伟
一九九七年六月二十六日

(二)、财务报表(见附表)

(三)、公司采用的主要会计政策

1. 公司执行的会计制度:本公司执行《股份制试点企业会计制席》

2. 会计期间:本公司会计年度采用公历年度,即自公历1月1日至12月31日

3. 合并会计报表的编制方法

合并会计报表是依据财政部《合并会计报表暂行规定》,以母公司及母公司的两个控股子公司哈尔滨四海数控设备有限公司和哈尔滨高科技(集团)卫健药业有限责任公司的会计报表为基础,抵销投人的股本、内部往来后编制而成。合并会计报表的控股子公司—哈尔滨四海数控设备有限公司,注册资本500万元,其中本公司投资400万元,占注册资本的80%,刘安丽投入60万元,占注册资本的12%,张廷纯投入40万元,占注册资本的8%。合并会计报表的另一个控股子公司—哈尔滨高科技(集团)卫健药业有限责任公司,注册资本1.065万元,其中本公司投资543

万元,占注册资本的51%,卫健制药厂投资522万元,占注册资本的49%。

4. 记帐原则和计价基础:本公司以权责发生制为记帐原则,以历史成本为计价基础。

5. 记帐本位币:以人民币为记帐本位币。涉及外币的经济业务,按业务发生日的市场汇率折算为记帐本位币,按期末汇率调整差额计入当期损益。

6. 坏帐准备:本公司按期末应收帐款余额的3‰计提坏帐准备。

7. 存货的计价方法:本公司存货包括原材料,低值易耗品、在产品、产成品、库存商品等,存货均采用实际价格核算,原材料、在产品、库存商品、产成品等的发出采用加权平均法,低值易耗品采用"五五"摊销法。

8. 长期投资核算方法:

股权投资的核算一本公司的长期投资占被投资企业股权比例20%以下时,采用成本法核算:投资额占被投资企业股权比例在20%—50%之间的采用权益法核算;投资额占被投资企业股权比例为50%(不含50%)以上时,采用权益法核算,并编制合并会计报表。

9. 固定资产及其折旧:

固定资产按实际成本计价。

固定资产的标准是指使用期限在一年以上的房屋建筑物、机器设备、器具、工具等资产,以及不属于生产经营主要设备的物品,单位价值在2000元以上并且使用年限超过两年的资产。

固定资产采用直线法计提折旧。根据固定资产的类别,原始价值,估计经济使用年限,预计净残值(净残值率为3—5%)确定其折旧率如下:

资产类别	折旧年限	年折旧率
房屋及建筑物	30—35	2.71%—3.23%
通用设备	10—14	6.79%—9.70%
专用设备	10—12	7.92%—9.70%
运输工具	6—10	9.50%—16.17%
其他	5—10	9.50%—19.40%

10、无形资产及其摊销:

本公司无形资产系土地使用权,土地使用权按五十年平均摊销。

11. 递延资产及其摊销:

本公司的递延资产系开办费,开办费从开始生产、经营当月起按五年分期摊销。

12. 税项:

本公司应纳税项和适用税率如下:

(1)所得税

本公司根据哈发[1992]9号、哈政发[1997]6号文件的规定免征所得税三年,即一九九四年、一九九五年、一九九六年三年免征所得税。上市后按15%的税率缴纳所得税。

(2)增值税

本公司执行的增值税税率除粮食加工为13%外,其余为17%。

(3)城市维护建设税

本公司按增值税应纳税额的7%计缴城市维护建设税。

(4)教育费附加

本公司1994年按增值税应纳税额的3%计缴教育费附加,1995年、1996年、1997年按4%计缴

(5)防洪保安费

根据哈尔滨市人民政府哈政发[1994]18号文件规定,本公司按增值税的1%和0.5%计缴防洪保安费。

13. 销售收入的确认

销售收入以产品、商品已经发出,货款已经收到或者取得收取货款的凭据时,作为销售收入的实现标志。

14. 利润分配

本公司每一个会计年度的税后利润按照以下顺序分配:

(1)弥补亏损

(2)提取10%法定盈余公积金;

(3)提取5%法定公益金;

(4)经股东大会决议提取任意盈余公积金;

(5)支付普通股股利;

本公司分配股利实行同股同利的原则。

(四)、会计报表主要附注

1. 应收帐款

应收帐款1997年5月31日余额为119,132.99元,帐龄分析如下:

帐龄	金额(元)	比例(%)
一年以内	42,969,908.91	35.92
一至二年	28,146,902.69	23.53
二至三年	48,037,624.09	40.16
三年以上	463,697.30	0.39
合计	119,618,132.99	100

坏帐准备按应收帐款期末余额的3‰计提。

截止1997年5月31日,应收帐款中无持有本公司5%以上股份的主要股东的欠款。三年以上应收帐款债务人均存在并继续经营,且与本公司保持正常的业务联系。

2. 其他应收款

其他应收款1997年5月31日余额为86,369,530.46元。具体帐龄分析如下:

帐龄	金额(元)	比例(%)
一年以内	27,791,829.91	32.18
一至二年	42,976,210.28	49.76
二至三年	14,929,165.98	17.28
三年以上	672,324.29	0.78
合计	86,369,530.46	100

截止1997年5月31日,其他应收款中无持有本公司5%以上股份的主要股东的欠款。三年以上其他应收款债务人均存在,且保持正常往来。

其他应收款明细如下:

单位	金额(元)	性质与内容
富利达股份有限公司	18,160,513.38	代垫基础设施配套款
开发区管理委员会	303,328.98	代垫款项
海南高新工贸公司	500,000.00	代垫拆迁款
哈高新装饰公司	2,000,000.00	代垫业务往来款
哈尔滨聚兴公司	432,000.00	代垫工程款
哈高科技集团纺织有限公司	375,464.70	代垫周转金
哈淄尼投资公司	500,000.00	代垫款项
黑龙江省新兴商贸公司	1,757,867.16	代垫贸易款项
高新技术合作公司	1,610,000.00	代垫基础设施款
高新设计室	1,362,831.49	垫付设计款
高新培训中心	1,673,007.20	垫付培训款
哈华源房地产开发公司	1,450,000.00	代垫拆迁款
高新物资经销公司	1,735,517.16	代垫周转金
其他	54,509,000.39	
合计	86,369,530.46	

3. 存货

存货1997年5月31日余额为134.043,926.81元。

内容	金额(元)
原材料	959,557.03
产成品	49,957,807.07
在产品及自制半成品	68,578,959.17
库存商品	14,287,991.60
低值易耗品	259,611.94

合　　计　　134,043,926.81

4.长期投资

长期投资1997年5月31日余额为2,280,000.00元,具体如下:

(1)股权投资

公司名称	股数	股权比例	投资金额(元)
哈尔滨新保实业股份有限公司	900,000	30%	900,000.00(注①)
哈尔滨北亚集团股份有限公司	650,000	4‰	1,300,000.00
小　　计	1,550,000		2,200,000.00

(2)债券投资

债券种类	到期日	面值	投资金额(元)
国库券	98.10.1	80,000.00	80,000.00(注②)
小计		80,000.00	80,000.00

注①:哈尔滨新保实业股份有限公司成立于1996年11月,尚在建设期间,没有形成损益,为此未按权益法核算。

注②:国库券投资金额为160,000元,96年还本80,000元,付息20,800元,剩余投资额80,000元。

5.固定资产及累计折旧

	1997年1月1日	1997年增加	1997年减少	1997年5月31日
固定资产原价				
房屋及建筑物	7,481,147.69		176,029.00	7,305,118.69
通用设备	4,280,621.96	5,100.00	4,285,721.96	
专用设备	891,894.00			891,894.00
运输工具	7,110,034.61	31,023.00	979,626.40	6,161,431.21
其　　他	2,018,357.10	120,855.80		2,139,212.90
合　　计	21,782,055.36	156,978.80	1,155,655.40	20,783,378.76
累计折旧				
房屋及建筑物	472,894.21	95,028.15	13,910.68	554,011.68
通用设备	768,025.12	144,637.80		912,662.92
专用设备	197,972.77	32,190.40		230,163.17
运输工具	1,603,910.99	264,785.72	103,745.88	1,764,950.83
其　　他	754,633.53	129,297.97		883,931.50
合　　计	3,797,436.62	665,940.04	117,656.56	4,345,720.10
固定资产净值	17,984,618.74			16,437,658.66

房产已抵押借款三座厂房分别为1648.5平方米,价值3,709,125.00元;1217平方米和293平方米,价值为1,845,000.00元;通用设备已抵押借款82台,价值2,139,300元。三座房产共抵押借款5,500,000.00元,97年4月已提前偿还1,000,000.00元,尚欠4,500,000.00元。

6.短期借款

贷款单位	借款金额	借款日	到期日	年利率	币种	借款条件
(1)工商行哈西十二支行	5,180,000.00	96,12.31	97.7.26	11.088%	人民币	担保
(2)中国银行哈分行营业部	1,812,720.00	97.5.10	97.8.10	8.4%	人民币	担保
(3)光大银行黑龙江分行	1,450,000.00	97.3.24	97.9.24	10%	美元(注)	担保
(4)农业银行哈营业部	14,390,000.00	97.5.10	98.5.10	11.088%	人民币	担保
(5)哈市霞曼信用社	7,000,000.00	97.7.12	97.7.12	18.09%	人民币	担保
(6)农行哈冰城支行	2,000,000.00	96.10.11	97.7.10	11.088%	人民币	担保
(7)中国银行哈开发支行	3,000,000.00	97.5.16	97.12.6	12.078%	人民币	担保
(8)光大银行哈分行	15,000,000.00	96.12.20	97.9.20	18.288%	人民币	担保
(9)工行哈房地产信贷部	3,000,000.00	96.8.28	97.7.22	10.098%	人民币	担保
(10)建行哈房地产信贷部	400,000.00	96.12.1	97.10.1	13.176%	人民币	担保
(11)建行哈开发区支行	5,000,000.00	96.12.21	97.7.21	10.098%	人民币	担保
(12)农业银行哈开发区支行	5,800,000.00	96.9.16	97.8.10	11.088%	人民币	担保
(13)工商银行黑龙江分行营业部	5,300,000.00	97.2.27	97.8.27	10.098%	人民币	担保
(14)农行黑龙江分行营业部	500,000.00	97.6.20	97.8.20	11.088%	人民币	担保
(15)哈尔滨市城市信用合作社营业部	400,000.00	97.3.17	97.9.17	14.112%	人民币	担保
合　　计	80,806,265.00					

注:1,450,000.00美元按1997年5月31日市场汇率折人民币12,023,545.00元。

7.应付帐款

应付帐款1997年5月31日余额为58,374,969.69元。

截止1997年5月31日,应付帐款中无欠持本公司5%以上股份的主要股东的款项。

8.其他应付款

其他应付款1997年5月31日余额为52,562,361.81元,明细如下:

债权人	金额(元)	性质与内容
哈尔滨伟伦房地产开发公司	518,149.75	垫付工程款
职工住房集资款	3,046,000.00	住房集资
哈尔滨地德里小区物业管理公司	1,200,000.00	垫付工程款
哈尔滨市纺织工业供销公司	100,000.00	暂借款
哈尔滨科委	700,000.00	暂借款
工会经费	154,379.00	提取的工会经费
教育经费	127,856.48	提取的教育经费
其他	46,715,976.58	
合计	52,562,361.81	

截止1997年5月31日,其他应付款中无欠持本公司5%以上股份主要股东的款项。

9.一年内到期的长期负债

贷款单位	借款金额	借款日	到期日	年利率	币种	借款条件
①工商银行哈分营	2,000,000	96.10.22	97.11.20	11.088%	人民币	抵押
②哈尔滨市科委	20,000	95.10.13	97.12.10		人民币	信用
③工商银行哈铁支行	500,000	94.8.26	97.10.20	10.98%	人民币	抵押
④交行哈南岗支行	24,400,000	95.2.15	97.8.12	13.176%	人民币	担保
合计	26,920,000					

10.长期借款

贷款单位	借款金额	借款日	到期日	年利率	币种	借款条件
⑤工商银行哈分营	2,000,000	96.10.22	98.11.20	11.088%	人民币	抵押
⑥工商银行哈铁支行	1,000,000	96.11.21	98.6.20	10.98%	人民币	信用
⑦建行哈开发区支行	20,000,000	95.11.30	98.11.30	13.50%	人民币	担保
⑧交行哈南岗支行	3,900,000	95,12.28	98.12.28	10.98%	人民币	担保
⑨交行哈国外业务部	6,000,000.00	97.2.20	99.2.20	9.15%	人民币	担保
合计	32,900,000					

以上①和⑤两笔为控股公司哈尔滨高科技集团卫健药业有限责任公司在工商银行哈分行营业部分借款4,000,000.00元。为研制新产品生白灵项目,以哈房抵字(96)第0346号房地产抵押合同,用1648.5平方米房产,价值3,709,125.00元,折价70%抵押借款2,500,000元;以哈房抵字第0011号,用82台颗粒机价值2,139,300元,折价70%抵押借款1,500,000元,上述借款均到哈尔滨市公证处进行了公证。

以上③笔为控股公司哈尔滨四海数控设备有限公司,为扩大主导产品数控机床以1217平方米厂房和293平方米厂房两座,价值1,854,000元,抵押借款1,500,000元。抵押合同号为96—K02号。97年4月已提前偿还1,000,000.00元,尚欠500,000.00元。

11.股本

股本1997年5月31日期末余额为80,000,000.00元。本公司自成立以来股本未发生变动。本公司成立时以定向募集方式发行股票8,000万股,每股面值人民币1.00元,按每股人民币1.50元溢价发行。其中:哈尔滨高新技术产业开发区房屋建设开发总公司以资产认购3,834万股,占总股本的47.93%;哈尔滨火炬高新技术开发总公司以资产认购1,492万股,占总股本的18.65%;哈尔滨高新技术产业开发区对外贸易公司以资产认购674万股,占总股本的8.42%;内部职工以现金认购2,000

万股,占总股本的25%。本公司募集股本所形成的股票溢价收入4,000万元列入资本公积金。

12. 资本公积

项目	1997.5.31	1996.12.31	1995.12.31	1994.12.31
资本溢价收入	40,000,000.00	40,000,000.00	40,000,000.00	40,000,000.0
捐赠收入	10,000.00	10,000.00	10,000.00	10,000.00
增值税退税	43,255.46	43.255.46	43.255.46	43,255.46(注)
合计	40,053,255.46	40,053,255.46	40,053,255.46	40,053,255.46

注:本公司控股子公司哈尔滨四海数控设备有限公司1994年退增值税54,069.33元,按投资比例80%增加资本公积43,255.46元。

13. 盈余公积

	1997.5.31	1996.12.31	1995.12.31	1994.12.31
期初余额	12,602,788.19	7,930,681.71	3,605,867.31	
加:本年提取				
法定盈余公积金		3,114,737.65	2,883,209.60	2,403,911.54
法定公益金		1,557,368.83	1,441,604.80	1,201,955.77
期末余额	12,602,788.19	12,602,788.19	7,930,681.71	3,605,867.31

本公司按当年净利润的10%提取法定盈余公积金,按净利润的5%提取法定公益金。

14. 未分配利润

	1997.5.31	1996.12.31	1995.12.31	1994.12.31
净利润	15,703,893.87	31,147,376.54	28,832,096.04	24,039,115.39
加:年初未分配利润	35,815,799.78	9,340,529.72	433,248.08	
可分配利润	51,519,693.65	40,487,906.26	29,265,344.12	24,039,115.39
减:提取法定公积金		3,114,737.65	2,883,209.60	2,403,911.54
提取法定公益金		1,557,368.83	1,441,604.80	1,201,955.77
可供股东分配的利润	51,519,693.65	35,815,799.78	24,940,529.72	20,433,248.08
减:已分配普通股股利			15,600,000.00	20,000,000.00
期末余额	51,519,693.65	35,815,799.78	9,340,529.72	433,248.08

(五)、主要财务指标

	1997年1-5月	1996年	1995年	1994年
流动比率	1.51	1.43	1.38	1.34
速动比率	1.12	1.00	0.95	0.91
资产负债率	65.75%	67.70%	75.3%	74.0%
应收帐款周转率	136%	244%	259%	243%
存货周转率	110%	161%	94%	67%
净资产收益率	8.53%	18.49%	21.0%	19.37%
每股净利	0.12元	0.39元	0.36元	0.30元

注:1997年1—5月每股净利按总股本13000万股计算。

十、董事会上市承诺

本公司董事会将严格遵守《公司法》、《股票发行与交易管理暂行条例》、《公开发行股票公司信息披露实施细则》、《上海证券交易所市场业务试行规则》和有关法律、法规的规定,并自股票上市之日起向全体股东作出如下承诺:

1、按照法律、法规的规定程序和要求披露重大的信息,并接受证券主管机关、上海证券交易所的监督管理。

2、及时、真实、准确地公布中期报告和年度报告,并备置于规定场所供投资者查阅。

3、本公司董事、监事及高级管理人员,如发生人事变动或持有本公司股票数量发生变化时,在报告证券主管机关、上海证券交易所的同时向投资者公布。

4、在任何公共传播媒介中出现的消息可能对本公司股票的市场价格产生误导性影响时,本公司知悉后将及时对该消息予以公开澄清。

5、本公司董事、监事及高级管理人员将认真听取社会公众的意见和批评,不利用已获得的内幕消息和其他不正当手段直接或间接从事股票买卖活动。

6、本公司没有无记录负债。

十一、重要事项揭示

1、截止本上市公告书刊登之日,本公司未涉及任何重大诉讼事项和仲裁,亦无任何尚未了结或可能面临的重大诉讼或索赔要求。

2. 根据国家有关规定,本公司2000万内部职工股自本次股票发行之日起,期满三年方可上市流通。

3、本公司是哈尔滨高新技术产业开发区内的高新技术企业,根据哈尔滨市委、市政府哈发[1992]9号文、哈尔滨市政府哈政发[1997]6号文的规定免征所得税三年,1997年起本公司所得税按15%缴纳。

4、根据1997年临时股东大会决议,本次新股发行后,新老股东共享本次发行完成前的滚存利润。

十二、咨询机构

1、发行人

名　　称:哈尔滨高科技(集团)股份有限公司

地　　址:哈尔滨市南岗区高新技术产业开发区26号楼

法定代理人:李明

电　　话:(0451)2301029

传　　真:(0451)2322839

联 系 人:王　辉　　黄宝育　　谢学耀　　刘　琦

2、主承销商

名　　称:华夏证券有限公司

地　　址:北京市海淀区复兴路乙63号

法定代表人:黄玉峻

电　　话:(010)68272277—3513

传　　真:(010)68286848

联 系 人:沈中华

3、上市推荐人:

华夏证券有限公司

光大证券有限公司

地　　址:北京市复兴门外大街6号光大大厦

法定代表人:刘纪元

电　　话:(010)68561122

联 系 人:雷杰

十三、备查文件目录

1、审计报告

2、验资报告

3、主管部门和上海证券交易所批准上市的文件

4、招股说明书

5、上市推荐书

6、公司营业执照

7、其他备查文件

哈尔滨高科技(集团)股份有限公司

一九九七年七月三日

利润及利润分配表(合并)

编制单位:哈尔滨高科技(集团)股份有限公司　　　　金额单位:人民币元

项目	1997年1—5月	1996年度	1995年度	1994年度
一、主营业务收入	65,658,590.66	256,368,711.70	198,133,278.49	134,150,783.13
减:营业成本	35,154,258.07	201,432,732.25	147,807,363.61	97,543,023.21
销售费用	837,471.18	1,975,604.74	2,798,113.24	412,343.87
管理费用	41,249,699.35	8,426,933.54	8,227,452.86	5,154,881.90
财务费用	6,080,517.61	11,908,758.40	9,212,479.92	6,777,998.83
进货费用				
营业税金及附加	116,071.44	255,645.97	497,892.28	1,943.88
二、主营业务利润	19,220,573.01	32,369,036.80	29,589,976.58	24,260,591.44
加:其他业务利润			586.22	
三、营业利润	19,220,573.01	32,369,623.02	29,589,976.58	24,260,591.44
加:投资收益			320,800.00	
补贴收入				1,087,871.41
营业外收入	71,572.82	599,507.76	3,918.08	123,700.01
减:营业外支出	92,414.65	176,856.91	2,188.52	51,217.36
加:以前年度损益调整				
四、利润总额	19,199,731.18	33,113,073.87	30,679,577.55	24,333,074.09
减:所得税	2,879,959.67			
减:少数股东损益	615,877.64	1,965,697.33	1,847,481.51	293,958.70
五、净利润	15,703,893.87	31,147,376.54	28,832,096.04	24,039,115.39
加:年初未分配利润	35,815,799.78	9,340,529.72	433,248.08	
盈余公积转入数				
六、可分配利润	51,519,693.65	40,487,906.26	29,265,344.12	24,039,115.39
减:提取法定公积金		3,114,737.65	2,883,209.60	2,403,911.54
提取法定公益金		1,557,368.83	1,441,604.80	1,201,955.77
七、可供股东分配的利润	51,519,693.65	35,815,799.78	24,940,529.72	20,433,248.08
减:已分配优先股股利				
提取任意公积金				
已分配普通股股利			15,600,000.00	20,000,000.00
八、未分配利润	51,519,693.65	35,815,799.78	9,340,529.72	433,248.08

资产负债表(合并)

编制单位:哈尔滨高科技(集团)股份有限公司　　　　金额单位:人民币元

资产	97.5.31	96.12.31	95.12.31	94.12.31	负债及股东权益	97.5.31	96.12	3195.12.31	94.12.31
流动资产:					流动负债				
货币资金	21,716,934.29	14,907,006.26	9,629,348.92	30,778,053.34	短期借款	80,806,265.00	82,024,336.38	64,942,792.38	54,758,165.38
短期投资					应付票据				
应收票据					应付帐款	58,374,969.69	76,487,675.57	89,016,516.17	72,020,389.09
应收帐款	119,618,132.99	113,136,148.86	97,540,403.79	55,195,072.09	预收货款	74,364,543.76	72,120,311.43	156,757,941.07	150,721,508.35
减:坏帐准备	358,854.40	339,408.44	292,621.21	165,585.22	应付福利费	192,338.96	47,262.77	−22,663.74	−81,480.55
应收帐款净额	119,259,278.59	112,796,740.42	97,247,782.58	55,029,486.87	未付股利	28,065,420.40	28,430,130.00	31,551,920.00	20,000,000.00
预付货款	154,541,603.53	137,863,944.40	188,293,618.98	157,671,286.71	未交税金	5,740,116.25	656,421.55	697,561.79	116.424.77
其他应收款	86,369,530.46	80,941,804.64	68,927,489.96	61,336,577.16	其他未交款	99,929.27	67,656.62	54,088.00	
待摊费用	16,704.33	27,048.00	33,434.60	3,600.00	其他应付款	52,562,361.81	45,185,138.22	26,586,617.10	25,030,761.47
存货	134,043,926.81	151,177,593.25	166,772,083.83	146,235,078.72	预提费用	14,646,071.20	14,902,389.87	13,190,770.74	3,201,717.94
待处理流动资产净损失					一年内到期的长期负债	26,920,000.00	27,940,000.00	2,712,000.00	10,392,000.00
一年内到期的长期债券投资					其他流动负债				
其他流动资产									
流动资产合计	515,947,978.01	497,714,136.97	530,903,758.87	451,054,082.80	流动负债合计	341,772,016.34	347,861,322.41	385,487,543.51	336,159,486.45
长期投资:					长期负债:				
长期投资	2,280,000.00	2,280,000.00	1,160,000.00	1,160,000.00	长期借款	32,900,000.00	26,900,000.00	58,520,000.00	39,000,000.00
合并价差					应付债券				
固定资产:					长期应付款			40,000.00	
固定资产原价	20,783,378.76	21,782,055.36	20,645,096.36	14,382,938.85	其他长期负债				

资产	97.5.31	96.12.31	95.12.31	94.12.31	负债及股东权益	97.5.31	96.12	3195.12.31	94.12.31
减:累计折旧	4,345,720.10	3,797,436.62	2,229,343.47	799,955.76					
固定资产净值	16,437,658.66	17,984,618.74	18,415,752.89	13,582,983.09	长期负债合计	32,900,000.00	26,900,000.00	58,560,000.00	39,000,000.00
固定资产清理					递延税项:				
在建工程					递延税款贷项				
待处理固定资产净损失					负债合计	374,672,016.34	374,761,322.41	444,047,543.51	375,159,486.45
固定资产合计	16,437,658.66	17,984,618.74	18,415,752.89	13,582,983.09	少数股东权益	10,953,829.05	10,337,951.41	8,372,254.08	6,524,772.57
无形资产及递延资产:									
无形资产	34,320,961.83	34,631,201.58	37,952,770.90	38,751,776.62	股东权益:				
递延资产:	814,984.19	961,159.96	1,311,981.82	1,227,787.36	股本	80,000,000.00	80,000,000.00	80,000,000.00	80,000,000.00
无形及递延资产合计	35,135,946.02	35,592,361.54	39,264,752.72	39,979,563.98	资本公积	40,053,255.46	40,053,255.46	40,053,255.46	40,053,255.46
其他长期资产:					盈余公积	12,602,788.19	12,602,788.19	7,930,681.71	3,605,867.31
其他长期资产:					其中:公益金	4,200,929.40	4,200,929.40	2,643,560.57	1,201,955.77
递延税项:					未分配利润	51,519,693.65	35,815,799.78	9,340,529.72	433,248.08
递延税款借项					股东权益合计	184,175,737.30	168,471,843.43	137,324,466.89	124,092.370.85
资产总计	569,801,582.69	553,571,117.25	589,744,264.48	505,776,629.87	负债及股东权益总计	569,801,582.69	553,571,117.25	589,744,264.48	505,776,629.87

财务状况变动表

编制单位:哈尔滨高科技(集团)股份有限公司　　金额单位:人民币元

流动资金来源和运用	行次	合并	母公司	流动资金各项目的变动	行次	合并	母公司
一、流动资金来源				一、流动资产本年增加数			
1、本年净利润	1	31,147,376.54	31,147,376.54	1、货币资金	32	5,277,657.34	3,689,486.47
加:不减少流动资金的费用和损失	2			2. 短期投资	33		
(1)少数股东本期损益	3	1,965,697.33		3. 应收票据	34		
(2)固定资产折旧	4	1,526,779.12	1,042,923.12	4. 应收帐款净额	35	15,548,957.84	18,887,833.01
(3)无形资产、递延资产及其他资产摊销	5	950,873.18	950,811.18	5、预付货款	36	-50,429,674.58	-52,372,328.77
(减其他负债转销)	6			6. 其他应收款	37	12,014,314.68	8,327,807.36
(4)固定资产盈亏(减盘盈)	7			7. 待摊费用	38	-6,386.60	-28,434.60
(5)清理固定资产损失(减收益)	8	41,312.03	41,312.03	8. 存货	39	-15,594,490.58	-23,617,715.81
(6)递延税款	9			9、待处理流动资产净损失(减收益)	40		
小　　计	10	35,632,038.20	33,182,422.87	10、一年内到期的长期债券投资	41		
2、其他来源:				11、其他流动资产	42		
(1)固定资产清理收入(减清理费用)	11	102,056.91	102,056.91				
(2)增加长期负债	12						
(3)收回长期投资	13						
(4)对外投资转出固定资产	14						
(5)对外投资转出无形资产	15						
(6)资本净增加额	16	4,672,106.48	4,672,106.48				
小　　计	17	4,774,163.39	4,774,163.39				
流动资金来源合计	18	40,406,201.59	37,956,586.26	流动资产增加净额	45	-33,189,621.90	-45,113,352.34
二、流动资金运用				二、流动负债本年增加数			
1、利润分配	19			1、短期借款	46	17,081,544.00	17,531,544.00
(1)提取法定公积金	20	3,114,737.65	3,114,737.65	2、应付票据	47		
(2)提取法定公益金	21	1,557,368.83	1,557,368.83	3、应付帐款	48	-12,528,840.60	-12,589,528.81
(3)提取任意公积金	22			4. 预收货款	49	-84,637,629.64	-80,502,940.52
(4)已分配股利	23			5、应付福利费	50	69,926.51	-121,631.24
小　　计	24	4,672,106.48	4,672,106.48	6、未付股利	51	-3,121,790.00	-3,121,790.00
2、其他运用:				7、未交税金	52	-41,140.24	-1,104,422.34
(1)固定资产和在建工程净增加额	25	1,239,015.91	964,257.24	8、其他未交款	53	13,568.62	-18,763.35
(2)增加无形资产、递延资产及其他资产	26	-2,721,520.00	-2,721,520.00	9、其他应付款	54	18,598,521.12	15,923,472.26
(3)偿还长期负债	27	31,660,000.00	33,100,000.00	10、预提费用	55	1,711,619.13	1,711,619.13
(4)增加长期投资	28	1,120,000.00	6,970,654.01	11、一年内到期的长期负债	56	25,228,000.00	22,208,000.00
小　　计	29	31,297,495.91	38,313,391.25	12、其他流动负债	57		
流动资金运用合计	30	35,969,602.39	42,985,497.73	流动负债增加净额	58	-13,626,221.10	-40,084,440.87
流动资金增加净额	31	4,436,599.20	-5,028,911.47	流动资金增加净额	59	4,436,599.20	-5,028,911.47

哈尔滨高科技(集团)股份有限公司一九九七年度中期报告

一、财务报告(未经审计)

1、财务报表

(1)简化的资产负债表 金额单位:元

资产	年初数(母公司)	年初数(合并)	期末数(母公司)	期末数(合并)
流动资产	432111618.38	497714136.97	44776925.36	515340242.98
长期投资	21470746.81	2280000.00	24678314.40	2250000.00
固定资产净值	7781028.08	17984618.74	6585269.51	16392930.52
在建工程				
无形资产	34631201.58	34631201.58	34258913.88	34258913.88
递延资产	961159.96	961159.96	794173.19	794173.19
其他长期投资				
资产总计	496955754.81	553571117.25	514086296.34	569036260.57
流动负债	304583911.38	347861322.41	290343982.67	331029620.40
长期负债	23900000.00	26900000.00	29900000.00	32920000.00
负债合计	328483911.38	374761322.41	320243982.67	363949620.40
少数股东权益		10337951.41		11244326.50
股本	80000000.00	80000000.00	80000000.00	80000000.00
资本公积	40053255.46	40053255.46	40053255.46	40053255.46
盈余公积	12602788.19	12602788.19	12602788.19	12602788.19
其中公益金	4200929.40	4200929.40	4200929.40	4200929.40
未分配利润	35815799.78	35815799.78	61186270.02	61186270.02
股东权益合计	168471843.43	168471843.43	193842313.67	193842313.67
负债及股东权益	496955754.81	553571117.25	514086296.34	569036260.57

(2)简化的损益表 金额单位:元

项目	上年同期(母公司)	上年同期(合并)	1997年1—6月(母公司)	1997年1—6月(合并)
主营业务收入	104231133.84	112145143.98	105647704.42	11974331.94
主营业务利润	9941516.07	12452451.97	26398149.06	31267643.06
其他业务利润	586.22	586.22		
投资收益	1939326.46		3250131.59	12564.00
营业外收支净额	3164.24	-18615.02	-32442.51	-26709.83
利润总额	11884592.99	12434423.17	29615838.14	31253497.23
应交所得税			4245367.90	4976651.90
少数股东权益		549830.18		906375.09
净利润	11884592.99	11884592.99	25370470.24	25370470.24

(3)其他财务指标

	1997年1—6月	1996年1—6月
每股收益(元)	0.32	0.15
净资产收益率	13.07%	8.08%
每股净资产(元)	2.42	1.84

注:九七年一至六月份财务指标以8,000万股本为计算基础,按发行后到位股本13000万股摊薄计算,每股收益为0.20元,每股净资产为3.65元,净资产收益率为5.35%。

2.财务报表附注:

(1)本期财务报告所采用的会计政策与会计方法和1996年度财务报告所采用的会计政策和会计方法相互一致。

(2)合并报表的原则:对分公司和拥有50%以上权益的控股企业的会计报表进行合并,编制合并会计报表时,对内部往来的按合并报表的原则进行抵消。

(3)资产负债表与上年同期相比变动幅度超过30%的项目如下:

①货币资金比年初增加973.88万元,主要是由于公司强化资金管理,加大货款结算力度,从而增加了货币资金余额。

②应收帐款比年初增加4,762.04万元。系基础设施配套建设款项和经贸公司对外贸易所产生的应收帐款比上年有所增加,不存在持有本公司5%以上股份的主要股东的欠款。

③预付货款比年初减少2,447.14万元,系预付的购买商品材料配件款结转而致。

④其他应收款比年初增加3,009.02万元,系为绥芬河等公司代垫款项。

不存在持有本公司5%以上股份的主要股东的欠款。

⑤存货比年初减少4,519.96万元,系发出商品结转而致。

⑥应付帐款比年初减少3,000.48万元,系归还欠款所致。

⑦未分配利润比年初增加2,537.05万元,系本年实现利润。

⑧关联关系

本公司与发起人之一的哈尔滨高新技术开产业发区对外贸易公司之间存在着进出口业务代理关系,根据哈尔滨高新技术产业开发区管理委员会哈高开委字[1994]13号《关于收取出口货物代理费用的批复》和双方签订的委托代理协议规定不收取代理费,故无关联方交易。

二、经营情况回顾与展望

1.上半年经营情况回顾

公司所属各分公司、子公司在董事会的统一领导下,积极实施既定各项生产经营计划,从全面加强基础工作入手,规范管理、增效节支、调整产业结构,广大职工以争取股票上市为动力,充分发挥了能动性和创造性,较好完成了上半年的生产经营计划,实现了时间过半、利润过半的大好局面。

2、下半年经营计划

7月3日,公司发行股票的资金实际到位,公司将按照原定的投资计划建设下列项目:

①SKG数控火焰切割机项目的扩建工程

②大豆高功能蛋白项目建设

③生白灵冻干粉针项目建设

④溶血栓酶片项目建设

⑤区内基础设施建设

董事会考虑到以上①②③④项目的投资期较长,将在原有项目上继续加大工作力度,确保全年利润计划顺利完成。

三、重大事件说明

1、公司按照《严禁国有企业和上市公司炒作股票的规定》进行认真自查,目前公司未进入二级市场炒作,不持有上市流通股票。

2、公司积极运作股票上市工作,把争取股票上市作为公司发展的一次机遇,1997年6月17日经中国证监会批准,公司于1997年6月23日向国内公众人公开发行人民币A股股票5000万股,每股发行价5.78元,扣除发行费用后列入资本公积金23000万元,经上海证券交易所上证97字第068号审核批准,已于1997年7月8日在上海证券交易所正式挂牌交易。

3、公司中期不分配

4、本报告期内无重大诉讼、仲裁事项。

四、发行在外股票的变动和股权结构的变化

1、股权结构的变动情况

由于1997年6月23日向社会公众公开发行股票5000万股,7月3日资金实际到位,故6月30日公司股权结构没有发生变化

单位:万股

	1997年6月30日	占总股本(%)
(1)尚未流通股份		
国有法人股	6000	75

内部职工股	2000	25
(2)已流通股份		
社会公众股	0	
(3)股本总额	8000	100

2、主要股东持股情况(1997 年 6 月 30 日)

股东名称	持有股数(万股)	占总股本比例(%)
(1)哈尔滨高新技术产业开发区房屋建设开发总公司	3834	47.93
(2)哈尔滨火炬高新技术开发总公司	1492	18.65
(3)哈尔滨高新技术产业开发区对外贸易公司	674	8.43
(4)罗容熙	10	0.125
(5)徐淑芳	10	0.125
(6)李岩洪	10	0.125
(7)赵国荣	6.5	0.081
(8)咸培英	6	0.075
(9)张新文	6	0.075
(10)冷洪华	5.7	0.071

注:前 10 名股东中有 7 名为个人股东,其持股量均未达到国家规定的申报限额。

五、股东大会简介

(一)公司于 1997 年 2 月 18 日在哈尔滨公司本部召开了临时股东大会,共有三十三位股东出席,代表股数 7842 万股,占总股本的 98%,符合《公司法》和公司章程规定,大会决议如下:

1、通过了公司向社会公开发行股票的决议,并授权董事会安排股票发行数额、发行及上市时间、地点等事宜。

2、授权董事会拟定公司章程修改方案的决议,修改后的公司章程在报证监会批准并于股票公开发行后召开的股东大会上通过。

(二)公司于 1997 年 6 月 7 日在哈尔滨高新技术产业开发区 26 号楼 8 楼召开临时股东大会。共有 125 位股东出席,代表股数 7094 万股,占股本总额 88.7%,符合《公司法》和公司章程规定。

大会决议如下:

公司 1996 年度股利暂不分配,滚存至下一年度,待新股发行上市后,由新老股东共享。

(三)公司于 1997 年 6 月 25 日在哈尔滨高新技术产业开发区 26 号楼 8 楼召开 1996 年度股东大会,共有 43 位股东出席,代表股数 6517 万股,占总股本有 50.5%,符合《公司法》和公司章程的规定。

大会决议如下:

1、审议批准董事会 1996 年工作报告;

2、审议批准监事会 1996 年工作报告;

3、审议批准 1996 年度财务预算和 1997 年财务决算的方案;

4、审议批准关于修改公司章程的议案;

5、审议批准董事会换届的议案,选举:李明、张勤、栾贵书、王辉、王超、刘勇祺为董事(董事暂缺一人);

6、审议批准监事会换届的议案,选举:申桦楠、施正威、黄宝育为监事。

六、备查文件

1、载有董事长,总经理亲笔签名的中期报告原本

2、一九九六年度股东大会文件

3、股东查阅文件地址:哈尔滨高新技术产业开发区 26 号楼 8 楼
电话:0451-2301029

哈尔滨高科技(集团)股份有限公司

一九九七年八月二十五日

江苏省工艺品进出口集团股份有限公司

江苏省工艺品进出口集团股份有限公司招股说明书概要

一、释义

本招股说明书概要中,下列简称具有如下意义:

本公司、发行人　　指江苏省工艺品进出口集团股份有限公司
发起人、原公司　　指江苏省工艺品进出口(集团)公司
元　　指人民币元
A股　　指每股面值为1.00元的记名式人民币普通股
国家股　　指原江苏省工艺品进出口(集团)公司经营性净资产折股形成的股份
法人股　　指原由内部职工持有的1423.8万股转让给社会法人持有形成的股份
内部职工股　　指本公司设立时原发起人在册的职工和在册管理的离退休职工认购的股份
社会公众股　　指本次向社会公众新发行的3,500万股A股
主承销商　　指南方证券有限公司
承销机构　　指以南方证券有限公司为主承销商组成的承销团
公司章程　　指本公司的公司章程
本次发行　　指本次向社会公众新发行的3,500万股A股
省外经贸委　　指江苏省对外经济贸易委员会

二、绪言

本招股说明书概要是根据《中华人民共和国公司法》、《股票发行与交易管理暂行条例》、《公开发行股票公司信息披露实施细则》等国家法规以及发行人的实际情况编写而成,以便为投资者提供江苏省工艺品进出口集团股份有限公司的基本情况。本公司全体董事确信本招股说明书概要所摘内容与招股说明书一致,确信其中不存在任何重大遗漏或者误导,并对其真实性、准确性、完整性负个别和连带责任。

本次发行的股票是根据本招股说明书所载明的资料申请发行的,除本发行人和主承销商外,没有委托或授权任何其他人提供未在本说明书中列载的信息和对本说明书作任何解释或者说明。

投资者自行负担买卖本发行人股票所应支付的税款,主承销商、上市推荐人和发行人对此不承担任何责任。

三、新股发售的有关当事人

发行人:江苏省工艺品进出口集团股份有限公司
法定代表人:刘绥芝
住所:南京市明瓦廊131号
电话:(025)4462518
传真:(025)4462442
联系人:张发松　杨国庆
主承销商:南方证券有限公司
法定代表人:沈沛
住所:深圳市深南东路1号南方国际大酒店12层
办公地址:南京市中山南路238号天京大酒店1107房
电话:(025)4204284,4209818-1108
传真:(025)4204284
联系人:王普金　张竞蓉
副主承销商:君安证券有限责任公司
法定代表人:张国庆
住所:深圳市罗湖区春风路4号六一八层
电话:(025)2266053
传真:(025)2266052
联系人:谢建军　郑哲
分销商:江苏省国际信托投资公司
法定代表人:赵国桢
住所:南京市上海路5号
电话:(025)6258981
传真:(025)6258981
联系人:王蕾
分销商:江苏省证券公司
法定代表人:鲍志强
住所:江苏省南京市管家桥路87号华荣大厦14层
电话:(025)4523777-5003
传真:(025)4523777-5001
联系人:王光林
分销商:招银证券公司
法定代表人:李麦秋
住所:深圳市振华路3号深纺工业大厦C座1楼
电话:(0755)3362974
传真:(0755)3362947
联系人:王福清
分销商:江苏联合信托投资公司
法定代表人:陶宁
住所:南京市湖南路181号轻工大厦16楼
电话:(025)3314586
传真:(025)3329269
联系人:于晓洁
分销商:安徽省国际信托投资公司
法定代表人:卢继延
住所:合肥市寿春路111号
电话:(0551)2634400-1503
传真:(0551)2654274
联系人:马志涛
分销商:鞍山市信托投资股份有限公司
法定代表人:赵宝伟
住所:辽宁省鞍山市铁东区五道街55号
电话:(0412)2234008
传真:(0412)2214224
联系人:孔峰
上市推荐人:南方证券有限公司、招银证券公司
发行人的律师事务所:江苏律师事务所
法定代表人:马群
住所:南京市北京西路12-1号
电话:(025)3709922
传真:(025)3709933
经办律师:马群　刘向明
主承销商的律师事务所:江苏对外经济律师事务所
法定代表人:张国平

住所:江苏省南京市北京西路
电话:(025)6633108
传真:(025)6636006
经办律师:张国平　居建平
会计师事务所:江苏会计师事务所
法定代表人:张淳
住所:南京市白下区正洪街正洪里东宇大厦8楼
电话:(025)4201944
传真:(025)4201946
经办注册会计师:郑岚　荆建明
资产评估机构:苏州资产评估事务所
法定代表人:王稼铭
住所:苏州市十梓街257号
电话:(0512)5246063
传真:(0512)5212217
经办评估人员:王稼铭　李　峰　沈光俊
土地评估机构:江苏省地产发展中心
法定代表人:楼忠妙
住所:南京市鼓楼区将军庙40号
电话:(025)3223107
传真:(025)3700794
经办评估人员:陆效平　肖阳
资产评估确认机构:国家国有资产管理局
法定代表人:张佑才
住所:北京市海淀区万泉河路66号
电话:(010)62567744
传真:(010)62561817
股票登记机构:上海证券中央登记结算公司
住所:上海市闵行路67号
法定代表人:王迪彬
电话:021－63068888
传真:021－63257454

四、发行情况

1、股票类型:人民币普通股
2、发行日期:1997年8月15日至1997年8月21日止
3、发行地区:江苏省南京市
4、发行对象:符合我国有关法律、法规规定的境内投资者
5、承销起止日期:1997年8月15日至1997年8月24日止
6、上市交易所名称:上海证券交易所
7、发行方式:上网定价
8、每股发行价:人民币6.77元
确定的方法:
发行价格=(前三年平均每股税后利润×发行市盈率)
=0.467×14.5
=6.77元

本次发行市盈率定为14.5,主要是考虑发行人近三年的经营业绩、发行人的潜在盈利能力及当前市场因素等综合确定的。

9、每股面值:人民币1.00元
10、发行量:35,000,000股
11、发行总市值:236,950,000元
12、预计上市日期:本公司已申请本次发行的股票尽早在上海证券交易所挂牌交易。

五、风险因素与对策

提示:投资者在评价本发行人此次发售的股票时,除本招股说明书提供的其它资料外,应特别认真考虑下述各项风险因素。

(一)风险因素

1、经营风险

(1)汇率风险

本公司是从事工艺品进出口贸易的企业,业务往来主要以美元为报价和结算货币。在浮动汇率制条件下,汇率的变化受国内外政治、经济等各种因素的影响,具有不确定性,从而会给公司的效益带来风险。

(2)进口原材料的限制

本公司生产工艺精品所需的原材料如高档红木、翡翠等主要从东南亚国家进口,近年来东南亚国家对上述原材料出口加以限制,致使原材料的价格趋涨,可能会给公司经营带来风险。

(3)劳动力成本的上升

工艺品大部分属于劳动密集型产品,近年来劳动力成本大幅度上升,出口成本增加,制约着部分商品的发展,给公司经营带来一定的风险。

2、行业风险

随着我国外贸体制改革的深入,本公司作为工艺品行业的专业外贸公司,将会面临来自三方面的竞争:一是外贸进出口经营权逐步放开,最终实现由审批制向登记制的过渡,将会有越来越多的国内生产企业获得进出口经营权;二是“三资”企业利用其自身优势,进出口总额超过全国的三分之一,成为对外贸易中不可忽视的力量;三是如果我国加入世界贸易组织,公司在贸易领域面临着与外国企业更加激烈的竞争,未来日益激烈的同行业竞争将给本公司带来行业风险。

3、市场风险

(1)我国外贸出口受国际市场的影响较大,公司部分商品容易被欧美等进口国以倾销为由予以制裁,影响公司出口的扩大,给公司经营带来一定的市场风险。

(2)公司经营的传统工艺品具有很强的民族特色,但在国际市场上由于受政治、经济、文化的影响,给公司带来市场风险。

4、政策风险

(1)配额风险

公司现有部分商品的出口需要取得主动配额和被动配额指标,该类商品的出口额约占公司出口总额的10%。随着我国外贸体制的改革,配额管理发生变化,由原来的计划分配变为公司招标,在一定程度上会影响公司的出口创汇和经济效益。

(2)退税风险

近年来出口退税率逐步下降,自1995年至今,出口退税率已两次下调,加之如退税资金不能及时到位,会对公司的效益产生影响。

5、其它风险

(1)项目风险

本次募集资金主要用于(1)合资兴办江苏弘艺精品有限公司(2)兴建蔺草制品项目,特别是项目(1)为募集资金的运用重点。该项目可能出现的风险有:①由于项目实施比较复杂,若实施进度达不到计划要求,造成预计效益滞后;②若国际国内市场对工艺精品需求的增长达不到预期值,则会影响项目销售收入的实现③若工艺品行业市场秩序没有好转,也会对本项目带来影响。

(2)大股东的控制风险

江苏省对外经济贸易委员会为本公司控股股东,也是公司的行业主管部门,存在大股东对本公司的经营决策进行干预的可能性。

(3)股市风险

中国股市属于新兴市场,尚不成熟和完善。尽管公司的经营业绩对股价有重要的支撑作用,但股价在更大程度上受投资者心理预期、供求关系、国家宏观经济状况及政策法规不尽完善等因素的影响,股票的价格随时可能偏离其投资价值,给投资者带来股市风险。

(二)风险对策

1.经营风险的对策

(1)汇率风险是从事进出口贸易企业都面临的普通性问题,针对本公司业务活动中可能出现的汇率风险,公司的对策是:

a、对于本公司的各项进出口业务，业务前期就综合考虑可能产生的汇率风险，并且加强在业务执行过程中的动态监控，及时调整相应的时间差；

b、注重对外汇市场的研究，尽可能及时、全面、准确地把握汇率变动的趋势，加强对业务工作的指导。

(2)针对东南亚国家对高档原材料出口加以限制的状况，本公司拟在原材料出口国当地投资企业，输出传统工艺，初级加工后返销国内进行深加工，以回避出口国对直接原材料出口的限制。同时，本公司正在积极寻找原材料的国内供应商，从而扩大原材料的进货渠道。

(3)针对劳动力成本的上升，公司将进一步强化内部管理，提高劳动生产率，控制总成本，从而减少劳动力成本上升带来的不利影响。

2、行业风险的对策

在市场经济条件下，企业都会面临同行业竞争。本公司通过多年来的努力，已经建立稳定的客户网络，，并积累了丰富的贸易经验，面对激烈的同业竞争，本公司将采取以下对策：

(1)充分利用公司已经具备的经营、人才、资金、信息等方面的优势和良好的商誉优势，通过自身努力，进一步增强公司的竞争能力；

(2)本公司将实施精品战略，发展高档工艺品的生产和贸易，提高产品附加值，以精品、真品取胜，避免低层次的市场竞争；

(3)随着我国经济体制改革的不断深化，越来越多的企业将获得进出口经营权，但本公司将发挥自身优势，提供全过程、深层次、高水平的服务，与生产企业建立良好的合作关系；

(4)本公司将抓住上市契机，进一步转换经营机制，提高企业经营管理的水平，同时发挥上市公司的融资优势，优化企业的资本结构，从而增强公司的竞争实力。

3、市场风险的对策

(1)公司将在扩大出口商品品种、提高出口商品质量和价格的同时，加大对新市场的开发力度，从而增加出口规模。

(2)公司将有针对性地研究各国政治、经济、文化等因素对工艺品消费可能产生的影响，实施精品战略，及时调整出口产品结构，以增强公司的抗风险能力。

4、政策风险的对策

(1)目前，配额出口额占公司出口总额的10%，在同行业处于较少水平。针对配额风险，一方面，充分做好竞标准备，另一方面，公司将积极开拓非配额商品的出口，降低配额商品出口额在公司出口总额中的比重，从而降低配额政策的变化对公司经营产生的不利影响。

(2)针对退税风险，公司将以效益为中心，尽可能避免亏损贸易的出现，将退税风险自我消化。同时公司将采取措施，努力增加收入，降低成本，弥补可能由于税率变化而造成对公司效益的影响。

5、其它风险的对策

(1)项目风险的对策

公司对两个项目的可行性进行了大量的调查研究，尤其对第一个项目，本公司制订了详细的项目实施计划，并积极开拓国际国内工艺精品市场，同时争取本次股票发行资金尽早到位，以保证该项目能够顺利实施，力争公司的经营计划圆满完成。目前，江苏弘艺精品有限公司的筹建工作已顺利进行，合资双方签订了合资协议，项目选址工作、建设方案、人员组织正在进行中，并已制作了部分工艺精品。

(2)大股东控制风险的对策

本公司已获得江苏省对外经济贸易委员会的承诺，作为本公司控股股东，省外经贸委将会本着“公平”、“公正”的原则，依据《公司法》和公司章程的有关规定，行使股东权力，履行股东义务，保证公司经营的独立性，不损害公司和公司中小股东的利益。

(3)股市风险的对策

由于股票市场价格波动不可避免，公司敬请投资者正视股价波动带来的风险。同时本公司将采取积极而稳健的经营方针，使公司的盈利能力保持在一个较好的水平，并及时公告公司的重大经营活动，自觉接受政府管理部门和广大股民的监督，尽力减少本公司股票投资者的风险。

六、募集资金的运用

1、募集资金的计划用途和立项批文：

本次A股发行约可募集资金22,995万元人民币(已扣除有关发行费用)，主要用于：

(1)合资兴办江苏弘艺精品有限公司，总投资2,980万美元，其中本公司投资2,235万美元，折合人民币约18,750万元，所占权益为75%。该项目经江苏省计划与经济委员会和江苏省对外经济贸易委员会联合签发苏计经技发〔1997〕841号文“关于中外合资江苏弘艺精品有限公司可行性研究报告的批复”批准。

(2)兴建蔺草制品项目，总投资1,498万元。该项目经江苏省对外经济贸易委员会〔97〕苏经贸综字第525号文“关于省工艺品进出口公司蔺草制品项目可行性研究报告的批复”批准立项。

(3)其余资金2,747万元本公司将用于偿还贷款和补充流动资金。

2、项目简介

(1)合资兴办江苏弘艺精品有限公司项目

该项目由本公司与香港钟山有限公司合资兴办，总投资2,980万美元，其中本公司投资2,235万美元，占75%股权，香港钟山有限公司投资745万美元，占25%股权。该项目是本公司将合理市场机制引入民族工艺文化领域，实施工艺精品战略的重要举措。

香港钟山有限公司是江苏省人民政府出资在香港设立的经济贸易机构，是江苏省在香港的窗口公司，成立于一九八五年四月。该公司以香港为依托，密切江苏省与港澳地区以及世界各地的经济贸易联系，促进江苏省工农业生产、科学技术和经济贸易的发展为宗旨。业务范围涉及融资、投资、引进技术和设备，进出口贸易、国际经济技术合作、旅游、船务运输、广告、咨询等。经济方式采取代理、经销、直接贸易、转口贸易、来料加工、来料装配、补偿经营、合资经营、合作生产等。

目前，该公司在香港共设有11个部室、四家全资附属企业、七家控股企业、六家参股企业和八家归口管理企业。该公司在拓展国际贸易的同时，还致力于在江苏省和海外进行直接投资。到目前为止，在江苏省已投资四十多个项目，并取得了较好的经济效益。截止1996年末，香港钟山有限公司总资产为10.88亿港币，净资产3.5亿港币。

该项目围绕精品发展战略，以工艺精品的展示销售为龙头，以精品制作为基础，带动江苏工艺行业生产和对外贸易的发展，在世界艺术市场和文化领域树立我国民族艺术精品的形象。合资公司将在取得显著的经济效益的同时，获得良好的社会效益。

该项目下设三部分：工艺精品展销中心、精品制作室和精品研究所。各部分投资额列示如下：

1、工艺精品展销中心

展销中心是江苏弘艺精品有限公司的核心，也是公司实施精品战略的关键。它在向人们展示中华民族传统工艺精品的同时，扩大和稳定销售，有力地推动民族工艺精品的开发、制作，形成完整有效的市场体系。

对展销中心进行公司化经营和管理，合资公司实施以展促销、以销促产、以销养藏、以藏增值、滚动发展的经营策略。

建成后的展销中心将成为江苏乃至全国艺术品销售、珍藏和拍卖的最现代化展厅，全国艺术品市场的交流中心和江苏新的人文景观，同时也是公司新的利润增长点。

展销中心总投资13650万元，建设期为12个月。其中建筑投资4500万元，设备投资5150万元，展品收藏投资4000万元。建筑投资和设备投资为一次性投人。

2、精品制作室

精品制作室建筑面积3000平方米，分设玉雕、刺绣、红木、字画等九个制作室。设立制作室是借助公司经济实力，利用展销中心所搜集的信息，精选高档原料，精心设计，采用先进设备，组织一批工艺大师及艺术家精心制作。成立工艺大师工作站，为他们提供良好的创作环境，充分发挥

其创作才能,多出精品,并买断经营。突破传统工艺品制作模式,引入现代企业经营机制,获得显著的经济效益和社会效益。

精品制作室总投资11100万元,建设期为9个月。其中建筑投资1200万元,设备投资2280万元,原料及辅助材料投资6000万元,技术投资1620万元。以上投资均为一次性投入。

3、精品研究所

建成后的精品研究所,集中行业内各种最新信息,对传统工艺方法进行现代开发创新,定期进行国内外交流,同时进行专业人才的培训考评,是“江苏弘艺精品有限公司”的战略机构。

精品研究所总投资250万元,均为设备投资。

江苏弘艺精品有限公司总投资2,980万美元,折合人民币约25,000万元,其中本公司投资18,750万元,即75%股权。合资公司建成后,可具备每年1,300件艺术精品的制作能力,年产值18,000万元,实现销售收入15,000万元,同时出口创汇1,500万美元。每年新增利润5,000万元,投资回收期约5.9年。此外,公司每年收藏精品价值约1,500万元,藏品增值潜力巨大。

目前,该项目的筹建工作已开始进行。合资双方已签订合资协议,项目选址工作,建设方案、人员组织正在进行中,目前已制作了部分工艺精品。

(2)兴建蔺草制品项目

蔺草制品的销售市场主要在日本,虽然市场集中,但因其作为日本家庭传统消费的必需品,近年来日本市场呈逐年递增趋势。中国目前出口日本的蔺草席大部分为低档品种,且均以半成品出口,日本客商进行加工和整理后销售,价差甚大。中国产品如提高产品档次和加工深度,将会取得良好经济效益。

经过多年的发展,本公司在日本市场建立起稳定的销售渠道,与国内蔺草主要种植和生产基地都有密切的合作关系,支持蔺草的种植和加工。

公司兴建蔺草制品项目后,将会得到客户的信息和技术方面的支持,也将进一步密切与蔺草种植专业户的关系,为项目的顺利建成投产创造条件。

本项目计划购置200台蔺草席织机,具有明显的规模优势,并引进一条自动喷漆生产线,对蔺草产品进行喷色加工,改善产品的色泽,提高加工深度,与国内同类企业比较,劳动生产率提高40%,改变目前半成品出口模式,以提高产品的附加值和出口创汇能力,增加公司产品在国际的份额。另外,争取在售后服务上有所突破,为我国蔺草制品在国际市场赢得声誉。

公司投资1498万元,预计项目建成达产后,每年可生产蔺草席100万条,增加销售收入3300万元,增加出口400万美元,年增加利润400万元,投资回收期为3.3年。项目的建成,也将为公司走实业化发展道路提供更多的经验。

3、投资计划和效益(单位:万元)

项目名称		合资兴办江苏弘艺精品有限公司	兴建蔺草制品项目
总投资		25,000.00	1,498.00
年度资金	1997年	17,253.34	1,498.00
使用计划	1998年	7,746.66	
销售	1997年	5,000.00	1,100.00
	1998年	7,500.00	1,650.00
收入	1999年	15,000	3,300.00
净	1997年	1,666.68	134.00
利	1998年	2,500.00	201.00
润	1999年	5,000.00	402.00
资金来源		本次募集资金及外方投入	本次募集资金

4、前次发行股票所筹资金的运用:

公司前次发行股票共募集资金1302万元,用于在省内外建立分支机构,成立了5家子公司,1家分公司,总投资300万元,剩余资金1002万元用于补充流动资金。目前,上述公司运转良好,增强了本公司的货源组织能力,并扩大了公司的销售渠道。六家公司成立以来,已累计创汇2869万美元,实现利润415万元。

七、股利分配政策

本公司实行同股同利的分配政策,按股东持有股份的比例进行分配。本公司的股利分配在每个会计年度结束后的六个月内由本公司董事会提出方案,经股东大会批准后,按股份比例分配。

1、根据公司章程规定,公司分配当年税后利润时,应按下列顺序进行:

(1)提取利润的百分之十列入公司法定公积金。

(2)并提取利润的百分之五至百分之十列入公司法定公益金。

公司的法定公积金不足以弥补上一年度公司亏损的,在依照前款规定提取法定公积金和法定公益金之前,应当先用当年利润弥补亏损。

(3)公司在从税后利润中提取法定公积金后,经股东大会决议,可以提取任意公积金。

(4)公司弥补亏损和提取公积金、法定公益金后所余利润,按照股东持有的股份比例分配。

2、公司分配股利可采取以下列形式:现金或股票。具体形式由公司董事会提议交股东大会讨论决定。

3、本公司在向个人股东分配股利时,由本公司按《中华人民共和国个人所得税法》和国家税务总局发布的《征收个人所得税若干问题的规定》代扣代缴个人所得税。

4、本公司成立以来,历年分红情况如下:

1994年度按每股0.26元派发现金股利;

1995年度按10:2.5的比例送红股。

1996年度暂不分配股利,全部利润滚存至1997年度由新老股东共享。

5、本公司将在本次发行后的第一个盈利年度派发股利,派发时间在第一个盈利年度结束后的6个月内,派发对象为本公司全体股东。

八、发行人情况

1、发行人名称

中文名称:江苏省工艺品进出口集团股份有限公司

英文名称:JIANGSU ARTS & CRAFTS IMPORT & EXPORT GROUP CORPORATON

2、发行人成立日期:1994年6月30日

3、发行人住所:南京市明瓦廊131号

4、发行人历史沿革:

公司是经江苏省经济体制改革委员会苏体改生〔1994〕280号文批准,由江苏省工艺品进出口(集团)公司独家发起,进行整体改制,并定向募集内部职工股而成立的股份有限公司。公司于1994年6月30日在江苏省工商行政管理局登记注册。

本公司前身是中国工艺品进出口公司江苏省分公司,成立于1979年8月,是以经营和代理各种工艺品进出口业务为主的国有专业外贸公司。1988年以前,是江苏省工艺品行业唯一有进出口经营权的企业。1988年,为了适应市场经济发展的需要,与中央财政脱钩,转变为地方外贸公司,并被列为首批自负盈亏试点企业。公司更名为江苏省工艺品进出口(集团)公司,所属行业为外贸工艺品行业。与中央财政脱钩后,归口管理部门为江苏省对外经济贸易委员会。

外贸工艺品是我国传统的出口商品,一般是手工制作,文化含量高,有很强的民族特色,在国际市场上受经济形势影响小,竞争性强,享有较高的声誉。随着生活水平的提高,在日用品工艺化和工艺品日用化趋势的推动下,工艺品贸易前景十分广阔。与79年成立之初相比,本公司发展迅速,经营品种从少到多,经营规模从小到大,目前,净资产增长80余倍,人均出口额增长7倍,1993年,据《中国对外经济贸易年鉴》记载,中国500家最大的的进出口企业中,专业工艺品贸易公司14家,本公司居第五位。先后荣获省外经贸委“江苏省出口创汇骨干企业”、“江苏省出口创汇

先进企业”、国家外经贸部“系统企业管理先进企业”等称号。

5、发行人组织结构及关联企业情况:

(1)组织结构图(见附图一)

(2)关联企业(见附图二)

注:以上公司以简称列示

本公司的原发起人江苏省工艺品进出口(集团)公司,在本公司成立后已不再存续。经江苏省人民政府苏政发〔1997〕54号文批准,江苏省对外经济贸易委员会受托代行本公司国有资产出资者的职能,持有本公司股份6521.25万股,占本公司股份总数的80.03%。

此外,本公司没有持股5%以上的股东。

本公司现有全资附属企业5家,控股子公司2家。5家全资附属企业均为本公司设立时定向募集资金投入组建,旨在加强本公司的货源组织能力和对外销售渠道,提高公司在全国的知名度。

江苏省工艺品进出口(集团)公司上海公司:注册资金50万元,是本公司的全资附属企业,主营工艺美术品、金属材料、仪器仪表等业务。本公司董事长刘绥芝任该公司的法定代表人。

江苏省工艺品进出口(集团)公司苏州公司:注册资金50万元,是本公司的全资附属企业,主营收购调拨供应本公司业务所需的物资和产品,代理本公司委托的进出口业务。

江苏省工艺品进出口集团股份有限公司江宁公司:注册资金50万元,是本公司的全资附属企业,主营工艺品、轻工产品、纺织品等零售批发业务。

江苏省工艺品进出口(集团)公司杭州分公司:注册资金50万元,是本公司的全资附属企业,为本公司代理进出口业务。本公司董事长刘绥芝任该公司的法定代表人。

江苏省工艺品进出口(集团)公司青岛公司:注册资金50万元,是本公司的全资附属企业,主营工艺品等产品零售批发及为本公司代理业务。本公司董事长刘绥芝任该公司的法定代表人。

江苏鹏程国际储运有限公司:注册资本500万元,本公司所占权益为75%,主营海运、空运进出口货物的国际运输代理业务。本公司董事长刘绥芝任该公司的法定代表人。

江苏艺丰堂艺术精品有限公司:注册资本300万元,本公司所占权益为75%,主营工艺美术品设计、制作、销售、咨询等业务。本公司董事长刘绥芝任该公司的法定代表人。

此外,本公司没有股权投资20%以上的企业。

扬州绣艺储运有限公司、南京宏顺工艺品有限公司、江苏艺达宠物工艺品实业有限公司、南京东方服饰品有限公司及南京宏艺贸易有限公司依赖于本公司的业务,本公司对该五家企业有重大影响。根据《企业会计准则-关联方关系及其交易的披露》第三条第3点,上述五家企业为本公司的关联企业。

6、发行人职工情况:

公司现有在职职工339人,离退休职工39人。其中:在大专及大专以上学历的职工191人,占职工总数的56.35%,有中高级职称的职工63人,占职工总数的18.58%,职工平均年龄38.5岁。全体职工的学历、年龄、专业结构如下:

(1)学历结构

大专及大专以上学历191人　　占56.35%

中专(含中专证书)41人　　占12.09%

高中及高中以下107人　　占31.56%

((2)年龄结构

50岁以上31人　　占9.14%

36-50岁171人　　占50.44%

21-35岁137人　　占40.42%

(3)专业结构

经营人员143人　　占42.18%

管理及财务人员70人　　占20.65%

行政及其他126人　　占37.17%

公司执行国家关于职工福利、劳保、待业保险及养老保险的有关规定,自1992年起公司定期向社会劳动保险统筹部门交纳保险基金,未有任何拖欠。南京市社会劳动保险处出具了证明。

7、发行人的业务经营范围:

本公司经营工艺品等商品的进出口业务,接受委托、代理上述进出口业务,承办中外合资经营、合作生产业务,承办来料加工、来样加工、来件装配业务。开展补偿贸易业务,经营转口贸易。主营商品的销售,本公司出口商品生产所需的原辅材料、包装物料销售。

8、发行人从事的主要业务:

本公司主要从事工艺品等商品的进出口业务、国内贸易业务、代购代销业务及储运业务等。

9、发行人的商品和主要市场分布:

本公司经营出口的主要商品品种有工艺帽、工艺抽纱制品、工艺鞋、工艺礼品,箱包、草柳制品、家具制品、毛绒玩具制品、玉雕、字画、绣品珠宝首饰等工艺品。

本公司1996年出口分布地区如下表:

国家或地区	出口额(万美元)	比例(%)
港澳地区	2190	17.37
日本	2540	20.14
欧共体	4014	31.83
美加地区	1736	13.77
中东地区	359	2.85
其他地区	1772	14.05
合　计	12611	100

10、发行人主要原材料供应与能源的耗用情况:

本公司对原材料的需求较小,主要限于控股子公司艺丰堂公司进行艺术品制作所需的高档木料、玉器等,由于目前该公司规模和产量较小,一般市场供应能够满足需要。另外,本公司对煤、水、电、燃料油等能源的耗用量不大,供应充足。

11、发行人拥有的无形资产:

(1)土地使用权

经江苏省国土管理局苏国土籍〔1997〕60号文批准,本公司由94年的有偿划拨方式转为出让方式,获得位于江宁县东山镇同夏路的工业用地,面积为81,593.75平方米的50年土地使用权,出让金为710万元。该土地使用权可以依法转让、出租和抵押。该土地使用证编号为江宁国用〔97〕字第0056号。

(2)商标

本公司所属的控股子公司江苏艺丰堂艺术精品有限公司委托江苏省商标事务所代理“艺丰堂”商标注册,该项工作正在进行中。

12、发行人正在进行或计划进行中的投资项目

(1)本公司正在进行中的项目

A、购置明瓦廊办公楼一层

由于公司发展需要,本公司在现有办公地址上增加办公楼一层,为明瓦廊131号5楼,预计所用资金为243万元,实际已支付金额219万元,截止1997年2月已完工90%。

B、兴建职工宿舍(钓鱼台、拉萨路)

经宁建开字〔95〕621号批准,公司购置拉萨路商品房1,142平方米,预计所用资金为580万元,实际支付500万元,已完工86%;经宁建开字〔92〕83号文批准,公司兴建钓鱼台宿舍2,800平方米,预计所用资金为798万元,实际已支付196万元,已完工25%。

C、兴建江宁工业园厂房

公司在以出让方式获得50年使用权的工业用地上,兴建简易厂房,已支出130万元。

D、在上海购置办公楼及营业用房

本公司在上海浦东陆家嘴金融贸易区“江苏大厦”内购置办公楼200

平方米(建筑面积),预计所用资金 336 万元,实际已支出 303 万元,已完工 90%。

另外,本公司以成本价参建江苏路长宁支路口长芝大厦第七层,总建筑面积 830 平方米,实际支出 200 万元。

上述办公楼及营业用房,本公司拟租给本公司全资附属企业。

E、兴建公司办公楼

本公司 1996 年 6 月委托江苏省对外经济贸易委员会在中华路 50 号建设办公楼,建筑面积为 23,502 平方米,预计 1997 年 12 月底交付使用,建筑总费用为 14,571 万元。截止 1997 年 2 月 28 日,实际已支付 9,863 万元,已完工 66%。该办公楼批准文号为苏计经基〔1992〕434 号。

(2)本公司计划进行的项目

公司计划与香港钟山有限公司合资兴办“江苏弘艺精品有限公司”,总投资 2,980 万美元,其中本公司投资 18,750 万元,占 75%股权。

本公司计划兴建蔺草制品项目,总投资 1,498 万元。

上述项目本公司资金来源为本次股票发行募集的资金。有关项目的情况详见本招股说明书第六节“募集资金的运用”。

13、发行人近三年来重大收购、投资行为

本公司近三年来无重大收购行为。

本公司 1996 年 6 月委托江苏省对外经济贸易委员会在中华路 50 号建设办公楼,建筑面积为 23,502 平方米,预计 1997 年 12 月底交付使用,建筑总费用为 14,571 万元。截止 1997 年 2 月 28 日,实际已支付 9,863 万元,已完工 66%。该办公楼批准文号为苏计经基〔1992〕434 号。

14、国家政策因素的影响

(1)税率政策

根据江苏省人民政府苏政复〔1997〕75 号“省政府关于省工艺品进出口集团股份有限公司所得税政策问题的批复”,同意本公司从 1997 年起,在缴纳 33%的所得税后,由省财政返还 18%给本公司,并直接进入本公司的净利润。

(2)配额政策

目前,本公司使用配额的出口额约占本公司出口总额的 10%,部分配额指标由国家分配,成本低,另一部分通过参与配额招标获得。随着国家逐步增加配额公开招标的比例,本公司使用配额的成本也将会上升。

15、大股东承诺

江苏省对外经济贸易委员会经江苏省人民政府苏政发〔1997〕54 号文件批准,代行对本公司国有资产出资者的职能,持有本公司国家股 6521.25 万股,占本公司股份总数的 80.03%,成为该公司的控股股东。为保障公司和公司中小股东的利益,江苏省对外经济贸易委员会承诺:

作为公司的最大股东,省外经贸委将依据《公司法》等有关法律法规,行使股东权利,承担股东义务,对公司董事会提出的议案,尤其是涉及到本公司的重大经营投资决策、年度利润分配和高级管理人员的任免等,省外经贸委将会充分考虑到公司独立自主发展的需要和公司中小股东的利益,持票表决,而不通过行政手段进行干预。

鉴于省外经贸委所属的省内其他工艺品进出口公司,在业务上与本公司存在竞争。省外经贸委承诺省内不再新设专门从事工艺品进出口业务的省级公司,对已存在的同类型的公司,省外经贸委保证不会以牺牲本公司的利益来扶持其他的同类公司。

16、发行人关联交易

本公司的关联交易情况如下表:

单位:万元

关联企业名称	交易内容	1997 年 1-2 月	1996 年度	1995 年度	1994 年度
扬州秀艺储运有限公司	提供资金	200.00	200.00		
	支付费用		52.60	66.30	78.80
南京宏顺工艺品有限公司	销货		85.00		
	购货		330.00		
	提供资金	99.00	99.00		
江苏艺达宠物工艺品实业有限公司	购货	28.00	247.00		
	提供资金	165.33	165.33		
南京东方服饰品有限公司	销货	68.00	141.00	183.00	
	购货	131.00	265.00	312.00	103.00
	提供资金	123.26	112.96	112.96	112.96
南京宏艺帽业有限公司	销货	23.50	210.33	53.80	
	购货	71.40	530.06	183.27	
	提供资金	4.73	4.73	30.00	30.00

7、发行人非经营性资产的处理

根据江苏会计师事务所苏会内三字〔94〕39 号文出具的《资产评估报告》,截止 1993 年 12 月 31 日,公司非经营性资产净值 1,328 万元,其中职工宿舍 1,173 万元,食堂及食堂所用机器设备 155 万元。经江苏省国有资产管理局〔94〕苏国资企字第 011 号《关于对江苏省工艺品进出口集团股份有限公司国家股股权管理若干问题的批复》,同意原江苏省工艺品进出口(集团)公司将非经营性资产 1,328 万元剥离,并委托股份公司代管,其中食堂及食堂所用机器设备净值 155 万元委托期为二年。江苏省国有资产管理局与本公司签订了委托代管协议。

18、发行人主要人员及其持股情况

董事长,刘绥芝先生。51 岁,大学文化,高级国际商务师,历任江苏省轻工业品进出口(集团)公司科长,江苏省工艺品进出口(集团)公司副总经理,1992 年起任江苏省工艺品进出口(集团)公司总经理、党委书记,现任本公司总经理、党委书记。

董事,葛猛先生。49 岁,大专文化,高级政工师,历任江苏省对外经济贸易委员会人教处科长、副处长,1991 年起至今任本公司副总经理、党委副书记。

董事,钱竞琪女士。48 岁,大专文化,国际商务师,历任江苏省工艺品进出口(集团)公司副科长、科长,1988 年起至今任本公司副总经理。

董事,周宗林先生。55 岁,大学文化,高级国际商务师,历任江苏省轻工业品进出口(集团)公司科长 1991 年起至今任本公司副总经理。

董事兼董事会秘书。吴廷昌先生,37 岁,大专文化,会计师,历任江苏省工艺品进出口(集团)公司财务科长、总经理助理,现任公司副总经理。

监事

监事会主席,张发松先生。34 岁,大专文化,现任本公司总经理助理兼总经理办公室主任。

监事,宋晓玲女士。42 岁,大专文化,现任公司工会副主席。

监事,胡静女士。27 岁,大专文化,现任本公司财务人员。

监事,杨宽程先生。40 岁,大专文化,现任本公司抽纱二部副经理。

监事,吴爱国女士。43 岁,高中文化,现为本公司特艺部业务员。

高级管理人员

王必战先生,34 岁,大专文化,会计师,现任本公司财务部经理。

九、经营业绩

1、经营管理的一般情况

本公司具有十多年的经营传统工艺品的经验,随着市场经济的不断发展,公司经济效益逐步提高。94 年汇率并轨带来了较多的汇兑收益,95 年后在外贸行业经营比较困难的条件下,公司仍取得稳定发展,增强了公司抗风险的能力。特别是工艺帽、工艺拖鞋、红木家具、柳编制品、绣品的经营颇具特色,在同行业中形成一定优势,在国际市场上具有较强竞争力。

2、每年销售总额和利润总额情况

以下为截止到 1996 年 12 月 31 日的三个会计年度经注册会计师审计过的经营业绩:

单位:千元

	1996 年度	1995 年度	1994 年度

主营业务收入	911,978	1,042,153	880,357
主营业务利润	46,248	29,438	66,822
加:其他业务利润	(1,264)	(1,654)	3,978
营业利润	44,984	27,784	70,800
利润总额	49,378	26,515	70,092
减:所得税(33%)	16,236	8,735	22,858
净利润	32,874	17,780	47,234

3、发行人业务收入的主要构成

本公司的主营业务收入是指本公司经营工艺品等商品的收入。本公司经营的工艺品主要品种有工艺帽、工艺抽纱制品、工艺鞋、工艺礼品、箱包、草柳制品、家具制品、毛绒玩具制品、玉雕、字画、绣品、珠宝首饰等。

本公司主营业务收入构成表

单位:千元

商品种类	1996 年度	1995 年度	1994 年度
工艺帽	133,889	129,634	111,858
工艺抽纱制品	101,619	141,551	106,068
箱　　包	71,761	93,188	83,209
工艺鞋	101,670	98,420	93,962
工艺礼品	69,417	89,367	67,303
草柳制品	113,019	96,653	82,102
家具制品	63,222	85,351	65,267
毛绒玩具制品	64,529	108,772	84,347
珠宝首饰	31,660	39,420	63,396
玻璃制品	24,993	32,257	13,229
其　　他	136,169	127,542	109,616
合　　计	911,978	1,042,153	880,357

4、发行人的市场分布

本公司出口商品主要集中在欧共体、日本、美加地区和港澳地区。有关地区分布的情况详见本招股说明书第十节“发行人情况”。

5、发行人筹资和投资的情况

本公司前次发行股票共募集资金 1,302 万元,其中投资 300 万元用于在省内外建立分支机构,成立了苏州公司、上海公司、青岛公司、江宁公司、兴化分公司和杭州公司,剩余资金用于补充流动资金。

1996 年,经公事 1995 年度股东大会通过,本公司投资 375 万元成立江苏省鹏程国际储运有限公司,投资 225 万元成立江苏艺丰堂艺术精品有限公司。本公司在上述两家公司中所占权益为 75%。

目前,上述公司效益良好,增强了公司的货源组织、对外销售能力和工艺艺术品的制作能力。

十、股　　本

1、本次发行前,本公司注册资本为 8,148.75 万元。本次向社会公众发行 3,500 万股后(每股面值人民币 1.00 元),本公司注册资本为 11,648.75 万元。

2、股本形成过程

本公司是经江苏省体改委苏体改生〔1994〕280 号文批准,由江苏省工艺品进出口(集团)公司独家发起,采用定向募集方式设立的股份有限公司。公司总股本为 6,519 万元,其中国家股 5,217 万股,占 80.03%,由发起人以经评估确认的经营性净资产 5,217 万元投入,并由江苏省外经贸委受托持有;内部职工股 1,302 万股,占 19.97%,全部由公司登记在册的职工和退休职工以现金方式认购。1994 年 6 月 30 日在江苏省南京市登记注册,注册资本为 6,519 万元。

根据公司 1995 年度股东大会决议,公司 1995 年度利润分配方案为按 10:2.5 向全体股东送红股。送股后公司股本结构变为:总股本,8,148.75 万元,其中国家股 6,521.25 万股,内部职工股 1,627.5 万股。

根据国务院国发〔1995〕17 号文《国务院关于原有有限责任公司和股份有限公司按照〈中华人民共和国公司法〉进行了规范的通知》,公司经 1996 年临时股东大会决议通过,将内部职工持有的 1,423.8 万股转让给社会法人持有。转让后公司股本结构为:总股本 8,148.75 万元,其中国家股 6,521.25 万股,占 80.03%;法人股 1,423.80 万股,占 17.47%;内部职工股 203.70 万股,占 2.50%。内部职工股的转让和转让后的股权结构获得江苏省体改委苏体改生〔1996〕472 号文批复。

3、本公司历次股本变化如下:

(1)本公司成立时,公司的股本结构为:

股份类别	股数(股)	所占比例(%)
一、发起人股	52,170,000	80.03
其中:国家持股	52,170,000	80.03
二、内部职工股	13,020,000	19.97
股份总数	65,190,000	100.00

(2)本公司 1995 年度股利分配按 10:2.5 送红股,股本结构变为:

股份类别	股数(股)	所占比例(%)
一、发起人股	65,212,500	80.03
其中:国家持股	65,212,500	80.03
二、内部职工股	16,275,000	19.97
股份总数	81,487,500	100.00

(3)1996 年,本公司根据国务院国发〔1995〕17 号文的精神,对公司进行规范,将原由内部职工持有的 1423.8 万股转让给社会法人持有,转让后,公司股本变为:

股份类别	股数(股)	所占比例(%)
一、发起人股	65,212,500	80.03
其中:国家持股	65,212,500	80.03
二、法人股	14,238,000	17.47
三、内部职工股	2,037,000	2.50
股份总数	81,487,500	100.00

4、本次 A 股发行完成后,本公司将形成如下股本结构:

股份类别	股数(股)	所占比例(%)
一、发起人股	65,212,500	55.98
其中:国家持股	65,212,500	55.98
二、法人股	14,238,000	12.22
三、内部职工股	2,037,000	1.75
四、社会公众股	35,000,000	30.05
股份总数	116,487,500	100.00

5、超过面值缴入的资本及其用途:

本次发行后,超过面值并扣除发行费用的资本约 19,495 万元,将全部进入公司的资本公积金。

6、内部职工股情况:

(1)发行范围:1993 年 12 月 31 日原江苏省工艺品进出口(集团)公司登记在册的正式职工和离退休职工。

(2)集中托管:本公司发放的内部职工股股权证已全部按要求集中托管在江苏证券登记有限公司,并获得江苏省证券期货监督管理办公室苏证管办函〔1997〕24 号文的确认。

(3)本公司内部职工股不占本次发行额度上市,按目前国家有关部门规定,待本次社会公众股发行之日起期满三年后,方可上市交易。

7、本次发行前后净资产变化:

本次按计划发行完成后,公司净资产总额、股本、及每股净资产变动情况如下:

	净资产总额(万元)	股本额(万股)	每股净资产(元)
发行前	12,925.06	8,148.75	1.58
发行后	35,920.06	11,648.75	3.08

8、本次发行前公司主要股东情况:

股东名称	持股数量(股)	比例(%)

1	江苏省对外经济贸易委员会	65,212,500	80.03
2	中国烟草总公司江苏省公司	2,200,000	2.70
3	江苏省丝绸进出口集团股份有限公司	2,000,000	2.45
4	招银证券公司	1,138,000	1.40
5	江苏省服装进出口集团股份有限公司	1,000,000	1.23
6	江苏省轻工业品进出口集团股份有限公司	1,000,000	1.23
7	江苏省针棉织品进出口(集团)公司	1,000,000	1.23
8	南京市纺织品进出口集团股份有限公司	1,000,000	1.23
9	江苏省物资集团总公司	1,000,000	1.23
10	江苏省粮油食品进出口集团股份有限公司	800,000	0.98

十一、财务会计资料

1、审计报告

苏会所二审〔97〕第134号

江苏省工艺品进出口集团股份有限公司全体股东：

我们接受委托，审计了贵公司1994年12月31日、1995年12月31日、1996年12月31日和1997年2月28日的资产负债表、合并资产负债表，1994年度、1995年度、1996年度和1997年1—2月份的利润及利润分配表、合并利润及利润分配表以及1996年度的财务状况变动表、合并财务状况变动表。这些会计报表由贵公司负责，我们的责任是对这些会计报表发表审计意见。我们的审计是依据中国注册会计师独立审计准则进行的。在审计过程中，我们结合贵公司实际情况，实施了包括抽查会计记录等我们认为必要的审计程序。

我们认为，上述会计报表符合《企业会计准则》和《股份制试点企业会计制度》的有关规定，在所有重大方面公允地反映了贵公司1994年12月31日、1995年12月31日1996年12月31日及1997年2月28日的财务状况和1994年度、1995年度、1996年度及1997年1—2月份的经营成果及1996年度的资金变动情况，会计处理方法的选用遵循了一贯性原则。

江苏会计师事务所　　中国注册会计师：郑　岚

江苏·南京　　中国注册会计师：荆建明

一九九七年四月二十四日

2、财务报表

合并资产负债表

编制单位：江苏省工艺品进出口集团股份有限公司　　(单位：人民币元)

资产	附注	1997年2月28日	1996年12月31日	1995年12月31日	1994年12月31日
流动资产：					
货币资金	1	43,394,088.65	80,714,396.46	80,391,463.81	28,030,210.62
短期投资					
应收票据	2	100,000.00	285,000.00		
应收帐款	3	96,858,270.40	104,603,501.12	97,599,578.33	87,758,403.86
减：坏帐准备		484,291.35	523,017.50	487,997.89	438,792.02
应收帐款净值		96,373,979.05	104,080,483.62	97,111,580.44	87,319,611.84
预付货款			72,706.34	7,105,343.81	11,335,270.21
其他应收款	4	28,725,936.77	25,594,017.33	38,831,917.50	37,678,505.35
待摊费用	5	329,992.98			2,184,097.71
存货	6	60,489,821.99	58,668,512.20	81,843,319.18	91,744,940.94
待处理流动资产净损失				98,717.95	251,530.43
一年内到期的长期债券投资					
其他流动资产					135,514.34
流动资产合计		229,413,819.44	269,415,115.95	305,382,342.69	258,679,681.44
长期投资：					
长期投资	7	13,332,350.39	13,332,350.39	17,893,443.75	17,888,234.81
其中：合并价差(贷差以“-”号表示)					
固定资产：					
固定资产原价	8	44,483,847.89	44,182,542.89	24,150,791.93	21,031,407.57
减：累计折旧		8,890,786.30	8,400,846.87	5,975,045.26	4,245,178.73
固定资产净值		35,593,061.59	35,781,696.02	18,175,746.67	16,786,228.84
在建工程	9	114,108,827.13	64,187,773.20	22,836,829.91	18,190,171.68
固定资产清理					
待处理固定资产净损失					
固定资产合计		149,701,888.72	99,969,469.22	41,012,576.58	34,976,400.52
无形资产及递延资产：					
无形资产	10	7,085,040.33	7,108,843.81		
递延资产	11	292,356.62	331,376.64	81,645.75	104,895.90
无形资产及递延资产合计		7,377,396.95	7,440,220.45	81,645.75	104,895.90
其他长期资产：					
其他长期资产					
递延税项：					
递延税款借项					
资产总计		399,825,455.50	390,157,156.01	364,370,008.77	311,649,212.67

合并资产负债表(续)

编制单位:江苏省工艺品进出口集团股份有限公司 (单位:人民币元)

负债及股东权益	附注	1997年2月28日	1996年12月31日	1995年12月31日	1994年12月31日
流动负债:					
短期借款	12	195,730,000.00	174,910,000.00	248,466,600.00	153,846,600.00
应付票据					
应付帐款	13	38,319,694.54	61,515,346.13	24,662,082.88	14,286,641.67
预收货款	14	49,704,706.06	30,438,122.27	41,339,680.13	18,784,704.74
应付福利费		2,929,700.32	3,083,037.62	3,103,216.44	3,958,353.41
未付股利				142,127.56	16,949,400.00
未交税金	15	-68,327,091.31	-60,530,244.76	-141,290,196.50	-60,625,034.06
其他未交款		107,992.84	2.40	-28,958.61	36,015.95
其他应付款	16	21,029,956.44	23,321,480.58	46,961,573.34	50,433,790.09
预提费用	17	24,909,256.60	23,658,888.47	41,997,556.17	37,396,748.00
一年内到期的长期负债					
其他流动负债					
流动负债合计		264,404,215.49	256,396,632.71	265,353,681.41	235,067,219.80
长期负债:					
长期借款					
应付债券					
长期应付款	18	2,001,224.30	2,299,989.90	3,859,286.44	
其他长期负债		1,915,410.53	1,576,940.99	795,482.43	
长期负债合计		3,916,634.83	3,876,930.89	4,654,768.87	
递延税项:					
递延税款贷项					
负债合计		268,320,850.32	260,273,563.60	270,008,450.28	235,067,219.80
少数股东权益		2,254,053.96	2,267,738.56		
股东权益:					
股本	19	81,487,500.00	81,487,500.00	65,190,000.00	65,190,000.00
资本公积	20	90,000.00	90,000.00		
盈余公积	21	25,050,470.90	25,050,470.90	12,838,154.35	10,057,117.60
其中:公益金		7,459,316.79	7,459,316.79	5,756,204.64	4,829,192.39
未分配利润	22	22,622,580.32	20,987,882.95	16,333,404.14	1,334,875.27
外币报表折算差额					
股东权益合计		129,250,551.22	127,615,853.85	94,361,558.49	76,581,992.87
负债及股东权益总计		399,825,455.50	390,157,156.01	364,370,008.77	311,649,212.67

合并利润及利润分配表

编制单位:江苏省工艺品进出口集团股份有限公司 (单位:人民币元)

	附注	1997年1-2月份	1996年度	1995年度	1994年度
一、主营业务收入	23	124,061,312.31	911,978,308.53	1,042,152,773.34	880,357,390.60
减:营业成本		111,158,489.26	789,440,485.88	929,920,624.87	754,716,035.98
销售费用		3,459,927.40	34,281,553.82	45,059,911.79	48,532,976.61
管理费用		4,109,345.31	21,996,969.34	17,495,256.82	18,208,694.56
财务费用	24	2,390,290.42	19,921,030.64	20,180,504.16	-8,159,048.50
进货费用					
营业税金及附加		12,762.58	90,197.18	58,048.30	236,406.07
二、主营业务利润		2,930,497.34	46,248,071.67	29,438,427.40	66,822,325.88
加:其他业务利润	25	-99,830.43	-1,264,129.17	-1,654,707.86	3,977,964.28
三、营业利润		2,830,666.91	44,983,942.50	27,783,719.54	70,800,290.16
加:投资收益	26		5,730,138.46	260,192.53	8,666.67
营业外收入	27		316,682.31	933,446.99	375,256.82
减:营业外支出	28	320,060.80	1,653,152.24	2,462,825.35	1,092,046.68

	附注	1997年1－2月份	1996年度	1995年度	1994年度
加:以前年度损益调整					
四、利润总额		2,510,606.11	49,377,611.03	26,514,533.71	70,092,166.97
减:所得税		889,593.34	16,236,108.60	8,734,968.09	22,858,242.64
少数股东损益		－13,684.60	267,738.56		
五、净利润		1,634,697.37	32,873,763.87	17,779,565.62	47,233,924.33
加:年初未分配利润		20,987,882.95	16,333,404.14	1,334,875.27	
盈余公积转入数					
六、可分配利润		22,622,580.32	49,207,168.01	19,114,440.89	47,233,924.33
减:提取法定公积金			3,406,224.31	1,854,024.50	4,829,192.39
提取法定公益金			1,703,112.15	927,012.25	4,829,192.39
七、可供股东分配的利润		22,622,580.32	44,097,831.55	16,333,404.14	37,575,539.55
减:已分配优先股股利					
提取任意公积金			6,812,448.60		398,732.82
已分配普通股股利			16,297,500.00		16,949,400.00
原股东权益转出					18,892,531.46
八、未分配利润		22,622,580.32	20,987,882.95	16,333,404.14	1,334,875.27

合并财务状况变动表

1996年度

编制单位:江苏省工艺品进出口集团股份有限公司　　　　(单位:人民币元)

流动资金来源和运用		流动资金各项目的变动	
一、流动资金来源:		一、流动资产本年增加数:	
1. 本年净利润	32,873,763.87	1. 货币资金	322,932.65
加:不减少流动资金的费用和损失		2. 短期投资	
(1)少数股东本期损益	2,67,738.56	3. 应收票据	285,000.00
(2)固定资产折旧	2,425,801.61	4. 应收帐款净额	6,968,903.18
(3)无形资产,递延资产及其他资产摊销(减其他负债转销)	54,437.84	5. 预付货款	－7,032,637.47
(4)固定资产盘亏(减盘盈)		6. 其他应收款	－13,237,900.17
(5)清理固定资产损失(减收益)		7. 待摊费用	
(6)递延税款		8. 存货	－23,174,806.98
(7)其他不减少流动资金的费用和损失		9. 待处理流动资产净损失(减收益)	－98,717.95
小　　计	35,621,741.88	10. 一年内到期的长期债券投资	
2. 其他来源:		11. 其他流动资产	
(1)固定资产清理收入(减清理费用)		流动资产增加净额	－35,967,226.74
(2)增加长期负债	960,167.89		
(3)收回长期投资	4,561,093.36		
(4)对外投资转出固定资产			
(5)对外投资转出无形资产			
(6)资本净增加额	28,599,816.55		
(7)少数股东资本净增加额	2,000,000.00		
小　　计	36,121,077.80	二、流动负债本年增加数:	
流动资金来源合计	71,742,819.68	1. 短期借款	－73,556,600.00
二、流动资金运用:		2. 应付票据	
1. 利润分配:		3. 应付帐款	36,853,263.25
(1)提取法定公积金	3,406,224.31	4. 预收货款	－10,901,557.86
(2)提取法定公益金	1,703,112.15	5. 应付福利费	－20,178.86
(3)提取任意公积金	6,812,448.60	6. 未付股利	－142,127.56
(4)已分配股利	16,297,500.00	7. 未交税金	80,759,951.74
小　　计	28,219,285.06	8. 其他未交款	28,961.01
2. 少数股东利润分配		9. 其他应付款	－23,640,092.76
3. 其他运用:		10. 预提费用	－18,338,667.70
(1)固定资产和在建工程净增加额	61,382,694.25	11. 一年内到期的长期负债	
(2)增加无形资产,递延资产及其他资产	7,413,012.54	12. 其他流动负债	
(3)偿还长期负债	1,738,005.87		
(4)增加长期投资			
小　　计	70,533,712.66		
流动资金运用合计	98,752,997.72	流动负债增加净额	－8,957,048.70
流动资金增加净额	－27,010,178.04	流动资金增加净额	－27,010,178.04

母公司资产负债表

编制单位:江苏省工艺品进出口集团股份有限公司　　　　(单位:人民币元)

资产	1997年2月28日	1996年12月31日	1995年12月31日	1994年12月31日
流动资产:				
货币资金	33,955,700.78	70,436,868.12	76,293,206.96	25,667,563.73
短期投资				
应收票据	100,000.00	285,000.00		
应收帐款	87,846,774.38	85,553,195.92	95,121,147.95	87,292,633.41
减:坏帐准备	439,233.87	427,765.98	475,605.74	436,463.17
应收帐款净值	87,407,540.51	85,125,429.94	94,645,542.21	86,856,170.24
预付货款	32,850.93	7,101,043.81	10,804,668.11	
其他应收款	35,510,550.48	35,039,467.67	40,579,365.79	37,668,193.45
待摊费用	329,992.98			2,181,990.71
存货	57,879,510.15	56,209,289.89	75,414,648.64	90,067,713.70
待处理流动资产净损失			98,717.95	251,530.43
一年内到期的长期债券投资				
其他流动资产				135,514.34
流动资产合计	215,183,294.90	247,128,906.55	294,132,525.36	253,633,344.71
长期投资:				
长期投资	24,308,808.07	24,414,576.12	21,828,904.37	21,063,143.40
固定资产:				
固定资产原价	40,967,250.29	40,921,200.29	21,894,216.93	20,732,071.57
减:累计折旧	8,208,227.67	7,737,759.72	5,779,306.18	4,234,888.55
固定资产净值	32,759,022.62	33,183,440.57	16,114,910.75	16,497,183.02
在建工程	114,108,827.13	64,187,773.20	22,706,717.79	17,618,707.51
固定资产清理				
待处理固定资产净损失				
固定资产合计	146,867,849.75	97,371,213.77	38,821,628.54	34,115,890.53
无形资产及递延资产:				
无形资产	7,077,373.66	7,101,043.81		
递延资产				
无形资产及递延资产合计	7,077,373.66	7,101,043.81		
其他长期资产:				
其他长期资产				
递延税项:				
递延税款借项				
资产总计	393,437,326.38	376,015,740.25	354,783,058.27	308,812,378.64
负债及股东权益				
流动负债:				
短期借款	195,230,000.00	174,410,000.00	284,466,600.00	153,496,600.00
应付票据				
应付帐款	35,926,360.20	45,804,522.80	19,908,783.21	16,360,402.65
预收货款	44,711,435.28	29,718,865.60	38,358,852.89	16,871,753.27
应付福利费	2,797,857.10	2,957,604.09	3,046,427.69	3,938,442.45
未付股利				16,949,400.00
未交税金	-65,042,316.67	-56,891,955.27	-136,963,013.82	-59,834,697.74
其他未交款				
其他应付款	21,989,622.42	25,050,712.04	40,959,686.74	47,291,280.81
预提费用	24,739,295.78	23,508,427.65	41,990,095.35	37,159,800.00
一年内到期的长期负债				
其他流动负债				
流动负债合计	260,352,254.11	244,558,176.91	255,767,432.06	232,232,981.44

资产	1997年2月28日	1996年12月31日	1995年12月31日	1994年12月31日
长期负债：				
长期借款				
应付债券				
长期应付款	2,001,224.30	2,299,989.90	3,859,286.44	
其他长期负债	1,915,410.53	1,576,940.99	795,482.43	
长期负债合计	3,916,634.83	3,876,930.89	4,654,768.87	
递延税项：				
递延税款贷项				
负债合计	264,268,888.94	248,435,107.80	260,422,200.93	232,232,981.44
少数股东权益				
股东权益：				
股本	81,487,500.00	81,487,500.00	65,190,000.00	65,190,000.00
资本公积	90,000.00	90,000.00		
盈余公积	23,897,751.52	23,897,751.52	12,113,484.77	9,446,265.74
其中：公益金	7,254,168.06	7,254,168.06	5,612,205.88	4,723,132.87
未分配利润	23,693,185.92	22,105,380.93	17,057,372.57	1,943,131.46
股东权益合计	129,168,437.44	127,580,632.45	94,360,857.34	76,579,397.20
负债及股东权益总计	393,437,326.38	376,015,740.25	354,783,058.27	308,812,378.64

母公司利润及利润分配表

编制单位：江苏省工艺品进出口集团股份有限公司　　　　（单位：人民币元）

	1997年1－2月份	1996年度	1995年度	1994年度
一、主营业务收入	114,706,278.91	825,743,549.95	978,628,410.65	826,356,283.52
减：营业成本	102,563,082.42	709,678,712.40	874,267,337.64	704,287,875.57
销售费用	3,014,106.74	30,283,883.61	40,745,273.35	46,735,414.48
管理费用	3,881,101.86	19,973,625.91	15,774,127.31	17,198,620.41
财务费用	2,331,703.43	20,183,146.80	19,727,697.19	－8,281,543.48
进货费用				
营业税金及附加			556.24	216,765.98
二、主营业务利润	2,916,284.46	45,624,181.23	28,113,418.92	66,199,150.56
加：其他业务利润	－99,621.78	－2,321,596.77	－2,061,660.14	3,710,732.70
三、营业利润	2,816,662.68	43,302,584.46	26,051,758.78	69,909,883.26
加：投资收益	－105,768.05	6,586,372.08	1,219,575.36	868,663.81
营业外收入		215,167.25	933,057.36	375,056.82
减：营业外支出	288,941.72	1,646,427.03	2,265,585.13	1,086,932.84
加：以前年度损益调整				
四、利润总额	2,421,952.91	48,457,696.76	25,938,806.37	70,066,671.05
减：所得税	834,147.92	15,618,453.14	8,157,346.23	22,835,342.39
少数股东损益				
五、净利润	1,587,804.99	32,839,342.62	17,781,460.14	47,231,328.66
加：年初未分配利润	22,105,380.93	17,057,372.57	1,943,131.46	
盈余公积转入数				
六、可分配利润	23,693,185.92	49,896,616.19	19,724,591.60	47,231,328.66
减：提取法定公积金		3,283,924.36	1,778,146.02	4,723,132.87
提取法定公益金		1,641,962.18	889,073.01	4,723,132.87
七、可供股东分配的利润	23,693,185.92	44,970,729.65	17,057,372.57	37,785,062.92
减：已分配优先股股利				
提取任意公积金		6,567,848.72		
已分配普通股股利		16,297,500.00		16,949,400.00
原股东权益转出				18,892,531.46
八、未分配利润	23,693,185.92	22,105,380.93	17,057,372.57	1,943,131.46

母公司财务状况变动表

1996 年度

编制单位:江苏省工艺品进出口集团股份有限公司　　　　(单位:人民币元)

流动资金来源和运用		流动资金各项目的变动	
一、流动资金来源:		一、流动资产本年增加数:	
1. 本年净利润	32,839,243.62	1. 货币资金	-5,856,338.84
加:不减少流动资金的费用和损失		2. 短期投资	
(1)少数股东本期损益		3. 应收票据	285,000.00
(2)固定资产折旧	1,958,453.54	4. 应收帐款净额	-9,520,112.27
(3)无形资产,递延资产及其他资产摊销(减其他负债转销)		5. 预付货款	-7,068,192.88
(4)固定资产盘亏(减盘盈)		6. 其他应收款	-5,539,898.12
(5)清理固定资产损失(减收益)		7. 待摊费用	
(6)递延税款		8. 存货	-19,205,358.75
(7)其他不减少流动资金的费用和损失		9. 待处理流动资产净损失(减收益)	-98,717.95
小　　计	34,797,697.16	10. 一年内到期的长期债券投资	
		11. 其他流动资产	
		流动资产增加净额	-47,003,618.81
2. 其他来源:			
(1)固定资产清理收入(减清理费用)			
(2)增加长期负债	960,167.89		
(3)收回长期投资	4,561,093.36		
(4)对外投资转出固定资产			
(5)对外投资转出无形资产			
(6)资本净增加额	28,171,766.76		
(7)少数股东资本净增加额		二、流动负债本年增加数:	
小　　计	33,693,028.00	1. 短期借款	-74,056,600.00
流动资金来源合计	68,490,725.16	2. 应付票据	
二、流动资金运用:		3. 应付帐款	25,895,739.59
1. 利润分配:		4. 预收货款	-8,639,987.29
(1)提取法定公积金	3,283,924.36	5. 应付福利费	-88,823.60
(2)提取法定公益金	1,641,962.18	6. 未付股利	
(3)提取任意公积金	6,567,848.72	7. 未交税金	80,071,058.55
(4)已分配股利	16,297,500.00	8. 其他未交款	
小　　计	27,791,235.26	9. 其他应付款	-15,908,974.70
2. 少数股东利润分配		10. 预提费用	-18,481,667.70
3. 其他运用:		11. 一年内到期的长期负债	
(1)固定资产和在建工程净增加额	60,508,038.77	12. 其他流动负债	
(2)增加无形资产,递延资产及其他资产	7,101,043.81		
(3)偿还长期负债	1,738,005.87		
(4)增加长期投资	7,146,765.11		
小　　计	76,493,853.56		
流动资金运用合计	104,285,088.82	流动负债增加净额	-11,209,255.15
流动资金增加净额	-35,794,363.66	流动资金增加净额	-35,794,363.66

3、合并会计报表附注

(1)公司一般情况

江苏省工艺品进出口集团股份有限公司(以下简称公司)于 1994 年 6 月经江苏省体改委苏体改生〔1994〕280 号文《关于同意设立江苏省工艺品进出口集团股份有限公司的批复》批准,由江苏省工艺品进出口(集团)公司改制设立,并于同年六月领取企业法人营业执照。公司注册资本为 6519 万元,其中国家股 5217 万元,占 80.03%;内部职工股 1302 万元,占 19.97%。公司主要经营工艺品等商品的进出口业务和代理工艺品等进出口业务。

公司根据 1996 年 3 月 28 日召开的股东大会通过的关于 1995 年度的利润分配方案,向全体股东按 10:2.5 的比例发送红股,由此公司增资 1629.75 万元;公司根据 1996 年 9 月 24 日临时股东大会通过的决议,并经过江苏省体改委苏体改生〔1996〕472 号文《关于同意江苏省工艺品进出口集团股份有限公司调整股权结构的批复》同意,同时根据国家有关规定和江苏省国有资产管理局的要求,在股本结构等方面进行了规范,将内部职工股中的 1423.8 万股转让给社会法人持有,通过以上增资和转让,变更后的公司注册资本为 8148.75 万元,其中国家股 6521.25 万元,占 80.03%;法人股 1423.80 万元,占 17.47%;内部职工股 203.70 万元,占 2.5%。公司于 1996 年 12 月领取了变更后的营业执照(注册号:13476430-5)。

公司委托苏州资产评估事务所对基准日 1996 年 12 月 31 日的整体资产进行了评估,评估结果已经国家国有资产管理局国资评〔1997〕452

号文确认。本次资产评估的确认值，按中国证监会证监发字〔1996〕12号文件规定，未进行帐务调整。

(2)编制基准

公司从1994年1月1日起已被视为一家持续经营的股份有限公司，因此，在编制1994年会计报表时，已对本公司改制设立前，即1994年1至6月的会计报表进行了调整和分割转换，并根据《企业会计准则》和《股份制试点企业会计制度》的要求重新编制。

(3)公司主要会计政策

1．会计制度：

公司执行《企业会计准则》和《股份制试点企业会计制度》及其补充规定。

2．会计期间：

以公历1月1日起至12月31日止为一个会计年度。

3．合并会计报表编制方法

公司合并会计报表系按财政部《合并会计报表暂行规定》编制，合并范围包括母公司及所属控股子公司，各控股子公司情况如下：

子公司名称	设立日期	注册资本	母公司所占权益	主营业务
江苏省工艺品进出口(集团)公司杭州分公司	1994年	50万元	100%	为母公司代理进出口业务
江苏省工艺品进出口(集团)股份有限公司江宁公司	1994年	50万元	100%	工艺品、轻工产品、纺织品等零售批发
江苏省工艺品进出口(集团)公司青岛公司	1994年	50万元	100%	批发零售工艺品等商品，为母公司代理业务
江苏省工艺品进出口(集团)公司上海公司	1994年	50万元	100%	工艺美术品、金属材料、仪表仪品等
江苏省工艺品进出口(集团)公司苏州公司	1993年	50万元	100%	收购调拨供应母公司业务所需的物资和产品，代理母公司委托的进出口业务
江苏鹏程国际储运有限公司	1996年	500万元	75%	海运、空运进出口货物的国际运输代理业务
江苏艺丰堂艺术精品有限公司	1996年	300万元	75%	工艺美术品设计、制作、销售、咨询

4．记帐原则和计价基础

公司会计核算以权责发生制为记帐原则，以历史成本为计价基础。

5．外币折算方法：

公司以人民币为记帐本位币，对所发生的非记帐本位币经济业务，采用业务发生当日的外汇对人民币的市场汇价折合记帐本位币记帐，期末对各外币帐户余额按中国人民银行公布的基准汇价进行调整，计算汇兑损益。

6．坏帐核算：

采用备抵法，按期末应收帐款余额的5‰计提坏帐准备。

7．存货计价方法：

公司存货采用实际成本核算。材料物资发出时按加权平均法计价，库存出口商品发出时按个别认定法计价，低值易耗品采用五五摊销法摊销，商品削价准备按期末库存商品的5‰提取。

8．长期投资核算方法：

(1)债券投资：

按实际支付的款项记帐。实际支付的款项中包括应计利息的，将这部分利息单独记帐；债券投资存续期内的应计利息，以及出售时收回的本息与债券帐面成本及尚未收回的应计利息的差额，计入当期损益。

(2)股权投资和联营投资：

投资额占被投资单位权益性资本20%以下的，采用成本法核算；投资额占被投资单位权益性资本20%至50%的，采用权益法核算；投资额占被投资单位权益性资本50%以上的，采用权益法核算，并以合并报表方式反映。

9．固定资产及其折旧：

固定资产按实际成本计价。固定资产标准为单位价值在2000元以上，并且使用期限超过一年。固定资产折旧采用平均年限法，预留3%的残值。折旧年限及折旧率列示如下：

类别	折旧年限	年折旧率
房屋及建筑物	30	3.23%
运输设备	10	9.7%
其它设备	5	19.4%

10．无形资产及其摊销：

无形资产按实际成本计价，并根据受益期确定摊销期限，平均摊销。

11．递延资产及其摊销：

递延资产按实际成本计价，并根据各种递延资产的受益期确定其摊销期限，平均摊销。

12．营业收入实现的确认：

公司以发出商品、取得货运证明、收讫价款或取得索取价款的凭据时，确认营业收入实现。

13．利润分配：

公司税后净利润按下列顺序分配：

(1)弥补以前年度亏损；

(2)提取10%法定盈余公积金；

(3)提取5%—10%法定公益金；

(4)根据股东大会决议，提取任意盈余公积金；

(5)根据股东大会决议，分配普通股股利。

14．税项

(1)流转税：

公司适用增值税，销项税税率为17%。出口商品进项税金实行退税制，其中：

①进项税税率为17%的，1994年1月—1995年6月退税税率为17%，1995年7月—1996年12月退税税率为14%，1996年1月起退税税率为9%；

②进项税税率为13%的，1994年1月—1995年6月退税税率为13%，1995年7月—1995年12月退税税率为10%，1996年1月起退税税率为6%；

③进项税税率为6%的，1994年起退税税率为6%。

(2)企业所得税：

①母公司：按应纳税所得额的33%计缴。

②子公司：

a．江苏鹏程国际储运有限公司：根据江苏省地税局苏地税直减字〔96〕044号文免征1996年的企业所得税。

b．江苏艺丰堂艺术精品有限公司：根据江苏省地税局苏地税直减字〔96〕042号文免征1996年的企业所得税。

c．江宁公司、杭州公司、上海公司、苏州公司：按应纳税所得额的33%计缴。

d．青岛公司：根据青岛市地税局青地税一分征〔94〕168号文免征

1994年5—12月期间的所得税,免征部分转入盈余公积;1995年1—4月实行先征后返,5—12月按应纳税所得额的33%计缴;1996年按应纳税所得额的33%计缴。

(3)城市维护建设税:

按应纳流转税额的7%计缴。

(4)教育费附加:

按应纳流转税额的4%计缴。

(5)会计报表主要项目附注

1.货币资金:截止1997年2月28日货币资金余额为43,394,088.65元,其明细项目列示如下:

(单位:人民币元)

项　目	金　额	
现金	23,740.98	
人民币存款	40,744,374.49	
外币存款	2,625,973.18	(由USD316,580.65折合)
合计	43,394,088.65	

货币资金较期初数下降46.24%的主要原因是:增加对在建办公楼的款项支付。

2.应收票据:截止1997年2月28日应收票据余额为100,000.00元,其明细项目列示如下:

(单位:人民币元)

出票人	票据种类	金额	期限
锡山市正大摩托车厂	银行承兑汇票	100,000.00	96.10.9—97.4.7

3.应收帐款:截止1997年2月28日应收帐款余额为96,858,270.40元,其主要情况列示如下:

(1)帐龄分析:　(单位:人民币元)

帐　龄	金　额		占总额比例
一年以内	85,950,900.68		88.74%
一年至二年	6,984,691.66		7.21%
二年至三年	2,945,100.19		3.04%
三年以上	977,577.87	〔注〕	1.01%
合　计	96,858,270.40		100.00%

〔注〕:经函证,无证据证明不能收回。

(2)本帐户余额中无持有公司5%以上股份的股东欠款。

4.其他应收款:截止1997年2月28日其他应收款余额为28,725,936.77元,其主要情况列示如下:

(1)帐龄分析　(单位:人民币元)

帐　龄	金　额		占总额比例
一年以内	24,674,446.30		85.90%
一年至二年	813,248.84		2.83%
二年至三年	12,361.23		0.04%
三年以上	3,225,880.40	〔注〕	11.23%
合　计	28,725,936.77		100.00%

〔注〕:经函证,无证据证明不能收回。

(2)主要明细项目列示如下:

(单位:人民币元)

单位	金　额	内　容
南京东方服饰品有限公司	1,232,260.00	暂借款
吴县皮塑制品厂	6,810,000.00	转让股权款(见投资收益注释)
顾明荣、岳小武等	956,435.00	备用金
南京艺达宠物工艺品有限公司	1,653,276.16	暂借款
南京宏顺工艺品有限公司	990,000.00	暂借款
苏州吴县木材有限公司	900,000.00	暂借款
常熟苏艺蔺草制品厂	720,000.00	暂借款
扬州市茶花运动鞋厂	800,000.00	暂借款
中国银行江苏省分行	1,500,000.00	诉讼中的债权
扬州秀艺储运有限公司	2,000,000.00	暂借款
江阴市北国精纺厂	623,500.00	暂借款
淮安工艺品总厂	542,361.23	暂借款

(3)本帐户余额中无持有公司5%以上股份的股东欠款。

5.待摊费用:截止1997年2月28日待摊费用余额为329,992.98元,为已支付的应由以后月份承担的蔺草配额费。

6.存货:截止1997年2月28存货余额为60,489,821.99元,其明细项目列示如下:

(单位:人民币元)

项　目	金　额
库存出口商品	42,497,599.66
其他库存商品	3,687,779.90
材料物资	13,550,854.78
加工商品	544,862.43
低值易耗品	507,406.39
商品削价准备	-298,681.17
合　计	60,489,821.99

7.长期投资:截止1997年2月28日长期投资余额为13,332,350.39元,其明细项目列示如下:

(单位:人民币元)

项目	附注	金额
债券投资	〔注1〕	157,350.39
股权投资	〔注2〕	3,800,000.00
联营投资	〔注3〕	9,375,000.00
合　计		13,332,350.39

〔注1〕:债券投资明细项目列示如下:

名称	原值	帐面值	购买日	到期日	年利率
五年期特种国债	8,000.00	12,726.00	89.09	94.09	15.00%
五年期特种国债	10,000.00	14,462.00	90.11	95.11	15.00%
五年期特种国债	6,000.00	6,536.31	91.10	96.10	9.00%
三年期重点企业债券	42,000.00	51,922.08	89.10	92.10	7.20%
三年期重点企业债券	30,000.00	37,087.20	89.07	92.07	7.20%
五年期国库券	2,000.00	2,600.00	87.07	92.07	6.00%
八年期国库券	220.00	316.80	81.01	89.01	4.00%
三年期国库券	31,700.00	31,700.00	93.01	96.01	15.86%
合　计	129,920.00	157,350.39	〔注♯〕		

〔注♯〕:帐面值比原值增加27,430.39元是1994年评估升值所致。

〔注2〕:股权投资明细项目列示如下:

名称	股　数	占被投资单位股权比例	投资金额
交通银行	315,460		400,000.00
南京信业集团有限公司	100,000	0.21%	200,000.00
江苏服装进出口股份有限公司	500,000	0.44%	1,500,000.00
江苏轻工业品进出口股份有限公司	500,000	0.38%	1,500,000.00
江苏宁沪高速公路股份有限公司	200,000		200,000
合　计			3,800,000.00

〔注3〕:联营投资列示如下:

投资单位名称	投资期限	实际投资金额	投资比例
江苏金茂储运有限公司	1992.11.12—2022.11.11	9,375,000.00	18.75%

8. 固定资产及累计折旧：截止 1997 年 2 月 28 日固定资产原值为 44,483,847.89 元，累计折旧为 8,890,786.30 元，固定资产净值为 35,593,061.59 元，1997 年 1—2 月份固定资产原值及累计折旧增减变动情况列示如下：

(单位：人民币元)

(1)固定资产原值增减变动情况：

项目	期初数	本期增加	本期减少	期末数
房屋及建筑物	29,517,514.02	-	-	29,517,514.02
运输设备	5,598,141.70	255,255.00	-	5,853,396.70
其他设备	9,066,887.17	46,050.00	-	9,112,937.17
合　计	44,182,542.89	301,305.00	-	44,483,847.89

(2)累计折旧增减变动情况：

项目	期初数	本期增加	本期减少	期末数
房屋及建筑物	1,956,442.80	161,317.43	-	2,117,760.23
运输设备	3,520,389.43	70,349.66	-	3,590,739.09
其他设备	2,924,014.64	258,272.34	-	3,182,286.98
合　计	8,400,846.87	489,939.43	-	8,890,786.30

9. 在建工程：截止 1997 年 2 月 28 日在建工程余额 114,108,827.13 元，其明细项目列示如下：

(单位：人民币元)

项目	预算数	工程进度	批准文号	资金来源	实际支出数
中华路办公楼	145,717,900.00	68%	苏计经基(1992)434 号	自筹	98,632,233.40
拉萨路宿舍	5,801,360.00	86%	宁建开字(95)621 号	自筹	5,000,000.00
钓鱼台宿舍	7,980,000.00	25%	宁建开字(92)83 号	自筹	1,956,995.35
明瓦廊办公楼	2,432,000.00	90%	董事会批准	自筹	2,188,800.00
上海公司办公楼	3,361,500.00	90%	董事会批准	自筹	3,030,000.00
上海公司营业用房			董事会批准	自筹	2,000,000.00
江宁工业园用房			董事会批准	自筹	1,300,798.38
合　计					114,108,827.13〔注〕

〔注〕：其中资本化利息 1,632,823.40 元。

在建工程较期初数上升 77.78% 的主要原因是：增加了对中华路办公楼的投入。

10. 无形资产：截止 1997 年 2 月 28 日无形资产余额为 7,085,040.33 元，其明细项目列示如下：

(单位：人民币元)

无形资产种类	原　值	摊销年限	已摊销金额	期末余额	剩余摊销年限
土地使用权〔注〕	7,101,043.81	50 年	23,670.15	7,077,373.66	49 年零 10 个月
商标权	8,000.00	10 年	333.33	7,666.67	9 年零 7 个月
合　计	7,109,043.81		24,003.48	7,085,040.33	

〔注〕：系公司在江宁县东山镇为建江宁工业园厂房购入的 81,593.75 平方米的土地使用权。公司于 1996 年 12 月取得土地使用证，使用期限为 1996 年 12 月 18 日——2046 年 12 月 17 日。

11. 递延资产：截止 1997 年 2 月 28 日递延资产余额为 292,356.62 元，为各子公司开办费的摊余金额。其明细项目列示如下：

(单位：人民币元)

项目	原值	摊销年限	已摊销金额	摊销余额
开办费	408,864.63	5 年	116,508.01	292,356.62

12. 短期借款：截止 1997 年 2 月 28 日短期借款余额为 195,730,000.00 元，其明细项目列示如下：

(单位：人民币元)

贷款单位	金　额	借款日	到期日	月利率	借款条件
中国银行江苏省分行	10,000,000.00	97.01.29	97.06.29	8.03%	信用
	20,000,000.00	97.01.22	97.09.22	8.82%	信用
	20,000,000.00	96.08.29	97.04.29	8.40%	信用
	95,230,000.00	〔注〕		7.65%	
农行江宁信用合作社	200,000.00	97.02.28	97.03.28	10.71%	信用
	300,000.00	97.02.28	97.05.28	10.71%	信用
南京中行游府西街分理处	10,000,000.00	96.12.16	97.03.30	8.42%	信用
中信实业银行南京分行	20,000,000.00	97.02.24	97.08.04	8.42%	信用
江苏省财政厅	20,000,000.00	96.09.26	97.09.26	无　息	信用
合　计	195,730,000.00				

注：信用证抵押贷款(为外贸企业特有的贷款方式)。

13. 应付帐款：截止 1997 年 2 月 28 日应付帐款余额为 38,319,694.54 元，无应付关联单位款项。应付帐款较期初下降 37.71% 的主要原因是：加快了货款的支付。

14. 预收货款：截止 1997 年 2 月 28 日预收货款余额为 49,704,706.06 元，无预收关联单位款项。预收货款较期初数上升 63.30% 的主要原因是，先收款后发货的销售方式增加。

15. 未交税金：截止 1997 年 2 月 28 日未交税金余额为 -68,327,091.31 元，其明细项目列示如下：

(单位：人民币元)

税　种	金　额	
应交增值税	-78,812,583.24	〔注〕
应交企业所得税	10,485,491.93	
合　计	-68,327,091.31	

〔注〕：其中应收出口退税款为 39,620,672.48 元。

16. 其他应付款：截止 1997 年 2 月 28 日其他应付款余额为 21,029,956.44 元，其主要项目列示如下：

(单位：人民币元)

项　目	金　额	内　容
江都中心库	3,550,582.17	未付的仓库工程款
应付工资	10,957,730.10	以前年度工资结余款
应交个人所得税	749,878.97	代扣未交个人所得税
江苏省保险公司	253,397.23	未付的财产保险费
常熟苏艺蔺草制品厂	288,239.43	应付代垫费用
吴县外贸工艺品公司	304,896.20	应付代垫费用

17. 预提费用：截止 1997 年 2 月 28 日预提费用余额为 24,909,256.60 元，其明细项目列示如下：

(单位：人民币元)

项　目	金　额
预估运输费、保险费	22,078,813.36
预提利息	2,815,192.97
土地租金	15,250.27
合　计	24,909,256.60

18. 长期应付款：截止 1997 年 2 月 28 日长期应付款余额为 2,001,224.30 元，主要为应付国家股股利。

19. 股本：截止 1997 年 2 月 28 日股本总额为 81,487,500.00 元，其股本结构及变动情况列示如下：

(单位：人民币元)

股本结构	1997.02.28	1996.12.31	1995.12.31	1994.12.31
国家股	65,212,500.00	65,212,500.00	52,170,000.00	52,170,000.00
法人股	14,238,000.00	14,238,000.00		
内部职工股	2,037,000.00	2,037,000.00	13,020,000.00	13,020,000.00

合 计	81,487,500.00	81,487,500.00〔注〕	65,190,000.00	65,190,000.00

〔注〕:1996年度股本变动原因:①根据公司1996年3月28日股东大会通过的1995年度的利润分配方案,向全体股东按10:2.5的比例发送红股;②根据公司1996年9月24日临时股东大会通过的决议,并经江苏省体改委苏体改生〔1996〕472号文批准,将内部职工股1423.8万股转让给社会法人持有。

附图一

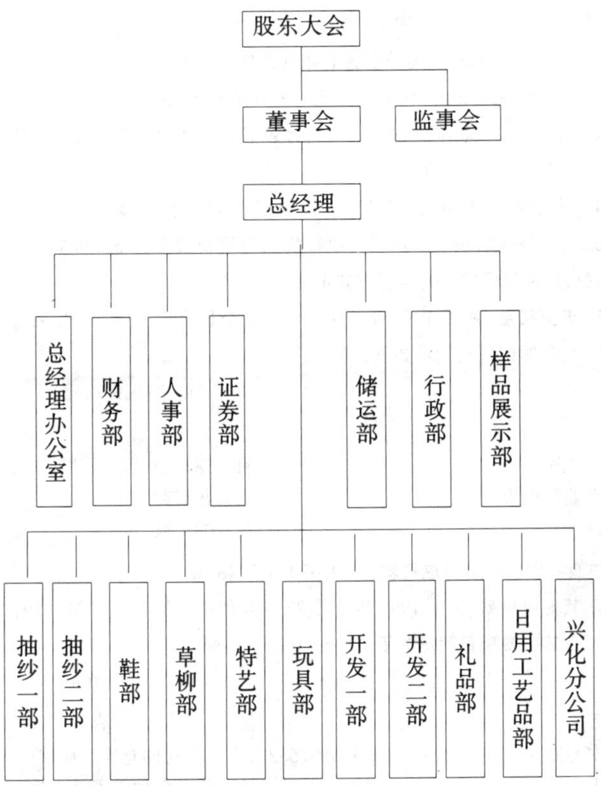

附图二

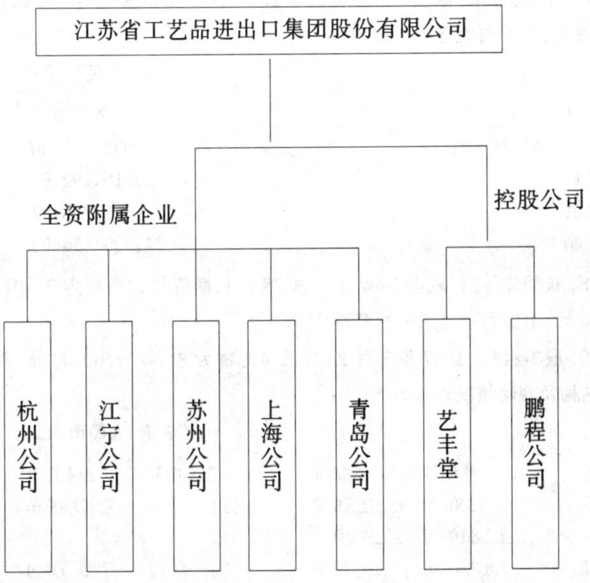

20. 资本公积:1997年2月28日资本公积余额为90,000.00元,系按江苏省财政厅文件规定返还的母公司出口机电产品的企业所得税。

21. 盈余公积:截止1997年2月28日盈余公积余额为25,050,470.90元,其各年增减变动情况列示如下:

(单位:人民币元)

项 目	1997.02.28	1996.12.31	1995.12.31	1994.12.31
期初余额	25,050,470.90	12,838,154.35	10,057,117.60	
本期增加		12,212,316.55〔注3〕	2,781,036.75〔注2〕	10,057,117.60〔注1〕
本期减少				
期末余额	25,050,470.90	25,050,470.90	12,838,154.35	10,057,117.60

〔注1〕:根据股东大会决议,按税后利润的10%分别计提法定盈余公积和法定公益金。

〔注2〕:根据股东大会决议,按税后利润的10%和5%分别计提法定盈余公积和法定公益金。

〔注3〕:根据股东大会决议,按税后利润的10%、5%和20%分别计提法定盈余公积、法定公益金和任意盈余公积。

22. 未分配利润:截止1997年2月28日未分配利润余额为22,622,580.32元,其形成过程列示如下:

(单位:人民币元)

项目	1997年1-2月份	1996年度	1995年度	1994年度
本年净利润	1,634,697.37	32,873,763.87	17,779,565.62	47,233,924.33
加:年初未分配利润	20,987,882.95	16,333,404.14	1,334,875.27	
减:提取法定盈余公积		3,406,224.31	1,854,024.50	4,829,192.39
提取法定公益金		1,703,112.15	927,012.25	4,829,192.39
提取任意盈余公积		6,812,448.60		398,732.82
已分配股利		16,297,500.00#		16,949,400.00
原股东权益转出				18,892,531.46
期末未分配利润	22,622,580.32注4	20,987,882.95注3	16,333,404.14注2	1,334,875.27注1

〔注1〕根据股东大会决议,按税后利润的10%计提法定盈余公积,按税后利润的10%计提法定公益金,每股按0.26元派发现金红利。任意盈余公积为子公司免交的企业所得税。根据江苏省财政厅批准,1994年度可供股东分配利润的50%,由国家享有。

〔注2〕:根据股东大会决议,按税后利润的10%和5%会别计提法定盈余公积和法定公益金,按10:2.5的比例发送红股(按财政部财会字〔96〕11号文规定,95年不作帐务处理)。

〔注3〕:根据股东大会决议,按税后利润的10%、5%和20%分别计提法定盈余公积、法定公益金和任意盈余公积,96年度的股利暂不分配。(#:系95年度的股票股利分配)。

〔注4〕:含权情况—根据股东大会决议,1996年度可分配利润全部滚存至1997年由新老股东共享。

23. 主营业务收入:1994年度——1996年度及1997年1—2月份主营业务收入明细项目列示如下:

(单位:人民币元)

项 目	1997年1-2月	1996年度	1995年度	1994年度
鞋帽制品	28,883,798.77	235,588,985.43	228,053,268.72	205,819,901.81
抽纱制品	18,086,826.79	101,618,990.17	141,550,686.56	106,068,195.89
草柳制品	22,802,574.47	113,018,558.57	96,652,977.46	82,101,759.69
玩具礼品	22,398,938.78	133,946,424.79	198,139,121.48	151,650,016.00
日用工艺品	17,914,605.85	166,642,698.52	217,958,138.78	211,871,780.28
其 他	13,974,567.65	161,162,651.05	159,798,580.34	122,845,736.93
合 计	124,061,312.31	911,978,308.53	1,042,152,773.34	880,357,390.60

24. 财务费用:1994年度—1996年度及1997年1—2月份的财务费

用明细项目列示如下：

（单位：人民币元）

项　目	1997年1—2月	1996年度	1995年度	1994年度
利息净支出	2,168,956.34	20,175,184.14	23,737,795.55	9,982,758.36
汇兑净损失	66,375.55	-948,459.32	-3,856,010.99	-18,525,260.07
其　他	154,958.53	694,305.82	298,719.60	383,453.21
合　计	2,390,290.42	19,921,030.64	20,180,504.16	-8,159,048.50

25．其他业务利润：1994年度—1996年度及1997年1—2月份其他业务利润明细项目列示如下：

（单位：人民币元）

项目	1997年1-2月	1996年度	1995年度	1994年度
代购代销收入		126,351.63	326,122.19	912,032.80
其　他	-99,830.43	-1,390,480.80	-1,980,830.05	3,065,931.48
合　计	-99,830.43	-1,264,129.17	-1,654,707.86	3,977,964.28

26．投资收益：1994年度—1996年度及1997年1—2月份投资收益明细项目列示如下：

（单位：人民币元）

项目	1997年1—2月	1996年度	1995年度	1994年度
国库券利息收入	-	2,885.44	12,018.94	
股票投资收益	-	269,931.82	248,173.59	8,666.67
股权转让收入等	-	5,457,321.20		
合　计	-	5,730,138.46	260,192.53	8,666.67

1996年度投资收益较上年增长较大的主要原因是：公司将在苏州富艺塑胶制品有限公司中持有的全部股权转让给吴县皮塑厂，原投资额为4,352,678.80元，转让价为9,810,000.00元，溢价收入为5,457,321.20元。

27．营业外收入：1994年度—1996年度及1997年1—2月份营业外收入明细项目列示如下：

（单位：人民币元）

项目	1997年1—2月	1996年度	1995年度	1994年度
处理固定资产净收益	-		613,890.00	
罚款收入	-	152,279.00	35,710.00	
呆帐收入	-	24,466.58	119,850.50	342,754.00
其　他	-	139,936.73	163,996.49	32,502.82
合　计	-	316,682.31	933,446.99	375,256.82

28．营业外支出：1994年度—1996年度及1997年1—2月份营业外支出明细项目列示如下：

（单位：人民币元）

项目	1997年1—2月份	1996年度	1995年度	1994年度
粮食风险基金〔注1〕	63,754.62	529,100.00	494,500.00	
捐赠支出	220,000.00 注2	120,000.00	119,780.00	93,000.00
处理固定资产净损失			285,087.07	130,495.72
理赔支出		295,575.66	294,705.89	12,280.85
防洪保安资金〔注3〕		489,100.00	821,400.00	430,367.00
其　他	36,306.18	219,376.58	447,352.39	425,903.11
合　计	320,060.80	1,653,152.24	2,462,825.35	1,092,046.68

〔注1〕：根据苏政办发〔1994〕133号文，按上年营业收入1‰计缴，从1995年开始执行。

〔注2〕：其中根据苏经贸综字〔1996〕1060号文，对口援助四川云阳外贸公司200,000.00元。

〔注3〕：根据苏政发〔1991〕148号文，按上年营业收入的1‰计缴。1994年和1996年实按0.5‰计缴。

（5）承诺事项的说明

公司委托江苏省对外经济贸易委员会代建公司办公楼，该项目预算为14,571.79万元，公司已实际支付9,863.22万元，剩余款项将于1998年6月30日前分期支付。

（6）或有事项的说明

截止1997年2月28日，公司有诉讼中未结的债权3,567,676.65元。

（7）关联企业及关联交易

（单位：人民币元）

关联企业名称	交易内容	1997年1—2月	1996年度	1995年度	1994年度
扬州秀艺储运有限公司	提供资金	200.00	200.00		
	支付费用		52.60	66.30	78.80
南京宏顺工艺品有限公司	销货		85.00		
	购货		330.00		
	提供资金	99.00	99.00		
江苏艺达宠物工艺品实业有限公司	购货	28.00	247.00		
	提供资金	165.33	165.33		
南京东方服饰品有限公司	销货	68.00	141.00	183.00	
	购货	131.00	265.00	312.00	103.00
	提供资金	123.26	112.96	112.96	112.96
南京宏艺帽业有限公司	销货	23.50	210.33	53.80	
	购货	71.40	530.06	183.21	
	提供资金	4.73	4.73	30.00	30.00

（8）期后事项

1、公司在1997年4月14日已交纳1996年度企业所得税3,558,111.91元，尚未交纳的部分已向税务机关申请延期交纳，并已取得江苏省地方税务局同意延期缴纳的批复。

2、短期借款中江宁信用合作社的20万元和南京中行游府西街分理处的1000万元已分别于97年3月28日和97年3月30日归还。

4、主要财务指标

	1996年	1995年	1994年
流动比率	1.05	1.15	1.10
速动比率	0.82	0.84	0.71
资产负债率（%）	66.71	74.10	75.42
应收帐款周转率（次）	9.02	11.24	-
存货周转率（次）	11.23	8.70	-
净资产收益率（%）	25.76	18.84	61.68
每股净利	0.40	0.27	0.72

5、重大资本支出

公司委托江苏省对外经济贸易委员会代建公司办公楼，该项目预算为14,571.79万元，本公司已实际支付9,699.94万元，剩余资金本公司将于1998年6月30日前分期支付。

本公司计划进行的资本支出项目为合资兴办江苏弘艺精品有限公司和兴建蔺草制品项目，上述项目的资金来源为本次募集资金。有关该项目的情况详见本招股说明书第六节“募集资金的运用”。

6、资产流动性情况

本公司94年、95年、96年的流动比率分别为1.05、1.15、1.10，变动小，结构合理。94年、95年、96年公司的营运资金分别为1430元、3126万元、257万元，营运资金96年减少过多的原因是公司委托代建办公楼增加支出。

7、利润构成情况

单位：千元

1996年	1995年	1994年

主营业务利润	46,248	29,438	66,822
其他业务利润	(1,264)	(1,655)	3,978
投资收益	5,730	260	9
营业外收支净额	(1,336)	(1,529)	(717)
合　计	49,378	26,515	70,092

本公司94年利润大幅度增长的原因是由于国家实行汇率并轨，公司获得一笔汇兑收益。96年公司主营业务利润比95年明显增大，主要是公司实施费用管理，有效地控制了总成本。

十二、资产评估

1、资产评估情况

根据苏州资产评估事务所1997年5月20日出具的苏资评字〔97〕第008号《评估报告书》，并经国家国有资产管理局国资评〔1997〕452号文确认，截止1996年12月31日，本公司资产评估结果如下：

单位：千元

资产项目	帐面原值	帐面净值	评估值	增加值	增加率(%)
流动资产	247,305	247,305	246,370	-936	-0.38
长期投资	24,415	24,415	24,695	280	1.15
在建工程	64,188	64,188	153,981	89,793	139.89
建筑物	28,356	26,497	32,005	5,508	20.79
机器设备	12,565	6,686	9,590	2,904	43.43
土地使用权	7,101	7,101	15,535	8,434	118.77
递延资产	-	-	4,322	4,322	
资产总计	383,930	376,192	486,497	110,305	29.32
流动负债	244,865	244,865	335,118	90,253	36.86
长期负债	3,917	3,917	3,917	0	0.00
负债总计	248,782	248,782	339,036	90,253	36.28
净资产	135,148	127,410	147,461	20,051	15.74

2、各类资产增(减)值的主要原因：

(1)公司流动资产评估减值93.6万元，原因如下：

A、应收帐款备抵科目坏帐准备评估后为零，导致应收帐款净值评估后增值42.8万元；

B、存货评估后减值118.6万元；

C、待处理流动资产损失评估后减值42.6万元；

D、在用低值易耗品评估后增值25万元。

(2)长期投资评估增值28万元，原因如下：

A、债券投资评估后增值3万元；

B、本公司对全资附属企业和控股子公司的投资评估后增值25万元。

(3)在建工程评估增值8979.3万元，是由于公司购置的办公楼评估后增值。

(4)建筑物评估增值551万元，主要为本公司江都四层楼库房评估后增值。

(5)机器设备评估增值290万元，主要为公司的运输工具评估后增值。

(6)土地使用权评估增值843万元，是由于公司以出让方式获得的江宁工业用地土地使用权评估增值。

(7)递延资产评估增值432.2万元，为公司电话初装费、电增容费及水容费评估后增值。

(8)流动负债评估增值9025万元，原因如下：

A、公司应付给江宁国土局的土地差价评估后增值162万元；

B、公司应付给江苏省对外经济贸易委员会的购置办公楼费用评估后增值8862万元。

3、本次资产评估的主要方法：

本次评估采用重置成本法评估，即以重置各项生产要素为假设前提，根据分项资产的具体情况选用相适宜的方法分别评定估算企业各分项资产的价值并累计求和，再扣减相关的负债核实值，得出净资产的评估值。

(1)流动资产的评估：

A、货币资金、应收票据、预付款按核实的帐面值为评估值；

B、应收帐款的评估值以清查总值扣减贬值确定；

C、其他应收款的评估值以清查总值扣减贬值确定；

D、存货的评估值以核实后的帐面值扣除变质无法使用或部分无法实现销售的商品金额确定；

E、低值易耗品的评估在清查核实的基础上采用重置成本法。

(2)长期投资的评估：

A、股票投资评估值以核实后的帐面金额确定；

B、债券投资的评估值以清查金额加计自购买日至评估基准日止的应计利息确定；

C、控股公司的投资评估值以该公司的净资产价值乘以本公司对其的投资比例确定；非控股公司的投资评估值以清查的帐面值确定。

(3)机器设备的评估：采用重置成本法。

(4)房屋建筑物的评估：采用重置成本法。

(5)在建工程的评估：以核实的帐面金额进行评估。

(6)土地使用权的评估：采用基准地价系数法进行评估。

(7)递延资产的评估：按资产所在地的有关标准进行评估。

(8)负债的评估：按清查价值予以确定。

根据中国证监会证监发字〔1996〕12号文件规定，本次评估结果未进行帐务调整。

4、前次资产评估的情况

本公司设立时，曾委托江苏会计师事务所对原发起人江苏省工艺品进出口(集团)公司的全部经营性资产进行评估。根据江苏省会计师事务所苏会内三字〔94〕39号《资产评估报告》，并经江苏省国有资产管理局〔94〕苏国资评认字第017号文的确认，截止1993年12月31日，原发起人帐面经营性资产总额为31806万元，负债总额为25937万元，净资产额为5869万元。评估后，经营性资产总额为34569万元，负债总额为28921万元，净资产额为5648万元。根据江苏省国有资产管理局〔94〕苏国资企字第011号文“关于对江苏省工艺品进出口集团股份有限公司国家股股权管理若干问题的批复”，原江苏省工艺品进出口(集团)公司将经营性净资产5648万元中的5217万元投入本公司，作为国家股，共5217万股。其余431万元，作为对国家应付款。原公司非经营性资产(原值1,423万元，净值1,328万元)委托本公司代管。

十三、盈利预测

1、盈利预测审核报告

苏会所二专〔97〕14号

江苏省工艺品进出口集团股份有限公司全体股东：

我们接受委托，对贵公司1997年度的盈利预测进行了审核。合理编制并充分披露盈利预测是贵公司的责任，我们的责任是对盈利预测所依据的基本假设、选用的会计政策及其编制基础进行审核，并发表审核意见。由于盈利预测具有固有的不确定性，难免存在主观判断，因此我们发表的审核意见并不代表我们对贵公司预测结果的可实现程度作出任何保证。我们的审核是依据《独立审计实务公告第4号—盈利预测审核》进行的。在审核过程中，我们结合贵公司实际情况和所提供的盈利预测资料，实施了必要的审核程序。

我们认为，贵公司1997年度的盈利预测是按确定的编制基础编制的，所依据的基本假设是合理的，并已充分披露，所选用的会计政策与实际采用的相关会计政策基本一致。

江苏会计师事务所　　　　中国注册会计师：郑　岚

江苏·南京　　　　　　　　中国注册会计师：荆建明

一九九七年五月八日

2、公司1997年度盈利预测表

编制单位：江苏省工艺品进出口集团股份有限公司

单位：人民币元

项目	附注	1997年1-2月实绩	1997年度预测数	1996年度实绩
一、主营业务收入	1	124,061,312	1,010,417,000	911,978,308
减：营业成本	1	111,158,489	873,732,000	789,440,486
营业费用	2	3,459,927	37,131,000	34,281,554
管理费用	2	4,109,345	29,150,000	21,996,969
财务费用	2	2,390,290	12,002,000	19,921,031
营业税金及附加		12,764	125,000	90,197
二、主营业务利润		2,930,497	58,277,000	46,248,071
加：其他业务利润		-99,830	-727,000	-1,264,129
三、营业利润		2,830,667	57,550,000	44,983,942
加：投资收益			298,000	5,730,139
营业外收入				316,682
减：营业外支出		320,061	2,434,000	1,653,152
加：补贴收入				
四、利润总额		2,510,606	55,414,000	49,377,611
减：所得税(税率15%)	3		8,604,000	
所得税(税率33%)		889,593	18,188,000	16,236,109
少数股东损益		-13,685	260,000	267,739
五、净利润(税率15%)			46,550,000	
(税率33%)		1,634,698	36,966,000	32,873,763

3、公司盈利预测表主要项目附注

(1)主营业务收入和营业成本明细项目列示如下：

(单位：人民币元)

项目	营业收入	营业成本	毛利率	毛利额
鞋帽制品	228,638,000	193,521,000	15.36%	35,117,000
抽纱制品	111,781,000	98,354,000	12.01%	13,427,000
草柳制品	146,925,000	122,533,000	16.60%	24,392,000
玩具礼品	164,458,000	140,319,000	14.68%	24,139,000
日用工艺品	183,957,000	163,604,000	11.06%	20,353,000
其　他	174,658,000	155,401,000	11.03%	19,257,000
合　计	1,010,417,000	873,732,000	13.53%	136,685,000

江苏省工艺品进出口集团股份有限公司(以下简称公司)1997年度营业收入预测数比1996年度实绩增长10.08%；1997年度综合毛利率预测数为13.53%，比1996年度的13.44%上升0.09%。其预测依据如下：

①公司的进出口业务是与国家经济发展及进出口计划紧密相关的，1997年度国家进出口计划较1996年度增长10%左右，故公司的销售额亦应有相应的增长幅度。

②由于公司1997年度申报发行股票，加大了广告宣传力度，提高了企业的知名度，从而能更多地吸引客户，与之相应的销售亦应有所增长。

③从1982年—1996年全国外贸出口总额年平均增长14%左右，公司的销售增长亦应与此相适应。

1997年度与1996年度相比变动幅度较大的品种说明如下：

①草柳制品：1997年度预测较1996年度上升30%，根据对比分析，草柳制品的销售额每年均有一定幅度的增长，公司与生产厂家保持了长期友好的关系，有充足的货源作保证，且目前已有可使用的蔺草出口配额280万公斤，每公斤可出口创汇3美元。

②工艺鞋：1997年度预测较1996年度下降20%，主要原因为欧洲地区认为我国对其倾销，拟加收100%关税，加以限制，故预计有所下降。

(2)费用预测是根据公司全年费用支出计划编制的，并假定现行的费用支出计划得以严格执行。其明细项目列示如下：

(单位：人民币元)

费用项目	1997年预测数	1996年度实绩	变动比率
销售费用	37,131,000	34,281,554	8.32%
管理费用	29,150,000	21,996,969	32.52%
财务费用	12,002,000	19,921,031	-39.75%
合　计	78,283,000	76,199,554	2.74%

1997年度费用预测数比1996年度实际发生数增长2.74%，其中：①销售费用上升8.32%，主要是由于销售收入增长而引起运杂费、展览费等费用增加；②管理费用上升32.52%，主要原因是公司员工工资及相关费用增加，以及由于公司对外贸易采用商业信用结算方式有所增加，使得出现坏帐损失的可能性加大；③财务费用下降39.75%，主要是因为股票发行成功，募集资金到位而减少贷款利息支出。

(3)所得税

根据江苏省人民政府苏政复〔1997〕75号文《省政府关于省工艺品进出口集团股份有限公司所得税政策问题的批复》的规定，公司股票上市后所得税实际税负为15%。

4、盈利预测编制基准与假设

(1)编制基准

江苏省工艺品进出口集团股份有限公司(以下简称公司)盈利预测是以业经审计的1996年度经营业绩为基础，根据公司1997年度经营计划、各项业务收支计划及其他有关资料，依据下列基本假设，经过分析研究而编制的。在编制过程中所采用的各项会计政策与公司实际采用的会计政策基本一致。

(2)基本假设

(1)公司遵循的我国现有法律、法规、政策和所在地经济环境无重大变化；

(2)公司遵循的税收制度(包括出口退税)和有关税收优惠政策无重大变化；

(3)公司经济业务所涉及的国家和地区目前的政治、法律、经济政策无重大变化(可以预见的变化因素已在预测时考虑)；

(4)现行外汇汇率、银行利率在正常的范围内变动；

(5)公司经营计划能如期实现；

(6)公司拟发行新股的股本金将如期募足，且主要投资项目能在预定的时间内实施并取得预计收益；

(7)公司高层管理人员无舞弊、违法等行为而造成重大不利影响；

(8)无其他无法预见因素和人力不可抗拒因素造成的重大不利影响。

十四、公司发展规划

1、公司发展战略

九五期间，我国的根本方针是集中力量进行经济建设，国内经济将仍处于迅速发展的阶段。公司将会抓住这一机遇，以经济效益为中心，巩固和发展出口贸易，实施公司的精品战略，建立公司的实业基地，并结合本次公司股票发行上市，建立健全现代企业制度，开拓资本市场，走商品经营和资本经营相结合的道路。

2、发展目标和规模

(1)实施公司的精品战略

围绕这一目标，首先，建立江苏弘艺精品有限公司，以工艺精品的展示销售为龙头，以精品制作为基础，带动江苏乃至全国工艺行业生产和对外贸易的发展，在世界艺术市场和文化领域树立我国民族艺术精品的形象。

(2)优化商品结构与实业化发展相结合

本公司目前主要经营的商品品种主要为工艺品等，商品结构比较单

一。为增强公司的经营抗风险能力,公司对经营的商品结构进行调整和优化,使得公司的出口商品品种系列化,质量精品化,新品出样率高(每年20%),并增加机电产品的出口业务。

同时,本公司将大力发展实业,以本公司的出口主业为出发点和依托,建立公司的实业基础,使之成为公司未来的支柱产业之一。

(3)商品经营与资本经营相结合

本公司在做好商品经营的基础上,积极开拓资本市场,以资产为纽带,通过兼并、收购、参股等形式,实现对相关行业的渗透。

预计到本世纪末,本公司将发展成为年产值2亿元,进出口总额2.5亿美元,利润1亿元,拥有20家全资控股企业的大型集团公司。

3、市场发展计划

本公司将继续向市场多元化和国际化方向发展,改变目前主销市场过分集中的状况,进一步开拓澳大利亚、日本等市场,并把南美地区、韩国、南非、以色列和东欧地区作为新的目标市场,争取到本纪世末将上述市场的出口份额提高到公司出口总额的40%左右。

4、人才发展战略

人才是企业的根本,是公司发展的基础。本公司将坚持以人为本,不断提高全体员工的素质。同时,本公司将积极引进适应现代企业发展的复合型人才,并在公司内部建立良好的人才激励机制,做到岗位能上能下,人员能进能出,从而培养出一批公司需要的、富有创新精神、适应现代国际经贸的经营管理骨干。

十五、重要合同及重大诉讼事项

1、重要合同

截止本招股说明书签署之日前,本公司有以下重大合同:

(1)本公司向中信实业银行南京分行借款2,000万元,年利率10.10%。合同有效期自1997年2月4日至1997年8月4日。

(2)本公司向中国银行江苏省分行借款2,000万元,年利率10.58%。合同有效期自1997年1月22日至1997年9月22日。

(3)本公司向中国银行江苏省分行借款2,000万元,年利率10.08%。合同有效期自1996年8月29日至1997年4月29日。

(4)本公司向中国银行南京市城南办事处借款1,000万元,年利率10.10%。合同有效期自1996年12月6日至1997年3月。

(5)本公司向中国银行江苏省分行借款1,000万元,年利率10.10%。合同有效期自1997年1月29日至1997年6月29日。

(6)本公司向江苏省财政厅无息借款2,000万元,有效期自1996年9月26日至1997年9月26日。

上述借款均为信用借款,本公司无财产担保、抵押情况发生。

(7)1996年12月18日本公司(乙方)与江宁县土地管理局(甲方)签订了《国有土地使用权出让合同》。合同约定:甲方将位于南京市江宁县东山镇的81,593.75平方米的土地使用权出让给乙方作轻工业用地,期限为50年,自1996年12月18日起算,土地使用权出让金为每平方米20元人民币。甲方同意乙方从2001年开始按规定每年缴纳土地使用费,每年每平方米为2元人民币。

(8)1997年5月20日,本公司(乙方)与南京市国土管理局(甲方)签订《国有土地使用权租赁合同》,合同约定:甲方将座落于南京市建邺区明瓦廊131号,面积为1,143.77平方米的土地出租给乙方,期限为50年,自1997年1月1日至2046年12月30日止,乙方每年向甲方支付租金91,501.6元人民币,同时合同还规定在租赁期限内乙方不得转让、出租、抵押该合同项下的土地使用权等。

(9)1996年,本公司(乙方)与江苏省对外经济贸易委员会(甲方)及江苏省国际经贸实业总公司(丙方)签订了《委建业务楼协议书》。协议约定,乙方委托甲方代建,并由丙方具体操作南京市中华路50号省外贸业务楼南楼的建设,房屋建筑面积23,502.89平方米,房屋交付使用时间为1997年12月底,建设总费用14,571.79万元,产权归乙方所有。

(10)1997年5月30日,本公司与南方证券有限公司签订了3500万A股的承销协议。

2、重大诉讼事项

截止本招股说明书签署之日起,本公司涉及的重大诉讼有:

1、江苏远洋运输公司于1996年12月20日向武汉海事法院提起诉讼,要求本公司支付海运运费1,298.073元及利息,武汉海事法院业已受理,并根据原告的申请,冻结了本公司150万元的银行存款。目前该案尚在审理过程中。

2、本公司于1997年2月17日向南京市中级人民法院起诉,要求判令无锡兴华珍珠有限公司及虞炳兴归还欠款1,263,300元及利息,南京市中级人民法院业已受理。目前该案尚在审理过程中。

除此之外,没有其他对本公司的经营活动有重大影响的民事、行政诉讼或仲裁,也无行政处罚。本公司法定代表人及主要负责人近三年亦无人受到刑事起诉,或有涉及重大民事　经济或行政案件的情况。

江苏律师事务所为本次发行出具的法律意见书认为:与本公司的注册资本、经营规模等相比,上述两起案件所涉及金额并非特别巨大,不构成本次发行及上市的障碍。

十六、招股说明书附录及备查文件查阅地点

1、附录

附录一:盈利预测报告和注册会计师的意见

附录二:资产评估报告和土地评估报告

附录三:验资报告

附录四:法律意见书

附录五:公司章程(草案)

附录六:营业执照

附录七:关于本次发行的股东大会公告及决议

2、备查文件

一、审计报告、财务报表及其附注

二、发行人成立的注册登记文件

三、主管部门和证券交易所批准发行上市的文件

四、承销协议

五、国有资产管理部门关于资产评估的确认报告

六、发行人改组的其他有关文件

七、重要合同

八、证监会要求的其他文件

3、查阅地点:江苏省工艺品进出口集团股份有限公司

地址:南京市明瓦廊131号4楼总经理办公室

电话:(025)4462518

联系人:张发松　杨国庆

南方证券有限公司

地址:南京市中山南路238号天京大酒店1107房

电话:(025)4204284　4209818-1108

联系人:王普金　张竞蓉

查阅期间:1997年8月15日至1997年8月22日

江苏省工艺品进出口集团股份有限公司

一九九七年八月十二日

江苏省工艺品进出口集团股份有限公司A股股票上市公告书

一、要　　览

总股本:11,648.75万元

可流通股本:3,500万元

本次上市流通股本:3,500万元

证券编码:600128

股票简称:江苏工艺

上市地:上海证券交易所

上市时间:1997年9月1日

登记机构:上海证券中央登记结算公司

上市推荐人:南方证券有限公司

　　　　　　招银证券公司

二、绪　　言

江苏省工艺品进出口集团股份有限公司(以下简称"本公司")的股票发行经中国证券监督管理委员会证监发字〔1997〕406号和证监发字〔1997〕407文件批准,已向社会公开发行人民币普通股3500万股,每股面值1元,每股发行价6.77元。本公司股票上市申请经上海证券交易所上证上字(1997)第078号文审核批准,将于1997年9月1日(星期一)在上海证券交易所挂牌交易。

本公司董事会已批准该上市公告书,确信其中不存在任何重大遗漏或者误导,并对其真实性、准确性、完整性负个别和连带的责任。

三、发行公司概况

1、基本情况

法定名称:江苏省工艺品进出口集团股份有限公司

英文名称:JIANGSU ARTS & CRAFTS IMPORT & EXPORT CORPORATION

注册资金:11,648.75万元

法定代表人:刘绥芝

营业执照注册号:13476430-5

成立日期:1994年6月30日

经营范围:本公司经营工艺品等商品的进出口业务,接受委托、代理上述进出口业务,承办中外合资经营、合作生产业务,承办来料加工、来样加工、来件装配业务。开展补偿贸易业务,经营转口贸易,主营商品的销售,本公司出口商品生产所需的原辅材料、包装物料销售。

所属行业:外贸工艺品

注册地址:南京市明瓦廊131号

联系电话:(025)4462518

联 系 人:张发松　杨国庆

邮　　编:210005

2. 历史沿革

公司是经江苏省经济体制改革委员会苏体改生〔1994〕280号文批准,由江苏省工艺品进出口(集团)公司独家发起,进行整体改制,并定向募集内部职工股而成立的股份有限公司。公司于1994年6月30日在江苏省工商行政管理局登记注册。

本公司前身是中国工艺品进出口公司江苏省分公司,成立于1979年8月,是以经营和代理各种工艺品进出口业务为主的国有专业外贸公司。1988年以前是江苏省工艺品行业唯一有进出口经营权的企业。1988年,为了适应市场经济发展的需要,与中央财政脱钩,转变为地方外贸公司,并被列为首批自负盈亏试点企业。公司更名为江苏省工艺品进出口(集团)公司,所属行业为外贸工艺品行业。与中央财政脱钩后,归口管理部门为江苏省对外经济贸易委员会。

外贸工艺品是我国传统的出口商品,一般是手工制作,文化含量高,有很强的民族特色,在国际市场上受经济形势影响小,竞争性强,享有较高的声誉。随着生活水平的提高,在日用品工艺化和工艺品日用化趋势的推动下,工艺品贸易前景十分广阔。与79年成立之初相比,本公司发展迅速,经营品种从少到多,经营规模从小到大,目前,净资产增长80余倍,人均出口额增长7倍。1993年,据《中国对外经济贸易年鉴》记载,中国500家最大的进出口企业中,专业工艺品贸易公司有14家,本公司居第五位。公司先后荣获省外经贸委"江苏省出口创汇骨干企业"、"江苏省出口创汇先进企业"、国家外经贸部"系统企业管理先进企业"等称号。

四、股票发行与承销

1、本次公开发行

社会公众股发行数量:3,500万股

内部职工股:本公司原定向募集的203.7万股内部职工股,自本次发行之日起期满三年后方可上市流通。

发行价格:6.77元/股

实际募集资金总额:22,995万元

发行方式:通过上海证券交易所的交易系统上网定价发行

中签率:0.25267704%

中签户数:34,909户

持有1000股以上的户数:34,909户

发行费用总额:700万元

每股发行费用:0.20元

发行市盈率:14.5倍

2. 股票承销

本次股票发行获得超额认购,承销商无余额包销。

3. 验资报告

验　资　报　告

苏会所二验〔97〕40号

江苏省工艺品进出口集团股份有限公司全体股东:

我们接受委托,对江苏省工艺品进出口集团股份有限公司截至1997年8月21日止的注册资本,投入股本变更情况的真实性和合法性进行了审验。在审验过程中,我们按照《独立审计实务公告第1号-验资》的要求,实施了必要的审验程序。江苏省工艺品进出口集团股份有限公司的责任是提供真实、合法、完整的验资资料,保护资产的安全、完整,我们的责任是按照《独立审计实务公告第1号-验资》的要求,出具真实、合法的验资报告。

江苏省工艺品进出口集团股份有限公司变更前的注册资本为8,148.75万元,变更后的注册资本为11,648.75万元,本次增加向社会募集3,500万股社会公众股。根据我们的审验,截至1997年8月21日止,江苏省工艺品进出口集团股份有限公司已收到社会公众股东投入的资本22,995万元(已根据承销协议扣除发行费用700万元),其中包括股本3,

500 万元,资本公积 19,495 万元。至此江苏省工艺品进出口集团股份有限公司实收股本 11,648.75 万元。

江苏会计师事务所　中国注册会计师:郑　岚

中国注册会计师:荆建明

中国·南京　1997 年 8 月 21 日

五、董事、监事及高级管理人员持股情况

姓　名	职　务	持股数量(股)	所占比例(%)
刘绥芝	董事长、总经理	13,330	0.011
葛　猛	董事、副总经理	13,330	0.011
钱竞琪	董事、副总经理	13,330	0.011
周宗林	董事、副总经理	13,330	0.011
吴廷昌	董事、副总经理 董事会秘书	10,873	0.009
张发松	监事会主席	10,873	0.009
宋晓玲	监事	8,417	0.007
胡　静	监事	6,321	0.005
杨宽程	监事	9,121	0.008
吴爱国	监事	5,617	0.005
王必战	财务部负责人	10,873	0.009

本公司董事、监事及高级管理人员共持有本公司股份 115,415 股,占总股本的 0.099%,其持有的股份按《公司法》的有关规定在其任期内不得转让。

六、公司设立

1、本公司经 1997 年临时股东大会作出决议,向社会公开发行 3500 万人民币普通股 A 股及异地上市,并授权公司董事会全权处理公司股票发行及上市的有关事宜。

2、公司注册资金:11,648.75 万元

3、公司变更注册时间:1997 年 8 月 22 日

4、公司注册地点:南京市明瓦廊 131 号

5、公司营业执照注册号码:13476430－5

七、公司关联企业及关联交易

1、关联企业

本公司的原发起人江苏省工艺品进出口(集团)公司,在本公司成立后已不再存续。经江苏省人民政府苏政发〔1997〕54 号文批准,江苏省对外经济贸易委员会受托代行本公司国有资产出资者的职能,持有本公司股份 6521.25 万股,占本公司股份总数的 55.98%。

本公司现有两家控股企业,分别是江苏鹏程国际储运有限公司和江苏艺丰堂艺术精品有限公司。

江苏鹏程国际储运有限公司:注册资本 500 万元,本公司所占权益为 75%,主营海运、空运进出口货物的国际运输代理业务。本公司董事长刘绥芝任该公司的法定代表人。

江苏艺丰堂艺术精品有限公司:注册资本 300 万元,本公司所占权益为 75%,主营工艺美术品设计、制作、销售、咨询等业务。本公司董事长刘绥芝任该公司的法定代表人。

2、关联交易

本公司与公司的控股企业之间的关联交易均按独立法人之间的公平交易原则进行。

八、股本结构及大股东持股情况

1、上市前的股本结构

总股本:11,648.75 万元

尚未流通股份:

(1)发起人股份

其中:

国家持有股份:6,521.25 万股

(2)法人股:1,423.80 万股

(3)内部职工股:203.7 万股

可流通股份

境内上市人民币普通股:

本次公开发行股份:3,500 万股

2、前十名股东持股情况

	股　东　名　称	持股数量(股)	比例(%)
1	江苏省对外经济贸易委员会	65,212,500	55.98
2	中国烟草总公司江苏省公司	2,200,000	1.89
3	江苏省丝绸进出口集团股份有限公司	2,000,000	1.72
4	招银证券公司	1,138,000	0.98
5	江苏省服装进出口集团股份有限公司	1,000,000	0.86
6	江苏省轻工业品进出口集团股份有限公司	1,000,000	0.86
7	江苏省针棉织品进出口(集团)公司	1,000,000	0.86
8	南京市纺织品进出口集团股份有限公司	1,000,000	0.86
9	江苏省物资集团总公司	1,000,000	0.86
10	江苏省粮油食品进出口集团股份有限公司	800,000	0.69

九、公司财务会计资料

1、审计报告

苏会所二审〔97〕第 134 号

江苏省工艺品进出口集团股份有限公司全体股东:

我们接受委托,审计了贵公司 1994 年 12 月 31 日、1995 年 12 月 31 日、1996 年 12 月 31 日和 1997 年 2 月 28 日的资产负债表、合并资产负债表,1994 年度、1995 年度、1996 年度和 1997 年 1－2 月份的利润及利润分配表、合并利润及利润分配表以及 1996 年度的财务状况变动表、合并财务状况变动表。这些会计报表由贵公司负责,我们的责任是对这些会计报表发表审计意见。我们的审计是依据中国注册会计师独立审计准则进行的。在审计过程中,我们结合贵公司实际情况,实施了包括抽查会计记录等我们认为必要的审计程序。

我们认为,上述会计报表符合《企业会计准则》和《股份制试点企业会计制度》的有关规定,在所有重大方面公允地反映了贵公司 1994 年 12 月 31 日、1995 年 12 月 31 日、1996 年 12 月 31 日及 1997 年 2 月 28 财务状况和 1994 年度、1995 年度、1996 年度及 1997 年 1－2 月份的经营成果及 1996 年度的资金变动情况,会计处理方法的选用遵循了一贯性原则。

江苏会计师事务所　　中国注册会计师:郑　岚

江苏·南京　　中国注册会计师:荆建明

一九九七年四月二十四日

资产负债表

编制单位:江苏省工艺品进出口集团股份有限公司　　　　(单位:人民币元)

	合　并		母公司	
资产	1997年2月28日	1996年12月31日	1997年2月28日	1996年12月31日
流动资产:				
货币资金	43,394,088.65	80,714,396.46	33,955,700.78	70,436,868.12
短期投资				
应收票据	100,000.00	285,000.00	100,000.00	285,000.00
应收帐款	96,858,270.40	104,603,501.12	87,846,774.38	85,553,195.92
减:坏帐准备	484,291.35	523,017.50	439,233.87	427,765.98
应收帐款净值	96,373,979.05	104,080,483.62	87,407,540.51	85,125,429.94
预付货款		72,706.34		32,850.93
其他应收款	28,725,936.77	25,594,017.33	35,510,650.48	35,039,467.67
待摊费用	329,992.98		329,992.98	
存货	60,489,821.99	58,668,512.20	57,879,510.15	56,209,289.89
待处理流动资产净损失				
一年内到期的长期债券投资				
其他流动资产				
流动资产合计	229,413,819.44	269,415,116.96	215,183,294.90	247,128,906.55
长期投资:				
长期投资	13,332,350.39	13,332,350.39	24,308,808.07	24,414,576.12
其中:合并价差(贷差以"－"号表示)				
固定资产:				
固定资产原价	44,483,847.89	44,182,542.89	40,967,250.29	40,921,200.29
减:累计折旧	8,890,786.30	8,400,846.87	8,208,227.67	7,737,759.72
固定资产净值	35,593,061.59	35,781,696.02	32,759,022.62	33,183,440.57
在建工程	114,108,827.13	64,187,773.20	114,108,827.13	64,187,773.20
固定资产清理				
待处理固定资产净损失				
固定资产合计	149,701,888.72	99,969,469.22	145,867,849.75	97,371,213.77
无形资产及递延资产:				
无形资产	7,085,040.33	7,108,843.81	7,077,373.66	7,101,043.81
递延资产	292,356.62	331,376.64		
无形资产及递延资产合计	7,377,396.95	7,440,220.45	7,077,373.66	7,101,043.81
其他长期资产:				
其他长期资产				
递延税项:				
递延税款借项				
资产总计	399,825,455.50	390,157,156.01	393,437,326.38	376,015,740.25

资产负债表(续)

编制单位:江苏省工艺品进出口集团股份有限公司　　　　(单位:人民币元)

	合　并		母公司	
负债及股东权益	1997年2月28日	1996年12月31日	1997年2月28日	1996年12月31日
流动负债:				
短期借款	195,730,000.00	174,910,000.00	195,230,000.00	174,410,000.00
应付票据				
应付帐款	38,319,694.54	61,515,346.13	35,926,360.20	45,804,522.80
预收货款	49,704,706.06	30,438,122.27	44,711,436.28	29,718,865.60
应付福利费	2,929,700.32	3,083,037.62	2,797,857.10	2,957,604.09
未付股利				
未交税金	－68,327,091.31	－60,530,244.76	－65,042,316.67	－56,891,955.27
其他未交款	107,992.84	2.40		
其他应付款	21,029,956.44	23,321,480.58	21,989,622.42	25,050,712.04
预提费用	24,909,256.60	23,658,888.47	24,739,295.78	23,508,427.65
一年内到期的长期负债				
其他流动负债				
流动负债合计	264,404,215.49	256,396,632.71	260,352,254.11	244,558,176.91
长期负债:				
长期借款				
应付债券				
长期应付款	2,001,224.30	2,299,989.90	2,001,224.30	2,299,989.90
其他长期负债	1,915,410.53	1,576,940.99	1,915,410.53	1,576,940.99
长期负债合计	3,916,634.83	3,876,930.89	3,916,634.83	3,876,930.89
递延税项:				
递延税款贷项				
负债合计	268,320,850.32	260,273,563.60	264,268,888.94	248,435,107.80
少数股东权益	2,254,053.96	2,267,738.56		
股东权益:				
股本	81,487,500.00	81,487,500.00	81,487,500.00	81,487,500.00
资本公积	90,000.00	90,000.00	90,000.00	90,000.00
盈余公积	25,050,470.90	25,050,470.90	23,897,751.52	23,897,751.52
其中:公益金	7,459,316.79	7,459,316.79	7,254,168.06	7,254,168.06
未分配利润	22,622,580.32	20,987,882.95	23,693,185.92	22,105,380.93
外币报表折算差额				
股东权益合计	129,250,551.22	127,615,853.85	129,168,437.44	127,580,632.45
负债及股东权益总计	399,825,455.50	390,157,156.01	393,437,326.38	376,015,740.25

利润及利润分配表

编制单位:江苏省工艺品进出口集团股份有限公司 (单位:人民币元)

	合并		母公司	
	1997年1-2月	1996年度	1997年1-2月	1996年度
一、主营业务收入	124,061,312.31	911,978,308.53	114,706,278.91	825,743,549.95
减:营业成本	111,158,489.26	789,440,485.88	102,563,082.42	709,678,712.40
销售费用	3,459,927.40	34,281,553.82	3,014,106.74	30,283,883.61
管理费用	4,109,345.31	21,996,969.34	3,881,101.86	19,973,625.91
财务费用	2,390,290.42	19,921,030.64	2,331,703.43	20,183,146.80
进货费用				
营业税金及附加	12,762.58	90,197.18		
二、主营业务利润	2,930,497.34	46,248,071.67	2,916,284.46	45,624,181.23
加:其他业务利润	-99,830.43	-1,264,129.17	-99,621.78	-2,321,596.77
三、营业利润	2,830,666.91	44,983,942.50	2,816,662.68	43,302,584.46
加:投资收益		5,730,138.48	-105,768.05	6,586,372.08
营业外收入		316,682.31		215,167.25
减:营业外支出	320,060.80	1,653,152.24	288,941.72	1,646,427.03
加:以前年度损益调整				
四、利润总额	2,510,606.11	49,377,611.03	2,421,952.91	48,457,696.76
减:所得税	889,593.34	16,236,108.60	834,147.92	15,618,453.14
少数股东损益	-13,684.60	267,738.56		
五、净利润	1,634,697.37	32,873,763.87	1,587,804.99	32,839,243.62
加:年初未分配利润	20,987,882.95	16,338,404.14	22,105,380.93	17,057,372.57
盈余公积转入数				
六、可分配利润	22,622,580.32	49,207,168.01	23,693,185.92	49,896,616.19
减:提取法定公积金		3,406,224.31		3,283,924.36
提取法定公益金		1,703,112.15		1,641,962.18
七、可供股东分配的利润	22,622,580.32	44,097,831.55	23,693,185.92	44,970,729.65
减:已分配优先股股利				
提取任意公积金		6,812,448.60		6,567,848.72
已分配普通股股利		16,297,500.00		16,297,500.00
原股东权益转出				
八、未分配利润	22,622,580.32	20,987,882.95	23,693,185.92	22,105,380.93

财务状况变动表(续)

编制单位:江苏省工艺品进出口集团股份有限公司 1996年度 (单位:人民币元)

	合并	母公司
流动资金各项目的变动		
一、流动资产本年增加数:		
1. 货币资金	322,932.65	-5,856,338.84
2. 短期投资		
3. 应收票据	285,000.00	285,000.00
4. 应收帐款净额	6,968,903.18	-9,520,112.27
5. 预付货款	-7,032,637.47	-7,068,192.88
6. 其他应收款	-13,237,900.17	-5,539,898.12
7. 待摊费用		
8. 存货	-23,174,806.98	-19,205,358.75
9. 待处理流动资产净损失(减收益)	-98,717.95	-98,717.95
10. 一年内到期的长期债券投资		
11. 其他流动资产		

流动资产增加净额	-35,967,226.74	-47,003,818.81
二、流动负债本年增加数:		
1. 短期借款	-73,556,600.00	-74,056,600.00
2. 应付票据		
3. 应付帐款	36,853,263.25	25,895,739.59
4. 预收货款	-10,901,557.86	-8,639,987.29
5. 应付福利费	-20,178.82	-88,823.60
6. 未付股利	-142,127.56	
7. 未交税金	80,759,951.74	80,071,058.55
8. 其他未交款	28,961.01	
9. 其他应付款	-23,640,092.76	-15,908,974.70
10. 预提费用	-18,338,667.70	-18,481,667.70
11. 一年内到期的长期负债		
12. 其他流动负债		
流动负债增加净额	-8,957,048.70	-11,209,255.15
流动资金增加净额	-27,010,178.04	-35,794,363.66

财务状况变动表

1996 年度

编制单位:江苏省工艺品进出口集团股份有限公司　　　　(单位:人民币元)

	合　并	母公司
流动资金的来源和运用		
一、流动资金来源:		
1. 本年净利润	32,873,763.87	32,839,243.62
加:不减少流动资金的费用和损失		
(1)少数股东本期损益	267,738.56	
(2)固定资产折旧	2,425,801.61	1,958,453.54
(3)无形资产,递延资产及其他资产摊销	54,437.84	
(减其他负债转销)		
(4)固定资产盘亏(减盘盈)		
(5)清理固定资产损失(减收益)		
(6)递延税款		
(7)其他不减少流动资金的费用和损失		
小　计	35,621,741.88	34,797,697.16
2. 其他来源:		
(1)固定资产清理收入(减清理费用)		
(2)增加长期负债	960,167.89	960,167.89
(3)收回长期投资	4,561,093.36	4,561,093.36
(4)对外投资转出固定资产		
(5)对外投资转出无形资产		
(6)资本净增加额	28,599,816.55	28,171,766.76
(7)少数股东资本净增加额	2,000,000.00	
小　计	36,121,077.80	33,693,028.00
流动资金来源合计	71,742,819.68	68,490,725.16
二、流动资金运用:		
1. 利润分配:		
(1)提取法定公积金	3,406,224.31	3,283,924.36
(2)提取法定公益金	1,703,112.15	1,641,962.18
(3)提取任意公积金	6,812,448.60	6,567,848.72
(4)已分配股利	16,297,500.00	16,297,500.00
小　计	28,219,285.06	27,791,235.26
2. 少数股东利润分配		
3. 其他运用:		
(1)固定资产和在建工程净增加额	61,382,694.25	60,508,038.77
(2)增加无形资产、递延资产及其他资产	7,413,012.54	7,101,043.81
(3)偿还长期负债	1,738,005.87	1,738,005.87
(4)增加长期投资		7,146,765.11
小　计	70,533,712.66	76,493,853.56
流动资金运用合计	98,752,997.72	104,285,088.82
流动资金增加净额	-27,010,178.04	-35,794,363.66

2、资产负债表、利润表和财务状况变动表

3、公司财务报表附注

(1)会计制度:

公司执行《企业会计准则》和《股份制试点企业会计制度》及其补充规定。

(2)会计期间:

以公历1月1日起至12月31日止为一个会计年度。

(3)合并会计报表编制方法

公司合并会计报表系按财政部《合并会计报表暂行规定》编制,合并范围包括母公司及所属控股子公司,各控股子公司情况如下:

子公司名称	设立日期	注册资本	母公司所占权益	主营业务
江苏省工艺品进出口(集团)公司杭州分公司	1994年	50万元	100%	为母公司代理进出口业务工艺品、轻工产品
江苏省工艺品进出口集团股份有限公司江宁公司	1994年	50万元	100%	纺织品等零售批发
江苏省工艺品进出口(集团)公司青岛公司	1994年	50万元	100%	批发零售工艺品等商品,为母公司代理业务
江苏省工艺品进出口(集团)公司上海公司	1994年	50万元	100%	工艺美术品、金属材料、仪表仪器等
江苏省工艺品进出口(集团)公司苏州公司	1993年	50万元	100%	收购调拨供应母公司业务所需的物资和产品、代理母公司委托的进出口业务
江苏鹏程国际储运有限公司	1996年	500万元	75%	海运、空运进出口货物的国际运输代理业务
江苏艺丰堂艺术精品有限公司	1996年	300万元	75%	工艺美术品设计、制作、销售、咨询

(4)记帐原则和计价基础:

公司会计核算以权责发生制为记帐原则,以历史成本为计价基础。

(5)外币折算方法:

公司以人民币为记帐本位币,对所发生的非记帐本位币经济业务,采用业务发生当日的外汇对人民币的市场汇价折合记帐本位币记帐,期末对各外币帐户余额按中国人民银行公布的基准汇价进行调整,计算汇兑损益。

(6)坏帐核算:

采用备抵法,按期末应收帐款余额的5‰计提坏帐准备。

(7)存货计价方法:

公司存货采用实际成本核算。材料物资发出时按加权平均法计价,库存出口商品发出时按个别认定法计价,低值易耗品采用五五摊销法摊销,商品削价准备按期末库存商品的5‰提取。

(8)长期投资核算方法:

a. 债券投资:

按实际支付的款项记帐,实际支付的款项中包括应计利息的,将这部分利息单独记帐;债券投资存续期内的应计利息,以及出售时收回的本息与债券帐面成本及尚未收回的应计利息的差额,计入当期损益。

b. 股权投资和联营投资:

投资额占被投资单位权益性资本20%以下的,采用成本法核算;投资额占被投资单位权益性资本20%至50%的,采用权益法核算;投资额占被投资单位权益性资本50%以上的,采用权益法核算,并以合并报表方式反映。

(9)固定资产及其折旧:

固定资产按实际成本计价。固定资产标准为单位价值在2000元以上,并且使用期限超过一年。固定资产折旧采用平均年限法,预留3%的残值。折旧年限及折旧率列示如下:

类　别	折旧年限	年折旧率
房屋及建筑物	30	3.23%
运输设备	10	9.7%
其它设备	5	19.4%

(10)无形资产及其摊销:

无形资产按实际成本计价,并根据受益期确定摊销期限,平均摊销。

(11)递延资产及其摊销:

递延资产按实际成本计价,并根据各种递延资产的受益期确定其摊销期限,平均摊销。

(12)营业收入实现的确认:

公司以发出商品、取得货运证明、收讫价款或取得索取价款的凭据时,确认营业收入实现。

(13)利润分配:

公司税后净利润按下列顺序分配:

a、弥补以前年度亏损;

b、提取10%法定盈余公积金;

c、提取5%—10%法定公益金;

d、根据股东大会决议,提取任意盈余公积金;

e、根据股东大会决议,分配普通股股利。

(14)税项

A、流转税:

公司适用增值税,销项税税率为17%。出口商品进项税金实行退税制,其中:

①进项税税率为17%的,1994年1月—1995年6月退税税率为17%,1995年7月—1995年12月退税税率为14%,1996年1月起退税税率为9%;

②进项税税率为13%的,1994年1月—1995年6月退税税率为13%,1995年7月—1995年12月退税税率为10%,1996年1月起退税税率为6%;

③进项税税率为6%的,1994年起退税税率为6%。

B、企业所得税:

①母公司:按应纳税所得额的33%计缴。

②子公司:

a. 江苏鹏程国际储运有限公司:根据江苏省地税局苏地税直减字〔96〕044号文免征1996年的企业所得税。

b. 江苏艺丰堂艺术精品有限公司:根据江苏省地税局苏地税直减字

〔96〕042 号文免征 1996 年的企业所得税。

c. 江宁公司、杭州公司、上海公司、苏州公司：按应纳税所得额的 33%计缴。

d. 青岛公司：根据青岛市地税局青地税一分征〔94〕168 号文免征 1994 年 5—12 月期间的所得税，免征部分转入盈余公积；1995 年 1—4 月实行先征后返，5—12 月按应纳税所得额的 33%计缴；1996 年按应纳税所得额的 33%计缴。

C、城市维护建设税：

按应纳流转税额的 7%计缴。

D、教育费附加：

按应纳流转税额的 4%计缴。

4、会计报表主要项目附注

(1)应收帐款：截止 1997 年 2 月 28 日应收帐款余额为 96,858,270.40 元，其主要情况列示如下：

a、帐龄分析：

(单位：人民币元)

帐 龄	金 额	占总额比例
一年以内	85,950,900.68	88.74%
一年至二年	6,984,691.66	7.21%
二年至三年	2,945,100.19	3.04%
三年以上	977,577.87〔注〕	1.01%
合 计	96,858,270.40	100.00%

〔注〕：经函证，无证据证明不能收回。

b、本帐户余额中无持有公司 5%以上股份的股东欠款。

(2)长期投资：截止 1997 年 2 月 28 日长期投资余额为 13,332,350.39 元，其明细项目列示如下：

(单位：人民币元)

项 目	附注	金 额
债券投资	〔注 1〕	157,350.39
股权投资	〔注 2〕	3,800,000.00
联营投资	〔注 3〕	9,375,000.00
合 计		13,332,350.39

(3)在建工程：截止 1997 年 2 月 28 日在建工程余额 114,108.827.13 元，其明细项目列示如下：

(单位：人民币元)

项目	预算数	工程进度	批准文号	资金来源	实际支出数
中华路办公楼	145,717,900.00	68%	苏计经基〔1992〕434 号	自筹	98,632,233.40
拉萨路宿舍	5,801,360.00	86%	宁建开字〔95〕621 号	自筹	5,000,000.000
钓鱼台宿舍	7,980,000.00	25%	宁建开字〔92〕83 号	自筹	1,956,995.35
明瓦廊办公楼	2,432,000.00	90%	董事会批准	自筹	2,188,800.00
上海公司办公楼	3,361,500.00	90%	董事会批准	自筹	3,030,000.00
上海公司营业用房			董事会批准	自筹	2,000,000.00
江宁工业园用房			董事会批准	自筹	1,300,798.38
合 计					114,108,827.13〔注〕

〔注〕：其中资本化利息 1,632,823.40 元。

在建工程较期初数上升 77.78%的主要原因是：增加了对中华路办公楼的投入。

(4)资本公积：1997 年 2 月 28 日资本公积余额为 90,000.00 元，系按江苏省财政厅文件规定返还的母公司出口机电产品的企业所得税。

(5)盈余公积：截止 1997 年 2 月 28 日盈余公积余额为 25,050,470.90 元，其各年增减变动情况列示如下：

(单位：人民币元)

项 目	1997.02.28	1996.12.31	
期初余额	25,050,470.90	12,838,154.35	
本期增加		12,212,316.55	〔注〕
本期减少			
期末余额	25,050,470.90	25,050,470.90	

〔注〕：根据股东大会决议，按税后利润的 10%、5%和 20%分别计提法定盈余公积、法定公益金和任意盈余公积。

(6)未分配利润：截止 1997 年 2 月 28 日未分配利润余额为 22,622,580.32 元，其形成过程列示如下：

(单位：人民币元)

项 目	1997 年 1－2 月份		1996 年度	
本年净利润	1,634,697.37		32,873,763.87	
加：年初未分配利润	20,987,882.95		16,333,404.14	
减：提取法定盈余公积			3,406,224.31	
提取法定公益金			1,703,112.15	
提取任意盈余公积			6,812,448.60	
已分配股利			16,297,500.00	#
原股东权益转出				
期末未分配利润	22,622,580.32	注 2	20,987,882.95	注 1

〔注 1〕：根据股东大会决议，按税后利润的 10%、5%和 20%分别计提法定盈余公积、法定公益金和任意盈余公积，96 年度的股利暂不分配。(#：系 95 年度的股票股利分配)

〔注 2〕：含权情况—根据股东大会决议，1996 年度可分配利润全部滚存至 1997 年由新老股东共享。

(7)或有事项的说明

截止 1997 年 2 月 28 日，公司有诉讼中未结的债权 3,567,676.65 元。

5. 主要财务指标

	1996 年	1995 年
流动比率	1.05	1.15
速动比率	0.82	0.84
资产负债率(%)	66.71	74.10
应收帐款周转率(次)	9.02	11.24
存货周转率(次)	11.23	8.70
净资产收益率(%)	25.76	18.84
每股净利(元) (按发行前股本计算)	0.40	0.27

十、盈利预测

1、盈利预测审核报告

苏会所二专〔97〕14 号

江苏省工艺品进出口集团股份有限公司全体股东：

我们接受委托，对贵公司 1997 年度的盈利预测进行了审核。合理编制并充分披露盈利预测是贵公司的责任，我们的责任是对盈利预测所依据的基本假设、选用的会计政策及其编制基础进行审核，并发表审核意见。由于盈利预测具有固有的不确定性，难免存在主观判断，因此我们发

表的审核意见并不代表我们对贵公司预测结果的可实现程度做出任何保证。我们的审核是依据《独立审计实务公告第 4 号—盈利预测审核》进行的。在审核过程中,我们结合贵公司实际情况和所提供的盈利预测资料,实施了必要的审核程序。

我们认为,贵公司 1997 年度的盈利预测是按确定的编制基础编制的,所依据的基本假设是合理的,并已充分披露,所选用的会计政策与实际采用的相关会计政策基本一致。

江苏会计师事务所　　中国注册会计师:郑　岚

江苏·南京　　中国注册会计师:荆建明

一九九七年六月二十日

编制单位:江苏省工艺品进出口集团股份有限公司　　单位:人民币元

项　目	1997 年 1－2 月实绩	1997 年度预测数
一、主营业务收入	124,061,312	1,010,417,000
减:营业成本	111,158,489	873,732,000
营业费用	3,459,927	37,131,000
管理费用	4,109,345	29,150,000
财务费用	2,390,290	12,002,000
营业税金及附加	12,764	125,000
二、主营业务利润	2,930,497	58,277,000
加:其他业务利润	－99,830	－727,000
三、营业利润	2,830,667	57,550,000
加:投资收益		298,000
营业外收入		
减:营业外支出	320,061	2,434,000
加:补贴收入		
四、利润总额	2,510,606	55,414,000
减:所得税(税率 15%)		8,604,000
所得税(税率 33%)	889,593	18,188,000
少数股东损益	－13,685	260,000
五、净利润(税率 15%)		46,550,000
(税率 33%)	1,634,698	36,966,000

2、公司 1997 年度盈利预测表

十一、董事会上市承诺

本公司董事会将严格遵守《中华人民共和国公司法》、《股票发行与交易管理暂行条例》、《公开发行股票公司信息披露实施细则》、《上海证券交易所市场业务试行规则》和有关法律法规的规定,并自股票上市之日起作出如下承诺:

1、按照法律、法规的规定程序和要求披露重大的信息,并接受证券主管机关、上海证券交易所的监督管理。

2、及时、真实、准确地公布中期报告和年度报告,并备置于规定场所供投资者公众查阅。

3、本公司董事、监事及高级管理人员如发生人事变动或持本公司股票发生变化时,及时报告证券主管机关、上海证券交易所,并通过证券主管机关指定的报纸向投资者公布。

4、在任何公共传播媒介中出现的消息可能对本公司股票的市场价格产生误导性影响时,本公司知悉后将及时对该消息予以公开澄清。

5、本公司董事、监事及高级管理人员将认真听取社会公众的意见和批评,不利用已获得的内幕消息和其他不正当手段直接或间接地从事股票买卖活动。

6、本公司没有无记录负债。

十二、重要事项揭示

1、本公司 203.7 万股内部职工股将自本次发行之日起期满三年后方可上市流通。

2、根据江苏省人民政府苏政复〔1997〕75 号文批准,本公司从 1997 年起,在缴纳 33% 的所得税后,由省财政返还 18% 给本公司,并直接进入本公司的净利润。

3、本公司本次股票发行后,新老股东同时享有本公司 1996 年度和 1997 年度利润分配。

十三、咨询机构

1、江苏省工艺品进出口集团股份有限公司

法定代表人:刘绥芝

地址:南京市明瓦廊 131 号四楼

电话:(025)4462518

传真:(025)4462442

联系人:张发松　杨国庆

2、主承销商:南方证券有限公司

法定代表人:沈沛

住所:深圳市深南东路 1 号南方国际大酒店 12 层

办公地址:南京市中山南路 238 号天京大酒店 1107 房

电话:(025)4204284，　4209818－1108

传真:(025)4204284

联系人:王普金　张竞蓉

3、上市推荐人:

(1)南方证券有限公司

(2)招银证券公司

法定代表人:李麦秋

住所:深圳市振华路 3 号深纺工业大厦 C 座 1 楼

电话:(0755)3362974

传真:(0755)3362947

联系人:王福清

十四、备查文件

1、上海证券交易所上市通知书

2、中国证监会关于本次发行的批准文件

3、验资报告

4、招股说明书

5、审计报告

6、公司章程

7、审计报告和盈利预测报告

江苏省工艺品进出口集团股份有限公司

一九九七年八月二十七日

哈尔滨工大高新技术产业开发股份有限公司

哈尔滨工大高新技术产业开发股份有限公司1996年年度报告摘要

一、公司简况

1、公司法定中文名称：哈尔滨工大高新技术产业开发股份有限公司

公司英文名称：HARBIN GONG DA HIGH - TECH ENTERPRISE DEVELONENTCO.,LTD.

公司英文名称缩写：HGDHTED

2、公司注册地址：哈尔滨市南岗区护军街40号

邮政编码：150001

3、公司法人代表：张大成

4、公司咨询服务机构：董事会办公室

电话：0451—6208756转5151

0451—6208765转5151

传真：0451—6253555

联系人：刘林英

5、股票简称：工大高新

6、证券代码：600701

二、主要财务数据与财务指标

项　目	1996年	比上年增长(%)	1995年	1994年
1.主营业务收入(万元)	15829	-10.3	17647	7955
2.净利润(万元)	4588	+96.7	2332	1808
3.总资产(万元)	43089	+73.4	24851	25172
4.股东权益(万元)	31049	+97.3	15734	15302
5.每股收益(元)	0.353	+51.5	0.233	0.18
6.每股净资产(元)	2.39	+52.2	1.57	1.53
7.净资产收益率(%)	14.78	-0.03	14.82	12.3
8.股东权益比率(%)	72.06	+13.82	63.31	60.8

注1.按加权平均法计算，1996年每股收益为0.399元。

2.扣除新股发行锁定资金利息因素净利润为4,243万元，每股收益为0.326元，净资产收益率为13.67%。

三、公司主要业务回顾

1.一年来公司经营情况回顾

公司的主营业务包括高科技产品的生产、科技成果的转化服务、教育培训及房地产开发。公司抓住效益这一主题，1996年主营业务收入为15,828万元。年利润总额达到5,370万元，比1995年增长了2,627万元，增长比率为95.81%。净利润1996年实现4,588.5万元，比1995年增长了96.77%。更重要的是公司寻找到了稳步发展的战略空间，并作出了一九九七年的发展规划。同时，公司配合哈工大集团共同开发的大豆分离蛋白、膦脂等高科技产品等已近尾声，锂可充电池作为公司新产品开发已进入了中试过程，与航天部科技成果工业化中心、哈工大共同开发IC卡技术、航天育种技术、电动汽车等均取得了实质性进展。公司科技产品的成长性已有凸现。

一九九六年公司进行了"二次创业"的教育。提出"以人为本，敬业创新"思想。公司举办了经理以上干部企业发展研讨班，又对财务人员及综合部门干部举办了资产经营、金融管理研讨班，使干部适应新形式，管理水平上了一个新台阶。

企业的竞争最终表现为人才的竞争，一九九六年公司人员实施年轻化、知识化迈出了一步，其中公司接收了哈大十名研究生，专门从事科研成果的转化工作，寻找公司新的经济生长点。同时，公司一九九六年向社会高薪招聘了十几名具有金融管理、国际贸易、企业管理等大学本科以上学历，35岁以下的高级人才从事公司的资产经营等工作，实施从产品经营到资产经营的二次飞跃。

进一步提高公司规范运作水平，1996年公司在规范化运作上下了大功夫。按照现代企业制度"产权清晰、权责明确、政企分开、管理科学"的要求，加强规范化建设。实施股东大会、董事会、监事会和经理各司其职、各负其责的制衡机制。依法完善法人治理结构，依法进行信息披露，使公司规范化运作上了水平。

2.前次募集资金使用情况说明

1996年5月6日本公司发行社会公众股3,000万，发行价每股4.50元，实际募集资金13,500万元。

根据招股说明书披露，1996年度计划对镍镉电池、快速充电器、铜基无银触头三个项目投入3,800万，其余资金在1997年投入。截至1996年底，三个项目实际投入2,502.7万元。占计划投资比例的65.86%。其中，镍镉电池与快速充电器项目由于1996年外贸企业受国家退税率降低政策影响，再加上出口国日本国内电池降价，出口日本的电池销量与外贸代理回收贷款均受到部分阻滞，故在生产上从国际、国内市场出发，适当收敛生产以免形成产品大量积压及公司大量债权。铜基无银触头产品1995年5月通过铁路系统行业组织的产品质量鉴定，由于此项原材料为高新技术，批量生产前其中试及鉴定需国家权威部门认定。于1997年1月6日该荐技术经过哈尔滨锅炉厂等企业中试，终于通过了由国家经贸委组织的国家一级的产品质量鉴定，为其进一步投资打下了基础。

由于上述情况，考虑到高科技行业特殊风险控制，采取稳步投资策略，1996年其投资额度较计划略有滞后。

四、股本变化及股本结构情况

1.股本变化及股本结构情况

① 截至1996年末，公司股本结构及变动情况如下：

单位：万股　每股面值：1元

	期初数	本期变动增减(+、-)	期末数
(一)尚未流通股份			
1.发起人股份	8,000		8,000
其中：			
国有法人股	4,000		4,000
境内法人持有股份	4,000		4,000
2.内部职工股	2,000	-2,000	0
尚未流通股份合计	10,000	-2,000	8,000
(二)已流通股份			
境内上市的人民币普通股		+5,000	5,000
已流通股份合计		+5,000	5,000
股份总数	10,000	+3,000	13,000

② 股本变动原因：本年度新增发行3000万社会公众股，使公司股本总额由年初的10,000万股增至13,000万股。

③ 前十名最大股东持股情况(单位：万股)

名次	股东名称	年末持股数	占总股本(%)
1	哈尔滨工业大学高新技术开发总公司	4,000	30.77
2	河北燕地工贸开发总公司	2,000	15.38
3	哈尔滨高新技术开发区房屋建设开发总公司	1,000	7.69
4	哈尔滨市第三建筑工程公司	1,000	7.69

5	泰阳实业	123.9885	0.90
6	颜金龙	52	0.40
7	陆张泉	32.49	0.24
8	童邦汉	28.28	0.22
9	成庚宝	28	0.21
10	孙桂芝	27.796	0.21

④ 截至1996年末,公司股东总数为27,487户,其中国有法人股股东4户,社会公众股股东27,483户。

2、公司董事、监事与高级管理人员持股情况:

姓名	职务	持股数	年末持股数	变动原因
张大成	董事长、总经理	5,000	5,000	无
张福儒	副董事长	0	0	无
付淑华	副董事长	0	0	无
张景杰	董事	5,000	5,000	无
董元进	董事	2,000	2,000	无
田行一	董事	2,000	2,000	无
李文婷	董事	3,000	3,000	无
龚一鸣	董事	3,000	3,000	无
于清茂	董事	2,000	2,000	无
张克秀	监事	3,000	3,000	无
张维孝	监事	3,000	3,000	无
谭慧文	监事	3,000	3,000	无

五、年度分配方案

1、本报告期内股东会、董事会情况说明:

1996年2月25日,本公司在哈工大礼堂召开1995年度股东大会,出席会议股东代表198人,持本公司股份80,291,000股,占公司股份总数的80.2%,会议通过如下决议:

1995年度工作报告及财务决算的报告:1995年利润暂不派发,留存到1996年一起进行;1996年工作计划与财务预算。

1996年5月20日,本公司在哈大工逸夫楼召开新股发行后股东大会,出席会议股东146人,代表股份80,417,003股,占公司总股份61.85%,会议审议通过如下决议:

审议通过《1996年新股发行工作报告和1996年下半年工作计划》;审议通过《关于本公司上市交易的议案》;审议通过调整公司董事会成员的提案,免去刘芳、周东晨、李建新三人的董事职务,增选张福儒、付淑华、田行一为董事会成员。

2、根据中国证监会证监发审字〔1996〕35号文批准,于1996年5月6日向国内公众公开发行人民币A股股票3,000万股,每股发行价格4.50元。《招股说明书》及《发行公告》刊登于1996年5月1日《上海证券报》。

3、根据中国证监会证监发审字〔1996〕54号文批准,并经上海证券交易所上证上〔1996〕字第026号文审核批准,本公司新发行的3,000万股国内公众股连同2,000万内部职工股,共计5,000万股于1996年5月28日在上海证券交易所挂牌交易,《上市公告书》刊登于1996年5月24日《上海证券报》。

4、公司办公地点于1996年11月28日搬至市中心哈市西大直街118号工大集团大厦17层-22层。

5、本报告期内,公司无重大诉讼、仲裁事项。

六、子公司及关联企业

公司名称	投资金额	投资比例	主营业务范围
1.哈尔滨工大中恒镀膜实业公司	500万元	100%	镀膜玻璃系列产品生产和销售
2.哈尔滨圣日电池实业公司	2,760.4万元	100%	各类电池及化学电源产品的开发、生产、销售
3.哈尔滨工大经济技术信息咨询公司	100万元	100%	经济技术信息咨询与服务
4.哈尔滨工成房地产综合开发公司	200万元	100%	房地产综合开发
5.哈尔滨哈特购物广场	1,798万元	24%	日营百货、针织制品、家用电器、五金交电、工艺美术品
6.哈尔滨无银触头实业公司	468.24万元	40%	铜基无银触头材料开发、生产

七、财务报告

(一)审计意见

公司财务报告经哈尔滨会计师事务所注册会计师李岩青、李丛艳审计,并出具了无保留意见的审计报告。

(二)财务报表:(附后)

(三)财务报表附注:

1、公司采用的主要会计政策

本公司采用的主要会计政策,已经在1996年5月1日《上海证券报》刊载的《招股说明书》附录,会计报表注释中做过详尽披露。这里只对下述两项内容做些说明:

1.合并会计报表,是在本部与公司所属各全资子公司(以下简称子公司)合并会计报表的基础上,抵销本部与各子公司以及各子公司之间的内部往来(无内部销售)、应上交股利和本部对下投出股本等项业务后编制的。

2.本公司利润分配政策没有变化。即按净利润的10%提取法定盈余公积金,按5%提取法定公益金。股东股利分配比例由股东大会决定。

2、合并会计报表注释

1.货币资金年末数为40,225,670.05元,其中现金12,501.26元,银行存款40,213,168.79元。

货币资金较上年末增加1313万元,增加48.43%,系募集资金所致。

2.短期投资年末数18,253,260.00元,明细如下:

(1)哈工大集团公司	16,000,000.00
(2)中国航天中心	1,893,260.00
(3)哈新机电公司	50,000.00
(4)哈工业大学房产处	150,000.00
(5)哈光电仪表公司	160,000.00

上述投资均属短期合作经营投资。

短期投资较上年增加1825万元,系新增投资项目。

3.应收帐款年末数61,165,733.41元,帐龄分析如下:

帐龄	金额	百分比(%)
一年以内	61,093,732.02	99.88
一至二年	58,066.59	0.10
二至三年	13,934.80	0.02
合计	61,165,733.41	100

应收帐款中无持有本公司5%以上股份的主要股东单位的欠款。

应收帐款较上年末增加3,383万元,增加123.75%,主要是销货款货币资金没有到位,按权责发生制转帐所致。

4.其他应收款年末数140,315,785.88元。帐龄分析如下:

帐龄	金额	百分比(%)
一年以内	138,273,273.73	98.54
一至二年	1,907,460.87	1.36
二至三年	135,051.28	0.10
合计	140,315,785.88	100

其他应收款较上年末增加13,174万元,增加1535.36%,主要是公司承缆了"哈市特号交通枢纽"工程的勘测设计任务,为保证这一国家重点交通市政工程按期完工,根据双方签订的"交通工程中标协议书"对该工程短期拆借的部分建设资金。

5.长期投资年末数23,280,822.34元。明细如下表:

被投资公司名称	占被投资单位注册资本比例	投资金额
电工无银触头公司	40%	4,682,400.00
哈特购物广场	24%	18,598,422.34
合计		23,280,822.34

社会募股后,对电工无银触头投资468.24万元,由于97年1月6日

该项目才完成全面中试，并通过由国家经贸委主持的产品质量及成果鉴定验收会，当前没有更多地投入资金。对哈特购物广场的投资，目前该公司营运正常，1996年本公司已经取得投资收益。

6.未付股利年末数45,000,000.00元。未付股利较上年末净增加1960万元，增加了77.17%。根据股东大会决议，1995年每股按0.19元分配股利，总股本10,000万股提取股利1,900万元。另根据1996年董事会分配预案，每股派发现金股利0.20元，计26,000,000.00元。

7.资本公积年末数153,264,824.93元。年初余额50,000,000.00元，本年增加10,326万元，增加206.53%，变动情况如下：

1993年定向募集股本形成股票溢价收入50,000,000.00元。经中国证券监督管理委员会证监发字第35号文件批准，本公司于1996年5月6日在上海证券交易所上网定价方式向社会公众发行人民币每股面值为1元的普通股3000万，每股发行价4.50元，股票溢价收入105,000,000.00元，扣除发行费用、中介机构费用及发行股票其他费用6,921,926.19元后为98,078,073.81元，发行股票有效申购资金锁定存款利息62,806.04元。获准免交以前年度所得税款5,123,945.08元，以上几项合计增加103,264,824.93元。

8.盈余公积年末数13,407,858.49元。

项　　目	1995年期末数	1996年提取数	1996年期末数
法定盈余公积金	4,350,085.76	4,588,486.56	8,938,572.32
法定公益金	2,175,042.89	2,294,243.28	4,469,286.17
合　　计	6,525,128.65	6,882,729.84	13,407,858.49

盈余公积较上年末增加688万元，增加105.48%，系本年提取10%法定盈余公积金和5%法定公益金所致。

9.未分配利润年末数13,816,493.99元。明细如下：

项　　目	金　额(元)
年初未分配利润	814,358.21
加：本年净利润	45,884,865.62
减：提取法定盈余公积金	4,588,486.56
提取法定公益金	2,294,243.28
分配普通股股利	26,000,000.00
年末未分配利润	13,816,493.99

未分配利润较上年末增加1300万元，增加1596.61%，系本年留待下年度分配的利润增加所致。

10.投资收益本年累计数2,148,984.18元。投资收益较上年增加177万元，增加460.07%，系收取"哈特购物广场"的投资收益1,298,530.18元，收取哈工大集团短期投资收益850,454.00元。

11.营业外收入本年累计数3,685,681.84元。明细如下：

项目	金额
(1)固定资产盘盈	25,023.65元
(2)罚款收入	100,903.07元
(3)无法支付的应付款项	107,953.42元
(4)新股发行锁定资金利息	3,451,801.70元
合　　计	3,685,681.84元

营业外收入较上年增加364万元，增加7992.86%，系发行新股锁定资金利息所致。

哈尔滨工大高新技术产业开发股份有限公司

一九九七年三月十四日

合并资产负债表

编制单位：哈工大高新技术产业开发股份有限公司　　1996年12月31日　　金额单位：人民币元

项　　目	行次	母公司年初数	合并年初数	母公司年末数	合并年末数
流动资产					
货币资金	1	1344603.19	27100614.58	11892721.17	40225670.05
短期投资	2			18253260.00	18253260.00
应收票据	3				
应收帐款	4		27336658.79		61165733.41
减：坏帐准备	5		82009.98		183497.20
应收帐款净额	6		27254648.81		60982236.21
预付货款	7	968130.49	2583396.02	75000.00	1222208.69
其他应收款	8	1202034.00	8580097.24	134648985.55	140315785.88
待摊费用	9		957057.14		340619.99
存货	10	2825.00	27294097.72		9177589.99
待处理财产净损失	11				
一年内到期债券投资	12				
其他流动资产	13				
流动资产合计	15	3517592.68	93769911.51	164869966.72	270517370.81
长期投资：					
长期投资	16	129242818.02	18361980.04	197593681.12	23280822.34
合并价差	16-1				
固定资产：					
固定资产原价	18	70542863.05	124238630.73	13678872.34	130916183.51
减：累计折旧	19	1479505.21	4391363.48	781093.01	9474608.66
固定资产净值	20	69063357.84	119847267.25	12897779.33	121441574.85
在建工程	21		190199.35		1581115.94
固定资产清理	22				

项　　目	行次	母公司年初数	合并年初数	母公司年末数	合并年末数
待处理固定资产净损失	23				
固定资产合计	25	69063357.84	120037466.60	12897779.33	123022690.79
无形及递延资产					
无形资产	26		14914566.66		12791806.45
递延资产	30		1422944.25		1273501.98
无形及递延资产合计	35		16337510.91		14065308.43
其他长期资产:					
其他长期资产	36				
递延税项:					
递延税款借项	37				
资产总计	40	201823768.54	248506869.06	375361427.17	430886192.37
项　　目	行次	母公司年初数	合并年初数	母公司年末数	合并年末数
流动负债:					
短期借款	41	2500000.00	6700000.00	5000000.00	10530000.00
应付票据	42				
应付帐款	43	200000.00	35985580.63	200000.00	18520891.80
预收货款	44		785313.19		3389848.80
应付福利款	45		222565.72		475819.09
未付股利	46	25400000.00	25400000.00	45000000.00	45000000.00
未交税金	47	1334702.74	6049512.17	-6865450.28	1303269.06
其他未交款	48		103529.90	-32000.00	48425.93
其他应付款	49	15038988.94	15216656.86	21569700.04	41079079.92
预提费用	50		4223.73		49680.36
待扣税金		10590.00			
一年内到期的长期负债	51		700000.00		
其他流动负债	52				
流动负债合计	55	44484284.68	91167382.20	64872249.76	120397014.96
长期负债:					
长期借款	56				
应付债券	57				
长期应付款	58				
其他长期负债	60				
长期负债合计	61				
递延税项					
递延税款贷项	62				
负债合计	65	44484281.68	91167382.20	64872249.76	120397014.96
少数股东权益					
股东权益:					
股本	66	100000000.00	100000000.00	130000000.00	130000000.00
资本公积	67	50000000.00	50000000.00	153264824.93	153264824.93
盈余公积	68	6525128.65	6525128.65	13407858.49	13407858.49
其中:公益金	69	2175042.89	2175042.89	4469286.16	4469286.16
未分配利润	70	814358.21	814358.21	13816493.99	13816493.99
外币报表折算差额					
股东权益总计	75	157339486.86	157339486.86	310489177.41	310489177.41
负债及股东权益总计	80	201823768.54	248506869.06	375361427.17	430886192.37

合 并 利 润 及 利 润 分 配 表

编制单位:哈工大高新技术产业开发股份有限公司　　　　1996 年度　　　　金额单位:人民币元

项　　目	行次	母公司上年数	合并上年数	母公司实际数	合并实际数
一、主营业务收入	1	3780000.00	176465448.50		158286544.61
减:营业成本	2		144968280.26		105107668.19
销售费用	3		413542.05		350064.41
管理费用	4	1178696.19	5176692.25	897413.15	6603022.92
财务费用	5	-251437.74	449221.05	19887.30	1027807.91
进货费用	6				
营业税金及附加		663390.00	1282461.06		
二、主营业务利润(亏损以"-"号表示)		2189351.55	24175251.83	-917300.45	43145124.37
加:其他业务利润(亏损以"-"号表示)	9		2828805.88	2893735.65	4777419.69
三、营业利润(亏损以"-"号表示)	10	2189351.55	27004057.71	1976435.20	47922544.06
加:投资收益(损失以"-"号表示)	11	21457362.79	383700.00	41557745.54	2148984.18
营业外收入	12		45542.40	3451801.70	3685681.84
减:营业外支出	13		7933.43		53360.94
加:前年度损益调整	14				
四、利润总额(亏损以"-"号表示)	15	23646714.34	27425366.68	46985982.44	53703849.14
减:所得税	16	328402.74	4107055.08	1101116.82	7818983.52
减:少数股权	17				
五、净　利　润	20	23318311.60	23318311.60	45884865.62	45884865.62
加:年初未分配利润(未弥补亏损以"-"号表示)	21	44598.42	44598.42	814358.21	814358.21
盈余公积转入数	22				
六、可分配利润	23	23362910.02	23362910.02	46699223.83	46699223.83
减:提取法定盈余公积	24	2365701.20	2365701.20	4588486.56	4588486.56
提取法定公益金	25	1182850.61	1182850.61	2294243.28	2294243.28
七、可供股东分配的利润	26	19814358.21	19814358.21	39816493.99	39816493.99
减:已分配优先股股利	27				
提取任意公积	28				
已分配普通股股利	29	19000000.00	19000000.00	26000000.00	26000000.00
八、未分配利润(未弥补亏损以"-"号表示)	30	814358.21	814358.21	13816493.99	13816493.99

合并财务状况变动表

编制单位:哈工大高新技术产业开发股份有限公司　　　　1996 年度　　　　金额单位:人民币元

流动资金来源和运用	行次	母公司	合并金额	流动资金各项目的变动	行次	母公司	合并金额
一、流动资金来源				一、流动资产本年增加数:			
1、本年净利润(合并报表为合并净利润)	1	45884865.62	45884865.62	1、货币资金	31	10548117.98	13125055.47
加:少数股东本期损益(合并报表填列)	2			2、短期投资	32	18253260.00	18253260.00
加:不减少流动的费用和损失				3、应收票据	33		
(1)固定资产折旧	3	-698412.20	5083245.18	4、应收帐款净额	34		33727587.40
(2)无形资产、递延资产及其他资产摊销(减其他负债转销)	4		2272202.48	5、预付货款	35	-893130.49	-1361187.33
(3)固定资产盘亏(减盘盈)	5			6、其他应收款	36	133446951.55	131735688.64
(4)清理固定资产损失(减收益)	6			7、待摊费用	37		-616437.15
(5)递延税款	8			8、存货	38	-2825.00	-18116507.73
(6)其他不减少流动资金的费用和损失	9						
小　计	10	45186453.42	53240313.28	10、一年内到期的长期债券投资	41		
2、其他来源				11、其他流动资产	43		
(1)固定资产清理收入(减清理费用)	11						
(2)增加长期负债	12						
(3)收回长期投资	13						
(4)对外投资转出固定资产	14						
(5)对外投资转出无形资产	15						
(6)资本增加净额	16	140147554.77	140147554.77				
(7)少数股东资本净增加额							
小　计	17	140147554.77	140147554.77				
流动资金来源合计	18	185334008.19	193387868.05				
二、流动资金运用							
1、利润分配				流动资产增加净额	48	161352374.04	176747459.30
(1)提取法定公积金	19	4588486.56	4588486.56	二、流动负债本年增加数:	49		
(2)提取法定公益金	20	2294243.28	2294243.28	1、短期借款	50	2500000.00	3830000.00
(3)提取任意公积金	21			2、应付票据	51		
(4)已分配股利	22	26000000.00	26000000.00	3、应付帐款	52		-17464688.83
(5)职工奖福基金				4、预收货款	53		2604535.61
小　计	23	32882729.84	32882729.84	5、应付福利款	54		253253.37
2、少数股东利润分配				6、未付股利	55	19600000.00	19600000.00
3、其他运用				7、未交税金	56	-8200153.02	-4746243.11
(1)固定资产和在建工程净增加额	24	-56863990.71	8068469.37	8、其他未交款	57	-42590.00	-55103.97
(2)增加无形资产、递延资产及其他资产	25			9、其他应付款	58	6530711.10	25862423.06
(3)偿还长期负债	26			10、预提费用	59		45456.63
(4)增加长期投资	27	68350863.10	4918842.30	11、一年内到期的	60		-700000.00
小　计	28	11486872.39	12987311.67	长期负债	61		
流动资金运用合计	29	44369602.23	45870041.51	12、其他流动负债	62		
外币会计报表折算差额				流动负债增加净额	63	20387968.08	29229632.76
流动资金增加净额	30	140964405.96	147517826.54	流动资金增加净额	64	140964405.96	147517826.54

哈尔滨工大高新技术产业开发股份有限公司一九九七年度中期报告

一、财务报告(未经审计)

1、财务报表

(1)简化的资产负债表(合并)　　金额单位:元

项　目	年初数	期末数
资产		
流动资产	270517370.81	284383219.74
长期投资	23280822.34	4682400.00
固定资产净值	121441574.85	138064568.44
在建工程	1581115.94	2859126.81
无形资产	12791806.45	12650783.71
递延资产	1273501.98	1835465.60
其他长期资产		
资产总计	430886192.37	444475564.30
流动负债	107897014.96	98054671.21
长期负债		
股东权益	322989177.41	346420893.09
其中:		
股本	130000000.00	130000000.00
资本公积	153264824.93	153164824.93
盈余公积	13407858.49	13407858.49
未分配利润	26316493.99	49848209.67
负债及股东权益合计	430886192.37	444475564.30

(2)简化的损益表(合并)　　金额单位:元

项　目	上期同期数	1997的1-6月累计数
主营业务收入	73740793.93	76789609.69
主营业务利润	18442437.14	24336899.26
其他业务利润	1926092.18	731526.51
投资收益	850454.00	2849400.91
营业外收支净额	11645.42	-5122.75
利润总额	21230628.74	27866757.64
所得税	3169506.07	4335041.96
净利润	18061122.67	23531715.68

(3)财务指标

	上年同期数	1997年1-6月
每股收益(元)	0.14	0.181
净资产收益率(%)	6	6.79
每股净资产(元)	2.33	2.66

注:本期和同期每股收益和每股净资产是以当期期末公司总股本13000万股为基数,全面摊薄计算的。

2、财务附注

(1)本报告期与1996年度报告相比,会计政策与方法没有变化。

(2)财务报表中变动幅度超过30%的数据,分析说明:

a、短期投资较年初减少11806363.91元,主要是收回对哈尔滨工大集团公司的短期投资。

b、应收帐款较年初增加了26327563.52元,系销货款未到位所致。

	应收帐款	占总的应收帐款的比例
1年以内	32354185.46	37.06%
1—2年的	46160000.00	52.87%
2年以上的	8795614.27	10.07%

c、预付货款较年初增加了571656.21元,主要是预付材料款和设备款。

d、存货较年初增加了10192956.11元,由于哈特广场所属家电、针织、食品三个商场纳入"工大高新"会计核算所致。

e、长期投资较年初减少了18598422.34元,是因收回原对哈特购物广场24%的投资。

f、在建工程较上年增加了1278010.87元,主要是省教育招考培训中心扩建所致。

g、递延资产增加561963.62元,主要是纳入"工大高新"核算的家电、针织、食品三商场 所发生的开办费。

h、投资收益较同期增加1998946.91元,系股票投资收益。

i、净利润较同期增加5470593.01元,主要是主营业务利润增加所致。

(3)子公司及关联企业

公司名称	投资金额	投资比例	主营业务范围
1、哈尔滨工大中恒镀膜实业公司	452万元	100%	镀膜玻璃系列产品生产和销售
2、哈尔滨圣日电池实业公司	2760.4万元	100%	各类电池及化学电源产品的开发、生产、销售
3、哈尔滨工大经济技术信息咨询公司	1116万元	100%	经济技术咨询与服务
4、哈尔滨工成房地产综合开发公司	160万元	100%	房地产综合开发
5、哈尔滨哈特购物广场	1859.8万元	100%	针织制品、家用电器、食品
6、哈尔滨无银触头实业公司	468.24万元	40%	铜基无银触头材料开发、生产
7、黑龙江省高等教育招考中心	1704.5万元	100%	人才培训、信息咨询

二、经营情况回顾与展望

1、上半年经营情况回顾

97年上半年面对困难与希望同在、挑战与机遇并存的形势,公司所属的各公司,在董事会的统一领导下,围绕年初制定的工作计划,主要做了如下工作:

①紧紧抓住效益这一主题,实施法人治理,严格科学管理,按责、权、利的原则,将经济指标层层分解,落实到人。全体员工发扬"团结、求实、开拓、奉献"的企业精神,奋力拚搏,取得了较好的经济效益,上半年主营业务收入7678.96万元,比上年同期增长了4.13%,实现净利润2353.17万元,比上年同期增长了30.29%。

②为适应公司发展需要,实施从产品经营到资本经营二次飞跃,公司已把一些年轻的高素质的科技、资本运营的稳健人才,充实到各级领导岗位,为公司发展注入新生力量,资本运营已见生机。

③公司全面开展二次创业教育,节约增效,内部挖潜,活化资产,收到了良好效果。

2、下半年展望

公司下半年经营,继续抓住效益这一主题,力争完成九七年度经营目标任务。

①要继续发挥"科技市场"辐射作用,通过扩大科技成果转化及技术咨询服务,力尽"科技市场"再创辉煌。

②用97年增资配股募集资金完成收购哈尔滨特号交通枢纽工程(该工程集市政、交通、人防及商服为一体)的产权和经营权。收购后的哈市特号交通枢纽工程作为公用事业和商业服务,公司将大大增加稳定收益,由于这一新的经济增长点,公司股本扩张后,一九九七年每股税后利润将不低于上年水平,实现资本与效益的双重扩张。

三、重大事件说明

1、根据国务院证券委、中国人民银行、国家经贸委5月21日联合发

布的《严禁国有企业和上市公司炒作股票的规定》公司进行了认真的自查。自规定公布后,我公司及所属子公司尚未在境内任何证券经营机构开设买卖已上市流通股票的帐户,本公司今后如果从事股票投资将严格遵循国家政策法规。

2、1996年5月6日,本公司发行社会公众股3000万股,发行价4.50元,实际募集资金1.31亿元,招股说明书披露,96年对镍镉电池、快速充电器、铜基无银触头三个项目投入3800万元,97年投入5290万元。三个项目的市场情况目前与96年度报告中披露的情况有明显改观,为保证股东投资的安全及效益,上半年未按原计划对上述三个项目继续投资。体现"货币资金"占用4597万元。为保持公司效益持续增长,公司董事会在进一步关注、培育高科技产品的同时,将审时度势正在酝酿考虑用部分新股募集资金进行资产重组,收购部分优势企业和优质资产,公司将在符合《公司法》和有关法规的情况下予以实施。

3、本公司于1997年6月4日委托上海证券中央登记结算公司对1996年度红利进行分配,含税0.25元/股,除税后0.215/股。流通股派发红利合计(含税)1250万元,扣税后为1075万元。

4、本公司报告期内无重大诉讼、仲裁事项。

四、发行在外股票的变动和股权结构变化

1、股权变动情况

本报告期内股权未发生变动。

2、股权结构情况(单位:股　　股票面值:1元)

	期初数	本次变动增减(+,-)					期末数
		配股	送股	公积金转股	其他	小计	
一、尚未流通股份							
1、发起人股份							
其中:							
国有法人股	40000000.00						40000000.00
境内法人持有股份	40000000.00						40000000.00
外资法人持有股份							
其他							
2、募集法人股							
3、内部职工股							
4、优先股或其他							
尚未流通股份合计	80000000.00						80000000.00
二、已流通股份							
1、境内上市的人民币普通股	50000000.00						50000000.00
2、境内上市的外资股							
3、境外上市的外资股							
已流通股份合计	50000000.00						50000000.00
三、股份总数	130000000.00						130000000.00

3、主要股东持股情况(1997年6月30日)

股东名称	持股数(万股)	占总股本比例(%)
1、哈尔滨工业大学高新技术开发总公司	4000	30.77
2、河北燕地工贸开发总公司	2000	15.38
3、哈尔滨高新技术开发区房屋建设开发总公司	1000	7.69
4、哈尔滨第三建筑工程公司	1000	7.69
5、海通证券	275	2.12
6、张绪斌	25.9	0.20
7、蒋成福	24.5	0.19
8、吴运槐	23	0.18
9、马红雷	20	0.15
10、梁耀勤	13.1	0.10

五、股东大会简介

1、1997年4月18日召开1996年度股东大会,出席会议的股东持有股份占总股份的61.82%。会议通过如下决议:

(1)审议通过《总经理业务报告》

(2)审议并通过《董事会工作报告》

(3)审议并通过《监事会工作报告》

(4)审议并通过《1996年财务决算报告》

(5)审议并通过《1996年度利润分配、分红派息预案》

(6)审议并通过《1997年增资配股议案》

(7)审议并通过董事会关于将公司所拥有哈特广场24%的股权转让他方股东,以取得哈特购物广场所属三个商场产权的议案。

六、备查文件

1、载有本公司董事长兼总经理张大成亲笔签名的中期报告原本。

2、哈工大高新技术产业开发股份有限公司1997年上半年财务报表原件。

3、哈工大高新技术产业开发股份有限公司1997年度《配股说明书》。

4、查阅地址:哈尔滨市南岗区西大直街118号。

5、咨询电话:0451—6208765转5151、5145

哈尔滨工大高新技术产业开发股份有限公司

一九九七年八月五日

峨眉铁合金(集团)股份有限公司

峨眉铁合金(集团)股份有限公司1996年年度报告摘要

一、公司简况

1. 公司法定中文名称:峨眉铁合金(集团)股份有限公司

英文名称:EMEI FERROALLOY (GROUP) STOCK Co., LTD.

英文缩写:EFC

2. 公司注册地址:四川峨眉山市九里镇

公司办公地址:四川峨眉山市九里镇

邮政编码:614222

3. 公司法定代表人:董事长兼总经理　谢心敏

公司咨询服务机构:公司董事会办公室

联系电话:0833—5576179

传真:0833—5525357

公司信息披露人员:董事会秘书　许克义

会计师事务所:四川会计师事务所

律师事务所:四川省投资与证券所律师事务所

二、主要财务数据与财务指标

单位:万元

项目	本年数	上年数	比上年增减(%)
1.主营业务收入	27240	31064	-12.31
2.净利润	-2714.5	833	-425.87
3.总资产	105114	101974	3.08
4.股东权益	38940	41654	-6.52
5.每股收益(元)	-0.136	0.043	-416.28
6.每股净资产(元)	1.95	2.09	-6.70
7.净资产收益率(%)	-6.97	1.99	-450.25
8.股东权益比率(%)	37.05	40.85	-9.30

三、公司主要业务回顾

1. 一年来公司经营情况

1996年度全国冶金行业都面临着非常困难的局面，我公司把"学邯钢、降成本"作为渡难关、求发展的重要大事来抓。虽然从内部做了大量艰苦的工作，但收效不理想，其主要指标完成如下:

1996年公司完成主营铁合金产量48241吨，销售铁合金产品49080吨，出口产品19436吨，出口创汇1112.3万美元。另外，公司投资组建的中港合资企业乐山峨眉铜铝加工有限公司，1996年生产光缆2694公里，销售光缆2649公里，销售收入2800万元，全年实现净利润330万元。集团公司全年实现主营业务收入27240万元，全年主营业务利润-4149万元，实现其它利润及投资收益1138万元，全年实现净利润-2714.5万元。

2. 经营情况分析

1996年完成主营业务收入27240万元，实现净利润-2714.5万元，分别为年初计划数的77.7%和-439.31%。

经济效益大幅度下滑的主要原因是:虽然国家两次降低贷款利率，由于老贷老利率，新贷新利率，公司90%的贷款属老贷款范围，导致财务费用净支出增加。同时，由于上年历史遗留的长短期贷款利息少计而影响利润下降。受雨水影响，电力供应不足，且供电质量差，加上避峰拉闸频繁，造成公司铁合金成本升高，使公司控股的一个中外合资子公司1996年度严重亏损。公司一个全资子公司为解脱公司与各大钢铁企业历史形成的"三角债"，缓解资金矛盾，采取与各大钢厂实物抵款抹帐的办法，抹进钢材，清理债权，由于抹进的钢材都高于市场价格，致使该公司与各大钢厂抵款的钢材亏损。电力政策性涨价，平均每度电价增加0.07元，影响综合总成本上升较大，造成利润下降。原材料涨价，铁路运输涨价，影响综合总成本上升，造成利润下降。96年因钢铁行业不景气，铁合金价格下降，也是影响公司经济效益下降的因素之一。因长期计划经济的影响使公司负担重，劳动生产率低，也是导致利润下降的原因。

公司全体董事和高级管理人员对1996年度在生产经营中出现的亏损向全体股东及关注峨铁公司发展的各界人士表示深深的歉意。公司将在1997年度坚持"以铁为主，多种经营、狠抓科技、严格管理、深化改革"的方针，扎实工作，努力克服生产经营中的各种困难，全面实现扭亏。

3. 募集资金使用情况说明

本公司在报告期内未募集资金。

四、股本变化及股本结构情况

1. 股本变化及股本结构情况

截止1996年末，公司股本结构如下(单位:万股;每股面值1元)

	期初数	配股	送股	公积金转股	期末数
一、尚未流通股份					
1)国家拥有股份	10507.75			315.23	10822.98
2)境内法人持有股份	1100.00			33.00	1133.00
合　计	11607.75			348.23	11955.98
二、已流通股份					
境内上市人民币普通股	7760.00			232.80	7992.80
三、股份总额	19367.75			581.03	19948.78

2. 报告期内公司经四川证管办批准并经公司第四次股东大会审议通过，实施1995年度利润分配方案:每10股送0.3股红股，共送红股581.03万股，送红股后总股份19948.78万股，股本结构未发生变化。

3. 主要股东持股情况:

股东名称	年末持股数量(万股)	占总股本比例(%)
1)乐山国有资产管理局	10822.98	54.25
2)峨眉铁合金综合服务开发公司	566.50	2.83
3)中国工商银行四川省分行信托公司	515.00	2.58
4)刘清平	98.50	0.49
5)王　忠	94.50	0.47
6)喻建辉	94.50	0.40
7)成都铁路局西昌铁路分局	51.50	0.26
8)任　柯	45.00	0.23
9)蒋万兴	40.00	0.20
10)王永弟	40.00	0.20

4. 股东数量:

截止1996年末，公司股东总数为46691户，其中:国家股股东1户，法人股东3户，社会公众股股东46687户。

5. 董事、监事与高层管理人员持股情况

姓名	职务	年初持股数	年末持股数	变动情况
谢心敏	董事长、总经理	12500	12875	送股增加
龚德华	副董事长	10000	10300	送股增加

朱震理	董　事	5000	5150	送股增加
朱雪纯	董　事	10000	10300	送股增加
简世钧	董　事	0	0	
袁国德	董事兼副总经理	10000	10300	送股增加
金树安	董事兼副总经理	1000	1030	送股增加
张传武	董事兼副总经理	0	0	
聂福东	董事兼副部经理	10000	10300	送股增加
张平俊	董事兼副总经理	0	0	
彭少奇	董事兼副总经理	2000	2060	送股增加
罗朝顺	董事兼副总经理	1000	1030	送股增加
王运琼	董事	5000	5150	送股增加
邓小东	董事	0	0	
王　力	董事	0	0	
王泽生	监事会主席	2500	2575	送股增加
刘玉如	监事会副主席	0	0	
梁发全	监事	0	0	
曾玉春	监事	0	0	
苟方云	监事	0	0	
邓启元	监事	1000	1030	送股增加
杨柳明	监事	0	0	
肖启华	监事	500	515	送股增加
刘国俊	监事	1000	1030	送股增加

五、重要事项

1. 股东大会情况

1996年5月22日下午2时,在本公司工人文化宫召开了公司1995年度股东大会,出席这次大会的董事、监事、高级管理人员和股东共438人,代表股份12844.96万股,占公司总股本19368.25万股的66.32%,会议符合公司章程的规定。

本次会议审议通过了《董事会工作报告》《监事会工作报告》《1995年年度财务决算和1996年财务预算报告》、《换届选举产生了公司第三届董事会和第二届监事会》及其它提案,并通过了本次股东大会决议(详见1996年5月23日《上海证券报》刊登的本公司披露的决议公告)。

2. 董事会情况

(1)1996年4月19日,在本公司招待所会议室召开了第二届十次董事会。会议审议了《总经理工作报告》、《1995年财务决算和1996年财务预算报告》、《1995年度利润分配方案》、《董事会人事变动提案》、《关于修改公司章程的提案》等。

(2)1996年5月22日在公司工人文化宫召开了公司第三届一次董事会会议。会议推选了董事长、副董事长,聘任了公司总经理、副总经理及董事会秘书。

(3)1996年8月9日,在公司招待所召开了三届二次董事会会议。审议了《总经理上半年生产经营工作报告》、《公司九六年中期报告》、《董事任免提案》。

3. 本公司对1995年四川会计师事务所出具的:利息净支出所反映的金额较长短期借款金额及合同规定的利率计算的利息要少6596376.65元的保留意见,已在本年全额计入财务费用处理。

4. 公司注册会计师事务所无变更,经办注册会计师变更为:中国注册会计师贺军、王辉;经办注册会计师原为罗建平、刘贵彬。

5. 本公司1996年11月4日因黄石楚昌公司欠本公司货款145万元一事向乐山市中级人民法院提起诉讼截至1996年12月31日止,该案尚在审理之中,本公司1996年12月3日向深圳市福田区人民法院提起诉讼,诉讼深圳建材公司欠本公司货款130万元,该案目前正在审理之中。

六、子公司及关联企业

企业名称	地址	注册资本	拥有权益	经营范围
海口峨铁工贸公司	海南省海口市	200万元	100%	铁合金及矿产品
乐山峨眉铜铝加工有限公司	四川省峨眉山市	3000万元	75%	光缆及矿产品
峨眉亚洲铁合金有限公司	四川省峨眉山市	8031万元	75%	铁合金及矿产品
峨铁昆明工贸公司	云南省昆明市	400万元	100%	铁合金及矿产品
成都峨铁工贸公司	四川省成都市	50万元	100%	铁合金及矿产品
峨眉建筑安装工程公司	四川省峨眉山市	205万元	100%	公司维修及改扩建工程
乐山电力股份有限公司	四川省乐山市	7671.4万元	22%	电力供应
峨眉交通实业有限公司	四川省峨眉山市	2000万元	20%	公路收费

* * 峨眉交通实业有限公司是以实际到位资金计算的

七、财务报告

(一)审计意见本公司财务报告经四川会计师事务所中国注册会计师贺军、王辉审计,并出具了无保留意见的审计报告(川会师业〔(1997)第126号〕

(二)财务报表(见附表)

(三)财务报表附注编制说明

1. 重要会计政策

(1). 本公司所属海口峨铁工贸公司及昆明峨铁工贸公司和不实行独立核算的进出口公司1996年度会计报表,分别由海南中达会计师事务所、昆明会计师事务所及乐山会计师事务所进行审计。另公司所属中外合资子公司成都峨眉生物技术应用有限公司,因尚在筹建期,本年暂不纳入合并报表范围编制合并报表。

(2). 坏帐准备

本年以年末应收帐款余额,按3‰计提坏帐准备金。

(3). 存货计价

本公司存货实行永续盘存制。存货中的原材料以计划成本进行日常核算,领用发出的原材料按月分摊材料成本差异;产成品以实际成本核算,发出采用加权平均法计算成本;低值易耗品采用一次摊销法核算。

(4). 长期投资的核算

本公司长期投资的核算方法是投资额占被投资企业资本总额20%以下的采用成本法核算;投资额占被投资企业资本总额20%到50%的采用权益法核算;投资额占被投资企业资本总额50%以上的采用权益法核算并编制合并会计报表。

(5). 无形资产及摊销

本公司无形资产系土地使用权,其中:母公司按50年期平均摊销;中外合资子公司按合营期限平均摊销。

(6). 递延资产及摊销,按5年期平均摊销。

本公司递延资产系开办费。

(7). 税项

本公司应纳税项及税率如下:

(1)增值税:按铁合金产品收入、材料收入的17%计算;矿产品原矿按13%计算。

(2)营业税:按铁运短运收入、汽车对外运输收入的3%-5%计算。

(3)所得税:按应纳税所得额的15%计征。

(4)城建税:按应交增值税和营业税的7%计缴。

(5)其他税项:按国家规定计缴。

(8). 产品销售收入

本公司以商品产品已经发出,所有权自卖方转移给买方,收取货款或取得收取货款的凭证时确认产品销售收入的实现。

(9). 利润分配

根据本公司章程第五十五条规定,公司缴纳所得税后的利润,按下列顺序进行分配:

(1)弥补亏损;

(2)提取10%法定盈余公积金;

(3)按董事会确定的比例提取公益金;

(4)按董事会确定的比例提取任意盈余公积金;

(5)支付普通股股利。

2. 会计报表主要项目附注

附注1. 短期投资

年末余额为零,年初余额205万元,减少原因属国债投资,已全部兑付。

附注2. 应收帐款

本公司应收帐款报表余额1996年12月31日254394595.41元。1995年12月31日235289625.07元计187户.

对1996年12月31日余额帐龄分析如下:

帐龄	户数	金额	比例
1年以内的	155	117,383,131.85	46.14%
1-2年的	48	61,538,352.03	24.19%
2-3年的	18	73,461,171.95	28.88%
3年以上的	11	2,011,939.58	0.78%
合计	232	258,660,398.24	100%

应收帐款期末余额中没有持有公司股份5%以上股东的应收款

附注3.其他应收款

本公司其他应收款报表余额1996年12月31日112372720.30元,1995年12月31日余额106,191,413.60元,对1996年12月31日余额帐龄分析如下:

帐龄	户数	金额	比例
1年以内的	59	49,623,644.34	44.16%
1-2年的	11	9,057,692.29	8.06%
2-3年的	10	53,496,383.27	59.74%
3年以上的	3	195,000.00	0.22%
合计	83	112,372,720.30	100.00%

其它应收款期末余额没有持有本公司股份5%以上的股东应收款

附注4.长期投资

本公司长期投资报表余额明细项目列示如下:

(1).股权投资

投资项目	比例(%)	1996-12-31
乐山电力股份有限公司	22.200	42,016,752.03
上海沪昌特殊钢股份有限公司	0.007	280,000.00
峨眉交通实业有限公司	25.000	4,000,000.00
重庆特殊钢股份有限公司	1.670	5,000,000.00
成都生物技术应用有限公司	75.000	6,194,868.13
小计		57,491,620.16

*公司本年对乐山电力股份有限公司的投资收益核算办法由原来的成本法改为权益法进行核算

(2).债券投资

债券种类	到期日	年利率	1996-12-31
国库券	92.6.27	13%	125,000.00
特种国债券	96.12.7	9%	220,000.00
重点企业建设债券	95.12.30	6%	75,000.00
电力建设债券	98.9-2002.9		315,700.00
国库券	98.9-1999	14.1%	1,686,500.00
小计			2,411,200.00

(3).其他投资

被投资单位	比例	1996-12-31
四川省信托投资公司	1.27%	5,079,300.00
攀西冶金企业(集团)公司		101,800.00
乐山工行信托投资公司		400,400.00
昆明西利特添加剂厂		190,000.00
小计		5,771,500.00
长期投资合计		65,685,320.16

附注5.在建工程

项目	金额
504#电炉除尘系统	12,836,427.51
公司办公楼	3,737,942.89
钨除尘系统	352,445.30
程控交换机	325,693.05
峨眉铜铝公司场地使用费	4,776,755.61
峨铁昆明公司办公楼	1,953,260.00
峨铁昆明公司防盗网及大修	149,650.28
峨眉铜铝公司光纤生产线	58,108.72
预付工程款	6,032,871.30
公司职工宿舍	646,386.29
公司家属区变电所	50,141.04
公司家属区煤气	675,395.90
公司家属区排水沟	254,699.67
公司医院门诊部	231,820.47
合计	32081598.03

附注6.资本公积

本公司资本公积报表余额明细如下:

项目	年初余额	本期增加	本期减少	年末余额
财产评估增值	22,712,342.94			22,712,342.94
资本溢价	107,902,800.00			107,902,800.00
	130,615,142.94			130,615,142.94

附注7.盈余公积金

本公司盈余公积金报表余额明细如下:

项目	年初余额	本期增加	本期减少	年末余额
法定盈余公积金	12,719,567.22			12,719,567.22
公益金	11,502,556.96	65,120.84*		11,667,667.80
任意盈余公积金	40,835,483.80			40,835,483.80
	65,057,607.98			65,222,728.82

*:系子公司并入的从税后利润中提取的职工福利及奖励基金

附注8.未分配利润

未分配利润年初21,380,450.31元,年末-5,930,009.20,减少的原因系本年亏损所致.

项目	95-12-31	96-12-31
一.净利润	8,328,848.24	-27,145,338.67
加:年初未分配利润	23,026,351.70	21,380,450.31
二.可分配的利润	31,355,199.94	-5,764,888.36
减:提取法定盈余公积金	832,884.82	
提取公益金	832,884.82	165,120.84*
三.可供股东分配的利润	29,689,430.30	-5,930,009.20
减:提取任意盈余公积金	2,498,654.48	
已分配普通股利	5,810,325.51	
四.未分配利润	21,380,450.31	-5,930,009.20

*系子公司并入的税后利润中提取的职工福利及奖励基金

附注9.投资收益

项目	1995年1-12月	1996年1-12月
股权投资收益	3,000,000.00	23,270,696.87*
债券投资收益	371,930.00	45,127.60
其他投资收益	3,900,912.50	1,083,867.75
合计	7,272,842.50	24,399,692.22

*公司本年对乐山电力股份有限公司的投资收益由原来的成本法改为权益法进行核算.

附注10.或有负债:无

八、其他事项

本公司第三届四次董事会会议于1997年4月28日召开,会议审议通过了公司1996年年度利润分配预案,1996年净利润亏损2714.53万元,冲抵1995年未分配利润2138.04万元,扣除子公司并入的从税后利润中提取的职工福利基金及奖励基金16.51万元,还亏损593万元.公司1996年度不进行分红送股。

峨眉铁合金(集团)股份有限公司董事会

一九九六年四月二十八日

资　产　负　债　表

编制单位：　峨眉铁合金(集团)股份有限公司　　1996 年 12 月 31 日　　金额单位:元

资产	行次	母公司年初数	合并年初数	母公司年末数	合并年末数	负债及股东权益	行次	母公司年初数	合并年初数	母公司年末数	合并年末数
流动资产						流动负债：					
货币资金	1	4859383.91	16532024.00	2524535.09	8374673.63	短期借款	41	225758485.00	235108485.00	267500776.50	273996166.50
短期投资	2		2050000.00			应付票据	42			1000000.00	4000000.00
应收票据	3	1600000.00	1600000.00	336000.00	336000.00	应付帐款	43	168615026.65	174174617.38	170076083.92	175888116.52
应收帐款	4	280584429.83	235289625.07	263285763.13	254394595.41	预收货款	44	11311866.05	19609039.95	7796274.74	10095703.80
减:坏帐准备	5	678303.39	705868.88	716568.19	763183.79	应付福利费	45	1922120.92	2170284.14	3608876.11	3908138.02
应收帐款净额	6	279906126.44	234583756.19	262569194.94	253631411.62	未付股利	46	14736627.55	14736627.55	2415877.55	2415877.55
预付货款	7	27062992.69	26176744.95	20084665.62	26686617.83	未交税金	47	188746.94	－5192176.12	－5103937.80	－7163608.43
其他应收款	8	94507782.58	106191413.60	112301652.40	112372720.30	其他未交款	48	1086419.16	1086522.29	1512841.79	1512982.84
待摊费用	9	16232325.92	16408350.08	13367797.76	13889988.79	其他应付款	49	34531133.84	38898643.77	67943979.24	85692471.92
存货	10	207467683.74	276446846.71	223780489.29	263714545.50	预提费用	50		49753.48		124298.90
减:存货变现损失准备	10－1					一年内到期的长期负债	51				
存货净额	10－2					其他流动负债	52				
待处理流动资产净损失	11										
一年内到期的长期债券投资	12	532000.00	532000.00			流动负债合计	55	458150426.11	480641797.44	516750772.05	550470147.62
其他流动资产	13					长期负债：					
流动资产合计	15	632168295.28	680521135.53	634964335.10	679005957.67	长期借款	56	79929006.59	79929006.59	70175970.56	.70175970.56
长期投资：						应付债券	57				
长期投资	16	134731118.15	39559104.32	145249909.57	65685320.16	长期应付款	58	15080755.94	15080755.94	15900755.94	15900755.94
合并价差(含合并报表填列)											
	16－1					其他长期负债	60				
固定资产：						长期负债合计	65	95009762.53	95009762.53	86076726.50	86076726.50
固定资产原价	17	246908337.36	327302934.87	271608250.97	358877816.10	递延税项：					
减:累计折旧	18	86421925.62	91503775.06	95642239.30	107999183.84	递延税款贷项	66				
固定资产净值	19	160486411.74	235799159.81	175966011.67	250878632.26	负债合计	67	553160188.64	575651559.97	02827498.55	636546874.12
在建工程	20	25075643.72	32081598.03	17949328.03	24853348.91						
固定资产清理	21					少数股东权益(合并报表填列)	67－1		27551753.25		25199483.62
待处理固定资产净损失	22										
固定资产合计	23	185562055.46	267880757.84	193915339.69	275731981.17	股东权益：					
无形资产及递延资产：						股本	68	199487842.51	199487842.51	199487842.51	199487842.51
无形资产	24	18587145.96	30850270.21	18188179.44	29795359.79	资本公积	69	130615142.94	130615142.94	130615142.94	130615142.94
递延资产	25		933089.06		923444.02	盈余公积	70	65057607.98	65057607.98	65057607.98	65222728.82
无形及递延资产合计	30	18587145.96	31783359.27	18188179.44	30718803.81	其中:公益金	71	11502556.96	11502556.96	11502556.96	11667677.80
其他长期资产：						未分配利润(未弥补亏损以“－”号表示)	72	22727832.78	21380450.31	－5670328.18	－5930009.20
其他长期资产	31										
递延税项：						外币报表折算差额(合并报表填列)	72－1				
递延税款借项	32										
资产总计	40	971048614.85	1019744356.96	992317763.80	1051142062.81	股东权益合计	79	417888426.21	416541043.74	389490265.25	389395705.07
						负债及股东权益总计	80	971048614.85	1019744356.96	992317763.80	1051142062.81

利　润　及　利　润　分　配　表

编制单位：　峨眉铁合金(集团)股份有限公司　　1996 年度　　金额单位:元

项目	行次	母公司上年数	合并上年数	母公司本期数	合并本期数
一．主营业务收入	1	268062617.15	310635792.34	196786622.20	272401464.73
减:营业成本	2	224330161.34	253753452.49	159131942.33	239984731.25
销售费用	3	4041925.76	13184393.19	7894022.19	14905989.29
管理费用	4	18968060.91	22878229.44	17403001.81	22160641.83
财务费用	5	15976246.00	17430378.43	33711357.35	34764545.82
进货费用	6				
营业税金及附加	7	756217.84	769135.50	2065744.87	2077783.40
二．主营业务利润(亏损以“－”号表示)	8	3990005.30	2620203.29	－23419446.35	－41492226.86
加:其他业务利润(亏损以“－”号表示)	9	－2249838.90	－2274380.02	－12992612.97	－13020586.07
三．营业利润(亏损以“－”号表示)	10	1740166.40	345823.27	－36412059.32	－54512812.93
加:投资收益(损失以“－”号表示)	11	6611716.62	7272842.50	8146901.05	24399692.22
补贴收入	11－1				
营业外收入	12	2865756.45	3422481.32	1432116.19	1611065.37
减:营业外支出	13	1829185.17	2315314.56	489403.29	649544.14
加:以前年度损益调整(调减以“－”号表示)	14		－143426.03	79007.58	80737.14
四．利润总额(亏损以“－”号表示)	15	9388454.30	8582406.50	－27243437.79	－29070862.34
减:所得税	16	243302.18	272805.36		60665.35

项目	行次	母公司上年数	合并上年数	母公司本期数	合并本期数
减:少数股东损益(合并报表填列)(亏损以“-”号表示)	16-1		-19247.10		-1986189.02
五.净利润(亏损以“-”号表示)	17	9145152.12	8328848.24	-27243437.79	-27145338.67
加:年初未分配利润(未弥补亏损以“-”号表示)	18	23557430.29	23026351.70	21573109.61	21380450.31
盈余公积转入数	19				
六.可分配的利润(亏损以“-”号表示)	20	32702582.41	31355199.94	-5670328.18	-5764888.36
提取法定公积金	21	832884.82	832884.82		
提取法定公益金	22	832884.82	832884.82		165120.84
职工奖金福利(合并报表填列,子公司为外商投资企业项目)	22-1				
	22-2				
七.可供股东分配的利润(亏损以“-”号表示)	23	31036812.77	29689430.30	-5670328.18	-5930009.20
减:已分配优先股股利	24				
提取任意公积金	25	2498654.48	2498654.48		
已分配普通股股利	26	5810325.51	5810325.51		
八.未分配利润(未弥补亏损以“-”号表示)	27	22727832.78	21380450.31	-5670328.18	-5930009.20

财 务 状 况 变 动 表

编制单位: 峨眉铁合金(集团)股份有限公司 1996年度 金额单位:元

流动资金来源和运用	行次	母公司	合并数	流动资金各项的变动	行次	母公司	合并数
一.流动资金来源:				一.流动资产本年增加数			
1.本年净利润(合并报表为合并净利润)	1	-27243437.79	-27145338.67	1.货币资金	31	-2334848.82	-8157350.37
加:少数股东本期损益(合并报表填列)	2		-1986189.02	2.短期投资	32		-2050000.00
加:不减少流动资金的费用和损失:				3.应收票据	33	-1264000.00	-1264000.00
(1)固定资产折旧	3	10060485.67	13177044.33	4.应收帐款净额	34	-17336931.50	19047655.43
(2)无形资产、递延资产及其他资产摊销(减其他负债转销)	4	398966.52	1064555.46	5.预付货款	35	-6978327.07	509872.88
				6.其他应收款	36	17793869.82	6181306.70
(3)固定资产盘亏(减盘盈)	5		-46450.00	7.待摊费用	37	-2864528.16	-2518361.29
(4)清理固定资产损失(减收益)	6	18293.41	27676.91	8.存货净额	38	16312805.55	-12732301.21
(5)递延税款	7			9.待处理流动资产净损失	39		
(6)其他不减少流动资金的费用和损失	8			10.一年内到期的长期债券投资	40	-532000.00	-532000.00
小计	10	-16765692.19	-14908700.99	12.其他流动资产	41		
2.其他来源:							
(1)固定资产清理收入(减清理费用)	11	239471.97	427141.97	流动资产增加净额	45	2796039.82	-1515177.86
(2)增加长期负债	12	2499303.97	2499303.97	二.流动负债本年增加数:			
(3)收回长期投资	13	736609.40	736609.40	1.短期借款	46	41742291.50	38887681.50
(4)对外投资转出固定资产	14			2.应付票据	47	1000000.00	4000000.00
(5)对外投资转出无形资产	15			3.应付帐款	48	1461057.27	1713499.15
(6)资本净增加额	16		165120.84	4.预收货款	49	-3515591.31	-9513336.15
(7)少数股东资本净增加额(合并报表填列)	16-1			5.应付福利费	50	1686755.19	1737853.88
小计	17	3475385.34	3828176.18	6.未付股利	51	-12320750.00	-12320750.00
流动资金来源合计	18	-13290306.85	-11080524.81	7.未交税金	52	-5292684.74	-1971432.31
二、流动资金运用				8.其他未交款	53	426422.63	426460.55
1.利润分配				9.其他应付款	54	33412845.40	46793828.15
(1)提取法定公积金	19			10.预提费用	55		74545.42
(2)提取法定公益金	20			11.一年内到期的长期负债	56		
(3)提取任意公积金(减盈余公积转入)	21			12.其它流动负债	57		
(4)已分配利润	22						
(5)职工奖福基金(合并报表中外商投资子公司项目)	22-1						
小计	23						
2.少数股东利润分配(合并报表填列)	23-1						
3.其它运用							
(1)固定资产和在建工程净增加额	24	20006258.45	21967838.00				
(2)增加无形资产、递延资产及其它资产	25						
(3)偿还长期负债	26	11252340.00	11432340.00				
(4)增加长期投资	27	11255400.82	26862825.24				
小计	28	42513999.27	60263003.24				
流动资金运用合计	29	42513999.27	60263003.24	流动负债增加净额	58	58600345.94	69828350.19
外币会计报表折算差额(合并报表填列)	29-1			流动资金增加净额	59	-55804306.12	-71343528.05
流动资金来源增加净额	30	-55804306.12	-71343528.05				

峨眉铁合金(集团)股份有限公司一九九七年度中期报告摘要

一、财务报表(未经审计)

1. 简化的合并资产负债表　1997 年 6 月 30 日

金额单位:元

	年初数(母公司)	年初数(合并)	期末数(母公司)	期末数(合并)
资产:				
流动资产	634,964,335.10	679,005,957.67	742,530,361.63	778,585,690.97
长期投资	145,249,909.57	65,685,320.16	131,538,732.31	56,280,448.94
固定资产净值	175,966,011.67	250,878,632.26	170,850,144.98	244,120,348.88
在建工程	17,949,328.02	24,853,348.91	21,131,869.79	28,037,283.94
固定资产清理	0.00	0.00	0.00	0.00
无形资产	18,188,179.44	29,795,359.79	18,188,179.44	29,483,814.21
递延资产	0.00	923,444.02	0.00	961,784.34
资产总计	992,317,763.80	1,051,142,062.81	1,084,239,288.15	1,137,469,371.28
负债及股东权益:				
流动负债	516,750,772.05	550,470,147.62	583,334,478.72	611,296,834.36
长期负债	86,076,726.50	86,076,726.50	89,091,726.50	89,091,726.50
负债合计	602,827,498.55	636,546,874.12	672,426,205.22	700,388,560.86
少数股东权益	0.00	25,199,483.62	0.00	25,212,389.26
股东权益	389,490,265.25	389,395,705.07	411,813,082.93	411,868,421.16
其中:股本	199,487,842.51	199,487,842.51	199,487,842.51	199,487,842.51
资本公积	130,615,142.94	130,615,142.94	130,615,142.94	130,615,142.94
盈余公积	65,057,607.98	65,222,728.82	65,057,607.98	65,057,607.98
其中:公益金	11,502,556.96	11,667,677.80	11,502,556.96	11,502,556.96
未分配利润	-5,670,328.18	-5,930,009.20	16,652,489.50	16,707,827.73
负债及股东权益	992,317,763.80	1,051,142,062.81	1,084,239,288.15	1,137,469,371.28

2. 简化的合并损益表　　1997 年 1-6 月　　　金额单位:元

	上年同期数(母公司)	上年同期数(合　并)	上半年实际数(母公司)	上半年实际数(合　并)
主营业务收入	102,445,676.95	129,929,381.68	99,716,623.13	134,392,848.57
主营业务利润	2,369,663.37	1,249,415.78	1,760,058.73	1,721,550.84
其他业务利润	732,566.62	501,489.57	274,757.67	-849.71
投资收益	-1,582,887.20	21,735.00	20,201,798.79	21,245,844.00
营业外收支净额	42,327.83	-48,259.07	86,202.49	169,195.56
加:以前年度损益调整	79,007.58	-566,627.63	0.00	-110,766.65
利润总额	1,640,678.20	1,157,753.65	22,322,817.68	23,024,974.04
减:所得税	246,101.73	247,618.13	0.00	372,501.91
减:少数股东损益		-308,023.70	0.00	10,405.64
净利润	1,394,576.47	1,218,159.22	22,322,817.68	22,642,066.49

3. 财务指标

	1997 年 1-6 月	1996 年 1-6 月
每股收益	0.113 元	0.0061 元
净资产收益率	5.5%	0.292%
每股净资产	2.06 元	2.09 元

4. 财务报表附注

①本报告期所采用的会计政策和会计方法与上年一致,合并报表的单位无变化,所有集团内部的重大交易及余额均相互抵充。

②短期投资

本报告期无短期投资。

③应收帐款

1997 年 6 月 30 日余额为人民币 258,783,534.90 元。

帐　　龄	金　　额(元)	占总额比例(%)
1 年以内	128,943,131.48	49.83
1-2 年	75,736,458.09	29.27
2-3 年	54,103,945.33	20.90
合　　计	258,783,534.90	100.00

④其它应收款

1997 年 6 月 30 日余额为人民币 130,022,663.18 元

帐　　龄	金　　额(元)	占总额比例(%)
1 年以内	79,874,589.40	61.43
1-2 年	38,467,984.56	29.59
2-3 年	9,846,735.75	7.57
3 年以上	1,833,353.47	1.41
合　　计	130,022,663.18	100.00

⑤长期投资

1997 年 6 月 30 日余额 56,280,448.94 元,较上年减少 9,404,871.22 元,主要系转让乐山电力股份有限公司法人股所致。

⑥股本

本报告期内股本无变化。

⑦资本公积

1997 年 6 月 30 日余额 130,615,142.94 元,与年初相比无变化。

⑧盈余公积

1997 年 6 月 30 日余额 65,057,607.98 元,与年初相比减少 165,120.84 元,系调整 96 年度子公司从税后利润中提取的职工奖励及福利基金。

⑨未分配利润

1997 年 6 月 30 日余额 16,707,827.73 元。

⑩投资收益

1997 年 1-6 月投资收益为 21,245,844.00 元。主要系转让乐山电力股份有限公司法人股,投资收益为 20,839,500.00 元。

5. 子公司及关联企业

①全资子公司

企业名称	注册资本	拥有股权	成立地点	经营范围
海口峨铁工兵公司	200 万元	100%	中国	铁合金及矿产品
成都峨铁公司	50 万元	100%	中国	铁合金及矿产品
昆明峨铁公司	400 万元	100%	中国	铁合金及矿产品
峨铁建筑安装工程公司	205 万元	100%	中国	公司维修及扩建工程

②控股子公司

企业名称	注册资本	拥有股权	成立地点	经营范围
乐山峨眉铜铝加工有限公司	3000 万元	75%	中国	光缆及矿产品
峨眉亚洲铁合金有限公司	8031 万元	75%	中国	铁合金及矿产品

③长期投资公司

企业名称	注册资本	拥有股权	成立地点	经营范围
乐山电力股份有限公司	7671.6 万元	9.16%	中国	电力供应
峨眉交通实业公司	2000 万元	20%	中国	公路收费

④关联交易

母公司与全资子公司成都峨铁工贸公司相互提供原材料;母公司为控股的子公司峨眉亚洲铁合金有限公司提供原材料,峨眉亚洲铁合金有限公司的产品全部销售给母公司;母公司控股的子公司乐山铜铝加工有限公司,因生产的产品与母公司主营业务无任何关系,故不存在相互交易情况;相互交易余额均相互抵销,本报告期有关内部交易情况如下:

单位	97年中期(万元)	96年中期(万元)
峨眉铁合金(集团)股份有限公司(母公司)	3394.25	3449.50
成都峨铁工贸公司	322.89	249.59
峨眉亚洲铁合金有限公司	2679.59	3071.58

二、经营情况的回顾与展望

1. 上半年经营情况的回顾

①主要指标完成情况:

主营铁合金产量1.74万吨,主营业务收入13439.3万元,主营利润172.1万元。光缆收入1,669万元,利润225.7万元。上半年集团公司总共实现利润总额2,302.5万元,净利润2,264.2万元,已实现扭亏目标。

②采取的措施及进展情况:

为了走出困境,实现扭亏目标,公司上半年主要狠抓了如下几个方面的工作:

一是进一步深化内部改革,以劳动用工、分配的改革为突破口,精干主体,分离辅助,在岗人员降低约1/4。公司全员劳动生产率比原来提高约1/5。

二是依靠科技进步,组织科技人员攻关,大胆改变传统工艺,对铁合金电炉的供电系统进行改造,使每吨铁合金产品比去年同期降低电耗约30%,上半年减少支出1,000多万元。

三是严格科学管理,公司与各级签订学邯钢降成本扭亏责任状,并层层分解,落实到人,严格考核奖惩,使公司主营成本降低4.6%。

四是针对电费不断上涨的矛盾,积极调整产品结构,增加低电耗有市场潜力的五氧化二钒产品的生产。上半年该产品产量增加50%以上,产销率达100%,为公司上半年扭亏打下了基础。

五是设法盘活资产存量,积极寻求新的经济增长点。

为了解决主营铁合金受能源、市场等制约较大的矛盾,公司大力发展多种经营,增强抗风险能力。公司下属的光缆厂产量、效益逐年增长,上半年利润225.7万元,经论证如对该项目再适当增加投入,其潜力较大,故公司把在乐电公司长期投资中的1000万法人股进行了转让,其收入拟全部投入光缆项目的技改。预计该项目一年内可完成,达产后光缆厂年销售收入有望达3亿元,年利润有望达3000万元,光缆厂将逐步发展成为公司新的经济增长点。

2. 下半年展望

①公司下半年系主营铁合金生产的黄金时期,公司将以科技为龙头,加强设备管理,充分利用电源较上半年好的条件,开足开好电炉,进一步搞好节能降耗,力争铁合金产品各项经济指标达到或超过国际国内先进水平。另外,针对上游产品涨价的不利因素,公司内部将严格按与各二级单位签订的“学邯钢、降成本”扭亏增盈目标进行考核和奖惩,从内部挖潜,把主营铁合金产品的生产成本降下来,提高市场竞争能力。

②抓紧时间将转让法人股的收入投向光缆技改项目,争取一年内完成并迅速投产,为集团公司多种经营创造更大的效益。

三、重大事件的说明

1. 根据国家国有资产管理局[1997]22号文精神,将我公司国家股持股单位由乐山市国有资产管理局已变更为乐山资产经营有限公司(详见97年5月14日上证报)。

2. 经本公司与四川信都建设投资开发有限责任公司共同协商,经公司96年度股东大会表决通过,并报请有关部门批准,将我公司持有的“乐山电力”法人股壹仟万股(每股面值1元),按每股人民币3.1元价格(合计3100万元)转让给四川信都建设投资开发有限责任公司。转让后,本公司还持有“乐山电力”公司法人股702.976万股,占“乐山电力”公司总股本的9.164%(详情可见6月12日中证报或上证报)。

3. 本报告期内公司无重大诉讼、仲裁事项

4. 本公司对照《严禁国有企业和上市公司炒作股票的规定》的自查情况:

经自查,本公司没有从事任何违规的事项。

5. 公司募集资金使用情况

本公司从1994年以来未曾募集过资金,原募集资金已在1995年度以前按股东大会通过的项目使用完毕,并同时已在上证报中进行了披露。

四、发行在外股票的变动及股权结构的变化

1. 报告期内发行股票(包括送、配股)及股票的派生种类,拆细或合股,可转换债券转换情况,以及发行在外股票的其它变化情况。

本公司在报告期内无以上变化情况。

2. 股权结构情况

	期末数	占总股本(%)
国家股	10822.98万股	54.25%
法人股	1133.00万股	5.68%
个人股	7992.80万股	40.07%
合　计	19367.75万股	100.00%

3. 主要股东持股情况

股东名称	持股数	占总股本(%)
(1)乐山资产经营有限公司	10822.98	54.26
(2)峨眉铁合金综合服务开发公司	566.50	2.83
(3)中国工商银行四川省分行信托公司	515.00	2.58
(4)李红霞	96.9	0.48
(5)李翔海	86.6	0.43
(6)刘思勤	82	0.41
(7)张炜	78	0.39
(8)吴悦民	73	0.37
(9)中大管理	66	0.33
(10)成都铁路局西昌铁路分局	51.50	0.26

五、股东大会简介

1997年5月30日下午2时,在公司工人文化宫召开了1996年度股东大会。出席本次大会的公司董事、监事等高级管理人员和股东共235人,代表股份12,589.53万股,占公司总股份的68.06%。会议符合法定程序和规定。

本次大会审议批准、表决通过了《公司董事会工作报告》、《公司监事会工作报告》、《1996年度财务决算和1997年度财务预算报告》、《公司1996年度利润分配方案》、《公司董事任免提案》及《公司在乐山电力股份有限责任公司投资的1000万法人股转让给四川信都建设投资开发有限责任公司的提案》等。大会最后通过了本次股东年会的决议(详见1997年5月31日上海证券报)。

本公司报告期内没有召开临时股东大会。

六、备查文件

在本公司董事会办公室备有以下备查文件,随时供股东查阅:

1. 载有董事长、总经理亲笔签名的中期报告原本;

2. 公司有关统计报表;

3. 公司《章程》。

地　　址:四川省峨眉山市九里镇
联系电话:(0833)5576179
传　　真:(0833)5525357
邮政编码:614222

峨眉铁合金(集团)股份有限公司
一九九七年七月十六日

上海东海股份有限公司

上海东海股份有限公司1996年年度报告摘要

一、公司简况

股票代码:600708
股票简称:东海股份
公司法定中文名称:上海东海股份有限公司
公司英文名称:SHANGHAI DONGHAI CO.,LTD
公司英文名称缩写:SDC
公司注册地址:上海浦东杨高路555号
公司办公地址:上海东海农场境内
邮编:201303
公司法定代表人:章祖法
公司咨询服务机构:证券部
电话:(021)58291285 (021)58291301
传真:(021)58292687
联系人(董秘):王忠达
会计师事务所:上海立信会计师事务所
律师事务所:上海经济贸易律师事务所

二、主要财务数据与财务指标

指标项目	本年数	上年数	比上年增减(%)	扣除利息收入
1.主营业务收入(万元)	25247.42	29518.51	-14.47	
2.净利润(万元)	6074.77	4104.69	48.00	5082.90
3.总资产(万元)	138229.07	61531.68	124.65	
4.股东权益(万元)	41823.55	21008.72	99.08	
5.每股收益(元)	0.41	0.42	-3.64	0.34
6.每股净资产(元)	2.81	2.17	29.62	
7.净资产收益率(%)	14.52	19.54	-25.66	12.15
8.股东权益比率(%)	30.26	34.14	-11.38	

三、公司业务经营概况

1、公司一年来的经营情况:

1996年是公司发展史上具有重要意义的一年。在本年度,公司完成了由定向募集公司向公众公司的深刻转变,公司股票顺利在上交所发行并上市,各项工作均取得良好的进展。第一,公司适应市场经济的客观要求,加快推进各项改革,为公司下一轮发展奠定了良好的基础。第二,积极培育市场,发展新的经济增长点,利用募股资金对招股说明书披露的投资项目及时作了投资,并已初步形成了生产能力。其中不锈钢保温杯产量已达153万支,产值1.14亿元,利润达2200万元。第三、加快建立现代企业制度,围绕三项制度改革,逐步建立一套行之有效的管理制度,强化管理,练好内功。第四,优化产业结构,走集约化经营、规模发展之路,初步形成了一、二、三产立体经营的框架。组建大集团,实施名牌战略,积极参与竞争,经过一年来的努力已取得显著成效,使产销率、市场占有份额有明显提高。

公司1996年实现主营业务收入2.52亿元,税后利润6074.77万元,比1995年实绩4104.69万元增长48%。1996年每股净资产为2.81元,较1995年2.16元上升29.62%,按送股后摊薄计算,1996年每股收益为0.41元。

2、本次募集资金使用情况:

经中国证监会批准,于1996年5月23日通过上交所公开发行2710万A股,发行价格为每股5.80元,扣除发行费用后募集资金全部投入:

(1)投资9720万元组建沪台合资上海思乐得联合体扩建项目,其产品不锈钢真空保温瓶(杯)系列产品年产量达350万支。该项目获沪农场工外(1995)307、沪农工商计财(1995)86号、87号及88号文批准。

(2)投资2663万元用于程控局用交换机扩产,生产能力可达20万线/年,该项目获沪农工商计财(1995)49号文批准。

(3)投资1665万元用于上海蔬菜示范基地项目,可保证全年各季节均衡上市蔬菜2500吨,该项目获沪农场农(1994)555号文批准。

(4)投资2000万元用于东海橡胶厂扩产改造,该项目获沪农场计财(1993)1141号文批准。

四、股本变化及股本结构情况

1、股本变化及股本结构情况:

截止1996年12月31日,公司股本结构如下:

(单位:万股)

	期初数	送股前	期末数	增减(+.-)
(一)尚未流通股				
国家股	5482.44	5482.44	6578.92	+1096.48
发起法人股	200	200	240	+40
法人股	2200	2200	2640	+440
内部职工股	1800	1260	1512	-288
(二)已流通股				
社会公众股		3250	3900	+3900
(三)总股本	9682.44	12392.44	14870.92	+5188.48

本年度股本变化的原因是:(1)1996年5月23日获准向社会公开发行3250万股A股;(2)第四次股东大会批准以每10股送2股的比例派送红股。(3)截至1996年12月31日,股东户数共计:22065户

2、主要股东持股情况(前十名股东)

名次	股东名称	年初持股数(万股)	占总股本(%)
1	国家股	6578.92	44.3
2	上海东海农工商总公司	1200	8.1
3	上海金鸿实业总公司	289.2	1.9
4	珠海申广电子股份有限公司	240	1.6
5	上海真空电子股份有限公司	120	0.8
6	上海闵行联合发展有限公司	60	0.4
7	南汇县信用社联社	60	0.4
8	上海昌隆实业公司	36	0.2
9	上海汽车工业开发发展公司	36	0.2
10	上海东方明珠股份有限公司	36	0.2

3、公司董事、监事与高级管理人员持股情况

姓名	职务	年初持股数	年末持股数	变动原因
章祖法	董事长、总经理	9500	11400	10:2送股
李龙海	副董事长、书记	2500	3000	10:2送股
吴锡森	董事	0	0	
刘于文	董事	2000	2400	10:2送股
余惕君	董事	0	0	
吴伯庆	董事	0	0	
潘惠麟	董事	0	0	
殷啸坤	董事、总经济师	500	600	10:2送股
曹荣珍	董事	0	0	
赵才标	董事	1000	1200	10:2送股
项竞文	监事长	3000	3600	10:2送股
朱建弟	监事	0	0	
王 蕊	监事	0	0	

卫　葱	监事	0	0	
梁　瑞	监事	2000	2400	10:2 送股
王忠达	董秘	1000	1200	10:2 送股

五、重要事项

1、报告期董事会、股东大会情况：

(1)1996 年 6 月 6 日,公司召开第四次股东大会,通过了《1995 年董事会工作报告》、《1995 年监事会工作报告》、《1995 年度财务决算和 1996 年度财务预算》、修改《公司章程》议案及 1995 年度利润分配方案;并通过特别决议,授予董事会调整公司资产经营变化的权力。

(2)1996 年 6 月 21 日第四次股东大会召开期间,经股东提案,对原分配预案进行表决:原分配预案为至 95 年 12 月 31 日前持有公司股票的老股东,按每 10 股送 2 股红利及每 10 股送 1.00 元的预案。在表决期间,经股东提议后表决,同意新老股东共享九五年的红利。修正后的分配方案为,对老股东按每 10 股送 2 股红股及送 1 元红利,对 6 月 21 日前持有公司股票的新股东按每 10 股送 2 股红股,经临时董事会表决及股东大会通过后实施。

2、股票发行与上市情况：

(1)1996 年 5 月 23 日,经中国证监会批准,向社会公众公开发行 3250 万股 A 股,(其中含 540 万股内部职工股占额度上市);

(2)1996 年 6 月 6 日,公司 3250 万股 A 股在上交所挂牌交易。

3、报告期内董、监事变化情况：

1996 年 6 月 21 日第四次股东大会选举产生公司第二届董事会,其中余惕君、吴伯庆、曹荣珍、赵才标为新任董事;同时选举产生公司第二届监事会,其中朱建弟、王蕊为新任监事。

4、报告期内投资事项：

上海海加肉牛有限公司目前处于清算阶段,生产经营停顿。

5、1996 年度利润分配方案：

鉴于公司 1996 年度主营业务下降的现实,因而公司急需资金发展主营业务,为保证公司的发展后劲,1996 年度利润暂缓分配。

上述方案尚需股东大会批准并上报有关部门审核后实施。

6、报告期内公司无重大诉讼、仲裁事项。

六、子公司及关联企业

企业名称	注册资金(万元)	主营业务	本公司拥有权益
1 上海东联棉纺织厂	73.4	棉布	100
2 上海星宇化工实业公司	138	橡胶助剂等	100
3 上海东方制药厂	182	各类水剂	100
4 上海东灵制药厂	13.2	医用软皂	100
5 上海东海长远实业公司	217.8	化工原料等	100
6 上海东海照明器材厂	133	光源灯具	100
7 上海东海乳品公司	276.5	乳制品	100
8 上海东海沪东公司	50	家用电器等	100
9 上海汇城实业总公司	678	铝合金制品等	100
10 上海海宏纸箱厂	204	纸箱纸盒	100
11 上海华裕商业公司	100	五金交电产品	100
12 上海市东海东福公司	454	汽车电器与配件	100
13 上海思乐得不锈钢制品有限公司		不锈钢制品	70
14 上海轮胎橡胶集团东海橡胶厂		橡胶制品	35
15 上海大华汽车配件厂	30	汽车配件	100

七、财务报告

1、审计报告：

本公司 1996 年度财务报告经立信会计师事务所注册会计师邢建良、胡秀金审计并出具了无保留意见的审计报告(信会师报字〔97〕第 0301)。

2、财务报告(附后)

3、重要会计政策：

(1)会计制度:执行《股份制试点企业会计制度》。

(2)会计报表合并范围:由母公司及其被投资企业报表合并。母公司会计报表由公司本部和下属十四个附属单位汇总编制,被投资单位为上海思乐得不锈钢制品有限公司。

(3)坏帐准备:按应收帐款期末余额千分之五计提,中外合资企业根据《中华人民共和国外商投资企业管理规定》第三十条规定未予计提。

(4)存货计价:库存商品和产成品采用实际成本核算。原材料领用按加权平均法计价,低值易耗品领用时分别按不同情况采用一次摊销法或分次摊销法。

(5)长期投资:股权比例在 51%(含 51%)以上按权益法核算并合并报表,股权比例在 20%——50%(含 50%)按权益法核算,但不合并报表,股权比例在 20%以下,按成本法核算。

(6)固定资产及其折旧:固定资产按实际成本计价,残值率为 4%,折旧方法一般采用直线法,个别采用工作量法(如车辆)。

(7)无形资产的摊销:有法定年限的按法定年限摊销,无法定年限按 10 年摊销,其中场地使用权按 30 年摊销。

(8)递延资产的摊销:开办费按 5 年分配,其他按受益期摊销。

(9)税项：

A. 营业税率 5%;增值税税率 17%,部分农用产品按 13%;另按流转税税额征收附加税。

B. 所得税:税率为 15%。

C. 其他税项根据国家和当地财政标准交纳。

(10)关于在合并报表范围内的中外合资会计政策,因其与现行股份制试点企业会计制度差异不大,对合并报表整体不产生重大影响,故在合并时不予调整其差异。

4、会计报表科目注释:(单位:元)

(1)应收帐款	55,653,801.67
其中:一年以内	37,289,166.76
一年至二年	10,830,124.45
二年至三年	5,314,340.86
三年以上	2,220,169.60

注:无持有公司股票 5%以上的股东欠款。

(2)其他应收款	791,179,892.79
其中:一年以内	324,141,287.42
一年至二年	3,783,466.64
二年至三年	426,632,127.01
三年以上	36,623,011.72

注:无持有公司股票 5%以上的股东欠款。

(3)存货	123,446,784.53
其中:原材料	29,631,433.77
在产品	14,703,575.08
产成品	18,956,351.72
包装物	1,908,812.32
低值易耗品	280,548.45
加工商品	288,051.77
库存商品	4,377,194.47
在建商品房	48,223,599.83
燃料	5,953.09
产役畜	5,071,264.03

(4)在建工程

工程名称	工程进度/资金来源	实际支用数	原预算数	(利息资本化金额)
胶水车间		87,757.06	--	--
牧场改建	90%/自筹	57,980.00	--	--
厂区改建	90%/自筹	9,005.00	--	--
六里工程	自筹	6,991,760.00	--	--
品一品大酒家	自筹	7,761,884.84	4,000,000.00	(2,393,182.97)

外购商品房	自筹	4,269,673.85	--	--
车辆更新	80%/自筹	131,788.50	--	(21,338.50)
万科花园	95%/自筹	3,229,677.04	--	(409,445.73)
光复路办公房	90%/自筹	3,782,160.63	--	(479,538.55)
电脑	40%/自筹	264,865.53	--	(42,877.53)
空调	自筹	574.72	--	--
管棚	自筹	347,243.60	--	--
房屋	自筹	600,349.07	--	--
锅炉房	自筹	718,768.24	--	--
涵洞	自筹	6,237.00	--	--

(5)资本公积	186,163,437.71
期初数	71,631,100.00
加:公开发行股票溢价收入	121,080,000.00
(减去上市发行费用)	
国家扶持蔬菜基地款项	182,000.00
上网发行的利息收入中签金额	154,287.31
减:送股资金	6,883,949.60
期末余额	186,163,437.71
(6)盈余公积	35,657,148.40
期初金额	23,730,743.18
加:本期提取法定公积金	5,963,202.61
本期提取法定公益金	5,963,202.61
期末余额	35,657,148.40
(7)未分配利润	47,705,620.90
期初余额	17,900,930.40
本期增加利润	59,632,026.12
本期提取两金	11,926,405.22
本期送股	17,900,930.40
期末余额	47,705,620.90
(8)营业外收入	10,714,581.34
其中:罚款收入	95,249.32
固定资产盘盈	80,559.20
固定资产清理净收入	577,679.01
无法归还款项	9,648.00
新股发行利息收入	9,918,658.76
其　　他	32,787.05
(9)投资收益	2,394,472.47
其中:股票收益	890,297.50
债券收益	98,035.78
非控股公司分来的利润	1,406,139.19

八、其他事项

1. 中外合作企业上海海加肉牛有限公司本年度处于清算阶段,生产经营停顿。

2. 备查文件

(1)1996 年年度报告原件;

(2)审计报告原件;

(3)第四次股东大会决议;

(4)其它有关文件。

上海东海股份有限公司董事会

一九九七年三月二十五日

资产负债表

编制单位:上海东海股份有限公司　　1996 年 12 月 31 日　　金额单位:元

资　　产	行次	母公司年初数	合并年初数	母公司年末数	合并年末数
流动资产					
货币资金	1	32878196.39	504362753.37	148102974.81	166576117.31
短期投资	2	1420000.00	1420000.00	152146.06	152146.06
应收票据	3	0.00	0.00	680000.00	680000.00
应收帐款	4	49168637.74	59770917.92	46912105.81	55653801.67
减:坏帐准备	5	245843.19	245843.19	234310.49	234310.49
应收帐款净额	6	48922794.55	59525074.73	46677795.32	55419491.18
预付货款	7	5575081.68	7542750.40	4157175.53	4338979.54
其他应收款	8	153944661.75	180025643.35	791645017.62	791179892.79
待摊费用	9	1425920.42	1425920.42	1425206.43	1425206.43
存　　货	10	75278167.25	91954835.48	89963384.85	123446784.53
减:存货变现损失准备	10-1	0.00	0.00	0.00	0.00
存货净额	10-2	75278167.25	91954835.48	89963384.85	123446784.53
待处理流动资产净损失	11	0.00	0.00	0.00	0.00
一年内到期的长期债券投资	12	103900.00	103900.00	53960.00	53960.00
其他流动资产	13	0.00	0.00	0.00	0.00
流动资产合计	15	319548722.04	392434399.75	1082857660.62	1143272577.84
长期投资:		0.00	0.00	0.00	0.00
长期投资	16	85894806.12	69057510.32	82918945.84	51243730.75
合并价差(合并报表填列)	16-1	0.00	0.00	0.00	0.00
固定资产:		0.00	0.00	0.00	0.00
固定资产原价	17	127678529.96	149084203.84	157619907.46	189803460.79
减:累计折旧	18	43040489.84	48336971.20	44788086.14	52793054.23
固定资产净值	19	84668040.12	100747232.64	112831821.32	137010406.56
在建工程	20	27041898.88	27041898.88	28259725.08	28259725.08
固定资产清理	21	-959694.05	-959694.05	-92076.00	-92076.00
待处理固定资产净损失	22	0.00	0.00	0.00	0.00
固定资产合计	23	110750244.95	126829437.47	140999470.40	165178055.64
无形资产及递延资产:		0.00	0.00	0.00	0.00
无形资产	24	16563616.28	16563616.28	15864721.14	15864721.14
递延资产	25	9636664.35	10431848.03	6304046.54	6731637.94
无形及递延资产合计	30	26200280.63	26995464.31	22168767.68	22596359.08
其他长期资产:		0.00	0.00	0.00	0.00
其他长期资产	31	0.00	0.00	0.00	0.00
递延税项:		0.00	0.00	0.00	0.00

资　　产	行次	母公司年初数	合并年初数	母公司年末数	合并年末数
递延税款借项	32	0.00	0.00	0.00	0.00
资产总计	40	542394053.74	615316811.85	1328944844.54	1382290723.31
负债及股东权益					
流动负债:					
短期借款	41	199880000.00	212197400.00	716613000.00	742502400.00
应付票据	42	0.00	0.00	1819,818.00	1819,818.00
应付帐款	43	19144871.62	20145431.32	22073564.90	30812349.29
预收货款	44	15657208.64	15805346.63	15743446.72	16258458.42
应付福利费	45	1676523.48	4261828.67	1739259.10	5127276.60
未付股利	46	10928848.18	38393074.24	1754823.98	2645860.80
未交税金	47	4278784.12	6316933.94	15517274.59	16986675.04
其他未交款	48	33612.26	33612.26	83355.92	83355.92
其他应付款	49	63391399.29	68647606.63	86747302.81	76775433.87
预提费用	50	2555632.57	4640120.96	2967511.51	4820956.38
一年内到期的长期负债	51	4590000.00	10525420.04	0.00	2120620.13
其他流动负债	52	0.00	0.00	0.00	0.00
		0.00	0.00	0.00	0.00
流动负债合计	55	322136880.16	380966774.69	865059357.53	899953264.45
长期负债:		0.00	0.00	0.00	0.00
长期借款	56	6050000.00	13050000.00	45650000.00	50650000.00
应付债券	57	0.00	0.00	0.00	0.00
长期应付款	58	4120000.00	4120000.00	0.00	0.00
其他长期负债	60	0.00	0.00	0.00	0.00
		0.00	0.00	0.00	0.00
长期负债合计	65	10170000.00	17170000.00	45650000.00	50650000.00
递延税项:		0.00	0.00	0.00	0.00
递延税款贷项	66	0.00	0.00	0.00	0.00
负债合计	67	332306880.16	398136774.69	910709357.53	950603264.45
		0.00	0.00	0.00	0.00
少数股东权益(合并报表填列)	67－1	0.00	7092863.58	0.00	13451971.85
		0.00	0.00	0.00	0.00
股东权益:		0.00	0.00	0.00	0.00
股本	68	96824400.00	96824400.00	148709280.00	148709280.00
资本公积	69	71631100.00	71631100.00	186163437.71	186163437.71
盈余公积	70	20042995.92	23730743.18	31969401.14	35657148.40
其中:公益金	71	9914722.05	9914722.05	15877924.66	15877924.66
未分配利润	72	21588677.66	17900930.40	51393368.16	47705620.90
外币报表折算差额	72－1	0.00	0.00	0.00	0.00
股东权益合计	79	210087173.58	210087173.58	418235487.01	418235487.01
负债及股东权益总计	80	542394053.74	615716811.85	1328944844.54	1382290723.31

利润及利润分配表

编制单位:上海东海股份有限公司　　1996 年度　　金额单位:元

项　　目	行次	母公司上年实际	合并上年实际	母公司本年实际	合并本年实际
一、主营业务收入	1	207838848.86	295185065.38	145788097.36	252474182.93
减:营业成本	2	167721022.16	216285216.65	107704510.79	181644742.85
销售费用	3	9097394.64	10610216.87	8667792.08	12768518.99
管理费用	4	20983835.42	23607441.71	28742824.29	31912372.22
财务费用	5	8365072.28	91600183.69	22737447.10	24578499.73
进货费用	6	0.00	0.00	7754.35	7754.35
营业税金及附加	7	1378470.36	1378470.36	1560174.11	1560174.11
二、主营业务利润(亏损以"－"号表示)	8	293054.00	34143701.10	－23632405.36	35120.68
加:其他业务利润(亏损以"－"号表示)	9	691995.83	2627592.58	62599527.73	64074413.02
三、营业利润(亏损以"－"号表示)	10	985049.83	36771293.68	38967122.37	64109533.70
加:投资收益(损失以"－"号表示)	11	39453300.20	13411637.28	17232391.76	2394472.47
补贴收入	11－1	886165.41	4330979.59	960720.04	1667221.37
营业外收入	12	1122728.46	1131787.46	10699876.34	10714581.34
减:营业外支出	13	1982412.39	2062134.05	316439.63	375792.73
加:以前年度损益调整(调减以"－"号表示)	14	－1199152.88	－1199152.88	0.00	0.00
四、利润总额(亏损以"－"号表示)	15	39265678.63	52384411.08	67543670.88	78510016.15
减:所得税	16	176781.55	176781.55	7911644.76	11403248.73

项　　目	行次	母公司上年实际	合并上年实际	母公司本年实际	合并本年实际
减:少数股东损益(合并报表填列)(亏损以"－"号表示)	16－1	0.00	11160712.68	0.00	6359108.27
五、净利润(亏损以"－"号表示)	17	39088897.08	41046916.85	59632026.12	60747659.15
加:年初未分配利润(未弥补亏损以"－"号表示)	18	0.00	－3687747.26	21588677.66	17900930.40
盈余公积转入数	19	0.00	0.00	0.00	0.00
六、可分配的利润(亏损以"－"号表示)	20	39088897.08	37359169.59	81220703.78	78648589.55
减:提取法定公积金	21	3908889.71	3908889.71	5963202.61	5963202.61
提取法定公益金	22	3908889.71	3908889.71	5963202.61	5963202.61
职工奖金福利(合并报表填列,子公司为外商投资企业项目)	22－1	0.00	1958019.77	0.00	1115633.03
	22－2	0.00	0.00	0.00	0.00
七、可供股东分配的利润(亏损以"－"号表示)	23	31271117.66	27583370.40	69294298.56	65606551.30
减:已分配优先股股利	24	0.00	0.00	0.00	0.00
提取任意公积金	25	0.00	0.00	0.00	0.00
已分配普通股股利	26	9682440.00	9682440.00	17900930.40	17900930.40
八、未分配利润(未弥补亏损以"－"号表示)	27	21588677.66	17900930.40	51393368.16	47705620.90

财务状况变动表

编制单位:上海东海股份有限公司　　1996 年度　　金额单位:元

流动资金来源及运用	行次	母公司	合并	流动资金各项目变动	行次	母公司	合并
一流动资金来源:				一、流动资产本年增加数:			
1. 本年净利润(合并报表为合并净利润)	1	59632026.12	60747659.15	1. 货币资金	31	115224778.42	116139841.94
加:少数股东本期损益(合并报表填列)	2	0.00	6359108.27	2. 短期投资	32	－1267853.94	－1267853.94
加:不减少流动资金的费用和损失:		0.00	0.00	3. 应收票据	33	680000.00	680000.00
(1)固定资产折旧	3	14864907.14	17676750.37	4. 应收帐款净额	34	－2244999.23	－4105583.55
(2)无形资产、递延资产及其他资产摊销(减其他负债转销)	4	5940346.25	6307938.53	5. 预付货款	35	－1417906.15	－3203770.86
(3)固定资产盘亏(减盘盈)	5	－80559.20	－80559.20	6. 其他应收款	36	637700355.87	611154249.44
(4)清理固定资产损失(减收益)	6	－326515.13	－315904.03	7. 待摊费用	37	－713.99	－713.99
(5)递延税款	7	0.00	0.00	8. 存货净额	38	14685217.60	31491949.05
(6)其他不减少流动资金的费用和损失	8	0.00	0.00	9. 待处理流动资产净损失	39	0.00	0.00
小　计	10	80030205.18	90694993.09	10. 一年内到期的长期债券投资	40	－49940.00	－49940.00
2. 其他来源:				12. 其他流动资产	41	0.00	0.00
(1)固定资产清理收入(减清理费用)	11	4310958.20	4352208.20		42		
(2)增加长期负债	12	39600000.00	39600000.00	流动资产增加净额	45	763308938.58	750838178.09
(3)收回长期投资	13	39701373.43	39701373.43	二、流动负债本年增加数:			
(4)对外投资转出固定资产	14	1095059.87	1095059.87	1. 短期借款	46	516733000.00	530305060.00
(5)对外投资转出无形资产	15	0.00	0.00	2. 应付票据	47	1819818.00	1819818.00
(6)资本净增加额	16	178343622.93	178343622.93	3. 应付帐款	48	2928693.28	10666917.97
(7)少数股东资本净增加额(合并报表填列)	16－1	0.00	0.00	4. 预收货款	49	86238.08	453111.79
小　计	17	263051014.43	263092264.43	5. 应付福利费	50	62735.62	865447.93
流动资金来源合计	18	343081219.61	353787257.52	6. 未付股利	51	－9174024.20	－35747213.44
二、流动资金运用				7. 未交税金	52	11238490.47	10669741.10
1. 利润分配				8. 其他未交款	53	49743.66	49743.66
(1)提取法定公积金	19	5963202.61	5963202.61	9. 其他应付款	54	23355903.52	8127827.24
(2)提取法定公益金	20	5963202.61	5963202.61	10. 预提费用	55	411878.94	180835.42
(3)提取任意公积金(减盈余公积转入)	21	0.00		11. 一年内到期的长期负债	56	－4590000.00	－8404799.91
(4)已分配股利	22	17900930.40	17900930.40	12. 其他流动负债	57	0.00	
(5)职工奖福基金(合并报表中外商投资子公司项目)	22－1	0.00	1115633.03				
小　计	23	29827335.62	30942968.65				
2. 少数股东利润分配(合并报表填列)	23－1						
3. 其他运用							
(1)固定资产和在建工程净增加额	24	50113076.33	61076173.38				
(2)增加无形资产、递延资产及其他资产	25	1908833.30	1908833.30				
(3)偿还长期负债	26	4120000.00	6120000.00				
(4)增加长期负债	27	36725513.15	21887593.86				
小　计	28	92867422.78	90992600.54				
流动资金运用合计	29	122694758.40	121935569.19				
外币报表折算差额(合并报表填列)	29－1			流动负债增加净额	58	542922477.37	815986489.76
流动资金增加净额	30	220386461.21	231851688.33	流动资金增加净额	59	220386461.21	231851688.33

上海东海股份有限公司一九九七年度中期报告

一、财务报告(未经审计)

(一)财务报表:

简化的资产负债表(单位:元)

项目	1997年6月30日 合并	1997年6月30日 母公司	1996年12月31日 合并	1996年12月31日 母公司
流动资产	1305338132.90	1222729011.37	1143272577.84	1082857660.62
长期投资	48883232.45	88293776.41	51243730.75	82918945.84
固定资产净值	159499144.79	136410052.54	137010406.56	112831821.32
在建工程	17313224.63	17313224.63	28259725.08	28259725.08
无形资产及递延资产	25876441.58	25632646.32	22596359.08	22168767.68
资产总计	1555642862.35	1489111397.27	1382290723.31	1328944844.54
流动负债	1046860868.40	1002096516.11	899953264.45	865059357.53
长期负债	51051286.65	46051286.65	50650000.00	45650000.00
股东权益				
其中:股本	148709280.00	148709280.00	148709280.00	148709280.00
资本公积	186163437.71	186163437.71	186163437.71	186163437.71
盈余公积	37219034.64	31969401.14	37219034.64	31969401.14
未分配利润	68871842.16	74121475.66	46143734.66	51393368.16
负债及股东权益合计	1555642862.35	1489111397.27	1382290723.31	1328944844.54

(2)简化的损益表(单位:元)

项目	1997年1-6月 合并	1997年1-6月 母公司	1996年1-6月 合并	1996年1-6月 母公司
主营业务收入	135019288.43	68800792.81	134515302.06	76262348.89
主营业务利润	6754950.11	-4601618.59	24571205.51	10320510.19
其他业务利润	18525305.21	17558204.26	2048263.74	1240585.63
投资收益	3523620.49	11258949.36	5771276.81	14441198.73
补贴收入	846918.24	367703.30	591764.95	591764.95
营业外收支净额	579967.19	607742.19	172452.8	191477.8
利润总额	30230761.24	25190980.52	33184446.87	26815020.36
所得税	4187512.80	2462873.02	4160883.82	1981232.16
少数股东权益	3315140.94	-	4189774.85	-
净利润	22728107.50	22728107.05	24833788.20	24833788.20

(二)主要财务指标

	1997年1-6月	1996年1-6月
1、每股收益(元)	0.1528	0.167
2、每股净资产(元)	2.9653	2.8124
3、净资产收益率(%)	5.15	5.94

(三)财务报表附注

1、本中期报表所采取的会计政策和方法与1996年财务报表所采取的会计政策和方法一致。

2、本报告期间财务报告主体未发生合并和分立事项。

3、合并报表数据的变动说明:

(1)短期投资比年初数增加366.83万元,系增加的股票投资。

(2)待处理流动资产净损失比年初数增加416.37万元,系三年以上的应收帐款及其他应收款,或部分无法收回的坏帐待经报批,等待处理。

(3)一年内到期的长期债券投资比年初数减少53960万元,主要系一年内到期的长期债券已于年内收回。

(4)在建工程比年初数减少1094.65万元,主要是在建工程竣工结报转入固定资产。

(5)固定资产清理比年初数减少118.32万元,主要系下属出租公司待清理的出租车增加。

(6)待处理固定资产净损失比年初数增加0.8万元,系报废一辆卡车,尚待处理。

(7)递延资产比年初数增加339.89万元,主要系由在建工程转入的已完工装潢工程。

(8)应付票据比年初数增加122.31万元,主要系下属出租公司为更新车辆,开具的票据。

(9)应付帐款比年初数增加1035.46万元,主要系下属思乐得公司为扩大公司经营规模,以及出租公司为更新车辆而增加的应付款项。

(10)未付股利比年初数减少101.59万元,主要系年度内支付规定股利。

(11)其他未交款比年初数增加12.89万元,主要系本期营业税金增加而相应增加的未交款。

(12)未分配利润比年初数增加2272.81万元,主要系1-6月份实现净利润增加2272.81万元。

(13)营业税金及附加比上年同期数增加62.17万元,主要系下属公司转让商品房而增加的税负。

(14)其他业务利润比上年同期数增加1647.7万元,主要系本期增加了融资收入。

(15)投资收益比上年同期数减少224.77万元,主要系股票投资本年亏损,以及对外投资公司分来利润减少所致。

(16)补贴收入比上年同期数增加25.52万元,主要系因较同期收入上升,而收到的补贴收入增加所致。

二、经营情况的回顾和展望

(一)上半年经营情况回顾

1997年是公司发展史上具有重要意义的一年。公司一方面立足生产经营,使去年下半年主营滑坡的势头被扭转;一方面公司资本运作已进入实质性阶段。上半年,公司完成主营业务收入135019288元,利润总额30230761元,净利润22728107元。

1、工业:公司继续贯彻执行"抓大放小"的战略,进一步优化产业产品结构。公司狠抓拳头产品"思乐得不锈钢保温杯",通过组建了思乐得联合体,盘活存量资产,壮大经营规模,取得较好的效果;"速立"新药已获卫生部批准,将投入批量生产。同时考虑到市场因素,对部分业务进行压缩。

2、农业:大力发展以"二绿工程"为特色的"高优高"农业,开发更多更好的面向城市、服务居民的主副食品。对已经形成生产能力的副食品要走集约经营的道路,增加品种,扩大规模,提高产品的附加值,谋求利润最大化。

3、公用事业:东海出租是上海出租行业的老牌品牌企业,公司抓住上海这两年市政建设发展带来的对出租行业的利多因素,巩固并进一步提高市场占有率。

4、加快建立现代企业制度,围绕三项制度改革,逐步建立一套行之有效的管理制度,强化管理,练好内功。

(二)下半年经营情况展望:

1、积极培育市场,发展新的经济增长点:

公司将继续重点发展城市公用事业——出租车行业,下属车队车辆已筹划作大规模更新;

对正在建设中的菜篮子工程要抓好建设进度和工程质量,3公顷温室下半年必须形成生产能力投入批量生产,形成规模效益;

尽快实施已获卫生部批准的"速立"新药的生产。

2、资本运作将进入实质性阶段:

根据1995年股东大会通过的特别决议的授权,公司董事会一直在策

划通过收购兼并参股控股、资产置换、托管等多种形式的资产重组方案，实行资本经营、生产经营的集中，在重组中实现资本的扩张和资产的优化。目前，公司大股东农工商集团总公司已原则同意以优良资产注入东海股份公司，从而提高公司整体的经营业绩和盈利水平，提高抗风险的能力，为以后的资本扩张奠定基础。

三、重大事件的说明

1、按照国家证券委、中国人民银行、国家经贸委1997年5月21日联合发布的《严禁国有企业和上市公司炒作股票的规定》的要求，公司经自查，至今为止，公司无从事任何违反规定的事项。

若本公司今后从事股票投资，将严格遵守国家的有关政策、法律、法规和本公司章程的规定。

2、上海东海股份有限公司董事会于1997年5月20日召开会议，审议通过了：

(1)1996年度配股预案：以1996年末总股本14870.928万股为基数，向全体股东按每10股配售3股。国家股股东和法人股股东若放弃部分配股权，可有偿转让给社会公众股股东，具体转配比例待国家股股东和各法人股股东最终确定后于临时股东大会召开前再行公告。每股配股价格为5.80－6.80元。

(2)召开1997年临时股东大会：

会议时间：1997年6月30日下午2时

会议地点：公司本部二楼会议室

会议内容：审议1996年度配股方案

3、上海东海股份有限公司延期召开股东大会：

上海东海股份有限公司临时股东大会，原定于1997年6月30日召开。现因故股东大会延期召开。公司董事会原在5月30日《上海证券报》上公告的股东大会议程等不变，股东大会的时间将另行公告。

4．公司上半年无重大诉讼、仲裁事项。

四、发行在外股票的变动和股权结构的变化

1、股权结构情况：(单位：股)

	1997.6.30	比例(%)	1996.12.31	比例(%)
A.非流通股				
国家股	65789280.00	44.24	65789280.00	44.24
法人股	28800000.00	19.37	28800000.00	19.37
内部职工股	15120000.00	10.17	15120000.00	10.17
B.流通股				
社会公众股	39000000.00	26.22	39000000.00	26.22
C.合计	148709280.00	100.00	148709280.00	100.00

2、主要股东持股情况：(单位：万股)

名次	股东名称	1997年6月30日	占总股本(%)
1	国家股	6578.928	44.24
2	上海东海农工商总公司	1200	8.07
3	武汉信投	435.71	2.93
4	上海金鸿实业总公司	289.2	1.94
5	珠海申广电子股份有限公司	240	1.61
6	上海真空电子股份有限公司	120	0.81
7	张晓华	66.034	0.44
8	上海闵行联合发展有限公司	60	0.40
9	南汇县信用社联社	60	0.40
10	杨柳	60	0.40

五、股东大会简介

上海东海股份有限公司第四次股东大会于1997年5月20日下午在公司本部新会议室二楼召开，出席会议的股东62人，代表股份10996.678万股，占公司总股本的73.95%。经大会审议批准，表决通过了如下议案：

一、《公司1996年董事会工作报告》

二、《公司1996年监事会工作报告》

三、《公司1996年度财务决算》

四、《1996年年度分配方案》的决议：

公司1996年净利润为6074.77万元，扣除外商投资企业的职工奖励基金：111.56万元，税后可供股东分配利润为5963.21万元，按10%提取法定盈余公积金596.32万元，扣减留在公司投资三资企业发展基金和储备基金：223.13万元，1996年度实际可供股东分配利润为4547.44万元，未分配利润为4547.44万元。

大会决定：考虑到公司主营业务有下降的趋势，加大主营业务的发展必须加大对主营业务的投入，故公司1996年度的利润结转下一年度一并分配。

五、《投资项目变更》的决议：

大会决定：公司将募集资金投入不锈钢真空保温瓶(杯)系列产品扩产项目后所余7880.6万元，投入房地产项目；投入东海橡胶厂扩产改造项目所余1390万元，投入参股浦东信托投资公司项目。

六、备查文件

1、载有公司董事长亲笔签名的中期报告原本。

2、1997年公司中期财务报表原件。

3、公司1996年度股东大会资料。

查阅地址：上海南汇县东海农场；　邮政编码：201303

电话：(021)5891285　　(021)58291301

上海东海股份有限公司董事会

一九九七年八月三十日

上海浦东大众出租汽车股份有限公司

1996 年年度报告摘要 （摘选）

一、公司简况

公司名称：上海浦东大众出租汽车股份有限公司

法人代表：杨国平　　邮政编码：200127

公司地址：上海浦东龙阳路 100 号

电话：021—58886666　　传真：021—58790635

二、主要财务数据与财务指标(合并)

单位：万元

指标项目	本年数	上年数	比上年增减(%)
1. 主营业务收入	12,474.18	8,269.50	50.85
2. 净利润	4,514.37	4,025.21	12.15
3. 总资产	49,241.10	34,086.53	44.46
4. 股东权益	33,852.10	29,262.21	15.69
5. 每股收益(元)	0.4323	0.4818	−10.27
6. 每股净资产(元)	3.24	3.50	−7.43
7. 净资产收益率(%)	13.34	13.76	−3.05
8. 股东权益比率(%)	68.75	85.85	−19.92

三、公司主要业务回顾

1. 一年来的经营情况

1996 年，公司的经营继续保持上升趋势，与上年相比，由于实施中期派送红股，股本总额由 8353.80 万元增加到 10442.25 万元，增长 25%；净资产由 29262 万元增加到 33852 万元，增长 15.69%。主要工作是：

1. 采取积极措施，稳定客运收入

作为公司的主营业务，抓好出租汽车营运收入始终是公司的工作重点。九六年，公司在这方面主要做了以下工作：

(1) 积极开展服务达标工作，增强企业竞争能力。

为进一步提高服务质量，增强企业的市场竞争能力，九六年再次在公司内部大张旗鼓地开展服务达标活动，乘客信、访、电表扬次数明显上升，“大众”车的满载率明显高于行业水平，企业的市场竞争能力进一步增强。

(2) 为浦东开发配套，开辟重要服务网点。

九六年上半年，公司与大众出租调度室协作，先后在新世纪商城和汤臣大酒店设立了两个服务网点。这也是本市五大出租汽车企业在浦东首批设立的服务网点。这两个网点的设立，不仅稳定地增加了“大众”出租车的业务量，也进一步确立了公司在浦东出租汽车行业的“龙头”地位。

(3) 不断增强企业凝聚力，稳定驾驶员队伍。

公司进一步开展以稳定队伍，提高服务质量为主要内容的企业凝聚力工程，做了一篇好文章。一是进一步完善营业车辆保修费用定额包干办法，以先进的管理保证车辆技术状况良好，降低驾驶员的车辆维修费用支出，彻底消除驾驶员在车辆维修方面的后顾之忧；二是实行了员工住房货币化分配办法，使每个员工都能得到公司的资助来改善住房条件；三是采取措施有效地保证了驾驶员每半年轮休半个月及每年休养一次，使驾驶员的身心健康得到定期调节。

(4) 在本公司大股东大众出租的支持下，今年新增 30 辆营业小客车，并于 11 月份起投入营运。

公司的上述措施对提高企业信誉、扩大运能起了积极作用，较大地增强了企业的凝聚力，驾驶员与营业车辆的人车比一直保持在 1.8:1 以上，1996 年底，达到了 1.92:1，从而保证了客运业务收入稳定增长。

2. 深化内部改革，完善企业管理

在九五年内部改革的基础上，公司九六年继续加大改革力度。

(1) 实行员工住房货币化分配办法

九六年，公司制订了《员工住房货币化分配办法》，由职代会通过后正式实施。

住房货币化分配办法，改变了原来职工分房的纯福利性质，坚持住房分配也必须贯彻按劳分配原则；同时，也解决了住房实物分配不易分割的困难；因此得到大多数员工的热烈欢迎，大大地增强了企业的凝聚力。

(2) 进一步深化工资制度改革

公司开业以来，进行了较有力度的工资制度改革，陆续实行了驾驶员风险承包制，机修工不设底薪的全额工时工资含量制，管理人员一年一核的年薪制。在此基础上，九六年起又试行了经营者底薪加净利润分成制。

对经营者采用“底薪加净利润分成”工资制度的好处，一是使经营者个人得益更加紧密地与企业经济效益挂钩，促使他们进一步提高工作责任心；二是有利于处理好对不同工作内容的经营者的量酬问题，避免出现“企业大小一个样，利润多少一个样”的问题；归根到底是促进企业经济效益的增长。

(3) 实行管理人员通讯费补贴办法

公司九六年实行了通讯费补贴办法。管理人员的通讯工具一般由个人自行购置，原来由公司配置的，也一律折价出售给使用人，每月发生的费用一律不准报销。公司按职员岗位性质制定每月 50 元—300 元的补贴标准，按月或按年发放，节余归己，超支自理。这样既有效地控制了成本，也有利于企业的廉政建设。

3. 探索兼并收购，扩大企业规模

由于市政府对本市出租汽车发展的总量控制政策，公司较难依靠新增车辆来扩大主营业务规模。九六年，公司在行业内部兼并收购方面做了一些文章。

九六年下半年，公司先是配合大股东大众出租汽车公司竞价收购了丽华出租汽车公司，将丽华公司所属二条公交专线及 17 辆中巴车并入大众公交营运网络；接着，公司又出资收购了一家出租汽车公司 45 辆出租小客车的牌照使用权，目前正在组织接收之中。与此同时，大众公交也积极设法，收购了另一家出租汽车公司所属的 611 路公交专线及 20 辆中巴车。上述收购兼并活动，使公司所属的营业车辆总数增加 11%，扩大了经营规模。

4. 推进公交改革，实现“零号工程”

作为本市及浦东新区公交体制改革的重大措施之一，由本公司控股 51% 组建的大众公交公司从九六年一月起正式开业。大众公交共计消化原浦东公交公司富余劳动力 500 余人，按九五年经营实绩分摊年亏损额 700 余万元。

(二) 本年度主营业务收入，净利润实际完成情况分析：

公司全年实现主营业务收入 12474.18 万元，比上年增长 50.85%，净利润 4514.37 万元，比上年增长 12.15%，利润增长幅度小于营业收入增长幅度的主要原因为大众公交 96 年纳入合并报表，其主营业务收入 4388.98 万元，净利润为 7.69 万元，实现扭亏为盈目标。

四、股本变化及股本结构情况

(一) 股本变化及股本结构情况

1. 股本结构情况

填报日期 1996 年 12 月 31 日　　数量单位：股　每股面值：1 元

	期初数	送股	期末数
A.尚未流通股份			
境内法人持有股份	46410000	11602500	58012500
B.已流通股份			
境内上市人民币			
普通股	37128000	9282000	46410000
C.股份总数：	83538000	20884500	104422500

2. 股份变动情况及原因：

公司股本总数由 83538000 股增至 104422500 股，系根据公司临时股东大会审议通过的向全体股东以每 10 股派送红股 2.5 股的 1996 年中期分配方案，股权登记日 1996 年 9 月 26 日，除权及红股交易日为 1996 年 9 月 27 日，共送红股 20884500 股。

3. 主要股东持股情况(前十名股东)：

名　称	年末持股数(股)	占总股本(%)
上海大众出租汽车股份有限公司	42971250	41.15
上海市煤气公司	5376250	5.15
上海市建国社会公益基金会	3750000	3.59
交通银行浦东分行	2337500	2.24
上海申华实业股份有限公司	2327500	2.23
大众保险股份有限公司	1250000	1.20
苏宗烈	588525	0.56
叶浩妹	450000	0.43
蒋琴妹	430873	0.41
朱小国	400350	0.38

新疆百花村股份有限公司

新疆百花村股份有限公司1996年年度报告摘要

一、公司简况

1. 股票代码:600721
2. 股票简称:百花村:
3. 公司法定中文名称:新疆百花村股份有限公司
4. 公司英文名称:XINJIANG BAIHUA CUN CD.,LTD
5. 公司英文名称缩写:XJBHC
6. 公司注册地址:新疆维吾尔自治区乌鲁木齐市中山路141号
7. 邮政编码:830002
8. 公司法定代表人:白新燕
9. 公司咨询服务机构:董事会秘书处
10. 电话:0991-2310277
11. 传真:0991-2815307
12. 联系人:(董秘)李冬炎
13. 会计师事务所:中华会计师事务所

二、主要财务数据与财务指标

指标项目	本年数	上年数	比上年增减(%)
1. 主营业务收入(万元)	21,522.05	13,926.43	54.54
2. 净利润(万元)	1,824.43	1,264.40	44.29
3. 总资产(万元)	46,542.29	18,045.87	157.91
4. 股东权益(万元)	18,088.81	4,994.83	262.05
5. 每股收益(元)	0.298	0.404	-26.24
6. 每股净资产(元)	2.95	1,597	84.80
7. 净资产收益率(%)	10.09	25.31	-60.13
8. 股东权益比率(%)	38.85	33.70	15.28

注:公司发行股票冻结申购资金利息进入营业外收入652.32万元。扣除该部份利息后,1996年净利润为1,172.11万元,每股收益为0.19元,每股净资产为2.84元,净资产收益率为6.72%

三、公司业务回顾

1. 经营情况回顾:

1996年度公司一边狠抓投资项目的建设,一边稳抓经营,在百花村购物中心和百花村大酒店建设工程未能如期竣工的情况下,从实际出发,规范内部管理,降低费用开支,保证了经营业务收入;同时参与短期投资取得了较好的回报。1996年度公司全年实现主营业务收入21,522万元,较95年增长54.54%,比96年计划数减少29.3%。净利润实际完成1824.4万元,比95年增长44.29%,完成计划的99.97%。

2. 募股资金的使用情况说明:

本公司按照《招股说明书》关于募集资金的用途,对以下项目实施了投入:

(1)百花村购物中心投入资金8115万元,其中固定资产投入7,375万元,流动资金投入740万元。(2)百花村大酒店投入资金2,334万元,其中固定资产投入1,446万元,流动资金投入888万元。(3)百花村彩色扩印中心投入200万元。(4)百花村出租汽车服务中心投入180万元。(5)进出口业务投入800万元。

3. 公司经济指标差异分析:

(1)由于入夏以来,我国南方以及新疆地区均遭受到特大洪水灾害,百花村大酒店和百花村购物中心建设项目所需的进口及国产设备、装饰材料无法如期发运到货,推延了竣工时间,致使原预测收入减少1.04亿元。96年6月公司发行股票后,申购资金锁定利息根据财政部有关规定,将无效资金锁定利息计入营业外收入,增加利润652.3万元。

(2)公司成立之前,按照兵团企业实行利润包干政策,不单独交纳所得税;公司成立后,根据新疆维吾尔自治区人民政府新政函[1995]96号文按15%交纳所得税。

四、股东变化及股本结构情况

1. 股本变化及股东变动情况

(1)1996年末、公司股本结构如下(单位:股)

	期初数	本次变动增减(+-)	期末数
一、尚未流通股份:			
1. 发起人股份:	31275000	-	31275000
其中:			
境内法人持有股份:	31275000	-	31275000
2. 公司职工持有股份:	3000000	-3000000	0
尚未流通股份合计:	34275000	-3000000	31275000
二、已流通股份:			
境内上市的人民币普通股:	27000000	+3000000	30000000
已流通股份合计:	27000000	+3000000	30000000
三、股份总数	61275000	-	61275000

(2)股本结构变动情况说明:经中国证监会[证监发审字](1996)67号文批准,公司于1996年6月3日在乌鲁木齐市采用"全额预缴"方式发行社会公众股3000万股,其中含300万公司职工股,经上海证券交易所批准,公司2700万社会公众股于1996年6月26日上市交易。同年12月27日,公司职工股300万股在上海证券交易所上市交易。

(3)主要股东持股情况:

股东名称	持股数量(万股)	持股比例%
(1)兵团商业贸易发展中心	26725000	43.61
(2)新疆芳草湖糖厂	1300000	2.12
(3)新疆兵团石油公司:	1300000	2.12
(4)新疆兵团商业贸易总公司	1300000	2.12
(5)新疆通久经济发展总公司商业旅游服务公司	650000	1.06
(6)华夏证券有限公司	585000	0.95
(7)朱培玲	200624	0.33
(8)刘溥	200585	0.33
(9)顾育军	187400	0.30
(10)广船国际	180000	0.29

(4)年末股东总数为20695户。

2. 公司董事、监事及高级管理人员持股情况:

姓名	职务	年初持股数(股)	年末持股数(股)
白新燕	董事长、总经理	20,000	20,000
李钢峰	董事	10,000	10,000
王汝楠	董事	10,000	10,000
兰云	董事	10,000	10,000
张志宏	董事	0	0
赵宜男	董事	2,000	2,000

姜振河	董事	3,500	3,500
张秀亭	董事	3,000	3,000
魏必中	董事	0	0
郭小平	监事会主席	20,000	20,000
曹　华	监事	10,000	10,000
谢　平	监事	10,000	10,000
李凤英	副总经理	10,000	10,000
章华泉	副总经理	0	0
王震华	副总经理	0	0
陈信永	总工程师	5,000	5,000
邵家芳	总经济师	5,000	5,000
李冬炎	董秘	10,000	10,000

五、重要事项

1.经中国证监会[证监发审字](1996)67号文批准,公司于1996年6月3日至6月10日在新疆乌鲁木齐市以"全额预缴"方式发行社会公众股3000万股。发行价格为每股4.20元。《招股说明书》及发行公告刊登于5月29日的《中国证券报》和《新疆日报》。

2.1996年6月20日在乌鲁木齐市新疆人民会堂召开了公司创立大会暨第一次股东大会。出席大会的股东173名,代表股权3178.12万股,占公司总股份的51.86%。大会表决通过了如下决议:(1)通过公司章程;(2)通过公司筹备情况报告;(3)通过公司设立费用使用情况报告;(4)选举董事会、监事会成员;(5)通过公司申请股票上市交易议案。

3.1996年6月20日,公司第一届董事会召开会议,九名全部董事参加,做出如下决议:(1)推选白新燕女士出任第一届董事会董事长兼任公司总经理。根据董事长提名,聘任李冬炎先生任董事会秘书。(2)根据总经理提名,聘任王汝楠先生、李凤英女士任公司副总经理;聘任李钢峰先生为公司财务负责人;陈信永先生任总工程师;邵家芳先生任总经济师。(3)根据公司实际情况,批准公司内部管理机构设置方案。公司内部管理机构设置为:总经理办公室、财务部、证券部、人事部、企业发展规划部、政工部(4)提交股东大会审议公司股票上市交易申请书议案。(5)同意公司高级管理职员实行年薪制。(6)同意公司工资总额(不包括子公司)的决议。

4.经上海证券交易所批准,公司2700万元人民币普通股于1996年6月26日上市交易。《上市公告书》刊登于1996年6月24日的《上海证券报》。

5.经上海证券交易所批准,公司300万职工股于1996年12月27日上市交易。

6.1996年10月20日董事会以信函方式召开第一届二次会议,做出决议。同意增聘章华泉、王震华先生任公司副总经理。

7.本公司控股75%的新疆百花村大酒店,其港方第二期投资折合人民币578.32万元于1997年1月21日到位,已经新疆会计师事务所新会所验字[1997]041号文验证。

8.本公司控股81%的新疆正牌1号冰川水有限责任公司董事会根据公司生产基地遭受洪水影响的实际情况,同意将试生产期延长至1996年年底。

9.本公司因乌鲁木齐大快活商贸公司拖欠承包费,与兵团商业贸易发展中心做为共同原告,于1996年8月21日在乌鲁木齐市中级人民法院提起诉讼,诉讼请求有三:(1)请求判令被告给付拖欠承包费197万元。(2)请求判令被告偿付违约金91.5万元。(3)判令被告承担本案诉讼费用。乌鲁木齐市中级人民法院于1996年9月18日开庭审理此案。在审理中,乌鲁木齐大快活商贸公司以本公司基建工程水、电、暖汽供应等影响其经营为由提出反诉,请求法庭判令本公司赔偿532.5万元。本公司在开庭审理中追加了第四项诉讼请求:以被告违反双方签定的《承包合同》构成违约,请求法庭判令解除承包保同,无偿收回经营场所。目前此案尚未审结。

10、其他事项:

本公司曾在《招股说明书》中向公众披露,公司的投资项目,即百花村购物中心和新疆百花村大酒店应于1996年7月竣工,由于入夏以来,我国南方以及新疆地区均遭受到特大洪水灾害,致使上述项目所需的进口及国产设备、装饰材料无法如期发运到货,推延了安装装修时间;加之新疆冬季来临较早,给施工带来很大困难。在本公司和装修施工单位的共同努力下,上述项目已于1997年2月中旬交付试营业。

六、子公司及关联企业

名称	注册资金(万元)	本公司拥有权益%	主营
(1)新疆百花村大酒店	4350	75	餐饮、娱乐
(2)新疆中基股份有限公司	1200	45	外贸
(3)新疆正牌一号冰川水有限责任公司	100	81	冰川水生产销售
(4)新疆格瑞实业发展中心	100	100	高科技产品开发

七、财务报告

(一)审计意见:公司财务报告经中华会计师事务所廖良汉、谢佳扬中国注册会计师审计,出具无保留意见审计报告《中华股审字(97)016号》。

(二)财务报表(见附表)

(三)财务报表附注。

1.主要会计政策

(1)、会计制度

本公司1996年6月31日前执行《商品流通企业会计制度》,1996年7月1日起执行《股份制试点企业会计制度》。

(2)、会计年度

会计年度自公历1月1日至12月31日止。

(3)、合并会计报表的编制方法按照财政部《合并会计报表暂行规定》的要求编制合并会计报表。

A.对直接拥有其过半数以上权益性资本的被投资企业,包括大酒店、格瑞、冰川水,全部进行了合并。

B.对虽然只拥有其半数以下权益性资本,但母公司有权控制其财务和经营政策的。

C.对母公司与子公司,子公司相互之间的债权与债务项目进行了抵消。

D.母公司对子公司权益性资本投资项目的数额与子公司所有者权益中母公司所持有的份额相抵销。

E.对其它按规定应当抵销的项目进了抵销。

(4)、记帐原则和计价基础

以权责发生制为记帐原则,采用历史成本为计价基础。

(5).计帐本位币和外币折算方法

以人民币为记帐本位币。非人民币业务按业务发生时国家外汇管理局公布的市场汇率折算为人民币入帐,期末按国家外汇管理局公布的期末市场汇率进行调整,调整后入帐金额与原帐面金额的差额计入财务费用-汇兑损益。

(6).存货计价方法

存货主要包括原材料、库存商品、商品削价准备金、低值易耗品和物料用品等,存货按实际成本法核算,存货的发出按加权平均法进行结转。商品削价准备金按年末库存商品余额的5‰计提。

(7)长期投资核算方法

A.债券投资

"债券投资按实际支付的款项记帐,其存续期内的应计利息计入当期损益。"

B.股权投资和联营投资

对占被投资单位权益20%以下的长期投资,采用成本法核算;对占被投资单位权益20%-50%"的长期投资,采用权益法核算。

对占被投资单位50%以上及按规定应予以合并的长期投资,均对其会计报表进行合并。

(8)固定资产及折旧

"固定资产标准为使用年限在一年以上,单位价值在2,000元以上的资产,固定资产按取得时的实际成本记帐。"

固定资产折旧按照固定资产原值、预计使用年限并扣除5%的净残值后,采用平均年限法个别计提折旧:

固定资产类别	预计使用年限	年折旧率
房屋建筑物	30年	3.17%
交通运输工具	10年	9.50%
机器设备	6-8年	11.8%-15.83%
其他	4-6年	15.83%-23.75%

(9)税项

A.流转税

本公司被认定为增值税一般纳税人,增值税税率为17%;营业税按收入的5%计缴;城市建设税按增值税、营业税合计金额的7%计缴,根据国务院办公厅国办函[1994]100号文的规定,股份公司不计缴教育费附加。

B.其他税项。

包括房产税、土地使用税、车船使用税、印花税等,这些税项依据税务有关规定计缴。

C.所得税

根据新疆维吾尔自治区人民政府新政函[1995]96号文的批复,股份公司执行15%的所得税税率。新疆中基股份有限公司根据新疆生产建设兵团兵财(预)字(1995)129号文规定,按33%上缴所得税(利润超1200万元部分免交所得税)。

(10)利润分配

根据本公司章程的规定,按税后利润的10%、5%分别提取法定盈余公积金和法定公益金。

2.合并会计报表附注

(1)短期投资

"截止1996年12月31日短期投资余额为4,424,029.54元,全部为股票投资,其年末市价总额为3,719,490元。"

(2)应收帐款

帐龄	金额	所占比例(%)
一年以内	40,181,885.78	90.91
1-2年	3,527,092.13	7.98
2-3年	490,526.17	1.11
合计	44,199,504.08	100.00

无持有本公司5%以上股份的股东单位欠款。

(3)预付货款

1996年12月31日预付货款余额为:72,880,565元。

(4)其他应收款:

帐龄	金额	所占比例(%)
一年以内	30,850,414.25	75.75
1-2年	9,835,885.49	24.15
2-3年	41,825.54	0.10
合计	40,728,125.31	100.00

(5)长期投资

1996年12月31日长期投资余额按投资性质分类列示如下:

A.股权投资

被投资单位	投资期限	占被投资单位注册资本比	投资金额
克拉斯克精细肉公司	15年	66.67%	8,314,200

B.债券投资

债券种类	面值	应计利息	期末余额
国库券	8,000	4,000	12,000

C.合并价差 (625,586.70)

期末余额 7,700,613.30

(6)在建工程

1996年12月31日在建工程余额分类列示如下:

工程名称	工程进度	实际支用数	原预算数	批准文号	资金来源
"大酒店一期工程	90%	95,351,091.47	100,000,000	国家计委计社会(1994)294号	自筹
购物中心	100%	73,756,643.22	60,500,000	兵计投资发(1996)08号文	自筹
五星大厦购房款	90%	4,259,115.92	无	无	自筹
合计		173,366,850.61			

(7)短期借款

"1996年12月31日短期借款余额为:154,285,860元"

(8)未交税金

1996年12月31日未交税金余额按税项列示如下:

税项	金额
应交营业税	48,111.82
应交增值税	4,520,556.31
应交城建税	201,386.94
应交所得税	8,776,372.90
合计	13,546,427.97

(9)长期借款

1996年12月31日长期借款余额为53,000,000元。

(10)资本公积

1996年资本公积增减变动如下表所示:

项目	金额
期初金额	16,718,098.23
加:股本溢价(减发行费用)	88,832,732.47
有效申购资金冻结利息	62,370.00
期末金额	105,613,200.70

(11)盈余公积

1995年度末盈余公积余额列示如下:

项目	期初金额	本期增加	本期减少	期末金额
法定盈余公积	1,222,031.04	1,824,432.57	0	3,046,463.61
法定公益金	611,015.52	912,216.28	0	1,523,331.80
合计	1,833,046.56	2,736,648.85	0	4,569,695.41

(12)未分配利润

本年末分配利润增减变动如下:

项目	金额
净利润	18,244,325.66
加:年初未分配利润	0
减:提取法定公积	1,824,432.57
提取法定公益金	912,216.28
已分配现金红利	6,127,500.00
年末未分配利润	9380176.81

(13)营业外收入

1996年度营业外收入按项目列示如下:

项目	金额
教育费附加返还	9,690.45
保险赔偿	900.00
无效申购资金利息	6,523,549.22
合　计	6,534,139.67

其中无效申购资金的冻结利息6,523,549.22元,依财政部财工(96)434号文的相关规定,一次性计入本年损益。

3.诉讼事项

本公司于一九九六年八月向乌鲁木齐市中级人民法院提请诉讼,请求判令承包经营原百花村饭店旅馆部的乌鲁木齐大快活商贸总公司给付承包费197万元并偿付违约金91.5万元,同时承担诉讼费用,目前此案正在审理当中。截止一九九六年十月三十一日,股份公司应收大快活商贸总公司款项为3084085.12元。

4.期后重大事项

(1)本公司所属购物中心已于1997年2月18日全面开业,该中心总建筑面积11200平方米,营业区为地下一层、地上五层。

(2)本公司控股子公司—新疆百花村大酒店有限责任公司已完成其酒店大厦的一期工程,并于1997年2月18日部分对外营业。该公司目前经营业务为餐饮、娱乐。

八、其他事项

1997年4月9日董事会第一届三次会议审议通过了下列方案:

(1)利润分配方案

公司1996年净利润18,244,325.66元,提取10%法定公积金1,824,432.57元;提取5%的法定公益金912,216.28元,实际分配的利润为15,507,676.81元,按1996年末总股本6,127.5万元向股东以每10股派发红利1元(含税),计6127500元;每10股送1股红股,计6,127,500元。尚余3,252,676.81元结转下年分配。

(2)通过了公积金转增股本预案:

截止1996年12月31日止,公司资本公积金105,613,200.70元,按1996年末股本总额向全体股东以10:1.5比例转增股本。资本公积金转增股本拟与1996年度利润分红方案同时实施。

(3)1997年度配股预案:

以公司1996年末股本总额61,275,000元为基数,按10:3比例向全体股东配股,配股价:4.00元—5.50元。此次配股决议以有效期至1997年股东大会。

以上预案须提交1996年度股东大会审议批准并报证券主管部门审核后实施。

新疆百花村股份有限公司

一九九七年四月九日

资产负债表

编制单位:新疆百花村股份有限公司　　1996的12月31日　　单位:人民币元

资产	1996(母公司)	1996年(合并)	1995年(母公司)	1995年(合并)	负债及所有者权益	1996年(母公司)	1996年(合并)	1995年(母公司)	1995年(合并)
流动资产					流动负债				
货币资金	37248126	46047221	697241	6278499	短期借款	58000000	154285860	1200000	31640000
短期投资	4424030	4424030			应付帐款	44766	628651	15713	121067
应收帐款	961482	44199504	2009260	9752349	预收货款	68657	5084266	90472	3694141
减:坏帐准备		128403		13864	其他应付款	8540705	14771936	561135	6483440
应收帐款净额	961482	44071101	2009260	9738485	应付工资	83057	83056	50800	1072759
预付货款	28370365	72880565	2934391	28865179	应付福利费	55372	256820	21788	91330
其他应收款	118335135	40728125	26790363	20019228	未交税金	2540898	13546428	(56028)	5584215
存货	2051279	35980248	1152824	16440824	未付股利	16798351	25824556	10670851	19976246
待摊费用		277734	1712839	2028428	其他未交款		2446991		2329724
待处理流动资产净损失					预提费用		281964		128843
流动资产合计	191390417	244409024	35296918	83370643	其他流动负债				184050
长期投资					流动负债合计	86131806	217210528	12554731	71305815
长期投资	24468941	7700613	21618589	7721113	长期负债				
固定资产					长期借款	50000000	53000000	20000000	23000000
固定资产原价	18941100	26247789	16976975	21867626	其他长期负债			25330869	25330868
减:累计折旧	6886981	7359241	6636404	6807121	长期负债合计	50000000	53000000	45330869	48330868
固定资产净值	12054119	18888548	10340571	15060505	负债合计	136131806	270210528	57885600	119636683
在建工程	73756643	173366851	28762480	59649893	少数股东权益		14374346		10873716
固定资产清理					所有者权益				
固定资产合计	85810762	192255399	39103051	74710398	股本	61275000	61275000	31275000	31275000
无形资产及递延资产					资本公积	105613201	105613201	16840296	16840296
无形资产	11667693	11757693	11816385	11915385	盈余公积	4569695	4569695	1833047	1833047
递延资产	3632066	9300218		2741203	未分配利润	9380177	9380177		
无形资产及递延资产合计	15299759	21057911	11815385	14656588	所有者权益合计	180838073	180838073	49948343	49948343
资产合计	316969879	465422947	107833943	180458742	负债及所有者权益合计	316969879	465422947	107833943	180458742

合并利润及利润分配表

编制单位:新疆百花村股份有限公司　　1996年度　　单位:人民币元

项目	注释	1996年(母公司)	1996年(合并)	1995年(母公司)	1995年(合并)	项目	注释	1996年(母公司)	1996年(合并)	1995年(母公司)	1995年(合并)
一、主营业务收入	1	20432054	215220512	18177638	139264275	四、利润总额(亏损以"-"号表示)	15	20958474	27593996	12643985	26722811
减:营业成本	2	15860522	173809506	12444045	100665716	减:所得税	16	2714148	5849040	-	3960000
销售费用	3	682952	1139349	858240	3226168	减:少数股东损益	16-1	-	3500630	-	10118826
管理费用	4	1318758	6819205	367864	8415310	五、净利润	17	18244326	18244326	12643985	12643985

项目	注释	1996年(母公司)	1996年(合并)	1995年(母公司)	1995年(合并)	项目	注释	1996年(母公司)	1996年(合并)	1995年(母公司)	1995年(合并)
财务费用	5	(3229810)	8537597	(313571)	2301919	加:年初未分配利润	18	-	-	-	-
进货费用	6	88744	8982620	65684	2583410	盈余公积转入数	19	-	-	-	-
营业税金及附加	7	345209	636057	379893	379893	六、可分配的利润	20	18244326	18244326	12643985	12643985
二、主营业务利润(亏损以"-"号表示)	8	5365679	15296178	4375483	21691859	减:提取法定公积金	21	1824433	1824433	1222031	1222031
加:其它业务利润(亏损以"-"号表示)	9	479111	479111	-		提取法定公益金	22	912216	912216	611016	611015
三、营业利润(亏损以"-"号表示)	10	5844790	15775289	4375483	21691859	职工福利奖励基金	22-1	-	-	-	-
加:投资收益(损失以"-"号表示)	11	8639159	5775008	8281639	(495300)	七、可供股东分配的利润	23	15507677	15507677	10810938	10810938
营业外收入	12	6534140	6534140	8227	5679491	减:已分配优先股股利	24	-	-	-	-
减:营业外支出	13	59615	490441	21364	153239	提取任意公积金	25	-	-	-	-
加:以前年度损益调整(调减以"-"号表示)	14	-	-	-	-	已分配普通股股利	26	6127500	6127500	10810938	10810939
						八、未分配利润(未弥补亏损以"-"号表示)	27	9380177	9380177	-	-

合并财务状况变动表

编制单位:新疆百花村股份有限公司　　1996年度　　单位:人民币元

一、流动资金来源	1996年(母公司)	1996年(合并)	一、流动资产本年增加数	1996年(母公司)	1996年(合并)
1.本年净利润	18244326	18244326	1.货币资金	36550885	39768721
加:不减少流动资金的费用和损失			2.短期投资	4424030	4424030
(1)固定资产折旧	50574	552120	3.应收帐款净额	(1047779)	34332617
(2)固定资产盘亏(减盘盈)			4.予付货款	25435975	44015386
(3)清理固定资产损失(减收益)	62370	62370	5.其他应收款	91544771	20708897
(4)其他不减少流动资金的费用和损失			6.存货	898456	19539424
小计	18357270	18858816	7.待摊费用	(1712839)	(1750694)
2.其他来源			8.待处理流动资产净损失(减收益)		
(1)固定资产清理收入(减清理费用)			9.一年内到期的长期债券投资		
(2)增加长期负债	30000000	30000000	流动资产增加净额	156093499	161038381
(3)资本净增加额	118772905	118772905			
小计	148772905	148772905			
流动资金来源合计	167130175	167637721	二、流动负债本年增加数		
二、流动资金运用			1.短期借款	56800000	122645860
1.利润分配			2.应付帐款	29053	507584
(1)提取法定公积金	1824433	1824433	3.予收货款	(21814)	1390125
(2)提取法定公益金	912216	912216	4.其他应付款	7979570	8288496
(3)已分配股利	6127500	6127500	5.应付工资	32255	(989703)
小计	8864149	8864149	6.应付福利费	33584	165490
2.其他运用			7.未交税金	2596926	7962213
(1)固定资产和在建工程净增加额	46958288	111901714	8.未付利润	6127500	5848311
(2)增加无形资产递延资产及其他资产	3660445	6401323	9.其他未交款		117267
(3)偿还长期负债	25330869	25330868	10.予提费用		153121
小计	75949602	143633905	11.其他流动负债		(184050)
流动资金运用合计	84813751	152498054	流动负债增加净额	73577075	145904714
流动资金增加净额	82316424	15133667	流动资金增加净额	82516424	15133667

新疆百花村股份有限公司一九九七年度中期报告

一、财务报告(已经审计)

(一)审计意见

本报告经中华会计师事务所注册会计师廖良汉、谢佳扬审计,并出具无保留意见的审计报告(中华股审字[97]27号)。

(二)财务报表

1.简化的资产负债表　　单位:元

	期初数		1997年1-6月	
	母公司	合并数	母公司	合并数
流动资产	191390417	244409024	187883415	291825146
长期投资	24468941	7700613	44769236	7700613
固定资产净值	12054119	18888548	15318135	27343590
在建工程	73756643	173366851	79503219	210138084
无形及递延资产合计	15299759	21057911	16310555	24511171
资产总计	316969879	465422947	343784560	561518604
流动负债	86131806	217210528	106025595	290276307
长期负债	50000000	53000000	50000000	53000000
负债合计	136131806	270210528	156025595	343276307
少数股东权益		14374346		30483332
股本	61275000	61275000	76593750	76593750
资本公积	105613201	105613201	96421951	96421951
盈余公积	4569695	4569695	4569695	4569695
其中:公益金				
未分配利润	9380177	9380177	10173569	10173569

股东权益合计	180838073	180838073	178758965	187758965
负债及股东权益合计	316969879	465422947	343784560	561518604

2.简化的损益表　　单位:元

	上年同期数		1997年1-6月	
	母公司	合并数	母公司	合并数
主营业务收入	13832127	93062502	34832639	159180184
主营业务利润	3113575	18817373	2153852	8729543
加:其它业务利润			535150	535150
投资收益	5278137		5140906	3284854
补帖收入				
减:营业外支出	6764	39764	19171	179171
利润总额	8387402	18780574	7814687	12374563
减:所得税		3960000	893795	3226700
少数股东损益		6433172		2226971
净利润	8387402	8387402	6920892	6920892

3.其它财务指标

	96年上半年	97年上半年
每股收益	0.137元	0.0904元
净资产收益率	4.72%	3.69%
每股净资产	2.90元	2.45元

注:本报告期末每股净资产、每股收益是按实施96年度10送1转增1.5的分配方案后的总股本76593750股计算。

(三)财务报表附注

1.本中期财务报告所采用的会计政策及会计方法与上年一致,合并报表的范围与上年度相同。

2.短期投资:1997年6月30日余额为2120.9万元,其中(1)股票投资为120.9万元。(2)开发农业产品,加工销售投资2000万元。

3.应收帐款:

帐龄	金额	占总的应收帐款比例(%)
1年以内	60048066	54.63
1-2年	46304305	42.12
2-3年	2317852	2.11
3年以上	1251638	2.14
合计	109921860	100

注:无持有本公司5%以上股份的股东欠款。

4.其他应收款:

帐龄	金额	占总的应收帐款比例(%)
1年以内	34925495	62.33
1-2年	15232695	27.19
2-3年	5868349	10.48
合计	56026539	100

5.长期投资:7700613

其中:股权投资

克拉斯克特细肉公司　8314200

债券投资

国库券　12000

合并价差　(625587)

6.资本公积:

期初金额	本期增加	本期减少	期末金额
105613201		9191250	96421951

7.未分配利润:

期初金额	本期增加	送红股	年末未分配利润
9380177	6920892	6127500	10173569

8.主营业务收入:

本期比上年同期增加6611.8万元,主要是本公司购物中心和子公司百花村大酒店开业新增收入。

9.投资收益:

本期比上年同期增加328.5万元,其中证券投资收益203.5万元,农业产品加工销售收益124.9万元。

10.主营业务利润:

本期比上年同期减少987.59万元,主要是本公司控股的子公司在外贸经营中的效益较上年同期大幅减少,从而导致主营业务利润有所下降。

11.关联企业及关联交易:

(1)关联企业:

A.兵团商业贸易发展中心持有本公司43.61%股份。

B.新疆克拉斯克特细肉制品有限公司,本公司间接持有66.67%股份。

(2)关联交易:

本公司应付兵团商业贸易发展中心往来款5943398元:

本公司应收克拉斯克特细肉制品有限公司往来款18769276元。

二、公司经营情况回顾与展望

1.上半年经营情况回顾

1997年上半年,公司全体员工为实现"奋起二次创业,再造百花村辉煌"的宏伟目标,同心协力,努力奋斗,在加快建设项目的收尾,做好开业筹备,稳抓经营,规范管理等方面均取得了可喜的成绩。1997年2月18日,公司的两大投资项目百花村购物中心和百花村大酒店投入试营业,经济效益有了一定的增长,也树立了公司的新形象。1-6月共实现了营业收入15918万元,净利润692万元。

进入97年,百花村购物中心和百花大酒店的建设已接近尾声,为了尽快竣工,投入运营,公司一方面加强工程协调力度,为施工单位解决困难,加快了施工进度;另一方面,加紧开业的筹备工作,公司全体员工发扬连续作战的精神,克服困难,终于在2月中旬迎来了百花村购物中心和百花村大酒店的试营业。百花村彩扩中心新增的婚纱影楼也于4月投入使用。

1997年,公司确立了加强内部管理,狠抓经济效益的方针。通过引进管理人才,完善管理制度,落实经营目标,上半年经营呈现稳定上升趋势。经营收入较上年同期有较大的增长,但由于新项目运营时间短,各项费用较大,同时,也由于公司控股的子公司在外贸经营中的效益有所下降,影响了利润的增长。今年6月,本公司被乌鲁木齐市工商银行评为AAA级信用企业。百花村购物中心以良好的经济效益和社会效益被国家经贸委、国内贸易部第六部委联合授予"全国百家名店"荣誉称号;百花村大酒店不仅继承和发扬老字号传统,还结合民族地区的实际,推出新菜肴;充分利用黄金地段和良好的设施向宾客提供优质服务,仅仅3个多月的营业就赢得了消费者的认可,呈现出良好的人气。

2.下半年工作展望

1997年下半年,本公司将进一步加强基础管理,落实各项措施,充分利用"百花村"老字号商誉和新落成的经营设施,抓好经营旺季,降低费用,提高经济效益。百花村购物中心为贯彻国家六部委召开的"全国名店名厂名品工作会议"精神,将专门辟出经营场地建立面向全国名牌厂家的"名品进名店直销中心",并组建专业营销公司开展名品经营,利用乌鲁木齐的优势,拓展南北疆营销网络。百花村大酒店将通过提高经营水平,完善各项服务。凭借整体项目全部开业的综合优势,突出"百花村"特色,进一步扩大知名度。提高经济效益和社会效益。公司利用融资机会发展彩扩摄影中心的连锁经营和完善出租汽车服务中心的配套设施,形成经营规模,提高竞争能力。

三、重大事件的说明

1.1997年4月9日公司召开第一届董事会第三次会议,通过了1996年度利润分配议案,按1996年末总股本向全体股东每10股送1股红股,

派发1元红利(含税),用资本公积金每10股转增1.5股。该议案经公司1996年度股东大会审议通过并实施。

2.1997年5月初,本公司接到乌鲁木齐市中级人民法院下达的一审判决书,本公司胜诉,按有关规定已于1997年5月6日在《上海证券报》予以披露。乌鲁木齐大快活商贸总公司不服判决,向新疆维吾尔自治区高级人民法院提起上诉,本公司已应诉。目前,此案尚未审理。

3.本公司根据国务院证券委中国人民银行国家经贸委联合发布的《严禁国有企业和上市公司炒作股票的规定》的通知精神,对本公司及子公司进行了自查,本公司及子公司并无任何违规行为。截止报告期末,本公司在上海证券中央登记结算公司和深圳证券登记公司以"新疆百花"名义开设的法人股东帐户各一人,帐号为(沪B882685737;深099186198)。分别持有:

股票代码	股票简称	数量(股)	金额(元)	市值(元)
600839	四川长虹	10000	413758	439500
0517	甬中元	12000	136317	99600
0522	白云山	30000	190685	182100
0420	吉林化纤	10000	138443	93000
0541	佛山照明	20000	329780	307800

除此之外,本公司及子公司并无其他持有已上市流通股票的帐户。本公司将对以上持有的股票严格按国家有关规定处理。

4.募集资金的使用情况及收益说明:

本公司前次募集资金总额1.18亿元,(扣除发行费),对百花村购物中心投入8115万元,截止报告期末,实现利润286.3万元;百花村大酒店投入资金2334万元,截止报告期末,实现利润134.3万元;其他业务投入1300万元,用于农业产品加工销售及彩扩中心改造项目,截止报告期末,实现利润150万元。

5.今年4月,本公司与新疆石河子市百大城商贸有限责任公司就本公司兼并石河子百大城商贸有限责任公司事宜进行了接触,并签订了初步协议。该兼并项目经本公司董事会批准,报经公司股东大会通过后,拟以配股募集资金予以实施。

四、发行在外股票变动和股权结构变化

1.本公司于1997年5月22日实施了1996年度送股派息及资本公积金转增股本方案,截止报告期,本公司股本由6127.5万股增加至7659.375万股。

2.股权结构情况(1997年6月30日)

项目	期初数	本次变动增减(+、-)				期末数
		送股	公积金转增股	其他	小计	
(1)尚未流通股份						
国有法人股	26725000	2672500	4008750	-	-	33406250
社会法人股	4550000	455000	682500	-	-	5687500
小计	31275000	3127500	4691250	-	-	39093750
(2)已流通股份						
境内上市人民币						
普通股本	30000000	3000000	4500000	-	-	37500000
小计	30000000	3000000	4500000	-	-	37500000
(3)股份总计	61275000	6127500	9191250	-	-	76593750

3.主要股东持股情况(前十名股东)

股东名称	持有股份	占总股本比例%
兵团商业贸易发展中心	33406250	43.61
新疆芳草湖糖厂	1625000	2.12
新疆兵团石油公司	1625000	2.12
新疆兵团商业贸易总公司	893750	1.17
新疆通久经济发展集团公司商业旅游服务公司	812500	1.06
华夏证券有限公司	731250	0.95
王宝玉	204400	0.27
李宁兵	130600	0.17
李木妹	123350	0.16
周庆宏	82000	0.11

五、股东大会简介

新疆百花村股份有限公司1996年度股东大会已于1997年5月1日在乌鲁木齐市新疆百花村大酒店七楼会议厅召开,出席会议的股东16人,代表股份30829400股,占总股数的50.31%,符合《公司法》和《公司章程》的规定,经新疆维吾尔自治区公证处出具908号公证书,会议有效。

经大会审议表决,通过如下决议。

1.《总经理工作报告》

2.《董事会工作报告》

3.《监事会工作报告》

4.《1996年度财务决算和1997年度预算》

5.审议通过了1996年度分配方案:

(1)利润分配:1996年度可供股东分配的利润15507676.81元,按1996年末总股本61275000股为依据:

a.向全体股东每10股派发现金红利1元(含税),计6127500元;

b.每10股送1股红股;计6127500元;

c.剩余3252676.81元结转下年度分配。

(2)资本公积金转增股本:按1996年末总股本61275000股以10:1.5比例转增股本。

6.审议通过了1997年度配股方案:

以1996年末股本总数61275000股为基础,向全体股东按10:3的比例配股共可配18382500股,配股价暂定为4-5.50元。本公司社会公众股东还可按10:0.0585的比例自愿认购发起人股东配股的转配部分。转让手续费为每股0.10元。本次配股募集资金主要用于:(1)兼并新疆石河子市百大城商贸有限责任公司。(2)投入本公司彩扩中心,出租汽车服务中心技改配套项目。(3)补充本公司流动资金。该方案报兵团证管办出具意见,并报中国证监会审核。本次配股决议的有效期限为一年。

7.大会授权董事会在团会期间办理与此次配股有关的事项,按配股实施情况对公司章程做相应修改,及调整投资事宜。对以上授权的实施情况按规定在下一年度股东大会上获得确认。

8.大会审议通过了兼并新疆石河子市百大城商贸有限责任公司的可行性方案和本次配股募集资金投资项目的可行性报告。授权董事会办理有关事宜;大会还听取了本公司诉乌鲁木齐大快活商贸总公司拖欠承包费一案的一审判决情况汇报,1997年4月30日,乌鲁木齐市中级人民法院下达(1997)乌中民初字第134号民事判决书,本公司胜诉。大会委托董事会办理有关法律事务。

六、备查文件

1.载有公司董事长亲笔签名的《新疆百花村股份有限公司1997的年度中期报告》;

2.中华会计事务所出具的中华股审字[97]27号《新疆百花村股份有限公司审计报告》;

3.查阅地址:新疆乌鲁木齐市中山路141号新疆百花村股份有限公司董事会秘书处。

新疆百花村股份有限公司

一九九七年八月二十八日

辽宁远洋渔业股份有限公司

辽宁远洋渔业股份有限公司1996年年度报告摘要

一、公司简况

1、公司法定中文名称:辽宁远洋渔业股份有限公司

公司英文名称:LIAONING PELAGIC FISHERIES CO.,LTD.

公司英文名称缩写:LNPF

2、公司注册地址:沈阳市和平区南京南街156号

邮政编码:110005

公司办公地址:大连市甘井子区大连湾镇

邮政编码:116113

3、公司法定代表人:张毅

4、公司咨询机构:证券部

电话:0411-7606522

传真:7600329

联系人(董秘):于恩野

5、股票简称:远洋渔业

证券代码:600728

二、主要财务数据与财务指标

指标项目	1996年	比上年增减(%)	1995年	1994年
1、主营业务收入(万元)	29,214	15.4	25,322	13,827
2、净利润(万元)	8,028	68.8	4,775	2,159
3、总资产(万元)	37,126	58.7	23,393	19,355
4、股东权益(万元)	22,498	191.9	7,708	6,884
5、每股收益(元)	0.511	-29.6	0.726	0.330
6、每股净资产(元)	1.63	-0.6	1.64	1.33
7、净资产收益率(%)	35.68	-42.2	61.68	31.36
8、股东权益比率(%)	60.60	83.9	32.95	35.56

注:1、本公司年初股本为6,550万元,7月份开始股本为7,850万元,9月至年末股本为15,700万元,每股收益按加权平均法计算为0.876元。

2、本公司发行股票冻结申购资金利息1,200万元,其中冻结有效申购资金利息7.1万元计入资本公积金,冻结无效申购资金利息1,192.9万元,其中238.6万元计入1996年度营业外收入,扣除该部分利息后,1996年度净利润为7,788.9万元,股东权益22,455万元,每股收益0.496元,每股净资产1.62元,净资产收率34.69%,股东权益比率60.48%。

三、公司业务回顾

1、一年来经营情况

1996年是"九五"规划的第一年,也是公司发展史上具有战略意义的一年,公司股票成功地在上海发行和上市,实现了公司由生产经营向资本经营的重大转变。

1996年公司的各项事业取得了长足的发展,主营业务收入和利润总额等主要经济指标在95年高比例递增的前提下,今年又取了快速增长。全年实现主营业务收入29,214万元,比上年增长15.4%;利润总额9,423万元,比上年增长32.9%,人均创利10万元;净利润8,028万元;比上年增长68.8%。

公司利用股票上市后整体经济实力的增强,在捕捞设备和技术、船队规模和内部管理上下功夫,卓有成效地采取了以下措施:

(1)在北太平洋抓主要渔场的生产。公司为了提高今年北太平洋的生产效益,加大了修船管理力度,利用修船厂的技术力量,保证船用设备的高效性,在生产过程中,注意效益分析,强化船用物资管理,力求降低成本。在此基础上,又采取了一些具体的措施:一是作业海域的重新调度。从年中作业的西白令海海域转到鄂霍茨克海海域,以增加网产。二是提高鱼品出成率。由于从国外重新购置了新的剖片机(巴德尔182)等一些最新的加工设备,使鱼品出成率有了大幅度的提高,增加了成品产量。三是不断调整产品结构,一改海上产品单调的局面,下大力气研究新产品开发,除了原来主导产品鱼片、鱼糜、鱼籽、鱼粉外,还开发了鱼段、鱼泥和原条鱼等新产品,现已开成七大系列18个品种,这些产品分别销往德国、欧共体国家和北美、日本、韩国等国际市场和南方一些省、市及东北三省等国内市场。

(2)扩大了鱿鱼钓船队的规模并成功开发了南太平洋新西兰鱿鱼钓渔场。96年6月19日又新购置了一艘鱿鱼钓船"海泰"号,增加了鱿鱼钓船队的捕捞能力。公司根据鱿鱼钓的生产特点,分别于96年年初和11月份两次派鱿鱼钓船队到南太平洋新西兰海域从事鱿鱼生产,夏季又及时把鱿鱼钓船队调到北太平洋生产,做到了南北兼顾,环球捕捞,增加效益。

(3)继续探捕新渔场。公司董事会认为:公司必须不断地积极地开发新渔场,扩大国际捕捞新领域,提高国际市场占有率,并努力开发新项目。94年、95年公司二度将"耕海"轮派赴南太平洋新西兰海域从事捕捞奥林吉拉非鱼生产,并取得非常好的经济效益。96年又将新购进的大型远洋捕捞加工船"新兴海"轮,派到该海域继续进行探捕作业,以进一步了解掌握该渔场的水文情况和海洋资源,为公司未来发展开辟新的领域。

(4)进一步搞好远洋生产的配套,进一步改善渔轮加工生产设施和卫生条件。为搞好配套生产在原有一艘冷藏运输船的基础上,利用募股资金96年8月7日从日本购进一艘2,000砘级的冷藏运输船"海裕"轮,该轮设备先进,解决了运力不足的矛盾。把国际海域的鱼产品运回国内,丰富了国内市场。96年4月,公司顺利通过"欧盟"专家检查小组对渔轮加工生产卫生条件的检查,为加工出口产品创造了必须的条件。

(5)努力发展下游相关产业,不断生产适销对路产品,提高产品附加值,先后开发了鱿鱼筒、鱿鱼圈、鱿鱼段和真空小包装系列产品,深受国内外市场欢迎,有些产品打入国际市场。同时,加大了经贸工作力度,公司经贸96年创利500多万元。

(6)实施人才战略,加强人员管理,提高员工素质。年初在修船备航同时选送几十名高级船员到水产学院进修学习,还举办了几期特种技术培训班,参加学习人数达几百人。同时,公司为职工提供了良好的工作、生活环境,职工队伍稳定,凝聚力增强。

2、募集资金使用情况说明

公司本年度内发行1,300万股A股,按招股说明书募集资金用途,归还已购置的一艘艉滑道拖网加工渔船(吨位2,600吨),"新兴海"轮的贷款2,175万元,其中:船款1,441万元,修船费及备件734万元;归还已购置的三艘鱿鱼钓船的贷款2,500万元(吨位分别为314.57吨,415.8吨,344.94吨),其中:船款2,090万元,修船费及备件410万元;投资人民币2,285万元,购置了一艘冷藏运输船(吨位3,493吨)"海裕"轮;投资人民币1,000万元,对已有船只进行设备更新和改造。原计划新购置鱿鱼钓船四艘,因船源不足未实现。募集资金余款做为流动资金周转使用。

四、股本变化及股本结构情况

1、股本变化及股本结构情况

(1)截至1996年末,公司股本结构如下:(单位:股,每股面值1元)

	期初数	送股	公积金转股	小计	期末数
a、尚未流通股份	54,500,000	16,350,000	38,150,000	54,500,000	109,000,000
其中:国有法有股	50,000,000	15,000,000	35,000,000	50,000,000	100,000,000
社会法人股	4,500,000	1,350,000	3,150,000	4,500,000	9,000,000
b、已流通股份					
境内上市的人民币普通股	24,000,000	7,200,000	16,800,000	24,000,000	48,000,000
c、股份总数	78,500,000	23,550,000	54,950,000	78,500,000	157,000,000

(2)股本变动原因:本年度新增发行1,300股社会公众股,下半年按10送10的比例实施送股,使公司股本总额由年初的6,550万股增至15,700万股。

(3)主要股东持股情况(前十名股东)

名次 股东名称	年末持股数(万股)	占总股本(%)
1、辽宁省大连海洋渔业集团公司	10,000	63.69
2、大连冷冻机股份有限公司	300	1.91
3、大连海洋渔业进出口公司	300	1.91
4、中国水产总公司	300	1.91
5、金昌公司	179.79	1.15
6、海通证券	136.49	0.87
7、汕头证券	85	0.54
8、李连胜	60.67	0.39
9、张毅	60	0.38
10、海通国际	57.83	0.38

(4)截止1996年年末公司股东总数为31,718户,其中国有法人股股东1户,社会法人股股东3户,社会公众股股东31,714户。

2、公司董事、监事与高级管理人员持股情况

姓名	职务	年初持股数	年末持股数	变动原因
张毅	董事长	300,000	600,000	送股
杨宝仲	董事、总经理	100,000	200,000	送股
遇力琦	董事	50,000	100,000	送股
宁时虎	董事	50,000	100,000	送股
李兴武	董事	50,000	100,000	送股
郝建兴	董事	50,000	100,000	送股
王兆阳	董事	50,000	100,000	送股
张和	董事	0	0	
包盛清	董事	0	0	
王开国	董事	0	0	
林春瑞	监事	50,000	100,000	送股
管兆飞	监事	3,600	7,200	送股
王桂发	监事	3,600	7,200	送股
潘福久	财务总监	0	0	
于传江	副总经理	10,000	20,000	送股
张德本	副总经理	9,000	18,000	送股
由守钧	副总经理	3,000	6,000	送股
胡明新	副总经理	3,600	7,200	送股

五、重要事项

1、本报告期内股东大会、董事会情况说明:

1996年1月16日,公司召开了第三次股东代表大会,审议通过了董事会1995年度工作报告和1996年发展计划的报告、财务情况报告和利润分配方案等事项。

1996年7月25日,公司召开了一届四次董事会,审议通过了96年中期送股预案,以10:3的比例送股。本次公积金转增股本预案以10:7的比例送股,修改公司章程的议案和选举董事会专家董事。

1996年8月28日,公司召开了1996年临时股东大会,审议通过了中期送股方案和公积金转增股本方案,修改公司章程的方案和选举董事会专家董事的方案。

1996年11月6日,公司召开了一届五次董事会,审议通过了聘任潘福久先生为公司副总经理、财务总监,同时聘任由守钧先生为公司副总经理,解聘其财务总监职务的议案。

2、1996年6月28日,经中国证监会批准,以上网定价的发行方式向社会公开发行人民币普通股股票1,300股(《招股说明书及发行公告刊登于1996年6月26日的《上海证券报》、《中国证券报》)。

3、1996年7月16日,公司新增发行的1,300万股社会公众股及1,100万内部职工股占额度在上海证券交易所上市交易。由定向募集公司转变成上市公司(上市公告书刊登于1996年7月13日的《上海证券报》)。

4、经1996年9月27日上证指数专家委员会讨论决定,本公司自1996年10月3日起,正式成为上证30指数样本股。

5、本报告期内公司无重大诉讼、仲裁事项。

六、子公司及关联企业

企业名称	注册资金	公司拥有权益(%)	主营业务
大连东和渔业有限公司	5820万日元	61.43%	远洋鱿鱼钓生产及捕捞加工

七、财务报告

(一)、审计报告

公司财务报告经大连会计师事务所于波、石笛侠注册会计师审计,并出具无保留意见的审计报告【大会师 内审 字(1997)88号】。

(二)、财务报表(附后)

(三)、会计报表附注:

一、公司采用的主要会计政策

1、会计制度:执行《股份制试点企业会计制度》。

公司现所属控股子公司——大连东和渔业有限公司系中外合资经营企业,执行《外商投资企业会计制度》,在编制合并会计报表时,已按《股份制试点企业会计制度》进行了调整。

2、合并会计报表的编制方法:按照财政部制定的《合并会计报表暂行规定》,对母公司拥有半数以上(不包括半数)权益性资本的被投资企业合并会计报表。

3、合并报表范围

本次纳入合并会计报表的子公司仅为公司与日本国株式会社东和电机制作所合资经营的大连东和渔业有限公司(以下简称东和公司),该公司成立于1994年8月12日,注册资本总额为5,820万日元,公司对其原始投资为294万元人民币,折合3,575万日元,占该公司注册资本的61.43%。该公司亦从事远洋捕捞业务。

4、外币折算方法:发生的外币业务,以当月一日的外汇市场汇价折合人民币记帐;月份终了,将各种外币帐户的外币余额,按照月末外汇市场汇价折合为人民币余额,其差额记人"财务费用"。

5、税项:

(1)增值税:出口产品销售收入,按国家有关税收法规规定,增值税税率为0;内销自产产品按大连市税务局第四分局大税四税字(1994)30号文件中有关"对远洋渔业公司凭报关人境的水产品(包括鱼糜等)实际数量于销售时免征增值税"的规定执行,免缴增值税。

(2)营业税:运输收入、水产资源开发收入按3%税率计缴。

(3)所得税:公司的企业所得税按15%的税率计缴。

根据辽宁省人民政府辽政(1996)36号文件批准,公司自1996年度开始按15%的税率计缴企业所得税。

(4)城市建设维护税及教育费附加分别按营业税金的7%和3%计

缴。

(5)费用性税金:包括车船使用税、印花税等,按照有关规定上缴,计入当期损益。

二、1996 年 12 月 31 日合并资产负债表和 1996 年度合并利润及利润分配表有关项目注释:

1、应收帐款年末余额 87,145,842.39 元,其中:

(1)帐龄情况

帐龄在一年以内的共 16 户,金额 83,035,688.99 元,占 95.28%;

帐龄在一年至二年的共 1 户,金额 3,245,000.00 元,占 3.72%。

帐龄在二年至三年的 5 户,金额 865,153.40 元,占 1%。

(2)应收帐款本年末比上年末余额增加 38,154,646.35 元,增长率为 77.88%,其主要原因为销售领域扩大,对新客户增大赊销量所致。

2、其他应收款年末余额 40,591,899,08 元,其中:

(1)帐龄情况

帐龄在一年以内的共 23 户,金额 37,013,384.45 元,占 91.18%;帐龄在一年至二年的共 2 户,金额 256,338.37 元,占 0.63%;帐龄在二年至三年的共 6 户,金额 3,322,176.26 元,占 8.19%。

(2)其他应收款本年末比上年末余额增加 26,321,330.48 元,增长率为 184.44%,其主要原因为增加了向辽宁省大连海洋渔业集团公司经贸部和辽宁省大连海洋渔业集团公司源丰公司委托经营借款。

3、长期投资

公司长期投资系对大连东和渔业有限公司的投资,其原始投资额为 2,940,000.00 元,占该公司注册资本的 61.43%,已纳入合并会计报表的范围,其长期投资在合并报表时已抵销。

大连东和渔业有限公司本年度经营亏损 703,103.05 元,按权益法核算其长期投资额本年末比上年末减少 335,696.31 元,占投资比例不变,年末余额为 1,912,063.93 元。

4、在建工程年末无余额,比上年末减少 18,687,264.24 元,系原在建工程完工转增固定资产所致。

5、其他长期负债年末余额 9,543,205.86 元。

为本年公司发行 A 股股票时,申购无效的投资者其申购资金在冻结期间所产生的存款利息收入总额为 11,929,007.33 元,按财政部财工字(1996)434 号文件规定,按五年分期摊销后的余额。

6、资本公积年末余额 42,154,163.96 元,其中:

捐赠公积 136,219.89 元;

资本折算差额 89,951.95 元;

资本溢价 41,927,992.12 元。

资本公积本年末比上年末余额净增加 42,064,212.01 元,其原因如下:

(1)东和公司接受捐赠,按合同规定的投资比例计算应增加本公司权益 136,219.89 元;

(2)本年度公司发行 A 股股票溢价收入为 100,071,500.00 元,扣除发行费用 3,264,500.55 元,净增加资本公积 96,806,999.45 元;

(3)本年度发行 A 股股票时,申购有效的投资者其申购资金在冻结期内所产生的存款利息收入按规定转入资本公积 70,992.67 元;

(4)1996 年 8 月 28 日,经公司临时股东大会决议,公司以资本公积按每 10 股送 7 股转增股本 54,950,000.00 股,从而减少资本公积 54,950,000.00 元。

7、盈余公积年末余额 24,967,916.88 元,本年末比上年末余额增加 13,646,781.67 元,系根据本年度利润分配预案,自本年度净利润 80,275,186.29 元,提取 10% 的法定公积金、提取 7% 的公益金共计 13,646,781.67 元。

8、未分配利润年末余额为 861,790.46 元,系本年净利润 80,275,186.29 元,加上年末未分配利润余额 173,385.84 元,减提取的法定盈余公积、公益金,剩余可供股东分配利润 66,801,790.46 元,根据 1996 年 8 月 28 日公司临时股东大会决议,公司以上半年实现的利润按每 10 股送 3 股转增股本 23,550,000.00 元,同时根据本年度利润分配预案,派发现金红利 42,390,000.00 元后的余额。

9、投资收益:本年度 -431,916.20 元,系为控股子公司大连东和渔业有限公司亏损 703,103.05 元,按合同规定的比例本公司应承担的亏损金额。

10、营业外收入:本年度 2,969,557.05 元,其中:

(1)申购无效投资者其资金在冻结期内所产生的存款利息收入按五年期平均摊销,本年摊销额为 2,385,801.47 元;

(2)无法支付的款项 539,299,58 元;

(3)固定资产盘盈 41,456.00 元;

(4)罚款收入 3,000.00 元。

本年度比上年度增加 2,960,167.55 元,其主要原因为增加了申购无效的投资者,其资金在冻结期内所产生的存款利息收入所致。

11、所得税:上年度 23,636,904.23 元,本年度 14,242,429.85 元,比上年度减少 9,394,474.38 元,其主要原因为上年度执行 33% 所得税税率,本年度执行 15% 所得税税率所致。

三、承诺事项、期后事项和或有事项

本公司截止报告日期,没有需要披露的重要承诺事项、期后事项和或有事项。

辽宁远洋渔业股份有限公司董事会

一九九七年三月二十七日

合并资产负债表

编制单位:辽宁远洋渔业股份有限公司　　1996 年 12 月 31 日　　单位:人民币元

资产	行次	年初数(母公司)	年末数(母公司)	年初数(合并)	年末数(合并)	负债及股东权益	行次	年初数(母公司)	年末数(母公司)	年初数(合并)	年末数(合并)
流动资产:						流动负债:					
货币资金	1	60958793.24	92384474.59	62979419.51	93001393.25	短期借款	41	16600000.00	5415000.00	1810000.00	54150000.00
短期投资	2					应付票据	42				
应收票据	3					应付票款	43	10763450.70	7452217.16	11525159.84	7817879.08
应收帐款	4	48991796.04	87145842.39	48991196.04	87145842.39	预收货款	44	1161720.47	18600.00	1161720.47	853076.00
减:坏帐准备	5	146975.39	261437.53	146975.36	261437.53	应付福利费	45	432322.87	1309531.55	432322.87	1309531.55
应收帐款净额	6	48844820.65	86884404.86	48844820.65	86884404.86	未付股利	46	54560000.00	42524196.00	54560000.00	42524196.00
预付货款	7	585601.00	3355500.00	585601.00	3355500.00	未交税金	47	23827549.76	1011679.87	23827549.76	1011679.87
其他应收款	8	14951979.19	40799973.78	14270568.60	40591899.08	其他未交款	48		28364.83		28364.83
待摊费用	9					其他应付款	49	5988154.41	20427210.64	6755732.95	20834593.52
存货	10	36647317.97	42709808.61	9257298.98	44426413.25	预提费用	50	7375000.00	700000.00	770000.00	700000.00

资产	行次	年初数（母公司）	年末数（母公司）	年初数（合并）	年末数（合并）	负债及股东权益	行次	年初数（母公司）	年末数（母公司）	年初数（合并）	年末数（合并）
减:存货变现损失准备	10-1		.			一年内到期的长期负债	51	7470000.00		7470000.00	
存货净额	10-2	36647317.97	42709808.61	39257298.98	4426413.25	其他流动负债	52				
待处理流动资产净损失	11										
一年内到期的长期债券投资	13					流动负债合计	55	128178198.21	133921800.05	131532485.89	135529320.85
其他流动资产	13					长期负债:					
流动资产合计	15	161988512.05	266134161.84	165937708.74	268259610.44	长期借款	56	23900000.00		239000000.00	
长期投资:						应付债券	57				
长期投资	16	2247760.24	1912063.93			长期应付款	58				
合并价差(合并报表填列)(贷差以"-"号表示)	16-1					其他长期负债	60		9543205.86		9543205.86
固定资产:											
固定资产原价	17	93445406.50	157194056.64	97239348.86	161012999.00	长期负债合计	65	23900000.00	9543205.86	23900000.00	9543205.86
减:累计折旧	18	49129330.31	63004940.59	50009002.72	64503894.84	递延税项:					
固定资产净值	19	44316076.19	94189116.05	47230346.14	96509104.16	递延税款贷项	66				
在建工程	20	18687264.24		18687264.24		负债合计	67	152078198.21	143465005.91	155432485.89	145072526.71
固定资产清理	21										
待处理固定资产净损失	22					少数股东权益(合并报表填列)	61-1			1411399.63	1200626.29
固定资产合计	23	63003340.43	94189116.05	65917610.38	96509104.16						
无形资产及递延资产:						股东权益					
无形资产	24	896206.40	5011328.88	1001522.40	5258599.00	股本	68	6550000.00	15700000.00	6550000.00	15700000.00
递延资产	25	1026852.09	1202206.51	1071517.00	1229710.70	资本公积	69	89951.95	42154163.95	89951.95	42154163.96
无形及递延资产合计	30	1923058.49	6213535.39	2073039.40	6488309.70	盈余公积	70	11321135.21	24967916.88	11321135.21	24967916.88
其他长期资产:						其中:公益金	71	3443698.32	4856404.47	3443698.32	4851440.47
其他长期资产	31					未分配利润(未弥补亏损以"-"号表示	72	173385.84	861790.46	173385.84	861790.46
递延税项:						外币报表折算差额(合并报表填列)	72-1				
递延税款借项	32					股东权益合计	79	77084473.00	224983871.30	77084473.00	224983871.30
资产总计	40	229162671.21	368448877.21	288928358.52	371257024.30	负债及股东权益总计	80	229162671.21	368448877.21	233928358.52	71257024.30

合并利润及利润分配表

编制单位:辽宁远洋渔业股份有限公司　　1996 年 12 月 31 日　　单位:人民币元

项目	行次	本年数(母公司)	上年数(母公司)	本年数(合并)	上年数(合并)
一、主营业务收入	1	286154957.28	250391376.15	292139894.10	253216842.40
减:营业成本	2	181006909.95	162158458.38	18708996.20	165348627.73
销售费用	3	4148892.84	2940065.21	4339050.61	3102252.00
管理费用	4	10287318.75	6948889.54	10695090.71	7327055.45
财务费用	5	2727072.76	4472560.22	2735096.65	4206828.95
进货费用	6				
营业税金及附加	7	1110004.24	174496.68	1110004.24	255057.18
二、主营业务利润(亏损以"-"号表示)	8	86874758.74	73696906.12	86170655.69	7977021.09
加:其他业务利润(亏损以"-"号表示)	9	5292434.52	361401.85	5292434.52	361401.85
三、营业利润(损亏以"-"号表示)	10	92167193.26	74058307.97	91463090.21	73338422.94
加:投资收益(亏损以"-"号表示)	11	-431916.20	-442225.37		
补贴收入	11-1				
营业外收入	12	2968557.05	9398.50	2969557.05	9396,50
减:营业外支出	13	186217.97	2440723.95	186217.97	1440723.95
加:以前年度损益调整(调减以"-"号表示)	14				
四、利润总额(亏损以"-"号表示)	15	94517616.14	71184757.15	94246429.29	70907097.49
减:所得税	16	14242429.85	23636904.23	14242429.85	23636904.23
减:少数股东损益(合并报表填列)(亏损以"-"号表示)	16-1			-271186.85	-277659.66
五、净利润(亏损以"-"号表示)	17	80275186.29	4754852.92	80275186.29	475477852.92
加:年初未分配的利润(未弥补亏损以"-"号表示)	18	173385.84	8667.91	173385.84	8667.91
盈余公积转入数	19				
六、可分配的利润(亏损以"-"号表示)	20	80448572.13	47556520.83	80448572.13	4755620.83
减:提取法定公积金	21	8027518.63	4754785.29	8027518.63	4754785.29

项目	行次	本年数(母公司)	上年数(母公司)	本年数(合并)	上年数(合并)
提取法定公益金	22	5619263.04	3328349.70	5619263.04	3328349.70
职工奖金福利(合并报表填列,子公司为外商投资企业项目)	22-1				
	22-2				
七、可供股东分配的的利润(亏损以“-”号表示)	23	66801790.46	39473385.84	66801790.46	39473385.84
减:已分配优先股股利	24				
提出任意公积金	25				
已分配普通股股利	26	65940000.00	39300000.00	65940000.00	39300000.00
八、未分配利润(未弥补亏损以“-”号表示)	27	861790.46	173385.84	861790,46	173385.84

合并财务状况变动表

编制单位:辽宁远洋渔业股份有限公司　　1996 年度　　单位:人民币元

流动资金来源和运用	行次	金额(母公司)	金额(合并)	流动资金各项目的变动	行次	金额(母公司)	金额(合并)
一、流动资金来源				一、流动资产本年增加数			
1. 本年净利润(合并报表为合并净利润)	1	80275186.29	8027186.29	货币资金	31	31425681.35	30021973.74
加:少数股东本期损益(合并报表填列)	2			2. 短期投资	32		
加:不减少流动资金的费用和损失				3. 应收票据	33		
(1)固定资产折旧	3	13851046.28	14470328.12	4. 应收帐款净额	34	38039584.21	38039584.21
(2)无形资产、递延资产及其他资产摊销(减其他负债转)	4	438682.44	470522.44	5. 预付货款	35	2769899.00	2769899.00
(3)固定资产盘亏(减盘盈)	5			6. 其他应收款		3625847994.59	26321330.48
(4)清理固定资产损失(减收益)	6			7. 待摊费用	37		
(5)递延税款	7			8. 存货净额	38	6062490.64	5169114.27
(6)其他不减少流动资金的费用和损失	8			9 待处理流动资产净损失	39		
小计	10	94564915.01	95216036.86	10. 一年内到期的长期债券投资	40		
2. 其他来源:				12. 其他流动资产	41		
(1)固定资金清理收入(减清理费用)	11				42		
(2)增加长期负债	12	9543205.86	9543205.86	流动资产增加净额	45	104143649.79	102321901.70
(3)收回长期投资	13			二、流动负债本年增加数:			
(4)对外投资转出固定资产	14			1. 短期借款	46	37550000.00	36050000.00
(5) 对外投资转出无形资产	15			2. 应付票据	47		
(6)资本净增加额	16	147210993.68	147201993.68	3. 应付帐款	48	-3311233.54	-3707280.76
(7)少数股东资本净增加额(合并报表填列)	16-1		-210773.34	4. 预收货款	49	-1143120.47	-308644.47
小计	17	156754199.54	156543426.20	5. 应付福利费	50	877208.68	877208.68
流动资金来源合计	18	251319114.55	251759463.05	6. 未付股利	51	-12035804.00	-12035804.00
二、流动资金运用				7. 未交税金	52	-22815869.89	-22815869.89
1. 利润分配:				8. 其他未交款	53	28364.83	28364.83
(1)提取法定公积金	19	8027518.63	8927518.63	9. 其他应付款	54	14439056.23	14078860.57
(2)提取法定公益金	20	5619263.04	5619263.04	10. 预期费用	55	-375000.00	-700000.00
(3)提取任意公积金	21			11 一年内到期的长期负债	56	-7470000.00	-7470000.00
(4)已分配股利	22	65940000.00	65940000.00	12. 其他流动负债	57		
小计	23	79586781.67	7958681.67				
2. 少数股东利润分配:							
3. 其他运用:							
(1)固定资产和在建工程净增加额	24	45036821.90	45061821.90				
(2)增加无形资产、递延资产及其他资产	25	4729159.34	4885792.74				
(3)偿还长期负债	26	23900000.00	23900000.00				
(4)增加长期投资	27	-335696.31					
小计	28	73330284.93	73847614.64				
流动资金运用合计	29	152917066.60	153434396.31	流动负债增加净额	58	5743601.84	3996834.96
流动资金增加净额	30	98402047.95	98325066.74	流动资金增加净额	59	98402047.95	98325066.74

辽宁远洋渔业股份有限公司一九九七年度中期报告

一、财务报告(已经审计)

(一)审计意见

辽宁远洋渔业股份有限公司全体股东:

我们接受委托,对贵公司 1997 年 6 月 30 日的资产负责表、合并资产

负债表和1997的1－6月的利润及利润分配表、合并利润及利润分配表进行审计。这些会计报表由贵公司负责，我们的责任是对这些会计报表发表审计意见。我们的审计是依据《中国注册会计师独立审计准则》进行的。在审计过程中，我们结合贵公司的实际情况，实施了包括抽查会计记录等我们认为必要的审计程序。

由于客观条件所限，我们无法对贵公司船存存货实施必要的审计程序验证其真实性和可靠性。

我们认为，除上述事项外，贵公司上述会计报表的编制符合《企业会计准则》和《股份制试点企业会计制度》的规定，在所有重大方面公允地反映了贵公司1997年6月30日的财务状况及1997年1－6月的经营成果，会计处理方法的选用符合一贯性原则。

大连会计师事务所　　中国注册会计师：于波

中国·大连　　中国注册会计师：石笛侠

一九九七年八月二十五日

（二）关于审计意见的说明

注册会计师对本公司中期财务报表审计时，公司五艘大型拖网加工渔轮和三艘鱿鱼钓生产船正在北太平洋海域进行生产，另一艘鱿鱼钓生产船在南美阿根廷海域进行生产，因此注册会计师无法对船存存货实施实地抽查和盘点。

本公司承诺：公司按照《企业会计准则》和有关会计制度进行存货核算，并承担其真实性和可靠性的一切责任。

（三）财务报表

1、简化的资产负债表（1996年6月30日）

项目	年初数		期末数	
	母公司	合并数	母公司	合并数
流动资产	266,134,161.84	268,259,610.44	197,579,046.79	198,917,167.72
长期投资	1,912,063.93		2,012,269.07	
固定资产净值	94,189,116.05	96,509,104.16	93,433,161.16	95,442,195.85
在建工程			790,908.64	790,908.64
无形资产及其他资产	6,213,535.39	6,488309.70	6,581,728.85	6,836,827.48
资产总计	368,448,877.21	371,257,024.30	300,397,114.51	310,987,099.69
流动负债	133,921,800.05	135,529,320.85	34,656,104.28	34,825,048.40
长期负债	9,543,205.86	9,543,205.86	8,350,305.12	8,507,804.18
负债合计	143,465,005.91	145,072,526.17	43,006,409.40	43,332,852.58
少数股东权益		1,200,626.29		1,263,542.00
股本	157,000,000.00	157,000,000.00	157,000,000.00	157,000,000.00
资本公积	42,154,163.96	42,154,163.95	42,304,313.70	42,304,313.70
盈余公积	24,967,916.88	24,967,916.88	24,967,916.88	24,967,916.88
未分配利润	861,790.46	861,790.46	33,118,474.53	33,118,474.53
股东权益合计	224,983,871.30	224,983,871.30	257,390,705.11	257,390,705.11
负债及股东权益总计	368,448,877.21	371,257,024.30	300,397,114.51	301,987,099.69

2、简化的损益表

项目	上年同期数		本期数	
	母公司	合并数	母公司	合并数
主营业务收入	151,662,942.11	153,273,429.71	221,175,368.34	222,401,757.79
主营业务利润	43,228,439.03	42,727,719.86	35,764,385.69	35,683,082.41
其他业务利润			4,893.76	4,893.76
投资收益	－307,932.51		1,125,293.95	1,175,238.55
营业外收支净额	－140,762.00	－140,762.00	1,063,280.44	1,063,280.44
利润总额	42,779,753.52	42,586,417.86	37,957,853.84	37,926,495.16
所得税	6,463,151,56	6,463,151.56	5,701,169.77	5,701,169.77
少数股东权益		193,335.66		31,358.68
净利润	36,316,601.96	36,316,601.96	32,256,684.07	32,256,684.07

（四）其他财务指标

指标名称	本期数	上年同期数
每股收益	0.205元	0.46元
净资产收益率	12.53%	16.04%
每股净资产	1.64元	2.89元

注：1997年中期各项指标的计算是以1997年6月30日股本15,700万股为基础，1996年同期各项指标的计算是以1996年6月30日股本7,850万股为基础。

（五）会计报表附注：

1、会司采用的主要会计政策

（1）会计制度

公司执行《股份制试点企业会计制度》。

公司所属控股子公司－大连东和渔业有限公司系中外合资经营企业，执行《外商的投资企业会计制度》，在编制合并会计报表时已按《股份制试点企业会计制度》调整编报。

（2）会计报表的编制方法

按照财政部制定的《合并会计报表暂行规定》，对本公司拥有50%以上（不包括50%）权益性资本的被投资企业合并会计报表。

（3）长期投资核算方法

a、债券投资采用成本法核算。

b、股权投资和联营投资：凡占被投资单位注册资本20%以下的，按成本法核算；占被投资单位注册资本20%－50%，按权益法核算；达到50%以上的按权益法核算且合并会计报表。

（4）税项

a、增值税：出口产品销售收入，按照国家有关税收法规规定，增值税税率为0；内销自产产品，按照大连市税务局第四分局大税四税字（1994）30号文件中有关“对远洋渔业公司凭报关入境的水产品（包括鱼糜等）实际数量与销售时免征增值税”的规定，免缴增值税；内销非自产产品，按产品销售收入的13%税率计算销项税额，扣除当期允许抵扣的进项税额后的余额缴纳。

b、营业税：运输收入、水产资源开发收入按3%税率计缴。

c、城市建设维护税：按当期应缴营业税的7%计缴。

d、教育费附加：按当期应营业税的3%计缴。

e、费用性税金：包括房产税、车船牌照使用税、印花税等，按有关规定上缴，计入当期损益。

f、所得税：

根据辽宁省人民政府辽政（1996）36号文件批准，公司自1996年开始，按照15%的税率计缴企业所得税。

（5）利润分配

每个会计年度的净利润分配，由董事会制定分配预案，经股东大会审议批准后实施。

根据公司章程，公司每年净利润的顺序如下：

a、弥补以前年度亏损；

b、提取10%的法定公积金，该项公积金达到注册资本的50%时，可不再提取。

c、5－10%的法定公益金；

d、提取任意公积金；

e、分配股东股利。

2、合并会计报表范围

本次纳入合并会计报表的子公司仅为公司与日本国株式会社东和电机制作所合资经营的大连东和渔业有限公司（以下简称东和公司），该公司成立于1994年8月12日，注册资本总额为5,820万日元，公司对其原始投资为294万元人民币，折合3,575万日元，占该公司注册资本的61.43%，该公司亦从事远洋捕捞业务。

3、1997年6月30日合并资产负债表和1997年1月—6月合并利润及利润分配表有关项目附注。

（1）应收帐款期末余额41,085,992.56元，其中：

A、帐龄情况

帐龄	期末余额(元)	占总额比例%
一年以内	35,312,979.17	85.95
一年至二年	4,045,098.39	9.85
二年至三年	1,727,915.00	4.2
合计	41,085,992.56	

b、本帐户余额中无持本公司5%以上股份的主要股东的欠款。

c、应收帐款期末比上年末减少46,059,849.83元,其主要原因为本期加大回收货款力度所致。

(2)其他应收款期末余额18,771,685.88元,其中:

A、帐龄情况

帐龄	期末余额(元)	占总额比例%
一年以内	10,906.613.54	58.1
一年至二年	7,862.928.34	41.89
二年至三年	2,144.00	0.01
合计	18,771,685.88	100

b、本帐户余额中持5%以上股份的主要股东为辽宁省大连海洋渔业集团公司的欠款3,050,397.76元。

c、其他应收款期末余额比上年末余额减少21,820,213.20元,其主要原因是本年度公司进一步完善管理体系,增强对外垫付款项回收力度所致。

(3)长期投资

公司长期投资系对大连东和渔业有限公司的投资,其原始投资额为2,940,000.00元,占该公司注册资本61.43%,截止1996年6月30日按权益法核算其长期投资数额为2,012,269.07元,其长期投资数额在合并会计报表时已予抵销。

(4)其他长期负债期末余额8,507,804.18元,其中:

a、1996年本公司发行A股股票时、由购无效的投资者其申购资金在冻结期间所产生的存款利息收入,按五年平均摊销后的余额8,350,305.12元;

b、东和公司计提的职工住房周转金157,499.06元。

(5)少数股东权益期末余额1,263,542.00元,系日本国株式会社东和电机制作所在中外合资企业大连东和渔业有限公司拥有权益数。

(6)股本期末余额为157,000,000.00元,本期无增减变动。

(7)资本公积期末余额为43,304,313.70元,比上年末增加150,149.74元,系东和公司接收捐赠,按权益法计算增加的数额。

(8)盈余公积期末余额24,967,916.88元,本期无增减变动。

(9)未分配利润期末余额33,118,474.53元,其中:上年未分配利润861,790.46元,本期净利润32,256,684.07元。

(10)主营业务收入

主营项目	97 1—6	96 1—6	增(+)减(-)幅度
水产品销售收入	207,170,627.10	152,586,786.01	35.78%
海上运输收入	2,628,627.94	686,643.70	282,82%
远洋渔业资源开发收入	12,602,502.75		
合计	222,401,757.79	153,273,429.71	45.10%

主营业务收入本期比上年同期增加69,128,328.08元,其主要原因为销售领域不断扩大,销售量增加,同时,远洋渔业资源的开发也使公司相应得到一定的收益。

(11)营业成本171,453,766.79元,营业成本本期比上年同期增加69,762,727.61元,增长率为68.6%,其主要原因为开发远洋渔业资源,成本有所提高。

(六)关联方关系及关联交易

1、存在控制关系的关联方

辽宁省大连海洋渔业集团公司为持有本公司64%股份的关联方。注册地址:大连市甘井子区大连湾镇。经营范围:近海、远洋捕捞生产、水产品加工、内外贸易及修船、渔具制造、海陆运输、港口航运、房地产开发等。

2、关联交易

(1)受托开发远洋渔业资源

辽宁省大连海洋渔业集团公司委托本公司一艘拖网加工渔轮从事远洋渔业资源开发,根据双方签订的"委托开发合同"规定,本期本公司向其收取开发收入为12,602,502.75元。

(2)租赁业务

辽宁省大连海洋渔业集团公司将部分房屋租给本公司使用,按双方签订合同规定,月租金为48,437.99元。本公司本期实际列支租金为290,627.94元。

(3)厂内银行存款

截止1996年6月30日,本公司在辽宁省大连海洋渔业集团公司厂内银行存款3,015,873.13元,按银行同期利率计算利息。

(4)应收款项

项目	余额		与本公司关系
	97.6.30	96.12.31	
其他应收款:			
辽宁省大连海洋渔业集团公司	3,050,397.76	3,136,880.74	母公司
其他应收款:			
辽宁省大连海洋渔业集团公司进出口公司	2,716,479.43		同一母公司

(七)期后事项

无重大期后事项。

(八)承诺事项及或有事项

截止一九九七年六月三十日,公司未有对外承诺事项,公司的资产没有用于抵押。

二、经营情况的回顾与展望

1、上半年经营情况的回顾

1997年上半年,本公司面临着主要产品市场价格下降,渔用物资和燃油价格继续上升的不利局面。公司全体员工面对市场形势进一步解放思想,勤奋工作,首先抓住生产有利时机,千方百计提高产品产量和质量,其次广开思路,开拓市场,搞好国内外水产品贸易,三是加强管理,力争降低成本费用,取得一定成效。

公司上半年实现主营业务收入22.240万元,利润总额3,793万元。

2、下半年工作计划

以提高经济效益为中心,抓好北太平洋的捕捞、加工;根据市场需要,适时安排加工生产及配套调运。

开拓市场,继续抓好产品销售和国内外水产品贸易。

强化管理,控制费用,降低成本,挖掘增收节支的潜力。

三、重大事项说明

1、本公司1996年度分红派息方案已于1997年6月实施,向全体股东每10股派发现金红利2.70(含税,除税后每股派发0.246元)。

2、成立辽宁远洋渔业股份有限公司源丰分公司和辽宁远洋渔业股份有限公司经贸分公司。

3、本公司于1997年4月2日投资人民币500万元于股票二级市场,1997年5月22日国务院关于严禁国有企业和上市公司炒作股票的通知发出后,严格自查,于1997年6月20日前卖出了所持有的所有上市流通的股票,赢利117.5万元。并停止了股票交易。

公司没有买卖过本公司的股票,并承诺今后也不参与本公司股票的买卖。

4、根据财政部、国务院关税税则委员会、国家税务总局联合发出的《关于远洋渔业企业进口渔用设备和运回自捕水产品税收问题的通知》(财税字[1996]64号)的规定,对远洋渔业企业进口自用、国内不能生产的远洋渔船、轮机及甲板、冷冻设备、船用加工机械设备、船用通讯设备等

直接渔用物资免征进口环节增值税；远洋渔业企业的渔船在公海或按有关协议规定的国外海域捕获并运回国内销售的自捕水产品(包括自捕水产品的加工制品)视同为非进口的国内产品，不征收关税和进口环节增值税；根据财政部、国家税务总局财税字(1997)72号文件《关于对远洋渔业企业自捕水产免征农业特产税问题的通知》规定，为了鼓励发展我国远洋渔业，"九五"期间，对远洋渔业企业在公海或者按照有关协议规定的国外海域捕获并运回国内销售的自捕水产品(包括初加工制品)，给予免征农业特产税照顾。

5、募集资金使用情况已经在1996年度报告中详细说明(见1996年3月29日《上海证券报》)。

6、本报告期内无重大诉讼和仲裁事项。

四、发行在外的股票的变动和股权结构的变化

1、股权结构情况

单位:万股

(一)尚未流通股份	1997年6月30日	1996年12月31日
(1)国有法人股	10000	10000
(2)发起法人股	900	900
(3)内部职工股	0	0
合计	10900	10900
(二)已流通股份	4800	4800
(三)股份总数	15700	15700

注:本报告期内股权结构未发生变化。

2. 主要股东持股情况(1997年6月30日)

股东	持股数(万股)	占总股本%
1. 辽宁省大连海洋渔业集团公司	10000	63.69
2. 大连冷冻机股份有限公司	300	1.91
3. 大连海洋渔业进出口公司	300	1.91
4. 中国水产总公司	300	1.91
5. 海通证券	81	0.5
6. 张　毅	60	0.3
7. 吴才耀	27.37	0.17
8. 范政新	23.33	0.15
9. 李栓成	20.31	0.13
10. 王铁发	20	0.12

五、股东大会简介

辽宁远洋渔业股份有限公司1996年度股东大会于1997年4月29日在辽宁省大连海洋渔业集团公司渔港俱乐部召开，出度会议股东22人，代表股数10758.72万股，占公司总股本的68.52%。

会议经过认真审议，表决通过了以下决议:

1、审议通过了1996年度董事会工作报告；

2、审议通过了1996年度监事会工作报告；

3、审议通过了1996年度财务决算和1997年度财务预算报告；

4、审议通过了1996年度利润分配方案；

(1)1996年公司实现净利润8,028万元，提取10%法定公积金803万元，提取7%法定公益金562万元，本年度可分配利润为6,663万元，加上上年末未分配利润17万元，实际可供分配利润6,680万元。由于公司1996年中期已实施每10股送3股的分配主案，已送红股2,355万元(红股)，本次实际可分配利润4,325万元。

(2)利润分配方案:以现有总股本15,700万股为基准，向全体股东每10股派发现金红利2.70元(含税)，共计分配红利4,239万元，尚余86万元，留待下一年度分配。

5、审议通过关于选举公司第二届董事会、监事会的报告:

6、审议通过了修改公司章程的报告。

7、审议通过了关于成立源丰公司和经贸公司的报告。

8、选举产生了公司第二届董事会和第二届监事会。

六、备查文件:

1、载有公司董事长张毅先生亲笔签名的1997年度中期报告原本。

2、大会师审计报告、大会师内审字(1997)208号。

3、查询地址:辽宁远洋渔业股份有限公司大连市甘井子区大连湾镇。

邮编:116113

电话:(0411)7606522

传真:(0411)7600329

辽宁远洋渔业股份有限公司

一九九七年八月二十七日

辽宁成大股份有限公司

辽宁成大股份有限公司1996年年度报告

一、公司简况

股票代码:600739

股票简称:辽宁成大

公事法定中文名称:辽宁成大股份有限公司

公司英文名称:LIAONING CHENG DA CO.,LTD

公司英文名称缩写:LNCD

公司注册地址:大连市中山区人民路35号

公司办公地址:大连市中山区人民路71号邮编:116001

公司法定代表:尚书志

公司咨询服务机构:董事会秘书室

电话:0411—2647441　传真:0411—2635977

联系人:吴春生

会计师事务所:辽宁会计师事务所

二、主要财务数据与财务指标

指标项目	1996年	比上年增减(%)	1995年	1994年	扣除利息收入
1. 主营业务收入(万元)	102007.09	-3.50	105697.05	110895.16	
2. 净利润(万元)	4376.38	20.54	3630.62	3599.14	4043.85
3. 总资产(万元)	50890.44	20.18	42343.53	41641.95	
4. 股东权益(万元)	26116.52	88.30	13869.47	12245.58	25783.99
5. 每股收益(元)	0.71	-2.74	0.73	0.72	0.65
6. 每股净资产(元)	4.21	51.99	2.77	2.45	4.16
7. 净资产收益率(%)	16.76	-35.98	26.18	29.39	15.68
8. 股东权益比率(%)	51.32	56.70	32.75	29.41	50.67

注:1996年数据为公司合并报表内容

三、公司业务回顾

1、公司经营情况的回顾

1996年是公司由定向募集公司转为社会公众公司的第一年。一年来,公司始终以改革为主线,大力转换内部经营机制,紧紧围绕年初董事会提出的经营目标,在狠抓内部管理,提高经济效益方面作了大量卓有成效的工作。全年实现主营业务收入102007.09万元,出口创汇13566万美元,净利润4376.38万元,比上年增长20.54%,在全国外贸行业经济效益普遍滑坡的严峻形势下,能取得如此骄人的业绩,是难能可贵的。1996年公司继续保持了经济效益列省外贸专业公司首位的显著业绩。

1996年公司在经营中遇到了严峻的困难并主要表现在三个方面:一是出口退税率再次下调,致使企业成本增加,负担加重;二是人民币汇率继续保持坚挺,走势平稳,汇率损失加大,冲减了利润;三是受国内通货膨胀指数影响,原料成本加大,致使换汇成本增高。面对以上形势,公司董事会、经理班子多次召开会议,采取了拓宽原料供应渠道,有效控制原料成本,调整商品结构,努力开发高附加值、高科技含量的出口产品;开辟新市场,发展新客户,实现市场多元化;外经、外贸两条线;加强对汇率、利率、税率的分析和研究,控制风险;科学管理,压缩费用等措施。终于使公司在经营形势十分不利的情况下,创造了良好的经营业绩。公司连续六年被评为省外经贸系统先进企业。

2、关于主营业务收入、利润总额及净利润实际完成情况分析

1996年度公司主营业务收入完成102007.09万元,为1995年实际105697.05万元的96.51%,为本年预测数107000万元的95.33%。主营业务收入下降的主要原因一是公司削减了由于退税率下调而导致亏损的品种的出口;二是公司改变业务操作办法,将部分进口原材料的作价加工改为委托加工,减少了国内销售收入。

利润总额完成5197.99万元,为上年实际数5061.26万元的102.70%,为本年预测数4388万元的118.46%。本年度利润总额比上年及预期增加的主要原因一是本年度股票发行时申购失败者存款利息按5年分摊转入332.53万元;二是公司积极运筹,压缩各项支出,如费用、营业外支出等。

净利润完成4376.38万元,为上年实际3630.62万元的120.54%,为本年预测数3702.95万元的118.19%。净利润增加的原因一是本年利润总额的增加,二是本年所得税实际税负为15%,比上年的33%降低。

3、募集资金使用情况

根据国际、国内市场变化以及投资合作方经营、资金等情况变化,为合理有效地使用募集资金,确保股东的投资收益,公司董事会研究决定,将《招股说明书》中投资项目作部分调整。

(1)原定投资1667万元与港方合资举办内衣厂。出资额调整为1090万元,投产后预计年加工收入960万元,税后利润239万元。

(2)原定投资2220万元引进高档袜生产线扩大拟被兼并的锦州市针织一厂生产规模项目,拟调整为增加对公司与该厂共同出资组建的锦州成大制袜有限公司的投入,锦州成大制袜有限公司注册资金为200万元,其中180万元公司已作股本投入,拟追加投资820万元,用于引进生产设备,建设基础设施,进行中高档袜品的生产。投产后预计年销售收入1537万元,税后利润324.95万元。该项投资议案拟提请公司第五次股东大会审议通过。

(3)原定投资3958万元与鞍山针织总厂合作建设生产中高档T恤产品项目。由于国际、国内市场及合作方有关情况变化,拟取消此投资项目,并提请公司第五次股东大会审议通过。

(4)拟出资8500万元受让大连万富大厦有限公司75%股权。其中5755万元用公开发行股票募集资金解决,不足部分由公司运筹解决。大连万富大厦有限公司的营业场所万富大厦位于大连市唯一的涉外商务大街,是商务活动的黄金地带,极具发展潜力。其建筑面积31000平方米,总高度98.10米,地下2层,地上28层。受让后,公司将从事写字楼出租、金融、娱乐、餐饮等项经营。预计年营业收入为2913.75万元,实现利润1275万元。该投资项目将提请公司第五次股东大会审议通过。

(5)原定投入到商品经营中用作流动资金的1397万元募集资金,在募集资金到位后,已按计划投入,取得了良好的经济效益。

四、股本变化及股本结构情况

1、股本变化及股本结构情况

(1)股本结构情况　　数量单位:万股

	期初数	本次变动增减(+、-) 配股	送股	公积金转股	期末数
一、尚未流通股份					
1、发起人股份	3000				3000
其中:					
国家拥有股份	2603				2603

	年初	年末
境内法人持有股份	397	397
其他		
2、募集法人股	1000	1000
3、内部职工股	1000	650
4、优先股或其他		
尚未流通股份合计	5000	4650
二、已流通股份		
1、境内上市的人民币普通股	0	1550
2、境内上市外资股		
3、境外上市外资股		
4、其他		
已流通股份合计	0	1550
三、股份总数	5000	6200

(2)股本变动情况及原因

经国家证监会“证监发字〔1996〕122、123号”文件批准，公司于1996年8月6日向社会公开发行A股股票1200万股，另有350万股内部职工股占额度随本次发行一起上市。股本由发行前的5000万股增至6200万股。

(3)主要股东持股情况(前十名股东)

名次	股东名称	年末持股数(万股)	占总股本(%)
1	辽宁省国有资产管理局	2603	41.98
2	辽宁对外贸易(集团)公司	347	5.60
3	中国平安保险(大连)公司	200	3.23
4	中国太平洋保险公司大连公司	100	1.61
5	辽河华瑞公司	100	1.61
6	辽宁外贸物业发展公司	100	1.61
7	辽宁省丝绸进出口公司	50	0.81
8	锦州女儿河纺织厂	50	0.81
9	营口纺织厂	50	0.81
10	中国外运辽宁公司	50	0.81

(4)截止1996年12月31日公司股东总数为12379户，其中国家股股东1户；法人股股东24户；社会公众股股东11666户；内部职工股股东688户。

2、公司董事、监事及高级管理人员持股情况

姓名	职务	年初持股数	年末持股数
尚书志	董事长	50000	50000
张德仲	副董事长	40000	40000
王卫	副董事长	40000	40000
魏刚	董事	40000	40000
王忠岩	董事	0	0
高贵忠	董事	40000	40000
程本恒	董事	40000	40000
余绍钧	董事	40000	40000
张忠民	董事	0	0
赵长明	监事会主席	40000	40000
王燕	监事	30000	30000
王晨	监事	20000	20000
曹靖笃	副总经理	40000	40000
王自强	副总经理	40000	40000
丁云祥	副总经理	40000	40000

五、重要事项揭示

1、报告期内的股东大会、董事会情况说明

(1)股东大会情况

公司第四次股东大会(1995年年会)于1996年4月5日在大连召开。大会对如下事项作出了决议：通过了1995年度董事会、监事会工作报告；1995年度财务决算、1996年度财务预算方案；1995年利润分配方案：1995年公司实现净利润3630.62万元，分别按10%提留“三金”后共形成分红基金(含上年结转利润1478.89万元)4020.32万元，每股派发现金股利0.50元(含税)，共计2500万元，其余1520.32万元作为未分配利润处理。本方案与董事会分配预案一致；更换一名董事、一名监事议案；增加公司注册资本及内部职工股处置的议案；投资方案的议案以及授权董事会处理公开发行股票及上市有关事项的议案。

(2)董事会情况

公司第一届七次董事会于1996年3月1日在大连召开。会议审议通过了1995年度董事会工作报告；1995年度财务决算、1996年度财务预算方案；1995年度利润分配方案预案；1995年度公司实现净利润3630.62万元，分别按10%提留“三金”后共开成分红基金(含上年结转利润1478.89万元)4020.32万元，每股派发现金股利0.50元(含税)，共2500万元，其余1520.32万元作为未分配利润处理；通过更换一名董事议案；增加注册资本及内部职工股处置的议案；通过了投资方案的议案以及授权董事会处理公开发行股票及上市有关事项的议案；通过了关于召开公司第四次股东大会(1995年年会)的议案。

本公司第一届八次董事会于1996年6月14日在大连召开。会议审议通过了公司公开发行股票《招股说明书》。

2、报告期内未发生配股、收购兼并、重大投资等事项

3、公司法定代表、董事、监事变动情况说明

本报告期内公司未发生法定代表变更事项。

公司1996年4月5日召开第四次股东大会同意黄克增辞去公司董事职务，选举王忠岩为本公司董事；同意李宁辞去公司监事职务，选举王晨为公司监事。

4、报告期内公司注册地址、会计师事务所、法律顾问均未发生变化。

5、重大事件简介(1)经辽宁省人民政府辽政〔1996〕198号文批复，以辽宁成大股份有限公司、营口鑫发工业园开发有限公司、丹东丽渤塞德服务有限公司、大连万富大厦有限公司、大连中意针织服装有限公司、锦州市针织一厂的国有资产组建成立国有独资公司——辽宁成大集团有限公司，并授权辽宁成大集团有限公司为国有资产投资主体。辽宁成大股份有限公司2603万股国家股(占总股本的41.98%)及其权益由辽宁成大集团有限公司持有经营。

公司董事会以公告形式将上述事实披露于1997年1月23日的《上海证券报》。

(2)1996年8月6日，公司以“上网定价”方式，向社会公开发行A股股票1200万股。(公司招股说明书及新股发行公告刊登于1996年8月1日的《上海证券报》、《中国证券报》、《证券时报》)。1996年8月12日，公司在辽宁省工商行政管理局变更登记，注册资本由原来的5000万元增至6200万元。

(3)1996年8月19日，公司新增发行的1200万股社会公众股及350万内部职工股占额度在上海证券交易所上市交易。(公司上市公告书刊登于1996年8月16日的《上海证券报》、《中国证券报》、《证券时报》)。

6、报告期内分红派息情况。

公司第四次股东大会通过了1995年利润分配方案。1995年公司实现净利润3630.62万元，分别按10%提留“三金”后，共开成分红基金(含上年结转利润1478.89万元)4020.32万元。每股派出现金股利0.50元(含税)，共计2500万元，其余1520.32万元作为未分配利润处理。

六、子公司及关联企业

企业名称	注册资金(万元)	本公司拥有权益(%)	主营业务
大连羊毛衫总厂	210	18	羊毛衫生产加工
沈阳华盛针织厂	2132	17	针织时装生产、加工

锦州成大制袜有限公司	200	90	袜品生产、加工
庄河县塔岭毛衫厂	143	14	毛衫加工、生产
营口第二服装厂	385	13	梭织服装生产
旅顺胜华针织服装厂	555	18	针织服装生产
大连辽虹毛针织有限公司	286	14	毛针织品生产
大连意格电子实业公司	150	100	计算机软硬件技术研究、开发及相关产品经营
辽宁成大实业有限公司	100	80	针棉毛织品批发零售、代购代销业务
营口成大实业有限公司	50	100	针棉毛织品批发零售、代购代销
辽宁成大国际货运有限公司	500	60	承办海运、空运进出口货物的国际运输代理及相关业务
辽宁成大时装研究所	60	100	时装设计、开发、实验、示范性生产
深圳成大贸易有限公司	50	100	针棉毛织品购销
丹东开发区成大公司	50	100	针棉毛织品批发零售、代购代销业务

公司另外持有成都蛇口泰山股份有限公司、无锡小天鹅股份有限公司,大连中保股份有限公司等三家公司股份,三家持股比例最高只有2%,故不详细披露。

七、财务报告

一、审计意见

公司财务报告经辽宁会计师事务所李桂霞、宫国超注册会计师审计,并出具了无保留意见审计报告。

二、财务报表(详见附表)

三、财务报表附注

(一)主要会计政策

1、会计制度:公司执行《股份制试点企业会计制度》

2、会计期间:公历1月1日至12月31日。

3、合并会计报表的编制:(1)合并范围,对于拥有其过半数(不含半数)权益性资本的被投资企业以及其他被母公司所控制的投资企业,母公司在对长期投资按权益法核算的同时,进行合并报表(2)合并报表编制原则,对母公司长期投资与子公司所有者权益以及相互之间往来款项、内部销售和成本费用等予以抵销,少数股东权益及少数股东损益单独列示,其他相同项目的资产、负债、收入、成本和费用逐项进行合并。

4、记帐方法:采用借贷记帐法。

5、核算原则;按照权责发生制。

6、记帐本位币:以人民币为记帐本位币,涉及外币的经济业务采用发生时银行挂牌汇率折算为人民币,汇兑损益按逐笔结转法确定,年终有关外币帐户余额按12月31日外汇牌价中间价折算调整,发生汇兑损益计入当年损益。

7、存货:

存货按实际成本计价,商品销售成本按加权平均法计算,低值易耗品采用一次性摊销法。

8、坏帐准备:按照应收帐款年末余额的5‰计提。

9、固定资产及折旧:

固定资产按照实际成本计价,标准为2000元以上,使用年限一年以上,采用直线法计提折旧,按原价3%扣除净残值,折旧年限房屋、建筑物为30年,运输设备为8年,其它固定资产为4—5年。

10、无形资产:土地使用权,根据规定分别按40年和50年摊销;职工住宅使用权按相应的固定资产折旧年限并结合取得时新旧程度按20年摊销。

11、职工福利费、工会经费、教育经费:分别按工资总额的14%、2%、1.5%计提。

12、税项:

(1)增值税:出口商品实行零税率,针棉毛织品及原材料的国内销售执行17%的税率。

(2)营业税:代理进出口业务(手续费收入)税率为5%。

(3)教育费附加及城建税:分别按应纳流转税额的3%及7%计算缴纳。

(4)所得税:1993、1994、1995年按应纳税所得额的33%计算缴纳;1996年根据辽政(1996)100号文件批准,1996年实际税负为15%。

(5)费用性税金:包括房产税、土地使用税、车船使用税、印花税等,按有关规定计算并计入当期损益。

13、利润分配:税后净利润首先弥补以前年度亏损,再提取10%的法定盈余公积金、5%至10%的法定公益金后,为可供股东分配的利润。

14、长期投资核算方法:

(1)债券投资:本公司债券投资以取得时实际成本计价。

(2)股权投资和联营投资:

拥有被投资单位50%(含50%)以下权益的采用成本法核算,拥有被投资单位50%(不含50%)以上权益的按权益法核算。

(二)主要报表项目说明

1、货币资金

货币资金111,331,188.46元,比年初增加41,092,369.57元,增加58.50%,主要是由于本年度公司股票上市所募集资金所致。

2、短期投资

短期投资包括:

	年末数(人民币元)	年初数(人民币元)
股票投资	504,218.24	311,419.73

股票投资是本公司购买在中国可流通买卖之股票。此投资于一九九六年十二月三十一日市场价值为人民币523,359.95元。短期投资较去年增加61.90%,是因为买入股票所致。

3、应收帐款173,391,232.93元,比年初增加37,058,446.19元,增加27.18%,主要是由于12月出口货物的货款国外客户尚未返还。

帐　龄	金额(元)	比例(%)
一年以内	151,956,701.47	87.65
一年到二年	7,243,562.21	4.17
二年到三年	4,657,728.40	2.68
三年以上	9,533,240.85	5.52

4、预付货款1,895,430.97元

其中:丹东公司付乌鲁木齐废棉款250,000.00元,

沈阳公司付乳山工艺品公司等4户货款1,642,266.12元,

时装研究所付沈阳丝绸厂货款3,164.85元。

合计:1,895,430.97元,比年初增加1,150,568.47元,增加154.46%,主要由于全资子公司本年度业务全面展开且预付款较多。

5、其他应收款42,031,547.98元,帐龄均在一年以内。其他应收款较年初减少2.35%,主要由于减少了应收出口退税款所致,持有本公司5%以上股份的主要股东没有欠款。

6、待摊费用　1,919,562.84元,为94年期初存货分离进项税额,按国家税务局规定分期抵扣后的余额。

7、存货101,824,231.48元,其中:

库存商品	70,463,990.63元
包装物料	1,723,242.87元
原 材 料	29.636,997.98元
合　计	101,824,231.48元

8、长期投资13,081,855.33元,比年初增加1,915,212.75元

A. 股权投资4,463,000.00元

被投资单位名称	投资金额(元)	股数(万股)	持股比例(%)
成都蛇口泰山股份有限公司	1,060,000.00	40	0.65
无锡小天鹅股份有限公司	1,403,000.00	60	0.20
大连中保股份有限公司	2,000,000.00	200	2.00
合　计	4,463,000.00		

B. 联合营投资

被投资单位名称	投资金额(元)	占被投资单位注册资本比例(%)	投资期限(年)
大连羊毛衫总厂	380,000.00	18	未确定
沈阳华盛针织厂	3,625,000.00	17	15
大连辽虹毛针织有限公司	400,000.00	14	10
旅顺胜华针织服装厂	1,000,000.00	18	10
营口第二服装厂	500,000.00	13	3
庄河县塔岭毛衫厂	200,000.00	14	5
锦州成大制袜有限公司	1,800,000.00	90	20
合计	7,905,000.00		

C. 债券投资

债券种类	期限(年)	面值(人民币元)	年利率(%)	投资金额(人民币元)
90国债	5	25,250.00	15	25,250.00
87国债	5	2,950.00		2,950.00
90建设债券	5	415,000.00	7.2	415,000.00
89建设债券	5	75,000.00	9.2	75,000.00
86国库券	5	1,300.00		1,300.00

应计利息:系有价证券95年评估增值额276,711.33元,本期收回利息82,356.00元,期末余额194,355.33元。

债券投资合计:713,855.33元

总　　计:13,081,855.33元

上述债券中,90国债国家在到期后又展期五年,故未兑付。89、90年建设债券,是由国家计委批准,建设银行总行委托大连市建行发行的国家重点建设债券,但总行至今未予兑付。

9、固定资产原价59,318,612.44元,累计折旧14,802,719.11元,净值为44,515,893.33元。

固定资产类别	期初价值	本年增加	本年减少	期末价值
房屋及建筑物	43,228,921.00	371,347.00		43,600,268.00
运输工具	7,599,779.00	672,000.00		8,271,779.00
其他	6,781,815.04	664,750.40		7,446,565.44
合计	57,610,515.04	1,708,097.40		59,318,612.44
累计折旧合计	11,454,101.74	3,348,617.37		14,802,719.11
房屋及建筑物	5,671,750.09	1,464,280.17		7,136,030.26
运输工具	3,049,267.53	532,141.05		3,581,408.58
其他	2,733,084.12	1,352,196.15		4,085,280.27

10、无形资产19,163,208.40元,其中:

项目	原值	已摊销金额	期末金额	剩余摊销年限
商业用地	8,123,528.96	485,070.90	7,638,458.06	36.75
工业用地	6,114,651.89	344,393.37	5,770,258.52	46.75
无产权住宅	1,292,869.88	135,140.58	1,157,729.30	17.00
新购无产权住宅	4,690,574.00	93,811.48	4,596,762.52	24.50
合计	20,221,624.73	1,068,416.33	19.163,208.40	

无形资产本年比年初增加19.59%,主要是由于公司新购无产权住宅所致。

11、递延资产112,950.74元,其中:

项目	原值	已摊销金额	期末余额	剩余摊销年限
开办费	54,640.77	15,470.00	39,170.77	3年零7个月
办公室装修费	86,800.00	13,020.03	73,779.97	4年零3个月
合计	141,440.77	28.490.03	112,950.74	

12、短期借款153,150,000.00元,系向金融机构借入期限一年以下的流动资金。(均为人民币信用贷款)

借款单位	贷款金额	到期日	月利率(‰)
中行辽宁分行	150,150,000.00	97.8.6	9.24
中行中山支行	2,000,000.00	97.6.19	8.415
中行中山支行	1,000,000.00	97.4.29	8.415

13、应付帐款30,663,352.96元。

14、预收货款470,432.00元,系辽宁成大实业公司预收客户货款。

15、应付福利费2,961,208.02元,系按职工工资总额14%计提数与支出相抵后余额,本项目比去年增加14%,原因一是96年节约福利费支出,二是提取基数增加。

16、未付股利13,165,000.00元,其中:

应付国家股股利5,206,000.00元;

法人股股利3,559,000.00元;

社会公众股股利3,100,000.00元;

内部职工股股利1,300,000.00元。

17、未交税金(-)1,134,453.65元,其中:

税种	金额(元)
应交所得税	4,125,125.78
应交增值税	(-)5,259,579.43(为应交增值税进项税与销项税之差)

18、其他应付款32,799,324.97元,其中:

应付工资17,915,195.19元;

丹东开发区管委会往来款1,099,588.35元;

省塑料公司往来款354,253.73元;

应付教育经费346.320.60元;

应付工会经费106,100.00元;

其他139户计12,977,867.10元。

19、长期借款:长期借款年初数13,015,000.00元为94年度国家股红利,96年已经上缴,本年末数为零。

20、长期应付款:年初数5,000,000.00元本年已归还,13,301,094.70元为上市上网发行冻结资金利息:发行冻结资金340亿元,成功者资金99,360,000.00元,中签率2.92‰,冻结资金利息16,675,059.54元,成功者资金利息48,691.17元列资本公积,其余16,626,368.37元分5年进入当期损益,96年进入营业外收入3,325,263.67,其余13,301,094.70元由以后年度分期进入损益。

21、其他长期负债(-)123,048.70元,为住房周转金收支差额本年发生数,年初数(-)540,554.91元,已由财政厅批准列入当期费用,96年余额已报财政批准,将在97年年终财务决算时列入当期费用。

22、少数股东权益:2,322,494.91元,其中:辽宁成大实业公司227,777.73元,辽宁成大国际货运公司2,094,717.18元。

23、股本62,000,000.00元,本公司的股份面值为人民币一元,尚未流通股份:

国家股26,030,000.00元;

境内法人股13,970,000.00元;

职工个人股6,500,000.00元;

已流通股份:社会公众股15,500,000.00元。

24、资本公积121,676,943.29元,年初数42,574,225.95元,

增加:股票发行溢价扣除发行费用余额82,560,000.00元,

冻结成功者资金利息48,691.17元,

减少:上市费用超支2,146,685.83元,

外贸经营权核销1,359,288.00元,

1996年12月31日余额121,676,943.29元。

25. 盈余公积

年初余额30,917,349.67元,

本年提取　8,752,759.35元,

子公司减免所得税转入3,929.40元。

1996年12月31日的余额39,674,038.42元。

26、未分配利润

年初数15,203,173.95元,

增加:本年净利润 43,763,796.72 元,

减少:提地定公积金 10%　　4,376,379.67 元,

　　提法定公益金 5%　　2,188,189.84 元,

　　提任意公积金 5%　　2,188,189.84 元,

　　分配股利　　12,400,000.00 元,

本年末余额　　37,814,211.32 元。

27、主营业务收入 1,020,070,932.43 元,其中:

自营出口销售收入 971,922,794.10 元;

国内商品销售收入 48,148,138.33 元。

28、财务费用 24,396,813.72 元,其中:

利息支出　　22,415,881.85 元;

手续费支出　　1,031,830.87 元;

汇兑净收益　　949,101.00 元。

本项目比 95 年下降 23.98%,原因有三:一是全年贷款平均占用额较 95 年下降;二是银行利率两次下调;三是银行存款利息增加。

29、其他业务利润 2,991,294.85,其中:

包装物料销售利润　　242,511.43 元

代购代销手续费净收入　　2,748,783.42 元

30、投资收益 668,198.80 元,比上年增加 270,612.89 元。

A、股权投资收益 668,198,80,其中:

无锡小天鹅 95 年红利及送股　　365,000.00 元;

成都蛇口泰山股份公司红分　　110,400.00 元;

丹东成大公司本年股票收益　　192,798.80 元。

31、营业外收入 3,482,835.21 元,其中:

A、本期原材料盘盈　　157,561.54 元;

B、股票发行时,申购无效的投资者其资金的存款利息收入 3,325,273.67 元。

32、营业外支出 405,231.29 元,主要用于公益性捐赠支出。

33、所得税:根据辽政发[1996]100 号文件规定,执行 15%税率。

34、少数股东收益 183,132.33 元,系控股子公司辽宁成大实业有限公司和辽宁成大国际货运有限公司少数股东的本年收益。

八、其他事项揭示

1996年公司实现净利润 4376.38 万元。提取 10%法定公积金 437.64 万元;提取 5%法定公益金 218.82 万元;余额 3719.92 万元,加上上年度未分配利润 1520.32 万元,可供股东分配利润 5240.24 万元。按净利润 5%提取任意公积金 218.82 万元,经董事会决定公司 1996 年年度分配预案为:向全体股东每 10 股送 3 股并派发 2 元现金红利(含税),分红总额 3100 万元,未分配利润 1921.42 万元结转 1997 年度分配。

辽宁成大股份有限公司董事会

一九九七年三月七日

财务状况变动表

编制单位:辽宁成大股份有限公司　　1996 年度　　金额单位:元

流动资金来源和运用	行次	金额(母公司)	金额(合并)	流动资金各项目的变动	行次	金额(母公司)	金额(合并)
一、流动资金来源				一、流动资产本年增加数:			
1.本年净利润(合并报表为合并净利润)	1	43,763,796.72	43,763,796.72	1.货币资金	31	46,853,788.55	41,092,369.57
加:少数股东本期损益(合并报表填列)	2		183,132.33	2.短期投资	32		192,798.51
加:不减少流动资金的费用和损失:				3.应收票据	33		
(1)固定资产折旧	3	2,822,850.89	3,348,617.37	4.应收帐款净额	34	37,922,401.67	36,873,154.96
(2)无形资产、递延资产及其他资产摊销(减其他负债转销)	4	1,824,214.35	1,890,768.92	5.预付贷款	35	1,150,568.47	
(3)固定资产盘亏(减盘盈)	5			6.其他应收款	36	-3,538,916.63	-294,698.22
(4)清理固定资产损失(减收益)	6			7.待摊费用	37	-361,227.84	-279,844.22
(5)递延税款	7			8.存货净额	30	3,503,592.95	3,956,840.25
(6)其他不减少流动资金的费用和损失	8			9.待处理流动资产净损失	39		
小计	10	48,410,861.96	49,186,315.34	10.一年内到期的长期债券投资	40		
2.其他来源:				12.其他流动资产	41		
(1)固定资产清理收入(减清理费用)	11				42		
(2)增加长期负债	12	13,718,600.91	13,718,600.91	流动资产增加净额	45	84,379,638.70	82,691,189.32
(3)收回长期投资	13	1,878,818.30	1,878,818.30	二、流动负债本年增加数:			
(4)对外投资转出固定资产	14			1.短期借款	46	-25,850,000.00	-27,850,000.00
(5)对外投资转出无形资产	15			2.应付票据	47		
(6)资本净增加额	16	99,859,406.09	99,859,406.09	3.应付帐款	49	-2,031,252.33	-10,674,304.88
(7)少数股东资本净增加额(合并报表填列)	16—1			4.预收货款	49		-298,896.41
小计	17	115,456,825.30	115,456,825.30	5.应付福利费	50	334,264.18	371,523.99
流动资金来源合计	18	163,867,687.26	164,643,140.64	6.未付股利	51	-11,852,500.00	-11,852,500.00
二、流动资金运用				7.未交税金	52	1,651,864.87	1,803,092.65
1.利润分配:				8.其他未交款	53		1,645.91
(1)提取法定公积金	19	4,376,379.67	4,376,379.67	9.其他应付款	54	175,827.82	10,585,562.59
(2)提取法定公益金	20	2,188,189.84	2,188,189.84	10.预提费用	55	165,590.00	165,322.02
(3)提取任意公积金(减盈余公积转入)	21	2,188,189.84	2,188,189.84	11.一年内到期的长期负债	56		
(4)已分配股利	22	12,400,000.00	12,400,000.00	12.其他流动负债	57		
(5)职工奖福基金(合并报表中外商投资子公司项目)	22—1						
小计	23	21,152,759.35	21,152,759.35				
2.少数股东利润分配(合并报表填列)	23—1		41,294.33				
3.其他运用							
(1)固定资产和在建工程净增加额	24	506,990.00	1,708,097.40				
(2)增加无形、递延资产及其他资产	25	4,690,574.00	5,093,950.06				

流动资金来源和运用	行次	金额(母公司)	金额(合并)	流动资金各项目的变动	行次	金额(母公司)	金额(合并)
(3)递延长期负债	26	13,515,000.00	13,515,000.00				
(4)增加长期投资	27	2,216,519.75	3,094,031.05				
小计	28	20,929,883.75	23,452,372.04				
流动资金运用合计	29	42,081,843.10	44,605,132.19				
外币会计报表折算差额(合并报表填列)	29—1			流动负债增加净额	58	-37,406,205.46	-37,346,819.13
流动资金增加净额	30	121,785,844.16	120,038,008.45	流动资金增加净额	59	121,785,844.16	120,038,008.45

利润及利润分配表

编报单位:辽宁成大股份有限公司　　1996 年度　　金额单位:元

项目	行次	上年实际数(母公司)	上年实际数(合并)	本年实际数(母公司)	本年实际数(合并)
一、主营业务收入	1	1,027,814,630.06	1,056,970,497.15	979,512,223.14	1,020,070,932.43
减:营业成本	2	902,254,690.31	929,026,296.24	856,497,410.42	893,719,213.21
销售费用	3	30,241,931.00	31,213,578.21	30,259,980.18	31,482,407.28
管理费用	4	12,343,167.31	15,037,417.89	11,492,939.63	14,890,734.78
财务费用	5	32,097,721.12	32,093,150.54	23,762,261.26	24,396,813.72
进货费用	6	9,600,241.24	9,600,241.24	10,149,075.26	10,149,075.26
营业税金及附加	7	140,505.80	268,544.55	9,022.41	189,847.92
二、主营业务利润(亏扣以"-"号表示)	8	41,136,373.28	39,731,268.48	47,341,533.98	45,242,840.26
加:其他业务利润(亏损以"-"号表示)	9	1,136,938.71	3,412,783.30	374,336.70	2,991,294.85
三、营业利润(亏扣以"-"号表示)	10	42,273,311.99	43,144,051.78	47,715,870.68	48,234,135.11
加:投资收益(损失以"-"号表示)	11	1,086,380.97	397,585.91	787,990.35	668,198.80
补贴收入	11—1	8,196,434.51	8,196,434.51		
营业外收入	12	317,681.30	344,705.30	3,482,835.21	3,482,835.21
减:营业外支出	13	1,577,905.80	1,578,162.03	404,659.29	405,231.29
加:以前年度损益调整(调整减以"-"号表示)	14		108,009.13		
四、利润总额(亏损以"-"号表示)	15	50,295,904.97	50,612,624.60	51,582,036.95	51,979,937.83
减:所得税	16	13,989,748.15	14,325,810.87	7,818,240.23	8,033,006.78
减:少数股东损益(合并报表填列)(亏损以"-"号表示)	16—1		-19,343.09		183,132.83
五、净利润(亏损以"-"号表示)	17	36,306,156.82	36,306,156.82	43,763,796.72	43,763,796.72
加:年初未分配利润(未弥补亏损以"-"号表示)	18	14,788,864.17	14,788,864.17	15,203,173.95	15,203,173.95
盈余公积转入数	19				
六、可分配的利润(亏损以"-"号表示)	20	51,095,020.99	51,095,020.99	58,966,970.67	58,966,970.67
减:提取法定公积金	21	3,630,615.68	34,630,615.68	4,376,379.67	4,376,379.67
提取法定公益金	22	3,630,615.68	3,630,615.68	2,118,189.84	2,188,189.84
职工资金福利(合并报表填列,子公司为外商投资企业项目)	22—1				
	22—2				
七、可供股东分配的利润(亏损以"-"号表示)	23	43,833,789.63	43,833,789.63	42,412,401.16	52,402,401.16
减:已分配优先股股利	24				
提取任意公积金	25	3,630,615.68	3,630,615.68	2,188,189.84	2,188,189.84
已分配普通股利	26	25,000,000.00	25,000,000.00	12,400,000.00	12,400,000.00
八、未分配利润(未弥补亏损以"-"号表示)	27	15,203,173.95	15,203,173.95	37,814,211.32	37,814,211.32

补充资料:1. 已贴现的商业承兑汇票　　元

2. 已包括在固定资产原价内的融资租入固定资产原价　　元

3. 委托贷款余额　　元

资产负债表

编报单位:辽宁成大股份有限公司　　1996 年 12 月 31 日　　金额单位:元

资产	行次	年初数(母公司)	年初数(合并)	年末数(母公司)	年末数(合并)	资产	行次	年初数(母公司)	年初数(合并)	年末数(母公司)	年末数(合并)
流动资产:						流动负债					
货币资金	1	56,108,546.40	70,238,818.89	102,962,334.95	111,351,188.46	短期借款	41	176,000,000.00	181,000,000.00	150,150,000.00	153,150,000.00
短期投资	2		311,419.74		504,218.24	应付票据	42				
应付票据	3					应付帐款	43	32,038,362.49	41,337,657.84	30,007,110.16	30,663,352.96
应收帐款	4	131,083,700.36	136,332,785.74	169,196,666.86	173,391,232.93	预收货款	44		768,828.41		470,432.00

资产	行次	年初数(母公司)	年初数(合并)	年末数(母公司)	年末数(合并)	资产	行次	年初数(母公司)	年初数(合并)	年末数(母公司)	年末数(合并)
减:坏帐准备	5	655,418.50	681,663.93	845,983.33	866,956.16	应付福利费	45	2,547,524.01	2,589,684.03	2,881,788.19	2,961,208.02
应收帐款净额	6	130,428,281.86	135,651,121.81	168,350,683.53	172,524,276.77	未付股利	46	25,017,500.00	25,017,500.00	13,165,000.00	13,165,000.00
预付货款	7		744,862.50		1,895,430.97	未交税金	47	-3,032,319.41	−2,938,356.30	−1,380,454.54	−1,134,453.65
其他应收款	8	38,424,284.98	42,326,246.20	34,885,368.35	42,031,547.98	其他未交款	48		−4,694.63		−3,048.72
待摊费用	9	2,046,957.87	2,199,407.06	1,685,730.03	1,919,562.84	其他应付款	49	18,062,078.66	21,813,337.38	18,237,906.48	32,799,324.97
存货	10	94,459,653.97	97,867,391.23	97,963,246.92	101,824,231.48	预提费用	50		−1,493.00	165,590.00	166,815.02
减:存货变现损失准备	10—1					一年内到期的长期负债	51				
存货净额	10—2	94,459,653.97	97,867,391.23	97,963,246.92	101,824,231.48	其他流动负债	52				
待处理流动资产净损失	11					流动负债合计	55	250,633,145.75	269,585,449.73	213,226,940.29	232,238,630.60
一年内到期的长期债券投资	12					长期负债:					
其他流动资产	13					长期借款	56	3,015,000.00	13,015,000.00		
流动资产合计	15	321,467,725.08	349,339,267.42	405,847,363.78	432,030,456.74	应付债券	57				
长期投资:						长期应付款	58	500,000.00	500,000.00	13,301,094.70	13,301,094.70
长期投资	16	23,099,360.45	11,866,642.58	23,437,061.90	13,081,855.33	其他长期负债	60	−540,554.91	−540,554.91	−123,048.70	−123,048.70
合并价差(合并报表填列)贷差以"-"号表示	16—1					长期负债合计	65	12,974,445.09	12,974,445.09	13,178,046.00	13,178,046.00
固定资产:						递延税项:					
固定资产原价	17	52,944,641.04	57,610,515.04	53,451,631.04	59,318,612.44	递延税款贷项	66				
减:累计折旧	18	10,672,356.40	11,454,101.74	13,495,207.29	14,802,719.11	负债合计	67	263,607,590.84	282,559,894.82	226,404,986.29	245,416,676.60
固定资产净值	19	42,272,284.64	46,156,413.30	39,956,423.75	44,515,893.33	少数股东权益(合并报表填列)	67—1		2,180,656.91		2,322,494.91
在建工程	20					股东权益:					
固定资产清理	21					股本	68	50,000,000.00	50,000,000.00	62,000,000.00	62,000,000.00
待处理固定资产净损失	22					资本公积	69	42,574,225.95	42,574,225.95	121,676,943.29	121,676,943.29
固定资产合计	23	42,272,284.64	46,156,413.30	39,956,423.75	44,515,893.33	盈余公积	70	30,917,349.67	30,917,349.67	39,674,038.42	39,674,038.42
无形资产及递延资产:无形资产	24	15,462,970.24	16,022,887.23	18,329,329.89	19,163,208.40	其中:公益金	71	10,986,890.31	10,986,890.31	6,296,316.31	6,296,316.31
递延资产	25		50,090.77		112,950.74	未分配利润(未弥补亏损以"-"号表示)	72	15,203,173.95	15,203,173.95	37,814,211.32	37,814,211.32
无形及递延资产合计	30	15,462,970.24	16,072,978.00	18,329,329.89	19,276,159.14	外币报表折算差额(合并报表填列)	72—1				
其他长期资产:						股东权益合计	79	138,694,749.57	138,694,749.57	261,165,193.03	261,165,193.03
其他长期资产	31					负债及股东权益合计	80	402,302,340.41	423,435,301.30	487,570,179.32	508,904,364.54
递延税项:											
递延税款借项	32										
资产总计	40	402,302,340.41	423,435,301.30	487,570,179.32	508,904,364.54						

辽宁成大股份有限公司一九九七年度中期报告

一、财务报告(已经审计)

(一)审计意见

公司财务报告经辽宁会计师事务所李桂霞、宫国超注册会计师审计，并出具了无保留意见审计报告《(1997)辽会师证审字第114号》。

(二)财务报表

1. 简化的资产负债表　　单位:元

项目	年初数		期末数	
	母公司	合　并	母公司	合　并
流动资产	405,847,363.78	432,030,456.74	339,838,390.73	323,460,498.63
长期投资	23,437,061.90	13,081,855.33	110,714,938.14	14,048,413.22
固定资产净值	39,956,423.75	44,515,893.33	38,713,308.58	263,942,573.99
无形及递延资产	18,329,329.89	19,276,159.14	17,744,384.02	18,651,967.78
资产总计	487,570,179.32	508,904,364.54	507,011,021.47	645,103,453.62
流动负债	213,226,940.29	232,238,630.60	180,907,839.13	296,484,593.58
长期负债	13,178,046.00	13,178,046.00	11,489,776.53	11,489,776.53
少数股东权益		2,322,494.91		22,515,677.69
股本	62,000,000.00	62,000,000.00	80,600,000.00	80,600,000.00
资本公积	121,676,943.29	121,676,943.29	121,676,943.29	121,676,943.29
盈余公积	39,674,038.42	39,674,038.42	39,674,038.42	39,674,038.42
其中:公益金	8,484,506.15	8,484,506.15	8,484,506.15	8,484,506.15
未分配利润	37,814,211.32	37,814,211.32	72,662,424.10	72,662,424.10
股东权益合计	261,165,193.03	261,165,193.03	314,613,405.81	314,613,405.81
负债及股东权益合计	487,570,179.32	508,904,364.54	507,011,021.47	645,103,453.62

2. 简化的损益表　　单位:元

项　目	上　年	同　期　数	本　期	实　际　数
	母 公 司	合　并	母 公 司	合　并
主营业务收入	397,468,522.49	411,189,124.03	450,691,042.99	471,257,841.76
主营业务利润	22,905,510.04	21,484,490.54	37,202,144.69	36,323,153.23
其它业务利润	181,692.24	556,306.58	301,422.66	1,072,106.44
投资收益	604,044.85	425,000.00	9,337,862.86	9,614,661.76
营业外收支净额	-77,308.30	-74,581.79	1,450,584.82	1,477,325.82
利润总额	22,405,849.13	22,391,215.33	48,292,015.03	48,609,674.71
所得税	3,360,877.37	3,382,519.46	7,243,802.25	7,494,921.07
净利润	19,044,971.76	19,044,971.76	41,048,212.78	41,048,212.78

3. 其它财务指标

	97的6月	96年6月
(1)每股收益	0.51元	0.38元
(2)净资产收益率	13.05%	12.18%
(3)每股净资产	3.90元	3.13元

每股收益股本计算基数97年6月8060万股96年6月5000万股。

(三)财务报表附注

1. 本报告期与1996年度财务报告相比，会计政策与会计方法没有变

化；

2. 本报告期会计报表的合并范围是：辽宁成大国际货运有限公司、辽宁成大时装研究所、营口成大实业有限公司、深圳成大贸易公司、丹东开发区成大公司、辽宁成大实业有限公司、大连意格电子实业公司、大连万富大厦有限公司、锦州成大制袜有限公司。

3. 编制本期财务报表时，已把发行利息收入计入当期损益。

4. 财务报表中变动幅度超过30%的数据分析说明：

A. 货币资金比年初减少7,753.61万元，主要是由于公司将款项用于长期投资。

B. 应收帐款15,679.411万元，其中：

帐龄在一年以内的为13,739.92万元

一年至二年的为653.83万元

二年至三年的为865.51万元

三年以上的为420.21万元

本报告期内无5%以上的股东欠款。

C. 预付货款较年初增加670.91万元，主要是辽宁成大实业有限公司预付客户的货款。

D. 合并价差2,500万元，系根据董事会决议，以8,500万元收购大连万富大厦有限公司75%的股份(即6000万元)而发生的价差。

E. 固定资产比年初增加22,154.25万元，主要是大连万富大厦的楼房造价。

F. 未交税金比年初减少75.31万元，系应交增值税及应交房产税减少所致。

G. 预收货款比年初增加679.87万元，系辽宁成大实业公司预收客户货款。

H. 其他应付款比年初增加8,952.21万元，主要是大连万富大厦有限公司应付辽宁成大集团公司的往来款。

I. 股本比年初增加1860万元，系根据1997年4月16日公司第五次股东大会决议，按上年末股本10:3比例，以税后利润送股所致。

J. 未分配利润变化过程如下：

年初未分配利润3,781.42万元加：本期净利润4,104.82万元。

按第五次股东大会决议，取消10:2的派现预案1,240万元。

减：按第五次股东大会决议以10:3比例送股1,860万元。期末数7,266.24万元。

K. 其他业务利润比去年同期增加51,58万元，主要是由于代购代销手续费净收入增加所致。

L. 投资收益961.47万元，其中：转让原长期投资中的法人股收益960万元；丹东开发区成大公司处理以前年度股票的收益1.47万元。

M. 利润总额比去年同期增加2,621.85万元，主要原因有四：

一是主营业务收入比去年同期增加15%，达6,066.87万元，同时对外销售卖价提高使销售毛利率比去年同期提高0.98个百分点，这两项使销售毛利比去年同期增加1,256.60万元。

二是公司严格费用支出，四项费用继96年比95年下降之后，97年1—6月又比去年同期下降233.55万元。

三是转让原长期投资中的法人股，取得投资收益960万元。

四是转入发行申购利息166.26万元。

5. 关联方关系披露

(1)存在控制关系的关联方

企业名称	经济性质	注册地址	主营业务	与本企业关系	法定代表人
辽宁成大集团有限公司	国有	大连市人民路71号	国内外贸易	母公司	尚书志
锦州成大制袜有限公司	有限责任公司	锦州市凌河区解放路7段30号	加工制造	子公司	邢绍春
大连万富大厦有限公司	中外合资	大连市人民路71号	写字楼、餐饮娱乐	子公司	尚书志
辽宁成大国际货运有限公司	有限责任公司	大连市人民路71号	运输代理	子公司	尚书志
辽宁成大时装研究所	全民	大连市斯大林路143号	服装加工	子公司	张德仲
营口成大实业有限公司	全民	营口市站前区青年小区19号	代理业务	子公司	王广满
丹东开发区成大公司	全民	丹东商贸旅游区C区47号楼	国内外贸易	子公司	马　燕
辽宁成大实业有限公司	有限责任公司	沈阳市沈河区文艺路26号	国内外贸易	子公司	曹靖筠
大连意格电子实业公司	全民	大连市人民路35号	计算机销售及实用技术服务	子公司	严剑
深圳成大贸易公司	全民	深圳市人民南路国贸大厦三十楼310室	国内贸易	子公司	尚书志

(2)存在控制关系的关联方的注册资本及其变化(单位：元)

企业名称	年初数	本期增加数	本期减少数	期末数
辽宁成大集团有限公司	168,000,000.000	0		168,000,000.00
锦州成大制袜有限公司	2,000,000.000	0		2,000,000.00
大连万富大厦有限公司	80,000,000.000	0		80,000,000.00
辽宁成大国际货运有限公司	5,000,000.000	0		5,000,000.00
辽宁成大时装研究所	600,000.000	0		600,000.00
营口成大实业有限公司	1,000,000.000	0		1,000,000.00
丹东开发区成大公司	900,000.000	0		900,000.00
辽宁成大实业有限公司	1,000,000.000	0		1,000,000.00
大连意格电子实业有公司	1,500,000.000	0		1,500,000.00
深圳成大贸易公司	500,000.000	0		500,000.00

(3)存在控制关系的关联方所持有股份或权益及其变化(单位：元)

企业名称	年初数	比例%	期末数	比例%
辽宁成大集团有限公司	26,030,000.00	41.98	34,619,000.00	42.95
锦州成大制袜有限公司	1,800,000.00	90	1,800,000.00	90
大连万富大厦有限公司	60,000,000.00	75		
辽宁成大国际货运有限公司	3,000,000.00	60	3,000,000.00	60
辽宁成大时装研究所	600,000.00	100	600,000.00	100
营口成大实业有限公司	1,000,000.00	100	1,000,000.00	100
丹东开发区成大公司	900,000.00	100	900,000.00	100
辽宁成大实业有限公司	800,000.00	80	800,000.00	80
大连意格电子实业公司	1,500,000.00	100	1,500,000.00	100
深圳成大贸易公司	500,000.00	100	500,000.00	100

本报告期内，无合并主体之外的关联方交易。

二、经营情况回顾与展望

1、上半年经营情况回顾

上半年，公司继续深化内部改革，转换经营机制，坚持以经济效益为中心，切实做好各项工作，取得了良好的经营业绩，实现主营业务收入471257841.76元，比去年同期增长15%；净利润41048212.78元，比去年同期增长115%。

(1)公司积极拓展对外贸易主业，不断加大工作力度，在对外成交，提高卖价，开辟新市场，开发新品种，发展新客户等方面均取得了显著效果，使销售收入和盈利水平明显提高。

(2)公司坚持一业为主，多种经营，在抓好主业的同时，加强子公司及投资项目建设，同时注重搞好公司的资本营运，着眼于公司的长远发展。

(3)强化以财务管理为中心的内部管理工作，降低费用水平。公司在贯彻执行几年来陆续制定一系列行之有效的规章制度和规定方面加大了力度，收到了明显效果，使公司的管理费用、财务费用、进货费用、销售费用比去年同期平均下降了7%，提高了公司效益。

2、下半年展望

(1)继续抓好主营业务，同时搞好多种经营。加大投资项目建设力度，在抓好现有项目的基础上，搞好新项目的研究开发，加快投入产出速度，为股东创造更多的收益。

(2)有效利用公司资金、信誉和上市公司的机制优势，通过以市场为导向的资产重组和资本营运，使企业快速发展，迅速实现资本扩张。

(3)加强管理，强化管理意识，坚持经营与管理并重，从现实情况和长远发展相结合的角度，全方位的把管理工作抓紧抓好，向管理要效益，提高盈利水平。

三、重大事件说明

1、本公司对照《严禁国有企业和上市公司炒作股票的规定》进行了自查,没有从事任何违反规定的事项。

2、募集资金使用情况

(1)投资锦州成大制袜有限公司1000万元,上半年实现利润19万元。

(2)出资5755万元受让大连万富大厦有限公司75%的股权,有关转让手续已全部办理完毕,该公司上半年实现利润71万元,此项目已经公司第五次股东大会批准。

(3)投资1090万元与港方合资举办内衣厂项目,由于国内外市场及合作方有关情况变化,暂未投入,该部分资金暂作商品流动资金使用。

(4)投入1397万元用于流动资金,已取得良好的经济效益。

3、本报告期内公司无重大诉讼、仲裁事项。

四、发行在外股票的变动和股权结构的变化

1、本报告期内公司实施了每10股送3股的1996年度分配方案,公司总股本由6200万股增加到8060万股。

2、股权结构

截止1997年6月30日公司的股权结构如下:

单位:万股　　每股面值:1元

	期初数	本次增减变动				期末数
		配股	送股	资本公积转股	其他	小计
一.尚未流通股份						
1.发起人股份						
其中:						
国家拥有股份	2603		780.9			3383.9
境内法人持有股份	397		119.1			516.1
外资法人持有股份						
其他						
2.募集法人股	1000		300			1300
3.内部职工股	650		195			845
4.优先股或其他						
尚未流通股份合计	4650		1395			6045
二.已流通股份						
1.境内上市的人民币普通股	1550		465			2015
2.境内上市的外资股						
3.境外上市的外资股						
已流通股份合计	1550		465			2015
三.股份总数	6200		1860			8060

3、主要股东持股情况

序号	股东名称	97年6月30日持股数(万股)	占总股本(%)
1	辽宁成大集团有限公司 (其中授权经营国家股3383.9万股)	3461.9	42.95
2	辽宁外贸物业发展公司	581.1	7.20
3	中国平安保险(大连)公司	260	3.23
4	中国太平洋保险公司大连公司	130	1.61
5	辽河油田华瑞公司	130	1.61
6	辽宁省丝绸进出口公司	65	0.81
7	锦州女儿河纺织厂	65	0.81
8	中国外运辽宁公司	65	0.81
9	旅顺针织厂	65	0.81
10	吉林宏大针织制衣工业公司	39	0.48

五、股东大会简介

辽宁成大股份有限公司第五次股东大会(1996年度股东大会)于1997年4月16日在大连万富大厦召开,出席会议的股东及股东授权代表59人,代表股份43398030股,占公司股份总额的70%,大会通过了如下决议:

1.董事会工作报告;

2.监事会工作报告;

3.1996年度财务决算、1997年度财务预算方案;

4.1996年度利润分配方案;

1996年公司实现净利润43763796.67元,经过到会股东充分讨论通过,按10%提取法定公积金4376379.67元,按5%提取法定公益金2188189.84元,按5%提取任意盈余公积金2188189.84元,未分配利润50214211.32元(含上年未分配利润15203173.95元),向全体股东每10股送3股,计18600000.00元,余31614211.32元结转1997年分配。

5.修改公司章程议案;

6.关于调整募集资金投资项目的议案;

7.选举产生了公司第二届董事会董事和第二届监事会监事。

公司第五次股东大会(1996年度股东大会)决议公告刊登于1997年4月17日《上海证券报》、《中国证券报》。

六、备查文件

1、载有董事长、总经理亲笔签名的中期报告原本;

2、载有辽宁会计师事务所盖章,注册会计师李桂霞、宫国超亲笔签名的审计报告及财务报表;

3、1996年度股东大会文件

查阅地点:大连市人民路71号万富大厦2708室。

辽宁成大股份有限公司

一九九七年八月二十七日

厦门国贸集团股份有限公司

厦门国贸集团股份有限公司1996年年度报告摘要

一、公司简况

1. 公司法定中文名称:厦门国贸集团股份有限公司

公司英文名称:XIAMEN INTERNATIONAL TRADE GROUP CORP.LTD.

公司英文名称缩写:XITG

2. 公司注册地址:厦门市湖滨南路国贸大厦8－18层

邮编:361004

3. 公司法定代表:苏春成

4. 公司咨询服务机构:企划部

电话:(0592)5161888－1739

传真:(0592)5160280

联系人:(董秘):黄蔚云

5. 会计师事务所:厦门大学会计师事务所

律师事务所:厦门英合律师事务所

6. 股票代码:600755

股票简称:厦门国贸

二、主要财务数据与财务指标

单位:万元

指　标　项　目	本年数	上年数	比上年增减(%)
1.主营业务收入(万元)	242394.23	232325.61	4.33
2.净利润(万元)	8546.34	7348.53	16.30
3.总资产(万元)	116083.93	73780.90	57.34
4.股东权益(万元)	38371.19	40250.44	－4.67
5.每股收益(元)	1.096	0.942	16.35
6.每股净资产(元)	4.92	5.16	－4.65
7.净资产收益率(%)	22.28	18.26	22.02
8.股东权益比率(%)	33.05	54.55	－65.05

注:扣除新股发行锁定资金利息因素后有关指标如下:

1.净利润(万元)	8,307.15
2.每股收益(元)	1.065
3.每股净资产(元)	4.89
4.净资产收益率(%)	21.65
5.股东权益(万元)	38,132
6.股东权益比例(%)	32.85

三、公司主要业务经营回顾

1. 一年来经营情况回顾

1996年,我公司的支柱产业进出口面临严重挑战,非支柱产业也受到生存和发展的重大考验。集团决策层积极进行市场分析,把握市场主流,统筹兼顾,公司各项经营取得协调发展,成绩显著,全年共实现经营利润9,389万元比95年增长14.36%,再创历史新纪录,净资产收益率和年度实现利润总额名列本市同行前列。

1)进出口贸易业绩概述:

进出口贸易是我公司的主营业务,96年进出口总额达27,040.22万美元,完成计划123%,其中进口16,364万美元,完成计划116.89%,出口10675.43万美元,完成计划的133.44%。

为了适应变化了的经营环境,集团公司积极调整商品结构和市场布局,在保持传统商品优势的同时,努力发展远洋业务,出口国新增12个,进口新开拓9个大宗品种,目前公司贸易伙伴已遍及全世界39个国家和地区。同时,公司努力探索多种经营方式和经营渠道,取得初步成效。公司还充分发挥了集团海外企业在国际贸易中的重要作用,积极拓展国内外市场。

2)公司投资情况说明:

实行投资方向和战略性转移,主要面向高新技术、高回报率的产业。集团控股了福建省生物工程联合发展中心,填补了集团高科技实业的空白,迈出了科工贸一体化经营的步伐。同时,根据"九七"香港回归的大势和海峡两岸三通有望的前景,积极推进海沧港务有限公司和厦门港口开发建设有限公司两个参股企业的建设发展,目前两个企业已正式开业投入营运。开辟了一条聚资敛财的稳定渠道。

3)公司全资附属及控股公司经营业绩概述:

公司房地产业及时对经营机构进行了调整,投资方向朝有政策扶持,有市场需求,利润虽小但风险也小的"安居工程"倾斜,同时实行开发、销售、物业管理一条龙服务,在整个房地产仍未复苏的情况下,取得持续稳步发展;国贸泰达货运公司在1996年也创造了良好业绩;国贸海外经济技术合作公司在国际劳务方面也努力开拓市场,全年输出劳工近500人;国贸报关行、国贸广告公司、国贸旅行社也在开拓市场、参与竞争方面迈出了坚实的步伐。

2. 前次募集资金使用情况说明

公司募得资金后,根据招股说明书披露,所募资金全部投入以下项目:即对公司参股的厦门海沧港务有限公司增加再投入5400万元,进行厦门海沧港区一、二期工程建设;对福建生物工程有限公司追加投入2230万元,由于该项目分期分批进行,公司目前已投入部分资金,剩余资金留待日后进一步投入;其余资金全部用于补充公司正常经贸活动所需流动资金。

3. 盈利预测完成情况说明

公司《招股说明书概要》披露1996年盈利预测为主营业务收入267,174万元,主营业务利润4,378万元,净利润7,981万元。实际完成主营业务收入242,394万元,完成预测的90.67%;主营业务利润3,814万元,完成预测的87.12%,净利润8,546万元,完成预测的107.08%。

主营业务收入比预测少的主要原因是1996年国内国际贸易环境变化所致,并影响了主营业务利润的完成,但主营业务收入仍比1995年度有大幅增长。

本年度投资收益比预测数大幅增加,使得净利润比预测数高。主要是投资项目分红超过预期数及转让国泰股份公司股权所致。

四、股本变化及股本结构情况

1. 股本结构及变动情况表

数量单位:万股

	期初数	新发行股份	期末数
一、尚未流通股份			
1.国家股	7000		2800
2.内部职工股	10000		3000
尚未流通股份合计	17000		5800
二、已流通股份			

三、股份总数	17000	1000	7800

2. 股本变动情况及原因

1996年度公司总股本减少9200万股,系因本公司于1996年5月减资回购10200万股及公司于1996年9月18日向社会公众发行新股1000万股造成;1996年10月3日,原内部职工股1000万股与新发行社会公众股1000万股一起占用额度在上交所挂牌上市,已流通股份合计2000万股。

3. 主要股东持股情况(前十名股东)

股东名称	年初持股数(万股)	占总股本(%)
1)厦门市商贸国有资产投资有限公司	2800.00	35.90
2)万国宝鼎	26.00	0.33
3)江苏证券	18.955	0.24
4)黄健	15.50	0.20
5)吴峻红	13.24	0.17
6)厦证登记	11.1383	0.15
7)汤洪涛	10.00	0.13
8)陈英兰	9.65	0.12
9)黄金海	8.007	0.10
10)黄楚光	8.00	0.10

(四)公司董事、监事与高级管理人员持股情况

姓名	职务	年初持股数	年末持股数
苏春成	董事长兼总裁	1600股	1600股
高墀文	董事、常务副总裁	1600股	1600股
林琛良	董事、副总裁	1600股	1600股
庄志聪	董事、副总裁	1600股	1600股
刘学军	董事、副总裁	1600股	1600股
江维基	董事、副总裁	1600股	1600股
周骏平	董事、副总裁	1600股	1600股
王恩泽	董事、助总	1600股	1600股
高路明	董事、助总	1600股	1600股
黄蔚云	董秘、助总	600股	600股
张 航	监事会主席	600股	600股
卜舒娅	监事、助总	400股	400股
周长发	监事	600股	600股

五、重要事项

(一)国贸公司《公司章程》规定,于1996年4月19日召开股东大会,经出席股东大会股东所持表决权的三分之二以上通过减少注册资本方案,具体实施方案如下:

(1)国家股原入股净资产140,000,000.00元,折70,000,000股。减资后,国有股股东投入股本为56,000,000元,折28,000,000股。国有股股东减少投入资本84,000,000.00元,国贸公司对十四家参股公司的投资相应剥离,划归厦门市商贸国有资产投资公司所有。对十四家参股公司投资帐面值合计82,489,026.27元,其余1,510,973.73元转为对厦门市商贸国有资产投资公司的负债。

(2)原定向募集普通股100,000,000股,每股发行价2.00元。减资后,募集普通股为40,000,000股,应退还120,000,000.00元。退款工作委托厦门证券有限公司进行,退股款已全部付至厦门证券有限公司。截止1996年9月30日退股工作已基本完成。

(二)为了更好地调整产业结构,有效地进行资源配置,国贸公司于1996年3月20日将其持有的厦门国贸泰达股份有限公司的2,478.3万股发起人股(占41.74%)分别转让给海南华裕达实业有限公司和海南农业租赁股份有限公司。其中800万股转让给海南华裕达实业有限公司,每股转让价格3.46元;1,678.3万股转让给海南农业租赁股份有限公司,每股转让价格3.42元,国贸公司已于1996年3月20日与受让方到上海证券中央登记结算公司办理法人股过户登记手续,并于1996年3月21日在《上海证券报》公告,与之相关的投资收益已反映在1996年度的损益表中。

(三)在本报告期内,国贸公司从厦门国泰股份有限公司购回与仓储运输有关的经营资产,按帐面值作价4,098.5万元,现已完成交易并反映在报表中。

(四)在本报告期内,国贸公司从厦门国泰股份有限公司购入厦泰达房地产公司45%的股份,按帐面值2,040万元购入,国贸公司原持有厦门泰达房地产公司10%股份在减资时已剥离给厦门商贸国有资产投资公司。国贸公司对厦门国泰房地产公司的投资已按权益法反映在报表中。

(五)国贸公司于1996年9月18日通过上交所公开发行1000万股社会公众股,每股发行价10.68元,共募集资金10.680万元,其中,1000万元作为股本,其余9.680万元在扣除发行费用后作为资本公积。国贸公司1000万股内部职工股(占额度上市)及1,000万股社会公众股已于1996年10月3日在上交所上市交易。

(六)本报告期内公司无重大诉讼、仲裁事项。

六、子公司及关联企业

企业名称	注册资金(万元)	主营业务	本公司拥有权益%
1 宝达投资(香港)有限公司	300	转口贸易及投资	100
2 厦门经济特区保税品公司	1000	保税及转口贸易	100
3 厦门国贸房地产开发有限公司	930	房地产开发	100
4 厦门宝达大厦筹建处	695	大厦筹建开发销售	100
5 厦门国贸象屿进出口有限公司	50	进出口贸易	100
6 厦门国贸报关行	150	报关代理	100
7 厦门国贸立达汽车公司	150	汽车维修和销售	100
8 厦门国贸物业管理公司	200	国贸大厦等物业管理	100
9 厦门国贸海外经济技术合作公司	100	对外经济技术合作	100
10 厦门国贸旅行社	62	旅游服务	100
11 厦门国贸广告企划有限公司	12	广告企划	100
12 厦门泰达国际货运有限公司	500	货物运输代理	100
13 厦门国贸纺织品进出口有限公司	800	进出口贸易	100
14 厦门煜辉置业有限公司	800	房地产开发	100
15 厦门国贸期货经纪有限公司	1000	期货代理	100
16 厦门国贸上海公司	322	进出口贸易	100
17 厦门国贸商场	364	国内贸易	100
18 福建省生物工程联合发展中心	537	生物农药开发销售	55.88
19 宝达(厦门)投资有限公司	300	投资及房地产开发	50.77
20 厦门海沧港务有限公司	12,000	码头开发营运	30
21 厦门维多利俱乐部	3,515	娱乐、健身等	40
22 厦门港口开发有限公司	300	港口开发建设	20

七、财务报告

一、审计报告

公司财务报告经厦门大学会计师事务所黄世忠、陈箭深注册会计师审计并出具无保留意见的审计报告(厦门所审(97)GF字第5002号)。

二、财务报表(详见附表)

三、财务报表附注

注一、重要会计政策说明

1、公司按年末余额的0.5%对应收帐款计提坏帐准备。

2、存货以实际成本计价,发出存货采用具体辨认法计算成本。对于长期积压的滞销、变质商品已作了相应处理。

3、对于未纳入合并财务报表的长期投资,股权比例在25%以上者采用权益法核算;在25%以下者,采用成本法核算。

对于股权比例在50%以上者,合并其报表。全资子公司厦门国贸兴保税公司、厦门国贸仓储运输公司和厦门象屿保税区保兴进出口公司因尚未处于开办期,且资产总额占合并资产总额的比例极小,故未合并其报

表。

4、所有货币性项目的期末余额均已按 1996 年 12 月 31 日在市场汇率折算为人民币，折算差额全部作为当期的汇兑损益。

外币报表的折算采用现行汇率法，外币报表折算所形成的差额，作为“外币报表折算差额”列示于股东权益项下。

5、在编制合并报表时，母公司与其子公司及子公司与子公司之间的投资、债务、资金划拨及公司间交易未实现利润均已消除。少数股东权益及其应享利润亦已确认，少数股东权益列示于负债与股东权益之间，少数股东应分享利润作为利润总额的减项，反映在损益表中。

6、固定资产折旧采用直线法折旧，运输、办公设备等折旧年限为 8－10 年，房屋建筑物折旧年限在 30－50 年。

7、本年利润在分别提取 10%的法定盈余公积、法定公益金及任意盈余公积后，反映在未分配利润中，留待 1997 年根据股东大会决议进行分配。

注二、短期投资

年末余额 2,132,340.56 元，按原始成本计价。其中，债券投资 842,800 元，其余为股票投资。

注三、应收帐款

年末余额 225,177,086.00 元，其中：

一年以下 181,435,650.48 元，占 80.60%；

一至二年 25,859,610.85 元，占 11.5%；

二至三年 17,881,824.67 元，占 7.9%。

注四、其他应收款

年末余额为 63,040,602.88 元，其中：

一年以下 45,306,157.62 元，占 71.9%；

一至二年 8,283,564.61 元，占 13.1%；

二至三年 9,450,880.65 元，占 15.0%。

注五、存货

存货期末余额 309,454,622.62 元，构成如下：

库存进口商品	30,784,393.46
库存转口商品	76,577,874.02
库存出口商品	11,145,361.28
库存内贸商品	88,821,318.54
已完开发产品	49,159,517.04
未完开发产品	40,026,912.29
其他存货	12,939,245.99

注六、长期投资

合并报表长期投资余额为 119,051,644.40 元，主要包括如下投资：

被投资单位	投资金额	股权比例
港澳国际财务有限公司	10,978,000.00	10%
厦门海沧港务有限公司	36,000,000.00	30%
厦门航空工业公司	20,000,000.00	10%
厦门泰达房地产开发有限公司	19,626,625.16	45%
厦门港口开发有限公司	600,000.00	20%
厦门国泰股份有限公司	8,400,000.00	6.94%
厦门维多利俱乐部	14,061,600.00	40%

注七、固定资产

分类固定资产原值及净值如下：

类别	原值	累计折旧	净值
运输设备	20,853,303.52	6,088,852.69	14,764,450.83
房屋及建筑物	236,813,471.22	12,610,624.59	224,202,846.63
办公设备	16,309,348.97	3,737,609.11	12,571,739.86
其他设备	9,515,399.49	3,411,524.64	6,103,874.85
合　计	283,491,523.20	25,848,611.03	257,642,912.17

注八、短期借款

短期借款年末余额为人民币 309,051,957.99 元，其中：

人民币	217,000,000.00
美元(8,353,592.00 美元，按 8.2982 折算)	69,319,784.52
港元(21,205,385.70 港元，按 1.072 折算)	22,732,173.47

注九、未付股利

未付股利年末余额 8,400,000 元，系应付以前年度应上缴国有股股利。

注十、未交税金

未交税金年末为借方余额 21,575,327.37 元，构成如下：

增值税	(32,886,912.41)
营业税及城建税	1,719,695.17
所得税	9,383,326.47
其他税金	208,563.40

注十一、长期借款

长期借款年末余额为 14,061,600.00 元，为 1996 年 9 月向香港柏迪信有限公司借入的五年期款项，年利率 10%。

注十二、其他长期负债

该项目年末余额为 9,567,785.03 元，为待摊销的新股发行申购资金冻结利息收入(无效申购部分)。该部分利息收入总额为 11,959,731.29 元，分五年摊销。

注十三、股本

年末总股本为 78,000,000 元，构成如下：

国家股	28,000,000
内部职工股	30,000,000
社会公众股	20,000,000

注十四、资本公积

资本公积 1996 年增减变动情况如下：

年初资本公积	178,820,118.20
减：国家股及内部职工股减资 60%	102,000,000.00
加：1996 年新股发行溢价	96,800,000.00
1996 年享有控股公司评估增值	2,800.00
减：1996 年新股发行费用	7,661,741.79
年末资本公积	165,961,176.41

注十五、盈余公积

1996 年盈余公积增减变动如下：

项　目	年初数	本年增加数	年末数
法定盈余公积	18,607,593.46	8,546,343.63	27,153,937.09
任意盈余公积	14,636,146.53	8,546,343.63	23,182,490.16
公益金	16,621,870.00	8,546,343.63	25,168,213.63
合计	49,865,609.99	25,639,030.89	75,504,640.88

注十六、未分配利润

未分配利润年末余额为 60,277,431.15 元，包括年初未分配利润 453,025.73 元和 1996 年度实现税后利润 85,463,436.31 元提取盈余公积后的余额 59,824,405.42 元，未分配利润将根据股东大会决议分配。

注十七、主营业务收入及成本

项　目	收　入	成　本
自营出口销售	709,905,989.66	684,830,572.33
自营进口销售	143,826,725.11	140,780,885.11
代理进口销售	802,138,536.85	777,213,964.36
内贸商品销售	92,132,086.53	92,930,802.29
转口商品销售	569,654,872.17	483,891,760.08

保税品销售	19,412,187.28	16,356,367.46
房地产销售	65,997,773.76	35,240,114.03
货物运输服务	8,805,189.10	--
旅行社服务	2,508,666.53	1,944,657.00
代理报关	2,531,976.40	350,004.67
物业代理	2,985,700.82	--
广告策划	2,707,612.88	1,697,646.79
劳务输出代理	1,335,000.00	--
合计	2,423,942,317.09	2,235,236,774.12

注十八、投资收益

年度投资收益计47,617,806.36元，构成如下：

转让国泰股权收益	42,131,788.92
东山投资损失	(9,700,000.00)
按权益法反映投资收益	9,858,710.21
短期投资收益	5,327,307.23
合计	47,617,806.36

八、其他事项

公司董事会于1997年3月18日召开会议，会议审议并通过如下决议：

一、公司1996年度董事会工作报告；

二、财务预决算报告；

三、1996年利润分配及分红预案：

1、经厦门大学会计师事务所中国注册会计师审计，公司1996年度实现净利润85,463,436.31元。按10%提取法定公积金8,546,343.63元，按10%提取法定公益金8,546,343.63元，按10%提取任意公积金8,546,343.63元，余59,824,405.42元，加上上年末未分配利润453,025.73元，可供股东分配利润共计60,277,431.15元。

2、董事会决定，分红以送红股方式进行分配，按总股本78,000,000股数，每10股送红股4股，计31,200,000元，尚余29,077,431.15元转入下一年度。

四、修改公司章程的报告；

五、决定于1997年4月28日召开96年度股东大会。

厦门国贸集团股份有限公司

一九九七年三月十九日

合并资产负债表

编制单位：厦门国贸股份有限公司　　1996年12月31日　　金额单元：元

资　产	行次	年末数(母公司)	年初数(母公司)	年末数(合并)	年初数(合并)	负债及股东权益	行次	年末数(母公司)	年初数(母公司)	年末数(合并)	年初数(合并)
流动资产						流动负债：					
货币资金	1	78094716.70	76674597.84	120723242.21	91095497.48	短期借款	15	309051957.99	140379285.64	257319784.52	110858083.42
短期投资	2	1289540.56	6359159.87	2132340.56	6459159.87	应付票据	16	47670100.00		44910100.00	
应收票据						应付帐款	17	299322802.69	90884850.33	322304711.38	74166061.14
应收帐款	3	209277340.00	142012765.92	225177086.00	138450605.86	预收帐款	18	70172550.70	28344993.79	24666945.34	21246605.54
减:坏帐准备		1046386.70	710063.83	1125885.43	692253.03	应付福利费	19	9448352.91		7317093.12	
应收帐款净额		208230953.30	141302702.09	224051200.57	137758352.83	未付股利	20	8400000.00	55400000.00	8400000.00	3386767.76
预付帐款	4	20340139.06	94340021.48	33560216.46	84293580.17	未交税金	21	-21575327.37	-8967822.41	(15454815.88)	55400000.00
其他应收款	5	224329932.54	20107968.46	63040602.88	16522737.54	其他未交款	22	12865.53	350500.13	6447.49	(1632376.51)
存货	6	157708605.85	75774436.32	309454622.62	133062706.62	其他应付款	23	21891240.47	13819000.64	77187067.95	
待摊费用	7	2550053.42	3097779.16	3056926.98	4626417.80	预提费用	24	3401418.33	6369949.70	3234058.25	8875529.18
待处理流动资产损失	8	1763641.55	907433.06	2376532.07	1726321.48	一年内到期的长期负债					5401000.00
一年内到期的长期债券						其他流动负债					
其他流动资产						流动负债合计		747795961.25	332400616.97	729891392.17	277701670.53
流动资产合计		694307582.98	418564068.28	758395684.35	475544773.79	长期负债：					
长期投资：						长期借款	25	14061600.00			
长期投资	9	209425828.66	191138776.78	119051644.40	155412492.07	应付债券					
其中:合并价差						长期应付款					
长期投资合计		209425828.66	191138776.78	119051644.40	155412492.07	其他长期负债	26	9567785.03		9567785.03	
固定资产：						长期负债合计		23629385.03	9567785.03		
固定资产原价	10	226810947.76	62043589.43	283491523.20	102716137.46	递延税项					
减:累计折旧		19968454.13	9616550.02	25848611.03	13311429.19	递延税款贷项					
固定资产净值		206842493.63	52427039.41	257642912.17	89404708.27	负债合计		771425346.28	332400616.97	739459177.20	277701670.53
在建工程	11		14710539.98	4342612.62	16154756.38						
固定资产清理						少数股东权益	27	5701973.66	2904059.90		
待处理固定资产损失											
固定资产合计		206842493.63	67137579.39	261985524.79	105559464.65						
无形及递延资产：						股东权益：					
无形资产	12			7551328.43		股本	28	78000000.00	170000000.00	78000000.00	170000000.00
递延资产	13	8626520.37		12039315.34	1242909.80	资本公积	29	165961176.41	178820118.20	165961176.41	178820118.20
无形及递延资产合计		8626520.37		19590643.77	1242909.80	盈余公积	30	75504640.88	49865609.99	75504640.88	49865609.99
其他长期资产：						其中:公益金		25168213.63	16621870.00	25168213.63	16621870.00
其他长期资产						未分配利润	31	60277431.15	453025.73	60277431.15	453025.73
递延税项						外币报表折算差额	32	3968688.34	3365606.74		
递延税款借项	14			1815759.41	49397.22	股东权益合计		383711936.78	402504360.66	379743248.44	399138753.92
资产总计		1119202425.64	676840424.45	1160839256.72	737809037.53	负债及股东权益总计		1160839256.72	737809037.53	1119202425.64	676840424.45

合并利润及利润分配表

编制单位:厦门国贸股份有限公司　　1996年12月31日　　金额单位:元

项　　目	行次	母公司本年实际数	母公司上年实际数	合并本年实际数	合并上年实际数
一、主营业务收入	33	1551672408.58	1266701880.76	2423942317.09	2323256119.06
减:营业成本	33	1467584125.96	1177788725.43	2235236774.12	2112671970.47
经营费用	34	19322892.70	26488219.56	89998079.90	91335622.90
管理费用	35	23007153.73	16876867.11	25246423.69	25835436.86
财务费用	36	7131181.47	(5338387.44)	28786253.30	34272173.57
营业税金及附加	37	5232063.24	4681972.42	6531550.04	6278185.76
二、主营业务利润		29394991.48	46204483.68	38143236.04	52862729.50
加:其他业务利润	38	8038917.24	4455289.92	10963489.43	10092286.52
三、营业利润		37433908.72	50659773.60	49106725.47	62955016.02
加:投资收益	39	55215833.30	25515626.65	47617806.36	11445054.81
补贴收入					
营业外收入	40	6397508.58	6635299.21	7576804.63	8459126.44
减:营业外支出	41	5559260.49	2443197.15	9826646.51	2483117.69
加:以前年度损益调整	42	－438607.40	1479494.46	(485296.23)	1479494.46
四、利润总额		93049382.71	81846996.77	93989393.72	81855574.04
减:所得税	43	7585946.40	8361713.87	8120019.03	8629791.01
少数股东本期损益	44			405938.38	(259499.87)
五、净利润		85463436.31	73485282.90	85463436.31	73485282.90
加:年初未分配利润		453025.73	13327.70	453025.73	13327.70
盈余公积金转入数					
六、可供分配的利润		85916462.04	73498610.60	85916462.04	73498610.60
减:提取法定公积金		8546343.63	7348528.29	8546343.63	7348528.29
提取法定公益金		8546343.63	7348528.29	8546343.63	7348528.29
职工奖励及福利金					
七、可供股东分配的利润		68823774.78	58801554.02	68823774.78	58801554.02
减:已分配优先股股利					
提取任意公积金		8546343.63	7348528.29	8546343.63	7348528.29
已分配普通股股利			51000000.00		51000000.00
八、未分配利润		60277431.15	453025.73	60277431.15	453025.73

合并财务状况变动表

编制单位:厦门国贸集团股份有限公司　　1996年12月31日　　金额单位:元

流动资金来源和运用	1996年度(母公司)	1995年度(母公司)	1996年度(合并)	1995年度(合并)
流动资金来源				
1、本年净利润:	85463436.31	73485282.90	85463436.31	73485282.90
加:少数股东本期收益			405938.38	(259499.87)
加:不减少流动资金的费用和损失				
(1)固定资产折旧	4493935.33	2202569.58	7177041.07	4168756.67
(2)无形资产、递延资产及其他资产摊销	438201.36		909150.02	5903.33
(减其他负债转销)				
(3)固定资产盘亏(减盘盈)				
(4)清理固定资产损失(减收益)	1812626.46	(364944.47)	3129200.64	(365944.47)
(5)递延税项			(1766362.19)	(49397.22)
(6)其他不减少流动资金的费用和损失				
小　　计	92208199.46	75321908.01	95318404.23	76985101.34
2、其他来源:				
(1)固定资产清理收入(减清理费用)	302102.35	527327.00	510207.38	2083217.14
(2)增加长期负债	9567785.03		23629385.03	
(3)收回长期投资	38460348.39	384494.04	38460348.39	384494.04
(4)对外投资转出固定资产				
(5)对外投资转出无形资产				
(6)资本净增加额(减少以"－"号表示)	(79219910.90)	32045584.87	(79219910.90)	32045584.87

流动资金来源和运用	1996年度(母公司)	1995年度(母公司)	1996年度(合并)	1995年度(合并)
(7)少数股东资本增加额			2391975.38	
小　计	(30889675.13)	32957405.91	(14227994.72)	34513296.05
流动资金来源合计	61318524.33	108279313.92	81090409.51	111498397.39
二、流动资金使用:				
1、利润分配:				
(1)提取法定公积金	8546343.63	7348528.29	8546343.63	7348528.29
(2)提取法定公益金	8546343.63	7348528.29	8546343.63	7348528.29
(3)提取任意公积金	8546343.63	7348528.29	8546343.63	7348528.29
(4)已分配利润	0.00	51000000.00	0.00	51000000.00
(5)职工奖励及福利基金	0.00	0.00	0.00	0.00
小　计	25639030.89	73045584.87	25639030.89	73045584.87
2、少数股东利润分配				214304.22
3、其他运用:				
(1)固定资产和在建工程	146313578.38	13953935.10	167242509.23	33531206.25
净增加额				
(2)增加无形资产、递延资产及其他资产	9064721.73		19256883.99	1242909.80
(3)偿还长期负债			0.00	
(4)增加长期投资	56747400.27	55198688.67	2099500.72	63941118.86
小　计	212125700.38	69152623.77	188598893.94	98715234.91
流动资金运用合计	237764731.27	142198208.64	214237924.83	171975124.00
外币报表折算差额			603081.60	185037.46
流动资金净增加额	(176446206.94)	(33918894.72)	(132544433.72)	(60291689.15)

流动资金各项目的变动	1996年度(合并)	1995年度(合并)	1996年度(母公司)	1995年度(母公司)
一、流动资产本年净增加额				
1、货币资金	29627744.73	(10842603.76)	1420118.86	(19061492.17)
2、短期投资	(4326819.31)	342432.27	(5069619.31)	252432.27
3、应收票据	0.00	(5000000.00)	0.00	(5000000.00)
4、应收帐款净额	86292847.74	134022627.88	66928251.21	181503224.10
5、预付帐款	(50733363.71)	(80327993.08)	(73999882.42)	(97423636.58)
6、其他应收款	46517865.34	(60718311.88)	204221964.08	(72927196.35)
7、待摊费用	(1569490.82)	106781.61	(547725.74)	(395146.82)
8、存货净额	176391916.00	27870601.97	81934199.53	40080210.08
9、待处理流动资产净损失	650210.59	(5667383.53)	856208.49	(2869516.52)
10、一年内到期的长期债券投资	0.00		0.00	
11、其他流动资产	0.00		0.00	
流动资产增加净额	282850910.56	(213848.52)	275743514.70	24158878.01
二、流动负债本年增加额				
1、短期借款	168672672.35	108195160.35	146461701.10	96209499.87
2、应付票据	47670100.00	10000000.00	44910100.00	10000000.00
3、应付帐款	208437952.36	(80337045.67)	248138650.24	(57545212.25)
4、预收货款	41827556.91	(47157.02)	3420339.80	(14068888.56)
5、应付福利费	3628493.76	3206025.27	7317093.12	3352098.43
6、未付股利	(47000000.00)	9753647.37	5013232.24	9753647.37
7、未交税金	(12607504.96)	1944503.98	(70854815.88)	8522930.16
8、其他未交款	(337634.60)	259884.45	1638824.00	(84384.27)
9、其他应付款	8072239.83	10342204.77	77187067.95	7831138.28
10、预提费用	(2968531.37)	(4657162.44)	(5641470.93)	(5394831.14)
11、一年内到期的长期负债	0.00	1417779.57	(5401000.00)	(498225.16)
流动负债增加净额	415395344.28	60077840.63	452189721.64	58077772.73
流动资金增加净额	(132544433.72)	(60291689.15)	(176446206.94)	(33918894.72)

厦门国贸集团股份有限公司一九九七年度中期报告

一、财务报告(已审计)

本财务报告业经厦门大学会计师事务所注册会计师黄世忠、陈箭深审计,并出具无保留意见审计报告(厦大所审〔97〕GF 字第 5017 号)。

(一)财务报表

1. 简化资产负债表

金额单位:元

项目	1996 年 12 月 31 日		1997 年 6 月 30 日	
	(母公司)		(合并)	
流动资产	694,307,582.98	758,395,684.35	784,169,188.98	1,029,509,109.94
长期投资	209,425,828.66	119,051,644.40	221,671,286.44	117,317,400.00
固定资产净值	206,842,493.63	257,642,912.17	169,001,312.73	256,242,487.60
在建工程		4,342,612.62		452,087.00
固定资产清理				30,211.70
无形及递延资产	8,626,520.37	19,590,643.77	8,952,124.50	19,740,671.90
其他长期资产				
递延税款借项		1,815,759.41		49,397.22
资产总计	1,119,202,425.64	1,160,839,256.72	1,183,793,912.65	1,423,341,365.36
负债及股东权益				
流动负债	729,891,392.17	747,795,961.25	745,917,986.71	961,936,773.37
长期负债	9,567,785.03	23,629,385.03	8,371,811.90	22,433,411.90
负债合计	739,459,177.20	771,425,346.28	754,289,798.61	984,370,185.27
少数股东权益		5,701,973.66		5,424,052.66
股本	78,000,000.00	78,000,000.00	109,200,000.00	109,200,000.00
资本公积	165,961,176.41	165,961,176.41	165,961,176.41	165,961,176.41
盈余公积	75,504,640.88	75,504,640.88	75,504,640.88	75,504,640.88
其中:公益金	25,168,213.63	25,168,213.63	25,168,213.63	25,168,213.63
未分配利润	60,277,431.15	60,277,431.15	78,838,296.75	78,838,296.75
外币报表折算差额		3,968,688.34		4,043,013.39
股东权益合计	379,743,248.44	383,711,936.78	429,504,114.04	433,547,127.43
负债及股东权益合计	1,119,202,425.64	1,160,839,256.72	1,183,793,912.65	1,423,341,165.36

2. 简化损益表

金额单位:元

项目	1996 年 1-6 月		1997 年 1-6 月	
	(母公司)		(合并)	
主营业务收入	541,605,501.01	994,014,721.05	626,390,712.91	993,414,041.26
主营业务利润	18,569,329.79	18,387,483.39	22,821,955.42	34,111,912.50
其他业务利润	3,801,817.90	4,447,968.79	3,391,815.69	4,350,331.40
投资收益	35,813,458.08	35,314,591.87	24,620,290.14	12,250,416.24
营业外收支净额	514,453.90	501,040.25	3,515,320.10	3,766,620.50
加:以前年度损益调整			-142,546.64	-154,509.71
利润总额	58,699,059.67	58,651,084.30	54,206,834.71	54,324,770.93
减:所得税	8,747,321.57	8,795,427.21	4,445,969.11	4,910,843.28
少数股东本期损益		-96,081.01		-346,937.95
净利润	49,951,738.10	49,951,738.10	49,760,865.60	49,760,865.60
加:年初未分配利润	453,025.73	453,025.73	60,277,431.15	60,277,431.15
减:已分配普通股股利			31,200,000.00	31,200,000.00
可供分配利润	50,404,763.83	50,404,763.83	78,838,296.75	78,838,296.75

(二)财务指标

指标项目	本期数	上年同期数
每股收益(元)	0.46	0.64
每股净资产	3.97	4.92
净资产收益率	11.48%	13.02%

(注:本期数财务指标是以公司送股后总股本 10,920 万股为基数全面摊薄计算的,上年同期数则是以上年年末总股本 7800 万股为基数计算的。)

(三)财务报表注释

1、在本报告期内,财务报告所采用的会计政策与前期保持一致。

2、本报告期内主体未发生合并、分立等变化。

3、本公司对拥有 50% 以上股权的全资和控股子公司的财务报表加以合并。合并财务报表参照财政部关于《合并会计报表暂行规定》的要求编制。1997 年 1 至 6 月的合并财务报表包括母公司及其下属全资子公司和控股子公司的财务报表。纳入合并财务报表的各公司,其基本情况如下表:

公 司 名 称	注册资本	投资比例	注册地址	主要营业范围
厦门国贸集团股份有限公司	10920 万元	/	厦门	进出口贸易、房地产开发
宝达投资(香港)有限公司	300 万港元	100%	香港	转口贸易及投资
厦门经济特区保税品有限公司	1000 万元	100%	厦门	保税业务及转口贸易
厦门宝达大厦筹建处	695 万元	100%	厦门	宝达大厦筹建、开发销售
厦门国贸象屿进出口有限公司	50 万元	100%	厦门	进出口贸易
厦门国贸报关行	150 万元	100%	厦门	报关代理
厦门国贸立达汽车公司	150 万元	100%	厦门	汽车维修和销售
厦门国贸物业管理公司	200 万元	100%	厦门	物业管理
厦门国贸海外经济合作公司	100 万元	100%	厦门	对外经济技术合作
厦门国贸旅行社	62 万元	100%	厦门	旅游服务
厦门国贸广告企划有限公司	12 万元	100%	厦门	广告企划
厦门泰达国际货运有限公司	708 万元	100%	厦门	货物运输代理
厦门国贸纺织品进出口有限公司	800 万元	100%	厦门	进出口贸易
厦门煜辉置业有限公司	800 万元	100%	厦门	房地产开发
厦门国贸期货经纪有限公司	1000 万元	100%	厦门	期货代理
厦门国贸上海公司	322 万元	100%	上海	进出口贸易
厦门国贸商场	364 万元	100%	厦门	商品零售
厦门国贸工程监理公司	20 万元	100%	厦门	工程监理
厦门国贸兴保税进出口公司	200 万元	100%	厦门	运出口贸易
厦门国贸仓储运输公司	260 万元	100%	厦门	仓储及货物运输
厦门象屿保税区保兴进出口公司	268 万元	100%	厦门	进出口贸易
厦门中远免税店有限公司	200 万元	100%	厦门	国内免税品销售
厦门国贸房地产开发有限公司	930 万元	100%	厦门	房地产开发
福建绿十字生物工程联合发展中心	537 万元	55.88%	福州	生物农药开发销售
宝达(厦门)投资有限公司	590 万元	50.77%	厦门	投资及房地产开发

4、短期投资 1997 年 6 月 30 日的余额为人民币 5,000.00 元,系购入的短期债券。短期投资期末余额比期初数减少约 99%,原因是公司在 1997 年根据证监会的规定售出所有的流通股股票。

5、应收帐款 1997 年 6 月 30 日的 25 余额为人民币 244,413,612.43 元,其帐龄分析如下:

帐　　龄	金　　额	比　　例
一年以下	210,843,937.46	83.05%
一至二年	15,676,075.14	7.92%
二至三年	12,282,535.76	6.20%
三年以上	5,611,064.07	2.83%

坏帐准备 1,222,068.06 元系按照应收帐款 1997 年 6 月 30 日余额的 5‰ 计提,计提了坏帐准备后,1997 年 6 月 30 日应收帐款的净额为 243,191,544.37 元

应收帐款中没有持有本公司的 5% 以上股份的股东欠款。

6、预付帐款 1997 年 6 月 30 日的余额为人民币 109,452,275.98 元,比期初增加了 226.14%,主要是因为房地产开发增加了工程预付款所致。

其他应收款中没有持有公司5%以上股份的股东欠款。

7、其他应收款1997年6月30日的余额为人民币207,369,019.02元,比期初增加了227.96%,主要是期货保证金增加(本公司对部分商品进行套期保值)以及为参股公司提供临时资金支持所致。

其他应收款中没有持有本公司5%以上股份的股东欠款。

8、待摊费用1997年6月30日的余额为人民币6,148,938.09元,其中3,244,615.99元为税制改革时厦门市税务局核定的期初进项税尚未转为应交税金——增值税(进项税)的余额,其余2,904,322.10元为待摊水电、报刊、保险费等。

待摊费用期末余额比期初增加101.15%,主要是增加了水电费,保险费等,此部分费用均将于年末摊完。

9、在建工程1997年6月30日的余额为人民币452,087.00元,全部为国贸大厦装修工程支出。在建工程期末余额比期初减少89.6%,主要原因是国贸大厦部分装修工程竣工转出。

10、短期借款1997年6月30日的余额为人民币516,759,718.08元,比期初增加了67.2%,主要原因是1995年末及1996年贸易陷入低谷,而1997年贸易形势转好,从而增加了周转借款。

11、其他应付款1997年6月30日的余额为人民币63,011,387.64元,比期初增加了187.84%,主要增加项目是厦门国贸期货经纪公司预收的客户保证金和境外子公司的应付款项。

12、其他长期负债1997年6月30日余额为人民币8,371,811.90元,为待摊销的1996年度新股发行由购冻结资金的利息收入,该部分利息收入总额为11,959,731.29元,按五年摊销,1997年上半年已摊销1,195,973.13元。

13、少数股东权益1997年6月30日的余额为人民币5,424,052.66元,包括中国化工进出口公司美国公司对宝达(厦门)投资有限公司所拥有的权益3,148,595.42元和福建绿十字生物工程联合发展中心少数股东拥有的权益2,275,457.24元。

14、1997年6月30日的股本余额为109,200,000.00元,股本变动过程如下:

年初股本	78,000,000.00
1996年度股票股利	31,200,000.00
年末股本	109,200,000.00

15、资本公积1997年6月30日的余额为人民币165,961,176.41元,1997年上半年无增减变动。

16、盈余公积1997年6月30日的余额为人民币75,504,640.88元,各项盈余公积1997年上半年无增减变动。

17、未分配利润1997年6月30日的余额为人民币78,838,296.75元,包括年初未分配利润60,277,431.15元,扣除1997年上半年分配1996年度股票股利31,200,000.00元后的余额29,077,431.15元和1997年1至6月实现的税后利润49,760,865.60元,本期实现的净利润尚未分配。

18、本期主营业务收入为人民币993,414,041.26元,与去年同期大抵持平。但主营业务成本为人民币889,762,374.29元,比去年降低14,522,849.62元,经营费用比去年降低了16,223,117.69元。主要原因是公司加大了管理力度,选择效益高的项目经营所致。

19、1997年1至6月发生的财务费用为人民币19,087,804.95元,比上年同期增加了147.2%,主要是由于本期增加了贸易周转借款所致。

20、1997年1至6月发生的营业税金及附加为人民币4,082,318.37元,本期发生额比上年同期增加了151.4%,主要是因为本期增加了代理进出口业务,使营业税增加。

21、1997年1至6月实现的其他业务利润为人民币4,350,331.40元,主要为物业部租金收入扣减支出及税金后的净收入。

22、1997年1至6月实现的投资收益净额为人民币12,250,416.24元,比上年同期减少了65.3%,主要原因为上年投资收益中含转让厦门国泰股份有限公司股权的收益44,752,849.54元。

23、1997年1至6月实现的营业外收入为人民币5,933,822.99元,本期发生额比上年同期增加了113.2%,主要是因为本期增加了新股申购资金利息收入。

24、1997年1至6月应纳所得税为4,910,843.28元,其形成过程如下:

利润总额	54,324,770.93
加:不可抵扣子公司净亏损	1,828,853.54
减:境外子公司净收益	(11,278,702.47)
从其他公司分得的税后利润	(12,135,966.80)
应纳税所得额	32,738,955.20
所得税率	×15%
所得税总额	4,910,843.28

25、截止1997年6月30日,本公司为厦门建发集团有限公司、厦门海沧港务有限公司等企业提供了480万美元和11780万元人民币的贷款信用担保。

26、母子公司、子公司之间等关联交易已在编制合并报表时予以消除。

本公司截止1997年6月30日止,关联公司有关情况如下:

关联公司名称	公司性质	本公司拥有股权比例
厦门维多利俱乐部	中外合资	40%
厦门国贸翔峰建筑装饰有限公司	中外合资	50%
厦门泰达房地产开发有限公司	联营公司	45%
厦门海沧港务有限公司	联营公司	30%
厦门港口开发建设有限公司	联营公司	20%

本公司为厦门海沧港务有限公司提供了人民币借款3300万元的信用担保。

二、经营情况的回顾与展望

(一)上半年经营情况回顾

今年上半年,公司按照"两个转变"的要求,面对日益激烈的市场竞争环境,以经济效益为中心,以进出口贸易为龙头,以房地产和投资产业为基础,积极开展资本经营,努力培育新的经济增长点,深化改革,加强管理,在严峻的形势下,公司上下齐心协力,克服困难,规避风险,主动出击,公司各项事业持续、稳定、全面发展,取得了可喜的成绩,实现利润5432.48万元,完成年利润计划指标54.32%。

(1)主营业务持续、稳定增长:进出口贸易方面,公司各业务部门明确主攻方向,有的放矢,采取有效措施,进行内部商品结构调整,开拓新市场、新产品和建立出口基地,在效益方面保持稳定增长,并在对台贸易方面迈出了可喜的一步,公司上半年进出口总额10171.45万美元,进出口规模在厦门市名列前茅。

(2)投资方面,上半年加大投资管理力度,对重点及新建项目实行专人跟踪管理,取得较好的回报。值得一提的是,公司在投资实业方面取得了实质性的进展,公司投资参股的厦门海沧港务有限公司今年效益较好,同时,海沧港务公司还与香港和黄集团出资合作,成立厦门国际货柜码头有限公司,注册资金人民币9亿元,前景广阔。

(3)多种经营方面:公司上半年在资产运作、产权经营、国际货运、劳务输出、期货经纪、汽车维修、报关、商场、广告、旅游等方面均取得了较好的成绩。

(4)房地产方面,公司房地产业发展较为平稳。继成功开发厦门标志性建筑"国贸大厦"后,公司开发的"宝悦公寓"、"国贸花园"等项目均产生了显著的社会影响与经济效益。目前公司房地产业已步入良性循环。公司的物业租赁加强管理,成为公司长期稳定的收入来源之一。

(5)进一步深化改革,规范管理:公司上半年为充分调动各方面的积极性,对用工用人体制和分配机制进行改革,提出"在岗位面前人人平等",加强分级管理,向管理要效益,把管理工作作为增创效益的第二战场,收效显著。

(二)下半年经营计划

(1)下半年,公司要突出效益,兼顾规模,力争超额完成全年计划指

标。狠抓落实,发挥集团传统优势,抓紧抓好进出口贸易工作。主营业务稳定增长;进一步开拓多种经营,培植更多新的增长点;树立资本经营意识,实现企业资产的重组和增值;积极发展房地产,利用"国贸"的品牌效应,增加公司的无形资产与经济效益。

(2)继续深化体制改革,加大管理力度,更进一步清仓利库,强化资金管理,加速资金周转,减少奖金的占用,一手抓经营,一手抓管理,逐步改革和完善集团内部各项管理制度,使企业管理再上新台阶。

三、重大事项说明

1、本公司对照《严禁国有企业和上市公司炒作股票的规定》进行了认真自查,目前,我公司未持有已上市流通股票及未有以公司名义在外开立的股票帐户。

2、1997 年 3 月 18 日公司召开第二届第三次董事会,会议审议通过了《公司 1996 年度董事会工作报告》、《财务预决算报告》、《修改公司章程的报告》、《1996 年利润分配及分红方案》,决定以总股本 7800 万股为基数,向全体股东每 10 股送红股 4 股,董事会决议刊登于 1997 年 3 月 20 日的《上海证券报》和《中国证券报》。

3、公司 1996 年度 10:4 送股方案已实施完毕,股权登记日为 1997 年 5 月 5 日,除权日为 1997 年 5 月 6 日(详见 1997 年 4 月 29 日《上海证券报》和《中国证券报》)。

4、1997 年 6 月 26 日,公司变更工商注册登记,注册资本由 7800 万元变更为 10920 万元。

5、经有关部门批准,国贸公司参股企业厦门海沧港务有限公司与和黄港口厦门有限公司(香港和黄机构的全资子公司)合资,成立厦门国际货柜码头有限公司,合资企业注册资本为人民币 9 亿元,其中:厦门海沧港务有限公司以实物价人民币 45,395.22 万元,以及现金人民币 504.78 万元投入合资企业,占 51%股权;和黄港口厦门有限公司以美元现金(折人民币 44,100 万元)投入,占 49%股权。

同时,厦门海沧港务有限公司将部分资产作价人民币 17,371.64 万元,转让给厦门国际货柜码头有限公司。

由于款项结算跨越 1997 年 6 月 30 日,故与上述交易有关的收益并未在本报告期的财务报表中反映。

6、1997 年 8 月 7 日公司召开第二届第五次董事会,会议审议通过了如下决议:

(1)《公司 1997 年中期报告》;

(2)《公司 1997 年中期送红股及资本公积转增股本预案》:决定对以前年度滚存利润 29,077,431.15 元进行分配,以现有股本 10,920 万股为基数,向全体股东以 10:2 送红股,每股面值一元,送红股股数为 21,840,000 股;另拟从现有资本公积 165,961,176.41 元中转增股本,以总股本 10,920 万股为基数,向全体股东按 10:4 比例转增股本,每股面值一元,转增股本 43,680,000 股,二者合计为每 10 股送转 6 股。

(3)《公司 1997 年度增资配股预案》:以公司 1996 年 12 月 31 日总股本 7800 万股为基数,拟向全体股东以 10:3 的比例配股,配股价暂 定为 9.12 元。

以上决议尚需经下次召开临时股东大会表决通过并报当地证券部门批准后实施。

7、本报告期内公司无重大诉讼、仲裁事项。

四、发行在外股票的变动和股权结构的变化

1、股本变化原因

本公司 1996 年度股东大会通过《96 年度利润分配及分红方案》,决定向全体股东每 10 股送红股 4 股,现上述方案已经实施。

2、股本变化及股本结构情况(单位: 万股)

	期初数	本次变动增减(+,-) 配股	送股	公积金转股	其他	小计	期末数
一、尚未流通股份							
1、发起人股份							
其中							
国家拥有股份	2800		1120			1120	3920
境内法人持有股份							
外资法人持有股份							
其他							
2、募集法人股							
3、内部职工股	3000		1200			1200	4200
4、优先股或其他							
尚未流通股份合计	5800		2320			2320	8120
二、已流通股份							
1、境内上市的人民币普通股	2000		800			800	2800
2、境内上市的外资股							
3、境外上市的外资股							
已流通股份合计	2000		800			800	2800
三、股份总数	7800		3120			3120	10920

3、主要股东持股情况(截止 1997 年 6 月 30 日)

股东名称	持股数(万股)	占总股本比例(%)
(1)厦门市商贸国有资产投资有限公司(国家持股)	3920.00	35.90
(2)浙江证券	309.88	2.84
(3)平德仁	41.83	0.38
(4)蒲建民	36.76	0.37
(5)金昌公司	34.03	0.31
(6)朱群	28.00	0.26
(7)赵卫建	27.01	0.25
(8)卢中财	26.00	0.24
(9)刘宇	24.36	0.22
(10)程晴波	24.14	0.22

五、股东大会简介

本公司 1996 年度股东大会于 1996 年 4 月 28 日上午在公司 17 楼多功能厅召开,出席会议股东 85 人,代表股份 3911.7951 万股,占公司总股本的 50.15%,符合法定要求,经大会审议,表决通过如下决议:

1、审议通过了《董事会工作报告》;2、审议通过了《总裁业务报告》;3、审议通过了《监事会工作报告》;4、审议通过了《财务预决算报告》;5、审议通过了《96 年度利润分配及分红方案》;

公司 96 年实现税后利润 85463436.31 元,按 10%提取法定公积金 8546343.63 元,按 10%提取法定公益金 8546343.63 元,按 10%提取任意公积金 8546343.63 元,余 59824405.42 元,加上上年未分配利润 453025.73 元,可供股东分配利润共计 60277431.15 元,以总股本 7800 万股为基数,按 10:4 的比例派送红股,计送出 31200000 元,尚余 29077431.15 元,转入下一年度分配。

6、审议通过了《修改公司章程的报告》;

7、大会审议通过了高墀文先生因到退休年龄辞去董事职务的请求,同时增补许晓曦先生为董事。

六、备查文件

1、载有董事长、总裁苏春成先生亲笔签名的中期报告原本。

2、公司 1996 年度股东大会资料。

查阅地址:厦门市湖滨南路国贸大厦 17 层公司企划部

电　　话:(0592)5161888-1739

厦门国贸集团股份有限公司

一九九七年八月七日

西藏金珠股份有限公司

西藏金珠股份有限公司1996年年度报告摘要

一、公司简况

股票代码:600773

股票简称:西藏金珠

公司法定中文名称:西藏金珠股份有限公司

公司英文名称:TIBET JINZHU CO.,LTD

公司英文名称缩写:TJZC

公司注册地址:西藏自治区拉萨市北京中路182号

公司办公地址:西藏自治区拉萨市北京中路182号东楼三层

邮编:850000

公司法定代表:董事长　　董金江先生

公司咨询服务机构:公司投资证券部

电话:(0891)6338657　　6333922

传真:(0891)6336322

联系人(董秘):孙勇先生

会计师事务所:中华会计师事务所

律师事务所:北京海问律师事务所

二、主要财务数据与财务指标

指标项目	本年数	上年数	比上年增减(%)
1.主营业务收入(万元)	15554	15968	-2.59%
2.净利润(万元)	1697	1090	55.69%
3.总资产(万元)	17953	9662	85.81%
4.股东权益(万元)	14839	5400	174.79%
5.每股收益(元)	0.32	0.30	6.67%
6.每股净资产(元)	2.86	1.50	90.67%
7.净资产收益率(%)	11.44	20.18	-43.31%
8.股东权益比率(%)	82.65	55.89	47.88%

扣除未中签申购股款冻结利息后的主要财务数据与财务指标:

指标项目	本年数	上年数	比上年增减(%)
1.主营业务收入(万元)	15554	15968	-2.59
2.净利润(万元)	1447	1090	35.50
3.总资产(万元)	17953	9662	85.81
4.股东权益(万元)	14619	5400	170.72
5.每股权益(元)	0.29	0.30	-3.33
6.每股净资产(元)	2.82	1.50	88.00
7.净资产收益率(%)	10.10	28.18	-64.16
8.股东权益比率(%)	8.43	55.89	45.70

三、公司业务经营回顾

(一)公司经营情况回顾

1996年是公司组建和创立的一年。公司在组建过程中"三改一加"的任务相当重,与此同时,为保证组建后的股份公司所有投资者的利益,公司在宏观经济环境和外贸政策环境发生较大变化,内部经营条件和经营方式正在转变的情况下,积极的努力,克服困难,挖掘潜力,取得了较好的经营业绩。1996年公司实现营业收入15554万元,完成年度计划的65.63%;实现利润1998万元;净利润1697万元,完成年度计划的101.86%;每股收益为0.32元,较好地完成了1996年的经营计划。

(二)公司业务业绩概述

在1996年年初,针对形势、目标和任务,公司提出了贸易与实业并举,在经营上实行两条腿走路的方针,积极化解经济环境和政策环境变化带来的种种不利因素,取得了较好的经济效益和社会效益,完成进出口贸易总额1095万美元,全年实现营业收入155,539,892元,创利税29,673,301元,经营业绩在西藏自治区外经贸行业企业中居于首位,在全国同行业企业中业绩也是比较好的。

面对外经贸政策的调整和变化,外贸业务配套措施不完整、出口退税滞后、市场竞争激烈等不利因素的困扰,公司经理班子在董事会的领导下,及时调整经营方式,把着眼点放在进一步发挥和完善自身优势上,努力挖掘公司内部潜力,强化公司内部管理,降低各项成本的开支,切实抓好进出口贸易,在不利之年较好地完成了外贸业务。1996年,公司进口贸易完成156.8万美元,出口贸易完成938.6万美元,出口创汇66万美元。

公司在1996年调整了部分不尽合理的实业项目,减少了一些不必要的投入,为股东资产保值做了初步的工作,在此基础上进一步明确实业开发的条件及项目设立前的可行性论证,完善了实业开发及项目投资的规范化、程度化的管理,将实业投资控制在一个优化的目标之下,避免了投资的随意性,同时对已有实业项目抓紧抓好管理,向管理要效益,在此基础上,公司要求各项目组织人稳妥地发展,力争实现在项目进展中利润最大化。1996年,公司实业实现利润350万元,创利税568万元。

(三)公司财务状况说明

截止到1996年12月31日,公司总资产、股东权益、负债分别为17953万元、14839万元、3113万元。公司总资产比上年增加8291万元,主要是流动资产增加;股东权益14839万元,系提取的法定公积金、公益金和任意盈余公积金,资本公积金及未分配利润;公司负债总额3113万元,比上年减少1148万元。

公司发行股票期间的资金冻结利息192.68万元,已按国家有关部门的最新通知进行了处理,其中191万元进入公司96年度营业外收入,另外1.68万元进入公司96年度资本公积金。

(四)公司投资情况说明:

1996年10月,公司通过向社会公开招股1500万股,股票公发价格每股5.48元(含发行手续费),扣除发行费用实募资金7620万元。按公司招股前的资金运用计划,募股资金中的6525万元将用于:

序号	项目名称	投资金额(万元)
1	南美藜开发项目	1600
2	矿业开发项目	2900
3	复合包装生产项目	378
4	北斗星图片社更新改建	2000

由于公司股票发行于96年10月才付诸于实施，资金到位时间已接近年底，故大部分资金到1996年12月31日暂未投入到计划项目中去。

四、股本变化及股本结构情况

数量单位：万股　　每股面值：1元

1. 本次变动增减(+、-)

项目	期初数	配股	送股	公积金转股	其他	小计	期末数
一、尚未流通股份							
1. 发起人股	3600						3680
其中：							
国家股：	3600						3600
境内法人持股							80
外资法人持股							
其他							
2. 募集法人股							
3. 内部职工股							150
4. 优先股或其它							
尚未流通股份合计							3830
二、已流通股份							
1. 境内上市的人民币普通股							
2. 境内上市的外资股							1350
3. 境外上市的外资股							
4. 其它							
已流通股份合计							1350
三、股份总数							5180

2. 主要股东持股情况(前十名)

股东名称	年初持股数(万股)	占总股本(%)
1)西藏金珠集团公司(国有股)	3600	69.50
2)西藏国际经济技术合作公司	20	0.39
3)西藏自治区信托投资公司	20	0.39
4)西藏自治区包装进出口公司	20	0.39
5)中国出口商品基地建设西藏公司	20	0.39
6)光大证券公司	47.63	0.91
7)周孝贤	36.30	0.70
8)京华工贸公司	30.51	0.58
9)郭芳莲	27.97	0.53
10)岑应东	25.81	0.49

3. 公司董事、监事与高级管理人员持股情况

姓名	职务	年初持股数	年末持股数	变动原因
董金江	董事长		5000	
范纯喜	副董事长兼总经理		5000	
王瑞华	董事兼总经理		3000	
达娃次仁	董事兼副总经理		5000	
普桑	董事兼副总经理		5000	
孙勇	董事会秘书、董事兼副总经理		5000	
宋文军	董事兼副总经理		5000	
嘎玛	董事		0	
吴伯让	董事		0	
阿旺	董事		0	
曹玉忠	董事		0	
益西巴桑	监事会主席		5000	
央宗	监事会监事		0	
嘎玛赤列	监事会监事		0	

五、重要事项

1、1996年4月，西藏自治区人民政府藏政复〔1996〕14、15号文批准以社会募集方式设立西藏金珠股份有限公司，下达了金珠股票发行计划额度。

2、1996年9月，中国证监会证发字〔1996〕218、219号文批准金珠公司采取“与储蓄存款挂钩”的方式，面向全国公开发行金珠股票1500万股。

3、1996年10月7日至15日，西藏金珠股份有限公司(筹)在中国西藏自治区拉萨市，公开发行股票成功。

4、1996年10月20日，西藏金珠股份有限公司举行创立大会暨第一届股东大会。同日，第一届第一次董事会、监事会召开了工作会议。

5、1996年10月25日，在西藏自治区工商行政管理局注册登记，西藏金珠股份有限公司正式成立。

6、1996年11月7日，西藏金珠股份有限公司股票上市新闻发布会在上海举行。

7、1996年11月8日，西藏金珠股份有限公司股票在上海证券交易所挂牌上市。

六、子公司及关联企业

企业名称	注册资金(万元)	主营业务	本公司拥有权益
北京西藏北斗星图片总社	600.00	照像器材图片制作	100

七、财务报告

(一)审计意见：公司财务报告经中华会计师事务所廖良汉、谢佳扬注册会计师审计，并出具无保留意见的中华股审字(97)007号审计报告

(二)财务报表(见附表)

(三)财务报表附注

1、主要会计政策：

1)会计制度

本公司自1996年起会计核算执行《股份制试点企业会计制度》及有关补充规定。

2)会计年度

本公司会计年度自公历1月1日起至12月31日止。

3)记帐原则和计价基础

本公司以权责发生制为记帐原则，采用历史成本为计价基础。

4)记帐本位币

本公司会计核算以人民币为记帐本位币。

5)外币折算方法

本公司外币业务均按当月一日的人民币市场汇价折合为人民币记帐，并按期末(各月末和年末)的人民币市场汇价进行折合调整。

6)存货

本公司的存货主要包括：库存商品、材料物资、低值易耗品等。库存商品和材料物资按实际采购成本核算。发出存货计价采用加权平均法，

低值易耗品采用五五摊销法摊销。

7)固定资产及其折旧

本公司的固定资产标准为使用年限在一年以上,单位价值在800元以上的资产,固定资产按取得时的实际成本记帐。

固定资产折旧根据固定资产原值,扣除3%的残值及预计使用年限,采用直线法分类计提,各类固定资产的年折旧率列示如下:

类别	折旧年限	年折旧率
房屋及建筑物	30	3.23%
电子设备	5	19.40%
运输工具	8	12.13%
其他	8	12.13%

8)递延资产及其摊销

本公司递延资产反映的是本公司上市期间发生的开办费,北京西藏北斗星图片总社的开办费和租入固定资产的改良支出,按5年的期限平均摊销。

9)坏帐准备

本公司按应收帐款年末余额的5‰年提坏帐准备。

10)税项

①企业所得税

根据西藏自治区国家税务局藏国税函〔96〕019号文的规定,本公司自1996年度企业所得税按应纳税所得额的15%计缴。

②流转税及附加

本公司流转税及附加包括增值税、营业税、城市维护建设税及教育费附加。本公司被认定为增值税一般纳税人,增值税适用税率为17%;本公司代理进出口业务收入的营业税税率为5%。根据藏政发〔1994〕42号文的有关规定,西藏自治区增设"农牧产品采购"税目,依此规定本公司畜产品类在采购环节适用10%的营业税税率,药材类在采购环节适用5%－20%的营业税税率,另又据藏国税字〔1994〕第081号文的规定,对虫草等贵重药材环节营业税减半征收。城市维护建设税,按增值税和营业税合计税额的7%计缴;教育费附加,按增值税和营业税合计税额的3%计缴。

③其他税项

本公司其他税项包括房产税、车船使用税、印花税等,这些税项依据有关税务法规的规定计缴。

11)利润分配

本公司根据税后利润的10%和5%计提法定盈余公积金和法定公益金。

2、主要报表项目数据说明

1)应收帐款期末余额　　17,499,048元

其中:1年以内	12,905,913元	占73.75%
1－2年	184.971元	占1.06%
2－3年	6,901元	占0.04%
3年以上	4,401,263元	占25.15%

本帐户余额中无持有本公司5%以上股份的主要股东的应收款。

2)其他应收款期末余额　　27,834,931元

其中:1年以内	21,621,278元	占77.68%
1－2年	2,150,000元	占7.72%
2－3年	500,000元	占1.8%
3年以上	3,563,653元	占12.8%

本帐户余额中无持有本公司5%以上股份的主要股东的应收款。

3)短期投资期末余额　　20,000,000元

其中:

深圳市金珠南方贸易公司	10,000,000元
成都市制药五厂二分厂	10,000,000元

本公司为增加收益,利用部分闲置资金对外进行短期项目联营投资。

4)存货期末余额　　36,422,244元

其中:

库存商品	36,370,013元
低值易耗品	52,231元

5)资本公积期末余额　　79,622,284元

其中:

国家股折股溢价	18,405,486元
社会公众股溢价	61,200,000元
中签者申购股款冻结利息	16,798元

6)盈余公积期末余额2,545,372.11元,系本年度提取,其中公益金848,457元。

7)未分配利润:

本年度实现利润19,979,843.44元,应纳所得税,3,010,696.08元,实现净利润16,969,147.36元。根据董事会1996年利润分配预案,提取盈余公积金和公益金2,545,372.11元。期末余额为14,423,775.25元。

8)投资收益为本公司本期投资对成都制药五厂二分厂的投资所带来的收益。

9)营业外收入1,991,065元,其中物资溢余收入83,324元,未中签申购股款利息1,907,741元。

八、其他事项

1、公司信息批露报刊为中国证监会指定的报刊并西藏当地报纸《西藏日报》

2、公司工商登记,企业法人营业执照注册号:21966604－2－1

3、公司税务登记,税务登记证国税藏字540100219664071

4、公司在1996年12月30日,经外经贸部政审函〔1996〕2951号批复,获得外贸经营权。

西藏金珠股份有限公司

资产负债表

单位:人民币元

(注释:1,2 和 3)

资产	注释	1996.12.31	1995.12.31	负债及股东权益	注释	1996.12.31	1995.12.31
流动资产				流动负债			
货币资金		43,090,278	11,967,658	短期借款	15	10,800,000	14,000,000
短期投资	4	20,000,000		应付帐款	16	6,422,516	4,282,911
应收帐款	5	17,499,048	8,682,810	预收货款	17	1,810,000	10,955,760
减:坏帐准备		87,495	43,414	应付福利费		771,489	630,160
应收帐款净额		17,411,553	8,639,396	未付股利			
预付货款	6	6,344,042	14,555,984	未交税金	18	5,442,009	1,193,951
其他应收款	7	27,834,931	10,711,887	其他未交款			
待摊费用	8	2,414,359	1,618,050	其他应付款	19	5,002,727	10,120,784
存货	9	36,422,244	28,301,864	预提费用	20	404,258	698,909
流动资产合计		153,517,407	75,794,839	一年内到期的长期负债			
长期投资				流动负债合计		30,652,999	41,890,294
长期投资	10	60,000		长期负债			
固定资产				长期借款			
固定资产原价	11	25,040,051	19,147,253	其他长期负债	21	480,943	721,415
减:累计折旧		4,928,914	2,800,169	长期负债合计		480,943	721,415
固定资产净值		20,111,137	16,374,084	负债合计		31,133,942	42,611,709
在建工程	12	993,676	993,676	股东权益			
固定资产合计		21,104,813	17,340,760	股本	22	51,800,000	36,000,000
无形资产及递延资产				资本公积	23	79,622,284	14,579,367
无形资产	13	1,311,605	1,338,372	盈余公积	24	2,545,372	3,426,119
递延资产	14	3,531,548	2,143,224	未分配利润	25	14,423,775	
无形资产及递延资产合计		4,843,153	3,481,594	股东权益合计		148,391,431	54,005,486
资产总计		179,535,373	96,617,195	负债及股东权益合计		179,525,373	96,617,195

所附注释为本会计报表的必要组成部分

西藏金珠股份有限公司

利润表

单位:人民币元(注释:1,2 和 3)

项　目	注释	1996 年度	1995 年度	项　目	注释	1996 年度	1995 年度
一、主营业务收入	26	155,539,892	159,684,498	三、营业利润		17,143,806	16,149,572
减:营业成本		115,106,288	119,685,703	加:投资收益	28	1,000,000	
销售费用		9,377,667	6,679,267	营业外收入	29	1,991,065	253,273
管理费用		9,817,620	12,300,194	减:营业外支出	30	155,028	829,264
财务费用	27	2,608,221	880,195	加:以前年度损益调整			
营业税金及附加		1,486,290	3,989,567	四、利润总额		19,979,843	15,573,581
二、主营业务利润		17,143,806	16,149,572	减:所得税		3,010,696	4,672,074
加:其他业务利润				五、净利润		16,969,147	10,901,50

所附注释为本会计报的必要的组成部分

西藏金珠股份有限公司

利润分配表

单位:人民币元

(注释 1,2 和 3)

项　目	注释	1996 年度	1995 年度	项　目	注释	1996 年度	1995 年度
一、净利润		16,969,147	10,901,507	提取法定公益金	24	848,457	545,075
加:年初未分配利润				三、可供股东分配的利润		14,423,775	9,266,281
盈余公积转入数				减:已分配优先股股利			
二、可分配利润		16,969,147	10,901,507	已分配普通股股利			9,266,281
减:提取法定公积金	24	1,696,915	1,090,151	四、未分配利润	25	14,423,775	

所附注释为本会计报表的必要的组成部分。

西藏金珠股份有限公司财务状况变动表

(注释1,2和3)

单位:人民币元

流动资金来源和运用	1996年金额	1995年金额
一、流动资金来源		
1、本年净利润	16,969,147	10,901,507
加:不减少流动资金的费用和损失		
(1)固定资产折旧	2,382,665	997,748
(2)清理固定资产损失(减收益)	149,818	
(3)无形资产、递延资产及其它资产摊销	669,182	149,306
小计	20,170,812	12,048,561
2、其它来源		
(1)固定资产清理收入(减清理费用)		1,242,000
(2)增加长期负债		
(3)收回长期投资		
(4)资本净增加额	79,962,170	7,031,851
小计	79,962,170	8,273,851
流动资金来源合计	100,132,982	20,322,42
二、流动资金运用		
1、利润分配		
(1)提取法定公积金	1,696,915	1,090,151
(2)提取法定公益金	848,457	545,075
(3)提取任意公积金		
(4)已分配股利		9,266,281
小计	2,545,372	10,901,107
2、其它运用		
(1)固定资产和在建工程净增加额	6,296,536	9,418,710
(2)增加无形资产递延资产及其它资产	2,271,211	2,768,863
(3)偿还长期负债		
(4)增加长期投资	60,000	
小计	8,627,747	12,187,573
流动资金运用合计	11,173,119	23,089,080
流动资金增加净额	88,959,863	(2,766,668)

流动资金各项目的变动	1996年金额	1995年金额
一、流动资产本年增加数		
1、货币资金	31,122,620	(10,968,205)
2、短期投资	20,000,000	
3、应收资产净额	8,772,157	(9,595,358)
4、预付货款	(8,211,942)	8,801,165
5、其他应收款	17,123,044	5,247,698
6、待摊费用	796,309	(101,372)
7、存货	8,120,380	3,951,652
流动资产增加净额	77,722,568	(2,664,420)
二、流动负债本年增加数		
1、短期借款	(3,200,000)	12,000,000
2、应付帐款	2,139,605	(3,566,610)
3、预收货款	(9,145,760)	(104,971)
4、应付福利费	141,329	(2,544)
5、未付股利		
6、未交税金	4,248,058	(43,539)
7、其它未交款	(7,819)	(71,127)
8、其它应付款	(5,118,057)	(8,640,878)
9、预提费用	(294,651)	531,917
流动负债增加净额	(11,237,295)	102,248
流动资金增加净额	88,959,863	(2,766,668)

西藏金珠股份有限公司一九九七年度中期报告

一、财务报告(已经审计)

(一)财务报表

1. 简化的资产负债表

项目	97年6月30日	96年12月31日
流动资产	152,445,220.00	153,517,407.00
长期投资	60,000.00	60,000.00
固定资产净值	18,491,024.00	20,111,137.00
在建工程	3,484,374.00	993,676.00
无形资产及递延资产	4,394,295.00	4,843,153.00
资产总计	178,874,913.00	179,525,373.00
流动负债	16,573,105.00	30,652,999.00
长期负债	360,707.00	480,943.00
股东权益	161,941,101.00	148,391,431.00
其中:股本	60,088,000.00	51,800,000.00
资本公积	79,622,284.00	79,622,284.00
盈余公积	2,545,372.00	2,545,372.00
未分配利润	19,685,445.00	14,423,775.00
负债及股东权益合计	178,874,913.00	179,525,373.00

2. 简化的损益表

项目	97年1月—6月
主营业务收入	59,488,165.00
主营业务利润	13,052,775.00
其他业务利润	2,177,910.00
投资收益	996,665.00
营业外收支净额	
利润总额	15,940,778.00
所得税	2,391,118.00
净利润	13,549,670.00

(二)财务报表附注

1. 一般情况

西藏金珠股份有限公司(以下简称"本公司")是经西藏自治区人民政府以藏政复〔1996〕14号文批准,由西藏金珠集团 公司、西藏自治区国际经济技术合作公司、西藏自治区信托投资公司、中国出口商品基地建设西藏公司和西藏自治区包装进出口公司联合发起,对西藏金珠集团公司下属的北京西藏北斗星图片总社和西藏自治区对外贸易进出口公司进行部

分股份制改组而成立的股份有限公司。本公司发起人股本为人民币3,680万元。其中西藏金珠集团投入的股本为3,600万元。本公司已经西藏自治区人民政府以藏政复〔1996〕15号文批准,向社会公众公开发行A种普通股股票1,500万股,每股面值为1元,计人民币1,500万元,股票已于1996年11月发行成功。本公司1996年10月25日经工商行政管理局注册登记。企业法人营业执照注册号为21966604—2—1,注册资本为5,180万元,后于1997年5月5日经第一届第二次股东大会决议通过1996年利润分配预案即按10:1.6分配红股,注册资本变更为6,008.80万元,目前正在办理之中。

本公司主要经营农牧林副产品加工业务,国家允许的实业和进出口业务,以及感光材料、照相器材的销售业务和图片的制作。

2. 存在控制关系的关联企业

西藏金珠集团公司系西藏金珠股份有限公司的绝对控股公司,创立于1994年4月,经西藏自治区人民政府以西藏自治区对外贸易进出口公司为核心,经企业改组,改制而组建的,并在西藏自治区拉萨市注册的,是具有独立法人资格的全民所有制企业,其注册资本金为人民币壹亿零贰佰壹拾陆万元,现任法人代表:董金江。该公司主要经营对外贸易、边境贸易、加工、矿业制品、旅游、商贸等。是西藏自治区大型综合企业集团之一,该公司所持本公司股份4,176万股,占总股本的69.5%。

3. 编报基准

本会计报表根据《股份制试点企业会计制度》及有关补充规定的要求编制的。

4. 重要会计政策

(1)会计制度

本公司自1996年起会计核算执行《股份制试点企业会计制度》及有关补充规定。

(2)会计年度

本公司会计年度自公历1月1日起至12月31日止。

(3)记帐原则和计价基础

本公司以权责发生制为记帐原则,采用历史成本为计价基础。

(4)记帐本位币

本公司会计核算以人民币为记帐本位币。

(5)外币折算方法

本公司外币业务均按当月一日的人民币市场汇价折合为人民币记帐,并按期末(各月末和年末)的人民币市场汇价进行折合调整。

(6)存货

本公司的存货主要包括:库存商品、材料物资、低值易耗品等。库存商品和材料物资按实际采购成本核算,发出存货计价采用加权平均法:低值易耗品采用五五摊销法摊销。

5. 短期投资

被投资单位	投资金额	投资期限
深圳市金珠南方贸易公司	10,000,000.00元	一年
成都市制药五厂二分厂	10,000,000.00元	一年

本公司为增加收益,利用部分闲置资金对外进行短期项目联营投资。其中深圳市金珠南方贸易公司为持有本公司5%以上股权的西藏金珠集团公司的全资子公司。此投资事项应视为关联交易。

6. 应收帐款

截止1997年6月30日,本公司应收帐款余额为12,715,759元,按帐龄列示如下:

单位名称	1年以内	1—2年	2—3年	3年以上	合计
拉萨市丰田厂				2,964,952	2,964,952
京武公司	3,382,686				3,382,686
区配件公司				833,547	833,547
其他	4,757,668	287,241	6,901	482,764	5,534,574
合计	8,140,354	287,241	6,901	4,281,263	12,715,759
帐龄比重	64.02%	2.26%	0.05%	33.67%	100%

本公司三年以上的应收帐款所占应收帐款总额比例过高,其中部分将形成坏帐,并影响本公司未来的经营业绩,为了保护股东的利益,本公司继续进行催收工作,力求将损失降低到最小程度。

7. 预付货款

截止1997年6月30日,本公司预付货款余额5,840,536元,按明细列示如下:

单位名称	1997年6月30日	1996年12月31日
区商品综合批发市场		2,645,250
尼商贸公司	386,052	386,052
拉萨市邮电局		361,145
晶丽公司	1,664,300	1,927,900
航空遥感中心	106,963	
其他	3,683,221	1,023,695
合计	5,840,536	6,344,042

8. 其他应收款

截止1997年6月30日,本公司应收帐款余额为70,728,304元,按帐龄列示如下:

单位名称	1年以内	1—2年	2—3年	3年以上	合计
外贸公司		42,592,517			42,592,517
经贸厅	38,667	459,037		3,177,902	3,675,606
北京办事处	19,000,000				19,000,000
成都雪域公司			808,789		808,789
个人借款	754,413				754,413
金珠包装公司			500,000		500,000
其他	1,719,320	107,371	640,000	930,338	3,397,029
合计	21,512,400	43,158,925	1,948,739	4,108,240	70,728,304
帐龄比重	30.42%	61.02%	2.76%	5.80%	100%

本公司三年以上其他应收帐款中的大部分不会形成坏帐,为了保护股东的利益,本公司将会保证资金的安全。

外贸公司即西藏自治区对外贸易进出口公司,为持有本公司5%以上股权的西藏金珠集团公司的全资子公司。

北京办事处即北京金珠北方科贸有限公司,为持有本公司5%以上股权的西藏金珠集团公司的全资子公司。

金珠包装公司即西藏金珠包装装潢有限公司,为持有本公司5%以上股权的西藏金珠集团公司的全资子公司拉萨金珠工贸公司的全资子公司。

以上往来事项应视为关联交易。

9. 在建工程

截止1997年6月30日,本公司在建工程余额为3,484,374元,是购买天津信德大厦的预付购房款993,676元和购买庄胜广场1座5层530室房产2,490,698元,此两处房产本公司尚未决定是否转做自有资产。

10. 预收货款

截止1997年6月30日,本公司预收货款的余额按明细列示如下:

单位名称	1997年6月30日	1996年12月31日
奥石实业公司		1,500,000
福利矿产公司		270,000
拉萨市海关		40,000
宁波保税区江陵公司	400,00	
北京办事处	525,000	
林芝交通局	520,000	
其他	64,092	
合计	1,509,092	1,810,000

北京办事处即北京金珠北方科贸有限公司,为持有本公司5%以上股权的西藏金珠集团公司的全资子公司。此往来事项应视为关联交易。

11. 股本

本公司已经西藏自治区人民政府以藏政复〔1996〕15号文批准,向社

会公众公开发行A种普通股股票1500万股,每股面值为1元,计人民币1500万元。股票已于1996年11月份发行成功,后于1997年5月5日经本公司第一届第二次股东大会决议通过1996年利润分配预案即按10:1.6分配红股,共送8,288,000元,注册资本由5,180万元变更为6,008.80万元。

截止1997年6月30日,本公司股本为60,088,000元,构成如下:

	期初余额	本期增加	本期减少	期末余额	变动原因
国有法人股:	36,800,000	5,888,000	0	42,688,000	送红股
社会公众股	15,000,000	2,400,000	0	17,400,000	送红股
合计	51,800,000	8,288,000	0	60,088,000	

12. 未分配利润

截止1997年6月30日,本公司未分配利润余额为19,685,445元,明细列示如下:

	期初余额	本期增加	本期减少	期末余额
未分配利润	14,423,775	13,549,670	8,288,000	19,685,445

本期增加的未分配利润系97年1—6月尚未分配的利润,与上年度未分配利润一并转为97年年末分配。

1997年5月5日经本公司第一届第二次股东大会决议通过1996年利润分配预案即用未分配利润按10:1.6配红股,共送8,288,000元。

13. 主营业务收入

本公司主营业务收入按类别列示如下:

收入类别	1997年1—6月	1996年度
感光器材、材料销售收入	28,580,300	114,191,871
代理进出口贸易收入	19,487,841	24,728,981
自营进出口贸易收入	5,119,856	6,074,848
冲洗、扩印收入	6,300,168	10,544,192
合计	59,488,165	155,539,892

由于本公司不再经营感光器材、材料的销售,故此项销售长与去年同期相比大幅减少。

本公司97年1—6月代理进出口贸易收入有大幅增长,原因是本公司为了保证资金安全并快速周转,加大了与西藏金珠集团公司的部分子公司的外贸合作力度,不仅增加了本公司的利润,而且使资金快速周转,从而保证了资金的安全使用。

本公司97年1—6月自营出口白厂丝400多万,故此项销售与去年同期相比大幅增长。

14. 其他业务利润

本公司的其他业务利润按项目列示如下:

项目	1997年1—6月	1996年度
房租收入	758,160	
联营收入	1,419,750	
合计	2,177,910	

房租收入系本公司将西藏金珠集团公司的房产租出,并与西藏金珠集团公司签有"委托代保管资产协议",协议中规定97年的房租100%给本公司作为中介及保管费,且此款早已收入本公司帐户中。

联营收入系本公司对成都萨蓉投资公司的联营投资所带来的收益计1,500,000元,遵照国家营业税税法规定,以上交易本公司均计提营业税,计税后收益为1,419,750元。

15. 投资收益

本期投资收益为本公司对深圳金珠南方贸易公司的联营投资所带来的收益1,053,000元。根据国家营业税税法规定对此交易视同借款,故征收营业税。征税后的投资收益为996,665元。

16. 关联交易

(1)代理进口

关联方	关联方性质	交易金额	比例或定价
西藏自治区对外贸易进出口公司	同一母公司的子公司	1,836,000	按协议金额
深圳南方贸易有限公司	同一母公司的子公司	3,904,000	按协议金额
上海金珠东方雪域企业发展有限公司	同一母公司的子公司	7,100,000	按协议金额

(2)提供资金

关联方	关联方性质	交易金额	比例或定价
西藏自治区对外贸易进出口公司	同一母公司的子公司	31,050,337	按10%计息
北京金珠北方科贸有限公司	同一母公司的子公司	19,000,000	按10%计息
西藏金珠包装装潢有限公司	同一母公司的子公司的子公司	500,000	按10%计息

(3)其他交易

关联方	关联方性质	交易类型	交易金额	比例或定价
西藏金珠集团公司	绝对控股公司	提供资本金	41,760,000	分红取息
		管理资产	758,160	按协议金额
西藏自治区对外贸易进出口公司		代管投资	11,542,180	
深圳南方贸易有限公司	同一母公司的子公司	联营投资	10,000,000	按15%分利
北京金珠北方科贸有限公司	同一母公司的子公司	525,000		

由于西藏自治区对外贸易进出口公司管理经验丰富、分支机构多,为了保证本公司对外投资的安全及有效,故本公司委托该公司为本公司勘察投资项目。目前该公司利用本公司提供的资金已为本公司投资了两个项目即西藏金珠矿业制品有限公司和北海金珠包装制品有限公司。本公司定于97年7月接收西藏金珠矿业制品有限公司和北海金珠包装制品有限公司,并作为本公司的控股公司。

17. 或有负债

本公司目前尚无任何重大担保、重大财务承诺及其他或有债项。

18. 结算日后帐目

本公司并无编制1997年6月30日后的经审计的帐目。

(三)上半年主要财务指标

1. 净资产收益率	8.37%
2. 每股净资产	2.69元
3. 每股净收益	0.225元

注:每股净资产、每股净收益系按送股后的总股本6008.80万股全面摊薄计算。

二、经营情况的回顾与展望

(一)上半年经营情况回顾

1. 公司在上半年多方努力,克服困难,继续深化改革,巩固现有贸易渠道,积极开拓新市场,建立新的经济增长点,较好的完成了上半年度的经营任务。

2.1997年1月至6月份,公司主营业务收入59,488,165元,利润总额15,940,788元,实现净利润13,549,670元,实现本年度2,200万元利润总额指标的72.45%。按今年10送1.6股摊薄后的总股本计,上半年每股收益0.225元。

3. 公司上半年一般贸易进口总额282万美元,出口总额542万美元,代理进口贸易48万美元,另开辟国内贸易渠道,拟订贸易额480万人民币。今年上半年贸易业务总额较去年同期增长47.2%。

4. 公司上半年加强了内部管理,降低管理成本。继续健全公司规章制度,控制各项费用,在业务增长的同时使费用保持在合理范围之内,开源节流取得较好的效果。

5. 对1996年募股资金项目进行安排,四个项目情况如下:

(1)矿业项目:今年上半年,西藏金珠矿业制品有限公司已注册,到位资金约500万元,一期工程运行正常,项目试生产锑锭获国家一级标准认证,已试生产锑锭125吨,因国际市场行情逐渐上升,现正联系争取出口,以获得更好的效益。矿业项目二期工程建成投产后,年产量可达500—600吨。

(2)北海复合包装袋项目:上半年该项目正式上马,目前已经完成了厂房建设和设备安装、调试和试运行等各项工作,正在办理各种手续,建立各项规章制度,落实了一批销售渠道,完成了第一期原料采购和员工培训工作,由于港方单方面撤资,导致了该项目的资金不足,依招股说明书

中投入的378万元已到位，预算追加款将经董事会研究决议后报下一次股东大会批准。

(3)南美藜开发项目：上半年已在拉萨、林芝等地落实了1,000多亩种植地，目前长势良好，若无重大自然灾害，预计基本可以完成今年原粮收购任务，现正与有关科研开发单位进一步联合攻关，强化产品开发深度，目前该项目前期筹办费用为60余万元，后期投入依工作进度及计划具体实施。

(4)北京西藏北斗星图片总社改扩建项目，由于图片总社内部整顿，与中国图片社、美国柯达公司洽谈联营组建等原因，故未能将资金按期投入。

6. 对投资项目的管理和资产归属事宜，公司的矿业项目和北海包装制品项目，在本年度6月30日之前委托给西藏自治区对外贸易进出口公司进行勘察投资，并做前期组织管理工作，由于该公司管理经验丰富，分支机构多，保证了本公司的投资安全，本公司已决定于97年7月接收由此两个项目而组建的西藏金珠矿业制品有限公司和北海金珠包装制品有限公司，成为本公司的子公司。

(二)下半年经营展望

1. 在完成西藏自治区改制试点工作的基础上，继续建立健全内部管理机制，规范运作，控制好成本费用，努力实现公司1997年各项经济指标，完成预定的利润指标。

2. 继续抓紧抓好公司贸易业务，在确保外贸任务完成的同时，积极扩大内贸渠道，使公司贸易业务稳定增长，确保经营业绩。

3. 对公司实业项目按计划进行投入，同时加强对实业项目投入中的监控，根据实际情况及时调整投入，并按程序报董事会和股东会研究批准，使实业项目逐步走上正轨，产生效益，预计今年年终公司实业项目收益较去年增长50%，达到525万左右。

4. 在西藏自治区的布署下，根据公司实际情况参与拉萨市优化资本结构试点工作，将有价值的外购兼并项目开展起来，经科学论证后予以实施，以增加公司实力并使公司效益有所增长。

三、重大事件说明

1. 公司于1997年5月5日在拉萨市北京中路182号金珠公司召开了96年度股东大会，会议内容为：审议1996年公司董事长、董事会、监事会、总经理报告；审议1996年度财务报告；审议1996年度利润分配预案，通过了以公司96年度利润向全体股东每10股送红股1.6股的方案。

2. 按规定经有关程序，公司职工股150万股于1997年5月8日上市流通。

3. 公司于1997年6月6日按程序实施了向全体股东每10股送1.6股的方案，公司总股本为6,008.8万股，其中社会公众股1740万股。

4. 公司于1997年6月下旬，获得有关主管部门批准的班嘎县措扎砂金矿点，并按信息披露有关规定在第一时间进行了披露。

5. 按照国务院证券委、中国人民银行、国家经贸委5月21日联合发布的《严禁国有企业和上市公司炒作股票的规定》的要求，公司经自查，没有从事违反规定的事项；公司拟按规定及其实施细则在证券公司开立法人帐户，规范从事有关业务。

6. 本报告期内公司无重大诉讼、仲裁事项。

四、发行在外股票和股权结构变化

(一)西藏金珠股份有限公司股权结构

填报日期　97年6月30日　数量单位：万股　每股面值：1元

	96年12月31日(期初数)	本次变动增减(+、-) 配股	送股	公积金转股	其他	小计	97年6月30日(期末数)
一、尚未流通股份							
1.发起人股份	3680		588.8			588.8	4268.8
其中							
国家拥有股份							
境内法人持有股份	3680		588.8			588.8	4268.8
外资法人持有股份							
其他							
2.募集法人股							
3.内部职工股	150				-150	-150	0
4.优先股或其他							
尚未流通股份合计	3830		588.8		-150	438.8	4268.8
二、已流通股份							
1.境内上市的人民币普通股	1350		240		150	390	1740
2.境内上市的外资股							
3.境外上市的外资股							
已流通股份合计	1350		240			390	1740
三、股份总数	5180		828.8			828.8	6008.8

注：1. 经自治区有关部门核实并于本公司《招股说明书》查实，金珠集团公司投入到本公司股份系国有法人股，故在此表中改正原国有股为法人股。

2. 内部职工股减少是其已转为境内上市的人民币普通股。

(二)主要股东持股情况(1997年6月30日)

名称	持股数(股)	占总股本%
1.西藏金珠集团公司	41,760,000	69.50
2.西藏国际经济技术合作公司	232,000	0.39
3.西藏自治区信托投资公司	232,000	0.39
4.西藏自治区包装进出口公司	232,000	0.39
5.中国出口商品基地建设西藏公司	232,000	0.39
6.中山鑫业	399,356	0.66
7.光大证券	380,000	0.63
8.思利莱	317,600	0.53
9.张立红	288,314	0.48
10.包昆	285,944	0.48

五、股东大会简介

1997年5月5日上午，在西藏拉萨市北京中路182号金珠公司综合大楼，西藏金珠股份有限公司召开了第一届第二次股东大会即1996年股东年会。出席本次大会的股东和股东委托人共99人，共代表股份3,807.9万股，占公司股份总额的73.6%，符合《中华人民共和国公司法》有关规定。大会按事前公告的内容事项逐项进行，并请西藏自治区公证处公证员现场公证，大会审议了以下事项并形成决议。

1. 审议通过董事长工作报告并形成决议。

2. 审议通过总经理业务报告并形成决议。

3. 审议通过董事会报告并形成决议。

4. 审议通过监事会报告并形成决议。

5. 审议通过公司1996年度财务报告并形成决议。

6. 审议通过公司1996年度利润分配预案并形成决议。

六、备查文件

本公司在办公地点(拉萨市北京中路182号金珠公司大楼东三层)备置备查文件供股东查阅。备查文件包括：

1. 西藏金珠股份有限公司1996年度报告。

2. 公司第一届第二次股东大会全套材料。

3. 由公司董事长、总经理签名的1997年度中期报告原件。

4. 中华会计师事务所审计报告。

西藏金珠股份有限公司

一九九七年七月三十一日

烟台新潮实业股份有限公司

烟台新潮实业股份有限公司概况

一、公司概况

烟台新潮实业股份有限公司前身为牟平县毛纺厂，始建于1985年，1987年投产。占地面积250202.2平方米，建筑面积19670.62平方米。注册资本5134万元。系引进英国、意大利、日本、德国、瑞士等国外先进纺织设备与技术。1988年改制以后，增加引进先进生产设备，现已形成了规模化生产，其主导产品羊绒纱、蚕丝羊绒混纺纱、兔毛纱及其制品，远销日本、欧美、香港等国际市场，并以其超群的质量和信誉赢得中外客商赞誉。

公司自1988年以来，以其超前的战略眼光，建立现代企业制度，推行企业股份制改造，并取得了卓越成效。先后荣获"全国乡镇企业先进企业"、全国乡镇企业出口创汇"飞龙奖"、省级先进企业、省出口供货先进企业、省科技进步奖、省重合同守信用单位。产品曾获国家星火计划新产品展览金奖，第三届全国乡镇企业出口产品展览金奖，94蒙古国乌兰巴托国际博览会金奖，省优质产品，省名牌产品等称号。

1996年11月5日经中国证监会批准，公司1400万股A股在上海上市，同年11月21日正式在上海证券交易所挂牌交易，成为山东省首家乡镇企业上市公司，公司股票上市不仅为探索我区乡镇企业的发展提供了宝贵的经验，而且为企业提供了方便的融资渠道。公司将立足本业，多元化发展，综合经营，争取给股东以丰厚的回报。

二、董事长常宗琳先生简介

常宗琳先生，54岁，大专学历，高级经济师，历任牟平县机床附件联合工业公司经理、山东新牟国际联合企业总公司董事长、党委书记、总经理，宁海镇党委副书记、新牟国际集团公司董事长、新牟钢铁股份有限公司董事长。兼任中国乡镇企业家协会副会长、全国跨世纪乡镇企业家协会执行会长、山东省八届人大常委、并当选八届全国人大代表。

曾先后获得全国十佳农民企业家、全国劳动模范、全国优秀企业家、全国十大扶贫状元、香港1997紫荆花杯杰出企业家等荣誉。

三、总经理史册先生简介

史册先生，37岁，大学本科，经济管理学士，高级经济师。历任黑龙江省合江地委党校教师，黑龙江省大庆师范学校保卫科负责人、校办工厂经理，大庆石油技术进出口公司劳动服务公司副经理，实达经济发展公司经理，大庆石油技术进出口公司总经理助理。现任烟台新潮实业股份有限公司总经理。

兼任黑龙江省法学会理事、《黑龙江法制日报》特约记者。并在全国性报刊上发表论文多篇，参编《农村改革解说》、《领导科学》等书籍。

烟台新潮实业股份有限公司股票上市公告书

一、释义

对本上市公告书中有关简称作下列释义：

本公司	指烟台新潮实业有限公司
公司股票	指公司已发行完毕的总面额为5134万元的人民币普通股A股股票。
社会公众股	指公司向境内社会公众公开发行的1400万元人民币普通股A股股票。
上市推荐人	指国泰证券有限公司
托管机构	指上海证券中央登记结算公司
上市	指在上海证券交易所挂牌交易
元	指中华人民共和国法定货币人民币

二、绪言

本公司股票上市申请，已经中国证券监督管理委员会【证监发字〔1996〕317号】文批准和上海证券所上证上〔96〕字第102号文审核同意，于1996年11月21日在上海证券交易所挂牌交易。

本公司上市公告书依据《中华人民共和国公司法》、《股票发行与交易管理暂行条例》和《上海证券交易所交易市场业务试行规则》的规定编制。

本公司上市公告书旨在说明公司股票上市的目的，并向社会公众披露本公司基本情况及有关资料。本公司董事会及其成员已确认上市公告书所载内容，确信其中不存在任何遗漏或者误导和虚假陈述。本公司董事会愿就本公告书所载资料的真实性、准确性和全面性负个别和连带责任。本公告书的内容由本公司董事会负责解释。

三、公司概况

1、公司法定名称：烟台新潮实业股份有限公司
公司英文名称：YANTAI XINCHAO INDUSTRY CO.,LTD
英文缩写：YTXC

2、公司注册地址：中国山东省烟台市牟平区牟山路98号
邮政编码：264100

3、公司法定代表人：常宗琳

4、公司概况

本公司前身为牟平县毛纺厂，是1988年11月20日经烟台市乡镇企业局批准，由山东新牟国际联合企业总公司等3家企业发起设立的山东省首家乡镇股份制企业。公司1988年12月至1989年4月经中国人民银行烟台市分行（〔88〕烟人银字第318号文）批准，公开向社会发行股票1400万元。1989年4月25日正式注册成立。1993年12月经国家体改委正式确认本公司为继续进行规范化的股份制试点企业。

本公司主要从事羊绒制品及毛纱制品的制造、加工和销售。本公司是国家贸工农联合出口商品基地企业，现有生产设备均系引进英国、意大利、日本、瑞士等国家的先进设备，主要产品有羊绒纱、蚕丝羊绒混纺纱、兔毛纱、羊仔毛纱及其制品等五个大类60多个品种。1995年公司自产兔毛纱产量155吨、羊毛纱产量63吨、羊绒纱产量109吨、雪兰纱4.6吨，外来加工兔毛纱173吨、羊毛纱11吨、毛粘纱21吨、驼绒0.5吨。自1988年以来，曾荣获全国乡镇企业先进企业，全国先进企业出口创汇"飞龙奖"，省级先进企业，省出口供货先进企业，省重合同守信用单位，产品曾获国家星火计划新产品展览金奖，第三届全国乡镇企业出口产品展览金奖，94蒙古国乌兰巴托国际博览会金奖，省优质产品、省名牌产品的称号。

截止1996年8月31日，本公司资产总额为15,473万元，负债总额为3,161万元，股东权益12,312万元。1995年度公司主营业务收入11,604万元，利润总额1,874万元，净利润1,597万元。

5、公司董事、监事、高级管理人员简况

董事长：常宗琳先生，53岁，大专学历，高级经济师，曾任牟平县机床附件联合工业公司经理，山东新牟国际联合企业总公司董事长、党委书记、总经理，现任新牟国际集团公司董事长、新牟钢铁股份有限公司董事长。持有本公司股票20000股。

副董事长：王连忠先生，34岁，大专学历，经济师。曾任牟平养马岛麒麟宾馆经理、烟台南方工业公司总经理、新牟国际集团公司党委书记、总经理。持有本公司股票0股。

董事：姜学荣女士，35岁，大专学历，会计师。曾任牟平县拖车厂会计、财务科长、山东新牟国际集团公司主管会计、办公室主任。现任新牟国际集团公司副总经理，持有本公司股票0股。

董事：常明德先生，34岁，大专学历，经济师。曾任牟平铸造厂车间

主任、新牟印刷厂厂长、烟台全洲海洋运输公司副总经理、总经理。持有本公司股票2000股。

董事:杨克平先生,51岁,大学学历。曾任中行青岛分行研究室副主任,信托部副主任;现任中国银行山东信托投资公司总经理。持有本公司股票0股。

董事、总经理:葛培乐先生,41岁,大专学历,经济师,曾任牟平县冷藏厂厂长,烟台新孚标准件有限公司总经理,现任烟台新潮实业股份有限公司总经理。持有本公司股票0股。

董事:孙守健先生,50岁,中专学历,工程师。曾任牟平县建筑安装工程公司预算科副科长、科长、副经理;现任牟平区建筑安装工程公司总经理。持有本公司股票0股。

监事会主席:陈佳芬女士,51岁,中专学历,经济师。曾任牟平县观水中学校长,牟平县建行行长。现任建行威海市分行副行长。持有本公司股票0股。

监事会副主席:孙树刚先生,53岁,大专学历,高级经济师。曾任牟平县建筑安装工程公司经理,现任新牟国际集团公司党委副书记、副总经理、副董事长。持有本公司股票4000股。

监事:赫荣全先生,37岁,大学学历,高级律师。曾任大庆市律师事务所律师、烟台市莱山区律师事务所主任,现任新牟国际集团公司法律顾问处处长。持有本公司股票0股。

监事:刘宏良先生,29岁,大专学历,经济师。曾任烟台新孚标准件有限公司经营部副经理、烟台特利络基通讯器材有限公司业务经理,现任烟台新鲁针织有限公司副总经理。持有本公司股票4000股。

监事:张盛祥先生,62岁,中专学历,会计师。曾任黑龙江省农业机械制造厂会计、国营九二二九厂财务科长,现任烟台新潮实业股份有限公司审计监察室主任。持有本公司股票0股。

会计主管:姜学莲女士,36岁,大专学历,会计师,曾任牟平县油厂会计,烟台新孚标准件有限公司主管会计、财务部经理,现任烟台新潮实业股份有限公司计财部经理。持有本公司股票0股。

董事会秘书:初召朴先生,55岁,大专学历,经济师,曾任国营二二一厂四分厂厂办主任、党办主任,牟平县毛纺厂办公室主任,现任烟台新潮实业股份有限公司办公室主任。持有本公司股票0股。

本公司董事、监事及高级管理人员共持有本公司股票30000股,占公司总股份的0.058%,其持有股份按《中华人民共和国公司法》规定,在任期内不得转让。

6、公司其它情况

(1)所属行业:综合性行业

(2)成立日期:1989年4月25日

营业执照编号:16534678-X-1

(3)公司占地面积25020.2平方米,建筑面积19670.62平方米。

(4)公司在册员工

在册员工:287人,各类专业技术人员22人,占员工总数7.67%。其中:高级技术职称3人,中级技术职称7人,初级技术职称12人,技术工人177人。

(5)公司咨询服务项目:

咨询电话:(0535)4211780

传真:(0535)4213207

股东接待日:每周周五上午8:00-11:30　下午2:00-5:00

公司资料查询及股东接待地点:公司证券部(山东省烟台市牟平区牟山路98号)

(6)公司经营范围:

毛棉产品生产;海陆货运;生产及生活资料(专营及专控除外)的批发、零售;科技开发;投资兴办专利项目。

(7)公司参股企业

①烟台南方工业公司

法定代表人:王连忠

注册资金:7150万元　　本公司占权益21.96%

注册地址:牟平区工商大街4号

经营范围:通讯电缆、标准件、锅炉、压力容器、水晶灯具、挂车制造、书刊印刷、其他印刷品印刷,土木建筑、水电暖安装、室内外装饰服务、钢材、木材、建筑材料批发零售。

②新牟钢铁股份有限公司

法定代表人:常宗琳

注册资金:20000万元　　本公司占权益1.02%

注册地址:烟台市牟平区通海路250号

经营范围:采选铁矿石、钢铁冶炼、轧制。

(8)律师事务所:德恒律师事务所(中国律师事务中心)

法定代表人:王丽　　地址:北京友谊宾馆4号楼40221室

电话:(010)68498888-40221　　传真:(010)68498738

经办律师:涂建　王丽　陈静茹　肖春祥

(9)会计师事务所:上海中华社科会计师事务所

法定代表人:王文彬

地址:上海市浦东崂山路10号4楼

电话:(021)63270515　　传真:(021)63277161

注册会计师:林东模　刘万椿

(10)资产评估机构:上海东亚会计师事务所

法定代表人:陆德宏

注册地址:上海浦东大道580号2号楼506室

电话:(021)63224733　　传真:(021)63514265

评估人员:徐承霞　朱念慈

(11)资产评估确认机构:山东省国有资产管理局

(12)土地评估机构:山东省地产估价事务所

法人代表:刘建功　　地址:济南市历下区东外环路中段

电话:(0531)8947642　　联系人:姜文明

7、股票发行情况

(1)股票种类:人民币普通股

(2)股票面值:1994年1月26日之前每股面值100元

1994年1月26日之后拆细为每股面值1元

(3)股票发行价格和发行数量:按面值发行,每股100元,共14万股,共计1400万元。

(4)股票发行日期:1988年12月19日——1989年4月18日

(5)股票总数:5134万股,其中法人股:3734万股,社会公众股1400万股。

(6)股东人数:1924户,其中持股1000元以上的社会公众股东1914户。

(7)股票发行对象:境内法人、社会个人

(8)股票发行承销机构:中国人民建设银行烟台市信托投资股份公司

(9)股票上市推荐机构:国泰证券有限公司

法定代表人:金建栋　　注册地址:上海浦东乳山路63号

办公地址:上海市延平路135号　　电话:(021)62580818

传真:(021)62581911　　联系人:俞立明　施继军

(10)股票登记托管机构:上海证券中央登记结算公司

(11)股票上市地点:上海证券交易所

(12)股票上市数量:社会公众股1400万股

(13)股票上市时间:1996年11月21日

(14)股票代码:600777

四、公司组织状况

1、公司历史沿革

本公司位于滨海城市烟台,公司的前身是牟平县毛纺厂,始建于1985年,1986年全套引进国外先进毛纺、织造设备,1987年2月投入试生产,1987年7月15日经山东省牟平县工商行政管理局注册登记,注册资本3000万元。

1988年11月20日经山东省烟台市乡镇企业局烟乡企字〔88〕134号文批准,由山东牟平新牟国际联合企业总公司、烟台全洲海洋运输公司和牟平县建筑安装工程公司发起设立牟平县毛纺厂股份有限公司。发起人以资产和现金参股,共计3061万元,每股面值100元,折30.61万股,其中山东牟平新牟国际联合企业总公司27.35万股,烟台全洲海洋运输公司1.95万股,牟平县建筑安装工程公司1.31万股;同时经中国人民银行烟台市分行〔88〕烟人银字318号文批准按面值公开发行股票14万股,每股面值100元,共计1400万元。1989年4月全部发行完毕。1989年4月25日注册登记。

1992年本公司为实施"星火计划"需追加投资673万元,经发起人协商,第三次股东大会同意,并经烟台市体改委烟体改〔1992〕14号文和中国人民银行烟台市分行烟银〔1992〕36号文批准,由山东牟平新牟国际联合企业总公司追加现金投资673万元,折为6.73万股,形成本公司总股本51.34万股,1992年4月29日工商注册登记。

1993年经公司股东大会决议,并于1993年6月9日经烟台市体改委

烟体改1993〔72〕号文批准,公司股票每股面值拆细为1元,并更名为烟台新潮实业股份有限公司。1993年10月15日公司重新变更登记,注册资本5134万元。

2、发起人简介

(1)新牟国际集团公司

山东新牟国际集团公司,原名山东牟平新牟国际联合企业公司。注册资本25,000万元;经济性质:集体所有;经营方式:制造、加工、建筑安装、销售服务;经营范围:压力容器、钢铁冶炼、铸造、家具、锻件、紧固件、拖车、机械制造、远洋运输、汽车修理、捕捞、商业服务、进出口贸易。持有本公司股份3408万股,占总股本66.38%。

(2)烟台全洲海洋运输公司

注册资本:375万元;经济性质:集体所有制;经营方式:运输;经营范围:沿海货运。持有本公司股票195万股,占总股本3.80%。

(3)烟台市牟平区建筑安装工程公司

注册资本:800万元;经济性质:集体所有制;经营方式:建筑、安装;经营范围:房屋建筑、水电暖设备、金属容器、构件安装。持有本公司股票131万股,占总股本2.55%。

3、公司历次股东大会重要决议简介

(1)1989年5月26日召开第一次股东大会,会议听取公司筹备小组关于股份制公司筹备工作报告;选举产生第一届董事会成员;审议并通过公司章程。

(2)1991年3月27日召开了第二次股东大会,会议听取和审议了董事长常宗琳所作的1989、1990年工作报告;审议并通过1989、1990年度财务工作报告、利润及股利分配方案。

(3)1992年5月26日召开了第三次股东大会,会议审议并通过了1991年度工作报告;审议并批准了1991年度财务工作报告、利润和股利分配方案、关于追加股本的方案;选举产生了公司第二届董事会。

(4)1993年6月7日召开了第四次股东大会,会议审议并批准了董事长常宗琳所作的《乘南巡东风迎市场巨浪全方位开拓向规模经济发展》的工作报告;审议通过了《1992年财务工作报告、利润和股利分配方案》、《关于申请确认规范化股份制企业和股票上市的报告》;审议并修改了《烟台新潮实业股份有限公司章程》;通过了关于《股票拆细》的决议,公司更名为《烟台新潮实业股份有限公司》的决议;选举产生了公司第一届监事会。

(5)1994年5月8日召开了第五次股东大会,会议批准了公司《1993年度董事会工作报告》;批准了《1993年度监事会工作报告》;批准了《1993年度财务决算报告、利润及股利分配方案》的决议。

(6)1995年5月18日公司召开了第六次股东大会,会议听取和审议了公司董事长常宗琳代表公司董事会所作的1994年董事会工作报告;听取和审议了监事会主席代表公司监事会所作的1994年监事会工作报告;听取和审议了公司1994年度财务决算报告、利润及股利分配方案和方法;听取董事长关于994年对外投资和公司人事任免事项的说明。

(7)1996年6月26日公司召开了第七次股东大会,会议批准了公司董事长常宗琳代表公司董事会作的95年董事会工作报告;批准了监事会所作的1995年监事会工作报告;批准了公司1995年度财务决算报告和未分配利润滚存下一年度分配的决议;批准了公司1996年财务预算报告;批准了关于组成公司第三届董事会和第二届监事会的决议;批准了修改后的1994年度利润分配方案的决议。并通过了修改公司章程的特别决议。

4、公司现有组织机构

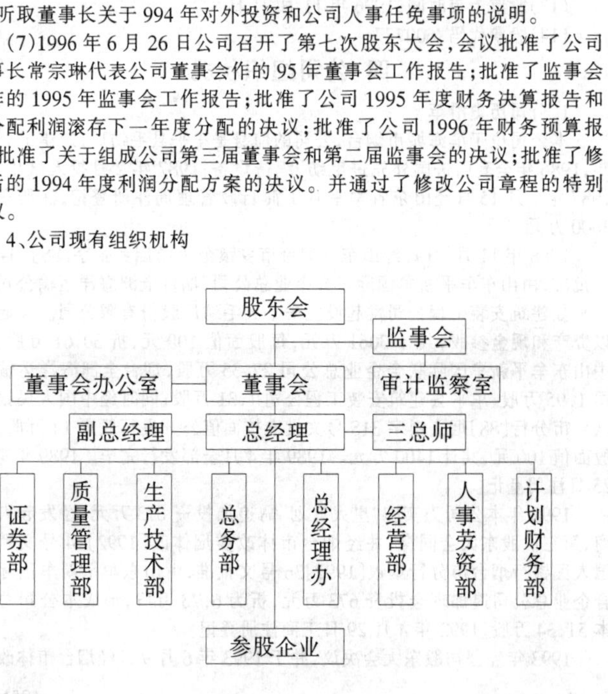

五、股东结构及股东持股情况

1、股本形成过程

1988年11月20日经山东省烟台市乡镇企业局烟乡企字〔88〕134号文批准,由山东牟平新牟国际联合企业总公司、烟台全洲海洋运输公司和牟平县建筑安装工程公司发起设立牟平县毛纺厂股份有限公司。发起人以资产和现金参股,共计3061万元,其中山东牟平新牟国际联合企业总公司以经烟台会计师事务所审核后的2735万元净资产投入公司,折为27.35万股,每股面值100元;烟台全洲海洋运输公司和牟平县建筑安装工程公司分别以现金195万元和131万元出资,全部按面值折股,折为30.61万股,每股面值100元;同时经中国人民银行烟台市分行〔88〕烟人银字318号文批准按面值公开发行股票14万股,每股面值100元,共计1400万元。1989年4月全部发行完毕。发行后公司股本为44.61万股,每股面值100元。

1992年本公司为实施"星火计划"需追加投资673万元,经发起人协商,第三次股东大会同意,并经烟台市体改委1992年2月1日烟体改〔1992〕14号文和中国人民银行烟台市分行1992年2月3日烟银〔1992〕36号文批准,由山东牟平新牟国际联合企业总公司追加现金投资673万元,折为6.73万股,1992年4月29日登记注册。形成本公司总股本51.34万股。

1993年经股东大会决议,并经烟台市体改委烟体改1993〔72〕号文批准,公司股票每股面值拆细为1元,并更名为烟台新潮实业股份有限公司。公司总股本为5134万股,其中法人股3734万股,社会公众股1400万股。

2、公司股本变化

股数:万股　比例:%

	1989年4月25日		1992年4月29日		1993年10月15日	
	股数	比例	股数	比例	股数	比例
法人股	30.61	68.62	37.34	72.73	3734	72.73
社会公众股	14.00	31.38	14.00	27.27	1400	27.27
总股本	44.61	100	51.34	100	5134	100
备注	每股面值100元		每股面值100元		每股面值1元	

3、公司股本

截止1996年8月31日,本公司注册资本为人民币5134万元,总股本5134万股,股本结构如下:

股本类别	股本(万股)	占总股本比例
法人股	3734	72.73%
社会公众股	1400	27.27%
总股本	5134	100.00%

4、公司股东持股情况

公司法人股的持股情况如下:

股东名称	持股数(万股)	占总股本比例%
新牟国际集团公司	3408	66.38
烟台全洲海洋运输公司	195	3.80
烟台市牟平区建筑安装工程公司	131	2.55

前十名股东中其它七名均为个人股东,其持股数未超过规定披露的范围。

六、公司经营业绩

1、经营概述

本公司前身为牟平县毛纺厂,1988年经烟市乡镇企业局批准,由山东牟平新牟国际联合企业总公司等3家企业发起设立的山东省首家乡镇股份制企业。公司1988年12月至1989年4月经中国人民银行烟台市分行批准,公开向社会发行股票1400万元。1993年12月经国家体改委正式确认本公司为继续进行规范化的股份制试点企业。

本公司主要从事羊绒及毛纱制品的制造、加工和销售。本公司是国家贸工农联合出口商品基地企业,现有生产设备均系引进英国、意大利、日本、瑞士等国家的先进设备,主要产品有羊绒纱、蚕丝羊绒、混纺纱、兔毛纱、羊仔毛纱及其制品等五大类60多个品种。产品90%以上用于出口。1995年公司主要产品的产量如下:

自产产量(Kg)　外来加工产量(Kg)

产品名称	产量	产品名称	产量
兔毛纱	155,291	兔毛纱	173,186
羊毛纱	63,285	羊毛纱	11,578
羊绒纱	109,200	驼绒	538
雪绒纱	4,628	毛粘纱	20,881
合计	332,404		206,183

公司自改制以来不断优化产品结构,研制开发新产品,增强了企业活力。1989年研制开发了羊绒纱产品,填补了省内空白;1991年研制开发了香味防蛀兔毛纱,被列入省"星火计划"产品,1993年通过省级鉴定;1993年研制开发了蚕丝羊绒混纺纱,被列入国家"星火计划"产品,1995年通过国家鉴定。由于公司不断开发研制新产品,调整产品结构,注重产品质量,不仅提高了公司的经济效益,而且提高了公司的知名度。公司产品曾获市明星产品,省优质产品,省名牌产品,省出口免检产品,国家星火计划新产品展览金奖,第三届全国乡镇企业出口商品展览金奖,1994年蒙古国乌兰巴托国际博览会金奖。

本公司产品生产的原材料大部分来自进口。部分原材料如蚕丝由河南、河北、山东及江浙两省市场供应,羊绒由内蒙等地采购,部分特种染化料由北京和江苏等单位提供。公司所用的水、电及染料均有正常供应渠道,保证公司的正常生产经营。

自1988年以来,本公司曾荣获全国乡镇企业先进企业、全国乡镇企业出口创汇"飞龙奖",省级先进企业,省出口供货先进企业,省重合同守信用企业,烟台市明星企业,市明星产品、市利税大户,市出口产品超千万元企业称号。江泽民、李鹏等十几位党和国家领导人曾先后到公司视察,并给予较高评价。公司董事长常宗琳同志先后当选为全国第七届、八届人大代表,全国劳动模范,中国乡镇企业协会副会长,全国十佳农民企业家,全国首届十大扶贫状元,山东省人大常委,省乡镇企业家协会副会长。

2、经营业绩

根据1996年9月30日上海中华社科会计师事务所出具的审计报告【沪中社会字〔96〕第974号】,本公司1993年、1994年、1995年和1996年1-8月份的经营业绩摘录如下:

项目	1996年1-8月	1995年度	1994年度	1993年度
1.主营业务收入	92,935,094.97	116,041,840.42	85,730,518.55	68,719,307.92
2.主营业务利润	16,615,872.08	18,003,852.37	13,943,274.71	12,681,059.18
加:其他业务利润	259,848.16	389,480.49	241,438.64	2,496,762.06
3.营业利润	16,875,720.24	18,393,332.86	14,184,713.35	15,177,821.24
4.利润总额	18,128,703.52	18,736,598.91	14,279,788.91	15,196,245.24
减:所得税	2,535,833.42	2,764,364.84	2,141,968.34	2,279,436.78
5.净利润	15,592,870.10	15,972,234.07	12,137,820.57	12,916,808.46

注:根据山东省政府〔93〕鲁政函159号文公司所得税自1993年起按15%计交。

根据1996年山东省政府鲁政字〔1996〕102号文规定,本公司所得税按33%缴纳,由财政部门按18%返还,列收列支,实际税负15%。

七、公司财务资料

1、验资报告(摘要): 沪中社会字〔94〕第127号

烟台新潮实业股份有限公司:

我所接受贵公司的委托,根据国家对股份制试点企业的规范化要求,对贵公司的股本进行验证。我所依据《股票发行与交易管理》、《股份有限公司规范意见》以及其他有关法律、法规,按照必要的验资程序,实施了对贵公司实收股本金的验证工作。兹作验资报告如下:

经我所审定,至1993年12月31日止,公司实收股本金51,340,000元,其股本结构如下:

1.法人股	37,340,000元
其中:新牟国际集团公司	34,080,000元
烟台全洲海洋运输公司	1,950,000元
烟台市牟平区建筑安装工程公司	1,310,000元
2.社会公众股	14,000,000元

由以上股本金所形成的股票面值,1993年1月26日前为每股100元,1994年1月26日拆细为每股1元,股票发行价与股票面值之比均为1:1。

经我所验资确认,新潮公司的股本金51,340,000元确已实收,并且已按股东权益记入公司股本帐户。

特此验证

上海中华社科会计师事务所　注册会计师　赵铭忠

曾锦漪

1994年2月28日

2、资产评估报告(摘要) 评报字〔94〕第04号

我所接受委托,对贵公司的固定资产、流动资产、长期投资、长期负债等全部财产进行整体评估。评估目的为贵公司申报公开发行股票并异地上市交易提供所有资产的现行价值。

我所遵照国务院91号令,参照《国有资产评估管理办法》及有关的评估规定,根据贵公司在清查财产基础上提供的资产负债表、损益表、资产清册以及有关资料进行评估,评估基准日为1993年12月31日。

评估方法:房屋、设备主要采用重置成本法与市价法相结合;流动资产一般按帐面评估;长期投资采用成本法;债权债务进行清理评估。评估后资产净值为96,930,427.14元,较帐面资产净值70,343,485.72元,增加26,586,941.42元,增值率37.8%。

	评估前金额	评估后金额	增值
流动资产	63,761,356.35	64,693,294.34	931,937.99
长期投资	2,050,000.00	2,050,000.00	--
固定资产	26,909,743.57	56,044,747.00	29,135,003.43
资产总额	92,721,099.92	122,788,041.34	30,066,941.42
流动负债	22,377,614.20	25,857,614.20	3,480,000.00
股东权益	70,343,485.72	70,343,485.72	
资产评估增值		26,586,941.42	26,586,941.42
所有者权益	70,343,485.72	96,930,427.14	26,586,941.42
负债及所有者权益	92,721,099.92	122,788,041.34	30,066,941.42

上海东亚会计师事务所

注册会计师:徐承霞　朱念慈

1994年2月23日

3、资产评估确认书

烟台新潮实业股份有限公司:

你公司烟新潮司字〔1994〕第6号文《关于申请对我公司资产评估结果确信的报告》及所附上海东亚会计师事务所的评估报告书均已收悉。经审查、验证,我局确认意见如下:

一、上海东亚会计师事务所为国家国有资产管理局和中国证券监督管理委员会核准的具有从事证券业务的资产评估资格的评估机构,符合国务院《国有资产评估管理办法》和《关于进一步加强证券市场宏观管理的通知》的规定。参加评估人员符合要求,所选用的评估方法合理。

二、被评估资产的范围为你公司1993年12月31日清查核实的全部经营性资产。

三、经评估,所评估资产的重估价值为122,788,041.34元,其中负债的重估价值为25,857,614.20元。我局最终确认你公司净资产价值为96,930,427.14元。请根据有关会计制度规定进行帐务处理。

1994年2月24日

山东省国有资产管理局

4、审计报告(摘要) 沪中社会字〔96〕第974号

烟台新潮实业股份有限公司全体股东:

我们接收委托,审计了贵公司1996年8月31日、1995年12月31日、1994年12月31日、1993年12月31日的资产负债表和1996年1月至8月、1995年度、1994年度、1993年度的利润及利润分配表,以及1995年度的财务状况表。这些会计报表由贵公司负责,我们的责任是对这些会计报表发表审计意见。我们的审计是依据中国注册会计师独立审计准则进行的。在审计过程中,我们结合贵公司实际情况,实施了包括抽查会计记录等我们认为必要的审计程序。

我们认为,上述会计报表符合《企业会计准则》和《股份制试点企业会计制度》的有关规定,在所有重大方面公允地反映了贵公司1996年8月31日、1995年12月31日、1994年12月31日、1993年12月31日的财务状况和1996年1月至8月、1995年度、1994年度、1993年度的经营成果以及1995年度的资金变动情况,会计处理方法的选用遵循了一贯性原则。

上海中华社科会计师事务所

中国注册会计师　林东模

中国注册会计师　刘万椿

1996年9月30日

5、财务报表

(1)资产负债表(见附表)

(2)利润及利润分配表(见附表)

(3)财务状况变动表(见附表)

6、报表注释

本公司按照中华人民共和国财政部制定的《企业会计准则》和财政部、国家经济体制改革委员会颁发的《股份制试点企业会计制度》的各项规定,进行经济业务的会计处理和会计报表的编制。采纳的主要会计政策列示如下:

(1)会计期间

本公司的会计期间采用公历制,即自日历1月1日至12月31日为一会计年度。本会计报表为信息披露需要,列示截至于8月31日的1996年1至8月和截至于12月31日的1995年、1994年、1993年连续三个年度又八个月的会计报表。

(2)记帐原则及记价基础

本公司以借贷复式记帐法进行会计核算,采用权责发生制,以实际成本作为计价基础。

(3)记帐本位币和外币折算方法

本公司以人民币为记帐本位币。外币业务以业务发生当日的汇率(指由中国人民银行公布的外币市场汇价中间价,下同)将外币折合人民币入帐,期末对外币货币性资产负债帐户中的外币余额按期末日汇率重新折合人民币进行调整,此数额与原帐面人民币余额的差额,记作"财务费用(汇兑损益)"列入当期损益。

对于因1994年1月1日国家外汇体制改革引起的外币汇率记帐差额,则记作"待转销汇兑损失"列入递延资产,自1994年起分五年平均分摊。

(4)应收帐款的坏帐准备

本公司对应收帐款的坏帐损失采用备抵法核算,按期末应收帐款余额的3‰计提坏帐准备,记作"管理费用(坏帐损失)"。实际发生的坏帐损失在履行了规定的审批程序后,冲减坏帐准备。

(5)存货及其计价

本公司的存货主要包括原材料、包装物、低值易耗品、在产品、产成品和委托代销商品等,存货按实际成本计价入帐。领用、发出或售出的存货以加权平均法确定其实际成本。低值易耗品的领用采用一次转销法。

(6)长期投资及其计价

本公司的长期投资主要包括对其他企业的权益性直接投资,长期投资凡投资额超过受资企业资本半数的,采用权益法核算并合并受资企业的会计报表;反之,则采用成本法核算。

(7)固定资产及其折旧

本公司将使用年限在一年以上,单项价值超过人民币2,000元,且在使用过程中保持其实物形态的资产列作固定资产。固定资产以其实际成本为原价,以直线法按下列年折旧率在其有效使用期间内计提折旧:

房屋及建筑物	4.6%
机器设备	9.2%
运输设备	18.4%
办公设备及其他	18.4%

(8)递延资产及其摊销

本公司将因1994年1月1日国家外汇体制改革引起的外币汇率记帐差额记作"待摊销汇兑损失",列入其他资产。其他资产自1994年起分五年平均摊销,记作"财务费用(汇兑损失)",列入各期损益。

(9)税项

①营业税金及附加

1996年1月至8月,本公司列于利润及利润分配表上的营业税金及附加主要包括城市维护建设税,按该期应交增值税额的7%计缴。(1995年度、1994年度和1993年度的城建税税率各为7%、5%和5%)

②增值税

1996年1月至8月,本公司按产品生产增值额计缴增值税,主要产品的销项和进项增值税税率均为17%。(1995年度、1994年度的增值税税率各为17%;1993年度本公司按价税分流法计缴增值税)。

③所得税

1996年1月至8月,本公司按当期应纳税所得额计缴企业所得税,所得税税率为15%。(1995年度、1994年度和1993年度的所得税税率亦均为15%)。此项税率是根据山东省人民政府〔93〕鲁政函159号文、省政府〔95〕鲁政字150号文和省政府〔96〕鲁政字102号文确定的。

(10)利润分配

本公司1996年1月至8月未发生利润分配事宜。1995年度、1994年度和1993年度分别以当年税后利润的10%和10%计提法定盈余公积金和法定公益金。

本公司1995年度的股利按第七次股东大会决议暂不分配,滚存至下一年度合并分配,含权上市。1994年度每股分配股利0.19元。1993年度每股分配股利0.20元。

(11)收入、成本和费用归属期的确定

本公司对收入、成本和费用的归属期按权责发生制原则确定。产品销售收入一般以开出销售发票,产品所有权转移,并收到货款或取得收取货款的凭据时,作为实现的标志,同时将与之相配比的产品销售成本,以及期间费用予以结转。

7、会计报表附注　　单位:人民币元

(1)货币资金

	1996年8月31日	1995年12月31日
银行存款	6,082,158.30	9.467,469.40
现金	52,581.02	819.29
总计	6,134,739.32	9,468,288.69

(2)应收帐款

帐龄	1996年8月31日	1995年12月31日
1年以下	47,853,758.18	30,856,857.65
1-2年	78.00	158,085.46
2-3年	274,967.32	356,498.00
3年以上	10,812.28	430.00
总计	48,139,615.78	31,371,871.11
减:坏帐准备	-144,418.85	-94,115.61
应收帐款净额	47,995,196.93	31,277,755.50

上述应收帐款均为应收的销货款,无持本公司5%以上股份的主要股东单位的款项。

(3)预付货款

帐龄	1996年8月31日	1995年12月31日
1年以下	2,792,381.09	1,562,304.22
1-2年	0.00	2,000,000.00
2-3年	2,000,000.00	0.00
3年以上	68,190.00	68,190.00
总计	4,860,571.09	3,630,494.22

上述预付货款均为预付的购货款,无持本公司5%以上股份的主要股东单位的款项。

(4)其他应收款

帐龄	1996年8月31日	1995年12月31日
1年以下	10,923,834.51	11,437,468.62
1-2年	0.00	16,000.00
2-3年	20,088.50	20,088.50
总计	10,943,923.01	11,473,557.12

上述1996年8月31日的其他应收款主要包括与其他单位的非贸易款项往来、存出保证金、职工暂借款等,其中:

与其他单位的非贸易往来	9,747,437.60
存出保证金	924,706.41
职工暂借款	236,388.22
其他	35,390.78
总计	10,943,923.01

上述其他应收款中包括应收本公司的主要股东单位新牟国际集团公司的款项3,606,048.93元,帐龄在1年以下。

(5)存货

	1996年8月31日	1995年12月31日
原材料	16,569,141.89	22,109,045.76
包装物	18,170.98	27,580.33
低值易耗品	789,322.76	810,494.01
在产品	505,678.26	80,008.50
产成品	5,393,106.76	4,689,033.17

委托代销商品	14,845.67	14,845.67
总计	27,290,266.32	27,731,007.44

(6)待摊费用

	1996年8月31日	1995年12月31日
1994年初存货待扣进项增值税额余额	958,564.12	958,564.12
预付待摊保险费余额	143,000.00	68,131.82
待摊机物料领用余额	22,180.00	38,560.17
总计	1,123,744.12	1,065,256.11

(7)长期投资

——对其他单位直接投资

	1996年8月31日		1995年12月31日	
受资企业名称	占股比例	帐面余额	占股比例	帐面余额
烟台南方工业公司	21.96%	15,700,000.00	21.96%	15,700,000.00
山东新牟钢铁股份有限公司	1.025%	2,050,000.00	1.025%	2,050,000.00
总计		17,750,000.00		17,750,000.00

本公司对上述两家公司的投资均按成本法核算。

(8)固定资产

	房屋及建筑物	机器设备	运输设备	办公及其他设备	合 计
原价:					
1995年12月31日	25,879,860.00	53,622,309.00	1,110,579.00	475,964.00	81,088,712.00
本年增加	0.00	0.00	0.00	0.00	0.00
1996年8月31日	25,879,860.00	53,622,309.00	1,110,579.00	475,964.00	81,088,712.00
累计折旧:					
1995年12月31日	11,389,355.00	23,599,886.00	499,846.00	214,220.68	35,703,307.68
本年计提	985,622.00	2,540,691.00	604,592.00	245,353.24	4,376,258.24
1996年8月31日	12,374,977.00	26,140,577.00	1,104,438.00	459,573.92	40,079,565.92
帐面净值					
1995年12月31日	14,490,505.00	30,022,423.00	610,733.00	261,743.32	45,385,404.32
1996年8月31日	13,504,883.00	27,481,732.00	6,141.00	16,390.08	41,009,146.08

(9)递延资产

——待转销汇兑损失

	1996年8月31日	1995年12月31日
年初余额	2,088,000.00	2,784,000.00
本年摊销数	464,000.00	696,000.00
期末余额	1,624,000.00	2,088,000.00

上述待转销汇兑损失系1994年1月1日因国家外汇体制改革形成的外币汇率记帐差额,共计3,480,000元。本公司从1994年度起分五年摊销,每年摊销696,000元,96年1至8月按比例摊销464,000元。

(10)短期借款　　单位:人民币元

借款单位	金额	月利率	到期日	借款条件
中国银行牟平支行	8,930,000	10.08‰	95/10/11-97/10/11	抵押及担保
交行烟台分行牟平办事处	1,000,000	10.06‰	96/11/4-96/11/18	担保
山东牟平新牟财务公司	13,000,000	14.00‰	97/5/1	信用借款
总计	22,930,000			

上述1994年8月31日短期借款余额22,930,000元全部为人民币借款,其中6,430,000元以本公司3台梳毛机作抵押,3,500,000元由山东新牟国际集团公司提供担保,13,000,000元为信用贷款。

(11)应付帐款

应付帐款共计3,432,675.59元,均为应付的购货款,其中无应付与本公司有关联的公司的款项。

(12)预收货款

预收货款共计403,826.95元,均为预收的销货款,其中无预收与本公司有关联的公司的款项。

(13)其他应付款

其他应付款428,167.33元主要包括应付工资、存入保证金以及与其他单位非贸易往来款项等,其中无应付与本公司有关联的公司的款项。

(14)未交税金

	1996年8月31日	1995年12月31日
未交增值税	1,111,002.13	1,651,309.54
未交城建税	807,272.36	392,226.22
未交所得税	2,000,325.69	2,705,492.27
总计	3,918,600.18	4,749,028.03

(15)未付股利

投资方名称	1996年8月31日	1995年12月31日
法人股股东		
山东新牟国际集团公司	0.00	6,475,200.00
烟台全洲海洋运输公司	0.00	871,239.67
烟台市牟平区建筑安装工程公司	0.00	578,986.64
	0.00	7,925,426.31
社会公众股股东	0.00	2,858,895.42
总计	0.00	10,784,321.73

(16)股本

	1996.8.31		1995.12.31		1994.12.31	
投资方名称	投资比例	股本额	投资比例	股本额	投资比例	股本额
山东新牟国际集团公司	66.38%	34,080,000.00	66.38%	34,080,000.00	66.38%	34,080,000.00
烟台全洲海洋运输公司	3.80%	1,950,000.00	3,80%	1,950,000.00	3.80%	1,950,000.00
牟平县建筑安装工程公司	2.55%	1,310,000.00	2.55%	1,310,000.00	2.55%	1,310,000.00
小计	72.73%	37,340,000.00	72.73%	37,340,000.00	72.73%	37,340,000.00
社会公众股	27.27%	14,000,000.00	27.27%	14,000,000.00	27.27%	14,000,000.00
总计	100.00%	51,340,000.00	100.00%	51,340,000.00	100.00%	51,340,000.00

(17)资本公积

资本公积为法定资产评估增值29,135,003.43元,是1994年2月23日经上海东亚会计师事务所对本公司固定资产进行评估而产生的评估增值。于1994年2月24日经山东省国有资产管理局以鲁国资字〔1994〕第34号文确认后,本公司对固定资产帐面价值调增而同时产生的资本公积。资本公积在1995年度和1996年1月至8月期间无变化。

	1996年8月31日	1995年12月31日	1994年12月31日
法定资产评估增值	29,135,003.43	29,135,003.43	29,135,003.43

(18)盈余公积

	1996年8月31日	1995年12月31日	1994年12月31日	1994年12月31日
法定盈余公积金	7,935,522.59	7,935,522.59	6,338,299.18	5,191,353.49
法定公益金	6,319,241.92	6,319,241.92	4,722,018.51	3,508,236.45
总计	14,254,764.51	14,254,764.51	11,060,317.69	8,699,589.94

(19)未分配利润

	1996年8月31日	1995年12月31日	1994年12月31日	1994年12月31日
年初未分配利润	12,798,890.46	21,103.21	65,466.76	0.00
加:本年净利润	15,592,870.10	15,972,234.07	12,137,820.57	12,916,808.46
减:提取法定公积金	0.00	1,597,223.41	1,213,782.06	1,291,680.85
提取法定公益金	0.00	1,597,223.41	1,213,782.06	1,291,680.85
已分配股利	0.00	0.00	9,754,600.00	10,268,000.00
期末未分配利润	28,391,760.56	12,798,890.46	21,103.21	65,446.76

(20)主营业务收入

	1996年1-8月	1995年度	1994年度
自产产品销售收入	92,267,382.06	112,445,099.63	82,119,302.78
加工产品加工收入	592,601.58	3,576,310.69	3,511,839.35
其他收入	75,111.33	20,430.10	99,376.42
总计	92,935,094.97	116,041,840.42	85,730,518.55

(21)财务费用

	1996年1-8月	1995年度	1994年度
利息支出	3,189,016.50	3,913,267.43	2,765,576.19
减:利息收入	-379,805.22	-92,783.30	-184,021.44
利息净支出	2,809,211.28	3,820,484.13	2,581,554.75
加:汇兑净损失	464,006.25	691,470.45	696,000.00

金融机构手续费	8,764.77	2,288.70	5,989.32
总计	3,281,982.30	4,514,243.28	3,283,544.07

(22)其他业务利润

	1996 年 1-8 月	1995 年度	1994 年度
其他业务收入	3,090,874.51	5,816,805.98	3,393,932.59
减:其他业务支出	2,831,026.35	5,427,325.49	3,152,493.95
总计	259,848.16	389,480.49	241,438.64

(23)投资收益

	1996 年 1 至 8 月	1995 年度	1994 年度
其他投资收益	1,232,162.35	307,500.00	0.00

上述投资收益均为本公司对其他单位直接投资而取得的投资收益。因投资额均未超过受资企业资本额的 50%,故均采用成本法核算于实际收到分配的利润时确认投资收益。

(24)营业外收入

	1996 年 1 至 8 月	1995 年度	1994 年度
处理固定资产净收益	0.00	0.00	61,322.21
出售下脚废料收入	29,835.90	38,366.05	41,628.70
总计	29,835.90	38,366.05	102,950.91

(25)营业外支出

	1996 年 1 至 8 月	1995 年度	1994 年度
事故赔款	9,014.97	600.00	5,875.35
其他	0.00	2,000.00	2,000.00
总计	9,014.97	2,600.00	7,875.35

为了便于各期会计报表项目的比较,本公司已对列于 1993 年度会计报表中的某些项目按 1996 年 1 月至 8 月、1995 年度和 1994 年度的同一口径作了重归类和必要的调整。

8、或有事项和期后事项

截至本会计报表签发日(1996 年 9 月 30 日),本公司未发生影响本财务报表阅读和理解的重大的或有事项和期后事项。

八、财务指标分析

指标名称	计算公式	1996 年 1-8 月	1995 年度	1994 年度	1993 年度
流动比率	流动资产/流动负债	2.98	2.00	1.44	1.95
速动比率	速动资产/流动负债	2.06	1.23	0.94	1.58
应收帐款周转率	主营业务收入/应收帐款平均余额	2.34	3.87	2.60	--
股东权益比率	股东权益/资产总额×100%	79.6%	71.7%	67.5%	64.8%
净资产收益率	净利润/年末股东权益×100%	12.7%①	14.85%	13.26%	21.5%
每股收益	净利润/股本总额	0.30①	0.31	0.24	0.25
每股净资产	股东收益/股本总额	2.40	2.09	1.78	1.17

注:上述指标均按经中华社科会计师事务所审计过的本公司财务报表数据计算。

①此指标均按 96 年 1-8 月报表数计算

九、本公司董事会上市承诺

本公司董事会将严格遵循《中华人民共和国公司法》、《股票发行与交易暂行条例》、《上海证券交易所交易市场业务试行规则》和有关法律、法规规定,并自股票上市之日起向全体股东作如下承诺:

1、按照法律、法规的规定程序和要求披露重大信息,自觉接受证券主管机关、上海证券交易所监督、管理。

2、真实、准确、及时地在证券主管部门指定的报刊公布本公司中期报告、年度报告和披露本公司重大经营活动信息。

3、本公司董事、监事及高级管理人员持有本公司股票发生变化时,在报告证券主管机关、证券交易所的同时将及时通过证券主管部门指定的报刊向投资者公布。

4、本公司董事、监事及高级管理人员将认真听取社会公众的建议和批评,接受证券管理部门的监督和管理,自觉抵制不正之风,不利用已获得的内幕消息,直接或间接从事股票买卖活动。

5、在任何公共传播媒介中出现的消息可能对本公司股票的价格产生误导性影响时,本公司在知悉后将及时对该消息予以公开澄清。

6、董事会和各位董事保证不就任何未经主管机关审阅的可能影响股价变动之重大信息私自公告或发表意见。

7、本公司没有无记录之负债。

8、本公司资料自送中国证监会复审至上市公告书发表期间,未发生任何重大事项。

十、公司章程摘录

本公司章程(草案)是依据《中华人民共和国公司法》(以下简称《公司法》)的要求对原章程进行修改,符合国家有关法律法规的要求,已经公司第三届董事会 第二次会议通过,待提交第八次股东大会审议。现将本公司章程主要内容摘录如下:

(一)总则

第一条　为确立烟台新潮实业股份有限公司(以下简称"公司")的法律地位,规范公司的经营管理,保障公司、股东的合法权益,依据《中华人民共和国公司法》和国家有关法律、法规的规定特制定本章程。

第二条　公司是经烟台市乡镇企业局批准,依法注册登记,领取营业执照,具有独立法人资格的股份有限公司。其行为受中国法律约束,其经营活动及合法权益受国家法律保护。

(二)股东和股东大会

第二十条　公司股票持有者经办理股东登记手续后即为公司股东。股东按其持有股份数额享有权利和承担义务。

第二十一条　法人作为公司股东时,由其法人代表或法定代表人的代理人代表其行使权利。

第二十二条　公司股东享有如下权利:

(一)按公司章程有选举权和被选举权,出席或委托代理人出席股东大会并行使表决权;

(二)按有关法律、法规和本章程规定转让股份;

(三)查阅公司章程、股东大会会议纪要、会议记录和财务报表,监督公司的经营,提出建议或质询;

(四)按其股份取得股利;

(五)依其原有股份按比例认购配售新股;

(六)公司终止时,依法参加公司剩余财产的分配;

(七)公司章程及有关法律所赋予的其它权利。

第二十三条　公司股东应履行下列义务:

(一)遵守公司章程;

(二)按其所认购股份为限和人股方式缴纳股金,不得退股;

(三)按其所持股份为限,对公司债务承担责任;

第二十四条　股东大会是公司最高权力机构,决定公司的一切重大事项;

第二十六条　股东大会对下列事项作出决议,行使职权;

(一)决定公司的经营方针和投资计划;

(二)审议、批准董事会和监事会的报告;

(三)审议、批准董事会提出的公司的利润分配方案及亏损弥补方案;

(四)审议、批准公司年度预决算报告、资产负债表、损益表及其他会计报表;

(五)对公司增、减股本作出决议;

(六)对公司发行债券作出决议;

(七)选举或罢免董事会成员和由股东代表出任的监事会成员,决定其报酬和支付方法;

(八)对公司的分立、合并、解散和清算作出决议;

(九)修改公司章程;

(十)审议表决持有百分之五以上(含百分之五)股份的股东的提案。

第二十七条　股东大会分为股东年会和临时股东大会。

(一)股东年会每年召开一次,于每个会计年度结束后六个月内召开,两次年会之间最长不得超过十五个月。

(二)有以下情形之一的应在二个月内召开临时股东大会:

(1)董事人数不足公司章程规定人数的三分之二时;

(2)公司累计未弥补亏损达股本总额的三分之一时;

(3)所持股份百分之十以上(含百分之十)的股东请求时;

(4)董事会认为必要时;

(5)监事会提议召开时。

第二十八条　股东大会会议由董事会召集。召开股东大会,应当将会议审议的事项于会议召开三十日以前通知各股东。

临时股东大会不得对通知中未列明的事项作出决议。

第二十九条　股东出席股东大会,所持每一股份有一表决权。

第三十条　股东可以委托代理人出席股东大会,代理人应持有委托人的授权委托书并应在授权范围内行使表决权。

第三十一条　股东大会决议分为普通决议和特别决议两种;

(一)普通决议由代表股份总数二分之一以上的股东(包括代理人)出席,并由出席股东的二分之一以上的表决权通过;

(二)特别决议由代表股份总数三分之二以上的股东(包括代理人)出席,并由出席股东的三分之二以上的表决权通过。

第三十三条　股东大会应对所议事项的决定作成会议记录,由出席会议的董事签名。会议记录须与出席股东的签名簿及代理人的授权委托书一并保存。

第三十四条　股东大会、董事会的决议有违反法律、行政法规,侵犯股东合法权益的,股东有权向人民法院提起要求停止该违法行为和侵害行为的诉讼。

(三)董事会和总经理

第三十五条　董事会是公司的常设权力机构和股东大会的执行机构,并对股东大会负责。

第三十六条　董事会成员由7人组成。

第三十八条　董事每届任期为三年,可连选连任。

第三十九条　董事会行使下列职权:

(一)决定召开股东大会并向股东大会报告工作;

(二)执行股东大会的决议;

(三)审定公司经营计划和发展规划;

(四)制订公司的年度财务预、决算方案,利润分配方案及弥补亏损方案;

(五)制订公司增、减注册资本扩大股份认购范围以及公司交易方式的方案;

(六)制订发行公司债券方案和公司债务政策;

(七)制订公司重大收购或出售方案;

(八)决定公司重要资产的抵押、出租、发包和转让;

(九)制订公司分立、合并、解散方案;

(十)任免公司总经理、财务主管人员,并根据总经理提名,任免副总经理等高级管理人员,决定其报酬及支付方法;

(十一)制订公司章程修改方案;

(十二)提出公司破产申请;

(十三)公司股东大会和公司章程授予的其他职权。

第四十条　董事会设董事长一名,副董事长一名(均由董事担任),董事长是公司的法定代表人,董事长由全体董事三分之二以通过选举和罢免。

第四十一条　董事长行使下列职权:

(一)主持股东大会和董事会;

(二)检查董事会决议的实施情况,并向董事会报告;

(三)签署公司股票、债券、主要合同及其他重要文件;

(四)提名总经理人选 、供董事会讨论和表决;

(五)指导公司重大业务活动;

(六)在发生战争、特大自然灾害等紧急情况下,对公司事务行使特别裁决权和处置权,但这种裁决和处置必须符合公司利益,并在事后向董事会和股东大会报告;

(七)副董事长协助董事长行使上述职权,董事长、副董事长因故不能履行职务时,可授权其他董事负责。

第四十二条　董事会会议至少每半年召开一次,如经三分之一以上董事提议或董事长认为必要时,可举行特别董事会议。董事会由董事长召集,董事长缺职或缺席时可书面委托副董事长或其他董事召集董事会,召集董事会议应提前十五天以书面形式通知全体董事,列明议程、时间、地点和其他事宜并应附有将在会议上审议的文件草案。

第四十三条　董事会开会时,董事必须亲自出席。董事因故不能出席,可以出面委托其他董事出席,委托书中应载明授权范围。

第四十四条　董事会会议需作出记录,并由出席董事(包括未出席董事委托的代理人)和记录员签字。

第四十五条　公司实行董事会领导下的总经理负责制。总经理由董事会聘任,每届任期三年,可连聘连任。公司设副总经理若干名,协助总经理工作,名额由董事会根据实际需要决定。副总经理由总经理提名,经董事会审议后任免。

第四十六条　总经理行使下列职权:

(一)组织实施股东大会和董事会的决议,并将实施情况向董事会提出报告;

(二)主持公司的生产经营管理工作,组织实施公司年度经营计划和投资方案;

(三)提出副总经理人选,任免调配公司管理部门负责人和工作人员;

(四)决定对公司职工的奖惩、升降级、加减薪、聘任、招用、解聘、辞退;

(五)代表公司对外处理业务;

(六)签发日常行政、业务文件;

(七)拟定公司内部管理机构设置方案;

(八)公司章程和董事会授予的其他职权。

第四十八条　董事、总经理等高级管理人员对公司负有诚信和勤勉义务,不得从事与公司有竞争或损害公司利益的活动。

(四)、监事会

第四十九条　公司设立监事会,对董事会及其成员和总经理等高级管理人员行使监察职能。监事会向股东大会负责并报告工作。

第五十条　公司监事会成员由5人组成,监事每届任期三年,可连选连任。监事不得兼任公司董事、总经理、副总经理及其他高级管理职务。

第五十一条　监事会成员中2人由职工代表担任,由公司职工民主选举产生,3人由股东大会选举和罢免。

第五十二条　监事会行使下列职权

(一)列席董事会会议;

(二)监督董事、总经理等管理人员有无违反法律、法规、公司章程及股东大会决议的行为;

(三)随时了解、调查公司业务、财务状况,查阅帐簿和其他会计资料,并有权要求执行公司业务的董事和总经理报告公司的业务情况;

(四)核对董事会拟提交股东大会的会计报表、营业报告和利润分配方案等财务资料;

(五)提议召开临时股东大会;

(六)公司章程规定的其他职权。

第五十三条　监事会议须由监事会三分之二以上(含三分之二)监事表决同意。

十一、重要事项揭示

1、本公司现有股本共计5134万股,其中法人股3734万股,社会公众股1400万股,本次经中国证监会同意社会公众股1400万股上市流通。

2、税收政策

所得税:根据山东省鲁政函1993〔159〕号文规定,自1993年起按15%计征。根据1996年山东省政府鲁政字〔1996〕102号文批准,公司由税务部门按33%征收所得税,由财政部门按18%返还,列收列支,实际税负15%。

增值税:根据国家规定,自1994年1月1日起按17%计征。

3、股利分配政策

根据公司章程第五十六条规定,公司税后利润按下列顺序分配

(1)按规定弥补以前年度亏损;

(2)提取法定公积金10%;

(3)提取法定公益金5-10%;

(4)提取任意公积金;

(5)支付普通股股利。

4、公司历年股利分配情况

1989年度的股利由于公司创立不久,经董事会决议1989年度股利与1990年度股利分配合并进行。经1991年3月27日股东大会通过,1989、1990年度股利按每股股利率15%派发,1991年4月以前派发完毕

1991年度股利经1992年5月26日公司股东大会通过,按每股股利率12%派发,在1992年7月以前派发结束。

1992年股利经1993年6月7日股东大会通过,按每股股利率16%派发,于1993年8月以前派发完毕。

1993年股利根据1994年5月8日股东大会通过,按每股0.20元进行分配,并于1994年5月底前派发完毕。

1994年度股利原经1995年5月18日股东大会通过暂不分配,为考虑股东利益,经1996年6月26日第七次股东大会决议,1994年股利按每股0.19元以现金分配,并于1996年8月以前派发完毕。

1995年度未分配利润经1996年6月26日第七次股东大会决议通过暂不分配,滚存下一年度合并派发。

5、土地使用情况

1996年5月以前,本公司通过向牟平区新牟里村租赁土地,每年缴纳租赁使用费。1996年5月以后,为了规范公司的土地使用方式,原先新牟里村所有的土地由国家征用后,出让给新牟国际集团公司,本公司向集团公司租赁使用,并已获得山东省土地管理局《关于对山东新牟国际集团公

司地价评估结果确认和土地使用权处置方案的批复》(鲁土用字〔1996〕15号文)的批准。

6、1994年2月23日,由上海东亚会计师事务所对本公司进行了资产评估,并经山东省国有资产管理局鲁国资字〔1994〕第34号文确认评估结果,公司根据此确认结果对帐务进行了调整。

7、1988年11月20日经山东省烟台市乡镇企业局烟乡企字〔88〕134号文批准,由山东牟平新牟国际联合企业总公司、烟台全洲海洋运输公司和牟平县建筑安装工程公司发起设立本公司,发起人以资产和现金参股,共计3061万元,每股面值100元,折30.61万股。同时经中国人民银行烟台市〔88〕烟人银字318号文批准面值分开发行股票14万股,每股面值100元,共计1400万元,1989年4月全部发行完毕。

8、1992年本公司为实施"星火计划"需追加投资673万元,经发起人协商,公司申请,并经烟台市体改委烟体改〔1992〕14号文和中国人民银行烟台市分行银〔1992〕36号文批准,由山东牟平新牟国际联合企业总公司追加现金投资673万元,折为6.73万股,形成本公司总股本51.34万股。

9、1993年经公司股东大会决议,公司股票每股面值拆细为1元,并更名为烟台新潮实业股份有限公司,该决议于1993年6月9日经烟台市体改委烟体改〔1993〕72号文批准,1993年10月15日公司重新变更登记,注册资本5134万元。

10、公司的重大合同

(1)一九九六年五月一日本公司与山东牟平新牟财务公司签订的贷款协议书,山东牟平新牟财务公司向本公司提供1,570万元人民币贷款,贷款期从一九九六年五月一日至一九九七年五月一日,贷款利率月息14.00‰;

(2)一九九五年十月十一日本公司与中国银行牟平支行签订《贷款授信协议》和《抵押合同》,中国银行牟平支行向本公司提供不超过700万元的人民币贷款,贷款期从一九九五年十月十一日至一九九七年十月十一日,发行人提供评估价值为1,014万元的3台英国进口型号为7A7HM73梳毛机抵押担保。

(3)一九九六年五月三十日本公司与山东新牟国际集团公司签订租赁合同(牟土租合字〔96〕第1号),租赁本公司使用的土地,租赁期为20年,并领取了牟国土租许字〔1996〕第1号《城镇国有土地使用权出租许可证》。

11、本公司执行《股份制试点企业会计制度》

12、根据中国律师事务中心(德恒律师事务所)出具的《法律意见书》,本公司无任何正在进行的或可能发生的重大诉讼、仲裁、行政处罚案件或处于任何与此有关的其他法律程序。

13、本公司上市前,全部股份已托管完毕,并经山东省证券管理委员会确认。

十二、投资风险与对策及发展规划

1、投资风险

本公司主要从事纺织工业的针织纱羊绒制品及针织纱的生产和加工,从产业结构和公司所处的地域环境看,具有较大优势。但也存在着一定的风险,投资者在评价本公司上市的股票时,除本上市公告书提供的其他资料外,应特别认真考虑下述各项风险因素。

(1)政策风险

目前地方政府对本公司所处的行业比较支持,本公司目前享受地方政府给予的税收政策的优惠。如果未来政府对本行业的政策和产品的进出口政策以及本公司享受的税收优惠有所变化,将会对本公司的经营带来一定的影响。

(2)经营风险

本公司的经营风险主要是原材料和产品出口销售的风险。本公司部分产品的原材料主要依赖进口,而大部分产品外销,这样原材料和产品均会受到国际原材料市场和销售市场变化的冲击,同时汇率和关税波动也会对经营带来一定影响。

(3)行业风险

本公司属于毛纺织行业。毛纺织行业近年来随着经济的发展和人民生活的不断提高而不断发展,但是由于本行业的产品最终都将进入消费市场,因此消费市场的需求和喜好的变化会对本行业产生一定的影响。因此公司的产品开发、研制和生产等经营策略是否能随市场变化而及时调整,将会对公司产生较大影响。

(4)市场风险

本公司的产品主要属于消费类产品,随着人们消费水平的不断提高,对羊绒制品的需求量也不断增加,因此国际和国内的同行业生产厂家也不断增加,因此本公司将面临一定的市场竞争风险。

(5)汇率风险

1994年1月1日起,我国政府对外汇体制进行了重大改革,实现了汇率的统一,目前实行的是由市场供求决定的、统一的、有管理的浮动汇率。虽然自1993年7月1日以来,外汇的汇率基本保持稳定,但市场力量对统一汇率有较大影响,由于本公司的原材料由国外进口,产品销往国外,亦将承担相应的汇率风险。

(6)关于世界贸易组织

加入世贸组织将有利于把中国企业推向世界市场,也有利于扩大产品出口,对我国的经济将产生积极的影响。但是预计届时须按照世贸组织的有关规定向其他成员国提供最惠国待遇,取消进口许可证,降低关税税率,同时,还会面临着"知识产权"、"市场准入"等问题。因此,亦将使本公司产品面临进口产品的竞争。

(7)股市风险

股票市场瞬息万变,受到国内外政治形势、经济形势、投资者心理状况和市场自身因素的影响,加之目前我国股市尚处于成长阶段,市场投机行为的存在、投资者心理不稳定、不可预测事件的发生,都可能使本公司股票价格与实际营运业绩相背离,从而有可能出现直接或间接地对投资者造成损失。

鉴于上述风险因素,本公司将采取下列对策,控制和避免风险。

(1)对于政策风险

目前国家和地方政府对本行业大力支持,给予公司税收优惠政策,本公司将会积极利用政府给予的各项优惠政策,大力开拓国内国外市场,不断提高生产效益,提高公司的抗风险能力。同时,公司相信地方政府给予的税收优惠政策较长时期内不会变化。

(2)对于经营风险

由于消费市场变化对本行业有一定影响,因此公司除了及时了解本行业的发展情况外,还应不断考察市场对毛纺行业产品的需求变化,根据市场的变化及时调整自身的产品策略和经营策略,开发适销对路的产品,避免因行业情况变化对公司产生不利影响。

(3)市场风险

本公司积极深化企业内部改革,凭借自身管理方面的优势,提高产品质量,实行成本目标管理,降低生产成本,消化国际市场原料价格、产品价格和汇率、关税的波动。另外,本公司对各类大宗原材料均有固定的货源,对于一些重要、特殊的且用量较大的原料则争取与供应商建立长期的稳定的供销关系,以保证供应数量和价格的相对稳定;同时通过建立和健全本公司的供应管理体系,确保原材料质量,避免因原材料的质量而影响产品的质量。

(4)对于行业风险

本公司将本着生产一代,研制一代,开发一代,构思一代的方针,积极开发、研制新产品,应用新材料、新技术,增强公司的竞争力。同时坚持两条腿走路,在巩固国外市场的基础上,按照国内消费层次的需求,生产适销对路的产品,积极开拓国内市场,并利用大股东新牟集团公司在海外的商贸机构,广泛开展国际间的经贸合作。

(5)对于汇率风险

本公司目前的主要市场在国外,有较稳定的外汇收入;针对目前国际汇市动荡的实际状况,本公司将及时了解汇率动向,把握产品的进出口时机,最大程度上避免因汇率变化所带来的损失。

(6)对于世界贸易组织

对此,本公司力求增加产品品种,利用本公司雄厚的技术力量从事新产品的研制,凭借公司产品出口的优势,使产品在国际市场上具有相当的竞争力;如果我国加入世界贸易组织,原料进口成本将降低,这会大大降低本公司产品的生产成本,本公司将充分利用这一有利时机消化其中的不利因素,增加产品的出口,开拓和占有国际市场。

(7)对于股市风险

虽然股市具有不可预见的风险,但本公司将本着对股东负责的原则,规范信息披露,以良好的业绩和规范的管理树立本公司在二级市场上的形象,使本公司股价维持在合理和相对稳定的水平上。

2、公司发展规划

在未来的公司发展中,本公司将充分利用股票上市这一契机和企业的机制优势,深化企业改革,加快技术进步,拓宽经营领域,力求取得利润的最大化和资本的较快增值。

(1)进一步扩大高附加值产品的生产。羊绒制品近年来销售市场需求强劲,公司将进一步提高产品质量,巩固和发展供求关系,抓住有利时

机,扩大生产能力。

(2)我国有着丰富的蚕丝、羊绒资源,公司研制开发的国家“星火计划”新产品蚕丝羊绒混纺制品1995年通过国家鉴定,试销产品投放市场后迅速被消费者所接受。香港联星企业有限公司通过山东省畜产进出口公司已向公司提出书面订货意向,今年1-4月份已批量供货。该产品将作为公司今后一个时期内重点发展的产品,市场前景较好,可使本公司保持稳定的发展势头。

(3)目前公司产品仍属中间产品,原料依赖进口,半成品纱线出口。为提高经济效益,本公司的目标是引进配套设备,把现有技术装备向两端延伸扩展,以改变历来原毛洗净、碳化、梳理依赖进口,半成品纱线出口,转向原料加工、梳理到纱线、面料、成衣的一条龙配套规模化经营。

(4)为使公司能高效快速发展,本公司将利用上市的契机和公司的机制优势,走资本运作的道路,通过增资配股等融资渠道,逐步实现公司由生产经营型向资本经营型的转变。

十三、募集资金的运用

1988年11月20日经山东省烟台市乡镇企业局批准,由山东牟平新牟国际联合企业总公司、烟台全洲海洋运输公司和牟平县建筑安装工程公司发起设立牟平县毛纺厂股份有限公司,同时经中国人民银行烟台市分行批准公开发行股票14万股,每股面值100元,共计1400万元。

本公司向社会个人募集资金1400万元,吸收法人投入现金参股326万元,共计募集资金1726万元。公司所募集资金主要用于补齐增加引进两台套兔毛纺纱设备技术改造项目构建固定资产和流动资金投资。引进的设备89年4月正式投产。技改后年新增产量200吨,年新增产值1060万元,新增利税252万元。

1992年公司为实施“星火计划”的研制、开发和生产香味防蛀兔毛纱项目,购建固定资产,公司需筹集资金673万元,经三家发起人协商,公司申请,并经烟台市体改委和中国人民银行烟台市分行批准,由新牟国际集团公司追加现金投资673万元。93年项目投产后,新增产值1202万元,新增利税621万元。

本公司募集资金均按招股说明书和股东大会决议投入生产均产生了良好的经济效益。

十四、盈利预测

一、盈利预测审核报告

关于烟台新潮实业股份有限公司

1996年度和1997年盈利预测报告的审核报告

沪中社会字〔96〕第975号

烟台新潮实业股份有限公司全体股东:

我们接受委托,对公司编制的1996年度和1997年盈利预测所依据的会计原则及所采用的计算方法,依据中国注册会计师独立审计准则进行了审核。

我们认为,贵公司编制的1996年度和1997年盈利预测报告是建立在以前年度经营业绩的基础上,所确定的各种假设是公允的,所依据的会计原则和计算方法,符合我国现行法律、法规和财务会计制度的规定,并遵循了一贯性原则:

上海中华社科会计师事务所　　中国注册会计师　林东模

中国注册会计师　刘万椿

中国　上海

一九九六年九月三十一日

二、1996年盈利预测的基准和假设

(一)基准

公司的盈利预测是根据业经上海中华社科会计师事务所审计的本公司1993年1月至1996年8月的综合经营业绩,结合本公司现时各项基础、能力、潜力和业务发展之各项计划及其投资项目可行性审定编制的。本盈利预测遵循了我国现行法律、法规和制度的有关规定,并在各方面与本公司采用的会计原则一致。

(二)假设

1、在1996年9月至1997年内我国现行股份制法律、政策和制度无重大变化;

2、公司的经营环境无重大变化;

3、公司现行会计制度无重大变化;

4、现行汇率、贷款利率无重大变化;

5、未出现不可抗力和不可预见因素的重大影响;

6、各项税收政策在正常范围内变化。

三、1996年及1997年盈利预测表

1996年的效益预测是在前八个月已经实现的效益和对未来四个月效益的预测基础上进行的,1997年的效益预测是在近年来已经实现效益的基础上,按照正常的效益增长幅度进行的。根据上海中华社科会计师事务所已审计的公司1996年1-8月的经营成果可知:公司前八个月主营业务收入已达9293.51元,主营业务利润已达1661.59万元,前八个月的实际经营成果为1996年全年盈利水平的提高创造了良好的条件。经预测,1996年和1997年的预计效益如下所示:

	1996年1-8月(已审计)	9月实际(未审计)	10-12月预计	1996年	1997年
(一)主营业务收入	9293.51	1083.28	2412.33	12789.12	14299.99
减:主营业务成本	7139.68	824.65	1690.14	9654.47	11222.51
费用、营业税金及附加	492.24	66.32	225.25	783.81	679.60
(二)主营业务利润	1661.59	192.31	496.94	2350.84	2397.88
加:其他业务利润	25.98	4.30	9.72	40.00	20.00
(三)营业利润	168.57	196.61	506.66	2390.84	2417.88
加:投资收益	123.22		29.98	153.20	200.15
营业外收支净额	2.08		5.92	8.00	8.00
(四)利润总额	1812.87	196.61	542.56	2552.04	2626.03
减:所得税(按15%税率计算)	253.58	29.50	76.75	359.83	363.88
(按33%税率计算)	557.58	64.88	169.16	791.62	800.54
(五)净利润(按15%税率计算)	1559.29	167.11	465.81	2192.21	2262.15
(按33%税率计算)	1255.29	131.73	373.40	1760.42	1825.49
(六)主营业务利润率	17.88	17.75	20.60	18.38	16.77
(七)每股税后利润(按15%税率计算)				0.43	0.44
(按33%税率计算)				0.34	0.36

烟台新潮实业股份有限公司

一九九六年九月三十日

十五、备查文件

1、中国证券管理委员会《关于烟台新潮实业股份有限公司申请股票公开上市的复审意见书》

2、国家体改委关于烟台新潮实业股份有限公司继续进行股份制试点的批复(体改生〔1993〕224号)

3、山东省烟台市乡镇企业局关于牟平县毛纺厂实行股份制改造的批复(烟乡企字〔1988〕134号)

4、中国人民银行烟台市分行关于同意牟平县毛纺厂申请发行股票的批复(〔88〕烟人银字第218号)

5、中国人民银行烟台市分行关于同意牟平县毛纺厂追加股本金的批复(烟银〔1992〕36号)

6、烟台市体改委关于对牟平县毛纺厂(股份有限公司)(关于追加股本的请示报告)的批复(烟体改〔1992〕14号)

7、山东省证券管理办公室关于确认烟台市新潮实业股份有限公司股权结构的批复(鲁证管办字〔1994〕第11号)

8、山东省证券管理委员会关于上报烟台新潮实业股份有限公司股票上市复审材料的报告

9、公司营业执照

10、公司章程

11、山东省证券管理委员会关于确认烟台新潮实业股份有限公司股票集中托管结果的函(鲁证管办字〔1994〕第10号)

12、公司历次股东代表大会决议

13、上海东亚会计师事务所《资产评估报告》

14、山东省国有资产管理局关于对烟台新潮实业股份有限公司资产评估结果确认的通知

15、上海中华社科会计师事务所《审计报告》、《验资报告》、《盈利预测鉴证报告》

16、德恒律师事务所《法律意见书》

烟台新潮实业股份有限公司

一九九六年十一月十八日

资产负债表

编制单位:烟台新潮实业股份有限公司　　　　单位:人民币元

资　　产	注释	1996.8.31	1995.12.31	1994.12.31	1993.12.31
流动资产:					
货币资金	1	6134739.32	9468288.69	8994964.17	8657404.57
应收帐款		48139615.78	31371871.11	28538896.87	37382271.41
减:坏帐准备		144418.85	94115.61	85616.69	112146.81
应付帐款净额	2	47995196.93	31277755.50	28453280.18	37270124.60
预付货款	3	4860571.09	3630494.22	2079545.13	257550.00
其他应收款	4	10943923.01	11473557.12	4023715.28	5743903.17
存货	5	23290266.32	27731007.44	19031467.62	11776288.69
待摊费用	6	1123744.12	1065256.11	992597.76	53565.78
流动资产合计		94348440.79	8464359.08	63575570.14	63758836.81
长期投资:					
长期投资	7	17750000.00	17750000.00	17750000.00	2050000.00
固定资产					
固定资产原价		81088712.00	81088712.00	81034212.00	35035887.94
减:累计折旧		40079565.92	35703307.68	29429640.90	8088858.98
固定资产净值	8	41009146.08	45385404.32	51604571.10	26947028.96
在建工程					
固定资产合计		41009146.08	45385404.32	51604571.10	26947028.96
无形及递延资产					
递延资产	9	1624000.00	2088000.00	2784000.00	
资产合计		154731586.87	149869763.40	135714141.24	92755865.77
负债及股东权益	注释	1996.8.31	1995.12.31	1994.12.31	1993.12.31
流动负债					
短期借款	10	22930000.00	23100000.00	20000000.00	10560000.00
应付帐款	11	3432675.59	2678324.04	6397743.93	5763736.55
预付货款	12	403826.95	87898.20	533513.60	846304.50
应付福利费		293348.48	201600.00		785.00
未付股利	15		10784321.73	10784321.73	11345721.78
未付税金	14	3918600.18	4749028.03	5918579.85	1899159.09
其他应付款	13	428167.33	596088.05	414578.05	2330102.20
预提费用		203439.84	143844.95	108979.75	5020.00
流动负债合计		31610058.37	42341105.00	44157716.91	32650829.07
长期负债:					
长期负债合计					
负债合计		31610058.37	42341105.00	44157716.91	32650829.07
股东权益					
股本	16	51340000.00	51340000.00	51340000.00	51340000.00
资本公积	17	29135003.43	29135003.43	29135003.43	
盈余公积	18	14254764.51	14254764.51	11060317.69	8699589.94
其中:公益金		6319241.92	6319241.92	4722018.51	3508236.45
未分配利润	19	28391760.56	12798890.46	21103.21	65446.76
股东权益合计		123121528.50	107528658.40	91556424.33	60105036.70
负债及股东权益合计		154731586.87	149869763.40	135714141.24	92755865.77

利润及利润分配表

编制单位:烟台新潮实业股份有限公司　　　　单位:人民币元

项　　目	行次	1996年1至8月	1995年度	1994年度	1993年度
一.主营业务收入	1	92935094.97	116041840.42	85730518.55	68719307.92
减:营业成本	2	71396800.72	91210663.24	66209818.02	53958742.46
销售费用	3	308225.83	531742.13	495201.84	202855.10
管理费用	4	898332.92	1480521.99	1680145.50	752502.86
财务费用	5	3281982.30	4514243.28	3283544.07	945414.14
营业税金及附加	7	433881.12	300817.41	118534.41	178734.18
二.主营业务利润	8	16615872.08	18003852.37	13943274.71	12681059.18
加:其他业务利润	9	259848.16	389480.49	241438.64	2496762.06
三.营业利润	10	16875720.24	18393332.86	14184713.35	15177821.24
加:投资收益	11	1232162.35	307500.00		
营业外收入	12	29835.90	38366.05	102950.91	18424.00
减:营业外支出	13	9014.97	2600.00	7875.35	
四.利润总额	15	18128703.52	18736598.91	14279788.91	15196245.24
减:所得税	16	2535833.42	2764364.84	2141968.34	2279436.78
五.净利润	17	15592870.10	15972234.07	12137820.57	12916808.46
加:年初未分配利润	18	12798890.46	21103.21	65446.76	
六.可分配的利润	20	28391760.56	15993337.28	12203267.33	12916808.46
减:提取法定公积金	21		1597223.41	1213782.06	1291680.85
提取法定公益金	22		1597223.41	1213782.06	1291680.85
七.可供股东分配的利润	23	28391760.56	12798890.46	9775703.21	10333446.76
减:提取任意公积金	24				
已分配普通股股利	25			9754600.00	10268000.00
八.未分配利润	27	28391760.56	12798890.46	21103.21	65446.76

财务状况变动表

编制单位:烟台新潮实业股份有限公司　　　　单位:人民币元

流动资金来源和运用	行次	1995年度	流动资金各项目的变动	行次	1995年度
一、流动资金来源:			一、流动资产本年增加额		
1、本年净利润	1	15972234.07	1、货币资金	31	473324.52
加:不减少流动资金的费用和损失			2、应收帐款净额	33	2824475.32
(1)固定资产折旧	3	6273666.78	3、预付货款	34	1550949.09
(2)无形资产、递延资产及其他资产摊销(减其他负债转销)	4	696000.00	4、其他应收款	35	7449841.84
			5、待摊费用	36	72658.35
小　计	10	6969666.78	6、存货净额	40	8699539.82
2、其他来源			流动资产增加净额	48	21070788.94
(1)资本净增加额	16	3194446.82	二、流动负债本年增加数		
小　计	17	3194446.82	1、短期借款	52	3100000.00
流动资金来源合计	18	26136347.67	2、应付票据	53	
二、流动资金运用:			3、应付帐款	54	(3719419.89)
1、利润分配			4、预收货款	55	(445615.40)
(1)提取法定公积金	19	1597223.41	5、应付福利费	56	201600.00
(2)提取法定公益金	20	1597223.41	6、未付股利	57	
(3)提取任意公积金(减盈余公积转入)	21		7、未交税金		(1169551.82)
(4)已分配股利	22		8、其他应付款		181510.00
小　计	23	3194446.82	9、预提费用		34865.20
2、其他运用					
(1)固定资产和在建工程净增加额	24	54500.00			
小　计	28	54500.00			
流动资金运用合计	29	3248946.82	流动负债增加净额	58	(1816611.91)
流动资金增加净额	30	22887400.85	流动资金增加净额	59	22887400.85

烟台新潮实业股份有限公司1996年年度报告摘要

一、公司简况

1. 公司法定中文名称:烟台新潮实业股份有限公司
   公司英文名称:YANTAI XINCHAO INDUSTRY CO.,LTD.
   公司英文名称缩写:XCIC
2. 公司注册地址:烟台市牟平区牟山路98号
3. 公司法定代表:常宗琳
   邮政编码:264100
4. 公司咨询服务机构:证券部
   电话:(0535)4212376
   传真:(0535)4213207
   联系人(董秘):卢作明、(证券部):于德海
5. 股票代码:600777
   股票简称:新潮实业

二、主要财务数据与财务指标

指标项目	本年数	上年数	比上年增减(%)
主营业务收入(万元)	12574.27	11604.18	8.36
净利润(万元)	2253.58	1597.22	41.09
总资产(万元)	14566.23	14986.98	-2.81
股东权益(万元)	13006.44	10752.87	20.96
每股收益(元)	0.439	0.31	41.61
每股净资产(元)	2.53	2.09	21.05
净资产收益率(%)	17.33	14.85	16.70
股东权益比率(%)	89.29	71.75	24.45

三、公司主要业务回顾

刚过去的一年,是公司发展、改革史上最富有成效的一年。在这一年里,公司重点围绕"着眼市场抓生产,强化管理练内功"的生产经营方针,强化公司规范化运作,拓宽销售领域,加大营销力度,加快产品结构调整步伐,在市场激烈竞争的情况下,保持了公司经营业绩稳步增长。全年完成主营业务收入12574.26万元,比上年增长8.36%,完成年度计划的98.3%;实现净利润2253.5万元,比上年增长41.09%,完成年度计划的101.8%。

回顾过去的一年,我们主要作了以下几方面的工作:

1. 努力完成本公司股票上市工作。为实现公司股票上市,年内进一步强化公司规范化运作,完善上市前准备工作,经过努力,于11月5日经国家证监会复审获准上市,11月21日正式在上交所挂牌交易。公司借股票上市这一契机,利用各种新闻传媒,加强公司形象宣传,扩大企业影响,提高了公司知名度,为企业发展创造了良好的外部条件。

2. 加快产品结构调整步伐,着力开拓高附加值、高技术含量产品市场。公司获悉96年羊绒制品销售市场看好,且原料价格下降的市场信息,及时调整产品结构,迅速将研制开发的获省科技进步奖的羊绒纱及列入国家星火计划产品蚕丝羊绒混纺纱大批量推向市场,在销售收入比去年同期增长8.36%的情况下,使公司净利润比去年同期增长41.09%。

3. 进一步强化公司规范化运作。公司在建立健全法人治理结构和议事规则,规范和完善股份制运行机制的前提下,年内派考察团到邯钢取经,推广邯钢"模拟市场,成本否决"经验,将公司各项成本指标层层分解,细化量化到每个员工,科学严格考核,全面实施了成本目标控制,提高了计划目标的科学性,实现了经济效益较大幅度增长。

四、股本变化及股本结构情况

(一)股本结构及变动情况(单位:股,每股面值1元)

1. 截止1996年12月31日公司股本结构如下:

项目	期初数	新发行股份	期末数
尚未流通股股份合计	37340000	0	37340000
其中:发起人股份	37340000	0	37340000
已流通股份合计	14000000	0	14000000
其中:境内上市的人民币			
普通股	14000000	0	14000000
股份总计	51340000	0	51340000

2.主要股东持股情况(前十名股东)

名次	股东名称	年末持股数(万股)	占总股本%
1	新牟国际集团公司	3408	66.38
2	烟台全洲海洋运输公司	195	3.80
3	烟台市牟平区建筑安装工程公司	131	2.55
4	冯月亮	25.6	0.50
5	张 恒	25.6	0.50
6	宫润福	25.34	0.49
7	曲日翠	25.34	0.49
8	赵元荣	24.97	0.49
9	李建环	24.95	0.49
10	于端华	24.95	0.49

(二)公司董事、监事与高级管理人员持股情况

姓名	职务	年初持股数	年末持股数
常宗琳	董事长	20000	20000
王连忠	副董事长	0	0
葛培乐	董事、总经理	0	0
姜学荣	董 事	0	0
常明德	董 事	2000	2000
孙守健	董 事	0	0
杨克平	董 事	0	0
陈佳芬	监事会主席	0	0
孙树刚	监事会副主席	4000	4000
赫荣全	监 事	0	0
张胜祥	监 事	0	0
刘宏良	监 事	4000	4000

五、重要事项

(一)报告期内的董事会、股东大会情况说明

96年5月24日公司召开了第二届董事会第六次会议,会议审议通过95年董事会工作报告;审议通过95年度财务决算报告和96年财务预算报告;通过94年度股利分配方案议案;通过95年度利润分配方案议案;通过修改公司章程草案;建议召开股东大会选举产生公司第三届董事会。

96年6月26日公司召开了第三届董事会第一次全体会议,会议选举常宗琳先生为第三届董事会董事长;王连忠先生为第三届董事会副董事长。

96年10月28日公司召开董事会特别会议,审议通过公司章程草案。

96年6月26日公司召开了第七次股东大会,会议

通过批准1995年度董事会工作报告的决议;

通过批准1995年度监事会工作报告的决议;

通过批准公司1995年度财务决算报告的决议;

通过批准公司1996年度财务预算报告的决议;

通过批准1994年度股利分配方案的决议;

通过批准1995年度利润分配方案的决议;

通过关于组建公司第三届董事会的决议;(在上市公告书中已作披露)

通过关于组建公司第二届监事会的决议;(在上市公告书中已作披露)

通过关于修改公司章程的特别决议。

(二)本报告期内没有发生配股、收购兼并、重大投资等事项。

(三)公司法定代表、董事、监事变动情况

1996年6月26日股东大会进行董事会、监事会换届选举,常宗琳、王连忠、姜学荣、常明德、孙守健、杨克平、葛培乐当选为本届董事,董事会选举常宗琳为本届董事会董事长,王连忠为本届董事会副董事长;陈佳芬、孙树刚、赫荣全、张盛祥、刘宏良当选为本届监事,监事会选举陈佳芬为监事会主席,孙树刚为监事会副主席。

(四)公司1996年6月26日股东大会根据《公司法》对公司章程进行了修改。在公司上报上市复审材料时,根据国家证监会复审反馈意见对公司章程依据《公司法》又作了进一步修改,公司章程修改草案已经1996年10月28日董事会特别会审议通过,建议提交第八次股东大会审议通过。

(五)报告期内分红派息情况:根据公司第七次股东大会决议:1994年度股利分配以全体股东每10股派发现金红利1.90元;1995年度股利暂不分配,滚存至下一年度合并分配。

(六)报告期内公司未发生重大诉讼仲裁事项。

六、子公司及关联企业

企业全称	注册资金(万元)	主营业务	本公司拥有权益(%)
烟台南方工业公司	7150	通讯电缆、标准件装饰服务、挂车制造等	21.96
新牟钢铁股份有限公司	20000	采选铁矿石、钢铁冶炼、轧制	1.03

七、财务报告

(一)审计意见

公司财务报告经上海中华社科会计师事务所注册会计师林东模、刘万椿审计,并出据了无保留意见审计报告[沪中社会字(97)第135号]

(二)财务报表(附后)

(三)会计报表注释

1.主要会计政策

(1)外币业务因1994年1月1日国家外汇体制改革引起的汇率差额记作"待转销汇兑损失",列入其他长期资产,自94年起分五年平均分摊。

(2)坏帐准备按期末应收帐款余额的3‰计提坏帐准备。

(3)税项

a.增值税:税率为17%。

b.城市维护建设税:按应交增值税税额的7%计缴。

c.所得税:按山东省人民政府鲁政字(1996)102号文规定所得税率按33%征收,18%返还,实际税负15%。从96年11月21日以后执行。

(4)利润分配:公司按年度净利润的下列比例进行分配:

a.提取法定公积金10%;

b.提取法定公益金10%;

c.提取任意公积金20%;

d.向股东分配股利。

上述利润分配已由董事会提出预案,并反映在当年年度财务报告中,待报股东大会审定后执行。

2.主要报表项目数据说明

(1)应收帐款:1996年12月31日余额为39,331,450.40元。

帐龄分析:1年以内	31,811,079.54元
1-2年	6,596,396.81元
2-3年	1,042,323.45元

本帐户余额中无持有公司5%以上股份的主要股东的应收帐款。

(2)其他应收款:1996年12月31日余额为7,415,965.44元。

帐龄分析:1年以内	7,332,686.94元
1-2年	1,117.50元
2-3年	13,971.00元
3年以上	68,190.00元

上述款项包括应收本公司控股股东新牟国际集团公司4,500,000.00元,帐龄在1年以内。

(3)长期投资:长期投资期末余额17,750,000.00元。

a.股票投资

山东新牟钢铁股份有限公司 2,050,000.00元

b.联营投资

烟台南方工业公司 15,700,000.00元

3.固定资产及累计折旧

(1)固定资产原价81,088,712。00元。

类别	年初余额	本年增加	本年减少	期末余额
房屋及建筑物	25,879,860.00	0.00	0.00	25,879,860.00
运输设备	754,195.24	0.00	0.00	754,195.24
机器设备	54,302,445.78	0.00	0.00	54,302,445.78
办公及其他设备	152,210.98	0.00	0.00	152,210.98
合计	81,088,712.00			81,088,712.00

(2)累计折旧 42,249,584.76 元;净值 38,839,127.24 元。

类别	年初余额	本年提取	期末余额
房屋及建筑物	11,389,355.00	1,217,446.00	12,606,801.00
机器设备	23,599,886.00	5,045,107.00	28,644,993.00
运输设备	499,846.00	198,980.76	698,826.76
办公及其他设备	214,220.68	84,743.32	298,964.00
合计	35,703,307.68	6,546,277.08	42,249,584.76
净值	45,385,404.32	6,546,277.08	38,839,127.24

4. 递延资产

项目类别	原值	已摊金额	剩余摊销年限	期末余额
待转销汇兑损失	3,480,000.00	2,088,000.00	2年	1,392,000.00

5. 资本公积

项目	年初数	本年增加	本年减少	期末余额
资产评估增值	29,135,003.43	0.00	0.00	29,135,003.43

6. 盈余公积

项目	年初数	本年增加数	期末数
(1)法定公积金	7,935,522.59	2,253,580.90	10,189,103.49
(2)法定公益金	6,319,241.92	2,253,580.90	8,572,822.82
(3)任意公积金		4,507,161.81	4,507,161.81
合计	14,254,764.51	9,014,323.61	23,269,088.12

本年度增加数是根据董事会预案,按净利润分别计提 10%、10% 和 20% 形成的。

八、其它事项

公司第七次股东大会决定 1995 年度股利滚存至下年度合并分配。1995 年度未分配股利 12,789,890.46 元。

经第三届董事会第三次会议预案:

(一)1995 年度股利:拟按 10:2 向全体股东送红股,共计分配 10,268,000.00 元,剩余 2,530,890.46 元转入 1996 年度。

(二)1996 年度公司实现净利润 22,535,809.03 元,按 10% 提取法定公积金 2,253,580.90 元,10% 提取法定公益金 2,253,580.90 元,20% 提取任意公积金 4,507,161.81 元,拟按 10:1 向全体股东送红股,共计 5,134,000 元,剩余 8,387,485.42 元,加上年度未分配利润 2,530,890.46 元,未分配利润 10,918,375.88 元暂不分配。

上述预分方案待提交第八次股东大会审议批准后,按上海证券交易所有关规定执行。

烟台新潮实业股份有限公司董事会

一九九七年三月二十四日

资 产 负 债 表

编制单位:烟台新潮实业股份有限公司　　1996 年 12 月 31 日　　金额单位:元

资产	行次	注释号	年初数	年末数	负债及股东权益	行次	注释号	年初数	年末数
流动资产:					流动负债:				
货币资金	1	3.1	9,468,288.69	20,721,500.18	短期借款	41	3.10	23,100,000.00	9,910,000.00
短期投资	2				应付票据	42			879,300.00
应收票据	3				应付帐款	43	3.11	2,678,324.04	4,404,371.89
应收帐款	4		31,371,871.11	39,449,799.80	预收货款	44	3.12	87,898.20	100,000.00
减:坏帐准备	5		94,115.61	118,349.40	应付福利费	45		201,600.00	304,455.12
应收帐款净额	6	3.2	31,277,755.50	39,331,450.40	未付股利	46	3.15	10,784,321.73	
预付货款	7	3.3	3,630,494.22	5,054,191.59	未交税金	47	3.14	4,749,028.03	(1,475,483.07)
其他应收款	8	3.4	11,473,557.12	7,415,965.44	其他未交款	48			
待摊费用	9	3.6	1,065,256.11	834,651.30	其他应付款	49	3.13	596,088.05	1,271,710.21
存货	10		27,731,007.44	14,323,416.03	预提费用	50		143,844.95	203,480.60
减:存货变现损失准备	10-1				一年内到期的长期负债	51			
存货净额	10-2	3.5	27,731,007.44	14,323,419.03	其他流动负债	52			
待处理流动资产净损失	11								
一年内到期的长期债券投资	12				流动负债合计	55		42,341,105.00	15,597,834.75
其他流动资产	13				长期负债:				
流动资产合计	15		84,646,359.08	87,681,174.94	长期借款	56			
长期投资:					应付债券	57			
长期投资	16	3.7	17,750,000.00	17,750,000.00	长期应付款	58			
合并价差(合并报表填列)	16-1				其他长期负债	60			
固定资产:									
固定资产原价	17		81,088,712.00	81,088,712.00	长期负债合计	65			
减:累计折旧	18		35,703,307.68	42,249,584.76	递延税项:				
固定资产净值	19	3.8	45,385,404.32	38,839,127.24	递延税款贷项	66			
在建工程	20				负债合计	67		42,341,105.00	15,597,834.75
固定资产清理	21								
待处理固定资产净损失	22				少数股东权益(合并报表填列)	67-1			
固定资产合计	23		45,385,404.32	38,839,127.24					
无形资产及递延资产:					股东权益:				
无形资产	24				股本	68	3.16	51,340,000.00	51,340,00.00
递延资产	25	3.9	2,088,000.00	1,392,000.00	资本公积	69	3.17	29,135,003.43	29,135,003.43
无形资产及递延资产合计	30		2,088,000.00	1,392,000.00	盈余公积	70	3.18	14,254,764.51	23,269,088.12
其他长期资产:					其中:公益金	71		6,319,241.92	8,572,822.82
其他长期资产	31				未分配利润(未弥补亏损以-表示)			26,320,375.88	
递延税项:					折算价差(合并报表填列)	72-1			
递延税款借项	32				股东权益合计	79		130,064,467.43	
资产合计	40		149,869,763.40	145,662,302.18	负债及股东权益总计	80		149,869,763.40	145,662,302.18

利 润 及 利 润 分 配 表

编制单位:烟台新潮实业股份有限公司　　1996 年度　　金额单位:元

项　目	行号	注释号	上年实际数	本年实际数
一、主营业务收入	1	3.2	116,041,840.42	125,742,677.68
减:营业成本	2		91,210,663.24	96,151,202.41
销售费用	3		531,742.13	579,093.29
管理费用	4		1,480,521.99	1,229,674.55
财务费用	5	3.21	4,514,243.28	4,604,160.52
进货费用	6			
营业税金及附加	7		300,817.41	681,189.22
二、主营业务利润	8		18,003,852.37	22,497,357.69
加:其他业务利润	9	3.22	389,480.49	2,508,372.27
三、营业利润	10		18,393,332.86	25,005,729.96
加:投资收益	11	3.23	307,500.00	1,232,162.35
补贴收入	11－1			
营业外收入	12	3.24	38,366.05	42,805.90
减:营业外支出	13	3.25	2,600.00	9,014.97
加:以前年度损益调整	14			23,598.15
四、利润总额	15		18,736,598.91	26,295,281.39
减:所得税	16		2,764,364.84	3,759,472.36
减:少数股东净利润	16－1			
五、净利润	17		15,972,234.07	22,535,809.03
加:年初未分配利润	18		21,103.21	12,798,890.46
盈余公积转入数	19			
六、可分配的利润	20		15,993,337.28	35,334,699.49
减:提取法定公积金	21		1,597,223.41	2,253,580.90
提取法定公益金	22		1,597,223.41	2,253,580.90
职工奖福基金	22－1			
	22－2			
七、可供股东分配的利润	23		12,798,890.46	30,827,537.69
减:已分配优先股股利	24			
提取任意公积金	25			4,507,161.81
已分配普通股股利	26			
八、未分配利润	27		12,798,890.46	26,320,375.88

财 务 状 况 变 动 表

编制单位:烟台新潮实业股份有限公司　　1996 年度　　金额单位:元

流动资金来源和运用	行次	金　额	流动资金各项目的变动	行次	金额
一、流动资金来源			一、流动资产本年增加数:		
1. 本年净利润	1	22,535,809.03	1. 货币资金	31	11,253,211.49
加:少数股东净利润	2		2. 短期投资	32	
加:不减少流动资金的费用和损失			3. 应收票据	33	
(1)固定资产折旧	3	6,546,277.08	4. 应收帐款净额	34	8,053,694.90
(2)无形资产、递延资产及其他资产摊销	4	696,000.00	5. 预付货款	35	1,423,697.37
(3)固定资产盘亏	5		6. 其他应收款	36	(4,057,591.68)
(4)清理固定资产损失	6		7. 待摊费用	37	(230,604.81)
(5)递延税款	7		8. 存货净额	38	(13,407,591.41)
(6)其他不减少流动资金的费用和损失	8		9. 待处理流动资产净损失	39	
小　计	10	29,778,086.11	10. 一年内到期的长期债券投资	40	
2. 其他来源:			11. 其他流动资产	41	
(1)固定资产清理收入(减清理费用)	11			42	
(2)增加长期负债	12		流动资产增加净额	45	3,034,815.86
(3)收回长期投资	13		二、流动负债本年增加数:		
(4)对外投资转出固定资产	14		1. 短期借款	46	(13,190,000.00)
(5)对外投资转出无形资产	15		2. 应付票据	47	879,300.00
(6)资本净增加额	16	9,014,323.61	3. 应付货款	48	1,726,047.85
(7)少数股东资本净增加额	16－1		4. 预收货款	49	12,101.80
小　计	17	9,014,323.61	5. 应付福利费	50	102,855.12
流动资金来源合计	18	38,792,409.72	6. 未付股利	51	(10,784,321.73)
二、流动资金运用:			7. 未交税金	52	(6,224,511.10)
1. 利润分配			8. 其他未交款	53	
(1)提取法定公积金	19	2,253,580.90	9. 其他应付款	54	675,622.16
(2)提取法定公益金	20	2,253,580.90	10. 预提费用	55	59,635,65
(3)提取任意公积金(减盈余公积转入)	21	4,507,161.81	11. 一年内到期的长期负债	56	
(4)已分配股利	22		12. 其他流动负债	57	
(5)职工奖福基金	22－1				
小　计	23	9,014,323.61			
2. 少数股东利润分配	23－1				
3. 其他运用					
(1)固定资产和在建工程净增加额	24				
(2)增加无形资产、递延资产及其他资产	25				
(3)偿还长期负债	26				
(4)增加长期投资	27				
小计	28	0.00			
流动资金运用合计	29	9,014,323.61			
折算价差(合并报表填列)			流动负债增加净额	58	(26,743,270.25)
流动资金增加净额	30	29,778,086.11	流动资金增加净额	59	29,778,086.11

烟台新潮实业股份有限公司1997年中期报告

一、财务报告(已审计)

本财务报告业经上海中华社科会计师事务所注册会计师林东模,刘万椿审计,并出具无保留意见的审计报告。[沪中社会字(97)第645号]

1. 简化的资产负债表

金额单位:元

项目	97年6月30日	96年12月31日
流动资产	119,209,734.33	87,681,174.94
长期投资	17,750,000.00	17,750,000.00
固定资产净值	38,877,629.17	38,839,127.24
在建工程	6,393,013.48	0.00
其他长期资产	1,044,000.00	1,392,000.00
资产总计	183,274,376.98	145,662,302.18
项目	1997年6月30日	1996年12月31日
流动负债	32,780,637.81	15,597,834.75
股本	66,742,000.00	51,340,000.00
资本公积	29,135,003.43	29,135,003.43
盈余公积	23,269,088.12	23,269,088.12
未分配利润	31,347,647.62	26,320,375.88
股东权益合计	150,493,739.17	130,064,467.43
负债及股东权益总计	183,274,376.98	145,662,302.18

2. 简化的利润表

金额单位:元

项目	1997年1-6月	1996年1-6月(未审计)
主营业务收入	72,424,549.68	70,677,986.40
主营业务利润	17,531,138.89	13,574,565.84
其他业务利润	503,932.01	283,452.29
投资收益	5,024,000.00	1,232,162.35
营业外收支净额	95,229.30	12,480.93
利润总额	23,154,300.20	15,102,661.41
所得税	2,725,028.46	2,080,574.86
净利润	20,429,271.74	13,022,086.55

3. 其他财务指标

	1997年1-6月	1996年1-6月
每股收益	0.306元	0.25元
净资产收益率(%)	13.57%	10.80%
每股净资产	2.25元	2.34元

注:1997年6月30日股数为66,742,000股,1996年6月30日股数为51,340,000股。

4. 财务报表附注

(1)本期财务报告所采用的会计政策和会计方法与1996年度财务报告所采用的会计政策和会计方法相互一致。

(2)本期内本公司报告主体未发生合并、分立等变化。

(3)本公司无合并会计报表事项。

(4)长期投资

受资企业名称	占股比例	帐面余额
烟台南方工业公司	21.96%	15,700,000.00
山东新牟钢铁股份有限公司	1.025%	2,050,000.00

(5)关联者交易事项

1997年6月30日,本公司流动资产余额中,包括应收本公司主要股东新牟国际集团公司下属子公司——山东牟平新牟财务公司的款项40,000,000.00元,后者为一非银行金额机构,该款项将通过后者向外资金融通而取得与非关联者交易条件相同的收益。

此外,在1997年上半年度内,本公司未发生其他与持有本公司股权5%以上股东或其他关联企业之间的任何重大交易事项。

5. 资产负债表期末与年初相比,利润表本期与上年同期相比项目变化达到30%以上的说明:

(1)流动资产比年初增加31,528,559.39元,增长36%,主要是因为用于资金融通,以期取得收益的应收款项增加;

(2)在建工程比年初增加6,393,013.48元,增长100%,系本公司购置完善部分毛棉 针织生产设备;

(3)流动负债比年初增加17,182,803.06元,增加110.2%,主要是由于随着本公司业务量的上升,应付帐款、应交税金、其他应付款、预提费用分别相应增加;

(4)股本与未分配利润分别比年初增加30%和减少30%,系公司95年、96年两年合并以10:3向全体股东送红股后的帐务处理结果;

(5)其他业务利润比去年同期增加220,479,72元,增长77.8%,系公司开展多种经营活动,使其他业务收入增加;

(6)投资收益比去年同期增加3,791,837.65元,增长307.7%,系公司对外投资的项目已完成试生产阶段,进入正常生产经营阶段,由此产生的投资收益;

(7)营业外收支净额比去年同期增加82,748.37元,增长663.1%,主要系公司营业外收入中的罚金收入增加;

(8)利润总额和净利润分别比去年同期增长53.3%和56.8%,系公司增加高附加值产品的生产和销售,主营业务收入、其他业务利润和对外投资收益分别比上年同期增加。

6. 期后事项

1997年6月25日,公司同中国人保信托投资公司签订借款合同,以月利率9.18‰为条件,向中国人保信托投资公司借款人民币3,000万元,期限六个月,并向新牟国际集团公司提供担保。该借款于1997年7月11日实际借入,并已记入公司短期借款帐户中。

二、经营情况的回顾与展望

1. 上半年经营情况回顾

上半年公司按照1996年度股东大会提出的目标,取得了较好的经济效益。公司完成主营业务收入7242万元,实现利润总额2315万元,分别完成年度计划的49.66%和76.60%,比去年同期分别增长2.47%和53.31%。具体如下:

(1)扩大高附加值、高技术含量产品的生产规模,不断扩大市场占有率。

(2)开发针绵织品的生产,扩展生产广度。上半年生产针织内衣39.95万件,坯布169.06吨。

(3)深入推广邯钢"模拟市场核算,实际成本否决"经验,全面系统地落实成本指标,加强考核力度,激励员工积极性,全面实现成本目标控制。

2. 下半年计划

下半年公司将利用商誉及企业自身优势,在强化生产经营管理的基础上,不断提高主营产品市场占有份额,争取超额完成股东大会提出的1997年计划目标。

(1)据有关统计资料显示:羊绒,被称为软黄金。目前,世界每年羊绒产量大约只有8500吨,中国约5000吨。由于我国地理位置得天独厚,产量及品质均居世界之首。以前,因受国内生产技术条件所限,羊绒制品及市场一度曾被意大利和日本所垄断。随着改革开放的深入和发展,我国羊绒资源的开发利用的技术条件有所改善,资源和劳动力优势,使得我国羊绒制品的市场占有率在逐步扩大。据预测,随着国内经济的繁荣,人们物质生活水平的提高和居住采暖条件的改善,御寒着装趋轻暖薄软的需求趋势,到本世纪末,我国羊绒制品市场占有率将跃居世界首位,具有一定的垄断。公司将在当前和今后一个时期内逐步扩大羊绒纱和蚕丝羊绒混纺纱的生产规模,保持公司主营业务的健康稳步发展。

(2)本公司在上半年购置和完善部分针织设备,实现了公司向生产的深度和广度扩展的战略设想。下半年公司将在进一步配套和更新部分针织设备的同时,利用各种有效措施和媒体,树立名牌产品,实现毛绵针织品的规模生产。

(3)继续实施人才工程,面向全国招聘科技人才,在节能、降耗、提高制成率、保证原有产品质量的基础上,研制开发能填补空白的高技术含量产品,着力寻求新的经济增长点。

(4)本公司主业产品仍属中间产品,拟向产品深度和广度扩展。公司将进一步对市场进行考察论证,在适当时机对公司主业生产实施技术改造。

(5)根据本公司发展规划,认真做好前期工作,在适当时机实施资产重组,逐步实现"一业为主,多元经营"的发展方针。

三、重大事件的说明

1.1997年8月5日本公司第三届董事会第四次会议决议,对1997年上半年度净利润连同96年度尚未分配利润拟采用送红股形式进行利润预分配,按现有总股本6674.2万股,每10股送1股。此预案尚待本公司召开临时股东大会审议批准。

2.1997年6月本公司接受山东省信誉评级委员会、山东省信誉评级总公司对本公司进行企业信誉评级,被评为特级信誉企业,信誉等级AAA级。

3.本公司95年、96年合并10送3分配方案经1997年4月28日第八次股东大会审议通过,并于1997年5月6日实施,总股本由5134万股增加为6674.2万股,于1997年6月26日在山东省工商行政管理局正式办理变更登记,并于1997年7月11日就公司股本变动情况在上海证券报进行公告。

4.按照国务院证券委,中国人民银行,国家经贸委5月21日联合发布的《严禁国有企业和上市公司炒作股票的规定》的要求,公司经自查,没有从事任何违反规定的事项。

5.本公司在报告期内无重大诉讼及仲裁事项。

四、发行在外股票的变动和股权结构的变化

1.报告期内按照95、96年度利润分配方案,公司两年合并按10:3比例向全体股东送红股。

2.股权结构情况

数量单位:万股　　每股面值1元(人民币)

项目	期初数	本期增加数	期末数	所占比例(%)
(1)尚未流通股份	3,734	1,120.2	4,584.2	72.73
其中:				
发起人法人持股	3,734	1,120.2	4,854.2	72.73
(2)已流通股份	1,400	420	1,820	27.27
其中:				
境内上市的人民币普通股	1,400	420	1,820	27.27
(3)股份合计	5,134	1,540.2	6,674.2	100

3.公司前10名股东持股情况(截止7月25日)

股东名称	持股数	持股比例(%)
1)新牟国际集团	44,304,000	66.38
2)烟台全洲海洋运输公司	2,535.000	3.8
3)牟平区建筑安装工程公司	1,703,000	2.55
4)宋发付	333,610	0.5
5)庹素香	333,610	0.5
6)李运输	327,000	0.49
7)杨述华	326,800	0.49
8)韦秀芝	326,595	0.49
9)詹朝东	325,800	0.49
10)陈绍林	324.835	0.49

五、股东大会简介

本公司1996年度股东大会于1997年4月28日上午在烟台市牟平区养马岛麒麟宾馆召开。出席会议的股东47名,代表股权3807.48万股,占总股权的74.16%,符合《公司法》与公司章程规定的比例。经大会审议批准,表决通过了《1996年度董事会工作报告》、《1996年度监事会工作报告》、《1996年度财务决算报告》、《1997年度财务预算报告》、《股东会授权公司董事会投资批准权限的决议》、《修改公司章程的决议》、《股东会、董事会、经理班子、监事会工作细则》、《1995年度股利分配和1996年度利润分配方案》。

经审议,大会通过了本公司1995年度分红派息方案为:每10股送2股红股,1996年度每10股送1股红股,尚余未分配利润10,918,375.88元暂不分配,该送股方案已于1997年5月6日实施。

本报告期内本公司没有召开临时股东大会。

六、备查文件

(一)载有董事长亲笔签名的中期报告原本。

(二)载有上海中华社科会计师事务所盖章,注册会计师林东模、刘万椿亲笔签名的审计报告正本及本公司审计后的1997年上半年度会计报表。

查阅地点:山东省烟台市牟平区通海路195号新牟大酒店505室新潮公司证券部

联系人:卢作明(董事会秘书)
于德海(证券部主任)

烟台新潮实业股份有限公司
一九九七年八月五日

上海同济科技实业股份有限公司

上海同济科技实业股份有限公司1996年年度报告摘要

一、公司简况

1、公司法定中文名称：上海同济科技实业股份有限公司

英文名称：SHANGHAI TONGJI SCIENCE & TECHNOLOGY INDUSTRIAL CO.,LTD.

英文缩写：STJC

2、公司注册地址：上海市浦东栖山路33号

邮政编码：200135

办公地址：上海市赤峰路198号

邮政编码：200092

3、公司法人代表：顾国维

4、公司咨询服务机构：

董事会秘书室　联系人　林学言

证券与信息部　联系人　柴育筑　杨　夏

电　　话　(021)65015860

传　　真　(021)65014903

5、股票简称：同济科技

6、股票代码：600846

二、主要财务数据与财务指标

指标项目	本年度	上年度	比上年增减(%)
1.主营业务收入(万元)	28821.92	13726.84	109.97
2.净利润(万元)	2534.71	2352.32	7.75
3.总资产(万元)	36487.13	28006.44	30.28
4.股东权益(万元)	21464.09	20046.94	7.07
5.每股收益(元)	0.35	0.34	2.94
6.每股净资产(元)	2.95	2.89	2.08
7.净资产收益率(%)	11.81	11.73	0.68
8.股东权益比率(%)	58.82	71.58	-17.83

备注：

(1)本年度合并报表单位数与上年度相比略有增加，上年度数未作相应调整。

(2)由于子公司工程总承包业务量扩大，导致主营业务收入及主营业务成本增长幅度较大。

三、公司业务经营回顾

1.经营情况简要回顾

1996年，公司加快内部各企业间的横向联合，推进土建集团机制的形成；加大企业改造和资产重组的力度，以市场为导向，以技术为轴心，努力开拓科技产业项目，积极发展国内外贸易和服务业；实现了年创利润3000万元的经营总目标，为今后三年的发展，打下较坚实的基础。

1996年，公司继续保持在同行业里技术和人才的综合优势：公司拥有国家一级注册建筑师42名、国家级监理工程师24名，拥有综合建筑设计、工程总承包、室内装饰设计与施工、工程监理、工程爆破、钢结构塔桅设计等资质，在承接国家和上海市重大建设项目、外资工程项目以及涉外援建项目等方面，具有较强的竞争实力，公司下属的同济大学工程监理公司在全市240余家企业中营业额排列行业第三，同济大学爆破与技术工程公司在上海7家同行业中人均创利水平名列第一，同济大学科技开发公司设计的钢结构广播电视塔，占全国市场的80%以上。公司在生物制品、新材料与节能产品、环保产品、机电一体化产品及技术等方面，都具有较强的发展潜力。

1996年，公司在继三林苑小区之后又参与完成了建设部住宅示范小区御民乐苑的工程总承包，荣获建设部金奖；承接了北京邮电大厦和冠海花园住宅小区的设计；完成了贵州百城大酒店和江阴华联商厦的室内装璜设计，嘉兴大厦和新黄浦大厦的综合布线系统的设计和安装、沪杭高速公路和延安路高架工程监理、浦东国际机场龙东路扩展爆破工程以及赞比亚电视塔和浙江电视塔的设计与制造等重大项目。

1996年，公司的高科技产业有了较大的发展，公司下属的上海放射免疫分析技术研究所开发新产品，扩大市场占有率，被认定为上海市高新技术企业；同济大学机电厂积极发展军用新产品，首批军用空调器通过军方鉴定并投入试生产；公司投资的同济高科产业公司和同济环保实业有限公司，取得较好收益；同济生物制品有限公司首批开发生产的"首脑胶囊"已被卫生部批准为功能保健食品，投放市场；同济三星燃气设备公司生产的远红外复合陶瓷板及节能燃具试销获成功，受到用户欢迎和政府有关部门肯定；中日合资上海安川同济机电有限公司，推广变频器应用技术，经营业务发展势头良好，公司国际贸易业务额大幅增长，96年出口创汇比95年增长75%。

2、对前次募集资金的运用情况说明

公司于1995年实施配股，共募集资金4960万元，按配投说明书分步实施，项目变动除了已在1995年年度报告中披露过以外，1996年变动情况：

(1)原计划投资同济生物制品分公司项目，公司为开拓市场，经公司董事会批准于1996年8月与浙江康乐集团有限公司合资组建"上海同济生物制品有限公司"，注册资本400万元，公司出资250万元，占股本63%，首期生产保健食品"首脑胶囊"已获卫生部批准投放市场。

(2)投资250万元，用于同济大学专家服务中心配套设施建设，完善其综合服务功能，并为公司今后发展旅游业等新的增长点打基础。

(3)投资100万元，扩建放射免疫分析技术研究所，保证其科研、生产有较合理的环境和场地，有利于生物技术新品的开发与生产。

以上项目连同原计划内项目共投人资金2600万元，所余资金除追加上述项目以外，将与今年配股募集奖金一起投入新的项目。

四、股本变化及股本结构

1.股本结构情况(单位：万股)

股份类别	95年末数	本次变动增减(+、-)(送股)	96年末数
非流通股份			
国家持股	687.26	34.363	721.623
发起人持股	3247.67	162.3835	3410.0535
社会公众持股	780.00	39	819
流通股份			
境内上市的人民币普通股	2210.00	110.5	2320.50

股份合计	6924.93	346.2465	7271.1765

2、股本变动情况及原因

根据公司第三次股东大会决议,公司实施1995年度利润分配方案为每10股送0.5股并派人民币现金红利1.50元(含税),方案实施后,公司股本结构变化,总股本增到7271.1765万股。

3. 主要股东持股情况

股东名称	股数	占总股本比例(%)
1)同济大学	34100535股	46.9
2)上海国有资产管理办公室	7216230股	9.9
3)华夏证券公司	1244541股	1.71
4)蔡汉泉	300425股	0.41
5)徐辉	150000股	0.21
6)章训	130000股	0.18
7)李敏	104000股	0.14
8)江苏省财政证券公司	102732股	0.14
9)任秀珍	100000股	0.13
10)钟静丽	100000股	0.13

4. 年末股东户数

本公司1996年末股东总数为,其中国家股1户,法人股1户,社会公众股23886户。

5、公司董事、监事和高级管理人员持股情况

姓名	职务	年初持股数	年末持股数	变化原因
顾国维	董事长	4600股	4830股	1996年送股
王建云	副董事长	2300股	2415股	1996年送股
刘振元	董事	0	0	
吴启迪	董事	0	0	
高廷耀	董事	0	0	
方如华	董事	0	0	
张纪衡	董事	4600股	4830股	1996年送股
林学言	董事	4600股	4830股	1996年送股
宋或辑	董事	0	0	
胡迪生	监事长	0	0	
许木钦	监事	2300股	2415股	1996年送股
姜国忠	监事	2300股	2415股	1996年送股
钱刚	总经理	3450股	3622.5股	1996年送股
刘杰	副总经理	0	0	
陆仲基	党委书记	4600股	4830股	1996年送股
朱美星	总会计师	0	0	
岳鲁	总经济师	0	0	

五、重要事项揭示

1、报告期内召开的股东大会、董事会情况

1996年5月30日,公司在上海兰生大酒店召开了第三次股东大会。到会股东70人,合计代表股份3961.1834万股,占公司股本总数的57.203%,符合《公司法》和公司章程的规定。与会股东认真听取了公司有关人员的报告及解答,大会审议并表决通过了《1995年度董事会工作报告》、《1995年度监事会工作报告》、《1995年度经营业绩与1996年度发展规划的报告》、《公司1995年度财务决算与1996年度财务预算报告》,经公司董事会临时会议作出的《1995年度分配方案》及修改后的《公司章程》。

2、公司注册地址现变更为浦东栖山路33号,法律顾问除继续聘请上海第一律师事务所周荣华高级律师外,还增聘了上海同建律师事务所董际平律师。

3、经1996年实施送股后,公司注册资本变更为7271万元。

4、本报告期内公司无重大诉讼、仲裁事件。

5、公司在报告期内分红派息情况

根据公司第三次股东大会决议,公司实施了向全体股东以每10股派1.50元红利(含税),送0.5股红股的1995年度利润分配方案。1996年7月24日在《上海证券报》刊登了《上海同济科技实业股份有限公司分红派息公告》,同济科技股票于7月29日进行了股权登记,7月30日除权。

六、子公司及关联企业

全资子公司名称	拥有权益	主营业务
同济大学建筑设计研究院	100%	建筑设计
上海同济建设总公司	100%	建设工程总承包
同济大学爆破与技术工程公司	100%	工程爆破
同济大学工程建设监理公司	100%	建设监理
上海同济室内设计工程公司	100%	室内装璜设计施工
同济大学科学技术开发公司	100%	科技开发咨询
上海同济房地产开发经营公司	100%	房地产开发
同济大学机电厂	100%	机电产品研制生产销售
同济大学专家服务中心	100%	餐饮住宿娱乐服务
上海同济实业技贸公司	100%	技术咨询机电建材等贸易
上海放射免疫分析技术研究所	100%	放射免疫试剂研制生产销售
上海同济系统工程公司	100%	计算机网络自动控制设备工程
上海同华物贸公司	100%	物资贸易销售代理
上海新同济国际贸易发展公司	100%	国际贸易
关联企业名称	**拥有权益**	**主营业务**
上海同济高科产业公司	80%	新产品开发试制、建筑及装璜材料
上海同济生物制品有限公司	62.5%	开发生产销售保健食品
同济出租汽车队	50%	出租汽车服务
上海同济三星燃气设备公司	40%	燃气远红外产品
上海同济环保实业有限公司	34%	环保产品
上海凌同水处理混凝剂厂	33.3%	水处理混凝剂制品
上海安川同济机电有限公司	33%	生产销售变频器
上海新世纪环保设备公司	10%	生产销售环保设备
沪台合资强力合成材料制品有限公司	9.3%	工程材料加工销售

七、财务报告

(一)审计意见:

公司财务报告经上海立信会计师事务所朱建弟、卢金涛注册会计师审计,并出具无保留意见的审计报告〔信会师报字(97)0549号〕。

(二)财务报表

1. 资产负债表(附后)

2. 利润及利润分配表(附后)

3. 财务状况变动表(附后)

(三)会计报表附注:

1、会计报表编制说明::(1)1996年会计报表的合并范围在1995年度14个全资子公司的基础上新增3户,共计17户,新增合并报表单位如下:

被投资单位名称	投资比例	经营范围
上海同济高科产业公司	80%	新产品的开发试剂、产品销售、机电产品、金属材料、建筑及装璜材料
上海济强国际土木工程顾问有限公司	75%	建筑工程的岩土勘察和设计方面的咨询服务
上海同济生物制品有限公司	62.5%	化工原料、营养保健、化妆品、食品、植物提取物

2、1996年度采用的会计政策和核算方法未作变更。

3、报表主要项目数据说明：

(1)短期投资　　13,865,383.71

A.股票投资：　成本价4,532,133.71

12月31日收盘价3,713,431.36

B.债券种类：

国库券　　9,350,000.00

	金额	比例(%)
(2)应收帐款	15,245,149.92	100.00
其中：一年以内	11,487,289.10	75.35
一年至二年	1,342,971.98	8.81
二年至三年	1,500,031.89	9.84
三年以上	914,856.95	6.0

应收帐款中无持有5%以上股份的股东欠款。

(3)预付货款　　5,664,038.50

其中：一年以内　　4,520,263.91

一年至二年　　1,143,774.59

	金　额	比　例(%)
(4)其他应收款	46,510,490.40	100.00
其中：一年以内	36,254,380.78	77.95
一年至二年	7,160,465.19	15.40
二年至三年	1,602,917.87	3.45
三年以上	1,492,726.56	3.21

其他应收款中无持有5%以上股份的股东欠款。

(5)长期投资　　25,620,438.56

A、股票投资　　5,234,970.00

股票名称	股　　数	投资金额
高科集团	2,000,000股	2,000,000.00
华联商厦	50,000股	464,000.00
商业网点	171,160股	515,200.00
市百一店	20,000股	178,000.00
原水股份	139,300股	412,100.00
申能股份	74,200股	267,120.00
爱建股份	130股	9,100.00
黄浦房产	371股	2,250.00
东方明珠	3,000股	153,000.00
豫园商城	51,480股	234,200.00
万国公司	500,000股	1,000,000.00

B.债券投资　　1,151,666.66

	到期日	面　值	年利率	投资金额	应计利息
国库券	1998.11.30	1,000,000.00	14%	1,000,000.00	151,666.66

C.联营投资　　19,233,801.90

被投资单位名称	投资比例	投资金额
安川同济机电有限公司	33.0%	2,196,744.00
强力合成材料制品有限公司	13.0%	313,470.00
上海凌同水处理混凝剂厂	33.3%	800,000.00
上海三星公司	40.0%	1,200,000.00
同济出租汽车队	50.0%	600,000.00
新世纪环保设备公司	40.0%	100,000.00
同济环保实业公司	33.3%	680,000.00
同济建设装饰公司	49.0%	900,000.00
苏州华侨房地产有限公司	2.0%	115,500.00
榴莲酒家	40.0%	678,087.90
上海同济康达企业经营有限公司	20.0%	100,000.00
同济申海大型风机有限公司	40.0%	5,000,000.00
交通银行	--	2,740,000.00
同福科贸联合发展有限公司	--	250,000.00
高校科学技术服务中心等	--	3,560,000.00

(6)　　盈余公积：26721030.45

	年初数	本年增加数	本年减少数	年末数
法定公积金	10,923,260.34	4,219,277.18		15,142,537.52
法定公益金	7,291,119.03	4,219,277.19		11,510,396.22
任意盈余公积	37,571.13	30,525.58		68,096.71

(7)未分配利润　　2514930.26

本年净利润	25,347,113.60
加：年初未分配利润	4,429,883.44
减：提取法定公积金	4,219,277.18
提取法定公益金	4,219,277.19
提取任意公积金	30,525.58
职工奖福基金	61,051.18
已分配普通股股利	18,731,935.65

(8)主营业务收入　　288,219,218.59

其中：土建工程及工程设计收入	178,206,574.08
工业产品销售收入	19,290,179.32
贸易收入	30,800,462.75
服务收入	56,946,990.97
期货收入	632,613.04
其　　他	2,342,398.43

(9)主营业务成本　　238,984,532.09

其中：土建工程及工程设计成本	152,437,683.48
工业产品销售成本	16,070,908.20
贸易成本	29,488,590.65
服务成本	35,730,395.45
期货成本	4,746,032.76
其　　他	510,921.55

(10)投资收益　　3,592,047.95

其中：股票收益	1,392,783.53
债券收益	306,290.47
非控股公司分来利润	1,892,973.95

4、财务报表中变动幅度超过30%数据分析说明：

未分配利润：年末数2,514,930.26元，比上年减少1,914,953.18元，主要是根据年报编制要求，1995年度送红股在1996年度实施，同时根据董事会预分方案，计提盈余公积并按每股派送0.21元现金红利。

八、备查文件

1、董事长亲笔签名的年度报告原本

2、审计报告原本

3、证监会要求的其它文件

上海同济科技实业股份有限公司董事会

1997年3月27日

资　产　负　债　表

编制单位:上海同济科技实业股份有限公司　　1996 年度　　金额单位:元

项　目	行次	母公司年初数	合并年初数	母公司年末数	合并年末数	项　目	行次	母公司年初数	合并年初数	母公司年末数	合并年末数
资产						负债及股东权益					
流动资产						流动负债:					
货币资金	1	49597619.30	85628791.56	91755942.27	127854421.10	短期借款	41		3500000.00	31560000.00	57660000.00
短期投资	2	3100000	4800000.00	12399633.71	13865383.71	应付票据	42				
应收票据	3					应付帐款	43	732631.40	17088624.50	2579817.11	12527165.54
应收帐款	4	2666554.67	9637464.43	3181045.23	15245149.92	预收货款	44		17031826.55	129790.67	19316846.75
减:坏帐准备	5	7999.66	28423.24	9543.14	45053.49	应付福利款	45	138838.84	2542924.24	195540.08	2162452.05
应收帐款净额	6	2658555.01	9609041.19	3171502.09	15200096.43	未付股利	46	10387395.00	10481322.81	15269470.65	15442754.47
预付货款	7	353700.00	15660815.53	2112809.94	5664038.50	未交税金	47	886847.83	2849692.92	-1434179.25	943482.28
其他应收款	8	29273089.10	30621248.26	42945856.62	46510490.40	其他未交款	48	1367.46	35586.38	8934.66	43456.75
待摊费用	9		412051.95		579396.58	其他应付款	49	6631353.78	19845734.06	2160506.09	36359756.14
存货	10	252789.67	31037649.99	693185.40	63859118.27	预提费用	50	80000.00	180056.13	219268.38	560553.46
减:存货变现损失准备	10-1					一年内到期的长期负债	51				500000.00
存货净额	10-2	252789.67	31037649.99	693185.40	63859118.27						
待处理财产净损失	11					其他流动负债	52				
一年内到期债券投资	12	431550.00	661245.60			流动负债合计	55	18858434.31	73555767.59	70133658.39	145516467.44
其他流动资产	13	4700000.00	5000000.00	400000.00	3830000.00	长期负债:					
流动资产合计	14	90367303.08	183430844.08	153478930.03	277362944.99	长期借款	56		2000000.00		500000.00
长期投资:						应付债券	57				
长期投资	16	120721797.99	45168622.26	115247636.30	25620438.56	长期应付款	58				
合并价差	16-1					其他长期负债	60		441040.33		190755.95
固定资产:						长期负债合计	65		2441040.33		690755.95
固定资产原价	17	5912815.20	46742302.21	10033067.01	58824096.95	递延税项					
减:累计折旧	18	693598.40	5746326.53	1242173.68	10004888.54	递延税款贷项	66				
固定资产净值	19	5219216.80	40995975.68	8790893.33	48819208.41	负债合计	67	18858434.31	75996807.92	70133658.39	146207223.39
在建工程	20	5854160.66	10389758.60	1799283.95	4746013.76						
固定资产清理	21										
待处理固定资产净损失	22					少数股东权益	67-1		2418535.93		4023107.39
固定资产合计	23	11073377.46	51385734.28	10590177.28	53565222.17						
无形及递延资产						股东权益:					
无形资产	24	356011.80	356011.80	4679060.72	4701720.49	股本	68	69249300.00	69249300.00	72711765.00	72711765.00
递延资产	25	964269.82	2698457.27	778771.67	3620932.18	资本公积	69	112693191.90	112693191.90	112693191.90	112693191.90
无形及递延资产合计	30	1320281.62	3054469.07	5457832.39	8322652.67	盈余公积	70	11567093.55	18251950.50	16624306.03	26721030.45
其他长期资产:						其中:公益金	71	4391605.65	7291119.03	6920211.89	11510396.22
其他长期资产	31					未分配利润	72	11114740.39	4429883.44	12611654.68	2514930.26
递延税项:						外币报表折算差额	72-1				
递延税款借项	32					股东权益合计	79	204624325.84	204624625.84	214640917.61	214640917.61
资产总计	40	223482760.15	283039669.69	284774576.00	364871258.39	负债及股东权益总计	79	223482760.15	283039669.69	284774576.00	364871258.39

利　润　及　利　润　分　配　表

编制单位:上海同济科技实业股份有限公司　　1996 年度　　金额单位:元

项　目	行次	母公司上年数	合并上年数	母公司本期数	合并本期数
一、主营业务收入	1	15066884.59	139105773.45	43119818.83	288219218.59
减:营业成本	2	12496766.46	96423840.66	36622838.77	238984532.09
销售费用	3	46800.86	1433407.77	555098.89	3956398.72
管理费用	4	3336532.80	18571697.25	4409217.76	21931587.13
财务费用	5	-2840568.72	-3833101.99	-5519990.33	-6701489.23
进货费用	6	1972.88	211748.82		
营业税金及附加	7	252553.16	9473723.78	603705.51	10657440.29
二、主营业务利润(亏损以"-"号表示)	8	1802827.15	16824457.16	6448948.23	19390749.59
加:其他业务利润(亏损以"-"号表示)	9	1200000.00	4207604.77	2129742.42	7936756.66
三、营业利润(亏损以"-"号表示)	10	3002827.15	21032061.93	8578690.65	27327506.25
加:投资收益(损失以"-"号表示)	11	21862968.39	6704308.70	18474023.38	3592047.95
补贴收入	12		25182.03		19000.00

项　目	行次	母公司上年数	合并上年数	母公司本期数	合并本期数
营业外收入	13	500.00	154180.49		67274.79
减:营业外支出	14	20000.00	93102.89	124724.40	781984.96
加:以前年度损益调整	15		13579.97		
四、利润总额(亏损以"-"号表示)	16	24846295.54	27836210.23	26927989.63	30223844.53
减:所得税	17	1323118.70	4131439.62	1641927.21	4731892.05
减:少数股东损益	18		106451.52		144838.38
五、净　利　润	19	23523176.84	23598319.09	25286062.42	25347113.60
加:年初未分配利润(未弥补亏损以"-"号表示)	20	1507435.07	-2798493.66	11114740.39	4429883.44
盈余公积转入数	21				
六、可分配利润	22	25030611.91	20799825.43	36400802.81	29776997.04
减:提取法定公积金	23	2352317.68	3913222.41	2528606.24	4219277.18
提取法定公益金	24	1176158.84	1956611.20	2528606.24	4219277.19
职工奖福基金	25		75142.25		61051.18
	26				
七、可供股东分配的利润	27	21502135.39	14854849.57	31343590.33	21277391.49
减:已分配优先股股利	28				
提取任意公积	29		37571.13		30525.58
已分配普通股股利	30	10387395.00	10387395.00	18731935.65	18731935.65
八、未分配利润(未弥补亏损以"-"号表示)	31	11114740.39	4429883.44	12611654.68	2514930.26

财　务　状　况　变　动　表

编制单位:上海同济科技实业股份有限公司　　1996年度　　金额单位:元

流动资金来源和运用	行次	母公司	合并金额	流动资金各项目的变动	行次	母公司	合并金额
一、流动资金来源				一、流动资产本年增加数:	30		
1、本年净利润(合并报表为合并净利润)	1	25286062.42	25347113.60	1、货币资金	31	42158322.97	42225629.54
加:少数股东本期损益(合并报表填列)	2		144838.38	2、短期投资	32	9299633.71	9065383.71
加:不减少流动的费用和损失				3、应收票据	33		
(1)固定资产折旧	3	548575.28	4277259.16	4、应收帐款			
(2)无形资产、递延资产及其他资产摊销(减其他负债转销)	4	399216.31	939034.93	减:坏帐准备			
				5、应收帐款净额	34	512947.08	5591055.24
(3)固定资产盘亏(减盘盈)	5			6、预付货款	35	1759109.94	-9996777.03
(4)清理固定资产损失(减收益)	6		62511.48	7、其他应收款	36	13672767.52	15889242.14
(5)递延税款	8			8、待摊费用	37		167344.63
(6)其他不减少流动资金的费用和损失	7			9、存货			
小　　计	10	2623854.01	30770757.55	减:存货变现损失准备			
2、其他来源				10、存货净额	38	440395.73	-661245.60
(1)固定资产清理收入(减清理费用)	11		-9123.13	11、待处理流动资产净损失	39		
(2)增加长期负债	12		-500000.00	12、一年内到期的长期债券投资	40	-431550.00	-661245.60
(3)收回长期投资	13	23605284.26	19771973.46	13、其他流动资产	41	-4300000.00	-1170000.00
(4)对外投资转出固定资产	14		2694387.28				
(5)对外投资转出无形资产	15						
(6)资本增加净额	16	8519677.48	11931544.95				
(7)少数股东资本净增加额(合并报表填列)	16-1		1667444.56	流动资产增加净额			
小　　计	17	32124961.74	35556227.12	二、流动负债本年增加数	45	63111626.95	93932100.91
流动资金来源合计	18	58358815.75	66326984.67	1、短期借款			
				2、应付票据	46	31560000.00	54160000.00
1、利润分配				3、应付帐款	47	1847185.71	-4561458.96
(1)提取法定公积金	19	2528606.24	4219277.18	4、预收货款	48	129790.67	2285020.20
(2)提取法定公益金	20	2528606.24	4219277.19	5、应付福利款	49	56701.24	380472.19
(3)提取任意公积金	21		30525.58	6、未付股利	50	4882075.65	4961431.66
(4)已分配股利	22	18731935.65	18731935.65				
(5)职工奖福基金	22-1		61051.18	7、未交税金	51	-2321027.08	-1906210.64
小　　计	23	23789148.13	27262066.78	8、其他未交款	52	-7567.20	7870.37
2、少数股东利润分配(合并报表填列)	23-1		207701.48	9、其他应付款	53	14973662.31	16514022.08
3、其他运用				10、预提费用	54	139268.38	380497.33
(1)固定资产和在建工程净增加额	24	65375.10	9204522.68	11、一年内到期的长期负债	54		500000.00
(2)增加无形资产、递延资产及其他资产	25	4536767.08	6275231.97	12、其他流动负债	55		
(3)偿还长期负债	26		1182270.94		56		
(4)增加长期投资	27	18131122.57	223789.76				
(5)合并价差							
小　　计	28	22733264.75	16885815.35		57		
流动资金运用合计	29	46522412.88	44355583.61	流动负债增加净额		51275224.08	71960699.85
流动资金增加净额	29	11836402.87	21971401.06	流动奖金增加净额	58	11836402.87	21971401.06

上海同济科技实业股份有限公司一九九七年度中期报告

一、财务报告(未经审计)

(一)财务报表

1、简化的资产负债表(1997年6月30日)

金额单位:元

项　目	年初数		期末数	
	(母公司)	(合并数)	(母公司)	(合并数)
流动资产	153,478,930.03	277,362,944.99	255,211,722.34	402,901,331.69
长期投资	115,247,636.30	25,620,438.56	105,829,341.48	23,035,629.54
固定资产净值	8,790,893.33	48,819,208.41	8,537,979.67	50,060,464.44
在建工程	1,799,283.95	4,746,013.76	1,799,890.79	4,692,543.39
无形及递延资产	5,457,832.39	8,322,652.67	5,378,471.71	7,913,010.37
资产总计	284,774,576.00	364,871,258.39	376,757,405.99	488,602,979.43
流动负债	70,133,658.39	145,516,467.44	155,765,407.58	257,698,135.17
长期负债	0.00	690,755.95	0.00	647,184.35
负债合计	70,133,658.39	146,207,223.39	155,765,407.58	258,345,319.52
少数股东权益	0.00	4,023,117.39	0.00	3,853,954.52
股本	72,711,765.00	72,711,765.00	87,254,118.00	87,254,118.00
资本公积	112,693,191.90	112,693,191.90	98,150,838.90	98,150,838.90
盈余公积	16,624,306.03	26,721,030.45	16,624,306.03	26,721,030.45
其中:公益金	6,920,211.89	11,510,396.22	6,920,211.89	11,445,905.81
未分配利润	12,611,654.68	2,514,930.26	18,962,735.48	14,277,718.03
股东权益合计	214,640,917.61	214,640,917.61	220,991,998.41	226,403,705.39
负债及股东权益合计	284,774,576.00	364,871,258.39	376,757,405.99	488,602,979.43

2、简化的损益表(1997年1-6月)

金额单位:元

项　目	1996年上半年		1997年下半年	
	(母公司)	(合并数)	(母公司)	(合并数)
主营业务收入	22,819,069.68	75,219,349.70	29,619,526.27	95,419,867.17
主营业务利润	6,866,601.78	9,808,578.56	-1,363,809.86	3,384,096.86
其他业务利润	270,000.00	2,335,305.80	0.00	2,493,947.44
投资收益	4,406,888.07	556,790.40	15,654,642.01	9,375,515.26
营业外收入	0.00	-11,206.60	0.00	294,525.71
营业外支出	118,500.00	688,674.50	7,265.42	120,584.41
以前年度损益调整		129,053.23	-1,400,000.00	-1,400,000.00
利润总额	11,424,989.85	12,129,846.89	12,883,566.73	14,027,500.86
所得税	1,102,815.27	1,852,829.65	1,120,778.96	2,432,548.23
少数股东权益		-45,157.34		-167,835.14
净利润	10,322,174.58	10,322,174.58	11,762,787.77	11,762,787.77

(二)财务指标

	1996年上半年	1997年上半年
每股收益	0.15元	0.135元
净资产收益率	5.00%	5.20%
每股净资产	3.04元	2.59元

(注:1996年上半年财务指标按扩股前净资产计算)

(三)财务报表附注:

1、本中期报告所采用的会计政策与以前年度所采用的会计政策一样,报表全并范围未发生变化。

2、本中期报告财务数据说明

(1)短期投资　91,643,713.25元

其中:国债　5,449,716.26元

股票成本价　3,193,996.99元

奉浦苑示范住宅小区项目83,000,000.00元

(2)长期投资23,035,629.54元,与期初相比减少了2,584,809.02元

其中:收回对苏州二侨太塑胶皮革制品有限公司投资款3,500,000.00元,增加国债投资915,190.98元。

(3)预付货款31,882,249.08元,比期初增加462.89%,系预付工程款。

(4)其他应收款85,374,661.37元,比期初增加83,56%,主要为工程垫资款。

(5)短期借款138,260,000.00元,比期初增加139.78%,系增加工程项目借款。

(6)预收货款52,292,783.08元,比期初增加170.71%,系工程项目预收款。

(7)股本87,254,118.80元,比期初增加20%,系资本公积转增股本。

(8)资本公积98,150,838.90元,比期初减少12.90%,系资本公积转增股本。

(9)投资收益9,375,515.26元

其中:股票、证券收益　1,987,498.42元

非控股公司投资收益　588,016.84元

项目投资收益　6,800,000.00元

(10)以前年度损益调整-1,400,000.00元,系调整苏州二侨太塑胶皮革制品有限公司的投资收益计提数。

(四)关联方关系披露

1、存在控制关系的关联方

企业名称	注册地址	主营业务	经济性质或类型	法定代表人
上海同济生物制品有限公司	上海市国权路41号205室	研制、生产、销售生物制品	有限责任公司	林学言
上海同济高科产业公司	浦东新区栖山路33号	新型材料开发试制	联营	顾国维
上海济强国际土木工程顾问有限公司	浦东新区陈家门54号	岩土工程勘察、设计咨询	中外合资	蒋演德

2、存在控制关系的关联方所持有股份

企业名称	投资金额	投资比例	注册资金
上海同济生物制品有限公司	250万元	62.5%	400万元
上海同济高科产业公司	840万元	80%	1050万元
上海济强国际土木工程顾问有限公司	86.4万元	75%	20万美元

3、控制关系的关联企业无交易发生

(五)承诺事项、或有关事项:

截至报告期止公司为子公司有公司外企业银行借款担保金额7905万元,

其中:子公司借款担保1700万元

公司外企业借款担保6205万元。

(注:公司外企业担保为对等担保)

二、公司经营情况回顾与展望

(一)上半年经营情况的回顾

今年上半年,公司在继续进行产业结构调整的同时,继续保持土建方面的优势,加大科技开发的投入和市场开拓的力度,机电产品、生物制品的生产销售有了新的转机,公司主营业务收入9542万元,实现年计划的47.7%,实现利润1402.75万元,完成全年计划的41.25%。比去年同期创利水平有所提高。

1、积极参与上海市住宅试点小区“奉浦苑”的开发和建设,承担工程总承包,充分发挥同济科技的技术优势,加大了新技术的应用范围与相关新型建材的开发投入。

2、重视企业内部的联合,提高工程项目的夺标能力,宁波电视中心和宁波广电大厦及华东师大体育馆的建筑设计、中央广播电视塔的灯光工程、新泰电视塔设计和灯光工程、青岛汇泉广场艺术灯光工程等在众多投标方案中获胜,宝钢科技会议中心大楼和江苏泰州合作银行装璜设计方案在竞标中获第一名;圣爱广场等10000立方米支撑爆破工程和20000平方米房屋爆破工程以及徐浦大桥桥面铺装工程监理的完成和进行中的延安东路高架、沪闵路高架及浦东机场飞行区工程监理都创造了较好的经济效益和社会效益。

3、坚持多元化经营,加大对科技产品的投入,特种空调器系列中的超高温行车空调、军用空调和混流风机、粘度计等产品及安川同济机电有限公司的变频器销量,呈现上升势头,心脑保健食品“首脑胶囊”投放市场后销量逐月上升,生物制品“弓形虫试剂”等的市场份额也在不断扩大;国内外贸易、服务业有较稳定发展。

(二)下半年展望

进一步完善企业内部经营机制,盘活现有资产存量,强化内部审计,抓好“住宅科技产业化”、“特种空调”和“生物技术”等配股投资项目的实施,加强对已投资项目和企业管理,以保证投资回报。

继续加强各专业企业的技术互补,发挥科技企业的综合技术优势和集团优势,承接重大工程项目和高质量完成在建工程项目;积极探索资产经营的路子,努力开拓新的投资项目,进一步开拓销售渠道,完善销售网络,全面完成今年的各项经济指标。

三、重大事件说明

1、公司按照国务院证券委、中国人民银行、国家经贸委1997年5月21日联合发布的《国有企业和上市公司炒作股票的规定》的通知精神,在全公司范围内(包括母公司、子公司和合并报表的关联公司)进行了自查,对公司持有的股票帐户和持股情况作了认真清理,并按照“通知”要求作了处理。目前,公司保留2个已上市流通股票帐户(其中在上海和深圳证关中央登记结算公司的帐户各1个)。本公司郑重保证:在以往的股票投资活动中从未有过违反国家政策法规的行为,今后如果从事股票投资,将严格遵循国家政策法规和本公司章程的规定进行。

2、公司诉苏州二侨太塑胶皮革制品有限公司,要求其履行签订的合作经营协议以及抵押借款合同,归还本金350万元和利息。经上海市第二中级人民法院受理,九七年五月二十八日判决〔(1997)沪二中经初字第152号〕为:原协议及合同无效;被告苏州二侨太塑胶皮革制品有限公司返还公司本金350万元;太仓市鹿河镇农工商总公司承担连带赔偿责任。因被告未在法院判决的规定期限内返还欠款,公司已向法院申请执行。

3、前次募集资金使用情况

(1)同济科技工业园区项目:计划投入1500万元,因与浙江温州市瓯海区政府合作建设,实际投入650万元,余额850万元作为引进科技项目配套资金;

(2)环保技术及产品项目:计划投入760万元,实际投入840万元,上年度投资回报25%。

(3)机电一体化技术及产品项目:计划投入490万元,实际投入220万元,余额270万元将作为对该项目的追加投资;

(4)生物医药工程技术及产品项目:计划投入600万元,实际投入350万元,余额250万元将用于添置生产设备,扩大生产能力;

(5)土建工程现代化项目:计划投入500万元,实际投入400万元,上年度投资回报25%,余额100万元已用于项目(2)。

(6)河内同春新型材料有限公司和上海同英设备工程有限公司项目:计划投入850万元,因越方和韩方的原因中止实施,其中250万元用于专家服务中心配套服务设施,上年度投资回报20%,余额600万元左右将用于机电一体化技术及产品等科技项目。

(7)前次配股由于项目计划变化暂未投入使用的部分资金在上半年作为今年配股申请新的项目的前期投入使用,在配股申请获准后即可抽回继续投入原计划项目。

四、发行在外股票的变动和股权结构的变化

(一)1997年6月17日,因实施1996年度公积金转增股本方案(对全体股东每10股转2股),公司股权结构发生变化。

(2)股权结构情况(1997年6月30日)

	本次变动前	比例(%)	本次变动增减+/-	本次变动后	比例(%)
1.发起人股份	4131.6765	56.82	826.3353	4958.0118	56.82
其中:					
国家持有股份	721.6230	9.92	144.3246	865.9476	9.92
法人持有股份	3410.0535	46.90	682.0107	4092.0642	46.90
2.转配部分	819.0000	11.26	163.8000	982.8000	11.26
尚未流通股份	4950.6765	68.08	990.1353	5940.8118	68.08
二.已流通股份					
境内上市人民币普通股	2320.5000	31.92	464.1000	2784.6000	31.92
三.股份总数	7271.1765	100.00	1454.2353	8725.4118	100

(三)主要股东持股情况

股东名称	期末数(万股)	占总股本(%)
同济大学	4092.0642	46.90
上海国资办	865.9500	9.92
华夏证券	149.3445	1.71
章训	43.0918	0.49
管胜	20.1512	0.23
徐辉	13.9000	0.16
余杨永	7.0453	0.08
赵红	6.30000	0.07
山东证券	6.1740	0.07
管胜	6.0000	0.07

五、股东大会简介

公司第四次股东大会于1997年5月9日在上海市曲阳路800号(甲)上海商务中心五楼会议厅召开,出席会议的股东代表182人,代表股份41879765.70股,占公司总股本的57.6%,符合法定程序和规定。

大会经过审议批准,以举手表决方式通过了《董事会1996年度工作报告》、《监事会1996年度工作报告》、《公司1996年经营业绩与1997年发展规划的报告》、《公司1996年度财务决算及1997年度财务方案》、《公司1996年度分配方案》、《资本公积金转增股本和配股方案》等;并以记名投票方式选举产生了公司第二届董事会和监事会。大会最后通过了本次股东大会的决议(详见1997年5月12日上海证券报)。

本公司报告期内没有召开临时股东大会。

六、备查文件

1、载有董事长、总经理亲笔签名的中期报告原本;

2、1996年度股东大会文件;

3、股东查阅文件地址:上海市赤峰路198号

咨询机构:上海同济科技实业股份有限公司证信部

电　　话:021-65015860-113

上海同济科技实业股份有限公司

一九九七年八月二十日

上海张江高科技园区开发股份有限公司

上海张江高科技园区开发股份有限公司1996年年度报告摘要

一、公司简况

公司法定中文名称:上海张江高科技园区开发股份有限公司

公司英文名称:SHANGHAI ZHANGJIANG HI - TECH PARK DEVELOPMENT CO.,LTD.

公司英文名称缩写:ZJHTC

公司注册地址:上海市浦东新区龙东大道200号

邮编:201204

公司法定代表:钱人杰

公司咨询服务机构:投资金融部

电话:(021)58913456

传真:(021)58914492

联系人(董秘):于体健

会计师事务所:大华会计师事务所

股票简称:张江高科

股票代码:600895

二、主要财务数据与财务指标

指标项目	本年数	上年数	比上年增减(%)
1. 主营业务收入(万元)	14188	9067	56.48
2. 净利润(万元)	4740	3059	54.95
3. 总资产(万元)	50024	27161	84.18
4. 股东权益(万元)	31502	11998	162.59
5. 每股收益(元)	0.32	0.41	-21.95
6. 每股净资产(元)	2.10	1.60	31.25
7. 净资产收益率(%)	15.05	25.50	-40.98
8. 股东权益比率(%)	62.97	44.17	42.56

注:按加权股本计算,96年每股收益为0.45元

三、公司业务回顾

1. 一年来的经营状况

1996年是公司创建的起步年,公司抓住有利时机,以董事会确定的"以管理为基础、以市场为导向、以效益为核心、以稳健为原则"为公司总的经营指导思想,积极致力于张江高科技园区的开发建设和高新技术产业项目的投资,扩大公司的盈利基础,较好地完成了年度经营目标和财务指标。

1996年8月,国家科委、卫生部、国家医药管理局和上海市政府在北京人民大会堂签订合作协议,在张江高科技园区共建"国家上海生物医药科技产业基地",对国家重大生物医药产业项目将优先安排在张江高科技园区落户,从而确立了张江园区作为中国药谷的产业定位。随着园区在各方面软硬件设施的完善,园区不仅具备了高科技产业的大规模生产型企业生存发展的条件,也初步具备了跨国公司区域性总部设立所必备的基本因素。本年度公司共引进项目11个,完成批租产业地块5幅,其中包括美国联信、瑞士罗氏等著名跨国公司的中国总部以及比利时的史克必成、美国的汉纳、美敦力等具国际领先水平的生物医药、光机电一体化项目。同时公司依靠政府的支持和凭借园区自身的特点和优势,主动实施战略调整,从公司的长远发展和保证股东的长、短期利益出发,积极抓住更有利的投资机遇,寻求和培育新的经济增长点。目前公司已投资和正准备投资的高科技产业投资项目均按计划进行,进展顺利。

1996年公司在资本扩张方面迈出了第一步,于96年10月实施了96年度中期分配方案,即对全体股东每10股分配2股红股,另运用资本公积金按每10股转增3股,从而使公司的总股本由10000万元扩大到15000万元。

公司建立并逐步完善了内部运营机制和管理制度,力求以管理出效益,努力增收节支。公司还十分重视实施人才战略,通过公开招聘充实了一批优秀人才到业务岗位,使人才结构趋于合理。

2. 主要经济指标分析说明

1996年公司实现主营业务收入14188万元,净利润4740万元,分别比去年同期增长56.48%和54.95%,公司股票上市公告书披露公司1996年的盈利预测为主营业务收入18646万元,净利润4270万元,实际分别完成预测数的76.09%和111.01%。

公司凭借国家政策的扶持和高科技园区自身的优势,及时抓住有利机遇,对中长期经营战略实行了重大调整,逐步开始了将主营业务从原来单纯的土地使用权批租经营走向资本经营,从内部积累走向外部拓展的探索,力求通过资本经营来寻求企业发展的新的经济增长点。同时公司继续坚持了对入区项目高科技含量的筛选标准,以维护园区作为国家级高科技产业园区的对外窗口形象,对年度土地使用权批租总量进行了必要的压缩和控制,使公司宝贵的土地存量保持在相对较高的水平,以保证公司在2000年浦东国际机场通航、地铁二号线通车之际仍具有强大的发展后劲,使股东的中、长期利益更大化。此外,公司进一步加强了企业内部的科学管理,控制和降低各项期间费用,实现企业盈利的多元化。因此,尽管本年度主营业务实际收入低于预测水平,但净利润仍比原预测水平上升了11.01%。

3. 募集资金使用情况的说明

公司报告年度内发行2500万股A股(含250万股公司职工股),共募集资金14760万元(扣除发行费用),按招股说明书所述的募集资金的各项用途,募股资金的使用情况如下:

a. 国家生物医药产业基地的开发建设

为配合96年8月国家三部委和上海市政府在张江园区共建"国家上海生物医药科技产业基地"的决策,需进一步完善园区的投资环境。在募集资金中,公司实际投入10350万元用于国家生物医药产业基地的开发建设,其中标准厂房项目进展顺利。

b. 高科技生物医药产业项目

公司按照国家对园区的产业定位及公司的96年工作计划,积极稳妥地开展了对奈科明制药等高科技生物医药产业项目的投资。其中中挪合资上海奈科明制药有限公司注册资金为1000万美元,按有关协议,本公司出资100万美元受让该公司10%的股权,目前股权转让协议正在顺利执行中,公司已按计划完成了股权受让,从而成为该公司中方主要股东之一。

c. 基础配套设施项目

原募集资金用途中披露的投资35千伏输变电工程和园区集中供热工程项目。由于公司抓住在园区建设国家上海生物医药产业基地这个机遇,对中长期经营战略进行了调整,原定的部分工程对象和投资条件发生了相应的变化,为此公司正聘请有关专家根据各项目之间的共性,就如何优化投资结构、降低投资成本、提高投资收益重新进行全面客观的论证。

四、股本变化及股本结构情况

(1)截至1996年末,公司股本结构如下:

数量单位:万股　每股面值:1元

	期初数	发行新股	送股	公积金转股	期末数
一、尚未流通股份					
1.发起人股					
其中:境内法人持有股份	7500		1500	2250	11250
2.职工股		250	50	75	0
尚未流通股份合计		250	1550	2325	11250
二、已流通股份					
境内已上市的人民币普通股		2250	450	675	3750
已流通股份合计		2250	450	675	3750
三、股份总计	7500	2500	2000	3000	15000

注:期初数指年初数。

(2)股本变动原因

a.1996年4月3—4日以每股6.15元的发行价向境内发行2500万股人民币普通股(包括250万股为公司职工股),其中2250万股社会公众股于1996年4月22日在上海证券交易所上市流通。

b.1996年9月28日经股东大会审议以通讯表决方式通过:公司以1996年上半年所实现税后利润2639.28万元,连同公司1995年度845.63万元的未分配利润,实施1996年度中期分红,向全体股东每10股派送2股红股;另同时向全体股东按10:3比例实施资本公积金转增股本方案,该方案于1996年10月10日实施,从而使公司股本总数由期初(发行后)的10000万股增至15000万股。

c.公司职工股上市时间为1996年10月23日。

(3)主要股东持股情况(前十名股东)

名次	股东名称	年末持股数(万股)	占总股本(%)
1	上海市张江高科技园区开发公司	9000	60
2	上海久事公司	2250	15
3	张江高科职工持股会	201	1.34
4	王生云	116	0.77
5	甘雅琴	71	0.47
6	孙维倩	70	0.47
7	陈秀芳	70	0.47
8	吕湘绮	53	0.35
9	烟台证券	47	0.31
10	钱鸿飞	44	0.29

截至1996年末公司的股东总数为23750户,其中法人股东40户,社会公众股东23710户。

(4)公司董事、监事与高级管理人员持股情况

姓名	职务	年初持股数	年末持股数	变动原因
钱人杰	董事长	5000	7500	96年中期资本公积金10:3转增股本同时按10:2派送红股
张桂娟	副董事长	5000	7500	
毛德明	董事	5000	7500	
刘正义	董事、总经理	5000	7500	
花　明	董事、副总经理	5000	7500	
于体健	董事、董秘兼副总经理	5000	7500	
王雅丽	董事	5000	7500	
蒋慧工	监事长	0	0	
曹耳东	监事	0	0	
王德宝	监事	5000	7500	
张义华	监事	5000	7500	
王幽燕	监事	5000	7500	

五、重要事项

1)、经中国证监会证监发审字(1996)17号文和证监发字(1996)50号文批准,公司于1996年4月3日、4日向社会公开发行2250万股A股,另向公司职工发行250万股公司职工股。

2)、1996年4月13日,公司召开创立大会暨第一届股东大会,会议审议通过了:(1)公司章程;(2)公司监事会条例;(3)选举钱人杰、张桂娟、毛德明、刘正义、花明、于体健、王雅丽七人为公司第一届董事会董事;选举蒋慧工、曹耳东、王德宝、张义华、王幽燕五人为公司第一届监事会监事;(4)公司1995年度财务结算及1996年度工作计划;(5)公司社会公众股申请在上海证券交易所上市的决议。

3)、1996年4月13日,公司第一届股东大会期间,召开了一届一次董事会会议,推举钱人杰先生为公司董事长,推举张桂娟女士为公司副董事长;聘任刘正义女士为公司总经理,聘任花明先生、于体健先生为公司副总经理,聘任潘桂芳女士为公司会计部负责人。

4)、经上海证券交易所上证上(96)字第016号文审核批准,公司2250万股A股于1996年4月22日在上海证券交易所挂牌交易。

5)、1996年6月14日,公司与上海淮海制药厂签订转让股份协议,公司将出资100万美元受让上海淮海制药厂持有的中挪合资上海奈科明制药有限公司10%的股份,成为该公司中方主要股东之一。

6)、公司一届二次董事会会议于1996年6月14日召开,会议审议通过了(1)公司1996年度经营目标与投资计划;(2)公司1996年度财务预算;(3)公司人员编制和工资计划编制原则;(4)公司财务制度;(5)公司内部审计制度;(6)聘任于体健先生担任公司的董事会秘书。

7)、公司一九九六年度中期报告于1996年8月28日在《上海证券报》和《中国证券报》上刊登,同时刊登了公司董事会公告,公告主要内容如下:公司一届三次董事会会议于1996年8月23日以通讯表决方式通过如下决议:1996年中期按10:2比例向全体股东派送红股和按10:3比例向全体股东实施资本公积金转增股本的分配预案。

8)、9月28日临时股东大会以通讯表决方式通过董事会96年度中期分配预案,该方案于1996年10月10日实施,从而使公司的总股本由10000万元增至15000万元。

9)、8月2日,国家科委、卫生部、国家医药管理局和上海市人民政府在人民大会堂签字共建"国家上海生物医药科技产业基地",确立了上海张江高科技园区作为中国药谷的产业定位。

10)、1996年11月20日公司董事长钱人杰先生作为中国国家级高科技开发区代表前往菲律宾首都马尼拉参加亚太经合组织会议,与各国代表交流发展高科技园区的经验。许多国家首脑出席了此次会议,我国国家主席江泽民出席会议并在会上发表了演讲。

11)、本年度公司无重大诉讼、仲裁事项。

六、关联企业

子公司及关联企业

企业名称	注册资金(万元)	主营业务	本公司拥有权益(%)
上海张江传播商务有限公司	125	传播	20
上海鲲鹏投资发展有限公司	500	医药产业投资	30

七、财务报告

(一)、审计意见

公司财务报告已经大华会计师事务所中国注册会计师陆国豪、戎凯宇审计,并出具了无保留意见的审计报告。

(二)、财务报表(见附表)

(三)、财务报表附注

一)重要会计政策:

1.外币折算方法:以人民币为记帐本位币,会计年度内涉及外币的经济业务,按发生当月月初外汇市场汇价折合人民币入帐,月末将外币帐户余额按期末外汇市场汇价折合本位币进行调整,调整后的记帐本位币余额与原帐面余额之间的差额列入"财务费用-汇兑损益"。

2.存货计价方法:各类存货的购入与入库按实际成本计价,领用与

发出按分批认定法计价;低值易耗品按一次摊销法摊销。

3.长期投资核算方法:

股权投资和联营投资:对持股比例在50%以上的及虽在50%以下但系控股的企业其投资按权益法核算,并在年终编制合并会计报表;持股比例在50%以下(包括50%)的企业按成本法核算。

4.税项:

本公司适用的流转税及附加的税种与税率:

税种	所得税	营业税	城建税
税率	15%	5%	1%
计税基数	应纳税所得额	营业额	应纳营业税额
应交款	教育费附加	堤防费	义优金
附加率	3%	1%	0.3%
计算基数	应纳营业税额	应纳营业税额	应纳营业税额

企业所得税适用于15%的税率。

5.其他长期负债转销:

其他长期负债系本公司发行股票时,申购无效的投资者其资金在冻结期所产生的存款利息收入,从1996年起分5年转销。

6.利润分配:

本公司于1996年9月28日经临时股东大会通过1996年度中期利润分配方案,并报经上海市证券管理办公室以沪证办(1996)222号文核准,向全体股东派送股票股利2,000万股,每股面值1元。

根据公司法规定及公司第一届董事会第四次会议通过的1996年度公司利润分配预案,按本年度税后利润的10%分别提取法定盈余公积金和公益金,本年度已实施中期分红方案,年末未分配利润暂不分配。

7.收入实现条件:

土地使用权转让金收入:以已签订土地使用权转让合同,并已按合同进行了土地交接,同时已将发票及帐单提交买方作为销售实现的条件。

8.坏帐处理方法为:直接转销法。

二)报表项目附注:

1.短期投资1996年12月31日余额为人民币26,299,445.98元,系债券投资。

2.应收帐款1996年12月31日余额为人民币18,402,021.11元,按帐龄分析:

帐龄	户数	金额	占总额比例
一年以下	1	2,987,352.00	16.23%
一～二年	1	13,631,273.07	74.08%
二～三年	1	1,783,396.04	9.69%
合计	3	18,402,021.11	100%

本帐户余额中无持本公司5%以上股份的主要股东的欠款。

3.其他应收款1996年12月31日余额为人民币92,389.33元,共计2户,帐龄均在一年以下。

本帐户余额中无持本公司5%以上股份的主要股东的欠款。

4.存货1996年12月31日余额为人民币253,674,938.52元,系土地开发成本。

5.长期投资1996年12月31日余额为人民币4,403,062.06元,其中:

(1)股权投资1,400,000.00元,系投资于长江经济联合发展股份有限公司的法人股10万股。

(2)联营投资3,003,062.06元,其明细内容如下:

被投资企业名称	持股比例	金额
上海张江传播商务有限公司	20%	250,000.00
上海赛尔生物技术有限公司	11%	100,000.00
上海奈科明制药有限公司	10%	1,153,062.06
上海鲲鹏投资发展有限公司	30%	1,500,000.00
合计		3,003,062.06

6.其他长期负债1996年12月31日余额为人民币1,988,514.94元。

为申购无效的投资者其资金在冻结期所产生的存款利息收入的转销余值。

7.资本公积1996年12月31日余额为人民币127,047,649.63元

期初余额	本期增加额	增加原因	本期减少额	减少原因	期末余额
34,412,356.52	122,635,293.11	发行新股的溢价及利息收入	30,000,000.00	中期分红转增股本	127,047,649.63

资本公积转增股本的有关决议和批准文件:

资本公积转增股本经上海张江高科技园区开发股份有限公司第一届董事会第三次会议决议和上海张江高科技园区开发股份有限公司临时股东大会决议及上海市证券管理办公室核准。

8.盈余公积1996年12月31日余额为人民币11,594,189.90元,其明细内容如下:

明细项目	期初余额	本期利润提取	期末余额
法定盈余公积金	1,057,038.99	4,740,055.96	5,797,094.95
公益金	1,057,038.99	4,740,055.96	5,797,094.95
合计	2,114,077.98	9,480,111.92	11,594,189.90

9.未分配利润1996年12月31日余额为人民币26,376,759.60元,来源:

(1)1995年12月31日未分配利润余额	8,456,311.95
(2)加:1996年度净利润	47,400,559.57
(3)减:提取法定盈余公积金	4,740,055.96
(4)　提取法定公益金	4,740,055.96
(5)减:1996年度中期分配股利	20,000,000.00
(6)1996年12月31日未分配利润余额	26,376,759.60

10.主营业务收入和主营业务成本1996年度发生额分别为人民币141,880,120.89元和88,749,400.70元,系土地使用权转让金收入和开发产品成本。

11.财务费用1996年度发生额为人民币－265,046.67元,其中:

费用项目	金额
(1)利息净支出	－975,240.09
(2)汇兑净损失	708,604.09
(3)其他	1,589.33
合计	－265,046.67

12.投资收益1996年度发生额为人民币6,625,475.03元,系债券投资收益。

13.营业外收入1996年度发生额为人民币7,573,128.73元,其中:

项目	金额
(1)违约金收入	7,076,000.00
(2)申购无效的投资者其存款利息收入	497,128.73
合计	7,573,128.73

14.以前年度损益调整1996年度发生额为人民币2,115,032.69元,系与母公司预结款项的汇兑损益。

八、其他事项

公司一届四次董事会会议于1997年4月11日召开,会议拟定公司1996年度利润分配预案为:

1996年度,公司实现税后利润4740万元,提取10%法定公积金474万元、提取10%法定公益金474万元,本年度可分配利润3792万元。加上年度未分配利润846万元,减本年度中期分红2000万元,年末可分配利润为2638万元。

公司1996年已实施每10股派送2股红股的中期分红方案,共送红

股2000万股,董事会拟定:1996年年末2638万元未分配利润暂不分配。

以上利润分配预案尚须经股东大会表决通过。

上海张江高科技园区开发股份有限公司 一九九七年四月十五日

资产负债表

单位:上海张江高科技园区开发股份有限公司　　1996年12月31日　　金额单位:元

资产	行次	年初数	年末数	负债及股东权益	行次	年初数	年末数
流动资产				流动负债			
货币资金	1	4768216.12	91024978.26	短期借款	41		30000000.00
短期投资	2		26299445.98	应付票据	42		
应收票据	3			应付帐款	43		
应收帐款	4	15450334.87	18402021.11	预收货款	44	52381868.49	150290127.22
减:坏账准备	5			应付福利费	45	97720.27	201914.93
应收帐款净额	6	15450334.87	18402021.11	未付股利	46		
预付货款	7	953904.81	104943012.84	未交税金	47	4060313.38	1911362.41
其他应收款	8		92389.33	其他未交款	48	-79659.66	-212803.39
待摊费用	9		4193.43	其他应付款	49	95169309.07	952645.68
存　货	10	248236008.22	253674938.52	预提费用	50		92400.00
减:存货变现损失准备	10-1			一年内到期的长期负债	51		
存货净额	10-2	248236008.22	253674938.52	其他流动负债	52		
待处理流动资产净损失	11						
一年内到期的长期债券投资	12			流动负债合计	55	151629551.55	183236546.85
其他流动资产	13			长期负债			
流动资产合计	15	269408464.02	494440979.47	长期借款	56		
长期投资				应付债券	57		
长期投资	16	1750000.00	4403062.06	长期应付款	58		
合并价差(合并报表填列)(贷差以-号表示)	16-1			其他长期负债	60		1988514.94
固定资产							
固定资产原价	17	600211.00	1811847.00	长期负债合计	65		1988514.94
减:累计折旧	18	146377.02	413127.61	递延税项			
固定资产净值	19	453833.98	1398719.39	递延税款贷项	66		
在建工程	20			负债合计	67	151629551.55	185224161.79
固定资产清理	21						
待处理固定资产净损失	22			少数股东权益(合并报表填列)	67-1		
固定资产合计	23	453833.98	1398719.39				
无形资产及递延资产:				股东权益			
无形资产	24			股本	68	75000000.00	150000000.00
递延资产	25			资本公积	69	34412356.52	127047649.63
无形及递延资产合计	30			盈余公积	70	2114077.98	11594189.90
其他长期资产				其中:公益金	71	1057038.99	5797094.95
其他长期资产	31			未分配利润(未弥补亏损以"-"号表示)	72	8456311.95	26376759.60
递延税项				外币报表折算差额(合并报表填列)	72-1		
递延税款借项	32			股东权益合计	79	119982746.45	315018599.13
资产总计	40	271612298.00	500242760.92	负债及股东权益总计	80	271612298.00	500242760.92

利润及利润分配表

单位:上海张江高科技园区开发股份有限公司　　1996年度　　金额单位:元

项目	行次	上年累计数	本年累计数
一.主营业务收入	1	90671416.23	141880120.89
减:　营业成本	2	46657938.00	88749400.70
销售费用	3	590585.90	1948180.83
管理费用	4	2503896.14	5090268.18

项目	行次	上年累计数	本年累计数
财务费用	5	306159.38	-265046.67
进货费用	6		
营业税金及附加	7	4769316.49	7464825.40
二．主营业务利润(亏损以"-"号表示)	8	35843520.32	38892492.45
加：其他业务利润(亏损以"-"号表示)	9		
三．营业利润(亏损以"-"号表示)	10	35843520.32	38892492.45
加：投资收益(损失以"-"号表示)	11	100000.00	6625475.03
补贴收入	11-1		
营业外收入	12	24998.00	7573128.73
减：营业外支出	13		
加：以前年度损益调整(调减以"-"号表示)	14		2115032.69
四．利润总额(亏损以"-"号表示)	15	35968518.32	55206128.90
减：所得税	16	5380577.75	7805569.33
减：少数股东损益(合并报表填列)(亏损以"-"号表示)	16-1		
五．净利润(亏损以"-"号表示)	17	30587940.57	47400559.57
加：年初未分配利润(未弥补亏损以"-"号表示)	18	3815688.69	8456311.95
盈余公积转入数	19		
六．可分配的利润(亏损以"-"号表示)	20	34403629.26	55856871.52
减：提取法定公积金	21	1057038.99	4740055.96
提取法定公益金	22	1057038.99	4740055.96
职工奖金福利(合并报表填列,子公司为外商投资企业项目)	22-1		
	22-2	23833239.33	
七．可供股东分配的利润(亏损以"-"号表示)	23	8456311.95	46376759.60
减：已分配优先股股利	24		
提取任意公积金	25		
已分配普通股股利	26		20000000.00
八．未分配利润(未弥补亏损以"-"号表示)	27	8456311.95	26376759.60

财务状况变动表

单位:上海张江高科技园区开发股份有限公司　　1996年度　　金额单位:元

流动资金来源和运用	行次	金额	流动资金各项目的变动	行次	金额
一、流动资金来源			一、流动资产本年增加数		
1.本年净利润(合并报表为合并净利润)	1	47400559.57	1.货币资金	31	86256762.14
加:少数股东本期损益(合并报表填列)	2		2.短期投资	32	26299445.98
加:不减少流动资金的费用和损失:			3.应收票据	33	
(1)固定资产折旧	3	266750.59	4.应收帐款净额	34	2951686.24
(2)无形资产、递延资产及其他资产摊销(减其他负债转销)	4		5.预付货款	35	103989108.03
(3)固定资产盘亏(减盘盈)	5		6.其他应收款	36	92389.33
(4)清理固定资产损失(减收益)	6		7.待摊费用	37	4193.43
(5)递延税款	7		8.存货净额	38	5438930.30
(6)其他不减少流动资金的费用和损失	8		9.待处理流动资产净损失	39	
小　计	10	47667310.16	10.一年内到期的长期债券投资	40	
2.其他来源			12.其他流动资产	41	
(1)固定资产清理收入(减清理费用)	11			42	
(2)增加长期负债	12	1988514.94	流动资产增加净额	45	225032515.45
(3)收回长期投资	13		二、流动负债本年增加数:		
(4)对外投资转出固定资产	14		1.短期借款	46	30000000.00
(5)对外投资转出无形资产	15		2.应付票据	47	
(6)资本净增加额	16	177115405.03	3.应付帐款	48	
(7)少数股东资本净增加额(合并报表填列)	16-1		4.预收货款	49	97908258.73
小　计	17	179103919.97	5.应付福利费	50	104194.66
流动资金来源合计	18	226771230.13	6.未付股利	51	
二、流动资金运用			7.未交税金	52	-2148950.97
1.利润分配			8.其他未交款	53	-133143.73
(1)提取法定公积金	19	4740055.96	9.其他应付款	54	-94216663.39
(2)提取法定公益金	20	4740055.96	10.预提费用	55	92400.00

流动资金来源和运用	行次	金额	流动资金各项目的变动	行次	金额
(3)提取任意公积金	21		11.一年内到期的长期负债	56	
(4)已分配股利	22	20000000.00	12.其他流动负债	57	
(5)职工奖福基金(合并报表中外商投资子公司项目)	22-1				
小　计	23	29480111.92			
2.少数股东利润分配(合并报表填列)	23-1				
3.其他运用					
(1)固定资产和在建工程净增加额	24	1211636.00			
(2)增加无形资产、递延资产及其他资产	25				
(3)偿还长期负债	26				
(4)增加长期投资	27	2653062.06			
小　计	28	3864698.06			
流动资金运用合计	29	33344809.98			
外币会计报有折算差额(合并报表填列)	29-1		流动负债增加净额	58	31606095.30
流动资金增加净额	30	193426420.15	流动资金增加净额	59	193426420.15

上海张江高科技园区开发股份有限公司一九九七年度中期报告

一、财务报告(已经审计)

本财务报告经上海大华会计师事务所注册会计师陆国豪、戎凯宇审计,并出具无保留意见的审计报告〔华业字(97)第1149号〕。

(一)财务报告

1.简化的资产负债表(1997年6月30日)

金额单位:元

项　目	年初数	期末数
资产		
流动资产	494,440,979.47	467,027,769.48
长期投资	4,403,062.06	29,545,597.29
固定资产净值	1,398,719.39	1,425,671.49
在建工程		
无形资产及递延资产		
其他长期资产		
资产总计	500,242,760.92	497,999,038.26
负债及股东权益		
流动负债	183,235,646.85	143,325,559.60
长期负债	1,988,514.94	1,988,514.94
负债合计	185,224,161.79	145,314,074.54
股东权益	315,018,599.13	352,684,963.72
其中:股本	150,000,000.00	150,000,000.00
资本公积	127,047,649.63	127,047,649.63
盈余公积	11,594,189.90	11,594,189.90
其中:公益金	5,797,094.95	5,797,094.95
未分配利润	26,376,759.60	64,043,124.19
少数股东权益		
负债及股东权益合计	500,242,760.92	497,999,038.26

2.简化的损益表(1997年6月30日)

金额单位:元

	上年同期数	1997年1-6月
主营业务收入	97,215,980.10	77,907,378.75
主营业务利润	28,935,345.21	39,708,536.52
其他业务利润		
投资收益		3,296,315.94
营业外收支净额		490,400.00
利润总额	31,050,377.90	43,495,252.46
所得税	4,657,556.68	5,828,887.87
少数股东权益		
净利润	26,392,821.22	37,666,364.59

3.其他财务指标

每股收益	0.251元
净资产收益率	10.68%
每股净资产	2.35元

以上财务指标以150,000,000股本数为计算基础。

(二)、财务报表附注

1.本期财务报告所采用的会计政策及会计方法与上年度一致。

2.财务报表中变动幅度超过30%的数据分析说明:

(1).“货币资金”、“短期投资”、“长期投资”的变动是公司对上年末积余资金的使用,其中主要是对经董事会批准的长期投资的实施以及为了确保股东利益对暂未使用资金采取的有效管理措施。

(2)“应收帐款”系今年上半年销售项目中增加的应收未收款

(3)“预付货款”系基础设施开发的投入。

(4)“其他应收款”系差旅费借款增加。

(5)“待摊费用”系新增固定资产保险费的增加。

(6)“未交税金”和“其他应付款”的减少是公司对国家及有关企业的款项清算所致。

(7)“应付福利费”系本期人员增加计提数增加所致。

(8)“损益部分”数额变化系销售结构变动所致。

(三)、关联企业及关联交易

1.(1)存在控制关系的关联方

企业名称	注册地址	主营业务	与本企业关系	经济性质或类型	法定代表人
张江高科技园区开发公司	浦东龙东大道200号	高科技项目开发经营转让,市政基础设施开发设计、房地产经营、工程承包、装饰、咨询、保税、仓储、运输	母公司	国有企业	钱人杰
上海宏浩企业发展有限公司	浦东龙东大道200号	项目投资咨询、经济信息咨询、企业管理策划、商务及会务服务	子公司	有限责任公司(国内合资)	钱人杰

(2)存在控制关系的关联方的注册资本及其变化(单位:元)

企业名称	年初数	本期增加数	本期减少数	期末数
张江高科技园区开发公司	252,000,000.00			252,000,000.00
上海宏浩企业发展有限公司		20,000,000.00		20,000,000.00

(3)存在控制关系的关联方所持有股份或权益及其变化(单位:元)

年初数	期末数

企业名称	金额	比例%	金额	比例%
张江高科技园区开发公司	90,000,000.00	60%	90,000,000.00	60%
上海宏浩企业发展有限公司			18,000,000.00	90%

2. 不存在控制关系的关联方

企业名称	与本企业的关系
张江房产公司	属同一母公司

3. 关联交易事项

(1)销售收入

企业名称	1997年1－6月
张江高科技园区开发公司	11,310,000.00

(2)关联方预付货款余额

企业名称	
张江房产公司	1,253,147.28
张江高科技园区开发公司	145,307,871.52
合　计	146,561,018.80

(3)本公司关联交易销售定价政策:按照公平的市场一般交易价格,由公司定价。

(4)其他应披露的事项

本公司按照合同和协议,1997年1月至6月支付张江开发公司租赁及后勤服务费482,120.57元。

二、公司经营情况回顾与展望

1. 上半年经营情况回顾

1997年上半年,公司以"国家上海生物医药科技产业基地"的启动和建设为契机,及时抓住公司发展的有利机遇,着重做了以下几方面工作:

(1)随着国家三部委和上海市政府在张江园区共建"国家上海生物医药科技产业基地"决策的实施,张江作为中国"药谷"的产业定位正式确定。基地建立后引起国内外企业界、投资界和政府相关部门的极大关注,在这样的情况下,公司牢牢抓住这一保证公司业务长远高速发展的良机,按照公司招股说明书的披露,本公司根据有关协议,结合基地内供电、供热等原基础设施项目的投资计划,加大了配套建设的投入力度。至此,公司先后已投资了约1.3亿元用于基地基础设施的配套建设,使国家上海生物医药科技产业基地初步具备了全面启动的条件,为公司今明两年乃至更远将来的业务的快速发展打下了坚实的基础;公司标准厂房建设项目也在进展过程中;同时,完成了受让中挪合资上海奈科明制药有限公司10%的股权的全部出资,从而成为该一期投资额为2200万美元的制药公司的中方主要股东之一。

(2)按照一届五次董事会通过的97年公司投资计划,以本公司为主要股东的上海鲲鹏投资发展有限公司与日本麒麟麦酒株式会社签定了合资合同,共同投资设立麒麟鲲鹏(中国)生物药业有限公司。从而,公司取得了在"国家上海生物医药科技产业基地"引进国际领先生物医药项目并进行产业投资的重大突破。麒麟鲲鹏(中国)生物药业有限公司主要进行治疗血液、癌症、肾脏、循环系统等领域内疾病的高科技生物新药品的临床开发及大规模的产业化生产和销售。

(3)在进行大量细致调研的基础上,根据进区项目在投资、财务、信息、科技咨询服务等方面的需求,公司开始开拓在投资服务领域中的新业务。公司按照一届五次董事会上审议通过的决议,完成了上海宏浩企业发展有限公司的设立工作。该公司的成立,将进一步优化园区的投资服务环境,完善园区的服务功能,大大提高公司在招商引资方面的竞争能力。

2. 下半年经营计划

下半年公司将以加大招商力度、加强资金管理、提高投资收益为重点,着重开展下列工作,力争确保完成和超额完成全年预期目标,为公司今后发展打下坚实的基础,并以优良的业绩回报广大股东。

(1)继续以"国家上海生物医药科技产业基地"的开发建设为发展契机,加快基地配套设施的投资建设,进一步加大招商力度,争取基地快上规模,早出形象。

(2)在进一步巩固现有生物医药项目投资进展的同时,充分依靠国家政府的大力扶持,借助海内外生物医药及高新技术产业界对张江高科技园区的充分关注,有选择地寻求一批发展前景较为确定的高科技术产业项目作为投资备选项目,进行科学系统的研究论证,为公司发展培育新的增长点打下更为坚实的基础,使广大股东的中、长期利益更大化。

(3)加强公司的财务管理,进一步加强和提高企业的理财水平,使公司的资本经营能力更上一个台阶,以适应日趋激烈的资本市场的竞争。

(4)继续按照现代企业制度的规范运作要求建立各项管理制度,加强内部管理,逐步完善以经济效益为中心的内部运营机制。

三、重大事件说明

1. 根据国务院证券委、中国人民银行、国家经贸委5月21日联合发布的《严禁国有企业和上市公司炒作股票的规定》以及上海市证管办有关文件的精神,我公司进行了认真的自查,没有任何违规操作股票的行为。自查结果已按有关要求于6月19日报送上海市证管办。

2. 公司于1997年6月18日召开了1996年度股东大会。大会审议能过了《1997年度配股方案》。股东大会决议刊登于6月19日的《中国证券报》和《上海证券报》。

3.1997年6月18日公司董事会临时会议讨论决定:推选林玉凤女士为公司董事会副董事长。董事会公告刊登于6月19日的《中国证券报》和《上海证券报》。

4. 公司董事会于1997年8月12日以通讯表决的方式通过《中期分配预案》:以当期及上年度滚存未分配利润向全体股东按10:3的比例派送红股。此预案尚待本公司召开临时股东大会审议批准。

5. 本报告期内公司无重大诉讼、仲裁事项以及任何应予披露的承诺事项和或有事项。

四、发行在外股票的变动和股本结构的变化

1. 股本结构(1997年6月30日)

在本报告期内,公司发行在外的股票及公司的股本结构未发生变化。公司现有股本结构如下:

数量单位:股　　每股面值:1元

	期初期	配股	送股	公积金转股	其他	小计	期末数
	本次变动增减(+、-)						
一、尚未流通股份							
1. 发起人股份							
其中:							
国有法人股	112,500,000						112,500,000
境内法人持股							
外资法人持股							
其他							
2. 募集法人股							
3. 内部职工股							
4. 优先股或其他							
尚未流通股份合计	112,500,000						112,500,000
二、已流通股份							
1. 境内上市的人民币普通股	37,500,000						37,500,000
2. 境内上市的外资股							
3. 境外上市的外资股							
已流通股份合计	37,500,000						37,500,000
三、股份总数	150,000,000						150,000,000

2. 主要股东持股情况(1997年6月30日)

股东名称	持股数(股)	持股比例
(1)上海市张江高科技园区开发公司	90,000,000	60%
(2)上海久事公司	22,500,000	15%

(3)张江高科职工持股会	2,192,727	1.46%
(4)陈来成	460,142	0.31%
(5)申银证券	174,483	0.12%
(6)郭春涛	150,000	0.10%
(7)王元成	122,350	0.08%
(8)徐汇区	110,000	0.07%
(9)张良奇	78,000	0.05%
(10)仇志波	75,000	0.05%

五、股东大会简介

公司1996年度股东大会于1997年6月18日在上海高化宾馆多功能厅召开,出席会议的股东及股东代表共138人,代表股份114,885,777股,占公司总股本的76.59%,符合《中华人民共和国公司法》和公司章程规定的比例。经大会审议表决,通过了如下决议:

1.《1996年度董事会工作报告》

2.《1996年度总经理业务报告》

3.《1996年度监事会工作报告》

4.《1996年度财务决算和1997年度财务预算》

5.《1996年度利润分配方案》

本方案已在1997年6月19日的《上海证券报》和《中国证券报》上刊登公告。

6.《1997年度配股方案》

本方案已在1997年6月19日的《上海证券报》和《中国证券报》上刊登公告。

7. 增选林玉凤女士为公司董事

8.《关于修改公司章程的报告》

本次股东大会经上海市公证处公证。

六、备查文件

1. 载有董事长钱人杰先生、总经理刘正义女士亲笔签名的中期报告原本;

2. 载有大华会计师事务所盖章,注册会计师陆国豪、戎凯宇亲笔签名的审计报告正文及财务报表;

3.1996年度股东大会资料汇编。

以上备查文件存于上海市浦东新区龙东大道200号(公司办公地点),供股东依据有关法规及公司章程查阅。

上海张江高科技园区开发股份有限公司

一九九七年八月十三日

中技贸易股份有限公司

中技贸易股份有限公司股票上市公告书

一、要览

总股本：　　12000万股
可流通股本：　　3000万股
本次上市流通股本：　　2700万股
证券编码：　　600056
上市地：　　上海证券交易所
上市时间：　　1997年5月15日
登记机构：　　上海证券中央登记结算公司
上市推荐人：　　南方证券有限公司

二、绪言

本公司依据《中华人民共和国公司法》、《股票发行与交易管理暂行条例》、《公开发行股票公司信息披露实施细则》和《上海证券交易所市场业务试行规则》等有关法律、法规、文件的规定，为本公司股票公开上市之目的向社会公众提供有关资料。

中技贸易有限公司（以下简称"本公司）的股票发行经中国证券监督管理委员会证监发字〖1997〗164号和证监发字〖1997〗165号文批准，已向社会公开发行人民币普通股2700万股，每股面值1.00元，每股发行价7.02元；另向职工配售股份300万股，每股面值1.00元，配售价格为每股7.02元。本次上市流通股本为2700万股，根据国家有关规定，公司职工股自此次上市流通股上市之日起半年后上市。本公司股票上市申请经上海证券交易所上证上字024号文批准审核同意，将于1997年5月15日（星期四）在上海证券交易所挂牌交易。

本公司于1997年4月24日分别在《上海证券报》和《中国证券报》刊登了《招股说明书概要》，距今不足6个月，故与其重复内容在此不再重复，敬请投资者查阅本公司的《招股说明书概要》。

本公司董事会全体成员已批准本上市公告，确信其中不存在重大遗漏和误导，并对其真实性、准确性和完整性负个别的和连带的责任。

三、公司概况

1．基本情况
公司法定名称：　　中技贸易股份有限公司
公司英文名称：　　CNTIC Trading Co., Ltd
公司法定代表人：　　佟常印
成立日期：　　1997年5月8日
经营范围：

（1）自营和代理除国家组织统一联合经营的16种出口商品和国家实行核定公司经营的14种进口商品以外的其它商品和技术的进出口业务（不另附进出口商品目录）；

（2）经营高新技术及其产品的开发和进出口业务；

（3）承包国（境）外各类工程和境内国际招标工程，向国（境）外派遣各类工程、生产和服务行业的劳务人员（不含海员）；

（4）经营寄售、维修、技术服务业务；

（5）经营进料加工和"三来一补"业务；

（6）经营易货贸易、对销贸易和转口贸易；

（7）开展国内贸易业务（国家有专项专营规定的除外）。

所属行业：　　综合
注册地址：　　北京市西三环北路21号久凌大厦
联系电话：　　(010)68404720

2．公司历史沿革：

（1）股份改造制过程

中国技术进出口总公司（以下简称"中技总公司"）是本公司本次募集设立的独家发起人，本次发行结束后将持有本公司75%的股份。

中技总公司的前身是中国技术进口总公司。中国技术进口总公司成立于1952年，1987年更名为中国技术进出口总公司。中技总公司一直隶属于国家对外贸易经济合作部，是以经营技术和成套设备进出口为主的国有专业外贸总公司。

1997年4月经国家体制改革委员会体改生〖1997〗41号文批复，中技总公司采用独家发起，募集设立方式设立本公司。

（2）公司本次股票发行为初次发行。

四、股票发行与承销

1．股票公开发行

社会公众股发行数量：	3000万股
公司职工股：	300万股
发行价格：	7.02元
实际募集资金总额：	201,990,000元
发行方式：	上网定价
配售比例：	0.88722631%
有效申购户数：	268555户
持1,000股以上的户数：	27,618户
发行费用总额：	8,610,000元
每股发行费用：	0.28元
发行市盈率：	15倍

2．股票承销：本次公开发行的社会公众股已认购完毕，承销商包销股票的数量为零股

3．验资报告

募集资金的入帐时间：　　1997年5月7日
入帐金额：　　189,540,000元
入帐帐号：　　33014—416
开户银行：　　中国光大银行总行营业部

4．所筹资金未能及时入帐的金额及原因：无

五、董事、监事及高级管理人员持股情况

姓名	职务	持股数量(股)	持股比例(%)
佟常印：	董事长	6000	0.005
王惠恒：	副董事长	6000	0.005
王　斌：	董事总经理	6000	0.005
王明阳：	董事常务副总经理	6000	0.005
原京伟：	董事	6000	0.005
段京东：	董事	6000	0.005
孙晓民：	董事	6000	0.005
廖　洪：	董事	6000	0.005
刘宁燕：	董事	6000	0.005
任　英：	监事会主席	6000	0.005
李学惠：	监事	6000	0.005

朱国正：	监事	6000	0.005
张伟林：	监事	6000	0.005
王和平：	监事	6000	0.005
高海希：	监事	6000	0.005
孙卫明：	副总经理	6000	0.005
刘学乐：	副总经理	6000	0.005
黄晓誉：	副总经理	6000	0.005
齐建西：	董事会秘书	6000	0.005
程绪兰：	财务负责人	6000	0.005

六、公司设立

公司创立大会或者股东大会同意公司股票在证券交易所交易的决议

公司注册资金： 12,000 万元

公司注册时间： 1997 年 5 月 9 日

公司注册地点： 北京市西三环北路 21 号久凌大厦

营业执照注册号码： 10002653—1

七、关联企业及关联交易

本次发行结束后，中技总公司是公司的控股股东，除此之外，本公司没有其他具有 20%以上股权关系的企业。

中技总公司作为公司的控股股东，依照公司章程行使股东权利，并承担相应的责任与义务。公司已与中技总公司签定了《分立与服务协议》，业务、资产、人员已进行了分离，具备独立的财务核算体系及经营管理体系。

公司目前的主要业务收入和利润来自与独联体及东欧地区国家的贸易业务。为避免竞争和利益冲突，并维护本公司中小股东的利益，公司的控股股东中技总公司承诺，中技总公司及其它附属企业在公司设立后，不再经营与独联体及东欧地区国家的业务。如果在对其它国家或地区的业务中，中技总公司及其附属企业从事的具体项目存在利益冲突并构成竞争，中技总公司及其附属企业将放弃从事此等业务。

八、股本结构及大股东持股情况

（一）上市前的股本结构

项目	股数（万股）	所占比例
总股本	12,000	100%
国有法人股	9,000	75%
社会公众股	3,000	25%
其中：公司职工股	300	2.5%

（二）前十名股东所持股数及比例

股东名称	持有股数（万股）	占总股本比例（%）
中国技术进出口总公司	9,000	75%
佟常印	0.6	0.005%
王惠恒	0.6	0.005%
王 斌	0.6	0.005%
王明阳	0.6	0.005%
廖 洪	0.6	0.005%
刘宁燕	0.6	0.005%
段京东	0.6	0.005%
原京伟	0.6	0.005%
孙晓民	0.6	0.005%

九、公司财务会计资料

（一）审计报告

审计报告

中信会审字（1997）第 019 号

中技贸易股份有限公司筹备委员会：

我们接受委托，审计了贵公司编制的 1994 年 12 月 31 日、1995 年 12 月 31 日、1996 年 12 月 31 日的资产负债表，1994 年度、1995 年度及 1996 年度的利润表和 1996 年度的财务状况变动表。这些会计报表由贵公司负责，我们的责任是对这些会计报表发表审计意见。我们的审计是根据《中国注册会计师独立审计准则》进行的。在审计过程中，我们结合贵公司的实际情况，实施了包括抽查会计记录等我们认为必要的审计程序。

我们认为，贵公司上述会计报表的编制符合《企业会计准则》、《股份制试点企业会计制度》的有关规定，在所有重大方面公允地反映了贵公司 1994 年 12 月 31 日、1995 年 12 月 31 日、1996 年 12 月 31 日的财务状况，及贵公司 1994 年度、1995 年度、1996 年度的经营成果和 1996 年度资金变动情况，会计处理方法的选用遵循了一贯性原则。

中信会计师事务所 中国注册会计师 郑卫军

地址：北京市朝阳区新源南路 中国注册会计师 徐工

六号京城大厦

邮政编码：100004 一九九七年三月十七日

（二）资产负债表、损益表、财务情况变动表分别见附表 1、附表 2、附表 3。

（三）财务报表附注

1. 会计报表编制基础

公司的会计报表以中技总公司的会计记录为基础。资产负债表中的各项数据是以中技总公司会计记录中属于进入公司的资产及相关负债的数据为基础。公司利润表是以中技总公司会计核算中属于进入公司的经营收支及应分担的期间费用为基础。

公司上述会计报表已按《股份制试点企业会计制度》及有关补充规定进行了调整。

公司 1996 年 12 月 31 日的资产负债表按照国家国有资产管理局国资评（1997）319 号文件《对中国技术进出口总公司组建上市公司并发行股票项目资产评估结果的确认批复》确认的中咨资产评估事务所的资产评估结果进行了调整。

2. 主要会计政策

（1）坏帐准备

公司按期末应收帐款余额的 5‰计提坏帐准备。

（2）存货计价方法

公司存货取得时按实际成本记帐，发出时按分批实际方法确定其实际成本；低值易耗品采用一次摊销法核算。

（3）长期投资核算方法

股权投资占被投资企业 20%（含 20%）以下的，采用成本法核算；股权投资占被投资企业 20%以上的，采用权益法核算，股权投资占被投资企业 50%（不含 50%）以上的合并会计报表；

债券投资按实际支付的款项记帐，实际支付的款项包括应计利息的，单独反映这部分利息；溢价或折价购入的债券，其实际支付的价款与债券面值的差额，在债券到期前分期摊销。

1996 年 12 月 31 日的长期投资已按评估确认结果计价。

（4）固定资产及其折旧

固定资产按实际成本计价，公司拥有的使用期限在一年以上，单位价值在人民币 2,000 元以上的劳动资料作为固定资产，对于不属于生产经营主要设备的资产，单位价值 2,000 元以上，且使用期限超过两年的，也作为固定资产。

固定资产采用直线法计提折旧，根据固定资产的类别、原始价值、使用年限、预计残值（残值率 5%），确定其折旧率如下：

资产名称	折旧年限（年）	年折旧率
房屋及建筑物	30	3.17%
运输设备	10	9.50%
电子设备	4	23.75%
办公设备	5	19.00%

1996 年 12 月 31 日的固定资产价值已按评估结果调整。

(5)无形资产及其摊销

股东投入的无形资产,按评估确认的价值入帐;购入的无形资产按实际支付的价款入帐。无形资产在受益于公司时,按照无形资产的有效期限平均摊销,其中土地使用权按50年摊销。

(6)税项

公司应纳税项和适用税率列示如下:

1)企业所得税

公司所得税根据国家规定按应纳税所得额33%计缴。

2)增值税

公司为增值税一般纳税人,按17%的税率计算增值税——销项税额,符合规定的进项税额从销项税额中抵扣。公司出口销售收入按照零税率计算增值税-销项税,并根据国家规定退税率享受出口退税。

3)营业税

公司手续费收入按5%的税率计缴营业税。

4)城市维护建设税

公司按增值税和营业税应纳税额的7%计缴城市维护建设税。

5)教育费附加

公司按增值税和营业税应纳税额的3%计缴教育费附加。

6)其他税项按国家有关税项的具体规定计算缴纳。

(7)销售收入确认原则

我公司在发出商品、提供劳务,同时收讫价款或取得索取价款的凭据时,确认销售收入,长期工程(包括劳务)合同,根据完成进度或者完成合同法合理确认销售收入。

(8)利润分配

公司的税后利润为利润总额扣除按规定缴纳的所得税后的利润,公司税后利润根据《中华人民共和国公司法》规定,按照以下顺序分配:

1)弥补亏损;

2)提取10%法定公积金;

3)提取5——10%法定公益金;

4)经股东会决定,提取任意公积金;

5)公司弥补亏损和提取公积金、法定公益金后所余利润,经股东会决定,按照股东持有的股份比例分配。

3. 会计报表主要项目注释

(1)银行存款

单位:人民币元

项目	1996.12.31
现金	6,000.00
银行存款	21,915,363.59
合计	21,921,363.59

(2)应收帐款

公司1996年12月31日应收帐款余额共计人民币114,601,145.18元,应收帐款帐龄如下:

单位:人民币元

帐龄	1996.12.31	比例
一年以内	43,696,538.69	38%
一到二年	16,420,462.30	14%
二到三年	5,013,055.77	4%
三年以上	49,471,088.42	43%
合计	114,601,145.18	100%

公司坏帐准备按期末应收帐款余额的5‰计提。

我公司现从事的进口业务中包括执行我国政府与外国政府协定项下的大型电力工程项目,项目建设期长,合同执行期亦较长,一般在5—10年不等,故在项目的建设期和合同执行过程中的资金往来金额较大,结算时间也随合同执行过程保持较长的期间,远远大于一般商品的资金结算。但结算期内的债权、债务均属正常资金往来,可在合理期间按期收回。截止至1996年12月31日,公司应收帐款中无持本公司5%以上股份的主要股东单位的往来款。

(3)预付货款

公司预付帐款1996年12月31日余额为130,513,632.82元,主要是公司从事易货贸易出口业务预付国内客户的款项。

截止1996年12月31日,公司预付货款中无持本公司5%以上股份的主要股东单位的往来款。

(4)其他应收款

公司其他应收款1996年12月31日的余额30,598,359.23元,为公司应收的进口机电仪补贴款。根据对外贸易经济合作部计划财务司[1997]外经贸计财会字第133号文件《关于进口苏东机电仪产品补贴有关事项的复函》,由对外贸易经济合作部根据国发(1986)54号等文件及规定程序审核拨付。

截止1996年12月31日,公司其他应收款中无持本公司5%以上股份的主要股东单位的往来款。

(5)长期投资

单位:人民币元

投资单位	投资时间	投资金额	持股比例
中国联合通信有限公司	1994.07	10,000,000.00	0.75%
中国光大银行	1996.10	37,800,000.00	0.75%
合计		47,800,000.00	

(6)固定资产

单位:人民币元

固定资产原值	95.12.31	本年增加	本年减少	96.12.31
房屋建筑物	17,967,520.00	2,661,758.14		20,629,278.14
电子设备	231,980.00	330,732.50		562,712.50
运输设备	811,324.75			811,324.75
合计	19,010,824.75	2,992,490.64		22,003,315.39
累计折旧	95.12.31	本年增加	本年减少	96.12.31
房屋建筑物		588,338.14		588,338.14
电子设备	47,624.74	193,887.76		241,512.50
运输设备	23,781.46	127,528.29		151,309.75
合计	71,406.20	909,754.19		981,160.39
净值	95.12.31	本年增加	本年减少	96.12.31
房屋建筑物	17,967,520.00	2,073,420.00		20,040,940.00
电子设备	184,355.26	136,844.74		321,200.00
运输设备	787,543.29		127,528.29	660,015.00
合计	18,939,418.55	2,210,264.74	127,528.29	21,022,155.00

(7)无形资产

单位:人民币元

无形资产种类	原值	已摊金额	期末金额	剩余摊销年限
土地使用权	8,289,060.00		8,289,060.00	50年
小计	8,289,060.00		8,289,060.00	

(8)短期借款

单位:人民币元

贷款单位	币种	1996.12.31	贷款期限	利率	贷款条件
中国银行	人民币	30,000,000.00	96.7.31-97.6.30	10.08%	担保
合计		30,000,000.00			

(9)应付帐款

公司应付帐款1996年12月31日余额为227,121,169.21元。

截止1996年12月31日,公司应付帐款中无持本公司5%以上股份的主要股东单位的往来款。

(10)未交税金

单位:人民币元

项目	1996.12.31
增值税	-35,583,961.33
城建税	26,263.49
营业税	306,624.08
合计	-35,251,073.76

公司1996年12月31日应交税金——增值税主要为尚未申报退还

的进项税。

(11)资本公积金　　单位:人民币元

项目	1996.12.31	1995.12.31	1994.12.31
金额	32,319,489.80		

根据国家国有资产管理局国资企发[1997]39号文件,公司1996年12月31日净资产122,319,489.80元;按73.58%折股,净资产折股后金额32,319,498.80元计入资本公积。

(12)财务费用　　单位:人民币元

项　目	1996.1-12	1995.1-12	1994.1-12
利息净支出	3,430,000.00	3,300,000.00	3,199,672.43
汇兑净损失	-11,775,512.49	-10,265,574.71	22,830,704.86
其　他	263,020.16	192,771.05	140,493.90
合　计	-8,082,492.33	-6,772,803.66	26,170,871.19

公司应收外汇帐款中有部分款项以记帐瑞郎结算,1994年度期末记帐瑞郎较1994年初与人民币比价下调,故产生较大汇兑损失。

(13)其他业务利润　　单位:人民币元

项　目	1996.1-12	1995.1-12	1994.1-12
服务费、手续费分成净利润	7,565,372.98	10,422,408.92	8,365,312.18
合　计	7,565,372.98	10,422,408.92	8,365,312.18

其他业务利润是公司向其他外贸公司收取的服务费及业务合作收取的手续费分成形成的。

4.或有负债

截止1996年12月31日,公司对外无或有负债。

5.关联交易

1996年度公司公开发行股票并上市后,中技总公司将持有公司75%的股权,公司已与中技总公司签署分立和服务协议。在分立和服务协议中,双方已约定中技总公司及其附属企业将不会从事与公司的主要业务有竞争或可能构成竞争的业务或活动;同时,中技总公司承诺按照公开、公平的原则处理与公司的关系;为进一步规范中技总公司与公司之间的往来,中技总公司已向公司作出承诺,在对外贸易业务中,中技总公司及其附属企业将不再从事对独联体、东欧国家或地区的业务;在对其他国家或地区的业务中,如中技总公司及其附属企业从事的具体项目与公司所正从事的项目存在利益冲突并构成竞争,中技总公司及其附属企业将放弃从事此项目。

6.期后事项

公司无重大期后事项。

中技贸易股份有限公司
一九九七年三月十七日

十、董事会上市承诺

本公司董事会将严格遵守《公司法》、《股票发行与交易管理暂行条例》、《公开发行股票信息披露实施细则》、《上海证券交易所市场业务试行规则》和有关法律、法规的规定,并自股票上市之日起作出如下承诺:

1.按照有关法律、法规的规定程序和要求披露重大的信息,并接受证券主管机关、上海证券交易所的监督管理。

2.及时、真实、准确地公布中期报告和年度报告,并备置于规定场所供投资者公众查阅。

3.本公司董事、监事及高级管理人员如发生人事变动或持本公司股票发生变化时,在报告证券主管机关、上海证券交易所的同时向投资者公布。

4.在任何公共传播媒介中出现的消息可能对本公司股票的市场价格产生误导性影响时,本公司知悉后将及时对该消息予以公开澄清。

5.本公司董事、监事及高级管理人员将认真听取社会公众的意见和批评,不利用已获得的内幕消息和其它不正当手段间接从事股票买卖活动。

6.本公司没有无记录负债。

十一、重要事项揭示

1.股利分配政策:

本公司的税后利润在提取公积金和公益金后用于股利分配。

本次发行的社会公众股股东参与1997年全年利润分配。

2.盈利预测:

根据本公司编制并经中信会计师事务所审阅的盈利预测,本公司1997年税后利润预测为4,999万元。

按发行新股后全面摊薄计,1997年每股税后盈利为0.42元。预计发行成功后,每股净资产为2.70元。

3.本公司于1997年5月8日召开了创立大会暨第一次股东大会,并召开了公司第一届第一次董事会、监事会;通过了决议(见1997年5月9日《上海证券报》、《中国证券报》)。

4.本公司至本公告发布之日,无重大诉讼事件。

十二、备查文件目录

1.招股说明书
2.审计报告、财务报表及附注
3.资产评估报告
4.土地评估报告
5.盈利预测报告及注册会计师的意见
6.验资报告
7.本公司章程
8.本公司董事会、监事会决议
9.本公司营业执照

中技贸易股份有限公司
一九九七年五月十三日

资产负债表

编制单位:中技贸易股份有限公司　　1996年12月31日　　金额单位:元

资产	注释	1996.12.31	1995.12.31	1994.12.31	负债及股东权益	注释	1996.12.31	1995.12.31	1994.12.31
流动资产					流动负债				
货币资金	1	21,921,363.59	25,474,322.74	39,559,189.57	短期借款	8	30,000,000.00		
短期投资					应付票据				
应收票据					应付帐款	9	227,121,169.21	189,374,217.16	182,499,906.12
应收帐款	2	114,601,145.18	131,552,218.09	67,802,929.19	预收货款		5,827,988.81	6,503,628.69	10,246,056.84
减:坏帐准备		573,005.73	657,761.09	339,014.65	应付福利费		58,213.40	33,451.14	9,662.06
应收帐款净额		114,028,139.45	130,894,457.00	67,463,914.54	未付股利				
预付货款	3	130,513,632.82	109,941,457.87	180,570,716.30	未交税金	10	-35,251,073.76	-31,982,850.17	-17,522,148.40
其他应收款	4	30,598,359.23	7,289,824.48	13,270,220.70	其他未交款		4,398.71	4,127.94	8,463.19
待摊费用					其他应付款				

资产	注释	1996.12.31	1995.12.31	1994.12.31	负债及股东权益	注释	1996.12.31	1995.12.31	1994.12.31
存　货		125,332.00			预提费用				
待处理流动资产净损失					一年内到期的长期负债				
一年内到期长期债券投资					其他流动负债				
其他流动资产					流动负债合计		227,760,696.37	163,932.574.76	175,241,939.81
流动资产合计		297,186,827.09	273,600,062.09	300,864,041.11	长期负债				
长期投资					长期借款				
长期投资	5	47,800,000.00	10,000,000.00	10,000,000.00	应付债券				
					长期应付款				
					待转销汇兑损益		24,217,855.92	36,326,783.88	48,435,711.84
固定资产					其他长期负债				
固定资产原价	6	22,003,315.39	19,010,824.75	90,180.00	长期负债合计		24,217,855.92	36,326,783.88	48,435,711.84
减:累计折旧		981,160.39	71,406.20	26,559.38	递延税项				
固定资产净值		21,022,155.00	18,939,418.55	63,620.62	递延税款贷项				
在建工程									
固定资产清理					负债合计		251,978,552.29	200,259,358.64	223,677,651.65
待处理固定资产净损失									
固定资产合计		21,022,155.00	18,939,418.55	63,620.62					
无形资产及递延资产									
无形资产	7	8,289,060.00			股东股益				
递延资产					股本	11	90,000,000.00	80,000,000.00	80,000,000.00
无形资产及递延资产合计		8,289,060.00			资本公积	12	32,319,489.80		
其他长期资产					盈余公积			15,105,598.96	6,737,036.29
其他长期资产					其中;公益金			7,155,783.72	3,191,227.72
递延税项					未分配利润			7,174,523.04	512,973.79
递延税款借项									
					股东权益合计		122,319,489.80	102,280,122.00	87,250,010.08
资产总计		374,298,042.09	302,539,480.64	310,927,661.73	负债与股东权益总计		374,298,042.09	302,539,480.64	310,927,661.73

损　益　表

编制单位:中技贸易股份有限公司　　　　1996 年度　　　　金额单位:元

项　　目	注释	1996 年度	1995 年度	1994 年度
一、主营业务收入	13	2,269,883,861.61	1,226,785,635.14	1,290,367,585.06
减:营业成本	14	2,209,710,671.93	1,170,917,775.28	1,212,295,488.89
销售费用		2,493,240.69	2,717,314.84	3,458,706.70
管理费用	15	2,358,176.57	4,102,272.55	3,356,774.39
财务费用	16	−8,082,492.33	−6,772,803.66	26,170,871.19
进货费用				
营业税金及附加		918,757.14	504,579.54	528,540.06
二、主营业务利润		62,485,507.61	55,316,496.59	44,557,203.83
加;其他业务利润	17	7,565,372.98	10,422,408.92	8,365,312.18
三、营业利润		70,050,880.59	65,738,905.51	52,922,516.01
加:投资收益		0.00	0.00	0.00
营业外收入		0.00	0.00	0.00
减:营业外支出		0.00	0.00	0.00
加:以前年度损益调整		0.00	0.00	0.00
四、利润总额		70,050,880.59	65,738,905.51	52,922,516.01
减:所得税		23,116,790.60	21,693,838.82	17,464,430.28
五、净利润		46,934,089.99	44,045,066.69	35,458,085.73
加:年初未分配利润		7,174,523.04	512,973.79	0.00
盈余公积转入数		0.00	0.00	0.00
六、可分配利润		54,108,613.03	44,558,040.48	35,458,085.73
减:提取法定公积金		4,693,408.99	4,404,506.67	3,545,080.57
提取法定公益金		4,224,068.10	3,964,056.00	3,191,227.72
七、可供股东分配的利润		45,191,135.94	36,189,477.81	28,721,049.44
减:已分配优先股股利				

项　　目	注释	1996 年度	1995 年度	1994 年度
提取任意公积金				
已分配普通股股利				
上交公司利润		38,026,750.82	29,014,954.77	28,208,075.65
转增所有者权益		7,164,385.12		
八、未分配利润		0.00	7,174,523.04	512,973.79

财务状况变动表

编制单位：中技贸易股份有限公司　　1996 年度　　金额单位：元

流动资金来源和运用	行次	金额	流动资金各项目的变动	行次	金额
一、流动资金来源：	1		一、流动资产本年增加数：	38	
1. 本年净利润	2	46.934.089.99	1. 货币资金	39	-3,552,959.15
加：不减少流动资金的费用和损失：	3		2. 短期投资	40	
(1)固定资产折旧	4	909,754.19	3. 应收票据	41	
(2)无形资产、递延资产及其他资产摊销(减其他负债转销)	5	-12,108,927.96	4. 应收帐款净额	42	-16,866,317.55
(3)固定资产盘亏(减盘盈)	6		5. 预付帐款	43	20,572,174.95
(4)清理固定资产损失(减收益)	7		6. 其他应收款	44	23,308,534.75
(5)递延税款	8		7. 待摊费用	45	
(6)其他不减少流动资金的费用和损失	9		8. 存货	46	125.332.00
	10		9. 待处理流动资产损失(减收益)	47	
小　计	11	35,734,916.22	10. 一年内到期的长期债券投资	48	
2. 其他来源：	12		11. 其他流动资产	49	
(1)固定资产清理收入(减清理费用)	13			50	
(2)增加长期负债	14			51	
(3)收回长期投资	15			52	
(4)投资转出固定资产	16			53	
(5)投资转出无形资产	17			54	
(6)资本净增加额	18	27,213,890.84		55	
	19			56	
小　计	20	27,213,980.84		57	
流动资金来源合计	21	62,948,807.06	流动资产增加净额	58	23,586,765.00
二、流动资金运用：	22		二、流动负债本年增加数：	59	
1. 利润分配：	23		1. 短期借款	60	30,000,000.00
(1)提取法定公积金	24	4,693,408.99	2. 应付票据	61	
(2)提取法定公益金	25	4,224,068.10	3. 应付帐款	62	37,746,952.05
(3)单项留用利润	26		4. 预收帐款	63	-675,639.88
(4)已分配股利	27	45,191,135.94	5. 应付福利费	64	24,762.26
小　计	28	54,108,613.03	6. 未付股利	65	
	29		7. 未交税金	66	-3,268,223.59
2. 其他运用	30		8. 其他未交款	67	270.77
(1)固定资产和在建工程净增加额	31	2,992,490.64	9. 其他应付款	68	
(2)增加无形资产、递延资产及其他资产	32	8,289,060.00	10. 预提费用	69	
(3)偿还长期负债	33		11. 一年内到期长期负债	70	
(4)增加长期投资	34	37,800,000.00	12. 其他流动负债	71	
小　计	35	49,081,550.64		72	
				73	
流动资金运用合计	36	103,190,163.67	流动负债增加净额	74	63,828,121.61
流动资金增加净额		-40,241,356.61	流动资金增加净额		-40,241,356.61

中纺投资发展股份有限公司

中纺投资发展股份有限公司股票上市公告书

一、公司要览

总股本：11000 万股

可流通股本：3000 万股

本次上市流通股本：2700 万股

股票简称：中纺投资

股票代码：600061

上市地点：上海证券交易所

上市时间：1997 年 5 月 19 日

登记机构：上海证券中央登记结算公司

二、绪言

本上市公告书是根据《中华人民共和国公司法》、《股票发行及交易管理暂行条例》、《公开发行股票公司信息披露实施细则》和《上海证券交易所交易市场业务试行规则》等国家法律、法规的规定编制的。本公司股票经中国证券监督管理委员会证监发字〔1997〕154 号文、155 号文批准，股票上市申请经上海证券交易所上证上字〔1997〕27 号文同意，将于 1997 年 5 月 19 日在上海证券交易所挂牌交易。本次上市流通的股票 2700 万股均为 1997 年 4 月 25 日向社会公开发行的新股，公司职工股 300 万股预计于 1997 年 11 月后上市。

本公司招股说明书已刊登于 1997 年 4 月 23 日的《上海证券报》、《中国证券报》，距本公告书公布的时间不足九十日。

本公司董事会成员已批准本上市公告书，确信其中不存在任何重大遗漏或者误导，并对其真实性、准确性、完整性负个别的和连带的责任。

三、公司概况

(一)概况

1. 公司法定名称：中纺投资发展股份有限公司

英文名称：SINOTEX INVESTMENT & DEVELOPMENT Co. Ltd.

2. 公司注册地址：上海市浦东新区商城路 291 号 1605 室

3. 公司法定代表人：沈克俭

4. 经营范围：纺织品、纺织原材料、化轻材料、新产品的开发、生产、销售、动物纤维及其他纺织纤维生产、销售、信息咨询服务、实业投资。

5. 公司所属行业：综合类

6. 公司咨询电话：010－64922854

联系人：鲍勤飞

(二)公司历史沿革

公司是经国家体改委体改生〖1997〗22 号文批准，由主发起人中国纺织物资总公司，联合其它发起人中国丝绸物资进出口公司、锡山市东降合成纤维实验厂、澳大利亚 CTRC 股份有限公司、陕西省纺织工业供销公司等五家发起人共同发起，采用募集设立方式设立的股份有限公司。

1996 年 12 月 27 日，公司获国家工商行政管理局企业设立名称预先核准通知书。1997 年 5 月 13 日，公司经上海市工商行政管理局批准正式成立。

四、股票发行与承销

(一)本次公开发行

发行数量：2700 万股

发行价格：每股 6.20 元

发行市盈率：15 倍

发行方式：在上海证券交易所定价上网发行

配售户数：353698 户

配售比例：0.80170793％

持 1000 股以上的户数：336781 户

发行费用总额：812 万元

每股发行费用：0.27 元

实募资金总额：17788 万元

(二)股票承销

本次公开发行的社会公众股已认购完毕，承销商包销股票的数量为零股。

(三)验资报告　　华业字(97)第 935 号

中纺投资发展股份有限公司(筹)：

我们接受委托，对贵公司的实收股本及相关的资产、负债的真实性和合法性进行审验。我们按照《中国注册会计师独立审计实务公告第 1 号——验资》的要求，根据贵公司(筹)具体情况，实施了我们认为必要的审验程序，贵公司(筹)的责任是提供真实、合法、完整的验资资料，保护资产的安全、完整，我们的责任是对上述资料进行审验的基础上出具真实、合法的验资报告。

贵公司(筹)申请的注册资本为 11,000 万元。其中发起人投入的股本人民币 8,000 万元，业经本所验证并出具了"华业字(97)第 50 号"验资报告书。现经审验，截至 1997 年 5 月 7 日，承销商君安证券有限公司已缴入的股款为人民币 181,614,100.00 元，其中包括社会公众股股本人民币 30,000,000.00 元，资本公积人民币 147,880,000.00 元，其它应付款人民币 3,734,100.00 元，与投入的股款相对应的资产总额为人民币 181,614,100.00 元，均为货币资金。

大华会计师事务所　　**中国注册会计师**

陆永炜、孙大建

中国·上海　　**一九九七年五月八日**

五、董事、监事及高级管理人员持股情况

姓名	职务	持股数(股)	比例(％)
沈克俭	董事长	1000	0.0009
瞿伯荣	副董事长	1000	0.0009
李邦禄	副董事长	1000	0.0009
时　寅	董事、总经理	1000	0.0009
张世公	董事	1000	0.0009
管维立	董事	1000	0.0009
盛振清	董事	1000	0.0009
张士全	董事	1000	0.0009
鲍勤飞	董事、董事会秘书	1000	0.0009
秦雍庆	董事	1000	0.0009
周华瑜	董事	1000	0.0009
魏子法	监事会主席	1000	0.0009
张克强	监事	1000	0.0009
郑立民	监事	1000	0.0009
戴根大	监事	1000	0.0009
高肇德	监事	1000	0.0009

何东生	监事	1000	0.0009
王 讯	监事	1000	0.0009
童剑峰	副总经理	1000	0.0009

六、公司设立

1. 本公司1997年5月9日召开了第一届股东大会,审议并通过了公司向社会公开发行的3000万股A股股票在上海证券交易所上市的决议。

2. 公司注册资金:11000万元

3. 公司注册时间:1997年5月13日

4. 公司注册地址:上海市浦东新区商城路291号1605室

5. 营业执照注册号码:150468500

七、关联企业及关联交易

本公司关联企业主要有中国纺织物资总公司、中国丝绸物资进出口公司、锡山市东降合成纤维实验厂、澳大利亚CTRC股份有限公司、陕西省纺织工业供销公司等五家发起人,以及包头富华羊绒衫有限公司(本公司持有该公司57.67%权益)。

本公司设立后,中国纺织物资总公司为本公司第一大股东,占总股本的35.65%,处于相对控股地位。为规范关联交易,本公司同中国纺织物资总公司在《重组协议》、《员工福利合同》、《关联事务协议》、《进出口代理合同》等文件中详细规范了双方之间的业务往来关系,明确双方之间的交易价格的公正性。

八、股本结构及大股东持股情况

(一)本次上市前的股本结构

种　类	股数(万股)	比例(%)
1. 尚未流通股		
发起人股	8000	72.73
其中:国有法人股	5417	49.25
法人股	2583	23.48
2. 可流通股份		
社会公众股	3000	27.27
其中:公司职工股	300	2.73
合　计	11000	100

(二)本公司前十名股东所持股数及持股比例

股东名称	股份(股)	占总股本比例(%)
中国纺织物资总公司	39219000	35.66
澳大利亚CTRC股份有限公司	12915000	11.74
锡山市东降合成纤维实验厂	12915000	11.74
中国丝绸物资进出口公司	12915000	11.74
陕西省纺织工业供销公司	203600	1.85
凌　华	4000	0.0036
黄海波	4000	0.0036
孟东辉	4000	0.0036
朱仁俊	4000	0.0036
谢新华	4000	0.0036

九、公司财务会计资料

(一)审计报告

华业字(97)356号

中纺投资发展股份有限公司(筹)全体股东:

我们接受委托,审计了贵公司1994年至1996年每年12月31日的资产负债表和合并资产负债表,1994年至1996年三个年度的利润表和合并利润表以及1996年的财务状况变动表和合并财务状况变动表。这些会计报表由贵公司负责,我们的责任是对这些会计报表发表审计意见。我们的审计是依据中国注册会计师独立审计准则进行的。在审计过程中,我们结合贵公司的实际情况,实施了包括抽查会计记录等我们认为必要的审计程序。

我们认为,上述会计报表符合《企业会计准则》和《股份制试点企业会计制度》的有关规定,在所有重大方面公允地反映了贵公司1994年至1996年每年12月31日的财务状况及各该年度经营成果和1996年的资金变动情况,会计处理方法的选用遵循了一贯性原则。

大华会计师事务所　　**中国注册会计师**

陆永炜、孙大建

一九九七年三月二十日

(二)重要会计政策

1. 公司执行的会计制度:股份制试点企业的会计制度。

2. 会计期间:公历1月1日至12月31日。

3. 合并报表编制方法:

(1)编制方法:根据财政部财会字(1995)11号《关于印发〈合并会计报表暂行规定〉的通知》的规定,以公司本部和纳入合并范围的子公司的会计报表以及其他有关资料为依据,合并各项目数额编制而成。合并时,公司的重大内部交易和资金往来均相互抵消。

(2)合并范围:投资比例50%以上的控股子公司。

(3)合并范围三年内未发生变动。

(4)母公司与子公司采用的会计政策和会计处理方法一致。

(5)合并单位如下:

被投资公司名称	业务性质	投资期限	母公司持股比例	实际投资额
包头富华羊绒衫有限公司	羊绒制品生产、加工、销售	30年	57.67%	12,723,212.38

4. 记帐原则:权责发生制;计价基础:历史成本。

5. 外币折算方法:

本公司以人民币为记帐本位币,会计年度内涉及外币的经济业务,按发生当月月初外汇市场汇价中间价折合人民币入帐。月末将外币帐户余额按期末外汇市场汇价中间折合本位币进行调整,调整后的记帐本位币余额与原帐面余额之间的差额列入财务费用—汇兑损益。

6. 存货计价方法:

各类存货的购入与入库按实际成本计价,领用与发出除上海中纺物产发展有限公司按个别认定法计价外,其他按加权平均法计价;低值易耗品的摊销,除包头富华羊绒衫有限公司按分次摊销法外,其他按领用时一次摊销。

7. 长期投资核算方法:

(1)债券投资:按取得时实际成本入帐。

(2)股权投资:对持股在50%以上的投资按权益法核算,合并报表,对持股50%以下(含50%)的投资按成本法核算。

8. 固定资产计价及折旧方法:

(1)固定资产标准为使用期限在一年以上,单位价值在2000元以上的房屋建筑物、机器设备、运输设备及其他与生产经营有关的设备、器具、工具;及单位价值在2000元以上,使用期限超过两年的非生产经营设备及物品。

(2)固定资产计价:按实际成本计价。

(3)固定资产折旧采用直线法平均计算,并按各类固定资产的原值和估计的使用年限扣除残值(原值的3%-5%)制订其折旧率。各类折旧率如下:

资产类别	使用年限	年折旧率
房屋建筑物	40年	2.4%
通用设备	8至10年	9.6%-12%
专用设备	5年	19.2%
运输设备	5至10年	9.6%-19.2%
其他设备	8至10年	9.6%-12%

9. 无形资产摊销

(1)土地征用费、增容费从1996年按40年摊销;

(2)场地使用权从1996年起按30年摊销。

10. 递延资产摊销

(1)开办费:按5年摊销;

(2)电话初装费:按10年摊销。

11. 税项

本公司适用的所得税、流转税及附加的税种与税率

税种	所得税	增值税	营业税	城建税
税率	33%	17%	5%	7%
计税基数	应纳税所得额		营业额	应纳增值税额和营业税额

应交款:	教育费附加	堤防费	义优金
附加率:	3%	1%	3‰

计算基数:应纳增值税额和营业税额

其中所得税率:* 无锡华燕化纤有限公司12%(减半期)

* * 上海中纺物产发展有限公司15%

* 包头富华羊绒衫有限公司处于免税期。

北京中纺物产特种纤维贸易公司所得税税率为33%。

* 原为外商投资企业。

* * 公司注册于浦东新区。

12. 利润分配

税后利润分配比例是法定盈余公积金10%,法定公益金5%。

13. 收入实现条件

商品销售:开具发票及货物所有权转移为准。

提供劳务:开具发票及完成劳务作业。

14. 坏帐处理的方法及坏帐准备提取比例

坏帐处理的方法为备抵法,按年末应收帐款余额的5‰计提坏帐准备。

15. 会计政策无变动。

(三)主要财务指标:

	1996年
1. 流动比率	1.21
2. 速动比率	0.67
3. 应收帐款周转率	9.1次
4. 股东权益比率	33%
5. 每股收益	0.39元
6. 净资产收益率	26%
7. 每股净资产	1.47元

注:每股资产为根据1996年底经审计的会计报表计算。本次发行后每股净资产为2.69元。

十、董事会上市承诺

本公司董事会将严格遵守《中华人民共和国公司法》、《股票发行与交易管理暂行条例》、《上海证券交易所交易市场业务试行规则》和有关法律法规的规定,并自股票上市之日起向全体股东做如下承诺:

1. 按照法律、法规的规定程序和要求披露重大的信息,并接受证券主管机关、上海证券交易所的监督管理;

2. 及时、准确、真实地在证券主管部门指定的报刊公布中期报告、年终报告及经营业绩等资料,并置于规定场所供投资者查阅;

3. 本公司董事、监事及高级管理人员持股数量发生变化时,及时报告证券管理机关、上海证券交易所,并及时通过证券主管部门指定的报刊通告社会公众;

4. 在任何公共传播媒介中出现的消息可能对本公司股票的市场价格产生误导性影响时,本公司知悉后将对该消息予以公开澄清;

5. 本公司董事、监事及高级管理人员将认真听取社会公众的建议和批评,决不利用已获得的内幕消息直接或间接从事股票买卖活动;

6. 本公司没有无记录负债。

十一、重要事项揭示

1. 股利分配政策:

本次公开发行股票的投资者将参加自本公司注册登记日所在月份起至1997年12月31日的利润分配。

2. 盈利预测:

根据大华会计师事务所对本公司盈利预测的审核报告,1997年度如无不可预测情况出现,本公司1997年度将实现净利润3514万元。每股收益0.319元。

3. 截止法律意见书出具日,本公司未发生对生产经营活动有重大影响的民事诉讼、行政诉讼、行政处罚或仲裁事宜,公司的董事、监事和高级管理人员亦无一人受到刑事起诉或此类事件的威胁。

4. 其他事项

本公司董事会认为没有在股票发行后发生的或将会发生的对公司资产、负债和股东权益有较大影响的重要事项。

十二、咨询机构

发　行　人:中纺投资发展股份有限公司

法定代表人:沈克俭

联系地址:北京市朝阳区安苑路15号5楼

电　　话:010-64922854

主承销商:君安证券有限公司

法定代表人:张国庆

联系地址:上海市常德路466号306室

电　　话:021-62712014

十三、备查文件

1. 上海证券交易所上市通知书
2. 招股说明书
3. 审计报告
4. 营业执照
5. 公司章程
6. 法律意见书

中纺投资发展股份有限公司

一九九七年五月十五日

合并资产负债表

编制单位:中纺投资发展股份有限公司　　　金额单位:元

资产	行次	1996年	1995年	1994年	负债及股东权益	行次	1996年12月31日	1995年12月31日	1994年12月31日
流动资产:					流动负债:				
货币资金	1	37,021,130.94	11,967,484.78	8,718,901.44	短期借款	41	80,837,000.00	39,988,024.00	25,359,240.00
短期投资	2				应付票据	42			
应收票据	3				应付帐款	43	31,739,267.07	27,963,168.66	34,150,467.37
应收帐款	4	39,377,147.87	50,277,118.14	48,366,799.94	预收货款	44	15,517,163.53	678,750.46	516,969.61
减:坏帐准备	5	196,885.74	251,385.59	241,834.00	应付福利费	45	187,560.75	456,608.15	1,125,666.76

资产	行次	1996年	1995年	1994年	负债及股东权益	行次	1996年12月31日	1995年12月31日	1994年12月31日
应收帐款净额	6	39,180,262.13	50,025,732.55	48,124,965.94	未付股利	46	11,641,887.38	1,691,671.58	615,725.67
预付货款	7	29,785,283.84	15,144,373.55	8,499,907.22	未交税金	47	16,157,490.37	8,838,673.04	-4,710,386.77
其他应收款	8	17,021,133.31	16,349,572.78	67,224,747.74	其他未交款	48	408,572.17	400,831.93	330,794.64
待摊费用	9	975,880.36	1,441,658.01	1,127,171.14	其他应付款	49	27,209,632.73	21,407,928.76	43,493,532.52
存货	10	98,974,562.18	83,768,285.57	106,431,535.92	预提费用	50	150,000.00	537,921.00	5,000.00
减:存货变现损失准备	10-1				一年内到期的长期负债	51			
存货净额	10-2	98,974,562.18	83,768,285.57	106,431,535.92	其他流动负债	52			
待处理流动资产净损失	11				流动负债合计	55	183,848,574.00	101,963,577.58	100,887,009.80
一年内到期的长期债券投资	12				长期负债:				
其他流动资产	13				长期借款	56			
流动资产合计	15	222,958,252.76	178,697,107.24	240,127,229.40	应付债券	57			
长期投资:					长期应付款	58	74,302,155.63	76,019,099.24	109,974,474.91
长期投资	16				其他长期负债	60	581,592.769	82,247.01	1,846,332.76
合并价差(贷差以""-""表示)	16-1	2,076,561.21			长期负债合计	65	74,883,748.39	77,005,346.25	111,820,807.67
固定资产:					递延税款:				
固定资产原价	17	169,335,018.42	121,955,989.10	68,170,084.91	递延税款贷项	66			
减:累计折旧	18	42,598,755.60	20,305,562.71	14,143,147.94	负债合计	67	258,732,322.39	178,968,923.83	212,707,817.47
固定资产净值	19	126,736,262.82	101,650,426.39	54,026,936.97	少数股东权益(合并报表填列)	67-1	7,815,749.71	7,720,463.61	7,582,847.27
在建工程	20	21,278,348.61	14,024,596.87	29,522,590.85	股东权益:				
固定资产清理	21								
待处理固定资产净损失	22				股本	68	80,000,000.00	68,225,952.88	65,347,698.74
固定资产合计	23	148,014,611.43	115,675,023.26	83,549,527.82	资本公积	69	37,862,188.50	-33,525.43	-43,905.43
无形资产及递延资产:					盈余公积	70		16,969,856.31	12,539,528.54
无形资产	24	11,154,938.15	6,849,882.72	6,911,957.00	其中:公益金	71		5,164,053.69	3,687,277.77
递延资产	25	205,897.05	297,853.54	370,200.81	未分配利润(未弥补亏损以"-"表示)	72		29,668,195.56	32,824,928.44
无形及递延资产合计	30	11,360,835.20	7,147,736.26	7,282,157.81	外币报表折算差额(合并报表填列)	72-1			
其他长期资产:									
其他长期资产	31								
递延税项:									
递延税款借项	32				股东权益合计	79	117,862,188.50	114,830,479.32	110,668,250.29
资产总计	40	384,410,260.60	301,519,866.76	330,958,915.03	负债及股东权益总计	80	384,410,260.60	301,519,866.76	330,958,915.03

合并利润及利润分配表

金额单位:元

项目	行次	附注	1996年度	1995年度	1994年度
一、主营业务收入	1	22	″409,765,617.36″	″384,966,899.80″	″446,736,622.32″
减:营业成本	2	23	″357,155,743.08″	″327,203,827.84″	″378,614,748.44″
销售费用	3		″4,594,684.26″	″4,711,600.80″	″2,236,434.51″
管理费用	4		″12,391,209.01″	″12,202,110.87″	″5,953,962.47″
财务费用	5	24	″7,431,579.81″	″3,819,469.00″	″5,089,155.21″
进货费用	6				
营业税金及附加	7		″1,500,651.15″	″771,620.50″	″1,102,648.82″
二、主营业务利润(亏损以""-""号表示)	8		″26,691,750.05″	″36,258,270.79″	″53,739,672.87″
加:其它业务利润(亏损以""-""号表示)	9	25	″10,495,265.53″	″66,701.33″	″99,597.77″
三、营业利润(亏损以""-""号表示)	10		″37,187,015.58″	″36,324,972.12″	″53,839,270.64″
加:投资收益(损失以""-""号表示)	11				
补贴收入	11-1	26	″2,138,002.18″	″229,382.26″	
营业外收入	12	27	″502,999.61″	″228,988.77″	″616,351.60″
减:营业外支出	13	28	″969,394.49″	″210,684.51″	″250,554.45″
加:以前年度损益调整(调减以""-""号表示)″	14		″-63,284.50″		
四、利润总额(亏损以""-""号表示)″	15		″38,858,622.88″	″36,509,374.14″	″54,205,067.79″
减:所得税	16		″7,839,992.13″	″6,843,859.35″	″15,579,140.62″
减:少数股东损益(合并报表填列)(亏损以""-""号表示)″	16-1		″95,286.10″″129,996.34″	183.28	
五、净利润(亏损以""-""号表示)″	17		″30,923,344.65″	″29,535,518.45″	″38,625,743.89″
加:年初未分配利润	18		″29,668,195.56″	″32,824,928.44″	″29,851,839.87″

项目	行次	附注	1996 年度	1995 年度	1994 年度
盈余公积转入数	19				
六、可分配的利润(亏损以""-""号表示)	20		"60,591,540.21"	"62,360,446.89"	"68,477,583.76"
减:提取法定公积金	21		"2,296,608.43"	"2,953,551.85"	3,862,574.39"
提取法定公益金	22		"1,148,304.23"	"1,476,775.92"	"1,931,287.19"
职工奖福基金(合并报表填列、子公司为外商投资企业项目)	22-1				
七、可供股东分配的利润(亏损以""-""号表示)"	23		"57,146,627.55"	"57,930,119.12"	"62,683,722.18"
减:已分配优先股股利	24				
提取任意公积金	25				
已分配普通股股利	26		"55,526,222.96"	"28,261,923.56"	"29,858,793.74"
八、未分配利润(未弥补亏损以""-""号表示)	27		"1,620,404.59"	"29,668,195.56"	"32,824,928.44"

合并财务状况变动表

1996 年度　　　　金额单位:元

流动资金来源和运用	行次	金额	流动资金各项目的变动	行次	金额
一、流动资金来源			一、流动资产本年增加数		
1. 本年净利润(合并报表为合并净利润)	1	"30,923,344.65"	1. 货币资金	31	"25,053,646.16"
加:少数股东净利润(合并报表填列)	2	"95,286.10"	2. 短期投资	32	
加:不减少流动资金的费用和损失:			3. 应收票据	33	
(1)固定资产折旧	3	"8,765,604.10"	4. 应收帐款净额	34	"-10,845,470.42"
(2)无形资产、递延资产及其他资产摊销(减其他负债转销)	4	"-72,663.19"	5. 预付货款	35	"14,640,910.29"
(3)固定资产盘亏(减盘盈)	5		6. 其他应收款	36	"671,560.53"
(4)清理固定资产损失(减收益)	6	"68,986.63"	7. 待摊费用	37	"-465,777.65"
(5)递延税款	7		8. 存货净额	38	"15,206,276.61"
(6)其他不减少流动资金的费用和损失	8		9. 待处理流动资产净损失	39	
小　计	10	"39,780,558.29"	10. 一年内到期的长期债券投资	40	
2. 其他来源			12. 其他流动资产	41	
(1)固定资产清理收入(减清理费用)	11	"232,227.66"		42	
(2)增加长期负债	12	"40,684,086.06"	流动资产增加净额	45	"44,261,145.52"
(3)收回长期投资	13	"2,493,942.51"	二、流动负债本年增加数:		
(4)对外投资转出固定资产	14		1. 短期借款	46	"40,848,976.00"
(5)对外投资转出无形资产	15		2. 应付票据	47	
(6)资本净增加额	16	"31,079,500.15"	3. 应付帐款	48	"3,776,098.41"
(7)少数股东资本净增加额	16-1	"95,286.10"	4. 预收货款	49	"14,838,413.07"
小　计	17	"74,585,042.48"	5. 应付福利费		
流动资金来源合计	18	"114,365,600.77"	6. 未付股利	51	"9,950,215.80"
二、流动资金运用			7. 未交税金	52	"7,318,817.33"
1. 利润分配			8. 其他未交款	53	"7,740.24"
(1)提取法定公积金	19	"2,296,608.43"	9. 其他应付款	54	"5,801,703.97"
(2)提取法定公益金	20	"1,148,304.23"	10. 预提费用	55	"-387,921.00"
(3)提取任意公积金(减盈余公积转入)	21		11. 一年内到期的长期负债	56	
(4)已分配股利	22	"55,526,222.96"	13. 其他流动负债	57	
(5)职工奖福基金(合并报表中外商投资子公司项目)	22-1				
小　计	23	"58,971,135.62"			
2. 少数股东利润分配(合并报表填列)	23-1	"95,286.10"			
3. 其他运用					
(1)固定资产和在建工程净增加额	24	"41,406,406.56"			
(2)增加无形资产、递延资产及其他资产	25	"4,545,090.00"			
(3)偿还长期负债	26	"42,401,029.67"			
(4)增加长期投资	27	"4,570,503.72"			
小　计	28	"92,923,029.95"			
流动资金运用合计	29	"151,989,451.67"			
外币报表折算差额(合并报表填列)	29-1		流动负债增加净额	58	"81,884,996.42"
流动资金增加净额	30	"-37,623,850.90"	流动资金增加净额	59	"-37,623,850.90"

潍坊华光科技股份有限公司

潍坊华光科技股份有限公司股票上市公告书

一、要览

总股本:14,026万股

可流通股本:5,000万股

本次上市流通股本:5,000万股

股票简称:华光科技

股票代码:600076

上市地点:上海证券交易所

上市时间:1997年5月26日

登记机构:上海证券中央登记结算公司

二、绪言

本上市公告书是根据《中华人民共和国公司法》、《股票发行与交易管理暂行条例》、《公开发行股票公司信息披露实施细则》和《上海证券交易所交易市场业务试行规则》等国家法律、法规的规定编制的。本公司股票上市申请经上海证券交易所上证上字[97]第032号批准,将于1997年5月26日(星期一)在上海证券交易所挂牌交易。本次上市流通的股票均为1997年5月6日至1997年5月12日向社会公众公开发行的5,000万股人民币普通股(A股),本公司内部职工股1,000万股的上市日期将按国家及上海证券交易所有关规定于本次发行日结束三年后上市。

本公司于1997年4月29日在《上海证券报》、《中国证券报》和《证券时报》上刊登了《招股说明书概要》,距今尚不足六个月,故本公告书对其重复内容不再重述,敬请投资者查阅本公司的《招股说明书概要》。

本公司董事会已批准本公告书,确信其不存在任何重大遗漏或者误导,并对其真实性、准确性、完整性负个别的和连带的责任。

三、公司概况

1. 概况

法定名称:潍坊华光科技股份有限公司

英文名称:WEIFANG HUAGUANG TECHNOLOGY CO.,LTD.

注册资金:14,026万元

法定代表人:王新华

成立日期:1993年9月1日

经营范围:主营:电子出版系统及光机电一体化设备、计算机及应用系统、程控交换机、移动通讯和光纤传输设备等通讯产品及配套产品。兼营:电子技术开发服务、开发销售软件、中介服务。

所属行业:电子及通讯设备制造业

注册地址:潍坊市奎文区东风东街272号

联系电话:(0536)8236921-8208

2. 公司历史沿革

公司是经山东省体改委鲁体改生字[1992]第112号文《关于同意成立潍坊华光电子(集团)股份有限公司的批复》批准,由潍坊华光电子信息产业集团公司作为独家发起人,采用定向募集方式设立,发起人以评估后的部分净资产5233.8万元,按1.3:1折为4026万股国有法人股,其他法人和内部职工按每股1.3元的发行价分别认购募集法人股4000万股和内部职工股1000万股。公司于1993年9月正式成立。原名为潍坊华光电子(集团)股份有限公司,1996年11月公司决定并经山东省经济体制改革委员会确认,山东省工商行政管理局核准更名为潍坊华光科技股份有限公司。主要产品有电子出版系统,程控交换机,移动通信设备,光纤传输设备,计算机及应用系统等。

公司1994年被国家经贸委确定为国家重大技术装备国产化基地和1000家重点企业,被山东省政府确定为通信产业基地和省级企业技术开发中心。近几年,先后荣获"全国电子行业优秀企业(金桥奖)"、"科教兴鲁先进单位"、全国电子工业"八五"优秀技术改造企业等称号,在1995年度全国高新技术百强企业中居第10位,在全国500家最佳经济效益工业企业(电子及通讯设备制造业)中居第14位,连续5年进入全国电子行业百强行列,成为全国300家最大股份制企业之一,连续两年被市工商银行评为AAA特级信用企业。

截止1996年12月31日,公司资产总额为47,587万元,净资产为16,198万元。1996年度实现主营业务收入35,320万元,税后利润4,994万元。公司产品在全国三十个省、市、自治区均有销售,并出口至东南亚地区、前苏联地区及美国等世界各地。

四、股票发行及承销

1. 本次公开发行

发行数量:5,000万股

发行价格:5.60元

筹集资金总额:267,000,000元(已扣除发行费用)

发行方式:全额预缴款,比例配售,余款即退

配售比例:0.843%

配售户数:21256户

持有1,000股以上的股东户数:5360户

发行费用总额:1,300万元

每股发行费用:0.26元

发行市盈率:14倍

2. 股票承销

本次公开发行的5,000万股社会公众股已由社会公众超额申购。

3. 验资报告:

潍坊华光科技股份有限公司全体股东:

我们接受委托,对贵公司截止1997年5月13日止的实收股本及相关的资产和负债的真实性和合法性进行了审验,在审验过程中,我们按照《独立审计实务公告第1号—验资》的要求,实施了必要的审验程序。贵公司的责任是提供真实、合法、完整的验资资料,保护资产的安全、完整,我们的责任是按照《独立审计实务公告第1号—验资》的要求,出具真实、合法的验资报告。

贵公司申请的注册资本为人民币14026万元,其中原有股本总额为人民币9026万元,已由山东潍坊会计师事务所"鲁潍会师内验字(93)第160号验资报告"予以验证。贵公司本次发行社会公众股5000万股的发行收入为28000万元,扣除发行费用后募集资金为26700万元。经过我们的审验,截止1997年5月13日,募集资金已汇入中国建设银行潍坊市分行19800万元(帐户:潍坊华光科技股份有限公司,帐号:22310528),汇入中国银行潍坊分行6900万元(帐户:潍坊华光科技股份有限公司,帐号:0157050502),其中股本为人民币5000万元,资本公积为人民币21700万元,与此相关的资产总额为人民币26700万元,均为银行存款。贵公司向社会公开发行股票后股本总额为人民币14026万元,其中国有法人股本4026万元,占28.70%;法人股本4000万元,占28.52%;内部职工股1000万元,占7.13%;拟上市A股5000万元,占35.65%。

山东潍坊会计师事务所　　中国注册会计师:秦学昌　　刘守堂

中国　　潍坊　　一九九七年五月十三日

五、董事、监事及高级管理人员持股情况

姓　名	职　务	持股数
王新华	董事长兼总经理	17500
张兆贵	董事兼副总经理	9000
向　阳	董　事	12500
陈体炜	董事兼副总经理	12500
赵占法	董　事	6000
祁来水	董　事	23500
逄万里	董　事	5000
郑铁民	董　事	11000
蒯　辉	董　事	5000
任松国	董　事	500
苗再良	董　事	3000
杨德祖	董　事	0
董纪友	董　事	0
杜世聪	监　事	6000
陈家举	监　事	6000
王培彦	监　事	0
葛春荣	监　事	0
吴汝江	监　事	0
刘德华	监　事	3000
解永忠	监　事	3500
王建勋	副总经理	0

六、关联企业及关联交易

本公司除发起人潍坊华光电子信息产业集团公司外,没有其它关联企业。本公司成立时,与发起人完成了产权界定工作,签订了服务合同和注册商标许可使用合同以及土地租赁使用合同。双方不再经营影响对方收益的竞争产品,以维护公司的利益,公司与关联企业不存在业务交叉和同业竞争的问题。

七、股本结构及大股东持股情况

1. 上市前的股本结构

股权种类	股数(万股)	占总股本比例(%)
尚未流通股份:		
国有法人持股	4,026	28.70
募集法人持股	4,000	28.52
内部职工持股	1,000	7.13
可流通股股份:		
社会公众股	5,000	35.65
总股本	14,026	100.00

2. 前十名股东所持股数及比例

股东名称	股数(万股)	持股比例(%)
(1)潍坊华光电子信息产业集团公司	4026	28.70
(2)潍坊广发工贸公司	185	1.32
(3)中国信息信托投资公司	180.08	1.28
(4)潍坊鸢都电子商场	175	1.25
(5)潍坊协和贸易公司	170	1.21
(6)山东省系统工程公司	168	1.20
(7)中国电子租赁有限公司	160	1.14
(8)潍坊市信托投资股份公司	158.80	1.13
(9)潍坊华信贸易公司	132	0.94
(10)中国长城财务公司	130	0.93

八、公司财务会计资料

(一)审计报告

鲁潍会师内审字(97)第16号

潍坊华光科技股份有限公司全体股东:

我所接受委托,审计了贵公司1994年12月31日、1995年12月31日、1996年12月31日的资产负债表及1994、1995、1996年度利润及利润分配表和1996年度的财务状况变动表。这些会计报表由贵公司负责,我们的责任则是对这些会计报表发表审计意见。我们的审计是依据《中国注册会计师独立审计准则》进行的。在审计过程中,我们结合贵公司的实际情况,实施了包括抽查会计记录等我们认为必要的审计程序。

我们认为,上述会计报表符合《企业会计准则》和《股份制试点企业会计制度》的有关规定,在所有重大方面公允地反映了贵公司1994年12月31日、1995年12月31日、1996年12月31日的财务状况和1994、1995、1996年度经营成果和1996年度的资金变动情况,会计处理方法的选用遵循了一贯性原则。

山东潍坊会计师事务所　中国注册会计师:谭秀美

秦学昌

一九九七年二月二十三日

(二)财务报表

1. 资产负债表(一)

潍坊华光科技股份有限公司　　单位:人民币元

资　产	1996.12.31	1995.12.31	1994.12.31
流动资产:			
货币资金	9,042,588.93	4,227,862.12	5,796,501.64
应收帐款	143,029,638.39	112,700,151.29	134,399,395.44
减:备抵坏帐	715,148.19	563,500.76	671,996.98
应收帐款净值	142,314,490.20	112,136,650.53	133,727,398.46
预付帐款	68,591,483.18	49,517,620.42	8,890,757.06
其他应收款	8,868,469.34	6,283,646.99	5,204,434.39
待摊费用	14,830,255.32	24,657,507.06	24,657,507.06
存货	182,453,189.49	202,730,232.82	170,165,954.69
流动资产合计	426,100,476.46	399,553,519.94	348,442,553.30
固定资产:			
固定资产原值	77,054,102.06	71,194,291.43	65,374,332.70
减:累计折旧	27,866,290.79	20,485,292.02	14,033,605.36
固定资产净值	49,187,811.27	50,708,999.41	51,340,727.34
在建工程	798,125.69	1,296,745.44	
固定资产合计	49,187,811.27	51,507,125.10	52,637,472.78
无形资产及递延资产:			
无形资产	577,482.67	270,000.00	303,750.00
无形资产及递延资产合计	577,482.67	270,000.00	303,750.00
资产总计:	475,865,770.40	451,330,645.04	401,383,776.08

资产负债表(二)

潍坊华光科技股份有限公司　　单位:人民币元

负债及股东权益	1996.12.31	1995.12.31	1994.12.31
流动负债:			
短期借款	96,901,120.00	62,059,820.00	104,417,510.00
应付帐款	37,830,136.61	39,677,347.47	18,857,597.50
预收帐款	90,389,990.59	141,300,571.71	123,556,904.28
应付福利费	1,689,306.29	1,691,280.22	1,401,280.51
未付股利	52,350,800.00		14,441,600.00
未交税金	3,440,208.15	1,910,159.37	1,600,758.25
其他未交款	96,465.21	132,716.86	164,000.70
其他应付款	1,186,328.32	10,164,886.58	3,359,649.00
一年内到期的长期负债	30,000,000.00		
流动负债合计	313,884,355.17	256,936,782.21	267,799,200.24
长期负债:			
长期借款		30,000,000.00	
长期负债合计		30,000,000.00	
负债合计	313,884,355.17	286,936,782.21	267,799,200.24
股东权益:			
股本	90,260,000.00	90,260,000.00	90,260,000.00
资本公积	25,647,227.42	25,647,227.42	25,647,227.42

盈余公积	24,920,077.56	14,932,407.08	8,770,549.68
其中:公益金	12,460,038.78	7,466,203.54	4,385,274.84
未分配利润	21,154,110.25	33,554,228.33	8,906,798.74
股东权益合计	161,981,415.23	164,393,862.83	133,584,575.84
负债及股东权益合计	475,865,770.40	451,330,645.04	401,383,776.08

2. 利润及利润分配表

潍坊华光科技股份有限公司　　单位:人民币元

项　　目	1996 年度	1995 年度	1994 年度
一、主营业务收入	353,195,705.13	303,545,164.11	301,689,132.94
减:营业成本	1988,087,999.61	187,329,486.93	194,450,464.99
销售费用	19,787,337.44	19,353,146.11	15,082,716.80
管理费用	53,708,535.03	44,095,406.98	38,830,471.72
财务费用	18,534,489.31	13,218,636.39	15,456,777.28
营业税金及附加	4,690,329.65	3,615,978.14	4,321,920.95
二、主营业务利润	58,387,014.09	35,932,509.56	33,546,781.20
加:其他业务利润	364,489.87	222,227.71	100,206.98
三、营业利润	58,751,503.96	36,154,737.27	33,646.988.18
加:投资收益			
营业外收入	240.00	91,482.72	448,884.21
减:营业外支出	741.14		
四、利润总额	58,751,002.82	36,246,219.99	34,095,872.39
减:所得税	8,812,650.42	5,436,933.00	5,114,380.86
五、净利润	49,938,352.40	30,809,286.99	28,981,491.53
加:年初未分配利润	33,554,228.33	8,906,798.74	163,205.51
六、可供分配的利润	83,492,580.73	39,716,085.73	29,144,697.04
提取法定公积金	4,993,835.24	3,080,928.70	2,898,149.15
提取法定公益金	4,993,835.24	3,080,928.70	2,898,149.15
七、可供分配的利润	73,504,910.25	33,554,228.33	23,348,398.74
减:已分配普通股股利	52,350,800.00		14,441,600.00
八、未分配利润	21,154,110.25	33,554,228.33	8,906,798.74

3. 财务状况变动表(一)

潍坊华光科技股份有限公司　1996 年度　单位:人民币元

流动资金来源和运用	金　额
一、流动资金来源:	
1. 本年净利润	49,938,352.40
加:不减少流动资金的费用和损失	
少数股东本期损溢(亏损以"-"号表示)	
固定资产折旧	6,317,600.66
无形资产、递延资产及其他资产摊销(减其他负债转销)	86,247.33
清理固定资产损失(减收益)	
小　　计	56,342,200.39
2. 其他来源:	
资本净增加额	9,987,670.48
小　　计	9,987,670.48
流动资金来源合计	66,329,870.87
二、流动资金运用:	
1. 利润分配:	
提取法定公积金	4,993,835.24
提取法定公益金	4,993,835.24
已分配股利	52,350,800.00
小　　计	62,338,470.48
2. 少数股东利润分配	
3. 其它运用:	
固定资产和在建工程净增加额	3,998,286.83
增加无形资产、递延资产及其他资产	393,730.00
偿还长期负债	30,000,000.00
增加长期投资	
小　　计	34,392,016.83
流动资金运用合计	96,730,487.31
流动资金净增加额	-30,400,616.44

财务状况变动表(二)

潍坊华光科技股份有限公司　1996 年度　单位:人民币元

流动资金各项目的变动	金额
一、流动资产本年增加数:	
货币资金	4,814,726.81
应收帐款净额	30,177,839.67
预付货款	19,073,862.76
其他应收款	2,584,822.35
待摊费用	-9,827,251.74
存货	-20,277,043.33
流动资产增加净额	26,546,956.52
二、流动负债本年增加数:	
短期借款	34,841,300.00
应付票据	
应付帐款	-1,847,210.86
预收货款	-50,910,581.12
应付福利费	-1,973.93
未付股利	52,350,800.00
未交税金	1,530,048.78
其他未交款	-36,251.65
其他应付款	-8,978,558.26
一年内到期的长期负债	30,000,000.00
流动负债增加净额	56,947,572.96
流动资金增加净额	-30,400,616.44

(三)主要会计政策

1. 公司执行的会计制度及编制基础

公司自 1993 年成立后执行《股份制试点企业会计制度》、《股份制试点企业财务管理若干问题暂行规定》。

公司由照排厂、通信一厂、通信二厂、通信三厂组成,各厂财务核算相对独立,在编报会计报表时,所有相对独立单位之间的往来均已抵销。

2. 记帐原则及计价基础

公司会计核算以权责发生制为原则,各项资产除 1993 年评估增(减)值外均按历史成本计价。

3. 会计年度

会计年度自每年公历 1 月 1 日起至 12 月 31 日止。

4. 记帐本位币

公司以人民币为记帐本位币。

5. 应收帐款及坏帐准备。

按年末应收帐款余额的 0.5%计提坏帐准备。

6. 存货

存货按实际成本法核算,低值易耗品采用一次摊销法。

7. 长期投资

(1)债券投资按实际成本入帐,期末按约定利率及投资额计提投资收益;

(2)股权投资占被投资企业权益性资本 20%以下的按成本法核算;占被投资企业权益性资本 20%(含 20%)以上的按权益法核算,其中占被投资企业权益性资本 50%以上的编制合并会计报表。

8. 固定资产

固定资产按使用年限在一年以上,单位价值在 2000 元人民币以上的房屋建筑物、机器设备和运输工具等标准确定,固定资产入帐按历史成本或资产评估确认价值计价。折旧采用直线法,不预计残值,实行分类折旧。固定资产折旧年限及折旧率如下:

项　　目	折旧年限(年)	年折旧率
房屋建筑物	30-35	2.86-3.33%
机器设备	10	10%
运输工具	6	16.67%
仪器仪表	5	20%
计算机类	4	25%

9. 无形资产及递延资产

无形资产及递延资产按相应年限平均摊销。

10. 货币换算

发生外币业务时，与外币业务相关的帐户以当月1日公布的人民币市场外汇价(中间价)作为折合汇率，期末各外币帐户的余额按期末汇率进行调整，期末市场汇价折合的人民币金额与原帐面人民币金额之间的差额，作为汇兑损益，计入当期损益。

11. 税项

(1)流转税及附加

公司销售产品缴纳增值税，按产品销售收入的17%缴纳增值税；按应缴增值税。营业税的7%缴纳城市维护建设税；按应缴增值税。营业税的3%缴纳教育费附加；软件销售按5%交纳营业税。

(2)所得税

依据国函[1992]169号《国务院关于增建国家高新技术产业开发区的批复》批准潍坊建立国家高新技术产业开发区；1993年9月8日潍坊高新技术产业开发区管理委员会潍高管发[1993]19号《关于同意潍坊华光电子(集团)股份有限公司进区的批复》，批准潍坊华光电子(集团)股份有限公司为区内企业；1993年山东省科学技术委员会以鲁科高字[1993]第252号认定书批准潍坊华光电子(集团)股份有限公司为高新技术企业，按国发[1991]12号《国务院关于批准国家高新技术产业开发区和有关政策规定的通知》附件三第四条"开发区企业从被认定之日起，减按15%税率征收所得税"；潍坊市财政局(93)潍财企字第184号文，潍坊华光电子(集团)股份有限公司按15%计缴所得税。

12. 收入确认

主要产品销售按合同约定的本期应收价款确认营业收入的实现；其他销售在产品已经发出，劳务已经提供同时收讫价款或取得收取价款的凭据时，确认营业收入的实现。

13. 利润分配

公司税后利润按10%提取法定公积金，按10%提取法定公益金。公司税后利润在弥补亏损，提取法定公积金及提取法定公益金后的剩余利润，经股东大会决议后提取任意公积金及按股东出资比例进行分配。

(四)主要财务指标

项　目	1996年	1995年	1994年
流动比率	1.36	1.56	1.30
速动比率	0.78	0.77	0.67
资产负债率(%)	65.96	63.58	66.72
存货周转率(%)	102.85	100.47	136.16
应收帐款周转率(%)	276.23	245.69	228.50
净资产收益率(%)	30.83	18.74	21.70
每股净资产额(元)	1.79	1.82	1.48
每股盈利(元)	0.55	0.34	0.32

九、董事会上市承诺

本公司董事会将严格遵守《中华人民共和国公司法》、《股票发行与交易管理暂行条例》、《公开发行股票公司信息披露实施细则》、《上海证券交易所交易市场业务试行规则》和有关法律、法规的规定，并自股票上市之日起作出如下承诺：

1. 按照法律、法规的规定、程序和要求披露重大的信息，并接受证券主管机关、上海证券交易所的监督管理。

2. 及时、真实、准确地公布中期报告和年度报告，并备置于规定场所供投资者公众查阅。

3. 本公司董事、监事及高级管理人员如发生人事变动或持本公司股票发生变化时，在报告证券管理机关和上海证券交易所的同时向投资者公布。

4. 在任何公共传播媒介中出现的消息可能对本公司股票的市场价格产生误导性影响时，本公司知悉后将及时对该消息予以公开澄清。

5. 本公司董事、监事及高级管理人员将认真听取社会公众的意见和批评，不利用已获得的内幕消息和其不正当手段直接或间接从事股票买卖活动。

6. 本公司没有无记录负债。

十、重要事项揭示

1. 经本公司1997年2月3日临时股东大会《关于1996年度利润分配方案的决议》决定，向本次股票发行前登记在册的股东每10股派发现金红利5.80元(含税)，共计分配52,350,800元。剩余部分21,154,110.25元待股票上市后新老股东共同分配。预计本次股票发行后，首次股利的派发于1997年度会计结算后六个月内进行。

3. 本公司为国家级高新技术产业开发区潍坊高新技术产业开发区区内企业。根据国务院《关于批准国家高新技术产业开发区和有关政策规定的通知》(国发[1997]12号)和潍坊高新技术产业开发区《关于同意潍坊华光电子(集团)股份有限公司进区的批复》，以及潍坊市财政局(93)潍财企字第184号文，本公司按15%计缴所得税。

3. 经山东潍坊会计师事务所鲁潍会师内审字[97]第7号《盈利预测审核报告》审核，本公司1997年预计可实现净利润6576万元(按所得税率15%计算)，按发行上市后公司总股本14026万股全面摊薄，每股税后利润为0.47元。

4. 截止本上市公告书刊登之日，本公司及本公司董事、监事和高级管理人员未涉及任何重大诉讼事项和仲裁，也无任何尚未了结或可能面临的重大诉讼或索赔要求。

5. 根据国家有关规定，本公司内部职工股将于本次社会公众股发行之日起三年后经批准方可上市流通。

十一、咨询机构

1. 上市公司：潍坊华光科技股份有限公司
   法定代表人：王新华
   地　　址：潍坊市奎文区东风东街272号
   电　　话：(0536)8236921－8208
   联 系 人：任松国
2. 上市推荐人：申银万国证券股份有限公司
   法定代表人：阚治东
   地　　址：上海南京东路99号
   电　　话：(021)64312800－426
   联 系 人：周景伟　欧阳建勋
3. 上市推荐人：蔚深证券有限责任公司
   法定代表人：熊秉权
   地　　址：深圳市福田区振华路3号深纺大厦C座1楼
   电　　话：(0755)3236140
   联 系 人：姚志民

十二、备查文件

1. 批准本次股票发行的相关文件；
2. 本公司注册成立的相关文件；
3. 上海证券交易所上市承诺书；
4. 上市推荐协议；
5. 潍坊会计师事务所出具的审计报告、验资报告；
6. 历次股东大会决议；
7. 招股说明书；
8. 公司章程；
9. 证监会要求的其它有关文件。

潍坊华光科技股份有限公司

一九九七年五月二十一日

武汉当代高科技产业股份有限公司

武汉当代高科技产业股份有限公司股票上市公告书

一、要览

总股本:5,750 万股
可流通股份:2,000 万股
本次上市流通股份:2,000 万股
证券简称:当代科技
证券代码:600079
上市地点:上海证券交易所
上市日期:1997 年 6 月 6 日
股票登记机构:上海证券中央登记结算公司
上市推荐人:湖北证券公司
申银万国证券股份有限公司

二、绪言

本上市公告书是根据《中华人民共和国公司法》、《股票发行与交易管理暂行条例》、《公开发行股票公司信息披露实施细则》、《上海证券交易所交易市场业务试行规则》以及国家其他有关证券管理的规定编写,旨在向投资者提供本公司基本情况及有关资料。

经中国证券监督管理委员会证监发字〈1997〉240 号和证监发字〈1997〉241 号文件批准,本公司已成功地向社会公众公开发行每股面值 1,00 元人民币的普通股 2,000 万股,股票上市申请经上海证券交易所[上证发(1997)040 号文]审核批准,本公司股票将于 1997 年 6 月 6 日在上海证券交易所挂牌交易。本公司总股本为 5,750 万股,本次发行并上市的可流通股本为 2,000 万股,原内部职工股 600 万股按国家有关规定,自公司新股发行之日起满三年后上市。

本公司于 1997 年 5 月 19 日在《上海证券报》,5 月 20 日在《中国证券报》上刊登了《招股说明书(概要)》,距今不足 6 个月,故与其相重复的内容在此不再赘述,敬请投资者查阅本公司的《招股说明书(概要)》。

本公司董事会及各位董事确信本公告书未遗漏任何重大事项,亦不存在任何误导,并愿就本公告书及相关资料的准确性、完整性、真实性负连带及个别责任。

三、公司概况

1、概况

公司法定名称:武汉当代高科技产业股份有限公司
英文名称:WUHAN DANGDAI Hi - Tech COMPANY LIMITED
公司注册资本:57,500,000 元
公司法定代表人:艾路明
公司成立日期:1993 年 3 月 30 日

公司经营范围:化工、生物工程、电子、通信、新材料、光机电一体化等技术及产品的开发、研制、技术服务及咨询,开发产品的销售;百货、五金交电、医疗器材、计算机及配件、汽车配件、通讯器材、机电产品零售兼批发。

所属行业:高科技
公司注册地址:湖北省武汉市洪山区关山街鲁磨路特一号
联系电话:(027)7881718

2、历史沿革:

1993 年 3 月,经武汉市体改委武体改(93)217 号文批准,由中国人福新技术开发中心、武汉市当代科技发展总公司、武汉东湖新技术开发区发展总公司三家发起设立武汉当代高科技产业股份有限公司,三家发起人共认购 3,030 万股发起人法人股,其中中国人福新技术开发中心以现金 1,510 万元认购 1,510 万股,武汉市当代科技发展总公司以经评估的资产 1,100 万元和现金 270 万元认购 1,370 万股,武汉东湖新技术开发区发展总公司以现金 150 万元认购 150 万股,同时向社会法人和内部职工按 1:1 的价格分别募集 120 万股社会法人股和 600 万股内部职工股,公司总股本为 3,750 万股,每股面值 1 元。

3、发起人简介

中国人福新技术开发中心,成立于 1992 年 7 月,注册资金 11,000 万元,法定代表人李久源,法定住所北京市海淀区四道口路大钟寺村 14 号。

武汉当代科技发展总公司,始建于 1988 年,注册资金 2,800 万元,法定代表人艾路明,法定住所武汉市洪山区珞瑜路 6 号,是国家级开发区武汉东湖新技术开发区的高新技术企业,公司主要经营精细化工、生物医药工程等高新技术产业化业务。

武汉东湖新技术开发区发展总公司,成立于 1991 年,注册资本 8,000 万元,法定代表人赵家新,法定住所武昌珞瑜路 95 号,公司主要从事电子计算机、生物、化学、光机电一体化研制、开发及技术服务、咨询。

四、股票发行及承销

1、本次公开发行

发行数量:2,000 万股
发行价格:5.22 元/股
发行方式:上网定价
配售比例:1.17050925%
配售户例:19456
持有 1000 股以上的户数:19456
发行费用总额:5,382,000 元
每股发行费用:0.2691 元
发行市盈率 15 倍

2、股票承销

本次公开发行的 2,000 万股社会公众股已全部由社会公众认购,承销商无包销比例及数量。

3、验资报告

根据湖北大信会计师事务所鄂信业字〈1997〉第 410 号文验资报告,武汉当代高科技产业股份有限公司本次发行人民币普通股票 2, 000 万股,每股面值 1.00 元,发行价 5.22 元,总计募集资金人民币 104,400,000 元,扣除上网费用 365,400 元,募集资金 104,034,600 元,已于 1997 年 5 月 28 日汇入武汉当代高科技产业股份有限公司在中国建设银行武汉市分行洪山支行的帐户,帐户号码为:855658 - 261053403。

五、董事、监事和高级管理人员持股情况

序号	姓名	职务	持股数(股)	持股比例
1	艾路明	董事长	38800	0.0675%
2	潘振华	副董事长	25000	0.0435%
3	李久源	董事	25000	0.0435%
4	张晓东	董事	38800	0.0675%
5	周汉生	董事	38800	0.0675%
6	张小东	董事	38800	0.0675%

7	董新文	董事	0	0
8	农畋	监事会召集人	15600	0.0271%
9	王鸣	监事	0	0
10	杜燕云	监事	17000	0.0296%
11	毛平	副总经理	0	0
12	吴建钢	董事会秘书	7700	0.0134%
13	赵静芳	财务部经理	0	0
14	万超	控股公司经理	17200	0.0299%
15	苏志杭	控股公司经理	23000	0.0400%
合计			285700	0.4969%

六、公司设立

1、公司1997年2月1日召开的一九九六年度股东大会作出决议:公司1997年度向社会公开发行社会公众股(A股)2000万股在上海证券交易所上市。

2、公司注册资金,57,500,000元

3、公司本次发行后变更注册登记时间:1997年5月29日

4、公司注册地点:湖北省武汉市洪山区关山街鲁磨路特一号

5、营业执照注册号码:30001485-0-01

七、关联企业和关联交易

(一)本公司大股东情况

股东名称	持有股份(万股)	占总股本比例
中国人福新技术开发中心	1510	26.26%
武汉当代科技发展总公司	1370	23.83%
武汉东湖新技术开发区发展总公司	150	2.61%
广州保税区健雄国际贸易有限公司	120	2.09%

(二)本公司控股子公司

子公司名称	注册资本	母公司所持股权比例	主要经营范围
武汉当代新技术开发有限公司	300万元	98%	电子仪器仪表等产品的开发、研制。
武汉当代物业发展有限公司	1000万元	98%	房地产开发及物业管理。
武汉正代生物化学有限公司	80万元	75%	开发、生产、销售生物制品原料
武汉新洪农工商有限责任公司	800万元	80%	农副产品的养殖、加工销售。

(三)公司与上述关联企业间产权关系明晰,经济往来正常,经济利益划分明确,没有由于公司与关联企业的关系而影响公司重大合同条款及其履行的可能性。

八、股本结构及大股东持股情况

(一)上市前的股本结构

股份种类	数量	占总股本比例(%)
总股本	5,750万股	100.00
尚未流通股份		
(1)发起人股份	3,030万股	52.70
其中:国有法人股	3,030万股	
(2)募集法人股	120万股	2.09
(3)内部职工股	600万股	10.43
可流通股份	2,000万股	34.78

(二)前十名股东所持股数及比例

股东名称	持有股数	持股比例(%)
中国人福新技术开发中心	15,100,000	26.26
武汉当代科技发展总公司	13,700,000	23.83
武汉东湖技术开发区发展总公司	1,500,000	2.61
广州保税区健雄国际贸易有限公司	1,200,000	2.09
艾路明	38,800	0.0675
张晓东	38,800	0.0675
周汉生	38,000	0.0675
张小东	38,800	0.0675
潘振华	25,000	0.0435
李久源	25,000	0.0435
合计	31,705,200	55.139

九、公司财务会计资料

(一)审计报告

武汉当代高科技产业股份有限公司全体股东:

我们接受委托,审计了贵公司1994年12月31日、1995年12月31日、1996年12月31日的母公司及合并资产负债表和1994年度、1995年度、1996年度母公司及合并利润及利润分配表、1996年度母公司及合并财务状况变动表。这些会计报表由贵公司责任,我们的责任是对这些会计报表发表审计意见,我们的审计是根据《中国注册会计师独立审计准则》进行的。在审计过程中,我们结合贵公司实际情况,实施了包括抽查会计记录等我们认为必要的审计程序。

我们认为,上述会计报表符合《企业会计准则》和《股份制试点企业会计制度》的有关规定,在所有重大方面公允地反映了贵公司1994年12月31日、1995年12月31日、1996年12月31日的财务状况及1994年度、1995年度、1996年度的经营成果和1996年度的资金变动情况,会计处理方法的选用遵循了一贯性原则。

湖北大信会计师事务所　中国注册会计师　陈振奎

中国·武汉　中国注册会计师　邵九林

一九九七年三月十日

(二)资产负债表、利润及利润分配表、财务状况变动表详见附表

(三)主要会计政策

1、执行的会计制度:公司执行《股份制试点企业会计制度》

2、会议期间:会计期间采用公历年度,自公历年1月1日起至12月31日止为一个会计年度。

3、合并报表的范围及编制方法

(1)合并范围:

①截止1996年12月31日公司下设四个控股子公司

控股子公司名称	注册资金(万元)	投资金额(万元)	投资比例(%)	业务性质
武汉当代物业发展有限公司	1000	980	98	房地产开发、物业管理
武汉当代新技术开发有限责任公司	300	294	98	电子、仪器仪表等产品的开发、生产、销售
武汉新洪农工商有限责任公司	800	640	80	农副产品的养殖、加工、销售
武汉正代生物学有限公司	80	60	75	开发、生产、销售生物制品原料

②根据财政部(95)11号文件《合并会计报表暂行规定》对上述四家控股公司三年会计报表进行了合并、纳入合并会计报表的子公司无增减变动。

(2)合并方法:

①子公司提供母公司、子公司提供给子公司的产品和服务等,在合并时将母子公司、子子公司之间的内部营业收入分别与营业成本、费用、存货相抵销。

②长期投资与子公司所有者权益相抵销。

③内部往来相互抵销。

4、记帐原则、记帐方法和计价基础:会计核算按照权责发生制原则,采用借贷复式记帐法记帐,以实际成本为计价基础。

5、记帐本位币:公司以人民币为记帐本位币。

6、存货计价方法:存货购进按实际成本计价,发出和领用存货采用加权平均法核算,低值易耗品的发出和领用采用五五摊销法核算。

7、长期投资核算方法:

1)债券投资的收益确认:公司按权责发生制确认债券投资的收益;

2)股权投资和联营投资的核算方法:公司对外投资占被投资单位权益性资本20%以下,采用成本核算;对外投资占被投资单位权益性资本20%以上,采用权益法核算;公司对外投资占被投资单位权益性资本50%以上的,采用权益法核算编制合并会计报表。

8、固定资产及其折旧

1)固定资产是指使用年限在一年以上,单位价值在2000元以上的房屋,建筑物、机器设备、运输工具和其他设备。

2)固定资产原价按购建时的实际成本计价。

3)固定资产折旧采用直线法。

固定资产类别	估计经济使用年限	预计残值率(%)	年折旧率(%)
房屋及建筑物	37年	3	2.62
机器设备	14年	5	6.79
运输设备	8年	5	11.88
电子仪器仪表	8年	5	11.88
其他设备	8年	5	11.88

9、无形资产及其摊销

1)公司土地使用权价值按50年期限采用直线法平均摊销。

2)公司专用技术按20年期限采用直线法平均摊销。

3)公司商誉按10年期限采用直线法平均摊销。

10、递延资产及其摊销:公司递延资产按5年期限平均摊销。

11、收入实现的确认

1)产品、商品销售收入:以产品、商品已经发出、所有权转移、收到货款或取得索取货款的凭据时,作为销售收入实现的标志。

2)劳务收入:以劳务已经提供,收到货款和已经取得索取款项的赁据时,作为收入实现的标志。

12、坏帐准备:按应收帐款余额的5‰计提坏帐准备。

1、税项

1)增值税:按产品、商品销售收入的17%计提销项税,扣除进项税后缴纳;

2)农业特产税:按营业收入的5%计提并缴纳;

3)城市维护建设税:按应纳增值税额的7%计提并缴纳;

4)教育费附加:按应纳增值税的3%计提并缴纳;

5)所得税:根据财税字〈94〉001号文《关于企业所得税若干优惠政策的通知》,武汉当代高科技产业股份有限公司(母公司)1994年免征所得税。1995年及1996年按利润总额扣除子公司投资收益(税后分得)后的金额按15%的税率征收所得税;武汉当代物业发展有限公司按33%税率征收所得税;武汉当代新技术开发有限公司责任公司,武汉新洪农工商有限责任公司1994年按33%税率征收所得税,1995年及1996年免征所得税;武汉正代生物化学有限公司按15%税率征收所得税。

14、利润分配:公司税后利润按以下顺序和比例进行分配:

1)弥补亏损

2)提取法定公积金10%;

3)提取法定公益金10%;

4)提取任意公积金:提取比例由股东大会决议;

5)分配股利。

15、资产负债表主要项目注释

1)"应收帐款","其他应收款"中无5%以上股份股东的欠款。

2)长期投资项目包括钻石公寓投资款15,000,000.00元和债券投资4,427.00元

16、有关公司的其他财务会计资料(包括会计报表)详见已刊登的《招股说明书(概要)》。

(四)财务分析指标

	1996年	1995年	1994年
流动比率	1.23	2.10	1.69
速动比率	0.77	1.21	0.95
应收帐款周转率	4.35	3.71	3.92
每股收益	0.38	0.35	0.31
每股净资产	1.47	1.38	1.20
净资产收益率	0.26	0.26	0.26
股东权益比率	0.38	0.46	0.46

十、董事会上市承诺

本公司董事会将严格遵守《公司法》、《股票发行与交易管理暂行条例》、《公开发行股票公司信息披露实施细则》、《上海证券交易所交易规划》和有关法律、法规的规定,并自股票上市之日起作出如下承诺:

1、按照法律、法规的规定程序和要求披露重大的信息,并接受证券主管机关、上海证券交易所的监督管理。

2、及时、真实、准确地公布中期报告和年度报告,并备置于规定场所供投资者公众查阅。

3、本公司董事、监事及高级管理人员如发生人事变动或持本公司股票发生变化时,在报告证券主管机关、证券交易所的同时向投资者公布。

4、在任何公共传播媒介中出现的消息可能对本公司股票的市场价格产生误导性影响时,本公司知悉后将及时对该消息予以公开澄清。

5、本公司董事、监事及高级管理人员将认真听取社会公众的意见和批评、不利用已获得的内幕消息和其他不正当手段直接或间接从事股票买卖活动。

6、本公司没有无记录负债。

十一、重要事项揭示

1、武汉当代高科技产业股份有限公司于1996年11月12日在经武企改办(1996)32号文批准兼并武汉扬子江生物化学制药厂,兼并时扬子江生物制药厂共有资产总额3758万元,负债总额3469万元,净资产289万元,此金额已并入1996年财务报表中。

2、截至审计报告日,公司无债务担保等承诺事项。

3、审计基准日1996年12月31日至审计报告日1997年3月10日,公司不存在未决诉讼、未决索赔、税务纠纷、应收票据贴现等将来可能损害公司利益的或有损失事项。

4、审计基准日1996年12月31日至审计报告日1997年3月10日,公司无内幕交易等虚列会计报表影响财务状况和经营成果的关联交易事项。

5、公司1997年度执行15%所得税率,预计每股税后利润为0.30元。

6、公司1997年度利润由新老股东共同享受。

十二、咨询机构

1　发行人:武汉当代高科技产业股份有限公司

法定代表人:艾路明

地址:湖北省武汉市洪山区关山街鲁磨路特一号

联系人:周汉生　张小东　吴建钢

电话:(027)7881718　传真:(027)7885393

2　上市推荐人:湖北证券公司

法定代表人:陈浩武

地址:武汉武昌彭刘杨路232号

联系人:彭朝晖

电话:(027)7807038　传真(027)7807038

3　上市推荐人:申银万国证券股份有限公司

法定代表人:阚治东

地址:上海市南京路99号

联系人:李小宇

电话:(021)63295888　传真(021)64310778

十三、备查文件

1、上海证券交易所上市通知

2、验资报告

3、招股说明书

4、中国证监会关于本公司公开发行股票的批准文件

5、上市推荐书

武汉当代高科技股份有限公司

一九九七年六月三日

资产负债表(合并)

单位:人民币

项目	1996年12月31日	1995年12月31日	1994年12月31日
流动资产			
货币资金	7416556.75	3872687.39	2087557.95
短期投资		358000.00	625000.00
应收帐款	20343303.06	19471110.55	13744965.36
减:坏帐准备	101716.52	97355.55	68724.83
应收帐款净额	20241586.54	19373755.00	13676240.53
预付货款	7127565.36	4492498.78	3592271.58
其他应收款	9554988.89	7478363.61	8048479.35
待摊费用	1408483.81	474089.25	1217981.05
存货	27514239.76	26508048.27	22574042.40
流动资产合计	73263421.11	62557442.30	51821572.86
长期投资:			
长期投资	15004427.00	15000000.00	15000000.00
其中:合并价差(贷差以"-"号表示)			
固定资产:			
固定资产原价	31987547.92	13516792.99	13101355.54
减:累计折旧	1946299.66	1352301.96	1046505.52
固定资产净值	30041248.26	12164491.03	12054850.02
在建工程	14616851.10	15542730.52	14941747.53
固定资产合计	44658099.36	27707221.55	26996597.55
无形资产及递延资产:			
无形资产	8210867.61	3368750.03	3543750.03
递延资产	2921299.11	214412.03	79140.45
无形资产及递延资产合计	11132166.72	3583162.06	3622890.48
资产总计	144058114.19	108847825.91	97441060.89
流动负债:			
短期借款	2700000.00	3760000.00	3857600.00
应付票据	400000.00		
应付帐款	12863074.73	11701648.82	13128087.49
预收货款	1168033.69	1601326.50	2201550.11
应付福利费	112514.98	399479.98	55469.36
未付股利	9000000.00	8250000.00	7500000.00
未交税金	2751172.17	1953337.14	1534843.66
其他应付款	2244718.60	2096921.72	2455295.42
一年内到期的长期负债	28300000.00		
流动负债合计	59539514.17	29762714.16	30732846.04
长期负债:			
长期借款	26816000.00	25835738.69	19233502.64
长期负债合计	26816000.00	25835738.69	19233502.64
负债合计	86355514.17	55598452.85	49966348.68
少数股东权益:	2471865.99	3274927.27	2409846.11
股本	37500000.00	37500000.00	37500000.00
盈余公积:	17730734.03	12474445.79	7564866.10
其中:公益金	3987808.75	2562179.93	1246221.96
股东权益合计	55230734.03	49974445.79	45064866.10
负债与股东权益总计	144058114.19	108847825.91	97441060.89

利润及利润分配表(合并)

单位:人民币元

项目	1996年	1995年	1994年
一、主营业务收入	86588090.86	61652130.36	53626271.22
减:销售退回折扣折让			
主营业务收入净额	86588090.86	61652130.36	53626271.22
减:营业成本	60562540.70	41613280.77	36371511.98
销售费用	2887823.12	2166305.86	1703502.68
管理费用	3782134.93	1726754.73	1052330.29
财务费用	2850323.55	1119383.95	1345416.07
营业税金及附加	598733.59	568984.58	446729.30
二、主营业务利润	15906534.97	14457420.47	12706780.90
加:其他业务利润	274548.06	316022.48	200148.01
三、营业利润	16181083.03	14773442.95	12906928.91
加:营业外收入	788364.58	708161.06	434752.28
减:营业外支出	167827.05	70107.14	9443.88
四、利润总额	16801620.56	15411496.87	13332237.31
减:所得税	1805624.53	1574336.03	1222929.35
少数股东损益	739707.79	677581.15	344448.34
五、净利润	14256288.24	13159579.69	11764859.62
加:年初未分配利润			132003.37
六、可分配的利润	14256288.24	131259579.69	11896862.99
减:提取法定公积金	1425628.82	1315957.97	1176485.96
提取法定公益金	1425628.82	1315957.97	1176485.96
七、可供股东分配的利润	11405030.60	10527663.75	9543891.07
减:提取任意公积金	2405030.60	2277663.75	2043891.07
已分配普通股股利	9000000.00	8250000.00	7500000.00
八、未分配利润			

1996年财务状况变动表(合并)

单位:人民币元

流动资金的来源和运用	金额	流动资金各项目的变动	金额
一、流动资金来源		一、流动资产本年增加数	
1、本年净利润	14256288.24	1、货币资金	3543869.36
加:不减少流动资金的费用和损失		2、短期投资	－358000.00
(1)固定资产折旧	593997.70	3、短期票据	
(2)无形资产、递延资产及摊销	741832.50	4、应收帐款净额	867831.54
小计	15592118.44	5、预付货款	2635066.58
2、其他来源		6、其他应收款	2076625.28
(1)增加长期负债	980261.31	7、待摊费用	934394.56
(2)资本净增加额	5256288.24	8、存货(减收益)	1006191.49
(3)少数股东资本净增加额	－803061.28	流动资产增加净额	10705978.81
小计	5433488.27	二、流动负债本年增加数	
流动资金来源合计	21025606.71	1、短期借款	－1060000.00
二、流动资金运用		2、应付票据	400000.00
1、利润分配:		3、应付帐款	1161425.91
(1)提取法定公积金	1425628.82	4、预收货款	－433292.81
(2)提取法定公益金	1425628.82	5、应付福利费	－286965.00
(3)提取任意公积金	2405030.60	6、未付股利	750000.00
(4)已分配股利	9000000.00	7、未交税金	797835.03
小计	14256288.24	8、其他未交款	
2、其他运用		9、其他应付款	147796.88
(1)固定资产和在建工程净增加额	17544875.5	10、预提费用	
(2)增加无形资产、递延资产及其他资产	8290837.16	11、一年内到期的长期负债	28300000.00
(3)偿还长期负债		12、其他流动负债	
(4)增加长期投资	4427.00		
小计	25840139.67		
流动资金运用合计	40096427.91		
外币会计报表折算差额		流动负债增加净额	29776800.01
流动资金增加净额	－19070821.20	流动资金增加净额	－19070821.20

新天国际经贸股份有限公司

新天国际经贸股份有限公司股票上市公告书

一、要览

总股本:8,600 万股

可流通股本:3,000 万股

社会公众股:3,000 万股

其中:公司职工股:300 万股

本次上市流通股本:2,700 万股

股票简称:新天国际

股票代码:600084

上市地点:上海证券交易所

上市时间:1997 年 7 月 11 日

登记机构:上海证券中央登记结算公司

二、绪言

本上市公告书是根据《中华人民共和国公司法》、《股票发行与交易管理暂行条例》、《公开发行股票公司信息披露实施细则(试行)》和《上海证券交易市场业务试行规则》等国家法律、法规的规定编制的。本公司股票上市申请经上海证券交易所上证上字(1997)69 号文批准,于 1997 年 7 月 11 日(星期五)在上海证券交易所挂牌交易,本次上市流通的股票为 1997 年 6 月 18 日向社会公众发行的 2,700 万股 A 股,公司职工所持 300 万股的上市日期将按国家及上海证券交易所有关规定半年后上市。

本公司于 1997 年 6 月 14 日在《上海证券报》和《中国证券报》上刊登了《招股说明书概要》,距今不足六个月,故与其重复内容在此不再重述,敬请投资者查阅本公司的《招股说明书概要》。

本公司董事会及各位董事确信本公告书不存在任何重大遗漏或者误导,并对其真实性、准确性、完整性负个别的和连带的责任。

三、公司概况

(一)概况

公司法定名称:新天国际经贸股份有限公司

公司法定代表人:岳志荣

公司成立日期:1997 年 7 月 7 日

公司注册地址:新疆乌鲁木齐市五星路 15 号

经营范围:自营和代理除国家组织统一联合经营的 16 种出口商品和国家实行核定公司经营的 14 种进口商品以外的其他商品及技术的进出口业务;经营来料加工和"三来一补"业务;经营对销贸易和转口贸易;承包境外工程和境内国际招标工程;上述境外工程所需的设备、材料出口;对外派遣工程、生产及服务行业的劳务人员(不含海员),五金交电商品、化工原料(不含化学危险品)、机电产品(专营产品及国家有专项审批规定的产品除外)、仪器仪表、日用百货、现代办公用品(不含通风器材)、工艺美术品(金银制品除外)、农副产品(粮棉除外)的批发,零售。种植、养殖及农业综合开发。

公司营业执照注册号:22858438-0

公司咨询电话:(0991)2637384

董事会秘书:陈豹

(二)公司历史沿革

新天国际经贸股份有限公司是经新疆生产建设兵团新兵函(1997)20 号文批准,由新天国际经济技术合作公司在其所属的贸易公司、新疆阜北农工商联合企业公司进行股份制改组的基础上,与中国成套设备进出口(集团)总公司、新疆北中房地产开发有限公司、新疆生产建设兵团投资中心共同发起,募集设立的股份有限公司。

经中国证券监督管理委员会证监发字(1997)345 号和(1997)346 号文批准,1997 年 6 月 18 日公司向社会公开发行人民币普通股 3,000 万股(其中向公司职工配售 300 万股),每股面值 1.00 元,溢价发行,发行价为 7.84 元。

1997 年 6 月 29 日,公司在乌鲁木齐市召开了创立大会暨公司第一次股东大会,并于 1997 年 7 月 7 日在新疆维吾尔自治区工商局注册登记。

四、股票发行及承销

(一)本次公开发行

发行数量:3,000 万股(其中向公司职工配售 300 万股)

发行价格:7.84 元/股

发行方式:上网定价

配售比例:0.76648453%

配售户数:353,958 户

持有 1,000 股以上的户数:26,564 户

发行费用总额:7,650,000 元

每股发行费用:0.255 元

发行市盈率:15.5 倍

(二)股票承销

本次公开发行的 2,700 万股社会公众股及 300 万股公司职工股已全部由社会公众及公司职工认购,承销团成员无包销比例及数量。

(三)验资报告

新会所验字(1997)078 号

新天国际经贸股份有限公司(筹):

我们接受委托,对新天国际经贸股份有限公司(筹)截至 1997 年 6 月 25 日止的实收股本及相关的资产和负债的真实性和合法性进行了审验。在审验过程中,我们按照《独立审计实务公告第 1 号-验资》的要求,实施了必要的审验程序。新天国际经贸股份有限公司(筹)的责任是提供真实、合法、完整的验资资料,保护资产的安全、完整,我们的责任是按照《独立审计实务公告第 1 号-验资》的要求,出具真实、合法、完整的验资报告。

新天国际经贸股份有限公司(筹)申请的注册资本为人民币 86,000,000.00 元。本次社会公众股(A 股)发行前,贵公司的股本总额为 56,000,000.00 元,业经本所验证并出具了新会所验字(1997)68 号验资报告。本次验资是对社会公众股股东投入的股本进行验证。经中国证监会证监发字(1997)345 号和证监发字(1997)346 号文批准,贵公司向社会公开发行人民币普通股 3,000 万股,每股面值 1 元,发行价每股 7.84 元。发行结束后,经我们审验,贵公司共募集资金贰亿贰仟玖佰零贰仟叁佰贰拾元(RMB229,002,320.00),其中股本人民币 30,000,000.00 元,资本公积人民币 199,002,320.00 元(含本次发行尚未支付的发行费用)。本次股票发行后,贵公司股本总额为 86,000,000.00 元,其中:国有法人股 45,000,000.00 元,法人股 11,000,000.00 元,社会公众股 30,000,000.00 元(含公司职工股 3,000,000.00 元)。

附件(一)《投入股本明细表》

附件(二)《验资事项说明》

新疆会计师事务所　中国注册会计师　陈军

中国注册会计师　王勤

地址:中国　新疆　乌鲁木齐

报告日期:1997 年 6 月 25 日

五、董事、监事及高级管理人员持股情况

姓名	职务	持股数
岳志荣	董事长	8000 股
李凤东	董事、总经理	6000 股
常江	董事、副总经理	4000 股
于步明	董事、副总经理	1000 股
黄广辉	董事	10000 股
蒋铁	董事	5000 股
刘建敏	董事	500 股
范全木	董事	0 股
王东	董事	3000 股
李明军	监事会主席	6000 股
王瑞江	监事	500 股
马茂先	监事	0 股
金万里	监事	2000 股
李新萍	监事	1000 股
郑文芳	总会计师	1000 股
陈敏政	总经济师	500 股
苏鹏	总农艺师	500 股
陈豹	董事会秘书	1000 股

综上所述、董事、监事与高级管理人员持股总数为 50,000 股,占总股本的 0.058%。

六、公司设立

(一)公司 1997 年 6 月 29 日在新疆乌鲁木齐市召开创立大会,宣告公司成立,并通过了公司发行的公司社会公众股股票在上海证券交易所上市的决议及其他有关决议,详见 1997 年 7 月 3 日《中国证券报》。

(二)本次股票成功发行后,本公司注册登记工作已结束,详细资料如下:

公司注册资本金:8,600 万元

注册时间:1997 年 7 月 7 日

注册地点:新疆乌鲁木齐市五星路 15 号

公司法定代表人:岳志荣

营业执照注册号码:22858438 - 0

七、关联企业及关联交易

公司是由新天国际经济技术合作公司下属企业贸易公司、新疆阜北农工商联合企业公司改组设立的,公司与上述企业存在如下的关联交易:

(1)本公司每年农业用电量约 200 万度,农业用水量约 3600 万方,按市价计算,每年需向新天国际经济技术合作公司下属新疆阜北农工商联合企业公司电站支付电费约为 70 万元,每年需向新疆阜北农工商联合企业公司林管站支付水费约为 400 万元。

公司已与新疆阜北农工商联合企业公司签署《生产经营保障协议》,就公司生产经营所需的资源和其它相关交易确定了公正合理的市场交易条件。

(2)公司已与新天国际经济技术合作公司、新疆阜北农工商联合企业公司分别签署《后勤服务保障协议》,新天国际经济技术合作公司及其下属新疆阜北农工商联合企业公司有偿提供后勤保障和生活福利设施,费用标准和支付方式按公正的市场条件执行。

公司已与新天国际经济技术合作公司签订《办公用房转租协议》,就公司住所办公用房达成协议。

八、股本结构及大股东持股情况

(一)本次 A 股发行完成后,本公司的股本结构如下表:

股份类别	股本数(万股)	占总股本比例(%)
总股本	8,600	100
尚未流通股份		
法人持股	5,600	65.12
可流通股份		
社会公众股	3,000	34.88
其中:职工持股	3,00	3.49

(二)前十名股东所持股数及比例

前十名股东	持股数(万股)	比例%
新天国际经济技术合作公司	4,500	52.33
中国成套设备进出口(集团)公司	450	5.23
新疆北中房地产开发有限公司	450	5.23
新疆生产建设兵团投资中心	200	2.33
李志松	7	0.081
江连新	6	0.0698
刘国安	5.59	0.065
王晓春	5.3	0.062
方淑华	5.3	0.062
王丽萍	5.25	0.061

九、公司财务会计资料

新疆会计师事务所审计报告

新天国际经贸股份有限公司筹备委员会:

我们接受委托,审计了贵公司(筹)1994 年 12 月 31 日、1995 年 12 月 31 日、1996 年 12 月 31 日、1997 年 2 月 28 日的资产负债表,1994 年度、1995 年度、1996 年度、1997 年 1 - 2 月的利润表以及 1996 年度财务状况变动表。这些会计报表由贵公司(筹)负责,我们的责任是对这些会计报表发表审计意见。我们的审计是依据中国注册会计师独立审计准则进行的。在审计过程中,我们结合贵公司(筹)实际情况,实施了包括抽查会计记录等我们认为必要的审计程序。

我们认为,上述会计报表符合《企业会计准则》和《股份制试点企业会计制度》的有关规定,在所有重大方面公允地反映了贵公司 1994 年 12 月 31 日、1995 年 12 月 31 日、1996 年 12 月 31 日、1997 年 2 月 28 日的财务状况及 1994 年度、1995 年度、1996 年度、1997 年 1 - 2 月经营成果和 1996 年度资金变动情况。会计处理方法的选用遵循了一贯性原则。

新疆会计师事务所　　中国注册会计师　陈军

中国注册会计师　王勤

中国·新疆·乌鲁木齐　　1997 年 4 月 26 日

资产负债表

单位:人民币元

资产	附注	1997 年 2 月 28 日	1996 年 12 月 31 日
流动资产			
货币资金	1	19,830,569.66	37,731,363.38
应收票据	2	34,923,643.96	13,580,000.00
应收财款	3	24,298,680.44	27,043,903.55
减:坏帐准备	4		135,219.52
应收帐款净额		24,298,680.44	26,908,684.03
预付帐款	5	19,547,633.07	1,645,896.17
其他应收款	6	8,095,828.10	15,784,567.99
待摊费用	7	907,068.83	696,923.03
存货	8	88,707,860.98	82,648,274.16
流动资产合计		196,311,285.04	178,995,708.76
长期投资			
长期投资			
固定资产			
固定资产原值	9	23,319,167.48	16,777,830.35

减:累计折旧		8,699,743.19	4,818,822.63
固定资产净值		14,619,424.29	11,959,007.72
在建工程			
固定资产合计		14,619,424.29	11,959,007.72
无形资产及递延资产			
无形资产			
递延资产	10		300,673.00
无形资产及递延资产合计			300,673.00
资产总计		210,930,709.33	191,255,389.48
负债及股东权益			
流动负债			
短期借款	11	114,000,000.00	94,000,000.00
应付帐款	12	5,114,322.44	6,814,687.26
预收帐款	13	7,508,903.45	12,410,894.83
应付福利费		260,135.53	273,743.20
应付工资		1,415,835.49	1,470,097.72
未交税金	14	1,160,760.73	1,832,016.60
未付股利			
其他未交款	15	899,257.70	899,257.70
其他应付款	16	12,234,841.07	13,810,618.14
未付利润			
预提费用	17	271,145.27	632,568.57
其他流动负债			
一年内到期的长期负债			
流动负债合计		142,865,201.68	132,143,884.02
长期负债			
长期借款			
长期负债合计			
负债合计		142,865,201.68	132,143,884.02
股东权益			
股本	18	45,000,000.00	28,896,366.73
资本公积	19	23,065,507.65	1,865,479.59
盈余公积	20		28,349,659.14
其中:公益金			
未分配利润	21		
股东权益合计		68,065,507.65	59,111,505.46
负债及股东权益合计		210,930,709.33	191,255,389.48

利润表

单位:人民币元

项目	附注	1997年(1-2月)	1996年
一、主营业务收入	22	47,685,751.18	229,084,592.67
减:营业成本	23	39,555,083.23	177,930,753.68
销售费用	24	1,041,484.75	10,130,108.60
管理费用	25	871,428.95	8,416,481.10
财务费用	26	1,388,065.11	8,508,503.21
营业税金及附加		888.25	463,292.18
三、主营业务利润		4,828,800.89	23,635,633.90
加:其他业务利润	27	119,585.90	4,541,854.70
三、营业利润		4,948,386.79	28,177,488.60
加:投资收益	28		
补贴收入	29		1,163,500.83
营业外收入	30	137,584.48	507,384.29
减:营业外支出	31	157,804.31	254,990.38
加:以前年度损益调整			
四、利润总额		4,928,176.96	29,593,383.34
减;所得税			
减:少数股东损益			
五、净利润		4,928,176.96	29,593,383.34

财务状况变动表

日期:一九九六年度　　单位:人民币元

流动资金来源和运用	金额	流动资金各项目变动	金额
一、流动资金来源:		一、流动资产本年增加数:	
1、本年净利润	29,593,383.34	1、货币资金	16,334,006.48
加:不减少流动资金的费用和损失		2、应收票据	13,580,000.00
(1)少数股东本期损溢		3、应收帐款净额	8,636,627.59
(2)固定资产折旧	898,624.68	4、预付帐款	-28,887,583.18
(3)无形资产递延资产摊销	74,532.27	5、其他应收款	-6,333,442.55
(4)固定资产盘亏(减盘盈)		6、待摊费用	-131,549.68
(5)清理固定资产损失(减收益)	106,927.49	7、存货	40,071,352.41
小计	30,673,467.78		
2、其他来源			
(1)固定资产清理收入(减清理费用)	90,721.20	流动资产增加净额	43,269,411.07
(2)收回长期投资		一、流动负债本年增加数	
(3)资本净增加额	11,277,888.46	1、短期借款	41,500,000.00
小计	11,368,609.66	2、应付工资	-2,473,558.26
流动资金来源合计	42,042,077.44	3、应付帐款	-3,068,307.92
二、流动资金运用		4、预收帐款	-1,820,454.27
1、利润分配		5、应付福利费	-57,965.51
(1)提取法定公积金	2,959,338.33	6、未付股利	
(2)提取法定公益金	2,959,338.33	7、未交税金	2,766,271.87
(3)提取任意公积金	5,359,211.80	8、其他未交款	643,108.40
(4)已上交利润	18,315,494.88	9、其他应付款	-4,971,912.74
小计	29,593,383.34	10、预提费用	181,353.31
2、少数股东利润分配		11、一年内到期的长期负债	
3、其他运用			
(1)固定资产和在建工程净增加额	1,717,940.73		
(2)增加无形资产递延资产及其他资产	159,877.18		
(3)偿还长期负债			
(4)增加长期投资			
小计	1,877,817.91		
流动资金运用合计	31,471,201.25	流动负债增加净额	32,698,534.88
流动资金增加净额	10,570,876.19	流动资金增加净额	10,570,876.19

(一)主要会计政策

1、会计制度

1997年2月28日以前执行《对外经济合作企业会计制度》及《农业企业会计制度》,本模拟会计报表,已按照《股份制试点企业会计制度》进行了调整。

2、会计年度

采用历年制,即每年自公历1月1日起至12月31日止为一个会计年度。

3、记帐原则

以权责发生制为记帐原则。

4、计价基础

除资产评估结果按重置成本计价外,其余以历史成本法为计价基础。

5、记帐本位币及外币折算方法

以人民币为记帐本位币,发生的外币业务按其发生当日国家公布的基础汇价折算为人民币记帐,并于期末按基准汇价进行调整,差额计入当期损益。

6、坏帐准备

采用“坏帐备抵”法,按年末应收帐款余额的5‰计提坏帐准备金。

7、存货的计价

存货按照实际成本计价，领用或发出时采用加权平均法核算，低值易耗品在领用时一次或分次摊销。

8、长期投资

对拥有20%以下股权的采用成本法核算，对拥有20%以上股权的采用权益法核算，并对拥有50%以上股权的单位编制合并会计报表。

9、固定资产及其折旧

固定资产按实际成本计价。计价标准为：使用期限在一年以上，单位价值在2000元以上。

折旧采用平均年限法，按分类折旧率计提折旧，残值率3%，各类固定资产折旧年限和折旧率如下：

项目	折旧年限(年)	年折旧率(%)
房屋建筑物	20-40	4.85-2.43
专用设备	8-15	12.13-6.47
运输工具	6-12	16.17-8.08
其他	5-8	19.4-12.13

10、递延资产按5年摊销。

11、税项

税种		种率
(1)增值税		
①粮食、农机产品	※1	13%
②出口货物		0
③其他		17%
(2)农业税	※2	
①粮食		5公斤/亩
②棉花		11公斤/亩
③油料		11公斤/亩
(3)农业特产税	※3	
①园艺产品(按园艺收入)		8%
②特产品(按特产作物收入)		8%
(4)牧业税		
①牛、马		5元/头(匹)
②羊		2元/只
(5)城乡维护建设税		
乌鲁木齐市(按增值税)		7%
阜康市(按增值税)		1%
(6)教育费附加	※4	0
(7)所得税	※5	0

※1　1995年底以前，依据兵计财税字(1994)152号、新国税发(1994)090号转发的《全区流转税业务会议纪要》规定，团场供应给团场职工的成品粮、食用植物油免征增值税、"团场物资供应部门购进的货物，直接用于农牧业生产的免征增值税"。

1995年底以前，依据国家税务总局财税字(1994)004号文的规定，1995年底以前销售的种子、种苗、化肥、农药、农机免征增值税。

1996年1月1日起至1997年12月31日止，依据财政部、国家税务局财税字(1996)18号文的规定，本公司销售的种子、种苗、化肥、农药、农机继续免征增值税。

※2依据新疆维吾尔自治区财政厅新财农税字(1991)32号"关于对《兵团系统征收农业税中筹集农发基金进行补助和返还问题》的通知"的规定，"当年从团场征收的农业税超过1987年实际征收的部分，可按70%返还"。

※3依据国函(1990)24号及新政发〈1991〉8号文的规定，"兵团向地方财政部门交纳的农林特产税，在扣除5%的手续费后，由征收单位全部返还给兵团各农牧团场，用于发展农业生产。"

※4依据国务院办公厅国办函(1994)100号及新政发(1991)8号文的规定，本公司不计缴教育费附加。

※5本公司在改制前系属新疆生产建设兵团汇总纳税单位，依据财政部、国家税务总局财税字(1994)068号、国家税务总局国税函(1996)366号、财政部财农字(1996)4号及新兵函(1997)44号文件的规定，本公司在改制前对兵团只上缴利润，不缴所得税。

根据新疆维吾尔自治区新政函(1997)77号文的规定，本公司"自批准上市之日起按15%缴纳所得税，优惠的18%由兵团财务局返还"，"从事种植业、农副产品初加工业的利润所得，按财政部财农字(1996)4号文的规定，在1998年底以前免征企业所得税"。

12、收入的确认原则

按发出商品、提供劳务、同时收讫价款或者取得索取价款的凭据时，确认营业收入的实现。

13、易货贸易的核算

易货贸易收入及成本根据下述方法确认：

①易货商品进口时，根据海关 确认的进口商品价格(不含关税)作为对应易货出口商品的收入，其易货进口商品的国内采购价格作为成本。

②易货进口商品在国内销售时，根据其实际销售价格(不含增值税)作为收入，其对应进口商品以购入成本(海关确认价格+进口关税)作为成本。

③会计期末，根据易货贸易海关税单的金额，确认顺差或逆差的百分比，并按顺差占出口的比例或逆差占进口的比例，计算出相应的递延损益。

14、利润分配

本公司1994-1996年，各年实现的净利润，按以下顺序和比例分配：

(1)提取10%法定盈余公积金

(2)提取5-10%法定公益金

(3)提取任意盈余公积金

(4)上交承包利润

本公司成立后，净利润将按《中华人民共和国公司法》和本公司章程(草案)的规定进行分配。

根据本公司发起人第二次会议决议，1997年3月1日至成立之日止产生的利润，由全体发起人股东和社会公众股股东共同享有。具体分配方案，尚须提交股东大会讨论通过后执行。

(二)会计报表项目附注

1、货币资金

1997年2月28日余额为19,830,569.66元其中现金128,796.75元，银行存款19,701,772.91元，货币资金比年初降低47.44%，主要是由于本年增加预付货款投放。

2、应收票据

1997年2月28日余额为34,923,643.96元，均为无息银行承兑汇票。

应收票据比年初增加了157.17%，主要是由于本年应收的部分销货款增加了票据结算方式。

无持有本公司5%以上股份的主要股东欠款。

3、应收帐款

1997年2月28日共119户(笔)，总额24,298,680.44元，三年以上的应收帐款，系应收销货款，预计可以全部收回。

(1)帐龄分析：

帐龄	户(笔)	金额	比重(%)
1年以内	59	15,730,885.42	64.74
1年至2年	27	1,565,761.87	6.44
2年至3年	10	1,195,364.27	4.92
3年以上	23	5,806,668.88	23.90
合计	119	24,298,680.44	100

无持有本公司5%以上股份的主要股东欠款。

4、坏帐准备

坏帐准备按应收帐款期末余额的5‰计提,1997年2月28日帐面余额为121,493.40元,根据评估结果调整后,1997年2月28日余额为零。

5、预付货款

1997年2月28日共20户(笔)、金额19,547,633.07元

帐龄分析:

帐龄	户(笔)	金额	比重(%)
1年以内	15	18,800,287.27	96.18
1年至2年	4	745,345.80	3.81
2年至3年	1	2,000.00	0.01
合计	20	19,547,633.07	100

预付货款比年初增加10.87倍,主要是本年增加对哈萨克斯坦卡拉干达钢铁公司预付货款。

无持有本公司5%以上股份的主要股东欠款。

6、其他应收款

1997年2月28日共267户(笔),总额8,095,828.10元

帐龄分析:

帐龄	户(笔)	金额	比重(%)
1年以内	192	5,100,192.27	63.00
1年至2年	35	1,784,081.07	22.04
2年至3年	39	1,079,057.45	13.33
3年以上	1	132,497.31	1.63

注:三年以上的1户欠款,系应收农机具租金,预计可以全部收回。

7、待摊费用

1997年2月28日余额为907,068.83元,明细如下:

项目	金额
期初进项税额	625,637.35
低值易耗品摊销	269,625.00
保险费(期限为1996.10.28-1997.04.30)	11,806.48

待摊费用比年初增加了30.15%,系增加了低值易耗品的领用。

8、存货

1997年2月28日余额为88,707,860.98元,明细项目如下:其中原料及主要材料8,868,061.66元,库存商品70,261,582.35元,低值易耗品169,503.76元,在产品5,479,267.18元,产成品3,929,446.03元。

9、固定资产及累计折旧

	房屋建筑物	专用设备	运输工具	其他设备	合计
原值	8,970,109.48	12,564,908.00	1,546,800.00	237,350.00	23,319,167.48
累计折旧	3,077,785.19	5,049,696.00	507,167.00	65,095.00	8,699,743.19
净值	5,892,324.29	7,515,212.00	1,039,633.00	172,255.00	14,619,424.29

注:固定资产净值比年初增加22.24%,主要是由于固定资产评估增值所致。

固定资产原值及累计折旧,1995年增加数主要是1994年清产核资重估增值。

10、递延资产

1997年2月28日帐面数为283,233.50元,系土地开发费。根据评估结果调整后,1997年2月28日余额为0。

11、短期借款1997年2月28日余额为114,000,000.00元

12、应付帐款

1997年2月28日共32户(笔),总额5,114,322.44元

无持有本公司5%以上股权的主要股东往来款。

13、预收货款

1997年2月28日共28户(笔),总额7,508,903.45元。

预收货款比期初减少39.5%,主要是近期供货速度加快。

无持有本公司5%以上股权的主要股东往来款。

14、未交税金

1997年2月28日余额为1,160,760.73元,其中:增值税1,156,763.23元,城建税3,997.50元。

15、其他未交款

1997年2月28日余额为899,257.70元,系依照新疆维吾尔自治区人民政府新财商字〈1996〉132号文规定,应上缴的“以棉补粮”“以棉补水”“以棉补肥”基金。

16、其他应付款

1997年2月28日共185户,总额为12,234,841.07元,其中应付新天国际经济技术合作公司为本公司垫付运费2,118,528.99元。

17、预提费用1997年2月28日余额为271,145.27元,系预提银行借款利息。

18、股本

1997.2.28	1996.12.31	1995.12.31	1994.12.31
45,000,000.00	28,896,366.73	28,896,366.73	28,896,366.73

1997年2月28日为人民币45,000,000.00元。

1994、1995、1996年各年末余额均为28,896,366.73元,由新天国际经济技术合作公司投入。

本期股本是在资产评估基础上并通过折股折算形成。

本公司资产评估工作由中华财务会计咨询公司,并经国家国有资产管理局以国资评(1997)415号文批准确认。新疆生产建设兵团国有资产管理局新兵国资(企)发(1997)22号文同意评估后的净资产人民币68,065,507.65元,以66.11%的折股比率折股,其中人民币45,000,000.00元记入股本,人民币23,065,507.65元记入资本公积。

19、资本公积

1997.2.28	1996.12.31	1994.12.31	1994.12.31
23,065,507.65	1,865,479.59	1,865,479.59	22,600.00

1994年12月31日余额为22,600.00元,系捐赠收入。

1995年12月31日余额为1,865,479.59元,增加了1,842,879.59元,系1994年清产核资资产重估增值。

1997年2月28日余额为23,065,507.65元,系股本溢价。

20、盈余公积

1997.2.28	1996.12.31	1995.12.31	1994.12.31
0.00	28,349,659.14	17,071,770.68	6,843,665.96

1997年2月28日无余额。

1994-1996年各年增加数均系当年净利润提取的盈余公积金,无支用数。

1994年净利润17,521,336.12元,提取10%法定盈余公积金1,752,133.61元,提取10%法定公益金1,752,133.61元,提取17.21%任意盈余公积金3,016,018.62元,年末余额6,843,665.96元;

1995年净利润21,188,094.82元,提取10%法定盈余公积金2,118,809.48元,提取10%法定公益金2,118,809.48元,提取28.27%任意盈余公积金5,990,485.76元,年末余额17,071,770.68元;

1996年净利润29,593,383.34元,提取10%法定盈余公积金2,959,338.33元,提取10%法定公益金2,959,338.33元,提取18.11%任意盈余公积金5,359,211.80元,年末余额28,349,659.14元。

附注21　未分配利润

1997年2月28日原帐面余额为4,928,176.96元,根据评估结果全部折股后,余额为零历年变动情况如下:

	1997.2.28	1996.12.31	1995.12.31	1994.12.31
净利润	4,928,176.96	29,593,383.34	21,188,094.82	17,521,336.12
减:提取法定公积金		2,959,338.33	2,118,809.48	1,752,133.61
提取法定公益金		2,959,338.33	2,118,809.48	1,752,133.61
提取任意公积金		5,359,211.80	5,990,485.76	3,016,018.62
上交承包利润		18,315,494.88	10,959,990.10	11,001,050.28
未分配利润	4,928,176.96	0.00	0.00	0.00

1997年2月28日根据评估结果全部折股。

22、主营业务收入

项目	1997.1-2月	1996年	1995年	1994年
1、商贸	43,706,161.06	177,296,428.74	37,580,541.02	43,329,100.05
2、农业	3,283,882.12	32,443,673.43	31,128,104.26	20,249,144.09
3、畜牧业		2,475,088.17	119,880.15	1,127,996.76
4、加工业	695,708.00	9,616,595.66	8,254,570.38	6,617,260.66
5、承包工程		7,252,806.67		3,554,188.00
合计	47,685,751.18	229,084,592.67	77,083,095.81	74,877,689.56

23、主营业务成本

项目	1997.1-2月	1996年	1995年	1994年
1、商贸	36,517,441.50	138,254,072.72	24,488,001.94	22,082,994.55
2、农业	2,351,755.84	24,131,523.84	19,334,264.51	15,800,191.24
3、畜牧业		2,566,957.36	1,296,914.93	1,048,727.83
4、加工业	685,885.89	8,541,678.06	6,632,397.67	5,986,778.60
5、承包工程		4,436,341.70		2,668,853.12
合计	39,555,083.23	177,930,573.68	51,751,579.05	47,587,545.34

24、其他业务利润

项目	1997年1-2月	1996年	1995年	1994年
1、其他业务收入	629,399.47	4,796,687.92	5,118,679.51	3,306,134.54
2、其他业务支出	509,813.57	254,833.22	1,310,169.35	1,250,489.99
3、其他业务利润	119,585.90	4,541,854.70	3,808,510.16	2,055,644.55

25、投资收益系对新疆中基股份有限公司的股权投资收益，1995年6月公司已收回投资。

26、补贴收入

项目	1997年1-2月	1996年	1995年	1994年
免征的增值税		1,000,078.57	3,035,225.08	1,298,635.66
返还的农业发展基金			159,455.81	85,398.41
返还的农林特产税		163,422.26	168,498.04	189,782.00
合计		1,163,500.83	3,363,178.93	1,573,816.07

27、营业外收入

项目	1997年1-2月	1996年	1995年	1994年
索赔收入	137,559.48	340,000.00	100,000.00	
罚没收入	35.00	19,356.47	34,151.69	13,078.94
处理固定资产收益		58,877.94	22,146.05	40,716.80
其他		89,149.88	46,834.82	67,388.01
合计	137,594.48	507,384.29	203,132.56	121,183.75

28、营业外支出

项目	1997年1-2月	1996年	1995年	1994年
处理固定资产损失	157,130.15	165,805.43	17,463.31	58,307.40
捐赠支出		44,676.00	25,176.00	6,000.00
罚没支出		41,506.35	30,291.85	18,780.00
其他	674.16	3,002.60	10,481.68	19,349.65
合计	157,804.31	254,990.38	83,412.84	102,437.05

注：1996年捐赠支出是向南疆地震灾区捐赠，1994年、1995年均为向学校捐赠。

（三）财务指标分析：

项目	1997年1-2月	1996年	1995年	1994年
流动比率	1.37	1.35	1.36	1.31
速动比率	0.75	0.73	0.94	0.66
资产负债率(%)	67.74	69.09	67.52	65.59
应收帐款周转率(次)		10.09	4.15	3.98
存货周转率(次)		2.84	1.19	1.08
净资产收益率(%)		50.06	44.30	48.99
每股收益(元/股)		0.66	0.47	0.39
每股净资产(元/股)	1.51	1.31	1.06	0.79

注：股本按4500万股计算。

（四）承诺事项及或有事项

截至1997年2月28日，本公司对外概无任何担保事项，未决诉讼事项、已签约的资本支出。本公司作为原告的三起已决诉讼案件，总金额158.918万元，正在执行中。

十、董事会上市承诺

本公司董事会将严格遵守《中华人民共和国公司法》、《股票发行与交易管理暂行条例》、《上海证券交易所交易市场业务试行规则》和有关法律、法规的规定、并自股票上市之日起作出如下承诺：

（一）按照法律、法规的规定程序和要求披露重大信息，并接受证券主管机关、上海证券交易所的监督管理。

（二）及时、真实、准确地公布中期报告和年度报告，并备置于规定场所供投资者查询，阅读。

（三）本公司董事、监事及高级管理人员如发生人事变动或持本公司股票发生变化时，在报告证券主管机关和上海证券交易所的同时，向投资者公布。

（四）在任何公共传播媒介中出现的消息可能对本公司股票的市场价格产生误导性影响时，本公司知悉后将及时对该消息予以公开澄清。

（五）本公司董事、监事及高级管理人员将认真听取社会公众的意见和批评，不利用已获得的内幕消息和其他不正当手段直接或间接从事股票买卖活动。

（六）本公司没有无记录负债。

十一、重要事项揭示

（一）公司1997年度盈利预测如下：　　单位：万元

项目	1997年度预测数
一、主营业务收入	37,452.00
减：营业成本	30,018.00
经营费用	1,377.00
管理费用	1,222.00
财务费用	1,041.00
营业税金及附加	80.00
二、主营业务利润	3,714.00
加：其他业务利润	450.00
三、营业利润	4,164.00
加：投资收益	
补贴收入	100.00
营业外收入	123.00
减：营业外支出	46.00
四、利润总额	4,341.00
减：(1)所得税(15%)	559.00
(2)所得税(33%)	1,433.00
五、(1)净利润(15%)	3,782.00
(2)净利润(33%)	2,908.00
六、(1)每股净利润(15%)	0.44
(2)每股净利润(33%)	0.34

注1：预计1997年（按8,600万股计）每股净资产和净资产收益率分别为4.07元/股和10.81%。市盈率为17.82倍（市盈率=发行价/预测实现后每股净利润）。

注2：根据新疆维吾尔自治区人民政府新政函(1997)77号文，本公司自批准上市之日起，“按15%缴纳企业所得税，优惠的18%由兵团财务局返还”，对本公司“从事种植业、农副产品初加工业的利润所得，按财政部财农字(1996)4号文的规定，在1998年底以前免征企业所得税。”

(二)公司在缴纳所得税后的利润,按下列顺序及比例分配:

1、弥补亏损;

2、提取法定盈余公积金10%;

3、提取法定公益金5-10%;

4、提取任意盈余公积金;

5、支付普通股红利。

预计本次股票发行后的第一次股利分配时间在1998年6月底以前。以上股利分配政策已经公司创立大会暨第一次股东大会予以确认。并根据公司筹委会第二次会议决议,公司1997年3月1日至公司成立日止实现的利润由公司新老股东共同享有,并按同股同权、同股同利的原则分配。

(三)根据国家有关规定,本公司300万股职工股将于本次上市半年后,经批准方可上市。

(四)截止本公告书公布之日,本公司无重大诉讼事项。

十二、备查文件

(一)公司成立的注册登记文件

(二)上海证券交易所上市通知书

(三)招股说明书

(四)审计报告

(五)验资报告

(六)营业执照

(七)公司章程

(八)法律意见书

十三、咨询机构

1、发行人:新天国际经贸股份有限公司

法定代表人:岳志荣

地址:新疆乌鲁木齐市五星路15号

电话:(0991)2637384

传真:(0991)2632326

联系人:陈豹　王君　唐辉

2、上市推荐人:中银万国证券股份有限公司

地址:上海市南京东路99号

电话:(021)64312800

传真:(021)64310778

联系人:沈兆铭　周永发　叶炀

新天国际经贸股份有限公司

一九九七年七月九日

无锡中视影视基地股份有限公司

无锡中视影视基地股份有限公司股票上市公告书

一、要览

总股本:16800 万股

可流通股本:5000 万股

本次上市流通股本:4775 万股

证券简称:中视股份

证券代码:600088

上市地点:上海证券交易所

上市时间:1997 年 6 月 16 日

登记机构:上海证券中央登记结算公司

上市推荐人:中国教育科技信托投资有限公司

二、绪言

本上市公告书是根据《中华人民共和国公司法》、《股票发行交易管理暂行条例》、《公开发行股票公司信息披露实施细则》、《上海证券交易所交易市场业务试行规则》等有关法律、法规的规定,为本公司股票公开上市之目的,向社会公众提供有关资料而编制的。

无锡中视影视基地股份有限公司(以下简称"本公司")的股票发行经中国证券监督管理委员会证监发字[1997]第 226 号及证监发字[1997]第 227 号文批准,已向社会公开发行人民币普通股 4775 万股,每股面值 1.00 元,每股发行价 7.95 元;另向公司职工配售股份 225 万股,每股面值 1.00 元,配售价格为 7.95 元。本次上市流通股本为 4775 万股,根据国家有关规定,公司 225 万股公司职工股自此次上市流通股上市之日起半年后上市。本公司股票上市申请经上海证券交易所上证上字第 47 号文审核批准,将于 1997 年 6 月 16 日(星期一)在上海证券交易所挂牌交易。

本公司已于 1997 年 5 月 20 日在《上海证券报》、《中国证券报》上刊登了《招股说明书概要》,距今不足 6 个月,故与其重复的内容在此不再重述,敬请投资者查阅本公司的《招股说明书概要》。

本公司董事会全体成员已批准本上市公告书,确信其中不存在任何重大遗漏和误导,并对其真实性、准确性和完整性负个别及连带责任。上市公告书中的内容由本公司董事会负责解释

三、公司概况

(一)基本情况:

公司法定名称:无锡中视影视基地股份有限公司

公司英文名称:Wuxi CCTVfilm & television productions co.,Ltd。

公司法定代表人:冷敏述

公司成立日期:1997 年 6 月 10 日

经营范围:影视拍摄基地开发、经营,影视设备租赁,房地产开发,科学技术服务,室内外装饰,物业管理,投资咨询、信息服务,艺术表演,百货、工艺美术品(金银制品除外)销售。

所属行业:影视、旅游

注册地址:无锡市漆塘 1 号

邮政编码:214081

联系电话:(0510)5113328

联系人:蒋洪跃

(二)公司历史沿革:

(1)股份制改造过程

中央电视台无锡太湖影视城(以下简称影视城)是本公司本次募集设立的主要发起人,以其全资下属企业三国城和唐城的资产和业务为基础进行股份制改组而设立本公司,在本次股票发行后,影视城持有本公司 67% 的股份。中国国际电视总公司、北京中电高科技电视发展公司、北京未来广告公司、北京荧屏出租汽车公司为其他发起人,分别持有本公司 0.9%、0.9%、0.9%、0.3% 的股份。

中央电视台无锡太湖影视城成立于 1995 年 11 月 15 日。本次股份制改组过程中,影视城将唐城、三国城投入本公司。唐城的前身为 1991 年 6 月 21 日成立的中央电视台无锡外景基地,1995 年 12 月 11 日,经中央电视台同意,将中央电视台无锡外景基地注册变更为中央电视台无锡太湖影视城唐城,注册资本 300 万元。三国城注册成立于 1994 年 9 月 2 日,注册资本为 2000 万元。

唐城、三国城位于江苏省无锡市太湖之滨,占地面积为 352,317 平方米,是国内第一家集影视制作和提供文化旅游为一体的影视旅游胜地。

中国国际电视总公司成立于 1985 年 1 月 14 日,是经广播电影电视部、经贸部、国家工商行政管理局批准的、中央电视台直属的、以电视节目为依托的企业法人。主营各类电视节目的策划和制作;与海内外相应机构合作摄制各类电视节目;出版、发行中外各类音像制品;代理国内外广告;为全国省、市无线和有线电视台提供海内外各类电视节目;提供与电视业务有关的劳务咨询服务及广播电视业务有关的技术设备;家用电器的批发、零售;承办与电视艺术有关的展览、演出等。

北京未来广告公司成立于 1993 年 10 月 15 日,隶属于中央电视台,独家承办《东方时空》的广告业务,并承办晚间、其他固定栏目及《中国电视报》等各类报纸的广告业务。

北京中电高科技电视发展公司成立于 1992 年 10 月 24 日,是中央电视台主办的具有独立法人资格的高科技企业。主要为国内外用户提供电视节目制作和传送服务,并承接电视高科技和电视系统工程项目的开发、咨询、协作等服务,属国家政策扶持的高科技企业。

北京荧屏出租汽车公司成立于 1993 年 2 月 20 日,是隶属于中央电视台的集体所有制企业,经营客运业务和维修业务。

无锡中视影视基地股份有限公司是经江苏省人民政府苏政复〈1997〉44 号文批准,通过募集方式设立的股份有限公司。

(2)公司本次股票发行为初次发行。

四、股票发行及承销

1、股票公开发行

社会公众股发行数量:4775 万股

公司职工股:225 万股

发行价格:7.95 元人民币/股

实际募集资金总额:38,816 万元

发行方式:上网定价

配售比例:4.5%

有效申购户数:242769 户

持有 1000 股以上(含 1000 股)的股东:44858 户

发行费用总额:934 万元

每股发行费用:0.1868 元

发行市盈率:15 倍

2、股票承销:本次公开发行的社会公众股已认购完毕,超额认购 78.21 倍,承销商包销股票的数量为零股。

3、验资报告： 中华股验字(97)015号

无锡中视影视基地股份有限公司筹委会：

我们接受委托，对无锡中视影视基地股份有限公司(筹)截至1997年5月29日止的实收股本及相关的资产和负债的真实性和合法性进行了审验。在审验过程中，我们按照《独立审计实务公告第1号－验资》的要求，实施了必要的审验程序。无锡中视影视基地股份有限公司(筹)的责任是提供真实、合法、完整的验资资料，保护资产的安全、完整，我们的责任是按照《独立审计实务公告第1号－验资》的要求，出具真实、合法的验资报告。

无锡中视影视基地股份有限公司(筹)申请的注册资本为168,000,000元。根据我们的审验，截至1997年5月29日止，无锡中视影视基地股份有限公司(筹)已收到各股东投入的资本人民币527,546,070元，其中发起人投入的资本为138,486,070元(已经本事务所和无锡公证会计师事务所验证)，向社会募集的资本为388,160,000元。投入的资本中包括股本168,000,000元，资本公积359,546,070元。与上述投入资本相关的资产总额为538,773,378元，负债总额为11,227,308元。

中华会计师事务 **中国注册会计师：廖良汉**

中国 北京 **谢佳扬**

一九九七年六月二日

五、公司董事、监事和高级管理人员持股情况

姓名	职务	持股数量(股)	持股比例(‰)
冷敏述先生	董事长	10000	0.059
崔屹平先生	副董事长、总经理	10000	0.059
赵万一先生	副董事长	10000	0.059
许一鸣先生	董事、副总经理	10000	0.059
蒋娟娟女士	董事	10000	0.059
郭宝祥先生	董事	10000	0.059
王刚建女士	董事	10000	0.059
黄艳蓉女士	董事	10000	0.059
张小毛女士	董事	5000	0.029
韩春来先生	董事	10000	0.059
韩立新先生	董事	10000	0.059
李培森先生	监事会主席	10000	0.059
许二春先生	监事	10000	0.059
张金锡先生	监事	10000	0.059
陆建明先生	监事	7000	0.041
范虹女士	监事	6000	0.035
蒋洪跃先生	董事会秘书	9000	0.053

本公司董事、监事和高级管理人员共持有本公司股票15.7万股，占公司总股本的0.0935%，其持有股份按照《中华人民共和国公司法》规定在任职期间不得转让。

六、公司设立

1、经1997年6月6日召开的本公司第一届股东大会审验，同意本公司4775万A股在上海证券交易所挂牌上市的议案。

2、公司注册资金：16800万元

3、公司注册时间：1997年6月10日

4、公司注册地址：无锡市漆塘1号

5、公司法定代表人：冷敏述

6、营业执照注册号码：13479520－8

七、关联企业及关联交易

1、关联企业

中央电视台无锡太湖影视城是本公司的主要发起人，持有本公司股票11300万股，占公司总股本67%。

2、关联交易

(1)本公司是在中央电视台无锡太湖影视城对所属三国城、唐城进行股份制改组的基础上设立的，关联交易表现为本公司与无锡太湖影视城签订关于水浒城的《资产收购协议》。为保证该项交易的公平性，将依照国家有关法规规定经法定评估部门进行评估后，以国资局确认后的评估价值为准。

(2)本公司与中央电视台无锡太湖影视城签订了《土地租赁协议》，协议约定由公司向无锡太湖影视城租赁使用土地352,317平方米，租期为50年，年租金为170.87万元。

(3)公司与无锡太湖影视城签订了《相互服务协议》，协议约定由双方相互有偿提供包括职工宿舍、污水处理等在内的服务项目。

(4)公司与中央电视台签订了《节目包销意向书》，该协议约定在电视连续剧《李自成》经中央电视台审查符合播出质量要求后，由中央电视台安排首播并负责包销等事宜。包销费用预计约为1.8亿元。

公司与上述关联企业间产权关系明晰，经济往来正常，没有由于公司与关联企业的关系而影响公司重大合同条款及其履行的可能性。

八、股本结构及大股东持股情况

(一)上市前的股本结构

项目	股数(万股)	所占比例(%)
总股本	16,800	100
国有法人股	11,800	70
社会公众股	5,000	30
其中：公司职工股	225	1.3

(二)前十名股东所持股数及比例

股东名称	持有股数(股)	占总股本比例(%)
1、中央电视台无锡太湖影视城	113,000,000	67
2、中国国际电视总公司	1,500,000	0.9
3、北京未来广告公司	1,500,000	0.9
4、北京中电高科技电视发展公司	1,500,500	0.9
5、北京荧屏出租汽车公司	500,000	0.3
6、冷敏述	10,000	0.0059
7、崔屹平	10,000	0.0059
8、蒋娟娟	10,000	0.0059
9、许一鸣	10,000	0.0059
10、郭宝祥	10,000	0.0059

九、公司财务会计资料

(一)审计报告(摘要)

中华股审字(97)016号

无锡中视影视基地股份有限公司筹备委员会：

我们接受委托，对贵公司1994年12月31日、1995年12月31日和1996年12月31日的资产负债表以及1994年度、1995年度和1996年度的利润表、利润分配表、财务状况变动表进行了审计。这些会计报表由贵公司负责，我们的责任是对这些会计报表发表审计意见。我们的审计是依据《中国注册会计师独立审计准则》进行的。在审计过程中，我们实施了包括抽查会计记录等我们认为必要的审计程序。

我们认为，上述会计报表符合《企业会计准则》和《股份制试点企业会计制度》的规定，在所有重大方面公允地反映了贵公司上述资产负债表的财务状况和上述期间的经营成果以及资金变动情况。会计处理方法的选用符合一贯性原则。

中华会计师事务所 **中国注册会计师：廖良汉**

地址：北京市西城区阜外大街1号四川大厦 **中国注册会计师：谢催扬**

邮编：100037 **一九九七年一月十八日**

(二)资产负债表、损益表、财务状况变动表见附表1、附表2、附表3。

(三)财务报表附注

1、会计报表编制基准

通过对中央电视台无锡太湖影视城所属唐城和三国城进行改组，本公司已被视为一家持续经营的股份有限公司，因此在编制从1994年1月1日起的会计报表时，本公司现实的经营结构业已存在。

本会计报表系对原中央电视台无锡太湖影视城所属唐城和三国城1994年度、1995年度、1996年度的会计报表进行调整和转换，根据《股份制试点企业会计制度》及有关规定的要求而重新编制的。

公司1996年12月31日的资产负债表已按照国家国有资产管理局国资评(1997)262号文件《对无锡太湖影视城唐城三国城组建股份制公司并发行上市股票项目资产评估结果的确认批复》确认的中咨资产评估事务所的资产评估结果进行了调整。

2、重复会计政策

(1)会计制度

原中央电视台无锡太湖影视城会计核算执行财政部颁发的《旅游、饮食服务企业会计制度》;本公司自成立之日起会计核算执行《股份制试点企业会计制度》及有关补充规定。

(2)会计年度

本公司会计年度自公历1月1日起至12月31日止。

(3)记帐原则和计价基础

本公司以权责发生制为记帐原则，采用历史成本为计价基础。

但是，1996年12月31日的资产负债表已按照经评估确认的价值调整有关的资产、负债和股东权益(确认文号为：国资评〈1997〉262号)。

(4)记帐本位币

本公司会计核算以人民币为记帐本位币。

(5)存货

本公司的存货主要包括库存商品和低值易耗品。商品按实际成本核算，发出存货采用加权平均法；低值易耗品采用一次摊销法摊销。

(6)固定资产及折旧

本公司固定资产标准为使用年限在一年以上，单位价值在2000元以上的资产，固定资产按取得时的实际成本记帐。

固定资产折旧根据固定资产原值扣除5%的残值后，按预计使用年限采用直线法分类计提，各类固定资产的年折旧率列示如下：

类别	折旧年限	年折旧率
房屋及建筑物	10－25	3.8%－9.5%
运输工具	5－10	9.5%－19%
专用设备	5	19%
其他设备	5	19%

(7)税项

1)企业所得税

本公司1994年度、1995年度、1996年度根据无锡市人民政府锡政发〈1997〉37号文和江苏省财政厅苏财预〈1997〉22号文批复，上缴承包利润，不交纳所得税。

根据江苏省人民政府苏政复〈1997〉1号文"关于无锡中视影视基地股份有限公司所得税问题的批复"，本公司自1997年起，在当地缴纳33%的所得税后，由市财政返还18%。

2)流转税及附加

本公司流转税及附加包括增值税、营业税、城市维护建设税、教育费附加、粮食风险基金、物价调节基金。

本公司被认定为增值税的一般纳税人，适用税率为17%；营业税税率为5%(拍摄收入)和3%(门票和景点收入)；城市维护建设税按增值税和营业税额的7%计缴。教育费附加按增值税和营业税额的4%计缴。粮食风险基金按收入额的1.5%计缴、物价调节基金按收入额的1%计缴。

3)其他税项

本公司其他税项包括：车船使用税、印花税等，这些税项皆依据有关税法的规定计缴。

(8)收入的确认

本公司收入主要为门票收入和影视协拍收入。门票收入根据每天现金缴款单确认；影视协拍收入根据与拍摄单位签订的拍摄协议，并根据拍摄进度确认收入。

(9)利润分配

本公司根据税后利润的10%和5%计提法定盈余公积金和法定公益金。

3、会计报表主要项目注释

(1)货币资金

1996年12月31日货币资金余额按项目列示如下：

项目	金额
现金	2,980
银行存款	17,380,952
合计	17,383,932

(2)预付帐款

公司预付帐款1996年12月31日余额为55,755元，主要是预付有线电视安装费和广告费。

(3)其他应收款

其他应收款1996年12月31日余额为1,476,597元，应收帐款帐龄如下：

帐龄	1996.12.31	比例
一年以内	85,225	5.77%
一至二年	1,338,584	90.65%
二至三年	13,815	0.94%
三年以上	38,973	2,64%
合计	1,476,597	100%

3年以上应收款项系无锡太湖影视城下属企业的欠款，能够在1997年内收回。

(4)存货

1996年12月31日存货余额为1,520,371元，按类别列示如下：

类别	金额
库存商品	850,032
低值易耗品	670,339
合计	1,520,371

(5)固定资产

1996年12月31日固定资产及累计折旧按类列示如下：

类别	期初余额	本年增加	本年减少	期末余额
固定资产原值：				
房屋建筑物	78,173,873	39,592,101	－	117,765,974
运输工具	2,336,276	1,194,181	52,500	3,477,957
专用设备	794,773	1,332,843	98,658	2,018,958
一般设备	354,654	331,257	－	685,911
其他	1,529,990	1,909,904	25,050	3,414,844
小计	83,189,566	44,350,286	176,208	127,363,644
累计折旧：				
房屋建筑物	1,438,451	6,803,316	－	8,241,767
运输工具	434,516	160,813	16,055	579,274
专用设备	376,678	104,642	21,193	460,127
一般设备	97,301	42,229	－	139,530
其他	325,598	372,543	12,350	685,791
小计	2,672,544	7,483,543	49,598	10,106,489
固定资产净值	80,517,022			117,257,155

根据中资资产评估事务所对无锡中视1996年12月21日的评估报告及国资评[1997]262号文确认结果，中视股份固定资产评估增值额为23,146,085元。

(6)在建工程

工程名称	工程进度	实际支用数	原预算数	批准文号	资金来源
三国城电缆工程	100%	754.262	754,262	无	自筹
变电所工程	100%	1,055,512	1,055,512	无	自筹
合计		1,809,774			

(7)递延资产　　单位:万元

1996年12月31日递延资产余额为5,209,794元,按类别列示如下:

项目	原值	已摊销金额	期末金额	剩余摊销年限
开办费	1,915,924	766,369	1,149,555	3
大修理支出(唐城)	193,292	115,975	77,317	2
大修理支出(三国城)	1,724,653	344,931	1,379,722	4
其他	2,634,274	31,074	2,603,200	4-5
合计	6,468,143	1,258,349	5,209,794	

(8)应付帐款

1996年12月31日应付帐款余额为162,882元,按明细列示如下:

单位名称	金额
合肥中建彩印厂	102,128
江阴徽章厂	8,100
广州五金加工厂	12,755
定兴县小朱庄钢厂	9,400
上海天湖服装厂	6,054
其他	24,445
合计	162,882

本年度资金周转情况较好,还款能力加强,年末应付帐款余额比上年度减少58%。

(9)未缴税金

1996年12月31日未缴税金余额为1,643,741元,按税项列示如下:

税项	金额
增值税	(58,435)
营业税	1,588,820
城建税	113,356
合计	1,643,741

上述营业税和城建税主要是拍摄收入应计缴的税金,已于1997年1月10日缴纳。

(10)其他未缴款

1996年12月31日其他未缴款余额为177,294元,按明细列示如下:

项目	金额
教育费附加	64,774
粮食物价调节基金	112,520
合计	177,294

(11)其他应付款

1996年12月31日其他应付款余额为8,956,716元,按明细列示如下:

项目	金额
中国国际服务公司	73,191
无锡市粮果冷饮食品厂	12,231
合同工押金	6,480
临时工押金	117,165
出租摊位押金	8,000
职工奖励基金	8,731,280
其他	8,369
合计	8,956,716

(12)其他长期负债

其他长期负债核算企业职工的住房公积金,截止1996年12月31日余额为95,200元。

(13)股本及资本公积

截止1996年12月31日,本公司股本为人民币113,000,000元,资本公积为20,486,070元,反映的是中央电视台太湖影视城作为发起人投入的经评估确认的净资产值(确认文号为:国资评〈1997〈262号)。

(14)主营业务收入

主营业务收入按类别列示如下:

类别	1996年度	1995年度	1994年度
门票收入	61,417,555	87,478,042	65,106,571
拍摄收入	29,714,150	-	-
合计	91,131,705	87,478,042	65,106,571

(15)财务费用

财务费用按项目列示如下:

	1996年度	1995年度	1994年度
利息支出	-	-	-
利息收入	(563,041)	(540,995)	(194,939)
手续费	2,461	2,323	972
合计	(560,580)	(538,672)	(193,967)

(16)其他业务利润

其他业务利润按项目列示如下:

项目	1996年度	1995年度	1994年度
旅游商品	1,524,277	1,519,849	971,503
船票收入	1,412,699	1,772,740	132,000
景点收入	716,017	812,595	446,339
快餐销售	552,296	203,226	136,187
古服装出租	452,535	375,095	304,985
其他	762,121	318,478	1,203,686
合计	5,419,945	5,001,983	3,194,700

(17)营业外收入

营业外收入按项目列示如下:

项目	1996年度	1995年度	1994年度
现金盘盈	60	-	-
无法付出应付帐款	40,407	105,257	-
罚款收入	400	-	-
合计	40,867	105,257	-

(18)营业外支出

营业外支出按项目列示如下:

项目	1996年度	1995年度	1994年度
固定资产清理损失	66,513	-	-
赞助支出	-	-	600,000
合计	66,513	-	600,000

(19)结算日后帐目

本公司并无编制1996年12月31日后的任何经审计的帐目。

4、或有负债

本公司目前已签订协议拟于股票上市后购买水浒城,该城1996年10月31日的评估价值为240,000,000元人民币。具体收购价格,待对水浒城进行资产评估经国家国有资产管理局确认后定价。

5、关联交易

本公司同中央电视台实现的影视拍摄收入按独立法人间的公平交易原则进行。

6、期后事项

公司无重大期后事项。

十、董事会上市之承诺

本公司董事会将严格遵守《中华人民共和国公司法》、《股票发行与交易管理暂行条例》、《公开发行股票公司信息披露实施细则》、《上海证券交易所市场业务试行规则》和有关法律、法规的规定,并自股票上市之日向

全体股东做如下承诺：

1、按照法律、法规的规定程序和要求，披露重大的信息，并接受证券主管机关、上海证券交易所的监督管理。

2、及时、准确、真实地在证券主管部门指定的报刊公布中期报告、年度报告及经营业绩等资料，并备置了规定场所供投资者查阅。

3、本公司董事、监事及高级管理人员如发生人事变动或持股数量发生变化时，及时报告证券管理机关、上海证券交易所、并及时通过证券主管部门指定的报刊通告社会公众。

4、在任何公共传播媒介中出现的消息可能对本公司股票的市场价格产生误导性影响时，本公司知悉后将对该消息予以公开澄清。

5、本公司董事、监事及高级管理人员将认真听取社会公众的意见和批评，决不利用已获得的内幕消息和其他不正当手段，直接或间接从事股票买卖活动。

6、本公司没有无记录负债。

十一、重要事项揭示

1、经中华会计师事务所审核，本公司1997年预测主营业务收入为11077.7万元；主营业务利润为6094.7万元；利润总额为7419.7万元；每股税后利润按全面摊薄法计算为0.38元。

2、公司首次派发股利时间不迟于1998年6月30日，新股东可参与本公司1997年5月1日以后的利润分配。

3、本公司上市后的所得税率为15%。

4、根据国家有关规定，本公司225万股公司职工股将于本次股票上市之日起半年后，经批准方可上市。

十二、咨询机构

1、发行人：无锡中视影视基地股份有限公司

注册地址：江苏省无锡市漆塘1号

法定代表人：冷敏述

联系人：蒋洪跃

电话：0510－5113328　传真：0510－5113328

2、上市推荐人：中国教育科技信托投资有限公司

注册地址：北京市西城区复兴门内大街160号

法定代表人：王显明

联系人：杨忠

联系电话：010－68361565　传真：010－68364386

十三、备查文件

1、验资报告

2、承销协议书

3、招股说明书

4、审计报告

5、公司章程

6、本公司营业执照

7、本公司创立大会决议及公告

8、本公司董事会、监事会决议

无锡中视影视基地股份有限公司

一九九七年六月十二日

资产负债表

制表单位：无锡中视影视基地股份有限公司　　单位：元

资产	1996年12月31日	1995年12月31日	1994年12月31日	负债及所有者权益	1996年12月31日	1995年12月31日	1994年12月31日
流动资产				流动负债			
货币资金	17,383,932	16,384,950	20,533,209	应付帐款	162,882	388,220	579,294
预付货款	55,755	62,882	2,183,042	应付福利费	191,475	269,656	120,409
其他应收款	1,476,597	4,459,523	8,697,325	未交税金	1,643.741	675,771	506,404
存货	1,520,371	2,050,037	1,342,444	其他未交款	177,294	124,239	94,096
流动资产合计	20,436,655	22,957,392	32,756,020	其他应付款	8,956,716	9,506,822	4,177,527
固定资产				流动负债合计	11,132,108	10,964,708	5,477,730
固定资产原价	127,363,644	83,189,566	15,382,635	长期负债			
减：累计折旧	10,106,489	2,672,544	1,476,268	其他长期负债	95,200	44,224	27,115
固定资产净值	117,257,155	80,517,022	13,906,367	长期负债合计	95,200	44,224	27,115
在建工程	1,809,774	5,805,673	56,637,226	负债合计	11,227,308	11,008,932	5,504,845
固定资产合计	119,066,929	86,322,695	70,543,593	股东权益			
无形及递延资产				股本	113,000,000	101,794,843	100,055,646
递延资产	5,209,794	3,523,688	2,260,878	资本公积	20,486,070	-	-
无形及递延资产合计	5,209,794	3,523,688	2,260,878	未分配利润	-	-	-
资产总计	144,713,378	112,803,775	105,560,491	股东权益合计	133,486,070	101,794,843	100,055,646
				负债及股东权益合计	144,713,378	112,803,775	105,560,491

利润及利润分配表

制表单位：无锡中视影视基地股份有限公司　　单位：元

项目	注释	1996年度	1995年度	1994年度
一、主营业务收入	17	91,131,705	87,478,042	65,106,571
减：营业成本		4,548,115	3,790,038	4,523,389
营业费用		13,785,358	9,557,239	5,220,800
管理费用		7,949,710	6,501,778	9,390,864
财务费用	18	(560,581)	(538,672)	(193,967)

营业税金及附加		4,247,847	3,358,796	2,600,942
二、主营业务利润		61,161,256	64,808,863	43,564,543
加:其他业务利润	19	5,419,945	5,001,983	3,194,700
三、营业利润		66,581,201	69,810,846	46,759,243
加:营业外收入	20	40,867	105,257	-
减:营业外支出	21	66,513	-	600,000
四、利润总额		66,555,555	69,916,103	46,159,243
减:所得税		600,000	550,000	500,000
五、净利润		65,955,555	69,366,103	45,659,243
加:年初未分配利润		-	-	-
六、可供分配的利润		65,955,555	69,366,103	45,659,243
减:提取法定盈余公积		6,595,556	6,936,610	4,565,924
提取公益金		3,297,778	3,468,305	2,282,962
已分配利润		56,062,221	58,961,188	38,810,357
未分配利润		-	-	-

财务状况变动表

编制单位:无锡中视影视基地股份有限公司　　单位:元

流动资金来源	金额	流动资金各项目的变动	金额
一、流动资金来源		一、流动资产本年增加数	
1、本年净利润	65,955,555	货币资金	998,982
加:不减少流动资产的费用和损失	-	应收帐款	-
(1)固定资产折旧	3,896,253	预付帐款	(7,127)
(2)递延资产摊销	797,848	其他应收款	(2,982,926)
(3)处理固定资产净损失	66,513	待摊费用	-
小计	4,760,614	存货	(529,666)
		内部往来	-
		流动资产增净额	(2,520,737)
2、其他来源			
(1)资本净增加额	31,691,227		
(2)增加长期负债	50,976		
小计	31,742,203		
资金来源合计	102,458,372		
二、资金运用		二、流动负债本年增加数	
1、利润分配		短期借款	-
(1)提取盈余公积	9,893,334	应付帐款	(225,339)
(2)已分配股利	56,062,221	应付福利费	(78,181)
小计	65,955,555	应交税金	967,970
		其他应交款	53,055
三、其他运用		其他应交款	(550,106)
(1)固定资产及在建工程净增加额	36,706,999	流动负债增加净额	167,399
(2)增加递资产	2,483,954		
小计	39,190,953		
资金运用合计	105,146,508		
流动资金净增加额	(2,688,136)	流动资金净增加额	(2,688,136)

海南恒泰芒果产业股份有限公司

海南恒泰芒果产业股份有限公司上市公告书

一、要览

股票简称:恒泰芒果

股票代码:600097

股本总额:115,449,889

可流通股本:35,000,000 股

本次上市流通股本:3,500,000 股

上市地点:上海证券交易所

上市日期:1997 年 6 月 19 日

股票登记机构:上海证券中央登记结算公司

上市推荐人:招银证券公司

海南省国际信托投资公司

中国信达信托投资公司(原中国人民建设银行信托投资公司)

二、绪言

海南恒泰芒果产业股份有限公司(以下简称“本公司”或“公司”)股票上市公告书依据《中华人民共和国公司法》、《股票发行与交易管理暂行条例》、《公开发行股票公司信息披露实施细则(试行)》和《上海证券交易市场业务试行规则》等规定编制。本次股票发行经中国证券监督管理委员会[证监发字(1997)234 号]及[证监发字(1997)235 号]文批准,股票上市申请经上海证券交易所上证上(1997)字第 51 号《上市通知书》审核批准,将于 1997 年 6 月 19 日在上海证券交易所挂牌交易。

本公司总股本 115,449,889 股,可流通股本 35,000,000 股,本次上市流通股本 31,500,000 股,公司职工股 3,500,000 股预计将于本次发行股票上市半年以后上市,本公司招股说明书概要刊登于 1997 年 5 月 18 日的《上海证券报》,5 月 19 日的《中国证券报》和《证券时报》,距本公告公布的时间不足 6 个月,相同内容不再重复。

发行人董事会和董事会成员已批准本上市公告书,确信其中不存在任何重大遗漏或者误导,并对其真实性、准确性和完整性负个别及连带责任。上市公告书中的内容由本公司董事会负责解释。

三、公司概况

(一)概况

1. 公司法定名称:海南恒泰芒果产业股份有限公司

英文名称:Hainan Hengtai Mango Industries Go. Ltd。

2. 法定代表人:李长盛

3. 注册地址:海南省海口市国贸大道 45 号银通大厦

4. 成立日期:1997 年 6 月 10 日

5. 经营范围:热带经济作物综合开发、高科技工农业综合开发、饮料食品的生产、销售,进出口贸易、投资、开发、咨询服务。

经营方式:投资、开发、承包、租赁、代理、服务、批发、零售、代购代销、承揽工程。

6. 所属行业:农业、饮料工业

7. 联系电话:(0898)6704035

联系人:殷格非

(二)公司历史沿革

海南恒泰芒果产业股份有限公司由海口恒泰实业有限公司依法变更而成。后者由海南恒泰集团有限公司、海南昌银投资开发有限公司、海南银泰建设投资开发公司、海南富华房地产开发公司长沙公司和海南国信实业发展有限公司于 1993 年 10 月 11 日共同出资组建,注册资金为 5,000 万元,营业执照注册号为(琼 A)28400156-5。

根据海口恒泰实业有限公司股东会决议,并经海南省证券管理办公室[琼证办(1997)62 号]文件批准,海口恒泰实业有限公司已依法变更为海南恒泰芒果产业股份有限公司。1996 年 12 月 31 日海口恒泰实业有限公司经评估后净资为 80,449,899.9 元,依照《中华人民共和国公司法》有关规定,按 1:1 折为发起人股 80,449,889 股,发起人持股情况为:

股东名称	股数(股)	占总股本比例
海南恒泰集团有限公司	55,510,423	69.00%
海南昌银投资开发有限公司	17,409,356	21.64%
海南银泰建设投资开发公司	3,411,075	4.24%
海南富华房地产开发公司长沙公司	2,413,497	3.00%
海南国信实业发展有限公司	1,705,538	2.12%

1997 年经海南省证券管理办公室[琼证办(1997)18 号]文件批准,本公司获得公开发行 A 股股票 3,500 万元的额度。经海南省证券管理办公室[琼证办(1997)92 号]文件与中国证券监督管理委员会[证监发字(1996)234 号]文与[证监发字(1996)235 号]文批准,本公司于 1997 年 5 月 21 日至 5 月 29 日发行 A 股新股 3,500 万股,其中向社会公开发行 3,150 万股,向公司职工配售 350 万股,每面值 1.00 元,每股发行价 6.61 元。公司于 1997 年 6 月 7 日召开创立大会,且于 1997 年 6 月 10 日在海南省工商管理局办理了工商注册登记。设立后的股份公司总股本为 115,449,889 股。

四、股票发行与承销

1. 股票公开发行

社会公众股发行数量:3500 万股;

其中:公司职工股:350 万股;

发行价格:6.61 元/股;

实际募集资金总额:22,155 万元;

发行方式:全额预缴款、比例配售、余款转存;

配售比例:0.02484

有效申购户数:2759 户

持 1000 股(含 1000 股)以上户数:1437 户

发行费用:980 万元;

每股发行费用:0.28 元;

发行市盈率:14.5 倍;

2. 股票承销

本次向社会公开发行的 3150 万股与向公司职工配售的 350 万股 A 股股票已全部由符合法律规定的投资者认购。

3. 验资报告

(1)验资报告(京都会计师事务所:京都会验字[1997]第 080 号)

海南恒泰芒果产业股份有限公司(筹)申请的注册资本为 115,449,889.00 元。根据我们的审验,海南恒泰芒果产业股份有限公司(筹)本次公开发行股票前的股本总额为 80,449,889.00 元,业经本所京都会验字(1997)第 006 号验资报告验证,本次公开发行 A 股股票 3,500 万元。截至 1997 年 6 月 7 日止,海南恒泰芒果产业股份有限公司(筹)已收到公开募集的股本 3,500 万股,资本公积 186,550,000.00(已扣除预计发行费

用980万元),与上述募集资金相关的资产为货币资金,已全部存入中国农业银行海南省分行营业部海南恒泰芒果产业股份有限公司筹备委员会13－801215666帐户内。

(2)募集资金的入帐时间:1997年5月29日

(3)入帐金额:231,350,000元

(4)入帐帐号:13－801215666

(5)开户银行:中国农业银行海南省分行营业部

五、董事、监事及高级管理人员持股情况

姓名	职务	持股数(股)	持股比例(%)
李长盛	董事长兼总经理	12000	0.0104
文　德	副董事长	1800	0.0016
李长正	董事	3600	0.0031
陈志贤	董事	1000	0.0009
杨　萍	董事兼副总经理	3600	0.0031
刘忠民	董事兼副总经理	3600	0.0031
吴三周	董事	1000	0.0009
刘志山	董事兼副总经理	3600	0.0031
王作义	董事	0	0
殷格非	董事兼副总经理	3600	0.0031
贺志力	董事兼副总经理	3600	0.0031
何志鹏	监事会主席	3600	0.0031
徐　琼	监事	3600	0.0031
林爱英	监事	0	0
童欣生	监事	0	0
闫　华	监事	0	0
王　阳	副总经理	3600	0.0031
赵红月	财务部长	0	0

六、公司创立

1.本公司于1997年6月7日召开了公司创立大会暨首届股东大会,审议并通过了本次向社会公开发行3,150万股A股股票申请在上海证券交易所交易的决议。

2.注册资本:115,449,889元。

3.注册登记时间:1997年6月10日。

4.注册地址:海南省海口市国贸大道45号银通大厦。

5.营业执照注册号码:(琼企A)29418888

七、关联企业及关联交易

(一)本公司下属企业情况

(1)全资子公司

A.儋州恒泰芒果综合制作有限公司

法定代表人:李长盛

注册资本1,000万元,主要从事芒果等热带水果制作与产销。

B.海南恒泰销售有限公司

法定代表人:李长盛

注册资本500万元,主要从事鲜果、原浆及饮料经营、销售,进出口贸易(许可证)。

(2)分公司:海南恒泰昌江芒果公司

主要从事热带经济作物综合开发、高科技工农业综合开发、芒果生产与销售、技术推广。

(3)控股子公司:百色恒泰芒果产业有限公司

法定代表人:李长盛

注册资本为1,000万元,主要从事芒果等热带经济作物综合开发、高科技工农业综合开发、进出口贸易。

本公司拥有该公司90%的股份。

(二)关联交易

(1)海南恒泰集团有限公司是海南恒泰芒果产业股份有限公司的控股公司。本公司所使用的非经营性资产由集团公司提供,双方就非经营性资产的使用签有正式协议。此外本公司与海南恒泰集团有限公司就避免同业竞争草签协议,协议规定本公司组建后,恒泰集团有限公司承诺作为公司的主要股东将不从事对发行人的生产经营构成任何竞争的业务,并减少关联交易。

(2)本公司与所属的子公司、控股公司存在关联交易,但严格依照国家法律、法规的规定以及市场准则,按照公平合理的原则进行,不存在任何损害本公司及本公司股东利益的行为。

(3)公司生产所需的能源、原材料供应完全按照供需双方约定的条件执行。

八、股本结构及大股东持股情况

(一)本次股票上市前,公司总股本为115,449,889股。股本结构为:

股份种类	股数(股)	所占比例(%)
1.尚未流通股:		
法人持股	80,449,889	69.68
2.可流通股:		
社会公众股	35,000,000	30.32
(其中:公司职工股)	3,500,000	3.03
总股本	115,449,889	100.00

其中发起人持股情况如下:

股东名称	股份(股)	占总股本比例
海南恒泰集团有限公司	55,510,423	48.08%
海南昌银投资开发有限公司	17,409,356	15.08%
海南银泰建设投资开发公司	3,411,075	2.95%
海南富华房地产开发公司长沙公司	2,413,497	2.09%
海南国信实业发展有限公司	1,705,538	1.48%

(二)本公司前十名股东所持股数及比例

股东名称	持股数(股)	所持比例(%)
海南恒泰集团有限公司	55,510,423	48.08%
海南昌银投资开发有限公司	17,409,356	15.08%
海南银泰建设投资开发公司	3,411,075	2.95%
海南富华房地产开发公司长沙公司	2,413,497	2.09%
海南国信实业发展有限公司	1,705,538	1.48%
宏祥发展	143,376	0.12%
涌金财金	143,376	0.12%
永昊投资	143,376	0.12%
福兴投资	143,376	0.12%
哈市国投	143,376	0.12%

九、财务会计资料

(一)审计报告

审计报告

京都会审字(1997)第0386号

海南恒泰芒果产业股份有限公司筹委会:

我们接受委托,审计了海南恒泰芒果产业股份有限公司(筹)1994年12月31日、1995年12月31日、1996年12月31日资产负债表及合并资产负债表,1994、1995、1996年度利润及利润分配表、合并利润及利润分配表和1996年度财务状况变动表及合并财务状况变动表。这些会计报表由贵公司负责,我们的责任是对这些会计报表发表审计意见。我们的审计是根据《中国注册会计师独立审计准则》进行的。在审计过程中,我们结合贵公司实际情况,实施了包括抽查会计记录等我们认为必要的审计程序。

我们认为,上述会计报表的编制符合《企业会计准则》及《股份制试点企业会计制度》的有关规定,在所有重大方面公充地反映了贵公司1994年12月31日、1995年12月31日、1996年12月31日的财务状况及

1994、1995、1996、年度的经营成果和1996年度资金变动情况，会计处理方法的选用遵循了一贯性原则。

京都会计师事务所　　中国注册会计师：童登书

中国·北京　　中国注册会计师：黄振标

1997年4月21日

(二)财务报表

(三)主要会计政策

1. 会计制度

本公司1994－1996年度会计报表及本附注所载财务数据根据《股份制试点企业会计制度》编制。

2. 会计年度

本公司会计年度自公历1月1日起至12月31日止。

3. 记帐原则和计价基础

本公司采用权责发生制原则，以实际成本为计价基础。

4. 合并报表的编制方法

本公司对拥有50%以上权益的子公司会计报表进行合并，合并会计报表根据财政部《合并会计报表暂行规定》编制。本公司合并报表的子公司包括：

公司名称	股权比例	成立时间
a. 儋州恒泰芒果综合制作有限公司	100%	1994.11.23
b. 百色恒泰芒果产业有限公司	90%	1996.04.29
c. 海南恒泰销售有限公司	100%	1996.05.03

说明：儋州恒泰芒果制作有限公司于1994年筹建，1994年会计报表未予合并。

5. 坏帐准备

本公司不计提坏帐准备，发生坏帐时按坏帐损失的实际发生额列入当期损益。

6. 存货计价方法

本公司存货以实际成本计价。原材料、自制半成品、产成品的发出、领用采用加权平均法结转成本。低值易耗品采用五五摊销法。

7. 长期投资核算方法

本公司投资额占被投资企业资本总额20%以上时采用权益法核算，其中投资额占被投资企业资本总额50%以上的子公司会计报表予以合并。

8. 固定资产及其折旧

本公司固定资产为使用年限在一年以上且单位价值在2000元以上的房屋建筑物、机器设备、运输工具及其他与生产经营有关的设备、工具等。固定资产以实际成本计价，并按直线法计提折旧，各类固定资产的折旧年限及年折旧率如下：

固定资产类别	折旧年限	年折旧率
房屋建筑物	25年	3.08%
果木	50年	1.90%
机器设备	12年	7.92%
运输工具	8年	11.88%
其他	8年	11.88%

9. 无形资产及其摊销

本公司无形资产系儋州69.18亩(46120平方米)和昌江4092.83亩土地使用权，其价值已经北京中企华资产评估有限责任公司评估，并经海南省国有资产管理局和国家国有资产管理局确认。土地使用权的摊销期限为50年，采用直线法摊销。

10. 税项

A. 主要税种及税率

(1)增值税

根据国家税务总局国税明电(1993)078号通知，海南经济特区生产的产品，在本特区销售的，均一律暂免征增值税。

本公司全资子公司——儋州恒泰芒果综合制作有限公司按年度应缴增值税额的35%计缴。

(2)所得税

A. 本公司全资子公司——儋州恒泰芒果综合制作有限公司1995年度投产获利，1995－1996年度免征企业所得税；海南恒泰销售有限公司和百色恒泰芒果产业有限公司因获利年度未开始而不计缴1996年度企业所得税。

海口恒泰实业有限公司1994－1996年度免缴企业所得税。

B. 海南恒泰昌江芒果公司、儋州恒泰芒果综合制作有限公司、百色恒泰芒果产业有限公司、海南恒泰销售有限公司等在股份公司组建以前的各项税金于所在地缴纳。

11. 收入实现的确认

本公司以产品已经发出、并收到货款或取得收取价款权利时，确认销售收入的实现。

12. 利润分配

本公司净利润提取10%法定盈余公积金和5%公益金后，各年度可供分配利润按原有限责任公司各股东的出资比例予以分配。

(四)合并会计报表主要项目注释

1. 应收帐款

截止1996年12月31日，本公司不存在5%以上股份的股东欠款。

2. 预付帐款

截止1996年12月31日，本公司不存在预付关联单位款项。

3. 其他应收款

截止1996年12月31日，本公司不存在5%以上股份的股东欠款。

5. 应付帐款

A. 截止1996年12月31日，应付帐款为4,548,981.21元，主要为儋州恒泰芒果综合制作有限公司欠付供货单位包装物货款。

B. 以上应付帐款不存在欠付关联单位款项。

6. 主营业务收入

1996年度	1995年度	1994年度
114,870,140.53	72,224,452.56	39,820,686.42

7. 营业成本

1996年度	1995年度	1994年度
62,364,608.49	30,820,880.31	11,956,736.66

8. 其他业务利润

1996年度	1995年度	1994年度
－43,999.67	20,392.79	15,544.92

9. 营业外收入

1996年度	1995年度	1994年度
2,803,586.60	30,778.50	11,729.95

10. 未分配利润

项目	1996.12.31	1995.12.31	1994.12.31
年度净利润	43,921,136.35	33,832,033.70	25,693.045.30
减：提取盈余公积	9,523,862.29	5,370,222.90	3,853,956.80
加：年初未分配利润	300,899.30	839,088.50	—
减：已分配利润	34,698,173.36	29,000,000.00	21,000,000.00
未分配利润	—	300,899.30	839,088.50

11. 资本公积

1996年12月31日经评估，确认的净资产为81,486,589.90元，根据海南省国有资产管理局琼国资产字(1997)68号批复，扣除商誉及用电权1,036,700.00元后，股权设置为80,449,889股，其余0.90元计入股份公司资本公积金。

12. 在建工程

昌江芒果园果苗　　1,682,666.52

说明:本公司自行种植、培植的果苗通过"在建工程"核算,待果苗挂果时结转固定资产。

13. 或有负债

截至1996年12月31日止,本公司不存在对外担保等。

主要财务指标

项目	1996年度	1995年度	1994年度
流动比率	0.71	0.15	0.03
速动比率	0.12	0.01	0.01
股东权益比率(%)	34.05	34.08	41.91
应收帐款周转率(次/年)	4.83	5.36	-
净资产收益率(%)	54.59	56.84	46.98
资产负债率(%)	65.56	65.92	58.09
存货周转率(次/年)	2.35	3.63	-
销售利润率(%)	38.24	46.84	64.52
每股税后利润	0.546	0.421	0.319

注:每股税后利润均按1996年末股本计算

十、董事会上市承诺

本公司董事会严格遵守《中华人民共和国公司法》、《股票发行与交易管理暂行条例》和《上海证券交易所交易市场业务试行规则》和有关法律、法规的规定,并自股票上市之日起作出如下承诺:

1. 按照法律、法规的规定程序和要求披露重大的信息,并接受证券主管机关、上海证券交易所的监督管理。

2. 及时、真实、准确地公布中期报告和年度报告,并备置于规定场所供投资者查阅。

3. 本公司董事、监事及高级管理人员如发生人事变动或持本公司股票发生变化时,在报告证券主管机关、上海证券交易所同时向投资者公布。

4. 在任何公共传播媒介中出现的消息可能对本公司股票的市场价格产生误导性影响时,本公司知悉后将及时对该消息予以公开澄清。

5. 本公司董事、监事及高级管理人员将认真听取社会公众的意见和批评,不利用已获得的内幕消息和其他不正当手段直接或间接从事股票买卖活动。

十一、重要事项揭示

1.1997年度盈利预测

由本公司编制并经京都会计师事务所审核的1997年度盈利预测如下:

(单位:千元)

项目	1997年预测
一、主营业务收入	365,500.00
减:营业成本	235,000.00
销售费用	45,000.00
管理费用	6,500.00
财务费用	12,000.00
营业税金及附加	2,000.00
二、主营业务利润	64,500.00
加:其他业务利润	-
三、营业利润	64,500.00
加:投资收益	-
营业外收入	-
减:营业外支出	-
四、利润总额	64,500.00
减少数股东收益	500.00
所得税(15%)	7,500.00
所得税(7.5%)	3,800.00
五、净利润(15%)	56,500.00
净利润(7.5%)	60,200.00

注:根据国务院[国发(1988)26号]及海南省人民政府[琼府(1988)27号],本公司在股份有限公司组建后按7.5%的税率征收企业所得税。

1997年净利润、每股税后利润:

按15%的所得税税率计算:

税后利润预测:5,650.00万元;

每股税后利润预测:0.49元/股。

按7.5%的所得税税率计算:

税后利润预测:6,020.00万元;

每股税后利润预测:0.52元/股。

2. 股利分配

本公司股利分配遵循同股同权同利原则,按各股东持有股份分配股利,除股东大会有特别决议以外,每年分红一次,依照股东的持股比例进行分配。股利分配可采取现金和股票两种形式。经股东大会特别决议,亦可实施中期分红。

本次股票发行后,新老股东同股同权,共同享有1997年利润分配,预计1998年6月30日前完成首次股利派发。

3. 本公司发行的3500万股社会公众股,其中3150万股本次上市流通,350万股公司职工股将在本次上市半年后上市。

4. 除本公司招股说明书和上市公告书披露的事项外,本公司董事会认为没有其他对本公司资产、负债及股东权益有较大影响的重要事项。

十二、咨询机构

(一)发　行　人:海南恒泰芒果产业股份有限公司

法定代表人:李长盛

注册地址:海南省海口市国贸大道45号银通大厦

电　　话:(0898)6704035

传　　真:(0898)6790405

联 系 人:刘忠民　殷格非　刘志山　吕广伟

(二)上市推荐人

上市推荐人:招银证券公司

法定代表人:李麦秋

注册地址:深圳振华路三号深纺大厦

电　　话:(0755)3216000

传　　真:(0755)3362947

联 系 人:杨　露

上市推荐人:海南省国际投资公司

法定代表人:彭振明

注册地址:海南省海口市滨海大道国信大厦

电　　话:(0898)6777281

传　　真:(0898)6777333

联 系 人:王　健

上市推荐人:中国信达信托投资公司

法定代表人:陈玉华

注册地址:北京西长安街28号

电　　话:(010)62372152　　62372151

传　　真:(010)62372136

联 系 人:杜垣胜　吴立新

十三、备查文件

1. 公司成立的注册登记文件;

2. 上海证券交易所上市通知书;

3. 招股说明书;

4. 审计报告及盈利预测报告;

5. 验资报告;

6. 营业执照；
7. 公司章程；
8. 法律意见书。
9. 资产评估报告。

海南恒泰芒果产业股份有限公司
1997年6月16日

财务状况变动表

单位：人民币元

流动资金来源和运用	行次	1996.01-1996.12	流动资金各项目的变动	行次	1996.01-1996.12
一、流动资金来源	1		一、流动资产本年增加数	1	
1. 本年净利润	2	43,921,136.35	1. 货币资金	2	87,814.05
加:少数股东本期收益	3	-71,795.49	2. 短期投资	3	
加:不影响流动资金的费用和损失	4	-	3. 应收票据	4	
(1)固定资产折旧	5	5,025,302.31	4. 应收帐款净额	5	3,918,612.47
(2)无形资产、递延资产及其他资产摊销	6	294,185.10	5. 预付帐款	6	1,792,889.71
(3)固定资产盘亏(减盘盈)	7	-	6. 其他应收款	7	896,114.65
(4)清理固定资产损失(减收益)	8	-	7. 存货	8	22,279,856.45
(5)递延税项	9	-	8. 待摊费用	9	6,300.00
(6)其他不减少流动资金的费用和损失	10	-	9. 一年内到期的长期债券投资	10	
小计	11	49,168,828.27	10. 待处理流动资产净损失	11	
2. 其他来源	12		11. 其他流动资产	12	
(1)固定资产清理收入(减清理费用)	13	-			
(2)增加长期负债	14	86,863,828.00			
(3)收回长期投资	15	-			
(4)对外投资转出固定资产	16	-			
(5)对外投资转出无形资产	17	-			
(6)资本净增加额	18	21,225,710.20			
(7)少数股本资本净增加额	19	1,000,000.00			
小计	20	109,089,538.20			
流动资金来源合计	21	158,258,366.47	流动资产增加净额	13	28,981,587.33
二、流动资金运用	22		二、流动负债本年增加数	14	
1. 利润分配	23		1. 短期借款	15	25,567,000.00
(1)提取法定公积金	24	6,349,241.53	2. 应付帐款	16	2,036,353.39
(2)提取法定公益金	25	3,174,620.76	3. 预收帐款	17	105,534.74
(3)提取任意公积金	26	-	4. 其他应付款	18	-39,247,861.46
(4)已分配股利	27	34,500,000.00	5. 应付福利费	19	43,288.88
(5)未分配利润调整	28	198,173.36	6. 未交税金	20	1,537,453.39
小计	29	44,222,035.65	7. 未付股利	21	-40,000,000.00
2. 少数股东利润分配	30	-	8. 其他未交款	22	45,151.90
3. 其他运用	31		9. 预提费用	23	2,847,653.48
(1)固定资产和在建工程净增加额	32	-38,629,422.78	10. 一年内到期的长期负债	24	
(2)增加无形资产、递延资产及其他资产	33	65,980,221.39	11. 其他流动负债	25	
(3)偿还长期负债	34	-			
(4)增加长期投资	35	10,638,519.20			
小计	36	37,989,317.81			
流动资金动用合计	37	82,211,353.46	流动负债增加净额	26	-47,065,425.68
流动资金增加净额	38	76,047,013.01	流动资金增加净额	27	76,047,013.01

资 产 负 债 表

（单位：人民币元）

项目	1996.12.31	1995.12.31	1994.12.31
货币资金	273,262.34	185,448.29	76,278,25
应收帐款	4,338,747.30	420,134.83	145,523.26
预付帐款	2,052,889.71	260,000.00	45,915.60
其他应收款	1,066,757.79	170,643.14	574,227.09
存货	37,651,406.43	15,371,549.98	1,617,012.84
待摊费用	6,300.00	0.00	0.00
流动资产合计	45,389,363.57	16,407,776.24	2,458,957.04
长期投资	10,641,119.20	2,600.00	4,068,648.53

项目	1996.12.31	1995.12.31	1994.12.31
固定资产原值	120,969,566.50	151,800,230.29	126,318,125.13
减:累计折旧	11,801,706.91	6,813,339.85	3,868,203.82
固定资产净值	109,167,859.59	144,986,890.44	122,449,921.13
在建工程	1,682,666.52	9,518,360.76	1,529,900.00
固定资产合计	110,850,526.11	154,505,251.20	123,979,821.31
无形资产	66,077,000.00	2,650,000.00	0.00
递延资产	3,344,369.46	1,085,333.17	0.00
无形资产及递延资产合计	69,421,369.46	3,735,333.17	0.00
资产总计	236,302,378.34	174,650,960.61	130,507,426.88
短期借款	45,767,000.00	20,200,000.00	10,000,000.00
应付帐款	4,548,981.21	2,512,627.82	0.00
预收帐款	207,034.14	101,499.40	44,415.00
其他应付款	9,056,877.83	48,304,739.29	40,574,078.76
应付福利费	100,289.32	57,000.44	0.00
未交税金	1,386,489.40	-150,963.99	0.00
未付股利	0.00	40,000,000.00	21,000,000.00
其他未交款	45,151.90	0.00	0.00
预提费用	2,888,632.13	40,978.65	135,887.82
流动负债合计	64,000,455.93	111,065,881.61	71,754,381.58
长期借款	90,923,828.00	4,060,000.00	4,060,000.00
长期负债合计	90,923,828.00	4,060,000.00	4,060,000.00
少数股东权益	928,204.51	0.00	0.00
股本	80,449,889.00	50,000,000.00	50,000,000.00
资本公积	0.90	0.00	0.00
盈余公积	0.00	9,224,179.70	3,853,956.80
其中:公益金	0.00	3,074,726.57	1,284,652.27
未分配利润	0.00	300,899.30	839,088.50
股东权益合计	80,449,889.90	59,525,079.00	54,693,045.30
负债及股东权益合计	236,302,378.34	174,650,960.61	130,507,426.88

利 润 表

单位:人民币元

项目	1996年度	1995年度	1994年度
一、主营业务收入	114,870,140.53	72,224,452.56	39,820,686.42
减:营业成本	62,364,608.49	30,820,880.33	11,956,736.66
销售费用	2,937,197.11	3,493,431.53	588,599.69
管理费用	5,156,689.90	1,940,080.50	617,076.21
财务费用	2,623,942.19	1,604,309.70	407,643.76
营业税金及附加	674,774.66	550,000.00	550,000.00
二、主营业务利润	41,112,928.18	33,815,750.50	25,700,630.10
加:其他业务利润	-43,999.67	20,392.79	15,544.92
三、营业利润	41,068,928.51	33,836,143.29	25,716,175.02
加:营业外收入	2,803,586.60	30,778.50	11,729.95
减:营业外支出	23,174.25	34,888.09	34,859.67
四、利润总额	43,849,340.86	33,832,033.70	25,693,045.30
减:所得税	0.00	0.00	0.00
少数股东收益	-71,795.49	0.00	0.00
五、净利润	43,921,136.35	33,832,033.70	25,693,045.30

清 华 同 方 股 份 有 限 公 司

清华同方股份有限公司股票上市公告书

一、要览

总股本:11070 万股

可流通股本: 4200 万股

本次上市流通股本:3780 万股

证券简称:清华同方

证券代码:600100

上市地点:上海证券交易所

上市时间:1997 年 6 月 27 日

登记机构:上海证券中央登记结算公司

上市推荐人:中国教育科技信托投资有限公司
　　　　　君安证券有限责任公司

二、绪言

本上市公告书是根据《中华人民共和国公司法》、《股票发行与交易管理暂行条例》、《公开发行股票公司信息披露实施细则(试行)》、《上海证券交易所交易市场业务试行规则》等有关法律、法规的规定,为本公司股票公开上市之目的,向社会公众提供有关资料而编制的。

清华同方股份有限公司(以下简称"本公司")的股票发行经中国证券监督管理委员会证监发字(1997)316 号文和证监发字(1997)317 号文批准,已向社会公开发行人民币普通股 3780 万股,每股面值 1.00 元,每股发行价 8.28 元;另向公司职工配售股份 420 万股,每股面值 1.00 元,配售价格为 8.28 元。本次上市流通股本为 3780 万股,根据国家有关规定,公司 420 万股公司职工股自此次上市流通股上市之日起半年后上市。本公司股票上市申请经上海证券交易所上证上字第 057 号文审核批准,将于 1997 年 6 月 27 日(星期五)在上海证券交易所挂牌交易。

本公司《招股说明书概要》刊登于 1997 年 6 月 7 日的《中国证券报》和 6 月 9 日的《上海证券报》上,距今不足 6 个月,故与其重复的内容在此不再重述,敬请投资者查阅本公司的《招股说明书概要》。

本公司董事会全体成员已批准本上市公告书,确信其中不存在任何重大遗漏和误导,并对其真实性、准确性和完整性负个别及连带责任。上市公告书中的内容由本公司董事会负责解释。

三、公司概况

(一)基本情况:

公司法定名称:清华同方股份有限公司

公司英文名称:TONGFANG COMPANY LIMITED.

公司法定代表人:梁尤能

公司成立日期:1997 年 6 月 25 日

经营范围:计算机及信息技术;人工环境控制设备的生产、销售及工程安装;仪器仪表,光机电一体化设备、精细化工及生物制药产品的开发、生产和销售;高科技项目的咨询、高新技术的转让与服务。

所属行业:高科技行业

注册地址:北京市海淀区清华园

邮政编码:100084

联系电话:(010)62789888

联 系 人:王玉

(二)公司历史沿革:

(1)股份制改造过程

本公司是经国家体改委[体改生(1997)78 号]文和国家教育委员会[教技发字(1997)4 号]文批准,由清华大学企业集团(以下简称企业集团)作为主要发起人以其所属部分企业的经营性净资产折资入股,其他发起人以货币资金投入,采取募集方式设立的股份有限公司,并于 1997 年 2 月 28 日在中华人民共和国国家工商行政管理局办理了企业名称预先核准。1997 年 6 月 25 日,本公司在国家工商行政管理局正式办理了注册登记。

经国家教育委员会[教技(1994)12 号]文和国家经济贸易委员会[国经贸企(1994)673 号]文批准,企业集团组建于 1995 年 8 月 1 日,为清华大学全资所属的国有独资企业。

企业集团以清华大学的科技和人才优势为依托,从事科技成果的商品化和产业化,以及用高新技术对传统工业进行改造,已经形成了一批技术含量高、附加值高的产品。其产品和技术涉及到信息与计算机技术、能源、核技术、化工、机械与仪器仪表、新材料、环境保护等各个领域,其部分拳头产品多次获得国家级和省市部委级奖励,并被评为国家级新产品。

在进行本次股份制改组过程中,按照突出本公司主营业务"信息及计算机技术应用领域"、尽量减少关联交易和避免同业竞争的原则,企业集团对其所属部分从事该领域业务的生产经营性单位及其相关资产进行重组,联合其他四家发起人以募集方式组建了本公司。上述生产经营性单位主要包括北京清华人工环境工程公司、清华信息技术公司、北京清华网络系统技术开发公司、北京清华同方实业总公司等。

所有发起人均按 1.5377:1 的折股倍数折资入股,企业集团认购 6570 万股发起人股,江西清华科技集团有限公司(企业集团持有其 5% 的股权)认购 150 万股发起人股,北京首都创业集团认购 50 万股发起人股,北京实创高科技发展总公司认购 50 万股发起人股,北京沃斯太酒店设备安装公司认购 50 万股发起人股。

(2)公司本次股票发行为初次发行。

四、股票发行及承销

1. 股票公开发行

社会公众股发行数量:3780 万股

公司职工股:420 万股

发行价格:8.28 元人民币/股

实际募集资金总额:33880.5 万元

发行方式:上网定价

配售比例:0.77084556%

有效申购户数:431259 户

持有 1000 股以上(含 1000 股)的股东:37421 户

发行费用总额:900 万元

每股发行费用:0.214 元

发行市盈率:15.99 倍

2. 股票承销:本次公开发行的社会公众股已认购完毕,超额认购 129.72767204 倍,承销商包销股票的数量为零股。

3. 验资报告:

中信会资字(1997)第 009 号

清华同方股份有限公司筹委会:

我们接受委托,对贵公司截至 1997 年 6 月 18 日止公开发行的社会公众股股本金到位情况的真实性和合法性进行了审验。在审验过程中,

我们按照《独立审计实务公告第1号－验资》的要求,实施了必要的审验程序。贵公司的责任是提供真实、合法、完整的验资资料,保护资产的安全、完整;我们的责任是按照《独立审计实务公告第1号－验资》的要求,出具真实、合法的验资报告。

根据我们的审验,截至1997年6月19日止,贵公司本次股票发行已收到募集资金人民币341459556元,计人民币叁亿肆仟壹佰肆拾伍万玖仟伍佰伍拾陆元整(其中包含尚未扣除的发行费用2654556元)。本次公开发行后,贵公司股本总额为人民币110700000元,其中法人股股本68700000元,占股本总额的62.06%(其中国有法人股股本65700000元,占股本总额的59.35%);社会公众股股本42000000元,占股本总额的37.94%(其中公司内部职工股股本4200000元,占股本总额的3.79%)。

中信会计师事务所　　　　　中国注册会计师:张克东

一九九七年六月十九日　　　中国注册会计师:王　勇

五、公司董事、监事和高级管理人员持股情况

姓名	职务	持股数量(股)	持股比例(‰)
梁尤能先生	董事长	0	0
荣泳霖先生	副董事长	0	0
王晶宇先生	董事	0	0
白洪烈先生	董事	6000	0.054
陆致成先生	董事、总经理	20000	0.181
罗建北女士	董事、副总经理	6000	0.054
龙大伟先生	董事	6000	0.054
陈小悦先生	监事会主席	3000	0.027
钱明光先生	监事	6000	0.054
刘国光先生	监事	0	0
孙　岷先生	董事会秘书	2000	0.018

本公司董事、监事和高级管理人员共持有本公司股票4.9万股,占公司总股本的0.044%,其持有股份按照《中华人民共和国公司法》规定在任职期间不得转让。

六、公司设立

1.经1997年6月21日召开的本公司第一届股东大会审验,同意本公司3780万A股在上海证券交易所挂牌上市的议案。

2.公司注册资金:11070万元。

3.公司注册时间:1997年6月25日

4.公司注册地点:北京海淀区清华园

5.公司法定代表人:梁尤能

6.营业执照注册号码:10002679－3

七、关联企业及关联交易

1.关联企业

企业集团是本公司的主要股东,本次发行完成后,企业集团持有本公司股份比例为59.35%。本公司持股的关联公司情况如下:

关联企业名称	基本情况	本公司持股情况	其他股东持股情况
北京清华瑞泰控制工程有限公司	成立于1991年,注册资本40万美元,由本公司和台湾瑞泰有限公司合资组建。该公司主营业务为生产并销售人工环境控制工程领域的特种仪表。	60%	40%
北京鼎新信息系统开发有限公司	成立于1994年,注册资本200万美元,由本公司和美国IBM(中国)公司合资组建。该公司主要承接IBM委托的软件开发项目	50%	50%
北京清华永昌化工有限公司	成立于1994年,注册资本60万美元,由本公司和香港海生实业有限公司合资组建。该公司主要生产精细化工产品。	50%	50%

除上述关联企业外,本公司尚未对其他企业持股。

本公司成立以后,其中最重要的关联公司为其控股公司－企业集团,企业集团的各子公司也是清华同方的关联公司,如下所示。本公司与这些关联企业之间彼此互不持股。

名称	法定代表人	企业集团持股情况	注册资本(万元)
清华紫光(集团)总公司	张本正	100%	1300
清华大学土建承包总公司	郝亚民	100%	800
北京清华通力机电设备有限公司	白洪烈	100%	100
北京清华电子工程公司	薛保兴	100%	50
北京清华生物技术公司	赵南明	100%	50
北京清华经济咨询公司	赵家和	100%	10
北京清华资产评估事务所	陈小悦	100%	30
清华大学太阳能电子厂	薛祖庆	100%	400
北京清华学府实业公司	付景霞	100%	100

2.关联交易

(1)企业集团以承诺函方式承诺,在本公司成立后,在其业务开拓方面将不与本公司进行实质性的同业竞争。

(2)关于土地使用权,本公司与清华大学(以下简称学校)签订了《土地租赁协议》,协议规定,学校以出让方式获得使用权,然后租赁给本公司有偿使用。

(3)此次重组不进入本公司的其他部分资产,为支持本公司长远发展,以不高于市场价格的协方价格有偿使用为原则,本公司与学校和企业集团签订了《综合服务协议》以有偿使用此类资产,其中包括:(1)动能供应,职工生活后勤设施、道路绿化、职工住房等公用设施;(2)人才输送服务;(3)计算机网络服务;(4)退休职工服务;(5)部分专有技术无形资产。

(4)关于办公用房产的使用权,本公司与学校签订了《房产租赁合同》,合同规定本公司向学校一次性支付(已支付)人民币15,605,903.14元,获得本公司现使用的属于学校的总建筑面积为18269平方米的房产,期限为15年。

(5)关于今后本公司与企业集团和学校间可能发生的生产经营性关联交易,本公司分别与企业集团和学校签订了《协议书》,协议规定上述可能发生的交易将在具体的合同中以公允的市场价格作为定价原则,且企业集团和学校承诺在上述交易之中将不会利用其影响侵害公众股东的利益。

(6)北京清华永昌化工有限公司为本公司拥有其50%股权的关联企业,本公司订购其产品进行销售,订购价格为其生产成本加必要的费用,且不高于其给第三方的价格。

(7)公司与学校所属其他单位(指不属于企业集团的单位)有一些服务性质的业务往来,定价政策是服务成本加必要费用,且不高于其给第三方的价格。

八、股本结构及大股东持股情况

(一)上市前的股本结构

股份名称	股数(万股)	所占比例(%)
发起人股	6870	62.06
其中:国有法人股	6570	59.35
社会法人股	300	2.71
社会公众股	4200	37.94
其中:公司职工股	420	3.79
总股本	11070	100

(二)前十名股东所持股数及比例

股东名称	持有股数(股)	占总股本比例(%)
1. 北京清华大学企业集团	65700000	59.35
2. 江西清华科技集团有限公司	1500000	1.36
3. 北京首都创业集团	500000	0.45
4. 北京实创高科技发展总公司	500000	0.45
5. 北京沃斯太酒店设备安装公司	500000	0.45
6. 陆致成	20000	0.018
7. 江　亿	19000	0.017
8. 金久炘	19000	0.017
9. 韩美兰	19000	0.017
10. 李国强	19000	0.017

九、公司财务会计资料

(一)审计报告(摘要)

中信会审字(1997)第023号

清华同方股份有限公司(筹)

我们接受委托,对贵公司(筹)编制的1994年12月31日、1995年12月31日和1996年12月31日的资产负债表与合并的资产负债表,1994年度、1995年度、1996年度的利润表与合并利润表及1996年度财务状况变动表与合并财务状况变动表。这些会计报表由贵公司负责,我们的责任是对这些会计报表发表审计意见。我们的审计是根据《中国注册会计师独立审计准则》进行的,在审计过程中,我们结合贵公司的实际情况,实施了包括抽查会计记录等我们认为必要的审计程序。

我们认为,贵公司上述会计报表的编制符合《企业会计准则》、《股份制试点企业会计制度》的有关规定,在所有重大方面公允地反映了贵公司1994年12月31日、1995年12月31日、1996年12月31日的财务状况及贵公司1994年度、1995年度、1996年度的经营成果和1996年度资金变动情况,会计处理方法的选用遵循了一贯性原则。

中信会计师事务所　　中国注册会计师:张克东

地址:北京市朝阳区新源南路六号京城大厦1001室　中国注册会计师:王勇

邮编:100004　　一九九七年四月二十九日

(二)本公司已于1997年6月7日《中国证券报》和6月9日《上海证券报》上刊登了招股说明书概要,其中已对本公司的财务资料作了详细的披露,并且审计时间至今没有变动,故在此仅刊登有关财务资料的简要情况。

(三)合并资产负债表见附表1、合并损益表主要数据见附表2.

(四)财务报表附注

1. 会计报表编制基准

公司的会计报表以北京清华大学企业集团下属企业的会计报表为基础。资产负债表中的各项数据是以北京清华大学企业集团下属企业会计帐中记录的属于进入股份公司的资产及相关负债的数据填列　公司利润表是以北京清华大学企业集团下属企业会计帐中核算的属于进入股份公司的经营收支为依据调整编制的。

公司上述会计报表已按《股份制试点企业会计制度》及有关补充规定进行了调整。

公司1996年12月31日的资产负债表按照国家国有资产管理局国资评(1996)345号文确认的中评资产评估事务所的资产评估结果进行了调整。

2. 主要会计政策

(1)会计制度

公司执行《企业会计准则》、《股份制试点企业会计制度》及有关补充规定。

(2)会计期间及记帐本位币

本公司会计年度采用公历年度,即自公历1月1日至12月31日。公司以人民币为记帐本位币。

(3)记帐原则及计价基础

公司按权责发生制原则记帐,以实际成本作为计价基础。

(4)外币核算方法

公司以人民币为记帐本位币,外币业务按发生时市场汇率折算人民币记帐,并于期末按市场汇率中间价进行折算调整,调整的差额计入财务费用—汇兑损益科目。

(5)合并报表编制方法

A. 公司合并报表的范围包括:

公司拥有其半数以上(不包括半数)权益性资本的被投资企业。

直接和间接方式拥有其半数(不包括半数)以上权益性资本的被投资企业。

B. 公司在对被投资企业会计报表进行合并的过程中,按照有关规定,在合并会计报表时对下列事项进行了抵销调整:

公司权益性投资与并表被投资企业所有者权益中有关的部分;公司与并表被投资企业之间的相互往来;并表被投资企业之间未实现的内部销售。

C. 公司1996年合并报表的被投资企业如下:

被投资企业名称	投资额	投资时间	占注册资本比例
北京清华瑞泰控制工程有限公司	130.08万元	1992年	60%

(6)坏帐准备

公司按期末应收帐款余额的3‰计提坏帐准备,被投资企业北京清华瑞泰控制工程有限公司坏帐损失的核算方法采用直接转销法。依据重要性原则,公司未对被投资企业坏帐损失核算的会计政策作一致调整。

(7)存货计价方法

公司原材料(包括主要材料、辅助材料、燃料、外购半成品、修理用备件、包装物)采用实际成本核算,发出时采用加权平均法计算;低值易耗品在领用时一次摊销;产成品按实际成本计价,发出时采用加权平均法计算。

(8)长期投资核算方法

公司向其他单位投出的资金,按投出时支付或确定的金额记帐,债券投资在持有期间按权责发生制计算应计利息并确认投资收益。1996年12月31日的长期投资已按评估确认结果调整。股权投资占被投资企业20%(含20%)以下的,采用成本法核算;股权投资占被投资企业20%以上的,采用权益法核算;股权投资占被投资企业50%以上的合并会计报表。

(9)固定资产及其折扣

固定资产按实际成本计价。1996年12月31日的固定资产价值已按评估确认结果调整

公司拥有的使用期限在一年以上的房屋、建筑物、机器、设备、器具、工具等资产为固定资产;不属于生产经营主要设备的物品,单位价值在2000元以上并使用期限超过两年的,也作为固定资产。(北京清华大学的房屋、建筑物不作为股本投入,由公司租赁使用。)

固定资产采用直线法计提折旧。根据固定资产的类别、原始价值,使用年限、预计残值(残值率为3%)确定其折旧率如下:

资产名称	折旧年限	年折旧率
房屋建筑物	30年	3.23%
通用设备	5-10年	19.40%-9.70%
其中:电子设备	5年	19.40%
专用设备	10年	9.70%
运输设备	8-10年	12.12%-9.70%

(10)无形资产及递延资产摊销

无形资产按照实际取得时的实际成本计价:由投资者作为资本金投入的按评估确认或协议约定的金额计价;购入的按实际支付的价款计价;非专利技术按经法定评估机构评估确认的价值计价。

无形资产的摊销按其有效使用期限分期摊销,没有规定有效使用期

限的按不少于10年的期限分期摊销。

递延资产按实际发生的费用、支出计价。递延资产在以后一定年限内分期平均摊销,其中开办费按5年分期平均摊销;其他递延资产按照受益期限分期平均摊销。

(11)税项

A.企业所得税

公司企业所得税按北京清华大学企业集团税收政策执行。北京清华大学企业集团是于1992年8月日在北京市新技术开发试验区以新准字第Q0513号批准注册的新技术企业,享受"免三减三"的税收优惠政策。根据北京市海淀区国家税务局海国税减免二字(96试)第164号批复,自1995年9月1日起至1998年8月31日止减半征收所得税三年,现执行7.5%的所得税率。

被投资企业北京清华瑞泰控制工程有限公司为北京市新技术产业开发实验区办公室以新准字第HZ0112号批准证书确认的新技术企业,享受北京市新技术产业开发实验区新技术企业税收优惠政策,从开办之日起(一九九一年十一月),享受"免三减三"的所得税优惠。一九九六年度所得税率为7.5%。

被投资企业北京清华永昌化工有限公司为北京市新技术产业开发实验区办公室以新准字第HZ0719号批准证书确认的新技术企业。享受北京市新技术产业开发实验区新技术企业税收优惠政策,经北京市海淀区国家税务局海国税减免外字(95)第004号批复确认,自一九九四年二月一日至一九九六年十二月三十一日止免缴企业所得税。

被投资企业北京鼎新信息系统开发有限公司为北京市新技术产业开发实验区办公室以新准字第HZ0688号批准证书确认的新技术企业,享受北京市新技术产业开发实验区新技术企业税收优惠政策,经北京市国家税务局对外分局免3(90)字308号批复确认,从开办之日起(一九九四年八月三日),享受"免三减三"的所得税优惠;经北京市国家税务局对外分局京国税务外分三(95)第12批复确认,在被认定为新技术企业的有效期间内免缴地方所得税。

B.营业税

*公司工程项目收入按收入的3%计缴营业税;

*公司软件开发、网络数据信息加工与服务按收入的5%计缴营业税;

*公司技术开发、技术转让、技术咨询、技术培训按收入的5%计缴营业税。

C.增值税

增值税-销项税额按产品、商品销售收入乘17%的税率计算,符合规定的进项税额从销项税额中抵扣。

D.城市维护建设税

公司按营业税、增值税应纳税额的7%计缴城市维护建设税。

E.教育费附加

公司按营业税、增值税应纳税额的3%计缴教育费附加。

F.其他税项

其他税项按国家有关的具体规定计算缴纳。

(12)产品销售收入的确认

销售收入以发出产品、提供劳务,同时收讫价款或取得索取价款的凭据作为销售收入实现的标志。

(五)主要会计指标

主要会计指标	1996年	1995年	1994年
营运资金(万元)	3387.68	6721.52	4811.34
流动比率	1.20	1.70	1.56
速动比率	0.89	1.22	1.22
资产负债率(%)	63.68	53.87	61.56
应收帐款周转率(%)	887.74	938.78	733.62
存货周转率(%)	259.43	284.36	245.00
净资产收益率(%)	44.44	37.28	45.02
每股净利(元)	0.6833	1.6947	1.3866

注:以上数据根据合并会计报表计算,每股净利为当年净利除以当年年末实际总股本。

十、董事会上市之承诺

本公司董事会将严格遵守《中华人民共和国公司法》、《股票发行与交易管理暂行条例》、《公开发行股票公司信息披露实施细则(试行)》、《上海证券交易所市场业务试行规则》和有关法律、法规的规定,并自股票上市之日起向全体股东做如下承诺:

1.按照法律、法规的规定程序和要求,披露重大的信息,并接受证券主管机关、上海证券交易所的监督管理。

2.及时、准确、真实地在证券主管部门指定的报刊公布中期报告、年度报告及经营业绩等资料,并备置于规定场所供投资者查阅。

3.本公司董事、监事及高级管理人员如发生人事变动或持股数量发生变化时,及时报告证券管理机关、上海证券交易所、并及时通过证券主管部门指定的报刊通告社会公众。

4.在任何公共传播媒介中出现的消息可能对本公司股票的市场价格产生误导性影响时,本公司知悉后将对该消息予以公开澄清。

5.本公司董事、监事及高级管理人员将认真听取社会公众的意见和批评,决不利用已获得的内幕消息和其他不正当手段,直接或间接从事股票买卖活动。

6.本公司没有无记录负债。

十一、重要事项揭示

1.本公司与得实发展(集团)有限公司共同投资组建了中外合资经营企业北京清华得实网络安全技术开发公司(以下简称该公司)。该公司经营期限为20年,注册资本80万美元,其中公司出资40.8万美元,占注册资本的51%;得实发展(集团)有限公司出资39.2万美元,占注册资本的49%。

该公司已于1996年12月27日经外经贸字(1996)0494号批准证书批准成立,并于1997年1月15日领取了注册号为企合京总副字第011979号(1-1)的中华人民共和国企业法人营业执照(副本)。验资等事项正在进一步办理之中。

2.新股东参与本公司1997年度全年利润分配。

3.根据中信会计师事务所盈利预测审核报告,本公司1997年(合并)净利润为:5,650万元(免征所得税);4,803万元(征15%所得税)。

十二、咨询机构

1.发行人:清华同方股份有限公司

注册地址:北京市海淀区清华园

法定代表人:梁尤能

联系人:王玉

电话:010-62789888

传真:010-62789765

2.上市推荐人:中国教育科技信托投资有限公司

注册地址:北京市西城区复兴门内大街160号

法定代表人:王显明

联系人:杨忠、崔玲

联系电话:010-68361565　　传真:010-68364386

君安证券有限责任公司

注册地址:深圳市春风路五号

法定代表人:张国庆

联系人:杜柏钧

联系电话:(0755)2175560　　传真(0755)2296188

十三、备查文件

1.验资报告

2．承销协议书
3．招股说明书
4．审计报告
5．公司章程
6．本公司营业执照
7．本公司创立大会决议及公告
8．本公司董事会、监事会决议

清华同方股份有限公司
一九九七年六月二十五日

附表一：

合并资产负债表

单位：人民币元

资　产	注释	1996.12.31	1995.12.31	1994.12.31	负债与股东权益	注释	1996.12.31	1995.12.31	1994.12.31
流动资产					流动负债				
货币资金	1	47,817,638.27	44,250,875.73	25,330,682.08	短期借款	12	13,000,000.00	5,611,750.00	3,900,000.00
短期投资	2	612,507.75	469,840.00	264,100.00	应付票据		0.00	0.00	0.00
应收票据		0.00	0.00	0.00	应付帐款	13	6,763,142.92	10,394,541.57	12,384,129.83
应收帐款	3	23,561,049.07	18,305,499.52	14,338,377.67	预收货款	14	68,777,291.20	53,465,314.88	47,605,014.17
减：坏帐准备	4	0.00	53,341.50	43,015.14	应付福利费		2,539,629.39	1,564,324.66	1,125,516.41
应收帐款净额		23,561,049.07	18,252,158.02	14,295,362.53	未付股利		8,514,066.06	0.00	374,611.00
预付货款	5	48,453,859.39	30,918,365.25	42,284,367.38	未交税金	15	6,648,961.99	1,603,885.85	295,560.85
其他应收款	6	26,178,798.32	20,614,197.39	20,471,168.38	其他未交款		46,021.67	16,557.21	22,766.08
待摊费用		992,096.02	1,247,345.89	2,196,525.99	其他应付款	16	56,160,164.33	17,461,073.88	14,679,269.61
存　货		51,707,898.33	46,110,410.00	29,387,856.08	预提费用		0.00	369,482.75	483,832.80
待处理流动资产净损失		0.00	1,838,889.16	-118,045.95	一年内到期的长期负债	17	3,000,000.00	6,000,000.00	0.00
一年内到期长期债券投资		0.00	0.00	0.00	其他流动负债		0.00	0.00	37,949.17
其他流动资产		0.00	0.00	0.00	流动负债合计		165,449,277.56	96,486,838.80	85,998,649.94
流动资产合计		199,326,047.15	163,702,081.44	134,112,016.49	长期负债				
长期投资					长期借款	18	14,000,000.00	3,000,000.00	6,800,000.00
长期投资	7	11,329,990.02	7,762,719.66	8,101,590.26	应付债券		0.00	0.00	0.00
其中：合并价差		0.00	0.00	0.00	长期应付款		201,199.06	197,599.06	310,143.00
固定资产					其他长期负债		0.00	0.00	0.00
固定资产原价	8	19,468,531.00	11,030,196.51	11,231,478.77	长期负债合计		14,201,199.06	3,197,599.06	7,110,143.06
减：原计折旧		5,131,063.20	5,263,410.13	3,805,847.86	递延税项				
固定资产净值		14,337,467.80	5,766,786.38	7,425,630.93	递延税款货项		0.00	0.00	0.00
在建工程	9	34,255,978.01	6,123,662.59	483,776.96					
固定资产清理		0.00	-9,930.00	0.00	负债合计		179,650,476.62	99,684,529.86	93,108,793.00
待处理固定资产净损失		0.00	0.00	0.00					
固定资产合计		48,593,445.81	11,880,516.97	7,909,407.87	少数股东权益		1,456,953.11	1,028,747.20	1,002,792.53
无形资产及递延资产									
无形资产	10	19,974,022.72	715,333.47	822,033.43	股东权益				
递延资产	11	3,111,071.08	970,473.13	291,749.85	股本	19	65,700,000.00	18,548,877.64	18,548,877.64
无形资产及递延资产合计		23,085,093.80	1,685,806.60	1,113,783.28	资本公积	20	35,327,147.05	9,582,733.96	8,166,434.76
其他长期资产					盈余公积	21	0.00	24,706,015.30	20,805,859.59
其他长期资产		0.00	0.00	0.00	其中：公益金		0.00	2,850,393.82	1,278,615.84
递延税项					未分配利润	22	0.00	31,480,222.71	9,804,020.40
递延税款借项		0.00	0.00	0.00	外币报表折算差额		0.00	0.00	0.00
					股东权益合计		101,027,147.05	84,317,849.61	37,125,212.30
资　产　总　计		282,134,576.78	185,031,126.67	151,236,797.90	负债与股东权益总计		282,134,876.78	185,031,126.67	151,236,797.90

附表二：

合并损益表主要数据表

单位：人民币元

项　目	注释	1996年度	1995年度	1994年度	项　目	注释	1996年度	1995年度	1994年度
一、主营业务收入	23	185,596,192.52	152,774,521.62	104,873,625.15	三、营业利润		48,169,237.92	34,680,426.33	25,504,446.17
减：营业成本	24	126,884,247.63	107,345,296.70	71,999,212.85	加：投资收益	28	993,114.83	-708,803.66	47,371.83
销售费用		2,553,876.91	3,178,745.63	1,909,724.22	营业外收入	29	1,009,896.20	7,482.98	843,349.67
管理费用		10,063,270.41	8,034,031.88	6,383,685.84	减：营业外支出	30	1,209,997.88	159,534.22	511,162.15
财务费用	26	-1,931,829.82	443,236.07	689,871.06	加：以前年度损益调整		0.00	0.00	0.00
进货费用		0.00	0.00	0.00	加：补贴收入		0.00	194,375.21	0.00
营业税金及附加	25	2,220,493.33	1,053,218.63	961,368.78	四、利润总额		48,962,251.07	34,013,946.64	25,884,005.52
二、主营业务利润		45,806,134.06	32,719,998.72	22,929,822.39	减：所得税		3,673,099.13	2,552,432.42	27,897.51
加：其他业务利润	27	2,363,183.86	1,960,427.62	2,574,623.78	少数股东损益		396,616.16	25,954.69	135,132.61
					五、净利润		44,892,535.78	31,435,559.53	25,720,975.40

中国泛旅实业发展股份有限公司

中国泛旅实业发展股份有限公司股票上市公告书

一、绪言

本公司股票上市公告书是依据《中华人民共和国公司法》、《股票发行与交易管理暂行条例》、《公开发行股票公司信息披露实施细则(试行)》和《上海证券交易所交易市场业务试行规则》等国家有关法律、法规文件的规定而编制。

经中国证券监督管理委员会证监发字〈1997〉382号和证监发字〈1997〉383号文件批准,本公司已向社会公开发行社会公众股2500万股,每股面值1.00元,发行价5.28元。经上海证券交易所(上证上字〈1997〉第079号文)审核同意,本公司股票将于1997年9月8日(星期一)在上海证券交易所上市挂牌交易。本公司总股本为6580万股,本次上市流通的股票共2407万股,另公司93万股公司职工股占用本次发行额度发行,并将于本次社会公众股上市交易之日起期满半年后上市。

本公司董事会已批准本上市公告书,并确信本公告书所载资料不存在任何重大遗漏或者误导和虚假成份,并对其真实性、准确性和完整性负个别的及连带的责任,本上市公告书的内容由本公司董事会负责解释。

二、公司概况

1、本公司简介

(1)概况

公司名称:　中国泛旅实业发展股份有限公司

注册地址:　北京市东三环北路1号

注册资本:　6580万元

法定代表人:　傅卓洋

联系电话:　010—64668550　64668846

成立日期:　1997年8月21日

本公司所属行业:　旅游投资、商贸、服务业

(2)经营范围

旅游项目投资、经营;旅游商品、用品、物资、设备生产、销售;组织承办与旅游业相关的展示、展销;餐饮、娱乐服务;货物仓储、运输;与上述业务相关的对外技术交流、培训、信息咨询服务等。

2、本公司历史沿革

本公司是经国家体改委体改生〈1997〉77号文批准,在对中国旅游商贸服务总公司(以下简称总公司)进行股份制改造的基础上,由总公司和北京波菲特旅游礼品有限责任公司、港旅建筑装饰工程有限公司、北京万通达储运公司、黄山昱鑫旅游实业公司共同发起,并向社会公开发行股票,以募集设立方式设立的股份有限公司。其中,总公司以其下属两家全资附属企业(中国旅游清洁公司、北京驻华外交人员免税店)、五家分公司(中国旅贸食品销售分公司、中国旅贸汽车销售分公司、中国旅贸机电设备分公司、中国旅贸营销分公司、中国旅贸酒店用品分公司)的全部经营性资产和对一家合资企业(北京港美综合服务大厦有限公司25%股权)的长期投资权益,共计净资产值5461.25万元,按1:0.65的折股比例折成3550万股投入本公司;其他四家发起人北京波菲特旅游礼品有限责任公司、港旅建筑装饰工程有限公司、北京万通达储运公司、黄山昱鑫旅游实业公司分别投入现金307.69万元、230.77万元、153.85万元和123.08万元,按1:0.65的折股比例分别认购200万股、150万股、100万股和80万股,共同发起组建本公司。

1997年7月22日至7月24日,本公司公开发行社会公众股2500万股(其中公司职工股93万股),每股面值1.00元,发行价5.28元。

1997年8月6日,本公司在北京召开创立大会暨第一届股东大会。

1997年8月21日,本公司在国家工商行政管理局完成工商登记注册,正式成立。

三、股票发行及承销

(一)股票公开发行:

社会公众股发行数量	2500万股
其中:公司职工股	93万股
发行价格	5.28元
募集资金总额	13200万元
发行方式	全额预缴款、比例配售、余款即退
配售比例	0.96%
配售户数	14365
持1000股以上的户数	4918
发行费用总额	830万元
发行市盈率	15倍

(二)股票承销:

本次公开发行为超额认购,故无余额由承销团包销。

(三)验资报告

(1)由北京兴华会计师事务所出具的验资报告〈京会兴字(1997)第381号〉摘录如下:

中国泛旅实业发展股份有限公司(筹):

我们接受委托,对中国泛旅实业发展股份有限公司(筹)的实收资本及相关的资产和负债的真实性和合法性进行了审验。在审验过程中,我们按照《独立审计实务公告第1号—验资》的要求,实施了必要的审验程序。中国泛旅实业发展股份有限公司(筹)的责任是提供真实、合法、完整的验资资料,保证资产的安全、完整,我们的责任是按照《独立审计实务公告第1号—验资》的要求,出具真实、合法的验资报告。

中国泛旅实业发展股份有限公司(筹)的申请注册资本为65,800,000元。根据我们的审验,截至1997年4月20日止,中国泛旅实业发展股份有限公司(筹)已收到各发起股东投入的资本陆仟贰佰柒拾陆万陆仟叁佰零捌元(RMB62,766,308)元,其中股本肆仟零捌拾万元整(R40,800,000),资本公积贰仟壹佰玖拾陆万陆仟叁佰零捌元(RMB,21,966,308),以上入资已由北京兴华会计师事务所出具(97)京会兴字第318号验资报告验证。现中国泛旅实业发展股份有限公司(筹)经中国证券监督管理委员会以证监发字(1997)382号和383号文批准向社会公开发行人民币普通股2,500万股,每股面值人民币1元共计人民币2,500万元,向社会公开发行的股票溢价发行,每股发行价为人民币5.28元。经过我们审验,截止1997年7月31日,证券承销机构已缴来股款人民币壹亿贰仟叁佰柒拾万元整(RMB123,700,000),其中人民币贰仟伍佰万元(RMB25,000,000)为实收股本;人民币玖仟捌佰柒拾万元(RMB98,700,000)为资本公积金,与此相关的资产总额为人民币壹亿贰仟叁佰柒拾万元(RMB123,700,000),均为银行存款。

北京兴华会计师事务所　　中国注册会计师:陈莊

中国·北京　　中国注册会计师:曹瑞芳

(2)募集资金的入帐时间:1997年7月31日

(3)入帐金额:RMB123,700,000

(4)入户帐号:1180499910001

(5)开户银行:招商银行北京分行东三环办事处

四、董事、监事及高级管理人员简介及持股情况

1、经1997年8月6日召开的公司创立大会暨第一次股东大会选举产生的本公司董事会和监事会员成员简历如下:

董事长　傅卓洋先生,38岁,大学本科学历,经济师。历任国家旅游局秘书处副处长、综合处处长,总公司开发部经理、总经理助理、副总经理、总公司常务副总经理、法人代表。现任本公司总经理。

副董事长　王东平先生,43岁,大专学历,经济师。历任总公司总经理办公室副主任、主任、物资部经理、总经理助理、总公司党委副书记。现任本公司常务副总经理。

董事　安保邻先生,46岁,大专学历,会计师。历任总公司财务部副经理、经理,北京万通达储运公司法定代表人、总经理。现任本公司副总经理,总会计师。

董事　傅红女士,43岁,大专学历,经济师。历任总公司人事部副经理、营销分公司总经理兼北京驻华外交人员免税店经理。现任本公司副总经理。

董事　冷宁生先生,44岁,高中学历,助理经济师。历任总公司食品饮料部经理。现任食品销售分公司总经理。

董事　于雷先生,40岁,大专学历,经济师。历任总公司物资部副经理,现任机电设备分公司总经理。

董事　徐杰先生,32岁,大学本科学历,会计师。历任总公司开发部副经理、经理。现任北京波菲特旅游礼品有限责任公司法定代表人、总经理。

监事会主席　张立维先生,50岁,大专学历,记者职称。历任北京市东城区委宣传部副部长,国家旅游局旅行社饭店管理司旅行社二处副处长,北京港美综合服务大厦有限公司筹建处主任,现任本公司总经理办公室主任。

监事　赵瑞堂先生,53岁,中专学历,助理经济师。历任北京三源实业公司副总经理、总公司行政部副经理。现任本公司行政部经理、工会副主席、职代会常务副主席。

监事　王雅琴女士,43岁,大专学历,会计师职称。历任总公司人事部劳资科长。现任本公司人事部经理助理。

2、公司董事、监事和高级管理人员持股情况如下:

姓名	职　务	持股数量(股)	持股比例(%)
傅卓洋	董事长　总经理	10000	0.15
王东平	副董事长　常务副总经理	10000	0.15
安保邻	董事　副总经理 总会计师	5000	0.075
傅　红	董事　副总经理	5000	0.075
冷宁生	董事	5000	0.075
于　雷	董事	5000	0.075
徐　杰	董事	5000	0.075
张立维	监事会主席	5000	0.075
赵瑞堂	监事	5000	0.075
王雅琴	监事	5000	0.075

本公司董事、监事和高级管理人员共持有本公司股票6万股。占本公司总股本的0.91‰,其持有股份按照《中华人民共和国公司法》的规定在任职期间不得转让。

五、公司设立

1997年8月6日,本公司在北京召开创立大会,会议通过了《关于设立中国泛旅实业发展股份有限公司的决议》及《关于中国泛旅实业发展股份有限公司在上海证券交易所挂牌交易的决议》等有关事项。

1997年8月21日,本公司在国家工商行政管理局办理了工商登记注册,注册资本6580万元,注册地址:北京市东三环北路1号,营业执照注册号:1002745—4。

六、关联企业及关联交易

1、关联企业

本公司的关联企业主要有:

(1)发起人:中国旅游商贸服务总公司、北京波菲特旅游礼品有限责任公司、港旅建筑装饰工程有限公司、北京万通达储运公司、黄山昱鑫旅游实业公司。

(2)附属企业:中国旅游清洁公司、北京驻华外交人员免税店。

(3)参股企业:北京港美综合服务大厦有限公司。

2、关联交易情况

(1)1997年3月31日,总公司与本公司筹委会签订了《综合服务协议》,总公司将其职工住房、职工食堂等非经营性资产有偿提供给本公司使用,使用的费用标准与总公司职工使用的费用标准相同。

(2)1997年3月31日,总公司与本公司筹委会签订了《股权转让协议》,总公司同意将其拥有的黄山玉屏客运索道有限公司20%股权和南岳索道运输有限公司17%股权分别以不低于实际投资成本,但不高于3800万元和1800万元的价格转让给本公司。

(3)总公司承诺,在本公司设立后,总公司的职能将转为以控股管理型为主,不再从事与本公司有竞争或构成竞争的业务活动,以保障本公司的经营发展利益。

七、股本结构及大股东持股情况

1、本公司上市前股本结构为:

股份种类	持股数量(万股)	占总股本的比例(%)
总股本	6580	100.00
尚未流通股份	4080	62.01
发起人股份	4080	62.01
可流通股份	2500	37.99
本次公开发行股份	2500	37.99
其中:公司职工股	93	1.41

2、前10名股东所持股数及比例:

序号	股东名称	持股数量(股)	占总股本比例(%)
1	中国旅游商贸服务总公司	35,500,000	53.95
2	北京波菲特旅游礼品有限责任公司	2,000,000	3.04
3	港旅建筑装饰工程有限公司	1,500,000	2.28
4	北京万通达储运公司	1,000,000	1.52
5	黄山昱鑫旅游实业公司	800,000	1.22
6	广州世界贸易中心大智厦有限公司	31,584	0.05
7	深圳市盈益投资发展有限公司	31,584	0.05
8	上海涌金物业管理有限公司	31,584	0.05
9	国鼎实业发展有限责任公司	31,584	0.05
10	山西省运城南光实业公司	31,584	0.05

八、公司财务会计资料

以下数据资料均摘录自北京兴华会计师事务(97)京会兴字第298号审计报告。

1、审计报告

中国泛旅实业发展股份有限公司(筹):

我们接受委托,审计了贵公司1994年12月31日、1995年12月31日、1996年12月31日、1997年3月31日的公司及合并资产负债表,1994年度、1995年度、1996年度、1997年1—3月的公司及合并损益表,以及1996年度的公司及合并财务状况变动表。这些会计报表由贵公司负责,我们的责任是对这些会计报表发表审计意见。我们的审计是依据中国注册会计师独立审计准则进行的。在审计过程中,我们结合贵公司实际情况,实施了包括抽查会计记录等我们认为必要的审计程序。

我们认为,上述会计报表符合《企业会计准则》及《股份制试点企业会计制度》的有关规定,在所有重大方面公允地反映了贵公司1994年12月31日、1995年12月31日、1996年12月31日、1997年3月31日的财务状况,1994年度、1995年度、1996年度、1997年3月31日的经营成果和1996年度的资金变动情况,会计处理方法的选用遵循了一贯性原则。

北京兴华会计师事务所　　中国注册会计师:陈茳

中国·北京　　中国注册会计师:曹瑞芳

2、财务报表(见附表)

3、主要会计政策

(1)会计制度:

公司改制前执行《商品流通企业会计制度》,改制后将执行《股份制试点企业会计制度》。1994—1997年一季度的会计报表已按股份制试点企业会计制度进行了调整。

(2)会计年度:以公历1月1日至12月31日为一个会计年度。

(3)合并会计报表基准:

按照财政部财会字(1995)11号文《关于印发(合并会计报表暂行规定)的通知》的要求,编制合并会计报表。

纳入本公司合并会计报表范围的子公司:

全资子公司:中国旅游清洁公司。注册资金100万元,实际投资388.28万元。

全资子公司:北京驻华外交人员免税店。注册资金300万元,实际投资1027.21万元。

(4)记帐原则及计价基础:采用借贷记帐法,按权责发生制原则进行会计核算,以历史成本为计价基础。

(5)记帐本位币:以人民币为记帐本位币。

(6)外币折算:发生外币业务,按中国人民银行公布的当日人民币市场汇价折合成记帐本位币记帐,月末将外币帐户余额按中国人民银行公布的市场汇价进行调整,与原帐面差额计入当期财务费用。

(7)坏帐准备:采用直接转销法核算坏帐,不计提坏帐准备金,发生的坏帐损失计入当期费用。确认坏帐的标准是,因债务人破产或死亡不能收回的应收帐款,或者债务人逾期3年仍未偿还的应收帐款。

(8)存货核算:存货包括库存商品、物料用品、低值易耗品,按实际成本计价。营业成本按加权平均法结转。

(9)长期投资:

①债券投资:按购进成本计入长期投资,所获利息计入投资收益。

②股权投资和联营投资:持股低于20%的按成本法核算;持股20%及以上的按权益法核算;持股50%以上的子公司纳入合并报表。

(10)固定资产及折旧:固定资产按照历史成本计价,固定资产的确认标准为:单位价值2,000元以上并且使用年限在一年以上。固定资产按使用年限法分类计提折旧,各类固定资产使用年限、净残值率、年折旧率如下:

固定资产名称	使用年限	净残值率	年折旧额
房屋建筑物	30—35	5%	2.7—3.2%
机器设备	10—15	5%	6.3—9.5%
运输设备	5—10	5%	9.5—19%
其他	5—10	5%	9.5—19%

(11)无形资产:无形资产按取得时的实际成本计价,按不少于10年的期限平均摊销。

(12)递延资产:递延资产按实际成本计价,分期平均摊销。开班费摊销期限为5年,其他递延支出摊销期限为10年。

(13)收入确定:在商品已经发出、收到货款或取得收取货款的凭证时,确定营业收入的实现。

(14)营业成本计算方法:营业成本包括商品进价和为经营商品发生的商品流通费。销售费用、管理费用、财务费用全部计入当期损益。

(15)税项:除子公司北京驻华外交人员免税店根据国税明电〈1994〉006号文通知实现销售额按6%征收率缴纳增值税外,母公司及子公司中国旅游清洁公司增值税按销售收入乘17%作为销项税额,扣除当期允许抵扣的进项税额后缴纳;所得税税率33%。根据(91)财工字第519号文件,中外合资项目分得利润5年内可不交所得税。

4、截至1997年3月31日,本公司无主要合同承诺与或有负债事项。

5、主要财务指标

项目	1996年	1997年1—3月
流动比率	1.27	1.29
速动比率	0.63	0.66
股东权益比率(%)	42.04	41.59
应收帐款周转率(%)	354.67	494.43
净资产收益率(%)	23.93	5.56
每股收益(元)	0.37	0.09
每股净资产(元)	1.54	1.62

注:以上指标根据经审计公司97年3月份报表计算,本次新股发行后每股净资产为2.83元。

九、董事会上市承诺

本公司董事会承诺将严格遵守《公司法》、《股票发行与交易管理暂行条例》、《公开发行股票公司信息披露实施细则(试行)》、《上海证券交易所交易市场业务试行规则》和有关法律、法规的规定,并自股票上市之日起作出如下承诺:

1、按照法律、法规的规定程序和要求披露重大的信息,并接受证券主管机关、上海证券交易所的监督管理。

2、及时、真实、准确地公布中期报告和年度报告,并备置于规定场所供公众查阅。

3、本公司董事、监事及高级管理人员如发生人事变动或持本公司股票发行变化时,在报告证券主管机关、证券交易所的同时向投资者公布。

4、在任何公共传播媒介中出现的消息可能对本公司股票的市场价格产生误导性影响时,本公司知悉后将及时对该消息予以公开澄清。

5、本公司董事、监事及高级管理人员将认真听取社会公众的意见和批评,不利用已获得的内幕消息和其他不正当手段直接或间接从事股票买卖活动。

十、重要事项揭示

1、本公司本次向社会公众公开发行人民币普通股2500万股,其中93万股向公司职工配售,本次上市流通股份2407万股,公司职工股93万股按国家有关规定在本次社会公众股股票上市之日起期满半年后方可上市交易。

2、根据北京兴华会计师事务所出具的的盈利预测审核报告(97)京会兴字第229号,本公司1997年税后利润总额预测为1981万元(税率33%),按发行后股本摊薄计,每股税后利润为0.30元。

3、凡购买1997年7月发行的股票的投资者,将参与本公司1997年度的利润分配。

4、本公司创立立大会于1997年8月6日召开,会议通过了创立和章程的决议,选举产生了公司董事会和监事会,选举了傅卓洋先生为董事长、张立维先生为监事会主席。

5、其他重要事项请阅读招股说明书

十一、备查文件目录

1、招股说明书

2、审计报告

3、验资报告

4、资产评估报告

5、本公司营业执照

6、公司章程

7、法律意见书

8、国家体改委批准本公司成立的文件

9、中国证监会关于本公司公开发行股票的批准文件

10、本公司1997年第一届股东大会决议

11、上市推荐书

12、上海证券交易所上市通知书

十二、咨询机构

1、上市公司:中国泛旅实业发展股份有限公司

法定代表人:傅卓洋

地　　址:北京市东三环北路1号

电　　话:010—64668846　　传　　真:010—64677859

联 系 人:张伯昊

2、上市推荐人:广东证券公司

法定代表人:钟伟华

地　　址:广州市东风东路703号

电　　话:020—87761319　　传　　真:020—87789051

联 系 人:谢东晖、石红岚

中国泛旅实业发展股份有限公司

一九九七年九月四日

资产负债表(合并)

单位:元

资产	1997.3.31	1996.12.31	1995.12.31	1994.12.31	负债及股东权益	1997.3.31	1996.12.31	1995.12.31	1994.12.31
流动资产:					流动负债:				
货币资金	21,515,355	15,915,311	15,475,704	12,585,135	短期借款	—	—	—	—
短期投资	—	—	—	—	应付票据	—	—	—	—
应收票据	—	—	—	—	应付帐款	52,900,696	51,223,080	56,963,611	89,929,591
应收帐款	26,400,891	29,555,860	38,831,016	46,349,801	预收货款	20,220,531	17,588,612	29,894,383	39,840,727
减:坏帐准备	—	—	—		应付福利费	2,860,229	2,863,472	2,855,599	2,952,928
应收帐款净额	26,400,891	29,555,860	38,831,016	46,349,801	未付股利	—	—	—	
预付货款	4,306,582	872,600	10,626	63,043	未交税金	2,062,042	1,641,550	(552,048)	(6,555,654)
其他应收款	—	—	—	—	其他未交款	53,758	2,871	(1,565)	2,350
待摊费用	1,623,723	1,810,664	2,394,979	3,118,436	其他应付款	3,110,869	1,972,060	6,398,266	1,935,654
存货	51,003,424	47,720,546	55,056,495	81,823,769	预提费用	—	—	—	—
待处理流动资产净损失	—	—	—	—	一年内到期的长期负债	—	—	—	—
一年内到期长期债券投资					其他流动负债				
其他流动资产					流动负债合计	81,208,125	75,291,645	95,558,246	128,105,596
流动资产合计	104,849,975	95,874,981	111,768,820	143,940,184	长期负债:				
长期投资:					长期借款	—	—	—	—
长期投资	12,866,302	12,562,500	12,049,746	11,271,940	应付债券				
其中:合并价差					长期应付款				
固定资产:					其他长期负债				
固定资产原价	29,157,481	28,971,265	14,040,266	10,741,167	长期负债合计	—	—	—	—
减:原计折旧	8,012,667	7,700,546	6,628,641	5,192,835	递延税款贷项				
固定资产净值	21,144,814	21,270,719	7,411,625	5,548,332	负债合计	81,208,125	75,291,645	95,558,246	128,105,596
在建工程	—	—	—	—	少数股东权益				
固定资产清理					股东权益:				
待处理固定资产净损失					股本	35,500,000	35,500,000	30,000,000	30,000,000
固定资产合计	21,144,814	21,270,719	7,411,625	5,548,332	资本公积	19,112,462	19,112,462	—	—
无形资产及递延资产:					盈余公积	—	—	5,920,345	2,934,860
无形资产	—	—	—	—	其中:公益金	—	—	2,960,173	1,467,430
递延资产	172,428	195,907	248,400	280,000	未分配利润	3,212,932	—	—	—
无形资产及递延资产合计	172,428	195,907	248,400	280,000	股东权益合计	57,825,394	54,612,462	35,920,345	32,934,860
其他长期资产:					负债及股东权益总计	139,033,519	129,904,107	131,478,591	161,040,456
其他长期资产	—	—	—	—					
递延税款									
递延税款借项									
资产总计	139,033,519	129,904,107	131,478,591	161,040,456					

(2)损益表(合并)

单位:元

项目	1997年1—3月	1996年度	1995年度	1994年度	项目	1997年1—3月	1996年度	1995年度	1994年度
一、主营业务收入	34,583,554	121,272,195	175,827,429	124,334,629	三、营业利润	4,013,412	16,563,429	20,061,696	13,195,060
减:营业成本	30,766,847	107,855,214	157,720,140	112,053,264	加:投资收益	453,802	500,793	1,590,305	0
销售费用	789,533	2,849,069	2,669,947	2,309,901	营业外收入	105,093	2,239,416	0	918,609
管理费用	1,076,092	3,190,391	2,682,766	1,480,029	减:营业外支出	400	40,647	155,547	252
财务费用	—1,087,601	—2,245,896	—3,016,480	—3,130,034	加:以前年度损益调整				

项目	1997年1—3月	1996年度	1995年度	1994年度	项目	1997年1—3月	1996年度	1995年度	1994年度
进货费用					四、利润总额	4,571,907	19,262,991	21,496,454	14,113,417
营业税金及附加	185,717	364,424	696,841	1,087,595	减:所得税	1,358,975	6,191,525	6,569,029	4,655,597
二、主营业务利润	2,852,966	9,258,993	15,074,215	10,533,874	少数股东损益				
加:其他业务利润	1,160,446	7,304,436	4,987,481	2,661,186	五、净利润	3,212,932	13,071,466	14,927,425	9,457,820

(3)1996年度财务状况变动表(合并)

单位:元

项目	金额	项目	金额
一、流动资金来源		一、流动资产本年增加数	
1、本年净利润	13,071,466	1、货币资金	439,607
加:不减少流动资金的费用和损失		2、短期投资	—
(1)少数股东本期损益		3、应收票据	—
(2)固定资产折旧	1,071,903	4、应收帐款净额	(9,275,156)
(3)无形递延资产及其他资产摊销	52,493	5、预付货款	861,974
(4)固定资产盘亏损失(减盘盈)		6、其他应收款	—
(5)清理固定资产损失(减收益)		7、待摊费用	(584,315)
(6)递延货款		8、存货	(7,335,949)
(7)其他不减少流动资金的费用和损失		9、待处理流动资产净损失(减收款)	—
小　计	14,195,864		
2、其他来源:		10、一年内到期的长期债券投资	—
(1)固定资产清理收入(减清理费用)		11、其他流动资产	—
(2)增加长期负债			
(3)收回长期投资			
(4)对外投资转出固定资产			
(5)对外投资转出无形资产			
(6)资本净增加额	18,692,117		
(7)少数股东资本净增加额		流动资产增加净额	(15,393,839)
小　计	18,692,117	二、流动负债本年增加数	—
流动资金来源合计	32,887,981	1、短期借款	—
二、流动资金运用		2、短期票据	—
1、利润分配:		3、应付帐款	(5,740,531)
(1)提取法定公积金	1,307,147	4、预收货款	(12,305,771)
(2)提取法定公益金	1,307,147	5、应付福利费	7,873
(3)提取任意公积金	—	6、未付股利	—
(4)已分配利润	10,457,172	7、未交税金	2,193,598
小　计	13,071,466	8、其他未交款	4,436
2、少数股东利润分配		9、其他应付款	(4,426,206)
3、其他运用		10、预提费用	—
(1)固定资产和在建工程净增加额	14,930,999	11、一年内到期的长期负债	—
(2)增加无形、递延资产及其他资产		12、其他流动负债	—
(3)偿还长期负债	—	13、应付工资	
(4)增加长期投资	512,754		
小　计	15,443,753		
流动资金运用合计	28,515,219		
外币会计报表折算差额		流动负债增加净额	(20,266,601)

上海市联农股份有限公司

1996年年度报告摘要 （摘选）

一、公司简况

公司名称：上海市联农股份有限公司

法人代表：郭聪聪　　邮政编码：200041

公司地址：上海南阳路183号1号楼

电话：021—62152077×132　　传真：021—62151290

二、主要财务数据与财务指标

单位：万元

指标项目	本年数	上年数	比上年增减(%)
1.主营业务收入	8254.10	10703.95	-22.89
2.净利润	459.5	1802.10	-74.50
3.总资产	60653.55	47450.51	27.82
4.股东权益	23119.95	22356.3	3.42
5.每股收益(元)	0.059	0.243	-75.72
6.每股净资产(元)	2.99	3.01	-0.66
7.净资产收益率(%)	1.99	8.06	-75.31
8.股东权益比率(%)	38.12	47.11	-19.08

三、公司主要业务回顾

1. 一年来公司经营情况

1996年我们紧紧围绕股东大会、董事会确定的经营目标和经营方针，以调整产业结构、优化资产结构、精简人员结构为重点，扎扎实实地推进各项工作并取得成效。

1)、发展与调整同步，产业结构定位取得了突破性进展。公司集中精力把房地产业、交通运输业作为支柱产业来抓，逐步形成规模化、专业化的发展格局。房地产业竣工面积3.5万平方米，实现销售1.9万平方米，浦东云台路基地、江桥基地、中原小区基地都进入实质性启动；同时继续抓好商住楼的物业管理和出租业务，进一步拓宽了创利路子。交通运输业形成了重点突破、稳步发展的良好势头。客运业在激烈的市场竞争中，继续强化管理，更新车种，扩大规模。同时积极探索经营方式的转变，推广双班车营运。海运公司采取稳健经营方针，降低营运成本。培训职校扩大招生规模和经营规模，抢占生源市场，取得较好成效。同时，公司继续加大调整力度，对原来餐饮娱乐和部分农副产品经营实体，加快实行关停并转，使公司的产业结构更加明确。

对原来对外投资的部分经营实体，进行强化管理，实行自营的准备工作基本就绪，这将为提高公司主营业务创利能力打下基础。

2)、盘实与经营并举，资产结构优化取得突破性进展。重点是通过资产经营的思路，成功地对公司原有一批呆滞资产实行了盘实盘活、优化重组。特别是在上海会计师事务所指导下，对公司存在的不良资产进行了清算。这些措施虽然影响了公司的利润水平，但是使资产结构进一步得到优化。

3)、减人与增效兼顾，人员结构精简取得了突破性进展。公司在优化生产要素，进行较大幅度结构性调整过程中，不可避免地出现富余人员。为了进一步完善能进能出，能上能下的用人机制，公司一方面采取热情关心、合理分流、妥善安置的方针，把工作做深做细；另一方面通过完善机制，达到减人增效的目的。

2. 1996年经济指标完成情况的说明：

公司1996年各项主要经济指标下降幅度较大，主要原因是公司产业结构上进行了较大幅度调整。对一些缺乏竞争力以及以经营餐饮娱乐和部分经营农副产品为主的实体实行了关停并转；同时，对公司存在的一些不良资产实行了清算，使公司主营业务创利能力受到了影响。公司将通过对产业结构的调整，进一步提高主营业务创利能力，并通过“练内功、抓管理、降成本、增效益”活动，使公司经济运行质量有一个新的提高。

3. 募集资金使用情况说明：

本报告年度内，公司未募集资金。（不包括短期借贷）

1994年配股资金均按配股公告所列项目使用完毕。（95年度年报已披露）

四、股本变化及股本结构情况

1. 股本变化及股本结构情况

截止一九九六年末股本结构如下：(单位：股，每股面值1元)

项　目	期初数	送股	期末数
尚未流通股份合计	54002562	0	54002562
其中发起人股股份	18597982	0	18597982
法人股股份	35404580	0	35404580
已流通股份合计	20280000	3042000	23322000
其中境内上市人民币普通股	20280000	3042000	23322000
)股份总计	74282562	3042000	77324562

说明：本公司1996年6月7日向社会公众股东以10:1.5的比例派送红股，向全体法人股股东以每10股派发1.50元现金红利。所以“尚未流通股份”一栏没有变动。

2. 截止1996年12月31日止，本公司前十名股东情况如下：

股东名称	年末持股数量（万股）	占总股本比例（%）
1)上海市锦绿发展总公司	1051.8240	13.60
2)上海展览中心友谊实业公司	317.863	4.11
3)上海市牛奶公司	209.56	2.71
4)上海农口房产公司	197.6	2.56
5)上海农业展览馆	195.6682	2.53
6)上海氯碱化工股份有限公司	182	2.35
7)上海华联商厦股份有限公司	182	2.35
8)上海县房地产总公司	150	1.94
9)上海双鹿电器股份有限公司	145.6	1.88
10)上海市牛奶公司供销经理部	130	1.68
11)上海市出租汽车公司	130	1.68

上海爱建股份有限公司

1996 年年度报告摘要 (摘选)

一、公司简况

公司名称：上海爱建股份有限公司

法人代表：刘靖基　　　　邮政编码：200030

公司地址：上海市浦东南路 1472-1482 号

电话：(021)64396600　　　传真：(021)64392118

二、主要财务数据与财务指标

单位：元

指标项目	本年数	上年数	比上年增减(%)
1.主营业务收入	629,463,288.65	914,886,329.94	－31.2
2.净利润	162,022,022.59	160,361,339.03	＋1.04
3.总资产	1,175,980,570.38	1,268,908,971.37	－7.32
4.股东权益	808,588,729.36	696,997,902.67	＋16.01
5.每股收益	0.82	0.89	－7.87
6.每股净资产	4.08	3.87	＋5.43
7.净资产收益率	20.04%	23.01%	－12.91
8.股东权益比率	68.76%	54.93%	＋25.18

注：(1) 由于 95 年度利润分配预案的变动，已对上述年初股东权益及相关指标进行了调整。

(2) 由于合并报表子公司户数的变动，上述主要财务数据与财务指标的上年数已按本年度合并范围进行了调整。

三、公司业务回顾

1. 一年来经营情况

在国家进一步加强和改善宏观经济调控、继续实行适度从紧的财政货币政策，以及董事会和总经理进行换届的情况下，根据股东大会和董事会的要求，首先保证了各项工作的平稳交接过渡，并完成了总经理班子的调整。在公司前任总经理工作的基础上，提出了“以效益为中心，以市场为导向，以管理为重点，以稳健为原则”的经营方针，在积极开展各项业务的同时，强化内部管理，较好地完成了各项经济指标。

爱建信托投资公司面对各种客观不利因素，坚持把稳定存款、增加存款放在首位，千方百计扩大存款来源，使年末人民币存款余额比上年增长 18%。该公司还抓住时机开拓证券业务，使全年交易额比上年增长 1.2 倍，营业收入比上年增长 38.5%。在开拓业务的同时，注意加强风险防范，使资产质量有所提高。年末总资产为 38.57 亿元，比上年增长 8.7%，实现税前利润 9823 万元。

公司房地产业务面对市场持续疲软和资金紧缺等困难，花大力气抓好房屋销售和租赁工作，全年共实现销售收入 8918 万元、租赁收入 1062 万元，增加了公司固定资产积累和稳定收入来源，缓解了资金紧张的矛盾，推动了各项在建工程建设。外高桥怡荣公司综合楼 3000 平方米已竣工；96 年开工的爱建四期工程 7、8 号楼和爱中、爱华大厦共 5.4 万平方米工程进展顺利，97 年初实现了结构封顶，预计 97 年底可交付使用。全年实现税后利润 4944 万元，继续起到了公司创利支柱的作用。

公司实业投资继续贯彻以扶优带动清亏的方针，加快了结构调整。爱建纺织品公司进一步扩大连锁经营，新开设了 4 家分店，逐步形成合理的连锁销售体系，全年实现销售额 1.56 亿元，比上年增长 14.34%，实现税前利润 942.47 万元。爱建普陀、杨浦纸张经营公司、爱建试剂厂、爱建食品实业公司等都根据市场变化，采取有效措施，取得了较好的经营业绩。公司实业投资全年实现税后利润 2570 万元。

爱建进出口业务 96 年针对严峻的形势，制订了调整整顿、稳步发展的方针，在加强经营管理的同时采取压缩出口规模，择优选择项目等措施，减小了贸易风险，实现税后利润 10.99 万元。

2. 主要经济指标比较分析

本年度主营业务收入减少 28542 万元，而净利润实现 16202 万元，比上年略有增加，原因是业务调整初见成效，如商品房销售收入减少，但租赁收入比上年增加，房产业务效益仅比上年略有下降。进出口贸易根据效益优先原则，调整了业务量，而利润仍大体保持上年水平。

3. 前次募集资金运用情况说明

公司 1992 年 8 月发行股票所募集的 3.15 亿元资金，已投入到金融信托、房地产业、对外经贸、实业投资等领域，并已产生了经济效益。

公司 1996 年拟定增资配股方案，经报请上海市证券管理办公室审核同意和中国证券监督管理委员会复审通过，于 1996 年 12 月 23 日下达正式批复文件，配股资金须待 1997 年 2 月方能到位，其效益将从 1997 年起才可产生。

四、股本变化及股本结构情况

1. 股本结构情况　　　　单位：万股

	96 年末数	比例(%)	95 年末数	比例(%)
(1) 尚未流通股份：				
发起人法人持股	6204	31.33	5640	31.33
社会法人持股	2640	13.33	2400	13.33
(2) 已流通股份：				
境内上市人民币普通股	10956	55.34	9960	55.34
(3) 股份合计：	19800	100.00	18000	100.00

2. 股本变动情况及原因

根据 1996 年 5 月 14 日公司第五次股东大会审议通过的 1995 年度盈余分配方案，每 10 股送红股 1 股，各类持股均在原基础上增加 10%，总股份由 18000 万股增至 19800 万股。

3. 主要股东持股情况

股东名称	持股数(股)	持股比例(%)
(1)上海工商界爱国建设特种基金	59425080	30.01
(2)陆钟汉	12897798	6.51
(3)刘靖基	4152324	2.10
(4)上海国际信托投资公司	4026000	2.03
(5)襄樊农行	2900488	1.46
(6)京华工贸	2896000	1.46
(7)永林酒家	2794928	1.41
(8)上海市工商业联合会	2640000	1.33
(9)荣智丰	2166120	1.09
(10)王明勤	2055586	1.04

注：前十名股东中，有四名个人股东，他们所持股份是公司改制成立时，经主管部门批准按原认股额转为股份的。

上海申华股份有限公司

1996年年度报告摘要　（摘选）

一、公司简况

公司名称：上海申华实业股份有限公司
法人代表：瞿建国　　　　邮政编码：200002
公司地址：上海市浦东新区张杨路1050弄8号9楼
电话：63519243　　　　　传真：63513477

二、主要财务数据与财务指标

指标项目	本年数	上年数	比上年增减(%)
主营业务收入(万元)	20258.1	14539.2	39.3
税后利润(万元)	4982.0	3306.5	50.7
总资产(万元)	106042.0	74010.0	43.3
股东权益(万元)	48128.7	30074.1	60.04
每股收益(元)	0.28	0.28	持平
每股净资产(元)	2.69	2.52	6.7
净资产收益率	10.35%	10.99%	-5.8
股东权益比率	45.39%	40.64%	11.69

三、主要经营业务回顾

（一）经营情况概述

1996年度，本公司在调整中求发展，一方面在保证重点项目申华金融大厦顺利建设的前提下，积极挖掘企业内部潜力，不断强化管理，提升服务水准，以保证各产业的稳步发展；另一方面，通过对企业经营格局的变革尝试，在充分盘活现有资产存量的基础上，不断提高公司整体资产的运作效率。

客运、出租业作为本公司的基础产业仍保持稳定的发展势头，其中中巴客运规模及运能继续名列同行业前茅。1996年内，因受大公交改革、营运成本上升、增线扩容受限等政策因素的影响，客运业发展势头受到一定制约，但本公司通过对原有线路进行优化调整，新辟营运专线、共营线、代办线共12条，全年计更新车辆96部，既扩充了客源，又提高了运能，取得较好的业绩。

在房产物业方面，首先，作为本公司重点建设项目和标志性建筑的申华金融大厦年内取得了阶段性成果。大厦于96年11月29日完成结构封顶，进入了设备安装和装修阶段；有关大厦预租售和物业管理的组织策划工作也已于年底全面展开。其次，其他地产业务在以盘活存量、回笼资金、适度开发为宗旨的思想指导下，通过抓住浦东市政和国际机场建设带来的契机，积极组织、策划动迁房的销售，盘活存量资产3294万元。

酒店旅游业经过近三年的培育和探索，年内已达到一定规模：一是位于浦东川沙的申华大酒店二期工程如期完工，新增的114套客房投入使用，新设的多功能会议中心、鲜啤城、桑拿、游泳等设施完善了酒店的会议服务和休闲度假功能。二是位于南市区迎勋路的申华商务大酒店的建设于5月份启动，共设计客房91套，预计97年6月份投入使用。三是申华旅游公司在96年拓展经济型旅游服务市场方面取得了突破，全年营业收入1063万元，名列全市三类旅行社前列，并实现扭亏为盈。

对外投资业务为公司整体业务发展注入了新的活力。首先，基于重树公司政策、重整业务结构的考虑，在积极盘活资产存量、回笼沉淀资金的基础上，对部分长期投资进行了调整和清理；其次，从立足理性的投资选择和价值判断出发，对外积极拓展新的投资渠道并取得良好进展。

另外，为强化管理、提高效率，公司于年底取消了原子公司的集团管理体制，建立了行业部门管理体制，设立“五部一办”，使相关产业同类合并，以便于公司的统一领导和资源调配。

（二）业务状况简析

纵观1996年，本公司主要经济指标仍处温和增长态势，本年度主营业务收入较上年同期增长39.3%、税后利润较上年同期增长50.7%，超额8.3%完成了公司年初制定利润计划。但作为诚实的管理者，我们必须告诉投资人：在继1995年之后，本公司主营业务利润再度出现下降趋势。造成这种状况，除了受营业成本上升、在建工程占压资金偏大等客观因素影响外，其更深层次的原因则在于：一方面前几年的高速发展导致公司资源极大耗散，极度的张力需要舒缓休息；另一方面，伴随公司资本的快速扩张和各项业务的超常发展，一些结构性矛盾日益突出。主要表现在：①经营多元化，缺乏主导产业；②产业缺乏行业地位和竞争优势；③短期行为倾向严重，缺乏可持续的发展基础。

针对以上业务发展状况，公司拟对现有业务进行全面重整，在重塑新的公司目标和发展战略的基础上，定出长期生存的公司政策：以申华金融大厦的建设和租售为重点，以房地产、工贸业等资产的盘活为手段，在努力提高酒店盈利能力的前提下，对现有存量资产进行结构重组：重点发展以国家产业政策取向为导向的城市基础产业，形成以金融大厦为基地、客运出租为纽带、能源电力为动力的公共事业产业群体；在初步完成由多元化经营向城市基础产业转型的基础上，适度扩大对外投资比重，以立足长期、理性的投资为原则，积极拓展外部生存空间。

（三）前次募集资金的使用情况说明

本公司经股东大会1995年度会议讨论通过，经上海市证券管理办公室96第093号文出具见意，经中国证券监督管理委员会证监发审字(1996)19号文审核通过，于1996年7月15日向全体股东配售新股计3580.2万股，每股售价3元，总计筹集资金10740.6万元，扣除发行费用，实际筹得资金10611.7万元。截止1996年12月31日，公司已根据募股计划随工程进度分期、分批投入在建的申华金融大厦计人民币8762.60万元，所余资金1849.10万元将根据工程进度计划于1997年5月前投放完毕。

四、股本变动情况及说明

1．股本变动情况

日期：1996年12月31日　　数量单位：股　　每股面值：元

	期初数	配股	送股	公积金转增	其他	小计	期末数
流通股份	119,340,000	+35,802,000	+23,868,000			+59,670,000	179,010,000
股份总数	119,340,000						179,010,000

2．股本变动情况说明

(1) 经公司股东大会1995年度会议决议通过，并经上海市证券管理办公室核准：以每10股送2股红股的方式分配1995年度股东红利，计送红股2,386.8万股。股本增加2,386.8万元。

(2) 经公司股东大会1995年度会议决议通过，并经上海市证券管理办公室出具意见和中国证监会审核通过，公司于1996年7月15日实施了配股计划，总计配售新股3,580.2万股，股本增加3,580.2万元。

(3) 经以上两次变动，公司发行在外普通股股票增加至17901万股，全部为境内上市流通股。

3．主要股东持股情况(截止1996年12月31日)

(1) 前10名股东持股情况

股东名单	持股数	占总股本
1．君安投资发展有限公司	27191934	15.19%
2．广州三新实业总公司	12600000	7.038%
3．合丰实业	2323284	1.298%
4．升祥投资	1400000	0.78%
5．深发地产	1280000	0.715%
6．瞿建国	1230396	0.687%
7．冯小尨	876594	0.49%
8．郑远安	840000	0.469%
9．王小玉	807950	0.45%
10．陆良成	735732	0.41%

(2) 持股5%以上股东变动情况

① 君安投资发展有限公司分别于1996年11月20日、11月25日、11月28日、12月3日、12月6日、12月11日六次增持本公司股份，现已持有本公司股票计27191934股，占公司股份总额的15.19%。

② 广州三新实业总公司分别于1996年10月23日和11月4日二次增持本公司股份，现已持有本公司股票计12600000股，占公司股份总额的7.038%。

4．截至1996年12月31日，本公司计有股东47667户。

福建省福联股份有限公司

1996年年度报告摘要 （摘选）

一、公司简况

公司名称：福建省福联股份有限公司

法人代表：林凤金　　　　邮政编码：350001

公司地址：中国福建省福州市省府路一号金皇大厦十七层

电话：0591－7534437　　　　传真：0591－7503068

二、主要财务数据与财务指标

金额单位：元

指标项目	本年数	上年数	比上年增减(%)
1.主营业务收入	157412346.32	333641126.11	－52.82
2.净利润	10118833.05	7443174.93	35.95
3.总资产	339944332.70	356748304.71	－4.71
4.股东权益	173886606.07	163767773.02	6.18
5.每股收益	0.098	0.072	36.11
6.每股净资产	1.68	1.59	5.66
7.净资产收益率	5.82%	4.54%	28.19
8.股东权益比率	51.15%	45.91%	11.41

注：1．一九九六年数据为公司合并报表内容。

三、公司主要业务回顾

公司面对严峻的经营大环境，坚持"管住贸易，管好投资，管严财务，把握机遇，慎重决策，力争大举措"的工作方针，认真分析经营形势，组织市场调研，调整经营策略，终于在困难的情况下把握机遇。在消化了不良资产后，实现税后利润1011.9万元，比上年度增长35.9%，完成了经营目标，取得了好的经济效益。

在贸易方面，实行规范化、系统化的贸易管理，保证贸易工作稳步发展，在上半年纺织原料市场疲软的情况下提高服务质量，保本经营，占领市场，下半年公司利用纺织贸易形势好转的机会，组织人员，调动资金，多渠道开展纺织原材料贸易，抓住机遇，赢得较好的效益，并努力开拓新的贸易渠道，闯出了一条多种经营的路子。

在投资方面，公司重点抓好项目的开发工作。福联大饭店在原有投入400万美元的基础上台商又投入230万美元进行高档次装修，整顿内部管理，使服务水平大为提高，住房率不断上升，饭店获得良好效益。晋江福联纺织城加强了管理，积极完善轻纺城的工程配套设施和后勤服务系统，加强市场开发和贸易开发工作，促进了福联轻纺市场的繁荣和售房工作。福联织唛公司搬迁晋江以后，开发了新产品，设备满负荷运转，产品质量得到客户好评，成功地开发了具有福联特色的织唛机械。福华针纺织有限公司改善经营机制，进行技术改造，争创名牌，获得了较好的效益。

1997年公司在香港回归、两岸可望三通的新形势下，进一步搞好资本经营，盘活存量资产，参加福建省纺织化纤集团，实施兼并企业计划，进一步完善经营结构；选好新的投资项目；巩固和发展公司的贸易经营，提高投资的收益，借以扩大公司的规模壮大公司的实力。

四、股本变化及股本结构情况

1．股本变化及股本结构情况：

1)截止日期：1996.12.31　　数量单位：股　　每股面值：1元

股份类别	期初数	本次变动增减(＋，－) 配股	送股	公积金转股	期末数
一、尚未流通股份					
1.发起人股					
其中：					
国家拥有股份					
境内法人持股	76697445				76697445
境外法人持股					
其他					
2.募集法人股					
3.内部职工股					
4.优先股或其它					
尚未流通股份合计	76697445				76697445
二、已流通股份					
1.境内上市人民币股	26529800				26529800
2.境内上市外资股					
3.境外上市外资股					
4.其它					
已流通股份合计	26529800				26529800
股本合计	103227245				103227245

2)一九九六年底公司流通股份26529800股(每股面值一元)

3)股本变动情况

公司一九九六年度公司股本没有发生变动乃为103227245股(每股面值一元)

4)前十名股东持股情况：

(单位：股)

股东名称	年末持股数	占总股本
1)福建省纺织工业公司	13224805	12.81%
2)福建华兴实业公司	12683000	12.29%
3)中国纺织物资总公司	8943110	8.66%
4)厦门化学纤维厂	5324000	5.16%
5)工行福建省信托投资公司	4414300	4.28%
6)建行福建省信托投资公司	4276800	4.14%
7)中国化纤总公司	2865500	2.78%
8)福建化纤化工厂	2494415	2.41%
9)建行厦门信托投资公司	2470820	2.39%
10)中国丝绸工业总公司	2015255	1.95%

5)．年末股东户数

法人股　　65户

个人股　25082户

共　计　　25147户

2．公司董事、监事及高级管理人员持股情况

姓名	职务	年初持股数	年末持股数	变动原因
林凤金	董事长	300股	300股	
张善明	副董事长	300股	300股	
王四维	副董事长	700股	700股	
王德铭	副董事长	300股	300股	
林秋平	董事兼总经理	700股	700股	
黄炽煊	董事	860股	860股	
张文廉	董事	700股	700股	
孔伟山	董事	660股	660股	
陈绍庭	董事	700股	700股	
郑碧漪	董事	660股	660股	
潘金龙	董事	300股	300股	
黄兆铨	董事	300股	300股	
叶闽	董事	300股	300股	
欧阳荣和	董事	300股	300股	
彭木桂	董事	300股	300股	
唐金海	董事	300股	300股	
刘伟	董事	300股	300股	
施南华	董事	300股	300股	
林志雄	董事	300股	300股	
董辉	监事会主席	300股	300股	
沈克俭	监事	300股	300股	
蔡力强	监事	300股	300股	

上海钢铁汽车运输股份有限公司

1996年年度报告摘要　（摘选）

一、公司简况

公司名称：上海钢铁汽车运输股份有限公司

法人代表：吴徽章　　　　　　　邮政编码：200431

公司地址：上海市长江西路202号

电话：021－56757703　021－56990000＊202

传真：021－56754515

二、主要财务数据与财务指标

单位：万元

指标项目	本年数	上年数	比上年增减(%)
1.主营业务收入	7053.1万元	9468.7万元	－25.51
2.净利润	20.2万元	－2323.9万元	/
3.总资产	14761.9万元	15110.1万元	－2.30
4.股东权益	10291.5万元	10239万元	0.51
5.每股收益	0.0033元	－0.3809元	/
6.每股净资产	1.69元	1.68元	0.60
7.净资产收益率	0.196%	－22.70%	/
8.股东权益比率	69.72%	67.76%	2.89

注：由于合并报表子公司户数的变动，上述主要财务数据与财务指标的上年数已按本年度合并范围进行了调整。

三、公司业务回顾

1．一年来的经营情况

一九九六年，对于我们主要从事陆上货物运输生产的专业运输企业来说，仍然面临着运输市场竞争越来越激烈，钢铁企业生产结构性调整、主要客户单位扩大自运能力等不利状况，公司运输量继续减少。在这困难的情况下，公司全体员工紧紧围绕“止亏增效，扭亏为盈”这一目标，努力工作，顽强拼搏，实现了全年扭亏转盈，公司主要做了以下几方面工作：

(1)抓好市场开拓。公司在抓好宝钢、一钢集团和其他钢厂的运输货源组织的基础上，大力发展散货运输和集卡运输，其中出口砩石运输量在市场占有率上已达到40%左右，集装箱运输已扭亏转盈。

(2)抓好成本管理。公司以实施运输分公司全成本核算为龙头，完善“模拟市场核算，实行成本否决”为核心的企业内部管理，使燃料、轮胎、保修费用等运输生产成本构成中的主要变动成本有所控制，营业成本比上年下降2037万元。与此同时，管理费用也比上年减少690万元。

(3)抓好减员增效。全年净减员251人，同时公司多渠道、多形式地做好富余人员的分流工作，共剥离在岗富余人员587人。

(4)抓好多种经营。公司对全资和控股子公司实行了分类指导，推行了资产经营责任制，实现了全面盈利，全年营收1622万元、创利145万元。

2、主要经济指标情况

公司全年完成货运量795.7万吨、周转量8640.1万吨公里、营业收入7053.1万元、利润20.2万元。

四、股本变化及股本结构情况

1．股本结构情况(填报日期：1996年12月31日，数量单位：股，每股面值：1元)

股份类别	期初数	期末数
(一)尚未流通股份		
1.国家拥有股份	43,006,080	43,006,080
2.募集法人股	6,000,000	6,000,000
尚未流通股份合计	49,006,080	49,006,080
(二)已流通股份		
境内上市的人民币普通股	12,000,000	12,000,000
已流通股份合计	12,000,000	12,000,000
(三)股份总数	61,006,080	61,006,080

2．主要股东持股情况(前十名股东)

股东名称	年末持股数	持股比例(%)
1)上海交运(集团)公司	43,006,080	70.49
2)申银万国证券股份有限公司	2,961,900	4.86
3)上海第九百货股份有限公司	1,200,000	1.97
4)上海物资贸易中心股份有限公司	610,500	1
5)上海时装股份有限公司	453,600	0.74
6)宋　静	361,040	0.59
7)白　洁	340,000	0.56
8)上海一钢(集团)有限公司	120,000	0.197
9)上海二钢有限公司	120,000	0.197
10)上海五钢(集团)有限公司	120,000	0.197

上述10名最大股东中代表国家持有股份的是上海交运(集团)公司。

本报告期末股东总数：10637(含国家股、法人股16户)。

3．董事、监事及高级管理人员持股情况

姓名	职务	年初持股数	年末持股数	变动原因
吴徽章	董事长	0	0	/
左成康	常务副董事长	0	0	/
王志康	董事兼总经理	0	0	/
潘英伦	董事兼副总经理	360	360	/
江庙顺	董事兼副总经理	0	2000	市场购入
宋宗琳	董事兼副总经理	0	0	/
王兆钢	董事	0	0	/
赵企民	董事	0	0	/
蔡传俊	董事	1200	1200	/
蔡鸿基	董事	0	0	/
张耀庭	董事	0	0	/
刘国荣	董事	0	0	/
汤春雨	董事	440	440	/
欧阳佩佩	董事	840	840	/
张大理	董事	0	0	/
高伟民	董事	0	0	/
张扣喜	董事	1200	1200	/
熊荣昌	监事长	1200	1200	/
江惠平	监事	1200	0	市场抛出
周海均	监事	1200	0	市场抛出
华志明	董事会秘书	0	0	/

浙江中汇(集团)股份有限公司

1996年年度报告摘要　(摘选)

一、公司简况

公司名称：浙江中汇(集团)股份有限公司
法人代表：应土歌　　邮政编码：310009
公司地址：浙江省杭州市解放路108号
电话：0571—7066615转　传真：0571—7077662

二、主要财务数据与财务指标

指标项目	本年数	上年数	比上年增减(%)
1.主营业务收入(万元)	70114.06	80347.55	-12.74
2.净利润(万元)	2919.79	2910.49	0.32
3.总资产(万元)	78767.25	65923.67	19.48
4.股东权益(万元)	28774.44	21226.76	35.56
5.每股收益(元)	0.1425	0.2680	-46.83
6.每股净资产(元)	1.40	1.83	-23.50
7.净资产收益率(%)	10.15	14.63	-30.62
8.股东权益比率(%)	36.53	30.18	21.04

注：1.因实施1995年分红派息方案，股东权益从原19895.82万元调整为21226.76万元。

2.因实施1996年中期送(转增)股方案，股本收益按加权平均计算为0.1634元。

三、公司主要业务回顾

1.一年来的经营情况

1996年的公司经营环境相对1995年来说，形势更加严峻，一方面纺织工业严重不景气，全行业继续亏损，且亏损额大幅上升；另一方面公司从事的大宗纺织原材料贸易由于国内外市场价格持续倒挂(达10%以上)而陷入困境。对此，1996年公司经营工作围绕"稳定贸易业务，调整经营结构，开拓新的效益增长点"来开展的，在公司全体员工的共同努力下，1996年完成主营业务收入70114.06万元，比去年下降12.74%；实现净利润2919.79万元，比上年增长0.32%。

在内外贸业务上，内贸面对日益恶化的经营环境，公司采取了"保本经营，让利不让市"的策略，力求维护公司原有的市场份额。同时重点开拓进出口业务，全年完成进出口总额1880万美元，其中出口946万美元，比去年增长9.5%。

由于占公司利润来源40%的贸易业务陷入困境，公司董事会决定调整经营结构，扩大实业投资比重，培育新的经济增长点，1996年重点抓了三个实业项目：

(1)投资1500万元收购宁波镇海毛纺厂并控股宁波中鑫毛纺集团，形成年产值2亿元的毛纺生产基地。

(2)投资6000万元实施针刺无纺布项目，该项目预计1997年5月份开始试生产。

(3)投资2800万元收购杭州洁翔实业股份有限公司40%股权。

在房地产业务上，1996年各在建项目进展顺利，其中位于杭州市艮山路的旧仓库项目已竣工并顺利出租；公司参股建设的温州五马花园和五马商厦已全部竣工，进入扫尾和结算阶段；公司建造的纺织服装大楼二期工程已于年底结顶。

2.募集资金的使用情况

1995年经中国证监会批准，公司实施了"10配3，每股2.80元"的配股计划，募集资金总额为6861.12万元，1996年3月到位，根据股东大会决议，募集资金使用情况如下：

(1)公司的"纺织服装大楼"二期工程建设，建筑总面积8700余平方米，总投资3490万元。该项目已于1996年底结顶，1997年三季度交付使用。

(2)公司出资1000万元收购宁波镇海毛纺厂，追加500万元技术改造，并全额投入公司原参股的宁波中鑫毛纺集团公司而达控股。该收购已于1996年一季度完成，当年实现利润400万元。

(3)公司杭州艮山西路旧仓库改建项目，建筑面积6925平方米，总投资1200万元，其中本次配股资金投入560万元，该大楼已交付使用并于1996年整楼出租，当年租金收入250万元。

(4)公司出资1000万元，参股"杭州三江物业总公司"，联合开发杭州钱江南岸的"三江都市"，该项目已开始起动。

四、股本变化及股本结构情况

1.股本结构

数量单位：股　　每股面值：1元

		本次变动增减(+、-)				
一、尚未流通股份	期初数	配股	送股	公积金转股	小计	期末数
1.发起人股份						
其中：						
国家拥有股份	40640000	3172000	7527252.10	16131227.90	26830480	67470480
境内法人持有股份	3840000		659742.72	1413857.28	2073600	5913600
2.募集法人股	23110000	12000	3972544.58	8513335.42	12497880	35607880
3.转配股		9020000	1549708.16	3321091.84	13890800	13890800
尚未流通股份合计	67590000	12204000	13709247.56	29379512.44	55292760	122882760
二、已流通股份						
1.境内上市的						
人民币普通股	41000000	12300000	9158084.43	19623915.57	41082000	82082000
已流通股份合计	41000000	12300000	9158084.43	19623915.57	41082000	82082000
三、股份总数	108590000	24504000	22867331.99	49003428.01	96374760	204964760

(二)股本变动情况及原因

1.1995年经中国证监会批准，按10:3的比例向全体股东配股，其中国家股自行认购317.2股，其余902万股有偿转让给社会公众股和法人股股东自愿认购，本次共配股2450.4万股。

2.根据第五次股东大会决议，1995年分红方案为向全体股东10股送1股并派现金红利1.00元，本次送股1330.94万股。

3.根据第六次股东(临时)大会决议，1996年中期送(转增)股本方案为每10股送4股，共送(转增)股本9637.476万股。

(三)主要股东持股情况(前十名股东)

名次	股东名称	年末持股数(万股)	占总股本(%)
1	国家股	6747.048	32.92%
2	海通证券有限公司	1090.5488	5.32%
3	中国华诚财务公司	935.788	4.57%
4	中国纺织物资总公司	437.36	2.13%
5	杭州兴达物资贸易公司	169.4	0.826%
6	中国人民建设银行浙江省信托投资公司	154	0.751%
7	浙江东方股份有限公司	115.5	0.56%
8	慈溪第一棉纺织厂	92.4	0.45%
9	上海市丝绸进出口公司	92.4	0.45%
10	浙江舟山轻纺工贸总公司	86.24	0.42%

(四)年末股东户数：年末股户数为38694家，其中国家股东1户，法人股股东94户，社会个人股股东38599户。

厦门国泰企业股份有限公司

1996年年度报告摘要 （摘选）

一、公司简况

公司名称：厦门国泰企业股份有限公司

法人代表：吕术业　　　邮政编码：361012

公司地址：厦门市湖滨北路建业大厦13层

电话：0592—5075230　　传真：0592—5113428

二、主要财务数据与财务指标

单位：万元

指标项目	本年数	上年数	比上年增减(%)
1.主营业务收入	7887.81	4486.56	75.81
2.净利润	2058.75	1218.59	68.95
3.总资产	16217.09	13209.17	22.77
4.股东权益	11770.41	9305.89	26.48
5.每股收益(元)	0.325	0.205	58.54
6.每股净资产(元)	1.86	1.57	18.47
7.净资产收益率(%)	17.49	13.09	33.61
8.股东权益比率(%)	72.58	70.45	3.02

三、公司主要业务回顾

1．一年来公司经营情况

一九九六年是公司股权发生重大变动，投资方向进行重大调整后的第一年。在这一年里，董事会遵照以开发商业连锁市场为主导，以投资金融、证券、期货市场为纽带的公司长期发展战略，配合经营管理班子，主要抓了以下几项工作。

(一)筹办国泰商业连锁店，造就公司的主导产业。九六年，公司基于某些资产质量低下，获利能力差的特点，对资产进行了重组。重组之后，如何确立国泰公司的主导产业就成了董事会和经营班子亟需解决的问题。对此，我们结合国泰已有的基础和特点，在充分考察国内商业零售企业现状和国外比较先进的商业经营管理机制的前提下，提出了用五年左右的时间，逐步把国泰公司发展成为以连锁商业市场(包括仓储连锁店和超市连锁店)为主要经营模式的大型上市企业集团公司，创出一条中西结合、管理先进的商业企业发展道路。围绕这一发展思路，公司成立了国泰商业连锁店筹备组，在全国网罗了一批商业人才，并选择长春市作为国泰商业连锁店第一个开办地点，同时，还与西安、济南两市的政府或企业达成了在当地合作开办商业连锁店的意向。目前，国泰商业连锁市场长春店的基建工程已基本完毕，预计97年将正式开业。

(二)积极稳妥地开展进出口贸易业务。进出口贸易与商业连锁店相结合，将使国泰商业活动一体化，对此公司一直予以扶持。一九九六年，公司进出口贸易稳中有升，全年完成贸易额人民币7,200万元，完成利润200余万元，比上年有较大幅度的增长。

(三)期货经纪从无到有，业务逐步扩大。投资期货经纪业务是本公司向金融业、证券业渗透的重要举措。九六年二月份，本公司拥有78.4%股份的期货经纪公司珠海市天太期货经纪有限公司正式开业。该公司开业后，本着立足珠海，滚动发展的经营方针，在短短的八个月时间里，即占领了珠海的期货市场，并以此为依托，根据全国期货市场的发展格局，先后在郑州、海口设立了营业部，在深圳的营业部也将于近期开业。九六年，珠海市天太期货经纪有限公司吸收客户保证金累计超过人民币6000万元，完成手续费等收入585万元，实现税前利润324万元，净利润217万元。

(四)向金融业渗透已初显成效。以金融业、证券业为纽带，串起公司的各个实体，调剂公司各个投资项目间的资金余缺，是公司既定的发展战略。九六年，公司在集团的配合下，与其他企业一起收购了原农业银行所属的某信托投资公司。该项目已获主管当局的批准，有关改制工作正在进行之中。

(五)介入资本市场，优化公司资产组合，为公司创造佳效。九六年，公司在积极研究介入新的主导行业(国泰商业连锁店)的同时，还积极介入资本市场，对公司资产进行了重组。例如，鉴于仓储运输公司资产质量越来越低，包袱越来越重的状况，我们成功地将其予以转让；鉴于房地产业回升尚无预期，本公司对开发房地产缺乏经验，我们将公司占50%股份的国泰大厦全部转让。另外，为了分散公司投资风险，并取得稳定的利润回报，我们还投资收购了岳阳房地产综合开发股份有限公司490万股股票，认购了广州特种电力债券350万元。公司通过对自身资产的重新组合，初步达到了既甩掉了包袱，轻装发展，又获取了稳定投资收益的目的。

公司1996年度的主营业务收入、净利润与去年相比有较大幅度增长，主要是公司1996年度较好地开展各项经营活动，主营业务利润实现由去年的亏损33.45万元变为今年实现利润人民币484.26万元。另外，公司在九六年度较好地抓住了一些良好的投资机会，实现了投资收益的大幅增长。

四、股本变化及股本结构情况

1)股本结构及变化情况：　　　数量：万股

	期末数	期初数	本次变动增减(+、-)送股	占股本总额(%)
总股本	6342.908	5937.108		100
发起法人股	2478.3	2478.3		39.07
社会法人股	1430	1430.0		22.55
社会公众股	2434.608	2028.8	+405.8	38.38

2)股本变动原因说明

1996年6月1日公司于95年度股东年会通过了95年利润分配方案：社会公众股每10股送红股2股，法人股每10股派发现金2元(含税)。6月20日为除权交易日。

3)股东数量

截至1996年12月31日止，公司在册股东总数为13,773户。

主要股东持股情况(前十名股东)

股东名称	年初持股数(万股)	占总股本(%)
1)海南农业租赁股份有限公司	1678.3	26.46
2)海南华裕达实业有限公司	800.0	12.61
3)厦门国贸(集团)股份有限公司	440.0	6.94
4)深圳蛇口利宝投资贸易公司	330.0	5.20
5)深圳天昆投资发展有限公司	330.0	5.20
6)深圳蛇口旭业投资发展有限公司	220.0	3.47
7)刘铸闪	158.4	2.50
8)润丰实业	132.1	2.08
9)郭建芬	75.6	1.19
10)迟恩伟	70.0	1.10

上海大江(集团)股份有限公司

1996年年度报告摘要 (摘选)

一、公司简况

公司名称：上海大江(集团)股份有限公司

法人代表：杜述古　　邮政编码：201600

公司地址：上海市松江县谷阳南路26号

电话：(021)57822480　　传真：(021)57820072

二、主要财务数据与财务指标(合并)

单位：人民币万元

指标项目	本年数	上年数	比上年增减(%)
1.主营业务收入	252,512.33	255,288.93	-1.09
2.净利润	13,079.86	19,889.58	-34.24
3.总资产	226,436.41	221,013.11	2.45
4.股东权益	107,256.58	101,943.66	5.21
5.每股收益(元)	0.255	0·388	-34.28
6.每股净资产(元)	2.09	1.99	5.03
7.净资产收益率(%)	12.19	19.51	-37.52
8.股东权益比率(%)	47.37	46.13	2.69

注：1. 1996年数据摘自公司合并报表；

2. 有关股东权益及相关指标均按1996年年度报表编制要求进行调整。

三、公司业务回顾

1996年，公司饲料的产量和销量分别为71.85万吨和40.53万吨(产量和销量之差主要为公司内部自用量)，分别比上年下降4.57%和18.79%；商品代苗鸡的产量和销量分别为9,313.58万羽和4,637万羽(产量和销量之差主要为公司内部耗用量)，分别比上年增长6.18%和1.65%；鸡肉产品的产量和销量分别为10.33万吨和10.04万吨，分别比上年增长11.24%和7.04%。在同行业中保持领先的地位。

1996年，公司实现主营业务收入25.25亿元，基本维持上年的水平，其中，出口创汇9,075.74万美元，比上年增长6.18%；净利润1.31亿元，比上年下降34.24%。公司业绩下降的主要原因是饲料原料价格继续上扬，水、电、煤、垫料和运输等费用亦全面上升，导致饲料、苗鸡和鸡肉产品的成本大幅提高。而产品售价却无法与成本同步上升，有的甚至不升反降，特别是鸡肉出口价格连续大幅下跌。

在这样不利的形势下，由于公司上下团结一致，加强管理，努力增产扩销，严格控制成本，节约各项费用支出，全年三项费用比上年下降了17.71%；下半年经营业绩好于上半年，实现净利润比上半年增长23.28%。但因公司全年营业成本占主营业务的比重比上年上升了4.73个百分点，致使全年净利润比上年大幅下降。

四、股本变化及股本结构情况

1. 股本变化及股本结构情况

(1) 股本结构及股东数量情况

1996年度，公司股本未有变动。股本结构及股东数量情况如下：

股份类别	期末数(股)	股东数量(户)
一、尚未流通股份		
1. 发起人股份	434,352,800	3
其中：		
境内法人持有股份	217,176,400	2
外资法人拥有股份	217,176,400	1
2. 募集法人股	13,000,000	96
尚未流通股份合计	447,352,800	99
二、已流通股份		
1. 境内上市的人民币普通股	19,500,000	18,120
2. 境内上市的外资股	45,500,000	276
已流通股份合计	65,000,000	18,396
三、股份总数	512,352,800	18,495

(2) 主要股东持股情况(前10名)

股东名称	年末持股数(股)	占总股本比例(%)
1. 泰国正大集团正大上海有限公司	217,176,400	42.39
2. 上海市松江县饲料公司	130,305,840	25.43
3. 上海市松江县畜禽公司	86,870,560	16.96
4. SCBHK A/C NOMURA TB/NOMURA ITM	5,961,336	1.16
5. ABU DHABI, UNITED ARAB EMIRATES	3,250,000	0.63
6. 上海松林贸易公司	2,414,100	0.47
7. HKSBCSB A/C HSBC(NOMS)LTD S/A HK SPECIAL	2,325,320	0.45
8. HKSBCSB A/C BANQUE CANTONALE VAUDOISE S/A CHINA FUND	2,000,000	0.39
9. SCBHK A/C ROBERT FLEMING AND CO. LTD. S/A THE FLEMING CHINESE INVESTMENT TRUST PL	1,983,280	0.39
10. HKSBCSB A/C STATE ST. BANK & TRUST S/A SSBATAT. FOR COMMON TRUST (GNA ZV30)	1,849,484	0.36

2. 董事、监事及高级管理人员持股情况

姓　名	职　务	年初持股数	年末持股数	变动原因
杜述古	董事长	9,620A股	9,620A股	无
罗华山(外方)	副董事长	0	0	无
梁长根	副董事长	8,840A股	8,840A股	无
李关生	执行董事兼总裁	8,710A股	8,710A股	无
李锡灏(外方)	执行董事兼执行副总裁	0	0	无
李绍庆(外方)	董事	0	0	无
华国新	董事兼副总裁、总畜牧师 畜禽部总经理	5,980A股	5,980A股	无
马清源(外方)	董事	0	0	无
张汉荣(外方)	董事兼总会计师	0	0	无
顾德明	董事兼食品进出口部总经理	5,850A股	5,850A股	无
陈利强(外方)	董事	0	0	无
吴留熙	董事兼采购部总经理	6,630A股	6,630A股	无
张克俭	监事长	8,580A股	8,580A股	无
吴兴根	监事、工会主席	6,890A股	6,890A股	无
胡佩俐(女)	监事、审计师、审计部总经理	5,850A股	5,850A股	无
马仁俊	董事会秘书	8,580A股	8,580A股	无
刘宏达	副总裁	8,450A股	8,450A股	无
田众钦	高级顾问	8,580A股	8,580A股	无

1996年度，本公司董事、监事及高级管理人员持股情况未发生变动。

浙江中大(集团)股份有限公司

1996年年度报告摘要 (摘选)

一、公司简况

公司名称：浙江中大(集团)股份有限公司

法人代表：钟　山　　邮政编码：310005

公司地址：杭州市莫干山路110号

电话：(0571)8839989　　传真：(0517)8839922

二、主要财务数据与财务指标

指标项目	本年数	上年数	比上年增减(%)
1.主营业务收入(万元)	153,937	142,371	8
2.净利润(万元)	4,963	4,407	13
3.总资产(万元)	115,395	74,983	54
4.股东权益(万元)	41,796	24,079	74
5.每股收益(元)	0.35	0.49	-29
6.每股净资产(元)	2.94	2.67	10
7.净资产收益率(%)	12	18	-33
8.股东权益比率(%)	36	32	13

注：1.每股收益本年数，按加权平均股本计算为0.44元。

2.若扣除新股申购冻结利息收入，则本年度净利润为4572万元，每股收益为0.32元，净资产收益率为11%。

三、公司主要业务回顾

1.一年来经营情况

(1) 1996年，中大股票公发上市，标志着公司进入了新的发展阶段。一年来，虽然受到国际市场波动和国家外贸政策调整的不利影响，公司积极调整原有的经营思路和方式，在加强外贸主业的同时，大力发展多种经营，贯彻外贸经营与内贸经营相结合、实业投资与科技开发相结合、商品经营与资本经营相结合的经营战略，取得了较好的效果。公司全年共实现主营业务收入153937万元，利润总额5301万元。

(2) 利润来源构成：进出口贸易和国内贸易利润3993万元，占利润总额的75%；投资收益766万元，占利润总额的15%；其他业务利润和营业外收支净额542万元，占利润总额的10%。

2.主营业务收入与净利润实际完成情况

本年度主营业务收入为153937万元，比上年增长8%；净利润为4963万元，比上年增长13%。本年盈利预测净利润5464万元，因中美纺织品贸易争端，导致公司主营业务减少，未能达到预定目标，故净利润实际完成预测的91%。

3.前次募集资金使用情况说明

(1) 招股说明书上披露的冷冻食品加工项目和氢镍电池项目已分批投入资金，其中冷冻食品加工项目已投入2600万元。

(2) 经1996年度公司临时股东大会审议通过，320国道桐庐段8000万元股权转让给桐庐交通投资公司。已实际投资104国道上虞段一级专用公路2000万元；投资浙江民生投资财团股份有限公司4500万元；出资196万美元接受浙江中大丝绸有限公司和浙江中大水洗刺绣有限公司的外资方股权(手续正在办理中)。详见1996年10月4日《上海证券报》公司临时股东大会决议公告。

四、股本变化及股本结构情况

1.股本变化及股本结构情况

(1) 股本结构情况

数量单位：万股　　每股面值：1元

	期初数	发行新股	公积金转增	期末数
(一)尚未流通股份				
1.发起人股				
其中：				
国有法人股	4930.32	0	986.064	5916.384
发起法人股	700.00	0	140.00	840.00
2.募集法人股	2400.00	0	480.00	2880.00
3.内部职工股	1000.00	-200.00	160.00	960.00
尚未流通股份合计	9030.32	-200.00	1766.064	10596.384
(二)已流通股份				
境内上市的				
人民币普通股	0	3000.00	600.00	3600.00
已流通股份合计	0	3000.00	600.00	3600.00
(三)股份总额：	9030.32	2800.00	2366.064	14196.384

注：内部职工股200万股占额度上市。

(2) 股本变动原因：

1996年5月17日，公司公开发行2800万股A股，1996年6月6日，公司3000万A股(含占额度上市的200万内部职工股)在上证所上市交易；1996年10月11日，根据1996年度临时股东大会决议，实施用资本公积金按10:2的比例转增股本。

(3) 主要股东持股情况(前十名股东)

名次	股东名称	持股数(万股)	持股比例(%)
(1)	浙江中大集团控股有限公司	5916.38	41.68
(2)	中国纺织品进出口总公司	804.00	5.66
(3)	浙江省技术进出口有限责任公司	401.56	2.83
(4)	浙江省机械进出口公司	372.00	2.62
(5)	浙江大东亚塑胶集团公司	300.00	2.11
(6)	杭州久盛房地产开发公司	300.00	2.11
(7)	中国银行杭州信托咨询公司	240.00	1.69
(8)	交通银行杭州分行	240.00	1.69
(9)	义乌衬衫厂	120.00	0.85
(10)	金华市华银实业公司	120.00	0.85

(4) 股东数量：截止1996年12月31日，公司股东总数为13969户。其中，国有法人股东1户，社会法人股东47户，社会公众股东13921户。

2.公司董事、监事与高级管理人员持股情况

姓名	职务	年初持股数	年末持股数	变动原因
钟　山	董事长兼总经理	90000	108000	转增
蔡旭华	副董事长兼副总经理	84000	100800	转增
高建经	副董事长	0	0	/
汪键中	董事兼副总经理	74000	88800	转增
陈继达	董事兼副总经理	65000	78000	转增
胡承江	董事	70000	84000	转增
汪西明	董事	60000	72000	转增
周家乔	董事	0	0	/
康晓丽	董事	0	0	/
应南仁	副总经理	84000	100800	转增
叶依群	监事会主席	65000	78000	转增
许立德	监事	56000	67200	转增
高　明	监事	0	0	/
裘军超	监事	0	0	/
罗　燕	监事	0	0	/

北亚实业(集团)股份有限公司

1996 年年度报告摘要 (摘选)

一、公司简况

公司名称：北亚实业(集团)股份有限公司

法人代表：余志怀　　邮政编码：150001

公司地址：黑龙江省哈尔滨市南岗区红军街 26 号

电话：0451—3600777-1808　传真：0451—3600770

二、主要财务数据与财务指标

指标项目	本年数	上年数	比上年增减(%)
1.主营业务收入(元)	143,538,961	131,209,364	9.4
2.净利润(元)	49,075,587	30,301,002	61.96
3.总资产(元)	729,476,581	649,844,594	12.25
4.股东权益(元)	416,162,005	367,035,108	13.38
5.每股收益(元)	0.294	0.236	24.58
6.每股净资产(元)	2.49	2.85	-12.63
7.净资产收益率(%)	11.79	8.26	42.74
8.股东权益比率(%)	57.05	56.48	1.01

注:1995 年末公司总股本 12,860 万股,1996 年末公司总股本 16,718 万股,按加权法计算,1996 年每股收益为 0.332 元。

三、公司主要业务回顾

1. 一年来公司经营情况

1996 年是公司由定向募集公司转为社会公众公司的第一年，也是公司发展较有成效的一年。公司通过实施产业结构调整战略，形成了以铁路运输、基础加工、高科技、金融投资、贸易服务业为支柱产业的发展格局，为公司持续、高速发展奠定了坚实基础。1996 年公司实现主营业务收入143,538,961 元，比上年同期增长了 9.4%，实现净利润 49,075,587 元，比上年同期增长了 61.96%，完成年初盈利预测目标的 103.67%。

公司在 1996 年经营中,加强了铁路运输与煤炭经营的产、运、销一体化建设，直接控制煤炭资源近百万吨，运输能力 110 万吨，实现营业收入 89,024,416 元，利润 19,146,226 元。

公司着力进行的两个资源深加工项目也取得了较大进展。与鹤北林业局、PIC（德国、瑞士）公司合资建设的年产 50 万平方米的复合地板块项目已进入设备安装阶段；药用油项目实现了当年投资当年试车成功，产品替代进口，填补了国内空白，其产品标准被载入国家药典。

由本公司自行研制、开发的 IC 卡系列产品：IC 卡、IC 卡多功能读卡器和 IC 卡集团电话，在国内居领先地位，并在市场开拓上取得较大进展，成为公司新的利润增长点。

金融投资和贸易服务业也形成了公司稳定的利润来源。北亚城市信用社 1996 年实现营业收入10,456,323 元,利润 1,349,866 元。北元食品有限公司继续保持了稳定的食品质量和服务质量，实现了效益的稳步增长,1996 年实现营业收入 40,889,180 元,利润 2,630,022 元。

2. 公司财务状况说明：

1996 年末公司总资产为 729,476,581 元,比上年增加了 79,631,987 元;其主要来源是短期借款比上年增加 31,782,571 元和本年实现盈利 49,075,587 元,其资产主要分布在“存货”和“长期投资”上。

公司长期借款 10,000,000 元在下年度内将到期，根据会计制度的有关规定对长期借款 10,000,000 元调整到流动负债“一年内到期的长期负债”项中，这是影响长期负债变化的主要原因。

公司股东权益比上年增加 49,126,897 元。其原因是本年度盈利额加对外投资作价高于原帐面价值的溢价。

3. 本年度主营业务收入、净利润实际完成情况分析：

本年度公司实现主营业务收入 143,538,961 元,比上年增长了 9.4%;净利润 49,075,587 元，比上年增长了 61.96%,完成公司股票上市时盈利预测的 103.67%。

公司净利润增长的主要原因是:由于主营业务收入增加 12,329,597 元和投资收益增加 33,487,299 元所致。

4. 前次募集资金的运用情况：

公司 1996 年股票上市为内部职工股占用额度上市流通，没有募集资金，以前募集资金所投入项目建设未延续到本报告年度。

四、股本变化及股本结构情况

1. 股本变化及股本结构情况

数量单位:股　　每股面值:1 元

股份类别	期初数	配股	送股	公积金转股	期末数
(1)尚未流通股份					
1. 发起人股份	36,015,000		10,804,500		46,819,500
其中:境内法人股	36,015,000		10,804,500		46,819,500
2. 募集法人股	44,585,000		13,375,500		57,960,500
3. 内部职工股	15,840,000		4,752,000		20,592,000
尚未流通股份合计	96,440,000		28,932,000		125,372,000
(2)已流通股份					
1. 境内上市人民币普通股	32,160,000		9,648,000		41,808,000
已流通股份合计	32,160,000		9,648,000		41,808,000
(3)股份总数	128,600,000		38,580,000		167,180,000

2. 股本变动原因

公司 1995 年度利润分配方案为向全体股东每 10 股送 3 股红股，于 1996 年 9 月 19 日实施，使公司总股本由原来的 12,860 万股，增至 16,718 万股。

3. 主要股东持股情况(前 10 名股东)

股东名称	年末持股数(万股)	占总股本%
1. 哈尔滨铁路局	2,223.00	13.30
2. 东莞运通实业发展有限公司	2,172,95	13.00
3. 招商银行	1,300.00	7.78
4. 大庆石油管理局	465.40	2.78
5. 铜陵金星	318.71	1.91
6. 大庆石化总厂	274.95	1.64
7. 交通银行哈尔滨分行	273.00	1.63
8. 铜陵康达	264.00	1.58
9. 鞍山钢铁集团公司	247.00	1.48
10. 中国工商银行哈尔滨市森融支行	227.50	1.36

4. 年末股东情况：

截止 1996 年末，公司股东总数为 31,921 户，其中境内法人股东 40 户，社会公众股东 31,881 户。

长安信息产业(集团)股份有限公司

1996年年度报告摘要 （摘选）

一、公司简况

公司名称：长安信息产业(集团)股份有限公司

法人代表：韩家乐　　　邮政编码：710054

公司地址：陕西省西安市友谊东路15号

电话：(029)2214266　　　传真：(029)2233943

二、主要财务数据与财务指标

指标项目	本年数	上年数	比上年增减(%)
1.主营业务收入(元)	193,270,882.90	206,121,228.15	-6.23
2.净利润(元)	13,346,185.03	15,575,939.61	-14.31
3.总资产(元)	256,993,519.73	208,559,161.84	23.22
4.股东权益(元)	126,081,444.51	103,974,346.48	21.26
5.每股收益(元)	0.20	0.30	-33.33
6.每股净资产(元)	1.87	2.01	-6.96
7.净资产收益率(%)	10.59	14.98	-29.31
8.股东权益比率(%)	49.06	49.85	-1.58

注：计算每股收益的年度末股本总额本年为67,377,570股，上年为51,828,900股。

三、公司主要业务回顾

1. 一年来经营情况

1996年是公司上市的第一年，也是公司由以计算机产业为主逐步向通信产业及通信服务业转移，进行产业结构调整的关键性一年，1996年末公司总资产25,699.35万元，净资产12,608.14万元，全年共实现主营业务收入19,327.09万元，净利润1,334.62万元。

1996年国内外计算机产品价格三次大幅度地下调，计算机市场竞争更加激烈，面对严峻的市场竞争，公司本着在信息产业长期发展所形成的技术、市场优势，及时调整市场营销策略，基本维持住了原有的市场。在房地产业方面，公司始终坚持开发低价民用商品住宅。1996年房地产业取得了较好的收益。

公司投资的中国联通西安地区数字移动电话(GSM)网项目，经过多方努力在与邮电部门互连互通后，于1996年底正式开通运营。投资的联通公众无线寻呼网项目(西北五省首期项目)西安项目设备已开始进行安装、调试。

合资企业陕西高技通信工业有限公司仍在继续亏损，已间接或直接地对公司产生了不利的影响。

2. 本年度主营业务收入、净利润实际完成分析

本年度主营业务收入19,327.09万元，比上年减少了6.23%，比预测减少了13.18%，净利润1,334.62万元，比上年减少了14.31%，比预测减少了8.02%。

本年度主营业务收入和净利润未达到预测水平，其主要原因有：

(1) 计算机产品除其本身价格下调外，市场竞争的加剧和不正当竞争对市场的冲击，使得销售收入减少、销售盈利水平下降；

(2) 主要合资企业承包经营期已满，并不同程度地出现了经营亏损，导致投资收益减少；

(3) 公司投资的中国联通西安地区数字移动电话(GSM)网项目，由于客观原因未能如期运营，投资回报未能及时取得。

四、股东变化及股本结构情况

1. 股东变化及股本结构情况

(1) 股本结构情况

数量单位：股　每股面值：1元

	期初数	本次变动增减(+、-) 送股	期末数
尚未流通股份			
发起人股份	10,807,500	3,242,250	14,049,750
其中：			
国家拥有股份	10,807,500	3,242,250	14,049,750
募集法人股	27,459,900	8,237,970	35,697,870
尚未流通股份合计	38,267,400	11,480,220	49,747,620
已流通股份			
境内上市的人民币普通股	13,561,500	4,068,450	17,629,950
已流通股份合计	13,561,500	4,068,450	17,629,950
股份总数	51,828,900	15,548,670	67,377,570

(2) 股本变动情况及原因

根据公司第五次股东大会通过的1995年度利润分配方案，本年度向全体股东每10股派送3股红股，公司股本总额由51,828,900股增至67,377,570股。

(3) 主要股东持股情况(前十名股东)

	股东名称	年末持股数量(股)	占总股本比例(%)
1	北京德恒有限责任公司	14,300,000	21.22
2	陕西省国有资产管理局	14,049,750	20.85
3	北大方正集团公司	4,017,000	5.96
4	陕西省国际信托投资股份有限公司	3,900,000	5.78
5	咸阳市永达实业发展公司	1,430,000	2.12
6	建行陕西省信托投资公司	1,430,000	2.12
7	航天总公司第四研究院	1,430,000	2.12
8	咸阳市渭城区信用合作社联社	1,430,000	2.12
9	西安金龙城市信用社	1,430,000	2.12
10	北京恒瑞号食品有限公司	858,000	1.27

(4) 股东数量

截止1996年12月31日，公司股东总数为8,199户，其中国家股股东1户，法人股股东22户，社会公众股股东8,176户。

(5) 公司董事、监事与高级管理人员持股情况

姓名	职务	年初持股数量(股)	年末持股数量(股)	变动原因
韩家乐	董事长	0	0	无
何延祥	副董事长	5250	6825	10:3送股
康培新	董事	4500	5850	10:3送股
安晓峰	董事	0	0	无
鲁永令	董事	0	0	无
孙武学	董事	0	0	无
王大中	董事	0	0	无
施玉坤	监事	0	0	无
张永贵	监事	2000	2600	10:3送股
赵爱民	监事	200	260	10:3送股
周旭	总经理	0	0	无
柯昌明	副总经理	0	0	无
吴晓梅	副总经理	0	0	无
朱晓辉	副总经理	0	0	无
王智军	总工程师	0	0	无
穆　群	董事会秘书	0	0	无

沈阳蓝田股份有限公司

1996年年度报告摘要 （摘选）

一、公司简况

公司名称：沈阳蓝田股份有限公司

法人代表：瞿兆玉　　邮政编码：110032

公司地址：沈阳市皇姑区松花江街3号

电话：(024)6841058　　传真：(024)6863455

二、主要财务数据与财务指标

指标项目	1996年数(合并)	比上年增减(%)	1995年数(合并)	1994年数(合并)
1.主营业务收入(万元)	46,824	51.9	30,828	18,404
2.净利润(万元)	5,927	115.9	2,744	2,369
3.总资产(万元)	62,211	133.5	26,642	20,573
4.股东权益(万元)	43,291	139.9	18,045	9,785
5.每股收益(元)	0.61	48.8	0.41	0.35
6.每股净资产(元)	4.46	65.8	2.69	1.46
7.净资产收益率(%)	13.7	-8.6	15	24.2
8.股东权益比率(%)	69.6	3.9	67	48

注：按加权法计算1996年每股收益为0.72元。

三、公司主要业务回顾

1．一年来经营情况

公司主营业务是农副水产品的种养、加工、销售等，在国家优先发展农业的产业政策扶持下，公司经过公开募股及股票上市，生产经营实力进一步加强。公司在1996年主要生产基地洪湖地区遭受百年未遇洪水，公司财产受到损失、生产经营受到影响的情况下，仍较好地实现了各项预期指标。

1996年公司实际实现主营业务收入46824万元，利润总额6380万元，净利润5927万元，分别比上年增加51%、97.7%、115.9%。公司股票《上市公告书》披露1996年盈利预测为营业收入额44080万元，利润总额6845万元，净利润5818万元，分别完成预测值的106.2%、93.2%、101.8%。

2．募集资金使用情况说明

公司年度内发行3000万股A股募集到的24155.4万元，按招股说明书所述募集资金的用途，投入公司全资子公司湖北洪湖蓝田水产品开发有限公司17700万元，其中“菜篮子工程”的配套资金——国家开发银行贷款1900万元已到位1700万元，各投资项目已支出10129万元。目前，“菜篮子工程”、“冷冻干燥食品项目”、“中华鳖养殖基地”、“畜禽养殖基地”、“畜禽加工生产线”等五个建设项目正在按计划进行。

四、股本变化及股本结构情况

填报日期：1996年12月31日

1．股本结构及变动情况(单位：股　　每股面值1元)

	期初数	新发行股份	期末数
一、尚未流通股份合计	66,965,048.00		66,965,048.00
1.发起人股			
其中:国家拥有股份	18,281,978.40		18,281,978.40
境内法人持有股份	35,259,069.60		35,259,069.60
2.内部职工股	13,424,000.00		13,424,000.00
二、已流通股份合计		+30,000,000.00	30,000,000.00
境内上市的人民币普通股		+30,000,000.00	30,000,000.00
三、股份总计	66,965,048.00	+30,000,000.00	96,965,048.00

2．股本结构1996年度变动原因是5月27日向社会公开发行并于6月18日上市流通3000万股人民币普通股。

3．主要股东持股情况

名次	股东名称	年末持股数(股)	占总股本(%)
①	沈阳蓝田经济技术开发公司	35256000	36.36
②	国家股(农业部)	18280000	18.86
③	周奇涛	2096401	2.16
④	朱　斌	1566100	1.62
⑤	刘庆文	1523799	1.57
⑥	沈瑞春	1379530	1.42
⑦	刘志林	1357174	1.39
⑧	金品芳	1053078	1.08
⑨	朱德利	998986	1.03
⑩	周　泰	988920	1.02

4．股东数量

至本年度末，公司股东总数为8499户，其中国家股股东1户，法人股股东1户，内部职工股股东5875户，社会公众股股东2622户。

5．公司董事、监事及高级管理人员持股情况

职　务	姓名	年初持股数	年末持股数
董事长、总经理	瞿兆玉	6400	6400
副董事长、副总经理	郭世涛	0	0
副董事长、副总经理	陈建森	4000	4000
副董事长、副总经理	赵琰璋	4000	4000
董事、副总经理、董秘	吴惠昌	4000	4000
董事、副总经理	保　田	0	0
董事、副总会计师	王焕成	4000	4000
监事	崔　谦	0	0
监事	孙　平	8000	8000
监事	徐　强	8000	8000

6．子公司及关联企业

企业名称	注册资金	本公司拥有权益	主营业务
湖北洪湖蓝田水产品开发有限公司	19300万元	100%	农副水产品综合开发
沈阳蓝田房屋开发公司	500万元	100%	房地产开发、商品房销售
湖北洪湖大湖开发公司	7700万元	48%	水产养殖、加工、销售

厦门市龙舟实业集团股份有限公司

厦门市龙舟实业集团股份有限公司一九九六年年度报告(摘要)

一、公司简况

1. 公司法定中文名称:厦门市龙舟实业集团股份有限公司

公司英文名称:XIAMEN LONGZHOU INDUSTRY GROUP CO. LTD

英文名称缩写:XMLZ IG

2. 公司注册地址:厦门市湖里悦华路天安工业村龙舟大厦

邮政编码:361006

3. 法定代表人:周伟安

4. 公司咨询服务机构:董事会秘书处

联系电话:0592－5627352　　传真:0592－5621103

5. 会计师事务所:厦门会计师事务所

二、主要财务数据和财务指标

指标项目	本年数	上年数	比上年增减(%)
1. 主营业务收入(万元)	3,863.84	4,641.38	－16.75
2. 净利润　(万元)	1,121.83	865.25	29.65
3. 总资产　(万元)	17,821.50	15,794.33	12.83
4. 股东权益　(万元)	11,210.10	10,695.28	4.81
5. 每股收益　(元)	0.19	0.17	11.76
6. 每股净资产　(元)	1.86	2.13	－12.68
7. 净资产收益率(%)	10.01	8.09	23.73
8. 股东权益比率(%)	62.90	67.72	－7.12

三、公司业务回顾

(一)一年来经营情况

一九九六年是公司发展史上具有重要意义的一年。"龙舟"在企业股份制运作的航道上,坚持规范,奋力拼搏,跻身于上市公司的行列,实现了由生产经营向资本经营的历史性转变。

一年来,公司经营领导班子紧紧围绕"更新观念、优化结构、盘活资本、注重营销、强化管理、塑造形象"的经营方针,合理调整经营要素结构,扶持重点产业,促进资产重组和规模经营。

1. 重点扶持工业主导产品,抓优质生产和优质服务,创名牌效应。资金上加大对合资百利乐塑钢工程有限公司的投入,管理上全面介入经营业务,使百利乐防盗门在激烈的市场竞争中站稳脚根,树立了良好信誉,企业步入良性经营轨道,展现出乐观的发展前景。通过强化龙舟水产公司管理,调整经营思路,使企业走出低谷,烤鱿鱼丝等水产品质量上乘,下半年开始批量销售到日本等地,逐步走上国际市场。电气设备厂注重市场变化信息,积极进行新产品开发,先后开发生产了25升和35升电子型热水器,把25升电热水器外壳改换成塑料外壳,降低了生产成本,使产品外观更加美观,使用期更长。

2. 以开发房地产项目盘活土地资源。先后开发了龙舟新村一期、二期,建筑面积6000平方米,实现利润250万元,同时开工龙舟公寓3400多平方米,已销售80%,盘活资金300多万元。

3. 倡导科学管理、规范公司经营运作。推行ISO9001质量体系标准,规范企业的质量管理体系,现已完成质量手册和质量程序文件的编制工作。采用OEM经营方式,增大了经营规模,取得了经营效益新的增长点。

4. 调整产业结构,优化资产重组,堵塞潜亏源头。对前景不明显,潜亏机会较大的企业,或规模较小,管理不善的企业,实行关、停、并、转。如关闭了厦门搪瓷厂,转让了厦门市整流器厂无形资产,回收了部分资金支持效益较好的企业。

(一)对实际经营成果与盈利预测的重大差异的说明

公司1996年盈利预测预计完成主营业务收入7000万元,利润600万元,实际完成主营业务收入3,863.84万元,为预计的55%,主营业务利润亏损109.37万元。形成差异的主要原因:

1. 关闭厦门搪瓷厂。

2. 转让厦门市整流器厂的无形资产。

3. 清理缩减了一些效益差、费用大的销售网点。

4. 家电生产厂家不断增加,市场需求日趋饱和,公司主营业务在客观上不可避免地受到冲击。公司的产业、产品在市场竞争中逐步显示出各自的生存能力,逐渐形成一种自我发展、自我淘汰的趋势。九七年公司有信心扭转局面,创造佳绩。

四、股本变化与股本结构情况

(一)股本变化与股本结构情况

1. 截止1996年未,公司股本结构如下:

数量单位:股　　每股面值:1元

	期初数	送股	期未数
a. 尚未流通股份			
社会法人股	37,700,000	7,540,000	45,240,000
b. 已流通股份			
境内上市的			
人民币普通股	12,600,000	2,520,000	15,120,000
c. 股份总数	50,300,000	10,060,000	60,360,000

2. 股本变动原因:本年度下半年按10送2的比例实施送股,使公司股本总额由年初的5,030万股增至6,036万股。

3. 主要股东持股情况

名次	股东名称	年未持股数(股)	占总股本(%)
1.	厦门市思明区经济建设发展总公司	19,200,000	31.81
2.	深圳安信投资发展公司	9,600,000	15.90
3.	武汉国际租赁公司	4,200,000	6.96
4.	深圳五星企业公司	4,200,000	6.96
5.	威海经济技术开发区国际合作公司	3,600,000	5.96
6.	深圳天一实业股份有限公司	1,200,000	1.99
7.	深圳秦年投资咨询有限公司	1,200,000	1.99
8.	深圳安信财务顾问有限公司	1,200,000	1.99
9.	厦门思明房屋开发公司	600,000	0.99
10.	厦门市思明中山房屋开发公司	240,000	0.40

(一)公司董事、监事与高级管理人员持股情况

姓　名	职　务	年初持股数	年未持股数	变动原因
周伟安	董事长	4,000	4,800	送股
吴守洁	副董事长兼总经理	15,000	18,000	"
贺德华	副董事长	3,000	3,600	"
庄伊明	董事兼副总经理	15,000	18,000	"
罗　飞	董事兼副总经理	3,000	3,600	"
肖　力	董事	0	0	
厉　伟	董事	0	0	

刘行金 监事	0	0	
郑尤男 监事长	0	0	
蔡汉民 监事	0	0	
翁恩如 监事	5,000	5,000	
陈祝美 监事	0	0	
邱炳顺 副总经理	15,000	18,000	送股

五、重要事项

1.本报告期内股东大会、董事会情况说明

(一)股东大会情况说明

1996年7月30日,公司召开股东大会年会,参加大会的股东代表股权4026.6万股,占本公司股份总额的80.05%。会议审议批准了董事会工作报告、监事会工作报告、1995年财务决算和1996年财务预算的报告;通过了公司1995年度利润分配及分红派息方案,利润分配方案为:提取法定公积金10%,法定公益金10%,分红基金80%;分红派息方案为:每10股送2股、派现金1元。选举了公司第二届董事会和监事会。

(二)董事会情况说明

本年度公司董事会共召开五次会议,主要审议1995年度财务报告、1995年度利润分配方案及分红派息方案、1996年方针目标、召开1995年度股东大会的有关事宜、确定第二届董事会和监事会的选举预案、选举公司董事长、副董事长、董事会机构设置等。

2.公司董事、监事变动情况

本公司第一届董事会、监事会从1992年11月8日第一次股东大会选举产生至1996年7月30日任期已满三年。根据《中华人民共和国公司法》第一百一十五条及第一百二十五条和本公司章程有关规定,本公司于1996年7月30日召开的股东大会选举了周伟安、吴守洁、贺德华、庄伊明、肖力、厉伟、罗飞为第二届董事会董事,选举了刘行金、郑尤男、蔡汉明、翁恩如、陈祝美为第二届监事会监事。7月31日上午召开公司董事会二届一次会议,会议选举周伟安为公司董事长,贺德华、吴守洁为公司副董事长,郑尤男当选监事会监事长。

3.公司工商登记及法人代表、注册地址、注册资本变动情况说明:

(1)变更公司法定代表人为:公司董事长周伟安。

(2)变更公司注册地址为:厦门市湖里悦华路天安工业村龙舟大厦。

(3)变更公司注册资本为:人民币6030万元。

4.本报告期内公司无重大诉讼、仲裁事项。

5.其它报告事项。

(1)会计师事务所无变更;

(2)法律顾问无变更;

六、子公司及关联企业

企业名称	注册资本	拥有权益	主营业务
深圳鹭亚投资公司	3000万	100%	工业投资,物业管理
厦门龙舟租赁公司	500万元	100%	技术及实物租赁
厦门市龙舟房地产建设发展有限公司	500万元	100%	房地产开发
厦门市整流器厂	239万元	100%	硅整流设备,调压器
厦门市龙舟装饰工程公司	150万元	100%	室内装饰服务
厦门龙舟水产实业有限公司	120万元	100%	水产品加工
厦门龙舟建材有限公司	100万元	100%	建材及卫生洁具
厦门龙舟工贸公司	100万元	100%	工业贸易
厦门市龙舟贸易公司	53万元	100%	五交化工,贸易
厦门百利乐塑钢工程有限公司	50万美元	50%	防盗门,塑钢门生产
北京贵利莱太空水有限公司	35万美元	45%	太空水生产
西安贵利莱太空水有限公司	220万元	38%	太空水生产
厦门市贵利莱太空水有限公司	160万元	49%	太空水生产

七、财务报告

(一)审计意见

公司财务报告经厦门会计师事务所注册会计师、审计,并出具了无保留意见的审计报告(厦会股审((97)第10号)。

(二)财务报表(见后附表)

1.利润及利润分配表

2.资产负债表

3.财务状况变动表

(三)财务报表附注

1.重要会计政策

(1)会计年度:公司执行《股份制试点企业会计制度》。

(2)会计时间,以公历每年一月一日起至十二月三十一日止。

(3)会计报表编制方法:

公司的合并会计报表是按财政部《合并会计报表暂行规定》编制的,列入本期合并报表包括厦门市龙舟实业集团和九家具有法人资格的全资子公司。

合并会计报表对母公司与子公司之间的往来、内部销售等已进行抵销。

(4)记帐原则:采用权责发行制。

(5)计价基础:采用历史成本。

(6)记帐本位币及外币折算:公司以人民币为记帐本位币,对发生所有外币业务均以当月1日人民银行公布的外汇牌价(中间价)调整折算为人民币金额。

(7)坏帐准备:按应收帐款期未余额5‰计提,列入当期费用。

(8)存货计价:公司本部及所属企业的库存商品及产成品采用实际价,以加权平均法结转成本;材料核算采用计划价,按加权平均法计算综合差异率,于月终调整材料成本;低值易耗品采用一次摊销法列入成本;产品制造成本核算按品种法,以月未实际盘存在制品倒轧,按定额比例结转产品成本。

(9)长期投资核算,分别采用以下方法:

A.债券投资按成本法。

B.股权投资:对股权占20%以下的企业采用成本法核算;股权在20%以上至50%的,采用权益法核算。

(10)固定资产计价与折旧:

固定资产按实际成本计价,采用直线法计提折旧,其分类折旧如下:

类别	年折旧率
房屋及建筑物	2.4%
机器设备	8%
运输设备	12%
其他设备	12%

(11)无形资产-土地使用权经评估确认,按十五年分期摊销。

(12)递延资产-按其受益年限摊销。

(13)收入实现的确认:

营业收入以产品(商品)已经移交或按合同规定的期限收到货款,并将发票,结算单提交买主,得到收到货款的权利时确认。

(14)主要税项

A.增值税:按应纳增值锐销售收入的17%计算销项税,抵扣进项税后的余额交纳:

B.营业税:按营业额5%计征;

企业所得税:享受厦门经济特区15%之优惠税率。

2.合并会计报表项目注释

(1)"货币资金":

项目	金额(元)
a)人民币存款	3,652,273.70
b)外币存款	
美元3,171.52折合人民币	26,393.59
港币31,412.35折合人民币	33,670.90

小计	60,064.49
c)其他货币资金	
信用卡	25,000.00
股票资金户存款	5,513,865.85
小计	5,538,865.85
d)现金	560,788.06
合计	9,811,992.10

(2)"短期投资":

项目	金额(元)
证券投资等 *	6,976,965.00
永大工贸 * *	50,000.00
合作贸易投资款 * * *	1,137,874.50
合计	8,164,839.50

* 证券投资主要是购买中国可流通(A)股票,按1996年12月31日折算其市场值为4,144,100.00元(截止1997年3月31日折算其市场值为5,360,988.00)。

* * 厦门永大工贸公司原投资35万元,本期收回30万元,(本期取得收益5万元)。

* * * 此系龙舟建材公司、龙舟工贸工司、盛志英三方合作马达加斯加贸易款,通过协商,97年4月18日经厦门公证处公证,除收回部分现金外,其余以房产抵偿拖欠之款项。

(3)"应收帐款":

帐龄分类	金额(元)	百分比
帐龄在一年以下	2,413,676.45	74.68%
帐龄在一年以上二年以下	176,464.24	5.46%
帐龄在二年以上三年以下	180,511.08	5.59%
帐龄在三年以上	461,402.60	14.27%
合计	3,232,054.37	100%

期未应收帐款余额比去年同期增加的原因主要是货款回笼比去年同期缓慢。

(4)"其他应收款"

A. 按帐龄分类	金额(元)	百分比
帐龄在一年以下	26,660,224.12	82.78%
帐龄在一年以上二年以下	2,788,881.91	8.66%
帐龄在在二年以上三年以下	1,592,806.70	4.95%
帐龄在三年以上	1,164,092.61	3.61%
合计	32,206,005.34	100%

B. 期未余额之主要帐户:

单位	金额(元)
备用金	259,201.00
押金	227,570.00
职工借款	905,702.04
深圳九州方园公司	4,636,535.68
中国宝安集团	8,543,785.32
百利乐塑钢工程有限公司	5,266,172.14
厦门中裕进出口贸易有限公司	2,300,000.00
厦门日利实业公司	370,000.00
厦门龙全纯水设备有限公司	806,168.00
陈兆显	400,000.00
北京东门子电器公司	225,000.00
中国宝安西安公司	913,810.64
北京大通公司	306,363.66
成都龙舟公司	285,000.00
深圳柏树电子厂	875,545.38
鹭城铝窗公司	184,795.93
思明区建发公司	250,000.00
石狮宽仁塑料厂	293,623.00
龙舟装饰工程部吴升彪	399,225.00
思明区政府	1,258,480.38
六通贸易公司	490,490.00
思明区贸发委	350,000.00
马达加斯加合作贸易代垫费用及利息	231,236.62
其他	2,445,300.55
合计	32,206,005.34

其他应收款比去年同期增加10,398,841.94元,主要系深圳宝安集团往来增3,780,305.07元、厦门百利乐塑钢工程有限公司往来增3,268,825.84元、深圳九州方园公司往来增4,636,535.68元。

(5)"长期投资":

项目	投资比例	投资日期	投资金额(元)
a)股权投资:			
厦门百利乐塑钢工程有限公司	50%	92.8	1,501,361.80
北京贵利莱太空水有限公司 *	45%	95.3	675,000.00
厦门贵利莱太空水有限公司 * *	49%	94.10	784,000.00
西安贵利莱太空水有限公司 * * *	38%	95.3	507,556.43
南强信用社	2.67%		40,000.00
厦门中山房地产开发项目			133,750.00
小计			3,641,668.23

类别	到期日	年利率	面值(元)
b)债券投资:			
国库券	1996	15.86%	71,000.00
电力债券			8,109.79
小计			79,109.79
合计			3,720,778.02

* 按公司董事会决定北京贵利莱公司已由北京东门子电器公司承包经营,(承包期三年,每年上缴承包费22.50万元)按承包合同核算。

* * 根据公司董事会决定,拟对厦门贵利莱太空水有限公司和西安贵利莱太空水有限公司的股权转让,收回投资,本期按成本法核算。

(6)"固定资产"及"累计折旧":

项目	年初余额(元)	本年增加(元)	本年减少(元)	年未余额(元)
房屋及建筑物				
原价	45,886,818.90	30,872,826.30	729,844.50	76,029,800.70
累计折旧	7,920,198.59	1,098,950.59	235,629.71	8,793,519.47
机器设备				
原价:	5,522,297.90	1,851,630.00	493,230.38	6,880,697.31
累计折旧	2,005,537.14	421,239.08	371,411.52	2,055,364.70
运输工具				
原价	2,265,273.67	35,000.00	53,200.00	2,246,973.67
累计折旧	707,471.29	281,114.73		988,586.02
电子及其他设备				
原价	900,590.61	237,707.50		1,138,298.11
累计折旧	150,514.80	120,991.24		271,506.04
合计				
原价	54,574,880.87	32,997,163.80	1,276,274.88	86,295,769.79
累计折旧	10,783,721.82	1,922,295.64	597,041.23	12,108,976.23

固定资产增加32,997,163.80元,主要是天安工业厂房已完工转人的,至本年末已从原来旧厂区迁进新厂房生产。

(7)"在建工程":

下列在建工程项目所需资金均由本公司自筹。

项 目 名 称	金额(元)	备 注
①待安装设备	164,890.56	
②预付工程款	2,114,565.70	预付曾厝安土地款

③建筑工程	6,890,463.63	
其中:西安洗车场工程	4,892,699.02	
曾厝安住宅楼	1,992,096.61	内部集资
合计	9,169,919.89	

(8)“无形资产“及”其他资产:

项目	年初结存(元)	本年增加(元)	本年摊销(元)	期末余额(元)	摊余年限
a)无形资产:					
土地使用权	1,190,136.03		107,328.00	1,082,808.03	11年
b)递延资产					
开办费	2,119,107.08	1,001,845.55	330,812.65	2,790,139.98	
装修费	195,835.89	30,266.30	53,330.64	172,771.55	
模具费		1,283,266.03	213,877.67	1,069,388.36	
天安工业厂房搬迁费	825,196.16	173,307.00	199,700.63	798,802.53	
房租	107,916.75		36,999.96	70,916.79	
其他	32,500.00	211,675.70	32,500.00	211,675.70	
小计	3,280,555.88	2,700,360.58	867,221.55	5,113,694.91	
合计	4,470,691.91	2,700,360.58	974,549.55	6,196,502.94	

(9)“短期借款”:

货款单位	金额(元)	还款期限	利率	借款条件
厦门城市合作银行银隆支行	1,100,000.00	97.5-6	8.415-10.06‰	
建设银行厦门分行	1,980,000.00	97.10	9.24‰	鑫明大厦8、9层抵押
福建兴业银行厦门分行	2,700,000.00	97.8	9.24‰	百利乐公司担保
工商银行厦门分行	23,000,000.00	97.4-12	9.24‰	天安龙舟大厦工业厂房抵押
招商银行深圳南山支行	3,000,000.00	97.5	8.19‰	宝安集团担保
深圳发展银行中电支行	11,000,000.00	96.9.27	11.055‰	宝安集团担保 宝安新城25区第12栋抵押

(10)“未交税金”:

项目	金额
应交营业税	323,678.99
城建税	47,539.12
应交增值税	832.50
应交企业所得税	3,040,031.54
合计	3.412,082.15

(11)“未付股利”1,648,000.00,其中厦门市思明区政府139.8万元,深圳天一实业股份有限公司和海口天德公司各10万元,厦门市思明区房屋开发公司5万元。

(12)“资本公积”:

年初余额	28,229,771.20
减:支付发行费用	1,040,000.00
年末余额	27,189,771.20

(13)“盈余公积”:

项目	年初余额(元)	本年增加(元)	年末余额(元)
法定公积金	2,843,841.73	1,120,807.33	3,964,649.06
公益金	3,784,514.35	1,120,807.33	4,905,321.68
任意公积金	2,765,856.78	336,242.19	3,102,098.97
合计	9,394,212.86	2,577,856.85	11,972,069.71

(14)“未分配利润”:

年初未分配利润	19,028,772.55
加:本年净利润	11,218,276.43
减:提取公积金、公益金、任意公积金	2,577,856.85
已分配股利	15,090,000.00

(其中送股1006万元,分配股利503万元)

年末余额	12,579,192.13

(15)“主营业务收入”与“主营业务利润”:

	主营业务收入	主营业务成本	主营业务利润
工业	23,865,329.50	18,655,921.09	-1,356,962.65
商贸	6,524,850.53	5,439,306.81	-157,025.28
房地产业	8,248,178.88	5,635,443.23	438,325.02
合计	38,638,358.91	29,730,671.13	-1,093,662.91

主营业务亏损,主要原因系市场竞争激烈,热水器销售量下降。

(16)“财务费用”:

项目	金额(元)
利息支出	409,531.93
汇兑损失	39,988.82
银行手续费	6,714.81
合计	456,235.56

(17)“其他业务利润”:

项目	金额(元)
原“三来一补收入”	321,000.00
材料让售	150,504.80
其他收入	130,218.00
合计	601,722.80

(18)“投资收益”:

项目	金额(元)
厂房合作经营分利	1,333,140.00
贸易合作分利	50,000.00
证券业务收益	7,787,950.68
转让市整流器厂生产经营权等	1,000,000.00
投资项目股权分利	31,446.33
土地合作开发分利	3,500,000.00
投资项目承包费收入	225,000.00
债券利息收入	2,320.00
合计	13,929,857.01

(19)“营业外收入”:

项目	金额(元)
罚款及滞纳金	29,545.40
处理固定资产损益	56,428.68
其他	525.00
合计	86,499.08

(20)“营业外支出”:

项目	金额(元)
罚款支出	223,061.93
处理固定资产损失	4,907.90
其他	1,043.64
合计	229,013.47

3.关联交易及或有负债:

公司在本报告期内,尚存在着关联交易往来。截止1996年12月31日的负债见所附的资产负债表,除此之外别无其他或有负债事项。

合并资产负债表

编报单位:厦门市龙舟实业(集团)股份有限公司 1996年12月31日 人民币元

资产	注释	母公司期初数	合并报表期初数	母公司期末数	合并报表期末数
流动资产:					
货币资金	15	2,394,424.76	9,339,963.75	852,711.56	9,811,992.10
短期投资	16	2,350,000.00	8,642,531.78	50,000.00	8,164,839.50
应收帐款	17	1,954,532.22	2,220,588.70	3,033,857.39	3,232,054.37
减:坏帐准备		10,597.85	11,102.94	15,169.29	16,160.82
应收帐款净额		1,943,934.37	2,209,485.76	3,018,688.10	3,215,893.55
预付帐款	18	191,658.06	3,817,366.46	462,279.06	1,623,328.75
其他应收帐	19	6,000,099.61	21,807,163.40	9,104,452.94	32,206,005.34
待摊费用	20	1,667,279.16	1,748,572.65	584,299.34	670,758.32
存货	21	17,382,301.36	19,645,926.54	18,733,370.48	29,248,231.96
流动资产合计		31,929,697.32	67,211,010.34	32,805,801.48	84,941,049.52
长期投资:					
长期投资	22	54,872,428.25	3,958,778.36	64,790,597.37	3,720,778.02
固定资产					
固定资产原价	23	19,075,035.00	54,574,880.87	47,685,150.46	86,295,769.79
减:累计折旧		4,447,690.11	10,783,721.82	4,611,129.04	12,108,976.23
固定资产净值		14,627,344.89	43,791,159.05	43,074,021.42	74,186,793.56
在建工程	24	34,691,627.23	38,511,703.95	4,077,787.87	9,169,919.89
固定资产合计		49,318,972.12	82,302,863.00	47,151,809.29	83,356,703.45
无形及其他资产:					
无形资产	25	1,190,136.03	1,190,136.03	1,082,808.03	1,082,808.03
递延资产		1,126,112.80	3,280,555.88	2,275,616.63	5,113,694.91
无形及其他资产合计		2,316,248.83	4,470,691.91	3,358,424.66	6,196,502.94
资产总计		138,437,346.52	157,943,343.61	148,106,632.80	178,215,043.93

合并资产负债表(续表)

编报单位:厦门市龙舟实业(集团)股份有限公司 1996年12月31日 人民币元

负债及所有者权益	注释	母公司期初数	合并报表期初数	母公司期末数	合并报表期末数
流动负债:					
短期借款	26	21,575,000.00	31,575.000.00	27,680,000.00	42,780,000.00
应付帐款	27	115,564.15	467,165.91	292,999.65	1,019,929.42
预收帐款	28	835,654.77	2,824,263.06	1,577,146.48	2,073,602.88
应付福利费		20,976.97	160,696.10	100,471.01	268,325.59
未付股利	30			1,648,000.00	1,648,000.00
未交税金	29	2,346,185.19	3,192,614.96	1,747,148.73	3,412,082.15
其他未交款	31	53,824.16	55,003.80	28,716.27	48,967.62
其他应付款	32	6,477,181.51	12,647,443.17	2,831,117.62	10,006,319.77
预提费用	33		18,400.00		4,756,783.46
流动负债合计		31,424,386.75	50,940,587.00	35,905,599.76	66,014,010.89
长期负债:					
长期借款	34	50,000.00	50,000.00	100,000.00	100,000.00
长期负债合计		50,000.00	50,000.00	100,000.00	100,000.00
负债合计		31,474,386.75	50,990,587.00	36,005,599.76	66,114,010.89
股东权益:					
股本	35	50,300,000.00	50,300,000.00	60,360,000.00	60,360,000.00
资本公积	36	28,229,771.20	28,229,771.20	27,189,771.20	27,189,771.20
盈余公积	37	9,394,212.86	9,394,212.86	11,972,069.71	11,972,069.71
其中:公益金		3,784,514.35	3,784,514.35		
未分配利润	38	19,038,975.71	19,028,772.55	12,579,192.13	12,579,192.13
股东权益合计		106,962,959.77	106,952,756.61	112,101,033.04	112,101,033.04
负债及股东权益合计		138,437,346.52	157,943,343.61	148,106,632.80	178,215,043.93

合并利润表及利润分配表

编报单位:厦门市龙舟实业(集团)股份有限公司 一九九六年度 人民币元

项目	注释	本年累计数 母公司	本年累计数 合并报表	上年累计数 母公司	上年累计数 合并报表数
一、主营业务收入	39	22,818,628.77	38,638,358.91	28,545,159.77	46,413,834.22
减:营业成本		17,575,354.35	29,730,671.13	22,314,238.63	35,122,342.14
销售费用		2,023,413.56	2,617,409.26	883,464.17	1,193,704.79
管理费用		2,388,321.25	6,294,924.86	2,769,635.71	8,115,086.32
财务费用	40	1,182,309.46	456,235.56	277,119.18	-379,397.17
营业税金		115,167.31	632,781.01	217,280.48	344,722.47
二、主营业务利润		-465,937.16	-1,093,622.91	2,083,421.60	2,017,375.67
加:其他业务利润	41	10,504.80	601,722.80	155,483.91	3,245,241.70
三、营业利润		-445,432.36	-491,940.11	2,238,905.51	5,262,617.37
加:投资收益	42	12,264,935.79	13,929,857.01	7,081,443.31	5,256,822.31
营业外收入	43	81,024.08	86,499.08		1,000.00
减:营业外支出	44	66,018.22	229,013.47		51,280.59
加:以前年度损益调整					-233,217.73
四、利润总额		11,824,509.29	13,295,402.51	9,320,348.82	10,235,941.36
减:所得税		616,436.02	2,077,126.08	657,683.44	1,583,479.14
少数股东收益					
五、本年净利润		11,208,073.27	11,218,276.43	8,662,665.38	8,652,462.22
加:年初未分配利润		19,038,975.71	19,028,772.55	13,234,989.91	13,234,989.91
盈余公积转入数					
六、可分配利润		30,247,048.98	30,247,048.98	21,897,655.29	21,887,452.13
减:提取法定公积金		1,120,807.33	1,120,807.33	866,266.54	866,266.54
提取法定公益金		1,120,807.33	1,120,807.33	866,266.54	866,266.54
七、可供股东分配的利润		28,005,434.32	28,005,434.32	20,165,122.21	20,154,919.05
减:提取任意公积金		336,242.19	336,242.19	1,126,146.50	1,126,146.50
已分配股利		15,090,000.00	15,090,000.00		

项目	注释	本年累计数 母公司	本年累计数 合并报表	上年累计数 母公司	上年累计数 合并报表数
八、未分配利润		12,579,192.13	12,579,192.13	19,038,979.71	19,028,772.55

合并财务状况变动表

编报单位:厦门市龙舟实业(集团)股份有限公司　　1996 年度　　人民币元

流动资金来源和运用	母公司	合并报表	流动资金各项目的变动	母公司	合并报表
一、流动资金来源			一、流动资产本年增加数:		
1.本年净利润	11,208,073.27	11,218,276.43	1.货币资金	-1,541,713.20	472,028.35
加:不减少流动资金的费用和损失:			2.短期投资	-2,300,000.00	-477,692.28
(1)固定资产折旧	760,480.16	1,922,295.64			
(2)无形资产、递延资产及其他资产摊销(减其他负债转销)	642,572.90	974,549.55	3.应收帐款净额	1,074,753.73	1,006,407.79
(3)清理固定资产损失(减收益)	-51,520.78	-51,520.78	4.预付帐款	270,621.00	-2,194,037.71
小计	12,559,605.55	14,063,600.84	5.其他应收款	3,104,353.33	10,398,841.94
2.其他来源:			6.待摊费用	-1,082,979.82	-1,077,814.33
(1)固定资产清理收入(减清理费用)	677,554.43	730,754.43	7.存货	1,351,069.12	9,602,305.42
(2)增加长期负债	100,000.00	100,000.00			
(3)收回长期投资	61,046.67	261,046.67			
(4)资本净增加额	11,597,856.85	11,597,856.85			
小计	12,436,457.95	12,689,657.95			
流动资金来源合计	24,996,063.50	26,753,258.79	流动资产增加净额	876,104.16	17,730,039.18
二、流动资金运用			二、流动负债本年增加数:		
1.利润分配			1.短期借款	6,105,000.00	11,205,000.00
(1)提取法定公积金	1,120,807.33	1,120,807.33	2.应付帐款	177,435.50	552,763.51
(2)提取法定公益金	1,120,807.33	1,120,807.33	3.预收货款	741,491.71	-750,660.18
(3)提取任意公积金	336,242.19	336,242.19	4.应付福利费	79,494.04	107,629.49
(4)已分配股利	15,090,000.00	15,090,000.00	5.未付股利	1,648,000.00	1,648,000.00
小计	17,667,856.85	17,667,856.85	6.未交税金	-599,036.46	219,467.19
2.其他运用:			7.其他未交款	-25,107.89	-6,036.18
(1)固定资产和在建工程净增加额	-780,649.02	3,655,379.74	8.其他应付款	-3.646,063.89	-2,641,123.40
(2)增加无形、递延及其他资产	1,684,748.73	2,700,360.58	9.预提费用	4,738,383.46	
(3)偿还长期负债	50,000.00	50,000.00			
(4)增加长期投资	9,979,215.79	23,046.33			
小计	10,933,315.50	6,428,786.65			
流动资金运用合计	28,601,172.35	24,096,643.50	流动负债增加净额	4,481,213.01	15,073,423.89
流动资金增加净额	-3,605,108.85	2,656,615.29	流动资金增加净额	-3,605,108.85	2,656,615.29

厦门市龙舟实业集团股份有限公司一九九七年度中期报告

一、财务报告(未经审计)

(一)财务报表

1.简化的资产负债表　　单位:元

项目	合并数 1996年12月31日	1997的6月30日
流动资产	84,941,049.52	84,586,323.10
长期投资	3,720,778.02	3,959,444.26
固定资产	74,186,739.56	73,278,211.02
在建工程	9,169,919.89	9,169,919.89
无形资产及递延资产	6,196,502.94	4,553,487.35
资产总计	178,215,043.93	175,547,385.62
流动负债	66,014,010.89	68,508,192.63
长期负债	100,000.00	100,000.00
负债合计	66,114,010.89	68,608,192.63
少数股东权益		188,677.78
股东权益	112,101,033.94	106,750,515.21
其中:股本	60,360,000.00	60,360,000.00
资本公积	27,189,771.20	27,069,771.20
盈余公积	11,972,069.71	11,667,588.81
未分配利润	12,579,192.13	7,653,155.20
负债及股东权益合计	178,215,043.93	175,547,385.62

2.简化的合并损益表　　单位:元

项目	合并数 1996年6月30日	1997年6月30日
主营业务收入	15,439,789.89	13,899,403.07
主营业务利润	-199,078.04	-3,264,699.20
其他业务利润	39,676.60	58,471.46
投资收益	5,146,962.77	-1,502,895.79
营业外收支净额	1,054,362.19	-28,235.62

利润总额	6,041,923.52	-4,737,359.15
减:所得税	906,288.53	
少数股东损益		188,677.78
净利润	5,135,634.99	-4,926,036.93

(二)主要财务指标	九六年上半年	九七年上半年
每股收益(元)	0.1021	-0.08
净资产收益率%	4.64	-4.61
每股净资产(元)	2.20	1.77

(三)财务报表附注:

1.本报告所采用的会计政策和会计制度与上年度一致;

2.本期报告财务主体未发生变化;

3.其他应收款: 23,133,731.81

各主要单位如下:

(1)中国宝安集团工业发展有限公司(往来款)	3,330,293.68
(2)厦门市思明区政府(往来款)	424,842.45
(3)厦门百利乐塑钢工程有限公司	5,466,172.14
(4)深圳九州方圆公司	2,930,804.28
(5)宝安西安公司	913,810.64
(6)深圳柏树电子厂	875,545.38
(7)北京东门子电器公司	225,000.00
(8)厦门中裕进出口贸易有限公司	800,000.00

4.短期投资 4,141,047.30元

A.其中3,003,172.80元系深圳鹭亚投资公司股票投资,成本价为3,003,172.80元,市值为2,821,350.00元。

B.系厦门龙舟建材公司、龙舟工贸公司、盛志英三方合作马达加斯加贸易款1,137,874.50元,目前此项投资正在加紧清查之中。

5.投资收益,比去年同期下降129%,由于过去多项投资失误所致,详见重大事项说明;

6.主营业务利润比去年同期下降1539%,由于历史沉疴太多,包袱重,资金不足,管理不健全,产品的质量品种不能满足市场的需求,在市场的占有率萎缩而造成的。目前,新的经营班子根据董事会的布置,正在进行清理整顿中,为摸清家底,实行关、停、并、转,优化资产结构,进行资产重组作准备,详情见我公司今后公开的披露。

7.本公司关联企业及关联交易

(1)关联企业

名称	地址	主营业务范围	公司拥有权益(%)	注册资金(万元)
深圳鹭亚投资公司	深圳	物业,证券	100	2000
厦门龙舟房地产有限公司	厦门	房地产	100	500
厦门龙舟水产实业有限公司	厦门	水产加工贸易	100	120
厦门龙舟租赁公司	厦门	房屋租赁等	100	500
厦门龙舟装饰工程公司	厦门	装饰装璜等	100	150
厦门龙舟建材公司	厦门	建筑材料等	100	100
厦门龙舟塑胶制品有限公司	厦门	塑料制品生产	100	250
厦门龙舟贸易公司	厦门	商业贸易	100	53
厦门龙舟工贸公司	厦门	经营汽车轮胎	100	100
厦门百利乐塑钢工程有限公司	厦门	防盗门系列	50	美元50万
厦门贵利莱太空水有限公司	厦门	太空水	49	160
北京贵利莱太空水有限公司	北京	太空水	45	美元35万
西安贵利莱太空水有限公司	西安	太空水	38	220

(2)关联交易

本报告期仅与厦门贸易公司有关联交易,金额为119.56万元。

二、经营情况的回顾与展望

(一)上半年经营情况的回顾

1997年度上半年,本公司按照"正视现实、实事求是、狠抓整顿、规范运作"的指导思想,进行了调整思路,改变企业经济效益增长方式,树立自律意识,强化现代企业管理,为企业进一步实施"整顿、调整、提高、发展"经营方针做了准备。

1.根据过去项目决策失误,摊子多,管理不到位的情况,着力进行调整产业结构和关、停、并、转工作,堵塞资产流失漏洞,减少了经济损失。

2.反思公司在经营、投资上的失误,着重加强财务审计监控,对公司的经营与财务工作情况进行了检查,发现问题,积极整改,以经济效益为中心,对下属企业及资产进行相应的调整。

3.针对主营业务中生产、销售出现的问题,加强质量控制,优化售后服务,调整营销策略,努力强化主营业务,使电热水器恢复正常生产,销售量逐步上升。

4.审时度势,把握机遇,谋求公司经济新的增长点。

(二)下半年的展望:

1.加大资本结构调整力度,重点盘活现有存量资产,在下属企业清理基础上,积极稳妥实施关停并转方案,强化监控措施,走内涵为主的发展之路。

2.以市场为导向,实业为基础,效益为中心,大力夯实主业基础,对公司主导产品家电、防盗门等在品牌经营上下功夫,引进高新技术,加强技术改造和新产品开发,实施ISO9001质量体系标准,以期在较短的时间内扩大产品的市场占有率。

3.在进一步强化资本结构调整,开拓资本运营中,加大风险管理的力度,扬长避短,在利润最大化原则下,使资本在再生过程中实现保值和增值。

4.把握香港回归后对台工作加强的机遇,抓好土地资源盘活,开发投资少,周期短,资金回收快的房产项目,为公司主营业务发展集聚一定的实力。

5."以人为本"继续实施人材战略,全面改善提高企业和员工的素质,建立一支作风正,懂业务,善管理,年纪轻的经营骨干队伍,逐步建立员工和企业的"命运共同体",为企业的二次创业尽心尽力。

6.从企业调整和发展的需要出发,夯实企业经营管理的基础工作以强化财务管理为中枢,实行动态分析诊断,使财务工作从核算型会计模式向管理型会计模式转化,把握企业人事管理与考核分配制度的运作,完善"能者上庸者下、优胜劣汰,奖勤罚赖"的组织机制 。

三、重大事件的说明

1.本公司按照国务院证券委、中国人民银行,国家经贸委1997年5月21日通知精神,对本公司及子公司的股票帐户进行自行清理,目前本公司持有已上市流通股票的帐户为二个,其中在上海证券中央登记结算公司的帐号为1550145,在深圳证券中央登记结算公司的帐号为B8800577977。本公司进行股票交易的资金来源全部为自有资金,没有运用银行信贷资金、发行或配股筹集资金买卖股票。对于本公司及子公司目前仍持有的已上市流通股票,将严格按照国家有关规定处理。

2.公司1996年盈利预测预计完成主营业务收入7000万元,利润600万元,实际完成主营业务收入3,863.84万元,为预计的55%,主营业务亏损109.37万元。九七年上半年,由于企业受历史积压问题和长期不规范的影响,使企业包袱过重,资产结构不合理,资金不足等原因,导致公司主营业务利润亏损326万元。董事会于九七年五月份调整充实了经营班子,公司着力对企业资金、资产运作和经营管理进行整顿,摸清家底,清产核资,为下半年的清理整顿作准备。九七年下半年,公司新的经营班子将加大对企业整顿的力度、广度、深度,较变经营理念,实行科学经营,对不合理的投资企业项目实行关停并转,优化资产结构,进行资产重组。

3.按照国务院证券委、中国人民银行、国家经贸委1997年5月21日通知精神,在对本公司及子公司的股票帐户清理过程中,投资收益产生了150万元的亏损。

4.本报告期内公司无重大诉讼、仲裁事项。

四、发行在外股票的变动和股权结构的变化

1.本公司在报告期内没有发行股票(包括送配股);

本公司在报告期内没有发行可转换债券;

2.股本结构

	期初数	期末数
A.尚未流通股份		
社会法人股	4524万股	4524万股
B.已流通股份		
境内上市的		
人民币普通股	1512万股	1512万股
C.股份总数	6036万股	6036万股

3.主要股东持股情况

名次	股东名称	持股数(股)	占总股本(%)
1.	厦门市思明区经济建设发展总公司	19,200,000	31.81
2.	深圳安信投资发展公司	9,600,000	15.90
3.	武汉国际租赁公司	4,200,000	6.96
4.	深圳五星企业公司	4,200,000	6.96
5.	威海经济技术开发区国际合作公司	3,600,000	5.96
6.	中国宝安集团工业发展有限公司	1,200,000	1.99
7.	深圳秦年投资咨询有限公司	1,200,000	1.99
8.	深圳安信财务顾问有限公司	1,200,000	1.99
9.	厦门思明房屋开发公司	600,000	0.99
10.	厦门市中山房屋开发公司	240,000	0.40

五、股东大会简介

本公司一九九六年度股东大会于一九九七年五月二十八日下午在厦门宾馆明宵厅召开,到会股东和股东代理人10人,代表股份4599.0785万股,占公司总股本6036万股的76.19%,本次股东大会符合《公司法》及《公司章程》之规定。

本次股东大会审议了董事会提交股东大会讨论和作出表决的以下事项,并以无记名投票方式通过以下普通决议:

(一)批准了一九九六年度董事会工作报告;

(二)批准了一九九六年度监事会工作报告;

(三)批准了一九九六年度财务决算暨一九九七年度财务预算的报告;

(四)批准了一九九六年度利润分配和分红派息的议案;

(五)关于一九九七年度增资配股的议案

1.该授权本次议案有效时间为本次股东大会之后至一九九七年底前;

2.以现有股本总额6036万股,向全体股东以10:3比例配股,总配股数1810.8万股;

3.配股价暂定为每股4元-5元;

4.本公司请求股东大会,授权董事会根据市场情况选择适当时机,按国家法规和上级有关规定,直接实施配股;

5.本次募集的资金主要用于追加现有工业企业技术改造和扩大生产规模,投资收益稳定的相关项目,增大主营业务经营规模和市场竞争能力;

(六)关于更换部份董事的议案;

本次股东大会以无记名投票表决方式通过以下特别议案:

1.关于修改公司章程的议案。

六、备查文件

1.载有董事长、总经理亲笔签名的中期报告原本。

2.公司1996年度股东大会文件。

查阅地址:厦门市湖里悦华路天安工业村龙舟大厦七楼

厦门市龙舟实业集团股份有限公司

一九九七年八月三十日

一、财务报告(未经审计)

(一)财务报表

1.简化的资产负债表 单位:元

项目	母公司	
	1996年12月31日	1997年6月30日
流动资产	32,805,801.48	31,078,060.28
长期投资	64,790,597.37	64,840,585.83
固定资产净值	43,074,021.42	42,703,522.18
在建工程	4,077,787.87	4,077,787.87
无形资产及递延资产	3,358,424.66	3,195,354.36
资产合计	148,106,632.80	145,895,310.52
流动负债	35,905,599.76	36,685,657.70
长期负债	100,000.00	100,000.00
负债合计	36,005,599.76	36,785,657.70
股东权益合计	112,101,033.04	109,109,652.82
其中:股本	60,360,000.00	60,360,000.00
资本公积	27,189,771.20	27,069,771.20
盈余公积	11,972,069.71	11,667,588.81
未分配利润	12,579,192.13	10,012,292.81
负债及股东权益合计	148,106,632.80	145,895,310.52

2.简化的损益表 单位:元

项目	母公司	
	1996年6月30日	1997年6月30日
主营业务收入	12,120,396.00	8,422,892.37
主营业务利润	-115,960.53	-2.657,906.63
其他业务利润	10,377.35	6,028.13
投资收益	511,720.00	117,716.00
营业外收支净额	-55,211.19	-32,736.82
利润总额	350,925.63	-2,566,899.32
所得税	52,638.84	
少数股东损益		
净利润	298,286.79	-2,566,899.32

补充说明:96年度上半年每股收益及每股净资产均是以股本5030万为基数计算而来。

97年度上半年每股收益及每股净资产均是以股本6036万为基数计算而来。

厦门市龙舟实业集团股份有限公司

一九九七年九月一日

沈阳东大阿尔派软件股份有限公司

1996年年度报告摘要 （摘选）

一、公司简况

公司名称：沈阳东大阿尔派软件股份有限公司
法人代表：杨佩祯　　　邮政编码：110006
公司地址：沈阳市和平区文化路3号巷11号
电话：024－3841748　　　传真：024－3890817

二、主要财务数据与财务指标

指标项目	1996年	比上年增长(%)	1995年	1994年
1.主营业务收入(万元)	10490.3	120.0	4769.2	2870.9
2.净利润(万元)	3267.3	214.8	1037.9	452.2
3.总资产(万元)	24297.9	137.8	10219.0	9251.6
4.股东权益(万元)	18848.6	239.1	5557.6	5486.2
5.每股收益(元)	0.59	126.9	0.26	0.11
6.每股净资产(元)	3.43	146.8	1.39	1.37
7.净资产收益率(%)	17.3	－7.5	18.7	8.2
8.股东权益比率(%)	77.6	42.6	54.4	59.3

注：按加权法计算1996年每股收益为0.67元。

三、公司主要业务回顾

1.一年来经营情况

1996年是公司发展史上最辉煌的一年，公司在1992－1995年连续四年利润总额等主要经济指标保持100%以上的高速增长的基础上，1996年又继续保持了高速发展态势，主营业务收入、利润总额等主要经济指标再一次以超过100%的速度增长，创造了连续五年高速增长的业绩。全年实现主营业务收入10490.3万元，比上年增长120.0%；利润总额3538.7万元，比上年增长214.1%，完成年初预测的147.7%，人均创利12.4万元，整体业绩令人鼓舞。

过去一年公司良好业绩的取得，依赖于我国电子信息产业的发展。计算机作为改变企业和社会技术和管理水平的基本手段，成为各行各业投资的重点，软件作为计算机的核心成为全世界经济增长中发展最迅速的产业，在我国也被赋予了重要的地位，被国家提到重要议事日程。国民经济信息化进程的加快，为我国软件产业展现了巨大的市场。据统计，近几年来，世界软件产业年均以20－30%的速度增长，而我国的增长速度远远高于世界平均水平，中国已成为世界关注的软件消费大国。公司的主要产品——大型应用软件系统，包括开放系统的基础软件，支撑软件、应用开发工具和各类网络系统等成为中国软件市场的热门产品。

更为主要的是，公司利用上市后实力的增强，在自身技术、规模和管理上下功夫，扎实有效地采取了以下措施：

(1)全方位拓展软件开发基地和销售服务网络建设，向规模经济发展，提高整体竞争能力。

1996年，为了扩大软件开发能力适应市场需求，公司加强了软件开发基地和市场销售网络建设。提前顺利完成了公司在东大软件园占地9万多平方米的开发基地中的4000平方米新的智能化开发中心的建设，并于11月15日正式进驻；同时又购置了133.7亩土地用于软件基地配套设施建设。建立了大连、丹东开发中心，昆明、福州、南京、太原、郑州办事处，发展了7个代理，向深圳、长沙投入340万元购置了开发场地。目前，以沈阳为大本营，以上海、北京、深圳为产品开发策划前沿，以大连、丹东、长沙为区域性开发中心，销售网络遍及全国各中心城市的战略布署已初步完成。

(2)对原有产品进行不断完善和升级的同时，瞄准市场、根据市场需求开发新产品。

1996年，公司对原有的拳头产品如工程图纸自动处理系统(SEAS)，多媒体办公自动化系统(MOAS)、电力配电网综合管理系统(CAMPUS)、房地产交易信息系统(CARIS)、电信管理系统等软件产品进行了进一步完善和升级，先后推出了SEAS3.0、CAMPUS5.0、CARIS6.0等一系列升级产品。在完善原有软件产品的同时，公司又与东北大学软件中心(计算机软件国家工程研究中心)合作，开发出了大型数据库管理系统(OPENBASE)、工厂设计系统和社会保险系统等。截至1996年末，公司已开发出20多种大型应用软件产品，销售活跃，市场占有率逐渐上升。其中产品化软件工程图纸自动处理系统累计销售收入已突破7000万元；OPENBASE成为我国第一个产品化的数据库产品，已与美国SGI公司合作，使在中国销售的每台SGI02工作站上都装有OPENBASE；电力、电信、办公自动化、社会保险产品在山东、辽宁、湖南、广东、上海、湖北等全国范围的市场中得到广泛的推广和应用。同时，日本、韩国等软件出口国际项目保持了上年水平。

作为公司主营业务的软件及系统集成产品的开发、销售，1996年共实现利润2856.3万元，占公司利润总额的80.7%。

(3)稳健实施向以软件技术为核心的相关高科技领域拓展的经营战略。

软件作为现代产品的智能核心，已愈来愈多地被应用于许多非计算机产品中。对此，公司在进行软件产品开发同时，及时地将经营触角向以软件技术为核心的其他高科技领域拓展，这样既可以发挥公司在这一领域内的优势，又可以增强公司长远发展的活力和后劲。1996年，公司向东软集团投资的全身CT项目取得重大进展，已有3台样机投放市场运行。为了在与软件相配套的计算机系统集成方面获得更大的利润，公司投资3500万元与东软集团合作建设了目前我国最大的从事计算机设备经营的专业化商场一计算机世界广场，现已基本竣工，1997年将以BOT方式交由公司运营，将成为公司新的利润增长点。

(4)实施人才工程，满足公司长远发展对人才的需求。

软件公司的关键是人才，1996年公司新招聘、引进各类专业人才102名，使公司员工总数达285人，公司员工的整体素质进一步提高。同时，公司为员工提供了良好的工作、生活条件，稳定了公司的员工队伍。

(5)以股票上市为契机，进一步提高公司规范化运作水平。

1996年，公司在经营中牢固确立对全体股东负责和依法运作的观念，以公司可持续发展和为股东创造更大效益为一切行为的出发点和落脚点，注重增强企业自身的竞争力，注重长远发展战略的实施。认真贯彻执行董事会、股东大会决议，按照招股说明书确定的资金运用计划使用募集资金，依法进行信息披露，使公司规范化建设上了新台阶。

2、关于经营成果与预测差异的说明

1996年，公司实现主营业务收入10490.3万元，利润总额3538.7万元，净利润3267.3万元，比上年增长分别为120.0%、214.1%、214.8%，比年初预测增长分别为20.2%、47.7%、46.4%。影响实际经营成果较预测有较大增长的直接原因是市场扩大，销售增长并加强成本管理、降低费用。主要有：

(1)公司软件产品开发的主要方向是国家基础设施建设项目所需的大型应用软件系统，随着我国对基础设施建设的重点扶持和加大投入，公司产品的优势得以充分发挥，取得了良好的经营成果，并显示了巨大的市场潜力；工程图纸自动处理系统被评为国家科技进步三等奖、重点国家级火炬计划项目，继续保持较高的市场占有率；电力综合管理系统在山东、广东省的大型电厂招标中屡屡中标；电信管理系统被邮电部列为“97工程”推广产品；房地产交易信息系统获得冶金部科技进步二等奖；社会保险系统被辽宁省列为全省推广项目；办公自动化系统在全国范围内被推广应用。公司在技术和实力方面的规模优势以及公司产品方向符合国家产业政策是公司取得良好经营成果的主要原因，也是公司日后长远发展的基础和支撑所在。

(2)在激烈的市场竞争中，公司积极稳妥地开拓市场，扩大公司市场营销规模，努力提高公司产品的市场占有率和覆盖面。随着各分公司、办事处在全国范围内的建立，营销队伍的扩大，公司产品得以在全国市场范围广泛推广，售后服务相应加强，销售收入有了较大的增长。

(3)1996年公司加大了计算机技术和以计算机技术为核心的相关高科技领域产品的投入，推出了OPENBASE大型数据库管理系统，研制开发出了CTII型机产品，并取得了较好的收益，促进了公司利润的增长。

(4)1996年，公司继续得到国家和各级政府的大力支持，与东北大学软件中心(计算机软件国家工程研究中心)联合，共获国家火炬项目14项，“九五攻关”项目3项，“863”项目2项，获奖励5项。分布式多媒体应用系统项目被列入1996年沈阳市计委重点技术改造项目。1996年12月，中国建设银行沈阳市分行与公司签定银企协议，为公司提供各类信贷资金支持和其他优质金融服务。

3、募集资金使用情况说明：

单位：万元

项目名称	96年计划	96年实际投资	工程(或项目)进度
软件开发基地	2900	2707	开发楼已竣工使用
多媒体产品系列	2900	2045	已投入市场
市场销售网络	1600	3500	基本完成
出口产品系列	700	205	已投入市场
全身CT系统	1920	1048	试生产
合计	10020	9505	

四、股本变化及股本结构情况

1、股本变化及股本结构情况

(1)截至1996年末，公司股本结构如下：

数量单位：股　　每股面值：1元

	期初数	本次变动增减(＋、－)					期末数
		配股	送股	公积金转股	其他	小计	
尚未流通股份							
发起人股份	36,000,000						36,000,000
其中：							
国家拥有股份	2,800,000						2,800,000
境内法人持有股份	18,400,000						18,400,000
外资法人持有股份	14,800,000						14,800,000
内部职工股	4,000,000				－2,000,000		2,000,000
尚未流通股份合计	40,000,000						38,000,000
已流通股份							
境内上市的人民币普通股					17,000,000		17,000,000
已流通股份合计					17,000,000		17,000,000
股份总数	40,000,000				15,000,000		55,000,000

(2)股本变动原因：本年度新增发行1500万股社会公众股，使公司股本总额由年初的4000万股增至5500万股。

(2)主要股东持股情况(前十名股东：)

股东名称	年末持股数(万股)	占总股本(%)
东北大学软件中心	1520	27.64
阿尔派电子(中国)有限公司(外资股)	1480	26.91
沈阳资产经营有限公司(国家股)	280	5.09
深圳市深财证券业务部	200	3.64
中国建设银行沈阳市信托投资股份有限公司	120	2.18
苏州投资	198.31	3.61
华夏深圳	82.91	1.51
苏州信托	65.64	1.19
刘德超	29.55	0.54
周玉良	27.49	0.50

(4)截至1996年末，公司股东总数为5825户，其中国家股股东1户，法人股股东4户，内部职工股股东861户，社会公众股股东5211户。

中国高科集团股份有限公司

1996年年度报告摘要　（摘选）

一、公司简况

公司名称：中国高科集团股份有限公司

法人代表：翁史烈　　邮政编码：201206

公司地址：上海市浦东良基路39号

电话：(021)62825301　　传真：(021)62825969

二、主要财务数据与财务指标

指标项目	1996年数（合并）	1995年数（合并）	比上年增长(%)
1.主营业务收入(万元)	10302.90	9930.99	+3.74
2.净利润(万元)	2995.26	1633.75	+83.34
3.总资产(万元)	42091.11	35097.07	+19.93
4.股东权益(万元)	27941.65	15220.60	+83.57
5.每股收益(万元)	0.17	0.14	+21.43
6.每股净资产(元)	1.60	1.27	+25.98
7.净资产收益率(%)	10.72	10.73	-0.10
8.股东权益比率(%)	66.38	43.37	+53.06
9.股本总额(万元)	17460.00	12000.00	+45.50

注：1.每股收益本年数，按加权平均股本计算为0.21元。

2.若扣除新股申购冻结利息收入，则本年度净利润为1853.10万元，每股收益为0.11元，净资产收益率为6.93%。

三、公司主要业务回顾

1.一年来经营情况

1996年是公司发展最有成效的一年，公司在完成利润计划，建设发展科技主干产业及争取股票发行等方面取得了较好成绩。1996年公司主营业务收入10321.90万元，比95年度上升了3.74%，实现税后利润2995.26万元，比95年度上升了83.34%，年末总资产达到42091.11万元，净资产达到27941.65万元，净资产利润率为10.72%。公司在以下几个方面有了较好发展：

① 高科技企业发展。公司下属生物工程公司及门普来新材料公司二个高科技主干产业超额完成任务。上述二公司在96年中对厂房、设备进行了技术改造，加大了对市场和科研的投人，在开拓和稳定市场方面做了大量工作，同时，注意加强产品的质量和生产技术的控制与管理，生物公司实现销售1034万元，比年初计划800万元，超额完成234万元，门普来公司实现销售630万元，比年初计划500万元，超额完成130万元。公司下属的银科公司完成了马鞍山超细粉加工中心两条生产线技术革新和改造，年生产能力可达2000吨，96年已生产100吨，营业收入已实现65万元，并已获得订单300多吨，为97年实现销售收入和利润较大增长打下了良好的基础。

② 其它企业的发展。公司下属房产公司、咨询公司及其它第三产业公司十三个，96年也有了较好的发展和收益。房地产公司在房产销售上做了大量工作，在上海市房产销售处于低潮的情况下，经过努力售出15061平方米厂房，实现销售4600万元，实现税后利润647.27万元。公司的中小企业如：咨询公司、旅游公司、装璜广告公司、工程监理公司、博学工贸公司、科技分公司等在生产、经营、销售、内部管理等方面都有较好发展。

③ 公司在管理体制和企业运行机制上进行了较大改革，把过去分片管理下属企业改为由总部直接统一管理，通过总部设立组织人事部、企业管理部、计划财务部、证券管理部、科技开发中心、国际交流中心、审计部八个职能部门，直接对下属企业生产、销售、投资、借贷款进行全面管理，保证企业人力、物力、财力合理使用和协调发展。公司在改革中注重二级经理班子建设，把骨干放到第一线，调离不适合在本企业的工作人员。公司严格按照中国证监会、上海证管办关于上市公司规范化运作要求，使公司在财务管理、财产物资管理、劳动工资管理、资金运作及管理、借贷款管理等方面逐步走向制度化、规范化、经常化、法制化。

④ 公司注重开发新的增长点。一是注重科技信息和科技服务的发展，96年公司完成科技咨询项目100多项，开辟了与外省市，发达经济地区信息网络，并赢得了广泛社会影响。二是公司开发环保工程项目，96年下半年对“汽车尾气净化器”项目进行投资，此项目已开始启动，为97年度利润的实现增加了新的增长点。

2.募集资金使用情况说明

公司1996年下半年向社会公众发行2550万A股公众股，募集资金11465.8万元，实际使用情况如下：

① 公司将募集资金中的3900万元用于追加投资于生物工程制品、水性无机富锌涂料，超细粉体三个科技产品项目建设，目前按计划正在实施中；

② 原定募集资金中的2643万元用于开发高技精密制板和超薄壁包装容器项目。由于市场发生重大变化，经反复论证，董事会慎重决定取消此二项投资，并将原计划97年上马的环保项目——“汽车尾气净化器”提前实施，计划投资3000万元。拟分三期投人，第一期投资400万元，经过96年下半年论证调查后，已投资启动。

③ 募集资金中的2200万元，用于还前期投人的迪诺瓦涂料公司和三个高新技术产业贷款项目。

④ 募集资金中的2722万元，用于补充下属十三个公司的流动资金不足。

3.关于经营成果与预测差异说明

1996年公司预测主营业务收入26696万元，税后利润2997万元，8月份公司根据实际经营运行情况，经股东大会对主营业务收入预测数进行了调整，调整后的主营业务收入为20326万元，税后利润仍为2997万元。公司年底实际实现主营业务收入10321.9万元，税后利润2995.26万元，二项指标分别完成计划的50.78%和99.94%。影响主营业务收入的主要原因，一是大宗贸易及进出口贸易减少其主要原因，是由于出口印尼电度表，虽然中标但由于汇率原因而未能履行，同时由于国家政策调整，退税率由原来的14%，下降到9%。二是由于房地产销售仍处于滞销期，加之销售价格及部分厂房销售合同变更的影响，致使营业收入减少3000多万元。

总之，公司将在1997年做好各项工作，增加新的增长点，特别是在资产经营等方面做较大努力，创造较大的收入，给广大股东以较高的投资回报。

四、股本变化及股本结构情况

1.股本变化及股本结构情况

(1) 截止到1996年末，公司股本结构如下：

本次变动增减(+,-)　数量单位：股　每股面值：1元

	期初数	公积金转股	发行新股	期末数
尚未流通股份				
1.发起人股份	91,500,000	+18,300,000		109,800,000
2.募集法人股	8,500,000	+1,700,000		10,200,000
3.内部职工股	20,000,000	+1,800,000	-11,000,000	10,800,000
尚未流通股份合计	120,000,000	+21,800,000	-11,000,000	130,800,000
已流通股份				
1.境内上市的人民币普通股		+7,300,000	+36,500,000	43,800,000
已流通股份合计		+7,300,000	+36,500,000	43,800,000
股份总数	120,000,000	+29,100,000	+25,500,000	174,600,000

(2) 股本变动情况及原因

本年度7月8日新增发行2550万社会公众股，使公司股本总额由年初12000万股增至14550万股，本年度9月26日按股本总额的10:2比例用资本公积金转增股本2910万股，使公司股本总额由14550万股增至17460万股。

(3) 主要股东持股情况(前十名股东)

单位：万股

名次	股东名称	年初持股数	年末持股数	占总股本(%)
1	上海教育发展有限公司	900	1080	6.19
2	上海医科大学	450	540	3.09
3	新疆生产建设兵团服务公司	400	480	2.75
4	上海电力高科联合公司	400	480	2.75
5	上海世达商科技实业公司	350	420	2.41
6	复旦大学	300	360	2.06
7	上海铁道大学	300	360	2.06
8	上海交通大学	275	330	1.89
9	华东理工大学	275	330	1.89
10	四川联合大学	250	300	1.72

(4) 股东数量

至本年末，公司股东总数为26472户，其中：法人股东82户，内部职工股东376户，社会公众股东26014户。

福建实达电脑集团股份有限公司

1996 年年度报告摘要　（摘选）

一、公司简况

公司名称：福建实达电脑集团股份有限公司
法人代表：朱　刚　　邮政编码：350001
公司地址：福州市经济技术开发区科技工业区 A 小区 C 号楼
电话：0591—7549004　　传真：0591—7532500

二、主要财务数据与财务指标

单位：万元

指　标　项　目	1996 年	比上年增减(%)	1995 年	1994 年
1. 主营业务收入	120626	123.02	54086	26095
2. 净利润	9172.32	80.26	5088	3210
3. 总资产	89611	113.49	41975	2563
4. 股东权益(元)	42726	219.78	13361	7797
5. 每股收益(元)	0.47	−7.85	0.51	0.64
6. 每股净资产(元)	2.19	63.43	1.34	1.56
7. 净资产收益率(%)	21.47	−43.61	38.08	41.17
8. 股东权益比率(%)	47.68	49.79	31.83	30.41

注：按全面摊薄法计算 1996 年每股收益为 0.47 元，若按加权平均法计算 1996 年每股收益为 0.76 元。

三、公司主要业务回顾

1. 一年来经营情况

继 1991—1995 年连续五年高速发展之后，1996 年公司又继续保持高速发展的态势，主营业务收入、利润等主要经济指标再一次以超过 50% 的速度增长。全年实现主营业务收入 120626 万元，比上年增长 123%；利润总额 10503.8 万元，比上年增长 74.64%；净利润 9172.32 万元，比上年增长 80.29%，整体业绩令人鼓舞。

国民经济信息化的迅速推进，为计算机产品提供了巨大的市场。据统计，近几年，我国计算机产品市场需求年均增长幅度达到 20% 以上，且增长势头不减。面对历史性的机遇，公司利用股票上市带来的机制、实力优势，抓住良机，加大市场和科研投入，加强质量管理，并在规范法人治理机构、导入人力资源管理开发等方面采取了强有力的措施，取得了显著的成效。

1)正确制定营销策略，提高产品市场占有率

企业竞争首先是市场竞争。1996 年公司进一步健全了遍布全国的销售和售后服务体系，强化销售队伍培训，在确保产品质量前提下，利用股票上市的有利时机，向用户实行价格、质量和服务的三大承诺，拓展了市场空间。全年销售各类终端分别比上年增长了 39%、52% 和 97%，扩大了产业规模，提高了经济效益。

2)根据市场需求，不断推出新产品

不断开发新产品并推向市场，是企业保持快速、持续发展的根本保证。1996 年，公司在新的研发方面增加投入力度。引进人才，更新开发设备，成果喜人。新型一体化 POS 实现了当年开发、当年批量投放市场的目标，且各项技术指标均达到了国际先进水平，通用终端 STAR510G+、890G 等六款新终端开发成功并相继投放市场，使公司成为国内终端产品品种最多、最全的厂家，提高了市场覆盖面。此外，PR—60、PR—90 票据打印机新产品也批量投放市场，并打出了"实达"的自有品牌。

3)全面加强质量管理，提高产品质量

质量是企业生命，是产品市场竞争赖以取胜的法宝。1996 年，公司在生产系统全面宣传 ISO9002 标准，进一步建立健全质量保证体系，取得了突破性的成果。7 月 16 日、12 月 6 日，控股子公司——终端公司和打印机先后通过了 ISO9002 质量论证，标志上公司在质量管理方面上了新台阶。终端产品开箱合格率达到 99.18%，MTBF 达到 12000 小时，主要打印机产品还通过了安全论证。优质的产品是公司向客户实行质量承诺的可靠保证。

4)全面导入人力资源管理，为公司长远发展准备人才条件

企业之间的竞争归根到底是人才竞争，高新技术企业尤其如此。1996 年，公司在员工的选、训、用、考等方面采取专业化手段，逐步实行规范管理，建立了外围专家咨询层，建立健全内部竞争和激励机制。全年共招聘大学本科以上毕业生 60 名，引进各种专业人才 80 名，为公司的长远发展注入了新鲜血液。

5)加强企业管理水平，坦步提高规范运作水平

1996 年，公司先后修订了公司章程、人事、股证投资、财务、分支机构等管理制度、条例和实施细则，并贯彻执行，初步实现了管理的制度化和规范化。在电脑化管理方面，自行开发建立的计算机管理信息系统(MIS)开始投入使用，销售事业部和各销售公司的远程数据通讯启用 E—MAIL。从而大大提高管理信息的传递、使用效率。公司以股票上市为契机，牢固树立对全体股东负责和依法运作的观念，贯彻执行股东大会和董事会决议，按照招股说明书确定的资金运用计划使用募集资金，依法进行信息披露，使公司规范化运作迈上了新台阶。

6)稳步拓展新的产业领域，加快国际化进程

1996 年，公司先后和外商合资设立了福建实达终端设备有限公司和福建实达得实信息设备有限公司，进一步加强了公司终端、打印机二大类主产品在国内的领先地位；公司根据计算机产品的发展趋势，及是出的大终端——计算机网络端末设备的新概念，拓展了终端产品领域，促进了网络终端、信息终端、POS、IC 卡机具、MODEM、专用打印机等新产品的开发。公司投资建成实达金桥卫星地面站，制作《福建旅游大全》光盘，加快了系统集成软件业务与信息服务业的发展，并承接了邮政综合业务系统工程。由公司自行开发的 2.0 版本 VCD 批量投入市场，公司开始逐步介入消费电子产品领域；公司还在英国处女岛注册了全资子公司——实达国际控股有限公司，加快公司经营的国际化进程。这一切，为公司今后的多元化、国际化发展奠定了良好基础。

2. 募集资金使用情况说明：

1996 年，公司募股资金实收 22050 万元，扣减募股费用后，将有 20486 万元的资金投入使用，由于本次募股资金比预计的提前到位，计划投资的产品项目建设进程大大加快。到 1996 年底，实际使用 19170 万元，除了打印机产品技术改造项目外，其它计划项目均已基本完成，具体情况如下表：

项　目　名　称	项目投资计划	96 年计划	96 年实际投资	项目进度
电脑终端产品技改	8915	2000	8437	基本完成
打印机产品技改	8990	1000	5474	开始建设
金融电子化配套机具技改	2800	200	3186	基本完成
综合信息网建设	980	100	271	开始建设
其他	1000	200	1802	基本完成
合计	22685	3500	19170	

四、股本变化及股本结构情况

1. 股本变化及股本结构情况

1)股本结构(截止 1996 年末)　　数量单位：万股　每股面值：1 元

股本类别	期初数	本次变动增减(+、−) 发行新股	配股	送股	公积金转股	其他	小计	期末数
一、尚未流通股份								
1. 发起人股份								
其中：								
境内法人持有股份	6.771.00			3.385.50				10.156.50
2. 募集法人股	2.923.50			1.461.75				4.385.25
3. 内部职工股	305.50			25.00		−255.50		75.00
尚未流通股份合计	10.000.00			4.872.25				14.616.75
二、已流通股份								
境内上市的人民币								
普通股	3000			1.627.75		+255.50		4.883.25
已流通股份合计	3000			1.627.75		+255.50		4.883.25
三、股份总数	10.000.00	3000		6.500.00				19.500.00

2)股本变动原因：

1996 年 7 月 29 日发行 3000 万股社会公众股，公司股本总额由期初的 10000 万股增至 13000 万股。

1996 年 10 月 26 日经第二届第二次临时股东大会审议通过资本公积金转增股本，转增比例为 10:5，使公司股本总额由期初(发行后)的 13000 万股增至 19500 股。

3)前十名主要股东持股情况

股　东　名　称	年末持股数(万股)	占总股本(%)
1)福建省富闽经济发展总公司	5173.05	26.53
2)福建实达电脑集团股份有限公司工会	3804.675	19.51
3)福建计算机外部设备厂	3675.00	18.85
4)福州开发区科技园建设发展总公司	750.00	3.85
5)福建八方科技发展股份有限公司	438.00	2.25
6)福州市国有资产营运公司	219.00	1.12
7)福建兴业证券公司	120.45	0.62
8)电子工业部计算机与微电子发展研究中心	109.50	0.56
9)福建省经贸委劳动服务中心	109.50	0.56
10)平安保险公司	86.6055	0.44

4)股本数量：

截止 1996 年末，公司股东总数为 39424 户，其中：法人股股东 12 户，内部职工股股东 818 户。社会公众股股东 38594 户。

苏州新区高新技术产业股份有限公司

1996 年年度报告摘要　（摘选）

一、公司简况

公司名称：苏州新区高新技术产业股份有限公司

法人代表：王金华　　　邮政编码：215011

公司地址：江苏省苏州市新区运河路 8 号

电话：0512—8251888—8580 传真：0512—8253101

二、主要财务数据与财务指标

指标项目	本年数	上年数	比上年增减(%)
1.主营业务收入(万元)	221615482.29	136426694.99	62.44
2.净利润(万元)	50630355.58	25669333.09	97.24
3.总资产(万元)	578842825.98	308544120.75	87.60
4.股东权益(万元)	255692941.19	88690191.03	188.30
5.每股收益(元)	0.527	0.57	-7.54
6.每股净资产(元)	2.66	1.97	35.03
7.净资产收益率(%)	19.80	28.94	31.58
8.股东权益比率(%)	44.17	28.74	53.69

注：1. 1995 年度财务数据与指标与本公司新股发行时招股说明书上披露的有所不同，原因是：招股说明书上披露的数额是资产评估后的数据，根据规定不予调帐。

2. 本公司股本年初数为 4500 万元，年末为 9600 万元，1996 年度每股收益加权数为 0.884 元。

，根据中国证券监督管理委员会证监上字(1997)1 号规定，上述 1996 年度财务数据和财务指标扣除新股申购冻结资金利息分别为：

单位：元

项　目	96 年
1. 净利润	49,423,386.91
2. 股东权益	254,427,540.02
3. 每股收益	0.515
4. 每股净资产	2.65
5. 股东权益比率(%)	45.87
6. 净资产收益率(%)	19.43

三、公司主要业务回顾

1. 一年来经营情况

1996 年，在国民经济刚刚走出低谷，银根偏紧的经济形势下，我公司全体员工团结协作，奋力拼搏，取得了较好的经营业绩。年末公司总资产 57884.28 万元，净资产 25569.29 万元，全年共实现营业收入 22161.55 万元，净利润 5063.04 万元。

在基础设施开发上，公司经济项目部通过在欧美市场举办有针对性的招商会，积极与外商进行接洽谈判，规范进区项目的入驻手续，加强后道服务等措施，增强了招商引资的力度。

本公司全资企业苏州新区燃气厂，自 96 年 1 月动工以来，克服了工期紧、气候异常、居民动迁等诸多困难因素，保证了工程进度。控股企业苏州新豪轴承有限公司本年度产销两旺，共生产各种类型高精密度汽车轴承 215.2 万套。控股企业苏州新创建设发展有限公司始终致力于苏州新区标准厂房、商业用房、住宅等各类房屋的建设开发。本年度新开工建筑面积 9.27 万平方米，竣工建筑面积 8.84 万平方米。

2. 本年度主营业务收入、净利润实际完成情况分析

本年度主营业务收入为 22161.55 万元，比上年增长了 62.44%，净利润为 5063.04 万元，比上年增长了 97.24%。主营业务收入中，科技、基础设施开发收入 14077.51 万元，占 63.52%；房地产销售收入 6942.45 万元，占 31.33%；产品销售收入 1141.59 万元，占 5.15%。

对照公司人民币普通股发行上市时的盈利预测，从母公司角度分析，本年度公司主营业务收入预测为 9635 万元，实际为 14078 万元，完成计划的 146%，净利润预测数 3695 万元，实际为 5005.79 万元，完成计划的 135.47%。增长的主要因素在于，今年上半年公司作盈利预测时，国家宏观经济调控处于尾期，税收政策上取消了外商投资企业进口自用设备关锐减免优惠，因此，对公司主营业务基础设施开发收入的预测采取了谨慎态度。下半年，随着宏观经济的全面复苏，加之本公司人民币普通股股票发行上市后，公司借助上市效应加大了广告宣传力度，巩固提高了公司市场形象，扩大了公司知名度，销售合同的签约明显增多，因此主营业务收入和净利润有了大幅度提高。

3. 对前次募集资金的运用情况的说明

1996 年本公司公开发行人民币普通股股票 1500 万股，扣除发行上市费用共募集资金 11225 万元。募集资金运用情况如下：

(1) 投资 5000 万元用于新区燃气工程。

该项目已投入基础设施、固定资产 3000 万元。工程进展顺利，后期流动资金 2000 万元将于 97 年 1 月项目投产后将相继投入。资金投入、项目进度与计划基本相符。

(2) 投资 1000 万元用于开发生产 AH 型万能断路器项目。

本项目原计划于 96 年 8 月开工，但由于市场发生变化，同业竞争加剧，AH 型万能式断路器生产技术所有者又向其他方转让了该项技术等原因，本着对投资者负责的态度，本公司现正组织力量作进一步的评估论证，目前资金尚未投入。

(3) 投资 2500 万元用于兴隆电子工业园。

本项目的开发建设工作进展顺利，规划的一平方公里内已建设道路 3.8 公里，铺设污水管、雨水管 3.8 公里，自来水管 3.9 公里，煤气管 0.6 公里，区域内"七通一平"工程正处于紧张实施阶段，本次募股拟投的 2500 万资金已全额投入到位。项目建设进度与资金投入进程与招股说明书相符。

(4) 投资 2640 万元受让苏州新区经济发展集团总公司所持有的江苏富士通通讯技术有限公司 10.5%的股权。受让工作现已完成，共投入资金 2640 万元，与计划相符。江苏富士通公司属中外合资企业，其 96 年度财务决算报告可在 97 年 3 月前完成。本报告截止日，江苏富士通公司尚未进行利润分配，故本报告未反映其投资收益。

募集资金投资项目情况列表如下(万元)：

项目名称	计划投资	实际投资	完成进度
燃气工程	5000	3000	基本完工
AH 万能式断路器	1000	0	未投入
兴隆电子工业园	2500	2500	完工
富士通	2640	2640	完工

四、股本变化及股本结构情况

1. 股本结构如下：

填报日期：1996 年 12 月 31 日　　数量单位：股

每股面值：1 元

	期初数	本次变动增减(+、-) 送股	公积金转股	小计	期末数
一、尚未流通股份					
1. 发起人股份					
其中：					
国家拥有股份	30875000	9262500	9262500	18525000	49400000
境内法人持有股份	6000000	1800000	1800000	3600000	9600000
外资法人持有股份					
其他					
2. 募集法人股	7000000	2100000	2100000	4200000	11200000
3. 内部职工股	1125000	337500	337500	675000	1800000
4. 尚未流通股份合计	45000000	13500000	13500000	27000000	72000000
二、已流通股份					
1. 境内上市人民币普通股	15000000	4500000	4500000	9000000	24000000
已流通股份合计	15000000	4500000	4500000	9000000	24000000
三、股份总数	60000000	18000000	18000000	36000000	96000000

注：本表期初数为新股发行后的股本数，公司新股于 1996 年 8 月 15 日上市。

2. 股本变动情况及原因：

上表中公司年末股本比年初股本增加的数量，是因为年度内实施了按每 10 股送 3 股的 95 年度利润分配方案及用资本公积金按 10:3 转增股本方案。

3. 主要股东持股情况(前十名股东)

名次	股东名称	年初持股数(万股)	占总股本(%)
1	苏州新区经济发展集团总公司	4940	51.46
2	中信兴业信托投资公司	640	6.67
3	乐星工商实业公司	640	6.67
4	新港建设发展有限公司	480	5.00
5	苏州物资贸易中心	320	3.33
6	江苏东方证券经纪服务公司	116.62	1.21
7	江苏证券股份有限公司	40.25	0.42
8	张杰	30	0.31
9	苏州证券公司新区营业部	18.11	0.19
10	吴华	13.50	0.14

4. 年末股东数量

根据上海证券中央登记结算公司提供的数据，截至 1996 年 12 月 31 日，本公司股东总数为 6159 名。

西藏圣地股份有限公司

1996年年度报告摘要 （摘选）

一、公司简况

公司名称：西藏圣地股份有限公司

法人代表：苏平(藏族) 邮政编码:850000

公司地址:西藏自治区拉萨市林廓东路6号

电话：(0891)6339150 传真：(0891)6339041 6332675

二、主要财务数据与财务指标

指标项目	本年数	上年数	比上年增减(%)
1.主营业务收入(万元)	2,859.22	1,445.46	97.81
2.净利润(万元)	549.59	156.21	251.83
3.总资产(万元)	14,053.62	5,800.59	142.28
4.股东权益(万元)	10,014.08	3,517.63	184.68
5.每股收益(元/股)	0.11	0.05	120.00
6.每股净资产(元/股)	2.00	1.18	69.49
7.净资产收益率(%)	5.48	4.00	37.00
8.股东权益比率(%)	71.26	60.64	17.51

注:(1)按加权法计算1996年每股收益为0.15元;

(2)本公司1996年发行期间,冻结的资金利息净收入为11,656,910.40元,其中:中签部分冻结资金利息35,425.75元计入资本公积金,冻结无效申购资金利息11,621,484.65元,按五年分摊进入营业外收入转本年利润计2,324,296.93元,扣除本次利息收入后的财务指标为:

指标项目	本年数	上年数	比上年增减(%)
净利润(万元)	352.02	156.21	125.35
每股收益(元/股)	0.07	0.05	40.00
净资产收益率(%)	3.51	4.00	-12.12

三、公司业务回顾

1.一年经营情况

1996年是公司组建和创立的第一年,既要抓公司的筹组改制,又要确保生产经营的良好运行,任务十分艰巨,在公司全体员工的共同努力下,通过加强企业管理基础工作,挖掘内部生产经营潜力,狠抓旅游组团和矿泉水的试生产以及市场开拓,克服了旅游行业不景气、竞争十分激烈以及矿泉水本年试生产显现出的配套设施未跟上,销售市场尚处于开发阶段和整体业务旺季不旺、淡季十分清淡的困难,共实现营业收入2,859.22万元,利润总额645.32万元,分别比去年增长97.81%和189.17%,创造了公司的最好水平。

1996年公司抓住股票上市的契机,以优良的业绩回报股东为目标,扎实有效地采取了以下措施:

(1)、为规范公司运作,高度重视建立健全公司董事会、监事会和行政运行机制,使公司的管理系统运转灵活、高效;

(2)、强化基础管理,建立健全内部各项规章制度;

(3)、加强旅行社旅游组团业务工作,作好矿泉水公司的试生产以及市场开发,积极完善其配套设施;

(4)既重视公司现行业务的管理又注重技改项目的前期准备工作,做到生产、改扩建两不误;

(5)重视公司形象策划,利用本公司作为西藏本土第一家上市公司的声誉,搞好本公司旅游服务项目和矿泉水产品销售的外部形象宣传;

(6)、积极探索本公司发展的新思路,认真做好本公司拟上项目的可行性论证和前期考察工作。

2、公司财务状况

全年实现营业收入2,859.22万元,比上年1,445.46万元增长97.81%,比全年预测的3,039万元下降179.78万元,降幅为5.92%;实现净利549.59万元,比去年156.21万元上升251.83%,比全年预测的609万元下降59.41万元,降幅为9.76%。营业收入和利润虽比上年有大幅度增加,但与预测仍有一定差距,原因主要是:原矿泉水公司96年刚投入生产,生产配套设施尚不完善和市场处于开发期,生产所需的部分原辅料供应市场、大部分产品的销售市场,均在内地,使产品各项成本偏高。

3、前次募集资金使用说明

1996年9月,本公司通过上网发行方式募集股金5700万元,到位时间已临近冬季,由于受西藏地区特殊的高原地质条件和气候限制,无法按《招股说明书》的用途预期投入使用,本年只预订了喜玛拉雅饭店改造的部分设备和开支了一些零星费用,金额为306.68万元,其余大部分资金为发挥其最大的收益,临时拆借了5480万元,投入到西藏自治区农行作短期投资。

四、股本变化及股本结构情况

1、截至1986年末,本公司股本结构如下:

(股份单位:万股 每股面值:人民币1元)

股份类别	年初数	占总股本比例	年末数	占总股本比例
(1)、尚未流通股份				
发起人法人股	2960.876	99%	3470	69.4%
法人股	30.00	1%	30	0.6%
内部职工股	0.00	0	150	3%
尚未流通股份合计	2990.876	100%	3650	73%
(2)、已流通股份				
社会公众股	0	0	1350	27%
(3)、股份总数	2990.876	100%	5000	100%

2、股份变动情况及原因

(1)、经西藏自治区人民政府藏政复字(1996)第1号文批准,在合并改组原西藏天然矿泉水有限公司及西藏国际体育旅游公司所属旅行社、喜玛拉雅饭店的基础上,吸收西藏交通工业总公司、西藏信托投资公司、西藏农牧业机械(集团)总公司三家企业作为发起人,设立西藏圣地股份有限公司,吸收发起人股份509.124万股;

(2)、经中国证监会证监发审字(1996)第170号和171号文批准,本公司在上海证券交易所上网发行1350万股获成功,同时向公司内部职工配售了150万股的内部职工股。

3、主要股东持股情况(前十名)

股东名称	持有股份(万股)	占总股本的比例(%)
1)四川经协公司	1,624.09	32.48
2)西藏国际体育旅游公司	1,001.11	20.02
3)西藏交通工业总公司	335.68	6.72
4)西藏西农集团	254.56	5.09
5)西藏信托投资公司	254.56	5.09
6)西南边贸公司	30.00	0.60
7)段中恒	15.62	0.31
8)王爱凤	15.00	0.30
9)申银公司	15.00	0.30
10)仁和水厂	12.62	0.25

4、年末股东户数

截止1996年12月31日,公司股东总数为11,377户,其中国有法人股股东6户,内部职工股股东877户,社会公众股股东10,494户。

山东泰山旅游索道股份有限公司

1996 年年度报告摘要 （摘选）

一、公司简况

公司名称：山东泰山旅游索道股份有限公司

法人代表：李爱国　　　　　　　邮政编码：271000

公司地址：山东省泰安市虎山路中段

电话：0538-8418777　8217442　　　传真：0538-8412066

二、主要财务数据与财务指标

指标项目	本年数	上年数	比上年增减(%)
1.主营业务收入(万元)	4158.48	2986.19	39.26
2.净利润(万元)	2528.37	1354.80	86.62
3.总资产(万元)	22526.71	17237.67	30.68
4.股东权益(万元)	16624.42	8894.05	86.92
5.每股收益(元)	0.37	0.23	60.87
6.每股净资产(元)	2.41	1.51	59.60
7.净资产收益率(%)	15.21	15.23	－0.13
8.股东权益比率(%)	73.80	51.60	43.02

注：扣除冻结资金利息收入 696,000 元之后，净利润为 2458.77 万元，每股收益为 0.357 元，净资产收益率为 14.79%。

三、公司主要业务回顾

1．一年来经营情况

1996 年度以公司股票上市为契机，大力宣传泰山丰富的旅游资源，提高了泰山旅游和泰山索道的知名度，使来泰山旅游的客源有了明显增加。同时，继续完善现代企业制度，加强企业内部管理，努力降低成本费用，实现了改制以来三年迈出三大步。主营收入和实现利润均达到每年增加 1000 万元，完成了 1996 年的预测经济指标。

全年实现营业收入 4158.48 万元，比上年增长 39.26%，完成预测指标的 98.08%，实现利润 2974.55 万元，比上年增长 47.10%，完成预测指标的 103.35%；税后利润为 2528.37 万元，比上年增长 86.62%，完成预测指标的 103.37%，年末总资产 22526.71 万元，比上年增长 30.68%，净资产 16624.42 万元，比上年末增长 86.92%。

2．公司主要业绩概述

公司主要经营旅游索道的客运业务，现拥有泰山中天门、桃花源、后石坞三条大型旅游客运索道，以泰山旅游资源为依托，运送游览泰山的中外游客。公司针对泰山旅游淡、旺季和中天门索道客源饱和，桃花源及后石坞两条新索道设计运输能力大而客源不足的不同特点，采取了相应的经营管理措施。

(1) 借公司股票上市和 104 国道与进山游览公路连接通车的有利时机，通过新闻媒介广泛宣传两条新索道和新景区，在交通要道、车站、广场设置醒目广告和路线图、导向牌，引导游客乘坐新索道。

(2) 在经过充分论证、保证安全的前提下，提前进行中天门索道车厢扩容改造，提高旺季运量，增加收入。

(3) 利用索道旅行社的自身优势，开辟新的旅游路线，广揽客源积极组团，乘坐新索道，游览新景区。

(4) 增加运营班次，合理调整岗位，延长旺季运营时间，全面提高服务质量，确保索道安全运行。

(5) 分解运营指标，落实经济责任，提高全体员工的积极性。

因此，公司三条索道均取得了良好的经济效益。其中：中天门索道营业收入实现 2365.5 万元，桃花源、后石坞两条新索道营业收入实现 1793 万元，分别比上年同期增长 5.36%、141.97%，创造了公司营业收入的历史最好水平。

公与转为上市公司，按照现代企业的要求，规范了公司行为，先后制定出十六项管理规定，强化企业管理，挖掘内部潜力，努力降低消耗，提高资金运行效益，公司 1996 年营业成本比预测指标减少支出 94.41 万元，存款利息收入比预测指标增加 10.38 万元。

2．募集资金使用情况说明

公司于 1996 年 8 月公开发行 1000 万 A 股股票，扣除发行费用实际募集资金 5200 万元，按招股说明书所述，公司对募集资金使用情况说明如下：

(1) 完善泰山桃花源、后石坞两条索道配套工程，投资 1000 万元，于 1996 年 12 月交付使用。

(2) 泰山中天门索道车厢扩容改造工程，投资 600 万元，于 1996 年 10 月投入正常运营。

(3) 扩建泰山索道汽车队，计划投资 300 万元，现已投资 88.41 万元，其余将在 1997 年完成并投入运营。

(4) 新建泰安索道维修基地，计划投资 2800 万元，现已投资 115.27 万元，完成了征地等前期工程。

四、股本变化及股本结构情况

1．股本变化及股本结构情况

股票面值：每股 1 元

单位：　万股

	期初数	本年度增减(＋,－)	期末数
(一) 尚未流通股份			
(1)国家拥有股份	3000		3000
(2)募集法人股	1021.6		1021.6
(3)内部职工股	1862.6	－722	1140.6
尚未流通股份合计	5884.2	－722	5162.2
(二) 已流通股份			
境内上市的人民币普通股	＋1722	1722	
已流通股份合计	＋1722	1722	
(三) 股份总数	5884.2	＋1000	6884.2

2．股本变动原因：

根据中国证监会复审意见，本公司于 1996 年 8 月份新发行 1000 万股，同时内部职工股 722 万股占额度一并上市。使公司总股本由 5884.2 万股，增至 6884.2 万股。

截止 1996 年 12 月 31 日股东总数为 8984 户。

3．主要股东持股情况(前十名股东)

名次	股东名称	年初持股数(股)	占总股本(%)
1	泰安市国有资产管理局	30000000	43.58
2	吕湘绮	585000	0.85
3	陈开明	498297	0.72
4	武汉银星设备租赁公司	350000	0.51
5	陈　静	350000	0.51
6	南京电器	345478	0.50
7	林献芳	322128	0.47
8	肖依福	289324	0.42
9	何　伟	285000	0.41
10	江东来	239578	0.35

辽宁金帝建设集团股份有限公司

1996年年度报告摘要　（摘选）

一、公司简况

公司名称：辽宁金帝建设集团股份有限公司

法人代表：潘劲松　　邮政编码：110006

公司地址：辽宁省沈阳市和平区宁波路39号

电话：024-3877457　　传真：024-3877451

二、主要财务数据与财务指标

指标项目	本年数	上年数	比上年增减(%)
1.主营业务收入(万元)	79,312.63	74,406.88	6.59
2.净利润(万元)	5,453.62	3,621.80	50.57
3.总资产(万元)	90,433.31	65,346.85	38.39
4.股东权益(万元)	40,530.40	20,000.01	102.65
5.每股收益(元)	0.68	0.59	15.25
6.每股净资产(元)	5.07	3.26	55.52
7.净资产收益率(%)	13.46	18.11	-34.55
8.股东权益比率(%)	44.82	30.61	46.42

注：扣除利息收入因素，净利润为4676.10万元；每股收益0.59元；净资产收益率11.76%。

三、公司业务回顾

1. 一年来经营情况

一九九六年是我国实施"九五"计划的第一年，也是公司发展中关键的一年，公司2000万股A股的成功上市，为公司的良性发展增添了新的动力，带来了新的契机。尽管1996年公司所处的外部环境异常严峻，但是公司借股票上市的东风，紧紧围绕经济效益这个中心，调整经营策略，提高工程质量，扩大市场份额，狠抓从严管理，在公司董事会的领导下，齐心协力，克服了各种不利因素，取得了良好的经营业绩。全年实现主营业务收入79,312.63万元，比上年增长6.59%，完成年度预测值的84.4%；完成税后利润5,453.62万元，比上年增长50.57%。完成年度预测值的106.9%，年末总资产90,433.31万元，净资产40,530.40万元。

1996年，公司之所以能够克服不利因素，继续保持经济效益稳定发展的良好势头，主要是在狠抓工程质量，扩大市场占有率，强化内部管理，提高市场竞争能力上狠下功夫，扎实有效地采取了以下措施：

(1) 全面开展"质量年"活动，提高了工程质量。公司将1996年确定为"质量年"，提出了"实施名牌战略，营造精品工程"的口号，以"一学、五严、一追查"为主要内容，重点在完善质量保证体系，健全质量规章制度，开展技术业务培训等基础工作上下功夫，增强了全员质量意识，提高了工作质量和工程质量水平，确保了工程一次验收合格率达到100%；实现单位工程优良品率54%；创市优质工程15项，公司所属第二建筑工程公司承建的新阳大厦工程获得了沈阳、长春、哈尔滨三市质量观摩银牌奖，并在全省大型施工企业中率先通过质量体系认证，取得了ISO9002质量体系认证证书；公司所属工业安装公司承建的辽阳化纤总厂二期工程，获得了中石化总公司的表彰，并有望获得部颁银质奖。

(2) 全面实施战略转移，不断扩大市场占有份额。根据市场的不断变化，公司确立了在工程任务开发上向国内投资热点地区和沿海地区转移的战略决策。在立足本地，巩固扩大原有阵地的基础上，公司所属第一，第二建筑工程公司、工业安装公司、机械施工公司等卓有成效地进行了全方位的任务开发，分别在山东、山西、河北、北京、上海、天津、厦门、大庆、长春、茂名、大连等10多个省市地承建、承揽了大量建筑、工业设备安装及筑路工程，为实现当年的计划和确保下年度的连续施工打下了良好的基础。

(3) 加强管理，进一步完善项目管理监督机制。1996年公司从完善工程项目管理监督机制入手，推行工程项目经济责任指标考核与项目经理现任考核等办法，取代企业与项目签订的工程项目承包合同，明确了企业与项目之间是经济责任监督与执行的关系，而不是承包经营的关系，从而基本上克服了项目管理过程中存在的以包代管的弊病。同时，进一步加强了对一、二级项目经理部的成本核算、材料管理、资金使用、财务审计和工程技术、质量管理等工作，保证了工程项目的管理到位，责、权、利到位，促进了生产经营活动的有序进行。

2. 关于经营成果与预测差异的说明

公司1996年实际完成主营业务收入79,312.63万元，比预测值降低15.6%，主要原因是96年国家实行紧缩的宏观调控政策，基建投资规模受到严格控制，影响了主营业务收入按计划完成。

1996年公司净利润实际完成5,453.62万元，比预测值降低6.9%，主要原因是本年度公司股票发行时申购失败者存款利息，总额为4573.6万元，根据国家财政部和国家税务总局联合下发的有关文件精神，按五年分摊，平均每年转入利润总额914.72万元，同时公司加强了内部管理，严格控制非经营性支出等，净利润得以相应提高。

3. 募集资金使用情况说明

1996年公司募股资金实收15062.9万元，按招股说明书中披露的资金投向，公司对改建年产15万吨快硬硫(铁)铝酸盐水泥、新建年产12万立方米混凝土承重空心砌块生产线、R·PVC塑钢门窗厂扩建、施工设备更新等四个项目按计划已投入1276万元，并正在按有关要求组织实施。另外，根据市场变化情况，为更加合理有效地使用募集资金，确保股东投资收益，经公司董事会研究决定，拟取消原定的年产万吨可环境降解树脂项目、年产30万立方米钢竹模板项目。对原定引进年产5万立方米非承重粉煤灰空心砖生产线项目调整为从美国BESSER公司引进年产12万立方米承重混凝土空心砌块生产线，其投资额调整为2960万元人民币。对拟取消和调整项目将提交公司1996年股东年会审议通过，对其它可行的项目，公司目前正在组织运作。

四、股本变化及股本结构情况

1. 股本变化及股本结构情况

截至1996年末公司股本结构如下：

单位：万股

本次变化增减(+，-)

	期初数	配股	送股	公积金转增	期末数
(一)尚未流通股份					
(1) 发起人股份					
其中：					
国家拥有股份	3907.50				3907.50
境内法人持有股份	1000.50				1000.50
其他：					
(2) 内部职工股	1227.00				1079.76
尚未流通股份合计	6135.00				5987.76
(二) 已流通股份					
境内上市的人民币普通股	0				2000.00
已流通股份合计	0				2000.00
(三) 股份总数	6135.00				7987.76

2. 股本变动情况及原因

本年度新增发行1852.76万股社会公众股，另有147.24万股内部职工股占用本次发行新股额度随本次发行的新股一起上市，使公司股本总额由年初的6135万股，增至7987.76万股。

截至1996年末，公司股东总数为29731户，其中：国家股股东1户，法人股股东73户，内部职工股股东14882户，社会公众股股东14775户。

主要股东持股情况(前十名股东)

名次	股东名称	年末持股数(万股)	占总股本(%)
1	辽宁省国有资产管理局	3907.50	48.91
2	辽建集团国际经济技术合作公司	250.00	3.13
3	福建安溪县机电设备公司	250.00	3.13
4	沈阳宝珑	118.36	1.48
5	长春新世界广场	100.00	1.25
6	沈阳贵园	76.11	0.95
7	华昆农林	64.26	0.80
8	利诚财务	55.03	0.69
9	北京鑫宏威经济技术开发有限责任公司	50.00	0.63
10	中国泛华工程有限公司	50.00	0.63

海南华侨投资股份有限公司

1996年年度报告摘要 （摘选）

一、公司简况

公司名称：海南华侨投资股份有限公司

法人代表：赵 锴　　　　邮政编码：570125

公司地址：海南省海口市金融贸易区国贸新村四号楼

电话：0898—6767644　　　传真：0898—6767421

二、主要财务数据与财务指标

指标项目	本年数	上年数	比上年增减(%)
1.主营业务收入(万元)	4290	6079	-29
2.净利润(万元)	3492	2690	29.6
3.总资产(万元)	48434	60269	-19.6
4.股东权益(万元)	33654	30162	11.6
5.每股收益(元)	0.35	0.27	29.6
6.每股净资产(元)	3.41	3.05	11.8
7.净资产收益率(%)	11.66	10.02	16.4
8.股东权益比率(%)	69.5	50	39

三、公司主要业务回顾

1996年度，在董事会的直接领导下，公司紧紧围绕"收缩盘活和扩张发展相结合"的经营策略，继续以高科技产业和文化传播业为主导来开拓公司发展之路，取得了可喜的成绩，为向董事会提出的产业化目标迈进奠定了基础。

1．经营业绩与财务概要

本公司一九九六年度实现利润3528万元，净利润3492万元，比上年度增长了近30%。截止1996年12月31日，公司总资产规模达到48434万元、净资产33654万元，净资产上年同期增长了11.6%。

2．高科技产业

1996年，高科技业务主要围绕网络工程项目，网络产品及计算机代理销售等项目来展开工作，主要完成了中央教育电视台信息网络工程项目等，网络产品方面围绕Bay, Networks产品与Super-R进行合作，并继续代理了Intel、Compaq等计算机产品。

2．文化传播产业

由公司全资子公司北京金都侨业实业有限责任公司控股的北京成象影视制作公司，在1996年度，拍摄、发行、播出的电视剧共9部、211集，主要有20集连续剧《东边日出西边雨》、40集古装喜剧《宰相刘罗锅》、27集电视剧《广州教父》、20集连续剧《其实男人最辛苦》等。其中《宰相刘罗锅》一剧播放后，产生了较大反响，创国内近年电视剧收视率之最，树立了良好的品牌形象。

3．房地产业

主要有房产出售、出租和房地产投资三项业务。围绕董事会提出的资产盘活工作，公司一方面开拓房产销售市场，另一方面通过强化服务和管理水平，来提高房屋的入住率，在房地产投资方面，公司投资的北京阳光广场项目获投资收益4200万元，名人广场回收了部分投资款，公司投资1800万元与中国科技国际信托投资公司合作的北京东直门运乾大厦(原名旭日综合商业楼)项目已完成拆迁和前期基础工作。

四、股本变化及股本结构情况

1．股本结构情况及股本变化

1996年度公司股份变动情况

数量单位：股　每股面值：1元

类　目	期初数	期末数
一、尚未流通股份		
1．发起人股份	47,500,000	47,500,000
其中：		
境内法人持有股份	47,500,000	47,500,000
2．募集法人股	15,500,000	15,500,000
3．内部职工股	3,000,000	3,000,000
尚未流通股份合计	66,000,000	66,000,000
二、已流通股份		
1．境内上市的人民币普通股	32,746,200	32,746,200
已流通股份合计	32,746,200	32,746,200
三、股份总数	98,746,200	98,746,200

注：公司于1996年12月27日召开的四届四次股东大会通过的1995年度利润分配方案为向全体股东每10股送红股2股，该方案实施时间为1997年2月24日。该变动不在本报告年度内，特此说明。

2．主要股东持股情况

股东名称	年末持股数量(万股)	持股比例(%)
(1)海南新产业投资有限公司	2,200	22.28
(2)海南亚太工贸有限公司	750	7.59
(3)海南物业投资公司	750	7.59
(4)海南正兴投资发展有限公司	600	6.07
(5)亚太奔德有限公司	600	6.07
(6)比欧特国际工程开发有限责任公司	350	3.54
(7)海南证大资产管理公司	300	3.04
(8)正大国际财务有限公司	300	3.04
(9)海南高科技产业发展公司	200	2.02
(10)海南正兴房地产发展有限公司	170	1.72

该十大股东在年度内股份未发生变动。

4．子公司及关联企业

公司名称	本公司投资额	持有股份(%)
1．海南华侨国际旅游娱乐公司	600万元	100%
2．海南现代实业有限公司	1000万元	100%
3．北京金都侨业实业有限责任公司	2000万元	100%
4．烟台金海物业有限公司	1800万元	100%
5．海南华侨商业有限公司	15000万元	49%
6．海南省中平木业有限公司	1000万元	20%
7．海南亚太创汇农业综合开发股份有限公司	1000万元	10%

湖南衡阳市飞龙实业股份有限公司

1996年年度报告摘要　（摘选）

一、公司简况

公司名称：湖南衡阳市飞龙实业股份有限公司

法人代表：尹书龙　　邮政编码：421001

公司地址：湖南衡阳市解放路131号

电话：(0734)8219025　　传真：(0734)8214359

二、主要财务数据与财务指标

（单位：元）

指标项目	本年数	上年数	比上年增减(%)
1.主营业务收入	145935441.84	189024056.03	-22.80%
2.净利润	15381804.67	9018311.09	70.60%
3.总资产	324561990.64	229192577.32	41.60%
4.股东权益	149965481.28	138839713.17	8.02%
5.每股收益)	0.26	0.15	73%
6.每股净资产	2.95	2.73	8.05%
7.净资产收益率(%)	10.26	6.50	57%
8.股东权益比率(%)	46.21	60.58	-24%

三、公司主要业务回顾

1.公司业绩概述

于报告期内，本公司实现主营业务收入14593.54万元，利润总额为1810.65万元，分别比上年减少了22.8%和增加74.40%，继续保持稳定健康的发展。

本公司进行股份制改造后，不断深化改革力度，按照《公司法》条例和国家对上市公司规范化运作的要求进行了内部调整。一是对耒阳水泥厂进行有限责任公司改造，在加大管理力度的同时，保质保量维持原425号普硅水泥的生产线正常生产，13.2万吨的525高标号水泥新扩建工程，按照设计生产能力，保证了在6月18日全面投产，并进入了正常运行。二是对飞雁轧钢厂进行有限责任公司的改造，在改制、改组的基础上按期完成了第二期炼钢工程的建设，并在九六年实现了转产的正确决策，九七年飞雁轧钢厂可进入规模的有色冶炼生产。三是成立飞龙服务有限责任公司，对招待所、酒家、不夜城进行改造，并且迈入了正规化轨道。

一九九六年底投资1000万元兴建的飞龙大市场的全面竣工和交付使用，一九九七年将进行大规模的建材生产和销售，本公司形成了以建材工业为主导，以商贸为基础的经营格局。

报告年度公司主营业务收入减少的原因主要费用于再生资源的投入减少；而主要投向三大基础工程，利润总额增加的原因有以下几点：(1)商贸经营实现规模化，主导商品继续保持快速的递增势头；(2)物业管理利润增加；(3)投资收益明显增加。

2、募集资金使用情况说明：

公司1993年募集的资金于报告期内正在使用中：一是投资7000万元的耒阳水泥厂13.2万吨525高标号水泥生产线，经过近三年的不懈努力，于1996年6月投产；二是投资2500万元的飞雁轧钢厂建设工程，第一期轧钢工程于1994年试产成功，第二期炼钢工程也于1996年全部竣工，现冶炼有色金属试验成功；三是投资1000万元，兴建12000多平方米的飞龙大市场，于1996年完工，现已全部启用。

四、股本变化及股本结构情况

1.股本变化及股东结构情况

(1)截至1996年末，公司股本结构如下：

数量单位：万股　　每股面值1元

股份类别	期初数	占总股本(%)	期末数	占总股本(%)
A、尚未流通股份				
a.发起法人持股	1144	22.52	1144	22.52
b.募集法人持股	1856	36.53	1856	36.53
尚未流通股份合计	3000	59.05	3000	59.05
B、已流通股份	0	0	2080	40.95
境内上市的人民币普通股	0	0	2078.1	40.91
董事、监事持股			1.9	0.04
C、股份总数	5080	100	5080	100

注：本公司报告期内股本无变化

(2).主要股东持股情况

股东名称	持股数量(万股)	持股比例
1)衡阳市供销合作社联合社	1144	22.52%
2)耒阳市国有资产投资经营总公司	750	14.76%
3)北京涌金财经顾问有限公司	400	7.88%
4)衡阳市巨安投资有限公司	100	1.97%
5)衡阳市工商行政管理局劳动服务公司	40	0.79%
6)衡阳市金龙大酒店	39.53	0.77%

2.公司董事、监事与高级管理人员持股情况

姓名	职务	年初持股数	年末持股数	变动原因
尹书龙	董事长兼总经理	3000	3000	无
鹿玉章	副董事长	1000	1000	无
陈和泉	副董事长、副总经理	1000	1000	无
吴昌发	董事兼副总经理	1000	1000	无
谢年富	董事	1000	1000	无
宋凯荣	董事	1000	1000	无
彭万国	董事	0	0	无
黄德忠	董事	1000	1000	无
曾祝奇	董事	1000	1000	无
夏庚成	董事	1000	1000	无
阳述安	董事会秘书兼总经理助理	1000	1000	无
罗亚宁	监事会召集人	1000	1000	无
沈景松	监事	1000	1000	无
张顺元	监事	1000	1000	无

运盛(福建)实业股份有限公司

1996年年度报告摘要 (摘选)

一、公司简况

公司名称：运盛(福建)实业股份有限公司

法人代表：陈泽盛　　邮政编码：350003

公司地址：福建省福州市湖东路169号天骛大厦11楼

电话：0591-7542845转368　传真：0591-7542843

二、主要财务数据与财务指标

指标项目	本年数	上年数	比上年增减(%)
1.主营业务收入(万元)	20,300	14,577	39.26
2.净利润(万元)	4,022	2,710	48.41
3.总资产(万元)	68,249	42,265	61.48
4.股东权益(万元)	36,903	17,284	113.51
5.每股收益(元)	0.402	0.361	11.36
6.每股净资产(元)	3.69	2.30	60.43
7.净资产收益率(%)	10.90	15.67	-30.44
8.股东权益比率(%)	54.07	40.89	32.23

三、公司业务回顾

(一)一年来经营情况

1996年公司坚持主营方向，稳健经营，积极发展，在两个主要投资项目尚处于建设期的情况下，公司充分发挥自身优势，积极开拓相关的工程，承包业务和城市小康住宅项目。全年实现主营业务收入20,299.85万元，比上年度增长39.26%；实现净利润4,022.25万元，比上年增长48.41%。

(二)关于经营成果与预测差异的说明

1996年11月12日公司股票《上市公告书》披露的1996年度盈利预测主营业务收入20,714万元，利润总额5,234万元，净利润4,100万元，公司实际实现主营业务收入20,300万元、利润总额4,777万元、净利润4,022万元，分别完成预测值的98%、91.27%、98.10%，经营成果与预测指标无重大差异。

(三)募集资金使用情况说明

公司于1996年11月通过发行人民币普通股2500万股募集资金16,250万元，扣除发行费用后公司所募集的资金主要用于继续投入"海峡建材装饰城"4,500万元、投入福州城门水厂4,000万元、年末尚未动用存于银行帐户5,100万元、补充公司流动资金2,025万元。海峡建材装饰城预计1997年5月竣工开业，现该项目招商在省、市人民政府的支持下，工作进展顺利，已签订多份合约，为保证1997年顺利完成财务计划奠定基础。

四、股本变化及股本结构情况

1.股权结构及变动情况(截至1996年12月31日止)

(一)股本结构(单位：股，每股面值1元)

股份类别	期初数	新发行股份	期末数
(1)尚未流通股股份			
其中：发起人股份	73,125,000	0	73,125,000
内部职工股	1,875,000	0	1,875,000
尚未流通股合计	75,000,000	0	75,000,000
(2)已流通股份			
境内上市普通股		25,000,000	25,000,000
已流通股份合计		25,000,000	25,000,000
(3)股份总数	75,000,000	25,000,000	100,000,000

(二)股本变动情况及原因

公司1996年度内股本增加2500万股，其原因是1996年10月22日经中国证监会审核同意于1996年10月30日在上海证券交易所以上网定价方式向社会公开发行人民币普通股股票2500万股。

(三)前10名大股东持股情况(截至1996年12月31日止)

股东(名称、姓名)	持股数(万股)	持股比例(%)
(1)香港运盛有限公司	4612.5	46.125
(2)中国银宏实业发展公司	1500	15
(3)福建华兴信托投资公司	375	3.75
(4)南京钢铁厂	375	3.75
(5)福建水泥股份有限公司	300	3
(6)福建中福实业股份有限公司	150	1.5
(7)福建兴业证券公司	140.7	1.407
(8)谢盛祖	39.06	0.39
(9)深圳免税公司	17.154	0.17
(10)金华信托	13	0.13

(四)至本年度末公司股东总数为20547户，其中：法人股东6户，社会公众股东20371户，内部职工股东170户。

2.公司董事、监事与高级管理人员持股情况

姓名	现任职务	年初持股数	年末持股数
陈泽盛	董事长	0	0
田忠华	副董事长	30,000	30,000
李前煦	董事	20,000	20,000
梁永新	董事	20,000	20,000
陈福民	董事	20,000	20,000
陈广根	董事	20,000	20,000
常贵福	董事	20,000	20,000
李学荣	董事	20,000	20,000
赵景璋	董事、总经理	19,000	19,000
陈翰青	董事、副总经理	18,000	18,000
王修良	董事、总经理助理	10,000	10,000
李　茗	监事会主席	20,000	20,000
李以坪	监事	5,000	5,000
游　仲	监事	5,000	5,000

3.子公司及关联企业

公司名称	企业性质	注册资本(万元)	本公司拥有权益(比例%)	投资额(万元)
福州长建设计装饰工程有限公司	中外合资	500	75	375
福建兴盛物资贸易有限公司	国内联营	500	53	265
(香港)长江建设有限公司	控股公司	1(HKD)	54	HKD459 折RMB500

鲁银实业集团股份有限公司

1996 年年度报告摘要 （摘选）

一、公司简况

公司名称：鲁银实业集团股份有限公司

法人代表：刘歧鸣　　邮政编码：250033

公司地址：山东省济南市北园路 398 号

电话：0531—5956688-1505　　传真：0531—5957777

二、主要财务数据与财务指标

单位：万元

指标项目	本年数	上年数	比上年增减(%)
1.主营业务收入	15716.01	11540.13	36.2
2.净利润	4240.28	2887.66	46.8
3.总资产	57653.23	40660.29	41.8
4.股东权益	41676.20	31396.23	32.7
5.每股收益(元)	0.56	0.33	69.7
6.每股净资产(元)	5.48	3.57	53.5
7.净资产收益率(%)	10.17	9.20	10.5
8.股东权益比率(%)	72.29	77.22	-6.4

注：公司发行股票冻结申购资金利息 2253512.43 元，其中冻结有效申购资金利息 11042.21 元计入资本公积金，冻结无效申购利息 2242470.22 元，根据财政部财工字(1996)434 号文规定，计入 1996 年度营业外收入，剔除发行股票冻结申购资金利息后，公司本年各项数据指标如下：

1. 净利润(万元)	4049.68
2. 股东权益(万元)	41486.70
3. 每股收益(元)	0.53
4. 每股净资产(元)	5.46
5. 净资产收益率(%)	9.76
6. 股东权益比率(%)	72.24

三、公司主要业务回顾

1. 一年来经营情况

公司在 1996 年同行业竞争激烈的背景下，实施了多元化综合发展战略，适时将主营范围从通讯电缆生产扩展至黄金矿开采、生态农业及国内外贸易等领域，这些均为国家或山东省政府重点扶持的产业，上市后公司已享受所得税 15%的优惠政策，为公司的发展注入了活力。

公司 1996 年取得了良好的经济效益，全年共实现营业收入 15716 万元，净利润 4240.28 万元，比上年分别增长 36.2%和 46.8%，完成了 1996 年预测的 104.77%和 102.76%。年末公司总资产和净资产分别达到 57653.23 万元和 41676.2 万元，经济实力不断增强。在九六年的生产经营中，公司主营的电缆生产、销售均创历史最好水平，实现利润 2445.24 万元，销售收入 15716 万元，分别较上年增长 4.8%和 36.2%；其次，公司在九六年通过加强风险控制，提高资本运作效率，取得了较为可观的投资收益，全年共实现投资红利 2320.46 万元，约占公司净利润的 54.7%，成为公司主要的收入来源。这些收益主要来自公司参股的玲珑金矿、禹城达利毛绒制品公司以及山东高密大发集团等 14 家联营企业投资。此外，公司在国内外贸易经营、生态农业和房地产开发等方面也取得了较好的经济效益。

2. 募集资金使用情况

公司在本年度 12 月 12 日发行的 1000.45 万股 A 股，扣除发行上市费用共募集资金 6143 万元，由于募集资金到位已近年底，公司正按计划陆续将这部分资金投入山东玲珑金矿及公司交联电缆技改项目上。

四、股本变化及股本结构情况

1. 股本结构(截止 1996 年 12 月 31 日)

数量单位：万股　每股面值：1 元

	期初数	期末数	增减(+、-)
一、尚未流通股份			
发起人股份	1815	1815	0
内部职工股	4785	3684.45	-1100.55
尚未流通股份合计	6600	5499.45	-1100.55
二、已流通股份			
境内上市的			
人民币普通股	0	2101	0
已流通股份合计	0	2101	0
三、股份总数	6600	7600.45	1000.45

2. 股份变动原因：

根据中国证监会复审意见，本公司于 1996 年 12 月份发行 1000.45 万股新股(同时 1100.55 万股内部职工股占额度一并上市)。上市后本公司未流通股份中，内部职工股变更为 3684.45 万股，发起人股仍为 1815 万股，已流通股份为 2101 万股(社会公众股)，总股本为 7600.45 万股。

3. 主要前十名股东持股情况

股东名称	年末持股数(股)	占总股本(%)
1)山东省经济开发投资公司	5606250	7.38
2)山东省黄金工业总公司	4500000	5.92
3)莱芜钢铁总厂	4500000	5.92
4)潍坊新立克(集团)公司	2325000	3.06
5)高密纺织总厂	1218750	1.60
6)金山实业	304189	0.004
7)王桂平	229152	0.003
8)许燕	176007	0.0023
9)司文裕	140000	0.0018
10)苏少华	134367	0.00177

天津中储商贸股份有限公司

1996年年度报告摘要　（摘选）

一、公司简况

公司名称：天津中储商贸股份有限公司

法人代表：刘　栋　　　　　邮政编码：300012

公司地址：天津市北辰经济开发区开发大厦

电话：022—24307906　　　　传真：022—24214088

二、主要财务数据与财务指标

单位：万元

指　标　项　目	本年数	上年数	比上年增减(%)
1.主营业务收入	52909.99	58446.93	-9.47
2.净利润	997.27	692.14	+44.09
3.总资产	17539.14	16721.65	+4.89
4.股东权益	6017.61	5020.33	+19.86
5.每股收益(元)	0.306	0.212	+44.34
6.每股净资产(元)	1.84	1.54	+19.48
7.净资产收益率(%)	16.57	13.79	+20.16
8.股东权益比率(%)	34.31	30.02	+14.29

三、公司主要业务回顾

(一) 一年来公司经营情况

1996年是公司改革、发展史上具有里程碑意义的一年。面对国家在宏观上继续实行紧缩政策、市场竞争更趋激烈、物资行业普遍大滑坡的大环境，公司围绕中央提出的“实现两个根本转变”的方针，以市场为导向，以提高经济效益为中心，坚持发挥自身优势，狠抓内部管理，强化市场营销，开展了卓有成效的工作，公司生产经营取得了较好的业绩。

1996年公司实现主营业务收入52909.99万元，比上年同期下降9.47%；实现利润总额1488.47万元，比上年同期增长44.09%。

1)、狠抓特色经营，抢占市场份额。公司在经营上坚持“创特色、成网络、上规模”的营销策略，与国内大钢厂、大企业、大项目挂钩，通过代购代销、联营联销、统进分销、让利销售，增强服务等方式开拓市场，完善了经销网络，发展了自己的经营特色。在物资行业普遍不景气的形势下，公司经营取得较好的效果。

2)、稳定仓储业主，发展货运代理业务。1996年公司进一步在开拓货源渠道，调整库存结构，部分库房开始储存国家储备粮。在市场竞争中，公司力求以优质服务赢得货主。加强职业道德教育，提高员工素质，强化服务观念，改进服务手段，改善服务设施，提高服务档次，坚持并完善“自提一条龙”服务，开展创优服务“十不”活动。把优质服务提高到创企业品牌的战略上来。另外，在货运代理业务上，公司增加了投入，96年实现货运代理收入313.06万元，比上年增长41%，成为公司新的利润增长点。

3)、抓住发展机遇，完成公司改制工作。在公司筹委会领导下，公司上下共同努力，经过一年紧张有序的工作，公司股票于96年12月顺利发行，公司改制取得了成功。

(二)对实际经营结果与盈利预测差异的说明

公司招股说明书中预测1996年公司盈利比上年增长51.8%。1996年，我公司通过努力，实现净利润997.27万元，同比增长44.09%，与1996年盈利预测相比，有较小的差异。其主要原因是在钢材市场和仓储行业竞争激烈的形势下，为适应市场竞争的需要，从公司和股东长远利益出发，我公司采取了钢材让利销售和储运低标准收费。预计1997年的效益在1996年的基础上将继续增长，为广大投资者带来较理想的回报。

(三)对前次募集资金运用情况的说明

公司筹委会在1996年12月26日完成股票发行工作，实际募集资金7414万元。本报告期末，资金正在验资、进行公司注册的过程中，尚未运用。

四、重要事项

1. 经中国证券监督管理委员会证监发字(1996)378号文和证监发字(1995)379号文批准，本公司于1996年12月18日至26日采用“全额预缴、比例配售、余款转存”的方式向社会公开发行了人民币普通股(A)股1900万股，其中公司职工股190万股。发行价格4.10元/股，募集资金7790万元，扣除发行费用376万元后，实际募集资金7414万元。

2. 本公司于1997年1月8日完成注册登记。发行股票前总股本为3263万股，发行后为5163万股。本年报摘要中主要财务指标的计算采用发行前总股本，全面摊薄后，每股收益为0.193元。

五、子公司及关联企业

企业名称	注册资金	主营业务	拥有权益
天津邯钢津储工贸联营公司	600万元	经销钢材	50%

六、财务报告

(一)审计报告

公司财务报告经中华会计师事务所傅屏南、董向功注册会计师审计，并出具无保留意见的审计报告[中华股审字(1997)第015号]。

(二)财务报表

(三)主要会计政策

1. 会计报表的编制方法；
2. 存货计价；
3. 长期投资核算方法；
4. 递延资产及其摊销；
5. 税项；
6. 坏帐准备；

(四)会计报表项目

1. 短期投资；
2. 应收帐款；
3. 预付帐款；
4. 其他应收款；
5. 长期投资；
6. 股本及资本公积；
7. 盈余公积；
8. 未分配利润；
9. 投资收益。

(五)期后事项

浙江中国轻纺城集团股份有限公司

浙江中国轻纺城集团股份有限公司股票上市公告书

一、绪言

本公司股票发行经中国证券管理委员会证监发字(1997)13号文和证监发字(1997)14号文批准,股票上市申请经上海证券交易所上证上字(1997)008号文审核同意,于1997年2月28日在上海证券交易所挂牌交易。本公司总股本11,700万股,本次上市流通的股票2925万股均为1997年1月17日向社会公开发行的新股。

二、公司概况

1. 公司法定名称:浙江中国经纺城团股份有限公司

英文名称:Zhejiang China Light& Textile Industrial City Group CO., Limied

英文缩写:L& T City

2. 公司注册地址:浙江省绍兴县柯桥轻纺大厦

公司营业执照注册号:14603757-8

3. 公司法定代表人:谢方员

4. 公司董事、监事及高级管理人员持股情况:

姓名	职务	持股数
谢方员	董事长、总经理	5500
沈祥星	副董事长	0
俞志达	董事、副总经理	3000
马友梓	董事	1500
周金根	董事	2000
江翠雯(女)	董事	5500
王旭阳	董事	3300
周国锦	董事	0
姚张清	董事	0
王平洲	监事	2000
赵水兴	监事	0
虞建妙	监事	10500
曹浣清(女)	监事	4500
马仕森	监事	1000
王水荣	副总经理	0
王　宏	总经理助理、证券部经理	0
沈志余	财务部经理	1000

本公司董事、监事及高级管理人员持有公司股票39,800万股,其持有的股份按《中华人民共和国公司法》的规定,在任职期间内不得转让。

5. 公司经营范围

主营:纺织原料、化工原料及产品、建筑材料(含钢材、木材)、水暖器材、装潢材料、金属材料、石油及制品、煤炭、矿产品、机械电子产品、工艺美术品、电器元件。兼营:机电设备、市场开发建设、市场租赁、仓储运输、劳动服务、仓储、广告、室内外装潢、停车、咨询服务、针纺织品、服装、日用百货、五金交电、文化体育用品。

6. 公司成立日期:1993年4月26日

7. 公司在册职工人数:截止1996年12月31日,公司现有职工1149名。其中,管理人员53人,营销人员74人;专业技术人员229人。

8. 公司咨询服务:本公司有关备查资料存放公司本部,可供股东查阅。

联系电话:(0575)4116158

三、股本结构及主要股东持股情况

1. 股本的形成过程:

本公司前身是浙江绍兴中国轻纺城发展股份有限公司。1993年4月经浙江省股份制试点工作协调小组(1993)7号文批准,由绍兴县彩虹实业公司、浙江金峰有限公司、浙江省财务开发公司、上海万顺房地产开发公司、浙江省国际信托投资公司、交通银行绍兴分行等六家单位共同发起设立。其中绍兴县彩虹实业公司以其经评估确认的4312.78万元的“中国轻纺城”市场东、中、西交易区的房屋、设备等资产投入股份公司,其他五家单位共投入8500万元货币资金入股,同时公司以1元1股定向募集社会法人股1600万股、内部职工股2625万股。上述认股款和资产经绍兴稽山会计师事务所绍稽会字(93)第176号文验证,共同构成股份公司成立时的注册资本17037.78万股。

1994年4月,经浙江省体改委(1994)28号文批准,公司实施每股送红利0.142元或送红股0.1股任由股东选取其一的分红方案和按每股配0.07股(配股价2.5元/股)的增资配股方案。有二家法人股东选择现金分红,其余法人股东选择送红股形式分红,个人股东全部接受送红股分红,故公司实际送红股1102.4万股;配股则因法人股东均放弃配股权而转由内部职工股东配售,内部职工实际配股924.6万股。

1996年5月,经第五次临时股东大会决议,并经浙江省证券委员会(1996)44号文批准,公司决定将部分资产分立出去,成立浙江绍兴中国经纺城开发有限公司。根据分立方案,公司所有法人股东的股份按32.538%的比例同比例留在公司,其余67.462%的股份转为分立出的开发有限公司的股份;内部职工股3812万股全部留在本公司,这样,由于公司分立的原因,内部职工股占公司股本的比例增至43.44%。浙江省经济体制改革委员会浙经体改(1996)91号文对股本总额及以上结构变动予以确认。

1997年1月17日,公司通过上海证券交易所交易系统,按6.78元/股的发行价格上网定价发行社会公众股2925万股,发行市盈率为15倍。此次公开发行股票的主承销商为海通证券有限公司。有效申购户数为377970户,有效申购股数为3510990000股,中签率为0.8330984%。扣除发行费用,公司向社会公众募集资金190322700元,折股本2925万股,界定为社会公众股。

2. 股本结构:

本次发行前,本公司股本结构为:

股本种类	股数(万股)	占总股本比例(%)
法人股	4963	56.56
内部职工股	3812	43.44
股本总额	8775	100.00

本次发行后,本公司股本结构为:

股本种类	股数(万股)	占总股本比例(%)
法人股	4963	42.42
内部职工股	3812	32.58
社会公众股	2925	25.00
股本总额	11700	100.00

注:公司3812万股内部职工股已全部托管,该部分股票将遵循国家有关法律、法规的规定,自本公司新股发地日起三年后上市。

3. 主要股东持股情况:

股东名称	持股数(万股)	占比例(%)
绍兴县彩虹实业公司	1403.3066	11.99
浙江省财务开发公司	608.4668	5.2
交通银行绍兴分行	608.4668	5.2
上海万顺房地产开发公司	608.4668	5.2
浙江金峰有限公司	591.1516	5.05
浙江省国际信托投资公司	570.4668	4.88
柯桥红建村委	214.7530	1.84
浙江省房地产开发公司	178.9608	1.53
绍兴市银鹰经贸开发公司	178.9608	1.53
高关松	15.85	0.14

注:交通银行绍兴分行1996年12月31日承诺于1997年9月30日之前,将其在本公司拥有之全部股份通过合法程序转让给合法投资者。

4. 股东人数:本次新股发行后,公司股东人数为40063户,其中持有本公司股票1000股以上的股东人数为38619户。

四、公司财务状况

一、验资报告[浙会验字(1997)17号文]

浙江中国轻纺城集团股份有限公司全体股东:

我们接受委托,对浙江中国轻纺城集团股份有限公司截至1997年1月24日止的实收资本及相关资产和负债的真实性和合法性进行了审险。在审验过程中,我们按照《独立审计实务第1号－验资》的要求,实施了必要的审验程序。浙江中国轻纺城集团股份有限公司的责任是提供真实、合法、完整的验资资料,保护资产的安全、完整、我们的责任是按照《独立审计实务公告第1号－验资》的要求,出具真实、合法的验资报告。

浙江中国轻纺城集团股份有限公司申请的注册资本为117,000,000.00元。经我们审验,本次社会公众股(A股)发行前,浙江中国轻纺城集团股份有限公司的股本总额为87,750,000.00元,资本公积为6,790,108.59元,业经本所验证,并于1996年11月28日出具浙会验字(1996)225号验资报告。本次向社会公开发行股票29,250,000股,每股面值1元,发行价每股6.78元,应募集资金198,315,000.00元,由海通证券有限公司主承销。发行结束后,浙江中国轻纺城集团有限公司实际募集金额192,809,169.70元(已扣除本次股票部分发行费用)5,505,830.30元),已于1997年1月24日如数存入工商银行绍兴县支行浙江中国轻纺城集团股份有限公司帐户(帐号10－46686),其中股本29,250,000.00元,资本公积163,559,169.70元。

浙江会计师事务所　　中国注册会计师　王国海

中国　杭州　　中国注册会计师　肖幼航

报告日期:1997年1月24日

二、财务报告

(一)审计报告[浙江审字(1997)第91号]

浙江中国轻纺城集团股份有限公司全体股东:

我们接收委托,审计了贵公司1996年12月31日的资产负债表及1996上12月31日的合并资产负债表和1996年度的利润及利润分配表及1996年度的合并利润及利润分配表以及1996年度的合并财务状况变动表。这些会计报表由公司负责编制,我们的责任是对这些会计报表发表审计意见。我们的审计是依据中国注册会计师独立审计准则进行的。在审计过程中,我们依据公司实际情况,实施了包括抽查会计记录在内我们认为必要的审计程序。

我们认为,上述会计报表符合《企业会计准则》和《股份制试点企业会计制度》的规定,在所有重大方面公允地反映了浙江中国轻纺城集团有限公司1996年12月31日的财务状况和1996年度的经营成果及资金变动情况,会计处理方法的选用遵循了一贯性原则。

浙江会计师事务所　　中国注册会计师　王国海

中国　杭州　　中国注册会计师　肖幼航

报告日期:1997年1月31日

(二)会计报表(附表见后)

(三)报表附注

1. 主要会计政策:

(1)会计制度。

公司执行《股份制试点企业会计制度》。纳入合并范围的子公司中外合资经营企业浙江墙煌建材有限公司执行《外商投资企业会计制度》;浙江中国轻纺城集团越隆纺织有限公司执行《工业企业会计制度》。

(2)外币折算

公司以人民币为记帐本位币,浙江墙煌建材有限公司发生的非记帐本位币经济业务按发生日的人民银行公布的市场汇价折合人民币记帐。期末,各外币帐户的外币余额按期末市场汇价(中间价)进行调整,发生的差额,因属筹建期间,且与购建固定资产无关,计入开办费。

(3)坏帐准备。

不计提坏帐准备,按坏帐损失的实际发生额列入当期损益。

(4)存货计价。

实行永续盘存制和实际成本核算。浙江中国轻纺集团越隆纺织有限公司发出产成品采用先进先出法计价。

低值易耗品的推销方法采用五五摊销法。

(5)长期投资核算方法。

股权投资,投资额占被投资企业股权比例20%以下的,按成本法核算;股权比例在20%以上的,按权益法核算;股权比例在50%以上的,采用权益法核算并合并会计报表。

(6)固定资产及其折旧。

固定资产的标准为使用年限在一年以上的房屋建筑物、机器、机械、运输工具以及其他与生产经营有关的设备,器具、工具等;不属于生产经营主要设备的物品,但单位价值在2000元以上,且使用年限超过两年的。公司固定资产按实际成本计价,其折旧采用直线法平均计算,并根据固定资产类别的原价,估计经济使用年限和预计残值(原价的3%)确定其折旧率如下:

固定资产类别	使用年限(年)	年折旧率(%)
房屋及建筑物	30－35	2.77－3.23
通用设备	5－18	5.39－－19.40
专用设备	12	8.08
运输设备	8－10	9.70－－12.13

(7)无形资产及其摊销。

土地使用权:自取得使用权月份起按土地出让期限推销。

(8)递延资产及其推销。

A. 开办费:自开始生产经营次月起分5年平均摊销。

B. 其他递延支出:按各项目受益期平均摊销。

C. 固定资产大修理支出:按固定资产大修周期摊销。

(9)税费。

A. 增值税

浙江中国轻纺城集团越隆纺织有限公司按17%的税率计缴增值税。

B. 营业税

根据绍兴县税务局绍县税(1993)120号文批复,公司在1993年4月至1999年3月期间为新建西、东、中、北四大交易区和为市场配套服务的轻纺储运设施所取得的集资(租金)收入,免征营业税、所得税。1996年4月浙江省地方税务局、绍兴县地方税务局对上述文件进行重新确认为:浙江中国轻纺城集团市场公司(原浙江绍兴中国轻纺市场建设开发公司)西、东、中、北四大交易区首次取得的租金收入以及为市场配套服务取得

的收入免征营业税。第二次起取得的租金收入营业税按5%计缴。

水利基金按应交增值税和营业税的5%计缴。

C. 所得税

浙江中国轻纺城集团股份有限公司所得税按33%计缴,根据绍兴县税务局绍县税(1993)120号文以及1996年4月浙江省地方税务局、绍兴县地方税务局的重新确认,浙江中国轻纺城集团市场公司1993年4月至1996年12月31日免征所得税。

(10)利润分配

按净利润计提10%法定盈余公积和5%法定公益金。其余可供股东分配的利润由董事会提出分配方案,股东大会通过分配。

(11)合并报表的编制方法。

按照《合并会计报表暂行规定》,以母公司和纳入合并范围的子公司的同期会计报表及有关资料为依据,合并各项目数额编制而成。子公司的会计政策,按照母公司统一选用的会计政策厘定。母子公司间及子公司相互间重大交易和资金往来均在合并时抵消。

纳入合并范围的子公司如下:

企业名称	注册资本	认缴投资比例	实际投资	实际投资比例
浙江墙煌建材有限公司	USD8,000,000.00	75.00%	USD4,043,536.14	66.91%
浙江中国轻纺城集团越隆纺织有限公司	RMB18,528,000.00	81.23%	RMB15,050,000.00	81.23%

2. 主要会计项目

(1)应收帐款:

A. 截止1996年12月31日,企业应收帐款总额为8,275,501.96元,帐龄均在一年以内。

B. 持本公司5%以上股份的主要股东单位:

绍兴县彩虹实业公司租金6,692,177.26元。

(2)他应收款:

A. 帐龄分析:

1996年12月31日余额152,303,449.35,其中:

1年以内　102,970,859.77元

1-2年:　49,079,042.89元

2-3年:　241,971.49元

3年以上:　11,575.20元

B. 主要系委托银行贷款。

C. 持本公司5%以上股份的主要股东单位:

上海万顺房地产公司　34,067,500.00元

其中:委托银行贷款30,000,000.00元,应收利息4,067,500.00元,约定1997年5月15日前收回本息。

(3)长期投资:

被投资单位名称	股数	占被投资公司股权比例	投资金额
绍兴县轻纺城城市信用社	282,000元	4.84%	282,000.00元

(4)资本公积:

项目	年初数	年末数
股本溢价	6,340,821.61元	6,340,821.61元
对外投资固定资产增值	449,286.98元	449,386.98元
小　计	6,790,108.59元	6,790,108.59元

(5)盈余公积:

项目	年初数	本年增加数	年末数
法定盈余公积	7,700,993.21元	5,305,975.51元	13,006,968.72元
法定公益金	3,850,496.60元	2,652,987.75元	6,503,484.35元
小计	11,551,489.81元	7,958,963.26元	19,510,453.07元

(6)投资收益:　52,241.20元

系投资绍兴县轻纺城城市信用社分得收益。

附:(1)1996年3月1日公司与浙信新加坡有限公司签订合资合同,共同投资组建中外合资浙江城煌建材有限公司,注册资本800万美元。根据合同规定,本公司任缴75%,即600万美元,截止1996年12月31日止,本公司已投入4,043,536.14美元,占应认缴额的67.39%。

(2)1996年7月31日公司控股子公司越隆纺织有限公司与北京丝绸总厂签订设备租赁合同,由越隆公司向北京丝绸总厂租入剑杆织机28台,租赁期为8年。租赁合同规定,年租金为105万元,并自设备拆机开始的二个月内作为生产准备期,免交租金,截止1996年12月31日,越隆公司已付租金105万元。

(3)1996年8月1日公司控股子公司越隆纺织有限公司与北京床单厂签订设备租赁合同,由越隆公司向北京床单厂租入片梭织机71台,租赁期从1996年9月25日起,至2001年9月25日止,共5年。租赁合同规定,租赁合同规定,年租金为450.50万元,并从开始拆迁第一台设备起,第一、二月免交租金,截止1996年12月31日止,越隆公司已付租金50万元。

(四)财务指标分析

项目	1996年	1995年
1. 流动比率	0.59	0.64
2. 速动比率	0.58	0.64
3. 应收帐款周转率(次)	7.44	3.01
4. 股东权益比率(%)	27.88	32.99
5. 每股收益(元)	0.60	0.44
6. 净资产收益率(%)	46.52	36.23
7. 每股净资产额(元)	1.30	1.21

注:以上指标根据公司经审计的截止1996年12月31日合并财务报表计算,每股净资产额为发行前数,发行后每股净资产为2.88元。

五、董事会上市之承诺

本公司董事会承诺将严格遵守《中华人民共和国公司法》、《股票发行与交易管理暂行条例》、《上海证券交易所的交易市场业务试行规则》和有关法律、法规的规定,并自上市之日起向全体股东作出如下承诺:

1. 按照法律、法规的规定程序和要求披露重大信息,并接收证券主管机关、上海证券交易所监督管理。

2. 及时、真实、准确地公布中期报告和年度报告,并备置于规定场所供投资者查阅。

3. 本公司董事、监事及高级管理人员持有本公司股票发生变化时,在报告证券主管机关,主券交易所的同时向投资者公布。

4. 在任何公共传播媒介中出现的消息可能对本公司股票的市场价格产生误导性影响时,本公司知悉后将及时对该消息予以公开澄清。

5. 本公司董事、监事及高级管理人员将认真听取社会公众的意见的批评,自觉抵制不正之风,不利用已获得的内幕消息直接或间接从事股票买卖活动。

6. 本公司没有无记录负债。

7. 董事会各位董事保证不就任何未经主管机关审阅的可能影响股份变动之重大信息私自发表公告或发表意见。

六、重要事项揭示

1.1996年5月15日公司召开了第五次股东大会(临时),表达通过了关于公司分立的特别决议,主要内容包括:(1)批准由公司董事会提交的《公司分立方案》,分立方案制定了分立原则和方式;产业、股本、资产、负债、股东权益的分割。(2)通过了董事会拟定的分立后本公司的浙江绍兴中国轻纺城开发有限公司(以下简称"开发有限公司")章程。

1996年8月16日,公司向绍兴县人民政府申请分立。1996年11月18日,浙江省证券委以浙证委(1996)44号文件批准公司分立。

1996年9月1日,公司与开发有限公司签订了《分立协议》。

1996上11月28日,分立后的本公司与开发有限公司在绍兴县工商行政管理局分别进行了变更登记和设立登记,并取得了企业法人营业执照。

2. 利润分配政策

根据国家有关法律和财务制度规定,本公司税后利润按以下顺序分配:

(1)弥补以前年度的亏损:

(2)提取法定盈余公积金10%,公司法定公积金累计达公司注册资本50%以上的,可不再提取:

(3)提取法定公益金(5-10%)

(4)提取任意盈余公积金;

(5)支付普通股股利。

公益金、任意盈余公积金、普通股利率和股利发放形式由董事会提出方案并提交股东大会通过。

3. 本次发行中购买公司股票的股东享受1997年度红利分配权。

根据公司《章程》,为确保全体股东权益,经公司二届二次董事会讨论,确定公司1996年度利润分配预案如下:

(1)公司1996年度实现净利润,按照公司章程规定的分配程序,决定提取法定公积金10%,提取公益金5%后,全部支付普通股股利。

(2)考虑到公司1996年4月30日分立的实际情况,决定将股利发放工作委托浙江中国轻纺城开发有限责任公司办理,并经公司股东大会决议后划转。

4.1997年盈利预测

根据浙江会计师事务所[浙会审字(1996)第510号]《盈利预测审核报告》,浙江中国轻纺集团股份有限公司1997年主营业务收入预计可达到229,388,333.63元,利润总额为77,846,567.40元,扣除33%的所得税后,净利润为50,321,119.15元。如果1997年按上市后15%的所得税计算,1997年公司净利润为61,252,971.92元,按全面摊薄法计算1997年每股税后利润为0.524元。

5. 根据有关规定,本公司3812万内部职工股将自本公司A股上市之日起三年后上市。

6. 公司所享受的优惠政策

根据浙江省人民政府浙政发(1996)228号文件,本公司上市以后适用15%的所得税率。

7. 截止法律意见书出具日,公司未发生对生产经营活动有重大影响的民事诉讼、行政诉讼,行政处罚或仲裁事宜,公司的董事和高级管理人员亦无一人受到刑事起诉或此类事件的威胁。

8. 本公司转为社会募集公司,依法进行资产评估,评估基准日为1996年4月30日,评估前资产总额为310,144,469.84元,负债总额为194,559,068.67元,净资产115,585,401.17元,评估后资产总额403,2704,478.82元,负债总额195,414,858.27元,净资产208,289,620.55元,业已经国家国有资产管理局国资评(1996)1053号文件确认,评估净资产比原帐面值增加92,704,219.38元,根据公司第五次股东大会(临时)决议,未作帐务调整。

9. 本公告书所披露的财务报表截止日为1996年12月31日,公司不在另行披露1996年年度报告摘要。

七、中介机构

1. 主承销商及上市推荐人:海通证券有限公司

地址:上海市唐山路218号

法定代表人:李惠珍

联系人:单树峰　　余兆建　　富博

电话:(021)65841458

传真:(021)65841935

2. 会计师事务所:浙江会计师事务所

地址:杭州市体育场路423号

法定代表人:陈如洪

经办注册会计师:王国海　　肖幼航

电话:(0571)5178267

传真:(0571)5178273

3. 资产评估机构:浙江资产评估公司

地址:杭州市体育场路423号

法定代表人:朱炳有

经办评估师:朱永勤

电话:(0571)5055156

传真:(0571)5055193

4. 土地评估机构:浙江省地产评估咨询中心

地址:杭州市体育场路545号

法定代表人:黄益中

电话:(0571)7057082

传真:(0571)7051314

5. 发行人法律顾问:星韵律师事务所(浙江杭州)

地址:杭州市延安路400号浙江二轻大厦6层

法定代表人:胡祥甫

经办律师:沈田丰　　胡祥甫

电话:(0571)7068818

传真:(0571)7028763

6. 股票登记机构:上海证券中央登记结算公司

地址:上海市闵行路67号

法定代表人:俞建麟

电话:(021)63068888

传真:(021)63257454

八、备查文件

1. 上海证券交易所上市通知书:
2. 中国证监会批准本公司股票发行的文件;
3. 招股说明书;
4. 审记报告
5. 验资报告;
6. 资产评估报告;
7. 公司章程;
8. 法律意见书;
9. 公司分立协议;
10. 公司营业执照;
11. 承销协议;
12. 其他相关文件。

浙江中国轻纺城集团股份有限公司

一九九七年二月二十五日

合并利润及利润分配表

1996 年度

编制单位:浙江中国轻纺城集团股份有限公司　　单位:人民币元

项目	附注号	行次	上年数(母公司)	本年数		项目	附注号	行次	上年数(母公司)	本年数	
				母公司	合并					母公司	合并
一、主营业务收入	1	1	37,687,201.33	58,930,515.50	63,976,827.80	四、利润总额		16	43,328,906.04	53,742,823.56	53,659,703.66
减:营业成本		2	8,841,232.91	8,481,537.32	13,223,771.79	减:所得税	9	17	4,896,217.83	683,068.49	683,068.49
销售费用	2	3		138,600.00	145,598.87	少数股东损益	10	18			(83,119.90)
管理费用	3	4	5,231,255.31	4,441,537.50	5,012,888.95	五、净利润		19	38,432,688.21	53,059,755.07	53,059,755.07
财务费用	4	5	(20,234,133.40)	(8,792,264.30)	(8,692,909.84)	加:年初未分配利润		20			
进货费用		6				盈余公积转入数		21			
营业税金及附加		7		1,172,203.48	1,229,294.77	五可供分配的利润		22	38,432,688.21	53,059,755.07	53,059,755.07
二、主营业务利润		8	43,848,846.51	53,488,901.50	53,058,183.26	减:提取法定公积金		23	3,843,268.82	5,305,975.51	5,305,975.51
加:其他业务利润	5	9	172,295.70	1,224,000.00	1,224,000.00	提取法定公益金		24	1,921,634.41	2,652,987.75	2,652,987.75
三、营业利润		10	44,021,142.21	54,712,901.50	54,282,183.26	六、可供股东分配的利润		25	32,667,784.98	45,100,791.81	45,100,791.81
加:投资收益	6	11		(307,472.59)	52,241.20	减:已分配优先股股利		26			
补贴收入		12				提取任意公积金		27			
营业外收入	7	13	2,500.00	2,000.00	2,000.00	已分配普通股股利		28	32,667,784.98	45,100,791.81	45,100,791.81
减:营业外支出	8	14	694,736.17	664,605.25	676,720.80	七、未分配利润		29	0.00	0.00	0.00
加:以前年度损益调整		15									

合并财务状况变动表

编制单位:浙江中国轻纺城集团股份有限公司　　1996 年度　　单位:人民币

流动资金来源和运用	行次	金额		流动资金各项目的变动	行次	金额	
		母公司	合并			母公司	合并
一、流动资金来源				一、流动资产本年增加数			
1. 本年净利润:	1	53,059,755.07	53,059,755.07	1. 货币基金	41	6,219,077.90	16,082,392.22
加:不减少流动资金的费用和损失:				2. 短期投资	42		
(1)少数股东本期损益(亏损以"-"号表示)	2		(83,119.90)	3. 应收票据	43		
(2)固定资产折旧	3	8,352,377.04	8,885,852.86	4. 应收帐款净额	44	(1,176,110:80)	(654,786.10)
(3)无形资产、递延资产及其他资产摊销(减:其他负债转销)	4	934,783.73	934,783.73	5. 预付货款	45	860,000.00	1,306,883.51
(4)固定资产盘亏(减盘盈)	5			6. 其他应收款	46	51,180,742.76	56,853,417.74
(5)清理固定资产损失(减收益)	6			7. 待摊费用	47	808,656.53	2,519,139.62
(6)递延税款	7			8. 存货	48	41,877.10	2,660,267.63
(7)其他不影响流动资金的费用的损失	8			9. 待处理流动资产净损失(减收益)	49		
小计		62,346,915.64	62,797,271.76	10. 一年内到期的长期债券投资	50		
2. 其他来源:				11. 其他流动资产	51		
(1)固定资产清理收入(减清理费用)	11						
(2)增加长期负债	12	(1,556.00)	(1,556.00)				
(3)收回长期投资	13						
(4)对外投资转出固定资产	14						
(5)对外投资转出无形资产	15						
(6)转出递延资产	16						
(7)资本净增加额	17	7,958,963.26	7,958,963.26				
(8)少数股东资本净增加额	18		19,999,880.10				
小计	19	7,957,407.26	27,957,287.36				
流动资金来源合计	20	70,304,323.10	90,754,559.12				
				流动资产净增加额	60	87,932,243.49	76,767,314.81
二、流动资金运用				二、流动负债本年增加数			
1. 利润分配:				1. 短期借款	61	52,380,000.00	63,028,200.00
(1)提取法定公积金	21	5,305,975.51	5,305,975.51	2. 应付票据	62		
(2)提取法定公益金	22	2,652,987.75	2,652,987.75	3. 应付帐款	63	246,000.00	1,526,144.17
(3)提取任意公积金	23			4. 预收货款	64	85,318,506.50	85,434,529.55
(4)已分配股利	24	45,100,791.61	45,100,791.61	5. 应付福利费	65	(10,738.49)	39,191.51
				6. 未付股利	66	12433006.83	12433006.83
小计	25	53,059,755.07	53,059,755.07	7. 未交税金	67	(29,940,275.07)	(29,739,713.18)

流动资金来源和运用	行次	金额		流动资金各项目的变动	行次	金额	
		母公司	合并			母公司	合并
2.少数股东利润分配	26		(83,119.90)	8.其他未交款	68	138,553.04	95,921.91
3.其他运用:				9.其他应付款	69	2,011,305.24	12,349,078.05
(1)固定资产和在建工程净增加额	27	22,747,526.96	91,827,617.45	10.预提费用	70	2,772,434.12	2,772,434.12
(2)增加无形资产、递延资产及其他资产	28	13,561,303.64	15,059,784.65	11.一年内到期的长期负债投资	71		
(3)偿还长期负债	29			12.其他流动负债	72		
(4)增加长期投资	30	48,352,286.11	62,000.00				
小计	31	84,661,116.71	106,949,402.10				
流动资金运用合计	33	137,720,871.78	159,926,037.27	流动负债增加净额	79	125,348,793.17	147,938,792.96
流动资金增加净额	40	(67,416,548.68)	(69,171,478.15)	流动资金增加净额	80	(67,416,548.68)	(69,171,478.15)

行政负责人:谢方员　　　财务负责人:沈志余　　　制表人:马仕森

合并资产负债表

编制单位:浙江中国经纺集团股份有限公司　　　1996年12月31日　　　单位:人民币元

	附注号	行次	年初数	年末数		负债及股东权益	附注号	行次	年初数	年末数	
			母公司	母公司	合并				母公司	母公司	合并
流动资产											
货币资金	1	1	24,836,429.59	31,055,607.49	40,918.821.81	流动负债					
短期投资		2				短期借款	13	41	59,820,000.00	112,200,000.00	122,848,200.00
应收票据		3				应付票据		42			
应收帐款	2	4	8,930,288.06	7,752,177.26	8,276,501.96	应付帐款	14	43		246,000.00	1,526,144.17
减:坏帐准备		5				预收货款	15	44	108,765,838.67	194,084,345.17	194,200,368.22
应收帐款净额		6	8,930,288.06	7,752,177.26	8,275,501.96	应付福利费		45		(10,738.49)	39,191.51
预付货款	3	7	40,000.00	900,000.00	1,346,883.51	未付股利	16	46	32,667,784.98	45,100,791.81	45,100,791.81
其他应收款	4	8	103,950,031.61	155,130,774.37	152,303,449.35	未交税金	17	47	12,427,903.19	(17,612,371.88	(17,311,809.99)
待摊费用	5	9	422,258.02	1,230,914.55	2,941,397.64	其他未交款	18	48		138,553.04	95,921.91
存货	6	10	89,957.40	131,834.50	2,750,225.02	其他应付款	19	49	1,831,460.43	3,842,765.67	5,680,538.48
						预提费用	20	50	30,268.48	2,802,702.58	2,802,702.58
待处理流动资产净损失		11				一年内到期的长期负债		51			
一年内到期的长期债券投资		12				其他流动负债		52			
其他流动资产		13									
流动资产合计		15	138,268,964.68	196,201,208.17	208,536,279.49	流动负债合计		55	215,543,255.73	340,892,047.90	345,982,048.69
长期投资:						长期借款		56			
长期投资	7	16	220,000.00	48,572,286.11	282,000.00	应付债券		57			
其中:合并价差(贷差以"-"号表示)		17				长期应付款		58			
固定资产:						其他长期负债		59		(1,556.00)	(1,656.00)
固定资产原价	8	18	154,696,882.70	197,015,341.68	209,211,041.97	长期负债合计		69		(1,566.00)	(1,556.00)
减:累计折旧	9	19	12,123,874.62	20,476,251.66	24,009,727.48						
固定资产净值		20	142,573,008.08	176,639,089.92	188,201,314.49	递延税项:					
在建工程	10	21	21,083,793.90	1,512,861.98	58,397,252.08	递延税款贷项		61			
固定资产清理		22									
待处理固定资产净损失		23				负债合计		62	215,543,255.73	340,890,491.90	345,980,492.69
						少数股东权益	21	63			19,999,880.10
固定资产合计		30	163,656,801.98	178,051,951.90	246,598,566.57						
无形资产递延资产:						股东权益					
无形资产	11	31	18,844,825.40	30,493,388.93	30,490,388.93	股本	22	64	87,750,000.00	87,750,000.00	87,750,000.00
递延资产	12	32	644,662.07	1,622,218.45	3,120,699.46	资本公积	23	65	6,790,108.59	6,790,108.59	6,790,108.59
无形资产及递延资产合计		33	19,489,087.47	32,115,607.38	33,614,088.39	盈余公积	24	66	11,551,489.81	19,610,453.07	19,510,453.07
其他长期资产:						其中:公益金		67	3,850,496.60	6,503,484.35	6,603,484.36
其他长期资产		34				未分配利润		68			
递延税项:						外币报表折算差额		69			
递延税款借项		35				股东权益合计		70	106,091,598.40	114,050,561.66	114,050,581.66
资产总计		40	321,634,854.13	454,941,053.56	409,030,934.45	负债及股东权益合计		80	321,634,854.13	454,941,053.56	409,030,934.45

江苏悦达股份有限公司

1996年年度报告摘要　（摘选）

一、公司简况

公司名称：江苏悦达股份有限公司

法人代表：胡友林　　　邮政编码：224002

公司地址：江苏省盐城市通榆中路36号

电话：0515—8332667　　传真：0515—8334601

二、主要财务数据与财务指标

单位：人民币元

项　　目	本年数	上年数	比上年增减(%)
1.主营业务收入	1,180,925,934.90	884,387,879.86	33.53
2.净利润	63,824,053.73	51,705,511.74	23.44
3.总资产	1,001,085,468.95	807,855,271.33	23.92
4.股东权益	630,209,700.73	381,891,395.50	65.02
5.每股收益(元)	0.32	0.42	-23.81
6.每股净资产(元)	3.16	3.07	2.93
7.净资产收益率(%)	10.13	13.54	-25.18
8.股东权益比率(%)	62.95	47.27	33.17

注：(1) 所得税率均为15%；

(2) 财务指标均按全面摊薄法计算；

(3) 以上数据均系按会计师事务所审计后数据计算。

三、公司主要业务回顾

1.公司1996年度经营情况回顾

96年是"九五"工作的开局之年。一年来，公司紧紧围绕股东大会确定的年度目标，狠抓生产经营和内部管理，在煤炭、石化产品的运输与销售，汽车、拖拉机的生产与销售等方面均取得了较好的成绩，全年实现主营业务收入11.8亿元，比上年增长33.5%，实现利润总额7551.9万元，比上年增长22.6%，较好地完成了年初确定的目标任务，打赢了"九五"工作的第一仗。回顾一年来的工作，主要有以下几个特点：

一是一批重点经营项目得到了稳步发展。

煤炭经营在买方市场条件下，根据供求关系不断变化，经营难预测，发运难兑现，盈亏难控制的行业大气候，以"抢发运，保重点"的经营策略大胆开拓，积极进取，全年销售煤炭410万吨；物资流通在国家进一步规范市场行为、缩短中介环节的形势下，继续走挂靠大型企业，开展联营合作之路，实现了规模经营，创造了显著成绩，增强了竞争能力，石化公司新开辟了独山子石化资源基地，并与乌鲁木齐石化总厂、吉林石化总厂、燕山石化总厂、青海格尔木炼油厂等多家大型企业巩固、发展了合作关系，获得了适销对路的抢手产品，形成了上规模、上批量、高效益的经营格局；拖拉机厂针对行业竞争十分激烈、农机市场有所回落的情况，坚持外抓市场开拓，扩大市场份额，内抓企业管理，提高产品质量，降低生产成本，增强竞争能力，同时进行了产品结构调整，增强了对市场的应变能力，全年生产手扶拖拉机46700台，小四轮拖拉机8300台，实现工业总产值2.7亿元，销售收入3亿元。产品质量保持较高水平，12马力手扶拖拉机被全国手拖行业评为优等品，金马180小四轮拖拉机通过农机推广鉴定；市场范围有所扩大，国内形成了安徽、河南、河北、新疆、东北等几大销售重点，国外继开拓南美、中东、非洲等国际市场后，又在欧洲的法国、荷兰、葡萄牙等国取得了可喜的突破。

二是一批重大投入项目取得了显著成效。

汽车项目经过长达一年、先后11轮的艰苦谈判，与韩国起亚的技术合作协议已经正式签署，总规模15万台、第一期2.5万台的生产纲领已经确定，第一批图纸和技术资料97年一季度即可到位；四大工艺建设步伐较快，总装厂房、涂装厂房基本竣工，焊接线、涂装线的制造合同已经签署，水、电、汽等公用动力设施进展正常；悦达牌YQZ6370车97年7月1日开始小批量正式生产的准备工作正在进行，零部件国产化正逐步加快进度，该车型已经列入国家汽车产品目录；同时"小福星"的生产销售也达到了宣传产品、锻炼队伍的目的；小四轮拖拉机30000台扩能改造项目于96年10月18日举行了开工仪式，目前进展较快，新厂区的初步设计已经完成，征地等相关工程基本结束，对厂房和生产线施工单位的调研正在进行，97年年底可以确保投产。永达公司二期扩能项目新购绳网设备30多台(套)，目前正在进行安装调试，投产后可以形成年产成品网1000吨的生产能力，四年内全部收回投资。

三是一批重点工作圆满实现了既定的目标。

经过大量的工作，集团公司成功地入选全国首批300家重点国有企业，并与工商银行签订了银企合作协议，为本公司进一步扩大贷款规模、享受国家扶持政策创造了重要条件。同时公司第二次增资配股经过努力，在国家证监会批复后顺利实施，对于促进汽车、拖拉机等重大项目的上规模、上水平和公司经营业绩的稳步成长将起到重要作用。

2.本次募集资金的使用情况说明

本公司1996年度增资配股申请经江苏省证券期货监督管理办公室苏证管办[1996]2号文批准和中国证券监督管理委员会证监配审字[1996]15号文复审通过后实施。截止96年10月4日，公司募集资金全部到位，共募集配股资金14614.254万元(已扣除承销费用328.746万元)。具体使用情况如下：

(1) 拖拉机技改扩能项目

本次公司计划投资6000万元，现已投入1316.27万元，新厂区的设计和征地、围墙等前期工程已基本结束。

(2) 汽车扩能项目

本次公司计划投资6500万元，现已投入3105.64万元，总装厂房、涂装厂房基本竣工，焊接线、涂装线的制造合同已经签署，水、电、汽等公用动力设施进展正常。

(3) 制网二期工程项目

本次计划投资222万美元(折合人民币约1820万元)，现已投入人民币1104万元，新购绳网设备30多台(套)，目前正在进行安装调试。

其余资金公司将根据工程进度逐步投入。

四、股本变化及股本结构情况

1.股本变化及股本结构情况

(1) 本公司股本结构情况：　　　　单位：万股

	期初数	本次变动增减(+、-) 送股	配股	小计	期末数
(一)尚未流通股份					
(1)国家持股	3319.4	995.82	180	1175.82	4495.22
(2)发起法人持股	4065.6	1219.68	192.4331	1412.1131	5477.7131
(3)社会法人持股	110.6	33.18		33.18	143.78
(4)社会公众持股(受让转配)	1606.2	481.86	2358.1069	2839.9669	4446.1669
小　计	9101.8	2730.54	2730.54	5461.08	14562.88
(二)已流通股份					
境内上市的人民币普通股	3350.7	1005.21	1005.21	2010.42	5361.12
小　计	3350.7	1005.21	1005.21	2010.42	5361.12
(三)股份合计	12452.5	3735.75	3735.75	7471.5	19924

(2) 股本变动情况及原因

1.报告期内按照1995年度利润分配方案，公司以10:3的比例向全体股东送股并派发现金红利2元(含税)。

2.1996年8月21日，经江苏省证券期货监督管理办公室苏证管办[1996]2号文批准和中国证监会证监配审字[1996]15号文批准，本公司向全体股东10:2.3的比例配售普通股3735.75万股，其中向社会公众股股东配售1487.07万股，向国家股股东配售995.82万股，向法人股股东配售1252.86万股。配股中国家股股东和法人股股东除以现金形式认购372.4331万股外，将剩余部分配股权以10:2.9的比例向社会公众股股东有偿转让，每股转让费为0.10元，因此，社会公众股股东总的配股比例为10:5.2。该项工作已于1996年10月4日完成，总股本由16188.25万股增至19924万股。

(3) 公司主要股东持股情况：

股东名称	持有数量(股)	持股比例(%)
江苏悦达实业集团	54,777,131	27.493
盐城市国有资产管理局	49,952,200	25.071
大鹏证券	7,500,000	3.764
上海悦达	1,500,000	0.753
工商银行盐城分行	364,000	0.183
孟宪林	325,636	0.163
徐　晔	307,500	0.154
施爱飞	300,000	0.151
郁金根	290,000	0.146
张奇斌	260,000	0.131

(4) 截止本报告期末，本公司股东总数为43253户，其中国家股股东1户，法人股股东26户，社会公众股东43226户。

东方集团股份有限公司

1996年年度报告摘要 （摘选）

一、公司简况

公司名称：东方集团股份有限公司

法人代表：张宏伟　　邮政编码：150001

公司地址：哈尔滨市南岗区长江路科工贸2号楼

电话：0451-3666028　　传真：0451-3666030　0451-3643214

二、主要财务数据与财务指标

指标项目	本年数	上年数	比上年增减(%)
1.主营业务收入(万元)	26,406	14,075	87.61
2.净利润(万元)	7,826	4,697	66.64
3.总资产(万元)	101,285	70,554	43.56
4.股东权益(万元)	61,044	41,646	46.58
5.每股收益(元)	0.341	0.298	14.43
6.每股净资产(元)	2.66	2.64	0.76
7.净资产收益率(%)	12.82	11.28	13.65
8.股东权益比率(%)	60.27	59.03	2.10

三、公司业务回顾

1. 一年来经营情况

1996年，是我国"九五"规划的第一年，也是我公司管理的改革年，业务的拓展年。按照"利、实、勤、统、稳"的指导思想，由公司总部肩负起战略规划、协调配合、制度控制、绩效监督以及专业服务等方面的职责，充分发挥公司产业和区域间的互补功能，加大管理力度，拓宽业务领域，实现规模效益，在激烈的国际国内经济竞争中，全体员工以"刚韧、无畏、探求、超越"的东方精神，圆满地完成了1995年度股东大会确定的各项任务。经贸业充分发挥了纽带作用，国际贸易规模日趋扩大，区域互补功能加强；地产业转换经营思想，强化管理，克服了市场疲软的经济形势；加工制造业扩大生产规模，加强质量管理，向高科技、高附加值产品要效益；推行现代企业制度，集中管理、健全机制、优化结构、加强监督，公司的管理水平向国际标准迈进。

2. 主要指标分析

公司1996年实现主营业务收入26,406万元，完成年度计划指标146.7%，比上年增长87.61%；实现净利润7,826万元，完成年度计划指标的130.44%，比上年增长66.64%。

3. 募集资金运用情况

经中国证监会证监发审字(1996)1号文批准，1996年公司向全体股东以10:2的比例实施配股，扣除发行费用，实际募集资金121,243,188.78元，截止1996年末资金使用情况如下：

1) 投资东方天菊食品有限公司(大豆精深加工)4,000万元；

2) 对所属企业追加投资3,714.8万元；

3) 补充流动资金4,409.5万元。

四、股本变化及股本结构情况

(一) 股本变化及股本结构情况

截至1996年末，公司股本结构如下：

本次变动增减(+,-)　单位：万股

	期初数	配股	送股	期末数
1.尚未流通股份				
发起人股份	4,500	900	1,792.8	7,192.8
尚未流通股份合计	4,500	900	1,792.8	7,192.8
2.已流通股份				
境内上市的				
人民币普通股	11,250	2,250	2,241	15,741
已流通股份合计	11,250	2,250	2,241	15,741
3.股份总数	15,750	3,150	4,033.8	22,933.8

(二) 股份变动原因

1996年4月10日，我公司实施一九九五年度配股方案，每10股配2股；1996年6月22日在公司总部召开了1995年度股东大会，审议通过了1995年度每10股送1.66股的利润分配方案，并于7月30日与1994年度利润分配方案(向社会公众股东每10股派发1.66元〈含税〉现金红利，向法人股东每10股送1.66股红股)一并实施。送配股后，公司股本总额由1995年末的15,750万股增加至22933.8万股。

(三) 主要股东持股情况(前十名股东)

名次	股东名称	年末持股数(万股)	占总股本比例(%)
1	东方集团	7,633.5480	33.29
2	中京泰	222.4642	0.97
3	张宏伟	106.8289	0.47
4	许建春	93.0000	0.41
5	刘庆余	77.2358	0.34
6	安　英	66.8467	0.29
7	华厦深圳	62.0100	0.27
8	李树仁	60.2154	0.26
9	关国亮	60.1306	0.26
10	田开菊	59.0000	0.26

(四) 股东户数

截至到1996年末，公司股东总户数为45,797户，其中：法人股股东132户，社会公众股股东45,665户。

(五) 公司董事、监事与高级管理人员持股情况

单位：万股

姓名	职务	年初持股数	年末持股数	变动原因
张宏伟	董事长兼总经理	76.35	106.8289	送配股
关国亮	董事兼副总经理	42.975	60.1306	送配股
安　英	董事兼副总经理	47.775	66.8467	送配股
刘庆余	董事兼副总经理	55.20	77.2358	送配股
赵　宏	董事	0	0	—
云　鸿	董事	0	0	—
郑宏财	董事	4.20	7.1709	送配股
池清林	监事会主席	35.70	46.5933	送配股
马学斌	监事	0	0	—
葛伟光	监事	0	0	—
巴根那	监事	0	0	—
周宪君	监事	0	0	—

鞍山市信托投资股份有限公司

1996年年度报告摘要　（摘选）

一、公司简况

公司名称：鞍山市信托投资股份有限公司

法人代表：赵宝伟　　　邮政编码：114001

公司地址：辽宁省鞍山市铁东区五道街55号

电话：0412－2234351　　　传真：0412－2214224

二、主要会计数据与财务指标

指标项目	96年实际完成指标	比上年度增长率(%)	95年实际完成指标	比上年度增长率(%)	94年实际完成指标
1.主营业务收入(元)	179,949,845.63	25.85	142,986,080.92	41.50	101,053,141.02
2.净利润(元)	42,161,486.91	－16.66	50,588,071.41	0.66	50,255,048.67
3.总资产(元)	1,840,619,002.44	10.35	1,667,949,342.82	34.42	1,240,871,186.01
4.股东权益(元)	405,177,166.77	32.62	305,517,527.80	－5.32	322,681,754.85
5.每股收益(元)	0.22	－40.54	0.37	1.09	0.366
6.每股净资产(元)	2.11	－4.95	2.22	－5.41	2.347
7.净资产收益率(%)	10.41	－37.14	16.56	－14.29	19.32
8.股东权益比率(%)	22.01	20.14	18.32	－29.54	26.00

注：净利润、每股收益、净资产收益率均比上年降低，主要是由于：①上年企业所得税按15%上缴，今年按财政部财监字(1996)48号文件执行，改按33%上缴。所以虽然实现利润达6,433万元，比上年增加443万元，增长7.37%，但净利润却降低。②九六年实施每10股送4股的分配方案，使总股本增加、股东权益增加所致。

三、公司业务回顾

1．一年来经营情况

本公司属非银行金融机构。95年净资产收益率在沪市200多家上市公司中列33名，综合业绩在全国300多家上市公司中列第50名，95年全国信托投资公司证券业务排行榜我公司证券业务利润总额列第4名，证券营业收入列第13名，净资产列第11名。随着金融体制改革的深化和企业改革政策的落实，本公司多年来积累下来的一些深层次的矛盾，逐渐暴露出来，给九六年的经营工作带来巨大的影响和压力。面对九六年严峻的经营形势，公司经理班子依靠董事会的正确决策，带领全体员工勤勉工作，励精图治，开创了公司有史以来工作的新局面。使经营形势最为严峻、工作难度和压力最大的九六年变为改革力度大、管理力度强、经营业绩突出的一年，并且成为鞍山市九六年实现利税第一大户。董事会对经营班子的工作是满意的并给予高度评价。

(1)全面完成全年各项经济指标

实现主营业务收入17,995万元，比去年同期增加3,697万，增长幅度为25.86%；资产规模达到184,062万元，比去年同期增加17,267万元，增长幅度10.35%；实现利润6,433万元，比去年同期增长443万元，增长幅度为7.37%；人均实现利润40.96万元。

(2)主营业务持续健康发展

九六年底各项存款余额达5.2亿元，其中信托存款0.83亿元，委托存款4.35亿元；各项贷款余额达到89,434万元，比上年增长4.74%；回收逾期贷款10,166万元，利息2,382万元，分别比上年增长15.83%和30.09%。

(3)资产风险管理初见成效

按照中国人民银行有关资产风险监管要求，在九六年以较大力度实施了资产风险管理，资本充足率为29%，较上年末提高6个百分点，其中核心资本比率为99%；资本充足率合乎国际惯例——巴塞尔协议的规定，反映公司自有资本充足，经营风险小，资金相对稳定。96年公司加大了"两呆一逾"贷款的回收力度，创近几年来收息收贷的最好水平。同时，对公司近4.2亿元的逾期贷款全部按《贷款通则》要求补办了展期手续，有效降低了信贷风险，并真正做到当年贷款，当年到期全部收回，没有发生新的"两呆一逾"贷款。

(4)证券经营取得显著成绩，全年有价证券经营总额40多亿元；抵押贷款累放额为3,534万元，累收额4,048万元；代理企业发行债券42期3.22亿元，还本付息29期5.14亿元；实现营业收入6,278万元，实现税金316万元，实现利润2,345万元。

(5)房地产开发公司九六年底商品房开发量达42,550平方米，完成商品房销售额2,150万元，超额完成年计划75%，实现利润350万元。

(6)典当拍卖有限公司96年回收当年发生的当款1,160万元，回收率为85%，回收前两年沉淀当款1,800万元，占沉淀当款的50%，实现营业收入747万元，实现利润402万元。

(7)咨询公司开展了管理咨询和信息咨询两项新业务。在基本建设市场最萧条的96年，创成立以来审计额和完成利润的历史最好水平。

2、主要指标分析

(1)九六年度实现主营业务收入17,995万元，比上年增长25.86%，其中：利息收入10,365万元，占公司总营业收入的57.6%，比上年增长32%；金融往来利息收入1,669万元，占公司总营业收入的9.27%；手续费收入2,684万元，占总营业收入的14.92%，比上年增长1.05%；证券销售收入2,291万元，占总营业收入的12.73%，比上年增长150.66%；其它营业收入986万元，占总营业收入的5.48%。

(2)净利润4,216万元，比上年下降16.66%。净利润没有与主营业务同步增长，主要是由于上年企业所得税按15%上缴，今年按财政部财监字(1996)48号文件执行，改按33%上缴。所以虽然实现利润达6,433万元，比上年增加443万元，增长7.37%，但净利润却降低；财政性存款下降使拆借资金增加，资金成本上升；对一些破产企业的贷款按政策规定给予停息挂帐，使公司利润减少，同业竞争激烈、营业成本增加。

3、前次募集资金的使用情况说明

94年3月实行的配股方案，94年4月份配股款期限200万元足额到位，公司按预定的资金使用方向投入资金。(1)参与股份制改造，向效益好的企业参股投资，购入鞍山市两家效益较好的公司国家股1,000万股，动用资金1,100万元；(2)追加证券经营资金4,800万元；(3)投资房地产典当公司1,300万元。上述各项资金运营是安全的，项目的收益基本上达到预期效果，获得令人满意的资金回报率。

四、股本变化及股本结构情况

1．股本变化及股本结构情况

(1)历次股本结构变化情况详见下表：(见附表一)

(2)本报告期末的股东总人数为68535人。其中国家股东1人，法人股东21人；社会个人股东68513人。

(3)前十名股东持股情况

投股单位	96年初持股数	96年送股数	96年末持股数	占总股本
鞍山市财政局(国家股)	33,822,554	13,529,022	47,351,577	24.60%
中国第三冶金建设公司	6,600,000	2,640,000	9,240,000	4.80%
辽阳石油化纤公司鞍山炼油厂	2,400,000	960,000	3,360,000	1.74%
中国工商银行鞍山市分行	2,400,000	960,000	3,360,000	1.74%
鞍钢附属企业公司	2,241,111	896,444	3,137,555	1.63%
鞍山冷弯型钢厂	1,560,000	624,000	2,184,000	1.13%
鞍山钢铁公司矿山公司	1,560,000	624,000	2,184,000	1.13%
中国农业银行鞍山市分行	1,560,000	624,000	2,184,000	1.13%
国营鞍山市化纤毛纺织总厂	1,560,000	624,000	2,184,000	1.13%
鞍山市物资回收总公司	1,200,000	480,000	1,680,000	0.87%

注：本公司前十名最大股东始终没变，只是由于送配股使其持股量发生变化。

上海良华实业股份有限公司

1996年年度报告摘要 （摘选）

一、公司简况

公司名称：上海良华实业股份有限公司

法人代表：施建侯　　　邮政编码：200120

公司地址：中国上海市浦东新区商城路199号

电话：(021)58870801　(021)58822100　传真：(021)58826880

二、主要财务数据与财务指标

单位：元

项目	1996年	1995年	增减(%)
主营业务收入	117162880.64	125957632.77	-6.98
净利润	13765064.04	4383908.50	213.99
总资产	354599938.58	295403181.93	20.04
股东权益	128798064.79	123284798.95	4.47
每股收益	0.167	0.053	215.09
每股净资产	1.56	1.49	4.70
净资产收益率	10.69%	3.56%	200.28
股东权益比率	36.32%	41.73%	-12.96

注：上表数据均为公司合并报表内容数。

三、公司业务回顾

1. 一年来经营情况

一九九六年，公司主要完成了四方面的工作，一是集中力量完成市府的实事项目，良友大厦的工程建设，良友大厦于'96上海全国商品交易会开幕前投入试运转；二是初步完成了浦江仓储公司邬桥仓库的扩建工程，形成了十万吨的仓容规模；三是成立良华企业发展中心，中心经营和管理良友大厦，同时，对效益差的良华酒家采取了歇业措施；四是加强内部管理，全面导入CIS。

2. 对实际经营结果与盈利预测的重大差异说明

公司一九九六年五月第五次股东大会提出一九九六年全年预测净利润目标为680万元，年度经营结果为1376.51万元，增长102.4%。主要原因有：粮油等主营业务利润增加及浦江仓储公司原股东两方撤资补偿费由费用支出调整为按受益期摊销之故。

3. 对所募集资金的运用情况的说明

公司于一九九二年经批准向社会公开发行股票，共计募集资金9603.52万元(资产投入1051.16万元，良友大厦土地为2817.36万元)。一九九四年经批准，公司向股东按1:0.3的比例实施配股，配股实际募集资金为1091.27万元。一九九二、一九九三年两年合并利润分配和一九九四年利润分配均以1:0.1的比例向股东送股，募集资金833万元。上述共募集资产和资金10476.7万元(除资产投入外)。

上述资金使用情况(至一九九六年末) 单位：万元

项目	预测数	使用数	说明
良友大厦	24000(调整数)	17705	96年11月试运转
浦江仓储公司	1850	1599	96年10月基本完工
良华企业发展中心	900	900	变更增加投资
合　计	26750	20204	

募集资金除了已完成良华期货经纪公司投入1100万元，外高桥中申大厦的投入691万元外，上述项目中良友大厦还有一部分装潢和工程尾款尚未支付，其他款项主要是依靠贷款，致使公司资产负债比例偏高，资金成本居高不下。

四、股本变化及股本结构情况

1. 股本变化及股本结构情况

截至1996年12月31日

(1) 股本结构情况：　单位：万股

	1996年末数	比例(%)	1995年末数	比例(%)
非流通股	7127.5982	86.4	7127.5982	86.4
其中：发起人法人股	5008.3932	60.7	5008.3932	60.7
社会法人股	2119.2050	25.7	2119.2050	25.7
流通股份	1124.2	13.6	1124.2	13.6
(境内上市流通股份)				
总计：	8251.7982	100	8251.7982	100

注：本公司全部股份为境内人民币普通股。

(2) 股本变动情况及原因：

一九九六年公司股本未发生变动，仍为8251.7982万元。

(3) 主要股东情况(前十名股东)(1996年12月31日)　单位：股

单位	股份	比例(%)
〈1〉上海市粮油贸易公司	24286330	29.4
〈2〉上海市粮食储运公司	9709645	11.8
〈3〉上海市油脂公司	3383960	4.1
〈4〉上海市面粉公司	3171902	3.8
〈5〉中国粮食贸易公司	3080000	3.7
〈6〉中国植物油公司	2420000	2.9
〈7〉中国人民建设银行上海市浦东分行	1210000	1.5
〈8〉上海印染十厂	1210000	1.5
〈9〉上海氯碱化工总厂	1210000	1.5
〈10〉上海双鹿电器股份有限公司	1210000	1.5

(4) 股东数量(1996年12月31日)　单位：户

法人股	146
流通股	11373
总计：	11519

(5) 子公司及关联企业

单位名称	注册资本	主要业务	本公司所有权益
1. 良华企业发展中心	1000万元	客房出租，餐饮，物业管理等	100%
2. 浦江仓储公司	200万元	仓储、运输、中转等	100%
3. 良华家具厂	80万元	家具、销售	100%
4. 良华酒家	50万元	餐饮	100%
5. 良华期货经营有限公司	1200万元	商品、期货代理等	91.7%
6. 中申实业有限公司	1100万元	保税仓、厂房	18.6%
7. 良华储运有限公司	250万元	粮油、储存、装卸等	99.167%

上海物资贸易中心股份有限公司

1996年年度报告摘要　（摘选）

一、公司简况

公司名称：上海物资贸易中心股份有限公司

法人代表：朱明连　　邮政编码：200063

公司地址：上海市中山北路2550号

电话：(021)62570000—8521 传真：(021)62572959

二、主要财务数据与财务指标

（单位：人民币元）

指标项目	本年数	上年数	比上年增减(%)
1.主营业务收入	715,526,772.24	943,235,364.34	-24.14
2.净利润	11,035,261.26	9,605,682.80	14.88
3.总资产	612,989,448.53	685,489,726.80	-10.57
4.股东权益	372,077,326.69	306,171,505.72	3.31
5.每股收益	0.053	0.04	14.88
6.每股净资产	1.781	1.724	3.31
7.净资产收益率	2.97%	2.67%	11.23
8.股东权益比率	60.70%	52.54%	15.53

三、公司主要业务回顾

1.经营情况

1996年是公司稳定发展的一年。公司以年度股东大会提出的年度工作计划为目标，按《公司法》规范运作，加大力度压缩库存，加速应收款回笼，完善企业内部财务核算，降低经营成本。同时，努力扩大销售渠道，加强物贸大厦多层次宾馆客源的开拓，着重做了以下几方面工作：

(1)在物资经营领域，扩大资源基地，发展代理制，增强向全国大中型企业服务的意识，达到规模经营的效果。与国内大中型企业建立起稳定的供销关系。同时压缩库存，降低资金占用，节约费用支出，降低经营成本。

(2)在实业领域，扩大与物资经营相关的实业投资，扩大工贸结合力度，以厢式车改装带动汽车销售，带动其它钢材、铝材、化工原料的销售工作。

(3)在宾馆旅游方面，努力转变经营观念，面向旅游和会议，面向社会大众，拓展物贸大厦的功能，努力引进不同类型商务客源，改变商务客人结构，输出物业管理，克服经营环境变化带来的不利影响，使企业收入比上年有所增长。

2.年度经营业绩

全年实现主营业务收入71,552.67万元，比上年减少24.14%，实现净利润1,103.52万元，比上年增加14.88%；资产总额61,298.94万元，比上年减少10.57%；每股税后利润为0.053元，比上年增加14.88%。

3.前次募集资金运用情况的说明

在本报告期内，公司没有通过发行股票募集资金。

四、股本变化及股本结构情况

1.股本结构情况　　（单位：万股）

股份类别	1996年末	1995年末	比例%
A:尚未流通股份			
其中：国家持股	13,295.975	13,295.975	63.66
社会法人持股	990.00	990.00	4.74
小计	14,285.975	14,285.975	68.40
B:已流通股份			
境内上市人民币普通股	1,100.000	1,100.000	5.27
境内上市人民币特种股	5,500.000	5,500.000	26.33
小计	6,600.000	6,600.000	31.60
C:股份总数	20,885.975	20,885.975	100.00

注：报告期内股本没有变化。

2.主要股东持股情况(单位：万股)

股东名称	持股数量	占总股本%
国家持股	13,295.975	63.66
HAITONG SECURITIES LTD.	265.231	1.27
上海金属交易所	165.00	0.79
广西玉柴机器集团公司	165.00	0.79
WAI GAO SHENG CHANG	159.816	0.77
长江经济联合发展(集团)	110.00	0.53
TOYO SECURITIES ASIA LTD.	96.212	0.46
JUNAN FINANCIAL(HK) CO.,LTD.	90.000	0.43
BEAR STEARNS SECURITIES (HK) CORP.	81.620	0.39
SHANGHAI INTERNATIONAL NOMINEES(H.K.) LTD.	67.592	0.32

3.股东数量

截至1996年12月31日，本公司股东总数为12,133户，其中国家股东1户，社会法人股东53户，社会个人股东10,352户，外资股东1,727户。

4.公司董事、监事和经理人员持股情况(单位：股)

姓名	职务	年初持股数	年末持股数	变动情况
朱明连	董事长	0	0	—
朱宁宁	副董事长兼总经理	0	0	—
王建明	董事	3,300	3,300	—
申坤兴	董事	0	0	*
于德政	董事	0	0	*
尤　谊	董事兼副总经理	0	0	—
董锡明	董事兼副总经理	6,600	6,600	—
伍贻忠	董事兼副总经理	6,600	6,600	—
李　新	董事	6,600	6,600	—
张光伟	董事	0	0	*
熊心光	监事长	0	0	*
陆伯衡	副监事长	6,600	6,600	—
刘莉平	监事	0	0	*
梁友超	监事	0	0	*
王兴文	监事	0	0	*
袁劲梅	监事	0	0	*
杨相柏	监事	0	0	*

注："*"者系1996年12月31日新当选公司董事、监事。

上海东方明珠股份有限公司

1996年年度报告摘要 （摘选）

一、公司简况

公司名称：上海东方明珠股份有限公司

法人代表：盛亚飞　　邮政编码：200030

公司地址：上海市浦东陆家嘴路504弄2号

电话：62832092　　传真：62833367

二、主要财务数据与财务指标

指标项目	本年数	上年数	比上年增减(%)
1.主营业务收入(万元)	49541	39147	+26.55
2.净利润(万元)	11759	11373	+3.39
3.总资产(万元)	166067	153081	+8.48
4.股东权益(万元)	83296	71492	+16.51
5.每股收益(元)	0.2729	0.264	+3.37
6.每股净资产(元)	1.93	1.66	+16.27
7.净资产收益率(%)	14.12	15.19	-11.25
8.股东权益比率(%)	50.16	46.70	+7.41

三、公司主要业务回顾

1996年，对于公司来说仍是处于起步和发展阶段的一年，与95年相比，公司在96年尚无明显的新的经济收入增长点，同时，在广播电视塔初步投入营运后，建塔筹资的利息，由建设成本转入经营费用，致使财务费用有较大增长。但公司上下齐心协力，团结奋进，与去年相比又取得了良好的经济效益。全年实现主营业务收入495,410,727.20元，比去年增长26.55%，实现利润总额140,305,895.55元，比去年增长3.86%。

1. 花大力气，下苦功夫，开发完善东方明珠广播电视塔的观光旅游功能，九六年全年共接待登塔游客近200万人次，日均5400人，实现营业收入壹亿贰仟万元。

2. 锐意进取，精益求精，以优良的服务为企业树立了良好的企业形象，创造更多的无形资产。

公司针对第三产业为主导地位的行业特点，从各个方面统一思想、统一认识、统一步伐，力求每一个窗口、每一个一线员工都能本着上海市精神文明窗口的理念去创造一流的企业形象，创造企业更多的无形资产。

3. 深化改革、励精图治，从调整内部管理机制，加强内部管理，规范投资决策程序等方面着手，使公司的管理机制更趋合理、科学、高效，使公司的经营行为与经营目标紧密相连，追求最大化的经济效益和社会效益。

4. 合理调配，增收节支，加强财务监督和财务管理，提高资金融通效率和回报率。

5. 在项目管理方面，以确保和提高经济效益为目标，为全面走上科学化、合理化、规范化、国际化的项目管理和项目营运走出了关键的一步。

四、股本变化及股本结构情况

(一) 股本变化及股本结构情况

1. 股本结构情况　　(单位：股，每股面值一元)

	95年末数	96年末数
a. 尚未流通股份	404,847,720	404,847,720
其中：发起人法人持股	370,000,000	370,000,000
社会法人持股	20,847,720	20,847,720
社会个人持股	14,000,000	14,000,000
b. 已流通股份	26,000,000	26,000,000
境内上市的人民币普通股	26,000,000	26,000,000
c. 股份合计	430,847,720	430,847,720

2. 大宗股份转让

上海广播电影电视发展总公司将所持本公司发起人法人股35000万股中的9120万股分别转让给上海有线电视台4000万股、上海电视台330万股、上海东方电视台670万股、上海人民广播电台60万股、上海东方广播电台60万股、上海电视节办公室1000万股、上海精文投资有限公司2000万股、上海东亚(集团)有限公司1000万股。公司董事会于1996年10月24日在《上海证券报》对此作了公告。

3. 主要股东持股情况(前十名股东)

名次	股东名称	年末持股数(万股)	占总股本(%)
1	上海广播电影电视发展总公司	25880	60
2	上海有线电视台	4000	9.28
3	上海精文投资有限公司	2000	4.6
4	上海电视节办公室	1200	2.79
5	上海电视台	1000	2.3
6	上海东方电视台	1000	2.3
7	上海东亚(集团)有限公司	1000	2.3
8	上海《每周广播电视报》社	500	1.16
9	上海申银万国证券公司	341.89	0.77
10	上海人民广播电台	300	0.70

4. 截至到1996年底，公司股东总数为35201户，其中法人股东为354户，社会公众股东34847户。

5. 子公司及关联企业

	企业名称	注册资金(万元)	主营业务	本公司拥有权益(%)
1	东方明珠传输公司	7500	广播电视技术传输	100
2	东方明珠房地产公司	2100	房地产开发经营	100
3	东方明珠国际广告公司	200	广告设计制作等	100
4	东方明珠欧洲城有限公司	1500	物业管理餐饮等	55
5	东方明珠国际旅行社	50	国家二类旅行社	100
6	东方明珠出租汽车公司	1000	汽车出租	100
7	上海七重天实业公司	1000	餐饮住宿日用百货	100
8	东方明珠国际交流公司	200	组织承办文化交流	100
9	东方明珠工贸实业公司	1000	国际贸易等	100
10	东方明珠国际贸易有限公司	830	国际贸易	60
11	东方明珠礼品有限公司	415	高档旅游纪念品	72
12	东方明珠娱乐总公司	10000	登塔观光等	100
13	东方明珠渡假村	500	住宿餐饮等	90
14	东方明珠工程总承包有限公司	1000	工程建筑承包管理	100
15	东方明珠游乐有限公司	800	专线游览码头服务	75
16	东方明珠进出口公司	1000	经营代理进出口等	80
17	东方明珠万邦百货有限公司	6400	百货等	合作
18	东方明珠希尔西置地有限公司	560	餐饮住宿等	合作
19	东方明珠星际娱乐有限公司		餐饮等	合作

上海市农垦农工商综合商社股份有限公司

1996年年度报告摘要　（摘选）

一、公司简况

公司名称：上海市农垦农工商综合商社股份有限公司

法人代表：沈百康　　邮政编码：200051

公司地址：上海市天山路800号

电话：021—62749295　　传真：021—62748871

二、主要财务数据与财务指标

单位:万元

指标项目	本年度	上年度	比上年增减(%)
1.主营业务收入	104,406.02	116,052.37	-10.04
2.净利润	-2,588.24	164.68	-1,671.63
3.总资产	104,513.88	99,654.00	4.88
4.股东权益	11,731.95	14,320.19	-18.07
5.每股收益(元)	-0.3967	0.03	-1,671.63
6.每股净资产(元)	1.7981	2.19	-18.07
7.净资产收益率(%)	-22.06	1.15	-2,018.35
8.股东权益比率(%)	0.11	14.00	-21.88

注:以上财务指标均按合并报表计算。

三、公司主要业务回顾

1．一年来公司经营情况

一九九六年是公司调整、清理的一年。在整个市场处于低迷的情况下，公司为了适应市场发展的需要，在管理体制、经营结构等方面进行一系列的调整、清理，解决法人多、管理幅度大、经营门类多、行业跨度大、结构不合理的问题，理顺管理体制，从严把好投资关、用人关、分配关，狠抓财务管理，强化压缩应收款、压缩库存、压缩非生产性开支的工作，提高资产运行质量。但是，公司的调整清理是一个较长的过程，取得成效需要时间。公司一九九六年还是发生经营亏损2,5588.24万元，主要原因是：第一，公司主营业务单一，缺乏实业基地支撑，增加了流通成本，难以抗击市场波动，给经营业务造成影响；第二，在发展商业网点中，没有形成规模和连锁，前期开发成本高，选择部分商业网点失误，在关停并转中造成相当损失；第三，国家烟草专卖供应政策变化后，取消了公司的烟草委托批发经营业务等，致使公司经济效益受到较大影响。

一九九七年是公司资产重组，提高资产运行质量的关键一年。公司要继续以市场为导向，抓住机遇，加大力度，依托上海市农工商(集团)总公司，进行资产重组，不断吸纳优质资产，剥离不良资产，盘活存量资产，优化经营结构，充分发挥农工商综合经营优势，内外贸结合、产加销一体，强化管理，加快发展，扭亏转盈，以较好的经营绩效回报全体股东。

2．对前次募集资金运用情况的说明

公司于1993年12月向社会公开发行1260万股股票，实际收到募集资金6130万元用于投入五个项目。

1)绿色食品开发项目，投入资金2100万元，建立一批商业销售网点，发展“绿色食品”。

2)宝通商务楼项目，建筑面积4000平方米，投入资金1800万元。

3)城隍庙第一购物中心项目，投入资金1350万元，占项目总投资的30%。

4)麦当劳快餐连锁经营项目，投资900万元与美国麦当劳集团在上海南京东路开设快餐店。

5)武胜路家电经营项目，投资1800万元，在人民广场西南大门发展家电经营网点，代理经销国外10余个著名品牌的家用电器、视听音响、健身器材等精品。

四、股本变化及股本结构情况

1．公司股本结构

数量单位：股　　每股面值：1元

	期初数	比例(%)	本次变动数	期末数	比例(%)
(1)尚未流通股份					
国家持有股份	4886.492	74.89	—	4886.492	74.89
(2)已流通股份					
境内上市的人民币普通股	1638	25.11	—	1638	25.11
(3)股份总数:	6524.492	100	—	6524.492	100

2．公司本年度股本结构未作变动。

3．主要股东持股情况：

股　东　名　称	年末持股数量(万股)	占总股本比例(%)
1)上海市农工商(集团)总公司	4886.492	74.89
2)建行湖北	50.00	0.77
3)汤云泉	28.76	0.44
4)陈修宁	24.98	0.38
5)李　力	19.87	0.30
6)华　银	17.31	0.27
7)沈阳国泰	17.00	0.26
8)工武上证	15.50	0.24
9)钟汇洪	11.53	0.18
10)刘　岩	10.00	0.15

4．股东数量

1996年末，公司股东总户数9492户。其中:国家持股1户，其余均为社会个人持股。

5．董事、监事与高级管理人员持股情况

姓　名	职　　务	年初持股数	年末持股数	变动情况
陆美华	董事长	0	0	原不持股
沈百康	副董事长兼总经理	0	0	原不持股
施　军	副董事长兼常务副总经理	1950	1950	
陶永裕	董事兼副总经理	1430	1430	
张正姑	董事	1430	1430	
吴忠兴	董事	1690	1690	
盛建三	董事	0	0	原不持股
陈桂娣	监事会主席	1300	1300	
马宝琴	监事	1070	1070	
叶世宗	监事	0	0	原不持股
周晓民	副总经理	0	0	原不持股
汪培毅	董事会秘书	0	0	原不持股

上海华东电脑股份有限公司

1996年年度报告摘要　（摘选）

一、公司简况

公司名称：上海华东电脑股份有限公司

法人代表：马定贤　　邮政编码：200233

公司地址：上海桂林路418号

电话：021-64704678　　传真：021-64700357

二、主要财务数据与财务指标

单位：元

指标项目	本年数	上年数	比上年增减(％)
1.主营业务收入	449,484,315.18	238,437,042.33	88.51％
2.净利润	6,363,755.28	5,412,177.45	17.58％
3.总资产	221,537,791.64	173,610,760.10	27.61％
4.股东权益	108,158,309.42	100,984,282.65	7.10％
5.每股收益	0.13	0.11	18.18％
6.每股净资产	2.16	2.02	6.93％
7.净资产收益率	5.88％	5.36％	9.70％
8.股东权益比率	48.82％	58.17％	－16.07％

三、公司业务回顾

1．一年来经营情况

1996年是我国计算机信息产业高速发展的一年，市场需求旺盛、竞争更为激烈，国内外厂商群雄纷争，软硬件产品价格不断下降。华东电脑根据95年经营的实际情况，提出了"提高投资效益、制止滑坡趋势、主攻优势领域、促进新的增长"的经营目标，制订了发展EC品牌微机、加强关联公司管理、适度发展代理产品销售、进一步发展软件与系统集成业务的经营计划。经过一年来全体员工的努力，基本达到了制止滑坡、促进增长的目标。

96年公司根据计算机市场需求情况，加大发展自有品牌EC系列微机产品的力度，在发展目标、策略、方法等方面统一了思想、理顺了运行机制，使该项业务迅速启动，推出了ECP5标准型、多媒体型、多媒体通讯型产品，投放市场后获得用户的好评。

软件与系统集成业务，主要通过公司本部和参股投资的上海华腾软件系统有限公司、上海启明软件有限公司、全资子公司华东电子技术服务公司实施。先后承接了上海商业增值网、上海邮政绿卡工程、上海城市合作银行综合业务储蓄系统、江苏省金卡工程、山东省金卡工程、上海市经委工业经济信息系统、上海烟草集团销售系统、上海石化OA系统、上海邮电管理局OA系统、上海商品交易所异地交易系统、申银万国互联系统、上海铁路局售票系统等项目，有的已如期完成交付用户投入使用，有的正在按计划进行之中。1996年上海软件明星企业排行榜上，华腾公司、启明公司分列第一、第二名。

华东电脑作为美国惠普公司的微机与服务器产品的分销商，96年完成的销售额较95年增长一倍以上。通过与美国惠普公司的合作，逐步引进惠普公司的业务管理经验，规范公司业务流程，培养产品销售人才，建立起全国性的销售网络。总之，1996年华东电脑在拓展市场、扩大销售、推出自有品牌"EC"系列微机等方面做了大量工作，取得了一定的成效，为97年的工作打下了一个较好的基础。

2．前次募集资金运用情况

本报告年度内，公司没有募集资金，93年公司公开发行股票2000万股，募集资金6000万元，扣除承销费180万元后为5820万元。资金用途为：

① 整机产品方面累计投入2650万元；

② 软件与系统集成业务方面累计投入989万元；

③ 磁记录配套产品方面累计投入233万元；

④ 多种经营方面累计投入1429万元(其中购买原水法人股159.7万股，合479.1万元；委托贷款500万元；短期投资450万元)。

上述四项合计投资5301.1万元，其余518余万元用作公司流动资金。

四、股本变化及股本结构情况

1．股本结构　　数量单位：股　　每股面值：1元

	期初数	本次变动增减(＋，－)	期末数
(一)尚未流通股份			
1.发起人股份	30,000,000	0	30,000,000
其中：国家拥有股份	1,262,000	0	1,262,000
境内法人持有股份	28,738,000	0	28,738,000
境外法人持有股份			
其他			
2.募集法人股	7,500,000	0	7,500,000
3.内部职工股			
4.优先股或其他			
尚未流通股份合计	37,500,000	0	37,500,000
(二)已流通股份			
1.境内上市的人民币普通股	12,500,000	0	12,500,000
2.境内上市的外资股			
3.境外上市的外资股			
4.其他			
已流通股份合计	12,500,000	0	12,500,000
(三)股份总数	50,000,000	0	50,000,000

注：本报告期内股本无变化。

2．主要股东持股情况(前10名股东)：

名称	年末持股数	比例％
华东计算技术研究所	28,738,000	57.48
上海华兴贸易公司	2,000,000	4.00
万科企业股份有限公司	1,500,000	3.00
建行上海信托投资公司	1,341,300	2.68
国家持股	1,262,000	2.52
建行总行信托投资公司	750,000	1.50
上海华腾软件系统有限公司	500,000	1.00
宋惠兰	207,900	0.41
魏建瑛	193,360	0.38
陈惠	184,600	0.36

3．股东数量：本报告期末的股东总数为：5420户，其中国家股股东1户，发起人法人股股东1户，社会法人股股东15户，社会公众股股东5403户。

中国四川国际合作股份有限公司

1996年年度报告摘要　（摘选）

一、公司简况

公司名称：中国四川国际合作股份有限公司

法人代表：陈克浩　　　邮政编码：610012

公司地址：中国四川成都市永兴巷15号

电话：028—6610024　　　传真：028—6757697、6627541

028—6626760、6623095

二、主要财务数据与财务指标

单位：万元

指标项目	本年数	上年数	增减(%)
1.主营业务收入	18069	47107	-61.64
2.净利润	-8318	4291	-293.85
3.资产总额	94707	100168	-5.45
4.股东权益	31220	27857	12.07
5.每股收益(元)	-0.76	0.54	-240.74
6.每股净资产(元)	2.85	3.48	-18.10
7.股东权益比率(%)	32.97	27.81	18.55
8.净资产收益率(%)	-26.65	15.40	-273.05

三、公司主要业务回顾

1. 一年来公司经营情况

1996年是公司经营发生严重困难的一年。全年新签承包劳务合同额2,463万美元，是计划的47%；其中承包工程合同额425万美元，是计划的8.5%；劳务合作合同额2,030万美元，是计划的10.75倍。完成承包劳务营业额4,614万美元，是计划的73%；其中承包工程营业额3,454万美元，是计划的58%；劳务合作营业额1,150万美元，是计划的3.3倍。年末在外从事承包劳务业务人数4,336人，是计划的151%。境外承包工程带动物资设备出口30万美元，是计划的7.5%。完成进出口总额447万美元，是计划的81%，完成外汇商品销售营业额343万美元，是计划的43%。

公司于1993年11月签约乌干达欧文电站OFE-1土建扩建工程，在实施过程中，虽然公司采取了各种措施，特别是九六年二月二日向乌干达总统穆萨维尼就欧文电站施工中的困难和合同本身的严重缺陷作了详细汇报；向世行副行长等官员作了多次汇报；但因标价过低，合同本身存在严重缺陷，周转资金不足，加之业主代表及监工多次制造障碍等原因，导致我公司被终止雇佣关系。欧文电站项目承包被终止后，公司调整了领导班子，采取了一系列措施，成立了善后工作组，具体负责与业主的谈判工作。因欧文电站被终止雇佣给公司信誉造成的负面影响，公司去年新签合同项目急剧下降，主营业务受到了很大的冲击。

公司在去年承包工程业务受到重大挫折的情况下，认真总结经验教训，十分重视驻外办事处的工作和经营管理，并采取了一系列的相应措施，调整经营，加强管理，与此同时，努力抓好其他业务的经营管理。首先是经援项目肯尼亚平板玻璃厂，该项目是我国援外改革试点项目。96年5月9日在肯尼亚内罗毕，江泽民主席和莫依总统出席了由中国进出口银行与肯尼亚工业发展银行签订的《关于使用中国政府贴息优惠贷款，为非洲玻璃有限公司兴建肯尼亚平板玻璃厂项目提供融资的谅解协议》的签字仪式。去年6月我公司与中国进出口银行签订了11705万元人民币的长期优惠贷款协议，该项目将在今年陆续实施。其次，对外劳务合作和国际航空服务业务成绩显著，业务稳步发展，新签合同额和完成营业额都有大幅度的增长。再次，公司的工程监理咨询业务发展较快，取得了甲级工程监理资质。并先后承担了成绵高速、成雅高速、内宜高速、乐山名城大桥、华帝大厦等工程项目的监理。此外，公司在房地产业务方面狠抓市场调查和制度建设，对项目的开发进行认真仔细的可行性论证，同时建立健全了财务制度、经营工作制度、施工管理制度等。四川国际合作房地产公司96年成功销售了"玉林苑"住宅项目，公司在沿海的房地产工作主要是处理以往投资失误的遗留问题，清理债权债务，通过法律手段追回投资，并在总部不增加投入的情况下，维持公司的正常运转。

从去年下半年起，公司新任领导班子采取了一系列措施加强内部管理，对公司每年下达的利润指标严格考核。公司加强纪律，精减机构、人员，调整了国内外部分中层干部；对连续亏损或经营业绩不佳的进行审计和清理整顿；做好人员的分流工作；严格出国人员的审查；加强财务管理，规范内部财务制度，96年公司财务部集中了总部经营部门和分(子)公司的财务人员，初步建立了集中会计核算的财务管理体制；清理公司资产，弄清家底，采取措施保障公司资产安全。

一九九六年是公司成立来最为困难的一年，欧文电站项目被迫终止雇佣及公司其它部分工程项目和经营项目上发生的亏损为公司留下了惨痛的教训，公司将努力克服困难，重新创业，充分挖掘公司潜力，争取尽快走出困境，步入良性发展的轨道。

2、主要经济指标分析

一九九六年，主营业务收入为18069万元，比上年减少29038万元，下降61.64%，主要系欧文电站终止雇佣关系和其他承包项目减少收入1.4亿元，房地产和其他业务减少近1.5亿元。净利润和每股税后利润分别为-8318万元和-0.76元，分别比上年下降293.5%和240.74%，主要原因是主营业务收入大幅减少，欧文电站项目财务费用大幅增加使公司财务费用比上年增加1945万元。此外，进货费用比上年增加781万元。

3、报告期配股募集资金使用情况说明

1996年4月24日至5月10日，公司实施了1995年度配股计划，共配流通股500万股，国有法人股转配股8,539,068股，共募集资金58,998.852.60元，扣除国家股转让费和配股发行费用，实募配股资金54,017,405.60元。公司严格按照了配股说明书的使用计划分别投向了坦桑尼亚工程项目周转金910万元，偿还肯尼亚项目所借银行贷款1500万元，投向马来西亚项目周转金500万元，拨付下属二级公司借款940万元，支付银行利息500万元，因乌干达欧文电站项目终止雇佣，余款1000万元留作公司周转金。

四、股本变化及股本结构情况

1.股本结构及变动情况：

(1)股本结构 股份类别	期初数(股)	本期增加	期末数(股)	比例(%)
(一)尚未流通股份				
国有法人股	60,000,000	12,000,000	72,000,000	65.7
国有法人股转配股		8,539,068	8,539,068	7.8
尚未流通股份合计	60,000,000	80,539,068	80,539,068	73.5
(二)已流通股份	20,000,000	9,000,000	29,000,000	26.5
(三)股份总数	80,000,000	29,539,068	109,539,068	100

2. 股本变动情况

报告期内按1995年度利润分配方案和配股方案，公司以8000万元股份为基数，按10:2比例送红股，按10:2.5配股，社会公众股东还可按10:7.5的比例自愿认购国有法人股转配股。分配方案和配股方案实施后，流通股份增加400万红股和500万配股，未流通股份增加国有法人股红股1200万股和转配股8,539,068股，公司总股本由8000万股增至109,539,068股。

(3)主要股东持股情况(前十名股东)

股东名称	年末持股数量(股)	占总股本比例(%)
1)四川省国有资产管理局	72,000,000	65.7%
2)中大国信	927,770	0.85%
3)戴玉瑛	700,000	0.64%
4)郑浦源	373,100	0.34%
5)久康实业	360,000	0.33%
6)李苑红	214,445	0.20%
7)汪兴仁	203,000	0.19%
8)曲西苑	190,000	0.17%
9)马小波	182,000	0.16%
10)李汉荣	169,700	0.16%

(4)年末公司股东户数国有法人股1户，社会公众股东17896户，合计17897户。

渤海集团股份有限公司

1996年年度报告摘要　（摘选）

一、公司简况

公司名称：渤海集团股份有限公司

法人代表：李甫田　　　邮政编码：250012

公司地址：济南市泺源大街中段

电话：(0531)6929228　　　传真：(0531)6929218

二、主要财务数据与财务指标

指标项目	本年数	上年数	比上年增减(%)
1.主营业务收入(万元)	1758.21	595.52	+195.24
2.净利润(万元)	876.29	961.90	-8.90
3.总资产(万元)	26167.77	22962.01	+13.96
4.股东权益(万元)	19098.83	15850.88	+20.49
5.每股收益(元)	0.116	0.127	-8.66
6.每股净资产(元)	2.52	2.09	+20.57
7.净资产收益率(%)	4.59	6.07	-24.38
8.股东权益比率(%)	72.99	69.03	+5.74

三、公司业务经营回顾

1．一年来经营情况

1996年，是本公司发展史上极不平凡的一年。公司围绕"高科技、高起点、大手笔、大发展"的战略方针，努力开拓资产经营，积极寻找新的经济增长点，调整产业结构，发展第三产业，各项工作都取得了突破性进展，主营业务收入1758.21万元，利润总额995.98万元，净利润876.29万元。

(1) 根据"冷上、热转"的经营思路，公司决定将投资重点转向适应九十年代时尚消费需求的娱乐服务业，在济南市黄金地段兴建设施一流、功能齐全的渤海康乐城：渤海大酒店及其夜总会、桑拿浴正式营业；2800平方米的迪士高溜冰馆、乒乓球馆已经开业，营业收入为济南市同行业之首；1000平方米的渤海歌舞厅被评为市级文明单位；38道国际标准保龄球馆正进入最后安装阶段；1800平方米台球馆装修完毕，开业在即。

(2) 工业项目长清热电厂安全发电，迁往郊县的济南火柴厂正式投产。

(3) 经国家外经贸部[1996]第2895号文批准，公司投资50万美元在美国洛杉矶市成立了美国资源公司，迈出了跨国经营的第一步。该公司主要批发彩色复印机、国际艺术交流、研究美国证券市场、组织旅游考察和进行商贸活动。

2．主要经济指标比较分析

近两年来，公司集中主要人力、财力，克服种种困难，搬迁火柴厂，关停了五个分厂，腾笼换业，改善周围投资环境，开展资产经营，付出了相当高的代价，投资和管理费用明显加大，加之偿还原火柴厂债务，从而影响了经济效益。现在，大规模改造基本完成，开始步入收效期。

四、股本变化及股本结构情况

1．股本结构

1996年末，公司股本结构如下：(单位：股　每股面值：1元)

股权类别	期初数	期末数
(1) 尚未流通股份		
其中：国家股	11000000	11000000
法人股	22370700	22370700
尚未流通股份合计	33370700	33370700
(2) 已流通股份		
境内上市的人民币普通股	42471000	42471000
已流通股份合计	42471000	42471000
(3) 股份总数	75841700	75841700

1996年，公司未实施送股、配股，股本没有发生变动。

截至1996年12月31日，公司股东总数为32891户，其中国家股股东1户，法人股股东14户，社会公众股股东32876户。

2．主要股东持股情况(前十名股东)

名次	股东名称	年初持股数(万股)	占总股本(%)
1	济南市国有资产管理局	1100	14.50
2	山东潍坊纯碱厂	695.42	9.17
3	济南长新石材有限公司	660	8.70
4	山东广告代理公司	572.55	7.55
5	申银万国证券公司	221.45	2.92
6	淄博市周村仁达实业总公司	88	1.16
7	国泰证券有限公司	55	0.73
8	山东高密化纤总厂	38.50	0.51
9	山东景芝酒业股份有限公司	38.50	0.51
10	山东东华实业总公司	36.30	0.48

3．公司董事、监事与高级管理人员持股情况

姓　名	职　务	年初持股数(股)	年末持股数(股)
李甫田	董事局主席兼总经理	11000	11000
王惠民	董事局副主席	5500	5500
徐　兵	董事局副主席	5500	5500
李　钢	董事兼副总经理	5500	5500
陈贵洁	董事兼副总经理	5500	5500
房建国	董事兼副总经理	5500	5500
公庆刚	董事兼副总经理	5500	5500
傅宝顺	董事兼副总经理	1100	1100
董俊德	董事兼副总经理	5500	5500
臧元臻	董事兼党委书记	1000	1000
李桂荣	董事	5500	5500
李桂荣	董事	5500	5500
杨淑君	董事	1000	1000
杨晓红	监事会主席	1100	1100
王继青	监事	5500	5500
冯春林	监事	5500	5500
乌维礼	监事	1000	1000
倪浩嫣	监事	1000	1000

北京城乡贸易中心股份有限公司

1996年年度报告摘要 （摘选）

一、公司简况

公司名称：北京城乡贸易中心股份有限公司
法人代表：周和平　　　　邮政编码：100036
公司地址：北京市海淀区复兴路甲23号
电话：(010)68216582　　　传真：(010)68216

二、主要财务数据与财务指标

单位：人民币万元

指标项目	本年数	上年数	比上年增减(%)
1.主营业务收入	145565.23	130092.14	11.89
2.净利润	7606.89	8892.02	-14.45
3.总资产	146188.58	111462.76	31.15
4.股东权益	76058.48	71194.79	6.83
5.每股收益(元)	0.40	0.47	-14.89
6.每股净资产(元)	4.00	3.75	6.67
7.净资产收益率(%)	10.00	12.49	-19.94
8.股东权益比率(%)	52.03	63.87	-18.54

三、公司主要业务回顾

1. 一年来经营情况

1996年以来，面临行业市场分割加剧，客源明显分流的客观形势，企业充分运用内部激励机制，发挥全体干部职工的积极性和创造性，不仅经受了严峻的市场考验，超额完成了销售计划，而且在企业外延拓展方面取得了开创性的重大进展，进一步增强了企业活力和竞争力。

在商业经营方面，公司深挖企业内部潜力，以市场需求为中心，积极寻找新的经济增长点；在营销策略上，强化市场调研，把握消费热点，大力开拓经营品种，并狠抓主打商品销售。同时，以别开生面、不拘一格的促销形式搞活经营，增销扩销。

在狠抓主业经营的同时，公司积极开拓思路，把新的经济增长点放在提高企业整体素质和生产要素的合理配置上，注重结构优化效益、规模经济效益和科技进步效益，坚持综合经营、全方位发展。

公司以二期工程的部分建筑工程使用权折价入资，设立了北京城乡华懋商厦有限公司，并于1997年1月18日正式开业。该商厦以餐饮、娱乐及中高档商品为经营中心，进一步完善了城乡贸易中心的整体经营格局。

在华懋商厦开业之际，公司在青岛设立的青岛城乡商业城也于1997年2月2日正式开业，预示着公司将加速走向全国的步伐。

公司的大兴生产基地，经过近两年的运行，卡梦达表业有限公司、城易电脑公司、成威家俱公司、贝康工贸公司在此投产，已步入良性循环的新阶段，成为企业经济效益新的增长点。1996年，公司又与香港联达手袋时装批发有限公司、香港庭卫水处理工程有限公司、香港新泰贸易公司就皮具加工、纯净水生产以及精密弹簧项目签订了合作意向书，力争将商品生产发展成为企业的第二大效益支柱。

公司完成出口创汇额748.7万美元。

在房地产经营领域，公司年内实现产值8000万元。

1996年以来，公司领导继续坚持两手抓、两手硬的方针，大力加强社会主义精神文明建设。结合窗口行业特征，公司大力倡导爱岗敬业、诚实守信、办事公道、服务群众的职业道德，对外树立了良好的企业形象，对内增强了企业的凝聚力和向心力。1996年，公司连续第四年被评为首都精神文明建设标兵单位，为公司实现长远战略目标提供了坚实的思想保证和精神动力。

2. 公司本年度主营业务收入、净利润完成情况分析

1996年度，公司共完成销售16.8亿元(含税)，同比增长10.53%；实现利润9539.70万元(含税)，同比增长4.53%；净利润7606.89万元，同比下降14.45%。

3. 对前次募集资金的使用情况说明

公司1994年4月向社会公众发行5000万股A种股票，共募集资金29250万元，公司严格按照《招股说明书》中有关募集资金投资项目、投资计划、工程预算金额使用。

二期工程(九段工程)1994年正式动工，募集资金计划投入26228万元。截止1996年底募集资金实际投入26228万元，工程于1996年底竣工，并于1997年初投入运营。

公司经股东大会决议通过实施配股，共配售3860万股，募集资金总额19151.5万元(已扣除本次承销费用)已于1997年1月27日全部到位，并由北京会计师事务所出具验资报告(97)京会师字第079号。本次配股募集资金使用情况将在该次股本变动报告年度内再行公告。

四、股本变化及股本结构情况

1. 股本结构

填报日期：1996年12月31日
数量单位：万股　　　每股面值：1元

股权类别	96年末数	占总股本比例%	95年末数	占总股本比例%
(一)尚未流通股份				
发起法人持股	12400	65.26	12400	65.26
其中：境内法人持有股数	12400	65.26	12400	65.26
尚未流通股份合计	12400	65.26	12400	65.26
(二)已流通股份				
境内上市的人民币普通股	6600	34.74	6600	34.74
已流通股份合计	6600	34.74	6600	34.74
(三)股份总数	19000	100	19000	100

说明：公司于1996年10月28日召开股东大会，决议通过了本公司董事会提交的1996年增资配股方案，经北京市证券监督管理委员会京证监(1996)25号文件批准，报经中国证券监督管理委员会证监上字(1996)24号文复审通过，本公司按10:3的比例向全体股东配售3860万股，并已完成新增股份登记工作，公司股本变动公告刊登于1997年2月28日《上海证券报》。在国家作出新的规定前，法人股东配售新增股份暂不上市流通，本次配股可流通部分1980万股于1997年3月5日上市流通。

详细情况请参阅1996年12月9日《上海证券报》和《中国证券报》刊登的本公司配股说明书。

该股本变动不在本报告年度内，特此说明。

2. 主要股东持股情况

名　称	年末持股数(万股)	占总股本%
(1)北京市郊区旅游实业开发公司	9400	49.47
(2)万科企业股份有限公司	1000	5.26
(3)北京海兴实业公司	1000	5.26
(4)中国人民建设银行北京信托投资公司	500	2.63
(5)北京国际信托投资公司	500	2.63
(6)宋伟铭	50	0.26
(7)立人公司	42.68	0.22
(8)李思源	40	0.21
(9)郭建民	35	0.18
(10)平安保险	30	0.16

3. 年末股东数量：

截止1996年末，公司在册股东总数50908人，其中法人股股东5个，社会公众股东50903人。

广东梅雁企业(集团)股份有限公司

1996 年年度报告摘要　　(摘选)

一、公司简况

公司名称:广东梅雁企业(集团)股份有限公司

法人代表:杨钦欢　　　　邮政编码:514011

公司地址:广东省梅州市湾水塘

电话:(0753)2238888　　传真:(0753)2232983

二、主要财务数据与财务指标

指标项目	本年数	上年数	比上年增减(%)
1.主营业务收入	267,244,128.12	209,552,309.66	+27.53
2.净利润	76,398,581.02	55,144,705.67	+38.54.
3.资产总计	650,336,069.43	515,985,422.25	+26.04,
4.股东权益	519,048,523.89	328,460,115.75	+58.02
5.每股收益	0.495	0.634	-21.92.
6.每股净资产	3.36	3.77	-10.88
7.净资产收益率	14.72%	16.79%	-12.33
8.股东权益比率	79.81%	63.66%	+25.31

注:按加权法计算,96 年每股收益 0.74 元,比上年增长 16.72%

三、公司业务回顾

1. 一年来经营情况

本公司是综合性集团公司,实行多元化经营,业务涉及一、二、三产业,而以建筑建材、宾馆服务、商业和房地产为主营业务。1996 年度,公司充分发挥多元化综合经营的优势,改善经营管理,超额完成了全年各项经济指标,取得了较为显著的业绩。

公司 1996 年全年完成主营业务收入 26,724.4 万元,比 1995 年增长 27.53%,其中,建筑安装行业收入 16,410.3 万元,生产行业收入 1,941 万元,商业行业收入 2,655.3 万元,交通运输行业收入 467.4 万元,宾馆旅游行业收入 393 万元,劳务加工,房地产等 4857 万元;1996 年公司全年实现净利润 76,398,581.02 元;比 1995 年增长 38.54%。其中,建筑安装行业完成税前利润 4.641.9 万元,生产行业完成税前利润 314.8 万元,商业行业完成税前利润 327.4 万元,交通运输行业完成税前利润 43.5 万元,宾馆旅游行业完成税前利润 27.9 万元,劳务加工、房地产等完成税前利润 2,661 万元。公司 96 年的主营业务收入和实现的净利润,分别完成年度计划的 116% 和 111%。

2、前次募集资金运用情况的说明

公司 1996 年实施增资配股,实际配售新股 16,174,704 股,募集资金 9700 多万元,于 96 年 12 月 13 日全部到位,扣除配售费用 194 万元,可使用资金 9510 万元。该奖金除了归还 96 年提前投资螺旋藻项目的 3122 万元(为不失天时,公司通过其他筹资渠道、螺旋藻项目 96 年已建成五万平方米,生产了螺旋藻粉和螺旋藻片、胶囊等新产品)以外,其余的将于 1997 年继续投资螺旋藻养殖及系列产品开发项目,和用于增加公司的流动资金。

1995 年增资配股募集的资金,已全部投入梅州市梅州大桥至嘉应桥段梅江南堤的一期改造和开发建设项目。96 年已完成新河堤的建设,以及剑英体育馆基础工程的施工,取得了新、老河堤间 320 亩土地的开发使用权,投资资金正逐步回收,逐步取得经济效益。该项目的二、三期工程,96 年第四季度已开始以一期工程完成后逐步回到的奖金滚动投入建设。97 年后,可进入良性的循环建设,取得经济效益和社会效益。

四、股本变化及股本结构情况

1. 股本变化及股本结构情况

(1)股本结构情况

填报日期 1997 年 1 月 2 日　　　数量单位:股　　每股面值:1 元

股份类别	期初数	本次变动增减(+、-) 配股	送股	公积金转股	其他	小计	期末数
一、尚未流通股份							
1. 发起人股份	31,300.00		+9,390,000	+9,300,00		40,690,000	
其中:							
境内法人持有股份	31,300,000		+9,390,000	+9,390,000		40,690,000	
2. 募集法人股	7,340,000		+2,202,000	+9,390,000		40,690,000	
3. 内部职工股	9,660,000		-9,660,000	-9,660,000		0	
尚未流通股份合计	48,300,000		+11,592,000	-9,660,000	+1,932,000	50,232,000	
二、已流通股份							
境内上市的人民币普通股	38,640,000	+16,174,704	+19,320,000	+20,286,000	+9,660,000	+65,440,704	104,080,704
已流通股份合计	38,640,000	+16,174,704	+19,320,000	+20,286,000	+9,660,000	+65,440,704	104,080,704
三、股份总数	86,940,000	+16,174,704	+19,320,000	+31,878,000		+67,372,704	

注:变动增减栏的"其他"项目的增减,是公司年初未流动的内部职工股 966 万股,于 96 年 4 月 16 日获准上市流通而引起的增减变动。

(2)股本变动原因

本年度公司实施了 95 年度利润分红送红股 1932 万股,中期资本公积金转股 2028.6 万股,96 年增资配股 16,174,704 股,总计增加股本 67,372,704 股。

3. 主要股东持股情况(前十名)

股东名称	年末持股数(万股)	占总股本
1)梅县梅雁经济发展总公司	3549	23%
2)梅县蛋鸡场	426.4	2.76%
3)中国工商银行广东省信托投资公司	260	1.68%
4)广东发展银行梅州分行	260	1.68%
5)梅县银工实业发展总公司	156	1.01%
6)梅州市通宏经济开发服务公司	156	1.01%
7)华昆农林	122.34	0.79%
8)周廷荣	107.58	0.7%
9)胡艳萍	104.72	0.68%
10)建昊实业	102.66	0.67%

4. 股东数量

至本年度末,公司股东总户数 91271 户,其中,法人股东 14 户,社会公众股东 91257 户。

2、现任董事、监事与高级管理人员持股情况

姓名	年末持股数	年初持股数	本年变动增减 送股	公积金转股	配股	其他
杨钦欢	96162	44625	17850	18743	14944	
杨涌辉	8081	3750	1500	1575	1256	
万文胜	8081	3750	1500	1575	1256	
李忠平	21100	10000	4000	4200	2900	
叶新英	10101	4687	1875	1969	1570	
王远源			0			
李永鹏	9050	4125	1680	1764	1406	75
邵　伟	8081	3750	1500	1575	1256	
张大强			0			
夏文梅	32727	15187	6075	6379	5086	
丘建文	1724	750	320	336	268	50
黄增孝	17875	8295	3318	3484	2778	
叶福声	2155	1000	400	420	335	
赖美城	2155	1000	400	420	335	

注:其他自行购买、李忠平配股未配足。

大连北大车行(集团)股份有限公司

1996年年度报告摘要　(摘选)

一、公司简况

公司名称：大连北大车行(集团)股份有限公司

法人代表：李传鸿　　邮政编码：116023

公司地址：大连市甘井子区凌南路58号

电话：0411—4688394　　传真：0411—4675960

二、主要财务数据与财务指标

指标项目	本年数	上年数	比上年增减(%)
1.主营业务收入(万元)	21,324.04	23,451.95	-9.09
2.净利润(万元)	6,329.38	4,229.33	49.65
3.总资产(万元)	34,075.13	28,277.03	20.50
4.股东权益(万元)	25,580.59	19,250.85	32.88
5.每股收益(元)	0.60	0.40	50.00
6.每股净资产(元)	2.43	1.83	32.79
7.净资产收益率(%)	24.74	21.97	12.61
8.股东权益比率(%)	75.07	68.08	10.27

三、公司主要业务回顾

(一) 一年来经营情况

1996年公司在生产经营过程中继续实施“车轮子、海筏子、房地产、高科技”发展战略，全面贯彻“一个中心、两个基本点”即以提高经济效益为中心，向展业要效益，向管理要效益的经营方针，坚持顺关系、建章制、控费用、促销售、压应收、堵跑漏，全面深入开展“96管理年”活动，取得了良好的经营业绩。1996年实现主营业务收入21324.04万元，比上年降低9.09%，净利润6,329.38万元，比上年增长了49.65%。

(二) 公司利润来源构成情况

从行业分类看，公司属于综合类。公司现有行业主要包括汽车修配、汽车配件经销、客货及土石方施工运输、汽车出租等车轮子行业，海珍品和海产品养殖、加工冷藏、内外经销等海筏子行业，建筑工程、房屋开发、建材供销等房地产业和臭氧发生技术应用等高新技术四大行业。

公司汽车修配行业1996年检修车辆30000多台次，实现销售收入4314.36万元，税后净利润603.47万元。分别占公司主营业务收入和净利润的20.23%和9.53%，公司汽车配件经销业1996年共实现销售收入3480.67万元，净利润158.22万元，分别占公司主营业务收入和净利润的16.3%和2.5%。客货及土石方运输业1996年实现销售收入1396.64万元，净利润16.99万元，分别占公司主营业务收入和净利润的6.65%和0.27%。

公司海产品养殖业1996年共产出海产品8000余吨，实现销售收入6881.87万元(其中出口创汇256万美元)，净利润2910.47万元，分别占公司主营业务收入和净利润的32.27%和45.98%。

公司建筑房地产开发业1996年实现销售收入5224.92万元、净利润2741.68万元，分别占公司主营业务收入和净利润的24.50%和43.32%。

公司高新技术行业1996年尚处于新产品试销和市场开发阶段，仅实现销售收入25.58万元，亏损126.29万元。大连北大海洋功能食品有限公司因市场原因已暂停生产，正在研究相关项目的开发。

1996年公司抓住机遇，在资本及证券经营方面也取得了较好的业绩，实现投资收益825.57万元，其中股票投资收益677.72万元，转卖大连龙泉股份有限公司法人股获投资收益122万元。

(三) 对公司利润大幅度增长的说明

1. 公司建筑及房地产开发业1996年净利润比去年增长50.08%；

2. 公司水产养殖业销售收入比去年增长50.78%，净利润比去年增长160.47%；

3. 投资收益：

(1) 由于公司加大了证券投资力度，全年平均投资总额约500万元，取得投资收益677.72万元；

(2) 转卖大连龙泉股份有限公司200万股法人股，购入价1.96元/股，卖出价2.57元/股，取得投资收益122万元。

四、股本变化及股本结构情况

(一) 股本结构

股份类别	96年末数(股)	比例(%)	95年末数(股)	比例(%)
尚未流通股份				
发起人法人股	53897102	51.1	53897102	51.1
社会法人股	23339355	22.1	23339355	22.1
流通股份				
A股	28217280	26.8	28217280	26.8
股份合计	105453737	100	105453737	100

(二) 股东数量：本报告期末的股东总数为3037户。

(三) 主要股东持股情况(前十名股东)

名次	股东名称	年初持股数(股)	占总股本(%)
1	大连北大企业集团公司	52076633	49.38
2	南方振华	4962773	4.71
3	南宫实业	4959855	4.70
4	沈阳万众企业股份有限公司	3689355	3.50
5	深圳万科企业股份有限公司	2250000	2.13
6	大连汽车工业贸易集团公司	1820469	1.73
7	深圳永兴工贸集团	1500000	1.42
8	深圳康佳电子(集团)股份有限公司	1500000	1.42
9	沈阳市信托投资公司	1500000	1.42
10	深圳新产业投资股份有限公司	1500000	1.42

(四) 公司董事、监事与高级管理人员持股情况

姓名	职务	年初持股数	年末持股数	变动原因
李传鸿	董事长、总经理	5550	5550	
张存义	董事	6150	6150	
梁永胜	董事	6150	6150	
郑全伏	董事	5850	5850	
周道志	董事	5850	5850	
王　翘	董事	0	0	
王文超	董事	0	0	
侯其财	董事	0	0	
王景祯	董事	0	0	
郭新宽	董事	0	0	
张　磊	董事	0	0	
张家梧	监事	0	0	
葛明远	监事	0	0	
李海勋	监事	3750	3750	
郭颖利	董秘	0	0	

吉林亚泰(集团)股份有限公司

1996年年度报告摘要 (摘选)

一、公司简况

公司名称：吉林亚泰(集团)股份有限公司

法人代表：赵恩成　　邮政编码：130031

公司地址：长春市吉林大路168号

电话：0431—4956688　　传真：0431—4951400

二、主要财务数据与财务指标

指标项目	本年数(元)	上年数(元)	比上年增减(%)
主营业务收入	249,159,897.40	170,131,932.34	+46.45
净利润	36,961,530.14	35,700,314.58	+3.53
总资产	514,296,691.60	453,387,288.54	+13.43
股东权益	162,585,070.28	100,990,971.16	+50.58
每股收益	0.43	0.57	-24.56
每股净资产	1.88	1.63	+15.34
净资产收益率	22.73%	35.35%	-35.70
股东权益比率	31.61%	22.27%	+41.94

三、公司主要业务回顾

1. 一年来经营情况

1996年是亚泰集团"二次创业"的第一年。作为实行多元化经营和紧密型管理的企业集团，公司主营的房地产开发、茶叶深加工、建筑、商贸、旅游服务等五大行业均有长足发展，在各项指标均有所提高的有利形势下，公司酝酿长远规划，定奋斗目标，通过调整产业结构，加大资金投入，扩大了经营规模，圆满完成了年初制定的计划，经济实力进一步增强。截止1996年末，实现利润43,867,586.61元，比1995年增长2.7%。

2. 主要指标分析

本公司归属综合类企业，公司主营业务包括五大行业。1996年度主营业务收入实现249,159,897.40元(其中：房地产开发业收入173,701,036.86元；茶叶深加工业收入7,023,245.40元；建筑施工业收入33,134,470.47元；商贸业收入28,166,605.03元；旅游服务业收入7,134,539.64元)，比1995年增长46.5%。实现利润总额43,867,586.61元(其中：房地产开发业利润40,853,130.29元；建筑业利润1,847,397.36元；商贸业利润731,204.39元；旅游服务业利润541,011.71元；茶叶深加工业亏损105,157.75元)，比1995年增长2.7%。

四、股本变化及股本结构情况

1. 股本变化及股本结构情况

填报日期：1997年1月2日

数量单位：股　　每股面值：1元

	期初数	送股	期末数
一、尚未流通股份			
国家拥有股份	37700000	15080000	52780000
尚未流通股份合计	37700000	15080000	52780000
二、已流通股份			
境内上市的人民币普通股	24132850	9653140	33785990
已流通股份合计	24132850	9653140	33785990
三、股份总数	61832850	24733140	86565990

2. 股本变动情况及原因：

1996年4月10日，本公司第四届第一次股东大会审议通过董事会提出的1995年利润分配方案，即每10股送4股。经有关部门批准，实施除权及红股上市日为1996年5月2日。此次共送红股2473.314万股，使总股本由年初的6183.285万股增至8656.599万股。

3. 主要股东持股情况

股东名称	年末持股数(股)	占总股本%
长春市二道区财政局	49126000	56.8
辽源市国有资产管理局	3654000	4.2
陈天华	500000	0.58
兴业证券	320000	0.37
陈秀霞	300000	0.37
刘志贵	250000	0.29
晏福有	240000	0.28
银马实业	239948	0.28
彭代全	170000	0.20
陆文华	161580	0.19

4. 股东数量

截止1996年末，本公司股东总数为26,979户，其中国家股东2户，社会公众股东26,977户。

5. 公司董事、监事与高级管理人员持股情况

姓名	职务	年初持股数(股)	年末持股数(股)	变动情况(送红股增)
赵恩成	董事长	19000	26600	7600
宋尚龙	副董事长、总裁	19000	26600	7600
李廷亮	副董事长、副总裁	0	0	0
陈继忠	董事　副总裁	9500	13300	3800
康　力	董事　副总裁	9500	13300	3800
李　震	董事　总会计师	0	0	0
王福祥	董事　总工程师	9500	13300	3800
孙晓峰	董事　董事会秘书	0	0	0
邹树和	董事　茶叶总公司副总经理	1900	2660	760
麻　良	董事	3040	4256	1216
吕宝华	董事　茶叶总公司副总经理	1900	2660	760
张冬春	董事　茶叶总公司哈尔滨经销处经理	0	0	0
宋加敏	监事会主席	9500	13300	3800
胡学良	监事会副主席	9500	13300	3800
张连汉	监事会副主席	0	0	0
邱　发	监事	0	0	0
王耀胜	监事　大连吉亚泰房地产开发公司总经理	0	0	0
赵洪祥	监事　饮品有限公司副总经理	3800	5320	1520

说明：报告年度内10股送4股。

吉林省吉发农业开发集团股份有限公司

1996年年度报告摘要　（摘选）

一、公司简况

公司名称：吉林省吉发农业开发集团股份有限公司

法人代表：肖振友　　邮政编码：130031

公司地址：长春经济技术开发区浦东路2号

电话：0431—4641104　0431—4638228转证券部

传真：0431—4638338

二、主要财务数据与财务指标

指标项目	本年数	上年数	比上年增减(%)
1.主营业务收入(万元)	61,028	59,512.3	2.55
2.净利润(万元)	7,504	7,130.1	5.24
3.总资产(万元)	146,623	103,621.0	41.50
4.股东权益(万元)	55,712	26,971.5	106.56
5.每股收益(元)	0.43	0.577	-25.48
6.每股权益(元)	3.196	2.18	-46.61
7.净资产收益率(%)	13.5	26	-48.08
8.股东权益比率(%)	38	26.03	45.99

注(1)：96年报表中股东权益的期初数是21,451.4万元，减少的原因是95年度的利润分配在96年实施，调整年初数所致。

注(2)：减去新股申购冻结资金利息的有关财务指标：

指标项目	1996年
1. 净利润(万元)	7309
2. 每股收益(元)	0.42
3. 净资产收益率(%)	13.12

三、公司业务回顾

1996年是吉发股份公司不断发展壮大，再上一个新台阶的一年。在公司领导和全体员工的共同努力下，以巩固壮大产业基础、重点提高经济效益为中心，基本完成了全年基本建设和生产经营计划，取得了较好的经营成果。在市场产品价格大幅滑落的不利情况下，公司全年实现主营业务收入61,028万元，完成年计划指标的93.90%，实现净利润7,504万元，完成年计划指标的83.4%。

公司控股的黄龙食品工业有限公司技改扩建工程已于年末基本竣工，年加工玉米能力达到40万吨，成为全国乃至亚洲最大规模玉米加工厂。该企业在产品收率、产品质量、市场销售份额等方面均居全国首位(见中国淀粉工业协会1995年度资料汇编)。

公司收购27.5%股权的长春百事可乐饮料有限公司是美国百事可乐国际有限公司在中国东北地区唯一的合资生产厂，目前已进入试生产阶段。

新建吉发长春淀粉糖厂高档麦芽糊精项目已基本竣工。

几年来，公司始终坚持以玉米深加工为主的经营方向，依靠地域优势，发展优质、高效创汇的农业。在国外玉米深加工业素有"黄金产业"的美誉。玉米不仅是粮食，还是重要的工业原料，随着玉米生产的不断发展和食用量的逐渐减少，世界上已形成了玉米综合利用和深加工的现代化工业。玉米被广泛的应用于化工、医药、食品、纺织、造纸等各个工业领域。在美国开展玉米深加工已有二百年的历史，西欧国家也有一百年的历史，以玉米为原料的深加工产品已达数千个品种。在发展玉米深加工方面，我国起步较晚，起始于八十年代末期。"八五"期间首批建设了4个大型玉米加工厂(黄龙公司即是其中之一)，生产的仅是些初级产品，如淀粉、蛋白粉、饲料、玉米油等，深加工层次很低。吉林省是农业大省，地处松辽平原，是全国著名的玉米生产带，年产玉米1800万吨以上，可玉米深加工业却与之很不相称。因此，公司在国家、省有关部门的大力支持下，经充分考察和反复论证，决定建设"百万吨玉米深加工工程"，并得到省政府和国务院有关领导的重视。朱镕基副总理到吉林省视察时，对我省规划建设"百万吨玉米深加工工程"给予肯定，认为方向对头；邹家华副总理指："发挥地方资源优势，转化为产品优势，形成有地方特色的经济。吉林走出了一条符合经济发展实际的路子，应予以支持"。吉林省也将该工程列为《省"九五"计划和2010年远景目标》中重点工程。我们坚信经过努力奋斗，玉米深加工业将会建成真正的"黄金产业"及"朝阳工业"。

据有关资料介绍，玉米经过深加工，比出口原粮明显增值，如：将玉米加工成淀粉，产品价值为玉米的1-3倍，加工成酒精为4.5倍，生产山梨醇为7倍，生产赖氨酸可提高28倍，如果生产胰岛素，附加值将会更高。

(1)公司主营业务业绩概况

1996年黄龙公司玉米淀粉产量12.7万吨，占全国玉米淀粉产量220万吨的5.8%。该公司产品质量好，各项质量指标均优于国家优级产品，产品销售率100%。

糊精厂年生产能力1万吨，市场占有率50%。96年受宏观经济调整的影响，实际产量5000吨；占全国产销量的10%，其销售量占东北需求量的30%，占河北和内蒙需求量的70%。

长春百事可乐饮料有限公司在抓紧完成基本建设的同时，积极进行试生产，产量7000吨，60%在长春市场销售，占长春市碳酸饮料的30%以上，产品已与今年一季度打入了沈阳、哈尔滨等大城市的饮料市场。

(2)境外市场的发展情况

1996年公司淀粉的主要市场为国内沿海工业地区，少部分出口台湾、新加坡等地，全年出口淀粉2100吨、蛋白粉2900吨、饲料24500吨，创汇451万美元。由于关贸协定要求发达国家降低生产农副产品政府补贴，美国和西欧淀粉已很难供应东南亚市场，从而增加了我国淀粉出口东南亚的机遇。97年黄龙公司计划出口淀粉2万吨、出口蛋白粉5000吨、饲料4000吨，计划创汇700-800万美元。

(3)对募集资金运用情况说明

1996年公司发行新股后，募集资金29,744万元，主要用于：

① 黄龙食品工业有限公司技改扩建工程投入募集资金9200万元，此项目已于去年末竣工，今年一季度试生产，二季度正式生产，全年可达到设计能力的70—80%。

为充分运用国家对中外合资企业的优惠政策，董事会决定将黄龙公司技改扩建项目注册为新的企业，企业名称为长春龙弟实业有限公司，与黄龙公司并列为股份公司的控股企业。

② 收购长春百事可乐饮料有限公司27.5%的股权，投入募集资金3887万元，剩余678万元在1997年一季度末补齐。现已完成收购的相关工作，并已进入试生产阶段，该公司在管理上列为股份公司参股企业。

③ 建设高档糊精项目投入募集资金3600万元，现已竣工，企业名称为吉发长春淀粉糖厂，是股份公司的全资子公司。

④ 原计划新建吉发塑料制品厂、吉发包装制品厂、吉发纸袋制品厂三个项目因市场发生较大变化，为回避风险，经公司董事会反复研究决定，以上项目暂时不上，原计划投入的资金，用于补充股份公司的流动资金。

(4)对实际经营结果的说明

公司1996年利润计划没有完成的主要原因：

① 由于市场发生重大变化，影响盈利预测的实现。1996年玉米价格趋于平稳，但加工的主产品淀粉价格大幅度下降。

② 公司投资的深圳物业吉发仓储有限公司地产项目——盐田港土地按原计划应在1996年出售转让，但考虑到1997香港回归在即，在做了大量调查研究工作的基础上，我们深信1997年房地产形势将会形成热潮，该地产1997年出售会获得更好效益，故没按计划在1996年出让。

③ 黄龙食品工业有限公司技术改造扩建项目没能按公司计划如期投入资金，影响盈利预测的实现。预测1996年初资金全部到位，实际是四月份募股资金到位后才投入资金，因而影响工程进度，直到年末工程才完工。

四、股本变化及股本结构情况

1. 股本结构如下：

填报日期：1996年12月31日　　数量单位：股　　每股面值1元

	期初数	本次变动增加数		期末数
		发行新股	送　股	
A、尚未流通股份				
发起人股份	86231000			86231000
募集法人股份	12607000			12607000
内部职工股份	24630000		2463000	27093000
B、已流通股份				
境内上市人民币普通股		44000000	4400000	48400000
C、股份总数	123468000	44000000	6863000	174331000

2. 股本变动原因

① 公司于1993年成立，发行股票总额12346.8万股，其中：发起人股8623.1万股，占69.84%；社会法人股1260.7万股，占10.21%；内部职工股2463万股，占19.95%。

1996年3月21日，公司向社会公众公开发行股票4400万股，发行价为6.98元/股，于4月8日上市。至此，股份总额为16746.8万股；

② 1996年6月公司股东大会决定1995年利润分配方案，即对社会流通股和内部职工股每10股送1股，增加686.3万股，股份总额为17433.1万股；

③ 公司本年只发行了A股，最高价为20.20元，最低价为8.08元。上市首日开盘价为8.43元，年终最后交易日的收盘价为12.75元，全年交易量为59885.72万股。

3. 截至1996年末公司股东总数为15811户。

4. 主要股东持股情况(前十名股东)

名次	股东名称	年末持股数(万股)	占总股本
(1)	吉林省开发建设投资公司	7188.3	41.23%
(2)	中国人民建设银行吉林省信托投资公司	519.4	2.98%
(3)	建总信托	500.8	2.87%
(4)	立人公司	421.3	2.42%
(5)	上海市原材料开发投资公司	331.1	1.90%
(6)	深圳市清水河实业公司	324.6	1.86%
(7)	惠州市金山贸易公司	282.4	1.62%
(8)	吉林省证券有限责任公司	259.7	1.49%
(9)	李军	237.1	1.36%
(10)	海南海宏	208.0	1.19%

上海中国国际旅行社股份有限公司

1996年年度报告摘要　(摘选)

一、公司简况

公司名称：上海中国国际旅行社股份有限公司

法人代表：宋超麒　　　邮政编码：200120

公司地址：上海市浦东南路555号

电话：(021)63217200-423　　传真：(021)63291788

二、主要财务数据与财务指标

单位：万元

指标项目	本年数	上年数	比上年增减(%)
1.主营业务收入	50360.0	47907.8	5.12
2.净利润	4437.5	4106.7	8.06
3.总资产	63734.2	56503.9	12.80
4.股东权益	34187.0	32159.6	6.30
5.每股收益(元)	0.37	0.34	8.82
6.每股净资产(元)	2.84	2.67	6.37
7.净资产收益率(%)	12.98	12.77	1.64
8.股东权益比率(%)	53.64	56.92	-5.76

三、公司主要业务回顾

1. 1996年本公司继续坚持以旅游业为主、综合发展的经营方向，完成了预期的目标。在接待海外入境旅游业务方面，外联组团人数首次突破6万大关，比上年增长6.3%，人天数达32.6万，比上年增长4.7%；接待人数稳中有升，达到19.6万人和33.1万人天，分别比上年增长2.1%和4.7%。与此同时，本公司将中国公民旅游业务作为新的增长点并获得长足进展，全年组织国内旅游19622人、出境旅游2987人，分别比上年增长126%和301%。此外，公司其他各项多种经营在总体上也都有新的发展，其利润已约占公司总利润的40%。

2. 1996年度公司主营业务收入5.036亿元，比上年增长5.12%，利润总额5203.6万元，比上年增长4.94%，净利润4437.5万元，比上年增长8.06%。上述三项指标分别完成了年度计划的103.8%、102.0%和105.7%。

3. 公司在本报告期内未募集过资金。1994年9月发行B股所募资金约合1.7亿元人民币，用于建造国旅大厦(原名中安大厦)和国旅商务楼，至1996年底，已分别投入17896和2780万元。目前，该两项目的工程建设已基本结束，尚余少量装潢及电力配套设施未完成，下半年可投入使用。

四、股本变化及股本结构情况

1. 股本结构　　(数量单位：股　　每股面值：1元

	期初数	期末数
尚未流通股份		
国家拥有股份	60505700	60505700
已流通股份		
境内上市外资股	60000000	60000000
股份总数	120505700	120505700

2. 本年度内股本未有变动。

3. 主要股东持股情况

股东名称	持股	占总股本比例(%)
①国家股	60505700	50.21
②TOYO SECURITIES ASIA LTD	5300200	4.40
③上海明鸿房地产发展有限公司	2351148	1.95
④NAITO SECURITIES CO,LTD	2108600	1.75
⑤海通证券公司	1937900	1.61
⑥中国纺织机械股份有限公司	1691300	1.40
⑦WAH CHUN INTERNATIONAL LTD	1100000	0.91
⑧HKSBCSB A/C DAIWA EUROPE BANK PLC,S/A DAIWA SELECTED MARKETS FUND	1000000	0.83
⑨HKSBCSB A/C DAIWA EUROPE BANK PLC, S/A DICAM BIG CHINA FUND	997000	0.83
⑩上海三毛纺织股份有限公司	762800	0.63

4. 本年度末，公司股东总数为2422户，其中国家股股东1户，社会公众股东2421户。

5. 本公司尚未公开发行A股，公司董事、监事与高级管理人员未能持股。

6. 子公司及关联企业

名称	注册资金(万元)	拥有权益(%)	主营业务
上海旅游公司	1000	100	组织接待海外入境旅游
上海国旅房地产经营公司	1000	100	房地产开发及物业买卖、管理
上海国旅广告公司	60	100	旅游广告
上海国旅观光旅行社	50	100	中国公民旅游
上海国旅旅游汽车服务公司	300	100	汽车客货运
上海国旅国际货运公司	50	100	国际货运
东申国际旅游贸易公司	120	100	国内外旅游及商品贸易
阳光大酒店	934	53.1	酒店业务
上海天际信息传播有限公司	300	60	信息传送服务
上海运伦涂布材料有限公司	112(美元)	51	涂布生产
金安大酒楼	450	90	餐饮服务
上海龙门宾馆	4100	30	酒店业务
中国东方航空国际旅游运输有限公司	340	49	旅游包机及旅游业务
上海旅游(香港)有限公司	100(港元)	24.5	旅游业务
上海飞翔交通游船有限公司	30(美元)	10	定期班轮
上海国建旅游装饰工程有限公司	30(美元)	45	装潢业务

上海振华港口机械股份有限公司

上海振华港口机械股份有限公司上市公告书

一、要览

总　股　本:335,000,000元

可流通股本:100,000,000元

本次上市流通股本:100,000,000元

股票简称:振华B股

股票代码:900947

上市地点:上海证券交易所

上市时间:1997年8月5日

股票登记机构:上海证券中央登记结算公司

上市推荐人:华夏证券有限公司

财务顾问:北京融金投资顾问有限公司

二、绪言

本上市公告书系根据《中华人民共和国公司法》、《股票发行与交易管理暂行条例》、《国务院关于股份有限公司境内上市外资股的规定》、《股份有限公司境内上市外资股规定的实施细则》、《公开发行股票公司信息披露实施细则》等有关法律法规编制。

经国务院证券委员会证委发[1997]42号文批准,本公司已成功发行每股面值1元人民币的境内上市外资股1亿股。根据上海证券交易所上证上(97)字第074号上市通知书,本公司B股将于1997年8月5日(星期二)在上海证券交易所挂牌交易。本次上市流通的股票为B股新股,共计1亿股。

本公司于1997年7月15日在《上海证券报》、《中国证券报》上刊登了《B股招股说明书概要》,距今不足六个月,故本公告书对已在其中披露的部分内容不再重述,敬请投资者查阅本公司《招股说明书概要》。

本公司董事会已批准本上市公告书,确信其中不存在任何重大遗漏或者误导,并对其真实性、准确性、完整性负个别的和连带的责任。

三、公司概况

(一)公司情况简介

法定名称:上海振华港口机械股份有限公司(以下简称本公司)

英文名称:SHANGHAI ZHENHUA PORT MACHINERY CO. LTD.

注册资本:335,000,000元

法定代表人:周志禹

成立日期:1997年7月31日

经营范围:设计、制造及销售大型港口设备、工程船舶以及大型金属结构和它们的部件、配件。

所属行业:机械制造业

注册地址:上海市浦东南路3470号

联系电话:(021)58396666(总机)

(二)公司历史沿革

本公司之前身——上海振华港口机械有限公司是根据上海市人民政府外经贸沪合资字(1992)015号批准书,于1992年2月14日正式成立的。公司成立时,注册资本为100万美元,合资双方——上海港机厂和香港振华各出资50%。公司成立后,业务发展迅速,注册资本亦随业务发展的需要而增加。

经1993年7月6日之董事会决议通过并经上海市政府第0070485号批准证书和1993年上海市外资委沪外资委批字(93)第659号文及1994年上海市外资委沪外资委批字(94)第883号文批准,上海振华港口机械有限公司注册资本于1995年增至1030万美元,合资双方仍各占50%。

1996年4月,经董事会决议通过并经上海市政府第0352092号批准证书和上海市外资委沪外资委批字(96)第492号文批准,上海振华港口机械有限公司注册资本增至2,300万美元,合资双方仍各占50%权益。

1996年12月31日,上海振华港口机械有限公司董事会通过决议并经上海市政府第0236475号批准证书和上海市外资委沪外资委批字(96)第1708号文批准,中港总公司以资产投资入股,成为公司第三家股东,原股东亦获准以资本公积各增资5万美元。至此,上海振华港口机械有限公司之股本结构如下:

股东	注册资本	权益比例
上海港机厂	1155万美元	37.5%
香港振华	1155万美元	37.5%
中港总公司	770万美元	25%
注册资本	3080万美元	100%

为扩大生产规模,增强公司产品在国际市场上的竞争能力,1997年2月25日经发起人会议决议通过,上海振华港口机械有限公司拟向境外投资者发行B股以筹措资金。根据国务院证券委员会证委发[1996]45号文,公司被批准为发行B股预选企业;依据1997年4月25日上海市证券管理办公室沪证市(1997)007号批文批复,公司获1亿元B股发行额度。经上海市交通办公室沪府交体(1997)180号文批准,同意上海振华港口机械有限公司转制设立上海振华港口机械股份有限公司。公司的原有三家股东以及澳门振华和融金投资作为发起人,其中上海港机厂、香港振华及中港总公司以其在上海振华港口机械有限公司的权益折换成面值一元的本公司股份共计233,000,000股(分别为87375000股,87375000股和58250000股),另外两家发起人分别以现金每股1.534元的价格认购面值一元的本公司股份。共计2,000,000股(其中澳门振华为1,665,000股,融金投资为335,000股)。1997年7月4日,根据国务院证券委证委发(1997)42号文,上海振华港口机械股份有限公司(筹)获准发行1亿股B股。B股发行后,本公司注册资本增加至3.35亿元人民币。

四、股票发行及承销

(一)本资私募配售

本次B股配售由以华夏证券有限公司为主承销商的承销团包销,现已圆满结束。本次配售超额认购6倍,93%以上的新股为策略投资者、基金、专业投资机构等机构投资者所认购。TOPLINK ENTERPRISES LTD.(COSCO)经与本公司协商,愿意作为本公司的策略投资者,与本公司共同发展。为此,TOPLINK ENTERPRISES LTD.(COSCO)以与其他投资者相同的价格(0.433美元/股)认购了1650万股本公司B股(占此次B股发行总额的16.5%,占本公司股本总额的4.93%)并承诺在一年内不售出其所持本公司股份。以下为本次私募配售的基本情况:

1. 境内上市外资股数量:100,000,000股
2. 股票发行价格:3.59元人民币/股,折合0.433美元/股
3. 募集资金总额(已扣除发行费用):4113.5万美元
4. 发行方式:私募发行,股票承销采用承销商包销方式
5. 配售户数:234户
6. 发行费用总额:216.5万美元

7. 每股发行费用:0.02165 美元

8. 预计每股盈利及市盈率

加权平均	人民币 0.416 元(注 1)	8.62 倍(注 4)
备考全面摊薄	人民币 0.318 元(注 2)	9.42 倍(注 5)
全面摊薄	人民币 0.350 元(注 3)	10.25 倍(注 6)

注 1:加权平均每股盈利乃根据截止 1997 年 12 月 31 日止年度预测除税后但未计非经常项目前利润及预期于截止 1997 年 12 月 31 日止年度已发行股份的加权平均数 281,575,342 股计算。

注 2:备考全面摊薄后的每股盈利预测乃根据截止 1997 年 12 月 31 日止年度预测除税后但未计非经常项目前利润及预期于 1997 年 12 月 31 日已发行股份 335,000,000 股计算,并假设本公司已于 1997 年 1 月 1 日上市及年内共已发行 335,000,000 股股份。此计算乃根据截止 1997 年 12 月 31 日止年度之预测除税后及少数股东权益后但未计非经常项目的合并利润并计入倘发售 B 股所得款项已于 1997 年 1 月 1 日收取(假设年利率 5%)而可赚取之利息收入。

注 3:全面摊薄后的每股预测乃根据截止 1997 年 12 月 31 日止年度预测除税后但未计非经常项目前利润及预测于 1997 年 12 月 31 日已发行股份 335,000,000 股计算。

注 4:加权平均的预计市盈率乃根据截止 1997 年 12 月 31 日止年度预测加权平均每股盈利人民币 0.416 元及配售价每股 B 股人民币 3.59 元计算。

注 5:备考全面摊薄的预计市盈率乃根据截止 1997 年 12 月 31 日止年度预测全面摊薄后每股盈利人民币 0.381 元及配售价每股人民币 3.59 元计算。

注 6:全面摊薄的预计市盈率乃根据截止 1997 年 12 月 31 日止年度预测全面摊薄后每股盈利人民币 0.350 元及配售价每股人民币 3.59 元计算。

(二)股票承销

承销团包销股票的数量:100,000,000 股

主承销商及承销团分销比例及数量:

公司名称	分销数量(股)	分销比例(%)
华夏证券有限公司(主承销商)	40,000,000	40%
荷银浩威·洛希尔	40,000,000	40%
新日本证券国际(香港)有限公司	15,000,000	15%
怡富证券有限公司	2,000,000	2%
新鸿基投资服务有限公司	1,000,000	1%
乐金证券株式会社	1,000,000	1%
中国长城证券有限责任公司	1,000,000	1%

(三)验资报告

验资报告

信会师报字(97)第 0912 号

上海振华港口机械股份有限公司(筹):

我们接受委托,对上海振华港口机械股份有限公司(筹)截至 1997 年 7 月 24 日止的股本及相关的资产和负债的真实性和合法性进行了审验。在审验过程中,我们按照《独立审计实务公告第一号—验资》的要求,实施了必要的审验程序。上海振华港口机械股份有限公司(筹)的责任是提供真实、合法、完整的验资资料,保护资产的安全、完整,我们的责任是按照《独立审计公告第一号——验资》的要求,出具真实、合法的验资报告。

上海振华港口机械股份有限公司(筹)申请的注册资本为 335,000,000.00 元。根据我们的审验,截至 1997 年 7 月 24 日止,上海振华港口机械股份有限公司(筹)已收到其股东投入的资本人民币柒亿零壹佰肆拾玖万贰仟玖佰陆拾元零捌角壹分(RMB701,492,960.81),投入的资本中包括股本 335,000,000.00 元(其中发起人投入的股本为人民币 235,000,000.00 元。外资股(B 股)股本为人民币 100,000,000.00 元),资本公积 366,492,960.81 元。与上述投入资本相关的资产总额为 1,507,430,404.71 元,负债总额为 805,937,443.90 元。

立信会计师事务所	中国注册会计师
地址:中国·上海市	户金涛
高安路 18 弄 20 号	刑建良

一九九七年七月二十五日

B 股股款收款银行:香港上海汇丰银行有限公司上海分行

帐号:001-022177-026

五、董事、监事及高级管理人员持股情况

上海振华港口机械股份有限公司创立大会及第一届董事会议上当选的董事会、监事会成员和高级管理人员如下:

(一)董事及高级管理人员:周志禹先生任公司董事长,潘钟林先生任公司副董事长,管彤贤先生任公司董事兼总经理,郑文俊先生任公司董事兼常务副总经理,刘启中先生和符敦鉴先生任公司董事兼副总经理,高莉娟女士任公司董事会秘书、副总会计师。其他董事为:余波先生、姜逢昆先生、尚世良先生和陈露琴女士。李启远先生任公司副总经理。

(二)监事:董恒瑞先生、费森林先生和陈君超先生。

本公司各位董事及监事的介绍请参见于一九九七年七月十五日在《上海证券报》和《中国证券报》刊登的《上海振华港口机械股份有限公司(筹)B 股招股说明书概要》,在此不再赘述。

本公司所有董事、监事及高级管理人员均未持有本公司股票。

六、公司设立

(一)本公司创立大会同意公司股票在上海证券交易所上市交易的决议。

上海振华港口机械股份有限公司创立大会暨

第一届股东大会决议

上海振华港口机械股份有限公司于 1997 年 7 月 30 日在华亭宾馆举行创立大会暨第一届股东大会。大会实到股东 8 人,持有股份总数为 25910 万股,占公司总股本的 77.36%,符合公司法的规定。本次股东大会由上海市万国律师事务所现场见证。本次大会全票通过如下决议:

一、通过了《关于上海振华港机股份有限公司筹建工作的报告》。

二、通过了《上海振华港机股份有限公司章程》。

三、通过了设立公司的议案。

四、通过了社会公众股在上海证券交易所上市的议案。

五、选举周志禹先生、潘钟林先生、余波先生、管彤贤先生、郑文俊先生、符敦鉴先生、刘启中先生、姜逢坤先生、尚世良先生、陈露琴女士、高莉娟女士为公司董事并组成第一届董事会,任期三年。

六、选举董恒瑞先生、陈君超先生为公司监事,公司职工民主推荐费森林先生为职工代表监事,共同组成公司第一届监事会,任期三年。

上海振华港口机械股份有限公司

1997 年 7 月 30 日

(二)本公司注册资金:335,000,000 元

(三)本公司注册时间:一九九七年七月三十一日

(四)本公司注册地点:上海市浦东南路 3470 号

(五)营业执照注册号码:企股沪总字第 023817 号

七、关联企业及关联交易

本公司同本公司之关联企业上海振华船运有限公司签有长期服务协议,要求该公司优先保证本公司的运输需要,运价不高于国际水准。服务协议允许本公司选择其他条件更好的船运公司。

上海振华船运有限公司注册于上海浦东新区,主要从事大型港口机械设备的运输。它是世界上少数几家能够承担大型港口机械设备整机运输的船运公司之一。本公司持有该公司 10% 的权益,其余权益为中国港湾建设总公司持有。董事会相信,在该公司的投资有助于保证本公司产品的交货期和降低运输成本。

八、股本结构及大股东持股情况

(一)B股发行后的股本结构

总股本:33,500万元

其中:

尚未流通股份(发起人股份):23,500万股,占总股本的70.15%

其中:

境内法人持有股份:14.596万股,占总股本的43.57%

外资法人持有股份:8.904万股,占总股本的26.58%

可流通股份(境内上市外资股):10,000万股,占总股本的29.85%

(二)前十名股东所持股数及比例

股东	所持股数(股)	占总股本比例(%)
1.上海港口机械制造厂	87375000	26.08
2.香港振华工程有限公司	87375000	26.08
3.中国港湾建设总公司	58250000	17.39
4.TOPLINK ENTERPRISES LTD.(COSCO)	16500000	4.93
5.NEW JAPAN SECURITIES INTL (H.K)	5000000	1.49
6.HKSBCSB A/C CAISSE CENTRALE DES BANQUES PRPULAIRES PARTS	3000000	0.90
7.CITIBANK A/C FLEDGELING SECURITIES LTD.	2872000	0.86
8.CHINA SEC.MAINLAND EQUITY FUND	2600000	0.78
9.HKSBCSB A/C CHASE BANK IRELAND S/A GT PRC FUND	2580000	0.77
10.SCBHK A/C ROBERT FLEMING & CO.,LTD. LUXEMBOURG S/A FLEMING FLAGSHIP FUND	2318000	0.69

(三)B股前十名股东所持股数及比例

股东	所持股数(股)	占总股本比例(%)
1.TOPLINK ENTERPRISES LTD.(COSCO)	16,500,000	4.93
2.NEW JAPAN SECURITIES INTL (H.K)	5,000,000	1.49
3.HKSBCSB A/C CAISSE CENTRALE DES BANQUES PRPULAIRES PARTS	3,000,0000	0.90
4.CITIBANK A/C FLEDGELING SECURITIES LTD.	2,872,000	0.86
5.CHINA SEC.MAINLAND EQUITY FUND	2,600,000	0.78
6.HKSBCSB A/C CHASE BANK IRELAND S/A GT PRC FUND	2,580,000	0.77
7.SCBHK A/C ROBERT FLEMING & CO.,LTD. LUXEMBOURG S/A FLEMING FLAGSHIP FUND	2,318,000	0.69
8.ATLAS NOMINEES LIMITED	1,865,000	0.56
9.HKSBCSB A/C LLOYDS BANK PLC UTTD CHELMSFORD S/A G.T.ORIENT FUND	1,720,000	0.51
10.HKSBCSB A/C BERMUDA TRUST (SINGAPORE) LTD.S/A CL REGLONAL CHINA FUND	1,594,000	0.48

九、公司财务会计资料

本公司及附属公司之会计资料已经普华大华会计师事务所和普华亚洲会计有限公司审核或做有限度审阅。普华大华会计师事务所对本公司按中国会计准则编制的1994年12月31日,1995年12月31日及1996年12月31日的资产负债表以及上述三个年度的利润和利润分配表和1996年度的财务状况变动表出具了无保留意见的审计报告。普华亚洲会计有限公司则对本公司按照国际会计准则列示的1996年12月31日的合并净资产情况和该年度合并经营业绩出具了无保留意见的审计报告。

以下为本公司的主要会计报表及报表注释。

(一)按照中国会计准则编制的资产负债表,利润表及利润分配表及财务状况变动表:

1.合并资产负债表

上海振华港口机械股份有限公司(筹)　　单位:人民币元

	1996.12.31	1995.12.31	1994.12.31
流动资产			
货币资金	184,110,958	75,593,749	102,926,398
短期投资	3,034,965		
应收票据			793,860
应收帐款	394,340,350	357,833,015	191,458,592
减:坏帐准备			
应收帐款净额	394,340,350	357,833,015	191,458,592
预付货款	4,479,113	6,729,580	12,846,707
其他应收款	70,626,880	76,302,738	46,149,570
待摊费用			2,074,466
存货	85,031,921	89,808,524	100,847,625
流动资产合计	741,624,187	606,267,606	457,097,218
长期投资			
长期投资	2,540,000		
固定资产			
固定资产原值	309,386,833	217,814,681	119,446,359
累计折旧	(40,470,638)	(15,925,030)	(4,732,432)
固定资产净值	268,916,195	201,889,651	114,713,927
在建工程	79,817,854	34,105.201	128,599,264
固定资产合计	348,734,049	235,994,852	243,313,191
无形资产及递延资产			
无形资产	76,887,871	12,419,766	5,929,515
递延资产	2,839,475	8,594,460	11,484,619
无形资产及递延资产合计	79,727,346	21,014,226	17,414,134
资产合计	1,172,625,582	863,276,684	717,824,543

合并资产负债表(续)

上海振华港口机械股份有限公司(筹)　　单位:人民币元

	1996.12.31	1995.12.31	1994.12.31
流动负债			
短期借款	592,612,472	471,311,523	288,432,842
应付帐款	53,337,017	6,011,492	1,707,588
预收货款	26,011,492	1,707,588	35,038,832
应付福利费	11,993,917	8,728,756	2,250,334
未付股利	6,475,000	6,475,000	7,000,000
未交/(应返还)税金	6,312,243	11,876,391	(2,536,679)
其他应付款	3,580,546	44,188,187	35,235,787
预提费用	10,926,398	14,536,949	19,638,510
一年内到期的长期借款	5,000,000	79,015,300	193,197,860
流动负债合计	716,249,085	668,023,922	584,635,878
长期负债:			
长期借款	98,488,254	78,667,152	55,040,000
长期负债合计	98,488,254	78,677,152	55,040,000
负债合计	814,737,339	746,691,074	639,675,878
少数股东权益	526,222		
股东权益:			
股本	233,000,000	56,333,708	54,145,988
资本公积金	124,362,021	32,110,902	4,302,004
盈余公积金		9,634,577	7,709,090
其中:公益金			
未分配利润		18,506,423	11,991,583
股东权益合计	357,362,021	116,585,610	78,148,665
负债及股东权益合计	1,172,625,582	863,276,684	717,824,543

2.合并利润及利润分配表

上海振华港口机械股份有限公司(筹)　　单位:人民币元

	1996年度	1995年度	1994年度
一、主营业务收入	674,487,223	464,909,720	272,335,944
营业成本	(484,549,347)	(340,027,437)	(205,060,051)
销售费用	(2,079,116)	(664,104)	(3,053,091)
管理费用	(31,778,043)	(27,208,779)	(9,602,849)
财务费用	(66,707,414)	(49,240,985)	(27,434,692)
二、主营业务利润	89,373,303	47,768,415	27,185,261
其他业务利润	1,511,950	596,063	313,542
三、营业利润	90,885,253	48,364,478	27,498,803
补贴收入		1,438,411	
营业外收入	2,709,117	894,439	285,399
营业外支出	(2,595,890)	(772,620)	(211,642)
四、利润总额	90,998,480	49,924,708	27,572,560
企业所得税	(5,013,669)	(3,803,120)	
少数股权收益	(26,222)		
五、税后利润	85,958,589	46,121,588	27,572,560
年初未分配利润	18,506,423	11,991,583	44,436,889
提取法定公积金	(6,062,608)	(1,925,487)	(4,352,544)
提取法定公益金	(3,031,304)	(1,209,644)	(2,176,272)
六、可供股东分配的利润	95,371,100	54,978,040	65,480,633
转增股本	(44,668,754)	(29,996,617)	(46,489,050)
已分配普通股股利	(6,475,000)	(6,475,000)	(7,000,000)
净资产折股后转入股本及资本公积	(44,227,346)		
七、年末未分配利润		18,506,423	11,991,583

3. 财务状况变动表

上海振华港口机械股份有限公司　　单位：人民币元

	母公司	合并
一、流动资金来源		
1. 本年净利润(合并报表为合并净利润)	85,958,589	85,958,589
加:少数股东本期损益(合并报表填列)		26.222
加:不减少流动资金的费用和损失		
(1)固定资产折旧	15,791,522	15,791,522
(2)无形资产及递延资产及其他资产摊销(减其他负债转销)	4,520,957	4,520,957
(3)清理固定资产损失(减收益)	815,708	815,708
(4)递延税款		
(5)其他不减少流动资金的费用和损失		
小计	107,086,776	107,112,998
2. 其他来源		
(1)固定资产清理收入(减清理费用)	25,921,189	25,921,189
(2)增加长期负债	81,899,950	94,399,950
(3)对外投资转出固定资产	1,296,303	1,296,303
(4)增加法定公积金	6,062,608	6,062,608
(5)资本净增加额	268,917,411	268,917,411
(6)少数股东资本净增加额		500,000
小计	384,097,461	397,097,461
流动资金来源合计	491,184,237	504,210,459
二、流动资金运用:		
1. 利润分配		
(1)提取法定公积金	6,062,608	6,062,608
(2)提取职工奖励及福利基金	3,031,304	3,031,304
(3)已分配股利	6,475,000	6,475,000
(4)利润增资	44,227,346	44,668,754
(5)净资产折股后未分配利润转入股本及资本公积	44,227,346	44,227,346
小计	104,465,012	104,465,012
2. 其他运用:		
(1)固定资产净增加额	110,851,266	110,851,266
(2)在建工程净增加额	45,510,661	45,712,653
(3)增加无形资产、递延资产及其他资产	63,234,076	63,234,076
(4)偿还长期负债	74,578,849	74,578,849
(5)增加长期投资	7,276,000	2,540,000
(6)净资产折股后法定公积金转入股本及资本公积	15,697,185	15,697,185
小计	317,148,037	312,614,029
流动资金运用合计	421,613,049	471,079,041
流动资金增加净额	69,571,188	87,131,418
流动资金各项目的变动		
一、流动资本年增加(减少)数:		
1. 货币资金	96,629,816	108,517,209
2. 短期投资	3,034,965	3,034,965
3. 应收帐款净额	10,663,514	36,507,335
4. 预付货款	(2,250,467)	(2,250,467)
5. 其他应收款	18,196,842	(5,675,858)
6. 存货	(4,778,214)	(4,776,603)
流动资产增加净额	121,496,456	135,356,581
二、流动负债本年减少(增加)数		
1. 短期借款	(121,300,949)	(121,300,949)
2. 应付帐款	(23,125,759)	(23,152,789)
3. 预收货款	(24,303,904)	(24,303,904)
4. 应付福利费	(3,031,304)	(3,265,161)
5. 未交税金	(3,923,020)	5,564,148
6. 其他应付款	41,133,817	40,607,641
7. 预提费用	3,610,551	3,610,551
8. 一年内到期长期负债	74,015,300	79,015,300
流动负债增加净额	(51,925,268)	(48,225,163)
流动资金增加净额	69,571,188	87,131,418

4. 主要会计政策

(1)会计期间

本公司的会计年度为公历1月1日至12月31日

(2)合并会计报表编制原则

本公司按财政部颁布的财会会(1995)11号《关于印发"合并会计报表暂行规定"的通知》的规定编制合并会计报表,合并会计报表包括本公司及其附属子公司截至1996年12月31日止三年的会计报表。已纳入本公司编制合并报表的附属子公司列示如下:

附属子公司	所在地	成立年度	注册资本	所占权益比例	主要业务
上海振华港口机械浦东有限公司	上海市	1996	人民币5,000,000元	90%	从事供集装箱起重机使用的减速箱齿轮之精加工生产
Canada ZPMC Holding Co.	加拿大	1996		100%	为振华公司销售温哥华港三台集装箱起重机合同所设立的项目公司

(3)记帐原则和计价基础

本公司根据权责发生制的原则记帐,计价基础为历史成本法。

(4)外币换算

本公司的记帐本位币为人民币。

以外币为单位之交易按交易当月第一天的国家外汇牌价换算。资产负债表结算日以外币为单位的货币性资产及负债按该日国家外汇牌价换算,所产生之汇兑损益直接记入利润表。

外币资本投入按约定汇率换算贷记实收资本帐户,由于有关资产与

实收资本所采用的换算汇率不同而产生的汇兑差异作为资本公积核算。

(5)存货

存货按取得成本入帐。原料及外购零部件之发出成本采用加权平均法计算,在制起重机包括原材料、加工费和按适当百分比分摊之所有间接生产费用。

(6)应收帐款坏帐处理

本公司应收帐款的坏帐损失采用直接转销法。

(7)长期投资

股权投资占被投资公司股东权益比例 20%以下的按成本法核算,占 20%至 50%的按权益法核算,占 50%以上的按权益法核算并编制合并会计报表。

(8)固定资产及其折旧

固定资产为作用期限在一年以上,单位价值在人民币 2000 元以上的资产。固定资产采用直线法计提折旧。其折旧率按照固定资产的类别、原值、使用年限及预计残值(残值率 10%)确定如下:

固定资产类别	使用年限	年折旧率
房屋建筑物	20 年	4.5%
生产设备	10 年	9%
办公设备	5 年	18%
运输工具	5 年	18%
其他	5 年	18%

(9)在建工程

在建工程为正在兴建中或安装中之资本性资产,并按成本入帐。成本的计价包含机器设备、安装费用、建筑费用及其它直接费用,包括在兴建期间为项目筹借资金所发生的利息支出。

(10)无形资产

无形资产包括土地使用权、工业产权及专有技术及职工住房使用权。土地使用权以成本减分摊费用列示,费用分摊以直线法按土地批准使用年限 30 年摊销。工业产权及专有技术及职工住房使用权则按其效益年限和使用年限分摊。

(11)递延资产

1994 年 1 月 1 日在对双重汇率进行统一时,在统一当日以外币为单位的货币性资产与负债所产生的净汇兑损失在资产负债表中以"递延资产——待转销汇兑损失"帐户列示,并依上海市财政局规定,以直线法按五年摊销。

(12)税项

本公司正式成立后将继续执行本公司之前身——上海振华港口机械有限公司(以下简称"振华公司")适用和享有的税项及税务优惠。

(Ⅰ)增值税

振华公司按规定缴 17%的增值税(此税项不计入销售收入),其出口销售部分依法免征增值税。又因振华公司於 1994 年 1 月 1 日前成立,按有关规定,并不享受出口退税,其依出口产品之成本计算的进项税不得抵扣,而应计入出口产品成本。

自 1994 年 1 月 1 日起,因改征增值税,其较原征工商统一税税负增加部分,按国家规定,经税务机关批准后,可给予退还。振华公司可享受该项税负优惠至 1998 年 12 月 31 日止。

(Ⅱ)企业所得税

根据中华人民共和国外商投资企业和外国企业所得税法规定,振华公司适用的企业所得税税率为 15%,并享受"两免三减半"的企业所得税税务优惠,即 1993 年和 1994 年为二年免税优惠期间,1995 年至 1997 年三年适用的企业所得税税率为 7.5%。

振华公司自 1993 年 1 月 15 日起,被认定为先进技术企业。根据中华人民共和国税法规定,在享受"两免三减半"的企业所得税优惠期满后,若在当年仍被认定为先进技术企业,可以延长三年适用 10%的企业所得税税率。

振华公司为产品出口企业,根据中华人民共和国税法规定,在享受"两免三减半"的企业所得税优惠期满后,若当年出口产品值达到当年企业产品值 70%以上,适用 10%的企业所得税税率。

(13)利润分配

本公司的税后利润为利润总额扣除按规定缴纳的所得税后的利润,本公司税后利润根据本公司章程规定,按照以下顺序分配:

①弥补亏损;

②提取 10%的法定公积金

③提取 10%的法定公益金

④经股东大会决定,提取任意公积金

⑤公司弥补亏损和提取公积金、法定公益金后所余利润,经股东大会批准的分配方案,向股东派发股利。

(14)收入确认

本公司依据销售合同於组装完成集装箱起重机时,予以确认销售收入,并同时将已发生的制造成本和按企业成本制度估计将发生的运输成本、安装成本、售后服务成本以及质保成本等转列销售成本。

(15)退休福利

本公司于 1994 年 1 月 1 日加入交通部养老保险统筹,每年需计提相等前一年度职工工资总额 10%之退休统筹金,同时公司亦成立一养老保险管理委员会,专责管理每年提取之相等于前一年度职工工资总额 20%的退休养老基金。前述之退休统筹金和退休统筹养老基金是专用于支付职工退休的养老金。

(16)关联企业

关联企业为本公司投资者及其下属之附属子公司或其它被投资公司

(二)按照国际会计准则列示的净资产情况和经营业绩

1. 合并经营业绩

截止 12 月 31 日止年度

	1994 年*	1995 年*	1996 年
	人民币千元	人民币千元	人民币千元
营业额	272,336	464,910	674,487
除税前溢利	22,883	51,188	82,890
所得税	…	(3,803)	(5,014)
除税后及未除少数			
股东收益溢利	22,883	47,385	77,876
少数股东收益	…	…	(26)
除税及少数			
股东收益后溢利	22,883	47,385	77,850
支付股利	8,500	7,000	6,475

*未经普华亚洲审核

2. 合并净资产(1996 年 12 月 31 日)

	人民币千元	人民币千元
固定资产		234,906
在建工程		77,183
土地使用权		11,243
无形资产		7,178
长期投资		2,540
		333,050
流动资产		
存货	81,502	
应收关联公司款	66,607	
短期投资	3,035	
应收帐款	385,823	
定金、预付款项与其他应收款	17,017	
银行存款与现金	184,111	
	738,095	

流动负债		
应付帐款	32,177	
应付关联公司款	552	
其他应付款项及应计费用	61,134	
预收货款	26,011	
短期贷款	592,612	
一年内到期之长期贷款	6,312	
	723,798	
流动净资产		14,297
长期贷款		(80,050)
长期应付关联公司款		(18,439)
		248,858
少数股权		(526)
净资产		248,332

(三)按照中国会计准则编制的财务报表与按照国际会计准则编制的财务报表之间的差异说明:

除税及少数股东收益后溢利及净资产调整汇总

	税后利润			净资产
	截至12月31止年度			于1996年
	1994年*	1995年*	1996年	12月31日
	人民币千元	人民币千元	人民币千元	人民币千元
根据中国会计制度计算的数字	27,572	46,122	85,958	357,363
为遵照国际会计准则而作出的调整				
职工奖励及福利基金分配	(2,176)	(1,210)	(3,031)	
预提质保费用	…	…	(7,550)	(7,550)
因人民币汇率并轨所引起的对汇兑损失的调整	(2,513)	2,473	2,473	(3,113)
不拟调整资产评估增值之部分	—	—	—	98,368
遵照国际会计准则调整的数字	22,883	47,385	77,850	248,332

*未经普华亚洲审核

十、董事会上市承诺

本公司董事会将严格遵守《公司法》、《股票发行与交易管理暂行条例》、《公开发行股票公司信息披露实施细则》、《上海证券交易所交易规则》和有关法律、法规的规定,并自股票上市之日起作出如下承诺:

1. 按照法律、法规的规定程序和要求披露重大信息,并接受证券主管机关、上海证券交易所的监督管理。

2. 及时、真实、准确地公布中期报告和年度报告、并备置于规定场所供投资者公众查阅。

3. 本公司董事、监事及高级管理人员如发生人事变动或持本公司股票发生变化时,在报告证券主管机关、证券交易所的同时向投资者公布。

4. 在任何公共传播媒介中出现的消息可能对本公司股票的市场价格产生误导性影响时,本公司知悉后将及时对该消息予以公开澄清。

5. 本公司董事、监事及高级管理人员将认真听取社会公众的意见和批评,不利用已获得的内幕消息和其他不正手段直接或间接从事股票买卖活动。

6. 本公司没有无记录负债。

十一、重要事项揭示

鉴于本次B股发行结束日至挂牌交易首日不超过九十日,根据《公开发行股票公司信息披露实施细则(试行)》中的有关规定。本公司仅编制简要上市公告书。在本上市公告书中简略的事项,可参阅本公司招股说明书。自本公司《B股招股说明书概要》刊登至本上市公告书刊登期间,本公司未发生对公司资产、负债和股东权益有较大影响的重要事项。

本公司遵循同股同利的原则,公司股东享有同等权益,按各股东持有股份的比例派发股利。股利派发一般采取现金或股票形式。本公司向个人股东派发股利时,由公司按《中华人民共和国个人所得税法》和国家税务局发布的《征收个人所得税若干问题的规定》代扣、代缴所得税。股利派发形式及股利率由本公司股东大会决定。根据公司章程,本公司每年将在有关财政年度的帐目审核完成后派发一次股息。其中B股股息将按照为批准派息而召开的股东大会决议日的下一营业日中国人民银行公布的美元兑人民币现汇中间价计算,将人民币换算成美元派发。B股股息将以美元派付。澳门振华、融金投资及B股股东将不享受一九九七年六月三十日前之利润,该利润将根据一九九七年全年利润之审计确认结果按时间比例,以加权平均法计算。

根据中国有关法规,本公司每一年度的税后利润按照孰低原则分配,即未分配利润按中国有关会计制度与国际会计准则确定的累计未分配利润数字中较低者为最大限额来进行分配。

十二、备查文件目录

1. 本公司营业执照
2. 本公司公司章程
3. 本公司主要会计资料及普华会计师事务所和普华亚洲会计有限公司出具的审计报告
4. 本公司法律顾问上海万国律师事务所为本次B股发行出具的法律意见书
5. 承销商中国律师上海联合律师事务所为本次B股发行出具的法律意见书
6. 承销商境外律师高特兄弟律师事务所为本次B股发行出具的验证笔记
7. 重大合约
8. 国务院证券委员会批准本公司发行B股的文件
9. 上海证券交易所上市通知书
10. 承销协议和承销商协议
11. 上海立信会计师事务所出具的验资报告

上海振华港口机械股份有限公司董事会

一九九七年八月一日

广州南华西实业股份有限公司

广州南华西实业股份有限公司股票上市公告书

一、释义

在公告书中，下列简称具有如下意义：

本公司或公司：指广州南华西实业股份有限公司

董事会：指本公司董事会

A股：指本公司本次发行每股为1元的普通记名股票；

元：指人民币。

二、绪言

本公司经中国证券监督管理委员会证监发字〔1996〕第334号文和证监发字〔1996〕第335号文批准，已成功地向社会公开发行面值1.00元人民币普通股1125万股，每股发行价格8.38元；公司职工股125万股按国家有关规定，待新股上市半年后，经批准方可上市流通。经本公司第一届股东大会通过决议，按深圳证券交易所深证发〔1996〕第457号《上市通知书》，本公司股票将于1996年12月9日在深圳证券交易所挂牌交易。

本公司总股本5000万股，全部为人民币普通股，其中本次可上市流通股份共为1125万股，股东简称"南华西"，股票编码为"0660"，交易单位为"股"。

本上市公告是根据《股票发行与交易管理暂行条例》、《公开发行股票信息披露的内容与格式准则》、《深圳证券交易所业务规则》及其他配套文件编制，旨在说明本公司股票上市之目的，并向社会公众披露公司的基本情况和有关资料。

本公司于1996年11月18日在《中国证券报》和1996年11月15日的《证券时报》上刊登了《招股说明书概要》，距今不足六个月，故与其相重复的内容在此不再赘述，敬请查阅本公司《招股说明书概要》。

本公司董事会及各位董事深信本公告未遗漏本公司任何重大事项，亦不存在任何误导虚假成分，并愿就本公司及相关资料的真实性和完整性负共同及个别责任。本公告书的内容由董事会负责解释补充。

三、公司概况

1. 公司法定名称：广州南华西实业股份有限公司

英文名称：GUANGZHOUNANHUAXIINDUSTRIALCO,.LTD

2. 公司法定地址：广州市同福西路龙溪新街19号

邮政编码：510235

3. 公司法定代表人：何竟棠

4. 公司其它情况：

(1)公司的经营范围：

主营：中央空调设备制造、安装维修；各类机电产品生产、销售；各类进出口贸易(国家政策允许范围内)；国内商业及物资供销业(国家专控商品除外)。

兼营：投资、房地产。

(2)公司的历史情况

本公司位于广州市南华西街。十多年来，南华西街以其文明优良的社区管理和辉煌的经济发展一直是广州市、广东省乃至全国两个建设的先进单位，1995年国家民政部将南华西街评为"南华第一街"、"中国街道之星"。

1996年9月6日，本公司是经广州市经济体制改革委员会穗改股字〔1996〕17号文批准，由广州市南华西企业集团公司作为主要发起人，联合广东华侨信托投资公司投资基金部、北京贝特实业公司、登润实业有限公司、粤华有限公司等四家单位共同发起，以募集方式设立的股份有限公司。南华西企业集团以其全资附属的广州特种变压器厂、广州市京广深空调设备制造工程公司、广州市南华工商贸易公司的全部经营性净资产(这三家企业无非经营性资产)9149.2万元(包括南华西企业集团投入的14136.68平方米的土地使用权，经广州资产评估公司广资评字(96)第330号资产评估报告评估〕以1:2.69比例，折合人民币普通股3400万股，其余四家发起人：广东华侨信托投资公司投资基金部、北京贝特实业公司、登润实业有限公司、粤华有限公司，用现金以每股2.69元，分别入股150万股、100万股、50万股、50万股。

①广州特种变压器厂

广州特种变压器厂创建于1988年3月。是国家"86.3"星火计划项目承担企业，主要产品是"山海"牌SCI系列绕包浇注型干式电力变压器，目前有1个系列3个品种54种规格。该产品是吸收、消化国外先进技术，结合我国国情，自行设计制造的；于1992年3月通过了机械电子工业部，能源部的鉴定。该厂是机械工业部定点生产干式电力变压器的专业厂，是我国生产干式变压器的少数几个生产规模较大的厂家之一。目前年生产能力为25万KVA。该厂自成立以来，通过技术改造，生产规模不断扩大，经济效益显著。

经中国输变电设备行业协会变压器分会统计(变专协字第9602号)，1995年，该厂在销售成本利润率、总产值全员劳动生产率、百元固定资产实现利润、人均利润总额、干式变压器产量(包括树脂绝缘式干式变压器产量)等经济指标在全国50家大型变压器生产厂家中名列前4名。

②广州市京广深空调设备制造工程公司

广州市京广深空调设备制造工程公司是集设计、生产制造、经营中央空调设备和空调工程安装、服务于一体的经济实体。1990年开始生产中央空调设备，主要产品有ZK系列组合式空调机组、GK系列柜式空调机组、DB系列吊挂式空调机组以及FP系列风机盘管。中央空调设备等产品主要采用目前国际上最先进的加工设备，如美国OAK公司的Φ16表冷器生产线，日本板金生产线、美国卢卡斯自动焊机、台湾自动发泡机等生产设备来生产的。该公司现有年生产能力为25000台。1994年被评为广州市城区工业十大骨干企业。

③广州市南华工商贸易公司

广州市南华工商贸易公司成立于1984年，是拥有国家二类进出口经营权的外贸企业，主要从事纺织品、纺织纤维、服装、机械及设备的出口业务以及轻工产品、食品、化工、塑料原料、医药原料、机械及设备的进口业务。进出口业务主要面向香港、韩国、美国、英国、日本、加拿大(非配额地区)等国家和地区，在这些国家有着一批长期合作的客户。该公司进出口规模较大，业绩良好，多次获得殊荣。1995年在广州市60家最大的外贸企业中名列第11位；连续八年被评为"重合同，守信用"单位；1994年被评为广东省、广州市先进集体；1994年被广州市海关评为A级企业；1995年被广州市海珠区人民政府评为纳税大户。

本公司主要发起人南华西企业集团拥有本公司68%的股权。

(3)公司主要产品品种、生产能力

①主要产品品种：

SCI系列绕包浇注干式电力变压器；中央空调机组，其具体产品有FP系列风机盘管、ZK系列组合式空调机组、GK系列柜式空调机组和DB系列吊挂式空调机组。

②主要产品的年生产能力：

干式变压器年设计生产能力为25万KVA，1994年实际生产能力为30万KVA，1995年的实际生产能力为26.4万KVA。本次募股资金的投入将使年设计生产能力达到85万KVA。中央空调设备的年设计生产能力为25000台。

(4)注册资本：5000万元。

工商登记号：23125177－1

(5)在册职工情况：

截止1996年7月31日，本公司在册职工总数923人，其中一线生产工人388人，占总人数的42.03%；工程技术人员175人，占总人数的18.96%；管理人员157人，总人数的17.01%；销售人员86人，占总人数的9.32%；其它人员(辅助生产人员50人、后勤服务人员67人)117人，占总人数的12.68%。具有高级职称的有40人，占总人数的4.33%；中级职称有68人，占总人数的7.37%。大专以上学历的有124人，占总人数的13.43%；具有中专学历的有56人，占总人数的6.07%。年龄在35岁以下的有573人，占总人数的62.08%；年龄在35岁至50岁之间的有271人，占总人数的29.36%；年龄在50岁以上的有79人，占总人数的

8.56%。

本公司现有退休工人102人。

本公司已为所有在册职工办理了养老保险、待业保险和劳动安全保险。

四、股票发行及股权结构

1、本次社会公众股发行情况

(1)发行方式:本次股票采用“上网定价”方式发行。

(2)发行时间:1996年11月20日

(3)发行地区:与深圳证券交易所联网的证券营业网点所在地区。

(4)发行对象:中国境内合法投资者

(5)本次公开发行数量:1125万股

(6)每股面值:1元

(7)发行价格:8.38元/股。

(8)每股税后利润:0.51元

(按1996年预测数全面摊薄计算)

(9)发行市盈率:17.10倍(按1995年已实现数与1996年预测数的平均值计算)

(10)本次发行前每股净资产为2.69元

本次发行后每股净资产为4.00元

(11)配售情况:经深圳中华会计师事务所《验资报告》内验报字(1996)第A049号证,截止1996年11月22日17:00时前到达申购资金专户资金共有10,459,664,600.00元,有效申购户数为158,827户,总有效申购股数为1,248,170,000股,中签率为0.901319%。

(12)验资:主承销商已将公开发行1125万股社会公众股所募集的资金汇入本公司指定的帐户。经12月4日广州羊城会计师事务所出具的《验资报告》(96)羊验资第3423号证实,此次发行完成后,本公司资本总额197,382,967.79元,其中股本金5000万元。其余为资本公积金。

2、股权结构:

本次发行后的股权结构:

类别	股数(万股)	占总股本的比例(%)
法人股	3750	75.00
社会公众股	1250	25.00
其中:公司职工股	125	2.50
总股本	5000	100.00

注:本次发行的1250万股中的10%即125万股向公司职工配售;根据现行规定公司职工股票在新股上市半年后方可上市流通。

3、前十名股东持股情况

名称	持股数(万股)	占总股本比例(%)
A.广州市南华西企业集团公司	3400	68.0
B.广东华侨信托投资公司投资基金部	150	3.0
C.北京贝特实业公司	100	2.0
D.登润实业有限公司	50	1.0
E.粤华有限公司	50	1.0

其余股东均为个人股东,因未达到要求公告的持股数,暂不予公告。

五、董事、监事、公司高级管理人员简介及持股情况

何竟棠:董事、董事长,男,45岁,大专文化程度,高级经济师。1970年开始担任企业会计;1981年起,从事企业管理工作,历任广州南华西工业公司副经理,广州市南华工商贸易公司经理,南华西企业集团副总经理等职。具有丰富的企业管理经验和进出口业务经验,曾被评为广东省先进工作者、广州市劳动模范、广州市优秀厂长(经理)称号,是广州市海珠区第八、九、十、十一届人大代表,南华西企业集团董事长兼总经理。持有本公司股票8000股。

梁中文:董事,副董事长,男,35岁,大专文化程度,高级经济师。1979年起进入广州市海珠区机械四厂(现为广州市海华机电设备总厂)工作,先后担任广州市燕华仪器设备厂副厂长,广州市京广深空调设备成套供应中心经理,广州海华发电设备有限公司和广州华威塑胶实业有限公司董事长,海华机电设备总厂厂长,南华西企业集团副总经理等职。具有丰富的企业生产、经营管理经验。曾被评为广州市优秀青年企业家,广州市新长征突击手,海珠区十大杰出青年。是海珠区第十一届人大代表,南华西企业集团常务副董事长。持有本公司股票6000股。

孔繁波:董事、副董事长,男,48岁,大专文化程度,高级会计师。中国民主建国会广州市委员会常委,广州市海珠区政协委员。1971年开始担任企业会计,长期从事财务管理和资金管理工作。先后担任广州市南华西工业公司财务科长、副经理、经理,南华西企业集团副董事长等职。具丰富的财务管理和企业管理经验,是南华西企业集团董事兼常务副总经理。持有本公司股票6000股。

李德荣:董事、总经理,男,31岁,大专文化程度,高级经济师。1984年进入广州南华机电厂工作,1986年起进入南华西街道办事处工作,曾任南华西街团委书记。1990年起,从事企业管理工作,历任南华西企业集团公关开发部主任,副总经理,广州市华融投资咨询服务有限公司总经理等职。具有丰富的组织、公关和企业管理工作经验,是南华西企业集团董事兼常务副总经理。持有本公司股票6000股。

罗昌明:董事,男,42岁,大专文化程度,经济师。1970年起先后在广东省新丰江水电厂任修配班长,广州铁路机务段革新班班长;1987年起进入南华西街工作,先后在广州市海珠区机械四厂(现海华机电设备总厂)任技术员,南华西第五工业区管理委员会副主任,南华西企业集团总经理助理。现任南华西企业集团副总经理,兼任广州市南金置业公司经理。持有本公司股票3000股。

陈文盛:董事、副总经理,男,57岁,大学本科文化程度,高级工程师。1965年毕业后曾在六机部701研究所任技术员;1976年起在广州造船厂技术科任技术员、助工和工程师。1987年起历任海珠区机械四厂(现海华机电设备总厂)设计室工程师、副主任、主任,广州市京广深空调设备制造工程公司副经理,海华机电设备总厂副厂长,国得空调冷冻工业有限公司常务副总经理,现任广州市京广深空调设备制造工程公司经理,具有丰富的生产技术和经营管理经验。持有本公司股票3000股。

黄庆龙:董事、副总经理,男,44岁,文化程度高中,工程师。1971年进入海珠区机械四厂(现海华机电设备总厂)工作,在南华机电厂先后担任冲压组长,机械班班长,机械车间主任和副厂长,广州特种变压器厂厂长,南华西企业集团公司总经理助理。长期在工厂担任管理工作,具有丰富的企业管理经验。持有本公司股票3000股。

韩慧琦:董事、副总经理,女,39岁,文化程度高中,经济师。1980年起进入南华塑料厂工作,1984年起任南华工商贸易公司副经理,党支部书记,工会主席,南华西企业集团公司副总经理。具有丰富的企业管理和进出口业务经营管理经验。现任南华工商贸易公司副经理。持有本公司股票3000股。

尹文健:董事,男,35岁,1988年毕业于中国人民大学法律系,获硕士学位。历任广东华侨信托投资公司法律室副主任、主任、证券业务部副总经理。1994年起任广东华侨信托投资公司投资基金部副总经理。具有丰富的法律知识和投资经验。现任广东华侨信托投资公司投资基金部总经理。持有本公司股票3000股。

罗小玲:董事、总会计师,女,39岁,大专文化程度,会计师。1975年进入南华西街工作,后在海珠区机械四厂(现海华机电设备总厂)任会计、财务科在南华西电子电器公司任副经理、经理,多次获区、街“先进工作者”称号。1993年到南华西企业集团公司转制上市办公室任副主任,对集团公司的财务管理工作进行规范、界定产权、开展资产评估工作、建立现代企业制度具有丰富经验。持有本公司股票1000股。

张获:董事、董事会秘书,女,33岁,大专文化程度,统计师。1981年分配广州第二棉纺厂任计划调度员,1985年由该厂委派出任广英纺纱有限公司中方代表,任运转管理科科长,具有丰富的企业管理经验。持有本公司股票1000股。

韦盛信:副总经理,男,32岁,1988年毕业于中国人民银行总行研究生部,经济学硕士,曾在中国人民保险公司广东分公司、防城港三角实业发展公司工作,1995年进入广州市南华西企业集团,历任南华西企业集团投资策划部经理、北京办事处主任,集团公司总经理助理等职,有丰富的投资及管理经验。持有本公司股票5000股。

苏振炳:监事、监事长,男,49岁,中专文化程度,高级经济师。1965年进入南华西工作。1970年起至1984年担任海珠区机械四厂(现为广州市海华机电设备总厂)副厂长;1985年起,先后任南华西商业贸易公司经理,南华西工业公司副总经理,南华西企业集团副总经理,南华西华侨企业服务经理,现任南华西企业公司董事兼副总经理,具有长期丰富的企业经营管理经验。持有本公司股票1000股。

陈耀章:监事、副监事长,男,57岁,文化程度初中,高级政工师。曾经在省汽车修配厂工作和广州市洪德第一小学任教。1964年起进入南华西工作,任南华西服务站站长;1970年起先后任海珠区机械四厂(现为广州市海华机电设备总厂)党支部书记,南华西企业集团公司副董事长,现任广州市海华机电设备总厂党支部书记,具有长期丰富党务和思想政

治管理工作经验。持有本公司股票1000股。

李惠嫦：监事，女，54岁，文化程度初中，高级经济师。1959年参加工作，进入南华西服务站担任会计；1969年起任南华西向群五金厂副厂长；1973年起先后担任广州市南华塑料厂厂长，党支部书记，南华西企业集团公司副总经理，现任广州市南华塑料总厂厂长兼党支部书记，具有丰富的企业管理和产品开发经验。持有本公司股票0股。

潘淑芬：监事，女46岁，文化程度大专，助理政工师。1975年起进入广州第五染织厂工作，先后任工人、宣传干事、科室工会副主席。1992年起进入广州特种变压器厂工作，先后任行政科科长，群体工会副主席，副厂长，现任广州市南华机电总厂支部书记兼办公室主任，具有长期的企业行政管理经验。持有本公司股票1000股。

温亮康：监事，男，46岁，文化程度大专，会计师。1970年起进入越秀区帆蓬皮件厂先后任会计、副厂长和工会主席；1989年进入海珠区机械四厂（现为广州市海华机电设备总厂）担任会计，财务科长；1993年起至今调入南华西企业集团公司转制办公室参与广州南华西实业股份有限公司筹备成立和公开发行上市工作，具有丰富的财务工作管理经验。持有本公司股票0股。

以上人员共持有本公司股票51000股，占公司总股数0.102%。

六、公司创立大会

1、会议时间：1996年12月1日

会议地点：广州市同福西路兆龙里19号广州市南华西企业集团公司大楼礼堂

出席股东人数37人，代表股数37578000股，占总股份75.156%

2、相关决议：

(1)同意成立广州南华西实业股份有限公司；

(2)通过公司章程；

(3)选举何竟棠、梁中文、孔繁波、李德荣、罗昌明、陈文盛、黄庆龙、韩慧琦、尹文健、罗小玲、张获为公司董事会董事；

(4)选举苏振炳、李惠嫦、陈耀章、潘淑芬、温亮康为公司监事会监事；

(5)通过公司筹委会关于筹建费用说明；

(6)决定公司股票在深圳证券交易所上市交易；

(7)授权公司董事会办理公司注册登记及上市有关事宜。

七、主要财务会计资料

(1)以下资料摘自羊城会计师事务所对发行人最近三年及截止1996年7月31日的审计报告〔(96)羊查字第4063号〕。

1、资产负债表主要数据：

单位：人民币元

项目	1996.7.31	1995.12.31	1994.12.31	1993.12.31
流动资产	186,183,739	187,021,110	160,239,411	74,010,503
长期投资	380,000	380,000	30,000	419,240
固定资产净值	39,222,261	37,138,969	25,374,103	34,135,255
无形资产及递延资产	21,018,529	16,237,242	994,665	1,334,821
资产总额	248,019,104	241,002,798	186,763,191	118,722,347
流动负债	148,926,936	137,783,236	111,590,026	82,070,258
长期负债	7,600,000	26,004,885	44,775,480	4,970,000
负债总额	156,526,936	163,788,121	156,365,506	87,040,258
股东权益	91,492,168	77,214,677	30,397,684	31,682,089

2、利润表主要数据

单位：人民币元

项目	1996年1－7月	1995年度	1994年度	1993年度
主营业务收入	107,787,222	210,510,452	181,405,144	239,985,939
减：营业成本	77,582,258	164,906,320	154,869,291	210,115,364
销售费用	1,155,695	1,441,888	251,758	0
管理费用	7,035,261	11,500,554	10,100,997	15,378,637
进货费用	1,870,682	6,214,865	6,706,179	10,193,559
财务费用	3,060,561	8,151,233	776,434	－1,812,440
营业税金及附加	135,030	232,978	331,136	1,353,223
主营业务利润	16,947,733	18,062,614	8,369,348	4,757,597
加：其它业务利润	817,710	1,025,857	287,160	1,771,108
营业利润	17,765,444	19,088,471	8,656,508	6,528,705
加：投资收益	119,696	110,023	360	1,160,793
营业外收入	18,718	332,358	1,326,661	88,210
减：营业外支出	142,271	295,136	25,339	7,091
以前年度损益调整	0	44,806	0	0
利润总额	17,761,587	19,190,911	9,958,190	7,770,617
减：所得税	2,539,624	3,329,603	2,688,055	490,551
净利润	15,221,963	15,861,308	7,270,135	7,280,066

(2)主要经营业绩

近几年的经营业绩如下：

单位：千元

项目	1996年1－7月	1995年	1994年	1993年
主营业务收入	107,787	210,510	181,405	239,986
净利润	15,222	15,861	7,270	7,280

单位：元

项目	1996.7.31	1995.12.31	1994.12.31	1993.12.31
资产总额	248,019,104	241,002,798	186,763,191	118,722,347
股东权益	91,492,168	77,214,677	30,397,684	31,682,089

(3)财务指标分析

本公司历年的财务指标如下表：

财务指标	1996年(1－7月)	1995年	1994年	1993年
流动比率	1.25	1.36	1.56	0.90
速动比率	1.02	1.09	1.38	0.71
资产负债率(%)	63.11	67.96	83.72	73.31
股东权益比率(%)	36.89	32.04	16.28	26.69
应收帐款周转率(次)	2.93	5.72	6.97	－
存货周转率(次)	3.70	5.83	8.86	－
主营业务收入利润率(%)	14.12	7.53	4.01	3.03
净资产利润率(%)	28.52	20.54	23.92	22.98
资产利润率(%)	10.52	6.58	3.89	6.13
每股收益(元)*	0.45	0.47	－－	－－

*1996年、1995年每股收益是按股本3400万股计算。

(4)在无不可预见的情况下，本公司经羊城会计师事务所(96)羊专审字第29号审核报告，本公司1996年度合并盈利预测如下：

单位：人民币千元

项目	1996年度	1997年
一、主营业务收入	231,560	266,000
减：主营业务成本	167,400	189,000
销售费用	2,770	3,670
管理费用	16,950	26,250
财务费用	8,720	9,600
进货费用	6,980	5,930
营业税金及附加	680	750
二、主营业务利润	28,060	30,800
加：其他业务利润	2,000	2,200
三、营业利润	30,060	33,000
加：投资收益	120	0
营业外收入	20	0
减：营业外支出	18	0
四、利润总额	30,020	33,000
减：所得税		
按15%所得税率计	4,500	4,950
五、净利润		
按15%所得税率计	25,520	28,050
六、每股税后利润(元)		
按15%所得税率计	0.51	0.56

注：经广州市人民政府穗府函〔1996〕207号文批准，发行人按15%税率计缴所得税。

2、假设：

本预测是根据募集设立方式设立并经调整本公司一九九六年一至七月实绩、今后发展规划和市场趋向以及有关合同等而确定的。羊城会计师事务所认为，就会计政策和计算方法及所有重要方面与公司一贯采用

的会计政策一致,该盈利预测的各项假设是恰当的。

假设:

(1)本公司所遵循的我国法律、法规、政策以及本公司所在地的社会经济环境仍如现时状况无重大变化;

(2)本公司的经济业务所涉及的国家和地区目前的政治、法律、经济政策(如:财税政策)并无重大改变;

(3)本公司的经营动作不会受到诸如交通、水电、通讯等的严重短缺或成本剧烈变动的不利影响;

(4)本公司的投资项目和新拓展业务项目在预定的时间内能达到预计的盈利水平,并无重大变化;

(5)本公司拟发行新股的股本金将收妥,且拟投资的项目按原定的时间形成生产能力;

(6)现行的信贷利率、税率及汇率将在正常范围内波动。

(7)无其他人力不可抗拒因素造成的重大不利影响。

八、董事会上市承诺

公司董事会将严格遵守《中华人民共和国公司法》、《股票发行与交易管理暂行条例》、《公开发行股票信息披露的内容与格式准则》和《深圳证券交易所业务规则》及国家与深圳有关法规的要求,本董事会向各级证券主管机关、深圳证券交易所及大投资者作出如下承诺:

1、公司文件自送交中国证监会复审到公布上市公告书的日期内,未发生重大的变动事项。

2、准确、及时地公告本公司中期、年度财务及经营业绩报告资料并备置于规定场所供投资者查阅。

3、董事会、监事会及高层管理人员如发生人事变动,或前述人员持有本公司股份数量发生变动时,及时通报证券管理部门,并适时通过传播媒介通告社会公众。

4、及时真实地披露本公司重大经营活动信息。

5、自觉接受证券管理部门的监督和管理,认真听取政府、股东、证券管理及经营部门和社会公众的意见、建议和批评。

6、本公司没有无记录负债。

九、重要事项揭示

1、本公司股票发行额度为1250万元。

其中面向社会公开新股1125万股,公司职工股125万股将在新股上市半年后经有关部门批准方可上市流通。

2、本公司全体股东享有1996年度红利。

3、截止本公告书刊登之日,本公司以及本公司的董事、监事和高级管理人员未涉及任何重大诉讼与仲裁,亦无任何尚未了结或有可能提起的重大诉讼。

十、咨询机构

1、本公司委托张获小姐为授权代表,负责本公司股份事务管理及咨询,投资者若对本公告书有任何疑问,可向本公司授权代表咨询。本公司有关备查文件存放于本公司办公地点可供股东查询。

电话:(020)84411196　　　传真:84472213

邮编:510235

2、上市推荐人:广东证券公司

地址:广州市东风东路703号

法定代表人:钟伟华

电话:(020)87784720

联系人:石红岚

上市推荐人:广东广发证券公司

地址:广东省广州市先烈南路23号华泰宾馆16楼

法定代表人:陈云贤

电话:(020)87789888-81609

传真:(020)87667652

联系人:陈学斌　薛自强　任群

上市推荐人:深圳国投证券有限公司

地址:深圳市红岭中路7号国际信托大厦三楼

法定代表人:叶连捷

电话:(0755)5573621

联系人:洪伟南

平安证券有限责任公司

地址:深圳市八卦岭八卦三路平安大厦三楼

法定代表人:马明哲

电话:(0755)2262888

联系人:戴新宇

3、会计师事务所:羊城会计师事务所

地址:广州市大德路187号9楼

法定代表人:陈雄溢

电话:(020)83324195

传真:(020)83338016

经办注册会计师:刘佩莲 陈青

4、律师事务所:正平天成律师事务所

地址:广州市解放北路932号广海商业大厦九楼

法定代表人:王亚和

电话:(020)83185006　　83185015

经办律师:章震亚　吕府通　吕晖

十一、备查文件

1、深圳证券交易所上市通知书;

2、本公司招股说明书;

3、验资报告;

4、审计报告;

5、法律意见书;

6、资产评估报告;

7、主管机关批准本公司股份制改组及公开发行股票的批文;

8、中国证监会关于本公司公开发行股票的批准文件;

9、其他相关文件。

广州南华西实业股份有限公司

1996年12月5日

广州南华西实业股份有限公司1996年年度报告摘要

一、公司简况

公司名称:广州南华西实业股份有限公司

英文名称:GUANGZHOU NANHUAXI INDUSTRIAL CO.,LTD.

法人代表:何竟棠　　邮政编码:510235

公司地址:广州市工业大道北1号艺丰大厦三楼

公司咨询服务机构:公司董事会秘书办公室

电话:(020)84319458　　传真:(020)84319459

二、主要财务数据与财务指标

单位:万元

指标项目	本年数	上年数	比上年增减(%)
1.主营业务收入	214,582,379.31	210,510,452	1.93
2.净利润	22,355,030.58	15,861,308	40.94
3.总资产	480,610,657.28	241,002,798	199.42
4.股东权益	204,516,079.68	77,214,677	264.87
5.每股收益(元)	0.4471	—	—
6.每股净资产(元)	4.09	—	—
7.净资产收益率(%)	10.93	20.54	—
8.股东权益比率(%)	42.55	32.09	—

三、公司主要业务回顾

1.一年来公司经营情况

1996年是公司成立后的第一个会计年度,在国家实施"软着陆"宏观调控政策及金融、投资等各种重大改革的形势下,本公司在成立后,坚持以实业为主,多种经营的方针,抓好干式变压器的生产、销售,中央空调设备的制造、维修、销售和各类进出口贸易,主营业务取得较大发展。SC1系列干式变压器荣获1996年广州市"名牌产品"称号,综合经济指标在全国50多家大型变压器生产厂家中名列前四名。中央空调设备在广州地铁一号线首期工程中标。本公司全年的主营业务收入21458万元,比去

年增长 1.93%,完成 1996 年盈利预测目标的 92.67%,实现净利润 2236 万元,比去年增长 40.94%,完成预测目标的 99.33%。

1).广州特种变压器厂

在市场疲软、竞争激烈的环境中,本厂始终坚持以质量求生存,以经营求发展、坚决走质量效益型发展的道路,SC1 系列干式变压器获 1996 年广州市"名牌产品"称号,实现利润 372 万元,占公司总利润的 16.83%。同时认真落实招股说明书所提的技术改造项目。引进的真空浇注设备已经到货,正在组织安装调试,力求在 1997 年一季度末或二季度初投入运行,以保证本公司干式变压器的总产量从 35KVA 提高到 85KVA;箱式变电站 15KV 电压级别的样机已试制成功,并通过了技术鉴定,待挂网运行满一年通过产品鉴定后,可批量生产,进入市场;玻包电磁线项目现进行调研和方案分析研究及设备选型阶段。

2).广州市京广深空调设备制造工程公司

本公司认真贯彻加强管理、以质量取胜的经营方针,在广州地铁工程一号线第一期中央空调设备的公开竞标中中标,实现利润 112 万元,占公司总利润的 5.2%。完成空气处理机组(AHU)第二期技术改造所需购置的 9.52 表冷器生产线以及其他配套设备的工作。预计 1997 年上半年完成技改。

3).广州市南华工商贸易公司

该公司通过精心策划,专著经营,在激烈的市场竞争中,逐步建立起本公司在国际的销售网络,不断开发直接客户,减少中间环节,使进出口业务一直持续稳步上升,实现利润 1760 万元,占公司总利润的 78.71%。

2.前次募集资金运用的说明

本公司经中国证监会证监发字[1996]334 号文批准,于 1996 年 11 月 20 日向社会公开发行面值 1 元,每股发行价 8.38 元的社会公众股票 1250 万股(含 125 万内部职工股),扣除发行费用后共募得资金 9925 万元,根据招股说明书的投资计划,募集资金使用情况说明如下:

1)投入广州特种变压器厂 983 万元,用于 SC1 系列干式电力变压器扩产技术改造,提高箱式变电站生产能力和生产玻包电磁线产品。

2)投入广州京广深空调设备制造工程公司 270 万元,用于空气处理机组第二期技术改造。

3)由于进出口贸易业务所需的流动资金较大,因此对广州市南华工商贸易公司投入流动资金 2385 万元。

四、股本变化及股本结构情况

1.股本变化及股本结构情况

1)股本结构(截止 1996 年 12 月 31 日)　　数字单位:股

股份类别	期初数	占总股本%	期末数	占总股本%
(一)、尚未流通股份				
发起人股份	37,500,000	75.00	37,500,000	75.00
公司职工股	1,250,000	2.50	1,250,000	2.50
尚未流通股合计	38,750,000	77.50	38,750,000	77.50
(二)、已流通部分				
境内上市普通股	11,250,000	22.50	11,250,000	22.50
已流通股合计	11,250,000	22.50	11,250,000	22.50
(三)、股份总数	50,000,000	100	50,000,000	100

2)主要股东持股情况(前十名)

股东名称	年末持有股数(股)	占总股本(%)
1)广州市南华西企业集团公司	34,000,000	68.00
2)广东华侨信托投资公司投资基金部	1,500,000	3.00
3)北京贝特实业公司	1,136,080	2.27
4)登润实业有限公司	500,000	1.00
5)粤华有限公司	500,000	1.00
6)王义	113,600	0.22
7)周戈	90,700	0.18
8)杜惠源	84,500	0.17
9)罗明辉	71,000	0.14
10)郑涛生	61,000	0.12

3.股东数量

1996年末,本公司有股东 12127 户,其中法人股东 5 户,个人股东 12122 户。

(二)公司董事、监事及高级管理人员持股情况

序号	姓名	职务	年初持股数	年末持股数
1	何竟棠	董事长	8000	8000
2	梁中文	副董事长	6000	6000
3	孔繁波	副董事长	6000	6000
4	李德荣	董事、总经理	6000	6000
5	罗昌明	董事	3000	3000
6	尹文健	董事	3000	3000
7	黄庆龙	董事、副总经理	3000	3000
8	韩慧琦	董事、副总经理	3000	3000
9	陈文盛	董事、副总经理	3000	3000
10	罗小玲	董事、总会计师	1000	1000
11	张　获	董事、董事会秘书	1000	1000
12	苏振炳	监事长	1000	1000
13	陈耀章	副监事长	1000	1000
14	李惠嫦	监事	0	0
15	潘淑芬	监事	1000	1000
16	温亮康	监事	0	0
17	韦盛信	副总经理	5000	5000
合计			51000	51000

五、重要事项

(一)报告期内的股东大会、董事会情况

1.股东大会情况

本公司于 1996 年 12 月 1 日在同福西路兆龙里 19 号广州市南华西企业集团礼堂召开创立大会暨第一届股东大会,出席股东大会的股东共 37 名,代表了持有本公司股份 37,578,000 股,占公司总股份的 75.156%。股东大会通过了以下决议:

(1)同意成立广州南华西实业股份有限公司;

(2)通过公司章程;

(3)选举何竟棠、梁中文、孔繁波、李德荣、罗昌明、陈文盛、黄庆龙、韩慧琦、尹文健、罗小玲、张获为公司董事会董事;

(4)选举苏振炳、陈耀章、李惠嫦、潘淑芬、温亮康为公司监事会监事;

(5)通过公司筹委会关于筹建费用说明;

(6)决定公司股票在深圳证券所上市交易;

(7)授权公司董事会办理公司注册登记及上市有关事宜。

2.董事会情况

(1)1996 年 12 月 1 日,本公司董事会在广州同福西路兆龙里 19 号广州市南华西企业集团公司六楼会议室召开首届一次全体会议。会议选举何竟棠先生为董事长,梁中文先生和孔繁波先生为副董事长,聘任李德荣先生为总经理,陈文盛先生、黄庆龙先生、韩慧琦女士、韦盛信先生为副总经理,罗小玲女士为总会计师,张获女士为董事会秘书,任期三年。

(2)董事会根据《公司章程》和第一届股东大会赋予的权利和义务,完成公司注册登记工作和办理公司股票于 1996 年 12 月 9 日在深圳证券交易所上市交易。

(二)本报告期内公司无发生实施配股和企业购并事项。

(三)本报告期内公司的注册地址、会计师事务所、法律顾问均未发生过变动。

(四)本报告期内无发生重大事件。

(五)本报告期内公司无重大诉讼、仲裁事项。

六、子公司及关联企业

全资附属公司	注册资本(万元)	本公司拥有权益(%)	主营业务
1.广州特种变压器厂	455	100	特种变压器
2.广州市京广深空调设备制造工程公司	1350	100	中央空调、制冷设备
3.广州市南华工商贸易公司	2128	100	各类进口贸易

七、财务报告

(一)公司财务报告经羊城会计师事务所陈雄溢、刘佩莲注册会计师审计,于 1997 年 1 月 24 日出具无保留意见的审计报告(97)年查字第 4150 号。

(二)财务报表(附后)。

(三)财务报表附注。

八、本年度报告截止日后的重要事项

公司董事会于1997年3月17日下午召开会议,通过了1996年度的利润预分配方案及公积金转增股本预案。

1.按年度税后净利润713.3万元(注:全年实现净利润2235.5万元,扣除基准日折股1522.2万元,实得713.3万元),提取10%法定盈余公积金计713306.75元,提取5%法定公益金计356653.36元后,按1996年末总股5000万股向全体股东每10股送红股1股,拟派送红股500万股,余1063107.15元留作下一年度分配。

2.按照1996年末总股东5000万股计算,向全体股东每10股用资本公积金转增3股,共需公积金15000000元,增转股本1500万股。

上述分配预案为董事会的建议案,此方案尚需股东大会通过和经证券管理部门审查批准后实施。

广州南华西实业股份有限公司

1997年3月21日

审计报告

广州南华西实业股份有限公司:

我们接受贵公司的委托,对贵公司提供的1996年12月31日的资产负债表和截至该日止的本年度利润及利润分配表、财务状况变动表(详见后附报表一至三)进行了审计。贵公司管理阶层应对以上会计报表的真实性负责,我们的责任则是根据审计的结果,对这些会计报表发表审计意见。我们的审计是依据《中国注册会计师独立审计准则》进行的。在审计过程中,我们结合贵公司的实际情况,实施了包括抽查会计记录等我们认为必要的审计程序。

我们认为,上述会计报告,符合《企业会计准则》和《股份制试点企业会计制度》的有关规定,在所有重大方面公允地反映了贵公司1996年12月31日的财务状况及1996年度的经营成果和资金变动情况,会计处理方法的选用遵循了一贯性原则。

羊城会计师事务所　　　　中国注册会计师 陈雄溢

中国注册会计师 刘佩莲

中国·广州　　　　1997年1月24日

财务报表附注

一、公司的一般情况

广州南华西实业股份有限公司是经广州市经济体制改革委员会穗改股字〔1996〕17号文批准,由广州市南华西企业集团公司将其全资附属的广州特种变压器厂、广州市京广深空调设备制造工程公司、广州市南华工商贸易公司整体改组,并联合广东华侨信托投资公司投资基金部、北京贝特实业公司、登润实业有限公司(香港)、粤华有限公司(香港)等四家单位共同发起,并向社会募集设立,公司于1996年12月4日正式成立。

根据经批准的章程规定并经验证,广州南华西实业股份有限公司注册资本为50,000千元,股本结构如下:向发起人发行的普通股37,500千股,占公司总股本比例75%;向社会公开募集社会公众股12,500千股,占公司总股本比例25%。其中广州市南华西企业集团公司以其拥有的:广州市南华工商贸易公司、广州特种变压器厂、广州市京广深空调设备制造工程公司的净资产作价折股投入,其他发起人以同价现金折股投入。

二、主要会计政策

1.会计制度

执行中华人民共和国企业会计准则和股份制试点企业会计制度。

2.会计期间

采用公历年为会计年度,即自公历每年1月1日起至12月31日止。

3.合并报表的编制方法

本报告所截至1996年12月31日止之年度经营业绩,是根据股份公司总部以及所属三个全资子公司〔广州市南华工商贸易公司、广州特种变压器厂、广州市京广深空调设备制造工程公司(下同)〕在相关期间的运作经营成果作适当调整而编制。本报告所截至1996年12月31日止之资产及负债,是以1996年7月31日作为历史成本计价基础的资产净值,加计资产重估增值额以及自1996年8月1日至1996年12月31日止的资产及负债变动数额而编制的,资产重估增值系根据广州资产评估公司出具的广资评字(96)第330号资产评估报告列报,该报告业经确认。

股份公司总部及三个公司间之重大交易及结余均已于合并帐目时对销。

4.记帐原则和计价基础

按权责发生制,采用实际成本的原则编制会计报表。

5.外币折算方法:

以人民币为记帐本位币,公司发生外币业务时,将有关外币金额按业务发生的当天中国人民银行市场汇率折合人民币记帐,月份终了,外币余额按照月末市场汇率折合人民币,差额作为汇兑损益,列作当期财务费用。

6.坏帐准备

按应收帐款年末余额的5‰计提坏帐准备,并计入当期损益。

7.存货计价方法

存货购入和发生均按成本核算,存货发出时的计价按加权平均法计算;低值易耗品发出时按一次摊销计算。

8.长期投资

(1)债券投资

按权益法核算。

(2)股权投资

按成本法核算。

9.固定资产及累计折旧

固定资产按1996年7月31日经确认的评估值核算,固定资产折旧采用直线法,残值按5%预留,并按估计尚可使用年限计提折旧,各类固定资产的折旧率如下:

类别	折旧年限	年折旧率
房屋及建筑物	20年	4.75%
机器设备	10年	9.5%
运输设备	5年	19%
其他设备	5年	19%

10.无形资产及其摊销

(1)土地使用权,按使用年限平均摊销。

(2)电脑软件,按五年平均摊销。

11.递延资产

(1)开办费,按五年平均摊销。

(2)其他递延支出,按一年平均摊销。

12.销售实现

销售收入是以商品、产品已经发出,劳务已提供,同时收讫价款或取得收取价款的凭证时,为实现标志。

13.税项

(1)营业税金

项目	税种	征税率%	退税率%
出口收入	增值税	0	9
来料加工出口收入	增值税	免税	/
商品销售收入	增值税	17	/
干式变压器销售收入	增值税	17	/
中央空调设备销售收入	增值税	17	/
维修工程收入	营业税	3	/

(2)企业所得税

所属公司名称	1996年度	
	1-10月	11-12月
广州南华西实业股份公司(总部)		15%
广州市南华工商贸易公司	27%	15%
广州特种变压器厂	27%	15%
广州市京广深空调设备制造工程公司	27%	15%

14.利润分配 缴纳所得税后的利润按下列顺序分配:

(1)弥补亏损;

(2)提取10%法定公积金;

(3)提取5%公益金;

(4)支付股利。

三、财务报表项目说明

1.货币资金

项目	金额
现金	122,944.38
银行存款	144,244,853.69
合计	144,367,798.07

货币资金期末数较期初数增长1550%,主要是由于公司上市发行股

票募集资金1亿多元所致。

2. 短期投资

种类	被投资单位	金额
短期合作经营投资	广州市南金置业有限公司	10,000,000

3. 应收帐款

帐龄		金额	百分比(%)
一年以内	USD11,934,623.56 RMB10,271,589.78	109,307,483.01	82
1-2年		18,796,989.40	14.10
2-3年		4,948,124.70	3.71
3年以上		243,806.68	0.19
合计		133,296,403.79	100.00

其中主要明细项目列示如下：

单位		金额
南华实业集团(香港)有限公司	USD11,934,623.56	99,035,893.23
沈阳市金阳房产开发公司		7,103,694.46
广州市南华制衣公司		4,677,796.84
深圳市傲男电气有限公司		1,364,372.00
深圳市沈港设备公司		1,314,735.00
深圳宝安电气有限公司		1,193,366.00
北京工程公司		1,062,080.00

应收帐款1996年12月31日的金额比1995年12月31日的金额增加了166.88%，主要原因是由于市场资金偏紧，加以竞争激烈，为拓展业务，在回收货款方面采取了较为宽松的政策，促进了销售，但应收帐款也相应增加。

4. 预付货款

帐龄	金额	百分比(%)
一年以内	43,476,550.76	93.30
1-2年	3,063,390.75	6.58
2-3年	57,553.82	0.12
合计	46,597,495.33	100.00

其中主要明细项目列示如下：

单位	金额
广州市南华制衣公司	42,840,192.61
广州招标技术发展公司	1,638,898.01

预付帐款1996年12月31日的金额比1995年12月31日的金额增加了61.99%，主要原因是广州市南华工商贸易公司与广州南华制衣公司签订了1997年供货合同，根据合同规定按供货金额预付25%的订金。

5. 其他应收款

帐龄	金额	百分比(%)
一年以内	37,981,202.76	90.38
1-2年	2,441,751.89	5.81
2-3年	1,598,497.93	3.80
3年以上	4,090.00	0.01
合计	42,025,542.58	100.00

其主要明细项目列示如下：

单位	金额	备注
广州海华机电总厂	18,010,171.51	往来款
广州市南华制衣公司	4,729,898.93	垫支水电等款项
香港海兴贸易公司驻广州办事处	3,340,172.81	垫支加工咨询费等款项
广州辉光钢锯厂	1,557,045.50	往来款
广发证券公司	1,725,844.66	申购发行股票资金利息收入
广州南华西企业集团公司	6,410,219.00	应收回承销费

其他应收款1996年12月31日的金额比1995年12月31日的金额减少了43.73%，主要原因

其他应收款1996年12月31日的金额没有5%以上持股单位的欠款。

6. 存货

项目	金额
原材料	4,718,025.27
低值易耗品	179,625.24
库存商品	4,739,689.06
产成品	24,659,482.89
在产品	1,752,621.33
合计	36,049,443.79

7. 长期投资

(1)股权投资

被投资公司名称	股数	占被投资公司股权的比例(%)	投资金额
广州市南华西街城市信用社	618,000	4.52	618,000
广州市海珠城市信用社	2,000	0.01	2,000

(2)债券投资

债券种类	到期日	面值	年利率	投资金额
国库券	1992.7.1	3,000		3,000

(3)应计利息

计息债券	计息截止日	应计息金额
国库券	1996.12.31	3.910

8. 固定资产及累计折旧

固定资产类别及原价	期初数	本年增加	本年减少	期末价值
房屋及建筑物	33,006,790.72	2,744,252.35	7,981,495.12	27,769,547.95
机器设备	7,246,525.90	8,292,846.78	172,370.68	15,367,002.00
运输工具	3,371,117.00	166,292.00	17,509.00	3,519,900.00
其　他	624,357.00	393,120.00	17,288.00	1,000,189.00
合　计	44,248,790.62	11,596,511.13	8,188,662.80	47,656,638.95
累计折旧				
房屋及建筑物	2,341,075.74	1,184,043.01	189,442.66	3,335,676.69
机器设备	2,702,386.54	1,953,984.43	628,495.31	4,027,875.66
运输工具	1,868,619.73	469,723.52	756,648.75	1,581,694.50
其　他	197,739.29	123,171.61	4,468.33	316,442.57
合　计	7,109,821.30	3,730,922.57	1,579,054.45	9,261,689.42
固定资产净值				
房屋及建筑物	30,665,714.98		6,231,843.72	24,433,871.26
机器设备	4,544,139.36	6,794,986.98		11,339,126.34
运输工具	1,502,497.27	435,708.23		1,938,205.50
其　他	426,617.71	257,128.72		683,746.43
合　计	37,138,969.32	7,487,823.93	6,231,843.72	38,394,949.53

9. 在建工程

工程名称	工程进度	实际支用数	原预算数	批准文号	资金来源	备注
横剪线工程	100%	2,232,153.38	2,500,000	穗经改〔1992〕16号	自有	未验收
真空浇注设备	63%	4,803,278.00	6,500,000	穗经改〔1994〕34号	有280万为技改贷款,其余资金自有	
简易工棚土建工程	100%	239,144.01	250,000		自有	未验收
空气压缩机房土建工程	100%	176,977.59	200,000		自有	未验收
合　计		7,451,552.98	9,450,000			

10. 无形资产

无形资产种类	原值	已摊金额	期末余额	剩余摊销年限
土地使用权	20,474,535	28,204.50	20,446,330.50	49*9/10
电脑软件技术	37,167	-	37,167.00	5
合　计	20,511,702	28,204.50	20,483,497.50	

无形资产期末数较期初数增长32%，主要原因是由于评估增值的结果。

11. 递延资产

项目	原值	已摊金额	期末余额	剩余摊销年限
开办费	938,635.83	449,211.02	489,424.81	2*6/10
其他递延支出	28,810.00	-	28,810.00	1
合计	967,445.83	449,211.02	518,234.81	

12. 短期借款

贷款单位	人民币元		月利率(‰)	到期日	借款条件
中国农业银行广州市分行	36,800,000.00	其中:2,000,000	9.24	1997.4.13	集团担保
城南支行		3,000,000	9.24	1997.6.9	集团担保
		2,000,000	9.24	1997.7.8	集团担保
		6,800,000	9.24	1997.5	集团担保
		3,000,000	9.24	1997.9	集团担保
		15,000,000	9.24	1997.11	集团担保
		5,000,000	9.24	1997.12	集团担保
中国农业银行广东分行	30,000,000.00	其中:10,000,000	9.24	1997.9	集团担保
海珠分理处		20,000,000	8.40	1997.12	海珠区伟强贸易公司
					担保
中国农业银行广州市分行	10,000,000.00	其中:5,000,000	8.91	1997.1	集团担保
和平西分理处		5,000,000	8.91	1997.5	集团担保
中国建设银行广州市分行	3,000,000.00		9.18	1997.2	集团担保
第三支行					
广州对外经济贸易信托投资公司	5,000,000.00		10.08	1997.1	集团担保
广东发展银行	20,950,000.00		10.065	1997.1	集团担保
新窖城市信用合作社	40,000,000.00	其中:10,000,000	11.10	1997.1	集团担保
		20,000,000	12.00	1997.7	集团担保
		10,000,000	12.00	1997.8	集团担保
中国农业银行广州流花支行	15,500,000.00		9.24	1997.11	集团担保
广州大新街城市信用合作社	1,500,000.00		10.065	1997.3	集团担保
中国农业银行信托投资公司	6,000,000.00	其中:4,000,000	10.065	1996.2	集团担保
		2,000,000	8,415	1997.1	集团担保
广州市城市合作联社	2,000,000.00		10.065	1997.2	集团担保
南华西街城市信用合作社	5,800,000.00		10.065	1997.1	集团担保
海幢城市信用合作社	4,000,000.00	其中:1,000,000	10,065	1997.3	集团担保
		700,000	14.067	1996.8	集团担保
		300,000	9.24	1997.4	集团担保
		2,000,000	9.24	1997.6	集团担保
深圳发展银行国际办	1,500,000.00		0.765		
中国工商银行广州市分行	17,300,000.00	其中:7,300,000	10.065	1996.12	财产抵押
工业大道支行		5,000,000	10.065	1997.2	财产抵押
		5,000,000	9.24	1997.5	财产抵押
广州市财政局	300,000.00				技改贷款 由财政贴息
广州市海珠区税务局	500,000.00		9.24	1997.6	集团担保
招商银行广州市分行	3,000,000.00		10.065	1996.12	集团担保
交通银行广州市分行	2,000,000.00		10.065	1996.7	集团担保
江南支行					
中国工商银行广州市分行	5,808,880.00				
工业大道支行	USD700,000.00				
合　　计	210,958,880.00				

财产抵押:公司以工业大道尾大干围房屋建筑物5533.35平方米的产权证,以原价为328万元的机器设备抵押贷款。

短期借款期末数较期初数大幅增加,主要是由于利用资金用于改造SCI系列干式电力变压器扩产技术和国家86.3星火计划项目"树脂浇注干式变压器"第二期技术改造,以及建造扩大空气处理机组试验中心等项目。由于公司上市发行股票募集资金未到位,暂以银行贷款解决。

13. 应付帐款

1996年12月31日应付帐款期末余额10,097,022.77元,其中主要明细项目列示如下:

单位	1996.12.31 金额
中山电磁线厂	1,935,272.73
中山市富辉贸易部	796,984.68
台山市华成钢材公司	750,619.80

14. 预收货款

1996年12月31日预收货款期末余额6,986.414.32元,其中主要明细项目列示如下:

单位	96.12.31 金额
广州华越企业总公司	537,300.00
北京东方之星电气公司	582,704.36
昆明供电局物资供应处	665,768.00
汕头南方机械公司	498,000.00

15. 其他应付款

一九九六年十二月三十一日其他应付款期末余额43,829,926.16元,其中主要明细项目列示如下:

单位	96.12.31 金额
广州市南华西企业集团公司	2,503,588.74
广州市南华机电厂	13,259,815.68
广州市华信经济技术发展公司	3,000,000.00
广州海华机电公司	549,140.76
广州市海珠区南华西恤衫厂	775,682.36

16. 未交税金

一九九六年十二月三十一日未交税金期末余额-2,801,051.96元,其中各税种明细项目列示如下:

税目	96.12.31 金额
增值税	392,723.87
增值税-出口货物进项税额	-4,708,870.66
小计	-4,316,146.79
营业税	792.02
城建税	36,010.77
所得税	1,478,292.04
合　　计	-2,801,051.96

未交税金期末数出现负数,是由于增值税的进项税额尚未抵扣完引致。

17. 一年内到期的长期负债

贷款单位	年利率	币种	金额	到期日	借款条件
中国工商银行广州市工业大道支行	10.98%	人民币	400,000	97.9.15	财产抵押

18. 长期负债

贷款单位	到期日	年利率	币种	金额	借款条件
中国工商银行广州市工业大道支行	1998.9.20	10.98%	人民币	400,000	财产抵押
广州市财政局	1998.2.21	11.826%	人民币	2,000,000	技改贷款

19. 股本

股票种类	持股结构	股份数额	股比(%)	股份变动情况	变动原因
普通股	法人股	36,500,000	73	发起人净资产折股34,000,000股发起人现金认购2,500,000股	发起人共同发起并向社会募集设立股份公司认购份
普通股	外资股	1,000,000	2	发起人现金认购1,000,000股	发起人共同发起向社会募集设立股份公司认购股份
普通股	个人股	12,500,000	25	向社会公开发行12,500,000股	公开募集社会公众股股金

20. 资本公积

期末资本公积变动数额如下：

事项	金额	事项说明
1996年经评估确认的净资产	91,492,167.79	经广州资产评估公司广资评字(96)第330号报告确认
减:广州市南华西企业集团公司所属三家全资附属企业折价入股净资产	34,000,000.00	经羊城会计师事务所(96)羊验字第3423号报告验证
加:(1)广东华桥信托投资公司投资基金部认购股份150万溢价	2,535,000.00	每股溢价1.69元,经羊城会计师事务所(96)羊验字第3423号报告验证
(2)北京贝特实业公司认购股份100万溢价	1,690,000.00	每股溢价1.69元,经羊城会计师事务所(96)羊验字第3423号报告验证
(3)登润实业有限公司(香港)认购股份50万溢价	845,000.00	每股溢价1.69元,经羊城会计师事务所(96)羊验字第3423号报告验证
(4)粤华有限公司(香港)认购股份50万溢价	845,000.00	每股溢价1.69元,经羊城会计师事务所(96)羊验字第3423号报告验证
(5)发行公众股1,250万的股本溢价	92,250,000.00	每股溢价7.38元,经羊城会计师事务所(96)羊验字第3423号报告验证
(6)公众认购上网发行股票资金利息收入	1,725,844.66	
减:支付股票发行费用	10,000,000.00	
1996年12月31日余额	147,383,012.45	

21. 盈余公积

期末余额1,069,960.08元为公司一九九六年度实现的净利22,355,030.58元,抵减一九九五年未分配利润-308,567.04元,减除至一九九六年七月三十一日折股的未分配利润14,913,396.31元后的余额,根据公司董事会对本年度分配方案的决议:按10%提取法定盈余公积金713,306.72元;按5%提取公益金356,653.36元的总额。

22. 未分配利润

期末余额6,063,107.15元,为公司一九九六年度实现的净利22,355,030.58元,减除一九九五年度多分的利润308,567.04元,减除至一九九六年七月三十一日止折股的未分配利润14,913,396.31元,并扣除上项盈余公积金1,069,960.08元的余额。

23. 主营业务收入

项目	金额
出口服装收入	77,916,559.28
来料加工出口收入	31,981,212.77
出口收入小计	109,897,772.05
服装销售收入	53,255,578.06
干式变压器销售收入	34,576,042.94
中央空调设备销售收入	16,852,986.26
内销收入小计	104,684,607.26
合　　计	214,852,379.31

24. 财务费用

项目	金额
利息净支出	21,347,539.88
汇兑净损失	-7,787,456.01
其他	320,398.56
合计	13,880,482.43

25. 其他业务利润

项目	金额
材料销售利润	542,429.16
维修工程利润	579,393.74
租金净收益	36,495.74
合计	1,158,318.64

26. 投资收益

项目	金额
债券投资收益	70,792.70
非控股公司分配来的利润	50,415.55
合计	121,208.25

27. 营业外收入

项目	金额
罚款收入	8,699.84
赔偿收入	11,043.60
其他收入	100.31
合计	19,843.75

28. 营业外支出

项目	金额
非常损失	128,763.56
捐赠支出	4,000.00
罚款支出	10,027.00
其他	6,750,00
合计	149,540.56

四、或有事项

截止一九九六年十二月三十一日,公司没有为任何单位或个人作担保,也没有对外做过任何合同承诺。

公司并无涉及任何重大诉讼及仲裁,亦无任何未了结或可能发生的诉讼。

五、关联贸易

广州市南华工商贸易公司与粤华有限公司有正常的贸易往来,并按照市场经济原则签订供销合同,购销价格根据当时同类产品或同行的市场行情来商定。

广州市南华工商贸易公司所接的成衣订单主要由广州市南华西企业集团公司所属的广州南华制衣公司来制作,两间公司按照市场经济原则签订了合作经营合同,对公司不存在利益损害。

六、结算日后的帐目

公司于一九九六年十二月三十一日之后会计期间并无编制任何经审核的帐目。

七、其他事项

鉴于母公司成立于一九九六年十二月四日,仅发生费用7万余元,故不单列母公司财务报表。

资　产　负　债　表

1996年12月31日

表一

企业名称:广州南华西实业股份有限公司　　单位:人民币元

资产	附注	年初数	年末数
流动资产:			
货币资金	1	8,747,219.59	144,367,798.07
短期投资	2		10,000,000.00
应收票据			
应收帐款	3	49,946,059.31	133,296,403.79
减:坏帐准备		249,730.30	666,482.02
应收帐款净额		49,696,329.01	132,629,921.77

资产	附注	年初数	年末数
预付货款	4	28,765,121.64	46,597,495.33
其他应收款	5	60,483,124.58	42,025,542.58
存货	6	37,425,496.74	36,049,443.79
待摊费用		1,747,396.41	1,466,331.45
待处理流动资产 净损失		－9,827.80	－1,020.53
一年内到期的长 期债券投资		166,250.00	3.910.00
其他流动资产			
流动资产合计		187,021,110.17	413,139,422.46
长期投资:			
长期投资	7	380,000.00	623,000.00
固定资产:			
固定资产原价	8	44,248,790.62	47,656,638.95
减:累计折旧		7,109,821.30	9,261,689.42
固定资产净值		37,138,969.32	38,394,949.53
在建工程	9	225,476.38	7,451,552.98
固定资产清理			
待处理固定资产 净损失			
固定资产合计		37,364,445.70	45,846,502.51
无形资产及递延 资产:			
无形资产	10	15,470,843.00	20,483,497.50
递延资产	11	766,398.95	518,234.81
无形资产及递延资产合计		16,237,241.95	21,001,732.31
其他长期资产:			
其他长期资产			
递延税项:			
递延税项借项			
资产总计		241,002,797.82	480,610,657.28
负债及股东权益	附注	年初数	年末数
流动负债:			
短期借款	12	99,850,000.00	210,958,880.00
应付票据			
应付帐款	13	24,362,531.06	10,097,022.77
预收货款	14	4,508,706.10	6,986,414.32
其他应付款	15	11,071,233.63	43,829,926.16
应付福利费		141,238.45	366,693.39
未付股利		458,229.36	
未交税金	16	－ 10,051,106.47	－2,801,051.96
其他未交款		3,011,767.47	2,724,022.40
预提费用		1,330,636.03	832,670.52
一年内到期的长 期负债	17	3,100,000.00	400,000.00
其他流动负债			
流动负债合计		137,783,235.63	273,394,577.60
长期负债:			
长期借款	18	17,222,048.01	2,400,000.00
应付债券			
长期应付款			300,000.00
其他长期负债		8,782,837.06	
长期负债合计		26,004,885.07	2,700,000.00
递延税项:			
递延税款贷项			
负债合计		163,788,120.70	276,094,577.60
股东权益:			
股本	19	59,655,668.98	50,000,000.00
资本公积	20	1,213,628.14	147,383,012.45
盈余公积	21	16,653,947.04	1,069,960.08
其中:公益金			356,653.36
未分配利润	22	－308,567.04	6,063,107.15
股东权益合计		77,214,677.12	204,516,079.68
负债及股东权益总计		241,002,797.82	480,610,657.28

利润及利润分配表

1996年度

表二

企业名称:广州南华西实业股份有限公司

单位:人民币元

项目	附注	1996年度
一、主营业务收入	23	214,582,379.31
减:营业成本		156,434,662.50
销售费用(营业费用)		5,241,342.51
管理费用		13,076,434.24
财务费用	24	13,880,482.43
进货费用		
营业税金及附加		259,581.58
二、主营业务利润		25,689,876.05
加:其他业务利润	25	1,158,318.64
三、营业利润		26,848,194.69
加:投资收益	26	121,208.25
营业外收入	27	19,843.75
减:营业外支出	28	149,540.56
加:以前年度损益调整		
四、利润总额		26,839,706.13
减:所得税		4,484,675.55
五、净利润		22,355,030.58
加:年初未分配利润		-308,567.04
盈余公积转入数		
六、可供分配的利润		22,046,463.54
减:参与折股利润		14,913,396.31
减:提取法定公积金		713,306.72
提取法定公益金		356,653.36
七、可供股东分配的利润		6,063,107.15
减:已分配优先股股利		
提取任意公积金		
已分配普通股股利		
八、未分配利润		6,063,107.15

财务状况变动表

1996年度

表三

企业名称:广州南华西实业股份有限公司

金额单位:人民币元

资金来源及运用 注	金额	流动资金各项目的变动	
一、流动资金来源		一、流动资产本年增加数	
1. 本年净利润	22,355,030.58	1. 货币资金	135,620,578.48
加:不减少流动资金的费用和损失		2. 短期投资	10,000,000.00
(1)固定资产折旧	3,433,118.93	3. 应收票据	
(2)无形资产递延资产及其他资产摊销(减:其他负债转销)	-8,397,267.39	4. 应收帐款净额	82,933,592.76
(3)固定资产盈亏(减盘盈)		5. 预付货款	17,832,373.69
(4)清理固定资产损失(减收益)		6. 其他应收款	-18,457,582.00
(5)调整以前年度未分配利润和弥补亏损		7. 待摊费用	- 281,064.96
(6)其他不减少流动资金的费用和损失		8. 存货	- 1,376,052.95
小计	17,390,882.12	9. 待处理流动资产损失(减收益)	8,807.27
2. 其他来源		10. 一年内到期的长期债券投资	-162,340.00
(1)固定资产清理收入(减清理费用)		11. 其他流动资产	
(2)增加长期负债	- 100,000,00		
(3)收回长期投资			
(4)对外投资转出固定资产			
(5)对外投资转出无形资产			
(6)资本净增加额	120,929,728.37	流动资产增加净额	226,118,312.29
小计	120,829,728.37	二、流动负债本年增加数	
流动资金来源合计	138,220,610.49	1. 短期借款	111,108,880.00
二、流动资金运用		2. 应付票据	
1. 利润分配		3. 应付帐款	-14,265,508.29
(1)提取法定公积金	713,306.72	4. 预收货款	2,477,708.22
(2)提取法定公益金	356,653.36	5. 应付福利费	225,454,94
(3)利润转增资本	14,913,396.31	6. 未付股利	-458,229.36
(4)已分配股利		7. 未交税金	7,250,054.51
小计	15,983,356.39	8. 其他未交款	-287,745.07
2. 其他运用		9. 其他应付款	32,758,692.53
(1)固定资产和在建工程净增加额	11,915,175.74	10. 预提费用	-497,965.51
(2)增加无形资产、递延资产及其他资产	5,148,412.98	11. 一年内到期的长期负债	-2,700,000.00
(3)偿还长期负债	14,423,686.06	12. 其他流动负债	
(4)增加长期投资	243,000.00		
小计	31,730,283.78		
流动资金运用合计	47,713,640.17	流动负债增加净额	135,611,341.97
流动资金增加净额	90,506,970.32	流动资金增加净额	90,506,970.32

广州南华西实业股份有限公司一九九七年度中期报告

一、财务报告(未经审计)

1、简化的资产负债表

金额单位:元(人民币)

项 目	1996年12月31日	1997年6月30日
资产		
流动资产	413,139,422	404,407,552
长期投资	623,000	35,859,966
固定资产净值	38,394,950	46,821,121
在建工程	7,451,553	2,120,060
无形资产及递延资产	21,001,732	23,965,952
资产合计	480,610,657	513,174,651
流动负债	273,394,578	278,620,126
长期负债	2,700,000	16,700,000
负债合计	276,094,578	295,320,126
少数股东权益	--	--
股本	50,000,000	70,000,000
资本公积	147,383,012	132,383,012
盈余公积	1,069,960	1,069,960
未分配利润	6,063,107	14,401,553
股东权益合计	204,516,079	217,854,525
负债及股东权益合计	480,610,657	513,174,651

2、简化的损益表

金额单位:元(人民币)

项目	1996年1-6月	1997年1-6月
主营业务收入	86,549,857	127,388,002
主营业务利润	21,096,635	30,231,383
其他业务利润	758,814	--
投资收益	90,016	3,854,558
营业外收支净额	-45,281	323,512
以前年度损益调整	--	-786,058
利润总额	7,215,315	15,672,475
所得税	2,381,054	2,334,029
净利润	4,834,261	13,338,446
期初未分配利润	--	1,063,107
可供分配利润	4,834,261	14,401,553

3、财务指标

项目	1997年1-6月
每股收益	0.19
净资产收益率	6.12%
每股净资产	3.11

因去年公司未成立,故数字不可比。

4、财务报表附注

(1)本公司于一九九六年十二月以募集设立方式设立。

(2)本期财务报告采用的会计政策及会计方法除所得税率有所变化外(1996年所得税率1-10月份为27%,11-12月为15%,1997年所得税率为15%),其余和1996年度报告所采用的会计政策和会计方法一致。

(3)对比数额变动较大的原因:

A、货币资金比年初下降53.60%,主要是募股资金按计划进行投入。

B、应收帐款比年初增加38.67%,主要原因是销售额比去年同期有大幅度的增加,且市场资金偏紧,加以竞争激烈,为拓展业务,在回收货款方面采取了较为宽松的商业信用政策,促进了销售,同时,应收帐款也相应增加。

C、预付帐款比年初增加76.01%,主要原因是广州市南华工商贸易公司与广州南华制衣公司签订了《合作经营协议书》,为确保广州南华制衣公司依期完成合同,广州市南华工商贸易公司付了较多的货款。

D、长期投资比年初增加3500多万元,主要原因是实施1997年4月22日股东大会通过对青海庆泰信托投资公司的投资与广州南华西房地产开发公司进行项目合作。

E、固定资产比年初增加1039万元,主要是募股资金投入购设备和在建工程完工转入固定资产核算。

F、在建工程比年初减少71.55%,主要原因是在建工程完工转入固定资产核算。

G、长期借款比年初增加1400万元,原因是广州特种变压器厂增加技改贷款。

H、股本增加40%,是因为实施了1996年度分配方案,即每10股送红股1股,资本公积金转增3股。

I、资本公积金减少1500万元,是因为1996年实施资本公积金每10股转增3股的分配方案,使资本公积金减少,同时增加股本。

J、主营业务收入比去年同期增加47.18%,主要原因是进出口贸易有较大幅度的增加,同时,干式变压器和空调产品通过募集资金进行技术改造,提高生产能力和产品质量,并通过促销活动,增加销售网点,使销售收入有较大幅度增加。

K、公司主营业务利润比去年同期增加43.3%,主要原因是增加进出口贸易、空调产品及干式变压器产品的产量,降低了产品成本和承接了盈利水平较高的工程安装项目。

L、投资收益比去年同期增加4182.08%,主要是利用建设项目资金投入的时间差,开展的短期投资活动的收益。

(4)关联企业交易

单位:万元(人民币)

关联项目	1997年1-6月	关联交易单位
销售原材料	1,520	南华制衣公司
采购商品(服装)	3,673	南华制衣公司
采购配件	83	海华风机厂
支付综合管理费用	2	海华机电总厂
支付综合管理费	31	南华机电厂

广州南华工商贸易公司所接的成衣订单主要由广州市南华西企业集团公司所属的广州南华制衣公司来制作,两间公司按照市场经济原则签订了合作经营合同,对公司不存在利益损害。

二、经营情况的回顾与展望

1、上半年经营情况的回顾

97年1-6月是本公司股票上市后的头半年,公司认真落实招股说明书承诺的募集资金运用,对现有产品进行技术改造和扩大生产规模,同时开展多种经营业务,投资金融、房地产,提高公司经营创收能力,形成以主营业务为依托,多元化投资经营的格局,今年上半年实现主营业务收入12798.8万元,实现利润总额1567万元,净利润1334万元,分别比去年同期增长47.18%、117.21%、175.91%。

2、募集资金运用情况

(1)投资300万元用于提高箱式变电站生产能力的技改项目;

(2)原计划投资500万元用于生产玻包电磁线产品项目,根据现阶段产品市场变化,重新进行市场调研和可行性方案分析;改投项目待股东大会通过后执行。

(3)投资100万元用于空气处理机组第二期技改项目,投资400万元用于空气处理机组第三期技改项目;

(4)补充公司经营项目流动资金2067万元。

3、下半年计划

(1)继续加大主营业务生产的技术改造力度,扩大生产规模、提高产品质量,加强收购广州市江南空调设备厂,广州市海华空调冷冻有限公司的进程,促进生产上规模,形成产品生产系列化,增强主营业务收入增长后劲;

(2)加强企业内部管理,抓好财务管理、资金管理、成本管理,加强应收帐款回收工作;

(3)加强对募股资金投入的技改项目进度和质量的跟踪管理,争取早见成效。

(4)在确保产品质量的前提下,扩大现有销售网络,加强售后服务,提高产品市场占有率。

三、重大事件说明

1、完成投资1500万元入股青海庆泰信托投资有限责任公司,占该公司注册资本16700万元的8.98%。

2、完成首期投资2000万元合作兴建"南华西花园"项目。

3、收购广州市江南空调厂,广州市海华空调冷冻有限公司两个项目委托资产评估公司对企业全部资产、负债的现值进行评估,具体收购事项根据评估结果再作进一步研究确定。

4、根据国务院证券委、中国人民银行、国家经贸委5月21日联合发布的《严禁国有企业和上市公司炒作股票的规定》的要求,我公司进行了自查,没有动用银行信贷资金买卖股票,没有用股票发行募集资金炒作股票,也没有提供资金给其他机构或个人买卖股票,没有开设多个A股帐户或以个人名义开户的行为,至1997年6月22日终止二级市场股票买卖。

5、本报告期内,利润暂不分配。

6、本报告期内无重要诉讼、仲裁事项。

四、发行在外股票的变动和股权结构的变化

1、本公司1996年度股东大会通过实施每10股送1股并用资本公积金转增3股的分配方案,法人股、内部职工股同比例增长。

2、公司股权结构情况:

单位:万股。

	1996年12月31日	本次变动增减(+,-)				1997年6月30日
		送股	公积金转股	小计	其他	
(1)尚未流通股份						
法人股	3750	375	1125	1500		5250
内部职工股	125	12.5	37.5	50	-167.86	7.14
其中:高管股	5.1	0.51	1.5	2.04		7.14
(2)已流通股份						
境内上市人民币普通股	1125	112.5	337.5	450	617.86	742.86
(3)股份总额	5000	500	1500	2000		7000

说明:其他减少和其他增加是内部职工股转为境内上市人民币普通股。

3、主要股东持股情况:

股东名称	持股数(万股)	持股比例(%)
广州市南华西企业集团公司	4760	68.00
广东华侨信托投资公司投资基金部	210	3.00
北京贝特实业公司	140	2.00
登润实业有限公司	70	1.00
粤华有限公司	70	1.00
王玉琴	23.87	0.34
梁锦明	22.025	0.31
傅俊杰	19.77	0.28
朱广宇	18.974	0.27
周新	16.1	0.23

五、股东大会简介

广州南华西实业股份有限公司一九九六年度股东大会于1997年4月22日在南华西企业集团公司礼堂召开,本次股东大会由公司董事长何竟棠主持,出席股东大会的股东代表28人,代表股权36061000股,占总股本的72.12%,符合《公司法》和本公司章程的有关规定,会议合法有效,大会审议通过了如下决议:

1、审议通过一九九六年公司董事会工作报告;

2、审议通过一九九六年公司监事会工作报告;

3、审议通过一九九六年度公司总经理业务报告和一九九七年公司工作计划;

4、审议通过一九九六年度公司利润分配方案和资本公积金转增股本方案;每10股送红股1股,每10股用资本公积金转增3股;

5、审议通过以合作方式首期投资2000万元兴建"南华西花园"的议案;

6、审议通过投资1500万元入股青海省信托投资有限责任公司的议案;(注:该公司现更名为青海庆泰信托投资有限责任公司)

7、审议通过收购广州市江南空调设备厂、广州市海华空调冷冻有限公司这两个项目的意向,股东大会授权董事会全盘考虑公司的发展和利益,合理运用资金的原则下,对这两个收购项目作相宜处理;

8、审议通过修改公司章程的方案,公司总股本由5000万股增至7000万股。

六、备查文件

1、载有董事长、总经理亲笔签名的中期报告原本。

2、公司1996年度股东大会文件。

查阅地址:广州市工业大道1号艺丰大厦三楼

广州南华西实业股份有限公司

一九九七年八月十九日

沪市上市公司1997年度中期利润构成一览表

序号	代码	简称	97中期利润总额（万元）	主营业务利润		其他业务利润		投资收益		营业外收支净额		损益调整		每股利润（元）	所得税（万元）	少数股东权益（万元）	净利润（万元）	每股净利润（元）	97中期股份总额（万股）
				（万元）	%	（万元）	%	（万元）	%	（万元）	%	（万元）	%						
1	600051	宁波联合	8913.98	4450.76	49.93	101.50	1.13	3913.26	43.90	376.09	4.22	–	–	0.5306	1174.03	520.22	7219.73	0.4100	16800.0000
2	600052	浙江广厦	4842.63	3623.26	74.82	556.07	11.48	663.27	13.69	0.00	0.00	–	–	0.3459	626.90	0.00	4215.73	0.3010	14000.0000
3	600053	江西纸业	2355.31	1959.84	83.20	14.45	0.61	0.00	0.00	381.21	16.18	–	–	0.2243	353.50	0.00	2002.01	0.1910	10500.0000
4	600054	黄山旅游	4450.25	3430.37	77.08	1008.54	22.66	0.00	0.00	29.51	0.66	–	–	0.1910	572.50	54.71	3823.03	0.1640	23330.0000
5	600055	万东医疗	1306.51	920.27	70.43	10.06	0.77	0.00	0.00	376.17	28.79	–	–	0.2613	195.98	0.00	1110.53	0.2200	5000.0000
6	600056	中技贸易	3970.34	2110.59	53.15	0.00	0.00	1510.38	38.04	349.37	8.80	–	–	0.3309	811.79	0.00	3158.55	0.2437	12000.0000
7	600057	厦新电子	2601.46	2424.27	93.18	56.22	2.16	0.00	0.00	108.67	4.18	–	–	0.2365	390.22	0.00	2211.25	0.2010	11000.0000
8	600058	五矿发展	11973.69	9888.01	82.58	595.77	4.97	54.50	0.45	1435.41	11.99	–	–	0.3991	3964.50	0.00	8009.19	0.2700	30000.0000
9	600059	古越龙山	4125.54	3280.57	79.51	15.21	0.36	0.00	0.00	829.76	20.11	–	–	0.4126	633.26	0.00	3492.28	0.3490	10000.0000
10	600060	海信电器	6702.48	6362.65	94.92	88.90	1.32	0.00	0.00	250.92	3.74	–	–	0.2482	1008.59	−21.49	5715.37	0.2040	27000.0000
11	600061	中纺投资	2170.57	1430.25	65.89	209.43	9.64	0.00	0.00	536.03	24.70	–	–	0.1973	224.25	53.42	1892.89	0.1720	11000.0000
12	600062	双鹤药业	3082.62	2371.32	76.92	289.12	9.37	0.00	0.00	422.18	13.70	–	–	0.2097	218.12	0.00	2864.51	0.1950	14700.0000
13	600063	皖维股份	3758.79	3023.53	80.43	168.14	4.47	188.72	5.02	378.40	10.07	–	–	0.2685	1058.27	0.00	2700.52	0.1930	14000.0000
14	600064	南京新港	4609.39	4373.73	94.88	0.00	0.00	−6.36	−0.13	242.81	5.27	–	–	0.3157	696.70	0.00	3912.69	0.2680	14600.0000
15	600065	大庆联谊	6053.84	5219.99	86.22	0.00	0.00	0.00	0.00	833.84	13.77	–	–	0.3784	908.08	0.00	5145.76	0.2770	16000.0000
16	600066	郑州客车	2159.25	1795.08	83.13	33.08	1.53	341.00	15.79	−9.90	−0.46	–	–	0.2958	323.89	0.00	1835.36	0.2514	7300.0000
17	600067	福州自仪	1272.15	1157.55	90.99	135.42	10.64	1.56	0.12	4.30	0.34	–	–	0.2453	207.85	14.76	1049.54	0.2020	5185.5300
18	600068	葛洲坝	13196.46	12976.20	98.33	206.64	1.56	19.50	0.14	−5.88	−0.04	–	–	0.2693	2177.42	0.00	11019.04	0.2250	49000.0000
19	600069	漯河银鸽	4329.72	3460.38	79.92	24.38	0.56	559.63	12.92	285.32	6.59	–	–	0.2706	649.46	0.00	3680.26	0.2300	16000.0000
20	600070	浙江富润	839.72	540.42	64.35	0.11	0.01	5.04	0.60	294.15	35.03	–	–	0.1499	0.00	0.00	839.72	0.1500	5600.0000
21	600071	凤凰光学	976.29	844.30	86.48	6.11	0.62	0.00	0.00	100.59	10.30	–	–	0.1756	65.38	0.00	910.91	0.1600	5560.0000
22	600072	江南重工	4366.29	4332.10	99.21	4332.10	99.21	34.19	0.78	0.00	0.00	–	–	0.3308	1440.88	0.00	2925.41	0.2216	13201.0000
23	600073	上海梅林	1065.70	−221.87	−20.81	377.49	35.42	400.01	37.53	495.28	46.47	–	–	0.0395	167.64	34.16	863.89	0.0320	27000.0000
24	600074	南京中达	2368.05	1625.07	68.62	156.22	6.59	0.00	0.00	586.76	24.78	–	–	0.2631	606.43	0.00	1761.62	0.2000	900.0000
25	600075	新疆天业	1849.45	1683.17	91.00	50.94	2.75	25.81	1.39	89.52	4.84	–	–	0.2936	277.42	0.00	1572.03	0.2500	6300.0000
26	600076	华光科技	4481.51	4522.94	100.92	−31.43	−0.70	0.00	0.00	−10.00	−0.22	–	–	0.3195	672.23	0.00	3809.28	0.2700	14026.0000
27	600077	精工集团	984.97	908.27	92.21	65.16	6.61	0.00	0.00	0.54	0,05	–	–	0.1968	147.83	0.91	836.22	0.1670	5006.0000
28	600078	鼎球实业	1966.97	1381.96	70.25	0.00	0.00	0.93	0.04	584.08	29.69	–	–	0.1824	294.90	0.00	1672.06	0.1600	10781.7100
29	600079	当代科技	1062.35	798.39	75.15	118.87	11.18	0.00	0.00	145.10	13.66	–	–	0.1848	142.25	42.91	877.19	0.1500	5750.0000
30	600080	金花股份	1977.72	1992.70	100.75	0.00	0.00	0.00	0.00	−14.99	−0.76	–	–	0.2472	303.91	0.00	1667.18	0.2100	8000.0000
31	600081	东风电仪	1264.54	1151.68	91.07	27.78	2.19	9.49	0.75	75.59	5.98	–	–	0.2529	448.49	−86.27	902.32	0.1600	5000.0000
32	600082	津百股份	1857.24	610.91	32.89	676.29	36.41	74.51	4.01	495.52	26.68	–	–	0.1621	351.08	0.00	1506.15	0.1310	11460.0000
33	600083	红光实业	1945.84	1517.56	77.99	25.38	1.30	137.18	7.05	265.72	13.66	–	–	0.0846	271.30	0.00	1674.54	0.0730	23000.0000
34	600084	新天国际	2519.07	1768.84	70.21	215.34	8.54	0.00	0.00	522.39	20.74	–	–	0.2929	332.06	0.00	2187.01	0.2500	8600.0000
35	600085	同仁堂	6170.95	6158.23	99.79	0.00	0.00	0.00	0.00	12.72	0.21	–	–	0.3085	925.64	0.00	5245.31	0.2620	20000.0000
36	600086	多佳股份	2774,72	2474.93	89.19	299.72	10.80	0.00	0.00	0.07	0.00	–	–	0.2393	423.08	0.00	2294.35	0.1980	11595.9900
37	600087	南京水运	2587.07	2119.95	81.94	16.44	0.63	19.17	0.74	432.23	16.71	–	–	0.2073	853.73	0.00	1733.34	0.1400	12478.6000
38	600088	中视股份	3746.72	2523.59	67.35	135.98	3.62	0.00	0.00	1087.16	29.02	–	–	0.2230	562.01	0.00	3184.72	0.1700	16800.0000
39	600089	特变电工	2001.29	1945.71	97.22	82.18	4.10	44.08	2.20	257.90	12.89	–	–	0.2450	300.19	0.00	1701.93	0.2000	8168.0000
40	600090	啤酒花	88.14	90.14	102.17	0.00	0.00	0.00	0.00	−2.00	−2.27	–	–	0.0110	29.08	0.00	59.05	0.0370	8000.0000
41	600091	黄河化工	1620.05	1063.32	65.63	144.03	8.89	16.42	1.01	407.09	25.13	–	–	0.1601	534.62	25.44	1059.99	0.1050	10120.0000
42	600092	精密股份	2420.89	1833.05	75.71	−1.95	−0.08	500.78	20.68	89.01	3.68	–	–	0.1835	339.36	72.78	2008.76	0.1522	13195.0000
43	600093	禾嘉股份	1323.53	1318.65	99.63	0.00	0.00	4.50	0.34	0.38	0.03	–	–	0.1765	198.53	0.00	1125.00	0.1500	7500.0000

序号	代码	简称	97中期利润总额（万元）	主营业务利润		其他业务利润		投资收益		营业外收支净额		损益调整		每股利润（元）	所得税（万元）	少数股东权益（万元）	净利润（万元）	每股净利润（元）	97中期股份总额（万股）
				（万元）	%	（万元）	%	（万元）	%	（万元）	%	（万元）	%						
44	600094	华源股份	5819.97	4162.76	71.52	37.25	0.64	877.92	15.08	−20.49	−0.35	–	–	0.2440	715.84	258.32	4845.81	0.2030	23853.0000
45	600095	哈高科	3125.35	3126.76	100.04	0.00	0.00	1.26	0.04	−2.67	−0.09	–	–	0.3907	497.67	90.64	2537.05	0.3200	8000.0000
46	600096	云天化	11492.76	11487.95	99.95	0.00	0.00	0.00	0.00	4.81	0.04	–	–	0.2023	1723.91	0.00	9768.85	0.1720	56818.1800
47	600097	恒泰芒果	2715.83	2291.91	84.39	0.47	0.01	0.00	0.00	423.42	15.59	–	–	0.2352	149.31	0.00	2566.45	0.2220	11544.9889
48	600098	广发电力	19943.76	17281.11	86.64	0.00	0.00	0.00	0.00	2662.65	13.35	–	–	0.2995	1283.54	3301.51	15358.71	0.2306	66600.0000
49	600099	林海股份	2653.26	3404.01	128.29	63.12	2.37	0.00	0.00	8.73	0.33	–	–	0.2503	397.99	0.00	2255.27	0.2130	10600.0000
50	600100	清华同方	2494.01	2258.61	90.56	71.87	2.88	10.83	0.43	152.70	6.12	–	–	0.2253	185.23	24.23	2284.54	0.1950	11070.0000
51	600101	明星电力	2367.26	1917.57	81.00	193.89	8.19	245.72	10.37	10.09	0.43	–	–	0.3829	354.82	0.00	2012.44	0.3260	6182.3200
52	600102	莱钢股份	7413.14	7414.45	100.01	0.00	0.00	0.00	0.00	−1.31	−0.02	–	–	0.1399	350.00	0.00	7063.14	0.0000	52980.0000
53	600103	青山纸业	5595.13	4917.00	87.88	436.43	7.80	164.19	2.93	77.51	1.39	–	–	0.1933	815.47	0.00	4779.66	0.1651	28944.0000
54	600106	重庆路桥	5333.13	5246.61	98.37	86.52	1.62	0.00	0.00	0.00	0.00	–	–	0.1720	0.00	0.00	5333.13	0.1720	31000.0000
55	600108	亚盛集团	3016.15	2845.94	94.35	153.11	5.07	0.00	0.00	17.11	0.57	–	–	0.3770	452.42	0.00	2563.73	0.3200	8000.0000
56	600109	成百集团	802.23	795.67	99.18	127.55	15.89	79.79	9.94	−200.78	−25.03	–	–	0.1130	120.33	0.00	681.90	0.0960	7098.2696
57	600116	三峡水利	2004.39	1711.51	85.38	290.29	14.48	4.16	0.20	−1.56	−0.08	–	–	0.1841	300.03	0.00	1704.36	0.1570	10888.0000
58	600600	青岛啤酒	7052.45	7395.01	104.85	−336.72	−4.77	10.84	0.15	−16.69	−0.24	–	–	0.0784	1308.19	424.05	6168.31	0.0685	90000.0000
59	600601	延中实业	2613.83	605.98	23.18	1277.07	48.85	747.10	28.58	−15.11	−0.58	–	–	0.2521	198.52	777.13	1638.18	0.1580	10368.0000
60	600602	真空电子	9932.60	5041.86	50.76	6000.47	60.41	73.09	0.73	−1182.82	−11.91	–	–	0.1870	2225.20	7440.26	267.15	0.0050	53108.7900
61	600603	兴业房产	1344.22	1180.37	87.81	0.00	0.00	171.58	12.76	−7.72	−0.57	–	–	0.0994	179.47	0.13	1164.62	0.0860	13516.8000
62	600604	二纺机	−2814.77	−5547.36	−197.08	115.53	4.10	2582.79	91.75	9.34	0.33	−0.71	−0.02	−0.0497	0.00	0.00	−2814.77	−0.0500	56644.9189
63	600605	轻工机械	380.84	−119.95	−31.49	159.30	41.82	237.69	62.41	53.79	14.13	–	–	0.0217	36.21	0.00	346.70	0.0200	17516.0000
64	600606	嘉丰股份	209.05	167.78	80.25	35.96	17.20	29.66	14.18	−24.36	−11.65	–	–	0.0241	0.00	0.00	209.05	0.0200	8673.4072
65	600607	联合实业	1382.25	17.41	1.25	141.16	10.21	1029.05	74.44	8.46	0.61	–	–	0.1317	249.07	4.72	1128.46	0.1075	10493.7960
66	600608	异型钢管	394.02	46.04	11.68	15.73	3.99	303.51	77.02	28.73	7.29	–	–	0.0466	24.31	0.00	341.77	0.0405	8447.0595
67	600609	一汽金杯	3319.39	−375.11	−11.30	837.61	25.23	1249.29	37.63	1603.22	48.30	–	–	0.0342	965.53	5931.19	−3577.32	−0.0368	97181.1300
68	600610	中纺机	204.80	−810.60	−395.80	−213.50	−104.24	363.79	177.63	835.83	408.12	–	–	0.0057	15.46	0.00	189.34	0.0050	35709.1535
69	600611	大众出租	9499.10	5008.54	52.72	819.25	8.62	3475.31	36.58	93.62	0.99	–	–	0.2231	950.52	2.54	8546.03	0.2000	42585.1600
70	600612	第一铅笔	3113.40	2296.25	73.75	−6.22	−0.19	831.88	26.71	−8.51	−0.27	–	–	0.1608	276.68	0.00	2767.96	0.1429	19367.6458
71	600613	永生股份	719.96	260.40	36.16	159.45	22.14	237.00	32.91	63.10	8.76	–	–	0.0644	79.69	52.96	587.31	0.0530	11183.7130
72	600614	胶带股份	687.99	206.60	30.02	455.91	66.26	32.33	4.69	−6.85	−1.00	–	–	0.7557	117.40	0.00	570.59	0.0630	910.4528
73	600615	丰华圆珠	607.23	5.50	0.90	20.54	3.38	585.00	96.33	−3.81	−0.63	–	–	0.0469	3.63	0.00	603.60	0.0470	12935.6870
74	600616	第一食品	316.40	−14.11	−4.45	224.51	70.95	10.55	3.33	95.51	30.19	−0.06	−0.01	0.0436	71.86	0.00	244.54	0.0300	7261.4092
75	600617	联华合纤	622.23	649.41	104.36	−30.46	−4.89	1.03	0.16	2.25	0.36	–	–	0.0372	82.13	0.00	540.09	0.0320	16719.4800
76	600618	氯碱化工	13144.77	9835.55	74.82	435.40	3.31	2920.05	22.21	46.23	0.35	–	–	0.1366	1974.67	3.94	11174.04	0.1160	96238.2700
77	600619	冰箱压缩	10549.44	9728.85	92.22	354.57	3.36	138.94	1.31	274.69	2.60	–	–	0.2496	651.52	0.00	7428.80	0.1760	42258.2753
78	600620	联农股份	503.16	−773.24	−153.67	2.92	0.58	1160.05	230.55	13.43	2.67	–	–	0.0566	77.59	0.00	425.57	0.0480	8892.3246
79	600621	上海金陵	2417.97	796.53	32.94	883.51	36.53	421.29	17.42	235.75	9.75	–	–	0.1590	224.40	113.18	2080.39	0.1400	15206.5519
80	600622	嘉宝实业	6080.80	1941.43	31.92	313.09	5.14	1972.09	32.43	−79.09	−1.30	–	–	0.2765	735.00	0.00	4495.47	0.2044	21992.0734
81	600623	轮胎橡胶	8379.23	1778.83	21.22	1291.90	15.41	936.54	11.17	−71.57	−0.85	–	–	0.1036	998.18	0.00	7247.64	0.0900	80860.7020
82	600624	复华实业	1353.55	693.43	51.23	233.49	17.25	425.93	31.46	0.69	0.05	–	–	0.0973	−60.80	−0.60	1414.95	0.1017	13909.0490
83	600625	水仙电器	294.43	466.15	158.32	459.03	155.90	−622.84	−211.54	−7.91	−2.69	–	–	0.0125	130.23	55.54	108.66	0.0046	23640.1000
84	600626	申达股份	1554.08	892.98	57.46	612.03	39.38	243.09	15.69	−210.16	−13.52	–	–	0.0772	256.31	−25.85	1323.62	0.0657	20138.2896
85	600627	电器股份	455.55	−612.71	−134.49	820.25	180.05	232.16	50.96	34.83	7.65	–	–	0.0088	114.25	0.00	340.03	0.0100	51796.5400
86	600628	新世界	4221.04	3778.48	89.51	220.80	5.23	210.15	4.97	11.62	0.28	–	–	0.2949	650.50	0.00	3570.54	0.2500	14311.2528
87	600629	棱光实业	965.52	706.44	73.16	367.63	38.07	0.65	0.06	−109.20	−11.31	–	–	0.0702	1.50	0.00	964.02	0.0700	13761.5887
88	600630	龙头股份	−77.25	−1303.12	1686.79	38.08	49.29	914.70	1184.01	278.48	360.47	–	–	−0.0034	0.10	0.00	28.26	0.0010	22525.5240

序号	代码	简称	97中期利润总额（万元）	主营业务利润		其他业务利润		投资收益		营业外收支净额		损益调整		每股利润（元）	所得税（万元）	少数股东权益（万元）	净利润（万元）	每股净利润（元）	97中期股份总额（万股）
				（万元）	%	（万元）	%	（万元）	%	（万元）	%	（万元）	%						
89	600631	第一百货	8970.50	6675.65	74.41	1098.89	12.25	1215.60	13.55	-19.65	-0.22	-	-	0.2706	1345.57	0.00	7624.92	0.2300	33144.6772
90	600632	华联商厦	5231.07	4435.46	84.79	436.74	8.34	18.33	0.35	340.55	6.51	-	-	0.2693	741.45	67.04	4422.58	0.2280	19423.9838
91	600633	双鹿电器	-5581.58	-5596.31	-100.26	-6.75	-0.12	41.70	0.74	-24.77	-0.44	-	-	-0.3671	0.00	0.00	-5581.58	-0.3700	15205.0800
92	600634	海鸟电子	661.94	508.34	76.79	154.16	23.28	0.00	0.00	-0.56	-0.09	-	-	0.1002	79.43	0.00	582.51	0.0900	6606.6124
93	600635	浦东大众	4506.55	1725.34	38.28	100.12	2.22	2679.33	59.45	-0.34	0.01	-	-	0.1740	140.40	81.89	4284.26	0.1650	25896.7800
94	600636	三爱富	493.23	75.10	15.22	265.59	53.84	157.14	31.85	-7.69	-1.56	-	-	0.0663	9.51	54.67	429.05	0.0570	7440.0000
95	600637	广电股份	579.75	-779.53	-134.45	-409.22	-70.58	2539.33	438.00	-1075.47	-185.50	-	-	0.0104	59.37	0.00	578.38	0.0100	55934.9362
96	600638	新黄浦	13331.17	13113.29	98.36	27.52	0.20	58.61	0.43	131.75	0.99	-	-	0.2947	1990.44	4.34	11336.38	0.2500	45233.4593
97	600639	浦东金桥	4462.80	589.25	13.20	114.67	2.56	1040.35	23.31	2718.53	60.92	-	-	0.0915	637.96	53.71	3771.13	0.0770	48800.0000
98	600640	国脉通信	11866.39	10432.67	87.91	116.73	0.98	1364.68	11.50	-43.69	-0.37	-	-	0.3252	1746.89	79.00	10040.51	0.2800	36488.2700
99	600641	众城实业	103.95	43.43	41.78	0.09	0.08	41.84	40.24	18.59	17.89	-	-	0.0062	15.15	0.00	88.80	0.0050	16843.6800
100	600642	申能股份	37272.37	-3419.52	-9.17	12.10	0.03	40679.70	109.14	-0.02	0.00	-	-	0.1416	5649.25	-264.06	31887.18	0.1211	26308.7769
101	600643	爱建股份	8974.42	2256.28	25.14	439.73	4.89	6244.38	69.57	20.93	0.23	12.83	0.14	0.2968	491.98	-1.26	8483.70	0.2800	30240.0000
102	600644	乐山电力	1560.60	853.04	54.66	219.41	14.05	491.74	31.50	-23.32	-1.49	19.74	1.26	0.2034	246.05	85.71	1329.05	0.1730	7671.4000
103	600645	望春花	2203.19	2049.78	93.03	-44.35	-2.01	258.63	11.73	-10.34	-0.47	-	-	0.1735	460.06	109.82	1633.31	0.1290	12699.0409
104	600646	国嘉实业	-220.78	-347.27	-157.28	0.00	0.00	27.27	12.35	41.89	18.97	-	-	-0.0255	0.00	0.37	-220.42	-0.0250	8660.7166
105	600647	新亚快餐	-1499.86	-550.19	-36.68	195.17	13.01	-246.77	-16.45	1.09	0.07	-	-	-0.2803	0.00	132.44	-1632.31	-0.3050	5351.6750
106	600648	外高桥	9413.36	8401.72	89.25	211.33	2.24	253.38	2.69	10.32	0.11	-	-	0.1529	1403.04	573.19	7437.13	0.1208	61575.000
107	600649	原水股份	18077.37	17225.72	95.28	174.13	0.96	678.95	3.75	-1.42	-0.01	-	-	0.1803	2744.00	0.00	15333.37	0.1500	100251.2800
108	600650	新锦江	3262.54	2355.55	72.20	0.00	0.00	933.80	28.62	-26.81	-0.82	-	-	0.0937	349.31	0.00	2913.22	0.0840	34823.8704
109	600651	飞乐音响	667.25	113.12	16.95	7.88	1.18	542.45	81.29	4.34	0.65	-	-	0.1069	36.64	0.00	630.61	0.1011	6240.0000
110	600652	爱使股份	1376.84	95.06	6.90	251.33	18.25	1027.38	74.61	3.07	0.22	-	-	0.1362	104.71	279.86	992.27	0.0980	10108.8000
111	600653	申华实业	6082.43	709.65	11.66	280.83	4.61	5072.15	83.39	11.02	0.18	-	-	0.3398	907.93	-6.60	5181.10	0.2900	17901.0000
112	600654	飞乐股份	3034.50	325.62	10.73	579.57	19.09	2068.21	68.15	15.09	0.50	46.02	1.51	0.1555	524.36	0.00	2365.78	0.1212	19519.4314
113	600655	豫园商城	5976.24	4507.27	75.41	782.48	13.09	626.53	10.48	36.46	0.61	-	-	0.2458	1011.73	56.99	4907.52	0.2020	24309.1891
114	600656	浙江凤凰	248.06	172.48	69.53	11.88	4.78	58.57	23.61	5.13	2.07	-	-	0.0266	0.00	0.00	242.72	0.0260	9321.8441
115	600657	北京天桥	666.65	675.64	101.34	56.85	8.52	34.55	5.18	-100.39	-15.06	-	-	0.0874	208.59	0.00	458.06	0.0600	7631.8933
116	600658	北京天龙	3885.96	2780.25	71.54	500.75	12.88	570.91	14.69	34.05	0.88	-	-	0.3490	738.20	-2.27	3150.03	0.2800	11134.8744
117	600659	福建福联	367.60	-29.99	-8.15	196.78	53.53	226.63	61.65	-25.62	-6.97	-	-	0.0356	11.37	0.00	356.18	0.0350	10322.7245
118	600660	福耀玻璃	1852.93	1486.05	80.20	188.38	10.16	0.00	0.00	20.15	1.09	-	-	0.0727	179.52	166.37	1839.77	0.0720	2572.5513
119	600661	南洋实业	653.45	380.59	58.24	130.37	19.95	379.09	58.01	19.20	2.94	-	-	0.0745	98.75	14.64	540.06	0.0600	8771.5567
120	600662	哺东强生	4968.89	4476.08	90.08	28.40	0.57	642.19	12.92	-179.80	-3.62	-	-	0.2034	710.77	68.52	4189.60	0.1710	24429.6000
121	600663	陆家嘴	16714.07	9261.10	55.40	4700.56	28.12	2607.81	15.60	117.03	0.70	-	-	0.1253	4266.85	-5490.38	17937.60	0.1300	133406.0000
122	600664	哈医药	7117.89	6959.60	97.77	22.63	0.31	31.13	0.43	104.52	1.47	-	-	0.2167	1052.54	0.00	6000.61	0.1830	32843.2000
123	600665	沪昌特钢	3831.69	2306.08	60.18	1244.20	32.47	271.62	7.08	-0.51	-0.01	-	-	0.0665	590.51	0.00	3230.84	0.0561	57608.1681
124	600666	西南药业	866.16	693.92	80.11	-11.58	-1.33	186.31	21.50	-2.49	-0.29	-	-	0.0873	116.13	0.00	750.03	0.0760	9919.5315
125	600667	太极实业	2283.07	3804.18	166.62	54.61	2.39	515.91	22.59	-42.62	-1.87	-	-	0.0894	346.75	0.00	1936.31	0.0750	25528.8528
126	600668	尖峰集团	922.37	672.88	72.95	53.98	5.85	202.87	21.99	-7.36	-0.80	-	-	0.0494	0.00	73.45	747.56	0.400	18680.9330
127	600669	鞍山合成	167.58	-682.06	-407.01	485.96	289.99	360.00	214.82	-0.02	-0.01	-	-	0.0127	55.30	0.00	112.28	0.0085	13229.1000
128	600670	东北华联	-746.78	-1355.34	-181.49	623.76	83.52	0.00	0.00	-15.20	-2.04	-	-	-0.0532	381.06	-3.07	-1124.77	-0.0800	14033.3684
129	600671	天目药业	1264.18	323.36	25.57	444.28	35.14	504.16	39.88	-7.62	-0.60	-	-	0.1038	193.77	3.77	1066.64	0.0900	12177.8628
130	600672	广华化纤	399.36	378.11	94.68	5.24	1.31	20.67	5.17	-4.67	-1.17	-	-	0.0290	58.01	-358.50	699.85	0.0508	13780.5300
131	600673	成量股份	-342.20	-657.70	-192.19	-60.04	-17.54	400.00	116.89	-24.46	-7.15	-	-	-0.0340	2.89	0.90	-345.99	-0.0340	10072.2200
132	600674	四川峨铁	2302.50	172.16	7.47	-0.08	-0.00	2124.58	92.27	16.92	0.73	-	-	0.1154	37.25	1.04	2264.21	0.1130	19948.7800
133	600675	中华企业	4972.98	2097.97	42.18	447.04	8.98	2495.88	50.18	-67.92	-1.37	-	-	0.1677	522.11	2.54	4448.34	0.1500	29659.1664

序号	代码	简称	97中期利润总额（万元）	主营业务利润（万元）	主营业务利润 %	其他业务利润（万元）	其他业务利润 %	投资收益（万元）	投资收益 %	营业外收支净额（万元）	营业外收支净额 %	损益调整（万元）	损益调整 %	每股利润（元）	所得税（万元）	少数股东权益（万元）	净利润（万元）	每股净利润（元）	97中期股份总额（万股）
134	600676	钢运股份	-560.30	-765.56	-136.63	134.55	24.01	63.61	11.35	709.92	126.70	–	–	-0.0918	0.00	0.00	-560.30	-0.0920	6100.6080
135	600677	浙江中汇	1229.09	-470.48	-38.27	761.86	61.98	817.17	66.48	120.55	9.81	–	–	0.0600	206.49	0.00	1008.46	0.0492	20496.4760
136	600678	四川金顶	1403.25	1402.30	99.93	-2.49	-0.17	69.00	4.91	-65.37	-4.66	-0.19	-0.01	0.0603	200.59	-14.63	1217.30	0.0520	23266.0000
137	600679	凤凰股份	-3599.09	-3310.48	-91.98	-562.41	-15.62	353.35	9.81	-79.56	-2.21	–	–	-0.0930	23.01	0.00	-3622.10	-0.0900	38693.5670
138	600680	邮通设备	2212.87	174.89	7.90	129.92	5.87	1844.65	83.36	-13.49	-0.61	–	–	0.1509	64.25	86.64	2061.97	0.1400	14659.8720
139	600681	长印股份	2079.36	1207.34	58.06	511.27	24.58	291.19	14.00	69.56	3.35	–	–	0.1739	274.56	-8.98	1813.78	0.1520	11957.9328
140	600682	南京新百	2511.85	1683.41	67.01	16.59	0.66	884.23	35.20	-72.39	-2.88	–	–	0.1314	376.78	0.00	2135.07	0.1120	19117.6300
141	600683	宁波华联	1400.77	971.59	69.36	386.74	27.60	218.22	15.57	-175.77	-12.55	–	–	0.0703	281.37	-18.51	1.137.91	0.0570	19925.3729
142	600684	珠江实业	3456.12	2011.34	58.19	160.22	4.63	1260.68	36.47	23.87	0.69	–	–	0.2132	340.39	213.47	2902.25	0.1790	16213.4377
143	600685	广船国际	1126.00	376.90	33.47	528.90	46.97	217.40	19.30	2.80	0.25	–	–	0.0228	241.20	-133.30	1018.10	0.0206	49467.7580
144	600686	厦门汽车	1703.59	1121.89	65.85	283.08	16.61	572.59	33.61	-61.18	-3.59	–	–	0.1687	220.93	959.14	523.53	0.0518	10101.1680
145	600687	国泰股份	675.78	486.94	72.05	0.00	0.00	186.58	27.61	1.26	0.19	–	–	0.1065	12.89	0.00	659.84	0.1000	6342.9000
146	600688	上海石化	36893.90	33367.10	90.44	6522.20	17.67	1396.20	3.78	-4391.60	-11.90	–	–	0.0512	-4948.70	-152.40	31792.80	0.0440	720000.0000
147	600689	上海三毛	797.57	468.90	58.79	0.00	0.00	290.15	36.37	38.52	4.83	–	–	0.0728	86.66	45.20	665.71	0.0600	10954.7130
148	600690	青岛海尔	14830.75	13804.40	93.07	186.10	1.25	811.48	5.47	0.29	0.00	–	–	0.4542	1542.22	969.47	12319.06	0.3800	32653.20000
149	600691	东新电碳	-283.57	-358.81	-126.53	39.61	13.96	54.14	19.09	-18.51	-6.53	–	–	-0.0367	0.00	0.00	-283.57	-0.0400	7727.4499
150	600692	亚通股份	1205.48	1209.65	100.34	-2.87	-0.23	0.00	0.00	1.29	0.11	–	–	0.1192	88.24	0.00	1117.23	0.1100	10111.9334
151	600693	东百公司	2673.90	2524.66	94.41	74.38	2.78	65.05	2.43	0.81	0.03	–	–	0.2026	432.73	0.33	2240.85	0.1700	13200.8690
152	600694	大连商场	3997.36	3627.70	90.75	378.61	9.47	0.00	0.00	-8.95	-0.22	–	–	0.2944	604.15	0.00	3400.79	0.2500	13578.3900
153	600695	大江股份	6235.30	5650.50	90.62	196.10	3.14	752.60	12.07	-364.00	-5.84	–	–	0.1106	967.60	724.80	4542.90	0.0810	56358.8080
154	600696	福建豪盛	1261.44	1279.68	101.44	-23.43	-1.85	0.00	0.00	5.19	0.41	–	–	0.0482	132.23	0.00	1129.21	0.0430	26197.35
155	600697	欧亚集团	1404.95	612.11	43.56	778.40	55.40	2.73	0.19	11.72	0.83	–	–	0.1632	210.92	0.00	1194.04	0.1390	8608.9688
156	600698	济南轻骑	23368.15	23330.22	99.83	65.45	0.28	0.00	0.00	-27.53	-0.12	–	–	0.2405	3505.22	0.00	19862.93	0.2000	97181.7440
157	600699	辽源得亨	63.92	0.83	1.29	2.20	3.44	61.95	96.92	-1.06	-1.66	–	–	0.0063	9.13	0.00	54.79	0.0050	10066.0994
158	600700	百隆股份	889.89	420.59	47.26	55.54	6.24	412.60	46.36	0.27	0.03	–	–	0.1219	110.86	28.57	771.57	0.1100	7300.1500
159	600701	工大高新	2786.68	2433.69	87.33	73.15	2.62	284.94	10.22	-0.51	-0.02	–	–	0.2144	433.50	0.00	2353.17	0.1810	13000.0000
160	600702	沱牌曲酒	12426.73	10173.90	81.87	81.61	0.65	2200.24	17.70	-29.02	-0.23	–	–	0.4718	1859.33	0.00	10567.41	0.4041	26338.0000
161	600703	活力28	1694.74	1797.69	106.07	80.85	4.77	0.00	0.00	-183.80	-10.85	–	–	0.1630	116.69	46.28	1531.77	0.1500	10397.0750
162	600704	中大股份	4761.39	3819.99	80.22	34.57	0.72	833.37	17.50	73.46	1.54	–	–	0.3354	632.47	148.05	3980.88	0.2800	14196.3840
163	600705	北亚集团	2196.66	2092.24	95.24	71.46	3.25	54.30	2.47	-21.06	-0.96	–	–	0.1095	409.72	0.00	1815.00	0.0900	20061.6000
164	600706	长安信息	517.64	88.85	17.16	138.90	26.83	286.50	55.34	0.00	0.00	–	–	0.0768	78.13	-3.20	442.72	0.0660	6736.7570
165	600707	彩虹股份	10173.70	7766.52	76.33	2310.39	22.70	96.78	0.95	0.00	0.00	–	–	0.2826	1517.08	0.00	8656.61	0.2400	36000.0000
166	600708	东海股份	3023.08	675.50	22.34	1852.53	61.27	352.36	11.65	58.00	1.92	–	–	0.2033	418.75	331.51	2272.81	0.1528	14870.9280
167	600709	蓝田股份	3631.48	3623.70	99.78	-0.64	-0.01	0.00	0.00	8.41	0.23	–	–	0.1873	615.93	0.00	3015.55	0.1550	19393.0000
168	600710	常林股份	1991.78	1804.60	90.60	158.27	7.94	-15.25	-0.76	44.16	2.22	–	–	0.1509	290.64	0.00	1701.14	0.1300	13200.0000
169	600711	龙舟百货	-473.74	-326.47	-68.91	5.85	1.23	-150.29	-31.72	-2.82	-0.60	–	–	-0.0785	0.00	18.87	-492.60	-0.0800	6036.0000
170	600712	南宁百货	1455.71	1712.54	117.64	0.00	0.00	-214.40	-14.72	-42.43	-2.91	–	–	0.1610	223.91	0.00	1231.80	0.1400	9042.0000
171	600713	南京医药	2948.95	2726.88	92.46	200.15	6.78	56.30	1.90	-34.37	-1.17	–	–	0.3552	452.84	0.00	2496.11	0.3000	8301.7400
172	600714	山川股份	432.81	433.73	100.21	-1.95	-0.44	0.00	0.00	1.03	0.24	–	–	0.0462	56.27	0.00	376.55	0.0402	9375.0000
173	600715	松辽汽车	73.39	37.92	51.66	26.87	36.61	0.00	0.00	8.60	11.72	–	–	0.0052	7.34	0.00	66.05	0.0050	14016.0000
174	600716	耀华玻璃	493.74	198.70	40.24	61.04	12.36	340.31	68.92	-106.32	-21.53	–	–	0.0152	37.93	0.00	455.80	0.0140	32400.0000
175	600717	津港储运	2634.64	2659.38	100.93	83.44	3.16	51.26	1.94	159.44	6.05	–	–	0.1886	571.39	0.00	1973.09	0.1412	13969.1681
176	600718	东大阿派	2673.76	2501.99	93.57	186.71	6.98	-6.37	-0.23	-8.58	-0.32	–	–	0.2701	198.91	0.00	2478.08	0.2500	9900.0000
177	600719	大连热电	4281.88	3964.36	92.58	0.00	0.00	0.03	0.00	317.49	7.41	–	–	0.2440	642.28	0.00	3639.60	0.2070	17550.0000
178	600720	祁连山	1357.30	894.92	65.93	96.49	7.10	193.46	14.25	172.43	12.70	–	–	0.1212	203.60	0.00	1153.71	0.1650	11200.0000
179	600721	百花村	1237.46	872.95	70.54	53.52	4.32	328.49	26.54	-17.92	-1.45	–	–	0.1616	322.67	222.70	692.09	0.0904	7659.3750
180	600722	沧州化工	3550.25	3609.40	101.66	0.00	0.00	0.00	0.00	-59.15	-1.67	–	–	0.1810	532.54	0.00	3017.71	0.1540	19620.0000
181	600723	西单商场	4174.39	3627.05	86.88	193.30	4.63	410.04	9.82	-56.01	-0.34	–	–	0.1676	1381.33	0.00	2794.50	0.1120	24912.1990
182	600724	宁波富达	1557.58	799.27	51.31	-22.13	-1.42	-29.08	-1.86	785.49	50.43	–	–	0.2244	279.46	18.71	1259.41	0.1800	6942.0000
183	600725	云维股份	1929.21	1055.23	54.69	26.40	1.36	843.83	43.73	3.75	0.19	–	–	0.1754	289.38	0.00	1639.83	0.1490	11000.0000
184	600726	龙电股份	9443.06	3992.56	42.28	142.50	1.50	5308.00	56.21	0.00	0.00	–	–	0.2410	0.00	0.00	9443.06	0.2410	39180.4400

序号	代码	简称	97中期利润总额（万元）	主营业务利润		其他业务利润		投资收益		营业外收支净额		损益调整		每股利润（元）	所得税（万元）	少数股东权益（万元）	净利润（万元）	每股净利润（元）	97中期股份总额（万股）
				（万元）	%	（万元）	%	（万元）	%	（万元）	%	（万元）	%						
185	600727	鲁北化工	7437.91	5104.97	68.63	2331.57	31.34	0.00	0.00	0.00	0.00	1.37	0.01	0.3719	1115.69	0.00	6322.22	0.3200	20000.0000
186	600728	远洋渔业	3792.65	3568.31	94.08	0.49	0.01	117.52	3.09	106.33	2.80	–	–	0.2416	570.12	3.14	3225.67	0.2050	15700.0000
187	600729	重庆百货	4246.86	3329.99	78.41	13.58	0.31	1022.85	24.08	−119.56	−2.82	–	–	0.2082	208.88	0.00	3972.56	0.1950	20400.0000
188	600730	中国高科	4686.05	3847.98	82.11	97.40	2.07	88.30	1.88	649.58	13.86	–	–	0.2684	630.13	0.00	4055.91	0.2320	17460.0000
189	600731	湖南海利	1734.05	1123.14	64.76	7.66	0.44	2.77	0.15	600.47	34.63	–	–	0.2615	329.88	61.82	1342.34	0.2020	6630.0000
190	600732	上海港机	2288.77	1496.36	65.37	58.01	2.53	455.53	19.90	216.00	9.44	–	–	0.1320	333.72	0.00	1955.05	0.1130	17432.0000
191	600733	前锋股份	1177.60	1163.20	98.77	17.51	1.48	0.31	0.02	−3.42	−0.29	–	–	0.1073	176.64	0.00	1000.96	0.0910	10977.0000
192	600734	安达电脑	7440.35	6021.14	80.92	209.50	2.81	187.40	2.51	1021.81	13.73	–	–	0.2544	700.71	0.00	5909.41	0.2020	29250.0000
193	600735	环宇股份	−419.50	−477.72	−113.88	9.39	2.23	34.00	8.10	14.84	3.54	–	–	−0.0479	0.00	0.00	−419.50	−0.0480	8757.2250
194	600736	苏州高新	6157.05	5511.78	89.51	85.73	1.39	274.35	4.45	220.72	3.58	–	–	0.4276	970.45	0.00	5032.41	0.3490	14400.0000
195	600737	新疆屯河	2471.78	1316.16	53.24	76.80	3.10	580.26	23.47	−20.24	−0.82	–	–	0.2943	80.54	0.00	2362.16	0.2800	8400.0000
196	600738	兰州民百	1847.75	0.00	0.00	396.12	21.43	4.00	0.21	47.81	2.59	–	–	0.2303	609.76	0.00	1238.00	0.1540	8024.0000
197	600739	辽宁成大	4860.97	3632.32	74.72	107.21	2.20	961.47	19.77	147.73	3.04	–	–	0.6031	749.49	0.00	4104.82	0.5100	8060.0000
198	600740	山西焦化	2295.22	2379.65	103.67	−23.71	−1.03	10.54	0.45	71.26	3.10	–	–	0.1471	757.42	0.00	1537.80	0.0990	15600.0000
199	600741	巴士股份	2701.68	1462.45	54.13	275.76	10.20	665.99	24.65	297.47	11.01	–	–	0.2598	325.84	108.02	2267.82	0.2200	10400.0000
200	600742	一汽四环	5231.89	4926.70	94.16	103.67	1.98	254.50	4.86	−52.98	−1.01	–	–	0.4804	1726.52	0.00	3505.36	0.3220	10890.0000
201	600743	幸福实业	3769.38	2302.23	61.07	0.00	0.00	1193.93	31.67	273.22	7.25	–	–	0.2356	565.41	0.00	3203.97	0.2002	16000.0000
202	600744	华银电力	4974.26	4252.46	85.48	5.40	0.10	0.00	0.00	716.40	14.40	–	–	0.1295	748.86	0.00	4228.03	0.1100	38400.0000
203	600745	康赛集团	5285.60	3853.42	72.90	446.20	8.44	−10.33	−0.19	996.31	18.85	–	–	0.5006	636.99	622.84	4025.77	0.3800	10558.3200
204	600746	江苏索普	1507.99	1350.34	89.54	86.95	5.76	1.30	0.08	69.40	4.60	–	–	0.1994	230.55	0.00	1277.43	0.1689	7562.7000
205	600747	大显股份	2533.65	2210.57	87.24	44.38	1.75	0.00	0.00	159.26	6.29	–	–	0.1974	396.24	0.00	2137.40	0.1665	12837.0000
206	600748	浦东不锈	6242.07	5001.62	80.12	10.39	0.16	482.33	7.72	425.82	6.82	–	–	0.2364	928.86	0.00	5313.21	0.2000	26400.0000
207	600749	西藏圣地	302.19	104.54	34.59	0.00	0.00	81.08	26.83	116.57	38.57	–	–	0.0604	45.33	0.00	256.86	0.0510	5000.0000
208	600750	东风药业	1613.89	1026.23	63.58	0.09	0.00	608.00	37.67	−20.44	−1.27	–	–	0.1293	242.08	0.00	1371.81	0.1100	12480.0000
209	600751	天津海运	10319.35	6648.51	64.42	423.00	4.09	−82.04	−0.70	−2.94	−0.03	–	–	0.4429	1546.93	0.00	8777.82	0.3770	23300.0000
210	600752	哈慈股份	4510.89	4136.16	91.69	216.89	4.80	3.22	0.07	154.61	3.43	–	–	0.2480	340.44	0.00	4170.44	0.2200	18190.0000
211	600753	冰熊股份	1352.73	760.66	56.23	3.77	0.27	589.84	43.60	−1.54	−0.11	–	–	0.1691	114.43	0.00	1238.30	0.1550	8000.0000
212	600754	新亚股份	5416.07	377.68	6.97	0.00	0.00	4872.14	89.95	166.25	3.07	–	–	0.1527	473.52	111.93	4830.62	0.1362	35464.1500
213	600755	厦门国货	5432.48	3411.19	62.79	435.03	8.00	1225.04	22.55	376.66	6.93	–	–	0.4975	491.08	−34.69	4976.09	0.4600	10920.0000
214	600756	泰山旅游	1625.41	1586.19	97.58	0.00	0.00	16.65	1.02	22.57	1.39	–	–	0.1476	241.31	0.00	1384.10	0.1260	11014.7200
215	600757	华源发展	5227.02	3711.27	71.00	106.52	2.03	829.52	15.86	153.30	2.93	–	–	0.2904	723.77	0.00	4503.25	0.2500	18000.0000
216	600758	金帝建设	3007.67	1782.70	59.27	568.03	18.88	214.18	7.12	442.77	14.72	–	–	0.1883	451.15	0.00	2556.52	0.1600	15975.5200
217	600759	华侨投资	4150.53	−660.35	−15.90	0.00	0.00	4811.21	115.91	−0.33	−0.01	–	–	0.3184	0.00	0.00	4177.34	0.3200	13034.4984
218	600760	山东黑豹	7464.50	7302.56	97.83	228.67	3.06	0.00	0.00	1.05	0.01	–	–	0.5332	2463.29	0.00	6344.83	0.4500	14000.0000
219	600761	安徽合力	3663.68	3055.60	83.40	393.30	10.73	0.00	0.00	214.78	5.86	–	–	0.3777	549.55	0.00	3114.13	0.3200	9700.0000
220	600762	飞龙实业	179.81	30.92	17.19	14.68	8.16	18.20	10.12	45.82	25.48	–	–	0.0354	26.97	0.00	152.84	0.0300	5080.0000
221	600763	北京中燕	988.24	246.47	24.93	0.00	0.00	800.00	80.95	−58.23	−5.89	–	–	0.0616	326.12	0.00	662.12	0.0413	16032.0000
222	600764	三星石化	1324.75	1273.48	96.12	0.00	0.00	0.00	0.00	51.27	3.87	–	–	0.1470	199.61	0.00	1125.14	0.1250	9013.6980
223	600765	力源液压	748.66	608.16	81.21	−23.87	−3.18	163.87	21.88	0.70	0.09	–	–	0.0733	112.33	0.00	636.54	0.0623	10220.0000
224	600766	烟台华联	871.42	295.66	33.92	145.03	16.64	394.94	45.32	35.79	4.11	–	–	0.1632	130.40	0.00	738.43	0.1380	5340.5900
225	600767	运盛实业	2362.85	1367.92	57.89	38.08	1.61	672.84	28.47	284.02	12.02	–	–	0.2363	307.44	24.79	2030.63	0.2030	10000.0000
226	600768	宁波华通	649.89	401.19	61.73	0.06	0.00	223.41	34.37	25.23	3.88	–	–	0.1259	0.00	0.00	649.89	0.1260	5160.0000
227	600769	祥龙电业	4717.11	4332.69	91.85	0.00	0.00	416.44	8.82	−32.03	−0.68	–	–	0.2813	707.57	0.00	4009.54	0.2400	16770.0000
228	600770	综艺股份	2478.19	1445.31	58.32	21.73	0.87	998.99	40.31	18.51	0.75	–	–	0.2065	175.09	148.77	2154.33	0.1800	12000.0000
229	600771	同仁铝业	925.27	610.71	66.00	289.27	31.26	26.00	2.81	0.72	0.08	–	–	0.1170	120.28	0.00	804.98	0.1020	7911.0000
230	600772	石油龙昌	2683.45	−800.29	−29.82	24.20	0.90	3458.05	128.86	1.49	0.06	–	–	0.1773	458.12	−19.08	2244.42	0.1480	15132.0000
231	600773	西藏金珠	1594.08	1305.28	81.88	217.79	13.66	99.67	6.25	0..00	0.00	–	–	0.2653	239.11	0.00	1354.97	0.2250	6008.8000
232	600774	汉商集团	2073.43	1950.26	94.05	0.00	0.00	0.30	0.01	122.88	5.93	–	–	0.2581	277.52	56.00	1740.22	0.2200	8033.6000
233	600775	南京熊猫	5847.73	3800.07	64.98	1058.02	18.09	1005.81	17.20	−16.18	−0.28	–	–	0.0893	843.34	0.00	5038.30	0.0769	65501.5000
234	600776	东方通信	22674.01	22635.46	99.83	−130.69	−0.57	449.13	1.98	−279.89	−1.23	–	–	0.5967	3592.49	−241.25	19322.77	0.5100	38000.0000
235	600777	新潮实业	2315.43	1753.11	75.71	50.39	2.17	502.40	21.69	9.52	0.41	–	–	0.3469	272.50	0.00	2042.93	0.3060	6674.2000

序号	代码	简称	97中期利润总额（万元）	主营业务利润		其他业务利润		投资收益		营业外收支净额		损益调整		每股利润（元）	所得税（万元）	少数股东权益（万元）	净利润（万元）	每股净利润（元）	97中期股份总额（万股）
				（万元）	%	（万元）	%	（万元）	%	（万元）	%	（万元）	%						
236	600778	新疆友好	1358.84	996.24	73.31	127.56	9.38	288.22	21.21	-48.46	-3.57	-	-	0.1270	205.03	0.00	1153.82	0.1080	10700.0000
237	600779	四川制药	204.94	194.85	95.07	-3.32	-1.61	410.09	200.10	-396.68	-193.56	-	-	0.0136	32.32	0.00	167.87	0.0110	15093.7946
238	600780	通宝能源	212.90	-9.97	-4.68	0.00	0.00	219.14	102.92	3.73	1.75	-	-	0.0239	29.06	0.00	183.84	0.0200	8900.0000
239	600781	民丰实业	1470.12	1105.12	75.17	344.02	23.40	13.16	0.89	7.82	0.53	-	-	0.1410	103.61	0.00	1366.51	0.1310	10427.2128
240	600782	新华股份	1785.66	1271.51	71.20	-47.93	-2.68	1.12	0.06	579.15	32.43	-	-	0.2978	267.69	0.00	1517.98	0.2530	5997.0588
241	600783	四砂股份	1699.06	1054.37	62.05	460.00	27.07	187.56	11.03	-2.87	-0.17	-	-	0.1505	246.21	-3.47	1456.32	0.1300	11286.8600
242	600784	鲁银集团	2915.93	143.94	4.93	640.00	21.94	2105.15	72.19	46.61	1.60	-	-	0.2131	437.39	0.00	2478.54	0.1812	13680.8100
243	600785	新华百货	1383.58	3.68	0.26	7.06	0.51	1199.35	86.68	173.49	12.54	-	-	0.2713	456.58	0.00	927.00	0.1800	5100.0000
244	600786	东方锅炉	3238.71	3128.89	96.60	160.86	4.96	88.74	2.74	-139.78	-4.32	-	-	0.1533	1062.44	0.00	2176.27	0.1030	21127.1181
245	600787	中储股份	1066.29	710.50	66.63	33.10	3.10	291.41	27.32	31.28	2.93	-	-	0.1877	159.94	0.00	906.34	0.1600	5679.3000
246	600788	达尔曼	4610.18	3561.69	77.25	1038.73	22.53	0.00	0.00	9.76	0.21	-	-	0.3033	694.50	-7.62	3923.31	0.2580	15200.0000
247	600789	鲁抗医药	4118.66	3289.21	79.86	120.09	2.91	-10.84	-0.26	720.21	17.49	-	-	0.1379	617.80	0.00	3500.86	0.1170	29865.0000
248	600790	轻纺城	3280.91	3063.48	93.37	0.00	0.00	52.72	1.60	164.70	5.02	-	-	0.2804	492.14	11.25	2777.53	0.2370	11700.0000
249	600791	贵州华联	716.08	416.58	58.17	67.52	9.42	136.52	19.06	95.46	13.33	-	-	0.1085	106.31	7.12	602.64	0.0910	6600.0000
250	600792	云南马龙	203.38	103.52	50.89	-5.72	-2.81	1.20	0.58	104.38	51.32	-	-	0.0399	30.51	0.00	172.87	0.0340	5100.0000
251	600793	宜宾纸业	261.18	593.15	227.09	-0.85	-0.32	6.12	2.34	-337.24	-129.45	-	-	0.0248	89.18	0.00	222.01	0.2010	10530.0000
252	600794	大理造纸	401.43	398.58	99.28	0.13	0.03	0.00	0.00	-1.96	-0.49	4.68	1.16	0.0716	60.21	0.00	341.22	0.0600	5608.0000
253	600795	东北热电	3270.49	3020.10	92.34	0.00	0.00	250.40	7.65	0.00	0.00	-	-	0.4008	485.27	0.00	2785.22	0.3410	8160.0000
254	600796	钱江生化	1418.50	1330.96	93.82	2.52	0.17	23.15	1.63	-5.05	-0.36	-	-	0.2833	199.26	0.0	1219.23	0.2400	5006.2660
255	600797	浙江天然	2597.44	1422.80	54.77	0.00	0.00	202.50	7.79	291.18	11.21	-	-	0.3247	531.67	2.67	2063.10	0.2600	8000.0000
256	600798	宁波海运	3022.72	2820.61	93.31	0.00	0.00	202.11	6.68	0.00	0.00	-	-	0.1843	997.50	0.00	3022.72	0.1800	16400.0000
257	600799	阿城钢铁	2241.12	1820.17	81.21	108.87	4.85	2.65	0.11	309.43	13.81	-	-	0.1466	336.17	0.00	1904.95	0.1030	15288.0000
258	600800	天津磁卡	3346.43	1898.17	56.72	180.37	5.38	1236.44	36.94	31.44	0.94	-	-	0.2353	501.96	0.00	2844.47	0.2000	14222.0204
259	600801	华新水泥	34.66	-752.85	-2171.89	402.51	1161.21	402.41	1160.90	-17.41	-50.23	-	-	0.0014	0.00	0.05	34.61	0.0014	25140.0000
260	600802	福建水泥	569.18	288.31	50.65	118.93	20.89	275.99	48.48	-75.63	-13.29	-	-	0.0249	66.89	0.00	519.81	0.0228	22839.2904
261	600803	河北威远	933.29	152.43	16.33	156.79	16.79	590.50	63.27	33.60	3.60	-	-	0.1236	143.43	0.00	789.86	0.1050	7548.2400
262	600804	工益股份	685.01	621.52	90.73	25.96	3.78	35.00	5.10	-4.63	-0.68	-	-	0.0587	98.52	0.00	586.48	0.0503	11661.1200
263	600805	江苏悦达	4145.12	3491.95	84.24	458.97	11.07	282.73	6.82	-88.54	-2.14	-	-	0.2080	630.16	-27.82	3542.79	0.1800	19924.0000
264	600806	昆明机床	18.20	-126.20	-693.50	25.60	140.65	79.20	435.16	39.60	217.58	-	-	0.0007	0.00	0.00	18.20	0.0007	24500.7400
265	600807	济南百货	1401.01	854.43	60.98	26.79	1.91	532.36	37.99	-12.56	-0.90	-	-	0.1688	295.72	0.00	1105.30	0.1330	8301.6000
266	600808	马钢股份	1900.60	2318.30	121.97	518.30	27.27	0.00	0.00	936.00	49.25	-	-	0.0029	271.40	0.00	1692.90	0.0025	645530.0000
267	600809	山西汾酒	2917.76	2900.48	99.40	22.32	0.76	0.00	0.00	5.05	0.17	-	-	0.0674	437.66	0.00	2480.09	0.0573	43.292.4133
268	600810	神马实业	11631.65	11279.62	96.97	358.65	3.08	0.00	0.00	-6.62	-0.06	-	-	0.4406	2573.81	0.00	9057.84	0.3430	26400.0000
269	600811	东方集团	7692.81	6098.83	79.27	236.13	3.06	1402.93	18.23	-17.27	-0.22	-	-	0.2580	926.51	0.00	5990.07	0.2010	29813.9400
270	600812	华北制药	13635.05	10926.79	80.13	1034.90	7.59	1937.54	14.21	276.54	2.03	-	-	0.1766	1731.87	565.09	11338.09	0.1500	77222.8760
271	600813	鞍山一工	-2978.19	-2929.47	-100.38	0.00	0.00	17.12	0.58	-5.84	-0.20	-	-	-0.1131	0.00	0.00	-2918.19	-0.1130	25800.0000
272	600814	杭州解百	1920.40	1674.71	87.20	87.15	4.53	168.21	8.75	-5.58	-0.29	-	-	0.1214	321.05	-72.99	1672.34	0.1060	15824.6946
273	600815	厦工股份	3188.46	3323.45	104.23	-246.19	-7.72	130.07	4.07	-18.60	-0.58	-	-	0.1064	510.00	0.00	2696.83	0.0900	29960.9100
274	600816	鞍山信托	5104.59	4138.98	81.08	0.00	0.00	531.47	10.41	431.55	8.45	-	-	0.2210	1470.48	0.00	3634.11	0.1570	23095.2208
275	600817	良华实业	773.68	598.77	77.39	35.35	4.56	130.31	16.84	9.24	1.19	-	-	0.0938	127.24	0.36	646.07	0.0800	8251.7982
276	600818	上海永久	6.24	-449.93	-7204.82	162.71	2605.44	186.60	2988.01	-20.58	-329.49	-	-	0.0003	0.39	-95.70	101.55	0.0044	23100.8200
277	600819	耀皮玻璃	5306.72	4511.91	85.02	196.26	3.69	605.02	11.40	-6.47	-0.12	-	-	0.1089	470.17	0.00	4836.55	0.1000	48750.0000
278	600820	隧道股份	3047.40	2867.02	94.08	232.74	7.63	101.47	3.32	-153.83	-5.05	-	-	0.1607	460.99	0.00	2586.32	0.1364	18966.5084
279	600821	津劝业	3321.22	3216.08	96.83	271.39	8.17	256.87	7.73	423.11	12.74	-	-	0.2043	494.36	0.00	2826.86	0.1700	16258.2847
280	600822	物贸中心	628.90	97.17	15.45	215.35	34.24	323.01	51.36	-6.63	-1.05	-	-	0.0274	74.40	0.00	554.50	0.0240	22974.5725
281	600823	万象集团	2526.98	801.52	31.71	144.55	5.72	1157.80	45.81	423.11	16.74	-	-	0.1504	379.05	0.00	2147.93	0.1300	16800.0000
282	600824	益民百货	2970.76	1614.18	54.33	153.32	5.16	1255.75	42.27	-52.49	-1.77	-	-	0.3497	330.64	2.09	2638.03	0.3100	8494.3703
283	600825	时装股份	405.93	4.26	1.05	249.17	61.38	108.67	26.76	43.84	10.80	-	-	0.0671	78.80	0.00	327.14	0.0540	6050.0000
284	600826	兰生股份	7887.24	5784.29	73.33	-160.33	-2.03	2217.32	28.11	45.95	0.58	-	-	0.2813	1012.96	723.79	7011.00	0.2500	28042.8192
285	600827	友谊华侨	2438.27	1396.02	57.25	502.38	20.60	572.54	23.48	13.94	0.57	-46.61	-1.91	0.2173	347.15	0.00	2091.12	0.1900	11220.0000
286	600828	成都商场	3779.65	3151.88	83.39	374.41	9.90	400.71	10.60	-147.36	-3.90	-	-	0.2947	566.95	0.00	3212.70	0.2500	12825.0000

序号	代码	简称	97中期利润总额（万元）	主营业务利润		其他业务利润		投资收益		营业外收支净额		损益调整		每股利润（元）	所得税（万元）	少数股东权益（万元）	净利润（万元）	每股净利润（元）	97中期股份总额（万股）
				（万元）	%	（万元）	%	（万元）	%	（万元）	%	（万元）	%						
287	600829	天鹅股份	594.12	203.04	34.17	-42.26	-7.11	480.00	80.79	-46.66	-7.85	–	–	0.0494	89.12	0.00	505.00	0.420	12015.3000
288	600830	甬城隍庙	1049.31	468.65	44.66	216.95	20.67	213.24	20.32	150.47	14.34	–	–	0.0996	137.48	0.00	911.08	0.0860	10535.8552
289	600831	黄河科技	-354.22	-4960.76	1400.48	28.95	8.17	-59.25	-16.72	-14.26	-4.03	–	–	-0.0318	0.00	0.00	-354.22	-0.0300	11126.6700
290	600832	东方明珠	10040.56	5232.13	52.10	265.28	2.64	4587.90	45.69	-78.84	-0.79	–	–	0.1942	1397.59	0.00	8642.97	0.1671	51701.7264
291	600833	商业网点	356.23	1.98	0.55	0.00	0.00	293.40	82.36	-8.97	-2.52	–	–	0.0352	6.37	6.12	343.75	0.0340	10121.3084
292	600834	凌桥股份	2658.39	2580.04	97.05	0.00	0.00	83.83	3.15	0.00	0.00	–	–	0.1461	386.20	0.00	2272.19	0.1250	18200.0000
293	600835	上菱电器	1258.17	1106.98	87.98	-11.23	-0.89	210.00	16.69	-40.97	-3.26	–	–	0.0383	162.46	0.00	1095.71	0.0334	32838.1080
294	600836	界龙实业	333.16	92.05	27.62	34.27	10.28	147.52	44.27	46.22	13.87	–	–	0.0298	81.63	0.00	282.23	0.0250	11169.3750
295	600837	农垦商社	439.03	-307.46	-70.03	96.88	22.06	662.55	150.91	-12.94	-2.95	–	–	0.0673	64.59	0.00	374.44	0.0570	6524.4920
296	600838	上海九百	1966.14	83.70	4.25	1474.50	74.99	409.16	20.81	-1.23	-0.06	–	–	0.1375	298.24	0.00	1667.89	0.1167	14294.4000
297	600839	四川长虹	109471.17	108105.93	98.75	1454.90	1.32	43.00	0.03	-132.66	-0.12	–	–	0.8462	16414.50	0.00	93056.67	0.7200	129373.4054
298	600840	绍兴百大	520.44	-106.23	-20.41	131.06	25.18	504.56	96.94	8.72	1.67	-17.67	-3.39	0.0614	78.07	0.00	442.37	0.0500	8469.7800
299	600841	上柴股份	4633.32	4429.24	95.59	641.50	13.84	-412.48	-8.90	-43.74	-0.94	–	–	0.0965	560.19	287.17	3785.96	0.0800	48030.9280
300	600842	中西药业	2555.36	1825.60	71.44	316.37	12.38	500.00	19.56	-86.61	-3.39	–	–	0.2035	320.35	171.22	2063.79	0.1640	12559.8822
301	600843	工缝股份	386.47	-2880.10	-745.22	3260.64	843.69	48.59	12.57	-39.91	-10.33	-2.76	-0.71	0.0153	115.58	73.24	197.65	0.0078	25246.6370
302	600844	英雄股份	3519.96	2934.80	83.37	48.20	1.36	572.60	16.26	63.64	1.81	–	–	0.2140	260.04	0.00	3259.92	0.1980	16446.7641
303	600845	钢管股份	301.70	167.74	55.59	86.26	28.59	124.83	41.37	72.82	24.14	-13.60	-4.50	0.0115	14.98	0.03	286.70	0.0110	26224.4070
304	600846	同济科技	1402.75	338.41	24.12	249.39	17.77	937.55	66.83	-127.94	-9.12	-14	-9.98	0.1608	243.25	-16.78	1176.28	0.1350	8725.4118
305	600847	万里电池	-249.75	-240.27	-96.20	4.71	1.88	41.98	16.81	-6.11	-2.44	–	–	-0.0282	0.00	0.00	-249.75	-0.0282	8866.0000
306	600848	自仪股份	2352.88	1618.22	68.77	-10.93	-0.46	395.94	16.82	0.00	0.00	–	–	0.0713	328.52	101.55	1922.81	0.0583	32998.9165
307	600849	四药股份	801.14	798.53	99.67	5.26	0.65	10.08	1.25	-12.73	-1.59	–	–	0.0709	120.17	0.00	680.97	0.0600	11303.4870
308	600850	华东电脑	591.38	548.30	92.71	34.49	5.83	10.07	1.70	-1.48	-0.25	–	–	0.1183	88.71	0.00	502.68	0.1000	5000.0000
309	600851	海欣股份	5889.68	5516.77	93.66	32.94	0.55	371.16	6.30	-31.19	-0.53	–	–	0.3477	422.19	879.94	4587.56	0.2700	16941.0252
310	600852	中川国际	4110.63	4332.14	105.38	5.46	0.13	-122.51	-2.98	-69.31	-1.69	–	–	0.3753	274.54	0.00	3836.09	0.3500	10953.9068
311	600853	北满特钢	695.51	1020.40	146.71	357.44	51.39	19.30	2.77	-701.63	-100.88	–	–	0.0144	104.30	0.00	591.21	0.0120	48400.0000
312	600854	春兰股份	18536.70	17147.20	92.50	181.25	0.97	0.00	0.00	1.97	0.01	–	–	1.4043	2708.32	0.00	15828.38	1.2000	13200.0000
313	600855	北旅汽车	-2329.04	-2334.25	-100.22	-3.06	-0.13	5.55	0.23	2.73	0.12	–	–	-0.1455	0.00	0.00	-2329.04	-0.1450	16008.0000
314	600856	长百集团	1149.59	985.53	85.72	54.21	4.71	452.60	39.37	-342.76	-29.81	–	–	0.0881	249.84	0.00	899.75	0.0690	13052.6900
315	600857	宁波中百	863.33	170.92	19.79	564.64	65.40	187.39	21.70	-59.62	-6.91	–	–	0.0862	128.94	0.00	734.39	0.0700	10015.2000
316	600858	渤海集团	449.51	-349.40	-77.72	10.92	2.43	851.75	189.48	-63.76	-14.18	–	–	0.0370	67.43	-28.87	410.96	0.0340	12134.6720
317	600859	王府井	7337.34	4617.99	62.93	137.83	1.87	2576.32	35.11	5.20	0.07	–	–	0.3025	1125.35	7.96	6204.03	0.2560	24257.6027
318	600860	北人股份	3934.70	3473.60	88.28	-59.10	-1.50	470.90	11.96	2.00	0.05	47.30	1.20	0.0984	-622.00	66.30	3379.00	0.0840	40000.0000
319	600861	北京城乡	5900.96	4400.56	74.57	445.47	7.54	1507.05	25.53	-452.13	-7.66	–	–	0.2581	905.88	209.61	4785.47	0.2093	22860.0000
320	600862	南通机床	-855.24	-832.04	-97.28	-47.34	-5.53	4.01	0.46	2.38	0.28	–	–	-0.1150	-16.46	0.00	-838.78	-0.1128	7435.1985
321	600863	内蒙华电	6591.37	5044.36	76.52	0.00	0.00	1570.59	23.82	-23.57	-0.36	–	–	0.1187	753.18	0.00	5838.19	0.1050	55510.0000
322	600864	哈岁宝	1424.03	194.49	13.65	0.00	0.00	1377.33	96.72	147.79	10.38	–	–	0.1365	213.60	0.00	1210.43	0.1200	10431.4100
323	600865	百大集团	3303.54	2475.11	74.92	641.59	19.42	234.04	7.08	-47.20	-1.43	–	–	0.1450	495.21	0.00	2819.60	0.1240	22779.2500
324	600866	星湖股份	2983.94	2937.94	98.45	52.28	1.75	0.00	0.00	-6.27	-0.21	–	–	0.2571	447.59	0.00	2536.35	0.2200	11606.3360
325	600867	通化东宝	4218.00	4213.92	99.90	2.96	0.07	0.00	0.00	1.12	0.03	–	–	0.2433	578.29	0.00	3639.71	0.2100	17334.0297
326	600868	梅雁股份	5505.96	4847.88	88.04	306.33	5.56	329.70	5.98	22.05	0.40	–	–	0.1982	431.30	0.00	5074.66	0.1830	27776.2867
327	600869	青海三普	1536.55	1093.28	71.15	0.00	0.00	452.44	29.44	-9.17	-0.60	–	–	0.1280	202.04	10.22	3096.71	0.1104	12000.0000
328	600870	厦华电子	1039.65	938.55	90.27	108.79	10.46	0.00	0.00	-7.68	-0.74	–	–	0.0840	77.97	0.00	961.68	0.0800	12374.3250
329	600871	仪征化纤	9226.70	8317.60	90.14	0.00	0.00	0.00	0.00	909.10	9.85	–	–	0.0231	-1445.30	-130.00	7651.40	0.0190	400000.0000
330	600872	中山火炬	3448.79	985.70	28.58	502.69	14.57	1964.90	56.97	-3.62	-0.10	–	–	0.1279	243.85	0.00	3115.94	0.1160	26964.0540
331	600873	西藏明珠	487.31	425.11	87.23	0.00	0.00	80.00	16.41	-17.80	-3.65	–	–	0.0514	73.10	0.00	414.22	0.0440	9490.0000
332	600874	渤海化工	3105.80	1720.60	55.39	7.30	0.23	1375.90	44.30	-69.50	-2.24	–	–	0.0234	435.10	0.00	2670.70	0.0201	133000.0000
333	600875	东方电机	3609.85	3147.99	87.20	39.35	1.09	0.00	0.00	-69.25	-1.92	–	–	0.0802	541.48	0.00	3068.37	0.0700	45000.0000
334	600876	洛阳玻璃	-7978.08	-7107.46	-89.08	7.63	0.09	4.32	0.05	-882.57	11.06	-4511.08	56.54	-0.1140	-31.72	3498.72	-8009.80	-0.0640	70000.0000
335	600877	中国嘉陵	9825.61	10237.53	104.19	1572.84	16.00	-1870.85	-19.04	-112.04	-1.14	–	–	0.2385	553.82	0.00	8523.61	0.2100	41206.1600
336	600878	北大车行	1515.30	1129.15	74.51	1.99	0.13	378.15	24.95	6.01	0.40	–	–	0.0737	67.37	-2.71	1450.65	0.0705	20563.4788
337	600879	武汉电缆	417.02	384.62	92.22	1.12	0.26	5.00	1.19	26.29	6.30	–	–	0.0542	63.05	-3.33	357.30	0.0500	7687.3342

序号	代码	简称	97中期利润总额（万元）	主营业务利润		其他业务利润		投资收益		营业外收支净额		损益调整		每股利润（元）	所得税（万元）	少数股东权益（万元）	净利润（万元）	每股净利润（元）	97中期股份总额（万股）
				（万元）	%	（万元）	%	（万元）	%	（万元）	%	（万元）	%						
338	600880	四川电器	551.73	318.88	57.79	20.93	3.79	212.72	38.55	−0.80	−0.14	−	−	0.0763	50.85	0.00	500.88	0.0690	7232.2250
339	600881	亚泰集团	2964.70	2706.55	91.29	270.42	9.12	0.00	0.00	−12.37	−0.42	−	−	0.2350	490.32	10.30	2464.08	0.2000	12613.9014
340	600882	山东农药	2013.32	1784.70	88.64	116.24	5.77	113.21	5.62	−0.84	−0.04	−	−	0.1520	302.00	0.00	1711.32	0.1290	13248.1955
341	600883	云南保山	563.24	575.77	102.22	−6.90	−1.22	0.00	0.00	−5.62	−1.00	−	−	0.0828	190.87	0.00	377.36	0.0550	6800.0000
342	600884	杉杉股份	6469.79	6139.41	94.89	148.51	2.29	245.70	3.79	−63.83	−0.99	−	−	0.7596	1538.04	1060.72	3871.02	0.4540	8517.6000
343	600885	双虎涂料	−285.42	−428.62	−150.17	43.57	15.26	109.94	38.51	−10.31	−3.61	−	−	−0.0400	0.00	0.00	−292.55	−0.0400	7132.2600
344	600886	湖北兴化	9387.13	9120.43	97.15	17.85	0.19	0.00	0.00	−50.00	−0.53	298.85	3.18	0.7663	3097.75	0.00	6289.38	0.5130	12250.0000
345	600887	伊利股份	4556.41	4426.36	97.14	−28.03	−0.61	179.78	3.94	−21.71	−0.48	−	−	0.4542	675.14	0.00	3881.27	0.3869	10032.6858
346	600888	新疆众和	138.14	144.63	104.70	60.40	43.72	−55.75	−40.36	−7.23	−5.23	−	−	0.0134	24.94	0.00	113.20	0.0100	10338.9000
347	600889	南京化纤	565.17	473.08	83.70	15.27	2.70	136.94	24.23	−60.13	−10.64	−	−	0.0620	84.77	0.00	480.39	0.0527	9122.8977
348	600890	长春长铃	7296.95	3900.51	53.45	1344.43	18.42	1522.00	20.85	−293.61	−4.02	−	−	0.5048	822.07	1401.48	5073.39	0.3500	14455.0000
349	600891	秋林股份	2106.97	1866.34	88.57	225.75	10.71	2.17	0.10	−12.71	−0.60	−	−	0.2064	315.72	0.00	1791.25	0.1750	10210.0000
350	600892	石劝业	−204.72	−229.55	−112.12	26.30	12.84	0.00	0.00	−1.48	−0.72	−	−	−0.0405	0.00	0.00	−204.72	−0.0405	5050.0000
351	600893	吉发股份	4940.65	4780.02	96.74	165.90	3.35	2.70	0.05	−1.76	−0.04	−	−	0.2834	630.69	589.43	3720.54	0.2100	17433.1000
352	600894	广钢股份	3078.97	2736.12	88.86	1.86	0.06	483.19	15.69	−142.19	−4.62	−	−	0.0513	259.58	0.00	2819.50	0.0470	60000.0000
353	600895	张江高科	4349.53	3970.85	91.29	0.00	0.00	329.63	7.57	49.04	1.13	−	−	0.2900	582.89	0.00	3766.64	0.2510	15000.0000
354	600896	中海海盛	2739.68	2110.57	77.03	542.82	19.81	−52.39	−1.91	143.95	5.25	−	−	0.1643	202.41	0.00	2530.44	0.1520	16670.0000
355	600897	厦门机场	2385.94	2160.86	90.56	195.04	8.17	0.00	0.00	30.05	1.26	−	−	0.1105	366.34	0.00	2019.60	0.0935	21600.0000
356	600898	郑州百文	6241.56	3963.08	63.49	84.29	1.35	2193.99	35.15	0.21	0.00	−	−	0.4640	944.17	−80.55	5377.93	0.3900	13452.4130
357	600899	信联股份	3921.34	763.73	19.47	30.55	0.77	542.10	13.82	2585.08	65.92	−	−	0.2364	575.70	0.00	3340.72	0.2010	16590.0000
358	900929	国旅B股	2497.51	1644.14	65.83	0.00	0.00	825.95	33.07	27.42	1.10	−	−	0.2073	246.85	124.62	2126.04	0.1760	12050.5700
359	900935	金泰B股	−967.01	−1184.25	−122.46	16.97	1.75	200.00	20.68	0.28	0.03	−	−	−0.0522	0.00	0.00	−967.01	−0.0500	18530.0000
360	900936	鄂绒B股	8099.28	8152.27	100.65	−34.52	−0.42	0.00	0.00	−18.46	−0.23	−	−	0.1858	169.24	829.66	7100.38	0.1600	43600.0000
361	900939	汇丽B股	1197.51	806.31	67.33	260.36	21.74	114.09	9.52	13.74	1.15	−	−	0.0726	94.01	175.54	927.96	0.0560	16500.0000
362	900943	开开B股	4011.09	2958.40	73.75	174.85	4.35	105.00	2.61	772.84	19.27	−	−	0.2026	547.39	4.42	3459.28	0.1750	19800.0000
363	900945	海航B股	7331.59	6386.27	87.10	698.46	9.52	80.00	1.09	166.86	2.28	−	−	0.1556	336.80	10.99	7005.78	0.1490	47116.0001
364	900947	振华B股	6158.29	6053.93	98.30	58.97	0.95	0.00	0.00	45.39	0.74	−	−	0.1838	461.76	1.51	5695.02	0.2400	33500.0000
365	900948	伊煤B股	6321.51	6274.49	99.25	24.76	0.39	3.24	0.05	19.02	0.30	−	−	0.1727	874.06	0.00	5447.45	0.2700	36600.0000

中国证券大全

(1997)

A complete collection of securities in China

第十一卷

深圳证券交易所上市公司信息汇集

重要说明：为确保《中国证券大全》(1997) 所载资料的真实性、完整性，本卷基本上都是在遵循原文的基础上予以刊载各上市公司的公众信息资料，分别刊登在1997年10月31日前在两地证交所上市公司的招股说明书、上市公告书、96年年报、97年中报、企业简介及董事长与总经理的详细介绍（其具体刊载内容在目录中已有标注）。另有部分上市公司的公众信息资料因版面情况或该单位未及时协助提供等原因，而稍作删减或不全。其排列顺序按其来稿时间先后或股票代码顺序分类排列，在此一并说明。

深圳证券交易所上市公司概况

1996年9月份召开的深圳证券交易所第四次会员大会，总结深圳证券市场的发展经验，充分考虑香港回归后中国证券市场格局将发生变化的因素，站在新的历史起点，确定了深圳证券市场的发展目标：用15到20年的时间，进入国际主要证券市场的行列。

一、深圳证券交易所上市公司的发展

上市公司做为衡量证券市场发展的主要指标之一，回顾深圳证券交易所在短短几年的发展历程，我们可以看出深圳证券市场的巨大发展潜力。

1990年12月1日，深圳证券交易所成立并敲响了新中国41年历史中第一次股票交易的开市钟声，当时在深圳证券交易所挂牌上市公司只有5家，且均为深圳本地上市公司，1992年2月28日深南玻B股挂牌，行情通过路透社利用卫星向全球发布，此举标志着深圳股市踏上“国际列车”。同时随着同年12月异地上市公司“鄂武商”在深挂牌以后，深圳证券市场开始向全国性证券市场方向发展，上市公司和上市股票逐年增加，到1997年10月止，上市公司为360家，比1996年底增加118家，上市股票（含A、B股）为392只，比1996年增加122只。发行总股本由当初的1亿多股发展至至今800多亿股，年成交金额由当初17多亿元发展到1万多亿元。

1997年，在我国宏观经济政策向好的情况下，深圳证券交易所在努力做好对上市公司的规范和监管，增强公司透明度的工作，保证完成国家扩容任务的同时，也十分重视上市公司的质量，根据97年中期报告显示，新上市公司的经营业绩明显高于平均水平。在新上市的106家公司中，其中期业绩均每股收益为0.2193元，比深市平均每股收益的0.1576元高出39.15%，这说明一批属国家支柱产业、股本规模较大、业绩优良的公司为深圳证券市场的发展增添了新鲜血液。从整体来看，97年上市公司中期业绩比96年同期有明显提高，经营业绩较好的公司比重有所增加，平均每股收益达到0.1576元，比96年同期的0.1435元增长了9.83%。一些绩优公司继续保持良好的发展势头，一些经过资产重组的公司，展示了极大的发展潜力。

二、深圳证券交易所上市公司的特点

从1996年起，深市本地股一统天下的格局被逐步打破。随着全国各地，各行业的优秀企业纷纷加入股市，本地股所占比例份额也显逐渐下降趋势。

根据下表我们可以看出沪、深两地本地股所占比例情况（见下表）

	上海本地股	占本所比例（%）	深圳本地股	占本所比例（%）
95.12.31	92	49.00	52	42.00
96.12.31	101	35.19	57	25.11
97.6.30	103	30.03	63	20.19

（摘中国证券报）

1996年度上市的新发行股中，深圳本地新上市公司只有63只，只占深交所20.19%的比例，而中西部及经济欠发达地区新上市公司占较大的比例，新股额度向中西部倾斜，使得这些公司充分利用股市这一融资市场，带动地方经济发展，从以上可以看出，深圳市场已形成了全国性证券市场中心。

深沪两市新股对比分析（截止97.6.30日）（见下表）

交易所名称	上市家数	所占比例（%）	平均总股本（万股）	平均流通A股（万股）	平均每股收益（元）	净资产收益率（%）	总资产利润率（%）
深交所	85	60.28	17679	4609	0.345	21.47	11.05
上交所	56	39.72	12576	3738	0.319	26.82	12.98
两所	141	100	15659	4263	0.337	22.84	11.55

从上表可以看出，97年上半年新上市公司中深市占60.28%，沪市仅占39.72%，深市新股平均总股本比沪市大40.58%，平均流通A股大23.30%，在总股本大于3亿股的15家，新上市大型企业中，深市占12家，沪市仅3家，流通盘子前10名当中，深市亦占据8席。这从侧面说明，深市新股上市的活力显然要比沪股强劲，新股上市市场更加活跃。截止10月31日，深交所上市公司市价总值8300多亿元，上交所上市公司市价总值8690多亿元，沪深两家证交所在发展的进程中，逐渐靠近，平衡发展的趋势已不可逆转。

三、深圳证券交易所上市公司的发展远景

1. 深圳证券交易所的现代化建设给上市公司的发展提供了广阔的发展天地。

目前深圳证券市场有处于国际领先地位的具有先进、高效、安全的交易撮合及结算系统，尤其是进行的系统扩容和优化升级工作，可处理成交笔数750万笔，成交金额1000亿元，可容纳上市公司2000家。

2. 高速发展的市场规模为上市公司的发展奠定了良好的基础。

97年1至10月份深圳证券交易所新上市公司股票总额为70.19亿股，新上市的市价总值406亿元，比91年全年增长了114倍。

证券品种从单一性向多样化发展，其中有A股、B股、基金、认股权证、企业债券、国家债券、国债回购等。

3. 香港的回归使深交所上市公司的发展更具有活力和希望。

①香港回归使深圳本地上市公司的发展具有更大的机会。

香港作为国际金融中心，香港回归后可对深圳金融服务业、港口运输业、房地产业、高新技术产业的高速发展起到一定的推动作用，促进深圳的二次创业高潮的到来，与此相关的上市公司也将获得新的发展机会。

②香港回归对上市公司从根本上转变经营机制，建立和完善法人治理机制具有较大的促进作用。

香港回归后，将会进一步促进深圳市场经济的完善，在深圳上市的公司将会在越来越完善的市场经济环境中，相互影响、相互学习，不断促进，从而从根本上转化经营机制，建立完全适应市场经济的法人治理体系。

③香港回归后深圳上市公司可以率先进入国际证券市场。

香港回归后，深港证券市场合作不断加强，深圳证券市场的独特优势，决定了深圳市的对外开放先行一步，如深市的A股到香港联交所第二上市，深市的终端率先在香港设立，这些都会使深市的上市公司率先进入国际证券市场。

西安飞机国际航空制造股份有限公司

西安飞机国际航空制造股份有限公司(筹)招股说明书概要

一、绪言

本招股说明书根据《中华人民共和国公司法》、《股份发行与交易管理暂行条例》、《公开发行股票公司信息披露实施细则》等法律、法规有关规定及发行人的实际情况编写,旨在向境内公众投资者提供西安飞机国际航空制造股份有限公司的基本情况和股票发行与认购的各项有关资料。本公司筹委会已批准该招股说明书概要,全体筹委会成员确信其中不存在任何重大遗漏或者误导,并对其真实性,准确性,完整性负个别的和连带的责任。

本次新发行的股票是根据本招股说明书所载明的资料申请发行的,除发行人和主承销商外,没有委托或授权任何其他人提供未在本招说明书中列载的信息和对本招股说明书作任何解释或者说明。

投资人应自行承担买卖本公司股票应支付的税款,发行人,推荐人和承销商对此不承担责任。

二、释义

本招股说明书,除非文意另有所指,下列简称具有如下特定意义:

本公司(或发行人或西飞国际):指西安飞机国际航空制造股份有限公司,一家将在陕西省 注册成立的股份有限公司

筹委会:指西安飞机国际航空制造股份有限公司筹委会

西飞集团:指中国西安飞机工业集团,是国家第一批56家大型试点企业集团之一

西飞公司:指西安飞机工业(集团)有限责任公司,本公司的发起人,是西飞集团的核心企业,注册地为陕西省

西飞铝业:指西安飞机工业铝业股份有限公司

总公司:指中国航空工业总公司

中航技:指中国航空工业总公司属下的一个独立法人企业,全称为中国航空技术进出口总公司

民航材:指中国民用航空总局属下的一个独立法人企业,全称为中国航空器材公司

波音:指美国波音民用飞机公司,飞机代号为BOEING

空客:指欧洲空中客车飞机集团,由法国、德国、意大利、西班牙等4国联合组建,飞机号为A

法航:指法国宇航公司,飞机代号为ATR

麦道:指美国麦克唐纳—道格拉斯飞机公司,飞机代号为MD

德航:指德国戴姆勒—奔驰汽车公司的宇航空中客车分部,飞机代号A

加空:指加拿大民用航空飞机公司

雷神:指美国雷神飞机公司,飞机代号为1900D

转包生产:指承接国外飞机制造厂商的各类飞机零部件订货,并按照外商规定的技术、图纸、规格要求,制造并提供符合外商要求的飞机零部件生产

承包商:指承接国外飞机制造厂商各类飞机零部件订货的制造商

工装:指为制造大中型航空部件而必须使用的技术装备,一般指夹具、刀具、量具以及装配用的装配型架

(飞机)部件:指由若干个组合件经装配组合而成的结构件

垂直尾翼:指垂直安装于飞机后部上方的结构部件,它的作用是保持飞机的航向平衡与稳定,实现航向操纵

水平尾翼:指水平安装于飞机后部两侧的结构部件,它的作用是保持飞机的纵向平衡和稳定,并操纵飞机在飞行中的俯仰姿态

垂直安定面:指垂直尾翼前部的固定部分,它与方向舵一起组成垂直尾翼,是保证飞机航向平衡和稳定性的主要部件

水平安定面:水平尾翼前部的固定部分,它和升降舵一起组成水平尾翼,是保证飞机纵向平衡和俯仰稳定性的重要部件

风险承包:指承包商与外商共同投资、共担风险于一特定飞机型号项目上,并从中承接一部分飞机零部件的转包生产,通常从飞机型号的研究与设计阶段开始参与工作

干线飞机:指在空中主干航线上飞行的飞机,一般飞机座位较多,通常在100座以上,飞行于各大城市之间

支线飞机:指在空中支航线上飞行的飞机,一般飞机座位较少,通常在100座以下,飞行于各大城市与中小城市之间

补偿贸易:指国外飞机制造公司为推销其飞机产品,以飞机销价一定比例额度向购买飞机国采购其所需的特定返销产品

股票,指西安飞机国际航空制造股份有限公司即将发行的每股面值人民币1元的普通股股票

省政府:指陕西省人民政府

市政府:指西安市人民政府

证监会:指中国证券监督管理委员会

主承销商:指君安证券有限公司

元:指人民币元

三、本次发行的有关当事人

1. 发行人:西安飞机国际航空制造股份有限公司(筹)

住所:西安市高新技术产业开发区高新路火炬大厦

筹委会主任:王秦平

电话:(029)6846638

传真:(029)6202263

联系人:郝占富、李淼

2. 主承销商:君安证券有限公司

住所:深圳市春风路5号

法定代表人:张国庆

电话:(0755)2175560

传真:(0755)2296188

联系人:魏俊、陈采芹、李志凌

3. 副主承销商:航空信托投资有限责任公司

住所:北京市朝阳区惠新区新西街21号

法定代表人:池耀宗

电话:(010)64928189

传真:(010)64969692

联系人:周桂岩

4. 分销商:西安证券公司

地址:西安市西大街344号

法定代表人:王文学

电话:(029)7288440

传真:(029)7235117

联系人:崔燕、黄全成

分销商:中国国泰证券有限公司

住所:上海市浦东新区乳山路61号

法定代表人:金建栋

电话:(010)68498543

传真:(010)68483942

联系人:蔡朝录

分销商:中国东方信托投资公司

住所:北京市西城区西直门外高梁桥斜街18号中苑宾馆B楼

法定人代表人:唐棣华
电话:(0755)2293887
传真:(0755)2222249
联系人:杨国柱
分销商:大鹏证券有限责任公司
住所:深圳市深南东路333号信兴广场地王商业大楼八层
法定代表人:徐卫国
电话:(0755)2463388—8607
传真:(0755)2462021
联系人:宛楠

5.上市推荐人:君安证券有限公司
地址:深圳市春风路5号
法定代表人:张国庆
电话:(0755)2175560
传真:(0755)2296188
联系人:李志凌

6.发行人法律顾问:北京海问律师事务所
地址:北京市亚运村北辰东路住总3号院
法定代表人:何斐
电话:(010)64957040
传真:(010)64957038
经办律师:郭斌、赵燕

7.承销商法律顾问:信达律师事务所
地址:深圳市深南中路东风大夏二十一层
法定代表人:徐育康
电话:(0755)3200877转8171
传真:(0755)3243108
经办律师:李东民、靳庆军、麻云燕

8.财务审计机构:陕西岳华会计师事务所
地址:西安市商新技术产业开发区(西区)高新一路15号
法定代表人:李延成
电话:(029)8210426
传真:(029)8210411
经办会计师:刘席儒、王伟雄

9.资产评估机构:陕西资产评估公司
地址:西安市五星街36号
法定代表人:王益龙
电话:(029)7611347
传真:(029)7210441
经办评估人员:徐良善、王浩和

10.资产评估确认机构:国家国有资产管理局
地址:北京市海淀区万泉河路66号
局长:张佑才
电话:(010)62567744

11.土地评估机构:西安市地产估价事务所
地址:西安市环城南路东段30号
法定代表人:刘瑜
电话:(029)7803892
传真:(029)7893070
评估人员:冯铁军、鲁百顺

12.收款银行:中国建设银行陕西省分行
地址:西安市朱雀门里五味十字银苑大夏
电话:(029)7614816
传真:(029)7614810

13.股票登记机构:深圳证券登记有限公司
住所:深圳市红岭路25号
电话:(0755)5567889
传真:(0755)5571127

四、发行情况

1. 股票种类:本次发行的股票全部为"西飞国际"记名式人民币普通股,每股面值人民币1.00元。

2. 承销方式:承销商将采用余额包销本公司此次公开发行的6,000万股人民币普通股。

3. 发行方式:上网定价发行。

4. 发行地区:全国与深圳证券交易所联网的各证券交易网点。

5. 发行对象:在深圳证券交易所开户的符合中华人民共和国法律规定可购买人民币普通股的自然人和法人。

6. 发行日期:1997年6月6日

7. 发行价格及确认方法　发行价:6.15元/股　确认方法:按发行市盈率15倍,乘以1996年、1995年、1994年三年实际平均每股税后利润的算术平均值0.41元/股确定的价格

8. 上市地点:本次发行结束后,申请在深圳证券交易所挂牌上市

9. 募集资金:本次发行如获成功,扣除预计实收金额为35,700万元。

五、风险因素与对策

投资者在评价本公司此次发售的股票时,除本招股说明书提供的其它资料外,应特别认真地考虑下述各项风险因素。

1. 主要风险因素

(1) 经营风险

原材料和零、组件的采购与价格

本公司大中型航空部件转包生产所需的主要是零、组件,约占制造成本的70%。根据外商的要求主要从西飞公司定点采购,因此,采购渠道相对单一,可能对本公司的大中型航空部件转包生产带来不利影响。

西飞铝业铝合金型材生产所需的主要原材料是铝锭,约占制造成本的55%。铝是一种自然矿藏资源,储藏量有限,从目前市场情况看,其价格波动较大,可能会影响生产成本。

对主要客户的依赖

本公司生产的大中型航空部件产品,其最终用户是国际上主要的民用客机制造厂商,用户相对集中,1995年有7家,1996年有8家,其中对波音公司一家的销售额1995年为1,465万美元、1996年为1,070万美元,分别占当年转包生产总销售收入的93.3%和83.3%,因此本公司转包生产对主要用户有较强的依赖性,如主要用户停止或减少订购转包生产产品,将对本公司的主营业务产生不利后果。

电力供应的风险

陕西省电力资源紧张,可能对本公司的生产产生一定影响。

产品价格的风险

本公司生产的大中型航空部件的销售价格在转包合同中已事先约定,供需双方不得随意变动,由于转包合同在一定时期内可连续执行,因此有可能由于生产成本上升而导致利润下降;铝型材价格随行就市,波动性较大,因此其利润也将随之而波动。

产品销售环节风险

本公司成立后,转包生产产品将销售给西飞公司,再由西飞公司对外销售,由于销售的中间环节增多,可能导致货款回笼慢,间接影响本公司生产。

补偿贸易额度

本公司转包生产业务目前大部分来自于我国从国外购买民用飞机所带来的补偿贸易额度,如果本公司将来不能获取足够的补偿贸易额度,可能会影响本公司的转包生产。

产品结构的风险

西飞铝业目前产品主要有建筑、汽车制造和航空制造等行业用型材,其中大部分是建筑用型材。

技术更新换代的风险

由于铝合金型材生产技术发展较快,目前西飞铝业的铝合金型材产品生产技术虽然在国内处于领先地位,也不排除被更先进的技术所代替的可能性。

融资能力的风险

目前本公司资金主要依赖银行贷款解决,如果国家实行从紧的金融政策,将会对本公司的融资能力带来影响。

汇率风险

随着中国市场经济的深入发展,人民币与外汇自由兑换将成为必然,因此,不排除汇率出现较大波动的可能性。而目前本公司零、组件和其它部分原材料采购以及转包生产产品收入是以外币定价,人民币结算,其中1994年—1996年本公司原材料采购用汇450万美元;产品销售出口创汇约4100万美元。因此,汇率的波动会对本公司的经营成果带来影响。

(2)行业风险

环保风险

西飞铝业的铝合金型材生产会对环境产生一定污染,国家在环保方面的限制较严,如果西飞铝业对环境的污染超过国家的规定标准,可能会被停产和限产。

行业内部竞争

转包生产的竞争性主要包括两方面,其一,波音等国际知名的飞机制造公司在世界范围内拥有众多的承包商,承包商之间存在较激烈的竞争;其二,国内除本公司外,还有其他飞机制造商也在积极扩大转包生产规模,如本公司1994年—1996年转包生产占航空工业内部比重分别为36.90%、37.70%、21.10%。因此,虽然目前各厂商之间的产品不同,但不排除今后彼此之间竞争的可能性。

目前西飞铝业生产的被国家列为不宜鼓励发展的一般建筑用铝合金型材产品约占总产量的70%,而国内生产同类产品的生产厂家较多,行业内竞争十分激烈。

(3)市场风险

经营商业周期的风险

国际市场上客机销售状况受到国际经济发展周期的影响,转包生产的订货情况将随之受到影响。

铝合金型材的销售也受经济发展周期的影响。

市场分割的风险

由于本公司的转包生产技术先进、产品质量高,被外商认定为波音737—300垂直尾翼、空客检修门、加空CL415等部件产品的主要承制厂商和波音747组件产品的唯一承制厂商,取得了部分稳定的市场份额,而在世界范围内有众多从事转包生产的企业,不排除本公司已具有的市场份额被其他企业所瓜分的可能。

"西飞"牌铝合金型材主要销往华东、东北、西南、西北等地区,由于市场竞争激烈,所占市场份额,直接取决于产品的质量、品种和价格,存在着市场分割的风险。

相关行业制约因素

本公司的生产发展受航空运输、房地产、建筑业、汽车制造等相关行业发展的制约。

行业生产能力、市场容量的限制。

目前国内建筑用铝型材生产能力约90万吨,而1996年市场实际需求约为70万吨,因此,部分铝型材产品生产厂家存在着生产能力过剩,开工不足的现象。

对海外市场的依赖

本公司的转包生产产品全部销往国外。不同国家的市场准入原则、市场发育完备程度的差异将会影响到本公司转包生产产品的出口。

(4)政策性风险

国家宏观调控政策如:指导性价格、电价、税收、利率等政策,将会影响到本公司的生产经营和经济效益。

可以预见,我国将于不久的将来加入世界贸易组织,国内铝型材产品将面临国际同类产品的竞争。

(5)政治风险

我国属于第三世界发展中的社会主义国家,与当今世界发达国家的社会制度完全不同,因此,可能会由于政治、经济和外交政策的差异产生不同层次的贸易壁垒,进而影响到本公司转包生产产品的出口。

(6)股市风险

中国证券市场尚属初级阶段,投资者在选择投资本公司股票时,还应充分考虑涉及到股票市场的各种风险。公司股票的交易价格可能受到国家政治、经济政策及投资者的心理因素及其他不可预料事件的影响,因此,股价的变动不仅取决于企业的经营状况和业绩,投资者对此应有充分的心理准备。

(7)其他风险

本次募股资金投向新项目的风险

本次募股资金主要投入波音737至700垂尾项目、ATR72机身第16段及舱门、EMB145机身中段技术改造,铝型材表面处理、铝型材挤压、航空及车辆装饰用铝型材和PVC塑料薄膜复合板等生产线技术改造。投资转包生产技术改造的项目,其产品用户比较固定,适应范围较窄;目前铝型材市场竞争激烈,投资铝型材生产线的技改项目,具有一定风险;PVC塑料薄膜复合板是高新技术产品,尚待市场考验。

大股东控股的风险

本公司的最大股东为西安飞机工业(集团)有限责任公司,本次发行完成后将持有本公司64.71%的股份,处于绝对控股地位,不排除今后对本公司的决策和经营等方面产生一定的影响。

独立经营方面的不足

本公司转包生产大中型航空部件所需的设计图纸、技术、工艺均由外商提供,其专有权属外商所有,本公司只能按外商要求组织生产,其生产经营方面的依赖性较强。

其它

本公司不排除因政治、经济、自然灾害等不可预见因素对公司经营带来不利影响的可能性。

2.主要风险对策

针对以上风险和影响,本公司将积极采取以下措施,将风险和影响因素降低到最小程度:

(1)针对上述经营风险,本公司将采取以下措施:

主要原材料和零、组件供应和价格风险的对策

为了保证转包生产所需零、组件的正常供应,一方面本公司已与西飞公司签订了供货协议;另一方面,随着转包生产的发展,本公司将开展对自己供货商的认证工作,力求保证稳定的供货渠道。

西飞铝业将通过期货市场套期保值等手段,以规避铝锭供应及价格波动的风险。

对销售客户依赖风险的对策

本公司将进一步强化管理,提高产品质量,积极尝试风险承包,增强转包生产的吸引力,争取在稳定现有客户的基础上,进一步开发新客户。

电力供应风险的对策

针对电力供应紧张,省政府明确表示不管电力紧张与否,均保证西飞公司及其下属公司的生产所需;同时,西飞公司发电厂一期工程已投入运行,电力供应紧张的矛盾基本得到缓解;待二期工程投入运行后,将从根本上解决西飞铝业电力供应紧张的矛盾。

产品价格风险对策

今后本公司将敦促西飞公司在签定转包合同时,充分考虑物价上涨因素,尽可能采用浮动价格。

西飞铝业将通过节能降耗,提高劳动生产率等手段来降低产品生产成本,提高产品市场竞争力。

产品销售环节影响对策

a、在现有的转包合同项下,本公司产品将通过销售协议直接销售给西飞公司,由西飞公司销售给国外飞机制造商,并在销售协议中明确回款时限。

b、对于今后的转包合同,本公司将积极创造条件力争作为承包商或直接参与转包合同的签订,以减少销售的中间环节和资金的在途时间。

补偿贸易额度

从近期看,仅凭我国现有的转包生产能力远远满足不了已从国外购机所带来的补偿贸易额度生产需要,从长远看,本公司将努力争取总公司的支持,尽量获得补偿贸易配额,并以强化管理、提高产品质量为前提,争取成为更多产品的世界唯一承制厂商,掌握直接进入市场取得转包合同的主动权。

产品结构风险的对策

本公司将适应国家产业政策要求,继续加大科技投入,加快调整产品结构,并不断开发国家鼓励发展行业急需的高技术含量、高附加值、高档次、系列的产品,以增加本公司产品的市场抗风险能力。

技术更新换代风险对策

本公司控股的西飞铝业一直注重铝合金型材技术的研究和开发，及时引进同行先进技术，继续巩固和保持铝合金型材产品生产技术在业内的领先地位。

融资能力风险对策

本公司将开辟包括银行借款、其它金融机构借款、股票筹资、企业债券、招商引资等多条融资渠道，以满足本公司日益发展的业务需要。

汇率变动的对策

面对可能的汇率风险，本公司将选择人民币或其它有利于本公司经营的币种作为合同结算的币种，以抵减汇率风险影响。

(2)行业风险的对策

面对行业风险，本公司将通过技术革新和挖潜改造来提高公司整体技术水平；通过技术进步和技术引进，不断开发新品种，做到“生产一代，试制一代，预研一代”，并在此基础上实施“产品差异化战略”，以增强本公司产品在市场上的竞争能力。

环保因素

西飞铝业设有水处理系统，对废气、废渣及噪声也有专门设施进行处理，获得了《建设项目环境保护设施验收合格证书》。

行业内部竞争

本公司将充分利用自身转包生产历史悠久、技术力量雄厚、国际信誉好以及产品质量高等优势，继续参与国际间同行业竞争；同时凭据自身的实力，主动出击，力争从我国补偿易额度中获得较多的份额。

虽然目前铝型材市场供大于求，但西飞铝业生产的西飞品牌合金型材由于质量可靠依然供不应求，说明该产品有较强的竞争力。同时西飞铝业将充分利用现有生产能力、管理优势、技术优势、市场优势和资金优势不断开发出国家产业政策支持和鼓励发展行业所需的高质量、低消耗优质型材系列产品，调整产品结构，形成铝合金型材产品的系列化和生产的规模化，从而通过降低产品成本等途径保持和强化已有的市场优势，拓宽销售渠道。

(3)市场风险对策

经营商业周期风险的对策

本公司将对本公司生产经营有关的政治、经济形势和商业周期进行全面、客观、综合地分析，并在此基础上，制定出经营发展计划，选择一些技术先进、市场潜力大、商业周期长、回报率高的项目和产品进行投资，避免由于商业周期的原因而给本公司带来不必要的损失。

市场分割风险的对策

本公司将立足长远，积极参与国际间的风险承包和合资合作，以不断提高自身的技术水平和转包生产产品质量，力求以高质量的产品、优质的售后服务和良好的企业信誉取胜于用户，争取成为更多产品的唯一承制厂商和主要承制厂商，从而获得更多的转包生产产品市场份额。

西飞铝业将进一步加快技术革新，提高产品质量，增加产品品种，提高售后服务，在稳定现有市场的前提下，扩展新市场。

相关行业制约风险的对策

一方面将加大铝型材产品的科技投入，开发出市场急需的铝合金型材系列产品；另一方面将研究国家不同时期的产业政策，有计划地开发一些国家产业政策鼓励发展行业所需的产品；同时积极参与国际间的竞争，把铝合金型材产品推向世界市场。

行业生产能力、市场容量限制的对策

目前，铝型材市场容量有限，但由于本公司控股的西飞铝业生产的铝合金系列产品是在航空技术和日本先进的生产技术相结合的基础上开发生产的，其质量稳定可靠，市场供不应求；同时将注重开发适用于航空、汽车(高级豪华客车)等行业生产所需高档次、多规格的铝型材产品，以适应不断变化的市场需求。

对海外市场的依赖

为适应转包生产产品市场竞争需要，本公司将充分利用在行业内所处的优势地位，以企业良好的信誉和卓越的形象为基础，以提高产品质量为前提，在巩固现有市场基础上，积极拓展，全方位、多元化扩大市场份额，以保持本公司恒久的业内领先地位。

(4)政策性风险的对策

作为交通运输行业之一的航空运输业，是国家鼓励发展的产业，因此，本公司将积极利用各种有利条件，获取国家更多的优惠政策。

西飞铝业将以加入世贸组织为契机，积极走供销“两头”在外的发展之路，充分挥国内劳动力价格低等优势，主动参与国际市场竞争。

(5)政治风险对策

本公司将充分利用在行业内所处的优势地位，在加大科技投入、提高产品的技术含量、质量水平的前提下，力争在更多项目上获得唯一承制厂商资格，以规避由于社会制度、政治、经济、外交等政策差异给本公司带来的生产经营风险。

(6)股市风险

本公司一方面将积极采取措施，不断开辟新的利润增长点，保持利润的稳定增长；另一方面，认真履行信息披露职责，杜绝内幕交易，使投资者及时了解本公司的经营状况和重大事件。

(7)其他风险

募集资金投向新项目风险的对策

本公司将充分利用其自身管理项目的先进经验，力争以最短的时间、高要求、高标准完成项目建设，同时，进一步做好产品的市场调查和人员培训工作，力争以高技术含量、高质量、高附加值产品和良好的售后服务接受市场的考验。

大股东控制风险的对策

西飞公司作为本公司的控股股东，承诺将严格按照《公司法》中的有关规定，维护全体股东的合法权益，不利用控股地位作出不利于其他股东的行为。

独立经营方面不足风险的对策

通过国外大中型航空部件转包生产，不断吸收和消化国外先进民航飞机制造技术，同时积极参与国际间的风险承包，以提高本公司民用飞机的研究、开发和制造技术水平。

其它

本公司将通过加强管理，提高风险意识以降低政治、经济、自然灾害等风险因素带来的不利影响。

六、募集资金的运用

1.募集资金的运用

本次A股发行扣除发行成本后预计可募集资金35,700万元，计划作以下用途：

(一)大中型航空部件产品生产线的技术改造

(1)、波音737至700飞机垂直安定面等项目技术改造，投资16,472万元，其中银行贷款4600万元。该项目于1997年4月已经国家经济贸易委员会以国经贸改(1997)221号文《关于西安飞机工业(集团)有限责任公司转包生产技术改造项目可行性研究报告批复》获取了批准。

该项目是在原有生产线的基础上进行改造的，主要用于提高公司波音737至700飞机垂直安定面、法航ATR至42飞机外翼盒、麦道MD90至30飞机机翼4组件的生产能力，项目建成后，将分别形成年产波音737至700飞机垂直安定面84架份、法航ATR42飞机外翼盒24架份和麦道MD90至30飞机机翼4组件36架份的生产能力。本项目固定资产投资14,972万元，建成后预计年新增销售收入28,336万元，新增利润4,888万元，投资回收期为6.2年，项目投资利润率15.29%，预计自开工之日起24个月内建成。

(2)、转包生产ATR72机身第16段及舱门技术改造，总投资4,500万元(折合为500万美元)。该项目于1997年1月15日已经中国航空工业总公司以航空计(1997)43号文《关于转包生产ATR72机自第16段及舱门技术改造可行性研究报告的批复》获取了批准。

项目建成后将形成年产30架份ATR72机身第16段和年产50架份的ATR72、ATR42舱门的生产能力。

本项目固定资产投资4.210万元，建成后年新增销售收入6,180万元，新增利润1,212万元，投资回收期4年，项目投资利润率26%，预计自开工之日起12个月内建成。

(3)、转包生产EMB至145机身中段技术改造，总投资2,962万元(含59万美元)

该项目于1997年1月15日已经中国航空工业总公司以航空计(1997)44号文《关于转包生产EMB至145机身中段技术改造可行性研

究报告的批复》获取了批准。

项目建成后将形成年产48架份EMB至145飞机机身中段的生产能力。

本项目固定资产投资2,812万元,建成后年新增销售收入3,978万元,新增利润551万元,投资回收期为4.5年,项目投资利润率18.6%,预计自开工之日起12个月内建成。

(二)航空及其它民用铝合金系列型材产品生产线技术改造

1996年12月20日西飞公司董事会作出决议同意西飞国际将以其募集的1亿元左右的资金投入西飞铝业,并以评估后的每股净资产值折价入股;西飞铝业董事会于1996年12月23日讨论通过同意西飞国际向西飞铝业投入1亿元左右的资金,并以评估后的每股净资产值折价入股;西飞铝业于1997年2月2日召开临时股东大会,讨论通过了西飞国际以9,030万元资金投入西飞铝业,并按评估后的每股净资产值1.29元/股折为7,000万股,本决议已于1997年3月4日经陕西省经济体制改革委员会以陕改发〔1997〕10号《关于同意西安飞机工业铝业股份有限公司1997年度增资扩股的批复》获得批准。本公司投入西飞铝业的9030万元主要用于:

(1)第一条表面处理生产线技术改造,项目总投资3,500万元(含外汇300万美元)。

该项目已于1995年10月12日经西安市经济委员会以市经发(1995)420号文《关于西安飞机工业公司第一条型材表面处理生产线技术改造项目可行性研究报告的批复》获取了批准。

项目建成后将新增年产4,000吨型材表面处理的生产能力。

本项目固定资产投资3,200万元,建成后年新增销售收入10,240万元,新增利润1,050万元,投资回收期为4年,项目投资利润率27.63%,预计自开工之日起12个月内建成。

(2)"九五"期间铝型材挤压生产线技术改造,项目总投资4,510万元(含外汇250万美元)。

该项目于1996年12月15日已经陕西省经济贸易委员会以陕经贸改(1996)741号文《关于西安飞机工业铝业股份有限公司"九五"期间铝型材挤压生产线技术改造项目可行性报告的批复》获取了批准。

项目建成后将新增年产10,000吨挤压型材的生产能力。

本项目固定资产投资4,460万元,建成后年新增销售收入18,400万元,新增利润1,500万元,投资回收期为3.5年,项目投资利润率33.3%,预计自开工之日起24个月内建成。

(3)客车及航空装饰材料生产线技术改造,项目总投资2,950万元(含外汇250万美元)。该项目于1996年12月15日已经陕西省经济贸易委员会以陕经贸改(1996)742号文《关于西安飞机工业铝业股份有限公司客车及航空装饰材料生产线技术改造项目可行性研究报告的批复》获取了批准。

项目建成后将新增年产5,000吨客车及航空装饰型材的生产能力。

本项目固定资产投资2,950万元,建成后年新增销售收入13,700万元,新增利润1,580万元,投资回收期为4.5年,项目投资利润率33.6%,预计自开工之日起24个月内建成。

(三)PVC塑料薄膜复合板技术改造,总投资2,750万元。

该项目于1996年12月16日已经西安市经济委员会以市经发(1996)307号《关于西飞公司"PVC塑料薄膜复合板技术改造"项目可行性研究报告的批复》获取了批准。

项目建成后将形成年产PVC塑料薄膜复合板200万平方米的生产能力。

本项目新增固定资产投资2,620万元,建成后年新增销售收入21,000万元,新增利润2100万元,投资回收期为4.2年,项目投资利润36%,预计自开工之日起18个月内建成。

(四)补充国际航空部件厂生产所需流动资金4,586万元。

1、本公司属下的国际航空部件厂即将从西飞公司分离出来,今后其生产所需流动资金全部靠本公司解决。

2、国际航空部件厂的转包生产产品,其最终用户在国外,产品销售的中间环节多,资金回笼较慢,占用资金量较大。

3、新投入的三个大中型航空部件产品生产技改项目和PVC塑料薄膜复合板技术改项目基本未考虑生产所需流动资金。

基于以上原因,本公司将本次募集资金中4,586万元,用于补充本公司属下国际航空部件厂生产所需的流动资金。

2、募集资金投向汇总表

如本公司本次股票发行成功,资金投放安排如下表所示:

单位:万元

项目名称	投资总额(万元)	固定资产投资(万元)	本次募集资金投入(万元)			预计竣工时间	新增利润预测(万元/年)
			合计	第一年	第二年		
转包生产技术改造项目	16,472	14,972	11,872	10,000	1,872	1998年2季度	4,888
ATR-72机身第16段和舱门技改项目	4,500	4,210	4,500	3,600	900	1998年2季度	1,212
EMB-飞机机身中段技改项目	2,962	2,812	2,962	2,190	772	1998年2季度	551
第一条表面处理生产线技术改造项目	3,500	3,200	3,500	2,500	1,000	1998年4季度	1,050
九五铝型材挤压生产线技改项目	4,510	4,460	2,580	2,580	0	1998年4季度	1,500
客车及航空装饰用型材生产线技改项目	2,950	2,950	2,950	1,000	1,950	1998年4季度	1,580
PVC塑料薄膜复合板生产线	2,750	2,620	2,750	2,750	0	1998年4季度	2,100
补充流动资金	4,586	0	4,586	4,000	586		
合计	42,230	35,224	35,700	28,620	7,080	—	12,881

上述项目资金运用轻重缓急以项目排列顺序为准。

截止1997年底未投入项目的闲置资金7,080万元,暂时用于补充流动资金、偿还短期贷款等;

以上项目总投资42,230万元,用本公司募集资金投入为35,700万元,尚缺6,530万元,其中波音737—700垂直安定面等项目技术改造所缺4,600万元,由本公司从银行贷款中解决,九五铝型材挤压生产线技改项目所缺1,930万元由西飞铝业自筹解决。

七、股利分配政策

1.股利分配将遵循同股同权的原则

2.公司税后利润在弥补亏损后,按下列顺序分配:

提取法定公积金

提取法定公益金

提取任意公积金

分配股利

3.根据本公司章程的规定,法定公积金按税后利润的10%提取,法定公益金按税后利润的5%—10%提取,任意公积金的提取方案由本公司董事会根据有关法规和公司章程并视公司的财务状况提出方案交股东大会通过。

4.每年度是否派发股利,派发股利数额、方式、时间以及是否中期分红,须由董事会根据经营状况提出分配方案,经股东大会审议通过后执行。股利分配以经审计之财务报告所反映的税后利润数额为依据。

以上股利分配政策和发行人在发行股票后第一个盈利年度的股利分配案,尚待由发行人创立大会所通过的公司章程及选举出的董事会予以确定。

本公司首次派发股利(含滚存利润)时间预计为1998年二季度以前。

八、发起人情况

1、发起人名称:西安飞机工业(集团)有限责任公司

2、发起人简介

西飞公司的前身是陕西省机械厂,后更名为国营红安机械制造厂、航空工业部西安飞机制造公司,1989年7月与西安飞机设计研究所合并更

名为航空航天工业部西安飞机工业公司，后经国务院批准以航空航天工业部西安飞机工业公司为核心企业，成立了全国首批56家试点企业集团之一的中国西安飞机工业集团；1996年6月14日经中国航空工业总公司航空企〔1996〕599号文同意在原中国航空工业总公司西安飞机工业公司的基础上改组为西安飞机工业（集团）有限责任公司。

经过近40年的发展，西飞公司不断壮大，是集军机、民机、国外航空零部件转包和非航空民用产品研制生产为一体的国家特大型企业，被国家经贸委确定为国家重点联系的千户国有大中型企业前500户，是我国大中型飞机研制生产和机电产品出口基地，国内目前唯一投入航运的民用支线客机生产厂家；是总公司首批现代企业制度试点单位之一，截止1996年12月31日西飞公司共获得国家级科技成果奖24项、部级科技成果奖237项、省级科技成果奖6项，1995、1996年连续两年经济效益名列我国航空工业企业前茅。

西飞公司是总公司所属集科研、生产一体化的大型飞机骨干研制生产企业，是航空工业系统最早获得国家"一级企业"称号的企业之一，是总公司首批现代企业制度试点单位之一，截止1995年，西飞公司在航空工业企业经济效益综合评价中，各项经济技术综合指标均名列前茅。

西飞公司先后设计、试制、改进改型了军用、民用等30种型号的飞机，先后生产了运七及其改进、改型近20种飞机，交付各种军民用飞机数百架。

1986年4月由西飞公司研制生产的我国第一代支线客机—运七飞机首次在合肥投入客运航线，从而结束了外国飞机独占中国民航客运的历史。目前西飞公司是我国唯一投入航线运行的支线客机生产厂家。运七飞机自投入营运以来，安全飞行超过50万小时50万次起落，成为中国民航的最大机群。

西飞公司从八十年代开始，抓住有利时机，率先走出国门，积极开拓国外航空零部件转包生产。目前，西飞公司的转包生产涉及国外先进飞机制造公司的近10种飞机，共有110多种加工技术分别获得波音、加空、法航、意航等厂商的认可，其中41项特种工艺被音波列入向世界公布的D1—4426号文件中，大大提高了西飞公司在国际航空制造界的知名度，缩短了中国与世界先进飞机制造企业的差距，同时成为中国航空工业系统国外航空零部件转包生产创汇最多的企业之一。

在我国干线飞机机体生产中，西飞公司约占全机制造工作量的40%；在中国和国外合作生产100座支线客机的生产中，西飞公司占到中方总制造工作量的1/3以上。

九、发行人情况

1.发行人名称：

中文名称：西安飞机国际航空制造股份有限公司（筹）

英文名称：XI,AN AIRCRAFT INTERNATIONAL CORPORATION（缩写为：XAIC）

2.本公司名称于1997年1月10日以陕名称预核（1997）第M524号预先核准。

3.拟注册地：陕西省

4.总部地址：陕西省西安市高新技术产业开发区高新路火炬大厦

5.发行人历史沿革

本公司是由西飞公司以其下属的国际航空部件总厂的经营性资产和其持有西飞铝业的40.12%的股权及相关权益进行资产重组，采取独家发起，募集设立的股份有限公司。本公司的主营业务为生产和销售大中型航空部件、飞机专用和其它民用铝合金系列产品。

本公司属下的国际航空部件厂原是西飞公司下属生产国外大中型航空部件的骨干厂，该厂最早由国外飞机制造商来图来料加工、来图购料加工发展到目前参与国际间风险承包的新阶段。自1982年组建以来，先后为美国波音公司、加拿大航空公司、美国麦道公司、意大利航空公司、法国宇航公司、欧洲空中客车公司、德国宇航公司等世界著名飞机制造商生产了大量的大中型航空部件，是波音737—300型垂直尾翼、空客检修门和加空CL415等部件转包生产产品的主要生产厂商；根据波音亚洲采购部总代表确认该厂为世界唯一承制波音747组件的厂商，该厂为波音公司承制的波音737—300前检修门累计1500架份无一拒收，加拿大航空公司对本公司生产的产品实行免检，其转包生产的制造水平达到了国际同行业当代先进水平。本公司控股的西飞铝业，为本公司的唯一下属控股企业，其前身西安飞机工业公司铝型材厂是西飞公司下属的独立核算单位，于1985年成立，该厂铝合金型材生产从模具制造、熔铸、挤压到表面处理制造过程，全部引进日本先进生产技术。1994年4月从西飞公司分立出来具有独立法人资格的企业，同年12月17日经陕西省人民政府陕政函〔1994〕211号文批准通过股份制改造，由西飞公司与西安飞机工业集团财务公司、西飞集团进出口公司、西安飞机工业物资供销储运总公司、西安飞机工业新事业公司、西安飞机工业长安公司和17489名自然人股东（大部分为西飞公司及其下属公司的职工）共同发起设立的西安飞机工业铝业股份有限公司，总股本为11,007.6万元，并于1994年12月23日完成工商登记注册。从西飞铝业成立日起，17489名自然人发起人股份在西安飞机工业集团财务公司统一集中管理，并于1997年5月经总公司航空企〔1997〕436号文确认。西飞铝业生产"西飞牌"建筑用型材，已销往全国29个省市自治区，先后于1988年获得了省、部优秀产品奖，1989年8月陕西省标准局向西飞公司颁发了《产品采用国际标准验收合格证书》，1995年西飞铝业生产的"西飞牌"建筑铝型材和铝合金门窗被评为陕西省名牌产品，同年被全国建筑装饰装修材料协会、中国工业设计协会建材工业设计委员会推荐为"特别推荐名牌产品"，1996年通过了中国新时代质量体系认证中心ISO9001认证。

1997年4月18日，经国家经济体制改革委员会体改生〔1997〕第50号文，同意设立本公司。

6.重组及公司结构

（1）重组

根据发起人1996年11月3日董事会决议，对西飞公司进行局部改组。

A、资产划分：以西飞公司下属的国际航空部件总厂之经营性资产和其持有西飞铝业的4416万股股权进行重组，将国际航空部件厂工艺流程所使用的机器设备、工艺装备、214厂房等经营性资产，划入西飞国际，其余留在西飞公司。

资产和负债的划分原则及基准日：重组资产在评估基准日1996年12月31日经评估确认后为：资产总额46,919.87万元，负债33,470.87万元，净资产13,449.00万元。

西飞国际与西飞公司各自所需承担的资产、负债债仅、债务均按双方签订了《资产投入协议》订明的基准日在生效日分别划入西飞国际和保留在西飞公司，归双方各自拥有和承担。

B、土地使用权和房产权处理：西飞国际生产经营所占用的土地和使用10号厂房由西飞国际通过与西飞公司签订的《土地使用权租赁协议》和《房产租赁合同》确定土地、房产的使用及租赁费用结算；西飞国际生产经营所使用的214厂房等的资产经评估后进入西飞国际。

C、生产辅助系统的处理：西飞公司现有的动力、运输部门不进入西飞国际。西飞国际与西飞公司签置的《综合服务协议》和《飞机零组件供应协议》来确定西飞国际有偿使用水、电、汽及运输等生产辅助系统及零组件应结算办法。

D、后勤服务系统的处理：西飞公司现有的后勤服务系统不进入西飞国际，西飞国际将依据与西飞公司签署的《综合服务协议》确定后勤服务系统（包括保卫、食堂、学校等）事项和费用结算。

1997年1月3日经总公司批准本公司成立了筹委会，并于1997年1月10日经陕西省工商行政管理局陕名称预核〔1997〕第M524号文核准本公司名称。1997年3月6日筹委会根据资产评估确认后的结果作出决议，西飞公司的出资额为13,449万元，折合股份为11,000万股。本次发行后的本公司股权结构见本说明书之第十五部分。

（2）公司的组织结构和内部管理机构

股东大会为本公司的最高权力机构；董事会为公司的经营决策机构，总经理负责本公司的日常生产经营等管理事务；监事会是公司的监督机构，对董事会及其成员和经理等高级管理人员行使监督职能。

本公司成立后，将设五个职能部门，一个厂、一个下属控股公司，具体结构见附图。

本公司成立后将依法在陕西省注册登记，国际航空部件厂是本公司的下属生产单位。如果本公司完成对西飞铝业注资后，西飞铝业将依法

变更为本公司的绝对控股子公司。本公司届时的内部架构及其与发起人之关系如下图：

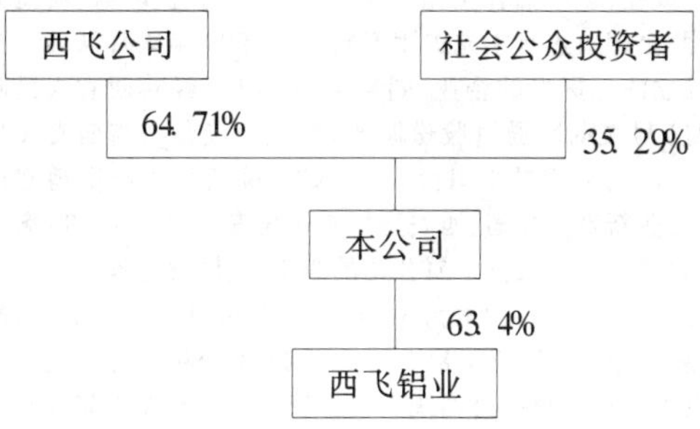

7、主要业务构成

本公司主要有大中型航空部件和铝合金型材等产品，各项产品销售收入占总收入比例：

类别	产品名称	1994	1995	1996
	波音737－300垂直安定面	35.08	22.48	16.05
	波音737－300水平安定面	12.62	14.54	18.49
	波音737－300前检修门	0.72	0.53	0.93
大中型航空部件	法航ATR－42翼盒	0.79	1.20	5.51
产品收入占营业	波音747后缘肋组件	1.74	1.68	2.41
收入(%)	加空CL415组件	—	0.39	1.28
	麦道MD90－30的1060框	—	—	0.53
	法航空客检修门	0.65	0.34	0.4
	铝合金型材产品收入占营业收入(%)	48.4	58.84	54.40

8、经营范围及主要业务

本公司即将注册登记的经营范围：飞机及其他飞行器零部件的设计、试验、生产、销售及相关业务和进出口贸易；航空及其他民用铝合金系列产品和装饰材料的开发、设计、研制、生产、销售以及相关的技术服务。

9、主要产品及其生产能力

本公司及其下属企业主要产品及实际年生产能力如下表：

类别	产品名称	1994	1995	1996
	波音737－300垂直安定面	83	67	59
	波音737－300水平安定面	28	42	63
	波音737－300前检修门	65	60	120
大中型航空部	法航ATR－42翼盒	2	2	20
件产品	波音747后缘肋组件	18	28	44
(架份)	加空CL415组件	-	2	10
	麦道MD90－30的1060框	-	-	20
	法航空客检修门	45	23	30
小计		241	224	366
铝合金型材(吨)		4883	6254	7805

本公司产品主要用于飞机制造、汽车、家电及建筑、装饰等行业，市场遍及国内及世界市场。

本公司及控股的西飞铝业的主要产品及生产能力为(1)大中型航空部件，主要有：波音737机垂直尾翼、水平尾翼，法国ATR－42飞机外翼，波音747飞机翼后缘及部分组件，欧洲空中客车飞机检修门复合材料组件，麦道MD－90飞机1060框，加空CL415组件等产品，年生产能力为960架份；(2)铝合金系列型材，主要有：飞机专用系列铝型材及其它民用系列铝型材，其它民用系列铝型材又分高级客车用系列铝型材和新型建筑型材。目前，西飞铝业拥有年产优质铝合金型材20,000吨的生产能力。

本公司成立并完成各项投资后，将形成年产大中型航空部件产品1480架份和优质铝合金型材产品30,000吨的生产能力。

10、主要市场及市场占有情况

在现有转包合同项下，本公司生产的国外大中型飞机部件通过西飞公司销往国外，款项由西飞公司直接支付给本公司。

本公司控股的西飞铝业所生产的飞机专用铝型材及其它民用系列铝型材，按照市场准入原则直接对外销售，其发货、结算、价格均按铝型材市场的一般原则来确定的，其销售对象为包括西飞公司、西安西沃客车有限责任公司等关联公司在内的全国范围内的市场用户。

本公司及其下属企业产品销售方式主要有三种：直销、代销和零售。

11、原材料供应

(1)西飞公司生产的零、组件是本公司生产大中型飞机部件的主要原材料。根据本公司历年成本资料推算，该部分成本约占转包部件制造成本的70%左右。本公司从西飞公司采购的零、组件按《飞机零组件供应协议》执行。

(2)本公司控股的西飞铝业，其主要原材料为铝锭，约占制造成本的55%；铝锭通过市场采购，目前铝锭市场货源充足，但有时市场价格波动较大，针对这种情况，西飞铝业采取了期货市场套期保值等方法来保证西飞铝业的正常生产经营所需。

12、国家有关优惠政策

本公司被陕西省科学技术委员会以陕科火发〔1997〕025号文和西安市高新技术产业开发区管理委员会以市管会字〔1997〕041号文认定为高新技术企业，并颁发了"高新技术企业认定证书"，按照国务院国发〔1997〕12号文和国家财政部、国家税务总局(94)财税字第001号文规定，本公司成立后将减按15%的税率征收所得税。

13、关联交易

即将成立的西飞国际属下的国际航空部件厂原隶属西飞公司，在本公司成立以前，其资产均由西飞公司负责经营与管理，并以西飞公司名义对外承揽转包生产业务。在本公司成立后，西飞公司承诺转包生产部件装配部分的资产、负债及业务均划归西飞国际所有，并与本公司共享以西飞公司名义获得的各项名誉等无形资产。

由于西飞公司及其下属企业与本公司和西飞铝业之间长期以来形成了紧密的协作关系，本公司成立之后因生产经营所需，将依然维系这种关系。为了规范这类关联交易行为，本公司筹委会与西飞公司签署了《飞机零组件供应协议》、《航空部件销售协议》、《综合服务协议》；西飞铝业与西飞公司签署了《综合服务协议》，西飞铝业已于1995年2月《关于"西飞牌"铝合金系列型材产品销售价格的原则规定》。上述文件及协议规定了本公司及西飞铝业与西飞公司及其下属企业的关联交易关系将建立在公平市场价格基础之上。

(1)西飞国际与西飞公司关于飞机零组件生产供应协议

西飞公司为西飞国际配套生产及提供其转包生产大中型航空部件所需的零、组件

(2)西飞国际与西飞公司关于航空部件销售协议

西飞国际通过西飞公司向国际航空发包商销售其生产的全部大中型航空部件产品。

(3)西飞国际与西飞公司关于综合服务协议

西飞国际设立后在生产经营及其员工生活等有关方面仍有赖于西飞公司所提供之服务。

西飞公司向西飞国际提供与西飞国际生产有关的一切配套服务按照《关联交易定价原则》执行，主要包括：

A、工装工具；

B、动能供应；

C、计量、理化、特设试验服务；

D、技安、环保及工业卫生服务

E、设备维修、安装及维护

(4)西飞铝业与西飞公司关于综合服务协议

西飞公司向西飞铝业提供西飞铝业生产所需的一切配套服务和生活福利服务，主要包括：

A、工装工具生产供应维修的服务；

B、动能供应服务；

C、计量、理化、特设试验服务；

D、技安、环保及工业卫生服务；

E、设备及厂房的大修、改装、安装服务；

F、生活福利服务。

(5)西飞铝业与西飞财务公司关联关系

西飞铝业投资资西飞财务公司500万元，持有该公司8.6%的股权；西飞财务公司持有西飞铝业10万股，约占总股本的0.09%。

投资收益是按持有对方股权比例的多少来取得的

西飞铝业向西飞财务公司融资在500万元以内，不用抵押或担保；融资超过500万元需用资产抵押或其他单位担保，并在同等条件下西飞财务公司优先安排西飞铝业贷款。贷款利息按照银行同期贷款正常利率计算。

14、筹委会人员在其他企业任职情况

王秦平先生(筹委会主任)，52岁，在学博士，研究员级高级工程师，毕业于西北工业大学，现任中国航空工业总公司党组成员、副总经理，西飞国际筹委会主任，西飞铝业董事长。历任西飞公司总质量师、副总经理、常务副总经理、代总经理；西飞集团总裁，管委员会主任；西飞公司董事长、总经理等职。曾荣获航空航天部8911工程首飞一等奖、全国优秀质量管理工作者、航空工业总公司突出贡献专家、航空工业总公司运七－200A飞机首飞一等功、航空工业总公司8911工程设计定型一等功、航空工业总公司"重视教育工作成绩突出的企事业领导"、航空工业总公司劳动模范、陕西省优秀企业家、西安市劳动模范等光荣称号，是享受政府特殊津贴的专家，具有30年的航空企业管理经验。

杨忠先生(筹委会副主任)，53岁，大学文化，高级工程师，毕业于西北工业大学，现任西飞公司董事长、党委书记。历任西飞公司钣金总厂副厂长、西安市阎良区区长助理、西飞公司非金属厂厂长、质量保证部部长、人事教育保卫部部长、副总经理、阎良区区长、西飞公司党委副书记等职。曾荣获中国航空工业部科技进步重大贡献二等奖。

肖正诚先生(筹委会委员)，60岁，一级高级经济师，毕业于北京航空航天大学，现任西飞集团高级副总裁，西飞公司副董事长，西飞铝业副董事长，西安西沃客车有限责任公司董事长、上海西飞三精机械有限公司副董事长，成都大富豪客运有限责任公司董事。历任西飞公司宣传部副部长、党委副书记、党委书记等职。曾荣获中国航空航天部"劳动模范"、"全国优秀企业思想政治工作者"、"全国大中型企业优秀党委书记"、"陕西省廉政建设先进个人"等光荣称号，历任第七届、第八届全国人大代表，是享受政府特殊津贴的专家，具有40多年的航空企业管理经验。

高大成先生(筹委会成员)，48岁，大学文化，高级经济师，毕业于西北工业大学，现任西飞公司副董事长、总经理。历任西飞公司机构加工总厂生产副厂长、机构加工总厂厂长、总经理助理、副总经理等职。

林更元先生(筹委会委员)，58岁，大学文化，研究员级高级工程师，西北工业大学、海军航空工程学院兼职教授，中国航空学会理事，毕业于西北工业大学，现任西飞公司董事兼副总经理和总工程师。历任西飞公司装配厂总工程师、工艺处处长、副总工程师、生产制造部第一部长等职。曾荣获中国航空工业总公司航空工业档案先进工作者、中国航空工业总公司航空装备可靠性先进工作者、中国航空工业总公司运七－200B型飞机首飞一等功，是享受政府特殊津贴的专家。

陈永柏先生(筹委会委员)，39岁，大学文化，高级会计师，毕业于西北工业大学，现任西飞公司董事、副总经理兼经营管理部部长、总法律顾问，西安飞机工业烟台公司董事长，中航珠海企业集团红海公司副董事长，深圳南光(集团)股份有限公司董事，西飞集团进出口公司董事长，西安飞机工业飞行器改装工程公司董事长，历任西飞公司财会处副处长、处长、西飞公司总经理助理兼西安飞机工业深圳公司总经理等职。

宣志林先生(筹委会成员)，33岁，大学文化，高级会计师，毕业于郑州航空管理学院，现任西飞公司副总经理，西飞集团财务公司董事长，陕西长安期货公司董事长，陕西信托投资公司董事。曾担任西飞公司财会处处长。

韩兴刚先生(筹委会成员)，62岁，一级高级会计师，现任西飞公司财务总监兼总审计师、西飞集团财务公司副董事长。历任西飞公司副总会计师兼财务处处长、经营管理部副部长、总会计师等职，是享受政府特殊津贴的专家，具有40多年航空企业财会工作经验。为航空工业财会界知名人士。

王永录先生(筹委会成员)，62岁，大学文化，研究员级高级工程师，毕业于西北工业大学，现任西飞公司总经理助理。历任西飞公司工艺处副处长、新机办公室主任、副总工艺师，制造工程部副部长、副总工程师兼西飞集团进出口公司副总经理，西飞公司科技委兼职常委等职。是享受政府特殊津贴的专家。

徐忠义先生(筹委会成员)，47岁，高级经济师，现任西飞铝业总经理。历任西芝公司副经理、经理、西飞公司民品管理处副处长、西飞铝门窗总厂厂长、西飞公司民品部副部长、民品总公司副总经理兼西飞公司民品生产管理处处长等职。

张云龙先生(筹委会成员)，47岁，高级经济师，现任西飞公司国际航空部件总厂厂长，历任西飞公司10厂副主任等职，1996年荣获中国航空工业总公司转包生产一等功。

经本公司筹委会承诺西飞公司董事长、总经理不再兼任西飞国际总经理。西飞国际聘用的总经理、副总经理及其他高级管理人员非经股东大会批准，不得在任何其他企业兼职。

十、经营业绩

(一)生产经营的一般情况

本公司的生产主体为国际航空部件厂。

国际航空部件总厂原是西飞公司的下属骨干企业，该厂始建于1982年，其主要业务为国外大中型飞机制造公司加工大中型航空部件。近年来，该厂结合其自身的实际，坚持"以航空为主、多种经营、高科技、外向型"的发展战略，努力开拓国外大中型航空部件转包生产，取得了显著成效，截止1996年底共出口创汇11,200万美元；1996年实现利润总额为4,113万元，创汇及经济效益在全国同行业名列前茅。

本公司注资完成后，将绝对控股西飞铝业，其主营业务为飞机专用型材和其它民用铝合金系列型材产品的生产，虽然目前国内型材市场供过于求，但由于西飞铝业生产的型材质量高、性能好，深受广大用户欢迎。再加上企业深化内部改革，逐步完善内部管理体制，实行开拓经营，走内涵与外延相结合的扩大再生产发展之路，从而使企业1996年实现了主营业务收入为18,534万元，利润总额为3,793万元的佳绩。

(二)每年销售总额和利润总额情况

下面是经陕西岳华会计师事务所审计验证的本公司过去三年之经营业绩。

西安飞机国际航空制造股份有限公司(筹)　　利润简表　　单位：人民币元

项目	1996年	1995年	1994年
一、主营业务收入	340,666,722	309,466,202	236,990,337
二、主营业务利润	75,998,244	63,471,145	57,577,060
二、利润总额	79,057,350	69,193,697	57,577,060
四、净利润	39,808,264	37,290,621	57,001,290

发行人业务收入的主要构成

发行人的业务收入(以合并报表为基准)由两部分组成：一部分为国际航空部件厂的大中型航空部件产品销售收入，占本公司业务收入的45.59%，其主要用户是国外大中型飞机制造公司，如波音、法航、德航等；另一部分为西飞铝业的业务收入，占本公司业务收入的54.41%，其主要来自航空及其它民用铝合金系列型材的销售，它的主要客户为国内飞机制造公司，汽车制造商和各建筑单位。

发行人的业务收入情况列表如下：

名称	1996年 所占比例(%)	1996年 金额(万元)	1995年 所占比例(%)	1995年 金额(万元)	1994年 所占比例(%)	1994年 金额(万元)
转包生产的业务收入	45.59	15.532	41.18	12.744	54.51	12.919
西飞铝业的业务收入	54.41	18.534	58.82	18.202	45.49	10.779
合计	100	34.067	100	30.947	100	23.699

(四)、完成的重大项目和科研成果

已完成的重大项目有：投资约100万元研制开发出生产高档豪华大客车用的高硅铝合金。

截止1996年12月31日，本公司及西飞铝业已完成的获国家级或部级奖科研成果有：波音737－300垂直安定面制造技术、波音737飞机前检修门制造技术改造/仿形铝合金镜面蒙皮硬料拉伸成形工艺的研究应

用、波音垂尾前检修门制造关键技术的研究与应用、XAC计算机网络系统的研制与应用、ATR42外翼翼盒制造技术消化吸收应用与研究、热压窝工艺与设备等32个科研项目研制与开发,其大部分项目已转入生产应用阶段。

(五)、产品或者服务的市场情况

在现有转包合同项下,本公司生产的产品全部销售给西飞公司,然后由西飞公司销售给国外用户,销售货款由西飞公司支付给本公司。

本公司获得转包生产产品市场份额多寡主要取决于行业内的生产合理布局和其获得的转包生产补偿贸易额度,另一方面本公司也将积极争取直接与其他代理公司一起同外商签订转包生产合同,多渠道扩大转包生产规模,从本公司历年转包业务收入的变化情况可以看见其转包业务呈逐年上升趋势。另外由于中国存在着劳动力资源充足、价格低廉以及民用航空事业正在迅速向前发展等有利条件,从而使得国外飞机制造商采取从大中型航空部件的转包生产合作开始,进而达到长期占领中国市场之目的,故中国包括西飞国际在内的转包生产也将呈上升趋势。到目前为止,国际航空部件厂经过十多年来的经营已累计完成转包生产产品数量2,677架份,实现创汇11,200万美元,尚有1,976架份,13,900万美元的合同等待交付,预计1997年交货15个品种450架份,可创汇1,850万美元,可见其市场潜力巨大,前景十分看好。

西飞铝业生产的产品由于质量可靠、性能稳定,极具竞争力,产销率始终保持在100%

(六)产品性能、质量方面的情况

国际航空部件厂内部建立了严格的质保体系,并获ISO-9000体系注册和中国新时代质量体系认证中心颁发的认证证书,该厂自1982年交付第1件转包生产产品至今已累计交付2,677架份产品,外国厂商对国际航空部件厂的产品质量给予很高评价。

西飞铝业生产的铝型材产品,严格按GB/T5237-93标准执行,连年被评为陕西省名牌产品,航空工业总公司优质产品,被全国装饰装修材料协会、中国工业设计协会建材工业设计委员会推荐为“中国建筑材料及装饰材料铝合金名牌”其质保体系顺利通过了ISO-9001复审。

十一、股本

1.股本形成过程

根据陕西资产评估公司的资产评估报告,并于1997年3月6日经国家国有资产管理局国资评〔1997〕170号文对资产评估结果的确认批复,以及1997年3月31日经国家国有资产管理局国资企改〔1997第33号《西安飞机国际航空制造股份有限公司(筹)国有股权管理问题的批复》,作为西飞公司出资的净资产总额13,449万元,共折股11,000万股。根据计划,本公司将发行A股6,000万股,每股发行价为6.15元。股票溢价发行部分全部计入资本公积。

2.本次发行为本公司首次发行,如发行成功,本公司的股本结构为:

总股本	17000万股		
发起人股	11000万股	占总股份的	64.71%
其中:国有法人股	11000万股	占总股份的	64.71%
社会公众股A股	6,000万股	占总股份的	35.29%
其中,公司职工股	600万股	占总股份的	3.53%

3.持股情况

本次发行前独家持有发行人100%股权的股东为西飞公司。

十二、财务会计资料

经陕西岳华会计师事务所对发行人截止1996年12月31日的会计期间报表进行了审计,主要财务会计资料摘录如下:

(一)、资产负债表主要数据(见附表一)

(二)、利润及利润分配表主要数据(见附表二)

(三)、资产评估结果的帐务处理

按照股票发行并上市交易的有关规定,本公司委托陕西资产评估公司对重组后截止1996年12月31日的资产、负债、股东权益进行了评估,评估结果经国家国有资产管理局资评字〔1997〕第170号文确认资产合计469,198,688.10元,其中:评估增值25,432,713.47元,增值幅度5.73%。负债合计249,784,928.62元,少数股东权益合计84,923,681.70元,净资产134,490,077.78元。为反映净资产折股情况,在编制资产负债表时已将评估增值25,432,713.47元在本公司和西飞铝业的报表上作了调整,反映在有关的资产负债项目中,西飞铝业未对资产评估增值作帐务调整。由此所产生的差异,自1997年起我们将在合并资产负债表的合并价差中列示。

(四)、财务分析指标

项目指标	1996年12月	1995年12月	1994年12月
1.资产负债率(%)	53.24	51.74	41.96
2.每股净利(元)	0.34	0.28	0.52
3.流动比率	1.42	1.52	4.48
4.速动比率	0.95	1.09	3.14
5.应收帐款周转率	5.64	9.01	10.5
6.存货周转率	3.49	4.13	3.60
7.净资产收益率(%)	29.60	27.70	42.40

以上指标均根据陕西岳华会计事务所陕岳会内审字(1997)028号审计报告的数据计算。

(五)、期后事项

本公司及西飞铝业1996年12月31日无逾期未偿还的借款。截至审计日止,西飞铝业长、短期借款的偿还及新借入借款情况如下:

贷款银行	借款金额	利率(%)	贷款期限	借款条件	偿还、借入情况
西安工行阎良办	1.000.000	12.06	1996.2.12-1997.1.11	抵押	1997.1.11偿还
西安工行阎良办	10.000.000	12.06	1996.3.28-1997.2.27	担保	展期到1998.1.26
西飞财务公司	10.000.000	8.415	1997.3.4-1997.9.3	信用	新借入
西安建行阎良支行	10.000.000	8.415	1997.3.19-1998.3.18	担保	新借入

西飞铝业投资于西飞集团财务公司的1,000万元短期投资已于1997年2月28日收回。

(六)、约定性资本支出

本公司股票发行成功后,将向西飞铝业投入资金9,030万元,本公司在西飞铝业的投资增加到147,199,434.04元,占西飞铝业63.40%的股份。

(七)或有负债

本公司及西飞铝业截止1996年12月31日未发现有担保、抵押、税务纠纷及尚未了结诉讼等带来的或有负债。

本公计报表是以剥离的西飞国际的会计记录及其他经济资料和持续经营为基础模拟编制的。

(八)、重要说明

1、铝业公司成立于1994年12月23日,当年并未运营。其前身为西飞公司全资子公司西飞公司铝型材厂,在整体改制为铝业公司前,西飞公司铝型材厂为正常生产经营企业。本模拟报表1994年资产负债表、利润表中的铝业公司部分的数据,按西飞公司铝型材厂财务状况、经营业绩列示,准确地反映了此部分资产的经营状况。

2、西飞国际的借款均由西飞公司担保。

3、关联交易

西飞国际与西飞公司在生产经营中存在着较为密切的关联交易行为,前三年西飞国际的全部财务数据均系从西飞公司剥离而得。铝业公司1994年至1996年8月全部产品销售给西飞工业民品有限责任公司,1996年9月后直接对外销售,材料采购完全从市场采购。

本公司成立后,各项关联交易将按本公司与西飞公司签订的《综合服务协议》、《航空部件销售协议》、《飞机零、组件供应协议》等执行。下表为铝业公司1994-1996年关联交易情况:

项　目	1996年	1995年	1994年
销售	92%	96%	100%
采购	0	0	0
收取服务费	0	0	0
支付管理费	0	0	0
其它	0	0	0

十三、资产评估

1、资产评估

本公司于1997年1月聘请了陕西资产评估公司对进入西飞国际的资产进行评估，评估基准日为1996年12月31日。

根据陕西资产评估公司陕资评司业字(1997)第001号资产评估报告，截止1996年12月31日，本公司帐面资产原值为525,267,593元，负债为326,419,979元，资产净值为198,847,614元；评估后资产总值为469,198,688元，负债34,708,610元，资产净值为134,490,078元，比帐面净值增加17,144,082元，增幅为15%。具体项目如下表：

单位：人民币万元

项目	帐面原值 RMB	帐面净值 RMB	重置价值 RMB	评估值 RMB	增减值 RMB	增减率%
流动资产	—	21986	—	22257	271	1
固定资产	19953	11803	21258	13770	1967	17
无形资产	—	—	—	—	—	—
资产总计	—	44377	—	46920	2544	6
流动负债	—	15718	—	15718	0	0
长期负债	—	9,261	—	9,261	0	0
负债总计	—	32,643	—	33,471	829	3
资产净值	—	11,735	—	13,449	1,714	15

本次评估的主要评估方法为重置成本法。本次评估结果已获国家国有资产管理局国资评(1997)第170号文确认。

2、资产重组

西飞公司将主要从事国外大中型部件转包生产经营性资产连同相应的负债和持有西飞铝业40.12%的股权及相关权益经评估后的净值134,490,078元投入本公司，折为发起人股11000万股，西飞公司拥有的其它资产包括非经营性资产继续保留在西飞公司。

3、土地评估

西飞公司于1996年12月聘请了西安市地产估价事务所对本公司占用的土地进行了评估，面积总计的29357.25平方米，土地估价总值为757417万元，西飞公司已取得上述土地的土地使用权证，并将该部分土地出租给本公司，该项评估结果及土地使用权处置方式已经国家土地局(国土批〔1997〕22)号文确认和批复。

十四、盈利预测

本公司筹委会对1997年公司盈利情况进行了预测，并委托陕西岳华会计师事务所以陕岳会内审字(1997)第029号文对预测结果予以验证。

(一)、盈利预测基准

本盈利预测是根据拟设立西飞国际模拟的1994年至1996年业经审计的业绩为基础，根据其发展趋势、拟投资项目的可行性分析报告、已签订的订货合同、市场环境分析、生产经营能力和潜力等方面情况，参照1997年的生产经营计划及1997年1－2月实际完成情况，以持续经营为基础本着稳健的原则而编制。

(二)、盈利预测表

一九九七年盈利预测表

单位：万元

项　目	母公司			子公司			合并		
	1－2月实际	3－12月预测	合计	1－2月实际	3－12月预测	合计	1－2月实际	3－12月预测	合计
一.主营业务收入	2.147	14.208	16.355	1.687	29.513	31.200	3.834	43.721	47.555
减：营业成本	1.345	10.222	11.567	1.204	23.756	24.960	2.549	33.978	36.527
销售费用	129	932	1.061	11	339	350	140	1,271	1,411
管理费用	52	348	400	73	457	530	125	805	930
财务费用	152	25	177	49	49	0	201	－24	177
营业税金及附加					110	110		110	110
二.主营业务利润	469	2,681	3,150	350	4,900	5,250	819	7,581	8,400B
加：其他业务利润				20		20	20		20
三.营业利润	469	2,681	3,150	350	4,900	5,270	839	7,581	8,420
加：投资收益		500	500					500	500
营业收入									
减：营业外支出					20	20		20	20
四.利润总额	469	3,181	3,650	370	4,880	5,220	839	8,061	8,900
减：所得税	155	649	804	122	1,611	1,733	277	2,260	2,530
母公司(1－5月按33%，6－12月按15%)									
(全年按33%)									
少数股东东本期收益				148	1,480	1,628	148	1,480	1,628
净利润	314	2,532	2,846	100	1,789	1,889	414	4,321	4,735

每股收益(17000万股)　按全年17000万股全面摊薄计算为0.28元。

每股收益(加权平均)　按加权平均计算每股收益为0.33元。

(三)、本次发行完成后，每股税后盈利情况：

每股盈利＝1997年净利润/股本总额＝4,735万元/17,000万股＝0.28元/股

十五、公司发展规划

从我国的实际情况出发，大力发展国外航空零部件转包生产和与此有关的铝型材生产、不仅是提高企业经济效益的需要，而且是使我国航空工业的基础进一步得到巩固和民用飞机制造技术及其能力得到进一步的提高，以适应国际技术经济合作的需要，同时加快了我国大中型民用飞机国产化进程，促使我国民航事业顺利向前发展。我国航空制造业起步晚，发展慢，在中国这样一个人口大国，发展航空制造业是大有潜力的。

1、发行人的生产经营战略

本公司在"八五"发展的基础上，进一步抓住机遇，开拓经营，努力促使企业向规模化、规范化方向发展，走"航空为主、多种经营、高科技、外向型、高效益"的经营发展之路，努力把转包及铝型材生产提高到一个新水平。

2、发行人的发展目标和规模

本公司将继续以创造最佳效益为中心，运用规范的经营机制，集中精力，发展自身的优势产业。提出了以下发展目标：到2000年力争转包生产销售量达600架份，出口创汇5000万美元；铝合金型材销售量达50,000吨，实现销售收入17亿元；预计可实现利润总额为18,000万元。

3、发行人的市场发展计划

进一步扩大转包生产，发展国际技术合作，积极开展国际间的风险承包，力争以优异的产品质量，卓越的市场信誉获得更多的国际唯一承制厂

商和主要承制厂商资格。

继续产品系列化,多样化,以低成本、高质量的产品,来占领更大的国内民用型材市场;加强促销宣传、创造名牌效益;成立专职销售公司,采取灵活的促销方式,逐步形成以各大中城市为主的二级销售网络。

4、发行人的销售计划

本公司的转包生产品到2000年的销售计划(以目前已签订单为准)列表如下:

年份	品种(个)	数量(架份)	创汇(万美元)
1997年	15	450	1,850
1998年	17	460	2,780
1999年	17	466	4,270
2000年	17	600	5,000
合计	/	1,976	13,900

本公司铝合金型材产品到2000年的销售计划列表如下:

年份	数量(吨)	销售(万元)
1997年	13,000	35,880
1998年	20,000	53,200
1999年	35,000	89,600
2000年	50,000	128,000
合计	118,000	306,680

5、发行人的生产经营计划

(1)进一步转变观念,采取多渠道、多方位,加大新产品的开发力度,提高项目质量管理水平,增强开发新项目的吸引力。

(2)进一步提高管理水平,树立良好的企业形象和信誉,从而改善生产环境。

(3)进一步深化企业改革,建立现化企业制度,精化航空,并结合自身优势,不断参与国际合作和风险转包生产,以提高航空制造能力。

(4)走外向型、高科技、以业为主,多种经营的自强之路,从而实现大企业,大联合、高效益的经营战略目标。

6、发行人的固定资产投资计划

在2000年以前,公司准备投资以下固定资产项目:

(1)投资16,472万元,用于转包生产技术改造,计划两年内建成投产。

(2)投资4,500万元用于转包生产ATR72机身段及舱门生产线的技术改造,计划一年内建成投产。

(3)投资2,962万元,用于转包生产EMB-145机身中段生产线的技术改造,计划一年内建成投产。

(4)投资3,500万元,对西飞铝业第一条铝型材表面处理生产线进行技术改造,预计一年内建成投产。

(5)投资4,510万元,用于"西飞铝业"九五挤压生产线技术改造,预计两年内建成投产。

(6)投资2,950万元用于西飞铝业航空,车辆及装饰秤线改造,预计两年内建成投产。

(7)2750万元用于PVC塑料薄膜复合板技术改造,计划1998年内建成投产。

(8)投资6,500万元对西飞铝业模具生产、熔铸生产进行技术改造,预计1999年前可以完成。

(9)投资9,000万元,引进专用数控钻铆机,用于AE100飞机的研制生产技术改造,项目2000年建成投产。

以上固定资产总投资为53,144万元,其中(1)-(7)等七个项目所需资金由本次募集资金和通过银行贷款解决;(8)和(9)两项所需资金通过配股或贷款解决。完成总投资后本公司可实现转包生产年创汇5,000万美元,新增利润600万美元;铝型材生产产量将达50,000吨,新增利润10,600万元。

7、发行的人员扩充计划

预计到2000年本公司将有员工总数1,500人,其中高级技术人员360人,初级技术人员250人,分别比1996年增长25%和32%。职工总人数平均每年增长4%。

8、发行人资金筹措和运用计划

本公司筹资计划及运用计划如下:

年份	筹措资金(万元)	运用资金(万元)
1997年	35,700	29,050
1998年	9,300	11,250
1999年	11,200	13,500
2000年	12,640	15,040
合计	68,840	68,840

本公司资金筹措将主要通过公开发行股票和从金融机构贷款取得,到2000年为止,公司准备筹措68,840万元资金,其中股票发行筹集53,840万元(包括本次发行股票募集资金和配股资金),银行贷款4000万元,以上用于固定资产投资53,144万元,用于流动资金12.696万元。

十六、重要合同及重大诉讼事项

下列合同对发行人经营活动、未来发展、财务状况将产生重要影响。

1.重要合同

(1)发行人筹委会与西飞公司签订的《资产投入协议》;

按照本协议约定,重组资产在重组生效日由西飞公司正式移交本公司,即西飞公司将其属下的国际航空部件厂经营性资产以及所持有的西飞铝业4416万股股权及相关权益经评估后的资产总值46,919.87万元,负债33,470.87万元,资产净值13,449万元的有效资产一并投入本公司,并办好相关的产权、股权转移手续,西飞公司资产投入本公司后,按照国家国有资产管理局国资企发〔1997〕33号文之规定,西飞公司将持有本公司11000万股,占总股本的64.71%。

(2)发行人筹委会与西飞铝业签订的《认股协议》;

本协议约定,本公司股票发行成功后,本公司将用本次募股资金的9030万元投入西飞铝业,并按以1996年12月31日为基础日的西飞铝业资产评估后的每股净资产值1.29元折股,折合股份为7000万股,使本公司持有西飞铝业股份达到11416万股,占总股本的63.4%。

(3)发行人筹委会与西飞公司签订的《综合服务协议》;

与本公司生产有关的配套服务如:水、电、气、风、蒸汽、动能、福利等由西飞公司按规定价格有偿提供,并由双方每年协商调整一次本年度需求数量和供应计划,服务费用可一次性或分期支付,支付时间和方式对照服务性质和行业惯例执行,其协议项下服务价格详见本招股说明书第十一部分。本协议有效期为5年。

(4)发行人筹委会与西飞公司签订的《航空部件销售协议》;

本协议规定本公司生产的转包部件产品全部按国际航空发包商与西飞公司签订的国际转包合同中确定的价格销售给西飞公司,并以人民币为结算单位,即西飞公司于每月7日通过银行转帐形式支付公司货款;在符合本协议规定的设计文件、技术标准或其它质量标准要求条款下,本公司未能按订单的数量和进度交付产品,每延迟一日,应向西飞公司支付延迟交付产品金额千分之二的违约金;若西飞公司延迟付款,每延迟一日,应向本公司支付延迟款项万分之五的滞纳金;并规定任何一方延迟超过6个月时,另一方有权解除本协议。本协议有效期为5年。

(5)发行人与西飞公司签订的《飞机零组件供应协议》;

本公司生产所需的零、组件全部按照协议所定价格由西飞公司供应。本协议规定a:西飞公司向西飞国际提供的零、组件,有国家规定价格的按国家规定价格执行;无国家规定价格的,则执行市场价;既无国家规定价格又无市场价格的,则由双方协商定价。b:双方于每月7日前以人民币为结算单位,通过银行转帐方式诘算上月货款。c:若西飞公司未能按订货单的数量和进度交付产品,每迟延一日,应向西飞国际支付迟延交付产品金额千分之二的违约金;若西飞国际迟延付款,每延迟一日,应向西飞公司支付延迟货款万分之五的滞纳金;同时由于任何一方迟延超过六个月时,相对方有权解除合同,并要求赔偿经济损失。d:本协议有效期为5年。

(6)发行人筹委会与西飞公司签订的《土地使用权租赁协议》;

本公司使用的29357.25平方米土地,是从西飞公司租赁取得,按照本协议,本公司每年按20元/平方米,年向西飞公司支付租金,租金每年支付一次,于前一个年度结束前一个月内交付。租赁期为50年。

(7)发行人筹委会与西飞公司签订的《房产租赁合同》;

本公司国际航空部件厂的所占用的厂房7020平方米,是从西飞公司租赁取得的,按照本协议规定,本公司按12.72元/平方米,月向西飞公司支付租金,以上租金包括以下内容:房屋成本分摊,房屋折旧与增值的分摊,土地使用费,房屋维修费用,公用面积使用,维护费用,绿化费用,清洁费用,消防费用,治安费用以及与该物业有关的保险费用等。但与该物业相关的水、电、电话、取暖、制冷等项费用由出租人另行签订协议约定。协议还规定,租金每年支付一次,于前一个年度结束前一个月内缴付,不需要事先另行通知。租赁期为50年。

(8)截止1997年3月,西飞公司分别与波音、麦道、法航、德航和加空等国外飞机制造公司签订的大中型航空零部件转包生产合同中,尚有1,976架份13,9000万美元的转包生产产品等待交付,根据西飞公司对发行人的承诺,该部分大中型航空部件的产品转由本公司生产。发行人之设立不构成法律障碍。

发行人律师审查了发行人向其提供的上述重大合同,未发现其中存在影响其发行股票并上市的法律障碍。

2. 重要诉讼事项

经发行人律师审查发行人和发行人控股的西飞铝业以及发起人西飞公司投人西飞国际之资产不存在尚未了结的诉讼,亦不存在其他尚未了结的可能针对将来成立的西飞国际的仲裁或行政处罚。

十七、招股说明书及备查文件查阅地点

投资者在阅读招股说明书时可在发行期间于下列地点查询下列文件:

(一)查阅地点

1. 西安飞机国际航空制造股份有限公司(筹委会)

住所: 西安市高新技术产业开发区火炬大厦

电话: (029)6846638

传真: (029)6202263

2. 君安证券有限公司

住所: 深圳市春风路5号

电话: (0755)2175560

传真: (0755)2296188

(二)备查文件目录

1、中国航空工业总公司《关于同意西飞公司列入总公司1996年A股计划的通知》航空企(1997)96号

2、中国航空工业总公司《关于同意西飞国际上报公开发行股票申请材料报证监会审批的函航空企函(1997)348号

3、西飞公司董事会关于设立股份公司并公开发行股票的决议

4、发起人董事会决议

5、国家国有资产管理局关于对评估确认的批复

6、本公司与君安证券有限公司签订的关于本次股票发行的《承销协议书》

7、深圳证券交易所上市承诺函

8、西飞公司董事会关于首次派发股利和新股东是否参与分配利润的决议

9、中国证券监督管理委员会复审意见书

西安飞机国际航空制造股份有限公司

一九九七年五月二十九日

合 并 资 产 负 债 表

编制:西安飞机国际航空制造股份有限公司(筹)　　单位:人民币元

资　　产	注释	1996年12月31日	1995年12月31日	1994年12月31日
流动资产:				
货币资金	1	21,690,075.13	39,345,852.67	67,567,103.36
短期投资	2	10,000,000。00	30,000,000。00	
应收票据				
应收帐款	3	74,739,130.88	46,094,938.85	22,569,801.46
减:坏帐准备				
应收帐款净额		74,739,130.88	46,094,938.85	22,569,801.46
预付帐款	4	16,090,058.85	7,926,595.84	8,468,236.78
其他应收款	5	26,443,503.90	40,812,925.18	48,416,443.57
待摊费用				
存货	6	73,604,252.01	64,132,974.96	46,169,333.73
待处理流动资产净损失				
一年内到期的长期债券投资				
其他流动资产				
流动资产合计		222,567,020.77	228,313,287.50	193,190,918.90
长期投资:				
长期投资	7	5,000,000。00		
其他投资				
合并价差				
固定资产:				
固定资产原价	8	212,577,541.21	187,009,381.12	121,581,974.13
减:累计折旧		74,876,370.450	70,269,001.60	60,801,206.04
固定资产净值		137,701,170.71	116,740,379.52	60,780,768.09
在建工程	9	97,276,175.37	38,927,017.74	51,070,629.85
固定资产清理				
待处理固定资产净损失				
固定资产合计		234,977,346.08	155,667,397.26	111,851,397.94
无形及递延资产:				
无形资产				
递延资产	10	6,654,321.25	1,954,971.94	1,022,332.08
无形资产及递延资产合计		6,654,321.25	1,954,971.94	1,022,332.08
其他长期资产:				
其他长期资产				
递延税项:				
递延税款借项				
资产总计		469,198,688.10	385,935,656.70	306,064,648.92

合并资产负债表(续)

编制:西安飞机国际航空制造股份有限公司(筹)　　　　单位:人民币元

负债及股东权益	注释	1996 年 12 月 31 日	1995 年 12 月 31 日	1994 年 12 月 31 日
流动负债:				
短期借款	11	85,000,000.00	42,500,000.	30,000,000.00
应付票据				
应付帐款	12	18,140,401.48	5,785,772.96	6,509,031.90
预收帐款	13	10,015,685.16	1,178,389.17	872,109.17
应付工资				
应付福利费	14	644,332.15	344,302.31	
未付股利	15	12,681,760.00	11,924,510.00	
未交税金	16	12,088,409.58	11,047,045.15	－4,540,678.75
其他应付款、	17	40,124.01		
其他应付款	18	18,383,277.53	31,764,632.39	10,008,400.91
预提费用	19	182,282.04	3,300,000.00	300,000.00
一年内到期的长期负债			42,675,012.52	
其他流动负债				
流动负债合计		157,176,271.95	150,519,664.50	43,148,863.23
长期负债:				
长期借款	20	87,610,000.00	42,610,000.00	32,610,000.00
应付债券				42,675,012.52
长期应付款	21	4,998,656.67	6,563,684.49	10,003,920.77
其他长期负债				
长期负债合计		92,608,656.67	49,173,684.49	85,288,933.29
递延税项:				
递延税款贷项				
负债合计		249,784,928.62	199,693,348.99	128,437,796.52
少数股东权益	22	84,923,681.70	72,001,093.86	66,844,650.42
股东权益:				
实收股本	23	110,000,000.00	110,160,000.00	110,160,000.00
资本公积	24	24,490,077.78	3,670.48	3,670.48
盈余公积	25		2,133,698.73	618,531.50
其中:公益金			1,123,487.25	618,531.50
未分配利润	26		1,943,844.64	
外币报表折算差额				
股东权益合计		134,490,077.78	114,241,213.85	110,782,201.98
负债及股东权益总计		469,198,688.10	385,935,656.70	306,064,648.92

合　并　利　润　表

编制:西安飞机国际航空制造股份有限公司(筹)　　　　单位:人民币元

项　目	注释	1996 年度	1995 年度	1994 年度
主营业务收入	27	340,666,722.29	309,466,202.11	236,990,337.48
减:营业成本	28	240,180,376.76	227,834,642.37	166,375,880.94
销售费用	29	12,228,655.79	9,665,299.91	7,368,021.45
管理费用	30	6,785,224.19	6,143,494.08	2,895,735.46
财务费用	31	4,648,771.83	1,798,266.47	2,494,344.07
营业税金及附加	32	825,449.25	553,354.19	279,295.21
主营业务利润		75,998,244.47	63,471,145.09	57,577,060.35
加:其他业务利润	33	1,125,526.78	322,552.38	
营业利润		77,123,771.25	63,793,697.47	57,577,060.35
加:投资收益	34	1,928,800.00	5,400,000.00	
营业外收入	35	69,379.70		
减:营业外支出	36	64,601.06		
加:以前年度损益调整				
利润总额		79,057,349.89	69,193,697.47	57,577,060.35
减:所得税	37	24,032,465.30	16,826,936.32	575,770.60
少数股东损益	38	15,216,620.75	15,076,140.48	
净利润		39,808,263.84	37,290,620.67	57,001,289.75

附图:

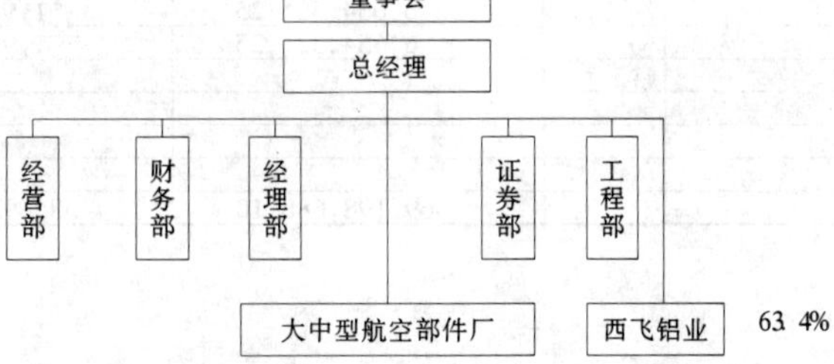

西安飞机国际航空制造股份有限公司股票上市公告书

一、释义

在本上市公告书中,除另有说明以外,下列词语之含义应由以下释义规范。

发起人:指西安飞机工业(集团)有限责任公司(简称"西飞公司")

本公司:指西安飞机国际航空制造股份有限公司(简称"西飞国际")

西飞铝业:指西安飞机工业铝业股份有限公司(又简称"铝业公司")

二、绪言

本公告书依据《中华人民共和国公司法》、《股票发行与交易管理暂行条例》、《公开发行股票公司信息披露实施细则》、《深圳证券交易所业务规则》以及国家其它有关证券管理的现行法规、规定编制。本次股票发行经中国证券监督管理委员会证监发审字〔1997〕228号和289号文批准,股票上市申请经深圳证券交易所深证发〔1997〕第253号《上市通知书》审核批准,本次发行股票将于1997年6月26日在深圳证券交易所挂牌交易。

本公司总股本为170,000,000股,可流通股本为60,000,00股,本次上市流通股本为54,000,000股,均为1997年6月6日向社会公开发发行的人民币普通股,公司职工6,000,000股预计将于本次发行股票上市半年以后上市。本公司于1997年5月30日在《中国证券报》、《上海证券报》和6月2日的《证券时报》上刊登了《招股说明书概要》,距今不足6个月,故相同内容不再重复,敬请社会公众查阅《招股说明书概要》。

本公司董事会成员已批准上市公告书,确信其中不存在任何重大遗漏或者误导,并对其准确性、完善性、真实性负个别的和连带的责任等。

三、发行公司概况

1、发行公司主要发起人简介

公司法定名称:西安飞机工业(集团)有限责任公司

公司注册资本:人民币46,000万元

公司法定代表人:杨忠

公司成立日期:1958年5月

公司经营范围:飞机航空零部件设计、试验、生产;本企业产品及相关技术的出口,生产所需原材料、设备及技术的进口,承办中外合资经营、合作生产业务,"三来一补"民用产品,机械产品,电子设备,仪器仪表,电子产品,家用电器,航空器材,建筑材料,工具量具的批发零售;交通运输,煤气安装工程,铝型材料及制品,房地产、劳务、仓储服务,实物租赁。

公司所属行业:航空工业

公司注册地址:中国西安市阎良红安路一号

邮政编码:710075

联系电话:(029)6845495

联系人:杨正安

发起人历史沿革:

西飞公司的前身是陕西省机械厂,后更名为国营红安机械制造厂,航空工业部西安飞机制造公司,1989年7月与西安飞机设计研究所合并更名为航空航天工业部西安飞机工业公司,后经国务院批准以航空航天工业部西安飞机工业公司为核心企业,成立了全国首批56家试点企业集团之一的中国西安飞机工业集团;1996年6月14日经中国航空工业总公司航空企〔1996〕599号文同意在原中国航空工业总公司西安飞机工业公司的基础上改组为西安飞机工业(集团)有限责任公司。

经过近40年的发展,西飞公司不断壮大,现已拥有全资和控股企业38家,职工总数已超过20,000人,截止1996年12月31日,企业拥有资产总值为44.5亿元,净资产6.83亿元,是集军机、民机、国外航空零部件转包和非航空民用产品研制生产为一体的国家特大型企业,被国家经贸委确定为国家重点联系的千户国有大中型企业前500户,是我国大中型飞机研制生产和机电产品出口基地,国内目前唯一投人航运的民用支线客机生产厂家;是总公司首批现代企业制度试点单位之一,先后荣获陕西省先进企业、航空部先进企业和质量管理奖,国家恢复争创企业质量管理奖首批七家试点企业之一,其"质量一体化"荣获国家企业管理创新奖。1990年被国务院授予"国家一级企业";全国总工会授予"五一劳动奖奖状",还获得过"国家级技术进步奖"和"全国环境优美工厂"等荣誉称号。截止1996年12月31日西飞公司共得国家科技成果奖24项,部级科技成果237项,省级科技成果奖6项,1995年、1996年连续两年经济效益名列我国航空工业企业前茅。

2、发行公司历史沿革

(1)概况

公司法定名称:西安飞机国际航空制造股份有限公司

英文名称:XI'AN AIRCRAFT INTERNATIONAL CORPORATION

英文缩写:XAIC

公司注册资本:人民币17,000万元

公司法定表人:杨忠

公司成立日期:1997年6月18日

公司经营范围:主要从事飞机及其它飞行器零部件的设计、试验、生产、销售及相关业务,并通过控股西飞铝业从事航空和其它民用铝合金系列产品和装饰材料的开发,设计、研制、生产、销售以及相关的技术服务。

(2)历史沿革

本公司是由西飞公司以其下属的国际航空部件总厂的经营性资产和其持有西飞铝业40.12%的股权及相关权益进行资产重组,采取独家发起,以募集方式设立的股份有限公司。本公司的主营业务为生产和销售大中型飞机部件、飞机专用和其它民用铝合金系列产品。

本公司下属的国际航空部件总厂原是西飞公司下属生产国外大中型飞机部件的骨干厂,该厂最早由国外飞机制造商来图来料加工、来图购料加工发展到目前参与国际间风险承包的新阶段。自1982年组建以来,先后为美国波音公司、加拿大航空公司、美国麦道公司、意大利航空公司、法国宇航公司、欧洲空中客车公司、德国宇航公司、美国雷神飞机公司等世界著名的飞机制造商生产了大量的飞机部件,是波音737—300型垂尾翼、空客检修门加空CL415等部件转包产品的主要生产厂商;根据波音亚洲采购部总代表确认该厂为世界唯一承制波音747组件的厂商。该厂为波音公司承制的波音737—300前检修门,累计1500架份无一拒收;加拿大航空公司对本公司生产的产品实行免检,其转包生产的制造水平达到了国际同行业当代先进水平。

本公司控股的西飞铝业,为本公司的唯一下属控股企业,其前身西安飞机工业公司铝型材厂是西飞公司下属的独立核算单位,于1985年成立,该厂铝合金型材生产从模具制造、熔铸、挤压到表面处理等制造过程,全部引进日本先进生产技术。1994年4月从西飞公司分立出来具有独立法人资格的企业,同年12月通过股份制改造,由西飞公司与西安飞机工业集团财务公司、西飞集团进出口公司、西安飞机工业物资供销储运总公司、西安飞机工业新事业公司、西安飞机工业长安公司和自然人股东(大部分为西飞公司及其下属公司的职工)共同发起设立的西安飞机工业铝业股份有限公司,总股本为11,007.6万元,并于1994年12月23日完成工商登记注册。西飞铝业生产"西飞牌"建筑用型材,已销往全国29个省市自治区,先后于1988年获得了省、部优秀产品奖,1989年8月陕西省标准局向西飞公司颁发了《产品采用国际标准验收合格证书》,1995年西飞铝业生产的"西飞牌"建筑铝型材和铝合金门窗被评为陕西省名牌产品,同年被全国建筑装饰装修材料协会、中国工业设计协会建材工业设计委员会推荐为"特别推荐名牌产品",1996年通过了中国新时代质量体系认证中心ISO9001认证。

1997年4月,国家经济体制改革委员会以体改生〔1997〕50号文批准,同意设立本公司。

四、股票发行及承销

1、股票发行情况

发行数量:6,000万股(其中向公司职工配售600万股)

发行价格:6.15元

募集资金总额:36,900万元

发行方式:上网定价

配售比例:0.396801%

配售户数:1,000股以上的户数:50,916

发行费用总额:1200万元

每股发行费用:0.20元

发行市盈率:15倍

2、股票承销

本次公开发行的社会公众股已全部由社会公众认购，无余额由承销团包销。

3、验资报告

根据陕西岳华会计师事务所陕岳会内验字〔1997〕第018号文验资报告，截止1997年6月13日，本公司已收到各股东投入的资本为人民币491,490,077.78元，其中发起人投入的资本为人民币134,490,077.78元，向社会募集资本为人民币357,000,000元(已扣除发行费用人民币12,000,000元)，投入资本中包括股本人民币170,000,000元，资本公积人民币321,490,077.78元。

五、董事、监事及高级管理人员持股情况

1、董事、监事及高级管理人员简介

杨忠先生(董事长)，53岁，大学文化，高级工程师，毕业于西北工业大学，现任西飞公司董事长、党委书记。历任西飞公司钣金总厂副厂长、西安市阎良区区长助理、西飞公司非金属厂厂长、质量保证部部长、人事教育保卫部部长、副总经理、阎良区区长、西飞公司党委副书记等职。曾荣获中国航空工业部科技进步重大贡献二等奖。

高大成先生(副董事长)，48岁，大学文化，高级经济师，毕业于西北工业大学，现任西飞公司副董事长、总经理。历任西飞公司机械加工总厂生产副厂长、机械加工总厂厂长、总经理助理、副总经理等职。

肖正诚先生(副董事长)，60岁，一级高级经济师，毕业于北京航空航天大学，现任西飞集团高级副总裁，西飞公司副董事长，西飞铝业副董事长，西安西沃客车有限责任公司董事长、上海西飞三精机械有限公司副董事长，成都大富豪客运有限责任公司董事。历任西飞公司宣传部副部长、党委副书记、党委书记等职。曾荣获中国航空航天部"劳动模范"、"全国优秀企业思想政治工作者"、"全国大中型企业优秀党委书记"、"陕西省廉政建设先进个人"等光荣称号。历任第七届、第八届全国人大代表，是享受政府特殊津贴的专家，具有40多年的航空企业管理经验。

林更元先生(董事)，58岁，大学文化，研究员级高级工程师，西北工业大学、海军航空工程学院兼职教授，中国航空学会理事。毕业于西北工业大学，现任西飞公司董事兼副总经理和总工程师。历任西飞公司装配厂总工程师、工艺处处长、副总工程师、生产制造部第一部长等职。曾荣获中国航空工业总公司航空工业档案先进工作者、中国航空工业总公司航空装备可靠性先进工作者、中国航空工业总公司运七—200B型飞机首飞一等功，是享受政府特殊津贴的专家。

陈永柏先生(董事)，39岁，大学文化，高级会计师，毕业于西北工业大学。现任西飞公司董事、副总经理兼经营管理部部长、总法律顾问，西安飞机工业烟台公司董事长、中航珠海企业集团红海公司副董事长，深圳南光(集团)股份有限公司董事，西飞集团进出口公司董事长，西安飞机工业飞行器改装工程公司董事长，历任西飞公司财会处副处长、处长、总经理助理兼西安飞机工业深圳公司总经理等职。

王永录先生(董事)62岁，大学文化，研究员级高级工程师，毕业于西北工业大学，现任西飞公司总经理助理。历任西飞公司工艺处副处长、新机办公室主任、副总工艺师，制造工程部副部长、副总工程师兼西飞集团进出口公司副总经理，科技委兼职常委等职。是享受政府特殊津贴的专家。

聂忠良先生(董事)，56岁，大学文化程度，研究员级高级工程师，中共党员，历任西飞公司设计所设计员、副主任、副所长、所长、西飞公司工程发展部副部长兼轰六运七分部部长，西飞公司副总经理，现任西飞公司副总经理兼第一副总工程师。

盛英海先生(董事)，52岁，大学文化程度，研究员级高级工程师，中共党员，历任西飞公司设计所设计员、组长、副所长，主任设计师，西飞公司工程发展部副部长兼轰六运七分部部长，西飞公司副总经理，现任西安飞机工业(集团)有限责任公司董事、副总经理。

姜忠亮先生(董事、总经理)，48岁，大学文化程度，高级工程师，中共党员，历任西飞公司劳动工资处劳动组织员、主任、西飞公司集团工作处处长，现任西飞公司办公室主任。

韩兴刚先生(监事会主席)，62岁，一级高级会计师，现任西飞公司财务总监兼总审计师，西飞集团财务公司副董事长。历任西飞公司副总会计师兼财务处处长、经营管理部副部长、总会计师等职，是享受政府津贴的专家，具有40多年航空企业财会工作经验。为航空工业财务界知名人士。

彭芳德先生(监事)，48岁，大学文化程度，高级会计师，中共党员，历任西飞公司26车间经管室主任，财会处价格室主任、副处长，现任西飞公司财会处处长。

吴正海(监事)，50岁，大专文化，政工师，历任西飞公司16车间工会主席，15车间工会主席，10车间副主任，现任西飞公司国际航空部件总厂党支部书记。

张云龙(副总经理)，47岁，高级经济师，历任西飞公司10厂副主任等职，现任西飞公司国际航空部件总厂厂长，1996年荣获中国航空工业总公司转包生产一等功。

李淼(董事会秘书)，34岁，大学文化，高级经济师，毕业于上海复旦大学，现任西飞公司法律顾问处法律顾问。

2、董事、监事及高级管理人员持股数额和比例

姓　名	职务	持股数(股)	持股比例(%)
杨　忠	董事长	5,000	0.0029
高大成	副董事长	5,000	0.0029
肖正诚	副董事长	5,000	0.0029
陈永柏	董事	5,000	0.0029
林更元	董事	5,000	0.0029
聂忠良	董事	5,000	0.0029
盛英海	董事	5,000	0.0029
王永录	董事	5,000	0.0029
姜忠亮	董事、总经理	5,000	0.0029
韩兴刚	监事会主席	5,000	0.0029
彭芳德	监事	5,000	0.0029
吴正海	监事	5,000	0.0029
张云龙	副总经理	5,000	0.0029
李　淼	董事会秘书	5,000	0.0029

六、公司设立

1、公司于1997年6月16日在西安市召开了创立大会暨第一届股东大会，参加会议的股东代表人数为8人，代表11,600.2万股，占总股本的68.23%。

2、本次创立大会暨第一届股东大会选举了公司第一届董事会、监事会及董事长、副董事长、董事、监事会主席、监事等，并作出如下决议。本公司向社会公众发行的面值为1元的6,000万股A股股票(其中包括600万股内部职工股)在深圳证券交易所上市。

3、公司注册资金：人民币17,000万元

4、公司注册时间：1997年6月18日

5、公司注册地点：西安市高新技术产业开发区高新路火炬大厦

6、营业执照注册号码：29420598—3

七、关联企业及关联交易

1、关联企业

(1)本公司的大股东情况

股东名称：西安飞机工业(集团)有限责任公司

持股数量：110,000,000股

占总股本比例：64.71%

2、关联交易

即将成立的西飞国际属下的国际航空部件厂是原西飞公司属下的国际航空部件总厂，在本公司成立以前，其资产均由西飞公司负责经营与管理，并以西飞公司名义对外承揽转包生产业务。在本公司成立后，西飞公司承诺转包生产部件装配部分的资产、负债及业务均规划西飞国际所有，并由本公司共享以西飞公司名义获得的各项名誉等无形资产。

由于西飞公司及其下属企业与本公司和西飞铝业之间长期以来形成了紧密的协作关系，本公司成立之后因生产经营所需，将依然维系这种关系。为了规范这类关联交易行为，本公司与西飞公司签署了《飞机零组件供应协议》、《航空部件销售协议》、《综合服务协议》、西飞铝业已于1995年2月作出了《关于"西飞牌"铝合金系列型材产品销售价格的原则规定》的决议，上述文件及协议规定了本公司及西飞铝业与西飞公司及其下属企业的关联交易关系将建立在公平市场价格基础之上，是等价有偿性质的，并不违背有关法律、法规的禁止性规定。而且上述关联交易不妨碍本公司的正常业务活动，不存在损害本公司股东合法权益的情况，同时也不影响本公司重大合同条款及其履行的可能性。

八、股本结构及大股东持股情况

1、本次上市前股本结构

股份种类	数量(万股)	占总股本比例
总股本	17,000	100%
发起人股	11,000	64.71%
其中:国有法人持股	11,000	64.71%
社会公众股A股	6,000	35.29%
其中:公司职工股	600	3.53%

2、前十名股东所持股数及比例

序号	股东名称	持股数量	占总股本的比例	证券登记号码 股份性质(A或B)
1	西安飞机工业(集团)有限责任公司	11,000万股	64.7059%	A
2	杨　忠	5,000股	0.0029%	A
3	高大成	5,000股	0.0029%	A
4	肖正诚	5,000股	0.0029%	A
5	林更元	5,000股	0.0029%	A
6	陈永柏	5,000股	0.0029%	A
7	盛英海	5,000股	0.0029%	A
8	聂忠良	5,000股	0.0029%	A
9	王永录	5,000股	0.0029%	A
10	姜忠良	5,000股	0.0029%	A
	合计	11,004.5万股	64.732%	

九、主要财务会计资料

1、审计报告

陕岳会内审字(1997)028号

西安飞机国际航空制造股份有限公司(筹):

我们接受委托,审计了西安飞机国际航空制造股份有限公司的1994年12月31日、1995年12月31日、1996年12月31日的合并资产负债表、母公司利润表和1996年度的合并财务状况变动表、母公司财务状况变动表。这些会计报表由贵公司负责,我们的责任是对这些会计报表发表审计意见。我们的审计是依据《中国注册会计师独立审计准则》进行的。在审计过程中,我们结合贵公司实际情况,实施了包括抽查会计记录等我们认为必要的审计程序。

我们认为,上述模拟会计报表符合《企业会计准则》和《股份制试点企业会计制度》及有关补充规定,在所有重大方面公允地反映了模拟的西安飞机国际航空制造股份有限公司及合并后的1994年12月31日、1995年12月31日、1996年12月31日的财务状况及1994年度、1995年度、1996年度的经营成果及1996年度的资金变动情况,会计处理方法的选用遵循了一贯性原则。

陕西岳华会计师事务所　　　　中国注册会计师　刘席儒

中国注册会计师:王伟雄

1997年3月25日

2、合并资产负债表(见附表一)

3、合并利润表(见附表二)

4、合并财务状况变动表(见附表三)

5、会计报表编制基础

本公司1994、1995、和1996年的会计报表是以剥离的西飞国际的会计记录及其他经济资料和持续经营为基础,按《股份制试点企业会计制度》进行模拟编制。并根据财政部《合并会计报表暂行规定》对纳入合并范围的铝业公司进行合并。纳入合并范围的子公司为:

公司名称	注册资本	成立日期	股份	持股比例(%)
铝业公司	11,007.6万元	1994.12.23	4416万股	40.12%

会计政策(下列会计政策除个别注明之外,均适用于西飞国际和铝业公司)

(一)会计制度

执行《股份制试点企业会计制度》及有关补充规定。

(二)会计年度

会计年度为公历1月1日至12月31日

(三)记帐方法

记帐方法为“借贷记帐法”

(四)记帐原则及计价基础

记帐原则为权责发生制,计价基础为历史成本。

(五)记帐本位币和外币折算

记帐本位币为人民币。发生外币业务时,按年初汇率(中间价)折合为人民币记帐,按年末汇率(中间价)进行调整,发生汇兑损益计入当期财务费用。

(六)坏帐损失

坏帐损失采用“直接转销法”核算。

坏帐按下列原则进行确认:

1、因债务人已经破产,依法清偿后确实无法收回的应收帐款;债务人死亡既无遗产可供清偿又无义务承担人,确实无法收回的应收帐款;

2、债务人逾期三年未能履行义务,经主管机关审核认可,可以列作坏帐的应收帐款。

(七)存货计价方法

(1)原材料购入和发出采用“计划价格法”核算。

(2)低值易耗品:

进口工具、专用工业采用“五五摊销法核算”

其他低值易耗品采用“一次摊销法”核算。

(3)产成品入库采用“实际成本法”,发出采用“移动加权平均法”核算。

(1)原材料的购入和发出均采用“计划价格法”核算。

(2)低值易耗品采用“一次摊销法”核算。

(3)产成品的入库和发出均采用“计划价格法”核算。

(八)长、短期投资

短期投资按“成本法”核算。

长期投资对持有20%以下(含20%)股权的权益性投资采用“成本法”核算;对持有20%以上股权的权益性投资采用“权益法”核算;对实质性控股的权益性投资或持有50%以上股权的权益性投资编制合并会计报表。

(九)固定资产及累计折旧

固定资产是指使用期限在一年以上的经营性资产或不属于生产经营的主要设备的物品,单位价值在2000元以上并且使用期限超过两年的资产。

固定资产购建时按实际成本计价。

折旧计提采用“分类直线法”,预计净残值率为3%,折旧年限及年折旧率如下:

项目	西飞国际 折旧年限(年)	年折旧率(%)	铝业公司 折旧年限(年)	年折旧率(%)
房屋	30	3.2	30	3.2
建筑物	15	6.5	15	6.5
机械设备	10	9.7	14	6.9
动力设备	11	8.8	15	6.5
仪器仪表	81	2.1	8	12.1
运输设备	6	16.2	6	16.2

(十)递延资产

专用工艺装备按订货合同量进行摊销;

开办费按五年平均摊销;

其它递延资产按照规定的受益期限进行摊销。

(十一)销售收入的确认

销售收入以产品发出,同时收讫价款或取得索取价款的凭据时,确认为销售收入的实现。

(十二)税项

1、增值税

本公司转包生产产品全部出口,适用零税率。铝业公司执行17%的增值税税率政策。

2、所得税

本公司1994—1996年企业所得税适用税率为33%,实际税率1994年为1%、1995年为14%,1996年为28%。(详见财工便字(1997)56号文

本公司经陕西省科学技术委员会陕科火发〔1997〕025号文认定为高新技术企业(高新技术企业认定证书统一编号:SX—100029并将在国家级高新技术产业开发区—西安高新技术产业开发区注册。根据财政部、国家税务总局财税字〔1994〕001号文规定,公司成立后企业所得税将按15%税率计缴。

铝业公司1994年—1996年企业所得税适用33%税率。

3、城市维护建设税

城市维护建设税按流转税应纳税额的7%计缴。

4、教育费附加

教育费附加按流转税应纳税额的3%计缴。

5、其他税项

其他税项按国家有关的具体规定计缴。

(十三)利润分配

股利分配将遵循同股同权的原则,依法缴纳所得税后利润在弥补亏损后,按下列顺序进行分配:

1、提取10%法定盈余公积金;

2、提取5%—10%法定公益金;

3、提取任意盈余公积金;

4、分配股利。

(十四)主要财务指标:

项目	1996年	1995年	1994
流动比率	1.42	1.52	4.48
速动比率	0.95	1.09	3.14
资产负债率	53.24	51.74	41.96
应收帐款周转率	5.64	9.01	10.50
存货周转率	3.49	4.13	3.60
净资产收益率	29.60	27.70	42.40
每股净利	0.36	0.34	0.52

十、董事会上市承诺

本公司董事会将严格遵守《公司法》、《股票发行与交易管理暂行条例》、《公开发行股票公司信息披露实施细则》、《深圳证券交易所业务规则》和有关法律、法规的规定,并自股票上市之日起作出如下承诺:

1、按照法律、法规的规定程序和要求披露重大的信息,并接受证券主管机关、深圳证券交易所的监督管理。

2、及时、真实、准确公布中期报告和年度报告、并备置于规定场所供投资者公众查阅。

3、本公司董事、监事及高级管理人员如发生人事变动或持本公司股票发生变化时,在报告证券主管机关、证券交易所的同时向投资者公布。

4、在任何公共传播媒介中出现的消息可能对本公司股票的市场价格产生误导性影响时,本公司知悉后将及时对该消息予以公开澄清。

5、本公司董事、监事及高级管理人员将认真听取社会公众的意见和批评,不利用已获得的消息和其他不正当手段直接或间接从事股票买卖活动。

6、本公司没有无记录负债。

十一、重要事项揭示

本节列示公司股票发行后发生或将会发生的对公司资产、负债和股东权益有较大影响的重要事项。主要指股票发行后发生的或将会发生的对公司资产、负债和股东权益有较大影响的重要事项,已在招股说明书中披露过的内容不再重复披露。包括但不限于:

1、重要会计政策的变动;

2、会计师事务所的变更说明;

3、市场和价格重大变化;

4、企业购并;

5、企业迁移;

6、公司主要生产协作关系更换;

7、较大技术项目投产;

8、重大的投资决策及产生效益情况;

9、涉及公司的重大法律诉讼案件;

10、其他需要说明的事项。

十二、咨询机构

1、咨询机构:西安飞机国际航空制造股份有限公司证券部

地址:陕西省西安市高新技术产业开发区高新路火距大厦

邮编:710075

电话:(029)6846638

传真:(029)6846638

联系人:郝占富

公司文件资料索阅地址:西安市阎良区红安路1号 君安证券有限责任公司

股东接待日:每周星期五

2、主承销商:君安证券有限责任公司

法定代表人:张国庆

地址:深圳市春风路5号

电话:(0755)2175560

传真:(0755)2296188

联系人:魏俊、陈采芹、李志凌

3、上市推荐人:君安证券有限责任公司

法定代表人:张国庆

地址:深圳市春风路5号

电话:(0775)2175560

传真:(0755)2296188

联系人:李志凌

4、发行人法律顾问:北京海问律师事务所

地址:北京市亚运村北辰东路住总3号院

法定代表人:何斐

电话:(010)64957040

传真:(010)64957038

经办律师:郭斌、赵燕

5、承销商法律顾问:信达律师事务所

地址:深圳市深南中路东风大夏二十一层

法定代表人:徐育康

电话:(0755)3244701

传真:(0755)3243108

经办律师:李东民、靳庆军、麻云燕

6、财务审计机构:陕西岳华会计师事务所

地址:西安市新高技术产业开发区(西区)高新一路15号

法定代表人:李延成

电话:(029)8210426

传真:(029)8210411

经办会计师:刘席懦、王伟雄

7、资产评估机构:陕西资产评估公司

地址:西安市五星街36号

法定代表人:王益龙

电话:(029)7611347

传真:(029)7210441

经办评估人员:徐良善、王浩和

8、资产评估确认机构:国家国有资产管理局

地址:北京市海演区万泉河路66号

法定代表人:张佑才

电话:(029)7803892

传真:(029)7893070

评估人员:冯铁军、鲁百顺

9、收款银行:中国建设银行陕西省分行

地址:西安市朱雀门里五味十字银苑大夏

电话:(029)7614816

传真:(029)7614810

10、股票登记机构:深圳证券登记有限公司

住所:深圳市红岭路25号

电话:(0755)5567889

传真:(0755)5571127

十三、备查文件目录

1、深圳证券交易所上市通知书

2、验资报告

3、发行完毕后股东大会会议纪要及决议

4、《上市协议》

5、《招股说明书》

西安飞机国际航空制造股份有限公司

一九九七年六月二十四日

合 并 资 产 负 债 表

编制:西安飞机国际航空制造股份有限公司(筹)　　　　单位:人民币元

资　　产	注释	1996 年 12 月 31 日	1995 年 12 月 31 日	1994 年 12 月 31 日
流动资产:				
货币资金	1	21,690,075.13	39,345,852.67	67,567,103.36
短期投资	2	10,000,000.00	30,000,000.00	
应收票据				
应收帐款	3	74,739,130.88	46,094,938.85	22,569,801.46
减:坏帐准备				
应收帐款净额		74,739,130.88	46,094,938.85	22,569,001.46
预付帐款	4	16,090,058.85	1,920,595.84	8,468,236.78
其他应收款	5	26,443,503.90	40,812,925.18	48,416,443.57
待摊费用				
存货	6	73,604,22.01	64,132,974.96	46,169,333.73
待处理流动资产净损失				
一年内到期的长期债券投资				
其他流动资产		222,567,020.77	228,313,287.50	193,190,918.90
流动资产合计				
长期投资:				
长期投资	7	5,000,000.00		
其他投资				
合并价差				
固定资产:				
固定资产原价	8	212,577,541.21	187,009,381.12	121,581,974.13
减:累计折旧		74,876,370450	70,269,001.60	60,801,206.04
固定资产净值		137,701,170.71	116,740,379.52	60,780,768.09
在建工程	9	97,276,175.37	38,927,017.74	51,070,629.85
固定资产清理				
待处理固定资产净损失				
固定资产合计		234,977,346.08	155,667,397.26	111,851,397.94
无形及递延资产:				
无形资产				
递延资产	10	6,654,321.25	1,954,971.94	1,022,332.08
无形资产及递延资产合计		6,654,321.25	1,954,971.94	1,022,332.08
其他长期资产:				
其他长期资产				
递延税项:				
递延税款借项				
资产总计		469,198,688.10	385,935,656.70	306,064,648.92

合 并 资 产 负 债 表(续)

编制:西安飞机国际航空制造股份有限公司(筹)　　　　单位:人民币元

负债及股东权益	注释	1996 年 12 月 31 日	1995 年 12 月 31 日	1994 年 12 月 31 日
流动负债:				
短期借款	11	85,000,000.00	42,500,000.	30,000,000.00
应付票据				
应付帐款	12	18,140,401.48	5,785,772.96	6,509,031.90
预收帐款	13	10,015,685.16	1,178,389.17	872,109.17
应付工资				
应付福利费	14	644,332.15	344,302.31	
未付股利	15	12,681,760.00	11,924,510.00	
未交税金	16	12,088,409.59	11,047,045.15	4,540,678.75
其他应付款	17	40,124.01		
其他应付款	18	18,383,277.53	31,764,632.39	10,008,400.91
预提费用	19	182,282.04	3,300,000.00	300,000.00
一年内到期的长期负债			42,675,012.52	
其他流动负债				
流动负债合计		157,176,271.95	150,519,664.50	43,148,863.23
长期负债:				
长期借款	20	87,610,000.00	42,610,000.00	32,610,000.00
应付债券				42,675,012.52
长期应付款	21	4,998,656.67	6,563,684.49	10,003,920.77
其他长期负债				
长期负债合计		92,608,656.67	49,173,684.49	85,288,933.29
递延税项:				
递延税款货项				
负债合计		249,784,928.62	199,693,348.99	128,437,796.52
少数股东权益	22	84,923,681.70	72,001,093.86	66,844,650.42
股东权益:				
实收股本	23	110,000,000.00	110,160,000.00	110,160,000.00
资本公积	24	24,490,077.78	3,670.48	3,670.48
盈余公积	25		2,133,698.73	618,531.50
其中:公益金			1,123,487.25	618,531.50
未分配利润	26		1,943,844.64	
外币报表折算差额				
股东权益合计		134,490,077.78	114,241,213.85	110,782,201.98
负债及股东权益总计		469,198,688.10	385,935,656.70	306,064,648.92

合 并 利 润 表

编制:西安飞机国际航空制造股份有限公司(筹)　　　　单位:人民币元

项　目	注释	1996 年度	1995 年度	1994 年度
主营业务收入	27	340,666,722.29	309,466,202.11	236,990,337.48
减:营业成本	28	240,180,376.76	227,834,642.37	166,375,880.94
销售费用	29	12,228,655.79	9,665,299.91	7,368,021.45
管理费用	30	6,785,224.19	6,143,494.08	2,895,735.46
财务费用	31	4,648,771.83	1,798,266.47	2,494,344.07
营业税金及附加	32	825,449.25	553,354.19	279,295.21
主营业务利润		75,998,244.47	63,471,145.09	57,577,060.35
加:其他业务利润	33	1,125,526.78	322,552.38	
营业利润		77,123,771.25	63,793,697.47	57,577,060.35
加:投资收益	34	1,928,800.00	5,400,000.00	
营业外收入	35	69,379.70		
减:营业外支出	36	64,601.06		
加:以前年度损益调整				
利润总额		79,057,349.89	69,193,697.47	57,577,060.35
减:所得税	37	24,032,465.30	16,826,936.32	575,770.60
少数股东损益	38	15,216,620.75	15,076,140.48	
净利润		39,808,263.84	37,290,620.67	57,001,289.75

西安飞机国际航空制造股份有限公司 1997 年度中期报告

一、财务报告(未经审计)

(一)财务报表

1. 简化的资产负债表(单位:元)

	年初数		期末数	
	母公司	合并	母公司	合并
流动资产	83929602.98	222567020.77	433676373.06	580588593.27
长期投资	56899434.04	5000000.00	81418299.50	15750000.00
固定资产净值	69206243.00	1377011770.18	66329770.18	121774826.27
在建工程	5488043.42	97276175.37	33294709.16	143568509.79
无形及				
递延资产	3889491.25	6654321.25	3626751.25	3626751.25
合并价差				5553438.38
资产总计	219412814.69	469198688.10	618345903.15	870862118.96
流动负债	37314080.24	157176271.95	57920007.53	182056664.91
长期负债	47608656.67	92608656.67	44218521.09	89218521.09
负债合计	84922736.91	249784928.62	102138528.62	271275186.00
少数股东权益		84923681.70		83379558.34
股本	110000000.00	110000000.00	170000000.00	170000000.00
资本公积	24490077.78	24490077.78	321550962.78	321550962.78
盈余公积				
其中:公益金				
未分配利润			24656411.75	24656411.75
股东权益合计	134490077.78	134490077.78	516207374.53	516207374.53
负债及股权总计	219412814.69	469198688.10	68345903.15	870862118.96

2. 简化的员益表(单位:元)

	1996 年 1—6 月		1997 年 1—6 月	
	母公司	合并	母公司	合并
主营业务收入	77661659.08	170333361.15	65116017.27	153433455.20
主营业务利润	20564601.59	37999122.24	15692793.84	31562699.09
其他业务利润		562763.39		795489.42
投资收益		964400.00	4518865.46	297221.07
营业外收支净额		2389.32	8000000.00	7848389.55
利润总额	20564601.59	39528674.95	28211659.30	40503799.13
所得税	5758088.45	12016232.65	3555247.55	9102879.30
少数股东权益		7608310.38		6744508.08
净利润	14806513.14	19904131.92	24656411.75	24656411.75

3. 其他财务指标:

指标名称	本期数	上年同期数
(1)每股收益(元)	0.145	0.181
(2)净资产收益率(%)	4.779	14.80
(3)每股净资产(元)	3.037	1.223

(二)财务报表附注:

1. 本期财务报告所采用的会计政策和会计方法与上年度一致。

2. 根据《合并会计报表暂行规定》及补充规定编制合并会计报表,并对控股子公司—西安飞机工业铝业股份有限公司(简称西飞铝业)的会计报表进行合并。

公司名称	业务性质	注册资本(元)	投资额(元)	持股比例
西安飞机工业铝业股份有限公司	铝合金系列产品设计生产销售	110076000	44160000	40.12%

上述子公司 1997 年 6 月 30 日会计报表未经审计,公司编制的合并会计报表已按母公司持股比例计算了少数股权,并抵销了相关科目。

3. 流动资产同期初相比本期增长 161%,主要是本期新增募集资金 35,700 万元。

4. 长期投资本期增加 1075 万元,主要是西飞铝业的对外长期投资。

5. 合并价差 555 万元为西飞铝业评估增值部分,根据招股说明书中财务会计资料部分—资产评估结果帐务处理方法,此部分 1997 年做合并价差处理。

6. 递延资产本期减少 45%,为西飞铝业递延资产评估增值部分,帐务处理同"5"。

7. 在建工程本期增加 48%,主要是公司按招股说明书对 PVC 项目的投资。

8. 短期借款比年初增加 1700 万元,全部为西飞铝业新增借款。

9. 股本比年初增加 6000 万元,为公司 1997 年 6 月向境内社会公众发行的人民币普通股(A股)。

10. 资本公积本期增加 297,060,885 元的原因是公司发行 6000 万社会公众股,每股面值 1 元,发行价 6.15 元,溢价部分减去发行费用 1200 万元加上申购成功的资金冻结利息 60885 元计入资本公积金。

11. 未分配利润 2466 万元为今年 1—6 月实现净利润。

12. 1996 年 1—6 月利润数:因本公司当年尚未独立核算,年末审计报表为模拟编制,故 1996 年 1—6 利润数由 1996 年全年损益平均数推算得出。

13. 1997 年 1—6 月利润数:含西飞公司履行其自年初到公司设立前经营利润与全体股东共享的承诺—转入主营业务收入 5444 万元,主营业务利润 1806 万元。

14. 本期营业收支净额 785 万元:含冻结资金利息 800 万元。本公司本次募集资金共收到冻结资金利息 1381 万元,剔除申购成功的冻结资金利息,其余部分计划分两次并入公司利润,1997 年转入 800 万元,1998 年转入 575 万元。

15. 本公司经陕西科学技术委员会认定为高新技术企业,并已在国家级高新技术产业开发区—西安高新技术产业开发区注册。

根据财政部、国家税务总局财税字〔1994〕001 号文规定,1997 年公司所得税将按照 15% 税率计缴。

16. 西飞铝业所得税适用 33% 税率。

(三)关联企业与关联交易

1. 关联企业

西安飞机工业(集团)有限责任公司(简称西飞公司)是本公司的唯一发起人。西飞公司属特大型国有企业,注册资产 46,000 万元人民币,注册地址为中国西安阎良红安路 1 号,法定代表人为杨忠。西飞公司持有本公司股份为 11,000 万股,占本公司总股份的 64.71%,为本公司的最大股东,主营业务为军用飞机、民用飞机、国际航空零部件和非航空民用产品的研制、开发、生产和销售。

2.本期公司与关联企业发生的关联交易如下:

1)定价政策

A.按本公司与西飞公司签订的《综合服和务协议》—与本公司生产有配套服务如:风、水、电、福利等由西飞公司参照国家定价,双方协商有偿提供。

B.按本公司与西飞公司签订的《航空部件销售协议》—本公司生产的转包部件产品全部按国际航空发包商与西飞公司签订的国际转包合同中确定的价格销售给西飞公司。

C.按本公司与西飞公司签订的《飞机零组件供应协议》—西飞公司向本公司提供的零、组件,有国家规定价格的按国家规定价格执行;无国家规定价格的,则执行市场价格;既无国家规定价格又无市场价格的,则由双方协商定价。

2)综合服务

1997年6月西飞公司提供风、水、电共计31,011.84元。

3)销售货物

1997年6月向西飞公司销售外协产品10,674,961.73元。

4)采购零组件

1997年6月向西飞公司采购零组件7,633,200元。

5)关联方应收应付款余额(截止97.6.30)

项目	企业名称	金额
应收帐款	西飞公司	60,886,621.70元
其他应收款	西飞公司	22,950,630.11

二、经营情况的回顾与展望

(一)上半年经营情况回顾

1997年对于本公司而言是充满机遇和挑战的一年,也是改革也与发展的重要一年。公司6000万股于6月6日公开发行成功并于6月26日成功上市。在公司筹委员和第一届董事会的领导下,公司重组上市和生产经营两不误,公司上半年经营状况良好,截止报告期末,公司主营业务收入15,343万元,共实现利润总额4050万元,净利润2466万元,分别为年溢利预测的32.3%、45.5%和52.1%。

1.致力于现代企业制度规范运作。公司成立后,依法建立和完善了公司组织机构,选举产生了公司第一届董事会和监事会,聘任了公司经营管理班子,为公司内部的高效运作和科学决策奠定了牢固的基础。

2.转变经营机制,强化企业内部管理,建立和完善权责分明和管理科学的内部管理机制。公司从资金管理入手,强化财务管理,同时制定了公司各种基本管理制度,逐步建立和完善符合市场经济发展客观规律和现代企业制度规范的法人治理结构和运作机制。

3.募集资金使用情况

公司于1997年6月6日公开发行6000万A股,每股发行价6.15元,扣除发行费用,实际募集资金35,700万元。

1)完成了对西飞铝业9030万元的投资,加快了西飞铝业型材挤压和表面处理生产线的技术改造。

2)投资2750万元从日本引进的PVC复合金属板生产线原计划98年底建成投产,经本公司职工积极努力,截止报告期末,该生产线业已完成安装,预计9月底调试完毕,投产运行。

3)补充国际航空部件厂生产所需流动资金2000万元。其他投资项目本公司将按照招股说明书载明的计划进行。目前尚未投入项目的资金全部存入银行。

(二)下半年经营展望

下半年,公司将按照经营计划,努力实现预期的全年国际转包和铝型材的生产销售目标,即实现主营业务收入47,555万元,利润总额8900万元,净利润4735万元。下半年公司预期将在以下方面有的突破:

1.由于PVC复合金属板生产线比预期提前16个月投产,且前期的市场开发也初显成效,年底可望生产复合金属板30万平方米,实现销售收入3000万元。

2.积极开拓国际转包市场,争取北美、西欧转包合同订单,增加品种,扩大产量。目前公司与国外飞机制造厂商就追加转包合同订单事项正在洽谈之中。

3.面向市场,加强铝型材营销工作。加速建立供销主渠道,形成稳固的供销网络,扩大产品市场覆盖面和占有率,以适应西飞铝业生产规模不断扩大的需要。

4.按照经营计划,挖掘内部潜力,减少关联交易,降低各项费用,控制成本增长。

5.下半年度公司拟在资产经营方面进行探索,积极寻找新项目,培育新的利润增长点,优化公司产业结构。

可以预见,公司紧紧抓住国外航空部件转包生产和新型材料两大主业,兼以不断开辟新的投资领域,必将会给股东带来超过预期的回报。

三、重大事件的说明

1.募集资金到位后,按照《招股说明书》披露的募集资金用途,公司已于7月份完成了对西飞铝业的增资扩股事宜。自1997年7月起,公司持有的西飞铝业股权将由40.12%增至63.4%。

2.遵照国务院证券委、中国人民银行、国家经贸委联合发布的《严禁国有企业和上市公司炒作股票的规定》和深交所深证发〔1997〕193号文、陕西省证券委陕证委发〔1997〕6号文通知精神,公司进行了认真自查,至今为止,本公司未在境内任何证券经营机构开设股票帐户,未在二级市场买卖上市公司流通股票。本公司今后从事证券投资,将严格遵守国家政策法规的规定。

3.本报告期内公司无重大诉讼、仲裁事项。

4.本公司本年度中期利润不分配,也无资本公积金转增股本事项。

四、发行在外股票的变动和股权结构的变化

1.本公司于1997年6月6日公开发行6000万A股,截止报告期末,公司发行在外股票无变化。

2.股权结构(截止1997年6月30日)

数量单位:万股,每股面值:1元

	期初数	比例%	期末数	比例%
一、尚未流通股份				
(1)发起人股份	11000	64.71	11000	64.71
其中:				
境内法人股份	11000	64.71	11000	64.71
境外法人股份				
(2)内部职工股份	600	3.53	600	3.53
其中:				
高管股	7	0.04	7	0.04
(3)其他				
尚未流通股份合计	11600	68.24	11600	68.24
二、已流通股份				
(1)境内上市的人民币普通股	5400	31.76	5400	31.76
(2)境内上市的外资股				
(3)境外上市的外资股				
(4)其他				
已流通股份合计	5400	31.76	5400	31.76
三、股份总数	17000	100	17000	100

3.主要股东持股情况(截止到1997年6月30日)

序号	股东名称	持股数(股)	持股比例
(1)	西安飞机工业(集团)有限责任公司	10000000	64.71
(2)	施云	500000	0.294
(3)	梁沛光	317368	0.187
(4)	钟维年	310000	0.182
(5)	林伟忠	300000	0.176
(6)	李光庆	300000	0.176
(7)	乐根成	274500	0.161
(8)	黄木顺	259500	0.153
(9)	曲文瑜	256000	0.151
(10)	金海	207200	0.122

五、股东大会简介

公司于一九九七年六月十六日在西安召开了公司创立大会暨第一次股东大会。代表公司股份11600.2万股的股东出席了大会,占公司总股份的68.24%,符合《公司法》有关规定,会议决议有效。经表决,大会审议并通过了以下决议:

1.通过了《公司筹建工作报告》;

2.通过了《关于设立公司费用情况的报告》;

3.通过了《公司章程(草案)》;

4.通过了《关于发起人出资折股情况的报告》;

5.通过了《关于公司股票在深圳证券交易所上市的议案》;

6.选举产生了公司第一届董事会和监事会。

经西安市阎良区公证处现场公证,大会通过的各项决议和选举结果,真实、合法、有效。

六、备查文件

1.载有董事长亲笔签名的中期报告原本;

2.本公司1997年上半年财务报表原件;

3.《招股说明书》和《上市公告书》;

4.公司创立大会暨第一次股东大会决议。

查阅地址:本公司证券部,西安市阎良区红安路1号。

查询电话:(029)6846638

西安飞机国际航空制造股份有限公司

1997年8月29日

深圳市特力(集团)股份有限公司

深圳市特力(集团)股份有限公司简介

一、公司概况

深圳市特力(集团)股份有限公司(以下简称“本公司”)的前身是一家成立于1982年3月18日的国营企业——深圳市机械工业公司。1993年4月18日机械公司通过公开募集方式发行了A股、B股股票,并于同年6月21日A、B股同时在深圳证券交易所上市。1994年4月18日更名为现名。经过十几年的艰苦创业,本公司已发展成为以工业制造、房地产开发为主、兼有进出口贸易及汽车测试、维修服务等第三产业的多元化、综合性企业集团。现有全资企业20家,控股企业2家,参股企业34家。拥有总资产10.65亿元,净资产2.99亿元,共有员工1796人,其中具高级职称39人,中级职责198人,初级职称137人。技术力量雄厚。

本公司所属企业生产的产品约有18个门类、200多个品种、500多种规格,如高档风扇、抽油烟机、多士炉、机械模具、纸箱印刷成型机、树脂砂轮、高速油印机、插头线和电源延续线、电脑键盘等。产品远销欧美,覆盖全国。

本公司从事汽车测试、维修服务的新永通实业公司是深圳市同行业中历史最悠久、规模最大、技术力量最强、服务项目最全的企业之一。该公司司所生产的电脑全自动汽车、摩托车检测线成套设备等产品在国内处于领先地位,并以其先进的管理水平和雄厚的技术力量被广东省评为先进企业。

本公司的房地产开发始于1984年,已开发了水贝、布心、笋岗、平湖、石岩等五个工业及生活区,占地面积45万平方米,建筑面积达40万平方米。目前,建筑面积27,600平方米,楼高30层的特力大厦已落成,推出市场。特力广场等一些投资大、前景好的房地产项目也正在积极筹划中。本公司积十几年的房地产开发经验,已具备大面积整片工业区和高层建筑楼宇的综合开发和管理能力。本公司在深圳特区内拥有大量物业,具备发展第三产业的潜力。

本公司从事进出口贸易已有十余年的历史,机械设备进出口公司充分利用毗邻香港的地理优势,积极寻求业务渠道,拓展进出口贸易、客户遍及欧美、东南亚、中东、南美等地。目前,年销售收入占全公司销售收入的三分之一以上。

1997年4月深圳市投资管理公司将持有本公司72.4%的国有股划转给深圳经济特区发展(集团)公司持有和经营,这一重大举措将给本公司摆脱近两年的困境提供了条件,在深圳市政府和特发集团的支持、帮助下,特力公司将在二次创业中重振昔日雄风,迈向更辉煌的历程。

地址:深圳市人民北路128号永通大厦10楼

邮编:518025

电话:0755—2225342

传真:0755—2227468

二、董事长、总经理介绍

陈宏明:男,53岁,大学毕业,工程师、高级政工师。有28年的技术、行政、人事、劳资、经济和企业经营管理经验,曾任深圳市康佳(集团)有限公司副总经理、党委书记、深圳市人事局副局长、深圳市劳动局局长、党组书记等职,现任深圳经济特区发展(集团)公司总裁、党委书记,深圳市特力(集团)股份有限公司法人代表、董事长。

禹　来:男,42岁,博士研究生、经济师,有28年技术、教学、党务、行政、经济和企业管理经验。曾任深圳市计划局社会发展处主任科员、市劳动局综合计划处副处长、市委宣传部办公室副主任、特发(集团)新华成公司董事长、总经理、特发(集团)总裁助理等职,现任深圳经济特区发展(集团)公司副总裁,深圳市特力(集团)股份有限公司副董事长、总经理。

深圳市特力(集团)股份有限公司1996年年度报告摘要

一、公司简况

1.公司名称:

深圳市特力(集团)股份有限公司

SHENZHEN TELLUS HOLDINGS CO.LTD

2.公司地址:

注册及办公地址:深圳市人民北路128号永通大厦10楼

邮编:518025

3.公司法定代表人:方时茂

4.公司咨询部门电话:2225342、、2231350　　传真:2227468

二、主要财务数据与财务指标

本财务报告是依据中华人民共和国现行的会计准则而编制。

单位:万元人民币

项　目	1996年	1995年	1996年比上年增长(%)
1.主营业务收入	43,600	41,299	5.6
2.利润总额	-16,533	181	—
(亏损以“-”号表示,下同)			
3.税后利润	-16,570	33	—
(已扣除少数股东权益)			
4.资产总额	106,486	126,071	-15.53
5.股东权益	29,900	46,497	-35.69
6.每股净资产	1.36	2.11	-35.55
7.每股收益(元)	-0.75	0.0015	—
8.每股红利(元)	0	0	—
9.股东权益比率(%)	28.08	36.88	-23.86
10.净资产收益率(%)	-0.55	0.07	—

三、年度分配情况

1996年度本集团减少数股东权益后的税后利润,按境内会计师审计结果为净亏损16,570万元人民币,按境外会计师事务所审计结果为净亏损18,755万元人民币。遵照本集团章程第一百条的规定:“公司无盈余时,不得分派股息、红利”。因此,本集团1996年度不分红。

四、业务回顾

1.一年来公司经营情况

1996年是本集团经营工作最困难的一年,也是本集团实施深度调整

的一年。

5月底,新的领导班子组建后,采取了一系列有效的措施,对资产结构、企业结构等方面存在的问题尽最大可能进行调整。

首先,总部率先精简了机构和人员,大力压缩管理费用,提高工作效率。继而对全资、控股企业进行优化重组;新组建了金贝丽家电公司。把生产燃烧器的智得公司由三级企业升格为二级企业。把五家商贸单位合为一家。对扭亏无望的天特、汉力和先导三家公司作了清盘处理。调整和充实了8家企业的领导班子。经过调整,企业结构和经营状况有了明显的改善。

在房地产投资方面,公司整体转让了在上海、湛江和开封三个地区的项目。撤销了上海房地产公司,积极处理了各公司积压的商品房,对北海公司适当扶持,使之转入良性运作。对岳阳公司的项目也在积极寻求调整、转让的途径。通过调整,集团盘活了部分在房地产业务的资产,避免进一步损失。

现将96年各项业务的经营情况报告如下:

工业:

96年本集团全资、控股工业企业的产品销售收入为15,842万元。与上年持平。主要产品有:包装机械年产528台,销售收入4,064万元;包装软管年产910万支,销售收入552万元;薄膜键盘年产10万台,销售收入851万元;抽油烟机年产3.13万台,销售收入1,237万元;年产汽车、摩托车检测线、检测设备117台套,销售收入2,167万元;年修理车辆1.25万辆,检测车辆4.4万辆,营业收入3,139万元。上述产品中,包装机械与汽车、摩托车检测设备在产量及销售收入方面都比上年有较大幅度增长。但由于其他产品销售额下降,形成经营性亏损876万元,以及按规定处理坏帐及存货报废954万元,使全资控股工业企业共亏损1,830万元。

96年参股工业企业生产经营正常,其中宝钢集团大西洋电焊条总厂、奥士达电子公司、二砂深联公司三家企业九六年销售收入达37,750万元。我司从深圳市内参股企业分回投资收益585万元。但由于深圳市外的联营企业及市内清盘企业投资损失达1,295万元(其中处理清盘企业损失596万元),并且按照中国证监会及财政部有关规定,对存在潜亏的清盘中,参股工业企业提取长期投资损失准备1,659.6万元。综合计算参股工业企业投资共损失2,370万元。

1996年工业企业(含参股企业投资收益)净亏损总额为4,200万元。

96年的调整,使工业企业甩掉了包袱,经营条件有了明显的改善。为增强企业后劲,本集团在极其困难的条件下,继续抓好新产品的开发和技术改造,华通公司一条五层复合塑料软管生产线已投入正式生产,金贝丽公司开发出高档电风扇,96年我司共开发新产品9个,将陆续投放市场。

房地产:

实现销售收入13,731万元,共回收资金12,028万元。由于部分(外地)商品房以低于成本价销售及整体转让项目亏损5,834万元,同时把历年购土地(多年空置,暂不建物业)款挂帐利息共3,612万元摊入当期费用,全年房地产业务总亏损9,446万元。96年整体转让了上海、湛江和开封的三个项目。特区外房地产项目给我司的压力已有所减轻。

商贸:

鉴于近两年我司商贸企业经营管理不善,96年我们将五个商贸单位的机构进行合并,调整和加强了该企业的领导班子,精简了机构和人员,压缩了管理费用。因处于调整时期,96年实现销售收入12,015万元,创汇1,971万美元,亏损2,077万元(其中处理坏帐、存货报废等745万元)。

其它第三产业:

本集团其它第三产业主要有租赁、宾馆酒楼、生活区管理和证券经营。96年为提高效益,把全司物业统一由下属的物业公司进行管理和经营。撤销了证券经营,回收了全部投入证券经营的资金。以上第三产业,全年净亏损847万元(其中处理坏帐等239万元)。

综合所述,本集团1996年净亏损16,570万元。造成巨额亏损的原因:第一,是为了盘活资产削价销售外地商品房,转让外地房地产项目造成了亏损;其次对前景不好的企业实行了清盘处理,并相应提取投资损失准备金;第三按财务规定,处理企业超过三年的呆坏帐和处理库存商品的报废。

我们认为实施这样大力度的调整是很有必要的。经过了调整,使本集团资产质量和整体经营条件大为改善,为企业走出困境,转入健康发展的轨道创造了必要的条件。

2. 实际经营结果与经营目标的对比分析

针对房地产市场低迷的现状及本集团盘活资金的迫切需要,96年初,本集团经营班子提出,并经董事会讨论,确定96年本集团回收房地产企业资金13,058万元,计划亏损人民币6,202万元(另有湛江公司房地产项目亏损待定)。亏损计划中,工业企业利润827万元,商贸企业亏损493万元,房地产企业亏损6,800万元,其他第三产业利润264万元。

实际经营结果为:回收房地产企业资金12,028万元,完成计划92.1%;增加亏损10,368万元。增加亏损的原因分析如下:

工业企业亏损4,200万元,比计划增加亏损5,027万元,是由于深圳市外联营企业亏损及部分参股企业清盘,导致出现投资损失2,955万元,按规定处理的坏帐及存货报废954万元,以及当年实际经营亏损(含投资收益减少)增加1,118万元。

房地产企业亏损9,446万元,比计划增加亏损2,646万元,主要是由于待定亏损计划的湛江房地产项目整体转让,削价售楼及在建工程转让损失达1,000万元;开封房地产项目整体转让,增加亏损357万元,空置土地(暂不建物业)几年挂帐利息转入当期亏损3,612万元;而岳阳房地产公司、阳春房地产公司、龙岗房地产公司及集团经营开发部因尚未全部按计划削价出售积压物业,比计划减少亏损2,323万元。

商贸企业亏损2,077万元,比计划增加亏损1,584万元,主要是由于按财务规定处理坏帐及存货报废745万元,当年经营性亏损增加839万元。

其他第三产业亏损847万元,比计划增加亏损1,157万元,主要是永通大厦物业出租率不高、酒楼、宾馆经营状况较差,加上沉重利息负担,亏损885万元,其次集团总部无法收取清盘企业租金等,造成损失272万元。

3、按两种不同会计制度计算的纯利的差异说明:

本集团已发行A股与B股,中国深圳蛇口中华会计师事务所按中国会计准则审计(A股审计)的净亏损为人民币16,570万元,普华亚洲会计公司按国际会计准则审计(B股审计)的净亏损为人民币18,755万元,B股审计比A股审计的亏损增加2,185万元。差异原因如下:

1)B股审计按成本与市价孰低法提取与国内规定不同的待售物业跌价准备904万元,提取存货跌价准备217万元。

2)B股审计为应收款项提取与国内规定不同的坏帐准备1,540万元。

3)冲回上两年已预提投资减值准备,减亏381万元。

4)冲回上年预提联营公司永久减值准备,减亏95万元。

五、股本变化及股本结构

1. 股本变化及股本结构情况

1)股本结构情况

截止1996年12月31日,本集团的总股本为22,028.16万股,总股本和股本结构没有发生任何变化。列示如下:

1996年度股份变动情况表

填报日期:96年12月31日　单位:股　面值:每股1元

	期初数	本次变动增减(+、-)					期末数
		配股	送股	公积金转股	其他	小计	

一、尚未流通股份							
1.发起人股份							
其中:							
国家拥有股份	159,588,000	—	—	—	—	—	159,588,000
2.内部职工股	112,862	—	—	—	—	—	112,862
尚未流通股份合计	159,700,862	—	—	—	—	—	159,700,862
二、已流通股份							
1.境内上市人民币普通股	34,180,738	—	—	—	—	—	34,180,738
2.境内上市外资股	26,400,000	—	—	—	—	—	26,400,000
已流通股份合计	60,580,738	—	—	—	—	—	60,580,738
三、股份总数	220,281,600	—	—	—	—	—	220,281,600

2).股东数量

截止1996年12月31日,本集团共有股东31,317名,其中A股股东28,571名,B股股东2,746名。A股股东中包括8名内部职工股东。

3).前十名股东持股情况(截止96年12月31日)

股东持股总数为164,834,000股,占总股份的74.83%。详细情况及列示如下:

本集团前十名大股东名称	持有股种	持股数(股)	占总股本比例
1)深圳市投资管理公司	A股	159,588,000	72.45%
2)中国平保(香港)公司	B股	1,091,320	0.50%
3)MOTIME LIMITED	B股	787,600	0.36%
4)KARKO DEVELOP MENT LIMITED	B股	744,300	0.34%
5)EARNGUARD LTD	B股	660,000	0.30%
6)EUROWAYD EVOP MENTS LTD	B股	633,600	0.29%
7)施性央	B股	462,000	0.21%
8)史良洵	A股	323,780	0.15%
9)WARDLEY JAMES CAPEL(F.E.)LTD	B股	300,000	0.14%
10)CHEEROLL LTD	B股	243,400	0.11%

4)董事、监事及高层管理人员持股情况

本集团董事、监事及高层管理人员截止1996年12月31日所持本集团原始股份列示如下:

	姓名	年初持股数量(股)	年末持股数量(股)
董事:	方时茂	22,066	22,066
	陆益桐	0	0
	孙汉文	16,478	16,478
	郭健源	0	0
	童峰	0	0
	蓝树雄	0	0
	黄士林	0	0
监事:	刘全伟	0	0
	刘益孝	16,390	16,390
	曾子佳	0	0
	陈爱民	0	0
	胡俊	0	0
其他高层管理人员:	房可风	16,500	16,500
	曾启谦	9,350	9,350
	罗又根	14,978	14,978
	李盛昌	8,550	8,550
	潘岳彬(已调离公司)	8,550	8,550
	杨锡麟(已调离公司)	0	0

六、重要事项

1、股东会简介

本集团于1996年6月28日下午三时,在深圳市政协礼堂召开了第四届股东大会。出席会议的股东及股东代表12人,代表股份159,831,096股,占总股本的72.56%。本次大会审议并通过了董事会1995年度工作报告等十个议案(已在1996年7月1日的《证券时报》和《香港商报》公告。)

2、董事、监事及高层管理人员的变更

——董事变更

1996年6月28日,本集团召开了第四届股东大会,大会进行了董事换届选举。选举了方时茂、陆益桐、孙汉文、郭健源、潘岳彬、蓝树雄和黄士林七人为第二届董事会董事。其中除陆益桐和蓝树雄两人为新任董事外,其余五名董事是连选连任。方时茂连任董事长。

——监事变更

1996年6月28日,本集团召开了第四届股东大会,大会进行了监事换届选举。选举了刘全伟、刘益孝、曾子佳、陈爱民和胡俊五人为第二届监事会监事。其中刘益孝、曾子佳、胡俊三个人是连选连任。刘全伟接替施佑生任监事会主席。

——高层管理人员变更

1996年5月21日,董事会聘任陆益桐先生为本集团总经理,同时免去王兵先生原任的本集团总经理职务。

1996年7月1日,董事会聘任郭健源先生和杨锡麟先生为本集团副总经理。同时免去房可风先生和曾启谦先生原任的本集团副总经理职务。聘任潘岳彬先生为本集团总会计师。罗可根先生为本集团总工程师。

1996年12月31日,董事会同意童峰先生为本集团第二届董事会董事(待下届股东大会选举确认)。聘任童峰先生为本集团财务总监。因潘岳彬先生和杨锡麟先生调离本公司,同意潘岳彬先生辞去董事职务的申请(待下届股东大会确认)。免去潘岳彬本集团总会计师职务。免去杨锡麟本集团副总经理职务。

3、重大事件

股份转让:1996年3月27日本集团将持有深圳经纬实业股份有限公司的12.5%的股份作价400万元人民币转让给香港宇顺国际发展有限公司,可收回投入资金。

本年度本集团无重大诉讼、仲裁事项。

七、子公司及关联企业

1.全资附属公司:

公司名称	企业性质	注册资本	注册地	直接	间接	主要业务
深圳市机械工贸公司	股份制经济	RMB9,220,000.00	深圳市	100%		生产经营机械、印刷机、包装纸箱、金属制品等
深圳市新永通实业有限公司	股份制经济	RMB32,900,000.00	深圳市	100%		汽车、摩托车、农牧机械测试修理,测试设备的生产销售
深圳市万通实业公司	股份制经济	RMB10,000,000.00	深圳市	100%		生产销售电子设备、工艺流水生产设备、节能换风设备、节能燃烧设备、厨房设备等
深圳市华通机械有限公司	股份制经济	RMB1,570,000.00	深圳市	100%		生产经营包装机械、塑料、包装软管
深圳市特力电子有限公司	股份制经济	RMB13,590,000.00	深圳市	100%		设计、安装、维修、生产、加工、购销电气机械、电子计算机外部设备、电子元器件等

深圳市机械设备进出口公司	股份制经济	RMB12,710,000.00	深圳市	100%		机电设备进出口
深圳市机械工业供销公司	股份制经济	RMB2,360,000.00	深圳市	100%		批发、零售、代购、代销机械、电器设备、建筑五金、仪器仪表、建筑材料、汽车零配件等。
深圳市特力物业管理公司	股份制经济	RMB7,050,000.00	深圳市	100%		生产厂区和职工生活区公共设施的管理、提供生产、生活服务
深圳市特力房地产公司	股份制经济	RMB31,150,000.00	深圳市	100%		土地开发、商品房经营
深圳龙岗特力房地产公司	股份制经济	RMB10,000,000.00	深圳市	100%		土地开发、商品房经营
深圳特力房地产湛江公司	股份制经济	RMB5,000,000.00	湛江市	100%		房地产开发、商品房销售、房地产经营
深圳特力房地产北海公司	股份制经济	RMB5,500,000.00	北海市	100%		房地产开发、商品房销售、房地产经营
深圳特力房地产岳阳公司	股份制经济	RMB5,000,000.00	岳阳市	100%		城市建设基础设施和服务配套设施综合开发
深圳特力阳春公司	股份制经济	RMB5,000,000.00	阳春市	100%		土地开发、商品房销售
深圳特力房地产惠州分公司	股份制经济	RMB6,000,000.00	惠州市	100%		房地产开发经营、物业管理
特力(金边)发展公司	股份制经济	瑞尔50,000,000.00	柬埔寨	100%		所有商品进出口贸易、易货贸易、承包工程及维修、售后服务等
上海特力房地产公司*1	股份制经济	RMB15,500,000.00	上海市	100%		房地产开发经营、物业管理
深圳市特力机电股份有限公司上海分公司	股份制经济	RMB10,000,000.00	上海市	100%		批发零售、代购代销普通机械、仪器仪表、电子产品、金属材料(不含贵金属等)
深圳龙岗区天鹅实业公司	股份制经济	RMB4,020,000.00	深圳市	100%		开发工业区、兴建厂房、兴办内联外引和自身工业项目
深圳宝安石泉实业公司	股份制经济	RMB2,000,000.00	深圳市	100%		开发工业区、兴建自营、内联、外引工业项目
深圳宝安凌志电器厂*2	股份制经济	RMB1,000,000.00	深圳市	100%		生产音濒放大器、计算机软件,计算机图像处理系统、镉镍电池交电器
深圳市特力房地产交易所	股份制经济	RMB1,000,000.00	深圳市	100%		从事房地产经纪业务
深圳天特数控设备有限公司*	股份制经济	RMB3,000,000.00	深圳市	60%	40%	开发、生产数控机床、三座标数控测量仪及其专用电源等
深圳市金贝丽电器有限公司	股份制经济	RMB3,000,000.00	深圳市	80%	20%	抽油烟机、电风扇、燃气灶等家用电器开发、制造、销售
深圳万华机电制造联合公司*2	股份制经济	RMB1,000,000.00	深圳市	40%	60%	电源机箱等制造维修

2、拥有50%以上股权的联营公司:

公司名称	企业性质	注册资本	注册地	直接	间接	主要业务
深圳汉力高技术陶瓷有限公司*	国内联营	RMB3,800,000.00	深圳市	80%		生产经营泡沫陶瓷、高温结构陶瓷、功能陶瓷等
深圳洪成新能源有限公司	国内联营	RMB2,000,000.00	深圳市		80%	开发、生产、销售洪成新燃料膨化剂、膨化燃料及相关生产设备(不含易燃、易爆危险品)
深圳智得机电设备有限公司	中外合资	USD300,000.00	深圳市		60%	自动柴油燃烧器切片机等
深圳市中天实业有限公司	国内联营	RMB7,250,000.00	深圳市	55%		生产经营机械设备

上述公司正组织清算,本年度未纳入合并会计报表。

*1 该等公司清算已完成,正在办理有关工商、税务注销手续。

*2 该两公司一九九六年度已经注销。

3、关联企业

本集团投资兴办的联营企业共有34家。其中本集团投资比例占35%以上的有14家,占20—35%的有8家,占20%以下的有12家。关联企业的详情见《一九九六年度合并会计报表的审计报告》中附注四(2)联营投资一栏。

八、业务展望

九七年是本集团打翻身仗十分关键的一年。工作指导方针是:以改革为动力,扭亏为目标。更新观念,转换机制,加速调整,强化管理,深挖企业内部潜力,提高资金运作质量,培育新的经济增长点,消灭亏损。打好九七攻坚仗,为特力公司二次创业打好基础。

1)强化集团功能,加强财务、资金和物业的集中管理。实行财务下管一级制度,加强财务监控,从加强成本管理着手,降低成本,提高经济效益;充分发挥结算中心的功能,提高资金的运行效率;统一管理和经营集团所有出租和闲置物业,提高经营效益。

2)提高工业企业的管理水平和经营效益,使之在九七攻坚战中发挥主力军的作用,重塑工业在集团的主业形象。首先是通过"三改一加强",加强企业内部管理,提高企业自身素质。走内涵发展扩大再生产的道路;其二,通过招商引资和企业兼并,低成本扩张,扩大现有骨干企业生产的规模和水平;其三,在产品上档次、创名牌上下功夫。加强产品开发、强化质量管理,推行品牌战略。

3)努力盘活存量,回笼资金。盘活公司物业和土地,积极催收应收款项和处理积压产品,提高资金使用效果。

4)努力培育新的利润增长点。工业要通过优化结构,上规模、上水平、上档次,开拓市场,成为集团最大的经济增长点;在房地产开发上要充分利用现有的土地资源,争取有关优惠政策,尽快开发"特力花园"等项目,以形成新的利润增长点;商贸企业通过强化管理,拓宽新的贸易渠道,努力提高经济效益。

九、其它资料

1、公司资料

1)股票上市场所:深圳证券交易所

2)股票简称:深特力A股(股票代码:0025)

深特力B股(股票代码:2025)

3)本公司未上市股票托管机构:深圳证券登记有限公司

4)会计师事务所:

境内:蛇口中华会计师事务所

境外:普华亚洲会计有限公司

5)本公司法律顾问:深圳市天平律师事务所

6)本公司股份事务代表:

李盛昌(电话:2225342)

方景励(电话:2231350)

地址:深圳市人民北路128号永通大厦10楼

2、公司资料查阅

查阅时间:每星期三下午2:30—5:30(节假日除外)

查阅方式:股东持本人身份证、股东卡和股票存折或股东对帐单到本集团董事会秘书处查阅。

十、财务资料

1、审计意见

本集团1996年会计报表经深圳蛇口中华会计事务所审计,已出具无保留意见的审计报告(详见附件一)。

2、财务报表

本集团1996年经深圳蛇口中华会计师事务所审计的合并资产负债表、合并利润及利润分配表、合并财务状况变动表(详见附件二、附件三及附件四)。

3、财务报表附注

主要会计政策(详见附件五)。

深圳市特力(集团)股份有限公司

董事会

1997年4月30日

附件一

审计报告

蛇中财审报字(1997)第74号

深圳市特力(集团)股份有限公司全体股东:

我所接受委托,对贵公司及贵公司附属公司和拥有50%以上权益的联营公司(以下统称"贵集团")一九九六年十二月三十一日的合并资产负债表、一九九六年度的合并利润及利润分配表、合并财务状况变动表进行了审计。这些合并会计报表由贵公司负责,我们的责任是对这些合并会计报表发表审计意见。我们的审计是依据《中国注册会计师独立审计准则》进行的。在审计过程中,实施了包括抽查会计记录等我们认为必要的审计程序。

我们认为,上述合并会计报表符合《企业会计准则》及《股份制试点企业会计制度》的有关规定,在所有重大方面公允地反映了贵集团一九九六年十二月三十一日的财务状况和一九九六年度的经营成果和资金变动情况;会计处理方法的选用符合一致性原则。

贵公司根据中华人民共和国财政部(1996)第11号文件规定,已计提长期投资损失准备16,596,000.00人民币元。

蛇口中华会计师事务所

中国 深圳 蛇口

1997年2月4日

附件五

主要会计政策

1、会计制度

根据《股份制试点企业会计制度》及广东省财政厅粤财会(1993)35号文中关于适用香港上市公司有关会计处理的规定制订本集团会计制度。

2、会计年度

本集团以公历每年一月一日起至十二月三十一日止为一会计年度。

3、合并会计报表的编制方法:

合并会计报表除内部往来、子公司实收资本与母公司长期投资、内部销售收入与成本相互抵销,以及固定资产、存货中由于内部贸易所产生的未实现利润予以扣除外,其余项目均逐一合并;对于少数股东权益按规定分别在有关会计报表中予以列示。

4、记帐原则和计价基础:

本集团以权责发生制为记帐原则,各项财产物资按取得时的实际成本计价。

5、外币折算方法:

以人民币为记帐本位币,对发生的外币经济业务采用当月一日的市场汇价折合人民币入帐,期末对货币性项目中外币余额按期末市场汇价调整,由此产生的折算差额计入"财务费用"项目。

6、坏帐准备:

本集团根据深圳经济特区之规定,按所有应收款项(除关联公司往来)期末余额的1%计提坏帐准备。

7、存货:

本公司存货均以实际成本计价,发出存货的实际成本除房地产开发产品按单项实际成本确定外,其余存货按加权平均法计算确定。

8、长期投资:

本集团对股权投资和联营投资按投资比例分别用成本法(持有20%以下股权的及合作项目)和权益法(持有20%以上股权)核算。对长期投资的永久减值作出亏损准备。

9、固定资产及其折旧:

本集团固定资产按实际成本计价,其标准为使用年限在一年以上,单位价值在2000元以上的实物资产。固定资产折旧采用直线法平均计算,并按固定资产的类别、原价、规定使用年限、预计残值率(原价的3%)确定其年分类折旧率如下:

资产类别	年折旧率
房屋及建筑物	2.77%
机器设备	8.08%
运输工具	13.86%
电子及其他设备	13.86%

10、无形资产及其摊销

深圳智得机电设备有限公司取得4100平方米的土地使用权所支付的费用,从一九九六年一月一日起分四十年摊销。

11、递延资产及其摊销:

递延资产系本集团部分公司支付的开办费、租入固定资产改良工程、开发产品资本化利息等,从受益期开始分年摊销或转销。

12、税项

本集团缴纳的主要税种及税率列示如下:

税种		税率
增值税	出口产品	零
	深圳经济特区内地产销产品	免税
	一般销售	17%
营业税	工缴费	免
	租金、手续费	5%
	房地产转让	5%
	维修	3%
城乡维护建设税及教育费附加	按公司所在地规定缴纳	
企业所得税	深圳	15%
	香港	17.5%
	其余地区	33%
土地增值税	按国家规定计缴	
个人所得税	由各公司代为扣缴	

13、利润分配

本年度经营亏损,本公司董事会向股东大会建议本年度不分配股息、红利。

附件二 深圳市特力(集团)股份有限公司合并资产负债表

1996年12月31日 单位:人民币元

	附注	1996-12-31		1995-12-31	
		集 团	公 司	集 团	公 司
资产					
流动资产:					
货币资金		RMB 143,448,466.92	RMB 69,132,806.36	RMB149,987,430.71	RMB 109,971,701.55
短期投资	1	1,955,637.09	703,000.00	10,179,622.25	8,014,646.60
应收内部单位款		--	346,156,239.79	--	454,165,652.04
应收帐款	2	66,638,120.04	10,886,923.23	90,341,220.16	12,082,013.26
预付货款		39,082,606.44	8,479,659.82	31,672,529.51	670,936.13
其他应收款	3	33,000,117.37	3,358,410.04	36,386,982.14	5,716,319.93
减:坏帐准备		1,058,581.61	157,275.12	1,573,771.70	337,877.15
关联公司往来		--	--	8,207,743.08	758,141.74
待摊费用	4	1,931,560.26	381,568.02	7,501,297.03	3,359,723.20
存货	5	230,928,426.36	20,767,013.85	321,650,243.48	18,805,646.52
待处理流动资产净损失		--	--	6,051,210.77	1,120,886.25
流动资产合计		515,926,352.87	459,708,345.99	660,404,507.43	614,327,790.07
长期投资:					
长期投资	6	115,275,846.18	195,907,726.42	139,236,543.67	272,944,267.83
固定资产:					
固定资产原值	7	414,639,998.82	112,916,958.32	374,849,410.22	69,383,011.23
减:累计折旧		77,108,175.09	16,194,306.66	65,476,017.38	10,861,189.49
固定资产净值		337,531,823.73	96,722,651.66	309,373,392.84	58,521,821.74
在建工程	8	56,460,189.40	--	63,288,776.43	--
固定资产合计		393,992,013.13	96,722,651.66	372,662,169.27	58,521,821.74
无形资产及递延资产:					
无形资产	9	1,657,499.36	--	18,644,377.67	13,495,692.21
递延资产	10	38,012,292.62	1,974,107.30	69,765,813.09	9,785,011.94
无形资产及递延资产合计		39,699,791.98	1,974,107.30	88,410,190.76	23,280,704.15
资产总计		RMB 1,064,864,004.16	RMB 754,312,831.37	RMB 1,260,713,411.13	RMB 969,074,583.79
负债及股东权益					
流动负债:					
短期借款	11	RMB 512,667,423.00	RMB 372,218,320.00	RMB 499,582,339.44	RMB 386,562,000.00
应付帐款		39,301,519.62	3,197,979.16	45,937,850.27	4,242,756.51
预收货款		22,736,052.90	182,309.88	40,158,855.78	236,599.45
应付福利费		5,221,937.39	1,713,135.93	6,348,864.32	1,984,118.21
未交税金	12	276,705.29	(637,540.11)	(15,946,584.21)	(6,760,214.13)
其他未交款		22,527,018.84	56.80	22,330,970.10	--
其他应付款		48,624,032.20	25,293,081.36	52,406,096.63	33,621,322.43
预提费用	13	29,552,455.57	4,410,687.12	16,410,989.40	6,677,489.46
一年内到期的长期负债		--	--	12,250,000.00	--
流动负债合计		680,907,144.81	406,378,030.14	679,479,381.73	426,564,071.93
长期负债:					
长期借款	14	57,760,000.00	51,540,000.00	63,600,000.00	53,960,000.00
应付债券		--	--	20,000,000.00	20,000,000.00
其他长期负债	15	19,458,123.20	(2,875,597.80)	24,323,535.68	3,584,042.84
长期负债合计		77,218,123.20	48,664,402.20	107,923,535.68	77,544,042.84
负债合计		758,125,268.01	455,042,432.34	787,402,917.41	504,108,114.77
少数股东权益:					
少数股东权益	16	7,740,266.12	--	8,344,024.70	--
股东权益:					
股本	17	220,281,600.00	220,281,600.00	220,281,600.00	220,281,600.00
资本公积		166,646,999.40	166,646,999.40	166,646,999.40	166,646,999.40
盈余公积		54,295,698.45	54,295,698.45	54,295,698.45	54,295,698.45
其中:公益金		3,210,576.83	3,210,576.83	3,210,576.83	3,210,576.83
货币换算差额		(271,929.00)	--	--	--
未分配利润	18	(141,953,898.82)	(141,953,898.82)	23,742,171.17	23,742,171.17
股东权益合计		298,998,470.03	299,270,399.03	464,966,469.02	464,966,469.02
负债及股东权益总计		RMB1,064,864,004.16	RMB754,312,831.37	RMB1,260,713,411.13	RMB969,074,583.79

(所附注释系会计报表的组成部分)

附件三　深圳市特力(集团)股份有限公司合并利润及利润分配表

1996年度　　单位:人民币元

	附注	1996年		1995年	
		集　团	公　司	集　团	公　司
一、主营业务收入	19	RMB436,002,795.00	RMB39,256,315.04	RMB142,988,099.26	RMB34,290,092.80
减:营业成本		362,798,473.64	32,892,533.75	325,747,244.07	25,074,598.12
销售费用		17,630,662.49	3,430,076.37	10,762,520.69	1,825,385.36
管理费用		67,457,874.81	12,468,386.81	71,301,179.70	8,997,287.71
财务费用	20	106,072,496.38	10,682,915.15	29,935,609.95	(934,714.80)
营业税金及附加		8,661,805.57	629,202.98	4,257,634.95	603,924.19
二、主营业务利润		(126,618,517.89)	(20,846,800.02)	(29,016,090.10)	(1,276,387.78)
加:其他业务利润	21	9,670,221.10	310,023.84	19,661,307.56	304,107.02
三、营业利润		(116,948,296.79)	(20,536,776.18)	(9,354,782.54)	(972,280.76)
加:投资损益	22	(33,817,385.89)	(142,920,303.87)	6,569,298.56	445-229.67
营业外收入	23	7,682,676.61	381,680.97	10.024,994.25	791,620.48
减:营业外支出	24	22,242,148.84	2,620,670.91	5,510,783.01	80,678.29
加:以前年度损益调整		--	--	77,197.98	148,781.70
四、利润总额		(165,325,154.91)	(165,696,069.99)	1,805,925.24	332,672.80
减:所得税		379,312.18	--	520,116.63	--
少数股东损益		(8,397.10)	--	953,135.81	--
五、净利润		(165,696,069.99)	(165,696,069.99)	332,672.80	332,672.80
加:年初未分配利润		23,742,171.17	23,742,171.17	23,409,498.37	23,409,498.37
六、可分配的利润		(141,953,898.82)	(141,953,898.82)	23,742,171.17	23,742,171.17
减:提取法定公积金		--	--	--	--
提取法定公益金		--	--	--	--
七、可供股东分配的利润		(141,953,898.82)	(141,953,898.82)	23,742,171.17	23,742,171.17
减:已分配普通股股利		--	--	--	--
八、未分配利润		RMB(141,953,898.82)	RMB(141,953,898.82)	RMB23,742,171.17	RMB23,742,171.17

(所附注释系会计报表的组成部分)

附件四　深圳市特力(集团)股份有限公司合并财务状况变动表

1996年度　　单位:人民币元

	1996年	1995年
	集团	集团
流动资产来源和运用		
一、流动资金来源		
1.本年净利润	RMB(165,696,069.99)	RMB332,672.80
加:不减少流动资金的费用和损失		
固定资产折旧	17,028,763.41	15,706,522.16
无形资产、递延资产及其他资产摊销		
(减其他负债转销)	45,792,586.81	6,722,061.11
清理固定资产损失(减收益)	6,555,735.43	(64,224.45)
少数股东本期损益	(8,397.10)	953,135.81
小计	(96,327,381.44)	23,650,167.43
2.其他来源		
固定资产清理收入(减清理费用)	23,254,716.89	10,060,979.75
增加长期负债	5,900,000.00	59,147,285.25
收回长期投资	11,250,000.00	2,469,826.81
对外转出固定资产	2,661,049.64	--
对外转出无形资产	14,592,122.50	--
少数股东资本净增加额	(595,361.48)	(2,890,000.00)
资本净增加额	--	10,287,324.11
货币换算差额	(271,929.00)	--
小计	56,790,598.55	79,075,415.92
流动资金来源合计	(39,536,782.89)	102,725,583.35
二、流动资金运用		

	1996 年	1995 年
1.利润分配		
提取法定公积金	--	--
提取法定公益金	--	--
已分配股利	--	--
小计	--	--
2.少数股东利润分配	--	(114,519.79)
3.其他运用		
固定资产和在建工程净增加额	70,830,109.23	57,642,241.07
增加无形资产、递延资产及其他资产	11,644,310.53	42,991,121.08
偿还长期负债	36,605,412.48	--
增加长期投资	(12,710,697.49)	34,739,872.29
小计	106,369,134.75	135,373,234.44
流动资金运用合计	106,369,134.75	135,258,714.65
流动资金增加净额	RMB(145,905,917.64)	RMB(32,533,131.30)
流动资金各项目的变动		
一、流动资产本年增加数:		
货币资金	RMB(6,538,963.79)	RMB(7,571,411.47)
短期投资	(8,223,985.16)	(6,330,207.88)
应收帐款	(23,703,100.12)	(8,866,922.99)
预付货款	7,410,076.93	2,112,481.72
其他应收款	(3,386,864.77)	(21,133,731.11)
减:坏帐准备	(515,190.09)	(289,117.34)
关联公司往来	(8,207,743.08)	8,207,743.08
待摊费用	(5,569,736.77)	2,688,077.63
存货	(90,721,817.12)	16,080,301.24
待处理流动资产净损失	(6,051,210.77)	1,750,096.40
流动资产增加净额	(144,478,154.56)	(12,774,456.04)
二、流动负债本年增加数:		
短期借款	13,085,083.56	51,239,339.44
应付帐款	(6,636,330.65)	(8,667,623.00)
预收货款	(17,422,802.88)	16,080,737.88
应付福利费	(1,126,926.93)	(636,117.78)
未付股利	--	(20,025,600.00)
未交税金	16,223,289.50	(23,506,860.28)
其他未交款	196,048.74	62,142.96
其他应付款	(3,782,064.43)	(4,387,304.38)
预提费用	13,141,466.17	(2,650,039.58)
一年内到期的长期负债	(12,250,000.00)	12,250,000.00
流动负债增加净额	1,427,763.08	19,758,675.26
流动资金增加净额	RMB(145,905,917.64)	RMB(32,533,131.30)

深圳市特力(集团)股份有限公司1996年年报A股(摘要)的补充资料

应深圳证券交易所要求,特补充刊登1996年年度合并会计报表的附注四—八:

附注四、主要报表项目附注

1.短期投资

投资项目	金　额	年末市值
股票投资	RMB1,162,737.09	RMB1,122,336.00
债券投资	792,900.00	
	RMB1,955,637.09	

2.应收帐款

帐　龄	金　额
1年以内	RMB42,776,912.70
1—2年	18,388,182.94
2—3年	1,559,905.40
3年以上	3,913,119.00
	RMB66,638,120.04

3.其它应收款

帐　龄	金　额
1年以内	RMB11,409,748.47
1—2年	15,414,519.27
2—3年	4,885,705.53

3年以上	1,290,144.10
	RMB33,000,117.37

附注五、财务承诺

1. 截至1996年12月31日止,本公司为下列公司出具了银行借款担保书:

公司名称	担保金额	担保期限
深圳市石油化工(集团)股份有限公司	RMB95,600,000.00	短期贷款
	HKD21,000,000.00	短期贷款
	USD6,900,000.00	短期贷款
深圳经济特区房地产(集团)股份有限公司	RMB12,500,000.00	短期贷款
	HKD25,000,000.00	短期贷款
深圳市深宝实业股份有限公司	RMB22,000,000.00	短期贷款
	HKD5,000,000.00	短期贷款
	USD600,000.00	短期贷款
金田实业(集团)股份有限公司	RMB41,200,000.00	短期贷款
	HKD6,000,000.00	短期贷款
深圳中浩(集团)股份有限公司	RMB40,000,000.00	短期贷款
深圳奥士达电子有限公司	HKD7,000,000.00	短期贷款
合计	RMB211,300,000.00	
	HKD64,000.000.00	
	USD7,500,000.00	

2.1996年4月2日深圳市特力房地产公司与中国工商银行深圳市分行罗湖支行签订楼宇按揭(抵押)贷款合作协议,按揭最高限额为40,000,000.00人民币元。期限最高不超过五年。1996年6月1日经深圳市罗湖区公证处公证。

截至1996年12月31日,实际使用按揭款为28,999,333.00人民币元,特力房地产公司为此按揭款以房地产作出抵押担保。

4. 未分配利润

	金　额
年初未分配利润	RMB23,742,171.17
加:本年净利润	(165,696,069.99)
年末未分配利润	RMB(141,953,898.82

5. 长期投资

(1)股权投资

被投资公司名称

被投资公司名称	股　数	占被投资公司股权比例	投资金额	年末市值
上海市原水股份有限公司	2,000,000	0.148%	RMB5,680,000.00	RMB12,980,000.00
招商银行	1,000,000	-	3,936,699.19	
			RMB9,616,699.19	

(2)联营投资(表格附后)

* 系收回长期投资款 * * 系评估增值

减:长期投资损失准备	
武汉威特酒店	640,000.00
贵阳市红岩饲料添加剂厂	600,000.00
深圳天特数控设备有限公司	3,740,000.00
深圳汉力陶瓷高技术有限公司	1,956,000.00
深圳(莫斯科)股份有限公司	825,000.00
深圳捷成电子有限公司	3,225,000.00
深圳先导化工新材料有限公司	5,610,000.00
小计	RMB16,596,000.00
股权投资与联营投资合计	RMB115,275,846.18

6. 投资收益

项目	1996年	1995年
股票投资收益	RMB2,528,508.53	RMB(1,924,880.94)
长期投资损失准备	(16,596,000.00)	—
权益法调整收益(损失)	(5,088,673.38)	3,989,224.99
成本法单位分来利润	1,046,747.84	3,367,122.48
投资公司撤销产业之损失	(5,594,934.82)	—
转让合作经营权产生之损失	(8,570,000.00)	—
其他	(1,543,034.06)	1,137,832.03)
	RMB(33,817,385.89)	RMB6,569,298.56

附注六、诉讼事项

1. 深圳市特力房地产公司于1994年11月29日与深圳金路工贸公司签订《合作兴建布吉镇丽叶汇食街合同书》,截至1996年12月31日止,特力房地产公司已投入合作资金计9,822,500.00人民币元,由于对方违约,特力房地产公司已向法院提起诉讼,此案正在审理之中。

2. 深圳市特力房地产公司1993年3月28日及1992年11月9日与深圳达佳实业公司签订《房屋转让协议书》、《综合楼转让协议书》等,深圳达佳实业公司未如期履行协议规定,截止1996年12月31日止,应收该公司欠款计2,270,581.00人民币元(不含利息),已向法院提起诉讼。

3. 深圳市特力物业管理公司1993年8月与广东省岗美华侨农场达成开发五十亩土地使用权协议,由于对方未按协议条款如期提供合同所约定的标的物,经广东省阳江市中级人民法院以(1995)阳中法民初字第40号判决,返还特力物业管理公司地价款及违约应支利息共计5,528,621.00人民币元。岗美华侨农场不服判决而上诉,经广东省高级人民法院受理,指令重审,再次审理正在进行之中。

4.1993年7月9日由深圳市特力房地产公司与阳春特种钢厂签订"合作改造特种钢厂旧址协议书",已投入资金4,000,000.00人民币元,由于阳春特种钢厂未及时办理拆迁而影响开发,1996年5月2日已向阳江市中级人民法院提起诉讼。经阳江市中级人民法院以(1996)阳中法民初字第9号判决书裁定,阳春特种钢厂须返还4,000,000.00人民币元及应计利息,此案正在履行中。

5. 深圳特力房地产岳阳公司拖欠岳阳新城建设公司工程及违约款计510,000.00人民币元,经岳阳县人民法院以(1996)岳阳初字第48号民事调解书裁定:岳阳公司须于1997年5月31日前以现金支付200,000.00人民币元,其余以位于岳阳县荣家湾特力商城两套两室一厅,三套三室一厅住房抵款173,090.00人民币元,剩余款项以特力商城约近300平方米的土地抵偿。

6. 本公司及部分附属公司于1992年至1993年分别与外地公司签订八块土地的"征地协议书",截至1996年12月31日止,预付部分地价款计28,347,588.81元,由于种种原因,尚未取得土地证。

附注七、期后事项

本公司处理坏帐及长期投资等损失计41,210,000.00人民币元经深圳市投资管理公司于1997年3月6日以深投字第(1997)33号文批准同意报损。

附注八、两年数据变动超过30%的项目说明

项目	变动率	说　明
短期投资	(80.8%)	本公司证券部撤销,将其所持股票全部兑现
待摊费用	(74.3%)	转销应摊费用
待处理流动资产净损失	(100%)	经董事会批准,待处理流动资产净损失全部转销
无形资产	(91.1%)	因未能取得土地证,已预付的地价款从无形资产科目转入"预付帐款"
递延资产	(45.51%)	将预付购地款中已资本化的利息,转入本年度"财务费用"
预收帐款	(43.4%)	预收购楼款转销售收入
未交税金	(101.1%)	本年度应收出口退税款减少等
预提费用	80.1%	预提已完工开发产品应付工程款

一年内到期的长期负债	(100%)	到期偿还招商银行借款
应付债券	(100%)	到期偿还
销售费用	63.8%	本公司商品房销售而增加开支
财务费用	254.3%	同递延资产变动说明及已完工开发产品停止利息资本化
其他业务利润	(50.1%)	租赁及服务业业务减少
投资损益	(615%)	转让、清算部分投资公司及预提投资损失准备产生损失
营业外支出	303.6%	清理固定资产及存货报废等
少数股东损益	(100.88%)	控股公司1996年度亏损

深圳市特力(集团)股份有限公司董事会

1997年5月14日

被投资公司名称	经营期限	占被投资公司注册资本比例	投资金额		以前年度权益法调整	本年度权益法调整	调整后金额
			原　币	折合人民币			
				RMB	RMB	RMB	RMB
1. 深圳天特数控设备有限公司	10年	100%	RMB6,000,000.00	6,000,000.00	—	(2,260,000.00)	3,740,000.00
2. 深圳万华机电制造联合公司	12年	100%	RMB1,200,000.00	1,120,000.00	171,400.54	—	1,291,400.54
3. 深圳汉力高技术陶瓷有限公司	10年	80%	RMB3,466,000.00	3,466,000.00	—	(1,510,000.00)	1,956,000.00
4. 深圳长岛计算机图形有限公司	10年	50%	RMB1,000,000.00	1,000,000.00	462,534.59	13,304.68	1,475,839.27
5. 深圳兴龙机械模具公司	10年	50%	RMB2,400,000.00	2,400,000.00	5,892,967.92	(497,448.27)	7,795,519.65
6. 深圳捷成电子有限公司	—	45%	RMB3,150,000.88	3,150,000.00	75,000.00	—	3,225,000.00
7. 深圳丰盛实力钢管有限公司	6年	45%	RMB2,565,000.00	2,565,000.00	—	—	2,565,000.00
8. 深圳先导化工新材料有限公司	15年	40%	RMB9,076,401.88	9,076,401.88	(280,771.06)	(2,190,000.00)	6,605,630.82
9. 深圳奥林佩亚实业有限公司	15年	40%	USD400,000.00	3,354,968.00	104,073.38	353,600.00	3,812,641.38
10. 深圳市都通汽车维修检测公司	50年	40%	RMB4,200,000.00	4,200,000.00	—	—	4,200,000.00
11. 深圳元尊电子有限公司	10年	40%	USD28,800.00	239,040.00	—	(243,406.05)	(4,366.05)
12. 湖南昌阳实业股份有限公司	15年	36.55%	RMB6,900,000.00	6,900,000.00	(886,941.72)	(4,202,517.58)	1,810,540.70
13. 深圳奥士达电子有限公司	30年	33%	USD346,500.00				
			RMB11,341,163.19	13,200,000.00	628,385.35	1,675,974.24	15,504.59
14. 深圳晶辉电器有限公司	10年	35.04%	RMB1,924,675.51	1,924,675.51	616,048.52	665,000.00	3,205,724.03
15. 深圳圳海厨具有限公司	10年	27.5%	RMB1,000,000.00	1,000,000.00	1,308,688.12	(55,380.40)	2,253,307.72
16. 深圳奥特数控设备有限公司	15年	25%	RMB750,000.00	750,000.00	–	–	750,000.00
17. 深圳莉莎精细化工有限公司	10年	20%	RMB1,800,000.00	1,800,000.00	–	–	1,800,000.00
18. 深圳远东机械有限公司	13年	20%	RMB3,000,000.00	3,000,000.00	5,050,242.82	766,000.00	8,816,242.82
19. 宝钢集团深圳大西洋电焊条总厂	20年	20%	RMB1,545,000.00	1,545,000.00	5,452,178.17	1,303,400.00	8,300,578.17
20. 第二砂轮厂深圳联合公司	30年	20%	RMB2,053,479.09	2,053,479.09	5,363,307.53	1,092,800.00	8,509,586.62
21. 深圳富荣电工线缆有限公司	15年	20%	RMB240,000.00	240,000.00	–	–	240,000.00
22. 深圳力怡实业有限公司	10年	20%	RMB1,768,950.00	1,768,950.00	–	–	1,768,950.00
23. 深圳新华电线电缆联合公司	15年	15.54%	RMB1,735,000.00	1,735,000.00	1,483,845.97**	–	3,218,845.97
24. 深圳经纬实业股份有限公司	8年	12.5%	RMB4,000,000.00	4,000,000.00	–	(4,000,000.00)*	–
25. 深圳(莫斯科)股份有限公司	15年	7%	USD110,000.00	825,000.00	–	–	825,000.00
26. 中国浦发机械工业总公司	20年	5.3%	RMB10,000,000.00	10,000,000.00	441,543.00**	–	10,441,543.00
27. 深圳川仪实业有限公司	15年	5.5%	RMB205,000.00	205,000.00	191,204.75**	–	396,204.75
28. 香港大冷王运输制冷有限公司	30年	5%	USD130,000.00	741,556.01	–	–	741,556.01
29. 深圳江南实业公司	15年	3.81%	RMB67,500.00	67,500.00	19,382.00*	–	86,882.00
30. 上海天力花园	—	合作	RMB7,250,000.00	7,250,000.00	–	(7,250,000.00)*	–
31. 布吉镇丽叶汇食街	—	合作	RMB9,822,500.00	9,822,500.00	–	–	9,822,500.00
32. 上海特力房地产公司	—	100%	RMB5,900,000.00	5,900,000.00	–	–	5,900,000.00
33. 武汉威特酒店	–	–	USD53,000.00				
	—	–	RMB180,000.00	640,000.00	–	–	640,000.00
34. 贵阳市红岩饲料添加剂厂		合作	RMB560,660.00	560,660.00	–	–	560,660.00
小计				112,500,730.49	26,093,089.88	(16,338,673.38)	122,255,146.99

深圳市特力(集团)股份有限公司1997年度中期报告(境内)

现谨将本集团1997年1月1日至6月30日止的经营业绩及截至1997年6月30日止的财务状况等情况报告如下:

一、财务报告

本财务报告是依据中华人民共和国现行的会计准则而编制。

(一)财务报表摘要

1、合并资产负债表

金额单位:万元人民币

项　目	1997年6月30日(未经审计)	1996年12月31日(已经审计)
资产		
流动资产	50,682	51,593
长期投资	11,329	11,528
固定资产净值	32,724	33,753
在建工程	5,944	5,646

无形资产及递延资产	3,809	3,967
资产总计	104,493	106.486
负债		
流动负债	68,338	68,091
长期负债	8,257	7,722
负债总计	76,595	75,813
少数股东权益	774	774
股东权益		
股本	22,028	22,028
资本公积	16,665	16,665
盈余公积	5,443	5,430
未分配利润	(16,984)	(14,195)
股东权益合计	27,124	29,900

2、合并损益表

金额单位:万元人民币

项　目	1997年1—6月(未经审计)	1996年1—6月(未经审计)
主营业务收入	18,244	15,177
主营业务利润	(3,154)	(2,003)
加:其他业务利润	228	317
加:投资收益	120	525
加:营业外收支净额	41	342
利润总额	(2,765)	(819)
减:应交所得税	5	19
税后利润	(2,770)	(838)
减:少数股权利润	18	25
扣除少数股权后税后利润	(2,788)	(863)

3、其他重要财务指标

项　目	1997年1—6月(未经审计)	1996年1—6月(未经审计)
按期末总股本计算的每股收益(元)	(0.13)	(0.04)
净资产收益率(%)	(10.27)	(1.9)
每股净资产(元)	1.23	2.07

(二)财务报表附注:

1、本集团损益表合并范围今年上半年与1996年同期有所变动:其一是1996年11月份由全资企业(深圳市机械工贸公司)中分立出一家新的全资企业,即深圳市金贝丽电器有限公司;其二是1996年12月份对控股企业深圳汉力高技术陶瓷有限公司进行了清盘处理。

2、今年上半年营业收入,主营业务利润比上年同期增加,但利润总额比1996年上半年下降幅度较大,除了上述1合并范围影响外,主要是由于房地产企业以前年度购入尚未开发的土地利息支出列入当期损益所致,而上年同期则是放在"递延资产"、"待摊费用"帐户,到年终决算时才计入财务费用,故此为核算口径不一致造成。商贸企业今年上半年由于继续清理历史遗留问题,而使亏损比1996年上半年大幅增加。

3、由于利润总额的下降,导致"其他主要财务指标"内的三个指标下降。

4、长期投资中含投资上海市原水股份有限公司法人股200万股,总成本568万元。

5、关联方及关联交易:主要关联方深圳经济发展(集团)公司持有本集团72.4%的股份。该公司注册资本10485万元,主要从事工业、旅游、房地产开发等业务。在本报告期内本集团无任何关联交易。

6、国际会计准则调整对纯利之影响

截止1997年6月30日,共6个月(金额单位:千元人民币)

法定帐目呈报之数据　(27,880)

——增提应收帐款坏帐准备　(1,728)

——增提长期投资减值损失　996

——增提已完工程未使用固定资产利息　1,820

——停止土地利息资本化　800

调整后重报之数　(33,224)

二、中期分配情况

1997年上半年不进行中期分配。

三、经营情况回顾与展望

1、上半年回顾

上半年,本集团实现销售收入18,828万元人民币,比去年同期上升了24.1%,除税及扣除少数股东权益后亏损2,788万元人民币。比去年同期增加亏损1,925万元。各行业的经营情况如下:

工业:实现主营业务收入8,598万元,实现税后利润610万元,比去年同期增长342%。

房地产:销售收入3,461万元,亏损2,091万元,比去年同期增亏258%。

商贸:销售收入5,903万元,出口创汇592万美元,亏损892万元,比去年同期增亏106.5%。

其他第三产业:销售收入866万元人民币,亏损415万元,比去年同期增亏430万元人民币。

综观上半年的经营状况,上半年未能扭亏为盈的主要原因有两个:一是本集团去年出现巨额亏损,积重难返,遗留问题很多;二是上半年未有形成新的利润增长点。

2、下半年展望

6月8日召开了第五届股东大会,更换了董事和董事长,监事和监事会主席,更换了总经理及经营班子成员。调整了集团的部分中层干部和部分企业的经理。引入了竞争机制,中层干部及总部员工实行竞争上岗,择优录用。全司上下精神面貌为之一振,决心为下半年实现扭亏为盈的目标而努力拼搏。下半年扭亏增盈的主要措施如下:

1)加大治理整顿的力度,向治理整顿要效益:

一是抓紧应收款的追收;二是继续深化驻外房地产项目的整治,充实领导和管理力量,设法启动某些项目,继续处理遗留问题,争取减少损失;三是全面清理经济合同,增加集团物业经营管理收入。

2)加强现有企业的经营管理,向管理要效益:

要挖掘现有企业潜力,调整经营指标,狠抓落实,大力扶持主导产品,扩大其生产规模和产品的市场占有率。调整商贸企业的经营方针,逐步改为营销公司,建立特力产品的销售网络,为特力产品开拓市场、创品牌服务。加强财务监控,提高资金使用效益。

3)进行资产置换和债务结构的调整,向资产重组,债务重组要效益:

在特发集团支持下,将特发属下的两家管理水平高、资质优良的盈利企业的资产注入特力,再从特力置换出目前尚不能发挥作用的沉淀资产。另外,由特发集团注入资金,用于特力的债务重组,通过还旧贷新和归还高息借款,降低利息负担。

我们坚信,在市政府和特发集团的领导、支持下,通过我们和特力全体员工的共同努力,特力集团在今年下半年定能实现扭亏为盈的目标。

此外,我们在下半年将制定特力集团五年发展规划,确立主导产业,明确发展方向,培育经济增长点,培养一支优秀的企业骨干队伍,建立自己的营销网络,引入现代管理制度和现代科学技术,走规范化经营道路。使特力集团管理上档次,主业上规模,产品创名牌,效益创新高,重塑特力集团上市公司的形象。

四、重大事件的说明

1、国有股份划转:1997年4月30日经深圳市人民政府、深圳市国有资产管理办公室批准,深圳市投资管理公司将其持有本公司15958.8万股(占总股本的72.4%)国家股划转给深圳市经济特区发展(集团)公司持

有和经营。至此,深圳经济特区发展(集团)公司为本公司的控股股东。

2. 改选董事、董事长,选举副董事长:1997年6月8日本集团召开了第五届股东大会。大会选举了陈宏明、禹来、彭耀霖、周树达、袁洪章、李发勇、黄士林七人为董事。同时,通过了原董事方时茂、陆益桐、孙汉文、郭健源、潘岳彬、蓝树雄、黄士林七人辞去董事职务的申请。大会休会时召开了第二届董事会第六次会议,会议选举了陈宏明先生为本集团董事长,同时免去了方时茂本集团董事长职务。会议还选举了禹来先生为副董事长。

3、改选监事、监事会主席:1997年6月8日本集团召开了第五届股东大会。大会选举了徐文访、金文平、丁汉鹏三人为监事。通过了原监事刘全伟、刘益孝、曾子佳三人辞去监事职务的申请。大会还通报了本集团系统企业工会主席会议改选员工代表监事的结果:曾子佳、陈爱民两个当选为员工代表监事。大会休会时,召开了第二届监事会第三次会议。会议选举了徐文访女士为本集团监事会主席。同时,决定刘全伟先生不再担任本集团监事会主席。

4、更换总经理:1997年5月27日本集团召开了第二届董事会第五次会议,会议决定聘任禹来先生为本集团总经理,同时免去陆益桐先生本集团总经理职务,另有任用。

5、更换财务总监:1997年1月3日本集团董事会决定聘任童峰先生为财务总监。1997年6月8日本集团董事会决定聘任李发勇先生为财务总监,同时决定童峰先生不再担任本集团财务总监。

以上重大事件本集团已在事件发生后的2个工作日内的深圳的《证券时报》和香港的《香港商报》(中、英文)同时公告。

本集团自去年10月已从证券二级市场撤出了全部资金,本报告期内也没有参与证券二级市场的投资。

本报告期内本集团无任何重大诉讼、仲裁事项发生。

五、股本、股权结构和股东持股情况

1、本报告期内的总股本没有发生任何变化。现将截止1997年6月30日的股权变动情况列示如下:

单位:股

	期初数	本次变动增减(+,-)					期末数
		配股	送股	公积金转股	其他	小计	
一、尚未流通股份							
1.发起人股份							
其中:							
国家拥有股份	159,588.000	-	-	-	-	-	159,588,000
尚未流通股份合计	159,588,000	-	-	-	-	-	159,588,000
二、已流通股份							
1.境内上市的人民币普通股	34,293,600	-	-	-	-	-	34,293,600
2.境内上市的外资股	26,400,000	-	-	-	-	-	26,400,000
已流通股份合计	60,693,000	-	-	-	-	-	60,693,600
三、股份总额	220,281,600	-	-	-	-	-	220,281,600

2、截止1997年6月30日主要股东的持股情况:

	股东名称	持有股种	持股数(股)	占总股数的比例
1	深圳经济特区发展(集团)公司	A股(国有股)	159,588,000	72.4%
2	刘晓明	B股	400,000	0.18%
3	曾昶	B股	400,000	0.18%
4	吴国庆	B股	210,000	0.095%
5	姚伟强	B股	200,000	0.09%
6	TSE TIN SANG	B股	200,000	0.09%
7	陈德	B股	200,000	0.09%
8	张维新	B股	200,000	0.09%
9	刘亮方	B股	200,000	0.09%
10	毛永年	B股	200,000	0.09%

六、股东大会情况

1997年6月8日本集团召开了第五届股东大会,出席会议的代表6人,代表股份159,659,184股,占总股本的72.48%。大会审议通过了十一项决议(大会决议已在1997年6月10日的《证券时报》和《香港商报》公告)。

七、备查文件

1、载有董事长、总经理亲笔签名的中期报告原本;

2、第五届股东大会文件;

3、1997年上半年的财务报表。

深圳市特力(集团)股份有限公司董事会

1997年8月26日

深圳中金实业股份有限公司

深圳中金实业股份有限公司1996年年度报告(摘要)

一、公司简介

1. 公司名称

法定中文名称:深圳中金实业股份有限公司

法定英文名称:CHINA NONFEMET HOLDINGS LIMITED

2. 公司地址

注册地址:深圳市建设路南洋大厦C座10-11楼

办公地址:深圳市建设路南洋大厦C座10-11楼

邮政编码:518001

3. 公司法定代表人:陈胜年

4. 公司咨询服务机构电话:(0755)2294483

传真:(0755)2224893

联系人:彭玲

二、主要财务数据和财务指标

指标项目	本年数	上年数	比上年增减(%)
1. 主营业务收入(万元)	53,908.05	71,341.81	-24.43
2. 净利润(万元)	3,367.58	3,486.35	-3.4
3. 总资产(万元)	86,244.69	60,987.07	41.41
4. 股东权益(万元)	21,181.16	18,863.02	12.29
5. 每股收益(元)※	0.54	0.56	-3.57
6. 每股净资产(元)	3.42	3.04	12.50
7. 净资产收益率(%)	15.90	18.48	-13.96
8. 股东权益比率(%)	24.56	30.93	-20.59

注:每股收益按1997年新增发行后总股本8000万股计为0.42元。

三、公司业务回顾

1. 一年来经营情况的回顾

1996年,公司适时调整了传统的贸易运作方式,将过去分散的贸易经营集中起来,主要从事大宗有色金属进出口贸易和进口原料加工复出口贸易,凭借公司广泛的境外客户网络,以及国内主要有色金属工业大型企业的大力支持,实现出口收汇2807万美元,出口成交3841万美元,内贸成交17576万元。公司下属金粤铝制品公司凭借其在幕墙行业的技术优势与知名度,实现幕墙工程收入6373万元,96年获"深圳市装饰行业先进单位"等多项荣誉称号。公司下属金洲硬质合金公司生产的PCB钻头在国内同行业中处于领先地位,产品供不应求,被深圳市外商投资协会评定为"外商投资双优企业",1996年共生产微型钻头175万支,园片切刀4930片。公司下属金阳珠宝公司致力于提高设计水平,重组销售网络,所生产的18K金镶嵌首饰和Pt900系列铂金首饰有广泛的市场空间和消费群,1996的该公司获以色列钻宝公司的国内总代理权,共生产18K镶嵌首饰32798件。是年公司在房地产经营及金融业务方面也获得了较好的投资收益。正是依靠在特区多年来形成的良好信誉与稳健发展,公司在1996年3月和12月成功的发行了第八期和第九期外汇商业票据。

1996年公司确立了以强化财务管理,控制资金使用风险为重点的指导思想,制定了一系列促进公司及下属企业财务管理规范化、程序化的制度和措施,有效的降低了公司的经营成本,全年实现利税总额4207.9万元,为1995年4158.26万元的101.19%,实现了向管理要效益的目标。1996年公司资信等级评定为"AAA",为公司走向规范运作、规模经营和稳健发展奠定了良好的基础。

2. 公司主营业务收入、主营业务利润、利润总额及净利润完成情况分析

1996年公司主营业务包括有色金属的国内外贸易及铝板、玻璃幕墙工程的生产与安装等业务。全年共实现主营业务收入53,908.05万元,为1995年71,341.81万元的75.56%,主营业务收入下降的主要原因是受国家两次调低出口退税率等外贸政策调整的影响及国际市场铜、铝等有色金属价格下跌的影响,公司有色金属贸易经营收入下滑所致。

公司在1996年有色系统企业经营环境较困难的情形下,强化管理力度,控制资金使用风险,有效的降低了经营成本,全年实现主营业务利润1,028.89万元,为1995年858.71万元的119.82%;实现利润总额4,207.91万元,为1995年4,158.26万元的101.19%;实现净利润3,367.58万元,为1995年3,486.35万元的96.59%,为全年预测数3508万元的96%,其中净利润未达预测数的主要原因是公司96年缴纳所得税比1995年增加120.39%。

3. 前次募集资金使用情况说明

公司在报告年度内未募集过资金

前次募集资金系公司1994年定向募集时筹资3800万元,公司已于当年按定向募集资金运用计划进行投资,所投项目的建设未延续到报告年度。

四、股本变化及股本结构情况

1. 股本变化及股本结构情况

(1)公司股本结构

数量单位:股;每投面值:1元

	年初数	本年增减	年末数
尚未流通股份			
发起人股份	80,000,000	-38,000,000	42,000,000
其中:国有法人股	80,000,000	-38,000,000	42,000,000
内部职工股	20,000,000		20,000,000
尚未流通股份合计	100,000,000	-38,000,000	62,000,000
股份总数	100,000,000	-38,000,000	62,000,000

(2)股本结构变动的原因

经公司1996年8月1日临时股东大会的特别决议及深圳市人民政府办公厅深府办函[1996]145号文批准,公司三家发起人以1996年7月31日为基准日,按所持股份的47.5%分立出3800万元股本金成立另一有限责任公司,公司股本减少为6200万股。

(3)主要股东持股情况

股东名称	年末持股数(股)	持股比例(%)
1. 中国有色金属工业总公司	33,600,000	54.19
2. 中国有色金属工业广州公司	4,200,000	6.77
3. 深圳市深港工贸进出口公司	4,200,000	6.77
4. 赖小青	60,000	0.10
5. 黄少平	50,000	0.08
6. 刘玉珂	50,000	0.08
7. 魏植椿	50,000	0.08
8. 程竞	50,000	0.08
9. 李全东	50,000	0.08
10. 曹秀芝	50,000	0.08

(4)截至1996年12月31日,本公司股东总数1684户,其中内部职工股东数1681户。

2.公司董事、监事与高级管理人员持股情况

姓名	职务	年初持股数(股)	年末持股数(股)
吴建常	名誉董事长	0	0
陈胜年	董事长	15,000	15,000
司徒怀	副董事长	30,000	30,000
倪旭	董事、总经理	30,000	30,000
何玉良	董事	30,000	30,000
臧玉安	董事	30,000	30,000
杨春明	董事	30,000	30,000
熊维平	董事	0	0
冯秋明	董事	0	0
屈金奎	董事	0	0
刘海义	董事	20,000	20,000
徐慈艰	董事	20,000	20,000
郑海生	监事会主席	30,000	30,000
卢育湘	监事	30,000	30,000
陆晋昌	监事	2,000	2,000
田伟	监事	10,000	10,000
李玉仙	监事	10,000	10,000
张亮辉	监事	20,000	20,000
方成义	副总经理	20,000	20,000
蔡国强	副总经理	10,000	10,000

五、重要事项

1.1996年5月6日,公司股东大会通过1995年度分红派息方案,每10股派发1.5元人民币,本次分红后,公司的股本总额为10,000万股。

2.1996年8月1日公司临时股东大会以特别决议通过了《关于公司以派生分立方式分割原公司财产并减少注册资本及授权董事会全权处理公司派生分立事宜的议案》。1996年11月13日,深圳市人民政府办公厅以深府办函[1996]145号文批准了公司派生分立和分立后公司减少注册资本的方案。同意公司三家发起人股东以其所持公司股份的47.5%分立3800万元股本金,设立一个新的有限责任公司,公司注册资本减少为6200万元(6200万股)。

3.1996年11月5日,公司临时股东大会通过以下决议:(1)同意公司公开发行人民币普通股(A)股2000万股并上市;(2)同意公司新老股东共享1996年税后利润;(3)同意推选吴建常为公司名誉董事长,增选倪旭、熊维平为公司董事,同意孙树华辞去董事职务;(4)同意通过公司章程修订稿。

4.根据证监会1996年7月16日证监期字[1996]3号文《关于深圳有色金属期货联合交易所会员制改造实施方案的批复》,期交所进行会员制改造。根据期交所深期交字[1996]第048号文《关于退还资本金的通知》和期交所会员制改造方案,期交所于1996年9月退还公司的投资,本公司投资增值部分待期交所会员制改造并会员认资到位后清还给本公司。

5.本公司的下属企业金粤公司涉及一宗诉讼。金粤公司作为被告,潍坊鸢飞大酒店有限公司作为原告,关于购货安装合同纠纷一案,经山东省潍坊市中级人民法院(1995)潍中法经字第7号民事判决,金粤公司不复判决,上诉到山东省高级人民法院,1996年7月10日,经山东省高级人民法院(1996)鲁经终字第143号民事判决(该判决为终审判决),被上诉人(原审原告),潍坊鸢飞大酒店有限公司必须在1996年7月20日前向金粤公司偿付材料款2305770元人民币及占用期间的银行利息和177244.47美元及占用期间的银行利息。该案在执行中。

六、子公司及关联企业

名称	注册资金	拥有权益(%)	所在地	主营业务范围
中国有色金属进出口深圳公司	314万元人民币	100	深圳	有色金属产品及设备、备件的进出口业务等。
中国有色金属工业深圳仓储运输公司	208万元人民币	100	深圳	仓储、运输业务等。
海南中金贸易实业有限公司	300万元人民币	100	海南	有色金属矿产品、冶炼品等进出口业务及转口贸易。
深业的有色金属有限公司	100万元港币	80	香港	有色金属贸易等。
深圳金奥铝制品有限公司	800万元人民币	50	深圳	生产经营铝合金门窗、铝板、玻璃幕墙。
深圳金阳珠宝有限公司	1435万元人民币	40	深圳	生产经营鉴定宝石及K金饰品的生产、加工、批发业务。
深圳金洲硬质合金有限公司	1275万元人民币	25	深圳	生产经营硬质合金及其深加工产品。
深圳有色金属财务有限公司	10000万元人民币	45	深圳	经营中国人民银行规定的金融业务。
深圳康发发展公司	1000万元人民币	45	深圳	房地产开发及销售业务。

七、财务报告

1.审计意见:公司财务报告经深圳市会计师事务所中国注册会计师李国志、赖文建审计并出具无保留意见审计报告(97)财审字第218号。

2.财务报表(见附表)。

3.财务报表附注。

附注1:重要会计政策

本公司执行中华人民共和国财政部颁发的《企业会计准则》、《股份制试点企业会计制度》、《合并会计报表暂行规定》以及其他有关准则、制度和规定,并据以厘定本公司的会计政策。

(1)会计年度

采用公历制,即每年自1月1日起至12月31日止为一个会计年度。

(2)合并会计报表编制基准

合并会计报表系根据本公司经审计的会计报表编制,对于子公司以外币表示的会计报表,均按《合并会计报表暂行规定》的有关规定将其会计报表折算为以人民币表示的会计报表。纳入本公司合并会计报表范围和各公司之间的所有重大交易以及它们之间的往来款项均已在合并会计报表时抵销。

(3)记帐原则及计价基础

按权责发生制记帐,以历史成本为计价基础

(4)货币换算

除香港深业有色金属有限公司以港币为记帐本位币外,本公司以人民币为记帐本位币,对于日常发生的非本位币经济业务,采用固定汇率折合为人民币记帐。年末,对于货币性项目中的非本位币余额,按年末市场汇率进行调整,由此产生的折算差额计入"财务费用"项目。

(5)坏帐准备

本公司按应收款期末余额的3‰计提坏帐准备。

(6)存货

各类存货的购入与入库均按历史成本计价。发出存货的成本采用分批认定法计算。半成品及产成品的成本包括直接材料、直接工资及应分摊的制造费用。

低值易耗品采用五五摊销法核算。

各类存货的盘盈、盘亏及毁损、报废在批准后计入当年度管理费用;非常损失的存货毁损计入营业外支出。

(7)长期投资

A.债券投资

以实际取得成本计价,其应计利息按权责发生制计入本年度"投资损

益”。

B. 股权投资

本公司对投资额占被投资公司资本总额20%以下的,以成本法核算:投资额占被投资公司资本总额的20%以上至50%的;以权益法核算;投资额占被投资公司资本总额的50%以上的,以权益法核算并对其会计报表予以合并。

公司对拥有50%权益性资本的深圳金粤铝制品有限公司因有实际控制权,以权益法核算并对其会计报表予以合并。

香港深业有色金属有限公司对其拥有25%权益性资本的深圳金粤铝制品有限公司的长期投资采用成本法核算。

(8)固定资产及其累计折旧

固定资产原值按实际成本或资产评估后的重置成本计价。

固定资产折旧采用平均年限法计算,并按各类固定资产的原值、预计使用年限和预计残值(原值3%至10%)制定其分类折旧率如下:

固定资产类别	预计使用年限	年折旧率
房屋及建筑物	20—25年	3.6%～3.88%
机器设备	5—10年	9%～19.40%
电子设备	5—10年	9%～19.40%
运输工具	7.5—10年	9.7%～12.933%
其他设备	5—10年	9%～19.40%

(9)递延资产及摊销

递延资产系指:(1)下属子公司的租入固定资产改良支出,自完工之日起分3年至5年摊销;(2)下属子公司的开办费,自该公司正式生产经营之日起分5年摊销。

(10)税项

税种	税目	税率
增值税	出口一般商品销售收入	0
	出口国家控制商品销售收入	5%～20%
	产品、商品销售收入(不含税)	17%
营业税	服务性业务收入	5%
	建筑装饰工程收入	3%
城市维护建设税	应纳增值税、营业税额	1%
教育费附加	应纳增值税、营业税额	3%
企业所得税	应纳税所得额	15%、16.50%、33%

※香港深业有色金属有限公司的企业所得税税率为16.50%;中国有色金属工业深圳仓储运输公司所属的全资附属公司中金广州仓储部企业所得税税率为33%,除此以外,本公司的其他附属公司的企业所得税税率为15%。

(11)收入确认

A. 产品或商品已经发出,货款已经收到或已经获得收取货款的合法凭据时,确认为产品或商品销售收入。

B. 幕墙工程按完工进度法确认收入实现。

(12)利润分配

按税后利润的10%提取法定盈余公积金,按税后利润的5%—10%提取法定公益金,按税后利润的一定比例提取任意盈余公积金。

附注2:会计报表项目注释

(1)短期投资年末余额4,680,202.67元,系公司所属香港深业有色金属有限公司在96年度新增投票投资。

(2)应收帐款年末余额199,860,591.35元,其中:

1年以内158,097,102.69元,占79.10%;

1—2年14,551,921.76元,占7.28%;

2—3年21,100,302.87元,占10.56%;

3年以上6,111,273.03元,占3.06%;

应收帐款年末余额比年初增加了151.49%,主要原因系下半年出口销售业务量较大,年末部分货款尚未收回。持有本公司5%以上股份的主要股东无欠款。

(3)其他应收款年末余额138,248,307.90元,其中;

1年以内111,016,639.85元,占80.30%;

1—2年13,666,525.62元,占9.89%;

2—3年6,124,080.10元,占4.43%;

3年以上7,441,062.33元,占5.38%。

持有本公司5%以上股份的主要股东无欠款。

(4)长期投资年末余额159,989,868.99元,其中:

债券投资15,000元,对外累计投资159,974,868.99元。

公司对外单位投资具体情况如下:

被投资公司名称	投资期限	拥有权益之百分比	初始投资额	累计投资额
1. 长沙中金有色金属有限公司	15年	20%	750,000.00	750,000.00
2. 深圳鑫田金属材料有限公司	5年	40%	800,000.00	-143,058.95
3. 深圳有色金属联营投资公司	14年	1.67%	500,000.00	500,000.00
4. 深圳金南有色金属加工厂	15年	20%	200,000.00	200,000.00
5. 上海鑫兴房产实业有限公司	50年	24%	4,768,904.44	4,768,904.44
6. 深圳金阳珠宝有限公司	10年	40%	6,878,271.00	10,130,077.04
7. 深圳金洲硬质合金有限公司	15年	25%	6,509,660.91	11,271,450.77
8. 深圳有色金属财务有限公司	13年	45%	32,319,371.51	92,397,029.72
9. 深圳康发发展公司	10年	45%	4,500,000.00	21,568,429.72
10. 深圳金鹰出租汽车有限公司	-	36%	3,240,000.00	8,276,537.02
11. 中国平安保险公司	-	0.2%	2,220,000.00	2,220,000.00
12. 合并价差※			8,035,499.25	8,035,499.25
小计			70,721,707.11	159,974,868.99

合并价差主要系公司购买深圳金粤铝制品公司股权的购买价大于相应净资产的差价。

(5)固定资产及累计折旧

固定资产	年初余额(元)	本期增加(元)	本期减少(元)	年末余额(元)
房屋建筑物	73,110,716.51	1,514,511.73	15,539,796.48	59,085,431.76
机器设备	4,275,833.24	4,017,226.76	42,862.78	8,250,197.22
运输设备	10,729,089.22	3,846,319.03	-	14,575,408.25
电子设备	3,464,476.40	516,069.10	2,059,350.86	1,921,094.64
其他设备	1,516,136.29	257,875.11	6,663.76	1,767,347.64
小计	93,096,251.66	10,152,001.73	17,648,673.88	85,599,479.51
累计折旧				
房屋建筑物	15,988,355.24	3,061,522.73	17,171,872.43	1,878,005.54
机器设备	2,169,217.88	3,296,874.85	53,450.21	5,412,642.52
运输设备	5,228,760.98	2,188,631.76	-	7,417,392.74
电子设备	1,856,291.40	429,313.39	1,840,039.02	445,565.77
其他设备	1,043,919.53	138,871.86	47,853.93	1,134,937.46
小计	26,286,545.03	9,115,214.59	19,113,215.59	16,288,544.03
固定资产净值	66,809,706.63			69,310,935.48

(6)短期借款年末余额239,721,222.83元,其中:

抵押借款人民币25,300,000.00元;

信用借款人民币21,750,000.00元;

保证借款人民币18,000,000.00元;

担保借款人民币71,160,000.00元;

信用借款美元400,000.00元;

担保借款美元9,872,798.23元;

担保借款港币10,800,000.00元;

短期借款年末余额比年初增加49%,主要原因系公司本年度增加向银行等金融机构借入的资金。

(7)应付帐款年末余额为123,548,200.56元,比年初增加了123.40%,主要原因系公司下属香港深业有色金属公司的部分购货款尚未支付给客户所致。

(8)预收货款年末余额79,572,725.99元,比年初增加了159.60%,主要原因系公司下属深圳金粤铝制品公司预收工程款增加所致。

(9)未交税金年末余额为544,898.89元,明细列示如下:

税种	年末余额
营业税	305,931.46
城市维护建设税	3,328.78
企业所得税	2,743,408.42
增值税	-2,507,769.77

(10)股本年末余额6200万股,比年初10000万股减少38%,系公司1996年7月31日派生分立所致。明细列示如下:

股东名称	股票种类	持股数量(股)	持股比例	金额
中国有色金属工业总公司	法人股	33,600,000	54.20%	33,600,000.00
中国有色金属工业广州公司	法人股	4,200,000	6.77%	4,200,000.00
深圳市深港工贸进出口公司	法人股	4,200,000	6.77%	4,200,000.00
法人股小计		42,000,000	67.74%	42,000,000.00
内部职工	个人(内部职工)股	20,000,000	32.26%	20,000,000.00
合计		62,000,000	100%	62,000,000.00

(11)资本公积年末余额44,981,508.69元,其中本年增加5,619,712.45元,系公司1996年7月31日资产评估增值数。

(12)盈余公积年末余额87,934,221.16元,其中本年增加6,735,163.82元,系公司本年度利润提取数。

(13)未分配利润年末余额16,201,408.54元,系公司本年度未分配利润。

(14)主营业务收入539,080,530.82元,其中:

项目	年末余额
贸易收入	235,903,852.19
出口销售收入	219,570,082.44
幕墙工程收入	63,730,255.63
进口销售收入	11,171,481.59
代理业务收入	8,704,858.97

(15)财务费用9,999,136.92元,其中:

项目	年末余额
利息支出(减收入)	14,142,289.35
汇兑损失(减收益)	-4,439,306.89
银行手续费	296,154,46

(16)投资收益29,950,758.27元,其中:

项目	年末余额
股权投资收益	14,254,390.12
证券投资收益	15,696,368.15

(17)营业外收入7,184,135.20元,其中:

项目	年末余额
地产地销项税转入	4,982,138.96
处理固定资产净收益	1,015,952.47
固定资产盘盈	88,350.00
其他收入	1,097,693.77

(18)营业外支出5,344,675.54元,其中:

项目	年末余额
地产地销进项税转入	3,471,373.78
存货非常损失	1,457,491.74
罚款支出	218,136.02
捐赠支出	170,000.00
固定资产盘亏	7,180.00
其他支出	20,494.00

(19)财务承诺

截至1996年12月31日止本公司为深圳金阳珠宝有限公司的下列银行借款提供担保:

贷款银行	借款余额	借款月利率	到期日
中国工商银行深圳市分行红围支行	RMB3,000,000.00	8.67‰	97.5.20
中国工商银行深圳市分行红围支行	USD 150,000.00	8.99‰	97.2.11

八、其它事项

1.1997年元月10日,公司在深圳证券交易所交易系统以"上网定价发行"方式发行人民币普通股(A)股1800万股,每股发行价格为人民币8.00元,实收股本人民币18,000,000.00元。股票溢价收入人民币126,000,000.00元,扣除发行费用计9,000,000.00元后,计入资本公积人民币117,000,000.00元。

2.1997年元月23日,公司2000万可流通股份在深圳证券交易所挂牌交易。

3.1997年元月28日,公司在深圳市工商行政管理局办理了工商变更手续,领取了执照号为深内法字02128的企业法人营业执照,注册资本为人民币80,000,000.00元。

4.1997年4月10日,公司董事会决议1996年度利润分配及分红派息预案为:经深圳市会计师事务所审计,1996年度公司实现净利润33,675,819.15元,提取法定公积金10%计3,367,581.91元,提取法定公益金10%计3,367,581.91元,加1995年未分配利润5,260,753.21元,实际可供股东分配利润为32,201,408.54元。按1997年新增发行后股份总额80,000.000股计,每股可分配利润0.40元。公司拟每10股派现金红利2元(含税),其余未分配利润16,201,408.54元结转下一年度分配。

此预案尚须经股东大会审议通过并报有关部门核准后实行。

九、备查文件

公司股权部备有以下备查文件:

(一)载有董事长总经理亲笔签名的年度报告原本;

(二)载有会计师事务所、注册会计师亲笔签名的审计报告正文及财务报表;

(三)1997年元月发行新股时的《招股说明书》、《上市公告书》。

深圳中金实业股份有限公司

董事会

1997年4月16日

资产负债表

编制单位:深圳中金实业股份有限公司　　　　金额单位:人民币元

		1996年		1995年				1996年		1995年	
资产	附注	合并	母公司	合并	母公司	负债及股东权益	附注	合并	母公司	合并	母公司
流动资产						流动负债:					
货币资金	1	190,717,316.72	146,899,072.09	124,863,694.44	67,051,154.55	短期借款	11	239,721,222.83	138,863,600.00	161,313,707.25	99,782,547.25
短期投资	2	3,999,719.76				应付短期债券	12	93,919,051.82	93,919,051.82	90,843,748.45	90,843,748.45
应收帐款	3	199,860,591.35		79,470,050.61		应付帐款	13	123,548,200.56		55,306,225.49	

减:坏帐准备		1,677,109.13		238,410.15		应付货款	14	79,572,725.99		30,652,440.72	
应收帐款净额		198,183,482.22		79,231,640.46		应付福利费	15	1,457,916.31	2,745,720.36	1,506,779.12	2,543,980.54
预付货款	4	56,033,806.28		28,251,486.49		未付股利	16	30,453,682.60	28,093,900.00	21,296,859.00	16,520,825.00
其他应收款	5	138,248,307.90	129,459,364.36	139,804,336.28	127,420,971.65	未交税金	17	544,898.89	1,195,013.84	925,320.53	
待摊费用	6	1,623,264.85	1,540,539.18	39,097.20		其他未交款	18	2,827.27		3,839.80	
存货	7	43,971,088.73		25,814,801.92		其他应付款	19	45,324,721.55	36,547,360.16	34,656,654.91	9,550,805.94
流动资产合计		632,776,986.46	277,898,975.63	398,005,056.79	194,472,126.20	预提费用	20	10,869,378.57		14,588,785.20	
长期投资:						流动负债合计		625,414,626.39	301,364,646.18	411,094,360.49	219,241,907.18
长期投资	8	159,989,868.99	202,977,993.05	144,787,938.56	181,437,913.03	负债合计		625,414,626.39	301,364,646.18	411,094,360.49	219,241,907.18
其中:合并价差		8,035,499.25		8,048,253.51		少数股东权益		25,220,733.97		10,146,132.73	
固定资产:						股东权益:					
固定资产原值	9	85,599,479.51	31,277,305.30	93,096,251.66	40,910,341.84	股本	21	62,000,000.00	62,000,000.00	62,000,000.00	62,000,000.00
减:累计折旧		16,288,544.03	6,045,598.89	26,286,545.03	15,029,861.46	资本公积	22	44,981,508,69	43,411,424.40	39,361,796.24	37,791,711.95
固定资产净值		69,310,935.48	25,231,706.41	66,809,706.63	25,880,480.38	盈余公积	23	87,934,221.16	86,392,692.72	81,199,057.34	79,657,528.90
固定资产合计		69,310,935.48	25,231,706.41	66,809,706.63	25,880,480.38	其中:公益金		13,672,242.98	13,509,516.70	10,304,661.07	10,210,931.95
无形资产及递延资产:						未分配利润	24	16,201,408.54	12,939,911.79	5,260,753.21	3,099,371.58
递延资产	10	369,134.93		268,033.12		外币报表折算差额		694,427.11		808,635.11	
无形资产及递延资产合计		369,134.93		268,033.12		股东权益合计		211,811,565.50	204,744,028.91	188,630,241.90	182,548,612.43
资产总计		862,446,925.86	506,108,675.09	609,870,735.10	401,790,519.61	负债及股东权益		862,446,925.86	506,108,675.09	609,870,735.10	401,790,519.61
负债及股东权益											

利润及利润分配表

编制单位:深圳中金实业股份有限公司　　　　金额单位:人民币元

		1996年		1995年	
项目	附注	合并	母公司	合并	母公司
一、主营业务收入	25	539,080,530.82		713,418,110.23	3,495,609.55
减:营业成本	26	468,639,052.05		643,256.017.77	
销售费用		13,631,726.75		10,852,748.90	
管理费用		35,237,964.64	4,794,500.01	33,354.335.61	4,262,635.78
财务费用	27	9,999,136.92	4,498,541.34	14,304,635.72	3,494,681.02
营业税金及附加		1,283,799.73		3,063,309.89	
二、主营业务利润		10,288,850.73	−9,293,041.35	8,587,062.34	−4,261,707.25
三、营业利润		10,288,850.73	−9,293,041.35	8,587,062.34	−4,261,707.25
加:投资收益	28	29,950,758.27	43,123,759.22	31,650,394.82	39,830,601.39
营业外收入	29	7,184,135.20		4,677,917.12	247,547.34
减:营业外支出	30	5,344,675.54	60,000.00	3,332,759.80	78,738.00
四、利润总额		42,079,068.66	33,770,717.87	41,582,614.48	35,737,703.48
减:所得税		3,357,179.56	1,195,013.84	1,523,286.34	
减:少数股东损益		5,046,069.95		5,195,789.23	
五、净利润		33,675,819.15	32,575,704.03	34,863,538.91	35,737,703.48
加:年初未分配利润		5,260,753.21	3,099,371.58	4,441,102.97	1,610,739.69
六、可供股东分配的利润		38,936,572.36	35,675,075.61	39,304,641.88	37,348,443.17
减:提取法定公积金		3,367,581.91	3,367,581.91	3,486,353.89	3,573,770.35
提取法定公益金		3,367,581.91	3,367,581.91	3,486,353.89	3,573,770.35
七、可供股东分配的利润		32,201,408.54	28,939.911.79	32,331,934.10	30,200,902.47
减:提取任意公积金				12,071,180.89	12,101,530.89
已分配普通股股利		16,000,000.00	16,000,00.00	15,000,000.00	15,000,000.00
八、未分配利润		16,201,408.54	12,939,911.79	5,260,753.21	3,099,371.58

财务状况变动表

编制单位:深圳中金实业股份有限公司　　1996年　　金额单位:人民币元

流动资金来源和运用	合并	母公司
一、流动资金来源:		
1. 本年净利润	33,675,819.15	32,575,704.03
加:不减少流动资金的费用和损失:		

(1)少数股东本期损益	5,046,069.95	
(2)固定资产折旧	5,723,754.83	2,082,181.70
(3)递延资产摊销	104,048.05	
(4)清理固定资产损失(减收益)	-1,229,026.54	
小计	43,320,665.44	34,657,885.73
2.其他来源:		
(1)固定资产清理收入(减清理费用)	4,734,024.37	
(2)收回长期投资	3,012,110.00	3,012,110.00
(3)资本净增加额	12,354,876.27	12,354,876.27
(4)少数股东资本净增加额	10,028,531.29	
小计	30,129,541.93	15,366,986.27
流动资金来源合计	73,450,207.37	50,024,872.00
二、流动资金运用		
1.利润分配:		
(1)提取法定公积金	3,367,581.91	3,367,581.91
(2)提取法定公益金	3,367,581.91	3,367,581.91
(3)已分配股利	16,000,000.00	16,000,000.00
小计	22,735,163.82	22,735,163.82
2.其他运用:		
(1)固定资产净增加额	11,729,981.51	1,433,407.73
(2)增加递延资产	205,149.86	
(3)增加长期投资	18,214,040.43	24,552,190.02
小计	30,149,171.80	25,985,597.75
流动资金运用合计	52,884,335.62	48,720,761.57
外币会计报表折算差额	-114,208.00	
流动资金增加净额	20,451,663.75	1,304,110.43
流动资金各项目的变动		
一、流动资产本年增加数:		
1.货币资金	65,853,622.28	79,847,917.54
2.短期投资	3,999,719.76	
3.应收帐款净额	118,951,841.76	
4.预付货款	27,782,319.79	
5.其他应收款	-1,556,028.38	2,038,392.71
6.待摊费用	1,584,167.65	1,540,539.18
7.存货	18,156,286.81	
流动资产增加净额	234,771,929.67	83,426,849.43
二、流动负债本年增加数:		
1.短期借款	78,407,515.58	39,081,052.75
2.应付短期债券	3,075,303.37	3,075,303.37
3.应付帐款	68,241,975.07	
4.预收货款	48,920,285.27	
5.应付福利费	-48,862.81	201,739.82
6.未付股利	9,156,823.60	11,573,075.00
7.未交税金	-380,421.64	1,195,013.84
8.其他未交款	-1,012.53	
9.其他应付款	10,668,066.64	26,996,554.22
10.预提费用	-3,719,406.63	
流动负债增加净额	214,320,265.92	82,122,739.00
流动资金增加净额	20,451,663.75	1,304,110.43

深圳中金实业股份有限公司1997年度中期报告

一、财务报告(未经审计)

(一)财务报表

1.简化的资产负债表

单位:人民币元

项目	1997年6月30日 合并	1997年6月30日 母公司	1996年12月31日 合并	1996年12月31日 母公司
流动资产	741,960,618.50	375,822,482.28	632,776,986.46	277,898,975.63
长期投资	156,858,986.34	200,601,111.31	159,989,868.99	202,977,993.05
固定资产净值	68,305,310.65	25,195,569.42	69,310,935.48	25,231,706.41

在建工程	-	-	-	-
无形资产及递延资产	389,002.59	-	369,134.93	-
其他长期资产	-	-	-	-
资产总计	967,513,918.08	601,619,613.01	862,446,925.86	506,108,675.09
流动负债	585,499,195.63	250,651,403.09	625,414,626.39	301,364,646.18
长期负债	-	-	-	-
少数股东权益	23,334,390.35	-	25,220,733.97	-
股本	80,000,000.00	80,000,000.00	62,000,000.00	62,000,000.00
资本公积	162,566,177.68	160,996,093.39	44,981,508.69	43,411,424.40
盈余公积	87,934,221.16	86,392,692.72	87,934,221.16	86,392,692.72
未分配利润	27,485,506.16	23,578,973.81	16,201,408.54	12,939,911.79
股东权益合计	358,680,332.10	350,967,759.92	211,811,565.50	204,744,028.91

2. 简化的损益表

单位:人民币元

	1997年1—6月份		1996年1—6月份	
项目	合并	母公司	合并	母公司
主营业务收入	431,213,692.39	-	259,696,537.22	-
主营业务利润	3,051,506.79	-7,884,146.78	5,727,599.31	-4,907,893.10
其他业务利润	-	-	-	-
投资收益	7,915,595.54	17,523,208.80	12,234,464.27	18,611,042.59
营业外收支净额	4,424,470.78	1,000,000.00	(117,578.02)	(-60,000.00)
利润总额	15,391,573.11	10,639,062.02	17,844,485.56	13,643,149.49
所得税	1,151,286.75	-	1,052,430.29	-
净利润	11,284,097.62	10,639,062.02	14,474,590.76	13,643,149.49

3. 主要财务指标	1997年1—6月份	1996年1—6月份
每股收益(元)	0.141	0.23
每股净资产(元)	4.48	3.26
净资产收益率(%)	3.15%	7.16%

(二)财务报表注释

1. 本期财务报告所采用的会计政策和会计方法与1996年度财务报告所采用的会计政策和会计方法相一致。

2. 货币资金比年初增加71,168,065.80元,主要系公司报告期内发行A股的募集资金。

3. 短期投资比年初增加12,011,506.85元,主要系公司下属香港深业有色金属有限公司在境外新增投资。

4. 应收帐款比年初增加23,633,151.99元,主要系公司上半年出口销售业务量较大,部分货款未收回。

5. 存货比年初增加10,115,391.52元,主要系公司下属深圳金粤铝制品有限公司部分工程的工程成本和中国有色金属工业进出口深圳公司的库存商品增加。

6. 短期借款比年初减少18,369,862.83元,主要系公司报告期内偿还银行等金融机构部分借款。

7. 应付票据年初减少28,188,508.12元,主要系公司偿还了1996年12月20日签发的30,000,000元人民币商业本票。

8. 预提费用比年初增加4,630,230.61元,主要系公司下属深圳金粤铝制品有限公司预提幕墙工程成本增加。

9. 资本公积金比年初增加117,584,668.99元,主要系公司报告期内公开发行1800万股A股的股票溢价净收入及股票有效申购存款利息。

10. 未分配利润比年初增加11,284,097.62元,系报告期实现的净利润。

11. 净利润比去年同期减少3,190,493.14元,主要系(1)、商品进货成本大幅度增加,致使主营业务利润下降;(2)深圳有色金属期货联合交易所拟改造为会员制(中国证券监督管理委员会证监期字(1996)3号文),其投资回报需待改制完成后得到清还,致使报告期投资收益下降。

(三)关联企业及关联交易

1. 关联企业

企业名称	与本公司关系	注册资本
中国有色金属进出口深圳公司	子公司	314万元人民币
中国有色金属工业深圳仓储运输公司	子公司	208万元人民币
海南中金贸易实业有限公司	子公司	300万元人民币
香港深业有色金属有限公司	子公司	100万港币
深圳金粤铝制品有限公司	子公司	800万元人民币
深圳康发发展公司	联营企业	1000万元人民币
深圳金鹰出租汽车有限公司	联营企业	900万元人民币
深圳金阳珠宝有限公司	联营企业	1435万元人民币
深圳有色金属财务有限公司	联营企业	10000万元人民币
深圳金洲硬质合金有限公司	联营企业	1275万元人民币
深圳鑫田金属材料有限公司	联营企业	200万元人民币
上海鑫兴房地产实业有限公司	联营企业	250万美元
深圳市中金联合实业开发有限公司	同法人股东	3800万元人民币

2. 关联交易

A. 本公司截止一九九七年六月三十日存入深圳有色金属财务有限公司人民币17,173万元。

B. 本会计期间,本公司为下属联营企业流动资金借款提供如下担保。

被担保公司	借款银行	借款金额	担保时间
深圳金阳珠宝有限公司	中国工商银行深圳市红围支行	RMB3,000,000.00	96年12月24日
	深圳市财政局	RMB1,000,000.00	97年3月21日
		RMB1,500,000.00	97年6月11日

3. 关联方往来款余额

项目	期末余额	占全部应收应付款项金额的比重
其他应付款:		
深圳康发发展有限公司	988.067.26	1.7%
其他应收帐款:		
深圳市中金联合实业开发有限公司	4,215,606.68	3.9%
深圳金阳珠宝有限公司	789,973.88	0.7%
深圳有色金属财务有限公司	389,411.41	0.4%
深圳金鹰出租汽车有限公司	2,244,236.66	2.1%

二、经营情况的回顾与展望

1. 上半年经营情况

1997年上半年公司经营班子带领全体员工以上市为契机,深化企业改革,强化企业管理、为实现全年利润奠定了好的管理基础。

—在1996年适时调整贸易运作方式的基础上,进一步完善贸易经营整体运作的各项配套措施,拓展了销售市场,今年1—6月份共实现进出口贸易收入37377.7万元,比去年同期20152万元增长了85%;

—收购具有发展前景和效益的企业股权,如康发发展公司、金鹰出租汽车公司等,实现公司对这些企业的控股运作,增加公司主营业务利润;

—加大对公司下属工业企业金粤公司的投入与结构调整,培育公司利润增长的稳定来源;

—加强审计力度,强化监控机制,更好地发挥内部审计的监督防范职能。

上半年公司有色金属贸易经营额较去年同期有很大幅度的提高;公司下属金粤铝公司几项回归工程均有较好的收益,已完成的主要工程有深圳彭年广场、报业大厦、联合广场、中银大厦等;公司下属金鹰出租汽车公司更新的31台捷达出租车亦有效的增加了租赁收入。上半年公司共实现利润总额1539.16万元,净利润1128.41万元,完成全年计划的25%。

2. 下半年工作目标

1997 年是公司发展的关键之年，机遇与挑战并存。

—围绕公司经营目标，狠抓产品经营，进一步强化管理，理顺关系，调动全体员工的积极性，把开源节流、降低经营成本摆在工作的突出位置，确保公司经营效益的全面完成；

—用好募股资金，保证投资效益，通过有效的投资调整公司的产业结构与利润结构、尽快形成支柱产业，创造稳定的利润增长点。

三、重大事项说明

1．经中国证券监督管理委员会证监发字[1997]1 号、2 号文批准，1997 年元 10 日公司在深交所交易系统以“上网定价”发行方式向社会公众发行 1800 万股人民币普通股(A 股)，公司内部职工股占用额定度上市 200 万股。1997 年元月 23 日公司 2000 万股可流通股在深交所挂牌交易。

2．遵照国务院证券委、中国人发银行、国家经贸委发布的《严禁国有企业和上市公司炒作股票的规定》的要求，公司进行了认真的自查，至今公司尚未开设买卖股票的帐户，今后若进行投资，将严格遵循国家有关法律、法规的规定。

3．公司募集资金使用情况

公司报告期内公开发行了 1800 万股 A 股，每股定价 8 元，扣除发行费用后，共募集资金 13500 万元。

按照招股说明书披露的募股资金用途，公司进行了积极、认真的落实与实施，鉴于实施过程中市场波动等诸多因素，公司调整了 1997 年投资计划，1997 年 5 月 20 日公司股东大会审议通过投资计划并授权董事会全权处理投资的有关事宜。

实施 1997 年度投资计划情况：

(1)下属金粤公司幕墙扩建及技改项目总投资 2654 万元，以达产 20 万平方米/年生产能力，公司按所持股份比例投资 794 万元，该项目现已完成向深圳计划局立项报批，环保评估审查，厂房设计及土地转让等工作，年内将积按计划进行土建施工、添置及更换部分设备。

(2)收购金鹰公司、康发公司股权项目，总投资 3000 万元，经公司股东大会审议通过，现正按程序办理有关手续，预计 9 月份完成投资事宜，实现控股经营。

(3)公司经营运作按计划投入 3900 万元以补充流动资金，有效的扩大了公司进出口业务量。

(4)金阳公司销售网络的重组项目因首饰市场销售不景气，价格回落，暂缓投入募股资金。

(5)金洲公司技术改造项目因股东协商未果，尚未投入募股资金，

公司未投入使用的募股资金已存入深圳有色金属财务有限公司。

4．职工监事变动情况

1997 年 6 月 6 日公司第四届工委会选举杨业凤、张亮辉作为职工代表出任公司第二届监事会职工监事，同意李玉仙女士因工作需要辞去职工监事职务。新选职工监事杨业凤先生简历：男，54 岁，政工师，现任公司审计室主任、政工部主任、工委会副主席。

5．公司 1997 年中期利润不分配。

6．报告期内公司无重大诉讼、仲裁事项。

四、发行在外股票的变动和股权结构的变化

(一)股权结构情况

数量单位：股；　每股面值：1 元

尚未流通股份	期初数	报告期增减	期末数
国有法人股	42,000,000	-	42,000,000
内部职工股	20,000,000	-2,000,000	18,000,000
尚未流通股份合计	62,000,000	-2,00,000	60,000,000
已流通股份			
境内上市的人民币普通股	-	20,000,000	20,000,000
已流通股份合计	-	20,000,000	20,000,000
股份总数	62,000,000	18,000,000	80,000,000

(二)持有公司股份前 10 名股东情况(截至 1997 年 6 月 27 日)

股东名称	持股数	占总股本%
1．中国有色金属工业总公司	33,600,000	42
2．中国有色金属工业广州公司	4,200,000	5.25
3．深圳市深港工贸进出口公司	4,200,000	5.25
4．申市场	399,250	0.499
5．郭淑玲	335,000	0.419
6．张弘	288,300	0.419
7．刘江	272,975	0.341
8．申资产	271,000	0.339
9．曹嘉琪	229,800	0.287
10．高飞雁	227,900	0.285

五、股东大会简介

深圳中金实业股份有限公司 1996 年度股东大会于 1997 年 5 月 20 日上午 9 时在 501 栋 10 楼会议室召开。到会股东及股东代表共 58 人，代表股份 5541.88 万股，占总股本的 69%，符合《公司法》和公司章程的有关规定，大会在深圳市公证处的现场公证下审议并通过了如下决议：

(1)审议通过 1996 年度董事会工作报告；

(2)审议通过 1996 年度监事会工作报告；

(3)审议通过 1996 年度财务决算报告及 1997 年度财务预算报告；

(4)审议通过 1996 年度利润分配及分红派息的议案：

公司 1996 年度实现净利润 33,675,819.15，提取法定公积金 10%计 3,367,581.91 元，提取法定公益金 10%计 3,367,581.91 元，加 1995 年未分配利润 5,260,753.21 元，实际可供股东分配利润为 32,201,408.54 元，按 97 年新增发行后股份总额 80,000,000 股计，每股可分配利润 0.40 元。以总股本 8000 万股为基数，公司每 10 股派现金红利 2 元(含税)，共派发现金红利 1600 万元，其余未分配利润 16,201,408.54 元结转下次分配。

(5)审议通过 1997 年度投资计划方案并授权董事会根据公司情况全权处理有关投资事宜。

(6)审议通过公司章程修订稿。

(7)一致选举：陈胜年、司徒怀、何玉良、臧玉安、杨春明、倪旭、冯秋明、屈金奎、熊维平、徐慈艰、刘海义为第二届监事会成员。

(8)一致选举：郑海生、蒋求忠、田伟、陆晋昌为第二届监事会成员。原股东监事卢育湘因工作需要，辞去监事职务。新选监事蒋求忠简历：男，56 岁，高级会计师，大专文化，曾任有色金属工业总公司财务部处长，现任有色金属工业总公司财务部副总会计师。

公司 1996 年度股东大会决议公告刊登于 1997 年 5 月 21 日的《证券时报》。

六、备查文件

1．载有董事长、总经理亲笔签名的中期报告原本；

2．公司招股说明书、1996 年度股东大会资料。

查询地址：深圳市建设路南洋大厦 C 座 10 楼—11 楼

深圳中金实业股份有限公司股权管理部

电话：0755—2294483

深圳中金实业股份有限公司董事会

1997 年 8 月 29 日

许继电气股份有限公司

许继电气股份有限公司简介

一、公司简介

许继电气股份有限公司是以电力系统继电保护和自动化控制设备的开发、生产为主的大型高科技企业：公司占地12.67万平方米，股份总额13800万股，其中：国有法人股6660万股，占48.26%；法人股390万股，占2.83%；内部职工股1750万股，占12.68%；社会公众股5000万股，占36.23%。现有总资产90344万元，净资产67709万元。现在员工1500人，其中工程技术人员648人。1996年实现销售收入33718万元，利润总额9017万元，1997年又保持强劲的发展势头。成为全国机电行业百强之一，首届"中国机械"十大杰出企业，国家经贸委批复的国家重大技术装备国产化基地和国家级技术中心之一，同行业中率先通过ISO9001质量体系认证，为同行业首家向全国发行股票的上市公司。

为满足我国电力事业发展的需要，公司凭借雄厚的技术、人才优势，高起点、超前开发高科技新产品。主要开发、生产领域为：高压、超高压输电线路保护，大型发电机、变压器主设备保护、发电厂、变电站监控和综合自动化系统，电气化铁道成套保护，电力载波通信设备等。产品达1000多个品种，10000余种规格。覆盖了从机电型、整流型、晶体管型到集成电路型、微机型五代产品。可向500KV及以下电压等级输电线路、600MW及以中容量发电机组和配电工程提供成套二次设备。在产品、技术、质量、效益等方面名列全行业第一。是同行业中品种最多、规格最全、配套能力最强的企业。产品覆盖国内三分之一市场。在葛洲坝、龙羊峡、大秦电气化铁道、首钢、大庆乙烯、上海金山石化、大亚湾、隔河岩、宝珠寺、元宝山、马鞍山等数百项国家重点工程中获得采用，并出口到20多个国家和地区。

公司一贯注重跟踪国内外继电保护领域的新技术。不断与西门子、ABB、GE和西屋公司等进行技术交流，与清华大学、西安交通大学、华中理工大学、华北电力大学、山东工业大学等二十多家高等院校和科研机构建立了牢固和谐的合作关系。通过技术引进，与高校合作，独立开发，培养造就了一支高素质的科研开发队伍。近几年成功地把现代通信、电子技术、微机技术应用到该领域，开发研制出200余种以集成电路、微机型产品为代表的高新技术产品，其中32种获国家、部省科技进步和成果奖，经国家鉴定达到国际当代先进水平。目前正在积极进行三峡700MW发电机组成套保护项目的攻关。

二、董事长、总经理简历

董事长：王纪年先生，研究员，1949年出生，1968年毕业于河北机电学院，同年参加工作，1983年——1985年进修毕业于洛阳工学院企业管理专业。曾荣获：河南省优秀企业家、河南省劳动模范、当代河南人才奖，1995年河南省十大新闻人物、中国机械工业优秀企业家、全国各届经济改革人才奖、全国"五一"劳动奖章、全国优秀经营管理者、全国劳动模范、中共"十四大"代表，享受政府特殊津贴专家等称号。

总经理：檀国彪先生，36岁，工学硕士，高级工程师，原公司监事会监事，曾荣获公司劳模及许昌市"十大杰出青年"荣誉称号。他主持、参加研制的6种电力系统微机保护产品均通过了国家级鉴定，产品的主要技术指标达到了当代世界同类产品的先进水平。其中，WXH—11型、WXH—15型微机高压线路保护分别获河南省与机械部科技进步一、二等奖。三年来，他作为许继四方分公司的技术和行政主管，成功地组织了第三代微机保护和自动化产品的开发设计、市场开拓及生产、服务，销售收入连续每年翻番，对公司的科研进步和产品高科技含量的提高，起到了很大的推进作用。

许继电气股份有限公司招股说明书概要

一、释义

在本招股说明书概要中，除非文中另有所指，下列简称具有以下所规定的含义：

1．原企业或发起人	指许昌继电器厂
2．发行人或本公司	指许继电气股份有限公司
3．人民币普通股	指用人民币标明面值且仅供境内社会公众以人民币进行买卖之普通股票，简称A股
4．元	指人民币元
5．主承销商	指招银证券公司
6．副主承销商	指海南港澳国际信托投资有限公司
7．主承销商律师	指华联律师事务所
8．上市推荐人	指海南港澳国际信托投资有限公司、招银证券公司
9．发行人律师	指信达律师事务所
10．会计师	指北京兴华会计师事务所
11．评估师	指河南审计事务所
12．土地评估师	指江苏金陵土地资产评估高新技术公司
13．集团公司	指许继集团有限公司

二、绪言

本招股说明书概要是根据《中华人民共和国公司法》、《股票发行与交易管理暂行条例》、《公开发行股票公司信息披露实施细则（试行）》、《公开发行股票公司信息披露的内容与格式准则（试行）》及国家现行有关证券管理规定，经董事会批准并参照国际惯例为本次股票发行向社会公众提供本公司有关情况而编制的。

本公司董事会愿就本招股说明书概要所载资料在刊发当日的真实性、准确性、完整性承担个别的和连带的责任，并确信所摘内容与招股说明书正文一致且无重大误导、虚假及遗漏。

新发行的股票是根据本说明书概要所载明的资料申请发行的。除发行人和主承销商外，没有委托或授权任何其他人提供未在本说明书概要中列载的信息和对本说明书概要作任何解释或者说明。

投资者须自行负担买卖本发行人股票所应支付的税款，发行人、承销商及上市推荐人对上述税款不承担责任。

本公司此次发行业经中国证监发字[1997]101号证监发字[1997]102号文批准。

三、发售新股的有关当事人

1．发　行　人：许继电气股份有限公司

法定代表人：王纪年

地　　址：河南省许昌市建设路178号

电　　话：(0374)3314554　传　　真：(0374)3315509

联　系　人：欧阳俊　朱庆华　张道林

2．主承销商、上市推荐人：招银证券公司

法定代表人:李麦秋
地　　址:中国深圳市振华路深纺大厦C座
电　　话:(0755)3362974　传　　真:(0755)3362947
联 系 人:周崇武　潘本将　余元华
3. 副主承销商、上市推荐人:海南港澳国际信托投资有限公司
法定代表人:李耀祺
地　　址:中国海南省海口市滨海新村588号
电　　话:(0898)8510432
联 系 人:王雪梅
4. 主承销商律师:华联律师事务所
法定代表人:郭阳
经办律师:昌孝润　谢炳光　杨向东
地　　址:王府井大街57号王府井大饭店四层
电　　话:(010)65223952　65221188-411
传　　真:(010)65223952
联 系 人:杨向东
5. 发行人律师:信达律师事务所
经办律师:郑伟鹤　陈利民　徐育康
地　　址:深圳市深南中路东风大厦二十一层
电　　话:(0755)3243139　传　　真:(0755)3243108
联 系 人:李军
6. 会计师事务所:北京兴华会计师事务所
经办注册会计师:王全洲　袁连生
地　　址:中国北京市阜成门外大街2号万通新世界广场708室
电　　话:(010)68587588
联 系 人:胡毅
7. 资产评估机构:河南审计事务所
经办评估人员:刘翔煜　钱亚军
地　　址:河南省郑州市纬二路27号省审计厅二楼
电　　话:(0371)5929196
联 系 人:刘翔煜　钱亚军
8. 资产评估确认机构:国家国有资产管理局
法定代表人:张佑才
地　　址:北京市万泉河路66号
电　　话:(010)62567744
9. 土地评估机构:江苏金陵土地资产评估高新技术公司
经办评估人员:魏长发
地　　址:南京市宁海路122号
电　　话:(025)3739125
10. 土地评估确认机构:河南省土地管理局
地　　址:郑州市纬二路2号楼
电　　话:(0371)5937695
11. 发行人财务顾问:河南万国咨询开发有限公司
地　　址:河南省郑州政二街135号
法定代表人:宋全启
联 系 人:张震宇　马跃勇
电　　话:(0371)5908882
12. 股票登记机构:河南证券登记公司
地　　址:河南郑州市丰产路19号
电　　话:(0371)5728102
13. 收款银行:中国工商银行许昌分行
地　　址:河南省许昌市七一路89号
法定代表人:张瑞智
14. 分销商
1. 国泰证券有限责任公司
2. 中国工商银行信托投资公司
3. 中国银行信托咨询公司
4. 中信证券有限责任公司
5. 河北证券有限责任公司
6. 蔚深证券有限责任公司
7. 黄河证券有限责任公司
8. 中国信达信托投资公司

四、风险因素及对策

(一)风险

投资者在评价本公司此次募股时,除本说明书提供的各项其他资料外,应特别认真地考虑下述各项风险因素:

1. 经营风险

(1)本公司产品所用原辅材料如黑色材料(钢板、纯铁板和硅钢片)、化工材料(环氧聚氨脂漆、工程塑料等)和元器件(电控类及电线类元器件)的价格有不同程度的上涨,这增加了公司的生产成本,给公司进一步拓展市场、提高经济效益带来了一定的压力。

(2)由于本公司生产的产品品种多,规格型号不一,原材料和元器件的供应地分散,相对集中批量采购来说,采购成本有所提高。

(3)本公司的产品属于高科技产品,科技开发和科技人才的培养等间接投入是公司产品成本的重要组成部分。近年来,人工成本有一定幅度地增长,由于公司位于河南省许昌市,属内陆地区,相对沿海经济开发区而言,引进高科技人才有些困难,这也使人力成本投入有所增加。

2. 行业风险

(1)产业结构和产品结构相对集中

目前本公司主要从事继电保护类产品的生产,公司的销售收入大部分来自主营业务收入。1996年公司营业利润的88.85%来自主营业务利润。虽然本公司产品品种繁多(1000多种、10000多个规格),但都同属于继电保护行业类的产品,由于产业结构和产品结构单一,在其他行业开拓较少,公司抗御产业风险的能力较弱。

(2)国际、国内同业竞争

目前,国内电力系统常规继电器需求市场呈现稳中有降趋势。本公司已占有其市场份额的35%。短期内迅速拓展市场有一定难度。同业竞争也较激烈。尽管目前本公司在国内继电保护行业处于排头兵位置,但近年来,个别新产品的生产和销售方面同业竞争的压力有所上升。随着我国经济进一步对外开放,中国加入世贸组织后,境外同类产品的竞争将会对本公司的经营业绩产生一定的影响。

3. 政策变动的风险

本公司占用12.67万平方米的土地采用租赁方式使用,目前许昌市地区的土地租赁费相对较低(年租金为4.0元/m^2),随着经济的发展与繁荣,土地价格的上升是很有可能的;本公司是国家大型骨干企业,属于高科技企业,得到了河南省政府和许昌市政府在税收和土地租赁费等方面的优惠,一旦这些政策发生改变将在不同程度上会对本公司的经营效益产生一定的影响。

4. 市场风险

虽然本公司的生产技术和基本生产条件均达到当代国际先进水平,但由我国基础工业较落后和工人素质的影响,使国外同类产品在工艺上稍优于本公司产品。中国加入世贸组织后,外国同类产品进入我国市场,可能会对本公司产品的市场有一定的影响。目前,国内从事常规继电器生产的大型企业虽不多,但随着我国电力结构的调整,常规继电保护产品的市场容量会呈现出稳中有降,而且本公司已占有国内常规继电保护产品市场份额的35%,本公司在短期内要迅速拓展常规继电器市场有一定的难度。

5. 股市风险

投资股票市场,相对于传统的投资形式——储蓄和购买国库券风险要大得多。国内、国际政治形势与国际政治经济关系的改变,政府及行业

的政策、法规以及企业经营状况的变动,投资者偏好、技术因素以及其他不可预料因素,都会程度不同的影响到股市的价格波动。尤其是中国股市还很年轻,市场理性较淡,因此投资者必须充分认识到股市的风险。

(二)对策

针对上述各种风险,本公司拟采取以下对策

1. 对原材料和元器件供应风险的对策

对于各类重要的大宗原材料和元器件,与各供应商建立长期的供求合作关系,以保证供应和价格不发生大的波动。同时,本公司将会利用本身的影响和在同行业中的地位,对原材料供应实行多方选择,避免独家供应所导致的对个别供应商的过度依赖,在生产规模扩大的前提下,力争批量采购,以求降低采购成本。在采购过程中,严把质量关,避免各种可以预防的损失。合理储备各种物资,减少资金占用。

2. 运用微机辅助管理,实现办公自动化,加强物资管理,降低原材料成本

本公司利用价值工程、目标管理和微机系统等科学手段,进行比价采购。实行定额发料,减少非生产性用料,配合工艺部门对工艺定额验证修改,按生产计划及产品明细定额发料。在实际供料中实行按计划按定额集中下料,合理套裁,积极改制代用,实现供应仓库物资电脑联网辅助管理,力争从物资节约和代用上降低成本。

3. 积极创造内陆特区环境,大力引进和培养人才。

本公司将尽最大努力引进和培养公司发展所急需的技术和管理人才,并制定、实施一整套奖励措施,以充分调动公司各类专业人才的积极性和创造性。本公司与以清华大学为主的高等院校进行联合,走"产、学、研"相结合的道路,为公司专业人才的培养和技术的开发创造有利条件。

4."一业为主,多元发展"的方针。

对产业结构单一的风险,本公司将调整经营战略,遵循"一业为主,多元发展"的方针。以电力系统自动化控制和保护等产品为龙头,赶超国际先进水平,同时积极开展多种经营,不断发展包括证券投资、金融、贸易、科技开发、信息咨询等在内的其他产业。通过兼并,收购、重组等形式开拓其他有潜力的生产项目,以求分散行业风险,实现规模经济和经济效益的最大化。

5. 加速产品品种更新换代,积极调整产品结构,进一步提高产品质量和工艺水平。

据分析,随着国家电力结构调整,电力系统常规保护产品的市场需求将稳中有降,但技术含量高的静态继电器及综合自动化装置的市场需求将逐步扩大,为此公司将适应这一发展方向,淘汰老产品,利用本公司的整体综合能力和技术优势,重点开发和生产技术含量高、质量可靠、新结构组合化产品;不断强化职工的质量意识,完善质量保证体系,注重技改投入,提高设备装备水平,为进一步提高产品质量和工艺水平打下基础。

6. 强化市场营销管理,积极开拓新市场。

本公司决心不断强化市场营销管理。充分发挥本公司已有销售网络系统的作用,培养懂技术、会管理的销售队伍,完善营销手段,实现销售网络的电脑化;本公司将致力于产品结构调整,进一步提高产品质量和工艺水平,利用本公司产品质量过硬、价格低廉(与国际同类产品相比而言)的优势,不断扩大出口,开辟和占领国际市场;本公司还将利用股票发行与上市的契机,加强对公司及产品的宣传,为更好地拓展国内外市场创造有利条件。

7. 股市风险的对策

提高上市公司素质是降低股市风险的有效途径,本公司将妥善使用募集资金,确保投资项目在一定风险程度下的高回报,公司还将严格执行上市公司信息披露准则,不搞内幕交易,切实保护投资者权益。

五、募集资金的使用

(一)本次募股资金的使用

公司本次向社会公开募股5000万股,按9.24元/股的价格发行,若发售成功,届时可募集资金44700万元(已扣除发行费用),将主要用于:

(1)大型水电设备专项500kv继电保护项目

该项目获河南省计委豫计设计(1996)1202号文批准。该项目是专为"三峡工程"而生产配套继电保护设备,计划于1997年5月份开工。预计总投资6498万元人民币,固定资产2698万元人民币,流动资产3800万元人民币。项目建成后,年销售收入9500万元,利润2043万元。投资利润率31.4%,投资利税率40.4%,投资回收期3.71年。

(2)DS2Y系列微型(程控)继电器项目

该项目获豫计工业(1997)47号文批准投资立项。随着电话程控交换机需求量日益增加,但数字程控交换机的重要部件DS2Y系列微型继电器国内尚无能力生产,本公司计划引进国际上先进的自动装配生产线和先进的关键加工设备,采用国际上最先进的软件和制造技术。项目总投资8660万元,固定资产投资4960万元,流动资金3700万元。项目建成后,年销售收入为9000万元,利润3058万元。投资利润率35.4%,投资利税率52.8%,投资回收期为2.8年。

(3)35-110kv级户内户外用浇注式互感器生产线项目

该项目获河南省计划委员会豫计工业(1997)48号文批准投资立项。浇注式互感器具有机械强度高、绝缘性能好、防潮、防火、无污染、免维护、寿命长、体积小、重量轻等特点,从而成为互感器产品的发展方向。

该项目总投资5300万元人民币,其中,固定资产投资2300万元人民币,流动资金3000万元人民币。项目投产后,实现年销售收入5016万元,利润总额1672万元,投资利润率31.5%,投资利税率41.8%,投资回收期3.9年。

(4)500kv输变电继电保护设备贴装柔性生产线技术改造项目

该项目获河南省经贸委豫经贸资(1994)1559号文件批准。主要是利用公司现有设施,采用国内外先进、成熟的生产工艺,改造继电保护设备印刷板贴装柔性生产线。这项技术的优点是显著减少电路板尺寸、减轻组件重量、提高组件的可靠性和提高大批量生产的效率,降低生产成本。该项目总投资6657万元,其中:固定资产投资2980万元(含外汇155万美元),流动资金3677万元。项目完成后,预计实现年销售收入11700万元,利税总额2716万元,投资利润率28.3%,投资利税率达40.8%,投资回收期3.5年。

(5)500kv超高压输变电保护装置技改项目

该项目是按照国家机械工业部机械计(1996)第964号文件《关于下达"九五"超高压输变电设备、技术改造项目计划的通知》的要求,由许继电气股份有限公司独家开发实施该项目的继电保护及装置部分。该项目已通过了中国国际工程咨询公司的评估论证。项目总投资16900万元,其中固定资产投资10000万元,流动资金6900万元。该项目对保证我国大型电网安全稳定运行、提高电力传输和供电的可靠性有至关重要的作用。投产后年新增销售收入23000万元,利润4120万元。项目投资利润率为24.7%,投资利税率31.4%,预计投资回收期5年。

(6)重大技术装备技改项目

该项目经河南省经贸委豫经贸科(1996)973号文件批准,产品技术水平已获机械部、电力部两部鉴定,居国内、国际领先水平。该项目投产的意义主要是为了进一步开发新一代电力载波通讯设备,提高电力线载波机、继电保护专用收发信机产品的批量。该项目具有技术水平先进、投产回报率高等特点,项目总投资8400万元人民币,其中固定资产投资2800万元人民币,流动资金5600万元人民币。建成投产后,年销售收入13000万元,利润2400万元,投资利润率28.6%,投资利税率42.9%。

(7)±500kv级高压直流输电保护设备技术改造项目。

该项目获河南省经贸委豫经贸改(1997)17号文批准。该项目主要是为了解决超高压、远距离、大规模直流输电问题,满足我国±500kv级直流输电工程建设的配套需要,填补我国±500kv直流输电二次控制保护产品的空白。项目总投资4700万元人民币,固定资产投资3900万元人民币,流动资金800万元人民币。项目建成后,年新增销售收入5200万元,利润1040万元。投资利润率22.1%,投资利税率29.2%,投资回收期

3.5年。

(8)电力系统稳定控制和调度自动化技改项目。

该项目获河南省经贸委豫经贸改(1997)18号文批准。该项目投产的重要性主要表现在两个方面:电网稳定控制技术和电网高度自动化技术。该项目具有投资小、见效快、市场潜力巨大等特点。预计总投资4060万元人民币,其中固定资产投资2800万元人民币,流动资金1260万元。建成后,年新增销售收入4200万元,利润1200万元。投资利润率29.6%,投资利税率37.8%,投资回收期为5年。

上述项目,预计共投资61175万元,其中固定资产投资32438万元,流动资金28737万元,尚存资金缺口16475万元,公司将通过银行贷款12000万元和企业自筹4475万元加以解决。本次募集资金运用时间表如下:

募集资金使用时间表　　单位:万元

序号	项目名称	总投资	97年度投资额	98年度投资额	99年及以后年度投资额
1	大型水电设备专项5000KV继电保护项目	6498	4698	1800	—
2	DS2Y系列微型继电器项目	8600	6000	2660	—
3	35—110KV级户内户外用浇注式互感器生产线项目	5300	4300	1000	—
4	500KV输变电保护设备贴装柔性生产线技术改造项目	6657	3657	3000	—
5	500KV超高压输变电保护装置技改项目	16900	12000	2000	2900
6	重大技术装备技术改造项目	8400	6600	1800	—
7	±500KV级高压直流输电保护设备技术改造项目	4700	2900	1800	—
8	电力系统稳定控制和调度自动化项目	4060	2800	1260	—
	合　计	61175	42955	15320	2900

(二)1993年定向募股所筹资金的运用情况

本公司1993年经河南省体改委以豫体改字[1993]28号文批准,以每股1元的价格定向募集法人股390万股,法人股以实物资产入股;内部职工股1750万股,以现金购买,共募集资金1750万元;募集资金已按募股说明书中披露的用途使用。其资金主要用于公司"八五"期间的技术改造,项目内容为对微机、集成电路等静态继电保护产品的技术改造。项目按计划实施,取得了良好的经济效益。

六、股利分配政策

本次股票公开发行后,从第一个盈利年度起,本公司即派发股利。预计本次发行股票后首次派发股利时间为1998年第二季度。根据公司章程规定,本公司将在每年年度决算后以现金及股票形式,按股东持股比例进行一次股利分配。公司向个人分配股利时,由公司按《中华人民共和国个人所得税法》规定代扣、代缴个人所得税。

本公司在发行股票后的每一个盈利年度,均由董事会视公司经济效益和经济发展需要确定税后利润的留存与分配的比例,经股东大会决议后执行。

按本公司章程规定,公司股份同股同利,税后利润具体分配顺序和比例如下:

(一)弥补亏损

(二)提取法定盈余公积金10%

(三)提取法定公益金5%—10%

(四)提取任意盈余公积金

(五)支付普通股股利

当公司法定公积金累计额为公司注册资本的50%以上时,可不再提取。

公司的利润分配严格执行国家财务会计制度及税收法律、法规的规定。公司股利最终分配比例由董事会根据公司当年业绩和未来的生产经营计划拟订并经股东大会通过后确认执行。

经公司第六次股东大会决议,公司1996年实现税后利润6512.22万元扣除其中20%作为法定盈余公积金和法定公益金,余额的70%用于股利分配,余额的30%结转到下年由新老股东共同分配。

七、承销

1. 承销方式:本次公开发行的5000万股社会公众股采用余额包销的承销方式。

2. 发行方式:全额预缴,比例配售,余款转存。

3. 发行地区:河南省许昌市。

4. 发行期:1997年4月2日至1997年4月9日。

5. 发行对象:境内法人和自然人(法律规定不准购买者除外)

6. 股票种类:本次发行的股票均为记名式人民币普通股,面值1.00元,共计5000万股。

7. 本次新股发行价格参照公司资产评估净值,结合公司盈利情况、市场影响等因素来确定,发行价为9.24元/股,其计算公式为:每股平均税后盈利×市盈率。

平均每股税后盈利=(1994年每股盈利0.63元+1995年每股盈利0.65元+1996年每股盈利0.74元)/3=0.67元/股

依上述平均每股税后盈利计算的市盈率为13.79倍。截止1996年12月31日,公司每股净资产为1.93元。

8. 本次新股发行总市值46200万元,在扣除发行费用后,预计实收金额为44700万元。

9. 承销机构及承销份额

	承销商	承销数量(万股)	承销比例
主承商:	招银证券公司	811.5	16.23%
副主承销商:	海南港澳国际信托投资有限公司	541.0	10.82%
分　销　商:	国泰证券有限责任公司	865.0	17.30%
	中国工商银行信托投资公司	432.5	8.65%
	中国银行信托咨询公司	432.5	8.65%
	中信证券有限责任公司	432.5	8.65%
	河北证券有限责任公司	432.5	8.65%
	蔚深证券有限责任公司	432.5	8.65%
	黄河证券有限责任公司	432.5	8.65%
	中国信达信托投资公司	187.5	3.75%

八、发行人情况

1. 发行人名称

中文名称:许继电气股份有限公司

英文名称:XJ ELECTRIC CO. LTD

2. 发行人成立日期:1993年3月15日

3. 发行人注册地址:河南省许昌市建设路178号

4. 历史沿革及发起人简介

(1)发起人简介

许继电气股份有限公司的前身为许昌继电器厂。许昌继电器厂于1970年从黑龙江省阿城继电器厂作为三线厂分迁到河南许昌市,建厂当初总投资130万元人民币,其主要产品为五种基础继电器。年产量为1.3万只,年产值400万元。

1983年以来,在国家改革开放政策指导下,企业采取和实行了一系列企业内部改革措施:从1983年开始推行厂长负责制;从1985年开始全面推广干部制度的改革和工资分配制度的改革;於1992年推行全员劳动合同制,调动了广大员工生产经营和科研开发的积极性,成为河南省和国有企业内部机制改革的先进典型。企业重视科技进步,实行科研成果商品化和课题经济承包,有效地调动了全厂科技人员的积极性。"七五"期间和"八五"前期,企业投资近1亿元进行了系统的技术改造。截止1992年12月31日,许昌继电器厂拥有帐面总资产14599万元,净资产3871万元(不含土地),各种生产设备900多台,其中大型、高精尖设备30余台

(套)。在当时就已经成为国内电力系统继电保护控制及自动化成套设备的科研与生产基地。

1993年1月经河南省体改委和许昌市体改委的批准,以许昌继电器厂所拥有的经营性资产为改组主体,独家发起,采取定向募集方式设立许继电气股份有限公司。总股本8800万股。

(2)发行人简介

1993年3月15日许继电气股份有限公司正式成立,注册资本金为8800万元。经许昌市国有资产管理局的授权,原属许昌继电器厂的非经营性资产(含土地)由许继电气股份有限公司代管,其财务实行独立核算。截止1996年12月31日,许继电气股份有限公司已拥有总资产43276.00万元,总负债26282.28万元,净资产16993.72万元。1996年实现销售收入33718万元,利润总额9016.75万元,净利润6512.22万元。

许继电气股份有限公司目前已成为机械工业部电力行业生产电力系统继电保护和自动化控制成套设备的国家大型一类骨干企业。担负着全国电力系统二次成套保护及自动控制设备的科研和生产重任。本公司主要产品有机电、整流、晶体管、集成电路、微机等各种类型的继电保护装置,产品品种达1000多种、10000多个规格,其中32种产品达到国际当代先进水平,成为我国继电器行业中生产品种最多、配套能力最强、产品质量佳、经济效益最好的企业。公司于1995年12月通过了ISO9001国际标准的质量体系认证,成为全行业唯一一家通过此认证的企业。是中国100家最大电气及器材制造企业之一,95年被评为首届"中国机械十大杰出企业"。国家统计局发布,一九九五年按综合经济效益指标排序,本公司在全国工商企业名列第297位,在机械制造行业排第74位。本公司是河南省政府命名的明星高科技企业。是国家经济贸易委员会重点扶持的二十一家高科技产品国产化基地之一。是国家重点支持的300户重点企业之一。本公司曾为葛洲坝、龙羊峡、大秦电气化铁道、锦辽500kv输电线路、首钢、大亚湾核电站等全国400多项重点工程提供了成套继电保护设备。其产品还出口到以东南亚为主的世界20多个国家和地区,产品在国内行业市场份额的占有率超过三分之一。

(3)许继集团有限公司

1996年12月,经河南省和许昌市政府有关部门批准,以本公司为主体子公司组建了许继集团有限公司。许继电气股份有限公司成为由许继集团有限公司控股的子公司。

5.本公司内部管理结构和组织结构

(1)内部管理结构

本公司实行总经理负责制。本公司现有13个职能部门、10个车间、5个分公司、3个技术开发机构。

(2)本公司的组织结构图

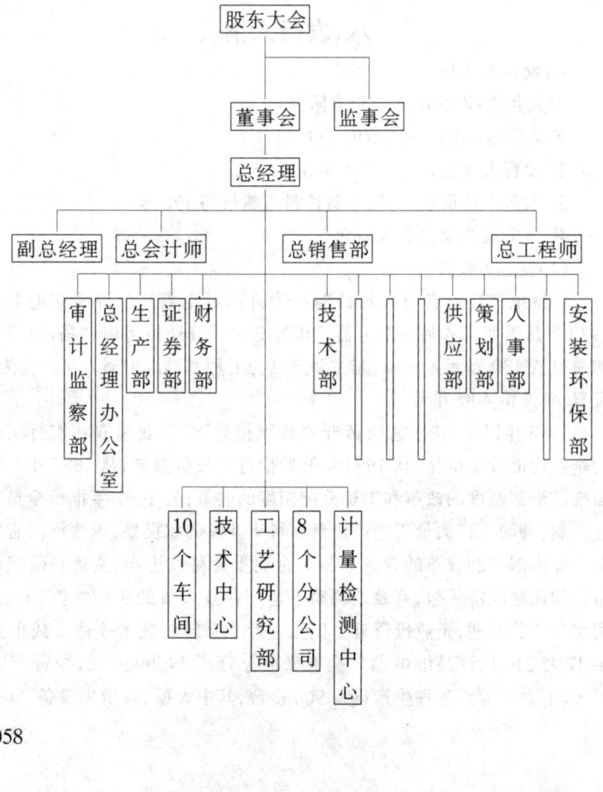

6.公司职工人数、福利和劳保制度

本公司现有职工2687人,其中:生产人员1335人,占总人数的49.68%,供销人员435人,占总人数的16%;工程技术人员648人,占总人数的24.12%;管理人员268人,占总人数的10%,在本公司职工中,具有大专以上学历的人员有968人,占总人数的36%,其中具有硕士、博士学位和高级职称的人员共有107人,占总人数的4%。

公司按国家有关法律、法规的要求,努力提高职工的福利待遇,参加社会养老、医疗、生育、失业和工伤保险。公司遵循"按劳取酬,多劳多得"的原则,在增加企业经济效益的前提下,逐步提高职工的收入水平。实现全员劳动合同用工制度。

公司依照《劳动法》的规定对安全生产、劳动保护采取统一管理,分级负责,加强对职工劳动保护知识的教育,按期发放劳动保护用品,努力改善职工劳动条件。

7.经营范围和主要业务

本公司经营范围为:

继电器、控制保护屏及综合自动化装置、中压断路器、计算、通讯设备、高低压开关柜、系列自动开门器及其它机电产品的生产和销售,承办来料、来样加工、来件装配、补偿贸易;本公司产品、技术原辅材料、设备及机械、化工(不含化学危险品)、电力成套设备的进出口业务。

本次公开发行之后,公司将拓展经营领域,从事其他电控设备产品开发、加工;高科技产品开发与研究、证券投资、企业收购与兼并;运输业和修理业等。

8.本公司的主要产品品种、生产能力、主要市场及其市场占有情况和销售额、销售收入的构成。

本公司生产的主要产品是继电器、自动化及保护装置和继电保护控制屏。

目前本公司主要产品继电器、自动化及保护装置和继电保护控制屏年设计生产能力分别为50万只、1.4万台和1.2万面。1996年实际产量分别为35.8万只、1.3193万台和0.9547万面。

本公司的产品主要销售地区为全国各地电力供应和使用单位。有部分产品销往以东南亚为主的世界20多个国家和地区。继电器在国内继电器市场的份额超过35%,自动化及保护装置产品在国内市场占有30%的份额。目前公司的产品正努力向电气化铁道、煤碳、城网改造、石化、钢铁系统等领域拓展。

1994年以来本公司主要产品的销售及其构成情况

单位:万元

项目	1996年	1995年	1994年
销售总额	33718.05	28504.27	28403.51
继电器	6618.75	6782.15	8826.48
自动化及保护装置	1987.95	1869.40	3502.80
继电保护屏	24613.88	17482.20	15342.90
微继电器	37.10	63.90	64.90
其他产品	460.37	2306.62	666.43

9.主要产品的性能、质量

本公司生产的主导产品是继电器、保护屏、保护装置,主要用于发、输、变、配电各环节或整个系统的安全运行,其性能可靠、灵敏度高、动作速度快。如1996年通过鉴定的WXH-35型微机短线路保护装置、WXH-25型微机线路保护装置等多种新产品,通过了国家继电器质量监督检验中心的运模和形式检验的严格考核,经过试运行,被评定为电流差动判据新颖、防卫能力强、灵敏度高、制动系数可自动切换、性能稳定、工作可靠,其性能和主要技术指标达到当代国际同类产品的先进水平。

为确保对产品质量的控制,公司在保护其"国家一级计量合格企业"称号的同时,强化了三个计量体系:技术保障体系、监督管理体系、法规体系,实现了"保生产、品种、能耗、物耗和环保"六项指标的全面达标。公司1995年获"许昌市计量工作先进单位",使计量工作为提高产品质量服

务。1995年12月通过了ISO9001国际标准的质量体系认证证书。

10. 主要原材料和原器件的供应

本公司生产所需原材料主要有:(1)黑色材料:包括钢板、纯铁板和硅钢片等;(2)有色材料:包括铜板、铝型材、锡磷青铜带、铜棒和铝板等;(3)非金属材料:包括环氧聚氨脂漆、工程塑料、酚醛粉等。

本公司生产所需原器件主要有:(1)电器控制类:包括电度表、板表、开关和变送器等;(2)电讯元器件:包括集成电路、电容、电阻和极化继电器等。本公司生产所需电磁线材料主要包括塑胶线和电磁线等。

以上原材料和原器件,绝大多数均从国内采购,原材料供应充足,每种原材料和元器件至少有三家以上的固定供货客户,本公司与各供应厂家建立了长期合作关系,供应渠道十分畅通。本公司的生产线均属低能耗生产线,供电、供水均能确保生产需要。

11. 新产品、新项目研究开发情况

根据国家电力规划和电力工业的发展要求,本公司制定的科研开发目标是:跟踪世界先进技术水平,满足国内电力工业发展的需要,应用新型可靠大规模集成电路芯电开发新一代继电保护装置,以完善提高500KV输电线路保护,600MW发电机变压器保护的成套性和可选性,±500KV直流输电成套控制和保护设备。重点开发变电站微机综合自动化系统。力争使这些产品技术性能和生产工艺等各项指标达到当代世界先进水平。正在开发和研究的新产品和新项目有XWJK-3000变电站微机监控系统等24个。

12. 本公司与集团公司的关系

许继集团有限公司是经河南省体改委和许昌市人民政府联合发文批准设立的国有独资公司,于1996年12月27日正式注册挂牌营业。许继集团有限公司是在许继电气股份有限公司占有、使用、管理和代管的国有资产的基础上组建起来的国有独资公司,依据许政文[1996]66号之规定,许继电气股份有限公司的国家股的持股单位由许昌市国有资产管理局移交给许继集团有限公司,原由许继电气股份有限公司代管的全部国有资产也移交给集团公司管理,集团公司对许昌市政府承担国有资产保值增值的责任,集团公司是本公司的控股股东,对本公司依其占有股份行使股东权利并承担股东义务。本公司根据《公司法》及公司章程的规定规范运作,是独立的经济法人实体和市场竞争主体。

本公司与集团公司在产品生产、销售、原材料采购等主要生产环节都是各自独立的,双方之间存在着一定的业务关联和生产、生活协作关系。本公司与集团公司订立了土地租赁合同、综合服务合同和注册商标使用许可合同实行公平交易,有偿服务。总之,本公司在处理与集团公司的关联关系中,以本公司利润最大化和保护股东权益为基本点,不损害他人利益,规范运作,集团公司作出承诺,与本公司已达成协议,不生产对方已在生产和开发的产品,经一方同意,另一方可以销售对方的产品。在处理关联交易时,以市场价格为准,不损害对方的利益为原则。

九、董事、监事及高级管理人员

王纪年先生,男,48岁,大专、研究员,享受政府特殊津贴专家,本公司董事长兼总经理。曾任许昌继电器厂车间主任、生产处长、副厂长、厂长等职。1989年获全国劳模、1992年当选中共十四大代表、1992年全国“五一”劳动奖章获得者、被授予全国经营优秀管理者。1985年至1996年他主持、参与研制的微机型线路保护及企业管理改革创新共12项分别获国家与部委科技成果、1996年被评为河南省十大新闻人物、1996年荣获全国机械工业优秀企业家称号。

何光华先生,男,52岁,本科,高级工程师。享受政府特殊津贴专家。本公司董事、总工程师兼常务副总经理,曾任许昌继电器厂设计室主任、副厂长等职。1994年获河南省有突出贡献的科技专家,1995年获全国机械工业劳动模范称号。

尚衍国先生,男,48岁,大专,高级会计师。本公司董事、总会计师兼副总经理。曾任许昌继电器厂车间主任、财务处长。1995年被授予河南省、财会工作先进工作者。

过克绍先生,男,57岁,本科,高级工程师,本公司董事、本公司副总经理。曾任许昌继电器厂动力处处长、河南省机电设计院院长。被授予许昌市拔尖人才称号。1995年获全国与河南省、机械工业部节能先进工作者。

涂东明先生,男,53岁,本科,高级工程师,享受政府特殊津贴专家。本公司董事。1996年获全国机械工业科技优秀专家,被授予省、市拔尖人才,从1985年来他先后主持研制成功WXH15型微机线路保护装置(高频方向)等35种高科技新产品,其中有18种获国家及部委科技成果奖。

杨泽峰先生,男,50岁,经济师,本公司董事。曾任许昌继电器元件厂厂长、现任许继电控公司经理。

苏印峰先生,男,44岁,大专,技师,本公司董事,曾任许昌继电器厂运输队队长。

张铁昌先生,男,59岁,大专,高级工程师,高级政工师,本公司监事会主席。曾任许昌继电器厂生产处长、党委书记等职。1994年被授予全国思想政治工作先进工作者,获全国烛光杯奖。

欧阳俊先生,男,48岁,大专,高级经济师,本公司监事会监事、策划部经理。曾任许昌继电器厂计划员、厂办主任、许继电气股份有限公司综合计划处处长等职。他主持、创造的全员优化劳动组合法获省现代化管理成果一等奖。

王纯文女士,女,54岁,大专,高级政工师,本公司监事会监事、工会主席。曾任许昌继电器厂技工学校教师。

周集堂先生,男,46岁,大专,经济师,本公司监事会监事。曾任许昌继电器厂、许继公司后勤处长。1995年来他开发了电缆桥架、JF5-5接线端子交流器等3种新产品。

檀国彪先生,男,35岁,硕士研究生、高级工程师,本公司监事会监事。他组织参加研制成功的计算机、微机型高科技电力保护产品4种均通过国家级鉴定,其主要经济技术指标达到世界当代同类产品的先进水平,并获得美国电力部门认可。

刘金忠先生,男,48岁,大专,高级经济师,享受政府特殊津贴专家,本公司副总经理。曾任许昌继电器厂常务副厂长、许昌市政府副秘书长、豫港(河南)公司总经理、党委书记、河南电影制片厂董事长。1993年他主持开发的系列产品获国家6项专利,填补当时国家一项空白。

王道麦先生,国,49岁,大专,高级经济师,现任本公司总经济师。曾任许继电器厂热压车间主任、生产处长。1995年他制定的生产管理“倍五”考核法,获省现代化管理成果一等奖。

十、经营业绩

以下为公司1994年至1996年经审计的经营业绩概要:

单位:元

项目	96年度	95年度	94年度
一、主营业务收入	337,180,540	285,042,740	284,035,069
二、主营业务利润	67,694,457	59,429,451	58,187,362
三、利润总额	90,167,536	77,835,355	75,122,574
四、税后利润	65,122,242	57,530,342	55,490,657

十一、股本

1. 股本的形成

1993年3月,经河南省经济体制改革委员会豫体改字(1993)28号文和许昌市人民政府批准,许昌继电器厂作为独家发起人,以定向募集方式改组设立许继电气股份有限公司。

公司设立时,总股本为8800万元,其中,许昌继电器厂以其剥离非经营性资产后的经营性净资产6660万元(不含土地),投入股份公司,按1:1比例折股,形成国家股6660万股,由许昌市国有资产管理局持有。许昌继电器厂投入股份公司的国有资产经许昌市国有资产管理局(92)许国资字第8号文件批准评估立项和许昌市国有资产管理局(1993)6号文确认。并经许昌审计师事务所评估验证,定向募集法人股390万股,其中许继电

控设备公司,(原名许昌继电器元件厂)以其实物资产200万元投资入股,折为法人股200万股,许继电器设备公司(原名许昌继电器劳动服务公司)以其实物资产190万元投资入股,折为法人股190万股,形成法人股合计390万股;定向募集内部职工股1750万股,以现金方式认购,每股发行价为1元人民币。因此,公司设立时股权结构如下:

名称	股数	占总股份比例
总股份	8800万股	100%
国家股	6660万股	75.68%
法人股	390万股	4.43%
内部职工股	1750万股	19.89%

本公司定向募集设立后,至今没有增加股份,1996年12月,许继集团有限公司成立,经许昌市人民政府和河南省体改委许政文[1996]66号文批准,授权许继集团有限公司为许继电气股份有限公司国有股的持股单位。因此,从1996年12月,本公司国有法人股6660万股由许继集团有限公司持有。

本次发行前,公司全部股份已托管于河南证券登记公司,内部职工股严格限制在本公司职工范围内,未出现非法交易。

2. 主要股东

本次发行前,公司前10名股东及持股5%以上的股东名单如下:

序号	股东名称	持股数(万股)	占总股本比例(%)
1	许继集团有限公司	6660	75.680
2	许继电控设备公司	200	2.270
3	许继电器设备公司	190	2.160
4	耿　静	1.6600	0.019
5	马根才	1.2340	0.014
6	张武君	1.2040	0.014
7	华　敏	1.1490	0.013
8	何淑贤	1.1310	0.013
9	王玉梅	0.9800	0.011
10	王文彦	0.9570	0.011

3. 公司董事、监事、高级管理人员持股情况

姓名	职位	
王纪年	董事长兼总经理	9180
何光华	董事兼副总经理	5000
过克绍	董事兼副总经理	3000
尚衍国	董事兼副总经理	7400
涂东明	董事	7400
杨泽峰	董事	3000
苏印峰	董事	3000
张铁昌	监事会主席	4000
欧阳俊	监事	3000
王纯文	监事	5400
周集堂	监事	3000
檀国彪	监事	5750
刘金忠	副总经理	3000
王道麦	总经济师	3000

4. 本次发行前后的股权结构

项　目	本次发行前		本次发行后	
	股数	占总股份比例	股数	占总股份比例
总股份	8800万股	100%	13800万股	100%
国有法人股	6660万股	75.68%	6660万股	48.26%
法人股	390万股	4.43%	390万股	2.83%
社会公众股			5000万股	36.23%
内部职工股	1750万股	19.89%	1750万股	12.68%

本次拟发行社会公众股5000万股。

5. 本次发行前后净资产变动情况

项目	净资产总额(万元)	总股本(万股)	每股净资产(元/股)
发行前	16993.72	8800	1.93
发行后	61693.72	13800	4.47

6. 股票回购程序

公司不得收购本公司的股票,但是为了减少公司资本而注销股份或者与持有本公司股票的其他公司合并时除外。公司收购本公司的股票后,必须在十日内注销该部分股份,依据法律、法规的规定办理变更登记并公告。

十二、债项

经北京兴华会计师事务所(97)京会兴字第16号审计,本公司截止1996年12月31日的负债总额26282.28万元,其中:流动负债:23292.57万元,长期负债2989.70万元。

主要贷款情况如下:

单位:万元

项目	金额(万元)		利率(%)	期限	限制条件
	短期	长期			
银行贷款:					
许昌市工行五一支行	5940		9.24	1996.6—1997.7	抵押
中许许昌支行	666		10.98	1996.4—1997.4	抵押
许昌工行国际业务部	448		10.98	1996.3—1997.3	担保
许昌工行五一支行		1180	11.25	1998年10月到期	抵押
许昌市建行		1407	11.25		抵押
工行五一支行	2278(一年内到期)		11.25	1997.9月到期	抵押
公司债	无	无			
内部人员和关联人贷款	无	无			

附注:除以上所列债项外,本公司无其他长中短期债项,也无任何或有负债。

主要会计资料

1. 资产负债表主要数据

本公司1994年以来资产负债表主要数据:

单位:元

项目	1996年12月31日	1995年12月31日	1994年12月31日
流动资产	341,251,288	276,716,458	193,155,389
长期投资	209,956	2,751,207	3,353,029
固定资产	91,298,736	93,602,791	98,867,607
无形及其他资产			
资产总计	432,759,980	373,070,455	295,376,024
流动负债	232,925,736	188,889,005	138,928,708
长期负债	29,897,022	42,898,016	40,477,232
股东权益	169,937,221	141,283,435	115,970,084
负债及股东权益合计	432,759,980	373,070,455	295,376,024

2. 利润表主要数据

本公司1994年以来利润表主要数据

单位:元

项目	1996年	1995年	1994年
一、主营业务收入	337,180,540	285,042,740	284,035,069
减:销售成本	168,405,696	147,588,337	163,131,568
销售费用	32,623,895	19,277,252	11,905,613
管理费用	55,844,969	41,902,513	37,988,359
财务费用	9,480,154	14,339,321	10,605,451
进货费用			
销售税金及附加	3,131,369	2,505,865	2,216,716

项目	1996 年	1995 年	1994 年
二、主营业务利润	67,694,457	59,429,451	58,187,362
加:其他业务利润	8,491,914	2,095,602	983,836
三、营业利润	76,186,371	6,525,054	59,171,198
加:投资收入		176,610	202,408
营业外收入	14,422,574	16,402,620	16,006,920
其中:所得税返还	14,272,706	16,305,013	15,631,917
减:营业外支出	441,410	268,929	103,510
加:以前年度损益调整			-154,442
四、利润总额	90,167,536	77,835,355	75,122,574
减:所得税	25,045,294	20,305,013	19,631,917
五、税后利润	65,122,242	57,530,342	55,490,657

3. 说明:上述资产负债表和利润表已经北京兴华会计师事务所97京会兴字第16号审计报告审核验证。本次资产评估不作调帐处理。

4. 主要会计政策

(1)会计制度:许继电气股份有限公司执行《股份制试点企业会计制度》和《工业企业会计制度》及有关补充规定。

(2)会计年度:以公历1月1日至12月31日为一个会计年度。

(3)记帐原则及计价基础:采用借贷记帐法,按权责发生制原则进行会计核算,以历史成本为计价基础。1996年12月31日的资产负债表按经国家国有资产管理局确认的资产评估数据调整编制。

(4)记帐本位币:以人民币为记帐本位币。

(5)外币折算:发行外币业务,按当日中国人民银行公布的基准汇价折合成记帐本位币记帐,月末将外币帐户余额按当日中国人民银行公布的人民币基准汇价进行调整,与原帐面差额记入当期财务费用。

(6)坏帐准备:每年年末按应收帐期末余额的5‰计提坏帐准备。

(7)存货核算:存货包括原材料、在产品及自制半成品、产成品等,存货均按计划成本核算,月末通过"成本差异"科目进行调整,将发出和期末存货调整为实际成本。

(8)长期投资:

a. 债券投资:按实际支付的款项核算。

b. 股权投资(包括联营投资):持股低于20%的按成本法核算;20%及以上的按权益法核算,持股50%以上的子公司纳入合并报表。

(9)固定资产及折旧:固定资产按照历史成本计价,固定资产的确认标准为:单位价值2,000元以上并且使用年限1年以上,按个别折旧率平均年限法计提折旧。

各类固定资产的使用年限、净残值率、年折旧率如下:

固定资产名称:	使用年限	净残值率	年折旧率
房屋建筑物	20—30	5%	3.17%—4.75%
专用设备	10—12	5%	7.92%—9.5%
运输工具	6	5%	15.83%
其　他	6	5%	15.83%

(10)无形资产:无形资产按取得时的实际成本计价,按使用期平均年限摊销。

(11)递延资产:递延资产按实际成本计价,按平均年限法摊销。

(12)收入确认:以产品发出,收到货款或取得收取货款的凭证时,确认营业收入实现。

(13)税项:企业所得税按应税利润的33%计算缴纳,根据许昌市人民政府许政[1993]92号文和河南省财政厅(1997)豫财工字第7号文,许继电气股份有限公司实行"照章纳税、总额包干、超额财政返还"的税收优惠政策,按文件的规定,公司实际应负担的所得税为:1994年和1995年400万元,1996年1077万元。

5. 主要财务指标分析

项目	1996 年	1995 年	1994 年
短期偿债能力			
流动比率	1.47	1.46	1.39
速动比率	1.22	1.22	1.05
长期偿债能力			
负债比率(%)	60.73	62.00	61.00
股东权益比率(%)	39.27	38.00	39.00
获利能力			
净资产收益率(%)	38.32	40.72	47.85
资金周转状况			
应收帐款周转率(次)	2.16	2.54	3.51
存货周转率(次)	3.26	3.17	3.40
每股税后利润(元)	0.74	0.65	0.63
每股净资产(元)	1.93	1.61	1.32

十四、资产评估的主要情况

本次公开发行前,经河南审计事务所对公司各类资产评估后的情况如下:

说明:本次评估已经国家国有资产管理局国资评[1997]93号文确认。

本次评估结果,依据有关法律法规不进行帐务调整。本次评估资产增值率为10.38%,增值不多的原因在于1992年股份制改造时已作过评估并进行了帐务调整。

资产评估汇总表

评估基准日1996年12月31日

单位:万元

资产类型	帐面值		清查调整后帐面值		评估情况			
	原值	净值	原值	净值	重置价值	评估值	评估增值额	增值率
流动资产	34131.13	34131.13	34131.13	34131.13	34469.13	34469.13	338.00	0.99
长期投资	14.99	14.99	14.99	14.99	22.49	22.49	7.50	50.00
机器设备	6336.31	3175.74	6336.31	3175.74	7157.37	4176.26	1000.52	31.51
房屋建筑	7998.90	5587.68	7998.90	5587.68	8134.47	6158.02	50.34	10.21
在建工程	366.45	366.45	366.45	366.45	366.45	366.45		
无形资产					2442.00	2442.00	2442.00	
其他资产					135.69	135.69	135.69	
资产合计	48847.78	43275.99	43275.99	43275.99	52727.60	47770.04	4494.05	10.38
流动负债	----	23292.57	----	23292.57	----	23292.57		
长期负债	----	2989.70	----	2989.70	----	2989.70		
负债合计	----	26282.27	----	26282.27	----	26282.27		
净资产	----	16993.72	----	16993.72	----	21487.77	4494.05	26.45

十五、盈利预测

本公司1997年度盈利预测已经北京兴华会计师事务所审阅确认。

1. 预测基准与假设

(1)我国的股份制有关法律、法规、政策没有重大变化;

(2)本公司所在河南省政治、经济、法律等社会环境无重大变化;

(3)未来两年的利率、税率、汇率及市场行情无重大变化;

(4)无不可抗力及不可测因素造成重大不利影响;

(5)本公司资金运用计划可顺利实施,按计划形成生产能力并盈利。

2. 盈利预测表

许继电气股份有限公司1997年盈利预测表

单位:万元

项目	1997 年
一、主营业务收入	38500
减:营业成本	20020
销售费用	3290
管理费用	5580
财务费用	900

营业税金及附加	340
二、主营业务利润	8370
加:其他业务利润	580
三、营业利润	8950
加:投资收益	800
营业外收入	30
减:营业外支出	30
四、利润总额	9750
减:所得税(按15%)	1462.5
或所得税(按33%)	3217.5
五、税后利润(按15%交税)	8287.5
税后利润(按33%交税)	6532.5

六、每股税后利润(按15%交税)　0.68或0.60(元)*

每股税后利润(按15%交税)　0.54或0.47(元)*

附:1带*号的数为全面摊薄每股盈利

2不带*号的数为以1997年5月募集资金到位,采用加权平均计算的每股盈利。争取1997年4月发行股票,募集社会公众股资金到位,按1997年5—12月共8个月加权计算。

3.说明

依据河南省人民政府豫政文(1997)24号规定,本公司自1997年起执行财政返还,实际税负为15%的税收政策。上述盈利预测的数据已经北京兴华会计师事务所审阅确认。

十六、公司发展规划

1.战略规划:

公司计划将"九五"规划及2010年远景目标分两大阶段实施:

第一阶段:(1996—2000年):坚持一业为主,多元化发展的方针,以电力系统自动化控制和保护产品的龙头地位,保持国内同行业技术力量的领先地位,赶超国际先进水平,面向国内外市场,加强科研开发和技术改造,调整产品结构,培养新的经济增长点,到2000年实现产品销售收入10亿元人民币,出口创汇300万美元,使"许继"成为国内著名的上市公司。

第二阶段:(2000—2010年):以高科技电子、电气产品为主导,开发、研制大批量生产的工业、民用产品;建立和完善国际、国内信息、科研、经销网络;进一步提高科技人员比例,到2010年,实现工业产品销售收入35亿元人民币,贸易额15亿元,使许继成为信息灵、决策准和效益高的国际化企业集团。

2.实施措施

(1)市场发展方面

1.在国内,进一步巩固国内市场,扩大国内市场份额,使公司主导产品国内市场占有率到2000年占45%以上;同时,实行多元化经营,跨行业、多层次开发市场。

2.在国际上巩固东南亚市场,积极占领非洲市场;同时,引进国际先进技术,赶超欧洲发达国家技术水平,积极拓展国际市场。

(2)生产经营方面

1.坚持"质量第一,用户至上"的经营方针

2.坚持一业为主,多元发展的原则

3.提高科技含量,加速产品的更新换代,不断开发新产品。

4.适时采取收购和兼并方式并购同行业有潜力的企业,通过走外延扩大再生产方式来快速壮大公司实力,占领更多的市场。

(3)固定资产投资方面

本次募集资金到位后,计划投资7至10亿元建设500KV超高压输变电技改项目、贴装柔性生产线技改项目、电力系统稳定调度自动化、直流输电技改项目、重大技术装备项目、大水电项目、互感器项目和程控继电器项目等项目。依据公司经营发展的需要,计划征地200亩,同时扩建新建2栋厂房,所需资金缺口通过银行贷款和企业自筹等方式解决。

(4)人员培养和扩充方面

本公司将尽最大努力引进和培养公司发展急需的技术、管理人才,并制定实施一整套奖励措施,造就一支富于创新和开拓进取的人才队伍。计划到2010年公司职工5800人,其中本科以上学历的人员达1600人。

十七、重大合同及重大诉讼事项

截至本招股说明概要刊登之日,本公司所签订的重大合同有:

(1)1997年1月12日,发行人与许继集团有限公司签订《综合服务协议》。就双方存在的经济服务关系的内容、服务方式、收费标准进行约定。

(2)1996年12月31日,发行人与许继集团有限公司签订《土地使用权租借协议》。

(3)1997年1月12日,发行人与许继集团有限公司签订《注册商标许可使用协议》。发行人许可许继集团有限公司有偿使用"许继牌"商标。

(4)1996年12月27日,发行人与中国工商银行总行签订《借款合同》金额为4000万元,借款利息为9.24‰,1997年11月27日到期。

(5)1996年8月24日,发行人与中国工商银行总行许昌市五一支行签订《借款合同》,金额为4800万元,借款利息为9.24‰,借款时间自1996年8月24日起到1997年8月8日止。

经信达律师事务所审核,确认上述合同的订立手续完备,内容合法有效。

截止1996年12月31日,许继电气股份有限公司没有尚未了结或可预见的诉讼或仲裁案件。

十八、备查文件

1.重要合同;

2.发行人成立的注册登记文件;

3.河南省人民政府批准本公司发行A股申报材料的批文;

4.中国证券监督管理委员会对本公司发行A股的复审批文;

5.《承销协议》;

6.国家国有资产管理局关于资产评估的确认批复;

7.审计报告;

8.公司章程;

9.资产评估报告;

10.河南省人民政府关于许继电气股份有限公司税收政策的批复。

本公司招股说明书和备查文件于本次A股发行期间,可在本公司或主承销商的所在地查阅。

许继电气股份有限公司

一九九七年三月二十八日

许继电气股份有限公司股票上市公告书

一、要览

总股本:13,800万股

可流通股本:5,000万股

本次上市流通股本:5,000万股

证券编码:0400

上市地:深圳市证券交易所

上市时间:1997年4月18日

登记机构:深圳证券结算有限公司

上市推荐人:海南港澳国际信托投资有限公司

招银证券公司

二、绪言

许继电气股份有限公司以下简称"本公司"依据《中华人民共和国公司法》、《股票发行与交易管理暂行条例》、《公开发行股票公司信息披露实施细则(试行)》和《深圳证券交易所业务规则》等国家有关法律、法规文件的规定,为本公司股票公开上市之目的向社会公众提供有关资料。

经中国证券监督管理委员会证监发字[1997]101号文和证监发字[1997]102号文批准,本公司已成功地向社会公众公开发行5,000万股每股面值为1元人民币普通股股票。每股发行价9.24元。本公司股票上市申请经深圳证券交易所[深证发(1997)136号文]审核同意,将于1997年4月18日(星期五)在深圳证券交易所上市挂牌交易。

本公司已于1997年3月28日在《证券时报》、《中国证券报》、《许昌日报》刊登招股说明书概要,距今不足六个月,故与其相重复的内容在此不再赘述,敬请社会公众查阅招股说明书。

本公司董事会及各位董事确信本公告书未遗漏任何重大事项,亦不存在任何误导和虚假成份,并愿就本公告书及相关资料的真实性、准确性、完整性负个别及连带责任。

三、公司概况

(1)发起人简介

许继电气股份有限公司的前身为许昌继电器厂。许昌继电器厂于1970年从黑龙江省阿城继电器厂作为三线厂分迁到河南许昌市,建厂当初总投资130万元人民币,其主要产品为五种基础继电器。年产量1.3万只,年产值400万元。截止1992年12月31日,许昌继电器厂已发展成拥有帐面总资产14599万元,净资产3871万元(不含土地)、各种生产设备900多台,其中大型、高精类设备30余台(套),在当时就已经成为国内电力系统继电保护控制及自动化成套设备的科研与生产基地。

(2)发行人简介

法定名称:许继电气股份有限公司

成立日期:1993年3月15日

注册资本:8800万元

注册地址:河南省许昌市建设路178号

法定代表人:王纪年

经营范围和主要业务

继电器、控制保护屏及综合自动化装置、中压断路器、计算机、通讯设备、高低压开关柜、系列自动开门器及其它机电产品的生产和销售,承办来料、来样加工、来件装配、补偿贸易;本公司产品、技术原辅材料、设备及机械、化工(不含化学危险品)、电力成套设备的进出口业务。

(3)股份制改造过程及历次发行情况

1993年3月,经河南省经济体制改革委员会豫体改字(1993)28号文和许昌市人民政府批准,许昌继电器厂作为独家发起人,以定向募集方式改组设立许继电气股份有限公司。

公司设立时,总股本为8800万元,其中,许昌继电器厂以其剥离非经营性资产后的经营性净资产6660万元(不含土地),投入股份公司,按1:1比例折股,形成国家股6660股,由许昌市国有资产管理局持有。许昌继电器厂投入股份公司的国有资产经许昌市国有资产管理局(92)许国资字第8号文件批准评估立项和许昌市国有资产管理局(1993)6号文确认。并经许昌审计师事务所评估验证,定向募集法人股390万股,其中许继电控设备公司(原名许昌继电器元件厂)以其实物资产200万元投资入股,折为法人股200万股;许继电器设备公司(原名许昌继电器劳动服务公司)以其实物资产190万元投资入股,折为法人股190万股,形成法人股合计390万股;定向募集内部职工股1750万股,以现金方式认购,每股发行价为1元人民币。因此,公司设立时股权结构如下:

股份种类	股数	占总股份比例
总股份	8800万股	100%
国家股	6660万股	75.68%
法人股	390万股	4.43%
内部职工股	1750万股	19.89%

1996年12月,许继集团有限公司成立,经许昌市人民政府和河南省体改委许政文[1996]66号文批准,授权许继集团有限公司为许继电气股份有限公司国有股的持股单位,因此,从1996年12月,本公司国有法人股6660万股由许继集团有限公司持有。

经中国证监会证监发字(1997)101号文和证监发字(1997)102号文批准,公司以"全额预缴、比例配售、余款转存"方式公开发行社会公众股5000万股,每股面值1.00元,每股发行价9.24元。本次发行的5000万股社会公众股股款,在扣除发行费用后已进入公司帐户,并经北京兴华会计师事务所(97)京会兴字306号验证确认。

本次发行后的股本结构为:

股权分类	股数(万股)	比例
国有法人股	6660	48.26%
法人股	390	2.83%
社会公众股	5000	36.23%
内部职工股	1750	12.68%
总股份	13800	100%

四、股票发行及承销

1. 本次股票公开发行情况:

社会公众股发行数量5000万股

发行价9.24元/股

募集资金总额46200万元

发行方式"全额预缴、比例配售、余款转存"方式

配售比例3.29195%

配售户数3207户

持股1000股以上的户数1666户

发行费用总额1500万元

每股发行费用0.30元

发行市盈率13.79倍

2. 股票承销

本次公开发行之5000万股社会公众股已全部由社会公众认购,承销团成员无分销比例及数量

3. 验资报告

许继电气股份有限公司

我们接受委托,对许继电气股份有限公司的实收资本及相关的资产、负债的真实性和合法性进行了审验。在审验过程中,我们按照《独立审计实务公告第1号—验资》的要求,实施了必要的审验程序。许继电气股份有限公司的责任是提供真实、合法、完整的验资资料,保护资产的安全、完整,我们的责任是按照《独立审计实力公告第1号—验资》的要求,出具真实、合法的验资报告。

许继电气股份有限公司申请的注册资本为13,800万元。截止1993年3月15日,已收到发起股东、定向募集法人股东及内部职工投入的资本8,800万元,全部为股本,并在许昌市工商行政管理局注册。现许继电气股份有限公司经中国证券监督管理委员会证监发字(1997)101号和102号文批准,向社会公开发行人民币普通股5,000万股,每股面值1元,发行价每股9.24元。经我们审验,截止验资日,证券承销机构已缴来股款人民币肆亿陆仟贰佰万元(RMB 462,000,000),其中股本伍仟万元(RMB 50,000,000),资本公积金叁亿玖仟柒佰零肆万零伍佰元(RMB 297,040,500),其余壹仟肆佰玖拾五万玖仟伍佰元(RMB 14,959,500)为其他应付款(系尚未支付的发行费用)。与此相关的资产总额为人民币肆亿陆仟贰佰万元(RMB 462,000,000)。至此,许继电气股份有限公司到位的实收资本为壹亿叁仟捌佰万元(RMB 138,000,000)。

北京兴华会计师事务所　　注册会计师　王全洲

注册会计师　袁连生

1997年4月8日

五、公司董事、监事、高级管理人员持股情况

姓名	职位	持股数(股)	比例(‰)
王纪年	董事长兼总经理	9180	0.0665
何光华	董事兼副总经理	5000	0.0362
过克绍	董事兼副总经理	3000	0.0217
尚衍国	董事兼副总经理	7400	0.0536
涂东明	董事	7400	0.0536
杨泽峰	董事	3000	0.0217
苏印峰	董事	3000	0.0217
张铁昌	监事会主席	4000	0.0290
欧阳俊	监事	3000	0.0217
王纯文	监事	5400	0.0391
周集堂	监事	3000	0.0217
檀国彪	监事	5750	0.0417
刘金忠	副总经理	3000	0.0217
王道麦	总经济师	3000	0.0217

六、公司设立

本公司1997年1月12日第六次股东大会作出决议,在本次股票发行后申请在证券交易所挂牌交易。

本次股票发行后,本公司股权变更登记工作已经结束,详细资料如下:

注册资金　13800万元

注册时间　1997年4月10日

注册地点:河南省许昌市建设路178号

营业执照注册号码:17000085－5

七、关联企业及关联交易

许继集团有限公司是经河南省体改委和许昌市人民政府联合发文批准设立的国有独资公司,于1996年12月27日正式注册挂牌营业。许继集团有限公司是在许继电气股份有限公司占有、使用、管理和代管的国有资产的基础上组建起来的国有独资公司。依据许政文[1996]66号之规定,许继电气股份有限公司的国家股的持股单位由许昌市国有资产管理局移交给许继集团有限公司,原由许继电气股份有限公司代管的全部国有资产也移交给集团公司管理,集团公司对许昌市政府承担国有资产保值增值的责任。集团公司是本公司的控股股东,对本公司依其占有股份行使股东权利并承担股东义务。本公司根据《公司法》及公司章程的规定规范运作,是独立的经济法人实体和市场竞争主体。

本公司与集团公司在产品生产、销售、原材料采购等主要生产环节都是各自独立的,双方之间存在着一定的业务关联和生产、生活福利协作关系。本公司与集团公司订立了土地租赁合同、综合服务合同和注册商标使用许可合同,实行公平交易,有偿服务。

总之,本公司在处理与集团公司的关联关系中,以本公司利润最大化和保护股东权益为基本点,不损害他人利益,规范运作。集团公司与本公司已达成协议,双方作出承诺,不生产对方已在生产和开发的产品,经一方同意,另一方可以销售对方的产品。在处理关联交易时,以市场价格为准,不损害对方的利益为原则。

八、股本结构及大股东持股情况

1. 本公司上市前股本结构为:

股份种类	股数(万股)	比例
尚未流通股份:	8800	63.77%
(1)国有法人股	6660	48.26%
(2)募集法人股	390	2.83%
(3)内部职工股	1750	12.68%
可流通股份:	5000	36.23%
境内上市人民币普通股	5000	36.23%
总股本	13800	100.00%

2. 前十名股东所持股数及比例

排序	股东名称	持股数量(股)	比例
(1)	许继集团有限公司	66,600,000	48.26%
(2)	许继电控设备公司	2,000,000	1.45%
(3)	许继电器设备公司	1,900,000	1.38%
(4)	广发源	227,144	0.16%
(5)	金威贸易	227,144	0.16%
(6)	利男食品	227,144	0.16%
(7)	龙江华信	227,144	0.16%
(8)	点津公司	227,144	0.16%
(9)	晋投大营	227,144	0.16%
(10)	新亚置业	227,144	0.16%

九、公司财务会计资料

1. 审计报告(1997)京会兴字第16号

许继电气股份有限公司全体股东:

我们接受委托,审计了贵公司1994年12月31日、1995年12月31日、1996年12月31日的资产负债表,1994年度、1995年度、1996年度的利润表及利润分配表以及1996年度的财务状况变动表。这些会计报表由贵公司负责,我们的责任是对这些会计报表发表审计意见。我们的审计是依据中国注册会计师独立审计准则进行的。在审计过程中,我们结合贵公司实际情况,实施了包括抽查会计记录等我们认为必要的审计程序。

我们认为,上述会计报表符合《企业会计准则》和《股份制试点企业会计制度》的有关规定,在所有重大方面公允地反映了贵公司1994年12月31日、1995年12月31日、1996年12月31日的财务状况,1994年度、1995年度、1996年度的经营成果及1996年度的资金变动情况,会计处理方法的选用遵循一贯性原则。

北京兴华会计师事务所　　注册会计师　王全洲

中国·北京　　注册会计师　袁连生

1997年1月18日

2. 资产负债表、利润表及利润分配表、财务状况变动表见附表

3. 主要会计政策

(1)会计制度:许继电气股份有限公司执行《股份制试点企业会计制度》和《工业企业会计制度》。

(2)会计年度:以公历1月1日至12月31日为一个会计年度。

(3)记帐原则及计价基础:采用借贷记帐法、按权责发生制原则进行会计核算,以历史成本为计价基础。1996年12月31日在资产负债表按经国家国有资产管理局确认的资产评估数据调整编制。

(4)记帐本位币:以人民币为记帐本位币。

(5)外币换算:发行外币业务,按当日中国人民银行公布的基准汇价折合成记帐本位币记帐,月末将外币帐户余额按当日中国人民银行公布的人民币基准汇价进行调整,与原帐面差额记入当期财务费用。

(6)坏帐准备:每年年末按应收帐款期末余额的5‰计提坏帐准备。

(7)存货核算:存货包括原材料、在产品及自制半成品、产成品等,存货均按计划成本核算,每月月末通过"成本差异"科目进行调整,将发出和期末存货调整为实际成本。

(8)长期投资:

a. 债券投资:按实际支付的款项计价

b. 股权投资(包括联营投资):持股低于20%的按成本法核算;20%及以上的按权益法核算,持股50%以上的子公司纳入合并报表。

(9)固定资产及折旧:固定资产按照历史成本计价,固定资产的确认

标准为：单位价值2,000元以上并且使用年限1年以上，按平均年限法计提折旧。许继电气股份有限公司固定资产的使用年限和预留净残值率按《工业企业财务制度》的规定确定。各类固定资产的使用年限，净残值率、年折旧率如下：

固定资产名称：	使用年限	净残值率	年折旧率
房屋建筑物	20—30	5%	3.17%—4.75%
专用设备	10—12	5%	7.92%—9.5%
运输工具	6	5%	15.83%
其　他	6	5%	15.83%

(10)无形资产：无形资产按取得时的实际成本计价，按平均年限摊销。

(11)递延资产：递延资产按实际成本计价，按平均年限法摊销。

(12)产品成本计算方法：产品成本包括直接材料、直接人工、制造费用、销售费用、管理费用、财务费用全部计入当期损益。

(13)收入确认：以产品发出，收到货款或取得收取货款的凭证时，确认营业收入实现。

(14)税项：增值税按销售收入乘17%作为销项税额，扣除当期允许抵扣的进项税额后缴纳；企业所得税按应税利润的33%的税率计算缴纳，根据许昌市人民政府许政(1993)92号文，许继电气股份有限公司实行“照章纳税、总额包干、超额财政返还”的税收优惠政策，实际负担的所得税为：1994年和1995年各为400万元，1996年1077万元，超过实际应负担的部分，由财政返还作为补贴收入。

(15)利润分配：许继电气股份有限公司章程规定，税后利润按以下顺序分配：①弥补亏损②提取10%法定盈余公积金③提取5%—10%法定公益金④提取任意盈余公积金⑤分红：由董事会按法律规定和公司经营状况决定，提交股东大会审议通过。1994年至1996年度的税后利润分配政策为：①提取10%法定盈余公积金；②提取10%公益金；③提取两金后的利润70%向股东分配，其余30%留待以后年度分配。

4．主要财务指标分析

项目	1996年	1995年	1994年
短期偿债能力			
流动比率	1.47	1.46	1.39
速动比率	1.22	1.22	1.05
长期偿债能力			
负债比率(%)	60.73	62.00	61.00
股东权益比率(%)	39.27	38.00	39.00
获利能力			
净资产收益率(%)	38.32	40.72	47.85
资金周转状况			
应收帐款周转率(次)	2.16	2.54	3.51
存货周转率(次)	3.26	3.17	3.40
每股税后利润(元)	0.74	0.65	0.63
每股净资产(元)	1.93	1.61	1.32

十、董事会承诺

本公司董事会将严格遵守《公司法》、《股票发行与交易管理暂行条例》、《公开发行股票公司信息披露实施细则(试行)》、《深圳证券交易所业务规则》及国家与深圳市有关法律、法规，并向证券主管机关、深交所、广大投资者作出如下承诺：

1．自觉接受证券管理部门的监督和管理，认真听取政府、股东、证券管理部门、证券经营部门和社会公众的意见、建议和批评。

2．准确和及时地公告本公司中期报告、年度报告及经营业绩资料和披露本公司重大经营活动信息。

3．本公司董事会、监事会及高级管理人员如发生人事变动，或者前述人持有本公司股份数量发生变化时，及时通报证券管理机关，并及时通过证券主管部门指定的媒体通告社会公众。

4．本公司董事、监事及高级管理人员不利用内幕消息和不正当手段直接或间接从事任何目的的股票投机交易。

5．董事会及各位董事保证不就任何未经公告机关审阅的可能影响股价变动的重大信息私自公告或发表意见。

6．本公司没有无记录负债。

十一、重要事项说明

1．企业所得税

依据河南省人民政府豫政文(1997)24号规定，本公司自1997年起执行实际税负为15%的税收政策。

2．股利分配政策

按本公司章程规定，公司股份同股同利，税后利润具体分配顺序和比例如下：

(1)弥补亏损

(2)提取法定盈余公积金10%

(3)提取法定公益金5%—10%

(4)提取任意盈余公积金

(5)支付普通股股利

当公司法定公积金累计额为公司注册资本的50%以上时，可不再提取。

公司的利润分配严格执行国家财务会计制度及税收法律、法规的规定。公司股利最终分配比例由董事会根据公司当年业绩和未来的生产经营计划拟订并经股东大会通过后确认执行。

经公司第六次股东大会决议，公司1996年实现税后利润6512.22万元扣除其中20%作为法定盈余公积金和法定公益金，余额的70%用于股利分配，余额的30%结转到下年由新老股东共同分配。

3．截止本公告书公布之日，本公司无重大诉讼事项。

十二、备查文件

1．本公司注册登记文件

2．深圳证券交易所的上市通知书

3．验资报告

4．上市推荐书

5．招股说明书

十三、咨询机构

1．本公司决定，由朱庆华、张道林担任公司股证事务代表，负责本公司股份事务管理及咨询。本公司有关备查文件存放于本公司办公地点，可供股东查询。

地址：河南省许昌市建设路178号

电话：(0374)3314554

传真：(0374)3315509

联系人：欧阳俊、朱庆华、张道林

2．主承销商及上市推荐人：招银证券公司

地址：深圳市振华路深纺大厦C座

电话：(0755)3362974

传真：(0755)3362947

联系人：周崇武、潘本将、余元华

3．副主承销商及上市推荐人：海南港澳国际信托投资有限公司

地址：海南省海口市滨海新村588号

电话：(0898)8510432

联系人：王雪梅

4．会计师事务所：北京兴华会计师事务所

地址：北京市阜成门外大街2号万通新世界广场708室

电话：(010)68587588

经办注册会计师：王全洲、袁连生

5．发行人律师：信达律师事务所

地址:深圳市深南中路东风大厦二十一层
电话:(0755)3243139
传真:(0755)3243108
经办律师:郑伟鹤、陈利民、徐育康
联系人:李军

许继电气股份有限公司
1997年4月16日

资产负债表主要数据

单位:元

项目	1996年12月31日	1995年12月31日	1994年12月31日
流动资产	341,251,288	276,716,458	193,155,389
长期投资	209,956	2,751,207	3,353,029
固定资产	91,298,736	93,602,791	98,867,607
无形及其他资产			
资产总计	432,759,980	373,070,455	295,376,024
流动负债	232,925,736	188,889,005	138,928,708
长期负债	29,897,022	42,898,016	40,477,232
股东权益	169,937,221	141,283,435	115,970,084
负债及股东权益合计	432,759,980	373,070,455	295,376,024

利润表主要数据

单位:元

项目	1996年	1995年	1994年
一、主营业务收入	337,180,540	285,042,740	284,035,069
减:销售成本	68,405,696	147,588,337	163,131,568
销售费用	32,623,895	19,277,252	11,905,613
管理费用	55,844,969	41,902,513	37,988,359
财务费用	9,480,154	14,339,321	10,605,451
进货费用			
销售税金及附加	3,131,369	2,505,865	2,216,716
二、主营业务利润	67,694,457	59,429,451	58,187,362
加:其他业务利润	8,491,914	2,095,602	983,836
三、营业利润	76,186,371	61,525,054	59,171,198
加:投资收入		176,610	202,408
营业外收入	14,422,574	16,402,620	16,006,920
其中:所得税返还	14,272,706	6,305,013	15,631,917
减:营业外支出	441,410	268,929	103,510
加:以前年度损益调整			-154,442
四、利润总额	90,167,536	77,835,355	75,122,574
减:所得税	25,045,294	20,305,013	19,631,917
五、税后利润	65,122,242	57,530,342	55,490,657

利润分配表

单位:元

项目	注释	1996年度	1995年度	1994年度
一、净利润		65,122,242	57,530,342	55,490,657
加:年初未分配利润		27,125,040	13,317,758	
盈余公积转入数				
减:弥补上年亏损				
二、可分配利润		92,247,282	70,848,100	55,490,657
减:提取法定公积金		6,512,224	5,753,034	5,549,066
提取法定公益金		6,512,224	5,753,034	5,549,066
三、可供股东分配的利润		79,222,833	59,342,031	44,392,526
减:已分配优先股股利				
提取任意公积金				
已分配普通股股利		36,468,455	32,216,991	31,074,768
四、未分配利润		42,754,378	27,125,040	13,317,758

财务状况变动表

单位:元

项　目	金额	项　目	金额
一、流动资金来源		一、流动资产本年增加数	
1. 本年净利润	65,122,242	1. 货币资金	-6,321,351
加:不减少流动资金的费用和损失		2. 短期投资	
(1)少数股东本期损益		3. 应收票据	
(2)固定资产折旧	7,816,159	4. 应收帐款净额	25,824,407
(3)无形、递延资产及其他资产摊销		5. 预付货款	10,839,698
(4)固定资产盘亏损失(减盘盈)		6. 其他应收款	24,354,648
(5)清理固定资产损失(减收益)	82,988	7. 待摊费用	-1,518,243
(6)递延税款		8. 存货	11,355,672
(7)其他不减少流动资金的费用和损失		9. 待处理流动资产净损失(减收益)	
小计	73,021,389		
2. 其他来源:		10. 一年内到期的长期债券投资	
(1)固定资产清理收入(减清理费用)		11. 其他流动资产	
(2)增加长期负债	1,779,007		
(3)收回长期投资	2,655,097		
(4)对外投资转出固定资产			
(5)对外投资转出无形资产			
(6)资本净增加额	13,024,448		
(7)少数股东资本净增加额		流动资产增加净额	64,534,830
小计	17,458,551	二、流动负债本年增加数	
流动资金来源合计	90,479,940	1. 短期借款	-5,920,000
二、流动资金运用		2. 短期票据	
1. 利润分配:		3. 应付帐款	24,253,606
(1)提取法定公积金	6,512,224	4. 预收货款	-16,285,044
(2)提取法定公益金	6,512,224	5. 应付福利费	892,338
(3)提取任意公积金		6. 未付股利	6,965,651
(4)已分配股利	36,486,456	7. 未交税金	7,905,922
小计	49,510,904	8. 其他未交款	28,965
2. 少数股东利润分配		9. 其他应付款	12,215,293
3. 其他运用		10. 预提费用	
(1)固定资产和在建工程净增加额	5,580,212	11. 一年内到期的长期负债	13,980,000
(2)增加无形、递延资产及其他资产		12. 其他流动负债	
(3)偿还长期负债	14,780,000	13. 应付工资	
(4)增加长期投资	110,725		
小计	20,470,937		
流动资金运用合计	69,981,841		
外币会计报表折算差额		流动负债增加净额	44,036,731
流动资金增加净额	20,498,099	流动资金增加净额	20,498,099

许继电气股份有限公司1997年度中期报告

一、财务报告(未经审计)

(一)财务报表

1. 简化的资产负债表　单位:元

项目	1997年6月30日	1996年12月31日
流动资产	696,269,181.04	341,251,287.93
长期投资	3,468,332.00	209,956.00
固定资产净值	85,496,080.02	87,634,222.99
在建工程	57,956,459.53	3,664,512.90
无形及递延资产	/	/
其他长期资产	/	/
资产总计	843,190,052.59	432,759,979.82
流动负债	152,168,127.83	232,925,736.47
长期负债	28,665,952.53	29,897,022.21
负债合计	180,834,080.36	262,822,758.68
股本	138,000,000.00	88,000,000.00
资本公积	397,077,055.00	/
盈余公积	39,182,843.35	39,182,843.35
其中公益金	19,591,421.67	19,591,421.67
未分配利润	88,096,073.88	42,754,377.79
股东权益合计	662,355,972.23	169,937,221.14
负债及股东权益合计	843,190,052.59	432,759,979.82

2. 简化的损益表　单位:元

项目	1997年1—6月	1996年1—6月
主营业务收入	141,125,819.89	129,599,936.80
主营业务利润	32,252,221.89	28,572,855.97
其他业务利润	850,375.01	1,013,404.74
投资收益	18,407,965.03	2,771.61
营业外收支净额	11,434,380.88	4,601,632.63
利润总额	62,944,942.81	34,190,664.95
所得税	17,603,246.72	10,830,129.52
净利润	45,341,696.09	23,360,535.43

3. 主要财务指标

截止1997年6月30日的主要财务指标为:

(1)每股净收益　　0.329元

(2)每股净资产　　4.80元

(3)净资产收益率　　6.85%

注:每股净收益、每股净资产系按总股本13800万股计算。

(二)财务报表附注

1. 本报告期所采用的会计政策及会计方法与上年度相比没发生变化。

2. 本报告期内会计主体未发生合并、分立等变化。

3. 流动资产较年初增加355,017,893.11元,主要原因:

A. 货币资金增加348,269,881.24元,系发行股票募集资金待使用部分。

B. 应收帐款减少7,595,497.08元。

C. 其他应收款增加7,725,447.76元。

4. 应收帐款帐龄为:

帐龄	金额(万元)	比例(%)
一年以内	15,670.58	96.38
一年至二年	470.11	2.89
二年至三年	119.25	0.73
合计	16,259.94	100.00

本公司应收帐款中没有持有公司5%以上股权的股东。

5. 其他应收款帐龄为:

帐龄	金额(万元)	比例(%)
一年以内	8,912.99	99.72
一年以上	25.00	0.28
合计	8,937.99	100.00

6. 在建工程增加54,291,946.63元,主要是募集资金投入到工程项目中。招股说明书所载明的大型水电项目专项500kV继电保护项目、500kV超高压输变电保护设备技术改造项目等五个投资项目正按投资计划顺利进行。

7. 股本较年初增加5000万股,系1997年4月18公司公开发行社会公众股所致。

8. 资本公积增加397,077,055元,主要原因为:

A. 股票溢价部分397,000,000元。

B. 股票发行期间有效申购资金冻结期间利息77,055元。

9. 投资收益18,407,965.03元,系公司将暂时闲置资金委托国泰郑州营业部用于一级市场申购新股的收益,5月末资金已全部收回。

10. 经河南省政府批准,公司1997年所得税实行"照章纳税、财政返还、实际税负15%"的政策。

11. 未分配利润88,096,073.88元,系1996年度未分配利润42,754,377.79元,加本期实现的净利润。

12. 关联交易

许继集团有限公司(简称集团公司)持有本公司股份6660万股,占本公司股份总数的48.26%。集团公司有许继电源有限公司、许继昌南有限公司、许继电控设备公司、许继电器设备公司、许继北京分公司、许继深圳电子公司、许继物资经营部等子公司。

本公司为集团公司及其子公司提供原材料和往来款7600.87万元,集团公司各子公司为本公司提供商品2171.5万元。以上关联交易以公平的市场价格为基础。

二、经营情况的回顾与展望

(一)上半年经营情况的回顾

1997年是公司成为上市公司的第一年,上半年公司以股票发行上市为契机,大力开拓市场,开发高科技新产品,加强质量管理、财务成本管理,取得了较好的业绩,走出了一条转换机制、自我加压、自我否定、加快发展,具有许继特色的经营之路。

1. 狠抓科研开发,取得了明显的成果。去年完成的25项科研项目,包括通过两部鉴定达到国际先进水平的6种新产品,今年上半年已实现批量生产。据统计,上半年各类高新技术产品已订货7000多万元,市场保持旺盛的增长势头。今年上半年又开发完成WXH—100型微机线路保护装置、XWJK—3000型变电站微机监控装置等11种高科技新产品,其中WKH—1型微机电铁馈线保护装置和ZKH—11型电气化铁道馈线高阻接地保护装置,经机械部、铁道部联合鉴定:产品性能优越,属国内首创,能满足电气化铁道对新型保护的要求,达到国际先进水平。

2. 重视人才,向科研倾斜。企业的竞争是技术的竞争,归根到底是人才的竞争。公司在重视人才、培养人才、使用人才、给科研人员高额提成的同时,上半年面向全国招聘电力系统自动化、继电保护、自动控制、计算机软硬件、通信及其相关专业毕业的本科生、硕士、博士及博士后,试用期年工资为:本科生1.5—2万元,硕士生2.8—3.6万元,博士生5—6万元,博士后7—8万元。有科研新产品成果者可按销售利润的一定比例提成(最高可达利润的40%)。实施"十、百、千"工程,资助10个国家级高新技术科研项目;资助100个出国留学生和研究人员;资助1000名在读博士、硕士研究生;使科研成果早日转化为生产力,使在读人员学有所成,报效祖国。上述计划目前已开始实施。

3. 大力开发市场,在竞争日趋激烈的市场中站稳脚根,取得进展。上半年,实现主营业务收入14,112.58万元,比去年同期增长8.89%,占年度计划的36.66%,公司领导分片包干,带领技术人员、销售人员分赴全国各地,走访用户,宣传公司产品,对用户实行全方位、立体式的服务。同时完善计划考核系统,按合同组织生产,对重点急要合同实行"生产高速公路"制度,使销售收入得以稳步增长。

4. 走公司经济效益持续增长的道路。上半年实现净利润4534.17万元,比去年同期增长94.10%,占年度计划的54.71%。公司股票发行后,全体员工进一步转变观念,变压力为动力,推进建立现代企业制度,规范运作。上半年调整产品结构,改进工艺流程,使科研新产品迅速形成批量生产能力。开展"节约挖潜"活动,严格控制费用开支。面向公司员工征集合理化建议,积极采纳有价值的建议,对提高企业经济效益起到了推动作用。

5. 质量是企业的生命,公司坚持不懈地加强质量管理,上半年产品抽查合格率保持100%。ISO—9001国际质量体系认证通过了中国机械工业质量认证中心的复审。公司进一步完善了质量考核细则,严格包括设计质量、服务质量在内的全员、全过程的质量责任考核,对部分出现质量问题的责任单位和人员从严处罚。有效地开展群众性的质量管理活动,上半年有"自制检测装置,提高检测效率"等三项质量成果获河南省QC成果奖。

(二)下半年工作重点和措施

1. 实施公司"再创业工程",目标是:使电力系统自动化产品在国内达到"最优最大",即:质量最优、市场占有率最大,同时面向其它领域的自动控制系统和电子产品起步。正视所面临的矛盾,提高公司的整体素质,以适应高科技产品的市场需求和国际化的市场竞争。

2. 加大科研投入,完善开发手段,把握电力市场和技术发展趋势,紧跟国际先进水平,以国家"九五"及三峡项目为重点,严把设计质量关,以

高水平的软硬件平台,开发出具有许继特色、一流质量、体系完整的名牌保护和自动化产品,进一步开拓国内外市场。

3. 加大技术改造的力度,尤其是加快高新技术产品的规模化生产。建立投资项目经济责任制,认真执行投资项目投入——产出一回收计划,使投资项目很快转化为生产力。建立科学的投资决策体系,选择符合国家产业政策的电力设备、电力电子、通讯、交通等为主的风险小、收入稳定的项目进行投资,以保持公司的长期稳定发展。

4. 进一步提高质量管理的手段,坚持全员参加的全面质量管理。同时逐步采用大规模集成电路测试仪、微机测试装置、电力系统仿真设备等高效率的检验设备、剔除人为因素,使产品生产的全过程始终处于受检状态,保证所生产的产品无故障运行超过1000天。在实施质量体系的同时,组织开展ISO—10012—1国际计量确认体系认证,通过国家技术监督局的评审认证。

5. 公司在用工制度、干部任免制度和分配制度改革的基础上,进一步加强企业内部机制改革的力度。加快"人才工程"的步伐,造就一批具有开发国际先进水平的自动控制和保护设备能力,并在国内具有影响力的高科技人才群体。采取各种有效形式培养管理人才和复合型人才,造就一支年富力强、精干高效的管理队伍。建立激励机制和约束机制,鼓励职工立足岗位、自学成才;开展岗位练兵和技术比武活动,使职工素质人人上一个新台阶。公司有信心完成全年的经营目标。

三、重大事件说明

1. 公司(许继电气)股票于1997年4月18日在深圳证券交易所挂牌上市,从而成为全国继电保护行业唯一的一家上市公司,标志着公司进入了一个新的发展阶段。

2. 根据国务院证券委、中国人民银行、国家经贸委联合发布的《严禁国有企业和上市公司炒作股票的规定》,公司对有关情况进行了认真检查。公司发行股票后将部分闲置资金委托国泰郑州营业部用于股票一级市场申购,今年5月末以前公司已按规定卖出股票,资金已全部收回。至今为止,无违规现象。本公司今后从事股票投资,将严格遵守国家政策法规和公司章程的规定。

3. 募集资金的运作情况

(1)大型水电项目专项500kV继电保护项目中的土建工程已竣工,部分关键设备已安装完毕,完成固定资产投资2012.76万元。

(2)500kV输变电保护设备贴装柔性生产线技术改造项目,引进的贴装生产线已安装完毕,其他配套设备已签定合同。该项目完成固定资产投资1228.41万元。

(3)500kV超高压输变电保护装置技改项目,科研开发正在按计划进行,该项目中的电子大楼已开工,完成固定资产投资310万元。

(4)±500kV级高压直流输电保护设备技术改造项目,已完成样机研制,即将向舟山电网供货。已完成固定资产投资960.10万元。

(5)电力系统稳定控制和调度自动化项目,已完成科研成果,并已向陕西省汉中地区电网供货。完成固定资产投资917.92万元。

上述项目共完成投资9429.19万元,其中固定资产5429.19万元,流动资金4000万元。本公司严格按照招股说明书载明的项目进行投资,按项目进度计划进行,没有改变资金的使用用途。目前尚未投入的资金作为银行存款。

4. 本公司在报告期内无重大诉讼、仲裁事项。

5. 本公司本年度中期不分红。

四、发行在外股票的变动和股权结构的变化

1. 本公司经批准于1997年4月向社会公开发行5000万股A股。

2. 股权结构

截止1997年6月27日,本公司结构情况如下:

	期初数(万股) 96.12.31	比例 (%)	期末数(万股) 96.6.27	比例 (%)
(一)尚未流通股份				
(1)发起人股份	6660	75.68	6660	48.26
其中:境内法人股份	6660	75.68	6660	48.26
(2)募集法人股	390	4.43	390	2.83
(3)内部职工股	1750	19.89	1750	12.68
尚未流通股份合计	8800	100	8800	63.77
(二)已流通股份				
(1)境内上市的人民币普通股			5000	36.23
已流通股份合计			5000	36.23
(三)股份总数	8800	100	13800	100

3. 主要股东持股情况

股东名称	持有股数(万股)	持股比例(%)
(1)许继集团有限公司	6660	48.26
(2)许继电控设备公司	200	1.45
(3)许继电器设备公司	190	1.38
(4)福建华兴	58.10	0.42
(5)北京华宏通惠贸易咨询公司	22.71	0.16
(6)海南港澳信托投资公司北京营业部	22.71	0.16
(7)河南新亚置业公司	22.71	0.16
(8)河南新丰置业有限公司	22.71	0.16
(9)海口伟运达商贸有限公司	22.71	0.16
(10)金融租赁	22.71	0.16

五、股东大会简介

许继电气股份有限公司第六次股东大会于1997年1月12日在公司本部召开,出席会议股东243人,代表股份7188万股,占总股份的81.7%,符合法律有关规定。以投票表决方式通过如下决议:

1. 审议批准《1996年度董事会工作及总经理业务报告》;
2. 审议批准《1996年度财务决算及1997年度财务预算报告》;
3. 审议批准《1996年度利润分配方案》;
4. 审议批准《1996年度监事会工作报告》;
5. 审议批准《关于公开发行股票并上市的议案》;
6. 审议批准《关于修改公司章程的议案》。

六、备查文件

1. 载有公司董事长、总经理亲笔签名的中期报告原本;
2. 公司财务报告原本、公司股东大会材料;
3.《公司招股说明书》及《上市公告书》;

查阅地址:河南省许昌市建设路178号公司办公大楼

许继电气股份有限公司

1997年8月26日

重庆华亚现代纸业股份有限公司

重庆华亚现代纸业股份有限公司1996年年度报告摘要

一、公司简况

1.公司名称

中文名称:重庆华亚现代纸业股份有限公司

英文名称:CHONGQING HUAYA MODERN PAPERS CO.,LTD

2.公司地址:

中国重庆市沙坪坝区满山红村7号

邮政编码:630039

3.公司法定代表人:周全福

4.公司咨询服务机构联系电话、传真

咨询机构:重庆华亚现代纸业股份有限公司董事会办公室

电话:(023)68614990

传真:(023)68617494

联系人:陶红梅(董事会秘书)

二、主要财务数据与财务指标:

指标项目	本年数	上年数	比上年数增减(%)
主营业务收入	10256万元	11328.9万元	-9.47
净利润	577.56万元	1071.8万元	-46.11
总资产	30254万元	16416万元	84.30
股东权益	16001.6万元	5033万元	217.93
每股收益	0.07元	0.22元	-68.18
每股净资产	2.03元	1.03元	97
净资产收益率	3.61%	21.29%	-83.04
股东权益比率	52.89%	30.66%	72.50

注:公司股票3000万股于1996年6月6日发行,扣除发行新股申购无效部分资金的利息收入,本公司1996年净利润为523.01万元,每股收益为0.066元,净资产收益率为3.28%,股东权益为15947.06万元,股东权益比率为52.71%。

三、公司业务回顾

1.1996年度经营情况

1996年,公司一方面面临纸容器行业竞争空前激烈的严峻形势。同行企业纷纷保本或亏本争夺包装市场,优质原材料价格居高不下,公司主要用户销售出现疲软,公司原有产品市场缩小;另一方面公司社会公众股于6月26日在深圳证券交易所上市成功,极大地增强了公司实力,为公司按照现代企业制度的要求在推动技术进步、加强市场开发、提高员工素质、实行科学管理等方面创造了极好的条件。

①公司根据原材料市场和主业产品市场的情况,及时调整经营策略。

针对公司主要用户因自身销售疲软而降低包装价格以及同行企业以倾销方式争夺市场,公司原有产品市场缩小的情况,公司发挥科技优势,一方面为用户提供品质更优的产品和更周到的服务,并开发一批包装需求量大质高的新用户。另一方面加强国内独家新产品的市场开拓,并通过异地销售国际一流的重型双拱高强度瓦楞纸板,增大了市场半径。同时加速推进与中西部特别是三峡库区企业合资组建子企业(主要是直接使用公司板材进行纸箱成型后加工的子企业)的前期工作,以适应库区经济高速发展的高档次纸容器包装需求。

公司以生产中、高档纸容器包装为主,对进口原材料和国内优质原材料的需求较大。1996年,进口和国内优质原材料价格上涨幅度大。针对该情况,公司通过集约化经营、加强成本控制、挖潜降耗和开发一批科技含量较高的国内独家新产品,取得高于传统纸箱的价差效益,部分消化了原材料上涨因素。

公司实施质量第一、创名牌产品战略,全面提高各档次产品科技含量和品质,持续不断开发新产品为客户提供优异的包装创意和建设性功能,巩固、培育和发展公司产品市场。制定并实施了"以质量管理为核心的全过程管理"的各项工作标准,继续贯彻ISO9002质量认证体系,并通过了西南评审中心的复审。公司是重庆市最早通过该项质量认证体系评审的三家企业之一。此项评审使公司取得了通向国际贸易的通行证,并在今后涉外的业务洽谈、投标中得到承认和重视。

公司采用各种措施培养、引人人才,1996年公司对外招聘四十名具有大专以上文化的专业技术人才、管理人才和几十名中专毕业生,并派送一部分技术骨干出国考察学习,扩大了培训范围,1996年公司员工培训率达54%,使员工素质结构发生巨大变化,提高了整体素质,为公司全面发展打下坚实基础。

在其他领域,尤其是资本经营方面,为了防御公司主业结构集中度高可能出现的风险,公司积极探索、稳健投资,分别对光大银行和重庆城市合作银行投资入股,加强银企合作,提高了企业融资能力,已初见成效。

在本年度后半期各项工作取得明显效果。公司所做的大量基础工作为1997年的发展创造了有利的条件。

1996年,实现主营业务收入10256万元,利润总额862.02万元,净利润577.56万元。公司各项经济指标居我国中西部地区同行业首位,在全国名列前茅,据重庆市包装技术协会统计,1996年重庆地区115家纸容器厂家中,公司市场占有率达30%左右。

"彩色瓦楞纸盒成型生产线"项目总投资2950万元,资金全部到位,实际支用数675.40万元。"多色瓦楞纸箱成型生产线"项目总投资2950万元,资金全部到位,现正进行主要设备引进的洽谈工作。"重型瓦楞纸板及制箱"技改项目,原预算金额为10045万元,该项目实际已支用10445万元,工程进度达95%。

公司有代表国际九十年代先进水平的重型(双拱)瓦楞纸板生产线。"彩色瓦楞纸盒成型生产线"、"多色瓦楞纸箱成型生产线"两项技改项目所需资金全部到位,部分已安装投产。公司继"六.五"、"七.五"获国家技术进步奖后又获"八.五"国家技术优秀奖。公司规模、技术水平在全国乃至亚洲处于领先水平。

②公司1996年实现利润862.02万元。其中主营业务利润724.80万元,占利润总额的84.08%,营业外收支净额137.22万元,占利润总额的15.92%。

2.1996年度主营业务收入,净利润与盈利预测的重大差异的分析与说明:

1996年,公司实现主营业务收入10256万元,利润总额862.02万元,净利润577.56万元,比招股说明书中预测数分别降低55%、69%和69%。

主要原因如下:

①包装行业有较强的配套性,受其他行业影响大。1996年来公司用户企业产品销售出现疲软,降低对产品包装在质和量上的要求,并降低包装价格。同行的企业以倾销方式争夺市场,市场竞争空前激烈。国内名优产品用户对公司的国际高品质包装产品需求在下半年虽有所增加,但与我司生产能力的全面发挥还有不小的差距,这一产品市场尚需继续培育,致使公司主营利润的比较效益未在短期内大幅度提高。销售地域范围受运输成本的限制,为大市场地域,异地运输成本增大。

②公司以生产中、高档纸容器包装为主,进口原材料和国内优质原材料价格上涨幅度较大,致使成本增加。

③为适应国家环境保护政策要求,我司EPS发泡包装产品已控制生产,销售收入仅为上年的17%。

④虽然技改工作取得重大进展,但高技术含量的产品市场尚需培育、发展。

⑤公司还没有根本摆脱产业单一性的限制,1996年下半年公司主要着力于按照现代企业制度规范运作,加强企业各项管理科学化。同时,公司本着积极探索、谨慎投资、稳健经营的方针对其他行业领域进行投资经营,虽然做到了规避风险、兼顾收益,但因起步时间短,投资量不大,尚未取得大的进展。

3.募集资金的使用情况说明:

公司3000万社会公众股于1996年度上市流通,发行价为每股人民币3.68元,共募集资金为人民币11040万元,扣除发行费用后,共募集资金为人民币10380万元。

募集资金用途如下:

①用于重型(双拱)瓦楞纸板及纸箱生产线超概算4500万元人民币

②用于彩色瓦楞纸盒成型线2950万元人民币

③用于多色瓦楞纸箱成型线2950万元人民币

"多色瓦楞纸箱成型生产线"和"彩色瓦楞纸盒成型生产线"部分设备已顺利安装投产,其余设备已处于引进、安装的准备工作阶段,整条生产线的安装投产预计1997年内完成。两项技改项目的实施,丰富产品的品种,提高了产品档次,满足用户的更高需求。它将保证我司纸容器包装达到九十年代国际水平,并在扩大公司生产能力,增强市场竞争能力,取得更好的规模效益等方面发挥巨大作用。

四、股本结构情况说明

1.股本结构情况表(截止1996年12月31日)

股份类别	年初数(股)	比例%	年末数(股)	比例%
尚未流通股:				
发起人股				
(国有法人股)	48691500	61.88	48691500	61.88
已流通股:				
A股	27000000	34.31	30000000	38.12
股本总额	78691500	100	78691500	100

注:1996年12月30日本公司内部职工股3000000股(其中高级管理人员股33000股办理了冻结手续)上市流通。

2.主要股东持股情况(截止1996年12月31日)

股东名称	年初持股数	年末持股数	占总股本总数
重庆华西包装集团公司	48691500	48691500	61.9%
许真水	0	263040	0.33%
周大桥	0	200350	0.25%
招焕芳	0	183600	0.23%
吴怡春	0	166800	0.21%
方德英	0	139500	0.17%
丁珍萍	0	129100	0.16%
周易新	0	119720	0.15%
孙海波	0	100000	0.12%
许运姑	0	100000	0.12%

注:上表为截止1996年12月31日,持有公司股票数前十名股东,其中华西包装集团公司为国有法人股股东。

3.股东数量

截止1996年12月31日,本公司股东总数为21026人,其中国有法人股东1人,社会公众股东21025人。

4.公司董事、监事及高级管理人员持股情况

姓名	性别	职务	持股数
周全福	男	董事长	5000
唐良美	女	常务副董事长、总经理	4000
段建华	男	副董事长	3000
米国安	男	董事、副总经理	3000
谭声林	男	董事、副总经理	3000
刁旭	男	董事	2000
吕树生	男	董事	2000
皮开庆	男	董事	2000
肖明凯	男	董事	2000
刘星惠	女	监事会主席	2000
谢敏辉	女	监事会副主席	3000
熊昌铭	男	监事	2000

注:公司董事、监事及高级管理人员所持股份本年未发生变动,并按有关规定于1996年12月办理了冻结手续。

五、重要事项:

1.1996年6月18日公司创立大会召开。重庆华亚现代纸业股份有限公司于1996年6月18日正式成立。

2.股东大会情况

1996年6月18日公司首次股东大会召开,出席大会的股东及股东代表404人,代表股东49323832.2股,占总股本的62.68%,会议以举手表决的形式通过了如下决议:

①通过《重庆华亚现代纸业股份有限公司章程》

②选举产生了公司第一届董事会。

③选举产生了公司第一届监事会。

④通过了重庆华亚现代纸业股份有限公司股票上市交易的申请。

以上股东大会决议于1996年6月19日在《证券时报》上公告披露。

3.董事会情况:

(1)1996年6月18日公司首届董事会召开第一次会议,会议审议并通过如下决议:

①周全福任公司首届董事会董事长

②唐良美任公司首届董事会常务副董事长

③段建华任公司首届董事会副董事长

④决定聘任唐良美为公司总经理

以上董事会决议于1996年6月19日在《证券时报》上公告披露。

(2)1996年8月19日,公司首届董事会召开第二次会议,会议审议并通过了公司1996年中期报告。

公司1996年度中期报告于1996年8月24日在《证券时报》上公告披露。

(3)1996年12月24日公司首届董事会召开第三次会议,会议审议并通过了如下决议:

①确定《董事会条例》为董事会议事准则

②通过1996年度总经理业务工作报告

③预订公司"九.五"发展规划草案

4.本报告年度内公司未发生配股、收购兼并、重大投资等事项。

5.公司法定代表、董事、监事未发生变动。

6.公司注册地址、会计师事务所、法律顾问未发生变动。

7.本报告期内无重大诉讼、仲裁事项发生

六、子公司及关联企业

公司持有重庆城市合作银行股份500万股,占其总股本的2%,持有中国光大银行股份100万股,占其总股本0.04%。

七、财务报告

1.审议意见:

公司1996年度财务报告经重庆会计师事务所注册会计师石义杰、翁宇审计,并出具了无保留意见审计报告〔重会所审字(97)第056号〕。

2.财务报告

①公司1996年12月31日资产负债表(附后)

②公司1996年度利润及利润分配表(附后)

③公司1996年度财务变动表(附后)

3.财务报告附注(附后)

八、本年度报告截止日后的重要事项

1.公司董事会于1997年4月21日召开的第一届四次会议通过了"1996年度利润分配预案":公司1996年度净利润577.56万元,公司前期无亏损,根据《公司法》第177条及公司章程第七章之规定,董事会决定提取净利润的10%作为法定公积金,提取5%为公益金,二项提取后,剩余利润为490.92万元;公司1996年度暂不派发股息红利,本年度剩余利润加上年余额共655.05万元滚存下一年度。该预案提交1997年度股东大会审议通过,并经有关主管部门批准后实施。

2.根据提交股东大会年会决定的"经营方针和投资计划",公司董事会于1997年4月21日召开的一届四次会议预拟"1997年度公司经营计划、投资方案",并决定进行方案实施前期的准备工作,在三峡库区分两期投资建设两个具有一定规模和竞争力的控股公司。

九、备查文件

1.经公司董事长及总经理亲笔签名的1996年年度报告原本。

2.重庆会计事务所盖章,中国注册会计师亲笔签名的审计报告原本。

3.公司章程及其他有关文件

重庆华亚现代纸业股份有限公司董事会

1997年4月26日

资 产 负 债 表

会股01表

编制单位:重庆华亚现代纸业股份有限公司　　1996年12月31日　　金额单位:元

资产	行次	年初数	期末数
流动资产:			
货币资金	01	8,332,917.59	73,533,176.46
短期投资	02		
应收票据	03		5,643,750.00
应收帐款	04	15,436,105.79	14,904,742.93
减:坏帐准备	05	77,180.53	74,523.71
应收帐款净额	06	15,358,925.26	14,830,219.22
预付货款	07	4,239,173.15	
其他应收款	08	6,285,535.73	8,537,171.71
待摊费用	09	1,062,548.14	796,911.11
存货	10	28,390,670.58	28,200,820.96
待处理流动资产净损失	11		
一年内到期的长期债券投资	12		
其他流动资产	13		
流动资产合计	15	63,669,770.45	131,542,049.46
长期投资:			
长期投资	16	282,634.50	6,921,354.07
固定资产:			
固定资产原价	17	34,019,251.00	80,281,264.87
减:累计折旧	18	14,583,687.34	21,082,013.88
固定资产净值	19	19,435,563.66	59,199,250.99
在建工程	20	71,776,297.72	95,985,572.18
固定资产清理	21		
待处理固定资产净损失	22		
固定资产合计	23	91,211,861.38	155,184,823.17
无形资产及递延资产:			
无形资产	24	8,708,700.00	8,621,613.00
递延资产	25	285,000.00	270,750.00
无形及递延资产合计	30	8,993,700.00	8,892,363.00
其他长期资产:			
其他长期资产	31		
递延税项:			
递延税款借项	32		
资产总计	40	164,157,966.33	302,540,589.70
负债及股东权益			
流动负债:			
短期借款	41	18,700,000.00	25,700,000.00
应付票据	42		
应付帐款	43	24,604,577.76	16,092,350.43
预收货款	44	1,295,306.49	
应付福利费	45	1,295,531.09	2,227,709.49
未付股利	46	1,071,811.46	
未交税金	47	764,909.96	3,013,474.87
其他未交款	48	7,276.91	-29,059.66
其他应付款	49	4,925,758.42	8,891,062.46
预提费用	50		
一年内到期的长期负债	51		
其他流动负债	52		
流动负债合计	55	52,665,172.09	55,895,537.59
长期负债:			
长期借款	56	61,160,000.00	83,130,000.00
应付债券	57		
长期应付款	58		
其他长期负债	60		3,498,967.38
长期负债合计	65	61,160,000.00	86,628,967.30
递延税项:			
递延税款贷项	66		
负债合计	67	113,825,172.09	142,524,504.89
股东权益:			
股本	68	48,691,500.00	78,691,500.00
资本公积	69		73,907,762.14
盈余公积	70		866,329.26
其中:公益金	71		288,776.42
未分配利润	72	1,641,294.24	6,550,493.41
股东权益合计	73	50,332,794.24	160,016,084.81
负债及股东权益合计	80	164,157,966.33	302,540,589.70

利 润 及 利 润 分 配 表

编制单位:重庆华亚现代纸业股份有限公司　　1996 年度　　金额单位:元

项目	行次	上年累计数	本年累计数
一、主营业务收入	01	113,289,583.50	102,559,699.13
减:营业成本	02	82,025,074.99	78,070,635.58
销售费用	03	1,474,712.73	1,346,245.17
管理费用	04	11,064,276.65	11,714,429.39
财务费用	05	4,338,582.59	3,488,033.54
进货费用	06		
营业税金及附加	07	392,894.72	692,810.41
二、主营业务利润	08	13,994,041.82	7,247,545.04
加:其他业务利润	09		
三、营业利润	10	13,994,041.82	7,247,545.04
加:投资收益	11		
补贴收入	12	1,993,250.69	594,613.57
营业外收入	13	9,893.41	819,902.05
减:营业外支出	14		41,868.98
加:以前年度损益调整	15		
四、利润总额	16	15,997,185.92	8,620,191.68
减:所得税	17	5,279,071.36	2,844,663.25
五、净利润	18	10,718,114.56	5,775,528.43
加:年初未分配利润	19		1,641,294.24
盈余公积转入数	20		
六、可分配的利润	21	10,718,114.56	7,416,822.67
减:提取法定公积金	22	1,071,811.46	577,552.84
提取法定公益金	23	1,071,811.46	288,776.42
七、可供股东分配的利润	24	8,574,491.64	6,550,493.41
减:已分配优先股股利	25		
提取任意公积金	26		
已分配普通股股利	27	6,933,197.40	
八、未分配利润	28	1,641,294.24	6,550,493.41

财 务 状 况 变 动 表

编制单位:重庆华亚现代纸业股份有限公司　　1996 年度　　金额单位:元

流动资金来源和运用	行次	金额	流动资金各项目的变动	行次	金额
一、流动资金来源:			一、流动资金本年增加数:		
1.本年净利润	1	5,775,528.43	1.货币资金	31	65,200,258.87
加:不减少流动资金的费用的损失:	2		2.短期投资	32	
(1)固定资产折旧	3	6,494,567.56	3.应收票据	33	5,643,750.00
(2)无形资产、递延资产及其他资产摊销(减其他负债转销)	4	101,337.00	4.应收帐款净额	34	−528,706.04
(3)固定资产盘亏(减盘盈)	5		5.预付货款	35	−4,239,173.15
(4)清理固定资产损失(减收益)	6	3,758.98	6.其他应收款	36	2,251,635.98
(5)递延税款	7		7.待摊费用	37	−265,637.03
(6)其他不减少流动资金的费用和损失	8		8.存货净额	38	−189,849.62
小计	10	12,375,191.97	9.待处理流动资金净损失	39	
2.其他来源			10.一年内到期的长期债券投资	40	
(1)固定资产清理收入(减清理费用)	11		11.其他流动资产	41	
(2)增加长期负债	12	25,468,967.30			
(3)收回长期投资	13		流动资产增加净额	45	67,872,279.01
(4)对外投资转出固定资产	14		二、流动负债本年增加数:		
(5)对外投资转出无形资产	15		1.短期借款	46	7,000,000.00
(6)资本净增加额	16	104,774,051.40	2.应付票据	47	
小计	17	130,243,058.70	3.应付帐款	48	−8,512,227.33
流动资金来源合计	18	142,618,250.67	4.预收货款	49	−1,295,306.49
二、流动资金运用:			5.应付福利费	50	932,178.40
1.利润分配			6.未付股利	51	−1,071,811.46
(1)提取法定公积金	19	577,552.04	7.未交税金	52	2,248,564.91
(2)提取法定公益金	20	288,776.42	8.其他未交款	53	−36,336.57
(3)提取任意公积金	21		9.其他应付款	54	3,965,304.04
(4)已分配股利	22		10.预提费用	55	
小计	23	866,329.26	11.一年内到内的长期负债	56	
2.其他运用			12.其他流动负债	57	
(1)固定资产和在建工程净增加额	24	70,471,288.33			
(2)增加无形资产、递延资产及其他资产	25				
(3)偿还长期负债	26				
(4)增加长期投资	27	6,638,719.57			
小计	28	77,110,007.09			
流动资金运用合计	29	77,976,337.16	流动负债增加净额	58	3,230,365.50
流动资金增加净额	30	64,641,913.51	流动资金增加净额	59	64,641,913.51

重庆华亚现代纸业股份有限公司1997年中期报告

一、财务报告(未经审计)

(一)简化的资产负债表

1997年6月30日　单位:人民币元

项　目	年初数	期末数
流动资产	131542049.46	156837157.75
长期投资	6921354.07	7121354.07
固定资产净值	59199250.99	56502710.80
在建工程	95985572.18	103271913.61
无形资产及递延资产	8892363.00	8791026.00
其他长期资产		
资产总计	302540589.70	332524162.23
流动负债	55895537.59	65335874.31
长期负债	86628967.30	103615989.10
负债合计	142524504.89	168951863.41
股本	78691500.00	78691500.00
资本公积	73907762.14	73907762.14
盈余公积	866329.26	866329.26
其中:公益金	288776.42	288776.42
未分配利润	6550493.41	10106707.42
股东权益合计	160016084.81	163572298.82
负债及股东权益合计	302540589.70	332524162.23

2、简化的损益表

单位:人民币元

项目	上年同期数	1997年1－6月
主营业务收入	57338970.29	47387288.84
主营业务利润	2731367.63	4049981.12
其他业务利润		
投资收益		465000.00
营业外收支净额	555611.03	792800.99
利润总额	3286978.66	5307782.11
所得税	1084702.97	1751568.10
净利润	2202275.69	3556214.01

3、财务指标

指标名称	指标数	
	1996年上半期	1997年上半期
(1)每股收益	0.03元	0.045元
(2)净资产收益率	1.41%	2.17%
(3)每股净资产	1.99元	2.08元

注:本期净资产收益率为2.17%,比银行同期存款利率低1.57个百分点,主要是主营业务收入减少影响利润实现所致。

(二)财务报表附注

1、本期财务报表采用的会计政策和会计方法与1996年度相同。

2、应收票据:本期余额9137364.79元,比年初增加62%,原因是客户较多采用票据结算。

3、应收帐款:本期余额21742495.72元。

帐龄	余额	比例
一年以内	21089222.62	97%
二年以内	653273.10	3%

无持有5%以上股份股东欠款。

4、其他应收款,本期余额10847754.60元,比年初增加27%,主要系垫付款项,帐龄均在1年以内。无持有5%以上股份股东欠款。

5、长期投资:本期余额7121354.07元,增加20万元是当年认购的国库券。

6、在建工程:本期余额103271913.61元,比年初增加7.6%。系技改项目彩盒生产线增加部分。

7、应付帐款:本期余额12856374.81元,比年初下降20%,帐龄均在1年以内,无持有5%以上股份股东的货款。

8、短期借款:本期余额37700000元,比年初增加46.6%,系一年以内到期的流动资金借款。

9、长期借款:本期余额100930000.00元,比年初增加21%,主要是技改增加的贷款。

10、主营业务收入:本期累计额47387288.84元,比上年同期减少17.4%,主要是市场变化影响销量减少。

11、主营业务成本:本期累计额36504162.17元,比上年同期减少19.8%,主要是销量减少引起成本减少。

12、投资收益:本期累计额465000元是公司对重庆城市合作银行长期投资的收益。

13、关联交易:本报告期内无关联交易。

二、经营情况的回顾与展望

(一)上半年经营情况的回顾

1997年上半年,公司实现销售收入4738.73万元,完成年计划的31.59%,比上年同期下降17.36%;净利润355.62万元,完成年计划53.08%,比上年同期上升61.48%。

1、上半年经营的难度

(1)上半年,纸容器行业市场竞争较上年更趋激烈,公司主要用户产品销售处于淡季且较上年同期锐减。

(2)部分用户包装需求转向本地保本或亏本竞争的包装企业,给公司生产经营造成较大压力,业务量较去年同期出现更大缺口。

(3)公司传统包装产品用户压价现象突出,进口原材料价格居高不下。

(4)为了弥补主营业务缺口,公司增大了异地销售,致使运输费用增大。

2、采取的主要措施

针对96年市场竞争激烈,公司实际经营业绩与盈利预测出现较大差异和97年上半年面临的经营困难,公司积极采取各种措施拓展主营市场,充分发挥科技优势、资金优势、管理优势,优化产品结构,扩大了利润含量较高的产品市场,降低主要原材料成本,积极推行科学管理,挖潜降耗,取得一定成效。

(1)公司发挥了科技优势,在扩大1996年开发的国内独家高科技含量产品销售量的基础上,进一步改进生产工艺,挖掘先进设备的能力,以公司拥有的本行业国际先进技术手段,又开发出一批高技术含量的包装产品,稳步扩大在高档包装产品市场的占有份额,提高了主营业务利润率。

(2)针对市场竞争的地域歧视,开办公司控股的异地包装企业,扩大产品销售半径。根据股东大会制定的年度投资计划,公司对川西地区和三峡库区进行了切实的市场开发和投资的考察、洽谈,取得了实质性进展。

(3)加强成本控制,注重集约化经营。在保证产品质量的前提下,公司一方面利用资金优势降低了原材料采购成本;一方面利用技术优势,开展国产原材料代替进口原材料的研究,取得了较好效果,降低了原材料成本。同时致力改进生产工艺,大大提高原材料利用率。充分发挥管理优势,加快推行国际先进的“MRP－Ⅱ”(制造资源计划)科学管理系统,进一

步降低了企业内部各项成本费用,使主营业务利润有了较大幅度的增长。

(4)积极探索跨行业投资。

3、上半年经营业绩

在主营业务收入较上年同期下降的严峻形势下,利润较上年同期上升61.48%,并为公司下半期各项工作的开展奠定了良好的基础。

(二)1997年下半年工作计划

坚持“一业为主,多种经营”的方针,进一步提高主营业务经营水平,加大跨行业投资,完成股东大会制定的年度经营计划。

1、大力发展主营业务。一是始终以“市场开拓”为工作重点的核心,加大产品市场开发力度,充分发挥涪陵华亚现代纸业有限责任公司和成都哈泰纸制品有限公司两家新控股子企业在三峡库区和川西地区的市场辐射作用,扩大异地包装市场占有份额;二是继续发挥技术、设备、资金优势,抓好高技术含量产品开发工作,提高产品利润率。三是进一步挖潜降耗,降低经营成本。

2、按进度抓紧彩色瓦楞纸盒成型生产线项目的各项工作,加强对其技术、工艺、原料和生产方面的完善,丰富产品品种,提高产品档次,尽快达到规模化生产,作好市场开发,形成公司主营的新增长点。

3、以质量管理为中心,加强各项基础管理工作,并大力推行管理科学化,在上半年顺利通过(CCIB)ISO9000西南评审中心复审的基础上,深入贯彻ISO9000质量认证体系,加快“MRP－Ⅱ”制造资源计划的全面实施运行和验收合格。

4、为了进一步增强纸容器行业的龙头企业地位,形成集团优势和大规模扩大市场地域半径,下半年公司将积极推行贵州茅台酒(集团)有限公司合资组建贵州一流的纸容器包装企业的各项工作。

5、进一步降低公司主业结构集中度高的风险,增强抗风险能力,在96年对两家银行进行投资并取得一定收益的基础上,积极探索其他行业领域的投资。

三、重大事件的说明

(一)公司于1997年5月26日召开1997年度股东大会,会议审议通过了《选举苏卫先生任公司董事的议案》及其他议案。同日,公司董事会召开临时会议,会议选举苏卫先生任公司董事会副董事长。两次会议形成之决议已在1997年5月27日的《证券时报》对外公告。

(二)根据董事会制定的年度投资方案,为了有利于三峡库区建设和移民工作开展,加快三峡库区包装工业发展,适应和开拓库区包装制品市场的需求实现优势互补和优化资源配置,1997年3月8日公司与涪陵市外贸猪鬃厂共同投资组建涪陵华亚现代纸业有限责任公司,投资总额为人民币1120万,分两期完成,华亚现代纸业股份有限公司出资额占总出额的55%。第一期120万元,第二期投资到位后,可望年销售收入达3000万元以上。

(三)根据国务院证券委、中国人民银行、国家经贸委5月21日联合发布的《严禁国有企业和上市公司炒作股票的规定》和深圳证券交易所深证发(1997)193号文的要求,本公司进行了认真自查,截止1997年6月30日,公司无炒作股票的行为。

(四)本公司本年度中期不分红,也无资本公积金转增股本事项。

(五)本报告期内,公司无重大诉讼、仲裁事项。

四、发行在外股票的变动和股权结构的变化

(一)股权结构情况

在本报告期内,公司发行在外的股票及公司的股权结构未发生变化,股权结构如下:

股份类型	年初数(股)	比例	期末数(股)	比例
尚未流通股				
发起人股(国有法人股)	48691500	61.88%	48691500	61.88%
已流通股				
A股	30000000	38.12%	30000000	38.12%
股本总额	78691500	100%	78691500	100%

注:已流通股中含已冻结的高级管理人员股33000股。

(二)截止1997年6月30日,本公司股东总数为23846人,其中国有法人股东1人,社会公众股东23845人。

(三)主要股东持股情况(截止1997年6月30日)

股东名称	年初持股数	期末持股数	占总股本比例
华西包装集团	0	48691500	61.876%
赵玉兰	0	168200	0.214%
陈运心	0	99600	0.127%
陈齐红	0	90000	0.114%
广东龙马	0	84200	0.107%
赵小平	0	80000	0.102%
宁波宇通	0	64200	0.082%
杨杨	0	60000	0.076%
李明辉	0	57900	0.074%
林晓映	0	50000	0.064%

注:上表为截止1997年6月30日,持有公司股份数前十名股东,其中华西包装集团公司为国有法人股股东。

五、股东大会简介

公司1997年度股东大会于1997年5月26日下午2:00在本公司会议室召开。与会股东22名,代表股权4847.17万股,占股本总额的61.94%。会议听取了《总经理1996年度业务工作报告》,审议并通过以下决议:

(一)审议通过《1996年度董事会报告》

(二)审议通过《1996年度监事会报告》

(三)审议通过《1996年度财务决算报告》

(四)审议通过《1996年度利润分配方案》

分配方案为:公司1996年净利润为577.56万元,提取净利润的10%作为法定公积金,提取5%为公益金,本年度剩余利润暂不分配,滚存下一年。

(五)审议通过《1997年度财务预算方案》

(六)决定公司1997年度经营方针和投资计划

(七)审议通过《关于同意段建华先生辞去公司董事职务,选举苏卫先生为公司董事的议案》

六、截止本报告期的其他重大事项

1997年8月5日公司分别与重庆包装公司、四川省粮油食品进出口公司和泰国泰松国际有限公司签定购买股权协议。出资540万元人民币购买重庆包装公司在重庆华达纸品有限公司的全部股权,占股权总额的75%;出资300万元人民币购买四川粮油食品进出口公司和泰国泰松国际有限公司在成都哈泰纸制品有限公司的部分股权,占股权总额的60%。

七、备查文件

(一)公司备查文件齐备、完整,包括:

1.载有董事长、总经理亲笔签名的1997年度中期报告原件。

2.载有董事长亲笔签名的1997年度中期财务报告原件。

3.公司1997年度股东大会材料。

4.公司1996年年度报告。

(二)查询地址

重庆市沙坪坝区满山红村7号本公司董事会办公室

联系电话:(023)68614990

重庆华亚现代纸业股份有限公司

一九九七年八月十六日

华意压缩机股份有限公司

华意压缩机股份有限公司1996年度报告摘要

一、公司简况

1、公司法定中文名称:华意压缩机股份有限公司

公司英文名称:HUA YI COMPRESSOR CORPORATION ,LTD.

公司英文名称缩写:HUAYI

2、公司注册地址:江西省景德镇市新厂东路28号

邮政编码:333001

3、公司法定代表人:吴祥才

4、公司咨询服务机构:证券办公室

联系人:简家凤、余笑兵

电话:0798—8441771—2215

传真:0798—8441779

5、股票简称:华意压缩

证券代码:0404

二、主要财务数据与财务指标

指标项目	本年数	上年数	比上年增减(%)
1.主营业务收入(万元)	29,308	16,249	80.37
2.净利润(万元)	3,914	2,037	92.18
3.总资产(万元)	54,794	35,087	56.17
4.股东权益(万元)	33,667	16,350	105.91
5.每股收益(元)	0.28	0.19	47.37
6.每股净资产(元)	2.40	1.56	53.85
7.净资产收益率(%)	11.62	12.46	-6.74
8.股东权益比率(%)	61.44	46.60	31.85

注：公司发行股票冻结申购资金利息213万元。其中冻结有效申购资金利息6万元进入资本公积金；冻结无效申购资金207万元进入1996年营业外收入。扣除该部分利息后，1996年净利润为3738万元。股东权益33485万元，每股收益0.267元，每股净资产2.39元，净资产收益率11.16%，股东权益比率61.32%。

三、公司业务回顾

1.一年来经营情况：

1996年是华意业绩卓著的一年，公司围绕经营目标，抓改革、搞技改、创名牌、增效益，使公司的生产经营跨上一个新台阶。华意压缩机厂是我国目前唯一一家无氟压缩机批量生产厂家，拥有亚洲第一家年产100万台无氟压缩机的先进生产线，在同行业中，无氟压缩机的产销量居全国第1位，无氟电冰箱的产销量居全国第5位，尽管家电行业竞争日益加剧，但“华意”品牌仍然占有较大的市场份额。1996年，公司共生产无氟压缩机625,095台(本公司内部配套13万台)，无氟电冰箱122,697台，实现销售收入29,308万元(其中，压缩机占50.52%，电冰箱占49.48%)，较上年同期增长80.37%；实现利润总额4,604万元，较上年同期增长99.31%；实现净利润3,914万元，较上年同期增长92.18%。

2.关于经营成果与预测差异的说明

公司《招股说明书》披露的1996年盈利预测为：主营业务收入48,220万元，利润总额5,105万元，净利润4,340万元。1996年度公司实现的主营收入、利润总额、净利润分别完成了预测数的60.78%，90.19%，90.18%。主营业务收入产生较大差异的原因是：1996年盈利预测是依据1995年当时的经营业绩和市场状况制定的，报告期内，由于市场竞争激烈，出口量增大，产品平均价格较预期下降；同时，华意电冰箱厂旧生产线在11月停产进行技改，造成主营收入下降幅度较大。但公司在坚持开拓市场的同时，立足于内部挖潜、加强管理，努力降低成本和各项费用，使公司的利润水平仍然达到了预测数的90%以上。

3.前次募集资金的使用情况说明

1996年5月，公司发行3500万A股，募集资金14,280万元，扣除发行费用后，按照招股说明书资金运用计划，使用情况如下：(1)用于新增年产20万台R134A无氟冰箱示范生产线技改工程5,254.85万元，比原计划投资超出897.85万元。(2)年产200万台无氟压缩机技改工程在由国家经贸委组织并通过技术、市场、银行评估后，其可行性研究报告正在国家经贸委的审批之中，可望在5月份获得批复。因此，仅使用335.45万元前期费用，用于引进技术和购置提高产品质量的关键设备。原计划投资额余下的7,194.55万元则先用于补充流动资金以降低有关成本费用，待该项目可行性报告批准后，公司随时提取该笔资金投入本技改项目。

四、股本变化及股本结构情况

1.股本变化及股本结构情况

(1)截止1996年12月31日，公司股本结构如下：

数量单位：股；每股面值:1元

	期初数	本次变动增减(+,-) 其它	期末数
尚未流通股份:			
发起人股份	105000000		105000000
其中:国有法人股	105000000		105000000
内部职工股	3500000	-3500000	0
尚未流通股份合计	108500000		105000000
已流通股份:			
境内上市的人民币普通股	31500000	3500000	35000000
已流通股份合计	31500000		35000000
股份总数	140000000		140000000

(2)股本变动原因：

1996年12月19日，已发行的350万股内部职工股在深圳证券交易所上市。

(3)截止1996年12月31日，主要股东持股情况：

名次	股东名称	年末持股数(股)	占总股本比例(%)
1	江西省景德镇华意电器总公司	105,000,000	75.0000
2	谷书彬	907,372	0.6481
3	欣华置业	834,100	0.5958
4	上海天缘	727,000	0.5193
5	刘红英	697,858	0.4985
6	黄长枝	695,106	0.4965
7	朱双君	694,390	0.4960
8	周定先	694,104	0.4958
9	岳先桃	690,000	0.4929
10	许贵明	685,970	0.4900

(4)截止1996年12月31日，本公司股东总数为8359户。

2.公司董事、监事与高级管理人员持股情况

序号	股东名称	职务	期初持股数(股)	期末持股数(股)	变动原因
1	吴样才	董事长	4800	4800	无
2	何志友	副董事长兼总经理	4800	4800	无
3	袁师义	监事会主席	4800	4800	无
4	欧阳振帮	董事	4800	4800	无
5	孙家俊	董事	4800	4800	无
6	胡金水	监事	4800	4800	无
7	万玲珍	董事	4800	4800	无
8	符念平	董事	4800	4800	无
9	张志雄	监事	4800	4800	无

五、重要事项

1、本报告期内股东大会、董事会情况说明:

1996年6月12日,公司召开创立大会暨第一届股东大会,选举产生公司第一届董事会和监事会。会议期间董事会和监事会分别召开了第一次会议,董事会第一次会议选举吴样才先生为董事长,选举决定何志友先生为公司副董事长兼总经理。监事会第一次会议选举袁师义先生为公司监事会主席。

本报告期内未召开临时股东大会。

2、本报告期内公司未进行过配股、收购兼并和重大投资。

3、本报告期内公司法定代表、董事、监事未发生变动。

4、本报告期内公司注册地址、会计师事务所、法律顾问均未发生变动。

5、1996年5月27日至1996年6月7日,公司经中国证监会证监发审字〔1996〕31号和37号文批准,,在江西省南昌市向社会公开发行了普通股(A股)3,500万股(其中职工内部股350万股),每股发行价4.08元,招股说明书刊登在1996年5月23日《中国证券报》、《证券时报》、《江西日报》上。

6、经深圳证券交易所深证发〔1996〕156号《上市通知书》核准,公司3150万股可流通股票于1996年6月19日在深圳证券交易所挂牌上市,上市公告书刊登在1996年6月17日的《中国证券报》和《证券时报》上。1996年12月19日,已发行的350万股内部职工股在深圳证券交易所上市。

7.本报告期内公司无重大法律诉讼、仲裁事项。

六、财务报告

1、审计意见:

公司1996年度财务报告经中洲会计师事务所注册会计师易书仪、李少秦审计,出具了无保留意见的审计报告(中洲〔1997〕发字045号)。

2、财务报表(附后)

3、财务报表附注

(1)重要会计政策

a、会计制度

公司改建前,压缩机厂和电冰箱厂是两个独立的内部核算单位,单独计算盈亏,按期编制并向总公司报送会计报表。1996年5月31日改建前执行《工业企业会计制度》。公司A股发行方案获得中国证监会证监发审字〔1996〕31号和37号文批准,并已于1996年6月19日在深交所上市。从1996年6月1日起执行《股份制试点企业会计制度》,对1996年1—5月的有关帐簿记录和会计报表,按《股份制试点企业会计制度》的有关规定进行了调整。

b、会计年度

自每年公历1月1日起至12月31日止,为一个会计年度。

c、记帐原则和计价基础

采用借贷记帐法,按照权责发生制原则进行核算,以实际成本作为计价基础。

d、货币核算

以人民币作为记帐本位币。公司没有外币业务,不涉及外币核算。

e、坏帐准备

坏帐准备按应收帐款年末余额的千分之三计提。

f、存货计价

存货按实际成本计价,领用和发出的存货,按加权平均法计算,消耗性物料和低值易耗品领用时,根据不同种类和一次领用额的大小及均衡性要求,分别采用一次摊销和分类摊销的办法。

g、销售收入的实现

以产品已经发出、货款已经收到或者得到了收取货款的凭据,作为销售收入的实现标志。

h、固定资产及其折旧

固定资产以实际成本计价。其折旧采用直线法平均计算,并根据各类固定资产的原价,使用年限和估计残值(原价的千分之三)确定,分类折旧率如下:

类 别	年折旧率(%)
机械设备	9.80
动力设备	8.91
通用设备	6.67
运输设备	12.25
工作台	9.97

公司改建后,将进入公司的机械设备按规定计提折旧。房屋及建筑物等固定资产采用租赁方式,交纳租赁费。

i、主要税项

(a)增值税:按销售收入的17%计算销项税,抵扣进项税后的余额交纳。

(b)城建税及教育费附加:分别按应交增值税的7%和3%计征。

(c)所得税:根据江西省赣府厅抄字〔1995〕102号文和景德镇市景府抄字〔1995〕88号文的批复,所得税按15%的税率计征。

j、利润分配

净利润的分配比例:按照公司章程,法定盈余公积金和公益金分别按净利润的10%和5%提取。任意盈余公积金视公司当年净利润情况由股东大会决定。

(2)会计报表项目注释(单位:元)

a、货币资金

年初余额:29,506

年末余额:5,567,474.34

其中:现金:104,744.58

银行存款:5,462,729.76

b、应收帐款

年初余额:9,835,285

年末余额:65,255,248.47

总户数:78户

帐龄分析	金 额	比例(%)
一年以内(12户)	60,852,885.25	93.23
一年至两年(40户)	4,161,878.44	6.38
二年至三年(26户)	240,484.78	0.39
其中:华意电器总公司进出口部(股东)		25,598,044.13

股份公司1996年应收帐款比年初增加的主要原因是股份公司的压缩机委托给总公司进出口部代理出口。由于国外货款结算手续繁多,货款未能及时收回,造成1996年底应收帐款增大。

c、坏帐准备

年初余额:29,506

年末余额:195,765.75

按应收帐款年末余额的千分之三提取。

d、其它应收款

年初余额:5,094,938

年末余额:19,416,358.03

总户数:99 户

帐龄分析	金额	比例(%)
一年以内(82 户)	12,617,177.81	65
一年至二年(17 户)	6,799,180.22	35

其它应收款增加的主要原因是预付给经销公司三包费、业务费等。无持 5%以上股份的股东单位欠款。

e、存货

年初余额:49,929,523

年末余额:153,199,639.92

类别	金额
原材料	93,893,101.59
低值易耗品	271,841.43
在产品	1,039,462.27
产成品	57,701,633.54
发出商品	293,601.09

存货年末数较年初数增加较多的原因是由于市场需求量增大,相应增加原材料及产成品的储备。

f、固定资产及累计折旧

	原值	累计折旧	净值
年末余额:	330,617,031.28	88,745,626.45	241,871,404.83

g、在建工程

年初余额:0

年末余额:55,903,028.13

工程名称	进度%	实际支用	预算数(万元)	批准文号	资金来源
1.冰箱项目	75	52,548,492.72	9,588	〔95〕赣机科规字 390 号 〔95〕赣计工字 82,83 号	贷款、自筹
1.压缩机项目		3,354,535.41	19,800	〔96〕经贸委改字 153 号	贷款、自筹

其中:利息资本化金额为 159,466.66

在建工程增加的原因是为发展生产增加效益进行了改扩建项目。

h、短期借款

年初余额:6,590,000

年末余额:11,250,000

借款单位	月利率	借款日	期限	币种	金额
中国银行	12.06‰	96.3.6	九个月	人民币	500,000
农行竞成营业所	12.06‰	96.4.19	一年	人民币	350,000
省国际信托投资公司	10‰	96.11.18	三个月	人民币	10,400,000

中国银行 50 万元贷款已展期到 1997 年 5 月。

i、预付票据

年初余额:4,550,000

年末余额:12,072,274

预付票据增加的主要原因是增加原材料储备所致。无欠关联公司款项。

j、未交税金

年初余额:5,751,313

年末余额:20,191,642.63

其中:	
应交增值税	13,240,605.29
应交城建税	44,469.76
应交所得税	6,906,567.58

本年末交税金比上年增加的原因是因为产品销售量增大,相应增加应交税金。

k、长期借款

年末余额:134,374,649

为华意电器总公司向中国进出口银行统借统还的澳大利亚贷款(总金额 312,409,136 元)中转借给本公司的贷款,用于 100 万台压缩机项目建设,贷款日期自 1991 年 10 月 1 日起,贷款资金陆续到位。贷款期限为 15 年,年利率 2.85%,该贷款由景德镇市机械工业总公司担保,无财产抵押。

l、资本公积

年初数	本年增加	本年减少	年末数
55,449,463	107,863,986.08	8,833,480.86	154,479,968.22

增加的原因是股票发行溢价收入 107,800,000;股票发行申购有效资金利息收入 63,986.08。减少的为发行费用。

m、盈余公积

	年初数	本年增加	本年减少	年末数
法定盈余公积金	2,036,541	3,913,721.63	0	5,950,262.63
公益金	1,018,270	1,956,860.81	0	2,975,130.81

本年净利润为 39,137,216.25。法定盈余公积和公益金分别按净利润的 10%和 5%提取。

n、收入项目	上年数	本年数
主营业务收入	162,487,533	293,083,591.83
其中:电冰箱收入	125,249,636	145,018,147.36
压缩机收入	37,237,897	148,065,444.47

因无氟压缩机属绿色环保产品,加之工艺改进,质量提高使销售量增加。

o、主营业务成本项目	上年数	本年数
主营业务成本	106,620,794	224,995,404.57
其中:电冰箱成本	88,618,086	114,084,907.86
压缩机成本	18,002,708	110,910,496.71

压缩机销量增加使总成本增加。

p、营业外收入

上年数:2,244

本年数:10,615,392.54

其中:股票申购冻结资金的存款利息收入 2,068,883.39

高新技术产品增值税退税收入 8,546,505.35

q、所得税

上年数:2,730,000

本年数:6,906,567.58

根据江西赣府厅抄字〔1995〕102 号文和景德镇市景府办抄字〔1995〕88 号文的规定,所得税按 15%的税率计征。

r、未分配利润

年初数	本年增加	本年减少	年末数
0	33,266,633.81	0	33,266,633.81

董事会预案:1996 年利润暂不分配。

(3)财务承诺及或有事项

截止 1996 年 12 月 31 日,公司没有对外单位提供借款担保、财产抵押和或有事项。

七、其它事项

1、经公司第一届董事会第五次会议研究决定,公司 1996 年度利润分配预案为:1996 年度公司实现净利润 39,137,216.25 元,提取 10%法定公积金及 5%法定公益金后,剩余的可供分配利润 33,266,633.81 元暂不分配,结转到 1997 年度分配;1997 年度配股预案为:以现有总股本 14000 万股为基数,向全体股东按每 10 股配 3 股的比例配股。

2、1996年公司生产的华意牌无氟电冰箱被全国轻工总会家电协会列入上榜品牌之一，连续四年获消费者协会推荐商品称号并通过了德国GS认证和欧盟CE认证；无氟压缩机AE—Y六大系列产品获得了CCEE(中国长城)标志，并一次全部通过了德国VDE认证，成为我国唯一全部产品一次通过该认证的厂家。

3、1996年12月31日经国务院证券委员会证委发〔1996〕66号文批准，确定华意压缩机股份有限公司为境外上市的预选企业。

华意压缩机股份有限公司董事会

1997年4月1日

附：财务报表

资产负债表

1996年12月31日　　　　单位：人民币元

资　　产	年　初　数	年　末　数	负债及股东权益	年　初　数	年　末　数
货币资金	2,327,418	5,567,474	短期借款	6,590,000	11,250,000
短期投资		40,000	应付票据	4,550,000	12,072,274
应收票据	3,709,301	2,655,380	应付帐款	19,293,256	16,001,179
应收帐款	9,835,285	65,255,249	预收货款	12,452,883	14,746,824
减：坏帐准备	29,506	195,766	应付福利费	-83,631	-423,616
应收帐款净额	9,805,779	65,059,483	未交税金	5,751,313	20,191,643
预付货款	6,856,559	4,215,548	其它未交款	172,556	233,767
其它应收款	5,094,938	19,416,358	其它应付款	411,788	459,465
待摊费用	1,432,819		预提费用	3,852,414	2,360,136
存　　货	49,929,523	153,199,640	流动负债合计	52,990,579	76,891,672
流动资产合计	79,156,337	250,153,883	长期借款	134,374,649	134,374,649
长期投资		10,000	长期负债合计	134,374,649	134,374,649
固定资产原值	328,632,366	330,617,031	负债合计	187,365,228	211,266,321
减：累计折旧	56,919,201	88,745,626	股　　本	105,000,000	140,000,000
固定资产净值	271,713,165	241,871,405	资本公积	55,449,463	154,479,968
在建工程		55,903,028	盈余公积	3,054,811	8,925,393
固定资产合计	271,713,165	297,774,433	其中：公益金	1,018,270	2,975,131
			未分配利润		33,266,634
			股东权益合计	163,504,274	336,671,995
资产总计	350,869,502	547,938,316	负债及股东权益总计	350,869,502	547,938,316

财务状况变动表

1996年度　　　　单位：人民币元

流动资金来源和运用	金　　额	流动资金各项目的变动	金　　额
一、流动资金来源		一、流动资产本年增加数	
1、本年净利润	39,137,216	1、货币资金	3,240,056
加：固定资产折旧	31,826,426	2、短期投资	40,000
小　　计	70,963,642	3、应收票据	-1,053,921
2、其它来源：		4、应收帐款净额	55,253,704
资本净增加额	139,901,088	5、预付货款	-2,641,010
小　　计	130,901,088	6、其它应收款	14,321,420
流动资金来源合计	210,864,730	7、待摊费用	-1,432,819
二、流动资金运用		8、存　　货	103,270,117
1、利润分配：		流动资产增加净额	170,997,547
提取法定公积金	3,913,722	二、流动负债本年增加数	
提取法定公益金	1,956,861	1、短期借款	4,660,000
小　　计	5,870,583	2、预付票据	7,522,274
2、其它运用：		3、应付帐款	-3,292,077
固定资产和在建工程净增加额	57,887,693	4、预收货款	2,293,941
增加长期投资	10,000	5、应付福利费	-339,985
小　　计	57,897,693	6、未交税金	14,440,330
		7、其它未交款	61,211
		8、其它应付款	47,677
		9、预提费用	-1,492,278
流动资金运用合计	63,768,276	流动负债增加净额	23,901,093
流动资金增加净额	147,096,454	流动资金增加净额	147,096,454

利润及利润分配表

1996 年度　　　　单位:人民币元

项　目	上 年 数	本 年 数
一、主营业务收入	162,487,533	293,083,592
减:营业成本	106,620,794	224,995,405
销售费用	8,406,842	7,756,532
管理费用	17,145,875	19,040,177
财务费用	6,356,821	6,580,863
营业税金及附加	640,770	348,184
二、主营业务利润	23,316,431	34,362,431
加:其它业务利润	6,352	1,376,281
三、营业利润	23,322,783	35,738,712
加:营业外收入	2,244	10,615,392
减:营业外支出	229,621	310,321
四、利润总额	23,095,406	46,043,783
减:所得税	2,730,000	6,906,567
五、净利润	20,365,406	39,137,216
六、可分配利润		39,137,216
减:提取法定公积金		3,913,722
提取法定公益金		1,956,861
七、可供股东分配的利润		33,266,633
八、未分配利润		33,266,633

华意压缩机股份有限公司1997年度中期报告

一、财务报告(未经审计)

1. 财务报表

简化的资产负债表　　1997年6月30日　　单位:人民币元

项目	年初数	期末数
流动资产	250,153,883.43	221,013,151.85
长期投资	10,000.00	0
固定资产净值	241,871,404.83	240,211,234.14
在建工程	55,903,028.13	108,364,292.52
无形资产及递延资产	0	0
资产总计	547,938,316.39	569,588,678.51
流动负债	76,891,671.92	80,154,046.33
长期负债	134,374,649.00	134,374,649.00
负债合计	211,266,320.92	214,528,695.33
股　本	140,000,000.00	140,000,000.00
资本公积	154,479,968.22	154,479,968.22
盈余公积	8,925,393.44	8,925,393.44
未分配利润	33,266,633.81	51,654,621.52
股东权益合计	336,671,995.47	355,059,983.18
负债及股东权益总计	547,938,316.39	569,588,678.51

简化损益表　　单位:人民币元

项目		
主营业务收入	146,227,590.67	126,276,504.45
主营业务利润	20,633,581.35	21,660,127.04
其它业务利润	111,891.73	98,276.18
投资收益	0	0
营业外收支净额	-154,070.02	-125,476.50
利润总额	20,591,403.06	21,632,926.72
所得税	3,088,710.46	3,244,939.01
净利润	17,502,692.60	18,387,987.71

2. 其它财务指标:

指标名称	指标数
每股收益	0.1313元
净资产收益率	5.18%
每股净资产	2.536元

3. 财务报表附注:

(1)本报告期主要会计政策和会计方法无变化;

(2)本期财务报告财务主体未发生合并分立;

(3)本报告期"在建工程"比去年增加52461264.39元;

其中:用于200万台无氟压缩机技改项目49053.87元;

用于20万台无氟冰箱示范生产线项目52412210.52元;

本报告期"固定资产"比年初增加10244214.40元

其中:用于20万台无氟冰箱示范生产线项目25680元;

用于200万台无氟压缩机技改项目1132406.4元;

用于房屋购置9086128元。

(4)关联交易说明

1. 关联方关联

1)存在控制关系的关联方

企业名称	注册地址	主营业务	与本公司关系
景德镇华意电器总公司	景德镇	空调器活动冷库	75%股份

经济性质和类型	法人代表
国有企业	吴祥才

2)存在控制关系的关联方的注册资本及其变化

企业名称	年初数	本期增加	本期减少	期末数
景德镇华意电器总公司	100175000元	0	0	100175000元

3)存在控制关系的关联方所持股份(或权益)及其变化

企业名称	年初数	本期增加	本期减少	期末数
景德镇华意电器总公司	10500万股	0	0	10500万股

2. 关联交易事项

关联方是国家大型企业,经国家批准享有进出口权企业,本公司进出口业务委托关联方。

a. 本公司关联交易销售定价政策:总公司代办出口业务按收入提取

1%的费用。

b.采购货物:总公司无偿提供采购业务,按采购实际成本价格与本公司结算。

企业名称	1997年1-6月份金额	占采购成本的比例
景德镇华意电器总公司	22,564,130元	40.08%

c.销售货物:按实际发票在本公司结算。

企业名称	1997年1-6月份金额	占采购成本的比例
景德镇华意电器总公司	66,023,517.48元	52.28%

说明:

(1)股份公司没有进出口权

(2)由于股份公司成立不久,供、销渠道尚有部分利用华意电器总公司原有渠道,尤其是进出口业务。

d.其他事项披露

提供服务:供销无偿服务;使用商标:按招股说明书执行。

二、经营业绩的回顾与展望

(一)上半年经营情况的回顾

今年以来,面对竞争日趋激烈的家电市场,本公司全体员工发扬"自立、自强、自我超越"的企业精神,求真务实,积极进取,在企业净利润连续三年高速增长的基础上,企业步入了稳健运营轨道。上半年实现净利润1838.8万元,比去年同期增长5%;主营收入完成12627.6万元,比去年同期下降13.6%。主营业务下降的原因是:冰箱市场竞争激烈,导致冰箱产销量下降。但由于压缩机产销增长幅度较大,使总的净利润仍保持增长。

上半年,公司主要做了以下几方面的工作:

(1)实施质量取胜战略,加大新产品开发力度。公司所属压缩机厂组织专门机构,积极推进ISO9001标准的贯彻实施,以确保八月下旬通过ISO9001标准认证,为压缩机质量的稳定与提高提供坚实的制度保证;冰箱厂为扩大市场份额,开发出BCD—248LD、BCD—238LD、BCD—100L、BCD—120L等系列新品种,投放市场后深受消费者欢迎。

(2)加大营销力度,提高产品的市场占有率。公司在实地调查和科学预测市场的基础上,一方面采取广设直销网等方法拓展国内市场,另一方面采取"以外销促内销"的策略,加强外销人员力量,使无氟冰箱和压缩机的出口销售额显著提高,比去年同期增长5.5倍。

(3)加快技改进度、培育新的利润增长点。公司20万台无氟电冰箱技改项目进展顺利,基建已基本完工,设备安装调试已近完毕,可望10月份以前试生产。

(二)下半年展望

面对激烈竞争的家电市场,本着实事求是,负重奋力的原则,公司董事会将下半年净目标调整为2200万元,全年目标为4000万元,略高于1996年全年。在继续做好以上几项工作的同时,公司将同时做好以下几方面工作:

(1)认真做好增资配股工作;积极筹备H股发行工作,以壮大公司的实力,使企业发展跨上一个新台阶。

(2)完成冰箱技改工作;全面启动200万台压缩机技改项目。加大技改资金投入,加快进度,力争尽早形成又一较大的利润增长点。

(3)积极开展资产运营。公司将利用自身的效益、资金和规模优势,进一步开展资产重组、合资合作等资产经营动作,努力实现效益的最大化。

(4)继续抓好市场营销,以市场需求调整产品结构,提高市场占有率;加大货款回收力度;同时继续大力拓宽外贸业务,争取1997年度出口创汇比上年同期有较大幅度的提高。

三、重大事件的说明

(一)根据国务院证券委、中国人民银行、国家经贸委5月21日联合发布的《严禁国有企业和上市公司炒作股票的决定》,公司对有关情况作了认真自查,公司已开立股票帐户,但未买卖任何股票,没有任何违反该规定的行为,公司今后将继续遵照国家政策法规、规范经营运作。

(二)1996年期末募股资金使用余额7,194.55万元(计划用于200万台压缩机技改项目),除本期投入压缩机技改项目1,181,460.27元,余额7,076.44万元,仍暂用于补充流动资金及降低有关成本费用,待下半年压缩机技改项目全面启动后,保证将从流动资金中取还逐步投入该项目。

(三)7月30日,国家经贸委以国经贸改〔1997〕488号文批复200万台无氟制冷压缩机技术改造项目可行性研究报告,本公司将全面实施该技改项目。

(四)本公司1997年度不进行中期分红。

(五)本报告期内公司无重大诉讼、仲裁事项。

四、发行在外股票的变动和股权结构的变化

(一)本报告期内,公司发行在外的股本结构无变化。截止1997年6月30日止,公司股本结构如下(单位:万股,每股面值1元):

股份类别	年初数	本期增减	期末数
一、尚未流通股份			
1.发起人股份	10,500	—	10,500
其中:国有法人股	10,500	—	10,500
尚未流通股份合计	10,500	—	10,500
二、已流通股份			
1.A股	3,500	—	3,500
已流通股份合计	3,500	—	3,500
三、股份总数	14,000	—	14,000

(二)公司前10名最大股东持股情况(1997年6月27日)

股东名称	持股数量(万股)	持股比例(%)
(1)江西省景德镇华意电器总公司	10,500	75
(2)欣奇实业	104,645	0.747
(3)海南华昆农林有限公司	75.782	0.541
(4)济南市欣奇装饰工程有限公司	66.8	0.477
(5)深圳市华煦投资顾问有限公司	50	0.357
(6)广西北海市欣奇实业开发公司	48.2748	0.345
(7)洋浦中乾投资管理有限公司	26.01	0.186
(8)扬传启	23.19	0.166
(9)向大海	22.71	0.162
(10)深圳信创计算机网络系统有限公司	22	0.157

五、股东大会简介

公司于1997年5月5日上午在本公司召开了1996年度股东大会,出席大会的股东18名,代表股份11236.4万股,占股份总额的80.26%,符合《公司法》与公司章程的有关规定。经大会审议,表决通过了如下决议:

(一)审议通过了《董事会工作报告》;

(二)审议通过了《总经理业务报告》;

(三)审议通过了《监事会工作报告》;

(四)审议通过了《1996年度财务决算及1997年财务预算报告》;

(五)审议通过了《1996年度利润分配方案》;

(六)逐项审议通过了《1997年度配股方案》。

六、备查文件

1.载有董事长亲签笔名的中期报告原本。

2.公司1996年度股东大会材料。

查阅地址:江西省景德镇市新厂东路28号本公司证券办公室。

华意压缩机股份有限公司

1997年8月22日

山东胜利股份有限公司

山东胜利股份有限公司1996年年度报告摘要

一、公司简况

1.公司法定中文名称:山东胜利股份有限公司

英文名称:SHANDONG SHENGLI CO.,LTD

2.公司注册地点和办公地址:山东省济南市文化西路25号

邮政编码:250011

3.公司法定代表人:徐建国

4.公司咨询服务机构:董事会秘书处

联系人:徐永泉　徐伟

电话:(0531)6018518　6920495

传真:(0531)6909240

二、主要财务数据与财务指标

指标项目	本年数	上年数	比上年增减(%)
(1)主营业务收入(万元)	32875.07	26791.94	22.71
(2)净利润(万元)	2521.37	1598.92	57.69
(3)总资产(万元)	30629.16	16601.67	84.49
(4)股东权益(万元)	16468.31	6716.24	145.20
(5)每股收益(元)	0.32	0.32	0
(6)每股净资产(元)	2.09	1.34	55.97
(7)净资产收益率(%)	15.31	23.81	-35.70
(8)股东权益比率(%)	53.76	40.46	32.87

注:1.本公司1996年度中期每10股送红股3股,新增股本1815万股,每股收益、每股净资产按全面摊薄法计算。

2.扣除新股申购冻结资金利息后,有关财务数据和财务指标为:

(1)净利润(万元)	2407.66
(2)总资产(万元)	29974.79
(3)股东权益(万元)	16347.05
(4)每股收益(元)	0.31
(5)每股净资产(元)	2.08
(6)净资产收益率(%)	14.73
(7)股东权益比率(%)	54.54

三、公司业务回顾

1.一年来经营情况

1996年是公司实施"九五"发展规划纲要的第一年,也是公司大转折、大发展的一年。一年来,在政府有关部门、社会各界和广大股东的大力支持下,公司上下齐心协力,团结奋斗,开拓进取,取得了良好的经营业绩:全年完成主营业务收入32875万元,比上年增长22.7%;利润总额3119.8万元,比上年增长21.7%;净利润2521.4万元,比上年增长57.7%。人均销售收入超过百万元,创利润10万元以上。截止1996年末,公司总资产达30629万元,净资产16468万元,分别比上年增长84.49%和145.20%。公司再次被工商银行济南市分行评估确认为AAA级信用企业。

在过去的一年里,公司以上市为契机,继续采取有力措施,加大产业结构的调整力度,塑胶工业、国际贸易、物资流通三足鼎立的产业格局更加清晰,各项业务保持着良好的势头。

(1)塑胶管道项目取得新的进展。1996年公司将塑胶工业作为重点培植的主导产业,先后完成了水、电、气的配套建设,从国外引进的两条管道挤出生产线安装、调试一次成功并投入生产,管件配套工作正在抓紧进行;全年生产塑胶产品2703吨,销售2119吨,承揽施工的沾化县改水、胜利油田供排水、齐鲁石化排污等工程,均受到用户好评;在开发塑胶管道市场方面,做了大量的工作。高密度聚乙烯塑胶管被评为国家级新产品,并享受新增增值税两年返还25%的优惠政策。

(2)国际贸易稳步发展。1996年,在贸易企业普遍不景气的情况下,公司适时转变经营策略,依托油田市场,以进口买断和进口代理为主,实现进口与内贸的深度结合,积极开辟新市场、新领域,新上了进口乳胶漆代理项目,与国外30家公司建立了贸易关系,为今后扩大进出口规模创造了有利条件。

(3)物资流通规模继续扩大。公司充分利用石油成品油经营权,按照"大流通、大市场"的经营思路,以提高市场占有率为主要目标,大力开拓市场,在山东省内及华东地区形成了比较稳定的货源渠道和销售市场,全年销售成品油6.7万吨,化工、橡胶制品的销售量也有所扩大。液化气公司采用连锁经营模式,在济南市区发展了一批液化气供应网点,取得了良好的经济效益和社会效益。

主营业务收入及主营业务利润构成情况。1996年公司完成主营业务收入32875万元,其中塑胶工业4383万元,国际贸易12527万元,物资流通15965万元,分别占13.3%、38.1%、48.6%;主营业务利润2358.3万元,其中塑胶工业241.8万元,国际贸易732.7万元,物资流通1383.8万元,分别占10.3%、31%、58.7%。

2.对实际经营结果与盈利预测差异的说明

1996年公司的实际经营结果基本达到了盈利预测的目标,没有出现重大差异的情况。现将盈利预测与实际完成情况对比分析如下:

项　目	1996年预测数(万元)	实际完成数(万元)	完成预测的(%)
1.主营业务收入	42701	32875.1	76.99
2.主营业务利润	2797	2358.3	84.32
3.营业利润	2867	2611.2	91.08
4.利润总额	3211	3119.8	97.16
5.净利润	2507	2521.4	100.57

分析说明:造成主营业务收入、主营业务利润等指标未能全面完成盈利预测目标的原因,主要是本公司1996年处于产业结构的调整期,塑胶管道作为新产品,目前在国内还处于市场培育阶段,管道、管件产品规格尚不配套,因而未能完成生产经营计划。

3.前次募集资金的使用情况说明

公司于1996年6月19日通过公开发行股票募集资金5873.15万元,按照股东大会决议,将全部用于经国家经贸委国经贸改字[1995]650号文批准的由年产6000吨扩大到2万吨的塑胶管道技改项目,具体使用情况如下:

项　目　名　称	投资总额(万元)	96年计划(万元)	96年实际(万元)	项目进度
(1)PEX塑胶管材生产线改造	2215	505	408	建设期
(2)HDPE塑胶管材扩建工程	6675	2620	1211.2	建设期
(3)配套管件生产设施改造	1210	308	301.1	建设期
(4)其它汽车,医用民用塑胶制品	323	96	0	建设期

合计	10423	3529	1920.3

截止 1996 年底,所募集资金用于以上塑胶技改项目计 1920.3 万元,占募集资金总额的 32.7%,其中:

(1)固定资产塑胶工业项目共增加 535.3 万元.

①有关塑胶生产设备水、电、汽和工艺装备共 812.27 万元,其中新增 101.02 万元;

②塑胶管道两条生产线及大型工装共 2562.26 万元,其中新增 434.28 万元;

(2)在建工程购置土地、建筑物预付款 1385 万元。为扩大塑胶生产能力,拟购置塑胶生产厂周围备用土地 110.38 亩,每亩出让价约 5 万元计 551.9 万元;地上附属建筑物 21728.61 平方米计 944 万元,可作为生产厂房、仓库等用途。以上土地、建筑物经主管部门批复同意有偿转让,已上报山东省国资局,待确认后办理过户手续。

四、股本变化及股本结构情况

1. 股本变化及股本结构情况

(1)股本结构情况(截止日期:1996 年 12 月 31 日)

数量单位:股　每股面值:1.00 元

股份类别	期初数	送股	期末数
一.尚未流通股份			
1.国家股	17,500,000	5,250,000	22,750,000
2.募集法人股	14,250,000	4,275,000	18,525,000
3.内部职工股	11,250,000	3,375,000	14,625,000
尚未流通股份合计	43,000,000	12,900,000	55,900,000
二.已流通股份			
社会公众股	17,500,000	5,250,000	22,750,000
已流通股份合计	17,500,000	5,250,000	22,750,000
三.股份总数	60,500,000	18,150,000	78,650,000

注:本公司是 1996 年新上市公司,期初数系依据上市公告书中的股本结构填写。

(2)股本变动情况及原因

本公司 1995 年末总股本 5000 万股。1996 年 6 月 19 日向社会公开发行股票 1050 万股,原内部职工股占用发行额度 700 万股随新股一同上市。发行后总股本增至 6050 万股。

1996 年 9 月 10 日第五次股东大会(临时)审议通过了 1996 年度中期分红方案,向全体股东每 10 股送 3 股,送股后总股本增至 7865 万股。

(3)主要股东持股情况

序号　股东名称	年末持股数量(股)	占总股本(%)
1)山东省胜利集团公司	22,750,000	28.93
2)山东国际经济开发公司	6,500,000	8.26
3)山东省汽车销售(集团)股份有限公司	3,250,000	4.13
4)山东省交通投资公司	1,300,000	1.65
5)山东省经济技术开发中心	1,300,000	1.65
6)山东房地产集团公司	1,300,000	1.65
7)山东省华储公司	858,000	1.09
8)山东省绿野集团公司	780,000	0.99
9)山东省农资公司	650,000	0.83
10)山东省胜利建设总公司	650,000	0.83

(4)股东数量

截止 1996 年末,本公司股东总数为 19614 户,其中国家股东 1 户,法人股东 19 户,内部职工股东 1057 户,社会个人股东 18537 户。

2. 公司董事、监事、高级管理人员持股情况

姓名	职务	年初持股数	年末持股数
徐建国	董事长兼总经理	8,000	10,400
朱文科	副董事长	0	0
李力康	副董事长	0	0
赵全亭	董事	0	0
马新国	董事	4,000	4,000
马　莹	董事、副总经理	6,000	7,800
袁泽沛	董事	5,000	6,500
王　鹏	董事	4,000	5,200
隋立祖	董事	4,000	5,200
罗慧筠	董事	0	0
向维礼	董事	0	0
胡顺柏	监事长	4,000	5,200
杜登敏	监事	3,000	3,900
史永新	监事	2,000	2,600
陶连林	监事	2,000	2,600
潘学理	监事	2,000	2,600
孙向威	副总经理	0	0
王　坚	总会计师	0	0
温宗禹	总工程师	3,000	3,900
毛　迅	总经济师	0	0
徐永泉	董事会秘书	3,000	3,900

注:董事、监事与高级管理人员持股增加是由于公司 1996 年度中期分红送股所致,按有关规定其所持股已予冻结。

五、重要事项

1. 本报告期内股东大会、董事会情况说明

1996 年 3 月 12 日,公司召开了首届六次董事会会议,审议通过了董事长兼总经理 1995 年度工作报告、预决算方案的报告、股利分配方案的报告。

1996 年 4 月 22 日,公司召开了首届七次董事会会议,听取了关于股份公司内部规范工作的报告;根据股东大会的授权,就股票发行方式、发行价格、上市地点等事项作出了决定。

1996 年 4 月 26 日,公司召开了第四次股东大会,审议通过了 1995 年度董事会工作报告、监事会工作报告、财务预决算方案的报告、股利分配方案。

1996 年 6 月 21 日,公司召开了首届八次董事会会议,听取了公司股票发行上市工作进展情况的汇报;关于公司章程修改的说明;通报了公司上半年经营情况,研究了下半年的工作计划。

1996 年 7 月 25 日,公司召开了首届九次董事会会议,审议通过了公司 1996 年度中期报告,关于 1995 年度股利分配方案修正案及 1996 年中期分红的提案,1996 年中期报告及董事会决议公告刊登于 1996 年 8 月 8 日《证券时报》。

1996 年 9 月 9 日,公司召开了首届十次董事会会议,研究了对外投资事宜,决定从送股增加的 1815 万元资本中划出 1500 万元,参股组建山东省资产管理有限公司;决定公司再次面向社会公开招聘部分中、高级经营管理人员和专业技术人员;批准了公司内部体制改革方案。

1996 年 9 月 10 日,公司召开了第五次股东大会(临时),审议通过了 1995 年度股利分配方案修正案及 1996 年度中期分红的决议;批准修改后的公司章程的特别决议。股东大会决议公告刊登于 1996 年 9 月 11 日《证券时报》。

2.1996 年 6 月 19 日,公司以"上网定价"方式向社会公开发行人民币普通股票 1050 万股,招股说明书概要及发行公告刊登于 1996 年 6 月 14 日《证券时报》、《中国证券报》和 6 月 15 日《山东证券报》。

1996 年 7 月 3 日,公司发行的 1050 万股社会公众股及 700 万股内部职工股占额度在深圳证券交易所挂牌交易,股票简称:胜利股份,证券代码:0407,上市公告书刊登于 1996 年 6 月 29 日《证券时报》、《山东证券报》。

3.1996 年 10 月 8 日公司在《证券时报》刊登 1996 年度中期分红送股公告,股权登记日为 10 月 10 日,除权日为 10 月 11 日,所送可流通红股

起始交易日为10月15日。股份变动公告刊登于10月29日《证券时报》。

4.1996年度中期分红送股方案实施后,经湖北大信会计师事务所出具验资报告,公司注册资本由6050万元增至7865万元,并于1996年10月21日办理了变更手续。

5.公司的法律顾问由山东省对外律师事务所变更为山东平正律师事务所。

6.本公司报告期内未发生重大诉讼、仲裁事项。

六、子公司与关联企业

企业名称	所在地	注册资本(万元)	公司权益(%)	主营业务
山东胜利物资公司	山东省济南市	500	100	油品、煤炭、钢材机电产品销售
山东胜利石油化工有限公司	山东省东营市	2500	52	石油成品油、化工产品销售
山东胜利液化气有限公司	山东省济南市	200	90	石油液化气销售
山东海上石油服务有限公司	山东省东营市	200万美元	45	海上石油平台、船舶及仪器、设备维修
山东石油设备服务有限公司	山东省东营市	40万美元	35	钻井泥浆研制销售石油钻探设备及特种车辆维修
山东省资产管理有限公司	山东省济南市	8000	18.75	企业资产、股权及基金的委托管理、委托经营投资管理

七、财务报告

(一)审计意见

公司财务报表经湖北大信会计师事务所陈振奎、邵九林注册会计师审计,并出具无保留意见的审计报告。

(二)财务报表

(三)财务报表附注

A、公司采用主要会计政策

1.执行的会计制度:公司现执行《股份制试点企业会计制度》;公司控股企业——山东胜利石油化工有限公司执行《商品流通企业会计制度》;公司控股企业——山东海上石油服务有限公司、山东石油设备服务有限公司执行《外商投资企业会计制度》。

2.会计期间:会计年度采用公历年度,即1月1日—12月31日。

3.合并报表编制方法:根据《企业会计准则》及财政部财会字(1995)11号文之规定,本次报表合并范围:分公司、全资子公司、拥有50%以上权益的控股公司、实际拥有经营管理控制权企业。合并报表时,其公司内部投资和内部往来均予以抵消。

4.记帐原则、计价基础:公司以权责发生为记帐原则,以历史成本为计价基础。

5.外币折算方法:外币折算按交易当日国家外汇牌价取其中间价值折合为记帐本位币,年终调整汇兑损益,计入财务费用。

6.存货计价方法:存货购进按实际成本计价,发出按加权平均法计算。

7.长期投资的核算:公司的长期投资属联营投资,按协议投资股权比例分享投资收益,投资收益按成本法核算。

8.固定资产及折旧:

固定资产标准:使用期限在1年以上,单位价值2000以上的房屋及建筑物、机器设备、运输工具等;

固定资产计价:按购建时的实际成本计价;

折旧方法:直线法;

预计残值:按原值的3%计留残值;

固定资产分类、使用年限、折旧率:

类别	预计使用年限(年)	年折旧率(%)
房屋及建筑物	35	2.77
通用设备	8	12.13
专用设备	10	9.70
运输工具	6	16.17
其他	3	32.33

9.无形资产及摊销:无形资产指土地使用权价值。

宗地	用途	使用年限(年)	摊销年限(年)	摊销方法
山东胜利塑胶分公司用地	工业	50	50	直线法
山东胜利石油化工有限公司用地	综合	50	50	直线法
山东胜利股份有限公司(济南)用地	商贸办公	40	40	直线法

10.递延资产及摊销:递延资产主要指开办费,公司拟在不短于5年的期限摊销。

11.公司发生的坏帐损失,采用直接转销法处理。

12.主要税项:

税种	税率
(1)增值税	17%
(2)营业税	3%—5%
(3)城市维护建设税	7%(按增值税、营业税额)
(4)教育费附加	3%(按增值税、营业税额)

(5)所得税:公司按33%计提缴纳所得税,6—12月返还18%,已由省级财政部门认可,公司异地子公司按当地政府有关规定缴纳所得税。

B、会计报表主要项目注释

1.货币资金较去年增加120.41%;主要原因是公司本年新股发行募集资金所致。

2.短期投资增加7,000,000元系公司本年向省工商银行信托投资公司济南营业部投资所致。

3.应收帐款　　66,151,707.58元

其中:

一年内帐龄46户　　58,114,694.98元

1—2年帐龄10户　　8,037,012.60元

注:应收帐款较去年增加58.33%,是因为公司本年扩展业务领域致使应收销货款增加。持有本公司5%以上股权的主要股东没有欠款。

4.预付帐款较上年增加309.19%,原因是:

(1)订购塑胶管原材料聚乙烯预付638万元,较上年增长420.18%。

(2)订购燃油预付款324万元。

5.其他应收款　　47,660,401.13元

其中:	金额
一年以内帐龄107户	28,577,917.61元
1—2年帐龄36户	19,082,483.52元

注:其他应收款中无5%以上股权的股东的欠款。

6.存货34,992,396.61元

注:本项目较年初增加243.80%,原因是由于公司本年业务规模不断扩大,库存商品、原材料大幅度增长。

7.长期投资　　17,450,000.00元

被投资公司名称	金额(元)	占被投资单位注册资本比例
山东省资产管理有限公司	15,000,000.00	18.75%
工行山东信托投资有限公司	2,450,000.00	0.35%

注:本年新增长期投资1500万元,致使本项目较上年增加612.24%,长期投资均无期限。

8.在建工程15,439,238.71元。

工程名称	工程进度	实际支用数(元)	原预算数(万元)	批准文号	资金来源
高密度聚乙烯(HDPE)生产线扩能二期工程	13.3%	13,844,822.71	10,423	国经贸改(1995)650号	募集

液化气站工程	80%	1,594,16.00	200

9.递延资产 4,144,958.91 元

项目	原值(元)	已摊金额(元)	期末余额(元)
开办费	2,860,285.13		2,860,285.13
房屋装修费	693,316.84	33,587.00	659,729.84
其他递延支出	624,943.94		624,943.94
合计	4,178,545.91	33,587.00	4,144,958.91

注:递延资产较去年增加 104.33%主要原因是开办费及公司房屋装修费增加所致。

10.短期借款 11,250,000.00 元

注:本项目较年初增加 75%,其原因是公司上半年因业务拓展需要补充流动资金所致。

11.应付帐款 42,291,436.03 元中无关联公司款项。

注:本项目较年初增加 40.04%,是由于公司本年增加了原材料、库存商品的存货的储量所致。

12.预收帐款 4,250,451.28 元较去年增加 515.81%,主要是因为客户订货增加所致。

13.未交税金 3,583,589.35 元

注:未交税金较上年增加 936.84%,是由于所得税欠缴所致。

14.未付股利较去年减少 100%,是因为公司本年支付股利所致。

15.其他应付款 35,165,991.62 元中无关联公司款项。

注:本项目较年初增加 74.87%,其主要原因是公司控股公司山东石油设备服务有限公司暂收款较上年大幅增加所致。

16.长期借款

借款种类	借款日/到期日	年利率	币种	金额(折合人民币)	借款条件
奥地利政府贷款	1995.12.19—2015.12.18	4.5%	奥先令	23,610,758.45	信用贷款

注:(1)本项目本年增加 94.14%,系公司在本年引进塑胶生产线所致。

(2)本项目 1995.7—1996.12 利息共计 629,282.80 已列入在建工程并于年末完工时一并转入固定资产项目。

17.长期应付款 5,331,163.16 元,系根据财政部财政工字〔96〕434 号文"关于股份制企业所收申购款存款利息收入财务处理的通知"规定,鉴于公司申购无效资金在冻结期间发生的存款利息收入较大,公司决定分五年记入营业外收入,余额暂列本项目。

18.资本公积 61,179,082.84 元

	金额
1996 年 1 月 1 日	12,872,090.64 元
增加:本年新股发行溢价收入	48,231,500.00 元
申购冻结资金利息	75,492.20 元
1996 年 12 月 31 日	61,179,082.84 元

19.盈余公积

1996 年 1 月 1 日	4,290,291.42 元
增加:本年提取法定公积	2,521,370.22 元
本年提取法定公益金	1,260,685.11 元
1996 年 12 月 31 日	8,072,346.75 元

20.未分配利润 16,781,646.86 元

1996 年 1 月 1 日	
增加:本年度净利润	25,213,702.19 元
减少:提取法定公积	2,521,370.22 元
提取法定公益	1,260,685.11 元
分配普通股股利	4,650,000.00 元
1996 年 12 月 31 日	16,781,646.86 元

21.销售费用较去年增加 36.53%,主要由于公司销售规模,渠道不断扩大,销售费用增加所致。

22.管理费用较去年增加 47.5%,是由于公司规模不断扩大,管理机构、管理人员增加所致。

23.财务费用 924,521.78 元

其中:利息净支出	890,980.86 元
手续费	2,188.30 元
汇兑损失	31,352.62 元

注:本项目较去年增加 104 万元,主要由于贷款增加所致。

24.投资收益 2,380,000 元,其中:

短期投资收益(省工商银行信托投资公司济南营业部)	1,200,000.00 元
长期投资收益(山东信托投资公司)	1,180,000.00 元

八、其他事项

公司首届十二次董事会会议研究通过了利润分配和配股预案:

1.1996 年度利润分配预案。1996 年公司实现净利润 25,213,702.19 元,提取 10%法定公积金计 2,521,370.22 元,提取 5%法定公益金计 1,260,685.11 元,减去中期已分配 4,650,000 元,尚余可供股东分配利润 16,781,646.86 元,鉴于 1996 年中期已进行分红,决定结转于 1997 年度分配。

2.1997 年度配股预案。按 1996 年 6 月 30 日总股本 6050 万股计每 10 股配 3 股(以 1996 年末总股本 7865 万股计为每 10 股配 2.31 股),配股总额 1815 万股;;配股价格浮动范围 4.00—6.00 元;配股方案有效期限为股东大会通过后 6 个月,募集资金用于补充塑胶管道技改项目资金缺口。

山东胜利股份有限公司董事会

1997 年 3 月 26 日

财务状况变动表

企业名称:山东胜利股份有限公司　　1996 年度　　单位:人民币元

流动资金来源和运用	合并	母公司
一、流动资金来源		
1.本年净利润	25,213,702.19	25,213,702.19
加:不减少流动资金的费用和损失		
(1)少数股东本期损益		
(2)固定资产折旧	2,154,214.73	2,391,212.23
(3)无形资产、递延资产及其他资产摊销	89,422.42	89,422.42
(4)固定资产盘亏		
(5)清理固定资产损失		
(6)递延税款		
(7)其他不减少流动资金的费用和损失		
小计	27,457,339.34	27,694,336.84
2.其他来源		
(1)固定资产清理收入(减清理费用)		
(2)增加长期负债	16,779,747.51	16,779,747.51
(3)收回长期投资		20,609,592.90
(4)对外投资转出固定资产		
(5)对外投资转出无形资产		
(6)资本净增加额	80,739,047.53	80,739,047.53
(7)少数股东资本净增加额	527,664.21	
小计	98,046,459.25	118,128,387.94
流动资金来源合计	125,503,798.59	145,822,724.78
二、流动资金运用		
1.利润分配		
(1)提取法定公积金	2,521,370.22	2,521,370.22
(2)提取法定公益金	1,260,685.11	1,260,685.11
(3)提取任意公积金		
(4)已分配股利	4,650,000.00	4,650,000.00
(5)上交利润		
小 计	8,432,055.33	8,432,055.33
2.少数股东利润分配		
3.其他运作:		
(1)固定资产和在建工程净增加额(原值)	33,631,220.68	58,961,329.92
(2)增加无形资产、递延资产及其他资产	2,116,359.04	5,025,653.86

流动资金来源和运用	合并	母公司
(3)偿还长期负债		
(4)增加长期投资	15,000,000.00	
小 计	50,747,579.72	63,986,983.78
流动资金运用合计	59,179,635.05	72,419,039.11
外币会计报表折算整额		
流动资金增加净额	66,324,163.54	73,403,685.67
流动资金各项目的变动		
一、流动资产本年增加数		
(1)货币资金	19,163,729.66	18,216,556.73
(2)短期投资	7,000,000.00	7,000,000.00
(3)应收票据	450,000.00	450,000.00
(4)应收帐款净额	24,369,826.24	15,731,677.61
(5)预付帐款	8,269,684.77	10,011,277.41
(6)其他应收款	7,993,015.42	20,381,827.24
(7)待摊费用	-289,703.01	-17,160.66
(8)存货	24,814,336.21	24,727,487.21
(9)待处理流动资产净损失(减收益)		
(10)一年内到期的长期债券投资		
(11)其他流动资产		
流动资产增加净额	91,770,889.29	96,501,665.54
二、流动负本年增加数		
(1)短期借款	4,850,000.00	7,250,000.00
(2)应付票据		
(3)应付帐款	12,092,642.06	29,410,631.90
(4)预收帐款	3,560,232.03	9,939,866.12
(5)应付福利费	310,529.93	319,677.14
(6)未付股利	-13,500,000.00	-13,500,000.00
(7)未交税金	3,237,962.87	2,645,619.44
(8)其他未交款	22,745.60	53,327.37
(9)其他应付款	15,055,699.95	-12,883,142.10
(10)预提费用	-183,086.71	-138,000.00
(11)一年内到期的长期负债		
(12)其他流动负债		
流动负债增加净额	25,446,725.75	23,097,979.87
流动资金增加净额	66,324,163.54	73,403,685.67

利润及利润分配表

编制单位:山东胜利股份有限公司　　1996 年度　单位:人民币元

项目	本年实际数	上年同期数	本年实际数	上年同期数
	(母公司)	(母公司)	(合并)	(合并)
一、主营业务收入	179,238,596.23	97,724,099.89	328,750,710.11	267,919,356.54
减:营业成本	148,404,115.40	87,492,376.17	287,774,277.48	233,507,925.53
销售费用	3,204,435.01	13,009.51	3,370,104.86	2,468,340.44
管理费用	6,535,437.43	2,567,237.80	11,882,620.64	8,056,234.30
财务费用	999,282.66	490,353.41	924,521.78	-113,445.30
进货费用				
营业税金及附加	1,182,939.96	7,892.71	1,216.606.93	970,800.01
二、主营业务利润	18,912,385.78	7,153,230.29	23,582,578.42	23,029,500.89
加:其他业务利润	2,219,386.00	527,159.05	2,529,139.94	820,432.52
三、营业利润	21,131,771.78	7,680,389.34	26,111,718.36	23,849,933.41
加:投资收益	7,000,866.30	10,865,853.91	2,380,000.00	
营业外收入	1,480,281.90		2,532,202.22	1,897,972.24
减:营业外支出	220,231.16	33,535.90	227,664.18	107,564.69
加:以前年度损益调整	6,720.00		401,506.55	
四、利润总额	29,399,408.82	18,512,707.35	31,197,762.95	25,640,340.96
减:所得税	4,185,706.63	2,523,461.64	4,791,355.86	8,461,312.52
少数股东权益			1,192,704.90	1,189,782.73
五、本年净利润	25,213,702.19	15,989,245.71	25,213,702.19	15,989,245.71
加:年初未分配利润				
盈余公积转入数				
六、可以分配的利润	25,213,702.19	15,989,245.71	25,213,702.19	15,989,245.71
减:提取法定公积金	2,521,370.22	1,598,924.57	2,521,370.22	1,598,924.57
提取法定公益金	1,260,685.11	799,462.29	1,260,685.11	799,462.29
七、可供股东分配的利润	21,431,646.86	13,590,858.85	21,431,646.86	13,590,858.85
减:已分配优先股利股				
提取任意公积金		90,858.85		90,858.85
已分配普通股股利	4,650,000.00	13,500,000.00	4,650,000.00	13,500,000.00
八、未分配利润	16,781,646.86		16,781,646.86	

资　产　负　债　表

编制单位:山东胜利股份有限公司　1996 年 12 月 31 日

单位:人民币元

资产	年初数(母公司)	年初数(合并)	年末数(母公司)	年末数(合并)
流动资产:				
货币资金	3,544,969.76	15,915,807.12	21,761,526.49	35,079,536.78
短期投资			7,000,000.00	7,000,000.00
应收票据			450,000.00	450,000.00
应收帐款	16,399,175.94	41,781,881.34	32,130,853.55	66,151,707.58
减:坏帐准备				
应收帐款净额	16,399,175.94	41,781,881.34	32,130,853.55	66,151,707.58
预付货款	2,044.60	2,674,634.47	10,013,322.01	10,944,319.24
其他应收款	10,529,862.52	39,667,385.71	30,911,689.76	47,660,401.13
待摊费用	21,756.00	319,837.58	4,595.34	47,660,401.13
存货	419,980.16	10,170,060.40	25,147,467.37	54,992,396.61
待处理流动资产净损失				
一年内到期的长期债券投资				
其他流动资产				
流动资产合计	30,917,788.98	110,537,606.62	127,419,454.52	202,308,495.91
长期投资				
长期投资	78,881,097.91	2,450,000.00	58,271,505.01	17,450,000.00
固定资产				
固定资产原值	16,842,946.23	48,839,552.67	61,959,453.44	67,256,106.13
减:累计折旧	862,811.99	1,998,950.02	3,254,024,22	4,153,164.75
固定资产净值	15,980,134.24	46,840,602.65	58,705,429.22	63,102,941.38
在建工程		224,571.49	13,844,822.71	15,459,258.71
固定资产清理				
待处理固定资产净损失				
固定资产合计	15,980,134.24	47,065,174.14	72,550,251.93	78,542,180.09
无形资产及递延资产				
无形资产	1,899,555.45	3,935,350.95	3,845,928.49	3,845,928.49
递延资产	245,053,25	2,028,599.83	5,234,911.65	4,144,958.91
无形资产及递延资产合计	2,144,608.70	5,963,950.78	7,080,840.14	7,990,887.40
其他长期资产				
其他长期资产				
递延税项:				
递延税款借项				
资产总计	127,923,629.83	166,016,731.54	265,322,051.60	306,291,563.40
负债及股东权益	年初数(母公司)	年初数(合并)	年末数(母公司)	年末数(合并)
流动负债:				
短期借款	4,000,000.00	6,400,000.00	11,250,000.00	11,250,000.00
应付票据				
应付帐款	502,799.91	30,198,793.95	29,913,431.81	42,291,436.03
预收帐款		690,219.25	9,939,866.12	4,250,451.28
应付福利费	73,460.21	219,270.40	393,137.35	529,800.33
未付股利	13,500,000.00	13,500,000.00		
未交税金	37,970.48	345,626.48	2,683,589.92	3,583,589.35
其他未交款		32,230.19	53,327.37	54,975.79
其他应付款	30,346,843.07	20,110,291.67	17,463,700.97	35,165,991.62
预提费用	138,000.00	183,086.71		
一年内到期的长期负债				
其他流动负债				
流动负债合计	48,599,073.67	71,679,518.65	71,697,053.54	97,126,244.40
长期负债:				
长期借款	12,162,174.10	12,162,174.10	23,610,758.45	23,610,758.45
应付债券				
长期应付款			5,331,165.16	5,331,163.16
其他长期负债				
长期负债合计	48,599,073.67	71,679,518.65	71,697,053.54	28,941,921.61
递延税项:				
递延税款贷项				
负债合计	60,761,247.77	83,841,692.75	100,638,975.15	126,068,166.01
少数股东权益		15,012,656.73		15,540,320.94
股票权益				
股本	50,000,000.00	50,000,000.00	78,650,000.00	78,650,000.00
资本公积	12,872,090.64	12,872,090.64	61,179,062.84	61,179,082.84
盈余公积	4,290,291.42	4,290,291.42	8,072,346.75	8,072,346.75
其中:公益金	1,306,264.58	1,306,264.58	2,566,949.69	2,566,949.69
未分配利润			16,781,646.86	16,781,646.86
股东权益合计	67,162,382.00	67,162,382.06	164,683,076.45	164,683,076.45
负债及股东权益总计	127,923,629.83	166,016,731.54	265,322,051.60	306,291,563.40

山东胜利股份有限公司1997年度中期报告

一、财务报告

(一)财务报表(公司委托湖北大信会计师事务所进行审计,陈振奎、邵九林注册会计师出具"无保留意见的审计报告"鄂信业字〔1997〕第451号)。

简化的资产负债表　1997年6月30日　单位:人民币元

项　　目	期末数	年初数
流动资产	276,133,864.46	202,308,495.91
长期投资	15,000,000.00	17,450,000.00
固定资产净值	63,657,375.58	63,102,941.38
在建工程	16,302,413.04	15,439,238.71
无形资产及递延资产	8,880,794.78	7,990,887.40
资产总计	379,974,447.86	306,291,563.40
流动负债	152,496,381.75	97,126,244.40
长期负债	28,293,026.23	28,941,921.61
负债合计	180,789,407.98	126,068,166.01
少数股东权益	19,461,518.50	15,540,320.94
股本	78,650,000.00	78,650,000.00
资本公积金	61,179,082.84	61,179,082.84
盈余公积金	8,072,346.75	8,072,346.75
未分配利润	31,822,091.79	16,781,646.86
股东权益合计	179,723,521.38	164,683,076.45
负债及股东权益总计	379,974,447.86	306,291,563.40

简化的损益表　1997年1-6月　单位:人民币元

项　　目	本期	上年同期
主营业务收入	230,983,247.57	206,896,303.94
主营业务利润	18,081,332.73	15,842,789.97
其他业务利润	1,044,578.75	2,197,696.31
投资收益	1,087,500.00	
营业外收支净额	691,363.88	356,285.51
利润总额	20,863,371.01	18,396,771.79
所得税	2,881,728.52	3,061,822.78
少数股东权益	2,941,197.56	329,816.58
净利润	15,040,444.93	15,005,132.43

(二)其他财务指标

指标名称	1997年1-6月	1996年1-6月
1.每股收益	0.19元	0.25元
2.净资产收益率	8.37%	10.64%
3.每股净资产	2.29元	2.33元

(三)财务报表附注

1.以上中期财务报告与1996年年度报告所采用的会计政策和方法相一致。

2.本报告期合并会计报表单位增加山东胜利上海有限公司,该公司于1997年6月在上海市工商行政管理局注册,注册资本人民币280万元,公司占有65%股权。

3.上年同期净利润中含有冻结无效申购资金利息收入660万元,因而与今年的净利润、每股收益等具有不可比性。

4.流动资产中应收票据6,436,050.00元,比期初数增加1330.23%,主要原因是公司下属青岛分公司应收票据较1996年增加5,154,000.00元所致。

5.流动资产中预付帐款53,255,976.64元,较期初增加386.61%,是由下列原因所致:(1)定购塑胶设备预付定金1000万元,较期初增加1000万元;(2)订购油料预付1898万元,较期初增加1766万元;(3)订购橡胶预付1162万元,较期初增加1157万元。

6.流动资产中存货51,644,240.75元,较期初增加47.59%,主要原因是公司业务规模不断扩大,库存商品、原材料大幅度增长所致。

7.流动负债中应付帐款66,758,052.49元,较期初增加57.9%,是由于公司本年增加了原材料964万元,库存商品660万元等存货的储量所致。

8.流动负债中预收帐款23,863,514.95元,较期初增加461.43%,主要是因为客户订货增加。

9.流动负债中其它未交款823,011.96元,较期初增加1397.04%,主要原因系本公司控股的山东石油设备有限公司未交教育附加、市场平抑基金、治安费增大所致。

10.主营业务收入中销售费用较去年同期数增加109.29%,主要由于塑胶分公司产品广告费增加所致。

11.主营业务收入和财务费用较上年增加599.5万元,主要是上年同期数中含有冻结无效资金利息收入660万元。

12.主营业务收入中营业税金及附加611,998.77元,比上年同期增加115.01%,主要是由于销售商品结构变化,引起交纳营业税、城建税、教育附加增加所致。

13.公司与其他关联企业之间签订的合同、协议按公平、公正原则签订,发生的交易按市场价格结算。本报告期内与其它关联企业未发生关联交易。

二、经营情况的回顾与展望

(一)上半年经营情况的回顾

1997年上半年,公司全体员工认真贯彻股东大会、董事会的各项决议,团结奋斗,开拓进取,生产经营等各项工作都取得了新的进展:

经济效益稳定增长。上半年完成主营业务收入23098.3万元,比上年同期增长11.64%;实现利润总额2086.3万元,比上年同期增长13.4%;实现净利润1504万元,比上年同期增长0.23%。以上三项主要经济指标中,主营业务收入、利润总额已实现时间过半完成任务过半。

主营业务取得新进展。公司大力扶持和培植塑胶管道项目,通过狠抓市场开拓和产品配套两个环节,生产、销售已呈现出良好的发展势头,技术改造工程进展顺利;物资流通、进出口贸易稳定发展,石油制品、化工产品等重要物资的市场占有率有所扩大;设在青岛的胜利加油站已投入运营,成为公司新的效益来源。

在资本经营方面,公司上半年做了大量的前期准备工作,为下一步实施兼并联合创造了条件。

在管理方面,公司通过开展创建"企业管理示范工程"活动,使基础管理工作更加扎实,整体管理水平明显提高。先后被评为省级"重合同、守信誉"企业、AAA级特级信誉企业,并通过了"山东省管理示范企业"的考评。

在队伍建设方面,公司对下属公司经理班子进行了全面考核,并对部分领导班子进行了调整充实。同时,再次面向社会公开招聘了一批人才。

(二)下半年计划

公司下半年工作的指导思想是:紧紧围绕经济效益这个中心,科学决策,强化管理,采取切实可行的措施,力争全面完成1997年度经营目标。

下半年要重点做好以下几项工作:

1.配股工作争取在第三季度全面完成,以尽快筹集资金,补充塑胶管道技改项目的资金缺口。

2.对企业兼并的前期工作进行阶段性总结,调整思路,抓住机遇,充分运用国家有关破产、兼并方面的政策,力争在企业资本经营上取得实质性进展,实现低成本扩张。

3.加紧实施年产2万吨塑胶管道技改项目,对此要进行专门研究,做出具体安排。塑胶管道集团的筹建工作继续进行。

4.进一步强化内部管理。要在坚持公司灵活的企业经营机制及管理方面已形成的企业管理特色,保持企业生机与活力的同时,不断加强制度化、规范化建设,确保企业的持续、健康发展。

三、重大事件的说明

(一)募集资金使用情况。公司于1996年6月19日公开发行股票募集资金5873.15万元,主要用于年产2万吨塑胶管道技改项目,符合《招股说明书》所披露的募集资金用途。截止1997年6月30日,实际投入3153.7万元,占募集资金的53.7%,其余资金将在下半年投入。已使用资金包括:塑胶生产用工装配投入680.3万元;购置土地、建筑物1385万元;订购设备预付定金1000万元,工程实际进度已完成计划的40%。该技改项目现正处于建设期,尚未增加经济效益。

(二)根据国务院证券委、中国人民银行、国家经贸委5月21日联合发布的《关于严禁国有企业和上市公司炒作股票的规定》要求,公司进行了认真检查。至今为止,本公司仅持有上海证券中央登记结算公司帐户1个,该帐户未持有任何股票。此外,本公司及子公司并无其它持有上市流通股票的帐户。

(三)由于信托投资公司与银行脱钩,公司已于1997年4月从参股企业中国工商银行山东省信托投资股份公司撤回全部投资,共计245万元。

(四)本公司1997年度中期不分红。

(五)本报告期内公司无重大诉讼、仲裁事项。

四、发行在外股票的变动和股权结构的变化

(一)本报告期内公司发行在外的股票没有发生变动。

(二)股权结构情况

股份单位:股　面值:每股人民币1.00元,截止1997年6月30日

股份类别	期初数	期末数	占总股本的比例(%)
一、尚未流通股份			
1.发起人股份	22,750,000	22,750,000	28.93
其中:国家股	22,750,000	22,750,000	28.93
2.募集法人股	18.525,000	18,525,000	23.55
3.内部职工股	14,625,000	14,625,000	18.59
尚未流通股份合计	55,900,000	55,900,000	71.07
二、已流通股份			
A股	22,750,000	22,750,000	28.93
已流通股份合计	22,750,000	22,750,000	28.93
三、股份总数	78,650,000	78,650,000	100.00

(三)公司前十名股东持股情况

股东名称	持股数	占总股本的比例(%)
山东省胜利集团公司	22,750,000	28.93
山东国际经济开发公司	6,500,000	8.26
山东省汽车销售(集团)股份有限公司	3,250,000	4.13
山东省交通投资公司	1,300,000	1.65
山东省经济技术开发中心	1,300,000	1.65
山东房地产集团公司	1,300,000	1.65
山东省华储公司	858,000	1.09
深圳光怡实业有限公司	781,000	0.99
山东省绿野集团公司	780,000	0.99
深圳兆拓实业发展有限公司	726,058	0.92

注:山东省胜利集团公司代表山东省国有资产管理局持有国家股2275万股。

五、股东大会简介

(一)公司于1997年4月29日在济南市南郊宾馆召开了第六次股东大会。出席本次会议的股东代表29人,代表股份数5282.5万股,占公司总股份的67.17%,符合《公司法》和本公司章程的有关规定。大会审议并表决通过了以下事项和决议:

1.审议通过了公司董事会1996年度工作报告;

2.审议通过了公司1996年度财务决算和1997年度财务预算报告;

3.审议通过了公司1996年度股利分配方案,决定将可供股东分配利润1678.16万元结转1997年度分配;

4.审议通过了公司监事会1996年度工作报告;

5.审议通过了续聘湖北大信会计师事务所的决议;

6.审议通过了公司1997年度增资配股的决议;

7.选举产生了公司第二届董事会、监事会。

六、备查文件

公司在总部备置了齐全、完整的有关文件供股东查阅:

(一)载有董事长、总经理亲笔签名的中期报告原本;

(二)载有湖北大信会计师事务所盖章,注册会计师亲笔签字的审计报告正文及财务报表;

(三)中国证监会、深圳证交所要求的其它文件、资料。

山东胜利股份有限公司董事会

1997年8月1日

河北华玉股份有限公司

河北华玉股份有限公司1996年年度报告摘要

一、公司简况

1. 公司名称:河北华玉股份有限公司
英文名称:HEBEI HUAYU COMPANY LIMITED.
2. 公司地址:河北省邯郸市峰峰矿区彭新路21号
邮政编码:056200
3. 公司法定代表:张士成
4. 公司咨询服务机构:财务证券部
电话:(0310)5023927　传真:(0310)5023067
联系人:赵平安、郭宝贵

二、主要财务数据与财务指标

指标项目	1996年	比上年增减%	1995年
1.营业收入(万元)	12,871.21	30.72	9,845.85
2.净利润(万元)	1,460.24	58.25	922.71
3.总资产(万元)	26,989.93	66.35	16,225.18
4.股东权益(万元)	13,485.56	148.18	5,433.77
5.每股收益(元)	0.29	11.53	0.26
6.每股净资产(元)	2.68	65.43	1.62
7.净资产收益率(%)	10.83	-36.22	16.98
8.股东权益比率(%)	49.97	49.21	33.49

注:扣除冻结资金利息后,股东权益为13,319.21万元,每股净资产2.66元,净资产收益率10.96%,股东权益比率49.35%。

三、公司主要业务回顾

1. 一年来经营情况

1996年,公司面对市场竞争激烈、技改任务大、产品结构调整工作繁重、遭遇50年一遇的洪水灾害等困难,积极开展生产自救,千方百计弥补自然灾害和客观原因造成的损失。与此同时,公司还在国家产业政策的指导下,实施"科技兴陶、管理兴企"两个战略,坚持出口、内销同举的经营方针,强化市场营销,开辟国内、国际两个市场,大力调整产品结构,增加高科技、高附加值产品产量,加大科技投入,加快技术改造步伐。年产60万平方米抛光地砖生产线和环宇瓷生产线建成投产,为公司的发展奠定了基础,增加了后劲。1996年,公司在克服特大洪水灾害和长期供应煤炭的大型国有煤矿出水被淹停产,煤炭燃料紧缺,价格上涨、成本上升给公司生产经营造成了不利影响和损失等困难情况下,实现主营业务收入12,871.21万元,比上年增加30.72%,净利润1,460万元,完成年计划的82%,比上年增加58.26%,总资产达到26,989.93万元,比上年增加66.35%,每股净资产2.68元,比上年增加65.43%,净资产收益率10.83%,比上年增加36.22%,每股收益0.29元。

2. 本公司未发行境内上市外资股,亦无境外上市外资股,会计报表的编制及税后利润计算均统一按《股份制试点企业会计制度》执行。

3. 1996年,公司实现主营业务收入12,871.21万元,完成年计划的101.55%,净利润1,460.24万元,完成年计划的82%。造成净利润与预测目标差异的主要原因:

(1) 1996年8月份,公司遭受50年未遇的洪涝灾害,生产经营受到影响,公司财产受到损失,据统计,此次洪涝灾害使公司蒙受损失约350万元;

(2) 1996年11月份,公司所在地周围大型国有煤矿出水被淹,乡镇、个体煤矿被关闭,煤炭燃料紧缺,价格上涨,因此导致公司成本上升约50万元;

关于公司所在地遭受洪水灾害和国有大型煤矿出水被淹,人民日报、中央电视台"焦点访谈"等新闻媒介均有披露和报道。

基于不可预见和抗拒的自然灾害和客观原因,影响了公司的正常生产经营,致使公司未能实现预期经营目标,在此谨向全体股东致歉,并请谅解。

4. 募集资金的使用情况说明

1996年,公司首次发行股票募集资金实收7200万元,扣减募股费用后,将有6918.2万元投入使用,到1996年底,实际使用3707.43万元,主要用于"年产60万平方米抛光地砖生产线"、"环宇瓷生产线项目";补充公司流动资金、归还银行贷款等,具体情况见下表:

项目名称	计划投资(万元)	96年计划(万元)	96年实际投资(万元)	项目进度
年产60万平方米抛光地砖生产线	2,000	2,000	17,574.34	完工投产
环宇瓷生产线	550	550		完工投资
氧化铝陶瓷基片生产线	2,980	2,980		前期厂房改造
补充公司流动资金			900	
其它:归还银行贷款		500		
合　计			3,707.43	

(1) 年产60万平方米抛光地砖生产线。因募集资金到位比项目投资计划晚,及8月份遭受水灾影响项目进度和工期,致使该项目延期3个多月,于1996年11月份完工试产,12月份正式投产,见到效益。

(2) 环宇瓷生产线。该项目是公司为增加高档白瓷产量的填平补齐改造项目,项目工程量小,难度小,投资少,已于1996年6月份如期完工投产。增加了公司产品的配套能力,收到了较好效果。

(3) 氧化铝陶瓷基片生产线项目。该项目原计划投资2980万元,全部使用首次发行股票募集资金,1996年3月份完成厂房内部改造,计划7月份完成设备选型订货,9月份进行设备安装调试。8月份因日方放假,出国考察未能成行,9月份该项目负责人和技术人员赴日本进行了设备选型和市场考查任务,但在与日方谈判时,因日方软件技术转让费等条件太高,我方无法接受,现正在多渠道寻找合作厂家。根据市场形势和国家宏观政策调整,进口关税及引进设备增值税增加,软件技术转让费提高等原因,该项目需调整和追加投资1,820万元,总投资计划由原2,980万元增加到4,800万元。该项目追加和调整投资后,经过努力争取已被国家计委计外资1996(258)号文批准为利用日本输出入银行资金协力贷款出口创汇专项贷款备选项目。日本输出入银行贷款到位后,该项目方可进行。该项目追加和调整投资的议案,已经1997年1月8日的本公司临时股东大会通过,该项目决议已报中国证监会备案,决议公告刊登在1997年1月9日的《中国证券报》上。

四、股本变化及股本结构情况

1. 股本变化及股本结构情况

(1) 股本结构情况

本年度内公司总股本为5,040万股,其中国有法人股3,500万股,法人股40万股,社会公众股1,500万股。

(2) 股本变化情况

本年度内股本未有变动。

(3) 主要股东持股情况

名次	股东名称	年末持股数(股)	占总股本(%)
1	邯郸陶瓷(集团)总公司	35,000,000	69.44
2	深圳高尔夫俱乐部有限公司	726.254	1.44
3	深圳市图新发投资有限公司	424.400	0.84
4	深圳松立电子实业有限公司	400,000	0.79
5	深圳达文投资咨询公司	258,500	0.51
6	深圳香蜜湖渡假村有限公司	222,300	0.44
7	深圳展生实业有限公司	214,400	0.43

8	中南证券	170,000	0.33
9	杨毅峰	126,000	0.25
10	万安投资	120,250	0.24

(4)股东数量

至本年度末，公司股东总数为7,203户，其中发起人股东5户，社会公众股东7,198户。

2.公司董事、监事与高级管理人员持股情况

本年度,公司董事、监事及高级管理人员未持本公司股票,主要是因为本公司发行股票时,未设内部职工股,公司股票发行时,申购未能中签。

五、重要事项

1.股东大会、董事会情况

1)本公司首届股东大会于1996年6月24日在邯郸市梦林大厦召开,出席本次会议的股东及其委托人共6人,代表股权数35,401,000股,占公司股份总额50,400,000股的70.27%。大会审议并表决通过了以下事项和决议:

(1)审议并通过了《关于公司筹建及改制情况的报告》;

(2)审议并通过了《河北华玉股份有限公司章程》;

(3)审议并通过了《河北华玉股份有限公司监事会工作条例》;

(4)审议并通过了《河北华玉股份有限公司A种股票上市申请书》;

(5)审议并通过了《关于筹办河北华玉股份有限公司期间的费用开支情况的报告》;

(6)选举产生了本公司第一届董事会成员、第一届监事会成员。

2)本公司第一届第一次临时股东大会于1997年1月8日在邯郸宾馆召开,出席本次会议的股东和其委托人共6人,代表股权数3,549.2万股,占总股本5,040万股的70.42%,本次会议审议通过了如下决议:

(1)关于"追加和调整氧化铝陶瓷基片生产线项目投资"的议案;

(2)关于"年产600万件高档白玫日用细瓷生产线投资项目"的议案;

(3)关于"方石英强化瓷工业性试验投资项目"的议案。

3)本公司董事会第一次会议于1996年6月24日在邯郸市梦林大厦召开,本次会议选举张士成先生为董事长;特聘北方工业大学校长仇春霖教授为公司名誉董事长;选举吕虎太先生为副董事长并聘请兼任公司总经理;委任郭宝贵先生为公司董事会秘书。聘任品虎太、骈玉贵、栗保方、赵文奎、杨庆平、赵平安、张中华为公司高级管理人员。

4)本公司第二次董事会于1996年8月14日在公司总部召开,本次会议审议通过了公司的《1996年度中期报告》。

(5)本公司董事会第三次会议于1996年12月6日在公司总部召开,本次会议听取了总经理吕虎太先生关于公司1996年度工作情况的汇报;制定了1997年度经营计划;作出了"关于召开公司第一次临时股东大会的决议";审议通过了公司董事会提交第一次临时股东大会的"关于追加和调整氧化铝陶瓷基片生产线项目投资";"关于年产600万件高档白玫日用细瓷生产线投资项目";"关于方石英强化瓷工作业性试验投资项目"的议案。

2.本报告期内公司未发生配股、收购兼并、重大投资事项。

3.本年度公司法定代表、董事、监事未有变动。

4.公司注册地址、会计师事务所、法律顾问未有变动。

5.重大事件简介

(1)1996年6月24日公司召开创立大会暨第一届股东大会,通过了公司章程,选举产生了公司第一届董事会、第一届监事会,通过了公司监事会工作条例,通过了公司A种股票上市申请书。

(2)1996年6月24日公司首届董事会第一次会议召开,选举张士成先生为董事长、吕虎太先生为副董事长,特聘北方工业大学校长仇春霖教授为名誉董事长,委任郭宝贵先生为董事会秘书。

(3)1996年6月13日,公司1,500万股A种股票采取上网定价的方式面向全国公开发行,6月28日股票在深圳证券交易所挂牌交易;《招股说明书》刊登在1996年6月8日《中国证券报》、《证券时报》上,《上市公告书》刊登1996年6月26日《中国证券报》上。

(4)1996年8月初,公司所在地发生50年未遇的特大洪水灾害,此次水灾给公司造成了一定损失,曾一度影响了公司生产经营的正常进行。

(5)1996年12月6日,公司董事会第三次会议召开,本次会议审议通过了提交第一次临时股东大会的"关于追加和调整氧化铝陶瓷基片生产线项目投资";"关于年产600万件高档白玫日用细瓷生产线投资项目";"关于方石英强化瓷工业性实验投资项目"的议案,作出了1997年1月8日召开第一次临时股东大会"的决议。

6.本报告期内公司无重大诉讼、仲裁事项。

7.关联企业

名　称:邯郸冀泰陶瓷有限公司

所在地:河北省邯郸市峰峰矿区矿山路

注册资金:46万美元

主营业务:日用陶瓷

本公司拥有该公司所有者权益50%。

六、财务报告

1.审计意见

公司财务报告经河北会计师事务所注册会计师李云水、王飞审计,并出具了无保留意见的审计报告。

(97)冀会审字第1109号

河北华玉股份有限公司全体股东:

我们接受委托,审计了贵公司1996年12月31日的资产负债表及该年度利润表和财务状况变动表。上述会计报表由贵公司负责,我们的责任是对这些会计报表发表审计意见。我们的审计是根据中国注册会计师独立审计准则进行的。在审计过程中,我们结合贵公司的实际情况,实施了包括抽查会计记录等我们认为必要的审计程序。

我们认为,上述会计报表符合《企业会计准则》和《股份制试点企业会计制度》和国家其他有关财务法规的规定,在所有方面公允地反应了贵公司1996年12月31日的财务状况及该年度的经营成果和资金变动情况,会计处理方法的选用遵循了一贯性原则。

河北会计师事务所　　　　中国注册会计师:李云水

地址:中国　石家庄　　　　中国注册会计师:王　飞

电话:(0311)7040960　　　　1997年4月2日

2.财务报表(见附表)

3.财务报表附注

1)公司设立说明

本公司系经河北省人民政府以冀股办[1996]2号文批准,由邯郸陶瓷(集团)总公司将其所属第一瓷厂、第二瓷厂、工业瓷厂经资产重组后,与其他四家发起人共同以募集方式设立的股份有限公司。

1996年6月25日在河北省工商行政管理局注册登记,营业执照号码10436298-9,经营范围为陶瓷产品生产、销售、研制、开发,陶瓷原辅料生产、销售,技术咨询、服务。

2)主要会计政策

(1)会计制度

本公司执行财政部《股份制试点企业会计制度》。

(2)会计期间

本公司以公历1月1日起至12月31日止为会计年度。

(3)记帐原则及计价基础

本公司以权责发生制为记帐原则,以历史成本为计价基础。

(4)记帐本位币及外币计价

以人民币为记帐本位币。外币业务按业务发生时的国家外汇牌价作为折合率,折算为人民币入帐;期末调整汇兑损益计入财务费用。

(5)存货

本公司存货均按实际成本计价,发出存货时按加权平均计算,低值易耗品采用一次摊销法摊销。

(6)产品销售收入的实现

以产品已经发出、货款已经收到或者得到了收取货款的凭据时,作为销售收入的实现标志。

(7)长期投资

本公司对股权投资和联营投资按投资比例分别采用成本法(持有20%以下股权的)和权益法(持有20%以上股权的)核算。

(8)固定资产计价及折旧方法

本公司固定资产标准为使用年限在一年以上,单位价值在2000元以上的房屋及建筑物、机器设备、交通运输工具等;本公司固定资产按实际成本计价。折旧计提方法采用平均年限法,按照固定资产的类别、原价、规定使用年限、扣除残值率3%,确定其年分类折旧率如下:

类别	使用年限	年折旧率(%)
生产用房	40	2.42

非生产用房	45	2.20
建筑物	25	3.88
机械设备	14	6.93
动力设备	18	5.39
工业窑炉	13	7.46
传导设备	28	3.46
运输设备	12	8.08
电子计算机	10	9.64
仪器仪表	12	8.08

(9)坏帐准备

根据财务制度规定按应收帐款年末余额的0.5%计提。

(10)税项

本公司缴纳的主要税种及税率如下：

税种	税率
企业所得税	按照河北省人民政府冀政函〔1995〕121号文批准，本公司执行15%的所得税税率。
增值税	按17%(销项税率)计缴。
房产税	按房产原价一次减除30%后的余额为计税依据，年税率为1.2%计缴。
城建税	按增值税税款的7%计缴。
教育费附加	按增值税税款的3.5%计缴。

(11)利润分配

提取法定公积金	10%	1,460,239.59
提取法定公益金	5%	730,119.80

以上提取比例均按公司章程规定的提取比例计提。

3)会计报表项目附注

1. 货币资金余额　　57,241,921.34元

其中：现金	6,549.68元
银行存款	57,235,371.66元
合　计	57,241,921.34元

2. 应收帐款余额　　58,173,523.75元

帐龄分析如下：

帐龄	户数	金额	比例
一年以内	420	45,564,163.36	78.32%
1-2年	159	686,037.09	11.80%
2-3年	115	3,313,071.54	5.70%
3年以上	124	2,430,251.76	4.18%
合计	18	58,173,523.75	100.00%

无持股5%以上股东欠款。

3. 其他应收款余额　　22,377,157.81元

帐龄分析如下：

帐龄	户数	金额	比例
一年以内	146	13,451,417.04	60.11%
1-2年	37	2,040,616.17	9.12%
2-3年	65	5,895,049.63	26.34%
3年以上	8	990,075.37	4.43%
合计	265	22,377,157.81	100.00%

持股5%以上股东欠款情况：

邯郸陶瓷(集团)总公司欠款　　3,549,506.69元

4. 存货　　32,309,981.54元，其中：

项目	金额	比例
原材料	703,911.35	2.18%
辅助材料	1,248,216.89	3.86%
在产品	8,641,102.86	26,74%
产成品	21,716,750.44	67.22%
合计	32,309,981.54	100.00%

5. 长期投资余额　　1,583,632.00元

合资公司名称	合资比例	币种	投资金额
邯郸冀泰陶瓷有限公司	50%	RMB	1,583,632.00

6. 固定资产及累计折旧

(1)固定资产原值　　116,576,937.72元

项目	年初余额	本年增加	本年减少	年末余额
房屋及建筑物	50,271,824.92	2,513,398.14	—	52,785,233.06
机械设备	20,592,043.90	595,046.95	44,915.50	21,142,175.35
动力设备	2,857,500.00	95,132.00	47,600.00	2,095,022.00
工业窑炉	26,509,550.00	7,952,766.31	—	34,462,316.31
其他设备	4,784,140.00	498,051.00	—	5,282,191.00
合计	105,015,058.82	11,654,394.40	92,515.50	116,576,937.72

(2)累计折旧　　40,682,908.32元

项目	年初余额	本年增加	本年减少	年末余额
房屋及建筑物	14,006,429.61	1,527,787.52	—	15,534,217.13
机械设备	7,600,392.95	1,360,371.68	44,915.50	8,915,849.13
动力设备	996,426.00	255,522.64	47,600.00	1,203,348.64
工业窑炉	11,130,557.36	1,932,455.29	—	13,063,072.65
其他设备	1,696,110.76	269,370.01	—	1,965,479.77
合计	35,439,916.68	5,345,507.14	92,515.50	40,682,908.32

7. 在建工程　　18,294,209.77元

工程名称	工程进度	实际支用数	原预算数	批准文号	资金来源
河沟家属楼	主体二层	333,985.14	1,800,000.00	邯计基95〔194〕号	自筹、职工集资
匣钵房	主体完工	15,244.16	40,000.00		自筹
彩烤余热	主体完工	81,417.82	139,000.00		自筹
1#、2#隧道窑余热	完成50%	92,478.17	175,000.00		自筹
2#住宅楼接层	完工	132,007.37	120,000.00	市计委1993〔250〕号	自筹集资
抛光地砖生产线		17,574,340.52	19,000,000.00	邯经技字1995〔157〕号	募集资金
窑炉余热利用	完工	16,032.49	30,000.00		环保局拨款
八孔推板窑	完成30%	32,179.60	400,000.00		自筹(华玉投资)
电话总机	完工	16,524.50	30,000.00		自筹
		18,294,209.77			

8. 短期借款　　37,920,000.00元

贷款单位	金额	借款期限	月利率	币种	贷款条件
工行彭城办	36,820,000.00	96.02.28-97.04.07	1.206%	人民币	担保
中行峰办	900,000.00	96.10.24-97.10.24	0.924%	人民币	担保
集团内部银行	200,000.00	96.09.23-97.02.25	1.500%	人民币	
合计	37,920,000.00				

9. 应付帐款　　12,115,818.64元

本项目无持有本公司5%以上股份的主要股东单位款项。

10. 预收货款　　5,325,859.30元

本项目主要是应收帐款贷方余额，无持有本公司5%以上股东款项。

11. 其他应付款　　13,833,263.32元

无关联公司款项

12. 未交税金　　20,815,259.15元

其中：	类别	金额
	所得税	2,576,893.40
	增值税	17,295,519.73
	城建税	704,172.80
	房产税	238,673.22
	合计	20,815,259.15

13. 预提费用　　1,893,274.43元

其中：

项目	金额
煤气	150,000.00
修理费	259,654.15
青苗费	15,382.40
利息支出	1,468,237.88
合计	1,893,274.43

14. 长期借款　　25,354,173.30 元

贷款银行	币种	金额	期限	月利率%	贷款条件	备注
工行彭城办	人民币	5,650,000.00	90.09.30-96.08.15	1.206	担保	逾期
中行峰办	人民币	1,750,000.00	95.05.29-97.10.23	0.924	担保	
建行峰办	人民币	550,000.00	96.11.27-97.05.27	0.840	担保	
市信托投资公司	人民币	800,000.00	90.07.09-96.10.09	1.007	担保	逾期
基建信用社	人民币	1,240,000.00	94.11.01-95.09.14	1.463	担保	逾期
建行矿办	人民币	200,000.00	95.12.29-96.05.29	1.020	担保	逾期
工行矿办	人民币	8,300,000.00	90.12.26-96.06.25	1.200	担保	逾期
邯郸中行	人民币	1,079,972.00	93.06.26-97.06.20	浮动利率	担保	
河北投资银行	人民币	5,415,201.30	92.04.14-97.10.13	浮动利率	担保	
河北投资银行	美元	369,000.00	92.04.14-97.10.13	浮动利率	担保	
合计		25,354,173.30				

15. 股本

项目	年初数	所占比例	本年增加	本年减少	期末数	所占比例
国有法人股	35,000,000	98.871%	——	——	35,000,000	69.444%
法人股	400,000	1.129%	——	——	400,000	0.794%
社会公众股	15,000,000	——	15,000,000.00	——	15,000,000	29.762%
合计	50,400,000	100%	——	——	50,400,000	100%

16. 资本公积金

项目	期初数	本年增加	本年减少	期末数
超过股票面值部分	18,937,715.87	——	——	18,937,715.87
股票发行溢价	——	54,182,000.00	——	54,182,000.00
环保贷款转增资本公积	——	110,000.00	——	110,000.00
股票发行冻结资金利息	——	1,663,518.82	——	1,663,518.82
合计	18,937,715.87	55,955,518.82	——	74,893,234.69

17. 盈余公积金

	年初数	本年增加	本年减少	期末数
公积金	——	1,460,239.59	——	1,460,239.59
公益金	——	730,119.80	——	730,119.80

18. 主营业务收入　　128,712,068.46 元

项目	金额
出口收入	80,420,954.82
内销收入	39,962,682.46
工业用瓷	8,328,431.18

19. 财务费用　　6,202,431.34 元

其中：利息净支出　　6,143,267.09

其它　　59,164.25

4)或有损失

本公司与香港万泰贸易有限公司合资成立的邯郸冀泰陶瓷有限公司截止 1996 年 12 月 31 日已投资 1,583,632.00 元，该公司已处于停业状态，今后清算或转让股权，将产生一定数额的损失。

5)期后事项

在会计报表期间日和审计报告日之间未发生足以影响报告期或报告期后财务状况和经营成果的期后事项。

6)会计报表主要项目金额变动幅度 30%以上原因说明

项目	变动幅度	说明
货币资金	+1575%	由于氧化铝陶瓷基片生产线项目资金需追加和调整，故募集资金未使用。见 1997 年 1 月 9 日《中国证券报》公告
应收帐款	+52%	由于销售收入增加，导致应收帐款余额提高，主要客户为中艺陶瓷 499 万元、陶瓷出口部 388 万元、香港红海公司 184 万元。
其他应收款	+84.86%	主要是增加职工集资盖楼工程款 559 万元，集团公司欠款 354 万元。
在建工程	+162%	主要是抛光地砖生产线尚未结算。
短期借款	+36%	从长期借款调整到短期借款。
未交税金	+61%	所得税未及时结算，另外欠交增值税
预提费用	+266%	提取银行利息未结算。
长期借款	-35%	1135 万元转到短期借款，归还 200 万元到期贷款。
股本	+42%	增加社会公众股
资本公积	+295%	股票溢价及冻结资金利息

七、其他事项

经河北会计师事务所审计，1996 年度公司主营业务收入为 12871.21 万元，利润总额为 1718 万元，净利润为 1460 万元，按 10%提取法定公积金 146 万元，按 5%提取法定公益金 73 万元，当年度可供分配利润为 1241 万元，董事会决定，本年度以总股本 5040 万股为基数，每股派发现金红利 0.1 元(含税)，尚余可分配利润 737 万元结转下一年度，此方案提交股东年会表决后实施。

河北华玉股份有限公司董事会

1997 年 4 月 3 日

利润及利润分配表

1996 年度

编制单位：河北华玉股份有限公司　　金额单位：人民币元

项　目	行次	1996 年 12 月 31 日	1995 年 12 月 31 日
一、主营业务收入	1	128,712,068.46	98,458,520.31
减：营业成本	2	93,334,893.02	66,613,267.50
销售费用	3	2,289,473.73	1,916,649.55
管理费用	4	8,482,106.40	9,310,720.86
财务费用	5	6,202,431.34	7,002,490.32
进货费用	6		
营业税金及附加	7	1,276,006.00	941,296.62
二、主营业务利润	8	17,127,157.97	12,674,095.46
加：其它业务利润	9	25,650.58	93,936,34
三、营业利润	10	17,152,808.55	12,768,031.80
加：投资收益	11		22,975.00
营业外收入	12	101,909.74	775,315.30
减：营业外支出	13	75,428.99	-205,406.87
加：以前年度损益调整	14		
四、利润总额	15	17,179,289.30	13,771,728.97
减：所得税	16	2,576.893.40	4,544,670.56

项　目	行次	1996 年 12 月 31 日	1995 年 12 月 31 日
五、净利润	17	14,602,395.90	9,227,058.41
加:年初未分配利润	18		
盈余公积转入数	19		
六、可分配的利润	20	14,602,395.90	
减:提取法定公积金	21	1,460,239.59	
提取法定公益金	22	730,119.80	
七、可供股东分配的利润	23	12,412,036.51	
减:已分配优先股股利	24		
提取任意公积金	25		
已分配普通股股利	26	5,040,000.00	
八、未分配利润	27	7,372,036.51	

资　产　负　债　表

（1996 年 12 月 31 日）

编制单位:河北华玉股份有限公司　　　　单位:人民币元

资　　产	行次	96 年 12 月 31 日	95 年 12 月 31 日
流动资产:			
货币资金	1	57,241,921.34	3,417,365.81
短期投资	2	73,769.15	182,143.15
应收票据	3		
应收帐款	4	58,173,523.75	38,237.044.71
减:坏帐准备	5	290,867.62	183,658.96
应收帐款净额	6	57,882,656.13	38,053,385.75
预付货款	7	3,656,274.31	
其他应收款	8	22,377.157.81	12,104,578.94
待摊费用	9	585,688.69	1,151,841.65
存　货	10	32,309,981.54	29,516,516.36
待处理流动资产净损失	11		
一年内到期的长期债券投资	12		
其他流动资产	14		
流动资产合计	15	174,127,448.97	84,425,831.66
长期投资:			
长期投资	16	1,583,632.00	1,583,632.00
固定资产:			
固定资产原价	17	116,576,937.72	104,703,044.92
减:累计折旧	18	40,682,908.32	35,429,916.68
固定资产净值	19	75,894,029.40	69,273,128.24
在建工程	20	18,294,209.77	6,969,211.71
固定资产清理	21		
待处理固定资产净损失	22		
固定资产合计	23	94,188,239.17	76,242,339.95
无形资产及递延资产:			
无形资产	24		
递延资产	25		
无形资产及递延资产合计	30		
其他长期资产:			
其他长期资产	31		
递延税项:			
递延税款借项	32		
资产合计	40	269,899,320.14	162,251,803.61
负债及股东权益			
流动负债:			
短期借款	41	37,920,000.00	27,940,000.00
应付票据	42		
应付帐款	43	12,115,818.64	8,692,641.24
预收货款	44	5,325,859.30	266,855.00
应付福利费	45	4,535,756.48	3,045,714.50
未付股利	46	5,040,000.00	
未交税金	47	20,815,259.15	12,940,534.78
其他未交款	48	493,570.30	554,582.50
其他应付款	49	13,833,263.32	7,915,467.09
预提费用	50	1,893,274.43	516,090.33
一年内到期的长期负债	51		

资　　产	行次	96年12月31日	95年12月31日
其他流动负债	52	7,716,714.63	7,199,950.47
流动负债合计	55	109,689,516.25	69,071,835.91
长期负债:			
长期借款	56	25,354,173.30	38,842,251.83
应付债券	57		
长期应付款	58		
其他长期负债	60		
长期负债合计	65	25,354,173.30	38,842,251.83
递延税项:			
递延税款贷项	66		
负债合计	67	135,043,689.55	107,914,087.74
股东权益:			
股本	68	50,400,000.00	35,400.000.00
资本公积	69	74,893,234.69	18,937,715.87
盈余公积	70	2,190,359.39	
其中:公益金	71		
未分配利润	72	7,372,036,51	
股东权益合计	79	134,855,630.59	54,337,715.87
负债及股东权益总计	80	269,899,320.14	162,251,803.61

财务状况变动表(1996年度)

编制单位:河北华玉股份有限公司　　　　单位:人民币元

项　　目	行次	金　额	项　　目	行次	金　额
一、流动资金来源:			一、流动资产本年增加数		
1.本年净利润(合并报表为合并净利润)	1	14,602,395.90	1.货币资金	31	53,824,555.53
加:不减少流动资金的费用和损失			2.短期投资	32	-108,374.00
(1)固定资产折旧	3	5,252,991.64	3.应收票据	33	
(2)无形、递延资产及其他资产摊销(减其他负债转销)	4		4.应收帐款净额	34	19,829,270.38
(3)固定资产盘亏损失(减盘盈)	5		5.预付货款	35	3,656,274.31
(4)清理固定资产损失(减收益)	6		6.其他应收款	36	10,272,578.87
(5)递延税款	7		7.待摊费用	37	-566,152.96
(6)其他不减少流动资金的费用和损失	8		8.存货净额	38	2,793,465.18
小　计	10	19,855,387.54	9.待处理流动资产净损失	39	
2.其他来源			10.一年内到期的长期债券投资	40	
(1)固定资产清理收入(减清理费用)	11		11.其他流动资产	41	
(2)增加长期负债	12			42	
(3)收回长期投资	13		流动资产增加净额	44	89,701,617.31
(4)对外投资转出固定资产	14		二、流动负债本年增加数	45	
(5)对外投资转出无形资产	15		1.短期借款	46	9,980,000.00
(6)资本净增加额	16	73,145,878.20	2.应付票据	47	
			3.应付帐款	48	3,423,177.40
小计	17	73,145,878.20	4.预收货款	49	5,059,004.30
流动资金来源合计	18	93,001.265.74	5.应付福利费	50	1,490,041.98
二、流动资金运用:			6.未付股利	51	5,040,000.00
1.利润分配:			7.未交税金	52	7,874,724.27
(1)提取法定公积金	19		8.其他未交款	53	-61,012.20
(2)提取法定公益金	20	730,119.80	9.其他应付款	54	5,917,796.33
(3)提取任意公积金(减盈余公积转入)	21		10.预提费用	55	1,377,184.10
(4)已分配利润	22	5,040,000.00	11.一年内到期的长期负债	56	
小计	23	7,230,359.39	12.其他流动负债	57	516,764.16
2.其他运用					
(1)固定资产和在建工程净增加额	24	23,198,890.85			
(2)增加无形资产、递延资产及其他资产	25				
(3)偿还长期负债	26	13,488,078.53			
(4)增加长期投资	27				
小　计	28	36,686,969.38			
流动资金运用合计	29	43,917,328.77	流动负债增加净额	58	40,617,680.34
流动资金净增加额	30	49,083,936.97	流动资金增加净额	59	49,083,936.97

河北华玉股份有限公司1997年度中期报告

一、财务报告(已经审计)

1. 审计意见

本公司1997年度中期财务报告已经河北会计师事务所注册会计师李云水、王飞审计，并出具无保留意见的审计报告。

(97)冀会审字第1115号

审计报告

河北华玉股份有限公司全体股东：

我们接受委托，审计了贵公司1997年6月30日的资产负债表及1997年1－6月份的利润及利润分配表。这些会计报表由贵公司负责，我们的责任是对这些会计报表发表审计意见。我们的审计是依据《中国注册会计师独立审计准则》进行的。在审计过程中，我们结合贵公司实际情况，实施了包括抽查会计记录等我们认为必要的审计程序。

我们认为，上述会计报表符合《企业会计准则》和《股份制试点企业会计制度》的有关规定，在所有重大方面公允地反映了贵公司1997年6月30日的财务状况及1997年1－6月份的经营成果，会计处理方法的选用遵循了一贯性的原则。

河北会计师事务所　　中国注册会计师：李云水

中国注册会计师：王　飞

中国·河北·石家庄市康乐街副九号

1997年7月25日

2. 财务报表

(1)简化的资产负债表(单位：人民币元)

项　目	年初数	期末数
流动资产	174,127,448.97	174,234,708.41
长期投资	1,583,632.00	1,583,632.00
固定资产净值	75,894,029.40	91,200,237.34
在建工程	18,294,209.77	23,942,860.85
资产总计	269,899,320.14	290,961,438.60
流动负债	109,689,516.25	113,529,464.36
长期负债	25,354,173.30	24,160,724.63
股东权益	134,855,630.59	153,271,249.61
其中：股本	50,400,000.00	55,440,000.00
资本公积	74,893,234.69	74,893,234.69
盈余公积	2,190,359.39	2,190,359.39
未分配利润	7,372,036.51	20,747,655.53

(2)简化的利润表(单位：人民币元)

项　目	本期数	上年同期数
主营业务收入	76,453,099.77	61,117,646.24
主营业务利润	12,870,526.85	8,513,209.19
其他业务利润	2,834,342.93	9,100.40
投资收益	4,535.37	——
营业外收支	26,617.22	42,996.98
利润总额	15,736,022.37	8,565,306.57
所得税	2,360,403.35	1,284,795.99
净利润	13,375.619.02	7,280,510.58

注：其他业务利润增长为抛光地砖生产线租赁收入所得，租赁收入扣除营业税后为2,802,500元。

(3)其他财务指标

指　标　名　称	指　标　数
每股收益	0.24元
净资产收益率	8.73%
每股净资产	2.76元
股东权益比率	54.65%

注：如公司第二次临时股东大会批准，下半年用资本公积金10:6转增股本后，总股本为8870.4万股，则每股收益为0.15元，每股净资产为1.73元。

3. 财务报表附注

(1)主要会计政策

本期财务报告与1996年度财务报告相比，会计政策与会计方法没有发生变化。

(2)会计报表项目附注(单位：人民币元)

1. 货币资金47,961,882.54元

其中：现金　11,415.85

银行存款　47,950,466.69

2. 应收帐款69,282,869.52元

按帐龄分析如下：

帐龄	户数	金额	所占比例%
1年以内	419	55,636,409.06	80.30
1－2年	132	7,928,829.12	11.45
2－3年	70	2,340,619.71	3.38
3年以上	142	3,377,011.63	4.87
合计	763	69,282,869.52	100.00

集团总公司进出口部欠款7,401,156.73元。

3. 预付帐款2,337,379.11元

4. 其他应收款21,420,091.01元

按帐龄分析如下：

帐龄	户数	金额	所占比例%
1年以上	147	12,585,725.98	58.76
1－2年	32	2,671,808.58	12.47
2－3年	15	1,259,962.44	5.88
3年以上	88	4,902,594.01	22.89
合计	282	21,420,091.01	100.00

持股5%以上股东欠款情况：

邯郸陶瓷(集团)总公司欠款　3,169,600.97元。

5. 存货　32,531,368.98元

项　目	金　额	所占比例%
原材料	2,771,969.27	8.5
低值易耗品	1,594,259.63	4.9
产成品	23,032,819.06	70.8
在产品	5,132,321.02	15.8
合计	32,531,368.98	100.00

6. 长期投资　1,583,632.00元

合资公司名称	合资比例	币种	投资金额
邯郸冀泰陶瓷有限公司	50%	人民币	1,583,632.00

7. 固定资产及累计折旧：

(1)固定资产原值134,736,352.72

(2)累计折旧43,536,115.38元

8. 在建工程23,942,860.85元

工程名称	工程进度	实际支出数	原预算数	批准文号	资金来源
河沟家属楼	主体二层	342,529.54	1,800,000.00	邯计基(95)194号文	职工集资
匣钵房泥浆池	主体完工	27,776.95	40,000.00		自筹
彩烧余热利用	主体完工	85,588.42	139,000.00		自筹
1.2#随道窑余热	完成70%	114,304.23	175,000.00		自筹
5.6号推板窑		415,157.82	670,000.00		自筹
10寸成型机10台		51,088.24	110,000.00		自筹
四成型余热		103,929.52	233,000.00		自筹
2#家属楼接层	完工	132,007.37	120,000.00	市计委(93)250号	自筹集资

窑炉余热利用	完工	16,032.49	30,000.00		环保拨款
八孔推板窑	完成40%	154,446.27	400,000.00		自筹
白玫双加生产线	完成50%	15,000,000.00	27,410,000.00	冀轻计字(95)175号	银行贷款 募集资金
二瓷家属楼	完成80%	7,500,000.00	9,000,000.00	邯计基(95)349号	职工集资
合计		23,942,860.85	40,127,000.00		

9. 短期借款、37,920,000.00元

贷款单位	金额	借款期限	月利率(‰)	币种	借款条件
工行彭办	12,020,000.00	97.4.7-98.4.2	9.24	人民币	抵押
工行彭办	21,480,000.00	97.4.7-98.4.1	9.24	人民币	抵押
中国银行峰办	900,000.00	97.6.28-98.6.27	9.24	人民币	抵押
工行彭办	3,420,000.00	96.12.13-97.10.25	9.24	人民币	抵押
财务中心	100,000.00	95.8.30-96.2.28	15	人民币	信用

10. 应付帐款13,651,797.01元

本项目无持有本公司5%以上股份的主要股东单位款项。

11. 预收货款8,181,757.76元

本项目主要是应收帐款贷方余额,无持有本公司5%以上股东款项。

12. 其他应付款14,014,726.60元

无关联公司款项。

13. 未交税金22,653,240.21元

14. 预提费用2,246,485.17元

15. 长期借款24,160,724.63元

16. 股本55,440,000.00元

17. 资本公积74,893,234.69元

18. 盈余公积金2,190,359.39元

19. 主营业务收入76,453,099.77元

20. 财务费用3,288.573.52元

其中:利息净支出	3,269,973.02
其他	18,600.50

4. 关联企业及关联交易

(1)关联企业

邯郸陶瓷(集团)总公司

经济性质:国有经济

法人代表:张士成

注册资金:13,053万元

注册地址:邯郸市峰峰矿区彭城镇

主营业务:陶瓷原材料、陶瓷制品及进出口业务,包装装璜设计。

年初持有本公司股份3500万股,1997年6月末持股3850万股,持股比例为69.44%。

(2)关联交易:

关联方企业名称	与关联方关系的性质	交易类型	交易金额 96年1-6月	交易金额 97年1-6月	定价政策	结算方式
集团总公司进出口部	集团附属企业	销售产品	15,596,978元	15,840,123元	依据国际市场情况及对产品质量要求协商定价	同城结算
集团总公司原料总厂	集团附属企业	购买原材料	3,315,326元	3,409,985元	内部价	同城结算
集团总公司花纸装璜厂	集团附属企业	购买原材料	2,888,437元	3,223,524元	内部价	同城结算
集团总公司研究院	集团附属企业	购买原材料	2,242,863元	1,369,652元	内部价	同城结算
集团总公司煤气厂	集团附属企业	购买燃料	1,542,518元	1,901,733	内部价	同城结算
集团总公司新都建筑陶瓷厂(原新坡建陶指挥部)	集团附属企业	租赁	——	2,950,000.元	租赁协议	同城结算
邯郸陶瓷(集团)总公司	控股公司	土地、商标租赁	——	——	租赁协议	同城结算

5. 或有损失

本公司与香港万泰贸易有限公司合资成立的邯郸冀泰陶瓷有限公司截止1997年6月30日已投资1,583,632.00元,该公司较长时间处于停业状态,今后清算或转让股权将产生一定数额的损失。

6. 期后事项

在会计报表截止日和审计报告日之间未发生足以影响报告期或报告期后财务状况和经营成果的期后事项。

二、经营情况回顾与展望

1. 上半年经营情况回顾

上半年公司在同业竞争日趋激烈,国际、国内陶瓷市场低迷,煤炭燃料供应紧张,价格居高不下等困难情况下,以保证股东利益为原则,以经济效益为中心,以产品质量和开拓市场为重点,深入开展"学邯钢、抓管理、降成本、增效益"活动,坚持员工围着质量干,产品围着市场变,公司围着效益转,励精图治求生存,开拓未来图发展的方针。实行"管理目标多元化",强化市场营销,采取多品种、多渠道、多层次、全方位的营销策略,扩大高档宾馆用瓷和城市礼品用瓷。推行"温心销售法"和服务承诺制,打出了"将至精至美的产品,奉献给至爱、至尊的人民"的承诺用语,增强了全体员工的神圣使使感,提高了产品的文化品位和艺术效应。受到了众多用户的青睐。实现了产品产销两旺、公司效益增加。与此同时,公司大力实施名牌战略,把产品质量和争创名牌,作为全体员工的岗位职业道德准则和规范员工行为的具体措施和重要内容,激发了广大员工报效祖国、报效人民、忠于华玉、力创名牌的热情。公司主导产品"白玫"瓷,被河北省人民政府冠予"河北省首批重点名牌产品";评为省"首选品牌"、"免检产品"。华玉"白玫"瓷成为人们追崇的时代商品,一代名瓷。公司也以此成为重视质量、严格管理、注重服务的先进代表和行业排头兵。

上半年,经过全体员工的顽强拼搏和不懈努力,本公司总产量比去年提高391.42万件,出口瓷、内销瓷全面增加,实现主营业务收入7645.31万元,比去年同期增长25%;实现利润总额1573.60万元,比去年同期增长84%;净利润1337.56万元,比去年同期增长83.72%,每股收益0.24元。利润增长的主要原因是公司"60万平方米抛光地砖生产线"实行租赁和"环宇瓷生产线项目"完工投产,为公司增加配套能力,产生效益,以及公司加强管理,挖潜增效,增产节约,取得显著成效;公司调整产品结构,淘汰低档低价产品,扩大高档产品生产,实行优质优价,增加了主营业务收入。

2. 下半年经营计划及展望

(1)落实好股东年会批准的配股方案,确保配股募集资金用于公司股东年会批准的使用范围和用途。

(2)加紧"氧化铝陶瓷基片项目"日本输出入银行贷款的落实;组织好"高档白玫日用细瓷生产线项目"的设备进厂;加快方石英强化瓷工业性试验项目的步伐。

(3)建立以营销为龙头,以管理为基础,以效益为中心,以质量为重点的新型管理机制。加大市场开发和营销的力度,注重市场调研和消费者心理信息研究,培育新型市场,增强产品辐射能力和竞争能力,保持公司持久的产销两旺的局面。

(4)加强新产品开发工作。建立科研开发中心,与大专院校联合,与高级设计专家和美术家联后,不断推出富有时代气息、领导时代潮流、具有华玉特色的科技含 量高、附加值高、文化艺术品味高的新品种、新花面、新造型、新包装,进一步扩大陶瓷的应用范围和领域,奋力赶超国际陶瓷先进水平。

三、重大事件说明

1. 本公司第一次临时股东大会于1997年1月8日在河北省邯郸市邯郸宾馆召开,会议经过投票表决,作出如下决议:(1)审计批准关于"追加和调整氧化铝陶瓷基片生产线项目投资方案";(2)审议批准"年产600万件高档白玫日用细瓷生产线项目"方案;(3)审议批准"方石英强化瓷工业性试验投资项目"方案。决议公告刊登在1997年1月9日的《中国证券报》上。

2.1997年4月5日,本公司"白玫"瓷被河北省人民政府授予"河北省首批重点名牌产品",并据此享受河北省委、省政府确定的"计划单列、挂牌保护、合力宣传、全力促销"等相关优惠政策。

3.1997年5月8日,本公司1996年度股东大会在邯郸市峰峰矿区磁

都宾馆召开,会议批准了公司1996年度利润分配方案;公司1997年配股方案和“抛光地砖生产线实行租赁经营”的方案。决议公告刊登在1997年5月9日的《中国证券报》上。

4.经邯郸市人民政府[1996]259号文批准,由本公司母公司邯郸陶瓷(集团)总公司改组设立的“邯郸陶瓷集团有限责任公司”和由本公司母公司组建的“邯郸陶瓷集团”揭牌仪式,于1997年6月28日在河北省会石家庄举行。

5.1997年5月12日河北省国有资产管理委员会下发了冀国资委发[1997]第12号“关于授权邯郸陶瓷集团有限责任公司统一经营邯郸陶瓷集团国有资产”的文件,鉴于省国资委已批准将集团总公司占有的国有资产授权邯郸陶瓷集团有限责任公司统一经营管理,1997年6月20日,河北省国有资产管理局下发了冀国资企字[1997]第34号“关于界定邯郸陶瓷集团有限责任公司持有河北华玉股份有限公司股权性质”的文件,批准将原邯郸陶瓷(集团)总公司持有的本公司国有法人股界定变更为国家股,由邯郸陶瓷集团有限责任公司持有。

6.本公司在1997年5月21日《严禁国有企业和上市公司炒作股票》的规定下达后,进行了认真的自查,截止目前,本公司未持有已上市流通股票,也未在任何证券经营机构开设股票帐户,本公司如今后从事股票投资,将严格遵循国家政策法规和本公司章程的规定。

7.本公司在前次招股说明书中承诺的首次发行股票募集资金将用于氧化铝陶瓷基片生产线项目2980万根据国家宏观政策调整,进口关税、软技术转让费增加和市场发展形势需要,该项目需追加投资1820万元,总投资调整为4800万元。1997年1月8日本公司首次临时股东大会批准了公司董事会追加和调整该项目投资的方案。该项目调整后的投资方案为利用首次发行股票募集资金1890万元(其余1090万元募股资金用于年产600万件高档白玫日用细瓷生产线和方石英强化瓷工业性实验项目),利用贷款350万美元。该项目已于1996年上半年完成了前期厂房改造,并于1996年11月份经国家计委计外资1996(258)号文批准,为利用日本输出入银行资金协力贷款出口创汇专项贷款备选项目。因日本输银贷款未下达,致使该项目未能如期进行。公司将全力以赴,争取该项目贷款早日到位、早日签约,早日安装设备,早日见效。该项目尚未投人使用的募股资金,仍为银行存款。

8.由于公司采取了项目条件成熟一个、上马一个,不失时机的果断措施,加快了国家重点项目,国家技术改造第二期“双加”工程导向性项目“年产600万件高档白玫日用细瓷生产线”的进度,目前,该项目正在进行土建工程扫尾。

9.本公司中期利润不分配

10.本报告期内公司无重大诉讼、仲裁事项。

四、发行在外股票的变动和股权结构的变化

1.股本变动原因

本公司1996年度股东大会审议通过的“公司1996年度利润分配方案”,决定向全体股东每10股送红股1股,现上述方案已于1997年5月实施完毕。

2.股本变化及股本结构情况(单位:万股)

	期初数	本次变动增减	期末数
一、尚未流通股份			
1.发起人股份			
其中:			
国家股	3500	350	3850
境内法人持有股份	40	4	44
其他			
2.募集法人股			
3.内部职工股			
4.优先股或其他			
尚未流通股份合计	3540	354	3894
二、已流通股份			
1.人民币普通股	1500	150	1650
2.境内上市外资股			
3.境外上市外资股			
已流通股份合计	1500	150	1650
三、股份总数	5040	504	5544

3.主要股东持股情况(1997年6月30日数)

股东名称	持股数(万股)	占总股本比例%
1)邯郸陶瓷集团有限责任公司	3850.00	69.44
2)黄惠文	24.80	0.45
3)彭丁香	24.673	0.44
4)冯　帆	22.525	0.40
5)魏明珠	22.385	0.40
6)邓良华	20.9785	0.38
7)魏明珠	20.94	0.37
8)何蓉珲	20.494	0.36
9)黄善柱	20.04	0.36
10)陈海慈	19.20	0.34

五、股东大会简介

1.1997年1月8日,本公司第一次临时股东大会在邯郸市邯郸宾馆召开,出席本次会议股东和委托人共计6名,代表股权数3549.2万股,占公司股份总额的70.42%,符合《公司法》和公司章程规定。大会经过投票表决,作出决议如下:

(1)审议通过“关于追加和调整氧化铝陶瓷基片生产线项目投资”的议案;

(2)审议通过“关于年产600万件高档白玫日用细瓷生产线投资项目”;

(3)审议通过“关于方石英强化瓷工业性实验投资项目”的议案。

会议决议公告刊登在1997年1月9日的《中国证券报》上。

2.本公司1996年度股东大会,于1997年5月8日,在邯郸市峰峰矿区磁都宾馆召开,出席本次会议的股东4人,代表股权数3530万股,占股本总额的70.04%,符合《公司法》和公司章程规定。会议以投票表决方式,作出决议如下:

(1)审议通过《公司董事会1996年度工作报告》。

(2)审议通过《公司监事会1996年度工作报告》。

(3)审议通过《公司1996年度财务决算报告》。

(4)审议通过公司董事会《关于抛光地砖生产线实行租赁经营的议案》。

(5)决定1996年度公司利润分配方案为:以5040万股为基数,按10:1的比例,向全体股东送红股,共计送红股504万股,其中国有法人股350万股、法人股4万股、社会公众股150万股,其余737万元可分配利润结转下一年度。

(6)审议通过公司1997年度配股预案:

①1997年度以股份总额5040万股为基数,按10:3的比例进行配股,本次配售股份总额为1512万股;

②每股配股价为7-9元人民币;

③配股募集资金用于公司的技术改造,补充公司流动资金;

④授权董事会办理配股的有关事宜;

⑤关于配股决议有效期为6个月;

⑥配股方案报请省证券委出具意见,并报中国证监会审核。

本次会议决议公告刊登在1997年5月9日的《中国证券报》和《证券时报》上。

六、备查文件

1.载有公司董事长、总经理亲笔签名的中期报告原本;

2.公司第一次临时股东大会和1996年度股东年会材料;

3.河北会计师事务所审计报告原件。

查阅地址:河北省邯郸市峰峰矿区彭新路21号,本公司董事会秘书处。

电话:(0310)5023927

河北华玉股份有限公司董事会

1997年8月7日

广东华立高科技集团股份有限公司

1996年年度报告摘要　（摘选）

一、公司简况

公司名称：广东华立高科技集团股份有限公司

法人代表：杨朱生　　邮政编码：524500

公司地址：广东省吴川市人民东路华立大厦

电话：0759—5561420　　传真：0759—5564237

二、主要财务数据与财务指标

指标项目	本年度	上年主度	比上年增减（%）
1.主营业务收入（元）	170,380,338	111,114,442	+53.34
2.净利润（元）	30,495,234	20,745,867	+46.99
3.总资产（元）	313,250,008	208,103,156	+50.53
4.股东权益（元）	289,459,923	144,621,008	+100.15
5.每股收益（元）	0.263	0.335	−21.49
6.每股净资产（元）	2.49	2.34	+6.41
7.净资产收益率	10.54%	14.34%	−26.50
8.股东权益比率	92.41%	69.49%	+32.98

注：扣除新股无效申购冻结资金利息收入后，则上述主要财务指标为：

1. 净利润（元）29,732,621，股东权益（元）288,697,310，每股收益（元）0.256，每股净资产2.49，净资产收益率（%）10.30，股东权益比率（%）92.16。

三、公司业绩回顾

1. 一年来经营回顾

（1）1996年公司认真贯彻执行《中华人民共和国公司法》和中国证监会上市公司的有关法规条例，努力提高规范化水平，致力于高新石化设备产品开发、规模生产经营、强化管理，提高经济效益。通过全体员工的共同努力，取得较好的经营业绩，全年共实现销售收入17,038万元，利润3,587.67万元，税后利润3,049.52万元。

（2）坚持以科技立业为方向，加快技术改造步伐，增加产品科技含量，应用改进技术生产新工艺、方法，成套制造能力大大增强，整体装备技术水平不断提高。Φ40mm小炉管和高效换热器进入开发生产阶段，炉管新材料研究鉴定及ISP000质量认证工作加紧进行。

（3）推行资本——劳动相互制衡管理机制，建立现代管理制度，加强"五个管理中心"（营销中心、生产指挥中心、成本中心、技术中心、利润中心）统一运作协调能力，提高效率，降低成本，增加经济效益。

（4）建立以技术为中心，规模能力为基础的营销机制，制定长、中、短期的营销策略，选定重点方向，编制好销售计划，分阶段组织实施。利用公司的产品和技术优势，开展规模经营，提高市场竞争能力和市场占有率，健全强大的项目信息、产品销售、跟踪服务网络系统。

（5）扩大规模实力，寻求公司新的经济增长点，争取与国内外科研单位及公司实行关键性的技术合作，双方初步进行了认真洽谈探讨，为达成合作做了大量可行性工作。

2. 关于经营成果与预测差异说明

公司在1996年初提出税后利润为3,231万元，实际完成税后利润3,049.52万元，与原预测无重大差异。

3. 前次募集资金运用情况

公司年度内发行2,100万A股募集资金11,928万元，扣除发行费用495.6万元，实际资金11,432.4万元，用于投资8000吨石化设备特殊钢配件，生产石化工业炉成套设备两项目的工程7,700万元，其余部分3,732万元用于补充流动资金和归还银行贷款。

四、股本变化及股本结构情况

（一）股本结构及变动情况表

填报日期：1997年4月16日　数量单位：万股　每股面值：1元

股份类别	期初数	本年变动增加（发行新股）	本年变动增加（公积金转增）	期末数
（1）尚未流通股份合计	6,190	0	2,476	8,666
其中：1.发起人股	2,211	0	884	3,095
2.募集法人股	2,763	0	1,105	3,868
3.内部职工股	1,216	0	487	1,703
（2）已流通股份合计		2,100	840	2,940
其中：境内上市的人民币普通股（A股）		2,100	840	2,940
（3）股份总数	6,190	2,100	3,316	11,606

（二）股本变动情况及原因

（1）原股份公司于1993年3月18日由广东华立实业集团公司、安徽华厦新技术开发咨询公司和吴川羽绒厂三个企业共同创立，创立总股本为6,190万股，其中发起人股2,211万股，定向募集法人股2,763万股，内部职工股1,226万股。

（2）1996年经中国证券监督委员会、证监发审字[1996]81号文批准向社会发行普通股2,100万股。

（3）1996年3月19日经临时股东大会决议，并审批由本公司董事会提交的用资本公积金3,316万元转增股本，向全体股东按10:4比例送股，使总股本年末数增至11,606万股。

（三）主要股东持股情况（前十名股东）

股东名称	持股数（股）	持股比率（%）
1.广东华立实业集团公司	30,394,000	26.19
2.中国石化北京石油化工工程公司	4,219,600	3.64
3.上海市通融实业发展有限公司	2,800,000	2.41
4.工商银行湛江分行	2,100,000	1.81
5.中国农村信托投资公司	2,100,000	1.81
6.工行省信托投资公司湛江办事处	1,400,000	1.21
7.广东华立实业集团贸易公司	1,400,000	1.21
8.北京证券有限公司	700,000	0.6
9.广东康顺投资服务公司	700,000	0.6
10.深圳瑞城投资公司	700,000	0.6

（四）公司董事、监事、高级管理人员及重要职员持股情况：

统计截止日期：1996年12月31日　股份单位：股

姓名	职务	年初持股数	公积金转增	年末持股数
杨朱生	董事长	18,800	7,520	26,320
欧流荣	副董事长、总经理	18,800	7,520	26,320
朱伟雄	副董事长	18,800	7,520	26,320
伍华养	董事、副总经理	15,000	6,000	21,000
杨　和	董事、副总经理	16,000	6,400	22,400
柯健华	董事、副总经理	3,250	1,300	4,550
尹功仁	董事、总会计师	17,000	6,800	23,800
李枝荣	董事、总经济师	12,000	4,800	16,800
方剑藻	董事、总工程师	10,000	4,000	14,000
梁　涛	董事	16,500	6,600	23,100
李秀南	董事	10,000	4,000	14,000
黄　浩	董事	15,000	6,000	21,000
丁永建	董事	12,000	4,800	16,800
李泽震	董事	11,000	4,400	15,400
王永飞	董事	0	0	0
伍金福	监事会主席	12,000	4,800	16,800
杨树森	监事	15,000	6,000	21,000
杨华福	监事	0	0	0
林春锋	监事	250	100	350
曾康华	监事	0	0	0

株洲火炬火花塞股份有限公司

株洲火炬火花塞股份有限公司1996年年度报告摘要

一、公司简介

1. 公司名称

中文名称:株洲火炬火花塞股份有限公司

英文名称:ZHUZHOU TORCH SPARK PLUG CO.,LTD

2. 公司地址:株洲市红旗北路3号

3. 公司法定代表:刘勇舸

4. 公司咨询服务机构:董事会办公室

电话:(0733)8450021　　8450029

传真:(0733)8415374

邮政编码:412001

二、主要财务数据与财务指标

指标项目	本年数	上年数	比上年增减(5)
1. 主营业务收入(万元)	7263.65	11025.87	-34.12
2. 净利润(万元)	164.62	807.53	-79.61
3. 总资产(万元)	33599.94	33417.93	0.55
4. 股东权益(万元)	18757.07	18614.59	0.77
5. 每股收益(元/股)	0.017	0.083	-79.52
6. 每股净资产(元/股)	1.93	1.92	0.52
7. 净资产收益率(%)	0.88	4.34	-79.72
8. 股东权益比率(%)	55.83	55.70	0.23

三、公司业务回顾

1. 一年来经营情况

公司主导产品火花塞所处的行业为汽车配件行业,与汽车发动机配套的火花塞行业有着广阔的发展前景。我公司火花塞"九五"发展规划已被列入机械工业部汽车关键零部件骨干企业发展规划,作为关键零部件重点扶持,在国内同行业中,占十分重要的地位,专业化程度和技术、质量水平均居我国同行业前列。主导产品全年产量和销量分别为2002.33万只和2254.92万只,居同行业前列,国内主机配套市场占有率55%。

2. 主要经济技术指标分析

公司1996年实现主营业务收入7263.65万元,净利润164.62万元,实现利润总额201.10万元,比公司计划盈利610万元相差408.90万元,差异幅度为67.03%。

产生差异的主要原因为:

(1)为了降低应收帐款,公司采取了主动限制发货的措施,全年销量减少19.74%,减利109万元。

(2)为适应市场竞争,火花塞销售单价比预测下降0.10元/只,减利210万元。

(3)原材料、燃料等涨价超过预测,减利98万元。

3. 对前次募集资金的运用情况说明

公司在报告年度内没有新募集资金,1994年10月中旬至11月初对全体本公司股东配股实募资金3408万元已于前一年度报告进行说明。

四、股本变化及股本结构情况

1. 股本变化及股本结构情况

(1)股本结构情况

股份单位:万股

股份类别	年初数	本年增减	年末数
(一)尚未流通股份			
国家股	4114	0	4114
内部职工股	10	0	10
(公司董事、监事所持股)			
(二)已流通股份			
A股	5610	0	5610
其中高管股	10	0	10
股份总数	9724	0	9724

(2)股本变动情况及原因

公司1995年度税后利润未进行分配,股本总额9742万股未变。

(3)主要股东持股情况(截止到1996年12月31日)

序号	股东名称	年未持股数	占总股本的比例(%)
1	株洲国资局	41140000	42.30
2	深圳信创	1207577	1.24
3	深圳市帝桓实业有限公司	904754	0.93
4	中南证券	400000	0.41
5	广东深业运输公司	366800	0.38
6	梁沛光	338800	0.35
7	黄　民	299000	0.31
8	胡万禄	250000	0.26
9	冯晓湘	238906	0.25
10	何永航	200000	0.21

(4)股东数量:截止至1996年12月31日,公司股东总数为38800户。

2. 董事、监事与高级管理人员持股情况

姓名	职务	年初持股数(股)	年末持股数(股)
刘勇舸	董事长	12000	12000
黄良才	副董事长、党委书记	12000	12000
刘海南	董事、总经理	8000	8000
袁家涌	董事、房地产公司经理	8000	8000
邓民服	董事	8000	8000
蒋家铮	董事、总会计师	8000	8000
易建国	董事、副总经理	8000	8000
陈建珊	董事	8000	8000
黄仲娥	董事、国有资产管理局局长	0	0
谭　旭	监事会主席、纪委书记	8000	8000
黄孟良	监事、工会主席、党委副书记	8000	8000
李学英	监事、监察审计部部长	4000	4000
尹观连	监事、副总会计师	4000	4000
齐定兰	监事	4000	4000
陈振雪	副总经理	4000	4000
李惠海	副总经理	4000	4000
奉家顺	总工程师	4000	4000
邓国如	总经济师	4000	4000
范洪泉	董事会秘书	0	0

五、重要事项

1.1996年5月28日,公司在综合大楼十二楼会议厅召开了第四次股东大会,出席会议的股东81人,代表股权数41417455股,占总股本9724万股的42.595%。大会按预定议程进行,到会股东表决通过了《董事会工作报告》、《监事会工作报告》、《财务工作报告》、《公司章程修改报告》、《1995年度利润分配方案》和《呈请股东会授权董事会对美术印刷厂债权转投资》等六项决议。

2.1996年11月4日,通过GM-浦东轿车项目的PSA评审(潜在供应商评审)。

3.1996年11月4日,湖南省技术监督局授予我公司"达到工业计量工作二级标准"证书。

4.1996年11月14日,公司第一届董事会1996年度第四次会议决定,根据《上市公司董事会秘书管理意见》设立董事会秘书职务,聘任范洪泉先生为本公司董事会秘书。

5.12月4日,完成了AC硬件验收。

6.12月15日,完成了AC软件验收,产品通过了AC商标认证。

7.12月21日,公司的火花塞生产质量体系通过了ISO9002认证评审,并在中国出口商品生产企业质量体系工作委员会进行了注册登记。

8.本年度内公司无重大诉讼、仲裁事项。

六、子公司及关联企业

企业名称	法定注册地址	注册时间	本公司拥有股权	经营范围
(1)株洲火炬火花塞股份有限公司零部件联营厂	株洲市红旗中路新塘坡	1991.2.29	75%	标准件制造、火花塞挤压零件
(2)深圳火炬火花塞工贸公司	深圳八卦岭工业区421栋	1989.6.20	51%	火花塞总装配、销售
(3)株洲火炬火花塞股份有限公司房地产开发公司	株洲市新华东路4号	1994.3.28	100%	房地产开发
(4)株洲火炬实业开发总公司	株洲市文化路19号	1993.3.18	委托经营	饮食服务、其它食品、副食品、汽车零部件、日用杂品、百货批零兼营;普通机械、电器机械及器材建筑材料、五金、交电批零兼营
(5)株洲火炬美术印刷厂	株洲市东区新华二村	1980.10.8	委托经营	各种纸张印刷、印刷物资经营销售、皮革、服装制作经营
(6)株洲火炬第三产业总公司	株洲市红旗北路3号	1994.3.22	委托经营	家俱、机械零部件制造;园林绿化;劳务中介;信息服务;建材、农副产品、金属材料、农产品、铸锻件及通用零部件、普通机械、电器机械及器材批零兼营
(7)株洲火炬建筑工程公司	株洲市红旗北路3号	1995.7.13	100%	主营四级建筑;兼营水电安装、维修、汽车货运

七、财务报告

(一)审计意见

公司财务报告经湖南省会计师事务所杨迪航、戴性哲注册会计师审计,并出具无保留意见的审计报告[湘会师(1997)内审字第006号]。

(二)财务报表(见附表)

(三)财务报表附注

1.公司采用的会计政策

公司除本部外下设渌口分部特瓷厂、零部件联营厂等内部分支机构,在会计核算上各分支机构相对独立核算,期末在抵减内部拨款、内部往来的基础上由公司本部编制汇总会计报表,统负盈亏,统一向税务部门缴纳税款和进行税后利润分配。公司各分支机构统一按《股份制试点企业会计制度》进行核算。另有全资子公司株洲火炬建筑公司和株洲火炬房地产公司均按其行业会计制度核算,但在编制上述合并会计报表时已按《股份制试点企业会计制度》进行了调整。此外,对拥有51%股权的深圳火炬工业公司,因其终止单方承包未确认联合审计,故未将其纳入合并会计报表范围。

采用的重要会计政策如下:

(1)会计期间:

公司会计年度采用公历年制,即公历每年1月1日起至12月31日止。

(2)记帐原则和计价基础

所附会计报表,均按权责发生制采用实际成本计价的原则进行编制。

(3)记帐本位币

本公司以人民币作为记帐本位币。

(4)坏帐损失的核算

公司坏帐损失采用备抵法核算,按年末应收帐款余额的3‰计提坏帐准备。

(5)存货的核算

A.存货包括原材料、燃料、低值易耗品、备品备件、包装物、委托加工材料、在产品、自制半成品、产成品等。

B.存货按计划成本进行日常核算,期末根据材料成本差异与产品成本差异,将产品生产及销售的计划成本调整为实际成本。

C.低值易耗品采用一次摊销法核算。

(6)长期投资核算

A.债券投资

债券投资采用权益法核算,因数额较小本年债券投资未计"应计利息"。

B.股权投资

对投资股权占被投资单位投资总额20%以下的按成本法进行核算,对20%以上的采用权益法,对超过半数和实际拥有控制权的公司编制合并会计报表。但公司拥有51%股权的深圳火炬工业公司因终止单方承包未确认联合审计,故未被纳入合并会计报表范围。

C.联营投资的核算

联营投资占被投资单位资本总额20%以下的按成本法核算,对20%以上的采用权益法,对超过半数和实际拥有控制权的公司,编制合并会计报表。

(7)固定资产及其折旧

A.固定资产标准:使用年限一年以上,单位价值在2000元以上且在使用过程中保持其实物形态的资产。

B.固定资产按历史成本计价,折旧采用直线法,按分类折旧率计提,各类固定资产折旧率如下:

固定资产类别	年折旧率
房屋建筑物	2.77%
机器设备	8.09%
运输工具	12.12%
其他	6.47%

(8)无形资产及其摊销

本公司无形资产包括"AC"专利技术和土地使用权。"AC"专利技术在受益期内分期摊销。土地使用权从1994年度起分70年进行摊销。

(9)递延资产及其摊销

开办费自经营之日起,分5年进行摊销。新产品试制费用推广费受益期内分期平均摊销。

(10)税项

A. 增值税:公司增值税率为17%,即:按销售收入的17%计算当期销项税额,抵扣当期进项税额后的余额交纳。

B. 营业税:公司的营业税按5%交纳。

C. 所得税:根据株洲市财政局1993年12月11日批复,本公司所得税按15%计征。

D. 其他税费按规定交纳。

(11)利润分配

本公司当年税后利润,按下列顺序分配:

A. 弥补以前年度亏损。

B. 提取弥补亏损后剩余利润10%的法定公积金。

C. 提取弥补亏损后剩余利润的5%至10%的法定公益金。

D. 经股东会决议,提取任意公积金。

E. 经股东会决议,分配股利。

前款第B项,公司法定公积金累计为公司注册资本的50%以上时,可不再提取。

2. 主要会计报表项目附注(单位:人民币元)

(1)短期投资5000系国库券

(2)应收帐款75020533.82,其中:

	金额	结构
帐龄在1年以内的	34885415.84	46.50%
帐龄1~2年的	20149586.06	26.86%
帐龄在2~3年的	12985052.01	17.13%
帐龄在3年以上的	7000479.91	9.33%

上述帐款中没有持有本公司5%以上股份的股东欠款。

(3)其他应收款:14986635.42,其中:

	金额	结构
帐龄在1年以内的	13481163.24	89.95%
帐龄1~2年的	512238.84	3.42%
帐龄在2~3年的	500260.00	3.34%
帐龄在3年以上的	492973.34	3.29%

(4)长期投资8679735.07

A. 联营投资

被投资公司名称	投资期限	占被投资单位注册资本比例	投资金额
山东临沂地区汽车配件厂	长期		50000.00
庆云宾馆(法人股)	长期	0.32%	180040.00
醴陵国光瓷厂	长期	0.142%	122000.00
株洲环球皮革厂	长期		96000.00
四川西南机械厂	长期		30000.00
深圳火炬工业公司	长期	51%	708666.23
深圳宇发股份公司	长期		816000.00
株洲火炬实业开发总公司	长期	4.36%	165875.00
深圳半岛投资基金	至1997年底	0.529%	5928962.11
其他	长期		362000.00

B. 债券投资

债券种类	到期日	面值	年利率	投资金额
电力债券	1998年7月23日	40000	每年计息	40000
国库券	1997年7月01日	118590		118590
国库券应提利息		61601.73		

(5)资本公积金

	期初数	本期增加数	期末数
(股票)溢价	54976691.36	0	54976691.36
法定资产评估资值	17572917.42	0	17572917.42
其他	156336.19	488700.00	595036.19
合计	72705944.97	438700.00	73144644.97

(6)盈余公积

本期增加数	期末数
0	7496475.19
本期增加数	期末数
1645176.44	9689550.51

(8)投资收益933046.58

其中:债券投资收益	270631.82
股票投资收益	598334.76
非控股公司分回利润	64080.00

八、其它事项

1. 利润分配

公司董事会建议1996年度税后利润分配方案如下:

计提:公积金20%(其中法定盈余公积金10%)

公益金10%

分红基金70%

董事会拟定1996年度暂不分配,未分配利润结转下次分配一并进行。

以上方案提交1997年度股东大会批准后实施,具体实施方案另行公布。

2. 公司法律顾问名称:原法律顾问聘期已到,待新聘后另行公布

会计师事务所名称:湖南省会计师事务所

办公地:湖南省长沙黄兴南路182号

3. 选定用于信息披露的报刊的名称《证券时报》、《湖南证券报》。

株洲火炬火花塞股份有限公司

董事长:刘勇舸

总经理:刘海南

1997年2月28日

合并资产负债表

编制单位:株洲火炬火花塞股份有限公司　　1996年12月31日　已审　　单位:元

资产	附注	年初数	期末数	负债及股东权益	附注	年初数	期末数
流动资产:							
货币资金	3-1	9280858.10	3308319.31	流动负债			
短期投资	3-2	487436.00	5000.00	短期借款	3-13	75760000.00	83287000.00
应收票据	3-3	1050000.00	1090000.00	应付票据		400000.00	
应收帐款	3-4	85588265.79	75020533.82				
减:坏帐准备		255130.05	233476.26	应付帐款	3-14	33106429.34	26278834.50

资产	附注	年初数	期末数	负债及股东权益	附注	年初数	期末数
应收帐款净额		85333126.74	74787057.56	预收货款		3410301.69	778972.86
预付货款		1764128.54	3111625.12	应付福利费		116285.26	33025.31
其他应收款	3-5	7639020.62	14986635.42	未付股利		155410.96	
待摊费用	3-6	4167269.93	5735738.15	未交税金	3-15	3600153.09	5323877.22
存货	3-7	48731149.23	47638133.80	其他未交款		507645.61	688552.05
待处理流动资产净损失		136392.47		其他应付款		2865922.41	2560893.12
一年内到期的长期债券投资				预提费用	3-16		1110140.08
其他流动资产				一年内到期的长期负债	3-17	3000000.00	5500000.00
流动资产合计		158589381.63	150662509.36	其他流动负债			
长期投资:				流动负债合计		122922148.36	125561295.14
长期投资	3-8	7367343.52	8679735.07	长期负债:			
固定资产:				长期借款	3-18	23200000.00	20700000.00
固定资产原价	3-9	133802790.93	142615663.51	应付债券			
减:累计折旧		35353744.28	38355056.34	长期应付款	3-19	1780900.00	1850397.99
固定资产净值		98449046.65	104260607.17	其他长期负债	3-20	130295.00	317001.84
固定资产清理				长期负债合计		25111195.00	22867399.83
在建工程	3-10	57136317.91	59652340.80	递延税项:			
待处理固定资产净损失		24250.61		递延税款贷项			
固定资产合计		155609624.17	163912947.97	负债合计		148033343.38	148428694.97
无形资产及递延资产:				少数股东权益		659162.60	
无形资产	3-11	12005000.17	12124189.94	股东权益:			
递延资产	3-12	607950.70	619983.30	股本	3-21	97240000.00	97240000.00
无形资产及递延资产合计		12612950.87	12744173.24	资本公积	3-22	72705944.97	73144644.97
其他长期资产:				盈余公积	3-23	7496475.19	7990028.11
其他长期资产				其中:公益金		2412053.14	2576570.78
递延税项:				未分配利润		8044374.07	9195997.59
递延税款借项				股东权益合计		185486794.23	187570670.67
资产合计		334179300.19	335999365.64	负债及股东权益合计		334179300.19	335999365.64

资产负债表

编制单位:株洲火炬火花塞股份有限公司(母公司)　　1996 年 12 月 31 日　　单位:元

资产	行次	年初数	期末数	负债及股东权益	行次	年初数	期末数
流动资产:							
货币资金		8491888.01	3167559.08	流动负债:			
短期投资		787336.00	5000.00				
应收票据		1050000.00	1090000.00	短期借款		74760000.00	81987000.00
应收帐款		81994867.57	73865561.90	应付票据		400000.00	
减:坏帐准备		248259.08	222084.77	应付帐款		28653057.06	23664497.88
应收帐款净额		81746608.49	73643577.13	预收货款		2782018.40	190569.52
预付货款		3511652.58	2119352.60	应付福利费		82819.19	-22629.71
其他应收款		9781339.81	20225090.36	未付股利			
待摊费用		3997982.31	5735738.15	未交税金		3212604.37	5063076.50
存货		37873829.79	40739847.87	其他未交款		490601.56	614645.43
待处理流动资产净损失				其他应付款		1886248.68	7224140.57
一年内到期的长期债券投资				预提费用			1110140.08
其他流动资产				一年内到期的长期负债		3000000.00	5500000.00
流动资产合计		147240636.99	146726165.19	其他流动负债			
长期投资				流动负债合计		115267349.26	125331440.27
长期投资		14594152.99	17470692.28	长期负债:			
固定资产:				长期借款		23200000.00	20700000.00
固定资产原价		131130201.08	141396081.01	应付债券			
减:累计折旧		35047797.39	38272988.50	长期应付款		1780900.00	1850397.99
固定资产净值		96082403.69	103123092.51	其他长期负债		119466.00	379924.84
固定资产清理				长期负债合计		25100366.00	22930322.83
在建工程		55459030.77	55991223.37	递延税项:			

资产	行次	年初数	期末数	负债及股东权益	行次	年初数	期末数
待处理固定资产净损失				递延税款贷项			
固定资产合计		151541434.46	159114315.88	负债合计		140367715.26	148261763.10
无形资产及递延资产:				股东权益:			
无形资产		12005000.17	12124189.94	股本		97240000.00	97240000.00
递延资产		607950.70	397070.48	资本公积		72840610.79	73144644.97
无形资产及递延资产合计		12612950.87	12521260.42	盈余公积		7496475.19	7900028.11
其他长期资产:				其中:公益金		2412053.14	2167739.60
其他长期资产				未分配利润		8044374.07	9195997.59
递延税项:				股东权益合计		185621460.05	187570670.67
递延税款借项				负债及股东权益合计		325989175.31	335832433.77
资产合计		325989175.31	335832433.77				

合并利润及利润分配表

编制单位:株洲火炬火花塞股份有限公司　　已审　　1996 年度　　单位:元

项目	附注	本年累计数	上年累计数	项目	附注	本年累计数	上年累计数
一、主营业务收入	3-24	72636539.41	110258784.84	四、利润总额		2011002.12	10005409.00
减:营业成本 、	3-25	53558790.51	76472182.16	减:所得税		365825.68	1980000.00
销售费用		3913303.03	3979601.31	减:少数股东收益			-49910.61
管理费用		11806768.25	16057074.73	五、净利润		1645176.44	8075319.61
财务费用	3-26	2868196.70	7296069.95	减:财政退税			4030000.00
进货费用				加:年初未分配利润		8044374.07	14052650.34
营业税金及附加		877818.43	1747769.96	盈余公积转入数			
二、主营业务利润		-388337.51	4706086.73	六、可分配的利润		9689550.51	18097969.95
加:其他业务利润	3-27	420423.40	312185.54	减:提取法定公积金		164517.64	404531.96
三、营业利润		32085.89	5018272.27	提取法定公益金		164517.64	404531.96
加:投资收益	3-28	933046.58	600810.70	提取法定公益金		164517.64	404531.96
营业外收入	3-29	1129307.26	4540751.50	七、可供股东分配的利润		9360515.23	17288906.03
减:营业外支出	3-30	83437.61	154425.47	减:已分配优先股股利			
加:以前年度损益调整				提取任意公积金		164517.64	404531.90
				已分配普通股股利			8840000.00
				八、未分配利润		9195997.59	8044374.07

利润及利润分配表

编制单位:株洲火炬火花塞股份有限公司(母公司)　　已审　　1996 年度　　单位:元

项目	行次	本年累计数	上年累计数	项目	行次	本年累计数	上年累计数
一、主营业务收入		62778168.93	92341612.54	四、利润总额		2011002.12	10055319.61
减:营业成本		47222885.19	63187315.30	减:所得税		365825.68	1980000.00
销售费用		3822318.13	3567859.47	五、净利润		1645176.44	8075319.61
管理费用		8586449.74	12846722.35	加:年初未分配利润		8044374.07	14052650.34
财务费用		2908553.63	71228252.01	减:财政退税			4030000.00
进货费用				六、可分配的利润		9689550.51	18097969.95
营业税金及附加		409035.46	919381.35	减:提取法定公积金		164517.64	404531.96
二、主营业务利润		-171073.22	4692082.06	提取法定公益金		164517.64	404531.96
加:其他业务利润		464503.42	206031.69	七、可供股东分配的利润		9360515.23	17288906.03
三、营业利润		293430.20	4898113.75	减:已分配优先股股利			
加:投资收益		1079769.27	905413.06	提取任意公积金		164517.64	404531.96
营业外收入		708307.20	4394735.17	已分配优先股股利			8840000.00
减:营业外支出		70504.61	142942.37	八、未分配利润		9195907.59	8044374.07
加:以前年度损益调整							

财务状况变动表

编制单位:株洲火炬火花塞股份有限公司　　已审　　1996 年度　　单位:元

流动资金来源和运用	合并	母公司	流动资金各项目的变动	合并	母公司
一、流动资金来源:					
1. 本年净利润	1645176.44	1645176.44	一、流动资产本年增加数:		
加:不减少流动资金的费用和损失			1. 货币资金	5972538.79	-5324328.93

流动资金来源和运用	合并	母公司	流动资金各项目的变动	合并	母公司
(1)固定资产折旧	3442236.37	3386752.93	2.短期投资	482436.00	782336.00
(2)无形资产、递延资产及其他资产摊销(减其他负债转销)	180810.23	180810.23	3.应收票据	40000.00	40000.00
(3)固定资产盘亏(减盘盈)			4.应收帐款净额	-10546069.18	-8103031.36
(4)清理固定资产损失(减清理费用)	49045.14	49045.14	5.预付货款	1347496.58	-1392299.98
(5)递延税款			6.其他应收款	7347614.80	10443750.55
(6)其他不减少流动资金的费用和损失			7.待摊费用	1568468.22	1737755.84
小计	5317268.18	5261784.74	8.存货	-1093015.43	2866018.08
2.其他来源:			9.待处理流动资产净损失(减收益)	-136392.47	
(1)固定资产清理收入(减清理费用)			10.一年内到期的长期债券投资		
(2)增加长期负债	256204.83	329956.83	11.其他流动资产		
(3)收回长期投资			流动资产增加净额	-7926872.27	-514471.80
(4)对外投资转出固定资产			二、流动负债本年增加数:		
(5)对外投资转出无形资产			1.短期借款	7527000.00	7227000.00
(6)资本净增加额	932252.92	797587.10	2.应付票据	-400000.00	-400000.00
小计	1188457.75	1127543.93	3.应付帐款	6827594.84	-4988559.18
流动资金来源合计	6505725.93	5389328.67	4.预收货款	-2631328.83	-2591448.88
二、流动资金运用:			5.应付福利费	-83259.95	-105448.90
1.利润分配			6.未付股利	-155410.96	
(1)提取盈余公积	164517.64	164517.64	7.未交税金	1723724.13	1850472.13
(2)提取法定公益金	164517.64	164517.64	8.其他未交款	180906.44	124043.87
(3)提取任意公积金	164517.64	164517.64	9.其他应付款	-305029.29	5337891.89
(4)已分配股利			10.预提费用	1110140.08	1110140.08
(5)转增资本公积			11.一年内到期的长期负债	2500000.00	2500000.00
小计	493552.92	493552.92	12.其他流动负债		
2.其他运用			流动负债增加净额	2639146.78	10064091.01
(1)固定资产和在建工程净增加额	14953767.91	13416989.04	流动资金增加净额	-10566019.05	-10578562.81
(2)增加无形资产、递延资产及其他资产	312032.60	180810.23			
(3)偿还长期负债					
(4)增加长期投资	1312391.55	2876539.29			
小计	16578192.06	16474338.56			
流动资金运用合计	17071744.98	16967891.48			
流动资金增加净额	-10566019.05	-10578562.81			

株洲火炬火花塞股份有限公司1997年中期报告

一、财务报告

1.审计报告

本公司财务报告经湖南省会计师事务所注册会计师杨迪航和戴性哲审计,审计意见如下:

我们接受委托,对贵公司1997年6月30日资产负债表和合并资产负债表、1997年1-6月利润及利润分配表和合并利润及利润分配表进行了审计。这些会计报表由贵公司负责,我们的责任是对这些会计报表发表审计意见。我们的审计是依据《中国注册会计师独立审计准则》进行的。在审计过程中,我们结合贵公司的实际情况,实施了包括抽查会计记录、抽盘实物资产等我们认为必要的审计程序。

我们认为,贵公司上述会计报表符合《企业会计准则》和《股份制试点企业会计制度》等法规的规定,在所有重大方面公允地反映了贵公司1997年6月30日的财务状况和1997年1-6月的经营成果,会计方法的选用遵循了一贯性原则。

特别需要说明的事项:

贵公司1997年6月经株洲市财政局批准对封存不用的设备原值3321万元(按分类折旧率计算),免提折旧144,725万元。同时对在股份制改组时,固定资产评估增值部分2112万元(按分类折旧率计算),免提折旧67,345万元,两项合计共少提折旧212.07万元。

湖南省会计师事务所　　中国注册会计师:杨迪航

湖南·长沙　　中国注册会计师:戴性哲

1997年8月1日

2.财务报告

(一)合并资产负债表　　单位:元

项目 / 金额 / 年度	1997年6月30日	1996年12月31日
流动资产	177600603.51	150096783.76
长期投资	2770773.51	8679735.07
固定资产净值	101863764.08	103208733.60
在建工程	60278650.01	59652340.80
无形资产及递延资产	12345589.91	12436846.66
资产总计	354859381.02	334074439.89
流动负债	130404874.60	123636369.39
长期负债	28118502.83	22867399.83
股本	97240000.00	97240000.00
资本公积	73144644.97	73144644.97
盈余公积	7990028.11	7990028.11
未分配利润	17961330.51	9195997.59

股东权益合计	196336003.59	187570670.67
权益负债合计	354859381.02	334074439.89

(二)合并利润表　　单位:元

项目 \ 金额 \ 年度	1997年6月30日	1996年6月30日
主营业务收入	58757333.38	34807524.62
主营业务利润	7958459.72	-7055453.06
其它业务利润	159918.10	24150.97
投资收益	1994070.29	49360.00
营业外收支净额	93638.81	116845.63
以前年度损益调整	106069.46	——
利润总额	10312156.38	-6865096.46
少数股权;所得税	1546823.46	-20052.58
净利润	8765332.92	-6845043.88

(三)资产负债简表(母公司)　　单位:元

项目 \ 金额 \ 年度	1997年6月30日	1996年12月31日
流动资产	167817894.65	146160439.59
长期投资	12662409.73	17470692.28
固定资产净值	100331662.81	102071218.94
在建工程	56502348.30	55991223.37
无形资产及递延资产	12151946.04	12213933.84
资产总计	349466261.53	333907508.02
流动负债	125038892.11	123406514.52
长期负债	28091365.83	22930322.83
股本	97240000.00	97240000.00
资本公积	73144644.97	73144644.97
盈余公积	7990028.11	7990028.11
未分配利润	17961330.51	9195997.59
股东权益合计	196336003.59	187570670.67
权益负债合计	349466361.53	333907508.02

(四)利润表(母公司)　　单位:元

项目 \ 金额 \ 年度	1997年6月30日	1996年12月31日
主营业务收入	52713682.83	30324880.12
主营业务利润	6492933.58	-6975599.89
其它业务利润	221633.62	93961.07
投资收益	3506450.37	-103526.27
营业外收支净额	91138.811	20068.63
利润总额	10312156.38	-6865096.46
少数股权;所得税	1546823.46	-20052.58
净利润	8765332.92	-6845043.88

3.有关财务指标

项目	1997年1-6月	1996年1-6月
每股收益(元)	0.09	-0.07
每股净资产(元)	2.02	1.85
净资产收益率(%)	4.47	-3.74

4.财务报表注释

(1)财务报表经湖南省会计事务所审计;

(2)本财务报告与上一年度所采取的会计政策和编制方法一致;

(3)少数股东权益1996年年报已作说明;

(4)长期投资减少591万元,主要是公司撤回了在深圳半岛基金的委托资产;

(5)主营业务收入增加2395万元,主要是增加了高附加值产品销量及销价;

(6)主营业务利润系主营业务收入的增加而增加;

(7)其他业务利润增加13.58万元,主要是其他业务收入增加而增加;

(8)投资收益增加194万元,主要是深圳半岛基金委托资产的收益;

(9)利润总额比去年同期增加1718万元,主要是主营业务利润增加1501万元(其中房地产利润151万元)以及投资收益增加194万元;

(10)关联交易:公司与株洲火炬集团第三产业总公司(以下简称三产公司)于1997年2月16日签订0010272#订货合同。依据该合同,截至1997年6月30日,公司已销往三产公司产品总金额987万元,结算价格略低于外销。

二、1997年上半年总经理业务报告

(一)1997年上半年经营情况回顾

经过1996年主动采取限产降欠的经营策略,公司为下一步的发展积聚了能量。1997年上半年,公司进一步拓宽营销渠道,加大了高附加值新产品的推销力度,主导产品火花塞的销售收入较上年同期有大幅增长,各项经济指标呈现出良好的回升态势。

(1)主营业务收入和利润有大幅增长。1997年1-6月份,主营业务收入实现5876万元,完成年计划8678万元的67.71%,比上年同期3480.75万元增长68.81%,实现利润总额1031.21万元(其中主营业务利润795.85万元),比上年同期-686.51万元增加盈利1717.72万元。

(2)火花塞制造技术逐步实现向AC技术全面过渡。在1996年实现了AC技术软硬件验收的基础上,1997年上半年,进行了AC线的试生产和小批量生产精品火炬火花塞,为AC线大规模投产做好了准备。

(3)努力拓展新的利润增长点,加大房地产开发的投入。1997年上半年公司房产销售良好,实现利润151万元。

(4)为保证股东权益积极挖掘潜在效益,上半年,公司运用新工艺、新技术、新材料降低产品制造成本,实现了成本的有效控制,同时,公司进行了企业内部第二次重大改革,精兵简政,行政机构由10部2室合并精减为5部1室,机关工作人员减少30%,减少了企业管理费用的支出。

(二)1997年下半年工作展望

1.AC线形成AC精品火花塞大批量生产,进一步加大高附加值产品的比重。

2.充分利用进入美国通用汽车公司德尔福公司全球销售网络的机遇,认真贯彻ISO9000标准,提高产品品质,进一步拓宽与德尔福公司的合作领域。

3.充分发挥自营进出口的优势,加快建立国际销售网点的步伐,加大产品外销比重,努力开拓国际市场。

4.加大第二产品水封件的投入,扩大其生产销售规模,使之成为公司除主导产品火花塞外的最大利润增长点。

5.发挥上市公司的优势,积极做好资产重组和资本营运工作,盘活存量资产,进一步提高经济效益和每股净资产收益率,疏通公司融资渠道。

三、重大事件的说明

1.1997年5月16日,公司召开了第五次股东会,会议选举产生了第二届董事会和第二届监事会。董事会成员从9人调整为7人,原董事长为刘勇舸、董事黄仲娥、袁家涌、邓民服、陈建珊不再担任董事职务,另增选黄孟良、奉家顺、范洪泉为公司董事。第二届董事会第一次会议选举黄良才先生为公司董事长。

第二届监事会从5人调整为3人,原监事黄孟良不再担任监事职务,原职工代表会议推选的监事尹观连、齐定兰不再担任监事,改选王孚清为监事。第二届监事会第一次会议选举谭旭先生为公司监事会召集人。

公司第二届董事会聘任刘海南先生为公司第三任总经理,经总经理提名,聘任易建国、邓国如、李惠海为副总经理,聘任赵池柏为总工程师、龙玉琪为总会计师、周志军为第一副总经济师(总经济师缺)。

2.1997年5月21日,为提高经济效益和工作效率,董事会决定对公司管理机构进行调整,管理机构从10部2室调整为5部1室,压缩管理人员30%。

3.1997年6月,本公司董事会遵照国务院证券委、中国人民银行、国家经贸委5月21日联合发布的《严禁国有企业和上市公司炒作股票的规定》和湖南省证券委《关于认真贯彻落实〈严禁国有企业和上市公司炒作股票的规定〉的通知》的精神,对本公司股票投资情况进行了认真清查,本公司自1993年涉足股票投资,共投入资金650万元,至1996年7月累计亏损达8万元。鉴于此种情况,董事会决定尚存的592万元全部委托给深圳半岛基金管理,委托期限商定为1996年7月至1997年12月31日,其间1996年收回投资收益100万元。1997年4月,董事会接受半岛基金的建议,提前结束资产委托协议,抽回全部委托资产和收益共计798万元,用于公司的有效投入。截至1997年6月30日,本公司已没有二级市场股票投资。本公司在以前年度的股票投资中没有违规行为,今后如涉足二级市场股票投资,也必定严格遵守有关法律法规。

4.鉴于本公司1997年中期业绩增长的事实和上二个年度没有实施分配方案的特殊情况。本公司1997年度拟进行中期分配。董事会拟定的分配方案为:用未分配利润每10股送红股1股,用资本公积金每10股转增3股。本分配方案尚须经公司临时股东会通过并报湖南省证监会批准后实施。具体方案另行公布。

5.报告期内公司无重大诉讼事项。

四、发行在外股票的变动和股权结构的变动

1.股本变动情况

报告期内,本公司未发行新股(含送、配股),股本无变动。

2.股权结构

股份单位:万股

股份类别	持股数	占总股本%
(一)尚未流通股份		
其中:国家股	4114	42.30
公司高管股	10	0.11
(二)已流通股份		
A股	5600	57.59
股份总数	9724	100

3.主要股东持股情况(截止到1997年6月30日)

序号	股东名称	持有股数(万股)	占总股本%
1	株洲国有资产管理局	4114	42.31
2	谢少平	52.309	0.54
3	国泰财务顾问有限责任公司	52	0.53
4	王晓珍	39.9218	0.41
5	杨爱国	38.65	0.40
6	王金妹	38	0.39
7	邢　明	38	0.39
8	张唱远	35.5	0.37
9	唐从文	35.4	0.36
10	张水平	34.84	0.36

五、股东会简介

1997年5月16日,公司第五次股东会在公司综合大楼六楼会议室召开,出席会议的股东40人,代表股权数41249034股,占总股本9724万股的42.42%。

会议按预定议程进行,到会股东表决通过了《董事会工作报告》、《监事会工作报告》、《财务工作报告》、《公司章程修改说明》、《1996年利润分配方案》等五项决案。修改后的章程规定:公司召开股东会年会,代表股份总额5%(含5%)以上的股东(含代理人)提出的议案,股东会主持人应将其列入股东会议程并提交股东表决,强化了股东对公司的监督权益。

本次股东会对董事会成员、监事会成员进行了换届选举。公司第二届董事会由黄良才第七人组成,公司第二届监事会由谭旭等三人组成。同时召开了第二届董事会第一次会议和第二届监事会第一次会议。董事会会议一致选举黄良才先生为第二届董事会董事长,监事会会议一致选举谭旭先生为第二届监事会召集人。

六、备查文件

1.第五次股东会有关资料。

2.1996年度报告。

3.1997年中期审计报告原本。

4.其他备查文件(包括外来文件)。

查阅地址:湖南省株洲市红旗北路3号

株洲火炬火花塞股份有限公司办公室

联系电话:0733-8450021　0733-8450028

查阅时间:每周星期一——星期五

上午9:00——11:00

下午:2:00——5:00

株洲火炬火花塞股份有限公司董事会

1997年8月22日

山东东阿阿胶股份有限公司

山东东阿阿胶股份有限公司简介

山东东阿阿胶股份有限公司，前身是全国最大的国有阿胶生产企业山东东阿阿胶厂，阿胶年产量、出口量分别占全国的75%和90%以上，1952年建厂。1993年2月，经山东省体改委批准，由国有企业改组为股份制企业。1996年7月29日"东阿阿胶"股票在深圳证券交易所挂牌上市，成为鲁西地区首家上市公司。公司现有总股本8109.4万股，其中，国家股2402.4万股，占总股本29.63%，内部职工股3432万股，占总股本的42.32%，社会公众股2275万股，占总股本28.05%。公司董事长兼总经理刘维志先生为全国优秀企业家，全国劳动模范，全国优秀中药工业企业家，八届全国人大代表。

公司现有员工921人，专业技术人员297人，大专以上毕业生134人，占地18万平方米。公司资产总计3.32亿元人民币，年产4000吨28种中药和保健食品。

公司坚持"质量第一"，始终把质量当成企业管理与发展永恒的主题，针对阿胶这种传统药感观视药的历史现状，继承、创新、发展，走质量现代化道路，采用现代科学手段，制定了《中国药典》上没有的质量检测项目近10余项，配备了先进的质量检测仪器。积极推行全面质量管理　实施人、机、料、法、环综合控制，"以金牌的工作质量，创金牌的产品质量"，推行ISO9000系列质量管理标准，接轨国际惯例，使"东阿"牌阿胶夺冠卫冕由老牌变名牌，1980年、1985年、1990年3次荣获国家金质奖，1991年又摘取了传统药"长城"国际金奖的桂冠，1994年评为"山东名牌"产品，1995年评为中国中药名牌。

公司坚持"科技兴企"，致力技术进步，走高新技术嫁接改造传统产业的道路，在全国同行业率先采用蒸球加压化皮、蒸汽熬胶新工艺；率先进行阿胶机械化生产改造、阿胶常年生产改造；率先应用微波干燥晾胶、微机控制阿胶生产化皮、离心分离杂质与胶液，胶液三效水份蒸发等新技术、新工艺。"八五"期间投资9900万元实施了制剂车间及总体技术改造、中药材提取车间改造、阿胶保健品生产技术改造3个国家行业重点和省重点技改项目，从国外引进了4条生产线，采用了当今国际上流行的粗粉提取中药材有效成份新技术。由八十年代初手工作坊式，步入阿胶生产现代化、制剂产品生产自动化的轨道，设备达到国际九十年代先进水平，生产工艺技术达到国际药品生产标准GMP要求，成为全国阿胶厂家的技术领头雁。"省级技术进步先进企业"和"山东省运用高新技术嫁接改造传统产业试点单位"。

公司大力开发新产品，立足阿胶药用范围广，(历代医药名著载有阿胶的名验方达数百种之多)这一产品优势，先后开发成功复方阿胶浆等阿胶系列药品。从阿胶健身强体、营养滋补效果好和市场保健品走俏这一情况出发，开发成功阿胶水晶枣等阿胶保健食品，目前该公司仅国家级新药及国家专利产品就有10种，实现了产品多系列、多剂型。尤其是进入"九五"以来，公司以敢为人先的精神进军生物高科技领域，投资近6000万元实施了生物高科技药品——基因重组人促红细胞(EPO)开发项目，该项目被列为国家科委"九五"重点攻关课题和山东省十大高新技术项目，现已完成了产品试制，工艺、质量标准制备、临床实验等基础研究工作和生产技术装备的建设，97年底可望投入生产。基因重组人促红细胞生成素能够促进体内红细胞的成熟和分化，是治疗肾衰竭性贫血等各种恶性贫血的有效药物，而且适用于其它各种贫血。该产品投放市场后，将结束我国此类药物完全依赖进口和大量贫血患者主要依靠输血治疗的历史，避免患者因频繁输血可能引起的不良反应，并可大大降低治疗成本。"九五"期末可全部达产。

公司锐意改革，重股份更重转制，自93年进行股份制改组以来，先后推出了重组治理机构，实行岗位技能工资、竞争上岗、全员劳动合同制、厂内补充养老保险及医疗保险、分离后勤部门兴办三产实体、建立现代营销机制、兼并企业搞好资产运营等一系列改革举措，初步建立起适应市场经济要求的现代企业制度，改组改制的4年多来，主营业务收入平均每年增长48.49%，税后利润平均年增长61.73%，人均利税年增长67.99%，劳动生产率增长14.9%，国有资产年均增长19.03%，总资产增长了2.7倍。

历经十几年改革发展，东阿阿胶公司已由八十年代初固定资产58万元，年产值40万元，阿胶产量2.5万公斤，利润5万元，产品单一，手工作坊式小厂发展成为产值、资产双过亿，产品多品种，生产自动化的现代化企业，产品远销东南亚各国和欧美市场，企业先后获得省暨国家中医药管理局企业管理优秀奖、质量管理奖、全国"五一"劳动奖状、全国现场管理先进单位、山东省工业企业经济效益排头兵、全国1000家企业集团试点单位、山东省首批股份制改造暨建立现代企业制度试点单位等荣誉称号，跨入全国中药行业"50"强企业行列，并获得国家对外经济贸易部授予的自营进出口权。

"九五"期间，东阿阿胶将以基因重组人促红细胞生长素(EPO)开发项目为契机，大力开发生物类高科技药品，进一步拓宽阿胶的医疗保健功能，形成医药、食品、生物工程三大产业。二十一世纪，一个高技术、高效益、管理现代化、产业多元化、跨国经营的现代化集团企业将矗立在"阿胶之乡"——东阿县。

东阿阿胶名牌更名牌，东阿阿胶辉煌再辉煌！

山东东阿阿胶股份有限公司1996年年度报告摘要

一、公司简况

1. 公司法定名称：山东东阿阿胶股份有限公司

英文名称：SHAN DONG DONG－E E－JIAO CO.，LTD

2. 公司注册地址：山东省东阿县阿胶街78号

邮编：252201

3. 公司法定代表：刘维志

4. 公司咨询服务机构：证券管理办公室

电话：0635—3283001　传真：0635—3282786

联系人：题兰玉　赵立明

会计师事务所：山东会计师事务所

5. 股票简称：东阿阿胶

证券代码：0423

二、主要财务数据与财务指标

单位：万元

指标项目	1996年	比上年增长(%)	1995年	1994年
1.主营业务收入	15,704.33	－11.3	17,713.59	13,349.20
2.净利润	2,332.23	35.4	1,722.46	1,568.49
3.总资产	31,414.38	46.5	21,445.02	15,496.29
4.股东权益	18,757.97	73.0	10,843.65	7,831.84
5.每股收益(元)	0.29	－12.1	0.33	0.30
6.每股净资产(元)	2.31	9.5	2.11	1.52
7.净资产收益率(%)	12.43	－21.7	15.88	20.03
8.股东权益比率(%)	59.71	18.1	50.56	50.54

三、公司业务回顾

1. 一年来经营情况

1996年是公司转为上市公司的第一年，公司本着对全体股东高度负责的精神，充分发挥决策、管理层的整体优势，紧紧依靠广大股东和员工，

以开拓经营、转换机制、强化管理作为业务工作重点,扎扎实实地开展各项工作。主营业务收入15704.33万元;主营业务利润2662.53万元,比上年增长29.9%;利润总额2731.35万元,比上年增长34.8%;应交所得税399.11万元,比上年增长32.1%,净利润2332.23万元,比上年增长35.4%;每股盈利0.29元(按15%税率计算),为经营年度中期预测利润计划的100.4%。实际经营成果与盈利预测无重大差异。

一年来,公司在市场开拓、产品开发、技术改造、规范运作等方面扎实有效地采取了以下措施:

1)全方位拓展销售网络,加大宣传力度,提高市场占有份额。

1996年,公司适应市场需求,深入进行调查研究,立足市场发展趋势和公司实际,全方位拓宽销售网络,充实调整营销人员,强化重点区域的销售;同时,加大了骨干产品和新产品的宣传力度,以拓宽功能来提高市场占有份额。主导产品阿胶国内市场占有率为70%,覆盖率为100%;国际市场占有率为90%,出口创汇270万美元。

2)根据市场需求,不断开发研制新产品。

1996年,公司在对原有拳头产品拓宽功能开发升级的同时,又根据市场需求,确定了疗效独特的中成药、保健品、生物高科技产品3个重点开发方向,实行了开发课题承包责任制,扩大了与大专院校科研单位的合作联合。本年度研制成功国家专利、3类新药1个,4类新药2个,食品保健品8种;在研制品种7个,其中EPO为生物工程类高科技药品,治疗肾衰竭、癌症等引起的严重贫血症,替代进口,列入国家科委"九五"重大科技攻关项目和山东省十大高新技术产品开发项目,阿胶神为卫生部批准的全国首批59种保健品之一,具有补血、增强免疫力的功能。新产品的投产将成为公司新的利润增长点。

3)规范运作、强化管理,提高企业的整体素质。

1996年,公司以股票上市为契机,强化内部管理,牢固树立对全体股东负责和依法运作的观念,进一步完善了股东会、董事会、监事会的职责、议事规则和管理程序,并本着科学、高效、接轨市场的原则,修订完善了各项管理标准,强化了现场管理、信息管理、投资决策管理和资产运营管理,推行了成本管理和定置管理,以显著的管理成效被列为省经委全省管理工程示范企业,提高了企业的整体素质。

2.募集资金使用情况说明

公司在年度内发行1090万股A股,募集到资金5527万元,按照招股说明书所述募集资金的用途,分别投入阿胶保健品项目技术改造和胶剂车间扩产技术改造2个省重点技改项目。这2个改造项目计划投资5750万元(阿胶保健品改造项目2950万元,胶剂车间扩产技改项目2800万元),缺口资金223万元已通过地区工商银行贷款解决。募集资金及缺口资金均严格按照技改项目的预算计划及时足额地进行投入,未挪作它用,未超预算计划。

阿胶保健品项目已于1996年12月底全部竣工,比计划工期提前半年。胶剂车间扩产技术改造项目已于1996年12月20日全部竣工并开始试生产。

四、股本变化及股本结构情况

1.1996年度公司股份变动情况

项　　目	期初数	本次变动增减(+、-) 配股送股公积金转股其他小计	期末数
尚未流通股份			
发起人股份			
其中:国家拥有股份	18,480,000	5,544,000	24,024,000
内部职工股	26,400,000	7,920,000	34,320,000
尚未流通股份合计	44,880,000	13,464,000	58,344,000
已流通股份			
境内上市的人民币普通股	17,500,000	5,250,000	22,750,000
已流通股份合计	17,500,000	5,250,000	22,750,000
股份总数	62,380,000	18,714,000	81,094,000

2.股本变动原因:1)根据中国证监会复审意见,本公司于1996年7月份发行1090万股新股(同时660万股内部职工股占额度一并上市)。发行上市后,本公司未流通股份中,内部职工股变更为2640万股,国家股仍为1848万股。已流通股份为1750万股(社会公众股),总股本为6238万股;2)1996年本公司实施用资本公积金转增股本(每10股转增3股)的方案后,使公司期末总股本数增至8109.4万股。

3.主要股东持股情况(前十名)

名次股东名称	年末持股数(股)	占总股本(%)
1)聊城地区国资局(国家股)	24024000	29.62
2)张秀兰	399954	0.49
3)邹兰社	397849	0.49
4)晁锁贵	397500	0.49
5)袁大鹏	394654	0.49
6)晁新华	390000	0.48
7)晁喜莲	386084	0.48
8)田秀菊	384396	0.47
9)袁秋生	380000	0.47
10)朱荫桥	380000	0.47

4.股东数量

至1996年度末,公司股东总数为17953户,其中国家股股东1户,内部职工股股东13803户,社会公众股股东4149户。

5.公司董事、监事及高级管理人员持股情况

职务	姓名	年初持股数	年末持股数	变动原因
董事长、总经理	刘维志	11000	14300	10股转增3股
副董事长、副总经理	战全兴	1650	2145	10股转增3股
董事、副总经理	章　安	11000	14300	10股转增3股
董事、副总经理	王芙蓉	550	715	10股转增3股
董事、副总经理	臧绪岱	16500	23120	10股转增3股
董事	梁旭东	0	0	
董事	施永潮	0	0	
副总经理	秦玉峰	12650	16445	10股转增3股
副总经理	何镇美	6600	8580	10股转增3股
监事长、工会主席	徐守忠	1100	1430	10股转增3股
监事	题兰玉	2200	2860	10股转增3股
监事	赵立明	500	715	10股转增3股
监事	宋国顺	22000	28600	10股转增3股
监事、监察处长	徐书国	1100	1430	10股转增3股
财务处长	吴怀峰	2200	2860	10股转增3股

五、重要事项

1.1996年1月20日,召开第一届五次董事会会议,审议通过了1995年公司工作情况报告、财务情况报告,1995年度利润暂不分配及股票上市安排等事项。

2、1996年3月8日,公司召开第一届四次股东大会,审议通过了1995年度董事会工作报告、监事会工作报告、财务决算及利润暂不分配决议、董事会监事会换届事宜以及授权董事会全权开展股票发行并上市工作的决议等事项,同时选举产生了新一届董事会和监事会。

3、1996年7月5日至9日,公司以"全额预缴、比例配售、余额即退"的方式,向社会公开发行人民币普通股股票1090万股(公司招股说明书及新股发行公告刊登于1996年6月29日的《中国证券报》、《证券时报》。

1996年7月29日,公司新发行的1090万股社会公众股及660万股内部职工股占额度在深交所上市交易。至此公司实现了由定向募集公司向上市公司的重大转变(公司上市公告书刊登于1996年7月26日的《中国证券报》、《证券时报》。

4、1996年8月24日,召开第二届一次董事会,审议通过了1996年上半年工作报告、1995年利润暂不分配,用资本公积金转增股本(每10股送3股)、修改《公司章程》及将EPO项目列入公司重大科研技改项目等事项,并决定于9月28日召开1996年度临时股东大会。

5、1996年9月28日,公司召开1996年度临时股东大会,审议通过了第二届一次董事会提交的有关1996年上半年工作报告等四项决议(临时股东大会决议刊登在1996年10月1日《金融时报》及10月3日《中国证券报》)。

6、本公司以长期投资形式向山东省资产管理有限公司投入人民币500万元,股权比例占6.25%,为被投资方的董事单位。

7、本报告期内公司无重大诉讼仲裁事项。

六、财务报告

(一)审计意见:公司财务经山东会计师事务所中国注册会计师许中

祐、赵毓茂审计,并出具无保留意见审计报告〔(97)鲁会审字第0105号〕

(二)财务报表(见附表)

(三)财务报表附注

1、会计报表编报基础

公司的综合经营业绩包括组成公司的保健品分公司的经营业绩,内部所有交易与往来在编制汇总报表时均予抵销。

2、主要会计政策

(1)会计核算原则

公司按权责发生制进行会计核算并编制会计报表。

(2)坏帐准备

按应收帐款期末余额的5‰提取,并计入当期损益。

(3)存货

原材料、包装物、在产品及产成品等存货购入与入库时按实际成本计价,发出时按加权平均计价;低值易耗品采用一次摊销法核算。

(4)长期投资

a、债券投资采用成本法核算

b、股权投资占被投资公司注册资本20%以下的按成本法核算;占20%—50%的按权益法核算;占50%以上的按权益法核算并编制合并报表。

(5)固定资产及累计折旧

公司固定资产指使用期限一年以上,单位价值在2000元以上的房屋建筑物、机器设备、运输工具等,并按历史成本计价。折旧政策:房屋建筑物采用直线法,机器设备及运输工具采用双倍余额递减法,按各类固定资产使用年限计算并考虑了3%的残值。固定资产折旧年限如下:

房屋建筑物	30—35年
机器设备及运输工具	6—18年

(6)无形资产及摊销

公司无形资产包括土地使用权及购入的专利权及专有技术,其中:土地使用权按50年摊销,其他均按10年摊销。

(7)税项

公司税项是根据期间的经营业绩按国家规定的需缴纳部分计算,所有享受到的退税,优惠政策均考虑在内。

其中:

税项	税率	计税依据
增值税	17%	本期销售收入销项税减进项税
城市维护建设税	5%	按实际缴纳的增值税
教育费附加	3%	按实际缴纳的增值税
所得税	15%	据山东省人民政府鲁政字(1996)95号文,公司按33%上缴所得税,年终由当地财政部门按18%返还,实际负担15%。

(8)利润分配

公司税后净利润按如下顺序分配:

a.弥补亏损;

b.提取法定公积金10%;

c.提取公益金5%;

d.提取任意公积金;

e.向股东分配股利

其中:向股东分配股利须经董事会提出股利分配预案,并列入本年度会计报表,待报股东大会审定后执行。

3、会计报表项目附注(金额单位均为人民币元)

(1)应收帐款:55,825,786.79,其帐龄情况列示如下:

1年以内:	45,389,906.28
1—2年:	5,388,190.86
2—3年、3年以上	5,038,689.65

按上述余额5‰计提坏帐准备279,128.93后,应收帐款净额为:55,546,657.86。

比上年数增加51%,系由于1996年度扩大生产规模增加销售所致。

(2)其他应收款:35,297,164.43,其中帐龄情况列示如下:

1年以内:	31,403,291.22
1—2年:	3,581,324.21
2—3年、3年以上	312,549.00

主要是预付广告费支出等。

(3)存货:83,755,721.08,比上年数增加91%,主要系由于1996年度扩大生产规模增加材料购进及产成品所致。

(4)一年内到期的长期债券投资:320,100.00,比上年数增加4.23倍,系由上年长期投资转入所致。

(5)长期投资

公司1996年12月31日的长期投资余额为5,045,860.00,其中:

债券投资

项目	到期日	面值	年利率	应计利息	期末价值
1993年5年期国库券	1998年	30,000.00	15.86%	15,860.00	45,860.00

股权投资

被投资公司名称	占被投资公司比例	核算方式	投资金额
山东省资产管理有限公司	6.25%	成本法	5,000,000.00

比上年数增加17.53倍,主要系增加了股权投资所致。

(6)固定资产及累计折旧

固定资产原值比上年数增加36%,主要系1995年度的大部分在建工程项目完工决算后转增固定资产所致。

(7)在建工程:35,724,034.03,其主要项目列示如下:

工程名称	期末实际支用数	工程进度	原预算数	批准文号	资金来源
胶剂改造工程	5,242,721.67(含借款利息)	完工	28,000,000.00	鲁经技改字(96)第8号	75%贷款 25%自筹
EPO工程	811,820.00	10%	27,400,000.00	聊技经改字(96)第60号	自筹
职工宿舍	7,113,538.25	完工	5,630,000.00	东计基字(95)第1号、2号	自筹
中国名牌大厦	1,022,980.00	系购买上海办事处尚未取得房产证大厦			
预付工程物资款	21,532,974.11	系购买工程设备款,其中:中国医药对外贸易总公司17,199,726.52			

(8)无形资产:12,835,364.30,其明细情况列示如下:

无形资产种类	期末余额	剩余摊销
"东阿"牌阿胶工艺技术	2,875,953.42	7
感冒退热口服液专有技术	224,000.00	7
药魁搽鼻剂专利权	189,000.00	7
安定补心胶囊技术	130,666.67	8年零2个月
哮喘舒颗粒技术	85,833.33	8年零7个月
阿胶街78号土地	4,261,985.56	47年
工业路东土地使用权	1,363,915.14	48年
保健品食品厂土地使用权	3,704,010.18	48年

(9)应付帐款:24,882,044.86,均系应付购货款,且不存在与关联单位的交易款项。

比上年数增加95%,主要系1996年度扩大生产规模而增加购货款所致。

(10)未付股利:970,889.77,系公司1995年以前年度尚未支付的股东股利。

比上年减少70%,主要系1996年度向股东支付1995年度以前股利所致。

(11)其他未交款:350,862.34,比上年数增加86%,主要系1996年度提取的教育费附加尚未上缴所致。

(12)长期借款:34,290,000.00,均系向中国工商银行东阿支行借入的人民币长期借款。

(13)资本公积:58,722,888.27,其中:期初数32,516,032.26,其明细变动情况如下:

1.本年增加数

a.股票溢价净收入44,420,856;

b.发行新股期间的冻结申购资金利息收入500,000;

2.本期减少数18,714,000系公司1996年度临时股东大会决议以资本公积金转增股本18,714,000股。

(14)盈余公积:14,159,120.06,其中上年数10,660,768.84,本年增加数3,498,351.22,系本年度按净利润10%和5%提取的法定公积金和公益金数。

(15)未分配利润:33,603,673.88,其中上年数13,779,683.58,本年增加数19,823,990.30,系本年净利润提取法定公积金、公益金后的余额。根据1996年度董事会利润分配预案,向全体股东每10股送4股待股东大会作出决议后实施。

(16)财务费用:6,541,459.77,其中:利息费用净支出6,482,030.12,金融机构手续费59,429.65。

(17)投资收益

公司1996年度的投资收益为32,508,均系本年度债券投资收益。

(18)营业外收入:703,631,比上年数增加142.71%,主要系增加了出口退税收入所致。

(19)营业外支出:47,902.34,系固定资产清理净损失。

比上年数减少86%,系由于公司加强固定资产管理降低非生产性支出所致。

(20)所得税:3,991,161.10,系利润总额扣除债券利息及新技术开发费的50%(根据财政部和国家税务总局财工字〔1996〕41号及聊城行署聊行发〔1996〕12号)计705,861.94后按33%提取,并减去财政部门按上交数18%返回额所致。

七、其他事项

1997年2月15日公司召开了二届二次董事会,会议审议通过了1996年度利润分配预案;1995年度未分配利润1377.96万元,1996年度未分配利润1982.4万元,两年合计可供股东分配利润3360.36万元。董事会决定向全体股东每10股派送4股红股,计送出3243.76万元,剩余未分配利润结转入下一年度;同时在1997年度适当时侯以1996年度送股后总股本计算实施配股,配股比例暂定为每10股配1.648股,配股价另行决议。

以上预案尚须股东大会审议通过并报有关部门批准后执行。公司同时决定于1997年4月8日在本公司会议厅召开1996年度股东大会。

山东东阿阿胶股份有限公司董事会

1997年3月1日

资产负债表

1996年12月31日

编制单位:山东东阿阿胶股份有限公司　　　　金额单位:人民币元

资产	附注	年初数	年末数
流动资产:			
货币资金		9,714,173.33	7,245,429.48
短期投资			
应收票据			
应收帐款	4	36,868,395.15	55,825,786.79
减:坏帐准备		184,341.98	279,128.93
应收帐款净额		36,684,053.17	55,546,657.86
预付货款			
其他应收款	5	18,360,553.18	35,297,164.43
待摊费用		3,958,113.07	4,299,374.79
存货	6	43,818,489.92	83,755,721.44
待处理流动资产净损失			
一年以内到期的长期债券投资	7	61,100.00	320,100.00
其他流动资产			
流动资产合计		112,596,482.67	186,464,448.00
长期投资:			
长期投资	8	272,352.00	5,045,860.00
固定资产:			
固定资产原价	9	64,757,300.51	87,873,005.67
减:累计折旧	9	9,351,254.24	13,888,825.03
固定资产净值	9	55,406,046.27	73,984,180.64
在建工程	10	32,679,910.82	35,724,034.06
固定资产清理			89,881.28
待处理固定资产净损失			
固定资产合计		88,085,957.09	109,798,095.98
无形资产及递延资产:			
无形资产	11	13,495,450.96	12,835,364.30
递延资产			
无形资产及递延资产合计		13,495,450.96	12,835,364.30
其他长期资产			
其他长期资产			
递延税项:			
递延税款借项			
资产总计		214,450,242.72	314,143,768.28
负债及股东权益			
流动负债:			
短期借款	12	10,680,000.00	15,350,000.00
应付票据			
应付帐款	13	12,665,998.71	24,882,044.86
预收帐款			
应付福利费	14	1,588,589.32	2,172,780.35
未付股利	15	3,271,394.17	970,889.77
未交税金	16	4,927,183.38	4,293,927.18
其他未交款	17	188,070.80	350,862.34
其他应付款	18	22,742,521.66	18,294,928.74
预提费用			6,513.83
一年内到期的长期负债	19	27,360,000.00	21,070,000.00
其他流动负债			
流动负债合计		83,423,758.04	87,391,947.07
长期负债:			
长期借款	20	22,590,000.00	34,290,000.00
应付债券			
长期应付款			
其他长期负债			4,882,139.00
其中:住房周转金			4,882,139.00
长期负债合计		22,590,000.00	39,172,139.00
递延税项			
递延税款贷项			
负债合计		106,013,758.04	126,564,086.07
股东权益:			
股本	21	51,480,000.00	81,094,000.00
资本公积	22	32,516,032.26	58,722,888.27
盈余公积	23	10,660,768.84	14,159,120.06
其中:公益金		3,642,651.43	4,808,768.50
未分配利润	24	13,779,683.58	33,603,673.88
股东权益合计		108,436,484.68	187,579,682.21
负债及股东权益总计		214,450,242.72	314,143,768.28

利润及利润分配表

编制单位:山东东阿阿胶股份有限公司　　1996 年度　　金额单位:人民币元

项目		上年数	本年数
一、主营业务收入	25	177,135,887.83	157,043,251.93
减:营业成本		108,921,607.08	85,974,621.56
销售成本		21,064,325.50	20,367,922.18
管理费用		20,598,525.29	16,874,529.77
财务费用	26	5,332,329.11	6,541,459.77
营业税金及附加		717,850.47	659,452.64
二、主营业务利润		20,501,250.38	26,625,265.96
加:其他业务利润			
三、营业利润		20,501,240.38	26,625,265.96
加:投资收益	27	64,927.35	32,508.00
营业外收入	28	46,076.13	703,631.00
减:营业外支出	29	348,013.30	47,902.34
加:以前年度损益调整			
四、利润总额		20,264,240.56	27,313,502.62
减:所得税	30	3,039,636.08	3,991,161.10
五、净利润		17,224,604.48	23,322,341.52
加:年初未分配利润			13,779,683.58
盈余公积金转入数			
六、可供分配利润	31	17,224,604.48	37,102,025.10
减:提取法定盈余公积金		1,722,460.45	2,332,234.15
提取法定公益金		1,722,460.45	1,166,117.07
七、可供股东分配利润		13,779,683.58	33,603,673.88
减:已分配优先股股利			
提取盈余公积金			
已分配普通股股利			
八、未分配利润		13,779,683.58	33,603,673.88

财务状况变动表

1996 年度

编制单位:山东东阿阿胶股份有限公司　　金额单位:人民币元

流动资金来源和运用	
一、流动资金来源	
1. 本年净利润	23,322,341.52
加:不减少流动资金的费用和损失	
(1)固定资产折旧	4,253,299.24
(2)无形资产,递延资产及其他资产摊销(减其他负债转销)	660,086.66
(3)固定资产盘亏(减收益)	
	31,016.75
(5)递延税款	
(6)其他不减少流动资金的费用和损失	
小计	28,266,744.17
2. 其他来源	
(1)固定资产清理收入(减清理费用)	163,373.56
(2)增加长期负债	21,602,139.00
(3)收回长期投资	
(4)对外投资转出固定资产	
(5)对外投资转出无形资产	
(6)资本净增加额	59,319,207.23
小计	81,084,719.79
流动资金来源合计	109,351,463.96
二、流动资金运用:	
1. 利润分配:	
(1)提取法定公积金	2,332,234.15
(2)提取法定公益金	1,166,117.07
(3)提取任意公积金	
(4)已分配股利	3,498,351.22
小计	
2. 其他运用	
(1)固定资产和在建工程净增加额	26,159,828.44
(2)增加无形资产递延资产及其他资产	
(3)偿还长期负债	5,020,000.00
(4)增加长期投资	4,773,508.00
小计	35,953,336.44

流动资金来源和运用	
流动资金运用合计	39,451,687.66
流动资金增加净额 69,899,776.30	
流动资金各项目的变动	
一、流动资产本年增加数:	
1、货币资金	-2,468,743.85
2、短期投资	
3、应收票据	
4、应收帐款净额	18,862,604.69
5、预付货款	
6、其他应收款	16,936,611.25
7、待摊费用	341,261.72
8、存货净额	39,937,231.52
9、待处理流动资产净损失	
10、一年内到期的长期债券投资	259,000.00
11、其他流动资产	
流动资产增加净额	73,867,965.33
二、流动负债本年增加数:	
1、短期借款	4,670,000.00
2、应付票据	
3、应付帐款	12,216,046.15
4、预收货款	
5、应付福利费	584,191.03
6、未付股利	-2,300,504.40
7、未交税金	-633,256.20
8、其他未交款	162,791.54
9、其他应付款	-4,447,592.92
10、预提费用	6,513.83
11、一年内到期的长期负债	-6,290,000.00
12、其他流动负债	
流动负债增加净额	3,968,189.03
流动资金增加净额	69,899,776.30

山东东阿阿胶股份有限公司1997年度中期报告

本公司董事会确信本报告所载资料不存在任何重大遗漏,虚假陈述或者严重误导,并对其内容的真实性、准确性和完整性负个别及连带责任。本报告内容由公司董事会负责解释。

一、财务报告

本报告已经山东会计师事务所审计开出具无保留意见的审计报告(97)鲁会审字第0126号。

山东东阿阿胶股份有限公司全体股东:

我们接受委托,对贵公司1997年6月30日的资产负债表和1997年1—6月的利润及利润分配表以及1997年1—6月的财务状况变动表进行了审计。这些会计报表由贵公司负责,我们的责任是对这些会计报表发表审计意见。我们的审计是依据《中国注册会计师独立审计准则》进行的。在审计过程中,我们结合贵公司实际情况,实施了包括抽查会计记录等我们认为必要的其他审计程序。

我们认为,上述会计报表符合《企业会计准则》和《股份制试点企业会计制度》的有关规定,在所有重大方面公允地反映了贵公司1997年6月30日的财务状况及1997年1—6月的经营成果和1997年1—6月的资金变动状况,会计处理方法的选用遵循了一贯性原则。

山东会计师事务所　　　　中国注册会计师:周志济

赵毓茂

(一)财务报表

1. 简化的资产负债表　　　　金额单位:人民币元

项目	1996年12月31日	1997年6月30日	增减比例±%
流动资产	186,464,448.00	195,635,376.13	+4.92
长期投资	5,045,860.00	8,080,000.00	+60.13
固定资产净值	73,984,180.64	83,451,972.30	+12.80
在建工程	35,724.034.06	33,208,569.75	-7.04
无形资产及递延资产	12,835,364.30	12,584,329.66	-1.96
资产总计	314,143,768.28	332,960,247.84	+5.99
流动负债	87,791,947.07	89,172,258.73	+1.57
长期负债	39,172,139.00	39,272,139.00	+0.26
负债合计	126,564,086.07	128,444,397.73	+1.49
股东权益	187,579,682.21	204,515,850.11	+9.03
其中:股本	81,094,000.00	81,094,000.00	
资本公积	58,722,888.27	58,722,888.27	
盈余公积	14,159,120.06	14,159,120.06	
未分配利润	33,603,673.88	50,539,841.78	+50.40
负债及股东权益合计	314,143,768.28	332,960,247.84	+5.99

2. 简化的损益表　　　　金额单位:人民币元

项目	1996年1-6月	1997年1-6月	增减比例±%
主营业务收入	86,287,914.99	87,672,279.57	+1.60
主营业务利润	13,470,526.33	16,848,860.73	+25.08
投资收益		660,887.70	
营业外收支净额	72,362.18	2,410,023.94	+3230.50
利润总额	13,542,888.51	19,919,772.37	+47.09
应交所得税	2,031,433.28	2,983,604.47	+46.87
净利润	11,511,455.23	16,936,167.90	+47.12

3. 其他财务指标

项目	96年1—6月	97年1—6月
每股收益	0.22	0.21
净资产收益率	9.6%	8.28%
每股净资产	2.33	2.52

注:其他财务指标中96年1—6月的指标系按96年6月底总股本5148万股计算所得,97年1—6月的指标系按97年6月底总股本8109.4万股计算所得。

(二)财务报表附注

1、本公司的会计政策和会计方法,在报告期内与1996年度相同。

2、长期投资比年初增加303万元,主要是增加了对山东省资产管理有限公司的投资额300万元所致。

3、未分配利润比年初增加1694万元,系1997年1—6月份的净利润。

4、投资收益比去年同期增加66万元,系对山东省资产管理有限公司的投资收益64万元所致。

5、营业外收支净额增加234万元,主要是96年发行股票,无效申购利息收入,按照财政部有关文件规定,一次性记入营业外收入。

6、主营业务利润比上年同期增加338万元,是由于企业加强内部管理,降低了生产成本所致。

二、经营情况回顾与展望

1、上半年经营情况回顾:本公司在去年转机制、抓管理、促发展、增效益,取得较好业绩的基础上,1997年上半年的各项工作围绕着以市场为中心全面展开,上半年实现销售收入8767万元,比去年同期增长1.61%,实现利润1991万元,比去年同期增长47.09%,公司生产经营情况处于良好的运行状态。上半年经营业绩主要得益于以下几方面的措施。

(1)转变营销机制,注重市场开发。根据需要,抽调强有力的领导具体分管市场营销工作,并采取一系列措施,在全国各地组建10个营销办事处,充实营销队伍,调整营销激励政策,配备专职财务、审计人员,营销工作规范有序,从而使公司在较短的时间内,完善了市场营销网络,疏通了销售渠道。

(2)推行名牌战略,实行专营代理销售。公司加大宣传力度实施名牌战略,宣传东阿阿胶及系列产品的质量、性能、特点,并在全国范围内选择了数百家信誉高、服务质量好的医药商业单位实行专营代理销售,同时利用名牌产品的优势深入医药市场,促进终端销售,使营销工作的局面出现了大的改观。

(3)以金牌的工作质量,保金牌的产品质量。1997年上半年,公司员工一如既往的发扬"务实、正派、严纪、高效"的优良传统,兢兢业业,苦干加实干,以金牌的工作质量,保金牌的产品质量;公司成立专门的领导小组,布置和指挥公司的GMP认证工作,从生产的各环节按GMP要求进行更深层次的整改,大大提高了技术水平及产品质量,为98年卫生部GMP认证打下了坚实的基础。新产品药魁搽鼻剂、阿胶神、阿胶王饮料等产品如同金牌产品阿胶一样,投放市场后即以良好的产品质量,受到消费者的欢迎。

(4)生物工程药品开发项目进展顺利。公司与沈阳三生制药股份有限公司联合开发研制的生物工程高科技药品EPO进展顺利,在华东理工大学、沈阳三生制药股份有限公司培训的一批技术、科研人员已正式结业。生物工程药品开发项目主车间工程已经完工,正在进行净化车间及设备的安装、装修工作,8月底全部竣工,年底可望投入生产。

2、下半年工作计划

下半年公司将紧紧依靠广大股东与全体员工,采取有效措施,力争使公司的经济效益迈上一个新的台阶。

(1)强化内部管理机制。下半年进一步加强企业管理,扎扎实实的贯彻ISO9000系列标准,与国际标准接轨;二则健全完善以财务管理为中心

的经济核算体系,学邯钢,开展增收节支活动,降低费用,提高货款回收率;再则,严格执行产品质量标准,降低生产成本,从而实现向管理要效益的方针目标。

(2)实施人才战略、引进科技力量。公司将实施"以人为本"的战略决策,以宽松的环境,优惠的政策,吸引各类高、精、尖技术人才,选送一批大学本科生到大专院校攻读研究生进行专业深造;在公司内部开展业务培训技术练兵活动,培养一专多能的技术人才,提高员工整体素质,以进一步增强公司的竞争能力和发展后劲。

(3)进一步强化市场营销工作。加大产品的宣传力度,使营销网络向基层扩展,加强销售终端的促销工作,进一步扩大销售。

(4)做好高科技生物工程药开发项目投产前的准备工作。力争四季度投入试生产20万支,形成3000万元的产值,使公司成为集中成药、保健品、生物工程高科技产品为一体的现代化企业。

(5)规范公司行为,完成配股工作。公司将严格执行公司96年度股东大会决议,按照国家法律法规的有关规定,完成配股工作。

(6)有序规范地开展资产重组、资本运营工作。公司将遵循国家的有关规定,在政府的指导下,考察欲重组吸纳的同行业或跨行业的部分企业财务及效益状况,为收购、兼并、参股控股有关企业做好前期准备,促进公司拓宽经营门类,培育新的增长点,上规模、增效益。

三、重大事件说明

1、新产品开发与研制:1997年公司新产品开发步伐加快,并已进入生物高科技领域。

上半年在研制品有8个品种,其中剂型改革品种3个,均已通过省卫生厅初审,被收载部颁标准;3、4类新药4个,其中,马钱子胶囊今年底可得到生产文号,安宫妇乐冲剂即将完成临床试验,哮喘舒于8月份进入第二期临床,寿胎康冲剂于年底取得卫生部临床批文;高科技生物工程药开发项目被国家科委列为"九五"重点攻关项目和山东省十大高新技术项目,目前二期临床验证已完成。上半年公司被省政府批准为山东省企业技术开发中心。

2、1997年2月15日,公司召开第二届董事会第二次会议。会议通过了公司95、96年利润分配方案及配股方案,研究1996年度股东大会等有关事宜,并决定97年3月1日刊登96年度报告摘要,4月8日召开股东大会。

3、1997年4月8日,公司召开1996年度股东大会,审议通过了1996年度董事会工作报告、监事会工作报告、财务预决算报告、对山东省资产管理有限公司投资及1997年实施配股方案等五项决议,董事会提出的95、96年利润每10股送4股的预案,被修改为暂缓分配,并授权董事会在适当时机再提出分配方案的决议。

4、对照国务院证券委、中国人民银行、国家经贸委《关于严禁国有企业和上市公司炒作股票》的通知精神,经公司自查,没有在证券登记机构开设已上市流通股票帐户。本公司如果今后从事股票投资,将严格遵循国家政策法规和本公司章程的规定。

5、公司将执行97年4月8日股东大会授权董事会在适当时机进行分红送股的决议,召开第二届三次董事会,决定95、96年的利润分配预案,并于配股工作结束后进行分配:用95、96年利润按总股本8109.4万股计算,每10股送2.4615股股票,每股面值人民币1元,计送出1996.16万元,96年剩余未分配利润结转下年度;公司另用资本公积金每10股转增2.4615股,每股面值人民币1元,计从资本公积金中划拨1996.16万元。共计约3992.32万股。以上预案提交下次临时股东大会批准,报有关部门批复后实施。

6、本报告期内,公司无重大诉讼、仲裁事项。

7、公司无关联交易。

四、发行在外股票的变动和股权结构变化

1、股本结构

在本报告期内,公司发行在外的股票及公司的股本结构未发生变化。公司现股本结构如下:

填报日期:1997年6月30日　数量单位:股每股面值1元

项目	期初数	期末数
尚未流通股份		
发起人股份		
其中:国家拥有股份	24024000	24024000
内部职工股	34320000	34320000
尚未流通股份合计	58344000	58344000
已流通股份		
境内上市的人民币普通股	22750000	22750000
已流通股份合计	22750000	32750000
股份总数	81094000	81094000

2、主要股东持股情况(1997年6月30日)

	持股数	持股比例
1、聊城地区国有资产管理局	24024000	29.63%
2、中国农行广东信托中山代办处	814537	1.00%
3、王莲风	314600	0.38%
4、汤　斌	288860	0.36%
5、王泽树	234520	0.29%
6、江门光明造纸厂	226700	0.28%
7、刘书慧	211439	0.26%
8、中山市美利汽车租赁公司	199700	0.25%
9、晁岳柏	196300	0.24%
10、邹兰社	188000	0.23%

五、股东大会简介

山东东阿阿胶股份有限公司1996年度股东大会于1997年4月8日在本公司会议厅召开。出席会议股东45人,代表股份5116.36万股,占公司总股份8109.4万股的63.09%。符合公司法及本公司章程规定。经大会审议批准,表决以下议案。

1、公司1996年度董事会工作报告;

2、公司1996年度监事会工作报告;

3、公司1996年度财务决算、1997年度财务预算报告;

4、公司对山东省资产管理有限公司投资的议案;

5、公司1997年配股方案;

6、公司1995年度、1996年度利润暂缓分配,并授权董事会在适当时机进行分配的决议。

六、备查文件

1、载有董事长兼总经理签名的中期报告原本;

2、公司1996年度股东大会材料。

查阅地址:山东东阿阿胶股份有限公司证券部

山东东阿阿胶股份有限公司

一九九七年八月十五日

成都动力配件股份有限公司

成都动力配件股份有限公司1996年度报告摘要

一、公司简介

1. 公司名称：成都动力配件股份有限公司

英文名称：Chengdu Engine Fittings Joint－Stock. CO.，LTD

英文缩写：CEFC

2. 公司注册地址：成都市二环路东三段40号

邮政编码：610051

3. 公司法定代表人：周天勤

4. 公司咨询服务机构：董事会办公室、证券管理部

联系电话：(028)4310296　4333641

传　　真：(028)4331092

二、主要财务数据和财务指标

单位：万元

指　标　项　目	本年数	上年数	比上年增减(%)
1.主营业务收入	11750.19	11015.50	6.67
2.净利润	126.50	303.25	－58.30
3.总资产	22791.90	21444.65	6.28
4.股东权益	13729.12	13572.62	1.15
5.每股收益(元)	0.021	0.051	－58.82
6.每股净资产(元)	2.32	2.295	1.09
7.净资产收益率(%)	0.92	2.23	－58.74
8.股东权益比率(%)	60	63	－0.05

三、公司业务回顾

1. 一年来公司经营情况

本公司主营生产发动机气缸套、铝活塞，是国家专业定点生产企业。报告年度内，缸套行业生产形势继续保持增长势头。但活塞行业经营形势仍然艰难。产品销售市场偏紧，减收增支因素增加。缸套、活塞两个行业，同样面临应收帐款余额增加，流动资金占用量增大，经营效益滑坡的困难局面。公司动员全体员工发扬"团结负重冲困境，自强自力求发展"的精神，积极开展"学邯钢、降成本"活动，认真贯彻"质量第一"的方针，加强企业内部管理，提高产品质量，努力从内部挖潜降耗，基本达到了年初的生产、销售目标。

据全国缸套行业1996年统计资料：在全国38家大、中型气缸套生产企业中，本公司按销售收入排名第5位，市场占有率达6.4%。生产量排名由1995年的第八位上升到第六位。

据全国活塞行业1996年统计资料：在全国38家大、中型活塞生产企业中，本公司按销售额排名第5位，市场占有率达6.5%。

公司评为1996年度成都市工业五十强第37名。

报告年度内本公司重点开展了以下工作：

A. 公司领导层面对激烈的市场竞争，复杂多变的外部环境，实施"外抓市场，内抓管理"的工作方针。以不断扩大市场占有率，为增强企业竞争力创造有利条件。以强化内部管理，提高产品质量，降低生产成本，来塑造公司形象，增加经营效益。

B. 深入开展"学邯钢、降成本、抓管理、增效益"的活动。公司在对各项历史成本数据进行科学分析的基础上，借鉴邯钢经验的思路，结合自身实际，制定了公司学邯钢实施方案，指标分解落实到各相关职能部门和分厂，与考核紧密挂钩，实行成本否决。经过一年的实施，降低成本已初见成效。

C."以主机为依托，努力扩大维修市场和出口销售"。这是公司一贯的经营方针。1996年，根据市场发展趋势，公司确定了以车用柴油机产品为市场定位主体的营销思路，千方百计增销、促销。年内在全国建立了3个办事处和12个专销点，加强售后服务和及时供货，扩大了公司在维修市场上的影响，在目前动力配件市场疲软的情势下，公司主营业务收入比上年增长6.67%，产销率比上年也有所提高。

D."坚持质量第一"的方针。公司长期坚持把质量控制和质量水平的提高，作为生产组织工作的一项重点。经过几年的努力，去年10月终于获得了中质协颁发的ISO9002《质量体系认证书》，进一步增强了公司产品在用户中的质量信誉和市场竞争力。

2. 主要经济、技术指标分析

报告年度内，生产各型气缸套146.94万只，销售139.08万只，分别比上年增长15.63%和6.65%；生产各型铝活塞293.70万只，销售292.58万只，分别比去年下降13.35%和13.68%；主营业务收入11750.19万元，比上年增长6.67%；利润总额136.96万元，比上年下降61.38%。利润变动的主要原因如下：

1)由于活塞产品销售数量减少，产品销售费用增加(主要是销售人员旅差费、补贴及产品包装费用增加等原因)，减少利润110万元。

2)管理费用增加，减少利润449万元。主要是劳动保险费和职工住房公积金增加435万元。其中按财政部、国资局1995年9月15日通知，股份制改建企业，离退休人员经费由改建后的股份制企业负担。公司据此将原作挂帐处理的1994年度离退休人员养老保险经费转入管理费用影响利润331万元。同时，1996年度实际发生养老保险费和职工住房公积金比1995年新增104万元。二项合计减少利润435万元。

3)财务费用增加，减少利润96万元。主要是贷款增加。

以上三项合计，共减少利润655万元。

4)部分产品销售价格调整，增加利润165万元。

5)产品制造成本降低，增加利润175万元(主要是开展学邯钢活动，降低了产品生产的材料和能源消耗)。

6)投资收益增加，增加利润47万元，主要是国库券到期兑换。

7)以往年度损益调整，增加利润51万元。调整1995年度未经批准在管理费中列支的住房公积金51万元。

以上四项，共计增加利润438万元。

1996年度，增利因素和减利因素综合所致，公司利润总额减少217万元。

3. 对前次募集资金的使用情况说明

公司在报告年度内没有新募集资金。1995年3月本公司向全体股东配股实募资金1561.3万元，已于前一年度报告进行说明。其中：东力雅木业公司中密度纤维板投资项目延续至本报告年度期末，其土建主体工程已全部完成，生产设备已全线安装到位，并进行生产调试，预计1997年1月竣工验收后投入试生产。

四、股本变化及股本结构情况

(一)股本结构(单位：万股；每股面值一元)

股　份　类　别	年初数	本年增减(＋、－)	年末数
1. 尚未流通股份	3646.7	/	3646.7

其中:国家持有股份	2811.4	/	2811.4
社会法人持股	800	/	800
高级管理人员持股	5.16	/	5.16
公有股转配	30.14	/	30.14
2. 已流通股份			
其中:A股	2267.56	/	2267.56
3. 股份总数	5914.26	/	5914.26

(二)股本变动情况及原因

公司1995年度税后利润未进行分配,股本总额5914.26万股未变。

(三)主要股东持股情况如下:(截止1996年12月31日)

序号 股东名称	持有股份(万股)	占总股本比例(%)
1. 成都市国有资产管理局	2811.40	47.54
2. 天歌轻工(集团)股份有限公司	100.00	1.69
3. 天骥投资基金	100.00	1.69
4. 深圳能源投资股份有限公司	100.00	1.69
5. 乐山电力股份有限公司	100.00	1.69
6. 吉林省九州开发公司	90.00	1.52
7. 中国农资公司成都分公司	50.00	0.86
8. 成都全兴酒厂	50.00	0.86
9. 西方米奇电子(深圳)有限公司	40.00	0.68
10. 四川电器股份有限公司	30.00	0.51
11. 南通飞鲸农机实业公司	30.00	0.51

(四)股东数量:

1. 截止1996年12月31日,公司股东总人数为18151户。其中:国家股东1户、法人股东17户、个人股东18133户。

2. 董事、监事和高级管理人员持股情况

姓名	职务	年初持股数(股)	年末持股数(股)
周天勤	董事长、总经理	12937	12937
王小峰	副董事长、副总经理	8689	8689
代平	董事、常务副总经理	7241	7241
张勇跃	董事	5792	5792
李红卫	董事、董事会秘书	0	0
李继光	监事会主席	5792	5792
袁几明	监事	5792	5792
张铁砚	监事	5792	5792
李远跃	副总经理	7241	7241
凌伯祺	财务总监	5792	5792

五、重要事项

1.1996年5月25日在成都公司本部会议厅召开公司第七次股东大会,出席会议的股东代表49人,代表股份36,981,045股,占总股本的62.53%,本次会议审议并表决通过了《董事会工作报告》、《监事会工作报告》、《财务工作报告》、《利润分配方案》和进行了董事会换届选举;选举周天勤、王小峰、代平、张勇跃、李红卫为公司第三届董事会董事。进行了监事会换届改选,选举李继光、张铁砚、袁几明为公司第二届监事会监事。

2.1996年5月25日,三届一次董事会决议,选举周天勤为董事长、王小峰为副董事长;续聘周天勤为公司总经理。

经二届监事会表决,选举李继光为公司第二届监事会主席。

3.1996年10月29日,公司第三届董事会第三次会议决议,根据《上市公司董事会秘书管理意见》设立董事会秘书职务,推荐李红卫同志任董事会秘书。

4. 经第七次股东大会表决通过,公司1995年度可供股东分配利润计371.56万元,暂不分红,滚存至1996年度一并分配。

5.1996年10月,本公司通过ISO9002质量体系认证,获得中质协颁发的《ISO9002质量体系认证证书》。

6. 本年度内公司无重大诉讼、仲裁事项。

六、财务报告

(一)审计意见

公司财务报告经四川会计师事务所朱达明、刘贵彬注册会计师审计,并出具无保留意见的审计报告。〔川会师业-(1997)第120号〕

(二)财务报表(见附表:1、资产负债表;2、利润及利润分配表;3、财务状况变动表)

(三)财务报表附注

1. 重要会计政策

(1)会计制度

公司执行《股份制试点企业会计制度》及其补充规定;

(2)会计年度

自公历1月1日至12月31日止为一个会计年度;

(3)记帐原则和计价

公司会计核算以权责发生制为原则,采用实际成本计价;

(4)记帐本位币

公司会计核算以人民币为记帐本位币;

(5)坏帐准备

公司按年末应收款余额的5‰计提;

(6)存货

存货项目包括库存材料、半成品、在产品、产成品、低值易耗品等。原材料的购入和领用采用计划价格核算,实际价格与计划价格的差异按月摊销有关用料科目;产成品入库按实际成本计价,发出产品采用加权平均法计算销售成本;低值易耗品的领用采用"一次摊销法"核算。

(7)固定资产及折旧

固定资产的标准为使用年限1年以上,单位价值在人民币2000元以上按实际成本计价。固定资产折旧按固定资产原值和预计可使用年限和估计残值3%,采用直线法分类计算。其固定资产分类年折旧率为:

资产类别	使用年限	年折旧率(%)
房屋及建筑物	25-32	3-3.78
通用设备	10-13	7.51-9.72
专用设备	10-13	7.51-9.72
运输设备	10-13	7.51-9.72

(8)无形资产摊销年限:

公司土地使用权摊销年限50年(龙桥分厂44年),商誉摊销年限为15年。

(9)在建工程:

公司兴建中的房屋和待安装设备等均按成本值入帐,此成本包括建安工程费、设备购置费、管理费、前期准备费及建设内筹集资金所支付的利息等。

(10)长期投资:

债券投资按实际成本计价,兑付1次结转利息收入。股权投资占被投资单位权益性资本20%以下的长期投资采用"成本法"核算,对拥有20%以上的长期投资采用"权益法"核算。

(11)销售收入

根据权责发生制原则,产品销售收入于产品已经发出,产品的所有权自卖方转移给买方,当收到货款或取得收取货款的证据时,确认营业收入的实现。

(12)税项

①增值税:按国家规定税率17%计算,应缴增值税为公司销项税额抵扣进项税额的余额。

②城市维护建设税和教育费附加:分别按应缴纳增值税额的7%和3%计算缴纳。

③所得税:按成都市税务局、财政局成税函(1993)194号批准税率

15%计算企业所得税。

④其他税项:按国家有关规定执行。

(13)税后利润分配顺序

①弥补亏损;

②提取法定公积金10%;

③提取法定公益金5-10%;

④按股东大会决议,提取任意公积金;

⑤分配股利。

2. 会计报表项目附注:

(1)应收帐款共499户,金额57,910,185.01元(扣除坏帐准备289,550.93元后,净额57,620,634.08元)。按帐龄列示如下:

帐龄	户数	金额	占应收帐款余额总额(%)
1年以内	309	55,550,482.73	95.93
1-2年	50	830,305.84	1.43
2-3年	52	441,909.39	0.76
3年以上	88	1,087,487.05	1.88

(2)其他应收款余额6,928,675.28元,共115户,按帐龄列示如下:

帐龄	户数	金额	占应收帐款余额总额(%)
1年以内	93	5,598,605.12	80.80
1-2年	11	66,819.16	0.96
2-3年	3	12,643.60	0.19
3年以上	8	1,250,607.40	18.05

(3)长期投资18,566,339.37元。包括

A 股权投资

被投资公司名称	股数(万股)	占被投资单位(%)	投资金额(元)
四川电器股份有限公司	39	0.6	1,161,000.00
成都华联商厦股份有限公司	50	0.99	1,252,500.00
成都化工股份有限公司	200	3.95	2,200,000.00
四川雅达药业股份有限公司	400	18	4,000,000.00
南通柴油机股份有限公司	30	0.39	300,000.00
无锡动力工程股份有限公司	10	0.02	100,000.00
四川省农业机械供应总公司	4	0.002	41,000.00
合计			9,054,500.00

B 债券投资

债券种类	到期日	面值(元)	年利率(%)	投资金额(元)
87年国库券	92.06	34,670.00	未标明	34,670.00

C 联营投资

被投资公司名称	投资期限(年)	占被投资单位(%)	投资金额(元)
四川东力雅木业有限责任公司	30年	18.00	9,477,169.37

(4)资本公积金

项 目	期初数	本期增加	期末数
法定财产评估增值	6,215,937.72	—	6,215,937.72
资本溢价	46,939,570.19	—	46,939,570.19
环保专项拨款	600,000.00	300,000.00	900,000.00
合计	53,755,507.91	300,000.00	54,055,507.91

(5)盈余公积

项 目	期初数	本期增加	期末数
盈余公积金	19,112,558.61	252,999.22	19,365,557.83
其中:公益金	2,878,933.31	126,499.61	3,005,432.92

(6)未分配利润

项 目	金 额
净利润	1,264,996.08
加:期初未分配利润	3,715,583.80
可供分配利润	4,980,579.88
减:提取法定公积金	126,499.61
提取法定公益金	126,499.61
已分配利润	
未分配利润	4,727,580.66

提取法定公积金、公益金系根据本公司1997年2月28日董事会决议,按1996年度税后利润各计提10%,本公司1996年度利润留转下一年度分配。

(7)投资收益

项 目	1996年度
法人股投资收益	218,120.00
国库券投资收益	454,269.40
合计	672,389.40

4. 财务承诺

公司与成都三电股份有限公司和成都工程机械总厂相互提供贷款担保。公司于1996年6月、7月、11月、12月先后8次为成都三电股份有限公司向银行贷款1,410万元提供担保,又先后于1996年7月-11月3次为成都工程机械总厂向银行贷款1,020万元提供担保。

七、其他事项

1. 利润分配

公司董事会建议1996年度分配预案如下:

经四川会计师事务所审计,公司1996年度实现净利润126.50万元,根据公司章程规定提取法定公积金10%计12.65万元,法定公益金10%计12.65万元,余80%计101.20万元,加上年结转未分配利润371.56万元,合计当年可供股东分配利润472.76万元。建议继续结转至下年度一并分配。

截至1996年12月,公司资本公积金为54,055,507元,从有利于公司长远规划出发,建议从资本公积金中提取1182.85万元转增股本,即向全体股东每10股转赠2股。转增股本后,公司资本公积金余额为42,227,007.91元。

此预案尚须报成都市证管办批准,经第八次股东大会审议通过后实施。

2. 会计师事务所名称:四川会计师事务所

办公地点:成都市红庙子街60号

3. 法律顾问名称:四川经济律师事务所

办公地点:成都市上翔街24号

成都动力配件股份有限公司董事会

1997年4月19日

利 润 及 利 润 分 配 表

编制单位:成都动力配件股份有限公司　1996 年度　会股 02 表　单位:元

项　目	行次	本年数	上年数
一、主营业务收入	1	117,501,863.80	110,155,028.28
减:营业成本	2	84,386,344.70	80,827,472.91
销售费用	3	4,356,120.02	3,927,789.63
管理费用	4	19,916,867.44	15,431,296.75
财务费用	5	7,458,752.60	6,502,409.20
进货费用	6		
营业税金及附加	7	1,013,672.87	982,457.06
二、主营业务利润	8	370,106.17	2,483,602.73
加:其他业务利润	9	-117,183.37	924,526.81
三、营业利润	10	252,922.80	3,408,129.54
加:投资收益	11	672,389.40	195,927.00
营业外收入	12	55,346.45	146,026.56
减:营业外支出	13	124,886.17	204,241.06
加:以前年度损益调整	14	513,801.25	
四、利润总额(亏损以"-"号表示)	15	1,369,573.73	3,545,842.04
减:所得税	16	104,577.65	513,293.20
五、净利润	17	1,264,996.08	3,032,548.84
加:年初未分配利润	18	3,715,583.80	1,137,917.28
盈余公积转入数	19		
六、可分配利润	20	4,980,579.88	4,170,466.12
减:提取法定公积金	21	126,499.61	303,254.88
提取法定公益金	22	126,499.61	151,627.44
七、可供股东分配的利润	23	4,727,580.66	3,715,583.80
减:已分配优先股股利	24		
提取任意公积金	25		
已分配普通股利	26		
八、未分配利润	27	4,727,580.66	3,715,583.80

资　产　负　债　表

编制单位:成都动力配件股份有限公司　1996 年 12 月 31 日　单位:人民币元

资　产	行次	年初数	年末数	负债及股东权益			
流动资产:				流动负债:			
货币资金	1	2,691,805.50	4,810,380.90	短期借款	41	27,640,000.00	27,900,000.00
短期投资	2			应付票据	42		
应收票据	3	100,000.00	1,340,000.00	应付帐款	43	5,860,014.14	4,840,930.78
应收帐款	4	48,536,988.44	57,910,185.01	预收货款	44		4,322,010.71
减:备抵坏帐	5	242,136.44	289,550.93	应付福利费	45	602,830.07	1,189,422.89
应收帐款净额	6	48,294,852.00	57,620,634.08	未付股利	46	100,000.00	
预付帐款	7	846,817.68	899,976.66	未交税金	47	1,328,524.00	272,500.93
其他应收款	8	5,742,501.55	6,928,675.28	其他未交款	48	213,381.15	384,412.49
待摊费用	9	1,887,657.54	1,144,104.81	其他应付款	49	13,875,552.96	13,218,501.52
存货	10	36,854,233.64	37,842,878.13	预提费用	50		
流动资产合计	15	96,417,867.91	110,586,649.86	一年内到期的长期负债	52	18,600,000.00	
长期投资:				流动负债合计	55	68,220,302.32	52,127,788.32
长期投资	16	17,323,112.00	18,566,339.37	长期负债:			
固定资产:				长期借款	56	10,500,000.00	38,500,000.00
固定资产原价	18	105,824,729.21	113,979,306.20	应付债券	57		
减:累计折旧	19	32,864,495.45	39,468,985.26	长期应付款	58		
固定资产净值	20	72,960,233.76	74,510,320.94	长期负债合计	65	10,500,000.00	38,500,000.00
在建工程	21	15,243,089.97	12,390,915.55	股东权益:			
固定资产清理	22			股本	66	59,142,591.00	59,142,591.00
固定资产合计	25	88,203,323.73	86,901,236.49	资本公积	67	53,755,507.91	54,055,507.91
无形及其他资产:				盈余公积	68	19,112,558.61	19,365,557.83
无形资产	26	11,008,840.00	10,528,600.00	其中:公益金	69	2,878,933.31	3,005,432.92
递延资产	30	1,493,400.00	1,336,200.00	未分配利润	70	3,715,583.80	4,727,580.66
无形及其他资产合计	35	12,502,240.00	11,864,800.00	股东权益合计	75	135,726,241.32	137,291,237.40
待处理财产损失:				负债及股东权益总计	80	214,446,543.64	227,919,025.72
待处理流动资产损失(减收益)	36						
待处理固定资产损失(减收益)	37						
待处理财产损失合计	38						
资产总计	40	214,446,543.64	227,919,025.72				

财务状况变动表

编制单位:成都动力配件股份有限公司　1996 年度　会股 03 表　单位:元

流动资金来源和运用	行次	金　额	流动动资金各项目的变动		
一、流动资金来源:			一、流动资产本年增加数:		
1. 本年净利润	1	1,264,996.08	1. 货币资金	41	2,118,575.40
加:不减少流动资金的费用和损失			2. 短期投资	42	
(1)固定资产折旧	2	6,880,352.79	3. 应收票据	43	1,240,000.00
(2)无形资产、递延资产及其他资产摊销	3	637,440.00	4. 应收帐款净额	44	9,325,782.08
(减其他负债转销)			5. 预付货款	45	53,158.98
(3)固定资产盘亏(减盘亏)	4		6. 应收补贴款	46	
(4)清理固定资产损失(减收益)	5	−8,888.98	7. 其他应收款	47	1,186,173.73
(5)递延税款	6		8. 存货	48	988,644.49
(6)其他不减少流动资金的费用和损失	7		9. 待摊费用	49	−743,552.73
小计	12	8,773,899.89	10. 一年内到期的长期债券投资	50	
2. 其他来源:			11. 待处理流动资产净损失	51	
(1)固定资产清理收入(减清理费用)	13	35,000.00	12. 其他流动资产	52	
(2)增加长期负债	14	28,000,000.00	流动资产增加净额	55	14,168,781.95
(3)收回长期投资	15	723,942.00	二、流动负债本年增加数		
(4)对外投资转出固定资产	16		1. 短期借款	56	260,000.00
(5)对外投资转出无形资产	17		2. 应付票据	57	
(6)资本净增加额	18		3. 应付帐款	58	−1,019,083.36
(7)资本净增加额	19	552,999.22	4. 预收货款	59	4,322,010.71
小计	22	29,311,941.22	5. 应付福利费	60	586,592.82
流动资金来源合计	23	38,085,841.11	6. 未付股利	61	−100,000.00
二、流动资金运用:			7. 未交税金	62	−1,056,023.07
1. 利润分配:			8. 其他未交款	63	171,040.34
(1)提取法定公积金	24	126,499.61	9. 其他应付款	64	−657,051.44
(2)提取法定公益金	25	126,499.61	10. 预提费用	65	
(3)提取任意公积金	26		11. 一年内到期的长期负债	66	−18,600,000.00
(4)已分配股利	27		12. 其他流动负债	67	
小计	32	252,999.22	流动负债增加净额	74	−16,092,514.00
2. 其他运用:			流动资金增加净额	75	30,261,295.95
(1)固定资产和在建工程净增加额	33	5,604,376.57			
(2)增加无形资产、递延资产及其他资产	34				
(3)偿还长期负债	35				
(4)增加长期投资	36	1,967,169.37			
小计	38	7,571,545.94			
流动资金运用合计	39	7,824,546.16			
流动资金增加净额	40	30,261,295.95			

成都动力配件股份有限公司 1997 年度中期报告

一、财务报告(未经审计)

1. 财务报表

(1)简化的资产负债表

1997 年 6 月 30 日　　单位:人民币元

项目	年初数	期末数
资产		
流动资产	110,586,649.86	113,325,458.06
长期投资	18,566,339.37	19,116,339.37
固定资产净值	74,510,320.94	71,582,869.83
在建工程	12,390,915.55	14,048,206.67
无形及递延资产	11,864,800.00	11,908,080.00
资产总计	227,919,025.72	229,980,953.93
负债及股东权益		
流动负债	52,127,788.32	53,790,914.27
长期负债	38,500,000.00	38,500,000.00
负债合计	90,627,788.32	92,290,914.27
股本	59,142,591.00	70,971,109.00
资本公积	54,055,507.91	42,226,989.91
盈余公积	19,365,557.83	19,365,557.83
其中:公益金	3,005,432.92	3,005,432.92
未分配利润	4,727,580.66	5,126,382.92
股东权益合计	137,291,237.40	137,690,039.66
负债及股东权益总计	227,919,025.72	229,980,953.93

(2)简化的损益表

1997 年 6 月 30 日　　单位:人民币元

项　目	上年同期数	1997 年 1－6 月
主营业务收入	58,815,468.15	61,587,059.63
主营业务利润	984,089.03	266,144.65
其它业务利润	−230,785.24	174,715.21
投资收益	313,550.00	80,000.00
其中:股权收益	63,000.00	80,000.00
债券收益	250,550.00	
营业外收支净额	−34,433.48	−65,798.38
利润总额	1,032,420.31	455,061.48
所得税	154,863.05	56,259.22
净利润	877,557.26	398,802.26

2. 财务指标

项　目	1997 年 1－6 月	上年同期数
(1)每股收益	0.0056 元	0.0148 元
(2)净资产收益率	0.29%	0.64%
(3)每股净资产	1.94 元	2.31 元

3. 财务报表附注

(1)本期财务报告与 1996 年度财务报告所采用的会计政策与会计方法一致。

(2)应收帐款 62,185,903.31 元,无持股 5% 以上的股东欠款。

帐龄	余额	比例

一年以内	56,044,735.44 元	90.12%
一年至二年	4,611,771.43 元	7.42%
二年至三年	441,909.39 元	0.71%
三年以上	1,087,487.05 元	1.75%

(3)其它应收款 8,179,057.49 元,无持股 5%以上的股东欠款。

帐龄	余额	比例
一年以内	5,806,366.59 元	70.99%
一至二年	201,246.59 元	2.46%
二年至三年	2,171,444.31 元	26.55%

(4)货币资金 582,056.15 元,比年初数减少 87.90%,主要是应收帐款增加。

(5)长期投资 19,116,339.37 元,其中:

股权投资	9,054,500.00 元
联营投资	10,027,169.37 元
债券投资	34,670.00 元

联营投资比年初增加 55 万元,系对四川东力雅木业有限责任公司投资。

(6)未交税金 750,207.66 元,比年初增加 175.30%,系应交增值税和城建税。

(7)股本 70,971,109.00 元,比年初增加 11,828,518.00 元,系执行公司股东大会决议,按 10:2 用资本公积金转增股本所致。

(8)资本公积金 42,226,989.91 元,比年初减少 11,828,518.00 元,系执行公司股东大会决议通过的方案,实施按 10:2 用资本公积金转增股本所致。

(9)关联交易

本报告期内公司无关联交易。

二、经营情况的回顾与展望

1. 上半年经营情况回顾

今年以来,内燃机主机市场呈现回落的态势,1 至 5 月,柴油机商品量同比有较大幅度的下降。由于本公司主营业务以向柴油机主机厂提供配套件为主,故主机市场的回落,必然对公司的主营业务带来冲击,使公司净资产收益率低于同期银行存款利率。面对迅速萎缩的市场和经营销售工作中的巨大困难,公司及时调整经营策略和产品结构,动员全体员工继续发扬"团结负重冲困难,自强自力求发展"的精神,不气馁、勇进取、练内功、强管理、拓市场、求发展,上半年公司的主营业务收入在重重困难中仍然保持适度增长。今年 1 至 6 月,完成工业总产值 5953.8 万元(不变价),同比下降 4.93%;销售气缸套 76.21 万只,同比增长 9.74%;销售铝活塞 134.53 万只,同比下降 13.48%;主营业务收入 6158.71 万元,同比增长 4.71%。

公司参与投资建设的东力雅中密度纤维板项目今年初已按计划投入试生产。

2. 下半年计划

下半年主机市场的前景仍然不容乐观,对配附件市场仍将构成巨大的压力。为了摆脱困境,走出谷底,公司将坚持对内加强管理,对外拓展市场的方针,抓好以下工作:

(1)注重营销策略,努力拓展市场。以高技术含量和高质量的产品,合理的价格抢占市场制高点,努力拓展销售渠道,不断扩大市场占有率。

(2)继续深入开展"学邯钢、降成本、抓管理、增效益"的活动,树立市场成本观念,制定科学的目标成本控制体系,按市场价格来确定产品成本,以增强产品价格的市场竞争力,努力实现经济增长方式的转变。

(3)坚持"质量第一"的方针,进一步充分发挥 ISO9002 质保体系的作用,把"以质立世"和质量兴厂的活动落到实处,提高公司的信誉和产品的市场竞争力。

(4)进一步转换经营管理机制,增强公司的活力和应变能力。

三、重大事件说明

1. 按照《严禁国有企业和上市公司炒作股票的规定》要求,本公司经过认真自查,确认未有任何违反规定的事项,本公司除以公司名义开立唯一帐户,持有法人股外,未持有任何上市公司的流通股份,也未有以公司外名义开立的股票帐户。今后公司若进行股票投资,将严格依照国家有关法规执行。

2. 本公司中期利润不进行分配。

3. 本报告期内无重大诉讼、仲裁事项。

四、发行在外股票的变动和股权结构的变化

1. 本报告期内,本公司 1996 年度股东大会通过关于资本公积金转增股本的方案,决定实施向全体股东每 10 股转增 2 股。

2. 股本变动及股权结构情况(单位:股)

	1996 年 12 月 31 日	本次变动增减(+,-)	1997 年 6 月 30 日
一、尚未流通股份			
1. 发起人股份			
其中:			
国家拥有股份	28,114,000	5,622,800	33,736,800
境内法人持有股份	8,000,000	1,600,000	9,600,000
2. 公有股转配	301,400	60,280	361,680
尚未流通股份合计	36,415,400	7,283,080	43,698,480
二、已流通股份			
境内上市的人民币普通股	22,727,191	4,545,438	27,272,629
已流通股份合计	22,727,191	4,545,438	27,272,629
三、股份总数	59,142,591	11,828,518	70,971,109

3. 主要股东及持股情况(1997 年 6 月 30 日)

股东名称	持股数(万股)	所占比例(%)
(1)成都市国有资产管理局	3373.68	47.54
(2)天歌轻工(集团)股份有限公司	120	1.69
(3)天骥投资基金	120	1.69
(4)深圳能源投资股份有限公司	120	1.69
(5)乐山电力股份有限公司	120	1.69
(6)吉林九州开发公司	108	1.52
(7)深圳广银大厦实业有限公司	95.50	1.35
(8)鑫宇实业	76.10	1.07
(9)中国农资公司成都公司	60	0.85
(10)成都全兴酒厂	60	0.85

五、股东大会简介

本公司 1996 年度股东大会于 1997 年 5 月 23 日在公司本部召开,出席会议的股东代表 36 人,代表股份 3517.9068 万股,占公司股份总额的 59.48%。与会股东对董事会提交的各项议案进行了充分的讨论,并表决通过如下决议:

1. 审议通过了 1996 年度董事会工作报告;

2. 审议通过了 1996 年度监事会工作报告;

3. 审议通过了 1996 年度财务工作报告;

4. 审议通过了 1996 年度利润暂不分配,并结转滚存至 1997 年度一并分配的方案;

5. 审议通过了按每 10 股转增 2 股的比例实施以资本公积金转增股本的方案。

本公司 1996 年度股东大会决议公告登载于 1997 年 5 月 24 日的《证券时报》。

六、备查文件

公司在办公地点备置了齐备、完整的备查文件以供查阅。包括:

1. 载有公司董事长、总经理亲笔签名的中期报告原本。

2. 公司 1996 年度股东大会资料。

公司办公地点:成都市二环路东三段 40 号

电话:(028)4310296

七、期后事项

经公司董事会 1997 年 8 月 23 日讨论通过,聘任本公司董事李红卫兼任公司董事会秘书。

成都动力配件股份有限公司董事会

1997 年 8 月 26 日

猴王股份有限公司

猴王股份有限公司1996年年度报告摘要

一、公司简介

公司法定名称:猴王股份有限公司

英文名称:KMK CO.,LTD

公司注册地址:湖北省宜昌市夷陵路344号

公司办公地址:湖北省宜昌市夷陵路344号

邮政编码:443003

公司法定代表人:朱黎阳

公司咨询机构:董事会秘书处

电话:0717—6351591转3034

传真:0717—6351835

二、主要财务数据与财务指标

财务指标	单位	本年数	上年数	比上年增减(%)
主营业务收入	万元	30205.15	34279.40	-11.89
净利润	万元	8186.15	4123.20	98.54
总资产	万元	91439.79	85212.10	7.31
股东权益	万元	58466.56	50066.61	16.78
每股收益	元	0.27	0.16	68.75
每股净资产	元	1.93	1.98	-2.46
净资产收益率	%	14.00	8.24	69.90
股东权益比率	%	63.94	58.76	8.82

三、公司业绩回顾

(一)公司经营情况回顾

1996年紧紧围绕年度股东大会确定的方针和目标,在董事会的领导下,调整经营战略,以抓效搞强为指导思想,优化产业、产品结构,努力克服资金紧张、市场萎缩、产品销售难度较大等不利因素,向内挖潜,降低成本,提高质量,向外抓住三峡工程建设和其它国家重点项目建设等大好发展机会,积极开拓市场,同时,在有效控制风险的基础上,积极进行金融证券投资,培育新的利润增长点,使公司效益取得了较大发展。1996年营业收入30205.15万元,比上年下降11.89%,实现净利润8186.15万元;比上年增长98.54%。

(1)市场营销力度进一步加强。进一步加强了在全国大中城市销售网点建设,完善了市场营销管理体制,在巩固原有市场和客户基础上,积极拓展新市场,抓住三峡工程建设等大型工程建设机遇,积极抢占国内重大工程专用焊材市场,扩大特种焊材销售,公司焊材市场占有率不断提高。

(2)学习邯钢经验,强化成本管理。按照成本否决否则,加强对生产经营全过程中的成本控制与管理,降耗增效,取得了较好的成效。九六年本公司万元产值综合能耗比九五年下降29.74%;每吨焊条耗原材料比九五年下降1.95%。

(3)加强质量管理,进一步提高"猴王"产品的质量水平。继95年宜昌电焊条厂率先能过ISO9000质量体系认证后,1996年5月再次通过CSQA复查,猴王宜昌焊丝厂5月19日也通过华信技术检验有限公司质量专家的ISO9002质量体系认证。九六年猴王牌焊接材料被评为湖北省精品名牌。

(4)产品技术开发工作取得较好成绩。1996年公司以市场需求和国家重点工程为导向,共完成科研项目24项,其中开发新产品5项,改造老产品5项,完成工艺技术改造项目14项,新产品投产率达100%。在三峡大坝系列焊条通过鉴定并开始使用后。1996年5月19日为秦山核电站二期工程研制的特种焊条通过国家核工业总公司和哈尔滨焊材所的联合鉴定,并开始生产订货。与此同时,公司的科技开发条件不断改进。由本公司中心试验室改建的湖北省焊接材料检测中心得到有关部门的正式认可,使公司具备了在焊材专业方面出具省级权威认证的条件和资格。

(二)主要指标分析

公司1996年完成主营业务收入30205.15万元,比1995年减少11.89%;净利润8186.15万元,比1995年增长98.54%。其主要原因是:由于国家宏观调控市场萎缩的因素,影响了产品销售的如期增长,从而造成公司主营业务收入下降。但1996年中国股市极为活跃,公司在有效控制风险的基础上,积极进行金融证券投资,取得了较好的经济效益,致使公司净利润较95年大幅增长。

(三)对前次募集资金运用情况的说明

1995年3月,公司完成了配股工作,配股总数为33724503股,扣除有关费用后共募集资金1.33亿元,已按配股说明书所示的用途用于扩建经营网络、开发三峡标准住宅群和补充流动资金,各项投资进展顺利,并已于1996年全部竣工。

四、股本变化及股东结构情况

1.股本结构(截止1996年12月31日)　　股份单位:股

股份类别	年初数	本年增减(±)(公积金转股)	年末数
一、尚未流通股份	129104746	25824093	154928839
1.发起人股份	86822400	17364480	104186880
其中:国家股	86822400	17364480	104186880
2.募集法人股	23630000	4726000	28356000
3.内部职工股	55800	-19056	36744
4.法人转配股	18624346	3724869	22349215
二、已流通股份	123136806	24657577	247794383
其中:A股	123136806	24657577	147794383
三:股份总数	252269352	50453870	302723222

2.股本变化情况及原因

(1)1996年12月10日公司实施了按每10股转增2股的公积金转增股本方案,故此总股本增加5045.3865万股。

(2)内部职工股年末比年初减少的原因是本公司部分董事、监事和高层管理人员离去原职,依据有关法规对其所持猴王A股进行了解冻,允许流通交易。

3.主要股东持股情况(截止1996年12月31日)

序号	股东名称	持股数(万股)	占总股本比例(%)
1	宜昌国有资产管理局	10418.688	34.42
2	00027175108-X-1	1122.00	3.71
3	0017912178-82YZ	1088.9499	3.60
4	中国工行湖北信托投资公司	671.16	2.22
5	中国建行湖北信托投资公司	671.16	2.22
6	华能原材料公司	340.68	1.12
7	华能财务公司	340.68	1.12
8	华夏证券有限公司	340.68	1.12

9	宜昌效区农材信用合作联社	169.32	0.56
10	赛特科技交流有限公司	169.32	0.56

4. 截止1996年12月31日止，本公司股东总人数为122897人，其中国家股股东1人，法人股东10人，社会公众股东122886人。

5. 董事、监事及高级管理人员持股及变更情况

姓名	职务	年初持股数	年末持股数	变化原因
朱黎阳	董事长兼总经理	2530	3036	转增
罗永兴	副董事长	0	0	
肖德生	副董事长	0	0	
刘杰贞	副董事长	0	0	
张济生	执行董事兼常务副总经理	4070	4484	转增
胡西林	董事	0	0	
刘玉芬	董事	0	0	
任宏杰	董事	5400	6480	转增
刘星箭	董事	0	0	
韦陆聪	董事	0	0	
焦延平	董事	0	0	
张茂贵	董事兼副总经理	2530	3036	转增
程晓琳	董事兼总会计师	2030	2436	转增
李本林	董事会秘书	0	0	
谢有才	监事会主席	11530	13836	转增
李品珍	监事	0	0	
张必成	监事	0	0	
严　颖	监事	0	0	
张苏飞	监事	0	0	
宋文德	监事	0	0	
余　洪	监事	2530	3036	转增
李大才	副总经理	0	0	
陈义高	副总经理	0	0	
张金涛	总工程师	0	0	

五、重要事项

1.1996年9月公司实施了1995年度按每10股派发1.5元现金的分红方案。

2.1996年12月11日，本公司实施了按每10股转增2股比例将部分公积金转增为股本的方案，公司总股本由年初的25226.9352万股增加到30272.3222万股。

3. 股东大会通过了董事会、监事会换届提案。原董事长兼总经理易继纯先生因工作需要调离本公司，股东大会同意他辞去公司董事长兼总经理职务。本届董事会由朱黎阳、肖德生、罗永兴、张济生、刘杰贞、胡西林、刘玉芬、任宏杰、刘星箭、韦陆聪、焦建平、张茂贵及程晓琳等十三人组成，朱黎阳先生任董事长。本届监事会由谢有才、张苏飞、严颖、余洪、宋文德、李品珍、张必成等七人组成，谢有才先生任监事会主席。

六、子公司及关联企业

名称	注册地址	注册资金（万元）	持股比例（%）	业务范围
宜昌猴王研究院	宜昌市	1133.90	100	焊材、船舶、机械等开发研究
宜昌猴王电焊条厂	宜昌市	8512.80	100	电焊条制造及销售
宜昌猴王焊丝厂	宜昌市	5909.50	100	焊丝、钢丝制造及销售
猴王有色焊接材料厂	宜昌市	644.60	100	有色焊丝、焊条、焊粉制造及销售
猴王焊接设备厂	宜昌市	2695.90	100	焊接生产设备、检测仪器制造及销售
猴王原材料总公司	宜昌市	4609.30	100	金属材料、建筑材料贸易
猴王贸易总公司	宜昌市	6391.80	100	焊接材料、焊接设备及机电设备销售
猴王焊接进出口公司	宜昌市	2142.50	100	焊接材料、焊接设备的进出口业务
猴王成套设备公司	宜昌市	2098.20	100	机械设备及配件销售
猴王建设总公司	宜昌市	5298.60	100	建筑设计、施工及房地产开发
猴王造船总公司	宜昌市	2377.10	100	航船制造和修理
猴王旅游总公司	宜昌市	1651.60	100	旅游、出租、饮食、娱乐
猴王运输公司	宜昌市	485.70	100	汽车、船舶客货运输
猴王广告装饰工程公司	宜昌市	379.10	100	建筑装饰设计与施工
海昌猴王电焊条厂	海口市	816.20	50	电焊条制造及销售

七、财务报告

（一）审计报告：

公司财务报告经深圳中诚会计师事务所审计，并出具无保留意见的审计报告（深诚证字[1997]第024号）。

（二）财务报表

1. 资产负债表（附后）

2. 利润及利润分配表（附后）

3. 财务状况变动表（附后）

（三）财务报表附注：

一、重要会计政策

1. 会计制度

本公司执行中华人民共和国《企业会计准则》和《股份制试点企业会计制度》及其补充规定。本公司的会计政策系根据上述会计准则和制度予以拟定的。

2. 合并会计报表的编制基准和编制方法

本公司列入合并报表范围的附属公司（详见列示下述长期投资项中）所执行的行业会计制度业已在会计报表合并时予以必要调整。

本公司及其各附属公司间的所有重大交易均在会计报表合并时予以抵销。

少数股东权益是指本公司及其附属公司以外的第三者的本公司各附属公司的资产净值中所占的权益。少数股东损益是指本公司及其附属公司以外的第三者在本公司各附属公司应分得的利润（或应承担的亏损）。

根据财政部财会二字（1996）2号《关于合并会计报表合并范围请示的复函》的有关规定，对合计的资产总额、营业收入及当年度净利润分别占本公司合并的资产总额、营业收入及当年度净利润额的比率均在10%以下的附属公司。不纳入本公司会计报表的合并范围。

3. 记帐原则和计价基础

记帐原则为权责发生制，计价基础为历史成本法。

4. 会计期间

会计期间采用自公历每年1月1日起至12月31日止为1个会计年度。

5. 外币折算方法

以人民币为记帐本位币，年度内发生的非本位币经济业务，按业务发生当月一日中国人民银行公布的市场汇价的中间价折合为人民币记帐。月份终了，货币性项目的外币余额概按当日市场汇价进行调整，由此产生的折合人民币差额，业已计入当年度损益类帐项。

6. 坏帐准备

决算日，按应收帐款（不含关联公司往来款项）余额的5‰计提坏帐准备，并计人当年度损益类帐项。

7. 存货计价方法

存货以实际成本计价，发出存货的成本按加权平均法计算确定。决算日，存货按成本与可变现净值孰低计价，预计存货变现损失业已计入当年度损益类帐项。

可变现净值按存货在正常业务情况下的销售价格，扣除变现费用后的价值计算。

低值易耗品于领用时采用一次摊销法摊销。

存货的细节在附注6中表述。

8. 长期投资核算方法

（1）债券投资：债券投资按实际成本计价，其存续期内的应计利息计

入当年度损益类帐项。

(2)股权投资及联营投资：

本公司对附属/联营公司的长期投资采用下列会计处理方法，投资额占联营公司资本总额不足20%时，以成本法核算，投资额占联营公司资本总额20%至50%时，以权益法核算，投资额占附属公司资本总额50%以上以及投资额虽占联营公司资本总额20%至50%，但本公司对其实质上拥有控制权者，采用权益法核算并对会计报表予以合并。

A、本公司的附属公司概况列示如下：

公司名称	注册地点	注册成立日期	注册资金	拥有权益	主营业务
猴王宜昌电焊条厂	宜昌市	94.12	1180万	100%	生产及销售焊条
猴王宜昌焊丝厂	宜昌市	94.12	800万	100%	生产及销售焊丝、钢丝
猴王有色焊接材料厂	宜昌市	93.11	580万	100%	生产及销售有色焊丝及线材加工
猴王焊接设备制造厂	宜昌市	93.01	800万	100%	生产焊接生产设备
猴王建设总公司	宜昌市	93.05	1118万	100%	经营房屋建筑及房地产开发
猴王广告装饰工程公司	宜昌市	93.04	50万	100%	装饰工程施工、广告制作
猴王运输总公司	宜昌市	96.06	800万	100%	汽车客货运输、内河运输、汽车配件销售
猴王旅游总公司	宜昌市	93.01	1000万	100%	提供食宿、交通、游览通讯服务
猴王研究院	宜昌市	94.11	300万	100%	提供焊接材料开发研究及咨询服务
猴王原材料公司	宜昌市	93.01	1000万	100%	焊接材料、金融材料供应
猴王贸易总公司	宜昌市	93.01	1000万	100%	一般贸易
猴王宜昌物资贸易公司	宜昌市	93.01	882万	100%	金属材料、元件销售
猴王焊接进出口公司	宜昌市	94.04	1000万	100%	进出口贸易
猴王成套设备公司	宜昌市	94.05	2000万	100%	焊接机械设备及配件供应
猴王造船总公司	宜昌市	94.05	1500万	100%	船舶制造及修理

B. 本公司的联营公司概况列示如下：

公司名称	注册地点	注册成立日期	注册资金	拥有权益	主营业务
海昌电焊条厂	海口市	90.07	261万	50%	电焊条生产及电焊条材料加工

C、猴王原材料公司的联营公司概况列示如下：

公司名称	注册地点	注册成立日期	注册资金	拥有权益	主营业务
猴王焊接公司辅料总厂	宜昌市	96.08	250万	40%	还原钛铁粉制造

9. 固定资产及其折旧

(1)固定资产标准：指使用期限超过一年的房屋建筑物、机器设备、运输工具及其他与经营有关的工器具等，以及不属于经营的主要设备但单位价值在人民币2000元以上，使用期限超过二年的物品。

(2)固定资产计价：固定资产按实际成本计价。

(3)固定资产折旧方法：固定资产折旧采用直线法平均计算，并根据固定资产类别的原值、估计经济使用年限和预计残值(原值的5%)确定其折旧率。各类折旧率如下：

类别	预计使用年限(年)	年折旧率(%)
房屋	40	2.38
建筑物	30	3.17
机器设备	15	6.33
运输工具	12	7.92
其他设备	20	4.75

固定资产及其折旧的细节在附注8中表述

10. 无形资产及其摊销

A、土地使用权按50年期限平均摊销。

B、商标及专有技术按15年期限平均摊销。

无形资产的细节在附注10中表述

11. 递延资产及其摊销

开办费按5年期限平均摊销。

递延资产的细节在附注11中表述

12. 收入实现的确认

一般产品以产品已经发出或劳务已经提供，并收到价款或取得索取价款的凭据为销售实现的依据，建造合同采用完成百分比法按工程进度结转营业收入及成本。

13. 税项

(1)主要税种和税率

税种	计税依据	税率
增值税	产品或劳务销售收入、其他业务收入	17%、6%
营业税	营业收入、其他业务收入	5%、8%
城市维护建设税	增值税、营业税额	7%
教育费附加	增值税、营业税额	3%
企业所得税	应纳税所得额	15%

(2)优惠税率及批文

本公司经宜昌市人民政府办公室宜府办文[1995]4号文批复，同意本公司所得税税率适用15%。

14. 利润分配

根据本公司董事会决议，本公司1996年度实现的净利润分别按10%、7%的比例计提法定公积金、法定公益金。同时，按每10股送2股红股，其余利润留待以后期间分配。上述分配方案尚须提交股东大会审议通过。

三、合并会计报表主要项目附注

附注1、短期投资

	1996—12—31	1995—12—31
股票投资＊	4,497,978.00	3,997,380.00
债券投资＊＊	365,900.00	371,000.00
短期合作经营投资	－－	1,535,881.76
	4,863,878.00	5,904,261.76

＊股票投资明细列示如下：

	1996－13－31	
	成本	市价
A股	4,497,978.00	5,941,492.62

＊＊债券投资明细项目列示如下：

债券种类	到期日	面值	年利率(%)	投资金额
国库券	97.04.01	100	13.00	3,600.00
国库券	97.04.07	100	11.63	300,000.00
国库券	90年已到期	100	15.67	62,300.00
				365,900.00

附注2、应收票据

应收票据系本公司之附属公司猴王贸易总公司于1996年8月至9月会计期间因销售产品而收到的银行承兑汇票，截至1996年12月31日止，应收票据余额20,000.00元。

附注3、应收帐款

应收帐款的帐龄分析列示如下：

帐龄	1996－12－31	
	金额	占该帐项金额的百分比
1年以内	118,308,338.01	78.32%
1年至2年	13,313,470.96	6.59%
2年至3年	8,119,615.35	3.47%
3年以上	29,307,112.03	12.52%
	169,048,536.35	100%

本帐户余额中含应收关联公司(猴王集团公司)款项52,558,390.08元。

附注4、其他应收款

(1)其他应收款之帐龄分析列示如下：

帐龄	1996-12-31	
	金额	占该帐项金额的百分比
1年以内	349,014,256.44	87.84%
1年至2年	40,421,955.95	10.17%
2年至3年	4,350,130.28	1.10%
3年以上	3,538,787.12	0.89%
	397,325,129.79	100%

本帐户余额中含应收关联公司(猴王集团公司)款项242,535,701.24元。

(2)其他应收款之经济内容列示如下：

	金额	经济内容
猴王集团公司	242,535,701.54	往来款
股票投资保证金	95,565,608.68	保证金
备用金、个人借款	7,499,223.79	内部职工借款
宜昌市规划管理局	333,090.00	保证金
武汉金银台大酒店	430,000.00	借款
其他	50,961,505.78	代垫款、暂借款等
	397,325,129.79	

附注5、待摊费用

	1996-12-31	1995-12-31
期初进项税额*	7,488,753.82	9,094,006.08
利息	2,619,088.24	1,408,674.86
其他	5,592,408.51	3,015,902.87
	15,700,250.57	13,518,583.81

*期初进项税额系指本公司之附属公司于1994年因国家税制改革，按规定计算并经主管税务机关批准应抵扣的年初用于增值税应税项目的各项存货余额中所含的进项税额10,697,653.04元，根据湖北省国税局鄂国税发[1995]380号文规定，自1995年起在7年内按比例分期抵扣，抵扣比例是前6年每年为15%，第7年为10%。

附注6、存货

	1996-12-31	1995-12-31
原材料	16,470,844.26	15,446,773.34
在制品	8,532,019.52	11,603,473.18
产成品	67,354,636.16	96,923,974.86
低值易耗品	5,760,393.75	4,243,688.81
委托加工材料	1,435,450.58	792,204.53
	99,553,344.27	129,010,114.72

附注7、长期投资

	1996-12-31	1995-12-31
股权投资*1	54,075.00	54,075.00
债券投资*2	100,000.00	100,000.00
联营投资*3	4,556,927.34	7,873,473.63
	4,710,002.34	8,027,548.63

*1股权投资的明细列示如下：

被投资公司名称	股数	占被投资公司投资比例	投资金额
猴王千手股份有限公司	5万	—	54,075.00

*2债券投资的明细列示如下：

债券种类	到期日	面值	年利率(%)	投资金额
国库券	98.12	100,000.00	14	100,000.00

*3联营投资的明细列示如下：

A、本公司对联营公司的长期投资

	投资期限	权益比例	投资金额	本公司及其附属公司拥有的权益 1996-12-31 年末按权益法调整所有者权益增(减)额
海昌电焊条厂	20年	50%	4,369,397.20	(333,270.69)

B、猴王原材料公司的长期投资

猴王焊接公司辅料总厂	20年	40%	480,000.00	39,800.83

附注8、固定资产及其累计折旧

固定资产及其累计折旧的增减变动明细项目列示如下：

	1996-1-1	本年增加	本年减少	1996-12-31
固定资产原价：				
房屋及建筑物	84,361,868.07	28,229,956.00	8,788,840.84	98,802,974.25
机器设备	63,639,081.02	1,545,203.00	309,771.33	64,874,512.69
运输工具	25,322,552.69	4,696,313.00	5,452,313.47	24,566,552.22
其他设备	3,847,230.68	3,382,907.00	842,635.07	6,387,502.61
	177,170,732.48	32,854,379.00	15,393,569.71	194,631,541.77
累计折旧：				
房屋及建筑物	19,998,186.41	1,661,507.42	515,062.00	21,144,631.83
机器设备	26,498,083.14	3,818,729.67	144,821.00	29,671,991.81
运输工具	6,713,101.27	2,811,046.85	383,585.00	9,140,563.12
其他设备	558,007.85	520,844.33	17,927.00	1,060,925.18
	53,767,378.67	8,312,128.27	1,061,395.00	61,018,111.94
固定资产净值	123,403,353.81			133,613,429.83

附注9、在建工程

工程名称	工程进度	实际支用数	原预算数	批准文号	资金来源
武汉贸易公司办公楼	100%	1,258,253.28	1,000,000.00	合同号	借款
焊材所200吨液压线	70%	5,600,000.00	8,000,000.00	合同号	借款
新配粉楼	70%	797,911.87	1,250,000.00	合同号	借款
安全项目整改工程	60%	556,747.75	1,000,000.00	合同号	借款
有色材料安装工程	70%	237,623.75	280,000.00	合同号	自有
铝焊丝车间	90%	147,446.67	165,000.00	合同号	借款
鸦雀岭加油站	90%	239,139.57	230,000.00	合同号	自有
上海公司房屋	100%	580,255.96	559,000.00	合同号	自有
重庆公司房屋	90%	323,232.80	352,000.00	合同号	自有
小溪塔农具厂	100%	225,000.00	225,000.00	鄂、№0709848	自有
办公室装修工程	100%	340,000.00	770,000.00	合同号	自有
交通船	80%	218,148.96	250,000,000.00	合同号	自有
加油站	100	776,287.22	880,000.00	合同号	自有
其他		5,231,048.38			
		16,531,096.21			

本公司在建工程实际支用数中无利息资本化数。

附注10、无形资产

	1996-12-31 土地使用权	商标及专有技术	合计
原值：			
以前年度发生额	24,877,689.35**	3,802,070.00*	28,679,759.35
本年发生额	--	--	--
已摊金额			
以前年度摊销额	798,797.76	506,953.33	1,305,751.09
本年摊销额	2,031,858.66***	506,942.66	2,538,801.34
年末余额	22,047,032.91	2,788,174.01	24,835,206.92
剩余摊销年限	47年	11年	

*商标及专有技术3,802,070.00元系指中华会计师事务所于1992年12月31日评估数，业经湖北省国有资产管理局确认。

**土地使用权24,877,689.35元，其中15,462,232.50元系指湖北会计师事务所宜昌市分析于1992年6月30日评估数，业经宜昌市国有资产管理局确认，其他形成9,415,456.85元。

***其中包括本年摊销额405,054.12元及本年转出额1,626,

804.56元。

附注11、递延资产

	1996－12－31		
	开办费	其它递延支出	合计
原值:			
以前年度发生额	7,088,635.71	2,540,128.20	9,628,763.91
本年发生额	305,693.98	631,225.95	936,919.93
已摊金额:			
以前年度摊销额	1,858,234.68	404,441.13	2,262,675.81
本年摊销额	1,181,418.78	633,206.92	1,814,625.70
年末余额	4,354,676.23	2,133,706.10	6,488,382.33
剩余摊销年限	3年8个月	3年4个月	

附注12、短期借款

1996－12－31

贷款单位	借款日	到期日	月利率(‰)	贷款金额	贷款条件
宜昌市四达城市信用社	95.11.09	96.11.09	10.15	6,000,000.00	担保
宜昌市四达城市信用社	96.07.31	97.07.30	10.50	6,000,000.00	担保
宜昌市四达城市信用社	96.09.16	97.03.16	12.83	2,000,000.00	担保
宜昌市四达城市信用社	96.10.08	96.10.28	8	3,000,000.00	担保
交通银行宜昌支行	96.12.24	97.04.24	8,415	2,500,000.00	信用
中国农业银行中堡岛支行	95.11.17	96.05.24	10.05	3,000,000.00	信用
建设银行英山县支行	96.04.03	97.04.03	20	4,000,000.00	抵押
中国银行宜昌分行杨岔路办事处	96.07.17	97.07.16	9.15	5,000,000.00	信用
恩施自治州房地产开发公司	95.10.25	96.10.25	24	4,000,000.00	信用
农业银行湖北信托公司三峡办事处	96.04.22	96.09.22	12	3,000,000.00	信用
武汉城市信用社	96.12.31	97.04.30	14	7,000,000.00	信用
三峡农行中堡岛支行	96.02.05	96.08.05	12	3,000,000.00	信用
三峡农行中堡岛支行	96.03.11	96.04.11	12	3,000,000.00	信用
三峡农行中堡岛支行	96.06.03	96.09.03	12	5,000,000.00	信用
宜昌市四达城市信用社	95.12.05	96.06.04	15.6	3,000,000.00	信用
其他(58户)				54,934,690.95	
				114,434,690.95	

本公司截至1996年12月31日止,逾期贷款为70,365,292.61元,无罚息。

附注13、应付帐款

应付帐款1996年12月31日的余额为94,040,150.19元,含关联公司(猴王集团公司)款项为20,719,017.69元。

附注14、预收货款

预收货款1996年12月31日的余额为9,116,956.32元。

截至1996年12月31日止本公司尚无应付关联公司的款项。

附注15、其他应付款

1996－12－31

主要债权人名称	金额	主要款项性质
猴王集团公司	39,332,609.31	往来款
公司内部职工	1,861,790.35	集资款
公司内部职工	744,301.94	工资及奖金
荆门建筑公司	225,000.00	质量保证金
南通第三建筑公司	150,000.00	质量保证金
其他	26,827,783.82	事故保险费
	69,141,483.42	

附注16、股本

本公司于1992年11月18日正式成立时,注册资本为82,460,000.00元,实收股本为82,460,000.00元,业经湖北会计师事务所宜昌分所以宜市会师字[1992]027号验资报告验证在案。

根据1993年6月29日湖北省人民政府鄂政函[1993]55号文与1993年9月29日中国证券监督管理委员会证监发字[1993]75号文批准,本公司于1993年度向社会公开发行人民币普通股3000万股,每股面值1.00元。截至1993年12月31日止,本公司实收股本为11,246,000.00元,业经湖北会计师事务所以鄂会师[1993]股验字第522号验资报告验证在案。

根据1994年5月18日第3次股东大会关于分红送股的决议,并报经湖北省证券监督管理委员会以鄂证监[1994]010号文批准,本公司实施1993年度分红派息方案为:以股本11246万股为基数,每10股送7股,并派1.00元现金。派息后本公司以未分配利润31,750,334.00元及资本公积46,971,666.00元进行送股。截至1994年12月31日止,本公司实收股本为191,183,000.00元。

根据1994年10月7日湖北省证券监督管理委员会鄂证监[1994]020号文和1994年12月2日中国证券监督管理委员会证监发审字[1994]31号文批准,以送股前股本11246万股为基数,按10:3的比例进行配股,折算当时的股本19182万股,配股比例为10配1.764股,配股总额为33,724,502。配股后本公司实收股本为224,906,502.00元。

根据1995年4月28日第4次股东大会关于利润分配方案的决议,并报经湖北省证券监督管理委员会以鄂证监[1995]05号文批准,本公司实施1994年度分红派息方案为:国家股每10股送2股,法人股每10股派2.00元现金,转配股及社会公众股每10股送1股并派1.00现金。截至1995年12月31日止,本公司实收股本为252,269,352.00元。

根据1996年10月8日临时股东大会关于1996年中期资本公积转增股本的决议,并报经湖北省证券管理委员会办公室以鄂证[1996]32号文批准,本公司在1996年中期以部分资本公积按每10股转增2股的比例转增股本,共转增股本50,453,870.00元。截至1996年12月31日止,本公司股本结构及其变动情况列示如下:

	1996－1－1		本期变动	1996－12－31	
	金额	比例	公积金转股	金额	比例
一、尚未流通股份					
发起人股份					
其中:					
国家拥有股份	86,822,400.00	34.42%	17,364,480.00	104,186,880.00	34.42%
境内法人持有股份	23,630,000.00	9.37%	4,726,000.00	28,356,000.00	9.37%
转配股	18,624,346.00	7.38%	3,724,869.00	22,349,215.00	7.38%
尚未流通股份合计	129,076,746.00	51.17%		154,892,095.00	51.17%
二、已流通股份					
境内上市的人民币普通股	123,192,606.00	48.83%	24,638,521.00	147,831,127.00	48.83%
三、股份总数	252,269,352.00	100%		302,723,222.00	100%

附注17、资本公积

	1996－12－31
年初余额	223,348,381.40
本年增加:	－－
溢价收入	－－
评估增值	－－
本年减少:	
转增股本	50,453,870.00*
年末余额	172,894,461.40

*如附注16所述,本公司96年度以资本公积50,453,870元转增股本。

附注18、盈余公积

	1996－12－31
年初余额	21,385,501.00
本年增加:	－－
利润分配	－－
a.法定公积金	8,186,151.13
b.公益金	5,730,305.79

本年减少	- -
年末余额	35,301,957.92

附注 19、未分配利润

	1996-12-31
年初余额	5,800,863.52
本年合并净利润	81,861,511.27
利润分配	
1. 提取法定公积金	8,186,151.13
2. 提取法定公益金	5,730,305.79
年末余额	73,745,917.87

附注 20、主营业务收入

	1996	1995
焊接材料	150,371,430.45	127,443,881.19
焊接设备	46,521,359.30	109,204,598.08
建筑房地产	50,061,109.69	43,464,509.16
商品进出口	19,263,491.62	41,479,773.07
旅游娱乐	12,342,990.73	4,867,745.46
焊接技术	1,733,080.17	4,060,876.54
造船	7,086,341.77	10,398,844.43
运输	14,671,680.02	9,358,456.35
	302,051,483.55	350,278,684.28

附注 21、营业成本

	1996	1995
焊接材料	129,013,123.29	114,674,465.15
焊接设备	27,546,381.65	66,463,205.85
建筑房地产	88,835,981.71	27,268,020.64
商品进出口	14,444,502.52	41,109,501.82
旅游娱乐	8,341,082.50	3,986,636.26
焊接技术	2,231,265.98	2,344,067.96
造船	17,877,647.18	9,988,839.92
运输	10,954,226.64	6,702,428.68
	249,244,168.42	272,537,166.78

附注 22、财务费用

	1996	1995
利息净支出	13,824,890.71	14,747,587.10
收取资金占用费收入 *	(45,690,871.96)	(38,530,057.42)
其他	540,147.80	367,865.00
	(31,825,833.45)	(23,414,605.32)

根据本公司与猴王集团公司及其附属公司签订的协议，双方的往来以15%的年利率及月平均占用额相互计算资金占用费，本公司于1995年、1996年度分别计收资金占用费38,530,057.42元与45,690,371.96元。

附注 23、其他业务利润

	1996	1995
租金收入	500,000.00	- -
材料销售	800,000.00	478,167.55
收取商标使用费	3,795,082.18	
其他	355,093.31	129,213.65
	4,950,175.49	607,381.20

附注 24、投资收益

	1996	1995
A、本公司之联营公司所有者权益净增加(减少)额	(986,420.33)	16,182,220.04
B、其他投资项目	43,367,290.67 *	1,509,120.35
	42,380,870.34	17,691,340.39

*其中包括股票投资收益43,284,410.67元及债券投资收益82,880.00元。

附注 25、营业外收入

	1996	1995
处理固定资产收益	520,929.10	37,411.42
固定资产盘盈收入	255,277.13	53,714.00
无须偿还的应付帐款	818,604.00	169,104.00
罚款收入	78,503.97	76,280.15
其他	765,031.46	1,189,635.80
	2,438,345.66	1,476,145.87

附注 26、营业外支出

	1996	1995
固定资产盘亏	—	—
处理固定资产损失	104,874.51	183,303.00
非常损失	11,546.42	10,000.00
罚款支出	236,752.26	1,101,511.40
其他	220,810.44	856,641.35
	573,983.63	2,151,455.75

附注 27、以前年度损益调整

	1996
以前年度多计管理费用	11,159,012.00
以前年度少计销售利润	2,813,669.69
以前年度少计财务费用	(2,703,995.80)
以前年度少计所得税	(258,942.71)
	10,509,743.18

附注 28、财务承诺

截至1996年12月31日止，本公司没有需要披露的承诺事项。

附注 29、或有事项

截至1996年12月31日止，本公司没有需要披露的或有事项。

附注 30、关联公司及其交易

(1)本公司的关联公司名称及关系列示如下：

关联公司名称	注册地	与本公司的关系
猴王集团公司	宜昌市	本公司之控股公司

(2)关联公司交易

	1996	1995年
产成品销售及转让技术收入	64,608,895.00	119,286,599.00
购买原材料及产成品	6,208,692.00	54,739,508.00
计收资金占用费	45,690,971.98	38,580,057.42

附注 31、期后事项

1. 本公司于1997年2月24日召开1997年临时股东大会，并通过了如下决议：

(1)同意本公司向猴王集团公司收购其全资焊材厂猴王重庆电焊条厂，猴王集团上海焊材厂及猴王芜湖电焊条厂、猴王上海七宝电焊条厂、猴王绵阳电焊条厂、猴日昆明电焊条厂、猴王石家庄电焊条厂、上海恒大特种电焊条厂、猴王洪山电焊条厂、猴王长春电焊条厂和猴王哈尔滨电焊条厂等9家控股焊材厂中所占股份，除猴王哈尔滨电焊条厂收购价为30,000,000.00元外，其他10家焊材厂收购价以湖北会计师事务所评估结果为准，即为此10家焊材厂中猴王集团公司所属权益评估数189,559,500.00元，合计收购价为219,559,500.00元。

(2)同意本公司将其3家附属公司猴王建设总公司、猴王旅游总公司猴王造船公司除其拥有的房产、地产以外其他资产转让给猴王集团公司，转让价以湖北会计师事务所评估结果为准，即为27,545,800.00元。

以上收购价219,559,500.00元及转让价27,545,800.00元业经湖北省国有资产管理局鄂国资企业[1997]25号文确认。

2.本公司逾期贷款70,365,292.61元于97年4月12日前已办理展期。

附注32、结算日后的帐项

自1996年12月31日后任何期间,本公司及其附属公司概无编制任何业经审计之帐项。

附注33、比较合并会计报表数据变动幅度超过30%的帐项分折说明

1.应收票据比去年下降99.52%,主要原因是销售时票据结算方式的改变;

2.预收货款比去年增加94.76%,主要原因是采购方式的变化;

3.长期投资比去年减少41.33%,主要原因是转让了联营投资公司;

4.在建工程比去年减少56.67%,主要原因是工程完工结转固定资产;

5.短期借款比去年增加102.13%,主要原因是流动资金贷款增加;

6.应付票据比去年增加46.04%,主要原因是采购时票据结算方式的改变;

7.预提费用比去年减少32.03%,主要原因是减少预提利润;

8.少数股东权益比去年减少100%,主要原因是转让了需合并报表之附属公司;

9.财务费用比去年减少41.99%,主要原因是收取关联公司资金占用费增加。

附注34、对比数据

本公司上年度会计报表业经中信永道会计师事务所审计,为了合并会计报表的需要,对合并会计报表中某些上年度对比数据已作了适当的调整与重分类。

八、其它事项

1.为了解决猴王集团公司与本公司间同业竞争和清理两者间往来帐款问题,突出公司焊材主业,增强公司在中国焊材市场上竞争实力,本公司与猴王集团公司之间进行了资产重组,即本公司收购猴王集团公司在其属下猴王重庆电焊条厂、猴王芜湖电焊条厂、猴王上海七宝厂、猴王绵阳电焊条厂、猴王昆明电焊条厂、猴王石家庄电焊条厂、猴王上海焊材厂、猴王上海恒大厂、猴王长春电焊条厂、猴王洪山电焊条厂、猴王哈尔滨电焊条厂等十一家焊材厂中股权,共计21955.95万元。同时将本公司属下猴王建设总公司,猴王造船总公司、猴王旅游总公司等三家非焊材公司除房地产以外资产转让给猴王集团公司,此拟转让资产共计2754.58万元。此资产重组,本公司应付猴王集团公司19201.37万元,以冲减猴王集团公司所欠本公司往来帐款方式支付。

此资产重组方案已获97年元月17日公司董事会和97年2月24日临时股东大会审议通过,并于97年4月4日获湖北省国有资产管理局批准。

2.根据宜昌市国有资产管理局宜市国资工函(1997)3号文《关于持有经营猴王股份有限公司国家股的批复》,1997年3月本公司国家股持有人由"宜昌市国有资产管理局"变更为"猴王集团公司"。

猴王股份有限公司董事会

1997年4月30日

合并利润及利润分配表

单位:人民币元

	附注	1996	1995		附注	1996	1995
主营业务收入	20	302,051,483.55	350,278,684.28	加:以前年度损益调整	27	10,509,743.18	—
减:营业成本	21	249,244,168.42	272,537,165.78	利润总额		94,452,999.76	54,208,302.93
销售费用		16,318,330.81	17,250,729.83	减:所得税		12,501,488.49	8,131,245.44
管理费用		27,609,557.29	41,530,216.04	少数股东损益		—	(51,529.91)
财务费用	22	(31,325,833.45)	(23,414,605.32)	净利润		81,861,511.27	46,128,587.40
营业税金及附加		5,457,411.76	5,790,266.23	加:年初未分配利润		5,800,863.52	8,644,415.00
主营业务利润		34,747,848.72	36,584,891.72	可分配利润		87,662,374.79	49,773,002.40
加:其他业务利润	23	4,950,175.49	607,381.20	减:提取法定公积		8,186,151.13	4,087,824.00
营业利润		39,698,024.21	37,192,272.92	提取法定公益		5,730,305.79	2,043,912.00
加:投资收益	24	42,380,870.34	17,691,340.39	可供股东分配的利润		73,745,917.87	43,641,266.40
营业外收入	25	2,438,345.66	1,476,145.37	减:已分配普通股股利		—	37,840,402.88
减:营业外支出	26	573,983.63	2,151,455.75	未分配利润		73,745,017.87	5,800,863.52

(母公司)利润及利润分配表

单位:人民币元

	1996—12—31	1995—12—31		1996—12—31	1995—12—31
主营业务收入			利润总额	94,452,999.76	54,259,832.84
减:管理费用	3,472,344.18	3,777,216.48	减:所得税	12,591,488.49	8,131,245.44
财务费用	(88,372,840.34)	(85,864,616.17)	净利润	81,861,511.27	46,128,587.40
营业税金及附加	—	—	加:年初未分配利润	5,800,863.52	3,644,415.00
主营业务利润	29,900,496.16	32,087,399.74	可分配利润	87,662,374.79	49,773,002.40
加:其他业务利润	3,795,082.18	—	减:提取法定公积	8,186,151.13	4,067,824.00
营业利润	33,695,578.34	32,087,399.74	提取法定公益	5,730,305.79	2,043,912.00
加:投资收益	50,238,678.24	22,824,814.01	可供股东分配的利润	73,745,917.87	43,941,266.40
营业外收入	31,100.00	110,337.00	减:已分配普通股股利	—	37,840,402.88
减:营业外支出	22,100.00	762,717.91	未分配利润	73,745,917.87	5,800,888.52
加:以前年度损益调整	10,509,743.18	—			

合并财务状况变动表

单位:人民币元

	1996		1996
流动资产来源和运用		流动资产来源和运用	
一、流动资金来源		(2)增加无形资产、递延资产及其它资产	936,919.93
1. 本年净利润	81,861,511.27	小计	10,559,888.52
加:不减少流动资金的费用的损失		流动资金动用合计	24,476,345.44
(1)固定资产折旧	6,617,005.27	流动资金增加(减少)净额	98,424,605.80
(2)无形资产及递延资产及其他资产摊销(减其他负债转销)	2,726,022.48	流动资金各项目的变动	
(3)固定资产盘亏(减盘盈)	(255,277.13)	一、流动资产本年增加数	
(4)处理固定资产损失(减收益)	(416,054.59)	(1)货币资金	(7,828,645.77)
小计	90,533,807.30	(2)短期投资	(1,040,383.76)
2. 其他来源		(3)应收票据	(4,114,560.79)
(1)固定资产清理收入(减:清理费用)	183,722.91	(4)应收帐款净额	35,019,882.42
(2)增加长期负债	178,978.92	(5)预付货款	13,903,748.26
(3)收回长期投资	3,317,546.29	(6)其他应收款	74,560,210.12
(4)转出固定资产	15,003,506.43	(7)待摊费用	2,181,666.76
(5)转出无形资产	1,625,804.56	(8)存货	(29,456,770.45)
(6)资本净增加额	13,916,456.92	流动资产增加(减少)净额	83,225,141.79
(7)少数股东资本净增加额	(1,859,872.09)	二、流动负债本年增加数	
小计	32,367,143.94	(1)短期借款	55,080,941.02
流动资金来源合计	122,900,951.24	(2)应付票据	2,254,000.00
二、流动资金运用		(3)应付帐款	10,747,225.70
1. 利润分配		(4)预收货款	(4,415,000.19)
(1)提取法定公积金	8,186,151.13	(5)未付股利	(18,519,405.74)
(2)提取法定公益金	5,730,305.79	(6)其他应付款	(52,994,976.02)
小计	13,916,456.92	(7)预提费用	(7,352,242.78)
2. 其他运用		流动负债增加(减少)净额	(15,199,464.01)
(1)固定资产和在建工程净增加额	9,622,968.59	流动资金增加(减少)净额	98,424,605.80

(母公司)财务状况变动表

单位:人民币元

	1996		1996
流动资金来源和运用		流动资金来源和运用	
一、流动资金来源		(1)固定资产和在建工程净增加额	6,304,518.21
1. 本年净利润	81,861,511.27	(2)增加长期投资	21,283,863.98
加:不减少流动资金的费用和损失		小计	27,588,382.19
(1)固定资产折旧	993,113.65	流动资金运用合计	41,504,839.11
(2)无形资产及递延资产及其他资产摊销(减其他负债转销)	253,471.33	流动资金增加(减少)净额	55,519,714.06
小计	83,108,096.25	流动资金各项目的变动	
2. 其他来源:		一、流动资产本年增加数	
(1)转出固定资产、在建工程	—	(1)货币资金	(2,701,937.10)
(2)资本净增加额	13,916,456.92	(2)短期投资	(137,476.20)
小计	13,916,456.92	(3)预付货款	291,665.42
流动资金来源合计	97,024,553.17	(4)其他应收款	42,785,960.88
二、流动资金运用		流动资产增加(减少)净额	40,288,218.00
1. 利润分配		二、流动负债本年增加数	
(1)提取法定公积金	8,186,151.13	(1)短期借款	1,500,000.00
(2)提取法定公益金	5,780,805.79	(2)未付股利	(18,519,405.74)
(3)已分配股利	—	(3)其他应付款	1,737,904.68
小计	13,916,456.92	流动负债增加(减少)净额	(15,281,501.06)
2. 少数股东利润分配		流动资金增加(减少)净额	55,519,714.06
3. 其他运用:			

(母公司)资产负债表

单位:人民币元

	1996—12—31	1995—12—31		1996—12—31	1995—12—31
资产:			负债及股东权益		
流动资产:			流动负债:		
货币资金	6,209,243.79	8,911,180.89	短期借款	1,500,000.00	—
短期投资	362,300.00	499,776.20	未付股利	19,320,997.14	87,840,402.88
应收帐款净额			其他应付款	81,773,551.93	80,035,647.25
预付货款	3,980,890.33	3,689,224.91	流动负债合计	102,594,549.07	117,876,050.13
其他应收款	274,674,790.56	231,888,829.68	股东权益:		
流动资产合计	285,227,224.68	244,989,011.68	股本	302,723,222.00	252,269,352.00
长期投资:			资本公积	172,894,461.40	223,348,331.40
长期投资	373,237,195.43	351,953,331.45	盈余公积	35,301,957.92	21,385,501.00
固定资产:			其中:公益金	10,885,953.79	5,155,648.00
固定资产原价	30,978,036.86	27,873,518.15	未分配利润	78,745,917.87	5,800,863.52
减:累计折旧	13,675,623.70	12,682,510.05	股东权益合计	584,665,559.19	502,804,047.92
固定资产净值	17,302,412.66	15,191,008.10	负债及股东权益总计	687,260,108.26	620,680,098.05
在建工程	8,705,101.48	5,505,101.48			
固定资产合计	26,007,514.14	20,696,109.58			
无形资产及递延资产:					
无形资产	2,788,174.01	3,041,645.34			
资产总计	687,260,108.26	620,680,098.06			

合并资产负债表

单位:人民币元

	附注	1996—12—31	1995—12—31		附注	1996—12—31	1995—12—31
资产:				负债及股东权益			
流动资产:				流动负债:			
货币资金		13,855,507.69	21,684,153.46	短期借款	12	114,434,690.95	59,353,749.93
短期投资	1	4,863,878.00	5,904,261.76	应付票据		7,150,000.00	4,896,000.00
应收票据	2	20,000.00	4,143,560.79	应付帐款	13	94,040,150.19	83,292,924.49
应收帐款	3	169,048,536.35	133,840,845.09	预收货款	14	9,116,956.32	13,531,962.51
减:坏帐准备		582,450.73	394,641.89	未付股利		19,320,997.14	37,840,402.88
应收帐款净额		168,466,085.62	133,446,203.20	其他应付款	15	69,141,488.42	122,136,459.44
预付货款		28,576,195.79	14,672,452.53	预提费用		15,202,355.14	22,554,597.92
其他应收款	4	897,325,129.79	322,764,919.67	流动负债合计		328,406,633.16	343,606,097.17
待摊费用	5	15,700,250.57	13,518,583.81	长期负债:			
存货	6	99,553,344.27	129,010,114.72	长期借款		—	—
流动资产合计		728,360,391.73	645,135,249.94	长期应付款		1,325,667.61	1,146,688.69
长期投资:				长期负债合计		1,325,667.61	1,146,688.69
长期投资	7	4,710,002.34	8,027,548.63	负债合计		329,732,300.77	344,752,785.86
长期投资合计		4,710,002.34	8,027,548.63	少数股东权益		—	1,859,872.09
固定资产:				股东权益:			
固定资产原价	8	194,631,541.77	177,170,732.48	股本	16	303,723,222.00	252,269,352.00
减:累计折旧		61,018,111.94	53,767,378.57	资本公积	17	172,894,461.40	223,348,331.40
固定资产净值		133,613,420.88	123,403,353.81	盈余公积	18	35,301,957.92	21,385,501.00
在建工程	9	16,581,096.21	38,150,699.12	其中:公益金		10,885,953.79	5,155,648.00
固定资产清理		(82,143.40)	43,983.31	未分配利润	19	73,745,917.87	5,800,863.52
待处理固定资产净损失		(58,506.00)	(84,175.30)	股东权益合计		584,665,559.19	502,804,047.92
固定资产合计		150,003,876.64	161,513,810.94	负债及股东权益总计		914,397,859.96	849,416,705.87
无形资产及递延资产:							
无形资产	10	24,835,206.92	27,374,008.26				
递延资产	11	6,488,382.33	7,366,088.10				
无形资产及递延资产合计		31,323,689.25	34,740,096.86				
资产总计		914,397,859.96	849,416,705.87				

猴王股份有限公司1997年度中期报告

一、财务报告(已经审计)

本财务报告经中诚会计师事务所易永健、孔丽娟审计,并出具无保留意见的审计报告深诚证字[1997]第053号。

(一)审计意见

猴王股份有限公司全体股东:

我们接受委托,审计了贵公司1997年6月30日的合并资产负债表和母公司的资产负债表与1997年1至6月的合并利润及利润分配表和母公司的利润及利润分配表及合并财务状况变动表和母公司的财务状况变动表。这些会计报表由贵公司负责,我们的责任是对这些会计报表发表审计意见。我们的审计是依据《中国注册会计师独立审计准则》进行的。在审计过程中,我们结合贵公司实际情况,实施了包括抽查会计记录等我们认为必要的审计程序。

我们认为,上述会计报表符合中华人民共和国《企业会计准则》和《股份制试点企业会计制度》的有关规定,在所有重大方面公允地反映了贵公司1997年6月30日的财务状况与1997年1至6月的经营成果和资金变动情况,会计处理方法的选用遵循了一贯性原则。

深圳中诚会计师事务所　　中国注册会计师:易永健

中国注册会计师:孔丽娟

地址:广东深圳市华富路5号南光大厦三楼　1997年8月26日

(二)财务报表

(1)简化的资产负债表(单位:人民币元)

	1997-6-30		1996-12-31	
	合并数	母公司数	合并数	母公司数
流动资产合计	614,857,858.03	172,809,064.39	728,360,391.73	285,227,224.68
长期投资	85,743,375.58	469,228,702.28	4,710,002.34	373,237,195.43
固定资产净值	309,070,378.59	42,228,571.18	133,613,429.83	17,302,412.66
在建工程	21,583,892.16	11,752,664.48	16,531,096.21	8,705,101.48
无形资产及递延资产	65,858,887.01	17,877,936.34	31,323,589.25	2,788,174.01
资产总计	1,097,079,597.49	713,896,938.67	914,397,859.96	687,260,108.26
流动负债	418,490,677.35	99,744,773.64	328,406,633.16	102,594,549.07
长期负债	4,340,681.17	—	1,325,667.61	—
少数股东权益	60,096,073.94	—	—	—
股本	302,723,222.00	302,723,222.00	302,723,222.00	302,723,222.00
资本公积	172,894,461.40	172,894,461.40	172,894,461.40	172,894,461.40
盈余公积	35,301,957.92	35,301,957.92	35,301,957.92	35,301,957.92
未分配利润	103,232,523.71	103,232,523.71	73,745,917.87	73,745,917.87
股东权益合计	614,152,165.03	614,152,165.03	584,665,559.19	584,665,559.19
负债及股东权益	1,097,079,597.49	713,896,938.67	914,397,859.96	687,260,108.26

(2)简化的利润表(单位:人民币元)

	1997年1-6月		1996年1-6月
	合并数	母公司数	合并数
主营业务收入	75,765,272.30	—	266,126,027.83
主营业务利润	26,437,533.88	28,969,722.89	45,515,140.44
其他业务利润	9,021,015.21	9,027,508.08	580,816.91
投资收益	(661,610.32)	(3,399,790.43)	12,751,874.75
营业外收入	403,156.38	9,327.20	696,060.25
营业外支出	77,573.74	300.25	41,701.65
以前年度损益调整	(516,053.92)	—	—
利润总额	34,606,467.49	34,606,467.49	59,502,190.70
所得税	5,119,861.65	5,119,861.65	8,925,329.00
净利润	29,486,605.84	29,486,605.84	50,576,861.70
年初未分配利润	73,745,917.87	73,745,917.87	
可分配利润	103,232,523.71	103,232,523.71	

(3)财务指标

项目	1997年1—6月	1996年1—6月
1.每股收益(元)	0.1	0.2005
2.净资产收益率(%)	4.8	9.175
3.每股净资产(元)	2.03	2.185

(三)财务报表附注

附注1.短期投资

	1997-6-30	1996-12-31
股票股资	—	4,497,978.00
债券投资	362,320.00*	365,900.00
	362,320.00	4,863,878.00

*债券投资明细项目列示如下:

债券种类	到期日	面值	年利率(%)	投资金额
国库券	1997年4月7日已到期	100	11.63	300,020.00
国库券	1990年已到期	100	16.67	62,300.00
				362,320.00

附注2.待摊费用

	1997-6-30	1996-12-31
期初存货进项税额*	8,518,713.75	7,488,753.82
利息	96,300.01	2,619,088.24
其他	2,201,153.98	5,592,408.51
	10,816,167.74	15,700,250.57

*期初进项税额系指本公司之附属公司于1994年因国家税制改革,按规定计算并经主管税务机关批准应抵扣的年初用于增值税项目的各项存货余额中所含的进项税额,本期所有增加是由本公司资产重组所造成。根据湖北省国税局鄂国税发[1995]380号文规定及其他有关规定,1995年按15%抵扣,从1996年起改按上年余额的20%抵扣,全部在6年内抵扣完毕。

附注3.存货

	1997-6-30	1996-12-31
原材料	22,611,775.74	16,470,844.26
在制品	5,341,248.43	8,532,019.52
产成品	50,639,267.28	67,354,636.16
低值易耗品	2,728,758.27	5,760,393.75
委托加工材料	1,658,670.77	1,435,450.58
	82,979,720.49	99,553,344.27

附注4.长期投资

	1997-6-30	1996-12-31
股权投资	54,075.00	54,075.00
债券投资	—	100,000.00
联营投资	63,209,972.39	4,555,927.34
合并价差	22,497,375.19	
合计	85,743,375.58	45,710,002.34

附注5.固定资产及其累计折旧

	1997-1-1	本期增加	本期减少	1996-6-30
固定资产原价:				
房屋及建筑物	98,802,974.25	142,162,978.81	35,215,371.08	205,750,581.98
机器设备	64,874,512.69	112,635,839.38	24,028,382.98	153,481,969.09

运输工具	24,566,552.22	3,452,778.96	2,171,434.22	25,847,896.96
电子及其他设备	6,387,502.61	6,594,134.24	4,213,893.37	8,767,743.48
	194,631,541.77	264,845,731.39	65,629,081.65	393,848,191.51
累计折旧:				
房屋及建筑物	21,144,631.83	19,937,731.86	6,980,711.33	34,101,652.36
机器设备	29,671,991.81	19,674,908.73	9,530,486.29	39,816,414.25
运输工具	9,140,563.12	1,139,413.96	1,279,873.35	9,000,103.73
电子及其他设备	1,060,925.18	2,832,079.76	2,033,362.36	1,859,642.58
	61,018,111.94	43,584,134.31	19,824,433.33	84,777,812.92
固定资产净值	133,613,429.83			309,070,378.59

附注 6. 未分配利润

	1997-6-30
期初余额	73,745,917.87
本期合并净利润	29,486,605.84
期末余额	103,232,523.71

附注 7. 投资收益

	1997.1-6
A. 本公司之联营公司	
所有者权益净增加(减少额)	(1,110,750.38)
B. 本公司之附属公司	(31,031.22)
猴王原材料公司的附属及联营公司	
所有者权益增加(减少额)	
C. 其他投资项目*	480,171.28
	(661,610.32)

*其中包括股票投资收益 408,204.00 元,转让 3 家子公司投资损失 52.72 元,债券投资收益 20.00 元。

附注 8. 关联公司及其交易

(1)本公司的关联公司名称及关系列示如下:

关联公司名称	注册地	与本公司的关系
猴王集团公司	宜昌市	本公司之控股公司

(2)关联公司交易

	1997.1-6
产成品销售及技术服务收入	1,308,287.00
购买原材料及产成品	2,272,964.00
计收资金占用费	27,553,283.00
出售三家附属公司	27,545,800.00
收购十一家焊条厂	219,559,500.00
计收关联公司租金收入	9,450,000.00

二、经营情况的回顾与展望

(一)上半年经营情况的回顾

上半年,本公司坚持以市场为导向,以经济效益为中心,大力推进"两个根本性转变",狠抓挖潜降耗,增产增效,同时加强结构调整,开发生产高附加值产品,培育了新的利润增长点。

1.1997 年上半年公司完成经营收入 7576.5 万元,比上年同期减少 71.5%;实现净利润 2948.7 万元,比上年同期减少 41.7%。

2. 以市场需求和国家重点工程为导向的产品开发工作取得新进展。公司为秦山核电站研制开发的 MK. J426HR 焊条的配方工艺更趋完善,经中国核工业总公司使用,反映良好,被湖北省科委确定为湖北省重大新产品开发项目。为芜湖长江大桥国产化用钢 14MnNbq 研制开发的超低氢、高韧性焊条已获铁道部认可中标。上半年本公司共完成技术开发项目 9 项,为公司的进一步发展奠定了新产品技术基础。

3. 产品质量得到进一步巩固和提高。公司所属宜昌电焊条厂和猴王宜昌焊丝厂继去年通过 ISO9002 质量体系认证后,今年上半年再次顺利通过年度复查,是目前同行业唯一通过此项认证的企业。

4. 进一步完善财务管理。公司从资金管理,全面预算制管理入手,强化了成本管理和现金流量管理。

(二)下半年工作计划

公司下半年将紧紧围绕完成或超额完成年度股东大会确定的经营目标,狠抓产品的生产和销售,进一步地推进经济增长方式的转变,力争创造更好的经济效益。

1. 积极运用现代技术,大力提高经营调度的科学化水平,加大增产降耗的力度。从主导产品的生产工艺和现场管理入手,大力开展"增产节约"活动,把降低成本落实到生产经营管理的全过程。

2. 狠抓销售不放松。充分发挥公司的销售网络优势和自营进出口权,加大销售力度,完善售后服务工作,拓展市场履盖面,并不断开拓国外市场,努力提高市场占有率。

3. 加大技改力度。认真抓好下半年的募股筹资工作,集中力量搞好募股项目建设,为公司培育新的经济增长点。

4. 进一步提高产品质量。继续深入地推行 ISO9002 质量管理模式,优化质量体系,完善各岗位、各部门的质量职能分配、责任制度,全面提高产品生产各环节的质量。

三、重大事件的说明

1. 按照国务院证券委、中国人民银行、国家经贸委 5 月 21 日联合发布的《严禁国有企业和上市公司炒作股票的规定》的要求,公司经自查,没有从事任何违反规定的事项。我们将一如既往地严格遵守国家有关证券法规,规范自身行为。

2.1997 年 2 月 24 日召开公司 1997 年临时股东大会,大会审议并通过了如下决议:

(1)关于发行 B 股方案及募集资金运用的决议;

(2)关于授权董事会处理 B 股发行上市有关事宜的决议;

(3)关于修改公司章程的决议;

(4)关于收购猴王集团公司属下 11 家焊材厂的决议;

(5)关于有偿转让猴王建设总公司等 3 家全资公司给猴王集团公司的决议。

以上作为重大事件已于 1997 年 2 月 25 日在《证券时报》上公开披露。

3.1997 年 3 月 27 日经湖北省人民政府、宜昌市人民政府、宜昌市国资局批准,从 1997 年 1 月 1 日起,本公司 10418.688 万股国家股持有人由"宜昌市国有资产管理局"变更为"猴王集团公司",占公司总股本的 34.42%。

4.1997 年 4 月 18 日召开了公司二届四次董事会,会议通过了召开 1996 年度股东大会等有关决议。

5.1997 年 5 月 30 日召开公司 1996 年度股东大会,大会审议通过了 1996 年度董事会工作报告等议案(详见股东大会简介)。

6.1997 年 6 月 26 日湖北省国有资产管理局以"鄂国资企发[1997]25 号文批准同意猴王集团公司所欠本公司款项用其下属 11 家子公司股权 21955.95 万元偿还。

7. 本报告期内公司无重大诉讼、仲裁事项。

四、发行在外股票的变动和股本结构变化

1. 本报告期内本公司未进行送股、配股及发生其他涉及股权结构方面的变动。

公司股权结构如下:

填报日期:1997 年 6 月 30 日　数量单位:万股　每股面值 1 元

项目	期初数	本期增减	期末数	占总股本比例
一、尚未流通股				
1. 发起人股	10418.688	0	10418.688	34.42
其中:国家股	10418.688	0	10418.688	34.42
2. 募集法人股	2835.60	0	2835.60	9.37
3. 内部职工股	6.696	0	6.696	0.02
4. 其它	2234.9215	0	2234.9215	7.38

未流通股份合计	15495.9055	0	15495.9055	51.19
二、已流通股				
A股	14776.4167	0	14776.4167	48.81
流通股份合计	14776.4167	0	14776.4167	48.81
三、股份总额	30272.3222	0	30272.3222	100

注:1."内部职工股"为上届及本届董事、监事及高级管理人员持股数;

2."其它"为国家股、法人股转配部分。

2. 主要股东持股情况(截止 1997 年 6 月 30 日)

序号	名称	持股数(万股)	所占比例(%)
1	猴王集团公司	10418.688	34.42
2	猴王投资(00027175108—X—1)	1122.00	3.71
3	猴王产权(0017912178—82YZ)	1088.9499	3.60
4	中国工行湖北信托投资公司	671.16	2.22
5	中国建行湖北信托投资公司	671.16	2.22
6	华能原材料公司	340.68	1.12
7	华能财务公司	340.68	1.12
8	华夏证券有限公司	340.68	1.12
9	宜昌效区农村信用合作联社	169.32	0.56
10	赛特科技交流有限公司	169.32	0.56

五、股东大会简介

(一)本公司 1997 年临时股东大会于 1997 年 2 月 24 日在湖北省宜昌市公司本部召开。到会股东代表 46 人,代表股份 18888.7769 万股,占总股本的 62.39%,符合《公司法》和本公司章程之规定,大会合法有效,会议审议并通过了如下决议:

1. 审议批准了《猴王股份有限公司关于发行 B 股方案及募集资金运用的提案》;

2. 审议通过了《猴王股份有限公司关于授权董事会处理 B 股发行上市有关事宜的提案》;

3. 审议通过了《〈公司章程〉修改提案》;

4. 审议批准了《猴王股份有限公司关于收购猴王集团公司属下 11 家焊材厂的提案》;

5. 审议批准了《猴王股份有限公司关于有偿转让猴王建设总公司等 3 家全资公司给猴王集团公司的提案》。

由于猴王集团公司是猴王股份有限公司收购猴王集团公司属下 11 家焊材厂提案和猴王股份有限公司有偿转让猴王建设总公司等 3 家全资公司给猴王集团公司的股权转让和受让当事人,其代表宜昌市国资局持有猴王股份有限公司 10418.688 万股股权表决权在此两提案审议表决中予以回避,其它参加本次股东大会股东代表所拥有 8470.0969 万票有效,表决票以全票赞成表决通过以上两提案。

(二)本公司 1996 年度股东大会于 1997 年 5 月 30 日在公司总部召开。出席会议的股东及股东代表 31 人,代表股份 18324.6580 万股,占总股本的 61%,符合《公司法》和本公司章程之规定,大会审议并通过如下决议:

1. 审议并通过了《1996 年度董事会工作报告》;

2. 审议并通过了《1996 年财务决算及 1997 年财务预算报告》;

3. 审议并通过了《1996 年度监事会工作报告》;

4. 审议并通过了《1996 年度利润分配的提案》;

5. 审议并通过了《1997 年度配股的提案》;

6. 审议并通过了《关于更选公司监事会主席的提案》。

六、备查文件

1. 载备董事长、总经理亲笔签名的中期报告原本;

2. 公司股东大会材料;

3. 公司章程;

4. 经深圳中诚会计师事务所审计的 1997 年上半年财务审计报告原本。

猴王股份有限公司

1997 年 8 月 30 日

云南白药集团股份有限公司

云南白药集团股份有限公司1996年年度报告

一、公司简介

1. 公司名称:

公司中文名称:云南白药集团股份有限公司

公司英文名称:YUNNAN BAIYAO GROUP CO.,LTD

2. 公司注册及办公地址:云南省昆明市西坝路51号

邮政编码:650032

3. 公司法定代表人:丁世南

公司咨询服务人员:董事会秘书　马青

联系电话:(0871)4144960　4141591

传　　真:(0871)4144960

二、主要财务数据与财务指标

单位:万元

指标项目	本年数	上年数	比上年增减(%)
1. 主营业务收入	9339	7897	18
2. 净利润	2390	1758	36
3. 总资产	25926	24617	5
4. 股东权益	21025	20081	5
5. 每股收益(元)	0.21	0.16	31
6. 每股净资产(元)	1.88	1.79	5
7. 净资产收益率(%)	11.37	8.75	30
8. 股东权益比率(%)	81.1	81.6	-1

三、公司主要业务回顾

1. 一年来公司经营情况

1996年,在各级领导的关心和支持下,在公司全体股东和全体员工共同努力下,公司在开发新产品、开拓市场上下功夫,取得了较显著的效果;同时,在向集约化、规模化经营方向迈出了重大步伐,成立了云南白药集团,投资控股了云南另两家生产云南白药的企业,1997年拟再投资控股另一企业,从而实现中国名药云南白药的集中统一生产经营。在企业管理方面也有了新的提高,工业总产值、主营业务收入、实现利润均创历史最好水平。产品质量稳定提高,全年市场抽检合格率100%,未发生重大质量、安全事故。

云南白药集团公司现拥有资产二亿五千多万元,年销售收入近亿元,为国家大二型企业。在1995年国家中医药管理局115家大中型工业企业排序中,本公司销售总额居第29位,经济效益综合指数居第21位,利税总额居第16位,人均利税居第9位。1996年又被云南省政府列为现代企业制度试点企业。几年来公司上缴利税均居云南医药工业企业首位,1996年上缴税金居在昆工商企业第23名。1997年1月27日公司经中华人民共和国对外贸易经济合作部批准,获得了企业经营进出口权。

本公司1996年完成主营业务收入9339万元,比上年增长18%,比年度计划增长17%。公司1996年实现利润2811万元,占云南医药集团直属医药工业利润的50%,占全省医药工业企业利润的36%,居首位,比上年增长36%,为公司年度计划的100.4%。实现净利润2390万元,比去年增长35.95%,实现公司制定年度计划的100.4%。

2. 实际经营成果与年度计划的差异分析说明

由于主营业务收入增长17%,主营业务利润增长6%,增长了110万元。公司委托银行和工行信托投资公司贷出的两笔3000万元的资金(已向法院起诉)至今尚未收回本息,以致投资收益仅完成年度计划的82%,比计划减少142万元。

3. 对以前募集资金的使用情况说明

公司1993年改制及发行股票于1993年11月下旬收到资金9536万元,1995年11月配股,于1995年12月19日收到资金1948万元,共募集资金11484万元,除云丰大厦项目经1995年股东大会批准缓建外,其余项目均在进行中。各项目进展情况如下:

1)扩大现有生产能力项目:原计划投资3500万元,实际投入3901万元,超支401万元。已扩大原有生产能力50%以上,中成药产量比上年增长32%,达到计划目的,收益也同步增长。

2)综合车间:概算投资2002万元,累计已投入1065万元,工程进度约达70%,土建已完工,进入装修阶段,预计1997年6月竣工验收交付使用。

3)与台湾合资建立云南广得利胶囊公司:原计划投资2133万元,已投入现金和厂房改造725万元。厂房已基本改造完毕,台方设备1996年6月已到位,现正在安装就位,预计1997年6月试车,待试车成功后由云南省商检局评估作价确定我公司投资额。

4)投资云南核辐射中心:原计划投资150万元扩大其10万居里的辐照能力,待财务审计后确定投入。

5)投资控股生产云南白药的大理、文山、丽江三家制药企业:原计划2500万元,已投入1566万元到大理、文山两药业公司,丽江药业公司的投资待丽江国资局下文界定经营性资产后再行投资。

以上五项目,已投入资金7257万元,尚待投入3429万元。

4. 新年度的业务展望

1997年公司计划完成工业总产值(按1990年不变价计算)6200万元;主营业务收入10000万元,比1996年完成数增长7.1%;计划实现利润3000万元,比1996年完成数增长6.7%。

为实现以上目标,采取以下措施:

1). 按照《公司法》,认真抓好集团公司的运作及发展。

2). 努力开拓市场,扩大产品销售,降低成本,促进企业经济效益的较大增长。

3). 积极贯彻落实GMP,认真抓好企业的各项基础管理工作,力争在1997年内申请GMP认证,促进企业管理水平的提高。

4). 以党的十四届六中全会精神为指导,进一步抓好党建工作、领导班子建设工作和企业的思想政治工作。

四、股本变化及股本结构情况

1. 股本变化及股本结构情况

1)股份结构表

填报日期:1996年12月31日　　数量单位:股　面值:每股1元

股份类别	期初数	本次变动增减(+、-)	期末数	占总股本%
一、尚未流通股份				
1. 发起人股份	73920000	0	73920000	65.93
其中:国家拥有股份	52800000	0	52800000	47.09
境内法人持有股份	21120000	0	21120000	18.84
2. 募集法人股	5511660	0	5511660	4.92
3. 法人转配股	351620	0	351620	0.31

尚未流通股份合计	79783280	0	79783280	71.16
二、已流通股份				
1.境内上市的人民币普通股				
其中:社会公众股	32340000	0	32340000	28.84
三、股份合计	112123280	0	112123280	100

注:已流通股份中包含本公司董事、监事和高级管理人员持有的23922股。

2)股本本年度未变动。

3)主要股东持股情况(前十名):

统计日期:截止1996年12月31日

股东名称	持股数(股)	占总股本(%)	备注
1)云南省医药总公司	52800000	47.09	国家股
2)联江国际贸易有限公司	10560000	9.42	
3)云南省国际信托投资公司	10560000	9.42	国有法人股
4)中国宝安集团股份有限公司	1980000	1.77	
5)上海小西生物技术有限公司	924000	0.82	
6)深圳市大鹏证券公司证券业务部	695310	0.62	
7)深圳市帝恒实业有限公司	673800	0.60	
8)昆明水泥厂	485100	0.43	
9)刘江涛	480000	0.43	
10)徐致光	471303	0.42	
合计	79629513	71.02	

4)股东数量:根据1996年12月31日深圳证券结算有限公司提供的资料,公司股东总数为19411户,其中法人股股东18户,社会公众股股东19393户。

2.公司董事、监事、高级管理人员持股情况

任期为1996年11月28日-1999年11月28日

姓名	职务	年初持股	年末持股	被锁定股
丁世南	董事长、总经理	4263	4263	4263
戚太云	董事、党委书记	0	0	0
李祯康	董事、总工程师	4160	4160	4160
黄艾农	董事总会计师	3800	3800	3800
姬建昆	董事、云南医药集团有限公司经济发展部部长	0	0	0
吴云生	董事、云南省国际信托投资公司总经理	0	0	0
周小渊	董事、深圳市好利意实业发展有限公司董事长	0	0	0
钟祖华	监事、工会主席	4365	4365	4365
蔡琨	监事、生产供应部部长	0	0	0
祁继彤	监事、云南医药集团有限公司财务资产部副部长	0	0	0
蒋珍	副总经理	3748	3748	3748
李之光	副总经理	0	0	0
马青	董事会秘书、办公室主任	0	0	0
合计		23922	23922	23922

五、重要事项

1、股东大会、董事会情况说明

(1)股东大会情况说明

本报告期内共召开股东大会三次,其中两次为临时东大会,情况如下:

①公司于1996年4月29日召开1995年度股东大会,出席会议股东99名,代表股份78309713股,占公司总股本69.84%。大会审议通过了董事会、监事会工作报告;公司1995年度财务决算和1996年度财务预算报告;通过了公司1995年度利润分配及分红派息方案,利润发配方案为:提取法定公积金10%,法定公益金10%,分红基金80%;分红派息方案:每10股派现金1.25元(含税)。同意秦百平、谭跃两同志辞去董事职务,选举戚太云、李祯康、张影三同志为公司董事,批准了修改后的公司章程。

②9月14日至18日以通讯表决方式召开的临时股东大会,截止24日下午5:30收到有效表决回执28张,代表股份77780896股,占公司总股本69.37%,通过了关于公司以现金分别投资云南省内的大理制药厂,文山州制药厂和丽江药业有限公司各控股51%,并拟将云南白药实业股份有限公司改名为云南白药集团股份有限公司的两项议案。

③11月28日召开的股东大会出席会议股东40人,代表股份75106631股,占公司总股本67%。大会审议通过了:

a:公司董事、监事换届选举的议案。选举丁世南、戚太云、李祯康、黄艾农、姬建昆、吴云生、周小渊七人为公司第二届董事会董事;选举钟祖华、蔡琨、祁继彤为第二届监事会监事。

b:通过了修改后的公司章程。

(2)董事会情况说明

本年度公司董事会共召开五次会议,主要审议1995年度财务报告、1995年度报告(摘要)、1995年度利润分配方案及分红派息方案、1996年度工作计划、九五规划、修改公司章程、法律顾问的变动、资金使用、投资控股三家生产云南白药企业、召开第四次股东大会、二次临时股东大会事宜、1996年度中期报告、董事会、监事会换届选举等。

2、收购兼并、重大投资事项说明

本年度内,公司与省内生产云南白药的三家企业丽江药业有限公司、文山州制药厂和大理制药厂达成共识,并以省体改委1996年11月19日云体改复〔1996〕48号文批准,组建了云南白药集团,我公司为母公司,分别向大理制药厂、文山州制药厂改制组建的云南白药集团大理药业有限责任公司投资684万元和云南白药集团文山七花有限责任公司投资882万元,投资控股比例均占51%。投资丽江药业有限公司的资金待其1996年财务决算后进行。集团公司对云南白药的生产经营实行"五统一"(计划、商标<云丰牌>、文号、质量、销售),为充分发挥云丰牌云南白药的名牌效应,促进资产的合理配置,资源的合理利用创造了良好条件。

3、公司董事、监事变动情况说明

本公司第一届董事会、监事会从1993年11月28日第一次股东大会选举产生至1996年11月28日任期已满三年。根据《中华人民共和国公司法》第115条及第125条和本公司章程有关规定,本公司于1996年11月28日上午召开的临时股东大会选举了丁世南、戚太云、李祯康、黄艾农、姬建昆、吴云生、周小渊七人为第二届董事会董事,选举了钟祖华、蔡琨、祁继彤三人为第二届监事会监事。11月28日下午召开公司董事会二届一次会议,会议选举丁世南为公司董事长,董事会聘任马青为公司董事会秘书。同时召开了监事会二届一次会议,选举钟祖华为监事会召集人。

4、公司注册名称日期、法律顾问变动情况说明

(1)报告期内变更注册名称为:云南白药集团股份有限公司

日期:1996年10月31日

(2)为方便咨询法律事务,聘任的常年法律顾问由深圳信达律师事务所改为云南海合律师事务所。

5、年度内未发生重大事件。

6、重大诉讼、仲裁事项报告

1996年9月本公司向云南省高级人民法院起诉中国工商银行北京信托投资公司(委托贷款方)、北京四达技术开发中心(借款方)和中国人民建设银行北京信托投资公司(担保方)归还借款2000万元及部份利息一案,云南省高级人民法院已于1996年12月3日开庭审理,目前尚待法院作出一审判决。

1996年12月本公司向昆明市中级人民法院起诉中国工商银行云南省分行(委托贷款方)、云南新云科技发展有限公司(借款方)归还借款1000万元及部分利息一案,昆明市中级人民法院已于12月16日受理,目前尚未开庭。

7、董事会通过的1996年度利润分配预案为:提取法定公积金10%,计239万元,法定公益金10%,计239万元,任意盈余公积金20%,计478

万元,分红基金60%,计1437万元。分红预案为,按1996年末股本数,每10股派现金1.28元(含税)。以上预案尚待股东大会审议通过,报证券主管部门批准后实施。

8、1997年3月15日,经证监会批准,深交所同意本公司发起人法人股东联江国际贸易有限公司将所持全部股份1056万股协议转让,其中转让给深圳好利意实业发展公司706万股,占总股本的6.29%;转让给深圳联涛实业有限公司200万股,占总股本的1.78%;转让给深圳创景投资发展有限公司150万股,占总股本的1.33%。

六、子公司及关联企业

1、云南白药集团大理药业有限责任公司,位于云南省大理市,主营药业。注册资本1341.5万元,本公司持有其51%的股权。

2、云南白药集团文山七花有限责任公司,位于云南省文山州文山县,主营药业。注册资本1730万元,本公司持有其51%的股权。

3、云南广得利胶囊公司,位于云南省昆明市西坝路51号(本公司内),生产机制药用胶囊,注册资本400万美元,本公司将占45%股权,该企业尚未开展经营活动。

七、财务报告

一)审计意见

本公司财务报告经云南会计师事务所杨勇、杨苍两位注册会计师审计,出具了无保留意见的审计报告(97)云会审字第75号。

二)财务报表

1、资产负债表(详见会股01表);

2、损益表及利润分配(详见会股02表);

3、财务状况变动表(详见会股03表);

三)财务报表附注说明

1、重要会计政策:

(1)会计制度:执行《股份制试点企业会计制度》,报表按股份制企业会计报表填列。

(2)会计期间:采用公历年度。即1月1日至12月31日

(3)合并报表的编制方法:对于拥有其过半数(含半数)权益性资本的子公司,母公司在对长期投资按权益法核算的同时,根据财会字(1995)11号《合并会计报表暂行规定》编制合并报表。截止1996年12月31日,本公司投资占50%以上的关联企业有两家,其中一家投资仅40天,销售收入占本公司的1.9%,利润占本公司的0.2%;另一家才12天,销售收入占本公司的0.04%,利润占本公司的0.003%。根据重要性原则,今年不纳入报表合并范围。

(4)记帐原则和计价基础:按照权责发生制的原则记帐,以实际成本为计价基础。

(5)货币核算方法:以人民币作为记帐本位币,如发生外币的收支均按当日汇价折算。本公司至今没有涉及外币的业务核算。

(6)存货计价方法:采用永续盘存制。原材料、包装物、自制半成品核算采用计划成本,领用发出即通过材料成本差异调整为实际成本;在产品和产成品按实际成本核算,低值易耗纸品,采用一次摊销法处理。

(7)长期投资核算方法:对拥有被投资单位权益性资本25%以下的采用成本法核算,25%以上的采用权益法核算。

(8)固定资产及其折旧:固定资产按实际成本计价,记价标准为:单位价值2,000元以上,并且使用年限在一年以上。折旧采用直线法,分类折旧资料如下:

类别	使用年限	年折旧率	残值率
生产用房屋建筑物	39	2.5%	3
生产用机器设备	10	10%	3%
非生产机器设备	16	6%	3%
非生产房屋建筑物	45	2.22%	3%

按分类折旧率提折旧

(9)无形资产及其他资产摊销方法:

采用直线法,按受益期平均分摊。

(10)税项:

a.增值税:

销项税率:中药材13%,中成药17%。

进项税率:农副产品及购销货物运费10%,中药材13%,其他17%。

b.所得税:税率15%。

c.城建税:税率流转税的7%。

d.教育费附加:税率流转税的3%。

(11)利润分配:

本年度的利润按董事会通过的预分配方案,即分别按10%、10%、20%、60%的比例提取法定公积金、公益金、任意公积金和支付普通股股利。

(12)坏帐准备:

按年末应收帐款的5‰计提。

2、会计报表主要项目注释:

(1)货币资金29,373,282.52元

其中:现金 1,354.73

银行存款 29,371,927.79

(2)短期投资:19,453,845.38元

其中:股票投资

成本价 453,845.38元

期末市值 452,596.19元

短期合作经营投资 19,000,000.00元

(3)应收帐款:31,495,660.27元

其中帐龄为:

一年以内的	24,435,481.17元
一至二年的	2,605,370.90元
二至三年的	2,215,582.31元
三年以上的	2,239,225.89元
合　　计	31,495,660.27元

期末余额中无持本公司5%以上股份的主要股东的欠款。

(4)其他应收款:41,021,251.67元

其中帐龄为:

一年以内的	39,649,901.71
一至二年的	1,300.00
二至三年的	1,495.00
三年以上的	1,368,554.96
合　计	41,021,251.67

期末余额中无持本公司5%以上股份的主要股东的欠款。

(5)长期投资:24,622,846.46元,其中:

a、股权投资:23,238,896.46元

接受投资单位	股数	股权比例	长期投资金额	年末调整的被投资公司所有者权益净增减金额	备注
大理药业有限责任公司	6,839,000.00	51.00%	6,868,605.02	增29,605.02元	权益法
文山七花有限责任公司	8,820,000.00	51.00%	8,820,291.44	增291,44元	权益法
云南广得利胶囊公司	6,000,000.00	45.00%	6,000,000.00		权益法
云南核辐射中心	1,259,975.00	18.49%	1,000,000.00		成本法
交通银行	632,100.00	0.05%	500,000.00		成本法
深圳云深公司	50,000.00	0.04%	50,000.00		成本法
合计			23,238,896.46		

注:对云南广得利胶囊公司投资仍处于在建期间,尚无盈亏发生。

b、债券投资:157,700.00元

债券种类	到期日	面值	年利率	投资金额	备注

87年国库券	1992.7.1	45,000.00	6%	58,500.00	评估时增过值
88年国库券	1993.7.1	80,000.00	6%	99,200.00	评估时增过值
小计		125,000.00		157,700.00	

c、应计利息:26,250.00元

d、其他投资:1,226,250.00元

其中:租用深圳土地　926,250.00

云南民族文化音像出版社录像部　300,000.00

(6)固定资产及累计折旧

固定资产类别	期初价值	本期增加	本期减少	期末价值
固定资产原值				
生产用房屋建筑物	20,645,278.34		4,905.00	20,640,373.34
生产用机器设备	25,955,193.85	2,835,667.63	579,005.00	28,211,856.48
非生产用房屋建筑物	16,959,449.55	5,363,234.17		22,322,683.72
非生产用机器设备	107,386.88	5,616.00	30,897.00	82,105.88
租赁固定资产	1,493,320.63	29,547.32		1,522,867.95
未使用固定屋	1,080,543.98	482,253.00	63,300.00	1,499,496.98
合计	66,241,173.23	8,716,318.12	678,107.00	74,279,384.35
累计折旧				
生产用房屋建筑物	6,337,848.87	516,132.00		6,853,980.87
生产用机器设备	11,413,186.25	2,873,243.38	47,733.75	14,238,695.88
非生产用房屋建筑物	381,535.57	386,421.74		767,957.31
非生产用机器设备	63,229.71	6,521.04	1,040.00	68,710.75
租赁固定资产	2,762.64	33,589.04		36,351.68
未使用固定资产	388,064.09			388,064.09
合计	18,586,627.13	3,815,907.20	48,773.75	22,353.760.58
固定资产净值				
生产用房屋建筑物	14,307,429.47		521,037.00	13,786,392.47
生产用机器设备	14,542,007.60		568,847.00	13,973,160.60
非生产用房屋建筑物	16,577,913.98	4,976,812.43		21,554,726.41
非生产用机器设备	44,157.17		30,762.04	13,395.13
租赁固定资产	1,490,557.99		4,041.72	1,486,516.27
未使用固定资产	692,479.89	482,253.00	63,300.00	1,111,432.89
合计	47,654,546.10	5,459,065.43	1,187,987.76	51,925,623.77

(7)在建工程:25,928,783.38元

工程名称	工程进度	实际支用数	原预算数	批准文号	资金来源
工程物资		62,772.98			自筹
综合车间	70%	10,653,880.65	20,020,000.00	云经贸技(1995)107号	自筹
质检培训中心	100%	6,457,113.73	4,490,000.00	云经贸技(1995)107号	自筹
白药GMP改造	95%	23,819.30	1,800,000.00	云药集团司(1996)7号	自筹
购宿舍	100%	4,342,490.57			自筹
制剂车间改造	90%	1,246,119.48		为合资胶囊公司改造厂房	自筹
其他		3,142,586.67			自筹
合计		25,928,783.38			

在建工程支出中无利息资本化支出金额。

(8)无形资产:12,807,616.72元

无形资产种类	原值	已摊金额	期末金额	剩余摊销年限
土地使用权	14,100,128.56	1,292,511.84	12,807,616.72	36.3年

(9)短期借款:15,000,000.00元。

贷款单位	贷款日期	还款日期	贷款金额(人民币)	月利率	借款用途	备注
交通银行昆明分行	96.11.14	97.2.14	5,000,000.00	7.65%	采购	
交通银行昆明分行	96.12.16	97.6.16	10,000.000.00	7.65%	原材料采购	
合计			15,000.000.00			

(10)应付帐款1,895,164.72元,无欠本公司关联企业的款项。

(11)预收货款:2,279,666.19元,无与公司关联企业的款项。

(12)其他应付款:14,422,069.32元。

其中数额较大的有:a应付工资　8,481,907.47

b住房周转金:3,468,347.88

无欠本公司关联企业的款项。

(13)未交税金:120,831.00元。

其中:增值税　15,864.94

城建税　84,806.00

所得税　19,769.31

(14)股本:112,123,280.00元,每股面值1元,其股本结构为:

项目	年初数	占总股本的%	本年增减(+.-) 配股	送股	转股	其他	年末数	占总股本的%
一、尚未流通股份								
1.发起人股	73,920,000	65.93					73,920,000	65.93
其中:国家股	52,800,000	47.09					52,800,000	47.09
境内法人股	21,120,000	18.84					21,120,000	18.84
2.募集法人股	5,511,660	4.92					5,511,660	4.92
3.其他	351,620	0.31					351,620	0.31
尚未流通股份合计	79,783,280	71.16					79,783,280	71.16
二、已流通部分	32,340,000	28.84					32,340,000	28.84
境内上市的人民币普通股	32,340,000	28.84					32,340,000	28.84
三、股份合计	112,123,280	100.00					112.123,280	100.00

(15)资本公积金:73,442,451.03元,本年无变动。

(16)盈余公积:24,689,240.00元

其明细如下:

明细项目	期初余额	本期增加额 利润提取	其他	本期减少数	期末余额
法定盈余公积	5,064,259.42	2,390,151.54			7,454,410.96
公益金	0	2,390,151.54		2,390,151.54	0
任意盈余公积	10,183,870.50	4,780,303.08	2,270,656.26		17,234,829.84
合计	15,248,129.92	9,560,606.16	2,270,656.26	2,390,151.54	24,689,240.80

注:a.其他增加数为公益金余额转入

b.本期减少数为零星支用119,495.28元,转任意盈余公积金2,270,656.26元

(17)主营业务收入:　93,394,902.33元

其中:中成药　93,244,902.33

中药材等　150,000.00

(18)财务费用　95,776.40

其中:利息净支出　95,776.40

(19)其他业务利润:466,249.96元,为租赁房屋收入扣除税费后的净得。

(20)投资收益:6,575,033.49元,

其中:股票投资收益	703,560.10
债券投资收益	33,098.40
非控股公司分来利润	105,560.70
按权益法年末调整的被投资公司所有者权益	29,896.46
其他投资收益	5,702,917.83

(21)营业外收入:98,756.25元,均为三年上无法支付的应付款项。

(22)营业外支出:133,631.36元

其中:赞助支出　64,500.00

捐赠支出　58,514.58

固定资产净损失　7,493.25

其他支出　3,123.53

3、项目金额变动超过30%的说明:

(1)货币资金:年末29,373,282.52元,比年初的21,362,817.70元

增加8,010,464.82元,增长37.50%,原因是原计划1996年12月下旬投资给丽江药业公司的1,000万元推到97年初进行而增加。

(2)短期投资:年末19,453,845.38元,比年初的66,800,000.00元减少47,346,154.62元.降低71%。原因一是收回短期投资转作长期投资给大理、文山两药业公司15,659,000.00元;二是原投给北京四达中心的20,000,000.00元和云南新云科技公司10,000,000.00元未收回来,已委托律师向法院起诉而转到其它应收款;三是收回部分股票投资。

(3)预付货款:年末2,944,307.20元,比年初的896,937.10元增加2,047,370.10元,增长228%,增加原因为预付材料款。

(4)其他应收款:年末41,021,251.67元,比年初的7,765,209.79元增加33,256,041.88元,增长428%。

其中:从短期投资转来已诉讼的30,000,000.00元(详见短期投资);

其他2,548,975.43元

应收的投资收益2,265,300.00元(1997年1月已收回)。

(5)待摊费用:年末1,196,792.32元,全部为未抵扣的进项税额,比年初的2,034,547.00元,减少837,754.68元,降低59%,为按规定分期转出抵扣所致。

(6)长期投资:年末24,622,846.46元,比年初的10,193,310.90元增加14,429,535.56元,增长141.55%,主要原因是投资大理.文山两药业公司各6,839,000.00元和8,820,000.00元,合计15,659,000.00元。

(7)在建工程:年末25,928,783.38元,全部为自筹资金建设,无利息支出,比年初增加7,201,541.98元,增长38.45%。主要是投入发行股票募集资金项目综合车间6,501,362.28元。质检培训中心增加2,096,003.00元,其他完工结转固定资产等减少1,395,823.30元。

(8)应付帐款:年末1,895,164.72元,比年初的1,170,970.61元增加724,194.11元,增长62%,全部为已入库未付的货款,其中酒精款304,680.00元,胶囊款451,440.00元。

(9)预收货款:年末2,279,666.19元,比年初的466,521.12元增加1,813,145.07元,增长388,65%,属预收客户的货款。

(10)未交税金:年末120,831.00元,年初为多交389,616.53元,系期末未交的税款。

(11)其他未交款:年末36,345.43元,比上年末的15,196.16元增长139%,是年末未交的教育费附加。

(12)一年内到期的长期负债:年末为零,年初的1,430,000.00元已按期归还省财政厅。

(13)盈余公积:年末24,689,240.80元,比年初的15,248,129.92元增加9,441,110.88元,增长62%,系本年净利润23,901,515.40元,按10%,10%和20%分别提取法定公积金,公益金和任意公积金9,560,606.16元。

(14)财务费用:本年支出95,776.40元,比上年的399,976.03元减少304,199.63元,降低76,05%,主要是积极催回货款,积极调度资金,减少银行贷款而减支。

(15)主营业务利润:本年21,102,193.17元,比上年的13,214,203.71元增加7,887,989.46元,增长59.69%,主要是主营业务收入增加14,427,522.24元及可比产品成本降低2,870,000.00元而增加。

(16)营业外收入:本年98,756.25元,全部为三年以上无法支付的应付款,比上年的13,221.36元增加85,534.36元,增长646.94%。

(17)营业外支出:本年支出133,631.36元,比上年的259,615.68元减少125,984.32元,降低48.53%,主要是固定资产清理损失减少236,015.68元。

(18)利润总额:本年28,108,601.51元,比上年的20,650,558.88元增加7,458,042.63元,增长36%。主要是主营业务利润增加7,887,989.46元而增长。

(19)所得税:4,207,086.11元,比上年的3,076,410.94元增长36.75%,与利润增长同步。

(20)净利润:本年23,901,515.40元,比上年的17,580,147.94元增加36%,与利润增长同步。

4.期后事项:

1997年3月15日经中国证监会批准,深交所同意本公司发起人法人股东联江国际贸易公司将所有的全部股份1056万股协议转让,其中转让给深圳好利益实业发展公司706万股,占总股本的6.29%;转让给深圳联涛实业发展公司200万股,占总股本的1.78%;转让给深圳创景投资发展有限公司150万股,占总股本的1.33%。

5.或有事项:

原短期合作经营项目于1994年7月投给北京市海淀四达技术中心的20,000,000.00元及于1993年12月投给云南新云科技发展有限公司10,000,000.00元,至今已逾期未能按协议收回本息,已委托律师向法院起诉,法院已受理,但还未开庭审理判决,目前尚不能估计或有损失。

备查文件:

公司备查文件齐备、完整,包括:

1、载有事长、总经理亲笔签名的年度报告原件;

2、载有会计师事务所盖章,注册会计师亲笔签名的审计报告;

3、公司有关的各类统计报表和原始计录。

云南白药集团股份有限公司

1997年3月29日

利润及利润分配表

会股02表

1996年

编制单位:云南白药集团股份有限公司　　单位:人民币元

项目	附注	本年实际数	上年实际
一、主营业务收入	17	93,394,902.33	78,967,380.09
减:营业成本		45,071,186.53	40,212,035.88
销售费用		9,611,744.36	7,523,440.48
管理费用		16,556,538.14	16,625,731.93
财务费用	18	95,776.40	399,976.03
进货费用			
营业税金及附加		957,463.73	991,992.06
二、主营业务利润		21,102,193.17	13,214,203.71
加:其他业务利润	19	466,249.96	403,873.48
三、营业利润		21,568,443.13	13,618,077.19
加:投资收益	20	6,575,033.49	7,284,876.01
营业外收入	21	98,756.25	13,221.36

项目	附注	本年实际数	上年实际
减:营业外支出	22	133,631.36	259,615.68
加:以前年度损益调整			
四、利润总额		28,108,601.51	20,656,558.88
减:所得税		4,207,086.11	3,076,410.94
五、净利润		23,901,515.40	17,580,147.94
加:年初未分配利润			24,433,358.37
盈余公积金转入数			
六、可分配的利润		23,901,515.40	42,013,506.31
减:提取法定公积金		2,390,151.54	4,138,441.83
提取法定公益金		2,390,151.54	4,138,441.83
七、可供股东分配的利润		19,121,212.32	33,736,622.65
减:已分配优先股股利			
提取任意公积金		4,780,303.08	
已分配普通股股利		14,340,909.24	33,736,622.65
八、未分配利润		0	0

资　产　负　债　表

会股 01 表

1996 年 12 月 31 日

编制单位:云南白药集团股分司　　　　单位:人民币元

项目	附注	年初数	年末数	负债及股东权益	附注	年初数	年末数
流动资产:				流动负债:			
货币资金	1	21,362,817.70	29,373,282.52	短期借款	9	15,000,000.00	15,000,000.00
短期投资	2	66,800,000.00	19,453,845.38	应付票据			
应收票据			994,000.00	应付帐款	10	1,170,970.61	1,895,164.72
应收帐款	3	37,890,792.17	31,495,660.27	预收货款	11	466,521.12	2,279,666.19
减:备抵坏帐		189,453.96	162,055.15	其他应付款	12	12,702,050.38	14,422,069.32
应收帐款净额		37,701,338.21	31,333,605.12	应付福利费		900,675.15	856,928.69
预付货款		896,937.10	2,944,307.20	未付股利		14,064,118.36	14,389,617.60
其他应收款	4	7,765,209.79	41,021,251.67	未交税金	13	-389,616.53	120,831.10
待摊费用		19,877,708.04	17,653,640.34	其他未交款		15,196.16	36,345.43
存货		2,034,547.00	1,196,792.32	预提费用			
待处理流动资产净损失				一年内到期的长期负债		1,430,000.00	0
一年内到期的长期债券投资				其他流动负债			
其他流动资产				流动负债合计		45,359,915.25	49,000,623.05
流动资产合计		156,438,557.84	143,970,724.55	长期负债:			
长期投资:				长期借款			
长期投资	5	10,193,310.90	24,622,846.46	应付债券			
固定资产:				长期应付款			
固定资产原价	6	66,241,173.23	-74,279,384.35	其他长期负债			
减:累计折旧	6	18,586,627.13	22,353,760.58	长期负债合计			
固定资产净值	6	47,654,546.10	51,925,623.77	递延税项:			
固定资产清理				递延税款贷项			
在建工程	7	18,727,241.40	25,928,783.38	负债总计		45,359,915.25	49,000,623.05
待处理固定资产净损失							
固定资产合计		66,381,787.50	77,854,407.15				
无形资产及递延资产:				股东权益:			
无形资产	8	13,160,119.96	12,807,616.72	股本	14	112,123,280.00	112,123,280.00
递延资产				资本公积	15	73,442,451.03	73,442,451.03
无形资产及递延资产合计		13,160,119.96	12,807,616.72	盈余公积	16	15,248,129.92	24,689,240.80
其他长期资产:				其中:公益金			
其他长期资产				未分配利润			
递延税项:				股东权益合计		200,813,860.95	210,254,971.83
递延税项							
资产总计		246,173,776.20	259,255,594.88	负债及股东权益总计		246,173,776.20	259,255,594.38

财务状况变动表

会股03表

1996年度

编制单位:云南白药集团股份有限公司

单位:人民币元

流动资金来源和运用	附注	金额	流动资金各项目的变动	附注	金额
一流动资金来源:			一.流动资产本年增加数		
1.本年净利润		23,901,515.40	1.货币资金		8,010,464.82
加:不减少流动资金的费用和损失		4,175,903.69	2.短期投资		-47,346,154.62
(1)固定资产折旧		3,815,907.20	3.应收票据		994,000.00
(2)无形资产、递延资产摊销		352,503.24	4.应收帐款净额		-6,367,733.09
(3)固定资产盘亏(减盘盈)			5.预付货款		2,047,370.10
(4)清理固定资产损失(减收益)		7,493.25	6.其他应收款		33,256.041.88
(5)递延税款			7.待摊费用		-837,754.68
(6)其它不减流动资金的费用和损失			8.存货		-2,224,067.70
小计		28,077,419.09	9.待处理流动资产损失(减收益)		
2.其他来源:			10.一年内到期的长期债券投资		
(1)固定资产清理收入(减清理费用)			11.其他流动资产		
(2)增加长期负债					
(3)收回长期投资					
(4)对外投资转出固定资产					
(5)对外投资转出无形资产					
(6)资本净增加额		9,441,110.88			
小计		9,441,110.88			
流动资金来源合计		37,518,529.97	流动资产增加净额		-12,467,833.29
二,流动资金运用			二、流动负债本年增加数:		
1.利润分配:			1.短期借款		
(1)提取法定公积金		2,390,151.54	2.应付票据		
(2)提取法定公益金		2,390,151.54	3.应付帐款		724,194.11
(3)提取任意公积金		4,780,303.08	4.预收货款		1,813,145.07
(4)已分配股利		14,340,909.24	5.应付福利费		-43,746.46
小计		23,901,515.40	6.未付股利		325,499.24
其他运用:			7.未交税金		510,447.63
(1)固定资产和在建工程净增加额		15,296,020.10	8.其他未交款		21,149.27
(2)增加无形资产,递延资产及其他			9.其他应付款		1,720,018.94
(3)偿还长期负债			10.预提费用		
(4)增加长期投资		14,429,535.56	11.一年内到期的长期负债		-1,430,000.00
小计		29,725,555.66	12.其他流动负债		
流动资金运用合计		53,627,071.06	流动负债增加净额		3,640,707.80
流动资金增加净额		-16,108,541.09	动资金增加净额		-16,108,541.09

云南白药集团股份有限公司一九九七年度中期报告

一、财务报告(已经审计)

(一)财务报表

1、简化的资产负债表1997年6月30日(单位:人民币万元)

项　目	合并		本公司	
	期末数	期初数	期末数	期初数
流动资产	18502.23	14397.07	14235.23	14397.07
长期投资	791.78	2462.28	3989.97	2462.28
固定资产净值	8463.70	5192.56	5691.34	5192.56
在建工程	2489.94	2592.88	2389.35	2592.88
无形资产及递延资产	2204.99	1280.76	1263.14	1280.76
其他长期资产	0	0	0	0
资产总计	32491.38	25925.56	27575.48	25925.56
流动负债	5547.76	4900.06	4076.84	4900.06
长期负债	910.02	0	385.18	0
少数股东权益	3080.51	0	0	0
股本	11212.33	11212.33	11212.33	11212.33
资本公积	7823.53	7344.25	7823.53	7344.25
盈余公积	2468.92	2468.92	2468.92	2468.92
未分配利润	1448.30	0	1608.68	0
股东权益	22953.08	21025.50	23113.46	21025.50

2、简化的损益表:1997年6月　(单位:人民币万元)

项　目	合并		本公司	
	1997.1-6月	1996.1-6月	1997.1-6月	1996.1-6月

主营业务收入	6275.53	4795.61	5761.34	4795.61
主营业务利润	1589.20	1418.70	1678.78	1418.70
其他业务利润	52.19	19.94	41.84	19.94
投资收益	196.74	333.69	232.62	333.69
营业外收支净额	12.31	-1.50	-1.59	-1.50
利润总额	1783.86	1770.83	1885.07	1770.83
所得税	298.92	264.27	276.39	264.27
净利润	1448.30	1506.56	1608.68	1506.56

3、其它财务指标(按合并后的数据填列)

项目	单位	1997.6.30	1996.6.30
每股收益	元	0.129	0.134
净资产收益率	%	6.31	6.98
每股净资产	元	2.05	1.92

4、审计报告

云南会计师事务所注册会计师杨勇和张彤签名的(97)云会审字第108号审计报告如下:云南白药集团股份有限公司全体股东:

我们接受委托,审计了云南白药集团股份有限公司1997年6月30日的资产负债表,1997年1-6月的利润及利润分配表。这些会计报表由云南白药集团股份有限公司管理当局负责,我们的责任是对这些会计报表发表审计意见。我们的审计是依据《中国注册会计师独立审计准则》进行的。在审计过程中,我们结合云南白药集团股份有限公司实际情况,实施了包括抽查会计凭证等我们认为必要的审计程序。

我们认为,上述会计报表符合《企业会计准则》和《股份制试点企业会计制度》的有关规定,在所有重大方面公允地反映了云南白药集团股份有限公司1997年6月30日的财务状况和1997年1-6月的经营成果,会计处理方法的选用遵循了一贯性原则。

需要说明的是:本次列入合并会计报表范围的三家控股子公司——云南白药集团大理有限责任公司、云南白药集团文山七花有限责任公司、云南白药集团丽江药业有限责任公司的1997年6月30日的资产负债表、1997年1-6月的利润及利润分配表,分别经苍洱会计师事务所、文山州审计事务所、金川会计师事务所审计,并出具无保留意见审计报告。经审计后的三家子公司的资产总额、营业收入占云南白药集团股份有限公司会计报表整体同项目的比重见下表:

控股子公司	项目	金额	占报表整体同项目的比重
云南白药集团大	资产总额	22,071,460.64	6.11%
理药业有限公司	营业收入	4,993,008.58	7.18%
云南白药集团文	资产总额	23,390,913.81	6.48%
山七花有限公司	营业收入	3,644,183.68	5.24%
云南白药集团丽	资产总额	39,674,968.93	10.99%
江药业有限公司	营业收入	3,278,602.94	4.71%

(二)财务报表附注:

1、本期采用的会计政策及方法与上年相比,未发生重大变化。

2、本公司1996年末投资组建云南白药集团大理药业有限公司和云南白药集团文山七花有限公司,1997年6月投资云南白药集团丽江药业有限公司,投资比例均为51%左右。四家公司组成云南白药集团,本公司为母公司。本报表是第一次合并,以本公司的有关数据作为上年同期数及期初合并数。

3、关联企业及其交易

(1)关联企业(按投资时间先后排序)

企业名称	注册地址	主营业务	与本企业关系	经济类型	法定代表人	注册资金	拥有权益
云南白药集团大理药业有限公司	云南大理市	工业加工	子公司	有限责任公司	郭晋洲	1341.5万元	50.98%
云南白药集团文山七花有限公司	云南文山县	工业加工	子公司	有限责任公司	王先明	1730万元	50.98%
云南白药集团丽江药业有限公司	云南丽江县	工业加工	子公司	有限责任公司	张友东	2193.67万元	51%

(2)关联交易

云南白药统一由本公司销售,本公司负责向三家子公司提供云南白药的包装物。本年1-6月三家子公司生产云南白药销售给本公司677.40万元(不含税),本公司提供包装物263.05万元(不含税)。

4、报表主要项目说明:

因本报表是第一次合并,因而期末数比期初数基本增加30%以上,现仅对主要项目作说明:

(1)短期投资:期末219.41万元,比年初的1945.38万元减少88.72%,系原短期合作经营投资已到期收回。期末数中:

A.股票投资:169.41万元。按6月30日市值计算为165.37万元。

B.短期合作经营投资:50万元。

(2)应收票据:期末0.94万元,比年初的99.40万元减少99.05%是到期票据已经兑现。

(3)应收帐款:期末4455.87万元,比年初的3149.57万元增长41.48%,其中:1年以内的2681.70万元,1-2年的1056.88万元,2-3年的326.94万元,3年以上的390.35万元。无持本公司5%以上股份的主要股东的欠款。

(4)预付帐款:68.61万元,比期初的294.43万元降低76.70%,是原已预付款的货已到公司。

(5)其他应收款:期末6183.67万元,比年初的4102.13万元增长50.74%,其中:1年以内的2723.43万元,1-2年的2160.97万元,2-3年的1065.00万元,3年以上的234.27万元。应收云南省医药总公司596.31万元。

(6)其他流动资产:15.77万元,系从长期投资转来本年到期的国库券。

(7)长期投资:791.79万元,其中:

A.股权投资755.00万元。

B.债券投资1.88万元。

C.其他投资:34.91万元。

长期投资比期初的2462.28万元减少67.84%,主要是合并报表的缘故。

(8)预收货款:期末37.22万元,比期初的227.97万元减少190.75万元,减少512.5%。已基本完成原预收货款的供货合同。

(9)其他应付款:期末2077.10万元,其中应付云南省医药总公司红利675.84万元。

(10)未付股利:期末4.81万元,比期初的1438.96万元减少1434.15万元,已完成1996年度的分红。

(11)预提费用:277.66万元,白药集团为扩大宣传集团形象和云南白药产品,决定按白药产品销售收入(含税)的10%预提广告宣传费,本报告期内预提广告费239.75万元,修理费34.08万元,利息3.83万元。

(12)其他长期负债:437.91万元。系从其他应付款中转来的职工住房公积金385.15万元及合并来的46.43万元。

(13)销售费用:本期651.93万元,比上年同期的268.15万元增长143.12%。主要是本期广告宣传费实行预提及合并报表而增加。

(14)以前年度损益调整:期末-66.58万元,系以前年度职工住房公积金帐务处理有误而调整。

二、经营情况的回顾与展望

(一)上半年经营情况的回顾

在公司全体股东的全力支持下,经过全体员工的努力,公司以市场为导向,积极开拓市场,继续充实销售队伍,努力做好产品宣传推广工作,积极开发研制新产品,以争取GMP认证为中心抓好各项管理,认真扶持、帮助子公司提高管理和质量,取得较好的经济效益。以合并报表

计,完成主营业务收入6275.53万元,完成年计划的62.76%,比上年同期增长30.86%;实现利润1783.86万元,完成年计划的59.46%,比上年同期增长0.74%

主要经济指标实现了时间过半指标过半。上半年本公司研究所研制的新产品,获得两项三类新药的批准证书,本公司将尽快将其生产出来供应市场。合资开办的胶囊公司已进入试车阶段,新建的综合车间进入设备安装阶段。

(二)下半年计划:在继续抓好各项生产经营和各项管理工作的基础上,认真做好以下工作:

1、做好申请GMP认证的准备工作。

2、充实销售队伍,积极回收货款。

3、帮助促进各子公司提高质量,加强管理,增加经济效益。

4、完成综合车间设备安装,交付生产使用。

5、确保使云南广得利胶囊公司生产出合格产品,完成其评估验资,完成投资工作。

三、重大事件的说明

1、本公司中期不分红派息。

2、本公司起诉中国工商银行北京信托投资公司、北京市海淀四达技术开发中心、中国人民建设银行北京信托投资公司归还委托贷款二千万元本金及部分利息一案,97年6月18日云南省高级人民法院一审判决书送达本公司,其主要内容为:由被告北京市海淀四达技术开发中心于判决生效后三个月内付清尚欠白药公司本金二千万元及其剩余利息,由被告中国人民建设银行北京信托投资公司承担北京市海淀四达技术开发中心未能如期偿还部分的连带赔偿责任。本公司董事会已于6月21日在《证券时报》和《中国证券报》上公告此信息。中兴信托投资公司(即原建设银行北京信托投资公司)于七月二十五日、北京市海淀四达技术开发中心于8月4日分别向最高人民法院提出上诉,最高法院尚未审理。除此之外,本报告期内公司无其他重大诉讼、仲裁事项。

3、关于招股、配股募集资金使用情况的说明

(1)已完成对大理、文山、丽江三个子公司的投资,共投资2684.67万元,比原计划2500万元增加184.67万元,增长7.39%。上半年投资收益38万元。

(2)已投入云南广得利胶囊公司793.50万元(包括车间改造费用),该公司已开始试车工作,即将投入运行。待其正常后即申请云南商检局评估台方机器作价,本公司将按45%的比例投资。所余资金参与生产周转,下一步视生产经营状况逐步扩大投资规模。

(3)计划投资150万元的云南核辐射中心尚待其审计后投资,预计年内可完成,目前其资金在生产周转中。

(4)综合车间已投资1487.48万元,其土建装修已结束,进入设备安装调试阶段,预计年末可陆续交付生产。

4、对照国务院证券委、中国人民银行、国家经贸委5月21日联合颁布的《严禁国有企业和上市公司炒作股票的规定》,本公司经过自查,没有违反的事项。报告期内本公司只有以"云白药司"名义开立的证券帐户,无以私人名义开设的帐户,也未买卖过本公司的股票,也未提供资金给个人和机构炒作股票。

5、本公司原发起人之一的联江国际贸易有限公司持有本公司股票1056万股,根据有关规定,经深交所同意,于1997年4月分别转让给深圳好利意实业发展公司706万股,深圳联涛实业发展公司200万股,深圳创景投资发展有限公司150万股。

四、发行在外股票的变动和股权结构的变化

1、报告期内,公司股本总额和股权结构没有变化。

2、股权结构情况(截止1997年6月30日止,单位:股,每股面值1.00元人民币)

(一)尚未流通部份		占总股本%
(1)国有法人股	52800000	47.09
(2)发起人法人股	21120000	18.84
(3)募集法人股	5511660	4.92
(4)法人转配股	351620	0.31
尚未流通股份合计	79783280	71.16
(二)已流通股份		
(1)社会公众股	32340000	28.28
其中:		
高级管理人员持股	20336	0.018
(三)总股本	112123280	100

3、主要股东持股情况(截至97年6月30日):

股东名称	持股数(股)	占总股本比例(%)
云南省医药总公司	52800000	47.09
云南国际信托投资公司	10560000	9.42
深圳好利意实业发展公司	7060000	6.29
深圳联涛实业发展公司	2000000	1.78
中国宝安集团股份有限公司	1980000	1.77
深圳创景投资发展有限公司	1500000	1.33
上海小西生物技术有限公司	924000	0.82
深圳市大鹏证券公司证券业务部	695310	0.62
昆明水泥厂	485100	0.43
市福田区园岭实业公司永城商场	264000	0.24

五、股东大会简介

云南白药集团股份有限公司1996年度股东大会于1997年4月29日在昆明市西坝路51号本公司会议室召开。出席会议的股东及股东代表共计32人,代表股份75910286股,占公司股份总额的67.70%,符合《公司法》和《公司章程》的有关规定,会议合法有效,大会审议通过了以下决议:

1、审议批准了董事会工作报告;

2、审议批准了监事会工作报告;

3、审议批准了董事长、总经理工作报告;

4、审议批准了1996年财务决算和1997年财务预算;

5、审议批准了1996年度利润分配及分红派息方案;

6、同意1997年度继续聘请云南会计师事务所作为公司审计机构的报告。

六、备查文件

1、载有董事长兼总经理亲笔签名的中期报告原本;

2、云南会计师事务所出具的审计报告及财务报表;

3、公司1996年度股东大会材料。

查阅地址:云南省昆明市西坝路51号公司办公室。

联系电话:(0871)4141591

传　　真:(0871)4144960

云南白药集团股份有限公司

1997年8月23日

甘肃长风宝安实业股份有限公司

甘肃长风宝安实业股份有限公司1996年年度报告摘要

一、公司简况

1. 公司名称：甘肃长风宝安实业股份有限公司

英文名称：GANSU CHANGFENG BAOAN INDUSTRY CO. LTD

2. 公司地址：

办公地址：甘肃省兰州市安宁区安宁西路270号

邮政编码：730070

3. 公司法定代表：徐嘉庆

4. 公司咨询服务代表：胡惠斌

5. 公司股证事务代表：赵诚　丁一璐

电话：(0931)7667111、7666251、7667854

传真：(0931)7667172

二、主要财务数据与财务指标

项目	单位	本年数	上年数	比上年增减(±%)
主营业务收入	万元	20040	25937	-22.74
净利润	万元	260	409	-36.43
总资产	万元	67690	61276	+10.47
股东权益	万元	27399	27139	+0.96
每股收益	元	0.02	0.03	-33.33
每股净资产	元	1.85	1.83	+1.09
净资产收益率	%	0.95	1.51	-37.09
股东权益比率	%	40.48	44.29	-8.60

三、公司业务回顾

1. 一年来经营情况

1996年，新一届经营班子在董事会的正确领导下，统一思想，统一认识，团结一致，在生产经营中探出了一条符合企业实际的发展道路，即“科技进步，规模经营，联合发展”。全体员工在经营班子的带领下，正视困难，齐心协力，奋力拼搏，在市场极度平淡的情况下，取得了一定成绩。年度内完成工业总产值43506万元，比1995年下降3%；生产洗衣机、电视机、电冰箱共计40.2万台，比1995年下降19.4%，其中生产洗衣机34.32万台，比1995年增长13%；实现销售收入20040万元，比1995年下降22.74%；实现利润306万元，比1995年下降36.5%。其中主营业利润264万元，比1995年下降57.96%，投资收益114万元，比1995年下降43.56%。

作为竞争性企业，公司为了适应市场经济的需要和市场机制的转换，大胆尝试，打破了洗衣机、电视机、电冰箱三驾马车齐头并进的经营模式，突出了洗衣机的主导产品地位，电冰箱和电视机的生产分别走联合发展的道路。与陕西长岭股份有限公司达成合作生产长岭牌电冰箱的协议；与深圳华发股份有限公司达成联合经营大屏幕彩色电视机的协议，成功地迈出了企业联合发展的第一步。与此同时，公司深知产品更新换代的迫切性和重要性，狠抓了新产品的开发研制，经过科研人员一年多的艰苦奋战，长风牌消毒气泡全自动洗衣机、消毒气泡双缸洗衣机、XM-1型消毒器已陆续问世，经中华医学会、中国预防医学科学院、中国人民解放军军事医学科学院、中日友好医院、《中国消毒学杂志》编辑部、中国人民解放军总医院、中国家用电器协会等单位的专家论证，认为：我国人口众多，多种传染病发病率较高，危害着人民的身体健康。本着预防为主，促进人民健康的原则，中华医学会科技发展中心特决定将“长风牌消毒气泡洗衣机和长风牌XM-1型消毒器”列为推荐产品，向中华医学会各省、自治区、直辖市及中心城市分会、中华医学会各专科分会郑重推荐。该洗衣机属国内首创，处于领先水平，已申请国家专利。快中子治癌机正在加紧研制中，1997年将有实质性发展；无氟电冰箱生产线改造，全自动洗衣机生产线的改造也在进行之中。

综上所述，1996年由于公司处在经营思路、经营战略、产品结构的调整时期，生产经营方面有好的转机，但因运作时间短，当年未产生明显效益。

2. 对公司主营业务收入、利润完成情况的分析

(1)关于销售收入

1996年实现销售收入20040万元，为年计划的56%，比上年下降22.74%，实际经营结果与计划差距较大，主要原因是：1996年公司面对客观的家电市场调整了经营思路，由原来的多品种生产经营变为以洗衣机为主导产品经营。电冰箱、电视机的生产经营走联合发展的道路，因联合时间较短，效益尚未发挥出来。货款回收也不够理想。

(2)关于利润

1996年，公司利润总额比1995年减少176万元，下降37%，下降的主要原因是：

由于主营业务收入下降23%，减少利润579万元；

由于期间费用增加，减少利润148万元，期间费用增加的主要原因是贴现和贷款利息增加；

由于1996年公司狠抓目标成本管理，降低了设计、工艺、制造成本，消化了部分原材料涨价因素，因而降低成本而增加利润603万元；

由于营业税金及附加减少，增加利润20万元；

其他业务利润增加80万元；

投资收益减少，影响利润88万元；

营业外净支出增加，减少利润64万元。

以上各项累计减少利润176万元。

3. 前次募集资金使用情况的说明

公司于1993年公开发行股票，募集资金17550万元，1995年度报告已披露；截止1995年末实际投资17550万元。因此不再披露，详见1995年年度报告。

四、股本变化及股本结构情况

1. 股本变化及股本结构情况

截止1996年末，公司股本结构如下：(单位：万股)

股份类别	年初数	年末数	增减(+、-)
(一)尚未流通股份			
1. 发起人股份	8349	8349	—
其中：国家股	6171	6171	—
境内法人股	2178	2178	—
2. 募集法人股	907.5	907.5	—
尚未流通股份合计	9256.50	9256.50	—
(二)已流通股份			
1. 境内上市的人民币普通股	5566	5566	—
已流通股份合计	5566	5566	—
(三)股份总数	14822.50	14822.50	—

2. 主要股东持股情况

序号	股东名称	年末持股数(万股)	占总股本百分比(%)
1	甘肃电子集团公司	6171	41.63
2	中国宝安集团股份有限公司	1573	10.61
3	甘肃电子集团物业公司	363	2.45
4	深圳宝安电子工业公司	242	1.63
5	深圳宝安对外经济发展公司	242	1.63
6	深圳宝安金属建材公司	193.6	1.31
7	海南海虹企业股份有限公司	121	0.82
8	甘肃省工业交通投资公司	72.6	0.49
9	天太新产业投资公司	60.5	0.41
10	深圳银康实业股份有限公司	60.5	0.41

3. 年末股东数量:

根据深圳证券公司提供的资料,1996年年末公司股东总数为48665户。

4. 董事、监事及高级管理人员持股情况:

序号	姓名	职务	年初持股数(股)	年末持股数(股)	增减(+、-)
1	徐永新	董事长	2420	2420	—
2	徐嘉庆	副董事长	3388	3388	—
3	邵乐冲	董事、总经理	0	0	
4	宋如山	董事	1210	1210	—
5	郭双喜	董事	0	0	
6	李常华	董事、常务副总经理	2299	2299	—
7	张宝珊	董事、党委副书记	2904	2904	—
8	张海玉	董事	2904	2904	—
9	张升霞	董事	1210	1210	—
10	李宝泉	监事会主席、党委书记	2904	2904	—
11	张世东	监事会副主席	0	0	
12	何锡波	监事、法审部长	2178	2178	—
13	朱向东	监事	1694	1694	—
14	王春华	监事	1936	1936	—
15	李承本	总工程师	2904	2904	—
16	陈球庚	副总经理	1452	1452	—
17	杜志伟	副总经理	0	0	—
18	毛瑞银	副总经理	0	0	—
19	李卫平	副总经理	0	0	—
20	胡惠斌	董事会秘书	0	0	—

五、重要事项

1. 报告期内的股东大会、董事会情况说明

(1)1996年3月28日公司召开临时董事会,决定推举长风机器厂新任厂长邵乐冲任公司董事。聘任邵乐冲为总经理;徐嘉庆副董事长不再兼任总经理。同时,聘任杜志伟、毛瑞银、李卫平为副总经理。张宝珊董事不再兼任常务副总经理,马庭贤不再担任副总经理。

(2)1996年4月20日公司召开一届七次董事会。会议决议通过:①总经理工作报告;②董事会工作报告;③1995年度财务决算报告和分红派息预案;④推举邵乐冲、郭双喜为公司董事。

(3)1996年5月28日公司召开一届八次董事会,讨论决定:①聘任李常华为常务副总经理;②同意张海玉不再担任董事、总会计师;③聘任田一平为公司副总会计师。

(4)1996年8月22日,公司召开一届九次董事会,着重审议通过了邵乐冲总经理作的《1996年度中期报告》。

(5)1996年5月28日,公司召开第四次股东大会,审议通过:①董事会工作报告及总经理工作报告;②监事会工作报告;③财务决算及1995年度暂不分红派息的报告;④补选邵乐冲、郭双喜为公司董事。周伟安不再担任公司董事。

2. 重大事件简介

(1)公司与长岭集团股份有限公司达成协议,充分利用公司生产线合作生产长岭牌电冰箱。

(2)公司与深圳华发电子有限公司达成协议,利用"长风"的知名度定牌生产长风牌大屏幕彩色电视机。

3. 本报告期内公司无重大诉讼、仲裁事项。

六、子公司及关联企业

本公司无子公司及关联企业

七、财务报告

(一)审计意见

甘肃长风宝安实业股份有限公司董事会及全体股东:

我们接受委托,审计了贵公司1996年12月31日的资产负债表及该年利润及利润分配表、财务状况变动表。

我们认为,本报告所附财务报表符合《企业会计准则》、《股份制试点企业会计制度》的有关规定,在所有重大方面公允地反映了贵公司1996年12月31日的财务状况及1996年度经营成果及资金变动情况,会计事项处理,会计报表各项目的分类及编制方法遵循了一贯性原则。

中国注册会计师:蔺培曼

中国注册会计师:住新怀

甘肃第二会计师事务所

1997年3月22日

(二)财务报表(见附表)

(三)财务报表附注

1. 重要会计政策

(1)会计制度:执行中华人民共和国财政部《企业会计准则》、《股份制试点企业会计制度》。

(2)会计年度:公司采用公历制,自每年公历1月1日至12月31日为一个会计年度。

(3)会计核算方法:采用权责发生制。

(4)会计记帐方法:采用借贷记帐法。

(5)货币核算:以人民币为记帐本位币。公司对于非本位币业务采用固定汇率进行核算,期末按国家公布的月末市场汇率中间价折合人民币记帐,其差额作为汇兑损益计入当年损益。

(6)存货:库存材料按计划成本核算,其他项目按实际成本核算。低值易耗品采用一次摊销法。

(7)坏帐准备:公司不计提坏帐准备金,发生的坏帐损失直接计入管理费用。

(8)销售收入的实现:以商品已经发出或劳务已经提供,销售货款已经收到作为收入实现的标志。

(9)长期投资核算:对联营公司的股权性投资,投资额占被投资企业全部资本50%以下的,采用成本法核算。

(10)税项:

A. 增值税:公司为增值税一般纳税人,增值税率为17%;

B. 城市维护建设税:按应交纳增值税税额的7%计算交纳;

C. 教育费附加:按应交纳增值税税额的3%计算交纳;

D. 所得税:按纳税所得额的15%计算交纳。

(11)固定资产:固定资产以实际成本计价。折旧采用直线法,按"工业企业固定资产分类折旧年限表"计提折旧。

资产类别	折旧年限	折旧率(%)	残值率(%)
房屋建筑物	40	2.375	5
机器设备	14	6.786	5
动力设备	18	5.278	5
运输工具	12	7.917	5

仪器仪表　12　7.917　5

(12)无形资产:土地使用权按50年期平均摊销;商誉按10年期平均摊销,专有技术及专利权按10年期平均摊销。

(13)递延资产:采用直线摊销法,开办费按五年期摊销。

(14)利润分配:

项目	比例(%)	依据
法定公积金	10	公司章程
法定公益金	10	公司章程

2. 会计报表项目注释

(1)短期投资　13027044元

其中:证券投资　3027044元

金融投资　10000000元

(2)应收帐款　36364702.94元

其中:帐龄	金额	比率
一年以下	30721260.91元	84.48%
一年至二年	5528117.83元	15.20%
二年至三年	8069.74元	0.02%
三年以上	107254.46元	0.30%

(3)其他应收款　5571757.73元

其中:帐龄	金额	比率
一年以下	2748842.61元	47.63%
一年至二年	672365.88元	11.65%
二年至三年	2350549.24元	40.72%

(4)存货　432278010.60元

其中:库存商品　343464292.05元

库存材料　58087844.10元

在产品　19682050.36元

自制半成品　3501809.05元

委托加工材料　12667.98元

低值易耗品　7529347.06元

本项目比上年增长37.04%,主要是库存商品比上年增加130018570.02元(含发出商品)。

(5)待处理流动资产净损失:13887023.37元

本项目比上年增长277.52%系待处理冰箱、电视机整机报废及降价损失。

(6)长期投资:　3000000元

其中:

被投资单位名称	投资期限	投资金额	核算方法
北京大亚细亚夜总会	3年	2000000元	成本法
厦门兴华大厦		1000000元	成本法

(7)其它应付款　5934944.08元

本项目比上年减少73.54%,主要是原内部职工借款9770456.63元转长期应付款。

(8)盈余公积　8562617.43元

项目	期初余额	提取盈余公积金	提取公益金	期末金额	变动依据
1996年度	7223791.77元	669412.83元	669412.83元	8562617.43元	财务制度、公司章程

注:以上盈余公积和公益金的提取数中含1995年度净利润。

(9)投资收益　1141259.82元

其中:证券投资收益　641259.82元

金融投资收益　500000元

本项目比上年下降43.46%,系金融投资收益下降所致。

(10)未分配利润　5355302.61元

期初余额	本年增加	本年减少	期末余额
4094200.44元	2599927.83元	1338825.66元	5355302.61元

期初余额4094200.44元系1995年度公司实现的净利润。本年度增加为公司当年实现净利润,本期减少为提取10%法定公积金、10%公益金。期末余额为5355302.61元。

八、其他事项

公司1996年度实现利润306万元,计交15%所得税后,净利润为260万元,连同1995年度净利润409万元,在提取法定盈余公积金和公益金各10%以后,余535.5万元一并转入下年度分配。此提案将提交第五次股东大会讨论通过。

甘肃长风宝安实业股份有限公司

1997年4月12日

资产负债表

编制单位:甘肃长风宝安实业股份有限公司

单位:人民币元

资产	附注	1996年12月31日	1995年12月31日	负债及股东权益	附注	1996年12月31日	1995年12月31日
流动资产:				流动负债:			
货币资金	3	6,850,619.83	14,045,502.92	短期借款	17	197,722,186.47	179,252,119.01
短期投资	4	13,027,044.00	13,211,657.28	应付票据		4,000,000.00	250,000.00
应收票据	5	12,562,961.00	77,359,920.00	应付帐款	19	109,077,907.80	82,845,636.77
应收帐款	6	36,364,702.94	22,530,125.40	预收货款	18	40,967,458.23	23,200,134.75
减:坏帐准备				应付福利费			
应收帐款净额		36,364,702.94	22,530,125.40	未付股利		2,244,000.00	2,244,000.00
预付货款				未交税金	20	4,896,506.98	2,463,375.35
其他应收款	7	5,771,757.73	3,616,460.997	其他未交款	21	329,598.39	434,098.39
待摊费用	8	34,615,064.85	35,541,064.85	其他应付款	22	5,934,944.08	22,436,247.32
存货	9	432,278,010.60	315,436,882.53	预提费用	23	2,997,279.42	
待处理流动资产净损失	10	13,887,023.37	3,678,484.63	一年内到期的长期负债	24	800,000.00	7,069,790.00
一年内到期的长期债券投资				其他流动负债			
其他流动资产				流动负债合计		368,969,881.37	319,695,401.59
流动资产合计		555,357,184.32	485,420,098.58	长期负债:			
长期投资:				长期借款	26	24,170,000.00	21,670,000.00
长期投资	11	3,000,000.00	3,000,000.00	应付债券			
固定资产:				长期应付款	25	9,770,456.63	

资产	附注	1996年12月31日	1995年12月31日	负债及股东权益	附注	1996年12月31日	1995年12月31日
固定资产原价	12	111,860,214.50	104,971,038.16	其他长期负债			
减:累计折旧	13	36,841,417.36	31,542,750.72	递延税项:			
固定资产净值		75,018,797.14	73,428,287.44	递延税项贷项			
在建工程	14	13,074,076.21	11,372,070.40	长期负债合计		33,940,456.63	21,670,000.00
固定资产清理				负债合计		402,910,338.00	341,365,401.59
待处理固定资产净损失		3,965.10	3,965.10	股东权益:			
固定资产合计		88,096,838.45	84,804,322.94	股本	27	148,225,000.00	148,225,000.00
无形及递延资产:				资本公积	28	111,848,693.32	111,848,693.32
无形资产	15	5,271,760.08	5,605,700.04	盈余公积	29	8,562,617.43	7,223,791.77
递延资产	16	25,176,168.51	33,926,965.56	其中:公益金		4,138,701.09	3,469,288.26
无形及递延资产合计		30,447,928.59	39,532,665.60	未分配利润	30	5,355,302.61	4,094,200.44
其他长期资产:				股东权益合计		273,991,613.36	271,391,685.53
其他长期资产				负债及股东权益总计		676,901,951.36	612,757,087.12
递延税项:							
递延税项借项							
资产总计		676,901,951.36	612,757,087.12				

利润及利润分配表

编制单位:甘肃长风宝安实业股份有限公司　　1996年度　　单位:人民币元

项目	附注	1996年度	1995年度	项目	附注	1996年度	1995年度
一、主营业务收入	31	200,401,357.82	259,368,712.26	四、利润总额		3,058,738.62	4,816,706.41
减:营业成本	31	129,507,263.59	188,699,806.83	减:所得税		458,810.79	722,505.97
销售费用	32	15,638,222.32	17,088,826.13	五、净利润		2,599,927.83	4,094,200.44
管理费用	33	28,475,680.82	26,452,473.86	加:年初未分配利润		4,094,200.44	
财务费用	34	24,138,407.61	20,652,054.69	盈余公积转入数			
进货费用				六、可分配的利润		6,694,128.27	4,094,200.44
营业税金及附加			198,377.82	减:提取法定公积金		669,412.83	
二、主营业务利润		2,641,783.48	6,277,172.93	提取法定公益金		669,412.83	
加:其他业务利润	35	1,946,665.42	1,148,286.98	七、可供股东分配的利润		5,355,302.61	4,094,200.44
三、营业利润		4,588,448.90	7,425,459.91	减:已分配优先股股利			
加:投资收益	36	1,141,259.82	2,018,660.00	提取任意公积金			
营业外收入		5,015.20	56,965.80	已分配普通股股利			
减:营业外支出	37	2,675,985.30	2,089,868.88	八、未分配利润		5,355,302.61	4,094,200.44
加:以前年度损益调整			-2,594,510.42				

财务状况变动表

编制单位:甘肃长风宝安实业股份有限公司　　1996年度　　单位:人民币元

项目	行次	金额	项目	行次	金额
一、流动资金来源			一、流动资产本年增加数		
1. 本年净利润	1	2,599,927.83	1. 货币资金	27	-7,194,883.09
加:不减少流动资金的费用和损失:			2. 短期投资	28	-184,613.28
(1)固定资产折旧	2	5,298,666.64	3. 应收票据	29	-64,796,959.00
(2)无形、递延、其他资产摊销	3	1,908,709.95	4. 应收帐款净额	30	13,884,577.54
(3)固定资产盘亏(减盘盈)	4		5. 预付货款	31	
(4)清理固定资产损失(减收益)	5		6. 其他应收款	32	2,155,296.76
(5)递延税款			7. 存货	33	116,841,128.07
(6)其他不减少流动资金的费用			8. 待摊费用	34	-926,000.00
			9. 待处理流动资产净损失	35	10,208,538.74
小计	6	9,807,304.42	10. 待转其他业务支出	36	
			11. 一年内到期的长期债券投资	37	
2. 其他来源					
(1)固定资产清理收入(减清理费用)	7		12. 其他流动资产	38	
(2)增加长期负债	8	17,966,768.33			
(3)收回长期投资	9				

项目	行次	金额	项目	行次	金额
(4)对外投资转出固定资产	10				
(5)对外投资转出无形资产	11				
(6)资本净增加额	12	1,338,825.66	流动资产增加净额	39	69,937,085.74
小计	13	19,305,593.99			
流动资金来源合计	14	29,112,898.41			
二、流动资金运用：			二、流动负债本年增加数：		
1. 利润分配：			1. 短期借款	40	18,470,067.46
(1)提取法定公积金	15	669,412.83	2. 应付票据	41	4,250,000.00
(2)提取法定公益金	16	669,412.83	3. 应付帐款	42	26,232,271.03
(3)提取任意公积金	17		4. 预收货款	43	17,767,323.48
(4)已分配股利	18		5. 其他应付款	44	-16,501,303.24
			6. 未付股利	45	
小计	19	1,338,825.66	7. 应付福利费	46	
			8. 未交税金	47	2,433,131.63
2. 其他运用：			9. 未付利润	48	
(1)固定资产和在建工程净增加额	20	1,415,155.09	10. 其他未交款	49	104,500.00
(2)增加无形、递延、其他资产	21		11. 预提费用	50	2,997,279.42
(3)偿还长期负债	22	5,696,311.70	12. 其他流动负债	51	
(4)增加长期投资	23		13. 一年内到期的长期负债	52	6,269,790.00
小计	24	7,111,466.79			
流动资金运用合计	25	8,450,292.45	流动负债增加净额	53	49,274,479.78
流动资金增加净额	26	20,662,605.96	流动资金增加净额	54	20,662,605.96

甘肃长风宝安实业股份有限公司1997年中期报告书

一、财务报告(未经审计)

(一)财务报告

1. 简化的资产负债表　　单位：元

项　目	1997.6.30	1996.12.31
流动资产	549,157,066.66	555,357,184.32
长期投资	3,500,000.00	3,000,000.00
固定资产净值	74,899,134.32	75,018,797.14
在建工程	14,161,828.21	13,074,076.21
无形资产及递延资产	29,427,559.89	30,447,928.59
资产总计	671,149,554.18	676,901,951.36
流动负债	361,761,716.25	368,969,801.37
长期负债	34,119,258.38	33,940,456.63
股东权益	275,268,579.55	273,991,613.36
其中：股本	148,225,000.00	148,225,000.00
资本公积	111,848,693.32	111,848,693.32
盈余公积	8,562,617.43	8,562,617.43
未分配利润	6,632,268.00	5,355,302.61

2. 简化的损益表　　单位：元

项　目	1997.1.6	1996.1.6
主营业务收入	107,099,159.85	89,985,154.81
主营业务利润	1,769,593.66	4,999,582.92
其他业务利润	408,037.45	1,396,934.99
投资收益	630,000.00	500,000.00
营业外收支净额	-1,305,317.94	-777,410.66
利润总额	1,502,313.17	6,124,122.45
所得税	225,346.98	918,618.37
净利润	1,276,966.19	5,205,504.08

3. 其他财务指标

指标名称	单位	1997.1-6	1996.1-6
每股收益	元	0.009	0.035
净资产收益率	%	0.46	1.88
每股净资产	元	1.86	1.87

(二)财务报表附注

1. 本中期报告采用的会计政策与会计方法与1996年度一致。

2. 报告主体未发生变化。

3. 公司对照国务院证券委、中国人民银行和国家经贸委5月21日联合发布的《严禁国有企业和上市公司炒作股票的规定》，开展了认真的学习讨论和自查，未有深证发(1997)193号文《通知》第2、第4条所述行为。本公司将继续严格遵守国家严禁上市公司炒作股票的规定。

4. 本公司无关联企业和其他关联关系。

二、1997年中期经营情况回顾与展望

(一)上半年经营情况回顾

上半年，公司在各级各部门的关心和支持下，在公司全体股东、全体员工的共同努力下，在董事会的领导下，制订了“开拓市场，科技进步，规模经营，联合发展”的经营方针，同时，紧紧依靠全体员工，加快新产品开发，扩大联合，谋求企业发展，为创造最佳经济效益而努力拼搏。公司上半年主营业务收入10710万元，同比增长19%，主营业务利润176.96万元，同比下降64.6%，利润总额150.23万元，同比下降75.5%。利润下降的主要原因是由于销售费用、管理费用上升和营业外支出增加。

1. 上半年生产经营所取得的成绩和进展情况

上半年，在国家实施适度从紧的宏观金融政策的背景下，家电市场国际化、集团化竞争，助长了家电行业合资热潮的不断高涨，给地处内陆企业的生产经营带来了相对较大的困难。上半年实现销售收入10710万元，同比增长19%，生产洗衣机174498台，同比下降24.4%，生产电冰箱35165台，同比增长30%，同时还生产了10000台消毒灭菌器。

(1)总结经验，适应市场，开拓市场。为适应市场经济的需要，在公司董事会的指导下，销售总公司总结近年来市场运作的经验教训，及时调整

策略,整顿销售队伍,采取如计算机辅助管理,条块管理结合等一系列的措施,坚持以人为本,以市场为导向,以合理的分配制度和激励机制为保障,千方百计开拓市场,扩大销售,取得了一定的成绩。

(2)依靠科技进步,开发新产品。公司在“预研一代,改进一代,试制一代,生产一代”新产品开发生产战略方针的指引下,经过一年多的努力,完成了全自动洗衣机研制开发,据检测,其各项技术指标居国内同行前列,并通过了省科委、省经贸委的联合鉴定。在与长岭集团公司合作生产BCD—218电冰箱的同时,又联合研制成功了BCD—263三门豪华型电冰箱,经权威部门检测,其噪音、功耗均达到国内先进水平,并通过了陕西省经贸委鉴定,目前已投入批量生产。XM—1消毒器通过了省级鉴定,与消毒气泡洗衣机一同得到了中华医学会的郑重推荐。

(3)联合发展,规模经营。公司与长岭集团公司的合作,为企业的规模经营在技术、质量、设备等方面奠定了基础。上半年,电冰箱产量同比增长34%,产值上升64%,销售产值上升24%,库存产值下降38%,货款回收占发货产值的86%。在总结与长岭公司合作经验的同时,经多次磋商,与青岛奥柯玛集团公司达成了联合生产经营的协议。这是公司充分利用洗衣机富余生产能力扩大联合,规模经营的新举措。同时就洗衣机项目与广东高路华公司的另一种方式的合作正在谈判之中。今年公司有望在洗衣机生产经营方面有新的突破和长足的发展。

(4)深化改革,加强管理。在对冰箱公司和电视机厂实行独立核算,自计盈亏的同时,落实国家“减员增效”的措施,从公司实际出发,在企业内部推行全员劳动合同制和减员增效,下岗分流的改革办法,上半年公司有376名职工下岗退养,占公司总人员的11.2%。坚决实施质量否决权,认真贯彻ISO9000系列标准,积极深入开展“以零缺陷的工作,为用户提供满意产品和服务”的“零缺陷管理”活动,保证提高产品质量,确保认证通过。借鉴邯钢经验,推行以效益为中心的目标成本核算方法,加强投入产出的核算与管理,杜绝积压浪费现象,用活用好有限资金。

(二)下半年经营目标措施

1. 经营目标

至年底销售收入3亿元,出口创汇360万美元,实现利润确保1000万元,力争1200万元。

2. 经营措施

(1)按照《公司法》,认真抓好公司的运作与发展,探讨集团公司的运作。加强与长岭公司更深层次的合作,纳入集团化的管理和经营,由目前松散型联合进入紧密型联合,谋求共同发展,以西北为大本营向全国乃至国外发展,努力与国内外大公司集团接触,以多种形式盘活存量资产,如定牌生产、参股、控股、租赁、转让、兼并等,在电视机、电脑、环保、包装材料、水净化装置等方面进行有效尝试。

(2)在上半年改革和管理的基础上,成立模具公司、塑料加工公司、机构动力设备维修公司。实行二级法人管理,独立核算,精简处室,压缩机构,简化职能,减少冗员,形成董事会(决策中心)、经理班子(管理中心)、各专业公司(效益中心)、分厂车间(质量成本控制中心)“金字塔”管理模式,责任明确,各司其职。

努力开拓市场,扩大产品销售,加强企业宣传和产品的宣传,树立名牌形象,转变观念,改革销售机制,加强内部管理和售后服务。降低成本,促进企业经济效益的较大增长。

认真抓好企业的各项基础管理工作,特别是在质量管理上,不能有丝毫的松劲,力争在年内申请ISO9000认证。

(3)突出洗衣机主导地位,保证全自动洗衣机上批量。改进现有洗衣机充分挖掘其市场潜力。利用公司优势,开发新型冰箱。加快快中子治癌机的研制工作。根据国家政策支持方面,积极开发环保型产品,努力调整产品结构乃至产业结构,一业为主,多方位开拓新产业。

(4)以党的十四届六中全会精神为指导,进一步抓好党建工作,领导班子建设工作,工会工作和企业思想政治工作,认真实施抓班子、抓干部、抓党员、带队伍的“三抓三带”工程。

三、重大事件说明

1. 本报告期内,公司董事会和监事会分别进行了换届选举(选举结果已公告于1997年5月22日《证券时报》)。

2. 公司121万股法人股由法人股东海南海虹企业(控股)股份有限公司协议转让给长江实业集团公司(原名海南省丝绸实业公司)

3.1997年中期不进行中期分红,也没有资本公积金转增股本事项。

四、发行在外股票的变动和股权结构的变化

1. 本报告期未发行新股及送配股

2. 股权结构情况

数量单位:股　　每股面值:1元

股份性质	期初数	本次变动增减(+、-)					期末数
		配股	送股	公积金转股	其他	小计	
一、尚未流通股份							
1. 发起人股份	83,490,000	0	0	0	0	0	83,490,000
其中:							
国家拥有股份	61,710,000	0	0	0	0	0	61,710,000
境内法人持有股份	21,700,000	0	0	0	0	0	21,700,000
2. 募集法人股	9,075,000	0	0	0	0	0	9,075,000
3. 内部职工股	29,095	0	0	0	0	0	29,095
尚未流通股份合计	92,594,095	0	0	0	0	0	92,594,095
二、已流通股份							
1. 境内上市的人民币普通股	55,630,905	0	0	0	0	0	55,630,905
已流通股份合计	55,630,905	0	0	0	0	0	55,630,905
三、股份总数	148,225,000	0	0	0	0	0	148,225,000

注:内部职工股为高级管理人员持股

3. 主要股东持股情况(1997.6.30)

序号	股东名称	持股数(单位:股)	持股比例(%)
1	甘肃电子集团公司	61,710,000	41.63
2	中国宝安集团股份有限公司	15,730,000	10.61
3	甘肃电子集团物业公司	3,630,000	2.45
4	深圳宝安电子工业公司	2,420,000	1.63
5	深圳宝安对外经济发展公司	2,420,000	1.63
6	深圳宝安金属建材公司	1,936,000	1.31
7	海南省丝绸实业公司	1,210,000	0.82
8	甘肃工业交通投资公司	726,000	0.49
9	天泰新产业投资租赁公司	605,000	0.41
10	深圳银康实业股份有限公司	605,000	0.41

五、股东大会简介

公司第五次股东大会于1997年5月20日在兰州陇保山庄召开,出席本次大会的代表共计58人,代表股份90771980股,占总股本的61.24%。

1. 大会审议通过了《总经理业务报告》、《董事会工作报告》、《监事会工作报告》、《1996年度财务决算报告和分红派息方案》、《修改公司章程的报告》。

2. 选举产生了第二届董事会和监事会(有关内容已公告于1997年5月22日《证券时报》)。

六、备查文件

1. 载有董事长、总经理亲笔签名的1997年中期报告原本。

2. 第五次股东大会文件。

3.1997年上半年财务报表原件。

甘肃长风宝安实业股份有限公司董事会

1997年8月28日

重庆三峡油漆股份有限公司

重庆三峡油漆股份有限公司1996年年度报告摘要

一、公司简况

公司中文名称:重庆三峡油漆股份有限公司
公司英文名称:CHONGQING SANXIA PAINTS CO.,LTD
公司注册地址:重庆市九龙坡区石坪桥正街121号
邮政编码:630051
公司法定代表人:陈光辉
公司咨询机构:公司证券部
咨询电话:(023)68824806
传真:(023)68824806

二、主要财务数据与财务指标

单位:人民币元

指标项目	本年数	上年数	比上年增减(%)
1.主营业务收入	381,827,067.74	354,167,586.63	7.81
2.净利润	21,487,649.56	7,719,294.24	178.36
3.总资产	347,886,244.54	290,745,361.60	19.65
4.股东权益	190,358,221.09	130,120,490.88	46.29
5.每股收益	0.23	0.11	109.09
6.每股净资产	2.00	1.85	8.11
7.净资产收益率	11.29%	5.93%	90.39
8.股东权益比率	54.72%	44.75%	22.28

注:1.上述财务数据及指标中的上年数出自1995年年报。

2.根据财政部财会字〈1996〉11号文规定,公司调整1996年12月31日资产负债表中未付股利和股东权益期初数后,上年数中的股东权益应为138,780,612.88元,每股净资产为1.97,股东权益比率为47.73%,净资产收益率为5.56%。

三、公司业务回顾

(一)一年来经营情况

1996年是"九五"计划的第一年,也是国民经 济实现软着陆,新一轮经济周期启动的关键性一年。公司全体员工在董事会的带领下,认真贯彻十四届五中全会的精神,抓住机遇实施公司第二次创业的宏伟计划,团结拼搏,锐意进取,在激烈的市场竞争中,以市场为导向,强化市场营销和内部经营管理,以科技为动力,加快新产品开发,全年共研制新产品21个,并通过市级和部级鉴定。新产品投放市场,备受欢迎。认真搞好市场调查,按市场需要调整产品结构,全年完成产品结构调整项目12个,其中超快干氨基,丙烯酸内外墙涂料等调整品种大量投放市场,扩大了三峡油漆覆盖面,增加了公司经济效益。使公司经济步入持续、稳定、健康发展的快车道,全面完成了全年生产经营各项指标。

1.完成工业总产值31988万元,为年计划的94.08%,比上年下降3.87%。

2.完成油漆39049吨,为年计划的97.62%,与上年持平。

3.销售油漆39056吨,为年计划的97.64%,比上年增长4.40%。

4.实现销售收入38183万元,比上年增长7.81%。

5.实现利润总额2310万元,比上年增长155.83%,公司的资产负债等综合财务指标均呈良性动态。

根据中国化工会计学会涂料分会的统计,1996年全国涂料定点生产厂家30家重点企业排名,本公司产量列第一名,销售收入列第三名,利润总额列第二名。1996年公司利润增长较大,主要原因是:(1)灵活运用市场价格策略,严格成本控制和管理,降低原材料采购成本2000万元;(2)加强营运资金管理,降低资金成本节约节资财务费用84万元;(3)双增双节纳入成本控制同步运行轨道;(4)开发新产品21项,通过鉴定6项,实现新产品销售收入348万元。

(二)前次募集股金使用情况的说明:

中国证监会证监配审字(1996)10号文批复同意本公司按10配2.3的比例向全体股东配股,配股总额为1619.37万股(每股配价3.00元),扣除承销费,共募集配股金2117万元(国有股配股是用实物资产参与配股)。

根据配股说明书的投资计划配股金实际使用情况如下:

1.中日合资企业——重庆关西涂料公司除引进软件和部分设备的前期投入外,在组建合资公司过程中计划投入543万元,现已投入配股金533万元,新建的合资子公司已于1996年11月正式投入批量生产,1995、1996年累计已有163吨汽车漆投放市场。

2.综合废水生化处理工程,计划投资472万元,现已投入401万元,新建的废水生化处理场1997年6月份将投入试运行,年处理工业污水45万吨,争取尽快达到企业一级排放标准,预计年节约超标排污费近100万元。

3.色漆车间技术改造,计划投资800万元,目前已投入80.5万元,由于本次工程正在实施过程中,余下资金根据工程进展情况按需要陆续投入。

4.增加变压器容量,计划投资450万元,已投入253万元,本工程正在实施过程中,还将按需陆续投入。

四、股本结构及变动情况

(一)股本变化及股本结构情况

1.股本结构:

数量单位:股　　　　每股面值:1元

项目	期初数	本期增减数		期末数
		配股	送股	
(1)尚未流通股份				
国家股	37,777,500	8,688,825	4,646,632	51,112,957
高级管理人员持股	72,550	16,283	8,880	97,713
尚未流通股份合计	37,850,050	8,705,108	4,655,512	51,210,670
(2)已流通股份				
A股	32,557,450	7,488,617	4,004,610	44,050,677
已流通股份合计	32,557,450	7,488,617	4,004,610	44,050,677
(3)股份总数	70,407,500	16,193,725	8,660,122	95,261,347

2.股本变动情况及原因:

1996年4月实施1995年度10配2.3股的配股方案,配股份额为16,193,725股,配股后公司总股份由70,407,500股增加为86,601,225股。

1996年7月实施1994年1995年滚存利润分配方案,每10股送1股并派0.4元(已扣税)红利,送股后公司总股份由86,601,225股增加为95,261,347股。

3.前十名股东持股情况

截止日期:1996年12月31日

股东名称　　　　持股数(股)　占总股份比例%

重庆国有资产管理局	51,112,957	53.66
敖红辉	560,000	0.59
中国人民保险公司合川市支公司	423,785	0.44
新疆建信发展公司中建出租汽车公司	400,000	0.42
陆海空	237,500	0.25
李志文	221,600	0.23
美薇薇	161,015	0.17
李　冰	138,000	0.14
张木生	118,000	0.12
宋苏嘉	104,000	0.11

截止 1996 年 12 月 31 日,公司股东总数为 33498 户,其中国家股股东 1 户,社会个人股东 33497 户。

(二)公司董事、监事、高级管理人员持股情况:

姓名	职务	年初数(股)	年末数(股)	变动原因
陈光辉	董事长、总经理	9750	13191	配股、送股
罗儒贵	董事、副总经理	5550	7496	后股份增加
戴树培	董事、副总经理	11000	14828	
葛义谦	董事、副总经理	6500	8794	
孙先正	董事	650	841	
李清泉	董事、顾问	9200	12447	
谢光福	董事、副总会计师	0	0	
熊培成	董事、总经理助理	0	0	
黄国林	董事、副总经理	9050	12232	
杨运兴	董事、副总经理	6000	8118	
贾师子	监事会主席	0	0	
郑德仪	监事	650	841	
卓恺忠	监事	6500	8794	
杨在明	监事	0	0	
王前进	监事	3600	4719	
李　琪	监事	0	0	
姚　灵	监事	0	0	
金　桦		4000	5412	

注:原公司监事金桦女士所持股份 5412 股目前尚未解冻,故本次报告仍统计在内。

五、重要事项

(一)报告期内董事会情况说明

公司于 1996 年 4 月 28 日召开董事会,讨论并通过了召开第五次股东大会的时间及提交股东大会的议案。董事会决议刊登在 1996 年 4 月 30 日《中国证券报》、《证券时报》上。

(二)报告期内股东大会情况说明

公司第五次(1995 年度)股东大会于 1996 年 6 月 12 日下午 2 点在本公司职工娱乐室举行,出席会议的股东及股东委托人共 264 人,代表股份 47173950 股,占公司股份总额的 54.47%,本次股东大会作出如下决议:

1. 审议通过了《1995 年度董事会工作报告》;
2. 审议通过了《1995 年度监事会工作报告》;
3. 审议通过了《1995 年度财务决算报告》;
4. 审议通过了《1994 年度和 1995 年度滚存利润分配方案》;
5. 审议通过了《关于购进 275907 元国有资产的议案》;
6. 审议通过了公司《董事会、监事会成员增补和变动议案》;
7. 审议通过了《关于修改公司章程的说明》。

年度股东大会决议刊登在 1996 年 6 月 13 日《中国证券报》和《证券时报》上。

(三)报告期内配股情况说明

公司根据中国证监会证监配审字[1996]10 号文批复于 1996 年 4 月 17 日至 5 月 3 日实施了 1995 年度配股方案,即以 10:2.3 比例向持有"渝三峡 A"股票的全体股东配股。4 月 22 日至 5 月 3 日为本次配股缴款日,此次配股总额为 1619.37 万股(每股配股价为 3.00 元),其中国家股配售 868.88 万股,用实物资产参与配股,公众股配售 750.49 万股。扣除承销等各项费用,实收配股款净额 2189 万元,用于中日合资汽车漆项目,色漆车间技术改造项目,1000 千伏安电力增容项目,综合废水生化处理工程项目,配股后公司注册资本由 7040.75 万元,变更为 8660.12 万元。

本次配股说明书刊登在 1996 年 4 月 4 日《中国证券报》上。

本次股份变动报告披露于 1996 年 5 月 24 日《证券时报》上。

(四)报告期内董事、监事变更情况说明

公司第五次(1995 年度)股东大会表决通过了《董事会、监事会成员增补和变动议案》。根据公司生产发展需要免去黄国林先生监事会监事和监事会主席的职务,免去杨运兴先生、金桦女士监事会监事的职务;增选黄国林先生、杨运兴先生为董事会董事,增选贾师子先生为监事会主席,李琪女士、姚灵女士为监事会监事。

(五)报告期内分红派息情况说明

根据公司第五次股东大会决议,1996 年 7 月实施了 1994 年和 1995 年滚存利润分配方案。即向全体股东以每 10 股送 1 股并派发现金红利 0.5 元(含税)的比例分红派息。分红派息公告刊登在 1996 年 7 月 4 日《证券时报》和《重庆日报》上。

(六)本报告期内公司无重大诉讼、仲裁事项。

(七)公司本年度聘请的法律顾问没有变化。

六、关联企业

名称:重庆关西涂料有限公司

地址:重庆经济技术开发区南坪丹桂外资工业区 A3 地块

企业类型:合资企业

投资者名称:甲方:重庆三峡油漆股份有限公司

乙方:日本关西涂料株式会社

丙方:日本朝阳贸易株式会社

投资总额:710.90 万美元

投资比例:甲方出资 355.45 万美元,占 50%;

乙方出资 319.90 万美元,占 45%;

丙方出资 35.55 万美元,占 5%。

经营范围:生产、销售汽车系列漆及有关化学工业制品。

七、财务报告

(一)审计意见

公司财务报告经重庆市会计师事务所注册会计师石义杰、翁宇审计,并出具无保留意见的审计报告[重会所审字(97)第 055 号]。

(二)财务报表(附后)

1. 资产负债表(附一)
2. 利润及利润分配表(附件二)
3. 财务状况变动表(附件三)

(三)财务报表注释

1. 重要会计政策

(1)会计年度

公历 1 月 1 日至 12 月 31 日。

(2)记帐本位币

人民币。

(3)会计制度

执行《股份制试点企业会计制度》。

(4)会计计价基础

按权责发生制采用实际成本计价。

(5)坏帐准备

按应收帐款年末余额的 3‰计提。

(6)存货核算

存货均实行永续盘存制,库存材料按计划成本核算,月末调整材料成

本差异;产成品按实际成本核算,发出时采用加权平均法计价;低值易耗品采用分期摊销法核算。

(7)固定资产及折旧

固定资产标准是使用期限超过一年的房屋、建筑物、机器、机械、运输工具以及其他与生产经营有关的设备、器具、工具等。不属于生产经营主要设备的物品,单位价值在2000元以上,并且使用期限超过两年的也作为固定资产。

固定资产按照现行财务制度规定,采用平均年限法计提折旧,残值率1%。

固定资产按历史成本计价。

固定资产分类、折旧年限及折旧率如下:

固定资产类别	折旧年限(年)	年折旧率(%)
房屋	30	3.30
建筑物	20	4.95
电子及运输设备	6	16.50
生产专用设备	10	9.90
配电及供热设备	20	4.95

(8)无形资产

土地使用权从1994年1月1日起分50年平均摊销。

(9)递延资产

公司开办费从1994年1月1日起分5年平均摊销;会计制度改革时库存产品成本中所含管理费从1994年1月1日起分4年平均摊销。

(10)对外投资

短期投资按实际成本计价,投资收益按成本法核算;长期投资按实际取得成本入帐,债券投资收益采用成本法核算,联营投资收益,投资比例在20%以下(含20%)按成本法核算,投资比例在20%以上按权益法核算。

(11)税项

①增值税:税率17%,按销项税减去进项税的差额缴纳增值税。

②城市维护建设税:按应交流转环节税额的7%计缴。

③交通重点建设附加:按应交流转环节税额的5%计缴。

④教育费附加:按应交流转环节税额的3%计缴。

⑤所得税:根据重庆市人民政府重府发(1993)83号文规定,所得税率为15%。

⑥根据重庆市地方税务局重地税发(1997)121号文规定,同意对公司的欠税豁免2,287,247.13元,其中:所得税1,802,008.45元、城市维护建设税79,184.07元、教育费附加364,900.01元、交通重点建设附加41,154.60元,所免税款转入税后利润处理。

(12)销售收入的确认

于产品已经发出或劳务已经提供,同时收讫价款或者取得收取价款的凭据时,确认销售收入的实现。

(13)利润分配

根据1997年4月26日公司董事会决议的利润分配预案,对1996年度实现净利润分别按10%提取法定公积金和法定公益金后,加上年初未分配利润,向全体股东每10股派发现金红利1.80元(含税),剩余利润滚存至以后年度分配。

2.财务报表注释

(1)货币资金

1996年年末余额为52,385,812.15元,比1995年末数增长46.35%,主要系1996年末货款回笼较好。

(2)短期投资

年末投资全部收回,故无余额。

(3)应收票据

1996年12月31日余额为10,070,000.00元,均系银行承兑汇票。

(4)应收帐款

1996年12月31日余额为47,938,555.06元。

无持有本公司5%以上股份的主要股东的欠款。

帐龄1年以内的204户,金额合计44,617,421.16元,占总额的93.07%;

帐龄1—2年的9户,金额合计2,369,785.10元,占总额的4.94%;

帐龄2—3年的25户,金额合计951,348.80元,占总额的1.99%;

(5)坏帐准备

1996年12月31日余额为143,815.67元。

(6)预付帐款

1996年12月31日余额为22,147,431.78元。

无持有本公司5%以上股份的主要股东的欠款。

帐龄1年以内的57户,共计金额20,880,604.60元,占总额的94.28%;

帐龄1—2年的3户,共计金额473,373.59元,占总额的2.14%;

帐龄2—3年的3户,共计金额323,945.73元,占总额的1.46%;

帐龄3年以上的7户,共计金额469,507.86元,占总额的2.12%。

(7)其他应收款

1996年12月31日余额为5,988,680.31元,比1995年末余额增加34.35%,系因成都服务部购房预付款增加。

无持有本公司5%以上股份的主要股东的欠款。

帐龄1年以内的192户,共计金额5,589,733.31元,占总额的93.34%;

1年以上2年以内的1户,共计金额200,000.00元,占总额的3.34%;

2年以上3年以内的2户,共计金额198,947.00元,占总额的3.32%。

(8)待摊费用

1996年12月31日余额为989,779.29元,比上年减少76.74%。系经重庆市国家税务局审批同意,在1996年度内抵扣期初存货进项税3,265,406.01元所致。

(9)长期投资

1996年12月31日余额为33,801,833.32元。其中:

①联营投资

被投资单位	投资期限	投资比例(%)	投资金额(元)
重庆关西涂料有限公司	15年	50.00	29,557,156.69
重庆市工行信托投资公司	长期	2.59	2,000,000.00
重庆西南油漆颜料经营部	长期	15.00	30,000.00
重庆化工经营服务大楼	长期	2.11	100,000.00
北京华凌涂料有限公司	长期	3.38	500,000.00
重庆市城市合作银行	长期	1%以下	1,000,000.00
小　计			33,187,156.69

注:重庆关西涂料有限公司年初所有者权益为59,258,123.32元,年末所有者权益为58,844,312.37元,本年减少413,810.95元。

②债券投资

债券种类	到期日	面值(元)	年利率(%)	投资金额(元)
国家电力建设债券	98.11.1	42,856.63	4	42,856.63
重点企业债券	93.7.29	100,500.00	6	100,500.00
住房保证金券		162,720.00	3.1	162,720.00
国库券		308,600.00		308,600.00
其中:1986年国库券	91.7.1	123,000.00	10	123,000.00
1987年国库券	92.7.1	55,000.00	10	55,000.00
1988年国库券		120,000.00	6	120,000.00
1990年国库券		10,600.00	14.2	10,600.00
小　计		614,676.63		614,676.63

(10)固定资产原值

1996年12月31日余额145,243,509.32元,比上年增加71.22%,主要系公司原代管的经营性固定资产作为国家股配股入帐增加,以及年末房屋,机器设备,水电配套设备转固增加。

(11)递延资产

1996年12月31日余额1,272,005.47元,比上年减少48.25%系按规定在本年度内摊销库存产品管理费和公司开办费1,185,934.32元所致。

(12)应付帐款

1996年12月31日余额为19,939,542.76元。

债权人中无持有本公司5%以上股份的股东。

帐龄1年以内的19,731,817.66元,占总额的98.96%;

帐龄1—2年的207,725.10元,占总额的1.04%。

(13)预收货款

1996年12月31日余额939,320.84元,比上年增加66.24%,主要系专用漆定货预收款增加。

(14)未付股利

1996年12月31日余额为22,397,859.03元,列示如下:

项　目	期初数(元)	本期增加(元)	本期减少(元)	期末数(元)
国家股股利	5,250,816.75	9,200,332.26		14,451,149.01
社会公众股股利	2,006,745.00	7,946,710.20	2,006,745.00	7,946,710.20
合　计	7,257,561.75	17,147,042.46	2,006,745.00	22,397,859.21

注:应付股利本期增加数系根据董事会决议,向全体股东分配现金红利形成。

(15)其它未交款

1996年12月31日余额739,167.82元,比上年减少36.33%,主要系应交教育费附加减少。

(16)其他应付款

1996年12月31日余额为11,972,971.60元,比1995年末余额增加49.14%,主要系应付工资余额增加118万元,应付退休养老金增加194万元。

债权人中无持有本公司5%以上股份的股东。

帐龄1年以内的9,916,870.68元,占总额的82.83%;

帐龄1—2年的983,332.80元,占总额的8.21%;

帐龄2—3年的1,072,768.12元,占总额的8.96%。

(17)应付债券

1995年余额为22,168,000.00元,1996年末将职工集资20,368,000.00元全部退付,另将企业债券中应付工行重庆市分行,交行重庆市分行1,800,000.00元转入长期应付款,故1996年末无余额。

(18)长期应付款

1996年12月31日余额3,170,206.75元,比上年增长31.37%,主要系应付工行、交行债券转入。

(19)其他长期负债

1996年12月31日余额为7,509,926.65元,系根据重庆市国有资产管理局同意,将出售住房款收入列为住房周转金。

(20)资本公积

1996年12月31日余额为74,138,861.11元。列示如下:

项　目	期初余额(元)	本期增加(元)	本期减少(元)	期末余额(元)
资本溢价	36,975,000.00	31,043,276.11	0	68,018,276.11
法定资产重估增值	6,120,585.00	0	0	6,120,585.00

资本溢价本期增加额第根据中国证监会配审字(1996)10号文批准,对全体股东按公司原有股本70,407,500.00股,每10股配2.3股,每股配股价3元,形成溢价32,387,450.00元,扣除社会公众股手续费1,344,173.89元,为31,043,276.11元。

(21)盈余公积

1996年12月31日余额为19,593,890.71元,列示如下:

项目	期初数(元)	本期增加(元)	本期减少(元)	期末数(元)
法定公积金	3,491,329.48	2,148,764.96		5,640,094.44
法定公益金	3,491,329.48	2,148,764.96		5,640,094.44
任意盈余公积金	8,313,701.83			8,313,701.83
合计	15,296,360.79	4,297,529.92		12,593,890.71

(22)未分配利润

1996年12月31日余额为1,364,122.27元。期初未分配利润为9,981,167.09元,向全体股送红股8,660,122.00元,本年实现净利润21,487,649.56元,提取法定公积金2,148,764.96元,提取法定公益金2,148,764.96元,向全体股东分配现金红利17,147,042.46元,期末未分配利润1,364,122.27元。

(23)销售费用

1996年累计金额为6,231,218.65元,比上年度增加60.54%,主要系包装费、运输费,质量退赔及销售返点费等比上年增加。

(24)其他业务利润

1996年比上年同期减少1,351,825.32元,系因提高生产铁听利用率,废旧铁皮销售减少;其次因产品结构调整,处理积压材料所致。

(25)投资收益

1996年累计金额为624,793.72元,比上年度增加221%,主要是股票投资收益增加。

八、其他事项

1997年4月26日公司召开1997年第二次董事会审议1996年度利润分配预案和增资配股方案并作出决议:

1996年度利润分配预案

经重庆市会计师事务所审计,公司1996年度税后利润为21487649.96元,提取10%法定公积金2148764.96元,提取10%法定公益金2148764.96元,加上去年结转的未分配利润1321045.09元,实际可供股东分配利润为18511164.73元,按1996年末总股本95261347股为基数,每10股派发现金红利1.80元(含税)计17147042.46元,期末未分配利润1364122.27结转下年。

重庆三峡油漆股份有限公司

董事长兼总经理陈光辉

1997年4月30日

附件一

资产负债表

编制单位:重庆三峡油漆股份有限公司　　1996年12月31日　　金额单位:元

资产	行次	期初数	期末数	负债及股东权益	行次	期初数	期末数
流动资产:				流动负债:			
货币资金	01	35,794,659.72	52,385,812.15	短期借款	41	75,120,000.00	81,120,000.00
短期投资	02	5,224,199.06		应付票据	42		
应收票据	03		10,070,000.00	应付帐款	43	26,963,605.38	19,939,542.76
应收帐款	04	47,141,114.73	47,938,555.06	预收货款	44	565,037.78	939,320.84
减:坏帐准备	05	141,423.34	143,815.67	应付股利	45	3,812,256.99	3,456,715.55
应收帐款净额	06	46,999,691.39	47,794,739.39	未付股利	56	7,257,561.75	22,397,859.21
预付货款	07	21,041,936.46	22,147,431.78	未交税金	47	519,213.07	582,312.27
其他应收款	08	4,457,396.43	5,988,660.31	其他未交款	48	1,160,950.11	739,167.82

资产	行次	期初数	期末数	负债及股东权益	行次	期初数	期末数
待摊费用	09	4,255,185.30	989,779.29	其他应付款	49	8,027,916.89	11,972,971.60
存货	10	57,781,837.61	58,161,745.28	预提费用	50		
待处理流动资产净损失	11			一年内到期的长期负债	51		
一年内到期的长期债券投资	12			其他流动负债	52		
其他流动资产	13			流动负债合计	55	123,426,541.97	141,147,890.05
流动资产合计	15	175,554,905.97	197,558,688.20	长期负债:			
长期投资:				长期借款	56	5,000,000.00	5,700,000.00
长期投资	16	33,322,438.79	33,801,833.32	应付债券	57	22,168,000.00	
固定资产:				长期应付款	58	1,370,206.75	1,370,206.75
固定资产原价	17	84,828,153.75	145,243,509.32	其他长期负债	59		7,509,926.65
减:累计折旧	18	23,709,829.11	46,184,337.64	其中:住房周转金	60		7,509,926.65
固定资产净值	19	61,118,324.64	99,059,171.68	长期负债合计	65	28,538,206.75	16,380,133.40
固定资产清理	20			递延税项:			
在建工程	21	13,193,912.49	11,203,410.99	递延税款贷项	66		
待处理固定资产净损失	22			负债合计	67	151,964,748.72	157,528,023.45
固定资产合计	23	74,312,237.13	110,262,582.67	股东权益:			
无形资产及递延资产:				股本	68	70,407,500.00	95,261,347.00
无形资产	24	5,097,839.92	4,991,634.88	资本公积	69	43,095,585.00	74,138,861.11
递延资产	25	2,457,039.79	1,272,005.47	盈余公积	70	15,296,360.79	19,593,890.71
无形及递延资产合计	30	7,555,279.71	6,263,640.35	其中:公益金	71	3,491,329.48	5,640,094.44
其他长期资产:				未分配利润	72	9,981,167.00	1,364,122.27
其他长期资产	31			股东权益合计	79	138,780,612.88	190,358,221.09
递延税项:				负债及股东权益总计	80	290,745,361.60	347,886,244.54
递延税款贷项	32						
资产总计	40	290,745,361.60	347,886,244.54				

附件二

利润及利润分配表

编制单位:重庆三峡油漆股份有限公司　　1996 年度　　金额单位:元

项目	行次	上年累计数	本年累计数	项目	行次	上年累计数	本年累计数
一、主营业务收入	1	354,187,586.63	381,827,067.74	减:营业外支出	13	935,268.57	799,010.42
减:销售成本	2	301,416,504.19	306,878,092.06	加:以前年度损益调整	14		
销售费用	3	3,881,310.71	6,231,218.65	四、利润总额	15	9,030,282.63	23,101,986.81
管理费用	4	24,639,803.26	30,052,280.89	减:所得税	16	1,310,988.39	1,614,337.25
财务费用	5	14,439,750.11	13,597,254.41	五、净利润	20	7,719,294.24	21,487,649.58
进货费用	6			加:年初未分配利润	21	18,301,121.84	9,981,167.09
产品销售税金及附加	7	1,814,075.01	1,736,092.54	盈余公积转入数	22		
二、主营业务利润	8	7,976,143.35	23,332,129.19	六、可供分配的利润	26	26,020,416.08	31,468,816.65
加:其他业务利润	9	1,258,332.90	-93,492.42	减:提取法定公积金	27	2,602,041.61	2,148,764.96
三、营业利润	10	9,234,476.25	23,238,636.77	提取法定公益金	28	2,602,041.61	2,148,764.96
加:投资收益	11	194,652.26	624,793.72	七、可供股东分配的利润	30	20,816,332.86	27,171,286.73
补贴收入	1101	486,423.00	10,097.24	减:已分配优先股股利	31		
营业外收入	12	49,999.69	27,469.50	提取任意公积金	32	6,505,104.02	
				已分配普通股股利	33	4,330,661.75	25,807,164.46
				八、未分配利润	40	9,981,167.09	1,364,127.27

附件三

财务状况变动表

编制单位:重庆三峡油漆股份有限公司　　1996 年度　　金额单位:元

流动资金来源和运用	行次	金额	流动资金来源和运用	行次	金额
一、流动资金来源:			流动资金各项目的变动		
1. 本年利润	1	21,487,649.56	一、流动资产本年增加数:		
加:不减少流动资金的费用和损失	2		1. 货币资金	31	16,591,152.43
(1)固定资产折旧	3	6,415,022.64	2. 短期投资	32	-5,224,199.06
(2)无形资产、递延资产及其他资产摊销	4	1,292,139.36	3. 应收票据	33	10,070,00.00
(3)固定资产盘亏(减盘盈)	5	132,391.71	4. 应收帐款净额	34	795,048.00

流动资金来源和运用	行次	金额	流动资金来源和运用	行次	金额
(4)清理固定资产损失(减收益)	6	17,489.50	5.预付货款	35	1,105,495.32
(5)递延税款	7		6.其他应收款	36	1,531,283.88
(6)其他不减少流动资金的费用和损失	8		7.待摊费用	37	-3,265,406.01
小计	10	29,344,672.77	8.存货	38	399,907.67
2.其他来源:			9.待处理流动动资产损失(减收益)	39	
(1)固定资产清理收入(减清理费用)	11		10.一年内到期的长期债券投资	40	
(2)增加长期负债	12	8,209,926.65	11.其他流动资产	41	
(3)收回长期投资	13	313,700.00	流动资产增加净额	45	22,003,282.23
(4)对外投资转出固定资产	14		二、流动负债本年增加数:		
(5)对外投资转出无形资产	15		1.短期借款	46	6,000,000.00
(6)资本净增加额	16	60,194,653.03	2.应付票据	47	
小计	17	68,718,279.68	3.应付帐款	48	-7,024,062.62
流动资金来源合计	18	98,062,952.45	4.预收货款	49	374,283.06
二、流动资金运用:			5.应付福利费	50	-355,541.44
1.利润分配:			6.未付股利	51	15,140,297.46
(1)提取法定公积金	19	2,148,764.96	7.未交税金	52	63,099.20
(2)提取法定公益金	20	2,148,764.96	8.其他未交款	53	-421,782.29
(3)提取任意公积金	21		9.其他应付款	54	3,945,054.71
(4)已分配利润	22	25,807,164.46	10.预提费用	55	
小 计	23	30,104,694.38	11.一年内到期的负债	56	
2.其他运用:			12.其他流动负债	57	
(1)固定资产和在建工程净增加额	24	42,515,229.39	流动负债增加净额	58	17,721,348.08
(2)增加无形资产、递延资产及其他资产	25		流动资金增加净额	59	4,281,934.15
(3)偿还长期负债	26	20,368,000.00			
(4)增加长期投资	27	793,094.53			
小计	28	63,676,323.92			
流动资金运用合计	29	93,781,018.30			
流动资金增加净额	30	4,281,934.15			

重庆三峡油漆股份有限公司一九九六年度中期业绩报告书

一、财务报告(未经审计)

1.简化财务报表　　单位:人民币元

(1)资产负债表

1996年6月30日

项　目	年初数	期末数
流动资产	175,554,905.97	218,254,879.33
长期投资	33,322,438.79	34,008,738.79
固定资产净值	61,118,324.64	84,913,233.90
在建工程	13,193,912.49	15,243,623.85
无形及递延资产	7,555,779.71	6,909,710.03
资产总计	290,745,361.60	359,330,185.90
流动负债	132,086,663.97	145,640,058.55
长期负债	28,538,206.75	28,386,206.75
股东权益	130,120,490.88	185,303,920.60
其中:		
股　　本	70,407,500.00	86,601,225.00
资本公积	43,095,585.00	74,138,861.11
盈余公积	15,296,360.79	15,296,360.79
未分配利润	1,321,045.09	9,267,473.70

(2)损益表

项　目	1995年1—6月	1996年1—6月
主营业务收入	175,149,156.09	193,894,573.99
主营业务利润	5,832,665.24	9,018,582.13
其他业务利润	359,450.45	273,793.21
投资收益	225,360.00	352,187.61
营业外收入	531,833.43	10,000.00
营业外支出	376,924.27	367,974.16
利润总额	6,572,384.85	9,286,588.79
所得税	952,053.73	1,340,160.18
净利润	5,620,331.12	7,946,428.61

2.其它财务指标

项　目	单位	1996年1—6月
每股收益	元	0.09
净资产收益率	%	4.29
每股净资产	元	2.14

注:以上指标系按1996年6月30日的股本总额86,601,225股采用全面摊薄法计算,若按1996年7月实施每10股送1股后的总股本95,261,347股计算,则每股收益为0.083元,每股净资产为1.95元。

3.财务报表附注

(1)以上中期报告所采用的会计政策和方法与1995年度财务报告中所采用的会计政策和方法相一致。

(2)本报告期财务报告主体未发生合并、分立等变化。

(3)固定资产净值比年初增加主要是96年5月国有股东用实物资产2,607万参与配股所致。

(4)股东权益比年初增加5,518万元,其中,1996年5月配股后股本增加1,619万元,配股资金溢价使资本公积增加3,104万元,1996年上半年实现税后利润795万元已列入未分配利润。由于股东权益比年初增加42.41%,增加幅度较大,故使本年上半年净资产收益率仅为4.29%。

(5)营业外收入比上年同期减少52万元,原因是去年同期有49万元的新产品退税列入了当期的营业外收入。

(6)本年上半年公司针对市场变化调整了营销策略,扩大了市场占有,加强管理,降耗增效使主营业务收入和利润比上年同期有较大幅度增加,利润总额比上年同期增长41.3%。

(7)本公司1996年6月对重庆市合作银行参股100万股,每股价格1元,共投入100万元。

二、经营情况的回顾与展望

1.经营业绩回顾

1996年是公司实施第二次创业的第一年。全体员工认真贯彻公司提出的开拓营销,扩展市场,依靠科技,促进转变,强化基础,增加效益的工作方针。大搞产品结构和产业结构的调整,强化基础管理,营销管理,成本管理,质量管理和现场管理。努力克服原材料、资金、能源不足等困难,乘国家宏观经济形势好转的东风,激流勇进,顽强拼搏,在涂料行业企业普遍不景气,工业成本费用上升的严峻形势下,公司上半年却取得了可喜的成绩,成为全国涂料行业的排头兵。

公司上半年主营业务收入19389万元,比上年同期增加10.7%,产销率为99%,实现利润928万元,比上年同期增长41.3%,生产油漆19474吨,其生产规模仍居行业第一名。

为保持规模经济效益,公司努力开发新产品,上半年推出了超快氨基烘漆、水性建筑涂料、专用门窗漆、聚氨酯色漆、241罐头涂料等10余个新产品投放市场,取得了良好的社会效益和经济效益。

合资公司——重庆关西涂料有限公司在重庆市南坪经济技术开发区建设的新工厂已进入设备安装阶段,预计今年10月份将竣工投产。

2.下半年工作展望

抓住机遇乘胜挺进,公司将进一步强化现代企业管理,加快经营机制的转换和劳动、人事、分配、三项制度的改革,完善激励机制,充分调动广大员工生产积极性,搞好第二次创业,努力提高股份制规范化运作水平。

(1)主动适应市场需求,加强营销管理,完善经营方针、狠抓工矿直接用户重点建设工程用漆和售后服务工作,努力拓展产品销售市场。

(2)加快产品结构调整步伐,实施近期产品结构调整方案和长远发展品种相结合,重点开发汽车漆、建筑漆、防腐工程漆、家具漆等一批专用涂料,增强产品竞争实力,实现新的效益增长点。

(3)认真抓好主营产品生产,加强生产调度的科学化管理,生产适销对路的产品,保证生产经营良性循环。

(4)窥避单一产品行业风险,加强产业结构调整,实现产业要素的重组,开展多元化经营,搞好公司二级部门承包工作及非生产部门的剥离,面向社会,发展第三产业,走集约化经营的道路。

(5)加速重庆关西涂料公司新工厂建设,争取年内有300吨汽车漆投放市场。并加快开发适应国内市场的摩托车漆,满足本地区汽车、摩托车工业的需要。为公司增加效益,为股东谋取稳定和更好的投资回报。

三、重大事件说明

1.1996年5月实施1995年度经中国证监委审核批准的配股方案,即本公司按10配2.3的比例向全体股东配售1619.37万股普通股,每股配售价3.00元。《配股说明书》刊登在96年4月4日《中国证券报》上,《股份变动公告》刊登在96年5月24日的《证券时报》上。

2.1996年6月12日公司召开第5次(1995年度)股东大会。为理顺产权大会审议通过了《关于购进275907元国有资产的议案》,也审议通过了《董事会、监事会成员增补和变动议案》。根据公司生产发展需要,经董事会研究提议,并经本次股东大会审议通过:

免去黄国林先生监事会监事和监事会主席职务。

免去杨运兴先生,金桦女士监事会监事职务。

增选黄国林先生,杨运兴先生为董事会董事。

增选贾师子先生、李琪女士、姚灵女士为监事会监事。

股东大会决议刊登在1996年6月13日《中国证券报》和深圳《证券时报》上。

本报告期内公司无重大诉讼、仲裁事项。

四、发行在外股票的变动和股权结构的变化

1.股份变动情况

1996年5月实施公司1995年度10配2.3的配股方案,配售份额为1619.37万股,配股后公司股本发生了变化,1995年期末公司总股份为7040.75万股,1996年5月配股后公司总股份变为8660.12万股。

2.股本结构:　　股份单位:股　　面值:每股人民币壹元

项　目	1995年末数	比例%	本期增加	1996年6月30日	比例%
(1)尚未流通股份					
国家股	37777500	53.66	8688825	46466325	53.66
高级管理人员持股	72550	0.10	16283	88833	0.10
尚未流通股份合计	37850050	53.76	8705108	46555158	53.76
(2)已流通股份					
A股	32557450	46.24	7488617	40046067	46.24
已流通股份合计	32557450	46.24	7488617	40046067	46.24
(3)股份总数	70407500	100	16193725	86601225	100

注:高级管理人员持股61500股锁定在深交所存管部,但红股部分11050股在公布95年年报时托管在本地登记公司,故未公告在内,95年年末高级管理人员持股总数应为72550股。

3.主要股东持股情况(1996年6月30日为止前10名股东情况)

股东名称	持股数	占总股份比例%
重庆市国有资产管理局	46466325股	53.66(国有股股东)
任　达	836076股	0.97
朱香英	760000股	0.88
朱慧琳	590000股	0.68
李　鹰	540000股	0.62
吴安木	420000股	0.48
庞海淳	410000股	0.47
刘启容	385000股	0.44
陈廷扬	320281股	0.37
武　煜	209952股	0.24

五、股东大会简介

公司第5次(1995年度)股东大会于1996年6月12日下午2点在本公司职工娱乐室举行,出席会议的股东及股东委托人共264人,共代表股份47173950股,占公司股份总额的54.47%。

本次股东大会审议并通过了《1995年度董事会工作报告》、《1995年度监事会工作报告》、《1995年度财务决算报告》、《1994年度和1995年滚存利润分配方案》即以10送1股红股并派发人民币现金红利0.5元(含税)的方案向全体股东送红派息。

审议并通过了《关于购进275907元国有资产的议案》、《公司董事会监事会成员增补和变动议案》及《关于修改公司章程的说明》公司章程修改是因为公司配股后股本及结构变动。修改的内容是:章程第一章第三条公司注册资本"7041"万元人民币,修改为"8660.12"万元人民币。第三章第九条公司股本总额为"7041"万元,修改为"8660.12"万元。

公司股本结构由:国有股3778万股,占总股本53.66%。

社会公众股3263万股,占总股本46.34%。

修改为:国有股4646.63万股,占总股本53.66%。

社会公众股4013.49万股,占总股本46.34%。

六、备查文件

1.载有董事长、总经理亲笔签名的中期报告原本。

2.1996年5月实施10配2.3的《配股说明书》。

3.重庆三峡油漆股份有限公司1996年上半年财务报表原件。

重庆三峡油漆股份有限公司董事会

一九九六年八月十五日

泸州老窖股份有限公司

泸州老窖股份有限公司1996年度报告摘要

一、公司简况

公司名称:泸州老窖股份有限公司

英文名称:Luzhou Old Collar Company Limited

公司注册和办公地址:四川省泸州市桂花街46号

邮政编码:646000

公司法定代表:郭来虎先生　董事长兼总经理

公司咨询服务机构:董事会办公室

负责信息披露人员:杨春伶女士　董事会秘书

联系电话:(0830)2292023　2296262—2612

传真:(0830)2391774

二、主要财务数据与财务指标

单位:万元

指标项目	本年数	上年数	比上年增减(%)
1.主营业务收入	96435.29	71714.28	+34.47
2.利润总额	30087.44	24274.01	+23.95
3.净利润	24468.59	21109.4	+15.91
4.总资产	106418.85	85760.63	+24.09
5.股东权益	61206.13	50290.82	+22
6.每股收益(元)	1.44	1.25	+15.2
7.每股净资产(元)	3.61	2.97	+22
8.净资产收益率(%)	40%	42%	−5
9.股东权益比率(%)	58%	59%	−2

注:公司于1997年2月25日实施转增股本方案,按转增股本后总股本计算每股收益为0.90元。

三、公司业务回顾

(一)一年来经营情况

1996年是国家实施"九五"规划和2010年远景目标纲要的第一年,是承前启后,继往开来的关键一年,在这一年中,我公司在各级政府和社会各届朋友的关心、支持下,公司领导层精心决策,率领全体员工奋力拼搏、励精图治、开拓进取,在生产、经营等各方面取得了良好的成效。1996年其实现利润总额30087.44万元,较去年同期增长4.53%,较年初计划增长15.7%,创下历史最好水平,同时,在1996年中,公司实现了多年的愿望,400年泸州老窖池被国务院批准为全国重点文物保护单位,公司经国家经贸委批准获得了进出口经营权,可以说,1996年是公司持续、快速、健康发展的一年。

1.主营业务方面

本公司主营业务生产销售泸州老窖系列曲酒,1996年共销售曲酒2.74万吨,实现主营业务收入96435.29万元,主营业务利润29959.51万元,分别较去年同期增长34.47%、24.87%;本公司主营业务利润是公司利润总额的主要来源,占99.57%。

1996年国家名酒市场竞争十分激烈,为此公司根据市场变化,坚持实施"调控总量、稳定价格、提高质量、扩大份额"的经营方针,采取一系列包括调整市场分布理顺销售渠道等得力措施,使公司全年销售曲酒2.74万吨,较1995年增长23.47%。

2.主要财务指标变动原因说明

A:货币资金较去年同期增加60.4%,主要是银行存款和其他货币资金中的在途货币资金增加。

B:短期投资较去年同期减少84%,主要是股票投资的数额减少。

C:应收票据较去年同期增加575.6%,主要是购买方采用承兑汇票方式结算货款的增多。

D:预付帐款增加54%,原因是预付的材料款因材料购进尚未冲帐。

E:长期投资较去年同期增加52.8%。增加的投资项目如下:

单位:万元

项目	金额
深圳君安证券投资公司	3500
天池矿业有限公司	80
泸州老窖包装材料有限责任公司	110
深圳兴港丰发展公司	60

F:在建工程较去年增加53.4%,主要是以下项目增加投资。

单位:万元

项目	金额
生产性项目增加投资	7596.55
其中:综合大楼增加投资	223.12
花酒包装中心增加投资	2194.13
生物工程增加投资	709.31
火车站仓库增加投资	167.63
电站技改增加投资	327.32
污水站技改增加投资	99
制曲中心增加投资	3553
一车间技改投资	323.05

G:短期借款较去年同期增加188%,主要原因是原材料需求增大,故所需流动资金增加,向银行短期借款增加。

I:应付帐款比去年同期增加98.8%,主要是泸州老窖酿酒有限责任公司变动税务登记号引起增值税发票变动,材料先入库而尚未付款。

3.主要投资项目情况

A:现代化包装中心建设,该工程于1993年6月破土动工,经过三年的建设,已于1996年6月投入试生产。该工程经过1996年下半年的试生产,一切运转正常。

B:老车间技术改造,该项目中的三个子项目已分别于1994年底、1995年底竣工投产,另一子项目电站二期工程也已于1996年12月完工,投入使用,该项工程实际总投资3777.9万元。

C:泸州老窖生物工程有限责任公司菌体蛋白饲料工程,原计划投资1200万元,现已投入977万元,截止1996年12月,该项目土建工程已基本完工,设备安装正在进行中,预计1997年9月该工程投入试生产。

(二)公司主要经济指标分析

公司1996年主营业务收入96435.29万元,较去年同期净增24721万元,增长34.47%;利润总额30087.44万元,较去年同期净增1303.6万元,主要原因是曲酒销量增加5210吨,其中,泸州老窖特曲销量增加3773.21吨,同时,特曲销售价格每吨较去年同期上升857.8元。

四、股本变化及股本结构情况

(一)股本变化及股本结构情况

1.股东结构(截止1996年12月31日)

(数量单位:股　每股面值:元)

股份类别	年初数	本年增加	年末数	比例
(一)尚未流通股份	126750000	—	126750000	74.8%
1.发起人股份	126750000	—	126750000	

其中:国家股	126750000	—	126750000	
(二)已流通股份	42666000	—	42666000	25.18%
1.A股	42666000	—	42666000	
(三)股份总额	169416000	—	169416000	100%

2.主要股东持股情况(前十名)

股东名称	持股数(股)	占总股本比例(%)
1)泸州市国资局	126750000	74.82
2)张柳娟	1206400	0.71
3)重庆劝业商务发展有限公司	951088	0.56
4)刘赛月	790610	0.47
5)曾燕	790000	0.47
6)邱静文	762665	0.45
7)周志红	602000	0.36
8)省信托公司泸州市办事处证券部	593000	0.35
9)深圳君达通讯发展有限公司	587400	0.35
10)刘孝华	424123	0.25

3.股东数量

截至1996年末,本公司有股东26027户,其中国家股股东1户,个人股股东26026户。

(二)公司董事、监事及高层管理人员持股情况

姓名	职务	年初数	年末数
郭来虎	董事长兼总经理	4500	4500
刘国林	副董事长	0	0
叶宗岚	董事党委副书记	2700	2700
任玉茂	董事兼副总经理	2700	2700
喻大河	董事兼副总经理	2700	2700
钟元才	董事兼副总经理	2700	2700
赖高淮	董事兼顾问	4056	4056
龙成珍	监事会主席兼工会主席	2700	2700
王明焱	监事兼法顾室主任	2700	2700
王忠纯	监事兼纪审办主任	2765	2765

五、重要事项

(一)股东会情况

1996年5月28日,本公司一届三次股东大会在泸州老窖大酒店三楼会议室召开,会议审议通过了1995年度董事会、监事会工作报告,1995年度财务决算报告,1995年度利润分配与分红方案并通过同意徐洪亮先生辞去公司监事职务等议案。

1996年12月27日,本公司在泸州老窖大酒店三楼会议室召开监时股东大会,会议审议通过了公司董事会关于向深圳君安证券有限公司投资参股3500万元的议案和关于公司资本公积金10:6比例转增股本的议案。

(二)董事会情况

本公司董事会在年度内召开了四次董事会会议,重点研究了加强公司生产经营管理工作,批准公司投资君安证券有限公司等重大投资事项,审定1995年年度报告和1995年度利润分配预案等重大事项,公司董事会全体成员以高度的责任感和强烈的事业心支持和参与公司经营,保证了股东大会和董事会各项决策的贯彻落实。

(三)本公司诉泸州老窖成都经销公司一案,于1995年元月经四川省高级人民法院裁定,发回一审法院重审。1995年8月30日作出裁决,本公司胜诉,后被告不服,提出上诉,现正在二审过程中。

(四)利润分配预案

本公司董事会于1997年2月28日召开会议,决定公司1996年度利润分配预案为:1996年度可供股东分配利润206768213元,按照公司现有总股本271065599股计算,向全体股东每10股送红股2股并派发现金人民币5元(含税)。

六、子公司及关联企业

企业名称	注册资金	主营业务	本公司拥有权益
泸州老窖大酒店	100万元	住宿、餐饮、娱乐	100%
泸州老窖生物工程有限责任公司	102.9万元	酒糟饲料系列产品的生产、销售	67.2%
深圳罗湖区名豪酒店川老窖大酒楼	120.8万元	餐饮	100%
泸州老窖股份有限公司销售公司	588万元	批发、零售泸州老窖系列酒	100%
泸州老窖酿酒有限责任公司	3000万元	生产销售泸州老窖系列酒	99.95%
叙永天池矿产品公司	300万元	石英沙矿、铜矿开采、加工、销售	85%

七、财务报告

1.审计意见:本公司财务报告经四川省会计师事务所注册会计师朱达明、刘贵彬审计,并出具保留意见的审计报告。

2.财务报告

(1)资产负债表(附后)

(2)损益表及利润分配表(附后)

(3)财务状况变动表(附后)

3.财务报告附注

(1)主要会计政策:本公司财务报告及相关附注符合《企业会计准则》和《股份制试点企业会计制度》的有关规定,会计处理方法的选用遵循了一贯性原则。

(2)报表主要项目附注(单位:人民币元)

附注1.货币资金

现金	17601.24
银行存款	63982043.53
其他货币资金	24000000.00
合计	87999644.77

附注2.短期投资

股票名称	股数(股)	购入价(元)	金额(元)	期末市价	期末总市值
深长城	65000	17—21.30	1112000.00	18.12	1177800.00
康达尔	16800	16.00	263664.00	16.68	196224.00
合计	81800		1375664.00		1374024.00

附注3.应收帐款

(1)应收帐款、应收帐款净额列示:

项目	金额(元)
应收帐款	13105672.27
减:坏帐准备	65528.36
应收帐款净额	13040148.91

(2)公司应收帐款余额按帐龄列示:

帐龄	户数	金额(元)	占应收帐款增额(%)
1年以内	118	5418793.95	41.35
1—2年	22	6464773.81	49.40
2—3年	11	279447.94	2.13
3年以上	19	932656.57	7.12
合计	170	13105672.27	100

附注4.其他应收款

(1)公司其他应收款按帐龄列示:

帐龄	户数	金额(元)	占其他应收帐款总额(%)
1年以内	200	115722188.48	91.18
1—2年	24	5439648.87	4.28
2—3年	5	1236265.24	0.98
3年以上	15	4524240.00	3.56
合计	244	126922342.59	100

附注5.长期投资

(1)股权投资

被投公司名称	股数(百万)	占被投资单位股权(%)	投资金额(元)
海南汇通信托投资公司	100	0.89	100000.00

(2)债券投资

债券种类	到期日	面值	年利率(%)	投资金额(元)
87年国库券	92.06.29	80000.00	6	80000.00
西南水利电力债券	2000.06.29	250000.00	无	250000.00
88年重点建设债券	94.03.25	500000.00	6	500000.00
91特种国债	96.10.18	200000.00	15	200000.00
合计		1030000.00		1030000.00

(3)联营投资

被投资单位名称	投资期限(年)	占被投资单位(%)	投资金额
四川海格玛装饰公司	15	28.37	6709213.92
四川煤化股份公司		22.5	13847876.77
中国酒城股份有限公司		5.5	5000000.00
三亚华坤大酒店		32	22400000.00
四川和益电力股份公司		2	1000000.00
兆峰陶瓷股份公司		39	13963992.00
深圳君安证券公司		5	35000000.00
叙永天池矿产品公司		85	2600000.00
深圳新巷发展公司			600000.00
泸州老窖包装材料有限公司			1100000.00
合计			102221082.69

(4)应计利息

债券种类	年末余额
国库券	24000.00
特种国债	150000.00
重点建设债券	150000.00
合计	324000.00
(1)—(4)长期投资合计	104575082.69

附注6.主营业务收入

品种规格	1996年度	1995年度
泸州老窖特曲	700980942.51	460406363.13
泸州老窖头曲	182728589.84	194702653.95
泸州老窖二曲	63902638.47	47163865.45
泸州老窖三曲	—	260214.55
泸州老窖鸡尾酒	—	7371.28
泸州老窖明酒	6320029.53	
饲料收入	2764302.33	
酒店营业收入	7656441.85	
子公司并入数*		14602339.74
小计	964352944.48	717142808.10

*:1995年子公司数单独列示,本年度子公司数分泸州老窖明酒、饲料收入、酒店营业收入单独列示。

泸州老窖股份有限公司董事会

1997年3月1日

资 产 负 债 表

工会01表

编制单位:泸州老窖股份有限公司　　　　1996年12月31日　　　　单位:元

资产	附注	母公司		合并数	
		年初数	期末数	年初数	期末数
流动资产					
货币资金	1	53,529,239.24	85,194,,685.52	54,873,158.03	87,999,644.77
短期投资	2	9,118,505.00	1,375,664.00	9,118,505.00	1,375,664.00
应收票据	3	2,697,795.20	17,856,500.00	2,697,795.20	18,227,500.00
应收帐款	4	7,584,671.56	9,604,075.30	10,950,175.94	13,105,672.27
减:坏帐准备		38,012.11	48,020.38	38,012.11	65,528.36
应收帐款净额		7,546,659.45	9,556,054.92	10,912,163.83	13,040,143.91
预付货款	5	2,349,863.76	3,923,447.98	2,349,863.76	3,623,997.95
其他应收款	6	93,936,110.38	135,308,839.02	87,295,857.25	126,922,342.59
存货	7	229,527,974.96	254,966,691.58	234,944,789.17	263,094,906.36
待摊费用	8	13,092,724.26	6,864,724.55	13,493,527.36	6,984,192.01
待处理流动资产净损失					
流动资产合计		411,798,872.25	515,046,607.57	415,685,660.60	521,268,391.59
长期投资:					
长期投资	9	82,079,118.93	114,359,200.67	68,459,552.69	104,575,082.69
固定资产:					
固定资产原值	10	228,463,796.17	244,153,011.96	241,211,927.88	255,647,752.72
减:累计折旧		61,049,138.15	77,218,280.95	62,381,530.14	79,465,651.16
固定资产净值		167,414,658.02	166,934,731.01	178,830,397.74	176,182,101.56
固定资产清理		3,724.71	77,839.37	3,724.71	77,839.37
在建工程	11	139,207,135.15	213,496,431.59	139,207,135.15	213,521,398.17
固定资产合计		306,625,517.88	380,509,001.97	318,041,257.60	389,781,339.10
无形及递延资产:					
无形资产	12	48,786,279.30	44,403,126.06	48,859,401.98	44,437,041.86
递延资产	13	3,333,793.36	2,533,005.08	6,560,472.07	4,126,672.57
无形资产及递延资产合计		52,120,072.66	46,936,131.14	55,419,874.05	48,563,714.43
其他资产:					
其他长期资产					
资产总计		852,623,581.72	1,056,850,941.35	857,606,344.94	1,064,188,527.81
负债及股东权益					
流动负债:					

资产	附注	母公司		合并数	
		年初数	期末数	年初数	期末数
短期借款	14	27,470,000.00	78,000,000.00	28,470,000.00	82,000,000.00
应付帐款	15	8,077,423.18	18,633,776.82	9,876,185.31	19,634,564.91
预收货款	16	87,008,008.25	26,085,758.88	87,105,038.10	27,159,515.34
其他应付款	17	23,590,631.79	18,979,928.81	24,770,132.48	19,633,918.46
应付福利费	18	4,113,483.62	4,771,618.22	4,431,774.41	5,136,977.02
未交税金	19	38,065,064.28	105,656,509.04	38,407,903.59	105,762,680.86
未付股利	20	101,649,600.00	135,532,800.00	101,649,600.00	135,532,800.00
其他未交款	21	40,346,566.61	44,593,160.26	40,363,392.44	44,599,453.53
预提费用				188,286.25	
一年到期的长期负债	22	8,000,000.00	5,070,000.00	8,000,000.00	5,070,000.00
流动负债合计		338,410,777.73	437,323,552.03	343,262,312.58	444,529,910.12
长期负债:					
长期借款		5,070,000.00		5,070,000.00	
应付债券					
长期应付款		6,234,591.15		6,365,819.52	
其他长期负债	23		7,466,076.89		7,597,305.26
长期负债合计		11,304,591.15	7,466,076.89	11,435,819.52	7,597,305.26
负债合计		349,715,368.88	444,789,628.92	354,698,132.10	452,127,215.38
所有者权益:					
股本	24	169,416,000.00	169,416,000.00	169,416,000.00	169,416,000.00
资本公积	25	237,193,031.93	237,193,031.93	237,193,031.93	237,193,031.93
盈余公积	26	85,279,687.18	134,216,867.10	85,279,687.18	134,216,867.10
其中:公益金	27	47,576,909.32	72,045,508.28	47,576,909.32	72,045,508.28
未分配利润	28	11,019,493.73	71,235,413.40	11,019,493.73	71,235,413.40
所有者权益合计		502,908,212.84	612,061,312.43	50,908,212.84	612,061,312.43
负债及股东权益合计		852,623,581.72	1,056,850,941.35	857,606,344.94	1,064,188,527.81

利 润 及 利 润 分 配 表

会股 02 表

编制单位:泸州老窖股份有限公司　　1996 年度　　单位:元

项目	附注	母公司		合并数	
		1996 年度	1995 年度	1996 年度	1995 年度
一、主营业务收入	28	947,612,170.77	702,540,468.36	964,352,944.48	717,142,808.10
减:营业成本		375,857,750.40	279,721,495.92	385,496,425.23	287,838,366.47
销售费用	29	30,960,207.49	3,707,828.76	34,501,698.00	7,224,799.96
管理费用	30	73,599,787.75	64,726,147.17	77,750,260.51	68,836,845.36
财务费用	31	4,681,572.82	637,408.46	5,024,985.91	895,357.73
营业税金及附加	32	161,046,764.64	111,542,831.19	161,964,524.50	112,366,458.18
二、主营业务利润(亏损以"-"号表示)		301,466,087.67	242,204,756.86	299,595,050.33	239,980,980.40
加:其它业务利润(亏损以"-"号表示)	33	271,380.06	962,606.95	349,030.83	1,888,275.37
三、营业利润(亏损以"-"号表示)		301,737,467.73	243,167,363.81	299,944,081.16	241,869,255.77
加:投资收益	34	573,107.19	1,371,824.20	2,453,534.73	2,335,559.39
补贴收入					373,857.00
营业外收入	35	82,408.10	33,551.41	84,404.07	36,950.73
减:营业外支出	36	1,734,495.29	972,652.90	1,799,145.66	1,000,914.78
加:以前年度损益调整	37	215,916.70	-859,997.28	191,530.13	-874,618.87
四、利润总额		300,874,404.43	242,740,089.24	300,874,404.43	242,740,089.24
减:所得税		100,176,074.87	80,100,441.61	100,176,074.87	80,100,441.61
加:财政返还	38	47,461,540.00	50,000,000.00	47,461,540.00	50,000,000.00
减:分给其他单位利润	39	3,473,969.97	1,545,661.53	3,473,969.97	1,545,661.53
五、净利润		244,685,899.59	211,093,986.10	244,685,899.59	211,093,986.10
加:年初未分配利润		11,019,493.73	100,651,091.90	11,019,493.73	100,651,091.90
盈余公积转入数			-22,193,187.05		-22,193,187.05
六、可供分配的利润		255,705,393.32	289,551,890.95	255,705,393.32	289,551,890.95
减:提取法定公积金		24,468,589.96	21,109,398.61	24,468,589.96	21,109,398.61
提取法定公益金		24,468,589.96	21,109,398.61	24,468,589.96	21,109,398.61
七、可供股东分配的利润		206,768,213.40	247,333,093.73	206,768,213.40	247,333,093.73
减:已分配优先股股利					
已分配股利		135,532,800.00	236,313,600.00	135,532,800.00	236,313,600.00
八、未分配利润		71,235,413.40	11,019,493.73	71,235,419.40	11,019,193.78

财务状况变动表

编制单位:泸州老窖股份有限公司　　1996 年度　　单位:人民币元

流动资金来源和运用	附注	母公司	合并数	流动资金各项目的变动	附注	母公司	合并数
一、流动资金来源				一、流动资产本年增加数:			
1.本年净利润:	1	244,685,899.59	244,685,899.59	1.货币资金	30	31,665,446.28	33,126,485.74
加:不减少流动资金的费用和损失:	2			2.短期投资	31	-7,742,841.00	-7,742,841.00
(1)固定资产折旧	3	16,169,142.80	17,084,121.02	3.应收票据	32	15,158,704.80	15,529,704.80
(2)无形、递延资产及其他资产摊销	4	5,072,900.78	6,745,118.88	4.应收帐款净额	33	2,009,395.47	2,127,980.08
(3)固定资产盘亏(减盘盈)	5			5.预付货款	34	1,573,584.22	1,274,134.19
(4)清理固定资产损失(减收益)	6	36,926.08	36,926.08	6.其他应收款	35	41,372,728.64	39,625,485.34
(5)递延税款	7			7.待摊费用	36	-6,227,999.71	-6,509,335.35
(6)其他不减少流动资金的费用和损失	8			8.存货	37	25,438,716.62	28,150,117.19
小计	9	265,964,869.25	268,552,065.57	9.待处理流动资产损失(减收益)	38		
2.其他来源:				10.一年内到期的长期债券投资	39		
(1)固定资产清理收入(减清理费用)	10			11.其他流动资产	40		
(2)增加长期负债	11				41		
(3)收回长期投资	12	1,409,470.00	3,364,490.72		42		
(4)对外投资转出固定资产	13				43		
(5)对外投资转出无形资产	14				44		
(6)资本净增加额	15	48,937,179.92	48,937,179.92	流动资产增加净额	45	103,247,735.32	105,582,730.99
小计	16	50,346,649.92	52,301,670.64	二、流动负债本年增加数			
流动资金来源合计	17	316,311,519.17	320,853,736.21	1.短期借款	46	50,530,000.00	53,530,000.00
二、流动资金运用				2.应付票据	47		
1.利润分配:				3.应付帐款	48	10,556,353.64	9,758,379.60
(1)提取法定公积金	18	24,468,589.96	24,468,589.96	4.预收货款	49	-61,012,249.37	-59,945,522.76
(2)提取法定公益金	19	24,468,589.96	24,468,589.96	5.应付福利费	50	658,134.60	705,202.61
(3)提取任意公积金	20			6.未付股利	51	33,883,200.00	33,883,200,00
(4)已分配股利	21	135,532,800.00	135,532,800.00	7.未交税金	52	67,591,444.76	67,354,777.27
小计	22	184,469,979.92	184,469,979.92	8.其他未交款	53	4,246,593.65	4,236,061.09
2.其他运用:				9.其他应付款	54	-4,810,702.98	-5,136,214.02
(1)固定资产和在建工程净增加额	23	89,978,512.23	88,750,087.86	10.预提费用	55		-188,286.25
(2)增加无形资产、递延资产及其他资产	24			11.一年内到期的长期负债	56	-2,930,000.00	-2,930,000.00
(3)偿还长期负债	25	3,838,514.26	3,838,514.26	12.其他流动负债	57		
(4)增加长期投资	26	33,689,551.74	39,480,020.72				
小计	27	127,506,578.23	132,068,622.84				
流动资金运用合计	28	311,976,558.10	316,538,602.76	流动负债增加净额	58	98,712,774.30	101,267,597.54
流动资金增加净额	29	4,334,961.02	4,315,133.45	流动资金增加净额	59	4,334,961.02	4,315,133.45

泸州老窖股份有限公司 1997 年度中期报告

一、财务报告(已审计)

(一)审计意见(川会师业-〔1997〕第 196 号)

泸州老窖股份有限公司全体股东:

我们接受委托,审计了贵公司 1997 年 6 月 30 日资产负债表及合并资产负债表,1997 年 1-6 月利润及利润分配表和合并利润及利润分配表。这些会计报表由贵公司负责。我们的责任是对这些会计报表发表审计意见。我们的审计是依据《中国注册会计师独立审计准则》进行的,在审计过程中,我们结合贵公司的实际情况,实施了包括抽查会计记录等我们认为必要的审计程序。

我们认为,上述会计报表符合《企业会计准则》和《股份制试点企业会计制度》的有关规定。在所有重大方面公允地反映了贵公司 1997 年 6 月 30 日的财务状况和 1997 年 1-6 月的经营成果,会计处理方法的选用遵循了一贯性原则。

中国注册会计师:贺军

四川会计师事务所

中国注册会计师:张进

中国.四川.成都　　报告日期:1997 年 8 月 1 日

(二)财务报表

1.资产负债表

项目	1997年6月30日 母公司	1997年6月30日 合并数	1996年12月31日 母公司	1996年12月31日 合并数
资产:				
流动资产	538,218,100.92	544,580,133.68	515,046,607.57	521,268,391.59
长期投资	115,595,265.54	105,255,082.69	114,359,200.67	104,575,082.69
固定资产净值	184,494,358.30	195,041,135.40	166,934,731.01	176,182,101.56
在建工程	229,921,712.85	230,788,261.34	213,496,431.59	213,521,398.17
无形资产及递延资产	47,747,345.96	48,892,424.39	46,936,131.14	48,563,714.43
其他长期资产				
资产合计	1,116,043,682.84	1,124,623,936.77	1,056,850,941.35	1,064,188,527.81
负债及股东权益				
流动负债	398,677,966.59	407,126,992.15	437,323,552.03	444,529,910.12
长期负债	7,742,312.82	7,873,541.19	7,466,076.89	7,597,305.26
负债合计	406,420,279.41	415,000,533.34	444,789,628.92	452,127,215.38
股本	325,278,720	325,278,720	169,416.000	169,416,000
资本公积	135,543,431.93	135,543,431.93	237,193,031.93	237,193,031.93
盈余公积	134,216,867.10	134,216,867.10	134,216,867.10	134,216,867.10
其中:公益金	72,045,508.28	72,045,508.28	72,045,508.28	72,045,508.28
未分配利润	114,584,383.40	114,584,384.10	71,235,413.40	71,235,413.40
股东权益合计	709,623,403.43	709,623,403.43	612,061,312.43	612,061,312.43
负债及股东权益合计	1,116,043,682.84	1,124,623,936.77	1,056,850,941.35	1,064,188,527.81

2.利润表(合并数)

项目	1997年1-6月 母公司	1997年1-6月 合并数	1996年1-6月 母公司	1996年1-6月 合并数
主营业务收入	411,186,866.92	419,629,860.91	411,466,450.89	417,825,500.66
主营业务利润	147,702,570.89	146,402,121.72	111,983,512.63	111,264,145.74
其他业务利润	313,616.36	760,581.43	104,650.94	168,992.68
投资收益	-1,004,423.67	-132,445.62	-376,427.98	316,464.02
营业外收支净额	-207,980	-225,770.66	-1,140,435.63	-1,178,302.48
利润总额	145,664,334.84	145,664,334.84	110,571,299.96	110,571,299.96
所得税	48,102,243.70	48,102,243.70	36,488,528.99	36,488,528.99
净利润	97,562,091.14	97,562,091.14	74,082,770.97	74,082,770.97

(三)主要财务指标与财务数据

指标项目	本年数	上年同期数
每股收益	0.30	0.44

净资产收益率	13.7%	12.2%
每股净资产	2.18	3.61

(四)财务报表注释

1、本期会计报表所采用的会计制度和会计方法与上年度一致。本公司执行《股份制试点企业会计制度》,子公司执行相关行业会计制度及其补充规定。

2、合并报表范围:本公司所属50%以上股权单位泸州老窖大酒店、泸州老窖生物工程有限责任公司由母公司编制合并会计报表,叙永天池矿业有限公司中期报表反映的资产标准、主营业务收入标准、利润标准均未达到母公司10%,根据财政部财会二字(1996)2号文规定暂不合并会计报表,泸州老窖包装材料有限责任公司尚在筹建期,暂不合并会计报表。

3、应收票据:1997年6月30日余额27,922,917.68元较96年末增加9,695,417.68元,上升53.19%,主要是购货方采用承兑汇票方式结算货款增加所致。

4、应收帐款:期末余额47,837,042.12元,较96年末增加34,731,369.85元,上升165%,主要是因为上半年应收帐款增加未及时结算所致。

5、预付货款:期末余额5,297,344.29元,较上年末增加1,673,346.28元,上升46.17%,主要是预付材料款增加所致。

6、短期借款:期末余额138,300,000元,较96年末增加56,300,000元,上升68.66%,主要系流动资金不足,为购买原材料向银行增加借款所致。

7、管理费用、销售费用及财务费用:本期末共计发生7,288.81万元,较上年同期增加2974.87万元,主要原因是广告费用、水电费以及利息支出增加所致。

8、股本:①根据本公司1996年12月27日临时股东大会决议并于1997年元月征得省证管办同意,以本公司资本公积金按10:6的比例转增股本,总股本增加至271,065,600股;②根据本公司1996年度股东年会决议通过的1996年度利润分配方案,按总股本271,065,600股为基础,向全体股东每10股送2股红股,并于1997年4月23日获省证管办川证办(97)55号文批准,本次送股后总股本增至325,278,720股,较上年末上升92%。

9、报告期内本公司未发生关联交易。

二、经营情况的回顾与展望

1、经营情况的回顾

今年上半年,公司在往年行之有效的营销策略的基础上,重点是实现泸州老窖系列产品的市场重新定价,公司产品价格在去年基础上,总体上调10%左右,使公司上半年销量在比去年同期有所减少的情况下,净利润增加2347.91万元,增长率32%。

上半年,公司另一重大举措是加强内部管理,降低成本开支,制定了可控费用在上年基础上至少降低20%的费用控制指标,主要原材料消耗较上年同期降低5%的目标和考核办法,以上措施经过一段时间实施,取得了较明显的效果。

2、下半年计划

下半年公司将继续理顺销售渠道,搞好产品的市场合理分布,维护产品价格的基础上,扩大覆盖面。同时,进一步加强企业形象和产品形象的宣传,维护泸州老窖的地位和声誉。

在生产方面,加强工艺流程的管理,严格规范化生产,确保产品质量,提高产品优质品率。

公司今年预测营业收入10亿元,利税6亿元,公司将在下半年,加强管理,开拓市场,确保经营目标的实现。

三、重大事件的说明

1、按照国务院证券委、中国人民银行、国家经贸委97年5月21日联合发布的《严禁国有企业和上市公司炒作股票的规定》的要求,公司对本公司在证券二级市场的投资进行认真清查,并于6月22日前将所存股票全部卖出,资金转回公司帐户,本公司在二级市场的投资没有违规行为。公司今后进行证券投资,将按有关法律、法规办理。

2、本公司诉泸州老窖酒成都经销公司一案,于95年元月,经四川省高级人民法院裁定,发回成都市中级人民法院一审重审;95年8月30日作出判决,本公司胜诉。后被告不服,提起上诉,97年3月5日经四川省高级人民法院终审判决本公司胜诉。

3、本公司不实施中期分红派息。

四、发行在外股票的变动和股权结构的变化

(一)股本结构情况(截止97年6月30日)

股份类别	1996年12月31日	1997年6月30日
1.尚未流通股	126,750,000	243,360,000
①发起人股份	126,750,000	243,360,000
其中:国家股	126,750,000	243,360,000
2.已流通股份	42,666,000	81,918,720
A股	42,666,000	81,918,720
3.股份金额	169,416,000	325,278,720

(二)主要股东持股情况(前十名股东)

股东名称	持股数(股)	比例
泸州市国有资产管理局	243360000	74.82%
宁波国际信托投资公司	966120	0.3%
于建昌	219020	0.07%
毛莉	187366	0.058%
苏州市恒胜经贸发展中心	180804	0.056%
洋浦京润	180000	0.055%
苏州新区恒升投资发展公司	167000	0.051%
赵聪	148112	0.046%
黄友生	142000	0.044%
刘振文	120000	0.037%

五、股东大会简介

本公司一九九六年度股东年会,于一九九七年三月三十一日在公司本部泸州老窖大酒店召开,出席会议的股东30人,代表股份20620.56万股,占公司总股本的76.07%,符合法定要求,经本次大会审议,通过以下决议:

1.审议通过了《董事会工作报告》

2.审议通过了《监事会工作报告》

3.审议通过了《96年度财务决算报告》

4.审议通过了公司96年度利润分配方案。公司96年实现净利润24468.6万元,提取法定公积金和公益金各10%后,加上年初未分配利润1101.35万元,可供股东分配的利润为20676.82万元,本次向全体股东每10股送2股并派发现金红利5元(含税),未分配利润1702.24万元结转下年度分配。

5.选举产生公司第二届董事会和第二届监事会。

第二届董事会成员如下:

郭来虎　陈路　叶宗岚　任玉茂　喻大河　钟元才　袁秀平

第二届监事会成员如下:

龙成珍　王明焱　王忠纯

6.审议通过了《董事会1997年增资配股预案》

①配股比例和配股总额:按1996年末股本数16941.6万股,向全体股东每10股配3股的比例配股,配股总额5082.48万股。

②配股价格浮动的幅度5-7元/股。

③配股资金用途:a.新建制曲车间

b.酿酒一万吨扩建工程,首期工程3000吨

c.收购、兼并酒类及相关企业的生产经营性资产

d.增补流动资金

④本次配股决议的有效期为截止1997年12月31日。

⑤授权公司董事会办理与本次配股有关的其他事项。

7.审议通过了修改公司章程的议案。

8.审议通过了授权公司董事会对公司1000万元(含1000万元)以内的投资作出决策的议案。

9.审议通过了聘请中辰律师事务所为公司97年度法律顾问的议案。

10审议通过了聘请四川会计师事务所为公司97年度审计单位的议案。

六、备查文件

1.载有董事长、总经理亲笔签名的中期报告原本。

2.1996年度股东大会文件。

3.1997年上半年审计报告原件。

查阅地址:本公司董事会办公室

泸州老窖股份有限公司

一九九七年八月十一日

长城特殊钢股份有限公司

长城特殊钢股份有限公司1996年年度报告摘要

一、公司简况

1.公司中文名称:长城特殊钢股份有限公司

公司英文名称:ChangCheng Special Steel Company Limited.

英文名称简写:CSSC

2.公司注册及办公地址:四川省江油市江东路 邮政编码:621701

3.公司法人代表:刘立中

4.咨询服务机构:本公司证券投资部

信息披露联系人:郭 勇、王学权

联系电话:(0816)3652384 传真:(0816)3650767

5.公司股票代码:0569

二、公司主要财务数据及指标

指标项目	1996年	1995年	比上年增减
主营业务收入(万元)	178,841.40	216,428.48	-0.44%
利润总额(万元)	1,084.94	938.70	15.58%
净利润(万元)	980.48	938.70	4.45%
总资产(万元)	382,565.69	367,064.90	4.22%
股东权益(万元)	99,028.36	89,584.72	10.54%
每股收益(元)	0.015	0.015	--
每股净资产(元)	1.50	1.45	3.45%
净资产收益率(%)	0.99	1.05	-5.71%
股东权益比率(%)	25.88	24.41	6.02%

备注:1995年度主营业务收入为含税收入,不含税则为179,635.64万元

二、公司业务回顾

1.一年来经营情况

本公司是以生产经营特殊钢及其制品为主业的企业。1996年,受国家宏观调控、银根紧缩政策的影响,特钢行业普遍存在资金匮乏,市场疲软,能源短缺,原、燃材料全面涨价的困难。本公司经营班子在董事会的领导下,审时度势,及时调整经营思路,对内部经营机制和组织机构进行了重大改革,建立和完善了相应的管理制度;加快技术改造,加大品种结构调整力度,实施"119"营销战略,积极开拓国际国内市场;认真开展"学邯钢、降成本"活动,练内功,挖内潜,努力降低产品成本,提高产品的市场竞争实力。在上半年亏损额达1.44亿元的情况下,公司建立了层层扭亏经济责任制,公司全体员工万众一心,奋力拼搏,共渡难关,下半年有效遏制住了效益继续下滑的趋势,并取得了在全国特钢行业中较好的经营业绩。

①生产销售情况:本公司全年产钢44.65万吨,钢材43.48万吨,分别比上年降低1.00%和0.73%。三大重点品种(不锈材22,382吨,模具钢11,844吨,轴承钢31,230吨)产量与上年基本相同。全年销售钢材45.8万吨,比上年增长2.46%;实现销售收入17.9亿元(不含税),比上年降低0.44%。

②产品结构调整情况:全年钢的合金比达47.29%,高合金比达12.21%,分别比上年提高1.39和1.31个百分点。

③出口创汇情况:全年出口钢材14,251吨,创汇726万美元,分别比上年增长104.49%和16.53%。

④技术改造情况:重点项目建设实现预期目标。

a."两管"工程除个别机组有待外商继续完成整改及考核外,整个项目已交付生产,逐步发挥优势,形成新的利润增长点;

b.30吨电炉及三流连铸工程均已热负荷试车成功。如外部条件好转,保障供电,可望大幅增长钢产量;

c.复合小型合金钢棒线材连轧生产线改造,获得成功,已于1996年8月全部交付生产;

d.220KVA总降进入最后的设备安装调试阶段,其110KVA部分已于1996年9月26日一次启动成功,220KVA旁路冲击也已完成,取得了四川省同类总降启动的最佳效果;

e.新钢厂50万吨炼钢系统进入主体工程施工阶段。该工程于1996年9月正式动工建设,同年底完成主厂房土建工程基础施工,达到了建设计划进度要求。

⑤技术质量和科研新试情况:全年完成国家下达的国防、民用科研课题24项,完成新产品、新材料试制开发任务294项,创产值7,272万元。其中四项在国家、部、省获奖。贯彻《GB/T1900—1909000质量管理和质量保证系列标准》取得实效,第一钢厂、"两管"在四川省冶金系统首家通过1995年版国际标准质量体系第三方认证。在1996年"中国质量万里行"活动受表彰的企业中,本公司榜上有名,列四川省18家上榜企业第一名。

2.关于经营成果与预测差异的说明

本公司于1996年度股东大会提出公司1996年度完成利润目标为1,300万元,1996年度实际完成利润为1,084.94万元,造成差异的主要原因是:

一是各种原、燃材料和铁路货运大幅度提价,公司采购成本大幅度上升,全年影响成本升高5,299.85万元;

二是能源供应十分紧张,严重影响正常生产,导致全年钢及钢材产量较上年同比下降1.00%和0.73%;

三是特钢市场供大于求,公司为了占领市场,不得不实行让利销售,导致公司产品平均售价较上年同比大幅下降,减利因素十分明显,达18,030.50万元;

四是由于资金紧张的原因,使得公司年度内应完成的应急技改项目无法按时完工,或技改项目调试考核拖期,造成公司计划的盈利产品出不来。

以上原因造成公司效益滑坡,仅上半年就出现了1.44亿元的巨额亏损,公司在下半年采取了多项力度较大的改革措施,有效遏制了效益的继续下滑。然而,由于上半年欠帐太多,下半年特钢市场及公司经营环境并未发生根本性改善,公司未能完成1996年度股东大会提出的1,300万元利润目标。

3.对募集资金使用情况的说明

在本报告年度内，公司依据中国证监会的批复，实施了增资配股方案，共募集资金8,463万元。该项资金按配股说明书的要求全部用于50万吨新钢厂一期工程炼钢系统的开工投入，投入进度符合该工程项目的计划进度，没有超出原预算金额范围。

四、股本变化及股本结构情况

1.公司股本结构及股份变动情况

①股本结构情况

填报日期:1996年12月31日　数量:股　每股面值:1元

股份类别	年初数	配股增加	年末数	比例%
(一)尚未流通股份				
(1)发起人股	389,155,024	0	389,155,024	58.781
国家股	389,155,024	0	389,155,024	58.781
(2)募集法人股	132,000,000	0	132,000,000	19.938
(3)转配股		17,131,527	17,131,527	2.588
尚未流通股合计	521,155,024	17,131,527	538,286,551	81.307
(二)已流通股份				
①A股	98,976,000	24,744,232	123,721,132	18.688
②锁定的高管股	23,100	9,396	32,496	0.005
已流通股份合计	99,000,000	24,753,628	123,753,628	18.693
(三)股份总计	620,155,024	41,885,155	662,040,179	100.00

②股东数量

根据深圳证券结算公司提供的数据，截止1996年12月31日，本公司股东户数为100,082户。

③前十大股东持股情况

股东名称	年末持股	增减	持股比例%
四川省冶金工业厅	389,155,024	注1	58.78
深圳平安实业投资公司	22,000,000	注2	3.32
深圳国际信托投资公司	18,623,000	0	2.81
深圳中经信证券业务部	17,000,000	注3	2.57
深圳天骥投资基金	16,500,000	0	2.49
深圳蓝天基金	11,000,000	0	1.66
攀枝花钢铁(集团)公司	11,000,000	0	1.66
深圳笋岗仓库股份公司	6,600,000	0	1.00
深圳投资基金管理公司	5,500,000	0	0.83
深圳物业发展股份公司	5,500,000	0	0.83

注1:四川省冶金工业厅持股系国家股，年内无变化。根据国家国有资产管理局国资企发(1997)6号文件批复，四川省冶金工业厅所持有的本公司国家股已于1997年3月过户予长城特殊钢(集团)有限责任公司持有。

注2:深圳平安实业投资公司年内持股无变化，所持本公司股份于1997年3月转让予长城特殊钢(集团)有限责任公司持有。

至此，长城特殊钢(集团)有限责任公司增持本公司国家股389,155,024股、募集法人股22,099,000股(含受让四川绵阳金融服务公司持有的本公司募集法人股99,000股)，合计持有本公司股份411,254,024股，占本公司总股本的62.12%。以上转让事宜已获准于1997年3月17日在《证券时报》予以公告。

注3:深圳中经信证券业务部年内增持股份9,573,535股，系配股增加。

2.公司董事、监事及高级管理人员持股情况

姓名	职务	年初持股(股)	年末持股(股)	增加(股)
刘立中	董事长	1,650	2,969	1,319
翟光辉	副董事长、党委书记	1,650	2,969	1,319
吕聿信	董事、总经理	1,650	2,969	1,319
武维宇	董事、副总经理	1,650	2,969	1,319
葛钦明	董事	1,650	2,062	412
蒋光荣	董事	1,650	2,062	412
朱振奎	董事、副总经理	1,650	2,062	412
梁朝诚	董事	1,650	2,062	412
高东生	董事、工会主席	1,650	2,062	412
郑爱民	董事	0	0	0
张裕如	董事	0	0	0
杨福川	监事会主席	1,650	2,062	412
何　川	监事	1,650	2,062	412
俞　勤	监事	1,650	2,062	412
李安尚	监事	1,650	2,062	412
熊秋生	监事	0	0	0
艾志远	副总经理	0	0	0

注:董事、监事及高级管理人员年内持股增加均系配股增加。

五、重要事项

1.本公司1995年度配股方案为每10股配2.5股，配股价格为每股2.05元，配股缴款时间为1996年3月15日－－3月28日，获得可流通股票已于1996年5月16日上市流通。本次配股新增股份为4,188万股，实际募集资金8,462万元。

2.本公司1996年度股东大会选举产生了第三届董事会和第三届监事会。

第三届董事会由下列十一人组成:

刘立中、翟光辉、吕聿信、武维宇、葛钦明、蒋光荣、朱振奎、高东生、梁朝诚、郑爱民、张裕如。

第三届监事会由下列五人组成:

杨福川、何川、俞勤、李安尚、熊秋生(其中李安尚、熊秋生二人系职工代表推举产生)。

3.公司董事会于1996年4月26日和5月30日两次召开会议，根据四川省委组织部、省委工交财贸政治部意见，选举刘立中先生任第三届董事会董事长、翟光辉先生任副董事长;同意刘立中先生辞去总经理职务，解聘葛钦明、蒋光荣、梁朝诚三位先生副总经理职务，解聘葛钦明先生总工程师职务;聘吕聿信先生任总经理，武维宇、艾志远两位先生任副总经理，周爱国先生任董事会秘书，刘本发先生任财务总监。

三届一次监事会议根据四川省委组织部、省委工交财贸政治部意见，选举杨福川先生任监事会主席。

4.本公司挂牌股票经深圳证券交易所统一安排，于1996年7月12日由"川长钢A"更名为"长城特钢"。

5.本公司被列入国家搞活的1,000户大中型企业，300户银企直接联系企业。1996年6月13日与主办银行签定了贷款协议。

6.本公司50万吨特殊钢新钢厂于1996年9月25日正式破土动工。

7.本报告期内公司无重大诉讼、仲裁事项。

六、子公司及关联企业

名称	注册地址	主营业务	权益
长钢进出口公司	四川省江油市	进出口贸易	100%
长城冶金实业公司	广东省珠海市	技术开发咨询	100%
长钢广汉实业公司	四川省广汉市	技术开发销售	100%
长钢德阳实业公司	四川省德阳市	技术开发销售	100%
长钢广州实业公司	广东省广州市	冶金产品销售	100%
长城协和钢管有限公司	四川省江油市	钢材加工	49%

七、财务报告

1. 审计意见

公司财务报告经四川会计师事务所贺军、王辉注册会计师审计，出具了有保留意见的审计报告(川会师业－(1997)第124号)。审计报告全文如下：

审计报告

长城特殊钢股份有限公司全体股东：

我所接受委托，审计了贵公司1996年12月31日资产负债表和合并资产负债表，1996年度利润及利润分配表和合并利润及利润分配表、1996年度财务状况变动表和合并财务状况变动表，这些会计报表由贵公司负责。我们的责任是对这些会计报表发表审计意见。我们的审计是依据《中国注册会计师独立审计准则》实施的，在审计过程中，我们结合贵公司实际情况，实施了包括抽查会计记录等我们认为必要的审计程序。

我们认为，除附注16对本年度利润存在影响外，本报告后附的上述已审会计报表符合《企业会计准则》和《股份制试点企业会计制度》规定，在所有重大方面公允地反映了贵公司1996年12月31日财务状况，1996年度经营成果和资金变动情况，会计处理方法的选用遵循了一贯原则。

四川会计师事务所　　中国注册会计师　贺　军

中国注册会计师　王　辉

中国.四川.成都　　报告日期：1997年4月26日

2. 财务报表(附后)

3. 财务报表附注

①主要会计政策

(1)会计制度：本公司执行《股份制试点企业会计制度》。

(2)会计年度：本公司从公历每年1月1日至12月31日作为一个会计年度。

(3)合并报表编制方法：本公司合并报表是在抵消母公司长期投资与子公司权益中母公司拥有的权益；母公司与子公司间发生的收入、成本费用；子公司相互间发生的收入、成本费用；母公司与子公司间的应收、应付款项；子公司相互间的应收、应付款项等以后编制的。本公司所属四个专业分厂及长钢进出口公司的会计报表由公司本部汇总后在母公司统一反映。

(4)记帐原则与计价基础：本公司按权责发生制作为记帐原则。各项财产物资按取得时的实际成本计价入帐。

(5)坏帐准备：本公司按年末应收帐款余额的5‰计提坏帐准备。

(6)存货计价核算：本公司存货实行永续盘存制。存货中的原材料、燃料采用计划成本进行日常核算，领用发出按加权平均法计算成本，并按期分摊材料成本差异；产成品采用实际成本计价核算，并按加权平均法核算发出成本；低值易耗品采用一次摊销法核算；产品生产成本计算方法为逐步结转分步法。

(7)长期投资核算：本公司长期投资的核算方法是：投资额占被投资企业资本总额20%以下的采用成本法核算；投资额占被投资企业资本总额20%—50%的采用权益法核算；投资额占被投资企业资本总额50%以上的采用权益法核算，并编制合并会计报表；债券投资采用成本法核算。

(8)税项：本公司应纳税项及税率如下：

A. 增值税：各类钢材收入、加工收入、材料销售收入及转供电和市内吊装费收入等按17%计算；转供天然气、水等收入按13%计算；

B. 营业税：按运输收入的3%计算；

C. 所得税：按应纳税所得额的15%计征；

D. 城建税：分别按应交增值税和营业税金的5%和7%计缴；

E. 其他税项：按国家规定计缴。

(9)利润分配：根据本公司章程第五十三条规定，本公司缴纳所得税后的净利润，按下列顺序进行分配：

A. 弥补以前年度亏损；

B. 提取10%法定公积金；

C. 提取5%—10%法定公益金；

D. 经股东大会决议，提取任意公积金；

E. 分配股利。

②合并会计报表项目附注

(1)货币资金余额明细：现金363,560.81元，银行存款(人民币)14,344,455.02元，银行存款(外币)8,104,689.75元，其他货币资金7,157,240.43元。

(2)短期投资：系深沪证交所购入A股股票，成本价为20,679,228.29元，期末市价为16,249,178.46元。

(3)应收票据：期末余额16,701,000.00元，较上年增长142.05%，系票据结算业务扩大所致。

(4)应收帐款：期末余额1,184,355,294.78元，按帐龄分析如下：

帐龄	户数	金额	比例%
1年以内	557	709,313,389.54	59.89
1－2年	281	131,582,825.00	11.11
2－3年	400	101,761,869.10	8.60
3年以上	1554	241,692,211.14	20.40
合计	2792	1,184,355,294.78	100.00

(5)预付货款：期末余额13,595,510.82元，按帐龄分析如下：

帐龄	户数	金额	比例%
1年以内	113	9,253,120.57	68.06
1－2年	29	2,063,469.66	15.18
2－3年	18	591,209.79	4.34
3年以上	50	1,687,710.80	12.42
合计	210	13,595,510.82	100.00

(6)其他应收款：期末余额174,877,269.23元，按帐龄分析如下：

帐龄	户数	金额	比例%
1年以内	221	64,817,719.51	37.07
1－2年	39	76,012,432.27	43.47
2－3年	17	3,419,788.69	1.96
3年以上	80	30,627,328.76	17.50
合计	357	174,877,269.23	100.00

(7)待摊费用：期末余额105,216,911.19元，主要系期初进项税金。

(8)存货：期末余额1,141,321,030.01元，其中：

库存材料：252,243,607.01元

在产及自制半成品：575,647,591.25元

产成品：245,591,118.94元

(9)长期投资：期末余额98,820,370.00元，其中：债券投资4,650,000.00元，主要为国库券和电力债券；股权及联营投资93,197,439.00元，项目如下：

公司名称	经营范围	投资额(万元)	权益比例
成都蜀都大厦	商贸	35.75	0.24%
吉林碳素厂	工业	152.00	0.34%
中国平安保险公司	保险	7,320.00	1.73%
四川房地产公司	房地产	200.00	2.89%
四川金融租赁公司	金融租赁	500.00	9.09%
四川碳素厂	工业	120.00	0.55%

深圳金源实业公司	物业商贸	90.84	1.18%
广州华钢联营公司	商贸	10.00	0.91%
北京京瑞节能公司	商贸	25.00	29.41%
攀钢财务公司	金融	416.15	4.16%
成都双流团结电镀厂	工业	30.00	20.00%
四川信托投资公司	金融	200.00	0.29%
海南发展银行	金融	100.00	0.17%
绵阳工行信托公司	金融	100.00	3.09%
特钢计算机开发公司	技术咨询	20.00	10.00%

(10)固定资产及累计折旧:(单位:万元)

资产类别	期初价值	本期增加	本期减少	期末价值
房屋及建筑物	44,704	14,649	177	59,176
专用设备	48,681	23,171	785	71,067
通用设备	36,043	16,560	207	52,396
运输设备	3,926	1,053	78	4,901
其他设备	71	244		315
小计	133,425	55,677	1,247	187,855

资产类别(累计折旧)	期初价值	本期增加	本期减少	期末价值
房屋及建筑物	21,402	1,493	88	22,807
专用设备	35,528	9,455	327	44,656
通用设备	18,462	8,887	247	27,102
运输设备	1,910	687	23	2,574
其他设备	42	121		163
小计	77,344	20,643	685	97,302
固定资产净值	56,080			90,553

(11)在建工程:期末余额6,008万元,其中二厂不锈钢生产线工程支出760万元,完工程度40%;四厂VD炉及515炉工程支出654万元,完工程度85%;一厂"两管"工程支出598万元,完工程度81%;一厂104车间二期改造572万元,已竣工待转固;其他零星工程支出1,855万元。以上支出的资金来源全部为自筹,故在建工程利息资本化金额为零。

(12)无形资产:期末余额10,851万元,系为土地使用权,按50年平均摊销,现剩余摊销年限为47年。

(13)递延资产:期末余额360万元,系为渣场修建费,现剩余摊销年限为7年。

(14)短期借款:期末余额93,333万元,其中:抵押贷款73,458万元,担保贷款12,226万元,其他贷款7,649万元。

(15)应付票据:期末余额4,750万元,收票人均为本公司主要原材料供应单位。

(16)应付帐款:期末余额26,474万元,收款人均为本公司主要原材料供应单位,无持有本公司5%以上股权单位。

备注:本公司根据国家计委计价管(1996)1467号文及国家计委、电力部计价管(1996)2224号文减少应付绵阳供电局电费9,165万元,同时冲销成本,但尚未取得绵阳供电局同意核销的书面文件。

(17)预收货款:期末余额7,632万元,无持有本公司5%以上股权单位款。

(18)未交税金:期末余额219万元,较上年降低66.87%,系公司顾全大局,按时交纳税金所致。

(19)其他未交款:期末余额932万元,系未交教育费附加。

(20)其他应付款:期末余额49,703万元,较上年增加55.95%,主要系应付长钢(集团)公司款项增加所致。

(21)预提费用:期末余额12,319万元,较上年增长228.46%,主要系预提银行利息、电费和大修理费所致。

(22)长期借款:期末余额38,128万元,较上年增长693.47%,主要系长钢(集团)公司转入所致。

(23)长期应付款:期末余额48,928万元,主要系应付长钢(集团)公司款。

(24)股本:期末余额66,204万元,较上年增加4,188万元,系配股所致。

(25)资本公积金:期末余额22,343万元,较上年增加4,275万元,系配股溢价所致。

(26)盈余公积金:期末余额6,736万元,较上年增加147万元,系当年提取所致。

(27)未分配利润:期末余额3,746万元,其来源为:

A.上年结转的未分配利润　　2,913万元

B.加本年净利润　　980万元

C.减提取法定公积金　　98万元

D.减提取法定公益金　　49万元

(28)主营业务收入:178,841万元,其中钢材销售收入170,623万元,钢坯、钢锭销售收入1,053万元,来料加工收入2,258万元,其他收入4,907万元。

(29)销售费用:927万元,主要系运杂费用和港口费用。

(30)管理费用:1,974万元,系公司管理部门的各项经费。

(31)财务费用:11,684万元,其中利息净支出12,676万元,汇兑损益-1,053万元,银行手续费61万元。

(32)其他业务利润:1,222万元,主要系材料销售、汽车运输等利润。

(33)投资收益:843万元,其中股票投资收益746万元,债券投资40万元,其他投资收益57万元。

(34)营业外收入:3,406万元,主要系罚金收入和固定资产盘盈。

(35)营业外支出:6,184万元,主要系职工劳动保险支出和技工学校经费支出。

八、其他事项

1.本公司董事会于1997年4月28日召开三届四次董事会议,对1996年度实现利润提出如下分配预案:

1996年度实现利润1,084.94万元,所得税后利润980.48万元,提取10%公积金和5%公益金后,可供股东分配利润833.41万元,加上年结转利润2,912.69万元,实际可供股东分配利润为3,746.10万元。建议向全体股东以总股本66,204.02万股为基数按10:0.5比例派送红股,分配3,310.20万元后,尚结存435.90万元转入下年度分配。以上预案尚需本年度股东大会批准。

2.本公司所聘法律顾问原四川省投资与证券律师事务所已更名为中辰律师事务所。其办公地址为四川省成都市人民东路48号8楼,电话:(028)6744456-20829,传真:(028)6611178。

3.会计师事务所名称:四川会计师事务所;办公地点:四川省成都市红庙子街60号,电话:(028)6616662。

九、备查文件

1.载有董事长亲笔签名的年度报告原本。

2.载有会计师事务所盖章、注册会计师亲笔签字的审计报告正文及财务报表。

3.《公司章程》。

长城特殊钢股份有限公司董事会

一九九七年四月二十九日

资 产 负 债 表

制表单位:长城特殊钢股份有限公司　　1996 年 12 月 31 日　　单位:元

		合并数		母公司				合并数		母公司	
资产	附注	年初数	期末数	年初数	期末数	负债及股东权益	附注	年初数	期末数	年初数	期末数
流动资产						流动负债:					
货币资金	1	31,686,460.39	29,969,946.01	25,521,580.16	29,391,038.75	短期借款	14	1,268,560,000.00	933,333,229.00	1,268,560,000.00	933,133,229.00
短期投资	2	15,070,996.37	20,679,228.29	15,070,996.37	20,679,228.29	应付票据	15	13,000,000.00	47,500,000.00	3,000,000.00	47,500,000.00
应收票据	3	6,900,000.00	16,701,100.00	6,900,000.00	14,151,100.00	应付帐款	16	331,836,772.31	264,740,271.68	331,836,772.31	264,740,271.68
应收帐款	4	1,210,654,157.92	1,184,355,294.78	1,086,209,022.90	1,043,359,801.47	预收货款	17	88,494,858.38	76,316,238.27	79,005,817.10	70,519,810.04
减:备抵坏帐		50,132,925.32	37,526,809.39	49,119,293.32	36,883,469.10	应付福利费		9,676,395.59	11,194,660.23	9,676,395.59	11,194,660.23
应收帐款净额		1,160,521,232.60	1,146,828,485.39	1,037,089,729.58	1,006,476,332.37	未付股利		22,000,000.00		22,000,000.00	
预付货款	5	47,286,689.13	13,595,510.82	39,677,013.51	13,595,510.82	未交税金	18	6,616,391.74	2,192,114.46	6,559,224.72	2,355,528.61
其他应收款	6	189,085,784.90	174,877,269.23	294,377,075.59	302,161,200.44	其他未交款	19	9,985,616.91	9,316,866.44	9,985,616.91	9,316,866.44
待摊费用	7	128,969,873.49	105,216,911.19	128,741,334.50	105,047,946.96	其他应付款	20	318,710,481.98	497,028,480.76	303,065,096.28	494,590,933.85
存货	8	1,143,364,359.99	1,141,321,030.01	1,140,995,470.46	1,140,264,900.12	预提费用	21	37,506,298.18	123,191,002.45	37,182,547.48	123,191,002.45
一年内到期的长期债券投资		871,579.70		871,579.70							
流动资产合计:		2,723,756,976.57	2,649,189,480.94	2,689,244,779.87	2,631,767,257.75	待扣税金					
长期投资:						一年内到期的长期负债					
长期投资	9	97,489,757.53	98,820,370.00	99,489,757.53	111,219,192.12	流动负债合计		2,106,386,815.09	1,964,812.863.29	2,070,871,470.39	1,956,542,302.30
固定资产:						长期负债:					
固定资产原价	10	1,334,243,564.26	1,878,551,023.40	1,331,446,152.16	1,874,947,604.40	长期借款	22	48,052,801.79	381,280,549.77	48,052,801.79	381,280,549.77
减:累计折旧		773,443,111.86	973,016,639.10	773,443,111.86	972,660,380.02	应付债券					
固定资产净值		560,800,452.40	905,534,384.30	558,003,040.30	902,287,224.38	长期应付款	23	620,362,172.00	489,279,820.00	620,362,172.00	489,279,820.00
在建工程	11	168,940,754.36	60,077,476.79	168,940,754.36	60,077,476.79	长期负债合计		668,414,973.79	870,560,369.77	668,414,973.79	870,560,369.77
固定资产清理			-109,081.52		-109,081.52	股东权益:					
固定资产合计		729,741,206.76	965,502,779.57	726,943,794.66	962,255,619.65	股本	24	620,155,024.18	662,040,179.18	620,155,024.18	662,040,179.18
无形及其他资产:						资本公积金	25	180,679,296.38	223,425,772.14	180,679,296.38	223,425,772.14
无形资产	12	115,508,700.52	108,506,569.11	115,508,700.52	108,506,569.11	盈余公积金	26	65,885,894.31	67,356,614.63	65,916,754.70	67,356,614.63
递延资产	13	4,117,449.64	3,602,768.44	4,117,449.64	3,602,768.44	未分配利润	27	29,126,974.99	37,461,056.77	29,301,850.50	37,461,056.77
无形及其他资产合计		119,626,150.16	112,109,337.55	119,626,150.16	112,109,337.55	股东权益合计		895,847,189.86	990,283,662.72	896,052,925.76	990,283,622.72
待处理财产损失:											
待处理流动资产损失(减收益)											
待处理固定资产损失(减收益)		34,887.72	34,887.72	34,887.72	34,887.72						
待处理财产损失合计		34,887.72	34,887.72	34,887.72	34,887.72						
资产合计		3,670,648,978.74	3,825,656,855.78	3,635,339,369.94	3,817,386,294.79	负债及股东权益合计		3,670,648,978.74	3,825,656,855.78	3,635,339,369.94	3,817,386,294.79

利润及利润分配表

编制单位:长城特殊钢股份有限公司　　1996 年度　　金额单位:元

项　目	附注	合并数		母公司	
		上年数	本年数	上年数	本年数
一、主营业收入	28	1,796,356,354.70	1,788,413,969.20	1,790,357,292.26	1,743,258,188.97
减:营业成本		1,637,350,755.40	1,622,534,419.79	1,637,350,755.40	1,587,753,846.29
销售费用	29	10,544,964.86	9,266,107.75	9,940,767.44	9,296,564.27
管理费用	30	15,923,515.22	19,743,430.85	15,923,515.22	19,743,430.85
财务费用	31	142,899,394.25	116,842,364.61	142,899,394.25	116,842,364.61
进货费用					
城建税及附加		5,762,723.28	2,038,258.54	5,727,554.58	1,878,225.85
二、主营业务利润					
(亏损以"-"表示)		-16,124,998.31	17,989,387.66	-21,484,694.63	7,743,757.10
加:其他业务利					
润(亏损以"-"表示)	32	34,199,642.30	12,215,317.92	32,874,460.84	12,215,317.92
三、营业利润(亏损以"-"表示)		18,074,643.99	30,204,705.58	11,389,766.21	19,959,075.02
加:投资收益(亏损以"-"表示)	33	24,170,036.31	8,427,254.72	38,972,773.23	18,826,141.24
营业外收入	34	9,900,476.23	34,057,231.27	9,019,166.61	33,614,205.43
减:营业外支出	35	49,793,726.54	61,839,796.67	49,788,992.51	61,839,796.67
加:以前年度损益调整(损失以"-"号表示)		7,035,547.65			
四、利润总额(亏损以"-"表示)		9,386,977.64	10,849,394.90	9,592,713.54	10,559,625.02
减:所得税			1,044,592.80		960,558.82
五、净利润(亏损以"-"表示)		9,386,977.64	9,804,802.10	9,592,713.54	9,599,066.20
加:年初未分配利润(未弥补亏损以"-"表示)		21,148,043.99	29,126,974.99	21,148,043.99	29,301,850.50
公积金转入					
六、可分配利润		30,535,021.63	38,931,777.09	30,740,757.45	38,900,916.70
减:提取法定盈余公积金		938,697.76	980,480.21	959,271.35	959,906.62
提取公益金		469,348.88	490,240.11	479,635.68	479,953.31
七、可供股东分配的利润		29,126,974.99	37,461,056.77	29,301,850.50	37,461,056.77

项　目	附注	合并数		母公司	
		上年数	本年数	上年数	本年数
减:已分配优先股股利					
提取任意公积金					
已分配普通股股利					
八、未分配利润(未弥补亏损以"-"号表示)		29,126,974.99	37,461,056.77	29,301,850.50	37,461,056.77

财务状况变动表

编制单位:长城特殊钢股份有限公司　　1996 年度　　金额单位:元

流动资金来源和运用	行次	合 并 数	母 公 司
一、流动资金来源	1		
1.本年净利润		9,840,802.10	9,599,066.20
加:不减少流动资金的费用和损失	2		
(1)固定资产折旧	3	45,606,554.27	45,250,294.99
(2)无形资产、递延资产及其他资产摊销	4	3,263,885.54	3,263,885.54
(3)固定资产盘亏(减盘盈)	5	-32,226,955.29	-32,226,955.29
(4)清理固定资产损失(减收益)	6	1,022,927.36	1,022,927.36
(5)递延税款	7		
(6)其他不减少流动资金的费用和损失	8		
小 计	9	27,471,218.98	26,909,218.80
2.其他来源			
(1)固定资产清理收入(减清理费用)	10	356,770.86	356,770.86
(2)增加长期负债	11	297,590,309.51	297,590,309.51
(3)收回长期投资	12		
(4)对外投资转出固定资产	13		
(5)对外投资转出无形资产	14		
(6)资本净增加额	15	41,885,155.00	41,885,155.00
小 计	16	339,832,235.37	339,832,235.37
流动资金来源合计	17	367,303,449.35	366,741,454.17
二、流动资金运用			
1.利润分配			
(1)提取法定公积金	18	980,480.21	959,906.62
(2)提取法定公益金	19	490,240.11	479,953.31
(3)提取任意公积金(上年度)	20		
(4)已分配股利(上年度)	21		
小 计	22	1,470,720.32	1,439,859.93
2.其他运用			
(1)固定资产和在建工程净增加额	23	292,130,606.13	301,754,281.54
(2)增加无形资产、递延资产	24		
(3)偿还长期负债	25	4,061,900.00	4,061,900.00
(4)增加长期投资	26	2,633,766.73	2,633,766.73
小 计	27	298,825,272.86	308,449,948.27
流动资金运用合计	28	300,296,993.18	309,889,808.20
流动资金增加净额	29	67,006,456.17	56,851,645.97
流动资金各项目的变动			
一、流动资产本年增加数			
1.货币资金	30	-1,716,514.38	3,869,458.59
2.短期投资	31	5,608,231.92	5,608,231.92
3.应收票据	32	9,801,100.00	7,251,100.00
4.应收帐款净额	33	-13,692,747.21	-30,613,397.21
5.预收货款	34	-33,691,178.31	-26,081,502.69
6.其他应收款	35	-14,208,515.67	7,784,124.85
7.待摊费用	36	-23,752,962.30	-23,693,387.54
8.存货	37	-2,043,329.98	-730,570.34
9.待处理流动资产净损失(减收益)	38		
10.一年内到期的长期债券投资	39	-871,579.70	-871,579.70
11.其他流动资产	40		
流动资产增加净额	41	-74,567,495.63	-57,477,522.12
二、流动负债本年增加数			
1.短期借款	42	-335,226,771.00	-335,426,771.00
2.应付票据	43	34,500,000.00	44,500,000.00
3.应付帐款	44	-67,096,500.63	-67,096,500.63
4.预收货款	45	-12,178,620.11	-8,486,007.06
5.应付福利费	46	1,518,264.64	1,518,264.64
6.未付股利	47	-22,000,000.00	-22,000,000.00

流动资金来源和运用	行次	合并数	母公司
7.未交税金	48	-4,424,277.28	-4,203,696.11
8.其他未交款	49	-668,750.47	-668,750.47
9.其他应付款	50	178,317,998.78	191,525,837.57
10.预提费用	51	85,684,704.27	86,008,454.97
11.一年内到期的长期负债	52		
12.其他流动负债	53		
流动负债增加净额	54	-141,573,951.80	-114,329,168.09
流动资金增加净额	55	67,006,456.17	56,851,645.97

长城特殊钢股份有限公司1997年度中期报告

一、财务报告(未经审计)

1.财务报表

①简化的资产负债表

1997年6月30日　　金额单位:人民币万元

项目	年初数 母公司	年初数 合并	期末数 母公司	期末数 合并
流动资产	263,176.72	264,918.95	264,059.38	266,716.50
长期投资	11,121.92	9,882.04	10,805.41	10,605.41
固定资产净值	90,228.72	90,553.44	87,029.71	87,355.61
在建工程	6,007.75	6,007.75	6,624.41	6,624.41
固定资产清理	-10.91	-10.91	2.91	2.91
无形资产及递延资产	11,210.93	11,210.93	11,120.26	11,120.25
待处理财产损失	3.49	3.49		
资产总计	381,738.63	382,565.69	379,642.08	382,425.09
流动负债	195,654.23	196,481.29	222,641.06	225,373.16
长期负债	87,056.04	87,056.04	83,934.53	83,934.53
少数股东权益				
股本	66,204.02	66,204.02	66,204.02	66,204.02
资本公积金	22,342.58	22,342.58	22,342.58	22,342.58
盈余公积金	6,735.66	6,735.66	6,735.66	6,735.66
未分配利润	3,746.10	3,746.10	-22,215.77	-22,164.86
股东权益合计	99,028.36	99,028.36	73,066.49	73,117.40
负债及股东权益合计	381,738.63	382,565.69	379,642.08	382,425.09

②简化的损益表

1997年1—6月　　金额单位:人民币万元

项目	上年同期 母公司	上年同期 合并	本期数 母公司	本期数 合并
主营业务收入	75,654.08	78,498.90	74,853.19	75,513.20
主营业务利润	-12,690.64	-11,771.29	-23,100.05	-22,776.29
其他业务利润	386.51	474.18	145.18	145.18
投资收益	1,044.89	34.48	321.61	59.60
营业外收支净额	-3,108.43	-3,105.03	-3,328.61	-3,293.21
利润总额	-14,367.67	-14,367.67	-25,961.87	-25,864.72
所得税				46.24
净利润	-14,367.67	-14,367.67	-25,961.87	-25,910.96

2.其他财务指标

指标名称	上年同期	本期数	送股后数据
每股收益	-0.22元	-0.39元	-0.37元
净资产收益率	-17.17%	-35.44%	-35.44%
每股净资产	1.26元	1.10元	1.05元
股东权益比率	22.82%	19.12%	19.12%

注①:净资产收益率-35.44%,远低于同期银行存款利息,根本原因在于本报告期间发生了巨额亏损;

注②:本公司于1997年6月30日之后实施了10:0.5的送股方案。

3.合并财务报表附注

①以上中期报告所采用的会计政策和方法与1996年年度财务报告所采用的会计政策和方法相一致;

②本报告期间财务报告主体未发生合并、分立等变化。根据会计重要性原则,合并报表数包含了长钢广汉实业公司和长钢德阳实业公司,与1996年度的财务报表口径一致;

③货币资金比期初上升150.40%,主要是未达帐及保证金增加;

④应付帐款比期初上升92.81%,主要因货币资金极度紧张,应付长钢集团公司原材料款上升所致;

⑤应付票据比期初上升121.70%,主要系采取应付票据结算业务扩大所致;

⑥未分配利润较期初增长-688.84%,系由公司上半年发生巨额亏损所致;

⑦主营业务利润较去年同期增长-93.49%,系营业成本、管理费用分别较去年同期增长9,850万元和378万元所致;

⑧其他业务利润较去年同期增长-69.41%,系来料加工减少所致;

⑨投资收益较去年同期增长72.88%,系参股公司分配增加及兑现到期国债所致;

⑩关联方交易:本公司废钢、天然气等原、燃材料及部份备品备件和劳务系由控股母公司长城特殊钢(集团)有限责任公司提供,1997年1--6月共发生交易金额48,806.96万元。结算方式是根据双方签定的合同,按市场价结算。

二、经营情况回顾与展望

1.上半年经营情况的回顾

1997年上半年受特钢市场继续疲软、上游产品政策性涨价以及管理滑坡、技改项目未能形成新的利润增长点等内外部原因的影响,公司出现了前所未有的巨额亏损,亏损总额高达2.59亿元,较去年同期增亏1.15亿元。

①电、煤、天然气、废钢、铁合金等原、燃材料继续涨价,导致可比产品成本超支7,744.85万元,影响当期效益3,520.21万元;

②特钢市场继续疲软,公司为了保持必要的现金周转,不得不降价销售钢材,今年1--6月吨材售价较去年同期相比下降325万元,减少利润6,209.73万元;

③上半年公司资金极度紧张,月均货款回笼不足以维持简单再生产的能源、原材料采购,造成公司难以组织高附加值盈利产品的大批量生产,市场竞争能力受到严重制约;

④管理滑坡,导致漏洞增加,使得公司部份效益流失;

⑤公司已竣工技改项目未能按计划投产、达效,拳头产品出不来或未争得足够的市场份额,没有形成新的利润增长点。

2.下半年的打算

下半年公司将以狠抓扭亏为一切工作的中心。集中精力、物力和财力开展生产自救,动员和依靠全体员工满腔热情、敬业爱岗、忘我工作、勇于奉献,确保实现既定目标。

①以市场为导向，不断强化管理，以灵活多样的经营方式确保公司经营目标的实现，力争使生产经营工作迈上一个新的台阶；

②开拓市场，强化市场营销，抓住国家重点发展汽车、铁路、电力、石化行业的契机，重点开拓高产值、高附加值产品的市场，调整供销战略和营销策略，着力增加销售收入；

③最大限度地发挥资产规模优势，加大内部管理体制的改革力度，盘活存量资产，优化新增资产，不断提高企业适应市场竞争的能力；

④抓住省、市政府实实在在扶持本公司控股母公司的契机，借助绵阳市"优化资本结构试点城市"改革的各项优惠政策，加快实施"精干主体、分离辅助"和"减人增效、下岗分流"的改革步伐；

⑤依靠科技进步，坚持走品种质量效益型的发展道路，加快技术质量攻关，加大"学邯钢、降成本"力度，提质降耗，提高效益。

三、重大事件说明

(一)报告期内重大事件说明

1.经国家国资局国资企发(1997)6号文件批复，原本公司第一大股东四川省冶金工业厅持有的国家股权授予长城特殊钢(集团)有限责任公司持有；同时，长钢集团还协议受让了深圳平安实业投资公司等法人单位持有的本公司募集法人股，从而以持本公司总股本62.12%的股份成为第一大股东；

2.本公司1996年度配股募集资金按《配股说明书》要求全部投入新钢厂炼钢系统建设，至1997年6月30日该工程已累计完成投资10,114万元人民币，主厂房柱基础全部完工，正进行电炉设备基础施工和主厂房钢结构制作。但由于后续资金3亿元人民币"双加工程"贷款尚未落实，截止本报告期，项目已面临全面停工的危险；

3.重大诉讼、仲裁事项：本公司是重庆钢球厂的债权人，1997年1月重庆钢球厂向重庆市中级人民法院提出破产申请。截止1997年6月30日，重庆中院已受理该厂的破产申请并进入破产诉讼程序，但尚未予以裁定。经两次债权人会议，确认本公司拥有该厂债权本金930万元人民币；

4.按照国务院证券委、中国人民银行、国家经贸委5月21日联合发布的《严禁国有企业和上市公司炒作股票的规定》的要求，公司经自查，没有以本公司及控股子公司的名义开立证券帐户炒作已上市流通股票，本公司今后如从事股票投资，将严格遵循国家政策法规的规定；

5.由于本公司合资企业长城协和钢管公司的外方股东不同意长城协和钢管公司的注册资本及双方出资比例发生变动，本公司以实物资产向该合资企业追加投入的方案未能实现；

6.本公司不进行1997年中期分红或配股。

(二)报告期后重大事件说明

1.本公司于1997年7月3日实施了1996年度分红方案，分配方案为以1996年末总股本66,204.02万股为基数，向全体股东按10:0.5比例派送红股，送股后公司总股本增至69,514.22万股；

2.本公司于1997年8月25日在公司本部召开了1997年度第一次临时股东大会；

3.本公司于1997年8月25日发生了重大人事变动：

①三届五次董事会选举葛钦明先生任董事长、蒋仁富、蒋光荣两位先生任副董事长，解聘吕聿信先生总经理职务，聘任朱振奎先生任总经理、增聘张莱平和徐兴卫先生任副总经理；

②三届二次监事会选举高东生先生任监事会主席。

四、发行在外股票的变动和股权结构的变化

1.股权结构情况

股份单位：股　面值：每股1.00元人民币　截止1997年6月30日

股份类别	期初数	增加	期末数	比例%
(一)尚未流通股				
①发起人股	389,155,024	0	389,155,024	58,781
国有股	389,155,024	0	389,155,024	58,781
②募集法人股	132,000,000	0	132,000,000	19.938
③转配股	17,131,527	0	17,131,527	2.588
尚未流通股合计	538,286,551	0	538,286,551	81.307
(二)已流通股份				
①A股	123,721,132	976	123,722,108	18.688
②冻结高管股	32,496	-976	31,520	0.005
已流通股份合计	123,753,628	0	123,753,628	18.693
(三)股份总计	662,040,179	0	662,040,179	100.00

注：冻结高管股减少976股，系原部分高管人员离任半年后按规定准予其股票流通所致。

2.公司前10名股东持股情况(截止97年6月30日)

股东名称	持股数量(股)	比例(%)
长城特殊钢(集团)公司	411,254,024	62.12
深圳国际信托投资公司	18,623,000	2.81
深圳中经信证券业务部	17,000,000	2.57
深圳天骥投资基金	16,500,000	2.49
深圳蓝天基金	11,000,000	1.66
攀枝花钢铁(集团)公司	11,000,000	1.66
深圳笋岗仓库企业公司	6,600,000	1.00
深圳投资基金管理公司	5,500,000	0.83
深圳物业发展(集团)公司	5,500,000	0.83
深圳中财投资发展公司	5,500,000	0.83

注：①实施送股后，上述股东持股数均增加了5%；

②长城特殊钢(集团)公司所持股份(截止97年6月30日)中的389,155,024股为国家股，其余股份为募集法人股。

五、股东大会简介

1.本公司1997年度股东大会于1997年5月30日在公司本部召开，出席股东15人，代表股权436,918,365股，占公司总股本的65.99%。会议审议通过下列事项：

①审议通过1996年度董事会、监事会、总经理工作报告；

②审议通过年度财务预决算报告及1996年度利润分配方案，利润分配方案为向全体股东按10:0.5比例派送红股；

③审议通过向社会发行5,000万元技术改造贴息债券的议案；

④审议通过以存量资产向长城攀港特钢有限公司追加投入的议案；

⑤审议通过巩亚平女士接替俞勤先生担任公司监事的议案；

⑥审议通过聘请四川会计师事务所为公司常任财务报表审计机构的议案；

⑦审议通过了董事会对1996年度财务报表审计中保留意见的说明。

2.本公司于1997年8月25日在公司本部召开了1997年度第一次临时股东大会，出席股东10人，代表股权455,052,662股，占公司总股本的65.46%。会议通过下列事项：

①审议通过刘立中、翟光辉、吕聿信先生不再担任公司董事；高东生先生因工作变动不再担任公司董事；增选蒋仁富、杨福川、艾志远、张莱平、徐兴卫、李晓烈先生为三届董事会成员的议案；

②审议通过杨福川先生不再担任公司监事，改选高东生先生为三届监事会成员的议案；

③审议通过授权董事会对公司章程部分条款进行修改的议案；

④审议通过对公司1997年生产经营计划进行调整的议案。

六、备查文件

1.载有董事长亲笔签名的中期报告原件；

2.本公司1996年度报告及其摘要；

3.本公司1997年度股东大会材料及决议；

4.本公司1997年度第一次临时股东大会材料及决议；

5.本公司1997年中期财务报表原件；

6.查阅地址：本公司证券投资部，电话：(0816)3652384

长城特殊钢股份有限公司

1997年8月29日

江门甘庶化工厂(集团)股份有限公司

江门甘蔗化工厂(集团)股份有限公司1996年年度报告摘要

一、公司简况

(一)公司名称:江门甘蔗化工厂(集团)股份有限公司

英文名称:JIANGMEN SUGAR CANE CHEMICAL CO. LTD (GROUP)

(二)公司地址:广东省江门市北新路　　邮政编码:529075

(三)公司法定代表:梁振耀

(四)公司负责信息披露的人员:黎佩文　刘亨源

联系电话:(0750)3365000　3372059　传真号码:(0750)3361973

二、主要财务数据与财务指标

单位:万元

指标项目	本年数	上年数	比上年增减(%)
(一)主营业务收入	41537	46031	-9.76
(二)净利润	7058	6492	8.72
(三)总资产	108101	78424	37.84
(四)股东权益	70102	47756	46.79
(五)每股收益(元)	0.36	0.74	-51.35
(六)每股净资产(元)	3.54	5.42	-34.69
(七)净资产收益率%	10.07	13.59	-25.90
(八)股东权益比率%	64.85	60.89	6.50

三、公司业务回顾

(一)一年来经营状况

本公司是一家以工业为主、跨行业的综合性大型企业,但其主要产品都是属于轻工业的范畴,是中国轻工业200强企业之一,位居71名。1996年,公司的工业总产值(现行价)为37225万元,销售收入41537万元,实现税利11262万元,继1995年首次突破1亿万元后,再创历史最好水平,其中利润8322万元,超额4.0%完成了年度计划,比去年同期增长8.91%,使经济效益跃上了新台阶,增强了企业的发展后劲。由于各方面的工作都抓得比较扎实,取得较好的成绩,在1996年度,先后被评为"全国资源综合利用先进企业"、"全国设备管理优秀单位",跨进"中国进出口额最大的500家企业"和"全国300户重点国有企业"行列,并以其良好的经营业绩连续两年位列全国上市公司前100名之内。此外,本公司主导产品之一的莲花牌优级白砂糖连续两个榨季在全国甘蔗糖业质量竞赛中荣获第一名;并被认定为广东省首批名牌产品;企业现代化管理有两项成果获省级奖励。

本公司主要生产和销售商品浆板、机制纸、食糖、药用酵母、食用酒精、生化原药及其制品。1996年生产商品浆板22808吨,销售24108吨,商品浆板产量占全国重点造纸企业的14.1%,市场占有率为1%;生产机制纸23752吨,销售23687吨,市场占有率为0.1%;生产食糖18642吨,销售20984吨,市场占有率为0.3%,生产药用酵母1729吨,销售2080吨,市场占有率为27.5%;生产食用酒精4435吨,销售4189吨,市场占有率为0.3%;生化原药聚肌胞是全国最大的生产厂家。与此同时,根据生产需要安排了4项技术改进措施(不含重大技改项目),投资1018.5万元,已全部完成,其中包括采用国内造纸机械新设备改造5号纸机一压为真空压榨,引进国外先进纸张定量、水份、厚度自控系统改造4号纸机,引进一台130M3奥地利酵母发酵罐及其生产技术,改进酵母浸膏生产设备及其技术等。以上项目的建成投产,对公司进一步挖掘潜力、扩大生产、提高质量、降低消耗、增加效益、保证安全都发挥了重要作用。

(二)主要指标分析

1996年,公司原定计划完成主营业务收入为46000万元,税后利润6800万元。实际完成主营业务收入41537万元,完成计划的90.30%,比1995年下降9.76%;税后利润为7058万元,完成计划的103.79%,比1995年增长8.72%。

公司在完成年度利润总额8322万元中,来自主营业务的利润为1661万元,占利润总额的19.96%;来自投资收益,包括长短期投资的收益为6587万元,占利润总额的79.15%,其他占0.89%。

(三)前次募集资金的运用情况

1996年配股所募集的资金主要用于已列入国家"双加"工程计划的制浆及其废液治理工程和废纸脱墨工程这两个项目,并延续到1997年,这次配股实际募集资金为16495万元。现将资金的运用和结果说明如下:

1. 引进奥地利废纸脱墨制浆生产线和制浆及其废液治理工程都是按计划进度进行,但实际所用资金未能控制在预算金额之内,主要原因是设备价格上涨。

2. 余下的配股款一部分在1997年继续投入使用,一部分用作补充本公司流动资金和偿还到期贷款。

四、股本变化及股本结构情况

(一)股本变化与股本结构情况

1. 股本变化及股本结构情况

截止1996年年末　　数量单位:股　　每股面值:1元

	期初数	本次变动增减(+、-)					期末数
		配股	送股	公积金转股	其他	小计	
一、尚未流通股份							
1. 发起人股份	33781016	9102304	6756203	24819761		40678268	74459284
其中:国家拥有股份	30341016	9102304	6068203	22755761		37926268	68267284
境内法人持有股份	3440000		688000	2064000		2752000	6192000
外资法人持有股份							
其他							
2. 募集法人股	19084400	6757320	3816880	14829300		25403500	44487900
3. 内部职工股							
4. 优先股或其他							
尚未流通股份合计	52865416	15859624	10573083	39649061		66081768	118947184
二、已流通股份							
1. 境内上市的人民币普通股	35248580	10574694	7049796	26436735		44061225	79310205
2. 境内上市的外资股							
3. 境外上市的外资股							
4. 其他							
已流通股份合计	35248980	10574694	7049796	26436735		44061225	79310205
三、股份总数	88114396	26434318	17622879	66085796		110142993	198257389

注:本年度增加股本110142993股,是1996年派送1995年度的红股(每10股送2股)和1996年配股(每10股配3股)及资本公积金转增股本(每10股转增5股)的增加数。这就使尚未流通的股份从1996年初的

52865416 股增至年末的 118947184 股;另外,原有 6 位高层管理人员在转增股本前不再担任董事、监事,原所持的职工股经深圳证券登记有限公司批准转为流通股。由于上述四个原因,从而使已流通股份从 1996 年初的 35248980 股增至年末的 79310205 股。

2. 公司在本报告年度末的股东总数为 52247 户。

3. 主要股东持股情况

股东名称	年末持股数	持股比例
江门市工业资产管理公司	68267284 股	34.43%
江门光达股份有限公司	9430500 股	4.76%
江门群益造纸厂	9200820 股	4.64%
江门甘化综合厂	3988080 股	2.01%
中国工行广东信托投资公司	3600000 股	1.82%
江门光华印刷厂	3055980 股	1.54%
广东省糖纸工业公司	1800000 股	0.90%
番禺紫坭糖厂	1254960 股	0.63%
中行江门分行	1159200 股	0.58%
江门国际信托投资公司	792000 股	0.40%

(二)公司董事、监事及高级管理人员持股情况

序号	股东姓名	职　务	年初持股数	年末持股数	增减%
1	梁振耀	董事局主席	9360	21060	+125
2	周　润	董事	5800	13050	+125
3	卢耀光	董事	9360	21060	+125
4	黄明玉	董事	9360	21060	+125
5	林志光	董事	0	3600	
6	黄纪生	董事	9360	21060	+125
7	刘亨源	董事	0	3000	
8	龙云飞	董事	0	0	0
9	邝钦宁	董事	0	0	0
10	伍柱泮	监事会主席	0	1250	
11	谢少珍	监事	0	800	
12	王若平	监事	0	700	
13	张坤林	监事	3600	8100	+125
14	谭鸟民	监事	0	600	

注:原持股的 6 位董事和监事年末持股数比年初增加 125%,是 1996 年派送 1995 年度的红股和 1996 年配股及资本公积金转增股本的增加数。

五、重要事项

(一)股东大会情况说明

公司于 1996 年 5 月 28 日上午 8 时 30 分,在本公司文化中心召开了 1995 年度股东大会;于 1996 年 12 月 9 日下午 3 时正,在本公司文化中心召开了 1996 年度股东临时大会。出席 1995 年度股东大会的股东共 106 人,代表股份 4727.0806 万股,占本公司总股份的 53.65%;出席 1996 年股东临时大会的股东共 89 人,代表股份 6861 万股,占本公司总股份的 51.92%。1995 年度股东大会审议通过了六项决议::(1)董事局 1995 年度工作报告;(2)1995 年度财务决算及利润分配预案;(3)修改公司章程的方案;(4)1995 年度监事会工作报告;(5)1996 年度配股方案;(6)选举产生了公司第二届董事局和第二届监事会。公司第二届董事局由梁振耀、周润、卢耀光、黄明玉、林志光、黄纪生、刘亨源、龙云飞、邝钦宁 9 位先生组成。公司第二届监事会由伍柱泮、谢少珍、王若平、张坤林、谭鸟民 5 位先生、女士组成。1996 年股东临时大会审议并通过了两项决议:(1)关于用资本公积金转增股本的预案;(2)公司投资光大银行的议案。

(二)董事会情况说明

公司董事局在报告年度内共召开过五次董事局会议,主要是审议通过 1995 年度工作报告、1995 年度利润分配方案、召开 1995 年度股东大会事宜、推荐第二届董事局和第二届监事会候选人名单、选举董事局主席、1996 年度配股方案、1996 年度中期业绩报告、投资光大银行议案、用资本公积金转增股本议案,等等。

(三)配股情况说明

本公司根据中国证券监督管理委员会证监上字[1996]5 号文的批复,于 1996 年 7 月 19 日至 8 月 20 日实施了 1996 年度增资配股方案,即以 1995 年年末总股本 88114396 股为基数,按 10:3 的比例向全体股东配售,配股价为 6.5 元/股。1996 年 7 月 19 日,公司分别在《中国证券报》和《证券时报》刊登了《江门甘蔗化工厂(集团)股份有限公司 1996 年度配股说明书》。8 月 7 日至 8 月 20 日为本次配股缴款日。此次,增资配股共计向全体股东配售了 26434318 股,募集资金总额为 17182.308 万元,扣除配股费用 687.32 万元后,实收配股款净额为 16494.988 万元。本次股份变动报告已于 1996 年 8 月 31 日在《证券时报》披露。

(四)投资情况说明

本公司于 1996 年 8 月 27 日与中国光大银行签订了"增资协议书",决定投资购买光大银行增资股份中的 2000 万股,按每股 1.80 元计价,共计人民币 3600 万元。此投资议案已于 1996 年 8 月 29 日进行了信息披露,并获 1996 年 12 月 9 日召开的股东临时大会审议通过。

(五)本报告期内公司无重大诉讼、仲裁事项。

六、关联企业

本公司持有关联企业权益达 20% 以上的只有一家,其企业名称为江门市长润造纸有限公司,注册资金为 2183 万元,主要生产经营卫生纸。本公司拥有 60% 的权益。

七、财务报告

(一)审计意见

公司财务报告经深圳金鹏会计师事务所注册会计师尚长书、朱月凤审计,并出具无保留意见的审计报告([97]审字第 015 号)。

(二)财务报表

1. 资产负债表(附后)

2. 利润及利润分配表(附后)

3. 财务状况变动表(附后)

(三)财务报表附注

1. 公司采用的主要会计政策

(1)公司执行《企业会计准则》和《股份制试点企业会计制度》。

(2)公司执行的会计年度是公历年度。

(3)外币折算方法:记帐本位币为人民币,外币折算按发生日国家公布市场汇价的中间价记帐,年终按 12 月 31 日外汇价对货币资金、债权、债务进行折算,其折算差异全部计入当期损益。

(4)存货:采用永续盘存制和实际成本核算,发出商品、产成品采用先进先出法计价,其他存货采用加权平均法计价,低值易耗品采用一次性摊销法。

(5)对外投资:长期投资按实际成本计价,债券投资的投资收益采用成本法计算,股票投资和联营投资的投资收益,股权比例在 25% 以下者采用成本法核算,股权比例在 25% 至 50% 之间者采用权益法核算。股权比例超过 50% 以上者采用权益法核算并合并报表。

(6)固定资产及折旧:固定资产以历史成本计价,折旧采用直线法,应计折旧额在扣除 3% 的残值后按分类折旧率计提,其折旧年限和折旧率如下:

固定资产类别	折旧年限	年折旧率%
A:房屋及建筑物——房屋	35	2.77
——其他建筑物	20	4.85
B:机器设备——动力设备	14	6.93
——传导设备	22	4.41
——工作机器及设备	12	8.08
——工具、仪器、生产用具	12	8.08

C:运输设备	10	9.7
D:管理用具——管理用具	20	4.85
——其他设备	12	8.08

(7)税项:

税种	税率
增值税	17%、13%
营业税	3%
消费税	5%

2.应收帐款年末余额为6106万元,其中一年以内的5392万元,1-2年的102万元,2-3年的337万元,3年以上的275万元。

3.其他应收款年末余额为3813万元,其中一年以内的1704万元,1-2年的243万元,2-3年的1154万元,帐龄3年以上的713万元。

应收帐款、其他应收款期末余额中无持本公司5%以上股份的主要股东的欠款。

4.长期投资年末比年初增加3743万元,主要是购买光大银行增资股2000万股,金额为3600万元。

5.固定资产原值年末比年初增加8020万元,主要是技术改造及技术开发项目增加的固定资产。

6.在建工程年末余额是20195万元,其中利息资本化金额为740万元。

7.短期借款:本年度增加44687560元,其中主要是新增向省工行借款35000000元。

8.股本今年末比年初增加110142993股,是1996年上半年完成了1995年度每10股送2股红股的分红派息工作,共送出红股17622879股;1996年5月28日股东大会批准1996年度配股方案,以88114396股为基数按10股配3股,配售股本数额为26434318股;1996年12月9日股东临时大会审议通过决定用1996年度资本公积金以股本总额132171593股为基数,向全体股东按10:5的比例转增股本,增加股本66085796股。

9.资本公积金年末比年初增加7243万元,主要原因有两个:一是本年配股溢价减配股费用后增加资本公积金13852万元,二是资本公积金转增股本而减少资本公积金6609万元。

10.盈余公积金年末比年初增加了1764万元,是根据公司董事局会议提出的预分方案提取的,其中法定盈余公积金706万元,法定公益金353万元,任意盈余公积金706万元。

11.1996年税后利润7058万元,经公司董事局会议提出的预分方案,提取10%的法定盈余公积金706万元,提取5%的法定公益金353万元,提取10%的任意盈余公积金706万元,分配普通股股利1207万元,余下未分配利润4086万元。

12.1996年应交所得税额是根据调整后的应纳税所得额按15%的税率缴交(江府办[1994]74号文)。

13.短期投资: 单位:人民币元

被投资单位	投资方式	期初数	期末数
牡丹科技设备有限公司	联营	21,500,000.00	21,500,000.00
肇庆城乡建设开发公司	合作	9,030,269.04	9,064,442.23
江门国际信托投资公司	合作	32,485,800.00	16,639,800.00
中山市惠成工贸公司	联营	13,000,000.00	
江门市苑威贸易发展有限公司	联营	14,700,000.00	15,798,924.23
广西南宁恒元开发公司	合作	15,000,000.00	13,000,000.00
江门市郊区里村化工厂	合作	3,325,000.00	3,145,000.00
江门市潮连大桥发展有限公司	合作	10,500,000.00	10,500,000.00
粤江发展有限公司	合作	7,970,000.00	4,470,000.00
江门市正源贸易发展有限公司	联营		500,000.00
中山汇城工贸发展有限公司	联营		32,000,000.00
广西梧州地区对外经济贸易基地公司	联营		3,000,000.00
江门中城外贸(日用工艺品)有限公司	联营		100,000.00
杜阮房屋建造	合作		107,977.60
广西梧州口岸经贸公司	联营		2,000,000.00
海南琼海威宇实业发展公司	联营	1,500,000.00	
南方证券广州营业部	证券投资	15,000,000.00	
甘化海南期货营业部	期货买卖	2,216,857.19	
江门市化工进出口公司	联营合作	300,000.00	
江门市群益造纸厂	联营合作		12,810,220.00
江门光达实业有限公司	联营合作		7,148,040.00
合计		146,527,926.23	151,784,404.06

14.长期投资:

(A)债券种类	期初数(面值)	期末数(面值)
国库券	158,600.00	
重点企业债券	255,800.00	
特种国库券	500,000.00	
小计	914,400.00	

(B)联营投资:

被投资公司名称	期初投资金额	占被投资单位注册资本比例	年末余额
两广纸张联营公司	50,000.00元	25%以下	50,000.00元
中国造纸开发公司	100,000.00元	25%以下	100,000.00元
广州商品期货交易所	1,800,000.00元	25.以下	750,000.00元
江门市长润造纸有限公司	14,361,904.26元	25%以下	18,171,472.21元
中国光大银行		7‰	36,000,000.00元
小计	16,311,904.26元		55,071,472.21元

(C)应计利息:

债券种类	期初数	截止报告日止的应计利息
国库券	452,238.00元	111,020.00元
重点企业债券	51,660.00元	60,336.00元
特种国库券	86,400.00元	
小计	590,298.00元	171,356.00元
合计	17,816,602.26元	55,242,828.21元

15.未分配利润

人民币:元

	本期增加数	期末数
未分配利润	40,860,849.23	40,860,849.23
其中:净利润	70,578,389.01	70,578,389.01
提取法定盈余公积金	7,057,838.90	7,057,838.90
提取法定公益金	3,528,919.45	3,528,919.45
提取任意公积金	7,057,838.90	7,057,838.90
分配普通股股利	12,072,942.53	12,072,942.53

16.投资收益

项目	金额
股票投资收益	6,662,470.11元
债券投资收益	21,364.00元
联营合作投资收益	56,582,080.02元
期货收益	2,602,536.05元
合计	65,868,450.18元

备注:投资收益比上年增加29,160,438.87元,主要是联营合作投资收益增加。

八、其它事项

公司第二届董事局于1997年4月17日在本公司接待室召开了第七次会议,会议审议并通过了1996年度利润分配预案:

1996年度可供分配的利润为70578389.01元,减提取10%的法定公积金7057838.90元、提取5%的法定公益金3528919.45元、提取10%的

任意公积金7057838.90元,可供股东分配的利润为52933791.76元,加上年未付股利7752796.37元,共计60686588.15元。董事局会议决定提出的分配预案为每10股派发现金股利1.00元,应付股利共计19825738.90元,余下的40860849.23元用于发展生产,待下年度再分配。

此分配预案需提交1996年度股东大会审议批准后实施。

江门甘蔗化工厂(集团)股份有限公司董事局

1997年4月19日

利润及利润分配表

编制单位:江门甘蔗化工厂(集团)股份有限公司　　1996年度　　单位:人民币元

项　目	上年同期累计数	年末数
一、主营业务收入	460,314,687.09	415,369,915.98
减:营业成本	388,201,846.93	374,858,412.42
销售费用	3,062,058.88	3,471,601.67
管理费用	22,666,026.19	15,998,544.51
财务费用	3,524,315.81	992,040.88
营业税金及附加	3,372,826.85	3,437,401.72
二、主营业务利润	39,487,612.43	16,611,914.78
加:其他业务利润		
三、营业利润	39,487,612.43	16,611,914.78
加:投资收益	36,706,011.31	65,868,450.18
营业外收入	722,542.34	920,695.93
减:营业外支出	506,700.09	184,767.39
加:以前年度损益调整		
四、利润总额	76,409,465.99	83,216,293.50
减:所得税	11,492,467.77	12,637,904.49
五、净利润	64,916,998.22	70,578,398.01
加:年初未分配利润	4,162,994.85	
六:可供分配的利润	69,079,993.07	70,578,398.01
减:提取法定盈余公积	6,907,999.30	7,057,838.90
提取法定公益金	3,453,999.66	3,528,919.45
企业发展基金		
七、可供股东分配的利润	58,717,994.11	59,991,630.66
减:提取任意公积金	6,907,999.30	7,057,838.90
已分配普通股股利	51,809,994.81	12,072,942.53
其中:中方股利		
外方股利		
利润归还投资		
八、未分配利润		40,860,849.23

资产负债表

编制单位:江门甘蔗化工厂(集团)股份有限公司　　1996年12月31日　　单位:人民币元

资产数	年初数	年末数	资产数	年初数	年末数
流动资产			负债及所有者权益		
货币资金	47,846,162.53	120,065,066.12	流动负债		
短期投资	146,527,926.23	151,784,404.06	短期借款	77,670,000.00	122,357,560.00
应收票据			应付帐款	56,015,409.27	44,180,233.43
应收帐款	9,414,468.14	61,063,277.95	预收货款		
减:坏帐准备	47,072.34	305,316.39	应付股利	51,809,994.81	19,825,738.90
应收帐款净额	9,367,395.80	60,757,961.56	应交税金	1,314,423.64	1,178,871.45
预付货款	33,335,741.32	10,144,689.63	其他应付款	62,469,864.32	49,351,137.22
其他应收款	42,908,565.08	38,134,421.66	其他未交款	8,649,031.32	6,801,731.35
待摊费用	14,439,108.63	9,888,698.69	预提费用	9,424,732.36	3,897,293.16
存货	184,339,458.41	185,774,153.43	一年内到期的长期负债	7,500,000.00	7,500,000.00
一年内到期的长期债券投资	428,200.00	303,200.00	应付福利费	2,745,740.41	5,024,029.71
流动资产合计	479,192,558.00	576,852,595.15	流动负债合计	277,599,196.13	260,116,595.22
长期投资			长期负债		
长期投资	17,816,602.26	55,242,828.21	长期借款	27,091,756.34	99,928,012.41
固定资产			应付公司债		
固定资产原价	334,921,946.05	415,122,166.69	应付公司债溢价(折价)		

资产数	年初数	年末数	资产数	年初数	年末数
减:累计折旧	157,502,013.87	168,154,631.35	其他长期负债	1,989,630.92	19,949,010.00
固定资产净值	177,419,932.18	246,967,535.34	筹建期间汇兑收益		
固定资产清理			递延投资收益		
在建工程	109,815,370.84	201,949,906.94	长期负债合计	29,081,387.26	119,877,022.41
固定资产合计	287,235,303.02	448,917,442.28	递延税项		
无形资产			递延税款贷款		
场地使用权			负债合计	306,680,583.39	379,993,617.63
工业产权及专有技术			所有者权益		
其他无形资产			股本	105,737,276.26	198,257,389.00
其他资产			资本公积	326,828,728.13	399,258,537.03
开办费			盈余公积	44,997,875.50	62,642,472.75
筹建期间汇兑损失			储备基金		
递延投资损失			企业发展基金		
待处理流动资产损失			利润归还投资		
递延税项			未分配利润		40,860,849.23
递延税款借项			所有者权益合计	477,563,879.89	701,019,248.01
资产总计	784,244,463.28	1,081,012,865.64	负债及所有者权益总计	784,244,463.28	1,081,012,865.64

财务状况变动表

编制单位:江门甘蔗化工厂(集团)股份有限公司　　1996年度　　单位:人民币元

流动资金来源和运用	金　额	流动资金来源和运用	金　额
一、流动资金来源		流动资金各项目的变动	
1.本年净利润	70,578,389.01	二、流动资产本年增加数	
加:不减少流动资金的费用和损失		1.货币资金	72,218,903.59
(1)固定资产折旧	11,181,137.00	2.短期投资	5,256,477.83
(2)无形资产、递延资产及其他资产摊销(减:其他负债转销)		3.应收票据	
		4.应收帐款净额	51,390,565.76
(3)固定资产盘亏(减:盘盈)		5.预付货款	—23,191,051.69
(4)清理固定资产损失(减:收益)	—91,872.70	6.其他应收款	—4,774,143.42
(5)递延税款		7.待摊费用	—4,550,409.94
(6)其他不减少流动资金的费用和损失	—505,404.00	8.存货	1,434,695.02
小　计	81,162,249.31	9.待处理流动资产损失(减收益)	
2.其他来源:		10.一年内到期的长期债券投资	—125,000.00
(1)固定资产清理收入(减清理费用)	207,657.00	11.其他流动资产	
(2)增加长期负债	104,593,781.59	流动资产增加净额	97,660,037.15
(3)收回长期投资	2,956,706.00	二、流动负债本年增加数	
(4)对外投资转出固定资产		1.短期借款	44,687,560.00
(5)对外投资转出无形资产		2.应付票据	
(6)资本净增加额	182,594,518.89	3.应付帐款	—11,835,175.84
小　计	290,352,663.48	4.预收货款	
流动资金来源合计	371,514,912.79	5.应付福利费	2,278,289.30
二、流动资金运用:		6.未交股利	—31,984,255.91
1.利润分配		7.未交税金	—135,552.19
(1)提取法定公积金	7,057,838.90	8.其他未交款	—1,847,299.97
(2)提取法定公益金	3,528,919.45	9.其他应付款	—13,118,727.10
(3)提取任意公积金	7,057,838.90	10.预提费用	—5,527,439.20
(4)已分配股利	12,072,942.53	11.一年内到期的长期负债	
小　计	29,717,539.78	12.其他流动负债	
2.其他运用		流动负债增加净额	—17,482,600.91
(1)固定资产和在建工程净增加额	172,473,656.56	流动资金增加净额	115,142,638.06
(2)增加无形资产,递延资产及其他资产			
(3)偿还长期负债	13,789,146.44		
(4)增加长期投资	40,382,931.95		
小　计	226,654,734.95		
流动资金运用合计	256,372,274.73		
流动资金净增加额	115,142,638.06		

江门甘蔗化工厂(集团)股份有限公司1997年中期报告

一、财务报告(已经审计)

公司财务报告已经深圳金鹏会计师事务所审计,并出具无保留意见的审计报告[(97)审字第164号]。

(一)财务报表

1. 资产负债表

97年6月30日　　　　单位:人民币元

资　　产	年初数	期末数	负债及股东权益	年初数	期末数
流动资产:			流动负债:		
货币资金	120,065,066.12	49,368,130.21	短期借款	122,357,560.00	154,370,000.00
短期投资	151,784,404.06	143,541,889.60	应付票据		
应收票据			应付帐款	44,180,233.43	50,915,095.50
应收帐款	61,063,277.95	74,063,161.22	预收货款		
减:坏帐准备	305,316.39	209,914.05	其他应付款	49,351,137.22	27,099,577.79
应收帐款净额	60,757,961.56	73,853,247.17	应付福利费	5,024,029.71	5,275,525.68
预付货款	10,144,689.63	34,288,459.12	未付股利	19,825,738.90	
其他应收款	38,134,421.66	40,060,433.87	未交税利	1,178,871.45	9,272,950.31
存货	185,774,153.43	209,759,529.06	其他未交款	6,801,731.35	7,304,548.69
其中:原材料	80,563,377.81	81,590,421.39	预提费用	3,897,293.16	4,847,861.42
产成品	75,775,362.06	90,756,508.57	一年内到期的长期负债	7,500,000.00	6,000,000.00
分期收款发出商品	24,302,764.84	34,428,490.14	其他流动负债		
待摊费用	9,888,698.69	8,581,984.66			
待处理流动资产净损失			流动负债合计	260,116,595.22	265,085,559.39
一年内到期的长期债券投资	303,200.00	474,556.00	长期负债:		
其他流动资产			长期借款	99,928,012.41	99,928,012.41
流动资产合计	576,852,595.15	559,928,229.69	应付债券		
长期投资:			长期应付款		
长期投资	55,242,828.21	95,492,297.67	其他长期负债	19,949,010.00	21,223,575.28
固定资产					
固定资产原价	415,122,166.69	418,868,053.73	长期负债合计	119,877,022.41	121,151,587.69
减:累计折旧	168,154,631.35	173,853,897.04	递延税项:		
固定资产净值	246,967,535.34	245,014,156.69	递延税款贷项		
在建工程	201,949,906.94	220,380,489.71			
固定资产清理		115,158.20	负债合计	379,993,617.63	386,237,147.08
待处理固定资产净损失			股东权益:		
固定资产合计	448,917,442.28	465,509,804.60	股本	198,257,389.00	198,257,389.00
无形资产及递延资产:			资本公积	399,258,537.03	400,408,537.03
无形资产		5,716,902.80	盈余公积	62,642,472.75	62,642,472.75
递延资产			其中:公益金	11,535,449.68	11,535,449.68
无形及递延资产合计		5,716,902.80	未分配利润	40,860,849.23	79,101,688.90
其他长期资产:					
其他长期资产					
递延税款:			股东权益合计	701,019,248.01	740,410,087.68
递延税款借项					
资产合计	1,081,012,865.64	1,126,647,234.76	负债及股东权益总计	1,081,012,865.64	1,126,647,234.76

2. 利润表

单位:人民币元

项　　目	96年1—6月累计	97年1—6月累计
一、主营业务收入	221,557,140.30	223,557,925.66
减:营业成本	194,245,691.96	196,202,095.12
销售费用	1,023,533.13	2,076,862.96
管理费用	11,190,573.23	9,654,549.56
财务费用	201,950.22	1,087,807.73
进货费用		
营业税金及附加	1,513,361.83	1,282,352.83
二、主营业务利润(亏损以"—"号表示)	13,382,029.93	13,254,257.46
加:其他业务利润(亏损以"—"号表示)		
三、营业利润(亏损以"—"号表示)	13,382,029.93	13,254,257.46
加:投资收益(亏损以"—"号表示)	28,003,488.05	31,119,042.54
营业外收入	752,745.38	675,107.50
减:营业外支出	73,962.33	59,184.36
加:以前年度损益调整		
四、利润总额(亏损以"—"号表示)	42,064,301.03	44,989,223.14
减:所得税	6,309,645.16	6,748,383.47
五、净利润	35,754,655.87	38,240,839.67

3、主要财务指标

项　　目	97年1—6月
每股收益(元)	0.193
每股净资产(元)	3.73
净资产收益率(%)	5.16

(二)财务报表附注

1. 本期财务报告所采用的会计政策和方法与1996年度财务报告所采用的会计政策和方法是一致的。

2. 本报告期内财务报告主体未发生合并、分立等变化。

3. 货币资金比96年12月31日减少70696935.91元,原因是生产食糖期(即甘蔗开榨期)为96年12月—97年2月,故采购甘蔗原料需大量资金而使货币资金减少。

4. 短期投资　　单位:元

被投资单位	投资方式	期初数	期末数
牡丹科技设备有限公司	合作	21,500,000.00	21,500,000.00
肇庆城市建设开发公司	合作	9,064,442.23	0
江门国际信托投资公司	合作	16,639,800.00	16,639,800.00
江门市苑威贸易发展有限公司	合作	15,798,924.23	0
广西南宁恒元开发公司	合作	13,000,000.00	0
江门市郊区里村化工厂	合作	3,145,000.00	2,845,000.00
江门市潮莲大桥发展有限公司	合作	10,500,000.00	9,500,000.00
粤江发展有限公司	合作	4,470,000.00	2,970,000.00
江门市正源贸易发展有限公司	合作	500,000.00	500,000.00
中山汇城工贸发展有限公司	合作	32,000,000.00	49,869,552.00
广西梧州地区对外经贸基地公司	合作	3,000,000.00	3,000,000.00
江门中城外贸有限公司	合作	100,000.00	110,000.00
杜阮开发物资购销部	合作	107,977.60	149,277.60
广西梧州口岸经贸公司	合作	2,000,000.00	1,500,000.00
江门市群益造纸厂	合作	12,810,220.00	12,810,220.00
江门光达有限公司	合作	7,148,040.00	22,148,040.00
合　　计		151,784,404.06	143,541,889.60

5. 应收帐款6月30日余额是74063161.22元,其中一年内67214122.29元,1—2年601699.99元,2—3年的357844.19元,3年以上5889494.75元。

6. 预付货款6月30日余额是34288459.12元,其中一年内33504672.27元,一至二年的5294.60元,三年以上的778492.25,预付货款比96年12月31日增加24143769.49元,主要是预付原糖等原材料款。

7. 其他应收款6月30日余额是40060433.87元,其中一年内的25570621.00元,一至二年的7397862.03元,三年以上的7091950.84元。

8. 长期投资(包括一年内到期)

(A)债券投资　　单位:元

债券种类	期初数	期末数
国库券	158,600.00	158,600.00
重点企业债券	144,600.00	144,600.00
小　计	303,200.00	303,200.00

(B)联营投资　　单位:元

被投资单位名称	期初投资金额	占被投资单位	期末余额
江门丽达纸业有限公司		25%	18,323,298.62
江门市长润造纸有限公司	18,171,472.21		0
两广纸张联营公司	50,000.00	20%以下	50,000.00
中国造纸开发公司	100,000.00	20%以下	100,000.00
肇庆城乡建设开发公司	0	20%以下	9,114,611.44
市苑威贸易公司	0	20%以下	15,228,530.11
城区物资公司	0	20%以下	4,204,832.50
礼乐商业发展公司	0	20%以下	4,121,025.00
广西南宁恒元开发公司	0	20%以下	13,000,000.00
小　计	18,321,472.21		64,142,297.67

(C)股权投资　　单位:元

参股企业名称	期初参股金额	期末参股金额	占总股本比例
中国光大银行	36,000,000.00	30,600,000.00	0.7%
广州商品期货交易所	750,000.00	750,000.00	5%
合计	36,750,000.00	31,350,000.00	

原对"江门市长润造纸有限公司"的投资,因该企业名称与江门市另一家企业名称相近,故经江门市工商行政管理局重新登记注册后,改名为"江门市丽达纸业有限公司",并将投资扩大为7328万元,其中我公司投资1832万元,占25%。

(D)应计利息

债券种类	期初数	截止报告日止的应计利息
国库券	111020.00元	111020.00元
重点企业债券	60336.00元	60336.00元
小计	171356.00元	171356.00元
合计	55546028.21元	95966853.67元

长期投资比1996年12月31日增加40420825.46元,原因是原来放

在短期投资科目的房地产投资,包括肇庆城乡建设公司、市苑威贸易公司、城区物资公司、礼乐商业发展总公司、广西南宁恒元开发公司因投资回收期比预计延长,改转入长期投资。

9.固定资产及累计折旧

单位:元

项　目	期初价值	97年1—6月增　加	97年1—6月减　少	97年6月期 末 价 值
固定资产原价	415122166.69	4502748.51	756861.47	418868053.73
房屋及建筑物	114282971.69	463036.80	341978	114404030.49
专用设备	10220248.34	3175	—	10223423.34
通用设备	182763318.86	2771228.48	381823.47	185152723.87
运输工具	10149154.10	758060	14160	10893054.10
融资租入固定资产				
其他	3580473.70	507248.23	18900	4068821.93
土地	94126000	—	—	94126000
累计折旧	168154631.35	5840297.64	141031.95	173853897.04
房屋及建筑物	53115638.77	1374702.30	28655.04	54461686.03
专用设备	6581678.47	284443.67		6866122.14
通用设备	100408907.43	3784630.38	81256.86	104112280.95
运输工具	5930309.70	363188.54	12787.05	6280711.19
融资租入固定资产				
其他	2118096.98	33332.75	18333	2133096.73
固定资产净值	246967535.34	—1337549.13	615829.52	245014156.69

10.在建工程

单位:元

			96.12.31			97.6.30
工程名称	工程进度	原预算数	实际支用数	批准文号	资金来源	实际支用数
冷轧薄板厂			7,914,106.40			7,914,106.40
高强度冷轧带钢工程	99%	25,200,000.00	33,631,383.18	江经技改(93)73号	自筹	35,498,667.20
凹螺纹钢工程				江经技改(93)74号	自筹	
江德宝造纸厂工程	99%	29,920,000.00	37,303,750.27	江经技改(92)48号	自筹	37,509,699.15
制浆及废液处理工程	5%	212,440,000.00	2,444,275.75	国经贸改(95)789号	工行贷款	10,429,147.13
废纸脱墨工程	80%	49,900,000.00	48,458,380.16	粤计工(94)128号	工行贷款	54,984,057.88
粉煤灰加气砼轻质砖	95%	7,190,000.00	8,355,810.19	江经技改(95)34号	环保贷款	8,855,810.19
新建液氯仓	100%	830,000.00	830,509.52	江经技改(93)17号	自筹	
酵母技改	90%	6,500,000.00	4,120,381.96	江经技改(92)220号	工行贷款	5,598,200.68
水蛭素	20%	15,000,000.00	1,122,533.92		工行贷款	1,122,533.92
酒精差压蒸酒技改	99%	2,600,000.00	3,438,328.65		工行贷款	3,485,126.17
年产3.4万吨新闻纸涂布纸工程	50%	470万美元	44,497,178.49	粤经改(96)314号	中行贷款	46,348,431.70
炼糖扩建工程	99%	1,000,000.00	939,870.90		自筹	1,119,687.11
制药矿粉除尘	100%	800,000.00	626,082.47		自筹	
温度仪表二次改值	100%	3,000,000.00	599,429.79		自筹	
ATP原料药工程	90%	800,000.00	640,278.48		自筹	645,478.48
计算机能源集中管理	90%	500,000.00	484,219.92		自筹	484,219.92
新增变电站工程	90%	600,000.00	585,013.22		自筹	585,013.22
无毒泵房	100%	500,000.00	473,279.25		自筹	
热电桥机	98%	1,450,000.00	1,450,000.00		自筹	1,450,000.00
其他			4,035,094.42			4,350,310.56
合计			201,949,906.94			220,380,489.71

11.短期借款

银行或单位名称	借款条件	期末余额 原币	期末余额 折本位币(人民币)
市工商行	抵押	人民币92370000.00	92370000.00元
中国光大银行	信誉担保	人民币27000000.00	27000000.00元
省工商行	抵押	人民币35000000.00	35000000.00元
合计		人民币154370000.00	154370000.00元

12.税项缴纳情况

项目	期初欠缴	本期应缴	本期已缴	期末欠缴
增值税:应交增值税	—559,163.17	559,163.17		0
增值税:未交增值税	795,427.53	7,006,036.66	5,907,966.42	1,893,497.77
营业税	18,991.30	27,111.39	8,634.88	37,467.81
消费税	708,946.78	501,751.50	713,904.04	496,794.24
城市维护建设税	214,669.01	527,442.96	309,825.71	432,286.26
所得税	0	6,748,383.47	335,479.24	6,412,904.23
合计	1,178,871.45	15,369,889.15	7,275,810.29	9,272,950.31

按江府办函(1997)19号文规定,我公司所得税税率为15%。

13.一年内到期的长期负债

贷款单位	月利率(‰)	折合人民币金额	到期日	借款条件
工商行	9.75	3,000,000.00元	97.9.18	抵押
工商行	9.75	3,000,000.00元	97.9.18	抵押
合　计		6,000,000.00元		

14.长期借款

贷款单位	借款日	到期日	月利率(‰)	金额 原币	金额 折合人民币	借款条件
工行江门市分行	94.6.14	98.6.14	9.75	1,000,000.00元	1,000,000.00元	抵押
工行江门市分行	94.6.30	98.6.25	9.75	3,000,000.00元	3,000,000.00元	抵押
工行江门市分行	95.12.27	98.8.15	9.15	10,000,000.00元	10,000,000.00元	抵押
工行江门市分行	96.9.28	98.8.15	9.15	15,000,000.00元	15,000,000.00元	抵押
工行江门市分行	96.12.31	98.8.15	9.15	1,500,000.00元	1,500,000.00元	抵押
工商行国际业务部	95.7.31	18年后	3.75	44,300,000.00奥先令	37,065,032.41元	抵押
中行	96.12.31	5年后	8.25	3,900,000.00美元	32,362,980.00元	抵押
合　计					99,928,012.41元	

15.其他长期负债

项　目　　　　金　额

住房周转金	21,223,575.28

本期增加3349002.41元，主要是收取售职工住房款。

16. 股本

项目	期初数	本期增加数	本期减少数	期末数
国家股	68,267,284.00元	0	0	68,267,284.00
法人股	50,679,900.00元	0	0	50,679,900.00
公众股	79,310,205.00元	0	0	79,310,205.00
合计	198,257,389.00元	0	0	198,257,389.00

17. 资本公积

期初数	本期增加数	本期减少数	期末数
399,258,537.03元	1,150,000.00元	0	400,408,537.03元

本期增加的115万元，是市财政局拨入的环境保护补助金等。

18. 盈余公积金

期初数	本期增加数	期末数
62,642,472.75元	0	62,642,472.75元

19. 未分配利润

	期初数	本期增加数	期末数
净利润	40,860,849.23元	38,240,839.67元	79,101,688.90元

20. 主营业务收入

项目	上年同期累计数	本期累计数
白砂糖、赤砂糖	29,417,621.21元	48,588,430.16元
加工原糖	0	21,419,765.31元
浆板、纸等	130,343,395.24元	110,590,133.79元
酒精、酵母等生化产品	23,293,336.86元	22,798,564.70元
浓缩红液、醋酸乙酯	1,533,321.75元	4,433,860.19元
蒸汽、水、电	10,012,736.49元	4,444,684.90元
商贸、加工、运输	26,956,728.75元	10,378,992.57元
冷轧带钢	0	903,494.04元
合计	221,557,140.30元	223,557,925.66元

21. 财务费用

项目	金额
利息净支出	1,091,477.17元
汇兑净损失	—17,040.00元
其他	13,370.56元
合计	1,087,807.73元

22. 投资收益

项目	金额
联营合作投资收益	31,119,042.54元

23. 营业外收入

项目	金额
罚金收入	12,500.00元
固定资产清理收入	661,607.50元
其他收入	1,000.00元
合计	675,107.50元

24. 营业外支出

项目	金额
长病号职工工资费用	2,684.76元
职工丧葬费	20,467.50元
家属丧葬费	6,812.50元
抚恤费	25,887.60元
其他支出	3,332.00元
合计	59,184.36元

25. 关联企业及其交易

(1)关联企业

企业名称	经济性质式类型	注册地址	主营业务	持股比例
江门丽达纸业有限公司	有限责任公司	江门市	生产经营卫生纸	25%

(2)关联企业的交易

名称	与关联方关系的性质	交易类型	交易金额	定价政策
江门丽达纸业有限公司	联营	售水电、汽	459547.40元	协议价

二、经营情况的回顾与展望

(一)上半年经营情况回顾

今年上半年，我们围绕"深化改革，强化管理，优化结构，扩大销售，提高效益"的生产经营方针，执行股东大会的决议，采取积极的措施，努力克服市场疲软带来的种种困难，抓好生产经营各个环节的工作，对原来的销售机制进行了调整，加强了销售力量；在管理工作方面开展"学邯钢"活动，实行成本否决，把经济责任层层分解落实到班组；狠抓产品质量，特别是致力提高机制纸的质量，使公司上半年的生产平衡发展，经营动作也步入稳定阶段。上半年，公司实现主营业务收入22355.8万元，利润总额4498.9万元，净利润3824万元，分别比去同期增长了0.9%、6.9%和6.9%。上半年工业总产值增幅大，比去年同期增长42.51%，主要原因是产品产量增加，今年第一季度甘蔗供应量比上年同期增加8.85万吨，上半年加工原糖7.98万吨(去年没有原糖加工)，自备原糖生产白砂糖2609吨，新项目高精度带钢及醋酸乙酯投入生产等，以上各项的产值分别占上半年总产值增量的50%、26%、15%和8%。

(二)关于募集资金的使用情况

1996年度配股所募集的资金按计划要求主要用于制浆及其废液综合治理技术改造和废纸脱墨工程项目两个项目及补充流动资金，实际募集到的资金为16495万元，其使用情况说明如下：

1. 制浆及其废液综合治理技术改造项目计划投入配股资金1亿元，由于该项目建设期较长，至1997年6月底按计划进度实际投入资金5836万元，余下的配股款将作为该项目的待用资金，根据项目进展情况继续投入使用。

2. 废纸脱墨工程项目计划投入配股款1676万元，现已全部投入使用，该项目第一期工程预计可于1997年年底建成并试产脱墨新闻纸浆。待其第二期配套工程年产34000吨新闻纸机项目建成投产后，该项目将可产生良好的经济效益。

3.4819万元用作补充本公司流动资金。

(三)下半年展望

为了完成和超额完成1997年度的生产经营计划，针对上半年在生产经营工作过程中存在的问题，我们在下半年将重点抓好下列几项工作：

1. 进一步加强销售力量，扩大并搞活销售。我们根据实际需要，把原来分散在各厂的销售、供应业务收归公司供销经理部集中经营，以利开拓新的市场，做好市场预测和信息收集工作，及时调整营销策略，提高产销衔接水平。同时，根据市场反馈信息，及时调整产品结构，千方百计提高产销率。

2. 继续深入开展"学邯钢"活动，降成本增效益。我们要在上半年初步扭转了近年来成本逐步上升趋势的有利条件下，再接再厉，进一步对各单位落实经济责任制，实际成本否决，狠抓成本管理工作，努力降低主要产品物耗，降低大宗原料采购价格，提高产品质量，并力求水电汽负荷饱满，处于经济运行状态，降低水、电、汽成本，为各产品降成本增效益创造有利条件。

3. 加速资金周转，提高资金营运效率。我们在抓好产销衔接的同时，要积极做好货款回笼工作，组织人力清理客户拖欠的货款，提高销售资金到位率。同时，严格财经纪律，提高营销队伍的素质，增强资金意识，加速资金周转，把营销工作和财务工作做得更好。

4. 加强新产品的促销工作，尽快实现投产达标和投资收益。新上项目的产品受市场制约，未能正常排产，因此下半年要加强对新产品的促

销,使新项目尽快为公司创造新的效益。同时,继续抓好在建工程的进度,如加快制浆及其废液综合治理技术改造工程项目、3.4万吨废纸脱墨工程及配套的3.4万吨新闻纸工程的建设,力争早日投产,扩大公司生产规模,增强公司发展后劲。

三、重大事件说明

1.今年初,本公司有三项企业管理现代化成果分别在省、市获得奖励,其中《国企改组重建,创新运行机制》、《在安全管理工作中实行目标控制》获广东省一九九五年度企业管理现代化优秀成果二等奖,《正交试验在完善酵母浸膏生产工艺中的应用》获江门市一九九五年度企业管理现代化优秀成果三等奖。

2.今年3月下旬,广东省轻纺工业厅召开全省轻纺工业科技质量工作会议,表彰一批近年来积极推进企业的科技进步和质量管理的先进单位,本公司被授予"广东省轻纺工业科技质量先进集体"的光荣称号。

3.今年4月,本公司获得国家统计局中国行业企业信息发布中心颁发的荣誉证书,获得"八五"中国工业行业巨头的殊荣。

4.今年5月,国家统计局、中国行业企业信息发布中心向公司颁发荣誉证书,祝贺本公司在国家统计局第三次全国工业普查中,荣列中国食品加工行业排头企业销售收入第25名,利税总额第7名,资产总额第7名,获得"中国工业行业排头企业"的殊荣。

5.1997年广东省造纸质量检测工作会议表彰1996年产品优胜单位及1994年至1996年连续三年产品检测合格企业,本公司及所生产的有光纸、书写纸,荣获"一九九四～一九九六年连续三年产品质量检测合格企业"、"一九九六年全年产品质量检测合格企业"称号,获得"飞鹰奖"。

6.今年5月,本公司被中国工商银行江门分行、江门市经济信息咨询事务所评为AAA级信用企业,并获得证书。

7.今年5月中旬,本公司根据深交所《关于切实做好年报披露后续工作若干事项的通知》的要求,对年报披露工作进行了自查。自查结果表明,本公司年报的编制及披露工作符合《关于执行〈公司法〉规范上市公司信息披露的通知》等有关规定和要求,董事会、股东大会的召开及议程也严格按照规范的程序进行,未发现有内部人员泄密情况及利用年报披露的有关信息炒作本公司股票等违规行为。

8.今年5月下旬,本公司接到深交所《关于严格执行〈严禁国有企业和上市公司炒作股票〉的通知》后,立即进行自查,检查结果表明,本公司没有开设A股帐户[截止1997年5月21日以本公司(法人)及控股子公司名义开设的股票帐户],也没有以个人名义开户或为个人买卖股票提供资金的行为。本公司如今后从事股票投资,将严格遵循国家政策法规和本公司章程的规定。

9.第二届董事局第八次会议决定,聘任彭章瑞先生为公司董事局秘书。

10.本公司不进行中期分红或资本公积金转增股本事项。

11.本报告期内公司无重大诉讼、仲裁事项。

四、发行在外股票的变动和股权结构的变化情况

(一)本报告期内未发行新股(包括送、配股)及其他股票的派生种类,故本公司发行在外的股本没有变化。

(二)股本结构情况(截止1997年6月30日)

单位:股　　面值:1元

股份类别	年初数	持股比例	年中数	持股比例
1.尚未流通股份				
(1)国有股	68267284	34.43%	68267284	34.43%
(2)法人股	50679900	25.57%	50679900	25.57%
2.已流通股份				
社会公众股	79310205	40%	79310205	40%
3.股份合计	198257389	100%	198257389	100%

(三)主要股东持股情况(前10名)

股东名称	持股数	持股比例
江门市工业资产管理公司	68267284股	34.43%
江门光达股份有限公司	9430500股	4.76%
江门群益造纸厂	9200820股	4.64%
江门甘化综合厂	3988080股	2.01%
中国工行广东信托投资公司	3600000股	1.82%
江门光华印刷厂	3055980股	1.54%
广东省糖纸工业公司	1800000股	0.90%
番禺紫坭糖厂	1254960股	0.63%
中行江门分行	1159200股	0.58%
江门国际信托投资公司	792000股	0.40%

五、股东大会简介

(一)1997年5月19日8时30分,江门甘蔗化工厂(集团)股份有限公司1996年度股东大会在本公司文化中心召开。

(二)出席这次会议的有公司董事、监事、高级管理人员和股东共104人,代表股份102688064股,占公司总股本的51.80%,符合公司章程的有关规定。

(三)经股东大会投票表决通过了如下决议:

1.审议批准了公司董事局1996年度工作报告;

2.审议批准了公司监事会1996年度工作报告;

3.审议批准了公司章程修改方案;

江门甘蔗化工厂(集团)股份有限公司章程是1996年5月28修订的,现根据股本变动等原因,特提出如下修改方案:

(1)原章程第十六条:"本公司设国家股、法人股和自然人股三种股份。本公司首期发行总股份为13217.1593万股,股权结构如下:国家股为4551.1523万股,即以原企业评估后的净资产折股,占总股本的34.43%;法人股3378.6600万股,占总股本的25.57%;自然人股5287.3470万股,占总股本的40%。"现修订为"本公司设国家股、法人股和自然人股三种股份。本公司的总股份为19825.7389万股,其股权结构如下:国家股为6826.7284万股,占总股本的34.43%;法人股为5067.9900万股,占总股本的25.57%;自然人股为7931.0205万股,占总股本的40%。"

(2)根据上级证管部门的意见,增加第卅四条:"本公司对中国证券监督管理委员会要求披露的重要事项的公告和召开股东大会的通知,一律登载于《中国证券报》和《证券时报》上。"

4.审议批准了公司1996年度利润分配预案。

1996年度可供分配的利润为70578389.01元,减提取10%的法定公积金7057838.90元、提取5%的法定公益金3528919.45元、提取10%的任意公积金7057838.90元,可供股东分配的利润为52933791.76元,加上年未付股利7752796.37元,共60686588.13元。会议决定向全体股东按每10股派发现金股利1.00元(含税),应付股利共计19825738.90元,余下的40860849.23元用于发展生产,待下年度再分配。

六、备查文件

(一)载有公司董事局主席和总裁签名的中期报告原本。

(二)1997年1—6月公司会计报表。

(三)公司1996年度股东大会文件。

江门甘蔗化工厂(集团)股份有限公司

1997年7月31日

衡阳中药实业股份有限公司

衡阳中药实业股份有限公司一九九六年度报告摘要

一、公司简况

1. 公司名称：

衡阳中药实业股份有限公司

(英文名称：HENGYANG TRADITTON CHINESE MED. IND. CO. LTD)

2. 公司地址：

注册地址：湖南省衡阳市罗金桥1号

办公地址：湖南省衡阳市罗金桥1号

邮政编码：421003

3. 公司法定代表：董事长　　申甲球

4. 公司咨询服务机构：公司证券部

联系电话：(0734)8411277　　8411229　　8415200

联系人：廖德林、曹定兴

二、主要财务数据与财务指标

指标项目	本年数	上年数	比去年增减
1. 主营业务收入(万元)	6905.6	9384.7	−26.42%
2. 净利润(万元)	1562.8	1345	+16.19%
3. 总资产(万元)	18745.7	14105.6	+32.90%
4. 股东权益(万元)	14191.2	6531.9	+117.26%
5. 每股收益(元)	0.217	0.269	−19.33%
6. 每股净资产(元)	1.97	1.31	+50.38%
7. 净资产收益率(%)	11.01	20.59	−9.58(百分点)
8. 股东权益比率(%)	75.70	46.31	+29.39(百分点)

注：本公司发行新股时实际收到申购资金冻结利息125926.65元，对以上指标计算影响不大。

三、公司业务回顾

1. 一年来公司经营情况

一九九六年，是我们公司成为上市公司的第一年，回顾过去的一年，我们公司在社会各界和全体股东的关怀和支持下，在公司董事会、经理领导下，依靠全体员工的共同努力，在全国医药行业经营大气候不景气的特定条件下，仍完成销售收入6906万元，实现利润1839万元，净利润1563万元。

(1)公司主营业务业绩概述

我们公司主要生产"古汉养生精"系列产品、保健饮料、保健药品、药酒及各类中成药等。96年，公司共完成工业总产值(现行价)6124万元，比上年9182万元下降33.3%，其中，生产古汉养生精378万盒比上年681万盒下降44.49%。实现销售收入6906万元，比上年9384万元下降26%，其中：销售古汉养生精6048万元，比上年8434万元下降28%。

作为"八五"国家中医药科技攻关项目"古汉养生精片"通过三年多的研制，现已完成了工艺研究、质量标准及药理、毒理、临床等方面的研究，通过了临床前评审、生产前评审及国家科委组织的成果验收。96年，我们已试制了多批中试生产样品，逐步探索生产工艺条件，寻找最佳工艺，初步取得了一些生产经验，已基本具备了批量生产能力。目前该产品已申报卫生部药品评审办，申请新药证书，97年可望获得正式生产批文。96年，"古汉养生精片"生产车间及配套的原料加工车间，废水处理工程等项目已按计划完成，现已进入设备安装阶段。

96年，我们公司还新开发了抗冠心病新药——养心定悸颗粒剂和心脑保泰口服液及西汉古酒等叁项产品，并将于97年投入批量生产。

(2)有关公司的其他情况

①公司开发的"古汉养生精片剂"已被国家科委列入一九九七年国家级火炬计划。

②公司拳头产品"古汉养生精"已通过美国"FDA"认证，为今后外销业务奠定了良好基础。

③中国国情调查研究中心在《中国知名企业商标战略调查报告》中表明，我们公司注册的"古汉"商标在参加调查的医药类企业中，知名度名列第二位。认为是国内名牌、国际名牌均排在第二位，市场竞争力排列第三位。市场占有率和信誉度均排在第四位。

④本公司被国家统计局信息中心评为'96中国市场公众形象优秀企业，是全国医药行业唯一获此殊荣的企业，并被国家中医药管理局列入全国中医药工业企业50强。

2. 对实际经营结果与盈利预测的重大差异的说明：

本公司1995年度报告预计96年实现利润3000万元。96年实际实现利润1839万元，比预计减少39%。其主要原因是：

(1)假冒伪劣产品严重地冲击我司的销售市场。96年，市场上的假冒伪劣产品已由过去几十箱、几百箱一批发展到了几千箱一批，使得消费者对我司的产品想买而不敢买，致使我司产销回落，效益下降。为维护公司产品信誉保护消费者利益，我公司在人力、物力上加大投入。加大打假力度。我司聘请了专门打假的律师，并在《湖南日报》上多次刊登打假公告，设立24小时打假值班电话，对举报者予以奖励。根据消费者举报，我们在执法部门的配合下，对制假、贩假等不法分子进行了狠狠的打击。96年共抓获制假、贩假不法分子30多人，查获假古汉养生精2000多箱，假酒包装箱700多个，假成品酒130多件，并将犯罪分子予以法办，取得了较好的效果。

(2)96年湖南遭受了百年难遇的洪涝灾害。由于我司产品销售市场主要在湖南等地，致使灾区经销单位所欠我司货款增加数额较大。直接影响我司产品的销售。再者湖南娄底、湘阴等地区医药公司相继破产也直接影响着我司利润实现。这些由于自然灾害造成的不利因素在97年预计可以消除。

(3)我司的古汉养生精是一种具有治疗、保健双重作用的"准"字号药品。95年被列入湖南省公费医疗报销范围，但96年曾被有关部门一度取消，使得一些病患者特别是靠退休工资生活的老年病患者不得不忍痛割爱。我们知道这个情况后，立即报告有关部门要求恢复列入公费医疗报销范围，现虽已恢复，但中途耽搁的时间已在一定程度上影响我司产品的销售。

(4)96年全国医药保健品市场秩序混乱，国家多次下文、发通知，要求各地整顿医药市场的不正之风，但虚假广告、销售回扣等不正之风仍屡禁不止。这些不正当竞争对我司产品正常销售影响很大。96年底，全国卫生工作会议已经召开，国家将会加大整顿医药保健品市场的力度，97年不正之风将会有所收敛，市场环境将得到净化。

3. 对前次募集资金的运用情况的说明

1995年12月25日，中国证监会以证监发审字(1995)87号文和证监发字(1995)198号文批准我司利用95新股发行额度1500万(其中，含职工内部股500万股)发行A种股票。1996年1月5日，我司利用深圳证券交易所交易系统采取"上网定价"方式，发行价为6元/股向社会公开发行1000万股，共募集资金6000万元，扣除发行费用350万元后，实际募集资

金5650万元。

按照公司招股说明书及公司95年度股东年会《关于变更募股资金投向的议案》,公司此次发行股票募集的资金主要投向以下项目:

(1)新建一条年产"古汉养生精片"10亿片的生产线(原为年产6亿片,经股东大会审议通过扩大为年产10亿片)及配套工程,96年度已投入2000万元,不足部分将于97年继续投入。

(2)通过联营、控股和参股等方式向其他企业进行长期投资,96年已投入1000万元,具体项目详见财务报表附注。

(3)由于"古汉养生精片"生产线的投资需分期分批进行,因此,有部分资金暂时闲置,公司96年度已暂将这部分资金用于归还原来对银行的部分借款和补充部分流动资金。

以上部分资金投向的变更已根据股东大会授权由公司董事会决议通过,并提请下次股东大会追认通过。

四、股本变化及股本结构情况

(1)报告期末公司股权结构如下:

单位:万股

股份类别	年初数	所占比例	本年增加数	年末数	所占比例
一、尚未流通股份					
1.发起人股份	3363.20	56.05%	672.64	4035.84	56.05%
其中:国家股	2522	42.03%	504.40	3026.40	42.03%
境内法人股	841.20	14.02%	168.24	1009.44	14.02%
2.募集法人股	1136.80	18.95%	227.36	1364.16	18.95%
3.内部职工股(高级管理人员)	3.20	0.05%	0.64	3.84	0.05%
尚未流通股份合计	4503.20	75.05%	900.64	5403.84	75.05%
二、已流通股份					
A股	1496.80	24.95%	299.36	1796.16	24.95%
已流通股份合计	1496.80	24.95%	299.36	1796.16	24.95%
三、股份总数	6000	100%	1200	7200	100%

注:1.本公司股票于96年1月5日上市发行,年初数依据上市公告书中公司股权结构填写;

2.本年增加数为95年度按10股送2股红股所致。

(2)报告期末前十名大股东持股情况

股东名称	年初持股数	年度股份增减数	年末持股数	年末持股比例
1.衡阳市国资局	25220000	5044000	50264000	42.03%
2.中国药材公司	3000000	600000	3500000	5%
3.湖南省医药包装广告公司衡阳公司	2866950	973390	3440340	4.78%
4.工行衡阳市信托公司	2000000	400000	2100000	3.33%
5.衡阳市药材公司	2000000	400000	2100000	3.33%
6.衡阳市经济发展公司	1412000	282400	1694400	2.35%
7.湖南省耒阳来能实业公司	1000000	200000	1200000	1.67%
8.深圳巨安咨询有限公司	1000000	200000	1200000	1.67%
9.衡阳市湘南机动车零件供应站	586800	117360	704160	0.98%
10.董照仪	0	321000	321000	0.45%

(3)报告期末的股东总数量

期末的股东总数:10085人

其中:国家股东1人,法人股东325人,个人股东9759人。

(4)董事、监事与高级管理人员持股情况

序号	姓名	职务	年初持股数(股)	年末持股数(股)	年内增加数(股)	增加原因
1	申甲球	董事长、总经理	6000	7200	1200	95年分红
2	邹友生	副总经理、董事	3000	3600	600	--
3	曹和平	副董事长副总经理	3000	3600	600	--
4	黄学文	副董事长	2000	2400	400	--
5	邹国富	董事	0	0	0	
6	许艳伟	董事、副总经理	3000	3600	600	95年分红
7	唐丽华	董事、副总经理	3000	3600	600	--
8	黄曙光	董事、工会主席	3000	3600	600	--
9	蒋桂英	董事、副总经理	3000	3600	600	--
10	王建平	董事	0	0	0	
11	陈采芹	董事	0	0	0	
12	雷春荣	监事、召集人	0	0	0	
13	金逸桂	监事	0	0	0	
14	申建军	监事	2000	2400	400	95年分红
15	射跃祖	监事	1000	1200	200	--
16	刘成良	监事	0	0	0	
17	袁瑞芝	副总会计师	0	0	0	
18	黄凤琳	副总经理	3000	3600	600	95年分红
19	廖德林	董事会秘书	0	0	0	
	合计		32000	38400	6400	

五、重要事项

(一)报告期内的股东大会、董事会情况说明

1.股东大会情况说明

(1)本公司于1996年5月10日在衡阳宾馆召开了95年度股东大会,出席这次股东大会的股东69人,共计3515万股,占总股本6000万股的58.53%,符合《公司法》及公司章程规定的比例。

经股东大会审议、投票表决,作出如下决议:

①审议通过了95年度董事会、监事会工作报告;

②审议通过了95年度总经理工作报告;

③审议通过了95年度财务决算和96年度财务预算方案;

④审议通过了95年度利润分配第二方案,即全体新老股东同等享受以前年度红利分配,即每10股派2.1元(含税),送2股。

⑤审议通过了《变更部分董事的议案》,增补王建平同志为公司董事。

⑥审议通过了《变更公司募集资金投向的议案》,对原招股说明书所述的投资项目作了如下变更:

a.把原计划新建一条年产"古汉养生精片剂"5亿片的生产线扩大到10亿片及其他系列产品。

b.授权公司董事会,只要是为了公司和全体股东利益,可以根据客观变化需要,全权处理有关变更公司募集资金投向的一切事宜。

本次股东大会及会议各项决议均经湖南省衡阳市公证处公证。

(2)公司于1996年11月15日以通信表决形式召开了临时股东大会,截止1996年11月15日下午3:00,大会共收到有效表决单3张,代表4500.974万股,占公司总股本7200万股的62.51%,符合《公司法》与公司章程规定的比例,大会表决通过了公司利用公积金转增股本方案,即以1996年6月30日末7200万股股本为基数,以10:2.5的比例转增股本,转增后总股本为9000万股(该方案已经湖南省证监会湘证监字(1996)57号文批复,于1997年1月7日实施)。

2.董事会情况说明

(1)1996年1月20日,董事会召开会议,总结了96年生产经营情况,讨论通过了96年生产经营计划,增选中国药材公司黄学文同志为副董事长,原衡阳工行信托公司彭中华同志因工作更换,免去其董事职务,补选王建平同志为公司董事。

(2)96年4月4日,董事会召开会议,审议并通过了95年度报告、95年度财务决算及96年度财务预算方案报告和95年度分红方案。增聘邹友生、曹和平、唐丽华、蒋桂英等四位同志为公司副总经理。

分红方案为10送2股派2.10元(含税),已于96年6月实施,方案实施后,公司总股本增至7200万股。

(3)96年8月6日,董事会召开会议,审议并通过了96年度中期报

告,还通过了兴建古汉山庄、参股深圳科钛实业发展有限公司、深圳龙江牲猪批发市场有限责任公司等投资项目。

(4)96年9月18日,董事会召开会议,同意实施公积金转增股本,并聘任廖德林同志为董事会秘书。

公积金转增股本方案为按10:2.5的比例转增股本(方案已于97年1月实施,方案实施后,公司总股本增至9000万股)。

(二)公司法定代表、董事、监事变动情况说明

96年5月10日召开的股东大会,同意彭中华同志因工作变更辞去董事一职,增补中国工商银行衡阳市信托投资公司王建平同志为公司董事。

其他人员未作变动。

(三)本公司注册地址、会计事务所、法律顾问未作变动。

(四)重大事件简介

1.1996年1月5日,公司股票在深圳证券交易所上网定价发行新股1000万股。《发行公告》及《招股说明书》(概要)已在1995年12月28日《证券时报》、《湖南证券报》12月29日的《湖南日报》,12月30日的《中国证券报》、《上海证券报》上刊登。

2.1996年1月19日,公司新发行的1000万社会公众股及500万内部职工股占用95年度新股额度获准一同在深交所上市交易。《上市公告书》已在1996年1月16日《证券时报》上刊登。

3.1996年4月10日,公司在《中国证券报》上公布1995年年度报告摘要,召开1995年度股东大会公告及95年度利润分红预案等事项。

4.1996年5月10日,公司召开了1995年度股东大会,大会决议公告刊登在1996年5月11日《证券时报》上。

5.1996年6月5日,公司在1996年6月5日《证券时报》上刊登《1995年度分红派息公告》,方案为每10股派2.1元现金(含税),并送2股。

6.1996年6月28日,公司在《证券时报》上公布《1996年度中期报告》。

7.1996年10月7日,公司在《证券时报》上刊登董事会公告,决定聘请廖德林同志为董事会秘书和决定1996年度动用公积金按10:2.5的比例转增股本,并定于11月15日以通信表决的形式召开临时股东大会。

8.1996年11月19日在《证券时报》上刊登临时股东大会决议公告,大会表决通过了1996年度利用公积金转增股本方案,该方案经省证监会批准后已在1997年1月12日《证券时报》上刊登。

(五)本公司报告期内无重大诉讼、仲裁事项。

六、财务报告

(一)审计意见

本公司财务报告经长沙会计师事务所中国注册会计师唐红、皮佑曾同志审计,于1997年3月23日出具了无保留意见的审计报告(长会所审字(1997)138号)。

二、财务报告

1.资产负债表(见附件一)

2.损益表及利润分配表(见附件二)

3.财务状况变动表(见附件三)

(三)财务报表附注(见附件四)

七、其他事项

1.公司已于一九九七年三月三十一日召开董事会,审议通过了公司一九九六年度报告。

2.经董事会研究决定公司一九九六年分红预案为:

经长沙会计师事务所审计:1996年度实现净利润15628883.75元。根据《公司法》和公司章程的有关规定,提取10%法定公积金1562838.38元,提取5%法定公益金781419.19元,本年度可供分配的利润为13284126.18元加上96年初未分配利润219607.94元,1996年度可供股东分配的利润总额为13503734.12元,按1996年末7200万股股本计算,1996年度每股可分配的利润为0.18元(含税)。由于本公司已于97年1月1日实施利用公积金按10:2.5转增股本方案,公司总股本已达9000万股。公司拟以9000万股本为基数,每10股派发现金1.20元人民币(含税),共派发现金10800000.00元,其余2703734.12元转入下年度分配。

此预案须经股东大会通过并报上级主管部门批准后方可实施。

衡阳中药实业股份有限公司董事会

一九九七年四月二日

附件四　财务报表注释

1.公司一般情况说明

衡阳中药实业股份有限公司位于湖南省衡阳市罗金桥1号。公司于1995年12月22日经中国证券监督管理委员会证监发字(1995)198号文件批准,1996年1月5日在深圳证券交易所采用定价方式向社会公开发行A股1000万股,发行成功后公司总股本为6000万股。并于1996年1月19日在深圳证券交易所挂牌上市。1996年5月22日经湖南省证监会湘证监字(1996)23号文件批准,同意公司96年度每10股派2.10元现金(含税)送2股的分配方案。送股后公司总股本为7200万股,股本金为人民币7200万元。

2.重要会计政策

2.1.会计制度

公司于1993年3月25日定向募集成立股份有限公司后开始执行《股份制试点企业会计制度》。

2.2.会计期间

以公历年度作为企业的会计年度,即以公历1月1日起至12月31日止为一个会计年度。

2.3.报表的编制方法

根据会计准则之基本准则,即合并报表的准则和"重要性原则"的要求,舍去较小单位和未经营单位的财务报表数据,以本公司财务数据为依据编制本报告。

2.4.记帐方法

采用"借贷记帐法"。

2.5.核算基础

采用"权责发生制"。

2.6.记帐本位币

以人民币为记帐本位币,各种外币计价按结算当日公布的外汇牌价折合人民币记帐,期末外币余额,按公布的年末外汇牌价进行调整,汇兑损益计入当期损益。

2.7.存货核算

各类存货的财入与入库按实际成本计价,领用与支出按加权平均法计价,产成品按药品生产计划单核算实际成本,低值易耗品在领用时一次摊销。

2.8.长期投资核算方法

(1)债券投资按成本法核算。

(2)股权投资和联营投资,对拥有被投资企业20%以下股份的投资采用成本法核算,对拥有被投资企业20%-50%股份的投资采用权益法核算,对拥有被投资企业50%以上股份的投资采用权益法核算并合并会计报表。

2.9.固定资产及其折旧

固定资产中95年6月30日以前购入的按评估价值计价,95年6月30日以后购入的按历史成本计价。固定资产折旧按使用年限,并扣减固定资产原价5%的残值,采用分类折旧法。年折旧率分别为:房屋建筑物类2.71%,机器设备类7.92%,电子设备类19%,运输设备类15.83%。

2.10.无形资产及其摊销

无形资产按法定有效年限采用分期平均摊销法计算摊销。

2.11.税项

(1)公司销售主营产品缴纳产品增值税,税率为17%。药酒缴纳消费税,税率为10%。

(2)所得税税率为15%(根据湖南省衡阳市人民政府衡政发[1997]9号文件)。

2.12. 利润分配

公司缴纳所得税后的利润必须按以下顺序进行分配:

(1)弥补上年度的亏损;

(2)提取10%的法定盈余公积金;

(3)提取5%-10%的公益金;

(4)提取任意盈余公积金;

(5)支付70%-75%的股利。

关于弥补亏损的数额、公积金、公益金的计提比例,以及股利率的确定,均由董事会依据有关法律法规和公司章程的规定,并视公司经营情况提出分配方案,经股东会批准后实施。

3.1996年12月31日资产负债表主要项目数据说明:

3.1. 货币资金余额14,250,724.49元。其中:现金879.93元,银行存款14,249,844.56元。

注:货币资金年末余额14,250,724.49元,比上年年末数增加——9,078,452.95元。货币资金大幅度增加的原因是由于公司年初溢价发行A股1000万股,募集资金后暂时有约900万元资金未投入工程项目,而造成年末货币资金比去年同期增长175.63%。

3.2. 应收帐款余额56,158,686.54元,按帐龄分析数额如下:

一年以内:	46,601,373.25
一年以上、二年以内:	6,782,209.67
二年以上、三年以内:	4,884,312.77
三年以上	1,890,790.85

本帐户余额中没有持本公司5%以上股份的主要股东单位的欠款。

3.3. 其他应收款余额22,427,719.38元,按帐龄分析数额如下:

一年以内:	10,865,223.14
一年以上、二年以内:	5,114,438.19
二年以上、三年以内:	4,639,655.25
三年以上	1,808,402.80

3.4. 存货余额,12,045,266.74元,其中:

原材料	8,237,115.39
燃料	4,300.04
备件	137,709.57
包装物	1,236,621.51
产成品	2,429.520.23

本帐户余额中没有持本公司5%以上股份的主要股东单位的欠款。

3.5. 长期投资余额18,386,818.87元,其明细如下:

3.5.1. 联营投资14,623,554.20元,其中单位如下:

被投资单位名称	投资金额	占被投资单位注册资本比例
湖南大世界立体摄影有限公司	400,000.00	18.18%
广东顺德市广安彩印厂	600,000.00	19.35%
广东潮阳陈店雄兴印刷公司	800,000.00	19.05%
衡阳市中药饮片厂	2,000,857.00	77.50%
珠海星光实业总公司	5,258,948.71	17.53%
深圳市科钛实业发展有限公司	1,000,000.00	10.00%
辽宁省通化市集安市衡集人参制品厂	563,730.49	
古汉山庄(武陵源区)	2,000,000.00	筹建中暂未办理注册
古汉湘南戒毒康复中心	2,000,000.00	筹建中暂未办理注册

说明:

由于衡阳市中药饮片厂在107国道衡阳市城区路段改线工程范围内,根据衡阳市人民政府衡政发(1996)36号文件通知要拆迁,因此衡阳中药实业股份有限公司与衡阳市中药饮片厂联营组建成立衡阳中药保健品有限责任公司一直未办妥,工商注册执照与生产许可证也未批准,因此本年度报表未予合并。

3.5.2. 股权投资3,700,598.00,其中:

被投资单位名称	投资金额	占被投资公司股权的比例
衡阳市经济发展股份有限公司	2,420,598.00	7%
衡阳供销大厦股份有限公司	200,000.00	0.57%
深圳市龙江生猪批发市场有限公司	1,080,000.00	9%

3.5.3. 债券投资62,666.67元。

注:长期投资资产年末余额18,386,818.87元,比上年年末数上升115.30%,长期投资年末金额增加主要是增加了对原联营的星光医药保健品(珠海)公司的资本投入,以及对新联营的深圳市科钛实业发展有限公司、古汉山庄和深圳市龙江生猪批发市场有限公司等的资本投资人。

3.6. 固定资产及累计折旧:

项目	期初数	本期增加	本期减少	期末数
固定资产原价:				
房屋建筑物	20,502,304.00	2,927,121.09	-	23,429,425.09
机器设备	22,111,270.95	1,011,892.26	-	23,123,163.21
电子设备	414,815.00	78,112.15	-	402,027.15
运输工具	3,375,000.00	587,024.00	463,000.00	3,499,024.00
合计	46,403,389.95	4,604,149.50	463,000.00	50,544,539.45
累计折旧:				
房屋建筑物	3,714,076.84	561,370.77		4,275,447.01
机器设备	3,889,113.15	1,777,994.58	-	5,667,107.73
电子设备	69,411.62	84,640.42	-	154,052.04
运输工具	854,187.44	501,375.64	246,763.12	1,108,799.96
合计	8,526,789.05	2,925,381.41	246,763.12	11,205,407.34
固定资产净值:	37,876.600.00			39,229,132.11

3.7. 在建工程余额16,287,676.61元,其中:

工程名称	实际支用数	原预算数	资金来源
"古汉养生精"片剂生产线	13,068,333.43	2800万	募股资金及自筹
综合楼	3,114,050.18	400万	自筹
其他零星改造	105,298.00		

3.8. 无形资产余额5,493,451.40元。

无形资产种类	原值	已摊金额	期末金额	剩余摊销年限
公司本部土地使用权	4,633,241.00	138,996.00	4,494,245.00	48.5年
深圳市住房使用权	702,720.00	3,513.60	699,206.40	49.7年
惠阳市土地使用权	300,000.00		300,000.00	50年

3.9. 短期借款余额11,382,000.00元,具体情况如下:

贷款单位	借款日期	还款日期	金额	月利率‰	用途
中国银行衡阳市解放路支行	96.11.27	97.1.23	200万元	8.415	购材料
工商银行湖南省分行	96.5.29	97.1.19	500万元	8.415	购材料
工商银行衡阳市城南支行	96.12.27	97.7.25	410.7万元	8.415	购材料
工商银行衡阳市信托投资公司	96.1.10	97.1.10	27.5万元	8.415	技术改造

注:短期借款年末余额11,382,000.00元,比上年年末数下降32.08%,减少的主要原因是由于公司年初溢价发行A股1000万股后,有部分资金暂时闲置,因此便提前归还了公司原来对银行的短期借款。

3.10. 应付帐款余额2,752,514.31元,本帐户余额中无与本公司有关联的公司的应付款项。

注:应付帐款年末余额2,752,514.31元,比上年年末数下降50.89%,主要是公司一方面控制材料的库存总量,另一方面及时支付采购款。

3.11. 应付股利余额10,800,000.00元。根据董事会通过了96年度分红预案,应付股东96年度红利。

注:应付股利年末余额为10,800,000.00元,比去年年末数下降

56.1%,因此去年应付股利含93、94年、95年三个年度未分配红利。

3.12. 未交税金余额5,519,504.52元,其中:消费税-74,381.53元,增值税3,035,935.98元,所得税2,557,950.07元。

3.13. 其他应付款余额4,583,344.16元,本帐户余额中无与本公司有关联的公司的应付款项。

3.14. 长期借款余额9,033,000元,具体情况如下:

贷款单位	借款日期	还款日期	金额	年利率	用途
工商银行衡阳市城南支行	94.12.29	97.9.29	400万元	10.98%	技改工程
工商银行衡阳市城南支行	95.8.14	98.5.14	40万元	11.25%	技改工程
工商银行衡阳市城南支行	95.5.30	98.5.19	200万元	9.75%	技改工程
工商银行衡阳市城南支行	95.9.8	97.8.30	100万元	14.47%	技改工程
工商银行衡阳市城南支行	96.12.30	98.5.30	163.3万元	9.75%	技改工程

3.15. 股本余额72,000,000.00元,均系A股。

年初数	本年增加数	本年减少数	年末数
50,000,000	22,000,000	--	72,000,000

本年度增加股本金22,000,000元,一是1996年1月5日在深圳交易所采用定价方式成功发行A股1000万股,二是1996年6月根据湖南省证监会湘证监字(1996)23号文件批复95年度派送红股1200万股。股本变动情况如下:

股本结构	期初数	本期发行数	本期送配股数	期末数
一、尚未流通股份				
1. 发起人股份	3,363.20万元		672.64万元	4,035.82万元
其中:国家拥有股份	2,522.00万元		504.40万元	3,026.40万元
境内法人持有股份	841.20万元		168.24万元	1,009.44万元
2. 募集法人股	1,136.80万元		227.36万元	1,364.16万元
3. 内部职工股	500.00万元	-500.00万元		
尚未流通股份合计	5,000.00万元	-500.00万元	900.00万元	5,400.00万元
二、已流通股份				
1. 境内上市的人民币普通股		1,000.00万元	200.00万元	1,200.00万元
2. 内部职工股转人人民币普通股		500,000万元	100.00万元	600.00万元
已流通股份合计		1,500.00万元	300.00万元	1,800.00万元
三、股份总数	5,000.00万元	1,000.00万元	1,200.00万元	7,200.00万元

注:股本年末余额72,000,000元,比去年年末数上升44%,系公司年初溢价发行A股1000万股和6月份分配95年度红股1200万股所增加的股本金。

3.16. 资本公积余额52,617,240.18元,其中:

年初数	本年增加数	本年减少数	年末结余数
6,111,430.69	46,505,809.49	--	52,617,240.18

注:资本公积金增加46,505,809.49元,系年初以6元一股溢价发行A股1000万股,扣除发行费用及1000万股本金后的余额转增资本公积所致。

3.17. 盈余公积金额14,591,367.69元,其中:

项目	年初数	本年增加数	本年减少数	年末余额
法定公积金	5,669,653.40	4,375,277.55		10,544,930.95
公益金	1,830,421.53	781,430.10	370,424.10	2,241,416.62
任意公积金	1,487,408.22	317,611.90		1,805,020.12
合计	8,087,482.15	9,286,747.81	370,424.10	14,591,367.60

注:盈余公积金年末余额为14,591,367.69元,比上年年末数上升62.35%,增加的原因一是由本年净利润中提取10%的法定盈余公积金1,562,833.38元和提取5%的法定公益金781,419.19元,二是返回以前年度所得税多交额3,312,439.17元。

3.18. 未分配利润余额2,703,734.12元。其中:

年初数	本年增加数	本年减少数	年末余额
219,607.94	15,628,383.75	13,144,257.57	2,703,734.12

注:未分配利润年末余额为2,703,734.12元,比上年年末数增加2,484,126.18元,是根据董事会决议将96年度预分红利10,800,000.00元,转入应付股利后,滚存可供分配红利逐年增加。

4.1996年度利润及利润分配表主要项目数据说明:

4.1. 主营业务收入69,055,926.61元,其中:

古汉养生精销售收入为61,187,967.87元,占销售总额88.61%。

4.2. 主营业务成本36,377,480.73元,其中:

古汉养精销售成本为29,651,284.54元,占销售总成本的81.51%。

4.3. 销售费用13,276,949.58元,其中主要项目:

广告费支出	7,618,568.09
销售服务费支出	2,855,920.84
工资	331,690.59
差旅费	997,887.14

4.4. 财务费用34,452.00元,其中:

利息净支出	19,837.81
汇兑净损失	1,613.74
手续费支出	13,000.45

4.5. 投资收益3,813,820.10元,其中:

股票投资收益	3,500,000.00
债券投资收益	2,964.85
非控股公司分来利润	310,855.26

4.6. 营业外收入24,935.00元,系废品出售收入。

4.7. 营业外支出593,987.88元,其中:

固定资产报废净损失	165,736.88
损赠及赞助支出	332,571.00

5. 会计报表编制说明

(1)本年度会计报表反映的全部是衡阳中药实业股份有限公司的财务状况和经营成果,无合并单位,故没有编制合并会计报表。

(2)公司1996年度采用的会计政策和核算方法未作变更。

附件一:

资产负债表

衡阳中药实业股份有限公司　　1996年12月31日　　货币单位:人民币元

注释索引	资产	1996年12月31日	1995年12月31日	注释索引	负债及所有者权益	1996年12月31日	1995年12月31日
	流动资产:				流动负债:		
3.1.	货币资金	14,250,724.49	5,172,271.54	3.9.	短期借款	11,382,000.00	16,757,052.79
	短期投资	----	----		应付票据	----	----
	应收票据	----	----	3.10.	应付帐款	2,752,514.31	5,605,169.28
3.2.	应收帐款	56,158,686.54	43,384,416.02		预收货款	----	----
	减:坏帐准备	280,793.43	216,922.08		应付福利费	482,467.72	589,626.17
	应收帐款净额	55,877,893.11	43,167,493.94	3.11.	应付股利	10,800,000.00	24,600,000.00
	预付货款	3,348,138.72	----	3.12.	未交税金	5,519,504.52	7,417,456.52
3.3.	其他应收款	22,427,719.38	19,901,479.84		其他未交款		317,611.90
	待摊费用	----	801,879.80	3.13.	其他应付款	4,583,344.16	6,218,628.20

注释索引	资产	1996年12月31日	1995年12月31日	注释索引	负债及所有者权益	1996年12月31日	1995年12月31日
3.4.	存　货	12,045,266.74	16,726,900.78		预提费用	----	----
	待处理流动资产净损失	----	----		一年内到期的长期负债	----	2,320,000.00
	一年内到期的长期债券投资	----	----		其他流动负债	----	----
	其他流动资产	----	----		流动负债合计	35,519,830.71	63,834,544.86
	流动资产合计	107,949,742.44	85,770,025.96		长期负债：		
	长期投资：			3.14.	长期借款	9,033,000.00	10,820,000.00
3.5.	长期投资	18,386,818.87	8,540,161.97		应付债券	----	----
	固定资产：				长期应付款	----	----
3.6.	固定资产原价	50,544,539.45	46,403,389.95		其他长期负债	991,648.73	1,083.173.85
	减：累计折旧	11,205,407.34	8,526,789.05		长期负债合计	10,024,648.73	11,903,173.85
	固定资产净值	39,339,132.11	37,876,600.90		递延税项：		
	固定资产清理	----	----		递延税款贷项	----	----
3.7.	在建工程	16,287,676.61	4,282,542.66		负债合计	45,544,479.44	75,737,718.71
	待处理固定资产净损失	----	----				
	固定资产合计	55,626,808.72	42,159,143.56		股东权益：		
	无形资产及递延资产：			3.15.	股　本	72,000,000.00	50,000,000.00
3.8.	无形资产	5,493,451.40	4,586,909.00	3.16.	资本公积	52,617,240.18	6,111.430.69
	递延资产	----	----		其中：评估增值	5,161,334.88	5,161,334.88
	无形资产及递延资产合计	5,493,451.40	4,586,909.00	3.17.	盈余公积	14,591,367.69	8,987,483.15
	其他长期资产：				其中：公益金	2,241,416.62	1,830,421.53
	其他长期资产	----	----	3.18.	未分配利润	2,703,734.12	219,607.94
	递延税项：				股东权益合计	141,912,341.99	65,318,521.78
	递延税款借项	----	----				
	资产总计	187,456,821.43	141,056,240.49		负债及股东权益总计	187,456,821.43	141,056,240.49

附件二：

利润及利润分配表

衡阳中药实业股份有限公司　　货币单位：人民币元

注释索引	项　目	1996年	1995年	注释索引	项　目	1996年	1995年
4.1.	一、主营业务收入	69,055,926.61	93,846,682.41		四、利润总额	18,380,333.82	20,075,388.92
4.2.	减：营业成本	36,377,480.73	54,051,671.64		减：所得税	2,757,950.07	6,624,878.34
4.3.	销售费用	13,276,949.58	13,156,434.21		五、净利润	15,628,383.75	13,450,510.58
	管理费用	4,156,244.96	4,973,764.41		减：分给其他单位利润	----	----
4.4.	财务费用	34,152.00	1,782,871.98		加：年初未分配利润	219,607.94	13,386,673.94
	进货费用	----	----		盈余公积转入数	----	----
	营业税金及附加	204,984.53	371,832.66		六、可供分配的利润	15,847,991.69	26,837,184.53
	二、主营业务利润	15,005,814.81	19,510,107,51		减：提取法定公积金	1,562,838.38	1,345,051.06
	加：其他业务利润	56,273.79	----		提取法定公益金	701,419.19	672,525.53
	三、营业利润	15,062,088.60	19,510,167.57		七、可供股东分配的利润	13,503,734.12	24,819,667.94
4.5.	加：投资收益	3,831,820.10	610,864.77		减：提取任意公积金	----	----
4.6.	营业外收入	24,935.00	135,610.71		已分配普通股股利	10,800,000.00	24,600,000.00
4.7.	减：营业外支出	593,987.88	181,194.07		八、未分配利润	2,703,734.12	219,667.94
	加：以前年度损益调整	79,478.00	----				

附件三

财务状况变动表

:衡阳中药实业股份有限公司　　1996年12月31日　　货币单位：人民币元

流动资金来源和运用	金　额	流动资金各项目的变动	金　额
一、流动资金来源：		一、流动资产本年增加数：	
1. 本年净利润	15,628,383.75	1. 货币资金	9,078,452.95
加：不减少流动资金的费用和损失：		2. 短期投资	----
(1)固定资产折旧	2,925,381.41	3. 应收票据	----
(2)无形资产、递延资产及其他资产摊销(减其他负债转销)	96,177.60	4. 应收帐款净额	12,716,399.17
(3)固定资产盘亏(减盘盈)	----	5. 预付货款	3,348,138.72
(4)清理固定资产损失(减收益)	165,736.88	6. 其他应收款	2,526,239.54
(5)递延税款	----	7. 待摊费用	-801.879.86
(6)其他不减少流动资金的费用和损失	----	8. 存　货	-4,681,634.04
小　计	18,815,679.64	9. 待处理流动资产净损失(减收益)	----
2. 其他来源：		10. 一年内到期的长期债券投资	----

流动资金来源和运用	金　额	流动资金各项目的变动	金　额
(1)固定资产清理收入(减清理费用)	50,500.00	11. 其他流动资产	----
(2)增加长期负债	26,835.96		
(3)收回长期投资	6,494.60		
(4)对外投资转出固定资产			
(5)对外投资转出无形资产			
(6)资本净增加额	74,109,694.03		
小　计	74,193,524.59	流动资产增加净额	22,179,716.48
流动资金来源合计	93,009,264.23		
二、流动资金运用		二、流动负债本年增加数:	
1. 利润分配		1. 短期借款	-5,375,052.79
(1)提取法定公积金	1,562,838.38	2. 应付票据	----
(2)提取法定公益金	781,419.19	3. 应付帐款	-2,852,654.97
(3)提取任意公积金	----	4. 预收货款	----
(4)已分配股利	10,800,000.00	5. 应付福利费	-107,158.45
小　计	13,144,257.57	6. 未付股利	-13,800,000.00
2. 其他运用:		7. 未交税金	-1,897,952.00
(1)固定资产和在建工程净增加额	16,609,283.45	8. 其他未交款	-3,17,611.90
(2)增加无形资产、递延资产及其他资产	1,002,720.00	9. 其他应付款	-1,635,284.04
(3)偿还长期负债	1,905,361.08	10. 预提费用	----
(4)增加长期投资	9,853,151.50	11. 一年内到期的长期负债	-2,329,000.00
小　计	29,370,516.03	12. 其他流动负债	----
流动资金运用合计	42,514,773.60	流动负债增加净额	-28,314,714.15
流动资金增加净额	50,494,430.63	流动资金增加净额	50,494,430.63

衡阳中药实业股份有限公司一九九七年度中期报告

一、财务报告(未经审计)

(一)、简化的资产负债表(单位:元)

项目	1997年6月30日	1996年12月31日
资产		
流动资产	109,164,065.06	107,949,742.44
长期投资	18,647,059.87	18,386,818.87
固定资产净值	38,298,018.21	39,339,132.11
在建工程	19,945,561.73	16,287,676.61
无形资产及递延资产	5,440,089.00	5,493,451.40
其他长期资产		
资产总计	191,494,793.87	187,456,821.43
负债		
流动负债	35,952,350.41	35,519,830.71
长期负债	10,024,794.23	10,024,648.73
负债合计	45,977,144.64	45,544,479.44
股东权益		
股本	90,000,000	72,000,000
资本公积	34,617,240.18	52,617,240.18
盈余公积	14,961,791.79	14,591,367.69
其中:公益金	2,611,840.72	2,241,416.62
未分配利润	5,938,617.26	2,703,734.12
股东权益合计	145,517,649.23	141,912,341.99
负债及股东权益合计	191,494,793.87	187,456,821.43

(二)、简化的损益表(单位:元)

项目	1997年1—6月	1996年1—6月
主营业务收入	28,227,315.50	30,476,448.90
主营业务利润	7,346,925.13	486,498.96
其他业务利润	0	0
投资收益	316,909.53	2,403,959.45
营业外收支净额	87,981.41	2,627,608.96
利润总额	3,805,744.87	5,518,067.37
所得税	570,861.73	1,820,962.23
净利润	3,234,883.14	3,697,105.14

(三)、主要财务指标

项目	1997年1—6月	1996年1—6月
每股收益	0.036元	0.05元
净资产收益率	2.22%	2.60%
每股净资产	1.62元	1.97元

注:财务指标1997年1—6月按股本扩大后的9000万股全面摊薄计算,1996年1—6月按当时股本7200万股全面摊薄计算。

(四)、财务报表附注

1. 本期财务报告所采用的会计政策与会计方法与1996年度财务报告所采用的会计政策与会计方法相互一致。

2. 本报告期内报告主体未发生合并分离等变化。

3. 对比余额变动较大的原因:

(1)货币资金比期初减少7,744,940.97元,主要是上年底按工程进度计划尚未投入的募股资金在本报告期内继续投入。

(2)应收帐款比期初减少1,706,452.78元,主要是因为公司上半年采取了一些清收措施。

(3)在建工程比期初增加3,657,885.12元,主要是按工程进度预付部分工程款。

(4)未交税金比期初减少2,359,757.24元,主要是部分税款已按期缴纳。

(5)股本比期初增加18,000,000元,是因为于1997年元月7日实施了资本公积金按10:2.5的比例转增股本方案。

(6)资本公积金比期初减少18,000,000元的原因同(5)。

(7)盈余公积金中的公益金比期初增加370,424.10元,是将公司上期所购住房的费用调出,待专呈股东大会审议通过后再予以调整。

(8)主营业务收入较上年同期有所减少,主要是因为假冒伪劣药品对本公司主导产品的冲击尚未完全消除。

(9)主营业务利润的增加,主要是今年以来公司狠抓管理,降低了生产成本,压缩了销售费用。

(10)投资收益系联营投资收益。

(11)营业外收支净额大幅减少,主要是因为上年同期有退税收入。

(12)所得税的减少是因为公司本年度按15%的所得税率缴纳而上年同期所得税率为33%。

(13)未分配利润比年初增加3,234,883.14元,是因为1997年1—6月实现的利润所致。

(14)本公司无关联交易。

二、经营情况回顾与展望

(一)上半年经营情况回顾

今年上半年,本公司完成工业总产值(不变价)3544万元,比去年同期的3089万元增长14.7%,但主营业务收入和净利润与去年同期相比,分别减少7.38%和12.50%,实际经营与96年度股东大会提出的目标尚有较大差距,其主要原因是:(1)本公司生产的中国中药名牌产品"古汉养生精"受到假冒产品的严重冲击,虽然本公司设立了专门的打假机构,对假冒产品进行了严厉打击但仍无法禁止制假和贩假分子的违法行为,市场上的假冒产品仍然存在,许多消费者对本公司的产品想买而不敢买,致使产品销售不畅,效益滑坡。(2)市场竞争异常激烈,特别是一些厂商滥用虚假广告,销售回扣等不正当竞争手段促销,搞乱了市场秩序,对本公司正常销售影响很大。(3)本公司研制的新产品"古汉养生精片",已通过卫生部新药审评办的评审,但该产品的正式生产批文还需要一定时间通过必要程序后才能获得。造成新产品没能按计划投入批量生产,直接影响年度利润目标的实现。

(二)下半年计划

1.利用配股契机对衡阳制药厂实施资产重组组建由本公司绝对控股的子公司,并向该子公司适度投资,重点投向洛美沙星等几个利润率高市场潜力大的品种,形成规模生产,获取规模效益。

2.抓紧申办新产品古汉养生精片的正式生产批文,早投产早见效,合理用好配股募集资金,使心脑保泰口服液、养心定悸颗粒剂、西汉古酒等新产品早日投入批量生产。

3.抓住当前销售旺季,优质高产,在不断巩固老市场的前提下,努力开拓国际、国内新市场、力争全面完成全年经营计划。

4.继续加大打假力度,与行业各种不正之风作针锋相对的斗争,维护产品形象和公司信誉。

三、重大事件说明

1.按照国务院三部委5月21日联合发布的《严禁国有企业和上市公司炒作股票》的要求,公司进行了认真自查,确认没有从事任何违反规定的事项,未在证券登记机构开设已上市流通的股票帐户,本公司今后如果从事股票投资,将严格遵循国家的政策法规和本公司章程的规定。

2.公司根据1996年11月15日临时股东大会(以通信形式表决)决议,于1997年元月7日实施资本公积金转增股本方案,即每10股转增2.5股,实施后公司总股本由7200万股增至9000万股。股份变动公告刊登于1997年5月9日《中国证券报》。

3.为集中精力开拓国际市场,1997年1月11日本公司召开董事会,接受申甲球董事长辞去其所兼任总经理一职的请求,同时聘请邹友生同志为本公司总经理,增聘袁瑞芝同志为本公司副总经理兼总会计师。

4.本公司前次募股资金的使用已获得本公司1996年度股东大会通过,由于"古汉养生精片"生产线的投资项目需分期分批进行,因此,去年尚有2000多万募股资金尚未投入,今年上半年本公司已向该项目投入了500多万资金。

5.公司董事会决定,1997年度不实施中期分红或公积金转增股本方案。

6.公司本报告期内无重大诉讼仲裁事项。

四、发行在外股票的变动和股权结构的变化

1.本公司1997年1月7日实施了以资本公积金按10:2.5的比例转增股本方案,法人股、社会公众股同比例增长。

2.股权结构情况　　　　数量单位(万股)

	期初数	本次变动增减(+、-)					期末数
		配股	送股	公积金转股	其他	小计	
(一)尚未流通股份							
1.发起人法人股	4035.84			1008.96		1008.96	5044.8
2.定向法人股	1364.16			341.04		341.04	1705.2
尚未流通股合计	5400			1350		1350	6750
(二)已流通股份							
社会公众股	1800			450		450	2250
其中:高管股份	3.84			0.96		0.96	4.8
已流通股份合计	1800			450		450	2250
(三)股份合计	7200			1800		1800	9000

3.公司前十名股东持股情况

股东名称	持股数(股)	占总股份比例(%)
1.衡阳市国有资产管理局	37,830,000	42.03
2.中国药材公司	4,500,000	5
3.湖南省医药包装广告衡阳公司	4,300,425	4.78
4.中国工商银行衡阳市信托投资公司	3,000,000	3.33
5.衡阳市药材公司	3,000,000	3.33
6.衡阳市经济发展股份有限公司	2,118,000	2.35
7.耒阳耒能实业有限公司	1,500,000	1.67
8.深圳巨安投资咨询有限公司	1,500,000	1.67
9.衡阳市湘南机动车零件配件公司	880,200	0.98
10.衡阳市城南西城机电轴承销售处	324,000	0.36

五、股东大会简介

公司1996年度股东大会于1997年5月8日在衡阳市公司本部综合楼会议厅召开,出席本次会议的股东及授权代表共165人,代表股份6570.71万股,占总股份的73%,符合《公司法》的有关规定,会议合法有效。大会审计并通过以下事项和决议:

1.审议并通过了《公司董事会1996年度工作报告》。

2.审议并通过了《公司监事会1996年度工作报告》。

3.审议并通过了《公司1996年度财务决算和1997年度财务预算报告》。

4.审议并通过了《公司1996年度利润分配方案》。

5.审议并通过了《关于修改公司章程的议案》。

6.审议并通过了公司前次募股资金使用情况的报告。

7.审议通过了变更个别董事成员的议案。

8.审议通过公司1996年度增资配股方案。

六、备查文件

1.载有董事长亲笔签名的本公司中期报告原本。

2.公司1996年度股东大会资料。

查阅地址:湖南省衡阳市罗金桥1号本公司董事会秘书处

衡阳中药实业股份有限公司

一九九七年八月二十八日

重庆中药股份有限公司

重庆中药股份有限公司1996年年度报告摘要

一、公司简况

1. 公司名称：重庆中药股份有限公司

英文名称：CHONGQING TRADITIONAL CHINESE MEDIC CO,LTD.

2. 公司注册及办公地址：重庆市渝中区解放西路120号

邮政编码：630012

3. 公司法定代表人：廖志扬

4. 公司咨询服务机构、联系电话及传真

咨询机构：证券部

联系人：陈善富

联系电话：(023)63843398　63843435

传　　真：(023)63843398

二、财务摘要

指标项目	1996年度	1995年度	比上年增减(%)
主营业务收入(万元)	28,526.31	24,339.72	17.21
净利润(万元)	1,848.98	1,023.25	8.07
总资产(万元)	40,107.25	39,289.43	2.08
股东权益(万元)	12,084.12	11,819.63	2.24
每股收益(元)	0.29	0.16	81.25
每股净资产(元)	1.91	1.86	2.69
净资产收益率(%)	15.30	8.66	76.67
股东权益比率(%)	30.13	30.08	0.17

注：1995年度有关财物指标按33%税率口径计算。

三、公司1996年度经营回顾

1996年是重庆中药成为上市公司后乘风破浪的一年。在邓小平建设有中国特色社会主义理论和党的基本路线政策指引下，围绕公司提出的"深化改革转机制，强化管理练内功，注重改造图发展，理顺关系求效益"的工作方针，重庆中药广大员工、领导团结一心，艰苦奋斗，努力进取，充分利用各种有利的内部、外部环境，取得了各项生产经营任务的顺利完成。全年中药工业产值完成4812万元，比上年同期有所下降，工业销售产值完成5720万元，产销率达101.52%；商业总购进21821万元，比上年增长23.60%，商业总销售28371万元，比上年增长21.31%；实现工商利税总额2472万元，比上年增长10.3%。

1. 调整结构，开拓市场。工业方面，为进一步提高我司新产品的市场占有率，我们不断调整产品生产结构，着重抓了"桐君阁"牌"熊胆舒喉片"、"鼻窦炎口服液"和新推出的"健汝美口服液"及"魁星阁"牌"康尔心胶囊"等。这为厂家树立名牌，占领市场起了积极作用。商业方面，各商家根据自身灵活、机动的特点，充分发挥各自优势。至11月末，公司商业购销就提前一个月完成年度计划，其总购、总销分别达17492万元和21468万元，分别完成年度计划的116.38%和104.72%。

2. 增加技改投入，增强企业后劲。为了扩大经营，取得更大的经济效益，全股份公司1996年进行技改总投资2200万元。其中投入工业技术改造的资金达1200万元，包括中药二厂的浓缩丸二期工程和桐君阁药厂的冲丸剂车间技改项目；投入各商业门市网点，经营建设项目共有14个，包括渝中区新山城门市的重建，南岸区公司百草堂分店和江北区公司康元堂门市的投资建设，解放西路以中药材专业市场为依托的莱元坝火车站，朝天门港口三点一线的纯销市场格局的初步形成等，为公司新的经济增长打下了坚实基础。同时，我们始终坚持质量第一的思想，积极开展承诺服务制，为此，南岸百草堂、沙区国泰药店、桐君阁药厂、渝中区保康参茸店，天元堂、庆余堂6家获得了国家内贸部颁发的"中华老字号"金牌证书。

3. 培育中药市场，规范中药交易。整顿医药市场，规范中药专业市场行为，使我公司主营业务有了较大发展。随着国务院(94)53号文"关于进一步加强药品管理工作的紧急通知"和(96)14号"关于继续整顿和规范药品生产经营秩序加强药品管理工作的通知"精神的认真贯彻执行，全国医药市场整顿日见成效。公司开办的重庆中药材专业市场经认真规范后成为了国家中医药管理局、国家医药管理局、国家工商局、卫生部批准的全国八大中药材专业市场之一，使重庆中药材集散地立足重庆辐射大西南的大医药、大流通格局初步形成，成为公司新的经济增长点。

4. 工业产值有所下降，主要是市场开拓力度不够，新产品对市场有一个投入期，加上资金紧缺，货款回笼缓慢，部分设备陈旧，技改工程未能预期完成。

四、股本变化及股本结构情况

1. 股本结构

截止1996年12月31日，公司总股本全部为人民币普通股，其股本结构为：

股份类别	年初数(万股)	比例	年末数(万元)	比例
(一)国有股	4338	68.44%	4338	68.44%
(二)公众股(A)股	2000	31.56%	2000	31.56%
(三)股份合计	6338	100%	6338	100%

2. 主要股东持股情况(截止1996年12月31日)

股东名称	持股数(万股)	持股比例
(一)重庆市国有资产管理局	43,380,000	68.44%
(二)曾文碧	310,400	0.49%
(三)刘冰	115,300	0.18%
(四)南方番禺	105,900	0.17%
(五)许运姑	100,000	0.16%
(六)福建华福	100,000	0.16%
(七)中国人民保险公司合川市支公司	100,000	0.16%
(八)邓丽华	100,000	0.16%
(九)28213699—2	87,100	0.14%
(十)德卢日巴	84,700	0.13%

3. 股东数量

截止1996年12月31日，本公司股东总数为13908人，其中：国家股(重庆市国有资产管理局)1人；社会公众股有13888人，内部职工股(公司董事、监事、高级人员持股)19人。

4. 公司董事、监事与高级人员持股情况

姓名	现任职务	年初持股数(股)	年末持股数(股)
廖志扬	董事长兼总经理	5000	5000
刘布刚	副董事长兼副总经理	3500	3500
王祖悦	副董事长兼副总经理	3500	3500
陈宪舟	董事	2000	2000
王开慈	董事	2000	2000

王一鹏	董事	3000	3000
徐大富	董事	2500	2500
熊阳谷	董事	3000	3000
周永明	董事	2000	2000
柏兴利	董事	2500	2500
刁玉香	董事	2500	2500
石小艺	董事	2000	2000
赵忠云	董事	2000	2000
张冰义	董事	2000	2000
王达志	董事	2000	2000
杨安勤	董事	0	0
江国华	董事	0	0
张渝生	党委书记兼监事会主席	5000	5000
樊英伦	监事	2000	2000
曾祥田	监事	2500	2500
薛伦伟	监事	3000	3000
罗祥英	监事	0	0

五、重要事项

(一)本报告期内的股东大会、董事会情况

1.1996年3月22日董事会作出决议,通过了1995年度董事会工作报告,1995年度财务决算报告,通过1995年度利润分配方案,每10股派发现金红利1.80元,审议通过了公司1996年度经营计划及利润计划并对第三次股东大会的有关事项进行了讨论。

2.1996年4月26日董事会就召开第三次股东大会的有关事项作出决议和安排。

3.1996年4月29日召开公司第三次股东大会,对如下事项作出决议:

公司董事会工作报告;

公司监事会工作报告;

公司总经理经营业绩工作报告;

公司1995年财务决算报告及1996年财务预算方案;

公司新章程;

公司1995年预分红利分配方案,每10股派发现金1.80元(含税),结余未分配利润547万元转下年度分配;

选举了廖志扬、刘布刚、王祖悦、陈宪舟、王开慈、王一鹏、徐大富、熊阳谷、周永明、柏兴利、刁玉香、张冰义、王达志、石小艺、赵忠云、江国华、杨安勤等17名董事组成第二届董事会;

选举张渝生、薛伦伟、罗祥英、樊英伦、曾祥田五名监事组成第二届监事会。

4.1996年4月30日召开第二届董事会一次会议,选举廖志扬先生为董事长,刘布刚、王祖悦为副董事长;聘任廖志扬兼任公司总经理;聘任邹莎为董事会秘书。

5.1996年4月30日召开第二届监事会一次会议,选举张渝生先生任监事会主席。

6.1996年8月26日召开第二届董事会二次会议,审议通过了中期工作报告及中期财务决算报告;讨论市政府133号文关于对股份公司经营成员实行年薪制的方案。

7.1996年11月14日召开第二届董事会三次会议,通报了1-10月份公司生产经营情况,初步讨论了1996年度配股增资的基本方案。

(二)本报告期内公司无发生实施配股和企业购并事项。

(三)关于公司董事、监事的变动。

公司于1996年4月29日召开第三次股东大会对董事会、监事会进行了换届改选:第二届董事会由17名成员组成,原监事熊阳谷先生改选为董事;第二届监事会由5名成员组成,前届监事杨宗耻先生因任期届满并适逢退休离任,不再担任公司监事,原董事樊英伦先生被改选为公司监事。

(四)在本报告期内,公司的注册地址、会计师事务所、法律顾问均未有发生过变化。

(五)本报告期内公司无重大诉讼、仲裁事项。

六、财务报告

(一)审议意见

公司财务报告经重庆会计师事务所杨友明、邓兴政注册会计师审计,并出具无保留意见的审计报告重会所审字(97)第118号。

(二)财务报表(见附表)

(三)财务报表附注

1. 主要会计政策

1)会计制度:公司执行《股份制试点企业会计制度》。

2)会计期间:公司会计年度为公历1月1日至12月31日。

3)报表编制:公司对外报送汇总会计报表,在编制汇总报表时,对公司本部与各下属公司和下属公司之间内部交易及往来项目已予抵销。

4)记帐原则和计价基础:公司按权责发生制原则组织会计核算,以实际成本为计价基础。

5)坏帐准备:按年末应收帐款余额的3‰计提。

6)存货计价:均按历史成本计价。对库存商品根据所属单位不同情况,分别采用不同会计方法进行核算,其中:商业零售企业实行售价金额核算,通过进销差价调整为实际成本;商业批发企业实行数量进价金额核算。工业企业中重庆中药二厂按实际成本核算(发出按加权平均法计价),其余按计划成本核算,通过成本差异调整为实际成本。低值易耗品金额较大的分次摊销,金额较小的一次性摊销。

7)长期投资:指投资期限在一年以上的债券投资、股权投资和其他投资。公司对持有20%以下股权的对外投资采用成本法核算,对持有20%以上股权的对外投资采用权益法核算;债券投资以取得的实际成本入帐,按期计算利息收入。

8)固定资产及折旧:固定资产按实际成本计价,入帐标准为:单位价值在2000元以上,使用年限在一年以上,折旧采用分类直线法,分类折旧资料如下:

类别	使用年限	年折旧率(%)	残值率(%)
房屋及建筑物	30年	3.17	5
通用设备	10年	9.5	5
专用设备	10年	9.5	5
运输设备	8年	11.88	4
其它设备	10年	9.5	5

9)无形资产:全部为土地使用权,按受益期采用直线法摊销。其中工业用地50年,商业用地40年。

10)税项:公司承担主要税项如下:

增值税:中药材税率13%,中成药税率17%。

所得税:根据重庆市人民政府重府发(1993)83号文件及重庆市地税局书面同意,公司从1996年度起所得税按15%执行。

城建税:按流转税额的5-7%缴纳。

其余税项按国家规定。

11)收入实现的确认:以商品已经发出或劳务已经提供,收到货款或取得收取货款的凭据时,确认销售收入的实现。

12)利润分配:公司税后利润在提取法定盈余公积金和公益金各10%后,其余根据股东大会决议进行分配。

2. 会计报表项目附注

1)短期投资　　10,000,000.00元

债券名称	年利率	金额
96(6)期国债	11.83%	5,000,000.00
96(8)期国债	8.56%	5,000,000.00
合计		10,000,000.00

2)应收帐款　　84,498,973.62元

(1)帐龄分析

帐龄	金额	比例
帐龄在1年以内	45,861,052.35	54.28%
帐龄在1-2年	23,240,888.31	27.50%
帐龄在2-3年	12,802,461.42	15.15%
帐龄在3年以上	2,594,571.54	3.07%

(2)关联企业往来:应收帐款中无持有公司5%以上股份的股东欠款。

(3)变动分析:应收帐款较年初增长11.69%,主要原因是销售收入增加所致。

(4)三年以上应收帐款可回收性分析:帐龄在三年以上所涉及的欠款单位,大部分仍处在业务往来之中,公司正组织力量加紧催收。

3)其他应收款　14,618,193.00元

(1)帐龄分析

帐龄	金额	比例
帐龄在1年以内	8,704,822.28	59.55%
帐龄在1-2年	4,577,341.13	31.31%
帐龄在2-3年	961,616.34	6.58%
帐龄在3年以上	374,413.25	2.56%

(2)变动分析:其他应收款均为各种暂付、代垫款项,与年初数无重大变化。

(3)关联企业往来:无持有公司5%以上股份的股东欠款。

4)待摊费用　11,203,952.64元

其中:期初进项税　10,598,059.28元

修理费　488,762.36元

股票上市宣传费　117,131.00元

待摊费用较年初下降22.45%,主要原因是抵扣了部分期初进项税。股票上市宣传费从上市之日起一年摊销,将于1997年2月份摊销完毕。

5)长期投资　4,327,360.48元

(1)股权投资

被投资单位	股数	持股比例	投资金额
交行重庆分行	500,000.00	低于1%	500,000.00
广深医药有限公司	400,322.00	0.52%	400,322.00
西安华联中药股份有限公司	200,000.00	2.5%	200,000.00
惠达实业股份有限公司	297,475.04	低于5%	297,475.04
小计			1,397,797.04

(2)联营投资

被投资单位	投资期限	所占比例	投资金额
重庆嘉陵企业中药经营部	长期	50%	210,000.00

(3)债券投资

债券种类	到期日	面值	年利率(%)	投资金额
国库券	1998-1999年	2,095,800.00	6-14.5	2,095,800.00
特种债券	1998-2000年	265,409.00	6-15	265,409.00
小计		2,361,209.00		2,361,209.00

(4)应计利息　358,354.44元

国库券　312,476.00元

特种债券　45,878.44元

长期投资较年初增长17.28%,主要是因为购买国债增加。

6)固定资产

(1)原值　104,971,399.12

类别	期初价值	本年增加	本年减少	期末价值
房屋及建筑物	46,352,522.57	34,027,981.75	3,459,985.00	76,920,519.32
通用设备	8,939,235.22	1,535,168.48	1,978,616.05	8,495,787.65
专用设备	6,719,640.10	878,054.26	356,659.77	7,241,034.59
运输设备	10,404,236.05	1,700,461.74	1,301,667.42	10,803,030.37
其他设备	1,103,171.63	425,595.49	17,739.93	1,511,027.19
固定资产合计	73,518,805.57	38,567,261.72	7,114,668.17	104,971,399.12

(2)累计折旧　31,895,625.02

类别	期初价值	本年增加	本年减少	期末价值
房屋及建筑物	16,592,116.10	2,109,689.27	902,221.22	17,799,584.15
通用设备	5,538,268.55	996,259.29	733,771.47	5,800,756.37
专用设备	2,130,132.95	537,052.00	152,236.75	2,514,948.20
运输设备	4,856,057.02	1,037,222.37	706,927.25	5,186,352.14
其他设备	499,224.88	102,741.83	7,982.55	593,984.16
累计折旧合计	29,615,799.50	4,782,964.76	2,503,139.24	31,895,625.02

固定资产本年增加,主要为在建工程年末完工转固,本年减少主要为重庆市市政建设开发拆出公司东水门仓库,永川市望城路7号仓库及公司部门门市网点,以及公司报废及转让一部分机器设备及运输设备,公司为此进行了清理。

7)在建工程　44,511,508.02元

工程项目	工程进度	实际使用数	原预算数	批准文号	资金来源
桐君阁废水处理工程	90	8,542,322.06	10,000,000.00	国中药(92)26号	贷款
其中:利息		636,122.50			
新山城工程	90	19,399,673.94	16,000,000.00	重经发(92)技151号	贷款
其中:利息		5,896,721.50			
中药二厂浓缩丸技改工程	60	7,476,289.20	10,000,000.00	重经发(94)技126号	贷款
其中:利息		900,000.00			
南坪港天物业大楼	80	1,952,400.00	2,300,000.00	重药规发(96)41号	自筹
莱元坝商城	80	3,381,300.00	4,160,000.00	重药规发(96)35号	自筹
巴南区中药商贸综合楼	25	603,807.89	2,400,000.00	重药规发(96)26号	自筹
沙坪坝区石小路药店	80	1,378,596.06	1,700,000.00	重药规发(96)26号	自筹
永川市老城区营业用房	75	757,655.46	1,000,000.00	重药规发(96)12号	自筹
其余5户	前期投入	1,019,463.41	8,000,000.00	无	自筹
合计		44,511,508.02	55,560,000.00		

注:(1)本年在建工程较期初降低23.43%,主要是因为重庆中药贸易市场,重庆中药大厦及桐君阁三期冲丸剂工程本年内完工转入固定资产。

(2)新山城工程原预数1600万元,实际已发生1940万元(含借款利息589.67万元),工程进度在90%左右。目前工程主体已完工,进入内外装修与扫尾阶段。新山城工程超预算及超工期的原因,主要是因为增大了1000平方米的建筑面积,提高了内外装修档次,增加了自动扶梯设施等,由于工期延长,利息支出加大。

8)无形资产　10,916,526.40元

项目	来源	原值	已摊金额	期末余额	剩余年限
工业用地	折价入股	1,223,009.87	73,380.60	1,149,629.27	47
商业用地	折价入股	9,257,710.13	685,292.28	8,572,417.85	37

综合楼土地	出让	1,215,200.00	20,720.72	1,194,479.28	39
合计		11,695,920.00	779,393.60	10,916,526.40	

注:本期商业用地原值增加1,215,200.00元,系所属巴南区公司因修建综合楼购买的土地使用权,分40年摊销。

9)短期借款 162,160,000.00元

贷款单位	金额	年利率(%)
中国银行重庆分行	6,050,000.00	10.98
中国建设银行重庆分行	9,600,000.00	11.088
中国农业银行重庆分行	700,000.00	10.08
交通银行重庆分行	2,200,000.00	10.08
工商银行重庆分行	136,700,000.00	10.08-11.088
城市合作银行	6,910,000.00	10.08
合计	162,160,000.00	

以上借款期限均在一年以内。

较年初增加1.46%,主要是业务经营增长导致资金需求增加。

在上述借款中,有7137万元为抵押借款(抵押物为公司的房产及设备),有9004万元为担保措款,有75万元为信用借款。

10)应付帐款 53,000,569.04元

与年初数无重大变化,无应付持有公司5%以上股份的股东贷款。

11)应付福利费 -295,799.39元

较年初减少697,048.32元,主要是职工的医药费用增大所致。

12)未付股利 16,503,066.10元

年初数	本年增加	本年减少	期末余额
11,458,337.38	15,844,825.00	10,800,096.28	16,503,066.10

本年增加系根据公司董事会预分方案按每股0.25元派发红利增加所致。本年减少系给付的以前年度红利。

13)未交税金 1,522,623.21元

其中:增值税	-454,072.16元
营业税	245,112.40元
城市维护建设税	19,992.71元
消费税	5,520.96元
投资方向调节税	117,104.43元
房产税	12,521,30元
所得税	1,576,443.57元

未交税金较年初下降82.70%,主要是减免了以前年度所得税8,048,272.74元,转入了以前年度损益调整科目(见该科目说明)。

14)其他应付款 16,545,220.03元

与年初数无重大变化,无应付持有公司5%以上股份的股东款项。

15)预提费用 1,517,688.94元

系预提的1996年4季度部分短期借款利息。

16)一年内到期的长期负债 1,550,000.00元

借款单位	金额	期限	年利率(%)	借款条件	备注
重庆市渝中区财政局	1,000,000.00	95.3-96.3	15	信用	逾期
工行重庆信托投资公司	550,000.00	92.12-96.12	7.023	担保	逾期
合计	1,550,000.00				

上述逾期款项已办理延期手续,将于1997年上半年归还。

17)长期借款 24,260,000.00元

贷款单位	贷款金额	贷款期限	利率(%)	借款条件
市工行江津市支行	10,000,000.00	95.12-98.6	10.5	信用
工行上新街分理处	5,400,000.00	95.12-98.6	9.22	担保
重庆市农业银行	250,000.00	95.10-96.10	10.98	抵押
重庆市财政局	2,100,000.00	95.8-98.8	7	担保
重庆市环保局	1,490,000.00	95.8-98.7	12	担保
重庆市医药局	2,700,000.00	96.7-98.7	9.15	担保
中国药材公司	2,320,000.00	91.6-98.6	3	担保
合计	24,260,000.00			

18)其他长期负债 3,033,225.18元

全部为住房周转金。

19)股本 63,379,300.00元

股本类别	金额	比例
国家股(尚未流通)	43,379,300.00	68.44%
社会公众股(已流通)	20,000,000.00	31.56%
合计	63,379,300.00	100%

公司股本本年度无变化。

20)资本公积 21,772,610.87元

公司资本公积本年度无变化

21)盈余公积 31,271,775.59元

期初数	本年增加	期末数
27,573,817.57	3,697,958.02	31,271,775.59

本期增加系按本年净利润18,489,790.06元提取的各10%的盈余公积和公益金。

22)未分配利润 4,417,484.29元

期初余额	本年增加	本年减少	期末余额
5,470,477.25	18,489,790.06	19,542,783.02	4,417,484.29

本期增加为当年实现净利润。

本期减少为提取法定盈余公积金、公益金两金及按每股0.25元分配股利。

23)主营业务收入 285,263,056.80元

其中:中药	65,341,566.33元
成药	211,996,719.09元
饮片	7,924,771.38元

主营业务收入本年增长17.20%,主要是因为成药批发销售上升。

24)财务费用 14,061,685.65元

其中:利息费用	13,987,306.21元
其他	74,379.44元

财务费用本年增长9.16%,主要是因为借款增大。

25)其他业务利润 2,635,800.91元

其中:门面及摊位出租利润	3,859,804.22元
旅馆业利润	387,841.97元
汽车运输业务利润	1,606,484.09元
材料销售利润	-5,361.19元

其它业务利润本年降低42.65%,主要是因为收回了部分出租门面,减少了场地租金收入,同时汽车运输业务亏损加大。

26)投资收益 1,568,806.97元

其中:债券投资收益	1,465,297.37元
非控股公司分来利润	103,509.60元

非控股公司分来利润系收到按成本法核算的重庆交行、广深医药股份公司分来的利润。投资收益较去年下降46.18%,主要是因为控制了短期债券投资,导致了债券投资收益减少。

27)营业外收入 1,715,047.07元

其中:处理固定资产净收益	1,122,303.65元
房屋拆迁补偿费	430,894.65元
其他	161,848.77元

较去年下降42.51%,主要是本年度处理固定资产的净收益减少。

28)营业外支出 551,714.64元

其中:固定资产清理净损失	367,592.46元
罚款支出	98,361.36元

其他 85,760.82 元

29)以前年度损益调整 8,048,472.74 元

其中:减免以前年度所得税 8,045,100.00 元

清退 1995 年教育费附加 3,372.74 元

根据重庆市地方税务局重地税函(1996)35 号文件批复,"为支持重庆市中药市场和中药事业的发展,对重庆中药股份有限公司 1994 年度企业所得税给予免交(4,009,262.76 元),1995 年度给予定额减免(4,035,837.24 元)的照顾"。同时,根据重庆市财政局的文件批复,同意将该减免的 1994、1995 年度所得税计入本科目。该减免部分不缴纳所得税。

30)所得税 1,776,443.57 元

公司所得税本年度下降 63.93%,主要原因是 1996 年度按 15% 计算,1995 年度按 33% 计算。

(四)承诺事项

本报告期内公司无对生产经营和财务状况造成重大影响的承诺事项。

(五)或有事项

本报告期内公司无重大诉讼、仲裁事项,也未向其他单位和个人提供任何形式的经济担保。

(六)关联交易

本报告期内公司无关联交易。

(七)期后事项

根据公司第二届董事会四次会议决议,对 1996 年末未分配利润按每股 0.25 元派发现金红利。该预分方案将提请股东大会决议通过。

(八)其他事项

本年度会计报表中体现的以前年度损益调整 8,045,100.00 元(减免的以前年度所得税),此项收益并非经常性收益。

七、备查文件

1. 本公司 1996 年年度报告原本;

2. 经重庆市会计师事务所审计的本公司 1996 年度财务审计报告原本;

3. 本公司《上市公告书》

重庆中药股份有限公司

1997 年 4 月 5 日

资 产 负 债 表

编制单位:重庆中药股份有限公司　　1996 年 12 月 31 日　　金额单位:元

资　　产	行　次	年初数	期末数
流动资产:			
货币资金	01	18,199,026.83	18,514,226.70
短期投资	02	11,500,000.00	10,000,000.00
应收票据	03		
应收帐款	04	75,658,050,53	84,498,973.62
减:坏帐准备	05	226,974.15	253,496.92
应收帐款净额	06	76,431,076.38	84,245,476.70
预付货款	07	744,557.72	448,767.72
其他应收款	08	14,110,173.58	14,618,193.00
待摊费用	09	14,446,524.08	11,203,952.64
存　货	10	142,149,503.79	128,623,881.35
待处理流动资产净损失	11	624,132.95	532,815.40
一年内到期债券投资	12		
其他流动资产	13		
流动资产合计	15	277,204,995.33	268,187,313.51
长期投资:			
长期投资	16	3,689,841.28	4,327,360.48
其中:合并价差	17		
固定资产:			
固定资产原价	18	73,518,805.57	104,971,399.12
减:累计折旧	19	29,615,799.50	31,895,625.02
固定资产净值	20	43,903,006.07	73,075,774.10
在建工程	21	58,135,513.47	44,511,508.02
固定资产清理	22	-17,051.41	54,036.97
待处理固定资产净损失	23		
固定资产合计	30	102,021,468.13	117,641,319.09
无形资产及递延资产:			
无形资产	31	9,977,950.07	10,916,526.40
递延资产	32		
无形资产及其他资产合计	33	9,977,950.07	10,916,526.40
其他长期资产:			
其他长期资产	34		
递延税项:			
递延税项借项	35		
资产总计	40	392,894,254.81	401,072,519.48
负债及所有者权益			
流动负债:			
短期借款	41	145,487,000.00	162,160,000.00
应付票据	42		

资　　产	行　次	年初数	期末数
应付帐款	43	57,174,453.93	53,000,569.04
预收货款	44	24,943.71	78,210.93
应付福利费	45	401,248.93	-295,799.39
未付股利	46	11,458,337.38	16,503,066.10
未交税金	47	8,803,152.54	1,522,623.21
其他未交款	48	70,332.93	341,097.58
其他应付款	49	18,833,853.07	16,545,220.03
预提费用	50	19,333.00	1,517,688.94
一年内到期的长期负债	51	5,750,000.00	1,550,000.00
其他流动负债	52		
流动负债合计	55	248,022,655.49	252,922,676.44
长期负债：			
长期借款	56	25,369,700.00	24,260,000.00
应付债券	57		
长期应付款	58	15,447.11	15,447.11
其他长期负债	59	1,290,246.52	3,033,225.18
长期负债合计	60	26,675,393.63	27,308,672.29
递延税项：			
递延税款贷项	61		
负债合计	62	274,698,049.12	280,231,348.73
少数股东权益	63		
股东权益：			
股本	64	63,379,300.00	63,379,300.00
资本公积	65	21,772,610.87	21,772,610.87
盈余公积	66	27,573,817.57	31,271,775.59
其中:公益金	67	1,771,299.16	3,620,278.17
未分配利润	68	5,470,477.25	4,417,484.29
外币报表折算差额	69		
股东权益合计	70	118,196,205.69	120,841,170.75
负债及股东权益总计	80	392,894,254.81	401,072,519.48

利　润　及　利　润　分　配

编制单位:重庆中药股份有限公司　　　　单位:元

项　　目	行次	上年数	本年累计数
一、主营业务收入	1	243,397,211.27	285,263,056.80
减:主营业务成本	2	175,937,659.46	217,287,066.49
销售费用	3	25,304,313.73	22,936,037.13
管理费用	4	23,096,348.67	22,966,185.77
财务费用	5	12,881,279.72	14,061,685.65
进货费用	6	27,011.03	
营业税金及附加	7	999,770.51	1,162,261.18
二、主营业务利润	8	5,150,828.15	6,849,820.58
加:其他业务利润	9	4,596,412.29	2,635,800.91
三、营业利润	10	9,747,240.44	9,485,621.49
加:投资收益	11	2,914,829.05	1,568,806.97
营业外收入	12	2,983,105.10	1,715,047.07
减:营业外支出	13	502,080.39	551,714.64
加:以前年度损益调整	14	14,535.96	8,048,472.74
四、利润总额	15	15,157,630.16	20,266,233.63
减:所得税	16	4,925,093.44	1,776,443.57
减:少数股东损益	17		
五、净利润	20	10,232,536.72	18,489,790.06
加:年初未分配利润	21	9,261,866.45	5,470,477.25
盈余公积转入数	22		
六、可分配的利润	24	19,494,403.17	23,960,267.31
减:提取法定公积金	25	1,023,253.66	1,848,979.01
提取法定公益金	26	1,023,253.66	1,848,979.01
七、可供股东分配的利润	28	17,447,895.85	20,262,309.29
减:已分配优先股股利	29		
提取任意公积金	30	409,661.48	
已分配普通股股利	31	11,567,757.12	15,844,825.00
八、未分配利润	34	5,470,477.25	4,417,484.29

财务状况变动表

编制单位:重庆中药股份有限公司　　1996年度　　金额单位:元

流动资金来源和运用	行次	金　额
一、流动资金来源:		
1.本年净利润	01	18,489,790.06
加:不减少流动资金的费用和损失		
(1)少数股东本期损益(亏损以"-"号表示)	02	
(2)固定资产折旧	03	4,782,964.76
(3)无形资产、递延资产及其他资产摊销(减其他负债转销)	04	276,623.67
(4)固定资产盘亏(减盘盈)	05	
(5)清理固定资产损失(减收益)	06	-754,711.19
(6)递延税款	07	
(7)其他不减少流动资金的费用和损失	08	
小　计	10	22,794,667.30
2.其他来源		
(1)固定资产清理收入(减清理费用)	11	5,366,240.12
(2)增加长期负债	12	1,742,978.66
(3)收回长期投资	13	
(4)对外投资转出固定资产	14	
(5)对外投资转出无形资产	15	
(6)资本净增加额	16	3,697,985.02
(7)少数股东资本净增加额	17	
小　计	19	10,807,203.80
流动资金来源合计	20	33,601,871.10
二、流动资金运用:		
1.利润分配:		
(1)提取法定公积金	21	1,848,979.01
(2)提取法定公益金	22	1,848,979.01
(3)提取任意公积金	23	
(4)已分配股利	24	15,844,825.00
小　计	25	19,542,783.02
2.少数股东利润分配	26	
3.其他运用		
(1)固定资产和在建工程净增加额	27	25,014,344.65
(2)增加无形资产、递延资产及其他资产	28	1,215,200.00
(3)偿还长期负债	29	1,109,700.00
(4)增加长期投资	30	637,519.20
小　计	31	27,976,763.85
流动资金运用合计	32	47,519,546.87
外币会计报表折算差额	33	
流动资金增加净额	40	-13,917,675.77
流动资金各项目的变动	行次	金　额
一、流动资产本年增加数:		
1.货币资金	41	315,199.87
2.短期投资	42	-1,500,000.00
3.应收票据	43	
4.应收帐款净额	44	8,814,400.32
5.预付货款	45	-295,790.00
6.其他应收款	46	508,019.42
7.待摊费用	47	-3,242,571.44
8.存货	48	-13,525,622.44
9.待处理流动资产净损失(减收益)	49	-91,317.55
10.一年内到期的长期债券投资	50	
11.其他流动资产	51	
流动资产增加净额	60	-9,017,681.82

流动资金来源和运用	行次	金　　额
二、流动负债本年增加数		
1. 短期借款	61	16,673,000.00
2. 应付票据	62	
3. 应付帐款	63	-4,173,884.89
4. 预收货款	64	53,267.22
5. 应付福利费	65	-697,048.32
6. 未付股利	66	5,044,728.72
7. 未交税金	67	-7,280,529.33
8. 其他未交款	68	270,764.65
9. 其他应付款	69	-2,288,633.04
10. 预提费用	70	1,498,355.94
11. 一年内到期的长期负债	71	-4,200.000.00
12. 其他流动负债	72	
流动负债增加净额	79	4,900,020.95
流动资金增加净额	80	-13,917,702.77

重庆中药股份有限公司1997年中期报告

一、财务报告(已经审计)

本公司1997年度中期财务报告已经重庆市会计师事务所杨友明、邓兴政注册会计师审计,出具重会所审字(97)第246号审计报告。

审计意见是:我们接受委托,审计了贵公司1997年6月30日资产负债表和1997年1-6月的利润及利润分配表。这些会计报表由贵公司负责,我们的责任是对这些会计报表发表审计意见。我们的审计是依据《中国注册会计师独立审计准则》进行的。在审计过程中,我们结合贵公司实际情况,实施了包括抽查会计记录等我们认为必要的审计程序。

我们认为,上述会计报表符合《企业会计准则》和《股份制试点企业会计制度》的有关规定,在所有重大方面公允地反映了贵公司1997年6月30日的财务状况和1997年1-6月的经营成果,会计处理方法的选用遵循了一贯性原则。

(一)财务报表

1. 简化的资产负债表　　单位:元

项目	年初数	期末数
流动资产	268,187,313.51	271,407,146.36
长期投资	4,327,360.48	3,363,871.96
固定资产 净值	73,075,774.10	68,758,500.46
在建工程	44,511,508.02	51,459,144.78
无形资产及递延资产	10,916,526.40	12,504,530.07
资产总计	401,072,519.48	407,511,230.60
流动负债	252,922,676.44	259,816,107.04
长期负债	27,308,672.29	20,631,654.41
股东权益	120,841,170.75	127,063,469.15
其中:股本	63,379,300.00	63,379,300.00
资本公积	21,772,610.87	21,772,610.87
盈余公积	31,271,775.59	31,271,775.59
未分配利润	4,417,484.29	10,639,782.69

2. 简化的损益表

项目	上年同期数	本年累计数
主营业务收入	135,322,434.10	159,412,119.26
主营业务利润	1,770,425.74	3,575,402.30
其他业务利润	1,320,066.93	677,449.74
投资收益	1,763,150.42	885,390.06
营业外收支净额	-93,895.85	161,340.32
以前年度收益		1,707,278.60
利润总额	4,759,747.24	7,006,861.02
所得税	713,962.09	784,562.62
净利润	4,045,785.15	6,222,298.40

(二)主要财务指标	96年1-6月	97年1-6月
每股收益(元/股)	0.064	0.098
净资产收益率(%)	3.09	4.90
每股净资产(元/股)	2.07	2.01

(三)财务报表附注

1. 本报告期内所采用的会计政策和会计方法与上年一致。对于公司1996年度应缴纳的所得税1,776,443.57元,根据重庆市地税局重地税免(1997)79号文件同意免征,根据重庆市财政局批示计入了以前年度损益调整科目。

2. 短期投资:期末余额为0,原因是公司已将原购入的1000万元国债卖出。

3. 递延资产　　1,703,162.36元

系公司购建的惠工大厦等两个零售中药材网点发生的开办费,从1997年7月份起计5年内摊销。

4. 未付股利　　11,840,921.24元

较年初减少4,662,144.86元,系根据重庆市人民政府渝府(1997)7号文件及重庆市国资局渝国资管(1997)25号文件的通知,重庆市国资局以应收取的国有股红利购买公司部分净资产(即原重庆中药厂的全部净资产),公司为此进行了相关帐务处理。

5. 未交税金　　614,114.04元

较年初下降59.67%,主要是减免了1996年度所得税1,776,443.57元,转入了以前年度损益调整科目。

6. 未分配利润　　10,639,782.69元

较年初增加6,222,298.40元,全部为本期实现的净利润。

7. 以前年度损益调整　　1,707,278.60元

根据重庆市地方税务局重地税免(1997)79号文件,同意免征公司1996年度应交企业所得税177.64万元。同时根据重庆市财政局的批复,同意将免交的所得税计人本科目。

8. 实现利润总额　　7,006,861.02元

完成年度计划的36%,主要由于中药材的产新收购和销售多在下半年体现,加之物业收入和投资收益的结算也在下半年进行。

9. "庆余堂"老字号名牌药店网点工程以及惠工大厦"百草堂"分店等新增网点建成以后,公司纯销市场进一步扩大,为下半年主营业务收入及利润的大幅增长奠定了良好的基础。

10. 关联交易　　本报告期内公司无关联交易

二、盈利预测审计报告

本公司1997年度的盈利预测已经重庆市会计师事务所杨友明、邓兴

政注册会计师审核,并出据了重会所审字(97)第247号盈利预测审核报告如下:

重庆中药股份有限公司1997年度盈利预测表

(单位:万元)

项目	1-6月已审实现数	7-12月预计数	预计全年实现数
1.主营业务收入	15,941	19,059	35,000
减:营业成本	12,506	15,034	27,540
销售费用	986	1,014	2,000
管理费用	1,340	1,260	2,600
财务费用	711	709	1,420
营业税金及附加	41	79	120
2.主营业务利润	357	963	1,320
加:其他业务利润	68	232	300
3.营业利润	425	1,195	1,620
加:投资收益	89	41	130
营业外收入	17	33	50
减:营业外支出	1	19	20
加:以前年度损益调整	171		171
4)利润总额	701	1,250	1,951
减:所得税	79	187	266
5)净利润	622	1,063	1,685

1.所得税

公司所得税按15%计算,应纳税所得额扣除了减免的1996年度所得税171万元。

2.每股盈利:

若本次股份全部配售,则可增加股本1901万股(6338万股×0.3),公司总股本可达到8239万股,而预计公司1997年度可实现净利润1685万元,按全面摊薄法计算,1997年每股盈利为0.204元;按加权平均法计算(假设公司配股资金8月份到位),则每股盈利为0.236元。

3.每股净资产及净资产收益率:

若公司本次配股1901万股,每股配股价为4.50元,则可募集资金8554万元。配股完成后,预计1997年末每股净资产为2.71元,净资产收益率为7.55%。

三、经营情况回顾与展望

1.上半年经营情况回顾

1997年上半年,我司广大员工围绕董事会制定的"改革、改造、管理、效益"的工作方针,从转变经营观念,加强制度建设入手,努力完善各项管理制度,调整经营策略,加大市场开拓力度,积极拓展营销市场,顺利完成了半年经济目标。

(1)1-6月,公司主营业务收入实现15941万元,完成年度计划的46%,比去年同期增长18%;实现利润701万元,完成年度计划的36%,比去年同期增长47%。

(2)公司充分发挥工商一体优势,以名优新特产品为龙头,注重规模经营。工业生产以调整产品结构为重点,主要抓了"鼻窦炎口服液"、"龙胆泻肝片"等几个品种的生产和上规模,并在产品销售策略上下苦功夫,现已取得初步成效,商业流通以"庆余堂"等老字号名牌药店为中心,进行了一系质量管理、价格管理、服务管理等制度建设的改革,将"承诺服务"制落实到各个基层,使公司的纯销优势始终立于不败之地。

(3)兼顾相关产业,发展储运、装修、餐饮、物业等多元化经营战略,实现收益68万元。

(4)大力进行用工分配制度的改革,增强激励约束机制,最大限度地调动了广大员工的积极性。

2.下半年展望

(1)逐步落实公司股东大会批准的配股融资方案,并保证配股资金按照股东大会通过的投资项目投入使用。

(2)对公司制药工业桐君阁厂口服液生产线进行设备GMP技术改造,增加工业生产线的科技含量。

(3)在市内商业繁华区购置建设一个高档次、以名优产品为主的中药自选商场。

(4)在全市内创建"桐君阁"中华老字号名牌放心药店的商业连锁网络,进一步完善纯销市场格局,实现公司商业纯销上档次、上规模,创名牌产品战略。

(5)加强内部管理,努力提高各级领导干部的科技兴药意识,提高职工内在素质,真正培养一支过硬的队伍。

四、重大事件的说明

1.本公司对照《严禁国有企业和上市公司炒作股票的规定》进行了认真自查,结果为:本报告期内,公司没有任何违规行为,也暂无股票投资收益。本公司保证对于仍持有的流通股票,将严格按照国家有关规定处理。

2.本公司在报告期内无重大诉讼、仲裁事项。

3.1997年中期公司不进行分配。

五、发行在外股票的变动和股权结构的变化

1.报告期内本公司没有股票发行及其他募集资金或转增股本的行为,因此公司发行在外的股本结构无变化。

2.股本结构:(单位:万股,每股面值人民币1元)

项目	持股数	比例(%)
国有股	4338	68.44
社会公众股	2000	31.56
合计	6338	100

3.主要股东持股情况(单位:万股,截止1997年6月30日)

持股人	持股数	所占比例(%)
(1)重庆国有资产管理局	4338	68.44
(2)徐致光	17.96	0.28
(3)王小平	11.62	0.18
(4)陈卫东	11.00	0.17
(5)刘守双	10.00	0.16
(6)梁维灿	8.50	0.13
(7)辛国华	7.00	0.11
(8)吴庆棠	6.41	0.10
(9)许秀珍	6.32	0.10
(10)方细伶	5.81	0.09

六、股东大会简介

本公司1996年度股东大会(第四次股东大会)于1997年5月29日在重庆中药大厦召开。出席会议的股东共57人,持有股份数为4383.4万股,占公司总股本的69.2%。大会审议表决通过了下述决议:

1.公司董事会工作报告;

2.公司监事会工作报告;

3.公司1996年度财务决算报告;

4.公司1996年利润分配方案,每10股派发现金红利2.50元(含税),结余4,417,484.29元转下年度再分配;

5.公司1997年度申报配股方案(股东大会授权公司董事会全权具体办理本次配股融资的有关事宜。根据本公司第二届董事会六次会议决议,本次配股方案为:每10股配3股,配股价格4.00-4.50元。)

6.公司修改章程的方案。

七、备查文件

1.载有公司董事长廖志扬先生亲笔签名的中期报告文本;

2.经审计过的盈利预测报告;

3.本公司1996年年度报告;

4.第四次股东大会各项文件及决议原件。

查阅地址:重庆市渝中区解放西路120号

咨询电话:(023)63843398　63843435

重庆中药股份有限公司董事会

1997年8月16日

西 北 轴 承 股 份 有 限 公 司

西北轴承股份有限公司1996年年度报告摘要

一、公司简况

1. 公司法定中文名称:西北轴承股份有限公司

公司英文名称:XIBEI BEARING CO. LTD

2. 公司注册地址:银川市新市区北京西路

邮政编码:750021

3. 公司法定代表:杜万治

4. 公司咨询服务机构:公司办公室

电　话:(0951)2020394

传　真:(0951)2024604

联系人:聂立卯

会计师事务所:宁夏会计师事务所

5. 股票简称:西北轴承

证券代码:0595

二、主要财务数据与财务指标

指标项目	本年数	上年数	比上年增减(%)
1. 主营业务收入(元)	413,011,260.22	414,388,566.74	-0.3
2. 净利润(元)	28,284,871.38	15,780,188.52	79.2
3. 总资产(元)	623,071,576.38	393,763,812.65	58.2
4. 股东权益(元)	267,615,838.40	120,500,188.52	122.09
5. 每股税后收益(元)	0.29(摊薄法) 0.31(加权平均法)	0.23	26.09
6. 每股净资产(元)	2.73	1.77	54.2
7. 净资产收益率(%)	10.57	13.09	-19.25
8. 股东权益比率(%)	42.95	30.60	40.36

注:冻结股票利息收入18,222.14元,不影响财务指标计算。

三、公司业务回顾

1. 一年来经营情况

1996年,公司按照国家对现代企业制度试点单位和上市公司的要求,开拓进取,规范运作,以经济效益为中心,狠抓产品开发和市场营销,强化质量管理和技术改造,保持了生产经营的持续稳定发展。全年共生产轴承180.2万套,完成品种879种,实现主营业务收入4.13亿元,利润总额4222万元,净利润2828万元,经济效益在国内同行业处于先进水平。一年来,公司重点做了以下工作。

(1)确定1996年为"资金效益年",开展了"学邯钢、抓管理、降成本、增效益"活动和"三大战役",调整了用户结构、产品结构,进一步突出了主导产品,使铁路轴承、石油机械轴承、冶金轧机轴承产值达到总产值的52%,出口轴承产值比上一年增长1.64倍。

(2)强化了产品开发。以市场为导向,抢占市场制高点,全年开发新产品66种。加大了出口产品比重,出口铁路轴承、特大型轴承等重点新产品和重载汽车轴承通过质量验证,进入批量生产。

(3)产品质量迈上了新台阶。成品合格率稳定达到100%,一等品率稳定达到56%,铁路轴承质量继续保持了领先水平。通过了国家级计量体系确认,获得了全国设备管理先进单位称号。

(4)技术改造稳步进行。50万套球面轴承技改项目的重点工程及配套工程全面实施;"九五"技改"双加"项目建议书已经国家经贸委批准,进入可行性论证;"八五"技改获国家经贸委颁布的优秀项目奖。

2. 主要经济指标分析

1996年度公司有关经营指标与上半年《招股说明书》披露的预测有一定幅度的差异,主要原因为:

(1)主营业务收入预测为5.3亿元,实际完成4.13亿元,同1995年基本持平。是由于在经营活动中,根据市场需求变化和用户资信情况,为了减少在途资金,适度控制了发货。

(2)净利润预测为2773.8万元,实际完成2828万元,比1995年增长79.2%,是由于"学邯钢、抓管理、降成本、增效益"活动收到显著成效,主营业务成本、经营管理费用比上一年度有了大幅度的降低。

3. 募集资金使用情况说明

1996年,公司创立,发行社会公众股,募集资金1.2亿元,《招股说明书》确定,主要用于球面滚轴承的扩建与改造。1996年该项目实际完成投资5768万元,其中已完成土建投资189,688.13元,购进设备9,930,709.19元;一、二成品分厂扩建、锻造分厂扩建、球面分厂基建、球面热处理厂房基建等在建工程投资28,658,338.09元,承付设备预付款18,901,616.00元。该项目将于1997年度竣工。

四、股本变化及股东结构情况

1.1996年度公司股份变化情况表(填报日期1996年12月31日)

单位:万股

		期初数	本年增减	期末数	占总股本%
(1)	尚未流通股份				
	发起人股				
	其中:国家拥有股份	5300	0	5300	54.08
	境内法人股	1500	0	1500	15.31
	合　计	6800	0	6800	69.39
(2)	已流通股份				
	境内上市人民币普通股	0	3000	3000	30.61
(3)	股份总数	6800	3000	9800	100

2. 股本变动情况及原因

期初,公司拥有发起人股6800万股,根据中国证监会证监发审字(1996)14号文件批复,1996年3月20日至4月2日,公司向社会公开发行股票3000万股,其中包括内部职工股300万股,并分别于4月19日、10月22日在深圳证券交易所上市交易,使股本总额变化为9800万股。

3. 主要股东持股情况

股东名称	年末持股数	占股本总额比例(%)
西北轴承集团有限责任公司	53,000,000	54.08
宁夏天力协会	10,000,000	10.2
冶钢集团有限公司	2,000,000	2.04
西宁特殊钢集团有限责任公司	1,000,000	1.02
北钢集团公司	1,000,000	1.02
常柴股份有限公司	1,000,000	1.02
陈彩霞	344,800	0.35
李道乾	241,100	0.25
朱镇州	228,700	0.23
深圳百利鑫实业股份有限公司	227,000	0.23

4. 股东数量

截止1996年12月31日,股东总数为16,724户,其中国家股东1户,社会法人股东5户,社会公众股东16,718户。

5. 公司董事、监事与高级管理人员持股情况

姓名	职务	年初持股数	年末持股数	变动原因
杜万治	董事长	0	4000	认购
魏玉印	副董事长、总经理	0	3500	认购
李树明	副董事长、第一副总经理	0	3500	认购
何加群	常务董事、副总经理	0	3500	认购
许忠久	常务董事、副总经理	0	3000	认购
吕景安	常务董事、总会计师	0	2000	认购
纪　毅	常务董事、总经理助理	0	2000	认购
陈远亨	董事	0	0	
常占祥	董事	0	0	
徐连生	董事	0	0	
朱新民	董事	0	0	
刘克俭	副总经理	0	0	
傅清源	监事会主席	0	3000	认购
李菊华	监事	0	1400	认购
张文彬	监事	0	3000	认购
吴华玉	监事	0	2500	认购
崔俊山	监事	0	2000	认购

五、重要事项

1. 报告期内的股东大会、董事会情况说明

1996年4月12日,召开公司创立暨第一次股东大会。到会股东310人,代表股份7204.463万股,占总股本的73.51%,符合《公司法》及公司章程的有关规定。大会审议表决通过了《关于本公司筹办情况的报告》、《公司章程》、《关于本公司社会公众股票在深圳证券交易所挂牌交易的决议》,选举产生了公司第一届董事会和第一届监事会。该次大会决议公告于1996年4月15日在《证券时报》上披露。

1996年4月12日,召开第一届董事会第一次会议,选举产生了公司董事长、副董事长、常务董事,聘任了公司总经理等高级管理人员,该次董事会决议公告于1996年4月15日在《证券时报》披露。

1996年4月28日,召开第一届董事会第二次会议,通过了1995年度未分配利润14240676.52元结转到1996年度一并分配的预案,该次董事会决议公告于1996年4月30日在《中国证券报》披露。

1996年8月20日,召开第一届董事会第四次会议,讨论通过了公司中期报告和总经理上半年度工作报告。

1996年12月13日,召开第一届董事会第五次会议,根据公司总经理提名,聘任李树明为第一副总经理,刘克俭为副总经理,纪毅为总经理助理。

2. 本报告期内公司无重大诉讼、仲裁事项。

六、财务报告

1. 审计意见

公司财务状况经宁夏会计师事务所注册会计师张志俊、李耀堂审计,并出具了无保留意见的审计报告。

2. 财务报表(附后)

3. 会计报表附注:

附注1. 概况及有关说明

西北轴承股份有限公司是我国6家最大轴承制造企业之一,国家大型一档企业。公司按照ISO国际标准和国家最新技术标准生产外径从40mm——2250mm各类型轴承。产品广泛用于铁路车辆和石油钻采、冶金、矿山等机械设备配套,产品销至国内各省、市、自治区并远销欧亚、北美等50多个国家和地区。企业以优质的产品,合理的价格,优良的服务,以及良好信誉,获得用户的好评。

西北轴承股份有限公司经中国证监会证监审字(1996)14号文和证监发(1996)38号文审核通过,于4月2日成功地向社会公开发行每股面值1.00元人民币普通股3000万股(其中:公司职工股300万股),并经深圳证券交易所深证发字(1996)第84号文同意,于1996年4月19日在深交所挂牌交易。

附注2. 重要会计政策

(1)本公司执行中华人民共和国《股份制试点企业会计制度》。

(2)会计期间为每年1月1日至12月31日。

(3)记帐原则和计价基础

本公司采用权责发生制为记帐原则,以历史成本为计价基础,采用借贷记帐法,以人民币为记帐本位币。

(4)坏帐准备

采用备抵法核算,按期末应收帐款余额5‰计提坏帐准备金。

(5)存货计价

a　原材料采用计划价核算,计划价与实际价的差异为材料成本差异,差异按耗用材料所占比例计算摊入有关项目。原材料主要为各类钢材。

b　低值易耗品于领用时一次摊销。

c　产成品实行定额成本核算,定额成本与实际生产成本的差异为制造成本差异,该差异按销售产品定额成本所占比例计算摊入产品销售成本。

d　存货采用永续盘存制,年末进行实地清点盘点,各类存货发生的盘亏、盘盈、报废等先结转待处理财产损益处理,经批准后转入管理费用。

(6)固定资产计价及折旧方法

a　固定资产按实际成本或评估确认后的金额计价,折旧采用直线法平均计算,其使用年限、预计净残值率按照《股份制试点企业财务管理若干问题的暂行规定》执行。

固定资产类别	使用年限(年)	残值率%	年折旧率%
房屋建筑物	30	4	3.20
机器设备	8	4	12.00
动力设备	11	4	8.73
运输设备	6	4	16.00
工具仪器	9	4	10.67

b　固定资产盘盈、盘亏、报废、结转待处理财产损益,经批准后净损益转营业外收支。

(7)外币换算

本公司会计年度涉及外币的经济业务记帐汇率采用当日汇率,期末按基准汇价调整有关外币帐户,汇兑损益记入当期财务费用。

(8)收入实现

a　商品销售:以商品已经发出,商品所有权转移到买方,收到货款或取得收取货款的凭据时作为销售收入实现。

b　劳务提供:以劳务已经提供,收取款项的证据已经取得时作为营业收入实现。

(9)利润分配

分别按净利润的10%、5%提取法定盈余公积金和公益金,之后为可供分配利润,具体分配比例待董事会提出建议,由股东大会审议决定。

(10)税项

a　流转税适用增值税,税率为17%。

b　城市建设维护税、教育费附加分别按当期应交纳增值税的7%、3%缴纳。

c　房产税按房产原值扣除30%后的1.2%(年税率)缴纳。

d　所得税按应纳税所得额的33%缴纳。

e　扶贫杨黄灌溉工程建设"三税"附加费:据宁政发(1996)32号文件,按流转税额的1%缴纳。

f　副食品风险基金:银川市人民政府令第83号规定,按销售收入的1‰缴纳。

附注3. 货币资金

种类	币种	原币金额	折合率	期末本位币余额
现金	RMB	1,005.72	—	1,005.72
银行存款	RMB	4,773,659.54	—	4,773,659.54

银行存款	USD	83,871.98	8.2982	695,986.46
其他货币资金	RMB	46,838.66	—	46,838.66
合　计				5,517,490.38

货币资金较年初18,600,003.90元下降70.4%,系95年底从银行临时拆借1000万元,用以购买原材料,该款已承付。

附注4.应收票据

帐　龄	期末余额(RMB)	占总额比例
一个月内到期	600,000.00	26.5%
二个月内到期	230,000.00	10.2%
三个月内到期	100,000.00	4.4%
三个月以上	1,330,000.00	58.9%
合　计	2,260,000.00	100.0%

期初余额为0,期末增加的应收票据为本公司本年收到的承兑汇票。

附注5.应收帐款

帐　龄	期末余额(RMB)	占总额比例
一年以内	150,333,724.47	84.1%
一年至二年	28,431,158.13	15.9%
二年至三年	--	--
三年以上	--	--
合　计	178,764,882.60	100.0%

较期初58,225,804.47元增加2.1培,部分系受宏观经济条件影响,客户资金周转困难,导致货款回收不畅,部分系公司为巩固提高市场占有率,对有信誉的大客户实行分期收款政策。

无持本公司5%以上股东的欠款。

附注6.预付货款

帐　龄	期末余额(RMB)	占总额比例
一年以内	20,234,902.51	100.0%
一年至二年	--	--
二年至三年	--	--
三年以上	--	--
合　计	20,234,902.51	100.0%

期初余额为0,增加主要原因:公司为扩大经营规模,购货资金增加。

附注7.其他应收款

帐　龄	期末余额(RMB)	占总额比例
一年以内	1,712,729.32	100.%
一年至二年	--	--
二年至三年	--	--
三年以上	--	--
合　计	1,712,729.32	100.%

根据改制方案,原西北轴承厂其它应收款划归西北轴承集团公司,故本公司期初余额为0,本年新增系本年新发生其他应收款。

附注8.待摊费用

待摊费用项目	期末余额
期初存货进项税	10,421,314.18
合　计	10,421,314.18

本公司完全按税务机关核定的抵扣比例抵扣,本年抵扣25%。

附注9.存货余额构成

类别	期末余额
材料采购	14,200,879.71
原材料	54,704,273.50
包装物	236,389.00
低值易耗品	6,979,854.55
委托加工材料	11,393.03
产成品	133,906,718.40
辅助生产	5,728,742.97
基本生产	37,182,826.73
自制半成品	11,380,324.53
合　计	264,331,402.42

较年初增加77,630,395.76元,增幅41.5%。主要系原材料增加39,728,154.23元,增幅2.65倍。原因是根据改制方案原西北轴承厂原材料大部分划入西北轴承集团公司,股份公司有偿使用,改制后股份公司新增材料自行采购;产成品增加39,825,568.76元,增幅42.3%,原因是公司采用稳健信用政策,对信誉较差,欠款较多的客户暂缓发货。

附注10.固定资产及累计折旧

原值	年初余额	本期增加	本期减少	期末余额
房屋建筑物	73,767,398.33	638,739.70	509,885.56	73,896,252.47
机器设备	121,042,524.17	10,543,787.09	3,013,524.41	128,572,786.85
动力设备	56,035,952.42	1,083,636.48	--	57,119,588.90
运输设备	1,717,378.00	1,602,054.18	175,000.00	3,144,432.18
工具仪器	739,654.50	--	--	739,654.50
合　计	253,302,907.42	13,868,217.45	3,698,409.97	263,472,714.90
累计折旧	年初余额	本期增加	本期减少	期末余额
房屋建筑物	29,084,505.06	2,526,099.14	359,754.57	31,250,849.63
机器设备	78,051,397.16	9,757,583.26	2,086,494.28	85,722,486.14
动力设备	29,495,863.10	3,692,395.50	5,856.18	33,182,402.42
动输设备	805,206.07	267,170.48	--	1,072,376.55
工具仪器	101,337.83	78,921.04	--	180,258.87
合　计	137,538,309.22	16,322,169.42	2,452,105.03	151,408,373.61

附注11.在建工程

截止1996年12月31日余额为28,658,338.09元,其中:费用资本化金额为1,692,451.56元。

主要项目	期末余额	工程进度	预计完工时间	原预算数	资金来源
50万套球面轴承分厂	8,189,516.10	30%	1997.12	2600万元	募集资金
一、二成品扩建	8,518,123.37	90%	1997.3	800万元	募集资金
锻工分厂扩建	1,134,256.30	90%	1997.3	130万元	募集资金
球面热处理	1,548,863.84	70%	1997.6	160万元	募集资金
其它零星工程	9,267,578.48	30-70%	--	--	募集资金
合　计	28,658,338.09				

在建工程本年年初为0,本期新增主要系50万套球面轴承建设及配套设备购置。

附注12.短期借款

按借款来源划分:

借款行	借款条件	借款月利率	金　额
工商银行	担保	9.15‰-10.065‰	100,342,000.00
中国银行	担保	8.415‰-12.06‰	27,316,632.00
区财政基金局	担保	5‰-7.65‰	11,700,000.00
合　计			139,358,632.00

按借款种类划分:

借款币种	金额	
	原币	本位币
USD	760,000.00	6,306,632.00
RMB	133,052,000.00	133,052,000.00
合计		139,358,632.00

按借款期限划分:

借款期限	金　额
三月内到期	20,230,000.00
三至六月到期	105,078,632.00
六月以上	14,050,000.00
合　计	139,358,632.00

附注13.应付票据

帐　龄	期末余额
一个月内到期	700,000.00
一月至二月	3,000,000.00
二月至三月	----

三月个以上	1,500,000.00
合　计	5,200,000.00

年初数为0,期末增加的应付票据为公司发生的承兑汇票。

附注14. 应付帐款

帐　龄	期末余额	占总额比例
一年以内	47,739,182.18	97.4%
一年至二年	1,249,863.88	2.6%
二至三年	－－－－	－－
三年以上	－－－－	－－
合　计	48,989,046.06	100.0%

较年初增50.5%,系公司据原材料市场状况,利用企业信用采购、分期付款。

附注15. 预收货款

帐　龄	期末余额	占总额比例
一年以内	7,622,985.17	100.0%
一年以上	－－－－	－－
合　计	7,622,985.17	100.0%

根据改制方案,原西北轴承厂预收货款划入西北轴承集团公司,故期初数为零,期末余额系本期新发生预收货款。

附注16. 应付福利费

期末余额11,560,061.05元,较本年初增加119.4%,主要系公司改制后,福利性支出减少及计提增加所致。

附注17. 未交税金

税种	金　额
增值税	13,907,232.44
城建税	17,138.80
房产税	933,476.63
所得税	19,397,438.33
合　计	34,255,286.20

附注18. 其它未交款

项　目	金　额
教育费附加	1,303,047.82
副食品风险基金	239,379.45
扶贫杨黄灌溉工程"三税"附加	97,725.83
合　计	1,640,153.10

较年初增加164.5%,主要系新开征副食品风险基金、扶贫扬黄灌溉工程"三税"附加所致。

附注19. 其它应付款

帐　龄	金　额	占总额比例
一年以内	34,982,609.12	88.5%
一至二年	5,374,314.68	11.5%
二至三年	－－－	－－
三年以上	－－－	－－
合　计	40,356,923.80	100.0%

较年初增长39.1%,主要系公司于12月份为购进原材料临时调剂资金10,000,000.00元。

附注20. 一年内到期长期负债

贷款单位	年利率	币种	金额	到期日	借款条件
工商银行	10.98%	RMB	5,000,000.00	97.5	担保
工商银行	10.98%	RMB	11,000,000.00	97.10	担保
工商银行	10.98%	RMB	2,400,000.00	97.10	担保
工商银行	7.2%	RMB	2,000,000.00	97.6	担保
工商银行	8.46%	RMB	6,000,000.00	97.2	担保
工商银行	7.05%	RMB	2,000,000.00	97.3	担保
工商银行	8.46%	RMB	2,000,000.00	97.7	担保
合　计			30,400,000.00		

附注21. 长期借款

贷款单位	借款日	到期日	年利率	币种	金　额	借款条件
宁夏信托投资公司	95.6	2000.6	9.72%	RMB	1,000,000.00	担保
国家开发银行	94.5	99.8	13.86%	RMB	3,000,000.00	担保
国家开发银行	93.12	98.12	10.98%	RMB	7,000,000.00	担保
工商银行	93.8	98.3	7.05%	RMB	2,000,000.00	担保
工商银行	93.11	98.11	10.98%	RMB	4,000,000.00	担保
工商银行	96.12	99.12	10.00%	RMB	3,500,000.00	担保
合　计					20,500,000.00	

较年初下降主要系转入一年内到期长期负债。

附注22. 长期应付款

项　目	金　额
工商银行信托投资公司	4,132,071.32
合　计	4,132,071.32

系融资租赁

附注23. 其它长期负债

其末余额3,032,224.00元,系按职工工资总额5%计提之住房公积金。

附注24. 股本

	期初余额	期末余额
国家股	53,000,000.00	53,000,000.00
法人股	15,000,000.00	15,000,000.00
其中:宁夏天力协会	10,000,000.00	10,000,000.00
冶钢集团公司	2,000,000.00	2,000,000.00
西宁特殊钢集团有限责任公司	1,000,000.00	1,000,000.00
北钢集团公司	1,000,000.00	1,000,000.00
常柴股份有限公司	1,000,000.00	1,000,000.00
社会公众股		30,000,000.00
合　计		98,000,000.00

附注25. 资本公积金

期末余额125,550,778.50元,为资本溢价,较期初36,720,000.00元,增加88,830,778.50元,系溢价发行收入94,500,000.00元及发行股款冻结期间利息收入30,594.86元,扣除发行费用5,699,816.36元。

附注26. 盈余公积金

本期新增4,250,236.43元,系按税后利润10%、5%计提之法定盈余公积金、公益金。

附注27. 未分配利润

系上年未分配利润14,240,676.52元,同本年可供分配利润24,042,140.67元。据董事会预案,拟向股东分配股票股利19,600,000.00元。

附注28. 主营业务收入、成本

主要业务项目	收入	成本
轴承销售	396,162,771.60	275,246,741.35
自制半成品销售	14,747,499.53	13,383,632.82
劳务供应	2,100,989.09	1,193,746.60
合　计	413,011,260.22	289,824,120.77

附注29. 销售费用

本年发生16,371,904.57元,较上年增长41.2%,主要是旅差费上涨、产品结构变化、改进产品包装等所致。

附注30. 管理费用

较上年下降19.9%,主要是股份制改造后,人员分流,提高管理机构工作效率及管理水平,节约了开支。

附注31. 财务费用

项　目	金　额
利息净支出	19,162,258.15
手续费	365,805.32
汇兑损益	－73,301.16
合　计	19,454,762.31

附注 32. 其他业务利润

其他业务项目分类	其他业务收入	其他业务支出	其他业务利润
材料销售	54,649,358.46	58,397,579.89	-3,748,221.43
废旧物资销售	8,994,528.82	5,152,691.60	3,841,837.22
出口销售	4,177,577.32	3,029,604.91	1,147,972.41
合　计	67,821,464.60	66,579,876.40	1,241,588.20

较上年增长主要是出口及库存物资销售利润增长。

附注 33. 营业外收入

主要内容	金额
滞纳金罚金收入	93,086.01
固定资产清理收入	475,165.55
冻结资金利息收入	182,224.14
合　计	750,475.70

较上年下降 39.3%，主要系滞纳金收入下降。

附注 34. 营业外支出

主要内容	金额
滞纳金支出	3,101,002.68
税收罚金	9,264.74
副食品风险基金	643,267.03
其它	6,000.00
合计	3,759,534.45

较上年下降 61%，主要是加强资金管理，滞纳金支出大幅下降及新开征副食品风险基金综合影响。

西北轴承股份有限公司

1997 年 3 月 25 日

财务状况变动表

编制单位：西北轴承股份有限公司　　1996 年度　　单位：人民币元

流动资金来源和运用	行次	金　额	流动资金各项目和变动	行次	金　额
一、流动资金来源			一、流动资产本年增加数		
1. 本年净利润	1	28,284,871.38	1. 货币资金	41	13,082,513.52
加：不减少流动资金的费用和损失			2. 短期投资	42	
(1) 固定资产折旧	2	15,541,936.92	3. 应收票据	43	2,260,000.00
(2) 无形资产、递延资产摊销	3		4. 应收帐款净额	44	119,936,382.74
(3) 固定资产盈亏(减盘盈)	4		5. 预付贷款	45	20,234,902.51
(4) 清理固定资产损失	5	-475,165.55	6. 其他应收款	45	1,712,729.32
(5) 其他不减少流动资金的费用和损失	6		7. 待摊费用	47	-4,342,214.26
小　计	10	43,351,642.75	8. 存货	48	77,630,395.76
2. 其他来源			9. 待处理流动资产损失(减收益)	49	
(1) 固定资产清理收入(减清理费用)	11	1,533,852.54	10. 一年内到期长期债券投资	50	
(2) 增加长期负债	12	3,032,224.00	11. 其他流动资产	51	
(3) 收回长期投资	13		流动资产增加净额	60	204,349,682.55
(4) 对外投资转出固定资产	14		二、流动负债本年增加数		
(5) 对外投资转出无形资产	15		1. 短期借款	61	31,058,632.00
(6) 资本净增加额	16	123,073,509.21	2. 应付票据	62	5,200,000.00
小　计	19	127,639,585.75	3. 应付帐款	63	16,443,450.04
流动资金来源合计	20	170,991,228.50	4. 预收货款	64	7,622,985.17
二、流动资金运用			5. 应付福利费	65	6,292,026.83
1. 利润分配			6. 应付工资	66	
(1) 提取法定公积金	21	2,828,487.14	7. 未付股利	67	
(2) 提取法定公益金	22	1,414,243.57	8. 未交税金	68	4,166,085.60
(3) 提取任意公积金	23		9. 其他未交款	69	1,019,985.55
(4) 已分配股利	24		10. 其他应付款	70	6,655,420.85
小　计	25	4,242,730.71	11. 预提费用	71	1,707,879.64
2. 其他运用			12. 一年内到期长期负债	72	30,400,000.00
(1) 固定资产和在建工程净增加额	26	41,558,705.09	13. 其他流动负债	73	
(2) 增加无形资产、递延资产及其他资产	27		流动负债增加净额	79	110,566,465.68
(3) 偿还长期负债	28	31,406,575.83	流动资金增加净额	80	93,783,216.87
(4) 增加长期投资	29				
小　计	30	72,965,280.92			
流动资金运用合计	35	77,208,011.63			
流动资金增加净额	40	93,783,216.87			

利　润　表

编制单位：西北轴承股份有限公司　　1996 年度　　单位：人民币元

项　目	行次	本年数	附注	上年数	项　目	行次	本年数	附注	上年数
一、主营业务收入	1	413,011,260.22	28	414,388,566.74	营业外收入	13	750,475.70	33	1,235,809.43
减：营业成本	2	289,824,120.77		299,134,471.03	以前年度损益调整	14			
销售费用	3	16,371,904.57	29	11,595,384.61	减：营业外支出	15	3,759,534.45	34	9,643,943.88
管理费用	4	41,088,304.41	30	51,282,146.44	四、利润总额	16	42,220,789.17		25,523,138.34
财务费用	5	19,454,762.31	31	22,141,022.94	加：应纳税所得额调整	17	9,264.74		4,000,952.03

项　目	行次	本年数	附注	上年数	项　目	行次	本年数	附注	上年数
进货费用	6				五、应纳税所得额	18	42,230,053.91		29,524,090.37
营业税金及附加	7	2,283,908.44		1,821,044.18	减:33%所得税	19	13,935,917.79		9,742,949.82
二、主营业务利润	8	43,988,259.72		28,414,497.54	六、净利润	20	28,284,871.38		15,780,188.52
加:其他业务利润	9	1,241,588.20	32		减:计提法定盈余公积金	21	2,828,487.14		1,026,341.33
三、营业利润	10	45,229,847.92		28,414,497.54	计提公益金	22	1,141,243.57		513,170,67
加:投资收益	11				七、可供分配利润	23	24,042,140.67		14,240,676.52
补贴收入	12			5,516,775.25					

资产负债表

编制单位:西北轴承股份有限公司　　1996 年 12 月 31 日　　单位:人民币元

资产	附注	期末数	期初数	资产	附注	期末数	期初数
流动资产:				流动负债:			
货币资金	3	5,517,490.38	18,600,003.90	短期借款	12	139,358,632.00	108,300,000.00
短期投资				应付票据	13	3,200,000.00	
应收票据	4	2,260,000.00		应付帐款	14	48,989,046.06	32,545,596.02
应收帐款	5	178,764,882.60	58,225,804.47	预收货款	15	7,622,985.17	
减:备抵坏帐	2	893,824.41	291,129.02	应付福利费	16	11,560,061.05	5,268,034.22
应收帐款净额		177,871,058.19	57,934,675.45	未付股利			
预付货款	6	20,234,902.51		未交税金	17	34,255,286.20	30,089,200.60
其他应收款	7	1,712,729.32		其他未交款	18	1,640,153.10	620,167.55
待摊费用	8	10,421,314.18	14,763,528.44	其他应付款	19	40,356,923.80	33,701,502.95
存货	9	264,331,402.42	186,701,006.66	预提费用		8,408,355.28	6,700,475.64
待处理流动资产损失				一年内到期长期负债	20	30,400,000.00	
一年内到期的长期投资				其它流动负债			
流动资产合计		482,348,897.00	277,999,214.45	流动负债合计		327,791,442.66	217,224,976.98
长期投资:				长期负债:	21		
长期投资				长期借款		20,500,000.00	49,800,000.00
固定资产:				应付债券			
固定资产原价	10	263,472,714.90	253,302,907.42	长期应付款	22	4,132,071.32	6,238,647.15
减:累计折旧		151,408,373.61	137,538,309.22	其它长期负债	23	3,032,224.00	
固定资产净值		112,064,341.29	115,764,598.20	长期负债合计		27,664,295.32	56,038,647.15
在建工程	11	28,658,338.09		负债合计		355,455,737.98	273,263,624.13
固定资产清理				股东权益:			
待处理固定资产损失				股本	24	98,000,000.00	68,000,000.00
固定资产合计		140,722,679.38	115,764,598.20	资本公积金	25	125,550,778.50	36,720,000.00
无形及其它资产				盈余公积金	26	5,782,242.71	1,539,512.00
无形资产				未分配利润	27	38,282,817.19	14,240,676.52
递延资产				股东权益合计		267,615,838.40	120,500,188.52
无形及其它资产合计				负债及股东权益总计		623,071,576.38	393,763,812.65
其它长期资产:							
其它长期资产							
资产总计		623,071,576.38	393,763,812.65				

西北轴承股份有限公司一九九七年度中期报告

一、财务报告

宁夏会计师事务所审计报告

宁会审字(97)第 252 号

西北轴承股份有限公司全体股东:

我们接受委托,审计了贵公司 1997 年 6 月 30 日的资产负债表、1997 年 1—6 月的利润表。这些会计报表由贵公司负责,我们的责任是对这些会计报表发表审计意见。我们的审计是依据中国注册会计师独立审计准则进行的。在审计过程中,我们结合贵公司的实际情况,实施了包括抽查会计记录等我们认为必要的审计程序。

我们认为,后附载于 2—18 页的会计报表及附注符合《企业会计准则》和《股份制试点企业会计制度》的有关规定,在所有重大方面公允反映了贵公司 1997 年 6 月 30 日的财务状况及 1997 年度 1—6 月经营成果,会计处理方法的选用遵循了一贯性原则。

宁夏会计师事务所　　中国注册会计师　张志俊

中国·宁夏·银川　　罗振邦

解放西街 193 号　　一九九七年八月十二日

1. 财务报表

(1)简化的资产负债表(1997 年 6 月 30 日)

单位:元

项　目	期末数	期初数
流动资产	571,759,279.46	482,348,897.00
长期投资		

固定资产净值	107,794,702.87	112,064,341.29
在建工程	31,034,075.53	28,658,338.09
资产总计	710,588,057.86	623,071,576.38
流动负债	409,304,157.85	327,791,442.66
长期负债	26,689,294.90	27,664,295.32
负债合计	435,993,452.75	355,455,737.98
股东权益	274,594,605.11	267,615,838.40
其中:股本	117,600,000.00	98,000,000.00
资本公积金	125,550,778.50	125,550,778.50
盈余公积金	5,782,242.71	5,782,242.71
未分配利润	25,661,583.90	38,282,817.19
负债及股东权益合计	710,588,057.86	623,071,576.38

(2)简化的损益表

单位:元

项　目	1997年1月至6月	1996年1月至6月
主营业务收入	192,000,254.99	236,953,126.63
主营业务利润	9,956,740.66	22,534,304.95
其它业务利润	1,563,313.28	-490,651.56
营业外收支净额	-1,103,053.81	-2,407,449.78
利润总额	10,417,000.13	19,636,203.61
所得税	3,438,233.42	8,166,941.81
净利润	6,978,766.71	11,469,261.80

(3)财务指标

单位:元

	1997年1—6月	1996年1—6月
每股收益	0.059	0.123
净资产收益率(%)	2.54	4.8
每股净资产	2.33	2.567

注:净资产收益率低于同期银行存款利率的原因:为规避市场风险,对信誉较差,欠款较多的客户暂缓发货,致使销售收入较上年减少4495万元,少实现利润1173万元。

2.财务报表附注

(1)本报告期所采用的会计政策和会计方法与上年一致。

(2)应收帐款

应收帐款220,595,426.07元。帐龄为:

一年以内173,485,978.58元;

一至二年47,109,447.49元。

按年初178,764,882.62元增加41,830,543.47元,增长率23.4%,主要系部分用户因受宏观经济形势制约,资金短缺,相互间的债务链加重所致,另系公司为长期稳定提高市场占有率,对有信誉的国有大中型企业及大客户实行分期收款政策。

本期末未有持本公司5%以上股份的股东欠款。

(3)其它应收款

单位:元

帐龄	期末余额	占总额比例(%)
1年以内	4,733,621.41	58.1
1至2年	3,419,743.46	41.9
合　计	8,153,364.87	100

其它应收款较年初增加3.76倍,主要系暂付部分工程款,待发票到后结算。

(4)预付帐款

预付帐款33,542,755.52元,帐龄为:

一年以内31,160,825.90元;

一至二年2,381,929.62元;

较年初增90.5%,系本公司原材料之主要供应厂家采取先预收货款,后发货政策所致。

(5)存货余额构成

类别	期末余额
材料采购	13,809,624.42
原材料	52,386,366.21
包装物	225,351.33
低值易耗品	6,754,746.19
委托加工材料	-106,120.65
产成品	163,227,568.11
辅助生产	5,886,967.42
基本生产	36,190,265.08
自制半成品	10,760,303.44
合　计	289,135,171.55

主要为产成品增加,原因是公司采用稳健信用政策,对信誉较差、欠款较多的客户暂缓发货所致。

(6)在建工程

单位:元

工程项目	期末余额	预计完工时间	原预算数	资金来源
50万套球面轴承车间	8,797,245.65	97.12	2,600万元	募集
锻工车间扩建	1,211,705.17	97.3	130万元	募集
球面热处理工程	1,654,757.26	97.6	160万元	募集
成品库	9,095,007.97	97.3	800万元	募集
其它零星工程	10,275,359.48			募集
合　计	31,034,075.53			

上半年费用资本化1,753,272.76元。

(7)应付帐款

应付帐款79,657,628.58元。帐龄为:

一年以内75,504,076.65元;

一至二年4,153,551.93元;

较期初余额增加65.6%,主要系应收帐款增加,承付能力相应降低。

(8)股本117,600,000.00元,本期新增19,600,000.00元,系经第一届六次董事会及第二次股东大会决议通过,宁夏回族自治区证券委员会办公室宁证办(1997)13号文件批复同意,按1996年末股本9800万股每10股派送2股红股,计增加股本1960万股所致。

(9)主营业务收入

主营业务收入比同期减少4,495万元,系为回避市场风险,采取稳健销售政策,对无资信用户限制发货所致。

(10)利润总额

较上年同期减少922万元,系主营业务收入减少所致。

(11)关联方关系及其交易

①关联方资料

西北轴承集团有限责任公司,法定代表人:高续纯;注册资本人民币17,334万元,本公司最大股东。西轴福乐公司、西轴房地产公司为西北轴承集团有限责任公司的全资子公司。

②关联公司交易

主要系西北轴承集团有限责任公司及其子公司向股份公司提供劳务、租赁资产。

单位:元

交易单位	交易类别	1996年末	1997年1月至6月
西北轴承集团有限责任公司	租赁资产、设备	2,719,000.00	1,406,863.38
西北轴承集团有限责任公司	土地使用权	2,288,600.00	1,144,300.00
西轴福乐公司	劳务费	1,078,450.91	
西轴房产公司	劳务费	1,972,172.89	
合　计		8,058,223.80	

二、经营情况的回顾与展望

1.上半年经营情况的回顾

上半年,公司贯彻以创建一流企业为目标,努力实现两个根本转变,深化改革,规范运作,全面展开“三大战役”,学邯钢、抓管理、练内功、增效益的指导思想,围绕开拓市场和搞活资金两个重点,深入开展了“八个攻坚战”,企业整体素质有所提高,抵御风险的能力有所增强。主要做了以下工作:

第一,强化了生产经营。工业总产值、产品产量等指标达到历史最好水平。

第二,根据市场需求,进一步调整了产品结构,开发新产品50种,同比增加一倍。

第三,强化了产品质量管理。∅120毫米至∅430毫米圆锥滚子轴承、调心滚子轴承、圆柱滚子轴承、深沟球轴承、197726铁路轴承在机械工业部96年机械产品质量等级评定中被评为一等品,基本履盖了公司全部产品。

第四,加大出口力度,开拓国际市场。重载铁路货车轴承、重载汽车系列轴承已开发成功,批量生产,并销往国外。

第五,调整了销售策略和用户结构,深化了用户资信调查,开展了清理不良债权的工作,加强了用户服务,提高了产品信誉。

2.下半年展望

下半年,要继续贯彻公司年度工作指导思想,进一步深入展开“八个攻坚战”:面向交通、冶金、矿山、石油、重型机械及出口等市场,大力开发新产品;使产品质量稳定保持在行业先进水平;力争交货准时率达到100%;开拓市场,调整结构,使重点产品产值提高到总产值的60%以上,出口产品产值达到总产值的10%;加大回款力度,减少资金占用,搞活沉淀资金,压缩成品资金;各种消耗压缩5%以上;抓紧实施50万套球面轴承技术改造项目,启动“九五”技改“双加”项目;狠抓基础工作,优化现场管理;力争经济效益出现较快增长的局面。

三、重大事件的说明

1.公司滚动轴承产品(外径40毫米--2250毫米)通过出口商品生产企业质量体系ISO9000工作委员会和中国商检质量认证中心ISO9001质量体系认证。证书号6100197547。

2.遵照国务院证券委、中国人民银行、国家经贸委联合发布的《严禁国有企业和上市公司炒作股票》的要求,公司进行了认真自查,至今为止,本公司未在境内外任何证券经营机构开设股票帐户,未在二级市场上买卖上市公司的流通股票。今后,将继续严格遵守国家政策法规的规定。

3.本公司中期不分红。

4.经4月25日第二次股东大会通过,中国证监会证监上字(1997)32号文件批准,公司以送股后股本11760万股为基数,按10:2.5的比例实施配股,股权登记日为1997年7月16日,除权日为1997年7月17日,缴款日期为1997年7月21日至8月1日。公司配股说明书刊登于1997年7月3日《中国证券报》和《证券时报》。有关配股的未竟事宜公司将随时按规定公告。

5.前次募集资金使用于五十万套球面轴承技术改造项目,与招股说明书所述用途相符。该项目主体及配套工程上半年用资777万元,其中土建299万元,购置设备478万元。

6.本报告期内公司无重大诉讼、仲裁事项。

四、发行在外股票的变动和股权结构的变化

1.经1997年4月25日公司第二次股东大会审议通过,并经宁夏回族自治区证券委员会办公室宁证办(1997)13号文件批准,1997年6月实施了1996年度分配方案,具体为每10股派送红股2股,6月10日为股权登记日,所增可流通股已于6月13日上市交易。

2.股权结构情况

股份单位:万股　　　　每股面值:1元

股份类别	96年末	本报告期增减	本报告期末	占总股本%
(一)尚未流通股				
国家拥有股份	5300	1060	6360	54.08
境内法人股	1500	300	1800	15.31
合　计	6800	1360	8160	69.39
(二)已流通股份				
境内上市人民币普通股	3000	600	3600	30.61
合　计	3000	600	3600	30.61
(三)股份总额				
合　计	9800	1960	11760	100

3.主要股东持股情况

截止日期:1997年6月27日

序号	股东名称	持股数量(股)	持股比例(%)
1	西北轴承集团有限责任公司	63,600,000	54.08
2	宁夏天力协会	12,000,000	10.20
3	冶钢集团有限公司	2,400,000	2.04
4	西宁特殊钢集团有限责任公司	1,200,000	1.02
5	北钢集团公司	1,200,000	1.02
6	常柴股份有限公司	1,200,000	1.02
7	陈彩霞	413,760	0.35
8	詹荣泉	351,591	0.30
9	林庄喜	312,000	0.27
10	林立华	297,600	0.25

五、股东大会简介

1997年4月25日公司在银川市召开第二次股东大会,到会股东18人,代表股份68039600股,占公司总股本的69.43%。会议符合法定程序和规定。

股东大会审议批准、表决通过了《董事会工作报告》、《监事会工作报告》、《总经理业务报告》、《1996年度财务决算和1997年度财务预算报告》、《1996年度利润分配方案》、《配股方案》及聘请宁夏会计师事务所承担公司财务会计审计事务、聘请金天平律师事务所承担公司1997年度法律顾问等事项。大会决议公告于1997年4月26日在《中国证券报》、《证券时报》、《宁夏日报》披露。

公司本报告期内没有召开临时股东大会。

六、备查文件

1.载有董事长、总经理亲笔签名的中期报告原本;

2.公司有关财务报表;

3.公司章程

公司地址:银川市北京西路

电　　话:(0951)2021581

传　　真:(0951)2024604

邮　　编:750021

西北轴承股份有限公司

一九九七年八月二十二日

安徽古井贡酒股份有限公司

安徽古井贡酒股份有限公司1996年年度报告摘要

一、公司简介

1. 公司法定中文名称：安徽古井贡酒股份有限公司

公司英文名称：ANHUI GUJINF DISTILERY COMPANY LIMITED

2. 公司注册地址：安徽省亳州市古井镇

邮编：236820

3. 公司法定代表人：王效金

4. 公司咨询服务机构：董事会秘书室

电话：(0558)5571057　　5571149

传真：(0558)5571006

联系人：何飞　　唐贻峰

股票简称：古井贡A　证券代码：0596

股票简称：古井贡B　证券代码：2596

二、主要财务数据与财务指标

指标项目	本年数	上年数	比上年增减(%)
1. 主营业务收入(万元)	95197	76647	24.20
2. 净利润(万元)	17407	14705	18.37
3. 总资产(万元)	143011	59947	138.56
4. 股东权益(万元)	77654	31578	145.91
5. 每股收益(元)	0.74	0.95	−22.10
6. 每股净资产(元)	3.30	2.04	61.76
7. 净资产收益率(%)	22.42	46.57	−24.15
8. 股东权益比率(%)	54.30	52.68	1.62

注：(1) 总资产增长138.56%，股东权益增长145.91%，每股净资产增长61.76%，是因为公司1996年度分别于5月份发行6000万股古井贡B股，9月份发行2000万股古井贡A股，募集资金全部到位，使期末总资产、股东权益、资本公积大幅度增长所至。

(2) 扣除发行新股申购无效资金利息收入，本公司96年度净利润为170604820.84元，每股净收益0.73元。

(3) 国际会计师审计报告中关于除税及少数股东权益后利润，净资产与中国会计师审计报告差异的说明：单位：人民币元

除税及少数股东权益后利润

	1996年5月30日至12月31日	备考1996年	净资产1996年12月31日
本集团法定帐目金额	68365000.00	174068000.00	776540000.00
(提取)转销坏帐准备	(945000.00)	734000.00	(945000.00)
转销多提的大修理费	(160000.00)	(484000.00)	(160000.00)
将不具有未来经济效益的开办费列入当期损益	(177000.00)	(177000.00)	(177000.00)
根据国际会计师准则调整固定资产折旧	(2265000.00)	(4769000.00)	(2265000.00)
冲销长期应付款及固定资产	(3277000.00)	——	(3277000.00)
根据国际会计准则本集团调整后金额	61541000.00	169372000.00	769715000.00

三、利润分配及分红派息预案

单位：元

根据古井贡A股招股说明书的规定，国有股股东和B股股东参加1996年6月1日至12月31日的可分配利润的分配，A股股东参加从发行之日至12月31日的可分配利润的分配。据此，经1997年4月15日公司第一届董事会第八次会议研究，提出如下利润分配预案。

由于本公司是在1996年5月30日成立，在此之前为一国有公司，1996年度1月1日至5月30日的利润已在公司成立时分配给原国有股东，故本预案所指的利润是在1996年6月1日至12月31日所实现的利润中进行。

经国内会计师安达信·华强会计师事务所审计，1996年6月1日至12月31日公司完成的净利润是68365033.19元；经国际会计师安达信公司审计1996年6月1日至12月31日公司完成的净利润是61540797.84元。根据公司章程和有关规定，当两个审计结果不一致时，以利润数较低的结果作为利润分配标准。按国内会计师审计的净利润提取10%的公积金和10%的公益金共13673006.64元，可提取的分红基金为47867791.20元，剩余的利润作为未分配利润，留待下年度分配。

在提取的47867791.20元分红基金中，1996年6月1日至8月31日实现的利润为20514767.66元，由国有股和B股股东共享，国有股占72.09%，为14789096.01元；B股占27.91%，为5725671.65元，1996年9月1日至12月31日实现的利润为27353023.54元，由国有股、B股、A股股东共享。国有股占65.96%，为18042054.33元；B股占25.53%，为6983226.91元；A股占8.51%，为2327742.30元；

合计后国有股股东可分利润32831150.34元，每股0.21元，B股股东可分利润12708898.56元，每股0.21元；A股股东可分利润2327742.30元，每股0.116元。

公司1996年度分红预案为国有股股东和B股股东每10股派现金2.1元(含税)。A股股东每10股派现金1.16元(含税)，共派现金47867791.20元。

以上分配预案需提请股东大会审议通过。

四、公司主要业务回顾

1. 一年来经营情况

1996年，在各级政府和业务主管部门以及广大股东的大力支持下，公司全体员工团结奋斗，在古井的改革和发展史上，树起了一座崭新的丰碑，取得了较好的业绩，其具体表现是：

(1) 各项经济指标有了较大幅度的增长

1996年，公司共生产古井系列酒5.8万吨，占年计划的105.5%；完成销售收入9.52亿元，占年计划的106%，较上年同期增长24.28%；实现税后利润1.74亿元，超额完成由中华会计师事务所出具的1996年的盈利预测，占年计划的104%，较上年同期增长18.4%。

(2) 成功地发行并上市了古井贡B股、A股，拓宽了融资渠道，推进了公司国际化进程，并以此为契机，进一步提高了公司规范化运作的水平。

(3) 加快了资产运作的步伐，成功地收购了安徽古井玻璃制品有限责任公司和安徽古井双喜葡萄酒有限责任公司80%的股权。

(4) 对白酒的研究与开发获得了很大进展，出酒率及产品质量大提高。

(5) 市场开发和建设工作取得了可喜的成绩，公司通过对八大重点防御市场，六大重点进攻市场的防与攻，以及对三大重点省份的重点促销和完善售前、售中、售后服务体系，使古井系列产品的市场更加巩固，市场占有率不断提高，达到1.13%。并且产品在安徽省白酒界首家出口创汇。

(6) 加强了新产品开发力度，成功开发出五年陈酿、十年陈酿等高档古井贡酒，提高了产品的市场竞争力，为古井贡酒参与高价位竞争奠定了基础。五年陈酿、十年陈酿一推出便大受市场欢迎，销售势头上升很快，有望成为公司新的利润增长点。在保持传统白酒优势的基础上，公司又成功地研制开发出饮料酒"茶酒"和滋补酒"古井神力酒"，将名酒与名茶、名药有机地结合起来，向低度化、保健化迈出了可喜的一步。

(7) 成功地策划和实施了一系列独具古井特色的大型公关和广告促

销活动，“古井贡牌”和“古井牌”商标的知名度大大提高，由北京名牌资产评估事务所公布的《'95 中国最有价值的品牌研究报告》认定，“古井贡”品牌为 1995 年度 80 个中国最有价值的品牌之一，信誉价值达 21.6 亿元。

2. 募集资金使用情况

公司先后于 1996 年 4 月份和 1996 年 9 月份发行 6000 万股古井贡 B 股和 2000 万股古井贡 A 股，共募集资金 37966.60 万元人民币，现该资金基本按招股说明书的计划进行使用，具体情况如下：

(1) 计划投资 7500 万元人民币购建年产 4.5 万吨玻璃瓶公司，现已投资 2045.43 万元从安徽古井集团有限责任公司收购年产 1.5 万吨的安徽古井玻璃制品有限责任公司，并将继续投资约 5453.77 万元分别于 1997 年和 1996 年实施第二期、第三期工程建设，将玻璃酒瓶的产量由现在的年产 1.5 万吨扩大到年产 4.5 万吨。现第二期年产 4.5 万吨玻璃瓶工程已动工，预计 1997 年 10 月底可建成投产。

(2) 已投资 3794.45 万元从安徽古井集团有限责任公司收购了安徽古井双喜葡萄酒有限责任公司 80％的股权。该公司主要生产销售干白、干红葡萄酒、桂花酒及果露酒。

(3) 计划投资 3177 万元扩建年产 2000 吨大曲酒工程。现该工程已动工，计划于 1997 年 8 月底建成投产。

(5) 计划投资 1767 万元进行污水综合治理工程。现第四分厂污水综合治理工程已完工，正式投入运行出水水质指标均好于国家一级污水排放标准，受到有关部门的好评。公司总部污水综合治理工程也已动工，计划于 1997 年底全部完工。

(6) 计划投资 7000 万元兴建的现代化灌装中心项目，现正处于设计论证阶段。

(7) 扩建年产 8000 吨大曲酒的项目正处于设计阶段，公司将根据市场情况逐步实施。

五、股本变化及股本结构情况

(一) 股本变化及股本结构情况

1. 截至 1996 年 12 月 31 日，公司股本结构如下：

数量单位：万股　　每股面值：1 元

	本次变动增减(+、-)		
	期初数	其他	期末数
(1)尚未流通股份			
发起人股份			
国有股	15500		15500
公司职工股	——	+200	200
尚未流通股份合计	15500	+200	15700
(2)已流通股份			
境内上市外资股	——	+6000	6000
境内上市的人民币普通股	——	+1800	1800
已流通股份合计	——	+7800	7800
股份总数	15500	+8000	23500

2. 股本变动原因：本年度 5 月份发行 6000 万股 B 股，9 月份发行 2000 万股 A 股，使总股本由期初的 15500 万股增至期末的 23500 万股，其中 200 万股公司职工股将在公司 A 股上市半年后经批准上市流通。

3. 主要股东持股情况(前十名股东)

名　　称	持股数(股)	比例(%)
安徽古井集团有限责任公司	155000000	65.96
紫东投资管理有限公司	2011500	0.86
PERPETUAL-FAR EAST GROWTH FUND	1700000	0.72
安徽信托投资公司	1644200	0.70
CHARMXIELD INVESTMENT LIMITED	1258600	0.54
深圳国投证券有限公司	1000000	0.43
YEUNG FUN SHING	1000000	0.43
黄雪辉	880000	0.37
SSBT/THE CHINA FVND-CHI UHOI	850900	0.36
MGTB	850000	0.36

4、截至 1996 年年末，公司股东总数为 21898 户，其中国家股股东 1 户，公司职工股股东 3644 户，境内上市外资股股东 5857 户，社会公众股股东 12396 户。

(二)公司董事会、监事、高级管理人员持股情况　单位：股

姓名	职务	年初持股数	年末持股数	变动原因
王效金	董事长、总经理	0	3500	认购公司职工股
杨光远	副董事长	0	3000	认购公司职工股
孙松华	董事、总工程师	0	2500	认购公司职工股
金云武	董事、总会计师	0	2500	认购公司职工股
刘从艾	董事、副总经理	0	2500	认购公司职工股
甘绍玉	董事、副总经理	0	2500	认购公司职工股
张宗义	董事、副总经理	0	2500	认购公司职工股
刘学贤	监事长	0	2000	认购公司职工股
马传斌	监事	0	2000	认购公司职工股
袁庆华	监事	0	1500	认购公司职工股
张洪亮	总经理师	0	2000	认购公司职工股
李万林	总经理助理	0	2000	认购公司职工股
纪志军	总经理助理	0	2000	认购公司职工股
何 飞	董事会秘书	0	2000	认购公司职工股

六、重要事项

1、本报告期内公司创立大会情况说明

1996 年 5 月 28 日，召开了公司创立大会，会议审议通过了安徽古井集团有限责任公司董事长王效金先生所作的关于公司筹办情况的报告；审议通过了公司章程；选举产生了第一届董事会，选举王效金、杨光远、刘从艾、金云武、孙松华、甘绍玉、张宗义先生为董事；选举产生了第一届监事会，选举李庆亮、马传斌、阎勇先生为监事，审议通过了安徽古井集团有限责任公司用于抵作股款的财产作价的报股款的财产作价的报告；审议通过了 B 股募集资金投向的议案；作出了本公司 B 股于 1996 年 6 月 12 日或之前在深圳证券交易所挂牌上市的决议。

2、本报告期内股东大会情况说明：

(1)1996 年 7 月 1 日，召开了公司第一次股东大会，审议通过了向社会公开发行上市 2000 万股 A 股的议案；审议通过了从安徽古井集团有限责任公司收购安徽古井玻璃制品有限责任公司的议案；审议通过了公司章程修正案。

(2)1996 年 11 月 5 日，召开了公司 1996 年度临时股东大会，审议通过了从安徽古井集团有限责任公司收购安徽古井双喜葡萄酒有限责任公司 80％股权的议案；审议通过了免去李庆亮、阎勇先生监事，并补选刘学贤先生、袁庆华女士为监事的议案；审议通过了公司 A 股募集资金投向的议案；审议通过了聘请会计师事务所的议案；审议通过了 A 股发行费用的报告。

3、本报告期内董事会情况说明：

1996 年 5 月 28 日，召开了第一届董事会第一次会议，选举王效金先生为董事长、杨光远先生为副董事长，聘任王效金先生为总经理，经王效金总经理提名，聘任孙松华先生为副总经理兼总工程师；聘任金云武先生为总会计师；聘任刘从艾、甘绍玉、张宗义先生为副总经理；聘任李万林、纪志军先生为总经理助理；聘任张洪亮先生为总经济师；聘任何飞先生为董事会秘书；确定了本公司的机构设置及相关人员的聘任。

1996 年 5 月 29 日，第一届董事会第二次会议召开，会议决定在 1996 年 7 月 1 日召开本公司第一次股东大会，并拟定有关议案。

1996 年 6 月 19 日，第一届董事会第三次会议召开，同意用发行 B 股所筹部分资金按评估价值从安徽古井集团有限责任公司收购安徽古井玻璃制品有限责任公司，收购价为人民币 2046.23 万元。

1996 年 10 月 3 日，第一届董事会第四次会议召开，会议决定于 1996 年 11 月 5 日召开 1996 年度临时股东大会，并拟向大会提出有关议案。

1996 年 10 月 17 日，第一届董事会第五次会议召开，就从安徽古井集团有限责任公司收购安徽古井双喜葡萄酒有限责任公司 80％股权事项达成一致意见，同意按 3794.45 万元进行收购。

4、本报告期内发行上市情况的说明

1996年4月29日至5月6日,6000万股古井贡B股配售完毕,并于1996年6月12日在深圳证券交易所上市。

1996年9月4日至9月11日,2000万股古井贡A股以"全额预缴款,比例配售,余款即退"的方式向社会公开发行,其中200万股为公司职工股。9月27日,1800万股古井贡A股获准在深圳证券交易所上市,200万股公司职工股自A股上市日起,半年后可上市流通。

5、公司监事长、监事变动情况的说明

原公司监事长李庆亮因年龄原因,监事阎通先生因担任国家公务员,均不再适合担任本公司监事,1996年11月5日公司临时股东大会一致同意免去二位监事职务。同时补选刘学贤先生、袁庆华女士为监事,并于当日召开第二次监事会会议,推荐刘学贤先生为监事长。

6、本报告期内公司无重大诉讼,仲裁事项。

七、子公司及关联企业

企业名称	注册资金	主营业务	本公司拥有权益(%)
1、安徽古井汽车运输公司	553万元	汽车货运	100
2、安徽古井销售公司	1000万元	白酒销售	100
3、安徽古井玻璃制品有限责任公司	1600万元	玻璃制品、制造 销售	100
4、安徽古井双喜葡萄酒有限责任公司	4720万元	葡萄酒、果酒 饮料酿造与销售	80

八、财务报告(摘要)

(一)审计意见

公司1996年度财务报告经安达信·华强会计师事务所权锦兰、李燕玉注册会计师及安达信公司执业会计师审计,并出具无保留意见的审计报告,1995年度财务审计报告也已经中国注册会计师审计,以供对比参考。

(二)财务报表(本财务报表是财务报告之一部分,根据中华人民共和国会计准则编制);

资产负债表、利润表、财务状况变动表附后

(三)财务报表附注:

1、主要会计政策

(1)会计年度:采用公历制,自1996年1月1日至1996年12月31日

(2)会计制度:执行《股份制试点企业会计制度》

(3)记帐本位币:人民币

(4)合并报表的编制方法

截止1996年12月31日,本集团的合并财务报表包括本公司及下述子公司的财务报表;

子公司是指本公司持有其股权50%以上作为长期投资的公司,在编制合并报表时,并已冲销集团间的重大内部交易及余额。本公司的子公司主要是指亳州古井销售公司、亳州古井汽车运输公司、亳州古井玻璃制品有限责任公司、安徽古井双喜葡萄酒有限责任公司。

(5)短期投资

短期投资按成本列计。

(6)坏帐准备

坏帐准备在年末应收帐款余额的5‰范围内计提。

(7)存货

存货成本(以加权平均法)计算,产成品及在产品的成本包括直接材料、直接人工及分摊之制造费用。

(8)长期投资

长期投资于国库券系按投资成本列记。长期投资于联营公司按成本法计价。

(9)固定资产及折旧

固定资产按照实际成本减累计折旧计价,折旧以成本减去估计残值后在估计使用年限内按直线法计提。主要估计的使用年限为:

房屋及建筑物	8至35年
机器设备	10年
运输设备	10年
家具及办公室设备	8至18年

(10)在建工程

在建工程指建造中之厂房及其附属设施,按成本列记。成本包括固定资产购置、安装及建造成本支出。

(11)无形资产

无形资产以成本减累计摊销列记,无形资产按直线法在以下估计有效使用年限内摊销;

土地使用权	15年至50年
商标权	10年

(12)递延资产

1)递延税款

递延税款系尚未抵扣设算进项增值税,该设算增值税系按1994年1月1日(增值税开征日)存货余额的14%计算,可于1995年1月1日起的5年内用以抵扣应付增值税。

开办费系亳州古井玻璃制品有限责任公司在开办期间所发生的各项费用,自该公司正式投入生产经营起以直线法分五年摊销。

(13)营业收入认列

营业收入净额系指发票余额(不含增值税)扣除销售折扣及折让后的净额,营业收入于所有权转移给客户时认列。

(14)所得税

本公司的所得税是根据当期帐面税前利润,增减不须课税或不可扣除的各项收支项目计算。

(15)外币折算

以外币结算的交易按发生时的汇率折算为人民币记帐。于资产负债日,以外币计价的货币性资产和负债,再按当日的汇率折算成人民币。汇兑损益作为当期损益处理。

2、短期投资

短期投资系存放于安徽古井集团有限公司之余款,年利率为10.08%。

3、应收帐款

	1年以内	1-2年	2年以上	合计
帐龄分析	131427959.12	-	-	131427959.12

应收帐款无持有5%以上股份股东欠款情况。

4、其他应收款

	1年以内	1-2年	2年以上	合计
应收关联公司款项	1035077.86	-	-	1035077.86
预付税款	5747433.99	-	-	5747433.99
预付广告费	8129497.20	-	-	8129497.20
应计利息	7134797.82	-	-	7134797.82
其他	8424511.87	-	-	8424511.87
合计	30471318.74	-	-	30471318.74

5、存货

原材料	69180331.19
在产品	185975884.75
产成品	123944366.30
低值易耗品	2307404.16
	318407986.40

6、长期投资

在本公司长期投资包括:

(1)债券投资

品种	到期日	年利率	面值	应计利息	合计
国库券	1998-2001年	8%-14.5%	10764000.00	2204697.48	12968697.48
减一年内到期部分			(4144000.00)		(4144000.00)
合计			6620000.00		8824697.48

(2)联营投资

被投资公司名称	控股比例	投资余额
亳州市古井废品回收有限责任公司	100%	300000.00

此子公司之经营结果对本集团而言并不重大,因此未编制合并报表。

7、固定资产

	房屋及建筑	机器设备	运输设备	家具及办公设备	合计
原值期初数	178659014.00	45281613.85	11993093.46	8118374.83	244052096.14
增加	31930707.91	31485000.74	3217215.20	618729.33	67251653.18
减少	1209249.55	2130406.12	1589149.52	0.00	4928805.19
期末数	209380472.36	74636208.47	13621159.14	8737104.16	306374944.13
累积折旧					
期初数	36255878.77	10180754.45	3005888.25	1777621.87	51220143.34
增加	2885207.56	8801665.63	1280927.10	81105.98	13048906.27
减少	17984.76	264488.05	240971.01	0.00	523443.82
期末数	39123101.57	18717932.03	4045844.34	1858727.85	63745605.79
净值					
期末数	170257370.79	55918276.44	9575314.80	6878376.31	242629338.34
期初数	142403135.23	35100859.40	9987205.21	6340752.96	192831952.80

8、无形资产

无形资产种类	原值	已摊金额	期末余额	剩余摊销年限
土地使用权	42028713.17	586017.23	41442696.94	14.5年-49.5年
商标权	37550000.00	2190416.69	35359583.31	9.5年

9、递延资产

递延资产种类	期初数	本期增加	本期摊销	期末数	剩余摊销年限
(1)递延税款	6000187.03		1190441.80	4809745.23	3年
(2)开办费		202439.60	25000.00	177439.60	4年
	6000187.03	202439.60	1215414.80	4987184.83	

10、短期借款

币种	年利率	借款金额	担保或抵押
人民币	2.88%-11.088%	60700000.00	其中10300000.00元由古井双喜葡萄酒有限公司提供抵押担保

11、未交税金

营业税	4901.56
增值税	50434657.84
消费税	137855866.76
城乡维护建设税	4666593.97
企业所得税	11194581.08
合计	204156601.21

12、其他应付款

应付关联公司款项	31384224.59
应付工资	24007635.46
应付中国银行宿县支行	12760000.00
应付广告费	2036742.00
工程投标押金	1000000.00
临时工合同保证金	732000.00
其他	9363702.73
	81284304.78

13、股本

本公司的股东(每股面值1元)结构如下:

股票类别	股本	占总股本(%)
国有股	155000000.00	66.0
社会公众股	20000000.00	8.5
B股	60000000.00	25.5
合计	235000000.00	100.0

社会公众股中2000000股为公司职工股

本公司以每股面值人民币1元分别发行20000000股社会公众股,每股发行价人民币8.48元,及6000000股B股,每股发行人民币3.92元(港币3.64元),社会公众股及B股均在深圳证券交易所上市。

14、公积及未分配利润

	资本公积	法定公积金	法定公益金	未分配利润	总计
1996年5月30日余额					
国有股折股溢价	222167746.84	-	-	-	222167746.84
发行社会公众股之溢价收入	145684000.00	-	-	-	145684000.00
发行社会公众股 之发行费用	(2289791.46)	-	-	-	(2289791.46)
发行B股之溢价收入	165580075.83	-	-	-	165580075.83
发行B股之发行费用	(10099137.37)	-	-	-	(10099137.37)
税后利润	-	-	-	68365033.16	68365083.16
利润分配	-	6836503.32	6836503.2	(13673006.64)	
建议股息分派	-	-	-	(47867791.20)	(47867791.20)
1996年12月31日余额	521042893.84	6836503.32	6836503.32	6824235.32	541540135.80

(1)资本公积

资本公积包括以国有股面值从安徽古井集团有限责任公司换取净资产而产生的溢价额及发行社会公众股及B股之总以行收入超过面值并扣除因发行股票发生的相关费用,包括承销佣金、中介机构费用及其他推介费用后的净额。

(2)根据本公司章程规定,本公司根据法定税后利润(弥补以前年亏损后)取10%的法定公积金,当法定公积金累计达到注册资本的50%时不可再提取,法定公积金可用于弥补亏损或转增股本,但转增股本后剩余的公积金不得低于注册资本的25%。

(3)本公司董事会按法定税后利润提列法定公益金,法定公益金只能用于职工集体福利的资本性支出。

(4)股息分派按中国会计制度编制的法定帐目与国际会计准则编制的报表,两者未分配利润较低数额作为分派基础。于1996年12月31日,两者较低数为61540797.84元,1997年4月15日,本公司董事会建议按国有股及B股每股人民币0.21元及A股0.11元提取现金股利。

15、营业收入

	1996年5月30日至12月31日	1996年度备考
白酒	371497625.07	938105065.23
葡萄酒	4593696.10	4593696.10
饲料	3745314.26	6970211.59
车队	1311572.06	2299971.97
合计	381148207.49	951968944.89

16、财务费用

	1996年5月30日至12月31日	1996年度备考
利息收入	13835785.58	16806376.07
利息费用	(2593159.10)	(2593159.10)
汇兑净额	(685360.78)	(685360.78)
合计	10533179.74	13497384.61

17、其他业务利润

	1996年5月30日至12月31日	1996年备考
边角废料销售	240204.78	447280.74
其他	100980.58	(338005.59)
合计	341185.36	109275.15

18、营业外收入

	1996年5月30日至12月31日	1996年度备考
滞纳金收入	1768479.55	3566477.55
教育费附加返还	1059418.20	1059418.20
税收返还	790674.38	790674.38
其他	1020264.71	1070984.64
合计	4638836.84	6487554.77

19、营业外支出

	1996年5月30日至12月31日	1996年度备考
职工学校经费	1059418.20	1059418.20

固定资产盘亏及报废	686810.82	786665.72
其他	116836.36	192319.36
合计	1863065.38	2038403.28

20、投资收益

	1996 年 5 月 30 日至 12 月 31 日	1996 年度备考
债券收益	816716.05	1274776.17
短期投资收益	4965061.71	9388925.53
合计	5781777.76	10663701.70

21、税项

(1)增值税

本集团应依法缴纳增值税、增值税为价外税，一般税率为17%。依增值税法规定，购进半成品或原材料系所支付的增值税可抵扣销售货物时应缴纳的增值税。

(2)销售税

消费税按国内销售额的15%或25%计算税额。

除上述税项外，本集团尚须缴纳以下销售税：

——城市维护建设税，税额按实际缴纳的消费税及增值税的7%计征

——教育费附加，税额按实际缴纳的消费税及增值税

(3)所得税

——本集团按33%税率缴纳企业所得税。

——古井双喜葡萄酒有限责任公司由安徽省萧县人民政府批准自获利年年度起第一年和第二年免征企业所得税，第三年至第五年减半征收企业所得税。

22、每股盈利

	1996 年 5 月 30 日至 12 月 31 日	1996 年度备考
每股盈利	人民币 0.30 元	人民币 0.89 元

1996 年 5 月 30 日至 12 月 31 日的每股盈利系以税后利润人民币 68365033.10 元除以自 1996 年 5 月 30 日至 12 月 31 日已发行股数之加权平均数 226428571 股计算。

附列以供比较目的，1996 年度之备考每股盈利乃根据备考税后利润人民币 174067601.82 元及假设于截止 1996 年度已发行股数加权平均数 196666.667 股计算。

23、承诺事项

于 1996 年 12 月 31 日，本集团有以下承诺事项：

——购买原材料约 3900000.00 元

——建筑安装工程约 440000.00 元

24、合并财务状况变动补充披露

本公司于 1996 年 5 月 30 日从公司前身安徽古井集团有限责任公司取得下列相关的资产与负债转换为本公司 1550000000 股的国有权。

货币资金	35261095.19
短期投资	50630252.18
应收帐款	9745035.14
预付货款	843555.58
待摊费用及其他应收款	81361643.20
存款	262226924.13
长期投资	11349297.40
固定资产	192831952.80
在建工程	9259620.29
无形资产	74267953.65
应付帐款	(22766812.22)
其他应付款	(26275030.22)
应付福利费	(15648025.94)
未交税金	(214605994.95)
应付关联公司款项	(45344661.39)
预提费用及其他流动负债	(21137605.79)
长期应付款	(4831452.21)
取得净资产金额	(377167746.84)
转换为本公司 155000000 股国有股	
每股面值人民币 1 元	(155000000.00)
国有股折股股本溢价	222167746.84

九、其他事项

1、股票上市交易所：深圳证券交易所

2、会计师事务所：

安达信·华强会计师事务所

地址：中国北京建国门外大街 1 号中国国际贸易中心办公楼 1118

电话：010－65053333

3、备查文件

(1)董事长亲笔签名的年度报告原本；

(2)审计报告原本；

(3)招股说明书、上市公告书、董事会决议；

以上文件均齐备、完整，置于公司总部。在证监会、深交所要求提供时和股东依据法规或公司章程要求查阅时，本公司将及时提供。

本年报摘要在《中国证券报》、《证券时报》和《上海证券报》同时刊登。

安徽古井贡酒股份有限公司董事会

一九九七年四月二十三日

合　并　资　产　负　债　表

编制单位：安徽古井贡酒股份有限公司　　1996 年 12 月 31 日　　金额单位：元

资产	注释	本年数(本公司)	上年数(本以司)	本年数(本集团)	上年数(本集团)
流动资产：					
货币资金		387793064.34	11103188	416386280.61	20689764
短期投资	2	76803073.07	–	102197381.89	–
应收票据		–	–	–	–
应收帐款	3	119515280.26	–	131427959.12	128920274
减：坏帐准备		7552.90	–	770064.86	386761
应收帐款净额		119507727.36	–	130657894.26	128533513
预付货款		907857.37	1593349	2613887.58	1905473
其他应收款	4	17659121.19	14788302	30471318.74	22113008
待摊费用		3020399.43	6904802	3120777.30	9958351
存货	5	335484868.78	180828508	381407986.40	185212672
减：存货变现损失准备		–	–	–	–
存货净额		355484868.79	–	381407986.40	185212672
待处理流动资产净损失		–	–	–	–
一年内到期的长期债券投资		4144000.00	–	4144000.00	–
其他流动资产					
流动资产合计		965320111.54	215217849	1070999526.78	368421781
长期投资：					
长期投资	6	107803163.94	153073050	9124697.48	9671237
合并价差		–	–	(24157108)	

资产	注释	本年数(本公司)	上年数(本以司)	本年数(本集团)	上年数(本集团)
固定资产:		–	–	–	–
固定资产原价	7	247728236.15	207056720	306374944.13	224578791
减:累计折旧	7	57036601.76	38033008	63745605.79	40640370
固定资产净值	7	190691634.39	169023712	242629338.34	183938421
在建工程		25302155.50	6107973	25809655.78	6107974
固定资产清理		–	–	–	–
待处理固定资产净损失		–	–	–	–
固定资产合计		215993789.89	175131685	268438994.12	190046396
无形资产及递延资产		–	–	–	–
无形资产	8	70956101.49	31332922	76802279.25	31332922
递延资产	9	3915909.52	–	4987184.83	–
无形资产及递延资产合计		74932011.01	31332922	8178964.08	31332922
其他长期资产:		–	–	–	–
其他长期资产		–	–	–	–
递延税项:		–	–	–	–
递延税款借项					
资产总计		1364049076.38	574755506	1430111111.38	599472335
负债及股东权益	注释	本年数(本公司)	上年数(本公司)	本年数(本集团)	上年数(本集团)
流动负债:					
短期借款	10	50400000.00	–	60700000.00	–
应付票据		2000000.00	–	2347834.40	–
应付帐款		63788576.97	39018517	68124644.25	34798739
预收货款		150092551.61	–	156560609.01	10456782
应付福利费		18011367.38	14041130	18599942.43	14777445
未付股利		47867791.20	45355394	47867791.20	45640749
未交税金	11	170239039.55	57265189	204156601.21	128378071
其他未交款		1319035.79	1486774	1058843.48	2003643
其他应付款	12	81104278.46	99461155	81284304.78	44773117
预提费用		1115060.84	–	444420.16	488240
一年内到期的长期负债		–	–	–	–
其他流动负债		–	–	–	–
流动负债合计		584934147.04	256628159	642044990.92	281316786
长期负债	–	–	–	–	
长期借款		–	–	–	–
应付债券		–	–	–	–
长期应付款		2574793.54	–	2574793.54	
其他长期负债		–	3350000	–	2378202
长期负债合计		2574793.54	2350000	2574793.54	2378202
递延税项:		–	–	–	–
递延税款贷项					
负债合计		587508940.58	2589781.59	644619784.46	283694988
少数股东权益		–	–	8951191.12	–
股东权益:					
股本	13	235000000.00	237455382	235000000.00	237455382
资本公积	14	521042893.84	31332922	521042893.84	31332922
盈余公积	14	13673006.64	33409252	13673006.64	23409252
其中:公益金	14	6836503.32	11704526	6836503.32	11704626
未分配利润	14	6824235.32	23579791	6824235.32	23579791
外币报表折算差额					
股东权益合计		776540135.80	315777347	776540135.80	315777347
负债及股东权益总计		1364049076.38	574755506	1430111111.38	599472336

合并利润及利润分配表

编制单位:安徽古井贡酒股份有限公司　　1996年5月30日(公司注册日)至12月31日　金额单位:元

项目	注释	1996年5月30日至12月31日本公司	1996年5月30日至12月31日本集团	1995年1月1日至12月31日本公司(备考)	1995年1月1日至12月31日本集团(备考)	1995年1月1日至12月31日本公司(备考)	1995年1月1日至12月31日本集团(备考)
一、主营业务收入	15	292298966.66	381148287.49	636366540.49	951968944.80	545569469.00	766467840.00
减:营业成本		171628046.32	174131231.19	424292495.86	427619733.16	262665746.00	328170576.00
销售费用		1069231.65	43534518.09	3797341.82	68935380.43	31863994.00	39455090.00
管理费用		19702207.05	26715432.42	49161574.96	63523226.58	38456938.00	49035290.01
财务费用	16	(7543160.70)	(10513179.74)	(12127717.00)	(13497384.61)	(4012513.00)	(15970913.00)
进货费用							
营业税金及附加		57520149.48	59512835.16	147164436.70	153650990.13	142118267.00	145839724.00
二、主营业务利润		49922331.86	87617340.37	23478449.15	251736999.20	74477337.00	209938073.00
加:其他业务利润	17	329781.35	341185.36	91871.14	109275.15	3730000.00	4472227.00
三、营业利润		50252113.21	88038525.73	23576320.29	,251846274.35	78207837.00	214410300.00
加:投资收益	18	31343407.72	5781777.76	164353262.08	10663701.70	94454137.00	2907744.00
营业外收入	19	1909553.72	4638836.84	1913507.09	6487554.77	1455464.00	1460293.60
减:营业外支出	19	1605880.47	1863065.38	1776910.37	2038403.28	1411305.00	4805288.00
加:以前年度损益调整				114804232051	114008975343		
四、利润总额		81899194.18	96596074.95	173751947.04	252950152.20	172705233.00	216972049.00
减:所得税	21	13534161.02	28719850.67	1305654781	79371359.26	25656245.00	69924961.00
减:少数股东损益			488808.88		488808.88		
五、税后利润	14	68365033.16	68365033.16	174067601.82	174067601.82	147048988.00	147048988.00
加:年初未分配利润							
盈余公积转入数							

项目	注释	1996年5月30日至12月31日本公司	1996年5月30日至12月31日本集团	1995年1月1日至12月31日本公司(备考)	1995年1月1日至12月31日本集团(备考)	1995年1月1日至12月31日本公司(备考)	1995年1月1日至12月31日本集团(备考)
其它税后利润							
六、可分配的利润		68365033.16	68235033.16				
减:提取法定公积金	14	6836503.32	5806503.32				
提取法定公益金	14	6836503.32	5806503.32				
七、可供股东分配的利润		54692026.52	54092026.52				
减:已分配优先股股利							
提取任意公积金							
已分配普通股股利	14	47867791.20	47867791.20				
其他分配利润							
八、年末未分配利润		6824235.32	6854235.32				

财 务 状 况 变 动 表

编制单位:安徽古井贡酒股份有限公司 1996年5月30日(公司注册日)至12月31日(注释1)　　金额单位:元

流动资金来源和运用	注释	本公司	本集团	流动资金各项目的变动	注释	本公司	本集团
一、流动资金来源				一、流动资产本年增加数			
1. 本期利润		68365033.36	68365033.16	1、货币资金		366799063.50	381125185.42
加:少数股东净利润(合并报表填列)			(488808.88)	2、短期投资		26172820.89	51567129.71
加:不减少流动资金的费用和损失				3、应收票据			
(1)固定资产折旧		8359846.84	13048906.27	4、应收帐款净额		119322308.01	120912359.12
(2)无形资产、递延资产及资产摊销		2610611.68	2801433.92	5、预付货款		64301.79	1770332.00
(减其他负债转销)				6、其他应收款		5538053.23	(46179029.14)
(3)固定资产盘亏(减盘盈)		(911069.69)	(896574.87)	7、待摊费用		(1471307.39)	(1590518.02)
(4)清理固定资产损失(减收益)		1583385.69	1583385.69	8、存货净额		93634496.46	119181062.27
(5)递延税款				9、待处理流动资产净损失			
(6)其他不减少流动资金的费用和损失				10、一年内到期的长期债券投资		4144000.00	4144000.00
小计		80007807.96	84413375.29	11、其他流动资产			
2、其他来源							
(1)固定资产清理收入(减清理费用)		3718550.55	3718550.55	流动资产增加净额		614203736.49	630931021.36
(2)增加长期负债		(2256658.67)	(2256658.67)	二、流动负债本年增加数			
(3)收回长期投资			2466171.00	1、短期借款		50400000.00	60700000.00
(4)对外投资转出固定资产				2、应付票据		2000000.00	2347834.40
(5)对外投资转出无形资产				3、应付帐款		44067916.05	45357832.03
(6)资本及公积净增加额		392548153.64	392548153.64	4、预收货款		78606819.31	156560609.01
(7)少数股东资本净增加额(合并报表填列)			9440000.00	5、应付福利费		2628768.06	2951916.49
小计		394010045.52	405916216.52	6、未付股利		42603450.23	2523129.81
流动资金来源合计		474017853.48	490329591.81	7、未交税金		49409936.74	(6788229.52)
二、流动资金运用				8、其他未交款		(926925.04)	(1702320.74)
1、利润分配				9、其它应付款		53455734.51	44265004.34
(1)提取法定公积金		6836503.32	6836503.32	10、预提费用		(4385298.92)	(9948915.41)
(2)提取法定公益金		6836503.32	6836503.32	11、一年内到期的长期负债			
(3)提取任意公积金(减盈余公积转入)				13、其他流动负债			
(4)分配股利		47867791.20	47867791.20				
小计		61540797.84	61640797.84				
2、少数股东利润分配(合并报表填列)							
3、其他运用							
(1)固定资产和在建工程净增加额		32174458.11	83801688.67				
(2)增加无形资产、递延资产及其他资产		3274669.04	10322944.35				
(3)偿还长期负债							
(4)增加长期投资		80684592.94					
小计		116133720.09	9412463302				
流动资金运用合计		177674517.93	155665430.86				
				流动负债增加净额		317860400.94	296266860.41
流动资金增加净额		296343335.55	334664160.95	流动资金增加净额		296343335.55	334664160.95

安徽古井贡酒股份有限公司1997年度中期报告

一、财务报告

1. 简化的资产负债表(未经审计)　　单位:人民币　元

项目	1996年12月31日 母公司	1996年12月31日 合并数	1997年6月30日 母公司	1997年6月30日 合并数
(1)流动资产	965320111.54	1070999526.78	681251275.97	976491652.87
(2)长期投资	107803163.94	8883126.40	220211211.30	10099810.41
(3)固定资产净值	190691634.39	242629338.34	197941269.45	257854884.05
(4)在建工程	25302155.50	25809655.78	27813483.93	36980526.24
(5)无形资产及递延资产	74932011.01	81789464.08	69091378.84	74871262.84

(6)资产总计	1364049076.38	1430111111.38	1196308619.49	1356298136.41
(7)流动负债	584934147.04	642044990.92	321185402.14	443737096.93
(8)长期负债	2574793.54	2574793.54	4618143.11	2574793.54
(9)少数股东权益	-	8951191.12	-	9293180.20
(10)股东权益	776540135.80	776540135.80	870505074.24	900693065.74
股本	235000000.00	235000000.00	235000000.00	235000000.00
资本公积	521042893.84	521042893.84	521042893.84	521042893.84
盈余公积金	13673006.64	13673006.64	13673006.64	13673006.64
未分配利润	6824235.32	6824235.32	100789173.76	130977165.26
(11)负债及股东权益总计	1364049076.38	1430111111.38	1196308619.49	1356298136.41

2.简化的利润表(未经审计)　单位:人民币元

项目	1997年1—6月		1996年1—6月	
	母公司	合并数	母公司	合并数
(1)主营业务收入	415787094.79	661704476.47	482935167.10	695082862.04
(2)主营业务利润	12097545.40	205926755.34	15748943.33	198912367.44
(3)其他业务利润	-112613.58	-150178.36	-170336.77	-196851.96
(4)投资收益	120304885.02	2032968.56	33307403.48	555183.36
(5)营业外收支净额	71834.61	101784.92	-237082.99	-243352.72
(6)以前年度损益调整			-16118055.66	-11158.09
(7)利润总额	132361651.45	207911330.46	32530871.39	199016157.03
(8)所得税	3834338.45	67743268.43	-256255.59	65362618.08
(9)少数股东损益		23894.64		
(10)净利润	128527313.00	140144167.39	32787126.98	133653538.95

3.其他财务指标:

指标名称	1997年半年	1996年上半年
(1)每股收益(元)	0.60	0.62
	(按23500万股总股本计算)	(按21500万股总股本计算)
(2)净资产收益率(%)	15.56	22.10
(3)每股净资产(元)	3.83	2.81
(4)股东权益比率(%)	66.40	65.06

4.财务报表附注

本公司遵从《股份制试点企业会计制度》及有关规定,本报告所列示的资产负债表、利润表均按《股份制试点企业会计制度》及有关规定编制。

(1)报告主体:除安徽古井贡酒股份有限公司外,还包括两个分厂和四个子公司,它们分别是古井贡包装材料厂、古井饲料厂、亳州古井销售公司、亳州古井汽车运输公司、亳州古井玻璃制品有限责任公司、安徽古井双喜葡萄有限责任公司。

(2)在合并会计报表时,进行了以下调整

a.母公司权益性投资与下属并表企业所有者权益的对应部分进行调整。

b.母公司与下属并表企业及下属并表企业之间的相互往来帐项。

c.母公司与下属企业之间的未实现内部销售。

(3)记帐本位币及记帐原则

本公司会计核算以人民币作为记帐本位币,并按照权责发生制记帐。

(4)短期投资

短期投资按成本列计

(5)坏帐准备

坏帐准备按年末应收帐余额的5‰计提。

(6)外币折算方法:

本公司发生外币业务时,按当日国家外汇牌价将外币金额折合成记帐本位币金额。

(7)存货:

存货按加权移动平均法计算。产成品及在产品的成本包括直接材料、直接人工及分摊制造费用。

(8)固定资产折旧

本公司固定资产折旧采取直线法分类计提折旧

(9)无形资产摊销

本公司无形资产主要是土地使用权和商标权,以成本减累计摊销列计,分别为50年和10年以直线法摊销。

(10)税项:

本公司交纳的税项主要有增值税、消费税、营业税、城建税、教育费附加及所得税。

(11)营业收入认列:

营业收入系指扣除销售折扣及折让后的销售收入的净额,于货物所有权转移于客户时认列。

(12)按国际会计准则调整对净利润及净资产的影响(千元)

	1997年6月30日日净利润	1997年6月30日日净资产
按国内《股份制试点企业会计制度》金额	140144	900693
按国际会计准则调整的累计影响净额	1140	9349
根据国际会计准则调整后的金额	139004	891344

(13)在建工程比年初增加1117万元,增长43.28%,是公司按招股书规定用途投资建设项目所致。

流动负债比年初数减少19800万元,下降30.76%,是由于本年分配并支付股利及预收货款减少所致。

5.关联公司及其交易:

(1)关联公司名称与关系

名称	与本公司关系
安徽古井集团有限责任公司(“古井集团”)	本公司之发起人
亳州印刷厂	古井集团的附属公司
古井劳动服务公司	古井集团的附属公司
亳州古井大酒店	古井集团的附属公司

(2)与关联公司间的重大交易及金额

a.本公司与关联公司间之重大交易主要系与古井集团之交易。

于1997年1月1日至6月30日,本公司与古井集团间重大交易及金额如下:

支付管理费　6463478.04

应付股利　32550000.00

b.于1997年1月1日至6月20日,本公司从亳州印刷厂购进包装材料约1155.5万元。

c.于1997年1月1日至6月30日,本公司从古井劳动服务公司购进豌豆、小麦、大麦约900万元。

于1997年1月1日至6月30日,本公司售给古井劳动服务公司产品72156元。

d.于1997年1月1日至6月30日,本公司售给亳州古井大酒店产品1309721元。

本公司与关联公司之交易均按市场公允价格进行,且无担保。

二、经营情况回顾及展望

1、上半年经营情况的回顾

进入1997年,酒类市场竞争更加激烈,公司董事会以对股东高度负责的精神,采取积极措施,把握市场主动权,实现了良好的经营业绩,上半年实现净利润比上年同期增长约4.5%。

(1)对外抓好市场建设,正确处理市场与利润的关系,通过活化市场来实现更多的利润。搞好优质服务,力争在销掉的基础上销好,实现利润和市场的兼得。为此,上半年公司以市场销售区域为单位,分别召开销售会议,宣传公司销售政策,进行市场布局,巩固老市场,开拓新市场,努力拓展生存空间。同时公司还采取措施,取消多来实行的产品价格“双轨制”,实行产品价格“单轨制”,即取消古井贡酒与中低档酒的搭配销售政策,提高产品单位销售利润。今年上半年,高、中、低档白酒的销量和上年基本持平,利润增长4.5%。此外安徽古井双喜葡萄酒有限公司也实现扭

亏目标。

(2)学习邯钢经验,加强企业管理,以成本目标管理为突破口和落脚点,把市场机制引入企业内部管理,使广大员工"当一份家,理一份财,担一份责任,享一份利益"。改革分配制度,最大限度地调动广大员工的主动性和创造性,建立新型的符合社会主义市场经济要求的劳动关系。上半年,公司按照1996年末制定的《公司成本目标管理暂行办法》,分别以包装分厂和制曲车间为试点单位,开展成本目标管理工作,实现成本一票否决,收到了良好的效果,成本目标的实行,一方面降低成本、费用,另一方面调动了广大员工的积极性和主动性,树立了员工的节约意识,成本意识,责任意识,把生产管理过程中"无原则"的人情味变成"冷冰冰"的经济关系,增强了员工适应市场经济的能力和素质。

(3)本公司持之以恒以致力于新产品开发,五年陈酿古井贡酒、十年陈酿古井贡酒的开发和上市,大受消费者的欢迎,销售势头上升很快,利润也非常可观,提高了公司竞争能力,为古井贡酒参与高价位竞争奠定了基础。之后公司又成功开发的"古井王"酒,销售前景也非常乐观。在葡萄酒方面,本公司在保持"红双喜"品牌的同时,开发研制了古井干红、古井干白葡萄酒,该酒品质优良,深受市场青睐,产品供不应求。今后随着葡萄酒公司的发展,可望成为本公司新的利润增长点。

(4)做好"三爱"教育,即爱国、爱厂、爱岗,提高员工思想政治素质,营造一个学习提高、敬业奉献、清正廉洁、高效发展的氛围和工作局面。

(5)募集资金项目的进展情况:

本公司本着对全体股东高度负责的精神,对募集资金按照招股书的规定合理节约使用;

a计划投资7500万元人民币购建年产4.5万吨的玻璃瓶公司,其第二期工程在1996年的基础上,今年上半年又投入665万元,预计1997年10月份可建成投产。

b计划投资3177万元扩建年产2000吨大曲酒工程,该工程在1996年的基础上,今年上半年又投资893万元。预计于今年9月份建成投产。

c计划投资5000万元扩建供热供电及配套工程,该工程在1996年的基础上今年上半年投入2450万元,预计于1997年9月份建成并投入使用。

d计划投资1767万元进行污水综合治理工程,第四分厂污水综合治理工程投入资金354万元,已完工正式投入运行,水质指标受到政府环保部门好评。总部污水治理工程也已投资367万元,预计今年年底可建成投入使用。

e 8000吨大曲酒工程和现代化的灌装中心项目尚未动工兴建。

其余资金存入亳州市商业银行。

2、下半年计划

(1)继续重视做好产品销售工作,重点做好全国秋季糖酒交易会参展和产品销售旺季的销售工作。

(2)继续强化公司内部管理,推行成本目标管理,使之在试点的基础上推广到公司的采购、生产、销售及投资各个环节,控制成本费用,保证公司各项经济指标的全面完成。

(3)按照古井贡B股和A股招股书规定的股款用途做好各个投资项目,保证玻璃公司二期工程、2000吨大曲酒工程及供电供热配套工程在今年下半年完工并投入使用。

(4)筹备古井贡B股5000万股的增发及上市工作。

三、重大事件说明

1、经公司董事会第七次会议讨论同意,并报请深交所批准,公司职工股于1997年3月28日在深交所挂牌交易。

2、公司董事会第八次会议讨论通过了1996年度董事会工作报告、总经理工作报告、财务决算报告,提出了1996年度利润分配、分红派息预案和召开1996年度股东大会的议案。

3、公司董事会第九次会议形成决议,决定向境外公众投资者增发5000万股古井贡B股,并申请将公司变更为中外合资股份有限公司。

4、公司1996年度股东大会审议通过了1996年度董事会工作报告、总经理工作报告、监事会工作报告及1996年度公司财务决算报告和利润分配预案。会议还作出了增发5000万股古井贡B股和申请将公司变更为中外合资的股份有限公司的决议。

上述事件均按有关规定在中国证券报、证券时报、香港商报等报纸向境外社会公众及时披露。

5、根据国家证券委、中国人民银行、国家经贸委5月21日联合发布的《严禁国有企业和上市公司炒作股票的规定》,公司对有关情况作了认真检查,至今为止,本公司及子公司没有在境内任何证券经营机构开设买卖已上市流通股票的帐户,本公司今后如果从事股票投资,将严格遵循国家政策法规和本公司章程的规定。

6、公司1997年中期不分红。

7、本报告期间公司无重大诉讼、仲裁事项。

四、发行在外股票的变动和股权结构的变化

1、股权结构情况

	股份(万股)	占总股本比例(%)
尚未流通股份:	15503.45	65.97
国有股	15500.00	65.96
董事及高级管理人员持股	3.45	0.01
已流通股份:	7996.55	34.03
社会公众股(A股)	1996.55	8.50
境内上市外资股(B股)	6000.00	25.53
合计:	23500.00	100.00

2、公司6月30日前10名股东持股情况

持股单位	持股数(股)	比例(%)
(1)安徽古井集团有限责任公司	155000000	65.96
(2)BIAL/HSBC GLOBAL INVESTMENT FUNDS CHINESE EQUITY	2171122	0.92
(3)紫东投资管理有限公司	1655000	0.70
(4)CHARM YIELD INVESTMENT LIMITED	1621100	0.69
(5)成愉有限公司	1379190	0.59
(6)SSBT/THE CHINA FUND-UHI DHOI	1340900	0.57
(7)PERPETUAL FAR EAST GRIWTH FUND	1200000	0.51
(8)PACIFIC RIM ASSETS LIMITED	1149500	0.49
(9)康马有限公司	1100600	0.47
(10)EXTRAVAGANT PEARL LIMITED	1015300	0.43

五、股东大会简介

公司1996年度股东大会于1997年5月23日在亳州古井大酒店召开,出席会议的股东代表的股权数为161285193股,占本公司股份总数的68.63%,会议对董事会提出的事项进行了讨论并形成以下决议:

1、审议通过了1996年度董事会工作报告;

2、审议通过了1996年度总经理工作报告;

3、审议通过了1996年监事会工作报告;

4、审议通过了1996年度公司财务决算报告;

5、审议通过了1996年度公司利润分配预案;

6、审议通过了增发5000万股古井贡B股的议案,并授权公司董事会全权办理增发具体事宜。

7、审议通过了申请将公司变更为中外合资的股份有限公司的议案,并授权公司董事会办理具体的变更申报事宜。

六、备查文件

1、载有董事长、总经理签名的中期报告原本。

2、1996年度股东大会形成的各项决议;

3、备查地点:安徽古井贡酒股份有限公司董事会秘书室

联系人:何飞　唐贻峰

电话:0558—5571057　5571149

传真:0558—5571006

安徽古井贡酒股份有限公司

1997年8月12日

深圳华侨城实业发展股份有限公司

深圳华侨城实业发展股份有限公司上市公告书

一、释义

在本上市公告书中，除另有说明之外，下列简称具有以下含义：

发行人、本公司：指深圳华侨城实业发展股份有限公司

总公司：指本公司发起人华侨城经济发展总公司

董事会：指本公司董事会

股　票：指本公司本次向社会公众公开发行的每股面值1.00元的人民币普通股

元：指人民币元

二、绪言

经中国证券监督管理委员会证监发字(1997)396号文和证监发字(1997)397号文批准，本公司已成功地向社会公众公开发行每股面值为1.00元人民币普通股股票5000万股，其中4558万股系通过深圳证券交易所交易系统发行(即上网发行)，442万股向本公司职工配售。经深圳证券交易所深证发(1997)308号文审核批准，本公司上网发行的4558万股社会公众股股票将于1997年9月10日在深圳证券交易所挂牌交易，442万股公司职工股将在本次股票上市之日起半年后经批准后上市。

本公司总股本为19200万股，本次可流通股本为4558万股，股票简称"华侨城A"，证券代码"0069"，交易单位为"股"。

本公告书依据《中华人民共和国公司法》、《股票发行与交易管理暂行条例》、《公开发行股票公司信息披露实施细则》、《深圳证券交易所业务规则》以及国家其它有关证券管理的规定编制，为本公司股票公开上市之目的，并向社会公众披露本公司基本情况及有关资料。

本公司1997年7月28日在《证券时报》和《中国证券报》刊登《招股说明书(概要)》，距今不足6个月，故与其相重复的内容在此不再赘述，敬请社会公众查阅招股说明书。

本公司董事会及各位董事确信本公告书未遗漏任何重大事项，亦不存在任何误导和虚假成份，并愿就本公告书及相关资料的准确性、完整性、真实性负连带及个别责任。

三、公司概况

(一)基本情况

1. 公司法定名称：深圳华侨城实业发展股份有限公司

　英文名称：Shenzhen Overseas Chinese Town Industry Development Co. Ltd.

2. 公司创立大会日期：1997年8月18日

3. 公司法定地址：深圳市南山区华侨城

　邮政编码：518053

4. 公司法定代表人：任克雷

5. 公司注册资本：19200万元

6. 注册时间：1997年9月2日

7. 公司经营范围和主要业务

本公司经营范围：经营旅游组团观光；酒店经营管理；景区管理技术服务；旅游商品设计、技术开发；旅游项目的规划与管理；投资兴办实业(具体项目另报)；国内商业，物资供销业(不含专营、专控、专卖商品)。

本公司实际从事的主要业务：旅游业及与旅游配套的供水、供电、水电安装维修。

8. 公司职工情况：

本公司及其属下企业目前共有职工884人，其中具有初级职称的144人，中级职称的88人，高级职称的24人，以上人员占公司总人数的29%。

(二)历史沿革

深圳华侨城实业发展股份有限公司是经国务院侨务办公室侨经发(1997)第03号文和深圳市人民政府办公厅深府函(1997)37号文批准，由华侨城经济发展总公司(国有独资)经过重组其属下优质旅游及其配套资产，独家发起募集设立的股份有限公司。本次资产重组进入本公司的资产包括：总公司全资下属的华侨城中旅社、华侨城水电公司、华侨城华中发电公司全部净资产和总公司拥有的深圳世界之窗有限公司29%的权益。

华侨城经济发展总公司是国务院侨务办公室的大型全资直属企业，主要负责深圳华侨城的开发、建设，其前身为深圳特区华侨城经济发展总公司，成立于1986年5月。现总公司共拥有土地4.8平方公里，至1996年12月31日，资产总额为97亿元人民币，净资产值为34亿元人民币，1996年营业收入72亿元，净利润6.5亿元。经过十年发展，总公司已成为集旅游、工业、房地产、金融、商贸为一体的综合性大型集团公司，是国务院侨办下属三大企业集团之一，深圳市综合经济实力最强的企业集团之一，并被深圳市政府确定为深圳市重点扶持的企业集团。

旅游业是总公司的主导产业。在深圳地区，总公司成功与香港中旅国际投资有限公司合资开发、共同经营以展示中外文化精华为主题的深圳"锦绣中华"、深圳"中国民俗文化村"、深圳"世界之窗"三大人造景区。1994年，以上述三大景区为代表的深圳华侨城旅游区被广东省人民政府批准为省级旅游度假区。截止1996年底，深圳华侨城累计接待游客4200多万人次，其中1996年接待旅游客600万人次，旅游总收入14.79亿元。

四、股票发行与承销

1. 股票发行

发行方式：上网定价

社会公众股发行数量：5000万股

公司职工股：442万股

发行价格：6.18元

实际募集资金总额：29927万元

配售比例：0.315447%

持有1000股以上(含1000股)的股东：630,061户

发行费用总额：973万元

每股发行费用：0.195元

发行市盈率：15倍

2. 股票承销

本次公开发行的社会公众股已认购完毕，超额认购317.01倍，承销商包销的股票数量为零。

3. 验资报告

深圳华侨城实业发展股份有限公司筹委会：

我们接受委托，对贵公司截至1997年8月14日止的实收股本及相关的资产和负债的真实性和合法性进行了审验。在审验过程中，我们按照《独立审计实务公告第1号——验资》的要求，实施了必要的审验程序。贵公司的责任是提供真实、合法、完整的验资资料，保护资产的安全、完整，我们的责任是按照《独立审计实务公告第1号——验资》的要求，出具真实、合法的验资报告。

贵公司申请的注册资本为人民币192,000,000.00元。根据我们的审验,截至1997年8月14日止,贵公司已收到各股东投入的资本人民币伍亿贰仟柒佰贰拾贰万柒仟陆佰伍拾叁元伍角壹分(RMB527,227,653.51),其中发起人投入的资金为RMB218,227,653.51元,向社会募集的资金为RMB309,000,000.00元(未扣除支付给主承销商的发行费用RMB6,738,895.40元)。投入的资本中包括股本金人民币192,000,000.00元,资本公积金人民币335,227,653.51元。

附件(一):《投入股本明细表》(略)

附件(二):《验资事项说明》(略)

深圳中华会计师事务所

一九九七年八月十四日

五、董事、监事和高级管理人员简介及持股情况

1.公司董事、监事和高级管理人员简介

任克雷先生:董事长,47岁,大学文化,毕业于北京大学经济系,经济师、高级政工师。曾任国家经委政策研究室外经处副处长、国家经委政策研究室副主任。1987年至1990年任中国包装总公司副总经理兼中国包装总公司美国公司总裁。1990年至1993年在中共深圳市委工作,曾任深圳市委副秘书长、秘书长兼办公厅主任。现为香港中旅集团常务董事副总经理、华侨城经济发展总公司总经理,康佳电子(集团)股份有限公司董事局主席、中国国资青年总裁委员会副理事长。

张整魁先生:副董事长,53岁,大学文化,毕业于中国人民大学国际政治系,高级经济师。1968年参加工作,先后担任国务院侨务办公室处长、党组秘书、华侨城办公室主任、劳动人事处处长。现任华侨城经济发展总公司副总经理兼深圳锦绣中华发展有限公司董事长、深圳世界之窗有限公司副董事长。

聂国华先生:副董事长,55岁。1960年参加工作,1986年至今在深圳华侨城工作,曾任华侨城经济发展总公司助理总经理、深圳华侨城房地产开发公司副总经理。现任华侨城经济发展总公司副总经理,深圳华侨城房地产开发公司总经理,深圳华力包装贸易有限公司董事长。

何世林先生:监事长,57岁,大专文化,会计师。1962年参加工作,曾任深圳特区华侨城建设指挥部计财部副经理、经理、华侨城经济发展总公司财务部总经理。现任华侨城经济发展总公司总会计师。

刘平春先生:董事、总经理,现年42岁,大学文化,高级政工师。曾任湖南日报社经济版主编;深圳华侨城报副主编;深圳华侨城办公室主任。中国国资青年总裁委员会会员。曾任华侨城经济发展总公司总经理助理兼策划部总经理、经济发展处处长。

陈孟炯先生:董事,现年48岁,大专文化,1969年参加工作。曾任华侨城办公室主任,世界之窗有限公司总经理。现任华侨城经济发展总公司助理总经理,旅游发展部总经理。

钟武怀先生:董事,现年51岁,大学文化,高级经济师。曾任深圳华侨城工会副主席,现任深圳特区华侨城中旅社总经理兼深圳特区华侨城海景酒店总经理。

赵小平先生:董事,现年50岁,大学文化,高级工程师。现任深圳特区华侨城水电公司总经理;深圳特区华侨城华中发电有限公司总经理。

王晓雯女士:董事、财务总监,现年28岁,大学文化,毕业于南开大学会计学系,1990年参加工作。曾在北京市宣武区财政局工作,1991年至今在华侨城经济发展总公司工作,曾任华侨城经济发展总公司审计部副总经理。

曾鸿海先生:董事,现年39岁,大学文化。1974年参加工作,曾任香港中旅集团汽车服务有限公司副总经理,香港中旅集团经济开发有限公司总经理。现任深圳华中发电有限公司董事长。

李英辉先生:监事,现年52岁,大学文化,高级工程师。1968年参加工作,曾任深圳特区华侨城建设指挥部劳动人事处科长、副处长。现任深圳特区华侨城建设指挥部劳动人事处处长兼华侨城劳动就业服务中心经理。

郭予斌先生:监事,现年41岁,审计师。1974年参加工作,曾任广东汕头电视机厂财务部长、深圳特区华侨城建设指挥部计财部科长、华侨城经济发展总公司审计部副总经理。现任华侨城经济发展总公司审计部总经理。

刘国旋先生:监事,现年29岁,大专文化,会计师。1988年参加工作,曾在雷州市财政局、深圳市勘察测绘院从事财务工作。现任深圳华侨城水电公司会计。

杨素华女士:监事,现年45岁,大专文化,助理经济师。1969年参加工作,曾在蕉岭华侨农场、华侨城进出口贸易公司工作。现行华侨城中旅社会计。

肖德中先生:董事会秘书,现年42岁,大学文化。1976年参加工作,曾任湖南省统计局综合处副处长,湖南物资信息中心副主任,上海恒辉工业管理有限公司总经济师,华侨城经济发展总公司策划部总经理助理。

2.董事、监事和高级管理人员持股情况

姓名	职务	持股数(股)	持股比例(%)
任克雷	董事长	5000	0.0026
张整魁	副董事长	5000	0.0026
聂国华	副董事长	5000	0.0026
刘平春	董事、总经理	5000	0.0026
陈孟炯	董事	5000	0.0026
钟武怀	董事	5000	0.0026
赵小平	董事	5000	0.0026
王晓雯	董事、财务总监	5000	0.0026
曾鸿海	董事	9000	0.0047
何世林	监事长	5000	0.0026
李英辉	监事	5000	0.0026
郭予斌	监事	5000	0.0026
刘国旋	监事	5000	0.0026
杨素华	监事	5000	0.0026
肖德中	董事会秘书	5000	0.0026

本公司董事、监事和高级管理人员共持有本公司股份79000股,占本公司总股本的0.041%,其持有的股份按照《中华人民共和国公司法》规定,在其任职期间不得转让。

六、公司的设立

1.本公司于1997年8月18日召开了创立大会,审议并通过了本次向社会公开发行的5000万股(其中包括442万股公司职工股)A股股票在深圳证券交易所上市交易的决议,并责成董事会做好各项准备工作。

2.公司注册资本金:19200万元

3.公司临时开户银行:中国建设银行华侨城支行

4.公司临时开户银行帐号:007002610073460

5.公司注册时间:1997年9月2日

6.公司注册地址:深圳市南山区华侨城办公楼

7.公司法定代表人:任克雷

8.营业执照注册号:27937410—5

七、关联企业及关联交易

(1)本公司与总公司存在关联交易。为确保本公司与总公司之间的关联交易公平合理,维护本公司及全体股东(尤其是中小股东)的利益,本公司已与总公司签署《综合服务协议》。综合服务的范围是:总公司向本公司提供办公场所、向本公司提供通讯设施的安装维修、向本公司员工开放员工食堂、本公司向总公司提供正常的供水、供电服务。《综合服务协议》规定上述关联交易的收费均按照国家有关规定和市场情况而定。

(2)深圳康佳电子(集团)股份有限公司、深圳世界之窗有限公司是本公司的关联公司,与本公司存在关联交易。1996年本公司对这两个公司的供电收入分别是1185万元和980万元;1997年1—3月本公司对这两个公司的供电收入分别是270万元和186万元。上述电费计价标准均是

按照深圳市有关部门的规定而确定。

(3)深圳锦绣中华发展有限公司是本公司的关联公司,与本公司存在关联交易。1997年1—3月本公司对该公司的供电收入是104万元。上述电费计价标准系按照深圳市有关部门的规定而确定。

(4)深圳特区华侨城房地产开发公司是本公司的关联公司,与本公司存在关联交易。本公司的全资下属公司侨城中旅于1993年7月1日起向深圳特区华侨城房地产开发公司租赁房屋14182.64平方米,房屋用途为酒店。合同期前4年半免收租金,从1998年1月1日起租金和管理费每月为34元/平方米,全年租金共计578.6万元,并从计租的第二年起,每年租金和管理费在上年的基础上递增10%。该项租赁有效期为9年,自1993年7月1日起至2002年6月30日止。

八、股本结构及大股东持股情况

1. 上市前的股本结构

股东名称	股份数(万股)	占总股本比例(%)
尚未流通股		
发起人股	14200	73.96
公司职工股	442	2.302
可流通股	4558	23.738
合　计	19200	100

2. 前十名股东持股情况

股份名称	持股数量(万股)	占总股本的比例(%)
华侨城经济发展总公司	142,000,000	73.96
陈吉江	9,000	0.0047
孙启良	9,000	0.0047
郭一梅	9,000	0.0047
吴晓刚	9,000	0.0047
王凌国	9,000	0.0047
李丹洋	9,000	0.0047
吴常青	9,000	0.0047
刘玉珍	9,000	0.0047
张庆来	9,000	0.0047

九、公司财务会计资料

(一)审计报告

深圳华侨城实业发展股份有限公司筹委会:

我所接受委托,审计了贵公司一九九四年十二月三十一日、一九九五年十二月三十一日、一九九六年十二月三十一日和一九九七年三月三十一日的资产负债表、合并资产负债表,一九九四年度、一九九五年度、一九九六年度和一九九七年一月一日至三月三十一日的利润及利润分配表、合并利润及利润分配表及一九九六年度、一九九七年一月一日至三月三十一日的合并财务报表。这些会计报表由贵公司负责,我们的责任是对这些会计报表发表审计意见。我们的审计是依据《中国注册会计师独立审计准则》进行的。在审计过程中,我们结合贵公司的实际情况,实施了包括抽查会计记录等我们认为必要的审计程序。

我所认为,上述会计报表符合《企业会计准则》和《股份制试点企业会计制度》的有关规定,在重大方面公允地反映了贵公司上述各截止日的财务状况及各会计期间的经营成果和资金变动情况,会计处理方法的选用遵循了一贯性原则。

深圳中华会计师事务所　　中国注册会计师:张　月

中国注册会计师:卜功桃

一九九七年六月二日

(二)财务报表

1. 合并资产负债表(附后)

2. 合并利润表及利润分配表(附后)

3. 合并财务状况变动表(附后)

4. 财务报表附注

(1)会计制度

本公司各附属公司及联营公司依据所属行业分别执行《工业企业会计制度》、《旅游、饮食服务企业会计制度》及《外商投资企业会计制度》,本会计报表已按《股份制试点企业会计制度》及有关补充规定进行了必要的调整。本公司成立后统一执行中华人民共和国《股份制试点企业会计制度》及有关补充规定。

(2)会计期间

本公司采用公历年度为会计年度,即自1月1日至12月31日为一个会计年度。

(3)合并报表的编制方法

本公司及其各附属公司(合称"本公司")将公司间投资、内部往来、存货购销及其利润等全部抵销的基础上逐项合并;非控股联营公司,对持股在20%以上(不含20%)的按权益法调整长期投资。20%以下的按成本法核算长期投资。

(4)记帐原则和计价基础

本公司会计核算以权责发生制为基础,各项财产资产除按规定进行了资产评估以评估值计价外,均按实际成本计价。

(5)外币换算

本公司以人民币为记帐本位币,会计年度涉及外币的经济业务,采用当月一日中国人民银行公布的市场汇价的中间价折合为人民币记帐,月末对外币货币性项目余额按月末市场汇率进行调整,汇兑损益列入当期损益。

(6)存货计价

各类存货的购入与入库按实际成本计价,发出按加权平均法计价;低值易耗品领用按一次摊销法摊销。

各类存货盘盈、盘亏、报废,结转"待处理流动资产损益",报经批准后转入"管理费用"。

(7)长期投资核算方法

母公司对附属公司及持股在20%以上的联营公司的长期投资采用权益法核算。对被投资公司的持股在20%以下的长期投资按成本法核算。

(8)固定资产计价及其折旧方法

a. 固定资产按实际成本计价。其划分标准为:使用期限在一年以上的房屋、建筑物、机器设备、器具、工具等资产;不属于生产经营主要设备的物品,单位价值在2000元以上,使用年限两年以上。

b. 固定资产折旧采用直线法平均计算,并按各类固定资产的原值和估计的使用年限扣除残值(原值的5%)制定其折旧率,分类折旧率如下:

资产类别	使用年限	年折旧率
房屋建筑物	15—30年	3.17%—6.33%
机器设备	10—30年	3.17%—9.5%
电子设备	5—10年	9.5%—19%
运输工具	5—7年	13.57%—19%
其他设备	5年	19%

c. 固定资产盘盈、盘亏、报废,结转"待处理固定资产损益",报经批准后净损益转入"营业外支出"。

(9)无形资产及其摊销

土地使用权为本公司占用的15591.1平方米土地经评估确认的价值634.5万元,将自本公司成立后按18年平均摊销。

(10)递延资产及其摊销

a. 开办费系指深圳特区华侨城中国旅行社在其筹办期间所发生的费用,自筹办期结束后按10年推销。

b. 租入固定资产改良支出包括侨城中旅对租入的海景酒店进行装修和改造所发生的费用及水电公司对租入的食堂进行装修所发生的费用,分别按9年及5年摊销。

c. 房屋装修及设施改造支出系指深圳特区华侨城水电公司办公室、

食堂装修及厂房室外排污设施改造所发生的支出,按5年摊销。

d.其他递延支出系指深圳特区华侨城中国旅行社配电增容费、电话初装费等支出,按10年摊销。

(11)收入实现条件

商品销售,以商品已经发出,商品所有权转移买方,收到货款或取得收取货款的证据时,作为营业收入实现。

劳务销售:以劳务已经提供,收取款项的证据已经取得时,作为营业收入实现。

(12)产品成本计算方法

产品成本以产品为成本对象核算,直接材料、直接人工成本及制造费用,按成本对象归集,期间费用全部列入当期损益。

(13)利润分配

本公司在此次股份制改组以前,各附属公司利润分配方案分别按照华侨城经济发展总公司或《中华人民共和国中外合资经营企业法》的具体规定执行。股份制改组以后,本公司章程规定按税后可供分配利润的10%提取法定盈余公积金,按5%提取法定公益金,计提任意公积金和股利分配比例由每年的股东大会进行决议。

(14)税项

a.增值税:适用税率17%,其中:华中发电公司经深圳市税务局深税发(1992)66号文及深国税发[1995]481号文批准,从1994年1月至1996年底,减半征收发电环节增值税。

b.营业税:旅游、酒店、餐饮、房租等,适用税率5%;

水电安装工程及交通运输适用税率3%;

c.城市建设维护税:按流转税的1%计缴;

d.教育费附加:按流转税的3%计缴,但根据有关规定,华中发电公司作中外合资经营企业,免征教育费附加。

e.所得税:适用税率15%。其中:华中发电公司按深圳市人民政府(1988)232号文的规定并经税务局深地税南减免(1996)第124号文批准,从开始获利年度(即1993年)起享受二免三减半的政策优惠。此项优惠政策在本公司股权变动后仍可继续享受。

f.递延税项为华中发电公司经税务局批准固定资产加速折旧产生的应纳税所得额与会计收益期间的重大时间差异按债务法所作出的预提,可于可预见的将来得到实现。

1996年12月31日预额作为非实际承担的债务,评估值为零。

(15)坏帐准备

按年末应收帐款余额的3‰提取。1996年12月31日余额以根据中华财务会计咨询公司的评估结果予以调整。

5.主要财务指标

项目指标	计算公式	1997年1月1日—3月31日	1996年	1995年	1994年
1.资产负债率(%)	负债总额/资产总额	39.2	40.79	42.15	48.79
2.流动比率	流动资产/流动负债	1.03	1.03	1.19	0.76
3.速动比率	速动资产/流动负债	0.896	0.87	1.02	0.58
4.存货周转率	销售成本/平均存货	1.58	5.33	5.90	5.70
5.应收帐款周转率	主营业务收入/平均应收帐款	1.57	9.81	15.94	15.28
6.净资产收益率(%)	净利润/平均净资产	2.46	22.43	40.21	51.34
7.每股净收益(元)	净利润/股本	0.039	0.344	0.493	0.40

十、董事会上市承诺

根据《股票发行与交易管理暂行条例》、《公开发行股票公司信息披露实施细则》和《深圳证券交易所业务规则》及国家有关法律、法规,自本公司股票上市之日起,本公司董事会向证券主管机关、深圳证券交易所、广大投资者作出如下承诺:

1.按照法律、法规的规定程序和要求披露重大信息,并接受证券主管机关、深圳证券交易所的监督管理;

2.及时、真实、准确地公布本公司中期报告和年度报告,并置于规定场所供投资者公众查阅;

3.董事会成员、监事会成员及高层管理人员如发生人事变动,或前述人员持有本公司股份数量发生变化时,及时通报证券管理机关,并通过新闻媒介通告社会公众;

4.在任何公共传播媒介中出现的信息可能对本公司股票的市场价格产生误导性影响时,本公司知悉后将及时对该消息予以公开澄清;

5.董事会成员、监事会成员及高层管理人员将认真听取社会公众的意见和批评,不利用已获得的内幕消息和其他不正当手段直接或间接从事股票买卖;

6.本公司没有无记录负债。

十一、重要事项揭示

1.本公司本次发行社会公众股5000万股,其中通过深圳证券交易所上网发行的4558万股社会公众股将于1997年9月10日上市;向公司职工配售的442万股将在本次股票上市之日起半年后经批准后上市。本次上市流通的总股份为4558万股。

2.截止上市公告书刊登之日,本公司未涉及任何重大诉讼事项和仲裁,亦无任何尚未了结或可能面临的重大诉讼或索赔要求。

3.本公司上市后企业所得税税率为15%。

4.本次发行中购买公司股票的股东,可享有本公司1997年度的股利分配权。

十二、咨询机构

1.发行人:深圳华侨城实业发展股份有限公司

地址:深圳市南山区华侨城办公楼

法定代表人:任克雷

联系人:肖德中

电话:0755—6909069

传真:0755—6600517

2.上市推荐人:君安证券有限责任公司

地址:深圳市春风路5号

法定代表人:张国庆

联系人:袁军平、陈锦棠

电话:0755—2175560

传真:0755—2296188

深圳国投证券有限公司

地址:深圳市福田区红岭中路7号国际大厦10楼

法定代表人:叶连捷

联系人:洪伟南

电话:0755—5894167

3.股份登记机构:深圳证券登记有限公司

地址:深圳市红岭路25号

电话:0755—5567898

传真:0755—5571127

十三、备查文件

1.深圳证券交易所上市通知书

2.验资报告

3.本公司招股说明书

4.上市协议书

5.上市推荐报告

6.其它备查文件

7.国家证券主管部门批准上市的文件

深圳华侨城实业发展股份有限公司

1997年9月8日

合并资产负债表

单位:人民币元

资产					负债及股东权益				
流动资产:	1997.3.31	1996.12.31	1995.12.31	1994.12.31	流动负债:				
货币资金	21,629,503.19	28,303,016.45	36,528,948.00	29,181,665.00	短期借款	12,760,000.00	12,760,000.00	25,680,000.00	20,950,000.00
短期投资	----	----	----	3,000.00	应付帐款	12,205,255.75	15,010,316.22	10,512,829.96	13,722,296.30
应收帐款	21,395,677.52	22,656,271.31	9,455,381.89	8,811,761.34	预收帐款	11,225,050.37	10,424,259.69	11,807,759.69	10,984,659.81
减:坏帐准备	63,836.90	----	28,366.14	26,435.28	应付福利费	3,512,651.74	4,652,704.00	3,602,673.41	2,814,028.11
应收帐款净额	21,331,840.62	22,656,271.31	9,427,015.75	8,785,326.06	未付股利	12,600,000.00	13,600,000.00	6,636,048.47	6,193,766.27
预付货款	2,256,993.76	3,255,740.90	3,990,100.00	----	未交税金	8,181,052.37	7,913,207.34	2,755,708.56	2,192,847.53
其他应收款	63,579,407.77	56,814,208.14	55,011,453.64	12,939,152.41	其他应付款	47,319,005.70	44,278,527.63	32,532,013.50	28,764,691.72
待摊费用	502,900.30	543,619.58	601,995.18	183,528.96	应付工资	416,413.33	1,276,008.11	870,869.80	597,092.19
存货	16,491,370.94	20,675,520.44	16,952,144.79	15,849,457.29	预提费用	1,007,192.06	1,454,275.06	1,629,613.84	2,578,288.20
待处理流动资产损失(减收益)	----	----	----	413,035.36	一年内到期的长期负债	12,717,866.00	16,617,588.00	6,987,036.00	----
流动资产合计	125,792,016.58	132,248,376.82	122,551,657.36	67,355,165.08	流动负债合计	121,944,487.32	127,986,886.05	103,014,553.23	88,797,670.13
长期投资:					长期负债				
长期投资	84,683,629.34	79,825,459.33	69,280,228.37	36,291,935.66	长期借款	22,371,736.33	22,400,236.33	23,124,552.87	16,619,064.50
固定资产:					递延税项				
固定资产原值	157,234,182.48	156,800,534.00	109,904,902.95	109,165,585.66	递延税款贷项	----	----	795,681.55	----
减:累计折旧	62,942,534.81	61,351,216.50	20,981,594.28	14,808,171.91	负债合计	144,316,223.65	150,387,122.38	126,934,787.65	105,416,734.63
固定资产净值	94,291,647.67	95,449,317.50	88,923,308.67	94,357,413.75	股东权益				
在建工程	42,953,646.32	40,151,409.26	3,329,883.98	113,390.40	实收股本	142,000,000.00	142,000,000.00	50,103,641.66	44,702,424.81
固定资产合计	137,245,293.99	135,600,726.76	92,253,192.65	94,470,804.15	资本公积	76,227,653.51	76,227,653.51	----	----
无形资产及递延资产:					盈余公积	----	----	15,279,667.13	11,054,985.65
无形资产	6,256,538.26	6,344,658.52	----	----	其中:公益金	----	----	3,029,735.45	1,308,815.46
递延资产	14,065,020.19	14,595,554.21	17,085,525.50	17,902,976.01	未分配利润	5,498,621.20	----	108,812,507.44	54,846,735.81
无形及递延资产合计	20,321,558.45	20,940,212.73	17,085,525.50	17,902,976.01	股东权益合计	223,726,274.71	218,227,653.51	174,195,816.23	110,604,146.27
资产总计	368,042,498.36	368,614,775.89	301,130,603.88	216,020,880.90	负债及股东权益总计	368,042,498.36	368,614,775.89	301,130,603.88	216,020,880.90

合并利润表及利润分配表

单位:人民币元

项　目	1997.1.1—3.31	1996	1995	1994
一、主营业务收入	34,704,879.54	157,319,075.53	145,140,091.06	134,228,558.87
减:营业成本	26,973,478.33	100,355,145.26	96,850,252.50	90,477,235.84
销售费用	1,973,047.97	10,571,081.12	9,065,882.95	4,634,701.59
管理费用	2,881,802.73	10,304,454.53	8,993,881.29	6,757,571.82
财务费用	680,942.74	1,733,309.58	3,151,096.54	1,148,142.70
营业税金及附加	562,151.75	2,020,525.15	1,983,602.38	1,916,409.16
二、主营业务利润	1,633,456.02	32,334,559.89	25,095,375.40	29,294,497.76
加;其他业务利润	182,569.50	946,621.64	1,220,337.46	1,971,096.82
三、营业利润	1,816,025.52	33,281,181.53	26,315,712.86	31,265,594.58
加:投资收益	5,073,477.36	17,405,161.55	44,923,065.18	25,628,844.00
营业外收入	----	3,352,231.24	880,382.58	1,399,920.49
减:营业外支出	118,863.91	1,334,646.36	337,475.63	154,715.2
以前年度损(益)调整	1,015,554.91	----	----	
四、利润总额	5,755,084.06	52,703,927.96	71,781,684.99	58,139,643.86
减:所得税	256,462.86	3,758,168.76	1,730,189.70	1,344,200.65
减:少数股东损益	----	----		----
五、净利润	5,498,621.20	48,945,759.20	70,051,495.29	56,795,443.21
加:年初未分配利润	----	108,812,507.44	54,846,735.81	18,862,281.23
六、可分配利润	5,498,621.20	157,758,266.64	124,898,231.10	75,657,724.44
减:提取法定盈余公积金	----	3,746,124.41	2,503,761.49	6,241,821.78
提取法定公益金	----	2,993,651.91	2,503,761.49	2,409,241.83
七、可供股东分配的利润	5,498,621.20	151,018,490.32	119,890,708.12	67,006,660.83
减:已分配利润	----	40,009,326.68	11,078,200.68	12,159,925.02
八、未分配利润	5,498,621.20	111,009,163.64	108,812,507.44	54,846,735.81

合并财务状况变动表

单位：人民币元

流动资金来源和运用	1997.1.1—3.31	1996
一、流动资金来源		
1.本年净利润：	5,498,621.20	48,945,759.20
加：不减少流动资金的费用和损失		
(1)少数股东本期损益	－－－－	－－－－
(2)固定资产折旧	1,591,318.31	7,923,122.86
(3)无形资产及递延资产及其他资产摊销	634,554.28	2,111,377.70
(4)固定资产盘亏(减盘盈)	－－－－	－－－－
(5)清理固定资产损失(减收益)	－－－－	1,263,721.54
(6)递延税款	－－－－	513,541.59
(7)权益法调整应占联营公司权益	(4,858,169.76)	(3,559,423.60)
(8)其他不减少流动资金的费用和损失	－－－－	－－－－
小　计	2,866,324.03	57,198,099.29
2.其他来源		
(1)固定资产清理收入(减清理费用)	－－－－	6,157.60
(2)增加长期负债	－－－－	9,091,464.00
(3)收回长期投资	－－－－	－－－－
(4)对外投资转出递延资产	－－－－	－－－－
(5)对外投资转出无形资产	－－－－	－－－－
(6)资本净增加额	－－－－	41,835,181.08
(7)少数股东资本净增加额	－－－－	－－－－
小　计	－－－－	50,932,802.68
流动资金来源合计	2,866,324.03	108,130,901.97
二、营运资金运用		
1.利润分配		
(1)提取法定公积金	－－－－	3,746,124.41
(2)提取法定公益金	－－－－	2,993,651.91
(3)提取任意公积金	－－－－	－－－－
(4)已分配股利	－－－－	40,009,326.68
小　计	－－－－	46,749,103.00
2.其他运用		
(1)固定资产和在建工程净增加额	3,235,885.54	52,540,536.11
(2)增加无形资产、递延资产及其他资产	15,900.00	5,966,064.93
(3)偿还长期负债	28,500.00	9,815,780.54
(4)增加长期投资	－－－－	6,985,807.61
(5)评估减少递延税款贷项	－－－－	1,309,223.14
小　计	3,280,285.54	76,617,412.33
流动资金运用合计	3,280,285.54	123,366,515.33
流动资金增加净额	(413,961.51)	(15,235,613.36)

流动资金各项目的变动		
一、流动资产本年增加数：		
1.货币资金	(6,673,513.26)	(8,225,931.55)
2.短期投资	－－－－	－－－－
3.应收帐款净额	(1,324,430.69)	13,229,255.56
4.预付帐款	(998,747.14)	(734,359.10)
5.其他应收款	6,765,199.63	1,802,754.50
6.待摊费用	(40,719.28)	(58,375.60)
7.存货	(4,184,149.50)	3,723,375.65
流动资产增加净额	(6,456,360.24)	9,736,719.46
二、流动负债本年增加数：		
1.短期借款	－－－－	(12,920,000.00)
2.应付帐款	(2,805,060.47)	4,497,486.26
3.预收帐款	800,790.68	(1,383,500.00)
4.应付福利费	(1,140,052.26)	1,050,030.59
5.未付股利	(1,000,000.00)	6,963,951.53
6.未交税金	267,845.03	5,157,498.78
7.其他应付款	3,040,478.07	11,746,514.13
8.应付工资	(859,594.78)	405,138.31
9.预提费用	(447,083.00)	(175,338.78)
10.一年内到期的长期负债	(3,899,722.00)	9,630,552.00
流动负债增加净额	(6,042,398.73)	24,972,332.82
流动资金增加净额	(413,961.51)	(15,235,613.36)

青海明胶股份有限公司

青海明胶股份有限公司1996年年度报告摘要

一、公司简况

1. 公司名称:青海明胶股份有限公司

英文名称:QINGHAI GELATIN CO. LTD

2. 公司地址:青海省西宁市付东路13号

3. 法定代表:星晓明

4. 公司股证事务代表:陈涛　刘桂英

电话:0971—6144495

传真:0971—8149106

邮政编码:810015

5. 股票简称:青海明胶

6. 股票代码:0606

二、主要财务数据和财务指标

指标项目	1996年	1995年	比上年增长%
1. 主营业务收入(元)	34,132,027.95	24,491,357.24	39.36
2. 净利润(元)	12,116,997.65	4,072,097.76	197.56
3. 总资产(元)	142,478,040.83	59,190,324.34	140.71
4. 股东权益(元)	103,970,024.09	19,508,418.43	432.95
5. 每股收益(元)	0.235	0.209	12.62
6. 每股净资产(元)	2.02	1.00	102.00
7. 净资产收益率%	11.65	20.87	—44.18
8. 股东权益比率%	72.97	32.96	121.39

扣除新股申购冻结资金利息后,有关财务数据和财务指标为:

1. 净利润(元)	8,138,919.59
2. 总资产(元)	138,474,462.77
3. 股东权益(元)	99,966,446.03
4. 每股收益(元)	0.158
5. 每股净资产(元)	1.94
6. 净资产收益率%	8.14
7. 股东权益比率%	72.19

三、公司业务回顾

1. 一年来经营情况

(1)1996年是青海明胶股份有限公司创立并初见成效的一年。在省、市领导及社会各界的支持下,公司全面完成了股份制改造,成为西宁市及全国三胶行业第一家上市公司,使企业步入了持续健康发展的轨道。面对三胶行业生产萎缩,国外明胶企业大举进入的严峻形势,在公司全体职工拼搏努力下,公司的生产经营等各项事业比上年度取得了较大的发展。本公司的主营业务是明胶系列产品的生产和销售,本年度共销售明胶846吨,比上年增长18.32%;销售高磷骨粉2198吨,比上年增长7.69%;销售油脂106吨,比上年减少32.48%。其中,主导产品明胶的产销量居行业第二,国内骨明胶市场占有率约为12%,除外国控股的一家明胶厂外,居国内明胶制造企业第一。

技术改造方面,公司利用发行股票募集的资金开始进行扩产高档明胶项目的实施,该项目计划通过两期技术改造,将主导产品明胶的设计生产能力由原来的600吨/年提高到1500吨/年,并全面提高产品档次,增加明胶品种。公司经过统筹安排、科学调度,将一期、二期技改项目同时交叉进行。该项目引进了具有当今国际先进水平的明胶生产设备,进口设备已于1996年12月全部到货,土建工程和国内配套设备的定购已全面展开实施。目前,项目进展顺利,正按预定的计划向前推进,而且,不影响现有明胶的正常生产。

科研开发方面,1995年立项的国家"火炬"计划项目《彩色感光材料用照相明胶》,本年度已在公司现有明胶生产线上开始生产性试验,为高档明胶的扩产实施奠定了技术基础。

(2)公司利润来源构成情况

本公司54%的利润来自明胶系列产品的生产销售。

2. 公司主营业务收入、净利润完成情况说明

实现主营业务收入3413.20万元,比上年增长39.36%;实现主营业务利润758.4万元,比上年增长31.73%;实现利润总额1392.75万元,比上年增长56.36%;实现净利润1211.70万元,比上年增长197.56%。

主营业务收入、净利润分别完成本年度盈利预测的79.85%、86.66%。差异的主要原因是:

(1)上半年流动资金紧张,导致原材料供应不足,影响正常生产,致使明胶实际产量比预测产量减少131吨。

(2)受市场的影响,产品销售价格低于预测价格。

3. 前次募集资金的使用情况说明

1996年6月,公司其他发起人以现金形式投入1700万元;1996年8月30日,发行社会公众股1500万股,每股发行价格4.30元,扣除筹建费用475.7万元,实收金额5974.3万元,共募集股金总额7674.3万元。募集资金的使用情况如下:

(1)扩产高档明胶技改项目

项目计划建设性投资5960万元

本年度投资总额	2,054.4万元
其中,水力脱脂车间土建	71.3万元
水力脱脂车间设备	1,955万元
长网干燥机设备	20万元
其他有关技改项目费用	8.1万元

资金的投入符合计划进度,并在原预算金额之内。

(2)按工程进度及资金的使用程度,充分利用资金的间歇进行对外投资1400万元,根据1997年工程实施进展,项目投资随之增加,对外投资减少。

(3)剩余资金用于补充流动资金。

(4)项目的建设进展顺利,正按预定的计划进度加紧实施。

四、股本变化及股本结构情况

1. 股本变化及股本结构情况

(1)股本结构情况

截止1996年12月31日,公司总股本为5150万股。

单位:万股　每股面值1元

股份类别	期初数	占总股本%	期末数	占总股本%
尚未流通股份				
1. 发起人股	3650	100	3650	70.88
其中:				
境内法人持股	3650	100	3650	70.88
2. 内部职工股	0	0	150	2.91

尚未流通股份合计	3650	100	3800	73.79
已流通股份				
A股				
(不包括内部职工股)	0	0	1350	26.21
股份总数	3650	100	5150	100

注:期初数为股票发行前股数。

(2)股本变化情况

根据中国证监会证监发字[1996]163、164号文件批准,公司于1996年8月30日向社会公开发行了人民币普通股1500万股(包括内部职工股150万股),使总股本由3650万股增加到5150万股。

(3)公司前十名股东持股情况(截止1996年12月31日)

股东名称	持股数(万股)	持股比例(%)
1.青海制胶总公司	1950	37.86
2.广东恒丰投资集团有限公司	1220	23.69
3.西宁市自来水公司	400	7.77
4.深圳市千帆实业发展有限公司	40.21	0.78
5.青海省化工进出口公司	30	0.58
6.江门市蓬江区恒业化工商行	30	0.58
7.北京第三制药厂	20	0.39
8.中南证券	20	0.39
9.包后兰	18.97	0.37
10.深圳展生实业有限公司	18.17	0.35

(4)截止1996年12月31日,公司股东总数为8870户。

2.公司董事、监事及高级管理人员持股情况

职　务	姓　名	期初数	期末数	变动原因
星晓明	董事长兼总经理	1000	1000	无
邝朝晖	副董事长	1000	1000	无
李铎	副董事长	1000	1000	无
逯益民	董事兼副总经理	1000	1000	无
屈萍	董事	1000	1000	无
曹耀安	董事	1000	1000	无
陈　新	董事兼副总经理	1000	1000	无
吴伟文	董事	0	0	无
吴克昭	董事	0	0	无
张百一	监事会主席	1000	1000	无
张崇明	监事	1000	1000	无
郭发琛	监事	1000	1000	无
刘桂英	副总经理	1000	1000	无
陈　涛	董事会秘书兼副总经理	1000	1000	无
合　计		12000	12000	

注:期初数为发行股票后股数。

五、重要事项

1.报告期内的股东大会、董事会情况说明

(1)股东大会情况

青海明胶股份有限公司创立大会暨首届股东大会于1996年9月18日在青海省西宁市青海宾馆召开,出席会议的股东共六名,持有公司股份3650万股,占总股本5150万股的70.87%。该次股东大会以投票表决的方式通过了以下决议:

①公司筹建工作报告;

②公司章程;

③股票上市决议;

④选举产生第一届董事会、监事会成员。

(2)董事会情况

本年度内,公司首届董事会共召开了五次会议,监事会成员列席每次会议。在首届董事会第一次会议上,选举产生了董事长、副董事长,聘任了总经理、副总经理、董事会秘书等高级管理人员。

2.报告期内未发生配股、收购兼并、重大投资等事项。

3.公司法定代表、董事、监事未发生变更。

4.报告期内公司注册地址、会计师事务所、法律顾问均未发生变化。

5.重大事件简介

(1)1996年8月26日,在《中国证券报》和《证券时报》上刊登本公司招股说明书概要,8月30日,本公司采用上网定价方式,通过深圳证券交易系统公开向社会发行人民币普通股1500万股(包括150万股内部职工股)。

(2)1996年9月28日,在《中国证券报》和《上海证券报》上刊登本公司股票上市公告书,1996年10月4日,本公司1350万流通股在深圳证券交易所挂牌上市。

6.本报告期内公司无重大、仲裁事项。

六、子公司及关联企业

本公司无子公司及关联企业。

七、财务报告

1.审计意见

本公司财务报告经深圳中诚会计师事务所刘继忠、易永健注册会计师审计,并出具无保留意见的审计报告。深诚证字[1997]第009号。

2.财务报表(详见附表)

3.财务报表附注

(一)重要会计政策

1.会计制度

本公司执行中华人民共和国《企业会计准则》和《股份制试点企业会计制度》及其补充规定。本公司的会计政策系根据上述会计准则和制度予以拟定的。

2.会计期间

本公司采用公历每年1月1日起至12月31日止为一个会计年度。

3.记帐原则和计价基础

记帐原则为权责发生制;计价基础为历史成本法。

4.记帐本位币及货币换算

本公司以人民币为记帐本位币,本公司未发生外币经济业务。

5.存货计价

各类存货以实际成本计价,存货发出计价采用加权平均法。低值易耗品领用采用一次摊销法。

6.长期投资

长期项目合作投资按成本法核算。

7.固定资产及折旧

(1)固定资产均按实际成本计价,惟对前述经评估确认的资产按评估值入帐。

(2)固定资产折旧采用直线法计算,按各类固定资产的原值扣除残值(原值的3%)和预计使用

年限制定其折旧率。分类折旧率如下:

固定资产类别	使用年限(年)	年折旧率%
房屋及建筑物	15~35	6.47~2.77
机器设备	14	6.93
其他设备	8	12.13

8.坏帐准备:按年末应收帐款余额的5‰计提。

9.无形资产

土地使用权按受益期自1996年1月起分30年平均摊销,唯评估增值部分自1996年11月起分30年平均摊销。

10.税项

税种	计税依据	税率
增值税	产品或劳务销售收入	17%

城市维护建设税	增值税、营业税额	7%
教育费附加	增值税、营业税额	3%
企业所得税＊	应纳税所得额	13%

＊本公司根据青海省人民政府青政[1994]54号文第二十一条规定,执行33%的所得税税率,由同级财政返还20%,返还所得并入本公司当年净利润。实际所得税征收率为13%。

11. 利润分配

1996年6月30日前,原青海明胶厂利润全部上交青海制胶总公司。根据本公司筹备委员会决定并已在《中国证券报》上刊登的本公司招股说明书中对外公告,本公司1996年7月1日后所产生的利润归股份公司全体股东所有。本公司经股份制改组并发行股票设立后,税后利润将依据公司章程按如下顺序分配:

(1)弥补以前年度未弥补亏损

(2)提取法定盈余公积金10%

(3)提取公益金5~10%

(4)提取任意盈余公积金

(5)分配普通股股利

利润分配由董事会提出预案,提交股东大会审定后执行。

(二)会计报表主要项目注释

附注1. 短期投资

	1996—12—31
股票投资	17,994,765.72
联营投资	10,000,000.00
合　计	27,994,765.72

附注2. 应收帐款

应收帐款的帐龄分析列示如下:

帐龄	1996—12—31	
	金额	占该帐项金额的百分比
1年以内	22,378,852.91	95.28%
1年至2年	763,492.50	3.25%
2年至3年	114,105.42	0.49%
3年以上	229,920.50	0.98%
合计	23,486,371.33	100%

持本公司5%以上股份的股东没有本项欠款。

附注3. 其他应收款

(1)其他应收款之帐龄分析列示如下:

帐龄	1996—12—31	
	金额	占该帐项金额的百分比
1年以内	14,985,550.07	99.26%
1年至2年	1,200.00	0.01%
3年以上	109,726.31	0.73%
合计	15,096,476.38	100%

(2)股份占5%以上股东的欠款

债务人名称	金额	经济内容
青海制胶总公司	11,412,342.84	货款、往来款等
青海省化工进出口公司	307,604.88	代购设备余款
合计	11,719,947.72	

(3)按经济内容分类

经济内容	金额	比例
暂借款	70,000.00	0.46%
代垫款项	183,000.00	1.22%
应返还所得税	2,785,516.70	18.45%
应收销售胶囊厂明胶款	11,816,852.60	78.27%
其他	241,107.08	1.60%
合计	15,096,476.38	100%

附注4. 长期投资

长期投资余额为项目合作投资,明细项目列示如下:

被投资单位名称	投资金额	约定年收益率	投资期限	投资项目
青海省西宁市第六水源工程建设指挥部	4,000,000.00	18%	96.12.5—99.12.5	水利工程

附注5. 资本公积

	1996.12.31
股票溢价	49,500,000.00
申购股款利息	25,500.00
资产折股溢余	8,418.43
减:发行费用	4,755,509.10
合计	44,778,409.33

附注6. 盈余公积

	1996.1.1	本年计提	本年减少	1996.12.31
法定盈余公积	—	769,161.48	—	769,161.48
任意公积金	—	615,329.18	—	615,329.18
任意公益金	—	615,329.18	—	615,329.18
合计		1,999,819.84	—	1,999,819.84

根据本公司董事会1996年度的利润分配预案,1996年可供分配利润为7,691,614.76元,按10%计提法定盈余公积,分别按8%计提任意公积金和公益金。

附注7. 未分配利润

未分配利润	1996—12—31
年初余额	—
加:本年净利润	12,116,997.65
减:利润分配	—
1. 提取法定盈余公积	769,161.48
2. 提取任意盈余公积	615,329.18
3. 提取公益金	615,329.18
已分股利＊	4,425,382.89
年末余额	5,691,794.92

＊根据青海明胶股份有限公司筹备委员会决定,青海明胶股份有限公司1996年1至6月份净利润归青海制胶总公司所有,1996年7月1日以后产生的利润归股份公司全体股东所有,招股说明书已披露该决定。

附注8. 投资收益

	1996	1995
股票投资收益	1,174,765.72	—
联营投资收益	235,000.00	—
合计	1,409,765.72	—

(三)财务承诺及其他事项

本公司无重大财务承诺、或有事项及期后事项。

八、其他事项

公司1996年度利润分配预案见董事会决议公告。

青海明胶股份有限公司

董事会

1997年4月22日

利润及利润分配表

编制单位:青海明胶股份有限公司　　1996 年度　　单位:元

项目	行号	期初	期末
一、主营业务收入	1	24,491,357.24	34,132,027.95
减:营业成本	2	14,195,252.58	21,268,630.10
销售费用	3	265,859.28	433,427.92
管理费用	4	1,229,954.65	1,546,305.12
财务费用	5	2,851,494.60	3,008,187.69
营业税金及附加	6	191,572.67	291,414.39
二、主营业务利润	7	5,757,223.46	7,584,062.73
加:其它业务利润	8	——	111.64
三、营业利润	9	5,757,223.46	7,584,174.37
加:投资收益	10	——	1,409,765.72
补贴收入	11	320,534.39	354,123.89
营业外收入	12	——	3,978,078.06
减:营业外支出	13	——	10,000.00
加:以前年度损益调整	14	——	611,441.46
四、利润总额	15	6,077,757.85	13,927,538.50
减:所得税	16	2,005,660.09	1,810,585.85
五、净利润	17	4,072,097.76	12,116,997.65
减:(1—6)月净利润转入青海制胶总公司	18	——	4,425,382.89
六、可供分配利润	19	4,072,097.76	7,691,614.76
减:提取法定公积金	20	——	769,161.48
提取法定公益金	21	——	615,329.18
七、可供股东分配的利润	22	4,072,097.76	6,307,12.10
减:提取任意公积金	23		615,329.18
已分配普通股股利	25	4,072,097.76	——
八、未分配利润	26	——	5,691,794.92

资产负债表

编制单位:青海明胶股份有限公司　　1996 年 12 月 31 日　　单位:元

资产	行号	期初	期末	负债及所有者权益	行号	期初	期末
流动资产:							
货币资金	1	6,731.96	1,156,929.44	流动负债:			
短期投资	2	——	27,994,765.72	短期借款	41	7,300,000.00	12,760,000.00
应收帐款	4	11,635,718.58	23,486,371.33	应付帐款	43	888,802.77	6,826,346.34
减:坏帐准备	5	——	117,403.27	预收货款	44	636,155.86	574,597.41
应收帐款净额	6	11,635,718.58	23,368,968.46	应付工资		(294.42)	45,286.48
预付帐款	7	296,533.21	4,232,394.73	应付福利费	45	57,685.23	110,471.66
其它应收款	8	208,102.18	15,096,476.38	未交税金	47	79,215.64	4,888,252.09
待摊费用	9	518,529.83	416,031.67	其他未交款	48	——	70,748.64
存货	10	4,023,621.35	4,663,732.73	其他应付款	49	17,670,340.83	1,574,933.06
流动资产合计	15	16,689,237.11	76,929,299.13	预提费用	50	——	46,763.79
长期投资:				一年内到期的长期负债	51	4,050,000.00	2,590,000.00
长期投资	16	——	4,000,000.00	流动负债合计	55	30,681,905.91	29,487,399.47
固定资产:				长期负债:			
固定资产原价	18	46,392,884.00	46,731,037.59	长期借款	56	9,000,000.00	9,000,000.00
减:累计折旧	19	8,495,479.00	10,523,928.23	其他长期负债	60	——	20,623.27
固定资产净值	20	37,897,405.00	36,207,109.36	长期负债合计	61	9,000,000.00	9,020,623.27
在建工程	21	530,354.23	21,315,691.04	负债合计	65	39,681,905.91	38,508,022.74
固定资产合计	25	38,427,759.23	57,522,800.40	股东权益:			
无形资产及递延资产				股本	66	19,500,000.00	51,500,000.00
无形资产	26	4,073,328.00	4,025,947.30	资本公积	67	8,418.43	44,778,409.33
递延资产	30	——	——	盈余公积	68	——	1,999,819.84
无形资产及递延资产合计	35	4,073,328.00	4,025,927.30	其中:公益金	69	——	615,329.18
资产总计	40	59,190,324.34	142,478,046.83	未分配利润	70	——	5,691,794.92

资产	行号	期初	期末	负债及所有者权益	行号	期初	期末
				股东权益合计	75	19,508,418.43	103,970,024.09
				负债及所有者权益总计	80	59,190,324.34	142,478,046.83

财务状况变动表

编制单位:青海明胶股份有限公司　　1996年度　　单位:元

流动资金来源和运用	行号	期初	期末
一、流动资金来源			
1.本年净利润	1	4,072,097.76	12,116,997.65
加:不减少流动资金的费用和损失			
(1)固定资产折旧	2	5,583,527.17	2,028,449.23
(2)无形资产及递延资产及其他资产摊销(减其他负债转销)	3	——	47,380.70
小计	12	9,655,624.93	14,192,827.58
2.其他来源			
(1)增加长期负债	14	——	20,623.27
(2)资本净增加额	18	13,908,418.43	78,769,810.74
小计	22	13,908,418.43	78,790,434.01
流动资金来源合计	23	23,564,043.36	92,983,261.59
二、流动资金运用			
1.利润分配			
(1)提取任意盈余公积金	24	——	615,329.18
(2)提取法定公积金	25	——	769,161.48
(3)提取法定公益金	26	——	615,329.18
(4)已分配股利	27	4,072,097.76	4,425,382.89
小计	32	4,072,097.76	6,425,202.73
2.少数股东利润分配			
3.其他运用			
(1)固定资产和在建工程净增加额	33	19,994,505.62	21,123,490.40
(2)增加无形资产、递延资产及其它资产	34	4,073,328.00	——
(3)偿还长期负债	35	4,050,000.00	——
(4)增加长期投资	36	——	4,000,000.00
小计	38	28,117,833.62	25,123,490.40
流动资金运用合计	39	32,189,931.38	31,548,693.13
流动资金增加(减少)净额	40	(8,625,888.02)	61,434,568.46
流动资金各项目的变动			
一、流动资产本年增加数			
(1)货币资金	41	6,731.96	1,150,197.48
(2)短期投资	42	——	27,994,765.72
(3)应收帐款净额	44	6,331,293.11	11,733,249.88
(4)预付货款	45	(1,185,155.50)	3,935,861.52
(5)其他应收款	46	15,708.12	14,888,374.20
(6)待摊费用	47	(293,730.49)	(102,498.16)
(7)存货	48	(2,297,200.37)	640,111.38
流动资产增加(减少)净额	60	2,577,646.83	60,240,062.02
二、流动负债本年增加数			
(1)短期借款	61	3,550,000.00	5,460,000.00
(2)应付帐款	63	(1,592,502.45)	5,937,543.57
(3)预收货款	64	(75,628.91)	(61,558.45)
(4)应付工资		492.98	45,580.90
(5)应付福利费	65	(8,170.85)	52,786.43
(6)未交税金	67	——	4,809,036.45
(8)其他未交款	68	——	70,748.64
(9)其他应付款	69	5,472,730.70	(16,095,407.71)
(10)预提费用	70	(192,846.62)	46,763.79
(11)一年内到期的长期负债	71	4,050,000.00	(1,460,000.00)

流动资金来源和运用	行号	期初	期末
流动负债增加净额	79	11,203,534.85	(1,194,506.44)
流动资金增加(减少)净额	80	(8,625,888.02)	61,434,568.46

青海明胶股份有限公司1997年中期报告

一、财务报告(已经审计)

本财务报告经深圳中诚会计师事务所审计,出具了无保留意见的审计报告。[证字(1997)第051号]

审 计 报 告

青海明胶股份有限公司全体股东:

我们接受委托,审计了贵公司1997年6月30日的资产负债表,1997年1月1日起至6月30日止的利润及利润分配表和1997年1月1日起至6月30日止的财务状况变动表,这些会计报表由贵公司负责。我们的责任是对这些会计报表发表审计意见。我们的审计是依据《中国注册会计师独立审计准则》进行的。在审计过程中,我们结合贵公司的实际情况,实施了包括抽查会计记录、审核有关证据等我们认为必要的审计程序。

我们认为,上述已审计会计报表,符合《企业会计准则》和《股份制试点企业会计制度》的有关规定,在所有重大方面公允地反映了贵公司1997年6月30日的财务状况与1997年1月1日起至6月30日止的经营成果和资金变动情况,会计处理方法的选用遵循了一贯性原则。

深圳中诚会计师事务所

中国注册会计师　刘继忠

中国注册会计师　易永健

中国　深圳　　1997年8月26日

(一)财务报表

1. 简化的资产负债表

1997年6月30日　　金额单位:元

项目	年初数	期末数
流动资产	76,929,299.13	80,493,303.04
长期投资	4,000,000.00	4,000,000.00
固定资产净值	36,207,109.36	35,569,799.71
在建工程	21,315,691.04	28,925,118.83
无形资产及递延资产	4,025,947.30	3,958,058.50
其他长期资产		
资产总计	142,478,046.83	152,946,280.08
负债及股东权益		
流动负债	29,487,399.47	33,994,911.86
长期负债	9,020,623.27	9,070,595.75
少数股东权益		
股本	51,500,000.00	51,500,000.00
资本公积	44,778,409.33	44,778,409.33
盈余公积	1,999,819.84	1,999,819.84
其中:公益金	615,329.18	615,329.18
未分配利润	5,691,794.92	11,602,543.30
股东权益合计	103,970,024.09	109,880,772.47
负债及股东权益合计	142,478,046.83	152,946,280.08

2. 简化的损益表

金额单位:元

项目	上年同期数	本年数
主营业务收入	18,024,085.38	16,640,044.77
主营业务利润	4,931,203.91	3,480,729.29
其他业务利润	63.81	
投资收益		3,079,385.94
补贴收入	155,379.28	233,848.42
营业外收支净额		
利润总额	5,086,647.00	6,793,963.65
所得税	661,264.11	883,215.27
净利润	4,425,382.89	5,910,748.38

(二)财务指标

	1997年1—6月	上年同期数
每股收益(元)	0.11	0.08
净资产收益率(%)	5.38	4.26
每股净资产(元)	2.13	2.02

(三)财务报表附注

(1)本期财务报告所采用的会计政策与会计方法和1996年度财务报告所采用的会计政策与会计方法相互一致。

(2)本报告期财务主体未发生合并、分立等变化。

(3)货币资金比年初增长717.18%,主要是清理股票投资收回的保证金存款所致。

(4)短期投资比年初减少93.77%,系股票投资及项目合作投资的收回。报告期末短期投资余额为1,743,465.08元,全部系股票投资,按1997年6月27日市价计1,828,693.23元。

(5)预付帐款比年初增长73.34%,主要是预付购材料款及扩建项目材料款引起。

(6)其他应收款比年初增长101.3%,主要是中止短期项目合作投资转作应收款。

(7)在建工程比年初增长35.70%,主要是本期明胶扩建项目基建支出增加。

(8)预收帐款比年初增长79.99%,系本期预收销货款增加。

(9)一年内到期的长期负债比年初减少2,590,000.00元,减少100%,主要系到期长期借款2,400,000.00元,转到短期借款所致。

(10)其他长期负债比年初增加243.31%,系本期增加计提的职工住房周转金。

(11)关联公司及交易

a. 本公司的关联公司

企业名称	注册地	主营业务	注册资本(万元)	经济性质	占公司股份(%)
青海制胶总公司	青海西宁市	骨胶、动物胶制造	4003	国有经济	37.86
江门市蓬江区恒业化工商行	广东江门市	化工原料	19	集体所有制	0.58
北京第三制药厂	北京市	片剂、原料药、空心胶囊	2415.5	国有经济	0.39

b. 关联公司交易

关联人名称	交易事项	金额(1997年1.1—6.30)
青海制胶总公司	产品销售	3,467,750.08
青海制胶总公司	提供劳务及动力等	2,870,082.04
江门市蓬江区恒业化工商行	产品销售	568,164.98
北京第三制药厂	产品销售	235,470.08

二、经营情况的回顾与展望

(一)上半年经营情况的回顾

1997年上半年,公司在社会各界的支持和全体员工共同努力下,以拓宽销售市场和加快技改步伐为主线,强化生产经营管理、质量管理、成本

控制。上半年,公司实现主营业务收入1664万元,比上年同期减少7.66%,利润总额679.4万元,比上年同期增长33.56%;净利润591万元,比上年同期增长33.56%,上半年公司主要做了以下几方面的工作:

(1)强化销售工作,为了克服公司地处偏远的不足,在全国主要城市及工业发达地区设立销售网点,广泛开展销售及服务工作,使产品处于供不应求状态。

(2)狠抓原料收购质量工作,降低原料杂质含量,有效地减少了原料消耗。

(3)狠抓产品质量,提高高档明胶占有率,加大质量考核力度。

(4)提高员工技术素质,上半年对生产工人全部进行了轮训,拉开了技术工资档次。

(5)加快明胶扩建工程建设,从国外引进水力脱脂设备已全部安装完毕,后工序扩建工程正按进展计划正常实施。

(二)下半年工作展望

(1)继续抓好产品质量及销售工作,确保全年生产经营计划的全面完成。

(2)做好明胶扩建工程后工序的实施工作,9月初开始前工序投料工作,11月下旬后工序出产品,12月份进入正常生产。

(3)本公司借助在全国同行业较为领先及上市的优势,继续努力开拓市场,提高产品市场占有率;积极开发明胶高附加值产品,不断壮大公司实力,以进一步提高经济效益。

三、重大事件的说明

1.1997年4月19日召开了公司首届董事会1997年第一次会议,会议通过了公司1996年年度报告,1996年度财务决算,1996年度利润分配预案和召开1996年度股东大会等有关决议。

2.1997年6月13日召开了公司1996年度股东大会,大会审议通过了1996年度公司业务报告、董事会报告、监事会报告;1996年度财务决算报告和利润分配方案,补选董事等事项。(详见股东大会简介)

3.在报告期内,公司继续利用向社会公开发行A股股票所募集资金抓紧实施扩产高档明胶项目,该项目计划通过两期技术改造,提高主导产品明胶的生产规模和产品档次,公司经过统筹安排、科学调度,将原定的一期、二期技改项目同时交叉进行,目前,水力脱脂车间和混胶车间的土建工程已经竣工,引进的主要设备水力脱脂机组及其国内配套设备已安装就位,资金使用情况符合《招股说明书》所披露的内容。截止1997年6月30日,已投资2610万元,完成整个项目进度的65%,下半年将抓紧项目后期工程的建设,确保资金投入进度按计划进行,力争年内产生效益。募集资金的剩余部分为货币资金的流动资金。

4.根据国务院证券委、中国人民银行、国家经贸委5月21日联合颁布的《严禁国有企业和上市公司炒作股票的规定》的要求,公司进行了认真的自查,截止规定期限内,本公司在深、沪两个交易所各开设了一个股东帐户,没有从事违反有关规定的事项,公司郑重承诺,今后从事股票投资将严格遵循国家有关政策法规的规定。

5.本报告期内无重大诉讼、仲裁事项。

6.本公司中期不分红,也无资本公积金转增股本事项。

四、发行在外股票和股权结构的变化

1.本公司在报告期内,内部职工股148.8万股于4月15日上市。

2.公司股权结构情况(1997年6月30日)

数量单位:万股　每股面值1元

股份类别	年初数	期末数
尚未流通股份		
(1)发起人股	3650	3650
其中		
境内法人持股	3650	3650
(2)内部职工股	150	1.2
尚未流通股份合计	3800	3651.2
已流通股份		
A股	1350	1498.8
股份总数	5150	5150

3.主要股东持股情况(截止1997年6月30日)

股东名称	持股数(万股)	占总股本(%)
(1)青海制胶总公司	1950	37.86
(2)广东恒丰投资集团有限公司	1220	23.69
(3)西宁市自来水公司	400	7.77
(4)青海省化工进出口公司	30	0.58
(5)江门市蓬江区恒业化工商行	30	0.58
(6)北京第三制药厂	20	0.39
(7)肖云峰	7.96	0.15
(8)陈明交	4.50	0.087
(9)杨卫红	4.35	0.084
(10)李福平	4.30	0.083

五、股东大会简介

本公司1996年度股东大会于1997年6月13日上午在青海省西宁市青海宾馆召开,出席会议的股东共8名,代表股份3650.23万股,占公司总股本的70.88%,符合《公司法》及公司章程规定。经大会审议通过如下决议:

(一)审议通过了1996年度公司业务报告、董事会报告和监事会报告;

(二)审议通过了1996年度公司财务决算报告;

(三)审议通过了1996年度利润分配方案;

(四)审议通过了同意吴伟文先生辞去公司董事职务,增补白定阳先生为本公司董事。

公司1996年度股东大会公告刊登在1997年6月14日《证券时报》和《中国证券报》上。

六、备查文件

1.载有公司董事长、总经理亲笔签名的1997年度中期报告原本。

2.1996年度股东大会文件。

3.载有深圳中诚会计师事务所盖章,注册会计师刘继忠、易永健亲自签名的审计报告及财务报表。

以上文件备置于公司董事会秘书处。

查询地址:青海省西宁市付东路13号

邮政编码:810015

电话号码:0971—6144493

传真:0971—8149106

联系人:陈涛　刘桂英

青海明胶股份有限公司董事会

1997年8月28日

广西虎威股份有限公司

广西虎威股份有限公司1996年年度报告摘要

一、公司简况

1、公司法定中文名称:广西虎威股份有限公司

英文名称:GUANGXI HUWEI CO. LTD

2、公司地址:广西北流市城郊老虎冲

邮政编码:537400

3、公司法定代表人:黄承发

4、公司咨询机构:董事会办公室

联系电话:(0775)6222508 转 2303

传真:(0775)6222484

二、主要财务数据及财务指标

单位:人民币元

指标项目	本年数	上年数	比上年增减(%)
1. 主营业务收入	72067366	79932745	-9.84
2. 净利润	8546180	7139333	19.71
3. 总资产	149687612	97550504	53.45
4. 股东权益	125152177	57663223	117.04
5. 每股收益	0.141	0.158	10.76
6. 每股净资产	2.07	1.28	61.72
7. 净资产收益率(%)	6.83	12.38	-5.55
8. 股东权益比率(%)	83.61	59.11	24.5

注:扣除发行新股申购无效资金利息收入4,600,000元,本公司1996年度净利润4,636,180.50元,每股净收益0.077元,每股净资产2.00元,净资产收益率3.82%。

三、公司业务回顾

1、一年来经营情况

1996年在社会各界人士的关怀及广大股东的大力支持下,公司全体员工团结协作,共同努力,克服了市场疲软、资金紧缺、竞争激烈等困难,全年公司实现水泥产量339577.5吨,销售水泥329423.45吨,实现主营业务收入72067366元,净利润8546180元。保持较好的水泥产品质量水平,使水泥出厂合格率、富裕标号合格率、袋重合格率均达100%。

2、本年度主营业务收入,利润实际完成情况分析一九九六年公司实现主营业务收入72067366元,比上年下降9.84%,比预测下降29.23%,利润总额10054330元,比年度预测下降46.59%,造成主营业务收入和利润总额下降的主要原因:(1)受国家宏观调控的直接影响,水泥行业与基本建设关系非常密切,国家继续从严控制固定资产投入,压缩信贷规模,建设热降温,建设项目减少,水泥需要量下降;(2)本地区水泥供过于求,并且受周边水泥市场所制约,水泥价格明显下降;(3)原材料、动力、运输价格上涨、成本提高;(4)其它因素影响。

3、96年度发行新股及募集资金使用情况

经中国证监会批准,1996年9月5日公司采用"上网定价"发行方式在深圳证券交易所公开发行A股1550万股,募集资金6014万元(已扣除发行费用)。

募集资金到位后,公司严格按照招股说明书使用募集资金,其中用于机械立窑水泥生产线的技术改造项目1309.17万元,该项目96年3月通过银行贷款540.43万元已先期投入,该项目已竣工并投入运行。贝赛尔砌块生产线项目和西式瓦生产线项目,由于市场发生重大变化,为了对广大投资者负责,需对原项目进行重新论证。

四、股本变化及股本结构情况

1、股本变化及股本结构情况

〈1〉截止1996年末,公司股本结构如下:

单位:万股

股份类别	年初数	本年增减	年末数
一、尚未流通部份			
1、发起人股份	2880	0	2880
其中:国家股	2880	0	2880
2、募集法人股	724	0	724
3、内部职工持股	901	-450	451
尚未流通股份合计	4505	-450	4055
二、已流通股份			
社会公众股	0	2000	2000
三、股份总额	4505	1550	6055

〈2〉股本变动原因

1996年9月15日公司获准向社会公开发行公众股2000万股A股(其中内部职工股占用额度上市450万股),公司总股本由95年末的4505万股增加到6055万股。

〈3〉前十名股东的持股情况

名次	股东名称	年末持股数(万股)	占总股本(%)
①	北流市国有资产管理局 (代表国家持有)	2880	47.56
②	柳州钢铁厂炼铁分厂	200	3.30
③	广西光发房地产开发公司	100	1.65
④	北流市工商银行劳动服务公司	80	1.32
⑤	北流市银信贸易公司	80	1.32
⑥	北流市银新实业公司	60	0.99
⑦	北流市供电公司	54.5	0.9
⑧	刘学成	54.16	0.89
⑨	祖宁	50	0.83
10	湖南湘敏咨询有限公司	43.91	0.72

〈4〉截止1996年末,在深圳证券登记公司的本公司股东总数为11773户。其中:国家股东1名,法人股东21名,个人股东11751名。

2、公司董事、监事及高级管理人员持股情况

姓名	职务	持股数(股)
黄承发	董事长兼总经理	1000
陈 权	副董事长兼副总经理、总会计师	1000
梁福浩	董事兼副总经理、总工程师	1000
陈武基	董事兼副总经理	1000
张兴华	董事	1000
张演荣	董事	1000
黄培盛	董事	0
骆志光	副总经理	1000
卢仕海	监事会召集人	1000
杨建荣	监事	1000
李 涛	监事	1000

吴伟明	财务负责人	0
叶达生	董事会秘书	0

公司董事、监事及高层管理人员年度内持股数量无变动。

五、重要事项

1．报告期内的股东大会情况

1996年5月14日在本公司办公楼六楼会议室召开第四次股东大会，出席股东大会的股东89人，持有或代表股份36175500股，占总股份的80.3%，会议符合《公司法》及公司章程的有关规定。会议听取、审议了公司有关人员的报告，表决通过了以下决议；九五年度董事会工作报告；九五年度监事会工作报告；九五年度财务决算和九六年财务预算方案；九五年度利润分配方案；关于公开发行股票和上市的议案；授权董事会修改公司章程和决定公司的经营方针及投资方案；选举了第二届董事会和第二届监事会。

2、报告期内的董事会情况说明

(1)于1996年5月11日召开第一届董事会第十一次会议，通过了以下决议：提议对公司1995年度可供股东分配利润6281118.14元暂不作分配，利润转入96年度，待新股发行上市后与新股东共同享有；提议股东大会授权董事会按照《公司法》修改公司章程，提议公开发行股票并上市。

(2)于1996年5月14日召开第二届董事会第一次会议，选举产生了董事长、副董事长，通过了正副总经理、三总师、财务负责人和董事会秘书的聘任。

(3)于1996年11月2日召开第二届董事会第二次会议，会议同意原董事长因身体原因辞去董事长职务的要求，选举产生了新的董事长。

3、公司法定代表人、董事、监事变动情况说明

1996年5月14日召开的第四次股东大会选举产生了第二届董事会，第二届董事会由以下七名董事组成：黄培盛、黄承发、陈权、梁福浩、陈武基、张演荣、张兴华。新增选了黄培盛、梁福浩、陈武基、张演荣等四位董事，第一届董事会董事陈周亮、骆志光、莫绍禄、莫春荣落选。选举产生了第二届监事会，第二届监事会由以下三名监事组成：卢仕海、杨建荣、李涛(职工代表)，新增选了李涛为监事，第一届监事会监事梁代双、邹忠良、何小刚、陈武基落选。

1996年6月7日经登记机关核准，本公司法定代表人变更为黄培盛。1996年11月13日经登记机关核准，本公司法定代表人变更为黄承发。

4、公司于1996年9月5日向社会公开发行股票1550万股，公司注册资本由4505万元变更为6055万元。

5、在报告期内无重大诉讼、仲裁事项。

六、关联企业

名称	注册地址	主营业务	注册资金(万元)	股本比列
北流市第二水泥厂	北流市	水泥生产、销售	1625	19.77%
北流市桂华石化燃料开发联营公司	北流市	生产液化气、经营炉具、气瓶	500	38.8%

七、财务报告

(一)审计意见

公司财务报告经中华会计师事务所廖良汉、谢佳杨注册会计师审计，并出具无保留意见的审计报告　股审字(97)第018号。

(二)财务报表

资产负债(附表1)

利润及利润分配表(附表2)

财务状况变动表(附表3)

(三)财务报表附注

1、编制基准及重要会计政策

(1)会计核算执行《股份制试点企业会计制度》及有关补充规定。

(2)会计期间：会计年度自公历1月1日起至12月31日止。

(3)记帐原则和计价基础：公司以权责发生制为记帐原则，采用历史成本为计价基础。

(4)记帐本位币：

公司会计核算以人民币为记帐本位币。

(5)坏帐准备：

公司按应收帐款年末余额的3‰计提坏帐准备。

(6)存货：

公司的存货主要包括：库存材料、在产品、产成品、低值易耗品等。存货按照实际成本进行日常核算；存货发出计价采用先进先出法；生产成本核算采用品种法，期末在产品不负担制造费用；低值易耗品用一次摊销法摊销。

(7)长期投资

A、债券投资：

按照实际支付的款项入帐，溢价或者折价购入的债券，其实际支付的价款与债券面值的差额，在债券到期前分期摊销，债券投资存续期内的应计利息，以及出售时收回的本息与债券帐面成本及尚未收回应计利息的差额，计入当期损益。

B、股权投资和联营投资：

公司对拥有被投资企业20%以下股权的长期投资采用成本法核算，对拥有被投资企业不少于20%股权的长期投资采用权益法核算。

拥有被投资企业50%以上的股权的长期投资，编制合并会计报表。

(8)固定资产及其折旧

公司对使用年限在一年以上的房屋、建筑物、机器、设备、器具、工具等；及单位的价值在2,000元以上，并且使用年限超过两年不属于经营主要设备的物品作为固定资产核算。

公司固定资产按实际成本计价，其折旧根据固定资产原值、扣除3%的残值及估计使用年限，采用直线法分类计提。

各类固定资产的年折旧率列示如下：

类别	折旧年限	年折旧率
房屋及建筑物	34-40	2.43%--2.85%
机器设备	9-14	6.93%--10.78%
运输工具	7-12	8.08%--13.86%
其他	12-18	5.39%--8.08%

(9)无形资产及其摊销；

无形资产为公司的土地使用权，该项无形资产按50年的期限分期平均摊销。

(10)递延资产及其摊销

递延资产为公司的开办费，开办费从1993年5月起，按5年的期限分期平均摊销。

(11)税项

公司主要税项及税率列示如下：

①企业所得税

根据广西壮族自治区人民政府桂政函[1996]129号文，公司企业所得税从1994年1月1日起按33%税率征收，然后由玉林地区财政返还18%，实现执行税率为15%。

②流转税及附加：

公司流转税及附加包括增值税、城市维护建设税及教育费附加。虎威公司被认定为增值税一般纳税人，销项税额适用税率为17%，以当期销售额为基础计算；进项税额根据当期购进存货所负担且准予抵扣的增值税归集；应交增值税税额为当期销项税额抵扣当期进项税额后的余额。城市维护建设税，按增值税税额的5%计缴；教育费附加按增值税税额的3%计缴。

③其他税项：

其他税项包括房产税、土地使用税、车船使用税、印花税等，这些税项依据税务有关规定计缴。

(12)利润分配：

公司根据税后利润的10%和5%计提法定盈余公积金和法定公益金；税后利润扣除前两项后根据股东大会决议支付普通股股利。

(13)收入的实现：

公司在商品已经发出、劳务已经提供，并且收讫价款或者取得索取价款的凭据时，确认营业收入。

2、预付货款

截止1996年12月31日公司预付货款余额为1,780,149元，明细列示如下：

单位名称	1996.12.31
(1)桂林冶金机械厂	340,000
(2)辽宁朝阳重型机械厂	130,500
(3)廖开炎	138,556
(4)唐山智能南宁分公司	123,000
(5)兰州高新技术有限公司	380,000
(6)其他	668,093
合　计	1,780,149

3、其他应收款

截止1996年12月31日，公司其他应收帐款余额及帐龄列示如下：

单位名称	1年以内	1-2年	2-3年	3年以上	合计	款项性质
(1)北流市财政局	3,818,364	1,764,798	-	-	5,583,162	应收退还加价电费等
(2)虎威船队	3,582,003	-	-	-	3,582,003	往来款
(3)虎威液化气厂	64,631	710,567	-	-	775,198	往来款
(4)北流矿业集团公司	2,174,964	-	-	-	2,174,964	应收退还原材料加价款
(5)备用金	28,487	671,446	-	-	699933	备用金
(6)其他	464,113	732,740	268,764	504,350	1,969,967	
合计	10,132,562	3,879,551	268,764	504,350	14,785,227	
帐龄比重	68.5%	26.2%	1.8%	3.4%	100%	

应收北流市财政局的电费款是根据北流市政府北政函[96]44号文的规定执行的。应收北流矿业集团公司退还的原材料加价款是根据广西北流矿业集团公司北矿司字[1996]31号文件收取的。

4、待摊费用

截止1996年12月31日公司待摊费用为1,394,733元，其明细列示如下：

项目	1996.12.31
待扣期初进项税金	450,000
大修费用	723,346
其他	373,677
合计	1,547,023

待摊费用中"待扣期初进项税金"已按财税字[1995]42号文规定执行。

5、货存

截止1996年12月31日，公司存货余额为20,732,220元，分类列示如下：

项目	1996.12.31
产成品	12,075,471
库存材料	6,326,057
低值易耗品	2,130,692
在产品	200,00
合计	20,732,220

6、长期投资

截止1996年12月31日公司长期投资为5,571,485元，按被投资单位列示如下：

(1)债券投资

债券种类	期限	面值	年利率	1996.12.31
国库券94年	2年期	8,400	13%	8,400
北流市建行电力建设债券	93.7－97.7	91,600	无息	91,600
北流市交通能源建设债券	93.8－96.8	739,473	12%	739,473
北流市交通能源建设债券	96.7－99.7	516,600	14%	516,600
小计				1,356,073

(2)联营投资

被投资单位	投资期限	占注册资本的比例	实际投资所占比例	投资金额	权益核算调整金额	合计
北流市第二水泥厂	15年	19.77%	19.77%	3,480,413	-	3,430,413
北流市桂华石化燃料开发联营公司	10年	38.80%	47.24%	1,940,00	1,244	1,941,244
小计				5,420,413	1.244	5,421,657

(3)应计利息

债券种类	应计利息额
国库券	155,100
北流市交通能源建设债券	299,359
小计	454,459
总计	7,232,189
减：一年内到期的长期债券投资	1,660,705
	5,571,484

7. 固定资产

截止1996年12月31日公司固定资产及其累计折旧分类列示如下：

(1)固定资产净值

类　别	期初价值	本年增加	本年减少	期末价值
房屋建筑物	24,416,435	2,377,275	-	26,793,710
运输设备	4,015,834	470,000	212,723	4,273,111
机械设备	24,344,064	4,201,568	11,900	28,533,732
其他	1,288,915	22,000	-	1,310,915
小计	54,065,248	7,070,843	244,623	60,911,468

(2)累计折旧

类别	期初价值	本年增加	本年减少	期末价值
房屋建筑物	1,041,110	631,589	-	1,672,699
运输设备	1,826,301	481,044	60,114	2,247,231
机械设备	5,596,776	1,924,871	-	7,521,674
其他	99,934	71,969	-	171,903
小计	8,564,121	3,109,472	60,114	11,613,480
(3)固定资产净值	45,501,127			49,297,988

8. 在建工程

截止1996年12月31日，公司在建工程余额3,906,156元，按工程项目明细列示如下：

工程名称	工程进度	实际支用款	原预算数	批准文号	资金来源
职工培训中心工程	50%	2,638.438	5,000,000	北计基字[1989]89号	自筹
新宿舍楼工程	90%	994,400	900,000	-	自筹
成品一包装机工程	80%	51,614	无	无	自筹
成品二包装机工程	80%	52,268	无	无	自筹
工程物资		169,436			
合计		3,906,156			

9. 无形资产

截止1996年12月31日，公司无形资产额8,471,468元，其明细列示如下：

无形资产种类	原值	已摊金额	期末余额	剩余摊销年限
土地使用权				
生产区、生活区用地	2,603,480	195,261	2,408,219	46年3个月
松花镇、陵城镇土地	2,096,883	125,813	1,971,070	47年

北流县松木岭土地	1,232,344	73,940	1,158,404	47年
环城村三队土地	2,853,975	152,212	2,701,763	47年4个月
加油站用地	244,652	12,640	232,012	47年5个月
合计	9,031,334	559,866	8,471,468	

上列土地使用权中除生产区和生活区用地属于原股改时折价入股外,其他土地使用权反映的均属公司成立后征地所支付的费用。

10、递延资产

截止1996年12月31日,公司递延资产余额63,590元,其明细列示如下:

项目	原值	已摊金额	期末余额	剩余摊销年限
开办费	125,960	92,370	33,590	1年4个月
开办费	50,000	20,000	30,000	3年
合计	175,960	112,370	63,590	

11、短期借款

贷款单位	金额	月利率‰	期限	担保抵押情形
中国工商银行北流市支行	2,900,000	9.24	96.12.12-97.12.12	财务抵押
中国工商银行北流市支行	2,830,000	9.24	96.12.16.-97.12.16	财务抵押
中国经济开发信托投资公司	3,000,000	15.00	96.12.25-97.1.25	无
合计	11,530,000			

12、应付帐款

截止1996年12月31日,公司应付帐款余额为11,008,995元,其明细列示如下:

单位名称	1996.12.31
(1)红贸矿业局	282,392
(2)北流市造纸厂	287,145
(3)北流市恒昌纸袋厂	309,778
(4)黄玉荣	1,093,351
(5)甘业龙	358,908
(6)衡阳汇通工业品公司	741,066
(7)陆川县宏达贸易经销部	242,523
(8)黄志平	679,338
(9)陆川东城矿产燃料公司	375,856
(10)衡阳城北华宇贸易商行	481,413
(11)存货暂估款	4,900,826
(12)其 他	1,256,199
合计	11,008,995

(13)、未交税金截止1996年12月31日,公司未交税金按税项列示如下:

税项	1996.12.31
所得税	(491,437)
增值税	7,235
城建税	75,687
合计	(408,515)

其中,应交所得税余额为负数,系预缴的、尚未汇算清缴余额。

14、其他应付款

截止1996年12月31日,公司其他应付款余额为2,218,662元。

明细列示如下:

单位名称	1996.12.31	款项性质
(1)北流市建筑公司	343,160	施工尾款
(2)职工预交购房款	582,000	预交款
(3)海南益宏联业实业公司	41,336	垫付款
(4)六麻建筑公司	5,188	施工尾款
(5)其 他	1,046,978	
合计	2,218,662	

15. 预提费用

截止1996年12月31日,公司预提费用余额172,155元,系按月利率3‰计缴的财政资金占用费。

16. 股本

截止1996年截止12月31日,公司股本数量为普通股6,055万股,每股面值1元,实收股本金额总计人民币60,550,000元,其中:

国家股	2,880万股	占股本总额的47.56%
法人股	724万股	占股本总额的11.96%
内部职工股	451万股	占股本总额的7.45%
社会公众股	2,000万股	占股本总额的33.03%

17. 资本公积金

截止1996年12月31日,公司资本公积金为44,150,846元,其构成如下:

国有资产折股余额	12,515
北流市财政局退增值税	300,000
玉林地区水泥散装办拨款	695,558
社会公众股溢价(扣除发行费后)	43,142,773
合计	44,150,846

18. 盈余公积金

	1996.12.31	1995.12.31
期初余额	5,624,032	4,553,132
加计提法定盈余公积金	854,618	713,933
计提法定公益金	427,309	356,967
期末余额	6,905,959	5,624,032

19. 主营业务收入

主营项目	1996年
425#水泥销售收入	4,832,782
525#水泥销售收入	67,234,584
合计	72,067,366

20. 主营业务成本

主营项目	1996年度
425#水泥营业成本	4,174,146
525#水泥营业成本	45,057,911
合计	49,232,057

21、财务费用

项目	1996年度
利息净支出	3,293,726
银行手续费	3,337
资金占用费	86,077
其 他	24,756
合 计	3,407,896

22、其他业务利润

项 目	1996年度
纸袋押金收入	818,016
出售废旧材料收入	25,149
其 他	1,117,111
合 计	1,960,276

23. 投资收益

项目名称	1996年度
债券投资收益	1,190,840
联营投资收益	1,244
合 计	1,192,084

24. 营业外收入

项目	1996年度
冻结无效申购资金利息收入	4,600,000
其他	61,200

合计	4,661,200

25. 营业外支出

项目	1996 年度
处理固定资产净损失	73,429
罚　款	29,447
赔偿金	69,000
其他	151,320
合计	323,196

26. 会计报表中变动较大的项目说明

由于 1996 年年度公司募股成功，所以 1996 年末货币资金比上年末增长 20,435%，同时，股本、资本公积分别比上年末增加 34%、6,135%。而无效申购利息一次性计入当年，也使营业外收入较上年增加 1,250%。

由于 1996 年持续性的全国建材市场不景气，使得水泥的销量受到影响，售价下降，造成主营业务收入较 95 年度下降 59%。

募股资金的到位，有效地缓解了公司资金紧张的状况，使得短期借款较上年末减少 37%。但因募集资金到帐较晚，并未从根本上解决财务费用上涨的问题，该项仍较上年末增加了 90%。

利润总额的变化，使得所得税额较上年增加了 33%。

27、结算日后帐目

公司并无编制 1996 年 12 月 31 日后的任何经审计的帐目。

八、其它事项

公司第二届董事会于 1997 年 4 月 25 日在本公司三楼会议室召开了第三次会议，会议审议并通过了 1995、1996 年度利润分配预案：

1996 年可分配利润为 8,546,180 元，加上年未付股利 6,281,118 元，共计 14,827,298 元，减提取 10% 的法定公积 854,618 元，提取 5% 的法定公益金 427,309 元，可供股东分配的利润为 13,545,371 元。经研究，董事会建议 1996 年度利润暂不分配。本分配预案提交第五届股东大会审议，并报证券管理部门批准后实施。

九、备查文件

〈一〉载有董事长兼总经理黄承发先生亲笔签名的《广西虎威股份有限公司一九九六年年度报告》原本。

〈二〉载有中华会计师事务所盖章、注册会计师亲笔签名的《广西虎威股份有限公司'96 审计报告》。

〈三〉本报告期内发行社会公众股的《招股说明书》、《上公告书》。

〈四〉公司其它有关统计报表。

广西虎威股份有限公司董事会

1997 年 4 月 29 日

利润及利润分配表

编制单位：广西虎威股份有限公司　　1996 年度　　金额单位：人民币元

项目	上年累计数	本年累计数
一、主营业务收入	79,932,745.07	72,067,366.08
减：营业成本	55,126,273.73	49,232,057.15
销售费用	8,621,697.38	8,415,393.77
管理费用	7,719,680.71	8,063,479.69
财务费用	1,794,729.83	3,407,896.02
营业税金及附加	388,270.86	384,573.34
二、主营业务利润	6,282,092.56	2,563,966.11
加：其他业务利润	998,828.13	1,960,276.06
三、营业利润	7,280,920.69	4,524,242.17
加：投资收益	1,022,376.91	1,192,083.93
营业外收入	345,205.55	4,661,200.22
减：营业外支出	375,490.01	323,196.38
四、利润总额	8,273,013.14	10,054,329.94
减：所得税	1,133,680.64	1,508,149.49
五、净利润	7,139,332.50	8,546,180.45
加：年初未分配利润	212,685.19	6,281,117.81
六、可分配利润	7,352,017.69	14,827,298.26
减：提取法定盈余公积金	713,933.25	854,618.04
提取公益金	356,966.63	427,309.03
七、可供股东分配的利润	6,281,117.81	13,545,371.19
减：已分配优先股股利		
提取任意公积金		
已分配普通股股利		
八、未分配利润	6,281,117.81	13,545,371.19

财务状况变动表

编制单位：广西虎威股份有限公司　　1996 年度　　金额单位：人民币元

流动资金来源和运用	上年数	本年数	流动资金各项目的变动	上年数	本年数
一、流动资金来源：			一、流动资产本年增加数：		
1. 本年净利润	7,139,333.50	8,546,180.45	1. 货币资金	-1,243,862.21	41,667,696.59
加：不减少流动资金的费用和损失			2. 短期投资		
(1)固定资产折旧	2,897,878.46	3,049,358.36	3. 应收票据		

(2)无形资产、递延资产及其他资产摊销	169,229.73	367,545.00	4.应收帐款净额	-21,751.55	-3,267.77
(3)固定资产盘亏(减盘盈)			5.预付货款	1,074,937.67	-327,811.57
(4)清理固定资产损失(减收益)	258,534.18	-73,428.93	6.其他应收款	-463,812.70	5,296,685.81
(5)递延税款			7.待摊费用	-228,330.61	831,728.84
(6)其他不减少流动资金的费用和损失			8.存货	4,146,634.35	4,072,976.29
小计	10,464,975.87	11,889,654.88	9.待处理流动资产净损失(减收益)		
2.其他来源:			10.一年内到期的长期债券投资	1,382,195.17	88,509.33
(1)固定资产清理收入(减清理费用)	77,463.60		11.其他流动资产		
(2)增加长期负债			流动资产增加净额	4,646,012.12	51,626,517.52
(3)收回长期投资	377,700.00		二、流动负债本年增加数:		
(4)对外投资转出固定资产			1.短期借款	10,560,000.00	-6,730,000.00
(5)对外投资转出无形投资			2.应付票据		
(6)资本净增加额	1,070,899.87	60,224,701.00	3.应付帐款	-892,963.54	6,873,071.58
小计	1,526,063.47	60,224,701.00	4.预收货款	-1,965,573.18	-955,401.74
流动资金来源合计	11,991,039.34	72,114,355.88	5.应付福利费	-625,530.99	-313,350.81
二、流动资金运用:			6.未付股利	-10,979,374.00	-946,232.40
1.利润分配			7.未交税金	315,135.39	-719,242.64
(1)提取法定盈余公积金	713,933.25	854,618.04	8.其他未交款	39,185.66	9,382.53
(2)提取法定公益金	356,966.62	427,309.03	9.其他应付款	1,215,395.60	-5,816,158.22
(3)提取任意公积金			10.预提费用	1,484,442.90	-1,453,914.43
(4)已分配股利			11.一年内到期的长期负债	-3,360,000.00	
小计	1,070,899.87	1,281,927.07	13.其他流动负债		
2.其他运用:			流动负债增加净额	-4,209,282.16	-10,051,846.13
(1)固定资产和在建工程净增加额	3,369,766.70	1,465,241.84			
(2)增加无形资产、递延资产及其他资产		2,329,448.70			
(3)偿还长期付债		5,300,000.00			
(4)增加长期投资	-1,304,921.51	59,374.62			
小计	2,064,845.19	9,154,065.16			
流动资金运用合计	3,135,745.06	10,435,992.23			
流动资金增加净额	8,855,294.28	61,678,363.65	流动资金增加净额	8,855,294.28	61,678,363.65

资 产 负 债 表

编制单位:广西虎威股份有限公司　　1996年12月31日　　金额单位:人民币元

资产	行次	年初数	年末数	负债及所有者权益	行次	年初数	年末数
流动资产				流动负债:			
货币资金	1	203,905.68	41,871,602.27	短期借款	29	18,260,000.00	11,530,000.00
短期投资	2			应付票据	30		
应收票据	3			应付帐款	31	4,135,923.57	11,008,995.15
应收帐款	4	3,277.60		预收货款	32	1,179,973.79	224,572.05
减:坏帐准备	5	9.83		应付福利费	33	73,609.94	-239,740.87
应收帐款净额	6	3,267.77		未付股利	34	946,232.40	
预付货款	7	2,107,960.84	1,780,149.27	未交税金	35	310,727.80	-408,514.84
其他应收款	8	9,488,541.13	14,785,226.94	其他未交款	36	19,924.45	29,306.98
待摊费用	9	715,294.49	1,547,023.33	其他应付款	37	8,034,820.27	2,218,662.05
存货	10	16,659,243.38	20,732,219.67	预提费用	38	1,626,069.07	172,154.64
待处理流动资产净损失	11			一年内到期的长期负债	39		
一年到期的长期债券投资	12	1,572,195.17	1,660,704.50	其他流动负债	40		
其他流动资产	13			流动负债合计	42	34,587,281.29	24,535,435.16
流动资产合计	14	30,750,408.46	82,376,925.98	长期负债:			
长期投资:				长期借款	43		
长期投资	15	5,512,110.00	5,571,484.60	应付债券	44		
固定资产				长期应付款	45		
固定资产原价	16	54,065,247.99	60,911,467.92	其他长期负债	46	5,300,000.00	
减:累计折旧	17	8,564,121.45	11,613,479.81	长期负债合计	48	5,300,000.00	
固定资产净值	18	45,501,126.54	49,297,988.11	递延税项:			
固定资产清理	19			递延税款贷项	49		

在建工程	20	9,287,134.54	3,906,156.45	负债合计	50	39,887,281.29	24,535,435.16
待处理固定资产净损失	21			股东权益:			
固定资产合计	22	54,788,261.08	53,204,144.56	股本	51	45,050,000.00	60,550 ,000.00
无形及递延资产:				资本公积	53	708,072.54	44,150,846.47
无形资产	23	6,400,943.02	8,471,467.70	盈余公积	54	5,624,032.26	6,905,959.33
递延资产	24	98,781.34	63,589.31	其中:公益金	55	1,609,121.24	2,036,430.27
无形及递延资产合计	25	6,499,724.36	8,535,057.01	未分配利润	56	6,281,117.81	13,545,371.19
其他长期资产:				股东权益合计	58	57,663,222.61	125,152,176.99
其他长期资产:	26						
递延税项:							
递延税款借项	27						
资产总计	28	97,550,503.90	149,687,612.15	负债及股东权益总计	60	97,550,503.90	149,687,612.15

广西虎威股份有限公司一九九七年度中期报告

一、财务报告(未经审计)

1. 财务报表

(1)简化的资产负债表

1997 年 6 月 30 日　　单位:人民币元

项　目	年初数	期末数
资产		
流动资产	82,376,926	66,865,833
长期投资	5,571,485	26,029,857
固定资产净值	49,297,988	48,271,492
在建工程	3,906,156	3,991,102
无形资产及递延资产	8,535,057	9,503,557
资产总计	149,687,612	153,661,841
负债及股东权益		
流动负债	24,535,435	21,415,153
负债合计	24,535,435	21,415,153
股本	60,550,000	60,550,000
资本公积	44,150,846	44,150,846
盈余公积	6,905,959	6,905,959
其中:公益金	2,036,430	2,036,430
未分配利润	13,545,371	20,639,883
股东权益合计	125,152,177	132,246,688
负债及股东权益合计	149,687,612	153,661,841

(2)简化的损益表　　单位:人民币元

项　目	上年同期数	1997 年 1—6 月
主营业务收入	41,868,435	39,996,045
主营业务利润	6,897,400	7,023,018
其他业务利润	424,326	—
投资收益	170,501	1,410,000
营业外收支净额	-226,575	-86,534
利润总额	7,265,652	8,346,484
所得税	1,064,273	1,251,973
净利润	6,201,379	7,094,511

(3)财务指标

	上年同期数	97 年 1—6 月
(1)每股收益	0.1377 元	0.1172 元
(2)净资产收益率	9.71%	5.36%
(3)每股净资产	1.42 元	2.18 元

注:财务指标的股本数本期以 6055 万股为计算基础,上年同期以 4505 万股为计算基础。

2. 财务报表附注

(1)本期财务报表所采用的会计政策和会计方法与 1996 年度相同。

(2)本报告期内未发生合并、分立等变化。

(3)由于今年公司增加投资北宝高等级公路股份有限公司 2000 万元,所以,长期投资期末数比期初数增加 367.20%,货币资金期末数比期初数减少了 36.89%。

(4)由于 1997 年上半年全国建材市场不景气,使得水泥售价下降,造成主营业务收入较上年同期下降 4.47%。

(5)关联企业及关联交易

①关联企业

企业名称	注册地址	主营业务	注册资金(万元)	本公司占股本比例
北流市第二水泥厂	北流市	水泥生产、销售	1625	19.77%
北流市桂华石化燃料开发联营公司	北流市	生产液化气、经营炉具、气瓶	500	38.8%

②公司与关联企业无无关交易。

二、经营情况的回顾与展望

1. 上半年经营情况的回顾

(1)全公司上下积极开展学邯钢活动,强化内部改革机制,切实提高规范运作水平,建立完善公司财务核算体系和财务管理,使公司 1—6 月份的单位产品成本下降了 19.30%。

(2)规范和完善劳动人事分配管理办法,人事管理制度改革主要是进行全员竞争上岗,优胜劣汰,毛遂自荐与双向选择、上岗考核相结合;工资制度改革实行岗位工资,对各岗位制订具体的工作标准和考核内容;奖罚制度是从经理到副经理到各员工,每个岗位每月均要根据其工作标准接受考核一次,根据考核结果发放工资,极大地提高了员工的积极性。

(3)建立和完善各项规章制度,切实加强企业内部管理,逐步制订、完善公司的财务经济、劳动人事、工资分配、生产计划、质量控制、基建环保、后勤管理等方面的制度。实施以人为本,建立了新型的企业文化,树立了新的企业形象;狠抓产品质量和抓紧新产品开发;紧抓住"利润"这个核心,全面加强以财务为基础的内部管理;提高服务质量,拓宽销售市场,使本公司的内部管理提高到一个新水平。

2. 下半年经营情况展望

(1)积极拓宽水泥销售渠道,加大销售力度,加强对原销售网点的管理,并在原有销售网点的基础上进一步扩大,使产品的覆盖面更宽、更广。

(2)努力争取取得水泥及建材产品经营的进出口权,使产品销往国外,有效地提高水泥销售价格。

(3)参照"邯钢"经验,结合公司实际情况进一步加强公司内部管理,真抓实干,力争每月总成本下降 30—50 万元。

(4)抓好原燃材料进购工作,直接从原燃材料生产地进购,减少中间环节,进购的水渣、煤、石膏均要比去年平均价格下调 10 元/吨。争取生产用石灰石全部由公司自己开采,单这一项就可减少成本近 200 万元。

(5)继续抓好公司的增收节支工作,充分调动员工的劳动生产积极性,大搞小改小革,收旧利废,发扬勤俭治厂精神。

三、重大事件的说明

1. 由于市场发生变化,公司董事会抱着对股东负责态度,对原招股说明书中承诺的募集资金运用项目进行重新论证,决定不上马贝赛尔砌块生产线项目和西式瓦生产线项目,经第五次股东大会表决通过,投资2000万元入股北宝高等级公路股份有限公司建设北宝高等级公路项目,该项目经营期限定为25年,从投入之日起至公路建成通车收费之日止,按银行一年期贷款利率计算股息,股息由北流市财政解决。公路建成通车收费后,投资收益主要通过收取车辆通行费,公路沿线两旁各250米的土地增值费和其它项目的经营收入;根据预测,该项目每股分红从2000年的0.112元到2009年的0.677元,投资的回报是显著的。募集资金尚余2151万元未用,现存放在银行。

2.1996年公司净利润只完成预测数的52.88%,今年上半年公司采取了加大销售力度,加强内部管理和抓好原燃材料进购等措施,取得了生产水泥152,285吨和实现利润834.65万元的成绩。

3. 我公司在5月22日《严禁国有企业和上市公司炒作股票的规定》下达后进行了认真自查。目前,我公司未持有已上市流通股票,未有开立股票帐户。如本公司今后从事股票投资,将严格遵循国家有关政策法规和本公司章程的规定。

4. 本公司中期利润不分配。

5. 本报告期内无重大诉讼,仲裁事宜。

四、发行在外股票的变动和股权结构的变化

1. 报告期内发行股票(包括送、配股)及股票的派生种类,拆细或合股,可转换债券转换情况,以及发行在外股票的其它变化情况。

本公司在报告期内无以上变化情况。

2. 股权结构情况:

	期末数(万股)	占总股本(%)
一、尚未流通股份		
1. 发起人股份		
其中:国家股	2880	47.56
2. 募集法人股	724	11.96
3. 内部职工股	451	7.45
尚未流通股份合计	4055	66.97
二、已流通股份		
境内上市的人民币普通股	2000	33.03
三、股份总数	6055	100

3. 主要股东持股情况

	股东名称	持股数(万股)	占总股本(%)
(1)	北流市国有资产管理局(代表国家持有)	2880	47.56
(2)	柳州钢铁厂炼铁分厂	200	3.30
(3)	北京健翔房地产开发有限公司	129.34	2.14
(4)	广西光发房地产开发公司	100	1.65
(5)	北流市工商银行劳动服务公司	80	1.32
(6)	北流市银信贸易公司	80	1.32
(7)	北京市航宇经贸发展公司	69.87	1.15
(8)	北流银新实业公司	60	0.99
(9)	北流市供电公司	54.5	0.90
(10)	北京美光房地产开发有限公司	50.92	0.84

五、股东大会简介

1. 本公司第五次股东大会于1997年5月31日在本公司办公楼会议室召开,出席会议的股东27人,代表股份31,821,200股,占公司总股本的52.55%,会议符合法定程序和规定。经大会审议、表决和北流市公证处公证,通过如下决议:

1)1996年度董事会工作报告;

2)1996年度监事会工作报告;

3)1996年度财务决算和1997年财务预算报告;

4)1996年度利润分配预案;

1996年度公司实现净利润8,546,180元,提取10%法定公积金854,618元,提取5%法定公益金427,309元,加上1995年度未分配利润6,281,118元,实际可供股东分配利润为13,545,371元。决定1996年度及以前年度未分配利润暂不分配。

5)关于修改公司章程议案;

为使公司的管理进一步规范化,建立现代企业制度,受第四次股东大会委托,公司董事会根据现有股本结构,依据《公司法》,对原公司章程作必要的调整、规范和补充。

6)1997年公司董事、监事报酬办法;

7)关于提请股东大会授权董事会决定公司经营方针和投资计划的议案;

8)关于以现金形式投入2,000万元参股北宝高等级公路股份有限公司的议案。

2. 本公司在报告期内没有召开临时股东大会。

六、备查文件

1. 载有董事长、总经理黄承发先生亲笔签名的一九九七年度中期报告原本。

2. 第五次股东大会文件。

联系地址:广西北流市城郊老虎冲公司董事会办公室。

联系电话:(0775)6222508转2303

广西虎威股份有限公司

一九九七年八月二十二日

北京燕化高新技术股份有限公司

北京燕化高新技术股份有限公司一九九六年年度报告摘要

一、公司简况

股票代码:0609

股票简称:燕化高新

法定中文名称:北京燕化高新技术股份有限公司

英文名称:BEIJING YANHUA UPDATED HIGH — TECH CO.,LTD

公司英文名称缩写:BYHUHTCL

公司注册地址:北京市房山区燕山迎风二里八号

公司办公地址:北京市房山区燕山迎风二里八号

邮政编码:102500

公司法定代表人:张立文

公司咨询服务机构电话:(010)69347433

传真:(010)69345895

二、主要财务数据与财务指标

项目	1996年	1995年	比上年增长(%)	扣除新股申购冻结资金利息后的指标
1.主营业务收入(元)	116,382,087.50	57,720,944.00	101.63	116,382,087.50
2.净利润(元)	25,186,415.80	18,660,867.00	34.97	23,981,028.35
3.总资产(元)	233,965,953.62	125,078,971.00	87.05	232,750,666.17
4.股东权益(元)	166,792,431.80	57,356,116.00	190.8	165,577,144.35
5.每股收益(元)	0.442	0.415	6.51	0.421
6.每股净资产(元)	2.93	1.27	130.7	2.90
7.股东股益比率(%)	71.3	45.9	55.3	
8.净资产收益率(%)	15.1	32.5	-53.5	

二、公司经营业绩回顾

1.一年来经营情况

1996年在燕化公司的关怀及广大股东的大力支持下,公司全体员工团结协作,锐意进取,取得了较好的经营业绩,年末公司总资产23397万元,净资产16679万元,全年共实现主营业务收入11638万元,净利润2519万元。

(1)全面加强质量管理,提高产品质量

我公司牢固树立质量是企业生命的观念,建立健全质量保证体系,不断提高产品质量,并进一步加强售后服务,我公司BCH催化剂产品,继1995年获北京市优秀产品一等奖后,1996年又被国家科委、劳动部、国家技术监督局、中国工商银行、外国专家局认定为"国家级新产品"。

(2)学习邯钢经验,加强内部管理,加大成本考核力度。

根据邯钢模拟市场成本的成功经验,加强成本考核力度,为降低产品成本,我公司提出了节能降耗八项措施,制定成本考核奖惩办法,加大成本管理的力度,在奖金分配上严格实行成本否决制。

(3)加强技术改造,不断推进技术进步

一年来,公司先后投入大量资金进行技术改造,产品质量、能耗、物耗、环保等方面均取得了良好的成效。

(4)切实抓好基础管理和公司的规范运作。

对照上市公司标准,严格执行股东大会、董事会、监事会、总经理制衡机制,规范运作,建立起严格的法人治理结构和财务核算体系。

2.1996年度发行新股及募集资金使用情况

经中国证监会批准,1996年9月17日公司采用上网发行方式在深圳证券交易所公开发行A股1200万股,募集资金8424万元(已扣除发行费用),另获发行期间认购资金冻结利息180万元,共募集资金8604万元。

募集资金到位后,公司严格按照招股说明书使用募集资金,其中用于制萘项目3000万元,该项目正处于施工高潮,力争年内建成投产。石油树脂等其他项目也正在加紧前期准备工作。

3.本年度主营业务收入、利润实际完成情况分析

本年度公司主营业务收入为11638万元,其中:BCH催化剂销售收入2868万元,841催化剂销售收入3950万元,油品销售收入4226万元,其它产品及劳务完成收入594万元。

对照公司人民币普通股发行时的盈利预测,本公司主营业务收入预测数为12590万元,实际完成数11638万元,完成年度计划的92.4%,其主要原因是:BCH催化剂比计划销售量减少,影响收入360、万元,YS-841催化剂少完成收入50万元,化工油品实际销售量比计划减少,减少收入440万元。

1996年完成主营业务利润3469万元,为年计划的80.7%,主要原因是由于原材料及动力涨价等因素,使成本升高,全年影响利润671万元,而1996年产品销售价格未变。

四、股本变化及股本结构情况

1.股本变化及股本结构情况

(1)截止1996年末,公司股本结构如下:

单位:万股

股份类别	期初数	增减数	期末数
一、尚未流通股份			
1.发起人股份	2732.5		2732.5
其中:			
国有法人持有股份	2732.5		2732.5
2.社会法人持有股份	867.5		867.5
3.内部职工持有股份	900	-300	600
尚未流通股份合计	4500	-300	4200
二、已流通股份	0	+1500	1500
三、股份总数	4500	+120	5700

(2)股本变动原因:

1996年9月17日公司获准向社会公开发行社会公众股1200万股,公司总股本由1995年末的4500万股增加至5700万股。

(3)主要股东持股情况(前十名股东):

名次	股东名称	持股数(万股)	占总股本(%)
1	北京燕山石油化工公司	2032.5	35.66
2	化工部北京化工研究院	300	5.26
3	北京燕山石油化工公司化工一厂	300	5.26
4	北京燕阳化轻公司	200	3.51
5	中石化科技开发公司	200	3.51
6	北京燕山石油化工公司大修厂	110	1.93
7	北京燕山石油化工公司设计院	100	1.75
8	北京燕山银燕商贸技术服务公司	100	1.75
9	北京燕山石油化工公司兴业公司	100	1.75
10	北京北化研化工技术开发公司	67.5	1.18

以上十名法人股东所持有的股份均为国有法人股。

(4)截止到1996年末,公司股东总数为16817户。其中:法人股东12户,共持股3600万股,占股分总额的63.16%;社会公众股东8445户,共持股1500万股,占股份总额的26.32%;内部职工股东8360户,共持股600万

股,占股份总额的10.52%,年度内内部职工股东总人数未发生变化。

2.公司董事、监事及高级管理人员持股情况

单位:股

姓名	职务	年初持股数	年末持股数
张立文	董事长	5000	5000
茹玉哲	副董事长兼总经理	5000	5000
李兆弟	副董事长兼书记	200	200
祁秀仑	副董事长	2500	2500
孙伯藩	董事	3500	3500
梁源修	董事	5000	5000
张世宗	董事	2000	2000
李清泉	董事	500	500
陈复元	董事	0	0
余绍英	监事会召集人	0	0
吕祖炜	监事	2000	2000
周力毅	监事	2500	2500
汪树英	监事	5000	5000
李淑清	监事	0	0
薛任福	财务顾问	0	0

五、重要事项

1.报告期内的股东大会情况说明

根据第一届董事会第十次会议决议,1996年2月14日,在北京燕山石油化工公司会议楼二楼大厅召开了第三次股东大会,会期半天。出席会议的股东代表共有104人,共代表股权4500万股,占股本总额的100%,符合《公司法》及公司章程的有关规定。会议听取、审议了公司有关人员的报告,表决通过了六项决议:批准董事会工作报告;批准关于公司财务情况的报告;批准1995年分红方案;批准向社会公开发行股票并上市的报告;批准关于修改公司章程的报告;批准1995年度监事会工作报告;选举产生了第二届董事会及第二届监事会。并于1996年5月27日,在公司四楼会议室召开了临时股东代表会议。会议听取了有关报告,经表决,通过了两项决议:关于确认资产评估报告的决议;关于内部职工股处理意见的决议。

2.报告期内的董事会情况说明

(1)于1996年2月6日召开第一届董事会第十次会议,通过了以下决议;提议按每股0.225元以现金方式分配1993年至1995年的利润;提议按照《公司法》修改公司章程;提议向社会公开发行股票并上市;决定于1996年2月14日召开本公司第三次股东大会。

(2)于1996年2月14日召开第二届董事会第一次会议。董事会认为公司发展的立足点应放在高新技术上,将研制新型催化剂作为今后工作的重点。同意公司投资制萘项目,同意就石油树脂项目继续同国外相关公司进行谈判。

(3)于1996年5月27日召开第二届董事会第二次会议,对有关公开发行股票并上市的若干具体问题做出决定,保证了此项工作的顺利进行。

(4)于1996年10月22日召开第二届董事会第三次会议,通报了公开发行股票并上市的情况以及制萘、石油树脂等项目前期准备工作的进展情况。

3.报告期内公司章程修改情况

为使我公司的管理进一步规范化,建立健全现代企业制度,公司董事会依据《公司法》,对原公司章程作了必要的调整、规范和补充。依据《公司法》将原章程"总经理为法定代表人"改为"董事长为法定代表人";根据公司现有股本结构,修改了原章程中有关股本结构的规定,并补充列明了公司发起人的名称及其所持股份;按照《公司法》,调整了股东大会、董事会,经理的职权划分;同时对其它章节作了必要的规范和补充。修改后的公司章程得到了股东大会的审议通过。

4.公司董事、监事变动情况说明

1996年2月14日召开的第三次股东大会选举产生了第二届董事会,第二届董事会由以下九名董事组成:张立文先生、茹玉哲先生、李兆弟先生、祁秀仑先生、孙伯藩先生、梁源修先生、张世宗先生、陈复元先生、李清泉先生,新增选了祁秀仑先生、张世宗先生、陈复元先生三位董事;选举产生了第二届监事会,第二届监事会由以下五名监事组成:余绍英先生、吕祖炜先生、周力毅先生、汪树英女士,李淑清女士,新增选了余绍英先生、周力毅先生、汪树英女士、李淑清女士四位监事。

5.报告期内分红派息情况

根据第三次股东大会决议,公司实施了向全体股东以每股派0.225元现金的利润分配方案。股权登记日为1996年2月15日。

6.公司于1996年9月17日向社会公开发行股票1200万股,公司注册资本由4500万元变更为5700万元。

7.在本报告期内公司无重大诉讼、仲裁事项。

六、关联企业

名称	注册地址	主营业务	注册资本(万元)	股权比例
涿州达达精细化工有限公司	河北省涿州市松林店镇东阳屯	生产销售浣基铝	350	25.5%
北京市金百合技术开发公司	北京市丰台区丰台路口54号312室	环境保护及设备、电子、精细化工、石油化工、技术转让、技术咨询	36	83.33%
北京燕化耐奇聚烯烃发泡工程中心	房山区燕山迎风街2里甲8号	生产销售聚烯烃发泡、石化设备保温、防腐、检修	150	54.80%

七、财务报告

(一)审计报告

(97)京会兴字142号

北京燕化高新技术股份有限公司全体股东:

我们接受委托,审计了贵公司1996年12月31日的资产负债表及1996年度利润表、利润分配表和财务状况变动表。这些会计报表由贵公司负责,我们的责任是对这些会计报表发表审计意见。我们的审计是依据中国注册会计师独立审计准则来进行的。在审计过程中,我们结合贵公司实际情况,实施了包括抽查会计记录等我们认为必要的审计程序。

我们认为,上述会计报表符合《企业会计准则》和《股份制试点企业会计制度》的有关规定,在所有重大方面公允地反映了公司1996年12月31日的财务状况及1996年度的经营成果和资金变动情况,会计处理方法的选用遵循一贯性原则。

北京兴化会计师事务所　　注册会计师　陈荭

中国·北京　　注册会计师　王魏

(二)资产负债表(附合)

(三)利润及利润分配表(附后)

(四)财务状况变动表(附后)

会计报表注释

1.主要会计政策

(1)会计制度:公司执行《企业会计准则》和《股份制试点企业会计制度》

(2)合并会计报表基准

按照财政部财会字(1995)11号文《关于印发(合并会计报表暂行规定)的通知》的要求,编制合并会计报表。

纳入北京燕化高技术股份有限公司合并会计报表范围的子公司:

全资子公司:北京燕化高新技术工程公司。

控股子公司:北京燕化耐奇聚烯烃发泡工程中心、北京金百合技术开发公司。

未纳入合并会计报表范围的子公司:

北京三奇电子技术公司为母公司的全资子公司,投资额为30万元人民币。已于1994年停业,故未纳入合并范围,该公司1994年6月末净资产为279,438.14元。

(3)会计年度:自公历每年1月1日起至12月31日止。

(4)记帐原则及计价基础:采用权责发生制原则进行会计核算,以历

史成本为计价基础。

(5)记帐本位币:以人民币为记帐本位币。

(6)外币折算:发生外币业务时,按当日中国银行公布的外汇(中间价)将外币金额折合成记帐本位币(人民币)记帐。在期末将外币帐户金额按照中国银行公布的汇价(中间价)折合为人民币进行调整,与原帐面金额的差额作为汇兑损益,计入财务费用。

(7)坏帐准备:不计提坏帐准备,发生坏帐时直接计入管理费用。

(8)存货核算:存货包括原材料、在产品、产成品等。均采用实际价格进行核算。生产耗时进采用个别计价法,商品外销时采用加权平均法计价。

(9)固定资产及折旧:固定资产按照历史成本计价,固定资产的确认标准为:单位价值在2000元以上,使用年限在一年以上。按平均年限法计提折旧,预留净残值为原价的3%。

(10)递延资产:开办费摊销年限为5年,采用直线法摊销。

(11)长期投资:持股50%以上的股权投资采用权益法核算并纳入合并会计报表编制范围,持股20%—50%的股权投资采用权益法核算,持股20%以下的股权投资按成本法核算,股票投资按成本法核算。

(12)收入确认:产品发出,收到货款或者取得收取货款的凭证时,确认营业收入实现。

(13)税项:

公司各项应纳税如下:

销售收入主要是销售燃料油、BCH催化剂、841催化剂及其他化工产品的收入,1993年公司交纳营业税,1994年1月1日以后公司交纳增值税。

A. 增值税:销售收入的17%为销项税,销项税减进项税后为应纳增值税。

B. 营业税:子公司北京燕化高新技术工程公司营业收入按5%交纳营业税。

C. 城市建设维护税:按应纳增值税(营业税)的7%计征。

教育费附加:按应纳增值税(营业税)的3%计征。

D. 企业所得税:按企业应纳税所得额的33%缴纳企业所得税,其控股子公司北京金百合技术开发公司根据丰台地方税务局丰地税所字(1995)第91号文件,从1995年11日至1997年12月31日止免交企业所得税,其他子公司及控股子公司所得均按应纳税所得额的33%缴纳。

E. 车船使用税:按现行税法统一标准交纳。

F. 印花税:按国家规定税法执行。

(14)利润分配:按税后利润的10%提取法定盈余公积金,5%—10%提取公益金,按股东大会决议提取任意盈余公积金。

2. 会计报表主要项目注释

(1)货币资金

期末余额(1996年12月31日,以下项目同)41,084,239元。

北京燕化高新技术股份有限公司于1996年发行新股,有一部分货币资金未动用。

(2)短期投资

期末余额40,000,000元,为股份公司的国债投资。

(3)应收帐款

期末余额37,864,588元,其中帐龄在一年以内36,896,700元,占97.5%,帐龄1—2年的967,889元,占2.5%,主要债务人及金额为:

北京燕山石油化工供应销售公司	7,849,586元
大庆石化总厂供应公司	2,198,700元
北京燕山石油化工公司化工二厂	16,928,250元
北京化工研究院	6,300,000元
天津海豚炭黑公司	2,878,200元

主要产品已经投产,并大量销售,1996年末应收帐款余额比上年末增长约3500万元。

(4)预付货款

期末余额838,669.00元。主要债务人及金额为:

浙江宁海第一注塑模具厂	300,000元
北京市木材厂家具分厂	139.160元

(5)其他应收款

期末余额15,636,114元。其中帐龄在一年以内的为5,155,465元,占33%;1—2年的为10,232,403元,占65%;2—3年的为248,246元,占2%。其他应收款主要债务人及内容为:

北京燕山精细化工综合技术开发公司	248,047元	代垫款
中国石化北京燕山石油化工公司	7,866.191元	暂借款
北京燕山石油化工公司大修厂	117,500元	代垫款
深圳燕鹏石油气有限公司	1,318,647元	供购设备款
北京市燕山经济贸易事务所	795,000元	暂借款
北京燕山盛源液体石蜡厂	250,000元	暂借款
北京市燕山太行电子技术工程公司	1,000,000元	暂借款
本公司经营部	925,500元	暂借款
中国石油化工公司制萘厂	1,471,294元	暂付款

中国石化北京燕山石油化工公司为本公司股东,持股比例为45.17%。

(6)长期投资

A. 股权投资

期末余额6,599,438.00元,主要项目如下:

被投资公司名称	占被投资公司股权比例	投资金额	按权益法调整后
北京市高鹏饮食有限公司	15%	200,000元	
豚州达达精细化工有限公司	25.5%	1,000,000元	1,099,638元
北京三奇电子技术公司	100%	300,000元	279,438元
北京恒和投资发展公司	10%	5,000,000元	

(7)未付股利

股东	金额
北京燕山石油化工公司化工一厂	675,000元
北京市燕阳化轻公司	450,000元
合　　计	1,250,000元

(8)股本

总股本为5,700万股,比期初增加1200万股。

股本结构;国有法人股3600万股,内部职工持未上市股600万股,社会公众股1500万股。

(9)资本公积

期末余额72,249,900元,为扣除发行费后的股票溢价收入及申购成功投资者在资金冻结期间的存款利息,其中申购成功投资者在资金冻结期间利息为9900元,转增资本公积。

(10)盈余公积

项目	1996.12.31	1995.12.31
法定盈余公积金	4,426,609元	1,496,552元
法定公益金	3,472,626元	748,277元
任意盈余公积金	4,763,470元	2,244,828元
免税基金	7,515,589元	7,515,589元
小计	20,178,294元	12,005,246元

(11)未分配利润

1996.12.31	1995.12.31
17,364,237	350,870

根据第二届董事会第四次会议决议,提取10%法定公积金、10%公益金、10%任意盈余公积金后,本年度可分配利润为17,364,237.40元。1996年度利益分配预案为:每10股派送3股红股,共计送出1710万元。

(12)营业外收入

项目	1996年度	1995年度
申购冻结资金利息	1,799,086元	
无法支付款	1,338元	503元

(13)净利润25,186,416元

本年净利润中有1,205,388元为申购资金冻结期间利息收入,如无此项收入,将利润应为23,981,028元。

3. 重大会计事项

YS—841催化剂生产装置,估值4,034万元,由北京燕山石油化工公司化工二厂建成,于1995年4月转入本公司使用。由于未最后确定转让方式,故未将此项资产反映在本公司报表中,截至1996年12月31日,仍未支付使用费用或租赁费,为准确反映损益,根据该装置的预计使用年限(10年)计提了损耗费用,计入产品生产成本,并在其他应付款中作为相应反应。1996年12月31日为615.09万元。

4. 长期租约

公司于1995年后10月31日与北京燕山石油化工公司工会文化体育活动中心签订租赁合同,承租该中心一幢四层楼房作为办公用房,租期为20年,每年租金60万元。

5. 关联交易

北京燕化高新技术股份有限公司的原材料采购、产品销售都与其最大股东中国石化北京燕山石油化工公司及其子公司关系密切,1996年度原材料采购金额中有2,388万元购自上述股东,占采购总额的66%;销售金额中,有5,455万元销售给上述股东,占销售总额的47%,上述关联交易的结算都按市场价格进行,无人为转移利润的情况。

北京燕化高新技术股份有限公司董事会

1997年3月31日

合并利润表

单位:元

资　　产	1996年度	1995年度	资　　产	1996年度	1995年度
一、主营业务收入	116,382,087.50	57,720,944.00	加:投资收益	153,123.82	319,613.00
减:营业成本	68,638,772.75	27,774,163.00	营业外收入	1,800,430.75	503.00
销售费用	2,298,456.13	1,191,872.00	减:营业外支出	40,935.52	10,000.00
管理费用	8,846,595.85	6,422,825.00	加:以前年度损益调整	-17,107.44	
财务费用	579,141.08	3,593,433.00	四、利润总额	36,637,436.21	18,400,151.00
进货费用			减:所得税	10,781,496.61	23,125.00
营业税金及附加	1,333,518.21	644,014.00	少数股东损益	669,523.80	-283,841.00
二、主营业务利润	34,685,603.48	18,094,637.00	五、净利润	25,186,415.80	18,660,867.00
加:其他业务利润	56,321.12	-4,602.00			
三、营业利润	34,741,924.60	18,090,035.00			

合并利润分配表

单位:元

科　　目	1996.12.31	1995.12.31	科　　目	1996.12.31	1995.2.31
一、净利润	25,186,415.80	18,660.867.00	三、可供股东分配的利润	19,882,878.98	12,362,042.00
加:年初未分配利润	350,870.00	1,673,730.00	减:已分配优先股股利		
减:免交所得税转盈余公积		6,086,383.00	提取任意公积金	2,518,641.58	1,886,172.00
二、可分配的利润	25,537,285.80	14,248,214.00	已分配普通股股利		10,125,000.00
减:提取法定公积金	2,930,057.35	1,257,448.00	四、未分配利润	17,364,237.40	350,870.00
提取法定公益金	2,724,349.47	628,724.00			

利润表(母公司)

单位:元

科　　目	1996年度	1995年度	科　　目	1996年度	1995年度
一、主营业务收入	106,497,575.94	52,429,521.00	三、营业利润	30,477,212.80	18,253,468.00
减:营业成本	64,095,642.99	23,409,304.00	加:投资收益	3,637,635.92	416,896.00
销售费用	2,237,940.13	1,104,914.00	营业外收入	1,800,430.75	503.00
管理费用	8,142,956.99	5,807,436.00	减:营业外支出	39,127.52	10,000.00
财务费用	410,913.43	3,311,203.00	加:以前年度损益调整		
进货费用			四、利润总额	35,876,151.95	18,660,867.00
营业税金及附加	1,132,909.60	543,196.00	减:所得税	10,689,736.15	
二、主营业务利润	30,477,212.80	18,253,468.00	少数股东损益		
加:其他业务利润			五、净利润	25,186,415.80	18,660,869.00

利润分配表(母公司)

单位:元

资　　产	1996.12.31	1995.12.31	资　　产	1996.12.31	1995.12.31
一、净利润	25,186,415.80	18,660,867.00	三、可供股东分配的利润	20,500,002.64	12,362,042.00
加:年初未分配利润	350,870.00	1,673,730.00	减:已分配优先股股利		
减:免交所得税转盈余公积		6,086,383.00	提取任意公积金	2,518,641.58	1,886,172.00
二、可分配的利润	25,537,285.80	14,248,214.00	已分配普通股股利		10,125,000.00
减:提取法定公积金	2,518,641.58	1,257,448.00	四、未分配利润	17,981,361.06	350,870.00
提取法定公益金	2,518,641.58	628,724.00			

财务状况变动表(母公司)

单位:元

项　　目	金　额	项　　目	金　额

一、流动资金来源		一、流动资产本年增加数	
1. 本年净利润	25,186,415.80	1. 货币资金	31,877,603.04
加:不减少流动资金的费用和损失		2. 短期投资	40,000,000.00
(1)固定资产折旧	4,083,663.52	3. 应收票据	
(2)无形、递延资产及其他资产摊销	402,039.00	4. 应收帐款净额	31,609,630.89
(3)固定资产盘亏(减盘盈)		5. 预付货款	538,669.43
(4)清理固定资产损失(减收益)	22,628.00	6. 其他应收款	-11,428,967.82
(5)递延税款		7. 待摊费用	-396,813.97
(6)其他不减少流动资金的费用和损失		8. 存货	-4,079,755.91
小计	29,694,746.32	9. 待处理流动资产损失(减收益)	
2. 其他来源		10. 一年内到期的长期债券投资	
(1)固定资产清理收入(减清理费用)	20,000.00	11. 其他流动资产	
(2)增加长期负债	-10,660,000.00		
(3)收回长期投资			
(4)对外投资转出固定资产			
(5)对外投资转现无形资产			
(6)资本净增加额	91,805,824.74		
小计	81,165,824.74	流动资产增加净额	88,120,365.66
流动资金来源合计	110,860,571.06	二、流动负债本年增加数	
二、流动资金运用		1. 短期借款	5,590,000.00
1. 利润分配		2. 短期票据	
(1)提取法定公积金	2,518,641.58	3. 应付帐款	-709,916.00
(2)提取法定公益金	2,518,641.58	4. 预收货款	-1,534.17
(3)提取任意公积金	2,518,641.58	5. 应付福利费	324,202.85
(4)已分配利润		6. 未付股利	-9,000,000.00
小计	7,555,924.74	7. 未交税金	7,174,290.96
2. 其他运用		8. 其他未交款	17,116.56
(1)固定资产和在建工程净增加额	3,366,831.59	9. 其他应付款	3,902,247.73
(2)增加无形、递延资产及其他资产		10. 预提费用	77,975.00
(3)偿还长期负债		11. 一年内到期的长期负债	-10,660,000.00
(4)增加长期投资	8,531,832.00	12. 其他流动负债	
小计	11,898,663.59		
流动资金运用合计	19,454,588.33		
外币会计报表折算差额		流动负债增加净额	-3,285,617.07
流动资金增加净额	91,405,982.73	流动资金增加净额	91,405,982.73

资产负债表(合并)

单位:元

资　　产	注释	96.12.31	95.12.31	负　　债	注释	96.12.31	95.12.31
流动资产:				流动负债:			
货币资金	1	41,084,239.28	8,711,260.00	短期借款	12	26,050,000.00	19,085,000.00
短期投资	2	40,000,000.00		应付票据			
应收票据				应付帐款	13	826,600.00	1,536,516.00
应收帐款	3	37,864,588.41	2,268,159.00	预收贷款		100,439.83	1,974.00
减:坏帐准备				应付福利费		1,097,260.74	583,175.00
应收帐款净额		37,864,588.41	2,268,159.00	未付股利	14	1,125,000.00	10,125,000.00
预付货款	4	838,669.43	300,000.00	未交税金	15	11,031,944.72	3,460,769.00
其他应收款	5	15,636,114.47	26,687,266.00	其他未交款		127,741.01	101,427.00
待摊费用	6	128,445.40	523,924.00	其他应付款	16	18,273,468.47	14,535,117.00
存货	7	13,718,575.94	15,690,672.00	预提费用	17	1,831,374.00	1,700,268.00
待处理流动资产净损失				一年内到期的长期负债			10,660,000.00
一年内到期长期债券投资				其他流动负债			
其他流动资产				流动负债合计		60,463,828.77	61,789,246.00
流动资产合计		149,270,632.93	54,181,281.00	长期负债:			
长期投资:				长期借款	18	4,000,000.00	4,000,000.00
长期投资	8	6,619,800.00	2,163,709.00	应付债券			
基中:合并价差				长期应付款		46,960.00	
(贷差以-号表示)				其他长期负债			
固定资产:				长期负债合计		4,046,960.00	4,000,000.00
固定资产原价	9	84,075,265.26	51,074,649.00	递延税款贷项			
减:累计折旧		7,093,733.58	2,629,303.00	负债合计		64,510,788.77	65,789,246.00
固定资产净值		76,981,531.68	48,445,346.00	少数股东权益	19	2,662,733.05	1,933,609.00
在建工程	10	923,923.93	19,920,690.00	股东权益:			
固定资产清理				股本	20	57,000,000.00	45,000,000.00

等处理固定资产净损失				资本公积	21	72,249,900.00	
固定资产合计		77,905,455.61	68,366,036.00	盈余公积	22	20,178,294.40	12,005,246.00
无形及递延资产				其中:公益金		3,472,626.47	748,277.00
无形资产				未分配利润	23	17,364,237.40	350,870.00
递延资产	11	170,065.08	367,945.00	股东权益合计		166,792,431.80	57,356,116.00
无形及递延资产合计		170,065.08	367,945.00	负债及股东权益合计		233,965,953.62	125,078,971.00
其他长期资产:							
其他长期资产							
递延税款:							
递延税款借项							
资产总计		233,965,953.62	125,078,971.00				

资产负债表(母公司)

单位:元

资　　产	1996.12.31	1995.12.31	负　　债	1996.12.31	1995.12.31
流动资产:					
货币资金	39,845,022.04	7,965,659.00	流动负债:		
短期投资	40,000,000.00		短期借款	24,050,000.00	18,460,000.00
应收票据			应付票据		
应收帐款	33,824,234.89	2,219,604.00	应付帐款	826,600.00	1,536,516.00
减:坏帐准备			预收货款	439.83	1,974.00
应收帐款净额	33,829,923.89	2,219,604.00	应付福利费	675,798.85	351,596.00
预付货款	838,669.43	300,000.00	未付股利	1,125,000.00	10,125,000.00
其他应收款	15,235,428.18	26,664,396.00	未交税金	10,601,189.96	3,426,899.00
待推费用	107,110.03	503,924.00	其他未交款	118,543.56	101,427.00
存货	10,624,976.09	14,722,732.00	其他应付款	17,788,895.73	13,886,648.00
待处理流动资产净损失			预提费用	1,771,175.00	1,693,200.00
一年内到期长期债券投资			一年内到期的长期负债		10,660,000.00
其他流动资产			其他流动负债		
流动资产合计	140,498,440.66	52,376,315.00	流动负债合计	56,957,642.93	60,243,260.00
其他投资			长期负债		
长期投资	13,995,773.00	5,463,941.00	长期借款	4,000,000.00	4,000,000.00
其中:合并价差			应付债券		
贷差以(-)号表示			长期应付款		
固定资产			其他长期负债		
固定资产原价	78,766,531.51	46,035,060.00	长期负债合计	4,000,000.00	4,000,000.00
减:累计折旧	6,300,220.52	2,216,557.00	递延税款:		
固定资产净值	72,466,310.99	43,818,503.00	递延税款贷项		
在建工程	619,485.00	19,668,513.00	负债合计	60,957,642.93	64,243,260.00
固定资产清理			少数股东权益		
待处理固定资产净损失			股本	57,000,000.00	45,000,000.00
固定资产合计	73,085,795.99	63,487,016.00	资本公积	72,249,900.00	
无形及递延资产:			盈余公积	19,561,170.74	12,005,246.00
无形资产			其中:公益金	3,266,918.58	748,277.00
递延资产	170,065.08	272,104.00	未分配利润	17,981,361.06	350,870.00
无形及递延资产合计	170,065.08	272,104.00	股东权益合计	166,792,431.80	57,356,116.00
其他长期投资			负债及股东权益合计	227,750,074.73	121,599,376.00
其他长期投资					
递延税款:					
递延税款借项					
资产总计	227,750,074.73	121,599,376.00			

财务状况变动表(合并)

单位:元

项　　目	金　额	项　　目	金　额
一、流动资金来源		一、流动资产本年增加数	
1.本年净利润	25,186,415.80	1.货币资金	32,372,979.28
加:不减少流动资金的费用和损失		2.短期投资	40,000,000.00
(1)少数股东本期损益(亏损"-"表示)	669,523.86	3.应收票据	
(2)固定资产折旧	4,464,430.58	4.应收帐款净额	35,596,429.41
(3)无形、递延资产及其他资产摊销	497,880.00	5.预付货款	538,669.43
(4)固定资产盘亏(减盘盈)		6.其他应收款	-11,051,151.53
(5)清理固定资产损失(减收益)	22,628.00	7.待摊费用	-395,478.60

(6)递延税款		8. 存货	-1,972,096.06
(7)其他不减少流动资金的费用和损失		9. 待处理流动资产损失(减收益)	
小计	30,840,878.24	10. 一年内到期的长期债券投资	
2. 其他来源		11. 其他流动资产	
(1)固定资产清理收入(减清理费用)	20,000.0		
(2)增加长期负债	-10,660,000.00		
(3)收回长期投资			
(4)对外投资转出固定资产			
(5)对外投资转出无形资产			
(6)资本净增加额	92,422,948.40		
(7)少数股东资本增加额	729,124.05	流动资产增加净额	95,089,351.93
小计	82,512,072.45	二、流动负债本年增加数	
流动资金来源合计	113,352,950.69	1. 短期借款	6,965,000.00
二、流动资金运用		2. 短期票据	
1. 利润分配		3. 应付帐款	-709,916.00
(1)提取法定公积金	2,930,057.35	4. 预收货款	98,465.83
(2)提取法定公益金	2,724,349.47	5. 应付福利费	514,085.74
(3)提取任意公益金	2,518,641.58	6. 未付股利	-9,000,000.00
(4)已分配利润		7. 未交税金	7,571,175.72
小计	8,173,048.40	8. 其他未交款	26,314.01
2. 少数股东利润分配		9. 其他应付款	3,738,351.47
3. 其他运用		10. 预提费用	131,106.00
(1)固定资产和在建工程净增加额	4,309,042.13	11. 一年内到期的长期负债	-10,660,000.00
(2)增加无形、递延资产及其他资产		12. 其他流动负债	
(3)偿还长期负债			
(4)增加长期投资	4,456,091.00		
小计	8,765,133.13		
流动资金运用合计	16,938,181.53		
外币会计报表折算差额		流动负债增加净额	-1,325,417.23
流动资金增加净额	96,414,769.16	流动资金增加净额	96,414,769.16

北京燕化高新技术股份有限公司1997年度中期业绩报告书

一、财务报告(已经审计)

(一)财务报表(公司委托北京兴华会计师事务所进行审计,陈莊、胡毅注册会计师出具"无保留意见的审计报告"[97]京会兴字第373号)。

简化的资产负债表

单位:人民币元

项目	合并数		母公司	
	1997.6.30	1996.12.31	1997.6.30	1996.12.31
流动资产	208,322,715.46	149,270,632.93	196,663,362.66	140,498,440.66
固定资产净值	74,614,556.72	76,981,531.68	70,665,266.88	72,466,310.99
在建工程	2,295,224.63	923,923.93	1,990,786.70	619,485.00
无形资产及递延资产	119,045.70	170,065.08	119,045.70	170,065.08
资产总计	292,910,431.13	233,965,953.62	285,418,108.88	227,750,074.73
流动负债	84,835,748.98	60,463,828.77	79,386,382.29	56,957,642.93
长期负债	4,000,000.00	4,046,960.00	4,000,000.00	4,000,000.00
少数股东权益	2,150,869.70	2,662,733.05		
股本	74,100,000.00	57,000,000.00	74,100,000.00	57,000,000.00
资本公积	72,249,900.00	72,249,900.00	72,249,900.00	72,249,900.00
盈余公积	20,472,962.48	20,178,294.40	19,561,170.74	19,561,170.74
未分配利润	35,100,949.97	17,364,237.40	36,120,655.85	17,981,361.06
股东权益合计	201,923,812.45	166,792,431.80	202,031,726.69	166,792,431.80
负债及股东权益合计	292,910,431.13	233,965,953.62	285,418,108.88	227,750,074.73

简化的利润及利润分配表

单位:人民币元

项目	合并数		母公司	
	1997.1—6	1996.1—6	1997.1—6	1996.1—6
一、主营业务收入	66,796,604.48	37,629,471.06	63,269,771.54	37,392,400.89
二、主营业务利润	30,246,396.67	8,618,268.89	28,267,991.18	8,645,448.01
其他业务利润	10,624.18	2,284.80		
三、营业利润	30,257,020.85	8,620,553.69	28,267,991.18	8,645,448.01
加:投资收益	10,903,186.48		12,848,856.22	-5,483.82
营业外收入	644.00		48.00	
减:营业外支出	17,166.89	24,127.52	2,255.13	24,127.52
加:以前年度损益调整	-8,691.07			
四、利润总额	41,134,993.37	8,596,426.17	41,114,640.27	8,615,836.67
减:所得税	.5,875,345.58	2,843,226.10	5,875,345.48	2,843,226.10
少数股东损益	128,267.14	-4,516.18		
五、净利润	35,131,380.65	5,757,716.26	35,239,294.79	5,772,610.57
加:年初未分配利润	17,364,237.40	350,870.00	17,981,361.06	350,870.00
减:免交所得税转盈余公积	294,668.08			
六、可供分配利润	52,200,949.97	6,108,586.25	53,220,655.85	6,123,480.57
七、已分配普通股股利	17,100,000.00		17,100,000.00	
八、未分配利润	35,100,949.97	6,108,586.25	36,120,655.85	6,123,480.57

(二)主要财务指标

指标名称	1997年1—6月	1996年1—6月	每10股转增5股后
每股收益(元)	0.474	0.128	0.316
净资产收益率	17.4%	9.1%	17.4%
每股净资产(元)	2.73	1.40	1.82

(三)财务报表附注

1. 本报告期内所采用的会计政策和会计方法与上年一致。

2. 应收帐款:期末余额81,372,858.43元,其中,帐龄一年以内的80,825,285.33元,占99%;帐龄1—2年的547,573.10元,占1%。

3. 其他应收款期末余额50,751,518.26元,其中,帐龄一年以内的45,973,595.05元,占91%;帐龄1—2年的3,777,724.21元,占7%;帐龄2—3年的1,00,199元,占2%。

4. 应付帐款:期末余额15,323,149.70元,主要原因是对燕化供销公司应付的货款增加较多。

5. 投资收益:10,903,186.48元,主要为股票投资收益。

6. 未分配利润:期末余额35,100,949.97元,主要是本期实现的净利润。

7. 关联交易:本公司的原材料采购,产品销售与最大股东中国石化北京燕山石油化工公司及其子公司有密切关系。1997年1—6月原材料采购金额中,有765万元购自上述股东,占采购金额的35%;销售金额中,有738万元售给上述股东,占销售总额15%,上述关联交易的核算都按市场价格进行,无人为转移利润行为。

二、经营情况回顾与展望

1. 上半年经营情况回顾

1997年上半年,公司在董事会的正确领导下,在全体股东的大力支持下,全体员工发扬"团结、求实、严细、创新"的企业精神,积极开拓进取,生产、经营、管理等各项工作都取得了可喜的成绩,经济效益登上了新台阶。今年上半年完成主营业务收入6680万元,实现主营业务利润3025万元。

在经营方面,通过加大销售力度,进一步扩大销售渠道,使主营业务更加突出,BCH和YS—841两种高效催化剂的工业应用和使用范围进一步扩大,销售量较去年同期有较大幅度增长。

在管理方面,公司今年的重点一是加强了产品质量的管理与监督,把提高产品质量放在了首位,开展了"质量效益年"活动,实施ISO-9000系列质量认证工作,加快与国际化质量标准接轨的步伐;二是强化企业内部管理,向管理要效益。全面推行目标成本管理,体现在产品生产、经营以及费用控制等诸多方面及各个环节,保证了公司效益的稳步增长。

此外,公司在创高效益的同时,通过高速启动新项目谋求新的经济增长点。公司利用募集资金3000万元筹建的制萘项目工程已近尾声;石油树脂合资谈判工作正在顺利进行,所募集资金的剩余部分,除补充一部分流动资金外,其余为货币资金。

2. 下半年工作安排

公司下半年将以股东大会通过的年度经营计划为目标,在上半年取得成绩的基础上,继续发挥上市公司的机制优势,抓住一切有利时机,力争创造更好的经济效益。

(一)继续牢固树立质量是企业生命的观念,将强化质量管理活动推向高潮,年内争取实现ISO—9000标准系列质量认证,提高BCH催化剂和YS—841催化剂在国内外市场竞争力。

(二)坚持以发展增效益,以效益促发展的原则。

(1)积极与中国石油化工总公司石油化工研究院合作、开发IIDC球形聚丙烯高效化剂,力争年内实现工业生产。

(2)加快制萘项目工程建设,力争10月底建成,年底前投产。

(3)加快石油树脂项目的前期准备工作。

上述项目的建成投产,必将成为公司新的经济效益增长点,为公司今后发展增强后劲。

(三)继续加强市场开拓工作,下半年将抓住各种有利契机,进一步扩大销售量,在增加国内市场占有份额的前提下,争取部分产品实现出口,以促进经营收入和效益的进一步提高。

(四)全面加强公司现代化的科学管理,练好内功,挖潜增效,用活资金,进一步提高公司运作质量。

三、重大事件说明

1. 经北京证券监督委员会京证监函(1997)32号《关于同意北京燕化高新技术股份有限公司1996年度利润分配方案的函》审核批准,本公司于1997年5月9日按10:3比例实施送股,分红公告书刊登在5月5日的《中国证券报》和《证券时报》上。

2. 经北京市工商局核准,1997年3月28日公司注册地点由北京市房山区燕山迁至北京市丰台科技园区,所得税税负由33%降至15%。

3. 原属我公司的全资子公司"燕化高新技术工程公司",经协商于1997年5月30日金额出让,此后我公司对该公司的任何经营活动不再承担任何责任。

4. 本公司对控股子公司"北京金百合技术开发公司"增加投资,于三月份购买了该公司35.64万股的股份,占该公司总股份比例由83%增至99%。

5. 公司于1997年8月18日在公司总部召开了第七次董事会,与会董事8人。审议通过了总经理关于上半年的工作汇报;审议通过了拟提交临时股东大会表决的事项;《关于资本公积金转增股本的议案》。转增预案为:以一九九七年六月三十日总股本7410万股为基数,每10股转增5股,共转增3705万股,共需资本公积金3705万元。本预案需提交公司一九九七年临时股东大会审议通过,并报北京市证监会批准后实施。

6. 我公司根据国务院证券委、中国人民银行、国家经贸委5月21日联合发布的《严禁国有企业和上市公司炒作股票的规定》以及深交所下发的"关于严格执行《严禁国有企业和上市以司炒作股票的规定》的通知"及时进行了认真自查,无违规行为。

7. 本报告期内无重大讼诉、仲裁事件。

四、发行在外股票的变动和股权结构的变化

1. 股权结构情况

1997年6月30日,本公司股权结构如下(单位:万股)

股份类别	1996年末数	比例(%)	1997年6月30日	比例(%)
(一)尚未流通股份				
(1)发起人股(国有法人股)	2732.5	47.94	3552.25	47.94
(2)社会法人股	867.5	15.22	1127.75	15.22
(3)内部职工股	600	10.53	780	10.53
尚未流通股本合计	4200	100	5460	100
(二)已流通股份	1500	26.31	1950	26.31
(三)股份总数	5700	100	7410	100

2. 公司前10名股东持股情况(单位:万股)截止1997年6月30日

股东名称	持股数	占总股本比例(%)
北京燕山石油化工公司	2642.25	35.66
化工部北京化工研究院	390	5.26
北京燕山石油化工公司化工一厂	390	5.26
北京燕阳化轻公司	260	3.51
中石化科技开发公司	260	3.51
北京燕山石油化工公司大修厂	143	1.93
北京燕山石油化工公司设计院	130	1.75
北京燕山银燕商贸技术服务公司	130	1.75
北京燕化兴业技术开发公司	130	1.75
北京北化研化工新技术公司	87.75	1.18

五、股东大会简介

1. 本公司第四次股东大会于1997年4月30日在北京燕山石油化工公司会议楼二楼大厅召开。出席本次会议的股东20名,代表股份36,014,900股,占公司总股本5700万股的63.18%,符合《公司法》及公司章程的有关规定,大会审议并通过了以下事项和决议:

(1)审议通过了《董事会1996年工作报告》

(2)审议通过了《监事会1996年工作报告》

(3)审议通过了《1996年财务决算和1997年财务预算方案》

(4)审议通过了《公司1996年度利润分配方案》

2. 本报告期内未召开临时股东大会。

六、备查文件

1. 载有董事长、总经理亲笔签名的中期报告原本。

2. 完整的中期财务报告及审计报告。

3. 本公司中期报告全文正式文本在中国证监会上市部、深圳证券交易所均有备查。

4. 公司第七次董事会决议。

北京燕化高新技术股份有限公司

董事会

1997年8月20日

济 南 柴 油 机 股 份 有 限 公 司

济南柴油机股份有限公司1996年度报告摘要

一、公司简况

1、公司法定名称：

中文：济南柴油机股份有限公司

英文：Jinan Diesel Engine Co., Ltd

2、公司注册地址：山东省济南市文化西路14号

3、公司办公地址：山东省济南市文化西路14号

4、邮政编码：250063

5、公司法定代表：何清山

6、公司咨询服务机构：公司证券部

电话：(0531)2944219

传真：(0531)2961241

7、联系人：任江、张景华(公司股证事务代表)

二、主要财务数据与财务指标

指 标 项 目	本年	上年	比上年增减(%)
1.主营业务收入(万元)	19,446	15,911.2	22.2
2.净利润(万元)	2,153.39	1,455.7	47.92
3.总资产(万元)	36,254	23,906.3	51.6
4.股东权益(万元)	20,326.2	7,425.3	173.74
5.每股收益(元)	0.269	0.265	1.5
6.每股净资产(元)	2.54	1.35	88.14
7.净资产收益率(%)	10.59	19.63	-46.05
8.股东权益比率(%)	56.06	31	80.83

注1:公司96年1-4月净利润在公司创立时已作为净资产折股,上表公布的净利润2,153.39万元为96年5月1日-96年12月31日的数据。

注2:扣除发行新股申购无效部分资金的利息收入,本公司96年净利润为2,046.88万元,每股收益为0.256元,净资产收益率为10.07%。

三、公司业务回顾

1.实施名牌战略,完善质量保证体系,创优质产品

为了适应市场经济的发展,增强公司竞争力,公司开展了质量普查、工序质量审核、及"五查二访一把关"为重点的质量整顿活动。并结合质量体系认证年度复查工作,对照标准,完善了各部门的质量目标,调整修订了程序文件和岗位规范,使质保体系更加完整有效。在内审过程中,从严要求,使广大员工的质量意识不断增强,以全优的工作质量确保产品质量的不断提高。

经审核,公司产品的整机质量保持了优等品和一等品。Z12V190B型柴油机年初通过了山东省技术监督局免检复查,并第二次荣获"山东名牌产品"称号。96年底,通过了中国船级社质量认证公司对质量体系的年度复查。

2、开拓市场,加强营销,提高经济效益

由于石油钻探工作的战略性调整,本公司与之配套的产品市场受到一定冲击。因此,公司年初明确提出"以提高经济效益为中心,以开拓市场加强营销为重点"的工作思路,不断充实销售队伍,加大广告宣传力度。鼓励销售人员发扬敬业精神,立足岗位做贡献。公司采取灵活有效的经营方式,先后在广东、上海、北京、兰州、石岛等地建立自销点7个,联销、代销点9个,开拓了产品市场。公司注重市场开发调研工作,在船用市场、机车市场的开发中,不断取得新成效,为六缸直列6190ZC-1型初期的工业性试验及抢占市场打下了良好的基础。公司在售后服务日趋完善的情况下,首次组织了对外商和海军用户的技术培训并得到好评。目前公司自销、联销、代销形成网络;配件供应、技术服务成龙配套。96年在中石化系统调度机车选型订货会上又扩大了190柴油机1350HP机型的市场,并使190柴油机在中石化系统得到配套使用的进一步确认,有力地促进了公司的产品营销工作。96年通过公司上下的努力,销售形势比95年有所好转,市场占有不断扩大。并利用出口自营的有利条件,出口创汇146万美元。

3、加快新产品开发,增加产品品种,提高竞争能力

为了增强企业后劲,提高产品在市场中的占有率和竞争能力,公司在96年加快了新产品开发的步伐,按照"满足用户需要,是企业生产经营宗旨"的总体思路,在六缸直列6190ZC-1型船用柴油机的开发中不断接受用户的建议,进一步完善图纸、工艺,96年生产并销售15台,满足了部分用户急需。目前已具备100台以上生产的能力,并且推出新型六缸直列6190ZC-2柴油机。

500KW天然气发电机组继95年出口孟加拉国之后,96年为满足公司生产天然气机的试验需要,联系协调油田单位,在建立天然气机试验基地上做了大量工作,为97年批量生产、销售天然气发动机奠定了基础。

H12V190Z高增压柴油机是公司与奥地利AVL合作开发的新型换代产品,96年主要完成了工装准备和部分零部件的加工任务,对机体、曲轴、缸盖等主重要件的加工做好了工艺准备,97年5月份可按计划完成样机制造,发往奥地利AVL进行试验。

舰用机的研制难度较大,公司作为一项重大项目集中攻关,为了满足用户不同用途的需要,96年公司克服困难完成了500KW、630KW船用柴油发电机组及62-1G主动力柴油机的设计、制造、试验和联合调试任务。

为了使公司的产品质量和产能得到较大的提高,公司加快了技术改造的步伐,对机加工三条线进行了引进设备的完善和国内配套设备的催交、安装。机体加工线14台设备已搬迁8台,缸盖生产线4台,六台加工中心按计划投人生产。

4、解放思想,转变观念,深化改革,转换企业经营机制

本公司是96年创立的新上市公司,虽然完成了股份制改造,但理顺关系、转换机制的工作相当多,在认真学习、全面落实中央经济工作会议精神,贯彻朱副总理对证券市场提出的"法制、监管、自律、规范"八字方针方面做了以下几个方面的工作:

(1)加快完善公司治理机构

公司创立后,公司与原发起人已分别为两个独立法人,因此,公司首先根据市场经济发展的需要,调整完善了公司经营机构,建立了销售分公司,物资供应分公司两个经营实体,将公司下属9个生产车间改制为分厂,赋于更大的生产经营权限,为进一步在公司内部推行资产经营责任制打好基础。在公司管理机构的设置上,按照"精干、效能"的原则,简化工作程序,归并管理职能,建立起生产部、财务部、证券部、质量检验部、公司办公室的四部一室,使公司内部的人、财、物得到有效的管理,销售、生产、供应得到有序的运行。

(2)按照《公司法》要求完善公司决策体系

作为上市公司,规范运作是当务之急,所以公司按照中央经济工作会议关于"现代企业制度试点企业必须开始就实行新体制"的要求,在公司章程中明确股东大会、董事会、经理层的职责和权限;制定了股东大会和董事会议规则及公司投资决策程序等一系列规范性文件。公司董事、监事及高级管理人员在认真学习《公司法》等有关证券规范化管理制度的基础上,不断提高决策水平,提高自律意识,严格按照对上市公司的要求,加强自律管理,规范自己的行为,积极、有效地参与公司重大事项的决策,勤

勉尽责,廉洁自律,诚心诚意为全体股东服务。

(3)树立市场经济观念,转机换制

公司创立后的着眼点,一开始就放在市场上,改变了过去"企业生产什么,就销售什么"的旧观念,按照"市场需求什么,企业生产什么"的思路,强化对市场的调查研究,用严格的工作程序确保市场信息能及时准确的反馈,公司生产部门能及时调整生产计划,使公司的经营活动有更大的主动性,进一步确立以销定产的管理体系。

5、经营业绩对比分析

96年是公司按照"产权明晰、法人制度健全、政企职责分开、经营机制灵活、管理科学规范"的要求,转机建制的重要一年。公司改制后经济效益有了显著增长;其中,主营业务收入比上年增长22.2%;净利润比上年增长47.92%;每股收益比上年增长1.5%;每股净资产比上年增长88.14%。在一定程序上,能够反映出公司发展的前景是良好的。

募集资金到位后增加了公司的净资产,但由于到位时间较晚,所募集资金尚未完全发挥效益,致使净资产收益率比上年减少46.05%。主营业务收入比上年有所增长,比预测数减少17.39%。其主要原因是:

一是公司产品与之配套的石油钻机市场,在国家宏观政策指导下,96年又做相应调整,钻井队伍相应减少,公司产品销售未达到预期目标。

二是本公司实际创立时间是96年10月10日,公司致力于转轨建制、调整组织机构,完善管理制度和工作程序,市场营销受一定冲击。

三是公司为了适应市场需求,加大了船用机和新一代高增压柴油机的研制和开发,为公司今后的发展进行了产品结构调整。为了开拓市场,新试制的六缸直列机在销售中成本较高、定价偏低,所以公司未达到预测指标。目前六缸直列机已形成批量生产能力,预计生产成本有所降低,价格能达到同类产品市场价格,销售收入会相应增加。

6、前次募集资金使用情况的说明

96年9月24日-26日,本公司在山东省济南市采用"全额预缴、比例配售、余款即退"的方式发行社会公众股2500万股(含公司职工股),发行价格4.18元,扣除发行费用后,共募集可运用资金9,863.22万元。按照招股说明书披露,本次募集资金主要投入两个方面。

(1)新190高增压柴油机项目,项目总投资4,000万元,募股前已投入900万元,尚需投入3,100万元。股款到位后,根据该项目进度计划,公司从所募股款中投入1,672.48万元。该项目97年完成安装、调试和试投产。

(2)190系列柴油机机加工生产线技术改造项目主要是对机体、缸盖、连杆三条加工线及热处理分厂进行技术改造。项目总投资14080.03万元,募股前已投入10875.57万元,尚需投入3204.46万元。该项目需投入的主要是济南柴油机厂为此进口的9台设备,目前正在调试,待调试完成后97年再由本公司用所募集股款购进。

四、股本变化及股本结构情况

1.股本结构情况

2.股本结构形成情况说明

本公司是经国家经济体制改革委员会体改生字(1996)115号文批准,由中国石油天然气总公司直属企业济南柴油机厂作为唯一发起人,以募集方式设立的股份有限公司。济南柴油机厂以其净资产7852.73万元(评估后为8298.48万元,并经国有资产管理局国资评[1996]560号文确认)投入本公司,并折为55,000,000股。占公司总股本80,000,000股的68.75%。96年9月18日经中国证监会证监发(1996)230号文批准,并于96年9月24日-26日,在山东省济南市采用"全额预缴、比例配售、余款即退"的方式向社会募集25,000,000股(其中公司职工股2,500,000股),占总股本的31.25%。报告期内,公司股本结构未发生变更事项。

3、截止1996年12月31日本公司前10名股东持股情况

(1)股东数量

一九九六年末公司股东总数19965人,其中国有法人股东1人,社会公众股东15525人,公司职工股东4439人(含原控股单位股东)。

(2)前十名股东持股情况

日期:1996/12/31　　单位:股

序号	地区简称	股东名称	拥有股数	占总股本(%)	持股类别
1)	深圳证登	济南柴油机厂	55,000,000	68.75	国有法人股
2)	深圳证登	吴烈从	326,474	0.408	社会公众股
3)	沈阳证登	金中英	210,000	0.262	社会公众股
4)	深圳证登	中南证券	200,500	0.25	社会公众股
5)	深圳证登	廖天芬	140,100	0.175	社会公众股
6)	深圳证登	黄平宁	120,000	0.15	社会公众股
7)	深圳证登	南方番禺	100,700	0.126	社会公众股
8)	深圳证登	张海平	100,000	0.125	社会公众股
9)	深圳证登	梁耀深	100,000	0.125	社会公众股
10)	南方证登	招银证券公司广州营业部	100,000	0.125	社会公众股

4.公司董事监事与高级管理人员持股情况

高级管理人员持股(A股)明细表

证券代码:0617　　石油济柴　　96/12/31　　单位:股

序号	股东姓名	职务	证券帐户卡	持股数	最近一次变更摘要	冻结
1	何清山	董事长	27447116	1000		1000
2	温泽民	副董事长、总经理	27446746	1000		1000
3	王在武	董事、副总经理	27446748	1000		1000
4	姜小兴	董事、副总经理	27446861	500		500
5	赵传祥	董事	27446750	1000		1000
6	王传文	董事	27447145	1000		1000
7	戴宪德	董事	27446747	1000		1000
8	刘其珉	总工程师	27446749	1000		1000
9	翟耀鲁	总经济师	27446754	500		500
10	姜纯朴	总会计师	27446787	500		500
11	石瑛	监事长	27447117	1000		1000
12	任传义	董事会秘书	27446771	500		500
13	霍德更	监事	27446811	500		500
14	王琴	监事	27447147	500		500
	合计			11000		11000

五、重要事项

1.公司于96年9月24日至9月26日采用"全额预缴、比例配售、余款即退"的方式,在山东省济南市向社会发行人民币普通股2500万股(其中公司职工股250万股),公司招股说明书概要和新股发行公告刊登在9月20日中国证券报、深圳证券时报和上海证券报上。

1996年10月22日公司发行的2250万股社会公众股在深交所挂牌交易。上市公告书刊登在10月15日中国证券报、深圳证券时报和上海证券报上。

2.1996年10月10日,公司召开创立大会暨第一届股东大会审议了筹委会为创办公司所作各项工作的报告;审议通过了公司章程,选举产生了公司第一届董事会和第一届监事会。公司在获得深圳证券交易所同意在深交所上市的承诺后,决定本公司2250万股社会公众股于96年10月22日在深交所挂牌交易。

1996年10月10日,公司召开一届首次董事会和首次监事会,董事会选举何清山为董事长,温泽民为副董事长;聘任温泽民为总经理,聘任王在武、姜小兴为副总经理;刘其珉为总工程师;翟耀鲁为总经济师;姜纯朴为总会计师。公司还根据有关要求聘任了董事会秘书,委派了股证事务代表。

监事会选举石瑛为监事长。

3.96年10月16日公司召开的第一届董事会96年第二次会议上,对公司募集资金到位后的运用作出决议。鉴于按招股说明书披露的两投资项目,需根据进度计划,分批投入使用。为提高资金的运营效益,公司决定,除少量补充流动资金外,暂用于短期投资,购买国债等项。96年批准的新190高增压柴油机项目投入了1,672.48万元。其余项目将按计划进度在97年投入。

4.96年10月28日召开的第一届董事会96年第三次会议,确认了

经原筹委会提议并通过招股说明书对社会公告的公司管理机构、经营机构和生产实体。

5.报告期内,本公司未发生法定代表、董事、监事及高级管理人员变动事项。

6.公司报告期内未发生注册地址、会计师事务所和法律顾问变更事项。

六、子公司及关联企业

报告期内,本公司未设立任何子公司,未以直接或间接投资的形式持有其它法人或经营单位的所有者权益。

七、财务报告

1.审计意见

公司财务报告经湖北大信会计师事务所吴益格、邵九林注册会计师审计,并出具无保留意见的审计报告《鄂信业字(1997)第145号》。

2.财务报表。

会计报表附注

一、公司的一般情况

济南柴油机股份有限公司(以下简称"公司")是经中国石油天然气总公司(96)中油体改字第281号文和国家体改生(1996)115号文批准,由济南柴油机厂作为独家发起人,以募集方式设立,并已在深圳证券交易所挂牌交易的上市公司。公司于1996年10月10日创立,已办理工商注册登记手续。

公司注册地址:山东省济南市

公司营业执照注册号:16309828-4

经营范围:柴油机、气体发动机、柴油及气体发电机组的制造、销售、修理、机械加工;所需原材料辅料、机械设备、仪器仪表的销售。

二、公司采用的主要会计政策

1.执行的会计制度:公司执行《股份制试点企业会计制度》。

2.会计期间:公司以公历年度为会计年度,即1月1日起至12月31日止为一个会计年度。

3.记帐原则和计价基础:

公司以权责发生制为记帐原则,以历史成本为计价基础。

4.记帐方法与记帐本位币:

公司采用借贷复式记帐方法,以人民币为记帐本位币。

5.外币折算方法:外币折算按交易当日国家外汇牌价取中间值折合为记帐本位币,年终调整汇兑损益,计入财务费用。

6.存货计价:

各类存货的购入按实际成本计价,发出和领用采用加权平均法计价。

7.固定资产计价及折旧方法

(1)固定资产计价标准:使用年限在一年以上、单位价值在2000元以上的房屋及建筑物、机器设备、交通运输工具等;

(2)固定资产计价:固定资产按购建时的实际成本计价;经过法定资产评估的固定资产则以经确认的重置完全价值计价。

(3)固定资产折旧采用直线法计算,并按各类固定资产的原值和估计的使用年限扣除残值3%(房屋及建筑物未留残值)计算折旧率。分类折旧率如下:

类别	估计使用年限(年)	残值率	年折旧率(%)
房屋及建筑物	25-40	0	2.5-4
通用设备	10-12	3%	8.08-9.7
专用设备	10-14	3%	6.93-9.7
交通运输工具	10-12	3%	8.08-9.7
其他	8-14	3%	6.93-12.13

8.收入实现的确认:

产品已经发出,产品所有权转移至买方,收到货款或取得索取货款的权利时确认为收入的实现。

9.坏帐损失的核算

公司的坏帐损失采用备抵法核算,坏帐准备金的提取比例为3‰。

10.主要税项

税种	税率
(1)增值税	17%(销项税率)

增值税销项税抵扣进项税后,并经税务部门核定,确定应纳增值税额。

(2)城市维护建设税	7%(按增值税额)
(3)教育费附加	3%(按增值税额)

(4)所得税:公司于1996年10月成立,同年11月正式办理税务登记手续,经与济南柴油机厂协商,1996年度所得税仍由济柴厂统一汇算清缴,公司本年度不再单独计提所得税。从1997年开始,公司按33%独立缴纳所得税。

11.利润分配:

公司税后利润按以下顺序及比例分配:

(1)提取法定盈余公积金　10%

(2)提取法定公益金　5-10%

(3)提取任意盈余公积金　提取比例由股东大会决定。

(4)分配股利

三、会计报表项目注释:

1.货币资金　14,751,256.99

注:本项目比上年增长了410%,主要原因系本年度募集资金所致。

2.短期投资债　50,117,835.20元

其中:债券投资-国债 50,000,000.00元

股票投资　117,835.20元

注:1.股票投资期末市值为313,815.60元。

2.本项目主要系技改项目资金需逐步到位,为提高资金使用效益,经董事会决定,暂用于短期投资。

3.应收帐款　72,616,159.87元

其中:

1年内帐龄75户　44,317,546.56元,占总额的61.03%

1-2年帐龄24户　19,432,581.64元,占总额的26.76%

2-3年帐龄15户　8,866,031.67元,占总额的12.21%

减:坏帐准备　217,848.47元

应收帐款净额　72,398,311.04元

注:(1)本项目中无持有本公司5%以上股东单位的欠款。

(2)本项目比上年增加33.29%,系由于本年度销售收入增长,使本项目出现一定幅度增长所致。

4.其他应收款　8,758,816.69元

其中:

1年内帐龄8,758,816.69元,均系济南柴油机厂暂借款。

5.待摊费用　2,837,943.35元

均系期初待扣进项税。

注:本项目较上年减少40.35%,原因有:

1.经税务局核定,本年抵扣进项税为945,981.65元。

2.摊销其他待摊费用981,471.48元。

6.存货　93,925,229.55元。

其中:

原材料　37,005,759.68元

材料采购　1,959,662.81元

基本生产　54,505,887.06元

低值易耗品　453,920.00元

注:本项目比上年增长,主要原因系生产规模增大,原材料储备增加所致。

7.固定资产及累计折旧

固定资产原值

项目	年初数(元)	本年增加(元)	本年减少(元)	期末余额(元)
房屋及建筑物	50,743,751.38	8,139,040.97		58,882,792.35
通用设备	87,039,995.69	15,585,236.11		102,625,231.80
专用设备	11,764,184.17	1,403,808.83		13,167,993.00

交通运输工具	2,218,879.43	534,907.57		2,753,787.00
其他	3,589,332.80	672,915.40		4,262,248.20
合计	155,356,143.47	26,335,908.88		181,692,052.35

固定资产累计折旧

项目	年初数（元）	本年增加（元）	本年减少（元）	期末余额（元）
房屋及建筑物	10,948,524.89	7,744,613.51		18,693,138.40
通用设备	37,485,184.01	18,433,890.61		55,919,074.62
专用设备	5,285,489.59	1,815,526.02		7,101,015.61
交通运输工具	1,016,503.92	595,889.75		1,612,393.67
其他	1,057,932.08	437,878.25		1,495,810.33
合计	55,793,634.49	29,027,798.14		`84,821,432.63

8.在建工程　22,874,524.88元

工程名称	实际支出数（元）	原预算数（元）	工程进度（%）	资金来源
新190高增压柴油机工程	16,724,877.55	40,000,000.00	41.80	募集资金及自筹
其他零星工程（45项）	6,149,647.28			自筹

注:1.新190高增压柴油机工程由中国石油天然气总公司批准，批准文号为(95)中油计字第149号。

2.本项目比上年增长87.16%，主要是增加新190高增压柴油机工程投入所致。

9.短期借款　26,370,000.00元

借款单位	金额(元)	借/还款期限(年月日)	年利率(%)	借款条件
中国工商银行济南市分行	26,370,000.00元	1996.9.20－1997.3.20	11.09	抵押贷款

10.应付帐款　26,449,973.57元

注:本项目中无持有本公司5%以上股份的主要股东单位款项。

11.预收货款　1,618,575.27元

注:本项目较上年减少78.07%，主要是由于公司发出产品转入销售收入所致。

12.应付福利费　3,031,686.47元

注:本项目比上年增长31.10%，主要原因是公司加大对福利费支出控制所致。

13.未交税金　708,647.18元

其中:

增值税　263,111.53元

城市维护建设税　2,623.72元

营业税　37,481.78元

土地使用税　189,806.03元

房产税　215,624.12元

14.其他未交款120,050.45元，系应交教育费附加，本项目较上年减少96.84%，由于应交能源交通重点建设基金、预算调节基金系原济南柴油机厂以前年度的欠缴款，为保持其连续性，经与济南柴油机厂协商，将欠缴"两金"转入济南柴油机厂代缴。

15.其他应付款4,630,093.61元中无关联公司款项。

16.长期应付款　96,348,423.97元

其中:应付胜利石油管理局89,989,788.17元

冻结无效申购资金利息待转款6,358,636.80元

注:根据财政部财政工字(96)434号文"关于股份制企业所收申购款存款利息收入财务处理的通知"规定，鉴于公司申购无效资金在冻结期间发生的存款利息收入较大，公司决定按每年按20%记入"营业外收入"，余款暂记入"长期应付款"。

17.股本　80,000,000.00元

(1)国有法人股　占总股本的68.75%

1996年1月1日(净资产)　74,252,779.08元

加1－4月济南柴油机厂净利润　4,274,429.46元

1996年4月30日评估增值　4,457,521.18元

减:折股溢价转资本公积　27,984,729.72元

1996年12月31日　55,000,000.00元

(2)个人股　25,000,000.00元

系1996年间向社会公开募集股本，占总股本的31.25%

18.资本公积　101,728,701.85元

1996年1月1日　0.00元

加:1996年4月30日折股溢价转入27,984,729.72元

募集社会公众股溢价转入　73,692,268.13元

冻结成功申购资金利息收入

转入　51,704.00元

1996年12月31日　101,728,701.85元

19.盈余公积　3,230,093.63元

其中:法定公积金　2,153,395.75元

法定公益金　1,076,697.88元

20.未分配利润　18,303,863.87元

系1996年5－12月的未分配利润

21.主营业务收入194,460,882.48元

项目	金额
柴油机收入	54,175,337.35元
柴油发电机组收入	102,568,937.22元
天然气机及机组收入	6,253,184.53元
配件收入	6,547,127.24元
其他收入	24,916,296.14元

22.财务费用　2,268,071.01元

其中:利息净支出　2,259,568.18元

其他　8,502.83元

注:本项目比上年减少41.80%，主要原因是募集资金作为暂存款利息收入所致。

23.营业税金及附加　678,679.08元

注:本项目较上年数减少52.80%，系由于本年度原材料储备增加，使进项税抵扣增加所致。

24.营业外收入　1,886,422.71元

其中:出口退税收入　296,763.51元

冻结无效申购资金利息

收入96年转入数　1,589,659.20元

四、公司在报告期内没有发生重大诉讼事项、担保、承诺及其他或有事项。

五、在会计报表截止日和审计报告日之间未发生足以影响报告期或报告期后财务状况和经营成果的期后事项。

济南柴油机股份有限公司董事会

一九九七年三月二十六日

1996年度公司股份变动情况表

填报日期:　年　月　日　数量单位:股　每股面值:1元

	期初数	本次变动增减(+,-) 配股	送股	公积金转股	其他	小计	期末数
一、尚未流通股份							
1.发起人股份	55,000,000						55,000,000
其中:							
国家拥有股份	55,000,000						55,000,000
境内法人拥有股份							
外资法人拥有股份							
其他							
2.募集法人股							
3.内部职工股	2,500,000						2,500,000
4.优先股或其他							

尚未流通股份合计	57,500,000	57,500,000
二、已流通股份		
1.境内上市的人民币		
普通股	22,500,000	22,500,000
2.境内上市的外资股		
3.境外上市的外资投		
4.其他		
已流通股份合计	22,500,000	22,500,000
三、股份总数	80,000,000	80,000,000

利 润 及 利 润 分 配 表

1996 年度

编制单位:济南柴油机股份有限公司　　单位:人民币元

项目	本年实际数	上年同期数
一、主营业务收入	194,460,882.48	159,112,194.04
减:营业成本	153,985,907.24	117,717,347.08
销售费用	4,240,554.66	5,870,660.39
管理费用	9,365,706.24	8,432,549.46
财务费用	2,268,071.01	3,897,107.85
进货费用		
营业税金及附加	678,679.08	1,437,801.94
二、主营业务利润	23,921,964.25	21,756,727.32
加:其他业务利润		
三、营业利润	23,921,964.25	21,756,727.32
加:投资收益		
营业外收入	1,886,422.71	
减:营业外支出		
加:以前年度损益调整		
四、利润总额	25,808,386.96	21,756,727.32
减:所得税		7,179,720.02
五、净利润	25,808,386.96	14,557,007.30
加:年初未分配利润	14,577,007.30	
减:折股	18,851,436.76	
六、可分配利润	21,533,957.50	14,577,007.30
减:提取法定公积金	2,153,395.75	
提取法定公益金	1,076,697.88	
七、可供股东分配利润	18,303,863.87	14,577,007.30
减:已分配优先股股利		
提取任意公积金		
已分配普通股股利		
八、未分配利润	18,303,863.87	14,577,007.30

资 产 负 债 表

编制单位:济南柴油机股份有限公司　　1996 年 12 月 31 日

单位:人民币元

资产	年初数	年末数
流动资产:		
贷币资金	2,892,312.60	14,751,256.99
短期投资		50,117,835.20
应收票据		
应收货款	54,479,602.95	72,616,159.87
减:坏帐准备	163,438.81	217,848.47
应收帐款净额	54,316,164.14	72,398,311.40
预付帐款	9,271.04	5,573.14
其他应收款	1,028,257.20	8,758,816.69
待摊费用	4,765,396.48	2,837,943.35
存货	64,267,499.20	93,925,229.55
待处理流动资产		
净损失		
一年内到期的长期债券投资		
其他流动资产		
流动资产合计	127,278,900.66	242,794,966.32
长期投资:		
长期投资		
固定资产		
固定资产原价	155,356,143.47	181,692,052.35
减:累计折旧	55,793,634.49	84,821,432.63
固定资产净值	99,562,508.98	96,870,619.72
在建工程	12,221,784.71	22,874,524.83
固定资产清理		
待处理固定资产净损失		
固定资产合计	111,784,293.69	119,745,144.55
无形资产及递延资产:		
无形资产		
递延资产		
无形资产及递延合计		
其他长期投资:		
其他长期投资		
递延税项:		
递延税项借项		
资产总计	239,063,194.35	362,540,110.87
负债及股东权益	年初数	年末数
流动负债		
短期借款	26,370,000.00	26,370,000.00
应付票据		
应付帐款	23,834,029.99	26,449,973.57
预收货款	7,380,000.00	1,618,575.27
应付福利费	2,294,957.00	3,031,686.47
未付股利		
未交税金	3,257,511.20	708,647.18
其他未交款	3,795,896.69	120,050.45
其他应付款	5,742,179.44	4,630,093.61
预提费用	2,146,052.78	
一年内到期的长 期负债		
其他流动负债		
流动负债合计	74,820,627.10	62,929,026.55
长期负债:		
长期借款		
应付债券		
长期应付款	89,989,788.17	96,348,424.97
其他长期负债		
长期负债合计	89,989,788.17	96,348,424.97
递延税项:		
递延税款贷项		
负 债 合 计	164,810,415.27	159,277,451.52
股东权益:		
股本	74,252,779.08	80,000,000.00
资本公积		101,728,701.85
盈余公积		3,230,093.63
其中:公益金		1,076,697.88
未分配利润		18,303,863.87

股东权益合计	74,252,779.08	203,262,659.35
负债及股东权益合计	239,063,194.35	362,540,110.87

财务状况变动表

编制单位:济南柴油机股份有限公司　1996年度

单位:人民币元

流动资金来源和运用	金额
一、流动资金来源	
1.本年净利润	25,808,386.96
加:不减少流动资金的费用和损失	
(1)固定资产折旧	29,027,798.14
(2)无形资产、递延资产及其他资产摊销	
(3)固定资产盘亏(减盘盈)	
(4)清理固定资产损失(减收益)	
(5)递延税款	
(6)其他不减少流动资金的费用和损失	
小计	54,836,185.10
2.其他来源	
(1)固定资产清理收入(减清理费用)	
(2)增加长期负债	6,358,636.80
(3)收回长期投资	
(4)对外投资转出固定资产	
(5)对外投资转出无形资产	
(6)资本净增加额	125,283,023.70
小计	131,641,660.50
流动资金来源合计	186,477,845.60
二、流动资金运用	
1.利润分配	
(1)提取法定公积金	2,153,395.75
(2)提取法定公益金	1,076,697.88
(3)提取任意公积金	
(4)已分配股利	
(5)上缴利润	
(6)折股	18,851,436.76
小计	22,081,530.39
2.其他运用	
(1)固定资产和在建工程净增加额	36,988,649.00
(2)增加无形资产、递延资产及其他资产	
(3)偿还长期负债	
(4)增加长期投资	
小计	36,988,649.00
流动资金运用合计	59,070,179.39
流动资金增加净额	127,407,666.21

流动资金各项目的变动	金额
一、流动资产本年增加数	
1.货币资金	11,858,944.39
2.短期投资	50,117,835.20
3.应收票据	
4.应收帐款净额	18,082,147.26
5.预付货款	-3,697.90
6.其他应收款	7,730,559.49
7.待摊费用	-1,927,453.13
8.存货	29,657,730.35
9.待处理流动资产损失(减收益)	
10.一年内到期的长期债券投资	
11.其他流动资产	
流动资产增加净额	115,516,065.66
二、流动负债本年增加数	
1.短期借款	
2.应付票据	
3.应付帐款	2,615,943.58
4.预收货款	-5,761,424.73
5.应付福利费	736,729.47
6.未付股利	
7.未交税金	-2,548,864.02
8.其他未交款	-3,675,846.24
9.其他应付款	-1,112,085.83
10.预提费用	-2,146,052.78
11.一年内到期的长期负债	
12.其他流动负债	
流动负债净增加额	-11,891,600.55
流动资金净增加额	127,407,666,21

单位负责人:何清山　财务负责人:吴纯朴　编制人:马宏云

济南柴油机股份有限公司1997年度中期报告

一、财务报告(未经审计)

(一)财务报告

1、简化的资产负债表

资产	期末数	期初数
流动资产	270,253,411.60	242,794,966.32
长期投资	200,000.00	
固定资产净值	93,201,428.18	96,870,619.72
在建工程	24,335,233.38	22,874,524.83
无形资产		
递延资产		
资产总计	387,890,073.16	362,540,110.87
负债角度股东权益		
流动负债	90,351,980.48	62,929,026.55
长期负债	94,758,765.77	96,348,424.97
负债合计	185,110,746.25	159,277,451.52
股东权益	202,779,326.91	203,262,659.35

其中:股本	104,000,000.00	80,000,000.00
资本公积	85,728,701.85	101,728,701.85
盈余公积	3,230,093.63	3,230,093.63
未分配利润	9,820,531.43	18,303,863.87
外币折算差异		
少数股东权益		
负债及股东权益合计	387,890,073.16	362,540,110.87

2. 简化的损益表

	97年1~6月30日	96年1~6月30日
主营业务收入	63,726,233.21	77,784,352.99
主营业务利润	-5,389,252.77	7,913,484.59
其他业务利润	396,559.39	
投资收益	3,374,496.32	
营业外收支净额	1,634,864.62	943,211.36
利润总额	16,667.56	8,856,695.95
应交所得税		
少数股东损益		
净利润	16,667.56	8,856,695.95

3. 主要财务指标

	97年1~6月30日	96年1~6月30日
(1)每股收益	0.00016	0.11
(2)净资产收益率	0.0082%	4.75%
(3)每股净资产	1.95	2.33
(4)股东权益比	52.28%	53.91%

注:96年上半年数按80,000,000股计算;97年上半年数按送股及转增股本后的104,000,000股计算。

(二)会计报表附注

1、本报告期内所采用的会计政策和会计方法与上年一致,报告期主体未发生变化。

2、关联企业及关联交易:

(1)济南柴油机厂是本公司唯一发起人,作为国有法人股股东持有本公司股份;发行时为5500万股,96年公司股利分配及资本公积转增股本后为7150万股,占公司总股本的68.75%。该厂为中国石油天然气总公司下属的国有企业,注册资本19,776万元,注册地为山东省济南市文化西路14号,主营柴油机;天然气机;柴油、天然气发电机组制造、修理、机械加工及相关出口业务。

(2)按照公司与关联方济柴厂签订的协议,公司在报告期内支付给济柴厂提供的综合服务费(运输、动力、工具、工装、设备检修费用)共计5,801,622元。

(3)按照九六年度股东大会决议,分配济柴厂550万股红股,由关联方作收益。

(4)报告期内公司与关联方济柴厂未相互提供担保、抵押等事项。

3. 帐项分析

(1)短期投资:报告期末较年初减少30,117,835.20元,主要原因是:收回国债投资。

(2)股本变动:较期初增加24,000,000.00元,主要原因是据公司分红方案(十送一转二)由资本公积转增股本所致,故资本公积较年初减少16,000,000.00元。

(3)预付帐款:较年初增加4,917,416.47元,主要原因是:

①付鞍钢供销公司	2,491,247.73元	钢材款
②付五矿石油器材公司	2,000,000.00元	钢材款
③付上海钢管股份公司	195,262.74元	钢材款
④肥城矿务局陶阳矿	63,409.27元	煤　款

(4)投资收益:报告期共收益3,374,496.32元,其中:国债投资530,000.00元。

(5)报告期内计交九六年送股代扣个人所得税500,000.00元。

(6)募集资金使用情况:

新190高增压柴油机工程上半年新增投资1,360,708.55元。公司募集资金投向未作变动。募集余款除10,000,000元投入国债外,其余均为银行存款。

二、经营情况回顾及展望

1. 上半年生产经营情况回顾

①完成内燃机制造199台,其中发电机组制造79台,销售169台。完成配件制造18万套件,配件制造比去年同期增长128.5%。

②实现销售收入6,372.62万元。

③柴油发电机组上半年出口16台,创汇100万美元。

④主导产品12V190B型柴油机第三次荣获"山东名牌产品"称号。

⑤新产品开发试制按计划有序进行,6190ZLC-2六缸直列船用机通过了厂级评定,并完成了图纸、工艺的整顿,具备了批量生产能力,上半年销售28台,97年底可达到年产300台的能力,使公司盈利水平得到提高。

在高海拔地区使用高原柴油机六缸200KW柴油发电机组、500KW闭式天然气发电机组完成了生产技术准备,具备了生产条件。

非增压天然气机已安排试制,下半年可视用户需要提供产品。6缸直列200KW陆用机组,也已安排试制。

800KW闭式柴油发电机组于5月中旬试验完成。下半年可视用户需要提供产品。

97年上半年共增加5个改计较大的变型机新品种,进一步适应了市场需求。

⑥本公司募集资金到位后,96年对新190高增压柴油机项目投入1672.48万元,97年根据计划进度新投136万元。该机97年四季度完成总装,发往奥地利做性能试验。根据工艺进度预计下半年需投入520万元。

190系列柴油机加工生产线技术改造项目进口的9台设备,目前已调试完成,投入试生产。经验证达到设计能力后即可由本公司从募集款项中购回。该项目需投入3204.46万元。

⑦重新调整了销售网点,加大了促销力度。为了配合船用机的销售,公司在船机用户比较集中的山东荣城和福建石狮组建了具有主机营销、配件供应、维修服务一体的综合办事处,为开辟当地市场打下了基础。在动力机械市场除农机外,销售普遍下降的情况下,通过公司销售人员的优质服务和充足的配件供应,进一步开拓了船机市场,胶东地区新船所需柴油机,我公司已占到80%以上,从而扩大了公司产品在船机市场所占有的份额。虽然公司上半年总体销售未能达到预期目标,船机市场的开拓无疑为公司今后的发展闯出了一条新路。

⑧加大宣传措施,努力推介公司产品。较长时间以来,厂和公司产品(包括发起人济南柴油机厂)基本为石油勘探开发服务,对石油市场依赖较强。公司创立后,为解决这一问题,97年上半年公司加大了市场调研和产品推介力度,广泛征求石油及地矿、钢铁、石化、船舶等系统用户的意见,先后参加了山东船检局、武汉造船协会举办的产品配套会议,与中国内燃机学会联合举办了190系列柴油机产品技术介绍会,与会专家为开发190产品和拓宽市场提出了许多好的建议,对扩大公司下半年产品销售,起到良好的促进作用。

⑨贯彻国务院《质量振兴纲要》,在公司内部实行了质量承包,对控制下属生产分厂废品损失起到有效控制作用。上半年通过开展工艺纪律检查和质量控制,使公司产品通过了国家技术监督局对公司产品的质量抽查,得到较高评价。

⑩公司主要领导带队赴邯钢学习管理经验,在学习邯钢经验的基础上强化"两本"管理,并结合公司实际制定出实施措施,通过深入工作,在成本控制方面。下半年有望见到实际效果。

2. 下半年需做的工作

报告期净资产收益率低于同期银行存款利率,其原因主要是上半年生产经营活动受市场开发力度不够,新产品船用机生产尚未达到经济批量,公司经营机制还不适应激烈的市场竞争的需要的影响,上半年公司盈利甚微,与广大投资者的期望有一定差距,本公司董事会在此向广大投资者致谦。下半年准备采取以下措施做好工作。

①在上半年做好产品推介宣传工作的基础上,下半年继续加大促销

措施。对销售部门落实销售合同、增加销售力量,奖惩兑现,进一步完善销售网点,发挥辐射作用,做好武汉、石狮、胶东网点的完善,下半年销售收入较上半年有较大幅度提高。

②抓好新产品及市场需要的190系列变型机的开发,以优质、适用的产品积极参与市场竞争,努力稳住石油勘探市场。抓住部分油田装备更新的机会,搞好配套服务。在6190ZC—2船用机已打开渔船市场的基础上,继续开发6190ZLC－21500r/min增压船用机型,适应不同用户的需求。继续抓好西北市场的开发,抓紧完善800KW机组,以适应电动钻机市场需求。

③根据市场调研,近期亚太地区发展中国家和地区对机械设备特别是对内燃机及各种发电设备需求不断增长,公司7月份又成功向苏丹、印尼等国家出口发电机组十余台。下半年努力在产品质量、配件供应、维修服务等方面做好工作,努力满足用户的特殊需求,争取超额完成出口创汇计划。

④抓好成本管理。采取措施压缩原材料及产成品、在制品储备,减少资金占用;堵塞管理漏洞,减少管理费用;狠抓产品质量,减少废品损失;增收节支,使产品成本有一定幅度的降低。

三、重大事项说明

1. 本公司内部职工股250万股,至97年4月22日发行满半年,经深交所批准于97年4月23日正式挂牌交易。

2. 报告期公司第一届董事会共召开四次会议,97年元月9日召开的第一次董事会议由总经理传达了证监会在东莞召开的上市公司座谈会会议精神,并对公司内部机构作了适当调整。

97年4月26日召开的第二次董事会议决定,从96年本公司实现的可分配利润21,533,957.50元中提取10%的法定公积金及5%的公益金后,向全体股东每10股送1股红利,其余可分配利润转入下一年度,同时还决定从资本公积金中提取16,000,000元,每10股转增2股,以上方案业经公司第二届股东大会通过,经山东省证券管理办公室鲁证管办函字(1997)5号文批准,于1997年5月26日至5月27日实施。公司股份变动公告经深交所审查刊登在1997年8月9日《中国证券报》上,总股本由8000万股增至10400万股。

97年4月13日召开的临时董事会议,主要对与英国帕金斯公司合资扩展公司产品功率覆盖范围的意向进行研究。待进行实质性洽谈前再取得股东大会批准。97年5月4日召开的临时董事会议主要研究公司第二届股东大会的筹备事项。股东大会于97年5月6日顺利召开。

3. 根据国务院证券委、中国人民银行、中国经贸委5月21日联合发布的《严禁国有企业和上市公司炒作股票的决定》,我公司进行了认真自查,至规定期限我公司除持有具名本公司的一个帐户外,已无其它帐户。至六月三十日公司已无深、沪二市流通股股票。本公司从未参与本公司股票的炒作。今后如进行证券投资将认真遵照有关法规进行。

4. 本报告期利润不分配。

5. 报告期内,公司无重大诉讼、仲裁事项。

四、发行在外股票的变动和股权结构变化

1. 股本变动原因

本公司于1997年5月6日召开股东大会,审议通过本公司1996年度利润分配方案和资本公积转增股本方案,并经山东省证券管理办公室〔鲁证管办(1997)5号文〕批准,本公司于1997年5月16日在《中国证券报》和《证券时报》刊登了《济南柴油机股份有限公司1996年度送股及公积金转增股本公告》。分红方案为每10股送1股红股,同时用资本公积金每10股转增2股。本方案实施后公司总股本从80,000,000股增至104,000,000股。

2. 股份变动情况表

数量单位:股　　　　每股面值:1元

	送股和转股前	本次变动增减			送股和转股后
一、尚未流通股份		送股	公积金转股	小计	
1、发起人股份					
其中:					
国家拥有股份	55,000,000	5,500,000	11,000,000	16,500,000	71,500,000
其它					
尚未流通股份合计	55,000,000	5,500,000	11,000,000	16,500,000	71,500,000
二、已流通股份					
1、境内上市人民币普通股	25,000,000	2,500,000	5,000,000	7,500,000	32,500,000
三、股份总数	80,000,000	8,000,000	16,000,000	24,000,000	104,000,000

3. 公司股份变动后前10名股东名单及持股数:(截止日期1997年6月27日)

	持股数	持股比例%
1. 济南柴油机厂	71500000	68.75
2. 马立国	494000	0.47
3. 文海燕	130000	0.12
4. 黄楚光	130000	0.12
5. 丛树和	118000	0.11
6. 罗　荣	110300	0.10
7. 许荣翰	100000	0.09
8. 刘代斌	71500	0.06
9. 广东龙马	64440	0.06
10. 中山市工商银行小榄支行金饰部	61440	0.05

五、股东大会简介

报告期本公司于1997年5月6日上午8时至10时在公司本部召开了第二届股东大会(1996年年会),出席会议的股东人数为48人,代表的股权数为56,074,800股,占公司总股本的70.094%。符合《公司法》和《公司章程》规定。

本次会议通过了以下议项:

①董事会工作报告

②监事会工作报告

③公司一九九六年工作总结及一九九七年工作发展计划。

④公司一九九六年财务决算。

⑤公司一九九年利润分配及资本公积金转增股本方案。

具体方案为:

96年本公司共实现分配利润21,533,957.50元,提取10%法定公积金2,153,395.75元,提取5%的公益金1,076,697.88元以后,可供股东分配的利润为18,303,863.87元,公司董事会决定向全体股东每10股派送1股红利,计送出8,000,000元,其余可分配利润10,303,863.87元转入下一年度。同时公司董事会议还决定从资本公积金中提取16,000,000元转增股本,即向全体股东每10股转增2股。利润分配及转增股本方案业经山东省证管办以鲁证管办函字(1997)5号文批准,并与97年5月26日～27日实施。

⑥审议通过公司一九九七年增资配股初步论证报告,授权董事会在适当时机提出配股的具体议案并提交临时股东大会通过。

上述表决通过的议项,符合法定程序,会议通过的各项决议有效。

六、备查文件

1. 公司董事长何清山先生亲笔签署的《一九九七年度中期报告》原件。

2. 公司第二届股东大会文件决议原件。

3. 查询地址:济南市文化西路14号公司证券部。

4. 联系人:公司证券部主任、股权事务代表任江。

5. 咨询电话:(0531)2965971转2324。

济南柴油机股份有限公司

一九九七年八月二十六日

安徽红星宣纸股份有限公司

安徽红星宣纸股份有限公司1996年年度报告摘要

一、公司简况

1. 公司名称
中文:安徽红星宣纸股份有限公司
英文:ANHUI HONGXING XUANZHI PAPER CO.LTD
2. 公司注册地址:中国安徽泾县大桥南路27号
邮政编码:242500
3. 公司法定代表人:曹皖生
4. 公司董事会秘书:王锦文
5. 公司咨询服务机构:证券部
电话:(0563)5096009
传真:(0563)5021006
6. 股票简称:红星宣纸
7. 股票代码:0619

二、主要会计数据和业务数据指标

单位:万元

指标项目	1996年度	1995年度	比上年增减(%)
1. 主营业务收入	5,257	4,480	+17.34
2. 净利润	1,404	1,132	+24,03
3. 总资产	17,935	5,169	+246.97
4. 股东权益	15,518	2,484	+524.72
5. 每股收益(元)	0.28	—	—
6. 每股净资产(元)	3.10	—	—
7. 净资产收益率(%)	9.05	45.57	-80.14
8. 股东权益比率(%)	86.52	48.06	+80.02

注:申购无效的投资者资金在冻结期所产生的存款利息收入增加本年度净利润计162.09万元,剔除该因素后,本年度净利润是1,241.91万元,股东权益是15,355.91万元,每股收益是0.25元,每股净资产是3.07元,净资产收益率是8.09%,股东权益比率是85.62%。

三、公司主要业务回顾

1. 一年来公司生产经营情况

1996年是我公司股份制改制的开端,也是我公司"红星宣纸"股票上市的第一年。1996年,公司生产宣纸500吨,比95年增长8%;实现主营业务收入5,257万元,比上年实际增长了17.36%,占盈利预测主营业务收入的90.87%;实现净利润1404万元,比上年同期增长了24.03%,占盈利预测的87.95%。1996年,公司在经营管理方面主要采取了以下主要工作措施:

1)学邯钢、抓管理、降费用、增效益。1996年,公司组织职工学习邯钢经验,向管理要效益,进一步完善和健全了财务制度、人事制度、岗位责任制和内部目标责任制等各项规章制度,使公司管理得到了明显的提高。同时,通过严格的管理,降低了生产物耗和费用,提高了经济效益。

2)瞄准市场,积极开发生产适销对路新品种、新规格的宣纸。公司根据自身规模小、名牌效应明显、产品畅销等优势,瞄准市场,根据不同的市场、不同的民族风格、不同的消费层次、不同的艺术流派等具体情况,积极开发生产适销对路、销售利润率高的新品种、新规格的宣纸,提高了主营业务收入和利润。

3)规范运作、强化管理、提高企业的整体素质。1996年,公司以股票上市为契机,转换企业经营机制,强化企业内部管理,树立对全体股东负责和依法运作的观念,进一步完善股东大会、董事会和监事会的职责和管理程序。同时,加强《公司法》等证券法规的学习与宣传,制定信息披露制度,严格履行信息披露义务,使公司规范化运作迈上了新台阶。

4)加强"红星水库"工程进度,确保企业正常生产。宣纸生产离不开清泉和高山。保持水质良好清澈,是保证红星宣纸质量的一个必备条件。雨季,山洪瀑发,河水浑浊,迫使企业停产;旱季,河水干涸见底,也不得不停产。为此,一方面,公司采取了封山育林和护林的措施;另一方面,在河道上游投资200余万元,兴建一座蓄水量20万立方米的红星水库。可以在连续二个月不降雨的情况下,保证生产用水的供应。目前,红星水库基础工程已经完成,配套设施工程正在紧张进行,预计"红星水库"全部工程将在97年5月底竣工交付使用。

2. 实际经营成果与盈利预测差异的分析说明

1996年,公司实现主营业务利润1,652.38万元,与盈利预测相比减少了731.51万元,下降了30.69%;实现净利润1,404.00万元,与盈利预测相比减少了192.52万元;实现每股税后利润0.28元,与盈利预测每股税后利润0.32元(按15%税负计算预测每股税后利润0.41元)相比,降低了12.05%。现就差异的主要原因作如下说明:

1)主营业务收入影响:96年底,公司实现主营业务收入5257.02万元,比上年实际增长了17.36%,而比盈利预测的主营业务收入净减少528.33万元,降低了9.13%。主要因素是:由于本年度5月份和7月份,我县遭受特大洪灾,山雨连绵,洪水瀑发,河水浑浊,严重影响产品质量和造成原材料(主要原料燎草)短缺的困难,迫使公司在一定时期内处于停产和半停产状态。10月份,又遭受严重旱灾的影响,河水断流,水源供应不足,降低了产量,影响了产品交货期致使主营业务收入下降,利润减少。

2)营业成本的影响:96年度,公司全年营业成本2,509.49万元,比预测上升了358.5万元,增长了16.67%。其主原因是由于原材料价格的上涨和评估存货产成品升值两大因素影响,致使成本上升358.5万元,减少了利润。

3)投资收益和营业外收入的影响:96年度,公司进行股票投资,获得收益1,936,882.60元,此净增加利润。此外,公司发行股票收到无效申购资金利息收入2,419,279,37元,按财政部有关规定列入营业外收入,两项共净增利润4,356,161.97元。

公司1996年度没有较好地完成盈利预测,公司董事会向全体股东深表歉意。

3. 募集资金的使用情况说明

1996年9月19日、20日,公司向社会发行1,700万社会公众股(其中:内部职工股170万股),共募集资金9,996万元。现就本年度募集资金的使用情况说明如下:

1)红星牌宣纸燎草生产加工基地技术改造项目的资金投向情况

为了保证红星牌宣纸的正常生产,原计划建设自给自足的原材料燎草生产加工基地。但考虑到征用大规模土地难度大和燎草加工基地改造基础上生产周期较长的问题,影响燎草的正常供应。故公司决定先租用乌溪乡联社燎草厂、乌溪乡下叶村燎草厂近200亩的石滩,以此来保证燎草的正常供应后,再进一步进行技术改造,不致于影响宣纸的生产。

2)书画纸生产线技术改造项目的资金投向情况

由于在书画纸项目方面,公司征地有一定的难度。因此,公司决定出资和小岭宣纸厂共同开发该项目。利用小岭宣纸厂闲置的土地和厂房,以解决征地困难,同时缩短了项目建设期,提高了资金利用率。

3)宣纸、书画纸包装印刷技术改造项目的资金投向情况

为了维护股东的权益,对股东负责。1996年11月份,公司对该项目进一步进行论证:目前印刷,包装行业竞争激烈且不景气,公司拟变更项目,待董事会进一步研究。

4)剩余资金1,676.24万元,作为公司补充流动资金的不足,已投入

使用。

四、股本变化及股本结构情况

(一)股本变化及股本结构情况

公司股本结构如下:(情况日期:1996年12月31日)

单位:股　每股面值:1元

股份类别	期初数	期末数
1.尚未流通股		
(1)发起人股份	33,000,000	33,000,000
其中:		
国家拥有股份	33,000,000	33,000,000
(2)内部职工股	1,700,000	1,700,000
其中:		
高管人员持股	21,000	21,000
尚未流通股份合计	34,700,000	34,700,000
2.已流通股份		
境内上市的人民币		
普通股(A股)	15,300,000	15,300,000
流通股份合计	15,300,000	15,300,000
3.股份总数	50,000,000	50,000,000

(二)公司1996年10月16日正式成立,报告年度股本未变动。

(三)主要股东持股情况

截止1996年12月31日,本公司前10名股东的持股情况

股东名称	持股数(股)	持股比例(%)
1)中国宣纸集团公司(国家持股单位)	33,000,000	66
2)杨远明	200,000	0.4
3)王能显	150,000	0.3
4)大沥证券	128,137	0.26
5)王　义	128,137	0.26
6)高莲花	100,000	0.2
7)贺　军	100,000	0.2
8)王　南	96,898	0.19
9)郭　旭	90,000	0.18
10)许忠良	77,000	0.15

(四)公司董事、监事及高级管理人员持股情况

职务	姓名	年末持股数(股)
董事长、总经理	曹皖生	3,000
副董事长	江柏林	2,000
董事、副总经理	胡业斌	2,000
董事、副总经理	洪叶菊	2,000
董事、副总经理	叶振平	2,000
董事、副总经理	陈小平	2,000
董事、兼证券部经理		
财务部经理	曹明友	2,000
董事	曹明水	2,000
董事	邢春荣	2,000
董事会秘书	王锦文	0
监事会主席、工会主席	曹伟民	2,000
监事	孙业清	0
监事	凤毅萍	0

五、重要事项

1.公司第一次股东大会于1996年10月16日在安徽泾县红星大酒店召开,出席会议的股东及授权代表120人,代表股份33,814,800股,占公司总股本的68%。大会审议通过如下事项:(1)审议通过《公司章程》(草案);(2)审议通过公司股东申请上市的决议;(3)选举产生公司第一届董事会;(4)选举产生公司第一届监事会;(5)审议通过募集资金投向的报告。

2.公司招股说明书刊登于1996年9月17日的《证券时报》和《中国证券报》上。9月17日,公司采用"全额预缴,比例配售,余款即退"的方式向社会公开发行1,700万股人民币普通股,每股面值1元,发行价5,88元,募集资金形成股本17,000,000万元,股票溢价收入(扣除发行费用368万元)及申购成功投资者其资金在冻结期间产生的利息收入79,307,655.58元记入资本公积。

3.公司上市公告书刊登于1996年10月19日的《证券时报》和《上海证券报》上,公司1530万社会公众股于1996年10月23日在深圳证券交易所挂牌上市。股票简称"红星宣纸",证券代码"0619",公司内部职工股170万股将于1997年4月23日后方可向深交所申请上市交易。

4.本年度内公司共召开二次董事会。主要审议通过如下事项:(1)选举曹皖生同志担任董事长,江柏林同志担任副董事长;(2)聘任曹皖生同志任总经理;(3)聘任胡业斌、洪叶菊、叶振平、陈小平同志为副总经理;(4)聘任曹明友同志兼任财务总经理;(5)聘任王锦文同志为董事会秘书;(6)承诺96年6-12月份利润归全体股东共同享有。

5.本报告期内无重大诉讼、仲裁事项。

六、子公司及关联企业

本公司在报告期内无子公司和关联企业。

七、财务报告

(一)审计意见

公司财务报告经安徽会计师事务所注册会计师童传江、方长顺审计,并出具了无保留意见的审计报告。

(二)财务报表

(1)资产负债表(附表一)

(2)损益表及利润分配表(附表二)

(3)财务状况变动表(附表三)

(三)财务报表附注

1.公司采用的主要会计政策

(1)执行的会计制度

本公司执行《股份制试点企业会计制度》及其补充规定。

(2)会计期间

自公历一月一日至十二月三十一日止。

(3)记帐原则和计价基础

采用权责发生制原则,以实际成本为计价基础。

(4)外币折算方法

以人民币为记帐本位币,外币业务按发生时市场汇价折合人民币记帐,并在报告日按市场汇价进行调整,由此产生的汇兑损益记入当期损益。

(5)存货计价方法

原材料和产成品按实际成本核算,低值易耗品采用分期摊销法摊销,原材料和产成品发出采用加权平均法计价。

(6)固定资产及其折旧

固定资产按实际成本计价,采用平均年限法计提折旧,固定资产分类折旧年限,预计残值及折旧率如下:

类别	净残值率(%)	使用年限	年折旧率(%)
生产用房	3	30	3.23
非生产用房	3	35	2.77
建筑物	3	15	6.47
机械设备	3	10	9.70
动力设备	3	11	8.82
运输设备	3	6	16.17
专用设备	3	8	12.13

(7)无形资产及其摊销

土地使用权按使用期50年平均摊销。

(8)递延资产及其摊销

开办费按5年期限平均摊销。

(9)税项

1.增值税:执行17%税率。

2.城建税及教育附加费:按应纳增值税额的5%和3%缴纳。

3.所得税:

根据安徽省人民政府皖政秘字(1996)114号《关于安徽红星宣纸股份有限公司所得税征收问题的批复》,本公司所得税实行先征收后返还办法,征收率为33%,返还18%。

(10)销售收入确认

销售收入以产品已发出、劳务已提供、货款已收到或取得了收取货款的权利为确认原则。

(11)坏帐准备

年末不计提坏帐准备,当期发生的坏帐损失直接计入管理费用。

(12)利润分配

根据公司法和本公司章程的有关规定,本年度税后利润按下列顺序分配:

1)计提法定公积金10%;

2)计提法定公益金10%;

3)支付普通股股利。

2.报表项目注释

(1)货币资金

截止一九九六年十二月三十一日,货币资金余额为90,552,621.81元。包括:现金620,115.77元,银行存款89,932,506.04元。银行存款中USD210,698.91折合人民币为1,748,421.60元。

(2)应收帐款

应收帐款系销售产品形成的债权,截止一九九六年十二月三十一日,应收帐款余额为27,865,564.41元,包括:

帐龄	金额	比例(%)
一年以内	27,357,122.59	98.18
1-2年	508,441.82	1.82

注:本帐户余额中持有5%以上股份的主要股东中国宣纸集团公司占12,485,335.19元。

(3)预付货款

预付货款反映因购买原材料中而预付的款项,截止一九九六年十二月三十一日,预付货款余额为2,289,711.75元,其中主要有:

户　名	金额	帐龄
预付农户购檀皮款	1,406,617.24	一年以内
预付农户购燎草款	452,029.20	1-2年
浙溪大庄燎草厂	215,000.00	一年以内

(4)其他应收款

其他应收款反映对其他单位和个人的应收及暂付款项,截止一九九六年十二月三十一日其他应收款余额为8,862,214.07元。包括:

帐龄	金额	比例(%)
一年以内	7,543,699.36	85.12
1-2年	1,318,514.71	14.88

注:本帐户余额中持有5%以上股份的主要股东中国宣纸集团公司占3,006,927.36元。

(5)待摊费用

截止一九九六年十二月三十一日待摊费用余额为1,663,335.95元,主要包括:

期初进项税	909,227.04
大修理费	317,986.22
97年度汽车保险费	140,241.00

(6)固定资产及累计折旧

固定资产原值

项目	期初余额	本期增加	本期减少	期末余额
房屋及建筑物				
1)生产用房	12,300,065.16	3,986,369.55		16,286,434.71
2)非生产用房	470,120.33	1,020,928.34		1,491,291.37
3)建筑物	3,657,871.74	641,419.63		4,299,29.371
通用设备				
1)机械设备	3,323,025.82	365,211.19		3,688,237.01
2)动力设备	219,659.60	45,640.40		265,300.00
3)运输设备	2,716,640.26	707,100.84	150,000.00	3,273,741.00
4)其他设备	681,240.57	227,679.43		908,920.00
专用设备	2,250,900.54	307,604.20	157,400.54	2,401,104.20
合计	25,619,524.02	7,301,953.58	307,400.54	32,614,077.06

累计折旧

项目	期初余额	本期增加	本期减少	期末余额
房屋及建筑物				
1)生产用房	5,345,552.02	1,978,517.01		7,324,069.03
2)非生产用房	102,757.79	215,055.82		317,813.61
3)运输设备	2,097,018.28	390,883.87		2,487,902.15
通用设备				
1)机械设备	1,067,153.25	403,408.20		1,470,561.45
2)动力设备	93,078.27	32,141.90		125,220.17
3)运输设备	940,936.90	440,525.70	79,265.70	1,302,196.90
4)其他设备	144,310.64	160,608.00		304,918.64
专用设备	580,486.24	157,162.44		737,648.68
合计	10,371,293.39	3,778,302.94	79,265.70	14,070,330.63

(7)在建工程

截止一九九六年十二月三十一日,在建工程余额为2819546.93元,主要有:

工程名称	实际支用数	原预算数	资金来源
红星水库工程	947,368.81	2,270,000.00	贷款
综合楼工程	705,322.10	700,000.00	自筹
程控电话工程	450,000.00		自筹
电话改制工程	267,717.27	440,000.00	自筹
供执车间	260,529.25		

注:红星水库工程系"双加"工程。

(8)无形资产

截止一九九六年十二月三十一日无形资产余额为8,893,145.41元。

项目	原值	已摊金额	期末余额	剩余摊销年限
土地使用权	8,998,123.50	104,978.09	8,893,145.41	49.42

(9)递延资产

截止一九九六年十二月三十一日递延资产余额为817,878.79元,包括:

项目	原值	已摊金额	期末余额	剩余摊销年限
开办费	867,395.57	49,516.78	817,878.79	4.75

(10)短期借款:

截止一九九六年十二月三十一日短期借款余额为5,000,000.00元。

贷款单位	本金	年利率(5)	期限	担保/抵押中
中国工商银行泾县支行	5,000,000.00	10.08	96.12-97.12	担保

(11)未交税金

截止一九九六年十二月三十一日未交税金余额为4,607,146.37元。其明细项目如下:

税种	未交税额	减免情况
增值税	1,018,368.15	/
城市维护建设税	145,170.24	/
所得税	3,443,607.98	/

(12)一年内到期的长期负债

截止一九九六年十二月三十一日一年内到期的长期负债余额为3,390,000.00元。包括:

贷款单位	期限	年利率	币种	金额	借款条件
中国人民银行泾县支行	96.5.2-97.12.24	11.52%	RMB	390,000.00	信用

中国工商银行泾县支行　95.12.11－97.12.10　13.50%　RMB 3,000,000.00 担保

(13)其他长期负债

截止一九九六年十二月三十一日其他长期负债余额为200,000.00元,系从泾县财政局借入财政周转金,无息。

(14)股本

截止一九九六年十二月三十一日股本总额为50,000,000.00元,包括:

类别	股数
国有法人股	33,000,000
社会公众股	17,000,000
其中:内部职工股	1,700,000

(15)资本公积

截止一九九六年十二月三十一日资本公积余额为95,071,447.89元。本期增减情况如下:

期初余额:	
本期增加:	
1)股票溢价收入(减发行费用)	79,280,000.00
2)资本溢价(国有法人股折股形成)	15,763,792.31
3)其他	27,655.58
本期减少	/
期末余额	95,071,447.89

注:其他项目为本公司发行股票过程中申购成功投资者资金在冻结期间产生的利息收入。

(16)盈余公积

截止一九九六年十二月三十一日盈余公积余额为2,021,368.94元,本期增减情况如下:

期初余额:	5,059,222.08
本期增加:	
1)计提法定公积金	1,404,002.43
2)计提法定公益金	1,404,002.43
本期折股减少	5,845,858.00
期末余额	2,021,368.94

(17)未分配利润

截止一九九六年十二月三十一日未分配利润余额为8085475.70元。本期增减情况如下:

期初余额:	14,302,162.11
加:本期实现净利润	14,040,024.22
减:本期计提法定公积金	1,404,002.43
本期计提法定公益金	1,404,002.43
本期折股减少	17,448,705.77
期末余额:	8.085,475.70

(18)主营业务收入

主营业务收入系"红星牌"各类宣纸内销和外销收入。一九九六年一月至十二月主营业务收入为52,570,193.66元,其中外销收入26,001,153.31元,内销收入26,569,042.35元。

(19)财务费用

一九九六年度财务费用为174,612.37元。其中利息支出(减收入)99,065.85元,汇兑净损失为61,315.70元,其他财务费用为14,230.82元。

(20)投资收益

一九九六年投资收益为1,936,882.60元,系股票投资收益。

(21)营业外收支

一九九六年度营业外收入2,732,541.10元,其中保险赔款收入为267,626. 73元,无效申购投资者资金在冻结期内产生利息收入为2,419,279.37元。营业外支出166,241.04元,主要系固定资产清理损失和捐赠支出。

(22)折股未分配利润

本期利润分配表中折股未分配利润系本公司经安徽省国有资产管理局国资工字(1996)126号文批准,对中国宣纸集团公司投入本公司经资产评估确认后的净资产进行折股时转入股本和资本公积的未分配利润。详细说明见附注20。

(23)关联交易说明

1996年本公司销售给中国宣纸集团公司各种规格宣纸33657刀,平均单价315.55元。本公司销售收入10,620,305.96元。

3.财务报表项目变动幅度超过30%数据说明:

(1)货币资金:本年余额比上年增加1826%,是由于本公司1996年发行股票募集资金增加了货币资金。

(2)应收帐款:本年余额比上年增加125%,主要原因是由于本期销售量增加,应收销售货款相应增大。

(3)其他应收款:本年余额比上年增加237%,主要原因是本年度股份公司为中国宣纸集团公司代垫的款项年底尚未结算。

(4)待摊费用:本年余额比上年增长55%,主要是由于本年度生产用河道、河坝大修费增加。

(5)存货:本年余额比上年增长35%,主要由于本年度生产规模扩大,原材料储备量增大所致。

(6)在建工程:本年余额比上年增长280%,主要是由于本期增加程控电话工程投资450,000元;供热车间工程260,529.25元,综合楼工程705,322.10元,红星水库工程追加投资380,571.41元。

(7)无形资产:本年期末余额为8,893,145.41元,是公司改制时中国宣纸集团公司投入的土地使用权价值。本期已摊销104,978.09元。

(8)递延资产:本年余额817,878.79元,是本公司设立时的开办费,本期已经摊销49,516.78元。

(9)应付帐款:本年余额比上年减少82%,主要是由于本期现款采购较多。

(10)短期借款:本年比上年增加5,000,000元,是本年度贷入的"双加"工程项目贷款。

(11)预收货款:本年余额比上年增加436%,主要是由于本期客户订单增加,按合同预收定金相应增加所致。

(12)未交税金:本年余额比上年增加1322%,是由于本公司本年所得税尚未与税务部门清缴,本公司本年度按33%税率计缴所得税,返还18%部分尚未到位。

(13)其他未交款:本年余额比上年减少92%,主要是由于本期公司清缴了以前年度应缴的"两金"。

(14)其他应付款:本年余额比上年减少57%,主要是由于本年度补发工资所致。

(15)预提费用:本年余额比上年减少92%,是由于去年预提的各项费用已在本年支付。

(16)一年内到期的长期负债:本年比上年增加3,390,000元,是本期期末一年内到期的长期借款按会计制度规定而转入数。

(17)长期借款:比上年减少4,390,000.00元,其中有1,000,000元未到期已归还,转入一年内到期的长期负债3,390,000元。

(18)股本:本年余额50,000,000元为本期国有资产折成的股本和发行股票所募集到位股本。

(19)资本公积:本年比上年增加95,071,477.89元,主要为本期国有资产折股溢价和股票发行的溢价收入(扣除发行费用)。

(20)未分配利润:本年余额比上年减少43%,主要由于对国有资产进行折股时17,448,705.77元转入股本和资本公积所致。

(21)主营业务收入:本年发生额比上年增加7,774,552.14元,系因为本年宣纸销售量比上年增加所致。

(22)营业成本:本年发生额比上年增加8,798,009.93元,主要因为本年宣纸销售量比上年增加相应增加成本及由于资产评估时产成品增值,使单位成本有所增加。

(23)销售费用:本年发生额比上年增加222,856.78元,主要是由于本年度根据合同增加按销售收入的1%提取支付中国宣纸集团公司商标使用费所致。

(24)财务费用:本年发生额比上年增加110,688.87元,主要是由于本期上半年贷款比上年增加,利息支出大于上年。

(25)营业税金及附加:本年发生额比上年增加122,601.64元,是因为本年销售收入增加而导致营业税金及附加相应增加。

(26)投资收益:本年发生额比上年增加1,936,882.60元,是由于本期增加股票收益所致。

(27)营业外收入:本年发生额比上年增加2,655,278.69元,主要是由于本期股票发行中形成的无效申购资金利息收入2,419,279.37元按规定记入营业外收入所致。

(28)营业外支出:本年发生额比上年减少450,717.78元,主要是由于本年捐赠及赞助比上年减少。

八、其它事项

1)本公司一届四次董事会通过了公司1996年度利润分配预案:1996年可供股东分配利润8,085,475.70元,按总股本5,000万股为基准,每10股送红股1股,剩余3,085,475,70元转存下年分配。本预案尚需提请股东大会审议通过。

2)本公司第一届第四次董事会通过动用资本公积转增股本方案。本公司从1996年末资本公积95,071,477.89元中运用20,000,000.00元用来转增股本,即以总股本5,000万股为基准,每10股转增4股。本方案尚需提请股东大会审议通过。

上述两方案实施后本公司总股本将达到7,500万股。

安徽红星宣纸股份有限公司

1997年4月26日

资 产 负 债 表

编制单位:安徽红星宣纸股份有限公司　　1996年12月31日　　金额单位:人民币元

资产	附注	年初数	期末数	负债及股东权益	附注	年初数	期末数
流动资产:				流动负债:			
货币资金	1	4,701,353.84	90.552,621.81	短期借款	12		5,000,000.00
短期投资				应付票据			
应收票据				应付帐款		502,408.48	90,490.63
应收帐款	2	12,384,068.74	27,865,564.41	预收货款	13	229,231.44	1,228,554.70
减:坏帐准备				应付福利费		2,831,767.44	2,654,933.00
应收帐款净额		12,384,068.74	27,865,564.41	未付股利			
预付货款	3	1,947,818.57	2,289,711.75	未交税金	14	324,085.79	4,607,146.37
其他应收款	4	2,628,716.93	8,862,214.07	其他未交款	15	1,151,585.30	87,102.14
待摊费用	5	1,237,774.36	1,663,335.95	其他应付款	16	15,865,378.87	6,816,104.56
存货	6	12,794,922.87	17,266,177.35	预提费用	17	1,352,558.94	100,365.88
待处理流动资产				一年内到期的长期负债	18		3,390,000.00
净损失	7		-220,953.09	其他流动负债			
其他流动资产				流动负债合计		22,257,016.26	23,974,697.28
流动资产合计		35,694,655.31	148,278,672.25	长期负债:			
长期投资:				长期借款		4,390,000.00	
长期投资				应付债券			
固定资产:				长期应付款			
固定资产原价	8	25,619,524.02	32,614,077.06	其他长期负债	19	200,000.00	200,000.00
减:累计折旧		10,371,293.39	14,070,330.63	长期负债合计		4,590,000.00	200,000.00
固定资产净值		15,248,230.63	18,543,746.43	递延税项:			
在建工程	9	742,786.38	2,819,546.93	递延税款贷项			
固定资产清理				负债合计		26,847,016.26	24,174,697.28
待处理固定资产净损失				股东权益:			
固定资产合计		15,991,017.01	21,363,293.36	股本	20	5,477,271.87	50,000,000.00
无形资产及递延资产:				资本公积	21		95,071,447.89
无形资产	10		8,893,145.41	盈余公积	22	5,059,222.08	2,021,368.94
递延资产	11		817,878.79	其中:公益金		2,529,611.04	1,010,684.47
无形资产及递延资产合计			9,711,024.20	未分配利润	23	14,302,162.11	8,085,475.70
其他长期资产:							
其他长期资产				股东权益合计		24,838,656.06	155,178,292.53
递延税项:							
递延税款及借款							
资产总计		51,685,672.32	179,352,989.81	负债及股东权益合计		51,685,672.32	179,352,989.81

利 润 及 利 润 分 配 表

编制单位:安徽红星宣纸股份有限公司　　1996年　　金额单位:人民币元

项 目	附注	本年实际	上年实际	项 目	附注	本年实际	上年实际
一、净利润		14,040,024.22	11,319,842.49	一、主营业务收入	24	52,570,193.66	44,795,641.52
加:年初未分配利润		14,302,162.11	5,246,288.12	减:营业成本		25,094,947.17	16,296,937.24
盈余公积转入数				销售费用	25	2,039,527.29	1,816,670.51
二、可供分配的利润		28,342,186.33	16,566,130.61	管理费用	26	8,159,021.06	10,647,390.90
减:拆股未分配利润	31	17,448,705.77		财务费用	27	174,612.37	63,923.50
提取法定公积金		1,404,002.43	1,131,984.25	进货费用			
提取法定公益金		1,404,002.43	1,131,984.25	营业税金及附加	28	578,301.56	455,699.92
三、可供股东分配的利润		8,085,475.70	14,302,162.11	二、主营业务利润		16,523,784.21	15,515,019.45
减:已分配优先股股利				加:其它业务利润			
提取任意公积金				三、营业利润		16,523,784.21	15,515,019.45
已分配普通股股利				加:投资收益	29	1,936,882.60	
四、未分配利润		8,085,475.70	14,302,162.11	补贴收入			
				营业外收入	30	2,732,541.10	77,262.41
				减:营业外支出	30	166,241.04	616,958.82
				四、利润总额		21,026,966.87	14,975,323.04
				减:所得税		6,986,942.65	3,655,480.55
				五、净利润		14,040,024.22	11,319,842.49

财　务　状　况　变　动　表

编制单位:安徽红星宣纸股份有限公司　　1996年　　金额单位:人民币元

资金来源及运用	附注	金额	流动资金各项目的变动	附注	金额
一、流动资金来源			一、流动资产本年度增加数:		
1.本年净利润		14,040,024.22	1.货币资金		85,851,267.97
加:不减少流动资金的费用和损失			2.短期投资		
(1)固定资产折旧		1,849,811.14	3.应收票据		
(2)无形资产递延资产及其他资产摊销		154,494.87	4.应收帐款净额		15,481,495.67
(3)固定资产盘亏(减盘盈)			5.预付货款		341,893.18
(4)清理固定资产损失(减收益)		43,034.30	6.其他应收款		6,233,497.14
(5)递延税项			7.待摊费用		425,561.59
(6)其他不减少流动资金的费用和损失			8.存货		4,471,254.48
小计		16,087,364.53	9.待处理流动资产损失(减收益)		-220,953.09
2.其他来源			10.一年内到期的长期债券投资		
(1)固定资产清理收入(减清理费用)		27,700.00	11.其他流动负债		
(2)增加长期负债		-3,390,000.00			
(3)收回长期投资					
(4)对外投资转出固定资产					
(5)对外投资转出无形资产					
(6)无偿调出固定资产净损失					
(7)资本净增加额		119,107,617.11			
小计		115,745,317.11	流动资产增加净额		112,584,016.94
流动资金来源合计		131,832,681.64	二、流动负债本年增加数		
二、利润分配			1.短期借款		5,000,000.00
1.利润分配			2.应付票据		
(1)提取法定公积金		1,404,002.43	3.应付帐款		-411,917.85
(2)提取法定公益金		1,404,002.43	4.预收货款		999,323.26
(3)提取任意公积金			5.应付福利费		-176,834.44
(4)应付利润			6.应付工资		
小计		2,808,004.86	7.未交税金		4,283,060.58
2.其他运用			8.其他未交款		-1,064,483.16
(1)固定资产和在建工程净增加额		7,292,821.79	9.其他应付款		-9,049,274.31
(2)增加无形资产、递延资产及其他资产		9,865,519.07	10.预提费用		-1,252,193.06
(3)偿还长期负债		1,000,000.00	11.一年内到期的长期负债		3,390,000.00
(4)增加长期投资			12.其他流动负债		
小计		18,158,340.86			
流动资金运用合计		20,966,345.72	流动负债增加净额		1,717,681.02
流动资金增加净额		110,866,335.92	流动资金增加净额		110,866,335.92

安徽红星宣纸股份有限公司1997年度中期报告

一、财务报告(未审计)

(一)财务报表

1.资产负债表(见附表一)

2.损益表(见附表二)

3.主要财务指标

指标名称	1997年1-6月	1996年1-6月
每股收益(元)	0.08	0.11
每股净资产(元)	3.26	1.47
净资产收益率(%)	2.45	7.48

注:(1)每股收益、每股净资产本期指标数按照5000万股计算,上年同期数按照发起人持有股份(国有法人股)3300万股计算。公司1997年7月实施了每10股转增4股和每10股送红股1股两方案,使总股本扩增到7500万股,故摊薄后今年上半年每股收益为0.053元、每股净资产为2.17元。

(2)公司1997年1-6月净资产收益率为2.45%,低于同期银行存款利率。主要原因系公司股份制改制过程中,资产评估造成资产大幅增值;其次是募集资金的投入使用有限,且未形成新的经济增长点,而宣纸在规模上又受到一定的限制,从而造成净资产收益率偏低。

资产负债表(附表一)

金额单位:人民币元

编制单位:安徽红星宣纸股份有限公司　　1997年6月30日

资产	附注	年初数	期末数
流动资产:			
货币资金		90,552,621.81	73,274,116.97
短期投资			
应收票据			
应收帐款		27,865,564.41	24,049,776.26
减:坏帐准备			
应收帐款净额		27,865,564.41	24,049,776.26
预付货款	1	2,289,711.75	722,439.62
其他应收款	2	8,862,214.07	19,773,595.76
待摊费用		1,663,335.95	1,870,882.77
存货		17,266,177.35	19,652,950.85
待处理流动资产净损失	3	-220,953.09	
其他流动资产			
流动资产合计		148,278,672.25	139,343,762.23
长期投资	4		2,000,000.00
固定资产:			
固定资产原价		32,614,077.06	32,900,226.10
减:累计折旧		14,070,330.63	15,084,313.34
固定资产净值		18,543,746.43	17,815,912.76
在建工程	5	2,819,546.93	4,628,294.99
固定资产清理			
待处理固定资产净损失			
固定资产合计		21,363,293.36	22,444,207.75
无形资产及递延资产:			
无形资产		8,893,145.41	8,790,506.83
递延资产		817,878.79	737,039.18
无形资产及递延资产合计		9,711,024.20	9,527,606.01
其他长期资产:			
其他长期资产			
递延税项:			
递延税款借项			
资产总计		179,352,989.81	173,315,575.99

负债及股东权益	附注	年初数	期末数
流动负债:			
短期借款	6	5,000,000.00	
应付票据			
应付帐款	7	90,490.63	56,037.13
预收帐款		1,228,554.70	814,156.45
应付福利费		2,654,933.00	2,036,422.49
未付股利			
未交税金	8	4,607,146.37	773,193.99
其他未交款	9	87,102.14	154,481.36
其他应付款		6,816,104.56	5,776,459.54
预提费用	10	100,365.88	59,888.53
一年内到期的长期负债	11	3,390,000.00	
其他流动负债			
流动负债合计		23,974,697.28	9,670,639.49
长期负债:			
长期借款			390,000.00
应付债券			
长期应付款			
其他长期负债		200,000.00	200,000.00
长期负债合计		200,000.00	590,000.00
递延税项:			

递延税款贷项			
负债合计		24,174,697.28	10,260,639.49
股东权益:			
股本		50,000,000.00	50,000,000.00
资本公积	12	95,071,447.89	98,974,947.69
盈余公积		2,021,368.94	2,021,368.94
其中:公益余		1,010,684.47	1,010,684.47
未分配利润	13	8,085,475.70	12,058,619.87
股东权益合计		155,178,292.53	163,054,936.50
负债及股东权益合计		179,352,989.81	173,315,575.99

损益表(附表二)

1997 年 6 月

编制单位:安徽红星宣纸股份有限公司　　金额单位:人民币元

项目	附注	本期数	上年同期数
一.主营业务收入		18,908,656.54	18,438,093.20
减:营业成本		10,745,951.55	6,978,921.19
销售费用		846.949.04	783,883.47
管理费用		5,060,895.34	4,306,615.50
财务费用	15	-2,803,791.06	735,141.19
进货费用			
营业税金及附加		179,677.92	186,019.89
二.主营业务利润		4,878,973.75	5,447,511.96
加:其它业务利润			
三.营业利润		4,878,973.75	5,447,511.96
加:投资收益			107,985.00
补贴收入			
营业外收入	16	4,901.95	10,040.13
减:营业外支出	17	254,567.11	40,398.22
四.利润总额		4,629,308.59	5,525,138.87
减:所得税	18	656,164.42	1,823,295.83
五.净利润		3,973,144.17	3,701,843.04

简化的资产负债表(附表一)

编制单位:安徽红星宣纸股份有限公司　1997 年 6 月 30 日

金额单位:人民币元

项目	年初数	期末数
(1)流动资产	148,278,672.25	139,343,762.23
(2)长期投资		2,000,000.00
(3)固定资产净值	18,543,746.43	17,815,912.76
(4)在建工程	2,819,546.93	4,628,294.99
(5)无形资产及递延资产	9,711,024.20	9,527,606.01
(6)其他长期资产		
(7)资产总计	179,352,989.81	173,315,575.99
(8)流动负债	23,974,697.28	9,670,639.49
(9)长期负债	200,000.00	590,000.00
(10)少数股东权益		
(11)股本	50,000,000.00	50,000,000.00
(12)资本公积	95,071,447.89	98,974,947.69
(13)盈余公积	2,021,368.94	2,021,368.94
其中;公益金	1,010,684.47	1,010,684.47
(14)未分配利润	8,085,475.70	12,058,619.87
(15)股东权益合计	155,178,292.53	163,054,936.50

简化的损益表(附表二)

编制单位:安徽红星宣纸股份有限公司　1997 年 6 月

金额单位;人民币元

项目	本期数	上的同期
(1)主营业务收入	18,908,656.54	18,438,093.20
(2)主营业务利润	4,878,973.75	5,447,511.96
(3)其他业务利润		
(4)投资收益		107,985.00
(5)营业外收支净额	-249,665.16	-30,358.09
(6)利润总额	4,629,308.59	5,525,138.87
(7)所得税	656,164.42	1,823,295.83
(8)净利润	3,973,144.17	3,701,843.04

财务报表附注

1.公司采用的主要会计政策和会计方法

公司本期财务报告所采用的会计政策和会计方法与 1996 年年度报告一致。

2.报表项目变动超过 30%的原因说明

(1)预付帐款:期末余额比年初降低了 68.45%。主要原因是公司主要原材料檀皮和燎草陆续入库,清洁了大量预付款项。

(2)其他应收款:期末余额为 19,773,595.76 元,比年初增长了 123.12%。主要原因系本公司国有股持有人中国宣纸集团公司占用资金增加及其他往来款项增加。

(3)待处理流动资产净损失:期末余额 0。原因是年初 -220,953.09 元报请董事会审批,董事会根据其实际情况已审批处理。

(4)长期投资:期末余额 200 万元,系本期投资中低档书画纸项目建设。

(5)在建工程:期末余额比年初增长 64.15%。主要原因系本期建设规模扩大所致。

(6)短期借款:期末余额为 0,原因系公司本期归还年初短期借款 500 万元。

(7)应付帐款:期末余额比年初下降了 38.07%。主要原因系公司本期支付部分购货款。

(8)未交税金:期末余额为 773,193.99 元,比年初下降了 83.22%。主要原因是本期公司清缴了上年所得税。

(9)其他未交款:期末余额为 154,461.36 元,比年初增长 77.36%。原因是本期提取的教育费附加尚未支付。

(10)预提费用:期末余额为 59,888.53 元,比年初降低了 40.33%,主要原因系本期预提项目减少。

(11)一年内到期的长期负债;期末余额 0,主要原因系公司本期归还货款 300 万元,余 39 万元一年内到期的长期借款与银行办理了续展手续,转入长期借款项目。

(12)资本公积:期末余额为 98,974,947.69 元,比年初增加了 3,903,499.80 元。主要原因系本期县财政返还所得税到位,按规定列入资本公积金。

(13)未分配利润:期末余额为 12,058,619.87 元,比年初增加 3,973,144.17 元。增加数系本年利润数。

(14)营业成本:本期发生额比上年同期增加 3,767,030.36 元。主要原因系产成品评估大幅增值所致;原材料价格的上涨导致生产成本升高,也在一定程度上影响了营业成本。

(15)财务费用:本期发生额比上年同期减少 3,538,932.25 元。主要原因系本期利息收入增加所致。

(16)营业外收入:本期发生额为 4,901,95 元,比上年同期下降了 5,138.18 元。主要原因系本期罚没收入减少所致。

(17)营业外支出:本期发生额为 254,567.11 元,比上年同期降低了 214,168.89 元。主要原因系本期固定资产清理损失增加所致。

(18)所得税:根据安徽省人民政府皖政秘字(1996)114 号《关于安徽红星宣纸股份有限公司所得税征收问题的批复》,本公司本期所得税按照 15%实征。

(三)关联方关系及关联交易

1.存在控制关系的关联方

企业名称	注册地址	主营业务	与本企业关系	经济性质	法定代表
中国宣纸集团公司	安徽泾县大桥南路 27 号	生产、销售、出口宣纸和纸制品等	国有法人股持股单位	国有	曹皖生

2.不存在控制关系的关联方

企业名称	与本企业的关系
中国宣纸集团公司工艺品厂	控股公司的子公司
中国宣纸集团公司翰墨堂	控股公司的控制企业

3.关联交易

(1)定价政策

执行本公司统一的市场价格。

(2)本公司 1997 年 1-6 月向关联方销售货物明细表

企业名称	货物名称	1997 年 1-6 月(元)
中国宣纸集团公司工艺品厂	红星牌宣纸	241,580.07
中国宣纸集团公司翰墨堂	红星牌宣纸	146,630.40

4.关联方应收应付款余额及占额百分比

项目	企业名称	期末数	占总金额百分比(%)
应收帐款	中国宣纸集团公司	4,425,757.96	18.4
	中国宣纸集团公司工艺品厂	118,726.75	0.5
	中国宣纸集团公司翰墨堂	1,249,801.70	6.32
其他应收款	中国宣纸集团公司	11,669,381.76	59.01

5.其他事项披露

关联方企业名称	交易类型	1997 年 1-6 月交易金额	标准
中国宣纸集团公司	商标使用费	283,629.85	按销售收入的 1.5%提取(合同)
中国宣纸集团公司	非专利技术使用费	189,086.56	按销售收入的 1%提取(合同)

二、经营情况的回顾和展望

(一)上半年经营情况的回顾

1997 年上半年,公司从增强盈利能力、强化企业内部管理着手,以加

强成本管理为中心、狠抓产品质量为重点,实行成本目标责任制,努力降耗节支,进一步提高经济效益。1997年上半年,公司生产宣纸237.36吨,实现销售收入1,890.87万元,其中:外销收入(自营进出口)为870.23万元,内销收入为1,020.64万元,实现利润462.93万元。

1.强化管理,产品质量再上新台阶。今年上半年,公司苦练内功,强化管理,坚持以优质取胜,红星宣纸一级品率达到93.58%,比上年同期增长了0.68个百分点。

2.灵活经营,内外并举。公司产品以出口到日本及东南亚地区为主,上半年国际市场出现较大的变化,外销收入比上年同期降低了31.17%。为此,公司在经营方面及时调整了原"充分发挥品牌优势,以出口为主,内销为辅"的营销策略,采取主动地争取国际市场,积极开拓国内市场,致使公司上半年实现内销收入1,020.64万元,比上年同期增长了76.15%。

3.加速内部改革步伐,建立内部经营责任制。加强内部改革,挖掘企业潜力,这是公司的一项长远发展思路。上半年,公司制定了内部生产经营责任制实施办法,确定公司、经营单位、经营者之间的责、权、利关系,并配套制订了奖罚制度,对经营单位和经营者进一步进行约束和激励,调动其积极性,逐步地形成比较全面、完善的企业内部责任体系。

4.加强风险防范,规范内部运作。今年,是国家证券市场规范年,同时也是证券市场风险防范年。上半年,公司围绕企业管理,建立和完善各项规章制度,规范上市公司的运作,加强信息披露的管理。并且严禁公司证券部和下属公司炒作股票,向内部职工宣传证券市场的风险,事前做好风险防范工作。

(二)下半年的工作计划

1.积极开发新规格宣纸,提高产品对路率,拓宽销售市场。随着国内外用户对宣纸品种、规格需求不断变化和市场竞争的需要,积极开发生产新品种、新规格宣纸产品,确保满足用户需要,争取做到"人无我有,人有我新",扩大市场占有率,提高主营业务收入。

2.加强资金管理,提高资金利用率。下半年,公司将以财务管理为核心,加强资金统一调拨和使用,加大清理欠款的工作力度,减少资金占用,加速资金周转;同时加强成本控制,压缩各项费用开支,提高资金利用率。

3.加速项目建设,培育新的经济增长点。宣纸的生产规模受到地理环境和位置的影响而受到一定的限制。下半年,公司将围绕着"一业为主、多项经营"的方针,加大项目建设的力度,成立项目领导组,组织人员,集中力量,搞好新项目建设,培育新的经济增长点。

三、重大事件的说明

1.安徽红星宣纸股份有限公司第二次股东大会审议通过《公司1996年利润分配预案》和《动用资本公积金转增股本的方案》。决定公司普通股红利按总股本5000万股为基准,每10股送红股1股;决定取2000万元资本公积金,以总股本5000万股为基准,按照每10股转增4股的方案实施。公司股权登记日为1997年7月15日,除权日7月16日。两方案实施后公司总股本增加到7500万股。

2.按照国务院证券委、中国人民银行、国家经贸委联合发布的《严禁国有企业和上市公司炒作股票》的通知的要求,公司进行认真自查,未曾开设证券帐户,并确认自1997年1月1日后没有再参加股票投资。公司若以后参与股票投资,将严格按照国家有关规定执行。

3.募集资金的投向和使用说明

(1)书画纸生产线技术项目

该项目原计划总投资额为2,890万元。募集资金到位后,公司对书画纸发展项目又进一步论证,尤其是通过对广西都安、浙江富阳等书画纸产地进行了考察,认为按照我们宣纸生产的模式去发展书画纸,将缺乏市场竞争力,而且征地有一定的难度。经过最后论证,确定利用我县小岭宣纸厂部分闲置的厂房、设备和土地,与其共同开发书画纸生产项目,该项目是将荣获国家级科技进步三等奖、省科技进步二等奖的制浆新工艺科研成果转化为工业化生产。公司决定先投资600万元(上半年投资200万元),对厂房和设备进行改造和更新。待项目投产后,公司再追加投资以取得控股权,为此,双方已达成协议。预计该项目投资额达1,790万元。

该项目结余资金1,100万元,经公司董事会研究,准备用于收购安徽泾县李元宣纸厂一定比例的净资产,取得控股权,该事项提请下次临时股东大会审议。

(2)宣纸、书画纸包装印刷技术改造项目

该项目原计划总投资2,730万元。因市场发生变化包装彩印行业竞争激烈且不景气,故公司缩小规模,新建包装纸箱厂,生产宣纸、书画纸包装箱,自产自销,预计总投资330万元,上半年投入180万元,该项目预计在本年度11月份投产。

(3)红星牌宣纸燎草生产加工基地技术改造项目

该项目原计划总投资2100万元。根据国家的山林保护政策和新出台的土地征用政策,此类项目不宜进行新建。为保证公司原料的充足和及时解决实际困难,公司采取先租后买的对策,现已租用了乌溪乡联社燎草厂和乌溪乡下叶村燎草厂近200亩的石滩投入使用。协议规定,在租用期内,两厂每生产100公斤燎草支付其租金11元。另外与浙溪燎草厂已正式签订十年的租赁协议。该项目的收购事项全部实施,预计总投资需1500万元。

(4)剩余募集资金投向拟变更为收购母公司的"精品天然咖啡因"技改项目

"宣纸、书画纸包装印刷技术改造项目"剩余资金2400万元,"红星牌宣纸燎草生产加工基地技术改造项目"剩余资金600万元,两项合计剩余3000万元募集资金,经公司董事会研究,拟变更收购母公司的"精品天然咖啡因项目",该事项尚需提请临时股东大会议。

(5)公司尚未使用募集资金存入银行,列示在"银行存款"科目中。

4.本报告期内公司无重大诉讼、仲裁事项。

四、发行在外股票的变动和股权结构的变化

1.报告期内,公司内部职工股170万股已于1997年4月23日在深圳证券交易所申请上市流通。

2.股权结构情况:

日期:1997年6月30日　单位:股　每股面值:1元

(一)尚未流通股份	1997年6月30日股份	比例%
(1)发起人股份	33,000,000	66
其中:境内法人股份	33,000.000	66
境内法人股份	/	/
(2)高管股	21,000	0.04
(3)其它	/	/
尚未流通股份合计	33,021,000	66.04
(二)已流通股份		
(1)境内人市的人民币普通股	16,979,000	33.96
(2)境内上市外资股	/	/
(3)境外上市外资股	/	/
(4)其它	/	/
已流通股份合计	16,979,000	33.96
(三)股份总数	50,000,000	100

3.截止1997年6月30日前10名股东持股情况

序号　股东名称	持股数(股)	比例(%)
1.中国宣纸集团公司(国有法人股持股单位)	33,000.000	66
2.市中汇金融外汇咨询有限公司	586,723	1.17
3.常州开发区金惠实业发展公司	150,000	0.3
4.黄炳瑞	81,614	0.16
5.郑益隆	81,000	0.16
6.安徽铜都铜业股份有限公司	80,000	0.16
7.陈坚平	76,500	0.15
8.李儒林	60,000	0.12
9.张春蓉	56,500	0.11
10.韦晓东	44,800	0.09

五、股东大会简介

1997年5月28日,安徽红星宣纸股份有限公司第二次股东大会(即96年度股东大会)在安徽泾县红星大酒店一楼大会议室召开,与会股东55名,代表股权3410万股,占总股本的68.2%,大会审议并通过了以下决议事项:

1.审议通过《1996年度董事会工作报告》;

2.审议通过《监事会工作报告》;

3.审议通过《公司1996年度财务决算报告》;

4.审议通过《公司1996年度利润分配预案》和《动用资本公积金转增股本的方案》;

审议通过普通股红利按总股本5000万股为基准,每10股送红股1股,剩余未分配利润3,085,475.70元,转存下年分配;审议通过公司提取2000万元公积金用来转增股本,即以总股本5000万股为基准,按照每10股转增4股的方案实施。

5.审议通过《97年度公司投资规划方案》;

6.审议通过《关于修改公司章程的报告》。

大会根据董事会提议,对《公司章程》第六十二条进行修改,修改后的内容为:"第六十二条 公司缴纳所得税后的净利润,按下列顺序分配:(一)弥补亏损;(二)提取法定公积金10%;(三)提取法定公益金10%;(四)支付普通股股利。"

公司股东大会(1996年)年会公告刊登于1997年5月30日的《证券时报》。

六、备查文件

1.载有董事长亲笔签名的中期报告原本;

2.1996年度股东大会文件;

3.股东查询文件地址:安徽省泾县大桥南路27号。

查询机构:安徽红星宣纸股份有限公司董事会秘书处

电话:0563—5096009

安徽红星宣纸股份有限公司

一九九七年八月二十八日

岳阳恒立冷气设备股份有限公司

岳阳恒立冷气设备股份有限公司简介

一、公司概况

岳阳恒立冷气设备股份有限公司是一九九三年三月经湖南省人民政府批准,由原岳阳制冷设备总厂改组而成的股份制企业,一九九六年十月经中国证监会批准面向社会发行新股1000万股,成为中国汽车空调行业第一家上市公众公司。

公司始建于1958年,具有40年的制冷空调设备生产历史。现有职工1700人,固定资产7000万元,是国家规划生产汽车空调的专业厂家,中国汽车空调协会理事长单位。“七五”、“八五”期间,公司投资1200万美元,从德、美、日、英等国家引进了平流式换热器、管带式换热器,管片式换热器,大中型客车空调机、小轿车空调机、风机盘管等产品的制造技术与设备,形成了年产大中型客车空调机5000台套、小轿车空调机20万台套的生产能力。大中型客车空调机为国内数十家重点客车厂配套,小轿车空调为上海大众汽车股份有限公司桑塔纳轿车配套。

公司坚持“致力一流管理,追求技术领先,创造名牌精品,保证用户满意”的质量方针,产品质量和性能达到国际九十年代产品水平。公司生产的大中型客车空调机被评为“湖南省名牌产品”,汽车空调产品开始使用R134a工质。1997年6月正式取得由中国机械工业质量体系认证中心和德国TUV莱茵公司按ISO9001标准进行的质量体系认证。

公司技术力量雄厚。制冷与空调设备研究所人才荟萃,产品设计开发全部使用CAD技术,从美国TESCOR公司引进的汽车空调性能试验室通过了部级鉴定,达到九十年代国际先进水平。

公司售后网络健全,在全国各大中城市设有特约维修点和维修点,服务质量优良,方便快捷。

公司致力于中国汽车空调技术的研究与应用,力争为中国汽车空调行业的发展作出新的贡献。

二、董事长介绍

彭鹤仪同志:男,生于1940年1月,湖南省汨罗市人,高级工程师,1956年4月进入山西省304厂从事钳工工作,同年6月考入山西矿业学院地质勘探专业,六年的大学生活为他以后在企业技术、管理工作的创造性成就打下了坚实的基础。1962年9月,彭鹤仪同志以优异成绩毕业,并分配到山西省潞安矿务局五阳煤矿工作。理论与实际的有机结合使他在实际工作中大显身手,为山西煤矿事业的发展立下了汗马功劳,1970年1月至1988年2月,彭鹤仪同志任山西省长治市304厂工程师,1988年2月,在外地工作、学习了22年的彭鹤仪同志调回了家乡的岳阳起重电磁铁厂,任总工程师。1990年11月,由于工作成就斐然,彭鹤仪同志被岳阳市工业局任命为岳阳制冷设备总厂厂长。由于长期在企业从事技术和管理工作,积累了丰富的知识和经验。彭鹤仪同志一上任就显示出了卓越的领导和管理才能。他一方面在企业内部进行大刀阔斧的改革,一方面进行大规模的技术改造,狠抓产品质量,内部管理和新产品开发,将一个年产值2000余万元,年利润80余万元的企业越办越红火,1993年,彭鹤仪同志大胆改革,将岳阳制冷设备总厂进行了股份制改造,成立了岳阳恒立冷气设备股份有限公司,并当选为董事长。股份制改造为企业带来了生机和活力,当年公司产销突破亿元大关,销售收入、利税总额和利润分别比上年增长65.6%、147.6%、153.7%。1994年公司跻身湖南省经济活力百强企业行列。1995年成为湖南省建立现代企业制度试点单位之一。由于在经营管理上的突出贡献,彭鹤仪同志被岳阳市评为“有突出贡献的专家”,被省机械厅评为“优秀厂长”。企业产品质量、经济效益声名远播。1995年9月,经湖南省政府第89次常务会议决定,岳阳恒立冷气设备股份有限公司为准上市公司,1996年9月,经国家证券委、证监会审定,岳阳恒立冷气设备股份有限公司正式批准为上市公司,岳阳恒立冷气设备股份有限公司在彭鹤仪同志的领导下又迎来了一次发展的绝好机遇。

易树清同志,男,生于1944年1月,岳阳市人,高级工程师。他于1958年9月进入岳阳市一中,1964年8月考入武汉机械学院,1969年8月毕业以后被分配到甘肃天水长城控制电器厂担任技干,1974年9月调到岳阳电机厂以后仍然担任技干。1978年5月又被调到岳阳制冷设备总厂,1980年任厂技术情报员,并从事产品设计工作,1985年任设计科副科长,1987年任设计科长。1991年任生产厂长,年底任总工程师兼生产厂长,1993年被评为高级工程师。1996年任股份公司总经理,作为公司领导,他率领全公司职工狠抓产品质量和生产经营,并且已取得了显著的成绩,公司股票于1996年11月份正式挂牌上市交易,又于1997年6月份顺利通过德国莱茵公司和中国质量认证中心的ISO9001质量认证。三十年来,他对国家和单位作出了不可磨灭的贡献,他的成绩也得到了国家和社会的认可,1991年被省机械厅评为“优秀生产经营厂长”,1992年被省机械厅评为“优秀总工程师”。公司在改革中不断发展,他也在发展的征途中奔腾不息,一往直前。

岳阳恒立冷气设备股份有限公司股票上市公告书

一、释义

在本上市公告书中,除非另有所指,以下词语具有如下含义:

发行人或公司	指岳阳恒立冷气设备股份有限公司
董事会	指岳阳恒立冷气设备股份有限公司董事会
内部职工持股	指岳阳恒立冷气设备股份有限公司成立时公司职工和公司董事、监事持有的股份
元	指人民币元
主承销商	指申银万国证券股份有限公司
上市推荐人	指申银万国证券股份有限公司、湖南证券股份有限公司

二、绪言

经中国证券监督管理委员会证监发字〔1996〕261号和证监发字〔1996〕262号复审通过,本公司已成功地向社会公众公开新增发行每股面值为1.00元之人民币普通股股票1000万股。经本公司第四次股东大会通过决议,接深圳证券交易所深证发〔1996〕368号《上市通知书》,本公司股票将于1996年11月7日(星期四)在深圳证券交易所挂牌交易。本

公司总股份为5200万股,可流通股份1300万股,股票简称“岳阳恒立”。证券代码“0622”,交易单位为“股”。

本公告书依据《中华人民共和国公司法》、《股票发行与交易管理暂行条例》、《深圳证券交易所业务规则》以及国家其它有关证券管理的规定,为本公司股票公开上市之目的而向社会公众提供各种资料。

本公司于1996年10月22日在《中国证券报》、《证券时报》、《上海证券报》、《湖南证券报》上刊登了《招股说明书概要》,距今不足6个月,故与其相重复的内容在此不再赘述,敬请社会公众查阅《招股说明书概要》。

本公司董事会及各位董事确信本公告书未遗漏任何重大事项,亦不存在任何误导和虚假成份,并愿就本公告书及相关资料的准确性、完整性、真实性负共同及个别责任。

三、公司概况

1、公司法定名称:岳阳恒立冷气设备股份有限公司

公司英文名称:YUEYANGHENGLLAIR—COOLING EQUIPMENT,INC。

2、公司法定地址:湖南省岳阳市金鹗山4号

公司英文地址:4JINJISHAN,YUEYANG,HUNAN

邮政编码:414000

3、公司法定代表人:彭鹤仪

4、经营范围:

主营:制冷空调设备制造、安装、维修、销售

兼营:来料加工、汽车(不含小轿车)、公路运输

5、公司情况:

(1)历史沿革

公司主要发起人岳阳制冷设备总厂是1979年10月经岳阳地区行政公署岳行发(1979)33号批准成立的由岳阳地区柴油机厂和岳阳地区冷冻机厂合并组成的全民所有制工业企业,1993年3月经湖南省股份制改革试点领导小组以湘股改字(1993)20号和湘股改字(1993)25号文批准由岳阳制冷设备总厂改组,中国工商银行岳阳市信托投资公司、中国人民建设银行岳阳市信托投资公司等共15家企业共同发起组建,以定向募集方式设立股份公司,1993年5月8日在岳阳市工商行政管理局注册登记,注册号18609556—1(5—1)。

(2)经营情况

公司具有三十多年机械制造和二十多年制冷设备生产历史,特别是“七五”、“八五”期间,公司从德国、美国、日本、英国等国家引进了具有世界先进水平的汽车空调制造技术、加工设备、试验设备、进行大规模技术改造,目前已成为国内生产大中型客车空调机规模较大、品种较全、质量较优的厂家,是国家机械工业部汽车司定点生产汽车空调的专业厂家,湖南省机械部重点骨干企业,处于国内同行业中的龙头地位。公司1993年被国家统计局评为全国机械行业500强之一,1994年在全国机械行业中排名第八十七位,已被联合国环境保护署列入重点投资企业,成为湖南省现代企业制度改革试点单位之一。

(3)公司人员结构:公司在册员工1598人,其中行政人员230人,技术人员267人,财务人员37人,销售人员26人,生产人员1038人;上述人员中具有高级职称17人,中级职称81人,初级职称169人,高级技术工人150人,中级技术工人420人。

四、股票发行及股权结构

1、股票发行

经中国证券监督管理委员会证监发字〔1996〕261号证监发字〔1996〕262号复审通过,公司于1996年10月24日利用深圳证券交易所交易系统上网定价发行了人民币普通股1000万股,每股发行价5.98元。1996年10月28日经深圳市公证处公证,本次公司股票发行总有效申购户数为236267户,总有效申购股数为1768169000股,中签率为0.565557%。公司新发行股票所募集的资金在扣除发行费用后已全部进入公司帐户,并经湖南省会计师事务所湘会师〔1996〕内验字第087号验证。

2、股本结构

本次发行后公司股本结构:

股份类别	股本数额(万股)	占总股本比例(%)
发起人持股	3000	57.69
其中:国家持股	2021	38.87
发起人法人持股	979	18.82
社会公众持股	1300	25.00
(其中内部职工持股)	300	
内部职工持股	900	17.31
总股本	5200	100

五、股东持股情况

1.公司前十名股东持股情况

股东名称	持股数(万股)	占总股本(%)
(1)岳阳市国有资产管理局	2021	48.12
(2)中国工商银行岳阳市信托投资公司	200	4.76
(3)中国人民建设银行岳阳市信托投资公司	200	4.76
(4)湖南证券股份有限公司	100	2.38
(5)珠海市西部金鹏实业开发公司	100	2.38
(6)湖南申湘汽车股份有限公司	100	2.38
(7)中国汽车工业总公司	50	1.19
(8)湖南城陵矶开发区恒发汽车空调联营改装厂	50	1.19
(9)湖南三湘信达贸易公司	50	1.19
(10)深圳帝恒实业有限公司	30	0.17

2.董事会,监事会成员及高级管理人员持股情况

姓名	职务	持股数(股)	占总股本(%)
彭鹤仪	董事长	30000	0.71
易树清	董事,总经理	15000	0.36
毛贻训	董事,常务副总经理	15000	0.36
高明星	董事,副总经理	12000	0.29
杨超敏	董事,总会讲师	12000	0.29
潘劲峰	董事	15000	0.36
彭新春	董事	15000	0.36
刘奇云	董事	3000	0.07
许祖生	董事	9000	0.21
罗惠雄	董事	0	0
刘明保	董事	11000	0.26
张细元	监事	15000	0.36
江泽民	监事	15000	0.36
唐述风	监事	10000	0.24

六.主要财务指标

1.资产负债表主要数据　　单位:元

项目	1996年6月30日	1995年12月31日	1994年12月31日	1993年12月31日
流动资产	118,616,716.37	101,673,135.86	121,921,345.27	104,103,557.12
长期投资	2,339,600.00	2,115,200.00	1,874,453.56	776,373.56
固定资产合计	49,893,585.82	52,901,002.19	40,380,080.49	43,627,243.87
无形资产及递延资产			214,740.89	415,614.11
资产合计	170,849,902.19	156,689,338.05	164,390,620.21	148,922,788.66
流动负债	91,800,421.09	85,643,953.16	91,626,871.30	63,067,442.73
长期负债	23,800,000.00	23,800,000.00	27,620,000.00	41,180,754.60
负债合计	115,600,421.09	109,443,953.16	119,246,871.30	104,248,197.33
股东权益合计	55,249,481.10	47,245,384.89	45,143,748.91	44,674,591.33
负债及股东权益合计	170,849,902.19	156,689,338.05	164,390,620.21	148,922,788.66

2、利润表主要数据

单位:元

项目	1996年1-6月	1995年度	1994年度	1993年度
主营业务收入	61,544,780.31	131,018,013.57	107,489,758.61	122,581,451.26
主营业务利润	8,090,464.01	10,655,844.78	5,975,584.25	10,255,585.05
营业利润	8,090,464.01	10,655,844.78	5,975,584.25	10,675,693.89
利润总额	9,414,695.54	11,673,486.55	5,963,757.58	10,050,968.37
净利润	8,004,096.21	7,451,635.98	3,787,157.58	6,794,472.78

3、主要财务指标

指标名称	1996年6月	1995年度	1994年度	1993年度
流动比率	1.292	1.187	1.331	1.651
速动比率	0.816	0.613	0.702	0.804
存货周转率	188.90%	169.94%	146.21%	162.87%
应收帐款周转率	272.10%	359.03%	612.90%	153.25%
资产负债率	67.70%	69.80%	72.50%	70.00%
净资产收益率	14.49%	15.77%	8.39%	15.21%
资产报酬率	5.51%	7.45%	3.63%	6.75%
纯利率	13.01%	5.69%	3.52%	5.54%
每股净资产(元)	1.32	1.12	1.07	1.06
每股收益(元)	0.19	0.18	0.09	0.16

4.盈利预测　　单位:万元

项目	1996年1-6月已审实现数	1996年7月-12月预测数	1996年全年预测数
主营业务收入	6,154.5	11,481.5	17,636
主营业务利润	809.8	1,420.2	2,230
营业利润	809.8	1,420.2	2,230
利润总额	941.5	1,386.5	2,328
减:所得税	310.33	457.91	768.24
净利润:			
按33%的所得税计算	631.17	928.59	1,559.76
按征后返还18%计算	800.40	1,178.4	1,978.80

七、董事会承诺

根据《中华人民共和国公司法》、《股票发行与交易管理暂行条例》、《公开发行股票公司信息披露实施细则》和《深圳证券交易所业务规则》及国家与深圳市有关法律、法规的规定，并处自股票上市之日起作出如下承诺:

1、准确和及时地公告本公司中期、年度财务及经营业绩报告资料。

2、董事会成员、监事会成员及高级管理人员如发生人事变动，或前述人持有本公司股份数量发行变化时，及时通报证券管理机关，并适时通过传播媒介通告社会公众。

3、及时、真实地披露本公司重大经营活动信息。

4、自觉接受证券管理部门的监督和管理，认真听取政府、股东、证券管理及经营部门和社会公众的意见、建议和批评。

5、不利用内幕消息和不正当手段从事股票投机交易。

6、本公司没有无记录负债。

7、董事会及各位董事保证不就任何未经交易所审阅的可能影响股价变动之重大信息私自公告或发表意见。

八、特别事项说明

1、1996年2月6日，公司与集团公司签订了《国有土地使用权出租合同》一份。合同约定:集团公司将位于金鹗山4号面积为69613平方米的国有土地使用权全部出租给公司，租期为50年，总租金为296.133万元。集团公司已与岳阳市国土管理局签订(1996)租字1号公证合同，取得上述土地的使用权，并实际持有岳市国用(96)字第007号土地使用权证。1996年2月湖南省国土测绘管理局以湘国地测绘函(1996)第7号文确认了这种租赁行为。集团公司和公司现共同持有岳阳市国土管理局岳市国土租准字(1996)01号《行政划拨土地使用权出租批准书》。

2、1995年8月30日，公司与中国工商银行岳阳市解放路支行签订两份抵押贷款合同及相应的财产抵押契约，并附有抵押财产清单。

两份抵押贷款合同约定，在1995年8月30日至1997年8月30日两年期限内，公司可贷款最高额分别2440万元和1156万元，月利率为12.06‰。抵押财产数额分别为机械设备3069万元和房屋建筑物1651万元。同时约定，公司在最高贷款限额内可一次或分次申请贷款，在抵押期内，借款归还后，可再申请贷款;经贷款方同意，抵押清单所列由借款方保管、使用的抵押财产，抵押期间借款方可继续使用、保管。

财产抵押契约对抵押财产的数额和抵押物的保管、使用与抵押贷款合同作了同样规定。

根据上述合同，公司采用分次申请贷款方式，截止8月23日，公司实际抵押贷款总额3298万元。抵押财产清单所列财产仍由公司保管、使用。

3、公司内部职工股1200万股中300万股占用本次股票发行额度，与新股一起上市，其余900万内部职工股按国家有关规定自本次发行满三年后上市。

九、咨询机构

1、公司有关备查资料存放在公司证券部，可供股东在周一至周五正常工作时间查阅。

地址:湖南省岳阳市金鹗山4号
电话:(0730)8221311
传真:(0730)8221311
联系人:高明星、余凤亭

2、主承销商:申银万国证券股份有限公司
法定代表人:阚治东
地址:上海市南京东路99号
电话:(021)64315542
传真:(021)64673475
联系人:潘云松、蔡建华

3、副主承销商:平安证券有限责任公司
法定代表人:马明哲
地址:深圳市八卦岭八卦三路平安大厦
电话:(0755)2262888
传真:(0755)2400862
联系人:张慧、周晓涛

4.1、分销商:湖南证券股份有限公司
法定代表人:罗惠雄
地址:湖南省长沙市中山东路2号
电话:(0731)4311912
传真:(0731)4311912
联系人:刘韧

4.2、分销商:海南港澳国际信托投资有限公司
法定代表人:李耀祺
地址:海南省海口市滨海新村588号
电话:(0898)8513372
传真:(0898)8513379
联系人:姚弘、魏贵云、巴永军

5、上市推荐人:申银万国证券股份有限公司
湖南证券股份有限公司

6、发行人律师事务所:湖南省第一律师事务所
法定代表人:谭孝敖
地址:湖南省长沙市韶山路2号
电话:(0731)4461587
传真:(0731)4461168
经办律师:陈敏辉、胡赞兵

7、会计师事务所:湖南省会计师事务所
法定代表人:李双桂
地址:湖南省长沙市黄兴南路182号省财政厅10楼
电话:(0731)4445199
传真:(0731)4445199
经办会计师:李双桂、李永利
8、资产评估机构:湖南资产评估事务所
法定代表人:聂鑫
地址:湖南省长沙市黄兴南路182号
电话:(0731)4411527
经办评估人:聂鑫、于久文
9、土地评估机构:湖南省地价评估事务所
法定代表人:吴跃民
地址:湖南省长沙市文艺路乔庄1号
电话:(0731)4432609
传真:(0731)4432609
经办评估人:吴跃民、陆国庆、陈新媛
10、资产评估确认机构:国家国有资产管理局
法定代表人:张佑才
地址:北京市海淀区万字河路66号
电话:(010)82567744
传真:(010)82561817
11、主承销商律师:大成律师事务所
法定代表人:鼓雪峰
地址:北京市西城区复兴门内大街49号民族文化宫八楼
电话:(010)66065791
传真:(010)66065793
经办律师:彭雪峰、江华
12、发行人财务顾问:平安证券有限责任公司
13、股票登记机构:深圳证券结算有限公司
法定代表人:黄铁军
地址:深圳市红岭中路25号
电话:(0755)5567898
湖南省证券登记公司
法定代表人:刘治初
地址:湖南省长沙市芙蓉北路11号湖南证券大厦
电话:(0731)4311821

十、备查文件

1. 深圳证券交易所上市通知书
2. 中国证券管理委员会批准股票发行的文件
3. 验资报告
4. 招股说明书
5. 审计报告
6. 盈利预测审阅报告
7. 法律意见书
8. 公司章程

岳阳恒立冷气设备股份有限公司
1996年11月5日

岳阳恒立冷气设备股份有限公司1996年年度报告摘要

一、公司简况

公司法定中文名称:岳阳恒立冷气设备股份有限公司
英文名称:YUEYANG HENGLI AIR-COOLING EQUIPMENT INC
地址:湖南省岳阳市金鄂山4号
邮政编码:414000
公司法定代表:彭鹤仪
公司咨询机构:公司证券部
公司董事会秘书:高明星
电话:(0730)8221311-3028
传真:(0730)8221311

二、主要财务数据与财务指标

单位:万元

指标项目	本年数	扣除申购利息本年数	上年数	上年增减(%)
1.主营业务收入	13635.46	13635.46	13101.80	4
2.净利润	1693.65	1520.18	745.16	127
3.总资产	26080.42	26080.42	15668.93	66.45
4.股东权益	11879.68	11879.68	4724.54	151.45
5.每股收益(元)	0.32	0.29	0.18	77.73
6.每股净资产(元)	2.28	2.28	1.12	103.57
7.净资产收益率(%)	14.26	12.80	15.27	-1.01
8.股东权益比率(%)	45.55	45.55	23.76	21.79

三、公司主要业务经营回顾

1. 一年来经营情况

1)1996年,公司坚持"管理以严,科技领先,苦练内功,降耗增效"的方针,锐意进取,开拓经营。致力于转变经济增长方式,提高经济效益。全年共实现销售收入13635.5万元,实现利润2021万元,税后利润1693.65万元,均创历史最好水平。

2)以坚持科技领先,致力一流管理,力创名牌精品,保证用户满意为准则。全力抓好ISO9000质量认证工作,该认证工作已于11月份经德国TUV莱茵公司和中国机械质量认证中心初审通过。

3)新技术、新工艺、新方法的应用使公司技术水平不断提高。大中型客车空调机技术引进项目通过了鉴定。"全自动汽车空调实验台"通过了验收。"八五"重大技术攻关项目"沙漠油田窗式空调"等三个产品通过了机械工业部的鉴定验收。

4)大中型客车空调机被湖南省技术监督局、省经贸委评为湖南省名牌产品。

5)售后维修服务网络建立、健全。

2. 前次募集资金运用情况。

公司年度内发行1000万A股募集资金5980万元,扣除发行费用335.1万元,实际募集资金5644.9万元。通过控股岳阳通达制冷空调有限公司和上海恒安空调设备有限公司共投入4062.6万元,完成轻型客车空调机技术引进项目;投资大中型客车空调引进项目1000万元,剩下582万元将于1997年用于该项目的投资。

四、股本变化及股本结构情况

(填报日期:1996年12月31日)

1. 公司股本结构(单位:万股 面值:每股1元)

股份类别	期初数	新发行股	期末数
(1)尚未流通股份			
发起人股	3000		3000
其中国有法人股份	2021		2021
境内法人股份	979		979

内部职工股	1200	900
尚未流通股份合计	4200	3900
(2)已流通股份		
	新发行股	期末数
境内上市的人民币普通股	1000	1000
其中:新发行股份		300
内部职工股上市		
已流通股份上市		1300
(3)、股份总数	4200	5200

(4)股本变动情况及原因:

公司于1996年10月24日向社会公开发行并于11月7日上市流通1000万人民币普通股,同时内部职工股中的300万占用本次发行额度一同上市流通。

(5)主要股东持股情况(前十名)

1996年期末十大股东持股情况:

股 东 名 称	年末持股数量(股)	占总股本(%)
1)岳阳国资	20210000	38.86
2)工行信托	2000000	3.84
3)建行信托	2000000	3.84
4)湖南证券	1000000	1.92
5)湖南申湘实业股份公司	1000000	1.92
6)珠海市西部金鹏实业开发公司	1000000	1.92
7)中国汽车工业总公司	500000	0.96
8)湘城陵矶恒发汽车空调联营改装厂	500000	0.96
9)湖南信达	500000	0.96
10)曹华明	368300	0.70

(6)股东数量:

至本年度末公司股东总数为8552户。其中国家股东1户,法人股东14户,内部职工股东为2780户,社会公众股股东为5757户。

5.公司董事、监事与高级管理人员持股情况:

姓 名	职 务	年初持股数(股)	年末持股数(股)
彭鹤仪	董事长	30000	30000
易树清	董事、总经理	15000	15000
毛贻训	董事	15000	15000
高明星	董事、副总经理	12000	12000
杨超敏	董事、总会计师	12000	12000
潘劲峰	董事	15000	15000
彭新春	董事	15000	15000
刘奇云	董事	3000	3000
许祖生	董事	9000	9000
罗惠雄	董事	0	0
刘明保	董事	11000	11000
张细元	监事	15000	15000
江泽民	监事	15000	15000
唐述风	监事	10000	10000

五、重要事项

1.报告期内董事会情况:

(1)公司于4月3日和11月25日召开了两次董事会,对1996年的工作目标、公司章程修改草案、新股发行方案、新股发行后募集资金的运用及其他重大事项进行了认真的研究。

(2)1996年4月18日,在本公司综合大楼召开了第四次股东大会,共计到会股东66名,代表股份3415.9万股,占总股本4200万股的81.3%。会议内容主要为:审议通过了第一届董事会工作报告;审议通过了第一届监事会工作报告;通过了"关于修改公司章程的报告";通过了1995年财务工作报告;通过了1995年股利分配方案;董事会、监事会成员换届选举。选举结果如下:第二届董事会成员为:易树清、毛贻训、高明星、杨超敏、潘劲峰、彭新春、刘奇云、许祖生、罗惠雄、刘明保、彭鹤仪。第二届监事会成员为:张细元、江泽民、唐述风。

2.本年度经有关部门批准,1996年10月22日公司在《中国证券报》、《证券时报》、《上海证券报》、《湖南证券报》刊登了公司的招股说明书。1996年10月24日公司在深圳证券交易所上网定价发行1000万A股,发行价为5.98元/股。1996年11月5日公司在《中国证券报》、《证券时报》、《上海证券报》、《湖南证券报》刊登了公司的上市公告书。1996年11月7日公司1000万社会公众股和300万内部职工股一并在深圳证券交易所挂牌交易。

3.1996年12月16日在《证券时报》上刊登了联合国环境保护署赠款182.1万美元转为资本公积金的公告。

4.本报告期内公司无重大诉讼、仲裁事项。

六、财务报告

湘会师(1997)内审字第013号

1.审计意见

审 计 报 告

岳阳恒立冷气设备股份有限公司全体股东:

我们接受委托,审计了贵公司1996年12月31日母公司及合并的资产负债表、1996年度母公司及合并的利润及利润分配表、1996年度母公司及合并的财务状况变动表。这些会计报表由贵公司负责,我们的责任是对这些会计报表发表审计意见。我们的审计是依据中国注册会计师独立审计准则进行的。在审计过程中,我们结合贵公司实际情况,实施了包括抽查会计记录等我们认为必要的审计程序。

我们认为,上述会计报表符合《企业会计准则》和《股份制试点企业会计制度》的有关规定,在所有重大方面公允地反映了贵公司1996年12月31日的财务状况和1996年度的经营成果及资金变动情况,会计处理方法的选用遵循了一贯性原则。

湖南省会计师事务所　　　　中国注册会计师:李双柱

湖南·长沙　　　　中国注册会计师:李弟扩

报告日期:1997年2月27日

2.财务报表(见附表)

3.财务报表附注编制说明:

(一)重要会计政策

(1)会计制度

本公司自1993年5月成立起,执行《股份制试点企业会计制度》。

(2)会计期间及记帐本位币

本公司采用公历年制,即每年公历1月1日起至12月31日止,以人民币为记帐本位币。

(3)记帐原则和计价基础。

本公司采用权责发生制和历史成本计价的原则。

(4)记帐本位币及外币核算

本公司以人民币作为记帐本位币。有关外币业务均按外币业务发生当日市场汇率折合人民币记帐,年末根据市场汇率调整外币性帐户期末余额,其汇兑损益计入当期损益。外汇交易实际汇率与帐面汇率的差异所形成的汇兑损益亦计入当期损益。

(5)坏帐损失的核算

本公司采用直接转销法核算坏帐损失。

(6)存货的核算

原材料按计划成本进行日常核算,月末根据材料成本差异调整生产成本。低值易耗品采用一次摊销法进行核算。产成品按计划价格结转,每半年按在产品盘点数调整为实际成本。

(7)长期投资核算方法

(1)债券投资采用成本法核算

(2)股权投资和联营投资

本公司投资占被投资单位资本20%以下的,采用成本法核算,20%至50%采用权益法核算,50%以上或实际拥有控制权的,采用权益法,并合

并会计报表。

(8)固定资产及其折旧的核算

(1)使用年限在一年以上的房屋建筑物和机器设备、器具、工具以及单位价值在2000元以上,使用年限在二年以上的非生产经营用设备和物品,作为固定资产核算。固定资产按历史成本计价。

(2)固定资产折旧采用直线法,按分类折旧率计提,净残率为3%,其分类折旧率如下:

固定资产类别	折旧年限	年折旧率
生产用房屋建筑物	25年	3.88%
机械设备	10年	9.7%
运输设备	6年	16.17%
非生产用房屋建筑物	40年	2.425%
其它仪器设备	8年	12.125%

(9)无形资产及其摊销

无形资产系非专利技术,从开始使用之日起,按10年分期摊销。

(10)递延资产及其摊销

递延资产系开办费,按公司筹建时的实际支出入帐,自投产营业之日起,按5年的期限分期摊入管理费用。

(11)收入的确认

营业收入按权责发生制原则确认,即以商品(产品)已经发出,劳务已经提供并收取价款或已取得索取价款的权力,作为收入的确认依据。

(12)税项

(1)流转税及其他地方税,均按国家有关税法规定并由税务部门核定计缴,主要税种及税率如下:

税种	税率
增值税	17%
营业税	5%
城建税	7%
教育费附加	3%

(2)所得税:

本公司根据湖南省人民政府湘政函(1996)121号文件,自1996年1月1日起执行15%的所得税率。

本公司的子公司上海恒安空调设备有限公司按33%计缴所得税,岳阳通达制冷空调有限公司属中外合资企业,所得税率享受"两免三减半"优惠。

(13)利润分配

根据公司章程,分别按税后利润的10%计提法定盈余公积金,按5%提法定公益金,按5%-10%提取任意盈余公积金,剩余部分根据股东会议的决议进行分配。

(二)合并会计报表注释:

1.货币资金11523970.81元,包括:

(1)现金　　14504.19

(2)银行存款　　11509466.62

货币资金比上年末2505431.07元增加到9018539.74元,主要系本年度10月份股票发行收入所致。

2,应收帐款52341272.90元,比年初数31023029.59元增加21318243.31元,主要系第4季度销售产品的货款未及时回笼。其帐龄分析如下:

帐龄	金额	所占比重(%)
1年以内的	49872225.56	95.28
1-2年的	1541261.17	2.94
2-3年的	362745.17	0.69
3年以上的	565041.00	1.09
合计	52341272.90	100.00

上述应收帐款无持股5%以上的股东欠款。

3.其他应收款15080506.59元,比年初数10675319.81元,增加4405186.78元,主要系垫付岳阳恒立制冷集团总公司的临时周转金增加。其帐龄分析如下:

帐龄	金额	所占比重(%)
1年以内的	12489224.47	82.82
1-2年的	1388553.88	9.21
2-3年的	1202728.24	7.97
合计	15080506.59	100.00

其主要单位如下

单位名称	金额	经济业务内容
岳阳恒立制冷集团有限公司	12648862.58	转让固定资产、垫付周转金

*:转让固定资产系本公司通过"八五"技术改造后,将部分先进设备替代下来的固定资产进行转让。

**:岳阳恒立制冷集团有限公司持股20210000元,占本公司总股本的38.87%。

4.长期投资1931300元,包括:

(1)债券投资

债券种类	到期日	面值	年利率	投资金额
国库券	1998.8	1500000.00	13.96%	1500000.00
国库券	1998.4	31300.00	6%	31300.00

(2)股权投资

被投资单位名称	股数	占被投资公司股本比例	投资金额
中汽专用汽车零部件开发公司	20万股	2%	200000.00
北京亚都科技标准股份有限公司	20万股	0.2%	200000.00

5.在建工程:

工程名称	批准文号	预算数	资金来源	工程进度	实际支出金额
压力容器分厂	联营解体回购	480万元	自筹	93.68%	4496555.23

*:在建工程年末余额比年初数16343126.97元,减少11846571.74元,主要系1995年度基建项目在本年度完工并办理竣工结算转入固定资产投入使用。

**:联营解体回购系指:1993年本公司下设的附机车间与岳阳市工业设备安装公司联营创办岳阳压力容器分厂,本公司出一部分设备与技术,对方出房屋、土地及一部分设备,后因联营的有关手续未办好,经双方商定,双方退出联营,其出具的房屋、土地及设备的款项由本公司回购,因暂未取得产权证、土地证,暂列在建工程。

6.无形资产系下属上海市恒安空调设备有限公司生产汽车空调的非专利技术,其原值2000000.00元,已摊销200000.00元,摊余价值为1800000.00元,剩余摊销年限为9年。

7.递延资产系下属上海市恒安空调设备有限公司和岳阳通达制冷空调有限公司的开办费,原值2161227.27元,已摊销490406.62元,摊余价值为1670820.65元,剩余摊销年限为2.5年。

8.预收帐款2567342.09元,比年初数5499287.48元减少2931945.39元,主要系发货实现销售转帐所致,本项目无关联款项。

9.股本项目:

1996年度公司股份变动情况

填报日期:1996年12月31日　数量单位:股　　每股面值:1元

	期初数	本次变动增减(+-)					期末数
		配股	送股	新股发行	公积金转股	其他	
一、尚未流通部分							
1.发起人股							
其中:国家拥有股份	20210000						20210000
境内法人持有股份	9790000						9790000
外资法人持有股份							
其他							
2.募集法人股							
3.内部职工股	12000000			-3000000			9000000
4.优先股或其他							
尚未流通股份合计	42000000			-3000000			39000000

二、已流通股份			
1.境内上市的人民币普通股		13000000	13000000
2.境内上市的外资股			
3.境外上市的外资股			
4.其他			
已流通股份合计		13000000	13000000
三、股份总数	42000000	10000000	52000000

上述股本的变动,均经湖南省会计师事务所出具验资报告验证。

10.资本公积 45225079.96 元,比年初数 610118.55 元增加 44614961.41 元。主要系:

(1)本年度经中国证监会证监发字第 261 号、165 号文件批准,于 10 月 24 日在深圳证交所向社会公众发行每股面值为 1 元的人民币普通股 1000 万股(每股发行价 5.98 元)的股票溢价净收入 44445025.20 元。

(2)新股申购款有效部分存款利息收入 29936.21 元。

(3)机械工业部科技拨款免还转入 140000 元。

11.盈余公积 7792757.29 元,明细如下:

项目	年初数	本期增加数	期末余额
(1)法定盈余公积	1803326.64	1746016.78	3549343.42
(2)法定公益金	1430744.84	873108.86	2303853.70
(3)任意盈余公积	1092736.30	846823.87	1939560.17
合计	4326807.78	3465949.51	7792757.29

本期法定盈余公积增加 2619125.64 元,为合并会计报表本年提取的盈余公积。任意盈余公积增加 846823.87 元,系母公司按税后利润的 5% 计提的金额。

12.未分配利润项目

年初数　308458.56

本期增加数　13470527.96

期末数　13778986.52

未分配利润比上年增加 13470527.96 元,其原因是:本公司董事会以岳恒董字 1997 年第 1 号决议,1996 年度红利拟采用送红股的方式分配,每 10 股送红股 2 股,共计送 1040 万股,每股面值 1 元,计 1040 万元,剩余利润滚存 1997 年度分配。

13.主营业务收入和主营业成本

项目	营业收入	营业成本
(1)汽车空调	107773735.93	67456843.47
(2)桑塔纳冷凝器	8406521.34	6238219.00
(3)一般制冷机组	10205812.01	7270041.21
(4)盘管风机	2689007.57	2301307.08
(5)其他	7279565.65	11047161.35
合计	136354642,50	94313572.11

14.其他业务利润 50275.38 元,系材料让售利润。

15.投资收益 51551.50,包括:

(1)股票投资收益　10700.00

(2)国库券利息收入　40851.50

16.年初未分配利润调整数 354009.54 元,系 1995 年度应交所得税调整。

17.营业外收入 7531926.10 元.包括:

(1)处理固定资产净收益　223510.26

(2)废旧物资变价收入　320528.97

(3)新股申购款存款利息收入　1734716.14 *

(4)无须支付的应付款项　5253170.73 * *

*:新股申购存款利息收入总计 1764652.35,其中:新股申购有效部分存款利息收入 29936.21 元,已入资本公积帐户,无效部分存款利息 1734716.14 元,因金额较小,全部计入本年度损益。

* *:无须支付的应付款项系指以下内容:

(1)本公司改组前的原岳阳制冷设备总厂于 1985 年 10 月与美国川恩(TRANE)公司签订了风机盘管技术软件引进合同,应付其技术转让费 70 万美元,分期支付,合同有效期至 1990 年 10 月止。本公司按合同规定支付了 1985 年至 1988 年的转让费 42 万美元,并按规定从成本中计提了 1989 年和 1990 年的技术转让费 28 万美元,但由于 1989 年政治风波,美方未按合同规定派人来本公司进行产品验收与技术交流,本公司当时致函川恩公司抗议其违约,并拒付了当年的软件转让费,1990 年对方仍未履行合同,本公司依据拒付转让费,合同到期后,美方未来函提及此事,至今已有 5 年多,合同已终止无效,本公司将 1989 年和 1990 年已提取尚未支付的技术转让费共 28 万美元,折合人民币 104.16 万元(按当时汇率 1:3.72 计算)转入营业外收入项目。

(2)本公司于 1985 年以岳阳制冷设备厂的名义与德国康维它公司签订了汽车生产制造技术的引进合同,合同有效期至 1995 年 4 月止。根据合同,本公司每年按大客车空调的实际销售额提取的一定比例的提成费支付给对方,至 1994 年 10 月止,共计提取 4211570.73 元。但由于在合同执行期间,康维它公司多次违约,本公司一直未付提成费。1994 年 10 月 11 日康维它公司致函本公司单方面终止合同,1996 年 7 月 25 日康维它公司再次致函本公司,声明合同失效,本公司复函表示尽管对方一再违约,但本公司仍愿与对方继续保持合作关系,但至今德国康维它未再回复。鉴于上述情况,本公司与康维它公司所签的合同实际不可延续,已经到期失效了。本公司无任何义务和责任向康维它支付提成费,故将已提取但未支付的 4211570.73 元转入营业外收入项目。

(三)重大事项说明

1.1996 年 12 月,本公司根据岳恒董字(1996)第 12 号和第 13 号文件,为进一步扩大小轿车空调生产能力,提高汽车空调市场占有率,与岳阳恒立制冷集团有限公司协商一致,以货币资金换取了该公司所占岳阳通达制冷有限公司 75% 的出资权和上海恒安空调设备有限公司 60% 的出资权,这一合并业务按权益结合法处理,且合并基准日定为 1996 年 12 月 31 日,因此所附财务报表已重新编制,已包括上述两公司所反映的全部各期的报表。

合并之前各独立企业 1996 年度销售净额和净收益如下:

销售净额:	
岳阳恒立冷气设备股份有限公司	128401713.08
岳阳通达制冷有限公司	4244065.03
上海恒安空调设备有限公司	12970498.96
合并后公司	13654642.50
净收益:	
岳阳恒立冷气设备股份有限公司	16582467.93
岳阳通达制冷有限公司	-147313.93
上海恒安空调设备有限公司	872817.24
合并后公司	16894197.00

2.根据本公司董事会 1997 年 1 月 10 日岳恒董字 1997 年 1 号决议,本公司对 1996 年度净利润拟按下列方式进行分配:

(1)提取法定盈余公积金 10%,法定公益金 5%,任意盈余公积金 5%。

(2)1995 年度结转利润 30.84 万元,参与 1996 年度红利分配,累计可分红利 1385.76 万元,平均每股可分红利 0.26 元。

(3)1996 年度红利分配采取送红股的分配方法,即每 10 股送 2 股,共计送 1040 万股,剩余利润滚存 1997 年度分配。

上述分配方案尚需本公司股东大会通过,本次报表已按上述方案作出反映。

岳阳恒立冷气设备股份有限公司

1997 年 3 月 24 日

资产负债表(表一)

编制单位:岳阳恒立冷气设备股份有限公司　　会股 01 表

单位:元

资产	附注	1996 年 12 月 31 日		1995 年 12 月 31 日	负债及股东权益	附注	1996 年 12 月 31 日		1995 年 12 月 31 日
		合并数	母公司	(母公司)			合并数	母公司	(母公司)
流动资产:					流动负债:				
货币资金	3-1	11523970.81	9453599.28	2505431.07	短期借款	3-11	57270000.00	54270000.00	38380000.00
短期投资					应付票据				
应收票据					应付帐款		15388885.58	14910092.64	17910133.87
应收帐款	3-2	52341272.90	49678078.10	31023029.59	预收货款	3-12	2567342.09	2567342.09	5499287.48
减:坏帐准备					应付福利费		1862373.80	1719911.33	1426606.39
应收帐款净额		52341272.90	49678078.10	31023029.59	未付股利		289544.08	289544.08	6410924.08
预付货款		11248974.23	12243353.88	5634374.50	未交税金	3-13	644953.10	355896.82	1584910.04
其他应收款	3-3	15080506.59	23773243.59	10675319.81	其他未交款		6631.98	6073.55	-11761.64
待摊费用	3-4	2211400.11	1907253.00	2507253.00	其他应付款	3-14	3812547.37	2494090.88	2093852.94
存货	3-5	57972885.75	47093480.80	49168329.89	预提费用	3-15	360000.00		
待处理流动资产净损失					一年内到期的长期负债	3-16	10150000.00	10150000.00	12350000.00
一年内到期的长期债券投资				159398.00	其他流动负债				
其他流动资产					流动负债合计		92352278.00	86762951.39	85643953.16
流动资产合计		150379010.39	144149008.65	101673135.86	长期负债:				
长期投资:					长期借款	3-17	33000000.00	31000000.00	23800000.00
长期投资	3-6	1931300.00	42971822.38	2115200.00	应付债券				
固定资产:					长期应付款				
固定资产原价	3-7	128693123.31	69457021.42	57447632.45	其他长期负债				
减:累计折旧	3-7	28166612.99	24514632.52	20889757.23	长期负债合计		33000000.00	31000000.00	23800000.00
固定资产净值		100526510.32	44942388.90	36557875.22	递延税项:				
固定资产清理					递延税款贷项				
在建工程	3-8	4496555.23	4496555.23	16343126.97	负债合计		125352278.00	117762951.39	109443953.16
待处理固定资产净损失					少数股东权益	3-18	16655094.82		
固定资产合计		105023065.55	49438944.13	52901002.19	股东权益:				
无形资产及递延资产:					股本	3-19	52000000.00	52000000.00	42000000.00
无形资产	3-9	1800000.00			资本公积	3-20	45225079.96	45225079.96	610118.55
递延资产	3-10	1670820.65			盈余公积	3-21	7792757.29	7714103.27	4326807.78
无形资产及递延资产合计		3470820.65			其中:公益金		2303853.70	2277568.71	1430744.84
其他长期资产:					未分配利润	3-22	13778986.52	13857640.54	308458.56
其他长期资产									
递延税项:									
递延税款借项					股东权益合计		118796823.77	118796823.77	47245384.89
资产合计		260804196.59	236559775.16	156689338.05	负债及股东权益合计		260804196.59	236559775.16	156689338.05

利润及利润分配表(表二)

编制单位:岳阳恒立冷气设备股份有限公司　　会股 02 表

单位:元

项目	附注	1996 年度		1995 年度
		合并数	母公司	(母公司)
一、主营业务收入	3-23	136354642.50	128401713.08	131018013.57
减:营业成本	3-23	94313572.11	90223550.75	90758074.31
销售费用		4871117.91	4749190.67	4689906.73
管理费用		12229004.16	10102621.04	12582038.24
财务费用	3-24	11260891.54	10796716.47	11289260.54
进货费用				
营业税金及附加		1012598.67	971327.03	1042888.97
二、主营业务利润		12667458.11	11558307.12	10655844.78
加:其他业务利润	3-25	50275.38		
三、营业利润		12717733.49	11558307.12	10655844.78
加:投资收益	3-26	51551.50	465325.74	469544.44
营业外收入	3-27	7531926.10	7531926.10	724418.40
减:营业外支出	3-28	90483.96	86455.96	149089.55
加:以前年度损益调整				-27231.52
四、利润总额		20210727.13	19469103.00	11673486.55
减:所得税		3316530.13	2886635.07	4221850.57
加:年初未分配利润		309407.47	308458.56	22567.98
加:年初未分配利润调整数	3-29	354009.54	354009.54	
减:少数股东本期收益	3-30	312677.98		
五、可分配的利润		17244936.03	17244936.03	7474203.96
减:提取法定公积金		1746016.78	1693647.75	745163.60
提取法定公益金		873108.86	846823.87	372581.80
六、可供股东分配的利润		14625810.39	14704464.41	6356458.56
减:已分配优先股股利				
提取任意公积金		846823.87	846823.87	168000.00
已分配普通股股利				5880000.00
七、未分配利润		13778986.52	13857640.54	308458.56

财务状况变动表(表三)

编制单位:岳阳恒立冷气设备股份有限公司　　会股03表　　单位:元

流动资金来源和运用	1996年度		1995年度	流动资金各项目的变动	1996年度		1995年度
	合并数	母公司	(母公司)		合并数	母公司	(母公司)
一.流动资金来源:				一.流动资金本年增加数:			
1.本年净利润	16894197.00	16582467.93	7451635.98	1.货币资金	8658429.98	6948168.21	-12894494.12
加:少数股东本期损益	312677.98			2.短期投资			
加:不减少流动资金的费用和损失				3.应收票据	21318243.31	18655048.51	3945856.70
(1)固定资产折旧	7352967.76	3700675.29	4553685.19	4.应收帐款净额			
(2)无形资产.递延资产及其他资产摊销(减其他负债转销)	897590.57		214740.89	5.预付货款	6608979.38	6608979.38	-4841957.68
(3)固定资产盘亏(减盘盈)				6.其他应收款	13128169.72	13097923.78	2594668.89
(4)清理固定资产损失(减清理费用)	46438.00	44700.00	-126812.01	7.待摊费用	-295852.89	-600000.00	-739521.52
(5)递延税款				8.存货	3342707.44	-2074849.09	-8472159.68
(6)其他不减少流动资金的费用和损失	1148301.45	1148301.45		9.待处理流动资产净损失(减收益)			
小计	26652172.76	21476144.67	12093250.05	10.一年内到期的长期债券投资	-159398.00	-159398.00	159398.00
2.其他来源:				11.其他流动资产			
(1)固定资产清理收入(减清理费用)	223810.26	223510.26					
(2)增加长期负债	19350000.00	17350000.00	8530000.00				
(3)收回长期投资	159398.00	159398.00					
(4)对外投资转出固定资产							
(5)对外投资转出无形资产							
(6)资本净增加额	61151438.88	58002256.90	1815745.40				
(7)少数股东资本增加额	16655094.82						
小计	97539741.96	75735165.16	10345745.40				
流动资金来源合计	124191914.72			流动资产增加净额	52601278.94	42475872.79	-20248209.41
二.流动资金运用:				二.流动负债本年增加数:			
1.利润分配				1.短期借款	17290000.00	15890000.00	15560000.00
(1)提取盈余公积	1746016.78	1693647.75	745163.60	2.应付票据	-2541166.60	-3000041.23	2656944.85
(2)提取法定公益金	873108.86	846823.87	382581.80	3.应付帐款			
(3)提取任意公积金	846823.87	846823.87	168000.00	4.预收货款	-2931945.39	-2931945.39	-492340.28
(4)已分配股利	10400000.00	10400000.00	5880000.00	5.应付福利费	382616.33	293304.94	457583.74
小计	13865949..51	13787295.49	7165745.40	6.未付股利	4278620.00	4278620.00	2993631.00
2.少数股东利润分配	349506.46			7.未交税金	-756108.90	-1229013.22	634816.92
3.其他运用				8.其他未交款	18393.62	17835.19	-193839.09
(1)固定资产和在建工程净增加额	13875208.60	1460517.40	29297794.88	9.其他应付款	3853587.37	400237.94	-18449715.28
(2)增加无形资产、递延资产及其他资产	986642.05			10.预提费用	360000.00		
(3)偿还长期负债	50860169.16	40856622.38		11.一年内到期的长期负债	-2200000.00	-2200000.00	-9150000.00
(4)增加长期投资		42317139.78	240746.44	12.其他流动负债长期负债	9407156.43	10150000.00	
小计	65722019.81						
流动资金运用合计	79937475.78	56104435.27	36704286.72	流动负债增加净额	8346840.00	1368998.23	-5982918.14
流动资金增加净额	44254438.94	41106874.56	-14265291.27	流动资金增加净额	44254438.94	41106874.56	-14265291.27

岳阳恒立冷气设备股份有限公司1997年中期报告

一、财务报告(已经审计)

公司财务报告已经湖南省会计师事务所审计,并出具无保留意见审计报告。

审计报告

岳阳恒立冷气设备股份有限公司全体股东:

我们接受委托,审计了贵公司1997年6月30日公司及合并的资产负债表,1997年1-6月公司及合并的利润表。这些会计报表由贵公司负责,我们的责任是对这些会计报表发表审计意见。我们的审计是依据中国注册会计师独立审计准则进行的。在审计过程中,我们结合贵公司实际情况,实施了包括抽查会计记录等我们认为必要的审计程序。

我们认为,上述会计报表符合《企业会计准则》和《股份制试点企业会计制度》的有关规定,在所有重大方面公允地反应了贵公司1997年6月30日财务状况和1997年1月-6月的经营成果,会计处理方法的选用遵循了一贯性原则。

湖南省会计师事务所　　中国注册会计师:李双桂

湖南.长沙　　中国注册会计师:周重揆

1997年8月4日

(一)财务报告

1.简化的资产负债表　　单位:元

项目	期末数		年初数	
	合并数	母公司	合并数	母公司
流动资产	172478410.01	159345709.98	150379010.39	144149008.65
长期投资	1931300.00	44961390.99	1931300.00	42971822.38
固定资产净值	97585741.80	44053285.33	100526510.32	44942388.90
在建工程	6442255.23	4496555.23	4496555.23	4496555.23
无形资产及递延资产	3153829.60		3470820.65	
其他长期资产				
资产合计	281591536.64	252856941.53	260804196.59	236559775.16
流动负债	60110000.00			
长期负债	34600000.00	31000000.00	33000000.00	31000000.00
负债合计	133428671.88	120884469.28	135752278.00	128162951.39
少数股东权益	16190392.51		16655094.82	
股本	62400000.00	62400000.00	52000000.00	52000000.00
资本公积	45225079.96	45225079.96	45225079.96	45225079.90
盈余公积	7792757.29	7714103.27	7792757.29	7714103.27
其中:公益金	2303853.70	2277568.71	2303853.70	2377568.71
未分配利润	16554635.00	16633289.02	3378986.52	3457640.54
股东权益合计	131972472.25	131972472.25	108396823.77	108396823.77
负债及股东权益合计	281591536.64	252856941.53	260804196.59	236559775.16

2.简化的损益表

项目	1997年1-6月		上年同期
	合并数	母公司	母公司

主营业务收入	97,065,562.59	73,864,057.94	61,544,780.31
主营业务利润	18,077,178.73	12,630,739.03	8,098,464.01
其他业务利润	52,825.73	52,825.73	
投资收益		2,435,174.28	110,700.00
营业外收入			284,679.49
利润总额	18,027,112.38	15,065,714.30	9,514,695.54
所得税(33%)	5,687,007.29	4,158,144.80	3,106,849.53
财政返还所得税(18%)	2,268,078.98	2,268,078.98	
少数股东本期收益	1,432,535.59		
净利润	13,175,648.48	13,175,648.48	6,407,846.01
可分配的利润	16,554,635.00	16,633,289.02	6,716,304.57

3.主要财务数据与财务指标： 单位：万元

指标项目	本年数(1-6月)	上年同期数(1-6月)	比上年同期增减(%)
主营业务收入	9,706.56	6,154,48	+57.72
净利润	1,317.56	640.78	+105.62
总资产	28,159.15	19,906.99	+41.45
股东权益	13,197.25	5,380.82	+145.26
每股收益	0.211	0.153	+37.91
每股净资产	2.12	1.28	+65.63
净资产收益率	9.98%	11.90%	-1.92
股东权益比率	46.87%	27.03%	+19.84

(二)合并会计报表附注

1.合并报表的编制方法

本公司依据财政部(95)财会字第11号《合并会计报表暂行规定》编制合并会计报表；合并范围：对持股比例50%以上的子公司纳人合并报表；合并方法：先对各子公司会计报表项目按股份制企业会计制度的规定进行适当调整，然后以公司本部为母公司，并将母公司长期投资与子公司权益金额、内部往来、内部购销金额等抵消后逐项合并。

2.货币资金3,650,622.83元 包括：

(1)现金 36,295.74

(2)银行存款 3,614,327.09

货币资金比上年减少7,873,347.98元，系归还短期借款及其他应付款项所致。

3.应收帐款：51,433,495.73元，其帐龄分析如下：

帐龄	金额	所占比重
1年以内的	35,149,354.43	68.34%
1-2年的	6,543,176.92	12.72%
2-3年的	5,071,813.44	9.86%
3年以上的	4,669,150.94	9.08%
小计	51,433,495.73	100%

4.其他应收款：36,251,101.41元

其帐龄分析如下：

帐龄	金额	所占比重
1年以内的	32,241,702.87	88.94%
1-2年的	2,114,024.74	5.83%
2-3年的	1,845,373.80	5.09%
3年以上的	50,000.00	0.14%
小计	36,251,101.41	100%

其他应收款比上年末增加21,170,594.82元，系应收岳阳恒立制冷集团有限公司款项增加所致。

5.存货：64,350,188.81元

项目	金额
(1)原材料及辅助材料	13,121,764.76
(2)委托加工材料	194,400.00
(3)产成品	25,515,012.12
(4)低值易耗品	3,747,118.98
(5)在产品	21,771,892.95
小计	64,350,188.81

6.少数股东权益：16,190,392.51元

(1)香港三湘有限公司持有岳阳通达制冷空调有限公司25%的股权，按其净资产43,585,339.30元，折合所占权益为10,896,334.83元。

(2)上海安亭汽车市场发展有限公司持上海恒安空调设备有限公司40%的股权，按其净资产13,235,144.20元，折合所占权益为5,294,057.68元。

7.资本公积：45,225,079.96元

项目	金额
资产评估增值	610,118.55
股票溢价净收入	44,445,025.20
新股申购款有效部分存款利息收入	29,936.21
机械工业部科技拨款免还转入	140,000.00
合计	45,225,079.96

资本公积本期无增减变动。

8.盈余公积：7,792,757.29元

项目	期末余额
法定盈余公积	3,549,343.42
法定公益金	2,303,853.70
任意盈余公积	1,939,560.17
小计	7,792,757.29

盈余公积本期无增减变动。

9.未分配利润：	16,554,635.00元
年初数：	3,378,986.52
本期增加数：	13,175,648.48
期末数	16,554,635.00

*未分配利润比上年年末增加13,175,648.48元，系1997年1-6月本年净利润转未分配利润所致。

**1997年1-6月每股净收益为0.211元。

10.主营业务收入和主营业务成本

项目	主营业务收入	主营业务成本
汽车空调	81,665,817.38	55,166,072.18
桑塔纳冷凝器	4,284,239.48	2,339,423.67
一般制冷机组	6,343,923.36	4,038,936.43
盘管风机	172,893.76	143,987.47
其他	4,598,688.61	2,302,295.24
小计	97,065,562.59	63,990,714.99

11.财务分析说明

(1)主营业务收入今年上半年为9,706.56万元，比去年同期增加3,552.08万元，增长57.72%，主要是合资的上海恒安空调设备有限公司和上海通达制冷空调有限公司投入批量生产，形成一定的规模，使主营业务收入增加。

(2)净利润今年上半年为1,317.56万元，比去年同期增加676.78万元，增长105.65%。主要原因是：

①由于主营业务收入的增加而使净利润增加；

②由于两个子公司投资收益的增加，而使母公司净利润的增加；

③总资产截止6月末为28,159.15万元，比去年增加8252.16万元，是由于去年12月份收购上海恒安空调设备有限公司和岳阳通达制冷空调有限公司，使总资产增加。

④股东权益截止6月末为13,197.25万元，比去年同期增加7,816.43万元，主要是由于去年发行股票的溢价净收入和机械工业部科技拨款转入。

⑤每股收益今年上半年为0.211万元，去年同期为0.153元增加0.058元，增长37.91%，公司股本5,200万元，1997年6月19日送红股，增加股本1040万股，合计总股本6,240万元，摊薄后每股收益为0.211元。

12.关联企业及关联交易的披露

I.关联企业

(1)岳阳恒立制冷集团有限公司

(2)岳阳通达制冷空调有限公司

(3)上海恒安空调设备有限公司

II.关联交易

本公司应收岳阳恒立制冷集团有限公司转让固定资产,垫付周转金,工程款等往来款24,461,148.33元,按银行同期利率收取资金占用费。

二、经营情况的回顾与展望

(一)关于1996年度盈利预测的说明

岳阳恒立冷气设备股份有限公司1996年实现利润总额为2021万元,税后净利润为1693.65万元,比1996年预测数1978.80万元减少了285.15万元,下降了14.41%,主要原因说明如下;

(1)由于我公司生产的汽车空调,受到国外同类产品的冲击,市场受到一定的影响,使产品的销售数量减少,导致营业利润下降。

(2)公司的技术改造项目,由于资金未及时到位,造成生产未如期投产,从而影响企业的利润。

(3)公司的中央空调产品,因产品老化,需更新换代,常规产品逐步淘汰,造成公司销售收人的减少,使营业利润减少。

(4)公司的对外长期投资项目,1996年属于试生产阶段,未能达到预计的投资收益目标,造成公司利润减少。

(5)由于市场的日益竞争,公司的销售费用和管理费用数额有所增加,而使公司利润减少。

九七年上半年公司采取的措施:

(1)对外投资项目进入批量生产阶段,已取得一定的经济效益。

(2)加强销售力量,开拓了产品市场。

(3)内部挖潜,把好产品质量关

(二)上半年经营情况的回顾

上半年,公司保持了旺盛的发展势头,主要经济指标出现了一定比例增长,实现了经济效益与企业规模的同步增长,并较大幅度地超过了股本的扩张速度,整体业绩令人振奋。截止6月末,主营业务收入今年上半年为9,706.56万元,比去年同期增加3,552.08万元,增长57.72%,主要是合资的上海恒安空调设备有限公司和岳阳通达制冷空调有限公司投入批量生产,形成一定的规模,使主营业务收入增加,净利润今年上半年为1,317.56万元,比去年同期增加676.78万元,增长105.65%,突出了汽车空调企业的发展潜力,使恒立可持续发展的战略目标再一次得以实现。

上半年,公司认真落实年初股东大会制定的发展计划,着重做了以下工作:

1.产品技术改造方面,在竞争日益激烈的市场经济体制下,公司利用股票上市募集资金和“双加”一期工程技改贷款完成了第二代汽车空调机的研制,以玻璃钢顶置整体式汽车空调为代表的新产品,外形美观,采用多项新技术,有效地提高了产品的可靠性,降低了机组噪音。1997年9月产品将推向市场,形成新的利润增长点。至此,公司该项目年底可全面竣工验收。大中型客车空调机的生产能力由年产2000台提高到5000台,初步形成经济规模。

2.在产品开发方面,大中型客车空调机组新开发了6FY压缩机配485柴油机机组,与4FY压缩机配480柴油机形成系列产品。完成大客车空调机R134a工质替代的样机试制和试验工作,取得R134a工质替代研究工作的进展。

3.在产品质量认证方面,长期以来,公司坚持不懈地狠抓产品质量,追求技术领先,创造名牌精品,保证用户满意。1997年6月公司通过了中国机械工业质量体系认证中心和德国莱茵技术监督顾问股份有限公司的质量体系认证审查,获得了上述两个认证机构GB/TI9001-ISO9001质量体系的认证,为公司汽车空调、制冷压缩机进入国际市场竞争创造了有利条件。

三、重大事件的说明

1.根据国务院证券委、中国人民银行、国家经贸委5月21日联合颁布《严禁国有企业和上市公司炒作股票的规定》,公司进行了认真的清查。至今为止,本公司及子公司未在境内任何证券经营机构开设买卖上市流通股票的帐户,也没有提供资金给其他机构买卖股票。

2.经公司第五次股东大会通过,公司决定进行1996年年度股利分配以送红股方式,即每10股送2股,共计送1040万股,剩余利润滚存1997年度分配。

3.1997年6月公司通过中国机械工业质量体系认证中心和德国莱茵技术监督顾问股份有限公司的质量体系认证审查,获准了上述两个认证机构GB/TI9001-ISO9001质量体系双重认证。

4.公司利用股票上市募集资金,完成了大中型客车空调机技术改造任务的80%,研制出了“第二代汽车空调机”新产品。

5.公司新开发了6FY压缩机、4FY压缩机配套485柴油机机组、480柴油机机组系列产品。

6.在报告期间,公司无重大诉讼、仲裁事项。

四、发行在外股票的变动和股权结构变化

1.1997年6月,公司实施了每10股送2股的1996年年度分配方案,使公司股本增加1040万元。

2.股权结构

截止1997年6月30日公司股权结构如下:

单位:万股　　每股面值1元

①尚未流通股份:

	期初数	送股	期末数
发起人股	3000	600	3600
其中国有法人股份	2021	404.2	2425.2
境内法人股份	979	195.8	1174.80
内部职工股	900	180	1080
尚未流通股份合计	3900	780	4680

已流通股份:

	期初数	送股	期末数
境内上市人民币普通股	1300	260	1560
股份总数	5200	1040	6240

(2)主要股东持股情况:

1997年期中十大股东持股情况:

①岳阳国资	24252000.00
②工行信托	2400000.00
③建行信托	2400000.00
④湖南证券	1200000.00
⑤湖南申湘实业股份公司投资部	1200000.00
⑥珠海市西部金鹏实业开发公司	1200000.00
⑦中国汽车工业总公司	600000.00
⑧湘城陵矶恒发汽车空调联营改装厂	600000.00
⑨湖南信达	600000.00
⑩曹华明	441960.00

3.本公司董事会决定,1997年上半年利润暂不分配.

五、股东大会简介

1997年4月28日,公司1996年年度股东大会于1997年4月28日在公司综合大楼会议室召开。到会股东及授权代表共68名,代表股份36,400,000股,占公司股份总数的70%。会议审议并通过了以下议项:

1.董事会工作报告

2.总经理工作报告

3.监事会工作报告

4.1996年度财务决算和1997年度财务预算的报告

5.1996年度利润分配预案。公司1996年度实现净利润1693.65万元,提取10%的法定公积金,5%的法定公益金,5%的任意公积金,合计338.73万元,加上年未分配利润30.84万元,可分配利润1385.76万元,平均每股可分红利0.26元。

1996年度红利分配采取送红股的分配方法。即每10股送2股,共计送1040万股,剩余利润滚存1997年度分配。

6.因工作变动,经本人申请,同意刘奇云先生、许祖生先生辞去公司董事职务。

六、备查文件

1.载有董事长亲笔签名的中期报告原本

2.湖南省会计师事务所审计报告原件

3.公司1996年股东大会材料

岳阳恒立冷气设备股份有限公司

1997年8月20日

延边敖东药业(集团)股份有限公司

延边敖东药业(集团)股份有限公司1996年年度报告(摘要)

一、公司简况

1. 公司名称:延边敖东药业(集团)股份有限公司

英文名称:YAN BIAN AO DONG MEDICIAN BLOC JILIN CHINA

2. 公司地址:吉林省敦化市胜利南大街88号

注册日期:1993年3月20日

3. 公司法定代表人:李秀林

4. 公司咨询服务机构:延边敖东药业(集团)股份有限公司证券部

公司负责信息披露人员:郭荣(董事会秘书)

电话:0433—6222692转8509

传真:0433—6222105

二、主要财务数据及财务指标

指标项目	本年数(96)	上年数(95)	比上年(增减%)
1. 主营业务收入(万元)	24,268	17,313	+40.17
2. 净利润(万元)	3,962	2,594	+52.74
3. 总资产(万元)	42,143	24,293	+73.47
4. 股东权益(万元)	24,307	10,302	+135.94
5. 每股收益(元)	0.553	0.447	+23.71
6. 每股净资产(元)	3.40	1.78	+91
7. 净资产收益率(%)	16.30	25.17	-35.24
8. 股东权益比率(%)	57.68	42.40	+36.04

本公司本年度发行股票冻结资金利息收入719.6万元,其中1.6万元转入资本公积金,其余718万元进入营业外收入,若扣除发行资金冻结利息收入,主要财务数据如下:

指标项目	本年数(96)	上年数(95)	比上年(增减%)
1. 主营业务收入(万元)	24,268	17,313	+40.17
2. 净利润(万元)	3,352	2,594	+29.22
3. 总资产(万元)	41,674	24,293	+71.54
4. 股东权益(万元)	23,838	10,302	+131.39
5. 每股收益(元)	0.468	0.447	+4.7
6. 每股净资产(元)	3.33	1.78	+87.07
7. 净资产收益率(%)	14.06	25.17	-19
8. 股东权益比率(%)	57.2	42.40	+34.9

三、公司业务回顾

1996年,公司在各级政府和全体股东的关心和支持下,经公司全体员工齐心协力,把握机遇,求真务实,取得了改革和经济效益的新成就,为实现公司"九五"发展规划目标夯实了基础。

1. 本公司自成立以来,生产经营稳步发展,公司不断壮大,1996年在医药市场激烈的竞争中,经济效益取得历史以来最好的成绩,全年实现产品销售收入2.4亿元,比上年增长42.6%,实现利润4,661万元,比上年增长61.09%,年末总资产4.21亿元,净资产2.4亿元。

2. 公司主要产品安神补脑液生产取得好成绩,1996年生产安神补脑液1,951万盒,比上年增加248万盒,完成计划的130%。

"安神补脑液"、"利脑心"被国家中医药管理局评为"中国中药名牌"称号。其中"安神补脑液"通过国家中医药管理局质量注册,并通过美国食品药品管理局FDA验收,产品首次在美国通关上市。进入国家中成药工业企业50强行列,全国中成药加工企业销售收入排行第20位,现价工业总产值排行第17位。长白山动植物药二次开发系列精品工程列入国家"双加"工程。进入国家大(二)型企业行列。

3.1996年度实现销售收入24,268万元,比盈利预测增加4,268万元,增长21.34%。利润总额实现4,661万元,比盈利预测增加161万元,增长3.58%。净利润实现3,962万元,比盈利预测增加137万元,增长3.58%。利润总额增长比例低于销售收入增长比例,主要原因是成本费用增长31%。成本费用增加的主要原因是销售费用增加3,570万元,用于广告宣传及市场开发费,故利润总额增长低于销售收入增长比例。

四、募集资金使用情况

本次A股发行募集资金9,261.6万元人民币(已扣除有关发行费用),将主要投资以下项目:

①公司药厂三期改造项目。该项目是以长白山药物提纯工程为重点,改造传统工艺,提高现有生产的综合效率,增加产品剂型。该项目总投资7,500万元,主要建设内容包括:征用土地、建造基础车间和引进日本、德国先进制药设备及电子分析仪等。

②中、瑞、德合资二次开发长白山植物药系列产品。该项目为本公司与瑞士西法姆公司和德国CCD公司合资经营深度开发生产长白山植物药系列。

③鹿茸加工车间项目。该项目是为提高公司鹿副产品附加值和深精开发。

投资项目使用资金的计划时间表

单位:万元

项目名称	所需资金	建设期	效益预测		资金投入			预计回收期
			预计产值	预计利税	1996年	1997年	1998年	
药厂三期改造	7,500	1996—1998	40,000	12,161	3,500	2,000	2,000	2年
合资二次开发长白山植物药系列产品	4,585	1996—1998	8,000	2,530	1,585	1,500	1,500	2年
鹿茸加工车间改造	498	1996—1997	1,000	176.4	498	/	/	3年
合计	12,583		49,000	14,867.4	5,583	3,500	3,500	

五、股本变化及股本结构情况

1. 股本结构情况:

上市前总股本5800万股,其中国家股2450万股,占总股本的42.24%;法人股1590万股,占总股本的27.41%;个人股1760万股,占总股本的30.3%。

新上市发行额度为1360万股,发行后总股本为7160万股,其中:国家股2450万股,占总股本的34.22%;法人股1590万股,占总股本的22.21%;个人股3210万股,占总股本的43.58%。

2. 股本变化情况: 单位:万股

截止1996年末,公司股本结构如下:

期初数 期末数

(1)尚未流通股份

国家股	2450	2450
法人股	1590	1590
内部职工股	1760	1320
尚未流通股合计	5800	5360

(2)已流通股份

境内上市的人民币普通股	1800
已流通股份合计	1800

(3)股份总数:7160

3. 主要股东持股情况:

截止1996年末持股比例排前10名的股东为:

排序	股东名称	持股数量(股)	比例(%)
1	延边朝鲜族自治州国有资产管理局	24,500,000.00	34.22
2	吉林轻工股份有限公司	5,000,000.00	6.98
3	海南农业租赁股份有限公司	4,800,000.00	6.7
4	吉林省信托投资公司	4,700,000.00	6.56
5	延边新华印刷厂	900,000.00	1.26
6	谢飞	850,145.00	1.19
7	孙军	523,175.00	0.73
8	吉林正大有限公司	500,000.00	0.7
9	计涌兴	450,000.00	0.63
10	甘飞	381,506.00	0.53

4. 截止1996年末股东总数10836户,其中:国家股1户,法人股5户,个人股10830户。

公司董事、监事、高级管理人员持股情况如下:

姓名	职务	年初持股数(股)	年末持股数(股)
李秀林	董事长兼总经理	20,000	20,000
王铁男	副董事长	0	0
朱雁	副董事长兼副总经理	10,000	10,000
邹继存	董事	0	0
吴德战	董事兼副总经理	10,000	10,000
关德状	董事兼副总经理	10,000	10,000
李利平	董事兼副总经理	10,000	10,000
苏秀芬	董事	5,000	5,000
郭荣	董事	5,000	5,000
石卫东	董事	0	0
唐忠民	董事	0	0
郭淑芹	董事	5,000	5,000
刘德胜	董事	3,000	3,000
郭仁堂	监事长	5,000	5,000
徐昌奎	监事	0	0
卢成才	监事	1,000	1,000
蒋正大	监事	1,000	1,000
王尚志	监事	3,000	3,000

六、重要事项

1. 公司第四次股东大会于1996年5月25日在公司六楼会议室召开,到会股东或其股东代表74人,共计持公司股4700万股,占本公司股份总数5800股的81.03%。大会审议通过了1995年度董事会工作报告、监事会工作报告、1995年度财务决算、1996年财务预算报告、1995年利润分配方案、公司"九五"发展规划,选举产生第二届董事会、监事会,授权董事会修改公司章程的决议。

2. 公司第二届董事会第一次会议于1996年5月25日在公司会议室召开,与会董事一致选举李秀林同志为本届董事会董事长兼总经理,就公司经营重大问题、公司股票上市等有关事宜作出了决议。

3. 公司招股说明书于1996年9月27日,分别在《证券时报》和《吉林日报》刊登,公司股票于1996年10月8日采用"全额预缴,比例配售,余额转存"的方式发行。

4. 公司股票上市于1996年10月28日在深圳证券交易所挂牌上市,上市开盘价每股20元,每股最高价位25.2元,最低价位15.8元。

5. 本报告期内无重大诉讼、仲裁事项。

七、财务报告

1. 审计意见

公司财务报表经北京中庆会计师事务所注册会计师孔晓海、过炳坤审计,并出具审计报告(97)中庆字第003号;

2. 财务报表附后

3. 公司采用的主要会计政策

(1)公司执行的会计制度

敖东药业(集团)股份有限公司执行中华人民共和国《企业会计准则》和《股份制试点企业会计制度》及财务部颁发的有关规定;

(2)会计期间

会计年度自公历1月1日起至公历12月31日止;

(3)记帐原则和计价基础

公司会计核算以权责发生制为记帐原则,实际成本为计价基础;

(4)存货计价方法

存货核算采用永序盘存和实际成本法核算;

存货发出采用加权平均方法;

低值易耗品采用五五摊销法;

(5)记帐本位币

以人民币为记帐本位币;

(6)坏帐准备

按应收帐款余额5‰计提;

(7)长期投资核算方法

股权投资和联营投资占被投资单位注册资本比例20%以下的按成本法核算,占有20%以上的并对被投资公司的经营管理有重大影响的长期股权投资采用权益法核算,占有50%以上的并对被投资公司的经营管理有控股权的,采用权益法核算并编制合并会计报表;

(8)固定资产及其折旧

固定资产计价标准为:使用年限在一年以上,单位价值在2,000元以上(含2,000元)的房屋及建筑物、机器设备、运输设备、工具、器具等,作为固定资产,固定资产的折旧采用直线法计算,并按各类固定资产的原值,预计可使用年限和预计残值制定其折旧率;

固定资产的预计可使用年限及折旧率如下:

类别	使用年限	年折旧率%	预计使用残值%
房屋及建筑物	10—40	2.4—9.5	3—5
机器设备	12	8	4
运输设备	12	8	4
成鹿	8	9.6	23

(9)无形资产及其摊销

工业专有技术:有效期为10年,采用年限平均法摊销;

商标:有效期为10年,采用年限平均法摊销;

(10)递延资产及其摊销

①开办费:按5年摊销,采用年限平均法;

②装饰装潢:按10年摊销,采用年限平均法;

(11)税项

主要税种	税率
①营业税	5% 10%
②农业特产税	5%
③增值税	(小规模纳税人按营业收入6%)17%
④教育附加	按应交营业税及增值税的3%
⑤城建税	按应交营业税及增值税的7%
⑥所得税	根据吉林省人民政府吉政文[1996]

67号文件的批准,1996年本公司所得税按15%计征;

(12)利润分配

项目	分配比例
法定公积金	4
法定公益金	2

注:按中华人民共和国公司法第六章177条规定办理。

八、报表主要项目注释:

1. 应收帐款

1996年12月31日应收帐款余额列示如下:

帐龄	数额(元)	比例(%)
一年以内帐龄	91,056,751.98	81
一至二年帐龄	18,075,337.74	16
二至三年帐龄		
三年以上帐龄	2,965,158.62	3
合计	112,097,248.34	100
其中:较大金额的单位		
(1)浙江医药站中成药分公司	642,274.40	
(2)黑龙江云滨药店	638,176.00	
(3)浙江省嘉兴医药站	1,008,000.00	
(4)广东省湛江市麻章区药材公司	2,695,867.00	
(5)甘肃长生药业有限公司	986,365.00	
小计	5,970,682.40	
其他 1,168户	106,126,565.94	

注:应收帐款期末余额比上年期末余额增加41%,是因销售收入比上年增加40%所致。

2. 其他应收款

1996年12月31日其他应收款余额列示如下:

帐龄	数额(元)	比例(%)
一年以内帐龄	17,271,369.52	60
一至二年帐龄	11,657,184.12	40
合计	28,928,553.64	100

3. 长期投资

(1)股权投资

被投资单位名称	股数	占被投资单位股权的比例	投资余额
吉林国际信托投资公司	1,000,000	2%	1,500,000
延边敖东建筑有限责任公司	100,000	7%	100,000

(2)债券投资

债券种类	年利率	投资金额	到期日
国库券	14.5%	25,444元	1998年
合计		1,625,444元	

4. 固定资产

(1)固定资产类别及原值列示如下:(单位:元)

类别	期初价值	本年增加	本年减少	期末价值
房屋及建筑物	70,285,318.32	12,173,512.63	202,158.45	82,256,672.50
机器设备	33,198,523.76	1,478,319.99	323,844.42	34,352,999.33
运输设备	5,017,587.87	1,695,789.46	1,016,538.26	5,696,839.09
成鹿	4,695,132.81	1,099,900.00	547,863.10	5,247,169.71
合计	113,196,562.76	16,447,522.10	2,090,404.63	127,553,680.63

5. 待摊费用

881,029.27　　1994年期初进项税

6. 在建工程

工程名称	工程进度	实际支用数	原预算数	批准文号	资金来源
仓库	80%	1,891,640.00	2,500,000.00	企技改	股金
上水安装工程	100%	30,000.00	30,000.00	企技改	股金
鸡舍	90%	631,425.20	700,000.00	企技改	股金
鹿舍	90%	43,608.50	50,000.00	企技改	股金
针剂楼改造	90%	22,355.00	25,000.00	企技改	股金
商场地面改造	90%	73,899.12	85,000.00	企技改	股金
合计		2,692,927.82	3,390,000.00		

7. 无形资产

项目	原值	已摊销额	期末余额	剩余摊销年限
工业产权及专有技术	780,000.00	78,000.00	702,000.00	9
商标	10,278,000.00	1,027,800.00	9,250,000.00	9
合计	11,058,000.00	1,105,800.00	9,952,200.00	

8. 递延资产

项目	原值	已摊销额	期末余额	剩余摊销年限
开办费	1,156,919.47	231,383.89	925,535.58	4
装饰装潢	1,761,464.30	176,146.43	1,585,317.87	9
土地开发费	16,520.00	0	16,520.00	10
咨询费	978,663.49	31,661.02	947,002.47	4.10
合计	3,913,567.26	439,191.34	3,474,375.92	

9. 短期借款

单位名称	到期日	利率/年	借款条件	金额
农行	1997.8	9.15%	信用贷款	65,685,000.00

10. 应付帐款

帐龄	数额	比例(%)
一年以内帐龄	2,910,711.75	26
一至二年帐龄	8,258,554.57	74
合计	11,169,266.32	100
其中:较大金额单位:		
深圳九星印刷包装公司	1,353,194.48	
丹阳医用玻璃瓶厂	717,916.49	
吉林长白山参茸酒厂	422,906.21	
小计	2,494,017.18	

11. 预收帐款

帐龄	数额	比例(%)
一年以内帐龄	19,962,843.33	98.6
一至二年帐龄	224,966.66	1
二至三年帐龄	53,544.97	0.4
合计	20,241,354.96	

12. 其他应付款

帐龄	数额	比例(%)
一年以内帐龄	14,104,208.25	63
一至二年帐龄	8,445,375.58	37
合计	22,549,584.33	100

其中:较大金额单位为:

(1)吉林省信托投资公司业务往来款	1,455,350.00
(2)吉林省轻工进出口股份有限公司往来款	1,527,700.00
(3)海南农业租赁有限公司业务往来款	1,044,000.00
(4)北京邦特广告公司业务往来款	4,284,016.23
(5)销售人员风险抵押金	664,120.18
(6)社会统筹款	5,851,637.25

13. 未交税金

税项	金额(元)
增值税	10,067,799.60
特产税	200,425.00
营业税	17,144.94

城建税	284,324.09
房产税	230.05
合计	10,569,923.68

14. 长期借款

1996年12月31日长期借款余额列示如下：

单位名称	到期日	利率	借款条件	金额(元)
农业银行	2000年5月30日	14.04%	抵押贷款	10,976,600.00
农业银行	1999年8月31日	4.2%	信用贷款	54,000.00
农业银行	1999年6月30日	14.04%	信用贷款	1,770,000.00
农业银行	1998年6月30日	4.7%	信用贷款	1,491,000.00
建设银行	1998年6月30日	2.4%	信用贷款	897,343.87
州财政局	1998年8月30日	3.5%	信用贷款	1,645,088.35
合计				16,834,032.22

15. 长期应付款

1996年12月31日长期应付余额列示如下：

单位名称	借款内容	金额	借款条件	年利率	币种(日元)
中国对外贸易信托投资公司	引进生产线	13,988,266.27	信托投资公司担保	3.5%	19,528万日元

16. 股本

类别	股本额(万元)	总股本%
国家股	2,450	34
法人股	1,590	22
内部职工股	1,320	19
社会公众股	1,800	25
合计	7,160	100

17. 资本公积

期初余额	本期增加	本期减少	期末余额
19,297,002.12	79,032,156.80	0	98,329,158.92

注：本期增加额包括：股票溢价　79,016,000.00

新股申购冻结资金利息　16,156.80

18. 主营业务收入

主营业务收入主要构成如下：(单位：元)

农业	7,337,015.76
工业	227,992,146.29
商业	4,823,842.65
服务业	2,536,630.51
合计	242,689,635.21

19. 主营业务成本

主营业务成本主要构成如下：(单位：元)

农业	5,672,896.68
工业	61,780,257.60
商业	3,045,029.88
服务业	948,919.99
合计	71,447,104.15

20. 财务费用

财务费用明细项目列示如下：(单位：元)

利息净支出	7,896,644.24
金融机构手续费	12,487.91
合计	7,909,132.15

21. 其他业务利润

其他业务利润主要构成如下：(单位：元)

家庭农场上交利润	46,062.60
材料	600.00
其他收入	16,436.00
合计	63,098.60

22. 投资收益

投资收益明细项目列示如下：(单位：元)

国库券利息	61,381.30

23. 营业外收入

营业外收入明细项目列示如下：(单位：元)

(1)处理固定资产净收益	282,945.25
(2)教育费附加返还	300,000.00
(3)罚款收入	169,963.14
(4)申购资金利息	7,180,375.18
(5)其他	717,409.08
合计	8,650,692.65

24. 营业外支出

营业外支出明细项目列示如下：(单位：元)

(1)处理固定资产净损失	322,522.78
(2)老残干部安置费	206,694.00
(3)捐赠	116,932.79
(4)中小学校经费	108,228.81
(5)罚款	1,083.80
(6)防洪抢险费	3,131.55
(7)退休金	510,043.44
(8)劳保支出	6,355.00
(9)其他	751,694.22
合计	2,026,686.39

25. 以前年度损益调整

内容	金额
1995年多摊销广告费	84,101.56
1996年多计提折旧	80,000.00
1996年多计提福利费	78,701.13
合计	242,802.69

26. 未分配利润：

单位：元	金额
1996年未分配利润	37,244,994.25

27. 盈余公积

	期初余额	本期增加	本期减少	期末余额
盈余公积	25,722,377.63	10,171,126.90	0	35,893,504.53
其中：公益金	2,900,759.25	792,446.68	0	3,693,215.93

28. 关于公司期后事项或有负债等说明

无重大诉讼事项和影响1996年12月31日会计报表的期后事项。

29. 有关事项说明

因本公司无子公司，故无合并报表。

九、其它

经公司二届二次董事会审议通过1996年利润分配预案，公司1996年度实现净利润39,622,334.30元，按公司法第六章第177条规定办理，提取4%法定公积金1,584,893.37元和2%法定公益金792,446.68元。可供股民分配股利37,244,944.25元，董事会决定按总股本71,600,000.00股计算，向全体股民每10股派送2股，共计送出14,320,000.00元，剩余22,924,994.25元未分配利润结转下年。

以上方案须经股东大会表决通过报有关部门批准，再报中国证监会复审通过后实施。

延边敖东药业(集团)股份有限公司董事会

1997年4月8日

资产负债表

单位:敖东药业(集团)股份有限公司　　1996年12月31日　　单位:元

项目	行次	附注号	年初数	年末数	项目	行次	附注号	年初数	年末数
流动资产:					流动负债:				
货币资金	1		1,381,459.10	116,330,519.47	短期借款	29	8	45,337,872.38	65,685,000.00
短期投资	2				应付票据	30			3,000,000.00
应收票据	3				应付帐款	31	9	14,847,670.88	11,169,266.32
应收帐款	4	1	79,237,532.18	112,097,248.34	预收帐款	32	10	6,547,470.98	20,241,354.96
减:坏帐准备	5		395,008.07	558,257.96	其他应付款	33	11	9,943,282.50	22,549,584.33
应收帐款净额	6		78,842,524.11	111,538,990.38	应付福利费	34		—560,426.78	—272,551.85
预付货款	7				未付股利	35		22,046,325.63	14,252,538.78
其他应收款	8	2	15,706,258.21	28,928,553.64	未交税金	36	12	3,175,798.31	10,569,923.68
存货	9		32,074,348.74	34,738,556.18	其他未交款	37		35,049.57	343,436.91
待摊费用	10		1,073,266.17	881,029.27	预提费用	38			
待处理流动资产净损失	11				一年内到期的长期负债	39			
一年内到期的长期债券投资	12				其他流动负债	40			
其他流动资产	13				流动负债合计	41		101,373,043.47	147,538,553.13
流动资产合计	14		129,077,856.33	292,417,648.94	长期负债:				
长期投资:					长期借款	42	13	19,794,172.65	16,834,032.22
长期投资	15	3	1,704,544.00	1,625,444.00	应付债券	43			
固定资产:					长期应付款	44	14	23,106,581.82	13,988,226.27
固定资产原价	16	4	113,196,562.76	127,553,680.63	其他长期负债	45			
减:累计折旧	17		11,297,354.84	16,287,807.99	长期负债合计	46		42,900,754.47	30,822,258.49
固定资产净值	18		101,899,207.92	111,265,872.64	负债合计	48		144,273,297.94	178,360,811.62
在建工程	19	5	2,340,986.66	2,692,927.82	股东权益:				
固定资产清理	20				股本	49	15	58,000,000.00	71,600,000.00
待处理固定资产净损失	21				资本公积	50	16	19,297,002.12	98,329,158.92
固定资产合计	22		104,240,194.58	113,938,800.46	盈余公积	51	17	25,722,377.63	35,893,504.53
无形及递延资产					其中:公益金	52		2,900,769.25	3,693,215.93
无形资产	23	6	11,058,000.00	9,952,200.00	未分配利润	53			37,244,994.25
递延资产	24	7	1,212,582.78	3,474,375.92	股东权益合计	54		103,019,379.75	243,067,657.70
无形及递延资产合计	25		12,270,582.78	13,426,575.92	负债及股东权益总计	55		247,293,177.69	421,428,469.32
资产总计	28		247,293,177.69	421,428,469.32					

财务状况变动表

单位:敖东药业股份有限公司　　1996年度　　单位:元

流动资金来源和运用	行次	金额	流动资金各项目的变动		
一、流动资金来源:			一、流动资金本年增加数:		
1.本年净利润	1	39,622,334.30	1.货币资金	30	114,949,060.37
加:不减少流动资金的费用和损失	2		2.短期投资	31	
(1)固定资产折旧	3	6,548,205.24	3.应收票据	32	
(2)无形资产、递延资产及其他资产摊销(减其他负债转销)	4	1,544,991.34	4.应收帐款净额	33	32,696,466.27
(3)固定资产盘亏(减盘盈)	5		5.预付货款	34	
(4)清理固定资产损失(减收益)	6	39,577.53	6.其他应收款	35	13,222,295.43
(5)其他不减少流动资金的费用和损失	8		7.待摊费用	36	—192,236.90
小　计	9	47,755,108.41	8.存货	37	2,664,207.44
2.其他来源			9.待处理流动资产净损失(减收益)	38	
(1)固定资产清理收入(减清理费用)	10	493,074.61	10.一年内到期的长期债券投资	39	
(2)增加长期负债	11	797,718.81	11.其他流动资产	40	
(3)收回长期投资	12	79,100.00	流动资产增加净额	45	163,339,792.61
(4)对外投资转出固定资产	13		二、流动负债本年增加数:		
(5)对外投资转出无形资产	14		1.短期借款	46	20,347,127.62
(6)资本净增加额	15	102,803,283.70	2.应付票据	47	3,000,000.00
小　计	16	104,173,177.12	3.应付帐款	48	—3,678,404.56
流动资金来源合计	17	151,928,285.53	4.预收货款	49	13,693,883.98
二、流动资金运用:			5.应付福利费	50	287,874.93
1.利润分配:			6.未付股利	51	—7,793,786.85

流动资金来源和运用	行次	金额	流动资金各项目的变动		
(1)提取法定公积金	18	2,377,340.05	7.未交税金	52	7,394,125.37
(2)提取法定公益金	19		8.其他未交款	53	308,387.34
(3)提取任意公积金	20		9.其他应付款	54	12,606,301.83
(4)已分配股利	21		10.预提费用	55	
小 计	22	2,377,340.05	11.一年内到期的长期负债	56	
2.其他运用			12.其他流动负债	57	
(1)固定资产和在建工程净增加额	23	16,799,463.26	流动负债增加净额	58	46,165,509.66
(2)增加无形资产、递延资产及其他资产	24	2,700,984.48			
(3)偿还长期负债	25	12,876,214.79			
(4)增加长期投资	26				
小 计	27	32,376,662.53			
流动资金运用合计	28	34,754,002.58			
流动资金增加净额	29	117,174,282.95			

利润及利润分配表

单位:敖东药业(集团)股份有限公司　　1996 年度　　单位:元

项目	行 次	附注号	上年数	本年数
一、主营业务收入	1	18	173,133,540.46	242,689,635.21
减:营业成本	2	19	63,506,915.02	71,447,104.15
销售费用	3		68,745,227.83	97,700,901.27
管理费用	4		8,550,395.73	23,337,147.89
财务费用	5	20	2,086,202.83	7,909,132.15
营业税金及附加	7		2,363,601.87	2,672,127.66
二、主营业务利润	8		27,881,197.08	39,623,222.09
加:其他业务利润	9	21	131,431.96	63,098.60
三、营业利润	10		28,012,629.04	39,686,320.69
加:投资收益	11	22	15,095.00	61,381.30
营业外收入	12	23	997,679.42	8,650,692.65
减:营业外支出	13	24	88,549.78	2,026,686.39
加:以前年度损益调整	14	26		242,802.69
四、利润总额	15		28,936,853.68	46,614,510.94
减:所得税	16	25	3,000,000.00	6,992,176.64
五、净利润	17		25,936,853.68	39,622,334.30
加:年初未分配利润	18			
盈余公积转入数	19			
六、可分配的利润	20		25,936,853.68	39,622,334.30
减:提取法定公积金	21		2,593,685.37	1,584,893.37
提取法定公益金	22		1,296,842.68	792,446.68
七、可供股东分配的利润	23			
减:已分配优先股股利	24			
提取任意公积金	25			
已分配普通股股利	26			
八、未分配利润	27	27	22,046,325.63	37,244,994.25

延边敖东药业(集团)股份有限公司 1997 年度中期报告

一、财务报告

本报告经中庆会计师事务所李乾一、冯德志注册会计师审计,并出据无保留意见的审计报告[(1997)中庆字第 122 号],审计意见:我们接受委托,审计了贵公司 1997 年 6 月 30 日的资产负债表及 1997 年 1—6 月份利润及利润分配表。这些会计报表由贵公司负责,我们的责任是对这些会计报表发表审计意见。我们的审计是依据《中国注册会计师独立审计准则》进行的。在审计过程中,我们结合贵公司实际情况,实施了包括抽查会计记录等我们认为必要的审计程序。

我们认为,上述会计报表符合《企业会计准则》和《股份制试点企业会计制度》的有关规定,在所有重大方面公允地反映了贵公司 1997 年 6 月 30 日的财务状况及 1997 年 1—6 月份的经营成果,会计处理方法的选用遵循了一贯性原则。

(一)财会报表

1. 简化的损益表　　单位:元

项目	本期数	上年同期数
主营业务收入	154,523,149.67	116,521,990.29
主营业务利润	55,717,718.98	29,538,850.84

其它业务利润	304,848.61	23,820.35
投资收益	96,108.33	26,925.30
营业外收支净额	82,561.24	—567,233.83
利润总额	56,201,237.16	29,022,362.66
所得税	8,430,185.57	
净利润	47,771,051.59	29,022,362.66

2. 简化的资产负债表　　单位:元

项目	年初数	期末数
流动资产	292,417,648.94	329,503,110.73
长期投资	1,625,444.00	18,125,444.00
固定资产净值	111,265,872.64	111,318,037.26
在建工程	2,692,927.82	6,174,571.61
无形资产及递延资产	13,426,575.92	13,278,328.07
资产合计	421,428,469.32	478,399,491.67
流动负债	147,538,553.13	167,990,738.86
长期负债	30,822,258.49	19,570,043.52
负债合计	178,360,811.62	187,560,782.38
股东权益:		
其中:股本	71,600,000.00	85,920,000.00
资本公积金	98,329,158.92	98,329,158.92
盈余公积	35,893,504.53	35,893,504.53
未分配利润	37,244,994.25	70,696,045.84
股东权益合计	243,067,657.70	290,838,709.29
负债及股东权益合计	421,428,469.32	478,399,491.67

3. 主要财务指标

项　目	1997.6.30	上年同期
每股收益(元)	0.56	0.50
净资产收益率(%)	16	25.22
每股净资产(元)	3.39	2.00

注:以上数据按期末总股本计算。

(二)财务报表附注

1. 本期财务报告采用的会计政策及会计方法和1996年度财务报告所采用的会计政策和会计方法一致。

2. 应收帐款

帐龄	金额	比例%
一年以内	83,624,367.27	48.37
一至二年	83,783,251.79	48.46
三年以上	5,487,030.08	3.17
合计	172,894,649.14	100

3. 其它应收款

帐龄	金额	比例%
一年以内	28,848,280.63	88
一至二年	1,603,153.28	5
三年以上	2,294,642.73	7
合计	32,746,076.64	100

4. 长期投资比年初增长57.5%,主要投入吉林省长白鹿业股份有限公司。

①股权投资:

被投资单位名称	投资股数	占被投资单位股权的比例	投资金额
长春国际信托投资公司	1,000,000.00	2%	1,500,000.00
延边敖东建筑有限责任公司	100,000.00	7%	100,000.00
吉林长春敖东药业有限责任公司	3,000,000.00	33%	3,000,000.00
吉林省长白鹿业股份有限公司	13,500,000.00	37%	13,500,000.00
合计	17,600,000.00		18,100,000.00

②债券投资

债券种类	利率	投资金额	到期日
国库券	14.5%	25,444.00	1998年

5. 应付帐款

期末数比年初数增加41%,主要原因产量增加,购进原材料及包装物相应增加。

6. 长期应付款

期末数比年初数降低1,091万元,主要是日本黑字还流贷款到期,偿还贷款。

7. 投资收益:项　目　　金　额

股票投资　96,108.33

8. 主营业务利润:主营业务利润1—6月份,实现55,717,718.98元,较去年同期29,538,850.84元,增长88.63%,主要原因是市场开发,增加新品种,扩大销售量,益血生销售增长250%。

9. 关联方及关联交易

无关联方及关联交易。

二、经营情况的回顾与展望

(一)上半年经营业绩回顾

1997年上半年公司及时抓住股票上市的有利时机,深化企业内部改革,加强企业管理,大力开发市场,使企业经济效益不断提高,上半年各项经济指标均取得了历史最好业绩,实现主营业务收入15,452.3万元,主营业务利润5,571.7万元,净利润4,777.1万元,比去年同期平均增长32.6%,88.63%,64.6%。1—6月各项指标增长的主要原因,加强市场开发、扩大销售量,其中:益血生销售量增长250%,主要是采取以下几个措施:

1. 强化公司内部各项管理工作,使公司生产经营稳步发展:借助上市契机,通过学邯钢制定严格的内部经营责任制,加强二级核算,降低产品成本,大力开发市场,扩大市场占有率,大力开发新产品,实现了产值1.4亿元,产品销售收入1.5亿元,利税7,000万元的历史最好水平,为全年保持良好的发展速度提供了保证。

2. 加大科研力度开发,使产品质量更上一层楼,科研开发是企业长远发展的前提,是企业质量和效益目标的保证。本公司不仅以科研开发新药,而且以科研强化质量,本公司开发的新药血府逐瘀已通过中药质量验收,并打开销售市场,上半年销售28万盒,销售收入505万元,主产品安神补脑液已通过美国FDA标准验收,产品已打入美国市场,预计下半年创汇7.2万美元。

3. 募集资金使用情况

①加快药业三期改造进程,现已投资2506万元,其中:引进德国一步制粒机1000万元;相应的配套设备300万元;仓贮改造140万元;征用土地136万元;新建彩印中心300万元;在建工程530万元,安瓶制造厂100万元。

②公司长白山动植物药二次开发系列工程的延边敖东保益生化制剂有限公司(中、瑞、德合作公司),厂房及设备投资3000万元。

③公司基础产业亚洲最大长白山梅花鹿饲养基地建设中的鹿茸加工车间投资500万元,主要是提高鹿茸质量和药用价值。

④为了发展鹿业,本公司同其它发起人共同以发起方式设立的吉林省长白鹿业股份有限公司,投资1500万元,占该公司总股本的37.5%。募集资金扣除发行费后为9261.6万元,现已使用7,506万元,尚未使用的募集资金于银行专户储存。

(二)下半年展望

下半年在稳建经营基础上,继续保持主营业务有一定的增长,抓管理上名牌,以价格和质量的优势提高市场占有率和名牌产品的竞争力,进一步加大产品的开发力度,提高售后服务的质量,扩大营销网络和加大基础

市场的建设。

加速药业的三期改造步伐,尽快发挥规模效益,抓紧运作对收购项目的实施,中外合作企业保益生化制剂有限公司尽快投产。

集中精力抓紧配股前的准备工作,特别是项目的落实和各项报批基础工作的落实。

三、重大事件的说明

1. 经1997年8月11日召开的第二届董事会第三次会议审议,通过公积金转增和配股的预案,以1997年6月30日审议后公司总股本8592万股为基数,向全体股东按10:5转增股本。

通过了公司股票上市一年期满后,以上市时7160万股为基数,每10股配3股的预案。

以上预案提交1997年临时股东大会表决通过,并报有关主管部门批准后实施。

2. 海南农业租赁股份有限公司持有本公司576万法人股(全部)于1997年7月23日以协商的方式分别转让给上海利诚财务顾问有限公司、深圳市恒安信企业托管有限公司、延边第三产业开发公司。

3. 公司同其它法人共同发起设立的吉林省长白鹿业股份有限公司,近期召开创立大会。

4. 本报告期内公司无重大诉讼、仲裁事项。

5. 遵照国务院证券委、中国人民银行、国家经贸委发布的《严禁国有企业和上市公司炒作股票的规定》和深交所深证发[1997]193号文通知精神,我公司进行了认真的自查,以公司的名义分别在上交所和深交所开设股票帐户,除申购其它公司发行股票一笔(1997年6月22日前已卖出)外无其它交易,无违法违规行为。

四、发行在外股票的变动和股本结构的变化,本报告期内发行在外的股票没有变化。

(一)股权结构情况(单位:万股,每股面值:1.00元人民币)

	1997年6月30日	比例(%)
1. 尚未流通股份	6432	74.9
国家股	2940	34.2
发起人股	1164	13.6
定向法人股	744	8.7
内部职工股	1584	18.4
2. 已流通股份	2160	25.1
社会公众股	2160	25.1
3. 股份总额	8592	100

(二)截止1997年6月30日前10名大股东持股情况

数量单位:万股　比例(%)

序号	股东名称	持股数量	持股比例
1	延边朝鲜族自治州国有资产管理局	2940	34.22
2	吉林轻工股份有限公司	600	6.99
3	海南农业租赁股份有限公司	576	6.7
4	吉林省信托投资公司	564	6.56
5	延边新华印刷厂	108	1.25
6	深圳国投证券有限公司北京营业部	65	0.75
7	吉林正大有限公司	60	0.7
8	孟宪章	34	0.4
9	段恩浩	30	0.35
10	蔡红洋	27.7	0.32

注:海南农业租赁股份有限公司持有本公司股份于1997年7月23日全部转让。

五、股东大会简介

本公司第五次股东大会于1997年5月9日上午在吉林省敦化市鹿丰大厦六楼会议室召开,到会股东及授权代表62人,代表股份48,683,840股,占总股本的68.1%,符合《公司法》及公司章程的有关规定。

经大会审议,通过如下决议:

1. 批准了由董事长、总经理李秀林先生作的《1996年度董事会工作报告》;

2. 批准了由监事长郭仁堂先生作的《1996年度监事会工作报告》;

3. 批准了《1996年度财务决算及1997年财务预算报告》;

4. 批准了《1996年度分红方案》。

本公司1996年度实现税后利润39,622,334.30元,按《公司法》第六章第177条规定,提取4%法定公积金1,584,893.37元和2%法定公益金792,446.68元。可供股民分配股利37,244,944.25元,董事会决定按总股本71,600,000股计算,向全体股民每10股派送2股,共计送出14,320,000.00元,剩余22,924,994.25元未分配利润结转下年。

六、备查文件

1. 载有董事长、总经理亲笔签名的中期报告原本。

2. 公司1996年度股东大会材料。

查阅地址:吉林省敦化市胜利南大街88号

董事会办公室:李秀林

延边敖东药业(集团)股份有限公司

1997年8月15日

重庆长安汽车股份有限公司

重庆长安汽车股份有限公司简介

重庆长安汽车股份有限公司(以下简称"公司")是经中国兵器工业总公司和重庆市人民政府批准设立,以长安汽车有限责任公司为唯一发起人向境外合格投资者配售25000万股B股,于一九九六年十月三十一日正式创立的股份有限公司。公司董事长:赵国华先生,总经理:江从寿先生。

截止1996年12月31日,公司总股本75619万股,其中国有法人股50619万股,占总股本66.94%,由长安汽车有限责任公司持有;社会公众股B股25000万股,其中日本铃木株式会社、美国铃木汽车公司和日商岩井株式会社作为战略投资者认购了B股发行总额的50%计12500万股,占总股本16.53%,并承诺三年内不转让。

公司是国家汽车工业定点生产微型汽车及其发动机企业,主营长安牌微型汽车、奥拓轿车和江陵牌发动机的开发、制造和销售。截止1996年末,公司已形成年产10万辆微型汽车、5万辆奥拓轿车和18万台发动机的生产能力。国家汽车工业产业政策颁布实施后,本公司行业地位突出显要,公司将奥拓轿车生产量增至15万辆的计划已被国家列入"九五"计划。长安牌微型汽车轻便灵活,经济实用,符合中国国情,是中国广大普通公务员和百姓生活最理想的代步工具。1996年度,公司累计生产汽车70474辆,实现销售72579辆,产销率达103%。96年度公司经营业绩和财务状况列示如下:

(人民币千元)

1.主营业务收入	2581237
2.净利润	202825
3.总资产	3198225
4.股东权益	1401721
5.每股收益(摊薄)	0.27元
6.每股净资产	1.85元
7.净资产收益率(%)	14.47
8.股东权益比率(%)	43.83

截止1996年12月31日,公司前十大股东及其持股数列示如下:

股东名称	持股数(万股)	持股比例(%)
长安汽车有限责任公司	50619	66.94
铃木株式会社	8750	11.57
美国铃木汽车公司	2500	3.31
日商岩井株式会社	1250	1.65
中国国泰控股有限公司	499.97	0.66
新利华集团有限公司	450	0.60
GT PRC FUND	410	0.54
PACIFIC RIM ASSETS LTD	356.11	0.47
联合国际财务投资有限公司	166.32	0.22
MANSION HOUSE SECURITIES(FE) LTD.	120	0.16

经中国证监会证监字[1997]243号文批准,公司于一九九七年五月二十三日向社会公开发行人民币普通股12000万股(含公司职工股3700万股),每股面值1.00元。每股发行价6.36元。本次发行的社会公众股(除职工股外)已于1997年6月10日在深交所挂牌上市。

公司A股发行后之股权结构如下:

股本类别	股数(万股)	百分比(%)
1.国有法人股	50619	57.77
2.B股	25000	28.53
其中:战略投资者持股	12500	14.27
3.A股	12000	13.70
其中:公司职工股	3700	4.22
4.总股本	87619	100

附:公司资料:

公司注册地址:重庆市南岸区南城大道309号 邮编:630060

法定代表人:赵国华

董事长:赵国华

总经理:江从寿

电话:(023)67591349 传真:(023)67866055

一九九七年八月二十九日

重庆长安汽车股份有限公司A股上市公告书

一、释义

本招股说明书中,除非另有说明,下列简称具有如下意义:

本公司(发行人)	指	重庆长安汽车股份有限公司
兵总	指	中国兵器工业总公司
长安公司	指	长安汽车有限责任公司,本公司之控股公司
长安厂	指	长安机器制造厂
江陵厂	指	江陵机器厂
A股	指	本公司股本中每股面值为1元的记名式人民币普通股
B股	指	每股面值为1元的人民币特种股票,只可由境外投资者认购及买卖
本次发行	指	本公司向社会公众和公司职工发行的12,000万股新股
主承销商	指	国泰证券有限公司
元	指	人民币元
港元	指	香港地区法定货币
深交所	指	深圳证券交易所

二、绪言

经中国证券监督管理委员会证监发字[1997]243号和244号批准,本公司已成功发行每股面值为1元的人民币普通股12000万股(其中8300万股通过深交所向社会公众发行,3700万股向本公司职工发行)。经深圳证券交易所深证发[1997]217号上市通知书审核同意,本公司股票将于1997年6月10日在深交所持牌交易。本公司总股本87619万股,本次可流通上市股份为8300万股A股,3700万股公司职工股将按国家有关规定于新股上市半年后流通。

本公司股票上市公告书根据《中华人民共和国公司法》、《股票发行与交易管理暂行条例》、《公开发行股票公司信息披露实施细则》和《深圳证券交易所业务规则》等有关规定编制,旨在为本公司股票上市向社会公众提供资料。本公司董事会及其成员愿就本公告书所载资料的真实性、准确性和完整性负个别及连带责任。

本公司招股说明书概要刊登于1997年6月10日的《中国证券报》、

《证券时报》、《上海证券报》,距本公告书公告的时间不足六个月,依规定对在招股书中已公布的内容在此不再赘述。本公司董事会提醒广大投资者,凡本公告书未涉及的内容,敬请查阅招股书概要。

三、公司概况

(一)发行人名称:重庆长安汽车股份有限公司

英文名称:CHONGQING CHANGAN AUTOMOBILE COMPANY LIMITED

(二)法定代表人:赵国华

(三)发行人成立日期:1996年10月31日

(四)工商注册号:渝经28546236—3

(五)注册资本:87619万元

(六)注册地址:重庆市南岸区南城大道309号

(七)所属行业:汽车工业

(八)经营范围:

汽车(含轿车)、汽车发动机系列产品、配套零部件、模具、工具的开发、制造、销售、进出口业务、机械安装工程、科技技术咨询服务等。

(九)主要经营情况

本公司业务主要是从事微型汽车和微型汽车发动机的开发、制造和销售。产品主要包括各种型号的长安牌微型厢式车及微型货车以及奥拓微型汽车,另外还制造用于微型汽车的江陵牌汽车发动机。

本公司前身为逾百年历史的大型兵工企业,技术力量雄厚,工业生产能力强劲。自八十年代初开始进行微型汽车和微型汽车发动机的生产。本公司于1991年从日本铃本公司引进奥拓微型轿车生产技术,并于当年投产。截止1996年底,本公司的微型汽车生产能力已达到年产十五万辆。

1995年本公司的微型汽车产量和销售量居全国各厂家排名之首位,产量和销量分别达70,061辆和66,178辆,1996年产量和销量分别为70,474辆和72,579辆,排名全国同行第三位,微型汽车市场占有率达17.74%,长安牌系列产品已在西南、华北、华东等地区拥有较为广泛而稳定的市场。

本公司为全国唯一能同时生产微型汽车及发动机的厂家。另外,本公司亦是中国三大微型汽车发动机生产厂家之一,1995年产量达九万余台。

截止1996年底,公司累计生产四大系列47个品种的各型微型汽车30多万辆、发动机40多万台,累计实现销售收入128亿元,实现利税14亿元。长安牌系列微型汽车及发动机质量一直处于全国同类产品领先地位。本公司为目前全国最大的微型汽车生产企业之一,国家批准定点的八大轿车生产基地之一。

四、股票发行及股本结构

(一)股本形成过程

经中国兵器工业总公司兵总体[1996]368号文和重庆市人民政府重府函[1996]71号文批准,长安公司作为独立发起人,以其与微型汽车及发动机生产直接相关的资产、负债及职能管理机构和长安公司在长安铃木所拥有的权益经评估作价后投入本公司。经中华财务会计咨询公司评估并经国家国有资产管理局国资评[1996]436号文确认,投入净资产为人民币778,755,549.01元。经国家国有资产管理局国资企发[1996]61号文批准,按65%折为股本,计506,190,000股,每股面值人民币1.00元,股份设置为国有法人股,由长安公司持有并行使股权;其余净资产272,565,549.01元计入本公司的资本公积金。

经国务院证券委员会证委发[1996]30号文批准,本公司于1996年10月发行境内上市外资股(B股)250,000,000股,每股面值人民币1.00元。其中:日本铃木株式会社以战略投资者的身份认购B股发行总额的50%,即125,000,000股,认购价格为每股人民币2.96元,折港币2.76元;向其他外资股股东发行125,000,000股,每股发行价人民币2.03元,折港币1.89元。上述B股发行实收股本港币232,934,215.36元,折合人民币250,000,000.00元;股票溢价净收入折合人民币335,284,616.37元计入资本公积金。本公司于1996年10月31日注册成立,注册资本75619万元。

(二)股票发行情况

根据中国证监会证监发字[1997]243号和244号文批准,本公司于1997年5月23日在深交所以上网定价方式向社会公众公开发行A股8300万股,发行价格为6.36元,冻结资金为254.17亿元,超额认购48.149倍,中签比例为2.076886%。同时向本公司职工发行3700万股,发行价格仍为6.36元。本次发行的12000万股股款在扣除发行费用后已进入本公司银行帐户,并经深圳市会计师事务所[1997]验资字043号验资报告确认。

(三)股本结构

本次发行前后公司股本结构变化情况

	A股发行前		A股发行后	
股份类别	股数(万股)	占总股本%	股数(万股)	占总股本%
尚未流通的股份				
发起人股、国有法人股	50,619	66.94	50,619	57.77
可流通的股份				
B股	25,000	33.06	25,000	28.53
A股	0	0	12,000	13.70
(包含公司职工股)	0	0	3,700	4.22
总股本	75,619	100	87,619	100

五、股东持股情况

(一)前十名股东情况(截至1997年3月31日)

序号	股东名称	持股数量(万股)	占总股本比例(%)
1	长安汽车有限责任公司	50,619.00	66.94
2	SUZUKI MOTOR CORPORATION	8,750.00	11.57
3	AMERICAN SUZUKI MOTOR CORPORATION	2,500.00	3.31
4	NISSHO IWAI CORPORATION	1,250.00	1.65
5	新利华集团有限公司	450.00	0.60
6	GT PRC FUND	398.40	0.53
7	PACIFIC RIM AEESTS LIMITED	356.11	0.47
8	中国国泰控股有限公司	171.87	0.23
9	LI WEI QUAN	170.13	0.22
10	WONG SHIT FUI	158.00	0.21

(二)董事、监事、高级管理人员简介及持股情况

1. 董事

赵国华先生,1945年出生,本公司董事长,大学毕业,高级工程师。曾任南川庆岩机械厂总工程师,兵总微型汽车局局长,现任西南兵工局局长。

江从寿先生,1942年出生,本公司副董事长及总经理,研究生毕业,高级工程师。曾任原长安厂总工程师,长安铃木副总经理,长安公司副总经理。

山内启司先生,1938年出生,本公司副董事长,毕业于日本东北大学经济系,曾出任铃木株式会社书记部,汽车策划部及人事部等多个职位。现为铃木株式会社之董事及中国部部长。

赵泽民先生,1938年出生,高级工程师,本公司党委书记。曾任江陵厂副厂长和党委书记。

景之金先生,1941年出生,本公司副总经理,大学毕业,高级会计师。曾任重庆工业管理学院副院长、西南兵工局副总会计师。

简树梁先生,1937年出生,大学毕业,高级工程师。曾任原江陵厂总工程师。

陈成先生,1940年出生,大学毕业,高级工程师。曾任原长安厂副总工程师,副厂长。

赵鲁川先生,1953年出生,本公司副总经理,大学毕业,工程师。曾

任原江陵厂党委副书记和副厂长。

王重生先生,1958年出生,本公司副总经理,大专毕业,经济师。曾任长安公司总经理办公室主任。

渡边高光先生,1941年出生,毕业于日本宫崎大学工程学系。曾在铃木总部及湖西工厂及海外技术部门任职及担任长安铃木总经理。

铃木俊义先生,1941年,毕业于日本宫崎大学工程学系。现任日商岩井汽车部副部长及日商岩井中国香港地区副总代表。

2. 监事

汪阳先生,1942年出生,中专毕业,经济师。曾任江陵厂工会主席,现任长安公司工会主席。

李栩先生,1942年出生,大学毕业,高级经济师。曾任长安厂副厂长,长安公司副总经理。

周夏英女士,1949年出生。中专毕业,工程师。曾任江陵厂工会副主席,长安公司工会副主席,现任长安公司纪委书记。

杨中斗先生,1939年出生,中专毕业,高级政工师。曾任长安厂工会主席,现任长安铃木工会主席。

张金堂先生,1938年出生,中专毕业,工程师,本公司证券投资处处长。曾任长安公司政策研究室主任。

3. 其他高级管理人员

尹家绪先生,1956年出生,大学毕业,高级经济师,本公司常务副总经理,西南兵工局副局长,曾任西南兵工局办公室主任。

应展望先生,1959年出生,大学毕业,高级工程师,本公司副总经理,曾任长安公司技术部副部长,总经理助理。

邹文超先生,1963年出生,大学毕业,高级工程师,本公司副总经理,曾任长安公司计划部副部长,总经理助理。

姓名	职务	持股数(股)	比例%
赵国华	董事长	3000	0.00034
江从寿	副董事长、总经理	3000	0.00034
山内启司	副董事长	0	0
赵泽民	董事	3000	0.00034
景之金	董事、副总	3000	0.00034
简树梁	董事	3000	0.00034
陈　成	董事	3000	0.00034
赵鲁川	董事、副总	3000	0.00034
王重生	董事、副总	3000	0.00034
渡边高光	董事	0	0
铃木俊义	董事	0	0
汪　阳	监事	3000	0.00034
李　栩	监事	3000	0.00034
周夏英	监事	3000	0.00034
杨中斗	监事	3000	0.00034
张金堂	监事	3000	0.00034
尹家绪	副总	3000	0.00034
应展望	副总	3000	0.00034
邹文超	副总	3000	0.00034
向明强	董秘	3000	0.00034
严长云	董秘	3000	0.00034
合　计		54000	0.0062

六、公司财务状况

毕马威华振会计师事务所对本公司及其子公司截止1996年12月31日以前三个年度的财务报表审核,现摘录如下:

重庆长安汽车股份有限公司:

我们接受委托,审计了贵公司1994年12月31日、1995年12月31日及1996年12月31日的资产负债表和合并资产负债表和1994年度、1995年度及1996年度的利润及利润分配表、合并利润及利润分配表和财务状况变动表及合并财务状况变动表。这些会计报表由贵公司负责。我们的责任是对这些会计报表发表审计意见。我们的审计是依据《中国注册会计师独立审计准则》进行的。在审计过程中,我们结合贵公司实际情况,实施了包括抽查会计记录等我们认为必要的审计程序。

我们认为,上述会计报表符合《企业会计准则》及有关《股份制试点企业会计制度》的规定,在所有重大方面公允地反映了贵公司1994年12月31日、1995年12月31日及1996年12月31日的财务状况及自1994年度、1995年度及1996年度的经营成果和资金变动情况,会计处理方法的选用遵循了一贯性原则。

毕马威华振会计师事务所

中国注册会计师

罗铮　武卫

1997年4月2日

1. 资产负债表(合计)

单位:千元

项目	1996.12.31	1995.12.31	1994.12.31
一、资产			
1. 流动资产	2,127,910	1,314,733	1,323,688
2. 长期投资	154,630	154,928	191,768
3. 固定资产净值	830,585	413,154	279,820
4. 在建工程	158,554	209,403	184,789
资产合计	3,270,679	2,092,218	1,980,065
二、负债			
1. 流动负债	1,564,837	1,084,118	1,273,666
2. 长期负债	234,721	379,581	323,108
3. 负债合计	1,799,558	1,463,699	1,596,774
三、股东权益	1,471,121	628,519	383,291
负债及股东权益合计	3,270,679	2,092,218	1,980,065

2. 利润及利润分配表(合并)

单位:千元

项　目	1996年	1995年	1994年
一、主营业务收入	2,630,402	2,451,252	2,519,718
减:营业成本	2,091,516	1,850,219	2,066,410
销售费用	58,285	33,495	30,301
管理费用	91,350	108,172	72,247
财务费用	71,370	65,739	52,380
营业税金及附加	49,165	53,920	19,347
二、主营业务利润	268,716	339,706	279,033
加:其他业务利润	12,243	12,795	15,860
三、营业利润	280,959	352,502	294,893
加:投资收益(亏损)	(21,259)	(36,841)	(3,473)
营业外收入	20	483	1,005
减:营业外支出	18	142	—
四、利润总额	259,702	316,002	292,425
减:所得税	42,144	70,774	94,527
五、净利润	217,558	245,229	197,898
加:年初未分配利润	—	—	—
六、可分配利润	217,558	245,229	197,898
减:提取法定公积金	21,756	—	—
提取法定公益金	21,756	—	—
七、可供股东分配的利润	174,046	245,229	197,898
减:已分配普通股利	111,362	—	—
上交利润	—	—	98,949
转拨所有者权益	—	245,229	98,949
八、未分配利润	62,685	—	—

3. 财务状况变动表(合并)

单位:千元

	1996年	1995年	1994年
流动资金来源及运用			
一、流动资金来源			
1. 本年净利润	217,558	245,228	97,898
加:不减少流动资金的费用和损失			

(1)固定资产折旧	111,637	21,605	16,132
(2)其他负债转销	(1,527)	(1,527)	—
小　计	327,668	265,306	214,030
2. 其他来源			
(1)增加长期负债	45,667	184,000	163,308
(2)资本净增加额	629,681	—	—
小计	675,348	184,000	163,308
流动资金来源合计	1,003,016	449,306	377,338
二、流动资金运用			
1. 利润分配			
(1)提取法定公积金	21,756	—	—
(2)提取法定公益金	21,756	—	—
(3)已分配股利	111,361	—	98,949
小计	154,873	—	98,949
2. 其他运用			
(1)固定资产和在建工程净增加额	326,983	179,554	245,833
(2)增加长期投资	(298)	(36,841)	18,165
小计	326,685	142,713	263,998
流动资金运用合计	481,558	142,713	362,947
流动资金增加净额	521,458	306,593	14,391
流动资金各项目变动			
一、流动资产本年增加/(减少)			
1. 货币资金	357,658	43,641	(12,818)
2. 应收票据	82,949	100,545	—
3. 应收帐款净额	386,109	(11,309)	201,816
4. 预付货款	7,580	(4,784)	42,453
5. 其他应收款	33,042	88,945	84,463
6. 待摊费用	(30,400)	(18,869)	59,237
7. 存货	(23,761)	(207,124)	119,485
流动资产增加/(减少)净额	813,177	(8,955)	494,636
二、流动负债本年增加/(减少)数			
1. 短期借款	23,338	(41,908)	19,700
2. 应付帐款	249,615	(143,697)	100,291
3. 预收货款	(84,063)	55,146	2,870
4. 应付福利费	8,654	2,351	1,069
5. 未付股利	111,362	—	—
6. 未交税金	15,762	(9,868)	114,566
7. 其他应交款	3,777	4,142	1,592
8. 其他应付款	(35,251)	(181,979)	236,561
9. 预提费用	(1,474)	265	3,596
流动负债增加/(减少)净额	291,719	(315,548)	480,245
流动资金增加净额	521,458	306,593	14,391

4. 会计报表附注

本会计报表是在假定本合并主体自1994年1月1日至1996年10月31日本公司成立之日止期间(以下简称"有关期间")已接收长安公司相关业务的基础上编制的。

(1)主要会计政策

编制本会计报表所采用的主要会计政策,是根据中华人民共和国《企业会计准则》以及《股份制试点企业会计制度》及其他有关规定而制定的。

会计年度自公历1月1日起至12月31日。

本合并主体按照权责发生制的原则采用借贷复式记帐法记帐,计价方法为历史成本法。

本报告所载的合并会计报表包括本公司及其子公司于有关期间之会计报表,各公司相互间的所有重大交易及余额均于合并时抵消。

存货采用定额成本法进行日常核算,并按月结转成本差异,将定额成本调整为实际成本,存货成本按加权平均法结转。产成品成本中包含直接人工费用和应分摊的间接费用。

本公司以权益法计算在子公司及其联营公司的投资收益。

与购买或建造厂房、建筑物、机器及设备有关的一切直接或间接成本,包括购建期间的利息及外汇汇兑损益,全部资本化为固定资产。

固定资产采用直线法计提折旧,预计残值率为3%,各类固定资产的预计使用年限分别为:

厂房及建筑物	20-35年
机器及设备	10-20年
运输工具	8年

再建工程不提折旧。

维修保养费、研究及开发费用按实际发生额在当期损益帐中列支。

截至1996年12月31日止三年期间发生的外币交易按期初中国人民银行公布的外汇市场汇率折合为人民币,货币性外币资产和负债按结算日中国人民银行公布的外汇市场汇率折合为人民币,除有关兴建固定资产所借款项的外币换算差额在兴建期内予以资本化外,其他外币换算差额作为汇兑损益计入损益表。

(2)应收帐款帐龄分析如下:

	1996年	百分比	单位:千元
一年以内	606,760	87%	
一至二年	70,579	10%	
二至三年	15,357	2%	
三年以上	1,262	1%	
合计	693,958	100%	

(3)其他应收款帐龄分析如下:

	1996年	百分比	单位:千元
一年以内	42,416	18%	
一至二年	155,049	67%	
二至三年	32,500	15%	
三年以上	—	—	
合计	229,965	100%	

(4)存货

	1996年	单位:千元
原材料	323,974	
在产品	46,999	
产成品	98,218	
在途材料	37,352	
合计	506,544	

存货采用定额成本法进行日常核算,并按月结转成本差异。

(5)长期投资

本公司以权益法计算在子公司及联营公司的投资收益。1996年所占联营公司净资产为154,630千元。联营公司为本公司对长安铃木的投资,该公司是由本公司与日本铃木株式会社和日商岩井株式会社合资组建的中外合资企业。投资比例分别为50%、30%和15%,与注册资本一致,合营期限三十年,长安铃木于1993年5月开始筹建,1994年4月开始生产。长安铃木由重庆市人民政府于1993年5月18日以外经贸渝安(1993)281号批准成立,注册资本为2,999万美元,1995年12月5日又批准其注册资本增至5,998万美元,鉴于注册资本超过3,000万美元须由中华人民共和国对外经济贸易委员会批准,长安铃木正在进一步完善其审批手续。

(6)银行借款

本合并主体于1996年12月31日之短期银行借款具体情况如下:

单位:千元

贷款单位	年利率	币种	金额	借款条件
中国工商银行	国家利率	人民币	148,970	无抵押
中国银行	浮动利率	美元	112,030	无抵押
合计			261,000	

长期借款还款期限具体情况如下:

	一年内偿还	一至二年内偿还	二至五年内偿还	超过一年小计	合计
1996年					

有抵押	156,400	2,000	—	2,000	158,400
无抵押	166,600	91,000	93,000	184,000	350,600
合计	323,000	93,000	93,000	186,000	509,000

注:本合并主体于1996年12月31日之所有长期银行借款皆由中国工商银行提供人民币贷款并按国家利率计息。部分贷款之条件为以本合并主体之厂房、机器设备作抵押。

(7)税项

本合并主体税项如下:

应交税金	1996年
应交所得税	—
应交消费税	99,205
应交增值税	42,947
应交营业税	769
应交城建税	12,344
应交固定资产投资方向调节税	11,695
应交房地产税	854
合计	167,814

由于有关技改的银行贷款未能及时到位,获重庆市税务机关的理解与支持,同意本公司在银行贷款后陆续支付欠缴的税款。

所得税:

1994年及1995年本公司应纳所得税税率为33%,1996年所得税率为15%。

消费税:

本合并主体按销售微型车收入(除货车外)的3%交纳消费税,从1996年1月1日开始随微型汽车销售的空调也需交纳3%的消费税。

增值税:

增值税是以销售收入的17%计算。

(8)其他应付款　　单位:千元

	1996年
应付工程物资款	7,499
应付运费	8,384
应付长安公司	—
教育费附加	9,858
其他	3,448
合计	29,189

(9)主营业务收入　　单位:千元

	1996年	1995年	1994年
汽车	2,317,780	2,232,658	1,993,362
发动机	181,223	152,743	421,879
其他	131,398	65,850	104,477
合计	2,630,401	2,451,252	2,519,718

(10)利润分配

顺序如下:1.弥补亏损 2.提取法定公积金 3.提取法定公益金 4.提取任意公积金 5.支付股利

(11)或有事项

董事认为于1996年12月31日没有任何重大或有事项

(12)期后事项

董事认为于1996年12月31日以后并无发生需要在会计报表中作出调整或披露的重大期后事项。

5.本公司主要会计指标

指标	1996.12.31	1995.12.31	1994.12.31
资产负债率(%)	55	70	81
流动比率	1.36	1.21	1.04
速动比率	1.04	0.72	0.46
应收帐款周转率	5.26	7.91	8.02
存货周转率	4.03	2.92	2.80
每股净资产	1.95	—	—
净资产收益率(%)	14.79	39.02	51.63
每股净利润(元)	0.29 (全面摊薄)	—	—

七、董事会承诺

根据《中华人民共和国公司法》、《股票发行与交易管理暂行条例》、《公开发行股票公司信息披露实施细则》和《深圳证券交易所业务规则》等有关规定的要求,本公司董事会特向证券主管机关、深交所、广大投资者做出如下承诺:

1.按照法律、法规的要求准确及时地披露重大公司信息,接受证券主管机关、深交所的监督。

2.及时、准确、完整地公布公司中期和年度报告及经营业绩报告。

3.董事会、监事会成员及高级管理人员如发生人事变动,或其持股数发生变化时,及时通报证管机关、深交所,并向投资者公布。

4.不利用内幕消息和不正当手段从事股票投机交易。

5.本公司没有无记录负债。

八、重要事项揭示

1.本次上市流通股份为向社会公众发行的8300万股A股,公司职工股3700万股按照国家规定将于本次发行半年后上市流通。

2.根据重庆市国税局重国税函[1997]73号文批复,本公司1997年1月1日起企业所得税按15%计征。

3.经深圳市会计师事务所[1997]验资字043号验资报告确认,1997年6月2日本公司注册资本变更为87619万元,并已办理注册登记。

4.截止本公告书刊登之日,本公司及本公司董事、监事及高级管理人员并无涉及任何重大诉讼和仲裁,亦无任何尚未了结或面临重大威胁之诉讼。

5.本次新股股东将按发行实际股金到位时间享受1997年度利润。

九、咨询机构

1.发行人:重庆长安汽车股份有限公司

地址:重庆市南岸区南城大道309号

联系人:向明强　严长云

电话:023—67591349　传真:023—67866055

2.上市推荐人:国泰证券有限公司

法定代表人:金建栋

办公地址:深圳市华强北路3号深纺大厦13层

联系人:符浩东

电话:0755—3200792　传真:0755—3217225

3.审计机构:毕马威华振会计师事务所

法定代表人:颜泽夔

地址:北京市呼家楼京广中心2608室

经办注册会计师:罗铮　武卫

电话:010—65013388—26081　传真:010—65004059

4.发行人的律师事务所:信达律师事务所

地址:深圳市深南中路东风大厦21层

经办律师:陈利民　黄卫

电话:0755—3243139　传真:0755—3243108

5.评估机构:中华财务会计咨询公司

法定代表人:盛焕德

地址:北京市阜外大街1号四川大厦东楼9层

联系人:傅继军　邱洪生

电话:010—68364755　传真:010—68364751

6.股票登记机构:深圳证券结算有限公司

法定代表人:黄铁军

地址:深圳市红岭中路25号

电话:0755—5567898　传真:0755—5571127

十、备查文件

1. 本公司的注册登记文件
2. 主管机关批准发行上市文件
3. 招股说明书
4. 深圳证券交易所上市通知书
5. 验资报告
6.《上市协议》

重庆长安汽车股份有限公司

1997年6月6日

重庆长安汽车股份有限公司1996年年度报告摘要

一、公司简况

1. 公司名称:重庆长安汽车股份有限公司

 英文名称:CHONGQING CHANGAN AUTOMOBILE CO.,LTD.

2. 公司注册地址:重庆市南岸区南城大道309号

 邮政编码:630060

3. 公司法定代表:赵国华

4. 公司咨询服务机构:公司证券投资处

 联系电话:(86)23—67591349 传真:(86)23—67866055

 公司负责信息披露事务人员:向明强、严长云

5. 会计师事务所:毕马威华振会计师事务所(境内)

 毕马域会计师行(境外)

6. 律师事务所:信达律师事务所

7. 股票简称:长安B 证券代码:2625

二、主要财务数据与财务指标

指标项目	1996年12月31日	1995年12月31日	比上年增减(%)
1. 主营业务收入(万元)	263040	245125	7.31
2. 净利润(万元)	21756	24523	-11.28
3. 总资产(万元)	327068	209222	56.33
4. 股东权益(万元)	147112	62852	134.06
5. 每股收益(摊薄)(元)	0.29	0.48	-39.58
6. 每股净资产(元)	1.95	1.54	26.62
7. 净资产收益率(%)	14.79	39.01	-62.09
8. 股东权益比率(%)	44.98	30.04	49.73

注:1995年末每股净资产按经国有资产管理局确认的评估后净资产和50619万股总股本计算。

三、公司业务回顾

1. 一年来经营情况

1996年是公司创立的第一年,公司已实现由规模生产向规模经营的转变,并以规模经营为目标,遵循为股东创造最大利益之宗旨,以提高产品品质、开发新型汽车、完善售后服务、拓展全国市场为保障,创造了微型汽车产销之历史最高水平。

1996年公司实现汽车销售72579辆,市场占有率达17.74%,位居全国同行业前列。在1996年度汽车市场竞争极为激烈的形势下,为保持公司在微车行业的领先地位,增强竞争实力,公司在生产经营中主要做了以下工作:

(1)强化公司内部管理,实行严格的经济责任制,实行倒推成本、层层分解成本和成本否决。

(2)加强产品质量控制,全面开展ISO9000系列标准的达标认定工作,同时推广"奥地特"质量评审办法,在产品开发、产品质量和现场管理上取得了明显进步。

(3)根据市场需要,积极开发新产品,实现SC6331高顶面包车(带顶置式空调)及其系列专用车和SC1505农用车的批量投产。

(4)加强销售力量,采取灵活的销售策略,提高服务质量,积极开拓市场。

2.1996年度销售收入、净利润实际完成情况分析

公司全年实现汽车销售72579辆,较上年66178辆增长9.67%,较1996年盈利预测方案减少4.4%,实现销售收入263040万元,较上年增长7.31%,较1996年盈利预测方案减少10.4%;实现净利润21756万元,按国际会计准则调整后为20283万元,较1996年盈利预测方案减少7.98%。影响1996年度销售收入和净利润较预测数减少的主要原因是:

(1)销售量72579辆未达到1996年预测数75924辆。

(2)从公司长远利益考虑,为适应激烈的市场竞争,公司采取了适当牺牲利润占市场的营销策略,对本公司汽车价格作了适度下调。

(3)根据市场需求变化,调整产品结构,影响利润减少。

3. 前次募集资金使用情况

公司于1996年10月经国务院证券委批准,向境外合格投资者发售25000万股B股,合共筹集资金585,284,616.37元人民币。

根据B股发行招股说明书,该募集资金计划用于:

(1)汽车整车生产线建设24000万元

(2)发动机生产线建设18000万元

(3)技术开发中心建设9600万元

(4)营运资金及还贷7000万元

截止1996年12月31日止年度,该募集资金实际使用情况为:

(1)21951万元用于汽车整车生产线的项目建设。

其中:冲压生产线3432万元;

 焊接生产线16458万元;

 涂装生产线1279万元;

 总装生产线463万元;

 新区停车场、货场319万元。

(2)2883万元用于发动机及有色铸造线的建设项目款。

(3)2001万元用于模具中心建设。

以上支付款项含向长安汽车有限公司收购的在建工程及固定资产项目,项目明细详见下表:

在建工程项目	资产价值(万元)
十万辆焊接线	16458.00
微车大模具车间	2001.00
大冲线二期工程	1299.00
发动机有色铸造线	2723.00
新区停车场、货场	319.00
小计	22800.00

(4)7000万元用于本公司的营运资金。

(5)剩余24665万元将继续用于15万辆奥拓扩建项目的自筹资金。

项目的资金使用与招股说明书及股东大会决议要求相符,项目建设进度按预期计划进行。

四、新年度的业务发展规划

公司新年度生产经营总目标

(1)本公司1997年度生产经营总目标:8.10

 8——是指生产和销售8万辆汽车

 10——是指生产10万台发动机,自用8万台,外销2万台。

(2)公司为实现总目标采取的措施

①根据市场需要开发新型汽车及发动机产品。

②加强产品质量之控制,提高产品实物质量。

全面推行ISO9000系列标准质量体系;汽车产品平均首次故障里程达到2500公里以上,平均故障间隔里程达到4000公里以上。

③严格内部管理,推行经济责任制。

④拓展市场营销,展开市场攻坚。

本公司将把提高市场占有率放在经营工作第一位，继续推行“四项承诺”，扩大维修服务范围，重点推展“四项工程”，即网络工程、服务工程、素质工程和形象工程。

(3)正在建设、开发中的项目的预期进度

本公司在1997年度将逐步实施15万辆奥拓微型轿车扩建项目，项目建设周期两年，主要扩建奥拓轿车整车生产能力达到15万辆、发动机生产能力达到24万台，新建汽车技术开发中心。

进行发动机“双加”项目的技术改造，项目建设周期为两年；同时还将进行SC6350型微型厢式客车生产线的技术改造。

五、股本变化及股本结构情况

股本结构及变动情况(数量单位:股，每股面值:1元)

股份类别	期初数	本次变动增减(+,-)(发行B股)	期末数 1996年12月31日
(一)尚未流通股			
国有法人股	506,190,000	0	506,190,000
尚未流通股合计	506,190,000	0	506,190,000
(二)已流通股份			
B股	0	250,000,000	250,000,000
已流通股份合计	0	250,000,000	250,000,000
股份总数	506,190,000	250,000,000	756,190,000

注:已流通股份25000万股B股其中12500万股系战略投资者认购并承诺自上市之日起三年内不上市流通(深圳证券登记公司已对其锁定三年)。

2.股本变动情况及原因

公司系经中国北方工业(集团)总公司和重庆市人民政府批准，以长安汽车有限责任公司作为唯一发起人，并向境外投资者配售25000万股B股于1996年10月31日创立而成。公司原股本(即1996年期初数)为发起人经国有资产管理局确认的评估后净资产折股数506,190,000股。1996年10月发行B股后，公司总股本增至756,190,000股。

3.公司前十名股东情况如下:

截止1996年12月31日

序号	股东名称	持股数(万股)	持股比例(%)
1	长安汽车有限责任公司	50619	66.94
2	SUZUKI MOTOR CORPORATION	8750	11.57
3	AMERICAN SUZUKI MOTOR CORPORATION	2500	3.31
4	NISSHO IWAI CORPORATION	1250	1.65
5	中国国泰控股有限公司	499.97	0.66
6	新利华集团有限公司	450	0.60
7	GT PRC FUND	410	0.54
8	PACIFIC RIM ASSETS LIMITED	356.11	0.47
9	联合国际财务投资有限公司	166.32	0.22
10	MANSION HOUSE SECURITIES(FE)LTD	120	0.16

4.截止1996年12月31日止，公司股东人数6658人，其中:国有法人股股东1人，社会公众股东6657人。

5.公司董事、监事持股情况

截止日期:1996年12月31日

序号	姓名	职务	年初持股数(股)	年末持股数(股)
1	赵国华	董事长	0	0
2	江从寿	副董事长、总经理	0	0
3	山内启司	副董事长	0	0
4	赵泽民	董事	0	0
5	景之金	董事	0	0
6	简树梁	董事	0	0
7	陈　成	董事	0	0
8	赵鲁川	董事	0	0
9	王重生	董事	0	0
10	渡边高光	董事	0	0
11	铃木俊义	董事	0	0
12	李　栩	监事	0	0
13	周夏英	监事	0	0
14	杨中斗	监事	0	0
15	汪　阳	监事	0	0
16	张金堂	监事	0	0

六、重要事项

1.经国务院证券委员会证委发[1996]30号文批准，公司(筹)于1996年10月发行境内上市外资股(B股)250,000,000股，每股面值人民币1.00元。其中:日本铃木株式会社、American Suzuki Motor Corporation和日商岩井株式会社作为战略投资者认购发行B股总额的50%，即125,000,000股，认购价格为每股人民币2.96元；向其他外资股股东发行125,000,000股，每股发行价人民币2.03元。本次发行合共募集股款(扣除发行费用后)585,284,616.37元，已由深圳市会计师事务所以(96)验资字第093号出具验资报告。

2.公司董事会于1996年10月31日召开第一届第一次会议，会议选举了赵国华先生为公司第一届董事会董事长，江从寿先生、山内启司先生为副董事长，并聘任江从寿先生为公司总经理。会议同时通过了《关于向长安汽车有限责任公司收购部分在建工程的议案》。

3.公司于1996年10月31日召开创立大会，出席会议股东代表股份51711.46万股，占公司股份总额约68.38%。大会审议并通过了《关于设立重庆长安汽车股份有限公司的议案》、《公司章程》及《关于向长安汽车有限责任公司收购部分在建工程的议案》等，选举了赵国华等11位董事及李栩等5位监事。本次创立大会决议公告刊登于1996年11月2日的《中国证券报》。

4.根据公司1996年10月31日创立大会通过的《关于向长安汽车有限责任公司收购部分在建工程的议案》，公司于1996年12月31日正式收购长安汽车有限责任公司经中华财务咨询公司评估的部分在建工程。该等在建工程包括十万辆微型汽车焊接线、微车大模具车间、发动机有色线铸造线等，价值22800万元。

5.在本报告期内，公司的注册地址、会计师事务所、法律顾问均未发生变更。

6.本公司在报告期内无重大诉讼、仲裁事项。

七、子公司及关联公司

企业名称	注册资金(千元)	本公司权益	主营业务
(一)子公司			
重庆长安汽车进出口公司	10,000	100%	汽车零配件的进出口、批发和零售
重庆江陵机电总公司	400	100%	汽车零配件的批发和零售
长安汽车销售有限公司	4,850	99%	汽车、发动机和零件的销售
(二)投资公司			
重庆长安铃木汽车有限公司	USD5998万	50%	奥拓微型轿车的制造和销售

八、财务报告摘要

(一)审计意见

公司财务报告经毕马威华振会计师事务所罗铮、武卫中国注册会计师审计，并出具“无保留意见的审计报告”。

(二)财务报表(见附表)

(三)财务报表附注摘要(金额单位:人民币千元)

1.主要会计政策

编制本会计报表所采用的主要会计政策，是根据中华人民共和国《企业会计准则》以及《股份制试点企业会计制度》及其他有关规定而制定的。

(A)合并会计报表编制基准

本报告所载的合并会计报表包括本公司及其附属公司(重庆长安汽车进出口公司、重庆江陵机电总公司、长安汽车销售有限公司)1996年会计年度之会计报表。各公司相互间的所有重大交易及余额均于合并时抵

消。

(B)存货

存货采用定额成本法进行日常核算,并按月结转成本差异,将定额成本调整为实际成本。存货成本按加权平均法结转。产成品成本中包含直接人工费用和应分摊的间接费用。

(C)长期投资

本公司以权益法计算在附属公司及联营公司的投资收益。

(D)固定资产

与购买或建造厂房、建筑物、机器及设备有关的一切直接或间接成本,包括购建期间的利息及外汇汇兑损益,全部资本化为固定资产。

当厂房或机器设备建成并调试完工后,转为固定资产。

固定资产按直线法计提折旧,即固定资产原值减去预计残值后除以预计使用年限。预计残值率3%,各类固定资产的预计使用年限分别为:

厂房及建筑物	20—35年
机器及设备	10—20年
运输工具	8年

在建工程不计提折旧

(E)销售

销售在发出商品、提供劳务、同时收取货款或取得索取价款凭据时予以确认。

(F)维修保养费

维修保养费于实际发生时在当期损益帐中列支。

(G)研究及开发费用

研究及开发费用按实际发生法在当期损益帐中列支。

(H)退休金

退休金以实际发生法在当期损益帐中列支。

2. 应收帐款

应收帐款帐龄分析如下:

	1996	1995
一年以内	606,760	263,618
一至二年	70,579	37,354
二至三年	15,357	2,875
三年以上	1,262	1,465
	693,958	305,312

3. 其他应收款

其他应收款帐龄分析如下:

	1996	1995
一年以内	42,418	145,707
一至二年	155,049	38,024
二至三年	32,500	17,273
三年以上	—	2,770
	229,967	203,774

其他应收款包括应收联营公司——重庆长安铃木汽车有限公司款,此款按同期银行贷款利率计算。

	1996	1995
应收长安铃木	201,925	193,208

4. 存货

	1996	1995
原材料	323,975	269,608
在产品	46,999	48,015
产成品	98,218	197,851
在途材料	37,352	14,831
	506,544	530,305

5. 长期投资

	1996	1995
所占联营公司净资产	154,630	154,928

长期投资为本公司对重庆长安铃木汽车有限公司("长安铃木")的投资,长安铃木是由本公司与日本铃木株式会社和日本日商岩井株式会社合资组建的中外合资经营企业,投资比例分别为50%、35%和15%,合营期限30年。

6. 资本公积

资产评估增值	272,566
B股发行溢价	335,285
B股申购款存款利息收入	884
	608,735

7. 盈余公积

	法定公积金	法定公益金	任意公积金	合计
从利润表拨入	21,756	21,756	—	43,512
1996年12月31日	21,756	21,756	—	43,512

根据本公司章程规定,法定公积金按公司税后利润的10%提取,法定公益金按公司税后利润的5%至10%提取。公司法定公积金累计为公司注册资本的50%以上的,可不再提取。任意盈余公积金的提取由董事会根据公司经营和发展要求提出,并在股东大会决议通过后提取。董事会建议从本年税后利润分别提取10%的法定公积金和10%的法定公益金,董事会建议本年度暂不提取任意公积金。

8. 未分配利润

本公司税后利润提取20%法定公积金和公益金后可分配利润,按经国内、外会计师审计的利润孰低的原则进行分配。本年度可分配利润约70%用于股东分配。

1996年度未分配利润62,684

9. 投资收益

1996年度投资收益-21,259千元系按照权益法核算的重庆长安铃木汽车有限公司投资损失。

10. 根据国际审计准则调整税后利润和股东权益

本集团的法定报表根据适用于上市股份有限公司的中国会计制度、中国通用财务原则及会计准则编制,并在一些重大方面与国际会计准则存在差异,此等差异对截止1996年12月31日合并税后利润及股东权益影响汇总如下:

	税后利润		股东权益	
	1996	1995	1996	1995
根据中国会计准则及制度编制之会计报表	217,558	245,229	1,471,121	628,520
坏帐准备	(16,684)	(15,697)	(36,974)	(20,290)
存货损失准备	500	(3,000)	(2,500)	(3,000)
汇率并轨产生之汇兑损益	(1,527)	(1,527)	3,054	4,581
折旧	(1,326)	—	(1,326)	—
联营公司储备及营运成果调整	(191)	(4,844)	14,469	14.660
冲销1995年存货及在建工程等重估增值	4,495	—	(46,123)	—
根据国计会计准则编制之会计报表	202,825	220,161	1,401,721	624,471

九、其他事项

1. 公司注册登记日期:1996年10月31日

地点:重庆市南岸区南城大道309号

2. 工商登记号码:渝经28546236—3

3. 税务登记号码:51021120286320X

4. 股票上市交易场所名称:深圳证券交易所

重庆长安汽车股份有限公司董事会

1997年4月9日

资产负债表

编制单位:重庆长安汽车股份有限公司　　1996 年 12 月 31 日　　金额单位:人民币元

资产	行次	年初数(母公司)	年初数(合并)	年末数(母公司)	年末数(合并)
流动资产:					
货币资金	1	79,490	88,783	407,842	446,441
短期投资	2				
应收票据	3	100,545	100,545	183,494	183,494
应收帐款	4	296,339	305,312	628,134	693,958
减:坏帐准备	5	2,727	2,727	5,265	5,265
应收帐款净额	6	293,612	302,585	622,869	688,693
预付帐款	7	9,274	48,372	48,866	55,952
其他应收款	8	221,357	203,774	223,083	229,967
待摊费用	9	37,090	40,369	7,418	9,968
存货	10	508,862	530,305	464,770	506,544
待处理流动资产净损失	11				
一年内到期的长期债券投资	12				
其他流动资产	13			6,851	6,851
流动资产合计	15	1,250,230	1,314,733	1,965,193	2,127,910
长期投资:					
长期投资	16	173,409	154,928	179,625	154,630
合并价差	17				
固定资产:					
固定资产原价	18	476,046	477,804	1,006,291	1,006,872
减:累计折旧	19	64,565	64,649	176,145	176,287
固定资产净值	20	411,481	413,155	830,146	830,585
固定资产清理	21				
在建工程	22	209,403	209,403	157,474	157,554
待处理固定资产净损失	23				
固定资产合计	30	620,884	622,558	987,620	988,139
无形及递延资产:					
无形资产	31				
递延资产	32				
无形及递延资产合计	33				
其他长期资产:					
其他长期资产	34				
递延税项:					
递延税项借款	35				
资产总计	40	2,044,523	2,092,219	3,132,438	3,270,679
负债及所有者权益					
流动负债:					
短期借款	41	237,662	237,662	261,000	261,000
应付票据	42				
应付帐款	43	312,813	322,361	507,740	571,975
预收帐款	44	116,136	161,955		77,892
其他应付款	45	71,360	64,525	31,468	31,576
应付福利费	46	11,358	11,564	20,185	20,218
未交税金	47	153,093	152,051	171,841	167,814
未付股利	48			111,362	111,362
其他未交款	49				
预提费用	50				
一年内到期的长期负债	51	134,000	134,000	323,000	323,000
其他流动负债	52				
流动负债合计	55	1,036,422	1,084,118	1,426,596	1,564,837
长期负债					
长期借款	56	375,000	375,000	186,000	186,000
应付债券	57			45,667	45,667
长期应付款	58				
其他长期负债	59	4,581	4,581	3,054	3,054
长期负债合计	60	379,581	379,581	234,721	234,721
递延税项:					
递 延税款贷项	61				

资产	行次	年初数(母公司)	年初数(合并)	年末数(母公司)	年末数(合并)
负债合计	62	1,416,003	1,463,699	1,661,317	1,799,558
少数股东权益	63		0.00		0.00
股本权益:					
股本	64			756,190	756,190
资本公积	65			608,735	608,735
盈余公积	66			43,512	43,512
其中:公益金	67			21,756	21,756
未分配利润	68			62,684	62,684
所有者权益	69	628,520	628,520		
股东权益合计	70	628,520	628,520	1,471,121	1,471,121
负债及股东权益总计	80	2,004,523	2,092,219	3,132,438	3,270,679

利润及利润分配表

编制单位:重庆长安汽车股份有限公司　　1996年12月31日　　金额单位:人民币千元

项目	行次	1995年(母公司)	1995年(合并)	1996年(母公司)	1996年(合并)
一、主营业务收入	1	2,432,788	2,451,251	2,581,741	2,630,402
减:营业成本	2	1,832,453	1,850,218	2,048,415	2,091,516
销售费用	3	33,000	33,495	51,603	58,285
管理费用	4	107,517	108,172	91,548	91,349
财务费用	5	65,665	65,740	72,484	71,371
进货费用	6				
营业税金及附加	7	53,917	53,920	48,821	49,165
二、主营业务利润	8	340,236	339,706	268,870	268,716
加:其他业务利润	9	10,993	12,796	6,655	12,243
三、营业利润	10	351,229	352,502	275,525	280,959
加:投资收益	11	-35,559	-36,841	-14,744	-21,259
补贴收入	12				
营业外收入	13	333	342		2
减:营业外支出	14			1,079	
加:以前年度利润调整	15				
四、利润总额	16	316,003	316,003	259,702	259,702
减:所得税	17	70,774	70,774	42,144	42,144
少数股东损益	18				
五、净利润	19	245,229	245,229	217,558	217,558
加:年初未分配利润	20				
盈余公积转入数	21				
六、可供分配的利润	22	245,229	245,229	217,558	217,558
减:提取法定公积金	23			21,756	21,756
提取法定公益金	24			21,756	21,756
七、可供股东分配的利润	25	245,229	245,229	174,046	174,046
减:已分配优先股股利	26				
提取任意公积金	27				
已分配普通股股利	28			111,362	111,362
转拨所有者权益	29	245,229	245,229		
八、未分配利润	30	0.00	0.00	62,684	62,684

财务状况变动表

编制单位:重庆长安汽车股份有限公司　　1996年度　　金额单位:人民币千元

流动资金来源及运用	行次	金额(母公司)	金额(合并)	流动资金各项目的变动	行次	金额(母公司)	金额(合并)
一、流动资金来源				一、流动资产本年增加数			
1. 本年净利润	1	217,558	217,558	1. 货币资金	41	328,352	357,658
加:不减少流动资金的费用和损失:				2. 短期投资	42		
(1)固定资产折旧	3	111,580	111,638	3. 应收票据	43	82,949	82,949
(2)无形资产、递延资产及其他资产摊销	4	-1,527	-1,527	4. 应收帐款净额	44	329,257	386,108
(3)固定资产盘亏(减盘盈)	5			5. 预付帐款	45	39,592	7,580
(4)处理固定资产损失(减收益)	6			6. 其他应付款	46	1,726	26,193
(5)递延税款	7			7. 待摊费用	47	-29,672	30,401
(6)其他不影响流动资金的费用和损失	8			8. 存货	48	-44,092	-23,761
小计	10	327,611	327,669	9. 待处理流动资产净损失	49		
2. 其他来源:				10. 一年内到期的长期债券投资	50		
(1)固定资产清理收入(减清理费用)	11			11. 其他流动资产	51		

流动资金来源及运用	行次	金额(母公司)	金额(合并)	流动资金各项目的变动	行次	金额(母公司)	金额(合并)
(2)增加长期负债	12	45,667	45,667				
(3)收回长期投资	13						
(4)对外投资转出固定资产	14						
(5)对外投资转出无形资产	15						
(6)转出递延资产	16						
(7)资本净增加额	17	629,681	629,681	流动资产增加净额	60	708,112	806,326
小计	18	675,348	675,348	二、流动负债本年增加数			
流动资金来源合计	20	1,002,959	1,003,017	1. 短期借款	61	23,338	23,338
				2. 应付票据	62		
二、流动资金运用				3. 应付帐款	63	194,927	249,614
1. 利润分配:				4. 预收帐款	64	-116,136	-84,063
(1)提取法定公积金	21	21,756	21,756	5. 应付福利费	65	8,827	8,654
(2)提取法定公益金	22	21,756	21,756	6. 未付股利	66	111,362	111,362
(3)提取任意公积金	23			7. 未交税金	67	18,748	15,763
(4)已分配股利	24	111,362	111,362	8. 其他未交款	68		
小计	25	154,874	154,874	9. 其他应付款	69	-39,893	-32,949
2. 其他运用:				10. 预提费用	70		
(1)固定资产和在建工程净增加额	27	328,080	326,983	11. 一年内到期的长期负债	71		
(2)增加无形资产、递延资产及其他资产	28			12. 其他流动负债	72	-6,851	-6,851
(3)偿还长期负债	29						
(4)增加长期投资	30	6,216	-298				
小计	31	334,296	326,685				
流动资金运用合计	33	489,170	481,559	流动负债增加净额	79	194,323	284,868
流动资金增加净额	40	513,789	521,458	流动资金增加净额	80	513,789	521,458

重庆长安汽车股份有限公司1997年度中期报告(国内)

一、财务报告(未经审计)

(一)简化的资产负债表

1997年6月30日　单位:人民币千元

项目	期初数 母公司	期初数 合并数	期末数 母公司	期末数 合并数
流动资产	1,965,193	2,127,910	2,824,803	2,904,419
长期投资	179,625	154,630	202,041	169,630
固定资产净值	830,146	830,585	831,591	832,328
在建工程	157,474	157,554	434,990	435,037
无形资产及递延资产	—	—	—	—
其他长期资产	—	—	—	—
资产合计	3,132,438	3,270,679	4,293,425	4,341,414
流动负债	1,426,596	1,564,837	1,561,592	1,609,581
长期负债	234,721	234,721	385,835	385,835
负债合计	1,661,317	1,799,558	1,947,427	1,995,416
递延税款贷项	—	—	—	—
少数股东权益	—	—	—	—
股东权益	1,471,121	1,471,121	2,345,998	2,345,998
其中:股本	756,190	756,190	876,190	876,190
资本公积	608,735	608,735	1,237,706	1,237,706
盈余公积	43,512	43,512	43,512	43,512
未分配利润	62,684	62,684	188,590	188,590
负债及股东权益合计	3,132,438	3,270,679	4,293,425	4,341,414

(二)简化的损益表

单位:人民币千元

项目	1996年1—6月 母公司	1996年1—6月 合并数	1997年1—6月 母公司	1997年1—6月 合并数
主营业务收入	1,089,906	1,105,140	1,350,373	1,434,614
主营业务利润	113,135	116,058	105,460	110,501
其他业务利润	9,064	9,064	19,439	21,814
投资收益	-14,283	-17,206	22,416	15,000
营业外收支净额	—	—	-2,909	-2,909
以前年度损益调整	—	—	—	—
利润总额	107,916	107,916	144,406	144,406
少数股东收益	—	—	—	—
所得税	18,768	18,768	18,500	18,500
净利润	89,148	89,148	125,906	125,906

(三)主要财务指标

	1997年上半年	1996年上半年
1. 每股收益	0.144元	0.176元
2. 净资产收益率	5.37%	10.27%
3. 每股净资产	2.68元	1.72元
4. 股东权益比率	54.04%	30.01%
5. 市场占有率	24.27%	17.33%

注:①1996年上半年股本按发起人股50619万股计算;1997年上半年按期末总股本87619万股计算。

②市场占有率含长安铃木1—6月销量(占全国1000CC排量以下各类汽车比率)。

(四)财务报表附注

1. 本期财务报告所采用的会计政策与会计方法和1996年度财务报告所采用的会计政策和会计方法保持一致,报表合并范围未发生变化。

2. 本报告期内按照国际会计准则和国内会计准则,计算的净利润没有差异。

(1)货币资金期初446,441千元,期末849,932千元,增加主要原因:A股发行募集资金结余588,850千元。

(2)在建工程期初157,554千元,期末435,037千元,增加主要原因:本期内主要增加了对发动机及汽车生产线的投入。

(3)资本公积期初608,735千元,期末1,237,706千元,增加主要原因:A股溢价发行部分628,971千元计入资本公积。

(4)未分配利润期初62,684千元,期末188,590千元,增加主要原因:本期新增净利润。

(5)产品销售费用上年同期20,320千元,本期50,000千元,增加主要原因:汽车销量增加,增加了相应的运输费、三包服务费。

(6)投资收益上年同期－17,206千元，本期15,000千元，增加主要原因：本公司合资企业重庆长安铃木汽车有限公司由去年亏损转为本期盈利。

(7)净利润上年同期89,148千元，本期125,906千元，增加主要原因：本期汽车产销量较去年同期有较大增长，且本公司合资企业开始盈利。

3．关联公司及交易

企业名称	法定代表人	注册资本	注册地点	主营业务
长安汽车有限责任公司	赵国华	74,000万元	重庆市江北区建新东路260号	机器制造人雨弹生产等
重庆长安铃木汽车有限公司	江从寿	USD5998万	重庆市巴南区渔洞	奥拓微型轿车制造、销售

(2)关联交易

a．长安汽车有限责任公司向本公司供应原材料及水、电、气等共计金额165,027千元。

b．本公司向长安汽车有限责任公司调剂供应原材料等1071千元。

c．本公司提供重庆长安铃木汽车有限公司贷款本金207,994千元，利息16,352千元，合计224,346千元。

二、经营情况的回顾与展望

(一)上半年经营业绩回顾

1997年上半年，公司贯彻"转变观念抓改革，提高质量降成本，开发新品争市场，实现8、10(销售汽车8万辆，发动机10万台)"经营方针，坚持走质量效益型的发展道路，内抓管理，外抢市场，经受住了全国微型汽车市场大战的严峻考验，顺利实现了生产、销售、利润"双过半"经营目标。

1—6月公司共生产汽车48165辆，销售42618辆，产、销量与去年同期相比有较大幅度的增长。

1—6月公司共生产汽车发动机60880台，对外销售13233台，比去年同期增长112.41%。

1—6月公司主营业务收入1,434,614千元，净利润125,907千元，分别完成年度盈利预测的49.1%、53.53%，比去年同期分别增长29.81%、41.23%。1997年1—6月公司销售的汽车市场占有率为24.27%，去年同期为17.33%，增加近7个百分点。

1—6月本公司之合资公司——重庆长安铃木汽车有限公司累计生产奥拓轿车12925辆，销售12810辆，分别比去年同期增长202.55%和190.21%。实现净利30000千元(去年同期为－34412千元)，成为公司新的利润增长点。

公司主要采取了以下几方面的措施：

1．策划打好长安汽车市场攻坚战

市场营销工作是公司各项经营工作的首要任务，对全国汽车市场进行了充分调整研究，制定了长安汽车市场攻坚战营销策略，即：围绕一个目标(全年销售汽车8万辆)，抓住两个关键(稳定市场价格，规范市场行为)，把握三个重点(建立约束和激励机制，开拓区域市场，强化零公里发运)，推出四项工程(网络工程、服务工程、素质工程、形象工程)；根据全国微型汽车已由公款购车市场向私人购车转移的新情况，推出了"千里之行始于服务，满意服务在长安"为主题的满意服务行动，在北京和河南尝试建立了长安汽车俱乐部，改善和密切了公司与广大用户的关系，增强了长安汽车市场的凝聚力。

2．强制推行以市场认可为目标的产品质量控制体系

公司认真贯彻全国汽车行业质量工作会议精神，继续坚持"质量第一、用户至上、创名牌、占市场"的质量工作方针，尝试改革长期以来以技术资料认可生产质量的落后方式，强制推行以市场认可用户满意为目标的产品质量控制体系，首先整改了配套体系，与配套厂家签订了"质量保证协议"，对配套件产品质量的认证和跟踪，由总装线延伸到用户购车使用过程中；追究和处理了出现重大质量问题的配套企业的责任；进一步落实公司各单位质量责任制，全面开展ISO9000标准的达标认证工作。1997年3月，奥拓轿车80%国产化国家级评审鉴定验收一次通过，长安汽车产品实物质量明显提高。

3．加强企业管理，以降低成本为核心

通过学习邯钢，公司制定了经济指标体系考核办法，严格控制工厂产品制造成本和职能部室的管理费用，对汽车生产、经营、管理各个环节的费用作了全面的核算，并包干到每位员工每个工作岗位上，对凡是超过费用指标的单位和个人一律扣工资和奖金，在公司全体员工中建立了自我约束的经营机制。

4．加快新产品开发和技术改造

公司上半年已经完成了长安牌微型单排座、双排座载货车加高车顶的五种新车型产品鉴定，推出了97型SC6331新型汽车，即将投放市场，同时SC6350和G系列发动机的研制开发工作也在紧张进行。奥拓改进型轿车年内可望小批量生产，以天然气为能源的微型汽车和发动机、JL368Q电喷汽油发动机、JL465Q多气门汽油发动机和新产品项目开发、研制工作按计划进行。

上半年完成了汽车总装线、焊接线工位送风系统的改造，发动机曲轴机械加工线和发动机凸轮轴生产线设备引进安装，汽车大型覆盖件冲压生产线B线自动上下料机械手国际招标工作及开发SC6350型新型微型面包车的各项准备工作按计划进行。

5．塑造全新形象，创造第一品牌

公司着眼于更长远的发展目标，利用香港回归、重庆直辖、A股上市等绝好的时机，确定今年为公司的形象年，展开了系列广告宣传和新闻宣传活动，取得了中央电视台天气预报节目板块广告首播权，奥拓轿车在首届中国汽车拉力赛中囊括了CI组前三名，SC6331面包车在参加"北京拉萨中外名车迎回归世界屋脊行"活动中，成功抵达目的地，往返行程9000多公里，夺得了最高奖项"登山赛"第一名和全程安全无故障奖。策划并导入了长安公司CIS系统，向全国宣言以"点燃强国动力，承载富民希望"为企业理念，以造就中国百姓车为己任，以创造中国经济型汽车第一品牌为奋斗目标，引起了很大社会反响，进一步扩大了长安公司和长安汽车知名度。

(二)下半年展望

1．强化市场营销。抓好市场培育和建设，针对全国微型汽车市场已经出现的私家车市场和中小城市市场、出租车市场，公司将通过加大宣传力度，深化满意服务和多种形式、多个层次的市场拓展，稳定和保持上半年的销售态势，在全国形成一大批具有销售、维修、配件供应、信息反馈"四位一体"职能的长安车经销合作伙伴，全面完成全年汽车8万辆，发动机10万台的生产销售任务。

2．进一步改进和提高SC6331空调车综合技术性能，组织做好15万辆奥拓轿车扩建项目的开工建设准备工作。

3．近期内开始小批量推出奥拓改进型轿车投放市场。

4．进一步加强管理，降低成本，全面推行资产经营责任制，建立成本核算体系，着手建立合理的分级核算体系。

5．开展质量教育，加强质量体系的建设和厂级配套体制的建设，实施配套件索赔制度和厂际质保制度，同时要颁发实施"质量第一责任人负责制"坚决实施质量否决权。

(三)前次募集资金的使用情况

1．本公司于1996年10月经国务院证券委批准，向境外合格投资者发售25000万股B股，共募集资金5.85亿元。于本报告期末，该募集资金尚余24665万元。(其使用情况详见1996年年报)。

2．本公司于1997年5月经中国证监会批准，向境内公开发行人民币普通股12000万股，募集资金74885万元。于报告期末，公司将其中16000万元用于补充流动资金，符合A股发行《招股说明书》载明的募集资金使用计划，目前尚结余A股募股资金58885万元。

三、重大事件的说明

1．经中国证监会证监字[1997]243号文批准，公司于1997年5月23

日向社会公开发行人民币普通股12000万股(含公司职工股3700万股),每股面值1.00元,每股发行价6.36元。本次发行共募集股款(扣除发行费后)748,850,000元,已由深圳市会计师事务所以[97]验资字第043号出具验资报告。本次发行的社会公众股(除公司职工股外)已于1997年6月10日在深交所挂牌上市。

2. 根据公司1997年度向境内公众发行人民币普通股的需要,公司于1997年4月4日召开的临时股东大会授权公司董事会修改公司章程。公司章程修订稿对公司注册资本及股本结构作了修改,增加了境内社会公众股东的权利与义务等内容。公司章程修订稿已于1997年6月16日召开的1996年度股东年会审议通过,并于1997年6月3日在重庆市工商行政管理局核准变更登记之日起生效。

3. 按照国务院证券委、中国人民银行、国家经贸委5月21日联合发布的《严禁国有企业和上市公司炒作股票的规定》,公司立即进行了认真自查,公司未持有已上市流通股票及未有以公司以外名义开立的股票帐户,如本公司今后从事股票投资,将严格遵循国家有关政策法规和本公司章程的规定。

4. 经董事会研究决定,本公司不进行中期分红或资本公积金转增股本。

5. 本报告期内公司无重大诉讼、仲裁事项。

四、发行在外股票的变动和股本结构的变化

(一)本公司于报告期内向境内社会公众股东发行12000万股A股,总股本由期初75619万股增至87619万股。

(二)股权结构及变化情况:

数量单位:股　　每股面值1.00元

股本类别	期初数 1996年6月30日	本次变动增减(+,-) 发行A股	期末数 1997年12月31日
1. 尚未流通股份			
(1)国有法人股	506190000	0	506190000
(2)战略投资者持股	125000000	0	125000000
(3)公司职工股	0	37000000	37000000
尚未流通股合计	631190000	37000000	668190000
2. 已流通股份			
(1)A股	0	83000000	83000000
(1)B股	125000000	0	125000000
已流通股份合计	125000000	83000000	208000000
3. 股份总数	756190000	120000000	876190000

(三)主要股东持股情况(截止1997年6月30日):

股东名称	持股数(股)	持股比例(%)
(1)长安汽车有限责任公司	506190000	57.77
(2)SUZUKI MOTOR CORPORATION	87500000	9.99
(3)AMERICAN SUZUKI MOTOR CORPORATION	25000000	2.85
(4)NISSHO IWAI CORPORATION	12500000	1.43
(5)新利华集团有限公司(SUNOVA HOLDINGS LTD)	4500000	0.51
(6)GT PRC FUND	3984400	0.45
(7)PACIFIC RIM ASSETS LIMITED	3561100	0.41
(8)LI,WEI QUAN	2250000	0.26
(9)PRIME GLORY INTERNATIONAL PTE LTD	1884000	0.22
(10)中国国泰控股有限公司	1718700	0.20

五、股东大会简介

本公司于报告期内召开了两次股东大会:

1. 重庆长安汽车股份有限公司于1997年4月4日在重庆长安宾馆召开1997年临时股东大会,出席会议的股东为5人,代表股份63290.87万股,占公司已发行股份数额的83.697%,符合公司章程的规定。

大会审议通过了如下决议:

(1)同意向国家证券主管机关申请于1997年度向境内公众发行每股面值人民币1.00元的人民币普通股12000万股。

(2)同意公司在1997年度向境内公众发行的A股在深交所上市交易。

(3)同意本次发行A股的募股资金用于:整车生产线13000万,发动机生产线23000万,汽车开发中心建设10000万,偿还贷款和补充流动资金24000万元。

(4)同意公司本次发行A股的发行市盈率不低于12倍。

(5)授权公司董事会全权办理向境内公众发行A股及上市的一切有关事宜,并授权董事会根据国家有关主管部门的要求,对公司A股发行及上市的有关事宜(包括公司职工股的设置)作出适当的处置。

(6)授权董事会根据公司1997年度向境内公众发行人民币普通股的需要修改公司章程。

2. 重庆长安汽车股份有限公司1996年股东年会于1997年6月16日在重庆市江北区建新东路260号长安宾馆召开。与会股东4名,代表股权63119万股,占总股本87619万股之72.04%,符合《公司法》和本公司章程的有关规定。大会审议通过了如下决议:

(1)审议通过了《公司1996年度总经理业务报告》;

(2)审议通过了《公司1996年度董事会工作报告》;

(3)审议通过了《公司1996年度监事会工作报告》;

(4)审议通过了《公司1996年度财务决算及1997年度财务预算报告》;

(5)审议通过了《公司1996年度利润分配方案》:

〈1〉公司1996年度实际用于分派现金红利的利润:按B股招股说明书所披露的加权平均股数计算分配,总的加权平均股数为543,075,246股。

〈2〉公司1996年度实现税后利润为21755.8万元(国际会计准则调整后为20282.5万元);提取10%法定公积金2175.6万元;提取10%法定公益金2175.6万元;可供股东分配的利润按规定经境内、外会计师审计的两张利润表的较低利润数作为公司利润分配的标准,为15931.3万元。本年度以公司1996年末总股本75619万股为基数,实际用于分派的利润为11136.2万元,其中A股(发起人股)每股人民币0.20506元,应付股利10379.8万元,B股每股人民币0.03025元,应付股利756.4万元;其余部分4795.1万元结转以后年度分配。

以上方案待报请上级有关部门批准后实施,分红派息时间和办法另行公告。

(6)审议通过了《关于修改公司章程的议案》;

(7)审议通过《关于同意李栩辞去公司监事,补选彭明庚为公司监事的议案》;

新选监事简历:

彭明庚,男,1950年出生,大专毕业,政工师。曾任长安汽车有限责任公司人事处处长,现任长安汽车有限责任公司党委副书记。

六、备查文件

1. 载有董事长、总经理亲笔签名的中期报告原本。

2. 报告期内发行A股的《招股说明书》、《上市公告书》。

3. 查阅地点:公司董事会办公室

地址:重庆市南岸区南城大道309号

邮编:630060

电话:023—67591349　62901907　　传真:023—678666055

重庆长安汽车股份有限公司

1997年8月9日

成都倍特发展集团股份有限公司

成都倍特发展集团股份有限公司简介

一、企业概况

成都倍特发展集团股份有限公司是由成都高新技术产业开发区管理委员会、中科院成都生物研究所制药厂等4家单位发起，经成都市体改委(成体改[1992]112号文)批准设立的股份有限公司。1996年10月30日，经中国证监会(证监发字[1996]294、295号文)批准，向社会公开发行股票，并于同年11月18日在深圳证券交易所挂牌上市。

本公司是国家高新技术产业开发区中第一批股份制试点企业，也是国家科委、国家体改委在全国进行科技与经济相结合的首家股份制试点企业。作为国家认定的"高新技术企业"，公司积极致力于高新技术项目、产品的研制、开发和生产，先后投资兴建了制药、现代厨柜制造、电子器件生产、数据网络开发等一批具有相当规模的实体，并控股、参股了一批高新技术企业。

本公司成立5年来，以成都高新技术产业开发区为依托，在多元化经营思想指导下，形成了以高新技术产业为主导，以成都高新区基础设施和配套服务体系为重要特征和内容的科技工业园区建设、房地产开发为基础产业，内外贸易业、投资及其它第三产业为相关产业的经营发展格局，实现了良好的经济效益和社会效益，截至1996年末，公司拥有总资产9.5亿元，1993年至1996年累计实现利润总额1.957亿元。本公司现已成为成都高新技术产业开发区建设开发的支柱企业、全国百强高新技术企业、四川省房地产综合效益百强企业和成都市生产资料贸易业务的骨干企业。

本公司倡导"创新务实、追求卓越"的企业精神，在激烈的市场竞争中，始终争创一流。在九五期间，将向着把公司发展成为一个以高新技术为主导，多元化、集团化、国际化的大型股份制企业的目标迈进。

二、公司主要领导简介

张学果先生，54岁，公司董事长，高级经济师，中共党员，1965年毕业于贵州大学。曾在中共中央西南局组织部、机械部东方电机厂工作，历任成都市委办公厅处长、成都市经济研究中心和成都市体改委副主任、主任、成都高新技术产业开发区管理委员会主任。

周东兵先生，51岁，公司董事、总经理，高级经济师，中共党员，1968年8月毕业于重庆大学。曾任成都钢铁厂轧钢车间主任、副厂长、厂长和成都科力发展总公司总经理。

成都倍特发展集团股份有限公司股票上市公告书

一、释义

本公告书中，除非另有说明，下列简称具有如下意义：

发行人、本公司或公司：指成都倍特发展集团股份有限公司

董事会：指本公司董事会

二、绪言

经中国证券监督管理委员会[证监发字(1996)294号文]和[证监发字(1996)295号文]批准，本公司已成功地向社会公众公开发行面值为1.00元人民币普通股股票1800万股。股票上市申请经深圳证券交易所[深证发(1996)396号文]审核批准，本公司股票将于1996年11月18日在深圳证券交易所挂牌交易。本公司总股本为8065万股，可流通股本为3600万股，其中人民币普通股简称"倍特高新"，证券编码"0628"，交易单位为"股"。

本公告书依据《中华人民共和国公司法》、《股票发行与交易管理暂行条例》、《公开发行股票公司信息披露实施细则》、《深圳证券交易所业务规则》以及国家其它有关证券管理的规定编制，为本公司股票公开上市之目的，并向社会公众披露公司基本情况及有关资料。

本公司于1996年10月28日在《中国证券报》、《证券时报》、《上海证券报》刊登《招股说明书(概要)》距今不足6个月，故与其相重复的内容在此不再赘述，敬请社会公众查阅招股说明书。

本公司董事会及各位董事确信本公告书未遗漏任何重大事项，亦不存在任何误导和虚假成份，并愿就本公告书及相关资料的准确性、完整性、真实性负连带及个别责任。

三、公司概况

1. 公司法定名称：成都倍特发展集团股份有限公司

英文名称：CHENGDU BRILLIANT DEVELOPMENT GROUP, INC.

2. 公司注册地址：四川省成都市成都高新技术产业开发区

3. 公司法定代表人：张学果

4. 公司其他情况

(1)经营范围、主要业务

主营：高新技术产品的开发、生产和经营，高新技术产业开发区的开发、建设，房地产的开发和经营，进出口贸易，国内贸易，高新技术交流与转让、展览，信息咨询，项目评估，证券投资，广告、租赁、培训。

主要业务：高新技术产品的开发、生产和经营，主要包括新药、多媒体电脑和CD/R电脑光碟、现代厨柜等的开发、生产和经营。贸易，主要包括高新技术产品、钢材、汽车、建筑材料及生活用品。高新区的基础设施建设和房地产开发。

(2)注册资本：8065万元

营业执照注册号：20194235—2

(3)在册职工人数：本公司在册员工776人，各类专业人员269人，占员工总数的34.7%。

(4)公司全资附属公司：全资附属公司共有五家，分别为：成都倍特实业公司、成都倍特物资贸易中心、成都倍特建设开发总公司、成都倍特贸易公司、成都倍特投资公司。

四、股票发行及股权结构

1. 本次股票发行情况

经中国证监会[证监发字(1996)294号文]和[证监发字(1996)295号文]批准，本公司于1996年10月30日在深圳证券交易所采用上网定价方式，成功地向社会公众发行了每股面值1元的人民币普通股1800万股，发行价格为每股9.38元。此次发行的主承销商为国泰证券有限公司。

本次上网定价发行有效申购总户数为126,288户，有效申购金额为

1,416,265.564 万元,超额认购倍数为 83.8821 倍。

本次发行 1800 万股之社会公众股股款,在扣除发行费用后,已全部划入本公司帐户,并经成都市蜀都会计师事务所[成蜀[96]1—049 号]验资报告验证确认。

2. 股本形成过程

(1)国家股

1992 年 7 月,根据成都市人民政府、成都市体改委、成都市国资局等部门的批复,公司发起人成都高新技术产业开发区管委会以其名下所属部门土地使用权及其他国有资产评估确认后,按 1:1 的比例折价入股投入本公司 2,530 万元,构成公司国家股 2530 万股,由成都市国有资产管理局持有。

1995 年 10 月 26 日,公司临时股东大会形成决议,决定按 2:1 的比例对全部股本进行同比例缩股,1996 年 3 月 19 日,成都市国有资产管理局以[成国资行(96)第 41 号文]批复同意此项国家股股权重新设置方案,国家股股本变为 1265 万股。

(2)法人股

1992 年 7 月 28 日,根据成都市体改委关于同意组建本公司并进行定向募集股份的批复[成体改(1992)112 号],公司于 1992 年 7 月至 10 月,定向募集法人股 6400 万股(包括发起人认购的股份 1750 万股)。根据批文发起人每股按 1:1 认购,其余法人股按 1:1 募集。

1992 年 11 月 4 日,经成都市蜀都会计师事务所验资,并出具验资报告[成蜀(92)第 629 号]表明,6400 万股法人股款已全额到位。

1995 年 10 月 26 日,公司临时股东大会形成决议,决定对其全部股本按 2:1 的比例同比例缩股,法人股因此变为 3200 万股。

(3)社会公众股

1992 年 7 月 28 日,成都市体改委[成体改(1992)112 号文]批准公司定向募集内部职工股 3600 万股,按 1:1.1 募集,截止 1992 年 11 月 4 日,公司实际募集内部职工股 3180 万股,成都市蜀都会计师事务所出具了验资报告。

1993 年 3 月 19 日,根据成都市政府有关部门的指示,公司合并"恩来公司"的股权证和资产。1993 年 4 月 26 日临时股东大会通过决议,同意"恩来公司"420 万股内部职工股按 1:1 比例转为本公司内部职工股。1993 年 5 月 4 日成都市体改委[成体改(1993)71 号文]批复同意将原"恩来公司"420 万股内部职工股股权证转为公司股权证,并对调整后的股本及结构予以重新确认。1993 年 5 月 6 日经成都市蜀都会计师事务所验资,并出具验资报告[成蜀业(93)第 145 号],确认 420 万元股股款已到位。至此,公司内部职工股增至 3600 万股。

1995 年 10 月 26 日,公司临时股东大会通过 2:1 比例对全部股本进行同比例缩股。由此,公司内部职工股变为 1800 万股。

1995 年 10 月 26 日本公司临时股东大会决议向社会公众发行股票,并经中国证券监督管理委员会[证监发字(1996)294 号文]和[证监发字(1996)295 号文]批准,本公司向社会公众发行每股面值 1 元人民币普通股 1800 万股,另外 1800 万股用于解决内部职工股上市流通。1996 年 11 月 7 日,经成都市蜀都会计师事务所验资,并出具验资报告[成蜀(96)1—049 号],新发行 1800 万股社会公众股股款在扣除发行费用后已全部进入本公司帐户。由此,社会公众股变为 3600 万股。

3. 股本结构

股本结构	股数(万股)	占总股本的比例(%)
尚未流通股		
其中:国家股	1265	15.68
法人股	3200	39.68
可流通股:社会公众股	3600	44.64
总股本	8065	100.00

五、主要股东持股情况

1. 本次发行后前十名股东持股情况

	持股数(万股)	占总股本比例(%)
成都市国有资产管理局	1265	15.68
北京工艺进出口集团公司	200	2.48
成都电缆股份有限公司	124	1.54
重庆钢铁公司	100	1.24
成都钢铁厂	75	0.93
成都市西南计算机软件公司	55	0.68
成都市自来水公司	50	0.62
成都市武侯区新兴经济实业公司	50	0.62
成都卷烟厂	50	0.62
成都无线电机械高新技术应用公司	50	0.62

2. 董事会、监事会成员及高级管理人员持股情况

姓名	职务	持股数(股)
张学果	董事长	2000
曾绍清	副董事长兼副总经理	1500
周东兵	总经理	1500
陆怡放	董事	1000
杜良衡	董事	0
李伯刚	董事	500
廖子才	董事	1000
阿　丁	董事	500
马蓉生	董事	0
沈永秋	董事	0
文全德	董事	500
岳玉兰	监事	1000
李春兰	监事	500
安民民	监事	0
汪世英	总会计师	1000
解　冶	董事会秘书	1000

本公司董事、监事及高级管理人员持有本公司股份总和为 12000 股,占股份总额的 0.015%。

六、主要财务会计资料

1. 资产负债表主要数据(截止 1996 年 5 月 31 日)　　单位:元

项目	1996 年 5 月 31 日	1995 年 12 月 31 日	1994 年 12 月 31 日	1993 年 12 月 31 日
流动资产	485,717,241.48	469,017,053.00	463,772,363.06	240,254,527.16
长期投资	96,683,640.38	95,686,896.61	84,613,190.65	88,955,507.73
固定资产净值	78,528,848.44	80,042,443.58	47,914,673.20	46,406,648.92
在建工程	21,493,697.92	16,239,270.14	23,911,017.67	20,359,357.04
无形及递延资产	14,342,897.01	14,375,234.10	15,985,753.00	16,162,873.00
资产总计	696,766,325.23	675,360,897.43	636,196,997.58	412,138,913.85
流动负债	383,958,659.45	371,518,269.88	357,829,731.83	126,909,459.21
长期负债	37,039,886.83	46,010,086.03	73,901,063.58	109,021,399.35
负债合计	420,998,546.28	417,528,355.91	431,730,795.41	235,930,858.56
股东权益	275,767,778.95	257,832,541.52	204,466,202.17	176,208,055.29

2. 利润表主要数据(截止 1996 年 5 月 31 日)

单位:元

项目	1996 年 5 月 31 日	1995 年 12 月 31 日	1994 年 12 月 31 日	1993 年 12 月 31 日
一、主营业务收入	85,875,368.08	227,527,248.82	212,020,582.40	176,358,817.79
减:营业成本	61,099,228.39	168,080,221.56	162,662,934.34	136,579,402.95
销售费用	997,982.97	3,515,665.98	3,716,957.01	4,062,238.74
管理费用	3,612,443.50	6,532,281.28	6,926,515.38	5,463,034.32
财务费用	4,417,451.24	12,171,194.88	2,221,469.49	1,363,847.50
进货费用	202,002.91	187,112.96	1,151,559.72	531,927.03
营业税金及附加	910,042.86	4,529,168.44	3,569,716.73	2,329,926.26
二、主营业务利润	14,636,216.21	32,511,603.72	31,777,429.73	26,028,440.99

加:其他业务利润	20,837.12	4,617,214.54	349,720.76	120,588.68
三、营业利润	14,657,053.33	37,128,818.26	32,127,150.49	26,149,029.67
加:投资收益	6,408,219.55	11,672,971.78	14,996,173.26	14,945,290.67
营业外收入	61,086.45	297,891.57	400,749.26	152,088.42
减:营业外支出	26,080.00	206,117.16	275,642.86	75,094.05
四、利润总额	21,100,279.33	48,893,564.45	47,248,430.15	41,171,314.71
减:所得税	3,165,041.90	7,334,034.67	7,087,264.52	6,175,697.21
五、净利润	17,935,237.43	41,559,529.78	40,161,165.63	34,995,617.50

3. 说明:上述资产负债表和利润表的数据已经成都市蜀都会计师事务所注册会计师审核验证。并已出具审计报告。

4. 主要财务指标

项目	1995 年	1994 年	1993 年
流动比率	1.26	1.30	1.89
速动比率	0.88	0.96	1.65
应收帐款周转率	7.96	7.68	3.33
存货周转率	1.27	2.14	5.66
资产负债率	61.82%	67.86%	57.25%
净资产利润率	16.12%	19.64%	19.86%
销售利润率	14.29%	14.99%	14.76%
每股税后利润	0.33 元	0.32 元	0.28 元
每股净资产	4.12 元	1.63 元	1.41 元

注:1993 年、1994 年每股净资产按调整后的总股本 12530 万股计算,1995 年的按缩股后的总股本 6265 万股计算。

5.1996 年盈利预测

根据成都市蜀都会计师事务所[成蜀审(96)字第 084 号]审核报告,本公司 1996 年盈利预测如下:

项目	96 年 1—5 月 实际	96 年 6－9 月 已实现未审数	96 年度 10－12 月 预计	97 年 预计
一、主营业务收入	8587.54	6591.85	9340.61	24520
减:营业成本	6109.92	4905.21	7124.87	18140
销售费用	99.80	182.32	127.88	410
管理费用	361.25	271.52	267.23	900
财务费用	441.75	219.52	129.20	790
进货费用	20.20	35.36	24.44	80
营业税金及附加	91.00	110.57	78.43	280
二、主营业务利润	1463.62	867.82	1588.56	3920
加:其他业务利润	2.08	6.58	41.34	50
三、营业利润	1465.70	874.40	1629.90	3970
加:投资收益	640.82	295.00	664.18	1600
营业外收入	6.11	4.65	8.24	19
减:营业外支出	2.61	3.49	9.90	16
四、利润总额	2110.02	1170.56	2292.42	5573
减:所得税	316.50	175.59	343.86	835.95
五、净利润	1793.52	994.97	1948.56	4737.05

按本次发行后的总股本全面摊薄计算,1996 年预测每股税后利润为 0.59。

七、董事会承诺

根据《股票发行与交易管理暂行条例》、《公开发行股票公司信息披露实施细则》和《深圳证券交易所业务规则》及国家有关法律、法规,本公司董事会向证券主管机关、深圳证券交易所、广大投资者作出如下承诺:

1. 准确、及时地公告本公司中期、年度财务及经营业绩报告资料。

2. 董事会成员、监事会成员及高层管理人员如发生人事变动,或前述人持有本公司股份数量发生变化时,及时通报证券管理机关,并适时通过传播媒介通告社会公众。

3. 及时、真实地披露本公司重大经营活动信息。

4. 自觉接受证券管理部门的监督和管理,认真听取政府、股东、证券管理及经营部门和社会公众的意见、建议和批评。

5. 不利用内募消息和不正当手段从事股票投机交易。

6. 本公司没有无记录负债。

7. 董事会及各位董事保证不就任何未经交易所审阅的可能影响股价变动之重大信息私自公告或发表意见。

八、特别事项说明

1. 本公司此次公开发行额度为 3600 万股,其中以上网定价方式向社会公众发行 1800 万股,其余额用于 1800 万股内部职工股上市流通。因此,本次倍特高新流通股为 3600 万股。

2. 本公司此次公开发行前,总股本有过重大调整。已将全部股本按 2:1 的比例缩股,总股本从原来的 12530 万股调整为 6265 万股。

3. 到公告书刊登之日,公司以及本公司董事、监事、高级管理人员均未曾涉及过诉讼、仲裁或行政处罚事项。

4. 根据国家有关规定,公司所得税执行 15%的税率。

九、咨询机构

1. 发行公司:成都倍特发展集团股份有限公司

地址:四川省成都市成都高新技术产业开发区

电话:(028)5186621　传真:(028)5186620

联系人:解冶、刘国强

本公司有关备查文件存放于本公司办公地点,可供股东查询。接待股东时间为公司上班时间。

2. 上市推荐人

君安证券有限公司

法定代表人:张国庆

地址:深圳市春风路 5 号

电话:(0755)2175560　传真:(0755)2296188

联系人:厉怒江　刘学川

3. 会计师事务所

成都市蜀都会计师事务所

法定代表人:陈良方

地址:成都市蜀都大道少城路 8 号艺苑大楼五楼

电话:(028)6631597　传真:(028)6648135

经办注册会计师:薛向全　张秀花

4. 发行人律师

四川省投资与证券律师事务所

法定代表人:顾培东

地址:成都市人民东路 48 号四川物资大厦 10 楼

电话:(028)6744456—20829、20820

传真:(028)6611178

经办律师:刘西荣　王建平　朱方明　刘榕

十、备查文件

1. 深圳证券交易所上市通知书;

2. 成都市蜀都会计师事务所的验资报告;

3.《上市协议》;

4. 招股说明书;

5. 四川省投资与证券律师事务所的法律意见书;

6. 公司章程;

7. 公司营业执照;

8. 其他备查文件。

成都倍特发展集团股份有限公司

1996 年 11 月 14 日

成都倍特发展集团股份有限公司1996年年度报告摘要

一、公司简况

1. 公司中文名称：成都倍特发展集团股份有限公司

公司英文名称：CHENGDU BRILLIANT DEVELOPMENT GROUP, INC.

2. 公司注册地址：中国四川省成都市成都高新技术产业开发区

邮政编码：610041

3. 公司法定代表：张学果

4. 公司董事会秘书：解　冶

5. 公司咨询服务机构：公司董事会办公室

电话：(028)5186621

传真：(028)5186620

二、主要财务数据与财务指标

指标项目	1996年	1995年	96比95增减(%)	扣除新股申购资金利息
1.主营业务收入(万元)	24,790.81	22,752.72	8.96	24,790.81
2.净利润(万元)	4,907.55	4,155.95	18.08	4,711.47
3.总资产(万元)	95,140.42	67,536.09	40.87	94,906.76
4.股东权益(万元)	46,929.59	25,783.25	82.02	46,730.55
5.每股收益(元)	0.61	0.33	84.85	0.58
6.每股净资产(元)	5.82	2.06	182.52	5.79
7.净资产收益率(%)	10.46	16.12	-35.11	10.08
8.股东权益比率(%)	49.33	38.18	29.20	49.24

注：1996年每股收益按加权平均计算0.75元/股。

三、公司业务经营回顾

1. 一年来经营情况

1996年，公司以转制上市为契机，以提高经济效益为中心，进一步规范完善内部管理，增强经营活力，大力拓展业务领域和区域，经营业绩稳步提高。1996年度实现主营业务收入24,790.81万元，比上年增长8.96%；实现净利润4907.55万元，比上年增长18.08%，圆满完成年度经营目标。

本公司经营的高科技项目和产品在本年度实现了良好的发展势头。药业完成了一期技改工程，主要产品"轻舒颗粒"经专家评审，列入四川省公费医疗、劳保药品目录，1996年共销售208.8万件，比上年增长28.40%。同时取得了三个剂型八个国家准字号药品的生产许可证，其中四个品种已于当年正式投入生产。

"倍特牌"家用系列现代厨柜的产品档次、生产规模、技术水平、产品品牌居同行业前茅。1996年公司共销售4566套，比上年增长7.30%，销售额排名同行业的前列，在四川地区高中档住宅中的市场占有率达35%以上，并已相继建立了重庆、北京、上海、广州等16个销售网点，以及从设计、生产、销售和售后一条龙服务体系。在1996年又再度荣获成都首届新产品博览会金奖、中国消费者基金博览会金奖，参加中国小康住宅国际研讨会获得巨大成功。

本公司的合资企业"中外合资成都海洋特多媒体资讯有限公司"(简称OBM)是西南地区唯一一家研制开发和生产商用和家用多媒体电脑整机并有国家整机生产许可证的厂商，所生产的多媒体电脑列入国家火炬计划项目，多次荣获国家级、省、市评比金奖。96年度在国家技术监督局微机产品市场抽查检测中，本公司产品(OBM电脑)所有的技术指标全部通过国家标准，并在报上公布排名第六位。OBM电脑已成为国产名牌微机，在西南地区微机市场有较高的市场占有率。

公司在高科技产品的研制开发上也取得新的突破，先后研制出一批高技术含量、高附加值、具有广阔市场前景的项目和产品，包括国家一类医疗器械产品"激光光量子血氧测定仪"、主要用于电冰箱、洗衣机等电器控制系统的电脑控制器、电子纳税申报系统等，并已进入开发和小批量生产阶段，在1997年度将进入大规模生产。

本年度内，高科技实业通过技术改造，提高工艺技术水平和生产能力，完善内部管理，拓宽销售渠道，取得了良好经营业绩，全年实现主营业务收入8932.40万元，利润总额2026.23万元。

公司进行的科技园区开发建设和房地产经营也取得重大进展。1996年，公司继续完善倍特科技工业园一区的水、电、气、通信、道路等综合配套服务设施和物业管理，使其使用率达到了95%以上，实现了良好的经济和社会效益。公司的房地产业在激烈的市场竞争中，注重加强对基建工程核算、缩短工期、控制费用、降低成本，采取多种形式开展商品房促销，加强配套服务和物业管理，取得了明显的经济效益。①与成都高新区管委会签订了成都高新区六、七期等15宗土地开发协议；②"银杏苑"、"南华民居"等九个项目的规划设计、勘测、报建等前期工作进展顺利，即可开工，倍特大厦等一批已开工和新开工项目进展也十分顺利；③完成包括紫荆小区农拆房、元通多层车库、翠竹苑10号等房屋建筑物，竣工面积46555平方米；④相继推出的科技大楼、"小白楼"等商品住宅，建筑面积共达39494.65平方米已成功发售，比上年增长14.24%。

科技园区开发和房地产业在本年度内实现主营业务收入10,201.06万元，利润总额3,126.95万元，成为四川省房地产综合效益百强企业。

公司贸易业务由于市场竞争日趋激烈，主营业务钢材、建材、汽车市场等疲软，业务萎缩，销售拓展艰难。公司在经营思路和方法上都进行了必要的调整，采取灵活主动的经营方式，调整商品结构，但经营效果仍没有达到预期目标。全年实现主营业务收入5,637.73万元，实现利润4.59万元。

公司证券投资业务由于抓住九六年度证券市场发展的有利时机，强化管理，积极进取，取得了良好的业绩，全年实现利润总额1,246.70万元。

2. 对公司募集资金使用情况的说明

1996年10月30日公司向社会公开发行人民币普通股股票1800万股，发行价格为9.38元/股，扣除发行上市费用后，实收资金16,236万元，于1996年11月6日全部到位。按募集资金使用计划已用于以下项目。

(1) 投资2150万元用于药业二期工程项目，包括兴建科研综合楼、厂房改造及新建库房，增加设备和新特药研制开发。由于募集资金到位已近年底，影响了原定投资计划的实施。截止1996年12月底，该项目仅进行了土建等的前期准备工作。预计整个工程建设时间将推迟至1998年3月完工。

(2) 投资3200万元用于现代厨柜二期技术改造项目，包括兴建厂房、库房、科研楼、水电增容及其它配套设施、设备。由于募集资金到位已近年底，影响到原定投资计划的实施，故该项目96年12月底，该项目仅完成设备订购及土建的前期准备工作。预计该工程将于1998年三季度完工。

(3) 投资2000万元用于投资多媒体资讯项目，主要用于进行海洋品牌的电脑整机开发和生产项目的扩建。该项目已按募集资金使用计划投入。

(4) 投资400万元用于参股四川鼎天多媒体有限公司，合作开发、生产多媒体电脑及周边产品。该项目正按募集资金使用计划投入。

(5) 电脑光碟项目，由于96年三季度后该项目的市场条件和技术条件已发生重大变化，投资该项目已变成高风险、高投入的微利项目。根据上述情况，建议暂缓实施，由股东大会对该项目的调整做出决议。

四、股本变化及股本结构情况

1. 股本变化及股本结构情况

(1) 股本结构情况

截止 1996 年 12 月 31 日，公司股本结构如下：(单位：万股)

股份类别	期初数	期末数	增减(+、-)
一、尚未流通股份			
1. 发起人股份	1395	1395	0
其中：			
国家拥有股份	1265	1265	0
境内法人持有股份	130	130	0
2. 募集法人股	3070	3070	0
3. 内部职工股			
尚未流通股份合计	4465	4465	0
二、已流通股份			
境内上市的人民币普通股	3600	3600	0
已流通股份合计	3600	3600	0
三、股份总数	8065	8065	0

注：期初数为新股发行上市后的股份数。

(2) 主要股东持股情况

股东	持股数(万股)	占总股本比例(%)
成都市国有资产管理局	1265	15.69
北京工艺品进出口集团公司	200	2.48
成都电缆股份有限公司	124	1.54
重庆钢铁公司	100	1.24
成都钢铁厂	75	0.93
成都市西南计算机软件公司	55	0.68
成都市自来水公司	50	0.62
成都市武侯区新兴经济实业公司	50	0.62
成都卷烟厂	50	0.62
成都无线电机械高新技术应用公司	50	0.62

(3) 年末股东数

本公司截止 1996 年 12 月 31 日的股东总数为 27148 户。其中，国家股股东 1 户，法人股股东 300 户，社会个人股股东 26847 户。

2. 董事、监事与高级人员持股及增减变动情况

本年度内，上述人员的持股数量均无变化。

姓　名	职务	年初持股数(股)	年末持股数(股)
张学果	董事长	2000	2000
曾绍清	副董事长、副总经理	1500	1500
周东兵	董事、总经理	1500	1500
陆怡放	董事、总工程师	1000	1000
杜良衡	董事	0	0
李伯刚	董事	500	500
廖子才	董事	1000	1000
阿　丁	董事	500	500
马蓉生	董事	0	0
沈永秋	董事	0	0
文全德	董事	500	500
岳玉兰	监事会主席	1000	1000
李春兰	监事	500	500
安民民	监事	0	0
汪世英	总会计师	1000	1000
解　冶	董事会秘书	1000	1000

五、重要事项

1. 股东会情况说明

1996 年 5 月 20 日，本公司召开 1995 年度股东大会审议通过了《1995 年度董事会工作报告》、《1995 年度总经理业务报告》、《1995 年度监事会工作报告》、《1995 年度财务工作报告》、《1995 年度利润分配和股利分配方案》及《关于调整第二届董事会成员的议案》。会议决定，股份分配方案为：1995 年度不实施分红，未分配股利滚存至 1996 年度，待公司股票发行上市后，由新老股东共同享有。会议同意樊仕宾先生辞去本公司第二届董事会董事职务，增补陆怡放先生为第二届董事会董事。

2. 董事会情况说明

1996 年 4 月 19 日，本公司第二届董事会第三次会议通过了公司《1995 年度经营工作报告》；审议了公司《1995 年度董事会工作报告》、《1995 年度财务决算报告》、《1995 年度利润分配预案》、《关于调整第二届董事会成员的预案》。

1996 年 10 月 18 日，本公司第二届董事会第四次会议审议通过了《关于公司公开发行股票和上市准备工作情况的报告》。

3.1996 年 10 月 28 日，本公司董事会在《中国证券报》、《上海证券报》、《证券时报》及《四川金融投资报》同时刊登《成都倍特发展集团股份有限公司招股说明书概要》，确定于 1996 年 10 月 30 日向社会公众发行 A 股股票 1800 万股，发行价格 9.38 元/股。

4.1996 年 11 月 14 日，本公司董事会在《中国证券报》、《证券时报》刊登《成都倍特发展集团股份有限公司 A 股股票上市公告书》，确定公司 A 股股票于 1996 年 11 月 18 日在深圳证券交易所挂牌上市，同时原定向募集内部职工股 3600 万股按 2:1 缩股，并占用额度上市流通。

5. 公司于 1996 年 11 月 6 日经成都市蜀都会计师事务所验资，证实公司募集资金已全部到位，公司注册资本由 6265 万元变更为 8065 万元。

6. 本公司本报告年度无重大诉讼、仲裁事项

六、主要子公司及关联企业

企业名称	主营业务	注册资本(万元)	本公司持有权益(%)
中外合资海洋倍特多媒体资讯有限公司	多媒体电脑	4000	50
成都证券公司高新区营业部	证券投资代理、咨询	1000	50
中外合资成都新建业倍特置业有限公司	房地产综合开发	3000	49
成都倍特西藏石油公司加油站	汽油、柴油等	200	49
广东惠阳龙州经济发展公司	房地产经营 建筑安装、装饰工程	1082	46
重庆时代电气公司	计算机研制、组装及营销	850	40
成都科强高分子工程公司	高分子材料、化工专用设备等开发和生产	450	30
四川鼎天微电有限公司	多媒体技术应用和开发	1000	20

七、财务报告

(一)审计意见

公司财务报告经成都市蜀都会计师事务所注册会计师汪应钦、张秀花审计，并出具了无保留意见的审计报告。

(二)财务报表(见附表)

(三)财务报表附注(单位：人民币元)

A. 重要会计政策

1. 会计制度：公司执行《股份制试点企业会计制度》。

2. 会计年度：公司会计年度为公历 1 月 1 日至 12 月 31 日。

3. 记帐原则和计价基础：公司按权责发生制原则组织会计核算，按实际成本计价。

4. 记帐本位币和货币核算：公司以人民币为记帐本位币，对发生的非本位币经济业务，按发生时的外汇市场牌价折合为记帐本位币，月份终了，外汇牌价折合的记帐本位币金额与帐面记帐本位币金额之差额，作为汇兑损益。

5. 坏帐准备：公司按年末应收帐款余额的 3‰ 计提坏帐准备进入当年损益。

6. 存货核算：①公司存货包括原材料、商品、在产品、产成品、低值易耗品；②存货计价，存货按实际成本计价；采用永续盘存制，发出存货的实

际成本采用加权平均法;③低值易耗品采用一次摊销法。

7. 固定资产及折旧:固定资产按实际成本计价。固定资产的标准为单价在2000元以上,使用期限在一年以上。固定资产折旧采用直线法,分类折旧预计残值率3%。

类别	折旧年限	折旧率
房屋及建筑物	30年	3.23%
通用设备	10-18年	9.7%-5.39%
专用设备	10-14年	16.17%-8.08%
运输工具	6-12年	16.17%-8.08%
其它	4-6年	24.25%-16.17%

8. 长期投资:

①公司的长期投资核算是指向其他单位投资的期限在一年以上的资金及购入不准备在一年以内变现的股票、债券;

②公司对持有被投资企业20%以下权益的长期投资采用成本法核算;持有被投资企业20%以上权益的长期投资,采用权益法核算;

③债券投资按期计算利息。

9、无形及其他资产:①公司的无形资产:土地使用权,按评估确认数自1993年1月1日起,按五十年平均摊销,中药配方专利以购入成本计价,按受益期十五年摊销。②公司的递延资产系开办费等,按五年平均摊销。

10、收入实现条件:在发出商品、提供劳务,同时收讫价款或者取得索取价款的凭据时,确认收入实现。

11、税项:公司执行国务院国发(1991)12号文件和成都人民政府成办函(1993)7号文的规定,在5年内免缴各项税款,1994年国家实行新税制后,公司依法缴纳增值税。公司执行的各项税率为:(1)所得税税率为15%(按高新技术企业所得税税率);(2)增值税按销售收入的17%计算销项税,扣除进项税额后缴纳;(3)营业税按营业收入的3-5%计缴;(4)城市维护建设税按流转税的5-7%计缴;(5)交通建设附加费按流转税的4%计缴;(6)教育费附加按流转税的3%计缴。

12、税后利润分配:根据公司章程,税后利润分配为法定盈余公积金10%;法定公益金10%;任意盈余公积金及分红股利由股东大会一年一定。

13、报表编制:①公司对内部独立核算,统负盈亏,统一纳税,统一利润分配、分级管理的全资企业对外编报汇总后的个别会计报表;②公司在编制汇总会计报表时对公司与所属各全资企业之间及各分公司之间的往来款项及资金均进行了相互冲销。

B. 会计报表项目注释

1、货币资金年末余额150,225,736.88元,比年初增长116.55%,主要是募股资金增加。

2、短期投资12,525,735.31

(1)股票投资:9,171,735.31

股票名称	股数	投资金额	1996年12月31日市值
浦东金桥	15000	209,700.00	204,000.00
成都工益	40		12,040,228.80
成都商场	80000	648,000.00	808,000.00
深宝安	100000	520,000.00	691,000.00
上海石化	100000	450,000.00	610,000.00
四川金顶	120000	768,000.00	732,000.00
河北华药	150000	645,000.00	1,032,000.00
爱使股份	10000	89,000.00	84,300.00
四川长虹	116500	2,710,071.88	2,662,025.00
东方锅炉	1500	22,500.00	16,845.00
银山化工	1000	4,200.00	11,400.00
成都联益股份有限公司	10000	38,419.96	
湖山电子股份有限公司	80000	332,000.00	
四川遂宁棉纺织股份有限公司	292000	1,051,200.00	
成都三电股份有限公司	51000	267,750.00	
四川第一纺织股份有限公司	6000	9,720.00	
成都泰康化纤股份有限公司	3500	4,900.00	
海南科技工业园股份有限公司	891000	891,000.00	
成都红光电子股份有限公司	2000	2,400.00	
海南和平实业股份有限公司	500000	500,000.00	
四川洪雅钢铁股份有限公司	2000	3,200.00	
成都市信托投资股份有限公司	3000	4,553.07	

(2)债券投资:54,000.00

债券种类	到期日	年利率	面值
国库券	97.1.2	13.5%	14,000.00
国库券	97.1.26	13.5%	3,000.00
国库券	97.2.14	13.5%	10,000.00
国库券	97.3.5	13.5%	4,000.00
国库券	97.3.6	13.5%	2,000,00
国库券	97.5.3	12.5%	15,000.00
成都市干道指挥部债券	97.4.9	12%	6,000.00

(3)联营投资:3,300,000.00

单位名称	投资金额
成都铁二局四处	1,700,000.00
崇庆原始部落村	1,200,000.00
沈阳市北极星真空设备制造厂	400,000.00

3、应收票据年末余额500,000.00元,比年初增加500,000.00元,主要是与业务单位结算方式改变所致。

4、应收帐款39,353,310.92元,帐龄分析如下:

一年以内	102户	27,481,151.70	69.83%
一至二年	24户	3,844,865.80	9.77%
二至三年	7户	5,318,716.76	13.52%
三年以上	6户	2,708,576.66	6.88%
小　计	139户	39,353,310.92	100.00%

应收帐款中无持本公司5%以上股份的主要股东的欠款。

5、预付帐款年末余额275,537,132.14元,比年初增加104.02%,主要是预付高新区内基础设施建设工程款增加和扩大经营规模预付的货款增加。

6、其他应收款123,939,890.82帐龄分析如下:

一年以内	275户	89,638,732.98	72.32%
一年至二年	91户	15,008,524.94	12.11%
二年至三年	27户	7,037,270.30	5.68%
三年以上	15户	12,255,362.60	9.89%
小　计	408户	123,939,890.82	100.00%

其他应收款比年初增长69.97%,主要是临时代垫款及往来款增加。

7、长期投资83,646,373.33

(一)股权投资:755,000.00

被投资公司名称	股数	占被投资企业股权比例	投资金额
四川聚脂股份有限公司	50,000.00	0.1%	50,000.00
成都信托投资股份有限公司	705,000.00	1.41%	705,000.00

(二)联营投资:82,891,373.33,明细项目列示如下:

被投资公司名称	投资期限	占被投资单位注册资本比例	原投资金额	按权益法核算金额	合计
成都市信用联社高新区办事处	永久	50%	1,000,000.00		1,000,000.00
广东惠阳龙州经济发展公司	永久	46%	4,475,000.00	500,000.00	4,975,000.00
成都证券公司高新区营业部	永久	50%	5,000,000.00	3,000,000.00	8,000,000.00
重庆时代电气公司	永久	40%	3,380,000.00		3,380,000.00

中外合资海洋倍特多媒体资讯有限公司	15年	50%	3,744,000.00	200,000.00	3,944,000.00
中外合资成都新建业置业有限公司	10年	49%	11,320,000.00	700,000.00	12,020,000.00
成都科强高分子工程公司	20年	30%	1,350,000.00	300,000.00	1,650,000.00
四川鼎天多媒体有限公司	20年	10%	1,000,000.00		1,000,000.00
四川鼎天微电有限公司	15年	20%	300,000.00		300,000.00
四川华神药业股份有限公司	永久	10%	1,050,000.00		1,050,000.00
香港宏正公司	永久	20%	2,000,000.00		2,000,000.00
成都工商银行信托投资公司	永久	35%	5,000,000.00		5,000,000.00
成都倍特企业公司	永久	50%	550,000.00		550,000.00
广西北海房地产公司	10年	40%	11,000,000.00	800,000.00	11,800,000.00
广东惠阳房产开发公司	20年	50%	17,350,000.00	1,000,000.00	18,350,000.00
成都倍特天全石材开发有限公司	8年	18%	1,100,000.00		1,100,000.00
成都倍特西藏石油公司加油站	10年	49%	1,000,000.00	200,000.00	1,200,000.00
四川温江通平金马公司			160,000.00		160,000.00
成都胜多燃气用具制造有限公司		45%	450,000.00		450,000.00
倍特自动化公司		48%	500,000.00	65,091.23	565,091.23
成都倍特汽修厂	永久	49%	4,397,282.10		4,397,282.10
合计			76,126,282.10	6,765,091.23	82,891,373.33

8、累计折旧年末余额 12,161,049.51 元,比年初增长 59.27%,主要是按规定计提折旧增加。

9、在建工程年末余额 24,129,244.68 元,比年初数增长 48.59%,主要是新增药业技改工程。

10、递延资产年末余额 2,841,618.17 元,比年初增长 37.45%,主要是集团公司下属分公司新发生开办费增加。

11、短期借款年末余额 132,960,000.00 元,比年初增长 44.84%,主要是经营规模扩大增加借款。

12、应付票据年末余额 1,900,000.00 元,比年初增长 100%,主要是改变付款方式所致。

13、预收帐款年末余额 30,497,003.67 元,比年初增长 67.98%,主要是与购货单位进行了结算。

14、应付福利费年末余额 63,822.28 元,比年初增长 146.57%,主要是控制了开支。

15、未付股利年末余额 1,300,000.00 元,比年初下降 44.60%,主要是支付了股利。

16、未交税金年末余额 14,653,555.56 元,比年初增长 448.87%,主要是 96 年所得税未解缴。

17、其他未交款年末余额 742,832.35 元,比年初增长 115.12%,主要是附加费未解缴。

18、其他应付款年末余额 126,918,856.29 元,比年初增长 77.58%,主要是与高新区管委会的临时往来款增加和收取职工购房款增加。

19、预提费用年末余额 229,937.46 元,比年初下降 79.75%,主要是支付了银行借款利息。

20、长期借款年末余额 47,000,000.00 元,比年初增长 41.14%,主要是经营规模扩大增加借款。

21、应付债券年末余额 20,866,640.00 元,比年初增加 69.77%,主要是新增发行债券。

22、资本公积 214,787,865.42

项目	1996 年 12 月 31 日	1995 年 12 月 31 日
期初余额	7,750,006.82	7,750,006.82
其中:资产评估增值	6.82	6.82
设立时股票溢价部分	7,750,000.00	7,750,000.00
本期增加数	213,517,858.60	
其中:按 2:1 比例缩股转入	62,650,000.00	
按 9.38 元发行股票溢价	150,840,000.00	
发行股票利息收入	27,858.60	
本期减少数	6,480,000.00	
其中:发行上市费用	6,480,000.00	
期末余额	214,787,865.42	7,750,006.82

资本公积金年末比年初增长 2671.45%,是 1996 年按 2:1 比例缩股和公开发行股票溢价部分扣除上市费用以及发行股票利息转入。

23、盈余公积 101,350,019.62

项目	法定公积金	法定公益金	任意公积金	合计
年初余额	13,830,598.37	13,830,598.37	63,873,714.14	91,534,910.88
按本年净利润10%计提	4,907,554.37	4,907,554.37	9,815,108.74	
年末余额	18,738,152.74	18,738,152.74	63,873,714.14	101,350,019.62

24、未分配利润 72,508,058.75

项目	1996 年 12 月 31 日	1995 年 12 月 31 日
年初未分配利润	33,247,623.82	
加:本年净利润	49,075,543.67	41,559,529.78
减:提取法定公积金	4,907,554.37	4,155,952.98
提取法定公益金	4,907,554.37	4,155,952.98
年末未分配利润	72,508,058.75	33,247,623.82

未分配利润年末比年初增长 118.09%,是 96 年实现的净利润提取法定公积金和法定公益金后的余额转入。

25、财务费用 96 年财务费用 15,904,419.83 元,比上年增长 30.67%,主要是贷款规模扩大,利息支出增加。

26、投资收益 16,167,982.23

项目	1996 年度	1995 年度
股票投资收益	4,157,937.69	270,839.52
债券投资收益	374.00	398,800.00
按成本法核算的投资收益	2,244,579.31	3,200,666.45
按权益法核算的投资收益	9,765,091.23	7,802,665.81
合计	16,167,982.23	11,672,971.78

年末比年初增长 38.52%,主要是对外投资逐见成效。

27、营业外收入 96 年营业外收入 2,549,768.91 元,比上年增长 755.92%,主要是发行股票申购无效冻结资金利息转入。

28、营业外支出 96 年营业外支出 63,216.98 元,比上年减少 68.33%,主要是处理固定资产净损失减少。

C、期后事项

公司已按期归还短期借款 1550 万元,兑付债券 1500 万元。

八、其它事项

经成都市蜀都会计师事务所中国注册会计师审计,1996 年度公司实现净利润 49,075,573.67 元,提取 10%法定公积金 4,907,557.37 元,提取 10%法定公益金 4,907,557.37 元,当年可供股东分配利润为 39,260,434.93 元。加上上年末未分配利润 33,247,623.82 元,可供股东分配的利润共计 72,508,058.75 元。根据 1997 年 3 月 29 日第二届董事会第六次会议决议,1996 年度股利分配为:按 1996 年末总股本 8065 万股计算,向全体股东每 10 股派送红股 8 股,共计派送 64,520,000 股,余下 7,988,058.75 元利润转入下一年度分配。按 10:2 的比例向全体股东用资本公积金转增股本,转出资本公积金 16,130,000.00 元,转增股本 16,130,000 股。以上方案需报送成都市证管办批准和股东大会表决通过后实施。

成都倍特发展集团股份有限公司

1997 年 4 月 1 日

利 润 及 利 润 分 配 表

会股 02 表

编制单位:成都倍特发展集团股份有限公司　　　　单位:人民币元

项　　目	注释号	1995 年	1996 年
一、主营业务收入	34	227,527,248.82	247,908,121.76
减:营业成本	35	168,080,221.56	179,587,959.29
销售费用		3,515,665.98	9,854,986.14
管理费用		6,532,281.28	8,431,547.30
财务费用	36	12,171,194.88	15,904,419.83
进货费用		187,112.96	555,954.44
营业税金及附加		4,529,168.44	3,877,207.51
二、主营业务利润		32,511,603.72	29,696,047.25
加:其他业务利润	37	4,617,214.54	9,387,227.50
三、营业利润		37,128,818.26	39,083,274.75
加:投资收益	38	11,672,971.78	16,167,982.23
营业外收入	39	297,891.57	2,549,768.91
减:营业外支出	40	206,117.16	63,216.98
加:以前年度损益调整			
四、利润总额		48,893,564.45	57,737,808.91
减:所得税		7,334,034.67	8,662,265.24
五、净利润		41,559,529.78	49,075,543.67
加:年初未分配利润			33,247,623.82
盈余公积转入数			
六、分配的利润		41,559,529.78	82,323,167.49
减:提取法定公积金		4,155,952.98	4,907,554.37
提取法定公益金		4,155,952.98	4,907,554.37
七、可供股东分配的利润		33,247,623.82	72,508,058.75
减:已分配优先股股利			
提取任意公积金			
已分配普通股股利			
八、未分配利润		33,247,623.82	72,508,058.75

资 产 负 债 表

会股 01 表

编制单位　　　　单位:元

项目	注释号	1995.12.31	1996.12.31	负债及所有者权益	注释号	1995.12.31	1996.12.31
流动资产:				流动负债:			
货币资金	1	69,373,873.34	150,225,736.88	短期借款	16	91,800,000.00	132,960,000.00
短期投资	2	11,935,384.55	12,525,735.31	应付票据	17	950,000.00	1,900,000.00
应收票据	3		500,000.00	应付帐款	18	24,812,712.77	21,334,967.97
应收帐款	4	33,900,591.46	39,353,310.92	预收货款	19	95,238,154.65	30,497,003.67
减:坏帐准备	5	101,701.77	118,059.93	应付福利费	20	25,884.25	63,822.28
应收帐款净额		33,798,889.69	39,235,250.99	未付股利	21	2.346,741.00	1,300,000.00
预付货款	6	135,052,250.08	275,537,132.14	未交税金	22	2,669,776.44	14,653,555.56
其他应收款	7	72,917,491.19	123,939,890.82	其他未交款	23	345,305.28	742,832.35
待摊费用	8	2,589,583.09	2,836,855.19	其他应付款	24	71,470,823.96	126,918,856.29
存　　货	9	143,349,581.06	147,693,606.52	预提费用	25	1,135,596.53	229,937.46
待处理流动资产净损失				一年内到期的长期负债	26	80,723,275.00	83,158,456.00
一年内到期的长期债券投资							
其他流动资产							
流动资产合计		469,017,053.00	752,494,207.85	流动负债合计		371,518,269.88	413,759,431.58
长期投资:				长期负债:			
长期投资	10	95,686,896.61	83,646,373.33	长期借款	27	33,300,000.00	47,000,000.00
固定资产:				应付债券	28	12,291,200.00	20,866,640.00
固定资产原价	11	87,677,735.29	88,491,528.74	长期应付款			
减:累计折旧	12	7,635,291.71	12,161,049.51	其他长期负债	29	418,886.03	482,190.11
固定资产净值		80,042,443.58	76,330,479.23				
固定资产清理				长期负债合计		46,010,086.03	68,348,830.11
在建工程	13	16,239,270.14	24,129,244.68	递延税项:			
待处理固定资产净损失				递延税款贷项			
固定资产合计		96,281,713.72	100,459,723.91	负债合计		417,528,355.91	482,108,261.69
无形资产及递延资产:				股东权益:			
无形资产	14	12,307,873.00	11,962,282.22	股本	30	125,300,000.00	80,650,000.00
递延资产	15	2,067,361.10	2,841,618.17				
无形及递延资产合计		14,375,234.10	14,803,900.39	资本公积	31	7,750,006.82	214,787,865.42
其他长期投资				盈余公积	32	91,534,910.88	101,350,019.62
递延税项				其中:公益金		13,830,598.37	18,738,152.74
递延税款借项				未分配利润	33	33,247,623.82	72,508,058.75
				股东权益合计		257,832,541.52	469,295,943.79
资产总计		675,360,897.43	951,404,205.48	负债股东股东权益总计		675,360,897.43	951,404,205.48

财 务 状 况 变 动 表

会股 03 表

编制单位:成都倍特发展集团股份有限公司　　1996 年度　　单位:元

流动资金来源和运用	金　额	流动资金各项目的变动	金　额
一、流动资金来源:		一、流动资产本年增加数:	
1、本年净额利润	49,075,543.67	1、货币资金	80,851,863.54
加:不减少流动资金费用和损失:		2、短期投资	590,350.76
(1)固定资产折旧	5,370,990.68	3、应收票据	500,000.00
(2)无形资产、递延资产及其他资产摊销(减其他负债转销)	966,517.44	4、应收帐款净额	5,436,361.30
		5、预付帐款	140,484,882.06
(3)固定资产盘亏(减盘盈)		6、其他应收款	51,022,399.63
(4)清理固定资产损失(减收益)		7、待摊费用	247,272.10
小计	55,413,051.79	8、存　　货	4,344,025.46
2、其他来源:		9、待处理流动资产净损失(减收益)	
(1)固定资产清理收入(减清理费用)	2,925.72	流动资产增加净额	283,477,154.85
(2)增加长期负债(少数股权)	80,097,333.08		
(3)收回长期投资	12,040,523.28		
(4)对外投资转出固定资产			
(5)对外投资转出无形资产			
(6)资本净增加额	172,202,967.34		
小计	264,343,749.42		
流动资金来源合计	319,756,801.21	二、流动负债本年增加数:	
二、流动资金运用:		1、短期借款	41,160,000.00
1、利润分配:		2、应付票据	950,000.00
(1)提取法定公积金	4,907,554.37	3、应付帐款	-3,477,744.80
(2)提取法定公益金	4,907,554.37	4、预收帐款	-64,741,150.98
(3)已分配股利		5、应付福利费	37,938.03
		6、未付股利	-1,046,741.00
小计	9,815,108.74	7、未交税金	11,983,779.12
2、其他运用		8、其他未交款	397,527.07
(1)固定资产和在建工程净增加额	9,551,926.59	9、其他应付款	55,448,032.33
(2)增加无形资产、递延资产及其他资产	1,395,183.73	10、预提费用	-905,659.07
(3)偿还长期负债	57,758,589.00	11、一年内到期的长期负债	2,435,181.00
(4)增加长期投资		12、其他流动负债	
小计	68,705,699.32		
流动资金运用合计	78,520,808.06		
流动资金净增加额	241,235,993.15	流动负债增加净额	42,241,161.70
		流动资金增加净额	241,235,993.15

成都倍特发展集团股份有限公司一九九七年度中期报告

一、财务报告(未经审计)

(一)财务报告

1. 简化的资产负债表

单位:人民币元

项目	1996 年 12 月 31 日	1997 年 6 月 30 日
流动资产	752,494,207.85	802,364,320.02
长期投资	83,646,373.33	98,662,373.33
固定资产净值	76,330,479.23	83,245,821.53
在建工程	24,129,244.68	24,977,913.29
无形及递延资产	14,803,900.39	15,583,573.71
其他长期资产	–	–
资产总计	951,404,205.48	1,024,834,001.88
流动负债	413,759,431.58	468,440,960.66
长期负债	68,348,830.11	68,340,496.76
负债合计	482,108,261.69	536,781,457.42
股东权益	469,295,943.79	488,052,544.46
其中:股本	80,650,000.00	161,300,000.00
资本公积	214,787,865.42	198,657,865.42
盈余公积	101,350,019.62	101,350,019.62
未分配利润	72,508,058.75	26,744,659.42
负债及权益合计	951,404,205.58	1,024,834,001.88

2. 简化的损益表

单位:人民币元

项目	1997 年 1—6 月	1996 年 1—6 月
主营业务收入	136,806,236.20	111,950,727.94

主营业务利润	16,208,637.67	15,463,393.47
其他业务利润	2,690,12	3,505,837.12
投资收益	5,885,150.91	6,402,644.24
营业外收支净额	-29,889.68	-48,254.40
利润总额	22,066,589.02	25,323,620.43
所得税	3,309,988.35	3,798,543.06
净利润	18,756,600.67	21,525,077.37

(二)主要财务指标

	1997年1—6月	1996年1—6月
每股收益	0.116元	0.34
净资产收益率	3.84%	7.71%
每股净资产	3.03元	4.46元

注:1997年财务指标按送股及转增后的股本16130万股计算,1996年的财务指标按公开发行前的股本6265万股计算。

(三)财务报表附注

1.以上简化的资产负债表、损益表未经会计师事务所审计,本期财务报告所采用的会计政策与会计方法与上年度财务报告一致。

2.主要项目说明

(1)短期投资余额7,075,816.10元,其中股票投资成本价3,514,816.10元,已上市公司股票为:

名称	股数	购入成本	1997年6月30日市值	投资收益
陆家嘴	46700	1,782,096.10	1,489,730.00	-292,366.10

(2)应收帐款余额41,257,283.01元

帐龄	户数	金额
一年以内	126	27,951,203.91
一至二年	25	2,443,578.53
二至三年	25	7,721,646.09
三年以上	8	3,140,854.48

注:无持有本公司5%以上股份的主要股东欠款。

(3)其他应收款余额125,279,613.73元

帐龄	户数	金额
一年以内	194	76,150,904.07
一至二年	110	26,223,107.86
二至三年	53	15,273,273.86
三年以上	29	7,632,328.74

(4)长期投资余额为98,662,373.33元,比年初增长17.95%,主要原因是根据96年股东大会决议以协议受让方式,按每股1.87元,共计9,350,000元,增持成都工商信托投资公司500万股股份和向成都南星热电股份有限公司投资8,000,000元,认购该公司800万股股份。

(5)股本161,300,000元,比年初增加80,650,000元,系根据公司1995年度和1996年度利润分配方案及资本公积金转增股本方案,按1996年末总股本8065万股计算,向全体股东每10股派送红股8股,共计派送64,520,000股,增加股本金64,520,000元,按10:2的比例向全体股东用资本公积金转增股本16,130,000股,增加股本金16,130,000元。

(6)资本公积金余额为198,657,865.42元,比年初减少16,130,000元,系根据公司96年股利分配方案,按10:2的比例向全体股东用资本公积金转增股本,转出资本公积金16,130,000元,转增股本16,130,000股。

(7)盈余公积金余额为101,350,019.62元,本期未发生变化。

(8)未分配利润余额为26,744,659.42元。

期初未分配利润72,508,058.75元,本期增加净利润18,756,600.67元,按95年和96年利润分配方案向全体股东每10股派送红股8股,减少未分配利润64,520,000元。

(9)关联企业及关联交易

关联企业名称	主营业务	注册资本(万元)	本公司持有权益(%)
中外合资海洋倍特多媒体资讯有限公司	多媒体电脑 教育及家用电脑	4000	50
广东惠阳房产开发公司	房产开发	2470	50
成都证券公司高新区营业部	证券投资代理、咨询	1000	50
中外合资成都新建业倍特置业有限公司	房地产综合开发	3000	49
成都倍特西藏石油公司加油站	汽车、柴油 润滑油的供应	200	49
成都倍特汽修厂	汽车维修、汽配	897	49
倍特自动化公司	自动化工程及自控元器件开发经营	104	48

本报告期内公司无关联交易

二、经营情况的回顾与展望

1.上半年经营情况回顾

公司完成主营业务收入13680.62万元,实现净利润1875.66万元,与去年同期相比,主营业务收入增加22.20%,净利润减少12.86%。具体如下:

97年上半年,公司高科技实业生产经营继续保持了稳定的发展势头。药业公司通过加强内部管理、降低生产成本和完善片区销售网络,使轻舒颗粒等药品的生产和销售较去年同期有较大增长,在新药品开发和引进方面亦有新的突破;厨柜厂根据市场不同层次的需求,推出不同档次的厨柜,同时加大产品推介力度,树立倍特厨柜精品名牌的形象,在全国厨柜市场上的份额和影响力进一步扩大。公司生产的电脑程控器已形成系列开发和批量生产,产品销售的辐射面扩大,前景看好,在计算机网络建造工程也有新的进展。

公司进行的科技工业园区开发建设和房地产经营取得较大进展。根据成都高新区发展规划,公司已完成倍特科技工业园区二期工程的规划设计、勘测、报建等前期准备工作。公司的房地产开发项目中的"银杏苑"、"南华民居"、"翠竹苑"C组团以及倍特大厦等一批在建项目进展顺利。通过加强基建工程核算、缩短工期、降低成本、加强促销、配套服务和物业管理,取得了较好的经济效益。

公司贸易业通过努力调整商品结构、强化内部管理、降低销售费用、提高服务质量,取得了一定成效。

公司上半年净利润较去年同期减少12.86%,其主要原因是由于原材料价格比去年同期有所上升,以及加强商品的促销活动,使得成本费用率比去年同期提高,导致主营业务利润有所下降。同时,由于公司承担的部分高新区基础设施项目尚未竣工决算,因而上半年未能实现相应的效益。

公司前次向社会募集资金,已按调整后的使用计划分别投入药业二期工程、厨柜二期工程、倍特科技工业园二区和倍特微电脑控制项目建设。上述项目正抓紧建设中,预计在1998年第四季度将全部建成投产,从而形成新的利润增长点。募集资金中全额投入参股企业的多媒体资讯项目和数字影碟机项目,将于今年产生效益。上述投资项目及实施进度与《招股说明书》略有差异,主要是由于募集资金实际到位时间与原投资计划出现差异,以及个别项目的投资条件发生变化而进行必要的调整所致。目前尚未投入使用的募集资金,存放于银行,将按项目建设进度陆续投入使用。

2.下半年经营展望:

下半年是公司继续发展的重要时期,公司一方面要扩大现有产品的生产能力,进一步提高产品质量,加强营销工作,扩大销售规模,努力降低成本费用率。另一方面要进一步加快已开工的药业和厨柜二期技改项目建设步伐,力争下半年完成该两项目全部土建基础工程及主体结构部分的施工。要进一步完善电脑程控器生产的配套设施,使之尽快达到设计生产规模。药业公司将开发和引进一批具有较高附加值的新药品,继续筛选一批高新技术项目。公司要继续加快高新产业区的开发及相应配套

基础设施的建设,提高物业使用率;公司的房地产开发将重点推出经济实用的普通住宅,并辅之以小康住宅的开发,争取完成施工面积19.6万平方米,竣工面积8万平方米,销售商品房8.2万平方米的经营目标。公司将努力完成年度经营计划,为今后的发展奠定坚实的基础。

三、重大事件说明

1.报告期内,公司对照国务院证券委、中国人民银行、国家经贸委联合发布的《严禁国有企业和上市公司炒作股票的规定》进行了严格自查,没有从事任何违反规定的事项。本公司对现持有股票的处理,将严格按照国家有关规定执行。本公司以公司名义在沪深交易所各开立一证券帐户,今后若从事股票投资,将严格遵循国家有关政策法规的规定。

2.由于自96年第三季度以后CD/R项目的市场条件和技术条件发生了重大变化,该项目已成为高风险、高投人和微利项目,经股东大会决议,通过了对该项目予以取消的议案,并同意将相应的4000万元募集资金转向投入到"倍特微电脑控制项目"和"倍特科技工业园第二区工程项目"。

3.公司以协议受让方式,以每股1.87元人民币,共计935万元人民币,增持成都工商信托投资公司500万股股份。至此,本公司共持有成都工商信托投资公司1000万股,占该公司总股本的10.78%。

4.公司投资认购成都南星热电股份有限公司800万股股份,成为该公司第三大股东。

5.报告期内按照1995、1996年度利润及公积金转增股本方案,公司按10:8的比例向全体股东送红股,按10:2的比例用公积金向全体股东转增股本。实施公告刊载于1997年6月19日《中国证券报》、《证券时报》上,经过本次变动,本公司股本总额由96年末的8065万股变为16130万股。

6.公司本年度中期不分红。

7.报告期内本公司无重大诉讼及仲裁事件。

四、发行在外股票的变动和股本结构的变化

(1)股本结构情况

截止1997年6月30日,公司股本结构如下:(单位:万股)每股面值人民币壹元。

股份类别	96.12.31	送红股	转增股	小计	97.6.30
一、尚未流通股份					
1.发起人股份	1395	1116	279	1395	2790
其中:					
国家拥有股份	1265	1012	253	1265	2530
境内法人持有股份	130	104	26	130	260
2.募集法人股	3070	2456	614	3070	6140
3.内部职工股					
尚未流通股份合计	4465	3572	893	4465	8930
二、已流通股份					
境内上市的人民币普通股	3600	2880	720	3600	7200
已流通股份合计	3600				3600
三、股份总数	8065	6452	1613	8065	16130

注:1.报告期内送红股与转增股本合并实施;

2.截止1997年6月30日为止,公司红股及转增股中可流通部分尚未上市交易;

3.已流通股份中包含已经深交所锁定的高管股,96年末为12000股,97年6月30日为24000股,变动原因系按10:8比例送红股及10:2比例转增股本,增加了12000股。

(2)主要股东持股情况

股东	持股数(万股)	占总股本比例(%)
成都市国有资产管理局	2530	15.69
北京工艺品进出口集团公司	400	2.48
成都电缆股份有限公司	248	1.54
重庆钢铁公司	200	1.24
成都钢铁公司	150	0.93
成都市西南计算机软件公司	110	0.68
成都市自来水公司	100	0.62
成都市武侯区新兴经济实业公司	100	0.62
成都卷烟厂	100	0.62
成都无线电机械高新技术应用公司	100	0.62

五、股东大会简介

成都倍特发展集团股份有限公司1996年度股东大会于1997年5月2日在成都市成都高新技术产业开发区高新大厦11楼会议厅召开。出席会议的股东28人,代表股份18,015,150股,占公司总股本的22.34%。本次股东大会审议并通过了如下决议:

1.审议通过了《1996年度董事会报告》。

2.审议通过了《1996年度监事会工作报告》。

3.审议通过了《公司1996年度财务决算报告》。

4.审议通过了《公司1995年度和1996年度利润分配方案及资本公积金转增股本方案》;

(1)经成都市蜀都会计师事务所中国注册会计师审计,1996年度公司实现净利润49,075,573.67元,提取10%法定公积金4,907,557.37元,提取10%法定公益金4,907,557.37元,当年可供股东分配利润为39,260,434.93元。加上上年末未分配利润33,247,623.82元,可供股东分配的利润共计72,508,058.75元。1996年度股利分配为:按1996年末总股本8065万股计算,向全体股东每10股送红股8股,共计派送64,520,000股,余下7,988,058.75元利润转入下一年度分配。

(2)按10:2的比例向全体股东用资本公积金转增股本,转出资本公积金16,130,000.00元,转增股本16,130,000股。

此方案已于1997年6月25日实施。

5.审议通过了《调整投资项目的方案》。

公司原定募集资金4000万元兴办CD/R项目的投资计划,由于募集资金到位时间迟,特别是投资CD/R项目的市场条件和技术条件已发生重大变化,本次股东大会决定对该投资项目进行调整。这部分募集资金转向投资"倍特微电脑控制器项目"和"倍特科技工业园第二区工程项目"。

6.审议通过了《关于增持成都工商信托投资公司股份的方案》。

本次股东大会同意以协议受让方式,以每股1.87元人民币,共计935万元人民币,增持成都工商信托投资公司500万股股份。

7.审议通过了《关于公司向成都南星热电股份有限公司投资参股的方案》。

本次股东大会同意公司投资800万元,认购成都南星热电股份有限公司800万股股份,占该公司股本总额的11.43%,成为该公司第三大股东。

8.审议批准了《关于确认调整后的公司注册资本的议案》。

本次股东大会对公司公开发行股票后的注册资本由6265万元变更为8065万元予以确认。

本次股东大会经成都市公证处公证。

根据1996年度股东大会授权,董事会对公司章程进行了修订,公司章程中股本数由原8065万元,修改为16130万元,股东持股数相应增加100%,股本结构不变。公司章程已经国家主管部门批准。

六、备查文件

1.载有董事长、总经理亲笔签名的中期报告原本;

2.其他有关文件;

3.查询地址:成都高新技术产业开发区集团公司总部

公司董事会秘书:解冶

联系电话:(028)5186621

联系传真:(028)5186620

成都倍特发展集团股份有限公司

一九九七年八月二十日

长春兰宝实业股份有限公司

长春兰宝实业股份有限公司股票上市公告书

一、绪言

本公司股票发行经中国证券监督管理委员会证监发字[1996]298号和证监发字[1996]299号文批准,股票上市申请经深圳证券交易所深证发字[1996]第417号文审核批准,于1996年11月22日在深圳证券所挂牌交易。

本公司总股本为5200万股,本次上市流通的股票2100万股,其中1996年11月7日向社会公开发行新股1600万股,原定向募集的内部职工股全部占额度上市500万股。本公司股票简称:长春兰宝,证券代码:0631。

本公司股票上市公告书是根据《中华人民共和国公司法》、《股票发行与交易管理暂行条例》、《公开发行股票公司信息披露实施细则》和《深圳证券交易所业务规则》之规定编写。本公司股票上市公告书旨在说明公司股票上市目的,并向社会公众披露公司基本情况及有关资料。本公司董事会及其成员就上市公告书所载资料的准确性、真实性、完整性负个别及连带责任。上市公告书的内容由本公司董事会负责解释。

本公司于1996年11月4日在《中国证券报》和《证券时报》上刊登了《招股说明书概要》,距今不足六个月,故与其重复的内容在此不再重述。敬请社会公众查阅本公司的招股说明书。

二、公司概况

1. 公司法定名称:长春兰宝实业股份有限公司(以下简称"公司"或"本公司")

英文名称:CHANG CHUN LAN BAO INDUSTRIAL CO. LTD

2. 公司注册地址:吉林省长春市朝阳区同志街34号

邮编:130031

3. 公司法定代表人:刘铁杲

4. 本公司董事、监事和高级管理人员持股情况

姓名	职务	持有股份(股)
刘铁杲	董事长	1000
袁树志	副董事长	0
黄剑	董事、总经理	0
张忠良	董事、副总经理	0
朱家棡	董事	0
赵彦民	董事	1000
赵庆春	董事、总会计师	600
刘志安	监事会主席	600
周克颖	监事	600
梁凤英	监事	600
张景溢	副总经理	1000
兰晓明	副总经理	0
马毅	总经理助理	600

公司董事、监事和高级管理人员共持有本公司股票6,000股,占总股本的0.0115%。其持有股份按《中华人民共和国公司法》规定在任聘期间不得转让。

5. 所属行业:工业类

经营范围:塑料燃油箱、塑料保险杠、塑料制品、电机制造

6. 公司成立日期:1993年5月26日

7. 公司职工情况:

截止1996年6月30日,本公司共有职工1065人,其中管理人员173人,生产人员729人,技术人员72人,具有大学、大专、中专以上学历的占职工总数的37%。本公司共有退休人员171人。公司职工已全部参加社会劳动保险统筹,保险费标准按上年职工年均工资总额的23.5%提取上缴。

8. 注册资金:5200万元

9. 公司关联企业:

长春力得工程汽车塑料制品有限公司,注册资本为1291万美元,本公司拥有60%的权益。

10. 公司咨询:

地址:吉林省长春市朝阳区同志街34号。

电话:0431-4640318

联系人:黄剑、张忠良

三、股本结构及主要股东持股情况

1. 股本形成过程

本公司是经长春市体改委批准,由长春君子兰工业集团(公司)、营口天力电机股份有限公司、中轻贸易中心共同发起,采用定向募集方式设立的股份有限公司。公司成立于1993年5月26日,在长春市工商行政管理局登记注册,股本总额为3600万股。经中国证券监督管理委员会证监发字[1996]298号文和证监发字[1996]299号文批准,本公司于1996年11月7日在深圳证券交易所以上网定价发行方式向社会成功地发行了每股面值1元的人民币普通股1600万股,发行价为每股6.98元,发行市盈率为14.65倍。此次发行的主承销商为中国经济开发信托投资公司。

本次发行有效申购户数为142488户,有效申购股数为1474935000股,超额认购倍数为92.1834倍,中签率为1.084794%。本次发行的1600万股社会公众股的股款,在扣除发行费用后,已全部划入本公司银行帐户,并经中庆会计师事务所验资报告验证确认。

2. 股本结构

本次发行前股本结构如下:

股权种类	股份数量(万股)	所占比例(%)
发起人股	3100	86.1%
其中:		
国有法人股	2100	58.2%
法人股	1000	27.8%
内部职工股	500	13.9%
总股本	3600	100%

本次发行完成后,本公司股本结构如下:

股权种类	股份数量(万股)	所占比例(%)
尚未流通股		
发起人股	3100	59.6%
其中:		
国有法有股	2100	40.4%
法人股	1000	19.2%
流通股		
公众股	2100	40.4%
其中:		
内部职工股占额度上市	500	9.6%
总股本	5200	100%

3. 主要股东(前10名)持股情况

序号	股东名称	持股数(万股)	持股比例(%)
1.	君子兰公司	2000	55.556
2.	天力公司	1000	27.778
3.	中轻贸易中心	100	2.778

公司前10名股东中有7名是个人股东,其持股数均未达到规定披露的限度。

四、主要财务资料

经中庆会计师事务所审计[(96)中庆字156号],本公司主要财务资料如下:

(一)资产负债表主要数据(合并后)

单位:人民币万元

	1996年1-6月	1995年	1994年	1993年
货币资金	1,998.49	1,693.89	1,000.07	746.75
应收帐款净额	4,840.13	3,962.13	2,865.40	1,765.62
其他应收款	1,353.61	659.15	86.30	59.28
存货	3,083.41	3,065.12	1,923.22	1,931.37
流动资产合计	11,827.63	9,819.76	6,648.46	5,022.29
固定资产合计	10,214.71	10,509.71	10,768.63	8,266.72
资产总计	23,602.55	21,961.43	18,872.31	13,289.01
短期借款	3,698.85	2,620.50	1,965.50	1,550.50
应付帐款	3,310.78	2,457.55	1,570.76	1,333.25
其他应付款	757.27	827.22	248.68	351.11
流动负债合计	7,928.71	7,252.35	4,352.62	3,759.82
长期负债合计	1,960.81	2,554.09	2,563.96	529.77
负债合计	9,889.52	9,806.44	6,916.58	4,289.59
少数股东权益	3,045.33	2,836.25	2,843.53	
股东权益合计	10,667.70	9,318.74	9,112.20	8,999.43
负债与股东权益总计	23,602.55	21,961.43	18,872.31	13,289.01

(二)利润表主要数据(合并后)

单位:人民币万元

	1996年1-6月	1995年度	1994年度	1993年度
一、主营业务收入	6,667.48	14,381.64	8,696.23	6,797.13
减:营业成本	4,429.58	11,343.81	7,082.75	5,433.50
销售费用	13.48	26.18	56.61	56.64
管理费用	456.86	754.37	433.77	375.15
财务费用	148.54	166.68	68.33	146.09
营业税金及附加	47.28	71.00	59.67	224.37
二、主营业务利润	1,571.74	2,019.60	995.11	561.38
加:其他业务利润	72.99	107.08	15.66	
三、营业利润	1,644.73	2,126.68	1,010.77	561.38
加:投资收益				
营业外收入	108.49	1.20	10.86	
减:营业外支出	4.11	0.03	0.12	
四、利润总额	1,749.11	2,127.85	1,021.51	561.38
五、净利润	1,348.96	1,430.54	684.41	376.12

(三)主要财务指标

指标名称	1996年1-6月	1995年	1994年	1993年
流动比率	1.49	1.53	1.35	1.34
速动比率	1.05	0.87	1.03	0.81
应收帐款周转率	1.51	4.21	3.76	3.85
存货周转率	1.44	4.55	3.68	2.81
资产负债率%	41.90	44.65	36.65	32.28
每股收益(元)	0.38	0.40	0.19	0.10
每股净资产	2.96	2.59	2.53	2.50
净资产收益率%	12.6	15.4	13.3	4.2

五、盈利预测

根据中庆会计师事务所出具的盈利预测审核报告,本公司一九九六年度的合并盈利预测如下:

单位:人民币万元

项目	1996年度 1-6月 已审计数	7-12月 预测数	全年 预测数
一、主营业务收入	6,667.48	6,981.62	13,649.10
二、主营业务利润	1,571.74	1,734.21	3,305.95
加其他业务利润	72.99	156.59	229.58
三、营业利润	1,644.73	1,890.80	3,535.53
四、利润总额	1,749.11	2,014.92	3,764.03
减:所得税	191.07	210.72	401.79
少数股东损益	209.08	262.70	471.78
五、净利润	1,348.96	1,541.50	2,890.46
六、每股收益	0.375		0.555

注:盈利预测基于如下假设:

(1)公司所遵循的国家有关法律、法规、政策和制度及本公司所在地长春市的社会政治、经济环境仍如现时状况而无重大改变及变化。

(2)公司各项经营业务所涉及的国家或地区,现行的有关法律、法规和社会环境无重大变化。

(3)公司的各项生产经营计划能够按期进行,不会受原材料之严重短缺或成本变动及销售价格变动的不利影响。

(4)公司在盈利预测期间有关信贷、利率及汇率在正常的范围内变动。

(5)公司在盈利预测期间的有关税率,在正常范围内变动。

(6)无本公司控制范围之外的不可预见的情况。

(7)无其他人力不可抗拒因素造成的重大不利影响。

六、董事会上市之承诺

根据《股票发行与交易管理暂行条例》、《公开发行股票公司信息披露实施细则》和《深圳证券交易所业务规则》及国家和深圳市有关法律、法规的规定,本公司董事会向证券主管机关、深圳证券交易所、广大投资者做出如下承诺:

1. 及时、准确地公告本公司中期、年度财务和经营业绩报告资料。

2. 董事、监事及高级管理人员如发生人事变动或持本公司股份数量发生变化时,及时通报证券主管机关,并适时通过传播媒介通告社会公众。

3. 及时、真实地披露本公司重大经营活动信息。

4. 自觉接受证券管理部门的监督和管理,认真听取政府、股东、证券管理及经营部门和社会公众的意见、建议和批评。

5. 不利用内幕消息和不正当手段从事股票投机活动。

6. 本公司没有无记录负债。

7. 董事会及每个董事保证不就任何未经交易所审阅的可能影响股价变动之重大信息私自公告或发表意见。

七、重要事项揭示

1. 原定向募集的500万股内部职工股将同本次新发行之1600万股股票一同上市流通。

2. 本公司1996年全年利润及以前年度未分配完利润,本次股票上市后新老股东一同享受。

3. 根据大成律师事务所出具的法律意见书,本公司现无进行的重大诉讼、仲裁及法律纠纷和行政处罚。

4. 公司历年红利分配情况:93年度每股分配股利0.088元;94年度每股分配股利0.16元;95年度每股分配股利0.34元。

八、咨询机构

1. 发行人:长春兰宝实业股份有限公司

法定代表人:刘铁杲

地址:吉林省长春市朝阳区同志街34号。

电话:0431－4640318
传真:0431－8947189
联系人:黄剑、张忠良
2．主承销商及上市推荐人:中国经济开发信托投资公司
法定代表人:朝国春
地址:北京车公庄大街21号新大都饭店二号楼
电话:010－68319988×12435
021－65489713
传真:021－65332786
联系人:傅晓峰
3．发行人律师:大成律师事务所
法定代表人:彭雪峰
地址:北京市西城区长安街民族文化宫八楼
电话:010－66065791、010－66065792
传真:010－66065793
经办律师:江华、郭卫东
4．会计师事务所:中庆会计师事务所
法定代表人:陆 野
地址:北京市西城区安德里北街23号7栋
电话:010－62095566
传真:010－62031660
经办注册会计师:孔昭海、过炳坤
联系人:过炳坤
5．资产评估机构:长春市资产评估中心
地址:长春市朝阳区天宝街3号
电话:0431－5674875
经办评估人员:张凤歧、刘克

九、备查文件

1．发行人营业执照
2．中国轻工总会【轻总经贸(1996)21号】《关于分配给长春兰宝实业股份有限公司1995年国内股票发行计划指标并作为总会推荐的第一家上市企业的通知》
3．长春市证券监督管理委员会【长证监字(1996)4号】《关于长春兰宝实业股份有限公司股票发行额度的批复》
4．深圳证券交易所出具的上市承诺书
5．股票承销协议
6．长春市国有资产管理局(长国资评字【1993】第27号)《关于确认长春君子兰集团(公司)资产评估结果及核定组建股份有限公司国有资产出资额的通知》
7．本公司历次股东大会决议
8．重要合同
9．证监会要求的其它文件

长春兰宝实业股份有限公司
1996年11月19日

长春兰宝实业股份有限公司1996年度报告摘要

一、公司简况

1．公司法定名称:
长春兰宝实业股份有限公司
英文名称:CHANG CHUN LAN BAO INDUSTRY CO. LTD
2．公司注册地址:
吉林省长春市朝阳区同志街34号
生产、办公地址:
吉林省长春市二道区岭东路158号
邮政编码:130031
3．公司法定代表:刘铁杲
4．公司咨询电话:(0431)4641596
传真:(0431)4635568

二、主要财务数据与财务指标

序号	指标项目	本年	上年	比上年增减%
1	主营业收入	121,877,699.00	143,816,410.73	－15.3
2	净利润	28,072,923.92	14,305,357.18	＋96.2
3	总资产	395,705,979.13	219,614,259.11	＋80.2
4	股东权益	227,360,545.54	93,187,351.70	＋145
5	每股收益	0.54	0.40	＋35
6	每股净资产	4.37	2.59	＋69
7	净资产收益率%	12.35	15.4	－20
8	股东权益比率%	57.5	42.4	＋36

附注:扣除公司股票冻结无效申购资金利息99万元,净利润2,708万元,每股收益0.52元

三、公司业务回顾

1．一年来经营情况

1996年是公司转为上市公司的第一年,是公司取得辉煌成果的一年,是抓机遇、奋力拼搏、实现大发展的一年。公司经营领导班子严格按照股东大会、董事会的决议精神,紧紧围绕“轻重并举,双向发展”的战略指导思想,本着对全体股东高度负责的精神,以积极开拓市场,扩大两大主导产品生产规模,加快主导产品的改型换代,规范运作,强化管理为工作重点,扎扎实实地开展各项工作。1996年完成主营业务收入12,188万元,实现利润总额3,124万元,净利润2,807万元,分别比上年增长－15.3%、46.3%、96.2%,完成了预测数的89.3%、90.5%、97.1%,确保了公司经营业绩的稳步增长,较好地完成了预定目标。实际经营成果与盈利预测无重大差异。

(1)两大主导产品的生产规模进一步扩大。

汽车工程塑料制品捷达A型轿车彩色塑料保险杠是为中国一汽——大众有限公司独家定点配套产品,已完成一期技术改造,引进具有国际现代先进水平的关键设备15台套,模具9套,其中锁模力为2700吨全自动电脑控制注塑机一台,彩色塑料保险杠涂装线一条,已形成年产20万套保险杠的能力,日用微电机已完成三期技术改造,建成具有国际现代先进微电机生产技术的生产线四条,企业生产的洗衣机电机、空调器电机、电风扇电机、厨房用具电机等日用微电机年生产能力达200万台。

(2)汽车工程塑料配套产业发展加快。

公司根据家电产业政策和长春汽车市场发展的需要,积极推进产品改型和开发新产品,向多品种系列化发展,被国家纳入“双加”计划(加大投资力度,加快工程进度)的新型捷达轿车保险、奥迪C3V6轿车保险杠和本公司开发项目小红旗轿车保险杠、汽车塑料导风道等项目正在积极实施中,并将于1997年内完成质量认证。这些项目完成达产后,将新增产值4亿元以上。

(3)多方位采取经营对策提高经济效益。

为提高经济效益,公司本年度多方面制定和实施经营对策,取得较好效果。公司开辟了全国捷达轿车维修市场,增加捷达轿车保险杠自销量,使该产品产量由1995年的7,800套增加到30,000套;多方面寻找货源,有效地降低了原材料和协作件的采购成本;各分公司和控股公司推行了严格定岗定员、明确职责、量化分配为核心内容的现代化管理手段,使生产优质、高效、低耗。全公司1996年实现利润总额3,124万元,比同期提高46.3%。

2．关于主营业务收入、利润总额及净利润实际完成情况分析

1996年度公司主营业务收入完成12,188万元,为上年同期14,382

万元的 84.74%，为本年预测 13,649 万元的 98.29%。主营业务收入下降的主要原因一是电机产品需方厂家产量减少需求量下降，产品产量及销售收入下降，二是中国一汽——大众有限公司下半年供货配套量减少，保险杠产品产销量比本年预测数下降。

利润总额完成 3,124 万元，为上年同期 2,135 万元的 146.32%，为本年预测 3,292 万元的 94.89%。本年度利润总额比上年增加的主要原因一是由于公司调整产品结构，使产品成本下降，致使利润大幅增加，二是中国一汽一大众有限公司本年保险杠产品需求比上年大幅度增加，但尚未达到本年预测产量，三是营业外收入增加，主要是子公司长春力得公司退税收入，四是设备租赁、公用工程经营收入比上年增加。

净利润完成 2,807 万元，为上年同期 1,431 万元的 196.16%，为本年预测 2,890 万元的 97.13%。净利润比上年增加的主要原因一是利润总额增加；二是利润结构的变化，即免税产品利润增加。

3. 前次募集资金的使用说明

公司本年度内发行 1600 万 A 股股票，募集资金 11,168 万元，扣除发行费用后，实募资金 10,608 万元，按招股说明书所述募集资金用途，投入新捷达轿车保险杠配套项目 2,950 万元，奥迪 C3V6 轿车保险杠项目 2,950 万元，汽车塑料导风道塑料包装桶项目 2,980 万元，其中汽车塑料导风道、塑料包装桶项目已投入 416 万元，购置 2 台中空吹塑机；投入分公司营口天力电机厂流动资金 1,100 万元。所有募集资金均按计划进度投入，各项建设工程均控制在批准的预概算内，项目建设符合计划进度，预计建成后效益与预测相符。

前次募集资金的使用情况

单位：万元

序号	项目	开工时间	招股说明书中规定的总投资	后追加投资	实需总投资	到96年末累计完成投资	其中96年度完成投资	是否按计划进度进行	是否控制在原预算内	其它配套资金是否到位	建设进度是否按计划进度	收益是否与预测相符
1	新捷达轿车保险杠	96.10	2,980	-	2,980	-	-	是	是	-	是	是
2	奥迪C3V6轿车保险杠	96.10	2,950	-	2,950	-	-	是	是	-	是	是
3	汽车塑料导风道	96.10	2.980	-	2.980	416	416	是	是	-	是	是
4	流动资金	96.12投入	1,600	-	-	1.100	1.100	是	是	-	-	-

四、股本变化及股本结构情况

1. 股本变化及股本结构情况

(1)

数量单位：股　每股面值：1元

	期初数	本次变动增减(+,-)					
		配股	送股	公积金转股	其它	小计	期末数
一、尚未流通股份							
发起人股份							
其中：							
境内法人持有股	31000000						31000000
内部职工股	5000000				-5000000	-5000000	0
尚未流通股合计	36000000				-5000000	-5000000	31000000
二、已流通股份							
境内上市的人民币普通股					+21000000	+21000000	21000000
已流通股合计					+21000000	+21000000	21000000
三、股份总数	36000000				+16000000	+16000000	52000000

(2)1996 年 11 月 7 日，公司以“上网定价”的方式发行人民币普通股票 1600 万股，原内部职工股股票 500 万股随本次占额度上市，股本由定向募集时的 3600 万股增加到 5200 万股。

(3)前十名股东持股情况

股东名称	年末持股数	占总股本(%)
长春君子兰工业集团(公司)	20000000	38.5
营口天力电机股份有限公司	10000000	19.2
中轻贸易中心	1000000	1.9
杜华	302000	0.58
吕湘绮	260000	0.5
潘波宁	200000	0.38
朱红	200000	0.38
陈伟红	170000	0.33
高佳宁	140000	0.27
王　义	125000	0.24

(4)截止 1996 年 12 月 31 日，股东总数为 12,886 户。

2. 公司董事、监事与高级管理人员持股情况。

1996 年末本公司董事、监事与高级管理人员持股数与年初持股数相同，没有变化。

姓名	职务	年初持股数	年末持股数
刘铁杲	董事长	1000	1000
袁树志	副董事长	0	0
黄　剑	董事、总经理	0	0
张忠良	董事、副总经理	0	0
朱家楣	董事	0	0
赵彦民	董事	1000	1000
赵庆春	董事、总会计师	600	600
刘志安	监事会主席	600	600
周克颖	监事	600	600
梁凤英	监事	600	600
张景溢	副总经理	1000	1000
兰晓明	副总经理	0	0
马　毅	总经理助理	600	600

五、重大事项

1. 报告期内的股东大会、董事会情况说明

(1)股东会情况

公司第四次股东大会于 1996 年 5 月 31 日在公司二楼会议室召开，出席会议的股东 56 人，代表股份 3,301.8 万股，占公司股本总额的 91.97%，符合《公司法》及公司章程的限额。大会以表决的方式，审议通过了《1995 年度董事会工作报告》、《1995 年度监事会工作报告》、《1995 年度财务决算报告，1996 年财务预算报告》、《关于授权董事会处理公开发行股票及上市有关事项的议案》、《关于授权董事会修改公司章程的决议》、《1995 年度股利分配方案》；1995 年公司实现净利润 1,430.54 万元，提取 10%法定公积金 143.05 万元，提取 5%公益金 71.53 万元后，当年可供股东分配利润 1,224.61 万元，每股派送现金红利 0.34 元，共计 1,224 万元，余 0.61 万元作为未分配的利润留存。

(2)董事会情况

公司第七次董事会于 1996 年 4 月 25 日在公司二楼会议室召开，会议审议通过了《1995 年董事会工作报告》、《1995 年度财务决算报告，1996 年财务预算报告》、《关于授权董事会处理公开发行股票及上市有关事宜的议案》、《关于授权董事会修改公司章程的决议》、《1995 年度股利分配方案》、《关于召开第四次股东大会的议案》。

2. 报告期内未发生配股，收购兼并等事项。

3. 报告期内公司投入汽车塑料导风道、塑料包装桶项目 416 万元，用于购置设备。投入分公司营口天力电机厂 1,100 万元流动资金。

4. 报告期内公司法定代表、董事、监事未发行变更。

5. 报告期内公司注册地址、会计师事务所、法律顾问未发生变更。

6. 重大事件简介

(1)1996 年 11 月 7 日，公司以“上网定价”方式向社会发行 A 股股票

1,600万股公司招股说明书及新股发行公告刊登于1996年11月4日的《中国证券报》、《证券时报》。1996年11月15日,公司在长春市工商管理局变更登记,注册资本由原来的3600万元增至5200万元。

(2)1996年11月22日,公司新增发行的1600万股社会公众股及500万内部职工股占额度在深圳证券交易所上市交易。(公司上市公告书刊登于1996年11月19日的《中国证券报》、《证券时报》)。

(3)本年度内公司没有发生重大诉讼、仲裁事项。

六、子公司及关联企业

名称	注册资金(万元)	所占权益(%)	注册地	主营业务
长春兰宝实业股份有限公司营口市天力电机厂	2400	100	营口市	电机制造
长春力得汽车工程塑料制品有限公司	7100.5	60	长春市	汽车塑料保险杠、汽车配套用塑料件及用塑料制品的制造加工

七、财务报告

(一)审计意见:北京中庆会计师事务所注册会计师孔昭海、过炳坤同志为本公司出具了无保留意见审计报告"(97)中庆字第042号"。

(二)财务报表(见附表)

(三)会计报表附注

审计报告

(97)中庆字第042号

长春兰宝实业股份有限公司全体股东:

我们接受委托,审计了贵公司1996年12月31日公司及合并的资产负债表和1996年度公司及合并的利润及利润分配表和公司及合并的财务状况变动表。这些会计报表由贵公司负责,我们的责任是对这些会计报表发表审计意见。我们的审计是依据中国注册会计师独立审计准则进行的,在审计过程中,我们结合贵公司实际情况,实施了包括抽查会计记录等我们认为必要的审计程序。

我们认为,上述会计报表符合《企业会计准则》和《股份制试点企业会计制度》的有关规定,在所有重大方面公允地反映了贵公司1996年12月31日的财务状况及1996年度的经营成果和资金变动情况,会计处理方法的选用遵循了一贯性原则。

中庆会计师事务所　　中国注册会计师　孔昭海　过炳坤

中国·北京　　1997年3月3日

附注1.重要会计政策

1.公司执行的会计制度

公司执行中华人民共和国《企业会计准则》和《股份制试点企业会计制度》及财政部等部分颁布的有关规定。

2.会计期间

会计年度自公历1月1日起至公历12月31日止

3.合并报表的编制方法

根据财政部财会字(1995)11号文关于印发《合并会计报表暂行规定》的通知的要求编制合并报表。纳入合并报表的子公司列示如下:

名称	注册资金	本公司实际投资额	本公司拥有权益(%)	主营业务
长春力得汽车工程塑料制品有限公司	71,005,000.00	42,618,320.00	60%	轿车和轻型汽车塑料保险杠

4.记帐原则和计价基础

以权责发生制为记帐原则,实际成本为计价基础。

5.存货计价方法

存货核算采用历史成本为原则,所在原材料,辅助材料等均采用计划成本价记帐,月终时实际价格与计划价格之差异分别摊入材料成本;产品成本,发出材料采用加权平均法核算。

低值易耗品采用一次性摊销。

6.长期投资核算方法

股权投资和联营投资占被投资单位注册资本比例20%以下的按成本法核算,占有20%以上并对被投资公司的经营管理有重大影响力的长期股权投资采用权益法核算,占有50%以上并对被投资公司的经营管理有控制权的,采用权益法核算并将编制合并报表。

7.固定资产及其折旧

固定资产计价标准为:使用年限在一年以上,单位价值在2000元的房屋及建筑物、机器设备、运输设备、工具器具等作为固定资产。固定资产的折旧采用直线法计算。并按各类固定资产的原值,预计可使用年限和预计残值(原价或重置成本的5%)制定其折旧率。固定资产的预计可使用年期及折旧率如下:

类别	使用年限	年折旧率%	预计残值率%
房屋及建筑物	20-30	3.2-4.75	5
机器设备	12	7.9	5
运输设备	10	9.5	5
其他	5-10	9.5-19	5

8.无形资产及其摊销

无形资产为:工业专有技术,按照预计使用期限确定摊销年限为20年,采用分期等额摊销法。

9.递延资产及其摊销

开办费:为长春力得汽车工程塑料制品有限公司筹建期间内实际发生的各项费用,摊销年限为10年。

其他递延资产,为长春力得汽车工程塑料制品有限公司天然气管道安装费用,摊销期限为5年。

10.税项	税率%
营业税(按租赁业务收入计征)	5%
增值税(根据国家税务法规,按产品销售收入额计征)	17%
城建税	按应交营业税、增值税的7%
教育费及附加	按应交营业税、增值税的3%

所得税:本公司从1993年-1995年所得税率均为33%。1996年家用电器产品仍执行33%的税率。其他项目:子公司长春力得汽车工程塑料制品有限公司按《中华人民共和国外商投资企业及外国企业所得税法》("外商投资企业所得税法")缴纳所得税。从获利年度开始,1996年为两免三减的第一年,从1998年起减半三年。母公司长春兰宝实业股份有限公司为高新技术企业,根据财税字(94)001号文有关规定及市税务局1996年5月22日证明,自1996年起给予免征二年所得税的待遇,二年后所得税减按15%征收。

11.利润分配

本公司从1993年4月-12月起至1995年度,按税后利润提取15%的两金后(法定公积金10%,公益金5%),剩余利润由公司董事会提出分配方案,经股东大会通过后执行。

12.坏帐准备的核算方法

坏帐准备采用备抵法,按期末应收帐款余额的3‰计提坏帐准备。

经收到或已经获得收取货款的凭据时确认为销售收入实现。产品销售收入按销售发票金额(不含增值税)入帐,发生的销售折扣和折让时作为销售收入的减项,单独列示。

附注2:货币资金

现金267,801.08元,银行存款95,718,791.73元

合计:95,986,592.81

附注3:应收帐款

(1)帐龄分析

帐龄	金额(元)	比例%
1年以内	49,937,611.33	76
1-2年	9,440,327.35	15
2-3年	5,947,655.11	9

合　计：　65,325,593.79　100

(2)核算内容

应收帐款65,325,593.79元,均为应收的销货款项,应收帐款中无应收股权占5%以上股东的货款。

附注4:预付货款

(1)帐龄分析

预付货款为预付的设备、备品备件模具款:

帐龄	金额(元)	比例%
1年以内	36,253,752.74	94
1-2年	2,440,278.91	6
合计	38,694,031.65	100

(2)核算内容:

预付货款38,694,031.65万元,系预付的设备、备品、备件模具款,预付货款中无预付股权,占5%以上股东的款项。

附注5:其他应收款

(1)帐龄分析

帐龄	金额(元)	比例%
1年内	15,526,732.47	82
1-2年	1,643,007.66	9
2-3年	1,745,697.04	9
合计	18,915,437.17	100

(2)核算内容:

其它应收款中无应收股权占5%以上股东的款项。

附注6:存货

项　目	金　额
原材料	25,631,127.95
低值易耗品	407,814.35
委托加工材料	57,624.02
半成品	1,681,133.35
在产品	13,387,111.28
产成品	7,186,766.56
合计	48,351,577.51

附注7:固定资产及累计折旧

固定资产类别	期初价值	本期增加	本期减少	期末价值
房屋建筑物	29,195,798.39			29,195,798.99
机器设备	96,354,023.21	449,091.20	3500	96,799,614.41
运输设备	1,425,510.92	1,852,230.00	36,580.00	3,241,160.92
其它	49,400.00	36,500.00		85,900.00
合计	127,024,733.12	2,337,821.20	40,080.00	129,322,474.32
累计折旧				
房屋及建筑物	3,303,818.39	1,432,543.73		4,736,362.12
机器设备	18,920,036.24	6,354,499.70	315.00	25,274,220.94
运输设备	414,930.72	336,773.19	19,753.20	731,950.71
其它	11,489.08	5,866.26		17,355.34
合计	22,650,274.43	8,129,682.88	20,068.20	30,759,889.11

固定资产净值

固定资产类别	原值	累计折旧	净值
房屋及建筑物	29,195,789.99	4,736,362.12	24,459,436.87
机器设备	96,799,614.41	25,274,220.94	71,525,393.47
运输设备	3,241,160.92	731,950.71	2,509,210.21
其它	85,900.00	17,355.34	68,544.66
合计	129,322,474.32	30,759,889.11	98,562,585.21

附注8:在建工程

工程名称	工程进度	实际支用数	原预算数	设备来源
库房	93%	743,373.00	800,000.00	自有资金
注:批准文号(技改)	无			
中空吹塑机2台	14%	4,156,300.00	29,800,000.00	募集资金

注:批准文号:长计院[1996]326号

附注9:无形资产

无形资产类别	原值	已摊销金额	期末余额	剩余摊销年限
工业专有技术	9,900,000.00	612,562.56	9,287,437.44	18.8

形成原因是子公司长春力得汽车工程塑料制品有限公司合资时,香港力得国际股份有限公司以一部分专有技术股出资。

工业专有技术内容:

(1)射出成形技术资料大纲

(2)检测

(3)涂装

(4)材料技术资料项目四个部分

摊销年限的确定,依据无形资产的使用有效年限定为20年。

附注10:递延资产

项　目	原　值	已摊销金额	期末余额	剩余摊销年限
开办费	6,338,003.67	635,225.37	5,702,778.30	9
其他递延支出	247,816.20	54,675.18	193,141.02	3.9
模　具	88,475.20	0	88,475.20	5
合　计	6,674,295.07	689,900.55	5,984,394.52	

开办费:指长春力得汽车工程塑料制品有限公司筹建期间的费用,时间由1993年10月起至1995年8月止所发生的费用。

附注11;短期借款

短期借款共九笔,总金额65,582,577.00元。

附注12:应付帐款:

1996年12月30日余额19,481,485.56元,应付帐款中无应付股权占5%以上股东的货款。

附注13:未交税金

税　种	金　额
增值税	1,139,867.27
营业税	708,446,41
城建税	39,501.53
所得税	3,166,251.05
合　计	5,054,066.26

注:1.1996年电机产品所得税税率为33%,其余产品均免所得税。

2. 子公司长春力得汽车工程塑料制品有限公司为中外合资企业,1996年为两免三减的第一年。

3. 母公司长春兰宝实业股份有限公司的工程塑料制品为开发区高新技术产品,1996年为两免三减的第一年。

附注14:其他未交款	金　额
教育费附加	111,335.99

附注15:其他应付款

1996年12月31日余额5,623,762.54元,其它应付款中无应付股权占5%以上股东的款项。

附注16:长期借款

借款单位	借款日期	借款条件	月利率%	偿还期	金额(万元)
中国工行长春分行国际业务部	1996.12.27	担保	7.49	2002.10.16	15,000,000.00
中国工行长春分行国际业务部	1996.12.27	担保	7.49	2001.10.16	5,000,000.00
中国工行长春分行国际业务部	1996.9.8	担保	7.49	1998.12.11	19,899,350.95
合　计					39,899,350.95

附注17:股　本

股本结构。

单位:万元

类　别	1996年	1995年
法人股	3,100	3,100
其中:长春君子兰工业集团(公司)	2,000	2,000
营口天力电机股份有限公司	1,000	1,000

中轻贸易中心	100	100
职工内部股		500
社会公众股	2,100	
合　计	5,200	3,600

总股本本期数比1995年增加1,600万元。

增加原因是1996年11月22日公开上市发行1,600万元A股股票。

原职工内部股500万元转为公众股同时上市,上市后公众股为2,100万元。

附注18:资本公积

单位:元

项　目	1996年12月31日	1995年12月31日
期初数	53,444,633.55	53,444,633.55
本期增加数	90,100,269.92	
其中:		
A.股票溢价净收入	90,080.000.00	
B.发行新股冻结资金利息收入	20,269.92	
期末数	143,544,903.47	53,444,633.55

附注19:盈余公积

项　目	提取比例	1996年12月31日	1995年12月31日
期初数		3,736,607.71	1,590,804.13
本期 盈余公积	15%	4,210,938.58	2,145,803.58
增加数 其中:公益金	5%	1,403,646.19	715,267.86
期末数		7,947,546.29	3,736,607.71

盈余公积:7,947,546.29其中上半年数3,736,607.71

本年增加数4,210,938.58元系本年度按净利润10%和5%。

附注20:未分配利润

未分配利润:23,868,095.78其中上年未分配数6,110.44元,本年增加数23,861,985.34,系本年净利润提取法定公积金、公益金后的余额。

1996年的股利分配待公司董事会提供分配方案,经股东大会通过实施。

1996年实现净利润为28,072,923.92元,96年予测数28,904,600.00元,差额为831,676.08元,误差率为2.8%,基本上实现予测目标。

附注21:主营业务收入

项　目	1996年度	1995年度
1.电机系列	68,281,202.63	130,057,576.76
2.汽车保险杠	32,267,661.80	5,850,997.85
3.工业塑料制品	21,328,834.57	7,907,836.12
合　计	121,877,699.00	143,816,410.73

附注22:主营业务成本

项　目	1996年度	1995年度
1.电机系列	52,417,127.78	106,906,213.75
2.汽车保险杠	16,749,625.11	3,253,607.54
3.工业塑料制品	8,688,826.29	3,278,273.47
合　计	77,855,579.18	113,438,094.76

附注23:财务费用

项　目	金　额
利息	3,464,749.25
手续费	46,311.20
汇兑损失	125,043.23
合　计	3,636,103.68

附注24:其他业务利润

项　目	金　额
公用工程租赁费	5,362,335.16

附注25:营业外收入

项　目	金　额
退税收入	1,609,130.75
其　他	1,324,167.70
小　计	2,933,298.45

注:退税收入是指根据国发[1994]10号文的有关规定,即:关于外商投资企业改征增值税,消费税、营业税、增加税负的由企业提出申请,税务机关审核批准。

附注26:营业外支出

项　目	金　额
固定资产清理	16,011.80
防洪基金	136,438.36
退休人员工资	989,081.33
其　他	33,856.94
小　计	1,175,388.43

附注27:期后事项

无

八、其它事项

经公司第八次董事会审议通过了1996年度利润分配预案:1996年公司实现净利润28,072,923.92元。提取10%法定公积金2,807,292.39元,5%公益金,1,403,646.19元,未分配利润23,868,095.78元,(含上年未分配利润6,110.44元)。普通股红利以总股本5200万股为基数,每10股派送2股红股,计送出1040万元,其余未分配利润13,468,095.78元,结转下一年度。

长春兰宝实业股份有限公司

1997年4月12日

利润及利润分配表

编制单位:长春兰宝实业股份有限公司　　1996年　　单位:元

项目	行次	附注号	上年数	本年数
一、主营业务收入	1		137,965,412.88	89,610,037.20
减:营业成本	2		110,184,487.22	61,105,954.07
销售费用	3		261,765.68	245,977.80
管理费用	4		5,467,625.24	4,895,766.36
财务费用	5		966,868.18	1,015,545.49
营业税金及附加	7		709,989.19	851,438.33
二、主营业务利润	8		20,374,677.37	21,495,355.15
加:其他业务利润	9		1,074,186.00	5,355,011.02
三、营业利润	10		21,448,863.37	26,850,366.17
加:投资收益	11		−109,197.61	4,250,335.17
营业外收入	12		11,813.00	993,772.08
减:营业外支出	13		200.00	1,019,872.11
加:以前年度损益调整	14			164,573.66

项目	行次	附注号	上年数	本年数
四、利润总额	15		21,351,279.36	31,239,174.97
减:所得税	16		7,045,922.18	3,166,251.05
减:少数股东损益	17			
五、净利润	20		14,305,357.18	28,072,923.92
加:年初未分配利润	21		86,556.84	6,110.44
盈余公积转入数	22			
六、可分配利润	23		14,391,914.02	28,079,034.36
减:提取法定公积金	24		1,430,535.72	2,807,292.39
提取法定公益金	25		715,267.86	1,403,646.19
七、可供股东分配的利润	26		12,246,110.44	23,868,095.78
减:已分配优先股股利	27			
提取任意公积金	28			
已分配普通股股利	29		12,240,000.00	
八、未分配利润	30		6,110.44	23,868,095.78

合并利润及利润分配表

编制单位:长春兰宝实业股份有限公司　　1996 年　　单位:元

项目	行次	附注号	上年数	本年数
一、主营业务收入	1	21	143,816,410.73	121,877,699.00
减:营业成本	2	22	113,438,094.76	77,855,579.18
销售费用	3		261,756.68	245,977.80
管理费用	4		7,543,738.59	12,500,687.09
财务费用	5	23	1,666,839.98	3,636,103.68
营业税金及附加	7		709,989.19	851,438.33
二、主营业务利润	8		20,195,982.53	26,787,912.92
加:其他业务利润	9	24	1,070,840.83	5,362,335.16
三、营业利润	10		21,266,823.36	32,150,248.08
加:投资收益	11			
营业外收入	12	25	11,963.00	2,933,298.45
减:营业外支出	13	26	305.00	1,175,388.43
加:以前年度损益调整	14			164,573.66
四、利润总额	15		21.278,481.36	34,072,731.76
减:所得税	16		7,045,922.18	3,166,251.05
减:少数股东损益	17		-72,798.00	2,833,556.79
五、净利润	20		14,305,357.18	28,072,923.92
加:年初未分配利润	21		86,556.84	6,110.44
盈余公积转入数	22			
六、可分配利润	23		14,391,914.02	28,079,034.36
减:提取法定公积金	24		1,430,535.72	2,807,292.39
提取法定公益金	25		715,267.86	1,403,646.19
七、可供股东分配的利润	26		12,246.110.44	23,868,095.78
减:已分配优先股股利	27			
提取任意公积金	28			
已分配普通股股利	29		12,240,000.00	
八、未分配利润	30		6,110.44	23,868,095.78

合并资产负债表

编制单位:长春兰宝实业股份有限公司　　1996 年　　单位:元

项目	行次	附注号	上年数	本年数
流动资产				
货币资金	1	1	16,938,880.28	95,986,592.81
短期投资	2			2,590,000.00
应收票据	3	2		5,338,200.00
应收帐款	4	3	39,740,566.73	65,325,593.79
减:坏帐准备	5		119,221.70	195,976.27
应收帐款净额	6		39,621,345.03	65,129,617.02
预付帐款	7	4	2,082,502.91	38,694,031.65
其他应收款	8	5	6,591,549.55	18,915,437.17

项目	行次	附注号	上年数	本年数
待摊费用	9		2,312,156.29	1,966,432.80
存货	10	6	30,651,198.49	48,351,577.51
待处理流动资产净损失	11			
一年内到期长期债券投资	12			
其他流动资产	13			
流动资产合计	15		98,197,632.55	276,971,888.96
长期投资:				
长期投资	16			
其中:合并价差(贷差以"—"号表示)	17			
固定资产				
固定资产原价	18	7	127,024,733.12	129,322,474.32
减:累计折旧	19		22,650,274.43	30,759,889.11
固定资产净值	20		104,374,458.69	98,562,585.21
在建工程	21	8	722,606.20	4,899,673.00
固定资产清理	22			
待处理固定资产净损失	23			
固定资产合计	30		105,097,064.89	103,462,258.21
无形及递延资产				
无形资产	31	9	9,776,250.00	9,287,437.44
递延资产	32	10	6,543,311.67	5,984,394.52
无形及递延资产合计	33		16,319,561.67	15,271,831.96
其他长期资产:				
其他长期资产	34			
递延税项:				
递延税款借项	35			
资产总计	40		219,614,259.11	395,705,979.13
流动负债:				
短期借款	41	11	26,205,000.00	65,582,577.00
应付票据	42		291,000.00	
应付帐款	43	12	24,575,484.46	19,481,485.56
预收货款	44			312,817.25
应付福利费	45		355,302.91	769,529.11
未付股利	46		12,240,000.00	
未交税金	47	13	202,336.86	5,054,066.26
其他未交款	48	14	166,656.94	111,335.99
其他应付款	49	15	8,272,242.97	5,623,762.54
预提费用	50		215,481.77	
一年内到期的长期负债	51			
其他流动负债	52			
流动负债合计	55		72,523,505.91	96,935,573.71
长期负债:				
长期借款	56	16	5,933,472.00	39,899,350.95
应付债券	57			
长期应付款	58			298,667.75
其他长期负债	59		19,607,420.11	15,775.00
长期负债合计	60		25,540,892.11	40,213,793.70
递延税项:				
递延税款贷项	61			
负债合计	62		98,064,398.02	137,149,367.41
少数股东权益	63		28,362,509.39	31,196,066.18
股东权益:				
股本	64	17	36,000,000.00	52,000,000.00
资本公积	65	18	53,444,633.55	143,544,903.47
盈余公积	66	19	3,736,607.71	7,947,546.29
其中:公益金	67		1,245,535.91	2,649,182.10
未分配利润	68	20	6,110.44	23,868,095.78
外币报表折算差额	69			
股东权益合计	70		93,187,351.70	227,360,545.54
负债与股东权益总计	80		219,614,259.11	395,705,979.13

合并财务状况变动表

编制单位:长春兰宝实业股份有限公司　　1996 年　　单位:元

项目	行次	金额	项目	行次	金额
一、流动资金来源:			一:流动资产本年增加数:		
1.本年净利润	1	28,072,923.92	1.货币资金	41	79,047,712.53
加:不减少流动资金和损失;			2.短期投资	42	2,590,000.00
(1)少数股东本期损益(亏损以"—"表示)	2	2,833,556.79	3.应收票据	43	5,338,200.00
(2)固定资产折旧	3	8,129,682.88	4.应收帐款净额	44	25,508,271.99
(3)无形资产、递延资产及其他资产摊销(减其他负债转销)	4	1,124,037.93	5.预付货款	45	36,611,528.74
(4)固定资产盘亏(减盘盈)	5		6.其他应收款	46	12,323,887.62
(5)清理固定资产损失(减收益)	6	16,011.80	7.待摊费用	47	-345,723.49
(6)递延税款	7		8.存货	48	17,700,379.02
(7)其他不减少流动资金的费用和损失	8		9.待处理流动资产净损失(减收益)	49	
小　计	10	40,176,213.32	10.一年内到期的长期债券投资	50	
2.其他来源:			11.其他流动资产	51	
(1)固定资产清理收入(减清理费用)	11	4,000.00	流动资产增加净额	60	178,774,256.41
(2)增加长期负债	12	39,899,350.95	二、流动负债本年增加数		
(3)收回长期投资	13		1.短期借款	61	39,377,577.00
(4)对外投资转出固定资产	14		2.应付票据	62	-291,000.00
(5)对外投资转出无形资产	15		3.应付帐款	63	-5,093,998.90
(6)资本净增加额	16	110,311,208.50	4.预收货款	64	312,817.25
(7)少数股东资本净增加额	17		5.应付福利费	65	414,226.20
小　计	19	150,214,559.45	6.未付股利	66	-12,240,000.00
流动资金来源合计	20	190,390,772.77	7.未交税金	68	4,851,729.40
二、流动资金运用:			8.其他未交款	69	-55,320.95
1.利润分配			9.其他应付款	70	-2,648,480.43
(1)提取法定公积金	21	2,807,292.39	10.预提费用	71	-215,481.77
(2)提取法定公益金	22	1,403,646.19	11.一年内到期的长期负债	72	
(3)提取任意公积金	23		12.其他流动负债	73	
(4)已分配股利	24		流动负债增加净额	79	24,412,067.80
小计	25	4,210,938.58	流动资金增加净额	80	154,362,188.61
2.少数股东利润分配	26				
3.其他运用:					
(1)固定资产和在建工程净增加额	27	6,514,888.00			
(2)增加无形资产、递延资产及其他资产	28	76,308.22			
(3)偿还长期负债	29	25,226,449.36			
(4)增加长期投资	30				
小计	31	31,817,645.58			
流动资金运用合计	32	36,028,584.16			
外币会计报表折算差额	33				
流动资金增加净额	40	154,362,188.61			

资　产　负　债　表

编制单位:长春兰宝实业股份有限公司　　1996 年　　单位:元

项目	行次	附注号	年初数	年末数	项目	行次	附注号	年初数	年末数
流动资产					流动负债:				
货币资金	1		16,672,895.98	73,587,697.59	短期借款	41		14,205,000.00	30,688,477.00
短期投资	2			2,590,000.00	应付票据	42		291,000.00	
应收票据	3			5,338,200.00	应付帐款	43		18,556,437.36	12,024,736.36
应收帐款	4		31,252,117.10	60,048,352.83	预收货款	44			
减:坏帐准备	5		93,756.35	180,145.05	应付福利费	45		355,302.91	769,529.11
应收帐款净额	6		31,158,360.75	59,868,207.78	未付股利	46		12,240,000.00	
预付帐款	7			16,500,000.00	未交税金	47		355,192.48	5,243,230.78
其他应收款	8		5,488,584.48	5,248,978.41	其他未交款	48		166,656.94	111,335.99
待摊费用	9		2,312,156.29	1,966,432.80	其他应付款	49		5,680,879.41	3,450,748.33
存货	10		20,133,680.44	33,510,619.63	预提费用	50		215,481.77	
待处理流动资产净损失	11				一年内到期的长期负债	51			
一年内到期长期债券投资	12				其他流动负债	52			
其他流动资产	13				流动负债合计	55		52,065,950.87	52,288,057.57
流动资产合计	15		75,765,677.94	198,610,136.21	长期负债:				

项目	行次	附注号	年初数	年末数	项目	行次	附注号	年初数	年末数
长期投资:					长期借款	56		5,933,472.00	
长期投资	16		42,543,764.08	46,794,099.25	应付债券	57			
其中:合并价差(贷差以"-"号表示)	17				长期应付款	58			
固定资产					其他长期负债	59		14,061.00	15,775.00
固定资产原价	18		53,788,984.86	54,733,076.06	长期负债合计	60		5,947,533.00	15,775.00
减:累计折旧	19		20,934,197.51	24,629,233.41	递延税项:				
固定资产净值	20		32,854,787.35	30,103,842.65	递延税款贷项	61			
在建工程	21		36,606.20	4,156,300.00	负债合计	62		58,013,483.87	52,303,832.57
固定资产清理	22				少数股东权益	63			
待处理固定资产净损失	23				股东权益:				
固定资产合计	30		32,891,393.55	34,260,142.65	股本	64		36,000,000.00	52,000,000.00
无形及递延资产					资本公积	65		53,444,633.55	143,544,903.47
无形资产	31				盈余公积	66		3,736,607.71	7,947,546.29
递延资产	32				其中:公益金	67		1,245,535.91	2,649,182.10
无形及递延资产合计	33				未分配利润	68		6,110.44	23,868,095.78
其他长期资产:					外币报表折算差额	69			
其他长期资产	34				股东权益合计	70		93,187,351.70	227,360,545.54
递延税项:					负债与股东权益总计	80		151,200,835.57	279,664,378.11
递延税款借项	35								
资产合计	40		151,200,835.57	279,664,378.11					

财务状况变动表

编制单位:长春兰宝实业股份有限公司　　1996 年　　单位:元

项目	行次	金额	项目	行次	金额
一、流动资金来源:			(4)增加长期投资	30	4,250,335.17
1. 本年净利润	1	28,072,923.92	小　计	31	15,245,878.17
加:不减少流动资金的损失:			流动资金运用合计	32	19,456,816.75
(1)少数股东本期损益(亏损以"—"表示)	2		外币会计报表折算差额	33	
(2)固定资产折旧	3	3,695,035.90	流动资金增加净额	40	122,622,351.57
(3)无形资产、递延资产及其他资产摊销(减其他负债转销)	4		一、流动资产年增加数:		
			1. 货币资金	41	56,914,801.61
(4)固定资产盘亏(减盘盈)	5		2. 短期投资	42	2,590,000.00
(5)清理固定资产损失(减收益)	6		3. 应收票据	43	5,338,200.00
(6)递延税款	7		4. 应收帐款净额	44	28,709,847.03
(7)其他不减少流动资金的费用和损失	8		5. 预付货款	45	16,500,000.00
小　计	10	31,767,959.82	6. 其他应收款	46	-239,606.07
2. 其他来源:			7. 待摊费用	47	-345,723.49
(1)固定资产清理收入(减清理费用)	11		8. 存货	48	13,376,939.19
(2)增加长期负债	12		9. 待处理流动资产净损失(减收益)	49	
(3)收回长期投资	13		10. 一年内到期的长期债券投资	50	
(4)对外投资转出固定资产	14		11. 其他流动资产	51	
(5)对外投资转出无形资产	15		流动资产增加净额	60	122,844,458.27
(6)资本净增加额	16	110,311,208.50	二、流动负债本年增加数		
(7)少数股东资本净增加额	17		1. 短期借款	61	16,483,477.00
小　计	19	110,311,208.50	2. 应付票据	62	-291,000.00
流动资金来源合计	20	142,079,168.32	3. 应付帐款	63	-6,531,701.00
二、流动资金运用:			4. 预收货款	64	
1. 利润分配:			5. 应付福利费	65	414,226.20
(1)提取法定公积金	21	2,807,292.39	6. 未付股利	66	-12,240,000.00
(2)提取法定公益金	22	1,403,646.19	7. 未交税金	68	4,888,038.30
(3)提取任意公积金	23		8. 其他未交款	69	-55,320.95
(4)已分配股利	24		9. 其他应付款	70	-2,230,131.08
小　计	25	4,210,938.58	10. 预提费用	71	215,481.77
2. 少数股东利润分配	26		11. 一年内到期的长期负债	72	
3. 其他运作:			12. 其他流动负债		
(1)固定资产和在建工程净增加额	27	5,063,785.00	流动负债增加净额	79	222,106.70
(2)增加无形资产、递延资产及其他资产	28		流动资金增加净额	80	122,622,351.57
(3)偿还长期负债	29	5,931,758.00			

长春兰宝实业股份有限公司1997年度中期报告

重要提示

本公司董事会愿就本报告所载内容真实性、准确性和完整性负共同及个别责任,并确信未遗漏任何重大事项,致使本报告内容有误导成份,本报告内容由本公司董事会负责解释。

长春兰宝实业股份有限公司(以下简称"本公司")董事会谨将本公司1997年度上半年经营业绩和业经中庆会计师事务所审核的1997年度中期报告向本公司全体股东报告如下:

一、财务报告(已审计)

(一)审计意见

本公司中期会计报表业经中庆会计师事务所中国注册会计师冯德志先生,丁英杰先生审计。并出具无保留意见的审计报告((97)中庆字第130号)。

审计报告

[97]中庆字第130号

长春兰宝实业股份有限公司全体股东:

我们接受委托,审计了贵公司1997年6月30日的资产负债表及合并资产负债表,1997年度1-6月利润及利润分配表和合并利润及利润分配表,这些会计报表由贵公司负责,我们的责任是对这些会计报表发表审计意见。我们的审计是依据《中国注册会计师独立审计准则》进行的。在审计过程中,我们结合贵公司实际情况,实施了包括抽查会计记录等我们认为必要的审计程序。

我们认为,上述会计报表符合《企业会计准则》和《股份制试点企业会计制度》的有关规定,在所有重大方面公允地反映了贵公司1997年6月30日的财务状况及1997年度1-6月的经营成果,会计处理方法的选用遵循了一贯性原则。

中庆会计师事务所　　中国注册会计师:冯德志

中国　北京　　中国注册会计师:丁英杰

西城区六铺坑一区　　1997年8月12日

(二)财务报表:

1.简化的合并资产负债表

项目	1997.6.30 合并	1996.12.31 合并	1997.6.30 母公司	1996.12.31 母公司
流动资产	244,189,056.76	276,971,888.96	185,653,591.80	198,610,136.21
长期投资			51,685,871.07	46,794,099.25
固定资产净值	96,309,254.53	98,562,585.21	28,282,465.12	30,103,842.65
在建工程	45,085,764.46	4,899,673.00	21,692,056.04	4,156,300.00
无形资产及递延资产	14,667,395.69	15,271,831.96		
资产总计	400,251,471.44	395,705,979.13	287,313,984.03	279,664,378.11
流动负债	84,160,845.73	96,935,573.71	45,579,956.68	52,288,057.57
长期负债	39,915,125.95	40,213,793.70	15,775.00	15,775.00
负债合计	124,075,971.68	137,149,367.41	45,595,731.68	52,303,832.57
少数股东权益	34,457,247.41	31,196,066.18		
股东权益	241,718,252.35	227,360,545.54	241,718,252.35	227,360,545.54
其中:股本	62,400,000.00	52,000,000.00	62,400,000.00	52,000,000.00
资本公积	143,544,903.47	143,544,903.47	143,544,903.47	143,544,903.47
盈余公积	7,947,546.29	7,947,546.29	7,947,546.29	7,947,546.29
其中:公益金	2,649,182.10	2,649,182.10	2,649,182.10	2,649,182.10
未分配利润	27,825,802.59	23,868,095.78	27,825,802.59	23,868,095.78
负债及股东权益合计	400,251,471.44	395,705,979.13	287,313,984.03	279,664,378.11

2.简化的合并损益表

项目	1997.6.30 合并	1996.6.30 合并	1997.6.30 母公司	1996.6.30 母公司
主营业务收入	88,676,866.91	66,674,802.51	66,022,027.80	49,792,606.56
主营业务利润	14,585,816.73	15,717,331.72	8,010,762.09	11,562,227.08
其他业务利润	3,028,142.63	729,937.22	3,014,257.55	723,256.37
投资收益			4,891,771.82	3,136,244.34
营业外收支净额	3,132,798.75	1,043,856.38	1,568,785.43	-21,432.03
利润总额	20,746,758.11	17,491,125.32	17,485,576.89	15,400,295.76
所得税	3,127,870.08	1,910,689.19	3,127,870.08	1,910,689.19
少数股东损益	3,261,181.22	2,090,829.56		
净利润	14,357,706.81	13,489,606.57	14,357,706.81	13,489,606.57

(三)其他财务指标:

项　目	1997年6月30日	1996年6月30日
1 每股收益	0.23元	0.37元
2 净资产收益率	6%	12.6%
3 每股净资产	3.87元	2.96元

注:上年同期每股收益和每股净资产系按1996年6月30日的股本总数3600万股为基数计算所得;本期每股收益和每股净资产系按1997年6月30日的股本总数6240万股为基数计算所得。

(四)会计报表附注:

1.重要会计政策:

本期财务报告采用的会计政策及会计方法和1996年度财务报告所采用的会计政策和会计方法一致。

2.财务报表项目说明

(1)货币资金减少47,499,874.63元,主要是用于购置材料、偿还短期借款。

(2)应收票据减少2,338,200.00元,主要是应收票据贴现。

(3)应收帐款增加52,449,449.39元,主要是受行业特点的限制,客户回款多集中在下半年,另外销售客户增多也使应收帐款增加。

(4)预付帐款减少38,066,715.82元,主要是设备到货转在建工程。

(5)其他应收款增加17,240,421.18元,主要是增加垫付款。

(6)在建工程增加40,186,091.46元,主要是新增捷达、奥迪保险杠二个项目。

(7)应交税金增加4,182,686.54元,主要是上半年所得税尚未结算所致。

(8)主营业务收入增加22,002,064.40元,主要是由于电机、捷达塑料保险杠销售量增加,其中,电机增加36万台,保险杠增加0.7万台。

(9)营业成本增加20,610,233.36元,主要是电机、捷达塑料保险杠销售量增加,成本也相应增加。

(10)销售费用增加183,426.00元,主要是销售收入增加,从而导致促销费用的增加。

(11)管理费用增加4,333,637.91元,主要是工资、运输费、广告费、管理折旧费增加所致。

(12)其他业务利润增加2,298,205.41元,主要是材料销售收入,加工收入增加。

(13)营业外收入增加2,123,373.10元,主要是退税收入增加。

(14)股本增加10,400,000.00元,主要是实施1996年度分红方案,每10股送2股红股。

(五)关联方关系及关联交易

1.存在控制关系的关联方

企业名称	注册地址	主营业务	与本企业联系	经济性质	法定代表人
长春君子兰工业	吉林省长春市	工业	母公司	国有	刘铁杲

集团(公司)					
长春力得汽车工程塑料制品有限公司	吉林省长春市	工业加工	子公司	合资	刘铁杲
营口天力电机股份有限公司	辽宁省营口市	日用电机	参股	集体	袁树志
北京中轻贸易中心	北京市	日用百货	参股	国有	钟世权

2. 关联方交易

本公司与关联企业全部交易均按一般及公平商业条款进行。

A. 本公司与长春君子兰工业集团(公司)定有《国有土地使用权租赁合同》,年租赁金额为80,000元,租赁期40年。

B. 本公司向长春君子兰工业集团(公司)提供电机,按市场价格定价,并签订购销合同,期末应收货款金额为390万元。

二、经营情况的回顾与展望

1. 上半年经营情况的回顾

1997年上半年公司认真执行"轻重并举、扩大经营、增收节支、再创业绩"的经营方针,实现主营业务收入8,867.7万元,利润总额2,074.7万元,分别占全年计划的52.6%和53.2%,较去年同期增长33%和18.6%,经营状况显示出良好的发展趋势。

(1)以提高达产水平为目标,强化销售,扩大两大主导产品的产销量,上半年,主导产品日用微电机在保持原有国内外配套供货用户的基础上,努力增加了部分大客户的供货量,使产量达113.2万台,较去年同期增加46.6%,完成全年计划的66.6%。汽车塑料保险杠在如期完成主机厂配套供货任务的同时,加大向各地维修点的促销力度,先后与北京等地的维修中心建立购销关系,加大了自销量,从而使上半年产量达到22.196套,较去年同期增加43.6%,完成全年计划的36.9%。

(2)积极采取措施,降低原材料成本。一方面组织技术力量,继续进行塑料保险杠主要原材料的国产化试验。另一方面,在日用微电机生产上,增加了对优质价廉的进口钐钢片的使用比重,有效地降低了原材料采购成本。

(3)推行现代化管理,向管理要效益。分公司和控股公司压缩机构,进一步定岗定员,加强劳动管理,完善工资制度改革,使量化分配与生产质量、劳动贡献挂钩;强化消耗控制手段,降低材料、动力消耗;通过以财务制度为主的各项制度的完善,有效地控制支出,降低了费用。

(4)加速技术改造和开发新产品。公司上市所募集资金严格按照招股说明书所载明的项目进行投入,项目正按所承诺进度实施。

具体进展情况如下:

一是新捷达轿车保险杠项目,计划投入2980万元,现已经投入2200万元,完成投资计划的70%,引进配套设备和模具于7月份进行安装调试,9月份投产,比计划提前一个月。

二是奥迪C3V6轿车保险杠项目,计划投入2950万元,现已经投入1700万元,完成投资计划的59%,预计可按计划于1998年6月份完成建设。

三是汽车塑料导风道、塑料包装桶项目,计划投入2980万元,引进的中空吹塑机已到场,预计可按计划于1998年1月建成投产。

四是向分公司营口天力电机厂投入流动资金1100万元。

2. 下半年工作展望

(1)继续强化两大主导产品的销售,确保全年产销计划的顺利完成,日用微电机力求稳定占有现有市场,进一步拓宽经营渠道,开辟新的配套用户。轿车塑料保险杠要结合新捷达项目的投产运营,加强与一汽的合作,加大销售力度,多渠道与维修中心建立购销业务,使保险扛自销量稳步增长。

(2)发挥公司注塑设备精度高、功率大、能力强的优势,扩大工程塑料制品承揽加工,增加公司收入。

(3)加快改造,开发新产品,增加新的经营增长点。要加快新捷达轿车保险杠项目进度,确保年内投产供货,同时,积极完成新产品奥迪C3V6保险杠,小红旗轿车保险杠配套认可,完成导风道包装桶的质量鉴定,为明年投产见效作好准备。

四、重大事件的说明

1. 本公司按照国务院证券委、中国人民银行、国家经贸委1997年5月21日通知精神,对有关情况进行了认真的自查,至今为止,本公司及子公司尚未在境内任何证券经营机构开设买卖已上市流通股票的帐户,本公司今后如果从事股票投资,将严格遵循国家政策法规和本公司章程的规定。

2. 本报告期内本公司无重大诉讼、仲裁事项。

3. 本公司在本年度中期不分红。

四、发行在外股票的变动和股权结构的变化情况。

1. 本公司1996年度分红派息工作已于1997年6月全部完成,按每10股普通股送2股红股,共向股东派送红股10,400,000.00股,派送红股完成后,本公司股本总额为62,400,000.00股,具体情况如下:

截止日期　1997年6月　单位:股　每股面值:1元

股份类别	期初数	增加数	期末数
一、尚未流通股份			
1. 发起人股份　其中:国有法人股	21,000,000	4,200,000	25,200,000
外资法人股			
境内法人股	10,000,000	2,000,000	12,000,000
其　他			
2. 募集法人股			
3. 内部职工股			
4. 优先股或其他			
尚未流动股份合计:	31,000,000	6,200,000	37,200,000
二、已流通股份			
1.A股	21,000,000	4,200,000	25,200,000
2.B股			
3.H股			
已流通股份合计	21,000,000	4,200,000	25,200,000
三、股份总数	52,000,000	10,400,000	62,400,000

2. 前10名股东股份变动情况

截止日期1997年6月27日

单位:股

序号	股东名称	期初数	增加数	期末数	占总股数%
1	长春君子兰工业集团(公司)	20,000,000	4,000,000	24,000,000	38.46
2	营口天力电机股份有限公司	10,000,000	2,000,000	12,000,000	19.23
3	上海天缘			3,119,760	4.99
4	欣华置业			1,618.000	2.59
5	海南华昆农林有限公司			1,313,389	2.10
6	广州欣奇			1,213,200	1.94
7	中轻贸易中心	1,000,000	200,000	1,200,000	1.92
8	广西北海市欣奇实业开发公司			1,142,120	1.83
9	洋浦中乾投资管理有限公司			1,045,724	1.68
10	济南森叶贸易发展公司			811,611	1.30

注:长春君子兰工业集团(公司)、中轻贸易中心为国有法人股,营口天力电机股份有限公司为境内发起人法人股。

五、股东大会简介

本公司第六次(1996年度)股东大会于1997年5月8日在长春宾馆会议中心召开,会议审议通过的各项议案已刊登于1997年5月9日的《中国证券报》、《证券时报》。

会议的主要情况如下:

1. 出席会议的股东39名,代表股数31,032,800股,占总股本5200万股的59.68%,经长春市公证处公证,会议合法有效。

2. 会议审议通过以下议案：

(1)1996年度董事会工作报告；

(2)1996年度监事会工作报告；

(3)1996年度财务决算，1997年度财务预算报告；

(4)1996年度利润分配方案；

以5200万股为基数，每10股派送2股红股，计送出1040万元，余13,468,095.78元，结转下一年度。

(5)关于授权董事会全权处理本次股本变动及适当修改公司章程的议案；

(6)关于选举公司第二届董事、监事的议案；

选举产生公司第二届董事会成员：刘铁杲、袁树志、黄剑、张忠良、赵彦民、朱家楣、赵庆春。

第二届监事会成员：刘志安、周克颖、张兴华。

六、备查文件

1. 载有董事长、总经理亲笔签名的中期报告原件。

2. 中庆会计师事务所“审计报告(97)中庆字第130号”原件。

查阅地址：长春市二道区岭东路158号公司证券部。

咨询电话：0431－4641596

长春兰宝实业股份有限公司董事会

1997年8月19日

茂名石化实华股份有限公司

茂名石化实华股份有限公司简介

一、公司概况

茂化实华是以国家特大型石油化工综合企业——茂名石油化工公司为发起人,于1988年10月设立的粤西地区第一家规范化股份制企业,“茂化实华”A股股票于1996年11月在深圳证券交易所上市,是茂名市第一家上市公司。公司坚持实业主为,产供销贸易一体化全面发展,下属7个全资企业,2个产品储运基地,1个控股企业和10个参股企业,主要产品有聚丙烯、溶济油、燃料油、润滑油、新型液化气、烃推进剂、塑料制品等七大系列,产品销售遍布广东、浙江、海南、西南、华南等省区。公司严格按《公司法》规范化管理和运作,经济效益好,公司形象佳,1996年每股收益0.837元,1997年中期经营业绩在沪深市场综合排序中名列第41位,连续五年列茂名市地方工业企业利税榜首,获得广东省“八五”期间企业科技进步奖及茂名市企业“双文明”竞赛优胜奖。公司实业基础雄厚、盈利能力强、经济技术指标优、财务状况良好、发展前景广阔,热诚盼望社会各界的关心、支持与合作。

二、董事长、总经理介绍

何德先,现担任中国石化总公司茂名石油化工公司总经理、中共茂名市委副书记、茂名石化实华股份有限公司董事长。之前,曾担任茂名炼油厂副厂长、茂名石化公司的副经理。何德先先生1947年出生于江苏南通,1970年毕业于北京石油学院,获炼油专业工科学士学位。

凌华明,公司董事、总经理,1949年11月出生,大学文化,高级工程师。茂名市政协委员,茂名市企业家协会副会长,中国企业经济技术研究会常务理事。历任茂名石化公司炼油厂技术员、工段长、生产组长、生产科科长、企管办主任、车间主任、生产副厂长,茂名石化公司总调度室副主任、技术处处长等职,长期从事生产、技术和管理工作,具有扎实的理论基础和丰富的实践经验。

茂名石化实华股份有限公司股票上市公告书

一、释义

本公告书中,除非另有所指,下列简称具有以下意义:

本公司(或公司):茂名石化实华股份有限公司

董事会:指本公司董事会

上市推荐人:指广东证券公司

股份:指本公司每股面值一元人民币之普通股份

上市:指本公司股票获准在深圳证券交易所挂牌交易

元:指人民币元

二、绪言

经中国证券监督管理委员会证监发字〔1996〕307号文复审批准并根据深圳证券交易所深证发〔1996〕387号《上市通知书》,本公司股票将于1996年11月14日(星期四)在深圳证券交易所挂牌交易。

本公司总股本为5031万股,本次上市可流通股本为1720.14万股,其中内部职工股12.8万股获广东省新股上市额度,与社会公众股1707.34万股一同上市流通。公司股票编码为0637,简称“茂化实华”,交易单位为“股”。

本公司上市公告书依照《公司法》、《股票发行与交易管理暂行条例》、《公开发行股票公司信息披露实施细则(试行)》、《深圳证券交易所业务规则》以及国家有关证券管理的规定而编制,旨在说明本公司股票上市之目的,并向社会公众披露公司的基本情况和有关资料。

本公司董事会及各位董事确信:本公告书无任何重大遗漏,以致令本公告书对投资者有任何误导成份和虚假成份,董事会愿就本公告书所载资料的真实性、准确性、完整性负共同及个别和连带责任。

三、公司概况

(一)公司基本资料

本公司法定名称:茂名石化实华股份有限公司

经营方式:生产、销售、服务。

职工构成:本公司现有员工505人。其中,高级专业技术职称5人,中级专业技术职称43人,初级专业技术职称56人,各类专业技术人员占本公司员工总数20.59%,离退休人员1人,年费用支出约为7000元。

(二)验资变更登记与税务登记。

1988年月10月4日,本公司(原茂名实华股份有限公司)在茂名市工商行政管理局依法注册登记,注册号为茂工商登记(集)字1026号,注册资本金200万元,并于1988年11月5日在茂名市税务局进行税务登记。登记号为茂税字880157号。

1990年5月21日,本公司资本金变更为1859.1万元,依法在茂名工商行政管理局注册登记,注册号为19492214-1。并于1990年6月15日在茂名市税务局办理税务变更登记,登记证为茂锐字9013113号。

1992年5月13日,本公司名称变更为“中国石化茂名石油化工公司实华股份有限公司”,注册资金变更为2520.9万元,注册号为19492211-1。1993年5月27日,本公司名称变更为“茂名石化实华股份有限公司”,注册资金5031万元,注册号为19492214—1。

(三)公司历史沿革

1988年8月10日,中国石油化工总公司茂名石油工业公司为促进茂名石油化工资源的综合利用,筹资兴建4000吨/年聚丙烯、10000吨/年聚丙烯和40000吨/年立窑水泥工程,决定出资发起组建茂名实华股份有限公司,并拟向社会公开募股。1988年9月,经茂名市经济委员会批准,并经工商登记注册,实行自主经营、自负盈亏的具有独立法人资格的茂名实华股份有限公司正式成立,同年10月经中国人民银行茂名分行茂人银管〔1988〕18号文批准,公司向社会公开发行股票37182股,每股500元,共计人民币1859.1万元,其中茂名石油化工公司以600万元现金投资入股,其余25182股合计1259.1万元人民币向全社会公众募集。1989年3月25日,公司召开首届股东大会,通过公司章程,将公司首次募集的资金用于兴建4000吨/年聚丙烯项目工程、10000吨/年聚丙烯项目工程和40000吨/年立窑水泥项目工程,此三项工程分别于1989年7月31日、1991年5月、1989年10月15日建成投产。

1991年3月公司召开股东大会,决定将每股500元拆成每股1元,拆细后,公司总股本变为1859.1万元,后经1991、1992年分红送股,总股本变为2520.94万股。

1992年11月,经广东省企业股份制试点联审小组和广东省经济体制改革委员会粤股审〔1992〕99号文批准,扩股2510万股,每股售价人民币

1.21元。扩股后总股本为5031万股。公司于1993年1月16日，将募股资金30383218元全部用于7000吨/年化学溶剂装置、6万吨/年苯抽提装置、3000吨/年丁烷气脱臭装置、30000吨/年三蒸馏尾气回收装置及美辉塑料厂等项目建设。

1993年12月29日，国家体改委以体改生〔1993〕254号文《关于同意广东省茂名石化实华股份有限公司进行规范化股份制企业试点的批复》，确认本公司为继续进行股份制试点的社会募集股份公司。截止1995年末，资产总额为27455.5万元，净资产为13147.6万元，净利润为3231.1万元。公司现有非经营性资产为在建的解困房840万元，占资产总额的2.6%。公司现无形资产为零。

(四)公司投资的有关企业

1.本公司控股企业和参股企业情况。

截止1996年8月31日，本公司投资的控股企业和关联企业简介如下：

本公司控股的企业

企业名称	注册资本(万元)	拥有权益(%)	主要业务
广东省江门市三角洲特种石油化工联合公司：	RMB90	70	石油产品

本公司参股企业：

企业名称	注册资本(万元)	拥有权益(%)	主要业务
珠海市卓华石化有限公司(中外合资)	RMB100	50	批发零售：石油制品、化工原料、化工产品、五金、交电、焊炭、炊事用具
揭阳市区华榕石油化工联营公司	RMB50	50	石油制品、化工原料、建材、铝材型材的批发、零售、代购、代销
茂名市华茂石油化工联营公司	RMB60	50	石油成品油、化工产品
茂名市茂南华高化工联营公司	RMB60	50	石油制品、精细化工产品
广东省电白县华电石油化工联营公司	RMB110	50	石油制品、化工产品、润滑添加剂
茂名华欣石化设备配件公司	RMB60	40	规整填料、散堆填料、塔器内件
广东茂名美辉塑胶有限公司(中外合资	HKD350	40	生产塑胶原料及其制品
茂名华新能源开发公司	RMB100	30	生产新型液化气
茂名市华罴石油化工联营公司	RMB60	40	石油化工产品、建筑材料、精细化工产品、润滑油燃料、C5

2.公司关联交易情况

茂名石油化工公司拥有本公司16.17%的股权，是本公司的主要发起人，它以市场价格向公司提供生产原料和生产动力，双方互惠互利，公平交易。公司投资参股的联营企业中，江门市三角洲特种石油化工联营公司、茂名市美辉塑胶有限公司、茂名华新能源开发公司等3家企业由本公司提供生产原料，生产的产品由联营公司自己销售，盈亏由投资各方按投资比例承担；除上述3家联营企业和茂名华欣石化设备配件公司外的6家联营企业由本公司提供产品，联营公司自己销售，盈亏按投资比例承担；茂名华欣石化设备配件公司的原料供应和产品销售均不与本公司发生业务交易，但盈亏由投资各方按比例承担。

上述关联交易由广东证券律师事务所出具了法律意见，认为上述企业均依法规定程序设立，其与上市人的股权关系合法；未发现有因上市人与关联企业的关系及关联交易而影响上市人重大合同条款及其履行的事实。

(五)公司的组织机构图

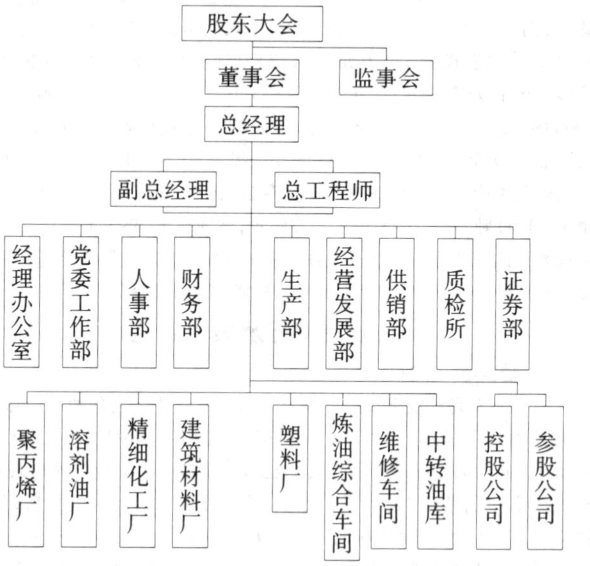

(六)本公司经营概述

本公司利用自身雄厚的技术力量及各种资源，从事石油化工产品的生产及深加工和销售，公司的经营符合国家关于将石油化工工业作为国家支柱产业的政策。公司发展至今已成为拥有1个控股企业、9个参股联营企业，以石油化工为主体，石油后加工、精细化工、塑料加工和建筑材料生产等门类较齐全的初具规模综合性企业集团。

本公司创业以来，始终坚持“办好实业，多种经营，股东第一，效益至上”的战略方针，充分发挥依托茂名石化公司拥有丰富的油气资源的优势，积极拓展市场竞争力强的高新技术和经济效益显著的经营领域，不断增强自身发展能力和企业竞争能力，至1995年底投资建成的装置主要有2套共14000吨/年聚丙烯生产装置，该装置利用炼油厂丙烯做原料生产粉料聚丙烯树脂，该产品填补了广东省空白，并远销广西、湖南、浙江等省区，经济效益可观；30000吨/年三蒸馏尾气回收装置；3000吨/年丁烷气脱臭装置，该装置生产出的产品包括打火机气、抛光剂、喷雾推进剂等，其中部分牌号可替代进口产品；7000吨/年溶剂油生产装置；300吨/年气体预分离装置和新型液化气生产装置；40000吨/年立窑水泥生产装置；以上装置均为公司独资建成投产的项目，联营投资建设60000吨/年苯抽提装置；这些建设项目具有投资少、建设周期短、经济效益好等特点，为公司创造了良好的经济效益。

本公司自成立以来，企业利润每年都有较大的增长，特别是近3年，企业投入不断增加，生产规模不断扩大，经济效益迅速提高。1994年本公司实现利润4208万元，连续3年被评为茂名市优秀企业，在茂名市经济效益最好的工业企业排名中名列第一名。1995年全年完成工业总产值10996.5万元，比上年增长40.9%；实现销售收入31854万元，比上年增长45.86%，实现利税5234万元，比上年增长3.3%。截止1995年末，公司资产总额为27455.5万元，净资产为13147.6万元，税后利润为3231.1万元。公司非经营性资产为在建的解困房840万元，占资产总额的2.6%，公司现无形资产为零。公司现有员工505人。

本公司发展前景良好，公司经营发展方向符合国家产业政策，实业基础雄厚，市场竞争力强，经济效益较好，随着今明两年国家“八五”重点项目茂名30万吨乙烯工程和列入国家“九五”计划的茂名石化扩建为我国首家千万吨级炼油基地建成投产，将为本公司的发展壮大带来新的发展机遇。

(七)资金运用及其效果

本公司成立以来,先后募集股金达4897万元。1988年10月首次募集股金1859万元,用于4000吨/年聚丙烯、10000吨/年聚丙烯和40000吨/年立窑水泥等工程项目的建设。此三个项目分别于1989年7月、1991年5月、1989年10月投产,每年新增利润400万元,年均实现税金500万元。1993年1月公司根据省体改委和省企业股份制试点联审小组批准,募股2510万股,实募股金3038万元,本次所幕股金主要用于以下几个项目建设:一是总投资520万元,用于7000吨/年印花系列化学溶剂装置。该项目于1994年初投产,年新增税利140万元。二是投资900万元用于3000吨丁烷气脱臭装置,于1993年底投产,当年实现税利70万元。三是投资2600万元,用于60000吨/年苯抽提装置,该项目于1995年初投产,年实现利税达1217万元,投资收益率20.27%。四是总投资1033万元,用于30000吨/年三蒸馏尾气回收装置,该项目于1993年8月投产,年均实现利润达1674万元,投资收益率为162%。本次募集资金所投项目资金不足部分,公司已用自有资金和银行贷款及时补足。

四、股票发行及股本结构

(一)股本形成过程

1988年9月经茂名市经济委员会批准成立茂名实华股份有限公司。同年10月经中国人民银行茂名分行茂人银〔1988〕18号文批准,公司向社会公开发行股票1859.1万元,其中发起人茂名石油工业公司以现金600万元投资入股,其余1259.1万元由社会公众认购。此次发行后,公司总股本为37182股,每股500元,合计1859.1万元。股本结构为:法人股12000股,计人民币600万元,占总股本32.27%;社会公众股25182股,计人民币1259.1万元,占总股本67.73%。

1991年3月,公司召开第三次股东大会,通过决议将原来的每股500元,拆细成每股1元,拆股后公司总股本变为1859.1万股。同时通过本年度分红按拆细后每100股送13股的分红方案。1992年2月公司召开第四次股东代表大会,通过每100股送20股的分红方案,经过两年送股后,公司总股本为2520.94万股,其中法人股813.6万股,社会公众股1707.34万股,每股面值1元,股本结构保持:法人股32.27%,社会公众股67.73%。

1992年11月经广东省企业股份制试点联审小组和广东省经济体制改革委员会粤股审〔1992〕99号文批准,同意公司在原有股本的基础上扩股2510万股,每股售价人民币1.21元,均为记名普通股,其中法人股2497.3万股,占本次扩股的99.44%(其中茂名石化公司职工互助会购买2444.8万股,占本次扩股97.9%;茂名石化财务公司购买52.5万股,占本次扩股2.09%);内部职工股12.8万股,占本次扩股的0.51%。1993年5月,经茂名市会计师事务所(93)茂会计师验字第38号文确认,经过本次扩股后公司总股本5031万股,每股面值1元,均为记名普通股。股本结构为:国有法人股:813.6万股,占总股本16.17%;定向法人股2497.26万股,占总股本49.64%;公众个人股1707.34万股,占总股本33.94%;内部职工股12.8万股,占总股本0.25%。

股本变化过程见下表:

股本变化过程表

单位:万股

年份	总股本	法人股	比例	社会公众股	比例	内部职工股	比例	变动原因
1988.10	1859.1	600	32.27%	1259.1	67.73%	0	0	
1991.3	2100.8	678	32.27%	1422.8	67.73%	0	0	分红送股
1992.2	2520.94	813.6	32.27%	1707.34	67.73%	0	0	分红送股
1993.5	5031	3310.86	65.81%	1707.34	33.94%	12.8	0.25%	增资扩股

注:本公司1993年至本公告书公布之日股本未有变化。

(二)股本结构

截止1996年8月31日,本公司总股本5031万股。股本结构如下:

法人股:3310.86万股,占总股本数的65.81%

其中:国有法人股:813.6万股,占总股份的16.17%

社会公众股:1720.14万股,占总股份的34.19%

其中:内部职工股:12.8万股,占总股份的0.25%

以上股本结构已经茂名会计师事务所(93)茂会师验字第38号文验证。

(三)公司主要股东简介

茂名石化公司职工互助会持有本公司股票24448185股,占总股本的48.59%,是公司最大的法人股东。它是1992年9月9日经茂名市民政局以茂民社字〔1992〕03号文批准成立的独立的社团法人。其宗旨是在遵守宪法和法律,坚持四项基本原则的前提下,自愿互助,运用自有资金,发展集体福利,活跃企业文化,促进社会主义物质文明和精神文明建设。

茂名石化公司职工互助会持有公司的股份已由本公司委托茂名市证券登记公司登记托管。互助会持有公司相应股份,依据同股同权的原则参与公司的分红派息。

该互助会高层管理人员即互助会会长、副会长、秘书长和部分理事是本公司的董事会成员,参与董事会的经营决策和管理。公司每次的股东大会,互助会都派代表参加,参与监督管理。

五、主要股东及公司董事、监事、高级管理人员持股情况

(一)公司前十名股东持股情况

股东名称	持股数(股)	占总股本总额比例(%)
茂名石化公司职工互助会	24448185	48.59
茂名石化公司	8136000	16.17
茂名金华财务公司(原茂名石化财务公司)	524419	1.04
郭崇均	13560	0.26
蔡贤清	7458	0.15
黄辉	7458	0.15
梁云仙	7458	0.15
冯树强	7458	0.15
孙德荣	6780	0.13
倪宗炎	6780	0.13

(二)公司董事、监事及高级管理人员简历及持股情况。

董事长:何德先先生,49岁,大学学历,高级工程师。曾任中国石化茂名石油化工公司炼油厂技术员、助理工程师,炼油厂技术科副科长、炼油厂副厂长,茂名石化公司副经理。现任中国石化茂名石化公司经理。持有本公司股票678股。

副董事长:吴良泉先生,51岁,大学学历,高级会计师。曾任中国石化茂名石油化工公司财务处副科长、科长、副处长,中国石化茂名石油化工公司副总会计师兼财务处处长。现任中国石化茂名石油化工公司总会计师,兼任茂名石化公司职工互助会副会长。持有本公司股票862股。

副董事长:蔡贤武先生,53岁,大学学历,高级工程师。曾任甘肃天水长城电工仪器厂六车间副主任,中国石化茂名石油化工公司研究院第四研究室副主任,党委副书记、书记兼副院长,本公司总经理。现任公司党委书记,兼任茂名石化公司职工互助会副会长。持有本公司股票919股。

董事兼总经理:凌华明先生,46岁,大专学历,高级工程师。曾任中国石化茂名石油化工公司炼油厂生产科副科长、企管办主任、重质润滑车间主任、炼油厂副厂长,茂名石油化工公司总调度室副主任,技术处处长,现任公司总经理,兼任茂名石化公司职工互助会理事。持有本公司股票678股。

董事:房广信先生,52岁,大学学历,高级工程师。曾任中国石化茂名石油化工公司节能办工程师、副主任、主任,中国石化茂名石油化工公司副总工程师,现任中国石化茂名石油化工公司总工程师。持有本公司股票678股。

董事:徐元辉先生,53岁,大学学历,高级工程师,曾任中国石化茂名石油化工公司炼油厂技术科副科长、炼油厂总工程师、副厂长、厂长。中国石化茂名石油化工公司副总工程师。现任中国石化茂名石油化工公司

副经理。持有本公司股票678股。

董事：郭彪，52岁，大学学历，高级经济师。曾任中国石化茂名石油化工公司计划处副科长、副处长、处长，中国石化茂名石油化工公司副总经济师，销售公司经理。现任中国石化茂名石油化工公司副经理兼销售公司经理。持有本公司股票678股。

董事：林丽华女士，49岁，大专学历，经济师。曾任中国石化茂名石油化工公司团委组织部副部长、公司工会副主席、公司副经理。现任中国石化茂名石油化工公司党委副书记兼工会主席，兼任茂名石化公司职工互助会会长。持有本公司股票678股。

董事：王建国先生，49岁，大学学历，高级工程师。曾任中国石化茂名石油化工公司运销处销售科副科长、处长助理、副处长，茂名石油化工公司销售公司副经理。现任中国石化茂名石油化工公司计划处处长，兼任茂名石化公司职工互助会理事。持有本公司股票678股。

董事：付燕生先生，40岁，大专学历，经济师。曾任中国石化茂名石油化工公司团委副书记、书记，经理办主任、矿业公司党委书记，炼油厂党委书记。现任中国石化茂名石油化工公司炼油厂厂长，兼任茂名石化公司职工互助会理事。持有本公司股票678股。

董事：陈业佳先生，58岁，中专学历，会计师。曾任中国石化茂名石油化工公司建安公司财务科副科长、科长，茂名石油化工公司财务处副处长。现任中国石化茂名石油化工公司副总会计师兼财务处处长，兼任茂名石化公司职工互助会秘书长。持有本公司股票678股。

董事：姚志芳先生，47岁，大专学历，经济师。曾任中国石化茂名石油化工公司河西小学副校长，教育处团委书记、党委办副主任。茂名石油化工公司劳资处工资科副科长、科长、副处长。现任中国石化茂名石油化工公司劳资处处长，兼任茂名石化公司职工互助会理事。持有本公司股票678股。

董事：韩全光先生，55岁，大专学历，工程师。曾任中国石化茂名石油化工公司机动处配件科副科长，供应处配件科副科长、科长、机动处副处长。现任中国石化茂名石油化工公司机动处处长。持有本公司股票678股。

董事：郑琪美女士，50岁，大学学历，高级工程师。曾任中国石化茂名石油化工公司炼油厂技术科副科长、炼油厂副总工程师、总工程师。现任中国石化茂名石油化工公司副总工程师。持有本公司股票678股。

董事：刘雄华先生，41岁，大学学历，高级经济师。曾任中国石化茂名石油化工公司计划处副科长、科长、副处长。现任中国石化茂名石油化工公司销售公司副经理。持有本公司股票678股。

董事：周满龙先生，51岁，大学学历，高级工程师。曾任中国石化茂名石油化工公司矿业公司工程科科长、办公室主任、机动科科长，矿业公司副经理，页岩发电办分部指挥。现任中国石化茂名石油化工公司动力厂厂长。持有本公司股票678股。

董事：林日雄先生，49岁，中专学历，高级工程师。曾任中国石化茂名石油化工公司炼油厂加氢裂化车间主任、厂长助理、副厂长。现任中国石化茂名石油化工公司生产管理处处长。持有本公司股票678股。

监事会主席：黎林清先生，50岁，大专学历，政工师。曾任中国石化茂名石油化工公司矿业石油化工公司纪委副书记、监察处处长、纪委书记。现任中国石化茂名石油化工公司党委副书记兼纪委书记。持有本公司股票678股。

监事：秦荣烈先生，57岁，中专学历，高级经济师。曾任中国石化茂名石油化工公司炼油厂计划科副科长，职工大学经济教研组负责人，炼油厂副厂长兼总经济师。现任中国石化茂名石油化工公司审计处处长。持有本公司股票678股。

监事：陈维良先生，43岁，大专学历，政工师。曾任中国石化茂名石油化工公司党委组织部副科长、科长、副部长，现任中国石化茂名石油化工公司纪委副书记兼监察处处长。持有本公司股票678股。

监事：王云生先生，54岁，大学学历，高级会计师。曾任中国石化茂名石油化工公司财务处会计、科长。现任中国石化茂名石油化工公司炼油厂总会计师。持有本公司股票678股。

监事：陈宁女士，38岁，大专学历。原是本公司联友化工厂组织干事兼厂办秘书。现是本公司党委工作部组织干事。系职工代表大会选举监事。持有本公司股票678股。

副总经理：林波年先生，56岁，经济师。曾任中国石化茂名石油化工公司润滑厂副厂长，炼油厂劳资科科长，联友化工厂厂长。持有本公司股票919股。

副总经理：张森华先生，50岁，中专学历，经济师。曾任中国石化茂名石油化工公司建材公司供销科副科长，运销处外联公司办公室主任，销售公司中茂业务科科长、外联公司副经理，本公司总经理助理。持有本公司股票919股。

副总经理：曾水华先生，49岁，大专学历，工程师。曾任中国石化茂名石油化工公司炼油厂焦化车间党支部副书记、书记、主任，联友化工厂副厂长、厂长。持有本公司股票678股。

副总经理：白建光先生，37岁，大专学历，工程师。曾任中国石化茂名石油化工公司经理办秘书科副科长、科长，本公司总经理助理。持有本公司股票678股。

总工程师：冯作刚先生，43岁，大学学历，高级工程师，曾任中国石化茂名石油化工公司研究院第二研究室副主任、主任。持有本公司股票678股。

本公司董事、监事及高级管理人员共持有本公司股票18535股，占总股本的0.037%，其持有股份按《公司法》规定，在任职期内不得转让。

六、股份制运作

（一）股东大会简况

1.1989年3月25日，公司召开茂名实华股份有限公司创立大会暨第一次股东大会，选举第一届董事会，并通过公司章程。

2.1990年2月2日，茂名实华股份有限公司召开第二次股东大会，通过1989年度分红派息方案，决定每股(500元)派出现金股息84.66元。

3.1991年3月15日，茂名实华股份有限公司召开第三次股东大会，通过1990年度分红派息方案，决定每股(500元)派发现金股息84.66元，决定将股票面值由每股500元拆细成每股1元并按拆细后每100股送红股13股，公司相应修改章程有关条款。

4.1992年2月25日，公司召开第四次股东代表大会，会议通过如下决议：

(1)公司更名为："中国石化茂名石油化工公司实华股份有限公司"，并相应修改章程；

(2)1991年度分红方案为每100股送20股，每100股派发现金股息19.86元。

5.1992年10月14日，公司召开临时股东代表大会，通过以下决议：

(1)同意董事会提出的扩股增资计划；

(2)授权董事会办理公司重审登记事宜；

(3)授权董事会修改公司章程；

(4)同意将公司名称由"中国石化茂名石油化工公司实华股份有限公司"变更为"茂名石化实华股份有限公司"。

6.1993年3月28日，公司召开第五次股东代表大会，通过了董事会提交的下列议案：

(1)按扩股前股数每100股分红现金19.17元，新扩股不参加分红；

(2)同意修改后的"茂名石化实华股份有限公司章程"；

(3)决定成立公司监事会；

(4)选举产生以吴良泉为董事长的新一届董事会成员。

7.1994年3月22日，公司召开第六次股东大会，决议通过1993年度分红方案为每100股分现金红利48元。

8.1994年8月10日，公司召开1994年临时股东大会，通过1994年度中期分红派息方案，决定每100股派发现金股息32元。

9.1995年4月12日，召开第七次股东大会，作出决议①通过1994年

度末期分红派息方案,决定每 100 股派发现金股息 30 元;②会议通过修改后的公司章程,选举产生新一届董事会、监事会。

10.1996 年 4 月 1 日,召开第八次股东大会,作出决议:

①1995 年度分红派息方案为每 100 股送 40 股,并授权董事会在适当时候实施;

②同意将社会公众股在沪深两家交易所之一上市;

③通过公司"九五"发展规划;

④同意公司名称更改为"广东实华股份有限公司",待工商行政管理部门批准后正式启用。

11.1996 年 7 月 15 日,公司召开临时股东大会,作出如下决议:鉴于原公司董事长李文成于 1996 年 7 月 7 日不幸因公殉职,大会补选何德先先生为公司董事长。

(二)历年分红派息情况

自 1988 年开始,本公司依照公司章程有关规定,逐年进行利润分配和股利分配,对历次分红派息情况说明如下:

1990 年 2 月 2 日,公司第二次股东大会决议:1989 年度分红派息方案为每股(500 元)派发现金股息 84.66 元;

1991 年 3 月 15 日,公司第三次股东大会决议:1990 年度分红派息方案为每股 500 元派发现金股息 84.66 元。将每股 500 元拆细成每股 1 元,并按拆细后每 100 股送 13 股。

1992 年 2 月 25 日,公司第四次股东大会决议:1991 年度分红派息方案为每 100 股派发现金股息 19.86 元,并按每 100 股送 20 股红股。

1993 年 3 月 28 日,第五次股东大会决议:1992 年度分红派息方案为每 100 股派发现金股息 19.17 元。

1994 年 3 月 22 日,第六次股东大会决议,1993 年度分红派息方案为每 100 股派发现金股息 48 元。

1994 年 8 月 10 日,公司召开 1994 年临时股东大会,作出决议:1994 年度中期分红派息方案为每 100 股派发现金股息 32 元。

1995 年 4 月 12 日,召开第七次股东大会,1994 年度末期分红派息方案为每 100 股派发现金股息 30 元。

1996 年 4 月 1 日,召开第八次股东大会决议:1995 年度分红派息方案为每 100 股送 40 股,并授权董事会在适当时候实施。

七、公司经营业绩及财务状况

(一)本公司前三个年度和 1996 年 1-8 月经营业绩:

根据羊城会计师事务所(96)羊会所内审字第 3868 号审计报告(见附件一),截止本报告之日,前三个会计年度及 1996 年前八个月的经营业绩如下:

人民币:元

项目	1996 年 1-8 月	1995 年度	1994 年度	1993 年度
主营业务收入	237,483,005.38	318,544,018.41	218,397,153. 42	173,495,025.89
主营业务利润	30,064,168.48	27,299,891.34	27,884,942.44	30,913,634.87
营业利润	32,285,042.48	27,932,392.05	28,026,978.77	32, 501,646.44
利润总额	33,158,864.63	38,836,111.11	42,078,530.67	52, 215,134.15
税后利润	27,268,025.17	32,310,925.01	37,913,071.42	46, 088,369.84

注:税率:经茂名市政府批准,广东省政府同意,在 1993 年至 1995 年期间,对本公司实行所得税率征收后部分返还政策。1993 年返还比例 28.1%,1994 年返还比例 17.39%,1995 年返还比例 19.14%。从 1996 年开始,实行所得税按 33%征收,茂名市财政返还 15%的优惠政策。

(二)财务指标分析

财务指标	1996 年 1-8 月	1995 年度	1994 年度	1993 年度
资产负债比例%	42.49	51.68	54.95	55.61
流动比率	1.19	1.23	1.10	1.13
速动比率	0.88	0.93	0.94	1.07
应收帐款周转率	4.45	7.02	7.80	8.57
存货周转率	4.84	8.99	12.22	29.12
资产报酬率	8.42	11.77	14.93	24.18
股东权益比率	57.01	47.89	44.58	43.86

(注)以上分析资料取自羊城会计师事务所(96)羊查字 3868 号审计报告(见附件一)

(三)公司的资产负债表(合并)

项目	1996.8.31	1995.12.31	1994.12.31	1993.12.31
流动资产	155,817,666.44	149,610,977.21	154,154,312.23	101,430,341.49
长期投资:				
长期投资	24,824,997.36	30,945,715.49	24,087,128.62	12, 987,154.56
固定资产	141,677,025.97	93,563,228.11	75,102,833.87	75, 639,958.01
无形资产及递延资产	1,453,355.96	435,149.60	587,973.34	553,554.53
资产总计	323,773,045.73	274,555,070.41	253,932,248.06	190,611,008.59
流动负债	131,062,449.45	121,755,576.33	139,528,454. 24	90,002,524.73
长期负债	6,520,371.64	20,131,703.33	0.00	16,000,000.00
负债合计	137,582,821.09	141,887,279.66	139,528,454.24	106,002,524.73
少数股东权益				
少数股东权益	1,617,335.43	1,191,143.46	1,196,226.73	1, 010,292.09
股东权益				
股本	5,030,000.00	50,310,000.00	50,310,000.00	50,310,000.00
资本公积	57,414,821.56	11,442,008.81	11,208,408.81	11, 203,052.31
盈余公积	50,945,842.05	45,512,833.01	28,688,492.86	13, 304,818.14
其中:公益金	14,146,929.85	11,538,975.83	9,240,152.11	4, 608,836.98
未分配利润	25,902,225.60	24,211,805.47	23,000,665.42	8, 780,321.32
股权益合计	184,572,889.21	131,476,647.29	113,207,567.09	83,598,191.77
负债及股东权益总计	323,773,045.73	274,555,070.41	253, 932, 248.06	190,611,008.59

四、资产评估情况及确认

1.第一次资产评估情况:

基准日:1992 年 8 月 31 日

评估机构:茂名市会计师事务所

评估确认机构:茂名市国有资产管理办公室

评估结果:〔摘自茂名市会计师事务所(92)茂会师评字第 02 号〕评估后,公司截止 1992 年 8 月 31 日,全部资产总额为 61,922,511.17 元,负债总额为 31,607,421.04 元,净资产为 30,315,089.77 元。

2.第二次资产评估情况:

基准日:1996 年 3 月 31 日

评估机构:广东资产评估公司

评估范围:茂名石化实华股份有限公司全面资产、负债和股东权益

评估确认机构:国家国有资产管理局

评估结果:〔摘自广东资产评估公司粤资评(1996)第 064 号资产评估报告〕评估前,基准日全部资产总额为 290,360,179.35 元,负债总额为 143,290,536.92 元,资产净值为 147,069,642.43 元。

评估后,资产总值为 336,497,479.32 元,负债总值为 143,290,536.92 元,资产净值增加 46,137,299.97 元。

(五)每股净资产

根据羊城会计师事务所(96)羊查字第 3868 号审计报告(见附件一)。本公司截止 1996 年 8 月 31 日资产净值为 184,572,889.21 元,按现有股份总数 5031 万股计算,每股净资产为 3.67 元。

八、盈利预测

根据羊城会计师事务所(96)羊专审字第 28 号《盈利预测鉴证报告》,本公司 1996 年及 1997 年的盈利预测如下:

单位:人民币元

项目	1996.1-8 实绩	1996.9-12 预测	1996 年度	1997 年度预测
一、主营业务收入	237,483,005	105,514,195	342,997,200	403,760,000
减:营业成本	186,494,214	82,758,586	269,252,800	326,613,900
销售费用	3,506,687	766,193	4,272,880	4,508,000

管理费用	13,453,512	8,167,898	21,621,410	23,132,100
财务费用	3,166,641	1,333,359	4,500,000	5,000,000
营业税金及附加	797,782	1,002,218	1,800,000	1,851,000
二、主营业务利润	30,064,169	11,485,941	41,550,110	42,655,000
加:其他业务利润	2,220,874	279,126	2,500,000	2,000,000
三、营业利润	32,285,043	11,765,067	44,050,110	44,665,000
加:投资收益	919,863	2,080,137	3,000,000	2,500,000
营业外收入	12,564	2,436	15,000	15,000
减:营业外支出	58,606	21,394	80,000	85,000
加:以前年度损益调整				
四、利润总额	33,158,864	13,826,246	46,985,110	47,085,000
减:所得税				
(按所得税率18%计算)	5,985,664	2,291,656	8,277,320	8,295,300
(按所得税率33%计算)	10,612,425	4,562,661	15,175,086	15, 208,050
五、净利润				
(按所得税率18%计算)	27,173,200	11,534,590	38,707,790	38,789,700
(按所得税率33%计算)	22,546,439	9,263,585	31,810,024	31,876,950
每股净收益				
(按所得税率18%计算)			0.77	0.77
(按所得税率33%计算)			0.63	0.63

盈利预测基准和假设:

本盈利预测是根据公司以往年度和1996年1至8月经营业绩及1996年9至12月和1997年度经营预算,结合现时各项生产、技术条件,考虑市场前景和业务拓展计划而编制,预测遵循了我国现行法律、法规和财务会计制度的有关规定,其会计原则和计算方法与公司一贯采用的相一致。

盈利预测假设:

1.公司所遵守的我国法律、法规和制度及本公司所在地区茂名市的社会政治、经济环境无重大改变;

2.公司的主要材料、燃料供应及商品销售市场没有不可预见的重大变化及成本没有重大变动而产生的不利影响;

3.公司预测期内税率、信贷、利率等正常范围内变化(注:根据当地政府文件规定,所得税按33%征收,地方财政返还15%);

4.无其他人力不可预测和不可抗力因素造成的重大不利影响。

盈利增长原因:

本公司的产品如聚丙烯、混合油、液化汽和溶剂油等产品在市场上十分畅销,售价变动幅度较小,主要原材料来源于茂名石化公司,供应渠道有充分的保证,价格平稳,这些产品能够达到全年计划销售收入和盈利,给公司盈利增长提供了可靠的保障。

1994年,公司受新税制的影响,原材料价格上涨,成本增加;1995年因国家宏观调控的作用,公司原材料供应不足,联营投资收益下降,使公司利润总额受到一定的影响;1996年公司及时调整经营方向,注重挖掘企业潜力,使利润总额有较大幅度增长,预计1996年可实现利润4698万元,比1995年增长21%。

九、重要事项揭示

(一)主要会计政策:

本公司在1992年改制执行《股份制试点企业会计制度》和股份制试点企业财务管理规定,并据此编制1993年、1994年、1995年及1996年1-8月会计报表。

(二)根据本公司章程第七十四条规定,本公司税后利润分配顺序如下:

(1)弥补上一年度公司亏损;

(2)提取法定公积金,比例为10%;

(3)提取法定公益金,比例为5~10%。

公司法定公积金累计额为公司注册资本的50%以上时,可不再提取。

公司在从税后利润中提取法定公积金后,经股东大会决议,可以提取任意公积金。

公司弥补亏损和提取法定公积金、法定公益金后所余利润,按照股东持有股份比例分配。

(三)税收政策

经茂名市政府茂府报〔1996〕8号文批准,广东省政府粤办函〔1996〕191号文同意,本公司在1993年至1995年期间实行所得税征收后部分返还本公司(即1993年返还28.10%;1994年返还17.39%;1995年返还19.41%),并从1996年起实行按33%税率征收所得税,由市财政收入部分返还15%的优惠政策。

(四)重大合同

联营合同:

1995年12月14日,本公司与中山精细化工实业有限公司签定了联营协议书,协议规定:从1996年1月11日至1996年12月31日止,甲方负责向乙方提供280#溶剂油18000-20000吨,价格按2050/吨联营出厂价供给乙方。乙方负责把甲方提供的溶剂油进行深度加工成精细化工产品,销售后所得效益由乙方税后利润中按甲方提供的280#溶剂油数量每吨返利100元给甲方。

(五)法律诉讼

本公司无任何重大法律诉讼

(六)上市推荐人的推荐意见

本公司聘请广东证券公司作为公司本次股票上市推荐人,广东证券公司详细考虑了本公司的上市条件,对本公司作出如下上市推荐意见:

茂名石化实华股份有限公司已经中国证券监督管理委员会证监发字(1996)307号文审核通过,公司近三年财务经营状况良好,且无重大违法事项,股份公司上市符合《公司法》以及国家其它有关法规,因此茂名石化实华股份有限公司符合上市条件,广东证券公司愿推荐该公司上市。

十、风险因素与对策

本公司存在的风险有:

1.经营风险

(1)原材料供应风险

本公司原材料占成本的比重很大,1994年、1995年、1996年1-8月,原材料占成本的比重分别为57%、74%、76%。本公司部分产品原料供应依托于茂名石化公司,渠道相对单一,虽然供应充足,成本也低,但从长远来看,一旦供应上出现问题,公司原材料的来源将受到影响,这有可能给公司的经营带来一定的风险。

(2)客户方面的风险

本公司的产品客源总的来说比较广泛,在广东、广西、湖南等地都有市场,但某些产品的脱臭丁烷气市场相对集中于珠江三角洲一带,客源不够稳定。

(3)产品价格方面的风险

本公司产品如聚丙烯市场需求量大,销路有保障,但随着市场经济的发展,生产同类产品的厂家增多,由于技术的进步等因素,产品成本有降低的趋势,本公司由于地处茂名,部分产品距离销区较远,需考虑交通运输的因素,成本有可能增加,从而导致价格偏高,影响公司的产品销路和生产经营。

(4)产品结构风险

本公司的产品主要是石化产品,产品结构相对单一,一旦市场供需状况发生变化,公司将不容易在短时间内调整经营格局,从而给生产经营带来一定的风险。

(5)融资能力的风险

本公司属于石化行业,一些产品的资金周转不够顺畅,加上国家宏观调控和三角债的影响,造成本公司有部分被拖欠销售货款,应收帐款增加,从而给公司资金的运作带来一定的压力。

2.市场风险

公司产品用途广泛,已渗透到国民经济生活的各个领域,在全国各省市如广东、广西、湖南、四川、浙江等都有销售市场。公司主要产品聚丙烯市场需求量很大,虽其生产能力占市场需求量小,但公司产品的销售会受到国家经济环境的影响,同时因产品结构较为单一,市场状况的变化也会对公司产品销售带来冲击。另外,目前市场对公司的主要产品聚丙烯需求虽然存有一定缺口,但从长远来看,对石油化工产品的需求有一定的周期性,市场波动较大,这给公司产品的销售带来影响,因而存在一定的市场风险。

3.行业的风险

公司属于国家产业政策支持发展的石油化工行业,但行业内部存在一定的竞争,同时因实行对外开放,石油化工行业也面临一定的外部压力,主要表现在公司有一部分化工产品属石油后加工而成,随着国内外原油价格的接轨和上涨,从而导致本公司部分产品生产成本提高。同时,公司的发展须依赖于整个石化行业的发展。这些风险都有可能增加公司的生产成本。

4.政策风险

国家宏观政策、财政税收政策、产业政策的变化和国家对石油化工行业投资规模的调整,将影响本公司的生产经营。

5.环保风险

随着社会文明程度的提高,国家对环境保护的要求越来越高。公司属于石化行业,产品在生产过程中的"三废"以及生产出的产品对环境可能带来一定的污染,致使公司在生产经营过程中,在注重经营效益的同时,也须注重环境效益和社会效益。1994年至1996年1月至8月各年的环保费用支出分别为73万元,121万元,36万元;占成本的比重分别为0.9%、1%、0.03%,因此,公司存在一定的环保风险。

6.股市风险

股票市场瞬息万变,国内外政治、经济形势的变化和国家金融政策的调整,发行公司的经营业绩及其发展前景以及股市中的投机行为等因素都会使股票的价格产生波动,本发行人提醒投资者对股价波动应有充分了解,以避免和减少损失。

针对上述风险,公司将采取以下行之有效的措施加以防范:

1.根据市场变化情况,合理调整产品结构,对销量受限制的产品,实行以销定产,直接与客户需要量挂钩,定量供应。同时,引进先进技术,开发新产品,大力拓展市场。

2.强化企业内部管理机制,搞好规范化运作,不断提高企业整体素质和管理水平,同时,加强对外宣传,树立良好的企业形象,提高企业的知名度,在竞争中求发展。

3.公司领导层学习现代先进管理经验,及时根据国家经济形势和公司经营状况,制定发展战略,调整经营策略,以适应市场经济的发展,提高公司的经济效益。

4.加强经济合作,进一步拓展销量渠道,加快开发新产品,逐步把公司建成以石油化工为支柱产业,拥有石油加工、精细化工、塑料加工和建筑材料生产等门类的综合性集团公司,以改变目前产品结构相对单一的局面。

5.大力引进人才,加强公司员工的技术培训,合理有效地利用人才资源,以雄厚的人才优势抵御经营管理风险。

6.针对政策风险,本公司将加强企业本身对政策的研究力度,与国家石油化工等有关部门密切联系,注重信息收集,研究政策以规避风险。

7.针对环保风险,公司在经营过程中将注重"三废"的回收利用,对不能利用的废水、废气,将通过必要的过滤系统加以处理,尽量避免对环境产生的负面效应。同时,增强员工的环保意识,强化环保管理,从而达到降低环保风险的目的。

8.针对股市风险,公司将严格按《公司法》、《股票发行与交易管理暂行条例》等法规,规范公司行为,及时公开披露信息,加强与投资公众的信息沟通,树立公司良好形象。同时,进一步完善经营机制,提高公司盈利水平,为股东谋求长期稳定的回报。

十一、发展前景及规划

本公司在今后的发展中,将紧紧围绕"规模经济、支柱产业、拳头产品、效益显著"的生产经营发展战略,继续以石油化工产品为主营产品,走多元化经营道路,形成实力更为雄厚的综合性企业集团。公司地处粤西沿海地区,具有优越的地理位置和自然资源条件,同时,作为发起人的茂名石化公司有着雄厚经济实力,这为公司的发展创造了极为有利的条件。公司在1996年预期实现以下目标:实现销售收入34000万元,创利润4600万元。

公司"九五"期间主要发展项目有:

1.对现有聚丙烯装置扩容改造,由1.4万吨/年改造为2.4万吨/年。该项目总投资600万元,投产后预期增创净利润650万元。该项目是本公司的技改项目,其资金来源通过银行技改贷款解决。

2.对现有三蒸馏尾气回收装置进行改造,由3万吨/年改造为4.5万吨/年。该项目投资350万元,投产后预期增创净利润750万元。该项目是本公司的技改项目,其资金来源通过银行技改贷款解决。

3.建设10万吨/年轻烃回收装置。该项目投资3400万元,建成投产后预期实现年创净利润1500万元。该项目资金来源于在本公司股票上市后,通过扩股筹集资金。

4.在1997年6月完成聚乙烯下脚料利用项目,该项目拟投资700万元,预期投产后年可实现净利润165万多元。该项目资金来源在本公司股票上市后,通过扩股筹集资金。

5.在1997年6月完成塑料后加工项目,该项目拟投资330万元,预期投产后每年实现净利润153万元。该项目资金来源在本公司股票上市后,通过扩股筹集资金。

十二、董事会公开承诺

根据《公司法》、《股票发行与管理交易暂行条例》、《公开发行股票信息披露实施细则》和《深圳证券交易所业务规则》及国家与地方有关法规的要求,本公司董事会向证券主管机关、深圳证券交易所和广大投资者作出如下承诺:

1.严格遵守政府各有关部门、证券交易所、证券经营管理机构的各项法律、法规、条例和规定。

2.准确和及时地公布本公司中期、年度财务状况及经营业绩等报告资料。

3.董事会、监事会及高级管理人员,如发生人事变动或前述人员持有本公司股票数量发生变化时,及时通报证券管理机关,并及时通过传播媒介通告社会公众。

4.及时、真实地披露本公司重大经营活动信息。

5.自觉接受对经营管理监督,认真听取政府、股东、证券管理及经营部门和社会公众意见、建议和批评。

6.不利用内幕消息和不正当手段从事股票投机交易。

7.董事会及各董事保证不就任何未经主管机关审阅的、可能影响股价变动之重大信息私自公告或发表意见。

8.本公司股票将于1996年11月14日在深圳证券交易所上市。本次上市可流通股本为1720.14万股,其中内部职工股12.8万股获广东省新股上市额度,与社会公众股1707.34万元同时上市流通。

十三、当事人、本公司咨询及联络机构

1.上市推荐人:广东证券公司

法定代表人:钟伟华

经办人:缪毅、刘小群

地址:广州市东风东路703号

电话:(020)87666000-1103

2.资产评估机构:广东资产评估公司

法定代表人:金耀观

经办评估人:陈燮平、陈喜佟、傅晓东、谭学研、李迟、黎国强

地址:广州市环市东路 322 号 11 楼
电话:(020)83802985
3.公司律师事务所:广东证券律师事务所
法定代表人:谢瑞生
经办律师:谢瑞生、颜道成、罗浩东
地址:广州市解放北路 603 号广东迎宾馆六榕楼 2 楼
电话:(020)83332950-2922、2203
4.会计师事务所:羊城会计师事务所
主任会计师:陈雄溢
经办注册会计师:陈雄溢、黄伟成
地址:广州市大德路 187 号 9 楼
电话:(020)83324195
5.茂名石化实华股份有限公司证券部
地址:茂名市官渡桥南东区 1 栋 1 楼
电话:0668-2276176
本公司授权代表:梁杰
办公时间:每周一至周五
6.股份登记机构:深圳证券登记有限公司
证券托管机构:深圳证券登记有限公司

十四、备查文件

1.国家体改委体改生(1993)254 号《关于同意广东省茂名石化实华股份有限公司进行规范化股份制企业试点的批复》。

2.广东省体改委(1993)27 号《关于茂名石化实华股份有限公司申请重新审批的请示》。

3.茂名市经济委员会《关于〈关于申请发起成立实华股份有限公司的函〉的批复》。

4.中国人民银行茂名市分行茂人银管(1988)18 号《关于同意实华公司发行股票的批复》。

5.茂名市会计师事务所 1989 年 12 月 8 日出具的对茂名实华股份公司的《注册资金验证表》。

6.粤联审办(1992)56 号《关于同意茂名石化实华股份有限公司进行重审和扩股筹备的批复》。

7.粤股审〔1992〕99 号《关于茂名石化实华股份有限公司确认问题及同意扩股的批复》。

8.茂名市会计师事务所(92)茂会师评字第 02 号对茂名实华股份有限公司的《茂名市会计师事务所资产评估报知书》。

9.茂名市国有资产管理办公室(92)茂国资字第 9 号对茂名石化实华股份有限公司的《资产评估结果确认通知书》。

10. 茂名市会计师事务所(93)茂会师验字第 38 号对茂名石化实华股份有限公司出具的《茂名市会计师事务所验资报告》。

11. 广东资产评估公司粤评字(1996)第 064 号《茂名石化实华股份有限公司资产评估报告书》。

12. 国有资产管理局国资评(1996)649 号《资产评估结果的确认通知》。

13. 国有资产管理局国资企发(1996)155 号《关于茂名石化实华股份有限公司国有股权管理的批复》。

14. 羊城会计师事务所〔96〕羊查字第 3868 号《关于广东茂名石化实华股份有限公司 1993 年度至 1996 年 8 月会计报表的审计报告》。

15.茂名石化实华股份有限公司章程。

16.茂名石化实华股份有限公司企业法人营业执照。

17. 茂名市经济体制改革委员会茂体改(1993)11 号《对茂名石化实华股份有限公司申请确认为社会募集股份公司并申请进行股票上市准备工作的推荐函》。

18. 粤证监呈字〔1996〕027 号《关于同意茂名石化实华股份有限公司上市申报材料上报复审的函》。

19. 中国证监会证监发字(1996)307 号《关于茂名石化实华股份有限公司申请股票上市的复审意见书》。

20.深圳证券交易所深证上字(1996)第 387 号《上市通知书》。

十五、附录

羊城会计师事务所(96)羊查字第 3868 号审计报告和 1996 年溢利预测报告。

茂名石化实华股份有限公司一九九六年度报告摘要

一、公司简况

1、公司名称:茂名石化实华股份有限公司
英文名称:Maoming Petro-Chemical Shihua Limited Company
2、公司注册地址:广东省茂名市官渡路 162 号
3、公司法定代表:何德先
4、公司股证事务代表:梁杰 吴锋
联系电话:(0668)2276176
传真:(0668)2281965

二、主要财务数据与财务指标

序号	指标项目	1996 年 12 月 31 日	1995 年 12 月 31 日	比上年增加(%)
1	主营业务收入(万元)	38886.11	31854.40	22.07
2	净利润(万元)	4211.42	3231.09	30.34
3	总资产(万元)	30993.10	27455.51	12.88
4	股东权益(万元)	21954.31	13147.66	66.98
5	每股收益(元)	0.837	0.642	30.37
6	每股净资产(元)	4.36	2.61	67.05
7	净资产收益率(%)	19.18	24.58	-21.97
8	股东权益比率(%)	70.84	47.89	47.92

注:以现有股本 10062 万股摊薄,每股税后利润为 0.42 元。

三、公司业务回顾

1、一年来经营情况

1996 年,在公司全体股东的支持下,公司全体员工紧紧围绕"聚丙烯装置达标、公司股票上市、实现利润总额 4800 万元"的三大目标,团结拼搏,开拓进取,公司的生产建设取得可喜成绩。全年实现主营业务收入 38886.11 万元,比上年增长 22.07%,实现利润总额 5066.75 万元,比上年增长 30.47%,其中公司主营产品聚丙烯年利润为 2074 万元,液化气及溶剂油创利 2298 万元。净利润 4211.42 万元,比上年同期增长 30.34%,完成和超额完成了全年的奋斗目标。主要工作如下:

(1)抓好聚丙烯装置达标和主营产品的增产增收。

聚丙烯产品是公司的龙头产品,公司两套共 1.4 万吨/年聚丙烯装置自投产以来尚未达标。为将生产潜力转化为市场赢利能力,公司抓住生产经营的主要矛盾,开展聚丙烯装置达标活动。经过层层发动、精心组织,采取了一系列激励措施,调动了职工和各方面的积极性,取得圆满成功。聚丙烯装置于 1996 年 11 月 15 日实现年生产能力达标,全年共生产聚丙烯 16272 吨,比上年增长 70%。与此同时,公司狠抓主营产品的增产

增收不放松,三蒸馏尾气回收装置全年处理量达3.02万吨,比上年增长55%,为企业创造了较好的经济效益。

(2)抓好技术改造和科技进步,扩大公司创利能力。一是抓好北山中转油站向茂名30万吨乙烯送料工程建设,如期向乙烯装置输送丙烯和丙烷2160吨和150吨;二是抓好中转油库扩容改造工程投用和7000吨/年溶剂油装置改造,中转油库扩容改造工程于1月1日投用,全年创利206万元,溶剂油改造工程8月份投用生产出合格产品,每年可创利300万元。

三是抓好新产品的开发和鉴定。公司年产20万罐气雾剂生产线3月9日投入生产,生产出"雷邦"牌卫生杀虫水。本公司开发的ST407印花溶剂油和130#溶剂油通过了广东省科委的技术鉴定。

(3)抓好股票上市工作,经过"三师一商"和本公司的努力,在各级主管部门的大力支持下,本公司股票于1996年11月14日顺利在深交所挂牌上市。

2、前次募集资金使用情况

本公司1993年1月扩股募得资金3038.32万元,至1994年已全部投入建设新装置,并投产取得较好的效益。

四、股本变化及股本结构情况

1、股本变化及股本结构情况

(1)股本结构情况

股份类别	年初数 股份数	比例(%)	年末数 股份数	比例(%)
(一)尚未流通股份				
(1)发起人股	8136000	16.17	8136000	16.17
(2)定向法人股	24972604	49.64	24972604	49.64
尚未流通股份合计	33108604	65.81	33108604	65.81
(二)已流通股份				
(1)社会公众股	17201396	34.19	17201396	34.19
已流通股份合计	17201396	34.19	17201396	34.19
(三)股份总数	50310000	100	50310000	100

(2)前十名大股东情况介绍(1996年12月31日在册)

股东名称	持股数	占总股本%
茂名石化公司职工互助会	24448185	48.59
茂名石化公司	8136000	16.17
百利鑫电	1145900	2.27
茂名石化	536476	1.06
茂名金华财务发展公司	524419	1.04
茂鑫石化	515878	1.02
电白工贸	474739	0.94
深圳百利鑫实业股份有限公司	468280	0.93
鑫东建材	404374	0.80
深圳百利鑫房地产咨询公司	209967	0.42

(3)年末股东户数

截止1996年12月31日,公司股东总数16194人。

2、公司董事、监事与高级管理人员持股情况

姓名	职务	年初持股数	年末持股数	变动原因
何德先	董事长	678	678	无
吴良泉	常务副董事长	862	862	无
蔡贤武	副董事长兼党委书记	919	919	无
凌华明	董事兼总经理	678	678	无
房广信	董事	678	678	无
徐元辉	董事	678	678	无
郭彪	董事	678	678	无
林丽华	董事	678	678	无
王建国	董事	678	678	无
付燕生	董事	678	678	无
陈业佳	董事	678	678	无
姚志方	董事	678	678	无
韩全光	董事	678	678	无
郑琪美	董事	678	678	无
刘雄华	董事	678	678	无
周满龙	董事	678	678	无
林日雄	董事	678	678	无
黎林清	监事会主席	678	678	无
秦荣烈	监事	678	678	无
陈维良	监事	678	678	无
王芸生	监事	678	678	无
陈宁	监事	306	306	无
林波年	副总经理	919	919	无
张森华	副总经理	919	919	无
曾水华	副总经理	678	678	无
白建光	副总经理	678	678	无
冯作刚	总工程师	919	919	无

五、重要事项

(一)本报告期内的股东大会、董事会情况

1、股东大会情况说明

(1)1996年4月1日公司在茂名石化公司办公大楼小礼堂召开了第八次股东大会,出席大会的股东共68人,代表公司股份4678.83万股,占总股本5031万股的93%,会议形成如下决议:

①同意将公司社会公众股在沪、深两家交易所之一上市,并授权董事会办理股票上市的有关事宜;

②批准董事会1995年度工作报告及公司1996年度工作计划的报告;

③批准监事会1995年度工作报告及1996年度工作计划的报告;

④批准1995年度财务决算报告和1996年度财务预算方案;

⑤批准1995年度利润分配及分红派息方案:每10股送红股4股;

⑥审议批准公司"九五"发展规划。

(2)1996年7月15日在茂名石化公司办公大楼小礼堂召开临时股东大会,出席会议的股东66人,代表公司股份4670.8万股,占总股本5031万股的92.96%,大会决议如下:

鉴于原公司董事长李文成先生于7月7日不幸因公殉职,大会补选何德先先生为公司董事长。

2、董事会情况说明

(1)1996年3月1日,公司董事会作出决议,通过了向股东大会提交1995年度董事会工作报告,1995年度财务决算报告;并通过了1995年度利润预分配方案:每10股送红股4股;同意将社会公众股在沪、深两家交易所之一上市;同意公司"九五"发展规划。

(2)1996年7月25日公司董事会临时会议决议,鉴于原公司董事长李文成先生不幸因公殉职,会议一致选举何德先先生为公司董事长并为公司法定代表人。

(二)报告期内公司无发生实施配股和企业购并事项。

(三)公司法定代表、董事、监事变动情况说明

1996年7月15日召开临时股东大会决议,因原董事长李文成先生不幸因公殉职,补选何德先先生为公司董事。

经7月15日公司董事会临时会议决议,选举何德先先生为公司董事长并为公司法定代表人,并办理了与此有关的工商变更登记手续。

(四)在本报告期内,公司的注册地址、会计师事务所、法律顾问均未发生变动。

(五)重大事件简介

1、公司原董事长李文成先生1996年7月7日因公殉职,经公司临时股东大会决议和董事会选举,补选何德先先生为公司董事长。

2、本公司中转油站扩容对外加油设施于1996年1月1日投用,增加了油品储存能力,全年对外加油6900吨,实现营业额1790.6万元,创利206万元,成为公司新的经济增长点。

3、本公司年产20万罐的气雾剂生产线3月9日投入生产,生产出"雷邦"牌卫生杀虫水。

4、本公司自行开发的ST407印花溶剂油、130#溶剂油于1996年12月24日通过了省科委技术鉴定,全年组织大批量试产和销售了15900吨。

5、本公司社会公众股1707.34万股和内部职工股12.8万股可流通A股,1996年11月14日在深圳证券交易所挂牌上市。

(六)重大诉讼、仲裁事项报告

本年度内本公司无重大诉讼、仲裁事项。

六、公司关联企业

单位名称	拥有权益	注册地址	注册资本(万元)	主要业务
江门三角洲特种石油化工联合公司	70%	江门	人民币300	生产销售润滑油
华电石化联营公司	50%	电白	人民币110	加油站
华茂石化联营公司	50%	茂名	人民币60	加油站
华高石化联营公司	50%	茂名	人民币60	贸易
华榕石化联营公司	50%	揭阳	人民币50	贸易
珠海卓华石化联营公司	50%	珠海	人民币100元	贸易
金鹰印铁制罐有限公司	45%	茂名	美元118	生产销售铁罐
美辉塑胶有限公司	40%	茂名	港币350	塑料加工
茂名华欣石化设备配件公司	40%	茂名	人民币60	生产炼油塔配件填料
华新燃气具有限公司	30%	茂名	人民币100	生产碳5炉具
中山爱利特燃气具厂	20%	中山	人民币100	生产销售热水器

经华翠石化联营公司董事会决议,华翠石化联营公司于一九九六年四月一日起停止营业,结束联营公司。

七、分红方案

公司董事会于1997年4月5日召开会议决定,公司1996年度利润分配预案为:1996年实现税后利润4211.42万元,按公司章程提取法定盈余公积金和公益金各10%后,余额3369.13万元,加上1995年未分配利润408.78万元,共3777.91万元,转入下一年度分配。考虑到公司公积金比较多的情况,会议通过了用公积金转增股本的预案:从公积金8114.39万元中(已扣除1997年2月28日转增股本部分)提取3018.6万元向全体股东按10:3的比例转增股本(按公司1997年2月28日除权后的总股本10062万股为基数),分配后公司尚余盈余公积金5095.79万元,以上方案尚须股东大会表决通过。

八、财务报告

1、审计意见:公司财务报告经羊城会计师事务所黄伟成、陈庆东注册会计师审计,并出具无保留意见的审计报告(97)羊查字第4250号。

2、财务报表

(1)资产负债表(见附表一)

(2)利润及利润分配表(见附表二)

(3)财务状况变动表(见附表三)

3、合并会计报表编制及表达基础

(1)本公司合并会计报表编制的基础是假设公司之结构的整个审计期间业已存在。

(2)本公司合并会计报表是根据公司及控股公司的会计报表,按《合并会计报表暂行规定》的要求作出必要的调整及重分类后编制,以符合《股份制试点企业会计政策》。

(3)资产重估增值是根据国家国有资产管理局国资评〔1996〕649号文确认的广东资产评估公司"粤资评〔1996〕064号"资产评估报告列报。

4、财务报表附注

(1)重要会计政策

①本公司执行《企业会计准则》和《股份制试点企业会计制度》。

②会计年度

本公司会计年度为公历每年一月一日至十二月三十一日止。

③会计核算方法

本公司会计报表按权责发生制,采用实际成本价格的原则进行编制。

④记帐本位币

本公司以人民币为记帐本位币,一九九六年未有外币业务。

⑤长期投资

公司对25%以下股权的长期投资采用成本法核算;对拥有25%至50%股权的长期投资采用权益法核算;对拥有50%以上股权的长期投资采用合并报表方式核算。

⑥坏帐准备

本公司坏帐准备按应收帐款年末余额3‰计提。

⑦存货

原材料按先进先出法核算,辅助材料按计划价格核算,月终按期末结转其应负担的成本差异,计划成本调整为实际成本;产成品按加权平均单价核算;低值易耗品采用一次摊销法核算。

⑧固定资产及折旧

公司固定资产以使用年限在一年以上,单位价值在2000元以上为标准。经评估的固定资产以评估确认的重置完全价值计价。固定资产折旧采用直线法计算,并按固定资产的原值、预计使用年限和估计残值(按原值的5-10%)确定其分类折旧率:

类别	使用年限	年折旧率	残值率
房屋及建筑物	20	4.5%	10%
生产设施	7-10	9.5-13%	5-9%
机器设备	7-10	9.5-13%	5-9%
运输及其他设备	5	18.0%	10%

⑨在建工程

在建工程按实际成本计价,与购建或建造厂房建筑物及机器的利息支出予以资本化,计入购置成本,经评估的在建工程按评估确认的重置价值列示。

⑩销售

销售收入是以商品、产品已经发出、劳务已经提供、货款已经收到或取得收取货款权利为依据,确认为销售实现。

(11)税项

公司承担主要税项如下:

增值税:液化气类增值税税率13%,其余产品增值税税率17%。

所得税:按33%税率计交,年终财政返还15%。

其余税项按国家规定。

(12)利润分配

公司缴纳所得税后的利润进行预分配,比例如下:

法定盈余公积金	10%
公益金	10%
普通股股利	80%

5、会计报表有关数据说明

(1)货币资金

货币资金比上年增加10054016.07元,系收回应收帐款,加快货币回笼所致。

(2)应收帐款

帐龄	金额(元)
1年以内	33,888,816.49
1-2年	2,342,040.00
2-3年	2,271,176.80
3年以上	60,848.00
合 计	38,562,881.29

以上欠款无持有本公司5%以上股权的股东欠款。

(3)其他应收款

帐龄	金额(元)
1年以内	9,524,725.84
1-2年	3,305,960.35
2-3年	140,502.43
合 计	12,971,188.62

以上欠款无持有本公司5%以上股权的股东欠款。

(4)长期投资

被投资单位名称	投资金额(元)	占被投资公司股权比例	性质	注册地址
江门三角洲特种石油化工联合公司	3,347,976.31	70%	联营	江门

华电石化联营公司	8,900,873.57	50%	联营	电白
华茂石化联营公司	4,017,532.97	50%	联营	茂名
华高石化联营公司	1,300,000.00	50%	联营	茂名
华榕石化联营公司	360,000.00	50%	联营	揭阳
珠海卓华石化联营公司	500,000.00	50%	联营	珠海
金鹰印铁制罐有限公司	4,462,607.99	45%	联营	茂名
美辉塑胶有限公司	1,435,872.80	40%	中外合作	茂名
茂名华欣石化设备配件公司	299,255.03	40%	联营	茂名
华新燃气具有限公司	200,109.04	30%	联营	茂名
中山爱利特燃气具厂	2,000,000.00	20%	联营	中山
股权投资	1,487,577.46			
合 计	28,331,805.17			

经华翠石化联营公司董事会决议,华翠石化联营公司于一九九六年四月一日起停止营业,结束联营公司。

(5)在建工程

工程名称	原预算数(万元)	工程进度(%)	实际支用数(元)	评估增值(元)	期末余额(元)	资金来源
丁烷气脱臭装置	90	93	838,726.52		838,726.52	自筹
大头岭水塔	50	79	395,823.53		395,823.53	自筹
碳5装气站	40	100	416,614.62		416,614.62	自筹
商住楼*	693	100	8,612,906.48	3,599,585.51	12,212,491.99	自筹
6号门岗加油站扩建	380	88	3,535,427.91	354,851.00	3,890,278.91	自筹
解困房	1229	80	10,000,000.00		10,000,000.00	自筹
北山销售设施	1170	68	7,872,034.46	740,288.08	8,612,322.54	自筹
富镭厂房道路工程	172	82	1,413,000.00		1,413,000.00	自筹
其 他			2,067,877.42	33,560.00	2,101,437.42	自筹
合 计			35,152,410.94	4,728,284.59	39,880,695.53	

*批准文号:茂名市计委茂计投〔1993〕277号

其余由董事会决定

利息资本化金额为204.48万元

(6)资本公积金

项 目	1996.12.31	1995.12.31
以前年度资本公积金结余	11,442,008.81	11,442,008.81
资产重估增值	45,972,812.75	
合 计	57,414,821.56	11,442,008.81

资产重估增值是依据国家国有资产管理局"国资评〔1996〕649号"文确认的广东资产评估公司"粤资评〔1996〕064号"资产评估报告列示。

(7)盈余公积金

项 目	1996.12.31	1995.12.31
法定盈余公积金	28,738,932.46	24,429,257.18
法定公益金	15,631,550.11	11,538,975.83
任意盈余公积金	9,544,600.00	9,544,600.00
合 计	53,915,082.57	45,512,833.01

(8)未分配利润

项 目	1996.12.31	1995.12.31
以前年度未分配利润结余	24,211,805.47	7,907,665.42
本年度未分配利润结余	33,691,382.19	16,304,140.05
合 计	57,903,187.66	24,211,805.47

(9)投资收益

项 目	1996年度	1995年度
股票及债券投资收益	1,052,390.74	29,440.00
联营投资收益	623,778.90	4,095,115.45
项目产品返利	1,718,408.88	6,781,873.61
合 计	3,394,578.52	10,936,429.06

投资收益减少主要是1996年减少合作项目返利和华翠公司在1996年4月停业,减少利润返还。

(10)一九九六年年末余额比一九九五年年末余额数据变动较大的主要原因

1、货币资金　　增加64%

主要原因是收回应收帐款,加快货币回笼。

2、待摊费用　　增加104%

主要原因是增加化学填料3A分子筛等,至年末尚余62.4万待摊销。

3、递延资产　　增加203%

主要原因是经法院裁定原联营企业一富镭公司划归本公司所有,原公司投人的筹建期支出转入递延资产77万。

4、固定资产及累计折旧

主要原因是公司经法定资产重估固定资产增值,其中:固定资产增加4,530.25万元,累计折旧增加939.6万元,评估增值增加的折旧金额4-12月计510万元。

5、其他应付款　　增加37%

主要原因是增加了应付工资结余328万元和提取科技费用343万元。

6、预提费用　　增加137%

主要原因是管输费增加223万元。

7、未交税金1996年末余额163万元,1995年年末余额为-314.9万元,相差478万元。

主要原因是:应交未交增值税1996年12月31日余额-73万元,1995年年末余额为-597万元,相差524万元。

8、其他长期负债　　减少65%

主要原因是一九九六年上半年已偿还茂名石化公司的其他长期负债1,600万元。

9、少数股东权益　　增加20%

主要原因是被投资单位江门三角洲特种石油化工联合公司经法定资产重估增值相应增加权益49.5万元。

10、资本公积　　增加401%

经国家国有资产管理局国资评〔1996〕649号文确认通知书。公司以1996年3月31日为基准日,资产重估增值相应增加资本公积。

11、财务费用　　减少31%

主要原因是减少支付给茂名石化公司的利息支出85万元及银行利息率调低影响。

12、投资收益　　减少69%

主要原因是96年减少合作项目返利和华翠联营公司在96年4月份起停业,减少利润返还(95年返利678万元)。

13、其他业务利润　　增加506%

主要原因是增加茂名石化乙烯工业公司加工费收入。

14、营业外支出　　增加1211%

主要原因是股票上市时的杂费开支32万元及滞纳金9万元。

(11)或有事项

截止一九九六年十二月三十一日本公司无对外担保、抵押、重大财务承诺及或有负债。

(12)关联公司交易情况

关联企业	性质	交易方式	交易价格
中国石化茂名石油化工公司	法人股东、发起人	向本公司提供生产原料和动力	市场价格
茂名金华财务发展公司	法人股东	不发生关联交易	--
茂名石化公司职工互助会	法人股东	不发生关联交易	--
江门三角洲特种石油化工联合公司	联营公司	本公司提供产品,由联营公司加工后销售,盈亏按投资比例分担	市场价格
茂名美辉塑胶有限公司	联营公司		市场价格
茂名华新新能源开发公司	联营公司		市场价格
珠海市卓华石化有限公司	联营公司	本公司提供产品由联营公司销售,盈亏按投资比例分担	市场价格
电白县华电石油化工联营公司	联营公司		市场价格
揭阳市华榕石油化工联营公司	联营公司		市场价格
茂名市华茂石油化工联营公司	联营公司		市场价格

茂名市华翠石油化工联营公司	联营公司		市场价格
茂名市华高石油化工联营公司	联营公司		市场价格
茂名金鹰印铁制罐有限公司	联营公司	独立采购和销售不发生交联交易 盈亏按投资比例分担	市场价格
茂名华欣石化设备配件公司	联营公司		市场价格
中山市爱利特燃气具厂有限公司	联营公司		市场价格

(13)期后事项

本公司于一九九七年二月十四日召开一九九七年临时股东大会,根据临时股东大会决议,资本公积金转增股本,每10股转增6股,与一九九五年利润分配方案,每10股送4股合并实施,即每10股增加10股。一九九七年二月二十八日为除权日(已公布)。

经以上转增股本后,相关的科目余额变动如下:

	变动前	变动后
股本	50,310,000.00	100,620,000.00
资本公积金	57,414,821.56	27,228,821.56
未分配利润	57,903,187.66	37,779,187.66

九、其他事项

1、公司首次注册登记日期:1988年10月4日;

地址:茂名市官渡中区2栋

2、报告期内变更注册的日期和地址:

本公司于1996年8月14日在茂名市工商行政管理局变更注册,法定代表人为何德先。

3、工商登记注册号码:19492214-1。

4、税务登记证号码:国税粤字440900194922141号。

5、股票上市交易所名称:深圳证券交易所。

6、本公司在上市交易所的编号:0637

7、会计师事务所名称、办公地址:羊城会计师事务所

地址:广州市大德路187号九楼

8、法律顾问名称、办公地址:广东证券律师事务所

地址:广州市德政北路407号华兴大厦8楼

茂名石化实华股份有限公司董事会

1997年4月18日

利润及利润分配表

附表二

单位:人民币元

资　产	合并		母公司	
	1995年	1996年	1995年	1996年
一、主营业务收入	318,544,018.41	388,861,124.83	303,454, 236.98	372,017,128.91
减:营业成本	259,607,384.16	310,665,242.76	246,223,505.63	295,331,026.31
销售费用	3,931,902.17	6,424,071.43	3,931,902.17	6,424,071.43
管理费用	19,777,113.31	22,060,246.02	18,334,657.16	21, 058,290.47
财务费用	5,688,426.19	3,928,319.48	5,688,426.19	3,928,319.48
营业税金及附加	2,239,301.24	1,929,813.07	2,143,676.24	1,862,232.44
二、主营业务利润	27,299,891.34	43,853,432.07	27,132,069. 59	43,413,188.78
加:其他业务利润	632,500.71	3,836,610.14	632,500.71	3,836,610.14
三、营业利润	27,932,392.05	47,690,042.21	27,764,570.30	47,249,798.92
加:投资收益	10,936,429.06	3,394,578.52	11,053,904.06	3, 652,264.52
营业外收入		11,900.00		
减:营业外支出	32,710.00	428,985.69	32,710.00	344,965.71
四、利润总额	38,836,111.11	50,667,535.04	38,785,764.36	50,557,097.73
减:所得税	6,474,839.35	8,442,869.98	6,474,839.35	8,442,869.98
减:少数股东权益	50,346.75	110,437.31		
五、净利润	32,310,925.01	42,114,227.75	32,310,925.01	42,114,227.75
加:年初未分配利润	23,000,665.42	24,211,805.47	23,000,665.42	24,211,805.47
六、可供分配的利润	55,311,590.43	66,326,033.22	55,311,590.43	66,326,033.22
减:提取法定公积金	3,231,092.48	4,211,422.78	3,231,092.48	4,211,422.78
提取法定公益金	3,231,092.48	4,211,422.78	3,231,092.48	4,211,422.78
七、可供股东分配的利润	48,849.405.47	57,903,187.66	48,849,405.47	57,903,187.66
减:提取任意公积金	9,544,600.00		9,544,600.00	
减:已分配普通股股利	15,093,000.00		15,093,000.00	
八、未分配利润	24,211,805.47	57,903,187.66	24,211,805.47	57,903,187.66

财务状况变动表

附表三

单位:人民币元

流动资金来源和运用	金额	
	合并	母公司
一、流动资金来源		
1.本年利润	42,114,227.75	42,114,227.75
加:不减少流动资金的费用和损失		
(1)少数股东本年损益	110,437.31	
(2)固定资产折旧	27,282,962.02	27,408,366.54
(3)无形资产、递延资产及其他资产摊销	189,465.06	189,465.06
小计	69,697,092.14	69,712,059.35
2.其他来源		
(1)增加长期负债	2,917,825.64	2,917,825.64
(2)收回长期投资	6,271,146.85	6,130,938.85
(3)资本净增加额	54,618,763.18	54,375,062.13
小计	63,807,735.67	63,423,823.80
流动资金来源合计	133,504,827.81	133,135,883.15
二、流动资金运用		
1.利润分配		
(1)提取法定公积金	4,211,422.78	4,211,422.78

流动资金来源和运用	金额	
	合并	母公司
(2)提取法定公益金	4,211,422.78	4,211,422.78
(3)已分配股利		
(4)少数股东权益	110,437.31	
小计	8,533,282.87	8,422,845.56
2.其他运用		
(1)固定资产和在建工程净增加额	78,096,256.27	77,142,733.52
(2)增加无形资产、递延资产及其他资产	1,074,600.06	1,074,600.06
(3)偿还长期负债	16,030,492.25	16,030,491.25
(4)增加长期投资	309,260.22	1,465,047.61
小计	95,510,608.80	95,712,873.44
流动资金合计	104,043,891.67	104,135,719.00
流动资金增加净额	29,460,936.14	29,000,164.15
流动资金各项目的变动		
一、流动资产本年增加数		
1.货币资金	10,054,016.07	11,239,703.30
2.应收帐款净额	−22,385,625.43	−21,626,115.66
3.预付货款	−278,420.00	−278,420.00
4.其他应收款	−350,240.51	−2,805,393.49
5.待摊费用	777,033.79	777,033.79
6.存货	1,822,635.26	1,467,214.63
流动资产增加净额	−10,360,600.82	−11,225,888.03
二、流动负债本年增加额		
1.短期借款	500,000.00	500,000.00
2.应付帐款	−38,795,332.98	−38,795,332.98
3.应付福利费	215,115.03	210,392.11
4.未付股利	−15,093,000.00	−15,093,000.00
5.未交税金	4,777,526.63	4,594,365.01
6.其他未交款	224,321.72	226,022.49
7.其他应付款	6,343,479.62	6,125,148.17
8.预提费用	2,006,353.02	2,006,353.02
流动负债增加净额	−39,821,536.96	−40,226,052.18
流动资金增加净额	29,460,936.14	29,000,164.15

资产负债表

附表一　　单位:人民币元

资产	合并		母公司	
	年初数	年末数	年初数	年末数
流动资产:				
货币资金	15,667,157.84	25,721,173.91	13,384,712.24	24, 624,415.54
应收帐款	61,015,865.67	38,562,881.29	59,389,674.66	37, 698,485.44
减:坏帐准备	183,047.60	115,688.65	178,169.02	113,095.46
应收帐款净额	60,832,818.07	38,447,192.64	59,211,505.64	37,585,389.98
预付帐款	22,686,629.02	22,408,209.02	22,686,629.02	22, 408,209.02
其他应收款	13,321,429.13	12,971,188.62	16,936,403.87	14,131,100.38
待摊费用	745,088.92	1,522,122.71	745,088.92	1,522,122.71
存货	36,357,854.23	38,180,489.49	34,191,150.44	35,658,364.47
流动资产合计	149,610,977.21	139,250,376.39	147,155,490. 13	135,929,602.10
长期投资:				
长期投资	30,945,715.49	24,983,828.86	32,997,693.41	28, 331,805.17
固定资产:				
固定资产原值	75,571,287.11	159,742,493.45	71,944,582.86	155,162,266.45
减:累计折旧	27,963,704.60	55,246,666.62	25,859,428.18	53,267,794.72
固定资产净值	47,607,582.51	104,495,826.83	46,085,154.68	101,894,471.73
在建工程	45,955,645.60	39,880,695.53	45,955,645.60	39, 880,695.53
固定资产合计	93,563,228.11	144,376,522.36	92,040,800.28	141,775,167.26
无形资产及递延资产:				
递延资产	435,149.60	1,320,284.60	435,149.60	1,320,284.60
无形资产及递延资产合计	435,149.60	1,320,284.60	435,149.60	1,320,284.60
资产总计	274,555,070.41	309,931,012.21	272,629,133.42	307,356,859.13
负债及股东权益				
流动负债:				
短期借款	9,500,000.00	10,000,000.00	9,500,000.00	10,000,000.00
应付帐款	80,049,130.19	41,253,797.21	80,049,130.19	41, 253,797.21
应付福利费	1,570,433.23	1,785,548.26	1,533,455.30	1,743,847.41
未付股利	15,093,000.00		15,093,000.00	
未交税金	−3,149,262.45	1,628,264.18	−3,068,887.80	1,525,477.21
其他未交款	339,109.69	563,431.41	337,408.92	563,431.41
其他应付款	16,890,688.22	23,234,167.84	16,114,198.74	22,239,346.91
预提费用	1,462,477.45	3,468,830.47	1,462,477.45	3,468,830.47
一年内到期的长期负债				
流动负债合计	121,755,576.33	81,934,039.37	121,020,782.80	80,794,730.62

资　　产	合　并		母公司	
	年初数	年末数	年初数	年末数
长期负债:				
其他长期负债	20,131,703.33	7,019,036.72	20,131,703.33	7,019,036.72
长期负债合计	20,131,703.33	7,019,036.72	20,131,703.33	7,019,036.72
负债合计	141,887,279.66	88,953,076.09	141,152,486.13	87,813,767.34
少数股东权益:				
少数股东权益:	1,191,143.46	1,434,844.33		
股东权益:				
股本	50,310,000.00	50,310,000.00	50,310,000.00	50,310,000.00
资本公积	11,442,008.81	57,414,821.56	11,442,008.81	57,414,821.56
盈余公积	45,512,833.01	53,915,082.57	45,512,833.01	53,915,082.57
其中:公益金	11,538,975.83	15,631,550.11	11,538,975.83	15,631,550.11
未分配利润	24,211,805.47	57,903,187.66	24,211,805.47	57,903,187.66
股东权益合计	131,476,647.29	219,543,091.79	131,476,647.29	219,543,091.79
负债及股东权益总计	274,555,070.41	309,931,012.21	272,629,133.42	307,356,859.13

茂名石化实华股份有限公司 1997 年度中期报告

一、财务报告(未经审计)

(一)财务报表

简化的资产负债表

1997 年 6 月 30 日　　　　金额单位:元

项目	年初数(母公司)	年初数(合并)	期末数(母公司)	期末数(合并)
资产				
流动资产	135,929,602.10	139,250,376.39	146,936,948.03	149,427,085.30
长期投资	28,331,805.17	24,983,828.86	33,331,805.17	29,983,828.86
固定资产净值	101,894,471.73	104,495,826.83	108,066,808.47	110,512,943.23
在建工程	39,880,695.53	39,880,695.53	33,955,645.60	33,955,645.60
无形资产及递延资产	1,320,284.60	1,320,284.60	1,326,690.90	1,856,816.95
其他长期资产				
资产总计	307,356,859.13	309,931,012.21	323,337,419.78	325,453,841.55
负债				
流动负债	80,794,730.62	81,934,039.37	66,381,617.50	67,017,157.66
长期负债	7,019,036.72	7,109,036.72	7,019,036.72	7,109,036.72
负债合计	87,813,767.34	88,953,076.09	73,400,654.22	74,036,194.38
少数股东权益		1,434,844.33		1,480,881.61
股东权益				
股本	50,310,000.00	50,310,000.00	100,620,000.00	100,620,000.00
资本公积	57,414,021.56	57,414,821.56	27,228,821.56	27,228,821.56
盈余公积	53,915,082.57	53,915,082.57	59,948,817.33	59,943,817.33
其中:公益金	15,631,550.11	15,631,550.11	18,670,917.49	18,670,917.49
未分配利润	57,903,107.66	57,903,187.66	62,094,126.67	62,094,126.67
股东权益合计	219,543,091.79	219,543,091.79	249,936,765.56	249,936,765.56
负债及股东权益合计	307,356,859.13	309,931,012.21	323,337,419.78	325,453,841.55

简化的损益表

1997 年上半年　　　　单位:元

项目	上年同期(母公司)	上年同期(合并)	97 年 1－6 月(母公司)	97 年 1－6 月(合并)
主营业务收入	180,579,455.11	187,287,617.47	215,803,491.65	222,592,052.33
主营业务利润	23,488,565.54	23,577,188.28	31,584,315.60	31,505,705.87
其他业务利润	279,955.17	279,955.12	1,568,280.21	1,568,280.21
投资收益	379,360.00	317,324.08	3,205,077.26	3,340,894.28
营业外收支净额	－57,880.71	－57,881.71	－20,159.12	－20,159.21
利润总额	24,090,000.00	24,116,586.77	36,336,513.95	36,394,721.24
少数股东损益		26,586.77		－58,207.79
所得税	4,649,700.25	4,649,700.25	5,942,840.18	5,942,840.18
净利润	19,440,299.75	19,440,299.75	30,393,673.77	30,393,673.77

(二)财务指标

项目	1997 年 1－6 月	上年同期
每股收益	0.30 元	0.39 元
净资产收益率	12.16%	12.18%
每股净资产	2.48 元	3.17 元

注:本期每股收益和每股净资产是以当期期末公司总股本 10062 万股计算(上年同期总股本为 5031 万股,若按 7 月 17 日除权后的股本 13080.6 万股计算,每股收益为 0.23 元)。

(三)财务报表附注

1.本期财务报告所采用的会计政策和会计方法与 1996 年度财务报告所采用的会计政策和会计方法相互一致。

2.合并报表原则

公司对 25%以下股权的长期投资采用成本法核算;对拥有 25%至 50%股权的长期投资采用权益法核算;对拥有 50%以上股权的长期投资采用合并报表方式核算。

3.对比余额变动较大的原因

(1)长期投资比期初增加 20%

主要是购买国库券。

(2)流动负债比期初降低 18.21%

主要是其他应付款降低较大。

(3)递延资产比期初增加 40.64%

主要是增加了部分长期待摊费用。

(4)股本增加 100%

主要是公司于 1997 年 2 月 14 日召开临时股东大会,大会决议用资本公积金转增股本,每 10 股转增 6 股,与 1995 年利润分配方案每 10 股送 4 股合并实施即每 10 股增加 10 股。1997 年 2 月 28 日为除权日。

(5)资本公积减少 52.58%

主要是公司于 1997 年 2 月 14 日召开临时股东大会,大会决议用资本公积转增股本,每 10 股转增 6 股,即转增 30186000 股,减少资本公积 3018.6 万元。

(6)主营业务收入比去年同期增加 25.72%,主要是今年公司各项产品的产销量增加。

(7)其他业务利润比去年同期增加 460.19%

主要是今年增加了为茂化乙烯公司加工丙烯的收入。

(8)投资收益比去年同期增加 952.83%

主要是核算形式变化,去年上半年未成为上市公司投资收益均在年末入帐。

(9)营业外支出比去年同期减少 65.17%

主要是今年上半年各项赞助款项支出减少。

(10)关联企业情况

控股公司

茂名石化公司占本公司股权16.17%,公司主要原料动力由其供应。

联营企业	投资比例	交易金额	交易内容
江门三角洲特种石化联合公司	70%		合并报表
华电石化联营公司	50%	2075万元	购买本公司产品
华茂石化联营公司	50%	2416万元	购买本公司产品
华榕石化联营公司	50%	2145万元	购买本公司产品
华高石化联营公司	50%	无交易	
珠海卓华石化联营公司	50%	无交易	
茂名金鹰印铁制罐有限公司	45%	无交易	
美辉塑胶有限公司	40%	无交易	
华欣石化联营公司	40%	无交易	
华新燃气具有限公司	30%	133万元	购买本公司产品
中山爱丽特燃气具厂	20%	无交易	

公司与关联企业间的交易均以市场价格进行。

二、经营情况与回顾

(一)上半年经营情况的回顾

1997年上半年实现销售收入22259.21万元,比去年同期增长25.72%,实现利润总额3639.47万元,比去年同期增长50.91%,主要产品产销率104.2%,主营产品聚丙烯产量和三蒸馏尾气回收装置处理量分别比上年同期增长50%和45%,公司生产经营势态良好,经济效益持续提高。

1.加快技术改造步伐,创造新的利润增长点

聚丙烯生产装置和蒸馏尾气回收装置是公司的龙头生产装置,这两套装置的产品销路好,经济效益显著。为了增加主营收入,公司坚持走少投入、快产出、多产出的内涵拓展路子,从年初开始,先后对这两套装置进行扩建改造,改造后聚丙烯装置的生产能力由1.4万吨/年扩大到2.4万吨/年,蒸馏尾气回收装置年处理量由3.5万吨扩大至4.5万吨。公司全体职工群策群力,艰苦拼搏,在不影响原生产装置正常生产情况下,大胆、细致地施工,使这两项改造工程进展顺利。到六月底,聚丙烯改造工程已经竣工,其中有两个生产釜已于6月21日投料生产,并生产出合格产品,另两个生产釜正在投产试运中;蒸馏尾气回收装置改造正在施工之中,预计三季度可投产。这两项技术改造工程的竣工投产,将为公司创造可观的经济效益,全年利润将上一个新台阶。

2.挖掘生产装置潜力,向强化管理要效益

公司两套聚丙烯装置原为1.4万吨/年的生产能力,去年通过开展装置达标活动,创造年产量1.627万吨的历史最高纪录。在此基础上,今年进一步深化达标活动,采取多种激励措施,克服聚丙烯扩建给生产带来的困难,做到生产、扩建两不误,1-6月份,共生产聚丙烯10117吨,比去年同期增长50%。蒸馏尾气回收装置通过挖潜增效,上半年完成处理量19300吨,比去年同期增长45%。中转油库对外加油创利134万元,比去年同期增长130.5%,精细化工厂和溶剂油厂的生产也比去年有较大改观。公司的主要产品产量和各项经济技术指标均创历史最好水平。

(二)下半年工作重点和措施

1.经公司有关部门充分论证,并经公司1996年度股东大会审议通过,公司决定将聚丙烯装置的生产能力由目前的2.4万吨/年再扩建到4.4万吨/年。下半年抓紧做好该项目的委托设计、设备订购、组织施工和生产准备等各项工作。

2.抓紧抓好尾气回收装置扩建改造,确保七月底峻工投产。

3.加强各项专业管理,落实经济承包责任制,健全成本目标考核体系,降低成本费用。配合聚丙烯产量增加,大力发展终端用户,扩大产品覆盖面。

三、重大事件说明

1.公司两套聚丙烯装置扩建工程由年初开始至六月份峻工,将在七月份正常生产。经过扩建改造后,聚丙烯装置设计能力由1.4万吨/年增加至2.4万吨/年,实际能力可达到3.6万吨/年。

2.按照国务院三部委5月21日联合发布的《严禁国有企业和上市公司炒作股票》的要求,公司认真进行了自查;目前,我公司未持有已上市流通股票及未有以公司以外名义开列的股票帐户。公司今后如果从事股票投资,将严格遵守国家政策法规和本公司章程的规定。

3.公司1996年上半年没有发生重大诉讼、仲裁事项。

4.公司本年度中期不分红。

四、发行在外股票的变动和股权结构的变化

1.本公司1997年2月28日实施了1995年度分红每10股送4股并转增6股的分配方案,法人股、社会公众股同比例增长。

2.股权结构情况　　　　数量单位:万股

	期初数	本次变动增减(+、-)					期末数
		配股	送股	公积金转股	其他	小计	
(一)尚未流通股份	3310.86		1324.34	1986.52		3310.86	6621.72
1.发起人股份	813.60		325.44	488.16		813.60	1627.20
2.定向法人股	2497.26		998.90	1498.36		2497.26	4994.52
(二)已流通股份	1720.14		688.06	1032.08		1720.14	3440.28
境内上市的人民币普通股	1720.14		688.06	1032.08		1720.14	3440.28
(三)股份合计	5031		2012.40	3018.60		5031	10062

3.主要股东持股情况

股东名称	持股数(万股)	占总股本比例(%)
茂名石化公司职工互助会	4889.63	48.59
茂名石油化工公司	1627.20	16.17
茂名金华财务发展公司	104.88	1.04
金信电子	39.11	0.39
缺少资料	27.25	0.27
深圳百利鑫实业股份有限公司	18.28	0.18
陈安琪	14.01	0.14
缺少资料	10.80	0.11
深圳百利鑫房地产咨询有限公司	9.40	0.09
新宏实业	7.00	0.07

五、股东大会简介

(一)本公司1997年2月14日在茂名石化公司迎宾大厦召开了公司1997年临时股东大会,出席会议的股东54人,代表公司股份3482.42万股,占本公司总股本5031万股的69.22%,经大会审议表决通过了如下决议:

1.审议通过了关于资本公积金转增股本的议案。即每10股转增6股;

2.审议通过了关于1995年度利润分配方案和资本公积金转增股本一并实施的议案。即1995年度利润分配为每10股送4股,资本公积金转增股本为每10股转增6股。两项合并实施为每10股增加10股。

(二)本公司1996年度股东大会于1997年5月17日在茂名石化公司迎宾大厦召开。参加会议股东57人,代表公司股份6516.82万股,占公司总股本10062万股的64.76%。会议审议并通过了如下决议:

1.审议通过了1996年度董事会工作报告;

2.审议通过了1996年度监事会工作报告;

3.审议通过了1996年度财务决算及1997年度财务预算方案;

4.审议通过了1996年度利润分配及公积金转增股本方案,即1996年利润暂不分配;公积金以10:3比例转增股本;

5.同意关于修改公司章程的方案;

6.同意1997年度发展项目的报告。

六、备查文件

1.载有董事长亲笔签名的中期报告原本

2.公司1996年度股东大会材料

查阅地址:茂名市官渡路162号公司证券部

茂名石化实华股份有限公司

1997年8月8日

山东淄博华光陶瓷股份有限公司

山东淄博华光陶瓷股份有限公司简介

一、公司概况

一个开放的充满生机和活力的综合性、国际性的大型企业。

多年来,华光陶瓷的决策者以高瞻远瞩的战略眼光和脚踏实地的创业精神,以雄厚的经济、技术实力,步入世界经济大舞台,发展成为总资产4.34亿元,年出口创汇1800万美元的立体化、多元化、科工贸为一体的大型股份公司,是全国日用陶瓷行业第一家经国家体改委确认的社会募集公司,A股股票成功上市,为企业加速发展创造了良好环境和机遇。

华光陶瓷的决策者们奉行多角经营战略,一个集陶瓷、造纸、彩印包装、生物工程、标准原料、化工等为一体的多元产业群已经崛起。

华光人以超前的意识,着眼于全球消费热点,开发生产的色釉咖啡杯,餐、茶具,啤酒具,手绘彩陶等"华光"牌系列颜色釉精炻器产品是山东省唯一陶瓷名牌,有600多个造型,108种釉面颜色,具有清新典雅、超凡脱俗之韵律,处处洋溢着强烈的时代气息,年出口量超过8000万件,畅销美国、澳大利亚、德国和香港等20多个国家和地区。频获国家优秀新产品奖的工业瓷、艺术瓷、园林陶瓷等产品,亦是独树一帜,各领风骚,成为国际、国内的抢手货。造纸发展迅猛,从白手起家三年发展为八条生产线,生产新闻纸、板纸、中高强瓦楞纸、涂布纸、卫生纸、胶带纸等十几个品种,年产量达到5万吨。彩色印刷生产线在淄博市独家引进德国具有国际先进水平的五色罗兰胶印生产线与具有国内领先水平的紫外线上光机、全自动彩印覆面机、电脑控制自动模切机等配套设备组成了先进的技术装备,可以为陶瓷、酒类、食品、医药等行业的产品印制精美的包装,还可印制高档画册,样本等印刷品,年产彩色纸制品1600万平方米,出口运输包装制品750万平方米。

华光陶瓷强大的具有开发、应用能力的科技攻关队伍,高素质的适应性强的营销队伍,优秀的科学严谨的管理队伍凝聚起6000名员工的力量,以高品质的产品、卓著的信誉与您共同适应和创造市场。

华光陶瓷始终关注着您的事业,满足您的需要是华光人的最高追求。

公司法人代表苏同强是上市公司中最年轻的董事长,总经理,恭候海内外朋友光临指导,愿我们真诚合作,携手共进。

崇尚健康　　尽显光华

地址:山东省淄博市张店区湖田镇湖兴路6路
邮编:255076
电话:0533—2011798　　2014346 传真:0533—2011404

二、法人介绍

创出个陶瓷名牌
——记全国上市公司最年轻的企业家
山东淄博华光陶瓷股份有限公司
董事长,总经理:苏同强

山东淄博华光陶瓷股份有限公司董事长,总经理苏同强今年35岁,1米8的个头,自然卷曲的头发,明亮有神的眼睛,浑身洋溢着艺术家和学者的气质。一经深入交谈和沟通,用一位教授的话说,他具有新时代企业家的风范,经营企业有独特的见解,冲破了传统的束缚。认识他的人都会感觉到这个年轻人的魅力。

1996年11月28日,华光人难忘的日子,作为全国上市公司最年轻的老总——苏同强敲响了"华光陶瓷"股票在深圳证券交易所上市的钟声,华光从此开拓了更大发展的空间。

他从基层开始,由工人、班组长、车间主任、党办主任、副厂长、党委书记、厂长等一个一个岗位锻炼出来,在每一个岗位他都是最年轻的,都创造了不平凡的业绩。1990年他就被任命为当时全国最大的陶瓷厂——博山陶瓷厂的副厂长,1992年被任命为淄博工业陶瓷厂的党委书记兼第一副厂长,实业总公司总经理,自1995年4月起担任华光陶瓷股份公司董事长兼总经理,成为全国上市公司中最年轻的董事长、总经理。短短几年的时间,就已经积累了管理三个大型企业的经验,1997年初又被任命为山东省陶瓷公司副经理,党委委员。十几年来,他始终不断地加强学习,解放思想,力主改革,真抓实干,以强烈的事业心,高度的政治责任感和执着的敬业精神,事事争第一的劲头,为振兴山东陶瓷做出了应有的贡献,得到党和人民的肯定,先后获得山东省"五四"青年奖章,山东省优秀青年工作者、山东省一轻工业明星企业家,山东省优秀共产党员,淄博市十大杰出青年、十大杰出青年企业家和淄博市优秀政工干部等荣誉称号。

年轻的苏同强,便同班子成员一道,抓住影响企业发展的制约因素和关键问题,认真分析企业面临的挑战和发展机遇,高瞻远瞩,科学,正确,果断决策,确立并实施名牌带动、资本运营、多元发展三大战略,使一个当年只生产腐乳坛子,山东省陶瓷系统"小弟弟"的小型企业迅速发展为中国最大的日用陶瓷企业。

苏同强对全国陶瓷的历史和现状作了深刻的透视后指出:随着社会的进步,人民生活水平的提高,名牌意识愈来愈深入人心。但是陶瓷作为中国历史悠久的传统产品,尚没有形成人们共识的名牌,因此,他率领全体员工实施了名牌带动战略,发起了向陶瓷名牌的冲刺。在职工中强化了市场意识,明确提出了"生产无定单产品就是生产次品",提出了"谁砸华光的牌子,就先砸谁的饭碗"的口号,加强产品质量的监督检查工作力度,保证了产品的实物质量,提高了华光的名牌形象和声誉;实行了质量否决权,使质量与分配挂钩,拉开了分配档次,激励了职工提高产品质量的积极性和创造性,使公司同类出口产品质量几年来一直居全国同行业第一;开展了以"抓质量,强管理,增效益"为主题的各种形式的技术培训,提高了职工的技术基础素质;确立了符合市场要求、高于国家标准的华光质量标准,依此来制订工艺规程和操作规程;建立健全了自原料进厂直到成品出厂和售后服务全过程的质量保证体系、各项检查制度和质量检验的原始记录及质量档案。不懈的努力,换来丰硕的成果。"华光"牌产品现已生产600多个品种,150多种颜色。该产品荣获国家科技进步三等奖、国际博览会金牌,山东省陶瓷唯一名牌产品称号,全国轻工博览会银奖、金奖,成为国际信得过产品,在美国免检,出口复检合格率全部达到95%以上,经省、市两级商检局的考核和鉴定,跨入商检一类企业行列。咖啡杯年出口量、市场覆盖面、同类产品质量居世界第一位,确立了陶瓷咖啡杯世界霸主地位。

苏同强认为,企业结构要注重多元化、综合性,弱化风险;但也要注意集中和规模化,更好地发挥集团优势。为此要实施多元化发展战略,加快企业结构调整。1997年投资1800万元的彩印工程正式投入运行,投资2300万元的中高强瓦楞纸生产线已经竣工投产,彩印达到年产1140万平方米生产能力,造纸达到6万吨生产能力,产品结构向高档化,高附加值方向发展,国家经贸委批准的投资6000万元,年产600万件高档骨质瓷的"双加"工程正式启动……

遵循"追求企业效益最大化和对股东高度负责"的宗旨,苏同强强调指出,创产品名牌的同时,还要创出名牌企业,全面展现"华光陶瓷"的崭新风貌。他在进行了广泛的调查研究和结合企业实际深入研讨后,果断提出,并于95年底实现了由工厂制管理向公司制管理转度,以资产为纽带,以专业为基础,建立了母子公司管理体制,向建立现代企业制度迈出了决定性的一步,奠定了企业强劲发展的坚实基础,经过一年来的运作,取得了明显的效果。一是企业运行机制更趋完善,公司上层五部一室加强了宏观调控、管理和监督职能,各子(分)公司相互协调,加强合作,适应了市场经济的需要。二是企业活力大增,新的管理机制按照市场经济的内在规律运转,极大的增强了企业抗御市场风险的能力。三是充分调动了各方面的积极性,各子(分)公司与公司签订了资产经营目标责任书,明确了资产经营责任,从而成为市场竞争的主体,调动了发展企业,提高经济效益的积极性,形成了八仙过海,各显其能,千军万马闯市场的良好机制和崭新局面。

奋斗无止境,创业现风采,苏同强在工作中带领广大干部职工发扬艰苦奋斗的传统,坚持"严,快,实"的工作作风,使企业保持了强劲的发展势头和良好的运行态势。在资金运用方面,他把大量资金用于技改项目和生产经营,几年来投入技术改造达3亿多元,增强了企业抗御市场风险的

能力。而对于非生产经营性资金的运用,则达到了斤斤计较的地步,如企业由20年前的300多万元资产发展到现在的4.68亿元,而我们的办公楼仍是20年前建成的,到过华光的记者说,简陋的办公条件与飞速扩展的企业规模的对比就是华光创业者艰苦奋斗的鲜明写照。

市场竞争根本还是人才的竞争,苏同强时刻把培养、引进人才放在重要位置。几年来通过外引内培,积极引进培养专业技术人才,公司现在拥有各类专业技术人才441名,占职工总人数的22.62%,比1989年提高3.49倍。专业人员中具有高级职称的16名,中级职称的70名,占全体专业人员的19.50%,构成了合理的人才结构。现拥有享受国家政府津贴的专家5名,省级拔尖人才3名,极大地提高了职工队伍的整体技术基础素质。

自古忠孝难两全。苏总全身心投入事业之中,忘却了作为儿子、丈夫和父亲的职责。母亲病重住院,他难得抽时间探望,母亲理解儿子,嘱咐儿子以工作为重,不要分心;母亲病危,儿子却正在国外为企业开拓国际市场奔忙,母亲嘱咐别人不要告诉他,以免影响大事;直至母亲去世,他都未能与母亲见上最后一面。平时他工作到深夜,家庭的事情根本顾不上,当有人问他的儿子"你父亲是否领你上公园"时,回答是"连想都不想"。

苏总人生的信念是:"在劳动中取得欢乐,作为报酬;在奋斗中夺取胜利,作为享受。"

一九九七年九月三日

山东淄博华光陶瓷股份有限公司股票上市公告书

一、释义

在本上市公告书中,除非文义另有所指,下列简称具有如下意义:

本公司: 指 山东淄博华光陶瓷股份有限公司
董事会: 指 山东淄博华光陶瓷股份有限公司董事会
证监会: 指 中国证券监督管理委员会
国家体改委: 指 中国经济体制改革委员会
省证管办: 指 山东省证券监督管理办公室
省体改委: 指 山东省经济体制改革委员会
市政府: 指 山东省淄博市人民政府
市体改委: 指 山东省淄博市经济体制改革委员会
原企业: 指 淄博张店陶瓷厂
深交所: 指 深圳证券交易所
元: 指 人民币元
股票: 指 山东淄博华光陶瓷股份有限公司股票

二、绪言

经中国证券监督管理委员会证监发字〔1996〕322号文复审通过,根据深圳证券交易所深证市字〔　　〕第　　号《上市通知书》,本公司股票将于1996年11月28日(星期四)在深圳证券交易所挂牌交易。本公司总股份为5174万股,可流通股份为1500万股,证券编码:0655;股票简称:华光陶瓷。

本公告书依据《股票发行与交易管理暂行条例》、《深圳证券交易所业务规则》以及国家其它有关证券管理的规定,为本公司股票上市之目的而向社会公众提供各种资料。

本公司董事长及各位董事深信本上市公告书未遗漏本公司任何重大事项,亦不存在任何误导和虚假成份。董事会愿就本公告书所载资料的真实性、准确性、完整性负共同及个别责任。本公告书的内容由本公司董事会负责解释。

三、本公司概况

(一)本公司基本资料

1. 公司法定名称:山东淄博华光陶瓷股份有限公司
   公司英文名称:Shandong ZiBo Huaguang Ceramics Co.Ltd,.
2. 公司注册地址:山东省淄博市张店区湖田镇湖光路6号
   邮政编码:255076
3. 公司法定代表人:苏同强
4. 经营范围:
   日用陶瓷、工业陶瓷、艺术陶瓷、包装纸箱、板纸、化工产品的生产、销售。
5. 公司实际主营业务收入及构成:包括陶瓷和纸业。

单位:万元;比例:%

项目	1996年1-3月		1995年		1994年		1993年	
	金额	比例	金额	比例	金额	比例	金额	比例
陶瓷	6491.39	79.8	6999.57	73.3	7604.10	91.4	5523.49	100
纸业	1643.17	20.2	2543.98	26.7	715.53	8.6		
合计	8134.56	100	9543.55	100	8319.63	100	5523.49	100

6. 经营方式:生产、销售。
7. 职工构成:

截止1996年8月30日止,公司职工总数为1733人,大专以上文化程度238人,占总人数的17.3%,平均年龄29岁。其中管理人员151人,占总人数的8.71%;各类专业技术人员314人,占总人数的18.1%;技术工人1126人,占总人数的64.97%。

1995年公司离退休职工人数为272人,预计1996和1997年人数为292人和297人,1995年离退休职工费用支出235万元,预计1996年和1997年为256万元和272万元。

8. 工商变更登记与税务登记。

1989年4月4日,经淄博市体改委"淄体改字〔1989〕第7号"文批准,在原企业的基础上改组成立"山东淄博华光陶瓷(集团)股份有限公司";1989年6月20日在淄博市工商行政管理局注册登记,注册资本:1054.27万元,工商企业营业执照编号:16410030－7,税务登记号为370300520210118。

1990年6月18日,本公司扩股1100万元后,在市工商行政管理局办理变更注册登记手续,注册资本:2154.27万元,注册号为16410030－7,税务登记号为:370300520210118。

1993年10月9日,本公司增扩法人股1,053万元后,在市工商行政管理局办理变更注册登记手续,注册资本:5174万元,注册号为:16410030－7,税务登记号为:370300520210118。

1996年9月28日,本公司根据国家体改委规范化要求,在山东省工商行政管理局办理了变更注册登记手续,公司更名为"山东淄博华光陶瓷股份有限公司",注册资本:5174万元,注册编号为:16309798－6－1,税务登记号为:370300520210118。

(二)公司简介:

本公司是我国首批股份制试点企业之一,也是我国日用陶瓷行业第一家经国家确认的股份制试点企业。本公司自1989年股份制试点以来,生产规模和经济效益得以显著提高,已从组建初期一个名不见经传的小型陶瓷企业发展成为以陶瓷生产为核心、造纸、彩印相关行业并举的大型企业。到1995年,公司年产日用陶瓷6463万件,造纸1.5万吨,彩印1.1万平方米。公司的总资产现已达到3.29亿元,净资产1.15亿元,分别是组建初期的12.55倍和7.58倍,其主要经济指标列山东省同行业第一位。公司1995年的销售收入、利税、利润、出品瓷产量、出口创汇、劳动生产率、职工人均收入均居全国同行业前列。1989年被评为山东省陶瓷行业首家国家二级企业,公司的管理水平和经济效益跨入全国同行业先进行列;1990年获轻工部质量管理奖;1990年被评为轻工业科技进步先进单位;1991年被授予"七五期间全国轻工业出口先进单位";1991年评为节约能源国家一级企业;1994年获"中国轻工业出口创汇优秀企业奖";1992年被评为全国环境保护先进企业称号。

(三)公司历史沿革

本公司的前身是淄博张店陶瓷厂,1961年定名为"公私合营张店区陶瓷厂",1962年4月由区属企业改为市属企业,1966年更名为"张店陶瓷厂"。1989年4月4日经淄博市体改委"淄体改字〔1989〕第7号"文批准,在原企业的基础上整体改组为山东淄博华光陶瓷(集团)股份有限公司,同时经中国人民银行淄博市分行"〔89〕淄银发字第152号"文批准向社会及本企业职工发行股票150万元。

1990年3月由第二届董事会拟定并经临时股东代表大会通过,同时经淄博市股份制试点工作领导小组"淄股领字〔1990〕6号"文批准,公司向社会公众扩股1100万元。1992年12月,由公司第五次董事会会议拟定并经第四届股东代表大会通过,公司送股250万元。

1993年10月,经淄博市体改委"淄体改字〔1993〕第47号"文批准,公司增扩法人股1053万元,并进行了股份制规范化试点工作。

1993年12月,公司经国家体改委"体改生〔1993〕252号"文同意,被确认为向社会公开发行股票的股份制试点企业。

1996年4月,由公司第九次董事会议拟定,并经第八届股东大会通过,公司根据国家体改委规范化要求进行了公司名称变更登记,更名为

"山东淄博华光陶瓷股份有限公司"。

(四)本公司组织机构

山东淄博华光陶资股份有限公司组织结构图

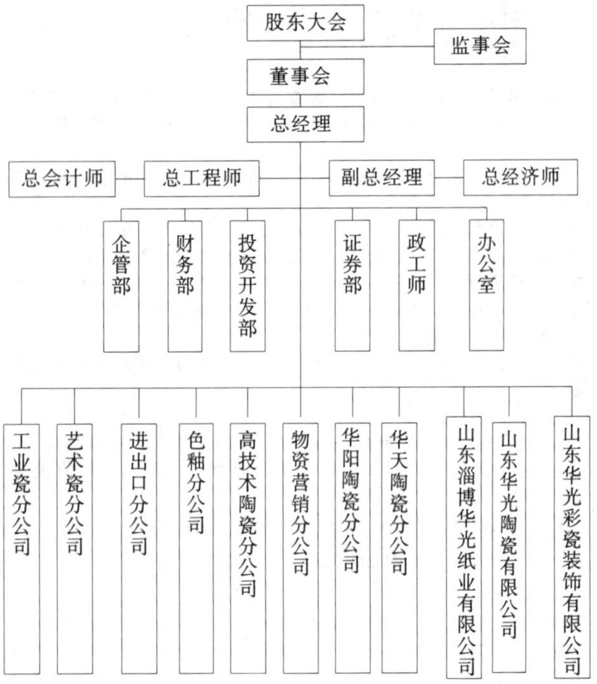

(五)公司投资:

1、公司拥有权益的下属企业情况

名称	注册地址	注册资本	成立时间	持股比例	法定代表人	经营范围
1. 山东淄博华光纸业有限公司	张店区湖田银湖南路	700万元	1994年4月	60%	刘兴	生产经营高、中档牛皮纸、挂面版纸
2. 山东华光陶瓷有限公司	淄博市张店区湖田镇	1500.00万元人民币(中外合资)	1989年3月21日	55%	苏同强	生产销售颜色釉咖啡杯及其他陶瓷制品
3. 山东华光彩瓷装饰有限公司	淄博市张店区湖田镇	24万美元(中外合资)	1992年9月28日	75%	苏同强	生产经营陶瓷包装制品及陶 瓷装饰材料

(六)1993 年公司进行规范时,依照淄博市国资局淄国资企字〔1993〕68 号文,将其非经营性资产 1121.98 万元从股份公司剥离,组建成山东张店陶瓷厂生活服务公司进行经营管理。该服务公司由本公司代管。

(七)公司用电权:

根据淄博市计划委员会淄计能〔1989〕104 号文件,淄博市行政区内统一执行市收取燃料补助费的厂矿、企事业单位均可购买用电权,购买用电权的单位可享受 20 年的用电权。

(八)公司的商标

本公司内销、外销产品均标以"华光牌"商标。该商标为本公司下属中外合资企业山东华光陶瓷有限公司注册,本公司与该公司签订了注册商标有偿使用许可合同,在商标注册有效期内使用。

四、股本形成及股东持股情况

(一)公司股本形成过程

1.1989 年 4 月:

经淄博市体改委"淄体改字〔1989〕第 7 号"文及中国人民银行淄博市分行"〔89〕淄银发字第 152 号"文批准,以原企业资产净值 904.27 万元按 1:1 的比例折成国家股 904.27 万元,同时向社会及本企业职工发行股票 150 万元,按面值发行,每股面值 100 元,形成总股本 10.5427 万股。其中国家股 9.0427 万股,占总股本 85.8%,社会公众股 1.5 万股,占总股本 14.2%。

2.1990 年 3 月:

由第三届董事会拟定并经临时股东代表大会通过,将每股面值 100 元折细为 1 元。同年经淄博市股份制试点工作领导小组"淄股领字〔1990〕6 号"文批准,公司向社会公众及原股东扩股 1100 万元,每股面值 1 元,按面值发行。扩股后总股本 2154.27 万股,其中国家股 904.27 万股,占总股本 41.9%,社会公众股 1250 万股,占总股本 58.1%。

3.1992 年 12 月:

由公司第五次董事会会议拟定并经第四届股东代表大会通过,公司向社会公众股股东送股 250 万元。送股后总股本为 2404.27 万股,其中国家股 904.27 万股,占总股本的 37.60%,社会公众股 1500 万股,占总股本的 62.4%。

4.1993 年 10 月:

经淄博市体改委"淄体改字〔1993〕第 47 号"文批准,公司增扩法人股 1053 万元,根据法人股入股协议发行价为每股 1.6 元。同时,由于公司在设立时未进行资产评估,1992 年向社会公众送股 250 万股,国家股未送,因此根据淄博市国有资产管理局淄国企字〔1993〕第 60 号文,将评估后的经营性国有资产 3278.5 万元,重新设置折为 2621 万股,其差额 657.52 万元列入资本公积金。这样,公司总股本为 5174 万股,其中国家股为 2621 万股,占总股本 50.66%,法人股为 1053 万股,占总股本的 20.35%,社会公众股 1500 万股,占总股本的 28.99%。

5. 历次股本变化情况表(单位:万股)

	1989 年 4 月	1990 年 3 月	1992 年 12 月	1993 年 10 月
总股本:	1054.27	2154.27	2404.27	5174
国家股:	904.27	904.27	904.27	2621
法人股:	–	–	–	1053
社会公众股:	150	1250	1500	1500

6. 本公司 1993 年 10 月份之后,股本未发行变动。

(二)股本结构:(1996 年 9 月)

总股本:5,174 万股

其中:国家股:2,621 万股,占总股本 50.66%;

法人股:1,053 万股,占总股本 20.35%;

社会公众股:1,500 万股,占总股本 28.99%。

(三)前 10 名股东持股情况

股东名称	持股数(万股)	占总股数比例(%)
1. 淄博国有资产管理局	2621	50.66
2. 淄博齐惠陶瓷有限公司	525	10.15
3. 淄博湖岭企业集团有限公司	202	3.9
4. 淄博市张店华丰实业有限公司	150	2.89
5. 淄博周村长石石英矿	100	1.93
6. 淄博云鹤彩色水泥有限公司	30	0.58
7. 淄博中亚化工有限公司	30	0.58
8. 淄博振华工贸公司	16	0.31
9. 朱孔志	23.26	0.45
10. 陈明吉	16	0.31

本公司股东人数为 2068 人,持有股份 1000 股以上的股东超过 1000 人。

五、股份制运作情况

(一)本公司股东大会的简况

1. 公司创立大会决议:组成第一届董事会及监事会,第一届董事会由七人组成,第一届监事会由三人组成。

2. 股东临时代表大会决议(1990 年 3 月 20 日):

与会代表同意扩股 1,100 万元,并通过了公司招股说明书。

3.1990 年度股东代表大会决议(1990 年 12 月 30 日):

通过了强化外向型机制,出口创汇增效益等决议。

4.1991 年度股东代表大会决议(1991 年 12 月 26 日):

通过了关于 1991 年股利分配的决议。

5.1992 年度股东代表大会决议(1992 年 12 月 28 日):

通过了 1992 年度向个人股东送股 250 万股的决议。

6. 第五届股东代表大会决议(1993 年 4 月 30 日):

通过了增扩法人股的决议。

7. 第六届股东大会决议(1994 年 4 月 12 日):

会议通过了关于修改后的公司章程的决议。

8. 第七届股东大会决议(1995 年 9 月 12 日):

会议通过了关于按《公司法》进行规范化运作修改后的公司章程的决议。

9. 第八届股东大会决议(1996 年 4 月 6 日):

大会审议批准了下列方案、报告:

(1)1995 年度利润暂不分配决议。

(2)关于变更公司名称的决议。

(3)关于申请社会公众股上市挂牌交易的决议。

(4)通过新修改的公司章程。

(二)历年股利分配情况

1.1989年实现利润189万元,完成承包上交利润后,本着按月计息的分配原则,向个人股东每股发放红利46.43元,共发放红股69.64万元。

2.1990年实现利润230.31万元,完成承包上交利润后,本着按月计息的分配原则,每股发放红利0.10元,共发放红利124.61万元。

3.1991年实现利润335.91万元,完成承包上交利润后,本着按月计息的分配原则,向个人股东每股发放红利0.15元,共发放红利192.56万元。

4.1992年实现利润501.81万元,经研究决定以送红股形式分红,向个人股东每10股送红股2股,共派送红股250万股。

5.1993年度公司实现净利润946.0万元,可供股东分配利润为946.0元,每股分配红利0.183元。

6.1994年、1995年,鉴于公司积极准备股票上市工作,其两年利润在提取法定公积金、公益金后未作分配,均结转至上市,经股东大会审议通过后进行分配。

六、董事会、监事会成员简历及持股情况

1.董事会成员:

苏同强:董事长兼总经理,男,33岁,大学学历。淄博市十大杰出青年,市十大杰出青年企业家。历任博山陶瓷厂副厂长,淄博工业陶瓷厂党委书记,副厂长,张店陶瓷厂厂长。持有公司股票3000股。

徐鹏程:副董事长兼副总经理,男,42岁,大学学历,经济师。历任张店陶瓷厂厂长助理,副厂长,淄川陶瓷厂党委书记。现任公司党委书记。持有公司股票3000股。

陈清亮:董事兼副总经理,男,53岁,大学学历,高级工程师。享受政府特殊津贴的中青年专家,省级拔尖人才。历任张店陶瓷厂基建科科长,副厂长。持有公司股票2000股。

李守山:董事兼副总经理,男,45岁,大专学历,经济师,历任张店陶瓷厂政工办主任,开发中心主任,厂长助理,副厂长等职。持有本公司股票2000股。

李明:董事兼副总经理,男,42岁,大专学历,经济师,曾任张店陶瓷厂调度室副主任,经营部经理,厂长助理,副厂长等职。持有股票2000股。

江素兰:董事副总经理,女,47岁,大专学历,高级经济师,历任张店陶瓷厂教育科科长,副厂长等职。持有股票2000股。

刘兴:董事兼副总经理,男,40岁,大专学历,高级工程师。市级拔尖人才。历任张店陶瓷厂基建科科长,现兼任华光纸业公司经理。持有公司股票2000股。

解有纯:董事,男,46岁,大专学历,经济师。现任周村长石石英矿矿长。持有本公司股票0股。

张洪禄:董事,男,31岁,大专学历,助理经济师。历任湖田镇水泥厂副厂长,现任淄博湖岭企业集团董事长兼总经理,党支部书记。持有股票0股。

上述人员持有本公司股票16000股,占公司总股份0.31%,其转让按有关规定进行。

2.监事会成员:

孙绪臣:监事会主席,男,40岁,大专学历,政工师。历任张店陶瓷厂教育科副科长,行政科科长,组织科科长兼宣办主任,现任党委副书记兼工会主席。持有本公司股票2000股。

孙培忠:监事,男,55岁,政工师,历任张店陶瓷厂副厂长,现任公司纪委书记。持有本公司股票2000股。

毕庆亮:监事,男,35岁,大学学历,高级工程师,历任张店陶瓷厂科研所副所长,技改办副主任,调度室主任,现任总经理助理兼投资开发部部长。持有本公司股票2000股。

邱杨:监事,男,39岁,大专学历,经济师,历任张店陶瓷厂动力科副科长,企管科科长,现任总经理助理兼彩瓷装饰有限公司经理。持有本公司股票2000股。

郝建枝:监事,女,34岁,大学学历,高级工程师,第八届全国人大代表,享受政府特殊津贴的中青年专家。历任本公司科研所副所长,现任副总工程师,色釉公司总工兼副经理。持有本公司股票2000股。

上述人员持有本公司股票10000股,占公司总股份0.02%,其转让按有关规定进行。

七、募集资金运用

(一)1989年公开发行股票募集资金使用说明

本次股票发行所募资金用于二车间80米隧道窑技术改造项目。该项目采用国内先进的保温材料和先进的工艺建造而成。项目于1989年8月动工至1990年12月提前投产,隧道窑各项指标均达到国内先进水平,使该窑由原来微利的内销陶瓷转为生产优质出口产品,出口率达到85%以上,增加公司的出口创汇能力。项目投产后,年新增精炻器咖啡杯800万件,利税达240万元,耗能下降21%,当年即收回投资。

(二)1990年募股资金运用情况说明

本次募集资金用于:

1.投资900万元,用于新建出口瓷综合成型楼一座,建成后可实现原料标准化,成型机械化,烧成连续化,成为我国日用陶瓷中一流的生产企业。

2.投资200万元进行艺术瓷车间改造并扩建36米隧道窑一座,该项目于1990年底改造,新建完成并投产。

3.投资100万元用于新上6.5吨锅炉两台,用以缓解车间用气紧张的矛盾,改善了生产车间冬天的生产条件,大幅度提高了产品质量。

4.投资250万元,新建60米微机自控节能隧道窑一条,并使二、三车间80米隧道窑及新上锅炉全部实行微机自控,实现烧成控温自动化,提高了进车数量和产品质量。

5.投资50万元进行原料车间工艺设备改造,装备大型球磨机和先进制泥设备。

(以上投资包括部分贷款)

以上项目于1991年底全部建成投产,企业的整体实力明显增强,工业总产值达到5,500万元,实现利润410万元,分别比募集前提高155.8%和105%。

以上资金的用途符合本次扩股说明书的资金运用计划。

八、经营业绩及财务状况

(一)经营概述:

本公司是我国系列颜色釉精炻器生产的最大企业。自改制以来,实施了多元发展、资本运营、名牌带动三大战略,进一步适庆了社会主义市场经济的发展需要,加快了两个转变的步伐,增强了整体竞争实力,企业规模迅速扩大,资产急剧扩张,经济结构日趋合理,企业活力显著增强。目前已由原来单一的日用陶瓷生产发展为以出口陶瓷为主导,高技术陶瓷、艺术陶瓷、工业陶瓷、彩印、包装纸箱、造纸、化工等并举的大型企业。1996年8月底企业总资产已达3.28亿元,净资产达1.14亿元,分别是组建初期的12.55倍和7.58倍;工业总产值、销售收入、利税总额、实现利润、出口创汇、劳动生产率等指标分别为组建初期的8.11倍、6.27倍、8.16倍、7.39倍、2.61倍、4.75倍;万元产值综合能耗降低58.82%。连续6年列全省同行业第一位,居全国同行业前列(据中国陶瓷工业协会陶资信息统计)。公司是淄博市重点扶持的十大企业之一。

实施多元发展战略,一是陶瓷产品向多元化、系列化发展。公司改制以后,为改变产品单一,竞争力不强的局面,研制成功系列颜色釉精炻器,形成西餐具、啤酒具、广告礼品杯等100多种釉色、600多个品种的产品系列,逐步地占领了国际市场。二是产业向多元化、相关化发展。公司改制后,随着企业规模扩大,突破了陶瓷行业局限,向相关领域发展。先后生产出包装纸箱、各种纸制品、彩印制品等,形成多元化格局。现在,陶瓷产品以系列颜色釉为主导,生产各种成套西餐具、微波炉餐具、礼品广告杯、啤酒具,各种艺术陶瓷产品,共计800多个花色品种。纸制品生产各种规格档次的箱板纸、高强瓦楞纸、卫生纸、文化纸、胶带纸等。彩印引进德国先进生产设备,可承印各种画册、广告宣传品等。包装业可生产各种规格、型号的包装纸箱。另外还可生产各种园林陶瓷、工业陶瓷产品。

实施资本运营战略,充分发挥股份制的优越条件,加快了企业由生产型—生产经营型—资本运营型的转变,以生产经营为基础,通过产权的流动和重组,盘活存量资产,运营各方资金实现保值增值,取得显著的效果。一是引资嫁接。公司利用产品和技术的优势及现有的设备和厂房与外资、地方资产嫁接,创办中外合资企业和联营企业。自1989年创办山东省同行业第一个中外合资企业起,先后建成2家中外合资企业和1家联营企业。二是增扩法人股。由于本公司出色的经营业绩,引得许多经营不善的企业主动找上门来"找靠山"、"结亲家"。这些企业都有一定量的资产,接受这些企业,加强管理,对于扩规增效可起到事半功倍的效果。三是充分发挥募集资金作用。公司公开发行股票筹集到的资金新建、改造生产设施,迅速扩大了规模,提高了经济效益。四是分离经营,非生产性资产真正分离出来,实现了向经营型转变。五是根据市场需要和公司实际情况及产品、专业不同,组建不同的分公司,进行了资产重组,优化资产配置。

实施名牌带动战略,公司以市场为导向,以提高经济效益为中心,以创建"华光"陶瓷国际名牌为重点,在激烈的市场竞争中站稳了脚跟。质量是企业的生命。在市场竞争中,一般的质量意识要升华为名牌意识,塑造名牌、宣传名牌、保护名牌、发展名牌。"华光"牌颜色釉精炻器已被评为山东省名牌产品,公司要求广大职工,一定要珍惜华光员工用心血和汗

水培养的“华光”名牌；一定要牢固树立质量第一，质量兴厂的观念；一定要以提高产品实物质量为重点，使企业的发展建立在高质量的基础上，以高质量保名牌。建立健全了质量检测保障体系，严格工艺管理，严格工艺纪律，按市场和客户要求进行质量控制。同时，改革企业内部分配制度，坚持实行质量否决权，工资收入直接与质量挂钩，只有在优质的基础上多产，才能增加收入。从而调动了员工积极性，激励员工以最佳的工作生产最优的产品。公司“华光”牌产品已经成为国际信得过产品，在美国是免检产品，占美国礼品、广告咖啡杯70%市场的份额，以高于国内其它厂家15%～20%的价格畅销国际市场。

经过改制以来的奋斗，公司有80余种新产品、多项新工艺、新技术在市级以上评比中获奖，其中60米微机自控节能隧道窑获国家科技进步二等奖，系列颜色釉精炻器和80米节能隧道窑双获国家科技进步三等奖，还获国际博览会金牌一枚，产品质量稳定提高，出口复检合格率全部达到95%以上，经过省、市两级商检局的考核和鉴定，跨入商检一类企业行列。

（二）经营业绩

本公司经深圳中诚会计师事务所深诚证审字〔1996〕第26号审计结果，前三年会计年度公司合并经营业绩如下：（单位：万元）

项目	1996(1-8)	1995	1994	1993
(1)主营业务收入	8,134.5	9,543.5	8,319.6	5,523.4
(2)主营业务利润	1,020.7	1,874.0	1,445.1	1,105.6
(3)营业利润	1,134.6	1,854.5	1,462.4	1,112.7
(4)利润总额	1,149.8	1,864.0	1,491.4	1,130.0
(5)所得税	196.8	359.6	211.0	110.4
(6)净利润	912.7	1,312.9	1,208.9	946.0

（三）财务指标（合并）

	1996年8月31日	1995年12月	1994年12月	1993年12月31日
流动比率：	1.31	1.26	1.51	2.08
速动比率：	0.71	0.66	0.93	1.39
净资产收益率：	8%	12%	13%	12%
资产负债率：	61%	59%	46%	38%
每股净资产：	2.46	2.27	1.99	1.49
应收帐款周转率：	1.56	2.25	3.19	3.11
库存周转率：	0.58	0.76	1.47	1.47
股本净利率	18%	25%	23%	18%

（四）公司的资产负债表（合并）

单位：元

项目	1996年8月31日	1995年12月31日	1994年12月31日	1993年12月31日
流动资产	223,769,205.84	182,193,635.88	103,366,391.72	70,043,276.39
长期投资	1,348,000.00	1,383,000.00	1,403,000.00	1,435,000.00
固定资产	88,926,762.73	86,111,911.64	70,310,632.61	47,552,454.58
无形资产及递延资产	14,716,304.88	14,262,122.51	14,413,383.02	6,189,650.00
资产总计	328,760,273.45	283,950,670.03	189,493,407.35	125,220,380.97
流动负债	170,303,095.64	144,778,207.60	68,500,150.29	33,608,677.87
长期负债	31,107,316.92	21,575,920.92	18,070,194.30	14,544,543.91
负债合计	201,410,412.56	166,354,128.52	86,570,344.59	48,153,221.78
少数股东权益	12,961,879.69	12,335,847.06	10,791,496.10	8,602,023.48
股本	51,740,000.00	51,740,000.00	51,740,000.00	51,740,000.00
资本公积	24,469,803.98	24,469,803.98	24,469,803.98	12,893,234.90
盈余公积	8,761,395.46	6,935,938.10	4,310,112.54	1,892,140.16
其中：公益金	4,380,697.73	3,467,969.05	2,155,056.27	946,070.08
未分配利润	29,416,781.76	22,114,952.37	11,611,650.14	1,939,760.65
股东权益合计	114,387,981.20	105,260,694.45	92,131,566.66	68,465,135.71
负债及股东权益合计	328,760,273.45	283,950,670.03	189,493,407.35	125,220,380.97

（五）资产评估情况及确认

1.1993年淄博审计师事务所对山东淄博华兴陶瓷（集团）股份有限公司的资产评估（摘录）（淄审事评字〔1993〕第23号）

截止1993年6月30日，公司全部资产帐面净值为5914.64万元，评估值为7833.21万元，其中：(1)负债1932.7万元；(2)净资产5900.51万元（含 个人股1500万元）；(3)非经营性资产1121.98万元。

以上评估结果，经淄博市国有资产管理局淄国资估字〔1993〕第61号文批准确认。

2.1994年山东审计师事务所对山东淄博华光陶瓷（集团）股份有限公司资产评估（摘录）（鲁审事评字〔1994〕第20号）

1994年2月28日申报评估全部资产帐面净值91,545,265.72元，其中：生产经营性资产帐面净值84,362,658.04元；非生产经营性资产帐面净值7,182,607.68元。

经过评估，公司全部资产现值（净值）115,935,203.72元，比帐面净值增值24,389,938.01元，增值率24.64%。其中生产经营性资产评估值为102,514,462.02元，比帐面净值增值18,151,803.98元，增值率为21.51%；非生产经营性资产评估值13,420,741.71元，比帐面净值增值6,238,134.03元，增值率为86.85%。

公司全部负债27,621,718.36元，评估资产总值扣除负债后，公司净资产88,313,485.37元，其中：经营性净资产74,892,743.66元；非生产性经营资产13,420,741.71元。

评估机构：山东省审计师事务所（公章）

评估人员：高光普　万莉

1994年4月8日

以上评估结果经山东省国有资产管理局鲁国资字〔1996〕第113号确认。

九、公司债项

根据深圳中诚会计师事务所深诚证审字〔1996〕第026号《关于山东华光陶瓷股份有限公司申请股票上市的审计报告》，截止到1996年8月31日，公司总负债201,401,412.56元，其中流动负债170,303,095.64元，长期负债31,107,316.92元。（附主要贷款单位及贷款）

单位：万元

贷款单位	金额		债务期间	利率（月）‰	抵押或担保	其它条件限制
	短期	长期				
工行淄博分行	700		96.3—96.12	10.06	担保	无
工行淄博分行	620		96.1—96.9	10.065	担保	无
工行淄博分行	700		96.6—97.6	10.065	担保	无
工行山东分行	630		95.9—96.9	12.06	担保	无
工行张店支行	500 *		96.4—97.4	12.45	担保	无
工行张店支行		1000	96.8—99.8	9.75	担保	无
工行张店支行		1000	96.7—99.12	12.45	担保	无

注：一年内到期的长期负债

截止1996年8月31日本公司为下列单位贷款提供提保，而形成或有负债。

被担保单位	担保金额
淄博第二毛纺厂	100万（美元）

除上述债项外本公司概无任何其他贷款银行透支债项。

十、盈利预测

根据深圳中诚会计事务所深中诚证审字〔1996〕第027号《盈利预测审阅报告》，本公司1996年9—12月、1997年溢利预测如下：

2.盈利预测表

山东淄博华光陶瓷股份有限公司

1996年9月—12月及1997年度溢利预测表

项　目	1996年 1-8月已审数	1996年 9-12月预测数	合计数	1997年度
一、主营业务收入	8,134.56	5,585.56	13,720.12	27,846.00
减：营业成本	5,501.20	4,048.66	9,549.86	20,001.00
销售费用	619.53	336.28	955.81	1,359.00
管理费用	612.45	303.41	915.86	1,114.74
财务费用	351.95	188.41	540.36	1,358.33
营业税金及附加	28.66	16.41	45.07	102.34
二、主营业务利润	1,020.77	692.39	1,713.16	3,910.59
加：其他业务利润	113.82	16.87	130.69	10.00
三、营业利润	1,134.59	709.26	1,843.85	3,920.59
加：投资收益	15.42		15.42	
营业外收入	0.07		0.07	
减：营业外支出	1.68		1.68	
加：补贴收入	1.40		1.40	
四、利润总额	1,149.80	709.26	1,859.06	3,920.59
减：所得税	196.86	120.17	317.03	726.00

少数股东权益	40.20	15.23	55.43	404.65
五、净利润	912.74	573.86	1,486.60	2,789.94

盈利增长原因说明:

①山东淄博华光纸业有限公司于1995年10月经董事会决议,根据目前纸业市场情况制定了"星火计划"扩充规模,采用先进的技术设备,投资1000多万元安装了新的生产线,产量将增加15,000吨。

②母公司投入新项目——高质强化瓷的生产,1997年初投产预计产销量360万件。

③山东华光彩瓷装饰有限公司第二期彩印工程将在1997年初投产,新增生产能力1260万平方米。

3. 盈利预测的基准和假设

(1)基准

本溢利预测是根据业经中国注册会计师审计验证的公司前三年的经营业绩,在充分考虑现时基础、经营能力、未来发展计划以及下列各项假设的前提下,采取较稳健的原则,而恰当地编制的。编制所依据的会计政策及采用的计算方法同我国的现行法律、法规、会计准则及本公司一贯采用的会计政策相一致。

(2)假设

在溢利预测期内:

1)公司所遵循的国家及地方现行法律、法规、财经政策无重大改变;

2)公司各项经营业务所涉及的国家或地区目前的政治、经济、法律无重大改变;

3)现行利率和汇率无重大变动;

4)国家或地方现行的税率无重大变动;

5)原材料价格和产品售价无重大变动;

6)公司计划经营项目和投资项目能按期实现或完成;

7)无其它人力不可抗拒及不可预见因素造成重大不利影响。

4.1996年9月——12月所得税的测算及说明

	税率	所得税款
母公司	15%	88.69
山东华光陶瓷有限公司		
山东华光彩陶装饰有限公司	免	
山东华光纸业有限公司	33%	31.48
合计		102.17

①母公司1996年度按山东省人民政府〔1993〕鲁政函159号文执行所得税率为15%。

②山东华光彩瓷有限公司1996年度按淄博市国税局涉外征收分局关于淄国税外字〔1996〕文件和国家有关税法的规定免缴所得税。

③山东华光纸业有限公司属国内联营公司,按正常税率33%执行。

5.1997年所得税测算及说明:

	税率	所得税额
母公司	15%	351.00
山东华光陶瓷有限公司	24%	38.00
山东华光彩瓷装饰有限公司	12%	75.00
山东淄博华光纸业有限公司	33%	262.00
合计		726.00

①母公司仍依1996年原定税率执行。

②山东华光陶瓷有限公司按淄博市财政局关于淄财企字〔1995〕第15号文经济开发区所在城市的老市区的生产性外商投资企业减按24%的所得税率,本年度为获利第七年度,适用税率24%。

③山东华光彩瓷有限公司属获利第三年度,税率按淄财企字〔1995〕第15号文执行,所得税率24%,根据国家制定的《外商投资企业所得税法》第8条规定,按12%执行。

十一、重要事项提示

(一)会计政策:

本公司1993年7月1日以前执行国营企业会计制度,7月1日执行中华人民共和国财政部制定的《股份制试点企业会计制度》。1993年上半年的会计报表已按《股份制试点企业会计制度》做了调整。

(二)股利分配政策;

1. 公司缴纳所得税后的利润,按下列顺序分配:

(1)弥补亏损;

(2)提取法定公积金(提取税后利润的5%到10%列入公司法定公积金);

(3)提取法定公益金(提取税后利润的5%到10%列入公司法定公益金);

(4)提取任意公积金;

(5)支付股利。

公司法定公积金累计额为公司注册资本的50%以上时可不再提取。

公司法定公积金可依法用来弥补公司的亏损或者转为增加公司资本。

税后利润的分配方案由董事会根据公司本年度的经营状况拟定后由股东大会批准后实施。

2. 以超过股票面值发行价格所提的溢价款以及国务院财政主管部门规定列入资本公积金的其他收入,应列为公司资本公积金。

3. 公司原则上每年分红一次,红利的支付方式由董事会拟定,经股东大会通过后执行。

公司分派红利,采用书面形式通知或在国家证券主管部门指定报刊上公告方法通知股东。

(三)根据山东省政府〔1993〕鲁政函159号文,公司执行15%的所得税税率。

(四)经青岛琴岛律师事务所1996年10月7日出具的法律意见书,认为:

1. 公司没有尚未了结的或可预见的法律诉讼案件。

2. 尚未发现公司章程、企业法人营业执照以及对原有债权债务关系处理有违反法律、法规和政府主管部门规定的情况,亦未发现公司有终止的情形。

3. 公司与关联企业的关系是正当合法的,亦未发现因关联关系影响公司重大合同及条款及其履行的可能。

(五)经董事会研究,1994年、1995年及1996年尚未分配的红利,待股票上市后,经股东大会讨论通过有关分配方案。

(六)或有负债

截至1996年8月31日本公司为下列公司提供借款担保:

被担保公司名称	担保金额	担保到期日
淄博第二毛纺织厂	USD100万元	2000年12月30日

十二、风险因素及对策

一、风险因素:

(一)经营风险

1. 对重要原材料的依赖和进口材料的限制风险

本公司主要原材料大多为省内出产的矿物原料和化工原料,少部分需从省外购进,另外目前有少量色剂需从国外进口。上述原料、色剂的供应渠道一旦出现问题,必然会给陶瓷生产带来一定的影响。

2. 对主要客户依赖程度的风险

本公司所产陶瓷产品,主要包括日用陶瓷、艺术陶瓷和工业陶瓷三者的比例为85:10:5,其中日用陶瓷主要出口美国、加拿大等二十几个国家和地区,艺术陶瓷主要用户为我国部分地区的企事业单位和个人消费者,工业陶瓷主要销售往省内外化工企业。上述三类产品的主要客户需求发生变化时,将直接影响公司产品的市场销售。

3. 融资能力约束的风险

本公司近几年的发展速度迅猛,在建及拟建项目较多。目前公司的融资渠道主要为间接融资,直接融资的比例较少。故公司的发展受到融资能力约束的限制。

4. 外汇风险

公司的主导产品85%出口国外,年创汇1800万美元,自用外汇不成问题(每年仅进口色剂耗用极少数额的外汇),公司外汇主要风险来自人民币对外汇比价变动而带来的汇兑风险。

(二)行业风险

1. 行业发展的限制

陶瓷产品生产过程中会产生一定量的废气,尽管近几年陶瓷生产的自动化、机械化水平不断提高,烧成燃料亦不断改善,但总体上看,陶瓷生产仍属劳动密集产业,环保工作需不断加大力度。1995年、1996年的环保费用分别为15万元和24万元,预计1997年的环保费用为32万元。因此,公司的发展一定程序上存在行业发展的限制因素。

2. 对其他行业的依赖风险

陶瓷工业的发展,能够带动矿业、化工、包装、印刷等相关行业的发展,但陶瓷工业对煤炭、石油有一定的依赖性。我国石化、煤炭如何发展,一定程序上制约陶瓷工业的发展,以上相关行业发展政策如有变化或经营不景气,可能会影响本公司的生产经营。

3. 自然资源风险

陶瓷生产的主要资源是粘土等矿物原料及以煤炭为主的能源等,相对而言,来自能源方面的自然资源风险较大。

4. 行业内部的竞争风险

我国陶瓷行业的生产厂家很多,1995年仅轻工系统日用陶瓷总产量

即达36.5亿件，加之近几年乡镇陶瓷企业的兴起与大企业争原料、抢市场的状况愈演愈烈，可以预见，行业竞争的风险随时存在。

5.产业结构过度集中的风险

本公司是陶瓷生产的专业生产厂家，主要从事陶瓷生产和销售，如果陶瓷市场发生大的变化，公司整体生产经营工作将受到较大影响。

(三)市场风险

1.商业周期风险

日用陶瓷产品存在一定程度的市场所固有的周期性特点，临近节假日一般是陶瓷产品的旺销期，其他时间则相对平稳。

2.产品价格风险

国家对陶瓷产品的价格是完全放开的，产品售价由企业根据市场接受情况确定，公司对产品定价的高低，或在价格方面的任何失误，都会直接影响产品销售和经济效益。

3.产品外销限制的风险

本公司产品以出口为主，产品销往美国、加拿大、澳大利亚第二十多个国家和地区，因世界政治形势和经济政策的变化，会对本公司的出口产品造成局部影响。

(四)其他风险

投资股票是一项风险和收益兼备的活动。投资者购买股票实际上是一种投资行为，一经购买便不能退股，只能转让，而股票价格不仅受公司盈利水平和发展前景的影响，而且受国家政策、政治经济形势、投资者心理、交易技术及市场信息等多种因素的影响，从而给投资者带来一定的影响。

本公司不排除因政治、经济、自然灾害等不可抗拒因素对生产经营带来的不利影响。

除上述提醒投资者应充分考虑的风险因素外，公司并无其他可以预料的风险因素。

二、公司对以上可能存在的风险，采取及拟采取以下对策：

(一)经营风险的对策

1.确保主要原材料和进口色剂的供应

山东是我国主要陶瓷生产基地，公司所用的矿物原料和化工原料大多由省内厂矿供应，公司经过多年的努力，已建立了稳定的原材料供应和配套协作体系。对于色剂的供应，公司改变了单独依靠进口的状况，积极采用国内色剂替代进口，已于两 年前实行了“双轨制”。在原材料和辅助材料的供应上，将继续采取保证质量，择优选用，比价采购，近地优先的原则，在已建立的原材料供应渠道的基础上，进一步勘察矿源，调查论证，搞好试验，在确保生产正常顺利进行的前提下，积极采用新原料，不断降低原料成本。

2.稳定大客户，巩固老客户，发展新客户。

华光牌颜色釉咖啡杯、色釉餐具等以其颜色丰富(多达100余种)，品质优良的独特魅力，吸引了众多国内外客商，又由于产品使用范围广，市场潜力很大等原因，受单一用户用量变化的影响较小，加之公司生产和储备的造型近500个，能适应激烈竞争的国内外市场。尽管如此，公司在国内外市场竞争中，仍需在稳定大客户、巩固老客户、发展新客户方面做大量的工作，包括加强售后服务，保证按期交货，保证质量，提高合同履约率等。

3.积极筹措资金，增强融资能力

长期以来，公司在资金上得到省、市财政部门和银行的大力支持，公司通过内外合资、银行贷款、发行股票和自我积累，较好地解决了“七五”、“八五”时期的发展资金，新近上马的国家“双加”项目，技改投资7970万元和公司近期成为山东省120家“银企联手”的重点企业，皆为公司“九五”发展和近期经营工作提供了良好的条件；此次股票上市是本公司为导求直接融资渠道，扩大直接融资能力采取的积极措施。今后公司将继续密切与金融部门的业务联系，同时把工作重点放在加强内部管理、盘活存量资产、加快资金周转等方面，以提高资金利用率，减轻公司的融资压力。

4.开发国内市场抵御外汇风险

本公司是我国出口陶瓷的骨干生产厂家，出口陶瓷约占日用陶瓷产量的80-90%，人民币对美元等主要西方货币汇价的持续坚挺和升值，对出口产品的效益有一定影响。为此，公司决定投人相当的人力、财力开发国内市场，争取三年左右时间将陶瓷产品的内外销比例调整为3:7，如此可根据外销和内销市场的变化情况及时、灵活调整内、外销产品结构，以求平衡。

(二)行业风险的对策：

1.搞好综合治理

陶瓷行业的发展虽具一定的局限性，但公司通过多年的治理整顿和技术改造，设备、装备的机械化水平有很大提高，“三废”排放完全符合国家标准，荣获国家级环保工作先进企业称号，这都为公司的发展奠定了坚实的基础。

2.加强基础管理，节能降耗

陶瓷是高能耗行业，随着我国石油、煤炭工业的快速发展，能源供应将开辟更多的渠道以保证生产扩大的需要，但公司今后的重点仍放在节约能源，降低消耗方面。1989年以来，公司单位产品综合能耗指标已连续六年居全国同行业最好水平(1995年吨陶瓷耗能2.29吨)。今后将通过采用先进节能设备，调整燃料品种结构，及提高全员节能意识等项工作，把能耗水平进一步降低。

3.提高资源综合利用率

陶瓷生产的矿物原料很多，且可替代性强，目前公司所用的原料，省内蕴藏量很大，满足供应绝无问题，公司今后还将从采用新型原料、降低原料成本、提高资源综合利用率等方面提高经济效益。

4.发挥自身优势，积极参与行业内部竞争

在全国同类企业中，本公司企业管理，产品质量和经济效益水平皆居领先水平，公司近几年通过内引外联，使 企业规模和综合经济实力有了大幅度提高，况且目前的产业结构已趋合理，具备了抵御风险 能力和极强的竞争能力，今后公司将不断加大科技投人，调整产品、产业结构，加快技术含量，高附加值产品的开发和生产，以质取胜，以新取胜，在激烈竞争的国内外市场上立于不败之地。

5.合理调整产业结构

本公司是陶瓷生产的专业厂家，产业结构相对集中，为此，公司近几年先后上了包装制品、造纸生产等项目，今后公司还将继续向其他行业渗透，选择投资少，见效快的项目，生产高技术含量、高附加值和高效益的产品，从而使产业结构进一步趋向合理。

(三)规避市场风险的对策

1.本公司拟在加快新产品开发、新市场开拓的同时，增强对经济波动周期的预见能力和适应能力，以减少市场需求的周期性波动对企业可能带来的不利影响。

2.目前，陶瓷产品的价格，因乡镇企业的崛起有不断下滑之势。但由于品质高出一个档次，同类产品的价格始终较国内其他企业高出15-20%，本公司产品在国内外市场仍具有竞争力，也因此能够保持较好的利润水平。本公司在今后的生产经营工作中，仍将不断强化经营管理，挖潜堵漏，双增双节，从多方面降低生产经营成本，以使本公司在产品定价时能保持相当的灵活性和回旋余地。

3.继续增加出口，提高创汇能力

随着本公司产品的不断升级换代，提高产品质量档次，采取灵活多变的出口策略，扩大出口渠道，就能年年掌握出口的主动权。为了回避因个别国家进口税率的变化和汇率调整对公司带来的风险，公司将继续增加产品出口国度，以便及时合理地快速向每个国家出口，稳定产品外销，提高创汇能力。

十三、公司发展规划

(一)列入国家“双加”项目的“高档瓷工程”，总投资为7970万元，现已开工，预计1997年底建成。其技术水平由半自动化向自动化逐步过渡。产品质量将达到英国、日本、德国等国家高档瓷水平，市场前景十分广阔。项目竣工投产后，可年新增销售收入7470万元，实现利润3523万元。

(二)造纸扩建项目正在申报立项，投资额6500万元左右，预计1997年可以批准并开工建设，1998年投产可达到5万吨生产能力，销售收入2亿元，实现利润2400万元，其技术水平达到国际先进水平。

(三)彩色印刷将进一步扩大，并提高设备利用率，投资额600万元左右，1998年达到5000万平米，销售收入8000万元，实现利润2000万元，其技术水平达到国际先进水平。

另外，健康食品、电子、化工等项目正在与外商进行洽淡合作合资事项，将使公司在多元化发展方面开避新的领域。

(四)随着企业的不断发展，技术的不断进步，公司人员将由现有的1733人增加到2500人左右。其增加的人员主要是各类专业技术人员，使各类专业技术人员的比例由现有的18%增加到30%左右。

“九五”期间公司将根据国家产业政策和市场发展趋势，结合企业外部环境和内部条件，发挥优势，继续实施资本营运、多元发展和加速外向竞争名牌带动战略，实现两个转变。借“九七”香港回归祖国的大好时机，扩大公司在海外的影响。在美国建立以市场信息和引进高科技为主业的公司，并建立彩瓷厂，发展在世界各地销售网络。到“九五”末，陶瓷在国际上将挤占扩大市场份额，出口创 汇达到1亿美元；在国内市场上将打响“华光”名牌，覆盖各大城市，销售收入5亿元；彩印包装达到1.2亿平方米，销售收入2亿元；其它收入2亿元。公司将实现总资产15亿元、销售收入22亿元，税后利润3亿元，职工收入达到全国同行业最好水平。

十四、董事会上市承诺

本公司董事会将严格遵守《公司法》、《股票发行与交易管理暂行条

例》、《深圳证券交易所交易市场业务试行规则》和有关法律、法规的规定,并自股票上市之日起向全体股东作如下承诺:

1. 按照法律、法规的规定程序和要求披露重大的信息,并接受证券主管机关、深圳证券交易所的监督管理。

2. 及时、真实、准确地公布中期报告和年度报告,并备置于规定场所供投资者查阅。

3. 本公司董事、监事及高级管理人员持本公司股票发行变化时,在报告证券主管机关,深圳证券交易所的同时向投资者公布。

4. 在任何公共传播媒介中出现的消息可能对本公司股票的市场价格产生误导影响时,本公司知悉后将及时对该消息予以公开澄清。

5. 本公司董事、监事及高级管理人员将认真听取社会公众的建议和批评,自觉抵制不正之风,不利用已获得的内幕消息直接或间接地从事股票买卖活动。

6. 本公司没有无记录负债。

十五、有关当事人及咨询、联络机构

(一)公司咨询机构
(1)本公司证券部:
电话:0533－2011798 邮政编码:255076
传真:0533－2011404
股东接待日期:每周一至周五上午 8:00－11:30
公司文件资料索阅地点:
山东省淄博市张店区湖田镇湖光路 6 号
(二)上市推荐人:大鹏证券有限责任公司
法定代表人:徐卫国
地址:广东省深圳市深南中路电子科技大厦 6－7 层
联系人:赵前　曹建国
电话:0755－2463388
邮编:518031
(三)会计师事务所:深圳中诚会计师事务所
法定代表人:刘继忠
注册会计师:刘继忠　孔丽娟
地址:广东省深圳市华富路五号南光大厦三楼
电话:0755－3207465
邮编:518031
(四)资产评估机构:山东审计师事务所
法定代表人:潘德荣
经办评估师:高光普　万莉
地址:山东省济南市共青团路石棚街 15 号
电话:0531－6922756
邮编:250012
(五)资产评估确认机构:山东省国有资产管理局
地址:山东省济南市经四路 158 号
电话:0531－6911900
(六)验资机构:山东淄博会计师事务所
负责人:张坤
地址:淄博张店区潘南西路 8 号
电话:3181281
(七)律师事务所:青岛琴岛律师事务所
法定代表人:杨伟程
经办律师:史志军　王亚军
律师电话:5810888－4126
地址:山东省青岛市东海路 18 号金都花园 C 栋 16 层

十六、附录

(一)会计师事务所三年业绩查帐报告:
深圳中诚会计师事务所审计报告《深诚证审字〔1996〕第 26 号》
(二)盈利预测报告
深圳中诚会计师事务所溢利预测审阅报告《深诚证审字〔1996〕第 27 号》

十七、备查文件

1. 国家体改委关于山东淄博华光陶瓷(集团)股份有限公司继续进行股份制试点的批复。(体改生〔1993〕252 号)

2. 淄博市体改委关于对山东淄博华光陶瓷(集团)股份有限公司进行规范化试点的批复。(淄体改字〔1993〕47 号)

3. 山东淄博华光陶瓷(集团)股份有限公司关于重新申请进行规范化股份制试点的报告。(淄华陶字〔1993〕第 151 号)

4. 淄博张店陶瓷厂关于申请试行企业股份制试点的报告。(张陶〔89〕政发字第 14 号)

5. 淄博市体改委关于同意张店陶瓷厂试行企业股份制试点的报告。(淄体改字〔1989〕第 6 号)

6. 中国人民银行淄博市分行关于淄博张店陶瓷厂"关于申请发行股票的报告"的批复。(〔89〕淄银发安第 152 号)

7. 淄博市股份制试点工作领导小组关于同意山东淄博华光陶瓷(集团)股份有限公司扩股的批复。(淄股领字〔1990〕第 6 号)

8. 山东省体改委关于同意确认山东淄博华光陶瓷股份有限公司的函(鲁体改函字〔1996〕第 73 号)

9. 山东淄博华光陶瓷(集团)股份有限公司规范化试点及股票上市的可行性研究报告。

10. 淄博张店陶瓷厂股票发行章程。

11. 股份制试点工作计划。

12. 淄博张店陶瓷厂关于组建"山东淄博华光陶瓷(集团)股份有限公司"的可行性分析报告。

13. 淄博张店陶瓷厂关于"山东淄博华光陶瓷(集团)股份有限公司"进行工商登记的申请报告。

14. 淄博张店陶瓷厂企业发行债券、股票报告。

15. 山东淄博华光陶瓷(集团)股份有限公司扩股说明书。

16. 山东淄博华光陶瓷(集团)股份有限公司关于申请对公司全部资产进行评估的报告。

17. 山东淄博华光陶瓷(集团)股份有限公司关于申请国有资产评估确认的报告。

18. 山东淄博华光陶瓷(集团)股份有限公司关于申请国有资产折股及有关资产处理的报告。

19. 淄博市国有资产管理局关于山东淄博华光陶瓷(集团)股份有限公司改造国家股权设置的通知。

20. 淄博市国有资产管理局关于确认山东淄博华光陶瓷(集团)股份有限公司全部资产评估结果的通知。

21. 淄博市国有资产管理局关于同意山东淄博华光陶瓷(集团)股份有限公司非经营性资产剥离并委托公司经营管理的通知。

22. 山东淄博市审计师事务所山东淄博华光陶瓷(集团)股份有限公司资产评估的报告。

23. 山东淄博会计师事务所检查验证报告。

24. 山东淄博华光陶瓷(集团)股份有限公司关于国家股股权确认及股权代表委派的申请报告。

25. 淄博市国有资产管理局关于山东淄博华光陶瓷(集团)股份有限公司国家股股权管理的通知。

26. 淄博市国有资产管理局关于委派曹在堂同志为山东淄博华光陶瓷(集团)股份有限公司国家股权代表的通知。

27. 山东淄博会计师事务所关于山东淄博华光陶瓷(集团)股份有限公司验证股本金的报告。(淄会师〔96〕验字第 127 号)

28. 山东淄博会计师事务所对山东淄博华光陶瓷(集团)股份有限公司的资产评估报告。(鲁审事评字〔1994〕第 20 号。)

29. 山东省国资局的资产评估确认报告。(鲁国资字〔1996〕第 113 号)

30. 深圳中诚会计师事务所关于山东淄博华光陶瓷股份有限公司财务审计报告。(深诚证审字〔1996〕第 26 号)

31. 深圳中诚会计师事务所关于山东淄博华光陶瓷股份有限公司盈利预测鉴证意见报告。(深诚证审字〔1996〕第 27 号)

32. 青岛琴岛律师事务所关于山东淄博华光陶瓷股份有限公司 A 股上市的法律意见书。

33. 青岛琴岛律师事务所为山东淄博华光陶瓷股份有限公司 A 股股票异地上市出具法律意见书的工作报告(琴岛股字〔1996〕04 号)

34. 董事会、股东大会决议

35. 公司章程(1990、1994、1996)

36. 项目立项批文及可行性研究报告

37. 营业执照(1989、1990、1994、1996)

38. 土地使用证

39. 房产证

40. 公司历年的财务决算报告

41. 验资报告(1989、1990、1994、1996)

42. 获奖证书

43. 中国陶瓷工业协会《日用陶瓷信息通报》

上市人:山东淄博华光陶瓷股份有限公司
上市推荐人:大鹏证券有限责任公司

山东淄博华光陶瓷股份有限公司
1996 年 11 月 26 日

山东淄博华光陶瓷股份有限公司1996年度报告摘要

一、公司简况

1、公司法定中文名称：山东淄博华光陶瓷股份有限公司
公司英文名称：Shandong Zibo Huaguang Ceramics Co.Ltd.
2、公司注册地址：山东省淄博市张店区湖田镇湖光路六号
邮政编码：255076
3、公司法定代表人：苏同强
4、公司咨询服务机构：证券部
电话：0533—2011798　传真：0533—2011404
5、股票简称：华光陶瓷
证券代码：0655

二、主要财务数据与财务指标

指标项目	本年数	上年数	比上年增减(%)
1.主营业务收入	138957329.65	95435471.20	45.60
2.净利润	18562892.04	13129127.79	41.39
3.总资产	366381015.32	283950670.03	29.03
4.股东权益	122363238.09	105260694.45	16.25
5.每股收益(元)	0.36	0.25	44.00
6.每股净资产(元)	2.36	2.03	16.26
7.净资产收益率(%)	15.17	12.47	21.65
8.股东权益比率(%)	33.40	37.07	-9.90

三、公司主要业务回顾

1996年我们在广大股东的大力支持下，遵循"追求企业效益最大化和对股东高度负责"的宗旨，公司上下以坚韧不拔的毅力，加速发展的决心，上下一心，真抓实干，加速实施名牌带动战略、多元发展战略和资本运营战略，保持了强劲的发展势头，年末公司净资产12236.32万元，比上年增长16.25%；全年实现主营业务收入13895.73万元，比上年增长45.60%；净利润1856.29万元，比上年增长41.39%。实际经营成果比盈利预测明显提高。

1、公司发展更加强劲。公司规模迅速扩大，经济结构日趋合理，经济效益高速增长，1996年实现利润2516.50万元，比1995年增长35%，是公司改制前30年利润总额866万元的2.91倍。公司现已成为淄博市十大重点扶持企业和山东省"银企联手，政府支持，重点发展"的唯一陶瓷企业。

2、行业同比优势更加突出。据中国陶瓷工业协会统计信息通报，1996年公司现价工业总产值、销售收入、实现利润、劳动生产率、同类产品出口质量等主要经济指标均居全国同行业第一位。

3、加快调整，加大投入，发展后劲增强。公司在陶瓷上档次、上水平，确保主导商品市场占有率的基础上发展为陶瓷、造纸、彩印三分天下，高技术陶瓷、标准原料、第三产业等同步发展的格局。投资1800万元的彩印工程正式投入运行，投资2300万元的中高强瓦楞纸生产线已经峻工投产。年产600万件高档骨质瓷项目进展顺利，年底可望建成投产。

4、外向竞争实力提高。"华光"牌产品现已生产600多个品种、150多种颜色、荣获国家科技进步三等奖、被评为山东省陶瓷唯一名牌产品。成为国际信得过产品，在美国免检，占美国礼品、广告咖啡杯70%的市场份额，经省、市两级商检局的考核和鉴定，跨入商检一类企业行列。

5、建立现代企业制度，规范公司运作取得明显成效。我们以资产为纽带，以专业为基础建立的母子公司管理机制适应了市场经济的需要，增强了企业抗御市场风险的能力。与各子(分)公司签订了资产经营目标责任书，明确了资产经营责任，从而成为市场竞争的主体，调动了发展企业，提高经济效益的积极性，形成了八仙过海，各显其能，千军万马闯市场的良好机制和崭新局面，同时，按照市场经济的客观规律，按照股份公司规范化管理模式，制订措施，建立健全规章制度，使公司内部管理逐步走上规范化、制度化的轨道，提高了经济运行质量。1996年在全国陶瓷行业普遍不景气的情况下，我们不但站稳了脚跟，而且保持了强劲的发展势头，经济实力显著增强。

四、股本变化及股本结构情况

(一)截止1996年末公司股本结构如下：

数量单位：万股　面值：每股1元

股份类别	年初数	年末数
一、尚未流通股份		
1.发起人股份		
其中：国家拥有股	2621	2621
2.募集法人股	1053	1053
尚未流通股份合计	3674	3674
二、已流通股份		
境内上市的人民币普通股	1500	1500
已流通股份合计	1500	1500
三、股份总数	5174	5174

备注：已流通股份包含公司董事、监事持有的26000股。

(二)1996年公司总股份及股本结构未发生变化。

(三)前十名股东持股情况：

股东名称	持股数(万股)	占总股本(%)
1)淄博市国有资产管理局	2621	50.66
2)淄博齐惠陶瓷有限公司	525	10.15
3)淄博湖岭企业集团有限公司	202	8.90
4)淄博张店华丰实业有限公司	150	2.89
5)淄博周村长石石英矿	100	1.93
6)淄博云鹤彩色水泥有限公司	80	0.58
7)淄博中亚化工有限公司	80	0.58
8)吴炳岩	28.4	0.54
9)李东	24.7	0.48
10)淄博振华工贸公司	16	0.30

(四)股东数量：

截止1996年12月31日公司股东总数为7281位，其中国家股东1位，社会法人股东8位，社会公众股东7272位。

(五)公司董事、监事与经理人员持股情况：

姓名	职务	年初持股数	年末持股数
苏同强	董事长兼总经理	3000	3000
徐鹏程	副董事长兼副总经理	3000	3000
徐清亮	董事兼副总经理	2000	2000
李守山	董事兼副总经理	2000	2000
李　明	董事兼副总经理	2000	2000
江素兰	董事兼副总经理	2000	2000
刘　兴	董事兼副总经理	2000	2000
解有纯	董事	0	0
张洪禄	董事	0	0
孙绪臣	监事会主席	2000	2000
孙培忠	监事	2000	2000
毕庆亮	监事	2000	2000
邱　杨	监事	2000	2000
郝建枝	监事	2000	2000

五、重要事项

1.1996年3月8日召开第九次董事会，会议通过了公司工作情况报告、财务决算、预决算报告及变更公司名称、95年利润暂不分配、申请股票上市、修改公司章程的决议提交股东大会审议。

2.1996年4月6日召开第八届股东大会审议通过了1995年度董事会工作报告、监事会工作报告、财务决算报告和1996年财务预决算报告、95年利润暂不分配决议、关于变更公司名称的决议和申请社会公众股1500万股在深圳挂牌交易的决议，通过了新修改的公司章程。

3.1996年11月28日公司对外发行社会公众股1500万股获中国证监会批准在深圳证券交易所挂牌交易，公司上市公告书刊登在1996年11月26日《中国证券报》、《证券时报》、《山东证券报》。

4.本公司法定代表人、董事、监事未发生变动。

5.本报告期内公司无重大诉讼仲裁事项。

六、子公司及关联企业

1. 山东华光陶瓷有限公司主营:日用陶瓷制作经营　持有股份:55%

2. 山东华光彩瓷装饰有限公司主营:陶瓷包装制品装饰材料　持有股份:75%

3. 淄博华光纸业有限公司主营:高中档箱板纸　持有股份:60%

七、财务报告

(一)审计意见

本公司的财务报告经深圳中诚会计师事务所刘继忠、孔丽娟两位注册会计师审计,并出具无保留意见的审计报告(深诚证字(1997)第013号)。

(二)财务报表

1. 合并资产负债表(附后)

2. 合并利润及利润分配表(附后)

3. 合并财务状况变动表(附后)

(三)财务报表及编制说明

1. 重要会计政策

(1)会计制度

本公司执行中华人民共和国《企业会计准则》和《股份制试点企业会计制度》及其补充规定。

(2)合并会计报表的编制基准和编制方法

本公司列入合并报表范围的附属公司所执行的行业会计制度业已在会计报表合并时予以必要调整。

本公司及其各附属公司间的重大交易均在会计报表合并时予以抵销。

少数股东权益是指本公司及其附属公司以外的第三者在本公司各附属公司的资产净值中所占的权益。少数股东损益是指本公司及其附属公司以外的第三者在本公司各附属公司应分得的利润(或应承担的亏损)。

(3)记帐原则和计价基础

记帐原则为权责发生制:计价基础为历史成本法。

(4)会计期间

会计期间采用自公历每年一月一日起至十二月三十一日止为一个会计年度。

(5)外币计算方法

以人民币为记帐本位币,年度内发生的非本位币经济业务,按业务发生当月一日在中国人民银行公布的市场汇价的中间价("市场汇价")折合为人民币记帐,月份终了,货币性项目中的外币余额概按当日市场汇价进行调整,由此产生的折合人民币差额已计入当年度损益类帐项。

(6)坏帐准备

决算日:按应收帐款(不含关联公司往来款项)余额的5‰计提坏帐准备,并计入当年度损益类帐项。

(7)存货计价方法

存货以实际成本计价,发行存货的成本按加权平均法计算确定。

低值易耗品于领用时采用一次摊销法摊销。

存货的细节在附注3.中表述。

(8)长期投资核算方法

A. 债券投资:债券投资按实际成本计价,其存续期内的应计利息计入当年度损益类帐项。

B. 股权投资及联营投资

本公司对附属/联营公司的长期投资采用下列会计处理方法:投资额占联营公司资本总额不足25%时,以成本法核算;投资额占联营公司资本总额25%至50%时,以权益法核算;投资额占附属公司资本总额50%以上以及投资额虽占联营公司总额25%至50%,但本公司对其实质上拥有控制权者,采用权益法核算并对会计报表予以合并。

(9)固定资产及其折旧

A. 固定资产标准:指使用期限超过一年的房屋建筑物、机器设备、运输工具及其它与经营有关的工器具等,以及不属于经营的主要设备但单位价值在人民币2,000元以上,使用期限超过二年的物品。

B. 固定资产计价:固定资产按实际成本计价。

C. 固定资产折旧方法:固定资产折旧采用直线法平均计算,并根据固定资产类别原值,估计经济使用年限和预计残值(原值的3%)确定其折旧率。各类折旧率如下:

类别	预计使用年限(年)	年折旧率(%)
房屋及建筑物	30-15	3.23-6.47
动力设备	11	8.82
传导设备	15	6.47
机器设备	10-7	9.70-13.86
运输设备	6-5	16.17-19.40
电子及其他设备	10-5	9.70-19.40
窑炉	15	6.47

(10)无形资产及其摊销

A. 土地使用权,主要包括:

湖田镇上湖村土地,从94年3月份起分50年摊销

周村区彭阳乡土地,从94年7月份起分50年摊销

张店区湖田镇土地A,从93年9月起分50年摊销

张店区湖田镇土地B,从95年8月起分50年摊销

彭阳乡李家村土地,从95年8月起分50年摊销

张店下湖村土地,从95年9月起分15年摊销

B. 用电权按5-10年摊销

(11)递延资产及其摊销

开办费按五年摊销

(12)收入实现的确认

以商品(产品)已经发出或劳务已经提供,并收到价款或取得索取价款的凭据为销售实现的依据。

(13)税项

A. 主要税种和税率

税种	计税依据	税率
增值税	产品或劳务销售收入	13%,17%
城市维护建设税	增值税、营业税额	7%
教育费附加	增值税、营业税额	3%
企业所得税	应纳税所得额	15%、24%、33%

B. 优惠税率及批文:

本公司按照山东省人民政府(93)鲁政函字159号文规定以15%的税率计征所得税。

本公司投资控股的中外合资企业:山东华光陶瓷有限公司、山东华光彩瓷装饰有限公司依据财政局批复,按照24%计征所得税。其中:山东华光彩瓷装饰有限公司本年度为第二个获利年度,免征所得税;本公司的附属公司淄博华光纸业有限公司按33%计征所得税。

(14)利润分配

本公司的利润分配由本公司董事会依据《中华人民共和国公司法》及本公司章程按以下预分方案分配。

提取法定盈余公积金	净利润10%
提取公益金	净利润10%
分红基金	股本80%

2. 合并会计报表主要项目附注

(1)应收帐款

应收帐款的帐龄分析列示如下:

1996-12-31

帐龄	金额	占该帐项金额的百分比
1年以内	70,750,369.42	86.96
1年至2年	6,149,188.40	7.56
2年至3年	1,664,718.91	2.05
3年以上	2,793,837.15	3.43
合计	81,358,113.88	100.00

持本公司5%以上股份的股东没有本项欠款。

(2)其他应收款

其他应收款之帐龄分析列示如下:

1996-12-31

帐龄	金额	占该帐项金额的百分比
1年以内	41,437,937.16	71.91
1年至2年	3,825,332.89	6.64

2年至3年	11,848,643.93	20.56
3年以上	515,050.01	0.89

持本公司5%以上股份的股东没有本项欠款。

(3)存货

	1996年-12-31	1995年-12-31
原材料	19,577,860.60	21,423,584.84
在制品	1,991,954.62	1,157,665.42
产成品	64,749,800.00	54,888,449.09
低值易耗品	242,881.58	299,155.39
包装物	14,414,513.37	8,112,748.44
外购成品	1,232,146.08	308,714.52
合计	102,209,156.25	86,190,317.70

(4)长期投资

	1996年-12-31	1995年-12-31
股权投资*1	1,040,000.00	1,040,000.000
债权投资*2	78,000.00	343,000.00
合计	1,118,000.00	1,383,000.000

*1股权投资的明细列示如下:

被投资公司名称	股数	投资金额
交通银行股票	864,000.00	1,040,000.00

*2债权投资的明细列示如下:

债券种类	到期日	面值	年利率	投资金额
淄博电力建设债券	2002年	24,000.00	无息	24,000.00
淄博市重点建设债券	1996年	44,000.00	5.0%	44,000.00
国库券	1998年	10,000.00	8.0%	10,000.00
合计				78,000.00

*3应计利息:本公司示预计债券投资利息。

(5)固定资产及其累计折旧

固定资产及其累计折旧的增减变动明细项目列示如下:

	1996-1-1	本年增加	本年减少	1996-12-31
固定资产原价:				
房屋及建筑物	43,509,696.25	934,425.74	82,454.91	44,361,667.08
动力设备	9,061,072.00		355,330.36	8,705,741.64
传导设备	959,024.81	1,282,467.49		2,241,492.30
机器设备	14,253,523.41	12,319,459.41		26,572,982.82
运输工具	4,052,209.73	1,062,974.42	155,740.03	4,959,444.12
电子及其他设备	2,970,370.46	181,053.16		3,151,423.62
窑炉	9,240,910.30	1,106,975.00	927,606.16	9,420,279.14
合计	84,046,806.96	16,887,355.22	1,521,131.46	99,413,030.72
累计折旧				
房屋及建筑物	4,144,704.53	2,763,354.87	647.00	6,907,412.40
动力设备	1,481,016.26	570,055.04	103,933.02	1,947,138.28
传导设备	400,814.08	62,048.91		462,862.99
机器设备	6,407,975.13	227,917.19	103,955.45	6,531,936.87
运输工具	1,608,463.17	587,918.06	117,018.01	2,029,363.22
电子及其他设备	772,205.66	299,413.34		1,071,619.00
窑炉	2,779,821.92	1,135,171.64		3,914,993.56
合计	17,595,000.75	5,595,879.05	325,553.48	22,865,326.32
固定资产净值	66,451,806.21			76,547,704.40

(6)在建工程

工程名称	工程进度	实际支出数	其中:利息资本化数	原预算数	批准文号	资金来源
安居工程	40%	856,649.36		2,160,000.00	淄-96103	自筹
双加工程	15.71%	10,284,623.68	212,643.84	65,480,000.00	淄-96042	自筹
科研计量楼	4.17%	1,548,586.27		37,120,000.00	淄-96104	自筹
厂房工程		1,631,318.83				
配电室		740,475.63				
待安装生产设备		5,963,466.58				
合计		21,025,120.35				

(7)无形资产

本公司无形资产系购买的土地使用权和用电权

1996-12-31

	土地使用权	用电权	合计
原值	13,815,348.80	1,211,500.00	15,026,848.80
已摊金额	759,385.09	220,383.33	979,768.42
年(期)末金额	13,055,963.71	991,116.67	14,047,080.38

(8)递延资产 1996-12-31

	开办费	长期待摊费用	合计
原值	886,109.84	890,480.45	1,776,590.29
已摊金额	440,339.52		440.339.52
年(期)末余额	445,770.32	890,480.45	1,336,250.77

(9)应付帐款

应付帐款1996年12月31日的余额为人民币70,521,468.18元,主要为采购原材料款。

截至1996年12月31日止,本公司尚无应付关联公司的款项。

(10)预收货款

预收货款1996年12月31日的余额为人民币185,000.00元。

截至1996年12月31日止,本公司尚无应付关联公司的款项。

(11)税项

	1996-12-31
增值税	3,693,076.07
房产税	75,259.16
印花税	50.00
城市维护建设税	64,820.62
所得税	6,671,791.83
土地使用税	42,093.93
合计	10,547,091.61

(12)资本公积

	1996-12-31
期初余额	24,469,803.98
本期减少(上市费用)	1,460,348.40
期末余额	23,009,455.58

根据1997年4月12日董事会决议确定的预分方案,拟按总股本每10股转增1.8股。

(13)盈余公积

	1996-12-31
期初余额	6,935,938.10
本期增加:	
a.法定盈余公积	1,856,289.20
b.公益金	1,856,289.20
期末余额	10,648,516.50

本公司根据预分方案按税后净利的10%计提法定盈余公积金,按净利润的10%计提公益金。

(14)未分配利润

	1996-12-31
期初余额	22,114,952.37
本期合并净利润	18,562,892.04
利润分配	3,712,578.40
a.提取法定盈余公积	1,856,289.20
b.提取法定公益金	1,856,289.20
期末余额	36,965,266.01

根据1997年4月12日董事会决议确定的预分方案,拟按总股本每10股送6.2股红股。

(15)投资收益

交行股票红利	132,744.96
国库券利息	120,136.00
合计	252,880.96

(16)报表项目数据变动幅度超过30%以上的情况说明:

项目	变动率(%)	变动原因
货币资金	220.60	货款回笼及12月贷款相应增加货币资金

短期借款	71.86	"银企联手,主办行制度"重点企业增加 流动资金贷款
长期借款	75.32	双加工程投资贷款增加
应收帐款	60.85	年末销售增加,货款尚未收回
其他应收款	278.24	暂付工程款增加
递延资产	97.34	本期强化磁项目的试制费结转所致
应付单据	82.05	赊购方式购入原材料
应付帐款	62.51	进口色剂暂未付款
预收货款	-98.44	结转当期已实现销售收入
应付福利费	-208.05	本期增加职工伙食补贴等
未交税金	45.42	本期增加销售收入,使增值税增加,同时计提当 期所得税
收入	45.60	1800万元彩印工程投产运行增加收入及陶瓷产 品销售增加
成本	93.36	陶瓷产品因原材料,燃料价格上涨,增加产品单 位成本
销售费用	-51.91	削减广告费用开支
财务费用	79.95	本期贷款增加
其他业务利润	988.60	本期销售积压的次品增加1,447,432.95元

八、其他事项

经本公司董事会研究决定,1996年度实现净利润1856.29万元,按10%提取法定公积金185.63万元,按10%提取法定公益金185.63万元,当年结余1485.03万元,结转1995年未分配利润2211.50万元,可供股东分配利润为3696.53万元。1996年拟向全体股东按每10股送6.2股红股。

截止1996年底,公司资本公积金总额为2300.95万元,拟向全体股东按每10股转增1.8股。

董事会分配预案需经股东大会审议通过后实施。

山东省淄博华光陶瓷股份有限公司董事会

1997年4月17日

资产负债表(合并)

单位:元

资产	附注	1996.12.31	1995.12.31	流动负债:	附注	1996.12.31	1995.12.31
流动资产:				短期借款	10	72,962,300.04	42,454,336.50
货币资金		10,447,084.74	3,258,624.13	应付票据		11,396,504.16	6,260,000.00
短期投资				应付帐款	11	70,521,468.18	43,395,644.78
应收票据				预收货款	12	185,000.00	11,866,263.23
应收帐款	1	81,358,113.88	50,578,929.31	应付福利费		(850,264.21)	786,941.41
减:坏帐准备		406,790.59	239,779.06	未付股利			
应收帐款净额		80,951,323.29	50,339,150.25	未交税金	15	10,547,091.61	7,252,833.14
预付帐款		620,179.18		其他未交款	16	55,865.05	72,892.91
其他应收款	2	57,626,963.99	42,391,261.93	其他应付款	14	31,550,448.35	32,689,295.63
待摊费用	3	452,151.97	14,281.87	预提费用		73,053.08	
存货	4	102,209,156.25	86,190,317.70	一年内到期长期负债			
待处理流动资产净损失				其他流动负债			
一年到期的长期债券投资				流动负债合计		196,441,466.26	144,778,207.60
其他流动资产				长期负债:			
流动资产合计		252,306,859.42	182,193,635.88	长期借款	17	27,420,000.00	15,640,000.00
长期投资	5	1,118,000.00	1,383,000.00	应付债券			
固定资产:				长期应付款			
固定资产原值	6	99,413,030.72	84,046,806.96	其他长期负债		5,927,120.92	5,935,920.92
减:累计折旧		22,865,326.32	17,595,000.75	长期负债合计		33,347,120.92	21,575,920.92
固定资产净值		76,547,704.40	66,451,806.21	负债合计		229,788,587.18	166,354,128.52
固定资产清理				少数股东权益		14,229,190.05	12,335,847.06
在建工程	7	21,025,120.35	19,660,105.43	股东权益:			
待处理固定资产净损失				股本	13	51,740,000.00	51,740,000.00
固定资产合计		97,572,824.75	86,111,911.64	资本公积	18	23,009,455.58	24,469,803.98
无形资产及递延资产				盈余公积	19	10,648,516.50	6,935,938.10
无形资产	8	14,047,080.38	13,585,006.96	其中:公益金		5,324,258.25	3,467,969.05
递延资产	9	1,336,250.77	677,115.56	未分配利润	20	36,965,266.01	22,114,952.37
无形资产及递延资产合计		15,383,331.15	14,262,122.51	股东权益合计		122,363,238.09	105,260,694.45
资产合计		366,381,015.32	283,950,670.03	负债及股东权益合计		366,381,015.32	283,950,670.03

山东淄博华光陶瓷股份有限公司资产负债表

单位:人民币元

	1996－12－31	1995－12－31	流动负债:	1996－12－31	1995－12－31
资产:			短期借款	55,510,000.00	26,780,000.00
流动资产:			应付票据	6,000,000.00	4,500,000.00
货币资金	6,654,150.47	893,296.89	应付帐款	48,843,025.63	38,680,315.41
应收帐款	43,120,163.63	41,487,147.39	应付福利费	(1,258,603.00)	288,255.70
减:坏帐准备	146,951.20	141,639.62	未付股利	—	—
应收帐款净额	42,973,212.43	41,345,507.77	未交税金	2,986,556.10	3,873,185.44
其他应收款	91,605,598.69	56,143,187.22	其他未交款	68,288.27	72,892.91
存货	47,516,305.55	38,192,624.44	其他应付款	21,610,207.99	22,481,878.67
流动资产合计	188,749,267.14	136,574,616.32	流动负债合计	133,759,474.99	96,676,528.13
长期投资:			长期负债:		
长期投资	27,143,503.19	22,715,079.75	长期借款	27,420,000.00	15,640,000.00
固定资产:			其他长期负债	5,927,120.92	5,935,920.92
固定资产原价	56,961,914.26	52,745,462.79	长期负债合计	33,347,120.92	21,575,920.92
减:累计折旧	13,417,684.83	10,492,108.84	负债合计	167,106,595.91	118,252,449.05
固定资产净值	41,544,229.43	42,253,353.95	股东权益:		
在建工程	16,346,512.29	9,316,112.86	股本	51,740,000.00	51,740,000.00
固定资产合计	59,890,741.72	51,569,466.81	资本公积	23,009,455.58	24,469,803.98
无形资产及递延资产:			盈余公积	10,648,516.50	6,935,938.10
无形资产	12,795,841.50	12,653,980.62	其中:公益金	5,324,258.25	3,467,969.05
递延资产	890,480.45	—	未分配利润	36,965,266.01	22,114,952.37
无形资产及递延资产合计	13,686,321.95	12,653,980.62	股东权益合计	122,363,238.09	105,260,694.45
资产总计	289,469,834.00	223,513,143.50	负债及股东权益总计	289,469,834.00	223,513,143.50

财务状况变动表(合并)

单位:元

项　　目	金　额	金　　额	项　　目
流动资金来源和运用		流动资金各项目变动	
一、流动资金来源		一、流动资产本年增加数:	
1. 本年净利润	18,562,892.04	1. 货币资金	7,188,460.61
加:不减少流动资金的费用和损失		2. 应收帐款净额	30,612,173.04
(1)少数股东本年(期)损益	2,169,342.99	3. 预付货款	620,179.18
(2)固定资产折旧	5,270,325.57	4. 其他应收款	15,235,702.06
(3)无形、递延资产及其他资产摊销(减其他债转销)	820,771.81	5. 待摊费用	437,870.10
(4)清理固定资产损失(减收益)		6. 存货	16,018,838.55
小　　计	26,823,332.41	流动资产增加(减少)净额	70,113,223.54
2. 其他来源:			
(1)增加长期负债	11,771,200.00		
(2)收回长期投资	265,000.00		
(3)资本净增加额	2,252,230.00		
(4)少数股东资本净增加额	1,893,342.99		
小　　计	16,181,772.99		
流动资金来源合计	43,005,105.40	二、流动负债本年增加数	
二、流动资金运用:		1. 短期借款	30,507,963.54
1. 利润分配:		2. 应付票据	5,136,504.16
(1)提取法定公积金	1,856,289.20	3. 应付帐款	27,125,823.40
(2)提取法定公益金	1,856,289.20	4. 预收货款	(11,681,263.23)
小　　计	3,712,589.40	5. 应付工资	
2. 少数股东利润分配	2,169,342.99	6. 应付福利费	(1,637,205.62)
3. 其他运用		7. 未交税金	3,294,258.47
(1)固定资产和在建工程净增加额	16,731,238.68	8. 其他未交款	(17,027.86)
(2)增加无形资产、递延资产及其他资产	1,941,980.45	9. 其他应付款	(1,138,847.28)
小　　计	18,673,219.13	10. 预提费用	73,053.08
流动资金运用合计	24,555,140.52	流动负债增加净额	51,663,258.66
流动资金增加(减少)净额	18,449,964.88	流动资金增加(减少)净额	18,449,964.88

山东淄博陶瓷股份有限公司财务状况变动表

单位:人民币元

	1996年度		1996-12-31
流动资金来源和运用		流动资金各项目的变动	
一、流动资金来源		一、流动资产本年增加数	
1.本年净利润	18,562,892.04	(1)货币资金	5,760,853.58
加:不减少流动资金的费用和损失		(2)应收帐款净额	1,627,704.66
(1)固定资产折旧	2,925,575.99	(3)其他应收款	35,462,411.47
(2)无形资产及递延资产及其他资产摊销(减其他负债转销)	429,639.12	(4)存货	9,323,681.11
小　计	21,918,107.15	流动资产增加(减少)净额	52,174,650.82
2.其他来源			
(1)增加长期负债	11,771,200.00		
(2)资本净增加额	2,252,230.00		
小　计	14,023,430.00		
流动资金来源合计	35,941,537.15	二、流动负债本年增加数	
二、流动资金运用		(1)短期借款	28,730,000.00
1.利润分配		(2)应付票据	1,500,000.00
(1)提取法定公积金	1,856,289.20	(3)应付帐款	10,162,710.22
(2)提取法定公益金	1,856,289.20	(4)应付福利费	(1,546,858.70)
小　计	3,712,578.40	(5)未交税金	(886,629.34)
2.其它运用		(6)其他未交款	(4,604.64)
(1)固定资产和在建工程净增加额	11,246,850.90	(7)其他应付款	(871,670.68)
(2)增加无形资产、递延资产及其它资产	1,461,980.45		
(3)增加长期投资	4,428,423.44		
小　计	17,137,254.79		
流动资金运用合计	20,849,833.19	流动负债增加净额	37,082,946.86
流动资金增加(减少)净额	15,091,703.96	流动资金增加(减少)净额	15,091,703.96

合并利润及利润分配表

单位:元

资　　产	附注	1996年度	1995年度
一、主营业务收入	21	138,957,329.65	95,435,471.20
减:营业成本	22	92,319,026.71	47,744,697.21
销售费用		8,676,317.28	18,043,693.44
管理费用		8,258,936.07	6,921,411.01
财务费用	23	6,034,264.45	3,353,320.08
营业税金及附加		366,996.90	632,243.34
二、主营业务利润		23,301,788.24	18,740,106.12
加:其他业务利润	24	1,741,019.50	(195,929.60)
三、营业利润		25,042,807.74	18,544,176.52
加:投资收益	25	252,880.96	438,765.54
营业外收入	26	38,487.00	34,475.00
减:营业外支出	27	355,257.05	377,239.38
加:以前年度损益调整	28	172,116.79	
补贴收入		13,981.00	
四、利润总额		255,165,016.44	18,640,177.68
减:所得税		4,432,781.41	3,596,698.92
少数股东损益		2,169,342.99	1,914,350.97
五、净利润		18,562,892.04	13,129,127.79
加:年初未分配利润		22,114,952.37	11,611,650.14
盈余公积转入数			
六、可供分配利润		40,677,844.41	24,740,777.93
减:提取法定盈余公积金		1,856,289.20	1,312,912.78
提取法定公益金		1,856,289.20	1,312,912.78
提奖励及福利基金			
七、供股东分配的利润		36,965,266.01	22,114,952.37
减:提取任意盈余公积金			
已分配普通股股利			
八、未分配利润		36,965,266.01	22,114,952.37

山东淄博华光陶瓷股份有限公司利润及利润分配表

单位:元

	1996 年度	1995 年度
主营业务收入	83,297,768.46	71,352,979.56
减:营业成本	52,556,400.92	41,054,051.81
销售费用	5,838,333.81	10,416,589.57
管理费用	3,700,353.73	1,797,433.51
财务费用	5,247,385.76	3,844,109.77
营业税金及附加	311,404.77	585,595.42
主营业务利润	15,648,889.47	13,655,199.48
加:其他业务利润	487,745.68	(267,554.72)
营业利润	16,131,635.15	13,387,644.76
加:投资收益	4,946,304.40	2,122,693.81
营业外收入	20,277.00	32,375.00
减:营业外支出	338,761.02	175,777.34
加:以前年度损益调整	200,000.00	—
补贴收入	13,981.00	—
利润总额	20,973,436.58	15,366,936.23
减:所得税	2,410,544.49	2,237,808.44
净利润	18,562,892.04	13,129,127.79
加:年初未分配利润	22,114,952.37	11,611,650.14
可供分配利润	40,677,844.41	24,740,777.93
减:提取法定盈余公积金	1,856,289.20	1,312,912.78
提取法定公益金	1,856,289.20	1,312,912.78
可供股东分配的利润	36,965,266.01	22,114,925.37
未分配利润	36,965,266.01	22,114,952.37

山东淄博华光陶瓷股份有限公司1997年度中期报告

一、财务报表(未经审计)

(一)简化的资产负债表　　单位:人民币元

资产	合并数		母公司	
	1997年6月30日	1996年12月31日	1997年6月30	1996年12月31日
流动资产	314,167,755.76	252,306,859.42	247,186,025.41	188, 749, 267.14
长期投资	1,118,000.00	1,118,000.00	30,379,128.69	27,143,503.19
固定资产净值	74,257,116.24	76,547,704.40	41,752,296.77	43,544,229.43
在建工程	28,259,462.31	21,025,120.35	19,544,672.88	16,346,512.29
无形及递延资产合计	16,545,980.79	15,383,331.15	13,793,916.38	13,686, 321.95
资产总计	434,348,315.10	366,381,015.32	352,656,040.13	289,469,834.00
流动负债	224,402,714.97	196,441,466.26	157,444,364.70	133,759,474.99
长期负债	51,645,202.92	33,437,120.92	51,645,202.92	33,347,120.92
少数股东权益	14,733,924.70	14,229,190.05	0.00	0.00
股本	93,132,000.00	51,740,000.00	93,132,000.00	51,740,000.00
资本公积	13,696,255.58	23,009,455.58	13,696,255.58	23,009,455.58
盈余公积	14,889,163.38	10,648,516.50	14,889,163.38	10,648,516.50
未分配利润	21,849,053.55	36,965,266.01	21,849,053.55	36,965,266.01
股东权益合计	143,566,472.51	122,363,238.09	143,566,472.51	122, 363, 238.09
负债及股东权益总计	434,348,315.10	366,381,015.32	352,656,040.13	289,469,834.00

2.简化的损益表　　单位:人民币元

项目	合并数		母公司	
	1997年1-6月	1996年1-6月	1997年1-6月	1996年1-6月
主营业务收入	134,285,754.14	60,212,530.91	90,277,736.75	44,900,757.45
主营业务利润	26,138,182.54	7,771,142.52	21,854,615.47	7,215,334.69
其他业务利润	537,715.56	960,276.64	434,976.58	194,996.24
投资收益	130,757.76	132,744.96	2,346,643.18	1,016,465.07
营业外收支净额	-76,183.56	-10,829.77	-69,261.58	-5,163.40
利润总额	26,730,472.30	8,867,315.35	24,566,973.65	8,435,613.60
所得税	4,667,763.15	1,632,008.42.	3,363,739.23	1,132,784.02
少数股东收益	859,474.73	-67,522.65	0.00	0.00
净利润	21,203,234.42	7,302,829.58	21,203,234.42	7,302,829.58
加:期初未分配利润	36,965,266.01	22,114,952.37	36,965,266.01	22,114,952.37
可供分配利润	58,168,500.43	29,417,781.95	58,168,500.43	29,417,781.95
减:已分配普通股股利	32,078,800.00	0.00	32,078,800.00	0.00
未分配利润	21,849,053.55	27,957,216.03	21,849,053.55	27,957,216.03

(三)主要财务指标

项目	1997年1-6月 (以目前总股本9313.2万股计算)	1996年1-6月 (以1996年末5174万股计算)
每股收益(元)	0.23	0.14
净资产收益率(%)	14.79	6.49
每股净资产(元)	1.54	2.18

(四)财务报表注释:

1.本报告期内会计政策和会计方法与以前年度相比,未发生变化。

2.本报告期内报告主体未发生合并、分离等变化。

3.主营业务收入较1996年同期增长幅度较大,主要原因:

①公司加大产品结构调整力度、加大对市场需求量大、附加值高的无铅隔色釉餐具的生产,增加收入1230万元。

②公司开发的新釉色、新器型咖啡杯,领导世界咖啡杯市场潮流,成为美国市场上的抢手货,新增加两条窑炉的生产能力,产品仍供不应求,销量较同期提高81.86%.增加收入2347万元。

③公司投资2100万元的中高强瓦楞纸生产线提前42天达标达产,投资1800万元的第二期彩印工程提前28天投产运行,增加收入1995万元。

④高技术陶瓷、艺术陶瓷销量也比去年同期有较大幅度提高。

4.公司主营业务利润较同期有较大幅度的提高,主要原因:一是随着销售收入的大幅度提高而增长;二是产品供不应求,餐具产品单件价格

提高0.59元，咖啡杯产品单件价格提高0.25元;三是新上造纸和彩印生产线,成为新的利润增长点；四是公司上下开展出口单件产品成本降低1美分活动,取得成效。

5. 股本增加4139.20万元,增幅为80%,是因为实施了1996年分配方案，即对全体股东每10股送红股6.2股,并资本公积金每10股转增1.8股,使股本增长80%。

6. 资本公积金减少931.32万元,减幅为40.48%，是因为1996年实施资本公积金每10股转增1.8股的分配方案。

二、经营情况回顾与展望

(一)上半年经营情况的回顾

上半年公司遵循“追求企业效益最大化和对股东高度负责”的宗旨,确立了“咬定发展不放松,转机建制增活力;名牌带动扩市场,夯实基础强管理;多元发展调结构,资本运营抢机遇;攻坚破难争一流,再创华光新业绩”的指导思想和总体思路,指出了“转机制、调结构、争市场、强管理、活资产、增效益”的工作重点,并狠抓落实,使企业进入了加速发展的新轨道。1至6月份实现销售收入13428.58万元。比上年同期增长123.01%;实现净利润2120.32万元,比上年同期增长190.34%;实际完成好于盈利预测,净利润完成盈利预测的76%。上半年公司主要经济指标销售收入、现价产值、利税、利润、劳动生产率均居全国同行业首位,世界咖啡杯生产量最大、出口量最大、市场覆盖面最大的地位日益巩固。

(二)下半年经营展望

1. 加大改革力度

继续完善公司管理调控机制和子公司法人治理机制,发挥整体规模优势,充分挖掘内部资产潜能;继续完善资产经营责任制,形成系统、科学的资产经营责任目标体系;继续深化内部分配制度改革、人事制度改革,最大限度的调动公司员工积极性。

2. 加快调整步伐

一是年产600万件高档骨质瓷项目年底要确保建成投产;二是年产1万吨高档涂布纸生产线9月底要竣工投产;三是年产5万吨的造纸项目要抓紧论证,力争年内开工;四是100万件压电陶瓷项目、3000吨矽酸锆粉体生产线项目年底要形成生产能力;五是生物工程公司9月份要正式运营;六是要继续加大无铅镉陶瓷生产的投入,扩大生产能力。

3. 奋力开拓市场

要在巩固和扩大国外市场份额的同时，迅速开拓国内市场，实施“6321”工程,即:开发60件套新产品(包括新器型、新配套、新装饰、新包装),在全国设立30个营销机构,建立20个华光陶瓷专营店(柜),招聘100名营销人员,在中国树起陶瓷的第一品牌－－华光陶瓷。

4. 实施科教兴企

一是建立一支高素质的人才队伍,面向社会广泛吸收、引进人才,引进高学历、高层次、高水平、高应用能力的各种专业人才,优化队伍结构。二是发挥公司科技人才作用,加快科研成果向生产力转化的进程。三是强化技术改造,实施技术创新工程,提高产品创新能力,加速经济增长方式转变的步伐。四是组织进行ISO9000系列质量认证工作,把产品质量提高到一个新水平。

5. 灵活资本运营

正确处理存量和增量的关系,以增量启动存量,以盘活存量更大的发挥增量的效益,发挥上市公司的优势,抓机遇,抢速度,搞好收购、兼并、增资、合资、控股参股等方面的运作,以较少的资金调动和吸纳更多的存量资产,不断壮大公司实力。

6. 继续规范运作

落实“法律、监管、自律、规范”的八字方针,严格公司范化运作,严格按有关证券规章制度、信息披露制度执行,加快现代企业制度的建设。

三、重大事件说明

1、投资2100万元的中高强瓦楞纸生产线和投资1800万元的彩印工程,分别比计划提前42天和28天正式投入运行,成为公司新的利润增长点。

2、经国家计划委员会特急计财金(1996)2668号文件批准,公司可以按《企业债券管理条例》和《山东省企业债券发行程序》编制有关材料,经有关部门批准后,拟发行1000万元人民币三年期企业债券,所筹资金用于公司高档瓷生产样板厂项目。

3、公司第九次股东大会通过的关于新建全资、合资、租赁企业的决定中,新建的全资华光制釉公司、中外合资淄博华光日用纸制品公司和租赁的华青陶瓷公司已于6月份投入试产。

4、按照国务院证券委、中国人民银行、国家经贸委5月21日联合发布的《严禁国有企业和上市公司炒作股票的规定》的要求,公司经自查,没有从事任何违反规定的事项,未在证券登记机构开设已上市流通股票帐户,本公司今后如果从事股票投资,将严格遵循国家政策法规和本公司章程的规定。

5、在报告期内无重大诉讼、仲裁事项。

6、公司无关联交易。

7、公司在1997年中期不进行分红或配股。

四、发行在外股票的变动和股权结构变化

(一)在公司1996年实施10股送6.2股并转增1.8股的分配方案,国家股、法人股、社会公众股同比例增长。

(二)股本结构情况

项目	期初	送股	公积金转增	期末	占总股本%
1. 尚未流通股份					
(1)国家股份	26210000	16250200	4717800	47178000	50.66
(2)法人股份	10530000	6529600	1895400	18954000	20.35
尚未流通合计	36740000	22778800	6613200	6613200	71.01
2. 已流通股					
境内上市的人民币					
普通股	15000000	9300000	2700000	27000000	28.99
已流通股合计	15000000	9300000	2700000	27000000	28.99
3. 股份总数	51740000	32078800	9313200	93132000	100

备注:普通股2700万股中包括本公司高级管理人员股份4.68万股.

(三)公司前十名股东持股情况(截止1997年6月30日)

		占总股本%
1. 山东淄博国有资产经营公司	47178000	50.66
2. 淄博齐惠陶瓷有限公司	7200000	7.73
3. 淄博湖岭企业集团有限公司	3636000	3.90
4. 山东淄博振华工贸公司	3438000	3.69
5. 淄博市张店华丰实业总公司	2500000	2.68
6. 淄博长石石英矿	900000	0.96
7. 淄博云鹤彩色水泥有限公司	540000	0.57
8. 淄博中亚化工有限公司	540000	0.57
9. 深圳市金世界购物城有限公司	446400	0.47
10. 陈锦川	216280	0.23

五．股东大会简介

山东淄博华光陶瓷股份有限公司第九次股东大会于1997年5月17日上午在淄博市鲁中宾馆召开,与会股东及股东代表共36人,代表股份3871.8885万股,占公司总股本5174万股的74.83%。经大会审议并以投票表决方式,通过决议如下:

1. 审议通过1996年度董事会工作报告;
2. 审议通过1996年度监事会工作报告;
3. 审议通过1996年度财务决算报告;
4. 审议通过1996年度利润分配方案,即每10股送6.2股;
5. 审议通过资本公积金转增股本方案,即每10股转增1.8股;
6. 审议通过新建全资、合资企业及租赁企业的决定;
7. 审议通过申请发行1000万元企业债券的决定;
8. 审议通过关于1997年度投资项目的决定;
9. 授权董事会办理合资、租赁、投资企业及发行债券的相关事宜;
10. 授权董事会按照国家有关规定办理1996年度送股及转股实施后公司注册资本变更和公司章程修改事宜。

六．备查文件

1. 载有董事兼总经理亲笔签名的中期报告原本
2. 公司1996年度股东大会材料

查阅地址:淄博市张店区湖光路6号,公司办公大楼

山东淄博华光陶瓷股份有限公司

1997年8月8日

海南金海股份有限公司

海南金海股份有限公司股票上市公告书

一、释义

在本公告书中，除非文中另有所指，下列简称具有以下所规定的含义：

1、本公司指海南金海股份有限公司及其控股子公司

2、发行人指海南金海股份有限公司

3、人民币普通股指用人民币标明面值且仅供境内社会公众以人民币进行买卖之普通股票，简称A股

4、元指人民币元

5、主承销商指国泰证券有限公司

6、发行人律师指方圆律师事务所

7、会计师指海口会计师事务所

8、评估师指中锋资产评估事务所

二、绪言

经中国证券监督管理委员会证监发审字〔1996〕131号文和证监发审字〔1996〕332号文批准，本公司已成功地向社会公众发行每股面值1元之人民币普通股票2150万股。经本公司第四次股东大会决议通过，按深交所深证发〔1996〕第449号《上市通知书》，本公司本次新发社会公众股2150万股和原内部职工股780万股将于1996年12月5日在深交所挂牌交易(剩余内部职工股520万股自本次新股发行之日起，期满三年方可上市流通)。本公司总股份为86500000股，可流通股份2930万股，股票简称为“金海股份”，证券编码为“0657“，交易单位为“股”。

本公告书是根据《中华人民共和国公司法》、《股票发行与交易管理暂行条例》、《公开发行股票公司信息披露实施细则(试行)》、《深圳证券交易所业务规则》等有关法律、法规、规章的规定，为本公司股票上市向社会公众提供本公司有关情况之目的而编制。

本公司已于1996年11月20日分别在《证券时报》、《中国证券报》、《金融时报》上刊登了招股说明书概要，距今不足6个月，故与其相重复的内容在此不再赘述，敬请社会公众查阅招股说明书概要。

本公司董事会及各位董事确信本公告书未遗漏任何重大事项，亦不存在任何误导和虚假成分，并愿就资本公告书及相关资料的真实性、准确性、完整性负个别及连带责任。

三、公司概况

1、发行人名称

中文名称：海南金海股份有限公司

英文名称：HAINAN JINHAI CO.,LTD.

2、发行人成立日期：1993年3月18日

3、发行人地址：海南省海口市龙昆北路2号珠江广场帝都大厦18楼，邮政编码为570125。

4、公司其他情况：

(1)经营范围

主营：有色金属、稀有金属(国家专控产品除外)的加工生产及销售，钢材、贵金属和新合金、新材料的生产加工，化工产品及原料(专营及危险品除外)，五金工具，矿产品，纺织品，机械设备，电子产品，房地产经营，旅游项目开发，进出口贸易。

兼营：建材，仪器仪表，电器器材，汽车配件，农副土特产品，矿产品，食品，饮料，水产品，旅游产品；信息咨询服务，高科技产业的开发。

(2)主要业务

铜杆、精密压铸件生产，豪斯整水器生产及销售，有色金属原材料的内外贸易，旅游

(3)公司本次新股发行后，总股本达8650万元，工商登记号为28407709－2，税务登记证号为460100600800350。

(4)职工情况

截止1996年11月20日，公司共有职工422人，构成如下：

生产、业务人员275，占总人数65%

工程技术人员76人，占总人数18%

行政管理人员54人，占总人数13%

其他17人，占总人数4%

(5)公司全资企业

公司全资企业有：内蒙古海托工贸联营公司、保定市金海铜材厂、海南金海股份有限公司上海分公司(该公司为独立法人，但由于注册时工商管理不规范，公司名称为分公司，目前该公司名称规范工作正在进行中)

(6)主要固定资产情况

根据海口会计师事务所出具的审计报告，截止1996年6月30日，公司的主要固定资产情况如下：

单位：元

	房屋建筑	生产、运输、办公设备	土地使用权
帐面原值	12,744,499.43	10,384,476.52	9,571,139.00
累计折旧	1,669,226.76	2,734,935.36	-----
帐面净值	11,075,272.67	7,649,541.16	9,571,139.00

四、股票发行与股本结构

1、股本形成

1993年1月，经海南省股份制试点领导小组琼股办字〔1993〕4号文批准，海南金海实业公司联合中国有色金属工业财务公司、包头铝厂、中国有色金属工业海南公司、广东省有色金属进出口公司、广东粤华有色金属联合开发公司共同作为发起人，经定向募集设立海南金海股份有限公司。公司设立时总股本为6500万股，发起人认购3931.5万股，其中海南金海实业公司以经评估并经海南省财税厅琼财税〔92〕国资字第873号文确认的净资产2761.5万元折股2761.5万股，同时，以每股1元的价格定向募集法人股1268.5万股，定向募集内部职工股1300万股。

经国家国有资产管理局国资企发〔1996〕174号文批准，上述发起人(海南金海实业公司、中国有色金属工业财务公司、包头铝厂、中国有色金属工业海南公司、广东省有色金属进出口公司、广东粤华有色金属联合开发公司)所持本公司股份为国有法人股。

2、1996年社会公众股发行

(1)发行方式：利用深交所交易系统上网定价发行

(2)申购时间：1996年11月25日

(3)发行对象：境内法人和自然人(法律规定不准购买者除外)

(4)发行价格：4.85元/股

(5)发行数量：2150万股

(6)发行结果：发行总市值104,275,000元，总有效申购户数为278808户，总有效申购股数为3692849000股，超额认购倍数为171.7604倍，中签率为0.582206%。募集资金已经海口会计师事务所验证。

3、股本结构

1996年新股发行后股本结构为:

项目	股数(股)	占总股本比例(%)
总股本	86,500,000	100.00
国有法人股	39,315,000	45.46
社会法人股	12,685,000	14.66
社会公众股	29,300,000	33.87
内部职工股	5,200,000	6.01

五、股东持股情况

公司前十名股东名单如下:

序号	股东名称	持股数(股)	占总股本比例%
1	海南金海实业公司	27,615,000	31.92
2	中国有色金属工业财务公司	5,250,000	6.07
3	海南恒润投资公司	3,750,000	4.34
4	海南金昌旅游公司	3,075,000	4.34
5	包头铝厂	3,000,000	3.47
6	汕头广澳型材厂	3,000,000	3.47
7	中国有色金属工业海南公司	1,500,000	1.73
8	广东省有色金属进出口公司	975,000	1.13
9	广东粤华有色金属联合开发公司	975,000	1.13
10	海南金海洋工贸公司	667,500	0.77

六、公司董事、监事及高级管理人员介绍

1、公司董事会成员

沃廷枢先生,62岁,教授级高级工程师、中南工业大学兼职教授,本公司董事长。1958年毕业于前苏联乌拉尔工学院,历任902厂厂长、中国有色金属工业总公司西安公司经理、中国有色金属工业总公司副总经理,现任中国有色金属工业总公司党组成员、深圳有色金属交易所理事长。持有本公司股票10000股。

党五喜先生,57岁,高级工程师,本公司副董事长,并任中国有色金属工业财务公司总经理。持有本公司股票11000股。

臧玉安先生,63岁,高级经济师,本公司董事,并任中国有色金属工业总公司顾问,曾任中国有色金属工业总公司人事部主任。持有本公司股票1000股。

袁彼德先生,60岁,高级工程师,本公司董事,并任中国有色金属工业总公司企业部副主任。持有本公司股票1000股。

张振生先生,58岁,高级工程师,本公司董事,并任中国有色金属进出口广东总经理,广东省有色金属进出口公司总经理,中国外贸集团公司副理事长,曾任中国有色金属工业总公司凡口铅锌矿副矿长。持有本公司股票5000股。

许其林先生,54岁,高级工程师,本公司董事,并任珠海鑫光股份有限公司党委书记兼副总经理,曾任中国有色金属工业广州公司总经理。持有本公司股票5000股。

张道南先生,61岁,工程师,本公司董事,并任中国有色金属工业海南公司总经理,中外合资海南海宇锡板工业有限公司董事长,海南省人大财经委员,曾任江西铜 业公司副经理兼贵溪冶炼厂厂长,持有本公司股票10000股。

史九宽先生,58岁,高级工程师,本公司董事,现任包头铝厂厂长兼党委书记。持有本公司股票5000股。

蔚然军先生,40岁,高级经济师,本公司董事兼总经理,海南金海原材料实业公司创始人、总经理,曾任海南金兴公司创始人、副总经理,广州金埔公司副总经理,中国有色金属工业总公司凡口铅锌矿运销处副处长。持有本公司股票20000股。

2、公司监事会成员

郑海生女士,66岁,高级会计师,本公司监事会召集人,曾任中国有色金属工业总公司财务部主任。持有本公司股票1000股。

张日明先生,58岁,高级工程师,本公司监事,并任中国有色金属工业海南公司副总经理,曾任中国有色金属工业总公司人事部技术干部处处长。持有本公司股票10000股。

雷小冰女士,36岁,经济师,本公司监事。持有本公司股票3000股。

3、公司高级管理人员

蔚然军先生,总经理,同上。

冯晓元先生,38岁,高级工程师,本公司董事会秘书,并任本公司副总经理。持有本公司股票11000股。

刘建斌先生,42岁,经济师,本公司总经理助理,并任保定市金海铜材厂厂长、内蒙古海托工贸联营公司总经理。持有本公司股票3000股。

张萍女士,36岁,高级经济师,本公司总经理助理兼综合部主任,并任海南金海旅游有限公司总经理。持有本公司股票3000股。

依成真先生,43岁,工程师,本公司总经理助理。持有本公司股票3000股。

任炽毅先生,43岁,经济师,本公司总经理助理兼上海分公司经理,曾任上海冶炼厂销售科科长。持有本公司股票3000股。

卢晓春先生,32岁,经济师,本公司总经理助理。持有本公司股票3000股。

何丽女士,25岁,会计师,本公司财务部经理。持有本公司股票3000股。

七、主要财务数据

1、近三年经营业绩

经海口会计师事务所审计,公司近三年经营业绩如下:

单位:元

项目	1996年1-6月	1995年	1994年	1993年
主营业务收入	79,805,538.00	145,021,097.76	196,830,214.70	198,174,377.19
减:营业成本	65,255,486.87	118,062,538.45	178,181,977.50	172,755,801.30
销售费用	992,964.23	2,851,666.87	2,444,049.10	637,360.56
管理费用	3,210,616.77	6,182,759.46	5,660,553.48	3,905,659.79
财务费用	372,982.66	3,618,264.92	-1,867,788.83	15,607.10
进货费用				173,132.57
营业税金及附加	96,118.43	333,860.02	735,324.08	2,635,519.19
主营业务利润	9,877,369.04	13,972,008.04	11,676,099.37	18,051,296.68
加:其他业务利润	19,202.07	948,350.56		126,992.86
营业利润	9,896,571.11	14,920,358.60	11,676,099.37	18,178,289.54
加:投资收益		495,000.00	685,000.00	2,167,391.69
营业外收入	562,193.47	2,547,204.97	1,866,839.12	3,498,028.50
减:营业外支出	5,000.00	427.65	52,015.95	
利润总额	10,453,764.58	17,962,135.92	14,175,922.54	23,843,709.73
减:所得税	869,670.29	628,761.80	796,801.00	63,357.11
少数股东损益	532,491.61	1,182,570.63	279,653.80	-31,680.43
税后利润	9,051,602.69	16,150,803.49	13,099,467.74	23,812,033.05

2、主要财务指标

指标名称	1996年6月	1995年	1994年	1993年
流动比率	1.54	1.39	1.51	4.05
速动比率	1.08	0.94	1.08	2.66
应收帐款周转率	5.84	4.53	7.03	--
股东权益比率	0.54	0.47	0.48	0.80
净资产收益率(%)	8.67	16.95	14.73	26.81
每股税后利润(元/股)	0.14	0.25	0.20	0.37
每股净资产(元/股)	1.61	1.47	1.37	1.37

3、盈利预测

本公司预测并经海口会计师事务所审阅的公司1996年盈利预测如下:

单位:元

项目	1996年1-6月已完成数	1996年预测数

主营业务收入	79,805,000	177,100,000
减:营业成本	65,255,000	144,160,000
销售费用	993,000	3,310,000
管理费用	3,210,000	6,150,000
财务费用	373,000	1,970,000
营业税金及附加	96,000	620,000
主营业务利润	9,877,000	20,890,000
加:其他业务利润	19,000	220,000
营业利润	9,896,000	21,110,000
加:投资收益		500,000
营业外收入	562,000	700,000
减:营业外支出	5,000	50,000
利润总额	10,453,000	22,260,000
减:所得税	870,000	2,240,000
少数股东损益	532,000	1,470,000
税后利润	9,051,000	18,550,000

注:该表实际以千元为单位,千元以下四舍五入

每股收益为0.21元

八、董事会承诺

本公司董事会将严格遵守《公司法》、《股票发行与交易管理暂行条例》、《公开发行股票公司信息披露实施细则(试行)》、《深圳证券交易所业务规则》及国家与深圳市有关法律、法规,并向证券主管机关、深交所、广大投资者作出如下承诺:

1、准确和及时地公告本公司中期、年度财务及经营业绩报告资料。

2、董事会成员、监事会成员及高级管理人员如发生人事变动,或前述人持有本公司股份数量发生变化时,及时通报证券管理机关,并适时通过新闻媒体通告社会公众。

3、及时、准确地披露本公司重大经营活动信息。

4、自觉接受证券管理部门的监督和管理,认真听取政府、股东、证券管理及经营部门和社会公众的意见、建议和批评。

5、不利用内幕消息和不正当手段从事股票投机交易。

6、本公司没有无记录负债。

7、董事会及各位董事保证不就任何未经交易所审阅的可能影响股价变动之重大信息私自公告或发表意见。

九、特别事项说明

1、本公司本次获得股票发行额度2930万元,其中2150万元用于本次发行新股,公司原内部职工股780万股占用额度与本次新发社会公众股同时上市,剩余内部职工股520万股自本次新股发行之日起,期满三年方可上市流通。

2、经公司第四次股东大会决议,公司1995年股利暂不分配,转至下年由新老股东共同分配。

十、咨询机构

1、本公司委托张萍女士、何立芝先生为授权代表,负责本公司股份事务管理及咨询。投资者如对本公告书有任何疑问,可以向本公司授权代表咨询。

本公司有关备查文件存放于本公司办公地点,可供股东查询。

股证事务授权代表:张萍女士、何立芝先生

咨询电话:(0898)6777427

传真号码:(0898)6779318

2、上市推荐人

(1)国泰证券有限公司

法定代表人:金建栋

地址:上海浦东新区乳山路61号

驻京地址:北京友谊宾馆乡园

电话:(010)8498545,8498543　　传真:(010)8498543

联系人:冯立亮、杨广生、莫斌、腾建华

(2)海南省信托投资公司

法定代表人:陈岗

地址:海口市龙华路财盛大厦

电话:(0898)6220081　　传真:(0898)6220298

联系人:胡　渝

3、发行人律师:方圆律师事务所

经办律师:刘峰、涂显亚

地址:海口市花园大厦3楼A座

电话:(0898)6797236　　传真:(0898)6763331

联系人:刘　峰、涂显亚

4、会计师事务所:海口会计师事务所

经办注册会计师:李展年、潘承均

地址:海口市财政局综合楼四楼

电话:(0898)6251848

联系人:李展年、潘承均

十一、备查文件

1、深圳证券交易所上市通知书

2、验资报告

3、本公司招股说明书

4《上市协议书》

海南金海股份有限公司董事会

1996年12月2日

海南金海股份有限公司1996年年度报告摘要

一、公司简况

1. 公司中文名称:海南金海股份有限公司
   公司英文名称:HAINAN JINHAI CORP.,LTD.
2. 公司法定地址:海南省海口市龙昆北路2号珠江广场帝都大厦18层
   公司办公地址:海南省海口市龙昆北路2号珠江广场帝都大厦18层
   邮　政　编　码:570125
3. 公司法定代表人:沃廷枢
4. 公司咨询服务机构:公司证券部
   电话:0898－6777324
   传真:0898－6779318
   联系人:何立之

二、主要财务数据与财务指标

指标项目	1996年	1995年	1996年比1995年增长	扣除利息收入
1.主营业务收入(万元)	14,438.10	14,502.11	－0.44%	
2.净利润(万元)	2,609.60	1,615.08	46.11%	2,359.87
3.总资产(万元)	35,893.33	20,169.55	77.96%	
4.股东权益(万元)	22,110.67	9,531.18	132.44%	21,859.22
5.每股收益(元)	0.30	0.25	8%	0.27
6.每股净资产(元)	2.56	1.47	74.15%	2.53
7.净资产收益率(%)	11.80	16.95	－37.17%	10.80
8.股东权益比率(%)	61.60	47.76	30.60%	61.40

附:财务审计报告、资产负债表、损益表、财务状况变动表和报表附注

说明。

三、公司业务经营回顾

1. 一年来经营情况

1996年,公司在努力拓展国内外贸易的同时,加大了对实业的投资和管理以及产品的宣传力度,通过完善经营机制,加强内部管理,努力拓宽业务,不断寻找和培养新的利润增长点。1996年度共实现销售收入14,438.10万元,完成税后利润2359.87万元,比上年增加了46.11%,年末总资产35893.33万元,净资产22154.74万元,实现了经济效益大跨越。本公司所属内蒙海托工贸联营公司及南方精密压铸有限公司等生产企业牢牢把握市场脉膊,加快了适销对路的产品开发。上海分公司控股的上海豪斯整水器公司,其生产能力已达年产20,000台,有极强的市场竞争力,1996年豪斯整水器被推荐为"1996年中国科技成果转化与新产品交易会金奖",其科研成果被认为填补了我国生产饮用型离子水技术的空白,属国内首创。另外,公司本年度投资收益及营业外收入较去年都有较大幅度的增加,主要构成为公司投资参股海南发展银行并取得投资回报以及公司利用深圳、上海的有色金属交易市场以及海南中商期货交易所进行有色金属及其他货物的套期保值业务所获得的收益。

2. 关于主营业务收入,利润总额及净利润实际完成情况分析:

1996年度公司主营业务收入完成14,438.10万元,为1995年实际14,502.11万元的99.56%元,为本年预测数17,710.00万元的81.53%,主营业务收入下降的主要原因之一是因为本公司本年度贸易额有所减少所致。

利润总额完成2,891.50万元,为上年实际数1,796.21万元的160.98%元,为本年预测数2,226.00万元的129.90%。本年度利润总额比上年及预期增加的主要原因,一是投资发展银行所获得收益602.4万元,二是本年度股票发行时申购失败者存款利息转入293.80万元。

净利润完成2,609.60万元,为上年实际1,615.08万元的161.58%,为本年预测数1,855.00万元的140.68%,净利润增加的主要原因是本年利润总额的增加。

四、对公司募集资金的说明

1996年公司公开发行人民币普通股股票2150万股,发行价格为4.85元/股,扣除发行上市费用后,共募集资金10,263.65万元。募集资金安排运用情况如下:

1. 投资4300万元用于修建三亚金海大酒店等项目,该酒店工程进度顺利,预计将在1997年建成营运;

2. 投资500多万元用于上海豪斯整水器有限公司扩建工程;

3. 由于公司股票于1996年11月底才发行,资金到位已近年底,故截止1996年12月31日,募集资金只有部分投入到计划项目中,公司将在1997年对有关项目按计划投入。

五、股本变化及股本结构情况

截止1996年12月31日,公司股本结构如下:(单位:万股)

	期初数	期末数	增减(+ -)
尚未流通股份			
发起人股份(股)	3931.5	3931.5	
募集法人股股份(股)	1268.5	1268.5	
内部职工股(股)	1300	520	-780
尚未流通股合计(股)	6500	5720	-780
已流通股份合计(股)		2930	+2930
股份总数	6500	8650	+2150

本年度股本变化原因是,1996年11月25日获准发行新股2150万股,另内部职工股780万股与增发新股一起与1996年12月5日上市流通。本年度内无送股、配股、转增股等事项。

2. 主要股东持股情况:

股东名称	持股数(万股)	占总股本比例(%)
1)海南金海实业公司	2761.5	31.92
2)中国有色工业财务公司	525	6.07
3)海南恒润投资有限公司	375	4.34
4)海南金昌旅游实业有限公司	307.5	3.55
5)内蒙古包头铝厂	300	3.47
6)汕头经济特区广澳金属型材厂	300	3.47
7)中国有色金属工业海南公司	151	1.75
8)广东粤华有色金属联合开发公司	97.5	1.13
9)广东省有色金属进出口公司	97.5	1.13
10)海南金海洋工贸有限公司	66.75	0.77

3. 年末股东数量

根据深圳证券登记有限公司提供的数据,截止1996年12月31日本公司股东总数为19127户。

4. 本公司董事、监事及高级管理人员持本公司股票情况如下:

姓名	职务	年初持股数	年末持股数
沃廷枢	董事长	10,000	10,000
蔚然军	总经理	20,000	20,000
党五喜	副董事长	11,000	11,000
冯晓元	董事会秘书、副总经理	11,000	11,000
张道南	董事	10,000	10,000
张日明	监事	10,000	10,000
史九宽	董事	5,000	5,000
许其林	董事	5,000	5,000
张振生	董事	5,000	5,000
雷小冰	监事	3,000	3,000
依成真	总经理助理	3,000	3,000
张萍	总经理助理	3,000	3,000
刘建斌	总经理助理	3,000	3,000
何丽	财务部经理	3,000	3,000
任炽毅	总经理助理	3,000	3,000
卢晓春	总经理助理	3,000	3,000
郑海生	监事会召集人	1,000	1,000
袁彼德	董事	1,000	1,000
臧玉安	董事	1,000	1,000
合计		111,000	111,000

六、重要事项:

1、1996年10月,公司以信函方式召开了临时董事会和股东大会,通过了公司关于参股投资海南发展银行发行6000万股的决议;

2、1996年11月25日,公司在深圳证券交易所通过上网定价方式公开发行2150万股人民币普通股,发行价格为4.85元/股。公司已于1996年11月20日在《中国证券报》、《证券时报》、《海南日报》上刊登了招股说明书概要。

3、1996年12月5日,公司2930万股人民币普通股在深圳证券交易所上市,其中的内部职工股780万股占额度上市,公司已于1996年12月2日在《中国证券报》、《证券时报》、《海南日报》刊登了上市公告书。

4、公司于1996年11月29日经海口会计师事务所验资,证实公司募集资金已经全部到位,公司注册资本由6500万元变更为8650万元。

5、本报告期内公司无重大诉讼仲裁事项。

七、子公司及关联企业

公司名称	注册资本	本公司拥有权益	经营范围
海南金海股份有限公司上海公司	300万元	100%	有色金属、原材料的生产加工贸易、高科技产品开发
内蒙古海托工贸联营公司	300万元	100%	有色金属、原材料、铜杆的生产加工贸易
海南金海旅游有限公司	200万元	95%	国内外旅游、民航售票、旅游产品开发等
海南市南方精密压铸有限公司	756万元	75%	摩托车、汽车等精密压铸件的生产加工

海南发展银行	6000万元	3.75%	存款、贷款、外币外汇等金融业务

八、财务报告

(一)审计意见

公司财务报告经海口会计师事务所注册会计师李展年、潘承均审计，并出具了无保留意见的审计报告。

(二)财务报表(见附表)

(三)财务报告附注

A、主要会计政策

1、会计制度

公司总部执行《股份制试点企业会计制度》及其有关补充规定，下属全资子公司、工厂和控股公司执行行业会计制度。

2、会计期间

采用公历制，自1月1日至12月31日为一个会计年度。

3、记帐本位币

以人民币为记帐本位币

4、货币兑换

凡发生涉及外币经济业务的收支，按月初市场汇价作为记帐汇率，折合人民币记帐。每月终了，按月末市场汇率折合人民币进行调整，由此产生的差额作为汇兑损益，列入当期损益。

5、坏帐准备

按应收帐款年末余额的3‰计提坏帐准备，控股公司的合资企业按3%计提坏帐准备，列入当期损益。

6、记帐原则及计价基础

采用权责发生制原则，以实际成本为计价基础。

7、固定资产及其折旧

固定资产计价标准，是指单位价值在2000元以上，使用年限超过一年的房屋建筑物、通用设备、办公设备、运输工具等，以实际成本计价。

固定资产折旧采用使用年限平均法计提，按原价5%扣除残值，折旧年限房屋建筑物为20年，通用设备为10年，其他按5年。

8、存货的核算

按发生的实际成本记帐。存货发出，依据企业生产经营特点。保持一致性原则，分别采用移动平均法、加权平均法、先进先出法等计价方法。

低值易耗品采取领用时一次摊销法。

9、无形资产及摊销

房屋使用权，按20年使用期平均摊销。

土地使用权，在建项目投入使用后，按土地使用年限平均摊销，未投入使用者暂不摊销。

10、递延资产及摊销

递延资产为开办费及筹备期间汇兑损失等均按5年平均摊销。

11、长期投资

长期投资中投资额占被投资企业股权比例的20%以下的采用成本法核算；投资额超过20%－50%的采用权益法核算；投资额超过50%以上的采用权益法，并合并会计报表。

12、合并报表的编制

合并报表范围：公司本部及长期投资额超过被投资企业股权比例50%以上的全资子公司和控股公司。

合并报表编制，根据合并报表有关规定，除对上下级拔付拔入资金、内部往来、内部销售收入与销售成本等予以相互抵销外，其余项目逐笔合并反映。

13、税项

(1)流转税：按照国家有关税法规定，公司所属企业、工厂分别在当地缴纳。其税率如下：

①增值税：按产品、商品销售收入的17%计征；

②营业税：按营业收入的5%计征；

③其他各项附加按照国家有关税法规定，照章纳税。

(2)所得税

公司本部按海南经济特区有关规定，所得税率为15%，其全资子公司和控股公司按国家有关税法规定及当地政府有关规定执行。

(3)其他各税按国家有关税收法规执行。

14、营业收入实现的确认

营业收入以商品(产品)已经发出或劳务已提供，并收到货款或取得索取货款的凭据，作为收入实现。

15、利润分配

税后利润分配计提法定盈余公积金10%，法定公益金10%，计提两金后的利润作为未分配利润，按股东大会通过的分配方案进行分配。

B、会计报表项目注释

(一)货币资金　年初余额3,521,819.67元，年末余额53,429,883.53元。增加49,908,063.86元，主要是公司1996年11月31日股票溢价发行增加银行存款。

(二)短期投资　年初余额1,880,000.00元，年末余额4,080,000.00元。其中：

1、股票投资

	数量	单价(元)	金额(元)
海南省航空公司	100,000股	1.80	180,000.00
海南南山电力	1,500,000股	1.133	1,700,000.00
小计	1,600,000股		1,880,000.00

2、债券投资

国债896,200,000.00元

3、期货投资2,000,000.00元

本年度增加期货投资，并产生收益1,721,630.00元已进帐。

(三)应收帐款

年初余额12,777,975.93元，年末余额19,331,774.13元

帐龄分析如下：

帐　龄	户数	金额(元)	占应收款总额%
一年以内	30	9,724,642.36	50.30
一至二年	20	9,571,123.77	49.51
二至三年	1	36,008.00	0.19
合计	51	19,331,774.13	100.00

本项目持股5%以上股东单位无欠款。

(四)预付货款

年初余额29,219,217.41元，年末余额5,232,255.77元，减少23,986,961.64元，主要为预付氧化锌货款到货。

帐龄分析如下：

帐　龄	户数	金额(元)	占总额%
一年以内	19	1,858,307.29	35.52
一至二年	5	2,572,878.96	49.17
二到三年	2	801,069.52	15.31
合计	26	5,232,255.77	100.00

(五)其他应收款

年初余额49,152,609.91元，年末余额85,466,121.02元。

帐龄分析如下：

帐　龄	户数	金额(元)	占总额%
一年以内	66	51,575,832.54	60.35
一至二年	41	25,347,336.35	29.66
二至三年	41	8,542,952.13	9.99
合计	148	85,466,121.02	100.00

年末余额85,466,121.02元比年初余额49,152,609.91元，上升73.88%，主要是暂付委托购货款23,209,571.95元；暂付购买海南珠江实业公司帝都大厦18层购房款7,766,065.76元。

(六)存货

年初余额45,143,840.63元，年末余额32,020,068.06元。

具体列示如下：

序号	类别	金额(元)	占总额
1	库存商品	26,981,174.33	84.26
2	产成品	2,489,377.98	7.78

3	在产品	125,713.58	0.39
4	原材料	2,218,418.66	6.93
5	发出商品	3,523.00	0.01
6	低值易耗品	201,860.51	0.63
	合计	32,020,068.06	100.00

(七)长期投资

年初余额3,560,000.00元,年末余额64,060,000.00元。主要为增加海南发展银行投资60,000,000.00元。

(八)在建工程:年初余额25,028,199.36元,年末余额64,941,890.16元。主要为增加三亚金海大酒店在建工程款。

(九)短期借款:年初余额12,800,000.00元,年末金额40,540,200.00元。

贷款单位	贷款金额	月利率‰	借款期限	借款条件
中国有色金属工业总公司	30,000,000.00	12.06	96年10月13日至97年10月	信用
北京建行信托投资公司	5,000,000.00	12.06	96年1月至97年1月	担保
海南省信托投资公司	4,050,000.00	8.91	96年8月至96年11月	信用
中国有色金属工业财务公司	690,200.00	10.50	96年12月至97年6月29日	信用
中国建设银行南海支行	800,000.00	10.08	96年11月至97年4月	信用
合　计	40,540,200.00			

以上海南省信托投资公司贷款已办理延期手续。

(十)应付帐款:年初余额55,049,821.22元,年末余额13,184,051.60元,减少41,865,769.62元,主要是:中国有色进出口公司汉成办事处,武汉有色金属(集团)铝业公司,包头铝厂等单位货款结算完毕。

(十一)其他应付款:年初余额23,150,255.88元,年末余额72,390,209.50元,增加49,239,953.62元,主要为增加应付海南金海实业公司往来款31,639,789.34元。

(十二)股本:年初余额65,000,000.00元,年末余额86,500,000.00元,增加21,500,000.00元,为1996年11月25日在深圳证券交易所上网定价发行新股2150万股。

(十三)资本公积

年初余额-520.50元,年末余额78,198,489.13元。

本年增加78,199,099.63元,为本年上网定价发行股票溢价转入82,357,900.00元。业经海口会计师事务所海所字〔1996〕第284号验证出具报告,新股发行时所冻结的有效申购款利息收入17,205.37元。支付新发行股票费用4,176,095.74元。

(十四)盈余公积

年初余额10,612,460.86元,年末余额15,831,652.08元。

本年增加5,219,191.22元,系根据公司章程法定公积金和公益金按当年利润净额各计提10%。

(十五)未分配利润:年初余额19,699,843.42元,年末余额40,576,608.29元。本年增加20,876,764.87元系本年度净利润转入。

(十六)主营业务收入上年数145,021,097.76元,本年数144,381,047.51元,减少0.44%,主要为贸易量有所减少所致。

(十七)投资收益上年度495,000.00元,本年度7,745,722.00元。比上年增加7,250,722.00元,主要为投资发展银行取得投资收益6,024,092.00元及中商期货投资收益1,721,630.00元。

(十八)营业外收入上年度2,547,204.97元,本年度7,772,668.96元,增加5,225,463.99元,主要为进行有色金属期货的套期保值收入和申购无效的资金在冻结期内的利息收入。

(十九)或有负债

公司本期无或有负债。

海南金海股份有限公司

1997年3月25日

合 并 资 产 负 债 表

编制单位:海南金海股份有限公司　　1996年12月31日　　单位:元

资产	行次	96.12.31合并数	95.12.31合并数	96.12.31本部数	95.12.31本部数	负债及股东权益	行次	96.12.31合并数	95.12.31合并数	96.12.31本部数	95.12.31本部数
流动资产:						流动负债:					
货币资金	1	53,429,883.53	3,521,819.67	29,823,589.24	1,085,371.39	短期借款	41	40,540,200.00	12,800,000.00	39,740,200.00	10,000,000.00
短期投资	2	4,080,000.00	1,880,000.00	3,880,000.00	1,880,000.00	应付票据	42				
应收票据	3					应付帐款	43	13,184,051.60	55,049,821.22	7,318,575.74	50,433,228.77
应收帐款	4	19,331,774.13	12,777,975.93	11,797,499.15	8,732,123.93	预收帐款	44	1,589,368.95	5,063,613.62		
减:坏帐准备	5	66,127.56	292,040.13	35,392.50	26,196.37	应付福利费	45	616,475.86	421,988.55	438,868.09	242,471.20
应收帐款净额	6	19,265,646.57	12,485,935.80	11,762,106.65	8,705,927.56	未付股利	46	5,332,208.25	6,221,345.00	5,332,208.25	6,221,345.00
预付帐款	7	5,232,255.77	29,219,217.41		18,549,275.94	未交税金	47	79,693.58	-609,680.61	-3,227,178.89	-1,037,798.11
其它应收款	8	85,466,121.02	49,152,609.91	80,665,068.05	40,424,347.85	其他未交款	48	33,764.09	8,648.80		
待摊费用	9	5,900.40	187,037.11			其他应付款	49	72,390,209.50	23,150,255.88	59,062,020.99	19,612,301.35
存货	10	32,020,068.06	45,143,840.63	24,381,981.97	36,801,185.77	预提费用	50		12,755.55		
其中:在建开发产品	11					一年内到期的长期负债	51				
待处理流动资产净损失	12					其他流动负债	52				
一年内到期的长期债券投资	13					流动负债合计	55	133,765,971.83	102,119,048.01	108,664,694.18	85,471,548.21
其他流动资产	14					长期负债:					
流动资产合计	15	199,499,875.35	141,590,460.53	150,512,745.91	107,446,108.51	长期借款	56				
长期投资:						应付债券	57				
长期投资	16	64,060,000.00	3,560,000.00	94,478,340.33	26,914,815.50	长期应付款	58				
其中:合并价差(贷差以"-"号表示)	17					其他长期负债	59				
固定资产:						长期负债合计	60				
固定资产原价	18	23,980,832.44	22,971,187.62	14,596,473.11	14,333,497.11						
减:累计折旧	19	5,294,671.00	3,535,271.93	3,568,454.97	2,360,674.43						
固定资产净值	20	18,686,161.44	19,435,915.69	11,028,018.14	11,972,822.68	递延税项:					
在建工程	21	64,941,890.16	25,028,199.36	64,571,523.56	24,996,566.46	递延税款贷项	61				
固定资产清理	22					负债合计	62	133,765,971.83	102,119,048.01	108,664,694.18	85,471,548.21
待处理固定资产净损失	23					少数股东权益	63	4,060,600.47	4,264,664.00		
固定资产合计	30	83,628,051.60	44,464,115.05	75,599,541.70	36,969,389.14						
无形资产及递延资产:						股东权益:					
无形资产	31	11,234,804.00	11,351,706.00	9,068,000.00	9,171,500.00	股本	64	86,500,000.00	65,000,000.00	86,500,000.00	65,000,000.00
递延资产	32	510,590.85	729,214.21	112,815.74	282,039.34	资本公积	65	78,198,489.13	-520.50	78,198,489.13	
无形资产及递延资产合计	33	11,745,394.85	12,080,920.21	9,180,815.74	9,453,539.34	盈余公积	66	15,831,652.08	10,612,460.86	15,831,652.08	10,612,460.86
其他长期资产:						其中:公益金	67	7,915,826.04	5,306,230.43	7,915,826.04	5,306,230.43
其他长期资产:	34					未分配利润	68	40,576,608.29	19,699,843.42	40,576,608.29	19,699,843.42
递延税项:						外币报表折算差额	69				
递延税款借款:	35					股东权益合计	70	221,106,749.50	95,311,783.78	221,106,749.50	95,312,304.28
资产总计	40	358,933,321.80	201,695,495.79	329,771,443.68	180,783,852.49	负债及股东权益总计	80	358,933,321.80	201,685,495.79	329,771,443.68	180,783,852.49

合并利润及利润分配表

编制单位:海南金海股份有限公司　　1996年度　　单位:元

项目	行次	合并		本部	
		1996年度	1995年度	1996年度	1995年度
一、主营业务收入	1	144381047.51	145021097.76	64954607.13	60188973.60
减:营业成本	2	119738029.66	118062538.45	57837223.36	46977389.50
销售费用	3	1790167.45	2851666.87	663152.62	1941569.32
管理费用	4	7577275.74	6182759.46	3942051.74	3465149.50
财务费用	5	1843253.05	3618264.92	2141060.42	3924954.21
进货费用	6				
营业税金及附加	7	307893.37	333860.02	48583.15	78165.71
二、主营业务利润	8	13124428.24	13972008.04	322535.84	3801745.36
加:其他业务利润	9	279478.32	948350.56		
三、营业利润	10	13403906.56	14920358.60	322535.84	3801745.36
加:投资收益	11	7745722.00	495000.00	23584127.07	12977819.93
营业外收入	12	7772668.96	2547204.97	2937997.04	
减:营业外支出	13	7285.00	427.65		
加:以前年度损益调整	14				
四、利润总额	15	28915012.52	17962135.92	26844659.95	16779565.29
减:所得税	16	1780582.26	628761.80	748703.86	628761.80
减:少数股东损益	17	1038474.17	1182570.63		
五、净利润	20	26095956.09	16150803.49	26095956.09	16150803.49
加:年初未分配利润	21	19699843.42	16529200.63	19699843.42	16529200.63
盈余公积转入	22				
六、可分配利润	23	45795799.51	32680004.12	45795799.51	32680004.12
减:提取法定公积金	24	2609595.61	1615080.35	2609595.61	1615080.35
提取法定公益金	25	2609595.61	1615080.35	2609595.61	1615080.35
七、可供股东分配的利润	26	40576608.29	29449843.42	40576608.29	29449843.42
减:已分配普通股股利	27		9750000.00		9750000.00
八、未分配利润	28	40576608.29	19699843.42	40576608.29	19699843.42

合并财务状况变动表

编制单位:海南金海股份有限公司　　1996年度　　单位:元

资产	行次	金额	流动资金各项目的变动	行次	金额
一、流动资金来源:			一、流动资产本年增加额 1、货币资金	41	49908063.86
1、本年净利润	1	26095956.09	2、短期投资	42	2200000.00
加:不减少流动资金的费用和损失	2		3、应收票据	43	
(1)少数股东本期损益(亏损以"-"号表示)	3	1038474.17	4、应收帐款净额	44	6779710.77
(2)固定资产折旧	4	1759399.07	5、预付货款	45	-23986961.64
(3)无形资产、递延资产及其他资产摊销	5	342085.36	6、其他应收款	46	36313511.11
(4)固定资产盘亏(减收益)	6		7、待摊费用	47	-181136.71
(5)清理固定资产损失(减收益)	7		8、存货	48	-13123772.57
(6)递延税款	8		9、待处理流动资产净损失	49	
(7)其他不减少流动资金的费用和损失	9		10、一年内到期的长期债券投资	50	
小　计	10	29235914.69	11、其他流动资产	51	
2、其他来源:					
(1)固定资产清理收入(减清理费用)	11				
(2)增加长期负债	12				
(3)发行债券	13				
(4)对外投资转出固定资产	14				
(5)对外投资转出无形资产	15		流动资产增加净额	60	57909414.82
(6)资本净增加额	16	104918200.85	二、流动负债本年增加额:		
(7)少数股东资本净增加额	17	-4588.55	1、短期借款	61	27740200.00
小　计	19	104913612.30	2、应付票据	62	
流动资金来源合计	20	134149526.99	3、应付帐款	63	-41865769.62
二、流动资金运用:			4、预收货款	64	-3474244.67
1、利润分配:			5、应付福利费	65	194487.31
(1)提取法定公积金	21	2609595.61	6、未付股利	66	-889136.75
(2)提取法定公益金	22	2609595.61	7、未交税金	67	689074.19
(3)提取任意公积金	23		8、其他未交款	68	25115.29
(4)已分配股利	24		9、其他应付款	69	49239953.62
小　计	25	5219191.22	10、预提费用	70	-12755.55
2、少数股东利润分配	26	1237949.15	11、一年内到期的长期负债	71	
3、其他运用	27		12、其他流动负债	72	
(1)增加固定资产	28			73	
(2)固定资产和在建工程净增加额	29	40923335.62			
(3)增加无形资产、递延资产及其他资产	30	6560.00			
(4)偿还长期负债	31				
(5)增加长期投资		60500000.00			
小　计	32	101429895.62			
流动资金运用合计	33	107887035.99			
外币会计报表折算差额	34		流动负债增加净额	79	31646923.82
流动资金增加净额	40	26262491.00	流动资金增加净额	80	26262491.00

海南金海股份有限公司1997年度中期报告

一、财务报告

(一)财务报表

1、合并资产负债表(简化并未经审计)

项目	1997年6月30日	1996年12月31日
流动资产	183,123,126.17	199,499,875.35
长期投资	64,060,000.00	64,060,000.00
固定资产净值	24,242,159.63	18,686,161.44
在建工程	112,748,128.51	64,941,890.16
无形资产及递延资产	11,083,253.17	11,745,394.85
其他长期资产	168,254.91	-
资产总计	395,424,922.39	358,933,321.80
流动负债	162,201,303.61	133,765,971.83
长期负债	-	-
负债合计	162,201,303.61	133,765,971.83
少数股东权益	2,800,063.85	4,060,600.47
股东权益	230,423,554.93	221,106,749.50
其中:股本	116,775,000.00	86,500,000.00
资本公积	77,568,489.13	78,198,498.13
盈余公积	15,831,652.08	15,831,652.08
未分配利润	20,248,413.72	40,576,608.29
负债及股东权益合计	395,424,922.39	358,933,321.80

2、合并损益表(简化并未经审计)

项目	1997年1-6月	1996年1-6月
主营业务收入	39,375,324.06	79,805,538.00
主营业务利润	1,106,818.22	9,877,369.04
其他业务利润	39,849.58	19,202.07
投资收益	5,280,000.00	-
营业外收支净额	3,662,297.12	557,193.47
利润总额	10,088,964.92	10,453,764.58
所得税	172,000.1	869,670.29
净利润	9,946,805.43	9,051,602.69

3、母公司资产负债表(简化未经审计)

项目	1997年6月30日	1996年12月31日
流动资产	145,537,577.00	150,512,745.91
长期投资	83,737,127.25	94,478,340.33
固定资产净值	16,869,084.28	11,028,018.14
在建工程	112,748,128.51	64,571,523.56
无形资产及递延资产合计	9,210,574.17	9,180,815.74
资产总计	368,102,491.21	329,771,443.68
流动负债	137,678,936.28	108,664,694.18
长期负债	-	-
负债合计	137,678,936.28	108,664,694.18
股东权益	230,423,554.93	221,106,749.50
其中:股本	116,775,000.00	86,500,000.00
资本公积	77,568,489.13	78,198,489.13
盈余公积	15,831,652.08	15,831,652.08
未分配利润	20,248,413.72	40,576,608.29
负债及股东权益合计	368,102,491.21	329,771,443.68

4、母公司损益表(简化未经审计)

项目	1997年1-6月	1996年1-6月
主营业务收入	10,525,387.93	42,904,037.80
主营业务利润	552,486.40	3,237,818.37
其他业务利润	-	-
投资收益	9,477,191.99	6,299,457.08
营业外收支净额	-	-
利润总额	10,029,678.39	9,537,275.45
所得税	82,872.96	485,672.76
净利润	9,946,805.43	9,051,602.69

(二)其他财务指标

项目	1997年1-6月	1996年1-6月
每股收益	0.085	0.14
净资产收益率	4.32%	8.67
每股净资产	1.97	1.61

注:1997年度上半年每股收益以期末总股本11677.5万股计算,上年同期以期末总股本6500万股计算。

(三)财务报表附注

1、本报告期所采用的会计政策与会计方法和1996年度财务报告所采用的会计政策与会计方法相一致。

2、本报告期内财务报告主体未发生全并、分立变化。

3、货币资金减少29348167.06元,系将所募集资金陆续投入金海大酒店和用于贸易流动资金周转。

4、应收帐款增加7507151.44元,存货增加2730847.64元,均因开展贸易活动所致。

应收帐款帐龄分析如下:

帐龄	余额	比例
1年以内	16,987,526.31	63.37%
1-2年	6,782,432.06	25.30%
2-3年	3,038,232.14	11.33%
小计	26,808,190.51	100.00%

5、本期长期投资未发生变化。

6、固定资产因公司购买帝都大厦办公楼增加6,642,465.88元。

7、在建工程增加47,806,238.35元,系公司投资金海大酒店项目。

8、无形资产及递延资产减少662,141.68元,系因摊销所致。

9、流动负债增加28,435,331.78元。系短期借款因还贷减少,应付帐款因购进货物增加,其他应付款因委托购货而增加。

10、少数股东权益减少系利润分配所致。

11、股本较年初增加30,275,000.00元,系公司1997年上半年实施每10股送3.5股红股分配方案后所增加。

12、资本公积减少630,000.00元,系年初因支付股票发行费用调整所致。

13、未分配利润较年初减少20,328,194.57元,主要是根据1997年4月25日股东大会确定的1996年度利润分配方案,以可分配利润向全体股东按每10股送3.5股红股,使未分配利润减少30,275,000.00元,另外本期利润实现9,946,805.43元。

14、主营业务收入较去年同期下降系因下属企业保定铜材厂停产,同时因公司主要精力集中在金海大酒店项目上,加之市场环境的影响使得贸易量有所减少,因而主营业务利润也相应减少。

15、投资收益5,280,000.00元,系公司投资海南发展银行所得分红。

16、营业外收入增加系公司期货业务收入。

17、本公司无关联交易。

二、经营情况的回顾与展望

(一)1997年上半年经营情况

公司上半年在董事会的正确领导和全体员工的积极努力下,各项业务工作进展较为顺利,取得了一定的成绩。共实现净利润995万元。

1、加强企业管理,向管理要效益。

公司上半年调整了经营班子,加强了经营管理,使之更加规范。在经营目标上,确立了"抓住机遇,规范管理,促进金海稳定发展"的总方针,在经营机制上,实施了"风险责任、效益利益、竞争淘汰"三种机制,以充分调动企业员工的积极性作为首要目标,使企业效益稳步发展。

2、加快在建工程建设

1997年上半年,公司的工作重点主要用在重大项目——以五星级标准建设的三亚金海大酒店的工程建设上。上半年尽管面临着资金短缺及原材料供应不上等困难,但经全体员工努力,取得了重大进展,金海大酒店位于风景秀丽的三亚市,配套设施齐全,它的建成将标志着我公司进入有色金属行业与旅游酒店业并重的新时期,也是我公司适应海南产业发展的重大举措。该项目目前进展顺利,预计将于今年年底前正式开业。

3、加强主营业务,提高贸易业务量

公司在上半年,针对去年贸易量滑坡的情况,对存在的问题进行了客观地,全面地分析。尽管贸易量仍有所减少,但公司调整了经营机制,对业务进行了重组与调整,加强了贸易部门力量,为公司以后的发展奠定了坚实的基础。

4、调整产业结构,决定对下属企业保定铜 材厂实施了停产

该企业今年以来因为受市场上劣质、低价产品黑杆的冲击,加之由于企业规模小,产品单一,以及其它因素影响,造成产销价格倒挂,此次停产减少了营运费用,避免了进一步的损失。

(二)下半年展望

下半年将围绕着年初制定的全年目标,以经济效益为中心,最大程度地调动员工积极性,力争使公司在各项业务中取得好成绩。

1、抓好酒店试营业,力争将金海大酒店办成一流酒店。

下半年,公司将在资金、人员上给酒店以最大支持,加强酒店管理,使酒店软硬件均达到五星级标准,为酒店的顺利开业奠定基础,迎接1997年年底海南旅游旺季的到来。

2、发扬传统优势,增加主营业务收入

公司下半年,将充分利用长期形成的贸易网络并抓住国际市场有色金属价格变动的机遇,以贸易带动公司实业的发展,实现内贸、外贸相结合,期货与现货相结合,生产与贸易相结合。

工业方面,公司下半年将继续努力做好南方精密压铸厂和上海豪斯整水器公司的产品开发和上市场开拓,加强各项产品的销售及售后服务,使产品更快地占领市场,使用户满意,为公司创造更大的效益,增加公司主营业务收入。同时,公司将调整保定金海铜 材厂的产品结构,发挥当地资源优势,增加废旧物资回收利用,以增加公司收益。

三、重大事件说明

1、公司于1997年3月20日召开了第一届第六次董事会及监事会,会议就公司上市前后的工作作出了肯定,总结了以前的工作并确定第五次股东大会的议案以及大会前的工作。

2、公司于1997年4月25日召开了第五次股东大会,会议通过了1996年度利润分配方案等重要议案并选举了新的一届董事会及监事会。

3、公司于1997年4月25日召开了第二届一次董事会及监事会,会议选举沃廷枢先生为董事长,任命蔚然军先生为总经理,冯晓元、依成真先生为副总经理。

4、公司于1997年4月26日在《证券时报》、《中国证券报》刊登了《1996年度股东大会决议》、《第二届一次董事会决议公告》、《第二届一次监事会决议公告》。

于4月28日在《证券时报》、《中国证券报》刊登了《1996年度分红派息公告书》,决定向全体股东以8650万股为基数,按每10股送3.5股红股,共送出3027.5万股,送股后股本增至11677.5万股,1997年5月5日为股权登记日,5月6日为除权日,5月8日为红股上市日。

5、1997年5月21日,国务院证券委,中国人民银行、国家经贸委联合发布《严禁国有企业和上市公司炒作股票的决定》,本公司对有关情况作了认真自查。

(1)我公司未参与股票炒作,无动用银行信贷资金买卖股票及用股票发行募集资金炒作股票之行为;

(2)公司未向任何机构、个人提供资金炒作股票;

(3)公司在深圳证券交易所开设有A股股票帐户,股东帐号为20902016,帐上无任何上市公司股票余额。公司未有以个人名义开设股票帐户。

6、本报告期内公司无重大诉讼仲裁事项。

四、股票的变动和股权结构的变化

1、根据公司1997年4月25日第五次股东大会通过的1996年利润分配方案的决议,对公司全体股东按每10股送红股3.5股,经此次送股后,公司股本总额变更为11677.5万元。股权登记日为1997年5月5日,除权日为1997年5月6日,所送红股上市为1997年5月8日。

2、截止1997年6月30日止公司股权结构情况表

股份类别	1996年12月末(万股)	送股(万股)	1997年6月末(万股)
(一)尚未流通股份			
1、发起人股	3931.5	1376	5307.5
2、募集法人股	1268.5	444	1712.5
3、公司职工股	526.6	184.3	710.9
尚未流通股份合计	5726.6	2004.3	7730.9
(二)已流通股份			
境内上市的人民币普通股A股	2923.4	1023.2	3946.6
已流通股份合计	2923.4	1023.2	3946.6
(三)股份总额	8650	3027.5	11677.5

3、截止1997年6月30日止的公司前10名股东持股情况

股东名称	持有股份(股)	所占比例%
1、海南金海实业公司	37280250	31.92
2、中国有色金属财务公司	7087500	6.07
3、海南恒润投资有限公司	5062500	4.34
4、海南金昌旅游实业有限公司	4151250	3.55
5、包头铝厂	4050000	3.47
6、汕头广澳金属型材厂	4050000	3.47
7、中国有色金属海南公司	2025000	1.75
8、中国有色金属工业广州公司	1316250	1.13
9、中国有色金属进出口广东公司	1316250	1.13
10、海南金海洋工贸有限公司	901125	0.77

五、股东大会简介

本公司1996年度股东大会于4月25日在海口市宝华海景酒店召开,出席会议的股东51人,代表股份56,689,500股,占总股本的65.54%,大会通过了如下决议:

1、审议通过《1996年度公司董事会工作报告》

2、审议通过《1996年度公司监事会工作报告》

3、审议通过《1996年度公司财务决算和1997年度财务预算报告》

4、审议通过1996年度利润分配议案

1996年公司实现净利润26,095,956.09元,分别提取10%法定公积金2,609,595.61元。10%公益金2,609,595.61元,可供股东分配的1996年度利润为20,876,764.87元,加上年末未分配利润19,699,843.42元,实际可供股东分配的利润为40,576,608.29元,向全体股东按每10股送3.5股红股,计送出3,027.50万元,尚余10,301,608.29元转入下一年度分配。

5、审议通过《关于修改公司章程的议案》

6、审议通过《关于加大对三亚金海大酒店投资的议案》

7、审议并选举产生了新一届的董事会,他们是:沃廷枢、蔚然军、臧玉安、马敏修、张振生、史九宽、冯秋明、苏尚广、吴旭、王锋、张大力。

8、审议并选举产生了新一届的监事会,他们是:郑海生、雷小冰、苏宁、张日明、韦利文,其中郑海生、苏宁、张日明为股东大会选出代表,雷小冰、韦利文为公司职工推选出代表。

六、备查文件

(一)、载有董事长亲笔签名的中期报告原本

(二)、于1997年3月25日在《证券时报》、《中国证券报》上刊登的《年度报告摘要》

(三)1996年度股东大会文件

海南金海股份有限公司

1997年8月29日

厦门海洋实业(集团)股份有限公司

厦门海洋实业(集团)股份有限公司招股说明书概要

一、释义

在本招股说明书中,除非文义另有所指,下列词语具有以下涵义:

(1)"公司"、"本公司"或"存续公司":指分立后的厦门海洋实业(集团)股份有限公司。即发行人;

(2)"原股份公司":指分立前的厦门海洋实业(集团)股份有限公司;

(3)"新设公司":指分立后的厦门兴洋实业股份有限公司;

(4)"厦门证券":厦门证券公司,A股发行的主承销商;

(5)"股票":A股;

(6)"A股":章程规定的每股面值人民币1元,以人民币认购及交易的普通股人民币股票;

(7)"A股发行":按照本招股说明书,并根据本公司与厦门证券签订之承销协议而进行的股票发行;

(8)"分立:"指原股份公司根据临时股东大会决议并依据《中华人民共和国公司法》有关规定采用派生分立方式将原股份公司分立成存续公司和新设公司的行为;

(9)"证监会":中国证券监督管理委员会;

(10)"承销协议":本公司与承销商之间达成之包销协议;

(11)"元":指人民币元;

(12)"董事会":指本公司董事会

二、绪言

本招股说明书依据《中华人民共和国公司法》、《股票发行与交易管理暂行条例》、《公开发行股票公司信息披露实施细则》等国家现行有关证券管理法规编写,董事会通过,旨在向公众人士提供本公司的资料。董事会各位成员确信,本招股说明书不存在任何重大遗漏或有误导性提示,对其真实性、准确性、完整性负个别及连带责任。

本次发行的股票是根据本说明书所载明的资料申请发行的,除发行人和主承销商外,没有委托或授权其他任何人提供未在本说明书中列载的信息和对本说明书作任何释解或者说明。

本次发行的A股仅售予中国境内投资者(国家法律、法规禁止者除外)。投资者须自行负担买卖发行人股票所应支付的税款,发行人上市推荐人和承销商对此不承担责任。

三、发售新股的当事人

1. 发行人:厦门海洋实业(集团)股份有限公司
   地址:厦门市蜂巢山路3号
   法定代表人:吴乌
   联系人:陈少熙 欧秀銮
   电话:(0592)2088657　　2085752
   传真:(0952)2086982
2. 主承销商:厦门证券公司
   地址:厦门槟榔东明路121号201
   法定代表人:苏金龙
   联系人:胡来旺　　谢凤华　　陈巍
   电话:(0592)5081345
   传真:(0592)5074450
3. 发行人财务顾问:中山证券公司
   地址:广东省中山市中山路47号
   法定代表人:麦庆光
   电话:(0760)8300572
4. 副主承销商:华银国际信托投资公司
   地址:北京市德胜门外北滨河路国旅发展大厦3016信箱
   法定代表人:朱熹豪
   联系人:杨良　吴伟其　童佳
   电话:(010)62383355
   传真:(010)62027276
5. 分销商:江苏省国际信托投资公司
   地址:江苏省南京市上海路5号
   法定代表人:赵国桢
   电话:(025)6528982
   分销商:厦门国际信托投资公司
   地址:厦门市湖滨北路振兴大厦9-11层
   法定代表人:游永华
   电话:(0592)5072466
   分销商:长城证券有限责任公司
   地址:深圳市福田区八卦三路平安大厦四楼
   法定代表人:李仁杰
   电话:(0755)2414863
   分销商:福建省华福证券公司
   地址:福建省福州市广达路141号恒宇大厦
   法定代表人:王希超
   电话:(0592)5090526
   分销商:大连证券有限责任公司
   地址:辽宁省大连市中信大厦
   法定代表人:石雪
   电话(0411)2808390
6. 上市推荐人:厦门证券公司
   华银国际信托投资公司
7. 发行人的法律顾问:北京国证律师事务所
   地址:北京市西城区车公庄大街6号
   法人代表:权绍宁
   经办律师:杨华　　张振宝
   电话:(010)68336392
   传真:(010)68311455
8. 主承销商的法律顾问:厦门英合律师事务所
   地址:厦门市湖滨南路鸿翔大厦16层
   电话:(0592)5150655
   传真:(0592)5150651
9. 财务审计机构:厦门市会计师事务所
   地址:厦门市美湖路43号4层
   法定代表人:黄水良
   经办注册会计师:常煊　　刘秀宜
   电话:(0592)2029314
   传真:(0592)2031684
10. 资产评估机构:厦门大学资产评估事务所
    地址:厦门大学经济楼A楼三层
    法定代表人:邱华炳
    主办评估人员:纪益成　　陈工
    电话:(0592)2086372
    传真:(0592)2089861
11. 资产评估确认机构:厦门市财政局
    地址:厦门市湖滨北路61号市政府大楼
    电话:(0592)5052355
    传真:(0592)5052355
12. 咨询机构:东亚证券投资咨询公司
    地址:北京西城区南礼士路21号
    法定代表人:刘兆年
    经办人:许军利　　李宏　　　苌宏亮
13. 股票登记机构:深圳证券中央登记结算公司
    地址:深圳市红岭中路25号
    电话:(0755)5567809

四、风险因素

投资者在评价发行人本次发售的股票时,除本招股说明书提供的其他资料外,应特别认真地考虑下述各项风险因素。

1. 经营风险

本公司的远洋捕捞,受海洋气候的影响。台风、飓风等恶劣气候可能会对本公司生产经营造成不良影响,同时由于本公司部分渔需设备和生产原料需要从国外进口,部分产品销往海外市场,因此,将在一定程度上直接或间接受汇率变化的影响。

2. 行业风险

本公司主导产业远洋渔业是开发利用国际海洋鱼类资源的捕捞行业,是厦门经济特区“菜篮子工程”建设和出口创汇的重要组成部分。公司的发展符合国家的产业政策并受到重点扶持。近年来虽然国内外水产品消费市场供不应求,但是由于远洋渔业的飞速发展,国内其他同类企业参与市场竞争,将改变现有市场状况,因此存在海洋捕捞资源有限性带来的行业风险。

3. 市场风险

国内外市场需求的变化、鱼类价格的季节性波动以及同类产品市场份额的争夺,将导致本公司水产品销售的市场风险;公司下属的食品公司主营冷冻调理食品等,由于台湾、日本等投资者也设厂生产同类或相近产品,加剧了对市场的争夺。从国外市场来看,公司水产品的进出口主要集中在日本、韩国、香港和台湾等地区,上述地区对进口水产品的政策直接影响本公司海外市场的占领份额。

4. 政策风险

农、牧、渔业为国家产业政策重点扶持的产业。但国家关税政策和进出口政策的变化都可能对本公司的生产经营活动产生不同程度的影响。

5. 股市风险

股票投资是一项风险和收益并存的投资,本公司提醒各位投资者注意,投资股票会有股市风险。投资者在投资本公司股票前,应对股市有充分的了解。

本公司董事会相信,公司具有以下抗风险的有利条件:

(1)公司已拥有东南亚、南太平洋等世界多国渔场作业许可,并建立了雄厚的跨国生产储备基地;

(2)公司具有开发新渔 场的条件和能力;

(3)公司具有集团化、现代化经营管理机制和高素质的技术管理人才;

(4)公司拥有先进的生产设备和技术;

(5)公司地处厦门特区,海陆并举,渔工贸、产供销全面发展,已完成高速稳健的资本积累并具有独特的地域优势。

针对以上各项风险因素,本公司将采取如下对策予以规避。

1. 经营风险对策

(1)自然条件风险对策

配备先进的助渔、导航和通讯设备,以增强抗气候风险作业能力;同时每条船均参加财产保险,以降低不可预测风险所造成的损失。

(2)汇率风险对策

公司的进出口业务与生产经营密切相关。公司将根据产品国内、国外市场供求变化的情况,合理安排进出口及外汇资金的运用,提高抗汇率风险的能力。同时,引进高新技术和先进设备必将对中外合资企业及远洋渔业扩大生产规模,提高生产效率和产品质量及提高创汇水平发挥重大作用,从而进一步降低单位产品成本,降低汇率风险的影响。

2. 行业风险对策

(1)针对海洋捕捞资源限制的风险,一方面采用科技兴渔,从技改入手,更新旧设备,配合欧共体援建项目对渔船结构、捕捞设备进行技术改造,改善作业手段,提高作业单位产量。另一方面,有计划加快远洋渔业发展步伐,开拓印尼、贝劳、波拉佩三个远洋渔场,目前已有远洋渔轮 20 艘,初步形成规模化生产,并将在印尼和港台地区商洽新的远洋项目,提高行业竞争能力。

(2)公司将努力改善管理,降低成本费用,提高经济效益,充分发挥公司各支柱行业综合经营的优势,通过合理的投资组合和盈利部门的互补作用,力争取得较稳定的投资效益。

3. 市场风险对策

面对日趋激烈的市场竞争,公司将坚持稳定老客户,开拓新市场,强调规模效益的经营方针。一方面,积极开展市场调查,不断推出新产品,满足消费者的需求,加大市场促销力度。另一方面,开发新的销售地区,力求市场多样化,以减少受某一国家及地区的限制,并将产品更多更广地推向海外市场。同时,以食品加工为主业,充分利用国内市场对冷冻食品的巨大潜在需求,扩大生产能力,实行规模经营,增加市场销售份额。

4. 政策性风险对策

公司通过海陆并进,渔、工、贸、产供销多元化全面发展,开展“短、平、快”的内外贸易,使公司从生产型转为生产经营型,变单一的渔业经济为互补性的多样经济,提高企业的应变能力。同时推行集团现代化的管理机制,广纳贤能,加强技术改造、技术进步,降低单位产品成本,促进互补经济,以此消化税收等政策带来的风险。

5. 股市风险对策

严格按照《中华人民共和国公司法》和《股票发行与交易管理暂行条例》等法律法规规范公司行为,及时、公正、公开地披露公司信息,加强同广大股东的沟通,树立良好的公司形象。公司将以提高经济效益为目的,不断完善经营管理,从而为广大股东创造最佳的投资回报,提高本公司股票在二级市场上的抗风险能力和市场表现。

五、募集资金的运用

一、本次股票发行成功后,扣除预计发行费用 319 万元,预计可募集资金 7370 万元,根据公司发展规划和所募资金运用的可行性研究,经公司董事会讨论通过,拟作以下三个项目投资,以扩大公司生产经营能力,提高公司盈利水平。

(一)扩建冷冻调理食品生产线

1. 项目简介

本公司控股并承包经营的合资企业厦门华顺食品工业有限公司生产的冷冻食品已在国内外享有声誉,产品出口日本、英国、美国、沙特阿拉伯、澳大利亚和西欧等地,目前呈现内外销旺盛、供不应求的良好势头。但面对巨大的市场需求,华顺公司的供应能力已远远不能满足市场的需求。为了更好地为消费者提供更加丰富的产品,同时提高企业经济效益,公司决定再次引进日本的先进生产设备,对现有的生产设备和加工场所进行配套技术改造,并扩建仿蟹肉、火锅料、软包装罐头、香酥春卷、香辛料、豆竹卷六条生产线。该项目已取得厦门市经济委员会厦经改〔1995〕285 号文批准。

2. 投资项目的资金预算

本项目由本公司自身投资,内容包括扩建 7000 平方米厂房和引进六条生产线。项目总投资 2952 万元:其中固定资产投资 2632 万元,流动资金 320 万元。该项目预计在 1997 年和 1998 年陆续投产。

3. 投资项目的效益预测

本项目投产后,可凭借华顺公司较稳定的国内外销售网络,满足国内外市场对冷冻食品的需求,经可行性研究,该项目将年新增产量 3368.4 吨,新增产值 7463 万元,项目全面投产后可实现税后利润 1010 万元,项目内部收益率(FIRR)高达 33.4%,静态投资回收期为 3.87 年,在同行业中是效益较好的项目。

(二)扩大引进机械编网机器设备

1. 项目简介

本公司下属的能达网厂是福建省唯一一家生产机编网片的内资专业企业,拥有 10 台德国、日本生产的最先进单、双节编网机,产品远销菲律宾、新加坡、澳大利亚、香港、台湾等国家和地区以及国内市场,但仍供不应求。为更好满足市场需求,公司决定追加现有投资,扩大引进机械编网机 20 台。本项目已取得厦门市计划委员会厦计产业〔1995〕009 号文批准。

2. 投资项目的资金预算

本项目由公司下属企业能达网厂承担,内容包括引进日本生产的机械编网机 20 台和新建配套厂房 1600 平方米。项目共投资 2142 万元:其中固定资产投资 1742 万元,流动资金 400 万元。该项目预计 1997 年开始试产。

3. 投资项目的效益预测

该项目投产后,可适应国内日益扩大的需求量,同时可增加出口创汇渠道。经可行性研究,该项目可大大提高公司产品的市场占有率,年新增销售收入 1929.51 万元,实现税后利润 377 万元,项目投资回收期 3.85 年,具有广阔的市场前景和经济效益。

(三)购置印度尼西亚远洋渔业生产辅助船

1. 项目简介

本公司是我国获准进入印度尼西亚海域进行远洋渔业生产的少数几家单位,1995 年公司在印尼的“安文岛”海域渔场进行灯光围网和底拖网作业试捕,取得较好的成果。但是由于尚未配备生产辅助船,影响渔船的生产天数和经营效益。为扩大跨国远洋渔业的生产规模,公司拟配备生产辅助船将生产的鱼货运回供应国内市场。该项目已取得农业部农渔函〔1995〕10 号文和厦门市计划委员会厦计产业〔1995〕092 号文批准。

2. 投资项目的资金预算

本项目内容包括购置生产辅助船“海远一号”和“海远二号”2 艘,项目总投资 1500 万元:其中固定资产投资 1290 万元,流动资金 210 万元。预计 1997 年初及年中可陆续投入生产营运。

3. 投资项目的效益预测

该项目可解决厦门远洋渔船在印尼渔场渔货捕捞储运能力不足的问题,并提供部分渔需物资、动力用油和生活资料的补给,船只运营后可提高渔业捕捞的经济效益。经可行性研究,年营运量为 9200 吨,新增年收入 1552 万元,可实现年税后利润 332.49 万元,项目投资期 3.6 年,具有良好的社会效益和经济效益。

以上三个项目中,冷冻食品生产线作为公司发展的战略需要,是首要投资项目,其余两个项目作为公司的利润来源,盈利能力强,也应有相应的投入,以巩固原有获利基础。

本次募集的资金除上述用途外,剩下的 776 万元将补充作为公司的流动资金。由于公司近几年扩展经营规模,对资金需求量很大,用本次募股资金的一部分补充流动资金,有利于改善公司的财务状况。

本次发行采用余额包销方式,因而不存在资金不能募集到位的情况。所筹资金能够满足上述三个项目的资金需求。

二、投资项目年度资金使用计划及收益预测如下表:(单位:万元)

年度资金使用计划	销售收入	税后利润

项目名称	1997年	1998年	1997年	1998年	1997年	1998年
机械编网机	2142		1543.61	1929.51	226.8	377
冷冻调理食品生产线	2361.6	590.4	5224.1	7463	606	1010
生产辅助船	1500		1396.8	1552	199.2	332

三、前次定向募集资金的使用情况:

原股份公司严格按照定向募集招股说明书关于募集资金运用计划,对资金运作、投资项目及其收益情况如下:

1.投资3060万元于远洋渔业捕捞项目。该项目资金主要用于购置、改造渔船,渔船已于1993年至1995年间陆续投入使用。该项目1993年至1995年共创利1563.1万元。

2.投资1566万元于食品加工工业。先后合资兴办厦门华顺食品工业有限公司、北京华顺食品工业有限公司、广东电白亿顺食品有限公司等项目,该项目1993年创利498.7万元,1994年创利428.2万元,1995年创利983.1万元。

3.投资4665万元与外方合资兴建无纺布生产厂,项目已于1996年正式投产。中方的股权占70%,该项目在分立后进入新设公司。

4.投资850万元引进机械编网机10台以及配套设施建设。1995年初试运行,当年实现利润45万元。

5.投资360万元兴办海恒制衣实业公司,1993年盈利100.7万元,1994年盈利54.7万元,1995年盈利82.5万元,其中1994年、1995年按征收17%的增 值税计。该项目在分立后进入新设公司。

6.投资290万元购置工业用地,拟作发展项目新厂房之用。

7.投资250万元收购中外合资大运酒店25%的股权,1995年分红利90万元。

8.投资180万元修建水产品加工厂厂房,1993年收回租金53.2万元,1994年、1995年共收回租金242万元。

9.将3779万元作为原股份公司的流动资金,用于缓解流动资金不足,增强生产后劲。

六、股利分配政策

1.股利分配的一般政策

根据公司章程,本公司的税后利润分配顺序及计划如下:

a.弥补按国家规定应用税后利润弥补的以前年度亏损;(如有此项亏损)

b.提取税后利润的10%作为法定公积金;

c.提取税后利润的5%-10%作为法定公益金;

d.经股东大会决议提取的任意公积金;

e.支付普通股股利。

本公司每年派付股利一次。是否派发股利及派发的数额、方式,需经董事会根据盈利情况和经营发展状况提出分配方案,经股东大会决议通过后执行。

公司分派股利时,以公告和书面形式通知股东。

本公司采取现金股利和股票的形式分派股利,现金股利以人民币派付。公司分派股利时,按有关法律和法规代扣股东股利收入的应纳税款。

原股份公司分立后留存到本公司的1995年度未分配利润10,362,913.48元根据公司1996年10月18日董事会决议,滚存到1996年度由本次发行后的新股东和老股东共同享受,本决议将提交下一次股东大会表决。股利分配时间预计在1997年6月30前执行。

七、验资证明

根据厦门会计师事务所出具的验资报告(厦会股验[96]04号),验证结果职下:

一、厦门海洋实业(集团)股份有限公司分立后申请注册资本为人民币55,000,000.00元。

二、截止1996年6月30日,厦门海洋实业(集团)股份有限公司分立后实收资本为5500万元(人民币55,000,000.00),其中发起人投入的资本为27,500,000.00元,内部职工股为27,500,000.00元。股东权益包括股本55,000,000.00元,资 本公积金44,306,302.54元,盈余公积7,854,445.15元(其中公益金2,509,148.05元),未分配利润17,921,246.32元,与上述投入资本相关的资产总额为373,537,245.38元,负债总额为237,144,858.28元,少数股东权益11,310,393.09元。

八、承销

1.承销方式

本次发行的A股以包销方式由厦门证券公司作为主承销商牵头组织承销团承销

2.承销起止日期:

1996年11月18日至1996年12月18日

3.发行地区:

本次A股发行地区为深圳证券交易所全国各地会员所在地

4.发行对象:

本次A股发行对象为中国境内投资者(国家法律、法规禁止者除外)

5.发行股票的种类、面值和数量:

种类:本次发行的A股均为普通股

面值:每股面值人民币1元

数量:发行数量1100万股

6.发行价格:

本次A股发行采用溢价发行,每股发行价格为6.99元。

发行价格及其确定方法:

本公司结合资产评估净值、公司发展前景、发行市盈率、上市时间、市场供求等因素,确定本次发行价:

(1995年每股税后利润,1996年预测每股税后利润)/2乘以市盈率

=每股发行价格

=(0.22,0.48)/2乘以19.97倍

=6.99元

7.本次发行如获成功,扣除发行费用后,可募集资金7370万元。

8.承销机构:

主承销商:厦门证券公司

副主承销商:华银国际信托投资公司

分销商:江苏省国际信托投资公司

厦门国际信托投资公司

长城证券有限责任公司

福建省华福证券公司

大连证券有限责任公司

9.发行费用:

预计发行费用319万元(包括承销费用、宣传广告费用、律师费用、财务审计和资产评估费用等)

九、发行人情况

1.发行人名称:厦门海洋实业(集团)股份公司

2.发行人成立时期:1993年7月2日

3.发行人的注册地、总部地址:

注册地:福建省厦门市

总部地址:厦门市蜂巢山路3号

4.发行人历史简介:

公司是由原来的厦门海洋实业(集团)股份公司("原股份公司")于1996年10月18日通过派生分立方式重组并完成变更登记的存续公司。

原股份公司的前身系厦门海洋实业总公司,始创于1953年,并历经高级渔业生产合作社、海洋渔捞公社、厦门市第二海洋渔业公司、厦门海洋实业总公司的延伸拓展过程。

自1984年改革以来,公司领导班子带领近千名职工几经沧桑,奋力进取,使 原股份公司成为厦门经济特区最大的海洋捕捞企业。从崛起到腾飞,其发生的根本变化可归纳为"三大发展":1.由一个自然形成的群众性渔村发展成为一个参与市场竞争、多元化经营、实业化打基础、现代化管理并迈向国际化的较大型集团企业;2.由一个集体所有制纯海洋捕捞企业发展成为一个集渔、工、商贸、旅游饭店业为一体,产供销、内外贸一条龙,跨越第一、二、三产业,拥有十几个子公司和合资合作企业的全方位综合性经营群体;3.由一个单纯为渔业服务的修配厂发展建立成为拥有食品、服装、化纤、鞋业、机械编网等多门类的效益创汇型支柱产业。

10年来,集团公司实现了产值、利润和资产的"三级飞跃":年营业额由1000余万元跃增至4亿余元,增长40倍,年利润额由100多万元跃增至2000余万元,增长20倍,资产额由100余万元跃增至近4亿元,增长近400倍。

在同行业中,集团公司勇当行业排头兵:厦门市最大的海洋捕捞单位,年捕捞量占全市的65%,单位产量名列全国同行业前茅,远洋渔业公司贝劳船队作为全省第一支群众渔业和厦门市远洋跨国渔业的先锋队,于1991年首航远赴南太平洋的贝劳共和国捕钓金枪鱼,并创造中远渔业总公司贝劳基地的"五个第一"(即平均日产量第一、单船产量第一、销售鱼价第一、产值效益第一以及出海天数第一);大陆早期引进日本、台湾先进技术生产冷冻调理食品,实现水产品深加工的重大突破,生产工艺的先进性在全国尚属省创,低酸系列产品已通过美国最权威的食品药物管理局(FDA)注册;机械编网是全省唯一生产机编网片的内资专业厂家。

1992年5月28日厦门市水产局以厦水字〔1992〕第064号文批准同意将"厦门市第二海洋渔业公司"更名为"厦门海洋实业总公司"。同年11月30日厦门市经济体制改革委员会以厦体改〔1992〕025号文批准厦门海洋实业总公司进行股份制改组(以下简称改制)。1993年7月2日厦门海洋实业总公司完成改组,组建原股份公司。

为了进一步调整产业结构,优化资源配置,根据《中华人民共和国公司法》第185条的规定,经1996年8月30日临时股东大会决议通过,原股份公司派生分立成为"厦门海洋实业(集团)股份有限公司"(存续公司)和"厦门兴洋实业股份有限公司"(新设公司),厦门市经济体制改革委员

会于1996年8月31日以厦体改〔1996〕040号文批准同意原股份公司的分立方案。厦门市政府于1996年10月16日以厦府〔1996〕综215号文批准了公司的分立。

1996年10月18日,原股份公司完成分立,对存续公司(本公司)进行了变更登记和新设公司进行了注册登记。

分立及完成本次A股发行后,原股份公司、本公司与新设公司的关系如图所示:

原股份公司(分立)
- 厦门海洋实业(集团)股份有限公司(存续公司/本公司)
  - 国家股股东 2.95%
  - 法人股股东 38.72%
  - 内部职工股股东 33.33%
  - 社会公众股股东 25.00%
- 厦门兴洋实业股份有限公司(新设公司)
  - 国家股股东 3.54%
  - 法人股股东 65.21%
  - 内部职工股股东 31.25%

5. 组织机构:

进入本公司的生产经营系统在分立重组中亦作了调整,建立了如下所示的组织结构:

(1)股东大会是公司的权力机构,董事会向股东大会负责,公司实行董事会领导下的总经理负责制。

(2)公司下设九个职能部门,即总经理办公室、总会计师办公室、行政办公室、财务管理部、人事管理部、法律咨询室、渔业管理部、工业管理部和贸易管理部。

(3)发行人的全资附属企业、控股子公司

本公司拥有全资附属企业11家,控股企业5家,其简况如下:

企业名称	注册资本	拥有权益(%)	主要业务
厦门海洋实业(集团)远洋渔业公司	1362万元	100	远洋渔业
厦门海洋实业(集团)股份有限公司能达网厂	242万元	100	机械编网
厦门海洋实业(集团)进出口公司	275万元	100	进出口贸易
厦门海洋集团宝洋贸易有限公司	300万元	100	进出口贸易
厦门海洋实业(集团)股份有限公司国际贸易部	170万元	100	进出口贸易
厦门新东海国际贸易有限公司	20万美元	100	进出口贸易
厦门象屿新海华贸易有限公司	30万美元	100	进出口贸易
厦门海洋实业(集团)股份有限公司经营部	180万元	100	国内贸易
厦门海洋石油公司	900万元	100	石油贸易
厦门海洋实业(集团)股份有限公司燃料供应部	85万元	100	燃料供应
厦门海洋实业(集团)股份有限公司物资供应部	200万元	100	物资供应
厦门大运酒店	350万美元	75	涉外酒店业
厦门海味大厦	187.9万元	66.7	涉外酒店业
厦门华顺食品工业有限公司	240万美元	50	冷冻调理食品
北京华顺食品工业有限公司	700万元	45	冷冻调理食品
北京电白亿顺食品工业有限公司	180万美元	35	冷冻调理食品

(4)发行人组织结构如图所示:

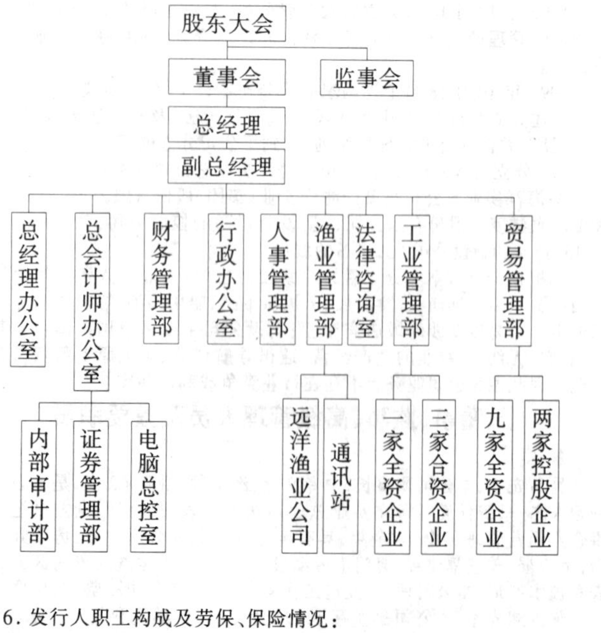

6. 发行人职工构成及劳保、保险情况:

本公司共有职工823人,职工按专业构成划分为:

专业构成	人数	所占百分比
行政管理人员	66	8%
生产人员	559	68%
销售人员	90	11%
技术人员	66	8%
财务人员	42	5%
总计	823	100%

以上人员中,具有高、中、初级职称的人数分别为2人、18人和115人;大专以上文化程度的职工有120人,中专、高中文化程度的职工有123人;80%的职工年龄在50岁以下。

公司参加了社会劳动保险,并按规定向社会劳动保险机构缴纳各项社会劳动保险费用,以保证职工在退休、待业、工伤和疾病时获得一定的物质保障。养老保险费由公司按厦门市职工上年度月平均工资总额的19%、职工个人按其工资总额的4%、按月向社会保险机构缴纳基本养老保险金。对临时工根据有关规定的标准缴纳养老保险金。

董事会认为本公司与职工的关系良好。

7. 经营范围:

厦门市工商行政管理局向本公司颁发的企业法人营业执照核定本公司的经营范围是:

经营:1. 渔业;

2. 食品冷冻加工;

3. 机编渔网和各类网线制造、销售;

4. 批发、零售农业生产资料、石油及制品、机械电子设备、金属材料、建筑材料、木材及制品、纸浆及纸制品、节能产品及配件、化工材料、五金交电化工、日用百货、土蓄产品、食品、饮料、烟草(限零售);

5. 食品、粮油、土畜产品、机械电器设备、化工产品、五金矿产品、纺织品、轻工业品、工艺品进出口业务;

6. 水产品、水产类食品出口业务;

7 水产品及渔需物资进出口业务;

8. 承办合资合作及开展"三来一补"业务;

9. 房地产开发与经营;

10. 旅馆、旅游、餐饮、娱乐服务;

11. 加油设备租赁、海上石油运输。

8. 发行人的主要业务:

远洋渔业、食品加工、机械编网、船用柴油供应、渔需品贸易和进出口贸易以及涉外饭店宾馆业,均已发展成为公司的效益型支柱产业,形成六大重要业务种类。

(1)远洋渔业:

本公司作为厦门特区最大的渔业公司和市政府实施"菜蓝子工程"的重点企业,1991年开拓远洋捕捞,主产金枪鱼等高经济价值鱼类,直接出口日本、韩国、香港、台湾等国家和地区,年产值近300万美元,并将在印尼海域生产的各类高价值品种鱼类直接运回国内供应市场,丰富国内水产品的供应,进一步满足人们的消费需求,创造了良好的经济效益和社会效益,成为本公司的基础产业。

(2)食品加工工业:

本公司控股的食品加工连锁企业,是目前国内为数不多生产冷冻调理食品的厂家。由于原材料独具优势,工艺技术先进,产品档次中高,品质优良,而且"安井"商标在市场上已确立了名牌地位,同时公司采取规模经营策略,使产品在国内外市场有较高的知名度和影响力,具有较强的市场竞争力和发展潜力,是本公司今后重点发展的产业。

(3)机械编网;

作为福建省唯一的内资生产机编网片的专业企业,本公司产品除供应国内市场外,还出口到以色列、乌干达、香港、台湾等地,并呈供不应求之势,目前机编网片占有省,内市场份额约50%,产品一半以上出口,公司计划在现有的基础上继续追加投资,扩大生产能力和盈利能力。

(4)石油贸易;

石油公司及燃料供应部主要经营以船用动力燃料油、机械润滑油为主,兼营油品存储和海上石油运输。除供应本公司渔船用油,还对外提供油品贸易、运输储油服务及工厂企业燃料油的供应,并可向台湾渔轮提供燃料油供应的单位。石油公司现有油轮6艘,陆上储油罐9座,储油量为13000吨,油罐车两辆和供油码头1个,年经营量15万吨,年进口量10万吨,营业额可达人民币2亿元以上。

(5)进出口贸易;

公司享有自主进出口经营权,生产组织加工几十个品种的优质水产品和蔬菜,出口日本、美国、加拿大、意大利、香港、韩国和台湾等国家和地区,年为国家创汇500多万美元。公司经营的进口业务主要有水产品、食品、饲料原材料及食用添加剂、化工原料等,主要贸易国有新西兰、挪威、

冰岛、泰国、加拿大、日本、香港、台湾等十几个国家和地区,1995年用汇近2000万美元。

(6)涉外饭店宾馆业:

公司控股的涉外酒店海味大厦位于厦门特区市中心的主要交通要道旁,拥有装修高档的标准客房46间,豪华RTV包房18间,并提供餐饮、桑拿、舞厅等综合娱乐服务,1995年度营业额近2000万元。大运酒店是福建省旅游局、省公安厅定点的涉外星级饭店,地处市中心黄金地段,拥有高级套房及标准房116间,可提供住宿、中西餐饮、商务、旅游、商场、美容厅、夜总会、车队等服务。1995年营业额600多万元(因内部部分装修)。

9.发行人的主要产品品种、生产能力及销售情况:

海洋鱼类:主要包括白带鱼、蓝园参、鳗鱼、鱿鱼、石斑鱼、黄花鱼、金枪鱼、旗鱼、剑鱼、沙鱼等60多个品种。捕于印尼、波垃佩、贝劳等远洋海域及我国深海地区。1995年年产达19309.5吨,销售收入8107万元。其中:金枪鱼、旗鱼、剑鱼等从捕捞地以委托代理方式直接出口日本、韩国、台湾等国家和地区。1995年出口972吨,创汇196万美元。其他品种主要直销厦门、福建省各地市,以及广东汕头等地。

食品类:产品包括冷冻调理食品、面制品、方便食品,罐装食品、调味品五大系列几十个品种,注册商标为"安井"牌。主要由本公司的控股企业厦门华顺食品工业公司、广东 电白亿顺食品工业有限公司、北京华顺食品工业公司等生产,1995年销售收入达1.2亿元,利润1600万元,产品销往全国各地,各大中型城市商场均有销售,主要销售地区在江苏、浙江、北京、成都、福建、广东等省,还出口到美国、加拿大、英国、西欧、日本、香港等国家和地区,1995年出口创汇近200万美元。

机械编网:主要产品为渔用网片,不仅供海洋及湖泊的捕捞、养殖之用,也部分作为劳动安全保护用网。其产品内销到广东、福建、浙江、湖南、湖北等省,并出口到乌干达、西班牙、意大利、以色列等国家,1995年销售额3000多万元。

10.发行人业务收入的主要构成;

下表列出所示期间的主要业务收入金额及占全部收入比例

单位:万元

	1993年度		1994年度		1995年度		1996年1-6月	
主要业务	金额	比例%	金额	比例%	金额	比例%	金额	比例%
远洋渔业	1668.27	6.54	2688.24	10.35	2503.56	5.3	2333.76	8.85
食品加工	7511	29.43	5269.99	20.3	7360.80	15.59	4793.09	18.18
机械编网	1461.08	5.72	1631.42	6.28	3501.46	7.42	2029.63	7.69
进出口贸易	3011.28	11.80	4514.25	17.39	5836.58	12.36	3435.37	13.03
石油贸易	10730.85	42.05	10775.40	41.50	27906.04	59.10	12969.53	49.19
其他业务	1138.26	4.46	1086.45	4.18	107.93	0.23	806.42	3.06
合计	25520.74	100	25965.75	100	47216.37	100	26367.8	100

11.主要原材料、自然资源的耗用情况:

公司生产所需主要原料为食品生产所用的各种鱼类、鱼浆、机械编网所用的化工材料。

其中鱼类产品主要由公司自行捕捞提供,鱼浆等其他原材料主要由公司相关企业及国内供应,并需部分进口,但原料市场货源充足、价格也较稳定。

公司所需能源主要为工业用电及船用柴油,由于本公司工业主要为食品、机编网等加工工业,属劳动密集型产业、耗电量小,且厦门电网及关联企业所在地区供电充裕,从未发生过因供电不足而造成停产的情况。因此本公司所需电力有充分保证。公司所需柴油,完全由市场调节。目前,部分在国内采购,部分依靠进口。市场货源供应充足,能充分满足本公司渔船生产用油的需要。

12.对发行人具有重要意义的商标产权和其他类型无形资产:

本公司拥有以下的注册商标权:

商标	产品	注册持有人	注册编号	注册期限
安井牌	系列食品	厦门华顺食品工业有限公司	577893	92.1-2002.1
安	第29类	同上	585658	92.3-2002.3
井	第30类	同上	624721	93.3-2003.3
牌	第29类	同上	672041	94.1-2004.1
顺风牌	罐头	本公司	272590	86.12-96.12
顺风牌	鱼片干、鱼丸	本公司	283602	87.4-97.4
顺风牌	海味及制品	本公司	346035	89.4-99.4
古钱牌	蚝油、对虾汁、对虾膏	本公司	298095	87.9-97.9

13.新产品、新项目研究开发:

公司十分重视产品研究与开发,加大产品科技含量,为公司持续发展提供保证。1994年在研究与产品开发方面的支出为360万元,1995年度支出为294.8万元。

公司不断改进作业方式,增加捕捞层次,加大机械化生产程度,降低劳动强度,扩大捕捞范围,提高渔货产量和保鲜程度,提高鱼货价值,提高远洋渔业生产的科学性。

14.投资项目:

本公司所筹资金计划投入下列三个项目:

项目	年生产能力(吨)	建设总投资(万元)
冷冻食品生产线	3368.4	2952
机械编网机	316.5	2142
生产辅助船	9200	1500

15.优惠政策:

根据国家财政部〔88〕财税字第039号《关于厦门经济特区内资企业征收所得税的有关问题的批复》和厦门市人民政府厦府〔1988〕综116号文的规定,本公司适用15%的所得税率。同时分立后本公司继续享用国家对远洋渔业设备、机械配件及捕捞的渔货进口免税等优惠政策。

16.发行人前三年资产重组、变更、清理等情况:

为了优化资产组合、调整产业结构,使股份公司更好、更快发展,1996年8月30日原股份公司召开临时股东大会,并通过了股份公司分立的特别决议。主要内容包括:(1)批准由公司董事会提交的《股份公司分立方案》,分立方案制定了分立原则及方式,产业、股本、资产、负债、股东权益和利润的分割;(2)授权董事会修改原股份公司章程和起草新设公司章程。

1996年8月31日厦门市经济体制改革委员会以厦体改〔1996〕040号文批复了原股份公司的分立方案和分立申请。

1996年8月31日至9月2日,公司将分立决议及债务处理方案在《厦门日报》对公司债权人进行3次公告,并以书面送达的形式通知了银行债权人/至1996年10月9日所有银行债权人书面确认同意原股份公司的分立方案,并均表示不要求公司立即清偿债务或者提供相应的担保,为保护其他债权人的权益,公司为其他债权人提供了人民币5000万元的债务担保。

1996年8月20日厦门市会计师事务所为了原股份公司分立的目的,以1996的6月30日为基准,对原股份公司进行审计,并出具了审计报告(厦会股审(1996)19号。

1996年10月15日召开了厦门海洋实业(集团)股份有限公司临时股东大会、厦门兴洋实业股份有限公司创立大会暨首届股东大会,股东大会通过决议授权两家股份公司董事会代表分立后的两家股份公司签订《分立协议》,同时决议通过了《厦门海洋实业(集团)股份有限公司章程》和《厦门兴洋实业股份有限公司章程》(草案)。

1996年10月16日厦门市人民政府以厦府〔1996〕综215号文批准公司的分立。

1996年10月18日分立后的存续公司(本公司)和新设公司在厦门市工商行政管理局分别进行了变更登记和设立登记,并取得了企业法人营业执照。

1996年10月18日上述两家股份公司签订了《分立协议》。

上述分立严格按照《中华人民共和国公司法》及其他法律、法规所规定的程序,并体现公平合理的原则,达到了公司分立的目的。

17.分立后本公司、新设公司和海洋实业总公司的关系

A:海洋实业总公司是厦门海洋实业(集团)股份有限公司("本公司")和厦门兴洋实业股份有限公司("新设公司")的控股公司,分别持有本公司46.46%和新设公司65.21%的股份。

B:根据分立方案和分立后的两家股份公司《企业法人营业执照》,本公司主要从事远洋渔业、食品加工、机械编网、船用柴油供应、渔需品贸易和进出口贸易以及涉外饭店宾馆业;新设公司主要从事国内渔业及其贸易、制衣、无纺布、鞋业的生产经营、通讯导航仪器、化工原辅料贸易及旅游业。因此两家公司业务上不存在行业竞争或利益冲突。

十、董事、监事、高级管理人员及重要职员

董事:

吴乌先生,本公司董事长,中专文化,经济师,现年62岁,是本公司的创始人之一,曾任厦门海洋实业总公司法人代表、总经理、党委书记。从事企业经营管理工作40余年,具有丰富的实践和管理才能,勇于开拓创新,重信誉,曾获福建省、厦门市劳动模范称号,多次被选为思明区人大代表和被水产局、本公司评为"先进工作者"。持有本公司股票2750股。

陈少熙先生,本公司副董事长、总会计师,大学本科毕业,高级会计师,现年61岁,是本公司创始人之一,曾任公司财务科长,厦门海洋实业总公司副总经理、总会计师等职。从事会计工作近40年,有着丰富的实

践经验和理财管理才能。1990 年被授予“福建省水产系统优秀财会人员”称号,1993 年荣获厦门市政府“有突出贡献技术成果”个人二等奖,多次被公司评为“先进工作者”。持有本公司股票 2750 股。

阮国安先生,本公司董事、总经理,大专文化,工程师,现年 54 岁。曾任公司党委副书记、厦门海洋实业总公司副总经理、党委委员兼贸管部党支部书记等职。思明区十一届、十二届人大代表。具有丰富的行政领导和外经外贸工作经验,是公司外贸工作主要领导人,多次被水产局、本公司评为“先进工作者”、“优秀共产党员”。持有本公司股票 2750 股。

庄跃进先生,本公司董事、副总经理,大专文化,工程师,现年 35 岁。曾任公司科技站科技员、能达网厂副厂长、厦门海关实业总公司工业网带厂厂长、厦门中兴轻化贸易公司经理。具有较丰富的理论知识和实践经验,曾被评为“优秀星火企业家”、“优秀共产党员”。持有本公司股票 2200 股。

陈雄飞先生,本公司董事、副总经理,大专文化,现年 34 岁。现任厦门华顺食品工业有限公司总经理,曾任水产局团委副书记、公司团委书记、厦门海洋实业总公司水产品加工厂副厂长兼党支部书记,曾荣获“全国食品工业优秀企业家”、福建省“第五届优秀青年企业家”、水产系统“优秀共产党员”称号,现为福建省青年联合会会员、中国青年企业 家协会会员。持有本公司股票 2200 股。

陈培基先生,本公司董事、硕士,现年 33 岁。现任公司宝洋贸易公司总经理,曾任厦门海洋实业总公司水产品加工厂副厂长、贸易管理部副经理等职。具有丰富的外经贸管理知识和领导才能,在任国际贸易部及宝洋公司经理期间,使公司成为在食品工业和饲料工业原材料的经营占有较大市场和影响力的公司。持有本公司股票 2750 股。

欧秀銮女士,本公司董事,高中文化,会计师,现年 45 岁。现任公司总会计师室主任,曾任公司物资科副科长、审计科长、厦门海洋实业总公司经理室主任、思明区政协二、三届委员,长期从事财务管理工作,有一定的财务理论知识和工作经验,多次被公司评为“先进工作者”。持有本公司股票 0 股。

欧志红女士,本公司董事,大专文化,助理会计师,现年 45 岁,现任公司财务管理部经理,曾任厦门海洋实业总公司计财部经理等职,长期从事财务管理工作,具有丰富的工作经验和理财能力。多次被水产局和本公司评为“先进工作者”。持有本公司股票 550 股。

何孝星先生。本公司董事,硕士,副教授,现年 41 岁,现为厦门大学财经系副教授,何先生历任厦门大学助教、讲师,并于 1991 年破格提升为副教授,其在货币银行学、金融市场、股份公司运作等方面有较深的研究。曾著有四部合著、80 多篇论文 100 多万字的研究成果。持有本公司股票 0 股。

郑福成先生,本公司监事,高中文化,现年 37 岁。现任公司物资供应部经理,曾任公司工会副主席。工作认真,责任心强,团结同志,曾被授予 1989-1990 年度厦门市工会“先进工作者”称号。持有本公司股票 0 股。

陈水程先生,本公司监事,高中文化,现年 44 岁,现任公司进出口公司经理。曾任厦门海洋实业总公司人武部部长,公司水产品加工厂厂长等职。从事水产品加工贸易近 10 年,善于经营,具有较丰富的水产品进出口贸易实践经验,曾被评为水产系统“优秀共产党员”和“先进工作者”。持有本公司股票 1100 股。

阮来逗先生,本公司监事,高中文化,助理经济师,现年 53 岁。现任公司企业管理部经理。曾任公司机修厂、水产品加工厂厂长、海洋实业总公司企业管理科科长。长期从事工业管理工作,具有较丰富的工业管理知识和经验。曾获国务院全国工业普查领导小组荣誉证书和市政府授予的“工业普查先进工作者”的称号,多次被评为本公司“先进工作者”,持有本公司股票 1925 股。

陈红柑女士,本公司监事,初中文化,现年 48 岁,现任公司计生办主任、工会负责人。长期从事工会及计生工作,有较丰富的工作经验,能维护职工的正当权益,工作责任心强,作风正派。曾荣获厦门市“计生先进工作者”和市总工会“女工先进工作者”称号。持有本公司股票 0 股。

张亚玉女士,高中文化,现年 36 岁,现任公司总经理室主任。工作积极认真,责任心强,有一定的工作能力。曾多次被区、本公司评为“先进工作者”,思明区第九届人大代表。持有本公司股票 550 股。

十一、经营业绩

1. 生产经营的一般情况:

本公司是一家集远洋渔业捕捞、食品加工、渔用品生产、海洋石油、渔需用品和水产品供销贸易以及涉外饭店业为一体的大型股份制集团企业。

本公司在加快渔业技术改造、继续拓展远洋渔业跨国捕捞业务的同时,逐步扩大食品工业、海洋石油、机械编网、涉外酒店业等支柱产业,以多层次产业结构的投资组合使集团公司日益大型化、国际化、规范化,从而实现稳健高速的资本扩展。

本公司连续七次被厦门市评为“重合同、守信用”先进单位。

2. 根据厦门会计师事务所出具的《审计报告》(厦会股审(1996)20号),公司近三年的经营业绩如下表: 单位:人民币万元

项目	1996 年 1-6 月	1995 年	1994 年	1993 年
主营业务收入	263,677,992.03	472,163,664.29	259,657,480.78	255,207,448.50
主营业务利润	8,808,464.98	9,337,677.20	18,712,184.04	14,109,959.38
其他业务利润	297,380.28	2,942,641.56	-207,298.10	3,772,857.93
利润总额	10,564,232.71	15,615,454.88	23,903,240.69	19,742,443.06
净利润	7,558,332.84	12,127,600.71	21,385,040.29	15,580,740.77

3. 重大项目和科技成果:

本公司下属的远洋渔业公司,积极开拓贝劳、波垃佩、印尼海域的跨国远洋渔业捕捞作业,1993 年“贝劳海域金枪鱼延绳钓捕捞”项目获得厦门市政府“有突出贡献技术成果”二等奖。

本公司有一批项目被厦门市科委列入省市及国家级“星火计划”和市经委的技术改造项目。其中包括:华顺食品工业有限公司的高蛋白仿真食品(国家级);淡水鱼精深加工生产烤鱼片(农业部和省水产厅科技新产品开发项目);扩建冷冻调理食品香辛料和春卷生产线。

1994 年国家统计局、中国科技进步评价中心会同农业部排定本公司为“首届中国农业企业科技投入 100 强”中的第五名(按科技经费总投入排序)。

4. 产品性能、质量方面的情况:

本公司狠抓产品质量管理,在众多产品质量评比中屡创佳绩:华顺食品工业公司被中国食品工业协会评为全国食品行业质量效益型先进企业;在北京举办的第二届中国农业博览会产品质量评比中荣获五个奖项:豆竹卷和花枝丸获金奖;富士板和香味虾米获银奖;鲜虾蛟获铜奖。

水产品加工“顺风”牌鱼片被评为福建省优质产品和农业部优质产品。食品加工玉笋罐、蟹肉卷、豆竹卷、八宝粥被农业部评为部优产品。

5. 公司筹资与投资方面的情况:

本公司与工行厦门分行、农行厦门分行、建行厦门分行、福建兴业银行、中行厦门分行、国际银行、渔业信用社等金融机构始终保持良好的合作关系,在筹资上获得大力支持。

本公司控股和承包经营的厦门华顺食品工业公司 1995 年被厦门金融咨询评信公司评为全市首批 16 家 AAA 信用企业。

本公司已进行的主要投资包括:

(1)购置、改造远洋渔船用于远洋渔业捕捞项目,该项目 1993 年至 1995 年共创利 1563.1 万元;

(2)1992 年在广东电白投资兴办的中外合资广东电白亿顺食品有限公司,创造 了当年建成当年投资当年见效益的好成绩,创办三年一年上一级台阶,年利润递增率达 25%。企业荣获广东省中外合资企业最高荣誉“金钥匙”奖。

(3)1994 年公司又在北京投资举办了中外合资北京华顺食品工业有限公司,是合资公司中的最大股东;

(4)公司下属能达网厂投资从日本、德国引进机械编网 10 台,将编织网具工艺从原始的手工工作解脱出来,形成了规模生产,提高了经济效益,1995 年创利 45 万元,创汇近 200 万美元。

(5)投资收购大运酒店 25%的股权。

本公司近三年来投资的主要来源包括:

A. 公司定向募股时的股东股金投入 15000 万元;

B. 银行贷款。

6. 经营管理改进和提高:

本公司自建立以来,按照现代企业制度的关于科学管理的要求,建立了股东大会、董事会、监事会等组织机构;实行了董事会领导下的总经理负责制;在公司内部建立了以二级管理、二级核算和利润分成为内容的内部管理模式,形成了自主经营、自负盈亏、自我发展、自我约束的运行机制,提高了公司的管理水平。

7. 职工数量与业务方面的变化:

本公司十分注意提高员工素质,大力加强员工培训,同时建立管理制度,公司管理人员实行双向选择,使公司管理人员更加年轻化、知识化。目前本公司员工人数已增加到 823 人,形成了以长期从事企业管理专业、大中专毕业生为主要骨干的管理队伍。

十二、股本

1. 注册资本

目前本公司注册资本为人民币 5500 万元,由每股面值 1 元的 5500 万股人民普通股构成。

本次 A 股发行后,本公司的注册资本将增 至 6600 万元,由每股面值 1 元的 6600 万股人民币普通股构成。

2. 已发行的股份

公司是由原股份公司经厦门市人民政府(厦府(1996)综 215 号文)批准分立后的存续公司。原股份公司是 1992 年 11 月 30 日经厦门市经济体制改革委员会(厦体改(1992)025 号文)批准,通过定向募集方式设立的股份制企业 。公司发行股份 13,000 万股,每股面值 1 元,经厦门市财政局(92)厦财评估确认字第 24 号文及厦门市体改委厦体改(1993)074 号文确认,其中国家股 4,598,315 股,以国有土地使用权评估值 4,388,315.98 元及国家补贴界定的国有资产权益 210,000 元,合计 4,598,315.98 元折成(0.98 元作为资本公积金);厦门海洋实业总公司以其经评估确认后可实际投入股份公司的净资产存量 77,655,819.90 元,折股 75,401,685 股(其中 2,254,134.90 元作为资本公积金);内部职工股 5000 万股(发行价格每股 3 元,超过面值缴入的资本 100,000,000.00 元作为原股份公司的资本公积金)

1994 年 6 月 18 日经公司股东大会决议,以资本公积金 1300 万元转增股本,向全体股东以 10:1 的比例送股,使公司的总股本增加到 14300 万元。

原股份公司经过 1996 年 8 月 30 日临时股东大会决议,根据"有利于国有资产和法人资产的保值、增值;有利于保护内部职工股股东的合法权益;有利于分立后两个股份公司的发展;有利于新股的发行"的分立原则,把国家股中的 38.49%即 194.7 万股,法人股中 30.81%即 2555.3 万股,内部职工股的 50%即 2750 万股保留在本公司(存续公司)。

3. 本公司发行前的股本结构:

名称	持股(万股)	比例%
总股本	5500.00	100.00
国家股	194.7	3.54
法人股	2555.3	46.46
内部职工股	2750.0	50.00

4.1996 年 10 月 28 日厦门市人民政府以厦府(1996)综 229 号文和 1996 年 3 月 11 日中华人民共和国农业部以农财函(1996)24 号文共分配给本公司的 A 股发行上市额度为 1650 万元,其中向社会公开发行额度为 1100 万元(550 万元为公司内部职工股占用本次发行额度,与新股发行后一并上市),本次发行如获成功,本公司股本结构为:

名称	持股(万股)	比例(%)
总股本	6600.00	100.00
国家股	194.70	2.95
法人股	2555.30	38.72
内部职工股	2200.00	33.33
社会公众股	1650.00	25.00
其中:内部职工股占额度上市	550.00	8.33

5. 公司内部股 2750 万股已全部按照要求集中托管,在公司获准的 A 股发行额度 1650 万股中,占用其中 550 万股推荐内部职工股与本次发行的新股 1100 万股一并上市。

本次发行、上市后,尚未上市的内部职工股 2200 万股,根据国家有关规定暂不上市流通,需在社会公众股上市三年后才能上市流通。

6. 净资产:

本次发行前公司净资产:	125,081,994.01 元
本次发行前每股净资产:	2.27 元
本资发行后公司净资产:	198,781,994.01 元
本次发行后每股净资产:	3.01 元

7. 本次发行前公司前十名股东:

序号	名称	持股数(股)	占总股本比例(%)
1	厦门市海洋实业总公司	25,553,000	46.46%
2	厦门市国有资产管理局	1,947,000	3.54%
3	卢德英	275,000	0.50%
4	苏招治	269,500	0.49%
5	黄龙君	110,000	0.20%
6	王丽	110,000	0.20%
7	周琳	110,000	0.20%
8	崔振勤	110,000	0.20%
9	胡志锋	110,000	0.20%
10	张震	99,000	0.18%

8. 本公司董事、监事、高级管理人员及重要职员持股情况:

姓名	职务	持股数量(股)
吴乌	董事长	2750
陈少熙	副董事长	2750
阮国安	董事兼总经理	2750
庄跃进	董事兼副总经理	2200
陈雄飞	董事兼副总经理	2200
陈培基	董事	2750
欧秀銮	董事	0
欧志红	董事	550
何孝星	董事	0
郑福成	监事会主席	0
陈水程	监事	1100
阮来逗	监事	1925
陈红柑	监事	0
张亚玉	监事	550

本公司董事、监事和高级管理人员共持有公司股票 19,525 股,占公司总股本的 0.0355%,其持有股份按《公司法》规定在任期内不得转让。

9. 股票回购程序:

根据国家法律和《公司章程》的规定,公司非因减少资本或者与公司合并等特殊情况,不得回购本公司股票。特殊情况(例如:发生《股票发行与交易管理暂行条例》第 46 条的情形时),公司在按规定获得有关部门的批准后,可以回购其发行在外的股份,并将在 10 日内注销部分股份,依照法律、行政法规办理变更登记,并公告。

十三、债项

1. 银行负债

根据厦门会计师事务所出具的《审计报告》(厦会股审(1996)20 号),截止 1996 年 6 月 30 日,公司短期负债总额为 140,392,434.44 元,长期负债总额为 57,341,414.89 元。构成如下:

A. 短期借款　　单位:人民币元

序号	金额	还款期限	利率	借款条件
1	21,350,000.00	96.8-96.12	10.26‰-11.34‰	母公司房产抵押
2	5,409,365.00 (USD650,000.00)	95.7	8.7%	厦门中贸公司担保
3	10,200,000.00	96.7-97.3	10.065‰-12.06‰	厦门华顺公司担保
4	12,340,000.00	96.7-96.12	10.065‰-12.06‰	母公司财产抵押
5	2,753,990.44 (USD330,000.00)	96.11	9.075%	免保
6	19,456,000.00	96.8-97.1	10.08‰-12.04‰	信用担保
7	6,574,459.00 (USD790,000.00)	95.7-96.8	10%	信用担保
8	14,000,000.00	96.9-97.1	8.91‰-12.06‰	信用担保
9	17,476,410.00 (USD2,100,000.00)	96.1-97.1	9%	福建华侨信托投资公司担保
10	13,000,000.00	96.6-97.3	11.34‰-16.08‰	免保
11	2,000,000.00		16.065‰	信用担保
12	832,210.00 (USD100,000.00)	96.7	8.5%	按揭
13	15,000,000.00	96.11	12.50‰	抵押担保

注:以上"利率",人民币借款为月利率;外币借款为年利率。

B. 长期借款　　单位:人民币元

序号	金额	还款期限	利率	借款条件
1	686,995.00	1997.7	10.065‰	厦门华顺公司担保
2	14,000,000.00	1998.12-1999.12	11.51‰	厦门中贸公司担保
3	40,430,000.00	1997.7-1999.5	10.06‰	抵押担保
4	499,999.89	1997.8	10.065‰	按揭
5	1,664,420.00 (USD200,000.00)	1997.7	8.5%	母公司厂房抵押
6	60,000.00	1998.2	16.08‰	免保

注:以上"利率",人民币借款为月利率;外币借款为年利率。

除上述债项外,截止 1996 年 6 月 30 日,本公司没有为任何企业或个人提供任何形式的担保,概无任何未偿还之按揭抵押或债券、借贷资本、银行透支、货款、债务证券或其他类似债务。

十四、主要固定资产

根据厦门会计师事务所出具的《审计报告》(厦会股审(1996)20 号)。

截止1996年6月30日，本公司的固定资产情况如下：

单位：人民币元

项目	原值	用途	累计折旧	净值	折旧率	所在地
房屋及建筑物	41,802,490.38	经营性	5,434,544.56	36,367,945.82	2.8%-3.2%	厦门
机器设备	30,981,101.28	经营性	8,776,400.52	22,204,700.76	8-10%	厦门
运输工具	5,083,881.99	经营性	1,640,090.36	3,443,791.63	8-10%	厦门
其他设备	3,038,897.20	经营性	1,406,625.57	1,632,271.63	12-16%	厦门
木船	27,775,653.93	经营性	9,413,556.83	18,362,097.10	12%	厦门
铁壳船	54,621,888.24	经营性	9,083,007.24	45,538,881.00	6%	厦门

在原企业厦门海洋实业总公司改制时，已将原企业固定资产中的非生产性、福利与服务性资产完全剥离，未进入本公司。因此本公司固定资产中不包含非生产性、福利与服务性资产。

十五、资产评估

一、厦门海洋实业总公司改制的资产评估：

根据厦门大学资产评估事务所出具的资产评估结果报告书(厦大资产所〔92〕股字第11号)并经厦门市财政局确认(〔92〕厦财评估确认字第24号)，截止1992年4月30日，厦门海洋实业总公司投入原股份公司的全部资产评估结果如下：(金额：元)

类别及项目	评估前帐面值	评估后现值	评估后现值增减	变动率(%)
流动资产	68,200,340.81	68,389,172.88	(+)188,832.07	(+)0.28
长期投资	13,239,297.13	13,239,297.13	0	
固定资产净值	76,427,464.21	101,341,986.64	(+)24,914,522.43	(+)32.60
在建工程	1,750,617.75	1,750,617.75	0	
无形资产		5,629,349.98	(+)5,629,349.98	(+)100.00
其中：土地使用权		4,388,315.98	(+)4,388,315.98	(+)100.00
资产合计	159,617,719.90	190,350,424.38	(+)30,732,704.48	(+)19.25
流动负债	33,286,410.39	33,286,410.39		
长期负债	74,809,878.11	74,809,878.11		
负债合计	108,096,288.50	108,096,288.50		
净资产总计	51,521,431.40	82,254,135.88	(+)30,732,704.48	(+)59.65

1. 折股

厦门市财政局〔92〕厦财评估确认字第24号文批准了本次评估后的折股方案，在评估基准日(1992年4月30日)的净资产存量82,254,135.88元，按以下方式折股：

(1)国有股股本：4,598,315.00元；

(2)法人(集体)股股本：75,401,685.00元；

(3)2,254,135.88元列为资本公积。

2. 评估增减值的原因：

(1)评估后流动资产增值188,832.07元，主要系存货和短期投资增值。

(2)评估后固定资产增值24,914,522.43元，主要系房屋建筑物和机器设备评估增值。

(3)土地使用权和无形资产增值合计5,629,349.98元，主要系其列入评估范围。

3. 资产评估时采用的评估标准：

房屋建筑物主要采用重置成本标准；机器设备主要采用重置成本标准和市价标准；在建工程采用历史成本标准；流动资产主要采用历史成本标准和现行市价标准；长期投资主要采用收益现值标准和历史成本标准；无形资产采用基准地价标准。

二、分立后本公司的资产评估：

原股份公司分立时，本公司聘请厦门大学资产评估事务所又对公司资产进行评估。本次评估只作为原股份公司分立和确定本公司发行价格的参考，不做调帐处理。根据厦门大学资产评估事务所出具《评估报告书》(厦大资产所(1996)股字第092号)并经厦门市国有资产管理局(厦国资综(1996)84号文)确认和1996年10月15日公司临时股东大会决议确认，截止1996年6月30日，本公司的全部资产评估结果如下：(金额：元)

类别及项目	评估前帐面值	评估后现值	评估后现值增减	变动率%
流动资产	182,600,671.42	182,942,152.87	+142,481.45	0.08
长期投资	29,903,504.58	29,903,504.58		
固定资产净值	127,549,687.94	132,544,005.91	+4,994,317.97	3.92
在建工程	23,014,978.40	23,014,978.40		
无形及递延资产	10,614,922.39	10,614,922.39		
待处理财产损失	-146,519.35	-146,519.35		
资产合计	373,537,245.38	378,674,044.80	+5,136,799.42	1.38
流动负债	179,703,443.39	179,703,443.39		
长期负债	57,441,414.89	57,441,414.89		
负债合计	237,144,858.28	237,144,858.28		
少数股权	11,310,393.09	12,328,193.47	+1,017,800.38	9.00
股东权益	125,081,994.01	129,200,993.05	+4,118,999.04	3.29

1. 评估增减值的原因：

(1)评估后流动资产增值142,481.45元，主要系坏帐准备评零。

(2)评估后固定资产净值增值4,994,317.97元，主要系房屋建筑物和机器设备评估增值。

(3)评估后少数股权增 值1,017,800.38元，主要系按股权比例分享的资产评估增值。

2. 主要评估方法：

(1)由于列入评估的大部分资产在1992年已做过评估，并于1993年按国有资产管理部门确认的价值进行调帐，所以除固定资产外，其余资产的评估标准主要采用历史成本法；

(2)各类资产评估采取的评估标准是：房屋建筑物主要采用重置成本标准；机器设备主要采用重置成本标准；在建工程采用历史成本标准；流动资产主要采用历史成本标准；长期投资包括对外投资和证券投资均主要采用历史成本标准；无形资产(土地使用权)及递延资产采用历史成本标准。

十六、财务会计资料

如果投资者欲对发行人的财务状况、经营业绩及其会计政策作更为详尽的了解，请认真阅读本招股说明书附录中所载的审计报告及附注说明：

1. 资产负债表主要数据(合并)：(附后)

2. 资产负债表主要数据(母公司)：(附后)

3. 利润表主要数据(合并)：(附后)

4. 利润表主要数据(母公司)：(附后)

说明：

(1)上述“资产负债表”和“利润表”的数据已经厦门会计师事务所审核，并出具审计报告(厦会股审(1996)20号)。

(2)根据上述财务资料反映，本公司近三年半主营业务收入逐年增长，盈利能力强。

(3)在上述合并报表的财务数据中：

A. 流动资产项目1996年6月30日较1995年12月30日减少近5000万元，主要系应收帐款和其他应收款大幅度减少。

B. 固定资产项目1996年6月30日较1995年12月30日增加4100多万元，主要系购置远洋渔船。

C. 流动负债项目1996年6月30日较1995年12月30日减少2100多万元，主要系应付帐款大幅度减少。

D. 股东权益1996年6月30日较1995年12月30日增加750多万元，主要系增加1996年上半年实现的未分配利润。

E.1993年计算每股税后利润总股本依据5000万元计算，1994、1995、1996中期计算每股税后利润总股本依据5500万元计算。

(4)公司之组成：

本公司由厦门海洋实业(集团)股份有限公司(即母公司以及下列公司组成)

a)全资子公司：

厦门海洋实业(集团)远洋渔业公司

厦门海洋石油公司

厦门新东海国际贸易有限公司

厦门海洋集团宝洋贸易有限公司厦门象屿新海华贸易有限公司(1996年8月建帐)

b)全资法人之非独立核算企业或单位：*

厦门海洋实业(集团)进出口公司

厦门海洋实业(集团)股份有限公司能达网厂

厦门海洋实业(集团)股份有限公司国际贸易部

厦门海洋实业(集团)股份有限公司经营部

厦门海洋实业(集团)股份有限公司燃料供应部

厦门海洋实业(集团)股份有限公司物资供应部

c)－参股及控股的企业：

厦门华顺食品工业有限公司 * *

厦门大运酒店 * * *

厦门海味大厦＊＊＊＊

北京华顺食品工业有限公司(公司持股45%)

广东电白亿顺食品有限公司(公司持股35%)

附注:

＊公司的六家全资非法人之独立核算企业(单位)的会计报表系归属在母公司的会计报表内一并反映;

＊＊该公司系中外合资经营企业,中外双方股权各占50%。1994年开始由本公司承包经营,承包经营期为五年,每年承包利润600万元。合资外方台湾安顺冷冻调理食品厂每年分得税后利润300万元(超利润部分再分成20%)。根据本公司(甲方)与台湾安顺冷冻调理食品公司(乙方)合资双方签署的董事会补充决议,1995年度实现的利润乙方少分配250万元,而1997年及1998年两年实现的利润甲方少分配250万元。

＊＊＊该酒店系中外合作经营企业,本公司(合作中方)股权占75%,合作外方新加坡大中国私人有限公司承包经营二十年。1994年起合作外方每年应交付给本公司承包经营款人民币90万元,第五年起每两年调高10%的承包基数。

＊＊＊＊该大厦系国内合作经营企业,本公司股权占2/3,原由厦门江宾野味海鲜酒家经理陈有福租赁经营,租赁期十一年,租金总额为人民币600万元。由于陈有福违约,原承包合同已终止,已清盘收回,拟重新发包。

(5)分立后会计报表的编制方法

公司分立后的资产、负债、股东权益以及1996年1-6月的经营损益系根据公司"临时股东大会"通过的"关于股份公司分立方案的议案"确定。本公司1996年之前各年度的会计报表亦按以上方法模拟分割后编制。

(6)会计制度:公司执行《股份制试点企业会计制度》。

(7)会计报表编制基础

公司的合并会计报表是按财政部《合并会计报表暂行规定》编制。列入本合并报表的除厦门海洋实业(集团)股份有限公司(即母公司及附属非法人独立核算企业)外,还包括下列诸公司:

名称	性质	注册资本	实际投资	母公司持股(%)
a)厦门海洋实业集团远洋渔业集团	股份制	¥1362万元	¥1362万元	100%
b)厦门海洋石油公司	股份制	¥600万元	＊¥600万元	100%
c)厦门新东海国际贸易有限公司	股份制	USD20万元	USD20万元	100%
d)厦门海洋集团宝洋贸易有限公司	股份制	¥300万元	¥300万元	100%
e)厦门华顺食品工业有限公司	中外合资	USD240万元	¥USD240万元	50%

附注:＊厦门海洋石油公司之注册资本及实际投资额已于1996年8月增加至¥900万元;

＊＊厦门华顺食品工业有限公司由本公司承包经营,故纳入合并报表之范围。另外,合资双方拟以利润增资,注册资本将增加至USD400万元。

(8)会计期间:以公历年每年1月1日起至12月31日止。

(9)记帐原则:采用权责发生制

计价基础:采用历史成本

(10)记帐本位币及外币折算:

公司以人民币为记帐本位币。对发生的所有外币业务均以当月1日人民银行公布的外汇牌价(中间价)折合为人民币记帐,期末再按当日外币牌价(中间价)调整折算人民币金额。

(11)坏帐准备:按应收帐款期末余额5‰计提,列入当期费用。

(12)存货核算:公司对所属企业的库存商品和产成品,按实际进货成本计价,以加权平均法结转成本;材料计价,部分采用实际价,部分采用计划价,采用实际价的是以加权平均法结转成本,采用计划价的是按上月差异率分摊差异;低值易耗品的摊销,渔业单位采用一次摊入成本,其他企业则采用分期摊销,即每月按使用低值易耗品之月初净额的3.5%计算摊入成本。

(13)商品削价准备:按库存商品期末余额5‰计提列入成本。

(14)长期投资核算:除收取定额承包利润的企业外,股权占20%以下之企业采用成本法核算,股权在20%以上至50%的采用权益法核算,股权在50%以上的控股公司及全资公司采用合并财务报表。

(15)固定资产及累计折旧

固定资产按实际成本计价,采用直接法计算折旧,其分类折旧率如下:

房屋及建筑物	2.8-3.2%	机器设备	8-10%
运输工具	8-10%	其他设备	12-16%
木船	12%	铁壳船	6%

(16)主要税项

a)增值税:按应纳增值税销售收入的17%计算销项税,抵扣进项税后的余额交纳。

b)营业税:按营业额的5%计征;

c)企业所得税:享受厦门经济特区15%之优惠税率。

(17)收入实现的确认:

营业收入以产品(商品)已经移交或按合同规定的期限收到货款,并将发票、结算帐单提交买主,得到了收取货款的权利时确认。

(18)期后事项

大运酒店于今年9月12日与港商苏富荣先生达成新的合作经营协议,每年由苏富荣先生负责支付承包金185万元给大运酒店董事会,并议定从承包之日起今后每三年承包金递增10%。

(19)关联交易及或有负债

公司在本报告期间无重大的关联交易发生,截止1996年6月30日的负债见所附的资产负债表,除此之外无其他或有负债事项。

主要财务比率及财务数据如下:

指标	1996年6月30日	1995年12月31日	1994年12月31日	1993年12月31日
流动比率	1.02	1.06	1.04	1.17
速动比率	0.78	0.96	0.83	0.92
应收帐款周转率	5.74	10.66	9.82	9.28
存货周转率(次)	5.50	11.08	6.61	8.19
股东权益比率	33.49%	30.66%	34.74%	46.16%
净资产收益率	6.04%	10.32%	20.34%	15.05%
每股净资产	2.07元	2.14元	1.91元	2.07元
每股税后利润	0.14元	0.22元	0.39元	0.28元

投资者如欲了解财务数据的详细情况,请参阅厦门会计师事务所出具的《审计报告》。

5.本公司计划进行的重大资本支出项目:

(1)公司对全资的能达网厂增资,扩大引进机械编网机20台,拟追加投资2142万元;

(2)公司拟自身投资2952万元扩建冷冻调理食品生产线;

(3)购置印度尼西亚远洋渔业生产辅助船,拟投资1500万元。

上述三个项目所需资金由本次募集资金解决。公司发展上述的项目将进一步提高公司的盈利能力。同时将进一步完善公司对多项支柱产业全方位投资的战略布局。

十七、盈利预测

经厦门会计师事务所审阅,本公司1996年下半年度和1997年度盈利预测如下:单位:万元

项目	1996年1-6月已审数	1996年7-9月实现数	1996年10-12月预测数	1996年度合计数	1997年度预测数
一、主营业务收入	26367.80	14035.69	16464.31	56867.80	65000.00
减:营业成本	22428.80	12192.26	13748.24	48369.30	55250.00
经营费用	1075.52	433.63	566.37	2075.52	2050.00
管理费用	1145.42	302.22	682.78	2130.42	2100.00
财务费用	817.35	317.61	482.39	1617.35	1270.00
营业税金及附加	19.86	14.57	12.66	47.09	150.00
二、主营业务利润	880.85	775.40	971.87	2628.12	4180.00
加:其他业务利润	29.73	0	50.00	79.73	150.00
三、营业利润	910.58	775.40	1021.87	2707.85	4330.00
加:投资收益	154.75		261.50	416.25	700.00
营业外收入(支出)	-8.91	100.48	279.52	371.09	20.00
四、利润总额	1056.42	875.88	1562.89	3495.19	5050.00
减:所得税	112.92	4.93	321.66	439.51	652.50
少数股利	187.67		205.00	392.67	500.00
五、净利润	755.83	870.95	1036.23	2663.01	3897.50

本公司编制以上盈利预测的基准和假设:

一、基准盈利预测是根据厦门会计师事务所审计的本公司1993年至1996年6月份会计期间的经营业绩,结合本公司的各项业务生产经营潜力和发展计划以及市场环境分析、行业性质及特点等诸因素审定编制的。

盈利预测所依据的会计原则和会计方法与《股份制试点企业会计制度》和《股份制试点企业财务管理若干问题的暂行规定》相一致。

二、假设

(1)本公司所遵循之我国有关法律、法规、政策仍如现时状况而无重大改变;

(2)本公司之所在地厦门经济特区的社会经济环境无重大改变;

(3)信贷利率、汇率、征税税率在正常情况与即定的范围内变化;

(4)无其他不可抗力造成之重大影响。

十八、重要合同及重大诉讼事项

1. 重大合约

(1)1995年12月12日,公司与国家开发银行签订基本建设《借款合同》,借款金额:1400万元人民币,借款用途:购置改造母子船用配套设置,借款利率:15.12%,借款期限:四年。上述贷款发放与回收由国家开发银行委托建设银行厦门分行代理。

(2)1995年12月25日,公司与厦门市农行思明支行签订流动资金《借贷合同》。借款金额:1200万元人民币,借款用途:流动资金周转,借款利率:12.06‰。按季付息,还款方式:在贷款期限内,一次还清,借款期限:十二个月。

(3)1994年9月8日,公司与厦门工商银行签订流动资金《抵押贷款合同》,借款金额:2500万元人民币,借款用途:生产经营,借款利率:月息10.44‰至11.43‰,利息按季结收,还款方式:以销售收入转帐,借款期限:三年。公司以自有房产作抵押,双方签订的《房产抵押合同》已经厦门房地产市场管理处登记。该借款合同为一次抵押,多次借款模式。

(4)1996年10月18日,发行人与厦门兴洋实业股份有限公司签订《分立协议》,双方确认各自所享有和承担的资产、负债和股东权益数额,并对其他事项的处理达成一致意见。

2. 重大事项说明

公司于1996年8月30日召开临时股东大会,决议通过了公司分立方案,原公司采用派生分立方式分立为厦门海洋实业(集团)股份有限公司(存续公司,即发行人)和厦门兴洋实业股份有限公司(新设公司)。

厦门市经济体制改革委员会以厦体改(1996)040号文批准了《公司分立方案》。1996年10月16日原公司完成法定的分立程序,并获厦门市人民政府厦府(1996)综215号文批准。

1996年10月18日发行人和新设公司分别取得厦门市工商行政管理局颁发的《企业法人营业执照》。

3. 重大诉讼事项

本公司目前无未结之重大诉讼或仲裁事项或可预见之重大诉讼或仲裁事项。

十九、公司发展规划

1. 生产经营发展战略

本公司将充分利用特区的人缘、地理、政策等诸多优势,以远洋渔业为基础,以水产食品、农副产口加工和机编网片为支柱,开展以水产品、食品深加工、原辅材料的出口和渔船石油、渔需物资供应、海上冷藏运输业等多元化的国内外经贸业务。

2. 市场发展、销售、生产经营和固定资产投资计划

(1)渔业:拓展"蓝色"工程,振兴海洋经济

公司以厦门市大力发展海洋事业为机遇,提出"蓝色"工程计划,即:不断深化渔业体制改革,实行企业化经营,加大科技兴渔力度,积极慎重地拓展远洋渔业,加强对与渔业相关的内涵与外延的海洋综合开发利用,在稳定中求发展,在五年内,远洋渔船由现有的18艘扩大到30艘,配套运输船3艘,逐步成龙配套,形成规模效益,计划年产量到2000年增至1.15万吨。

(2)工业:致力支柱产业结构优化和效益提高。

公司将集中主要精力和资金,抓好创汇效益型产业,构造产业优势,建成以市场为导向、科技为本源,建立健全产品开发创新和质量保证制度,实行名牌战略,对已初步形成规模并呈良好发展势头的冷冻食品、机械编网生产项目,继续加强经营,扩大进出口贸易,提高市场的占有率,逐步形成联网发展的实业群体。

(3)商业贸易:注重经营策略,调整商贸结构,形成规模效益

抓住对台直航的历史机遇和厦门享有某些自由港政策,抓住水产品、鱼浆、鱼糜、食品原辅料和各种石油产品等主要的已有市场的产品,拓宽农副土特产品、船用先进仪器设备、动力机械等项目的经营,扩大进出口业务,并充分利用各种优势,适时发展渔工贸一体化的对台贸易,提高创汇创利水平。

(4)涉外饭店业:利用厦门美丽的旅游资源,充分开发酒店海内外客源,同时提高服务质量和配套服务设施的建设与完善,争取使本公司控股的酒店成为一流的涉外服务宾馆。

3. 人员扩充计划:广纳人才、科技兴业

"九五"期间公司管理机构将设置高科技开发运用部门,创办科技工业园地,抓紧抓好管理、技术、财务、经销等人才的引进、培养和使用,全面提高全公司员工的素质。同时加强远洋员工的吸收培训工作,造就新一代的渔业接班人。

随着公司发展规划的逐步实现,本公司将形成一个一业为主,多业经营的现代化大型企业集团。我们对公司的发展前途充满信心,并将努力为全体股东谋取丰厚的投资收益。

二十、附录

1. 厦门会计师事务所《厦门海洋实业(集团)股份有限公司财务审计报告书》(厦会股审字[1996]20号)

2. 厦门会计师事务所《验资报告》(厦会股验〔1996〕04号)

3. 厦门大学资产评估事务所《资产评估报告书》(厦大资产所〔1996〕股字第092号)

4. 厦门大学资产评估事务所《资产评估报告书》(厦大资产所〔1992〕股字第11号)

5. 厦门会计师事务所《关于厦门海洋实业(集团)股份有限公司1996年—1997年度盈利预测的审阅报告》。

6. 北京国证律师事务所《关于厦门海洋实业(集团)股份有限公司1996年度A股股票发行上市 的法律意见书》(国证股字〔1996〕第025号)

7. 北京国证律师事务所《为厦门海洋实业(集团)股份有限公司1996年度A股发行、上市出具法律意见书的律师工作报告》(国证股字〔1996〕第026号)

8. 土地使用证

二十一、备查文件

1. 发行人成立的注册登记文件

2. 深圳证券交易所致厦门海洋实业(集团)股份有限公司股票上市的承诺函

3. 厦门证券公司与厦门海洋实业(集团)股份有限公司股票承销协议

4. 厦门市财政局《厦门海洋实业总公司资产评估价值及折股方案的确认书》(〔92〕厦财评估确认字第24号)

5. 公司分立文件

6. 重要合同

7. 证监会要求的其他文件

文件查阅时间:每逢星期二上午9:00-11:30

文件查阅地址:(1)发行人:厦门海洋实业(集团)股份有限公司

地址:厦门蜂巢山路3号4楼

(2)主承销商:厦门证券公司

地址:厦门槟榔西里东明路121号201

厦门海洋实业(集团)股份有限公司

1996年11月28日

资产负债表主要数据(合并):

单位:人民币元

项目	1996年6月30日	1995年12月31日	1994年12月31日	1993年12月31日
流动资产	182,454,152.07	232,365,231.83	177,808,304.73	122,321,478.56
长期投资	29,903,504.58	32,031,776.00	17,835,277.31	18,509,657.53
固定资产	150,564,666.34	108,874,523.01	97,660,441.14	86,806,280.47
无形及其它资产	10,614,922.39	10,018,156.00	9,297,755.47	5,773,511.38
总资产	373,537,245.38	383,289,686.84	302,601,778.65	233,410,928.34
流动负债	179,703,443.39	201,009,610.42	170,870,163.38	113,459,180.17
长期负债	57,441,414.89	54,147,846.14	15,184,759.95	7,889,269.94
股东权益	125,081,994.01	117,523,661.17	105,127,952.96	103,538,306.18

资产负债表主要数据(母公司):

单位:人民币元

项目	1996年6月30日	1995年12月31日	1994年12月31日	1993年12月31日
流动资产	113,322,535.90	106,337,555.62	116,217,122.90	102,641,532.25
长期负债	70,701,226.66	86,407,454.26	50,498,945.06	27,033,829.99
固定资产	99,731,735.70	63,126,229.01	61,345,545.60	69,022,706.55
无形及其它资产	6,557,989.72	4,989,546.04	5,533,349.45	3,880,123.16
总资产	290,313,487.98	260,860,784.93	233,594,963.01	202,578,191.95
流动负债	111,790,079.08	89,189,277.62	114,419,245.10	91,150,615.83
长期负债	53,441,414.89	54,147,846.16	14,047,764.95	7,889,269.94
股东权益	125,081,994.01	117,523,661.17	105,127,952.96	103,538,306.18

利润表主要数据(合并):

单位:人民币元

项目	1996年1-6月	1995年度	1994年度	1993年度
一、主营业务收入	263,677,992.03	472,163,664.29	259,657,480.78	255,207,448.50
减:营业成本	224,287,858.71	421,445,858.91	206,949,890.61	217,540,840.37
销售费用	7,460,864.77	11,616,187.97	17,300,554.58	8,210,611.00
管理费用	11,454,216.81	16,796,961.28	13,233,415.12	5,156,174.83
财务费用	8,173,495.50	8,023,863.82	414,858.60	2,482,391.12
进货费用	3,294,457.88	4,084,520.48	2,884,817.49	3,459,705.63
营业税金	198,633.38	858,594.63	161,760.34	4,247,766.17
二、主营业务利润	8,808,464.98	9,337,677.20	18,712,184.04	14,109,959.38
加:其他业务利润	297,380.28	2,942,641.56	-207,298.10	3,772,857.93
三、营业利润	9,105,845.26	12,280,318.76	18,504,885.94	17,882,817.31
加:投资收益	1,547,478.53	3,576,436.68	4,882,112.23	1,549,132.83
营业外收入	195,271.47	561,468,15	1,402,395.13	820,204.13
减:营业外支出	223,475.65	467,387.63	1,239,191.69	509,711.21
加:以前年度损益调整	-60,886.90	-335,381.08	353,039.08	
四、利润总额	10,564,232.71	15,615,454.88	23,903,240.69	19,742,443.06
减:所得税	1,129,237.60	1,498,948.41	401,541.83	
少数股东损益	1,876,662.27	1,988,905.76	2,116,658.57	4,161,702.29
五、净利润	7,558,332.84	12,127,600.71	21,385,040.29	15,580,740.77

利润表主要数据(母公司)

单位:人民币元

项目	1996年1-6月	1995年度	1994年度	1993年度
一、主营业务收入	105,565,304.75	133,406,240.49	157,789,586.98	180,093,351.88
减:营业成本	91,399,467.06	118,297,690.50	129,268,632.61	159,277,522.59
销售费用	1,682,867.57	3,052,738.46	5,741,848.57	6,724,121.11
管理费用	8,541,422.12	7,264,781.97	9,357,861.55	2,408,699.83
财务费用	3,579,505.47	2,036,180.93	-2,339,902.78	1,926,759.97
进货费用	1,021,136.98	1,876,825.39	2,293,862.57	3,459,705.63
营业税金	18,977.75	224,771.92	96,939.86	601,913.88
二、主营业务利润	-678,072.20	653,251.32	13,370,344.60	5,694,628.87
加:其他业务利润	297,380.28	829,514.39	-207,298.10	3,772,857.93
三、营业利润	-380,691.92	1,482,765.71	13,163,046.50	9,467,486.80
加:投资收益	7,865,467.34	11,459,488.38	9,412,947.45	5,710,835.13
营业外收入	192,683.47	322,851.90	20,456.32	812,374.12
减:营业外支出	119,126.05	242,887.00	976,050.00	409,955.28
加:以前年度损益调整		-351,104.52	-235,359.98	
四、利润总额	7,558,332.84	12,671,114.47	21,385,040.29	15,580,740.77
减:所得税		543,513.76		
少数股东损益				
五、净利润	7,558,332.84	12,127,600.71	21,385,040.29	15,580,740.77

厦门海洋实业(集团)股份有限公司1996年年度报告摘要

一、公司简况

1. 公司法定名称:厦门海洋实业(集团)股份有限公司
英文名称:Xiamen Marine Industry (Group) Co., Ltd.
2. 公司法定地址:厦门市蜂巢山路3号
英文名称:NO.3 Fengchaoshan Road, Xiamen, Fujian, PRC.
3. 公司法定代表人:吴乌
4. 股票简称"海洋集团"
证券代码:0658
5. 邮政编码:361005
6. 审计师机构:厦门市会计师事务所
7. 公司咨询机构及联系电话、传真:
地址:厦门市蜂巢山路3号
电话:0592-2088142
传真:0592-2086982
联系人:汤文桂、陈春榕

二、主要财务数据与财务指标

指标项目	本年数	上年数	比上年增减(%)
1. 主营业务收入(万元)	57903.61	47216.37	22.63
2. 净利润(万元)	2639.27	1212.76	117.63
3. 总资产(万元)	55562.95	38328.97	44.96
4. 股东权益(万元)	21705.86	11752.37	84.69
5. 每股收益(元)	0.40	0.22	81.82
6. 每股净资产(元)	3.29	2.14	53.74
7. 净资产收益率(%)	12.16	10.32	17.83
8. 股东权益比率(%)	39.07	30.66	27.43

注:①表中的数据和报表均按合并财务报表数计算填列。
②扣除股票发行利息收入后,有关指标如下:

1. 净利润(万元)	2403.19
2. 总资产(万元)	55285.21
3. 每股收益(元)	0.36
4. 每股净资产(元)	3.25
5. 净资产收益率(%)	11.19
6. 股东权益(万元)	21469.78
7. 股东权益比率(%)	38.82

三、公司业务经营回顾

1. 一年来经营情况回顾

1996年,在公司全体股东的支持下,公司致力于规范股份运作,有序的调整产业结构,集中人力、财力、物力投向基础渔业和冷冻调理食品、机编网业,取得了可喜的成绩。全年渔、工、贸经营营业收入达5.79亿元,比上年增加22.63%,净利润2639.27万元,比去年增加117.63%。

今年公司主要抓了以下几项工作:

(1)坚持科技兴渔,优化结构效益,拓展远洋渔业

①公司在发展贝劳、波拉佩等海域的远洋渔业基础上,1996年又开发印尼海域渔场,组建了一支具有先进的助渔导航、海水淡化、冷冻等设备的远洋船队。

②培训一批专业技术船员以适应生产发展的需要

③装备一艘800吨的冷藏运输船

由于公司采取了以上的措施,该海域从6月份投产至12月底,产量4000多吨,产值3800万元,创造了远洋对拖生产的历史新纪录,展现远洋渔业的灿烂前景。

(2)调整产业结构,培植支柱产业规模效益

①优先发展有经济效益,市场潜力大,适销对路的冷冻调理食品,开发新产品和扩大生产线。调整产销布局,以厦门华顺为龙头,成功带动广东亿顺、北京华顺产销的区域发展。

②通过技术改造及引进设备,使能达网厂形成了单结、双结和单丝、复丝多种产品的规模生产,适应了现代水产捕捞和养殖业发展的需要。

(3)把握市场信息,注重经营策略,拓展经营渠道

①海洋石油公司在今年国家取消三资企业对油品的代理和油价波动剧烈的困难情况下,积极与兄弟单位合作,开拓成品油转口业务及对货轮加油等项目,取得了显著的经济效益。

②宝洋公司原主要经营食品生产辅料,1996年能紧跟市场的变化,拓宽经营渠道,新开拓了饲料原料的经营,本年度的营业总额成倍增长。

2. 前次募集资金的使用情况说明

前次募集资金7370万元,按上市招股说明书中所披露的计划实施。此次向社会公开发行人民币普通股1100万股已由厦门市会计师事务所以厦会股验(1996)07号出具验资报告。

3、盈利预测完成情况说明

公司《招股说明书概要》披露1996年盈利预测为主营业务收入56867.80万元,主营业务利润2628.12万元,净利润2663.01万元。实际完成主营业务收入57903.61万元,完成预测的101.82%;主营业务利润2658.63万元,完成预测的101.16%;净利润2639.27万元,完成预测的99.11%。

净利润比预测有所减少主要是由于1996年公司固定资产出租收入减少及营业外支出增加所致。

四、股本变化及股本结构情况

(一). 股本结构及变动情况表　　单位:万股

股份类别	年初数	比例%	年末数	比例%

(一)尚未流通股份合计	14300.00	100	4950.00	75.00
其中:				
1.发起人股份	8294.20	58.00	2555.30	38.71
2.国家股	505.80	3.54	194.70	2.96
3.内部职工股	5500.00	38.46	2200.00	33.33
(二)已流通股份合计			1650.00	25.00
其中:				
1.境内上市的人民币普通股			1100.00	16.67
2.占用额度上市的内部职工股			550.00	8.33
(三)股份总数	14300万	100	6600.00	100

(二)股本变动情况及原因

1.原股份公司于1993年7月由厦门海洋实业总公司和厦门市国有资产管理局共同创立,创立时总股本为13000万股,其中内部职工股5000万股,经1994年度股东代表大会通过,用资本公积金1300万元转增股本,向全体股东按10:1比例送红股,使公司总股本增至年初数14300万股。

2.原股份公司经1996年8月30日临时股东大会决议,主要内容是:审议并批准由本公司董事会提交的《股份公司分立方案》,同意对原股份公司产业、股本、资产、债务、利润分割的具体方案并授权董事会实施。把国家股中的38.49%即194.7万股,法人股中的30.81%即2555.3万股,内部职工股的50%即2750万股保留在本公司。

上述分立方案,经厦门市经济体制改革委员会厦体改[1996]040号文批复和厦门市人民政府厦府[1996]综215号文批准。

(三)主要股东持股情况(前十名股东)

股东名称	持股数(股)	持股比率(%)
1)厦门海洋实业总公司	25553000	38.71
2)厦门国有资产管理局	1947000	2.95
3)黄龙君	250000	0.37
4)苏招治	250000	0.37
5)刘建华	250000	0.37
6)卢德英	247800	0.37
7)王丽	198440	0.30
8)孙鸣蕊	152165	0.23
9)韩双	150000	0.22
10)张震	150000	0.22

(四)公司董事、监事、高级管理人员及重要职员持股情况:

统计截止日期:1996年12月31日　　股份单位:股

姓名	职务	年初数	年末数
吴乌	董事长	5500	2750
陈少熙	副董事长	5500	2750
阮国安	董事兼总经理	5500	2750
庄跃进	董事兼副总经理	4400	2200
陈培基	董事	5500	2750
陈雄飞	董事兼副总经理	4400	2200
欧秀銮	董事	0	0
欧志红	董事	1100	550
何孝星	董事	0	0
陈水程	监事	2200	1100
阮来逗	监事	3850	1925
陈红柑	监事	0	0
张亚玉	监事	1100	550

五、重要事项

1.重大诉讼事项

本公司目前无未结或可预见之重大诉讼、仲裁事项

2.重大事件的说明

公司于1996年8月30日召开临时股东大会,决议通过了公司分立方案,原公司采用派生分立方式分立为厦门海洋实业(集团)股份有限公司(存续公司,即上市公司)和厦门兴洋实业股份有限公司(新设公司)。

厦门市经济体制改革委员会以1996(040)号文批准了公司分立方案,1996年10月16日原公司完成法定的分立程序,并获厦门市人民政府厦府〔1996〕综215号文批准。

1996年10月18日上市公司和新设公司分别取得厦门市工商行政管理局颁发的《企业法人营业执照》。

1996年10月18日,发行人与厦门兴洋实业股份有限公司签订《分立协议》。双方确认各自所享有和承担的资产、负债和股东权益数额,并对其他事项的处理达成一致意见。

备注:详细内容请参阅1996年8月30日股东大会报告

六、子公司及关联企业

1.企业名称	注册资金	公司拥有权益(%)	注册地点	主营业务
(1)厦门海洋实业(集团)远洋渔业公司	1362万元	100%	厦门	远洋渔业
(2)厦门海洋实业(集团)股份有限公司能达网厂	242万元	100%	厦门	机械编网
(3)厦门海洋实业(集团)进出口公司	275万元	100%	厦门	进出口贸易
(4)厦门海洋集团宝洋贸易有限公司	300万元	100%	厦门	进出口贸易
(5)厦门海洋实业(集团)股份有限公司国际贸易部	170万元	100%	厦门	进出口贸易
(6)厦门新东海国际贸易有限公司	20万美元	100%	厦门	进出口贸易
(7)厦门象屿新海华贸易有限公司	30万美元	100%	厦门	进出口贸易
(8)厦门海洋实业(集团)股份有限公司经营部	180万元	100%	厦门	国内贸易
(9)厦门海洋石油公司	900万元	100%	厦门	石油贸易
(10)厦门海洋实业(集团)股份有限公司燃料供应部	85万元	100%	厦门	燃料供应
(11)厦门海洋实业(集团)股份有限公司物资供应部	200万元	100%	厦门	物资供应
2.关联企业				
(1)厦门大运酒店	350万美元	75%	厦门	涉外酒店业
(2)厦门海味大厦	187.9万元	66.7%	厦门	涉外酒店业
(3)厦门华顺食品工业有限公司	400万美元	50%	厦门	冷冻调理食品
(4)北京华顺食品工业有限公司	700万元	45%	北京	冷冻调理食品
(5)广东电白亿顺食品有限公司	180万美元	35%	广东	冷冻调理食品

七、财务报告

1.公司财务报告,经厦门会计师事务所注册会计师常煊、刘秀宜审计,出具了无保留意见的审计报告。

2.主要会计政策

(1)会计制度:公司执行《股份制试点企业会计制度》。

(2)会计期间:以公历年每年1月1日起至12月31日止。

(3)会计报表编制方法

公司的合并会计报表是按财政部《合并会计报表暂行规定》编制的,列入本期合并报表包括厦门海洋实业(集团)股份有限公司本部及上述六家全资非法人之独立核算的企业单位,五家具有法人资格的全资子公司以及占50%股权,具有实际控制权的厦门华顺食品工业有限公司。

合并会计报表对母公司与子公司之间的往来,内部销售等已进行抵销。

(4)记帐原则:采用权责发生制。

(5)计价基础:采用历史成本。

(6)记帐本位币及外币折算:公司以人民币为记帐本位币,对发生的所有外币业务均以当月1日人民银行公布的外汇牌价(中间价)折合为人民币记帐,期末再按当日外币牌价(中间价)调整折算人民币金额。

(7)坏帐准备:按应收帐款期末余额5‰计提,列入当期费用。

(8)存货计价:公司对所属企业的库存商品和产成品按实际进货成本计价,以加权平均法结转成本;材料计价部分采用实际价,部分采用计划价。采用实际价的是以加权平均法结转成本,采用计划价的是按上月差异率分摊差异;低值易耗品摊销,渔业单位采用一次摊入成本,其他企业则采用分期摊销,即每月按使用低值易耗品之月初净额的3.5%计算摊入成本。另外公司对库存商品按期末余额5‰提取商品削价准备金计入当期成本。

(9)长期投资核算,分别采用以下方法:

A.债券投资按成本法

B.股权投资和联营投资:除收取定额承包利润的企业外,对股权占20%以下的企业采用成本法核算;股权在20%以上至50%的,采用权益

法核算(对具有实际控制权的合并其会计报表);股权在50%以上,具有实际控制权的企业按权益法核算,连同全资子公司采用合并会计报表。

(10)固定资产及累计折旧:

固定资产按实际成本计价,采用直线法计提折旧,其分类折旧率如下:

类别	折旧率
房屋及建筑物	2.8-3.2%
机器设备	8-10%
运输工具	8-10%
其他设备	12-16%
木船	12%
铁壳船	6%

(11)无形资产——土地使用权按50年摊销。

(12)递延资产及其摊销:

开办费按5年摊销,其他递延资产按实际受益年限摊销。1994年1月1日国家外汇并轨后的统一汇率(中间价)调整列入的待转销汇兑损益,分4年摊销。

(13)收入实现的确认:

营业收入以产品(商品)已经移交或按合同规定的期限收到货款,并将发票、结算单提交买主,得到收到货款的权利时确认。

(14)主要税项:

A. 增值税:按应纳增值税销售收入的17%计算销项税,抵扣进项税后的余额交纳;

B. 营业税:按营业额的5%计征;

C. 企业所得税:享受厦门经济特区15%之优惠税率。

3. 会计报表

4. 财务报告附注

1)"短期投资":

项目	金额
股票投资*	3,951,673.53
电力债券	20,000.00
重点建设债券	120,000.00
国库券	198,625.00
合计	4,290,298.53

*股票投资系购买在中国可流通股票,若按1996年12月31日收盘价折算其市场值为人民币4,084,139.60元。

2)"应收帐款":

应收帐款中,应收人民币帐款计44,656,720.45元,应收美元帐款34,666.58元折合人民币287,670.24元。

帐龄分类	金额	百分比
帐龄在一年以下	40,155,445.84	89.34%
帐龄在一年以上二年以下	1,515,767.29	3.38%
帐龄在二年以上三年以下	1,991,551.92	4.43%
帐龄在三年以上	1,281,626.64	2.85%
合计	44,944,390.69	100%

附注:A. 帐龄在二年以上三年以下款项中,本市开元银光工贸公司拖欠货款1,525,884.72元,公司向法院上诉后已判决胜诉,但款项尚未收回。

B. 期末应收帐款余额比年初减少,主要原因系远洋渔业公司太平洋船队收回货款

3)"预付帐款":

预付帐款中,预付人民币帐款计9,466,750.96元,预付美元帐款达183,557.30元折合人民币1,523,197.10元。

帐龄分类	金额	百分比
帐龄在一年以下	10,599,948.46	96.45%
帐龄在一年以上二年 以下	390,000.00	3.55%
合计	10,989,948.06	100%

附注:期末余额比年初较大减少,主要原因系燃料部收回油款。

4)"其他应收款":

A. 按帐龄分类	金额	百分比
帐龄在一年以下	21,006,452.00	76.92%
帐龄在一年以上二年以下	4,785,643.78	17.52%
帐龄在二年以上三年以下	478,365.54	1.75%
帐龄在三年以上	1,038,820.51	3.81%
合计	27,309,281.83	100%

B. 期末余额之主要帐户:

单位	金额	款项内容
公司28条远洋渔船	6,763,024.86	备用金
厦门国税局	1,834,878.78	其中:应收出口退税1,284,878.78元 超税负应退税550,000.00元
厦门大运酒店	3,098,750.00	应收承包利润
陈有福	1,140,071.98	应收承包利润(有资产抵押)
台湾安顺冷冻调理食品公司	2,961,695.88	往来款
押金及保证金	672,692.45	
公司各业务部门	646,545.80	备用金
各关联单位往来	5,563,553.54	主要系股东海洋实业总公司欠4,157,729.26元,海洋鞋业欠300,000.00元
公司员工	1,352,395.50	差旅费借款等

附注:其他应收款比去年同期有较大幅度减少主要原因,收回海洋实业总公司欠款1600多万元。

5)"长期投资":

项目	投资比例	投资日期	投资金额
a)股权投资:			
厦门大运酒店*	75%	1994年	12,258,144.75
厦门海味大厦**	2/3	1990年	2,363,890.00
厦门金洋石油联合公司	50%	1994年8月	393,254.42
北京华顺食品工业有限公司	40%	1993年4月	2,691,723.88
广东电白亿顺食品有限公司	35%	1992年2月	4,166,481.98
厦门信福实业股份有限公司	10%	1994年2月	5,000,000.00
龙海市海光石油有限公司	45%	1995年8月	1,632,785.08
小计			28,506,280.11

b:债券投资:

类别	到期日	年利率	面值
国库券	1998年2月	15.86%	34,000.00
合计			28,540,280.11

附注:

*厦门大运酒店系承包经营投资收益按成本法核算。

**厦门海味大厦本年下半年停业,准备重新发包。

6)"股本"期末余额66,000,000.00元,其变动情况如下列示:

项目	期初数	本年增加	本年减少	期末数	比率
一、尚未流通股份					
1. 发起人股份	27,500,000			27,600,000	
其中:国家拥有股份	1,947,000			1,947,000	2.95%
境内法人持有股份	25,553,000			25,553,000	38.72%
2. 内部职工股	27,500.000		5,500,000	22,000,000	33.33%
小计	55,000,000		5,500,000	49,500,000	
二、已流通股份					
1. 境内上市的人民币普通股		16,500,000			25%
合计	55,000,000	16,500,000	5,500,000	66,000,000	100%

附注:公司1993年的(模拟)总股本为5000万股,1994年起增至5500万股,增加的500万股系按10:1方案送股所致。1996年募集1100万股,内部职工股转入社会公众股550万股,募集后股本增至6600万股。

7)"资本公积":

年初余额	44,306,302.54
加:1996年12月发行社会公众股溢价转入	65,890,000.00
加:申购成功者冻结期间资金利息	12,686.85
减:支付发行费用	3,760,500.00
年末余额	106,448,489.39

8)"盈余公积":

年初余额	7,854,445.15

本年计提　　3,958,908.96

年末余额　　11,813,354.11

9)"未分配利润":

项目	1996	1995
一、净利润	26,392,726.39	12,127,600.71
加:年初未分配利润	10,362,913.48	54,452.88
减:提取公积金	2,639,272.64	1,212,760.07
提取公益金	1,319,636.32	606,380.04
二、可供股东分配利润	32,796,730.91	10,362,913.48
三、期末未分配利润	32,796,730.91	10,362,913.48

(10)"投资收益":

项目	金额
股权投资分利	-595,676.23
合作分利	2,190,755.76
收回投资收益	220,000.00
承包利润	1,163,750.00
债券利息	11,650.00
证券投资收益	1,052,377.43
合计	4,042,856.96

附注:a.1996年股权分利-595,676.23元系广东电白亿顺食品有限公司346,897.68元,北京华顺食品工业有限公司125,894.42元,金洋石油联合公司-1,101,253.41元,龙海海光石油公司32,785.08元。

b.承包利润1,163,750.00元,系厦门大运酒店1,023,750.00元,厦门海味大厦14万元。

c.收回投资收益220,000.00元系宜兴通达化纤公司股权转让收益20万元,终止厦门湖里菜篮子工程投资的补偿收益2万元。

5.期后事项

厦门海洋实业(集团)股份有限公司于1997年1月23日在公司召开二届六次董事会和1997年2月24日公司临时股东大会审议通过了以下议案。

(1)关于以公司资本公积金46,200,000.00元,以总股本10:7的比例转增股本的议案;

(2)关于1995年利润分配方案,以1995年利润9,900,000.00元按股本总量以10:1.5比例送红股的议案;

(3)关于收购厦门华顺食品工业有限公司合资对方25%股权的议案;

(4)关于参股兴建江苏武进市华顺食品工业有限公司的议案。

五、关联交易及或有负债

公司在本报告期间无重大关联交易发生,截止1996年12月31日的负债见所附的资产负债表,除此之外别无其他或有负债事项。

厦门海洋实业集团股份有限公司董事会

1997年3月26日

合并利润及利润分配表

1996年度

会股02表

编报单位:厦门海洋实业(集团)股份有限公司　　单位:人民币元

项目	注释	本年累计数 母公司	本年累计数 合并报表	上年累计数 母公司	上年累计数 合并报表
一、主营业务收入		227,971,436.33	579,036,096.18	133,406,240.49	472,163,664.29
减:营业成本		200,214,561.46	496,896,024.63	118,297,690.50	421,445,858.91
销售费用		4,477,805.23	16,998,385.25	3,052,738.46	11,616,187.97
管理费用		12,000,701.05	19,895,011.49	7,264,781.97	16,796,961.28
财务费用	42	3,145,976.40	12,842,221.19	2,036,180.93	8,023,863.82
进货费用		1.578,098.03	5,254,701.87	1,876,825.39	4,084,520.48
营业税金		35,617.46	563,426.06	224,771.92	858,594.63
二、主营业务利润		6,518,676.70	26,586,325.69	653,251.32	9,337,677.28
加:其他业务利润	43	266,483.16	266,483.16	829,514.39	2,942,641.56
三、营业利润		6,785,159.86	26,852,808.85	1,482,765.71	12,280,318.76
加:投资收益	44	18,246,231.53	4,042,856.96	11,459,488.38	3,576,436.88
营业外收入	45	3,424,448.33	4,335,469.29	322,851.90	561,468.15
减:营业外支出	46	377,438.51	572,914.17	242,887.00	467,387.63
加:以前年度损益调整				-351,104.52	-335,381.08
四、利润总额		28,078,401.21	34,658,220.93	12,671,114.47	15,615,454.88
减:所得税		1,685,674.82	4,398,147.10	543,513.76	1,498,948.41
减:少数股东损益			3,867,347.44		1,988,905.76
五、净利润		26,392,726.39	26,392,726.39	12,127,600.71	12,127,600.71
加:年初未分配利润		10,362,913.48	10,362,913.48	54,452.88	54,452.88
六、可分配的利润		36,755,639.87	36,755,639.87	12,182,053.59	12,182,053.59
减:提取法定公积金		2,639,272.64	2,639,272.64	1,212,760.07	1,212,760.07
提取法定公益金		1,319,656.32	1,319,636.32	606,380.04	606,380.04
七、可供股东分配利润		32,796,730.91	32,796,730.91	10,362,913.48	10,362,913.48
减:已分配普通股股利		0	0	0	0
八、未分配利润		32,796,730.91	32,796,730.91	10,362,913.48	10,362,913.48

合并财务状况变动表

1996年度

编报单位:厦门海洋实业(集团)股份有限公司　　单位:人民币元

流动资金来源和运用	母公司	合并报表	流动资金各项目的变动	母公司	合并报表
一、流动资金来源			一、流动资产本年增加数:		
本年净利润	26,392,726.39	26,392,726.39	1.货币资金	137,221,483.63	130,856,880.05
加:不减少流动资金的费用和损失			2.短期投资	-1,133.326.47	-1,383,326.47
少数股东本期损益		3,867,347.44	3.应收票据	0	0
固定资产折旧	3,688,736.84	10,671,897.72	4.应收帐款净额	-3,300,621.69	-18,328,052.92
无形资产、递延资产及其他资产摊销(减其他负债转销)	5,114,449.64	9,328,196.14	5.预付帐款	-8,703,588.24	-5,884,881.93
清理固定资产损失(减收益)	49,557.76	59,944.63	6.其他应收款	-31,892,811.13	-45,874,221.02
			7.存货	21,823,567.23	46,952,351.21
			8.待摊费用	-1,060,909.58	239,553.37
小计	36,245,470.63	50,320,112.32			
其他来源:					
固定资产清理收入(减清理费用)	199,461.37	102,261.37			

流动资金来源和运用	母公司	合并报表	流动资金各项目的变动	母公司	合并报表
增加长期负债	12,897,240.00	31,237,193.87			
收回长期投资	4,517,073.12	4,617,073.07			
资本净增加额	77,101,095.81	77,101,095.81			
小计	94,814,870.30	113,057,624.12			
流动资金来源合计	131,060,340.93	163,377,736.44	流动资产增加净额	112,953,793.75	106,578,302.29
流动资金运用			二、流动负债本年增加数:		
利润分配			1. 短期借款	37,976,842.60	47,785,139.63
提取法定公积金(用其补亏"-")	3,958,908.96	3,958,908.96	2. 应付票据	0	0
提取法定公益金	0	0	3. 应付帐款	37,085,784.10	-5,041,713.58
			4. 预收货款	2,844,315.84	11,526,255.86
			5. 应付应付款	1,063,817.69	18,717,219.70
小计	3,958,908.96	3,958,908.96	6. 应付福利费	500,801.27	595,312.13
少数股东利润分配		771,362.29	7. 未交税金	4,397,775.63	3,962,358.30
其他运用			8. 其他未交款	-5,274.31	31,259.41
固定资产和在建工程净增加额	21,564,128.46	71,398,302.79	9. 一年内到期的长期负债	286,995.00	946,995.00
增加无形、递延及其他资产	8,911,209.89	18,016,963.24			
偿还长期负债	40,051,146.14	40,051,146.14			
增加长期投资	27,771,211.55	1,125,577.18			
小计	98,297,696.04	130,591,989.35			
流动资金运用合计	102,256,605.00	135,322,260.60	流动负债增加净额	84,150,057.82	78,522,826.45
流动资金增加净额	28,803,735.93	28,055,475.84	流动资金增加净额	28,803,735.93	28,055,475.84

合并资产负债表

1996年12月31日　　会股01表

编报单位:厦门海洋实业(集团)股份有限公司　　单位:人民币元

资产	注释	母公司期初数	合并报表期初数	母公司期末数	合并报表期末数
流动资产:					
货币资金	17	7,689,559.37	28,324,086.40	144,911,043.00	159,180,966.45
短期投资	18	5,393,625.00	5,673,625.00	4,260,298.53	4,290,298.53
应收帐款	19	20,141,427.30	63,370,045.06	16,808,156.14	44,944,390.69
减:坏帐准备		112,470.13	322,323.40	79,820.66	224,721.95
应收帐款净额		20,028,957.17	63,047,721.66	16,728,335.48	44,719,668.74
预付帐款	20	14,448,183.26	16,874,829.99	5,744,595.02	10,989,948.06
其他应收款	21	42,923,110.84	73,183,502.85	11,030,299.71	27,309,281.83
待摊费用	22	1,831,995.51	5,169,596.03	771,085.93	5,409,149.40
存货	23	14,022,124.47	40,091,869.90	35,845,691.70	87,044,221.11
流动资产合计		106,337,555.62	232,365,231.83	219,291,349.37	338,943,534.12
长期投资:					
长期投资	24	86,401,454.26	32,031,776.00	109,561,592.69	28,540,280.11
固定资产:					
固定资产原价	25	68,891,125.06	120,794,078.96	71,087,957.59	181,430,569.91
减:累计折旧		9,883,729.35	20,569,354.16	13,191,913.35	39,533,316.69
固定资产净值		59,007,395.71	100,224,724.80	57,896,044.24	141,897,253.22
在建工程	26	4,118,833.30	8,649,798.21	22,896,557.26	27,581,468.86
固定资产清理				-40,000.00	-40,000.00
固定资产合计		63,126,229.01	108,874,523.01	80,752,601.50	169,438,722.08
无形资产及其他资产:					
无形资产	27a	1,681,500.00	1,681,500.00	1,646,100.00	1,646,100.00
递延资产	27b	3,308,046.04	8,336,656.00	6,140,206.29	17,060,823.10
无形及其他资产合计		4,989,546.04	10,018,156.00	7,786,306.29	18,706,923.10
资产总计		260,860,784.93	383,289,686.84	417,391,849.85	555,629,459.41
负债及股东权益					
流动负债:					
短期借款	28	76,808,297.40	128,161,830.37	114,785.140.00	175,946,970.00
应付票据					
应付帐款	29	5,496,871.61	55,678,932.68	42,582,655.71	50,637,219.10
预收帐款	30	159,330.87	1,402,265.49	3,003,646.71	12,928,521.35
应付福利费		565,538.46	763,418.14	1,066,339.73	1,358,730.27
未交税金	31	-2,454,180.38	-2,464,874.23	1,943,595.25	1,497,484.07
其他未交款	32	7,416.80	50,803.65	1,142.49	82,063.06
其他应付款	33	8,606,002.86	17,417,234.32	9,669,820.55	36,134,454.02
一年内到期的长期负债				286,995.00	946,995.00
流动负债合计		89,189,277.62	201,009,610.42	173,339,335.44	279,532,436.87
长期负债:					

资产	注释	母公司期初数	合并报表期初数	母公司期末数	合并报表期末数
长期借款	34	54,142,576.14	54,142,576.14	26,893,940.00	42,225,940.00
应付债券		5,270.00	5,270.00		
长期应付款	35			100,000.00	3,107,953.87
长期负债合计		54,147,846.14	54,147,846.14	26,993,940.00	45,333,893.87
负债合计		143,337,123.76	255,157,456.56	200,333,275.44	324,866,330.74
少数股东权益	36		10,608,569.11		13,704,554.26
股东权益					
股本	37	55,000,000.00	55,000,000.00	66,000,000.00	66,000,000.00
资本公积	38	44,306,302.54	44,306,302.54	106,448,489.39	106,448,489.39
盈余公积	39	7,854,445.15	7,854,445.15	11,813,354.11	11,813,354.11
其中:公益金		2,509,148.05	2,509,148.05	3,828,784.37	3,828,784.37
未分配利润	40	10,362,913.48	10,362,913.48	32,796,730.91	32,796,730.91
股东权益合计		117,523,661.17	117,523,661.17	217,058,574.41	217,058,574.41
负债及股东权益合计		260,860,784.93	383,289,686.84	417,391,849.85	555,629,459.41

厦门海洋实业(集团)股份有限公司1997年中期报告

一、财务报告

(一)财务报表(未经审计)

1、资产负债表(简化)　　金额单位:元

	期末数(母公司)	期初数(母公司)	期末数(合并数)	期初数(合并数)
流动资产	268,915,757.30	219,291,349.37	352,283,273.99	338,943,534.12
长期投资	120,680,500.30	109,561,592.69	35,753,489.54	28,540,280.11
固定资产净值	70,984,679.25	57,896,044.24	154,166,267.90	141,897,253.22
在建工程	7,761,422.80	22,896,557.26	9,096,317.85	27,581,468.86
固定资产清理		-40,000.00		-40,000.00
无形资产及递延资产	7,451,592.88	7,786,306.29	15,622,021.13	18,706,923.10
资产总计	475,793,952.53	417,391,849.85	566,921,370.41	555,629,459.41
流动负债	221,339,985.59	173,339,335.44	301,855,277.70	279,532,436.87
长期负债	27,152,700.00	26,993,940.00	31,600,700.00	45,333,893.87
少数股东权益			6,164,125.77	13,704,554.26
股东权益	227,301,266.94	217,058,574.41	227,301,266.94	217,058,574.41
其中:股本	122,100,000.00	66,000,000.00	122,100,000.00	66,000,000.00
资本公积金	59,040,632.39	106,448,489.39	59,040,632.39	106,448,489.39
盈余公积金	14,452,626.75	14,452,626.75	14,452,626.75	14,452,626.75
未分配利润	31,708,007.80	30,157,458.27	31,708,007.80	30,157,458.27
负债及所有者权益合计	475,793,952.53	417,391,849.85	566,921,370.41	555,629,459.41

2. 损益表(简化)　　金额单位:元

	1997年1至6月(母公司)	1996年1至6月(母公司)	1997年1至6月(合并数)	1996年1至6月(合并数)
主营业务收入	126,756,150.93	105,565,304.75	286,289,745.27	263,677,992.03
主营业务利润	3,744,485.62	-678,072.20	13,378,164.24	8,808,464.98
其他业务利润	274,810.80	297,380.28	437,153.34	297,380.28
投资收益	7,459,673.04	7,865,467.34	180,779.59	1,547,478.53
营业外收支净额	65,084.83	73,557.42	321,369.57	-28,204.18
以前年度利润调整	513,383.40		705,844.44	-60,886.90
利润总额	12,057,437.69	7,558,332.84	15,023,311.18	10,564,232.71
所得税	606,888.16		2,496,784.36	1,129,237.60
少数股东应占损益			1,075,977.29	1,876,662.27
净利润	11,450,549.53	7,558,332.84	11,450,549.53	7,558,332.84

(二)其它财务指标

	1997年1至6月	1996年1至6月
(1)每股收益	0.094	0.137
(2)净资产收益率	5.03%	6.04%
(3)每股净资产	1.86	2.27

(三)财务报表附注

1、本期财务报告所采用的会计政策和核算方法与1996年度财务报告的会计政策和核算方法一致。

2、本报告期内主体未发生合并、分立等变化。

3、合并报表原则

本公司对25%以下股权的长期投资采用成本法核算;对拥有25%至50%股权的长期投资采用权益法核算;对拥有50%以上股权的长期投资采用合并报表方式核算。

4、财务报表中变动幅度较大的数据或特别项目的分析说明:

(1)短期投资1997年1—6月份期末余额834,074.11元中,其中国库券、债券204,625.00元,股票投资629,449.11元,股票投资收益-551,843.57元。

(2)其它应收款8549万元,比年初增加213%,主要是因为与厦门海洋实业总公司和厦门兴洋实业公司往来款项,以上款项将于下半年逐步清理收回。

(3)在建工程期末910万元,比年初减少67%,是由于在建工程完工转入固定资产。

(4)股本12210万元,比年初增加85%,是由于本公司在1997年3月份实施资本公积金转增股本和用1995年未分配利润送红股。

(5)资本公积5904万元,比年初减少45%,是由于1997年3月份用于转增股本。

(6)主营业务利润1338万元,同比增长52%,主要是由于远洋渔业效益有较大增长,管理费用和财务费用得以较有效的控制和降低。

(7)投资收益18万元,同比降低88%,主要原因是:

A:股权投资项目上半年效益不好;B:股票投资收益亏损。

5、关联企业和关联交易

A:关联企业

单位名称	注册地	注册资金	拥有权益	主营业务
1、厦门海洋实业总公司	厦门市	本公司发起人股东		
2、厦门兴洋实业公司	厦门市	本公司发起人股东之下属企业		
3、厦门大运酒店	厦门市	350万美元	75%	酒店业
4、厦门海味大酒楼	厦门市	187.9万元	66.7%	酒店业
5、厦门华顺食品公司	厦门市	400万美元	75%	冷冻食品加工
6、北京华顺食品公司	北京市	700万元	45%	冷冻食品加工
7、广东电白亿顺食品公司	广东省	180万美元	35%	冷冻食品加工

B:关联交易

其它应收款	期末余额
——厦门海洋实业总公司	10,668,502.83元
——厦门兴洋实业公司	41,942,529.26元
——厦门海味大酒楼	2,818,755.86元
——厦门大运酒店	3,771,250.00元

注:与关联企业的往来款,根据实际占用时间,按月利率12‰收取资金占用费。

二、经营情况的回顾与展望

(一)上半年经营情况的回顾

今年上半年,公司主要致力于现有主业的巩固和完善,在公司董事会

的领导下,全体员工齐心协力,渔、工、贸三大产业均比去年同期有比较稳定的增长。1997年1至6月份,主营业务收入28629万元,利润1145万元,分别比去年同期增长8.6%和51.5%。分别完成全年预测数的45.7%和36.1%。

(二)下半年公司经营计划

1、渔业方面,进一步深化渔业体制改革,调整内、外海作业的比例,使公司远洋渔业捕捞的能力得到更大提高。

2、水产品深加工业方面,除了继续巩固现有企业的生产和销售能力外,还要抓紧合资兴建江苏武进市华顺食品有限公司,尽量使该项目早投产、早出效益。

3、机械编网项目方面,经过今年初的整改,现其产品产量、质量和销量正逐月上升,下半年将进一步加强管理,使其产生更大的效益。

4、贸易方面,要继续扩大经营渠道,特别是要把握两岸直航带来的新机遇,伺机开展对台经贸往来。

5、进一步强化资金集中管理的财务制度,使公司资金得到充分的利用。

三、重大事件的说明

1、根据国务院证券委、中国人民银行、国家经贸委5月21日联合颁布的《严禁国有企业和上市公司炒作股票的规定》,本公司进行了认真的自查。迄今为止,公司没有利用银行贷款或发行股票募集资金买卖股票,也没有其他违规行为。目前公司开立深、沪股票交易帐户各一个,尚持有部分上市流通股票,本公司将严格按照国家有关政策法规进行处理。

2、公司1996年向社会公开发行A股股票所募集资金扣除发行费用后为7370万元,使用情况符合《招股说明书》所披露的内容。1997年,公司按照计划,陆续投入6779.6万元用于以下项目:

(1)投入首期2361.6万元用于扩建冷冻调理食品生产线。

(2)投入2142万元用于扩大引进机械编网设备项目。

(3)投入1500万元用于购置远洋渔业生产辅助船。

(4)776万用于补充公司流动资金。

本次募集资金除上述投入外,尚余590.4万元将按计划于1998年继续投入冷冻调理食品生产线项目,目前该资金存放在银行。

3、本报告期内,根据公司1997年第一次临时股东大会决议,公司对全体股东按每10股派送1.5股红股的方式,实施1995年度的滚存利润分配方案,并按每10股转增7股的比例向全体股东实施资本公积金转增股本的方案,股权登记日为3月20日,除权日为3月21日。会议还通过了《关于收购下属合资企业"厦门华顺食品工业有限公司"外方25%股权的方案》、《关于参股兴建江苏武进市华顺食品工业有限公司的方案》,目前收购外方股权方案已完成收购合同的签订,有关报批和变更登记的手续正在办理之中,参股兴建江苏武进市华顺食品工业公司之事宜也正在进行之中。本次股东大会决议见1997年3月18日《中国证券报》、《证券时报》。

4、公司1996年度股东大会批准了:《1996年度利润暂不分配的方案》、《关于收购厦门兴洋实业股份有限公司持有的怡安(厦门)无纺布有限公司中方股权的方案》、《关于发行2500万元渔业技改债券的方案》以及《关于修改公司章程的方案》。股权收购与发行债券方案目前正在积极进行。本次股东年会决议见5月20日《中国证券报》、《证券时报》。

5、本公司中期不进行分红。

6、本报告期内,公司无重大诉讼仲裁事项。

四、发行在外股票的变动和股权结构的变化

1、股份变动的原因

本公司于1997年2月24日召开临时股东大会通过决议以总股本6600万股为基数,向全体股东每10股送1.5股红股,并用资本公积金每10股转增7股,两者合并即每10股增加8.5股。该方案已在3月20日实施,并于1997年7月25日在《中国证券报》、《证券时报》上刊登了《厦门海洋实业(集团)股份有限公司股份变动公告》。

2、股权结构

截止1997年6月30日,公司的股权结构如下:

单位:股　　　　每股面值1.00元

股份类别	期初数	期内增加数	期末数
一、尚未流通股份			
发起人股	25,553,000	21,720,050	47,273,050
国家股	1,947,000	1,654,950	3,601,950
内部职工股	22,000,000	18,700,000	40,700,000
尚未流通股份合计	49,500,000	42,075,000	91,575,000
二、已流通股份			
社会公众股	16,500,000	14,025,000	30,525,000
已流通股份合计	16,500,000	14,025,000	30,525,000
三、股本总计	66,000,000	56,100,000	122,100,000

3、主要股东持股情况

名次	股东名称	期末持股数(股)	总股本比率(%)
1	厦门海洋实业总公司	47,273,050	38.72
2	厦门市国有资产管理局	3,601,950	2.95
3	卢德英	393,680	0.32
4	黄龙君	370,000	0.30
5	苏招治	370,000	0.30
6	刘建华	370,000	0.30
7	王丽	367,114	0.30
8	张震	277,500	0.23
9	周琳	276,945	0.23
10	柯焕孙	234,302	0.19

五、股东大会简介

1、厦门海洋实业(集团)股份有限公司于1997年2月24日上午在公司五楼会议室召开了"海洋集团"1997年第一次临时股东大会,会议审议并通过了如下议案:

(1)厦门海洋实业(集团)股份有限公司关于1995年度未分配利润向全体股东送红股及资本公积金转增股本;

(2)关于收购厦门华顺食品工业有限公司外方25%股权;

(3)关于参股兴建江苏武进市华顺食品工业有限公司;

(4)关于授权厦门海洋实业(集团)股份有限公司董事会全权处理本次股权变动、股权收购、参股兴建诸事宜。

2、厦门海洋实业(集团)股份有限公司于1997年5月19日上午在公司五楼会议室召开"海洋集团"1996年度股东大会,会议审议并通过了如下议案:

(1)厦门海洋实业(集团)股份有限公司董事会1996年度工作报告;

(2)厦门海洋实业(集团)股份有限公司1997年度工作计划;

(3)厦门海洋实业(集团)股份有限公司1996年度财务结算及1997年度财务计划;

(4)厦门海洋实业(集团)股份有限公司1996年度利润分配方案:

1996年度公司实现税后利润26,392,726.39元,提取10%法定公积金2,639,272.64元,提取5%公益金1,319,636.32元、提取10%任意盈余公积金2,639,272.64元,未分配利润为20,257,458.27(含上年未分配利润462,913.48元)。根据董事会研究并经股东大会审议通过,1996年度未分配利润暂不分配,滚存至下个年度与1997年度一起可供新老股东一同分配。

(5)厦门海洋实业(集团)股份有限公司关于发行渔业技改债券的预案:

公司拟为远洋渔业增补六艘渔轮及配套的1500吨的运输船二艘及为回厦检修的原有远洋渔船进行大修及添补设备,以上三项投资共计需7500万元人民币,公司拟自筹5000万元,并申请发行2500万元渔业技改债券,以满足上述投资的需要。

(6)厦门海洋实业(集团)股份有限公司1996年度总经理工作报告;

(7)厦门海洋实业(集团)股份有限公司1996年度监事会工作报告;

(8)厦门海洋实业(集团)股份有限公司关于修改公司章程的议案及说明:

A:公司此次转增及分派红股后,股本结构发生了变化。对原章程的19、20条作出了相应的修改;

B:根据有关法律、法规的规定对原章程中的部分条款进行了适当的修改。修改的目的是使股份公司更符合规范化程序,对公司未来的发展更有利。

(9)厦门海洋实业(集团)股份有限公司关于收购怡安(厦门)无纺布有限公司部分股权的预案。

六、备查文件

1、载有董事长、总经理、财务经理亲笔签字的中期报告原本;

2、1997年2月24日临时股东大会文件;

3、1996年度股东大会文件。

厦门海洋实业(集团)股份有限公司

1997年8月22日

珠海经济特区中富实业股份有限公司

公司简介

一、企业简况

注册地址：广东省珠海市香洲区湾仔镇第一工业区

邮政编码：519030

电　　话：0756—8821350　8821449

传　　真：0756—8822046

信息披露人员：龚淑媛女士、周毛仔先生

"珠海经济特区中富实业股份有限公司"的前身是珠海市香洲区中富瓶厂，始建于1985年12月，1988年初，由中富瓶厂进行农村股份制改造，1990年3月，正式改制为"珠海经济特区中富实业股份有限公司"。1996年12月3日，经中国证监会批准，公司2887.5万股A股获准在深圳证券交易所挂牌交易。1997年1月6日，公司实施每10股送10股的95年度利润分配及公积金转增股本方案。截至1997年6月31日，公司总股本17000万股，其中发起人法人股10725万股，占63.09%，内部职工股500万股，占2.94%，社会公众股5775万股，占33.97%。

本公司主要从事PET(聚脂)饮料瓶、瓶胚、PVC热收缩标签及各种瓦楞纸板、纸箱的研制开发和生产销售。公司可年产PET瓶20亿只(包括与中富集团合作之吹瓶厂产量在内)、瓶胚20亿只，PVC热收缩标签9亿张。本公司是最早获得美国可口可乐和百事可乐公司质量认证并成为其固定供应商的厂家之一，现为"两乐"公司在中国最大的PET瓶供应商，是"中国最大饮料瓶生产基地"。1997年1——6月份，公司主营业务收入31754万元，净利润3465万元，分别比96年同期增长24.49%和9.88%，实现每股收益0.204元，净资产收益率达到8.64%。

二、本公司董事长简介：

黄乐夫先生，54岁，大专文化，经济师、政工师。曾任珠海湾仔社队企业管委会副主任，现任珠海中富工业集团公司(本公司最大股东)董事长、总经理、党总支书记，广东省乡镇企业协会第二届理事会常务理事、副会长，中国乡镇企业协会常务理事，乡镇企业家委员会第一届(94—98)常务副会长，获得广东省先进工作者、全国"五一"劳动奖章、全国及省优秀乡镇企业家、农业部劳动模范、全国劳动模范等称号。

珠海经济特区中富实业股份有限公司1996年年度报告摘要

一、公司简况

1. 公司名称

中文名称：珠海经济特区中富实业股份有限公司

英文名称：ZHUHAI ZHONGFU STOCK ENTERPRISE CO. LTD

2. 公司地址：广东省珠海市香洲区湾仔镇第一工业区

邮政编码：519030

3. 公司法定代表：黄乐夫

4. 公司咨询服务机构：中富实业股份有限公司管理部

电话：0756—8821350　8821449　　传真：0756—8822046

联系人：龚淑媛　周毛仔

二、主要财务数据与财务指标

项目	本年数	上年数	比上年增减(%)
1. 主营业务收入(万元)	48532	49882	-2.71
2. 净利润(万元)	6432	5196	+23.79
3. 总资产(万元)	73767	71318	+3.43
4. 股东权益(万元)	36656	30224	+21.28
#5. 每股收益(元)	0.757	0.611	+23.90
#6. 每股净资产(元)	4.31	3.56	+21.07
7. 净资产收益率(%)	17.55	17.19	+2.09
8. 股东权益比率(%)	46.69	42.38	+10.17

#注：根据1996年12月28日临时股东大会决议，公司于1997年1月6日实施以95年可供股东分配利润每10股送5股，以资本公积金每10股转增5股方案，按送股后的总股本17000万股计算每股收益0.378元，每股净资产2.16元。

三、公司业务回顾

1996年是公司发展具有重要历史意义的一年。经国家证监会批准，A股股票于十二月三日在深交所挂牌上市(《上市公告书》刊登于一九九六年十一月二十九日《中国证券报》、《证券时报》)。这一年，公司围绕党中央建立和完善社会主义市场经济体制，实现"两个根本转变"的思想，以股票的成功上市为契机，完善规范化运作机制和产权约束机制，使公司迈入了新的发展时期。在生产、经营、销售、市场占领、新产品开发等方面都取得了可喜的成绩。在国家统计局中国工业行业企业信息发布中心编制的"96中国工业行业排头企业业绩报告"中，被列为塑料制品业利税总额第一名，销售收入第四名。

1. 产品生产销售情况：

面对饮料包装市场的疲软形势，我们对生产过程进行了更科学的安排，大力开展以增产节约，增收节支为主的内部挖潜工作，狠抓产品质量，及时调整销售策略，提高产品竞争力。实现主营业务收入48532万元，净利润6432万元，净利润比去年增长23.79%。

2. 新产品的开发研制情况：

1996年我们主要抓了直立瓶、胚系列产品、0.5L可乐专有瓶、0.6L百事专有瓶、1.25L可乐专有瓶的研制。其中直立瓶、胚系列产品通过国家轻工总会的质量鉴定并获省轻纺工业科技进步二等奖、优秀新产品一等奖。。1.25L瓶被评为国家级重点新产品，其他各项产品也获得了可口可乐、百事可乐集团的质量认定。

3. 市场拓展情况：

1996年，我们在巩固原有市场的基础上，进一步开拓了国内市场，在全国二十多个城市和地区都设立了销售点。形成以珠海本部为中心，辐射全国的销售网络。统一管理，分片负责，更深、更广地占领了全国各地市场。

4. 盈利预测完成情况：

本公司96年实现主营业务收入48532万元，比预测59522万元下降了18.46%。主营业务成本38964万元，比预测49559万元下降了21.3%，主要原因是原材料PET的市场价格大幅度下调，以致主营业务收入，成本同时下降。但公司仍采取一系列有效措施降低原材料消耗，降低可控费用开支，并大力开发新产品。96年实现净利润6432万元，比预

测6322万元增长1.74%。

四、股本变化及股本结构情况

1.股本结构情况表(截止1996年12月31日)　单位:万股

股份类别	年初数	比例	年末数	比例
一、尚未流通股份				
1.法人股	5362.5	63.09%	5362.5	63.09%
2.内部职工股	250	2.94%	250	2.94%
3.社会公众股	2887.5	33.97%		
二、已流通股份				
A股			2887.5	33.97%
三、股份合计	8500	100%	8500	100%

2.股本变动原因:

根据中国证监会证监发字(1996)第359号文审核批准,本公司2887.5万股社会公众股于一九九六年十二月三日在深圳证券交易所挂牌上市。上市后,本公司已流通股份为2887.5万股,尚未流通的法人股为5362.5万股,内部职工股为250万股。

注:根据一九九六年十二月二十八日临时股东大会决议,于一九九七年一月六日实施了一九九五年度分红方案,即每10股送10股,其中一九九五年度利润送5股红股,资本公积金转增5股。送股后,公司总股本17000万股。其中法人股10725万股,内部职工股500万股,流通股5775万股。

3.主要股东持股情况(截止1996年12月31日)

股东名称	年初持股数(股)	年末持股数(股)	占总股本比例
(01)珠海市中富工业集团公司	49625000	49625000	58.38%
(02)珠海市湾仔联合企业总公司	2250000	2250000	2.64%
(03)珠海中亚(集团)有限公司	1750000	1750000	2.05%
(04)牛坚	12725	378525	0.44%
(05)沈志康		212100	0.25%
(06)广东达源投资顾问有限责任公司		200000	0.23%
(07)李家骏	147425	147475	0.17%
(08)蔡志雄		111800	0.13%
(09)李礼枢	75000	110000	0.12%
(10)陈雁凌		100000	0.11%

注:上述所列示的前十名大股东中,中富工业集团、湾仔联合企业总公司、中亚(集团)有限公司为本公司法人股东,前十名大股东所持股份的增减部分为二级市场交易所致。

4.股东数量

截至1996年12月31日,本公司股东总数为18323户,其中法人股东3户,社会公众股东18320户。

5.公司董事、监事及高级管理人员持股情况(截止1996.12.31)

姓名	职务	年初持股数(股)		年末持股数(股)	
		公众股	内部职工股	公众股	内部职工股
黄乐夫	董事长	10000		10000	
卢焕成	总经理	8000		8000	
叶春萱	董事、副总经理	5000	60000	5000	60000
梁有祥	董事	5000	60000	5000	60000
梁洪业	董事	5000	60000	5000	60000
何金梅	董事	5000	60000	5000	60000
黄卫汉	董事	5000		5000	
黎华根	监事长	5000	60000	5000	60000
郑秀英	总经理助理		60000		60000
孔德山	生产技术部副经理		60000		60000

注:本公司董事、监事及高级管理人员所持股份已按有关规定于1996年11月办理了冻结手续。

五、重要事项

(一)报告期内的董事会、股东大会情况说明

1.董事会情况

(1)本公司第三届第二次董事会于一九九六年八月十五日在中富工业集团公司五楼会议室召开,会议审议通过了如下议案:

a.一九九五年度董事会工作报告;

b.一九九五年度监事会工作报告;

c.一九九五年度财务决算和利润分配及暂缓分红的预案;

d.关于与外商合资成立杭州中富容器有限公司及因外商资金尚不到位,申请办理延期出资的议案。

(2)本公司于一九九六年十一月二十六日在中富工业集团公司五楼会议室召开董事会议,讨论通过了如下议案:

a.黄乐夫董事长作上市工作情况的汇报;

b.一九九五年度利润分配预案;

c.召开临时股东大会的决议。

(3)本公司于一九九六年十二月六日在中富工业集团公司召开董事会,并作出决议:决定以发起人的方式,向"珠海城市合作银行"投资入股3000万股,每股人民币1元,占该行首期注册资本327549492元的9.16%。

2.股东大会情况

(1)本公司于一九九六年九月十日在珠海中富工业集团六楼会议厅召开了第七次股东大会,出席会议的股东及股东代表共108人,代表股份5872.142万股,占本公司总股本的69.08%,会议以投票方式通过了如下决议:

a.审议通过了公司一九九五年度董事会工作报告;

b.审议通过了公司一九九五年度监事会工作报告;

c.审议通过了公司董事会关于一九九五年度财务决算和利润分配及暂缓分红的预案;

d.审议通过了关于与外商合资成立杭州中富容器有限公司及因外商资金尚不到位,申请办理延期出资的议案;

e.审议通过了公司股票异地上市议案,并授权董事会根据公司情况选择本公司股票上市的证券交易所,并处理上市工作中一切具体事宜。

(2)本公司于一九九六年十二月二十八日在珠海市湾仔镇文化中心召开了临时股东大会,出席会议的股东代表119人,代表股份5606.2955万股,占公司总股份的65.95%,会议以投票表决的方式通过了以下决议:

a.听取并审议了公司A股股票上市情况的汇报;

b.审议通过了《1995年度利润分配方案和公积金转增股本方案》;

c.授权董事会在送股工作完成以后按照法律规定对公司《章程》的相关条款进行修改,并到工商行政管理部门办理营业执照变更事宜。

(二)在本报告期内,公司的法定代表、董事、监事以及注册地址、会计师事务所、法律顾问均未发生过变动。

(三)重大诉讼、仲裁事项报告

《上市公告书》中公告的重大诉讼、仲裁事项仍在执行中,在本报告期内,没有发生新的重大诉讼、仲裁事项。

六、子公司及关联公司

附属公司名称	注册资(人民币万元)	本持股比例	主要业务
珠海经济特区中富实业股份有限公司杭州中富瓶厂	1288	100%	PET瓶生产、销售
珠海城市合作银行股份有限公司	32754.9492	9.16%	存款、贷款、金融债券、保险箱业务等
珠海市达盛			咨询服务、文化

股份有限公司	2880	2.5%	办公设备批发零售

七、财务报告

(一)审计意见:公司财务报告经珠海会计师事务所注册会计师杜小强、王立明审计,并出具了无保留意见的审计报告97珠会审字70号。

(二)财务报告(附后)

(三)会计报表附注:

1.公司采用的主要会计政策

(1)会计制度:

本公司及全资子公司执行中华人民共和国《企业会计准则》、《股份制试点企业会计制度》及有关补充规定。

(2)会计期间:

本公司会计年度自公历1月1日至12月31日。

(3)合并报表的编制方法及编制范围:

本公司对所属全资子公司及对外投资占被投资单位资本50%以上的或拥有实际控股权者,按照财政部财会字[1995]11号《合并报表暂行规定》编制合并报表,本公司将下列子公司列入合并报表的编制范围:

公司名称	注册地	注册资本	实际投资额	本公司占比例
珠海经济特区中富实业股份有限公司杭州中富瓶厂	浙江省杭州市	12,880,000.00	12,880,000.00	100%

(4)记帐原则及计价基础:

本公司会计核算采用权责发生制原则,会计计量以历史成本为基础。

(5)外币折算方法:

本公司以人民币为记帐本位币,涉及外币业务以年初市场汇率折合记帐本位币记帐,期末对外币余额按期末市场汇率调整,产生的汇兑损益计入当期损益。

(6)存货计价:

存货以实际成本计价,存货的发出或领用按加权平均价确定;低值易耗品领用按一次摊销法核算。

(7)长期投资的核算:

a.债券投资按成本核算;

b.股权投资中对持股20%以下的,按成本法核算;对持股20%以上至50%以下的按权益法核算;对持股50%以上的按权益法编制合并会计报表。

(8)固定资产计价及折旧方法:

a.固定资产的人帐按实际成本计价;

b.固定资产折旧采用直线平均法计算,并按各类固定资产的原值和估计年限扣除5%残值后确定折旧率,分类折旧率如下:

资产类别	使用年限	年折旧率
房屋及建筑物	10-40	2.38%-9.5%
通用设备	5-15	6.33%-19%
运输设备	12	7.92%
其他设备	8-10	9.5%-11.88%

(9)无形资产及其摊销:

本公司的场地使用权按50年平均摊销,商标按30年摊销。

(10)递延资产及其摊销:

递延资产按各项目的受益年限摊销。

(11)收入确认:

商品销售收入的确认,以商品已经发出,商品所有权转移买方,收到货款或取得收取货款的证据时,作为营业收入实现。

(12)税项:

a.流转税:本公司适用增值税,税率为17%。

b.城建税:珠海本地城建税,按实际缴纳增值税的1%缴纳,全资子公司杭州中富瓶厂则按应交增值税的5%缴纳。

c.教育费附加及其他:

珠海本地按实际缴纳增值税的3%缴纳,全资子公司杭州中富瓶厂则按销售总额的0.4%和0.2%分别缴纳农村教育附加费和电力铁路水利基金,并缴纳每人每月3元的粮食补偿金。

d.所得税:

本公司按合并报表后利润总额剔除杭州中富瓶厂利润后余额的15%缴纳;杭州中富瓶厂在当地纳税,税率为33%。

e.房产税:

本公司自用房产按房产原值一次减除30%后的余值,依1.2%税率计算缴纳房产税。

(13)利润分配:

本公司章程规定按税后利润的10%提取法定盈余公积金,按税后利润的5%至10%提取法定公益金。

根据本公司1996年12月28日临时股东大会通过的决议,1995年度税后利润计提10%的法定公积金和5%法定公益金后的可供股东分配利润44,929,342.30元,以每10股送5股和以资本公积金每10股转增5股,合共每10股送10股的比例向全体股东送股。该分配方案于1997年1月6日已经实施。

(14)坏帐准备:

按期末应收帐款的3‰计提坏帐准备。

2.会计报表主要项目注释:

(1)应收帐款:

帐龄	金额	比例
1年以内	149,017,357.38	88.37%
1-2年	9,000,963.29	5.34%
2-3年	602,070.30	0.36%
3年以上	10,007,228.66	5.39%
合计	168,627,619.63	100%

应收帐款全为销货款,帐龄3年以上的应收帐款,本公司已通过法律途径追收。无持本公司5%以上股东欠款。

(2)其他应收款:

帐龄	金额	占该项金额比例
1年以内	39,361,578.94	99.45%
1-2年	215,930.80	0.55%
合计	39,577,509.74	100%

上列其他应收款含代付机器设备款,与1995年末相比,1996年12月31日其他应收款增加37,311,453.80元,主要是由于代付设备款的增加。

无持本公司5%以上股东欠款。

(3)长期投资:

a、债券投资:

种类	起讫期限	面值	年利率	投资金额	余额
国库券	95.4-98.4	30,000.00	14%	30,000.00	30,000.00

b、股权投资:

被投资公司名称	持股比例	投资金额	余额
珠海达盛有限公司	2.5%	720,000.00	720,000.00
珠海城市合作银行	9.16%	30,000,000.00	30,000,000.00
小计		30,720,000.00	30,720,000.00
a.b项长期投资合计		30,750,000.00	30,750,000.00

(4)资本公资金:

项目	1995.12.31	本期增加	本期减少	1996.12.31
资本公积金	131,086,558.49	---	---	131,086,558.49

(5)盈余公积金:

项目	1995.12.31	本期增加	本期减少	1996.12.31
法定公积金	17,698,850.98	6,432,000.74	---	24,130,851.72
任意盈余公积	15,607,139.69	---	---	15,607,139.69

公益金	7, 918, 625.56	3, 216, 000.37	- - -	11, 134, 625.93
合计	41, 224, 616.23	9, 648, 001.11	- - -	50, 872, 617.34

法定盈余公积金和公益金年末数增加是由于按1996年度税后利润计提10%，法定公积金和5%法定公益金所致。

（6）未分配利润：

	1995.12.31	本期增加	本期减少	1996.12.31
未分配利润：	44, 929, 342.30	64, 320, 007.35	9, 648, 001.11	99, 601.348

本期增加的未分配利润是1996年度净利润转入，本期减少的未分配利润是按1996年度税后利润计提10%的法定公积金和5%的法定公益金。

（7）重大事项：

《上市公告书》中公告的重大诉讼、仲裁事项仍在执行中，在本报告期内，没有发生新的重大诉讼、仲裁事项。

（8）期后事项：

a. 截止本报告日，本公司已归还下列贷款

贷款银行	货币名称	借款条件	贷款月利率	1996.12.31余额	到期日	归还日	归还金额
珠海城市合作银行	人民币	信用	8.415‰	3, 000, 000.00	97.1.25	97.1.27	3, 000, 000.00
珠海城市合作银行	人民币	信用	8.415‰	15, 000, 000.00	97.3.6	97.4.2	15, 000, 000.00

b. 本公司1996年12月28日临时股东大会通过的向全体股东每10股送10股的决议（其中以1995年度可供股东分配利润每10股送5股，以资本公积金每10股转增5股），该分红决议案已于1997年1月6日实施，总股本由8，600万增加至17，00万，并于1997年3月26日办理注册资本变更手续。

珠海经济特区

中富实业股份有限公司董事会

1997年4月25日

合并资产负债表

编制单位：珠海经济特区中富实业股份有限公司　　19976年12月31日　　单位：人民币元

负债及股东权益	附注	合并数		母公司		资产	附注	合并数		母公司	
		年末数	年初数	年末数	年初数			年末数	年初数	年末数	年初数
流动负债：	3.11	33, 000, 000.00	10, 338, 530.00	33, 000, 000.00	-	流动资产：					
短期借款						货币资金	3.1	20, 942, 661.69	13, 169, 742.88	13, 883, 291.95	8, 440, 937.45
应付票据		-	-	-	-	短期投资		- -	- -	- -	- -
应付帐款	3.12	257, 401, 430.02	320, 616, 340.31	257, 303, 647.24	306, 400, 573.21	应收票据		- -	- -	- -	- -
预收帐款		-	-	-	-	应收帐款	3.2	168, 627, 619.63	135, 245, 831.80	156, 139, 250.53	132, 993, 888.25
应付福利费		3, 922, 807.46	3, 031, 692.80	3, 823, 820.19	2, 930, 546.04	减：坏帐准备		505, 882.85	405, 737.50	468, 417.60	398, 981.67
未交税金	3.13	35, 917, 860.44	33, 936, 389.00	36, 227, 342.93	34, 182, 578.59	应收帐款净额		168, 121, 736.78	134, 840, 094.30	155, 670, 787.72	132, 594, 906.58
未付股利		2, 301, 403.83	2, 526, 638.63	2, 302, 403.83	2, 526, 638.63	预付帐款		937, 499.52	428, 066.41	- -	- -
其他未交款		189, 092.72	168, 913.12	182, 595.29	162, 415.69	其他应收款	3.3	39, 577, 509.74	2, 266.055.94	41, 584, 672.99	30, 562, 313.56
其他应付款	3.14	38, 373, 838.09	38, 324, 921.43	10, 533, 781.52	52, 866, 320.19	待摊费用	3.4	1, 062, 463.93	775, 603.75	970, 828.53	712, 877.14
预提费用		-	2, 000, 000.00	-	2, 000, 000.00	存货	3.5	151, 263, 521.68	253, 414, 478.16	148, 228, 411.49	225, 638, 676.42
一年内到期的长期负债		-	-	-	-	待处理流动资产净损失		- -	31, 002.00	- -	- -
流动负债合计		371, 106, 432.56	410, 943, 425.29	343, 372, 591.00	401, 069, 072.35	一年内到期的长期债券投资		- -	- -	- -	- -
长期负债：						流动资产合计		381, 905, 393.34	404, 925, 043.44	360, 337, 992.68	397, 949, 711.15
长期借款		-	-	-	-	长期投资：					
应付债券		-	-	-	-	长期投资	3.6	30, 750, 000.00	750, 000.00	43, 611, 112.43	13, 667, 078.26
长期应付款	-	-	-	-		固定资产：					
待转销汇兑损益	-	-		-		固定资产原价	3.7	399, 135, 557.90	372, 770, 529.44	378, 284, 794.15	353, 675, 960.46
其它长期负债						减：累计折旧	3.7	100, 438, 539.32	91, 263, 931.15	95, 746, 406.32	85, 415, 996.79
长期负债合计	-	-	-	-		固定资产净值		298, 697, 018.58	281, 506, 598.29	282, 538, 387.83	268, 259, 963.67
负债合计		371, 106, 432.56	410, 943, 425.29	343, 372, 591.00	401, 069, 072.35	固定资产清理					
少数股东权益		-	-	-	-	在建工程	3.8	413, 978.13	- -	- -	- -
股东权益：						待处理固定资产净损失			- -	- -	- -
股本	3.15	85, 000, 000.00	85, 000, 000.00	85, 000, 000.00	85, 000, 000.00	固定资产合计		299, 110, 996.71	281, 506, 598.29	282, 538, 387.83	268, 259, 963.67
资本公积	3.16	131, 086, 558.49	131, 086, 558.49	131, 086, 558.49	131, 086, 558.49	无形资产及递延资产：					
盈余公积	3.17	50, 872, 617.34	41, 224, 616.23	50, 872, 617.34	41, 224, 616.23	无形资产	3.9	24, 216, 977.42	24, 759, 833.00	21, 866, 977.53	22, 359, 833.07
其中：公益金		11, 134, 625.93	7, 918, 625.56	11, 134, 625.93	7, 918, 625.56	递延资产	3.10	1, 683, 589.46	1, 242, 467.58	1, 578, 644.90	1, 073, 003.22
未分配利润	3.18	99, 601, 348.54	44, 929, 342.30	99, 601, 348.54	44, 929, 342.30	无形及递延资产合计		25, 900, 566.88	26, 002, 300.58	23, 445, 622.43	23, 432, 836.29
外币报表折算差额		-	-	-	-	其他资产：					
股东权益合计		366, 560, 524.37	302, 240, 517.02	366, 560, 524.37	302, 240, 517.02	其他长期资产		- -	- -	- -	- -
负债及股东权益总计		737, 666, 956.93	713, 183, 942.31	709, 933, 155.37	703, 309, 589.37	资产总计		737, 666, 956.93	713, 183, 942.31	709, 933, 115.37	703, 309, 589.37

合并财务状况变动表

编制单位：珠海经济特区中富实业股份有限公司　　1996年　　单位：人民币元

流动资金来源和运用	合并数	母公司	流动资金各项目的变动	合并数	母公母

流动资金来源和运用	合并数	母公司	流动资金各项目的变动	合并数	母公母
一、流动资金来源：			一、流动资产本年增加数		
1. 本年利润	64，320，007.35	64，320，007.35	1. 货币资金	7，772，918.81	5，442，354.50
加：不减少流动资金的费用	-		2. 短期投资	-	-
(1) 少数股东本期损益	-	-	3. 应收票据	-	-
(2) 固定资产折旧	18，428，059.15	17，195，667.55	4. 应收帐款净额	33，281，642.48	23，075，881.14
(3) 无形资产及其他资产摊销（减少其他负债销）	1，142，379.39	1，027，859.55	5. 预付货款	509，433.11	-
(4) 固定资产盘亏	-	-	6. 其他应收款	37，311，453.80	11，022，359.43
(5) 处理固定资产损失（减收益）	406，805.77	406，805.77	7. 待摊费用	286，860.18	257，951.39
(6) 递延税款	-	-	8. 存货	-102，150，956.48	-77，410，264.93
(7) 其他不影响流动资产的费用的损失	-	-	9. 待处理流动资产净损失（减收益）	-31，002.00	-
小计	84，297，251.66	82，950，340.22	10. 一年内到期的长期债券投资	-	-
2. 其他来源：			11. 其他流动资产	-	-
(1) 固定资产清理收入（减清理费用）	14，223，629.24	14，223，629.24	流动资产增加净额	-23，009，650.10	-37，611，718.47
(2) 收回长期投资		-	-		
(3) 减少固定资产		-	-		
(4) 减少无形资产		-	-		
(5) 增加长期借款		-	-		
(6) 发行公司债		-	-		
(7) 增加其他负债		-	-		
(8) 增加资本		-	-		
(9) 增加资本公积		-	-		
(10) 增加盈余公积	9，648，001.11	9，648，001.11			
小计	23，871，630.35	23，871，630.35			
流动资金来源合计	108，168，882.01	106，821，970.57			
二、流动资金运用			二、流动负债本年增加数		
1. 利润分配	-	-	1. 短期借款	22，661，470.00	33，000，000.00
(1) 提取法定公积金	6，432，000.74	6，432，000.74	2. 应付票据	-	-
(2) 提取法定公益金	3，216，000.37	3，216，000.37	3. 应付帐款	-63，214，910.29	-49，096，925.57
(3) 提取任意公积金	-	-	4. 预收货款	-	-
(4) 已分配利润	-	-	5. 应付福利费	891，114.66	893，274.15
小计	9，648，001.11	9，648，001.11	6. 未付股利	-225，234.80	-225，234.80
2. 其他运用			7. 未交税金	1，981，471.44	2，044，764.34
(1) 固定资产和在建工程净增加额	50，662，892.58	46，104，526.72	8. 其他未交款	20，179.60	20，179.60
(2) 增加无形、递延及其他资产	1，040，645.69	1，040，645.69	9. 其他应付款	48，916.66	-42，332，538.67
(3) 偿还长期负债	-	-	10. 预提费用	-2，000，000.00	-2，000，000.00
(4) 增加长期投资	30，000，000.00	29，944，034.17	11. 一年内到期长	-	-
小计	81，703，538.27	77，089，206.58	12. 其他流动负债	-	-
流动资金运用合计	91，351，539.38	86，737，207.69			
报表折算差额	-	-	流动负债增加净额	-39，836，992.73	-57，696，481.35
流动资金增加净额	16，817，342.63	20，084，762.88	流动资金增加净额	16，817，342.63	20，084，762.88

合并利润及利润分配表

编制单位：珠海经济特区中富实业股份有限公司　　1996 年度　　单位：人民币元

项目	附注	合并		母公司	
		1996 年度	1995 年度	1996 年度	1995 年度
一、主营业务收入	3.19	485，320，109.88	498，821，641.58	470，375，861.91	505，044，454.07
减：营业成本	3.19	389，641，470.08	414，276，279.85	378，704，824.76	425，305，973.78
销售费用		10，114，732.93	9，276，742.07	8，397，966.36	8，150，423.35
管理费用		9，051，286.55	10，884，421.30	7，719，254.37	8，435，549.36
财务费用	3.20	738，805.77	2，774，057.32	419，629.18	1，735，438.25
营业税金及附加	3.21	607，634.00	1，985，126.74	148，554.92	1，546，613.62
二、主营业务利润		75，166，180.55	59，625，014.30	74，985，623.32	59，870，455.71
加：其他业务利润	3.22	1，112，902.98	1，593，975.03	1，077，314.53	1，287，595.56
三、营业利润		76，279，083.53	61，218，989.33	76，062，946.85	61，158，051.27
加：投资收益		2，335.00	1，450.00	11，112.43	67，078.26

项目	附注	合并		母公司	
		1996 年度	1995 年度	1996 年度	1995 年度
营业外收入	3.23	77，676.18	85，947.14	36，532.00	28，111.74
减：营业外支出	3.24	579，715.04	160，111 .07	441，955 .41	140，004.42
加：以前年度损益调整		–	–	–	–
四、利润总额		75，779，379.67	61，146，275.40	75，668，635.87	61，113，236.85
减：所得税		11，459，372.32	9，189，962.33	11，348，628.52	9，156，923.78
少数股东损益		–	–	–	–
五、净利润		64，320，007.35	51，956，313.07	64，320，007.35	51，956，313.07
加：年初未分配利润		44，929，342.30	766，476.19	44，929，342.30	766，467.19
六、分配的利润		109，249，349.65	52，722，789.26	109，249，349.65	52，722，789.26
减：提取法定公积金		6，432，000.74	5，195，631.31	6，432，000.74	5，195，631.31
提取法定公益金		3，216，000.37	2，597，815.65	3，216，000.37	2，597，815.65
七、可供股东分配的利润		99，601，348.54	44，929，342.30	99，601，348.54	44，929，342.30
减：提取任意公积金		–	–	–	–
已分配普通股股利	–	–	–	–	
八、未分配利润		99，601，348.54	44，929，342.30	99，601，348.54	44，929，342.30

珠海经济特区中富实业股份有限公司1997年度中期报告

一、财务报告（未经审计）

（一）财务报表

简 化 资 产 负 债 表

珠海经济特区中富实业股份有限公司　　　　单位：人民币元

项目	合并数		母公司	
	1996年6月30日	1996年6月30日	1996年7月30日	1996年7月30日
流动资产	391，062，314.42	381，905，393.34	380，450，457.57	360，337，992.68
长期投资	30，750，000.00	30，750，000.00	43，622，780.53	43，611，112.43
固定资产净值	302，460，330.41	298，697，018.58	286，480，614.16	282，538，387.83
在建工程		413，978.13		
无形资产及递延资产	26，818，880.15	25，900，566.88	24，421，195.62	23，445，622.43
资产总计	751，091，524.98	737，666，956.93	734，975，047.88	709，933，115.37
流动负债	349，876，130.44	371，106，432.56	333，759，653.34	343，372，591.00
负债合计	349，876，130.44	371，106，432.56	333，759，653.34	343，372，591.00
股本	170，000，000.00	85，000，000.00	170，000，000.00	85，000，000.00
资本公积	88，586，558.49	131，086，558.49	88，586，558.49	131，086，558.49
盈余公积	50，872，617.34	50，872，617.34	50，872，617.34	50，872，617.34
未分配利润	91，756，218.71	99，601，348.54	91，756，218.71	99，601，348.54
所有者权益	401，215，394.54	366，560，524.37	401，215，394.54	366，560，524.37
负债及所有者权益合计	751，091，524.98	737，666，956.93	734，975，047.88	709，933，115.37

简化利润及利润分配表

珠海经济特区中富实业股份有限公司　　　　单位：人民币元

项目	合并数		母公司	
	1997年1-6月	1996年1-6月	1997年1-6月	1996年1-6月
一、主营业务收入	317，542，158.76	255，083，517.21	308，537，492.52	247，717，314.01
二、主营业务利润	40，728，824.09	37，558，625.50	40，654，216.28	39，343，751.62
三、其他业务利润	206，012.88	15，465.02	240，581.24	17，907.60
四、投资收益			22，780.53	-1，916，909.89
五、营业外收支净额	-157，201.31	-98，242.18	-151，162.65	-2，963.64
六、利润总额	40，777，635.66	37，475，848.34	40，766，415.40	37，441，794.69
七、所得税	6，122，765.49	5，937，857.99	6，111，545.23	5，903，804.34
八、净利润	34，654，870.17	31，537，990.35	34，654，870.17	31，537，990.35
加：年初未分配利润	99，601，348.54	44，929，342.30	99，601，348.54	44，929，342.30
九、可供股东分配利润	134，256，218.71	76，467，332.65	134，256，218.71	76，467，332.65
减：已分配普通股股利	42，500，000.00		42，500，000.00	
十、未分配利润	91，756，218.71	76，467，332.65	91，756，218.71	76，467，332.65

（二）主要财务指标

	1997年1-6月（以目前总股本17000万股计算）	1996年1-6月（以1996年末8500万股计算）
每股收益	0.204元	0.371元
净资产收益率	8.64%	8.60%
每股净资产	2.36元	4.31元

（三）财务报表注释

1. 本报告期内会计政策和会计方法与上年度一致，合并报表的单位无变化，合并单位交易的金额相互抵充。

2. 主营业务收入增长原因：

今年1-6月份饮料包装市场形势良好，产品供不应求，1-6月份主营业务收入比去年同期增长24.49%，主要是因为1997年产品生产量比去年同期增长15%，而且产品销售率达98%，1996年库存的产品也都销售出去。

3. 净利润增长的原因：

今年1-6月实现净利润比去年同期增长9.88%，是因为今年的产品生产量、销售量增加。

4. 销售费用增加原因：

今年1-6月销售费用比去年增长118.97%，是因为今年产品的售价含运费，为到厂价：而去年则为出厂价，运费由购货单位负担。

5. 营业税金及附加增加原因：

今年1-6月营业税金及附加比去年增加197.62%，是因为城建税由1%提高到5%。

6. 股本增加的原因：

由于今年1月6日已实施以1995年可供股东分配利润10股送5股，以资本公积金每10股转增5股：即股本由原来的85，000，000股增大为170，000，000股。

7. 资本公积金减少原因：

由于今年1月6日已实施以资本公积金每10股转增5股，即42，500，000元。

8. 未分配利润变动原因：

1996年末，未分配利润为99，601，348.54元，减今年1月6日实施以每10股送5股即42，500，000元：加上今年1-6月实现净利润34，654，870.17元，则今年6月底未分配利润91，756，218.71元。

9. 关联公司及交易：

（1）全资子公司

公司名称	注册地	注册资本	主营业务	拥有股权
珠海经济特区中富实业股份有限公司杭州中富瓶厂	浙江杭州	1288万元人民币	PET塑料瓶	100%

（2）关联企业：

公司名称	注册地	注册资本	主营业务
珠海市中富工业集团公司	广东珠海	3.3亿元人民币	塑料、纺织品等
天津中富容器有限公司	天津塘沽	1373万美元	饮料、食品包装容器等
南京中富容器有限公司	江苏南京	318万美元	PET饮料瓶等
沈阳中富容器有限公司	辽宁沈阳	2500万元人民币	PET塑料容器等
成都中富容器有限公司	四川成都	2000万元人民币	PET饮料、矿泉水瓶等
昆山中富容器有限公司	江苏昆山	550万美元	PET塑料品等
哈尔滨中富容器有限公司	哈尔滨市	2300万元人民币	PET塑料容器等
武汉中富容器有限公司	湖北武汉	200万元人民币	PET塑料制品等
郑州中富容器有限公司	河南郑州	160万美元	PET塑料制品等
西安中富容器有限公司	陕西西安	230万美元	PET塑料制品等
重庆中富容器有限公司	重庆市	160万美元	PET塑料制品等
深圳湾仔容器有限公司	广东深圳	3100万元人民币	PET塑料制品等

（3）关联交易：

A全资子公司杭州中富瓶厂所需的瓶胚全部由母公司提供，今年上半年交易金额756万元人民币，按市场价格提供。

B. 本公司所需原料部分由中富工业集团公司（公司股东）代购，今年上半年购入7976万元人民币，按市场价格交易。

C. 按照本公司与大股东中富工业集团公司签订的协议及香港众成化纤原料有限公司的承诺，中富工业集团公司在外省所办吹瓶厂（即上述公司）所需的PET瓶胚全部由本公司提供。

今年上半年交易金额：18125万元人民币

交易价格：按市场价格

二、经营情况回顾与展望

（一）上半年经营情况回顾

1－6月份公司生产和销售形势喜人，全公司共实现主营业务收入31754万元，利润总额4077万元，净利润3465万元，分别比去年同期增长24.49%、8.81%和9.88%。

1－6月份，公司董事会和经理班子集中精力主要开展了以下几个方面的工作：

1. 强化市场销售工作。进入1997年以来，国内饮料市场逐步好转，世界上两个最大的饮料公司可口可乐和百事可乐十分看好中国饮料市场的巨大发展潜力，并继续加大对中国的投资。中富公司作为“两乐”公司在东南亚最大的PET瓶和PVC标签的供应商，和“两乐”公司一直长期保持良好的合作关系，因此，“两乐”公司在中国市场销售份额的提高直接带动了中富产品的旺销。公司根据“两乐”公司的要求，及时调整生产布局和工艺流程，满负荷生产，满足市场需求。1－6月份，公司共生产各种规格PET瓶9600多万支，PVC标签5.9亿张，瓦楞纸板、纸箱450多万平方米，产品销售率达到98%，特别是公司在1996年开发出的1.25L可乐百事专用瓶、0.5L可乐专用瓶、0.6L百事专用瓶等新产品的销售十分看好，市场占有率较高，在巩固“两乐”用瓶市场的基础上，公司也不放松国产饮料包装市场的开发和占领，其销售收入占总收入的比重逐年有所提高。充分体现了公司规模化生产的优势和效益。

2. 扩大产品出口。上半年，公司生产的0.6L百事瓶首次出口日本，日本百事可乐公司一次性订购2000万支PET瓶。

3. 新产品的开发取得重大进展。2L可乐专用瓶5月份试制成功，并开始推向市场。

4. 强化质量管理工作，于5月份开始在全公司推贯ISO9000质量管理体系。

（二）下半年计划与展望

据预测，1997年下半年国内饮料消费市场仍会保持较高的增长趋势，公司将继续坚持“以市场为中心，以质量为基础”的宗旨，力争超额完成全年销售和利润计划。

1. 进一步巩固主业地位，提高主营利润水平。公司将在下半年加强生产管理和技术革新，在及时满足“两乐”和其他饮料公司对新规格、新品种PET瓶需求的前提下，降低生产成本，提高产品质量，从而进一步提高主营业务利润率。

2. 继续强化和抓紧新产品的研制开发和推广工作。包括1)、配合“两乐”公司的市场推广计划，及时推出新规格、新款式的PET瓶；2)、尽早完成OPP环保标签的研制工作，并争取早日投入使用以替代目前的PVC标鉴；3）深化和拓宽PET产品的研制和开发领域，争取早日生产出PET热灌装瓶、PET生油瓶、酱油瓶、洗发水瓶等产品，逐步形成中富新的产品结构。特别是目前在国际上十分流行的热灌装瓶，以其良好的抗热性能广泛用于果汁、茶饮料、奶制品等需要高温消毒灌装的饮料包装，国内市场十分看好。公司正在开发的PET热灌装瓶已被列入广东省1997年重点新产品试制计划。

3. 进一步加强产品出口工作，在公司产品出口到东南亚、欧洲和日本市场的基础上，争取把公司的PET瓶和配套标签更多地出口到国外市场。

4. 抓好质量管理工作，ISO9000质量管理体系的摊贯，将使公司产品质量提高到一个新档次。

5. 尝试通过投资、参股、收购等形式，进一步扩大公司利润来源，提高资产的整体收益水平。公司参股的珠海城市合作银行经营情况良好。

三、重大事件的说明

1. 公司根据1996年12月28日召开的临时股东大会的决议，于1997年1月6日实施了1995年年度利润分配和公积金转增股本方案，即每10股送5股红股和以资本公积金每10股转增5股。实施后本公司总股本由8500万股变为17000万股。股份变动公告刊载于1997年1月17日的《中国证券报》。

2. 公司董事会于1997年3月13日召开会议，鉴于实施1995年度利润分配和转增股本方案后总股本发生了变动，根据1996年12月28日临时股东大会的授权，会议对1995年7月8日第六次股东大会通过的《章程》相关条款进行了修订，并于1997年3月26日办理了营业执照变更手续。本次《章程》修订草案已经1997年6月20日召开的第八次股东大会通过。

3. 公司根据生产经营的需要，决定取消与外商合资成立杭州中富容器有限公司的项目；决定投资120万美元（首期投资84万美元）参股“珠海中富瓶胚有限公司”，占该公司总股份的5%。上述两项议案获1997年6月20日召开的第八次股东大会通过，有关手续正在办理之中。

4.《上市公告书》中公告的重大诉讼、仲裁事项仍在执行中。本报告期内不存在其他重大诉讼、仲裁事项。

5. 经公司1997年6月20日股东大会批准，公司1996年度不分红。董事会决定，1997年度不实施中期分红或公积金转增股本方案。

6. 根据国家证券委、中国人民银行、国家经贸委5月21日联合发布的《严禁国有企业和上市公司炒作股票的规定》，公司对有关情况作了认真检查，至今为止，本公司及子公司没有在境内任何证券经营机构开设买卖已上市流通股票的帐户，本公司今后如果从事股票投资，将严格遵循国家政策法规和本公司章程的规定。

四、发行在外股票的变动和股权结构的变化

1. 公司于1996年12月28日召开临时股东大会通过决议向全体股东每10股送10股分配股利（其中以1995年可分配利润每10股送5股，以资本公积金每10股送5股），该方案于1997年1月6日实施，公司总股本由8500万股增至17000万股，并于1997年3月26日办理了注册资

本变更手续。

2. 截止 1997 年 6 月 30 日止公司股权结构情况

单位：万股

股份类别	本次变动前	本次变动增减（+/-）送股	配股	其他	合计	本次变动后
一、尚未流通股份						
1. 发起人股份	4962.5	4962.5			4962.5	9925
2. 募集法人股	400	400			400	800
3. 内部职工股	250	250			250	500
尚未流通股份合计	5612.5	5612.5			5612.5	11225
二、已流通股份						
1. 境内上市的人民币普通股	2887.5	2887.5			2887.5	5775
已流通股份合计	2887.5	2887.5			2887.5	5775
三、股份总数	8500	8500			8500	17000

3. 截止 1997 年 6 月 30 日止的公司前十名股东持股情况

股东名称	股份（股）
1）珠海中富工业集团公司	99，250，000
2）珠海市湾仔联合企业总公司	4，500，000
3）珠海中亚（集团）有限公司	3，500，000
4）李欣	160，000
5）陈万香	139，440
6）何金梅	130，000
7）黎华根	130，000
8）梁洪业	130，000
9）叶春萱	130，000
10）梁有祥	130，000

五、股东大会简介

本公司第八次股东大会于 1997 年 6 月 20 日上午 8 时 30 分在中富工业集团公司 6 楼会议室召开，公司董事会、监事会成员和高级管理人员及股东、股东代表共 77 人出席了会议。到会股东代表股份 11196.404 万股，占总股份的 65.86%。符合《合司法》和公司章程的规定。会议经珠海市精诚律师事务所张文晶、罗金凤律师现场见证，通过以下决议：

1. 听取并审议通过了副董事长、总经理卢焕成所做的《1996 年度董事会工作报告》；

2. 听取并审议通过了监事长黎华根所做的《1996 年度监事会工作报告》；

3. 审议通过了《1996 年度财务决算和利润分配方案的报告》；

4. 审议并通过了《关于投资入股“珠海城市合作银行”的决议》；

5. 审议并通过了《关于取消中外合资杭州中富容器有限公司的决议》；

6. 审议并通过了《授权董事会决定 3000 万元以下投资方案的议案》；

7. 审议并通过了《关于〈章程〉修订草案的决议》；

8. 审议并通过了《关于参股“珠海市中富瓶胚有限公司”的决议》。

六、备查文件

1. 载有董事长亲笔签名的中期报告原本

2. 上市公告书

珠海经济特区中富实业股份有限公司

1997 年 7 月 30 日

福建省永安林业(集团)股份有限公司

福建省永安林业(集团)股份有限公司上市公告书

一、释义

本公告书,除非另有说明,下列简称具有以下意义:

1、发行人、本公司或公司:指福建省永安林业(集团)股份有限公司

2、总公司: 指永安林业(集团)总公司

3、董事会: 指福建省永安林业(集团)股份有限公司董事会

4、上市推荐人: 指福建华兴信托投资公司、广东广发证券公司

5、深交所: 指深圳证券交易所

6、元: 指人民币元

二、绪言

经中国证券监督管理委员会证监发字〔1996〕345号、346号文批准,深圳证券交易所深圳发〔1996〕第455号文审核通过,本公司股票将于1996年12月6日(星期五)在深圳证券交易所上市挂牌交易。本公司总股份额6303万股,可上市流通股1950万股(89万股公司内部职工股本次占额度上市),股票简称"永安林业",证券编码"0663"。

本公告书依据《公司法》、《股票发行与交易管理暂行条例》、《深圳证券交易所业务规则》以及国家其他有关证券管理的规定,为"永安林业"股票公开上市之目的而向社会公众提供相关资料。

本公司于1996年11月21日在《证券时报》、《中国证券报》刊登招股说明书概要距今不足六个月,故与其相重复的内容在此不再赘述,敬请社会公众查阅招股说明书概要。

本公司董事会及各位董事确信本公告书未遗漏任何重大事项,亦不存在任何误导和虚假成份,并就本公告书及相关资料的准确性、完整性、真实性负个别及连带责任。

三、公司概况

1、公司法定名称:福建省永安林业(集团)股份有限公司

2、公司注册地址:福建省永安市燕江东路12号

邮政编码:366000

3、公司法定代表人:黄瑞红

4、公司成立日期:1994年1月6日

5、注册资本:6303万元

注册登记号:15818718——6

6、经营范围:主营木(竹)材采运、加工;家俱、食品、饮料、林产化工产品制造;水力发供电;林业、农业、畜牧业、生产服务业、汽车货运。

兼营食品百货、日用杂品、五交化、石油制品、林用化肥农药、建筑材料、物质供销;住宿饮食服务;林业技术研究服务、活立木转让。

7、发行人历史沿革

本公司是由永安林业(集团)总公司、永安市林产化工厂和三明市林工商总公司(1996年4月10日更名为"三明市林业总公司")共同发起并向其他社会法人和内部职工定向募集股份而设立的定向募集公司,其主要发起人永安市林业(集团)总公司,原与永安市林业委员会合署办公,1992年机构改革时经批准成立,管辖原林委下属的所有企业,负责统筹安排永安全市的林业资源开发与建设,统一进山收购木材,是一个林、工、商结合,产、运、贮一体的多层次组织结构的企业集团。1993年10月16日,经福建省经济体制改革委员会"闽体改〔1993〕132号"文批准,在重组永安林业(集团)总公司及永安林业产化工厂资产的基础上,吸收其他法人和内部职工入股设立了本公司,并由本公司继承了永安林业(集团)总公司的主要经营业务和永安林产化工厂的全部业务,成为永安林业(集团)总公司的核心企业。公司于1993年12月30日召开创立大会,并于1994年1月6日在永安市工商行政管理局登记注册。本公司为全国首家林业综合性股份制企业。

本公司成立后,永安林业(集团)总公司主要管理不进入股份公司的非经营性资产和从事对外投资业务,其下属企业(除本公司外)业务与本公司业务不存在竞争。本公司与总公司目前无关联交易。

1993年11月18日,经福建省国有资产管理局批准,总公司持有本公司2486万股的国有股,并具体负责国有股权的管理事宜。总公司是本公司的控股股东,持有本公司公开发行前57.11%的股份。

目前,本公司董事长同时担任总公司的总经理,但是并未因此而发生损害股份公司利益的行为。若今后因此发生关联交易,本公司将按一般商业条款进行公平处理并充分披露。

8、在册职工情况

截止1996年5月31日,本公司在册员工共计2,137人,其中大专以上技术管理人员137人;占员工总数6.41%;具有高级职称的员工2人,中级职称的员工54人,初级职称的员工346人,占员工总数的18.81%。

9、公司咨询电话

咨询电话:(0598)3614875

联系人:蒋建福

公司文件资料查阅地点:本公司证券办公室

四、股票发行及股权结构

1、本次社会公众股发行情况

(1)发行方式:本次股票采用"与储蓄存款挂钩"方式发行

(2)申购日期:1996年11月24日至1996年11月26日

(3)发行地点:福建省福州市

(4)发行对象:中国境内合法投资者

(5)每股面值:1元

(6)发行价格:5.00元/股

(7)每股税后利润:按24%所得税率计为0.305元/股,按15%所得税率计为0.341元/股(全面摊薄法)

(8)发行市盈率:按24%所得税率计为15.75倍,按15%所得税率计为14.90倍

(9)本次发行前每股净资产为1.84元,本次发行后每股净资产为2.72元。

(10)募集资金总额:本次发行共募集资金9750万元,扣除发行费用600万元,实际募集资金总额9150万元,已全部进入本公司帐户,并经福建华兴会计师事务所验证确认。

2、股本结构

股东名称	本次发行前		本次发行后		本次上市后	
	股数(万股)	比例(%)	股数(万股)	比例(%)	股数(万股)	比例(%)
总股本	4353	100	6303	100	6303	100
发起人股	3400	78.10	3400	53.94	3400	53.94
其中:国家股	714	16.40	714	11.33	714	11.33
国有法人股	2486	57.11	2486	39.44	2486	39.44
法人股	200	4.59	200	3.17	200	3.17

募集法人股	847	19.46	847	13.44	847	13.44
内部职工股	106	2.44	106	1.68	106	1.68
社会公众股			1950	30.94	1950	30.94
其中:内部职工股			89	1.41	0	

3、本次发行后本公司共有股东16,507名,其中前十名大股东持股情况如下:

股东名称	持股数(万股)	占总股本比例(%)
(1)福建省永安林业(集团)总公司	2,486	39.44
(2)永安市财政局	714	11.33
(3)福建省青山纸业股份有限公司	500	7.93
(4)三明市林业总公司	200	3.17
(5)永安市林业建设投资公司	200	3.17
(6)新疆金融租赁有限公司	68.54	1.09
(7)永安市燕林开发公司	51.3	0.81
(8)永安市贮木厂	50	0.79
(9)福建九州集团股份有限公司	42.18	0.67
(10)闽发证券广达营业部	33.08	0.52

五、董事、监事、高级管理人员持股情况

姓名	职务	持股量(股)
黄瑞红	董事长、总经理	12100
黄复榕	副董事长、副总经理	6490
戴秉先	董事、总经济师	6490
方兴添	副董事长、副总经理	6390
庄东坡	董事、副总经理	6390
李祖荣	总经理助理	6390
张滨江	监事	6390
张建丰	监事	4020
姚智平	监事	3920
余金清	董事	890
王美才	董事	890

其他董事、监事持股数为0股。

六、主要财务资料

1、资产负债表主要数据:

单位:千元

科目	1996.6.30	1995年末	1994年末	1993年末
资产总额	166,369.93	186,332.58	181,184.53	161,842.25
其中:流动资产	101,295.81	121,737.19	120.122.93	101,455.01
固定资产	38,868.91	37,979.97	36,173.62	37,974.08
无形资产及递延资产	19,195.97	19,468.34	17,359.70	18,110.94
负债总额	86,353.57	114,835.26	110,554.95	95,936.43
其中:流动负债	53,631.07	80,988.15	68,899.52	73,594.38
长期负债	32,722.50	33,847.11	41,655.43	22,342.05
股东权益	80,016.36	71,497.32	70,629.58	65,905.82

2、利润表主要数据

单位:千元

科目	1996年1-6月	1995年度	1994年度	1993年度
一、主营业务收入	57,940.05	159,548.24	167,798.11	159,980.20
减:营业成本	35,322.45	109,742.11	113,135.11	113,169.01
销售费用	901.13	2,524.72	2,048.71	4,732.92
管理费用	6,771.64	16,963.66	22,057.86	21,581.45
财务费用	117.95	492.04	-369.91	-183.77
营业税金及附加	4,151.76	10,694.78	11,969.04	8,891.88
二、主营业务利润	10,675.12	19,130.93	18,957.32	11,788.70
加:其它业务利润	-44.78	189.74	351.34	1,151.52
三、营业利润	10,630.34	19,320.70	19,308.65	12,940.23
加:投资收益	240.56	45.03	568.27	-985.00
营业外收入	48.32	349.01	502.38	307.69
减:营业外支出	53.80	982.71	1,627.47	1,816.76
加:以前年度损益调整	343.85	225.80	-1,367.48	--
四、利润总额	11,209.27	18,957.84	17,384.36	10,446.15
减:所得税	2,690.22	4,595.81	4,172.25	1,580.00
五、净利润	8,519.04	14,362.04	13,212.11	8,866.15

3、主要会计指标

指标	1995.12.31	1994.12.31	1993.12.31
流动比率	1.50	1.74	1.38
速动比率	1.25	1.54	1.16
资产负债率	61.63%	61.02%	59.28%
应收帐款周转率	3.58	4.58	5.39
存货周转率	6.30	7.46	6.98
股本收益率	32.99%	30.35%	20.37%
净资产收益率	20.09%	18.71%	13.45%
总资产报酬率	7.71%	7.29%	5.48%
每股净资产	1.64元	1.62元	1.51元

4、1996年度盈利预测(单位:人民币千元)

主营业务收入	174,447
利润总额	25,320
所得税	3,800
税后利润	21,520
每股税后利润	0.341元

注:税率按15%全面摊薄计算。

七、董事会上市承诺

本公司董事会承诺将严格遵守《公司法》、《股票发行与交易管理暂行条例》、《公开发行股票公司信息披露实施细则》、《深圳证券交易所交易规则》和有关法律、法规的规定,并自股票上市之日起作出如下承诺。

1、按照法律、法规的规定程序和要求披露重大的信息,并接受证券主管机关,深圳证券交易所的监督管理。

2、及时、真实、准确地公布中期报告和年度报告,并备置于规定场所供投资者公众查阅。

3、本公司董事、监事及高级管理人员如发生人事变动或持本公司股票发生变化时,在报告证券主管机关、证券交易所的同时向投资者公布。

4、在任何公共传播媒介中出现的消息可能对本公司股票的市场价格产生误导性影响时,本公司知悉后将及时对该消息予以公开澄清。

5、本公司董事、监事及高级管理人员将认真听取社会公众的意见和批评,不利用已获得的内幕信息和其他不正当手段直接或间接从事股票买卖活动。

6、本公司没有无记录负债。

八、重要事项揭示

1、本公司利润分配顺序为:

(1)弥补上一年度亏损;

(2)提取10%法定盈余公积金;

(3)提取5%至10%法定公益金;

(4)提取任意公积金;

(5)支付股利。

本次发行后第一个盈利年度的股利拟于1997年6月左右派发,新老股东同股同利。

2、根据福建省人民政府闽政〔1993〕函67号文件,公司1994--1995年适用24%的所得税率,根据福建省人民政府闽政〔1996〕文243号文件

批复,同意公司股票上市后其所得税减按15%的税率征收。

3、根据国家有关森林法规,森林实行限额采伐,限额指标由永安市计划委员会、林业委员会直接下达给本公司。本公司在公开发行股票后,这项限制仍然存在。

4、截止上市公告书公布之日,本公司及公司董事、监事、高级管理人员无任何重大诉讼事项。

九、中介机构

1、上市推荐人:

福建华兴信托投资公司

地址:福州市华林路华林坊69号

法定代表人:梁永新

电话:0591-7538556

联系人:姚芳华　吴智俊

广东广发证券公司

地址:广州先烈南路23号华泰宾馆16楼

法定代表人:陈云贤

电话:020--87789888--81609

联系人:欧阳西　林传辉　邵佩东

2、发行人:福建省永安林业(集团)股份有限公司

地址:福建省永安市燕江东路12号

法定代表人:黄瑞红

电话:0598--3614875

联系人:蒋建福

3、主承销商:广东广发证券公司

地址:广州先烈南路23号华泰宾馆16楼

法定代表人:陈云贤

电话:020--87789888--81609

联系人:欧阳西　林传辉　邵佩东

4、副主承销商:海通证券公司

地址:上海四川中路175号

法定代表人:李惠珍

电话:021--63065751

联系人:雷航伟

5、分销商:

(1)名称:厦门国际信托投资公司

地址:厦门厦禾路837号汇成商业中心

法定代表人:游永华

电话:0592--5072466

联系人:黄燕山

(2)名称:闽发证券公司

地址:福州五一路199号闽发大厦四楼

法定代表人:马凌

电话:0591--3355804

联系人:陈其兴　王璇

6、会计师事务所:福建华兴会计师事务所

地址:福建省福州市华林路华兴大厦六楼

法定代表人:刘久芳

电话:0591--7843102

经办会计师:程朝平　林新田

7、资产评估机构:厦门大学资产评估事务所

地址:福建省厦门大学经济楼(A)三层

法定代表人:邱华炳

电话:0592--2086372　2089861

经办评估人员:邱震源　江培煌

8、资产评估确认机构:福建省国有资产管理局

地址:福建省福州市华林路华兴大厦九楼

电话:0591--7844148

9、发行人律师:福州合立律师事务所(原福建经济贸易律师事务所)

地址:福州东大路82号八方大厦四层

法定代表人:侯立

电话:0591--7530756

经办律师:侯立　徐军

10、股票登记机构:深圳证券登记有限公司

地址:广东省深圳市红岭中路25号

法定代表人:黄铁军

电话:0755--5585536

福建省证券交易中心

地址:福建省福州市中山路18号

电话:0591--7849442

联系人:董智兴

11、咨询顾问机构:福建省企业顾问有限公司

地址:福建省福州市湖东路中山大厦29字楼

法定代表人:陈建华

电话:0591--7855078

联系人:孙从胜

十、备查文件

1、政府主管部门及深交所批准发行、上市的文件;
2、招股说明书;
3、验资报告、审计报告和1996年度盈利预测审核报告;
4、法律意见书;
5、本公司章程;
6、其它有关文件。

福建省永安林业(集团)股份有限公司
1996年12月4日

福建省永安林业(集团)股份有限公司1996年年度报告摘要

一、公司简况

股票代码:0663

股票简称:永安林业

公司中文名称:福建省永安林业(集团)股份有限公司

公司英文名称:FUJIAN YONGAN FORESTRY (GROUP) JOINT-STOCK CO.,LTD.

公司注册地址:福建省永安市燕江东路12号

公司办公地址:福建省永安市燕江东路12号

公司邮政编码:366000

公司法定代表:黄瑞红

公司咨询服务机构:证券部

电话:0598—3614875

传真:0598—3633415

二、主要财务数据与财务指标

指标项目	1996年	1995年	比上年增减(%)	扣除利息收入
1.主营业务收入(万元)	16351.21	15954.82	2.48	16351.21
2.净利润(万元)	2241.49	1436.20	56.07	2178.17
3.总资产(万元)	28118.34	18633.26	50.90	28042.24

4.股东权益(万元)	18038.59	7149.73	152.30	17987.86
5.每股收益(元)	0.3556	0.33	7.76	0.3456
6.每股净资产(元)	2.86	1.64	74.39	2.85
7.净资产收益率(%)	12.43	20.09	-38.13	12.11
8.股东权益比率(%)	64.15	38.37	67.19	64.15

三、公司主要业务回顾

1.一年来经营情况

1996年，是木材市场较为疲软的一年。公司在经历市场冲击的同时，积极致力于股份制规范运作，从加强企业内部管理和提高销售力度入手，积极寻找市场机遇。一年来，工作取得了一定成绩。全年实现主营业务收入16351.21万元，比上年增长2.48%；净利润2241.49万元，比上年增长56.07%。

过去的一年，公司取得的成绩来之不易，我们主要做了以下几个方面的工作：

(1)加强后续资源的培育，按照适地适树的原则，选用优质速生树种，全年造林杉木49.5万平方米，马尾松343.1万平方米，阔叶树(以桉树、桤木为主)381.9万平方米，毛竹15.9万平方米，林木生长与消耗比为1.10:1，实现了长大于消，保证了森林资源永续利用。

(2)以顾客的要求，作为我们生产的第一标准，在合理调整库存，降低经营成本的同时，遵循边销、边产、边运的“三边”原则，保证了材质的新鲜，满足了客户的需求。

(3)深化内部管理，完善内控制度，提高管理水平，通过“计划成本”的制定和实施，降低了生产成本；通过完善企业内部分配管理制度，使收入向一线工人倾斜，调动广大员工的积极性，增强了产品在市场上的竞争力。

(4)树立“用户至上”的原则，实行营销承诺服务制，制定了七项服务量化指标，提高了销售服务的质量。实行统一定价，避免资源浪费，使我公司的销售平均价格水平始终保持在全区的前列，创造了较好的经济效益。

(5)重点建设项目速度加快，定向结构刨花板已列入福建省“九五”计划支柱产业的重点项目，目前已完成部分前期工作；康寿口服液项目已完成土建项目，正进行设备的紧张安装阶段；香兰素产品经上海放射医学研究所检验，天然度达100%，已基本完成中试。

2.主营业务收入及净利润按行业划分情况：

(单位:万元)

序号	行业类别	主营业务收入	所占比重	净利润	所占比重
1	木材及竹材采运业	12843.43	78.55%	2166.75	96.67%
2	木材加工业	980.40	6%	-32.66	-1.46%
3	化学原料及化学制品制造业	2277.96	13.93%	192.89	8.60%
4	食品制造业	249.42	1.52%	-85.49	-3.81%
	合　计	16351.21	100%	2241.49	100%

3.主要经济指标分析

1997年度公司有关经济指标与《招股说明书》披露的预测数有一定的差异，主要原因为：

(1)主营业务收入预测为17447万元，实际完成16351万元，比预测数少1096万元。主要是受气候的影响，松脂少收购1750吨，造成松香少生产1365吨；另公司根据市场对松香产品的供求关系，控制发货，库存了960吨松香。两项原因计1996年少销售松香2325吨，少收入约为1150万元。

(2)利润总额预测为2532万元，实际完成2859万元，比预测数多327万元。主要是由于公司“学邯钢，抓管理”对各分公司实行计划成本的内控制度，主营业务成本比预测降低约200万元；另公司原拟对“康寿口服液”及“香兰素”两种产品进行广告宣传，现公司借股票上市为契机，决定减少此项费用，使销售费用节约近200万元。

4.前次募集资金的使用情况说明

本年度我公司股票在深交所上市，11月底募集9150万元人民币的资金，按本公司《招股说明书》的规定此资金应于1997年投入项目中，另此前募集的资金所投入的项目建设未延续到本年度。

四、股本变化及股本结构情况

1.股本变化及股本结构情况

(1)公司股本结构

股份类别	年初数	新发行股份	年末数
一、尚未流通股份	4353	89	4442
1.发起人股份	3400	0	3400
其中:国家股	714	0	714
国有法人股	2486	0	2486
境内法人股	200	0	200
2.募集法人股	847	0	847
3.内部职工股	106	89	195
二、已流通股份	0	1861	1861
境内上市的人民币普通股	0	1861	1861
三、股份总数	4353	1950	6303

(2)股本变化原因：

本年度公司经福建省证券委员会批准，本公司获得发行社会公众额度1950万股，全部用于本次新增发行，其中89万股配售给公司职工，1861万股向社会公众发行。

(3)前十名股东持股情况

名次	持股单位	年末持股数(万股)	占总股本(%)
1	福建省永安林业(集团)总公司	2486	39.44
2	永安市财政局	714	11.33
3	福建省青山纸业股份有限公司	500	7.93
4	永安市林业建设投资公司	200	3.17
5	三明市林业总公司	200	3.17
6	李惠兰	63.3	1.00
7	金融租赁	60	0.95
8	永安市燕林开发公司	55.9396	0.89
9	福建华兴	50.525	0.80
10	永安贮木场	50	0.79

(4)本报告期末的股东总人数为18857人，其中：国家股股东1户，法人股股东19户，社会公众股股东18837户。

2.公司董事、监事与高级管理人员持股情况

姓　名	职　　务	年初持股数	年末持股数	变化原因
黄瑞红	董事长、总经理	10700	12100	认购内部职工股
黄复榕	副董事长、副总经理	5490	6490	认购内部职工股
方兴添	副董事长、副总经理	5440	6390	认购内部职工股
庄东坡	董事、副总经理	5440	6390	认购内部职工股
戴秉先	董事、总经济师	5490	6490	认购内部职工股
王美才	董事	440	890	认购内部职工股
李祖荣	总经理助理	5440	6390	认购内部职工股
张滨江	监事会主席	5440	6390	认购内部职工股
张建丰	监事	3240	4020	认购内部职工股
姚智平	监事	3190	3920	认购内部职工股
余金清	董事	440	890	认购内部职工股

其他董事、监事和高级管理人员持本公司股票数量为0股。

五、重大事项

1.本报告期内董事会会议和股东大会情况：

(1)1996年5月8日，公司第一届董事会第五次会议召开。会议审议通过了公司1995年工作情况及1996年工作计划的报告；1995年财务决算及1996年财务预算的预案；1995年利润分配的议案，股利分配的预案，

公司《章程》修改议案。

(2)1996年6月18日,公司第三次股东大会召开。会议审议通过了公司董事会1995年度工作情况及1996年工作计划的报告;听取了公司监事会1995年工作报告;审议通过了董事会关于1995年财务决算和1996年预算的方案;1995年股利分配方案和公司《章程》修改案。

2. 本报告期内公司未发生配股、收购兼并、重大投资事项。

3. 本报告期内公司法定代表、董事、监事未发生变动。

4. 本年报告期内公司注册地址、会计师事务所、法律顾问未发生变动。

5. 本报告期内公司无重大诉讼、仲裁事项。

六、子公司及关联公司

序号	公司名称	注册资本(万元)	本公司拥有权益(%)	主要经营范围
1	永安天然保健品公司	320	75	生产各类保健食品饮料、口服液
2	福建同辉贸易有限公司	100	20	批发、零售;五金、交电、服装、纺织品;代购代销;木材、人造板、化工产品

七、财务报告

一、审计意见

公司的财务报告经福建华兴会计师事务所注册会计师程朝平、林新田审计,并出具了无保留意见的审计报告(闽华兴所〔97〕股审字第31号)。

二、财务报表(详见附表)

三、财务报表附注

(一)重要会计政策

1. 会计年度:公历1月1日至12月31日。

2. 会计制度:《股份制试点企业会计制度》。

3. 记帐本位币:以人民币为记帐本位币。

4. 坏帐准备:按应收帐款年末借方余额的5‰计提。

5. 存货计价:存货按实际成本计价,发出时按加权平均法结转成本;低值易耗品按一次摊销法核算。

6. 固定资产计价及折旧方法:

(1)固定资产计价采用历史成本法核算。

(2)折旧方法:根据林业行业制度规定,采运企业按产品销售收入的8%计提维简费,不计提折旧,维简费用于林区道路延伸、维护和房屋、运输工具等固定资产更新;工厂企业固定资产折旧采用直线法计提,固定资产折旧年限及残值率如下:

类别	房屋	建筑物	通用设备	专用设备	运输工具	其他
折旧年限	35年	20年	12年	10年	10年	10年
残值率(%)	5	5	5	5	5	5
年折旧率(%)	2.71	4.75	7.92	9.5	9.5	9.5

7. 无形资产:工业用地使用权按50年平均摊销;商业用地使用权按40年平均摊销;林木资产经营权按30年平均摊销。

8. 销售实现确认原则:按照权责发生制。

9. 所得税率:根据福建省人民政府闽政〔1993〕函67号"关于我省公开发行股票的股份有限公司所得税问题"和福建省税务局闽税政二〔1993〕22号"关于我省股份制试点企业征收所得税问题"的通知,公司1996年1月至11月适用24%的所得税率。根据福建省人民政府闽政〔1996〕文243号"关于福建省永安林业(集团)股份有限公司企业所得税税率问题的批复",1996年12月以后(即公开上市后)其所得税暂减按15%的税率征收。

10. 长期投资:占股权比例25%以下的按成本法核算,占股权比例25%以上(含25%)的按权益法核算,占股权比例50%以上进行报表合并。

11. 按税后净利润10%计提法定公积金,10%计提公益金,剩余利润转入可供股东分配利润。

(二)会计报表项目附注(截止日期1996年12月31日)

1. 短期投资期末余额30,419,773.94元,其中:

(1)购买奖券 93,000.00元

(2)委托华兴财政证券公司购国债 30,000,000.00元

(3)股票投资成本价 326,773.94元

(按1996年12月31日证券市场收盘价计算为208,033.94元)

2. 应收帐款期末余额55,401,172.09元

股票名称	持股数	购入成本(元)		1996年12月31日收盘价计算(元)	
		购入价	金额	单价	金额
浙江中汇	10,000	10.36	103,600.00	6.51	65,100.00
北满特钢	14,000	6.56	91,840.00	3.98	55,720.00
四川制药	3,000	17.15	51,450.00	11.74	35,220.00
海盛船务	1,000	8.20	8,200.00	7.60	7,600.00
大显股份	1,500	8.40	12,600.00	8.50	12,750.00
申能股份	4,000	14.68	58,720.00	7.82	31,280.00
现金			363.94		363.94
合计			326,773.94		208,033.94

(1)帐龄分析:帐龄1年以内49,540,648.20元,占89.42%。

帐龄1-2年5,860,523.89元,占10.58%;

合计: 55,401,172.09元

(2)与持本公司有5%以上表决权的股东之间的往来列示如下:

福建青州造纸厂 10,206,875.09元

3. 其他应收款期末余额28,088,267.35元

(1)帐龄分析:

帐龄在1年以内的为23,879,656.38元,占85.01%;

帐龄在1-2年的为3,706,788.02元,占13.20%;

帐龄在2-3年的为487,695.69元,占1.74%;

帐龄在3年以上的为14,127.26元,占0.05%。

(2)无持有本公司5%以上股份的关联公司往来。

4. 长期投资期末余额6,952,441.34元,其中:

(1)债券投资752,441.34元,其中:

债券种类	金额	期限	利率
国库券	70,000.00	86.6~91.7	未规定利率
国库券	70,540.00	87.6~92.7	未规定利率
国库券	97,500.00	88.6~96.7	未规定利率
国库券	77,000.00	88.7~96.8	未规定利率
国库券	42,600.00	93~96	未规定利率
国库券	22,700.00	93~98	未规定利率
国库券	17,100.00	93.7~98	未规定利率
国库券	20,500.00	93~98	14.5%
国库券	27,800.00	94~97	未规定利率
国库券	6,000.00	95~98	未规定利率
小计	451,740.00		
重点建设债券	12,570.80	87.8~95.8	7.225%
重点建设债券	9,100.00	90.8~95.8	6%
电力债券	109,030.54	1987~2007	0
电力债券	20,000.00	1987~2002	14%
电力债券	50,000.00	89.8~98.8	0

特种国债	100,000.00	91.8～96.7	未规定利率

(2)联营投资6,200,000元

单位:人民币元

被投资单位全称	投资金额	投资比例
永安天然保健食品有限公司	2,400,000	75%
福建青州造纸厂	3,600,000	法人股
福建同辉贸易有限公司	200,000	20%
合　计	6,200,000	

注:根据财政部财会〔1996〕2号文永安天然保健食品有限公司资产总额、销售收入和利润总额,均未达到公司资产总额、销售收入和利润总额的10%,本年暂不并表。

5. 固定资产净值期末余额28,294,353.19元。　　单位:人民币元

固定资产类别	房屋及建筑物	通用设备	专用设备	运输工具	其　他	合　计
固定资产期初原值	27,771,320.39	11,564,565.95	465,949.80	2,242,123.33	4,120,722.29	46,164,681.76
本期增加	868,412.81	1,652,535.85	297,539.75	86,000.00	6,762.98	2,911,251.39
本期减少	531,755.93	785,940.24		640,562.08	135,660.58	2,093,918.83
固定资产期末原值	28,107,977.27	12,431,161.56	763,489.55	1,687,561.25	3,991,824.69	46,982,014.32
累计折旧期初值	10,197,943.71	4,739,395.97	78,039.33	942,075.63	2,053,015.44	18,010,470.08
本期增加	649,572.39	715,270.99	177,554.72	10,421.37	111,488.92	1,664,308.39
本期减少	242,196.69	292,473.45		340,835.42	111,611.78	987,117.34
累计折旧期末值	10,605,319.41	5,162,193.51	255,594.05	611,661.58	2,052,892.58	18,687,661.13
固定资产期末净值	17,502,657.88	7,268,968.05	507,895.50	1,075,899.67	1,938,932.11	28,294,353.19

6. 在建工程期末余额9,625,149.65元。

单位:人民币元

项　目	完工进度	实际支出数	预算数	资金来源
贡坪宿舍楼房	95%	391,828.43	720,000.00	自筹
元沙大门改造工程	98%	78,760.27		自筹
绿星厂康寿车间	45%	2,237,396.25	4,988,500.00	借款
林化厂松脂站改造	90%	1,076,888.52	1,230,200.00	拨款 自筹
林化厂香兰素项目	98%	943,524.86	900,000.00	拨款 自筹
燕江职工集资建房	5%	20,000.00	816,256.50	自筹
林综厂锯材、木工车间	98%	1,190,187.97	1,174,193.00	自筹
林综厂烤房工程	95%	1,175,154.49	1,248,290.00	借款
林综厂8T龙吊安装及附属工程	95%	1,362,337.88	1,534,607.21	借款
林综厂自来水地磅房工程	95%	358,201.67	392,026.71	借款
林综厂锅炉改造	95%	790,869.31	821,814.32	借款
合　计		9,625,149.65		

7. 无形资产期末余额19,195,791.04元:　　单位:人民币元

无形资产种类	应摊销原值	已摊销金额	期末余额	剩余摊销年限	占用方式
工业用地使用权	8,336,448.71	500,186.92	7,836,261.79	47年	折价入股
工业用地使用权	2,600,000.00	104,000.00	2,496,000.00	48年	有偿购置
林木资产经营权	9,378,529.00	937,854.00	8,440,675.00	27年	折价入股
商业用地使用权	127,410.00	9,555.75	117,854.25	37年	折价入股
康寿口服液	305,000.00		305,000.00	未定	有偿购置
合　计	20,747,387.71	1,551,596.67	19,195,791.04		

8. 递延资产期末余额32,498.42元:

单位:人民币元

项　目	原　值	已摊销金额	期末余额	剩余摊销年限
水增容费	54,164.00	21,665.58	32,498.42	3年

9. 短期借款期末余额14,520,000元,均为人民币借款,贷款内容列示如下:

贷款单位	金额(元)	年利率	债务期限	贷款条件
永安市工商行	3,000,000	12.078%	96.6.25-97.1.25	担保
永安市工商行	270,000	14.472%	95.11.20-96.11.20	担保
永安市工商行	1,000,000	14.472%	95.11.20-97.11.20	担保
永安市工商行	700,000	14.472%	96.4.1-97.3.1	担保
永安市工商行	300,000	12.078%	96.7.15-97.1.15	担保
永安市工商行	1,000,000	12.078%	96.7.9-97.2.9	担保
永安市工商行	1,000,000	11.088%	96.9.10-97.4.10	担保
永安市工商行	2,000,000	11.088%	96.10.7-97.5.7	担保
永安市工商行	3,000,000	11.088%	96.11.13-97.6.13	担保
永安市工商行	1,250,000	11.088%	96.12.16-97.12.16	担保
永安市兴业银行	500,000	12.06%	96.2.12-97.2.9	担保
永安市财政局	500,000	10.98%	94.12-97.12	担保
合　计	14,520,000			

10. 应付帐款期末余额8,466,226.74元,无关联企业往来。

11. 预收帐款期末余额3,992,946.69元,无关联企业往来。

12. 其他应付款期末余额26,277,463.88元,无关联企业往来。

13. 未交税金期末余额11,808,060.73元,其中:

税种	金额
增值税	1,576,752.66元
营业税	1,479.03元
城建税	193,814.91元
农业特产税	6,361,176.86元
土地使用税	-19,638.10元
房产税	-7,332.18元
所得税	3,701,411.55元
其他	396.00元
合计	11,808,060.73元

14. 长期借款期末余额700,000元,均为人民币贷款,贷款内容列示如下:

贷款单位	金额(元)	年利率	借款期限	贷款条件
永安市建行	200,000	2.4%	93.3.5～98.12.5	担保
永安林业建设投资公司	250,000	5.04%	95.9.5～98.9.4	担保
永安市财政局	250,000	7.2%	94.12.17～98.12.31	担保
合　计	700,000			

15. 股本期末余额63,030,000元

1996年12月31日　　数量单位:股　　每股面值1元

	年初数	本次公司发行	年末数
一、尚未流通股份			
1. 发起人股份			
其中:			
国家拥有股份	7,140,000		7,140,000
国有法人拥有股份	24,860,000		24,860,000
2. 募集法人股	10,470,000		10,470,000
3. 内部职工股	1,060,000	890,000	1,950,000
尚未流通股份合计	43,530,000		44,420,000
二、已流通股份			
境内上市的人民币普通股		18,610,000	18,610,000
三、股份总数	43,530,000	19,500,000	63,030,000

16. 资本公积期末余额 93,787,590.94 元,其中:

(1)1993 年股本溢价 21,771,548.87 元;

(2)1996 年发行社会公众股 1,950 万股,每股溢价 4 元,计 78,000,000 元,扣除发行费用 6,000,000 元,及发行有效资金冻结利息收入 16,042.07 元,总计 72,016,042.07 元。

17. 盈余公积期末余额 10,611,265.60 元,本年增加 4,482,980.98 元,系根据 1996 年末净利润 22,414,904.88 元提取 10%的法定公积金 2,241,490.49 元及 10%的公益金 2,241,490.49 元。

18. 主营业务收入 163,512,069.61 元,其中

项目	金　额
木材	128,814,383.49 元
林化产品	19,292,414.51 元
木片	5,930,329.92 元
清水笋	2,494,224.67 元
其它	6,980,717.02 元
合计	163,512,069.61 元

19. 财务费用 907,357.33 元,其中:

利息净支出	879,846.83 元
手续费	27,510.50 元

20. 投资收益 188,671.96 元,其中:

对外投资分回利润	25,000.00 元
债券投资收入	52,212.52 元
国库券等投资收入	20,481.50 元
股票投资收入	90,977.94 元
合　　计	188,671.96 元

21. 其他业务利润 -148,354.73 元,其中:

燕江采购站加工包装箱利润	-164,818.71 元
物资站生产物资贸易利润	363,087.39 元
让售原材料、包装物等利润	-346,623.41 元
合　　计	-148,354.73 元

22. 营业外收入 941,482.47 元,其中:

未中签社会公众股申请资金利息收入	744,894.64 元
处理固定资产净收益	44,904.92 元
罚款收入	42,884.14 元
其　　他	108,798.77 元
合　　计	941,482.47 元

23. 营业外支出 164,074.81 元,其中:

处理固定资产净损失	43,445.01 元
非常损失	23,492.78 元
公益性捐赠支出	20,700.00 元
其　　他	76,437.02 元
合　　计	164,074.81 元

24. 以前年度损益调整 292,708.17 元,系为以前年度木材收入转入和土地使用权多摊冲回,以及退回 1995 年免税产品税金。

八、其它事项

1.1997 年 3 月 29 日,公司召开了第一届董事会第七次会议。提出了 1996 年利润分配和资本公积转增股本的议案:每 10 股送 1 股红股及人民币现金红利 0.80 元,另以资本公积按 10:2 的比例转增股本。

2.1996 年度股东年会召开的有关事宜,另行通知。

福建省永安林业(集团)股份有限公司董事会

1997 年 4 月 2 日

利润及利润分配表

1996 年度

单位:福建省永安林业(集团)股份有限公司　　　　单位:人民币元

项目	本年累计数	上年同期累计数
一、主营业务收入	163,512,069.61	159,548,242.76
减:营业成本	105,435,023.99	109,742,113.27
销售费用	1,776,985.05	2,524,719.03
管理费用	16,151,519.16	16,963,660.95
财务费用	907,357.33	492,043.45
营业税金及附加	11,761,225.43	10,694,777.35
二、主营业务利润	27,479,958.65	19,130,928.71
加:其他业务利润	-148,354.73	189,774.28
三、营业利润	27,331,603.92	19,320,702.99
加:投资收益	188,671.96	45,033.05
营业外收入	941,482.47	349,013.93
减:营业外支出	164,074.81	982,705.62
加:以前年度损益调整	292,708.17	225,797.56
四、利润总额	28,590,391.71	18,957,841.91
减:所得税	6,175,486.83	4,595,806.78
减:少数股权收益		
五、净利润总额	22,414,904.88	14,362,035.13
加:年初未分配利润	67,484.02	2,081,340.87
盈余公积转入数		
六、可分配的利润	22,482,388.90	16,443,376.00
减:提取法定公积金	2,241,490.49	1,440,795.99
提取法定公益金	2,241,490.49	1,440,795.99
七、可供股东分配的利润	17,999,407.92	13,561,784.02
减:已分配优先股股利		
提取任意公积金		
已分配普通股利	5,042,400.00	13,494,300.00
八、未分配利润	12,957,007.92	67,484.02

资产负债表

单位:福建省永安林业(集团)股份有限公司　　1996年12月31日　　单位:人民币元

资　产	年初数	年末数	负债及所有者权益	年初数	年末数
流动资产:			流动负债:		
货币资金	19,875,913.86	77,024,706.46	短期借款	25,220,000.00	14,520,000.00
短期投资		30,419,773.94	应付票据		
应收票据		5,522,000.00	应付帐款	10,338,074.62	8,466,226.74
应收帐款	45,602,943.79	55,401,172.09	预收帐款	3,443,319.26	3,992,946.69
减:坏帐准备	228,014.72	277,005.86	应付福利费	5,310,565.51	3,961,326.20
应收帐款净额	45,374,929.07	55,124,166.23	未付股利	1,879,753.90	5,688,173.50
预付帐款	14,226,054.03	3,477,645.67	未交税金	8,007,046.26	11,808,060.73
其他应收款	20,648,280.17	28,088,267.35	其他未交款	2,766,851.73	284,715.23
待摊费用	903,219.13	592,154.53	其他应付款	23,980,273.31	26,277,463.88
存　货	20,707,410.20	16,834,434.12	预提费用	42,261.87	374,196.92
待处理流动资产净损失	1,387.57		一年内到期的长期负债		
一年内到期的长期债券投资			其他流动负债		
其他流动资产					
流动资产合计	121,737,194.03	217,083,148.30	流动负债合计	80,988,146.46	75,373,109.89
长期投资:			长期负债:		
长期投资	7,147,074.80	6,952,441.34	长期借款	1,450,000.00	700,000.00
其中:合并价差(贷差以"-"表示)			应付债券		
固定资产:			长期应付款	32,397,113.48	24,724,407.59
固定资产原价	46,164,681.76	46,982,014.32	其他长期负债		
减:累计折旧	18,010,470.08	18,687,661.13	长期负债合计	33,847,113.48	25,424,407.59
固定资产净值	28,154,211.68	28,294,353.19	递延税项:		
在建工程	9,825,755.25	9,625,149.65	递延税款贷项		
固定资产清理			负债合计	114,835,259.94	100,797,517.48
待处理固定资产净损失			少数股东权益		
固定资产合计	37,979,963.93	37,919,502.84	股东权益:		
无形及递延资产:			股本	43,530,000.00	63,030,000.00
无形资产	19,425,010.49	19,195,791.04	资本公积	21,771,548.87	93,787,590.94
递延资产	43,331.20	32,498.42	盈余公积	6,128,284.62	10,611,265.60
无形资产及递延资产合计	19,468,341.69	19,228,289.46	其中:公益金	3,366,277.27	5,607,767.76
其他长期资产:			未分配利润	67,484.02	12,957,007.92
其他长期资产			外币报表折算差额		
递延税项:			股东权益合计	71,497,317.51	180,385,864.46
递延税款借项					
资　产　总　计	186,332,577.45	281,183,381.94	负债及股东权益总计	186,332,577.45	281,183,381.94

财务状况变动表

单位:福建省永安林业(集团)股份有限公司　　1996年度　　单位:人民币元

流动资金来源和运用	金　额	流动资金各项目的变化	金　额
一、流动资金来源		一、流动资产本年增加数	
1.本年净利润	22,414,904.88	1.货币资金	57,148,792.60
加:不减少流动资金的费用和损失		2.短期投资	30,419,773.94
(1)少数股东本期损益(亏损以"-"号表示)		3.应收票据	5,522,000.00
(2)固定资产折旧	677,191.05	4.应收帐款净额	9,749,237.16
(3)无形资产、递延资产及其他资产摊销	540,052.23	5.预付货款	-10,748,408.35
(4)固定资产盘亏(减盘盈)		6.其他应收款	7,439,987.18
(5)清理固定资产损失(减收益)		7.待摊费用	-311,064.60
(6)递延税款		8.存货	-3,872,976.08
(7)其他不减少流动资金的费用和损失		9.待处理流动资产净损失(减收益)	-1,387.57
小　　计	23,632,148.16	10.一年内到期的长期债券投资	
2.其他来源:		11.其他流动资产	
(1)固定资产清理收入(减清理费用)			
(2)增加长期负债			
(3)收回长期投资	194,633.46		
(4)对外投资转出固定资产			
(5)对外投资转出无形资产		流动资产增加净额	95,345,954.27
(6)资本净增加额	95,999,023.05	二、流动负债本年增加数	
(7)少数股东资本净增加额		1.短期借款	-10,700,000.00
小　　计	96,193,656.51	2.应付票据	
流动资金来源合计	119,825,804.67	3.应付帐款	-1,871,847.88
二、流动资金运用:		4.预收货款	549,627.43
1.利润分配:		5.应付福利费	-1,349,239.31
(1)提取法定公积金	2,241,490.49	6.未付股利	3,808,419.60
(2)提取法定公益金	2,241,490.49	7.未交税金	3,801,014.47
(3)提取任意公积金		8.其他未交款	-2,482,135.50
(4)已分配股利	5,042,400.00	9.其他应付款	2,297,190.57
小　　计	9,525,380.98	10.预提费用	331,935.05
2.少数股东利润分配		11.一年内到期的长期负债	
3.其他运用:		12.其他流动负债	
(1)固定资产和在建工程净增加额	616,726.96		
(2)增加无形资产、递延资产及其他资产	300,000.00		
(3)偿还长期负债	8,422,705.89		
(4)增加长期投资			
小　　计	9,339,432.85		
流动资金运用合计	18,864,813.83		
外币会计报表折算差额		流动负债增加净额	-5,615,036.57
流 动 资 金 增 加 净 额	100,960,990.84	流动资金增加净额	100,960,990.84

福建省永安林业(集团)股份有限公司1997年度中期报告

一、财务报告(未经审计)

(一)简化的资产负债表　　单位:人民币元

项　目	年初数	期末数
流动资产	217,083,148.30	200,533,045.02
长期投资	6,952,441.34	7,839,549.77
固定资产净值	28,294,353.19	29,136,274.15
在建工程	9,625,149.65	9,436,932.39
无形资产及递延资产	19,228,289.46	18,955,606.58
其他长期资产		3,500,000.00
资产总计	281,183,381.94	269,401,407.91
流动负债	70,330,709.89	44,616,890.45
长期负债	25,424,407.59	24,436,349.18
负债合计	95,755,117.48	69,053,239.63
股本	63,030,000.00	113,454,000.00
资本公积	93,787,590.94	49,666,590.94
盈余公积	10,611,265.60	13,595,246.36
其中:公益金	5,607,767.76	7,099,758.14
未分配利润	17,999,407.92	23,632,330.98
股东权益合计	185,428,264.46	200,348,168.28
负债及股东权益合计	281,183,381.94	269,401,407.91

(二)简化的损益表　　单位:人民币元

项　目	上年同期数	1997年1-6月
主营业务收入	57,940,051.06	84,385,989.53
主营业务利润	10,726,576.62	16,129,116.09
其他业务利润	-44,782.10	108,724.13
投资收益	240,556.52	1,228,045.69
营业外收支净额	-5,477.34	6,138.45
利润总额	11,257,143.34	17,552,828.02
所得税	2,701,714.40	2,632,924.20
净利润	8,555,428.94	14,919,903.82

(三)其他财务指标

	1997年上半年	1996年上半年
1、每股收益	0.13元	0.13元
2、净资产收益率	7.45%	4.61%
3、每股净资产	1.76元	2.94元

注:(1)1996年上半年的每股收益和每股净资产是以当期公司总股本6303为基数

(2)1997年上半年的每股收益和每股净资产是以当期公司总股本11345.4为基数。

(四)财务报表附注

1、本期财务报告所采用的方法与上年度一致。

2、货币资金期初77,024,706.46元,至6月30日102,947,543.25元,增加的主要原因是收回短期投资购国债30,000,000元。

3、应收帐款期初55,401,172.09元,至6月30日38,676,870.14元,减少的主要原因是公司加大清欠货款力度,积极组织货款回笼工作。

4、其他长期资产本年增加3,500,000元,是投资营造工业原料森林基地。

5、短期借款期初14,520,000元至6月30日11,559,371.78元,减少的主要原因是本年还贷款7,800,000元。

6、其他应付款期初26,277,463.88元,至6月30日11,559,371.78元,减少的主要原因是付木材收购价。

7、其他未交款期初284,715.23元,至6月30日1,735,737.11元,增加的主要原因是本年代扣的机场费、公路基金未上交。

8、预提费用期初374,196.92元,至6月30日757,350元,增加的主要原因系预提运费、生产委托工资。

9、长期借款期初700,000元至6月30日450,000元,减少的主要原因是本年还贷款250,000元。

10、股本期初63,030,000元,至6月30日113,454,000元,增加的主要原因是股本扩张50,424,000元。

11、资本公积期初93,787,590.94元,至6月30日49,666,590.94元,减少的主要原因是按10:7的比例向股东转增股本44,121,000元。

12、盈余公积期初10,611,265.60元,至6月30日13,595,246.36元,增加的主要原因是预提1997年上半年的法定公积金10%,1,491,990.38元,法定公益金10%,1,491,990.38元。

13、未分配利润期初17,999,407.92元,至6月30日23,632,330.98元,增加的主要原因是1997年上半年可供股东分配的利润11,935,923.06元;1996年分红是按每10股送1股红股减少6,303,000元。

14、主营业务收入上年同期数57,940,059.6元,1997年上半年84,385,989.53元,增加的主要原因是本年多生产木材,多销售33080立方米。

15、其他业务利润上年同期数-44,782.10元,1997年上半年108,724.13元,增加的主要原因是运费收入利润增加。

16、投资收益上年同期数240,556.52元,1997年上半年1,228,045.69元,增加的主要原因是投资国债收回利息。

17、本公司关联企业

公司名称	注册资本	经营地址	拥有本公司权益%	主要经营范围
福建省永安林业(集团)总公司	4353	福建永安	39.44	林木、竹种植、采伐、加工(制造)、购销
公司名称	注册资本	经营地址	本公司拥有权益%	主要经营范围
永安天然保健品公司	320	福建永安	75	生产各类保健食品饮料、口服液
福建同辉贸易有限公司	100	福建福州	20	批发、零售;五金交电、服装、纺织品、代购代销;木材、人造板、化工产品。

本公司关联企业之间不存在关联交易

二、公司经营情况回顾与展望

(一)上半年经营情况回顾

1997年上半年实现产品销售收入8438.60万元,比上年同期增长45.64%;实现利润总额1755.28万元,比上年同期增长55.93%,主要经济指标均实现时间、任务双过半。半年来,通过"外拓市场、内抓管理"的经营策略,生产经营形势出现大好局面,走出一条具有永林特色的经营之路,主要采取了以下几个方面措施:

1、林政、资源培育工作常抓不懈,针对林政管理工作的要求日趋严格,公司对此项工作始终坚持严格管理,日常工作要求日清月结,把问题解决在萌芽状态。营林工作除继续抓好短周期速生丰产工业原料林基地建设外,对营林生产成本进行重新制订和核实工作,以及营林质量指标落实工作。上半年完成迹地更新造林任务12307亩,幼林抚育面积15107亩,完成防火线维修26公里,新开防火线71公里,使森林资源培育始终走在各项工作之前

2、加强生产管理工作,做好生产进度均衡完成,为确保木材产量按时完成半年计划,今年以来,采育场、采购站自营部分木材生产做到小面积块状采伐,以防止大面积伐倒林木后因调运不畅产生降等变质问题,同时采取各种有力措施强化雨季期间的木材生产到材工作,提高接收到材服务工作,制定奖惩措施,强化调度工作等,确保了"双过半"任务的完成。

3、加大营销力度,扩大市场份额和占有率,在实施营销策略中,从建立企业形象和品牌效应入手,按市场经济规律办事,创造市场、开发市场,

调整产品结构和产业结构,同时做好销售承诺服务,开避"一条龙"服务,使销售工作更加体现公平、公正、公开的交易原则。上半年主要产品销售指标达到了历史较好水平,主要产品产销率达到了98%。

4、加强资金管理,按照"增畅、限平、停滞"的原则进行调度,切实抓好货款工作,严格资金结算纪律。

5、引入竞争机制,公开考核,择优上岗,做到能者上,庸者下,有效地提高管理层的工作效率,一个年轻化、知识化、专业化的管理层队伍逐步形成。

6、充分利用资源优势,加大新项目开发。天然"香兰素"正式试产成功,已进入小批量的生产阶段;利用中密度板进行二次加工的三聚氰胺地板贴面及成型生产线技改项目已批复立项并通过可研评审,现已进入设备选型和总体设计工作;康寿口服液项目安装调试已结束,已进入正式生产阶段。

7、募集资金的运用情况

①第一项项目定向结构刨花板已完成三通一平和扩改工程的初步设计,合计支出137.67万元,占计划支出的2.49%。

②第二项项目康寿口服液已进入正式生产阶段,并进行产品投放市场的有关工作,合计支出525.28万元,占计划支出的135.09%。

③第三项项目森林基地建设,其中更新造林支出235万元,抚育费用115万元,占计划支出的100%。

本公司已按照招股说明书载明的项目进行投资,剩余的募股资金放在货币资金中。

(二)1997年下半年工作重点和措施

1、继续抓好"香兰素"和康寿口服液的生产工作,争取早日产生经济效益。三聚氰胺地板贴面及成型生产线争取在年内正式投产。

2、重点强化企业管理工作。要继续推广邯钢的经验,健全以节能降耗为主要内容的成本管理责任制,健全消耗定额指标体系,确保公司年度经济指标的全面完成。

3、要提高服务质量,切实加强产品质量的管理。要积极开展创名牌活动,提高名牌意识,以名牌产品带动产品结构调整。

4、积极开展促销清欠工作,认真盘活资金,加快资金周转,提高资金使用效率。

三、重大事件的说明

(一)公司第二届董事会第一次会议于1997年5月12日召开,会议选举黄瑞红先生为董事长;蔡为茂、黄总河先生为副董事长;聘任蔡为茂先生兼任总经理;谢益林、刘永川、邱安彬先生为副总经理;叶淑华女士为财务总监;黄忠明先生为董事会秘书。

(二)公司第二届监事会第一次会议于1997年5月12日召开,会议选举刘庆替先生为监事会主席。

(三)对照国务院证券委、中国人民银行、国家经贸委5月21日联合发布的《严禁国有企业和上市公司炒作股票的规定》,本公司已进行了认真的自查,结果表明,本公司及下属各部门未参与股票的炒作。

(四)本报告期内公司无重大诉讼、仲裁事项。

(五)其它重大事项见"五、股东大会简介"。

四、发行在外股票的变动和股权结构的变化

(一)股本变化原因

1、1997年6月6日公司89万内部职工股在深圳证券交易所上市交易。

2、本公司1996年度股东大会通过的"关于1996年利润分配及资本公积转增股本的方案",决定向全体股东10股送1股及转增7股,现上述方案已实施。

(二)股本变化及股本结构情况(单位:万股)

	期初数	部分内部职工股上市	小计	送股	公积金转增	期末数
(一)尚未流通股份						
1.国家股	714		714	71.4	499.8	1285.2
2.境内法人股	3533		3533	353.3	2473.1	6359.4
3.内部职工股	195	-87.497	107.503	10.7503	75.2521	193.5054
(二)已流通股份						
1.境内上市的人民币普通股	1861	+87.497	1948.497	194.8497	1363.9479	3507.2946
(三)股份总额	6303		6303	630.3	4412.1	11345.4

(三)主要股东持股情况

股东名称	持股数(股)	所占比例(%)
福建省永安林业(集团)总公司	44748000	39.44
永安市财政局	12852000	11.33
福建省青山纸业股份有限公司	9000000	7.93
永安市林业建设投资公司	3600000	3.17
三明市林业总公司	3600000	3.17
永安市燕林开发公司	923400	0.81
永安市贮木场	900000	0.79
杨合桂	421920	0.37
林秋英	396990	0.35
张国华	288386	0.25

五、股东大会简介

本公司1996年度股东大会于1997年5月12日在福建省永安市燕江东路12号公司五楼会议室召开。出席会议股东25人,代表股份4433.92万股,占总股本70.35%,由福州君立律师事务所江日华律师现场见证,通过以下决议。

1、审议通过《公司董事会1996年工作情况和1997年工作计划的报告》

2、审议通过《公司监事会1996年工作报告》

3、审议通过《公司1996年财务决算及1997年财务预算的报告》

4、审议通过了由持有958.6万股(占公司总股份的15.21%)股东提出的变更《公司1996年利润分配及资本公积金转增股本的议案》

通过分配方案为:以现有总股本6303万股,向全体股东按每10股派送1股红股,用资本公积按10:7的比例向全体股东转增股本。

5、选举产生公司第二届董事会、监事会。

董事会:黄瑞红、蔡为茂、黄总河、黄复榕、谢益林、邱安彬、陈万美、吴路全、汪炎明。

监事会:刘庆替、郑祥堂、张建丰、姚智平、林惠琴

6、审议通过了关于修改公司章程的说明

根据《公司法》及有关法律、法规和股东会通过的《公司1996年利润分配及资本公积转增股本的决议》公司章程中的股本总额及股权结构做相应的修改。

(1)原章程第十三条修改为:"公司的股本总额为11,345.40万元"。

(2)原章程第十四条修改为"公司的股权结构为:

国有法人股5760万股,占总股份的50.77%;

社会法人股1884.60万股,占总股份的16.61%;

社会公众股3510万股(其中含公司职工股160.20万股),占公司总股份的30.94%;

内部职工股190.80万股,占总股份的1.68%;

公司的实收股本为公司的注册资本,公司注册资本为人民币11,345.40万元。

六、备查文件

1、载有董事长亲笔签名的中期报告原本;

2、公司第四次股东大会材料;

查阅地址:福建省永安市燕江东路12号公司办公楼

福建省永安林业(集团)股份有限公司

1997年8月2日

大同水泥股份有限公司

大同水泥股份有限公司股票上市公告书

一、释义

在本公告书中,除非另有说明,下列简称具有如下意义:

公司(本公司):指大同水泥股份有限公司

发起人:指山西云冈水泥集团有限公司

主承销商:指君安证券有限公司

上市推荐人:指君安证券有限公司

长城证券有限责任公司

大同证券公司

A股:指每股面值1.00元之记名式人民币普通股

元:指人民币元

深交所:指深圳证券交易所

证监会:指中国证券监督管理委员会

二、绪言

经中国证券监督管理委员会证监发字(1996)389号文和证监发字(1996)390号文复审通过,本公司已成功地向社会公众公开发行每股面值为1元之人民币普通股1500万股。经1997年1月8日本公司创立大会暨第一次股东大会决议通过和深交所深证发(1997)35号《上市通知书》,本公司股票将于1997年1月24日(星期五)在深圳证券交易所挂牌交易。本公司总股份为5100万股,可流通股份为1350万股(另有150万股公司职工股将在本次股票上市后6个月后方可上市流通),股票简称:大同水泥;证券编码:0673;交易单位为"股"。

本公告书依据《中华人民共和国公司法》、《股票发行与交易管理暂行条例》、《公开发行股票公司信息披露实施细则(试行)》、《深圳证券交易所业务规则》等国家有关法律、法规文件的规定,为本公司股票公开上市之目的向社会公众提供有关资料。

本公司于1996年12月18日在《中国证券报》、《山西日报》刊登招股说明书概要,距今不足6个月,故与其相重复的内容在此不再赘述,敬请社会公众查阅招股说明书。

本公司董事会及各位董事确信本公告书未遗漏任何重大事项,亦不存在任何误导和虚假成分,并愿就本公告书及相关资料的真实性、准确性、完整性负个别及连带责任。

三、公司概况

1.本公司法定名称:大同水泥股份有限公司

英文名称:DATONG CEMENT CO.,LTD。

2.成立日期:1997年1月17日

3.本公司注册地址:山西省大同市矿区口泉

4.公司法定代表人:胡振东

5.本公司经营范围

主营:水泥、熟料

兼营:提供水泥生产技术咨询服务业务等。

6.注册资本:5100万元

工商登记号:27620222-8-2

7.本公司职工人数:截止1996年3月31日,本公司共有员工950人,其中生产人员755人,销售人员12人,技术人员114人,财务人员8人,行政人员61人。

8.股票发行情况

股票种类:人民币普通股(A股)

股票面值:1.00元/股

发行价格:7.15元/股

发行日期:1996年12月20日

发行方式:上网定价发行

承销机构:君安证券有限公司

承销方式:余额包销

四、股本结构及股东持股情况

1.股本形成

本公司是经山西省人民政府晋政函(1996)107号文批准,由山西云冈水泥集团有限公司独家发起、以募集方式设立的股份有限公司。经国家国有资产管理局国资评(1996)467号文确认,山西云冈水泥集团有限公司投入本公司的净资产为5536.11万元,经山西省国有资产管理局晋国资企函字(1996)第31号文批复,按65.03%的比例折股本3600万股,每股面值1.00元,由山西云冈水泥集团有限公司以国有法人股身份持股。经中国证监会证监发字(1996)389号文和证监发字(1996)390号文批准,发行社会公众股1500万股,每股面值1.00元,每股发行价7.15元。其中1350万股通过深圳证券交易所交易系统上网定价发行,150万股公司职工股向本公司职工配售。本次发行的1350万股社会公众股股款,在扣除发行费用后,已进入本公司银行帐户,并经山西会计师事务所验证确认。

本次发行后的股本结构为:

股权分类	股数(万股)	比例(%)
国有法人股	3600	70.59
社会公众股	1500	29.41
其中:公司职工股	150	2.491
总股本	5100	100

2.主要股东持股情况

目前,按持股比例排列前10名股东的持股情况如下:

排序	股东名称	持股数量(股)	比例(%)
1	山西云冈水泥集团有限公司	36000000	70.59
2	胡振东	3000	0.00588
3	高友江	2200	0.00431
4	秦新岚	2100	0.00411
5	傅木南	2000	0.00392
6	邓远光	2000	0.00392
7	余春梅	2000	0.00392
8	汪国琼	2000	0.00392
9	唐正良	2000	0.00392
10	扬有根	2000	0.00392

3.公司董事、监事、高级管理人员持股情况如下:

姓名	职务	持股数(股)
胡振东	董事长	3000
李成业	副董事长	1500
双银	董事、总经理	1500
麻向阳	董事	1500
黄坚豪	董事	1500

潘振清	董事	1500
武德印	董事	1500
张国平	董事、董事会秘书	700
侯智高	董事	1400
金紫祥	监事会主席	1500
齐海贵	监事会副主席	1500
王振武	监事	1500
赵垒家	监事	700
富美章	监事	1100
焦尚福	监事	700
郑树林	监事	400
孙昭福	副总经理、总工程师	1400
帖立国	财务部长	400

五、董事、监事及高级管理人员简历

胡振东，男，56岁，大学毕业，高级经济师、高级政工师，系集团公司创办人之一。1984年任大同市委办公室主任，1984—1985年任大同水泥厂党委副书记，大同水泥厂改制为集团公司后，任集团公司党委书记、董事长、总经理。胡振东先生连续多年被评为山西省和大同市劳动模范，并荣获山西省“优秀企业家”、“改革带头人”、“省建材质量管理活动卓越领导者”和“中国经营管理大师”等光荣称号。现任本公司董事会董事长。

李成业，男，45岁，大专毕业，高级经济师，系集团公司创办人之一，1977年任大同水泥厂团委书记，1989—1992年任大同水泥厂党委组织部部长，1992年以来，任大同水泥厂和集团公司党委副书记、副董事长、第一副总经理。李成业先生具有较强的领导工作能力和组织协调能力，有28年企业生产管理经验，曾荣获大同市“优秀党务工作者”称号。现任本公司董事会副董事长。

双银，男，53岁，大学毕业，高级经济师，高级政工师，1974—1976年任大同水泥厂团委书记，1976—1984年任大同水泥厂政治部主任、组织部部长，1992年以来，任大同水泥厂副厂长，大同水泥厂改制为集团公司后，任集团公司董事，水泥一厂厂长。双银先生具有较高的政策水平和业务素质，具有较强的决策能力和丰富的企业管理经验。现任本公司董事会董事兼总经理。

麻向阳，男，31岁，大学毕业，任集团公司董事会董事、总工程师。麻向阳先生1987年毕业于武汉工业大学，曾任大同水泥厂烧成车间副主任、科研设计室副主任、工艺技术处处长、化验室主任、副总工程师。麻向阳先生年富力强，有较高的事业心和进取精神，钻研技术，勇于探索，有较高的政治素质和较强的工作能力。现任本公司董事会董事。

黄坚豪，男，52岁，大学毕业，高级会计师，现任集团公司副总经理。黄坚豪先生1971—1984年在大同水泥厂财务科任会计，1984—1985年任财务科副科长，1985年以后任大同水泥厂副总会计师、总会计师。黄坚豪先生多年从事企业的经济核算和财务会计管理工作，系统地掌握了经济、财务会计理论和专业知识，具有丰富的财务管理经验。现任本公司董事会董事。

武德印，男，45岁，大专毕业，高级经济师，现任集团公司总经济师，计划处处长。武德印先生1972—1980年任大同水泥厂立窑车间团支部书记、党支部副书记，1980—1984年任大同水泥厂环保副科长，1984—1985年任厂长办公室副主任，1985—1989年任大同水泥厂矿山车间党支部书记，1989—1995年任厂计划处处长、大同水泥厂改制为集团公司后，任副总经济师、总经济师。武德印先生具有24年企业生产管理经验，有较强的事业心和组织协调能力。现任本公司董事会董事。

张国平，男，33岁，大专毕业，现任集团公司财务处副处长。张国平先生在大同水泥厂从事财务会计工作十二年，具有丰富的财务管理经验，具有较强的敬业精神和较高的业务水平。现任本公司董事会董事、董事会秘书、副总经理兼总会计师。

侯智高，男，44岁，经济师，政工师。侯智高先生具有22年企业生产管理经验，曾任大同水泥厂团委干事，党委宣传总干事，大同水泥厂基建科副科长，制成、矿山、机修车间党支部书记，房地产管理处处长、原料车间主任等职，具有较高的政策理论水平和较丰富的领导工作经验，有较强的组织协调能力和决策能力。现任本公司董事会董事。

金紫祥，男，56岁，中专毕业，高级工程师，现任集团公司董事会董事，集团公司党委副书记，1960年在北京水泥研究院任技术员，1961—1975年任大同水泥厂矿山车间技术员、副主任，1975年任大同水泥厂援外办公室副主任，1976年—1984年任大同水泥厂动力车间副主任、党支部书记，1984年任大同水泥厂副厂长，1985年以后任大同水泥厂党委副书记。金紫祥先生长期从事党的建设和思想政治工作，组织领导和党建工作经验丰富，有较高的政策理论、企业管理和决策能力，思想解放、勇于探索，有强烈的改革意识和开拓精神，曾多次荣获国家、省、市优秀科协干部、先进个人、优秀党务工作者、优秀思想政治工作者等称号。现任本公司监事会主席。

齐海贵，男，52岁，大学毕业，高级政工师，现任集团公司董事会董事、工会主席。1968年大学毕业后参加工作，曾任大同水泥厂职工医院副院长、院长，1986年任大同水泥厂工会主席。齐海贵先生有较强的组织领导能力和较丰富的实际工作经验，曾多次荣获全国及建材行业优秀工会干部、“山西省模范工会工作者”、“山西省优秀思想政治工作者”、“大同市最佳工会主席”等称号。现任本公司监事会副主席。

王振武，男，49岁，大学毕业，高级经济师，高级政工师，现任集团公司纪检书记，1976年从部队转业后，曾任大同水泥厂宣传干事、大同水泥厂机修车间党支部书记、厂党委宣传部部长、统战部部长、党委组织部部长、人事处处长。王振武先生思想解放，改革创新意识较强，具有较高的政治理论水平和思想政策水平，有较丰富的经济管理经验和组织协调能力，曾荣获“山西省优秀组织工作者”称号。现任本公司监事会监事。

赵垒家，男，55岁，中专毕业，高级会计师，现任集团公司审计处处长，1971—1978年任大同水泥厂财审处副处长，1978—1995年任大同水泥厂财审处处长。赵垒家先生长期从事财务、审计领导工作，有较丰富的领导工作经验和较高的业务理论水平，刻苦钻研业务，先后发表论文17篇，其中有13篇论文获国家、省、市优秀论文奖。现任本公司监事会监事。

富美章，男，50岁，大专毕业，经济师，现任集团公司水泥一厂包装车间主任，曾任大同水泥厂商店经理、劳动服务公司副经理、原料车间支部书记。富美章先生具有数十年的基层管理经验，工作认真负责，有较高的政策理论水平，思想解放，勇于探索，有较强的改革意识和开拓精神。现任本公司监事会监事。

焦尚福，男，33岁，大专毕业，工程师，现任集团公司水泥一厂制成车间主任，曾任制成车间技术员、原料车间副主任。焦尚福先生具有扎实的水泥工艺基础知识，有丰富的基层管理经验，工作认真负责，有较高的政策理论水平，民主意识较强。现任本公司监事会监事。

郑树林，男，39岁，高中毕业，曾任公司烧成车间工长。郑树林先生工作认真负责，踏实肯干，努力钻研业务，多次荣获厂先进工作者。现任本公司监事会监事。

孙昭福，男，50岁，中专毕业，高级工程师，现任集团公司水泥一厂副厂长，曾任烧成车间副主任，生产调度室副主任，烧成车间支部书记，烧成车间主任，副总工程师。孙昭福先生有丰富的水泥专业知识，有丰富的基层管理经验，具有革新意识及创新精神，有较高的政策理论水平。现任本公司副总经理兼总工程师。

帖立国，男，33岁，大专毕业，经济师、会计师，从1986年至今，在集团公司财务处任会计。贴立国先生年富力强，具有较为丰富的财会基础知识及财会电算化知识，努力钻研业务，对股份制财会实务颇有研究。现任本公司财务部部长。

六、主要财务资料

经山西会计师事务所对本公司1996年9月30日以前三年期间财务报表的审计,主要财务会计资料如下:

1.资产负债表主要数据(截止1996年9月30日)

编制单位:大同水泥股份有限公司　　单位:人民币元

项目	1996.9.30	1995.12.31	1994.12.31	1993.12.31
流动资产:				
货币资金	3,391,245	5,352,042	809,381	3,932,161
应收帐款	73,100,548	43,752,425	37,832,628	27,380,483
减:坏帐准备	131,257	131,257	113.498	82,141
应收帐款净额	72,969,291	43,621,168	37,719,130	27,298,342
其他应收款	2,067,454	1,789,591	2,018,546	728,103
待摊费用	699,980	861,514	1,076,894	—
存货	11,218,010	18,119,710	8,854,728	9,148,534
流动资产合计	90,345,980	69,744,025	50,478,679	41,107,140
固定资产原值	116,359,724	78,166,415	72,215,659	67,383,887
减:累计折旧	73,341,855	38,329,176	39,391,283	34,165,418
固定资产净值	43,017,869	39,837,239	32,824,376	33,218,469
在建工程	438,000	438,000	5,950,756	4,831,772
固定资产合计	43,455,869	40,275,239	38,775,132	38,050,241
资产总计	133,801,849	110,019,264	89,253,811	79,157,381
流动负债:				
短期借款	17,000,000	22,300,000	12,300,000	21,500,000
应付帐款	28,993,056	25,628,223	15,705,672	12,409,447
未交税金	15,434,322	11,007,786	10,468,828	1,416,020
其他未交款	3,514,599	2,065,343	491,905	310,685
其他应付款	3,790,644	2,885,688	4,961,682	3,395,492
未付股利	9,708,120	-	-	-
流动负债合计	78,440,741	63,887,040	43,928,087	39,031,644
长期负债:				
长期借款	—	—	6,500,000	6,500,000
长期负债合计	-	-	6,500,000	6,500,000
负债合计	78,440,741	63,887,040	50,428,087	45,531,644
股东权益:				
股本	36,000,000	15,574,071	18,106,561	9,518,375
资本公积	19,361,108	6,633,640	—	—
法定盈余公积	-	5,895,337	4,121,042	2,410,736
公益金	-	2,947,669	2,060,521	1,205,368
未分配利润	-	15,081,507	14,537,600	20,491,258
股东权益合计	55,361,108	46,132,224	38,825,724	33,625,737
负债及权益总计	133,801,849	110,019,264	89,253,811	79,157,381

2.利润表主要数据

编制单位:大同水泥股份有限公司　　单位:人民币元

项目	1996.1—9月	1995年度	1994年度	1993年度
一、主营业务收入	124,399,967	158,390,954	141,591,103	168,581,280
减:营业成本	70,055,772	88,337,128	78,029,207	75,520,221
销售费用	20,469,813	22,232,719	16,713,140	19,138,343
管理费用	8,649,236	13,111,434	16,919,487	16,924,386
财务费用	2,065,410	2,542,200	1,974,000	1,585,130
营业税金及附加	1,415,814	1,098,214	1,014,857	17,665,891
二、主营业务利润	21,743,922	31,069,259	26,940,412	37,747,309
加:其他业务利润	521,691	89,798	(821)	1,299,001
三、营业利润	22,265,613	31,159,057	26,939,591	39,046,310
加:营业外收入	161,363	608,971	1,357,476	1,501,000
减:营业外支出	541,407	571,851	376,715	598,730
四、利润总额	21,885,569	31,196,177	27,920,352	39,948,580
减:所得税	7,222,238	10,294,738	9,000,000	8,550,000
五、净利润	14,663,331	20,901,439	18,920,352	31,398,580

3.说明

上述资产负债表和利润表的数据已经山西会计师事务所注册会计师审核验证,并出具审计报告。

4.主要会计指标

财务指标	1996年1-9月	1995年	1994年
流动比率	1.15	1.0916	1.15
速动比率	0.9998	0.79	0.92
资产负债率	0.5862	0.5806	0.49
存货周转率	4.77	6.55	8.67
应收帐款周转率	2.13	3.88	4.34
净资产收益率	0.2648	0.4531	0.2137
每股净资产额	1.537	1.28	2.48
每股盈利	0.407	0.58	0.53

5.盈利预测

本公司盈利预测报告业经山西会计师事务所审阅验证,盈利预测表如下:(附后)

附注:1.公司1996年1-9月份净利润为14,663,331元

2.公司1996年1-3月份净利润已折入股本

3.从改组基准日至本公司正式注册登记之间的利润归集团公司所有

七、董事会承诺

本公司董事会将严格遵守《公司法》、《股票发行与交易管理暂行条例》、《公开发行股票公司信息披露实施细则(试行)》、《深圳证券交易所业务规则》及国家与深圳市有关法律、法规,并向证券主管机关、深交所、广大投资者作出如下承诺:

1.自觉接受证券管理部门的监督和管理,认真听取政府、股东证券管理部门、证券经营部门和社会公众的意见、建议和批评。

2.准确和及时地公告本公司中期报告、年度报告及经营业绩资料和披露本公司重大经营活动信息。

3.本公司董事会、监事会及高级管理人员如发生人事变动,或前述人持有本公司股份数量发生变化时,及时通报证券管理机关,并及时通过证券主管部门指定的媒体通告社会公众。

4.本公司董事、监事及高级管理人员不利用内幕消息和不正当手段直接或间接从事任何目的的股票投机交易。

5.董事会及各位董事保证不就任何未经主管机关审阅的可能影响股价变动的重大信息私自公告或发表意见。

6.本公司没有无记录负债。

八、特别事项说明

1997年1月8日在山西省大同市召开了本公司创立大会暨第一次股东大会,股东及股东代理人共108人出席,代表公司股份总数的70.88%。大会审议并通过了关于本公司筹建工作的报告、成立本公司的决议、本公司章程、本公司股票在深圳证券交易所上市的决议,聘请山西会计师事务所为本公司常年财务审计机构的决议,并选举产生了本公司董事会、监事会。同日召开了本公司第一届董事会第一次会议,选举产生了董事长、副董事长并任命了高级管理人员;同日召开了本公司第一届监事会第一次会议,选举产生了监事长。

截止本公告刊登之日,本公司、本公司附属公司以及本公司的董事、监事和高级管理人员并无涉及任何重大诉讼及仲裁,而且据本公司董事会所知,亦无任何未了结或面临重大威胁之诉讼。

九、咨询机构

1.发行人

名称:大同水泥股份有限公司

地址：山西省大同市矿区口泉
电话：0352－4042623
传真：0352－4042623
联系人：张国平、刘　刚
2.上市推荐人
名称：君安证券有限公司
法定地址：深圳市春风路5号
法定代表人：张国庆
电话：0755－2175560
传真：0755－2296188
联系人：吴坚
名称：长城证券有限责任公司
地址：深圳市福田区八卦三路平安大厦四楼
电话：0755－2414856
传真：0755－2414862
联系人：田军
名称：大同证券公司
地址：山西省大同市四牌楼
法定代表人：董祥
电话：0352－2067766
传真：0352－2051178
联系人：肖宁、安用兵
3.发行人律师
名称：北京市中银律师事务所
地址：北京西城区南礼士路21号核工之家6层
法定代表人：朱玉栓
电话：010－68573796
传真：010－68573559
4.会计师事务所
名称：山西会计师事务所
地址：山西太原迎泽大街345号
电话：0351－4052325
传真：0351－4077434

十、备查文件

1.本公司的注册登记文件
2.深圳证券交易所上市通知书
3.验资报告
4.上市推荐书
5.本公司创立大会暨第一次股东大会决议
6.招股说明书
7.资产评估报告
8.法律意见书

大同水泥股份有限公司
1997年1月21日

盈　利　预　测　表

项目	1996年1－9月已审实现数	1996年10－12月预测数	1996年度合计数	1997年度预测数
一、主营业务收入	124,399,967	33,316,227	157,716,194	181,698,000
减：业务成本	70,055,772	19,678,488	89,734,260	101,272,500
销售费用	20,469,813	3,378,232	23,848,045	27,202,845
管理费用	8,649,236	2,883,079	11,532,315	13,262,186
财务费用	2,065,410	688,470	2,753,880	2,941,144
营业税金及附加	1,415,814	329,545	1,745,359	1,900,566
二、主营业务利润	21,743,922	6,358,413	28,102,335	35,118,759
加：其他业务利润	521,691	231,255	752,946	－
三、营业利润	22,265,613	6,589,668	28,855,281	35,118,759
加：投资收益	－	－	－	－
营业外收入	161,363	53,788	215,151	－
减：营业外支出	541,407	159,297	700,704	285,085
加：以前年度损益	－	－	－	－
四、利润总额	21,885,569	6,484,159	28,369,728	34,383,674
减：所得税	7,222,238	2,139,772	9,362,010	11,485,112
五、净利润	14,663,331	4,344,387	19,007,178	23,338,562

大同水泥股份有限公司1996年年度报告摘要

一、公司简况

股票代码：0673
股票简称：大同水泥
公司法定中文名称：大同水泥股份有限公司
公司英文名称：DATONG CEMENT CO，LTD
公司注册地址：山西省大同市口泉
公司办公地址：山西省大同市口泉
邮编：037001
公司法定代表人：胡振东
公司咨询服务机构：证券管理部
电话：(0352)4042623
传真：(0352)4042623
联系人：董事会秘书　张国平
会计师事务所：山西会计师事务所

二、主要财务数据与财务指标

单位：元

指　标　项　目	本年数	上年数	比上年增减(％)
1.主营业务收入	162,840,580	158,390,954	2.81
2.净利润	19,900,060	20,901,439	－4.79
3.总资产	252,917,722	110,019,264	129.89
4.股东权益	159,714,858	46,132,224	246.21
5.每股收益	0.55	0.58	－5.17
6.每股净资产	4.44	1.28	246.88
7.净资产收益率(％)	12.46	45.31	－72.50
8.股东权益比率(％)	63.15	41.93	50.61

注：(1)因公司社会公众股为1996年12月20日开始发行，1997年上市，故指标项目中每股收益，每股净资产均按公开发行前的股本(3600万)计算。

(2)上列指标项目中，每股收益，每股净资产本年数如按加权平均法计算，应分别为0.546元、4.39元。

(3)社会公众股股票申购冻结资金利息(2467549.76元)1996年末尚未收到，因而本年度利润总额未包含申购冻结资金利息，1997年度将按中国证监会及股份制企业会计制度的有关规定进行帐务处理。

三、公司业务回顾

1.一年来的经营情况

过去的一年是我公司发展史上最富挑战,最具成效的一年。面对国家宏观紧缩政策的实行,建材市场疲软,竞争激烈的大背景,公司坚持以人为本,质量效益为先的原则,坚持走"对内抓管理、对外抓市场"的经营路子,实现规模效益。努力提高公司员工的主人翁责任感,大力转换企业的经营机制,拓宽营销网络,从而把压力变为动力,全年实现主营业务收入16284.06万元,净利润1990.01万元,经济效益居山西省同行业之首。

1)经过全体股改人员的共同努力,完成了"大同水泥"股票在深圳证券交易所的发行,并以此为契机,强化公司形象宣传和品牌形象的宣传,扩大企业的知名度,提高企业参与市场竞争的能力,分别对公司各级管理人员进行了股份制理论的培训,在员工中树立起"为股东服务,令股东放心,厚报广大股民"的观念,为全面完成公司96年计划打下了坚实的基础。

2)强化营销策略、扩大市场份额,树立了全新的独具风格的经营体系。96年,公司依靠雄厚的实力和良好的管理优势,始终坚持"质量第一"的宗旨,水泥质量保持百分之百的合格率,被用户誉为水泥"精粉",在此基础上,以产品销售为主线,充分利用价格杠杆,采取定点直供、产品分销等形式,创造新的营销作为,实现经销网络由点、线向面上拓展;经营方向由坐柜等客变为上门推销,销售系统由联营向工地拓展。此外不断调整充实营销队伍,建立强有力的市场调研,营销策划,售后服务等基础业务体系,实行销售人员收入与任务、指标、回款额紧密挂钩的办法,保证了销售目标的顺利实现。

3)改进经营管理,完善现代企业制度。1996年度,本公司锐意改革,不断进取,转机建制,强化企业管理,实行全员劳动合同制,初步建立起了激励约束机制,增强了企业活力。在质量管理上,积极准备#525R普通硅酸盐水泥质量认识复审和ISO-9000质量体系认证的前期工作,在财务管理等方面,进一步加强了企业依法运作的规范化管理,制定了公司由"生产经营型向资本经营型"转变的战略,加大科研力度,已研制出"中热"水泥新品种,为公司今后的发展培育新的利润增长点。

2.关于经营成果与预测差异的说明

1996年,公司实现主营业务收入16284.06万元,比1996年预测增加3.25%,净利润1990.01万元,比1996年预测增加4.69%;利润总额2970.16万元,比1996年预测增加4.69%,实际经营效益较预测没有产生重大差异。

3.前次募集资金的使用情况说明

本公司于1996年12月20日利用深圳证券交易所交易系统上网定价发行"大同水泥"A股1350万股、总募集资金为10725万元,扣除发行费用后,实际募股资金为10435.375万元,公司将严格按照招股说明书第6条所披露的计划使用募集资金。

4.新年度业务发展规划

1)1997年是我公司发展史上承前启后的一年,公司将充分利用上市公司的良好信誉,将生产经营和资本经营有机地结合起来,依托良好的管理和先进的技术,加大资金与物资的投入,化资源优势为经济优势,以技改求发展,大力发展水泥产业,逐步实现以水泥为主体,集水泥制品,水泥技术咨询为一体,多种经营的发展战略,同时借助国家经济政策向中西部倾斜,在稳定生产的基础上,大力增加科技投入,不断开发水泥新品种,扩大生产规模,进一步提高公司的抗风险能力及行业地位,随着国家一些重点工程,如引黄入晋水利工程,大运公路改造,神木铁路和东胜煤田的建设开发,给本公司发展带来了巨大的发展机遇。公司将极力稳定已有的山西、河北、北京、天津、内蒙南段市场,逐步提高市场占有率,同时大力开拓国内其他市场,进军国际市场,增强公司的竞争力和出口创汇能力。

2)进一步加快公司规范化运作的进度,加大公司推行现代企业制度的力度,通过改组、改造、改革、实现资本的有效运营,在资产重组和资本运营方面取得突破。

3)合理使用募集资金,加快实施购买山西大同云水建材有限公司水泥生产线及实物资产的进度,该项目实施后,可年增产高标号水泥5万吨,年增净利润约500万元。

4)完成与山西云冈水泥集团有限公司组建日产4000吨水泥熟料双加技改项目公司的前期工作,争取尽早落实项目,早开工、早投产、为公司今后的发展开辟新的利润增长点。

5)强化内部管理,节约能耗,继续保持水泥产品合格率100%,粉尘排放达到国家规定标准,同时加大科研力度,重点开发"道路"水泥、"低碱"水泥等新品种,状大公司发展实力。

四、股本变化及股本结构情况

1.股本结构改变的情况

1)公司股本结构(单位:万股　　面值:每股1元)

	期初数	本期变动数	期末数
尚未流通股份	1104.9305	3995.0695	5100
其中:发起人股份	1104.9305	2495.0695	3600
尚未流通社会公众股		1500	1500

注:(1)期初数依据本公司招股说明书中所列股权结构填写;

(2)本年度公司无已流通股份。

2)公司本年度股本结构变动情况

本年度公司股本结构变动的原因是:

A.山西省资产评估中心,对96年9月末集团公司投入本公司国有法人股净资产进行折股,总计折股本3600万元,减除上年已列股本后,净增加国有法人股2495.0695万股;

B.经中国证监会批准,公司于96年12月20日通过深交所交易系统募集社会公众股份,增加股本1500万股。

3)主要股东持股情况如下(前十名):

股东名称	持股数(股)	占总股本(‰)
1)山西云冈水泥集团有限公司	36,000,000	705.9
2)胡振东	3000	0.059
3)高友江	2200	0.043
4)秦新岚	2100	0.041
5)付木南	2000	0.039
6)余春梅	2000	0.039
7)汪国琼	2000	0.039
8)唐正良	2000	0.039
9)邓远光	2000	0.039
10)杨有根	2000	0.039

4)截止1996年底公司股东总数为15396户,其中:国有法人股东1户,社会公众股股东15395户。

(二)公司董事、监事与高级管理人员持股情况

姓名	职务	年初持股数	年末持股数	变动原因
胡振东	董事长	无	3000	新募股份(内部职工股)
李成业	副董事长	无	1500	新募股份(内部职工股)
双银	董事 总经理	无	1500	新募股份(内部职工股)
麻向阳	董事	无	1500	新募股份(内部职工股)
黄坚豪	董事	无	1500	新募股份(内部职工股)
潘振清	董事	无	1500	新募股份(内部职工股)
武德印	董事	无	1500	新募股份(内部职工股)
张国平	董事、董事会秘书 副总经理	无	700	新募股份(内部职工股)

侯智高	董事	无	1400	新募股份(内职职工股)
金紫祥	监事会主席	无	1500	新募股份(内职职工股)
齐海贵	监事会副主席	无	1500	新募股份(内职职工股)
王振武	监事	无	1500	新募股份(内部职工股)
赵垒家	监事	无	700	新募股份(内部职工股)
富美章	监事	无	1100	新募股份(内部职工股)
焦尚福	监事	无	700	新募股份(内部职工股)
郑树林	监事	无	400	新募股份(内部职工股)
孙昭福	副总经理	无	1400	新募股份(内部职工股)
帖立国	财务部长	无	400	新募股份(内部职工股)

五、重要事项

(一)报告期内股东大会,董事会情况

本公司于1997年1月17日正式成立,报告期内没有召开股东大会,董事会

(二)报告期内兼并、投资事宜

本公司报告期内无兼并,投资事宜

(三)公司法定代表、董事、监事变动情况

本年度因公司处于筹备阶段,尚未正式创立,因而未选举法定代表,董事、监事。

(四)报告期分红派息

根据山西省国有资产管理局晋国资企函(1996)第31号文批复,本公司自改组基准日至成立期间形成的利润归集团公司所有。因此本年度只对老股东进行分红派息。

(五)重大诉讼,仲裁事项

本年度公司无重大诉讼,仲裁事项。

(六)重大事件简介

1、1996年11月7日,山西省人民政府晋政函〔1996〕107、127号文批准以独家发起募集设立大同水泥股份有限公司,下达了大同水泥股票发行计划额度。

2、1996年12月13日,中国证监会证发字〔1996〕390、389号文批准公司采取"上网定价"的发行方式,面向社会公开发行大同水泥股票1500万股。

3、1996年12月20日大同水泥股份有限公司(筹)在深圳证券交易所公开发行股票成功。

六、子公司及关联企业

本公司无子公司及关联企业

七、财务报告

(一)审计意见

公司财务报表经山西会计师事务所注册会计师武世民、吴淑敏审计,并出具无保留意见的审计报告。(〔1997〕晋师股审字第6号)

(二)财务报表(附后)

(三)财务报表附注

(1)重要会计政策

1、会计制度

本公司执行《股份制试点企业会计制度》。

2、会计期间

本公司采用公历年度,自每年1月1日起至12月31日止为一个会计年度。

3、记帐原则和计价基础

按权责发生制原则记帐,各项财产物资按取得时的实际成本计价。

4、存货计价方法

存货按实际成本计价,发出时按加权平均计算。低值易耗品采用领用时一次摊销。

5、坏帐准备

本公司于决算日按应收帐款年末余额的千分之三计提坏帐准备列入管理费用,其他债权按实际确认的坏帐计入管理费用。

6、固定资产及其折旧

固定资产按实际成本计价,折旧按各类固定资产原值和估计经济使用年限,扣除4%残值后采用"直线法"计提折旧,各类固定资产的估计使用年限和折旧率如下:

固定资产分类	估计使用年限	折旧率(%)
生产用房屋、建筑物	30年	3.2
机械设备	11年	8.73
工业炉窑	9年	10.67
运输设备	10年	9.6

7、在建工程

按实际成本计价,包括与在建工程有关的借款利息支出予以资本化。

8、销售收入的确认

商品已经发出,商品的所有权已转给买方,收到货款或取得收取货款的凭证时,确认为销售收入的实现。

9、税项

税种	计税依据	税率%
所得税	应纳税所得额	33
增值税	产品销售收入	17
增值税	其他业务收入	17
城建税	应纳增值税	7
车船使用税	客货车辆	乘人汽车按辆计交,载货汽车按吨位计交。
印花税	经济合同及帐薄	购销及建筑安装合同按签约额0.3‰,帐簿每本5元,资本金帐簿按资本总额0.5‰贴花。
教育费附加	应纳增值税	3
价格调控基金	应纳增值税	1.5

注:"价格调控基金"系根据山西省人民政府晋政发(1995)71号"关于进一步完善价格调控基金征收管理工作的通知"规定"凡在本省境内从事生产、经营、服务等项活动,有销售营业收入的单位和个人,均应缴纳价格调控基金。价格调控基金以消费税、增值税、营业税为计征依据。征集比例,按税前"三税"额的1.5%计征"。

10、利润分配

依据本公司章程规定。弥补以前年度亏损、提取10%法定盈余公积、5%法定公益金和任意盈余公积金后,按股东持有股份的比例支付股利。

(2)会计报表项目附注

1、货币资金

人民币元

分项	开户行	帐号	存款余额
生产结算户	大同工行南郊支行	10622101269	811,144
运费结算户	大同工行花园洼分理部	221001	33,855
筹委会募集资金户	大同工行南郊支行	106221158465	104,353,750
			105,198,749

注:货币资金年末余额增大,主要原因是1996年12月31日溢价发行公众股募集资金到位。

2、应收帐款

帐龄	户数	人民币元	占总金额比例(%)
1年以内	15	62,072,758	69.37
1年以上2年以内	8	22,630,291	25.29
2年以上3年以内	3	4,783,629	5.34
	26	89,486,678	

注:应收帐款年末余额比上年同期增加45,734,253元,主要原因是公司大、老用户受三角债影响,回款不及时造成的。

3、其他应收款

项目	性质	人民币元	帐龄	占总金额比例(%)
经销公司	代垫费用	638,073	一年以内	32.24
开发公司	代垫费用	1,199,555	二年以内	60.60
备用金	差旅费周转金	141,759		7.16
		1,979,387		

4、待摊费用

项目	人民币元
1994年存货期初进项税未抵扣余额	689,211

5、存货

项目	人民币元
原材料	4,407,219
包装物	3,932,818
自制半成品	1,091,546
产成品	4,669,413
	14,100,996

注:存货年末余额比上年同期减少4,018,714元,主要原因是自制半成品减少。

6、固定资产及累计折旧

A、固定资产原值

人民币元

类别	期初余额	本期增加	本期减少	期末余额
生产用房屋建筑物	18,591,940	7,641,189	--	26,233,129
机械设备	35,556,326	17,471,169	--	53,027,495
工业炉窑	23,264,108	13,557,184	--	36,821,292
运输设备	754,041	155,959	--	910,000
	78,166,415	38,825,501		116,991,916

B、累计折旧

类别	期初余额	本期增加	本期减少	期末余额
生产用房屋建筑物	9,820,109	7,062,243	--	16,882,352
机械设备	17,862,552	11,968,114	--	29,830,666
工业炉窑	10,397,508	18,252,709	--	28,650,217
运输设备	249,007	86,513	--	335,520
	38,329,176	37,369,579		75,698,755

注:固定资产原值及累计折旧年末余额比上年同期增加的主要原因是资产评估确认后,评估增值入帐,增加了原值及累计折旧。

7、在建工程

工程名称	工程进度(%)	实际支用数(元)	原预算数(元)	资金来源
2#水泥磨开流技改	24.79	438.000	1,767,000	企业自筹

注:2#水泥磨开流技改项目、依据1995年企业更新改造项目计划,具体改造项目:1、选用高效选粉机;2、收尘器改造为汽箱式脉冲收尘器;3、排风机更新;4、增加提升机设备;5、选用新型研磨体材料及支付专有技术费等。

8、短期借款

贷款银行	合同利率(%)	到期日	人民币元	贷款条件
大同工行南郊支行	9.24	1997.10.6	2,000,000	有担保
大同工行南郊支行	9.24	1997.10.16	3,000,000	有担保
大同工行南郊支行	9.24	1997.10.26	3,000,000	有担保
大同工行南郊支行	9.24	1997.11.6	500,000	有担保
大同工行南郊支行	9.24	1997.11.16	2,000,000	有担保
大同工行南郊支行	9.24	1997.4.1	4,000,000	有担保
			14,500,000	

注:本公司短期借款担保均由大同市杏儿沟煤矿提供。

9、应付帐款

项目	人民币元
山东淄川镁砖耐火材料厂	480,067
北京房山岩达福利造纸厂	185,249
原材料暂估价应付款	14,701,050
包装物暂估价应付款	12,713,002
	28,079,368

10、未交税金

项目	人民币元
所得税	8,888,860
增值税	7,515,579
城建税	856,547
	17,260,986

11、其他未交款

项目	人民币元
教育费附加	870,230
价格调控基金	411,707
散装水泥专项基金	2,581,955
	3,863,892

12、其他应付款

项目	性质	人民币元
大同社会劳动保险事务所	职工养老金	42,349
大同市新荣区拒墙乡村	农民合同工社会公益金	25,699
大同市新荣区拒墙乡村	社会公益金	12,772
大同市工会	工会经费	191,332
大同市失业保险所	失业保险金	25,300
公司留用专项散装基金	30%抵留基金	1,106,552
大同市南郊保险公司	运输保险费	269,803
劳动服务公司	代收蓬布押金	6,571,443
劳动服务公司	苫布使用费	6,063,014
劳动服务公司	纸袋押金	245,504
		14,553,769

13、应付股利

项目	人民币元
未上交集团公司利润	14,944,849

注:未上交集团公司利润系根据山西省国有资产管理局晋国资企函字(1996)第31号文批复;公司改组基准日至本公司成立日所形成的净利润全部上交集团公司。

14、股本

人民币元

项目	期初余额	本期增加	本期减少	期末余额
国有法人股	11,049,305	24,950,695	--	36,000,000
社会公众股	--	15,000,000	--	15,000,000
合计	11,049,305	39,950,695	--	51,000,000

注:本公司的股本由山西云冈水泥集团有限公司投入的净资产及向

社会公众募集形成股本总额5,100万元,每股面值人民币1元,折5,100万股。其中:国有法人股3,600万股,占70.59%,由山西云冈水泥集团有限公司持有;社会公众股1,500万股,占29.41%,由社会公众持有(其中含内部职工股150万股)。本年增加数系当年国有法人股净资产折股本3,600万元减除上年已列股本11,049,305元后的本年净增加数24,950,695元及当年社会公众股募集到位1,500万元。

15、资本公积

人民币元

期初余额	本期增加	本期减少	期末余额
6,633,640	102,081,218	-	108,714,858

注:本公司资本公积期末余额108,714,858元,系由山西云冈水泥集团有限公司投入的净资产55,361,108元,按65.03%折3600万股(每股面值1元)之后,折余19,361,108元列入资本公积;1,500万社会公众股溢价发行收入,扣除已发生的发行费用后溢价净收入89,353,750元列入资本公积。本年增加数102,081,218元,其中:净资产折余列入当年增加数12,727,468元及当年社会公众股溢价净收入89,353,750元。

16、主营业务收入

项目	人民币元
525#R普通硅酸盐水泥	30,693,626
425#R普通硅酸盐水泥	70,951,566
425#R矿渣硅酸盐水泥	61,195,388
	162,840,580

17、主营业务成本

项目	人民币元
525#R普通硅酸盐水泥	17,227,311
425#R普通硅酸盐水泥	37,439,991
425#R矿渣硅酸盐水泥	34,506,888
	89,174,190

18、财务费用

项目	人民币元
利息净支出	2,461,954
手续费	5,396
	2,467,350

19、其他业务利润

项目	人民币元
生料销售利润	677,661

20、营业外收支

项目	人民币元
营业外收入	
滞纳金收入	170,097
罚没收入	10,158
	180,255
营业外支出	
子弟小学支出	329,249
子弟中学支出	285,621
技工学校支出	183,042
其他支出	38,239
价格调控基金	243,078
	1,079,229

21、或有负债

本公司目前尚无任何重大提保、重大财务承诺及其他或有负债。

22、期后事项

本公司于1997年1月17日在山西省工商行政管理局办理工商注册登记,营业执照注册号27620222-8-2,并于1997年1月24日在深圳证券交易所挂牌交易。

八、其它事项

本公司董事会于1997年4月22日召开了一届四次董事会会议,审议通过了1996年度分红派息等议案。1996年度本公司利润分配预案及1997年资本公积金转增股本预案为:

(一)根据山西省会计师事务所审计,本公司1996年度实现利润总额为2970.2万元,扣除33%的所得税980.2万元后,净利润为1990.01万元,按照山西省国有资产管理局晋国资企函字(1996)第31号文及公司《招股说明书》披露的事项,公司1996年实现的净利润只对老股东分配,新股东不参加分配。

(二)本公司1996年末资本公积金余额108714858元,董事会决定1997年以总股本5100万股为基数,从资本公积金中提取5100万元,向全体股东按10:10转增股本。

此预案须经股东大会审议通过,并报有关部门批准后执行,具体实施时间和办法另行公告。

大同水泥股份有限公司

1997年4月24日

资产负债表

编制单位:大同水泥股份有限公司　1996年12月31日　单位:人民币元

项目	附注	年初数	年末数
流动资产:			
货币资金	1	5,352,042	105,198,749
应收帐款	2	43,752,425	89,486,678
减:坏帐准备		131,257	268,460
应收帐款净额		43,621,168	89,218,218
其他应收款	3	1,789,591	1,979,387
待摊费用	4	861,514	689,211
存货	5	18,119,710	14,100,996
流动资产合计		69,744,025	211,186,561
固定资产:			
固定资产原值	6A	78,166,415	116,991,916
减:累计折旧	6B	38,329,176	75,698,755
固定资产净值		39,837,239	41,293,161
在建工程	7	438,000	438,000
固定资产合计		40,275,239	41,731,161
资产总计		110,019,264	252,917,722
流动负债:			
短期借款	8	22,300,000	14,500,000
应付帐款	9	25,628,223	28,079,368
未交税金	10	11,007,786	17,260,986
其他未交款	11	2,065,343	3,863,892
其他应付款	12	2,885,688	14,553,769
应付股利	13	-	14,944,849
流动负债合计		63,887,040	93,202,864
负债合计		63,887,040	93,202,864
股东权益:			
股本:	14	11,049,305	51,000,000
资本公积	15	6,633,640	108,714,858
盈余公积		10,683,056	-
其中:公益金		3,561,019	-
未分配利润		17,766,223	-
股东权益合计		46,132,224	159,714,858
负债及股东权益总计		110,019,264	252,917,772

利　润　表

编制单位:大同水泥股份有限公司　1996年度　单位:人民币元

项目	附注	本年数	上年数
一、主营业务收入	16	162,840,580	158,390,954
减:营业成本	17	89,174,190	88,337,128
销售费用		25,967,211	22,232,719
管理费用		13,688,412	13,111,434
财务费用	18	2,467,350	2,542,200
营业税金及附加		1,620,522	1,098,214
二、主营业务利润		29,922,895	31,069,259
加:其他业务利润	19	677,661	89,798
三、营业利润		30,600,556	31,159,057
加:营业外收入	20	180,255	608,971
减:营业外支出	20	1,079,229	571,851
四、利润总额		29,701,582	31,196,177
减:所得税		9,801,522	10,294,738
五、净利润		19,900,060	20,901,439

财务状况变动表

编制单位:大同水泥股份有限公司　1996年度　单位:人民币元

流动资金来源和运用	金额	流动资金各项目的变动	金额
一、流动资金来源:		一、流动资产本年增加数	
1.本年净利润:	19,900,060	1.货币资金	99,846,707
固定资产折旧	8,584,055	2.应收帐款净额	45,597,050
小计	28,484,115	3.其他应收款	189,796
2.其他来源:		4.待摊费用	(172,303)
资本增加净额	131,348,857	5.存货	(4,018,714)
小计	131,348,857		
流动资金来源合计	159,832,972	流动资产增加净额	141,442,536
二、流动资金运用:		二、流动负债本年增加数:	
1.利润分配:		1.短期借款	(7,800,000)
(2)提取公积金		2.应付帐款	2,451,145
(3)提取公益金		3.未交税金	6,253,200
(4)已分配股利	37,666,283	4.其他未交款	1,798,549
小计	37,666,283	5.其他应付款	11,668,081
2.其他运用		6.未付股利	14,944,849
固定资产和在建工程净增加额	10,039,977		
偿还长期负债			
小计	10,039,977		
流动资金运作合计	47,706,260	流动负债增加净额	29,315,824
流动资金增加净额	112,126,712	流动资金增加净额	112,126,712

大同水泥股份有限公司1997年度中期报告

一、财务报告(已经审计)

公司财务报告已经山西会计师事务所注册会计师白银泉、张艳彦审计,并出具无保留意见的审计报告[〔1997〕晋师股审字第9号]

1.简化的损益表　单位:元

项目	本期数	上年同期数
主营业务收入	92,710,614	79,195,477
主营业务利润	24,321,575	15,534,629
其他业务利润	1,052,148	44,899
营业外收支净额	2,144,565	18,560
利润总额	27,518,288	15,598,088
所得税	9,080,870	5,147,369
净利润	18,437,418	10,450,719

2.简化的资产负债表　单位:元

项目	年初数	期末数
流动资产	211,186,561	230,391,525
长期投资	-	33,000,000
固定资产净值	41,293,161	58,965,368
在建工程	438,000	447,494
资产合计	252,917,722	322,804,387
流动负债	93,202,864	144,634,415
负债合计	93,202,864	144,634,415
股东权益:		
其中:股本	51,000,000	51,000,000
资本公积	108,714,858	108,732,554
盈余公积	-	-
未分配利润	-	18,437,418
股东权益合计	159,714,858	178,169,972
负债及股东权益合计	252,917,722	322,804,387

3.主要财务指标

	97年1-6月	96年1-6月
每股收益(元)	0.36	0.205
每股净资产(元)	3.49	1.085
净资产收益率(%)	10.35	18.88

(二)财务报表附注

1.本期财务报告所采用的会计政策及会计方法和1996年度财务报告所采用的会计政策和会计方法一致。

2.流动资产比年初增加9.09%,主要是因为:

①货币资金比年初减少39.05%,主要是因公司按《招股说明书》所披露的募集资金用途,项目实施后而减少的。

②应收帐款比年初增加63.51%,系因为上半年外部资金紧张,公司大、老用户回款不及时造成的。

③其它应收款增加4,966,891元,主要是山西云冈水泥集团有限公司(下称集团公司)为本公司代购大宗材料、水、电等项库存储备增加的。

④待摊费用增加1,437,800元,系公司在本期内购进耐火砖未摊销完所致。

3.长期投资比年初增加3300万元,主要是根据本公司董事会决议,参股大同证券有限责任公司500万元,及按《招股说明书》披露募集资金用途投资日产4000T"双加"技改项目前期费用。

4.固定资产净值增加42.8%,主要是因为6月份购买山西大同云水建材股份有限公司实物资产入帐。

5.流动负债本期增加55.18%,系根据《招股说明书》第六条第一项披露的购买山西大同云水建材股份有限公司(下称云水公司)实物性资产款项未及支付;应付集团公司所属劳动服务公司蓬布押金款未及支付和未交所得税增加。

6.未分配利润增加18,437,418元。系本期实现净利润。

7.主营业务利润:主营业务利润1-6月实现2432.16万元,较去年同期1553.46万元,增长56.56%,主要原因是公司采取措施,加大直销力度,故本期每吨水泥平均售价较上年提高了29.2元,销售收入比去年同期增长1351.51万元,而山西省原煤、油、电提价,增加营业成本443.74

万元二者之差所致。

8.净利润:公司净利润1-6月实现1843.7万元,较去年同期1045.1万元,增长76.42%,主要原因有:

①主营业务利润增加878.7万元。

②年初1500万公众股募集资金冻结利息246万元到位,根据财政部规定,摊入营业外收入比去年同期增加219.7万元。

③销售熟料等中间产品,增加其他业务利润100.72万元。

④其它因素,减利400.33万元。

9.主要财务指标中,计算每股收益和每股净资产的两期总股本均为5100万股。

10.若按1997年5月26日公司第二次股东大会决议通过,下半年用资本公积金10:10转增股本后,总股本为10200万股。则每股收益,每股净资产分别为0.181元,1.75元。

11.关联企业及关联交易

①关联企业

企业名称	经济性质或类型	法定代表人	注册地址	主营业务	持股比例
山西云冈水泥集团有限公司	国有独资	胡振东	大同市口泉镇	生产销售水泥、熟料	70.59%
大同云水建材股份有限公司	股份有限公司	胡振东	大同市口泉镇	生产销售熟料	由集团公司控股

②关联交易

关联方企业名称	与关联方关系的性质	交易类型	交易金额	定价政策
山西云冈水泥集团有限公司	控股	购买原材料等	23,795,195	市场价
山西云冈水泥集团有限公司	控股	劳务及承办固定资产大修理	3,581,202	协议价
山西云冈水泥集团有限公司	控股	土地使用权租赁	531,095	评估价
山西云冈水泥集团有限公司	控股	商标使用费	343,410	评估价
山西云冈水泥集团有限公司	控股	后勤综合服务	50,000	协议价
大同云水建材股份有限公司	同属一个控股企业的子公司	购入生料	2,736,210	协议价
大同云水建材股份有限公司	同属一个控股企业的子公司	销售熟料	8,241,504	协议价

二、经营情况的回顾与展望

(一)上半年经营业绩回顾

1997年上半年,公司在规范生产经营活动及关联交易的基础上,通过充分调动广大员工的积极性,对内加强管理力度,节能降耗,对外深入研究市场,适应市场,取得了前所未有的经营业绩,实现主营业务收入9271.06万元,主营业务利润2432.16万元,净利润1843.74万元,分别完成年度计划的51.02%、69.25%、79%,比去年同期平均增长13.86%、62.56%、85.30%。1-6月共生产水泥349489吨,销售水泥353741吨,产销率达101.22%,主要采取了以下几个方面的措施:

1.强化公司内部各项管理工作,使公司的生产经营活动健康有序地向前发展。

上半年,公司以其良好的管理优势,凭借加盟国内优秀企业群体——上市公司的契机,通过制定严格的内部经营责任制,工艺过程控制制度,劳动用工制度,以学邯钢为龙头,制订并实施了"模拟市场,以质论价,吨产品工资含量"的成本考核办法,变二级核算为三级核算,形成原料定成本,销售定收入,生产定指标,企业定效益的目标成本管理,同时进一步加强营销队伍的建设,提高营销人员的素质,以其工作实绩与工资、奖金挂钩的办法,调动营销人员的积极性,在建材市场经营相对困难的前提下,实现了水泥生产34.9万吨,销售35.7万吨,产销率达到101.22%的可喜局面,全面完成了1997年上半年的产销计划,其他各项经营指标也创最好水平。此外,经过一个月的努力,初步建立起财会电算化的核算体系,有效地实现了节能降耗,增收节支的内部管理目标,为全年保持良好的发展速度提供了保证。

2.加大科研开发的力度,通过了ISO9000质量体系认证工作的预审和初审。

科研开发是企业能够长远发展的前提,是企业质量和效益目标的保证。本公司与集团公司共同研究开发的525#中热硅酸盐水泥已通过了山西省经贸委组织的鉴定验收,获得了山西省经贸委颁发的《山西省新产品投产鉴定验收合格证》(合格证号96—128),准予批量生产,其主要用于大体积水工混凝土工程以及构筑物中要求较低水化热,较高抗冻性和耐磨等部位,如山西省最大的水利枢纽工程——万家寨引黄入晋水利枢纽工程。由于中热水泥每吨比同标号普通水泥价格高出10—15元,因而具有广阔的市场前景和较好的经济效益。在此基础上,科研人员又投入水泥道路的开发研究工作,以提高公司在市场中的整体竞争能力。

大同水泥股份有限公司创立后,与山西云冈水泥集团有限公司一起积极开展了ISO9000质量体系认证工作,经过大量细致的准备,先后于今年1月和6月19日通过了预审和复审,在质量认证工作中迈出了可喜的一步。

3.募集资金使用情况

①根据山西省国资局晋国资管函字(1997)第48号文的批复和资产评估结果,经公司第一届五次董事会决定,本公司于6月初以2255.39万元购买云水公司的经营性实物资产(尚未支付),比原预算的4000万元节约了1774.61万元,其中1200万元经一届五次董事会决定,作为公司补充流动资金。

②为摆脱单一经营风险,提高资金使用效率,公司根据大同证券有限责任公司增资扩股方案(中国人民银行非银证(1997)3号文核准批复),经一届一次董事会议研究,决定从购买云水公司实物性资产预评估的剩余资金中,投资500万元参股大同证券有限责任公司的增资扩股方案,以期获得稳定的投资回报。

③根据山西省经贸委关于4000T项目的晋经贸改字(1997)第382号批文和股份公司与集团公司的协议,股份公司一届一次董事会议决定,股份公司投入2800万元用于4000T项目作为前期费用,其余投资款将根据项目进展情况陆续投入。

募集资金扣除发行费用后为10149.8万元,已实现使用4500万元,尚未使用的资金于募集资金银行专户储存。

(二)下半年展望

下半年公司将在稳健经营的基础上,继续保持主营业务有一定增长。通过挖潜改造,节能降耗,以价格和质量优势提高市场占有率和产品竞争力,同时,进一步加大产品促销力度,改善产品的营销策略和售后服务工作,通过在周边地区设立直销、代销网点,展开对企业形象和产品形象的宣传,从而使"大同水泥"的产品品牌深入人心。

针对应收帐款相对较高的实际情况,公司在下半年将进一步加大清欠力度,以增加货款回笼,改善财务状况。

同时,为了更好地盘活存量资产,使其能创造更大的经济效益,公司将有选择地将部分应收帐款以投资参股或控股形式注入到一些有信誉、有产品、有市场的企业中去,为公司下半年的利润提供新的增长点。

公司上半年购买山西大同云水建材股份有限公司的经营性实物资产后,将使公司的生产能力在今年提高4万吨,净利润增长250万元,从而为完成下半年的盈利目标提供了可靠的保证。

和集团公司一起,努力工作,力争在以后年度通过ISO9000质量体系认证的复审,保持和国际惯例接轨。公司还将积极协助集团公司加快日产4000吨"双加"项目的审批进度,争取早开工、早投产、早受益。此外,

偿试其他有效投资收益形式,以期进一步盘活存量资产,提高资产收益率。

完成公积金转增股本及内部职工股上市工作,以此进一步增强公司员工对企业长远发展的信心,使公司驶入高速成长的快车道。

三、重大事件的说明

1.按照《招股说明书》披露的募集资金用途,公司在年初即开展了购买云水公司主要实物资产的工作。按照本公司与云水公司签订的购买协议,经省国资局对云水公司实物性资产的评估、确认,以2月28日评估基准日确定的价值2297.39万元,扣除3-5月折旧42万元后,5月末的资产净值为2255.39万元,以此作为购买价格。购买事宜于今年6月初完成。这项工作的完成,使公司的年水泥生产能力由目前的71万吨增加到78万吨,年增长净利润约500万元,大大提高了公司的盈利能力。

2.遵照国务院证券委、中国人民银行、国家经贸委发布的《严禁国有企业和上市公司炒作股票的规定》和深交所深证发(1997)193号文通知精神,我公司进行了认真的自查。公司以"大同水泥"的同一名称分别开设了上交所的股票帐户和深交所的股票帐户,但到目前为止尚无买卖股票记录。如本公司今后从事股票投资,将严格遵循国家有关政策法规和本公司章程的规定。

3.本公司中期利润不分配。

4.本报告期内公司无重大诉讼、仲裁事项。

四、发行在外股票的变动和股权结构的变化

1.本公司在报告期内没有发行股票(包括送配股);

本公司在报告期内没有拆细或合股;

本公司在报告期内没有发行可转换债券;

本公司在报告期内发行在外的股票没有变化。

2.股本结构

总股本 5100万股	股本	比例
其中:发起人持股	3600万股	占总股本的70.59%
社会公众持股	1350万股	占总股本的26.47%
内部职工持股	150万股	占总股本的2.94%

3.主要股东持股情况(前10名最大股东)

名称	股东名称	期末持股数(股)	占总股本(%)
1	山西云冈水泥集团有限公司	36,000,000	70.59
2	于建昌	249,911	0.49
3	中国长城信托投资公司	72,600	0.142
4	项亚波	50,000	0.098
5	王烈	40,000	0.078
6	张穗刚	38,200	0.075
7	李斯娜	34,800	0.068
8	罗茂祥	33,600	0.065
9	梁利琼	32,800	0.064
10	赖梅丽	30,500	0.059

注:截止1997年6月30日,公司股东总数为20580户,其中,国有法人股股东1户,社会公众股股东20579户。

五、股东大会简介

大同水泥股份有限公司第二次股东大会于1997年5月26日上午在公司憩园宾馆二楼会议室召开,到会股东及授权代表105人,代表股份3611.98万股,占公司股份总额的70.82%,符合《公司法》及公司章程的有关规定。

公司董事会向本次股东大会提交的拟讨论和表决的事项为:

1.《公司1996年度财务决算、1997年度财务预算的报告(草案)》;

2.《公司1997年发展规划的报告(草案)》;

3. 关于修改公司章程的议案(草案);

4.关于1996年度利润分配的预案(草案);

5.关于997年资本公积金转增股本的预案(草案)。

本次股东大会对上述报告和议案进行了充分的讨论、研究,并形成如下决议:

(一)审议通过了1996年度财务决算和1997年度财务预算报告;

(二)审议通过了公司1997年发展规划的报告;

(三)审议通过了章程修改议案;

根据工作需要,决定增设副总经理一名,对原章程中的第五十三条修改为"公司设总经理一名,副总经理三名……"

在公司第一届董事会第五次会议上,根据对章程第五十三条的修改,由总经理双银先生提名,董事会决定聘任徐华梁先生为副总经理。(后附徐华梁先生的简历)

(四)审议通过了1996年度利润分配的议案;

1996年公司实现利润总额2970.2万元,扣除所得税,净利润为1990.01元,按照山西省国有资产管理局晋国企函字(1006)第31号文及公司《招股说明书》披露的事项,公司1996年实现的净利润全部归集团公司所有。

(五)审议通过了1997年资本公积金转增股本的议案。

根据山西会计师事务所审计,截止1996年12月31日,本公司资本公积金为108714858元。股东大会经审议,决定以总股本5100万股为基数,从资本公积金中提取5100万元,向全体股东按10:10转增股本,并授权董事会全权办理有关报批及实施事宜,具体实施时间和办法另行公告。

六、备查文件

1.载有董事长、总经理亲笔签名的中期报告原本。

2.公司1996年度股东大会材料。

查阅地址:山西省大同市口泉,本公司董事会办公室。

电话:(0352)4042623

附:徐华梁 先生简历

徐华梁,男,55岁,大专毕业,高级工程师,曾任原料车间技术员,主任,机动处处长,企管处处长,科研设计室主任等职,集团公司改制后,任水泥一厂副厂长,现任本公司副总经理。徐华梁先生具有丰富的水泥专业知识,有丰富的基层管理经验,具有革新意识和创新精神,有较高的政策理论水平。

大同水泥股份有限公司

1997年7月24日

山东山推工程机械股份有限公司

山东山推工程机械股份有限公司简介

一、公司概况

山东山推工程机械股份有限公司地处山东省济宁市，是我国大中型推土机、挖掘机与零部件专业化制造厂家，是我国推土机行业的排头兵和主要的生产基地，是国内同行业第一家股票挂牌上市公司，1997年6月通过了ISO9001质量体系认证。公司总股本为28272万股，其中国家股9900万股，占股份总数的35.02%；社会法人股240万股，占股份总数的0.85%，内部职工股6000万股，占股份总数的21.22%，社会公众股12132万股，占股份总数的42.91%。公司资产总额为105567.6万元，净资产为69109.7万元，现有员工3871人，其中工程技术人员595人。公司设有本部与履带分公司、液力变矩器分公司，主要生产推土机、液压挖掘机、履带总成、液力变矩器和工程机械"四轮"总成五大系列，及推耙机、液压托式铲运机、装载机、压路机等60多种规格型号的产品，其产品性能达到国际80年代末水平，其中TY220型推土机于1990年荣获全国工程机械行业首枚且为目前国内同行业唯一国优金奖，1993年TY220与TY160型推土机荣获全国百家用户满意产品称号并获出口产品许可证；TB70型推耙机荣获国家重大技术装备表彰项目三等奖及国家专利，填补了国内空白；PC220、PC200型等挖掘机系列产品质量性能达到国际先进水平。产品销往全国各地，其中大中型推土机的市场占有率已达65%以上，并在国外建立了新加坡山推公司、巴基斯坦办事处及多家代理公司，产品远销40多个国家和地区，每年创汇在千万美元以上，在国内外享有较高的声誉。

山推股份公司建有国家级的技术中心，拥有一支由专家、教授、高级工程师、工程师等专业技术人员组成的实力雄厚的科研技术队伍，并与日本小松株式会社制作所、清华大学、哈尔滨工业大学、吉林工业大学、山东工业大学、机械部第一设计研究院、机械部规划院等高等院校、科研单位建立了长期的、密切的技术协作关系。

公司在消化引进日本小松产品技术的同时，积极吸收世界先进的工艺技术。上市后，加大技改力度，工艺水平与生产规模得以迅速发展，其整体工艺水平与规模处于国内同行业领先地位，关键工艺已达到世界先进水平。目前，公司已形成了年产推土机800台，履带总成5000台套，液力变矩器5000台的生产能力。

公司是山东工程机械集团有限公司的控股子公司，集团实行省级计划单列，有进出口自营权，并享受国家、省、市给予的多项优惠政策。公司依托集团，依靠科技进步，注重人才及产品开发，搞好资产经营，搞活资本运营，推进"两个转变"，公司正以新的姿态创造未来。到2000年公司预计实现销售收入25亿元，利润2.6亿元，实现与国际惯例接轨，在国际工程机械市场上创出名牌。

地址：山东济宁太白楼东路58号　　邮编：272135

电话：(0537)2314636　　传真：(0537)2315986

二、公司主要领导简介

王富启：男，1942年10月出生，中共党员，大学学历，高级工程师，历任山东推土机总厂三分厂、二分厂总工程师，总厂副总工程师，副厂长兼总工程师，现任山东工程机械集团有限公司董事长、总经理兼山东推土机总厂厂长、山东山推工程机械股份有限公司董事长、小松山推工程机械有限公司董事长。

王富启先生是机械部中国机械工业科技专家，吉林工业大学兼职教授。在担任总工程师期间，主持了多项科研项目与企业技术改造，其中山推"七五"履带总成和液力变矩器技改项目获机电部科技进步二等奖，机械部优秀工程设计一等奖；台车架弧焊机器人工作站研制项目，获机械部科技进步一等奖。王先生不但具有丰富的机械制造专业知识和行业管理经验，同时具有管理大型企业集团的组织能力、决策能力、领导能力和协调能力。在他的领导下，山东工程机械集团有限公司现已发展成为拥有五家子公司(其中一家为上市公司、一家上柜公司)集科工贸为一体的大型企业集团，实行省级计划单列，享有进出口自营权及享受国家、省、市给予的多种优惠政策。1996年王先生被评为山东省机械工业十大优秀企业家。

陈绍隆：男，1942年8月出生，中共党员，大学学历，高级工程师，历任山东推土总厂三分厂副厂长、厂长，二分厂厂长，总厂常务副厂长，山推股份公司常务副总经理，现任山东山推工程机械股份有限公司副董事长兼总经理。

陈绍隆先生1966年毕业于山东工学院，毕业后一直在企业从事技术及生产管理和企业管理等工作，具有扎实的专业理论知识及丰富的实践经验。在担任公司常务副总经理期间，公司成功地发行了股票，实现了公司由定向募集向社会募集、粗放经营向集约化经营的重大转变，1996年公司被评为全国机械行业优秀企业。公司上市后，陈先生任公司副董事长兼总经理，按照股份制规范化运作的要求，他积极地推进改革，加大技改力度，全面推行发展壮大山推的五大战略(名牌、经济规模、国际化经营带动集团化发展、商社化发展)和"三种模式"，在他的领导下，公司得以迅速地发展壮大，焕发出勃勃生机，1997年上半年公司实现净利润3507.2万元，比去年同期增长73.5%，创出了公司历史最好水平。

山东山推工程机械股份有限公司上市公告书

一、释义

本公告书中除非另有说明，下列简称具有如下意义：

本公司、公司：山东山推工程机械股份有限公司

董事会：山东山推工程机械股份有限公司董事会

深交所：深圳证券交易所

市体改委：济宁市体改委

A股：指每股面值1.00元的记名式人民币普通股

二、绪言

经中国证券监督管理委员会证监发字[1996]367号批准，经深圳证券交易所证发[1997]31号《上市通知书》审核通过，本公司股票将于1997年1月22日(星期三)在深圳证券交易所上市挂牌交易。本公司总股本23560万股，可上市流通股本10110万股，证券编码"0680"。本次上市流通的股票8860万股为1996年12月25日公开发行的新股；另外1250万股内部职工股随新股一同上市流通，剩余的5000万股内部职工股三年以后上市。

本公告书依据《公司法》、《股票发行与交易管理暂行条例》、《深圳证券交易所业务规则》以及国家其它有关证券管理的规定，为股票公开上市之目的而向社会公众提供相关资料。

本公司董事会及各位董事确信本公告书未遗漏任何重大事项，亦不

存在误导和虚假成份,并就本公告书及相关资料的准确性、完整性、真实性负个别及连带责任。上市公告书的内容由本公司董事会负责解释。

三、公司概况

1. 公司名称:山东山推工程机械股份有限公司

英文名称:SHANDONGSHANTUICONSTRUCTION MACHINERY CO.,LTD.

2. 公司注册地址:山东省济宁市太白楼东路58号

3. 公司法定代表人:王富启

4. 注册资本:23560万元

5. 成立日期:1993年10月8日

现营业执照注册号:16309884-x-1

6. 所属行业:工程机械

7. 员工情况:

截止1996年8月31日,发行人正式在册员工3871人,其具体构成如下:

类别	人数	比重(%)
生产人员	2615人	67.55
销售人员	151人	3.90
技术人员	652人	16.84
财务人员	104人	2.69
管理人员	349人	9.02
合计	3871人	100.00

上述人员中,具有专科以上学历的有687人,中专(高中)学历的有851人,中专(高中)以下的有2433人。具有高级技术职称的有64人,中、初级技术职称的有764人。

公司按照国家及地方政府的规定,员工参加了社会养老保险、失业保险、人身保险。

8. 公司历次股票发行情况

本公司是1993年3月经山东省济宁市经济体制改革委员会以济体改(93)第79号文批准,由山东推土机总厂独家发起,以定向募集方式设立的股份有限公司,其中山东推土机总厂以其评估确认的国有经营性净资产9900万元人民币按1:1.2折股,形成8250万股国家股。另向法人和内部职工按每股1.2元人民币溢价定向募集200万股法人股和6250万股内部职工股。公司股份均在山东省登记公司集中托管完毕。

9. 经营业务范围

主营:推土机、推耙机、挖掘机、装载机、铲运机的开发、制造、出口业务;生产所需机械设备,样机零部件、工装模具、原辅材料的进口业务;技术引进、技术出口及中外合作生产和“三来一补”业务。

兼营:矿山机械、主机附属装置、农机具、工矿配件、矿山机械大修。

10. 主要业务

大功率推土机及其他各类工程机械的制造与设计。

11. 主要产品品种

公司现生产推土机、液压挖掘机、履带与链轨总成、液力变矩器及“四轮”总成五大系列60多个规格的工程机械产品及基础部件。

四、公司历史沿革与组织结构

1. 历史沿革

本公司的前身是山东推土机总厂,该厂是根据国家计委(1978)561号文批准,于1980年1月1日在山东济宁建立的国内大功率推土机生产基地,由济宁机器厂、济宁通用机械厂、济宁动力机械厂三家企业组成,隶属原于机械部。山东推土机总厂1984年9月因机械部对其所属企业进行管理体制改革而下放到济宁市,隶属济宁市人民政府。1992年8月山东省人民政府以山东推土机总厂为核心组建山东机械集团。同时,山东推土机总厂被收为省属企业,由山东省经济委员会直接管理。山东推土机总厂于1987年被国务院机电办、经贸部批准为出口基地企业,1991年被经贸部批准为具有进出口自营权企业。

1993年经山东省济宁市经济体制改革委员会济体改(1993)79号文批准,山东推土机总厂作为独家发起人以定向募集方式设立山东山推工程机械股份有限公司。其中,山东推土机总厂以其评估确认国有净资产212657918.45元,其中经营性净资产99000593.05元按1:1.2折合8250万元国家股,另外66216234.4元经营性资产(含经营性土地60896636元)及47441091元非经营性资产,仍由山东推土机总厂管理,产权归国家。山东推土机总厂与山推工程机械股份有限公司订立分立协议及服务协议,保证股份公司成立以后,山东推土机总厂不再从事与本公司主营业务有关的生产经营,但为本公司提供有偿生活服务。与此同时,向社会法人及内部职工按每股1.2元定向募集200万股社会法人股及6250万股内部职工股。经济宁市会计师事务所出具的验资报告。上述资金已全部到位,并于1993年7月召开公司创立大会,随后在济宁工商行政管理局注册登记。至此,山东山推工程机械股份有限公司正式成立,注册资本23560万元,国家股8250万元,社会法人股200万元,内部职工股6250万元。

本公司成立以后,进行了多项制度改革,综合实力稳步增长。本公司已成为山东推土机产品的主要生产基地。1993年产值、销售收入、利润总额、出口创汇指标列山东省机械工业行业之首(汽车除外),并被列入全国机械行业经济效益百强企业,在中国100家最大机械工业企业中排名第64位。1994年获全国明星企业称号,1995年被评为中国机械工业优秀企业。截止1996年8月31日,本公司总资产697,610,489.40元,净资产297,378,586.99元,在册职工人数3871人。

目前,本公司的主要产品有推土机、液压挖掘机、液力变矩器、履带总成和“四轮”总成,产品水平普遍达到国际八十年代先进水平。160马力以上推土机产量占全国总产量的62.5%。主导产品TY200履带式推土机1990年获国家质量审定委员会金质奖章、1991年获第二届北京国际博览会金奖、1992年获北京国际工程机械展览及技术交流会外观质量评比特等奖、1995年通过国家工程机械试验检测中心抽样认定,达到国家优等品标准;TB70推耙机1991年获国家重大技术装备表彰项目三等奖,1994年TY220、TY160推土机、履带总成、液力变矩器被评定为中国名牌产品。

2. 组织结构和内部管理结构

本公司股东大会是公司的最高权力机构,董事会对股东大会负责。总经理负责日常的经营管理活动,由董事会聘任或解聘,并对董事会负责。监事会由股东代表和适当比例的公司职工代表组成,对董事会、经理人员的管理行为进行监督。

本公司的组织结构和内部管理结构图如下:

公司创立大会及股东大会决议

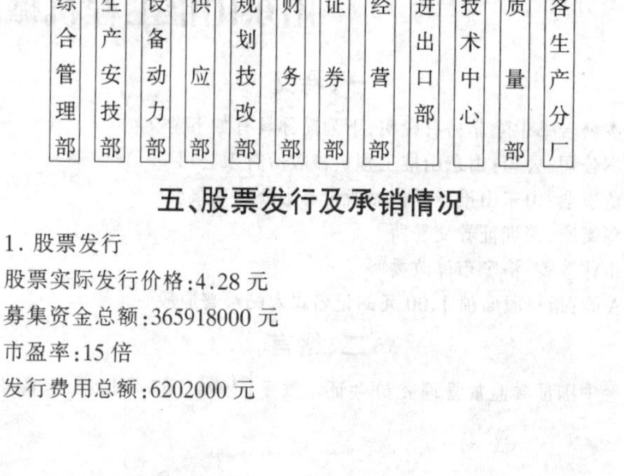

五、股票发行及承销情况

1. 股票发行

股票实际发行价格:4.28元

募集资金总额:365918000元

市盈率:15倍

发行费用总额:6202000元

每股发行费用:0.07元

2. 股票承销情况

承销机构	承销数量	承销比例
主承销商:广东广发证券公司	2569.4万股	29%
副主承销商:华夏证券有限责任公司	2480.8万股	28%
分销商:厦门国际信托投资公司	2480.8万股	28%
分销商:航天信托投资有限公司	886万股	10%
分销商:山东省济宁信托投资公司	443万股	5%

3. 验资报告

湖北大信会计师事务所按照《独立审计实务公告第一号——验资》的要求,山东山推工程机械股份公司截止1997年1月6日止,公司已收到各股东投入的股本23560万元。其中:国家股共计8250万元,占总股本的35.02%;内部职工股5000万元,占总股本的21.22%;社会公众股10110万元,占总股本的42.91%。

六、公司董事、监事和高级管理人员简介及持股情况

1. 董事、监事及高级管理人员简介

董事

王富启先生,现年54岁,大学文化程度,高级工程师、吉林工业大学兼职教授、机械工业部中国机械工业科技专家、山东省机械工业第二届十大优秀企业家。历任山东推土机总厂三分厂、二分厂总工程师、山东推土机总厂副总工程师、副厂长兼总工程师,山东山推工程机械股份有限公司副总经理兼总工程师,现任本公司董事长、总经理。

张务水先生,现年55岁,大学文化程度,历任山东推土机总厂党办主任、山东推土机总厂党委副书记兼纪委书记,现任本公司副董事长,党委书记。

陈绍隆先生,现年54岁,大学文化程度,历任山东推土机总厂三分厂副厂长、厂长,二分厂厂长,总厂副厂长,现任本公司董事、常务副总经理。

代永海先生,现年44岁,大专文化程度,历任山东推土机总厂生产处副处长、四分厂厂长、二分厂厂长、履带厂厂长,现任本公司董事、副总经理。

王振田先生,现年54岁,中专文化程度,历任山东推土机总厂三分厂党委副书记、二分厂党委书记、总厂党委副书记、总厂副厂长,现任本公司董事。

张长泰先生,现年51岁,大学文化程度,历任山东推土机总厂副总工程师、山东推土机总厂总工程师,现任本公司董事、总工程师。

郭云昌先生,现年52岁,大专文化程度,高级会计师,历任山东推土机总厂财务处处长,副总会计师,副厂长兼总会计师,现任本公司董事、总会计师。

尹相华先生,现年42岁,大学文化程度,历任山东推土机总厂二分厂副厂长、山东推土机总厂生产计划部部长、副总经济师,现任本公司董事、副总经理。

孙学甫先生,现年59岁,大学文化程度,历任山东推土机总厂技术处副处长、山东推土机总厂副总工程师、总工程师,现任本公司董事、副总经理。

卞忠祥先生,现年48岁,大专文化程度,历任山东推土机总厂组织部副部长、总厂副厂长,现任本公司董事。

姬广金先生,现年44岁,大专文化程度,历任汶上泉河机械厂副厂长、汶上泉河机械厂厂长,现任本公司董事。

监事

周庆庭先生,现年49岁,中专文化程度。历任山东推土机总厂三分厂党委书记、代理厂长、液力变矩器厂厂长、党委书记、山东推土机总厂党委副书记。现任本公司监事会主席。

王凤岐先生,现年53岁,高中文化程度,高级经济师,历任山东推土机总厂审计法律顾问室副主任,现任本公司监事会副主席。

刘永长先生,现年51岁,大专文化程度,历任山东推土机总厂财务部会计、副部长、审计法律顾问室副主任,现任本公司监事。

陈启云女士,现年49岁,大专文化程度,历任山东推土机总厂团委副书记、工会副主席,现任本公司监事。

聂继鹗先生,现年54岁,初中文化程度,历任山东推土机总厂二分厂企管科科长,现任本公司监事。

高级管理人员

张西岭先生,现年35岁,大专文化程度,历任山东推土机总厂办公室秘书、副主任,现任本公司总经理办公室副主任、董事会秘书。

2. 本公司董事、监事、高级管理人员持股情况

姓名	职务	持股数(股)	比例(‰)
王富启	董事长	10,000	0.07
张务水	副董事长	10,000	0.07
陈绍隆	董事	10,000	0.07
代永海	董事	10,000	0.07
王振田	董事	10,000	0.07
张长泰	董事	10,000	0.07
郭云昌	董事	10,000	0.07
尹相华	董事	7,000	0.05
孙学甫	董事	10,000	0.07
卞忠祥	董事	0	0.00
姬广金	董事	10,000	0.07
周庆庭	监事会主席	10,000	0.07
王凤岐	监事	2,000	0.01
刘永长	监事	10,000	0.07
陈启云	监事	10,000	0.07
聂继鹗	监事	800	0.005
张西岭	秘书	800	0.005

七、股本结构及主要股东持股情况

1. 本次发行前后的股本结构变化(单位:万股)

	本次发行前		本次发行后	
类别	股份数	比例(%)	股份	比例(%)
国家股	8250	56.12	8250	35.02
法人股	200	1.36	200	0.85
内部职工股	62504	2.52	5000	21.22
社会公众股			10110	42.91
(含1250万内部职工股占额度上市)				
总股本	14700	100.00	23560	100.00

2. 前十名股东及持股1%以上的大股东

单位	持股数(万股)	比例(%)
济宁市国有资产管理局	8250	56.12
汶上刘楼农机厂	125	0.85
刘鹭成	100	0.68
赖水成	60.05	0.41
汶上泉河机械厂	50	0.34
刘国亮	44.55	0.30
陈伶伶	42	0.29
卓琳	40	0.27
司克成	35	0.24
许翔	31.07	0.21

八、股利分配政策

根据国家有关法律和本公司章程的规定,本公司的税后利润按如下顺序分配:

a. 弥补以前年度亏损(如有亏损)

b. 提取法定公积金　　10%

c. 提取法定公益金　　5-10%

d. 提取任意公积金经股东大会决议提取任意公积金

e. 支付普通股股利

公司分红一年一次,分红采取现金红利和股票红利两种形式,本次发

行后,预期首次股利分配于 1997 年第 2 季度派发,新老股东享有同等权利。

九、公司经营业绩

1. 生产经营的一般情况

本公司是我国最大的大中型推土机与基础零部件专业化制造厂家之一,为大型一类、国家二级企业、拥有国家进出口自营权,是我国推土机产品的主要生产基地。1993 年产值、销售收入、利润总额、出口创汇等指标列山东省机械工业行业之首(汽车除外),并被列入全国机械行业经济效益百强企业,在中国 100 家最大机械工业企业中排名第 64 位。1994 年获全国明星企业称号,1995 年被评为中国工程机械行业优秀企业。

2. 近三年的销售总额和利润总额　　(单位:千元)

	1995 年	1994 年	1993 年
销售总额	416,067	445,113	397,463
利润总额	51,126	60,833	51,297

3. 完成的主要工作

先后从日美引进了推土机、密封及密封润滑履带和液压挖掘机制造技术;承担了国家重大技术装备项目"大秦线重载列车"和"卸船港成套设备"的部分课题研究;进行了 12 项大规模的系统技术改造,其中国家专项 1 项、部专项 1 项、省专项 1 项、省重点项目 3 项,在数控下料加工、关键结构件焊接、装配、热磨煅、热芯盒制芯及金属模叶轮铸造等关键工艺及装备达到或接近国际九十年代先进水平。通过进行设备和技术引进以及技术改造。到 1995 年底,本公司的实际年生产能力达到:大中马力推土机 800 台,履带链轨总成 5000 台套,液力变矩器 5000 台,以及"四轮"总成 2000 台套左右。

4. 产品的销售情况

本公司在国内已建立了 18 个销售服务网点,并在新加坡、巴基斯坦、秘鲁等国家建立了办事处及维修服务站。同时与国内外 40 多家公司建立了出口销售合作关系,产品遍及全国各省市区,其中 160 马力以上的大型推土机产量占到全国总产量的 62.5%。本公司产品自 1986 年进入国际市场以来累计出口推土机 729 台、创汇 7131 万美元,出口创汇一直处于国内同行业领先地位,目前产品已出口马来西亚、菲律宾、古巴、秘鲁、巴基斯坦、新加坡、印尼等 40 多个国家和地区。

5. 产品的性能和质量

本公司产品形成 5 大系列 60 余种规格型号,主要产品包括推土机、液压挖掘机、液力变矩器、履带总成和"四轮"总成,产品水平普遍达到国际八十年代先进水平。主导产品 TY220 履带式推土机为国内同行业唯一国优金奖,1990 年获国家质量奖审定委员会金质奖章、1991 年获第二届北京国际博览会金奖、1992 年获北京国际工程机械展览及技术交流会外观质量评比特等奖、1995 年通过国家工程机械试验检测中心抽样认定,达到国家优等品标准。1991 年 TB70 推耙机获国家重大技术装备表彰项目三等奖,TY10 液压拖式铲运机获首届中国青年科技成果博览会金奖,1994 年 TY220、TY160 推土机、履带总成、液力变矩器被评定为中国名牌产品。

6. 筹资与投资方面的情况

本公司近三年合计投资 8099.5 万元,其中投入 1923.8 万元新建液力变矩器联合生产车间,新增铸造加工和热处理设备;投入 1899.4 万元用于补充推土机技改项目;投入 3515.5 万元用于密封及密封润滑履带技改项目;投入 760.79 万元用于半成品高架自控仓库和配套件技改项目。

7. 固定资产增加的情况

本公司近三年增加的主要生产设备包括:2500 吨热模锻生产线、履带链轨总成喷漆线、40 吨门式起重机、井式气体渗碳炉、锥形砂轮磨齿机、数控机床 9 台、2.6 双轴粗精镗床 8 台,无心磨床 3 台等。

8. 经营管理的改进情况

本公司于 1994 年进行了企业三项制度改革,实行了全员劳动合同制和岗位技能工资制,实行干部聘任制;1995 年建立了经济责任指标考核体系,强化了财务分级责任管理,建立了成本费用控制中心,对产、供、销、设备、技改等物资管理部门实行了资金分系统总承包,加强了储备资金、生产资金、成品资金的管理。

9. 员工素质的变动情况

本公司一贯重视对员工进行长期的技术和管理培训,致力于塑造一支训练有素而具有高度责任感的员工队伍。近年来,本公司不断选送优秀管理人员和员工赴国外考察、学习国外先进管理经验和技术,选送部分工程技术人员和管理人员到高等院校深造,攻读硕士学位。对公司内其它员工的培训则是从岗位资格入手,着重提高员工的岗位工作能力,以期全面提高员工的素质。目前本公司工程技术人员已上升到 652 人,占员工总数的 16.84%。

十、财务会计资料

下表摘自湖北大信会计师事务所对发行人最近三年及截至 1996 年 8 月 31 日的审计报告书,如果投资者欲对发行人的财务状况、经营成果及其会计政策进行更详细的了解,应当认真阅读在附录中所载的发行人财务报表和注释。

1. 资产负债表主要数据

单位:人民币千元

	1996.8.31	1995.12.31	1994.12.31	1993.12.31
流动资产	516,789	513,297	505,962	448,875
固定资产	178,823	163,881	172,801	162,945
无形资产	1,498	2,203	2,398	1,517
资产总计	697,610	680,147	682,303	614,688
流动负债	341,232	340,274	362,528	308,807
长期负债	59,000	68,000	83,657	82,681
股东权益	297,379	271,873	236,119	223,200

注:本公司土地系租赁山东推土机总厂,故未列入本公司资产。

2. 利润表主要数据

单位:人民币千元

	1996 年 1-8 月	1995 年	1994 年	1993 年
产品销售收入	275,252	416,067	445,113	397,463
销售成本	212,405	330,284	345,073	305,349
销售费用	4,936	5,631	5,666	6,695
管理费用	20,220	24,994	31,722	29,241
财务费用	14,855	17,813	18,079	17,927
销售税金及附加	1,230	2,841	813	2,442
营业外收入	782	237	98	10
营业外支出	26	1,734	505	592
利润总额	38,068	51,126	60,833	51,297
净利润	25,506	34,254	40,758	49,297

3. 采用的主要会计政策

公司会计报表及本附注所载财务数据是根据《企业会计准则》、《股份制试点企业会计制度》及国家有关法律、法规、政策而编制的。

(1)执行的会计制度:公司执行《股份制试点企业会计制度》

(2)会计期间:公司以公历年度为会计年度,即 1 月 1 日起至 12 月 31 日止为一个会计年度。

(3)记帐原则和计价基础:

公司按照权责发生制的记帐原则,以历史成本为计价基础。

(4)记帐方法和记帐本位币:

公司采用借贷复式记帐方法,以人民币为计帐本位币。

根据湖北大信会计师事务所审计报告,本公司最近三年各项主要财务指标及财务数据如下:

指标	1995.12.31	1994.12.31	1993.12.31
流动比率	1.51	1.40	1.45
速动比率	0.60	0.65	0.49
应收帐款周转次数:	3.07	4.00	4.86
存货周转次数:	1.19	1.26	1.05

营运资金(千元):	173,023	143,434	140,068
股东权益比率(%):	39.97	34.60	36.31
净资产收益率(%):	12.59	17.26	22.08
主营业务利润率(%):	8.23	9.15	12.40
每股税后利润(元):	0.23	0.28	0.34
每股净资产(元):	1.85	1.61	1.52

4. 正在进行及计划进行的重大资本支出项目

本次实际募股资金37300.6万元,8000万元归还即将到期银行借款,3573.6万元用于公司1997年度流动资金,25727万元用于下述项目:

(1)投资2490万元用于本公司液压挖掘配套技改项目。该项目于1995年4月3日获山东省经济委员会鲁经技改字[1995]340号文批准立项,固定资产总投资2990万元,已获工商银行贷款2000万元,尚需固定资产及流动资金2490万元,拟利用本次募股资金解决。

(2)投资2950万元用于本公司兴建科技中心,该项目于1994年6月18日经山东省经济委员会以鲁经技改字[1994]628号文批准立项。

(3)投资3257万元用于本公司进口关键加工设备发展液压挖掘机技术改造项目。该项目于1995年10月13日获山东省经济委员会鲁经技改字[1995]758号文批准立项。项目固定资产投资外汇445万美元(折合人民币3693万元)、配套人民币贷款1335万元,申请中国银行解决,其余1257万元及需要铺底流动资金2000万元,利用本次募股资金解决。

(4)投资4980万元用于本公司引进加工设备扩大推土机出口创汇能力技改项目。该项目于1996年8月28日获山东省经济委员会鲁经技改字[1996]500号文批准立项。其中固定资产总投资2980万元,流动资金2000万元。

(5)投资4460万元用于本公司履带总成技术改造项目。该项目于1996年10月10日获济宁市经济委员会济经技改字[1996]128号文批准立项。项目固定资产总投资2960万元,需流动资金1500万元,上述资金利用本次募股资金解决。

(6)投资4440万元用于本公司扩大推土机铸件生产能力技术改造项目。该项目于1996年9月16日获济宁市经济委员会济经技改字[1996]127号文批准立项。项目固定资产总投资2990万元,需流动资金1450万元,全部资金利用本次募股资金解决。

(7)投资3150万元用于本公司"四轮"技改项目。该项目于1996年8月28日获山东省经济委员会鲁经技改字[1996]501号文批准立项。项目固定资产总投资2950万元,需流动资金700万元,已获银行贷款500万元,其余3150万元利用本次募股资金解决。

十一、董事会上市承诺

本公司董事会承诺将严格遵守《公司法》、《股票发行与交易管理暂行条例》、《公开发行股票公司信息披露实施细则》、《深圳证券交易所交易规则》和有关法律、法规的规定,并自股票上市之日起作出如下承诺:

1. 按照法律、法规的规定程序和要求披露重大的信息,并接受证券主管机关、深圳证券交易所的监督管理。

2. 及时、真实、准确地公布中期报告和年度报告,并备置于规定场所供投资者公众查阅。

3. 本公司董事、监事及高级管理人员如发生人事变动或持本公司股票发生变化时,及时报告证券主管机关、证券交易所的同时向投资者公布。

4. 在任何公共传播媒介中出现的消息可能对本公司股票的市场价格产生误导性影响时,本公司知悉后将及时对该消息予以公开澄清。

5. 本公司董事、监事及高级管理人员将认真听取社会公众的意见和批评,不利用已获得的内幕消息和其他不正当手段直接或间接从事股票买卖活动。

6. 本公司没有无记录负债。

十二、重要事项揭示

重要合同及重大诉讼事项

重要合同

1.1996年6月本公司与山东推土机总厂签订国有土地使用权租赁合同一份。土地八宗共计478790.55平方米,用途为工业用地,租赁期限20年,即自1996年7月16日至2016年7月15日。合同规定租金前两年每年为人民币478790.55元,以后年租赁金协议每两年签订一次。

2.1996年10月本公司与济宁市工商银行签订短期借款合同一份,借款金额为1亿5千万元人民币,月利率12.06‰,借款期限自1995年10月至1996年10月,借款条件为担保。目前已获得贷款共计10899万元,逾期借款均已续借。

3.1995年9月本公司与济宁市工商银行签订短期借款合同一份,借款金额为5900万元,年利率为15.12%,借款期限自1995年9月至2000年6月,借款条件为担保。

4.1996年10月本公司与广东广发证券公司签订承销协议一份,确定本公司向社会公众发售8860万元(面值)人民币普通股由广东广发证券公司主承销。

重大诉讼事项

截止1996年8月31日,本公司无任何对其生产经营活动产生较大影响的诉讼案件。

本公司董事会成员未受任何刑事诉讼。

十三、盈利预测

经湖北大信会计师事务所审阅,发行人一九九六年至一九九七年盈利预测如下:

单位:人民币千元

项目	1996年1-8月已审实绩数	1996年9-12月预测数	1996年预测数	1997年预测数
一、主营业务收入	275,252	142,628	417,880	801,456
减:营业成本	212,405	112,423	324,828	389,794
销售费用	4,936	1,413	6,349	7,619
管理费用	20,220	8,851	29,071	34,885
财务费用	14,855	4,171	19,026	22,831
进货费用				
营业税金及附加	1,230	755	1,985	2,382
二、主营业务利益	21,606	15,015	36,621	43,945
加:其他业务利润	15,720	3,116	18,836	22,603
三、营业利润	37,326	13,131	55,457	66,548
加:投资收益	49	25	74	90
营业外收入	782	18	300	980
减:营业外支出	25	43	68	103
加:以前年度损益调整	-64		-64	
四、利润总额	38,068	18,131	56,199	67,515
减:所得税33%	12,562	5,984	18,546	
所得税15%				10,127
五、税后利润	25,506	12,147	37,653	
税后利润				57,388

1. 盈利预测基准

本公司1996年、1997年盈利预测是根据已经中国注册会计师审核验证的本公司1993年、1994年、1995年、1996年1-8月的实际经营业绩,以及本公司在充分考虑现时各项基础、所有的能力及潜力和本公司未来年度的生产经营计划及投资项目可行性审定而编制,并建立在本公司所确定的各项合理的基本假设之上。预测所依据的会计政策及计算方法在各主要方面与本公司所采用的会计政策及计算方法相一致。

2. 盈利预测的各项基本假设

本盈利预测的编制建立在下述假设之上。

(1)本公司所遵循的我国法律、法规、政策仍如现实状况,无重大变化;

(2)本公司所在地区社会经济环境无重大变化;

(3)本公司投资项目能如期实现;

(4)1996、1997年度的信贷利润、税率及外汇汇率在正常范围内变动;

(5)本公司的经营运作将不会受到材料短缺及价格严重变动的不利影响;

(6)本公司的产品产量、销量、销售价格将在正常范围内变动。

(7)无其他人力不可抗拒因素的重大不利影响;

(8)本公司公开发行股票成功,募集资金到位。

预测本公司1996年度税后利润按33%计算为37653千元,按15%计算为47769千元。

注:本公司现按33%的所得税率交纳所得税,本次发行上市后,根据山东省人民政府鲁政字[1995]150号、鲁政字[1996]143号,所得税按15%的税率执行。

十四、公司发展规划

本公司在80年建厂之初已有明确目标,即要建成年产3000台大马力推土机生产基地,经过15年的建设和改造,已初具规模,今后15年仍将实现这一宏传目标,建成我国最大的推土机生产基地,进而成为具有竞争力的世界级推土机制造企业而继续努力奋斗。具体目标如下:

1. 产品发展目标

根据市场需求多样化的要求,坚持"跟踪小松、引进开发、纵向延伸、横向扩展"的原则,在现有产品的基础上,健全产品系列,扩大生产规模,实现合理经济规模。

至"九五"期末,将形成推土机、液压挖掘机、道路工程机械、特种工程机械四大类主机系列及履带点总成、液力变矩器、"四轮"总成、减速机四大类基础部件系列,约120个规格型号的产品。主导产品达到或接近小松同期产品水平。

2. 技术进步目标

建立企业技术进步机制,提高技术创新的消化吸收能力,通过技改使本公司物流顺畅,工艺布局合理;板材处理、下料成形、焊接等工艺及装备接近当前国际先进水平;加工以数控设备、高效专机为主,配置部分柔性生产线;铸钢、热处理等热加工工艺及装备达到行业内先进水平;检测设备齐全,质量控制手段完备,整体装备水平居国内工程机械行业领先。

3. 生产经营发展目标

到2000年达到年产推土机1500台、液压挖掘机、道路工程机械200台、特种工程机械300台、履带及链轨总成10000台套、液力变矩器10000台、"四轮"总成6000台套、减速机6000台,实现销售额25.03亿元,利润2.6亿元。销售利润率为10.4%。固定资产7.5亿元,流动资产10.6亿元,资产总额19.5亿元;资产负债率降到65%以下,净资产6.8亿元。职工人数为5300人。人均销售额达到47.23万元/人,人均创利润4.9万元/人年。

4. 质量保证目标

推土机等主机产品达到国际工程机械平均质量可靠性指标,降低产品早期故障率,整机平均无故障工作时间达400-600h,第一次大修期达8000-10000h,达到ISO9000质量管理标准,质保体系认证工作与国际接轨。

5. 产品销售服务发展目标

提高推土机国内市场占有率,由现在年60%上升到70%,进一步开拓国际市场,扩大出口比重,出口创汇额达到总销售的15%以上。

十五、中介机构

1. 发行人:山东山推工程机械股份有限公司

法定代表人:王富启

地址:山东省济宁市太白楼东路58号

联系人:徐存生

电话:(0537)2314636 传真:(0537)2315986

2. 上市推荐人:华夏证券公司

法定代表人:黄玉峻

地址:北京市海淀区复兴路乙63号

联系人:孙凡 雷杰

电话:(0531)6907888-1018 (010)68272277-3507

传真:(0531)6908927

3. 财务顾问:山东证券公司

法定代表人:胡荣甫

地址:山东省济南市千佛山路北首

联系人:宋颖、魏蔚

电话:(053)2969482 传真:(053)2969497

4. 承销商:广东广发证券公司

法定代表人:陈云贤

地址:广州市先烈南路23号华泰宾馆迎宾楼16楼

联系人:邹云龙、陈宇杰、卢华

电话:(020)87789888-81609 传真:(020)87667652

5. 发行人之律师事务所:大成律师事务所

法定代表人:彭雪锋

地址:北京市西城区复兴门内大街49号民族文化宫八楼

经办律师:江华、郭卫东

电话:(010)66065791 传真:(010)66065793

6. 会计师事务所:湖北大信会计师事务所

法定代表人:吴益格

地址:武汉市汉口黄石路汉港大厦七楼

经办注册会计师:吴益格、邵九林

电话:(027)2816726 传真:(027)2816985

7. 资产评估事务所:山东会计师事务所

法定代表人:许中祜

地址:山东省济南市大纬二路59号

经办人员:杨洪明、贡俊仁、于厚林

电话:(0531)6907043 传真:(0531)6907042

8. 资产评估确认机构:山东省国有资产管理局

地址:山东省济南市经四路158号

电话:(0531)6911900

9. 土地估价机构:山东省地产估价事务所

法定代表人:刘建功

地址:山东省济南市东外环路中段

经办人员:刘建功、刘占增、张锐

电话:(0531)8947642 传真:(0531)8957449

中国地产资询评估中心

法定代表人:冯庆祥

地址:北京海淀区大柳树路21号

经办人员:王朝阳、田学东

电话:(010)62172343 传真:(010)62176681

10. 股票登记机构:深圳证券登记有限公司

法定代表人:黄铁军

地址:深圳市红岭中路25号

电话:(0755)5585543 传真:(0755)5571127

十六、备查文件目录

备查文件:

1. 山东省计委、证券管理委员会下达发行额度的文件;
2. 深圳证券交易所上市承诺函;
3. 承销协议;
4. 山东省国有资产管理局关于资产评估确认报告;
5. 与山东推土机总厂签订的分立协议及服务协议;
6. 山东山推工程机械股份有限公司的重要合同;

7. 法律意见书
8. 律师工作报告
9. 公司章程
10. 其他有关文件

附件一:资产负债表
附件二:损益表

山东山推工程机械股份有限公司
1997年1月20日

资产负债表

编制单位:山东山推工程机械股份有限公司　　单位:人民币元

资产	附注	1996年8月31日	1995年12月31日	1994年12月31日	1993年12月31日	负债及股东权益	附注	1996年8月31日	1995年12月31日	1994年12月31日	1993年12月31日
流动资产:						流动负债:					
货币资金	1	31,846,905.68	12,271,890.00	11,688,880.56	27,700,215.26	短期借款	12	115,990,000.00	120,000,000.00	143,980,000.00	1,437,560,000.00
短期投资						应付票据	13	13,120,000.00	15,300,000.00	9,900,000.00	
应收票据						应收帐款	14	131,619,769.83	110,630,499.57	135,087,916.40	112,795,569.76
应收帐款	2	130,607,715.08	130,587,484.37	140,680,812.12	81,843,800.88	预付帐款	15	19,799,327.62	19,626,155.30	17,004,750.74	14,479,918.74
减:坏帐准备		653,937.42	652,937.42	703,404.06	409,219.00	应付福利费	16	1,062,465.44	2,660,735.27	3,565,777.28	974,525.50
应收帐款净额		129,954,676.50	129,934,546.95	139,977,408.06	81,434,581.88	未付股利	17	18,050,000.00	18,050,000.00	18,150,000.00	
预付帐款	3	53,932,121.49	478,790,430.94	54,425,066.07	23,659,078.13	未交税金	18	21,587,967.78	24,949,539.31	8,224,511.27	-950,784.97
其他应收款	4	26,379,731.57	13,335,078.26	28,352,824.50	19225,303.79	其他未交款	19	8,023,932.46	7,689,369.43	6,781,618.91	5,882,785.96
待摊费用	5	6,939,346.32	11,737,824.35	14,822,198.39	5,179,945.54	其他应付款	20	6,308,439.28	20,582,209.70	18,985,248.03	31,111,917.25
存货	6	267,736,271.74	298,227,043.48	256,715,151.36	291,676,198.48	预提费用	21	670,000.00	765,000.00	847,880.73	961,961.48
待处理流动资产净损失						一年内到期的长期负债	22	5,000,000.00	.		
一年内到期的长期债券投资						其他流动负债					
其他流动资产						流动负债合计		341,231,902.41	340,273,508.58	362,527,703.36	308,826,848.72
流动资产合计		516,789,053.30	513,296,813.98	505,961,528.94	448875,323.08	长期负债:					
长期投资:						长期借款	23	59,000,000.00	68,000,000.00	83,656,636.33	82,681,057.42
长期投资	7	500,000.00	765,844.00	1,142,244.00	1,350,948.00	应付债券					
固定资产:						长期应付款					
固定资产原价	8	267,037,222.28	242,711,028.12	243,698,361.72	209,216,765.15	其他长期负债					
减:累计折旧		121,177,924.79	109,007,421.00	92,047,462.94	74,608,144.77	其他长期负债					
固定资产净值		145,859,297.49	133,[illegible]03,607.12	151,650,898.78	134,608,620.38	长期负债合计		59,000,000.00	68,000,000.00	83,656,636.33	82,681,057.82
在建工程	9	32,798,836.75	30,097,024.96	21,095,28.52	28,336549.81	递延税项					
固定资产清理	1	164,925.08	80,053.30	55,418.87		递延税款贷项					
待处理固定资产净损失						负债合计		400,231,902.41	408,273,508.58	446,184,339.69	391,487,906.54
固定资产合计		178,823,059.32	163,880,685.38	172,801,456.17	162,945,170.19	股东权益					
无形资产及递延资产:						股本	24	147,000,000.00	147,000,000.00	147,000,000.00	147,000,000.00
无形资产:	11	1,498,376.78	2,203,175.58	2,397,636.18	1,516654.00	资本公积	25	32,902,948.91	32,902,948.91	31,402,948.91	26,902,948.91
递延资产						盈余公积	26	62,853,749.41	62,853,749.41	57,715,576.69	7,394,585.97
无形资产及递延资产合计		1,498,376.78	2,203,175.58	2,397,636.18	1,516,654.00	其中:公益金		6,215,503.08	6,215,503.08	4,502,778.84	2,464,861.99
其他长期资产						未分配利润	27	54,621,888.67	29,116,321.04		41,902,653.85
其他长期资产						股东权益合计		297,378,586.99	271,873,010.36	236,118,525.60	223,200,188.73
递延税项:						资产总计		697,610,489.40	680,146,518.94	682,302,865.29	614,688,095.27
递延税款借项											
资产总计:		697,610,489.40	680,146,518.94	682,302,865.29	614,688,095.27						

利润及利润分配表

编制单位:山东山推工程机械股份有限公司　　单位:人民币元

项目	附注	1996年1-8月	1995年度	1994年度	1993年度	项目	附注	1996年1-8月	1995年度	1994年度	1993年度
一、产品销售收入	28	275,251,876.67	416,066,732.09	445,112,740.45	397,463,260.05	四、利润总额		38,068,024.82	51,126,096.65	60,833,338.63	51,297,239.82
减:销售成本	29	212,404,975.63	330,284,139.89	345,072,992.99	305,348,782.34	减:所得税		12,562,448.19	16,871,611.89	20,075,001.76	2,000,000.00
销售费用	30	4,936,461.61	5,630,502.09	5,666,228.92	6,694,756.80	五、净利润		25,505,576.63	34,254,484.76	40,758,336.87	49,297,239.82
管理费用	31	20,219,563.76	24,993,721.41	31,721,544.01	29,241,380.03	加:年初未分配利润		29,116,312.04		41,902,653.85	
财务费用	32	14,854,889.45	17,813,180.59	18,079,342.37	17,927,145.98	盈余公积转入					
销售税金及附加	33	1,229,933.29	2,841,479.70	812,778.29	2,441,733.78	减:应交特种基金					
二、产品销售利润		21,606,052.93	34,503,708.41	43,759,854.27	35,809,461.12	六:可分配的利润		54,621,888.67	34,254,4784.76	82,660,990.72	49,297,239.82
另:其他业务利润	34	15,719,926.94	18,221,713.99	17,473,516.99	16,069,178.81	提取法定公积金			3,425,448.48	4,075,833.69	4,929,723.98
三、营业利润		37,325,978.87	52,725,422.40	61,233,371.26	51,878,639.93	提取法定公益金			1,712,724.24	2,037,916.85	2,464,861.99
加:投资收益	35	49,116.00	37,295.12	6,776.00		提取任意公积金				44,207,240.18	
补贴收入						七、可供股东分配的利润		54,621,888.67	29,116,312.04	32,340,000.00	41,902,653.85
营业外收入	36	782,244.03	237,434.35	97,693.00	10,274.61	减:已分配优先股股利					
减:营业外支出	37	25,589.40	1,734,026.21	504,501.63	591,674.72	已分配优先股股利				32,340,000.00	
如:以前年度调整	38	-63,724.68	-140,029.01			八、未分配利润		54,621,888.67	29,116,312.04		41,902,653.85

山东山推工程机械股份有限公司1996年年度报告摘要

一、公司简况

1. 公司名称:山东山推工程机械股份有限公司

2. 法定地址:山东省济宁市太白楼东路58号

邮政编码:272135

3. 法定代表人:王富启

4. 公司咨询服务机构:公司证券部

联系电话:(0537)2314636-2051　2022

传真:(0537)2340411

5. 董事会秘书:张西岭、徐存生

6. 股票简称:山推股份

股票代码:0680

二、主要财务数据与财务指标

指标项目	本年数	上年数	比上年增减(%)
1. 主营业务收入	419365432.45	416066732.09	0.79%
2. 净利润	34881547.19	34254484.76	1.83%
3. 总资产	686698236.34	680146518.94	0.96%
4. 股东权益	306754557.55	271873010.36	12.83%
5. 每股收益	0.24	0.23	4.35%
6. 每股净资产	2.09	1.85	12.97%
7. 净资产收益率	11.37%	12.60%	-9.76%
8. 股东权益比率	44.67%	39.97%	11.76%

三、公司业务回顾

1. 一年来的生产经营情况

1996年是公司规范、发展史上具有里程碑意义的一年。面对国家继续实行适度从紧的宏观经济政策,以及国内工程机械市场需求相对平缓的态势,紧紧围绕公司1996年工厂方针,努力克服种种困难,发挥公司的名牌优势、质量优势、管理优势、审时度势,把握机遇,果断决策,厉精图治,取得了较好的经济效益。全年实现产品销售收入(不含税)41936.54万元,同比增长0.79%;完成预测数的100.36%;实现利润总额5201.17万元,同比增长1.73%,完成预测数的92.55%。另外,公司以股票上市工作为重点,严格按照《公司法》等有关证券法规的精神,不断地规范、完善,年末经中国证监会批准并利用深交所交易系统上网定价发行8860万A股获得圆满成功,实现了公司由定向募集公司向社会募集公司的重大转变,为公司的发展注入了巨大活力,提供了新的机遇。

①强化销售,扩大市场。公司重点抓了国内外销售体系的建立和完善,在国内新增设了5家办事处,18家代理公司,形成了18个驻外公司、办事处和44家代理销售公司的山推国内销售体系;国际市场新开辟了乌干达、肯尼亚、赤道几内亚等6国市场,并同马来西亚等客商恢复了贸易关系,使出口国增加至42个。经过努力,TY220型系列推土机市场占有率达63.9%。

②探索"准时化生产",提高了生产管理水平。以市场为导向,坚持以销定产,采用了"网络计划"、"产前计划"等科学管理方法,减少了库存,节约了能源,降低了成本,增进了效益,确保了销售,稳定了生产。

③搞好质量改进活动,产品质量稳步提高。TY320B推土机性能达到一等品的水平,领取了出口产品许可证,TY220推土机整机故障率下降9.7%,TY160推土机质量也有了较大的提高。

④狠抓了新产品开发工作,1996年,共完成新产品试制项目6项,其中TY230A推土机已完成试制和整机性能试验;TSY220环卫推土机、T70D推土机、YJ315液力变矩器、175MG密封履带、175MH密封履带等5种产品已完成公司级鉴定;另外还完成了ZLY15、ZL30G两种型号的轮胎式装载机试制。YZ12压路机、TG160吊管机、ZHJ100焊接工程车、TSY160LH环卫推土机、T160D经济型推土机等5种新产品正在试制、试验。新产品的开发、研制,进一步增强了公司的市场适应能力和发展后劲,将成为公司新的经济增长点。

⑤不断深化内部改革,强化企业管理,向管理要效益。一是加强基础管理工作,开展"5S"活动,二是实施现代企业制度试点方案,按《公司法》的要求,规范、完善公司法人治理机构;三是学邯钢经验,开展"管理效益年"活动,四是加强劳动定额管理,下发新的工时定额标准。

2. 前次定向募集资金的使用情况的说明。

公司前次募集资金为公司1993年设立时定向募集的资金,共计7740万元,资金使用情况已在1996年12月25日中国证券报刊登的《山推股份招股说明书》概要中披露,截止报告期内,公司前次募集资金的使用完全符合《招股说明书》中规定的用途。

四、股本变化及股本结构情况

1. 股本结构情况:

①股本结构:截止到1996年12月31日,公司总股本14700万股,均为人民币普通股。

其股权结构如下:数量单位:万股　每股面值1元

类别	股本额	比例
国家股	8250	56.12%
社会法人股	200	1.36%
内部职工股	6250	42.52%

注:本公司报告期内股本无变化。

②公司主要股东持股情况

序号	股东名称	持股数量(万股)	占(%)
1	济宁国资局	8250	56.12
2	汶上刘楼农机厂	125	0.85
3	刘鹭成	100	0.68
4	赖水成	60.05	0.41
5	汶上泉河分厂	50	0.34
6	刘国亮	44.55	0.30
7	陈伶伶	42	0.29
8	卓琳	40	0.27
9	司克成	35	0.24
10	许翔	31.07	0.21

③股东总数(1996年末):18556户。

2. 公司董事、监事与高级管理人员持股情况

姓名	职务	年初持股数	年末持股数
王富启	董事长兼总经理	10000	10000
张务水	副董事长	10000	10000
陈绍隆	董事兼常务副总经理、总经济师	10000	10000
代永海	董事兼副总经理	10000	10000
王振田	董事	10000	10000
张长泰	董事兼总工程师	10000	10000
郭云昌	董事兼总会计师	10000	10000
尹相华	董事兼副总经理	7000	7000
孙学甫	董事兼副总经理	10000	10000
卞忠祥	董事	0	0
姬广金	董事	10000	10000
周庆庭	监事会主席	10000	10000
王凤岐	监事会副主席	10000	10000
刘永长	监事	10000	10000
陈启云	监事	10000	10000
聂继鹗	监事	800	800
张西岭	监事会秘书	800	800

注:报告期内公司董事、监事与高级管理人员持股无变化。

五、重要事项

1. 报告期内的董事会情况说明：

1996年4月1日，公司召开了二届三次董事会会议，审议通过了：①1995年度董事会工作报告；②1995年度财务决算及1996年度财务预算报告；③1995年度利润分配方案；④增补董事会成员候选人；⑤公司股票上市方案；⑥关于召开第四次股东大会的有关事宜。

1996年11月6日，公司召开了二届四次董事会会议，审议通过了：①山东山推工程机械股份有限公司招股说明书；②关于股票发行并上市的有关事宜。

2. 报告期内股东大会情况说明

公司第四次股东大会于1996年6月18日在山推招待所召开，经大会审议，通过了如下决议：

①公司1995年度董事工作报告；②公司监事会1995年度工作报告；③公司1995年度财务决算及1996年度财务预算的报告；④公司股票上市方案；⑤增补王振田同志为公司二届董事会董事。

3. 重大事件简介

①经中国证监会证监发字(1996)367号和证监发字(1996)368号文批准，公司于1996年12月27日通过深圳证券交易所交易系统向全国公开发行人民币普通股(A股)8860万股，发行价格为人民币4.28元/股。

②公司《招股说明书》概要于1996年12月25日在中国证券报上向社会公开披露。

4. 本报告期内公司无重大诉讼、仲裁事项。

六、关联企业

公司无关联企业

七、财务报告

(一)审计意见：公司财务报告经湖北大信会计师事务所中国注册会计师邵九林、岳红审计，出具了无保留意见的审计报告鄂信业字(1997)第266号。

(二)财务报表(见附表)

(三)财务报表附注

1. 公司采用的主要会计政策

①公司执行的会计制度

公司执行《股份制试点企业会计制度》。

②会计期间：公司以公历年度为会计年度，即从公历1月1日至12月31日为一个会计年度。

③记帐原则和计价基础：

公司按照权责发生制的记帐原则，以历史成本为计价基础。

④外币折算方法：外币折算按交易当日国家外汇牌价取其中间值折合为记帐本位币，月底、年终调整汇兑损益，计入财务费用。

⑤存货计价方法：

(1)原材料按计划成本核算，其他各类存货按实际成本计价，发出和领用采用加权平均法计价；

(2)低值易耗品和包装物领用时采用一次摊销售法核算。

⑥长期投资核算方法

公司的长期投资指购买的国库券和重点建设债券，一律按成本法核算。

⑦固定资产计价及其折旧：

(1)固定资产标准：使用年限在一年以上、单位价值在2000元以上的房屋及建筑物、机器设备、交通运输工具等；

(2)固定资产计价：固定资产按购建时的实际成本计价；

(3)固定资产折旧采用直线法计算，并按各类固定资产的原值和估计的使用年限扣除3%的残值计算折旧率，分类折旧率如下：

类别	折旧年限	残值率	年折旧率
房屋及建筑物	20—30年	3%	4.85%—3.23%
机器设备	7—15年	3%	13.86%—6.47%
电子设备	5—10%	3%	19.4%—9.7%
运输设备	10年	3%	9.7%
其他设备	7—15年	3%	13.86%—6.47%

⑧无形资产及其摊销：

有法定年限的按法定年限摊销，无法定年限的按10年期摊销。公司用电权按10年期摊销，公司土地使用权不列入公司资产，产权归属国家，每年按规定缴纳土地占用费。

⑨收入实现的确认：

产品已发出，产品所有权转移至买方，收到货款或取得索取货款的权利时确认为收入的实现。

⑩主要税项

(1)增值税　17%(销项税率)

(2)城市维护建设税　7%(按增值税额)

(3)教育费附加　3%(按增值税额)

(4)所得税　33%(按应纳税所得额)

⑪利润分配：依据公司章程、公司税后利润按下列顺序进行分配：

(1)弥补以前年度亏损

(2)提取10%法定盈余公积金

(3)提取5%法定公益金

(4)提取任意公积金(由股东大会决定提取)

(5)分配股利

2. 会计报表有关数据说明：

①货币资金较去年增加112.70%，主要原因是公司年末销货款回笼所致。

②应收帐款　133,030,984.83元

其中：

1年内帐龄145户	112,656,900.22元	占84.68%
1-2年帐龄89户	13,193,938.65元	占9.92%
2-3年帐龄88户	3,227,076.00元	占2.43%
3年以上帐龄106户	3,953,069.96元	占2.97%
减：坏帐准备	665,154.92元	
应收帐款净额	132,365,829.91元	

持本公司5%以上股份的主要股东没有欠款。

③其他应收款　29,333,402.65元

其中：1年以内帐龄103户	21,186,777.54元	占72.23%
1-2年帐龄25户	4,526,429.88元	占15.43%
2-3年帐龄21户	2,674,492.56元	占9.12%
3年以上帐龄47户	945,702.67元	占3.22%

其他应收款较去年增加119.97%，主要是因为公司本年正常业务往来增加所致。持本公司5%以上股份的主要股东没有欠款。

④待摊费用系期初待扣进项税。

待摊费用较去年减少40.88%，是因为公司本年经税务机关批准抵扣期初进项税所致。

⑤长期投资　562,992.00元

用于购买国库券和重点建设债券

⑥应付票据　10,050,000.00元

应付票据较去年下降34.31%，主要是因为公司本年承兑到期票据所致。

⑦应付帐款　151,746,271.33元

应付帐款较去年增加37.16%，主要是因为公司本年对重庆汽车发动机厂、潍坊柴油机厂、湖北大冶特钢无缝钢管厂、北满特钢厂、抚顺特殊钢有限公司等单位的应付货款增加所致。应付帐款中没有关联企业的款项。

⑧预提费用较去年减少100%，是因为公司本年实行按月实际计算支付短期借款利息所致。

⑨资本公积金

项目	期初数(元)	本期增减数(元)	期末数(元)
国家股折股溢价	16,500,593.05	0	16,500,593.05
发行股权证溢价	10,402,355.86	0	10,402,355.86
所得税返还转入	6,000,000.00	0	6,000,000.00
合计	32,902,948.91	0	32,902,948.91

注:"国家股折股溢价"系公司进行股份制改造时,经过确认的国有经营性净资产99,000,593.05元,按1:1.2折为国家股82,500,000股,每股面值1.00元,股本金额82,500,000.00元,其溢价部分16,500,593.05元列入本项目。

"发行股权证溢价"系当时进行股份制改造时,向社会法人和内部职工溢价发行股权证(1:1.2)6450万股的溢价收入12,900,000.00元,在扣除发行费用2,497,644.14元以后的余额。

"所得税返还转入"系1994年、1995年依据济宁市人民政府办公室济政办发[1994]89号文的规定,由财政部门返还的所得税。

⑩盈余公积

项目	期初数(元)	本期增减数(元)	期末数(元)
提取法定公积金	12,431,006.15	3,488,154.72	15,919,160.87
提取公益金	6,215,503.08	1,744,077.36	7,959,580.44
提取任意公积金	44,207,240.18		44,207,240.18
合计	62,853,749.41	5,232,232.08	68,085,981.49

⑪未分配利润

1996年1月1日余额　29,116,312.04元

加:本期增加数　29,649,315.11元

1996年12月31日余额　58,765,627.15元

⑫销售费用较去年增加38.66%,主要是因为公司本年销售人员工资、广告费、销售服务费及差旅费增加所致。

⑬投资收益　112,108.00元

投资收益较去年增长200.60%,主要是因为公司本年兑现国库券收息收入增加所致。

⑭营业外收入　890,221.50元

营业外收入较去年增加274.93%,主要是因为公司本年新产品免税补贴收入增加所致。

⑮营业外支出206,074.53元

营业外支出较上年减少88.12%,主要是因为公司本年罚款支出减少所致。

⑯以前年度损益调整　-760,219.76元

以前年度损益调整借方余额较去年增加442.90%,主要是因为公司本年调整上年度出口货物应退税差额所致。

八、期后事项

1.经山东省计委、省证券委以鲁计财字[1996]966号文批准,同意公司使用山东省1995年公开发行股票计划1250万股,用于解决内部职工股上市。另作为山东省1996年首家推荐企业向社会公开发行A股8860万股,于1996年12月27日利用深交所交易系统上网发行获得圆满成功,公司于1997年1月6日实际收到新股募集资金379208000元,其中股本金88600000元,溢价部分扣除本次发行费用后计入公司资本公积金。

新股发行后,股本构成如下:

类别	股份(万股)	比例
国家股	8250	35.02%
社会法人股	200	0.85%
内部职工股	5000	21.22%
社会公众股	10110	42.91%
(含1250万股内部职工股占额度上市)		
总股本:	23560	100%

2.1997年1月17日经深交所审查批准,于1997年1月20日在中国证券报、证券时报、上海证券报上同时刊登山推股份股票上市公告书,于1997年1月22日挂牌交易。

3.公司于1997年2月14日召开的董事会临时会会议研究决定:选举陈绍隆先生为公司副董事长;同意现任董事长王富启先生辞去总经理职务;聘任陈绍隆先生为公司总经理,徐存生先生为公司董事会秘书;指定徐存生先生为公司信息披露事务代表。此项已在证关券时报上披露。

山东山推工程机械股份有限公司董事会

1997年4月2日

资产负债表

编制单位:山东山推工程机械股份有限公司　1996年12月31日　单位:人民币元

资产	行次	年初数	年末数	负债及股东权益	行次	年初数	年末数
流动资产:				流动负债:			
货币资金	1	12,271,890.00	26,101,925.57	短期借款	41	120,000,000.00	96,083,000.00
短期投资	2			应付票据	42	15,300,000.00	10,050,000.00
应收票据	3			应付帐款	43	110,630,499.57	151,746,271.33
应收帐款	4	130,587,484.37	133,030,984.83	预收货款	44	19,626,155.30	18,924,548.80
减:坏帐准备	5	652,937.42	665,154.92	应付福利费	45	2,680,735.27	2,700,937.24
应收帐款净额	6	129,934,546.95	132,365,829.91	未付股利	46	18,050,000.00	18,050,000.00
预付帐款	7	47,790,430.94	55,058,555.25	未交税金	47	24,949,539.31	7,313,206.68
其他应收款	8	13,335,078.26	29,333,402.65	其他未交款	48	7,689,369.43	8,321,602.18
待摊费用	9	11,737,824.35	6,939,346.32	其他应付款	49	20,582,209.70	16,754,112.56
存货	10	298,227,043.48	257,108,276.30	预提费用	50	765,000.00	
待处理流动资产净损失	11			一年内到期的长期负债	52		
一年内到期的长期债券投资	12			流动负债合计	55	340,273,508.58	329,943,678.79
其他流动资产	13			长期负债			
流动资产合计	15	513,296,813.98	506,907,336.00	长期借款	56	68,000,000.00	50,000,000.00
长期投资:				应付债券	57		
长期投资	16	765,844.00	562,992.00	长期应付款	58		
固定资产:				其他长期负债	60		
固定资产原价	17	242,711,028.12	268,342,896.27	长期负债合计	65	68,000,000.00	50,000,000.00
减:累计折旧	18	109,007,421.00	130,103,115.86	递延税项			
固定资产净值	19	133,703,607.12	138,239,780.41	递延税款贷项	66		
在建工程	20	30,097,024.96	39,439,388.82	负债合计	67	408,273,508.58	379,943,678.79

固定资产清理	21	80,053.30	150,254.13	少数股东权益			
待处理固定资产净损失	22			股东权益			
固定资产合计	23	163,880,685.38	177,829,423.36	股本	68	147,000,000.00	147,000,000.00
无形资产及递延资产:				资本公积	69	32,902,948.91	32,902,948.91
无形资产	24	2,203,175.58	1,398,484.98	盈余公积	70	62,853,749.41	68,085,981.49
递延资产	25			其中:公益金	71	6,215,503.08	7,959,580.44
无形资产及递延资产合计	30	2,203,175.58	1,398,484.98	未分配利润	72	29,116,312.04	58,765,627.15
其他长期资产:				外币报表折算差额			
其他长期资产	31			股东权益合计	79	271,873,010.36	306,754,557.55
递延税项:				负债与股东权益总计	80	680,146,518.94	686,698,236.34
递延税款借项	32						
资产总计	40	680,146,518.94	686,698,236.34				

利润及利润分配表

编制单位:山东山推工程机械股份有限公司

单位:人民币元

资产	行次	1995 年度	1996 年度	资产	行次	年初数	年末数
一、主营业务收入	1	416,066,732.09	419,365,432.45	四、利润总额	15	51,126,096.65	52,011,718.73
减:营业成本	2	330,284,139.89	331,860,369.24	减:所得税	16	16,871,611.89	17,130,171.54
销售费用	3	5,630,502.09	7,807,532.67	加:年初未分配利润	17		29,116,312.04
管理费用	4	24,993,721.41	24,383,422.43	盈余公积转入数	18		
财务费用	5	17,813,180.59	18,231,881.63	上交利润			
进货费用	6			五、可分配利润	19	34,254,484.76	63,997,859.23
营业税金及附加	7	2,841,479.70	2,157,615.09	减:提取法定公积金	20	3,425,448.48	3,488,154.72
二、主营业务利润	8	34,503,708.41	34,924,611.39	提取法定公益金	21	1,712,724.24	1,744,077.36
加:其他业务利润	9	18,221,713.99	17,051,072.13	其他分配利润			
三、营业利润	10	52,725,422.40	51,975,683.52	六、可供股东分配的利润	22	29,116,312.04	58,765,627.15
加:投资收益	11	37,295.12	112,108.00	减:已分配优先股股利	23		
营业外收入	12	237,434.35	890,221.50	提取任意公积金	24		
减:营业外支出	13	1,734,026.21	206,074.53	已分配普通股股利	25		
加:以前年度损益调整	14	-140,029.01	-760,219.76	七、未分配利润	30	29,116,312.04	58,765,627.15

财务状况变动表

编制单位:山东山推工程机械股份有限公司

单位:人民币元

流动资金来源和运用	行次	1996 年度	流动资金来源和运用	行次	1996 年度
一、流动资金来源			流动资金各项目的变动		
1. 本年净利润	1	34,881,547.19	一、流动资产本年增加数		
加:不减少流动资金的费用和损失			1. 货币资金	31	13,830,035.57
(1)少数股东本期损益(亏损以"-"号表示)	2		2. 短期投资	32	
(2)固定资产折旧	3	22,451,925.45	3. 应收票据	33	
(3)无形资产、递延资产及其他资产摊销(减其他负债转销)	4	199,783.60	4. 应收帐款净额	34	2,431,282.96
(4)固定资产盘亏(减盘盈)	5		5. 预付帐款	35	7,268,124.31
(5)清理固定资产损失(减收益)	6		6. 其他应收款	36	15,998,324.39
(6)递延税款	7		7. 待摊费用	37	-4,798,478.03
(7)其他不减少流动资金的费用和损失	8		8. 存货	38	-41,118,767.18
小　计	10	57,533,256.24	9. 待处理流动资产净损失(减收益)	39	
2. 其他来源			10. 一年内到期的长期债券投资	40	
(1)固定资产清理收入(减清理费用)	11	-249,499.14	11. 其他流动资产	41	
(2)增加长期负债	12		流动资产增加净额	45	-6,389,477.98
(3)收回长期投资	13	265,844.00	二、流动负债本年增加数:		
(4)对外投资转出固定资产	14		1. 短期借款	46	-23,917,000.00
(5)对外投资转出固定资产	14		2. 应付票据	47	-5,250,000.00
(5)对外投资转出无形资产	15		3. 应付帐款	48	41,115,771.76
(6)资本净增加额	16	5,232,232.08	4. 预收货款	49	-701,606.50
(7)少数股东资本净增加额			5. 应付福利费	50	20,201.97
小　计	17	5,248,576.94	6. 未付股利	51	
流动资金来源合计	18	62,781,833.18	7. 未交税金	52	-17,636,332.63
二、流动资金运用			8. 其他未交款	53	632,232.75
1. 利润分配			9. 其他应付款	54	-3,828,097.14
(1)提取法定公积金	19	3,488,154.72	10. 预提费用	55	-765,000.00

(2)增加无形资产，递延资产及其他资产	25		11. 一年内到期的长期负债	56	
(3)偿还长期负债	26	18,000,000.00	12. 其他流动负债	57	
(4)增加长期投资	27	62,992.00	流动负债增加净额	58	-10,329,829.79
小　计	28	53,609,249.29	流动资金增加净额	59	3,940,351.81
流动资金运用合计	29	58,841,481.37			
流动资金增加净额	30	3,940,351.81			

山东山推工程机械股份有限公司1997年度中期报告

一、财务报告(未经审计)

(一)财务报表

1. 简化的资产负债表

项　目	1997年6月30日	1996年12月31日
流动资产	810,150,777.17	506,907,336.00
长期投资	500,000.00	562,992.00
固定资产净值	149,370,526.38	138,390,034.54
在建工程	94,276,417.57	39,439,388.82
无形资产及递延资产	1,378,593.18	1,398,484.98
资产总计	1,055,676,314.30	686,698,236.34
流动负债	319,579,083.38	329,943,678.79
长期负债	45,000,000.00	50,000,000.00
股东权益	691,097,230.92	306,754,557.55
其中:股本	235,600,000.00	147,000,000.00
资本公积	293,573,518.23	32,902,948.91
盈余公积	68,085,981.49	68,085,981.49
未分配利润	93,837,731.20	58,765,627.15
负债及股东权益合计	1,055,676,314.30	686,698,236.34

2. 简化的损益表

项　目	1997年1—6月	1996年1—6月
主营业务收入	230,397,496.60	219,104,667.87
主营业务利润	29,378,851.76	20,652,164.71
其他业务利润	10,638,655.12	9,525,036.07
投资收益		
营业外收支净额	1,243,792.01	
利润总额	41,261,298.89	30,177,200.78
所得税	6,189,194.84	9,958,476.26
净利润	35,072,104.05	20,218,724.52

(二)主要财务指标	1997年1—6月	1996年1—6月
1. 每股收益	0.15元(摊薄0.12元)	0.14元
2. 净资产收益率	5.07%	6.92%
3. 每股净资产	2.93元(摊薄2.45元)	1.99元

(三)财务报表附注

1. 本期财务报告所采用的会计政策和方法除所得税税率变动以外与1996年度相比无重大变化。

2. 根据鲁财税字[1996]第48号文规定,公司实际税负超过15%的部分,由同级财政部门予以返还,列收列支,返还部分用于企业发展,全体股东共同享有。

3. 货币资金较年初增加553%,主要原因是公司本年发行新股募集资金所致。

4. 应收帐款较上年增加74.25%,主要原因是公司本年销售增长,部分客户回款不及时所致。

5. 在建工程较年初增加139.04%,主要原因是因为公司按募集资金用途使用,实施科技中心、扩大推土机出口创汇能力技改等项目投资增加所致。

6. 股本　　235,600,000.00元

股本结构	期初数	本期增加数	本期减少数	期末数
国家股	82,500,000.00			82,500,000.00
法人股	2,000,000.00			2,000,000.00
内部职工股	62,500,000.00		12,500,000.00	50,000,000.00
社会公众股		101,100,000		101,100,000.00
合计	147,000,000.00	101,1000,000	12,500,000.00	235,600,000.00

经批准山东山推工程机械股份有限公司于1996年12月27日至1997年1月6日成功地向社会公开发行新股8,860万股,人民币普通股股票每股面值1.00元,发行价格每股人民币4.28元。另外,由内部职工股占用发行额度1,250万股转为社会公众股。

7. 资本公积　　293,573,518.23元

资本公积年初数	本期增加数	本期减少数	期末数
32,902,948.91	260,670,569.32		293,573,518.23

资本公积较年初增加260,670,569.32元,系本次发行新股溢价部分扣除本次发行费用后计入资本公积所致。

8. 财务费用较去年同期下降49.93%,主要是因为公司募集新股资金存款利息增加所致。

9. 公司本报告期无关联交易。

二、经营情况的回顾

(一)上半年经营情况的回顾

1997年上半年在公司全体员工的共同努力下实现销售收入23039.7万元;完成预测数的46.08%;出口创汇503.89万美元,为去年同期的115.69%;利润总额4126.13万元,完成预测数的61.11%,回顾上半年的生产经营工作,我们主要做了以下几点:

1. 加强了销售管理,加大了销售工作力度。上半年销售收入比去年同期增加了4.9%。在国内外工程机械市场竞争日益激烈,市场需求不够景气的情况下,我们通过加强市场调查收集研究市场信息,健全公司销售渠道,完善营销网络,加强售前、售中、售后服务等措施,使上半年的销售收入比去年同期有所增长,各种产品的销售量均有所增长,销售收入及市场占有率仍居全国同行业首位。

2. 构建生产快速反应机制,提高生产管理水平。上半年我们按照以销定产的方针,针对机型调整频繁、供货批量大、交货期短等方面的不利因素,提出构建生产的快速反应机制,以适应市场的需要。积极采用"网络计划技术","成组技术"等科学的管理方法,同时加大生产指挥力度,树立生产指挥系统的权威,取得了较好的效果。

3. 加强质量管理,不断提高我公司的产品质量。上半年在质量管理方面,继续推出"B"活动的开展;完成了ISO9000质量体系认证工作,加强了质量教育,提高了全体员工的质量意识,从而使产品质量状况有了明显的改善。

4. 以成本管理为中心,加强财务管理。在成本管理方面,积极推广邯钢经验,开展节约挖潜。上半年基本完成了工序计划价格的核定工作,为下一步深入开展打下了基础。在资金运营方面,通过合理调配资金,使我公司在资金比较紧张的情况下基本上满足了生产经营的需要。

(二)募集资金的运用情况

1. 引进液压挖掘机生产关键设备配套技改项目已累计投资2,990万元,该项目已于1997年4月提前8个月竣工。

2. 进口关键加工设备发展挖掘机生产项目已累计投资5,725万元，该项目已于1997年4月提前2个月竣工。

3. 科技中心项目在“八五”期间已完成投资2,500万元，项目竣工还需要使用募集资金2,950万元，上半年已投入资金600万元，部分安装工程已完工，1997年底该项目可部分投入使用。

4. 引进关键设备扩大推土机出口创汇能力技改项目已完成投资2300万元，大部分设备已投入使用，对推土机下料焊接，大件加工等工序提高质量提供了保障，保证了上述工序满足900台推土机生产能力的需要。该项目进度情况正常，1997年底可提前竣工。

5. 履带总成技术改造项目已投资850万元，完成了小节矩正链轨节加工生产线，该项目进度正常，预计1998年底可竣工。

6. 扩大推土机铸件生产能力技改项目已累计投入460万元，对铸铁车间进行了配套完善改造，铸钢生产500万元改造方案已获审查并通过，现已开项实施，预计1998年底该项目可竣工。

7.“四轮”技改项目截止上半年已累计投入750万元。厂房扩建、设备更新及部分配套设施的完善，提高了“四轮”加工能力和水平。该项目进度情况正常，预计1998年底竣工。

8. 尚未使用的募集资金已作银行存款。

(三)下半年的工作重点和措施

1. 在进一步加强销售工作的同时，加大货款回收和清欠工作力度，彻底改变应收帐款不断增加的状况，使应收帐款降低到一个合理的水平。

2. 继续抓好产品质量工作。在深入开展“B”活动的同时，继续加强对职工的质量意识教育，树立“质量是企业的生命”这样一种观念，在上半年通过ISO9000质量体系认证的基础上，巩固贯标的成果，继续抓好程序文件、管理标准、工作标准的贯彻学习，为下半年顺利通过认证中心的复查做好准备。

3. 生产要以产品结构调整为中心，以进一步完善生产的快速 反应机制为手段，把生产工作的重点转移到160型推土机的生产组织上来，对制约160型推土机产量提高的各种因素采取有力的措施，挖掘现有生产能力的潜力，尽快完成产品结构的调整。在生产组织中，要尽量采用科学的生产管理方法，在不断建立健全各个产品期量标准的基础上，合理地组织生产，不断提高生产管理水平。

4. 积极推进以成本管理为中心的财务管理工作。在“远学邯钢，近学四达”成本管理成功经验的基础上，更深入地抓好成本核算，采取有效措施，堵塞各个环节中的不合理支出，不断压缩成本费用。以此为中心，本着节约资金，提高效益的原则，认真做好降低成本、盘活资金、设备和物资存量，提高资金的使用效率。

5. 进一步转换经营机制，进行规范化管理，建立健全内部竞争机制和激励约束机制，同时，进一步做好定额、原始记录、计量等各项基础管理工作。

6. 积极实施技术中心建设方案，使我公司成为技术开发的主体，把市场、生产、技术紧密地结合起来，使之有利于产品开发和技术创新、有利于生产组织，有利于企业的长远发展。

7. 积极做好主导产品的升级换代工作。用三到四年时间，将我公司的160、220、320马力三种系列的产品采用先进技术进行改进设计，按计划推向市场，从而进一步扩大我公司产品的市场占有率，确保推土机行业的排头兵位置。

三、重大事件的说明

(一)依照国务院证券委、中国人民银行、国家经贸委5月21日联合发布的《严禁国有企业和上市公司炒作股票的规定》的要求，我公司进行了认真自查，至今为止，公司尚未在任何证券经营机构开设股票帐户，也未在二级市场上买卖上市公司流通股票，本公司今后如果进行股票投资，将严格遵循国家政策法规和本公司章程的规定。

(二)经公司董事会研究决定，公司本年度中期不分红。

(三)公司在报告期内无重大诉讼仲裁事项。

四、发行在外股票的变动和股权结构的变化

(一)经中国证监会证监发字(1996)367号和证监发字(1996)368号文批准，本公司于1996年12月27日公开发行了人民币普通股8,860万股，发行价4.28元/股。1997年1月22日，经深交所审查批准，本公司股票在深交所挂牌交易。

(二)股权结构情况

1997年6月30日　　单位:万股　　每股面值:1.00元

	期初数	本期增加	本期减少	期末数
一、未流通数				
国有股	8,250			8,250
法人股	200			200
内部职工股	6,250		1,250	5,000
未流通股合计	14,700			
二、流通股				
社会公众数		10,110		10,110
三、股份总额	14,700	10,110	1,250	23,560

(三)主要股东持股情况(截止1997年6月27日)单位:股

序号	股东名称	持股数	持股比例
1	济宁市国有资产管理局	82,500,000	35.02%
2	山东省汶上县刘楼农机修造厂	1,250,000	0.53%
3	巨安投资	801,400	0.42%
4	刘鹭威	800,000	0.34%
5	陈珊	520,000	0.22%
6	汶上泉河分厂	500,000	0.21%
7	柯建鸿	500,000	0.21%
8	赖水成	480,400	0.20%
9	陈伶伶	420,000	0.18%
10	翟影霞	333,300	0.14%

(四)期后事项

经本公司第五次股东大会审议，通过了本公司1996年度利润分配方案，即以10:2的比例向全体股东送股，此方案已经山东省证管办鲁证字(1997)39号文批准，于1997年7月2日实施，国有股、法人股、内部职工股、社会公众股同比增长。

五、股东大会简介

山东工程机械股份有限公司第五次股东大会于1997年5月8日上午8时在公司招待所三楼会议室召开，出席会议的股东共89人，代表股份13,469.33万股，占总股本的52.93%，会议作出如下决议：

(一)审议通过了公司《董事会1996年度工作报告》；

(二)审议通过了公司《关于1996年度业务总结和1997年度业务工作安排的报告》；

(三)审议通过了《监事会1996年度工作报告》；

(四)审议通过了《公司1996年度财务决算与1997年度财务预算的报告》；(五)审议通过了《公司1995、1996年度利润分配方案》，并授权董事会两个月内完成股利的派发事项；

(六)审议通过了《关于修改公司章程的说明》和《关于授权董事会修改公司章程及变更登记的提议》；

(七)审议通过了《关于人事调整方案的说明》。

六、备查文件

(一)董事长亲笔签名的中期报告原本

(二)《上市公告书》

山东山推工程机械股份有限公司

1997年8月22日

烟台东方电子信息产业股份有限公司

烟台东方电子信息产业股份有限公司概况

一、公司简介

该公司是集科研开发、生产经营、技术服务于一体的大一型电子企业,资产总额3.17亿元,现有职工1029人,是国家重点扶持的300家企业之一。公司辖东方电子股份有限公司、东方集团无线电设备厂、东方集团电表厂、东方集团劳动服务公司等四个子公司,其中东方电子股份有限公司拥有7个全资分公司、4个中外合资子公司和3个加工厂。1996年完成销售收入6.2亿元,利税6515万元,各项技术经济指标名列全国同行业前茅。预计1997年将完成产值10亿元,利税8000万元,分别比上年增长17.6%和22.8%。

超前决策,实现持续高速发展。公司坚持长远发展战略,确定以计算机应用为发展方向,开发具有高技术、高附加值、高可靠性的大系统,建立符合市场经济要求的经营体制,使公司实现了持续高速发展。1989年—1996年,公司资产总额、销售收入、实现利税分别年均递增75.1%、46.9%和44.3%。

实施人才战略,不断开发高科技产品。公司拥有各类专业技术人员642名,占职工总数的62%,其中博士、博士后20名,硕士82名,是烟台市技术人员数量最多、学历最高的国有企业。凭借高科技人才,公司加速产品结构调整与开发,由过去单一电网远动数据采集终端,发展到今天的电力系统自动化设备、计算机键盘、通信设备、稳压电源和以电量变送器为主的计量仪表等五大系列180多种产品。其中,主导产品电力系统自动化设备、计算机键盘国内市场占有率分别达到70%和80%。

实施股份制改造,向现代企业迈进。从1992年起,经过四年的不懈努力,走出了由定向募集公司到上市公司的成功之路,1997年1月21日,东方电子股票在深圳证券交易所上市,募集资金1.3亿元,为企业发展创造了极为有利的条件。

"九五"期间,公司的主要发展思路是:(一)继续实施人才发展战略,大量引进高科技人才。到"九五"末,博士、博士后将达到50名,硕士将达到200名,本科生将达到750名,各类专业技术人员比例将达到职工总数的80%左右,形成凝聚高科技人才,开发高科技产品,占领高科技市场的发展模式。(二)坚持科技进步,实行集约化经营。"九五"期间,将投资1.2亿元,完成"计算机键盘扩大出口规模"和"无人值守电网自动化管理系统"两项"双加"工程。技术改造完成后,计算机键盘年生产能力将由目前的40万台提高到100万台,产品种类、质量将达到世界先进水平,跻身国际键盘专业生产厂家行列;无人值守电网自动化管理系统年生产能力将由目前的800台套提高到2000台套,新增销售收入12亿元,新增利税2亿元。(三)以股票上市为契机,参入金融,搞好资本经营;实现跨行业经营,从事房地产产业,加速发展汽车电器工业,并以收购、控股等形式,不失时机地进行企业兼并,壮大公司规模。到"九五"末,预计公司将实现产值30亿元,实现销售收入20亿元,实现利税3亿元。

地址:山东省烟台市市府街45号

邮编:264001

电话:0535—7214138

传真:0535—6213233

二、董事长、总经理介绍

隋元柏先生:董事长,54岁,中共党员,大专学历,高级经济师,山东大学经济管理系兼职教授。1970年至1978年,任烟台无线电六厂政工副书记;1978年至1987年,任烟台无线电六厂厂长;1987年至1991年,任烟台计算机公司经理;1991年至1993年,任烟台东方电子信息产业集团公司董事长、总经理;1994年至今,任本公司党委书记、董事长、总经理。隋元柏先生是全国劳动模范,全国五一劳动奖章获得者,全国优秀经营管理者,山东省首届十大杰出企业家、山东省专业技术拔尖人才,烟台市人大常委会委员。隋元柏先生是本公司的法定代表人。

股 票 上 市 公 告 书

一、释义

在本公告书中,除非另有说明,下列词语具有如下含义:

本公司、公司:指烟台东方电子信息产业股份有限公司

集团公司:指烟台东方电子信息产业集团公司

发起人:指烟台东方电子信息产业集团公司

董事会:指烟台东方电子信息产业股份有限公司董事会

本次发行:指本次向社会公众公开发行每股面值1元的1030万股记名式人民币普通股A股

主承销商:指中国经济开发信托投资公司

元:指人民币元

省:指山东省

二、绪言

经中国证券监督管理委员会证监发字[1996]376号文和证监发字[1996]337号文批准,本次公司已成功地向社会公众公开发行人民币普通股A股1030万股,每股面值1元,每股发行价7.88元。按深圳证券交易所深证发[1997]21号《上市通知书》,本公司股票将于1997年1月21日在深交所挂牌交易。本公司总股本6830万股,本次流通1720万股(含内部职工股690万股),内部职工股上市比例为20%,其余2760万股内部职工股按国家有关规定自新股发行之日起满三年后,方可上市流通。

本上市公告书根据《中华人民共和国公司法》、《股票发行与交易管理暂行条例》、《公开发行股票公司信息披露实施细则(试行)》、《深圳证券交易所业务规则》等国家有关法规及发行人的实际情况编制,旨在向社会公众提供与本公司股票公开上市相关的资料。

本公司已于1996年12月12日在《中国证券报》、1996年12月13日在《大众日报》、《烟台日报》、1996年12月14日《山东证券报》上刊登了《招股说明书(概要)》,距今不足6个月,故与其重复的内容在此不再重述,敬请投资者查阅本公司的《招股说明书(概要)》。

本公司全体董事确信:本上市公告书不存在任何重大遗漏或误导成份,并对上市公告书真实性、准确性、完整性负个别及连带责任。

三、公司概况

1. 公司法定名称:

中文名称:烟台东方电子信息产业股份有限公司

英文名称:Yantai Dongfang Electronics Information Industry Co., LTD

2. 公司成立日期:1994年2月9日

3. 公司注册地址:中国山东省烟台市市府街45号

4. 公司法定代表人:隋元柏

5. 公司注册资本:6,830万元

6. 公司经营范围:

主营:微型计算机、计算机外部设备、电力调度设备、通讯设备及相关原器件的开发制造、销售、计算机技术。

兼营:咨询服务,进口本公司生产科研所需原、辅材料、仪器设备、出口本公司产品。

7. 公司主要业务及产品

本公司主要业务是电力调度设备、计算机外部设备、通讯设备的生产与销售,在过去的十几年中,本公司已先后为全国29个省、自治区、直辖市的用户开发生产了计算机电力远动调度系统、电力负荷综合控制系统等电力调度自动化设备。其中主要产品电子负荷综合控制系统经"八五技改",已形成年生产全套系统800台(套)的能力。随着科技迅猛发展,新一代的电网自动化系统"无人值守电网能量管理系统"已成为我国电网建设迫切需要的设备。在"九五"期间,本公司将形成年产该系统2000台(套)的能力。

本公司是电子工业部"八五"计划中唯一定点生产配套键盘的厂家,与国内主要的微机及终端生产厂家建立了稳定的关系,是国内键盘生产厂中规模最大、产品技术最好、国产化率最高、配套能力最强的专业厂。现已具备年产40万台高品质机械式键盘的能力,形成了高中低三个不同档次,以及标准键盘、终端键盘、特殊键盘等多种类系列化的产品格局。

本公司是邮电部通讯终端设备定点生产厂家,程控交换机的年生产能力达到20万门,在目前国内通讯市场竞争十分激烈的形势下,公司将把工作重点放在引进技术、开拓市场、完善售后服务等方面,争取获得较大的经济效益。

8. 公司职工情况

截至1996年6月30日公司共有职工855人,其中本科以上学历人员达到454人,占总人数的53.1%,具有高级职称的有64人,各类专业技术人员513人,并聘请了国内一些著名学府知名教授作为公司常年法律顾问。

四、股票发行与股权结构

1. 股本形成过程:

(1)本公司是经烟台市体改委烟体改字(1993)16号文批准,以烟台东方电子信息产业集团公司做为独家发起人,采用募集方式设立并在烟台市工商行政管理局注册登记的股份有限公司。集团公司以部分经营性资产折为国家股2200万股,另以每股1.6元人民币的发行价向社会法人及公司职工募股3600万股,形成总股本5800万股。

本次发行前的股本结构为:

国家股	2200万股	占总股本37.93%
社会法人股	150万股	占总股本2.59%
内部职工股	3450万股	占总股本59.48%
总股本	5800万股	占总股本100%

(2)公司前次定向募集的内部职工股,根据国家有关规定已由山东证券登记有限责任公司托管,并全部登记造册。内部职工股中的690万股将占用本次发行额度随新股一同上市(即内部职工股5股上1股),剩余2760万股内部职工股按国家有关规定自本次新股发行之日起,期满三年后上市。

2. 本次股票发行情况:

经中国证监会证监发字(1996)376号和(1996)377号文批准本公司于1996年12月17日至12月25日在山东省济南市、烟台市采取"全额预缴、比例配售、余款转存"的发行方式公开发行人民币普通股1030万股,每股面值1.00元,发行价7.88元。本次公开发行的主承销商为中国经济开发信托投资公司。本次发行有效申购资金为1,766,341,080元,有效申购股数221,346,000股,配售比例4.653%,本公司新发行1030万股社会公众股股款在扣除发行费用后已全部进入公司帐户,并经烟台市会计师事务所烟会验字(1996)149号验资报告验资确认。

3. 股本结构

本次发行后,本公司股本结构如下:

国家股	2200万股	占总股本32.21%
社会法人股	150万股	占总股本2.20%
社会公众股	1720万股	占总股本25.18%
其中:原内部职工股	690万股	占总股本10.10%
内部职工股	2760万股	占总股本40.41%
总股本	6830万股	占总股本100%

4. 主要股东持股情况:

本次发行后持股前十名股东

序号	股东名称	持股数量(股)	持股比例
1	烟台东方电子信息产业集团有限公司	22000000	32.21%
2	劳动服务公司	1500000	2.20%
3	隋爱军	285000	0.417%
4	马绍元	283000	0.414%
5	黄云会	280000	0.410%
6	王士香	270000	0.395%
7	王士举	260000	0.381%
8	黄云国	250000	0.366%
9	黄玉芝	250000	0.366%
10	黄云亭	250000	0.366%

五、董事、监事及其他高级管理人员简历及持股情况

隋元柏先生:董事长,54岁,中共党员,大专学历,高级经济师。山东大学经济管理系兼职教授。1970年至1978年,任烟台无线电六厂政工副书记;1978年至1987年,任烟台无线电六厂厂长;1987年至1991年,任烟台计算机公司经理;1991年至1993年,任烟台东方电子信息产业集团公司董事长、总经理;1994年至今,任本公司党委书记、董事长、总经理;隋元柏先生是全国劳动模范,全国五一劳动奖章获得者,全国优秀经营管理者,山东省首届十大杰出企业家、山东省专业技术拔尖人才、烟台市人大常委会委员。隋元柏先生是本公司的法定代表人。持有本公司股票55000股。

王勇力先生:董事,40岁,中共党员,大学学历,经济师。1979年调入烟台无线电六厂,先后担任无线电六厂人事劳资科长、计算机公司人事劳资科长、助理总经理兼人事劳资处长,现任本公司党委副书记。持有本公司股票30000股。

包忠星先生:董事,51岁,中共党员,大专学历,高级工程师,山东省电子工业专业技术拔尖人才。1967年毕业于浙江大学,先后任烟台无线电五厂厂长,烟台计算机公司副总工程师、总工程师,现任本公司副总经理。持有本公司股票30000股。

吕志训先生:董事,42岁,中共党员,大专学历,经济师。1974年调入烟台无线电六厂工作至今,先后担任工艺科副科长、车间主任、计算机公司生产科科长、现任公司副总经理。持有本公司股票30000股。

赵德广先生:董事,48岁,中共党员,大学学历,高级工程师,山东省电子工业专业技术拔尖人才。1975年毕业于内蒙古大学,1978年调入烟台市电子系统从事计算机工作至今,先后担任烟台无线电六厂设计科副科长、烟台计算机公司研究所所长,现任本公司副总经理兼总工程师。持有本公司股票30000股。

刘德春先生:董事,37岁,中共党员,大专学历,经济师。1976年进烟台无线电六厂工作,1984年起先后担任供销科副科长、经营内科科长、烟台计算机公司总经理助理等职务,现任本公司副总经理兼总经济师。持

有本公司股票30000股。

芦振先生:董事,39岁,硕士,山东工业大学计算机系计算机教研室主任、副教授。1982年毕业于山东工业大学电机工程系,获学士学位,1984年毕业于该校电机工程系获硕士学位,1985年留校工作至今,现任新加坡金环信息有限公司总经理。持有本公司股票30000股。

王增林先生:监事会主席,43岁,中共党员,大专学历,政工师。1975年担任国营第八0七0厂车间主任、党支部副书记,1982年至1994年,历任烟台无线电六厂党总支副书记、团委书记、计算机公司党委副书记、集团公司工会主席,1994年至今,担任本公司工会主席。持有本公司股票30000股。

曲宗琪先生:监事,33岁,中共党员,大专学历,助理会计师,1981年在烟台无线电三厂参加工作,1991年开始担任烟台计算机公司财务科副科长,现任本公司审计处处长。持有本公司股票11250股。

丛龙春女士:监事,中共党员,大专学历,高级政工师,1966年参加工作,曾担任烟台计算机公司党委办公室主任,现任公司组宣处长。持有本公司股票17500股。

高峰先生:董事会秘书,29岁,中共党员,法学硕士,历任公司企质办主任,总经理助理兼办公室主任等职。现任本公司助理总经理兼董事会秘书。持有本公司股票17500股。

吴云霞女士:财务负责人,36岁,中共党员,大专学历,会计师,1976年进入无线电六厂工作,1985年任无线电六厂主管会计,1987年任计算机公司财务科长,1991年至1994年任集团公司财务处长,1995年至今任本公司总会计师。持有本公司股票17500股。

六、主要财务资料

根据山东烟台会计师事务所烟会审字(1996)60号审计报告,本公司1996年9月30日以前三年期间主要财务会计资料如下:

1.资产负债表主要数据(截止1996年9月30日)

单位:元

	1996年9月30日	1995年12月31日	1994年12月31日	1993年12月31日
流动资产	155,269,584.30	117,742,363.32	105,309,936.37	103,593,037.39
长期投资	4,054,715.14	128,800.00	3,423,800.00	2,026,315.06
固定资产	49,386,711.50	44,189,683.39	45,450,803.00	17,171,032.86
无形资产及递延资产	3,445,559.16	5,124,253.56	5,165,813.56	5,507,605.78
资产总计	213,056,570.10	167,185,099.97	159,350,352.93	128,297,991.09
流动负债	70,005,032.02	55,946,382.34	57,583,493.45	34,615,195.01
长期负债	28,590,000.00	18,682,361.57	15,416,105.30	15,014,890.08
负债合计	98,595,032.02	74,628,743.91	72,999,598.75	49,630,085.09
股东权益	103,461,333.54	86,677,256.06	81,779,954.18	78,667,906.00
负债及股东权益总计	213,056,570.10	167,185,099.97	159,350,352.93	128,297,991.09

2.利润表主要数据:

	1996年1—9月	1995年度	1994年度	1993年度
主营业务收入	89,094,976.58	94,801,953.17	81,452,457.21	66,685,677.40
主营业务利润	26,338,914.07	23,157,520.35	18,530,017.05	8,393,282.38
营业利润	26,660,118.68	23,709,408.43	20,343,142.30	9,957,985.33
利润总额	27,881,220.23	24,261,762.10	21,145,786.68	10,333,224.70
净利润	17,293,970.46	22,858,299.26	20,512,048.18	
可分配的利润	19,358,765.79	22,893,540.21	20,512,048.18	

3.主要财务指标

指标项目	1996年1-9月	1995年	1994年	1993年
流动比率	2.16	2.10	1.83	2.99
速动比率	1.66	1.80	1.62	2.74
股东权益比率(%)	60.10	51.85	51.32	61.32
每股收益(元/股)		0.394	0.354	0.17
净资产收益率(%)		26.37	25.08	12.50
每股净资产(元/股)		1.49	1.41	1.36
资产负债率(%)	47.22	44.64	45.81	38.68
销售利润率(%)	31.29	25.59	25.96	15.50
应收帐款周转率(次)	1.92	2.43	3.10	3.22
存货周转率(次)		6.55	7.85	7.70

注:应收帐款周转率指标,赊销收入净额采用主营业务收入净额计算

4.1997年1—5月盈利预测(附后)

*根据山东省人民政府鲁政字(1996)212号《山东省人民政府关于烟台东方电子信息产业股份有限公司所得税执行问题的批复》执行。母公司应纳税所得额8002453元,应交所得税(33%)2640809元,按征后返还18%计算应交税(12%)1200368元。

七、董事会承诺

本公司董事会将严格遵守《公司法》、《股票发行与交易管理暂行条例》、《深圳证券交易所规则》和有关法律、法规的规定,并自股票上市之日起作出如下承诺:

1、按照法律、法规的规定程序和要求披露重大信息,并接受证券主管机关、深圳证券交易所的监督管理;

2、及时、真实、准确地公布中期报告和年度报告,并备置于规定场所供投资者查阅;

3、本公司董事、监事和高级管理人员持本公司股票发生变化时,及时通报证券主管机关,并适时通过传播媒介通告社会公众;

4、在任何公共传播媒介中出现的消息可能对本公司股票的市场价格产生误导性影响时,本公司知悉后将及时对该消息予以公开澄清;

5、本公司董事、监事和高级管理人员将认真听取社会公众的意见和批评,不利用已获得的内幕消息和其他不正当手段直接或间接从事股票买卖活动;

6、本公司没有无记录负债。

八、重要事项揭示

1、本公司的税后利润按以下顺序分配:

(1)弥补以前年度亏损;

(2)提取法定盈余公积金;

(3)提取公益金;

(4)提取任意盈余公积金;

(5)支付普通股股利。

2.经本公司临时股东大会决议,本公司新老股东同等享有1996年度的税后利润分配。1995年末分配利润将滚存至1996年一同分配。本次股票发行后首次股利分配将在1997年6月30日前实施。

3、截止本上市公告书刊登之日,本公司没有涉及任何影响本公司正常经营的重大诉讼、仲裁或行政处罚,亦无任何尚未了结或可能面临的重大诉讼。

九、咨询机构

1、本公司决定,由高峰先生、吴云霞女士担任本公司股证事务代表负责本公司股份事务管理与咨询。本公司有关备查文件放于本公司办公地点,可供股东查询。

发行人:烟台东方电子信息产业股份有限公司

法定代表人:隋元柏

地址:中国山东省烟台市市府街45号

电话:0535—7214138

传真:0535—6213233

联系人:高峰　吴云霞

2、主承销商及上市推荐人:中国经济开发信托投资公司

法定代表人:韩国春

地址:中国北京车公庄大街21号新大都饭店2号楼

电话:010—68319988—12120
传真:010—68319988—12433
联系人:阴秀生、王军、黄玉峰
3、发行人法律顾问:济南大千律师事务所
法定代表人:韩国俊
地址:中国山东省济南市剪子巷53号
电话:0531—6018114
传真:0531—6926372
经办律师:江鲁 李伦
4、会计师事务所:山东烟台会计师事务所
法定代表人:刘天聚
地址:中国山东省烟台市胜利路2号
电话:0535—6224385
传真:0535—6256635
经办人:赵永兰 战淑萍

十、备查文件

1.本公司的注册登记文件
2.深圳证券交易所的上市通知书
3.验资报告
4.上市推荐书
5.招股说明书

烟台东方电子信息产业股份有限公司
1997年1月16日

1997年1—5月盈利预测

单位:人民币元

项目	1997年1—5月
一、主营业务收入	45,978,755.00
减:营业成本	24,513,362.00
销售费用	2,729,540.00
管理费用	3,180,915.00
财务费用	429,036.00
营业税金及附加	302,801.00
二、主营业务利润	14,823,101.00
加:其他业务利润	248,890.00
三、营业利润	15,071,991.00
加:投资收益	343,000.00
营业外收入	8,700.00
减:营业外支出	4,800.00
加:以前年度损益调整	
四、利润总额	15,418,891.00
减:所得税	
(按33%所得税计算)	3,530,782.00*
少数股东收益	1,548,620.00
五、净利润	
(按征后返还18%计算)	11,779,930.00
(按33%所得税率计算)	10,339,489.00

烟台东方电子信息产业股份有限公司1996年年度报告摘要

一、公司简况

股票代码:0682
股票简称:东方电子
公司法定中文名称:烟台东方电子信息产业股份有限公司
公司英文名称:YANTAI DONGFANG ELECTRONICS INFORMATION INDUSTRY CO.,LTD
公司注册地址:烟台市市府街45号
公司办公地址:烟台市市府街45号
邮编:264001
公司法人代表:隋元柏
公司咨询服务机构:证券管理办公室
电话:6214137
传真:0535—6213233
联系人:高峰
会计师事务所:山东烟台会计师事务所
律师事务所:济南大千律师事务所

二、主要财务数据与财务指标

指标项目	本年数	上年数	比上年增减(%)
1.主营业务收入(元)	137,324,051.31	94,801,953.17	44.85
2.净利润(元)	35,122,275.65	22,858,299.26	53.65
3.总资产(元)	304,537,558.82	167,185,099.97	82.16
4.股东权益(元)	198,960,654.17	86,677,256.06	129.54
5.每股收益(元)	0.51	0.39	30.77
6.每股净资产(元)	2.91	1.49	95.30
7.净资产收益率(%)	17.65	26.37	-33.07
8.股东权益比率(%)	65.33	51.85	25.99

三、公司业务经营回顾

1.一年来经营情况

1996年是公司发展史上最具有突破性的一年,是全体职工豪情满怀、斗志昂扬,夺取主业持续大发展和股票发行上市双丰收的一年,是各项工作取得全面快速发展的一年,是为"九五"规划和跨世纪发展奠定了坚实基础、开辟了广阔发展空间的一年。公司年内于12月17日公开发行1030万股普通股(A股),并于1997年1月21日在深圳证券交易所挂牌上市,为企业的蓬勃发展注入了活力。公司是高科技股份制企业,主要生产电网监控自动化设备、计算机键盘、程控交换机等系列产品,1996年实现销售收入13,732万元,实现净利润3,512万元。

2.主要指标分析

公司在招股说明书概要上披露1996年盈利预测每股净利润0.50元。实际实现每股净利润0.51元,加权平均股本后每股净利润0.60元。

3.前次募集资金使用情况说明

公司年内发行1030万股A股募集资金7716万元,由于发行股票是在1996年底,募集资金将在1997年投入无人值守电网自动化管理系统技改项目和键盘扩大出口技改项目,以上两技改项目已获电子工业部的批准。

四、股本变化及股本结构情况

	本次变动前	本次变动后
(一)尚未流通股份		
1.发起人股份		
其中:		
国家拥有股份	22,000,000股	22,000,000股

境内法人持有股份		
外资法人持有股份		
其他		
2.募集法人股	1,500,000股	1,500,000股
3.内部职工股	34,500,000股	27,600,000股
4.优先股或其他		
尚未流通股份合计	58,000,000股	51,100,000股
(二)已流通股份		
1.境内上市的人民币普通股		17,200,000股
2.境内上市的外资股		
3.境外上市的外资股		
4.其他		
已流通股份合计		17,200,000股
(三)股份合计	58,000,000股	68,300,000股

注:股本结构变化是由于年内12月17日发行新股普通股(A股)1030万股,增加了社会公众股,原内部职工股中690万普通股(A股)与新发行的1030万股同时上市流通,引起股本结构的变化。

3.主要股东持股情况(前十名)

名次	股东名称	持股数量(股)	持股比例(%)
1	烟台东方电子信息产业集团有限公司	22000000	37.93
2	劳动服务公司	1500000	2.59
3	隋爱军	285000	0.49
4	马绍元	283000	0.49
5	黄云会	280000	0.48
6	王士香	270000	0.47
7	王士举	260000	0.45
8	黄云国	250000	0.43
9	黄玉芝	250000	0.43
10	黄云亭	250000	0.43

4.董事、监事、高级管理人员持股情况

姓名	职务	年初持股数	年末持股数	变动原因
隋元柏	董事长	55000	55000	无变动
王勇力	董事	30000	30000	无变动
包忠星	董事	30000	30000	无变动
吕志训	董事	30000	30000	无变动
赵德广	董事	30000	30000	无变动
刘德春	董事	30000	30000	无变动
芦　振	董事	30000	30000	无变动
高　峰	助理总经理兼董事会秘书	17500	17500	无变动
王增林	监事会主席	30000	30000	无变动
丛龙春	监事	17500	17500	无变动
曲宗琪	监事	11250	11250	无变动
吴云霞	财务负责人	17500	17500	无变动

五、重要事项

1、1996年4月6日,公司在烟台召开第三次股东大会,经全体股东代表认真审议并表决,一致同意公司利用山东省人民政府及国家电子工业部1995年公开发行股票额度由定向募集公司转为社会募集公司,公开发行股票并上市。股东大会通过《关于公开发行股票并上市的决议》,并授权董事会继续抓紧做好股票公开发行及上市的各项准备工作。

2、1996年7月27日,公司在烟台市召开了公司临时股东大会,到会股东108人,代表股份共计4119.8万股,占本公司总股本的71%,根据《公司法》,达到法定数额,本次大会有效。与会人员一致认为,《烟台东方电子信息产业股份有限公司章程(草案)》内容明确,条款完备,符合公司利益及《公司法》等法律、法规的规定,批准作为本公司章程。

3、1996年12月16日在济南市召开公司新股发行新闻发布会,公司以"全额预缴,比例配售,余款转存"的方式于12月17日—19日发行1030万普通股A股。公司招股说明书及发行公告刊登于1996年12月12日《中国证券报》、1996年12月13日《大众日报》、1996年12月14日《山东证券报》。

4、1997年1月21日公司1720万股社会公众股在深圳证券交易所上市(即新股1030万股与原内部职工股690万股同时上市,原内部职工股2760万股三年后上市),公司由定向募集公司转变为上市公司,上市公告书刊登在1997年1月16日《中国证券报》、1997年1月16日《证券时报》。

5、1996年4月6日公司第三次股东大会通过了1995年度分配方案,向全体股东每10股派发现金3.00元(含税)。公司于1996年5月8日完成了本次分红派息工作。

6、1996年5月18日公司成功地召开了"5·18"新产品展示会,与会人员为来自全国各地的领导和代表,与会代表达到创记录的600多人,公司科技人员向与会专家和代表展示了公司最新的科技研究成果,并得到与会代表的一致好评。

7、本报告期内公司无重大诉讼、仲裁事项。

六、子公司及关联企业

企业名称	注册资金	主营业务	公司拥有权益
1、烟台东方华龙电子有限公司	80万美元	主站、分站	62.5%
2、烟台迪恩电子有限公司	300万美元	键盘系例	70%
3、烟台雅禾电子有限公司	35万美元	变送器	70%

七、财务报告

(一)审计意见

公司财务报告经烟台市会计师事务所赵永兰、孙祥祚注册会计师审计,并出具无保留意见的审计报告"烟会审字[1997]33号"

(二)财务报表(附后)

(三)财务报表附注:

1、一般情况:

A:烟台东方电子信息产业股份有限公司(以下简称"股份公司")系根据烟台市体改委烟体改字[1993]16号《关于同意设立烟台东方电子信息产业股份有限公司的批复》,由烟台东方电子信息产业集团公司(以下简称"集团公司")独家发起采取定向募集方式设立。

B:集团公司是1991年在原烟台计算机公司的基础上组建的高技术企业。集团公司以部分生产经营性净资产,经评估后折股为国家股2200万股投入股份公司。

C:股份公司上市前总股本为5800万元,划分为股份5800万股,每股面值一元,其中,国家股2200万股,社会法人股150万股,内部职工股3450万股。

D:1996年12月17日经中国证监会批准,公开发行股票上市交易,本次发行1030万股,每股面值一元,筹集资金77,147,000元。发行后总股本为6830万股,其中:国家股2200万股,社会法人股150万股,社会公众股1720万股,其中:原内部职工股690万股,内部职工股2760万股。

股份公司本次发行后之股本权结构为:

股份类别	股本金额	占总股本比例%
国家股	2200万元	32.21
社会法人股	150万元	2.20
社会公众股	1720万元	25.18
其中:原内部职工股	690万元	10.10
内部职工股	2760万元	40.41

股本总额	6830万元	100.00

E:公司上市前,全部资产及相应负债经中咨资产评估事务所评估,出具中咨评字[96]第117号评估报告,评估结果业经国家国有资产管理局国资评[1996]866号确认,评估后净资产增加11,821,202.44元,依据中国证券监督管理委员会证监发[1995]162号文有关规定及公司临时股东大会关于资产评估升值处理方案的决议,资产评估增值部分此次暂不作相应帐务调整。

2、公司采用的主要会计政策:

A:会计制度:

本报告所载的会计报表是根据下列主要会计政策编制的,而这些会计政策是依据中华人民共和国财政部颁布的《企业会计准则》、《股份制试点企业会计制度》及有关的补充规定制定的。

B:会计期间:

公司采用自公历每年1月1日起至12月31日止。

C:合并报表的编制方法:

合并会计报表是根据母公司及下述控股子公司的个别会计报表,经充分抵销内部投资,内部交易和内部债权债务等内部会计事项后合并而编制的。

合并报表中的母公司与子公司所采用的会计制度无重大差异,本报告合并报表中包括以下子公司:

公司名称	业务性质	公司股权
烟台东方华龙电子有限公司	主站、分站、遥控柜	62.50%
烟台雅禾电子有限公司	变送器	70.00%
烟台迪恩电子有限公司	键盘系列	70.00%

D:记帐原则及计价基础:

公司采用借贷复式记帐法,按权责发生制原则记帐并采用历史成本为计价的基础。

E:货币换算:

会计记录以人民币为记帐本位币,发生的外币业务以当月一日公布的人民币市场外汇价(中间价)折合为人民币记帐。

F:坏帐准备:

公司不计提坏帐准备,所发生的坏帐按会计制度的有关规定,采用直接核销法,列入当期损益。

G:存货:

存货包括原材料、包装物、产成品、在产品、低值易耗品等,按取得时的实际成本计算,发出存货的成本采用加权平均法核算。领用低值易耗品采用一次摊销法核算。

H:长期投资:

长期投资按实际成本计价。债券投资按成本法核算,并依据约定利率与投资额按期计提投资收益。对股权投资和联营投资占被投资企业股权比例20%以下的,按成本法核算;股权比例在20%至50%的按权益法核算;股权比例在50%以上的按权益法核算并编制合并报表,少数股东权益单独列示于报表中。

I:固定资产及其折旧:

固定资产按使用年限在一年以上,单位价值在2000元人民币以上的房屋建筑物,机器设备和运输工具等标准确定,固定资产入帐按历史成本或资产评估确认价值计价,折旧采用直线法,并预计5%—10%的残值(外商投资企业10%)。固定资产折旧年限如下:

类别	使用年限	折旧率%
房屋建筑物	35—40年	2.71-2.38
机器设备	10-15年	9-6.33
仪器仪表	10年	10.53
运输工具	5-10年	19-10.53

J:无形资产及其摊销:

土地使用权及房屋使用权按50年平均摊销。

K:收入之实现:

营业收入在产品发出,同时收讫价款或取得索取价款的凭据时,予以确认。

L:税项:

(A)企业所得税

根据山东省政府鲁政字[1996]212号文《关于烟台东方电子信息产业股份有限公司所得税问题的批复》及烟台市人民政府烟政发〔1996〕77号文《关于烟台东方电子信息产业股份有限公司所得税问题的批复》,股份公司执行15%所得税率。合并报表中三个控股子公司系外商投资企业,执行24%企业所得税税率,亦享受相应优惠政策。

(B)流转税及附加:

项目	计税依据	税率%
增值税	营业收入	17
营业税	技术服务等收入	5
城市维护建设税	以应缴增值税、营业税为基础	7
教育费附加	以应缴增值税、营业税为基础	3

M:利润分配:

公司税后利润按照公司法规定提取法定公积金10%和公益金5%后,由董事会提交分配方案,经股东大会审议通过后实施支付普通股利。

3、应收帐款

A:截至1996年12月31日应收帐款帐龄情况分析:

帐龄	金额	占总额的比例
一年以内	54,428,954.50	91.35%
一年至二年	3,247,970.73	5.45%
二年至三年	1,473,323.73	2.47%
三年以上	434,817.87	0.73%
合计	59,585,066.83	100.00%

B:公司应收帐款均系应收的销货款,无坏帐损失和5%以上股东欠款。

4、预付货款:

截至1996年12月31日预付货款帐龄情况分析:

帐龄	金额	占总额的比例
一年以内	10,587,372.40	88.3%
一至二年	1,402,856.82	11.7%
合计	11,990.229.22	100.0%

上述预付款较上年增加202.86%,系根据定货会预付的材料款。

5、其他应收款:

A:截至1996年12月31日其他应收款帐龄情况分析:

帐龄	金额	占总额的比例
一年以内	34,262,650.42	63.78%
一年至二年	13,405,953.18	24.96%
二年至三年	5,243,744.52	9.76%
三年以上	806,729.93	1.50%
合计	53,719,078.05	100.00%

B:截至1996年12月31日其他应收款明细:

备用金	2,695,146.18
文登米山建筑公司	1,566,231.89
义村注塑厂(预付基建款)	2,854,052.33
卫达设备通讯公司	588,896.93
销售部备用金	1,850,605.45
金凤房地产公司(基建预付款)	3,430,000.00
其他	40,734,145.27
合计	53,719,078.05

6、长期投资:

A:联营投资

被投资公司名称	投资期限	占被投资公司股权比例	投资总额
烟台福山印制板有限责任公司	10年	33.8%	1,607,088.02
外贸烟台包装机械有限责任公司	10年	37.4%	3,272,827.12
小计			4,879,915.14

B:债券投资:

债券种类	到期日	面值(元)	年利率	投资总额
龙口电厂债券	无期限	74,800.00	无	74,800.00
小计				74,800.00
合计				4,954,715.14

7、资本公积

期初数	20,667,906.00
本期增加	66,861,122.46
本期减少	
期末数	87,529,028.46

本年增加数明细:

A:股票溢价净收入66,847,000.00。

B:股票发行期间冻结申购资金利息收入14,122.46。

8、盈余公积

年初数	5,944,554.73
本期计提	6,689,609.50
期末余额	12,634,164.23

9、未分配利润:

	1996年	1995年
期初数	2,064,795.33	35,240.95
本期增加	28,432,666.15	19,429,554.38
本期减少	17,400,000.00	
期末数	30,497,461.48	2,064,795.33

10、投资收益

债券利息收入	81,220.00
联营投资收入	293,053.48
合计	374,273.48

烟台东方电子信息产业股份有限公司

1997年4月11日

附表(一):利润及利润分配表

烟台东方电子信息产业股份有限公司　　单位:人民币元

项目	附注	合并数		母公司	
		1996年度	1995年度	1996年度	1995年度
一、主营业务收入	24	137,324,051.31	94,801,953.17	57,840,926.90	38,685,037.94
减:营业成本	25	78,615,709.98	53,952,681.54	36,640,590.72	29,351,230.35
销售费用		12,547,019.30	6,857,397.58	1,183,650.66	2,366,688.41
管理费用		11,671,842.65	7,837,701.47	2,136,148.17	3,530,641.50
财务费用	26	932,145.47	,2,264,760.41	786,609.04	1,591, 851.00
营业税金及附加		1,027,498.74	731,891.82	602,337.78	346, 952.97
二、主营业务利润		32,529,835.17	23,157,520.35	16,491,590.53	1,497,673.71
加:其他业务利润	27	472,134.80	551,888.08	232,866.66	372,086.22
三、营业利润		33,001,969.97	23,709,408.43	16,724,457.19	1,869,759.93
加:投资收益	28	374,273.48	83,154.20	14,663,700.07	22, 391,998.60
补贴收入		1,007,042.00		1,007,042.00	
营业外收入	29	5,770,581.38	477,621.07	5,196,031.84	73.57
减:营业外支出	30	7,006.63	8,421.60	1,165.43	70.00
加:以前年度损益调整	32	1,194,262.16		1,194,262.16	
四、利润总额		41,341,122.36	24,261,762.10	38,784,327.83	24,261,762.10
减:所得税	31	5,683,598.72	1,403,462.84	3,662,052.18	1, 403,462.84
少数股东收益		535,247.99			
五、净利润		35,122,275.65	22,858,299.26	35,122,275.65	22,858,299.26
加:期初未分配利润		2,064,795.33	35,240.95	2,064,795.33	35,240.95
盈余公积转入数					
六、可分配的利润		37,187,070.98	22,893,540.21	37,187,070.98	22,893,540.21
减:提取法定公积金		4,953,895.49	2,285,829.92	3,471,428.02	2,285,829.92
提取法定公益金		1,735,714.01	1,142,914.96	1,735,714.01	1,142,914.96
七、可供股东分配的利润		30,497,461.48	19,464,795.33	31, 979,928.95	19,464,795.33
减:已分配优先股股利					
提取任意公积金					
已分配普通股股利			17,400,000.00		17,400,000.00
八、未分配利润		30,497,461.48	2,064,795.33	31,979,928.95	2,064,795.33

附表(二):资 产 负 债 表

烟台东方电子信息产业股份有限公司　　　　单位:人民币元

资产	附注	合并数		母公司	
		1996年12月31日	1995年12月31日	1996年12月31日	1995年12月31日
流动资产					
货币资金	3	91,498,729.61	8,250,131.59	82,954,939.43	5,220,643.00
短期投资					
应收票据					
应收帐款	4	59,585,066.83	46,320,661.15	31,283,613.04	11,342,469.14
减:坏帐准备					
应收帐款净额		59,585,066.83	46,320,661.15	31,283,613.04	11,342,469.14
预付帐款	5	11,990,229.22	3,958,983.58	2,128,141.23	1, 308,896.88
其他应收款	6	53,719,078.05	42,356,967.76	69,622,436.87	53,963,965.78
存货	7	26,279,259.39	16,855,619.24	9,365,565.12	5,089, 041.22
待摊费用		30,260.73		30,260.73	
待处理流动资产净损失					
一年内到期长期债券投资					
其他流动资产					
流动资产合计		243,102,623.83	117,742,363.32	195,384.956.42	76,925,016.02
长期投资					
长期投资	8	4,954,715.14	128,800.00	35,542,097.12	36,959,288.95
固定资产					
固定资产原价	9	57,429,001.35	51,469,299.04	33,870,261.25	31,190,481.78
减:累计折旧	9	11,109,120.76	9,011,483.24	4,187,244.33	3,386,458.19
固定资产净值		46,319,880.59	42,457,815.80	29,683,016.92	27,804,023.59
在建工程	10	4,801,761.07	1,731,867.59	4,796,693.06	1, 502,803.18
待处理固定资产净损失					
固定资产合计		51,121,641.66	44,189,683.39	34,479,709.98	29,306,826.77
无形及递延资产					
无形资产	11	5,358,578.19	5,124,253.26	5,358,578.19	5, 124,253.26
递延资产					
无形及递延资产合计		5,358,578.19	5,124,253.26	5,358,578.19	5,124,253.26
资产合计		304,537,558.82	167,185,099,97	270,765,341.71	148,315,385.00
流动负债					
短期借款		21,550,000.00	10,800,000.00	20,750,000.00	10,000,000.00
应付票据					
应付帐款	13	7,372,393.81	11,906,539.65	2,557,934.80	
预收帐款	14	8,305,825.96	1,102,225.28	2,738,851.70	412,851.10
其他应付款	17	18,501,805.60	11,860,556.13	11,415,624.67	14,615,167.85
应付福利费		873,135.81	258,169.92	873,135.81	257,853.52
未交税金	15	9,486,171.07	2,448,641.99	2,284,412.08	241,048.54
应付股利			17,400,000.00		17,400,000.00
其他未交款	16	54,328.54		51,362.80	−14,518.51
预提费用			184,767.88		70,986.00
一年内到期的长期负债					
其他流动负债		404,500.00		404,500.00	
流动负债合计		66,548,160.79	55,946,382.34	41,075,821.86	42,983,388.50
长期负债					
长期借款	18	30,690,000.00	18,590,000.00	30,690,000.00	18,590,000.00
应付债券					
长期应付款					
其他长期负债		77,229.28	92,361.57	38,865.68	64,740.44
长期负债合计		30,767,229.28	18,682,361.57	30,728,865.68	18,654,740.44
负债合计		117,315,390.07	74,628,743.91	71,804,687.54	61,638,128.94
少数股权		8,261,514.58	5,879,100.00		
所有者权益					
股本	20	68,300,000.00	38,000,000.00	68,300,000.00	58,000,000.00
资本公积	21	87,529,028.46	20,667,906.00	87,529,028.46	20,667,906.00
盈余公积	22	12,634,164.23	5,944,554.73	11,151,696.76	5,944,554.73
未分配利润	23	30,497,461.48	2,064,795.33	31,979,928.95	2,064,795.33
所有者权益合计		198,960,654.17	86,677,256.06	198,960,654.17	86,677,256.06
负债及所有者权益合计		304,537,558.82	167,185,099.97	270,765,341.71	148,315,385.00

附表(三):财务状况变动表(母公司)

烟台东方电子信息产业股份有限公司　　1996年度　　单位:人民币元

流动资金来源和运用	金额
一、流动资金来源:	
1.本年净利润	35,122,275.65
加:不减少流动资金的费用和损失	
(1).固定资产折旧	800,786.14
(2).无形资产、递延资产及其它资产摊销(减其它负债转销)	137,224.10
(3).固定资产盘亏(减盘盈)	
(4).清理固定资产损失(减收益)	
(5).递延税款	
(6).其它不减少流动资金的费用损失	
小计	36,060,285.89
2.其它来源:	
(1).固定资产清理收入(减清理费用)	
(2).增加长期负债	12,074,125.24
(3).收回长期投资	1,417,191.83
(4).对外投资转出固定资产	
(5).对外投资转出无形资产	
(6).资本净增加额	82,368,264.49
(7).少数股权益净增加额	
小计	95,859,581.56
流动资金来源合计	131,919,867.45
二、流动资金运用:	
1.利润分配	
(1).提取盈余公积(用盈余公积补亏”-”号表示)	5,207,142.03
(2).应付利润	
(3).提取法定公益金	
(4).已分配股利	
小计	5,207,142.03
2.其它运用:	
(1).固定资产和在建工程净增加额	5,980,507.68
(2).增加无形资产、递延资产及其他资产	364,710.70
(3).偿还长期负债	
(4).增加长期投资	
小计	6,345,218.38
流动资金运用合计	11,552,360.41
流动资金增加净额	120,367,507.04
流动资金各项目的变动	
二、流动资产本年增加数	
1.货币资金	77,734,296.43
2.短期投资	
3.应收票据	
4.应收帐款净额	19,941,143.90
5.预付货款	819,244.35
6.其他应收款	15,658,471.09
7.待摊费用	30,260.73
8.存货	4,276,523.90
9.待处理流动资产净损失(减收益)	
10.一年内到期长期债券投资	
11.其他流动资产	
流动资产增加净额	118,459,940.40
二、流动负债本年增加数:	
1.短期借款	10,750,000.00
2.应付票据	
3.应付帐款	2,557,934.80
4.预收货款	2,326,000.60
5.应付福利费	615,282.29
6.未付股利	-17,400,000.00
7.未交税金	2,043,363.54
8.其他未交款	65,881.31
9.其他应付款	-3,199,543.18
10.预提费用	-70,986.00
11.一年内到期的长期负债	
12.其他流动负债	404,500.00
流动负债增加净额	-1,907,566.64
流动资金增加净额	120,367,507.04

附表(四):财务状况变动表(合并)

烟台东方电子信息产业股份有限公司　　1996年度　　单位:人民币元

流动资金来源和运用	金额
一、流动资金来源:	
1.本年净利润	35,122,275.65
加:不减少流动资金的费用和损失	
(1).固定资产折旧	2,981,156.28
(2).无形资产、递延资产及其它资产摊销(减其它负债转销)	130,382.77
(3).固定资产盘亏(减盘盈)	
(4).清理固定资产损失(减收益)	
(50.递延税款	
(6).其它不减少流动资金的费用和损失	
小计	38,233,814.70

流动资金来源和运用	金额
2.其它来源:	
(1).固定资产清理收入(减清理费用)	
(2).增加长期负债	12,084,867.71
(3).收回长期投资	
(4).对外投资转出固定资产	
(5).对外投资转出无形资产	
(6).资本净增加额	83,850,731.96
(7).少数股权益净增加额	535,247.99
小计	96,470,847.66
流动资金来源合计	134,704,662.36
二、流动资金运用:	
1.利润分配	
(1).提取盈余公积(用盈余公积补亏"-"号表示)	6,689,609.50
(2).应付利润	
(3).提取法定公益金	
(4).已分配股利	
小计	6,689,609.50
2.其他运用:	
(1).固定资产和在建工程净增加额	8,069,944.96
(2).增加无形资产、递延资产及其他资产	364,710.70
(3).偿还长期负债	
(4).增加长期投资	4,825,915.14
小计	13,260.570.80
流动资金运用合计	19,950,180.30
流动资金增加净额	114,754,482.06
流动资金各项目的变动	
二、流动资产本年增加数:	
1.货币资金	83,248,598.02
2.短期投资	
3.应收票据	
4.应收帐款净额	13,264,405.68
5.预付货款	8,031,245.64
6.其他应收款	11,362,110.29
7.待摊费用	30,260.73
8.存货	9,423,640.15
9.待处理流动资产净损失(减收益)	
10.一年内到期长期债券投资	
11.其他流动资产	
流动资产增加净额	125,360,260.51
二、流动负债本年增加数:	
1.短期借款	10,750,000.00
2.应付票据	
3.应付帐款	-4,534,145.84
4.预收货款	7,203,600.68
5.应付福利费	614,965.89
6.未付股利	-17,400,000.00
7.未交税金	7,037,529.08
8.其他未交款	68,847.05
9.其他应付款	6,641,249.47
10.预提费用	-184,767.88
11.一年内到期的长期负债	
12.其他流动负债	404,500.00
流动负债增加净额	10,601,778.45
流动资金增加净额	114,758,482.06

烟台东方电子信息产业股份有限公司1997年度中期报告

一、财务报告(未经审计):

(一)财务报表

简化的合并损益表

单位:人民币元

项目	合并数		母公司	
	1997年1—6月	1996年1—6月	1997年1—6月	1996年1—6月
一、主营业务收入	84,473,543.14	42,390,410.46	75,167,744.94	22,312,078.95
二、主营业务利润	41,502,019.81	8,713,681.95	40,818,015.41	4,306,702.16
三、其他业务利润	35,629.64	271,553.04	-3,259.22	167,300.77
四、投资收益	68,504.50	332,273.48	718,690.81	3,528,978.75
五、营业外收支净额	342,836.02	3,866.98	332,555.94	7,406.18
六、以前年度损益调整		1,194,262.16		1,155,696.32
七、利润总额	41,948,989.97	10,515,637.61	41,866,002.94	9,166,084.18
八、所得税	6,266,432.32	2,515,446.08	6,279,900.44	1,969,895.04
九、少数股东收益	397,355.70	804,002.39		
五、净利润	35,285,201.95	7,196,189.14		7,196,189.14
加:期初未分配利润	3,177,461.48	2,064,795.33		2,064,795.33
六、可供分配利润	38,462,663.43	9,260,984.47	35,586,102.50	9,260,984.47

简化的资产负债表

单位:人民币元

资产	合并数		母公司	
	1997年6月30日	1996年12月31日	1997年6月30日	1996年12月31日
流动资产	252,168,512.09	243,102,623.83	200,524,012.65	195,384,956.42
长期投资	5,546,515.14	4,954,715.14	32,581,063.71	35,542,097.12
固定资产净值	51,624,053.20	46,319,880.59	36,151,992.68	29,683,016.92
在建工程	21,246,253.53	4,801,761.07	21,241,185.52	4,796,693.06
无形及递延资产合计	5,708,331.74	5,358,578.19	5,708,331.74	5,358,578.19
资产合计	336,293,665.70	304,537,558.82	296,206,586.30	270,765,341.71
流动负债	75,285,827.31	66,548,160.79	42,625,806.51	41,075,821.86
长期负债	22,152,901.45	30,767,229.28	21,595,444.88	30,728,865.68

少数股权	5,515,450.41	8,261,514.58		
股本	136,600,000.00	68,300,000.00	136,600,000.00	68,300,000.00
资本公积	46,559,487.76	87,529,028.46	46,559,487.76	87,529,028.46
盈余公积	11,717,335.34	12,634,164.23	10,012,114.30	11,151,696.76
未分配利润	38,462,663.43	30,497,461.48	38,813,732.85	31,979,928.95
所有者权益合计	233,339,486.53	198,960,654.17	231,985,334.91	198,960,654.17
负债及所有者权益合计	336,293,665.70	304,537,558.82	296,206,586.30	270,765,341.71

(二)	1997年1-6月 主要财务指标	1996年1-6月 主要指标
每股收益	0.26元	0.12元
净资产收益率	15.12%	13.09%
每股净资产	1.71元	1.63元

(三)财务报表注释

(1)本报告期内会计政策与以前年度相比没有发生变化。

(2)主营业务收入较1996年同期增长幅度较大,主要原因有以下几点:

①"键盘扩大出口规模技术改造"作为国家第一批双加工程于1996年启动,1997年顺利完成投产,并取得显著的效益。经过科研和营销部门的共同努力,销售大幅度增长。1996年底推出目前世界一流水平的WIN95薄膜键盘以后,市场进一步拓宽,在与国内各主机厂扩大配套合作的同时,分别在北京、南京、武汉、西安、济南等地建立十多个销售代理,涉足到广阔的兼容机市场,并与英国、日本等商社建立海外销售代理关系,逐步形成国外市场网络。

②作为国家双加工程的"无人值守电网能量管理系统"在1996年的基础上,加大技改力度,增加技改投资,使产品具有"三高一大"即"高技术、高可靠性、高附加值的大系统"的特点。1997年年初产品便供不应求,在每年一度的5月18日"97烟台电力系统自动化新产品新技术展示会"上,一次便签订合同5800万元,意向合同8500多万元。

③公司加快新产品开发速度,每种产品的开发周期仅为3—6个月,比以前缩短约1/3。产品档次明显提高,如:FDK1331增强型分布式RTU达到国际先进水平,SUN SPARC全工作站电网能量管理主站系统达到国内领先水平,DMA02—48/20A高频开关电源、DF—2200电站综合监控装置达到国内先进水平,增加了公司产品的市场竞争力,使公司主营业务收入比去年同期成倍增长。

④随着公司新产品不断投入市场,公司一方面适当调整产品价格;另一方面增加销售人员,适当调整销售政策,加大销售力度,使公司主要产品市场占有率显著提高。

(3)主营业务利润

公司主营业务利润比去年同期显著增长,一方面原因是随着销售收入的增长,公司利润也有较大幅度的增长;同时公司产品具有高附加值的特点,软件费收入占很大比例,公司1—6月销售收入中软件收入为2,524万元,占总收入的29.88%,因此软件收入的增加也是公司主营业务利润增加的主要原因。

(4)股本增加一倍,是因为实施了1996年分配方案,即10股送4股资本公积金转增6股,使股本增加一倍。

(5)资本公积金减少46.8%,是因为1996年实施资本公积金10股转增6股的分配方案,使资本公积金减少,股本增加。

二、经营情况与回顾

1、上半年经营情况的回顾

1997年上半年实现销售收入8,447万元,比去年同期增长99.3%,实现净利润3,529万元,比去年同期增长390.3%,产品产销率101%,其它主要经济技术指标比去年增幅均在70%以上,软件开发收入比去年同期增长160%,生产经营形势出现前所未有的大好局面。通过深化体制改革,强化队伍建设,走出了一条具有东方特色的经营之路,主要采取了以下几个方面的措施:

(1)深化经营体制改革

根据市场及竞争对手的变化和加强企业发展的迫切需要,1997年年初对各部门的组织、管理体制进行了较大的调整,主要经营部门充实了力量,既强调整体优势又强调个人的积极性。把加强公司宏观调控,激活各部门相结合,调动各方面的积极性。

(2)从公司整体利益出发,全面开发"5·18"会议

从1994年开始,公司把"5·18"新产品新技术展示会作为每年经营工作的重要举措,促进全年经营工作的全面展开,向与会专家和代表展示公司的最新研究成果。每年"5·18"会议,是东方电子整体实力和科技发展的象征。由国内著名专家、教授、学者组成的"专家顾问团"对东方电子先进的科技水平给予了很高的评价。今年的"5·18"会议共签订了5800多万元合同,意向合同8500多万元,充分展示了东方电子高科技产品的市场竞争力。

(3)募集资金的运用情况

①第一个双加工程"键盘扩大出口技术改造项目"的设备、模具余款和基建工程收尾,合计支出320万元;

②第二个双加工程"无人值守电网自动化管理系统"投资845万元。购置生产设备(含模具)和检测仪器共52台(套),支出634万元,厂房改建前期收费82万元,运输工具和办公室设施投资91.5万元,其它费用37.5万元;

③"国家级企业技术中心"建设投资390万元,其中新建技术中心中试车间支出305万元,用于科研环境的改造和配套设施支出85万元;

④其它公益建设支出65万元。

本公司严格按照招股说明书载明的项目进行投资,两项目均达到承诺进度,没有改变资金的使用用途,尚未投入的资金作为银行存款。

2.1997年下半年的工作重点和措施

(1)继续建设高素质的营销队伍,加强对营销人员的专业培训,提高营销人员的专业技能。在现有营销人员的基础上,充分发挥营销人员的才能,调动他们的积极性,在激烈的市场竞争中,发挥东方电子的科技优势,使东方电子的高科技产品占据更大的市场。

(2)科技开发继续投入,开发出高档次、高品质的产品,在"5·18"新产品新技术展示会的基础上,继续开发新产品,以保持东方电子新产品不断涌现的大好趋势。

(3)在大规模引进人才的同时,充分发挥科技人员的力量。公司已引进博士、博士后22名,使公司有强大的科技力量做后盾,新产品的开发也将缩短周期,能更快地占领市场。

三、重大事件的说明

1、技术改造

"九五"期间,公司规划的"键盘扩大出口规模技术改造"、"无人值守电网能量管理系统"技术改造项目均列为国家"九五"双加工程,是电子工业部少数拥有两项双加工程的企业。总投资6000万元人民币的"键盘扩大出口规模技术改造"项目,作为国家第一批双加工程已于1995年提前启动,1997年上半年提前顺利完成投产,下半年将通过国家级竣工验收,使键盘年生产能力由技改前40万台提高到120万台,产品种类、质量达到国际先进水平。"无人值守电网能量管理系统"经过一年来的充分准备,也于1997年上半年全面启动。通过该项目的设施,实现在电网监控自动化、变电站综合自动化、配电管理自动化、继电管理自动化、高级功能软件和电力负荷综合控制系统等应用领域中开发并批量生产具有国际一流水平的高水准的系列产品,提高产品的市场竞争能力,全面拓宽国内市场。

2、研究与开发

东方电子技术中心被确定为国家级企业技术中心,中心主要研究领域:电力系统自动化、计算机键盘、通信设备、开关电源等。

1997年,公司继续坚持"三高一大",即"高技术、高可靠性、高附加值的大系统"的产品开发方向,紧紧跟踪国内外市场发展趋势,瞄准国际、国内先进水平,不断提高产品档次,在新产品开发上取得令人瞩目的成绩。一是充分发挥整体势力和协同作战的优势,新产品开发速度明显加快,目前,每种产品的开发周期仅为3—6个月,比以前缩短约1/3。如年初提出立项开发的新产品,在公司"5·18"新产品新技术展示会前全部完成并如期参加展出。二是产品档次明显提高,今年又有四个新产品经过专家鉴定;FDK1331增强型分布式RTU达到国际先进水平;SUN SPARC全工作站电网能量管理主站系统达到国内领先水平;DMA02—48V/20A高频开关电源、DF—2200电站综合监控装置达到国内先进水平;确保公司产品的市场竞争力。三是以市场需求为导向,开发方向准确,新产品效益显

著。在产品开发和推广过程中，工程技术人员具备了较强的市场竞争意识和效益观念，新产品可全部实现当年立项、当年开发、当年投产、当年见效益。预计1997年新产品销售率可达90%以上。主要开发产品有：

(1)变电站自动化产品

(2)继电保护系列产品

(3)基于SUN/ALRHA的全工作站能量管理系统

(4)电力信息管理系统(MIS)

(5)配电自动化系统(DAS)

(6)负荷控制系统

(7)电能计量计费系统

(8)计算机键盘

(9)通信系统

(10)开关电源系列产品

3、实施人才战略

1997年，公司继续大规模引进各类专业技术人才，特别注重引进高层次的学科带头人。为做好人才引进工作，公司抽出主要领导负责，分兵四路走访全国各地院校，以公司雄厚经济势力，良好的发展前景，优越的人才政策，赢得了莘莘学子的青睐，在各院校激起强烈反响。1997年又成功地引进了博士、博士后20人，硕士26人，本科生108名。目前，公司各类专业技术人员达到642名，占职工总数的62%，其中博士、博士后22名，硕士127名，是烟台市技术人员数量最多、比例最高、学历最高的股份制企业。

4、合资合作

1997年6月6日—10日，第二届APEC博览会在烟台召开，东方电子积极组织参加了本届展示会。参展期间，东方电子与参展外商英属讯通公司就合作共同开发投资事宜签订了合作意向书，双方同意经适度调研后共同投资成立微机生产组装工厂，投资额度视市场需求于未来数年内逐年调整，投资总额以3600万美元为限，讯通公司投资2880万美元，占总投资额的80%，东方电子投资720万美元，占总投资额的20%。目前，该项目正在进一步洽谈之中。

5、97年烟台电力系统自动化新技术新产品展示会

今年5月18日至5月22日，我公司成功地举办了"97烟台电力系统自动化新技术新产品展示会"。我公司定于每年5月18日举办一次大型新产品、新技术展示会，至今已是第五届，与往届相比，本届展示会主要有以下几个特点：一是主题更鲜明，会议以"合作、创新、发展"为主题，得到与会代表的普通认同。5·18会议已成为公司全年科研、生产、经营的主线，为公司与专家、用户研讨技术发展，了解产品信息，进行相互交流提供了有利条件。二是规模更大，共有来自全国29个省、市、自治区用户代表，来自国家电力部、山东省电子局、烟台市委、市政府各级领导，来自国内的著名专家、教授780人出席了本届会议。三是新产品、新技术展示内容更丰富，技术更先进，交流更广泛，促进技术交流与发展。本届展示会上，共有12种类，17种产品，46台主要设备参加了展示，展示面积600平方米，公司200多名工程技术人员在展示会上向与会专家、领导、用户演示介绍自己开发的产品，加强与专家、用户的技术交流，获得了宝贵的市场信息和技术信息。四是经营效果更显著，今年与会人员层次有较大提高，用户中，单位主要领导参会，增强了经营效果。会议期间共签订正式合同5800多万，比上年增长380%，意向合同8500多万，比上年增长325%，5·18会议已成为东方电子形象的体现、实力的象征。五是影响更深远，无论在会议期间还是会议结束后，5·18会议在用户中，在社会上所产生的辐射和影响远远超出我们的意料，必将在今后相当长的时间里对公司的发展会产生积极深远的影响。

6、根据国务院证券委、中国人民银行、国家经贸委5月21日联合发布的《严禁国有企业和上市公司炒作股票的规定》，公司对有关情况做了认真检查，至今为止，本公司及子公司尚未在境内任何证券经营机构开设买卖已上市流通股票的帐户，本公司今后如果从事股票投资，将严格遵循国家政策法规和本公司章程的规定。

7、本公司在报告期内无重大诉讼、仲裁事项。

8、本公司本年度中期不分红。

四、发行在外股票的变动和股权结构的变化

1、本公司1996年实施10股送4股并转增6股的分配方案，国家股、法人股、内部职工股、社会公众股同比例增长。

2、股权结构情况

1997年6月27日　　数量单位:万股　　每股面值:1元

	期初数	本次变动增减(+,-) 配股	送股	公积金转股	其他	小计	期末数
一、尚未流通股份							
1、发起人股份	2200		880	1230		2200	4400
其中:							
国家拥有股份	2200		880	1320		2200	4400
境内法人持有股份							
外资法人持有股份							
其他							
2、募集法人股	150		60	90		150	300
3、内部职工股	2760		1104	1656		2760	5520
4、优先股或其他							
尚未流通股份合计	5110		2044	3066		5110	10220
二、已流通股份							
1、境内上市的人民币普通股	1720		688	1032		1720	3440
2、境内上市的外资股							
3、境外上市的外资股							
4、其他							
已流通股份合计	1720		688	1032		1720	3440
三、股份总数	6830		2732	4098		6830	13660

3、主要股东持股情况(截止目前)

股东名称	持有股数(单位:股)	持股比例(%)
(1)烟台东方电子信息产业集团公司	44,000,000	32.21
(2)劳动服务公司	3,000,000	2.196
(3)黄云亭	682,000	0.499
(4)宋修珍	680,000	0.497
(5)刘洪海	680,000	0.497
(6)吕以兰	680,000	0.497
(7)王士香	680,000	0.497
(8)李文卿	679,700	0.497
(9)吕式红	677,601	0.496
(10)王士举	674,000	0.493

五、股东大会简介

烟台东方电子信息产业股份有限公司第四次股东大会于1997年5月12日在烟台市召开，出席股东大会的代表有123人，代表股份3591.4971万股，占总股本的51.9%，符合《公司法》和公司《章程》的有关规定，会议合法有效，大会审议通过了以下决议：

1、审议通过了董事长总经理业务报告；

2、审议通过了董事会工作报告；

3、审议通过了监事会工作报告；

4、审议通过了1996年财务决算和1997年财务预算报告；

5、审议通过了1996年度利润分配方案，即每10股送4股；

6、审议通过了1996年度资本公积金转增股本方案，即每10股转增6股。

六、备查文件

1、载有董事长兼总经理亲笔签名的中期报告原本；

2、公司1996年度股东大会材料；

查阅地址：烟台市市府街45号公司办公大楼

烟台东方电子信息产业股份有限公司

1997年7月14日

内蒙古远兴天然碱股份有限公司

内蒙古远兴天然碱股份有限公司概况

内蒙古远兴天然碱股份有限公司是经内蒙古自治区人民政府(内政股批字〔1997〕16号)的批准,由伊克昭盟化学工业集团总公司独家发起,通过募集方式设立的股份有限公司。公司正式创立于一九九七年一月二十三日,一月三十一日公司股票在深圳证券交易所挂牌上市,简称"天然碱",代码"0683"。截止目前,公司总股本为43000万股,其中国有法人股30,000万股,社会公众股13000万股。公司现有资产总额89475.67万元。

公司以天然碱和无机盐系列产品的生产经营为主业。主要产品重质纯碱、烧碱、小苏打、硫化碱、元明粉的生产能力均具规模。公司拥有13个生产企业:碱湖试验站,化工一厂、二厂、三厂、四厂、五厂、六厂、七厂、八厂、科隆化工厂、科强化工厂、海拉尔氯碱厂、吉兰泰碱厂;2个原料矿:合同查汗淖碱矿、盐海子芒硝矿;1个技术研究开发机构:即技术研究开发中心(挂靠伊化研究设计院);公司总部设五部一室:生产技术部、经营销售部、计划财务部、证券事务部、综合管理部、总经理办公室。

公司现有员工6848人,其中具有中专以上学历的员工占员工总数的21%,各类工程技术人员616人,员工平均年龄为28.8岁。公司拥有良好的发展背景,以远兴天然碱公司为主体生产企业的伊化集团是国家大型一档企业,国务院1996年选定的1000家重点企业前500家之一,内蒙古自治区四大支柱产业之一的化工行业的龙头企业,国内最大的天然碱研究、开发和生产基地。

公司创立以来,以股票上市为良好契机,加快现代企业制度建设和经营机制的转换,全面深化内部改革,实施资本经营,使公司的整体实力得到进一步增强,已初步形成以芒硝化工和盐碱化工为两翼,以天然碱化工为主体的产业结构体系。

公司将坚持以科技为先导,优化资源配置,优化产品、产业结构。在保持国内天然碱加工龙头企业地位的基础上,建设国家重要的芒硝化工基地,发展氨碱、氯碱化工、天然气化工、精细化工,扩大市场占有份额,使之成为具备国内、国际竞争实力的现代化大型企业集团。

地址:内蒙古伊克昭盟东胜市鄂托西街10号

邮编:017000

电话:(0477)88399874　　8325001

传真:(0471)8339874

董事长李武先生个人简历

李武:男,58岁,大专文化,高级工程师。伊化研院、伊化集团创始人。现任伊化院院长、伊化集团总裁、党委书记,内蒙古远兴天然碱股份有限公司董事长,内蒙古科协副主席。先后主持完成了二十多项国家自治区重点科研课题,多项成果获奖。中共十五大代表,两次荣获全国先进工作者称号,是全国"五一劳动奖章"获得者、国家有突出贡献的中青年专家、首届"乌兰夫科技基金奖"金奖获得者、内蒙古首次"科技兴区特别奖"获得者。内蒙古自治区优秀企业家,国家级专业期刊《纯碱工业》和《无机盐工业》编委,内蒙古大学兼职教授,中国天然碱制碱工业专家和科技实业家。

总经理杨护恩先生个人简历

杨护恩:男,40岁,大专文化,经济师。历任化研所碱湖科学试验站副站长、站长、伊克昭盟化工研究所副所长、伊化总公司副总经理,伊化集团副总裁。现任伊化集团副总裁,内蒙古远兴天然碱股份有限公司董事、总经理。

内蒙古远兴天然碱股份有限公司股票上市公告书

一、释义

在本上市公告书中,除另有说明外,下列名词之含意应由下述释义规范:

发起人、伊化总公司:指伊克昭盟化学工业(集团)总公司

本公司:指内蒙古远兴天然碱股份有限公司

董事会:指内蒙古远兴天然碱股份有限公司董事会

化研所、化研院:指伊克昭化工研究所,1994年升格更名为伊克昭化工研究设计院

伊化集团:指以化研院及所属伊化总公司为主体、包括其他盟属化工企业所组成的伊克昭盟化工企业集团

自治区:指内蒙古自治区

盟:指内蒙古自治区伊克昭盟

中国证监会:指中国证券监督管理委员会

元:指人民币元

二、绪言

经中国证券监督管理委员会证监发字[1996]427号文和证监发字[1996]428号文批准,本公司已成功地向社会公众发行每股面值1.00元人民币普通股5850万股。经本公司1997年元月23日创立大会通过决议,按深圳证券交易所深证发[1997]第49号《上市通知书》,本公司股票将于1997年1月31日(星期五)在深圳证券交易所挂牌交易。本公司总股份为21500万股,可流通股份5850万股,公司职工所持650万股将在本次社会公众股上市流通半年后申请上市流通。

股票简称:天然碱　证券代码:0683　交易单位:股

本公告书依据《公司法》、《股票发行与交易管理暂行条例》、《公开发行股票公司信息披露实施细则(试行)》、《深圳证券交易所业务规则》等国家有关法律文件的规定,为本公司股票公开上市之目的向社会公众提供有关资料。本公司于1997年元月8日分别在《中国证券报》、《内蒙古日报》刊登招股说明书概要,距今不足6个月,故一些与其相重复的内容在此不再赘述,敬请社会公众查阅招股说明书。

本公司董事会及各位董事确信本公告书未遗漏任何重大事项,亦不存在任何误导和虚假成份,并愿就本公告书及相关资料的真实性、准确性、完整性负个别及连带责任。

三、本公司概况

1. 法定名称:内蒙古远兴天然碱股份有限公司

英文名称:INNER MONGOLIA YUANXING NATURAL SODA CO.,LTD.

2. 注册地址:内蒙古自治区东胜市鄂托克西街10号

总机电话:(0477)8325001　　传真:(0477)8321195

邮政编码:017000

3. 法定代表人:李武

4. 注册资本:21500万元

工商登记号:11412403-6-1

5. 所属行业:化工基础原材料

6. 成立日期:1997年1月23日

7. 公司员工情况:截止1996年9月30日,本公司员工2675人,平均年龄为25.3岁,35岁以下人员占职工总人员的83.9%;各类专业技术人员482人,占15%。经营管理人员中,大专以上文化程度的占84.2%以上。

8. 公司经营范围及经营方式:

主营:化工产品及其原料的生产、销售,化学矿开采。

兼营:机械设备及配件、储运、代购代销。

经营方式:开采、生产、销售、代购代销。

9. 本公司目前主要业务是天然碱及其系列产品的开采、生产及销售,其中:重质纯碱、烧碱、硫化碱、小苏打的年生产能力分别为8万吨、2万吨、6万吨、4万吨;天然碱、芒硝的年采矿能力分别为100万吨和120万吨。本公司用本次募股资金投资的项目投产或运营后,纯碱和烧碱的年产量将增大到18万吨和4万吨,并将新增甲醇、元明粉、液氯、盐酸等产品,年生产能力分别为6万吨、20万吨、0.5万吨和2万吨。

本公司的业务收入目前主要来自于天然碱系列产品的销售收入。重质纯碱、烧碱、小苏打等主要产品近年来的销售收入及其占当年总销售收入的比例为:

单位:万元(%)

	1996年(1-9)	1995年	1994年	1993年
销售收入	14597	17614	9924	8389
重质纯碱	9078(62.2)	11983(68.0)	8277(83.4)	7939(94.6)
烧 碱	3520(24.1)	2521(14.3)	779(7.9)	450(5.4)
小苏打	1923(13.2)	3086(17.5)	855(8.6)	/
其 它	76(0.5)	25(0.2)	14(0.1)	/

10. 公司全资企业:

(1)碱湖科学试验站

(2)合同查汉淖碱矿

(3)科隆化工厂

四、股票发行及股本结构

1. 股票发行

经中国证监会证监发字〔1996〕427号文批准,本公司于1997年1月13日采用"上网定价"发行方式,通过深交所交易系统公开发行人民币普通5850万股,同时向公司职工配售650万股。本次发行股票每股面值1.00元,发行价5.11元。本次发行股票的主承销商为深圳国投证券有限公司。本次发行有效申购资金为20,473,450,060.00元,有效申购股数4,006,546,000股,中签率为1.460110%,本次发行所募股款在扣除各项发行费用后已全部汇入本公司帐户,并经内蒙古会计师事务所内会验字〔1997〕第17号验资报告验证确认。

2. 股票上市

(1)上述5850万股上市时间:1997年1月31日,公司职工所持650万股按中国证监会有关规定,在本次向社会公众发行的股份上市之日起半年后上市流通。

(2)公司创立大会同意本公司股票在深圳证券交易所上市。

3. 本公司目前股本结构为:

	股数(万股)	占股本总额%
股本总额	21500	100.00
国有法人股(发起人股)	15000	69.77
社会公众股	6500	30.23
其中:		
公司职工持股	650	3.02

五、主要股东持股情况

1. 前十名股东

股东名称	股数(股)	占总股本%
伊克昭盟化学工业(集团)总公司	150000000	69.77
贾 栓	150000	0.07
顾建盟	147350	0.07
万志愿	132750	0.06
梁泊彪	112250	0.05
郜廉清	106350	0.05
潘永峰	94950	0.04
傅连生	86450	0.04
乌德巴拉	83100	0.04
周桂莲	76400	0.04

2. 董事、监事及高级管理人员持股情况

姓 名	职 务	持股数(股)
李 武	董事长	6000
铁金山	副董事长	6000
杨护恩	董事、总经理	6000
戴连荣	董事	3500
潘 洁	董事	3000
雷祥宽	董事	3000
许艾莉	董事	3000
魏加林	董事、副总经理	3000
郭 湛	董事、副总经理	3000
李培成	董事	3000
丁喜梅	董事	3500
钟 志	董事	3000
杨建国	董事、副总经理	2500
张永昌	监事会主席	0
黄茂林	监事	0
贺包华	监事	3000
杨红星	监事	3000
扎哈岱	监事	2650
张存梅	监事	5000
周化民	监事	3000
扬新文	副总经理	2500
米银旺	副总经理	2500
周虎全	总会计师	3000
陈靖安	总工程师	3000

3. 股东户数

本公司股东共50780户,其中国有法人股东1户,公司职工1602户,社会公众49177户。

六、公司创立大会

1. 本公司创立大会于1997年1月23日,在内蒙古东胜市召开。到会认股人及认股人授权代表所持有或代表的股份数为154191965股,占总股本的71.72%。

2. 创立大会审议并通过了本公司筹委会所作《关于内蒙古远兴天然碱股份有限公司的筹建工作报告》、《内蒙古远兴天然碱股份有限公司章程》、《关于设立内蒙古远兴天然碱股份有限公司的决议》以及《关于申请公司股票在深圳证券交易所上市的决议》。大会投票选举李武、铁金山、杨护恩、戴连荣、潘洁、雷祥宽、许艾莉(女)、魏加林、郭湛、李培成、丁喜梅(女)、钟志、杨建国为本公司第一届董事会董事。选举张永昌、黄茂林、贺包华(女)、杨红星、扎哈岱、张存梅(女)、周化民为本公司第一届监事会监事。

本公司第一届董事会第一次会议于 1997 年 1 月 23 日在本公司举行,会议选举李武先生为本公司第一届董事会董事长,铁金山先生为副董事长;根据董事长提名聘任董事扬护恩先生为本公司总经理。

本公司第一届监事会第一次会议于 1997 年 1 月 23 日在本公司举行,选举张永昌先生为本公司第一届监事会主席。

3. 董事、监事及高级管理人员简介

李　武先生:董事,57 岁,中专文化,高级工程师。是化研院、伊化总公司的创始人。现任伊克昭盟化工企业集团总裁,伊克昭化工研究设计院院长,本公司董事长。先后主持完成了二十多项国家、自治区重点科研课题,成果获国家科技进步二、三等奖各一项,自治区科技进步一等奖四项,三等奖一项,全国纯碱行业科技进步二、三等奖各一项。是全国五·一劳动奖章获得者,并先后两次被评为全国先进工作者,荣获国家有突出贡献的中青年专家等一系列荣誉,是我国天然碱制碱专家和科技实业家。

铁金山先生:董事,50 岁,大专文化,高级工程师。化研院、伊化总公司创始人之一。现任伊化集团副总裁、化研院党委书记兼总工程师,本公司副董事长。先后参加或主持了二十多项国家、自治区重点科研课题,成果获国家科技进步二、三等奖各一项,自治区科技进步一等奖两项,荣获全国化工科技先进工作者、有突出贡献的中青年专家等一系列荣誉,是我国天然碱制碱专家。

杨护恩先生:董事,39 岁,大专文化,经济师。历任化研所碱湖科学试验站副站长、站长、化研所副所长,伊化总公司总经理,现任本公司总经理。

戴连荣先生:董事,39 岁,大专文化,高级工程师。历任碱湖科学试验站副站长、站长、伊化集团白彦淖化工厂副厂长、伊化总公司化工原料公司经理。现任伊化总公司副总经理,伊化总公司吉兰泰碱厂厂长。

潘　洁先生:董事,57 岁,大学文化,高级经济师。曾任化研所副所长,现任伊化集团副总裁。

雷祥宽先生:董事,男,44 岁,大专文化,会计师,曾任化研所碱湖科学试验站副站长,化研所副总会计师,现任化研院副院长。

许艾莉女士:董事,40 岁,大专文化,会计师,历任碱湖科学试验站财务科副科长、科长,伊化集团结算中心主任,伊化总公司财务处处长,现任伊化总公司总会计师。

魏加林先生:董事,40 岁,大专文化,经济师。历任化研所碱湖科学试验站副站长、站长、党总支书记,化研院副院长。现任本公司副总经理。

郭　湛先生:董事,42 岁,中专文化,高级工程师。历任碱湖科学试验站副站长、站长、新街化工厂厂长,化研所副总工程师,伊化总公司副总经理。现任伊化总公司科强化工厂厂长,本公司副总经理。

李培成先生:董事,男,34 岁,高中文化,政工师。历任碱湖科学试验站车间主任、工会主席、党总支书记、合同查汉淖碱矿副矿长。现任碱湖科学试验站党总支书记。

丁喜梅女士:董事,31 岁,大专文化,工程师。历任化研院无机盐研究室副主任,碱湖科学试验站副站长、化研院设计室主任,伊化总公司科能化工厂厂长。现任化研院副院长。

钟　志先生:董事,40 岁,大专文化,高级工程师。历任碱湖科学试验站车间主任、副站长,化研院无机盐研究室主任,伊化集团东化厂厂长、党总支书记,伊化总公司新庙化工有限公司经理、支部书记。现任化研院副院长。

杨建国先生:董事,41 岁,大学文化,工程师。历任伊盟统计处人秘科科长、伊盟化学工业公司副经理,伊化总公司总委副书记、伊化集团党委副书记。现任本公司副总经理。

张永昌先生:监事,47 岁,大专文化,经济师。历任海化生产科副科长,白彦淖化工厂书记兼副厂长、厂长。现任伊化总公司党委副书记、本公司监事会主席。

黄茂林先生:监事,57 岁,初中文化,政工师。历任杭锦旗旗委调研室主任,伊盟巴拉贡化工厂党委书记。现任伊化总公司经检书记。

贺包华女士:监事,46 岁,初中文化,政工师。历任乌海拉僧庙化工厂车间主任、党总支委员,伊化总公司人事劳资科科长,化研院政治处主任。现任化研院党委副书记。

杨红星先生:监事,36 岁,大专文化,工程师。历任化研所碱湖科学试验站副站长、化研所办公室主任,伊化总公司政治处处长,罕台川化工厂厂长。现任伊化总公司政治处处长。

扎哈岱先生:监事,50 岁,中专文化,政工师。历任乌审旗碱湖管理站副站长,乌审旗第二化工厂党支部书记。现任碱湖科学试验站党总支副书记。

张存梅女士:监事,40 岁,大专文化,工程师。历任碱湖科学试验站中心化验室副主任,化研院天然碱研究室副主任、主任,盐海子芒硝矿矿长、党支部书记等职。

周化民先生:监事,55 岁,高中文化,会计师。历任化研所审计科科长,伊化总公司财审处处长,伊化集团财务处处长、审计处处长。现任伊化总公司审计处处长。

米银旺先生:40 岁,高中文化,技师。历任新街化工长副厂长,化研院附属车间主任兼机械化作业队队长,伊化总公司原料公司副经理、伊化总公司乌审二化厂长。现任合同查汉淖碱矿矿长兼盐海子芒硝矿矿长,本公司副总经理。

扬新文先生:42 岁,中专文化,政工师。历任化研所供销科科长、生产经营部主任、经营公司经理、销售处处长,伊化总公司副总经理。现任本公司副总经理。

周虎全先生:50 岁,中专文化,会计师。历任伊化公司财务科副科长、审计科长、供销科长、生产技术科长,东胜化工厂副厂长,伊化总公司财务处长,试验站副站长、伊化总公司总会计师。现任本公司总会计师。

陈靖安女士:43 岁,大专文化,高级工程师。历任化研所部工程师办公室主任、工程设计研究室主任、副总工程师。现任本公司总工程师。

七、财务会计资料

1. 经内蒙古会计师事务所审计([1996]内会事审字第 308 号),本公司近三年的主要会计资料摘录如下:

资产负债表主要数据

单位:元

	96年9月30日	95年12月31日	94年12月31日	93年12月31日
流动资产	171,074,390.68	107,999,415.10	72,034,001.50	59,480,966.18
长期投资		590.00	139,056.00	11,405.00
固定资产	329,470,532.89	124,720,558.97	71,703,475.30	39,895,431.63
无形及递延资产	778,463.68	325,961.45	252,906.16	277,544.65
资产总计	501,323,387.25	233,046,525.52	144,129,438.96	99,665,347.46
流动负债	166,917,627.04	133,956,817.98	80,460,021.20	66,312,081.16
长期负债	115,369,725.20	5,358,979.29	27,790,184.22	2,921,765.01
股东权益	219,036,035.01	94,807,220.25	35,880,819.05	30,431,501.29
负债及股东权益合计	501,323,387.25	233,046,525.52	144,129,438.96	99,665,347.46

利润表主要数据

单位:元

	1996年1-9月	1995年	1994年	1993年
主营业务收入	145,973,077.94	176,144,176.32	99,236,850.85	83,894,362.13
主营业务利润	75,029,792.88	69,113,701.81	39,894,122.74	24,017,622.98
营业利润	61,691,277.12	51,212,066.41	16,666,579.42	13,567,345.42
利润总额	60,736,193.85	51,253,936.13	16,612,930.68	13,534,466.24
税后利润	52,233,126.71	47,165,294.96	11,137,960.06	11,652,121.38

2. 主要财务分析指标

	96年9月30日	95年12月31日	94年12月31日
净资产率(%)	44.7	40.5	24.9
流动比率	1.03	0.81	0.89

速动比率	0.73	0.55	0.34
应收帐款周转率(次/年)	2.97	5.41	8.06
存货周转率(次/年)	1.99	2.80	2.72
净资产报酬率(%)	43.1	72.2	33.6
销售净利率(%)	35.8	29.1	11.2
每股收益(元)	0.35	0.31	0.07

注:净资产报酬率以年初、年末净资产平均额和税后利润为计算依据;1996年指标系采用评估值并换算成全年计算而得,1994年、1995年指标系采用帐面值计算而得。

3. 盈利预测

本公司1996年10月-12月和1997年度盈利预测在以下预测基准和预测假设条件下完成,并经内蒙古会计师事务所审核。

项　目	1996年	1997年
主营业务收入	19142.21	39671.00
减:营业成本	8360.55	21184.00
销售费用	958.74	2060.00
管理费用	814.20	1545.00
财务费用	804.20	893.00
产品销售税金及附加	100.97	273.00
主营业务利润	8103.55	13716.00
加:其他业务利润		
营业利润	8103.55	13716.00
加:投资收益		
加:营业外收入	4.40	
减:营业外支出	112.90	35.00
利润总额	7995.05	13681.00
减:所得税(14%)	1119.30(15%)	2052.15
(33%)		4514.73
净利润　(14%)	6875.75(15%)	11628.85
(33%)		9166.27
净资产收益率(%)	29.19	16.35
每股税后利润(元)	0.46	0.54

注:1996年总股本按15000万股计,1997年总股本按21500万股计。

八、董事会上市之承诺

本公司董事会将严格遵守《中华人民共和国公司法》、《股票发行与交易管理暂行条例》、《公开发行股票公司信息披露实施细则(试行)》、《深圳证券交易所业务规则》及国家与深圳市有关法规,并向证券主管部门、深交所、广大投资者作出如下承诺:

1. 及时、真实、准确地按规定要求通过正常传播媒介向社会公告本公司的中期及年度财务报告,接受社会公众的监督;

2. 董事会成员、监事会成员及高级管理人员如发生人事变动,或前述人持有本公司股份数量发生变化时,及时通报证券主管部门,并适时通过新闻媒体通告社会公众;

3. 真实、准确、及时地披露公司的重大经营活动信息;

4. 自觉接受证券主管部门的监督和管理,认真听取政府、股东等方面的意见,建议或批评;

5. 不利用内幕消息和非法手段从事股票投机交易;

6. 本公司目前没有无记录负债;

7. 董事会及各位董事保证不就任何未经深交所审阅的可能影响本公司股票市场价格之重大信息私自公告或发表意见;

九、有关咨询机构

1. 本公司委托牛伊平、苗慧为授权代表,负责本公司股份事务管理及咨询,投资者若对本公告书有任何疑问,可向本公司授权代表咨询。

本公司有关备查文件存放于本公司办公地点,可供股东查询。

咨询电话:(0477)8325001-2672

传真号码:(0477)8321195

股东接待:每月8、18、28日工作时间(法定节假日顺延)。

2. 发行人财务顾问:华厦证券有限公司

法定代表人:黄玉峻

公司地址:北京市复兴路63号乙

联系地址:深圳市振华路8号华厦证券大楼

电话:(0755)3321514　传真:(0755)3200135

联系人:吴治平　齐展　王兴奎

3. 主承销商及上市推荐人:深圳国投证券有限公司

法定代表人:叶连捷

公司地址:深圳市红岭中路七号国际信托大厦三楼

电话:(0755)5894167　传真:(0755)5564173

联系人:包学勤　文江　范春燕

4. 发行人法律顾问:北京竞天律师事务所

地址:北京市朝阳区麦子店西路3号新恒基大厦323室

电话:(010)64671982　64671983　传真:(010)64673772

经办律师:李裕国　张绪生　李清荣

5. 财务审计机构:内蒙古会计师事务所

法定代表人:刘可

地址:内蒙古呼和浩特市兴安南路145号

电话:(0471)4921602　传真:(0471)4961185

经办注册会计师:寇国清　邢蒙

6. 资产评估机构:内蒙古中华会计师事务所

法定代表人:李实

地址:呼和浩特市迎宾北路12号

电话:(0471)6920378　传真:(0471)6932383

经办评估人员:李实　林梅

7. 股票登记机构:深圳证券登记有限公司

地址:深圳市红岭中路25号

十、备查文件

1. 深圳证券交易所上市通知书
2. 验资报告
3. 招股说明书
4. 本公司创立大会会议纪要及决议
5.《上市协议》

内蒙古远兴天然碱股份有限公司董事会

1997年1月29日

内蒙古远兴天然碱股份有限公司1996年年度报告摘要

一、公司简介

公司法定名称:内蒙古远兴天然碱股份有限公司

法人法定代表人:李　武

邮政编码:017000

公司注册地址:内蒙古伊克昭盟东胜市

公司办公地址:内蒙古伊克昭盟东胜市鄂托克西街10号

公司咨询服务机构:证券事务部

电话:0477—8339874　0477—8325001转2672

传真:0477—8339874

联系人:牛伊平 苗慧

鉴于公司系1997年1月23日正式成立,以下介绍均为发起人投入到本公司(筹)的生产经营资产的情况及有关期后事项。

二、会计数据和业务数据摘要

	本年数	上年数	比上年增减(%)
主营业务收入(万元)	19880.69	17614.42	+12.87
净利润(万元)	6877.38	4716.53	+45.81
总资产(万元)	54779.47	23304.65	+135.06
股东权益(万元)	23557.67	9373.07	+151.33
每股收益(元)	0.458		
每股净资产(元)	1.57		
净资产收益率(%)	29	50	-21
股东权益比率(%)	43	40.22	+2.78

注:上市前总股本15000万股。按发行上市后21500万股全面摊薄计算,每股收益为0.32元。

三、公司业务回顾

1.一年来经营情况

本公司是以开采、生产、销售天然碱及其系列产品为主的企业。主要产品有重质纯碱、烧碱、小苏打、泡花碱、硫化碱等。产品广泛应用于玻璃制造、医药、洗涤工业、造纸工业、电子显像管玻壳、冶金、染料、食品工业等方面,本公司以其得天独厚的资源优势及技术和成本优势,近年来,一直保持着高速发展的势头。

1996年度,在公司领导的精心运筹和广大员工的共同努力下,以雄厚的技术优势为依托,以质量和成本优势为基础,强化管理,增产促销,挖潜增效,积极培育新的经济增长点,克服了市场疲软、竞争激烈、资金紧缺等不利因素,全面完成生产经营计划,各项经济指标均创历史最好水平。

1996年公司实现主营业务收入19880.69万元,利润总额7996.95万元,净利润6877.38万元,分别比上年增长12.87%、56.03%、45.81%。

1996年,公司以股票上市为契机,以优异的经营业绩回报股东为目标,扎实有效地采取了以下措施:

(1)规范运作,强化基础管理,提高企业的整体素质。

(2)加强劳动用工和工资管理,建立完善的激励机制。

(3)加强质量管理,造就优良品牌形象。

(4)加强销售管理,扩大产品的市场占有率。

(5)坚持"以人为中心"的管理,注重员工队伍的建设。

2.经营成果与预测比较

公司《招股说明书》披露1996年预测为主营业务收入19142.21万元,利润总额7995.05万元,净利润6875.75万元,1996年公司实现的主营业务收入、利润总额、净利润分别完成预期值的103.86%、100.02% 100.02%。因此,公司1996年经营成果与预测相比,略有增加,基本无差异。

四、股本变化及股本结构情况

本公司于1997年1月13日向社会公开发行股票,1997年1月23日正式成立。公司的股本结构和股东情况现为:

1.股本结构情况:

	数量(万股)	占股本总额(%)
总股本	21500	100.00
国有法人股	15000	69.77
社会公众股	6500	30.23
其中:内部职工持股	650	3.02

2.主要股东持股情况(前十名股东)

名次	股东名称	持股数	占总股本(%)
1	伊化(集团)总公司	150000000	69.77%
2	贾 栓	150000	0.07%
3	顾建盟	147350	0.07%
4	万志愿	132750	0.06%
5	梁润彪	112250	0.05%
6	邵廉清	106350	0.05%
7	潘永峰	94950	0.04%
8	付连生	86450	0.04%
9	乌德巴拉	83100	0.04%
10	周桂莲	76400	0.04%

3.公司董事、监事与高级管理人员持股情况

姓 名	职务	持股数
李 武	董事长	6000
铁金山	副董事长	6000
杨护恩	董事、总经理	6000
戴连荣	董事	3500
潘 洁	董事	3000
雷祥宽	董事	3000
许艾莉	董事	3000
魏加林	董事、副总经理	3000
郭 湛	董事、副总经理	3000
杨建国	董事、副总经理	2500
李培成	董事	3000
丁喜梅	董事	3500
钟 志	董事	3000
张永昌	监事会主席	0
周化民	监事会副主席	3000
黄茂林	监事	0
贺宝华	监事	3000
扎哈贷	监事	2650
杨红星	监事	3000
张存梅	监事、工会主席	5000
杨新文	副总经理	2500
米银旺	副总经理	2500
周虎全	总会计师	3000
陈靖安	总工程师	3000

五、重要事项简介

1.1996年3月-8月,伊化(集团)总公司投资8000余万元建设科隆化工厂年产8万吨硫化碱生产线一条。

2.1996年10月24日,经内证监发字(1996)76号文批准本公司为1996年度第一家计划内上市公司。

3.1996年11月16日,伊化(集团)总公司决定作为独家发起人,采取募集设立的方式设立股份公司,决定将其下属的8个化工实验厂、合同察汉淖碱矿、科隆化工厂的全部经营性资产投入到股份公司。

4.1996年11月25日内蒙政府内政股批字(1996)16号文批准设立内蒙古远兴天然碱股份有限公司。

5.1996年12月27日中国证监会证监发字(1996)427号文批准本公司公开发行股票。

6.1996年12月30日中国证监会证监发字(1996)428号文批准本公司以"上网定价"方式发行A股。

7.上述重大事件本公司在1997年1月8日《中国证券报》、《内蒙古日报》上的《内蒙古远兴天然碱股份有限公司(筹)招股说明书概要》中已作披露。

六、财务报告

1.审计意见

公司财务报告经内蒙古会计师事务所邢蒙、郭凌云注册会计师审计并以内会审字(1997)第119号文出具了无保留意见审计报告。

2. 财务报表(详见附表)

3. 财务报表附注

1)概况

1996年度公司主营业务收入实现19880.69万元,比1995年实现17614.42万元增加2266.27万元,增长12.87%比1996年预测数19142.21万元多完成738.48万元,增长3.86%,主营业务收入增长的主要原因是1996年产品产量增加,销售市场看好,销售量及价格有所增加,使主营业务收入也有所增长。

1996年度公司完成利润总额7996.95万元,比1995年完成5125.39万元增加2871.56万元,增长56.03%,为1996年预测数7995.05万元的100.02%。1996年实现利润总额比1995年增加的主要原因一是销售量、销售额增加。二是销售成本下降增加了利润总额。

1996年度公司完成净利润6877.38万元,比1995年完成4716.53万元增加2160.85万元,增长45.81%,为1996年预测净利润6875.75万元的100.02%。净利润比上年增加的主要原因是利润总额增加所致。

几项主要财务指标:

指标项目	1996年	1995年	96比95年增(+)减(-)
1)主营业务收入(万元)	19880.69	17614.42	+12.87%
2)利润总额(万元)	7996.95	5125.39	+56.03%
3)净利润(万元)	6877.38	4716.53	+45.81%
4)总资产(万元)	54779.47	23304.65	+135.06%
5)股东权益(万元)	23557.67	9373.07	+151.33%
6)每股收益(元)	0.458		
7)每股净资产(元)	1.57		
8)净资产收益率(%)	29	50	-21
9)股东权益比率(%)	43.00	40.22	+2.78
10)资产负债率(%)	57.00	59.78	-2.78
11)销售利润率(%)	40.22	29.09	+11.13

注:上市前总股本15000万股。按发行上市后21500万股全面摊薄计算,每股收益为0.32元。

2. 主要会计政策

(1)会计制度:公司执行《股份公司试点企业会计制度》。

(2)会计期间:公司1月1日至12月31日

(3)记帐原则与计价基础:企业计帐原则为权责发生制,各项资产取得时按实际成本入帐。

(4)记帐方法:采用复式借贷记帐法。

(5)记帐本位币:以人民币为记帐本位币。

(6)存货的计价方法:存货的收入、发出和结存均执行计划成本,同时设"材料成本差异"科目,记录实际成本与计划成本的差额,每月分摊一次。将计划成本结转为实际成本,存货的盘点采用永续盘存制,每年定期盘点一次,并处理盈亏。

(7)长期投资核算:企业投资额低于被投资企业股本20%采用成本法核算,超过20%按权益法核算,超过50%或实质上对被投资企业有经营控制权的编制合并报表。

(8)固定资产及折旧:公司固定资产按实际成本计价,并按企业财务制度规定的分类和确定的折旧年限,采用直线法预留5%残值后计算折旧,分类年折旧率为生产用机器设备15.8-7.9%,房屋建筑物3.8%-3.2%。

(9)税项:

①增值税:销售产品按17%计提,扣除进项税后交纳。

②资源税:按原料销售每吨2元。

③城建税:试验站、科隆按应交纳增值税的5%计提,科强按应交增值税的1%计提。

④教育费附加:按应交纳增值税的3%计提。

⑤费用性税金:包括房产税、土地使用税、车船使用税、印花税等,按有关规定计算并计入当期损益。

⑥所得税:按应交税额的15%计征〈内政函(1996)216号批复〉"自治区人民政府同意,内蒙古远兴天然碱股份有限公司从股票上市之日起,在三年内企业所得税减按15%征收。"

(10)利润分配:税后利润提取10%的法定盈余公积金,提取10%的法定公益金,并根据具体情况经股东会通过提取任意公积金5%后,为可供股东分配的利润。

3. 主要报表项目附注:

(1)应收帐款:

1996年12月31日	1995年12月31日
90424983.90	52857372.87

增加原因:销售量增加应收帐款相应增加。

帐龄分析:

期限	金　额	比例
a. 一年以内	70079362.52	77.5%
b. 一年以上二年以内	18130209.27	20.05%
c. 二年以上三年以内	470209.92	0.52%
d. 三年以上	1745202.19	1.93%

(2)预付帐款:

1996年12月31日	1995年12月31日
29363778.78	4113753.52

帐龄分析:

期限	金　额	比例
a. 一年以内	26721038.68	91%
b. 一年以上二年以内	2642740.10	9%

(3)其他应收款:

1996年12月31日	1995年12月31日
12510333.99	10665494.37

帐龄分析:

期限	金　额	比例
a. 一年以内	11554795.27	92.36%
b. 一年以上二年以内	790691.79	6.32%
c. 二年以上三年以内	164846.93	1.32%
d. 三年以上		

(4)存货:

1996年12月31日	1995年12月31日
55018839.94	34356944.61

增加原因:1996年产量增加,原材料、燃料储备增加。

(5)待摊费用:

1996年12月31日	1995年12月31日
3598332.04	3005918.86

(6)固定资产:

①资产分类	期初余额	本期增加	本期减少	期末余额
a. 固定资产原价				
通用设备类	15670340.81	4674817.66	809098.72	19536059.75
专用设备类	76484765.33	51205622.26	716513.62	126973873.97
房屋建筑物类	53960053.74	109530958.89	7736000.06	155755012.57
小计	146115159.88	165411398.81	9261612.40	302264946.29
b. 累计折旧				
通用设备类	2096444.95	2246175.03	270609.62	4072010.36
专用设备类	12967811.39	20918502.51	398104.63	33488209.27

房屋建筑物类	8891179.48	30369192.76	5838379.37	33421992.87
小计	23955435.82	53533870.30	6507093.62	70982212.50

(2)增加原因:

a.固定资产原价评估增值 92644491.80 元,累计折旧评估增值 36315891.61 元;固定资产净值评估增值 56328600.19 元。

b.新建四、五、六厂和热电车间技术改造增加。

(7)在建工程

1996 年 12 月 31 日	1995 年 12 月 31 日
108093269.78	2560834.91

增加原因:科隆化工厂硫化碱技术改造工程增加。

(8)递延资产:

1996 年 12 月 31 日	1995 年 12 月 31 日
1078463.58	325961.45

科隆化工厂的开办费,因处于试生产阶段,故未进行摊销,碱湖试验站湖区输电线改造支出 299999.90 元,因此项目尚未完成,未进行摊销。

(9)短期借款:

1996 年 12 月 31 日	1995 年 12 月 31 日
86354000.00	68405009.55

增加原因:产量增加,流动资金需要量增加,贷款也相应增加。

(10)应付帐款:

1996 年 12 月 31 日	1995 年 12 月 31 日
44456689.53	28207637.21

增加原因:是由于生产规模扩大,造成资金紧缺。

(11)预收帐款:

1996 年 12 月 31 日	1995 年 12 月 31 日
5938276.50	1964496.65

增加原因:本年销售量增加,对零散小客户的预收货款相应增加。

(12)其他应付款:

1996 年 12 月 31 日	1995 年 12 月 31 日
40898603.66	26833205.74

增加原因:主要是应付工资、应付运费增加,另评估增值 6609091.93 元。

(13)应付福利费:

1996 年 12 月 31 日	1995 年 12 月 31 日
1416810.77	705059.01

(14)未交税金

1996 年 12 月 31 日	1995 年 12 月 31 日
13181238.43	2273736.90

增加原因:主要是应付 1996 年所得税和 1996 年 11 月 - 12 月份增值税。

税种	金额
增值税	3654809.82
城建税	391889.28
所得税	9128255.41
资源税	6283.92

(15)其他未交款:

1996 年 12 月 31 日	1995 年 12 月 31 日
1156752.54	2795820.41

(16)预提费用

1996 年 12 月 31 日	1995 年 12 月 31 日
4007185.76	2671852.51

项目	金额
利息	2081278.25
大修理费	327666.09
运杂费	495945.09
其他	202296.33

(17)长期借款:

1996 年 12 月 31 日	1995 年 12 月 31 日
113700000.00	3260000.00

增加原因:科隆硫化碱项目增加贷款。

(18)长期应付款(职工风险抵押金)

1996 年 12 月 31 日	1995 年 12 月 31 日
2008481.11	2098979.29

(19)股东权益:

	1996 年 12 月 31 日	1995 年 12 月 31 日
股本	150000000.00	76495373.43
资本公积	69036035.01	
盈余公积	4135160.45	15727263.61
其中:公积金	1654065.59	
未分配利润	12405492.45	1508091.21
合计	235576690.91	93730728.25

七、其它事项

1.1997 年 3 月 28 日公司召开了一届二次董事会,会议审议通过了 1996 年度利润分配预案和资本公积金转增股本预案:

公司 1996 年 10 - 12 月实现净利润 16540655.90 元,按 10%提取法定公积金 1654065.59 元,按 10%提取法定公益金 1654065.59 元,提取 5%任意盈余公积金 827032.80 元后,可供股东分配利润 12405491.92 元,经会议研究决定,公司 1996 年 10 - 12 月份利润暂不予分配,留待 1997 年分配。

董事会还审议通过了公司资本公积金转增股本预案。具体方案是:根据内蒙古会计师事务所验资(内会验字〔1997〕第 17 号),本公司发行新股后,资本公积金为 326436035.01 元,拟将其中 215000000.00 元按 10:10 的比例转增股本。转增后股本总额将达到 430000000.00 元,资本公积金结余额为 111436035.01 元。

以上预案尚须股东大会审议通过并报有关部门批准后执行。公司同时决定于 1997 年 5 月 2 日在公司召开 1997 年度股东大会。

2. 公司董事会还审议通过了招股说明书所述资金运用计划的具体执行方案。投资 6172 万元,收购伊化集团总公司科强化工厂;投资 4023 万元,收购伊化集团总公司盐海子芒硝矿,以上收购价格系按上述厂矿固定资产值确定,因厂矿尚处在试生产期,故未考虑盈利情况溢价。投资 7882 万元,收购伊化集团总公司海拉尔氯碱厂,此价格系按总公司当时的收购价加上已投入的流动资金确定。上述方案已报伊盟国有资产管理局批准。

3. 公司首次注册登记日期、地点:

1997 年 1 月 23 日,呼和浩特

4. 报告期内变更注册日期、地点:无变更

5. 工商登记号码:11412403 - 6

6. 股票上市交易所名称:深圳证券交易所

7. 公司在上市交易所的编号:0683

8. 公司股票主承销机构名称:深圳国投证券有限公司

9. 公司未上市股票的托管机构名称:内蒙古自治区证券登记公司

10. 会计师事务所名称,办公地址:内蒙古会计师事务所,内蒙古呼和浩特市迎宾北路 12 号。

11. 法律顾问名称,办公地址:北京市竞天律师事务所,北京市朝阳区麦子庄西路 3 号新恒基大厦 323 室

内蒙古远兴天然碱股份有限公司

1997 年 4 月 2 日

资 产 负 债 表

单位:内蒙古远兴天然碱股份有限公司　　　　单位:元

资　　产	1996.12.31	1996.9.30	1995.12.31
流动资产:			
货币资金	16,866,935.33	1,349,955.79	2,557,407.73
短期投资	9,183.00	9,183.00	6,810.00
应收票据		700,000.00	700,000.00
应收帐款	90,424,983.90	78,027,521.06	52,857,372.87
减:坏帐准备	452,124.92		264,286.86
应收帐款净值	89,972,858.98	78,027,521.06	52,593,086.01
预付货款	29,363,778.78	23,026,000.76	4,113,753.52
其他应收款	12,510,333.99	15,406,253.76	10,665,494.37
存货	55,018,839.94	48,571,448.95	34,356,944.61
待摊费用	3,598,332.04	3,984,027.36	3,005,918.86
待处理流动资产净损失			
一年内到期的长期债券			
其他流动资产			
流动资产合计	207,340,262.06	171,074,390.68	107,999,415.10
长期投资:			
长期投资			590.00
固定资产:			
固定资产原值	302,264,946.29	298,995,815.41	146,115,159.88
减:累计折旧	70,982,212.50	67,618,743.78	23,955,435.82
固定资产净值	231,282,733.79	231,377,071.63	122,159,724.06
固定资产清理			
在建工程	108,093,269.78	98,093,461.26	2,560,834.91
待处理固定资产净损失			
固定资产合计	339,376,003.57	329,470,532.89	124,720,558.97
无形资产及递延资产:			
无形资产			
递延资产	1,078,463.58	778,463.68	325,961.45
无形资产及递延资产合计	1,078,463.58	778,463.68	325,961.45
其他长期资产:			
其他长期资产			
资产总计	547,794,729.21	501,323,387.25	233,046,525.52
负债及股东权益			
流动负债:			
短期借款	86,354,000.00	86,354,000.00	68,405,009.55
应付票据			
应付帐款	44,456,689.53	29,140,612.01	28,207,637.21
预收帐款	5,938,276.50	3,634,945.22	1,964,496.65
其他应付款	40,898,603.66	29,022,401.12	22,077,822.51
应付福利费	1,416,810.77	1,078,866.56	705,059.01
未交税金	13,181,238.43	12,144,420.25	2,273,736.90
未付利润			100,000.00
其他未交款	1,156,752.54	3,480,954.30	2,795,820.41
预提费用	3,107,185.76	2,061,427.58	2,671,852.51
待扣税金			
一年内到期的长期负债			
其他流动负债			
流动负债合计	196,509,557.19	166,917,627.04	133,956,817.98
长期负债:			
长期借款	113,700,000.00	113,700,000.00	3,260,000.00
应付债券			
长期应付款	2,008,481.11	1,669,725.20	2,098,979.29
其他长期负债			
长期负债合计	115,708,481.11	115,369,725.20	5,358,979.29
少数股东权益			
股东权益:			
股本	150,000,000.00	150,000,000.00	76,495,373.43
资本公积	69,036,035.01	69,036,035.01	
盈余公积	4,135,163.98		15,727,263.61
其中:公益金	1,654,065.59		3,206,147.62
未分配利润	12,405,491.92		1,508,091.21
股东权益合计	235,576,690.91	219,036,035.01	94,807,220.25
负债及股东权益总计	547,794,729.21	501,323,387.25	233,046,525.52

利润及利润分配表

编制单位:内蒙古远兴天然碱股份有限公司　　　　单位:元

项　　目	1996年10-12月份	1996年1-9月份	1996年合计	1995年度
一、主营业务收入	52,833,849.21	145,973,077.94	198,806,927.15	176,144,176.32
减:营业成本	25,419,645.70	61,756,257.50	87,175,903.20	99,099,517.44
销售费用	1,120,275.23	8,523,322.03	9,643,597.26	6,944,549.68
管理费用	3,337,954.92	6,351,864.24	6,889,819.16	12,659,544.85
财务费用	2,572,798.97	6,986,651.52	9,559,450.49	5,390,982.77
营业税金及附加	163,917,40	663,705.53	827,622.93	986,407.39
二、主营业务利润	20,219,256.99	61,691,277.12	81,910,534.11	51,063,174.19
加:其他业务利润				148,892.22
三、营业利润	20,219,256.99	61,691,277.12	81,910,534.11	51,212,066.41
加:投资收益				
营业外收入	234,929.19	43,858.62	278,787.81	118,353.52
减:营业外支出	1,220,865.37	998,941.89	2,219,807.26	76,483.80
四、利润总额	19,233,320.81	60,736,193.85	79,969,514.66	51,253,936.13
减:应交所得税(14%)	2,692,664.91	8,503,067.14	11,195,732.05	4,088,641.17
五、税后利润	16,540,655.90	52,233,126.71	68,773,782.61	47,165,294.96
减:应交特种基金				
加:年初未分配利润				
六、可供分配的利润	16,540,655.90			
加:盈余公积补亏				
减:转作奖金利润				
减:提取盈余公积	4,135,163.98			
其中:法定盈余公积	1,654,065.59			
公益金	1,654,065.59			
任意盈余公积	827,032.80			
减:应付利润				
七、未分配利润	12,405,491.92			

内蒙古远兴天然碱股份有限公司1997年中期报告

一、财务报告(未经审计)

1. 简化资产负债表　　　　单位:元

项　　目	1997年6月30日	1996年12月31日
流动资产	354087047.16	207340262.06
固定资产净值	506061570.67	231282733.79
固定资产清理	13000.00	
在建工程	20019665.99	108093269.78
无形及递延资产	14575403.53	1078463.58
资产总计	894756687.35	547794729.21
流动负债	199578294.10	196509557.19
长期负债	50710713.45	115708481.11
负债合计	250289007.55	312218038.30
股东权益	644467679.80	235576690.91
其中:股本	430000000.00	150000000.00
资本公积	111485355.55	69036035.01
盈余公积	4135163.98	4135163.98
未分配利润	98847160.27	12405491.92
负债及股东权益	894756687.35	547794729.21

2. 简化的利润表　　　　单位:元

项　　目	1997年6月30日	1996年6月30日
主营业务收入	223639694.89	97315385.26
主营业务利润	97149232.41	41127518.05
其他业务利润	1649525.60	
营业外收支净额	2897322.40	-636722.18
利润总额	101696080.41	40490795.87
所得税(15%)	15254412.06	5668711.43
净利润	86441668.35	34822084.44

说明:1997年1-6月份营业外收支净额中包括上市募集资金利息333万元。

3. 主要财务指标

(1)资产负债率	27.97%
(2)产品销售利润率	45.47%
(3)流动比率	1.77
(4)速动比率	1.25
(5)每股收益	0.201元
(6)净资产收益率	13.41%
(7)每股净资产	1.50元

说明:每股收益和每股净资产按转增股本后的股本总额计算。

4. 财务报表项目附注

(1)本期财务报告与1996年度财务报告相比,会计政策与会计方法没有发生变化。

(2)应收帐款:比年初数增加45914780.67元,主要原因是:销售量增加应收帐款相应增加。

(3)存货:比年初数增加50484029.87元,主要原因是:生产量增加,

原材料储备和产成品相应增加。

(4)待摊费用:比年初数增加 4247892.54 元,主要原因是:财产保险费和绿化费增加。

(5)固定资产原值:比年初数增加 283454116.89 元,主要原因是:A.由在建工程转入硫化碱生产线 8807 万元;B. 收购科强化工厂和盐海子芒硝矿增加 9830 万元;C. 收购海拉尔氯碱厂 5534 万元。

(6)在建工程:比年初数减少 88073603.79 元,主要原因是:科隆化工厂硫化碱生产线转增固定资产 8807 万元。

(7)无形及递延资产:比年初数增加 13496939.95 元,主要原因是:收购伊盟荣祥物资有限公司储运公司东胜货场无形资产(土地使用权)增加。

(8)预收帐款:比年初数减少 3690988.97 元,减少的主要原因是:发出产品作销售。

(9)应交税金:比年初数增加 6381654.17 元,主要原因是:未交所得税(七月补交)。

(10)其它应交款:比年初数增加 3365107.96 元,主要原因是:育林基金、矿产资源补偿费、教育费附加增加。

(11)预提费用:年初数增加 4716659.35 元,主要原因是:预提大修理费用。

(12)股本:年初股本为 15000 万股,1997 年 1 月募集资金到位增加 6500 万股,到位后总股本为 21500 万股,公司执行董事会决议按 10:10 资本公积转增股本,转增后总股本为 43000 万股。

(13)资本公积:年初为 69036035.01 元,募集资金到位增加 257400000 元,有效申购本公司冻结资金利息增加 49320.54 元,共计 326485355.55 元。本期转增股本 215000000.00 元,余 111485355.55 元。

(14)未分配利润:年初未分配利润 12405491.92 元,本期实现净利润 86441668.35 元。

(15)产品销售收入:比上年同期增加 12632 万元,主要是科隆化工厂、科强化工厂、海拉尔氯碱厂和小苏打扩建工程投产使销售收入增加。

(16)财务费用:比上年同期减少 1444 万元,主要是募集资金到位存款利息增加,贷款利息减少。

(17)营业外收入:比上年同期增加 331 万元,主要是无效申购本公司股票冻结资金利息。

(18)利润总额:比上年同期增加 6120 万元,主要原因是销售收入增加,财务费用减少,营业外收入增加所致。

(19)关联企业及其交易

A. 关联企业

A. 关联企业

企业名称	伊克昭盟化学工业集团总公司
经济性质	国有
法定代表人	李　武
注册地址	东胜市伊金霍洛西街 6 号
主营业务	生产经营化工及化工机械类产品、工程设计与施工
持股比例	69.77%

B. 关联交易

关联方	伊克昭盟化学工业集团总公司
与关联方关系的性质	控股
交易类型	收购伊化集团海拉尔氯碱厂
交易金额	7882 万元
定价政策	评估、确认价

二、经营情况的回顾与展望

1. 上半年经营情况的回顾

1997 年是本公司跨入上市公司行列后快速发展的一年,上半年面对竞争日益激烈的化工市场,公司自加压力,规范运作,强化生产经营管理,合理利用上市募集资金,扩大主营业务,调整产品结构,加强市场营销使各项工作取得了显著的成绩。1－6 月份,公司纯碱、烧碱、食用小苏打、元明粉和硫化碱等各类化工产品的产量完成 188959.4 吨,比去年同期的 74868.3 吨增加 114091.1 吨,增幅为 152.4%,主营业务收入实现 22363.97 万元,比去年同期增长了 129.8%,利润总额 10169.6 万元,比去年同期增长了 151.2%,净利润 8644.17 万元,比去年同期增长了 148.2%,完成 1997 年盈利预测计划的 74.3%。为公司全年预期目标的实现打下了良好的基础。采取的主要措施有:

(1)管理工作进一步加强。上半年,公司先后制定出台了《内蒙古远兴天然碱股份有限公司基本组织规定》等五项主要管理制度,强化了公司内部各项管理工作,为规范和促进股份公司的各项工作,实现公司的科学、规范运作起到了积极的推动、保障作用。

(2)扩大生产规模,调整产品结构。根据市场变化,压缩了烧碱的产量,增加了销售较畅和盈利水平较高的食用小苏打的产量。利用募集资金收购的科强化工厂、海拉尔氯碱厂从年初起就发挥了投资效益,为提高资源的占有率,在伊化集团总公司的支持下,公司还按照法定程序,参与发起设立河南桐柏碱矿有限责任公司(公司参股比例为 5%),并发起设立内蒙古鄂托克前旗盐化有限责任公司(公司参股比例为 50%)扩大了公司生产规模,培养新的经济增长点。

(3)公司成立了技术研究开发中心,增强了公司的化工产品研究开发能力。

(4)公司全面实行了全员劳动合同制。充分发挥员工的劳动积极性,建立起了劳务关系的新机制。

(5)改革人事制度,所有员工均实行双向选择、层层聘用,考核上岗,打破了干部、工人的身份界限。

(6)改革工资分配制度。实行岗位、技能、效益工资制。三项制度的改革,使公司建立起了"上岗靠竞争,工资总量靠效益,个人收入靠贡献,员工能进能出,干部能上能下,工资能高能低"的竞争和激励机制,有效地增强了全休员工的进取拼搏精神。

2: 下半年经营计划

(1)全面加强销售工作,进一步加强对营销人员的专业培训,提高营销人员的专业技能和素质。划小、划细对驻外营销机构的管理面,对营销人员实行择优聘用上岗,并加强业绩考核。打破目前的内部销售机构的布置格局,改变用户结构,主攻大市场。实行零、直销业务统筹办理,细分市场,形成较为完整的营销网络。

(2)集中技术力量解决生产工艺及设备中填平补齐的工作。加大技术攻关力度,力争使新项目发挥更大的效益。

(3)继续强化管理。眼睛向内,练好内功,深挖潜力,堵塞管理中的"跑、冒、滴、漏"现象。贯彻实施公司的考核制度和考核体系,加强业绩的考核评比工作。激励广大员工的工作热情和奉献精神。

(4)进一步实施完成扩张计划。充实扩张主营业务规模,对新购并企业依法办理有关审核及产权转让的法律手续,制定周密的发展计划。对参股、控股企业及收购企业的生产经营加强管理,理顺各种关系,使其尽快成为公司新的经济增长点。

(5)完成公司职工股上市工作,增强公司员工对企业长远发展的信心。

3. 募集资金使用情况

上半年,公司按招股说明书计划投资项目,用募集资金对伊化集团总公司和伊克昭化工研究设计院以下项目实施了收购工作。

(1)投资 10195 万元,收购了伊克昭化工研究设计院科强化工厂和盐海子芒硝矿。收购后,科强化工厂和盐海子芒硝矿生产正常,已开始为公司的主营业务和效益的提高做贡献。

(2)投资 7882 万元,收购了伊化集团海拉尔氯碱厂。公司收购该厂

后,狠抓内部管理,深入开展学邯钢,对一些老设备进行了更新改造,使该厂各项经济指标都有明显的提高。

(3)投资2820万元购买了伊盟荣祥物资有限公司储运公司东胜货场。该储运中心占地277亩(151400m^2),铁路专用线1378米。按招股说明书,公司拟投资4000万元在东胜新建一储运中心。购买荣祥物资有限公司储运公司东胜货场,可即时投入使用,改善了公司产品的贮运能力。但仓储能力仍不足,需增建。

(4)原计划的天然气低压合成甲醇(年产6万吨)的投资项目暂未实施。主要原因是1997年3月在初步设计方案经自治区计委批准后,国家调整了天然气价格,而且调整的幅度很大。在这种情况下,如按原计划继续建设,势必会形成微利项目。因此,公司一届三次董事会研究决定暂缓年产6万吨甲醇项目的实施,计划投资甲醇项目的资金,改为收购吉兰泰碱厂。

公司上市募集资金使用,实际投资大都小于招股说明书披露的计划投资数。例如科强化工厂计划收购价9000万元,实际收购价6172万元;盐海子芒硝矿计划4000万元,实际4023万元;海拉尔氯碱厂计划8000万元,实际7882万元;东胜储运中心计划4000万元,实际2820万元(尚待补充部分建设仓储设施)。而且上述项目均已开始发挥效益。6万吨甲醇项目投资变更后,拟用于甲醇项目的资金和科强化工厂等收购项目节余资金,全部投入收购伊化集团吉兰泰碱厂。有关收购吉兰泰碱厂的事宜,见本公司一届三次董事会决议公告。

三、重大事件的说明

1. 公司(天然碱)股票于1997年1月31日在深圳证券交易所挂牌上市。证券简称"天然碱",股票代码0683。

2. 用资本公积金转增股本。1997年5月2日经1997年度股东大会特别决议通过,公司以资本公积金转增股本,转增比例10:10,转增后总股本由21500万股增加到43000万股。

3.1997年5月2日经1997年度股东大会特别决议通过了公司1996年度10-12月份利润分配议案。公司1996年10-12月实现净利润16540655.90元,按10%提取法定公积金1654065.59元,按10%提取公益金1654065.59元,提取5%任意盈余公积金827032.80元,可供股东分配利润12405491.92元,会议决定,1996年10-12月利润暂不分配,滚存到1997年分配。

4. 鉴于公司用资本公积金转增股本,公司的股本总额、注册资本也随之增加。经1997年度股东大会特别决议通过对公司章程中公司股本总额、注册资本作了修改,因此公司于1997年5月23日,在内蒙古自治区工商管理局进行变更注册资本。注册资本由原来的21500万元变更为43000万元。

5. 按国务院证券委、中国人民银行、国家经贸委5月21日联合发布的《严禁国有企业和上市公司炒作股票的规定》的要求,公司对照有关规定做了认真检查。至今为止,本公司未在境内任何证券机构开设买卖股票的帐户。公司今后如果从事股票投资,将严格遵循国家政策法规和本公司章程的规定。

6. 本报告期内公司无重大诉讼、仲裁事项。

7. 公司本年度中期不分红。

四、发行在外股票的变动和股权结构变化

1. 本公司1997年度股东大会特别决议通过用资本公积金按每10股转增10股的比例转增股本的方案,国有法人股、社会公众股、公司职工股同比例增长。

2. 股权结构变动情况

1997年6月30日　每股面值:1元　单位:万股

	期初	本期变动增(+)减(-)			变动后
	数量	募集股份	公积金转股	小计	股份
一、尚未流通股份					
1. 发起人股份	15000		+15000	+15000	30000
其中:					
法人股份	15000		+15000	+15000	30000
公司职工股份		+650	+650	+1300	1300
尚未流通股份合计	15000	+650	+15650	16300	31300
二、已流通股份					
境内上市的人民币普通股		+5850	+5850	+11700	11700
已流通股份合计		+5850	+5850	+11700	11700
股份总数	15000	+6500	+21500	+28000	43000

3. 主要股东持股情况(1997年6月30日)

股东名称	持股数量	持股比例(%)
伊克昭盟化学工业集团总公司	300000000	69.77
林建华	520000	0.12
深圳国投证券有限公司北京营业部	480000	0.11
深圳市南中杰投资有限公司	464400	0.108
严小英	383485	0.09
唐兴游	300000	0.07
顾建盟	300000	0.07
国泰证券有限公司天津分公司	300000	0.07
贾　栓	294700	0.069
万志愿	265500	0.06

五、股东大会简介

内蒙古远兴天然碱股份有限公司1997年度股东大会于1997年5月2日在内蒙古东胜市鄂托克西街10号公司会议室召开。出席会议的股东31人,代表股份152025950股,占公司总股本的70.71%,符合《公司法》和公司章程有关规定。经大会审议,表决通过了如下决议:

1. 审议通过了公司1996年度财务决算和1997年财务预算。

2. 审议通过了公司1997年度生产经营计划和投资方案。

3. 审议并经特别决议通过了公司1996年度10-12月份利润分配议案。

经内蒙古会计师事务所内会审字(1997)第119号审计,公司1996年10-12月实现净利润16540655.90元,按10%提取法定公积金1654065.59元,按10%提取公益金1654065.59元,提取5%任意盈余公积金827032.80元后,可供股东分配利润12405491.92元。会议决定,公司1996年度10-12月份利润暂不分配,留待1997年分配。

4. 审议并经特别决议通过了公司以资本公积金转增股本的议案。

公司1997年1月13日发行股票后,资本公积金达到326485355.55元,将215000000元资本公积金按每10股转增10股的比例转增股本,转增后股本总额由原215000000元增加为430000000元,资本公积金余额为111485355.55元。

5. 审议并经特别决议通过了修改公司章程的议案。

鉴于公司用资本公积金转增股本,因此公司的股本总额、注册资本随之增加。本次股东大会对公司章程第十五条、第十六条公司股本总额、注册资本作了修改,修改后公司股本总额、注册资本由原来的人民币21500万元变更为43000万元。

六、备查文件

1. 载有公司董事长、总经理亲笔签名的1997年度中期报告原本。

2. 招股说明书、上市公告书

3.1997年度股东大会材料

查阅地址:内蒙古东胜市鄂托克西街10号公司证券部。

电话:0477-8339874

内蒙古远兴天然碱股份有限公司

1997年8月16日

锦州经济技术开发区六陆实业股份有限公司

锦州经济技术开发区六陆实业股份有限公司概况

一、公司概况

锦州六陆实业股份有限公司是由中国石化锦州石油化工公司、交通银行锦州分行、锦州市城市信用联社发展总公司、锦州市财务发展股份有限公司、锦州市商业房屋开发公司等五家法人单位共同发起，经锦州市经济体制改革委员会批准，于1992年7月17日锦州经济技术开发区注册登记的股份制企业。为规范股份公司的设立，根据《股份有限公司规范意见》，1993年3月25日，辽宁省体改委以辽体改发(1993)41号文《关于同意规范设立锦州经济技术开发区六陆实业股份有限公司的批复》，同意以定向募集方式成立锦州经济技术开发区六陆实业股份有限公司。

几年来，在市委、市政府的关怀和市体改委、工商局、国资局、开发区管理委员会等有关部门的支持下，在锦州石化公司及股东单位的共同努力下，六陆公司从无到有，从小到大，已发展成为拥有资产3亿多元，集科、工、贸为一体大型股份制企业。累计实现营业收入8.6亿元，利税9488万元，其中利润7371万元，税金2117万元，成为锦州市地方企业创税大户。1993年被辽宁省统计局评为经济效益最佳单位，1994年被中国股份制企业评价中心评为全国300家最大股份制企业。1996年8月，辽宁省计划委员会和证券委员会联下发文件，分配给我公司国内A股股票发行额度1400万元，于1996年12月27日，以"上网定价"方式在深圳证券交易所向社会公开发行面值1元人民币普通股1180万股(内部职工股占用额度220万元一并上市)，1997年2月27日正式挂牌交易，随之，我公司成为辽西地区第一家上市公司。

六陆公司发展伊始即本着"经贸起步，实业发家，以商促工，以工致富"的方针，经过几年来的努力经营，公司总部设有办公室、综合部、财务部、技术开发部、油站部、经营一部、经营二部、经营三部等8个职能部门，下属电器分公司、储运分公司、酒楼、3个分支机构，油脂有限公司一个控股子公司，及正在兴建5000吨/年环丁砜装置工程，已初步发展成为科工贸齐全，经济效益良好，能够适应市场经济发展需要的股份制企业。

正在兴建的5000吨/年环丁砜装置工程，目前进展顺利。环丁砜是一种极好的多效溶剂，由于它具有选择性高，溶介能力强，热稳定性高，对设备腐蚀弱，对人体毒性小等特点。因此，许多芳烃装置采用环丁砜作溶剂。此外，环丁砜还可用于炼油厂或天然气中H_2S、COS、RSH等酸性气体的脱除剂，可作金属洗净溶剂，涂料去除剂，油墨的基墨等，用途十分广泛。随着环丁砜应用领域的开拓，国内环丁砜消耗量在逐年增加，环丁砜的价格也将有上涨的趋势。该项目建成投产后，将改变环丁砜长期依赖进口的局面，界时如能打开市场，该项目将成为六陆公司新的利润增长点。

公司现有员工187人，其中行政管理人员65人，财务人员12人，业务人员110人，公司员工文化程度达到大专以上的占34.1%，职工平均年龄37岁，目前为止，公司没有离退休职工。

六陆公司成立以来，给股民带来了较丰厚的回报，1993年、1994年、1995年分配的股利分别为每股0.2元，0.2元，0.12元。97年在深交所挂牌上市后，公司将九五年滚存利润及九六年未分配利润一并按10∶3的比例，以送红股的方式分配给新老股东。公司的注册资本也因此由5580万元增至7254万元。

随着环丁砜项目的建成投产，本公司将形成"两油一剂"的行业特色，即以生产精炼食用色拉油，环丁砜产品和经营汽柴油品为公司的业务中心。面对日趋激烈的市场竞争，六陆公司将不断拓宽国际、国内两个市场，向着多元化、集体化、实业化、国际化的发展目标前进。

二、董事长、总经理介绍

杨学庄：一九四零年十一月出生，原籍辽宁营口，现任锦州石油化工公司经理，锦州经济技术开发区六陆实业股份有限公司董事长。

一九六七年三月毕业于天津南开大学高分子专业后，先后担任锦州炼油厂橡胶车间技术员、主任、生产科科长、党委副书记、厂长等职务。1990年起任锦州石化公司总经理，1992年兼任六陆公司董事长。

杨学庄同志具有较高的政治理论素质，扎实深厚的企业生产、经营知识和较全面的组织能力和领导艺术才能，充分调动和发挥企业科技人员的聪明才智，克服种种困难，依靠科技进步，推动企业前进，取得了精神文明和物质文明的显著成绩。

鉴于其卓越的管理才能，杨学庄同志曾多次受到国家、省、市政府的表彰和奖励，1984年荣获锦州市"劳动模范"称号；1987年被锦州市命名为"优秀企业家"，1988年被省命名为"优秀企业家"，并获省"五一"劳动奖章；1991年荣获省"劳动模范称号"；1992年获全国"五一"劳动奖章；1993年省政府命名"有突出贡献的企业家"；1995年荣获"全国劳动模范"称号，享受国务院政府特殊津贴。

龚振生：汉族，辽宁省锦州市人，一九三九年五月出生，1964年毕业于大连工学院高分子专业，一九六五年十月参加工作，中共党员，现任锦州经济技术开发区六陆实业股份有限公司总经理。

工作简历：一九六五年十月至一九八零年七月锦州化工一厂技术员、厂长；一九八零年七月至一九八一年八月锦州市燃化局副局长；一九八一年八月至一九八二年八月锦州市经委副主任；一九八二年八月至一九八四年十二月中共锦州市委副秘书长；一九八四年十二月至一九九二年七月锦州石化公司办公室副主任、主任；一九九二年七月至今锦州经济技术开发区六陆实业股份有限公司总经理。

锦州经济技术开发区六陆实业股份有限公司招股说明书概要

一、释义

本招股说明书除上下文另有说明外,下列词汇具有如下意义:

发行人:指锦州经济技术开发区六陆实业股份有限公司;

公司、本公司:指锦州经济技术开发区六陆实业股份有限公司;

省政府:指辽宁省人民政府;

市政府:指锦州市政府;

董事会:指锦州经济技术开发区六陆实业股份有限公司董事会;

董　事:指锦州经济技术开发区六陆实业股份有限公司董事;

公司内部职工:指公司的在册职工及公司在册管理的离退休职工;

新　股:指公司本次公开发行之1180万股人民币普通股;

元:指人民币元;

主承销商:指辽宁省证券公司;

上市推荐人:指辽宁省证券公司。

二、绪言

本招股说明书是依据《中华人民共和国公司法》、《股票发行与交易管理暂行条例》和《公开发行股票公司信息披露实施细则》等国家法律、法规的规定,结合本公司实际情况为本次股票公开发行之目的而编写的,旨在向投资者提供有关本公司的基本资料及本次招股的各项有关资料。本公司董事会已批准本招股说明书,确信其中不存在任何重大遗漏或者误导,并对其真实性、准确性、完整性负个别的和连带的责任。

本次发行的股票是根据本说明书所载的资料申请发行的。除本发行人和主承销商外,没有委托或授权任何其他人提供未在本说明书中列载的信息和对本说明书作任何解释或者说明。

投资人须自行负担买卖本公司公开发行股票所应支付的税款,发行人、推荐人和承销商对此不承担责任。

投资者如对本招股说明书有疑问,可咨询本次发行股票的各方当事人。

为方便投资者,本公司在本次发行新股的发行期内设咨询电话:(0416-3122571)

三、发售新股的有关当事人

(一)发行人:锦州经济技术开发区六陆实业股份有限公司

法定代表人:杨学庄

地　　址:辽宁省锦州经济技术开发区

电　　话:(0416)3122571　　传　　真:(0416)3135450

联系人:盖文国

(二)主承销商:辽宁省证券公司

法定代表人:邵荣弟

地　　址:沈阳市沈河区市府大路262号甲火炬大厦8楼

电　　话:(024)2790072　　传　　真:(024)2790090

联系人:李　伟、李　斌

(三)副主承销商:海南华银国际信托投资公司

法定代表人:朱熹豪

地 址:海口市龙昆北路29号

电 话:(010)62383355

联系人:杨　良、童　佳

(四)分销商:辽宁信托投资公司

法定代表人:吴世荣

地　址:沈阳市和平区南京北街103号

分销商:锦州证券公司

法定代表人:李玉忱

(五)上市推荐人:辽宁省证券公司

(六)发行人律师事务所:大连市联合律师事务所

法定代表人:刘宝有

地　址:大连市中山区向前街36号

电　话:(0411)2803150

经办律师:刘宝有、张开胜

(七)会计师事务所:辽宁会计师事务所

法定代表人:李永范

地 址:沈阳市和平区南京北街103号

电 话:(024)2837483

经办注册会计师:高凤元、赵凤丽

(八)资产评估机构:鞍山资产评估事务所

法定代表人:陈　晶

地　址:鞍山市铁东区山南街30号

电　话:(0412)2233871

经办评估人员:于寿长、刘铁军

(九)土地评估机构:辽宁省土地估价事务所

法定代表人:李志超

地　址:沈阳市皇姑区宁山东路新新巷1-1号

电　话:(024)6227576

经办人员:李志超、曲长令

(十)资产评估确认机构:国家国有资产管理局

地　址:北京市万泉河路66号

电　话:(010)62567744

(十一)股票登记机构:深圳证券结算有限公司

地　址:深圳市红岭中路25号

电　话:(0755)5595572

四、发行情况

(一)本次发行的股票类型:记名式人民币普通股(A股)

(二)发行日期:1996年12月27日

(三)发行地区:深圳证券交易所全国各地全国所在地

(四)发行对象:中国境内的中国公民和机构法人(国家规定禁止购买股票的对象除外)

(五)承销方式:余额包销

(六)发行方式:上网定价方式

(七)上市时间及上市交易所名称:公司已经申请将本次发行股票于发行期结束后尽早时间内在深圳证券交易所挂牌交易。

(八)每股面值:1元

(九)发行价格:本次采用溢价发行,结合93年实际每股税后利润0.49元、94年0.27元、95年0.36元算术平均后按17.1倍市盈率,确定发行价格为6.38元。

(十)发行量:1180万元

(十一)预计发行总市值:7528.4万元

其中发行费用:413万元

五、风险因素与对策

投资者在评价和购买发行人此次发售的股票时，除本招股说明书提供的其他资料外，应特别认真地考虑下述各项风险因素。

(一)经营风险

1、原材料风险

本公司的主要产品为食用精炼油、豆粕、浓缩磷脂等。其主要生产原料为大豆，原料成本在商品成本中约占90%比重，因此，大豆的收购价格将直接影响到公司的经济效益。

本公司地处辽宁，依托东北这一全国大豆生产基地，并且邻近盛产大豆的内蒙古和俄罗斯，原料供应比较充足。但由于近年来，地方小油脂厂的迅速建立以及大豆价格的放开，大豆原料供应相对紧张，收购价格总的趋势是稳中有升，虽然不排除有间断性的回落，但仍会给本公司的生产经营造成一定的影响。同时，自然条件、种植面积、产量变动、需求增长等任何影响大豆生产或需求因素的变动，均会对成品的价格产生影响，从而给本公司的经营带来一定程度的不稳定性。

2、对主要客户的依赖

本公司经营的各种石油化工产品及汽、柴油品主要来源于锦州石油化工公司。锦州石化公司是隶属于中国石化总公司的特大型企业，经济实力雄厚，基本上可以保障本公司产品供应，但从长期来看，单一的供货渠道增加了本公司的经营风险。

(二)行业风险

1、食用精炼油是人们生活必不可少的日用消费品，国家对精油加工采取积极扶持的态度。本公司的精油生产企业在国内同行业中属于较大型油脂加工企业，全套引进德国先进的工艺和设备，在国内处于领先地位。但目前陆续有新的生产装置建成，行业竞争加剧，有构成销售量减少，利润降低的趋势。这些变化势必对本公司的经营构成一定的影响。

2、本公司经销的汽、柴油品来源于石化行业，如果这些相关行业发展缓慢或停滞不前，将影响产品的经销。

(三)市场风险

精炼油(色拉油)属于传统食用油的更新换代产品，具有极大的市场潜力。但由于受到传统消费习惯和消费心理的影响，人们尚有一个重新认识的过程。

本公司经销的汽柴油品面临着同行业的竞争，随着越来越多的企业拥有油品经销权，本公司拥有的市场份额容易受到不利影响。

(四)环保风险

精炼油在生产过程中，需排放烟尘和废水。这些指标必须符合相关的环境保护规定，此类规定可能会在今后有所变化而导致产品成本的增加。

(五)政策性风险

1、本公司主要产品豆粕是居民日用调味酱品的主要原料，也是发展养殖业的主要饲料，根据国家有关政策，免缴增值税，若国家政策发生变化，将对本公司的经营产生一定影响。

2、本公司经销的汽、柴油品属于国家严控的产品，国家采取限价和统销的政策，政策风险来自于国家对汽、柴油品经销的政策变化。如果有关税费调高或降低销售限价，将会给本公司经营带来一定影响。

(六)关于世界贸易组织

世界贸易组织于一九九五年一月一日创立，以取代关税及贸易总协定。我国未能于一九九五年一月一日前以发起国的身份进入世界贸易组织。然而，我国一直在努力，可望不久以后取得世界贸易组织会员地位。加入世贸组织将有利于把中国企业推向世界，也有利于产品出口，对我国的各行各业将产生积极影响。随着降低进口关税、取消进口许可证等等，本公司产品亦将面临进口产品的竞争。因此，加入世贸组织对本公司来说机遇与风险并存。

(七)股市风险

股票市场的价格不仅仅取决于企业的经营状况，同时也受到经济因素，政治因素，投资心理，交易技术等多种因素的影响。投资风险和股市风险是相关联的，因此特别提醒投资人对此要有足够的认识。

针对以上可能出现的某些风险，本公司拟采取以下对策。

(一)经营风险对策

1、原材料风险

本公司在经营中将充分利用地处辽宁，依托东北这一全国大豆生产基地地资源优势，巩固现有货源基地；在保证质量前提下，直接组织原料的采购，合理确定采购原料的地点、时间，合理安排采购进度和运输方式，降低原料采购成本；进一步扩大原料供货渠道，除东北三省外，扩大俄罗斯、北美、南美等国家和地区的采购网点，加强采购力量，组织优质大豆进口或进行来料加工。

2、对主要客户依赖

本公司积极保持巩固和锦州石化公司的长期友好合作关系。同时，积极扩大产品的供应渠道，依托中国石化这一巨大的产业集团，向市场的深度及广度发展。

(二)行业风险对策

1、本公司充分利用先进的进口设备工艺条件，扩大生产能力，达到国际公认的规模经济产量；通过现代化的科学管理，降低能源消耗和各种原材料消耗，降低单位产品成本，提高效益。

2、挖掘企业内部潜力，搞好企业管理，降低经销汽、柴油品的成本费用；同时加大产品推销措施，开辟新市场，如在更多的省市建立加油站等。

(三)市场风险对策

本公司加大产品的市场开拓力度，搞好产品的宣传促销工作，拓宽销售渠道，增加销售网点，完善售后服务，扩大市场占有率，使本公司产品在激烈的市场竞争中立于不败之地。

(四)环保风险对策

精炼油在生产过程中的烟尘排放处理和废水处理方面均利用先进设备和正确的处理方法，以减少对周围环境的污染，在此方面，已经取得锦州市环境保护部门的认可。

(五)政策性风险对策

1、从目前国家的经济发展和行业政策来看，国家给予的优惠政策在较长时间内不会有大的变化。本公司将加强对国家各种经济政策的研究，强化科学管理，增强应变能力，将由于政策的变化可能造成对公司的影响减少到最低限度。

2、本公司随时留意国家油品政策的变化，努力提高企业的内在素质，增强企业的市场竞争能力，自我消化不利政策的影响。并且随着环丁砜5000吨/年装置工程的建成投产，本公司经营格局发生重大调整，走以“实业为主、经贸为辅”的道路，积极抵御外部风险。

(六)关于世界贸易组织

本公司正积极采取各种措施，以适应和开拓我国加入世界贸易组织后的国内、国际市场。本公司可以利用降低关税的有利条件和地处锦州的优越地理位置，组织国外价格低廉的大豆原料和毛油的进口，从而进一步降低产品的成本，提高企业的竞争力，充分利用加入世贸组织的机遇，参与国际竞争。

六、募集资金的运用

本公司本次向社会公开发行股票1180万股，发行总市值7528.4万元，扣除发行费用可实募资金7115.4万元，将主要投向环丁砜5000吨/年装置工程，剩余奖金2136万元用于补充生产经营流动资金。

(一)投资4979万元建设环丁砜项目工程

1、环丁砜是一种极好的多效溶剂,由于它具有选择性高,溶介能力强,热稳定性高,对设备腐蚀弱,对人体毒性小等特点。因此,许多芳烃装置大多采用环丁砜作溶剂。此外,环丁砜还可用于炼油厂或天然气中H_2S、COS、RSH等酸性气体的脱除剂,可作金属洗净溶剂,涂料去除剂,油墨的基墨等,用途十分广泛。

2、产品的价格分析:

国内环丁砜价格基本上在30,000元/吨浮动,与国际上的价格相吻合。从目前国内市场对环丁砜的需求来看,在"九五"期间环丁砜的价格将保持相对的稳定,随着环丁砜应用领域的开拓,环丁砜的价格将有上涨的趋势。根据目前市场情况,装置建成后,环丁砜的销售价格看好。

3、原料供求和价格预测:

本项目采用先合成,再加氢,之后蒸馏,最后经过处理得到合格的环丁砜主品的工艺线路,主要原料为丁二烯、二氧化硫、合金粉、42%液研及阴聚剂、氢气等这些原料在市场上较普遍,并且近年来国内生产装置所需量比较稳定,供求及价格基本保持稳定。

4、项目经济效益分析:

项目投产后,每年可获得利税2500多万元,投资利润率38%,预计投资回收期3.2年。

该项目的实施规划如下:

项目工程进程	1996年	1997年
项目资产使用计划	430万元	4549万元
项目效益产生时间		1997年底

本项目已经辽宁省计划委员会辽计发〔1996〕479号批准。

(二)公司前次定向募集资金共计4400万元,绝大部分投向与哥斯达黎加客商合资共建中外合资六陆油脂有限公司,剩余一部分作为生产经营流动资金,用于汽、柴油品和石化产品经销。

七、股利分配政策

(一)本公司1993年、1994年、1995年,分别按每股0.2元、0.2元、0.12元人民币派发现金股利。本次股票发行后,预计1997年上半年分配股利。

经公司第四次股东大会决议通过,本次公开发行后,1995年未分配利润和1996年度的股利由新老股东共同享有。

(二)公司依法执行国家税收政策,向国家缴纳税金,税后利润按以下顺序分配:

弥补以前年度亏损	
提取法定盈余公积金	10%
提取法定公益金	5-10%
提取任意盈余公积金	由股东大会确定
支付股利	由股东大会确定

本公司一般每年分配股利一次,在每个会计年度终止后六个月内,按股东所持股份比例进行分配。

(三)本公司分配股利可采用现金或者股票两种形式,实行同股同利、同股同权。每年股利分配由董事会根据年度具体经营情况提出方案,由股东大会决定。

本公司在弥补亏损,提取法定盈余公积金和公益金前不分配股利。

本公司股份全部为人民币普通股,不存在其它种类股票。

八、验资证明

根据辽宁会计师事务所辽会师股字〔1993〕第22号验资报告,截止到1993年8月16日本公司股本总额为人民币44,000,000.00元。其中发起人法人股35,200,000.00元,为法人单位以现金投入形成,内部职工股8,800,000.00元。

九、发行人情况

(一)发行人名称:锦州经济技术开发区六陆实业股份有限公司

英文名称:THE LIULU INDUSTRIAL CO., LTD OF JINZHOU ECONOMIC & TECHNOLOGY DEVELOPMENT ZONE.

(二)发行人注册地:锦州经济技术开发区

发行人总部地址:锦州市云飞路2段11号

(三)注册机关:锦州市工商行政管理局

(四)发行人历史简介

1992年7月,经锦州市经济体制改革委员会锦体改发〔1992〕38号文件批准,由中国石化锦州石油化工公司、交通银行锦州分行、锦州市城市信用联社发展总公司、锦州市财务发展股份有限公司、锦州市商业房屋开发公司等五家法人单位共同成立了锦州经济技术开发区六陆实业股份有限公司。为规范股份公司的设立,根据《股份有限公司规范意见》,1993年3月25日,辽宁省体改委以辽体改发〔1993〕41号文《关于同意规范设立锦州经济技术开发区六陆实业股份有限公司的批复》,同意以定向募集方式成立锦州经济技术开发区六陆实业股份有限公司。1993年8月18日,公司召开创立大会暨第一次股东大会,1993年8月20日,公司办理注册登记,注册号为锦工商企字12060171-6。

目前本公司总部设有办公室、综合部、财务部、技术开发部、油站部、经营一部、经营二部、经营三部等8个职能部门,下属电器分公司、储运分公司、酒楼、3个分支机构,油脂有限公司一个控股子公司,已初步发展成为科工贸齐全,经济效益良好,能够适应市场经济发展需要的股份制企业。

(五)发行人组织结构和内部管理机构

本公司已建立了符合现代企业制度要求的法人治理结构,以下是本公司组织机构略图:

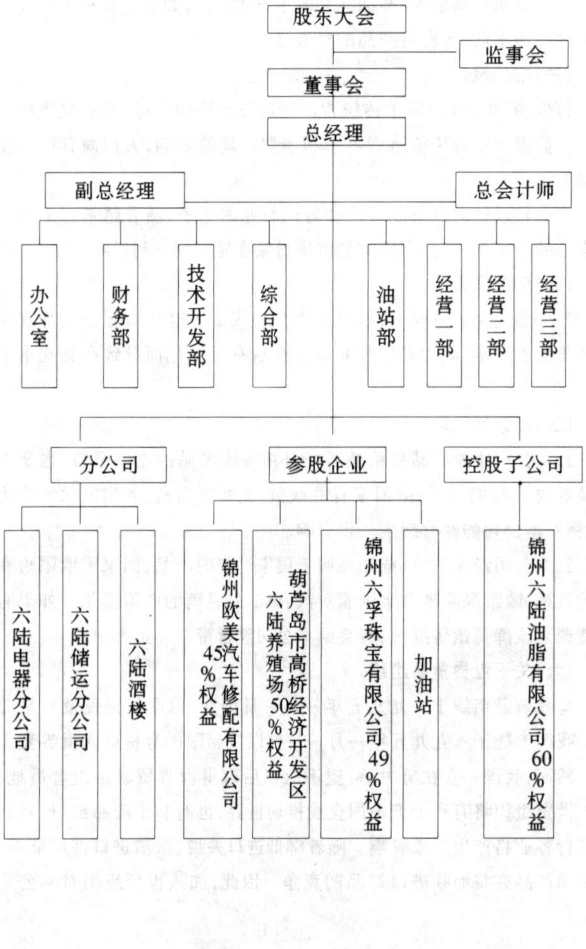

(六)中国石化锦州石油化工公司与本公司的关系

中国石化锦州石油化工公司是隶属于中国石化总公司的特大型企业,注册资金52950万元,下属单位有炼油厂、化工厂等近20家。主要利用生产装置提炼原油,生产石油化工产品。本公司按照一般商业条款与之订立石化产品销售合同,其价格按照政府规定价格和市场价格执行。

一九九三年本公司定向募集设立时,中国石化锦州石油化工公司作为控股股东,持有本公司公开发行前73.36%的股份。

目前,本公司的董事长、法定代表人同时担任锦州石化公司的总经理,法定代表人,但是并未因此发生损害股份公司利益的行为。对因此发生的关联交易本公司将充分披露。

(七)控股企业及主要参股企业

1、控股企业

锦州六陆油脂有限公司。注册资本700万美元,发行人拥有60%权益。该企业全套引进德国设备及工艺流程,具有国际九十年代先进水平,生产食用精炼油、豆粕、浓缩磷脂等产品。

2、主要参股企业

(1)葫芦岛市高桥经济开发区六陆养殖场。注册资本30万元人民币,发行人拥有其50%权益。主要利用油脂加工过程中的副产品豆粕做为饲料,进行畜禽饲养。

(2)锦州六孚珠宝有限公司。是公司与香港合资的以经营珠宝、玉器为主的有限责任公司。注册资本100万美元,其中发行人拥有49%权益。

(3)锦州欧美汽车修配有限公司。是公司与美国莱格有限公司合资的以经营汽车修配为主的有限责任公司。注册资本30万美元,其中发行人拥有其45%权益。

(八)职工状况

本公司现有员工187人,其中男职工112人,女职工75人。在全体员工中行政管理人员65人,财务人员12人,业务人员110人,公司员工中文化程度达到大专以上的占34.1%。职工平均年龄37岁。截止目前,本公司没有离退休职工。

(九)经营范围及主要业务

公司经营范围:精炼食用植物油、石油、石油制品:五金交电、化工产品(除危险品)、机电产品(除汽车),金属材料(贵金属除外)固定资产出租、建筑材料。

兼营:百货(除农膜),汽车配件销售;公路运输,沿海运输,餐饮供应;经济技术开发、咨询,礼仪、文化娱乐、居民服务。

目前本公司经营的重点发生较大调整,主要是精炼食用植物油、汽、柴油品的经销及拟投资兴建5000吨/年环丁砜装置工程。

(十)税收及其它优惠

本次发行前,本公司根据锦州经济技术开发区管理委员会锦开管委发〔1993〕6号文规定执行锦州经济技术开发区优惠税率政策,免征所得税。公司上市后,经辽宁省人民政府辽政〔1996〕160号文批准,上市后实际负担所得税负为15%。

(十一)营业收入构成

本公司的营业收入主要由石油化工产品销售收入和色拉油销售收入构成。截至96年6月30日止,主营业务收入为7696万元,其中石油化工产品销售收入5922万元,精炼食用植物油收入1527万元,豆粕销售收入233万元。

(十二)主要原材料供应

本公司经营的产品所需原料主要是大豆及汽、柴油品。本公司地处辽宁,依托东北这一全国大豆生产基地,并且邻近盛产的内蒙古和俄罗斯,同时公司还积极开辟南美、北美等原材料市场,扩大原材料供应渠道,原材料供应稳定。

另外,本公司依托锦州石化等大型石油化工企业,汽柴油及石化产品供应充足。

(十三)公司有关无形资产

本公司使用的土地共六宗,1996年6月30日土地使用权价值为6,190,260.00元。

(十四)本公司计划进行的投资项目

投资4979万元建设5000吨/年环丁砜装置工程。

十、董事、监事人员简历

杨学庄先生,本公司董事长,55岁。1965年9月毕业于天津南开大学高分子专业,高级工程师。自1989年12月始任国家特大型企业中国石化锦州石化公司经理。杨学庄先生于1992年1月获得辽宁省劳动模范称号,1992年4月获得全国"五一"劳动奖章,1995年获得"全国劳动模范"等荣誉称号,享受国务院政府特殊津贴。

官庆杰先生,本公司副董事长,37岁。1983年7月毕业于辽宁财经学院计划统计系,经济师。

袭振声先生,本公司副董事长、总经理,56岁,1964年毕业于大连工学院化工系高分子专业,高级工程师。有丰富的企业生产经验,在经营管理方面尤有专长。

杨庆丰先生,本公司董事、副总经理,42岁,大专学历,经济师。

王克学先生,本公司董事、副总经理兼总会计师,41岁,大学学历。

霍凌波先生,公司董事,39岁,硕士,高级经济师。现任锦州市城市信用联社党委委员。

吴源洁先生,本公司董事,34岁,大专学历,工程师。

梅润屋女士,本公司监事会主席,55岁,大学毕业,高级会计师。

胡运昌先生,本公司监事,48岁,1983年8月毕业于辽宁财经学院工业会计专业,大专学历,会计师。

王悦女士,本公司监事,33岁,大学学历,会计师。

十一、经营业绩

(一)生产经营的一般情况

本公司在过去三年中,本着"以贸促工,以工为本,大力兴办实业"的方针,努力经营,取得了较好的经营业绩。以下为过去3年及1996年1-6月经营业绩概要。

项 目	1996年1-6月	1995年	1994年	1993年
主营业务收入	76960	116016	135133	403763
主营业务利润	7520	15247	7816	19195
利润总额	8653	15860	11831	21509
税后利润	8702	15860	11831	21509

(二)经营管理的改进和职工队伍的建设

本公司自实行股份制以来,积极探索现代企业制度的建设,强化生产经营管理和职工队伍的建设。陆续出台了《股份有限公司工资改革制度》、《股份有限公司劳动合同制暂行规定》、《股份有限公司财务、会计、成本管理办法》及《股份有限公司安全生产经营管理规定》等一系列配套制

度和办法,有利地促进了企业经营机制的转换,使企业的经营管理迈上了一个新的台阶。

此外,本公司定期对员工进行强化培训和技术考核,不断提高职工的素质,优化职工的年龄结构,学历结构,特别注意引进培养复合型人才,以适应企业向规模化,集约化发展的需要,为企业在激烈的市场竞争中立于不败之地奠定了人才基础。

十二、股本

(一)1992 年 7 月经锦州市体改委锦体改发〔1992〕38 号文件批准,由中国锦州石油化工公司出资 708 万元、交通银行石化锦州分行出资 60 万元、锦州市城市信用联社发展总公司出资 132 万元、锦州市财务发展股份有限公司出资 60 万元、锦州市商业房屋开发公司出资 40 万元,共同成立了锦州经济技术开发区六陆实业股份有限公司,注册资本 1000 万元人民币。

为规范该公司的设立,经发起人协商同意并经辽宁省体改委辽体改发〔1993〕41 号批准,由原五家发起人作为发起人,以定向募集方式成立锦州经济技术开发区六陆实业股份有限公司,其中中国石化锦州石油化工公司以现金方式再次入股 2520 万股,形成发起人法人股 3520 万股,并向内部职工定向募集 880 万股,以上股份均为平价发行。

定向募集内部职工股时,平价多募集了 1349.75 万元,经辽宁省体改委辽体改发〔1993〕178 号文批准,将公司超发的内部职工股 1349.75 万元转为内部集资,公司第一次股东会决议通过了这一处理方案。经股东会授权,公司已于公开发行新股前将上述内部集资款一次性还本付息,清理完毕。

本公司 1993 年 8 月 20 日在锦州市工商局登记注册,注册号为 12060171-6,注册资本 4400 万元。其中法人股 3520 万元,占总股本的 80%;内部职工股 880 万元,占总股本的 20%。内部职工股发行情况已依国家体改委体改生〔1993〕115 号文在辽宁省体改委备案,并按照有关规定在辽宁省证券登记管理中心集中托管,托管情况已于 1996 年 10 月 29 日得到辽宁省体改委辽体改发〔1996〕73 号确认。内部职工股上市交易日期按国家有关规定执行。

(二)发起人认购股份情况

发起人名称	认购股份额
中国石化锦州石油化工公司	3228 万股
交通银行锦州分行	60 万股
锦州市城市信用联社发展总公司	132 万股
锦州市财务发展股份有限公司	60 万股
锦州市商业房屋开发公司	40 万股

(三)本公司本次股票发行上市成功后,股本结构如下:

可流通股份	尚未流通股份
社会公众股	法人股 3520 万股
1400 万股其中	(其中国有法人股 3228 万股)
内部职工股占额	原内部职工股
度上市 220 万股	660 万股

注:社会公众股中含占发行额度上市的内部职工股 220 万股。

根据国家法律、法规,本次发行成功后公司注册资本将增至 5580 万元,本次发行的溢价部分扣除发行费用后全部进入资本公积。

(四)本次发行前净资产总额为 8696 万元,每股净资产 1.97 元;本次发行成功后,净资产总额为 15811.4 万元,每股净资产为 2.83 元。

(五)本次发行前按持股比例排列的前十大股东名单:

股东名称	持股数(万股)	占发行前股本比例(%)
中国石化锦州 石油化工公司	3228	73.36
锦州城市信用 联社发展总公司	132	3
交通银行锦州分行	60	1.36
锦州财务发展 股分有限公司	60	1.36
锦州商业房屋 开发公司	40	0.9

其余均为内部职工股,没有持股比例超过公司总股本 5‰的个人股股东。

(六)本公司董事、监事人员持股情况:

姓 名	职 务	持股数(股)
杨学庄:	董 事 长	10000
官庆杰:	副 董 事 长	10000
袭振声:	副 董 事 长	10000
杨庆丰:	董 事	8000
王克学:	董 事	8000
霍凌波:	董 事	0
吴源洁:	董 事	8000
梅润屋:	监事会主席	8000
胡运昌:	监 事	8000
王 悦:	监 事	8000

以上人员持股总数为 7.8 万股

(七)股票回购程序

根据国家法律规定,本公司非因减少资本或者与持有本公司股票的其他公司合并等特殊情况,不得回购公司已发行在外的股票。特殊情况需要回购时,严格执行国家有关法律、法规的规定。

十三、债项

根据辽宁会计师事务所辽会师股字[1996]第 17 号审计报告,截止 1996 年 6 月 30 日,本公司负债总额为 19672 万元。其中流动负债 14094 万元,长期负债 5578 万元。

十四、主要固定资产

截止 1996 年 6 月 30 日本公司固定资产原价 15491 万元,累计折旧 439 万元,固定资产净值为 15052 万元,主要固定资产全部为经营性资产。

十五、资产评估

(一)资产评估

本公司截止到 1996 年 6 月 30 日(评估基准日)的资产评估结果主要情况如下:

资产评估汇总表

评估基准日:1996 年 6 月 30 日　　单位:人民币万元

资产项目	帐面原值	帐面净值	重置价值	评估值	增加值	增加率
流动资产	7385.48	12225.44		12252.07	26.63	0.2%
长期投资	2030.65	761.13		761.13	0.00	0%
房屋建筑	6855.28	6694.93	6554.82	6292.33	-402.60	-6%
机器设备	8090.26	8357.17	11130.45	10393.27	2036.10	24%
在建工程	123.47	123.47		123.47	0.00	0%
土地使用权	619.03	619.03		1166.16	547.13	88%
其它资产	1775.53	1326.52		1326.52	0.00	6%
资产合计	26879.70	30107.69		32314.95	2207.26	7%
流动负债		14094.21		14094.21	0.00	0%
长期负债		5578.39		5578.39	0.00	0%

负债合计	19672.60	19672.60	0.00	0%
净资产	10435.09	12642.35	2207.26	21%

以上数据摘自鞍山资产评估事务所鞍资产评所字[1996]第137号评估报告,评估结果已经国家国有资产管理局国资评[1996]885号文确认。

(二)评估方法和计价标准

1、评估方法

(1)流动资产:重置成本法,市场法。

(2)长期投资:重置成本法。

(3)固定资产和在建工程:重置成本法。

(4)无形资产(土地使用权):基准地价系数修正法。

(5)递延资产,其他资产:视其资产和权益的存续时间核实后确定评估价值。

2、计价标准

选用重置成本标准。

投资者如欲了解资产评估的详细情况,请参阅“资产评估报告”。

十六、财务会计资料

以下资料摘自辽宁会计师事务所辽会师股字[1996]第17号审计报告,截止日期1996年6月30日。

(一)合并资产负债表主要数据

单位:千元

项目	1996.6.30	1995.12.31	1994.12.31	1993.12.31
流动资产	122254	35383	64806	118708
长期投资	7611	36933	36365	27458
固定资产	151755	106234	71802	21989
无形及递延资产	19455			
资产总计	301076	178551	172974	168156
流动负债	140942	70291	75294	103508
长期负债	55783	30000	30000	
负债合计	196726	100291	105294	103508
股东权益	86962	78260	67679	64647

(二)利润表主要数据　　单位:人民币千元

项　目	1996年1-6月份	1995年度	1994年度	1993年度
主营业务收入	76960	116016	135133	403763
主要业务利润	7520	15247	7816	19195
营业利润	7518	15274	7816	19195
利润总额	8653	15860	11831	21509
净利润	8702	15860	11831	21509

(三)主要财务数据指标:

项　目	1996.6.30		1995	1994
	母公司	合　并	母公司	母公司
流动比率(%)	70	86.74	50.33	86.08
速动比率(%)	61.57	68.16	42.98	79.01
应收帐款周转率(次)	3.31	3.60	7.79	3.53
存货周转率(%)	8.69	3.81	19.21	9.72
资产负债率(%)	53.83	65.34	56.16	60.88
净资产收益率(%)	10	10	20.27	17.48
发行前每股净资产	1.97	1.97	1.78	1.54

提示:如果投资人欲对公司财务状况、经营成果及其会计政策进行更为详细的了解,应当认真阅读在附录中所载的公司财务报表和注释。

十七、盈利预测

以下数据摘自辽宁会计师事务所辽会师股字[1996]第18号审核报告。

(一)公司盈利预测表

锦州六陆实业股份有限公司盈利预测表

单位:人民币万元

行次	项目	1996年 上半年已审实际	1996年 7-10月未审实现数	96年预测	1997年
1	一、主营业务收入	7696	6982	19811	30708
2	减:营业成本	5975	5309	15416	25543
3	销售费用	123	101	342	560
4	管理费用	475	412	1075	1100
5	财务费用	354	447	1018	1100
6	进货费用				
7	营业税金及附加	18	16	48	60
8	二、主营业务利润	751	697	1912	2345
9	加:其他业务利润		2		
10	三、营业利润	751	699	1912	2345
11	加:投资收益	116	7	182	260
12	营业外收入				
13	减:营业外支出	2		5	5
14	四、利润总额	865	706	2089	2600
15	减:所得税　33%税率	464	397	1115	860
	按15%税负	211	181	509	390
16	少数股东损益	-216	-199	-516	-
17	五、净利润　33%税率	617	508	1490	1740
	按15%税负	870	724	2096	2210

注:实际承担所得税税负为15%。

(二)预测的基础和假设

1996年和1997年盈利预测系遵循我国现行法律、法规、政策和股份制试点企业的会计制度。采用会计原则和计算方法,所依据的法律、法规、政策及会计准则与目前基本一致。两年预测根据公司1996年下半年和1997年生产经营计划并参照业经中国注册会计师审核的前三年,特别是结合1996年上半年企业实际经营状况及财务报表,并以目前的核算方法为基础,依赖合理的假设条件,本着求实、稳健的原则而编制。

假设条件:

1、公司所在地区的政治、经济、法律等社会环境无重大变化;

2、公司所遵循的有关法律、法规、政策状况无重大变化;

3、公司在预测期间有关税率、信贷利率,无重大变化;

4、公司在预测期间产品经销价格和资源等重大因素的影响;

5、无其他人力不可抗拒因素(如自然灾害等)及不可预测因素造成的重大不利影响。

十八、重要合同及重大诉讼事项

(一)重要合同

公司目前尚在履行的重要合同有:与中石化公司财务公司签订的短期和长期借款合同,金额各为3000万元。

公司与锦州六陆油脂有限公司95年1月15日签订的固定资产租赁合同。期限从95年3月1日至2009年2月28日止,共15年,合同金额共计90,344,446.14元,全年租金960万元。

经大连联合律师事务所审查,上述合同内容和形式均合法有效。

(二)重大诉讼

截止目前,本公司以及本公司的董事、监事、高级管理人员并无涉及

任何重大诉讼及仲裁,且据本公司董事所知,亦无任何尚未了结或面临重大威胁的诉讼。

十九、公司发展规划

本公司对未来的生产经营及发展提出了明确的规划。面对着日趋激烈的市场竞争,本公司按着“以贸促工,以工为本,大力兴办实业”的方针,不断拓宽国内、国际市场,建成既有精油加工,环丁砜溶剂生产,又有第三产业开发及产品贸易的多功能,多门类的综合性企业,加速实现多元化、集团化、实业化、国际化的发展目标。

1、以“两油一剂”为中心,突出本公司的特色。

本公司依托现有的资源优势,走规范化、规模化、集约化的路子。随着本公司环丁砜项目的建成投产,本公司将形成“两油一剂”的行业特色,即以生产精炼食用色拉油,环丁砜产品和经营汽柴油品为本公司的业务中心,在未来的几年里,使产品销售走出国门,国内及国际市场的占有率呈合理分布配置,精、细、深将成为产品生产的首要目标,综合经济效益成为公司的第一追求。同时继续依托中国石化这一大行业,搞好油品的经销,在稳固现有销售渠道的基础上,努力拓宽国外市场,参与国际竞争。

由于世界上对苯和二甲苯的需求量不断增长,芳烃装置采用的环丁砜溶剂需求量不断增加。并且由于环丁砜应用领域的开拓,国内环丁砜消耗量也逐年增加,环丁砜价格将有上涨的趋势。随着本公司环丁砜5000吨/年项目的建成投产,每年可为公司带来2500多万元的利税,为公司的长远发展,奠定了坚实的基础。

2、强化经营管理,推进现代企业制度建设

为了保证公司的长远发展,在内部管理方面,本公司将在巩固现有规范管理的基础上,探索高效的集团公司管理决策优化模式,推行分级管理授权制,不断完善企业经营机制,提高决策、管理水平。同时,公司将继续按照《公司法》等法律法规和现代企业制度的要求,加快企业自身改革,转换经营机制,深化劳动人事,分配制度改革,重视企业文化建设,确保本公司在激烈的市场竞争中高速,稳步地发展。

二十、附录

1、辽宁会计师事务所(1996)辽会师股字第17号“审计报告”;

2、鞍山资产评估事务所鞍资评所字[1996]第137号“关于对锦州经济技术开发区六陆实业股份有限公司的资产评估报告”;

3、辽宁省土地估价事务所辽土估字[1996]020号“土地估价报告”;

4、辽宁会计师事务所[1996]辽会师股字第18号“审核报告”;

5、大连市联合律师事务所“关于本公司股票发行上市的法律意见书;

6、大连市联合律师事务所“关于本公司股票发行上市出具法律意见书的工作报告”;

7、辽宁会计师事务所(1993)辽会师股字第22号“验资报告”;

二十一、备查文件

1、关于同意成立锦州经济技术开发区六陆实业股份有限公司的批复(辽宁省体改委辽体改发〔1993〕41号文件)

2、公司历次股东大会决议

3、公司历次股利分配情况

4、国家国有资产管理局关于资产评估的确认文件

5、辽宁省土地管理局关于锦州经济技术开发区六陆实业股份有限公司土地评估确认文件

6、公司工商注册法人营业执照和税务登记证明

7、承销协议

8、辽宁省人民政府关于锦州经济技术开发区六陆实业股份有限公司所得税税率的批复

9、辽宁省计划委员会下达给本公司股票发行规模的文件

10、中国证券监督管理委员会关于本公司申请公开发行股票的复审意见书

11、深圳交易所同意本公司股票上市的承诺函

锦州经济技术开发区六陆实业股份有限公司

锦州经济技术开发区六陆实业股份有限公司上市公告书

一、释义

在本公告书中,除非另有所指,下列简称具有如下意义:

本公司(或发行人):指锦州经济技术开发区六陆实业股份有限公司

董事会:指本公司董事会

公司股票:指本公司发行的人民币普通股股票

元:指人民币元

上市:指本公司股票获准在深圳证券交易所挂牌交易

二、绪言

本公司股票发行经中国证券监督管理委员会证监发字〔1996〕409号文和证监发字〔1996〕410号文批准通过,股票上市申请经深圳证券交易所深证发字〔1997〕第67号上市通知书审核同意,于1997年2月27日在深圳证券交易所挂牌交易。本公司总股本5580万股,本次上市可流通股票1400万股,其中1996年12月27日向社会公开发行新股1180万股,原定向募集的内部职工股220万股占用额度一并上市流通。股票简称“锦州六陆”,证券代码“0686”,交易单位为股。

本公告书依据《中华人民共和国公司法》、《股票发行与交易管理暂行条例》、《公开发行股票公司信息披露实施细则》、《深圳证券交易所业务规则》以及国家其它有关证券管理的规定,为本公司股票公开上市之目的而向社会公众提供各种资料。

本公司于1996年12月24日在《中国证券报》上刊登《招股说明书概要》,距今不足6个月,故与其相重复的内容在此不再赘述,敬请社会公众查阅《招股说明书概要》。

本公司董事会及各位董事确信本公告书未遗漏任何重大事项,亦不存在任何误导和虚假成份,并愿就本公告书及相关资料的真实性、准确性、完整性负个别及连带责任。

三、公司概况

1、公司法定名称

中文名称:锦州经济技术开发区六陆实业股份有限公司

英文名称:THE LIULU INDUSTRIAL CO., LTD OF JINZHOU ECONOMIC & TECHNOLOGY DEVELOPMENT ZONE.

2、公司成立日期:1993年8月20日

3、公司注册地址:锦州市凌河区云飞街二段11号

4、公司法定代表人:杨学庄

5、公司情况

(1)经营范围

公司经营范围:精炼食用植物油、石油、石油制品、五金交电、化工产品(除危险品)、机电产品(除汽车),金属材料(贵金属除外)、固定资产出租、建筑材料。

(2)主要业务

目前本公司经营的重点发生较大调整,主要是精炼食用植物油、汽、柴油品的经销及拟投资兴建5000吨/年环丁砜装置工程。

(3)职工情况

本公司现有员工187人,其中男职工112人,女职工75人。在全体员工中行政管理人员65人,财务人员12人,业务人员110人,公司员工中文化程度达到大专以上的占34.1%。职工年均年龄37岁。截至目前,本公司没有离退休职工。

6、注册资本:5580万元

7、公司拥有控股子公司1家,参股企业3家。

四、股本结构及股东持股情况

1. 股本形成过程

本公司于1993年经辽宁省体改委辽体改发(1993)41号文批准,由中国石化锦州石油化工公司、交通银行锦州分行、锦州市城市信用联社发展总公司、锦州市财务发展股份有限公司、锦州市商业房屋开发公司等五家法人单位共同发起,以定向募集方式成立了锦州经济技术开发区六陆实业股份有限公司。注册资本4400万元,其中发起人以现金认购3520万股,同时向内部职工募集内部职工股880万股,平价募集。上述认购资金经辽宁会计师事务所认证,共同构成股份公司成立时的注册资本4400万元,成立时的股本结构为:

	股数(万股)	占总股本比例(%)
法人股	3520	80
(其中国有法人股3228万股)		
内部职工股	880	20
总股本	4400	100

经中国证券监督管理委员会证监发字〔1996〕409号和证监发字〔1996〕410号文件批准,本公司于1996年12月27日以"上网定价"方式向社会公众公开发行每股面值1.00元人民币普通股1180万股,共募集资金7528.4万元,扣除发行费用413万元,实际募集资金7115.4万元,已全部到位,并已得到辽宁会计师事务所辽会师证验字〔1997〕15号文验证。

本次发行有效申购户数为93448户,总有效申购股数为515909000股,中签率为2.287225%,本次A股发行完成后,本公司形成如下股本结构:

	股数(万股)	占总股本比例(%)
法人股	3520	63.08
(其中国有法人股3228万股)		
社会公众股	1400	25.08
内部职工股	660	11.84

2、前十名股东持股情况

股东名称	持股数(万股)	占比例(%)
中国石化锦州石油化工公司	3228	57.84
锦州城市信用联社发展总公司	132	2.36
交通银行锦州分行	60	1.07
锦州财务发展股份有限公司	60	1.07
锦州商业房屋开发公司	40	0.71

本公司第6—10名股东为社会个人股东,均未超过规定披露的份额。

3、股东人数

本次发行新股后股东人数为26943户,其中持有本公司股票1000股以上股东人数为12749户。

五、董事、监事及高级管理人员简历、持有股份

杨学庄先生,本公司董事长,55岁。1965年9月毕业于天津南开大学高分子专业,高级工程师。自1989年12月始任国家特大型企业中国石化锦州石化公司经理。杨学庄先生于1992年1月获得辽宁省劳动模范称号,1992年4月获得全国"五一"劳动奖章,1995年获得全国劳动模范等荣誉称号,享受国务院政府特殊津贴。持有本公司股份10000股。

宜庆杰先生,本公司副董事长,37岁。1983年7月毕业于辽宁财经学院计划统计系,经济师。持有本公司股份10000股。

袭振声先生,本公司副董事长、总经理,56岁,1964年毕业于大连工学院化工系高分子专业,高级工程师。有丰富的企业生产经验,在经营管理方面尤有专长。持有本公司股份10000股。

杨庆丰先生,本公司董事、副总经理,42岁,大专学历,经济师。持有本公司股份8000股。

王克学先生,本公司董事、副总经理兼总会计师,41岁,大学学历。持有本公司股份8000股。

霍凌波先生,公司董事,39岁,硕士,高级经济师。现任锦州市城市信用联社党委委员。持有本公司股份0股。

吴源洁先生,本公司董事,34岁,大专学历,工程师。持有本公司股份8000股。

梅润屋女士,本公司监事会主席,55岁,大学毕业,高级会计师。持有本公司股份8000股。

胡运昌先生,本公司监事,48岁,1983年8月毕业于辽宁财经学院工业会计专业,大专学历,会计师。持有本公司股份8000股。

王悦女士,本公司监事,33岁,大学学历,会计师。持有本公司股份8000股。

六、财务会计资料

(一)验资报告摘要(辽会师证验字〔1997〕第15号)

锦州经济技术开发区六陆实业股份有限公司原实收股本为人民币4,400万元,已由我所验证。经中国证券监督管理委员会证监发字〔1996〕409号文件批准,贵公司于1996年12月27日向社会公开发行普通股1,180万股,每股面值人民币1元,发行价为6.38元。经我们审验,截至1997年1月8日,本次发行主承销商——辽宁省证券公司已将74,982,864.00元人民币缴入贵公司在交通银行锦州分行开立的0020008800帐户,上述款项中11,800,000.00元为实收股本,59,354,000.00元为资本公积,其余3,828,864.00元为其他应付款(系尚未支付的本次发行费用),与此相关的资产总额为人民币74,982,864.00元,均为银行存款。至此,贵公司累计实收股本总额为人民币5,580万元。

中国注册会计师:高凤元

辽宁会计师事务所　　中国注册会计师:赵凤丽

(二)审计报告摘要(辽会师证审字(1997)16号)

锦州经济技术开发区六陆实业股份有限公司全体股东:

我们接受委托,审计了贵公司编制的1996年12月31日资产负债表、合并资产负债表和1996年度利润及利润分配表、合并利润及利润分配表以及1996年度财务状况变动表。这些会计报表由贵公司负责,我们的责任是对这些会计报表发表审计意见。我们的审计是依据《中国注册会计师独立审计准则》进行的。在审计过程中,我们结合贵公司实际情况,实施了包括抽查会计记录等我们认为必要的审计程序。

我们认为,上述会计报表符合《企业会计准则》和《股份制试点企业会计制度》的有关规定,有所有重大方面公允地反映了贵公司1996年12月31日的财务状况和1996年度的经营成果及资金变动情况,会计处理方法的选用遵循了一贯性原则。

中国注册会计师:高凤元

辽宁会计师事务所　　中国注册会计师:赵凤丽

1.合并资产负债表主要数据(附后)

2.合并利润及利润分配表主要数据(附后)

3.财务状况变动表主要数据(附后)

4.主要会计政策

(1)会计制度:公司执行《股份制试点企业会计制度》,控股子公司锦州六陆油脂有限公司执行《外商投资企业会计制度》,合并报表时,已按有关规定进行了调整。

(2)会计期间:公历1月1日至12月31日。

(3)合并会计报表的编制:①合并范围,对于拥有其过半数(不含半数)权益性资本的被投资企业,以及其他被母公司所控制的被投资企业,母公司对其会计报表进行合并。本合并报表仅包括控股子公司——锦州六陆油脂有限公司,其注册资本为700万美元,母公司拥有其60%的权益性资本。由于锦州六陆油脂有限公司1995年以前属筹建期,1996年才开始生产经营,所以只对其1996年12月31日的资产负债表和1996年的利润及利润分配表进行合并,但是为了便于阅读,将母公司1995年报表数填列于合并报表的相应期间内。②合并报表编制原则,对母公司长期投资与子公司所有者权益以及相互之间往来款项、内部销售和成本费用等予以抵消,少数股东权益及少数股东损益单独列示,其他相同项目的资产、负债、收入、成本和费用逐项进行合并。

(4)记帐方法:采用借贷记帐法。

(5)记帐原则和计价基础:按照权责发生制原则记帐;采用历史成本作为计价基础。

(6)记帐本位币:以人民币为记帐本位币,涉及外币的经济业务按发生时中国人民银行公布的市场汇率折算为人民币,年度终了有关外币帐户余额按12月31日市场汇率折算调整,发生汇兑损益计入当年损益。

存货

存货按实际成本计价,发出或领用的存货按加权平均法确定结转成本,低值易耗品采用一次性摊销法。

坏帐准备:不计提坏帐准备,实际发生坏帐损失时直接计入当期损益。

固定资产及折旧:固定资产按照实际成本计价,标准为2000元以上,使用年限一年以上,采用直线法计提折旧,按原价3%扣除净残值,折旧年限房屋、建筑物为40年,机器设备15年,运输设备为10年,其它固定资产为5年。

无形资产:土地使用权根据土地使用证规定使用年限分别按40年和50年摊销。

职工福利费、工会经费、教育经费:分别按工资总额的14%、2%、1.5%计提。

税项:

(1)增值税:精制油销售执行13%的税率,豆粕销售免税,其它产品销售执行17%的税率。

(2)营业税:按5%税率缴税。

(3)教育费附加及城建税:分别按应纳流转税额的3%及5%计算缴纳。

(4)所得税:根据辽政〔1996〕160号文件批准,公司股票上市后按15%税负交纳所得税,以前年度按市政府规定办理。由于公司股票1996年没有上市交易,所以,1996年按锦开管委发〔1993〕6号文件规定免征企业所得税。

(5)费用性税金:包括房产税、土地使用税、车船使用税、印花税等,按有关规定计算并计入当期损益。

利润分配:税后净利润首先弥补以前年度亏损,再提10%的法定盈余公积金、5%至10%的法定公益金后,为可供股东分配的利润。

长期投资核算方法:

债券投资按成本法核算:股票和其它方式的投资,如果拥有被投资单位的50%(含50%)以下权益的采用成本法核算,拥有被投资单位50%以上权益的按权益法核算。

收入的确认:

在发出商品、提供劳务,同时收讫价款或者取得索取价款的凭证时,确认营业收入。

5、主要财务指标分析

	1996年.12.31	1995年	1994年
流动比率	0.72	0.50	0.86
速动比率	0.25	0.42	0.79
应收帐款周转率(次)	38.53	7.79	3.53
存货周转率(次)	10.18	19.21	9.72
资产负债率(%)	64.96	56.16	60.88
净资产收益率(%)	22.37	20.27	17.48
每股净资产(元)	2.10	1.78	1.54
每股收益(元)	0.47	0.36	0.26

七、董事会承诺

根据《股票发行与交易管理暂行条例》、《公开发行股票公司信息披露实施细则》、《深圳证券交易所业务规则》以及国家有关法律、法规,本公司董事会作出以下承诺:

1、准确、及时地公告本公司中期、年度财务及经营业绩报告资料。

2、董事会成员、监事会成员及高级管理人员如发生人事变动,或前述人员持有本公司股份数量发生变化时,及时通报证券管理机关,并适时通过传播媒介通知社会公众。

3、及时、真实地披露本公司重大经营活动信息。

4、自觉接受证券管理部门的监督和管理,认真听取政府、股东、证券

管理及经营部门和社会公众的意见、建议和批评。

5、不利用内幕消息和不正当手段从事股票投机交易。

6、本公司没有无记录负债。

7、董事会及各位董事保证不就任何未经交易所审阅的可能影响股价变动之重大信息私自公告或发表意见。

八、重要事项揭示

(一)本公司本次上市1400万股社会公众股中1180万股是新发行的股票,220万股是公司定向募集设立时募集的部分内部职工股额度上市,另660万股内部职工股暂不上市,按国家有关规定的时间上市。

(二)公司股票上市后,所得税经辽宁省人民政府批准,执行15%税负。

(三)本公司执行《股份制试点企业会计制度》。

(四)本公司1993年、1994年、1995年,分别按每股0.2元、0.2元、0.12元人民币派发现金股利。本次股票发行后,预计1997年上半年分配股利。

(五)股利分配政策

公司依法执行国家税收政策,向国家缴纳税金,税后利润按以下顺序分配:

弥补以前年度亏损	
提取法定盈余公积金	10%
提取法定公益金	5%—10%
提取任意盈余公积金	由股东大会确定
支付股利	由股东大会确定

(六)公司目前未发生任何重大的诉讼事项。

九、咨询机构

(一)发行人:锦州经济技术开发区六陆实业股份有限公司

法定代表人:杨学庄

地址:辽宁省锦州经济技术开发区

电话:(0416)3122571　　传真:(0416)3135450

联系人:盖文国

(二)上市推荐人:辽宁省证券公司

法定代表人:邵荣弟

地址:沈阳市沈河区市文化教育大路262号 甲火炬大厦8楼

电话:(024)2790072　　传真:(024)2790090

联系人:李伟、李斌

(三)副主承销商:海南华银国际信托投资公司

法定代表人:朱熏豪

地址:海口市龙昆北路29号

电话:(010)62383355

联系人:杨良、童佳

(四)分销商:辽宁信托投资公司

法定代表人:吴世荣

地址:沈阳市和平区南京北街103号

分销商:锦州证券公司

法定代表人:李玉忱

(五)主承销商:辽宁省证券公司

(六)发行人律师事务所:大连市联合律师事务所

法定代表人:刘宝有

地址:大连市中山区向前街36号

电话:(0411)2803150

经办律师:刘宝有、张开胜

(七)会计师事务所:辽宁会计师事务所

法定代表人:李永范

地址:沈阳市和平区南京北街103号

电话:(024)2837483

经办注册会计师:高凤元、赵凤丽

(八)资产评估机构:鞍山资产评估事务所

法定代表人:陈晶

地址:鞍山市铁东区山南街30号

电话:(0412)2233871

经办评估人员:于寿长、刘铁军

(九)土地评估机构:辽宁省土地估价事务所

法定代表人:李志超

地址:沈阳市皇姑区宁山东路新新巷1—1号

电话:(024)6227576

经办人员:李志超、曲长令

(十)资产评估确认机构:国家国有资产管理局

地址:北京市万泉河路66号

电话:(010)62567744

(十一)股票登记机构:深圳证券结算有限公司

地址:深圳市红岭中路25号

电话:(0755)5595572

十、备查文件

1、公司成立的有关批准文件及注册登记文件

2、主管部门及深圳证券交易所批准发行、上市的文件

3、公司章程

4、验资报告

5、审计报告

6、盈利预测报告

7、资产评估报告

8、招股说明书

9、其他相关文件

锦州经济技术开发区六陆实业股份有限公司

1997年2月25日

1、合并资产负债表主要数据

1996年12月31日　　　　单位:人民币元

项目	行次	附注	年初数	期末数	项目	行次	附注	年初数	期末数
流动资产:					流动负债:				
货币资金	1		291,379.08	5,193,313.75	短期借款	41	11	8,600,000.00	73,900,000.00
短期投资	2				应付票据	42			4,900,000.00
应收票据	3				应付帐款	43	12	8,988,490.85	17,115,112.01
应收帐款	4		18,807,156.02	26,548,573.64	预收货款	44			
减:坏帐准备	5				应付福利费	45	13	18,437.74	405,719.63
应收帐款净额	6				未付股利	46	14	7,448,000.00	7,424,000.00
预付货款	7			7,887,492.75	未交税金	47	15	725,662.11	3,743,814.26
其他应收款	8		10,372,639.66	45,040,135.77	其他应交款	48	16	197,739.29	409,993.18
待摊费用	9		744,299.50	612,952.53	其他应付款	49	17	44,212,616.74	40,767,958.13
存货	10		5,168,116.63	28,707,325.36	预提费用	50	18	100,146.94	150,000.00
待处理流动资产净损失	11				一年内到期的长期负债	51			9,542,930.00
一年内到期的长期债券投资	12				其他流动负债	52			
其他流动资产	13				流动负债合计	55		70,291,093.67	158,359,527.21
流动资产合计	14		35,333,590.89	113,989,793.80	长期负债				
长期投资:					长期借款	56	19	30,000,000.00	30,000,000.00
长期投资	15		36,933,578.33	7,611,275.68	应付债券	57			
合并价差	15-1				长期应付款	58			
固定资产:					其他长期负债	60			
固定资产原价	16		106,206,956.19	150,069,335.03	长期负债合计	65		30,000,000.00	30,000,000.00
减:累计折旧	17		902,904.00	8,501,322.24	递延税项:				
固定资产净值	18		105,304,052.19	146,568,012.79	递延税款贷项	66			
在建工程	19		930,000.00	3,456,840.36	负债合计	67		100,291,093.67	188,359,527.21
固定资产清理	20				少数股东权益	67-1	20		9,316,507.59
待处理固定资产净损失	21				股东权益:				
固定资产合计	22		106,234,052.19	150,024,853.15	股本	68	21	44,000,000.00	44,000,000.00
无形资产及递延资产:					资本公积	69	22		
无形资产	23			5,790,083.20	盈余公积	70	23	16,645,937.95	23,179,995.78
递延资产	24			12,567,114.84	其中:公益金	71		5,548,612.65	7,726,665.26
无形递延资产合计	30			18,357,198.04	未分配利润	72	24	17,614,289.79	25,127,090.09
其他长期资产:									
其他长期资产	31								
递延税项:					股东权益合计	79		78,260,127.74	92,307,085.87
递延税款借项	32				负债及股东权益总计	80		178,551,221.41	289,983,120.67
资产总计	40		178,551,221.41	289,983,120.67					

2、合并利润及利润分配表主要数据

1996年　　　　单位:人民币元

项　　目	行次	附注	本年实际	上年实际
一、主营业务收入	1	25	211,884,205.67	116,016,027.82
减:营业成本	2	26	172,361,532.28	96,145,495.86
销售费用	3	27	2,469,309.46	67,670.15
管理费用	4	28	14,561,621.48	3,177,431.67
财务费用	5	29	12,537,445.65	1,207,799.44
进货费用	6			
营业税金及附加	7	30	1,046,213.95	169,677.39
二、主营业务利润	8		8,908,082.85	15,247,953.31
加:其他业务利润	9	31	87,887.61	
三、营业利润	10		8,995,970.46	15,247,953.31
加:投资收益	11	32	1,438,919.06	538,857.45
补贴收入	11-1			
营业外收入	12			

项　　目	行次	附注	本年实际	上年实际
减:营业外支出	13	33	19,625.57	22,544.85
加:以前年度损益调整	14			96,047.59
四、利润总额	15		10,415,263.95	15,860,313.50
减:所得税	16			
少数股东损益	16-1	34	-10,231,694.18	
五、净利润	17		20,646,958.13	15,860,313.50
加:年初未分配利润	18		17,614,289.79	11,792,070.34
盈余公积转入	19			
六、可分配的利润	20		38,261,247.92	27,652,383.84
减:提取法定公积金	21		2,178,052.61	1,586,031.35
提取法定公益金	22		2,178,052.61	1,586,031.35
职工奖福基金	22-1			
七、可供股东分配的利润	23		33,905,142.70	24,480,321.14
减:已分配优先股股利	24			
提取任意公积金	25		2,178,052.61	1,586,031.35
已分配普通股股利	26		6,600,000.00	5,280,000.00
八、未分配利润	27		25,127,090.09	17,614,289.79

3、财务状况变动表主要数据

1996 年度　　　　单位:人民币元

流动资金来源和运用	行次	金　额	流动资金各项目的变动	行次	金　额
一、流动资金来源:			一、流动资金本年增加数:		
1、本年净利润	1	21,780,526.13	1.货币资金	31	1,569,238.94
加:不减少流动资金的费用和损失			2.短期投资	32	
(1)固定资产折旧	2	3,902,140.96	3.应收票据	33	
(2)无形资产、递延资产及其他资产摊销	3		4.应收帐款净额	34	2,055,913.31
(减其他负债转销)		62,870.00	5.预付货款	35	
(3)固定资产盘亏(减盘盈)	4	19,225.57	6.其他应收款	36	28,544,055.95
(4)清理固定资产损失(减收益)	5		7.待摊费用	37	-131,346.97
(5)递延税款	6		8.存货	38	
(6)其他不减少流动资金的费用和损失	7	15,347,541.26	9.待处理流动资产净损失(减收益)	39	
小计	8	41,112,303.92	10.一年内到期的长期债券投资	40	
2、其他来源:			11.其他流动产	41	
(1)固定资产清理收入(减清理费用)	9	6,516,904.00		42	
(2)增加长期负债	10			43	
(3)收回长期投资	11			44	
(4)对外投资转出固定资产	12		流动资产增加净额	45	32,037,861.23
(5)对外投资转出无形资产	13		二、流动负债本年增加数:		
(6)资本净增加额	14	6,534,157.83	1.短期借款	46	1,600,000.00
	15		2.应付票据	47	
小计	16	13,051,061.83	3.应付帐款	48	8,126,621.16
流动资金来源合计	17	54,163,365.75	4.预收货款	49	
二、流动资金运用:			5.应付福利费	50	51,280.39
1、利润分配			6.未交股利	51	-24,000.00
(1)提取法定公积金	18	2,178,052.61	7.未交税金	52	4,490,488.44
(2)提取法定公益金	19	2,178,052.61	8.其他应付款	53	212,253.89
(3)提取任意公积金	20	2,178,052.61	9.其他应付款	54	-15,412,369.36
(4)已分配股利	21	6,600,000.00	10.预提费用	55	49,853.06
小计	22	13,134,157.83	11.一年内到期的长期负债	56	
2、其他运用:			12.其他流动负债	57	
(1)固定资产和在建工程净增加额	23	1,885,721.07		58	
(2)增加无形资产、递延资产及其他资产	24	6,199,753.20			
(3)偿还长期负债	25				
(4)增加长期投资	26				
	27				
小计	28	8,085,474.27			
流动资金运用合计	29	21,219,632.10	流动负债增加净额	59	-905,872.42
流动资金增加净额	30	32,943,739.65	流动资金增加净额	60	32,943,739.65

锦州经济技术开发区六陆实业股份有限公司1997年度中期报告

一、报告财务(未经审计)

(一)财务报表

1. 简化的合并资产负债表　　　　单位:人民币元

项目	年初数		期末数	
	(合并)	(母公司)	(合并)	(母公司)
流动资产	113,989,793.80	66,287,884.12	124,340,930.42	96,606,621.14
长期投资	7,611,275.68	21,586,037.07	7,611,275.68	20,362,717.98
固定资产净值	146,568,012.89	95,295,370.94	142,525,326.70	92,403,949.62
在建工程	3,456,840.36	2,732,931.79	32,322,974.71	31,595,345.54
无形资产及递延资产	18,357,198.04	5,790,083.20	17,828,879.34	5,727,213.20
其他长期资产	—	—	—	—
资产总计	289,983,120.67	191,692,307.12	324,629,386.85	246,695,847.48
流动负债	151,759,527.21	62,785,221.25	113,968,112.38	42,477,759.94
长期负债	30,000,000.00	30,000,000.00	24,000,000.00	24,000,000.00
少数股东权益	9,316,507.59	—	8,099,364.26	—
股本	44,000,000.00	44,000,000.00	72,540,000.00	72,540,000.00
资本公积金			58,469,819.47	58,469,819.47
盈余公积金	23,179,995.78	23,179,995.78	23,179,995.78	23,179,995.78
其中:公益金	7,726,665.26	7,726,665.26	7,726,665.26	7,726,665.26
未分配利润	31,727,090.09	31,727,090.09	24,372,094.96	26,028,272.29
股东权益	98,907,085.87	98,907,085.87	178,561,910.21	180,218,087.54
负债及股东权益合计	289,983,120.67	191,692,307.12	324,629,386.85	246,695,847.48

2. 简化的合并利润表

项目	1996年1-6月		1997年1-6月	
	(合并)	(母公司)	(合并)	(母公司)
主营业务收入	76,960,098.44	64,153,856.36	119,331,048.17	63,486,286.74
主营业务利润	7,520,637.76	12,826,693.81	8,126,364.48	10,646,333.91
其他业务利润	-1,912.43	—	107,063.59	90,973.59
投资收益	1,154,868.75	-1,993,457.30	1,573,585.31	73,307.86
营业外收支净额	-20,156.00	-20,156.00	293,983.85	230,566.84
利润总额	8,653,438.08	10,813,080.51	10,064,997.23	11,041,182.20
所得税	2,110,905.00	2,110,905.00	1,656,177.33	1,656,177.33
少数股东损益	-2,159,642.43	—	-976,184.97	—
净利润	8,702,175.51	8,702,175.51	9,385,004.87	9,385,004.87

3. 财务指标分析

	1997年上半年	1996年上半年
每股收益(元)	0.13	0.198
净资产收益(%)	5.26	10.00
每股净资产(元)	2.46	1.98

注:1996年上半年总股本为4400万股,经1997年2月27日1180万新股上市及6月16日以10:3比例送股后,股本增加至7254万股。

(二)财务报表附注

本期财务报告所采用的会计政策与会计方法和1996年度财务报告所采用的会计政策与会计方法相互一致。

1. 流动资产比年初数增加10,351,136.62元,主要因为:

(1)应收帐款比年初数减少4,708,253.82元,系公司加大清款力度,促使货款及时结算收回。

(2)预付货款比年初数增加12,067,340.56元,主要原因是经营规模扩大,购货资金增加。

(3)其他因素增加2,992,049.88元。

2. 固定资产净值减少4,042,686.09元,主要原因是本会计期间内计提折旧所致。

3. 在建工程增加28,866,134.35元,系六陆公司股票发行募集资金用于环丁砜工程的建设。

4. 无形及递延资产比年初数减少528,318.70元,系本会计期间摊销所致。

5. 流动负债比年初减少37,791,414.83元,主要原因是:

(1)短期借款比年初数减少7,300,000.00元,系归还了到期的银行借款。

(2)应付帐款比年初数减少12,142,282.57元,系所欠大豆款及油款已经结算。

(3)应付票据比年初数减少4,900,000.00元,系油脂公司所欠的大豆款已付。

(4)一年内到期的长期负债比年初数减少9,542,930.00元,系六陆油脂公司以南洋商业银行贷款到期已全部归还。

(5)其他因素减少3,906,202.26元。

6. 长期负债减少6,000,000.00元,系归还了一部分长期借款所致。

7. 股东权益比年初数增加79,654,824.34元,主要原因是:

(1)股本比年初数增长28,540,000.00元,主要是公司九七年二月新发股票1180万股,六月份以10:3的比例进行送股所致。

(2)资本公积增加58,469,819.47元,系六陆公司公开发行股票溢价收入扣除发行费用后转入所致。

(3)未分配利润减少7,354,995.13元。

8. 净利润增加682,829.36元,主要原因是:

(1)营业利润加714,702.74元。

(2)投资收益增加382,716.56元。

(3)公司二月份股票发行募集资金冻结利息594,092.55元到位,根据财政部规定,计入营业外收入。

(4)其他因素减少1,008,682.49元。

9. 已分配普通股利1674万元,系公司六月份以10:3的比例送股所致。

10. 关联交易

(1)关联企业

锦州石化公司

锦州石化公司隶属于中国石油化工总公司,注册资本为伍亿贰仟玖佰伍拾万元人民币,属于国有特大型企业。锦州石化公司作为本公司发起人之一,现持有本公司股份4,196.4万股,占本公司股本总额的57.8%。

(2)关联交易

关联方企业名称	与本公司关系	交易时间	交易类型	交易金额	定价政策

锦州石化公司	控股	1996年1—6月	购入货物	21,572,627.80	市场价
锦州石化公司	控股	1997年1—6月	购入货物	23,985,207.85	市场价
锦州石化公司	控股	1997年1—6月	销售货物	12,039,010.36	市场价

二、经营情况的回顾与展望

(一)上半年经营情况的回顾

1997年上半年,公司坚持"以贸促工,以工为本,大力兴办实业"的方针,围绕全年奋斗目标,对内狠抓管理,实行经济承包,建立灵活的经营机制,调动员工的积极性。对外争市场,求发展,立足主营业务,不断向多元化发展,寻找新的利润增长点。上半年实现销售收入11,933万元,比上年同期增长55%,实现净利润938万元,比上年同期增长7.85%,完成全年预测数的42.47%。

1.强化管理,建立富有生机和活力的经营运行机制。上半年公司狠抓规范化工作,在转换企业经营机制方面狠下功夫,实行经济承包责任制,不断深化劳动人事、分配制度的改革,调动了员工的积极性。油脂公司通过加强原料采购和产品销售各个环节的管理,增加了原料供应,拓展了销售市场,并加大技术改造力度,降低了各项成本费用,提高了装置加工能力,与上年同期相比,各项主要经济指标均有较大幅度提高。

2.搞活经贸,以商促工。上半年各经营部门,积极开发市场,千方百计挖掘资源,努力营销汽柴油和化工产品。并开展多种经营,不断扩大经营成果。16座加油站充分发挥了终端销售的作用,实现了时间过半完成利润指标过半。

3.用好募集资金。公司发行股票所募集的资金,严格按照招股说明书中载明的项目进度投资,上半年投入3000万元用于年产5000吨环丁砜装置的建设,预计全年累计投入5000万元,剩余部分补充流动资金。目前,该项目达到预期进度。

(二)下半年工作计划

1.大力办好主业,提高经济效益。油脂公司充分利用技术改造成果,深化生产管理和成本管理,不断扩大销售网络占领市场。实现规模效益。

2.狠抓投资建设,建立新的经济增长点。要加快年产5000吨环丁砜装置的建设进度,年内试生产成功,并加大销售力度,开拓市场,为新的经济增长奠定良好的基础。

3.继续搞活经贸工作。经营部门要抓住"资源、资金、运输"三方面,并建立稳定的销售渠道,进一步扩大石油和化工产品的销售量,力争超额完成全年经济指标。

4.盘活存量资产,搞好资本运营。通过对存量资产的流动组合、购并、参与市场运作等方式,推动结构调整,盘活存量资产,优化资本结构,提高公司的竞争能力。

三、重大事项的说明

1.1997年2月27日公司股票在深圳证券交易所挂牌交易,成为辽西第一家上市公司。

2.我公司在深交所上市以来,一直遵循"规范运作,健康发展"的原则,根据国务院证券委、中国人民银行、国家经贸委5月21日联合发布的《严禁国有企业和上市公司炒作股票的规定》,我公司认真做好自查工作。至今为止,本公司尚未在境内任何证券经营机构开设买卖已上市流动股票的帐户。如果本公司以后从事股票投资,将严格遵守国家有关政策和本公司章程的规定。

3.本公司本年度中期不分红。

4.本报告期内无重大诉讼、仲裁事项。

四、发行在外的股票变动和股权结构的变化

1.股本变动情况

根据公司第五次股东大会决议,1996年度分配方案为:向全体股东每10股送3股红股,该方案已于1997年6月16日实行。本次送股前总股本5580万股,送股后增至7254万股。

2.股权结构(万股)

股份类别	期初数	本期增加数		期末数
		上市	送股	
(1)尚未流通股份				
其中:法人股	3520		1056	4576
内部职工股	880	−220	198	858
(2)已流通股份(A股)		1400	420	1820
股份总额	4400	1180	1674	7254

注:公司股票于1997年2月27日挂牌交易,内部职工股220万股占用额度一并上市流通,本期内以10:3的比例送股。

五、公司前十名股东持股情况

(截止6月份最后一个交易日6月30日。单位:万股)

持股单位	持股数量(万股)	比例%
1.中石化锦州石化公司	4196.4	57.85
2.锦州城市信用联社发展总公司	171.6	2.37
3.交通银行锦州分行	78	1.07
4.锦州市财务发展股份有限公司	78	1.07
5.锦州市商业房屋开发公司	52	0.72
6.徐志雄	15.32	0.21
7.彭　豫	14.9496	0.19
8.唐有兴	12.48	0.17
9.李健中	10.5885	0.14
10.董海波	10.1	0.13

六、股东大会简介

我公司于1997年5月23日召开了第五次股东大会,本次股东大会出席人数29人,代表股份35,214,850股,占公司总股本的63.11%。

大会审议并通过了如下决议:

1.董事会工作报告

2.监事会工作报告

3.1996年度财务决算及1997年度财务预算报告

4.1996年度10:3的送股方案

5.关于修改公司章程的方案

七、备查文件

1.载有董事长签名的中期报告原本

2.公司第五次股东大会材料

锦州经济技术开发区六陆实业股份有限公司

1997年8月23日

佳木斯造纸股份有限公司

佳木斯造纸股份有限公司股票上市公告书

一、释义

在本公告书中,除非另有说明,下列简称具有如下意义:

本公司或公司:佳木斯造纸股份有限公司;

新股及其发行:经中国证券监督管理委员会证监发字(1997)41 号和 42 号文批准同意发行的 5000 万社会公众股及其发行行为。

二、绪言

经中国证券监督管理委员会证监发字〔1997〕41 号和 42 号文批准,本公司已成功地向社会公众公开发行每股面值为 1.00 元的人民币普通股股票 5000 万股。根据本公司 1996 年 10 月临时股东大会决议,按深圳证券交易所深证发〔1997〕76 号《上市通知书》,本公司股票将于 1997 年 3 月 10 日(星期一)在深圳证券交易所挂牌交易。本公司总股本为 17496 万股,可流通股份 5000 万股,股票简称"佳纸股份",证券代码"0699",交易单位"股"。

本公司董事会成员已批准本公告书,确信其中不存在任何重大遗漏或者误导,并对其真实性、准确性、完整性负个别的和连带的责任。

本公司于 1997 年 2 月 18 日在《证券时报》刊登了招股说明书概要,距今不足 6 个月,故与其重复的内容在此不再赘述,敬请社会公众查阅该招股说明书概要。

三、公司概况

(一)基本情况

1.法定名称:佳木斯造纸股份有限公司

英文名称:JIAMUSI PAPER CO.,LTD

2.法定代表人:刘耀中

3.法定地址:黑龙江省佳木斯市光复路东段 306 号

邮政编码:154005

联系人:刘明波　孟宪有

联系电话:(0454)8379070　8377438

4.成立日期:1994 年 1 月 28 日

5.经营范围:工业包装用纸、特种纸、制浆造纸副产品、造纸机械设备制造、安装、加工及维修;纸制品,科技咨询协作对外贸易。

主要业务:本公司属轻工系统制浆造纸行业,主要从事生产工业包装用纸及纸板和工农业技术用纸,主要产品有纸袋纸、伸性纸袋纸、牛皮箱纸板、浸渍绝缘纸、电缆纸、蚕种纸、盲文纸等。其中,主导产品纸袋纸为公司国优产品,在国内同类产品市场中占有近 1/3 的份额,在近三年国家、省、市质量监督部门抽检中,合格率均为 100%。本公司成立以来,承继原佳纸厂的生产经营主体,生产经营稳步发展,继续保持了原佳纸厂在全国造纸行业的领先地位,1994 年 1 月至 1996 年 10 月,生产机制纸及纸板 37.7 万吨,实现销售收入 14.58 亿元,1996 年取得 ISO9000 国家质量认证。

6.注册资本:17496 万元。

工商登记号:12976816-8

税务登记号:230805129768168

7.在册职工:2348 人,其中各类专业人员 272 人,占总人数的 11.11%。

(二)公司简史

佳纸股份前身——佳木斯造纸厂是中国"一五"期间由前苏联援建的重点工程之一,1953 年开始建设,1957 年建成投产,经过四十年的发展,现已成为年产机制纸 18 万吨,并拥有制网、发电和碱回收系统的综合性制浆造纸企业,是国内目前最大的工业包装纸和纸板及工农业技术用纸的生产基地。佳木斯造纸厂自 1989 年开始连续 6 年进入全国 500 家最佳经济效益效益企业行列,6 年综合排序第 224 位,居造纸行业榜首,1990 年晋升为国家一级企业,是国家经贸委确定的 1000 户国有大中型企业,并入选国家经贸委与央行确定的 300 户重点国有企业,还是国务院指定的全国建立现代企业制度百户试点企业。

1993 年佳纸厂进行股份制改造。佳纸厂作为独家发起人以其部分生产经营性资产为主体,同时吸收社会法人参股和内部职工持股,组建定向募集公司,佳纸厂同时改组为佳木斯纸业集团有限公司,佳纸集团获得国有资产授权经营资格,行使佳纸股份的国家股股权,成为佳纸股份的控股公司。

(三)董事、监事和高级管理人员简介

刘耀中先生,现年 52 岁,大学文化,1968 年毕业于北京轻工学院机械专业,高级工程师,现任佳纸集团总裁,佳纸股份董事长,刘先生 1968 年加入本公司,历任技术员、工程师、车间副主任、主任,副总工程师,佳纸厂副厂长,佳纸集团副总经理、总经理,佳纸股份副总经理、总经理。

程鹏先生,现年 57 岁,大学文化,1962 年毕业于东北工学院自控专业,高级工程师,现任佳纸集团副总裁、佳纸股份副董事长。程先生 1962 年加入本公司,历任技术员、车间副主任、主任,总动力师室主任、佳纸厂副厂长、佳纸股份副总经理。

王启凤先生,现年 50 岁,大学文化,1968 年毕业于北京轻工学院制浆造纸专业,高级工程师,现任佳纸股份执行董事、总经理,佳纸集团副总裁。王先生 1968 年加入本公司,曾任技术员,主任工程师,分厂副厂长,质检处处长,副总工程师,佳纸厂厂长助理,佳纸集团副总经理,佳纸股份副总经理。

王永权先生,现年 48 岁,大学文化,1975 年毕业于天津轻工学院制浆造纸专业,高级工程师,现任佳纸集团副总裁,佳纸股份董事。王先生 1968 年加入本公司,历任调度员,车间副主任,佳纸厂副厂长,佳纸股份副董事长。

娄太山先生,现年 50 岁,大专文化,高级政工师,现任黑龙江省造纸公司总经理,佳纸股份董事。娄先生 1963 年加入本公司,历任车间主任、经营部主任、党委副书记、佳纸厂工会主席、佳纸厂副厂长,佳纸集团副总经理,佳纸股份副总经理。

冯志庭先生,现年 46 岁,大专文化,经济师,现任佳纸股份董事、副总经理、佳纸集团副总裁,冯先生 1975 年加入本公司,历任佳纸原木厂厂长,佳纸厂经销处长,厂长助理,佳纸集团副总经理。

黄玉梅女士,现年 49 岁,大专文化,高级会计师,现任佳纸集团总会计师,佳纸股份董事。黄女士 1969 年加入本公司,历任财务科长,财务处长,佳纸集团总会计师,佳纸股份总会计师。

靳玉书先生,现年 41 岁,大学文化,1982 年毕业于大连轻工学院制浆造纸专业,高级工程师,现任佳纸股份董事,总工程师。靳先生 1982 年加入本公司,历任调度员,调度室主任,生产部副经理,佳纸股份总经理助理。

孙海荣先生,现年 47 岁,大专文化,高级政工师,现任佳纸集团副总裁,佳纸股份董事。孙先生 1967 年加入本公司,历任人事工资处调配组长、副处长、处长,佳纸股份总经理助理。

赵德宏先生,现年 59 岁,大学文化,1962 年毕业于天津南开大学制浆造纸专业,高级工程师,现任佳纸集团总工程师,佳纸股份董事。赵先生 1962 年加入本公司,历任技术员,副总工程师,技改办主任,设计室主任,佳纸厂总工程师。

姚洪国先生,现年 52 岁,大专文化,经济师,现任黑龙江省建设信托投资公司总经理,佳纸股份董事。姚先生曾任黑河地区建设银行副行长、

行长。

王显周先生，现年51岁，大学文化，高级经济师，现任黑龙江省国际信托投资公司副总经理，佳纸股份董事。王先生历任绥化机床副厂长、厂长，绥化市副市长。

刘洪芹女士，现年38岁，大专文化，会计师，现任伊春光明集团公司总会计师，佳纸股份董事。刘女士曾任光明家具有限公司会计部部长。

彭泽元先生，现年42岁，大专文化，1980年毕业于黑龙江大学哲学系，1993年黑龙江省社会科学院研究生院经济管理研究生结业，高级政工师，现任佳纸集团党委副书记兼纪委书记，佳纸股份监事会主席。彭先生1973年加入本公司，历任团委书记，汽运公司党支部书记，佳纸党委办公室主任，党委宣传部长，工会主席，佳纸股份监事会副主席。

关庆贵先生，现年48岁，大专文化，经济师，现任佳纸集团监察处处长，佳纸股份监事。关先生1967年加入本公司，历任纪委副主任，审计监察处副处长。

张广义先生，现年42岁，大专文化，会计师，现任佳纸集团副总会计师兼财务处长，佳纸股份监事。张先生1971年加入本公司，历任佳纸建筑公司财务科副科长，副总会计师，佳纸集团财务处副处长。

吕占文先生，现年36岁，大专文化，会计师，现任佳纸股份副总经理。吕先生1980年加入本公司，历任计划预算处副处长、处长，综合计划室主任。

刘明波先生，现年40岁，大专文化，会计师，现任佳纸股份总会计师。刘先生1976年加入本公司，历任财务处副处长，佳纸股份副总会计师兼证券室主任。

王颐先生，现年38岁，大专文化，1993年黑龙江省社会科学院研究生院经济管理研究生结业，经济师，现任佳纸股份总经济师。王先生1980年加入本公司，历任计划员，计划处副处长，综合计划室主任，佳纸集团副总经济师兼企管办主任。

四、股票发行及股权结构

1.股票发行情况：

经中国证监会证监发字〔1997〕41号、42号文批准，本公司于1997年2月25日通过深圳证券交易所采用上网定价方式发行社会公众股5000万股，每股发行价4.70元，冻结资金592.80亿元，超额认购252.25倍，中签比例为0.3964%。此次发行的社会公众股股款，在扣除发行费用后，已进入本公司帐户，并已经黑龙江会计师事务所验证确认。

2.社会公众股发行后股本结构：

类　别	股份数(万股)	占总股本比例(%)
尚未流通股：		
国家股	8930	51.04
法人股	1366	7.81
内部职工股：	2200	12.57
可流通股：		
社会公众股	5000	28.58
总股本：	17496	100

五、股东持股情况

1.本公司前十名股东持股情况

股东名称	持股数(万股)	占总股本比例(%)
佳木斯纸业集团有限公司	8930	51.04
黑龙江省建设信托投资公司	340	1.94
黑龙江省国际信托投资公司	200	1.14
光明家具集团股份有限公司	130	0.74
黑龙江省造纸公司	100	0.57
中国轻工业物资供销公司	100	0.57
中国轻工业供销东北分公司	100	0.57
黑龙江省石油公司双鸭山公司	50	0.29
黑龙江省轻工对外贸易公司	40	0.23
黑龙江省轻工业供销总公司	40	0.23
合计	10030	57.33

2.本公司董事会、监事会及高级管理人员持股情况

姓　名	职　务	持股数(股)
刘耀中	董事长	3000
程　鹏	副董事长	3000
王启凤	执行董事、总经理	3000
王永权	董事	3000
娄太山	董事	3000
冯志庭	董事、副总经理	3000
黄玉梅	董事	3000
靳玉书	董事、总工程师	2400
孙海荣	董事	2400
赵德宏	董事	3000
姚洪国	董事	0
王显周	董事	0
刘洪芹	董事	0
彭泽元	监事会主席	2400
关庆贵	监事	2400
张广义	监事	2400
吕占文	副总经理	2400
刘明波	总会计师	2400
王　颐	总经济师	2400

本公司董事、监事、高级管理人员持有股份总额为43200股，占总股本的0.0247%。

3.股东户数

社会公众股发行后，本公司股东户数为66082，其中个人股东为66063户。

六、财务会计资料

1.根据黑龙江会计师事务所黑会师内审字(1996)48号审计报告，截止1996年10月31日，本公司的资产负债表及利润表见附表一、附表二。

2.根据黑龙江会计师事务所的黑会师内审字(1996)49号盈利预测报告，本公司盈利预测情况见附表三。

3.三年财务指标

	1995.12.31	1994.12.31	1993.12.31
资产负债率(负总额/资产总额)	67.71%	74.28%	65.21%
流动比(流动资产/流动负债)	1.11	0.93	1.10
速动比(流动资产—存货)/流动负债	0.73	0.72	0.73
每股净资产(股东权益/总股本)	1.62元	1.41元	1.30元
	1995年	1994年	1993.7.1
应收帐款周转率			
(主营业务收入/应收帐款平均余额)	3.16	2.04	1.70
存货周转率			
(销售成本/存货平均余额)	4.58	3.66	2.63
资产利用率(利润总额/资产总额)	9.19%	7.06%	0.17%
净资产收益率(净利润/净资产)	19.07%	18.40%	0.33%
每股盈利(净利润/总股本)	0.31元	0.26元	0.004元

七、董事会承诺

根据《股票发行与交易管理暂行条例》《公开发行股票公司信息披露实施细则》和《深圳证券交易所业务规则》及国家有关法律、法规，本公司向证券主管机关、深圳证券交易所、广大投资者作出如下承诺：

1.准确和及时地公告本公司中期、年度财务及经营业绩报告资料。

2.董事会成员、监事会成员及高层管理人员如发生人事变动，或前述人持有本公司股份数量发生变化时，及时通报证券管理机关，并适时通过传播媒介通告社会公众。

3.及时、真实地披露本公司重大经营活动信息。

4.自觉接受证券管理部门的监督和管理，认真听取政府、股东、证券

管理及经营部门和社会公众的意见、建议和批评。

5.不利用内募消息和不正当手段从事股票投机交易。

6.本公司及各位董事保证不就任何未经交易所审阅的可能影响股价变动之重大信息私自公告或发表意见。

八、重要事项揭示

1.根据黑龙江省人民政府黑政函〔1996〕92号文,本公司从1996年起执行15%的所得税。

2.根据1996年10月份本公司临时股东大会决议,1996年税后利润由新老股东共同享有。

3.本公司定向募集成立时,发行了2200万内部职工股,这些股份全部托管在深圳证券登记有限公司,按国家目前有关规定,内部职工股将在本次新股发行满三年后上市流通。

4.经黑龙江会计师事务所出具的黑会师内验字〔1997〕6号验资报告确认,1997年3月3日本公司注册资本变更为17496万元,并已办理注册登记,营业执照登记号为12976816-8。

九、咨询机构

1.上市推荐人:

广发证券有限责任公司

地址:广州市农林下路83号广发金融大厦

法定代表人:陈云贤

电话:(020)87310888-2417、2419

传真:(020)87310255

联系人:罗永刚、吴宝应、张琦

黑龙江省国际信托投资公司

地址:黑龙江省哈尔滨市南岗区红军街20号

法定代表人:王显周

电话:(0451)3632953

传真:(0451)3636909

联系人:王友顺

2.会计师事务所:黑龙江会计师事务所

地址:哈尔滨市南岗区民益街80号

法定代表人:王策

电话:(0451)3642082

传真:(0451)3621420

经办注册会计师:张乙聪、李兴福

3.律师事务所:大成律师事务所

地址:北京市西城区复兴门内大街40号民族文化馆6楼

法定代表人:彭雪峰

电话:(010)66065791

传真:(010)66065793

经办律师:江华、郭卫东

4.股票登记机构:深圳证券登记有限公司

地址:深圳市红岭中路25号

电话:(0755)5567898

传真:(0755)5571127

十、备查文件

1.中国证监会批准发行的文件;

2.招股说明书;

3.深圳证券交易所同意上市的文件;

4.黑龙江会计师事务所的验资报告;

5. 股东大会关于股票发行、上市的决议;

6.《上市协议》。

佳木斯造纸股份有限公司

1997年3月6日

资　产　负　债　表

附表一

编制单位:佳木斯造纸股份有限公司　　　　单位:人民币元

资产	行次	1996年 10月31日	1995年 12月31日	1994年 12月31日	1993年 12月31日
流动资产					
货币资金	1	28,170.90	8,864,386.62	19,258,409.64	12,597,739.26
短期投资	2				
应收票据	3	1,734,935.30		5,576,637.00	5,835,254.02
应收帐款	4	151,938,725.85	119,881,269.03	252,979,484.09	180,670,908.30
减:坏帐准备	5	759,693.63	599,406.35	1,264,897.00	903,355.00
应收帐款净额	6	151,179,032.22	119,281,862.68	251,714,587.09	179,767,553.30
预付货款	7				
其他应收款	8	43,740,669.14	28,475,778.09	7,975,496.03	13,126,034.10
待摊费用	9	19,244,898.45	24,985,708.98	23,862,956.74	
存货	10	172,700,166.25	105,371,155.60	89,180,097.52	104,163,423.17
待处理流动资产净损失	11				
一年内到期的长期债券投资	12				
其他流动资产	13				
流动资产合计	14	388,627,872.26	286,978,891.97	397,568,184.02	315,490,003.85
长期投资:					
长期投资	15				
固定资产					
固定资产原价	16	305,340,763.14	300,776,630.91	295,968,568.25	291,457,257.57
减:累计折旧	17	187,073,062.00	173,201,539.00	157,040,951.00	145,248,895.00
固定资产净值	18	118,267,701.14	127,575,091.91	138,927,617.25	146,208,362.57
固定资产清理	19				
在建工程	20	197,203,919.35	186,241,264.39	143,866,727.74	
待处理固定资产净损失	21				
固定资产合计	22	315,471,620.49	313,816,356.30	282,794,344.99	146,208,362.57
无形及递延资产:					
无形资产	23		4,412,625.00	5,000,975.00	5,589,325.00
递延资产	24				
无形及递延资产合计	25		4,412,625.00	5,000,975.00	5,589,325.00
其他长期资产:					
其他长期资产	26				
递延税项:					
递延税款借项	27				
资产总计	28	704,099,492.75	605,207,873.27	685,363.504.01	467,287,691.42
负债及股东权益					

资产	行次	1996 年 10 月 31 日	1995 年 12 月 31 日	1994 年 12 月 31 日	1993 年 12 月 31 日
流动负债					
短期借款	29	81,800,000.00	81,630,000.00	195,130,000.00	88,270,000.00
应付票据	30		5,000,000.00		
应付帐款	31	133,801,509.20	78,622,968.11	83,278,104.78	144,627,156.43
预收帐款	32	44,735,565.25	75,550,987.43	71,557,720.82	26,101,187.65
应付福利费	33				
未付股利	34	5,615,000.00	5,615,000.00	2,049,000.00	434,466.00
未交税金	35	8,266,018.96	8,855,986.28	35,813,703.48	20,368,631.79
其他未交款	36	915,105.94	229,191.64	5,635,990.30	4,313,815.58
其他应付款	37	39,551,110.66	928,311.56	35,905,172.67	3,801,467.33
应付工资	38				
预提费用	39	3,819,268.53	885,318.83	154,000.00	
一年内到期的长期负债	40	23,000,000.00			
其他流动负债	41				
流动负债合计	42	341,503,578.54	257,317,763.85	429,523,691.99	287,916,724.78
长期负债					
长期借款	43	121,481,811.01	145,552,289.37	79,589,535.68	16,814,350.64
应付债券	44				
长期应付款	45				
其他长期负债	46				
	47				
长期负债合计	48	121,481,811.01	145,552,289.37	79,589,535.68	16,814,350.64
递延税项					
递延税款贷项	49				
负债合计	50	462,985,388.26	402,870,053.22	509,113,227.73	304,731,075.42
少数股东权益:	51				
股东权益	52				
股本	53	124,960,000.00	124,960,000.00	124,960,000.00	124,960,000.00
资本公积	54	37,488,000.00	37,488,000.00	37,488,000.00	37,488,000.00
盈余公积	55	14,312,856.06	14,312,856.06	6,596,148.00	108,616.00
其中:公益金	56	7,156,428.03	7,156,428.03	3,298,074.03	54,308.00
未分配利润	57	64,353,247.57	25,576,963.99	7,206,128.28	
外币报表折算差额	58				
	59				
股东权益合计	60	241,114,104.49	202,337,820.91	176,250,276.34	162,556,616.00
负债及股东权益合计	61	704,099,492.75	605,207,873.27	685,363,504.01	467,287,691.42

利　　润　　表

附表二

编制单位:佳木斯造纸股份有限公司　　　　单位:人民币元

项目	行次	1996.1.1－10.31	1995.1.1－12.31	1994.1.1－13.31	1993.7.1－12.31
一、主营业务收入	1	428,253,265.02	588,810,538.24	441,391,210.56	324,186,233.02
减:营业成本	2	332,908,044.43	445,898,955.06	353,947,458.03	278,948,156.00
销售费用	3	8,454,494.05	14,131,630.98	7,815,769.73	3,804,033.04
管理费用	4	27,268,358.31	33,627,095.55	11,837,401.55	14,585,043.13
财务费用	5	12,306,969.88	33,838,185.00	18,353,589.49	3,688,695.14
进货费用	6	–	–	–	–
营业税金及附加	7	1,464,392.92	3,821,556.26	1,141,900.43	21,432,023.00
二、主营业务利润	8	45,851,005.43	57,493,115.39	48,295,091.33	1,728,282.71
加:其它业务利润	9	–	–	–	205,415.07
三、营业利润	10	45,851,005.43	57,493,115.39	48,295,091.33	1,933,697.78
加:投资收益	11	–	–	–	–
营业外收入	12	103,803.26	175,085.14	225,761.54	433,196.49
减:营业外支出	13	335,651.54	80,821.76	106,434.59	1,556,324.63
加:以前年度损益调整	14				
四、利润总额	15	45,619,157.15	57,587,378.77	48,414,418.28	810,569.61
减:所得税	16	6,842,873.57	19,003,835.07	15,976,757.94	267,488.06
五、净利润	17	38,776,283.58	38,583,543.70	32,437,660.34	543,081.55

盈　利　预　测　表

附表三　　　　单位:万元

项目	1996.1－1996.10 实际	1996.11－1996.12 预测	1996 年预测	1997 年预测
一、主营业务收入	42825.3	8239.7	51065	60900
减:营业成本	33290.8	7040.2	40331	49244
销售费用	845.5	96.5	942	980
管理费用	2726.8	475.2	3202	3322
财务费用	1230.7	460.3	1691	2000
进货费用				
营业税金及附加	146.4	9.6	156	178
二、主营业务利润	4585.1	157.9	4743	5176
加:其他业务利润				
三、营业利润	4585.1	157.9	4743	5176
加:投资收益				
营业外收入	10.4	30.6	41	10
减:营业外支出	33.5	2.5	36	23
加:以前年度损益调整				
四、利润总额	4562	186	4748	5163
减:所得税(按 15%)	684.3	27.9	712.2	774
(按 33%	1505.46	61.38	1566.84	1703.79
五、净利润(按 15%)	3877.7	158.1	4035.8	4389
(按 33%)	3056.54	124.62	3181.16	3459.21

佳木斯造纸股份有限公司1996年年度报告摘要

一、公司简况

1.公司法定中文名称:佳木斯造纸股份有限公司
公司英文名称:Jiamusi Paper Co. Ltd.
2.公司注册地址:黑龙江省佳木斯市光复路306号
公司办公地址:黑龙江省佳木斯市光复路306号
邮政编码:154005
3.公司法定代表人:刘耀中董事长
4.公司咨询服务机构:证券投资部、总经理办公室
联系电话:0454—8379070、8379268
传真:0454—8391437
联系人:王颐　孟宪有　陈丽燕
5.股票代码:0699
股票简称:佳纸股份

二、主要财务数据与财务指标

单位:元

项　目	1996年	1995年	比上年增减(%)
1.主营业务收入	509,141,819.20	588,810,538.24	-13.53
2.净利润	40,552,297.84	38,583,543.70	5.10
3.总资产	767,285,762.99	626,588,764.19	22.45
4.股东权益	244,790,114.75	214,833,820.91	13.94
5.每股收益	0.32	0.31	5.08
6.每股净资产	1.96	1.72	13.94
7.股东权益比率(%)	31.9	34.29	-6.97
8.净资产收益率(%)	16.57	17.96	-7.747

三、公司业务回顾

(一)一年来经营情况

公司是1993年由原佳木斯造纸厂独家发起,并吸收法人参股和内部职工持股组建设立的。是国内目前生产和销售纸袋纸、伸性纸袋纸、绝缘浸渍纸、电缆纸和牛皮箱纸板等工农业包装与技术用纸及纸板产品的大型制浆造纸企业之一。公司成立以来,承继原佳纸厂的生产经营主体,凭借着得天独厚的资源优势和长期积累形成的技术、人才优势,不断开拓进取,经营业绩显著。主要经济技术指标及综合实力在全国造纸行业中保持领先地位。1994年荣获全国优秀企业"金马奖"。是国务院确定的300户重点扶持的大型骨干企业之一。1995年被国家统计局评为"中国纸业功勋"。

1996年,公司坚持以提高经济效益为中心,以市场需求为导向,克服了产品销售受市场变化影响而出现的困难,胜利完成了1996年公司生产经营目标,取得了预期的经营成果。1996年生产纸及纸板134269吨,销售纸及纸板111690吨,完成销售收入50914万元,实现利润4771万元。继续保持了国内最大的工农业包装和技术用纸及纸板生产企业的地位。

1)以市场为导向,积极开发新产品。根据市场需求变化,优化产品结构是公司一项长期的经营策略。公司在资金和政策上支持新产品开发。先后开发并批量生产了特种牛皮纸、挂面牛皮箱纸板、挂面牛皮卡纸和装饰板底层纸等新品种,较好地适应了市场需求。

2)强化市场营销,加大销售力度。公司从管理部门和基层单位抽调骨干员工充实到销售队伍,并按地区划分,组建了六个销售分公司,在巩固主导产品原有市场的基础上,积极开辟新市场、开发新用户。同时公司瞄准国外东南亚市场,积极组织产品出口,使产品进入了国外市场,为公司产品走向国际市场打下基础。1996年公司出口3962吨,创汇234.5万美元。

3)提高产品质量,增强市场竞争力。公司在进一步健全质量管理体系和质量管理制度的基础上,不断增强全员质量意识,促进了产品内在质量的稳定提高。同时,公司十分重视提高产品的外部包装质量,主导产品纸袋纸采用了纸塑复合外包装,受到了广大用户的好评。1996年公司顺利通过了国家ISO9002质量体系认证。

4)稳定系统生产,努力降低消耗。公司在加强生产调度指挥,稳定均衡系统生产,提高经济运行水平的同时,以控制浆碱流失为重点,狠抓了降低消耗工作,采用调研、监控和开展提质降耗月活动方式,使主要消耗指标明显下降。与年初相比主要消耗指标碱耗下降了9%,综合能耗下降了7%。

5)加强内部管理,完善经营机制。公司坚持按照国家有关的法规政策,不断的规范公司的运作。1996年结合董事会换届,本着精干、高效的原则,重新调整了经营班子和内部管理机构。同时公司以全面质量管理为重点,不断强化经营管理、生产组织管理和基础管理,进一步提高了企业管理水平。

(二)盈利预测完成情况的说明

公司1996年预测的主营业务收入51065万元,利润总额4748万元,净利润4036万元。公司实际完成主营业务收入50914万元,利润总额4771万元,净利润4055万元。经营成果与预测无重大差异。

(三)前次募集资金的使用情况说明

1993年公司发行1366万法人股和2200万内部职工股,募集资金4635.8万元,按当时招股说明书所述的投资方向,全部投向在建"八万五"技改工程中子工程——纸板机工程。1996年纸板机工程进入试生产阶段。

四、股本变化及股本结构情况

(一)股本结构情况

截止1996年12月31日本公司股东总数为17427户。其中,内部职工股东17408户。

单位:万股　　面值:每股1元

股本结构为:	期初数	比例(%)	期末数	比例(%)
一、尚未流通股份				
国家股	8930	71.46	8930	71.46
法人股	1366	10.93	1366	10.93
内部职工股	2200	17.61	2200	17.61
二、总股本	12496	100	12496	100

(二)主要股东持股情况

截止1996年12月31日,前十名股东持股情况

股数单位:万股

股　东　名　称	持有股数(万股)	占总股本比例(%)	股份增减
1)佳木斯纸业集团公司	8930	51.04	0
2)黑龙江省建设信托投资公司	340	1.94	0
3)黑龙江省国际信托投资公司	200	1.14	0
4)光明集团公司	130	0.74	0
5)黑龙江省造纸公司	100	0.57	0
6)中国轻工业物资供销公司	100	0.57	0
7)中国轻工业供销东北分公司	100	0.57	0
8)黑龙江省石油公司双鸭山公司	50	0.29	0
9)黑龙江省轻工对外贸易公司	40	0.33	0
10)合计	10030	57.33	

(三)董事、监事及高级管理人员持股情况

序号	姓　名	职务	年初持股数(股)	年末持股数(股)
1	刘耀中	董事长	3000	3000
2	程　鹏	副董事长	3000	3000
3	王启凤	执行董事、总经理	3000	3000
4	王永权	董事	3000	3000
5	娄太山	董事	3000	3000

6	冯志庭	董事、副总经理	3000	3000
7	黄玉梅	董事	3000	3000
8	靳玉书	董事、总工程师	2400	2400
9	孙海荣	董事	2400	2400
10	赵德宏	董事	3000	3000
11	姚洪国	董事	0	0
12	王显周	董事	0	0
13	刘洪芹	董事	0	0
14	彭泽元	监事会主席	2400	2400
15	杜平礼	监事会副主席	1800	1800
16	关庆贵	监事	2400	2400
17	张广义	监事	2400	2400
18	张兴元	监事	1200	1200
19	吕占文	副总经理	2400	2400
20	刘明波	总会计师	2400	2400
21	王　颐	总经济师、董事会秘书	2400	2400

五、重要事项

(一)报告期内股东大会情况说明

1.佳木斯造纸股份有限公司第三次股东大会于1996年6月28日在佳木斯光复路306号本公司301会议室召开,经出席会议股东表决通过以下决议:

1)审议通过公司董事会工作报告

2)审议通过公司监事会工作报告

3)审议通过公司1995年度决算报告及利润分配方案,公司股东所持股票每10股派发现金股利1.00元

4)审议通过公司1996年预算方案

5)审议通过董事会、监事会换届议案。会议选举王永权、王启凤、王显周、冯志庭、刘洪芹、刘耀中、孙海荣、赵德宏、娄太山、姚洪国、黄玉梅、程鹏、靳玉书为本公司二届董事会董事,选举关庆贵、张广义、彭泽元为二届监事会监事。

2.'96临时股东大会于1996年10月30日在佳木斯市光复路306号本公司301会议室召开,与会股东认真讨论了公司董事会提出的"关于公司股票发行并上市的方案",审议通过了公司本次向社会公众发行5000万A股股票并在深圳证交所上市。同意本次股票公开发行后所募集资金的投向和公司1996年税后利润由新老股东共同享有。并授权董事会全权负责本次股票公开发行上市事宜。

(二)报告期内董事会情况说明

1.佳木斯造纸股份有限公司首届五次董事会于1996年4月12日在公司七楼会议室召开。出席会议的董事8名,监事会主席、副主席及公司高级管理人员5名列席了会议。与会董事一致通过以下议案:

(1)审议通过总经理业务报告;

(2)审议通过董事会工作报告;

(3)审议通过1995年财务决算。

审议通过公司1995年度利润分配方案,公司股东所持股票10股派发现金股利1.00元;

(4)审议通过公司1996年财务预算方案;

(5)审议通过了董事会换届选举办法。提议在上半年适当时机尽快召开'95年度股东大会。

2.二届一次董事会于1996年7月29日在公司七楼会议室召开,13名董事全部出席了会议,监事会主席列席了会议。会议选举同意刘耀中为二届董事会董事长,程鹏为副董事长,王启凤为执行董事。聘任王启凤为总经理,并根据王启凤总经理提名,董事会同意,聘任冯志庭、吕占文为副总经理,靳玉书为总工程师、刘明波为总会计师,王颐为总经济师。

会议还就公司经营重大问题及公司股票上市等有关事项作出决议,并提议在适当时机召开1996年临时股东大会,就公司股票上市等有关事宜提交临时股东大会审议通过。

(三)报告期内公司董事、监事变动情况

1.1996年6月28日本公司第三次股东大会对董事会、监事会进行了换届选举,选举刘耀中、程鹏、王启凤、王永权、娄太山、冯志庭、黄玉梅、靳玉书、孙海荣、赵德宏、姚洪国、王显周、刘洪芹为二届董事会董事。

选举彭泽元、关庆贵、张广义为二届监事会监事,同时通过职工代表大会选举出杜平礼、张光元为职工代表监事。

2.1996年7月29日二届一次董事会选举刘耀中为董事长,程鹏为副董事长,王启凤为执行董事。

1996年7月29日二届一次监事会选举彭泽元为监事会主席。8月21日二届一次监事会复会召开全体监事会议,选举杜平礼为监事会副主席。

六、重大诉讼、仲裁事项报告

本年度报告期内无重大诉讼、仲裁事项。

七、财务报告

(一)审议意见

公司财务报告经黑龙江会计师事务所张乙聪、李兴福注册会计师审计,并出具无保留意见的审计报告。

(二)财务报表

1.资产负债表(附后)

2.利润表及利润分配表(附后)

3.财务状况变动表(附后)

(三)财务报表附注

1.公司采用的主要会计政策

(1)会计制度:本公司执行《企业会计准则》、《股份制试点企业会计制度》。

(2)会计年度:公历1月1日至12月31日。

(3)记帐原则和计价基础:本公司按权责发生制记帐,以历史成本为计价基础。

(4)记帐本位币:人民币。

(5)外币核算:对所发生的非记帐本位币经济业务,均按业务发生当日的外汇市场价折合为记帐本位币。月度终了各外币帐户的月末余额,按月末外汇市场价调整,差额列入当期损益。

(6)坏帐准备:按应收帐款期末余额的5‰计提坏帐准备。

(7)存货计价方法:各类存货购入和入库按实际成本计价,发出按"后进先出法"计价,低值易耗品采用"五五摊销法"。

(8)固定资产及其折旧。固定资产标准为使用年限在一年以上,单位价值在2,000元以上的资产。固定资产成本包括在建工程前期费用,建筑安装工程支出,建设单位管理费,建设期的资金利息成本。交付生产使用前的试生产净支出等。固定资产折旧采用直线折旧法,按残值率3%和使用年限,在个别折旧率的基础上计算分类折旧率。

类别	折旧年限	折旧率%
房屋及建筑物	10-45年	5.61
专用设备	10-35年	7.96
通用设备	8-28年	9.11

(9)无形资产:按预计使用年限或法律规定的摊销年限摊销。

(10)税项:

增值税:按产品销售收入的17%计算销项增值税,从中扣除允许抵扣的进项增值税后,上交税务机关。

城建税:按应缴纳增值税额的7%计征。

教育费附加:按应缴纳增值税额的3%计征。

所得税:根据黑龙江省人民政府黑政函(1996)92号《关于同意佳木斯造纸股份有限公司企业所得税按15%的税率征收的函》,本公司从1996年1月1日起,按15%缴纳所得税。

(11)产品销售收入确认:以产品已经发出,产品的所有权已经转移给买方,收到货款或取得收取货款的证据时,确认产品销售收入实现。

(12)利润分配:根据本公司章程规定,按税后利润的10%,分别提取法定公积金和法定公益金,剩余部分根据股东会议的决议进行分配。

2.报表项目注释

除特殊说明外,以下均为1996年12月31日本公司财务报表上所列示的数据。

(1)应收帐款:153,534,263.13元。

帐龄	金额(元)	比例(%)
一年以内	68,749,419.29	44.78
一年至二年	10,224,392.78	6.66
二年到三年	38,189,092.84	24.87
三年以上	36,371,358.22	23.69
合计	153,534,263.13	100

(2)其他应收款:68,471,545.99元。

帐龄	金额(元)	比例(%)
一年以内	68,250,951.02	99.68
二年至三年	163,311.48	0.24
三年以上	57,283.49	0.08
合计	68,471,545.99	100

其中:应收佳木斯纸业集团公司67,514,972.93元,佳木斯纸业集团公司系持有本公司5%以上股份的主要股东单位。

(3)待摊费用:17,614,978.45元,具体包括:

项目	金额
税制改革期初存货进项税	12,661,812.45
印花税	249,043.00
造纸车间大修理费	2,084,630.00
制浆车间大修理费	1,389,733.00
原木处理车间大修理费	306,134.00
财产保险费	923,626.00

上述税制改革期初存货进项税,1995年末余额为14,513,124.45元。本年摊销1,851,312元。

(4)存货:181,586,789.80元,其中:

项目	金额
原材料	61,405,785.61
在制品	1,232,049.60
产成品	118,948,954.59

本年增加7,621.5万元,主要是产成品库存增加。

(5)固定资产及累计折旧(单位:元)

资产分类	期初余额	本年增加	本年减少	期末余额
一、固定资产原价				
房屋及建筑物	32,416,548.91	175,234.66		32,591,783.57
专用设备	137,957,059.36	1,936,820.87	1,714,090.20	138,179,790.03
通用设备	41,334,156.54	5,126,869.65		46,461,026.19
合计	211,707,764.81	7,238,925.18	1,714,090.20	217,232,599.79
二、累计折旧				
房屋及建筑物	12,888,824.92	1,571,451.01		14,460,275.93
专用设备	58,637,192.24	11,147,828.08		69,785,020.32
通用设备	12,606,655.74	3,957,602.91		16,564,258.65
合计	84,132,672.90	16,676,882.00		100,809,554.90

(6)在建工程:223,421,191.36元。系年产8.5万吨箱板纸技改项目中纸板机工程已经投入的资金。此项目经黑龙江省计委黑计工(1990)685号、国家计委计技改(1990)653号、黑龙江省经委黑经技发(1995)32号批准。1996年纸板机工程开始进行试生产。

在建工程资金发生额如下。

项目	1995年末	1996年发生	1996年末
纸板机工程	186,241,263.39	37,179,927.97	223,421,191.36

(7)无形资产:1996年12月31日无余额,上年末余额4,412,625元。系1993年7月1日,由佳木斯纸业集团公司转入土地租赁费5,883,500元,分10年摊销,截止1995年12月31日,累计摊销1,470,875元,尚余4,412,625元。经土地管理部门检查确认,上述土地租赁费不符合国务院55号令第45条规定于年内冲销(见佳木斯市土地管理局佳土函(1996)4号《关于佳木斯纸业集团公司宗地内土地使用权转让无效的函》),改为本公司与国家土地管理部门直接签订《国有土地使用权租赁合同》。租赁费按期摊入成本。

(8)短期借款:95,274,000.00元。本年增加13,644,000.00元,主要是增加了佳市工行贷款额。

(9)应付帐款,139,307,355.26元。本年增加6,068.4万元,主要是增加了各林业局供应的木材款。

(10)预收货款:61,942,925.97元。本年减少13,608,041.46元,主要是部分预订产品已发货清算。

(11)未交税金:8,404,698.67元,其中:

增值税:	9,336,085.39元
营业税	6,805.64元
城建税	178,515.55元
个人所得税	-1,357,500.06元
土地使用税	-20,000.00元
所得税	260,792.15元

个人所得税负数1,357,500.00元系为内部职工垫付所得税440,000.00元,为"佳木斯纸业集团公司"垫付个人所得税917,500.06元。土地使用税负数20,000.00元。系多交部分。

12)其他应付款:68,888,145.71元。主要债权人有:省国际投资公司57,000,000.00。

哈隆通贸易公司	1,000,000.00
深圳兴佳纸业公司	335,900.00
原结余工资基金	3,800,473.40
购货单位交苫布押金	5,222,317.22

(13)一年内到期的长期负债:31,000,000.00元,明细如下:

贷款银行	金额	年利率%	还期	借款条件
佳市工商银行	13,000,000.00	14.9	96.12.29	担保
佳市工商银行	2,000,000.00	14.9	96.12.20	担保
佳市工商银行	8,000,000.00	14.9	97.08.10	担保
佳市工商银行	8,000,000.00	14.9	97.12.29	担保

(14)长期借款:111,500,054.85元。明细如下:

贷款人	金额	年利率%	借还款期	借款条件
瑞典政府	5,481,811.01	无息	90.1.1—99.12.31	担保
佳市工商银行	23,000,000.00	14.9	93.12.20－97.12.29	担保
佳市工商银行	23,000,000.00	14.9	94.10.6－98.8.10	担保
佳市工商银行	5,000,000.00	14.9	95.5.25－98.5.25	担保
佳市工商银行	55,018,243.84	14.9	95.12.30－99.12.30	担保

(15)股本124,960,000.00元,详见本摘要第四部分。

(16)资本公积:39,387,996.00元。一是公司成立时每股按0.30元折算的溢价收入37,488,000.00元,二是国家返回排污费1,899,996.00元。

(17)盈余公积:

项目	金额(元)
期初余额	14,312,856.92
其中:公益金	7,156,428.46
本期增加	8,110,459.56
其中:公益金	4,055,229.78
期末余额	22,423,316.48
其中:公益金	11,211,658.24

(18)未分配利润:

项目	金额(元)
a、净利润	40,552,297.84
加:年初未分配利润	38,072,963.99
减:提取公积金	4,055,229.78
提取公益金	4,055,229.78
b、可供股东分配利润	70,514,802.27
减:已分配普通股股利	12,496,000.00
c、期末未分配利润	58,018,802.27

(19)主营业务收入

项目	金额(元)
机制纸	508,526,036.78
劳务收入	431,434.86
包装物	63,401.10
其它	120,946.46
合计	509,141,819.20

(20)财务费用:

项目	金额(元)
利息支出	16,042,398.19
减:利息收入	2,479,569.46
汇兑损失	1,972,684.94
银行手续费	93,683.51
合 计	15,629,197.18

(21)营业外收入:174,699.58 元。系本年收取托收承付逾期赔偿金 165,996.71 元,托收承付逾期滞纳金 8,702.87 元。

(22)营业外支出 335,651.54 元。系本年支付的托收承付滞纳金 230,651.54 元,教育捐赠款 5,000.00 元,赞助费 100,000.00 元。

(23)所得税 7,156,287.85 元,系按本年利润总额 47,708,585.69 元和 15%税率计算。

3.或有事项

本公司不存在或有负债和或有损失。

4.期后事项

(1)"未付税金"项目披露的土地使用税负数 20,000 元,已在 1997 年 3 月份由税务部门返还。

(2)"未付税金"项目披露的为"佳木斯纸业集团公司"垫付的个人所得税,已在 1997 年 3 月份,通过关联交易往来转给该公司。

八、其他事项

1.1997 年 2 月 11 日,公司召开二届董事会临时会议,审议通过了股票发行和上市的工作方案;选举王颐为董事会秘书。

2.根据中国证券监督管理委员会证监发字(1997)41 号和证监发字(1997)42 号文,公司在 1997 年 2 月 25 日利用深圳证券交易所交易系统,采用"上网定价"方式,向社会公开发行了人民币普通股 5000 万股,并于 3 月 10 日在深圳证券交易所挂牌上市。

佳木斯造纸股份有限公司

1997 年 4 月 26 日

资 产 负 债 表

编制单位:佳木斯造纸股份有限公司 1996 年 12 月 31 日 单位:人民币元

资产	行次	年初数	年末数
流动资产			
货币资金	1	8,864,386.62	6,066,657.91
短期投资	2		
应收票据	3		935,000.00
应收帐款	4	119,881,269.03	153,534,263.13
减:坏帐准备	5	599,406.35	767,708.54
应收帐款净额	6	119,281,862.68	152,766,554.59
预付货款	7		
其他应收款	8	49,856,669.01	68,471,545.99
待摊费用	9	24,985,708.98	17,614,978.45
存货	10	105,371,155.60	181,586,789.89
待处理流动资产净损失	11		
一年内到期的长期债券投资	12		
其他流动资产	13		
流动资产合计	14	308,359,782.89	427,441,526.74
长期投资:			
长期投资	15		
固定资产			
固定资产原价	16	211,707,764.81	217,232,599.79
减:累计折旧	17	84,132,672.90	100,809,554.90
固定资产净值	18	127,575,091.91	116,423,044.89
固定资产清理	19		
在建工程	20	186,241,264.39	223,421,191.36
待处理固定资产净损失	21		
固定资产合计	22	313,816,356.30	339,844,236.25
无形及递延资产:			
无形资产	23	4,412,625.00	
递延资产	24		
无形及递延资产合计	25	4,412,625.00	
其他长期资产:			
其他长期资产	26		
递延税项:			
递延税款借项	27		
资产总计	28	626,588,764.19	767,285,762.99
负债及股东权益			
流动负债			
短期借款	29	81,630,000.00	95,274,000.00
应付票据	30	5,000,000.00	
应付帐款	31	78,622,968.11	139,307,355.26
预收帐款	32	70,550,987.43	61,942,925.97
应付福利费	33		
未付股利	34	2,049,000.00	4,231,400.00
未交税金	35	8,855,986.28	8,484,698.67
其他未交款	36	229,191.64	1,071,264.28
其他应付款	37	13,379,201.62	68,888,145.71
	38		
预提费用	39	885,318.83	875,803.50
一年内到期的长期负债	40		31,000,000.00
其他流动负债	41		
流动负债合计	42	266,202,653.91	410,995,593.39
长期负债			
长期借款	43	145,552.289.57	111,500,054.85
应付债券	44		
长期应付款	45		
其他长期负债	46		
	47		
长期负债合计	48	145,552,289.37	111,500,054.85
递延税项			
递延税款贷项	40		
负债合计	50	411,754,943.28	522,495,648.24
少数股东权益:	51		
股东权益	52		
股本	53	124,960,000.00	124,960,000.00
资本公积	54	37,488,000.00	39,387,996.00
盈余公积	55	14,312,856.92	22,423,316.48
其中:公益金	56	7,156,428.46	11,211,658.24
未分配利润	57	38,072,963.99	58,018,802.27
外币报表折算差额	58		
	59		
股东权益合计	60	214,833,820.91	244,790,114.75
负债及股东权益合计	61	626,588,764.19	707,285,762.99

利 润 及 利 润 分 配 表

编制单位:佳木斯造纸股份有限公司 1996 年度 单位:人民币元

项目	行次	上年累计数	本年累计数
一、主营业务收入	1	588,810,538.24	509,141,819.20
减:营业成本	2	445,898,955.06	398,547,676.34
销售费用	3	14,131,630.98	10,945,560.63
管理费用	4	33,627,095.55	33,654,076.83
财务费用	5	33,838,185.00	15,629,197.18
进货费用	6		
营业税金及附加	7	3,821,556.26	2,495,770.57
二、主营业务利润	8	57,493,115.39	47,869,537.65
加:其它业务利润	9		
三、营业利润	10	57,493,115.39	47,869,537.65
加:投资收益	11		
营业外收入	12	131,507.72	174,699.58
减:营业外支出	13	80,821.76	335,651.54
加:以前年度损益调整	14	43,577.42	
四、利润总额	15	57,587,378.77	47,708,585.69
减:所得税	16	19,003,835.07	7,156,287.85
五、净利润	17	38,583,543.70	40,552,297.84
加:年初未分配利润	18	25,950,128.29	38,072,963.99
盈余公积转入数	19		
六、可分配利润	20	64,533,671.99	78,625,261.83
减:提取法定公积金	21	3,858,354.00	4,055,229.78
减:提取法定公益金	22	3,858,354.00	4,055,229.78
七、可供股东分配的利润	23	56,816,963.99	70,514,802.27
减:已分配优先股股利	24		
提取任意公积金	25		
已分配普通股股利	26	18,744,000.00	12,496,000.00
八、未分配利润	27	38,072,963.99	58,018,802.27

财 务 状 况 变 动 表

编制单位:佳木斯造纸股份有限公司　　1996 年度　　单位:人民币元

流动资金来源和运用	行次	金额	流动资金各项目的变动	行次	金额
一、流动资金来源			一、流动资产本年增加数		
1.本年净利润	1	40,552,297.84	1.货币资金	41	-2,797,728.71
加:不减少流动资金的费用和损失			2.短期投资	42	
(1)少数股东本期权益	2				
(亏损以"-"号表示)			3.应收票据	43	935,000.00
(2)固定资产折旧	3	16,676,882.00	4.应收帐款净额	44	33,484,691.91
(3)无形资产、递延资产摊销	4	4,412,625.00	5.预付帐款	45	
(减其他负债转销)			6.其他应收款	46	18,614,876.98
(4)固定资产盈亏(减盘盈)	5				
(5)清理固定资产损失(减收益)	6		7.存货	47	76,215,634.20
(6)递延税款	7		8.待摊费用	48	-7,370,730.53
(7)其他不减少流动资金的费用和损失	8		9.一年内到期的长期债券投资	48	
	9		10.待处理流动资产净损失	49	
	10		11.其他流动资产	50	
小计	12	61,641,804.84	12.待转其他业务支出	51	
2.其他来源:					
(1)固定资产清理收入	13				
(减清理费用)					
(2)增加长期负债	14				
(3)收回长期投资	15				
(4)对外投资转出固定资产	16				
(5)对外投资转出无形资产	17				
(6)资本净增加额	19	10,010,455.56	流动资产增加净额	52	119,081,743.85
(7)少数股东资本净增加额	20		二、流动负债本年增加数		
小计	22	10,010,455.56	1.短期借款	53	13,644,000.00
流动资金来源合计	23	71,652,260.40	2.应付票据	54	-5,000,000.00
二、流动资金运用			3.应付帐款	55	60,684,387.15
1.利润分配			4.预收帐款	56	-13,608,061.46
(1)提取法定公积金	24	4,055,229.28	5.其他应付款	57	55,508,944.09
(2)提取法定公益金	25	4,055,229.78	6.应付工资	58	
(3)提取任意公积金	26		7.应付福利费	60	
(4)已分配股利	27	12,496,000.00	8.未交税金	61	-451,287.61
	28		9.未付股利	62	2,182,400.00
	29		10.其他未交款	63	842,072.64
小计	30	20,606,459.56	11.预提费用	64	-9,515.33
2.少数股东利润分配	32				
3.其他运用				65	
(1)固定资产和在建工程净增加额	33	42,704,761.95	13.一年内到期的长期负债	66	31,000,000.00
(2)增加无形资产、递延资产及其他资产	34		14.其他流动负债	67	
(3)偿还长期负债(含转一年内到期部分)	35	34,052,234.52			
(4)增加长期投资	36				
	37				
小计	38	76,756,996.47			
流动资金运用合计	39	97,363,456.03	流动资金运用合计	69	144,792,939.48
流动资金增加净额	40	(-)25,711,195.63	流动资金增加净额	70	(-)25,711,195.63

佳木斯造纸股份有限公司 1997 年度中期报告

一、财务报告(未经审计)

(一)财务报表

1.简化的资产负债表

单位:人民币元

项目	1997 年 6 月 30 日	1996 年 12 月 31 日
流动资产	386,364,303.86	427,441,526.74
长期投资	100,000.00	--
固定资产净值	143,580,380.81	116,423,044.89

在建工程	493,790,873.97	223,421,191.36
无形资产及递延资产	--	--
其他长期资产	--	--
资产总计	1,023,835,558.64	767,285,762.99
流动负债	417,538,940.28	410,995,593.39
长期负债	111,500,054.85	111,500,054.85
少数股东权益	--	--
股东权益	494,796,563.51	244,790,114.75
其中:股本	174,960,000.00	124,960,000.00
资本公积金	216,242,168.57	39,387,996.00
盈余公积金	22,423,316.48	22,423,316.48
未分配利润	81,171,078.46	58,018,802.27
负债及股东权益合计	1,023,835,558.64	767,285,762.99

2.简化的损益表

单位:人民币元

项目	1997年1月至6月	1996年1月至6月
主营业务收入	215,307,029.78	302,038,002.61
主营业务利润	8,386,421.57	50,098,799.45
其他业务利润	--	--
投资收益	9,291,381.85	--
营业外收支净额	10,170,801.10	-15,929.96
利润总额	27,848,604.52	50,082,869.49
所得税	4,177,290.68	7,512,430.42
净利润	23,671,313.84	42,570,439.07

(二)其他财务指标

项目	1997年1月至6月	1996年1月至6月
每股收益	0.135元	0.34元
净资产收益率	4.78%	17.39%
每股净资产	2.828元	1.959元

注:(1)按扣除采用"上网定价"方式发行社会公众股冻结无效申购资金利息收入9,742,390.14元计算,每股收益为0.0796元,净资产收益率为2.87%。(2)按年初股本计算,本公司1997年上半年每股收益为0.189元。

(三)财务报表附注

1.本报告期内会计政策和方法与以前年度相比没有发生变化。

2.本报告期内会计主体未发生合并、分立等变化。

3.流动资产较年初减少4108万元,主要是:(1)货币资金较年初减少72.9万元;(2)因货款回收不好应收帐款较年初增加2571万元;(3)因产品库存增加,产成品资金较年初增加3374万元;(4)因结算与佳纸集团公司的往来帐,其他应收款较年初减少6509万元;(5)因资金紧张,主要原材料库存降低,原材料库存资金较年初减少4375.5万元等。

4.长期投资较年初增加10万元,为公司在烟台纸张期货市场投入的席位保证金。

5.固定资产净值较年初增加2715万元,主要是购置通用设备所致。

6.在建工程较年初增加27037万元,主要是利用公开发行股票所募集的资金收购佳纸集团公司在建的"八万五"工程中的连续蒸煮工程和木材处理工程等资产所致。

7.股本较年初增加5000万元,为公司发行每股面值为人民币1元的A股股票共计5000万股。

8.资本公积金较年初增加17685万元,主要是溢价发行5000万A股股溢价部分。

9.主营业务利润较上年同期减少4171万元,主要是主导产品纸袋纸销售量减少所致。

10.投资收益较上年同期增加929万元,主要是利用烟台纸张期货市场,投入纸袋纸等产品1.5万多吨进行纸张交易所获利益。

11.营业外收支额较同期增加1018万元,主要是采用"上网定价"方式发行社会公众股冻解无效申购资金利息收入974.2万元,按财政部文件要求,计入营业外收入所致。

12,关联企业

企业名称:佳木斯纸业集团有限公司

经济性质:有限责任(国有独资)

法定代表人:罗澄岳

注册地址:佳木斯市东风区光复路306号

持股比例:51.04%。

(2)关联交易

根据本公司与主要股东佳纸集团公司按照公平、公正原则签订的生产协作协议,上半年销售纸浆给佳纸集团公司收入1224万元,支付佳纸集团公司水、电、热和碱费6765.2万元。去年同期销售纸浆给佳纸集团公司收入1014万元,支付佳纸集团公司水、电、热和碱费6237.6万元。

二、经营情况的回顾与展望

(一)上半年经营情况的回顾

上半年,由于继续受水泥市场萎缩、水泥包装材料结构变化及进口纸张增加的冲击等影响,使国内包装用纸市场的形势仍然没有缓解,销售不畅、资金紧张,给公司的生产经营工作带来了较大的困难。面对这种情况,公司经理班子成员和全体员工认真贯彻二届二次董事会精神,坚持以市场为导向,努力克服困难,在提质降耗、开发品种、增收节支、开拓市场上做了大量工作,取得了一定成绩。上半年公司的主营业务收入21530.7万元,利润总额2784.9万元,是盈利预测的53.94%扣除冻解无效申购资金利息收入974.2万元,完成盈利预测的35.07%,上半年重点做了以下工作:

1.提质降耗,稳定生产。公司在低投入的情况下,坚持内部挖潜,强化管理手段,严格控制生产过程中的流失,在保证生产系统正常运行的同时,产品的内在质量和包装质量有所提高,入库产品合格率达到100%;主要消耗指标有所下降,吨纸耗浆比计划降低1.5%,吨浆耗碱比去年同期降低15.8%。

2.根据市场需要,努力开发新产品,按照"开发品种求发展"的经营思路,利用各种渠道广泛收集市场信息,挖掘市场潜在需求,把握新产品开发方向。积极组织生产技术骨干力量研制开发新产品,成立了新产品开发领导小组,制定了激励新产品开发的奖励办法,充分调动了生产技术人员的积极性。目前,已陆续开发出无酸档案纸、纸塑复合原纸、防锈原纸、防水纸等新品种。其中,无酸档案纸已被国家档案局确定为国家定点生产单位;纸塑复合纸已有1021吨投入市场;防锈原纸和防水纸已具备生产条件并开始少量投放市场。

3.改革销售体制,加大销售力度。为适应市场形势的需要,公司适时调整策略,赋予激励政策,在原有营销部的基础上,组建了全方位面向市场、面向用户的销售总公司,并在全公司范围内抽调优秀人才充实到销售第一线,壮大了销售力量。在加大销售力度上,公司以推销牛皮箱板纸为重点,年初由公司领导、技术人员、销售人员组成了四个销售小组,到重点地区走访用户80余家,及时捕捉市场信息,反馈用户要求,先期签订牛皮箱板纸合同1500吨,初步打开了板纸市场。与此同时,公司狠抓产品出口工作,力争以出口拉动国内市场,上半年出口纸袋纸1600吨。

4.学习邯钢经验,从强化管理入手,以提高质量、降低成本为核心,制定实施了新的经济责任制。以三项制度改革为重点,合理调整了劳动、人事、分配制度,实施了减员增效,进一步完善了与市场经济相适应的公司运行机制。

5.认真贯彻实施ISO9000系列质量管理体系,进一步提高了产品内在质量,使公司顺利通过了年度复审,巩固了公司"雪松"牌系列产品的名牌地位,为公司发挥名牌优势,提高产品的市场竞争能力,创造了有利条件。

(二)下半年工作重点和主要措施

为实现公司全年生产经营目标,1997年下半年公司的工作重点和主要措施如下:

1.按照追求市场最大化的原则,以市场为导向,以用户需求为目标,充分发挥销售总公司进入市场的龙头作用,进一步加大销售力度。积极开辟主导产品纸袋纸新的市场领域,逐步扩大牛皮箱板纸销售渠道,努力开拓国际市场,增加产品出口量。要抓住下半年国内纸张市场可能出现好转的机遇,巩固老市场,开发新市场,力争全面开创销售工作的新局面。

2.继续做好新产品开发工作。进一步调动广大生产技术人员的积极性,努力开发出前景好、附加值高的新产品。对已经开发成功的新产品,要不断稳定工艺条件,完善技术标准,尽快形成规模,达到批量生产,创造经济效益。

3.在继续围绕提质降耗稳定生产的基础上,坚持按市场需求组织生产。主导产品纸袋纸要突出低定量、高强度;牛皮箱板纸要形成系列,不断稳定各项技术指标。同时要重点做好设备年度大修工作,提高技术装备水平,为产品的生产的新产品的开发提供良好的物质条件。

4.集中力量搞好用募股资金收购进来的连续蒸煮工程的调试工作。要克服困难,创造条件,及时解决调试中出现的各种问题,并做好与原有系统的衔接,尽快发挥作用。利用连续蒸煮工程的技术优势,改善成浆质量和降低成本,增加牛皮箱板纸的市场竞争能力。

5.继续强化管理,坚持内部挖潜,做到厉行节约。严格控制各项费用的支出,作到有限资金的合理运用,努力提高生产经营工作效率,全面建立与市场经济相适应的管理机制。

三、重大事件的说明

1.本报告期内公司经中国证监会以证监发字(1997)41号和证监发字(1997)42号文批复,于1997年2月25日在深圳证券交易所采用“上网定价”方式向社会成功的发行了5000万社会公众股。1997年3月10日公司(佳纸股份)股票在深圳证券交易所挂牌上市。(详见1997年2月18日《证券时报》刊登的《招股说明书概要》和1997年3月6日《中国证券报》、《证券时报》刊登的《上市公告书》)

2.募集资金的使用情况:

公司首次向社会公开发行5000万A股股票募集资金2.35亿元,扣除发行费后净筹资2.268亿元。此项资金按招股说明书所述投向,全部用于收购佳纸集团公司在“八万五”工程中的连续蒸煮工程和木材处理工程。目前这两项工程已进入调试阶段。

3.1997年4月25日,在公司办公楼七楼会议室召开二届二次董事会。董事会决议已刊登在4月26日的《证券时报》上。

4.根据国务院证券委、中国人民银行、国家经贸委5月21日联合发布的《严禁国有企业和上市公司炒作股票的规定》,公司对有关情况做了认真检查。至今为止,本公司尚未有境内任何证券经营机构开设买卖已上市流通股票的帐户,本公司今后如果从事股票投资,将严格遵循国家政策法规和本公司章程的规定。

5.本报告期内公司无重大诉讼、仲裁事项。

6.本公司中期不分红。

四、发行在外股票的变动和股权结构的变化

(一)股本结构情况

股份单位:万股　　　　面值:每股1元

股份类别	年初数	期末数	占总股本比例	本年增减数
1.未流通股份				
国家股	8930	8930	51.04%	无
法人股	1366	1366	7.81%	无
内部职工股	2200	2200	12.57%	无
2.已流通股份				
A股		5000	28.58%	5000
3.股份总数	12496	17496	100%	5000

(二)主要股东持股情况

股东名称	持股数(万股)	占总股本比例(%)
佳木斯纸业集团有限公司	8930	51.04
黑龙江省建设信托投资公司	340	1.94
黑龙江省国际信托投资公司	200	1.14
光明集团公司	130	0.74
黑龙江省造纸公司	100	0.57
中国轻工业物资供销公司	100	0.57
中国轻工业供销东北分公司	100	0.57
黑龙江省石油公司双鸭山公司	50	0.29
黑龙江省轻工对外贸易公司	40	0.23
黑龙江省轻工业供销总公司	40	0.23
合计	10030	57.33

五、股东大会简介

佳木斯造纸股份有限公司1996年度股东大会于1997的5月31日在佳木斯市本公司会议室召开,到会股东51人,代表股份9749.86万股,占公司股份总额17496万股的55.73%。符合《公司法》和《公司章程》的有关规定,会议合法有效。大会审议通过了以下决议:

1.审议通过了公司1996年度董事会工作报告;

2.审议通过了公司1996年度监事会工作报告;

3.审议通过了公司1996年度财务决算及1997年度财务预算的报告;

4.审议通过了公司1996年度利润分配方案;

5.审议通过了关于修改公司章程中注册资本条款的议案;

六、备查文件

公司在办公地点备置了完整、齐备的备查文件供查阅,备查文件包括:

1.载有董事长、总经理亲笔签名的中期报告原本;

2.报告期内发行新股时的《招股说明书概要》、《上市公告书》;

3.公司1996年度股东大会材料。

公司办公地址:黑龙江省佳木斯市光复路306号,公司办公大楼。

佳木斯造纸股份有限公司

1997年8月16日

湖南正虹饲料股份有限公司

湖南正虹饲料股份有限公司概况

一、公司概况

湖南正虹饲料股份有限公司由原湖南正虹饲料厂改制募集设立。位于湘北鱼米之乡——岳阳市屈原行政区，东临京广线、一0七国道，西接湘江连长江黄金水道，南靠省会长沙，水陆交通十分便利。其主要产品——正虹牌猪鸡鸭鱼四大系列十八个品种的饲料畅销全国十五个省区。公司在省外还合资兴建了十五家全资、控股、参股联营企业，拥有二十条微机生产线，饲料年产销能力达60万吨，综合实力列全国国有饲料行业第一位。

正虹牌饲料连续十年荣获国家科技博览会、全国饲料工业博览会、全国第二届农业博览会、墨西哥实用技术展览会等多项金奖。正虹牌浓缩料荣获中华人民共和国饲料行业唯一最高质量奖，并被国家科委确定为“九·五”期间“国家级”科技成果重点推广项目。

本公司依照“发展饲料主体产业、开发农业相关产业、投资高新科技产业”的战略，通过“公司加农户”的模式，走一条产供销，种养加贸工农一体化的发展之路。本公司拥有一流科研机构和试验基地，各类中高级技术人才占员工的40%。公司将顺应改革大潮，把握发展机遇，科教先行，重视人才，立体开发，滚动发展，向着产业化、高科技化、集团化的目标迈进。

二、董事长兼总经理介绍

吴明夏者，湖南正虹饲料股份有限公司董事长兼总经理也。

并非每一位经理、厂长都能为企业的发展增添光彩，但吴明夏取得了成功。他领导的正虹公司是我国国有饲料企业综合实力最强的经济实体、我国最大的浓缩料生产基地、国家级科技成果重点推广项目技术依托单位，其生产的系列产品多次荣获国内外科技奖，他研制的正虹001猪浓缩料获我国唯一的饲料优质奖。10年累计上交利税1.8亿元，创社会效益3.9亿元。今年正虹又成为我国饲料行业的第一个上市公司，筹资近3.5亿元，用于高效益项目开发，到本世纪末，将发展成为一个集科、工贸、产、供、销于一体的农业高新技术产业集团。吴明夏也先后被评为国务院有突出贡献享受特殊津贴的专家、省劳动模范、全国中青年有突出贡献专家等称号。

正虹公司的崛起，成为洞庭湖畔一道迷人风景线，一些前来考察的外国专家对他创造的奇迹赞叹不已。谈及企业的发展，人们一再提到吴明夏，称赞他是中国饲料工业的明星。

湖南正虹饲料股份有限公司股票上市公告书

一、释义

在本公告书中，除非另有说明，下列简称具有如下意义：

公司(本公司)	指湖南正虹饲料股份有限公司
发起人：	指湖南省岳阳市屈原农垦集团公司
主承销商：	指大鹏证券有限责任公司
上市推荐人：	指大鹏证券有限责任公司 蔚深证券有限责任公司
A股：	指每股面值为1.00元之记名式人民币普通股
元：	指人民币元
深交所：	指深圳证券交易所
证监会：	指中国证券监督管理委员会

二、绪言

经中国证券监督管理委员会证监发字(1997)44号和证监发字(1997)45号文批准，本公司已成功地向社会公众发行每股面值1元之人民币普通股5000万股。经1997年3月8日本公司创立大会暨第一次股东大会决议通过和深交所深证发(1997)85号《上市通知书》，本公司股票将于1997年3月18日(星期二)在深交所挂牌交易。本公司总股份为13018万股，可流通股份为4500万股(另500万股公司职工将在本次股票上市6个月后方可上市流通)，股票简称：正虹饲料；证券编码：0702；交易单位为“股”。

本公告书依据《公司法》、《股票发行与交易管理暂行条例》、《公开发行股票公司信息披露实施细则(试行)》和《深圳证券交易所业务规则》等国家有关法律、法规文件的规定，为本公司股票公开上市之目的向社会公众提供有关资料。

本公司于1997年2月20日在《证券时报》、《中国证券报》、《湖南证券报》刊登招股说明书概要，距今不足6个月，故与其相重复的内容在此不再赘述，敬请社会公众查阅招股说明书。

本公司董事会及各位董事确信本公告书未遗漏任何重大事项，亦不存在任何误导和虚假之成分，并愿就本公告书及相关资料的真实性、准确性、完整性负个别及连带责任。

三、本公司概况

1. 本公司名称：湖南正虹饲料股份有限公司
2. 成立日期：1997年3月12日
3. 注册地址：湖南省岳阳市营田镇
4. 法定代表人：吴明夏
5. 本公司职工情况：目前公司共有职工1523人
6. 本公司经营范围：

   主营：各类饲料的研制、产销、农业高科技开发

   兼营：仓储、运输、进出口贸易、农产品加工服务

7. 注册资金：13018万元

工商登记号：18380410－7(3－3)

8. 股票发行情况

股票种类：人民币普通股(A股)

股票面值：1.00元/股

发行价格：7.06元/股

发行日期：1997年2月25日至3月5日

发行方式：全额预缴款、比例配售、余款转存

承销机构：大鹏证券有限责任公司

承销方式：余额包销

四、股本结构及股东持股情况

1. 股本形式

本公司经湖南省人民政府湘政办函〔1996〕343号文批准，由湖南省岳阳市屈原农垦集团公司作为独家发起人，采取募集方式设立。1996年经湖南资产评估事务所评估，国家国有资产管理局国资评〔1996〕1021号文件确认，集团公司以其湖南正虹饲料厂涉及饲料生产的经营性净资产全部投入到本公司，同年经湖南省国有资产管理局湘国资企字〔1996〕100号文批准，集团公司将经评估后的净资产10,909.66万元按73.49%折成8018万股(其余2891.66万元列入资本公积金)国有法人股，由集团公司持有该股权。经中国证监会证监发字(1997)44号文和证监发字〔1997〕45号文批准，发行社会公众股5000万股，每股面值1.00元，每股发行价7.06元，其中4500万股以"全额预缴款、比例配售、余款转存"方式公开发行，500万股公司职工股向本公司职工配售，本次发行的5000万股社会公众股股款，在扣除发行费用后，已进入本公司银行帐户，并经湖南省会计师事务所验证确认。

本次发行后的股本结构为：

股权分类	股数(万股)	比例
国有法人股	8018	61.59%
社会公众股	5000	38.41%
其中:公司职工股	500	3.84%
总股本	13,018	100%

2. 主要股东持股情况

目前，按持股比例排列前10名股东的持股情况如下：

股东名称	持股数量(股)	比例
1. 湖南省岳阳市屈原农垦集团公司	80,180,000	61.59%
2. 北京一川投资顾问有限公司	382,233	0.29%
3. 上海城东房地产开发有限公司	382,233	0.29%
4. 上海石龙工业区联合发展公司	382,233	0.29%
5. 延边证券投资有限责任公司	382,233	0.29%
6. 上海志城房地产有限公司	382,233	0.29%
7. 大连博航电子有限公司	382,233	0.29%
8. 上海信欣物资有限公司	382,233	0.29%
9. 上海宏意商务有限公司	382,233	0.29%
10. 上海力得建筑装饰有限公司	382,233	0.29%

3. 公司董事、监事、高级管理人员持股情况如下：

姓名	职务	持股数(股)
吴明夏	董事长、总经理	4000
葛孟玲	董事、常务副总经理	3000
曹国庆	董事、董事会秘书	2000
杨坤明	董事	2000
李德发	董事	0
徐立堂	监事会召集人	3000
蒋建凯	监事	1000
周宗文	监事	1000
胡高洁	副总经理	1000
陈兴良	副总经理	1000
陈楚健	总经理助理	1000

五、董事、监事及高级管理人员

董事：

吴明夏先生，现年51岁，企业管理硕士，高级畜牧师，曾任湖南正虹饲料厂厂长，屈原行政区总畜牧师等职。曾荣获"全国星火明星企业家"、"全国星火科技先进工作者"、"全国饲料行业先进工作者"等多项荣誉称号，享受国务院特殊津贴，具有丰富的专业技术知识及企业管理经验。现任湖南正虹饲料股份有限公司董事、董事长、总经理。

葛孟玲女士，现年51岁，高级会计师，曾任屈原农场审计科科长、屈原农场副场长、总会计师等职，曾荣获国家农牧渔业部"优秀财务会计工作者"称号。现任本公司董事，常务副总经理。

李德发先生，现年43岁，留美博士后，教授，农业部饲料工业中心主任，农业部科学技术委员会委员，中国畜牧兽医学会动物营养分会副理事长，美国畜牧学会会员，《动物营养学报》编委，世界银行农业专家顾问，加拿大国际开发援助署农业专家顾问，中国农业大学动物技术学院副院长，现任本公司董事。

曹国庆先生，现年41岁，机械工程师，一九七九年九月毕业于湖南农大农机系。曾任屈原机械厂技术员、厂长、书记、农场工业科副科长、湖南正虹饲料厂企业管理部经理、厂党委委员。从事工业企业经营管理十多年，具有较丰富的工业企业经营管理的实践经验。曾多次被评为企业、农场的先进工作者和先进党员。现任本公司董事、董事会秘书。

杨坤明先生，现年29岁，畜牧师，一九九一年七月毕业于扬州大学畜牧专业。历任湖南正虹饲料厂科研所付所长、所长，现任本公司董事。

监事：

徐立堂先生，现年48岁，大专毕业，政工师。曾任屈原农场饲料厂厂长，湖南正虹饲料厂党委付书记。曾多次荣获农场先进工作者、湖南正虹饲料厂先进工作者以及省、国家星火科技奖等荣誉。具有十余年饲料企业经营管理经验，现为本公司监事、监事会召集人。

蒋建凯先生，现年50岁，助理畜牧师。曾任屈原农场饲料厂付厂长，湖南正虹饲料厂总工助理，具有十余年饲料企业经营管理和动物营养研究等方面的专业知识和经验，现为本公司监事。

周宗文先生，现年49岁，中共党员，经济师，曾任湖南正虹饲料厂生产部经理，有丰富的饲料生产管理经验，现为本公司监事。

高级管理人员：

胡高洁先生，现年41岁，中共党员，大专毕业，经济师，1980年至1988年从事农场教育工作，1988年调屈原水泥厂任办公室主任、付厂长等职;1990年调任屈原农场六分场任办公室主任、党委秘书;1991年调湖南正虹饲料厂，先后任办公室主任、营销部经理、发展部经理、厂长助理等职，现为本公司副总经理。

陈兴良先生，现年44岁，中共党员，本科学历，经济师，1973年参加工作，从事教育工作18年，1991年调屈原农场水泥厂任厂长，1994年任岳阳联发水泥有限公司总经理，1995年调任白鱼歧办事处任党委书记兼办事处主任，1996年10月调湖南正虹饲料厂任营销部经理，现为本公司副总经理。

陈楚健先生，现年46岁，中共党员，中国科学院工业经济系企业管理专业研究生毕业。曾任屈原农场工交科办公室主任，屈原农场罐头厂厂长、屈原农场饲料办主任，屈原农场经委副主任等职，1996年9月调湖南正虹饲料厂任企业管理部经理，现为本公司总经理助理。

六、主要财务资料

经湖南省会计师事务所对本公司1996年9月30日以前三年期间财务报表的审计，主要财务会计资料如下：

1. 资产负债表主要数据

(单位:人民币元)

项目	96年9月30日	95年12月31日	94年12月31日	93年12月31日
流动资产	144,306,730	130,528,564	86,000,878	87,610,798
长期投资	12,933,315	7,264,500	3,657,182	2,510,182
固定资产	29,932,477	19,825,248	10,457,214	5,944,475
无形及其他资产	12,193,836	8,440,772		
资产总计	199,366,358	166,059,084	100,115,274	96,065,455
流动负债	70,269,755	71,702,779	34,956,181	49,602,517
长期负债	20,000,000	5,000,000		
股东权益	109,096,603	89,356,305	65,159,093	46,462,938
负债及股东权益总计	199,366,358	166,059,084	100,115,274	96,065,455

2. 利润表主要数据

(单位:人民币元)

项目	1996年1-9月	1995年度	1994年度	1993年度
一、主营业务收入	303,763,225	430,532,601	351,146,907	253,802,716
减:营业成本	255,928,576	368,431,224	298,354,036	205,767,335
销售费用	6,896,354	10,299,030	7,931,569	7,287,734
管理费用	11,961,869	9,968,391	14,671,729	11,318,853
财务费用	1,959,266	2,410,106	1,158,785	1,962,780
进货费用				
营业税金及附加				
二、主营业务利润	27,017,160	39,423,850	29,030,789	27,466,014
加:其他业务利润	3,821,771			
三、营业利润	30,838,931	39,423,850	29,030,789	27,466,014
加:投资收益	3,507,089	1,839,759	85,572	183,480
营业外收入	29,552	182,860	217,691	113,542
减:营业外支出	569,535	1,330,465	1,324,397	1,071,975
加:以前年度损益调整				
四、利润总额	33,806,037	40,116,005	28,009,655	26,691,061
减:所得税				
五、净利润	33,806,037	40,116,005	28,009,655	26,691,061

上述资产负债表和利润表的数据已经湖南省会计师事务所注册会计师验证,并出具审计报告。

3. 主要财务分析指标

项目	1996年1-9月	1995年	1994年	1993年
资产负债率	45.28%	46.19%	34.92%	51.63%
流动比率	2.06	1.82	2.46	1.76
速动比率	1.58	1.32	1.32	1.08
资产报酬率	17%	24%	28%	28%
净资产利润率	31%	44.89%	42.99%	57.45%
存货周转率	7.53	9.74	8.10	6.09
应收帐款周转率	14.67	47.73	25.27	13.71
每股盈利	0.42	0.50	0.35	0.33

注:以上数据来源于湖南省会计师事务所湘会师(1996)内审字第158号审计报告。

4.1996年、1997年盈利预测表

本公司预测并经湖南省会计师事务所审核1996、1997年盈利预测如下表:

利润预测表

(单位:人民币千元)

项目	1996年				97年预测
	合计数	1-9月实际	10-11月末审实现数	12月预测	
一、主营业务收入	502963.2	303763.2	128000	71200	682075
减:营业成本	430228.5	255928.5	112500	61800	595200
销售费用	11096.3	6896.3	2700	1500	13573
管理费用	18139.9	11961.9	4078	2100	18910
财务费用	2706.5	1959.3	507	240	2347.8
二、主营业务利润	40792	27017.2	8214.8	5560	52044.2
加:其他业务利润	3821.7	3821.7			3860
三、营业利润	44613.7	30838.9	8214.8	5560	55904.2
加:投资收益	4739.1	3507.1	1032	200	7840
营业外收入	71.9	29.6	22.3	20	277
减:营业外支出	964.4	569.6	214.8	180	1661.9
四、利润总额	48460.3	33806	9054.3	5600	62359.3
减:所得税 (按33%)	15991.9	11156	2987.9	1848	20578.5
(按0%)	0	0	0	0	0
五、净利润 (按33%)	32468.4	22650	6066.4	3752	41780.8
(按0%)	48460.3	33806	9054.3	5600	62359.3

注:根据湖南省人民政府湘政发(1995)28号文的规定:"从1996年起,我省地方财政从饲料加工企业所得的所得税,3年内全部返还给企业"。故实际所得税税率为0。

七、董事会承诺

本公司董事会将严格遵守《公司法》、《股票发行与交易管理暂行条例》、《公开发行股票公司信息披露实施细则(试行)》、《深圳证券交易所业务规则》及国家与深圳市有关法律、法规,并向证券主管机关、深交所、广大投资者作出如下承诺:

1. 自觉接受证券管理部门的监督和管理,认真听取政府、股东、证券管理部门、证券经营部门和社会公众的意见、建议和批评。

2. 准确和及时地公告本公司中期报告、年度报告及经营业绩资料和披露本公司重大经营活动信息。

3. 本公司董事会、监事会及高级管理人员如发生人事变动,或前述人持有本公司股份数量发生变化时,及时通报证券管理机关,并及时通过证券主管部门指定的媒体通告社会公众。

4. 本公司董事、监事及高级管理人员不利用内幕消息和不正当手段直接或间接从事任何目的的股票投机交易。

5. 董事会及各位董事保证不就任何未经主管机关审阅的可能影响股价变动的重大信息私自公告或发表意见。

6. 本公司没有无记录负债。

八、特别事项说明

1997年3月8日在湖南省岳阳市召开本公司创立大会暨第一届股东大会,股东及股东代理人共273人出席,代表公司股份总数的62.21%,大会审议并通过了关于本公司筹建工作的报告、成立本公司的决议、本公司章程、本公司股票在深圳证券交易所上市的决议、并选举产生了本公司董事会、监事会。同日召开了本公司第一届董事会第一次会议,选举产生了董事长并任命了高级管理人员;同日召开了本公司第一届监事会第一次会议,选举产生了监事会召集人。

截止本公告书刊登之日,本公司、本公司附属公司以及本公司的董事、监事和高级管理人员并无涉及任何重大诉讼及仲裁,而且据本公司董事所知,亦无任何尚未了结或面临重大威胁之诉讼。

本公司新股东不参加1996年利润分配。

税项

1. 增值税:本企业适用增值税率为13%,但根据财政部、国家税务总局财税字(1994)004号文的规定,本企业1995年底以前免征增值税;另根据财政部、国家税务总局财税字(1996)18号文的规定,本企业自1996年1月1日至1997年12月31日继续免征增值税。

2. 本企业的城市维护建设税和教育费附加的适用税率分别为7%和3%,但根据上述文件规定免征增值税而相应免征城市维护建设税和教育费附加。

3. 所得税:1993年根据财政部(91)财农字第4号《关于"八五"期间国营农垦企业财务包干的几项规定》的规定,实行"盈利不交,亏损不补,自负盈亏"的办法,本企业不交所得税。

1994、1995年根据财政部、国家税务总局财税字(1994)068号文的规定,饲料生产企业以总场为统一纳税人,本企业隶属湖南省岳阳市屈原农垦集团公司(原湖南国营屈原农场)不单独缴纳所得税,只向屈原农垦集团公司上缴利润;

1996年根据国家税务总局国税函(1996)366号文件的规定,本企业1996年度仍暂以湖南岳阳屈原农垦集团公司为统一纳税人缴纳企业所得税;根据湖南省人民政府湘政发(1995)28号文"从1996年起,我省地方财政从饲料加工企业所得的所得税,3年内全部返还给企业"。由于本企业1996年不单独缴纳所得税,故从1997年起享受此优惠政策。

本公司免税期满后,除非国家和地方政府对本公司另有减免税政策和规定,否则本公司将按13%增值税税率和33%所得税税率纳税。

九、咨询机构

1. 本公司决定，由曹国庆、孟建怡担任公司股证事务代表，负责本公司股份事务管理及咨询。本公司有关备查文件存放于本公司办公地点，可供股东查询。

地址：湖南省岳阳市营田镇

电话：0730－5723508　传真：0730－5723509

授权联系人：曹国庆

2. 上市推荐人：大鹏证券有限责任公司

地址：深圳深南东路333号信兴广场地王商业大楼8层

电话：0755－2463388　传真：0755－2462021

联系人：高清

蔚深证券有限责任公司

地址：深圳市振华路飞亚达大厦8层

3. 会计师事务所：湖南省会计师事务所

地址：湖南省长沙市黄兴南路182号

电话：0731－5815199

经办注册会计师：王卫华、李永利

4. 发行人律师：湖南省第一律师事务所

地址：湖南省长沙市韶山路2号

电话：0731－4461587　传真：0731－4461168

经办律师：陈敏辉、康笃华、胡赞兵

十、备查文件

1. 本公司注册登记文件
2. 深圳证券交易所上市通知书
3. 验资报告
4. 上市推荐书
5. 本公司创立大会暨第一次股东大会决议
6. 招股说明书

湖南正虹饲料股份有限公司

1997年3月14日

湖南正虹饲料股份有限公司1996年年度报告

一、公司简况

公司法定名称：(中文)湖南正虹饲料股份有限公司

(英文)HUNAN ZHENGHONG FEED CO.,LTD.

公司法定代表人：吴明夏

公司董事会秘书：曹国庆

邮政编码：414418

公司地址：湖南省岳阳市营田镇

公司咨询服务联系电话：(0730)5723508

传真：(0730)5723509

股票简称：正虹饲料

证券代码：0702

本公司是一家以饲料生产、销售为主要业务的企业。饲料行业是70年代末随着我国农业和养殖业的发展而产生的新兴行业，本公司前身是成立于1986年的国营屈原农场饲料厂，1994年更名为湖南正虹饲料厂，经济性质为国营。1996年，经湖南省人民政府湘政办函[1996]343号文批准，由湖南省岳阳市屈原农垦集团公司为独家发起人，对其所属的湖南正虹饲料厂进行股份制改组，募集设立本公司，1997年3月12日经湖南省工商行政管理局注册登记。

湖南省岳阳市屈原农垦集团公司代表国家持有本公司61.59%股权，为本公司控股股东。

本公司是中国著名的饲料生产企业，主要从事“正虹”牌系列饲料的生产与销售。

本公司产品由猪、鸭、鸡、鱼四大系列十八个品种组成。产品主要分为两大类，即猪高蛋白浓缩料和猪、鸭、鸡、鱼全价颗粒料；浓缩料产销量占75%，全价料占25%；猪系列产品占90%，其它饲料占10%。

主要市场：本公司是中国最大的猪浓缩料生产厂家，公司及联营企业年生产能力达60万吨，1996年销售收入44262.98万元。本公司产品主要销于中国国内，其猪浓缩料国内市场占有率近达10%，在湖南省的市场占有率达1/3左右。

“正虹”牌饲料先后荣获饲料行业唯一的国家质量银奖，第六届中国新技术新产品博览会金奖，农业部优质产品，全国饲料行业产品质量评比第一名，首届农业博览会银奖。并被国家科委列为“九五”国家科技成果重点推广项目，公司由湖南省科委向国家科委推荐为“国家科技成果重点推广计划”技术研究推广中心。(1997年初已获批准)

二、主要财务数据与财务指标

指标项目	本年度	比上年增减	1995年	1994年	1993年
1.主营业务收入(万元)	44262.98	1209.72	43053.26	35114.7	25280.27
2.净利润(万元)	4369.75	358.15	4011.6	2800.97	2669.1
3.总资产(万元)	21094.22	4488.32	16605.9	10011.5	9606.5
4.股东权益(万元)	10909.66	1974.03	8935.63	6515.91	4646.29
5.每股收益(元)	0.54	—	—	—	—
6.每股净资产(元)	1.36	—	—	—	—
7.净资产收益率(%)	40.05	－4.84	44.89	42.99	57.44
8.股东权益比率(%)	51.72	－2.09	53.81	65.08	48.37

注：1996年度股本按上市前总股本8018万股计算每股收益、每股权益、每股净资产等指标。

三、公司主要业务回顾

1. 1996年是公司重组改制、筹备成立股份公司的第一年，也是饲料行业竞争较为激烈的一年，公司本着“以市场为导向、以质量为根本、以效益为中心”的经营方针，以开拓经营、转换机制、强化管理为业务工作重点，依据国家产业政策，在稳定主导产品“正虹001”浓缩料生产规模的基础上，开发新一代产品—“正虹王”猪用高档浓缩料投放市场。并着力加强内部管理，努力降低各种消耗，增产增收，开源节支，最大限度地消除一部分市场波动影响。全年共实现销售收入44262.98万元，实现税后利润4369.75万元，均创历史最好水平。

2. 1996年，本公司加大科技投入，健全了国内一流水平的厂办科研基地。“正虹”乳猪料荣获湖南省科技进步奖，肉鸡料荣获岳阳市科技进步一等奖。公司由湖南省科委向国家科委推荐为“国家科技成果重点推广计划”技术研究推广中心。同时，公司强化夯实企业内部基础管理，使各方面工作均有新的提高，其设备管理获湖南省经贸委授予“设备管理优秀单位”称号。

3. 经营管理的改进与提高

本公司不断加强企业内部管理，采取了一系列行之有效的措施。

① 改革劳动人事制度，贯彻竞争择优，多劳多得的原则；

② 改革内部运行机制，使生产直接面对用户和市场，使用户的信息直接反馈到生产部门；

③ 实行多种形式的经济承包责任制，调动了职工的工作积极性；

④ 本公司服务市场提出“六全”、“五免费”措施。“六全”即全心全意全厂全员、全面全程；“五免费”即餐宿、停车、咨询、电话、防雨布免费。

4. 职工数量与业务水平方面的变化

本公司采取下列措施提高公司及职工的科研能力和业务水平。

① 今年从大专院校引进专业人才15名；

② 常年有20名中层骨干参加湖南农大畜牧兽医大专班学习；

③ 由公司司法办、质监中心组织专业知识学习，全年有20%的职员参加轮训；

④ 与中科院、中国农大、华中农大、湖南农大建立经常性联系，定期请专家、学者、教授来厂指导科研。

四、股本变化及股本结构情况

1. 1996年度公司筹备期间股份情况

持 股	股数(万股)	占总股份比例
国有法人股	8018	100%
股份合计	8018	100%

注：本表为湖南省会计师事务所湘会师(1996)内验字第101号验资报告股本数8018万股。

2. 公司1997年3月份发行5000万股新股后的股本情况

持 股	股数(万股)	占总股份比例
(1) 尚未流通股	8018	61.59%
国有法人股		
(2) 可流通股	5000	38.41%
社会公众股		
其中：公司职工股	500	3.84%
股份合计	13018	100%

注：500万股公司职工股，按规定要在社会公众股上市半年后方可上市流通。

3. 本公司是1997年3月12日以募集设立方式成立的，故在1996年度不存在公司董事会、监事会及高级管理人员持股数。

五、重大事项

1.1996年11月5日，岳阳市人民政府以岳政发〔1996〕150号文向湖南省人民政府请示要求批准募集设立湖南正虹饲料股份有限公司。

2. 湖南岳阳市屈原农垦集团公司根据岳政发〔1996〕150号文和湖南省证监会湘政监(1996)55号文以屈司字〔1996〕27号文批准成立"湖南正虹饲料股份有限公司筹委会"。

3.1996年12月15日湖南省证监会的湘证监字〔1996〕69号文，向中国证监会推荐本公司列为湖南省1996年A股发行第一家企业，申请发行股票额度5000万元人民币(面值)。

4.1996年11月19日，公司筹委会得到深交所同意湖南正虹饲料股份有限公司(筹)在深交所安排上市的承诺。

5.1996年12月24日湖南省人民政府办公厅湘政办函〔1996〕343号批复，同意募集设立湖南正虹饲料股份有限公司。

6. 本报告是假设在本报告期内本股份公司已经存在的前提下作出的。而实际上，本公司1997年3月12日才以募集设立方式成立，因此，本报告仅是模拟股份公司情况而作出的模拟报告。

六、财务报告

(一)审计意见

湖南正虹饲料股份有限公司全体股东：

我们接受委托，审计了湖南正虹饲料股份有限公司(以下简称贵公司)1996年12月31日资产负债表，1996年度的利润及利润分配表和1996年度财务状况变动表。这些会计报表由贵公司负责，我们的责任是对这些会计报表发表审计意见。我们的审计是依据中国注册会计师独立审计准则进行的。在审计过程中，我们结合贵公司的实际情况，实施了包括抽查会计记录等我们认为必要的审计程序。

我们认为，上述会计报表符合《企业会计准则》和《股份制试点企业会计制度》的有关规定，在所有重大方面公允地反映了贵公司1996年12月31日的财务状况和1996年度的经营成果及1996年度资金变动情况，会计处理方法的选用遵循了一贯性原则。

湖南会计师事务所　　中国注册会计师：李弟扩
湖南·长沙　　中国注册会计师：王卫华
1997年4月10日

(二)财务报表(附后)

(三)会计报表附注

附注一：主要会计政策

1. 会计制度

本企业1996年执行《农业企业会计制度》，本报告所列会计报表及各项目数据已按《股份制试点企业会计制度》进行了必要的调整。1997年股份有限公司成立后，执行《股份制试点企业会计制度》。

2. 会计期间

会计年度自公历每年1月1日起至12月31日止。

3. 记帐原则和计价基础

采用权责发生制和历史成本计价的原则。

4. 记帐本位币

以人民币作为记帐本位币。

5. 坏帐损失的核算

采用备抵法进行坏帐损失的核算，股份有限公司成立前，期末按应收帐款余额的1%计提坏帐准备，成立后，期末按应收帐款余额的5‰计提坏帐准备。

6. 存货的核算

存货除低值易耗品外，采用计划成本进行日常核算，月末根据材料成本差异调整为实际成本；低值易耗品按实际成本采用一次摊销法进行核算。

7. 短期投资及长期投资的核算

(1)短期投资和长期投资中的债券投资采用成本法核算。

(2)股权投资和联营投资。

投资占被投资单位注册资本20%以下的，采用成本法核算；20%至50%的采用权益法核算；50%(不含50%)以上的，采用权益法核算，并合并会计报表。

8. 固定资产及累计折旧的核算

(1)固定资产按历史成本计价，其划分标准为：使用期限在一年以上的房屋、建筑物、机器设备、器具、工具等资产；不属于生产经营主要设备的物品，单位价值为2000元以上，使用年限两年以上。

(2)固定资产折旧采用直线法。股份有限公司成立前，按岳阳市屈原行政区财税局屈财函字〔1996〕1号文件规定，按年综合折旧率6%计提折旧；股份有限公司成立后，按分类折旧率计提折旧，各类固定资产折旧率见下表。

项目	使用年限	残值率	年折旧率
房屋及建筑物	30	3%	3.23%
机器设备	15	3%	6.47%
运输设备	10	3%	9.70%
电子设备	5	3%	19.40%

9. 无形资产摊销

无形资产主要为土地使用权，按50年平均摊销。

10. 税项

(1)增值税：本企业适用13%的增值税率，但根据财政部、国家税务总局财税字(1996)18号文的规定，本企业1996年1月1日至1997年12月31日继续免征增值税。

(2)本企业的城市维护建设税和教育费附加的适用税率分别为7%和3%，但根据上述文件规定免征增值税而相应免征城市维护建设税和教育费附加。

(3)所得税：

1996年，根据国家税务总局国税函(1996)366号文件的规定，本企业仍暂以湖南岳阳屈原农垦集团公司为统一纳税人缴纳企业所得税；根据

湖南省人民政府湘政发(1995)28号文的规定:"从1996年起,我省地方财政从饲料加工企业所得的所得税,3年内全部返还给企业"。由于本企业1996年不单独缴纳所得税,故从1997年起享受此优惠政策。

11. 收入的确认:

按权责发生制,即以商品(产品)已经发出或劳务已提供,并收到货款或取得索取货款的凭据时,作为收入的实现。

12. 利润分配

股份有限公司成立后税后利润按下列顺序进行分配:

(1)弥补以前年度亏损

(2)用弥补以前年度亏损后的剩余额提取10%的法定公积金,并提取5%至10%的法定公益金,公司法定公积金累计额达到公司注册资本的50%时,可不再提取。

(3)经股东大会决议,可以提取任意公积金。

(4)公司弥补亏损和提取公积金、法定公益金后所余利润,经股东大会决议,按照股东持有的股份比例分配。需要提及的是,1996年9月底,税后利润已按评估确认数全部参与折股,第四季度不提盈余公积,所实现的税后净利润全部作为股利分给发起人。

附注二:1996年12月31日会计报表注释(金额单位:人民币元)

1. 应收帐款项目:

帐龄	金额	所占比重(%)
一年以内的	7857899.58	88.17
一至二年的	674936.08	7.57
二至三年的	379526.40	4.26
三年以上的		
合计	8912362.06	100

上述应收帐款主要系应收销货款,绝大部分在近期发出,无持股5%以上的股东单位的欠款。

2. 预付货款24765952.50元,均属正常款,无持股5%以上的股东单位的欠款。

3. 其他应收款项目:

帐龄	金额	所占比重(%)
一年以内的	24921837.55	95.28
一至二年的	864949.06	3.31
二至三年的	248247.04	0.95
三年以上的	122166.74	0.46
合计	26157200.39	100

主要客户及名称	金额	性质、内容
(1)屈原糖厂	628237.67	暂借款
(2)六分场	816561.66	暂借款
(3)七分场	787144.00	暂借款
(4)岳阳科委	805000.00	往来款
(5)汨罗人保公司	300000.00	往来款
(6)证券部	579815.96	借支
(7)各联营单位	12945301.86	往来款

其他应收款1996年12月31日余额比1995年12月31日增加18169705.38元,主要系年末各联营投资单位往来款增加所致。无持股5%以上的股东单位欠款。三年以上的其他应收款基本可以收回。

4. 存货项目:

类别	金额
原材料	43061112.70
低值易耗品	71497.48
包装物	1776633.29
产成品	874801.70
材料成本差异	4468809.98
合计	50252855.15

5. 一年内到期的债券投资554084.55元,详细情况见下表

债券种类	到期日	面值	年利率(%)	期末金额
国库券	1997.6	406400.00	13.60	553084.55
基本建设债券	1997.7	1000.00	*	1000.00
合计		407400.00		554084.55

*:基本建设债券系国家原材料投资公司、中国石油天然气总公司、铁道部、国家能源投资公司、国家机电轻纺投资公司于1989年共同发行的债券,期限为三年,承诺利率始终高于三年定期储蓄存款利率一个百分点,并加保值补贴率,但至今未兑付。

6. 长期投资余额15363297.51元均系联营投资,详细情况如下:

单位名称	投资期限	投资所占比例%	投资金额
河南镇平正虹饲料厂	5年	30	816353.92
云南宣威正虹饲料有限公司	10年	40	884900.00
山东昌邑正虹饲料有限公司	10年	18.85	1610000.00
江西南昌正虹饲料有限公司	5年	25	1000000.00
山东菏泽正虹饲料有限公司	10年	50	1309175.00
河北衡水正虹饲料有限公司	11年	10.13	1207500.00
湖南衡东正虹饲料有限公司	10年	50	1550000.00
湖南正虹塑料包装有限公司	5年	50	1001120.00
福建将乐正虹饲料有限公司	5年	50	510000.00
安徽淮北正虹饲料有限公司	5年	30	608236.00
江苏江阴正虹饲料有限公司	6年	33	419640.00
湘西正虹饲料有限公司	5年	50	2100000.00
内蒙赤峰正虹饲料有限公司	10年	45	803021.59
屈原油脂公司	10年	50	1543351.00
合计			15363297.51

7. 固定资产及累计折旧:

(1)固定资产

固定资产类别	期初价值	本年增加	本年减少	期末价值
房屋建筑物	15361741.72	6350202.93	129194.36	21582750.29
机器设备	10219711.35	3482428.47	249956.49	13452183.33
合计	25581453.07	9832631.40	379150.85	35034933.62

固定资产1996年12月31日较1995年12月31日增加9453480.55元,主要原因是1996年9月30日股份制改组固定资产评估增值所致。

(2)累计折旧:

类别	期初余额	本年增加	本年减少	期末余额
房屋建筑物	3539274.93	659482.77	1288262.28	2910495.42
机器设备	2216930.30	982350.83	635620.04	2563661.09
合计	5756205.23	1641833.60	1923882.32	5474156.51

8. 在建工程项目:

工程名称	工程进度	期末余额	原预算数	资金来源
低塑复合袋生产线	85%	2800761.30	3000000	自筹
特种生产线	85%	228123.18	250000	自筹
合计		3028884.48	3250000	

其中:利息资本化金额为33738.15元。

9. 无形资产12193836.00元

种类	原值	已摊金额	期末余额	剩余摊销年限
土地使用权	12193836.00	0	12193836.00	50年

土地使用权系经营性用地使用权,评估前价值为8440772元,系根据湘清办(1995)130号文《湖南省清产核资土地估价入帐价格修正调整实施办法》的规定估价列入固定资产的,且不计提折旧;评估后作价,因股份制改制未完成,未予摊销。

10. 短期借款项目:(单位:万元)

贷款单位	借款日	还款日	借款条件	币种	月利率(‰)	金额
农行屈原支行	96.10.21	97.4.21	信用	人民币	10.065	1860
合计						1860

11. 应付帐款余额20828624.78元,系应付购进材料款,比1995年12月31日减少9315106.39元,主要系原材料供应紧张,赊购减少所致。

12. 未付股利32203887.77元,全部为本企业利润分配,其中9891499.49元,为企业的四季度实现分配的利润,1997年的新股东不参与股利分配,只由发起人享用,故1996年四季度实现的利润全部作为股利分给发起人,不提盈余公积金。

13. 未交税金393760.00元,明细如下:

未交固定资产投资方向调节税	320177.00元
未交印花税	73583.00元

14. 其他应付款29620765.63元,属正常的往来款项,主要明细如下:

主要客户名称及项目	金额	性质、内容	占总金额比例
1. 应付工资	2661566.70	应付未付职工工资	8.99%
2. 风险抵押金	3171200.00	职工交纳的风险抵押金	10.71%
3. 农业产业投入资金	4500000.00	省农业厅拨给支农周转金	15.19%
4. 工会经费	198453.00	计提的工会经费	0.67%
5. 职教经费	97964.30	计提的职工教育经费	0.33%
6. 暂借款	14265676.81	与区财税局的往来	48.16%
合计	24894860.81		84.05%

15. 股本80180000.00元全部系国有法人股,每股面值1元,股本金80180000.00元,股本已经湖南省会计师事务所验证。

16. 资本公积28916603.14元,系1996年9月30日经营性净资产折股后的余额。

17. 主营业务收入及成本

时间	项目	QF-001	QF-101	QF-LP	QF-131	正虹王	其他系列饲料	合计
1996年	收入	379009804.10	4797898.00	21172412.50	12148142.00	16005928.00	9495603.00	442629787.60
年度	成本	309703533.93	4571428.33	19952012.56	11719304.71	13559142.75	8230472.58	368485894.85
1995年	收入	402294353.85	10934920.00	3409067.00	12332338.00		1561922.00	430532600.85
年度	成本	343977159.67	9245714.00	2996007.00	11080768.00		1131575.00	368431223.67

18. 财务费用

项目	1996年度	1995年度
利息净支出	2491827.14	2410106.48
其中:利息支出	2693209.68	2973531.48
利息收入	201382.54	563425.00
手续费	20534.00	
合计	2512361.14	2410106.48

19. 其他业务利润3821771.00元,其中:

出售废旧包装袋利润	3300000.00
技术服务费收入	490000.00
让售材料利润	31771.00
合计	3821771.00

出售废旧包装袋利润3300000元,系1996年7月抗洪抢险时,让售给屈原行政管理区的废旧包装袋收入。

20. 投资收益3529415.34元,系联营单位分来利润及债券投资收益,详情如下所列:

联营单位名称	金额
山东荷泽正虹饲料有限公司	55075.35
内蒙赤峰正虹饲料有限公司	416682.80
江苏江阴正虹饲料有限公司	347946.02
安徽淮北正虹饲料有限公司	160676.70
江西南昌正虹饲料有限公司	128041.58
河南镇平正虹饲料有限公司	86452.90
福建将乐正虹饲料有限公司	65132.51
云南宣威正虹饲料有限公司	70588.05
湖南湘西正虹饲料有限公司	850907.50
山东昌邑正虹饲料有限公司	34323.25
国库券	22326.55
湖南衡东正虹饲料有限公司	369523.78
湖南正虹塑料包装有限公司	57823.35
屈原油脂公司	413915.00

21. 营业外收入35052.00元,明细如下:

罚没收入	6295.00
固定资产清理收益	28757.00

22. 营业外支出1622015.92元,明细如下:

捐赠支出	299800.00
固定资产清理损失	24073.00
防汛救灾支出	1298142.92
合计	1622015.92

七、本年度报告截止日后的重要事项

1.1997年2月12日中国证监会以证监发字〔1997〕44号文同意湖南正虹饲料股份有限公司(筹)公开发行股票。

2.1997年2月12日中国证监会以证监发字〔1997〕45号文同意湖南正虹饲料股份有限公司(筹)采用"全额预缴款"方式发行社会公众股(A股)4500万股。

3.1997年2月20日本公司筹委会在《中国证券报》、《证券时报》、《湖南证券报》刊登湖南正虹饲料股份有限公司(筹)《招股说明书概要》。

4.1997年2月20日、1997年3月14日,本公司筹委会在《中国证券报》、《证券时报》等刊登的湖南正虹饲料股份有限公司(筹)《招股说明书概要》及《上市公告书》中曾披露本公司新股东不参加1996年度利润的分配。

5.1997年3月8日,湖南正虹饲料股份有限公司创立大会,在湖南省岳阳市屈原农垦集团公司屈原影剧院召开。1997年3月12日公司经湖南省工商行政管理局注册登记成立。

6.1997年3月18日经深圳证券交易所同意湖南正虹饲料股份有限公司A股在深交所挂牌交易。

八、公司其他有关资料

1. 公司首次注册登记日期、地点:

公司于1997年3月12日经湖南省工商行政管理局首次注册登记。

2. 工商登记号码:18380410-7

3. 税务登记号码:43068118615703-X(国税)

4. 会计师事务所:湖南省会计师事务所

办公地:湖南长沙市黄兴南路182号。

5. 法律顾问:湖南省第一律师事务所

办公地:湖南省长沙市韶山路2号。

湖南正虹饲料股份有限公司董事会

1997年4月28日

利 润 及 利 润 分 配 表

1996 年度

会股 02 表

编制单位:湖南正虹饲料股份有限公司 已审 单位:元

项目	行次	1995 年度	1996 年度
一、主营业务收入		430532600.85	442629787.60
减:营业成本		368431223.67	368435894.85
销售费用		10299029.60	15296512.12
管理费用		9968390.64	18451705.65
财务费用		2410106.48	2512361.14
进货费用			
营业税金及附加			
二、主营业务利润		39423850.46	37933313.84
加:其他业务利润			3821771.00
三、营业利润		39423850.46	41755084.84
加:投资收益		1839759.18	3529415.34
营业外收入		182860.00	35052.00
减:营业外支出		1330464.98	1622015.92
加:以前年度损益调整			
四、利润总额		40116004.66	43697536.26
减:所得税			
五、净利润		40116004.66	43697836.26
加:年初未分配利润			
盈余公积转入数			
六、可分配的利润			43697536.26
减:提取法定公积金			3380603.00
提取法定公益金			1690302.00
七、可供股东分配的利润			38626631.26
减:已分配优先股股利			
提取任意公积金			
已分配普通股股利			38626631.26
八、未分配利润			

财 务 状 况 变 动 表

会股 03 表

编制单位:湖南正虹饲料股份有限公司 1996 年度 已审 单位:元

流动资金来源和运用	行次	金 额	流动资金各项目的变动	行次	金 额
一、流动资金来源			一、流动资产本年增加数:		
1. 本年净利润			1. 货币资金		5478907.55
加:不减少流动资金的费用和损失		49697536.96	2. 短期投资		
(1)固定资产折旧		-282048.72	3. 应收票据		
(2)无形资产、递延资产及其他资产摊销(减其他负债转销)			4. 应收帐款净额		63397.79
(3)固定资产盘亏(减盘盈)			5. 预付货款		-26033805.18
(4)清理固定资产损失(减清理费用)			6. 其他应收款		18889761.05
(5)递延税款			7. 待摊费用		807781.60
(6)其他不减少流动资金的费用和损失			8. 存货		14435762.60
小 计		43415487.54	9. 待处理流动资产净损失(减收益)		554084.55
2. 其他来源:			10. 一年内到期的长期债券投资		
(1)固定资产清理收入(减清理费用)			11. 其他流动资产		
(2)增加长期负债			流动资产增加净额		19495889.96
(3)收回长期投资					
(4)对外投资转出固定资产					
(5)对外投资转出无形资产					
(6)资本净增加额		19740298.02	二、流动负债本年增加数:		
小 计		19740298.02	1. 短期借款		-3820000.00
流动资金来源合计		60155785.56	2. 应付票据		
二、流动资金运用:			3. 应付帐款		-9315105.39
1. 利润分配			4. 预收货款		263785.19
(1)提取盈余公积金		3386603.00	5. 应付福利费		-172589.66
(2)提取法定公益金		1630302.00	6. 未付股利		20529631.36
(3)提取任意公积金			7. 未交税金		80701.86
(4)已分配股利		38626631.26	8. 其他未交款		
小 计		43697536.26	9. 其他应付款		23839835.47
2. 其他运用			10. 预提费用		-1263433.01
(1)固定资产和在建工程净增加额		12482365.03	11. 一年内到期的长期负债		
(2)增加无形资产、递延资产及其他资产		4524021.54	12. 其他流动负债		
(3)偿还长期负债		5000000.00			
(4)增加长期投资		8698797.51			
小 计		33105284.18			
流动资金运用合计		73882720.44	流动负债增加净额		36142824.84
流动资金增加净额		-10646934.88	流动资金增加净额		-16546934.88

资 产 负 债 表

会股01表

编制单位:湖南正虹饲料股份有限公司 1996年12月31日 已审 单位:元

资产	行次	1995年12月31日	1996年12月31日	负债及股东权益	行次	1995年12月31日	1996年12月31日
流动资产:				流动负债:			
货币资金		33137993.94	38616901.49	短期借款		22420000.00	18600000.00
短期投资				应付票据			
应收票据				应付帐款		30143731.17	20828624.78
应收帐款		8848340.65	8912362.06	预收货款			263785.19
减:坏帐准备		88500.00	89123.62	应付福利费		95870.01	-76719.65
应收帐款净额		8759840.65	8823238.44	未付股利		1164256.41	32203887.77
预付货款		44799757.68	24765952.50	未交税金		313058.12	393760.00
其他应收款		7967439.34	26157200.39	其他未交款			
待摊费用		46440.00	854221.60	其他应付款		5780930.16	29620765.63
存货		35817092.55	50252855.15	预提费用		1274933.01	11500.00
待处理流动资产净损失				一年内到期的长期负债			
一年内到期的长期债券投资			554084.55	其他流动负债			
其他流动资产				流动负债合计		71702778.88	101845603.72
流动资产合计		130528564.15	150024454.12	长期负债:			
长期投资:				长期借款		5000000.00	
长期投资		7264500.00	15363297.51	应付债券			
固定资产:				长期应付款			
固定资产原价		25581453.07	35034933.62	其他长期负债			
减:累计折旧		5756205.23	5474156.51	长期负债合计			
固定资产净值		19825247.34	29560777.11	递延税项:			
固定资产清理				递延税款贷项			
在建工程			3028884.48	负债合计		76702778.88	101845603.72
待处理固定资产净损失				股东权益:			
固定资产合计		19825247.84	32589661.59	股本		34318441.81	80180000.00
无形资产及递延资产:				资本公积		11188272.00	28916603.14
无形资产		8440772.00	12193836.00	盈余公积		43849591.31	
递延资产			770957.64	其中:公益金			
无形资产及递延资产合计		8440772.00	12964793.64	未分配利润			
其他长期资产:				股东权益合计		89356305.12	109096603.14
其他长期资产							
递延税项:							
递延税款借项							
资产合计		166959084.00	210942206.86	负债及股东权益合计		166959084.00	210942206.86

湖南正虹饲料股份有限公司1997年度中期报告

一、财务报告(未经审计)

(一)简化的资产负债表

1997年6月30日 单位:人民币元

项目	期初数		期末数	
	母公司	合并数	母公司	合并数
流动资产	150,024,454.12	150,024,454.12	447,875,557.58	464,703,271.52
长期投资	15,363,297.51	15,363,297.51	41,417,438.72	24,590,694.75
固定资产净值	29,560,777.11	29,560,777.11	30,676,282.11	46,595,949.90
在建工程	3,028,884.48	3,028,884.48	3,371,877.23	3,457,969.59
无形资产及递延资产	12,964,793.64	12,964,793.64	12,071,890.00	17,115,825.89
其他长期资产				
资产总计	210,942,206.86	210,942,206.86	535,413,053.64	556,463,711.65
流动负债	101,845,603.72	101,845,603.72	50,660,350.28	58,480,538.86
长期负债			6,421,849.66	7,221,849.66
负债合计	101,845,603.72	101,845,603.72	57,082,199.94	65,702,388.52
少数股东权益				12,430,469.43
股本	80,180,000.00	80,180,000.00	130,180,000.00	130,180,000.00
资本公积	28,916,603.14	28,916,603.14	318,714,269.41	318,714,269.41
盈余公积				
未分配利润			29,436,584.29	29,436,584.29
股东权益合计	109,096,603.14	109,096,603.14	478,330,853.70	478,330,853.70
负债及股东权益总计	210,942,206.86	210,942,206.86	535,413,053.64	556,463,711.65

(二)简化的损益表

1997年6月 单位:人民币元

项目	1996年1-6月		1997年1-6月	
	母公司	合并数	母公司	合并数
主营业务收入	215,775,550.95	215,775,550.95	250,061,211.80	299,349,165.06
主营业务利润	16,617,572.30	16,617,572.30	23,198,687.90	23,520,055.17
其他业务利润	1,438,300.00	1,438,330.00		15,480.10
投资收益	1,754,533.00	1,754,533.00	6,841,837.00	6,677,447.20
营业外收支净额	233,359.00	233,359.00	603,940.00	618,070.74
利润总额	19,571,046.30	19,571,046.30	29,436,584.29	29,594,911.73
所得税				

少数股东损益				158,327.44
净利润	19,571,046.30	19,571,046.30	29,436,584.29	29,436,584.29

(三)其他财务指标:(摊薄)

	1997年6月	1996年6月
每股收益	0.226元	0.15元
每股净资产	3.67元	0.838元
净资产收益率	6.15%	4.09%

(四)财务报表附注:

1. 本期财务报告所采用的会计政策及会计方法与公司招股说明书中所采用的会计政策及会计方法一致。

2. 企业所得税按照国家税务总局国税函(1996)366号文件的规定,本企业仍暂以湖南岳阳屈原农垦集团公司为统一纳税人缴纳企业所得税。根据湖南省人民政府湘政发(1995)28号文件的规定:"从1996年起,我省地方财政从饲料加工企业所得的所得税3年内全部返还给企业"。本企业仍享受此优惠政策。

3. 货币资金较年初增加124,923,079.08元,系发行股票募集资金待使用的部分。

4. 应收帐款净额比年初增加16,653,426.98元,系公司扩大销售及市场原因导致客户付款不及时,无持股5%以上的股东单位的欠款。

5. 应收票据15,000,000.00元,系增加票据结算所致。

6. 预付货款比年初增加123,576,517.87元,是由于本公司扩大生产规模,国内原料供应紧张而向国外订购原料而增加的材料采购支出。

7. 其他应收款比年初增加23,747,477.76元,主要是各联营企业临时占用流动资金所致,无持股5%以上的股东单位欠款。

8. 存货减少了5,192,502.48元,是加大促销力度,使库存产品大大减少。

9. 长期投资比年初增加了26,054,141.21元,主要是按招股说明书披露的资金投向,用募集资金增加了各联营的投资,并部分取得了控股权。

10. 未交税金比年初增加683,280.12元,主要是增加了未交印花税600,000.00元。

11. 其他应付款比年初减少17,896,350.53元,主要是偿还欠款所致。

12. 其他长期负债比年初增加6,421,849.66元,是本企业用无形资产使用权向联营企业投资,因本部的无形资产使用权没有入帐反映,因此按投资作价的数额,作递延投资损益处理。

13. 股本增加5,000万元,是发行流通股5,000万股。

14. 资本公积增加289,797,666.27元,是溢价发行股票所募资金扣除发行费用和资产评估增值后所致。

15. 关联企业:

公司拥有其40%以上权益的企业,均系有限责任公司,本报告期内无关联交易。

单位名称	投资额	投资所占比例(%)	主营业务
内蒙赤峰正虹饲料有限公司	1,438,460.65	40	饲料
河南镇平正虹饲料有限公司	1,150,136.92	50	饲料
山东菏泽正虹饲料有限公司	2,577,727.50	45	饲料
山东昌邑正虹饲料有限公司	2,657,900.00	51	饲料
福建将乐正虹饲料有限公司	886,115.00	51	饲料
云南宜威正虹饲料有限公司	913,134.00	51	饲料
安徽淮北正虹饲料有限公司	1,971,512.00	50	饲料
湖南衡东正虹饲料有限公司	2,623,954.00	51	饲料
江苏江阴正虹饲料有限公司	3,420,900.00	51	饲料
湖南湘西正虹饲料有限公司	2,307,640.00	70	饲料
湖南正虹塑料包装有限公司	1,143,916.53	50	塑料编织袋
江西吉安正虹饲料有限公司	1,107,881.00	100	饲料
河北衡水正虹饲料有限公司	1,228,890.00	51	饲料
湖南屈原油脂公司	1,750,000.00	43	植物油
湖南正德包装制品有限公司	3,239,290.00	100	水泥包装
湖南正虹种猪场	13,000,000.00	100	种猪养殖

二、经营情况回顾与展望

(一)上半年经营情况回顾:

1. 本公司经湖南省人民政府批准,由湖南省岳阳市屈原农垦集团公司为独家发起人,对其所属的湖南正虹饲料厂进行股份制改组,向社会公开募集5000万股人民币普通股而设立,并于1997年3月12日经湖南省工商行政管理局注册登记。

公司自创立以来,坚持"以市场为导向、以质量为根本、以效益为中心"的经营方针,以转换经营机制、规范公司运作,发展主营业务为工作重点,依据国家产业政策,在稳定主导产品"正虹001"浓缩料生产规模的基础上,大力度地推出新一代产品——"正虹王"猪用高档浓缩料投入市场,并努力拓宽市场覆盖面和提高其在市场的占有率;配套屈原农垦集团公司"百万头瘦肉型牲猪养殖工程"积极推广猪用全价颗粒系列饲料,培植公司新的经济增长点;着力强化公司内部管理,努力降低各种消耗,增产增收,开源节支,最大限度地消除一部分市场波动因素造成的影响;加快企业新上项目的投入、产出速度。公司联营企业经过前期的投入和产品市场培育,今年上半年发展较快。其产量比去年同期增长1.1倍,实现利润增长1倍。

截止1997年6月30日,本公司共实现销售收入29,935万元、实现利润2944万元,分别完成公司招股说明书预测的43.9%和47.2%,分别比去年同期增长38.74%和50.4%。

2. 根据本公司《招股说明书》披露的资金投向计划,今年上半年公司分别以固定资产投入和增加流动资金的方式,对原有十家基础较好、市场容量较大、发展前景可观的联营企业追加投资4300万元。其中包括对安徽淮北正虹、河北衡水正虹、江苏江阴正虹等公司进行了投资扩股,其生产能力扩建为3至5万吨。同时,在黑龙江省牡丹江市独资兴建宁安正虹饲料有限公司,5月份即破土动工,目前工程进展顺利,下半年即可投产。其生产规模为年产5万吨。此外另有厂家尚处考察、论证、签约阶段。

3. 预混料生产中心项目的建设已按分步实施原则进行。前期已投入资金480万元,完成了征地、设计等前期工作,共征地39600平方米,计划8月份动工,力争年底部分投产。

4. 与屈原农垦集团公司"百万头瘦肉型牲猪养殖工程"配套项目已全面启动,计划首期投入资金2500万元,以"公司+农户"的模式推广正虹牌猪用全价颗粒系列饲料,扶持1000个养猪专业大户。上半年饲料贷放资金已达1500多万元,已出栏牲猪18万头。与项目配套(计划总投资3378万元)的种猪基地工程已进入前期征地、设计阶段,预计年底基建工程可望完成。

5. 公司今年3月投资520万元新建的纸塑包装厂(其中:固定资产投入320万元,流动资金投入200万元)5月份已投入生产,目前市场销售情况看好。

6. 公司根据既定的发展战略和长远目标,加速新产品的开发和科研,不断提高产品科技含量,增强市场竞争能力。今年6月,正虹系列饲料又被中国质量管理协会用户委员会评为"用户满意产品"。

7. 根据国内饲料行业上半年销售偏淡,下半年销售较旺以及公司运作时间短,各新上项目尚处于前期投入阶段等特点,公司强化以"计划申报制"为核心的目标计划管理,以"质量优先、节能降耗、有序高效"为原则的生产现场管理,努力降低生产成本,控制费用支出,在产销量较去年同期增长的情况下,费用降低了十四个百分点。

8. 根据饲料市场竞争日趋激烈的现状,公司提出了"生产围绕经营转、经营围绕效益转、一切围绕市场转"工作思路和"企业内外,用户至上"的经营方针,把开拓市场、扩大销售作为企业经营的重中之重来抓,着力调整充实营销一线的力量,努力实现优质产品与优质服务的统一。今年1

至6月正虹系列饲料销售量比去年同期增加了2.76万吨，增长了30.20%。

(二)下半年工作计划与展望

董事会认为，下半年按一般规律是饲料产销旺季，也是公司出色完成本年度财务计划的极为有利时期，对此我们充满信心。公司将继续贯彻"开拓经营、稳健发展"的方针，并致力于以下各项工作。

1. 按《公司法》等法律法规的规定，规范公司运作和信息披露，努力提高公司经营管理水平，力争出色完成股东大会制定的各项任务。

2. 着力抓好产品质量管理，强化市场意识，深入市场调研，组织下乡串户科技服务，巩固占领、开发拓展销售市场，使正虹系列饲料产销量较上半年有较大幅度的增长。

3. 抓紧各联营企业增资扩股项目的实施，尽快完成计划内规划扩张和技术改造工作，使联营企业猪浓缩饲料产销比上年度增长50%以上。

4. 加快黑龙江宁安正虹(独资)公司的建设速度，扎实抓好资金到位、设备到位和安装调试工作，力争按期投产，迅速拓宽市场。

5. 继续按计划投资"百万头瘦肉型牲猪养殖工程"配套项目，加强猪用全价颗粒系列饲料的推广宣传和喂养技术指导，理顺各种关系，重点扶持1000个养殖大户，力争全年出栏牲猪达35万头。

6. 抓好预混料生产中心项目第一期工程破土动工，力争年底竣工投产。

7. 组织专门班子，在相关部门的指导下，迅速筛选1-2个高科技项目，作好实施可行性论证，创造新的经济增长点。

8. 引进10-15名大学本科专业人才，充实科研队伍和科技服务队伍，加速人才储备。

三、重大事项说明

1. 本公司于1997年3月12日募集设立，1996年年度报告是模拟股份公司作出的，曾刊登 在1997年4月28日《证券时报》。

2. 本公司不进行中期分红和公积金转增股本。

3. 本公司在国务院证券委、中国人民银行、国家经贸委发出《严禁国有企业和上市公司炒作股票》的文件后，认真学习贯彻文件精神，进行了自查自纠。公司没有炒作本公司股票，目前尚未持有其他上市公司股票，只分别在深圳证券交易所和上海证券交易所以本公司名义开设股票帐户，帐户代码为52341198、05553030。今后公司如从事股票、期货投资，将严格遵循国家有关政策、法规和本公司《章程》。

4. 本公司在本报告期内无重大诉讼、仲裁事项。

5. 公司副总经理陈兴良先生调屈原农垦集团公司任职，董事会同意其辞去公司副总经理职务。

6. 关于募集资金之运用：

公司本报告期内发行A种股票5000万股，实际募集资金33,980万元(已扣除发行费用1,320万元)。一是按《招股说明书》披露的投资项目使用，按本中报前述投资项目累计已投入6800万元；二是用于向国外订购原料，临时垫付生产周转10,900万元；尚余货币资金16,354万元。

四、发行在外股票的变动和股权结构的变化

(一)股权结构(万股)

	1996.12.31	发行后股本变动(+、-)	1997.6.30
1. 尚未流通股			
(1)发起人股	8018	0	8018
(2)高级人员持股及员工内部股	0	+500	8518
(3)尚未流通股合计	8018	500	8518
2. 已流通股			
(1)境内上市人民币普通股	0	+4500	4500
(2)已流通股合计	0	4500	4500
3. 股本总额	8018	+5000	13018

(二)主要股东持股情况

截止1997年6月30日前十名最大的股东持股：

股 东 名 称	期末持股数(股)	比例(%)
1)屈原农垦集团公司	80180000	61.59
2)毕照宇	452000	0.347
3)兴业三	437885	0.336
4)广东达源投资顾问有限公司	395000	0.303
5)深圳市中万德实业有限公司	294000	0.225
6)陈就卿	242291	0.186
7)李　军	230000	0.177
8)黄连燕	222740	0.171
9)北京一川投资顾问有限公司	200000	0.153
10)刘颖	200000	0.153

五、股东大会简介

湖南正虹饲料股份有限公司创立大会暨第一次股东大会于1997年3月8日在湖南屈原农场影剧院召开，出席本次股东大会代表273人，代表股份80,985,131股，占公司总股本的62.21%，符合《公司法》的规定，大会审议通过了如下决议：

1. 审议通过了关于公司筹建的工作报告；

2. 审议同意成立湖南正虹饲料股份有限公司；

3. 审议通过了公司《章程》；

4. 选举吴明夏、葛孟玲、李德发、曹国庆、杨坤明为公司第一届董事会成员；

5. 选举徐立堂、蒋建凯、周宗文为公司第一届监事会成员；

6. 审议通过了筹委会关于发行费用的报告；

7. 审议通过了本公司社会公众股在深交所上市的报告及授权公司董事会办理的其他有关事宜。

湖南正虹饲料股份有限公司第一届董事会第二次会议于1997年4月20日召开，审议通过了如下决议：

1. 审议通过了公司模拟股份有限公司编制的《一九九六年年度报告》；

2. 审议通过了1996年财务决算和1997年财务预算的报告；

3. 因1996年度利润已参与折股和分配给发起人，故重申新股东不参与1996年年度利润分配。

六、备查文件

1. 载有董事长、总经理签名的本公司1997年中期报告原本；

2. 公司《章程》。

查阅地址：湖南正虹饲料股份有限公司证券部

电话：0730-5723508

联系人：曹国庆、田新根

湖南正虹饲料股份有限公司董事会

董事长兼总经理：吴明夏

1997年8月26日

湖北双环碱业股份有限公司

湖北双环碱业股份有限公司招股说明书概要

一、释义

本招股说明书中,除非文意另有所指,下列词语具有如下含义:

1. 本公司(或公司或发行人):指湖北双环碱业股份有限公司
2. 集团公司:指湖北双环化工集团公司
3. 化工厂:指原湖北省化工厂
4. 证监会:指中国证券监督管理委员会
5. 主承销商:指湖北证券公司
6. 上市推荐人:指君安证券有限公司、湖北证券公司
7. 承销商:指由主承销商依法组成的承销本公司本次发行股票的承销团各成员
8. 元:指人民币元
9. 股票:指本公司每股面值1.00元人民币普通股
10. 本次发行:本公司本次向社会公众发行60,000,000A股股票

二、绪言

本招股说明书概要是依据《中华人民共和国公司法》、《股票发行与交易管理暂行条例》、《公开发行股票公司信息披露实施细则》等国家现行有关证券管理法规及政策,并基于本公司的真实情况而编制,旨在向投资者提供本公司的基本情况及本次发行和认购的各项有关资料。本公司董事会全体成员已经通过本招股说明书概要,确信所摘内容与招股说明书正文一致且无重大误导、虚假及遗漏。

本次发行的股票是根据招股说明书所载明的资料申请发行的。除本发行人和主承销商外,没有委托或授权任何其它人提供未在本说明书中列载的信息和对本说明书作任何解释或者说明。

因买卖公司股票依法所需缴纳的税款,当由投资者自行负担,发行人、承销商和上市推荐人对此不承担责任。

本次发行已经中国证券监督管理委员会证监发字[1997]92号文和证监发字[1997]93号文批准。

三、发售新股的有关当事人

1. 发行人:湖北双环碱业股份有限公司
住所:湖北省应城市东马坊团结大道26号
法定代表人:何光安
电话:(0712)3591099　传真:(0712)3591188
联系人:陈卓平、张建

2. 主承销商:湖北证券公司
住所:武汉市武昌彭刘杨路232号
法定代表人:陈浩武
电话:(027)8311774　传真:(027)8040071
联系人:刘耀先、罗先进、施伟

3. 发行人财务顾问:湖北证券公司

4. 上市推荐人:君安证券有限公司
住所:深圳市罗湖区春风路5号
法定代表人:张国庆
电话:(0755)2175560　传真:(0755)2296188
联系人:朱仙奋
湖北证券公司
住所:武汉市武昌彭刘杨路232号
法定代表人:陈浩武

5. 副主承销商及分销商:
副主承销商:深圳国投证券有限公司
住所:深圳市罗湖区红岭中路7号国际信托大厦三楼
法定代表人:叶连捷
电话:(0755)5894167　传真:(0755)5546179
联系人:宋向前　王小刚
分销商:君安证券有限公司
住所:深圳市罗湖区春风路5号
法定代表人:张国庆
分销商:厦门国际信托投资公司
住所:湖滨北路振业大厦
法定代表人:游永华
分销商:陕西省证券公司
住所:西安市解放路233号
法定代表人:吴全昌
分销商:内蒙古自治区证券公司
住所:呼和浩特市中山西路53号
法定代表人:王连庄
分销商:河北证券有限责任公司
住所:石家庄市裕华中路23号
法定代表人:武铁锁
分销商:三峡证券有限公司
住所:宜昌市夷陵大道85号
法定代表人:邓贵安
分销商:武汉市信托投资公司
住所:江岸区兰陵路24号
法定代表人:李明
分销商:内蒙古自治区信托投资公司
住所:呼和浩特市新城区迎宾北路内蒙古政府大院11号楼
法定代表人:吴宏智
分销商:蔚深证券有限责任公司
住所:深圳市福田区振华路飞亚达大厦五楼
法定代表人:熊秉权

6. 发行人法律顾问:信达律师事务所
住所:深圳市深南中路东风大厦21层
电话:(0755)3243139　传真:(0755)3243108
经办律师:霍庭、刘凤良、张炯

7. 主承销商法律顾问:北京市中银律师事务所
住所:北京西城区南礼士路21号核工之家648房
法定代表人:朱玉栓
电话:(010)68573796　传真:(010)68573559
经办律师:朱玉栓、林静

8. 财务审计机构:湖北会计师事务所
住所:武汉市武昌水果湖横路7号
法定代表人;李贵斌
电话:(027)7840961　传真:(027)7843095
经办注册会计师:李婧、李连灯

9.资产评估机构:湖北万信会计师事务所

住所:湖北饭店三号楼四楼460

法定代表人:张金才

电话:(027)7828357　传真:(027)7828357

经办评估人员:柯国珍、袁子和

10.资产评估确认机构:湖北省国有资产管理局

住所:武汉市武昌北路八号

电话:(027)7824427　传真:(027)7813814

11.股票登记机构:深圳证券登记结算有限公司

住所:深圳市红岭中路25号

法定代表人:庄心一

电话:(0755)5595572　5585543　传真:(0755)5571127

四、发行情况

1.股票类型:本次发行的股票为人民币普通股(A股),每股面值为人民币1元。

2.发行时间:1997年4月3日

3.发行地区:中华人民共和国境内与深圳证券交易所联网的全国各证券交易网点。

4.发行对象:在深交所进行股东登记的中华人民共和国公民及法人(国家法律、法规禁止者除外)。

5.上市交易所:深圳证券交易所

6.发行方式:通过深圳证券交易所交易系统上网定价发行。

7.每股发行价:每股发行价为人民币7.60元。

计算公式=(1994年度每股税后利润+1995年度每股税后利润+1996年度每股税后利润)/3×市盈率=0.51×14.90=7.60元

根据湖北省人民政府鄂政函(1997)15号文,公司本次发行上市后所得税按15%的税率征收。

8.发行量及发行总市值:本次发行量为60,000,000股,发行总市值为456,000,000元。

9.本次发行前每股净资产1.97元,本次发行后每股净资产3.87元。

五、风险因素及对策

1.风险因素

投资者在评价本发行人此次发售的股票时,除本招股说明书提供的其他资料外,应特别认真地考虑下述各项风险因素。

1.1经营风险

1.1.1原料、燃料价格波动的风险

公司生产所需原料之一为重油,燃料为煤,其成本占整个制造成本的30%,其价格的上涨会导致生产成本的增加,并影响利润的增长。

1.1.2产品销售风险

公司产品的部分市场是建材行业,建材行业景气度受国家宏观调控的影响,有引起公司产品销售波动的可能。

1.1.3公司生产所需电力由电网统一调度和公司自备发电,自备发电可能会因发电用煤价格的上涨而导致成本增加。

1.1.4产品结构风险

公司产品从性质上看,基本属于原材料和基础化工类,从产品结构上分析,纯碱和氯化铵占产品总量的绝大部分,因此,存在产品结构相对趋同的现象。

1.1.5公司主导产品之一氯化铵是农用化肥,国家对化肥销售价格有政策上的限制,会影响利润的增长。

1.1.6公司产品的出口主要由集团公司代理,集团公司对外销售的能力和效果,将影响公司产品的出口。

1.1.7公司化肥的生产享受国家化肥生产用电的优惠,如果国家优惠政策取消,将会影响公司化肥生产的成本。

1.1.8由于利率的变化和通货膨胀率因素的影响,公司在融资方面会受到一定程度的影响和限制。

1.2行业风险

1.2.1公司的纯碱生产属原材料化工业,目前的国内生产能力为700万吨/年左右,需求量为800万吨/年左右,行业内部的竞争有日益激烈的趋势。

1.2.2环保风险

公司1994、1995、1996三年的环保费用分别为227.4万元、267.1万元、216.3万元。随着生产规模的扩大和人民生活质量的提高,国家对环保的要求也越来越高,公司面临着继续从严控制污染的压力。

1.3市场风险

1.3.1公司产品属于基础化工和原材料类,国家宏观调控政策的变化和市场供求关系的变化,会影响公司产品的生产和销售。

1.3.2公司产品的主要市场为中南、西南、华东等地区,目前在全国的市场占有率为7%左右,在全省为90%左右,还没有形成复盖全国的市场网络,产品销售地区由于受国内纯碱生产企业的布局影响,在北方受到一定的限制。

1.3.3我国正在准备加入世界贸易组织,公司产品的外销率为10%左右,公司将面临一个更加开放的市场。国际竞争会更加激烈。

1.4项目投资风险

公司拟投资项目资金需求量较大,工期紧,如果不能如期建成,对公司按时收回投资,实现预定目标将产生不良影响。

1.5政策性风险

国家关于税务、对支农产品的生产企业优惠政策的变化,将影响公司的生产经营和利润增长。

1.6股市风险

股市有风险,投资者还应该注意由于股价波动而给投资本公司股票所带来的风险。诸多与本公司生产经营本无直接影响的政治、经济政策以及投资者的心理变化等,都可能引起股市波动从而影响本公司股票的价格,给投资者带来一定的投资风险。对此,投资者应有充分的心理准备。

2.风险对策

针对上述风险因素,本公司已经或准备采取以下对策:

2.1生产经营风险的对策

2.1.1原、燃料供应风险的对策

公司的重油主要来自荆门炼油厂和武汉石化总厂以及邻近省份的安庆石化总厂和中原油田。公司发电供热所需原煤主要由河南省的新密及陕西省的路安煤矿供应。公司电力由华中电网经孝感及长江埠变电站11万伏双回路供电。公司已与这些公司建立了长期稳定的合作关系,同时,公司自备电厂也能保持供电,能保障和满足生产所需。公司1987年即达到国家节能二级企业标准水平,而且将节能降耗作为公司生产过程中始终重视的课题。

2.1.2产品销售风险的对策

公司产品有较广阔的市场,主要销往湖北、湖南、广东、广西、上海、江苏、浙江等省、市自治区,并在东南亚占有一定市场。公司将进一步扩大和完善销售服务体系和网络,提高服务质量,巩固现有客户,开拓新的市场,灵活地安排生产,开发新产品,将经济周期波动的影响降到最低。

2.1.3产品结构风险对策

如本次发行成功,本公司拟将所募集资金的一部分用于新建年产0.6万吨氯磺化聚乙烯工程。氯磺化聚乙烯是一种特殊合成橡胶,应用前景广阔,市场需求量大。项目建成投产后,将成为公司的一个新的利润增长点。同时,公司将继续加大新产品开发的力度,以分散产品结构的风险。

2.2行业风险的对策

2.2.1竞争风险的对策

2.2.1.1对于行业内部竞争,公司将充分利用原料成本低,生产技术先进的优势,实施名牌战略,将公司产品的"省优"、"部优"称号再上新台

阶,成为公认的名牌精品。同时开辟新的销售渠道,扩大市场占有率。

2.2.1.2 公司将实施多元化、国际化经营战略,优化产品结构,培植新的利润增长点,增强公司的应变能力。

2.2.2 环保风险的对策

公司在继续巩固现有的环保成果基础上,拟采取如下措施,不断提高环保水平:

2.2.2.1 对新炭黑装置进行改造,争取 97 年底开始不排炭黑水;

2.2.2.2 对粉煤灰综合治理工程继续施工,完善粉煤灰的综合利用。

2.2.3 市场风险的对策

面对国内外竞争对手,公司正在树立全新的市场营销观念,将售前服务、售中服务、售后服务有机地结合起来。采取现代营销手法,提高产品的知名度和市场的占有率。

2.2.4 关于世界贸易组织

公司将进一步提高产品质量、加强成本管理,利用中国加入世界贸易组织的时机,在巩固现有国外市场的基础上,大力开拓新的市场,发展外向型经济,主动减少或消除“复关”后带来的的负面影响。

2.2.5 股市风险的对策

公司将通过积极的措施,加强经营管理,保持利润的稳定增长,为股东创造稳定丰厚的收益,保持企业良好的形象,尽可能降低投资风险。

六、募集资金的运用

本公司此次发行面值为人民币 1 元的普通股 6000 万股,扣除各项发行费用后,预计实际可募集资金 43970 万元,本公司拟将所募资金用于以下项目:

1. 投资 38370 万元,用于增产 14 万吨联碱技改及配套项目。项目改造完成后,可年增产纯碱、氯化铵各 14 万吨,即公司联碱年生产能力由 30 万吨增到 44 万吨。纯碱广泛用于玻璃、冶金、石油化工、纺织、医药、国防、合成纤维、造纸、洗涤剂、食品工业及日常生活;氯化铵是一种优质氮肥,适用除烟叶、糖类之外的其它各种农作物。以上两种产品分别属于国家重点扶持的基础化工原料行业和支农行业,市场缺口较大。该项目 1996 年 10 月完成了设计工作,预计 1997 年下半年完成土建和设备安装工程,计划 1998 年 6 月试车投产。计划 1997 年投入资金 80%,1998 年投入资金 20%,流动资金随生产负荷变化逐年投入使用。该项目投资回收期为 4.32 年。项目投产后,每年可增加销售收入 27837 万元,利润 11949 万元。该项目已由国家经贸委[国经贸改(1995)842 号]文批准立项。该项目原为拟合资建设项目,由于外资方改变了合资意向,因此,本公司决定独资建设该项目。

该项目的配套工程包括:(1)制盐提硝技改项目,投产后,可保证主体项目的原料盐供应,还提供高纯度芒硝 3.2 万吨/年;(2)热电厂技改项目,投产后年新增供汽量 80 万吨,发电量 7000 万 KWH,保证主体项目的供电、供汽;(3)合成氨系统节能增产改造项目,投产后,年节电 1.8 万 kwh,产生 1.3Mpa 蒸汽 64000 吨,保证纯碱、氯化铵增产各 14 万吨/年;(4)重碱煅烧部分技术改造项目,投产后,除满足 14 万吨/年改造工程纯碱需要外,还能年节约蒸汽 88.000 吨,节约支出 528 万元。

2. 投资 11000 万元,用于新建年产 0.6 万吨氯磺化聚乙烯工程。氯磺化聚乙烯是一种特殊合成橡胶,属国家“九五”推广产品,广泛应用于建筑、电缆、汽车工业、工业胶管带、辊和防腐涂料及粘合剂等,市场前景广阔。项目投资回收期为 4.9 年。项目建成后,可年增销售收入 9645 万元,利润 2858 万元,投资利润率为 29.89%。该项目已由国家经贸委[国经贸改(1996)555 号]文批准立项。

资金运用计划表:

单位:万元

	总投资概算	募集资金运用计划 1997 年	1998 年
增产 14 万吨/年联碱技改及配套工程	47899	30696	2274
新增 0.6 万吨/年氯磺化聚乙烯工程	11000	8800	2200
合　计	58899	39496	4474

说明:(1)本次募集资金按计划分期投入,对 97 年暂闲置的资金拟作为企业流动资金。

(2)根据募集资金的使用计划,公司项目建设资金缺口约为 14929 万元。1996 年 10 月 29 日,建设银行湖北省分行已承诺为本公司提供 14000 万元贷款,剩余 929 万元的资金缺口用企业折旧解决。

七、股利分配政策

1. 股利分配的一般政策:

公司每年的税后利润,按下列顺序和比例分配:

1.1 弥补以前年度亏损;

1.2 提取 10% 的法定公积金;

1.3 提取 5%—10% 的公益金;

1.4 提取任意盈余公积金;

1.5 支付股利。

税后利润的具体分配比例由董事会根据公司本年度的经营状况拟定,由股东大会审批。上一个会计年度亏损未弥补之前不分红利。上一个会计年度未分配的利润,可并入本会计年度分配。

本公司原则上每年分派股利一次,按股分配,在公司年终决算后进行,董事会有特别决议除外。普通股不支付固定股息,股利支付采用现金或股票形式。在分配股利时,按照法律规定代扣并代缴各股东所获股利收入应缴的税金。分派股利采用指定报刊公告的方法通知股东。

2. 公司在本次股票发行后的第一个盈利年度将派发股利,预计首次分配在 1998 年 6 月底以前进行。

3. 公司对股东分别派发了 1994 年度,1995 年度股利,每股 0.265 元,用现金派发。根据 1997 年元月 31 日董事会拟订的预分配案,1996 年度股利以每股 0.235 元派发,预计在 1997 年 6 月底以前实施,具体分配方案由 1996 年度股东大会决议。新股东将不参与公司 1996 年度的股利分配。

湖北双环化工集团公司结构图

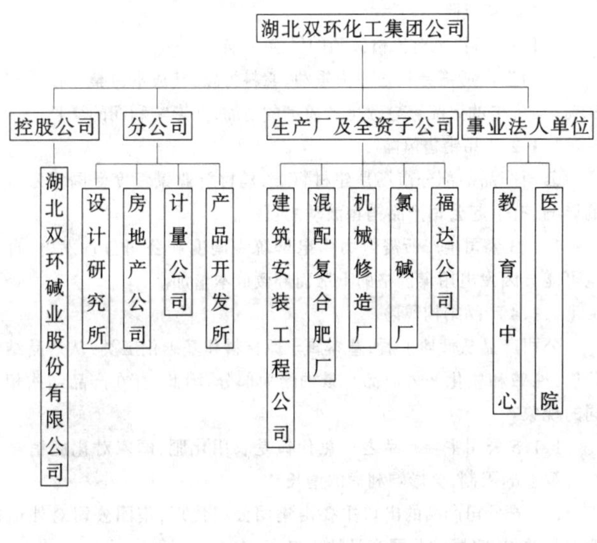

公司组织结构图

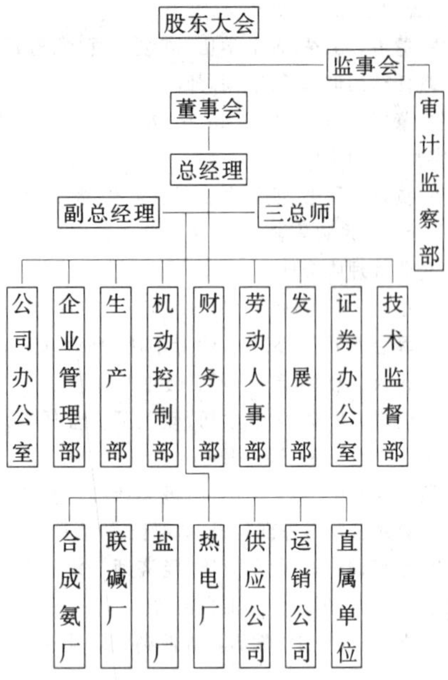

4. 根据本公司1996年9月28日临时股东大会决议，本次股票发行完成前的滚存利润由新老股东共同享有。

八、发行人情况

1. 公司名称：湖北双环碱业股份有限公司
2. 公司成立日期：1993年12月27日
3. 公司住所：湖北省应城市东马坊团结大道26号
4. 法定代表人：何光安
5. 注册地：在湖北省注册登记
6. 历史沿革

本公司是1993年3月28日经湖北省体改委鄂改(1993)164号文批准设立的定向募集股份公司，由原湖北省化工厂作为主要发起人与湖北省物产总公司、湖北省化工厂红双环实业公司共同发起。

公司设立时，原湖北省化工厂以下属合成氨厂、联碱厂、盐厂和热电厂的经评估的净资产投资入股，根据资产评估结果和湖北省国资局鄂国资办评发(1993)94号文的确认，进入股份公司经营性资产9416万元(含土地使用权价值1341万元)折国家股7071万股(每股一元)，折股剩余部分计2345万元，列入股份公司资本公积金，实际折股比例为1:1.1，其中1638万元为国有资产权益。其它两家发起人按1:1.1元的比例以现金认购210万股，按同一比例向内部职工募集1857万股，向法人单位募集1750万法人股。总股本为10888万股。公司于1993年12月27日在湖北省工商行政管理局注册登记。

原湖北省化工厂筹建于1970年4月，1980年元月建成投产。主要生产纯碱、氯化铵和复合肥，是我国纯碱制造行业中八大碱厂之一，也是全国规模较大的联合制碱企业和中南地区唯一的大纯碱厂，属于国家重点扶持的基础化工原料生产企业和支农企业。

1994年5月21日，经湖北省人民政府的批准，原湖北省化工厂改制为湖北双环化工集团公司。

湖北双环化工集团公司结构图

7. 公司组织结构图

8. 职工情况

公司现有职工3444人，其中大专以上文化程度821人，占职工总数的24%，具有各类专业技术职称的674人，占职工总数的19.57%。

公司职工福利执行国家有关规定，职工在住房、医疗、教育、待业、养老等方面由集团公司统一安排，本公司按双方签订的服务协议与集团公司结算。1996年底，公司离退休人员220人。1994、1995、1996年离退休人员的费用支出分别为674,149.50元，950,962.80元，1,455,234.00元。

9. 公司经营范围

主营：生产销售纯碱、氯化铵、烧碱、混配肥、精铵、小苏打、碳黑、盐及盐化工系列产品、精细化工、氯甲烷系列产品；承担与盐化工行业相关的科研、设计及新产品的开发、设备制造、安装和建设工程项目。

兼营：批零兼营化工机械设备、电器设备、仪器仪表、金属材料、非金属矿产品、汽车客货运输、技术培训；饮食、文化、娱乐服务。

10. 公司主要业务

公司主要业务是纯碱、氯化铵、盐及盐化工系列产品、小苏打、碳黑的生产及销售。

11. 主要产品品种及生产能力

纯碱：30万吨/年；氯化铵：30万吨/年；精制盐：2万吨/年；小苏打：5000吨/年；商品碳黑：1500吨/年。

12. 产品的市场情况：

我国骨干纯碱企业大都集中在东北、华北沿海一带，导致中南、西南及华东地区纯碱供应不足。而本公司是中南地区唯一的大纯碱厂，北方碱厂产品要进入中南、西南和华东地区，其运输成本比本公司要高出70元/吨左右。湖北省是个农业大省，对氯化铵的需求量较大，本公司的氯化铵产量目前还难以满足省内市场的需要。本公司产品在湖北、湖南、广东、广西、上海、江苏、安徽、江西、浙江等省、市、自治区有稳定的市场。1996年纯碱销售量为32.88万吨，销售收入为33973万元，氯化铵销售量为31.38万吨，销售收入为21284万元。

国际市场方面，公司在马来西亚、菲律宾、泰国、香港、印尼、越南等东南亚地区有一定市场。1996年出口纯碱8800吨，氯化铵14500吨，分别占全年销售总额的2.8%和4.6%。

13. 业务收入构成表

公司主营业务收入为纯碱、氯化铵的销售收入，其余为小苏打、碳黑、氯水等产品的销售收入。

(单位：万元)

系列类别名称	96年	占比例(%)	95年	占比例(%)	94年	占比例(%)
(1)纯　碱	33973	58	32389	69	22199	68
(2)氯化铵	21284	37	13040	27	9363	29
(3)氨　水	316	0.5	253	0.5	188	0.6
(4)工业盐	950	1.6	74	1.53	34	0.1
(5)碳　黑	380	0.6	327	0.7	191	0.6
(6)硫　磺	25	0.04	13	0.02	10	0.03
(7)粒状氯化铵	9	0.02	/	/		
(8)液　氨	75	0.13	119	0.25	72	0.22
(9)出口肥	713	1.22	/	/		
(10)小苏打	517	0.89	487	1.00	457	1.45
	58242	100	46703	100	32514	100

14. 主要原材料的供应

原盐取自公司所处岩盐丰富的云应盆地，原盐储量十分丰富，国家划归公司开采的矿区，岩盐储量为10亿吨。公司下属盐厂可以低廉的成本保证公司原盐的供应，与同类产品相比，原盐成本每吨低200元左右。

所需重油、燃煤由荆门炼油厂、武汉石化总厂、中原油田和河南新密及陕西路安煤矿等企业供应。国家每年有对公司的重油、煤的供应计划发至上述单位。公司与以上单位签有供货协议。公司距武汉市70余公里，汉丹铁路和汉宜公路邻厂经过，铁路专用线进入厂内，从未发生因原材料、燃料供应而影响生产的情况。

15. 关联交易

本公司与集团公司等关联企业之间进行的所有关联交易均在正常业务范围内按正常的商业条款进行。集团公司与本公司之间的关联交易包括：集团公司为本公司提供科研开发、设备维修；为本公司职工提供生活

福利方面的服务;代理本公司进出口业务。针对以上关联交易,本公司与湖北双环化工集团公司签订了《服务协议》。

本公司与集团公司于1993年签订了《商标使用许可合同》,本公司可在1993年12月27日至2003年12月26日使用集团公司的商标,并可在前4年免费使用,1997年以后按协议付费。本公司与湖北省物产总公司、株洲玻璃厂两家关联企业有供销关系,本公司与上述单位只有保证供货的承诺,在价格等其它方面无任何优惠。

九、董事、监事、高级管理人员简介

1. 董事会成员及高级管理人员

何光安先生,董事长、总经理,51岁,大学学历,高级工程师。曾任湖北省化工厂车间副主任、主任、副厂长、厂长,是湖北省第七、八届人大代表,中国纯碱工业协会常务理事,湖北省企业管理协会常务理事,湖北省经济技术政策研究会常务理事。现任集团公司总经理。

陈筱顺先生,副董事长、党委书记,59岁,中专学历,高级政工师。曾任湖北省化工厂副科长、党委办公室主任、纪委书记、厂党委书记,现为湖北省大型企业党的工作研究会常务理事,湖北省职工思想政治工作研究会理事、湖北省劳动学会化工劳动研究分会常务理事、副会长。

周汉平先生,董事、副总经理、总工程师,59岁,大学学历,高级工程师。曾任湖北省化工厂设计室主任、副总工程师、副厂长兼总工程师。现任集团公司副总经理。

吴党生先生,董事、副总经理、党委副书记,46岁,大专学历,高级政工师。曾任湖北省化工厂车间书记、企管办副主任、副厂长、党委副书记。现任集团公司副总经理。

周名扬先生,董事、副总经理,47岁,大专学历,高级经济师。曾任湖北省化工厂车间主任、副科长、分厂厂长、副厂长 。现任集团公司副总经理。

王有余先生,董事、副总经理,52岁,大学学历,高级工程师。曾任湖北省化工厂生产调度室副主任、副处长、处长、副厂长。现任集团公司副总经理。

杨青山先生,董事、副总经理,49岁,大专学历,高级经济师。曾任湖北省化工厂车间副主任、主任、分厂厂长、副厂长。现任集团公司副总经理。

潘汉泽先生,董事、副总经理,37岁,大学学历,高级工程师。曾任湖北省化工厂分厂设备材料科副科长、科长、副厂长、厂长。现任集团公司副总经理。

赵永华先生,董事、副总经理,51岁,大学学历,高级工程师。曾任湖北省化工厂车间副主任、主任、分厂副厂长、机动处副处长、分厂厂长。现任集团公司副总经理。

陈世铮女士,董事、总会计师,49岁,大专学历,高级会计师。曾任湖北省化工厂财务科副科长,计财处副处长,审计处处长。

胡年继先生,董事,60岁,大学学历,高级工程师。曾任湖北省化工厂生产技术科科长、副厂长、总工程师。

张鲁坤先生,董事,60岁,中专学历,高级政工师。曾任湖北省化工厂分厂政工科科长、改革办副主任、集团工会副主席、主席。

李国庭先生,董事,50岁,大专学历。曾任湖北省化工厂分厂车间支部书记、分厂总支书记,厂保卫处副处长、处长,现任湖北双环化工集团红双环实业公司总经理。

刘苏塔先生,董事,劳动人事部部长,48岁,大专学历,高级经济师。曾任湖北省化工厂劳动人事处副科长、科长、副处长、处长。

毕金海先生,董事,财务部部长,51岁,大专学历,高级会计师。曾任湖北省化工厂计财处财务副科长、科长、财务处副处长。现任集团公司财务部部长。

朱树新先生,董事,党委工作部部长,50岁,大专学历,高级政工师。曾任湖北省化工厂宣传科副科长,宣传部部长。

张中国先生,董事,51岁,大学学历,曾任湖北省化工总公司副经理、经理、麻城市副市长、湖北省物资厅副厅长,湖北省物资厅厅长。现任湖北省物产集团总公司总裁。

刘嗣明先生,董事,55岁,大学学历,高级工程师,曾任车间副主任、副厂长、厂长。现任株州玻璃厂总工程师。

钱三元先生,董事,公司办主任,46岁,大专学历,经济师。曾任湖北省化工厂办公室秘书、副主任、主任。

陈卓平先生,董事会秘书,证券办主任,49岁,大专学历,经济师。曾任湖北省化工厂分厂生产科副科长、厂生产调度处副处长、企业管理部副部长、湖北化工企业管理协会理事。

2. 监事会成员

李锋先生,监事会召集人,53岁,中专学历,高级政工师。曾任湖北省化工厂副科长、科长、组织部部长、厂工会主席。

夏永红女士,监事,48岁,大专学历,政工师。曾任湖北省化工厂分厂党办副主任、分厂党总支副书记、书记。

黄健先生,监事,44岁,大专学历,高级会计师。曾任湖北省化工厂分厂办公室主任、集团公司财务部科长、副部长。

徐汉生先生,监事,48岁,大专学历,经济师。曾任湖北省化工厂车间主任、分厂工会副主席,现任分厂工会主席。

夏英先生,监事,46岁,初中学历。曾任湖北省化工厂分厂车间副班长,现任分厂车间班长。

3. 本公司双重任职的经理、财务人员均已作出承诺,在本公司股票发行上市后,在年内召开的96年度股东大会上辞去其在一方公司兼任的职务。

十、经营业绩

1. 生产经营的一般情况

本公司是全国最大的联合制碱企业和最大的八家纯碱制造企业之一,是湖北省最大的化肥和化工基本原料制造企业,也是中南地区唯一大纯碱厂。年生产能力已达合成氨13万吨,纯碱和氯化铵各30万吨,盐52万吨。1994年至1996年,公司销售收入年均递增33.84%,利润总额年均递增22.06%,税后利润年均递增21.77%,每股收益分别为0.42元、0.47元和0.62元,年均递增21.50%,净资产收益率分别为30%、29.8%、31.66%。

2. 近三年销售收入和利润总额

单位:万元

	1996年度	1995年度	1994年度
销售收入	58243	46703	32515
利润总额	10181	7705	6834
净利润	6796	5135	4583

3. 产品的性能和质量

公司一贯将产品的质量视为生命。公司采用联碱法制碱工艺,按国际标准组织生产,产品质量可靠,被评为"省优"、"部优"。1996年,纯碱一级品率为96.59%,氯化铵优级品率为93.00%。公司纯碱被化工部授予"质量好产品"。公司正在贯彻实施ISO9000质量标准,质监机构通过了化工部的检查验收,计量检测体系按ISO10012标准通过化工部评审。公司被授予"全国质量管理小组活动优秀企业",被化工部授予"全国化工技术监督工作先进单位"、"产品质量好单位"称号。

十一、股本

1. 股权变动情况

本公司是1993年3月28日经湖北省体改委鄂改(1993)164号文批准设立的定向募集股份公司,由原湖北省化工厂作为主要发起人与湖北省物产总公司、湖北省化工厂经双环实业公司共同发起。

公司设立时,原湖北省化工厂以下属合成氨厂、联碱厂、盐厂和热电厂的经评估的净资产投资入股,根据资产评估结果和湖北省国资局鄂国资办评发(1993)94号文的确认,进入股份公司经营性资产9416万元(含

土地使用权价值1341万元)折国家股7071万股(每股一元),折股剩余部分计2345万元,列入股份公司资本公积金,实际折股比例为1:1.1,其中1638万元为国有资产权益。其它两家发起人按1:1.1元的比例以现金认购210万股,按同一比例向内部职工募集1857万股,向法人单位募集1750万法人股。总股本为10888万股。公司于1993年12月27日在湖北省工商行政管理局注册登记。公司自成立以来,股权结构没有变动。

2. 本次发行前后公司的股本结构

	发行前		发行后	
	数额(万股)	占总股本比例(%)	数额(万股)	占总股本比例(%)
总股本	10888	100	16888	100
发起人股	7281	66.87	7281	43.11
其中:				
国家股	7071	64.94	7071	41.87
法人股	210	1.93	210	1.24
募集法人股	1750	16.07	1750	10.36
内部职工股	1857	17.06	1857	11.00
社会公众股	/	/	6000	35.53

3. 内部职工股托管情况

内部职工股在公司设立后即委托湖北证券公司进行了集中统一托管,现已转交武汉证券登记中心托管。湖北省证券委[鄂证办函(1997)02号]对本公司内部职工股托管情况进行了确认。根据国家有关政策的规定和公司制订的内部职工股处理方案的内部职工股在本次新股发行上市满三年后方可上市交易。

十二、主要会计资料

1. 审计报告

以下摘自湖北会计师事务所出具的审计报告[鄂会师股审字(97)004号]。

"我们接受委托,审计了湖北双环碱业股份有限公司(以下简称贵公司)1996年12月31日、1995年12月31日、1994年12月31日的资产负债表及1996年度、1995年度、1994年度的利润及利润分配表和1996年的财务状况变动表。

我们认为,上述会计报表符合《企业会计准则》和《股份制企业会计制度》的有关规定,在所有重大方面公允地反映了贵公司1996年12月31日、1995年12月31日、1994年12月31日的财务状况及1996年度、1995年度、1994年度经营成果和资金变动情况,会计处理方法的选用遵循了一贯性原则"。

2. 会计报表

(见附表一、二、三)

3. 主要会计政策

3.1 会计制度

公司执行《股份制试点企业会计制度》。

3.2 会计期间

公司会计期间为公历日历年度即(1月1日至12月31日)。

3.3 会计记帐原则和计价基础

公司按权责发生制原则,采用借贷复式记帐法记帐,并按实际成本进行计价。

3.4 存货计价方法

公司存货中材料采用计划成本核算,发出和领用的材料按上月材料成本差异率调整为实际成本。

存货中产成品采用实际成本核算,发出和领用的产成品采用后进先出法计算成本。存货中低值易耗品采用实际成本核算,发生和领用时采用一次摊销法。

3.5 固定资产及其折旧

公司固定资产采用实际成本计价。凡使用年限在一年以上,单价在2000元以上,能多次使用的财产列作固定资产进行管理。

固定资产的折旧采用平均年限法计算,按固定资产原值和估计经济使用年限确定年折旧率。

4. 会计报表主要项目注释

4.1 应收帐款

公司应收帐款期末余额为:34,924,482.75元

	金　额	比例(%)
(1)一年以内的	26,093,362.06	71.71
(2)一年至二年的	5,238,672.41	15.00
(3)二年至三年的	3,417,824.14	9.79
(4)三年以上的	174,624.14	0.50
	34,924,482.75	100

4.2 固定资产及其累计折旧

项　目	期初余额	本年增加	本年减少	期末余额
(一)固定资产原价				
房屋及建筑物	81,334,827.55	15,488,439.09	7,060,736.52	89,762,530.12
机器设备	281,863,513.58	42,491,131.58	15,217,112.28	309,137,532.88
运输设备	4,381,116.99	3,359,725.96	1,928,439.74	5,812,403.21
其他	16,165,903.49	490,752.62	70,476.00	16,586,180.11
	383,745,361.61	61,830,049.25	24,276,764.54	421,298,646.32
(二)累计折旧				
房屋及建筑物	39,759,139.69	10,069,363.13	2,613,840.30	47,214,662.52
机器设备	140,103,635.11	35,482,517.68	5,516,005.50	170,070,147.29
运输设备	2,839,938.55	719,240.22	353,387.18	3,205,791.59
其他	6,626,523.29	2,367,412.30		8,993,935.59
	189,329,236.64	48,638,533.33	8,483,232.98	229,484,536.99
(三)固定资产净值				
合计	194,416,124.97	13,191,515.92	15,793,531.56	191,814,109.33

4.3 股本

结构	1996年	1995年	1994年
(1)国家股	70,710,000.00	70,710,000.00	70,710,000.00
(2)法人股	19,600,000.00	19,600,000.00	19,600,000.00
(3)内部职工股	18,570,000.00	18,570,000.00	18,570,000.00
	108880000.00	108880000.00	108880000.00

4.4 资本公积

构成	1996年	1995年	1994年
(1)股票溢价	3,817,000.00	3,817,000.00	3,817,000.00
(2)资产评估增值	23,455,432.48	23,455,432.48	23,455,432.48
	27,272,432.48	27,272,432.48	27,272,432.48

4.5 盈余公积

公司盈余公积期末余额为63,825,739.14元,前三年提取情况如下:

提取数	1996年	1995年	1994年
(1)法定盈余公积	6,796,137.47	5,134,879.64	4,583,444.32
(2)法定公益金	6,796,137.47	5,134,879.64	4,583,444.32
(3)任意盈余公积	16,990,343.67	10,269,759.28	6,875,166.48
	30,582,618.61	20,539,518.56	16,042,055.12

备注:

盈余公积的提取比例94年、95年按股东大会的决议执行,其中法定公积金均为10%、法定公益金均为10%、任意公积金分别为15%、20%。96年提取比例根据董事会决议预分配方案为法定公积金10%、法定公益金为10%、任意公积金为25%。

4.6 未分配利润

本公司未分配利润期末余额为14,687,222.02元,其中94、95年公司分配后的滚存利润为2,895,265.97元,96年预分配后的余额为11,791,956.05元。

5. 关联交易根据集团公司与本公司签订的服务协议,公司前三年支付给集团公司服务费用如下:

项目	1996年(万元)	1995年(万元)	1994年(万元)
机械修造费用	964	733	644
建筑安装费用	1622	1368	/
职工福利费用	599	454	426
职工教育经费	62	49	45
工会经费	86	65	60
住房周转金	419	324	304

十三、债项

根据湖北会计师事务所《审主报告》[鄂会师股审字(97)004号],截止1996年12月31日,本公司负债总额为23594.56万元,均为流动负债。公司的各项短期借款共13366万元,其中主要贷款项目情况如下:

贷款单位名称	金额(万元)	币种	期限	年利率(%)	贷款条件
化工建行	2000	人民币	96.11.29—97.11.29	10.08%	信誉和担保
化工建行	1000	人民币	96.8.15—96.12.20	10.98%	信誉和担保
工行应城支行	1000	人民币	96.5.29—97.5.29	10.58%	信誉和担保
工行应城支行	3000	人民币	96.10.22—97.7.9	10.58%	信誉和担保

注:该笔贷款公司与贷款行达成协议,97年元月办理续贷手续。此协议于1997年1月3日正式签订。

本公司无或有负债

十四、资产评估的主要情况

公司成立时,湖北万信会计师事务所对湖北省化工厂的全部资产进行了评估。下面摘自《资产评估报告》[鄂万信资评字(1993)第004号]:

"截至评估基准日止,湖北省化工厂评估后的总资产为:472,805,575.69元,其中,拟参股资产312,789,418.03元;总负债230,870,044.59元,其中,拟参股资产相应负债218,632,564.41元;总资产减总负债,净资产总额为241,935,531.10元,拟参股净资产为94,156,853.62元"。

十五、盈利预测

项目	1997年度(单位:万元)
销售收入(注1)	66834
营业成本	46673
销售费用	1058
管理费用	4246
财务费用	1119
营业税金及附加	480
利润总额	13258
减所得税:(33%)	4375
(15%)(注2)	1989
税后利润:(33%)	8883
(15%)	11269
每股税后利润:(33%)(注3)	0.53
(15%);	0.67

注:1.1997年主营业务收入的计算依据:

纯碱:预计年产量35万吨,平均单价为1078.3元/吨;

氯化铵:预计年产量35万吨,平均单价为739.5元/吨;

工业盐:预计年产量7万吨,平均单价为205元/吨;

其他产品收入不变,预计全年业务收入为66834万元。

2. 根据湖北省政府鄂政函[97]15号文,公司上市后实际所得税率降为15%。

3.1997年按发行后总股本全面摊薄计算每股税后利润。

公司1997年与1996年实现利润相比约增长30%,主要是由于预计1997年公司主要产品产量将比1996年有较大幅度的增长。

十六、公司发展规划

本公司将充分发挥资源优势和固定资产存量潜力,在发展纯碱生产的同时,根据市场需要发展高科技、高附加值的新产品,跨地区、跨行业壮大本公司,使其成为世界上最大的联碱企业,对股东带来最大的收益。

"九五"前期,通过技术改造,使纯碱和氯化铵生产能力由各30万吨/年提高到各44万吨/年,同时,开发有广阔市场前景、高技术含量、高附加值氯磺化聚乙烯新产品。"九五"后期,将纯碱、氯化铵生产能力由各44万吨/年再扩大到各56万吨/年;建设一套2000吨/年氯化聚丙烯生产装置。从而,改变公司产品结构比较集中的格局,开发出高附加值的产品,增强公司的竞争实力。

积极寻找合适的兼并收购对象,通过内部积累与外部并购的方式,使公司的规模快速拓展。

十七、重要合同及重大诉讼事项

1. 重要合同

1.1 1996年10月,本公司与湖北省平板玻璃厂,贵州铝厂等单位签订了1997年销售纯碱合同共156份,合同订货数量约35万吨。

1.2 1996年9月至12月,本公司与中国化工供销总公司、中国新兴中原(武汉)进出口公司等单位签订了1997年销售氯化铵合同订货数量约35万吨。

1.3 1996年9月,本公司与湖北省广水市工贸物资公司、湖北省泰鸿贸发总公司等单位签订1997年1—3月份供应重油4900吨的购货合同。

1.4 1996年9月,本公司与深圳市瑞丰贸易有限公司、应城市包装公司等单位签订1997年1—3月份煤炭10000吨的购货合同。

1.5 本公司与集团公司在成立时签订了《服务协议》。

1.6 本公司与集团公司于1994年7月签订了《商标使用许可合同》。

1.7 本公司96年11月29日与建行湖北应城化工区专业支行签订了2000万元借款合同;96年12月4日工商行应城市支行化工办事处签订了800万元借款合同,96年10月22日签订了3000万元借款合同。

经律师审查,上述合同均合法有效。

2. 重大诉讼事项

经律师审查确认,本公司目前没有涉及对公司的财务状况、经营成果,声誉、业务活动、未来前景等可能产生较大影响的诉讼,公司的董事、监事、高级管理人员没有涉及任何刑事起诉。

十八、其他重要事项

本公司认为没有对投资者作出投资判断有重大影响的其他事项。

十九、招股说明书及备查文件查阅地点

备查文件目录

1. 湖北会计师事务所《审计报告书》
2. 财务报表及附注
3. 注册登记文件
4. 湖北省证券委《关于湖北双环碱业股份有限公司1996年度社会公众股发行规模的通知》
5. 中国证监会批准本公司公开发行股票的文件
6. 承销协议
7. 湖北省国资局《关于湖北省化工厂股份制改造资产评估确认的通知》
8. 公司改组的其他有关资料 9. 重要合同

招股说明书及以上备查文件的查阅期为自本概要登报之日起到本次发行结束前的期间,查阅地点为本公司住址。

湖北双环碱业股份有限公司

1997年3月27日

附表一

资产负债表

编制单位:湖北双环碱业股份有限公司　　　　单位:人民币元

资　产	行次	1996年	1995年	1994年	负债及股东权益	行次	1996年	995年	1994年
流动资产:					流动负债:				
货币资金	1	3,597,295.51	2,032,747.41	3,501,695.53	短期借款	29	133,660,000.00	96,660,000.00	101,790,000.00
短期投资	2				应付票据	30	3,000,000.00		
应收票据	3	35,319,880.00	21,891,558.36	3,075,000.00	应付帐款	31	32,934,967.17	14,841,009.77	26,464,237.69
应收帐款	4	35,029,571.46	19,137,779.29	26,047,772.92	预收货款	32	23,681,391.81	34,351,175.05	8,830,767.28
减:坏帐准备	5	105,088.71	57,413.34	78,143.32	应付福利费	33			
应收帐款净额	6	34,924,482.75	19,080,365.95	25,969,629.60	未付股利	34	25,586,800.00	7,968,550.00	7,968,550.00
预付帐款	7	20,181,780.37	3,446,327.60	15,728,607.00	未交税金	35	5,136,975.89	1,985,602.03	9,052,750.36
其他应收款	8	24,034,374.46	29,544,435.39	47,813,683.32	其他未交款	36	389,052.33	499,383.03	20,788,347.67
待摊费用	9	14,534,725.89	14,612,666.83	20,098,945.48	其他应付款	37	11,556,442.03	15,802,220.85	23,066,408.68
存货	10	105,682,004.76	89,774,201.40	104,213,367.39	预提费用	38			59,999.94
待处理流动资产净损失	11				一年内到期的长期负债	39			
一年内到期的长期债券投资	12				其他流动负债	40			
其他流动资产	13				流动负债合计	41	235,945,629.23	172,107,940.73	198,021,061.62
流动资产合计	14	238,274,543.74	180,382,302.94	220,400,928.32	长期负债:				
长期投资:					长期借款	42		29,250,000.00	19,510,000.00
长期投资	15				应付债券				986,239.40
固定资产:					长期应付款	43		20,717,139.39	
固定资产原价	16	421,298,646.32	383,745,361.61	272,420,673.42	其他长期负债	44			
减:累计折旧	17	229,484,536.99	189,329,236.64	160,396,094.91		45			
固定资产净值	18	191,814,109.33	194,416,124.97	112,024,578.51	长期负债合计	46		49,967,139.39	20,496,239.40
在建工程	19	7,670,900.52	6,442,566.39	25,616,897.89	递延税项:				
固定资产清理	20				递延税款贷项	47			
待处理固定资产净损失	21				负债合计	48	235,945,629.23	222,075,080.12	218,517,301.02
固定资产合计	22	199,485,009.85	200,858,691.36	137,641,476.40	股东权益:				
无形资产及递延资产:					股本	49	108,880,000.00	108,880,000.00	108,880,000.00
无形资产	23	12,851,469.28	13,124,904.80	13,398,340.32	资本公积	50	27,272,432.48	27,272,432.48	27,272,432.48
递延资产	24				盈余公积	51	63,825,739.14	33,243,120.53	15,831,823.43
无形资产及递延资产合计	25	12,851,469.28	13,124,904.80	13,398,340.32	其中:公益金	52	14,669,461.43	7,873,323.96	2,738,444.32
其他长期资产:					未分配利润	53	14,687,222.02	2,895,265.97	939,188.11
其他长期资产	26				股东权益合计	54	214,665,393.64	172,290,818.98	152,923,444.02
递延税项:					负债及股东权益总计:	55	450,611,022.87	394,365,899.10	371,440,745.04
递延税款借项	27								
资产总计	28	450,611,022.87	394,365,899.10	371,440,745.04					

附表二:

利润及利润分配表

编制单位:湖北双环碱业股份有限公司　　　　单位:人民币元

项目	行次	1996年度	1995年度	1994年度	项目	行次	1996年度	1995年度	1994年度
一、主要业务收入	1	582,428,130.00	467,031,019.42	325,149,176.63	四、利润总额	15	101,813,417.26	77,048,876.63	68,342,569.14
减:营业成本	2	408,452,957.81	326,988,686.18	210,593,949.23	减:所得税	16	33,852,042.60	25,700,080.21	22,508,125.91
销售费用	3	9,219,122.26	8,475,243.03	4,052,086.41	五、净利润	17	67,961,374.66	51,348,796.42	45,834,443.23
管理费用	4	40,441,006.65	39,168,867.26	24,333,892.39	加:年初未分配利润	18	2,895,265.97	939,188.11	
财务费用	5	15,728,594.30	10,953,420.15	6,702,644.40	盈余公积转入数	19			
进货费用	6				六、可分配利润	20	70,856,640.63	52,287,984.53	45,834,443.23
营业税金及附加	7	4,182,770.47	3,956,448.52	6,115,321.57	减:提取法定公积金	21	6,796,137.47	5,134,879.64	4,583,444.32
二、主营业务利润	8	104,403,678.51	77,488,354.28	73,351,282.63	提取法定公益金	22	6,796,137.47	5,134,879.64	4,583,444.32
加:其他业务利润	9	-547,281.35	-123,184.64	31,577.39	七、可供股东分配利润	23	57,264,365.69	42,018,225.25	36,667,554.59
三、营业利润	10	103,856,397.16	77,365,169.64	73,382,860.02	减:已分配优先股股利	24			
加:投资收益	11				提取任意公积金	25	16,990,343.67	10,269,759.28	6,875,166.48
营业外收入	12	289,768.00	359,560.89	246,964.38	已分配普通股股利	26	25,586,800.00	28,853,200.00	28,853,200.00
减:营业外支出	13	2,332,747.90	675,853.90	5,287,255.26		27			
加:以前年度损益调整	14				八、未分配利润	28	14,687,222.02	2,895,265.97	939,188.11

附表三:

财务状况变动表

编制单位:湖北双环碱业股份有限公司　　1996 年度　　单位:元

流动资金来源和运用	行次	金额	流动资金各项目的变动	行次	金额
一、流动资金来源:			一、流动资产本年增加数:		
1.本年净利润	1	67,961,374.66	1.货币资金	30	1,564,548.10
加:不减少流动资金的费用和损失	2		2.短期投资	31	
(1)固定资产折旧	3	40,155,300.35	3.应收票据	32	13,428,321.64
(2)无形资产、递延资产及其他资产摊销(减其他负债转销)	4	273,435.52	4.应收帐款净额	33	15,844,116.80
(3)固定资产盘亏(减收益)	5		5.预付帐款	34	16,735,452.77
(4)清理固定资产损失(减收益)	6	377,606.84	6.其他应收款	35	-5,510,050.93
(5)递延税款	7		7.待摊费用	36	-77,940.94
(6)其他不减少流动资金的费用和损失	8		8.存货	37	15,907,803.36
小　计	9	108,767,717.37	9.待处理流动资产净损失	38	
2.其他来源:			10.一年内到期的长期债券投资	39	
(1)固定资产清理收入(减清理费用)	10	331,992.09	11.其他流动资产	40	
(2)增加长期负债	11			41	
(3)收回长期投资	12			42	
(4)对外投资转出固定资产	13			43	
(5)对外投资转出无形资产	14			44	
(6)资产净增加额	15	30,582,618.61	流动资产增加净额	45	57,892,240.80
小　计	16	30,914,610.70	二、流动负债本年增加数		
流动资金来源合计	17	139,682,328.07	1.短期借款	46	37,000,000.00
二、流动资金运用:			2.应付票据	47	3,000,000.00
1.利润分配:			3.应付帐款	48	18,093,957.40
(1)提取法定公积金	18	6,796,137.47	4.预收帐款	49	-10,669,783.24
(2)提取法定公益金	19	6,796,137.47	5.应付福利费	50	
(3)提取任意公积金	20	16,990,343.67	6.未付股利	51	17,618,250.00
(4)已分配股利	21	25,586,800.00	7.未交税金	52	3,151,373.86
小　计	22	56,169,418.61	8.其他未交款	53	-110,330.70
2.其他应用:			9.其他应付款	54	-4,245,778.82
(1)固定资产和在建工程净增加额	23	60,208,357.16	10.预提费用	55	
(2)增加无形资产、递延资产及其他资产	24		11.一年内到期的长期负债	56	
(3)偿还长期负债	25	29,250,000.00	12.其他流动负债	57	
(4)增加长期投资	26		流动负债增加净额	58	63,837,688.50
小　计	27	89,458,357.16	流动资金增加净额	59	-5,945,447.70
流动资金运用合计	28	145,627,775.77			
流动资金净增加额	29	-5,945,447.70			

湖北双环碱业股份有限公司股票上市公告书

一、绪言

经中国证券监督管理委员会证监发字[1997]92 号文和证监发字[1997]93 号文批准,本公司已成功地向社会公众公开发行每股面值为 1.00 元人民币普通股 6000 万股。根据深圳证券交易所深证发[1997]129 号《上市通知书》,本公司股票将于 1997 年 4 月 15 日在深圳证券交易所挂牌交易。本公司现有总股本为 16888 万股,本次上市可流通股份系向社会公众发行的 6000 万普通股。

本上市公告书系依据《中华人民共和国公司法》、国务院《股票发行与交易管理暂行条例》、《深圳证券交易所交易规则》及国家证券管理机关颁布的有关证券管理的现行法规、规定而编制,旨在向投资者提供有关本公司的基本情况和股票上市等资料。

本公司董事会及董事会各成员已批准了本上市公告书,确信其中不存在任何重大遗漏或误导,并愿对其中所载资料的真实性、准确性、完整性负个别及连带责任。

本次上市的股票是根据本上市公告书所载明的资料申请上市的,除本公司和上市推荐人外,没有委托或授权任何其他人提供未在本上市公告书中列载的信息和对本上市公告书作任何解释或者说明。

二、释义和有关当事人

释义:

在本公告书中,除非文意另有所指,下列简称具有如下含义:

1.本公司(或公司或发行人):湖北双环碱业股份有限公司

2.集团公司:指湖北双环化工集团公司

3.化工厂:指原湖北省化工厂

4.证监会:指中国证券监督管理委员会

5.上市推荐人:指君安证券有限公司、湖北证券公司

6.承销商:指由主承销商依法组成的承销本公司本次发行股票的承销团成员

7.本次发行:指公司本次向社会公众发行 6000 万股 A 股

有关当事人:

1.公司:湖北双环碱业股份有限公司

住所:湖北省应城市东马坊团结大道26号

法定代表人:何光安

电话:(0712)3691099　传真:(07212)3591188

联系人:陈卓平、张建

2.上市推荐人:君安证券有限公司

地址:深圳市罗湖区春风路5号

法定代表人:张国庆

电话:0755-2175560

联系人:朱仙奋　尹中余

上市推荐人:湖北证券公司

地址:武汉市武昌彭刘杨路232号

电话:027-8311774

法定代表人:陈浩武

联系人:刘耀先、罗先进、施伟

3.会计审计机构:湖北会计师事务所

地址:武汉市武昌水果湖横路7号

电话:027-7840961

经办注册会计师:李婧、李连灯

4.发行人法律顾问:信达律师事务所

地址:深圳市深南中路东风大厦21楼

电话:0755-3243139　传真:0755-3243108

经办律师:霍庭、刘风良、张炯

主承销商法律顾问:北京市中银律师事务所

地址:北京西城区南礼士路21号核工之家648号

电话:010-68573796　传真:010-68573559

经办律师:朱玉栓、林静

5.股票登记机构:深圳证券结算公司

地址:广东省深圳市红岭中路25号

法定代表人:黄铁军

电话:0755-5667898

三、发行企业概况

1.主要发起人简介

法定名称:原湖北省化工厂(1994年5月改制为湖北双环化工集团公司)

注册资金:17715万元(1994年6月改为14800万元)

法定代表人:何光安

成立日期:1975年8月

经营范围:生产销售纯碱、氧化铵、盐及盐化工系列产品,承担与盐碱化工行业相关的科研、设计及新产品的开发、设备制造、安装等。

所属行业:化工

注册地址:湖北省应城市东马坊团结大道26号

联系电话:(0712)3591099

2.本公司历史沿革

本公司是1992年3月28日经湖北省体改委鄂改[1993]164号文批准设立的定向募集股份公司,由原湖北省化工厂作为主要发起人与湖北省物产总公司、湖北省化工厂红双环实业公司共同发起。

公司设立时,原湖北省化工厂以下属合成氨厂、联碱厂、盐厂和热电厂的经评估的净资产投资入股,根据资产评估结果和湖北省国资局鄂国资办评发(1993)94号文的确认,进入股份公司经营性资产9416万元(含土地使用权价值1341万元)折国家股7071万股(每股一元),折股剩余部分计2345万元,列入股份公司资本公积金,实际折股比例为1.1:1,其中1638万元为国有资产权益。按同样的比例,其他两家发起人以现金认购210万股,向内部职工募集1857万股,向法人单位募集1750万法人股,总股本为10888万股,公司于1993年12月27日在湖北省工商行政管理局注册登记。

四、股票发行及承销

1.股票公开发行

社会公众股发行数量:	6000万股
股票发行价格:	7.6元/股
募集资金总额:	43970万元
发行方式:	上网定价
配售比例:	0.793949%
配售户数:	374757户
持1000股以上的户数:	6000户
发行费用总额:	1630万元
每股发行费用:	0.27元
发行市盈率:	14.90

2.股票承销

此次发行的超额认购倍数达125.527,无余额由承销团包销。

3.验资报告

根据湖北会计师事务所验资报告,湖北双环碱业股份有限公司本次发行股票普通股6000万股,每股面值1.00元,发行价7.60元,总计募集资金为人民币456000000元,扣除已发生的交易手续费和发行费用9576000元,净额为446424000元,已于1997年4月10日存入交通银行武汉市友谊路办事处湖北双环碱业股份有限公司863228-32-0010-0015-27帐户。

五、董事、监事及高级管理人员持股情况

1.董事、监事及高级管理人员简介及持股数量:

(1)董事会成员

何光安先生,董事长、总经理,持有公司股票6000股,占总股本的0.036‰。

陈筱顺先生,副董事长、党委书记,持有公司股票4000股,占总股本的0.024‰。

周汉平先生,董事、副总经理、总工程师,持有公司股票4000股占总股本的0.024‰。

吴党生先生,董事、副总经理、党委副书记,持有公司股票4000股,占总股本的0.024‰。

周名扬先生,董事,副总经理,持有公司股票4000股,占总股本的0.024‰。

王有余先生,董事,副总经理,持有公司股票4000股,占总股本的0.024‰。

杨青山先生,董事、副总经理,持有公司股票4000股,占总股本的0.024‰。

潘汉泽先生,董事、副总经理,持有公司股票3000股,占总股本的0.018‰。

赵永华先生,董事、副总经理,持有公司股票3000股,占总股本的0.018‰。

陈世铮女士,董事、总会计师,持有公司股票3000股,占总股本的0.018‰。

胡年继先生,董事,持有公司股票4000股,占总股本的0.024‰。

张鲁坤先生,董事,持有公司股票4000股,占总股本的0.024‰。

李国庭先生,董事,持有公司股票3000股,占总股本的0.018‰。

刘苏塔先生,董事,劳动人事部部长,持有公司股票3000股,占总股本的0.018‰。

毕金海先生,董事、财务部部长,持有公司股票5500股,占总股本的0.033‰。

朱树新先生,董事、党委工作部部长,持有公司股票3000股,占总股本的0.018‰。

张中国先生,董事,持有公司股票0股。

刘嗣明先生,董事,持有公司股票0股。

钱三元先生,董事、公司办主任,持有公司股票3000股,占总股本的0.018‰。

陈卓平先生,董事会秘书,证券办主任,持有公司股票3000股,占总股本的0.018‰。

(2)监事会成员

李锋先生,监事会召集人,持有公司股票4000股,占总股本的0.024%。

夏永红女士,监事,持有公司股票3000股,占总股本的0.018%。

黄键先生,监事,持有公司股票3000股,占总股本的0.018%。

徐汉生先生,监事,持有公司股票3000股,占总股本的0.018%。

夏英先生,监事,持有公司股票5000股,占总股本的0.03%。

本公司董事、监事及高级管理人员共持有本公司普通股85500股,占总股本的0.506%。

六、公司设立

本公司1996年9月28日临时股东大会决议:

一、同意本公司在1997年度公开新增发行A股10000万股,并在异地上市;

二、如发行成功,本公司自成立以来未分配完而滚存的利润,由新股发行后的全体新老股东共享,但新股东不参与公司1996年度的股利分配。

三、授权董事会根据国家证券主管部门的意见调整发行新股的具体额度,决定具体上市地点和时间,制定招股章程草案,并依法处理本次公开发行上市有关的其他事宜。

公司注册资金: 16888万元
公司注册时间: 1997年4月11日
公司注册地点: 湖北省应城市东马坊团结大道26号
营业执照注册号码: 17758989-3

七、关联企业及关联交易

1. 关联企业及其概况:

本公司的关联企业仅一家,即湖北双环化工集团公司,成立于1994年5月,截至1996年12月31日,集团公司拥有总资产8.35亿元,净资产3.84亿元,1995年名列全国500家最大工业企业第481位,中国化工百强第47位,现被国家经贸委列入国家重点支持的1000家企业,并进入500家重点企业行例。集团公司持有本公司7070万国家股,是本公司的控股股东。

2. 关联交易

本公司与集团公司等关联企业之间进行的所有关联交易均在正常业务范围内按正常的商业条款进行,集团公司与本公司之间的关联交易包括:集团公司为本公司提供科研开发、设备维修,为本公司职工提供生活福利方面的服务;代理本公司进出口业务。针对以上关联交易,本公司与湖北双环化工集团公司签订了《服务协议》。

本公司与集团公司于1993年签订了《商标使用许可合同》,本公司可在1993年12月27日至2003年12月26日使用集团公司的商标,并可在前4年免费使用,1997年后按协议付费。

本公司与湖北省物产总公司、株洲玻璃厂两家关联企业有供销关系,本公司与上述单位只有保证供货的承诺,在价格等其它方面无任何优惠。

集团公司提供给本公司的服务

服务项目	服务价格或收费标准	定价基准	97年预计服务总值	服务期限	服务内容及要求	是否唯一提供者	是否唯一接受者
维修服务自制配件	按集团公司内部工时价格标准	市场价	1000万元	10年	根据股份公司的要求,优先提供维修服务配件供应	否	否
建筑安装防腐工程	按国家统一规定的取费标准	市场价	1700万元	10年	执行现行国家标准,及时、按期,保质提供服务	是	否
职工医疗保健服务	按国家财务制度规定比率提取	成本	240万元	10年	提供与集团公司职工同等医疗保健服务	是	否
倒班公寓幼儿园、职工食堂	按国家财务制度规定比率提取	成本	90万元	10年	提供与集团公司职工子弟同等人托优惠条件	是	否
职工住房管理	按国家有关规定比率提取	成本	350万元	10年	提供职工住房管理,维修服务	是	否
职工就业培训在职教育	按国家有关规定比率提取	成本	60万元	10年	提供与集团公司职工同等教育条件	是	否
工会活动	按国家财务制度规定比率提取	成本	70万元	10年		是	否
进出口代理	按国家规定收费	国家定价	3750万元	10年	为股份公司生产经营提供服务	是	否

3. 根据本公司与集团公司签订的《服务协议》和《商标合作许可合同》,集团公司与本公司之间的所有交易和服务均在正常业务范围内按正常的商业条款进行,从而将有效地保护其他股东利益。

八、股本结构及大股东持股情况

1. 上市的股本结构

股本结构	数量(股)	比例(%)
总股本	168880000	100
尚未流通股份		
发起人股	72810000	43.11
国家持有股份	70710000	41.87
境内法人持有股份	210000	1.24
募集法人股	17500000	10.36
内部职工股	18570000	11.00
可流通股份	60000000	35.53
境内上市人民币普通股	60000000	35.53
本次公开发行股份	60000000	35.53

2. 前十名股东所持股数及比例

股东名称	持股数(万股)	比例(%)
1. 湖北双环化工集团公司	7071	41.87
2. 湖北双环化工集团公司福达公司	400	2.37
3. 湖北双环化工集团公司氯碱厂	260	1.54
4. 湖北双环化工集团公司机械厂	150	0.89
5. 湖北双环化工集团公司红双环实业公司	110	0.65
6. 湖北省物产总公司	100	0.59
7. 株洲玻璃厂	100	0.59
8. 湖南省化工轻工总公司	75	0.44
9. 湖北省化工总公司	75	0.44
10. 广西化轻建材总公司	75	0.44

九、财务会计资料

1. 审计报告

湖北会计师事务所[鄂会师股审字(97)004号]

湖北双环碱业股份有限公司全体股东

我们接受委托,审计了湖北双环碱业股份有限公司(以下简称贵公司)1996年12月31日、1995年12月31日、1994年12月31日的资产负债表及1996年度、1995年度、1994年度的利润及利润分配表和1996年的财务状况变动表。这些会计报表由贵公司负责,我们的责任是对这些会计报表发表审计意见,我们的审计是依据中国注册会计师独立审计准则进行的。在审计过程中,我们结合贵公司实际情况,实施了包括抽查会计记录等我们认为必要的审计程序。

我们认为,上述会计报表符合《企业会计准则》和《股份制企业会计制度》的有关规定,在所有重大方面公允地反映了贵公司1996年12月31日、1995年12月31日、1994年12月31日的财务状况及1996年度、1995

年度、1994年度经营成果和1996年资金变动情况，会计处理方法的选用遵循了一贯性原则。

中国注册会计师　李婧　李连灯

1997年1月28日

2．本公司招股说明书概要刊登在1997年3月27日的《上海证券报》、《证券时报》、《中国证券报》和《湖北日报》上。该招股书已对本公司有关财务资料作了详细的披露，并且审计时间至今没有变动，故在此仅刊登有关财务资料的简要情况。

资产负债表

资产	行次	1996年12月31日	1995年12月31日	1994年12月31日
流动资产	14	238274543.74	180382302.94	220400928.32
长期投资	15			
固定资产	22	199485009.85	200858691.36	137641476.40
无形资产	23	12851469.28	13124904.80	13398340.32
其他长期资产	26			
资产总计	28	450611022.87	394365899.10	371440745.04
流动负债	41	235945629.23	172107940.73	198021061.62
长期负债	46		49967139.39	20496239.40
负债	48	235945629.23	222075080.12	218517301.02
股东权益	54	214665393.64	172290818.98	152923444.02
负债及股东权益	55	450611022.87	394365899.10	371440745.04

利润及利润分配表

项目	行次	1996年12月31日	1995年12月31日	1994年12月31日
一、主要业务收入	1	582428130.00	467031019.42	325149176.63
二、主营业务利润	8	104403678.51	77488354.28	73351282.63
三、营业利润	10	103856397.16	77365169.64	73382860.02
四、利润总额	15	101813417.26	77048876.63	68342569.14
五、净利润	17	67961374.66	51348796.42	45834443.23
六、可分配利润	20	70856640.63	52287984.53	45834443.23

财务状况变动表

流动资金各项目的变动	金额(元)	流动资金各项目的变动	金额(元)
一、流动资金来源:		一、流动资产本年增加数:	
1.本年净利润	67961374.66	1.货币资金	1564548.10
加:不减少流动资金的费用和损失		2.短期投资	
(1)少数股东本期损益(亏损以"-"号表示)		3.应收票据	13428321.64
(2)固定资产折旧	40155300.35	4.应收帐款净额	15844116.80
(3)无形资产、递延资产及其他资产摊销	273435.52	5.预付帐款	16735452.77
(4)固定资产盘亏(减收益)		6.其他应收款	-5510060.93
(5)清理固定资产损失(减收益)	377606.84	7.待摊费用	-77940.94
(6)递延税款		8.存货	15907803.36
(7)其他不减少流动资金的费用和损失		9.待处理流动资产净损失	
小　计	108757717.37	10.一年内到期的长期债券投资	
2.其他来源:		11.其他流动资产	
(1)固定资产清理收入(减清理费用)	331902.09		
(2)增加长期负债			
(3)收回长期投资		流动资产增加净额	57892240.80
(4)对外投资转出固定资产		二、流动负债本年增加数	
(5)对外投资转出无形资产		1.短期借款	37000000.00
(6)资产净增加额	30582618.61	2.应付票据	300000.00
(7)少数股东资本净增加额		3.应付帐款	18093957.40
小　计	30914610.70	4.预收帐款	10669783.24
流动资金来源合计合计	139682328.07	5.应付福利费	
二、流动资金运用:		6.未付股利	17618250.00
1.利润分配:		7.未交税金	3151373.86
(1)提取法定公积金	6796137.47	8.其他未交款	-110330.70
(2)提取法定公益金	6796137.47	9.其他应付款	-4245778.82
(3)提取任意公积金	16990343.67	10.预提费用	
(4)已分配股利	25586800.00	11.一年内到期的长期负债	
小　计	56169418.61	12.其他流动负债	
2.少数股东利润分配			
3.其他运用:			
(1)固定资产和在建工程净增加额	60208357.61		
(2)增加无形资产、递延资产及其他资产			
(3)偿还长期负债	29250000.00		
(4)增加长期投资			
小　计	89458357.16		
流动资金运用合计	145627775.77		
外币会计报表折算差额		流动负债增加净额	63837688.50
流动资金净增加额	-5945447.70	流动资金增加净额	-5945447.70

3．财务指标分析

财务指标	96年	95年	94年
流动比率	1.01	1.05	1.11
速动比率	0.65	0.53	0.59
资产负债率	52.36%	56.31%	58.82%
应收帐款周转率	21.51	20.67	18.02
存货周转率	4.18	3.37	2.29
净资产收益率	31.66%	29.81%	29.97%
每股收益	0.624	0.472	0.421

注：以上指标均根据湖北会计师事务所(97)第004号之审计报告的数据计算得出的。

4．盈利预测

项目	1997年度(单位:万元)
销售收入(注1)	66834
营业成本	46673
销售费用	1058
管理费用	4246
财务费用	1119
营业税金及附加	480
利润总额	13258
减所得税(33%)	4375
(15%)(注2)	1989
税后利润:(33%)	8883
(15%)	11269
每股税后利润:(33%)(注3)	0.53
(15%)	0.67

注(1)：1997年主营业务收入的计算依据：

纯碱：预计年产量35万吨，平均单价为1078.3元/吨；

氯化氨：预计年产量35万吨，平均单价为739.5元/吨；

工业盐：预计年产量7万吨，平均单价为205元/吨；

其它产品收入不变，预计全年业务收入为66834万元。

注(2)：根据湖北省政府鄂政函[97]15号文，公司上市后实际所得税率降为15%。

注(3)：1997年按发行后总股本全面摊薄计算每股税后利润。

公司1997年与1996年实现利润相比约增长30%，主要是由于预计1997年公司主要产品产量将比1996年有较大幅度的增长。

十、董事会上市承诺

本公司董事会将严格遵守《公司法》、《股票发行与交易管理暂行条例》、《公开发行股票公司信息披露实施细则》、《深圳证券交易所交易规则》和有关法律、法规的规定，并自股票上市之日起作出如下承诺：

1．按照法律、法规的规定程序和要求披露重大的信息、并接受证券主管机关、深圳证券交易所的监督管理。

2. 及时、真实、准确地公布中期报告和年度报告、并备置于规定场所供投资者公众查阅。

3. 本公司董事、监事及高级管理人员如发生人事变动或持本公司股票发生变化时,在报告证券主管机关、证券交易所的同时向投资者公布。

4. 在任何公共传播媒介中出现的消息可能对本公司股票的市场价格产生误导性影响时,本公司知悉后将及时对该消息予以公开澄清。

5. 本公司董事、监事及高级管理人员将认真听取社会公众的意见和批评,不利用已获得的内幕消息和其他不正当手段直接或间接从事本公司股票买卖活动。

6. 本公司没有无记录负债。

十一、主要事项揭示

1. 重要合同

(1)1996年10月,本公司与湖北省平板玻璃厂等单位签订了1997年销售纯碱合同,合同订货数量约35万吨。

(2)1996年9月至12月,本公司与湖北省农资总公司等单位签订了1997年销售氯化氨合同,订货数量约35万吨。

(3)1996年9月,本公司与郑州铁路燃料公司等单位签订1997年煤炭的购货合同。

(4)本公司与集团公司在成立时签订了《服务协议》。

(5)本公司与集团公司于1994年7月签订了《商标使用许可合同》。

(6)本公司1996年11月29日与建行湖北应城化工区专业支行签订了2000万元借款合同,1996年12月4日于工商行应城市支行化工办事处签订了800万元借款合同,1996年10月22日签订了3000万元借款合同。

经律师审查,上述合同均合法有效。

2. 重大诉讼事项

经律师审查确认,本公司目前没有涉及对公司的财务状况、经营成果、声誉、业务活动、未来前景等可能产生较大影响的诉讼,公司的董事、监事、高级管理人员没有涉及任何刑事起诉。

十二、备查文件目录

1. 中国证监会复审意见书
2. 公司章程
3. 营业执照
4. 各级主管机关对公司设立、历次股票发行的批复
5. 资产评估报告
6. 审计报告
7. 验资报告
8. 法律意见书
9. 上市推荐书
10. 招股说明书

湖北双环碱业股份有限公司

一九九七年四月十二日

湖北双环碱业股份有限公司一九九七年中期报告

一、财务报告(已审计)

本财务报告已经湖北会计师事务所中国注册会计师李婧、叶忠辉审计,审计报告如下:

湖北双环碱业股份有限公司全体股东:

我们接受委托,审计了湖北双环碱业股份有限公司(以下简称贵公司)1997年6月30日的资产负债表及1997年1月至6月的利润及利润分配表。这些会计报表由贵公司负责,我们的责任是对这些会计报表发表审计意见。我们的审计是依据中国注册会计师独立审计准则进行的。在审计过程中,我们结合贵公司实际情况,实施了包括抽查会计记录等我们认为必要的审计程序。

我们认为,上述会计报表符合《企业会计准则》和《股份制企业会计制度》的有关规定,在所有重大方面公允地反映了贵公司1997年6月30日的财务状况及1997年1月至6月经营成果,会计处理方法的选用遵循了一贯性原则。

(一)财务报表

1. 简化资产负债表

单位:人民币元

项目	1997年6月30日	1996年12月31日
流动资产	608,955,949.05	238,274,543.74
长期投资		
固定资产净值	171,470,438.25	191,814,109.33
在建工程	167,113,293.12	7,760,900.52
无形资产及递延资产	12,714,751.52	12,851,469.28
其他长期资产		
资产总计	960,254,431.04	450,611,022.87
流动负债	230,183,357.19	235,945,629.23
长期负债		
少数股东权益		
股东权益	730,071,074.75	214,665,393.64
其中:股本	168,880,000.00	108,880,000.00
资本公积	423,347,672.48	27,272,432.48
盈余公积	75,691,827.36	63,825,739.14
未分配利润	62,151,574.91	14,687,222.02

2. 简化损益表

单位:人民币元

项目	1997年1月至6月	1996年1月至6月
主营业务收入	327,794,452.22	281,526,385.47
主营业务利润	61,288,015.02	50,741,694.91
其他业务利润	-1,048,962.05	-151,895.30
投资收益		
营业外收支净额	9,561,465.98	-247,237.76
利润总额	69,800,518.95	50,342,561.85
所得税	10,470,077.84	16,613,045.42
净利润	59,330,441.11	33,729,516.43

3. 主要财务指标

指标	
(1)每股收益	0.351元
(2)净资产收益率	8.13%
(3)每股净资产	4.32元
(4)资产负债率	23.97%
(5)流动比率	264.55%
(6)速动比率	209.56%
(7)销售利润率	21.29%

说明:1997年按发行后总股本全面摊簿计算每股收益和每股净资产。

(二)财务报表附注

1. 本公司1997年中期财务报告中所采用的会计政策和会计方法与1996年度所执行的会计政策和会计方法一致。

2. 流动资产与年初比增加370,681,405.31元,主要是:

①公司于4月3日在深交所成功发行社会公众股票6000万股,使公司货币资金增加257,354,995.79元。

②应收帐款与期初相比增加51,950,235.46元,其原因是一方面产量增加销量扩大,相应提高应收帐款基数;另一方面是由于部分客户信誉

度增强改变了结算方式,由预付结算方式改为货到付款结算方式所致,从公司销售情况看,其应收帐款余额,属正常范围。

3. 在建工程与年初数相比增加159,442,392.60元,主要是实施中期报告指定的增产14万吨/年联碱项目,该项目已完成投资140,079,078.74元。

4. 股东权益:

	期初数	本期增加数	本期减少数	期末数
股本	108,880,000.00	60,000,000.00		168,880,000.00
资本公积	27,272,432.48	396,075,240.00		423,347,672.48
盈余公积	63,825,739.14	11,866,088.22		75,691,827.36
未分配的利润	14,687,222.02	47,464,352.89		62,151,574.91

说明:公司于1997年4月3日在深交所成功发行社会公众股票6000万股,发行价为7.60元/股,发行后,公司股本增加6000万元所募集资金45600万元,扣除6000万股本后溢价部分全部计入资本公积。由于发行费用因部分票据未到,中期暂未结算,冻结资金利息共计9,476,682.40元,其有效申购资金冻结利息75,240元计入资本公积,其余部分利息计入营业外收入。盈余公积提取法定公积金和法定公益金比例为10%。

5. 主营业务收入与上年同期比增加46,268,066.75元,主要是由于今年1—6月份公司主要产品生产量有较大幅度增长,其中:纯碱产品产量与上年同期比增长16.42%,氯化铵产品产量与上年同期比增长17.01%,销售形势基本正常。

6. 主营业务利润与上年同期比增加了10,546,320.11元,主要原因一是主营业务收入的增加,二是公司发行股票所募集的资金存入银行,使资金存贷差发行较大的变化,财务费用与上年同期比减少8,229,349.49元。

7. 其他业务利润与去年同期比减少897,066.75元,主要是销售产品的蓬网收入减少。

8. 营业外收支净额与支年同期比增收9,808,703.74元。主要是公司发行新股冻结的非有效申购资金利息收入所致。

9. 所得税本期按15%计提。

10. 关联企业及关联交易:

湖北双环化工集团公司是本公司最大的股东,所持股份为41.87%,其为公司优先提供机械加工建筑安装、医疗保健、子弟入托、住房管理、子女教育等服务,并按集团公司与本公司签订的服务协议收费。

二、经营情况的回顾与展望

1. 上半年经营情况的回顾:

(1)生产任务完成情况:上半年生产纯碱为192075吨,比去年同期相比,增加16.42%;氯化铵193516吨,与去年同期相比,增加17.01%。

(2)上半年纯碱、氯化铵产销率分别为102.7%、97.86%。

(3)主要经济指标:

A. 主营业务收入32779万元,与去年同期相比,增长16.43%。

B. 净利润5933万元,与去年同期相比增长75.9%。

(4)募集资金使用情况:

本公司所募集资金已按招股说明书所载用途投入14万吨/年联碱技改项目和6000吨/年氯磺化聚乙烯工程。

A.14万吨 /年联碱项目已完成投资额14000万元,预计1998年6月可全面投入生产。

B.6000吨/年氯磺化聚乙烯项目已完成前期准备工作。

C. 剩余资金已全部存入银行。

5. 利润预测完成情况

本公司1997年,利润总额预测为13258万元,上半年实际完成6980万元,为年计划的52.65%。

2. 下半年计划

(1)抓好生产管理,根据市场变化,合理调整产品结构,搞好现场管理,降低消耗,减少费用,降低生产成本,提高经济效益,确保今年税后利润的完成。

(2)继续抓好14万吨纯碱项目的建设工作,按时间完成投资计划,并做好6000吨氯磺化聚乙烯工程的开工准备工作。

三、重大事件的说明

1. 本公司股票于今年4月15日在深圳证券交易所上市。证券简称:湖北双环,交易代码:0707。

2. 按照国家证券委、中国人民银行,国家经贸委5月21日关于《严禁国有企业和上市公司炒作股票》的规定,经自查,我公司没有参与证券投资。今后如参与将严格执行国家有关法律法规。

3. 本公司中期无利润分配计划。

4. 本报告期内公司无重大诉讼、仲裁事项。

四、发行在外股票的变动和股权结构的变化

1. 新股发行情况

公司于1997年4月3日在深交所上网发行A股6000万股。

2. 股本变动情况

公司股份变动情况表

数量单位:万股

	96年12月31日	本次变动增减(+/-) 送股	配股	A股发行	小计	97年6月30日
一、尚未流通股份						
1. 发起人股份	7281					7281
其中:						
国家拥有股份	7071					7071
境内法人持有股份	210					210
外资法人持有股份						
其他						
2. 募集法人股	1750					1750
3. 内部职工股	1857					1857
4. 优先股或其他						
尚未流通股合计	10888					10888
二、已流通股份						
1. 境内上市的人民币普通股	0			+6000		6000
2. 境内上市的外资股						
3. 境外上市的外资股						
4. 其他						
已流通股份合计	0			6000		6000
三、股份总数	10888			6000		16888

3. 主要股东持股情况(万股)

股东名称	持股量	占总股本比例
湖北双环化工集团公司	7071	41.87%
深圳市盈益投资发展有限公司	473	2.80%
湖北双环化工集团公司福达公司	400	2.37%
湖北双环化工集团公司氯碱厂	260	1.54%
湖北双环化工集团公司机械厂	150	0.89%
湖北双环化工集团红双环实业公司	110	0.65%
株洲玻璃厂	100	0.59%
湖北省物产总公司	100	0.59%
湖南省化工轻工总公司	75	0.44%
湖北省化工总公司	75	0.44%

注:湖北双环化工集团公司代表国家持有本公司7071万股股票。

五、股东大会简介

公司于1997年3月21日,在湖北应城市东马坊本公司办公大楼一号会议室召开1996年度股东大会,到会股东85人,代表股权10303万股,占股本总额的94.63%。会议审议通过了:

1.《1996年度董事会工作报告》

2.《1996年度财务决算和1997年度预算报告》

3.《1996年度利润分配方案》

4.《1996年度监事会工作报告》

六、备查文件

本公司备查文件齐备、完整，备查文件包括下列文件：

1. 董事长、总经理亲笔签名的1997年度中期报告原本；

2. 湖北双环碱业股份有限公司《招股说明书》、《上市公告书》；

3. 湖北双环碱业股份有限公司1996年度股东大会文件；

4. 经湖北会计师事务所审计的湖北双环碱业股份有限公司1997年上半年财务报表原件。

唐山钢铁股份有限公司

唐山钢铁股份有限公司简介

一、唐山钢铁股份有限公司基本情况

唐山钢铁股份有限公司地处冀东位于燕山南麓、渤海之滨。这里煤铁电力资源丰富,交通便利,发展钢铁工业的条件得天独厚。

唐山钢铁股份有限公司(以下简称唐钢或公司)是通过原唐山钢铁(集团)公司股份制改造而组建的,是国家特大型企业、河北省最大的工业企业,全国十大钢铁企业之一,是国内重要的基础建设和建筑用钢材生产基地。在全国500家最大工业企业中排名第61位。是国家重点联系的1000家优势企业中,第一批确定的300家企业之一。

一、公司历史概况

公司成立于1994年6月29日,是将原唐山钢铁(集团)公司生产性主体及辅助单位的资产作价入股,募集部分法人股和职工股而组建。1997年3月,通过深圳证券交易所交易系统以"上网定价"发行方式,发行人民币普通股1.2亿A股。4月16日,"唐钢股份"股票上市,成为上市公司。

公司发起人－－唐山钢铁(集团)公司于1996年1月改制为国有独资公司,唐山钢铁集团有限责任公司继而成为公司控股股东,代表国家行使国家股股权。

唐钢始建于1943年,在我国钢铁工业发展史上占有重要地位,有过突出贡献。早在1952年,唐钢就试验成功了我国第一座碱性侧吹转炉,被誉为碱性转炉炼钢的"故乡"。改革开放以来,唐钢先后投资50多亿元人民币,引进国内外先进技术和设备,实施大规模改造扩建,完善优化了生产工艺结构,结束了化铁炼钢的历史,实现了铁水全热供,较早地实现了转炉炼钢全连铸,相继建成了高速线材、棒材等一批国际国内先进水平的大中型项目,技术装备水平显著提高,实现了建材产品全系列生产。轧钢综合成材率、钢材合格率、连铸比等主要技术经济指标在全国重点钢铁企业中处于领先地位。

唐钢十分重视企业管理工作,经济效益不断提高,多次蝉连河北省第一利税大户,被河北省政府命名为"经济效益好、社会贡献大"的企业,荣获全国"五一"劳动奖状等荣誉称号,成为国家一级企业和特大型企业。

公司的主要产品有线材、圆钢、螺纹钢、角钢、槽钢、矿用工字钢、U型钢、轻轨、调质钢筋等,能生产100多个品种、360多种规格的钢材产品。公司非常重视产品品种结构的调整和质量的提高,已建成14条国际标准生产线,按国际标准生产的产品16种,在国内外市场上拥有良好的声誉,国家历次抽查产品实物质量全部合格。主要产品均为省优、部优产品,其中Ⅱ级螺纹钢筋、矿用支护钢、调质钢筋和高线盘条被评为中国名牌产品,荣获全国最高质量奖——冶金产品实物质量"金杯奖"。热轧矿山巷道支护用U型钢系列产品,广泛用于现代煤矿主要巷道的支撑保护,优于国外同类产品,完全可以取代进口,荣获国家银质奖。预应力混凝土用热处理钢筋也是国内独家生产,广泛用于铁路轨枕以及制作预应力大型屋面板、大型槽板、吊车梁、屋架等,荣获国家科技进步奖。

公司坚持走质量效益型的发展道路,始终坚持从原料采购到成品出厂过程的质量监督和检验,坚持不合格原料不能投入使用,不合格中间产品不能转入下道工序,不合格成品不准出厂,层层把关,道道签证,质检人员有质量否决权。公司制定了一系列严于国家现行标准的内控标准,规定了钢材的内控化学成分、物理性能和尺寸精度,以及关键工艺控制和供轧花色、规格等。按国际一般标准和国际先进标准生产的产品比率达到90.66%,其中先标率为36.11%,钢材等级品率达到86.95%,优等品率为22.97%,在全国十大钢铁企业中名列前茅。

唐山钢铁股份有限公司在冶金行业上市公司中占居重要的位置。1996年,公司产钢213万吨,实现销售收入438003.7万元,利润50642.7万元,比1995年都有较大幅度的增长,全国十大钢中利润占第6位。在冶金行业上市公司中,实现利润和每股盈利名列前茅,公积金和每股净资产高于其它冶金上市公司。几年来,对股东的回报也逐年提高,体现了稳键的成长性,成为冶金上市公司中的大盘绩业优股。

二、公司注册资本及股权结构

公司成立于1994年6月29日。经政府有关部门批准,唐山钢铁(集团)公司将其主要生产经营性资产评估净值2,367,316,796元,折为国家股1,972,763,997股,折股比例为1.2:1。公司按每股1.2元的价格定向募集法人股331,326,000股,募集资金397,591,200元,按每股1.2元价格定向募集职工股60,408,000股,募集资金72,489,600元。公司成立时股本(注册资本)为人民币2,364,497,997元,资本公积金472,899,599元。股权结构如下:

股份种类	股数(股)	占总股本比例
国家股	1,972,763,997	83.43%
法人股	331,326,000	14.02%
内部职工股	60,408,000	2.55%
总股本	2,364,497,997	100.00%

1996年9月,经公司临时股东大会通过并报请政府有关部门批准,公司按1:0.285实行缩股,缩股后本公司股权结构如下:

股份种类	股数(股)	占总股本比例
国家股	562,237,739	83.43%
法人股	94,427,910	14.02%
内部职工股	17,216,280	2.55%
总股本	673,881,929	100.00%

1997年3月27日,公司通过深圳证券交易所交易系统,以上网定价方式发行人民币普通股1.2亿股,发行后股权结构如下:

股份种类	股数(股)	占总股本比例
尚未流通股份	673,881,929	84.88%
其中:国家股	562,237,739	70.82%
法人股	94,427,910	11.89%
内部职工股	17,216,280	2.17%
可流通股份	120,000,000	15.12%
社会公众股	120,000,000	15.12%
总股本	793,881,929	100.00%

公司在缩股后和股票发行后分别进行了工商注册变更登记,目前公司注册资本为793,881,929元。

三、公司近三年经营状况

公司注重加强企业管理,在钢材市场由俏转滞,价格大幅度下滑的情况下,努力增畅停滞,节能降耗,降低成本,使主要产品产量逐年提高。钢产量由1993年的180.76万吨,增加到1996年的212.97万吨,增长了17.82%;铁由133.14万吨增加到208.3万吨,增长了56.45%;钢材由154.69万吨增加到179.93万吨,增长16.32%。

公司近三年的经营状况及主要财务指标见下表:

项　目	单位	1996年	1997年	1994年
一、总资产	万元	638196	602884	587526
二、净资产	万元	333910	289688	284698
三、负债总额	万元	304286	313195	302828
四、销售收入	万元	4380041	441906	413185
五、利润总额	万元	50643	41092	70417
六、净利润	万元	42726	34023	63464
七、每股盈利	元	0.634	0.505	0.942
八、净资产收益率	%	15.17	14.18	24.73

四、公司的发展前景

本公司所处的冀东地区,是国内与鞍本、攀西齐名的三大铁矿区之一,煤、铁资源丰富,已探明铁矿储量30亿吨,其中集团公司中所属矿山拥有工业储量达14亿吨。唐山紧靠京唐港、秦皇岛港、天津港三大港口,京秦、京山、大秦铁路贯穿全境;具有利用国内、国际资源,开发国内、国际市场,发展钢铁工业得天独厚的条件。"八五"期间,国务院、国家计委、冶金部和河北省政府对把唐钢扩建成为钢铁配套500万吨的联合企业的规划多次进行了论证。

为稳步实施这一规划,从目前炼钢、轧钢能力富裕,炼铁能力不足的实际出发,本公司在未来三年内,以挖掘企业内部潜力、产品质量上水平、提高效益为重点,进行三个方面的改造。一是现有1号高炉易地大修,新建一座2500立方米高炉;二是提高产品档次,对第二炼钢厂进行综合配套技术改造;三是节能降耗,第四轧钢厂-火成材改造。

上述项目总投资15,459亿元,项目投资进度如下:

(单位:亿元)

项　目	总投资	1997年	1998年	1999年
1号高炉易地大修	14.53	9.80	2.70	2.03
第二炼钢厂技术改造	0.499	0.499	0	0
第四轧钢厂-火成材	0.43	0.43	0	0
合计	15.459	10.729	2.70	2.03

投资资金来源计划:

单位:亿元

项　目	总额	1997年	1998年	1999年
发行A股(已到位)	10.728	10.728	0	0
折旧基金	4.731	0.001	2.70	2.03
合计	15.459	10.729	2.70	2.03

项目建成投产后,本公司的综合生产能力将由目前的210万吨增加到300万吨,品种质量明显改善,吨钢投资仅2000多元,为国内钢铁投资的最好水平。项目达产后,年新增利润3亿元,投资利润率达到18%。

随后,本公司将依据届时形成的优势,逐步实施500万吨配套的改造扩建工程,重点发展汽车用钢板,促进我国汽车工业的发展,使本公司形成以优质薄板为主,线材、棒材、型材、管材并重的产品结构。同时,本公司将加快进行工艺技术改造,加强和改进企业管理,全面实现技术装备和管理现代化。

二、董事长、总经理介绍

王天义先生,现年50岁,本公司董事长、总经理。王先生于1970年加入邯郸钢铁总厂,1985年起担任邯郸钢铁总厂副厂长,常务副厂长。1995年出任本公司董事长、总经理。王先生拥有高级工程师职称,在钢铁生产和经营管理方面积有二十七年经验,1994年被评为全国冶金系统劳动模范,1996年获河北省长特别奖。王先生1970年毕业于北京钢铁学院冶金机械专业。

唐山钢铁股份有限公司招股说明书概要

一、释义

在本招股说明书中,下列简称具有如下意义:

本公司:指唐山钢铁股份有限公司,或指发起人投入唐山钢铁股份有限公司之部分。

发起人:指唐山钢铁股份有限公司。

发起人:指唐山钢铁(集团)公司。

集团公司:指唐山钢铁集团有限责任公司,或其前身唐山钢铁(集团)公司。

唐钢:指本公司及集团公司二者之前身。

主承销商:指国泰证券有限公司。

上市推荐人:指河北证券有限公司、国泰证券有限公司和深圳国投证券有限公司。

本次发行:指发行人本次向社会公众发行120,000,000股A股的发行。

线材:包括高速线材、普通线材和调质钢筋。

棒材:指圆钢和螺纹钢。

二、绪言

本招股说明书是根据《公司法》、《股票发行与交易管理暂行条例》、《公开发行股票公司信息披露实施细则》等国家法律、法规及发行人的实际情况编写而成,以便为投资者提供唐山钢铁股份有限公司的基本情况,本公司全体董事已批准该招股说明书,确信其中不存在任何重大遗漏或者误导,并对其真实性、准确性、完整性负个别的和连带的责任。

本次发行的股票是根据本招股说明书所载明的资料申请发行的,除本发行人和主承销商外,没有委托或授权任何其他人提供未在本招股说明书中列载的信息和对本招股说明书作任何解释或者说明。

投资者自行负担买卖本发行人股票所应支付的税款,主承销商、上市推荐人和发行人对此不承担任何责任。

三、新股发售的有关当事人

发行人:唐山钢铁股份有限公司

法定代表人:王天义

地址:河北省唐山市滨河路9号

电话:0315-2702092、0315-2702198

传真:0315-2702449

联系人:杨万臣

主承销商:国泰证券有限公司

法定代表人:金建栋

注册地址:上海市浦东新区乳山路61号

办公地址:北京市海淀区白石桥路3号友谊宾馆乡园

电话:010-68483943　68498543

传真:010-68483942

联系人:李晓春　蔡朝录　张亚北

发行人法律顾问:众鑫律师事务所

经办律师:王云杰　蒋兆康

地址:北京市东直门外大街甲27号

电话:010-64609052

传真:010-64609058

联系人:曾勇钢

主承销商法律顾问:星河律师事务所

地址:北京市北三环中路甲19号大森林酒店

电话:010-62051119-3216

传真:010-62383708

经办律师:袁胜华　林岩

审计机构:河北会计师事务所

法定代表人:程凤朝

地址:河北省石家庄康乐街副9号

电话:0311－7040960
传真:0311－7061582
联系人:刘国忠　李云水
资产评估机构:河北省资产评估公司
地址:河北省石家庄市康乐街副9号
法定代表人:边志明
电话:0311－7046895
资产评估确认机构:河北省国有资产管理局
法定代表人:陈金城
地址:河北省石家庄市中华大街76号
电话:0311－7018037
土地评估机构:中国地产咨询评估中心
地址:北京海淀区大柳树路21号
电话:010－62172342
经办评估人:姚少林　孟庆克　李国仁
土地评估确认机构:河北省土地管理局
法定代表人:宋锡林
地址:河北省石家庄市中华大街94号副1号
电话:0311－7021843
股票登记托管机构:河北省证券登记公司
法定代表人:王拴根
地址:河北省石家庄市维明街21号副1号
电话:0311－7033431
联系人:李洪
深圳证券结算有限公司
地址:深圳市红岭中路25号
电话:0755－5567809
副主承销商:北京证券有限公司
上市推荐人:河北证券有限责任公司
国泰证券有限公司
深圳国投证券有限公司
分销商:
华夏证券有限公司
南方证券有限公司
君安证券有限公司
深圳国投证券有限公司
福建华福证券公司
河北证券有限责任公司
中国科技国际信托投资公司
中煤信托投资有限责任公司
湖北证券有限公司
石家庄信托投资股份有限公司
河北省国际信托投资公司
海南省证券公司
中国旅游国际信托投资公司
福建闽发证券公司
湖南证券股份有限公司
黑龙江省证券公司

四、承销

1. 承销方式:本次公开发行的120,000,000股社会公众股采用余额包销的承销方式。

2. 承销期:1997年3月27日至1997年4月5日。

3. 发行地区:面向全国发行

4. 发行对象:中华人民共和国境内公民及法人(法律、法规禁止的购买者除外)。

5. 发行方式:上网定价发行

6. 股票种类:本次发行的股票全部为"唐山钢铁股份有限公司"记名式人民币普通股(A股),每股面值人民币1.00元,共计120,000,000股。

7. 发行配额:本次发行的发行额度为120,000,000股人民币普通股(A股),全部向社会公众公开发售。

8. 发行价格及确定价格的方法:

本次A股发行采用溢价发行,每股发行价:9.22元/股

确定发行价的方法:结合本公司前3年每股税后利润、每股净资产、利润增长的速度、公司发展前景和市场供求等因素,按发行市盈率13.36倍,确定发行价格。其中1996年每股税后利润按前10个月实现数进行推算。

每股发行价＝1994年至1996年3年平均每股税后利润数乘以市盈率＝0.69元×13.36＝9.22元

9. 预计实收金额:

本次发行如获成功,扣除发行费用后,实际募集资金107,280万元。

10. 上市交易所:深圳证券交易所

五、风险因素与对策

提示:投资者在评价本发行人此次发售的股票时,除本招股说明书提供的其它资料外,应特别认真考虑下述各项风险因素。

一、风险因素

(一)经营风险

1. 原材料、能源的供应和价格的风险

本公司生产所用的主要原材料为铁精粉,主要辅料为焦碳、石灰石、白云石等。冀东地区煤、铁矿丰富,仅集团公司就拥有铁矿工业储量约14亿吨。本公司目前年需铁精粉约200万吨,焦炭约140万吨,主要由集团公司供应,以市场价格结算。所需铁精粉约40%购自集团公司以外,其中30%在国内采购,10%购自国外,主要购自澳大利亚。所需焦炭约35%从集团公司以外采购,主要购自唐山市和山西省。

本公司所用煤炭和重油全部外购,电力大部分外购。但唐山市作为北方重要工业基地,交通便利、资源丰富,本公司所需能源有足够保障。

由于本公司每年需耗用大量的原料和能源,其供应和价格随着市场变化而波动,可能对本公司的产品制造成本和生产组织带来一定影响。

2. 交通运输的制约

本公司产品约有60%依靠铁路运输,其余依靠汽车运输和水运。国内铁路运输的保障程度,对本公司的能源供应和产品销售略有影响。

3. 主业结构集中的风险

本公司目前的主营业务是钢铁冶炼和钢材的生产和销售,产业结构集中,可能带来一定风险。

4. 外汇风险

本公司拥有进出口自营权,1995年产品约有5%供出口,出口额约2,400万美元,外汇收支基本平衡。若人民币汇率发生较大波动,则可能对本公司收益产生不利影响。

5. 改造和扩建计划的风险

本公司未来的盈利增长及发展,很大程度上取决于能否有效地控制工程造价、保证工程质量和按时完成改造和扩建计划。本公司具有丰富的改造扩建经验,但也可能在工程进度、施工成本方面产生不能预测的风险。

(二)行业风险

1. 国家产业政策的变化

钢铁行业是国民经济基础产业,受国家宏观经济政策和经济发展速度影响很大,改革开放以来,国家对钢铁行业的管理已由计划控制走向市场调控,促进了我国钢铁工业发展,1995年,全国钢产量接近1亿吨,钢材市场已经由卖方市场转变成供需基本平衡的市场。

2. 建筑等行业的影响

本公司主要产品为建筑用钢材,国家已把建筑业作为重点发展的支柱产业,对本公司发展有利。但如国家宏观经济政策紧缩,控制固定资产投资规模,将影响建筑业发展速度,进而影响钢材的销售。

(三)市场竞争风险

近年来,在本公司迅速发展的同时,我国钢铁工业发展较快,行业竞

争日益加剧。这种竞争不仅来自国内,还来自国外,我国每年大量进口钢材,更加剧了钢铁行业的竞争。

(四)加入世界贸易组织的风险

当前我国加入世界贸易组织的谈判正在进行,加入世界贸易组织将有利于本公司更好地走向世界市场,引进国外先进技术,扩大本公司产品的出口,但同时本公司将面对国外先进技术及产品的竞争。

(五)股市风险

本公司股票将挂牌上市。由于股票价格不仅仅取决于企业的状况,同时也受到利率、汇率、通货膨胀以及国家有关政策等因素的影响,因而存在股市风险。

二、针对上述风险的对策

(一)经营风险的对策

1.原材料、能源供应和价格风险的对策

目前,集团公司对本公司的铁精粉供应已达每年112万吨,以后可望逐年增加。同时,本公司将发挥冀东地区铁矿资源丰富的优势,与多家地方铁矿建立稳定的供应关系;发挥水运优势,开辟国外多种供货渠道。

为满足新增电力需求,本公司将继续发展热电联产,并计划建设一座300MW的热电厂。同时,本公司将进一步对生产工艺和生产设备进行节能技术改造,强化企业内部管理,降低原材料、燃料及电力消耗。

2.交通运输制约的对策

本公司产品的铁路运输与汽车运输可部分相互替代。同时,本公司临近京唐港,天津新港和秦皇岛港,水运条件好。本公司将全面发挥交通优势,以减少铁路运力紧张的不利影响。

3.产业结构集中的对策。

本公司主要产品为建筑用钢材和矿用钢材,市场前景广阔,本公司将使各种产品系列化,搞好钢材深加工,以更好满足各类用户的需求。同时,本公司将积蓄力量,针对汽车工业和家电工业的钢材需求,发展优质薄板系列产品;并以提高经济效益为原则,适度涉足其它行业和产品,发展多种经营。

4.针对外汇风险的对策

本公司将努力做到外汇收支平衡,并加强外贸和国际金融人材培养,注意外汇市场的研究,利用各种金融手段规避汇率风险。

5.改扩建计划的风险的对策。

为保证改扩建工程的进度和质量,有效控制施工成本,本公司将通过招标方式选择改扩建工程土建施工和设备安装的主要队伍,并加强施工全过程的管理与控制。

(二)针对行业风险的对策

1.产业政策变化的对策

钢铁产业已逐步从发达国家转移到发展中国家,我国钢铁行业已走向市场化,这都为本公司的发展提供了更好的机会。随着国家产业政策的变化,本公司将加快从粗放型转变成集约型发展的步伐,在保持原有产品优势和原有客户的同时,积极促进产品更新换代,开拓新的市场。

2.受建筑等行业影响的对策

在未来相当长的一段时间内,我国的基本建设特别是建筑行业将以较快速度增长。为了减少市场变化对建筑用钢材产品销售的影响,本公司将继续发展高档建筑用钢材系列的生产,同时,积蓄力量发展优质板材,开发新的市场。在海外市场上,继续扩大来料加工,寻求发展更多的国外客户。

(三)市场竞争风险的对策

本公司产品在用户中享有较高声誉,本公司将稳定原有市场份额,同时开发新产品以占有更大的市场份额。将重点扩大优质建筑用钢材的市场份额,发挥和扩大现有高速系列线材、硬线和棒材等产品优势,形成更大的竞争优势。在国际市场上,本公司将重点开拓亚洲市场。

(四)加入世界贸易组织风险的对策

本公司钢材产品约有40%被冶金部认定实物质量达到国际同类产品先进水平,具有国际竞争力。本公司将进一步改进现有设备和工艺,提高技术水平和产品质量,降低生产成本,有重点有步骤地开发国际市场,以迎接国际竞争的挑战。

(五)股市风险的对策

股票市场价格的波动起落乃股市正常现象,为此本公司提醒投资者,必须正视股价波动及今后股市中可能涉及的风险,以便作出正确的投资决策。

六、募集资金的运用

(一)募集资金的计划用途:

本次发行所募集资金扣除发行费用后,实际募集资金10.728亿元,将用于以下项目:1.现有1号1260立方米高炉易地大修;2.第二炼钢厂综合配套技术改造;3.第四轧钢厂一火成材改造。

(二)项目简介:

1.本公司第二炼铁厂1号1260方立米高炉已接近大修期,为减少大修造成的损失,并考虑到在改扩建规划中有2500立方米的高炉项目,本公司计划在第二炼铁厂内易地大修1座2500立方米高炉。此项目概算投资14.53亿元,新增炼铁能力85.5万吨,全部投产后,每年可增利润20117.4万元,预计项目建设期为2.5年,投资回收期为9.7年。本次A股发行完毕后,拟对此项目投入募股资金9.8亿元,其余资金来源为本公司的折旧基金。此项目已经冶金部冶发〔1996〕535号文批准。

2.第二炼钢厂综合配套技术改造。此项目主要内容为:建设45吨钢包CAS-OB炉外精炼站以及连铸坯热送热装,对转炉、连铸系统进行改造,以提高连铸生产能力,使之与棒材厂生产能力相配。其中,CAS-OB炉外精炼站以及连铸坯热送热装项目投资额4991万元,项目投产后,年炉外精炼处理量达80万吨,可进一步改善品种质量,预计年增利润1011万元。所需资金全部由本次发行募股资金解决,预计项目建设期为1年,投资回收期为5.9年。此项目已获河北省经贸委冀经贸技〔1996〕360号文件批准。

3.第四轧钢厂节能技术改造项目。是将原有加热炉及轧制生产线进行改造,直接使用连铸坯一火成材,以降低轧钢工序能耗,提高成材率。该项目总投资4300万元,投产后,预计一车间年增利润1572万元,二车间年增利润1764万元。此项目投资全部由本次发行募股资金投入,预计项目建设期为1年,投资回收期为2.3年。此项目业经河北省计委冀计资源〔1996〕84号文批准。

上述工程建成投产后,本公司综合生产能力可由目前的210万吨增加到300万吨,品种结构和产品质量有明显改善,并解决了本公司炼钢、轧钢能力富裕,炼铁能力不足的矛盾,使新建60万吨棒材项目发挥最大作用。上述项目综合配套后,年新增利润达2.45亿元,投资利润率为15.85%,吨钢投资仅2000多元,达到目前国内钢铁工业投资的先进水平。

(三)投资项目资金使用时间表及来源:

1.上述项目总投资15.459亿元,项目投资进度安排如下:(单位:亿元)

项　目	总投资	1997年	1998年	1999年
1号高炉易地大修	14.53	9.80	2.70	2.03
第二炼钢厂技术改造	0.499	0.499	0	0
第四轧钢厂一火成材	0.43	0.43	0	0
合　计	15.459	10.729	2.70	2.03

2.投资资金来源计划:(单位:亿元)

项　目	总额	1997年	1998年	1999年
发行A股	10.728	10.728	0	0
折旧基金	4.731	0.001	2.70	2.03
合　计	15.459	10.729	2.70	2.03

(四)前次发行股票所筹资金的运用:

本公司1994年以定向募集方式设立时,国家股以资产折股投入,法人股和内部职工股以现金投入,实际募得资金约4.7亿元。募股资金已全部用于本公司棒材厂、第一及第二炼钢厂全连铸工程、热电联产等11项工程(详见定向募集《招股说明书》),使用效果良好。

七、股利分配政策

本公司股利分配将本着同股同利的原则,按股东持有股份比例进行

分配，在每个会计年度结束后的6个月内，由本公司董事会根据该会计年度的经营业绩和未来的生产经营计划提出股利分配方案，报股东大会批准后予以执行。

本公司采取现金或股票的形式派发股利。

本公司向个人分配股利时，由本公司按中华人民共和国有关个人所得税的法律法规代扣、代缴个人收入所得税。

根据公司章程规定，本公司的税后利润按下列顺序分配：

①弥补亏损；

②提取10%法定公积金；

③提取5%至10%法定公益金；

④提取任意公积金；

⑤支付股利。

本公司成立于1994年6月29日，1994年下半年实现净利润7223.5万元，1994年股利分配方案为：每股派发现金0.02527元（按总股本23.645亿元计算），未分配利润165万元结转下年分配。本公司1995年实现利润3.40亿元，1995年股利分配方案为：每股派发现金0.123元（按总股本23.645亿元计算）。

凡购买本次发行股票的投资者，不参与本公司1996年股利分配，但参与1997年全年股利分配。

八、发行人情况

1．名称：唐山钢铁股份有限公司

英文名称：TANGSHAN IRON & STEEL COMPANY LIMITED

2．成立日期：1994年6月29日

3．注册地址：河北省唐山市滨河路9号

4．历史沿革：

本公司发起人是唐山钢铁（集团）公司。唐钢始建于1943年4月，1948年12月改称唐山钢厂，1973年8月更名为唐山钢铁公司，1992年11月更名为唐山钢铁（集团）公司。1994年6月，经河北省经济体制改革委员会冀体改委股字（1994）3号文件和（1994）38号文件批准，集团公司作为独家发起人，以定向募集方式设立了唐山钢铁股份有限公司。1994年6月29日，本公司在唐山市正式注册成立。1996年1月，发起人更名为唐山钢铁集团有限责任公司。

1985年开始，本公司进入了全面发展时期。1986年至1990年，本公司完成的主要重点项目有1号1260立方米高炉系统和高速线材厂等。1991年至1995年间，本公司进一步加快了调整结构、配套改造的步伐，到1995年建成投产的重点项目主要有2号1260立方米高炉系统、一钢厂和二钢厂全连铸等大中型项目。

1995年本公司实现了转炉炼钢全连铸。1996年6月，本公司60万吨棒材厂热负荷试车、投产后，本公司商品材坯生产能力达到294万吨。

5．组织结构

本公司组织结构图见附录1

6．职工情况：

截止1996年10月31日，本公司共有职工30,367人，其中：

(1)专业技术人员构成：

高级职称技术人员204人，占职工总人数0.7%；

中级职称技术人员1,242人，占职工总人数4.1%；

初级职称技术人员2,330人，占职工总人数7.7%。

(2)职工文化程度情况：

大专以上2,390人，占职工总人数7.87%；

中专778人，占职工总人数2.56%。

本公司职工享有住房、教育、医疗及社会保险等方面的福利。本公司每月按工资总额14%提取职工福利基金，以保障职工的福利待遇。全体员工集体参加了全省的职工养老保险、失业保险的社会统筹。职工工伤保险、医疗保险也按地方政府的规定实施。

7．经营业务范围：

钢铁冶炼、钢材轧制、其它黑色金属冶炼及其压延加工、耐火材料制造、金属结构及其构件制造、销售；氧气、煤气生产、供应；冶金技术咨询、服务；电器机械修理；钢材、其它黑色金属及其压延产品、耐火材料、焦炭、化工产品（不含化学危险品）的批发、零售。

8．主要业务：

(1)本公司主要业务

本公司是全国十大钢铁联合企业之一，主要从事建筑用钢材和矿用钢材的生产制造。生产的主要流程有烧结、炼铁、炼钢和轧钢。本公司主要产品有线材、棒材（含圆钢、螺纹钢）、角钢、槽钢、矿用工字钢、U型钢、调质钢筋、轻轨、焊管、热轧带钢等共100多个品种、360多种规格，年综合生产能力达210万吨，商品坯材生产能力达294万吨。其中线材、棒材、角钢、矿用钢和轻轨等可按系列生产，建筑用钢材由直径5.5mm和50mm的整个系列能全部生产，约有40%的钢材被冶金部认定实物质量达到国际水平标准。

(2)钢铁行业有关背景

钢铁行业一直是国家重点支持的基础产业，在世界主要发达国家钢铁产量减少的情况下，近年来我国钢铁行业发展较快，1995年，全国钢产量接近1亿吨。国家对钢铁行业的管理已由计划控制走向市场调控。80年代以来，中国每年要进口大量钢材，尤其在基建规模膨胀的年份，进口量达2000万至3000万吨。

9．生产经营

(1)主要产品品种：

本公司主要产品有线材、圆钢、螺纹钢、角钢、槽钢、矿用工字钢、U型钢、调质钢筋、轻轨、焊管、热轧带钢等100多个品种、360多种规格。

1995年本公司钢材品种及比例：

品　种	产量（吨）	比例（%）
轻轨	8,138	0.49
角钢、U型钢、工字钢	132,658	7.92
圆钢、螺纹钢	530,008	31.63
高速线材	421,221	25.14
普通线材	412,947	24.64
调质钢筋	12,779	0.76
带钢	26,239	1.566
焊接钢管	131,520	7.850
合计	1,675,510	100

高速线材系列产品，为本公司“七五”期间引进的具有80年代国际先进水平的高速线材厂生产，规模5.5－13mm，其钢种主要有碳素钢、焊条钢、冷镦钢、低合金钢、弹簧钢等。产品内在和表面质量均可满足用户需要。其中，碳素钢无扭控冷热轧盘条的实物质量达到国际同类产品先进水平。

热轧矿山巷道支护用U型钢系列是本公司传统产品，为本公司首家开发。该产品广泛使用于现代化煤矿主要巷道的支护，是我国煤炭工业必不可少的方向性产品。主要品种有18U、25U、29U、36U。

本公司引进的具有90年代国际先进水平的棒材厂于1996年6月建成，主要产品为建筑用螺纹钢筋，规格12－40mm；圆钢，规格14－50mm。产品主要用于建筑、机械、船舶等行业。主要钢种有低合金钢（20MnSi建筑螺纹钢筋用钢），普通碳素结构钢、优质碳素结构钢、弹簧钢、标准件钢、锚链钢等。

(2)产品生产情况：

本公司1994－1996年10月生产情况见下表（单位：吨）

品种	1994年	1995年	1996年1－10月
铁	2,091,142	2,133,522	1,697,562
钢	2,060,932	2,085,207	1,731,022
商品坯材	1,819,800	1,982,327	1,603,387
钢材	1,669,179	1,675,510	1,460,516

(3)主要市场及其市场占有情况：

本公司产品以内销为主，在国内覆盖华北、华东、华南、华中和西北等主要市场，其中华北和华东占60%以上。外销分布在亚洲、北美和欧洲23个国家和地区。

本公司产品主要用户一般是各省、市的金属材料公司、大型工程建设单位及施工单位等,本公司与此类用户有着良好而长久的业务关系。本公司对主要客户的销售量每年均在5万吨至10万吨之间,并无对某一客户过分依赖的现象。

本公司具有外贸经营进出口权,可直接进行进出口贸易。1995年本公司出口钢坯及钢材17.6万吨出口额达2402万美元。由于出口退税率的降低,国外市场对产成品的限制,本公司根据市场情况随时调整出口策略。

1994年至1995年,本公司生产的线材占国内生产总量的5%,矿用U型钢系列约占全国市场的50%。

(4)竞争

本公司钢产量在全国十大钢铁企业中位居第10位,但利润总额排序1994年和1995年分别位于第9位和第8位,1996年1-10月位居第5位。本公司主要产品是建筑用钢材和矿用钢材,国内各大钢铁企业之间竞争越来越激烈,这种竞争还来自国外。本公司的竞争优势在于:

第一,本公司拥有先进的技术装备,高速线材和棒材等主体轧机均具有国际先进技术水平,尤其是年产60万吨的棒材厂投产后,本公司能生产各种型号的高档建筑用钢材,主要产品能按系列生产,可以满足各类用户的需求。

第二,本公司具有良好的财务状况,负债比率、流动比率合理,1995年和1996年1-10月的应收帐款周转率分别达到7.55和8.26,本公司很少有坏帐问题。

第三,本公司位于中国经济发达、开放程度较高的京、津、唐三角地区,冀东地区是全国三大铁矿带之一,又毗邻天津新港、秦皇岛港和京唐港,铁路、公路发达,交通便捷,资源丰富,享有地理优势。

第四,本公司在"七五"和"八五"期间完成众多的新建、扩建项目,拥有组织大规模改造、扩建的丰富经验。同时,在既往几十年的生产经营中,本公司积累了丰富的技术经验和管理经验,具有技术优势和管理优势。

第五,本公司具有良好的资金使用计划,计划的三项工程建成投产后,本公司综合生产能力可由目前的210万吨增加到300万吨,品种结构和产品质量有明显改善,并解决了本公司炼钢、轧钢能力富裕,炼铁能力不足的矛盾,新建60万吨棒材项目将发挥最大作用。项目综合配套后,年新增利润达2.5亿元,投资利润率为15.85%,吨钢投资仅2000多元,为国内钢铁投资的先进水平。

第六,本公司500万吨钢铁配套改扩建规划方案国家计委已审核同意并报国务院审批。方案批复实施后,本公司将扩建优质板带材生产线,形成板、型、线、棒四大产品系列,将给本公司带来巨大的发展潜力。

(5)生产工艺

本公司生产工艺流程依次如下:

--烧结:铁精矿、粉矿等含铁物料,配加燃料(焦炭粉)、石灰石、白云石后送入烧结机内,借燃料燃烧产生的高温使物料熔结,再经冷却、破碎、筛分而成粒度适宜的烧结矿,作为高炉炼铁的原料。

--炼铁:就是把烧结矿和块矿中的铁还原出来的过程。焦炭、烧结矿、块矿连同少量的石灰石、白云石一起送入高炉中冶炼成液态生铁(铁水),然后送往炼钢厂作为炼钢的原料。

--炼钢:是把原料(铁水和废钢等)里过多的碳及硫、磷等杂质去掉并加入适量的合金成份。本公司炼钢的方法为转炉法和电炉法。转炉方法基本上是把氧气吹入铁水中,产生反应将杂质消除而成钢,这个过程不用另外加热。电炉方法则是以电力为热源来炼钢,一般用以生产优质钢和合金钢。

--铸钢:铸钢的方法分为钢锭铸造和连续铸造两种。本公司已实现转炉钢全连铸。连续铸造是将钢水经中间罐连续注入用水冷却的结晶器里,凝成坯壳后,从结晶器以稳定的速度拉出,再经喷水冷却,待全部凝固后,切成指定的长度成连铸坯,连铸的主要好处在于免除了初轧程序。

--轧钢:铸钢出来的钢锭和连铸坯以热轧方式在不同的轧钢机轧制成各类钢材。

(6)产品质量

本公司设有独立的质量管理部门,拥有1200名专业质量管理与检验人员。本公司非常重视产品质量,在产品质量管理方面卓有成效。

本公司的质量管理包括从原料采购、生产、产品销售直至售报服务的全过程。其中每个环节都有严格的质量控制、保证、检验措施。本公司在各厂设有16个质量检查站和3个理化实验室,以确保产品实物质量。本公司实行产品质量一票否决。同时各厂还成立了863个质量管理小组,通过开展群众性的质量改进活动,提高产品质量。此外,销售处、质量管理处等部门每年都要到全国各地走访用户,跟踪公司产品质量情况,进行市场调查研究,以提供决策依据。

多年来,本公司一直致力于产品实物质量的提高,本公司钢材总产量中,质量达到国际水平的约有40%,有4项产品实物质量获得实物质量"金杯奖",如高速线材厂生产的普碳盘条,中型轧钢厂生产的U型钢。本公司1996年竣工的具有90年代世界先进水平的棒材厂,其轧钢可实现全线无扭、高速轧制。

10. 业务收入的主要构成:

本公司生产的产品产量和品种视当时市场而定。近三年主营产品销售收入如下:

单位:万元

年份	1993年		1994年		1995年		1996年1-10月	
品种	收入	比例	收入	比例	收入	比例	收入	比例
钢材	527,829	96.42%	378,370	91.57%	379,523	75.29%	329,670	87.28%
钢坯	16,662	3.04%	25,111	6.08%	55,361	10.98%	26,085	6.91%
材坯加工	923	0.17%	198	0.05%	212	0.04%		
生铁			8,111	1.96%	5,315	1.05%		
铸件	465	0.08%	193	0.05%	138	0.03%	90	0.02%
其他	1,569	0.29%	1,202	0.29%	1,357	0.27%	1,633	0.43%
主营总计	547,448	100%	413,185	100%	441,906	87.66%	357,478	94.64%
其他业务					62,214	12.34%	20,227	5.36%

其他业务收入主要为工程建筑和劳务收入。

11. 原材料、燃料及能源的供应

本公司处于全国三大铁矿带之一的冀东地区,铁路、公路和水运均十分便利。穿境而过的京山、大秦铁路直抵亚洲最大的能源输出港--秦皇岛港以及京唐港。

本公司生产所用的主要原材料为铁精粉,主要辅料为焦炭、石灰石、白云石等,每年所需铁精粉约200万吨,焦炭约140万吨,石灰石和白云石分别为31万吨和94万吨。本公司与集团公司签订了协议,以市场价格向集团公司购买上述原材料。集团公司不能满足本公司需要的部分依靠外购,其中铁精粉国内在集团公司以外采购30%。国外采购约10%,主要购自澳大利亚;焦炭外购比例约35%,主要购自唐山市和山西省。

集团公司拥有铁矿工业储量约14亿吨,本公司已与集团公司签订了经济关系总协议,获得了稳定的原料供应,其中铁矿粉每年供应量为112吨,并逐年增加。本公司国内采购铁精粉集中在唐山市附近,货源充足,运距在80至140公里之间。中国与澳大利亚政府签有铁精粉购买协议,同时,在必要的时候,本公司也可以以同样的价格,在其他国家采购同样质量的铁精粉。

本公司生产所需动力煤大约每年40万吨,主要由大同矿务局和开滦矿务局两大企业供应,其供应能力可靠稳定。本公司每年外购重油约10万吨,主要来自天津、辽宁和吉林。本公司地处京津唐电网,所需电力有充分保障。

12. 无形资产:

--商标:本公司已与集团公司在《分立协议》和《经济关系总协议》及其补充协议中签订了关于商标的使用条款,依该条款,本公司继续使用"唐钢"商标,并继续使用注册号为152671和179230的两个商标。详见本招股说明书第二十节"重要合同及重大诉讼事项"。

--荣誉:本公司成立以来,在产品和技术等方面取得了一定成就,荣获多项国家级、部级和省级荣誉称号。获国家和部级的主要优质产品见下表:

产品名称	授奖单位
1. 煤矿支护用25U型钢	国家
2. 矿山巷道支护用25U型钢	国家
3. 热轧普碳结构钢圆钢	冶金部
4. 钢筋混凝土用二级钢筋	冶金部
5. 中型热轧等边角钢	冶金部
6.3.6"、4"等边角钢	冶金部
7. 顶应力混凝土用热处理钢筋	冶金部
8. 船用锚链圆钢	冶金部
9.140/90船用不等边角钢	冶金部
10. 煤矿支护用25U型钢	冶金部

13. 研究与开发

本公司坚持认为产品和技术的开发是公司业务持续发展的前提。为积极研究、推广新产品、新技术、新工艺,本公司聘任了高级工程师204人、工程师1242人,其他技术人员2320人,设有专门的钢铁研究机构(即技术中心),承担冶金部和公司的研究开发任务,每年都要研究、论证、立项和完成技术开发和技术改造项目多项。

1993年,本公司在全国科技实车百强企业中位居第37名。

1995年,本公司新产品开发、新技术推广共30多项通过了各级鉴定,其中部级鉴定2项、省级鉴定5项。通过省、部级鉴定的项目有:

(1)三铰拉杆方柱高刚度轧机(部级)

(2)准沸腾钢连铸生产工艺(部级)

(3)综合开发应用新技术优化电炉生产工艺(省级)

(4)3mm、5mm轨枕用钢丝(省级)

(5)唐钢1260立方米高炉生产流程优化及攻关达产项目(省级)

(6)唐钢土建设计CAD技术开发应用项目(省级)

(7)高炉探尺微机控制系统项目(省级)

1995年,本公司获省、部级科技进步奖和优秀新产品奖9项:

(1)高线生产线计算机控制系统(部级)

(2)三铰拉杆方柱高刚度轧机(部级)

(3)1260立方米高炉炉身下部造衬技术(部级)

(4)工业工程在引进设备达产达标中的应用(部级)

(5)BD650型多功能全自动打捆机(省级)

(6)综合开发应用新技术优化电炉生产工艺(省级)

(7)轧钢孔型样板全自动编程CAM系统(省级)

(8)FG20非调质抽油杆钢的研制(省级)

(9)46Si2Cr热线IV级钢筋(省级)

多年来,本公司研究并在国家注册专利29项,其中发明3项,实用新型26项。

14. 正在进行或计划进行的投资项目及技术改造项目

(1)本公司计划进行的投资项目:

基本情况请见本招股说明书概要第六节"募集资金的运用"。

(2)本公司正在进行的投资项目:

A.1.5万立方米/小时制氧机项目,总投资1.5亿元,每年创利润2600万元;

B. 热电联产项目,以两个35吨/小时蒸汽锅炉代替小锅炉,总投资1.3亿元,预计每年节约标煤2万吨,产生经济效益1142万元;

C. 带钢厂节能技术改造项目,总投资5000万元,预计年增利润1500万元。

15. 生产保证措施

(1)设备保养与维修的主要措施:

首先,为保证生产设备的正常进行,本公司设有健全的设备管理机构,由机械动力处负责全公司的设备综合管理,各生产单位设有设备副厂长、机动科及检修车间。

第二,本公司有健全的设备管理制度,机动处各专业科室执行《专业管理标准》,投入运行的设备严格执行《设备操作、维护和检修规程》;机动处按《承包经营责任制设备管理考核办法》考核生产单位的设备管理工作。

第三,设备检修包括日常检修和大中修,积极推行"点检定修"、"状态检测"等先进的管理方法,设备检修坚持逢修必改的原则,不断提高企业的技术装备素质。

本公司有较强的检修力量,检修单位有:修建工程公司、机械制造、制修厂等,机修系统有技术干部1238名。同时,各生产单位均有负责日常检修的人员。

(2)安全与环保措施:

本公司建立了健全的安全生产管理制度、操作规程和安全教育制度。公司安全管理人员占职工总数的5.47‰,本公司曾获全国十五大钢安全生产竞赛评比第一名,先后荣获河北省工交系统、冶金系统安全生产先进单位。

本公司一贯遵守我国环保法规,避免和减少对环境的污染。近年来,本公司先后完成了炼钢转炉烟尘治理、污水闭路循环、中型厂水泵房消声等环保项目。本公司先后荣获河北省冶金系统环保先进单位、防尘先进单位、综合治理先进单位。

(3)保险

本公司对所拥有财产进行了全额保险。

16. 国家的政策因素的影响

经河北省财政厅(1994)冀财企一字第9号文件和河北省冶金厅冀冶财字(1994)第596号文批准,本公司在股份制试点期间(1994年-1996年),定额上缴财政利润。本公司若向社会公开发行股票并上市,根据河北省政府冀证函(1997)9号文和河北省政府冀政(1995)81号文件规定,继续执行33%的所得税税率,超过15%的部分由省财政返还,使本公司的实际税赋为15%,不再实行利润定额上缴。

17. 与集团公司的关系

集团公司为本公司的主要股东。本公司成立时,与集团公司签订了《分立协议》和《经济关系总协议》。本公司成立后,主要业务为钢铁生产和销售,集团公司保留了矿山系统、焦化和耐火材料系统,以及设计、施工、备品备件加工等业务,并为本公司提供职工的生活福利设施和生活服务业务。

集团公司承诺集团公司及其子公司(本公司除外),不再开发新的对本公司生产和经营构成竞争的业务。为此,本公司和集团公司订立了相应的协议条款(详见本招股说明书第二十节"重要合同及重大诉讼事项")。

九、董事、监事及高级管理人员

董事:

王天义先生,现年50岁,本公司董事长、总经理、党委书记。王先生于1970年加入邯郸钢铁总厂,1985年起担任务副厂长,常务副厂长,1995年出任本公司董事长、总经理、党委书记。王先生拥有高级工程师职称,在钢铁生产和经营管理方面积有26年经验,1994年被评为全国冶金系统劳动模范,1996年获河北省长特别奖。王先生1970年毕业于北京钢铁学院冶金机械专业。

姜存阳先生,现年49岁,本公司副董事长、副总经理。姜先生于1970年8月加入唐钢,1994年6月担任本公司副董事长、党委副书记及第一副总经理,1995年12月任副董事长及副总经理。姜先生于1970年毕业于北京钢铁学院,拥有高级工程师职称,历任炼铁厂、组织(人事)部、附属企业总公司等单位负责人,在生产、经营管理上有丰富的工作经验。

张永昌先生,现年53岁,本公司副总经理,负责建设工程及发展。张先生1969年参加工作,1970年加入唐钢,1985年担任唐钢副经理。张先生1969年毕业于北京钢铁学院,拥有高级工程师职称。在工程建筑方面具有较丰富的经验,曾参与和领导过唐钢许多重要施工项目。

刘纯明先生,现年51岁,本公司党委副书记,负责组织、人事、宣传、纪检工作。刘先生1969年参加工作,1970年加入唐钢,1993年出任唐钢党委副书记,拥有高级政工师职称。刘先生于1969年毕业于中国人民大学,长期从事党务工作,具有较丰富的管理经验和较高的政策理论水平。

潘公平先生,现年55岁,本公司副总经理兼总工程师。潘先生于

1964年加入唐钢,1985年7月担任唐钢副经理兼总工程师,1994年6月出任唐山钢铁股份有限公司副总经理兼总工程师。潘先生从事炼钢、轧钢技术工作三十多年,组织并参与了多项公司重大技术改造,发表了多篇专业论文,1995年被录入《中国科技名人录》。潘先生于1964年毕业于北京钢铁学院,拥有教授级高级工程师职称,是第六、七、八届全国人大代表。

孙国平先生,现年50岁,本公司副总经理。孙先生于1970年加入唐钢,历任唐钢供应处副处长、中型厂副厂长、销售处副处长、处长、公司经理助理,1990年任唐钢公司副总经理。孙先生1970年毕业于北京钢铁学院,拥有高级经济师职称,在物资供销和财务管理方面有26年的丰富经验,曾参与并领导过唐钢很多重要技术改造项目。

王恩顺先生,现年56岁,本公司副总经理,负责生产安全工作。王先生1966年参加工作,1968年加入唐钢,1994年担任本公司副总经理。王先生于1966年毕业河北矿冶学院,拥有高级工程师职称,在钢铁生产方面积有丰富经验。

周贺云女士,现年43岁,本公司工会主席。周女士于1970年11月加入唐钢,1994年6月出任本公司工会主席。周女士1987年毕业于河北师范大学,拥有高级政工师职称,先后在唐钢团委、设备处、二机修厂、医院等单位担任主要领导职务,具有丰富的思想政治工作经验。

监事:

郭爱恒先生,现年49岁,本公司监事会主席、纪委书记。郭先生1970年参加工作,历任唐钢宣传部科长、部长、唐钢一炼钢厂党委书记,本公司党委副书记、纪委书记,在纪检监察工作方面具有丰富的经验,拥有大学学历、高级政工师职称。

侯存根先生,现年50岁,本公司工会副主席。侯先生于1962年参加工作,历任唐钢耐火材料厂、唐钢党委政治部、唐钢工会主要领导职务,在工会组织管理方面有长期的实践经验,拥有政工师职称。

冬文礼先生,现年45岁,本公司二炼铁厂铸铁车间主任。冬先生于1969年参加工作,曾任唐钢一炼铁厂炉前工、二炼铁厂一高炉车间党支部书记,具有长期而丰富的一线工作经验,并于1985年获得全国劳动模范称号。

高级管理人员:

刘玉印先生,现年51岁,本公司党委副书记。刘先生于1963年参加工作,1985年起历任北京军区某守备旅副旅长、旅长,昆明军分区司令员,1995年任本公司党委副书记。刘先生具有比较丰富的武装、保卫工作经验,于1991年毕业于国防大学政经、军事专业,拥有高级政工师职称。

刘绍礼先生,现年51岁,本公司副总经理。刘先生于1970年加入唐钢,1983年起任唐钢炼铁厂副厂长、计划处处长、公司经理助理,1990年任唐钢公司副总经理。刘先生1970年毕业于北京钢铁学院,拥有高级工程师职称,在冶金设备管理方面积累了丰富经验,参与和领导了唐钢一系列重大设备革新改造工程项目。

王子林先生,现年44岁,本公司副总经理。王先生于1970年加入唐钢,1982年以后曾任共青团唐山市委副书记、唐钢党委组织(人事)部部长,1994年任唐钢集团公司副总经理。王先生于1987年毕业于唐山教育学院,在组织人事管理上有比较丰富的经验,拥有高级政工师职称。

刘义生先生,现年43岁,本公司副总经理。刘先生于1969年参加工作,1974年加入唐钢,,1986年后曾任唐钢组织部副部长、劳动工资处处长、经理助理。1994年任唐钢集团公司副总经理。刘先生于1982年毕业于河北工学院,拥有高级经济师职称,在劳资、人事管理方面有比较丰富的经验。

李凤武先生,现年54岁,本公司副总会计师。1961年参加工作,1973年加入唐钢,历任财务处副处长、处长,于1995年出任副总会计师。李先生拥有高级会计师职称。从事财务管理工作23年,有丰富的理论知识和实践经验。

杨万臣先生,现年44岁,本公司董事会秘书室主任、经营管理处处长。杨先生于1971年加入唐钢,历任经办室副主任、企业管理处副处长、代处长、处长,1995年出任董事会秘书室主任。杨先生长期从事企业管理工作,曾参与了公司股份制改造等重要工作,具有较丰富的管理经验,拥有经济师职称。

十、经营业绩

以下为本公司截止1995年12月31日的三个会计年度及1996年1-10月会计期间的经注册会计师审计后的经营业绩。

单位:千元

项目/年份	1996年1-10月	1995年度	1994年度	1993年度
主营业务收入	3,574,779	4,419,058	4,131,847	5,474,483
主营业务利润	415,434	408,069	704,786	924,227
加:其他业务利润	10,807	14,825	11,557	64,450
营业利润	426,241	422,894	716,343	988,678
利润总额	418,426	410,922	704,168	969,981
减:税项	65,975	70,690	69,530	320,094
税后利润	352,451	340,232	634,638	649,887

本公司钢铁综合生产能力达210万吨,目前拥有资产总额61.81亿元,其中净资产达32.50亿元。1995年和1996年本公司钢铁产量在全国十大钢铁联合企业居第十位,但利润分别居第八位和第五位。

1994年下半年以来,由于市场变化,钢铁产品价格大幅度下跌,每吨达300元,下降幅度约12%;原材料和燃料价格也有较大上涨,同时,银行贷款利率上调,这使得钢铁行业效益急剧下降,1995年比1994年平均下降幅度达65%。本公司及时调整了产品结构,增加高附加值产品,加强内部管理,降低消耗,1995年比1994年降低成本费用达2.1亿元,使本公司1995年利润水平仅比1994年降低46%。1996年,在全行业效益继续下滑的形势下,本公司的利润水平有较大幅度的增长。

在技术装备上,本公司实践了大规模的技术改造工程,如高炉自动控制系统、烧结自动控制系统、高速线材和60万吨棒材轧制系统等,均具有80年代末、90年代初国际先进水平。本公司已建成14条国际标准生产线,并相继实现了铁水热装、转炉炼钢全连铸和建材产品系列化。

在产品质量上,本公司能生产100多个品种360多种规格的钢材产品,在国内外市场享有良好的声誉,自国家开始实物抽查以来,本公司历次产品抽查全部合格。本公司约有40%的产品实物质量达到国际水平,主要产品均为部、省优产品,其中高线盘条,矿用U型钢和螺纹钢筋被澜为中国名牌产品。

与此同时,本公司在管理制度方面逐步完善,按照现代企业制度运作。本公司积极推进劳动人事、分配和保险三项制度改革,实行了全员劳动合同制、管理和技术人员聘任制、岗位技能工资制等。1986年起,本公司将班组管理作为企业的一项系统工程来抓,首创"现代企业班组优化管理",获第三届国家级企业管理现代化创新成果二等奖。

十一、股本

1. 股本形成

本公司是经河北省经济体制改革委员会1994年2月冀体改委股字(1994)3号文件和1994年6月冀体改委股字(1994)38号文批准,由唐山钢铁(集团)公司作为唯一发起人,并以定向募集方式于1994年6月29日设立的股份有限公司。经政府有关部门核准,集团公司将其主要生产经营性资产评估后的净值2,367,316,796元折为国家股1,972,763,997股,折股比例为1.2:1,每股面值1元。本公司按每股1.20元的价格定向募集法人股331,326,000股,每股面值1元;以每股1.20元的价格向内部职工发行60,408,000股,每股面值1元。定向募集后,本公司注册资本为2,364,497,997元。

1997年1月,经河北省人民政府批准,本公司按1:0.285的比例进行缩股,并进行了变更登记。缩股后,本公司总股本为673,881,929股,其中国家股562,237,739股,法人股94,427,910股 内部职工股17,216,280股。

2. 本次发行前,本公司注册资本为673,881,929元。本次发行将在全国范围内向社会公众公开发行A股120,000,000股,每股面值人民币1.00元。定向募集后,本公司注册资本为793,881,929元。

3.本次公开发行前,本公司股本结构为:

股份种类	股数(股)	占总股本比例
国家股	562,237,739	83.43%
法人股	94,427,910	14.02%
内部职工股	17,216,280	2.55%
总股本	673,881,929	100.00%

4.本次发行后,本公司将形成如下股本结构:

股份种类	股数(股)	占总股本比例
尚未流通股份	673,881,929	84.88%
其中:国家股	562,237,739	70.82%
法人股	94,427,910	11.89%
内部职工股	17,216,280	2.17%
可流通股份	120,000,000	15.12%
社会公众股	120,000,000	15.12%
总股本	793,881,929	100.00%

5.内部职工股情况:

(1)发行范围:

截止于1994年4月30日,在本公司工作并在劳动工资花名册上列名的正式职工;本公司董事、监事;本公司在册管理的离退休职工。

(2)集中托管:

内部职工股已于1994年12月由河北省证券公司唐山营业部托管,并于1996年12月转交河北省证券登记公司集中托管,经河北省证券委员会冀证(1997)4号文确认。

(3)内部职工股的上市流通依国家有关规定,在本次股票发行之日起,期满三年后方可上市流通。

6.本次发行前后净资产变化:

本次按计划发行前后,公司净资产总额、股本及每股净资产变动情况如下:

	净资产总额(千元)	股本额(千元)	每股净资产(元)
发行前	3,249,961	673,882	4.82
发行后	4,322,761	793,882	5.45

7.发起人股份的变动情况:

本次发行前,集团公司持有本公司股份562,237,739股,占本公司总股本的83.43%

本次发行后,集团公司持有本公司股份562,237,739股,占本公司总股本的70.82%

8.主要股东情况:

按持股本比例排列前十名的股东为:

排序	股东名称	持股数量(万股)	比例(%)
1	唐山钢铁集团有限责任公司	56,223.77	83.43
2	唐钢工会	4,383.90	6.50
3	五矿贸易有限公司	474.81	0.79
4	中国第二十二冶金建设公司	396.15	0.59
5	唐山市线材厂	188.10	0.28
6	石炭井矿务局	156.75	0.23
7	天津冶金局供销运输总公司	114.00	0.17
8	唐钢附属企业总公司	106.16	0.16
9	北京钢铁设计研究总院	85.50	0.13
10	铁道部第十六工程局第五工程处	85.50	0.13

9.公司董事、监事、高级管理人员持股情况如下:(单位:股)

(1)董事持股数:

姓　名	持股数量	占总股份比例(‰)
王天义	0	0
姜存阳	285	0.0004
张永昌	285	0.0004
刘纯明	285	0.0004
潘公平	285	0.0004
孙国平	285	0.0004
王恩顺	285	0.0004
周贺云	285	0.0004

(2)监事持股数:

姓　名	持股数量	占总股份比例(‰)
郭爱恒	285	0.0004
侯存根	285	0.0004
冬文礼	285	0.0004

十二、主要固定资产

目前,本公司的固定资产主要包括:

(1)各种房屋和构筑物

(2)各种机器及设备

(3)发起人固定资产中的非生产性、福利与服务性项目未转移到本公司。

截止1996年10月31日,经河北会计师事务所审计,本公司的主要固定资产情况如下:

单位:千元

	厂房、建筑物	机器设备	运输工具	其他设备	总额
固定资产原值	1,959,458	1,978,263	193,438	328,128	4,459,288
累计折旧	584,644	742,552	58,031	142,028	1,527,275
帐面净值	1,374,794	1,235,711	135,407	186,100	2,932,013

十三、资产评估

1.资产评估情况

1994年4月,本公司委托河北省资产评估公司对集团公司投入本公司的各类资产进行了评估,《资产评估报告》已经河北省国有资产管理局确认。依据该《资产评估报告》,发起人投入本公司的全部资产、负债、净资产在评估基准日所表现的评估价值如下:

评估基准日:1994年3月31日　　单位:万元

项目	帐面值	评估值	增减额	增减率%
流动资产	179,904	186,425	6,521	3.61
固定资产净值	133,312	198,362	65,050	48.80
其中:设备	63,068	100,960	37,892	60.08
房屋及建筑物	70,164	97,402	27,238	38.02
在建工程	128,987	129,825	838	0.65
长期投资	0	0	0	0
资产合计	442,203	515,184	72,981	16.5
流动负债	189,597	189,597	0	0
长期负债	88,606	88,855	249	
负债合计	278,203	278,452	249	0.09
净资产	16,400	236,731	72,732	45.46

2.土地评估

1996年12月27日,本公司与集团公司签订了土地租赁协议。依照此协议;集团公司出租给本公司土地4,978.033亩,本公司每年向集团公司主租金930万元,该土地已经中国地产咨询评估中心评估,价值为75,367.66万元。

十四、财务会计资料

经河北会计师事务所对发行人1996年10月31日以前3年又10个月会计期间报表的审计,主要财务会计资料摘录如下:

1.资产负债表主要数据:

单位:千元

资产	1996年10月31日	1995年12月31日	1994年12月31日	1993年12月31日
货币资金	112,710	37,084	94,773	122,644
应收票据	287,581	212,757		

应收帐款	416,771	453,506	722,497	500,720
减:坏帐准备	2,397	2,268	3,612	2,503
应收帐款净额	414,374	451,239	718,884	498,217
预付帐款	179,019	213,106	172,109	43,092
其它应收款	338,156	288,796	229,445	216,462
待摊费用	97,480	94,660	105,492	7,053
存货	771,227	895,534	843,176	697,118
流动资产合计	2,200,547	2,193,175	1,163,879	1,584,586
长期投资	20,500	20,500	20,500	
固定资产原价	4,459,288	4,294,630	3,942,623	1,711,305
减:累计折旧	1,527,275	1,324,368	1,110,830	408,278
固定资产净值	2,932,013	2,970,261	2,831,793	1,303,027
在建工程	1,026,780	841,320	852,942	1,331,068
固定资产合计	3,958,497	3,812,018	3,684,735	2,634,094
无形及递延资产合计	1,547	3,143	6,145	
资产总计	6,181,091	6,028,835	5,875,259	4,218,680
负债及股东权益				
短期借款	588,855	465,551	508,506	321,206
应付票据	135,182	61,000	122,777	
应付帐款	392,843	591,120	442,856	322,789
预收货款	125,205	231,528	289,367	122,777
应付福利费	60,163	47,083	29,339	24,776
未付股利		290,848	59,748	
未交税金	198,084	21,147	27,775	
其他未交款	25,774	17,893	6,248	
其他应付款	209,358	119,592	80,669	131,899
预提费用	40,860		77,000	113,958
一年内到期的长期负债	25,112	434,078	516,778	
流动负债合计	1,801,438	2,278,840	2,018,316	1,037,405
长期借款	690,964	511,280	663,130	869,730
应付债券	90,406			121,375
长期应付款	6,017		5,000	210,170
其他长期负债	342,307	341,833	341,830	340,000
长期负债合计	1,129,693	853,113	1,009,960	869,730
负债合计	2,931,130	3,131,953	3,028,276	2,578,680
股本	2,364,498	2,364,498	2,364,498	1,640,000
资本公积	471,142	470,514	470,000	
盈余公积	61,870	61,870	10,834	
未分配利润	352,451		1,651	
股东权益总计	3,249,091	2,896,882	2,846,983	1,640,000
负债及股东权益合计	6,181,091	6,028,835	5,875,259	4,218,680

2. 利润表主要数据:

单位:千元

年　份	1996年1-10月	1995年度	1994年度	1993年度
主营业务收入	3,574,779	4,419,058	4,131,847	5,474,483
减:营业成本	2,804,146	3,520,268	3,004,853	3,130,693
销售费用	17,039	19,948	13,773	304,595
管理费用	169,368	228,587	222,047	252,056
财务费用	145,485	212,274	143,382	78,051
营业税金及附加	23,308	29,914	43,006	784,860
主营业务利润	415,434	408,069	704,786	924,227
加:其他业务利润	10,807	14,825	11,557	64,450
营业利润	426,241	422,894	716,343	988,678
加:投资收益	2,012	10		
营业外收入	33	1,874	4,101	787
减:营业外支出	9,248	13,856	16,276	19,484
利润总额	418,426	410,922	704,168	969,981
减:所得税	65,975	70,690	69,530	320,094
净利润	352,451	340,232	634,638	649,887

所得税注释:经河北省财政厅(1994)冀财企一字第9号文件和河北省冶金厅冀冶财字(1994)第596号文批准,本公司在股份制试点期间(1994-1996年),1994年上缴财政利润6953万元,1995、1996年分别上缴利润定额为7069万元和7917万元。

3. 说明:

上述资产负债表和利润表已经河北会计师事务所中国注册会计师审核验证,并出具审计报告。河北省会计师事务所认为,上述会计报表符合《企业会计准则》和《股份制试点企业会计制度》和国家其他有关财务会计法规的规定,在所有重要方面公允反映了本公司1993年12月31日、1994年12月31日、1995年12月31日、1996年10月31日的财务状况,,以及1993年、1994年、1995年和1996年1-10月的经营成果及1995年的资金变动情况,会计处理方法的选用符合一贯性原则。

4. 主要财务状况分析

财务指标	1996年1-10月	1995年	1994年	1993年
流动比率	1.22	0.96	1.07	1.53
速动比率	0.79	0.57	0.65	0.86
存货周转率	4.10	4.48	4.06	6.53
应收帐款周转率	8.26	7.55	6.79	11
资产负债率	47%	52%	52%	61%
净资产税后利润率	13%	12%	22%	40%
每股净利润	0.523	0.505	0.942	-

提示:如果投资人欲对公司财务状况、经营成果及其会计政策进行更为详细的了解,应当认真阅读在附录中所载的公司财务报表和注解。

十五、盈利预测

本公司根据目前生产经营及未来发展计划情况,并依据会计原则和制度,对本公司1996年、1997年会计年度的盈利情况作如下预测:

(一)盈利预测基准和假设:

基准:本盈利预测是根据公司1995年和1996年1-10月份的经营业绩以及现时各项基础、能力、潜力和发展规划,在遵循我国现行法律、法规和制度的有关规定,按照公认的会计准则,采用合理的计算方法,本着求实、稳健的原则编制的。

假设:1. 公司所遵循的国家现行法律、法规、制度及公司所在的社会政治和经济政策无重大改变;2. 公司各项经营业务所涉及地区的有关现行政策、法律、法规及其他经济环境无重大改变;3. 计划增产措施能如期完成;4. 公司在盈利预测期间内,有关利率、税率、汇率及市场行情在正常范围内变化;5. 无其他人力不可抗拒和不可预见的因素造成重大不利影响。

(二)1996年、1997年盈利预测:

单位:人民币万元

年度 项目	1997年度 预测数	1996年度 预测数	1996年度(1-10月)实际数
一、主营业务收入	492,048	440,730	357,478
减:营业成本	389,880	346,581	280,414
销售费用	2,160	1,928	1,704
管理费用	21,164	20,925	16,937
财务费用	17,250	18,418	14,548
营业税金及附加	3,540	2,899	2,331
二、主营业务利润	58,054	49,979	41,544
加:其他业务利润	1,700	1,695	1,081
三、营业利润	59,754	51,674	42,625
加:投资收益	200	201	201
营业外净支出	-1,870	-1,029	-922
以前年度损益调整	0	-61	-61

四、利润总额	58,084	50,605	41,843
减:所得税 1(承包)		7,917	6,598
所得税 2(15%计)	8,713		
所得税 3(33%计)	19,168		
五、税后利润 1(承包)		42,688	35,245
税后利润 2(所得税 15%计)	49,371		
税后利润 3(所得税 33%计)	38,916		

(三)上述盈利预测已经河北会计师事务所审核验证。河北会计师事务所认为,本公司盈利预测所依据的基本假设合理且已充分批露;采用的会计政策与编制会计报表实际采用的会计政策相一致;所依据的历史数据可靠,采用的预测方法恰当。

(四)按现有股本计算,1996 年每股盈利和净资产预测:

每股盈利 = 税后利润/股本总额 = 0.63 元/股

每股净资产 = 净资产总额/股本总额 = 4.93 元/股

市盈率 = 发行价/每股盈利 = 14.63 倍

(五)本次发行完成后,1997 年每股税后盈利和市盈率预测:

每股盈利 = 税后利润/股本总额 = 0.62 元(全面摊薄,按所得税 15%计算)

每股盈利 = 税后利润/股本总额 = 0.49 元(全成摊薄,按所得税 33%计算)

市盈率 1 = 发行价/每股盈利 = 14.87 倍(全面摊薄,按所得税 15%计算)

市盈率 2 = 发行价/每股盈利 = 18.82 倍(全面摊薄,按所得税 33%计算)

十六、重要合同及重大诉讼事项

(一)重要合同

截止 1996 年 10 月 31 日,本公司所签订的重要合同如下:

1. 与唐山钢铁集团有限责任公司即原唐山钢铁(集团)公司于 1994 年 8 月 5 日签署的分立协议,该协议对原唐山钢铁(集团)公司的重组以及公司组建中的基本问题作出约定,主要包括重组的依据、资产的划分、财务帐目的分立、重组的落实、纳税、商标及争议的解决。

2. 与唐山钢铁集团有限责任公司即原唐山钢铁(集团)公司于 1994 年 8 月 5 日签署的经济关系总协议。该协议详细规定了本公司经营及职工生活中的各方面问题,即生产经营方面(包括产品的购销、物资的供应、进出口业务、设计、施工、运输等),土地及房屋方面,其他服务方面(包括通讯、环卫、教育、医疗、住房、生活福利等),以及该等关系中的费用承担。

上述分立协议及经济关系总协议,已于 1996 年 12 月 23 日由唐山钢铁集团有限责任公司与公司签署补充协议,就土地使用、商标等事宜作了变更。

3. 与唐山钢铁集团有限责任公司于 1996 年 12 月 27 日签署的土地租赁协议。据此,公司向唐山钢铁集团有限责任公司租赁使用土地 4978.033 亩,公司每年缴付租金 930 万元。

(二)重大诉讼

本公司目前没有涉及任何重大诉讼或仲裁,亦没有任何尚未了结或可能面临的重大诉讼或仲裁。

十七、公司发展规划

钢铁行业是国家重点支持的基础产业。随着国民经济的迅速发展、我国现有钢的产量及品种远不能满足经济建设的需求。80 年代以来,中国每年要进口大量钢材,这给我国钢铁工业展示了非常乐观的前景。

本公司所处的冀东地区,是国内与鞍本、攀西齐名的三大铁矿之一,煤、铁资源丰富,已探明铁矿储量 30 亿吨,其中集团公司所属矿山拥有工业储量达 14 亿吨。唐山紧靠京唐港、秦皇岛港、天津港三大港口,京秦、京山、大秦铁路贯穿全境;具有利用国内、国际资源,开发国内、国际市场,发展钢铁工业得天独厚的条件。"八五"期间,国务院、国家计委、冶金部和河北省政府对把唐钢扩建成为钢铁配套 500 万吨的联合企业的规划多次进行了论证。

为稳步实施这一规划,从目前炼钢、轧钢能力富裕,炼铁能力不足的实际出发,本公司在未来三年内,以挖掘企业内部潜力、产品质量上水平、提高效益为重点,进行三个方面的改造。一是现有 1 号 1260 立方米高炉易地大修;二是提高产品档次,对第二炼钢厂进行综合配套技术改造;三是节能降耗,第四轧钢厂 - 火成材改造。上述项目再加上配套项目,总投资 19.23 亿元。项目建成投产后,本公司的综合生产能力将由目前的 210 万吨增加到 300 万吨,品种质量明显改善,吨钢投资仅 2000 多元,为国内钢铁投资的最好水平。项目达产后,年新增利润 3 亿元,投资利润率达到 18%。

随后,本公司将依据届时形成的优势,逐步实施 500 万吨配套的改造扩建工程。重点发展汽车用钢板,促进我国汽车工业的发展,使本公司形成以优质薄板为主,线材、棒材、型材、管材并重的产品结构。同时,本公司将加快进行工艺技术改造,加强和改进企业管理,全面实现技术装备和管理现代化。

为保证投资计划的实施,本公司将通过合资、控股、参股、跨国经营等方式,增强企业融资能力,为企业快速发展提供可靠的资金保障。在立足主导产品的基础上,以提高经济效益为目的,本公司将适时涉足其它行业和产品,实行多元化经营。

备查文件

1. 审计报告
2. 盈利预测报告
3. 资产评估报告
4. 法律意见书
5. 证券交易所上市承诺书
6. 承销协议

唐山钢铁股份有限公司

1997 年 3 月 21 日

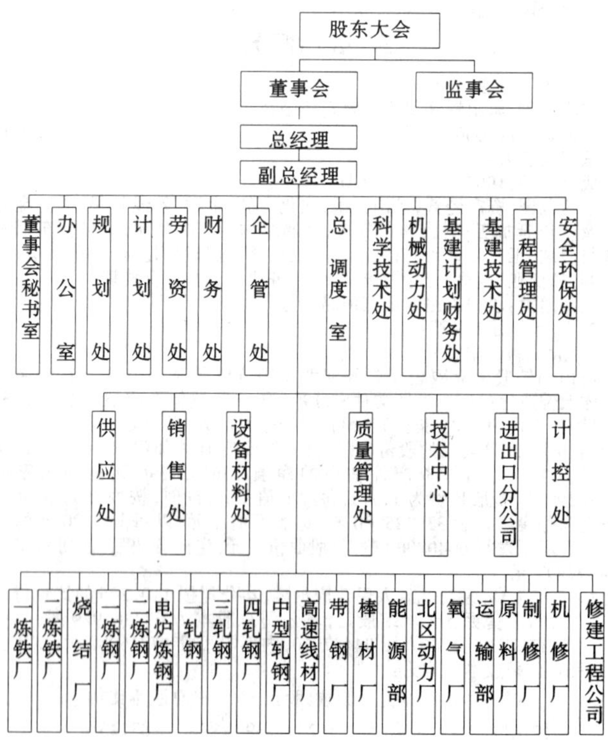

唐山钢铁股份有限公司A股股票上市公告书

一、要览

总股本	79388.1929万股
可流通股本	12000万股
本次上市流通股本	12000万股
证券编码	0709
上市地	深圳证券交易所
上市时间	1997年4月16日
登记机构	深圳证券结算有限公司
上市推荐人	河北证券有限公司
	国泰证券有限公司
	深圳国投证券有限公司

二、绪言

本公司依据《中华人民共和国公司法》、《股票发行与交易管理暂行条例》、《公开发行股票公司信息披露实施细则》和《深圳证券交易所业务规则》等国家有关法律、法规文件的规定,为本公司股票公开上市之目的向社会公众提供有关资料。

唐山钢铁股份有限公司(以下简称"本公司")的股票发行经中国证券监督管理委员会证监发字〔1997〕69号和证监发字〔1997〕70号文件批准,已向社会公众公开发行人民币普通股12000万股,每股面值1.00元,每股发行价9.22元。本公司股票上市申请经深圳证券交易所〔深证发(1997)132号文〕审核同意,将于1997年4月16日(星期三)在深圳证券交易所上市挂牌交易。

本公司于1997年3月21日分别在《上海证券报》、《证券时报》、《中国证券报》和《金融时报》刊登招股说明书概要,距今不足6个月,故与其相重复的内容在此不再赘述,敬请社会公众查阅招股说明书。

本公司董事会及各位董事已批准本上市公告书,并确信本公告未遗漏任何重大事项,亦不存在任何误导和虚假成分,并愿就本公告书及相关资料的真实性、准确性、完整性负个别及连带责任。

三、公司概况

1.发行人主要发起人简介

法定名称:唐山钢铁集团有限责任公司

注册资金:200000万元人民币

法定代表人:王天义

成立日期:1995年12月28日

经营范围:资产经营;矿山开采;焦化产品;金融;外经外贸;黑色金属冶炼及其压延加工;耐火材料制造;金属结构及其构件制造;自行车部件制造与组装;工程设计研究;冶金技术服务;机电修理;建材;汽车修造;房地产开发;商业;运输;劳务输出;饮食服务业;托幼;教育培训。

注册地址:唐山市路北区滨河路九号

2.发行人历史沿革:

(1)股份制改制过程

唐山钢铁股份有限公司是经河北省经济体制改革委员会1994年2月冀体改委股字(1994)3号文件和1994年6月冀体改委股字(1994)38号文批准,由唐山钢铁(集团)公司作为唯一发起人,并以定向募集方式于1994年6月29日设立的股份有限公司,经政府有关部门核准,集团公司将其主要生产经营性资产评估后的净值2367316796元折为国家股197276399股,折股比例为1.2:1,每股面值1元,同时,按每股1.20元的价格定向募集法人股331325000股,每股面值1元;以每股1.20元的价格向内部职工发行60408000股,每股面值1元,定向募集后,注册资本为2364497997元。

1997年1月,经河北省人民政府批准,本公司按1:0.285的比例进行缩股,并进行了变更登记。缩股后,本公司总股本为673881929股,其中国家股562237739股,法人股94427910,内部职工股17216280股,本次公开发行前,公司股本结构为:

股份种类	股数(股)	占总股本比例
国家股	562237739	83.43%
法人股	94427910	14.02%
内部职工股	17216280	2.55%
总股本	673881929	100.00%

(2)历次股票发行情况

1994年6月,经河北省经济体制改革委员会冀体改委股字(1994)38号文批准,由唐山钢铁(集团)公司作为唯一发起人,定向募集法人股和内部职工股,本公司经定向募集后形成如下股本结构:

股份种类	股数(股)	占总股本比例
国家股	1972763997	83.43%
法人股	331326000	14.02%
内部职工股	60408000	2.55%
总股本	2364497997	100.00%

四、股票发行及承销

1.本次股票公开发行情况:

社会公众股发行数量	12000万股
发行价	9.22元/股
募集资金总额	110640万元
发行方式	上网定价发行
配售比例	2.46067%
配售户数	54694户
持1000股以上的户数	54694户
发行费用总额	3360万元
每股发行费用	0.28元
发行市盈率	13.36倍

2.股票承销:

本次公开发行12000万股社会公众股已全部由社会公众认购,承销团成员无分销比例及数量。

3.验资报告:

唐山钢铁股份有限公司全体股东:

我们接受委托,对唐山钢铁股份有限公司截止1997年4月7日止的实收股本及相关的资产和负债的真实性的合法性进行了审验。在审验过程中,我们按照《独立审计实务公告第1号－－验资》的要求,实施了必要的审验程序,唐山钢铁股份有限公司的责任是提供真实、合法、完整的验资资料,保证资产的安全、完整,我们的责任是按照《独立审计实务公告第1号－－验资》的要求,出具真实、合法的验资报告。

唐山钢铁股份有限公司申请的注册资本为793881929元。根据我们的审验,唐山钢铁股份有限公司本次公开发行前的股本总额673881929.00元。本次公开发行A股股票12000万元,截止1997年4月7日,唐山钢铁股份有限公司已收到募集股本12000万元,资本公积95280万元,截止1997年4月7日,唐山钢铁股份有限公司投入的资本中,包括股本793881929.00元,资本公积3128865903.31元,盈余公积125958643.82元,未分配利润395839807.07元。与上述资本相关的资产总额为7576917511.04,负债总额为3132371227.84元。

河北会计师事务所

注册会计师　刘国忠　李云水

一九九七年四月八日

五、董事、监事及高级管理人员持股情况

1.截止1997年3月21日,招股说明书披露之本公司董事、监事及高级管理人员没有变动。

2.公司董事、监事和高级管理人员持股情况如下:

(1)董事持股数:

姓名	持股数量	占总股份比例(%)
王天义	0	0
姜存阳	285	0.0004
张永昌	285	0.0004
刘纯明	285	0.0004
潘公平	285	0.0004
孙国平	285	0.0004
王恩顺	285	0.0004
周贺云	285	0.0004

(2)监事持股数:

姓名	持股数量	占总股份比例(%)
郭爱恒	285	0.0004
侯存根	285	0.0004
冬文礼	285	0.0004

(3)高级管理人员持股数:

姓　名	持股数量	占总股份比例(%)
刘玉印	0	0
刘绍礼	285	0.0004
王子林	285	0.0004
刘义生	285	0.0004
李凤武	285	0.0004
杨万臣	285	0.0004

本公司董事、监事和高级管理人员共持有本公司股票,按照《中华人民共和国公司法》规定,在任职期间不得转让。

六、公司设立

本公司1996年12月10日一九九六年临时股东大会作出决策,在股票发行后申请在证券交易所挂牌交易。

本次股票发行后,本公司股权变更登记工作已经结束,详细资料如下:

注册资金:79388.1929万元

注册时间:1997年4月8日

注册地点:河北省唐山市滨河路9号

营业执照注册号码:10436478-1-1

七、关联企业及关联交易

1.关联企业

唐山钢铁(集团)有限责任公司(以下简称集团公司)是本公司定向募集设立时的发起人,为本公司的关联企业,集团公司简介见本公告书"二、公司概况",本公司成立后,集团公司不再经营钢铁业务,继续经营矿山、焦耐、设计、施工、备品、备件加工等业务。

2.可能出现的关联交易及其防范措施:

集团公司向本公司提供矿山、焦耐产品及设计、施工、加工、劳务等服务,并通过该公司管理的医疗、教育、生活、福利机构向股份公司提供后勤保障,本公司在线路,管网范围内的电、水、风、汽、氧等也要负责满足集团公司的需要,保证集团公司通讯设施的正常使用,另外,股份公司使用的土地向集团公司租用,这是两公司生产经营正常进行所必须的。

为遵循等价交换,有偿服务的原则,本公司与集团公司签订了《经济关系总协议》以及《补充协议》、《土地租赁协议》等法律文件。

通过两年多的实践,本公司与集团公司经济关系界定清楚,没有发生损害股东利益的情况和行为。为了避免关联交易可能产生的损害股东利益的现象,公司主要采取以下措施:

(1)严格按照双方签订的《经济关系总协议》等法律文件来规范双方的经济活动,并在以后的实践中适时修改和补充,坚持遵循平等协商,互惠互利,合理负担,密切合作,按照市场经济规律办事等原则,处理好双方的经济关系,维护股东的利益。

(2)明确高级管理人员的职责分工,建立决策责任制度,回避制度,健全股东大会、董事会、监事会、总经理等法人治理结构,使决策科学化、程序化,形成相互制衡机制。严格执行股东大会、董事会、监事会议事规则。健全总经理、董事就重大事项向董事会、股东大会报告的制度。

(3)创造条件,尽量减少高级管理人员的双重任职,减少和避免不必要的关联交易。

(4)公司将制订信息披露管理方法,将重要的关联交易及时向股东和投资者披露,使之得到股东和投资者的有效监督。

八、股本结构及大股东持股情况

1.本公司上市前股本结构为:

股份种类	股数(股)	占总股本比例
尚未流通股份:	673881929	84.88%
(1)发起人股份其中国家股	562237739	70.82%
(2)募集法人股	94427910	11.89%
(3)内部职工股	17216280	2.17%
可流通股份:	120000000	15.12%
境内上市人民币普通股	120000000	15.12%
总股本	793881929	100.00%

2.前十名股东所持股数及比例:

排序	股东名称	持股数量(万股)	比例(%)
1	唐山钢铁集团有限责任公司	56223.77	70.82
2	唐钢工会	4383.90	5.52
3	五矿贸易有限公司	474.81	0.59
4	中国第二十二冶金建设公司	396.15	0.49
5	唐山市线材厂	188.10	0.24
6	石炭井矿务局	156.75	0.19
7	天津冶金局供销运输总公司	114.00	0.14
8	唐钢附属企业总公司	106.16	0.13
9	北京钢铁设计研究总院	85.50	0.10
10	铁道部第十六工程局第五工程处	85.50	0.10

九、公司财务会计资料

1.审计报告〔(96)冀会审字第1199号〕

唐山钢铁股份有限公司全体股东:

我们接受委托,审计了贵公司编制的1993年12月31日、1994年12月31日、1995年12月31日、1996年10月31日资产负债表,1993年度、1994年度、1995年度、1996年1-10月利润表及1995年度财务状况变动表。上述会计报表由贵公司负责,我们的责任是对这些会计报表发表审计意见。我们的审计是依据中国注册会计师独立审计准则进行的。在审计过程中,我们结合了贵公司的实际情况,实施了包括抽查会计记录等我们认为必要的审计程序。

我们认为,上述会计报表符合《企业会计准则》、《股份制试点企业会计制度》和国家其他有关财务会计法规的规定,在所有重要方面公允地反映了贵公司1993年12月31日、1994年12月31日、1995年12月31日、1996年10月31日的财务状况及1993年度、1994年度、1995年度、1996年1-10月经营成果和资金变动情况,会计处理方法的选用符合一贯性原则。

河北会计师事务所

注册会计师　刘国忠　李云水

一九九六年十二月十二日

审计报告〔(97)冀会审字第1110号〕

唐山钢铁股份有限公司全体股东:

我们接受委托,审计贵公司编制的1996年12月31日的资产负债表及该年度损益表和财务状况变动表。这些会计报表由贵公司负责,我们的责任是对这些会计报表发表审计意见,我们的审计是依据中国注册会计师独立审计准则进行的。在审计过程中,我们结合了贵公司的实际情况,实施了包括抽查会计记录等我们认为必要的审计程序。

我们认为,上述会计报表符合《企业会计准则》、《股份制试点企业会计制度》和国家其他有关财务会计法规的规定,在所有重大方面公允地反映了贵公司1996年12月31日的财务状况及该年度的经营成果和资金变动情况,会计处理方法的选用符合一贯性原则。

河北会计师事务所

注册会计师　刘国忠　李云水

一九九七年四月八日

2.资产负债表、利润及利润分配表、财务状况变动表见附表

3.会计政策和财务报表附注

(1)计价原则和计价基础:以权责发生制为记帐原则,采用历史成本为计价基础。

(2)存货计价:原材料、燃料、辅助材料和备品备件采用计划成本计价,月末调整为实际成本;在产品采用实际发生的生产成本计价;自制半成品采用计划成本计价,月末调整为实际成本;产成品入库采用实际成本计价,发出采用加权平均法计价;低值易耗品领用时采用一次摊销法。

(3)坏帐准备:坏帐准备按应收帐款年末余额的千分之五计提。

(4)固定资产及其折旧:固定资产按实际成本计价,折旧方法为直线法,各类固定资产的折旧年限如下:

类别	折旧年限(年)	残值率	年折旧率
房屋及建筑物	17-40	3%	2.43%-5.70%
机器设备	10-23	5%	4.10%-9.50%
运输工具	8-15	5%	6.30%-11.88%
其他设备	8-15	5%	6.30%-11.88%

(5)销售收入实现确认原则:以产品已经发出,收讫货款或取得索取货款的凭据作为销售收入的实现。

(6)税项:

1)增值税:1994年以前采用购进扣税法计征,1994年起按照《增值税暂行条例》计征,即按销售收入的17%计算销项税,抵扣进项税后的余额缴纳。

2)营业税:按照营业收入的3%、5%计征。

3)城建税和教育费附加:96年以前分别按照应交增值税和营业税的7%和3%计征,96年起教育费附加按照应交增值税和营业税的3.5%计征。

4)印花税:按照税务局核定的标准缴纳。

5)所得税:1994年至1996年的所得税是根据河北省财政厅(1994)冀财企一字第九号文件《关于下达省级企业上交财政利润(含所得税)指标的通知》和河北省冶金厅冀冶财字(1994)第596号文件《关于唐山钢铁(集团)公司对省承包具体事宜的通知》的有关规定计算的。1994-1996年股份公司三年承包数分别为6593万元、7069万元、7917万元。上市后,公司将执行33%的所得税税率,超过15%的部分由省财政返还,使公

司实际税赋为15%。

(7)利润分配:公司成立后按照《公司法》和股东大会决议对税后利润进行分配,顺序如下:

1)弥补亏损

2)提取10%法定公积金;

3)提取5%至10%法定公益金;

4)提取任意公积金;

5)支付股利。

4. 主要财务状况分析:

财务指标	1996年	1995年	1994年
流动比率	1.13	0.96	1.07
速动比率	0.68	0.57	0.65
存货周转率	3.98	4.48	4.06
应收帐款周转率	9.95	7.55	6.79
资产负债率	48%	52%	52%
净资产税后利润率	13%	12%	22%
每股净利润	0.634	0.505	0.942

十、董事会上市承诺

本公司董事会承诺将严格遵守《中华人民共和国公司法》、《股票发行与交易管理暂行条例》、《公开发行股票公司信息披露实施细则》、《深圳证券交易所交易规则》和有关法律、法规的规定,并自股票上市之日起作出如下承诺:

1、按照法律、法规的规定程序和要求披露重大信息,并接受证券主管机关、深圳证券交易所的监督管理。

2、及时、真实、准确地公布中期报告和年度报告,并备置于规定场所供投资者公众查阅。

3、本公司董事、监事及高级管理人员如发生人事变动或持本公司股票发生变化时,在报告证券主管机关、证券交易所的同时向投资者公布。

4、在任何公共传播媒介中出现的消息可能对本公司股票的市场价格产生误导性影响时,本公司知悉后将及时对该消息予以公开澄清。

5、本公司董事、监事及高级管理人员将认真听取社会公众的意见和批评,不利用已获得的内幕消息和其他不正当手段直接或间接从事股票买卖活动。

6、本公司没有无记录负债。

十一、无重要事项提示

十二、备查文件

1、发行人成立的注册登记文件

2、深圳证券交易所上市通知书

3、招股说明书

4、审计报告

5、验资报告

6、资产评估报告

7、本公司营业执照

8、本公司公司章程

9、法律意见书

10、中国证监会关于本公司公开发行股票的批准文件

11、本公司1996年临时股东大会决议

十三、咨询机构

唐山钢铁股份有限公司

法定代表人:王天义

地址:河北省唐山市滨河路9号

电话:0315-2702092

传真:0315-2702449

联系人:杨万臣

国泰证券有限公司

法定代表人:金建栋

注册地址:上海市浦东新区乳山路61号

办公地址:北京市海淀区白石桥路3号友谊宾馆乡园

电话:010-68483943　68498543

传真:010-68483942

联系人:李晓春　蔡朝录

河北证券有限公司

法定代表人:武铁锁

地址:河北石家庄市裕华中路23号

电话:0311-6054243

联系人:马安东

深圳国投证券有限公司

法定代表人:叶连捷

地址:深圳市红岭中路7号国际信托大厦十楼

电话:010-65930927

联系人:唐瑶

唐山钢铁股份有限公司

一九九七年四月十四日

附表:

资 产 负 债 表

单位:千元

资产	1996年12月31日	1995年12月31日	1994年12月31日
货币资金	111263	37084	94773
应收票据	367711	212757	
应收帐款	435135	453506	722497
减:坏帐准备	2175	2268	3612
应收帐款净额	432960	451239	718884
预付帐款	142276	213106	172109
其他应收款	173163	288796	229445
待摊费用	95164	94660	105492
存货	869295	895534	843176
流动资产合计	2191831	2193175	2163879
长期投资	23500	20500	20500
固定资产原价	5407870	4294630	3942623
减:累计折旧	1571128	1324368	1110830
固定资产净值	3836742	2970261	2831793
在建工程	328423	841320	852942
固定资产合计	4165165	3812018	3684735
无形及递延资产合计	1464	3143	6145
资产总计	6381961	6028835	5875259

续表

负债及股东权益	1996年12月31日	1995年12月31日	1994年12月31日
短期借款	779517	465551	508506
应付票据	136499	61000	
应付帐款	568184	591120	422856
预付货款	172768	231528	289367
应付福利费	48960	47083	29339
未付股利		290848	59748
未交税金	19529	21147	27775
其他未交款	15385	16893	6248
其他应付款	166385	119592	80699
预提费用			77000
一年内到期的长期负债	29800	434078	516778
流动负债合计	1937027	2278840	2018316
长期借款	672130	511280	663130
应付债券	92635		
长期应付款			5000
其他长期负债	341071	341833	341830
长期负债合计	1105837	853113	1009960
负债合计	3042864	3131953	3028276
股本	2364498	2364498	2364498
资本公积	485471	470514	470000
盈余公积	125959	61870	10834
其中公益金	41986	20623	3611
未分配利润	363169		1651
股东权益合计	3339097	2896882	2846983
负债及股东权益合计	6381961	608835	5875259

利润表及利润分配表:

单位:千元

年份	1996年度	1995年度	1994年度
一、主营业务收入	4380038	4419058	4131847
减:营业成本	3469224	3520268	3004853
销售费用	17691	19948	13773
管理费用	197369	228587	222047
财务费用	195062	212274	143382
营业税金及附加	30188	29914	43006
二、主营业务利润	470503	408069	704786
加:其他业务利润	15592	14825	11557
三、营业利润	486095	422894	716343
加:投资收益	2012	10	
营业外收入	3486	1874	4101
减:营业外支出	15309	13856	16276
加:以往年度损益调整	30144		
四、利润总额	506427	410922	704168
减:所得税	79170	70690	69530
五、净利润	427257	340232	634638
加:年初未分配利润		1651	
六、可分配利润	427257	341883	634638
减:94年1－6月国家留利			526403
减:提取法定公积金	42726	34023	7224
减:提取法定公益金	21363	17011	3612
七、可供股东分配利润	363169	290848	61400
减:已分配普通股股利		290848	598748
八、未分配利润	363169		1651

财务状况变动表(1996年度)

单位:元

流动资金来源和运用	金额
一、流动资金来源	
1.本年净利润	427257304
加:不减少流动资金的费用和损失。	
(1)固定资产折旧	244866125
(2)无形资产、递延资产及其他资产摊销	1761625
(减:其他负债转销)	
(3)固定资产盘亏(减盘盈)	-204604
(4)清理固定资产损失(减收益)	
(5)递延税款	
(6)其他不减少流动资金的费用和损失	
小计	673680451
2、其他来源	
(1)固定资产清理收入(减清理费用)	1803412
(2)增加长期负债	234379500
(3)收回长期投资	
(4)对外投资转出固定资产	
(5)对外投资转出无形资产	
(6)资本净增加额	79045676
小计	315228588
流动资金来源合计	988909039
二、流动资金运用	
1、利润分配	
(1)提取法定公积金	42725730
(2)提取法定公益金	21362865
(3)提取任意公积金	
(4)已分配股利	
小计	64088596
2、其他运用	
(1)固定资产和在建工程净增加额	581267212
(2)增加无形资产、递延资产和其他资产	83293
(3)偿还长期负债	
(4)增加长期投资	3000000
小计	584350504
流动资金运用合计	648439100
流动资金增加净额	340469939

流动资金各项目的变动	金额
一、流动资产本年增加数	
1、货币资金	74179168
2、短期投资	
3、应收票据	154953940
4、应收帐款净额	-18278809
5、预付帐款	-70829832
6、其他应收款	-115632547
7、待摊费用	503848
8、存货	-26239085
9、待处理流动资产净损失	
10、一年内到期的长期债券投资	
11、其他流动资产	
流动资产增加净额	-1343319
二、流动负债本年增加数	
1、短期借款	313966452
2、应付票据	75498505
3、应付帐款	-33926233
4、预收帐款	58760036
5、应付福利费	1877498
7、未交税金	-1618003
8、其他未交款	-1508089
9、其他应付款	46793503
10、预提费用	
11.一年内到期的长期负债	-404278358
12.其他流动负债	
流动负债增加净额	-341813257
流动资金增加净额	3404669939

唐山钢铁股份有限公司一九九七年中期报告

一、财务报告(未经审计)

(一)简化的资产负债表　1997年6月30日　金额单位:元

项　　目	1996年12月31日	1997年6月30日
资　　产		
流动资产	2,191,831,327.75	3,265,825,229.94
长期投资	23,500,000.00	23,500,000.00
固定资产净值	3,836,741,875.92	3,704,711,522.18
在建工程	328,422,916.99	465,553,519.83
无形资产及递延资产	1,464,378.94	1,220,872.54
其它长期资产		
资产总计	6,381,960,499.60	7,460,811,144.49
负债及股东权益		
流动负债	1,937,026,524.59	1,822,597,293.86
长期负债	1,105,837,340.40	979,387,089.18
少数股东权益		
股东权益	3,339,096,634.61	4,658,826,761.45
其中:股本	2,364,497,997.00	793,881,929.00
资本公积	485,471,285.31	3,129,048,459.31
盈余公积	125,958,643.82	125,958,643.82
其中:公益金	41,986,214.61	41,986,214.61
未分配利润	363,168,708.48	609,937,729.32
负债及股东权益总计	6,381,960,499.60	7,460,811,144.49

(二)简化的损益表　金额单位:元

项　　目	1996年1-6月	1997年1-6月
主营业务收入	2,171,764,251.80	2,381,987,698.73
主营业务利润	266,943,473.84	278,908,485.70
其它业务利润	6,492,194.29	9,235,570.82
投资收益		
营业外收支净额	-6,575,185.45	2,172,438.60
利润总额	266,860,482.68	290,316,495.12
应交所得税	39,585,000.00	95804443.40
财政返还		52256969.12
净利润	227,275,482.68	246,769,020.84

(三)其它财务指标	1996年上半年	1997年上半年
资产负债率	49.92%	37.56%
资本收益率	19.22%	62.17%
总资产报酬率	12.03%	10.18%
每股收益	0.10元	0.31元
净资产收益率	7.30%	5.30%
每股净资产	1.32元	5.87元

资本收益率、每股净资产、每股收益三项指标,1996年按总股本2364497997元计算,1997年按总股本793881929元计算。

(四)财务报表注释

1、主要会计政策

(1)会计制度:执行财政部颁发的《股份制试点企业会计制度》。

(2)会计年度:公历1月1日至12月31日。

(3)计价原则和计价基础:以权责发生制为记帐原则,采用历史成本为计价基础。

(4)记帐本位币及外币计价:

以人民币为记帐本位币。外币业务按业务发生时的市场汇率作为折合率,折算为人民币入帐;期末外币银行存款及债权债务等帐户按期末市场汇率进行调整,所产生的汇差计入当期损益。

(5)存货计价:原材料、燃料、辅助材料和备品备件采用计划成本计价,月末调整为实际成本;在产品采用实际发生的生产成本计价;自制半成品采用计划成本计价,月末调整为实际成本;产成品入库采用实际成本计价,发出采用加权平均法计价;低值易耗品领用时采用一次摊销法。

(6)坏帐准备:按应收帐款年末余额的千分之五计提。

(7)固定资产及累计折旧:固定资产按实际成本计价,折旧方法为直线法,各类固定资产的折旧年限如下:

类　别	折旧年限(年)	残值率(%)	年折旧率(%)
房屋及建筑物	17-40	3	2.43-5.7
机器设备	10-23	5	4.1-9.5
运输工具	8-15	5	6.3-11.88
其它设备	8-15	5	6.3-11.88

(8)长期投资:以实际成本计价,按成本法核算。

(9)无形资产:按取得时的实际成本计价,在收益期限内平均摊销。

(10)递延资产:按实际支出入帐,自投产经营月份的次月起,按不短于5年的期限分期摊销。

(11)销售收入实现确认原则:以产品已经发出,收讫货款或取得索取货款的凭据作为销售收入的实现。

(12)税项:

①增值税:按照《增值税暂行条例》计征,即按销售收入的17%计算销项税,抵扣进项税后的余额交纳。

②营业税:按照营业收入的3%、5%计征。

③城建税和教育费附加:分别按照应交增值税的7%和3.5%计征。

④印花税:按税务机关核定的标准交纳。

⑤所得税:根据河北省人民政府冀政函(97)9号文件和河北省财政厅冀政工字(97)32号文件之规定,本公司按33%税率上交所得税;自1997年1月1日起,本公司上交所得税超过15%的部分,由河北省财政厅返还给本公司,使本公司的实际税负为15%。

(13)利润分配:根据《公司章程》和股东大会决议进行利润分配,顺序如下:

①弥补以前年度亏损;

②提取10%的法定公积金;

③提取5-10%的法定公益金;

④提取任意盈余公积金;

⑤支付股利。

2、会计报表附注

(1)货币资金:期末余额为803233021.04元,比期初增长621.92%,主要是本次发行120000000A股募集资金增加银行存款所致。

(2)应收帐款:期末余额为685928138.16元,比年初增长57.64%,主要原因是:为开拓销售渠道,本公司在各地开设9个销售网点,并对其实行定量周转,垫底资金95000000表现为应收帐款;对信誉好的物资部门,本公司采取赊销方式销售钢材,使应收帐款增加100000000元。

帐　龄	金　额(元)	占应收帐款余额比例(%)
一年以内	391663198.16	57.1
1～2年	171820000.00	25.05
2～3年	115520000.00	16.84
三年以上	6924940.00	1.01

(3)其它应收款:期末余额为260010151.05元,帐龄全部为一年以内。其中:

①应收河北省财政厅财政返还款74838680.81元;

②应收天津海关出口退税20036925.18元;

③应收唐山市供电局电费集资款10000000元。

其他应收款比上年末增加86846959.79元,主要是应收河北省财政返还增加74838680.81元。

(4)长期投资:期末余额为23500000元。

被投资单位名称	股数	占被投资单位注册资本比例(%)	金额(元)
唐钢集团财务中心	20000000	17	20000000
河北物产股份公司	500000	0.8	500000
冀唐钢铁工贸有限公司	3000000	20	3000000

5.在建工程:期末余额为465553519.83。内容如下:

工程名称	工程进度	实际支用	原预算数	批准文号	资金来源
老区热电联产	120000000	97092800.00	120000000	冀经贸技(95)144号	公积金、折旧、借款
2#1.5万m^3制氧机	118790000	4704400.00	146060000	冀经贸技(95)144号	公积金、折旧、借款
四轧-火成材	43700000	38005100.00	43700000	冀计资源(1996)84号	募股资金、折旧
二铁1#高炉易地大修	44780000	265482119.83	1453000000	冶金部(1996)535号	募股资金、折旧
带钢-火成材	52960000	20269100	52960000	唐钢计字(96)80号	公积金、折旧、借款

在建工程比上年末增加137130602.84元,主要是二铁1号高炉易地大修工程开始全面实施所致。

(6)短期借款:期末余额为551133000元。内容如下:

贷款单位	金额(元)	借款时间	利率(‰)
唐山工商银行	496230000	96.10.27	9.24
唐山建行国际业务部	10000000	97.5.16	9.24
唐钢集团财务中心	20000000	97.5.6	9.24
河北省国际信托投资公司	24903000	97.5.25	6.56

(7)其他应付款:期末余额为272356516.80元,其中:应付唐钢集团公司114536323.97元。

(8)未交税金:期末余额为99201291.12元,其中,应交城建税3418805.69元,应交所得税98386155.09元,增值税超交2608277.70元。

(9)长期借款:期末余额为537780000元。内容如下:

单位	借款日	到期日	年利率(%)	金额(人民币元)	借款条件
唐山建行冶金办	87.12-93.12	2004.7	12.42	496280000	担保
唐山工行唐钢办	96.12-97.3	2002.10	12.42	41500000	担保

(10)应付债券:期末余额为99326500元,内容如下:

单位	面值	期限	年利率(%)	利率
唐钢集团财务中心	82600000	96.4-99.4	16.20	16726500

(11)其他长期负债:期末余额为341280589.18元,其中:340000000元系按《国营工业企业转换经营机制条例》的规定由历年工资节余提取的工资储备基金。

(12)股本:期末余额为793881929元,比年初减少66.42%。原因是:根据公司临时股东大会决议和河北省证券委的批复,公司于1997年1月对原有股本按1:0.285实施缩股,股本总额2364497997元缩减为673881929元。同年3月,发行A股120000000元,股本总额增加到793881929元。

(13)资本公积:期末余额为3129048459.31元。所以比上年末增加2643577174元,主要原因是:

①1997年1月缩股转入1690616068元;②上网发行流通股溢价收入952800000元;③上网发行流通股申购中签资金利息收入182556元。

(14)未分配利润:期末余额为609937729.32元,其中:1996年未分配利润363168708.48元。根据1997年6月29日本公司股东大会决议,1996年利润分配方案是:对全体股东(1997年发行的社会公众股股东除外)按每股0.46元支付现金红利共309985687.34元,剩余未分配利润531883021.14元转入以后年度分配。本方案自1997年7月10日开始实施。1997年1至6月实现净利润(含财政返还)246769020.84元。

(15)盈余公积:期末余额为125958643.82元,系上年结转数。

(16)营业外收入:到1997年6月30日共发生7239018.72元。内容如下:

①滞纳金收入	2622.11元
②发行股票冻结申购资金利息收入	7236396.61元

(17)营业外支出:到1997年6月30日发生5066580.12元。其中:

①滞纳金	299926.30元
②学校经费	4724653.82元

(18)关联方关系:

唐山钢铁集团有限责任公司,持有本公司股份562237739元,占本公司总股本的70.82%,是本公司的控股股东。

唐山钢铁集团有限责任公司,位于唐山市路北区滨河路九号,法定代表人:王天义,注册资本20亿元,为国有独资公司。经营范围:资产经营、矿山开采、焦化产品、金融、外经外贸、钢铁冶炼、钢材轧制、其它黑色金属冶炼及其压延加工、耐火材料制品制造、自行车部件制造与组装、建筑安装、金属结构及其构件制造、工程设计研究、冶金技术服务、机电修理、建材、汽车修造、房地产开发、商业等。

①担保和抵押

A.本公司期末短期借款余额551133000元中,有531133000元由集团公司提供担保。

B.本公司期末长期借款余额537780000元中,有41500000元,由集团公司提供担保。

C.集团公司期末短期借款余额1747984000元中,有1068960000元由本公司提供担保。

D.集团公司期末长期借款余额972123997.34元中,有119140000元由本公司提供担保。

②关联方交易金额

A.本公司产品销售收入2381987698.73元中,有对集团公司的钢材销售收入55165436.78元,占2.32%。

B.上半年,集团公司对本公司销售收入共计431822997.76元,其中:耐火材料13829610.58元,铁精粉156768966.10元,石灰石1558160元,铸件9221161.70元,焦炭250039660.06元,钢材制品405439.32元。

③关联方交易的未结算项目

A.本公司期末应收帐款余额685928138.16元中,有集团公司购钢材款15559936.37元,占2.27%。

B.本公司期末其他应付款余额272356516.80元中,有应付集团公司款114536323.97元,占42.05%

C.本公司期末应付帐款余额411838276.38元中,有应付集团公司货款49624019.91元,占12.05%

④关联方交易的定价政策

本公司与集团公司双方在经济交易活动中,以市场价格为依据,制定交易价格,进行交易和结算。

二、经营情况的回顾与展望

(一)上半年经营情况的回顾

1、主要产品产量有较大幅度增长。铁产量115.96万吨,比上年同期增产11.83万吨,增长11.36%,完成年计划的52.23%;钢产量117.83万吨,比上年同期增产10.39万吨,增长9.6%,完成年计划的53.08%;商品材坯产量108.6万吨,比上年同期增产13.25万吨,增长13.88%,完成年计划的52.72%.钢材产量102.65万吨,比上年同期增产15.5万吨,增长17.78%,完成年计划的51.07%。

2、继续保持产销平衡。工业产品销售率100.34%。

3、节能降耗成效显著。高炉入炉焦比516kg/t,比去年同期降低17kg/t;顶吹钢铁料消耗1085kg/t,比去年同期降低2kg/t;侧吹钢铁料消耗1118kg/t,比去年同期

降低 3kg/t;轧钢综合成材率 93.17%,比去年同期提高 0.23 个百分点。公司深入学邯钢、抓管理、降成本、增效益。狠抓技术经济指标的分解落实,做到措施到位、考核到位、奖惩到位,加大成本费用的否决力度,确保降低成本费用、降低消耗目标的实现。

4、经济效益稳定增长。主营业务收入 238199 万元,比去年同期增长 9.68%,完成年计划的 59.55%,实现利润 29031.65 万元,完成年计划的 63.11%,完成年目标的 50.05%,其中净利润 24677 万元,比去年同期增长 8.58%,完成年盈利预测的 50%;每股收益 0.31 元。

5、品种结构进一步改善,高附加值产品产量有所增长。共产高附加值材坯 15.64 万吨,其中轻轨增产 0.22 万吨,调质钢筋增产 0.05 万吨,H08 焊条钢增产 1.38 万吨,优质钢坯增产 0.18 万吨。

6、重点技改工程进展顺利。招股书所列 3 项技改工程:一号高炉易地大修工程正在按计划顺利进行,其形象进度是:高炉本体炉底冷却水管制作安装完,碳素填料捣打完,炉底梁板制作安装完,6 带以下炉壳制作完,炉底框架开始加工;热风炉系统 1#、2#、3#炉 7 带以下吊装完,7 带以上制作,7 米平台以下炉体框架制作完;四轧一火成材改造工程竣工投产,并已达到设计生产能力,效益良好;二炼钢厂 CAS-OB 炉外精炼站及连铸坯热送热装项目已制订施工计划,正待实施。另外,股东大会批准的其它技术改造项目,包括三轧-火成材、带钢--火成材及焊管车间改造、老区热电联产、2#1.5m³ 制氧机等均已完工投入生产;二炼钢厂 4#转炉工程按计划顺利进行,其形象进度是:转炉基础及炉子跨 6.7 米平台绑筋支模完,加料跨接长 5 个柱基础绑筋支模,4 个沉箱制作完已下沉。

7、募集资金的运用情况

本次发行股票共募集资金 107280 万元,用于三项重点工程。根据施工进度,已拨付一号高炉易地大修项目 26548 万元;拨付四轧一火成材项目 3801 万元。所余资金增加银行存款 58000 万元;用于生产临时周转使用 14490 万元,将根据施工进度转用于工程建设,公司与主办银行签有银企合作协议,生产临时周转使用的资金完全有条件适时转用于工程建设;归还长期贷款(经 1996 年度股东大会批准)4441 万元。

(二)下半年工作计划

上半年,公司主要产品产量均超额完成计划,并实现产销平稳;实现利润也超额完成了奋斗目标。但受市场疲软、价格回落的影响,要实现全年和利润目标,任务还很艰巨。公司已采取了多项节能降耗、挖潜增效措施,降低成本,消化钢材价格下滑的不利影响,努力实现全年的利润计划和目标。

1、深入开展学邯钢活动,把下半年生产经营指标进行三级分解,落实到车间、班组以及每个职工;坚持开展"对标"活动,不断优化指标,争取达到或超过历史最好水平。

2、积极推进技术进步,强化技术攻关,改善技术指标。明确责任,落实措施。继续增加高附加值产品的销售和生产,扩大市场占有率。加大品种结构调整力度,搞好质量攻关,提高产品实物质量。

3、抓好一炼铁厂 300m³ 高炉、棒材厂等的达产、达效,以形成新的效益增长点。

4、努力改善经营管理。坚持"以销定产"、"以产促销",在确保产销率 100% 的基础上,努力降低库存。巩固现有市场,开辟新的市场。加强货款回收,加大清欠力度,保证资金及时回笼,确保货款回收率 100%。

5、按照"精干、高效"的原则,对管理机构设置和人员配备进行调整。搞好定岗定编,大力精减人员。加快"精干主体,分离辅助"的步伐。

6、加强投资管理,抓好重点技改工程。千方百计节约资金,争取少投入多产出;充分利用内部资源,减少外委施工项目;加强施工组织,高质量、高效益的完成工程建设任务,确保全年投资计划的圆满实现,争取公司的更快发展。

三、重大事项说明

(一)经中国证券监督管理证监发字〔1997〕69 号和证监发字〔1997〕70 号文件批准,公司 12000 万股 A 股于 1997 年 3 月 27 日在深圳证券交易所上网发行成功,每股发行价 9.22 元,并于 1997 年 4 月 16 日在深圳证券交易所挂牌上市。

(二)经河北省工商行政管理局核准,1997 年 1 月 16 日,公司注册资本由原 236449.7997 万元人民币变更为 67388.1929 万元人民币。1997 年 4 月 8 日,公司注册资本变更为 79388.1929 万元人民币。两次变更均已按规定披露。

(三)公司第一届董事会、监事会任期届满,1997 年 6 月 29 日召开的 1996 年度股东大会,选举王天义、张永昌、刘纯明、潘公平、孙国平、王恩顺、周贺云为公司第二届董事会董事;选举郭爱恒、侯存根为公司第二届监事会监事;根据公司章程,公司职工继续推举冬文礼出任公司监事。已公告。

(四)1997 年 6 月 29 日召开公司第二届董事会第一次会议,选举王天义为董事长;决定聘任王天义为公司总经理;根据王天义总经理的提名,决定聘任张永昌、潘公平、孙国平、刘绍礼、王恩顺、王子林、刘义生为公司副总经理;决定聘任杨万臣为董事会秘书。已公告。

(五)根据国务院证券委、中国人民银行、国家经贸委 5 月 21 日联合发布《严禁国有企业和上市公司炒作股票的规定》,公司对有关情况做了认真检查。至今为止,公司未在任何证券经营机构开设买卖已上市流通股票的帐户。本公司今后如从事股票投资,将严格遵循国家政策法规的有关规定。

(六)报告期内公司无重大诉讼、仲裁事项。

(七)本公司本年度中期不分红。

四、发行在外股票的变动和股权结构的变化。

(一)1996 年 9 月,经本公司临时股东大会通过并于 1997 年 1 月报请河北省证券委员会批准,本公司按 1:0.285 实施缩股,国家股、法人股、内部职工股同比例减少。

(二)公司于 1997 年 3 月 27 日在深交所上网定价发行 A 股 12000 万股,并于 1997 年 4 月 16 日在深交所挂牌交易。

(三)股权结构情况

	期初数	本期变动增减(+,-)				期末数
		缩股	发行新股	其它	小计	
一、尚未流通股份						
1、发起人股份	197276.3997	-141052.6258			-141052.6258	56223.7739
其中:国家拥有股份	197276.3997	-141052.6258			-141052.6258	56223.7739
境内法人持有股份						
境外法人持有股份						
其它						
2、募集法人股	33132.6000	-23689.8090			-23689.8090	9442.7910
3、内部职工股	6040.8000	-4319.1720			-4319.1720	1721.6280
4、优先股或其它						
尚未流通股份合计	236449.7997	-16961.6068			-169061.6068	67388.1929
二、已流通股份						
1、境内上市的人民币普通股			12000		12000	12000
2、境内上市的外资股						
3、境外上市的外资股						
已流通股份合计			12000		12000	12000
三、股份总额	236449.7997	-169061.6068	12000		-157061.6068	79388.1929

(四)主人股东持股情况(6 月 27 日)

股东名称	持有股数(单位:股)	持股比例(%)
1、唐山钢铁集团有限责任公司(国家股持有者)	562,237,739	70.821
2、唐钢工会	43,838,985	5.522
3、五矿贸易有限公司	4,748,100	0.598
4、中国第二十二冶金建设公司	3,961,500	0.499
5、唐山市线材厂	1,881,000	0.237
6、石碳井矿务局	1,567,500	0.197
7、安徽九方制药有限责任公司	1,520,000	0.191
8、王长发	1,259,000	0.159
9、天津市冶金局供销运输总公司	1,140,000	0.144
10、何承	1,103,600	0.139

五、股东大会简介

唐山钢铁股份有限公司 1996 年度股东大会于 1997 年 6 月 29 日上午在公司俱乐部召开。出席会议的股东 174 人,代表股份 65150.7045 万股,占总股本 79388.1929 万股的 82%,符合《公司法》和本公司章程的有关规定。大会审议通过了以下决议:

(一)审议通过了董事会工作报告;

(二)审议通过了监事会工作报告;

(三)审议通过了 1996 年财务决算和 1997 年财务预算;

(四)审议通过了 1996 年度利润分配方案,即每 10 股派发 4.6 元现金红利;

(五)审议通过了 1997 年公司经营方针;

(六)审议通过了 1997 年固定资产计划;

(七)选举王天义、张永昌、刘纯明、潘公平、孙国平、王恩顺、周贺云为第二届董事会董事;

(八)选举郭爱恒、侯存根为第二届监事会监事;经公司职工推选,冬文礼为第二届监事会职工监事。

六、备查文件

(一)载有董事长兼总经理亲笔签名的中期报告原本;

(二)唐山钢铁股份有限公司招股说明书;

(三)唐山钢铁股份有限公司 A 股股票上市公告书;

(四)唐山钢铁股份有限公司 1996 年度股东大会材料;

(五)唐山钢铁股份有限公司第二届董事会第一次会议决议。

唐山钢铁股份有限公司

一九九七年七月二十八日

成都天兴仪表股份有限公司

成都天兴仪表股份有限公司简介

一、公司基本概况

成都天兴仪表股份有限公司(简称天兴股份公司)是经中国兵器工业总公司批准,由成都天兴仪表(集团)有限公司(简称天兴集团公司)以社会募集方式独家发起成立的股份有限公司。

天兴集团公司将其主产品汽车、摩托车仪表的生产性资产,连同其控股的子公司上海万友天兴仪表工业公司中部分权益投入天兴股份公司,是股份公司国有法人股的唯一持有人,是天兴股份公司的控股公司。

天兴股份公司登记住所在四川省成都市高新技术产业开发区。截止一九九六年九月三十日,公司在册员工总数为1780人。天兴股份公司一九九七年四月发行为首次发行。公司股票名称为"天兴仪表",申购代码为0710,总股本6000万股,其中国有法人股4250万股,社会公众股1750万股,包括公司职工股175万股。

发行前后公司资产数据情况

发行前净资产总额:6971.56万元

发行后净资产总额:15301.56万元

发行前总股数:4250万股

发行后总股数:6000万股

发行前每股净资产:1.64元

发行后每股净资产(预计):2.55元(含1996年未分配利润)

新股发行实收金额(预计):8330万元

天兴股份公司主营汽车、摩托车仪表及其它车用零部件的生产和销售。

在汽车、摩托车车用零部件企业这一高成长产业中,"天兴仪表"这支引人注目的新股,具有三个突出特征:

天兴A股是中国车用仪表行业第一股

天兴仪表是中国车用仪表第一品牌

天兴股份是中国最大的车用仪表生产基地,是中国车用仪表行业的排头兵。

二、公司历史沿革

天兴股份的独家发起人,天兴仪表集团公司是隶属于中国兵器工业总公司的大型精密机械、仪表制造企业。

公司原有职工近3000人,曾为我国国防建设做出过重大贡献。企业在八十年代走上军民结合的道路,以特有的军工设备、技术优势开发民品,在国内率先研制出替代进口的车用仪表,迅速占领了市场,在全国的市场占有率持续多年达到和超过1/3,累计向全国市场投放近1000万套仪表,品种250多个。企业经济效益从一九九四年到一九九六年连续三年被列为全国兵器工业6强,三年累计实现利润6000多万元。天兴企业被评为中国兵器工业总公司先进企业,四川省优秀企业、四川省军民结合先进企业,四川省文明单位、四川省AAA特级信誉企业,全国职工文化工作先进企业等。

天兴集团公司将主产品车用仪表的生产投入天兴股份公司后,集团公司及其所属其他合资公司,联营公司继续从事车用机油泵、模具设计、电子转速表、矿泉水等产品的生产经营,并为天兴股份公司有偿提供动力、运输等方面的生产协作和后勤服务。

天兴股份公司与天兴集团公司签订房屋、土地租赁协议和商标使用许可协议。

天兴集团公司拥有天兴股份公司71%的权益,还拥有成都天兴山田车用部品有限公司50%的权益,四川般华激光快速模具有限公司67%的权益,成都天兴电子仪表有限公司51%的权益,南川金佛山矿泉水饮料有限公司40%的权益。

天兴股份公司的成立是天兴企业发展的一个重大里程碑,它将作为一个新兴的独立法人,以崭新的机制将集团公司开创的车用仪表产业更好地向前推进,为中国车用零部件工业的发展做出新的贡献。

三、公司业绩与优势

天兴的企业精神是"执着追求天下第一"。它蕴含了不称霸但为王的超常竞争意识。凭着这种敢于争先执着追求的企业精神,天兴过去取得了令人瞩目的成果,天兴的发展,被誉为"中国仪表巨人的掘起"。近三年来,天兴经营业绩卓著,实现利润稳步上升,在全国兵器行业持续位居前列。

近三年公司经营业绩

项　目	1996年	1995年	1994年
主营业务收入	112801	107081	76186
营业利润	22353	22181	18393
利润总额	22351	22158	18398
净利润	15772	14819	12302

在全国车用零部件企业中天兴股份作为车用仪表行业的排头兵具有"起点高、成长快、后劲足"的坚实的基础,这个基础体现在天兴股份所拥有的市场、品牌、开发、科技四大优势上:

1、天兴仪表不断发展,具有高成长型的广阔市场

汽车、摩托车及其零部件产业是世纪之交中国经济首屈一指的高成长产业。国家产业政策明确提出要重点扶持一批车用零部件骨干企业。天兴股份作为国家定点的车用仪表生产基地,经过"八五"时期的长足发展,已在同行业居领先地位,具备进一步发展的良好内外部条件。在"九五"时期和2010年的未来15年中,两车市场高速增长态势不可逆转,天兴仪表市场也随之上扬,企业可望有一片灿烂前景。

2、天兴仪表以优取胜,成为全国车用仪表第一品牌

产品有价,品牌无价,市场竞争的焦点聚集在品牌的竞争上,天兴仪表被中国权威部门鉴定为"技术水平在国内居领先地位",入选为中外名牌产品,被日本仪表同行评定为中国国内质量最好的产品,连续多年荣获诸多如全国新技术新产品博览会金奖五块金奖。1997年,天兴仪表被中国统计局等正式认定为首届十大"中国CIS著名品牌"。

天兴企业在军品质量保证体系的基础上积极推行ISO 9000系列标准,与国际惯例接轨。实施名牌战略,确立了名表配名车,强强合作的市场定位,与全国著名的两车主机厂嘉陵、轻骑、建设、长安、金城、新大洲、北方易初、上海易初、广州五羊、佛斯弟、南方动力等建立了稳固的配套关系,与其它近100个主机厂也建立了合作关系。虽然主机厂之间竞争激烈,但天兴仪表以其品牌优势,面向全国,一枝独秀。名车市场的发展,进一步带动了天兴仪表的发展,增强了天兴仪表的品牌效应。

3、天兴仪表以新领先,处于全国车用仪表新产品开发领先和导航地位

天兴人认为:新产品的竞争体现了市场竞争的本质,因为新产品代表着未来和正在上升的市场,不断开发新产品,就有不衰败的新市场。天兴股份公司把新品开发放在市场竞争的首位,每年推出几十个新品种上市。公司实行"从市场来到市场去"的新品开发闭环管理,实施了按新品创销

售收入多少计奖的考核办法，主动、超前与主机厂的新车型开发实现对接，新品销售收入占每年销售收入总额的20%以上。目前，公司的技术开发中心做为四川省首批认定批准的十一家省级技术开发中心之一，对新品开发将产生积极的推动作用。

4、天兴仪表依靠技改引进，以高科技增强了企业发展后劲

公司的车用仪表生产线技术改造一期工程和奥拓技改项目已竣工投产，目前正在实施摩托车仪表和奥拓仪表的双加技改工程。企业从德国、意大利、瑞士等国引进了具有九十年代世界先进水平的高精设备，建立了国内一流的模具加工中心，引进了激光快速成型及模具制造设备，采用了世界先进的仿真技术，提高了新产品开发能力，引进了美国先进的计算机工作站，使产品设计逐步实现计算机化；引进了日本的高速冲床和多工位精密冲床，提高了关键部件的生产水平，尤其是引进了日本九十年代先进的车用仪表生产线和生产技术，确定了天兴仪表在国内的"制高点"地位，使仪表产品逐步达到国际先进水平。

产品的高科技含量的增长，为技术密集的天兴工业的高速发展打下了坚实的基础。

四、公司发展规划与前景

天兴股份做为国内规模最大、实力最强、技术领先、质量可靠的车用仪表生产基地，将充分利用业已形成的商誉，经济实力，以提高经济效益为中心，以车用仪表的规模化经营为重点，逐步构成多元、现代化的经营格局，到本世纪末，产品的市场占有率从现在的1/3上升到1/2，在国内同行业中稳固地处于领先和优势地位。

天兴仪表A股首次发行募集资金8330万元，根据国家产业政策和公司整体规划，募集资金主要用于汽车组合仪表和车用仪表机芯等新的技术改造项目。

"九五"期间，国家将汽车零部件中的60种关键部件分为三类，予以重点发展，车用组合仪表被列为第二类，这就为公司汽车产品的发展提供了产业政策保障。

"九五"时期，我国进入汽车、摩托车需求的旺盛时期，通过对汽车组合仪表生产线的技术改造，对车用仪表机芯生产线的技术改造等，必将有效地提高天兴仪表整体质量水平，使之持续巩固和发展在全国同行业的技术质量领先地位。

公司拟投资2983万元，用于汽车组合仪表的技术改造，该项目在原有技改和双加二期技改项目的基础上进行。设计总纲领为50万套，其中微型轿车仪表25万套，轻型汽车仪表5万套，微型客货车仪表15万套，将新增20万套组合仪表生产能力，改造后产品达国际九十年代先进水平。

公司拟投资2907万元，用于车用仪表机芯生产线的技术改造。本项目重点改造仪表机芯装配生产线，引进四套机芯组装成套设备，满足仪表对机芯的特殊要求，使产品的技术水平达到九十年代国际先进水平。项目建成后，年产摩托车仪表机芯540万套，新增240万套，汽车仪表机芯60万套，总计600万套。

天兴股份公司，依靠政府各项产业政策的鼎力支持，依赖公司在产品生产、销售、开发等方面的多项竞争优势，凭借经验丰富，勇于开拓的管理层和精明强干的员工队伍，借助于"执着追求天下第一"企业精神的鞭策鼓励，在天兴的未来岁月中，定能塑造出中国仪表巨人崛起之后扬帆迅进，独傲市场的中国仪表巨人新形象，以优良业绩给投资者优厚的回报。

成都天兴仪表股份有限公司招股说明书概要

一、释义

本招股说明书中除非文意另有所指，下列词语具有如下涵义：

发行人、本公司或公司：指本次股票发行的主体，即成都天兴仪表股份有限公司(筹)；

筹委会：指成都天兴仪表股份有限公司筹委会；

本次股票发行或本次发行：指发行人本次向社会公众公开发行1750万股人民币普通股的行为；

发起人、集团公司：指成都天兴仪表(集团)有限公司；

主承销商：指君安证券有限公司；

元：指人民币元。

二、绪言

本招股说明书系根据《中华人民共和国公司法》、《股票发行与交易管理暂行条例》及其他有关法律、法规的规定编写，旨在向投资者提供本公司本次招股的有关资料。本公司筹委会已批准本招股说明书，确信其中不存在任何重大遗漏或者误导，并对其真实性，准确性、完整性负个别的和连带的责任。

新发行的股票是根据本招股说明书所载明的资料申请发行的，除本发行人和主承销商外，没有委托或授权任何其他人提供未在本说明书中列载的信息和对本说明书作任何解释或者说明。

投资者须自行负担买卖本公司股票所应支付的税款，发行人、承销商和上市推荐人对此不承担任何责任。

本次发行已经中国证券监督管理委员会证监发字(1997)103号文和证监发字(1997)104号文批准。

三、发行新股的有关当事人

1．发行人：成都天兴仪表股份有限公司(筹)

地　　址：四川省成都市高新技术产业开发区

负 责 人：武卫华

联 系 人：武承辉

电话：(028)4600582，(0810)448102转

传真：(028)4600760，(0810)448060

2、发起人：成都天兴仪表(集团)有限公司

地址：四川省成都市龙泉驿区十陵镇

法定代表人：武卫华

联系人：武承辉

电话：(028)4600582，(0810)448102转

传真：(028)4600760，(0810)448060

3、主承销商：君安证券有限公司

地址：深圳市春风路五号

法定代表人：张国庆

联系人：杜多　冯宇辉

电话：(0755)2175560　传真：(0755)2296188

4、副主承销商：光大证券有限公司

地址：北京市复兴门外大街六号

法定代表人：朱小华

联系人：郭珊

电话：(010)68561122　传真：(010)68561008

5、分销商：平安证券有限公司

地址：深圳市福田区八卦三路

法定代表人：马明哲

联系人：李红

电话：(0755)2262888　电话：(0755)2262888

6、上市推荐人：君安证券有限公司

地址：深圳市春风路五号

法定代表人：张国庆

联系人：杜多　冯宇辉

电话：(0755)2175560　传真：(0755)2296188

7、发行人法律顾问：信达律师事务所

地址:深圳市深南中路东风大厦二十一层

经办律师:陈利民　徐育康　霍庭

电话:(0755)3243139　3243140　传真:(0755)3243108

8、主承销商法律顾问:星河律师事务所

地址:北京市北三环中路甲2号大森林酒店二层

法定代表人:庄　涛

经办律师:袁胜华、林岩

电话:(010)62383709　传真:(010)62383708

9、财务审计机构:中信会计师事务所

地址:北京市朝阳区新源南路六号京城大厦十层

负责人:程健

经办注册会计师:王勇　郑卫军

联第人:王勇　郑卫军

电话:(010)64662265　传真:(010)64662456

10、资产评估机构:北京中机审计事务所

地址:北京月坛南街26号2号楼2214房间

法定代表人:苗东里

经办评估人员:苗东里　庄卫

电话:(010)68595924　传真:(010)68595922

11、土地评估机构:中国地产咨询中心

经办评估人员:周维纾　张洁　董丽萍

电话:(010)62172342

12、资产评估确认机构:国家国有资产管理局

地址:北京市万泉河路66号

法定代表人:张佑才

电话:(010)62567744

13、收款银行:成都市工商银行龙泉支行

地址:四川省成都市龙泉驿区

电话:(028)4610323　传真:(028)4610582

14、股份登记机构:深圳证券登记有限公司

地址:深圳市红岭路25号

电话:(0755)5567889　传真:(0755)5571127

四、发行情况

1、承销方式

本次发行的股票由主承销商君安证券有限公司、副主承销商光大证券有限公司、分销商平安证券有限公司采用余额包销方式承销。

2、承销期

1997年3月27日至1997年4月8日。

3、发行方式

本次发行采用"上网定价"的发行方式。

4、发行地区

本次发行地点为与深交所联网的各证券交易网点。

5、发行对象

本次发行对象为中华人民共和国境内的合法投资者,国家法律、法规禁止者除外。

6、发行股票的种类、面值及数量

本次发行的股票均为人民币认购的普通股股票、每股面值人民币1.00元。发行数量为1750万股。其中向社会公众发行1575万股,向公司职工配售175万股。向职工配售部分将根据主管机关劳动部门确认的员工名册和分配方案发售给本公司员工,并将按国家有关规定在对社会公众发行的股票上市之日起半年后,安排上市流通。

7、发行价格

发行价格按1994年、1995年与1996年每股税后利润平均数(0.34元/股),综合考虑公司今后的发展后,乘以发行市盈率15倍确定。根据此方法确定的发行价格为每股5.10元。

8、本次发行预计实收金额

本次募股成功后,本公司预计实收金额为8330万元。

9、承销机构及承销量

主承销商: 君安证券有限公司	承销量: 1566.25万股	承销比例: 89.5%
副主承销商:光大证券有限公司	承销量: 157.5万股	承销比例: 9%
分销商:平安证券有限公司	承销量: 26.25万股	承销比例: 1.5%

10、发行费用

本次发行费用预计为595万元,具体费用明细见下表:

单位: 万元	承销费	审计费	律师费	资产评估费	其他费用
金额	246	66	54	93	136

五、风险因素与对策

(一)风险因素

投资者在评价本发行人此次发售的股票时,除本招股说明书提供的其他资料外,应特别认真地考虑下述各项风险因素。

1、经营风险

(1)主要原材料的供应

本公司生产所需主要原材料为塑料及黑色金属,属工业通用产品,上述原材料成本占本公司制造成本的67%,受政策及生产厂家供应等因素影响,价格会产生一定程度的波动。直接影响本公司制造成本,对盈利能力产生不利影响。

(2)对主要客户的依赖

本公司主要生产和经营汽车、摩托车车用仪表,虽拥有先进的生产技术和较大的国内市场占有率,但由于属中间配套产品,主要销往汽车、摩托车主机生产厂家,对汽车、摩托车主机生产厂家有一定的依赖性,可能给公司的经营带来一定的风险。

(3)交通运输方面影响

由于本公司部分生产场所目前尚处于交通不甚发达的四川省南川市,该处销往外地的产品主要依靠公路运输,对公路运输依赖性较大,若进口设备或出口产品将主要依赖海运,必要时采用空运,将增加本公司产品的销售成本。

(4)产品价格因素影响

摩托车、汽车仪表市场价格竞争十分激烈,市场价格也会发生变动,同时目前摩托车、汽车主机生产厂家的激烈竞争有可能限制本公司产品的销售价格,而销售价格的变动将直接影响本公司的销售收入和盈利水平。

(5)单一经营风险

本公司生产经营的范围主要集中在车用仪表的生产和销售,受摩托车、汽车行业发展影响较大。

(6)融资能力的局限性

本公司目前生产经营的流动资金主要来源于银行借款,直接融资比例较小,融资能力有一定的局限性。

2、行业风险

本公司所处的汽车、摩托车行业是国家重点发展的基础产业,所生产的车用仪表是汽车、摩托车工业发展所急需的部件。正因如此,目前国内许多企业纷纷生产车用仪表,行业竞争对手逐渐增加,市场竞争程度日趋激烈,由此增加了公司的行业风险。

3、市场风险

公司所生产的车用仪表与汽车、摩托车行业有密切的关系,国家对该行业的政策以及这些行业的发展状况直接影响到本公司的生产、经营。因此,本公司面临一定的市场风险。另一方面,中国强大的汽车、摩托车需求市场,亦是国外车用仪表生产厂家竞争的热点。近年来,国外同类产品向中国市场的逐渐输入,给本公司的销售带来一定的影响。我国加入世界贸易组织后,虽然在国内人力资源,国际资源、国际市场等方面有利于公司的发展,但公司将会面临来自国外的生产技术、装备、产品质量及

产品品种等方面的挑战，从而给公司带来一定的风险。

4、政策风险

国家有可能会随着宏观经济形势的变化，调整宏观经济政策、税收政策等相应政策，这将会对公司的经济效益形成一定的政策风险。

5、股市风险

股票市场投资收益与投资风险并存。股票价格不仅受公司盈利水平和发展前景的影响，而且受投资者的心理预期、股票供求关系、国家宏观经济状况及政治、经济、金融政策等因素的影响。本公司股票市场价格可能因出现上述风险因素而背离其投资价值，直接或间接地对投资者造成损失，投资者对此应该有充分的认识。

6、其他风险

本公司系由集团公司独家发起向社会公开募集设立的股份公司，集团公司作为本公司的唯一控股股东存在对本公司决策产生一定影响的可能，同时本公司设立的历史原因又导致集团公司与本公司之间存在房屋、土地、商标租赁及综合服务等关联交易，上述原因可能产生使本公司全部或部分小股东利益损失的风险。

（二）对策

针对以上风险和影响，本公司将积极采取以下措施，将风险和影响因素降低到最小程度：

1、针对上述经营风险，本公司将采取以下措施：

（1）原材料供应风险对策

针对原材料价格波动风险，公司一方面扩大配套厂家规模，以此保证原材料供货渠道的稳定，避免由于货源不稳定造成的原材料价格波动，目前为本公司提供配套服务的厂家已达上百家；另一方面狠抓目标成本管理，通过降低生产成本的整体水平以规避原材料价格波动带来的经营风险。

（2）对主要客户依赖风险对策

本公司为改变对单一主机客户的依赖性，实施了“立足重庆、咬住广东、扩大中原，突破华东”的经营战略，与众多的摩托车主机生产厂家建立了供货关系，目前公司已为嘉陵、轻骑、建设、新大洲、北方易初、金城、上海易初、广州五羊、佛斯弟、南方动力等全国十大摩托车生产厂家提供配套服务，并为长安汽车等汽车主机厂家提供微车和奥拓轿车仪表，在此基础上，本公司还将进一步提高产品的质量和技术水平，继续扩大本公司的供货厂家。

（3）交通运输方面影响对策

为改善本公司交通状况，根据国家计委计投字（1993）2019号文，本公司的部分生产设施将于未来几年内由四川省南川市迁建至四川省成都市，从而降低本公司的运输成本，本公司筹委会认为这一迁建过程将不影响本公司的正常生产。

同时本公司将巩固和加强与集团公司运输部门的联系，通过与当地有关部门协商，合理、有效地安排公司产品运输时间，保证公司销售顺利进行。

（4）产品价格因素影响对策

针对车用仪表价格随市场变化的波动情况，本公司在进一步降低成本的同时，在保证产品质量的前提下，根据市场行情，随行就市，自主定价。

（5）单一经营风险对策

本公司的经营方针是“以新领先，以优取胜”，今后完善产品结构的重点将是进一步增加车用仪表的品种和产量，到2000年，在全国车用仪表市场占有率将由现在的1/3提高到1/2，以高科技、高质量的新品种取得主机市场不断增加的市场份额。

此外本公司还将利用90年代先进的工装模具设备，开拓新的业务领域，逐步发展多业经营，以减少单一经营风险。

（6）融资能力局限性对策

本公司作为地区先进企业和汽车、摩托车配套生产厂家，与中国工商银行、中国建设银行在内的多家金融单位建立了密切的合作关系。此外，本公司还将拓宽融资渠道，增加直接融资比例。

2、行业风险对策

面对行业风险，本公司将努力通过进行技术革新和挖潜改造，提高公司技术装备的整体水平，通过技术进步和技术引进，不断开发新的产品品种，提高产品质量，做到“生产一代，试制一代，预研一代”，并在此基础上实施“产品差异化战略”，以增强公司产品在国内外同行业中的竞争能力，始终占据行业制高点。

3、市场风险对策

作为零部件配套企业，公司将面向全国市场，并充分利用地处四川省的优势，同时不断改进经营方式，逐步扩大在华南、华中、华北、华东等地区的产品销量，不断扩大产品的国内市场占有率，以降低市场风险。

4、政策风险对策

本公司将加强对国家宏观政策的分析和预测，加强与国家有关部门的沟通，及时了解和掌握政策，增加本公司的抗风险能力。

5、股市风险对策

严格按照《公司法》、《股票发行与交易管理暂行条例》、《公开发行股票公司信息披露实施细则》等法规，规范公司行为，及时、公正、公开地披露重要信息，加强与投资公众的沟通，树立公司的良好形象。公司将努力改善经营管理，以提高经济效益为根本，给股东以丰厚的回报。

6、其他风险对策

集团公司作为本公司的唯一控股股东，向本公司承诺将严格按照《公司法》中的有关规定，维护全体股东的合法权益，不干预本公司的决策或利用控股地位作出不利部分小股东的行为，上述有关内容已在本公司章程草案中明确。

此外，针对本公司存在的关联交易情况，本公司采取以下措施：

（1）本公司与集团公司在提供动力及运输等其它生产协作和后勤服务方面，与集团公司签订了长期协议，集团公司以公平价格有偿提供给本公司；

（2）本公司与集团公司就租用土地、部分生产性房屋建筑物和商标的行为签订了长期“土地租赁合同”、“房屋租赁合同”和“商标使用许可合同”。

六、募集资金的运用

若本次股票发行成功，扣除发行费用后，预计募集资金约为8330万元。根据国家产业政策和汽车、摩托车行业的市场变化及本公司的经营发展战略，本次募集资金主要用于以下项目：

（一）汽车组合仪表技术改造项目，项目总投资为2983万元（含311.04万美元配套人民币）

该项目已经中国兵器工业总公司于1996年10月28日以兵总计（1996）884号文件《成都天兴仪表（集团）有限公司汽车组合仪表生产线技术改造项目建议书的批复》对该项目进行了批准。

该项目是在集团公司原有技术改造和“双加”二期技术改造的基础上进行的，主要用于提高本公司高档仪表的生产能力，项目建成后，将新增20万套组合仪表。

随着我国汽车工业的高速发展，汽车组合仪表的需求十分旺盛，但由于目前国内生产厂家技术水平的限制，使汽车组合仪表国产化的速度十分缓慢，本项目生产的产品质量将达到国际90年代先进水平，完全可以替代进口产品，大大改善本公司的产品结构，市场前景十分广阔。

本项目新增固定资产投资2983万元，建成后年新增销售收入4600万元，新增利润820万元，投资回收期为4.35年，项目投资利润率27.49%，内部收益率22.40%，预计自开工之日起15个月后建成。

（二）车用仪表字轮生产线技术改造项目，项目的总投资额为2987万元（含255万美元配套人民币）

该项目已经中国兵器工业总公司于1996年10月28日以兵总计（1996）886号文件《成都天兴仪表（集团）有限公司关于车用仪表字轮生

产线技术改造项目建议书的批复》批准,项目建成后将年产车用仪表字轮1000万套,其中摩托车仪表字轮900万套,汽车仪表字轮100万套。

该项目主要是解决仪表生产关健部件字轮的质量进而提高仪表质量,由于国内字轮普遍存在不转动、不进位、记数失灵等问题,目前还没有国内生产厂家能够完全保证可靠性要求,为此将引进一条国际先进水平的字轮生产线,使仪表产品达到90年代初国际先进水平。

该项目新增固定资产2987万元,建成后年销售收入3600万元,年利润总额为792万元,项目利润率26.51%,内部收益率21.32%,项目投资回收期为5.62年,预计自开工之日起15个月内建成。

(三)车用仪表机芯生产线技术改造项目,项目投资总额为2907万元(含305万美元配套人民币)

该项目已经中国兵器工业总公司于1996年10月28日以兵总计(1996)883号文件《成都天兴仪表(集团)有限公司关于车用仪表机芯生产线技术改造项目建议书的批复》批复,建成后年产摩托车仪表机芯540万套,新增240万套,汽车仪表机芯60万套,新增60万套。

目前仪表机芯生产装配工序多、相互工装不够协调,导致产品精度散布大,需经认真筛选方能适用,人为因素影响较大。为此,本项目重点改造仪表机芯装配生产线,引进4套机芯组装成套设备,满足仪表对机芯的特殊要求,提高产品质量,使产品的技术水平达到90年代国际先进水平。

项目建成后可新增销售收入6600万元,税后利润900万元,项目投资回收期为3.23年,项目投资利润率为30.96%,内部收益率为24.58%,预计自开工之日起18个月建成。

(四)募集资金投向汇总表

如本公司本次股票发行成功,资金投放安排如下表所示:

项目名称	投资总额(万元)	本次募集资金投入(万元)			预计竣工时间	利润预测(万元/年)
		合计	第一年	第二年		
汽车组合仪表技术改造项目	2983	2983	2680	303	1998年7月	820
车用仪表字轮生产线技术改造项目	2987	2987	2787	200	1998年10月	792
车用仪表机芯生产线技术改造项目	2907	2907	2500	407	1999年1月	1343
合计	8877	8877	7967	910		2955

上述项目资金运用轻重缓急以项目排列顺序为准。项目运用出现资金闲置时,该项资金用于补充流动资金。

项目资金与募集资金缺口部分547万元由公司自筹解决。

七、股利分配政策

本公司将依照同股同利的原则,按各股东所持股份数分配股利,股利分配采取现金、股票二者之一或二种形式。拟于每年二季度派发上一年度的股利,然而是否派发股利及派发股利数额、方式、时间,需由董事会根据盈利状况提出分配方案,经股东大会审议通过后执行。

本公司缴纳所得税后的利润按下列顺序分配:

1、弥补以前年度亏损(公司现无亏损);

2、按税后利润的10%提取法定公积金,当法定公积金已达到公司注册资本的50%时,可不再提取;

3、按税后利润的5—10%提取法定公益金,具体比例由股东大会决定;

4、提取任意公积金,具体比例由股东大会决定;

5、支付股利。

新股东参加本公司1996年利润分配,预计98年6月30日前首次派发股利。

由于本公司尚未成立,故股利分配政策需等发行后由首届股东大会选举的董事会予以确定。

八、验资报告

经北京中机审计事务所评估、国家国有资产管理局确认,发起人投入到本公司的净资产为人民币6473.58万元,折为发起人股4250万股,已经中信会计师事务所于1997年2月5日进行了验证,验资报告为中信会资字(1997)第001号。

九、发行人情况

1、本公司名称:成都天兴仪表股份有限公司(筹)

英文名称:CHENGDU TIANXING INSTRUMENT AND METER CO,LTD

2、本公司名称预先核准日期:1996年11月29日

3、公司住所:四川省成都市高新技术产业开发区

4、本公司历史沿革

本公司是由成都天兴仪表(集团)有限公司经国家体改委批准独家发起,并拟向社会公开募集人民币普通股设立的股份有限公司,主要从事摩托车、汽车车用零部件的生产和销售,注册资本为6000万元。集团公司将其从事汽车、摩托车仪表和其它车用零部件的生产性资产连同相应的负债和在上海天兴万友仪表有限公司中的61.2%的权益投入本公司。

成都天兴仪表(集团)有限公司系1995年7月经中国兵器工业总公司(1995)兵总规字第580号文批准,由四川天兴仪表厂改制而成,其前身四川天兴仪表厂成立于1966年,原名东方红机械厂;1981年11月根据第五机械部的通知更名为国营天兴仪表厂;1992年1月,经中国兵器工业总公司兵总规[1992]33号文批准,更名为四川天兴仪表厂,主要从事汽车、摩托车车用仪表及其它车用零部件的生产销售。该公司从1984年起研制生产摩托车仪表和微车仪表,从90年代起产品国内市场占有率持续多年达到和超过1/3,目前已是国内最大的摩托车仪表生产厂家,累计投放市场摩托车仪表近千万只,产品"天一牌"车用仪表种类达到12个排量近200个品种,被中国测试技术研究院鉴定为"技术水平在国内居领先地位",在荣获省优、部优称号的基础上,连续多年荣获部省级以上金奖、技术监督部门"信得过"产品称号、主机厂的"A级"配套信誉和工商银行评定的"AAA"级特级信用企业称号。

1996年9月,经中国兵器工业总公司兵体字[1996]810号文批准,由集团公司独家发起,并拟向社会公开募集人民币普通股设立本公司,集团公司将主要从事汽车、摩托车车用仪表及其它车用零部件的生产性资产连同相应的负债和在上海万友天兴仪表有限公司中的61.2%的权益投入本公司,净资产评估后为6473.58万元,折为发起人股4250万股,折股比例为65.65%,集团公司拥有的其它资产包括非经营性资产继续保留在集团公司。

本公司于1996年11月在四川省成都市工商行政管理局取得名称预先核准登记。

1997年1月,国家体改委体改生[1997]14号文,同意设立本公司。

公司现有职工1780人,拥有一批专业技术人才,其中中高级技术人员133人;初级技术人员182人。以上技术人员占公司职工总数的17.70%。

5、公司的组织结构和内部管理机构

本公司的组织结构图

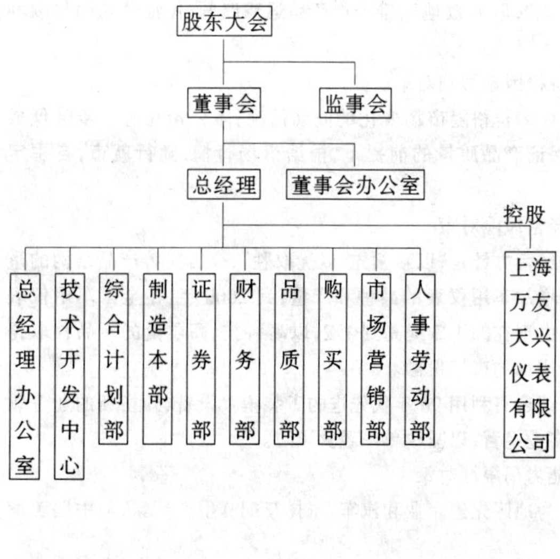

6、本公司与集团公司及其子公司的关系

(1)集团公司作为本公司国有法人股的唯一持有人，持有本公司70.83%的股权，是本公司的控股公司，依据持股比例行使股东权利，承担股东义务；

(2)生产经营划分

本公司将主要从事汽车系列仪表、汽车系列组合开关、摩托车系列仪表、车用传感器系列、摩托车配件系列等产品的生产经营；集团公司及其所属合资、联营公司继续生产车用机油泵、模具设计、电子转速表、矿泉水等产品的生产经营，并为本公司有偿提供水、电、汽等动力及运输等其它生产协作和其它如使用食堂、医院、学校、职工宿舍等设施的后勤服务，并就上述生产协作和后勤服务与本公司于1996年12月31日签订了综合服务协议，协议有效期为10年。

(3)本公司使用的部分生产性房屋建筑物保留在集团公司，集团公司经批准已与本公司于1996年12月31日签订了房屋租赁协议，租赁期为10年。

(4)本公司使用的土地由集团公司经国家土地管理局批准，已有偿取得土地使用权后与本公司于1996年12月31日签订了土地租赁协议，成都地区用地与南川地区用地租赁期分别为50年和30年。

(5)本公司与集团公司于1996年12月31日签订了商标使用许可协议，以30万元/年的价格，有偿使用集团公司的“天一”牌里程表注册商标10年。

(6)本公司是成都天兴仪表(集团)有限公司的控股子公司。成都天兴仪表(集团)有限公司除控股本公司外，还拥有成都天兴山田车用部品有限公司50%权益、四川殷华快速模具有限公司67%权益、成都天兴电子仪表有限公司51%权益和南川金佛山矿泉水饮料有限责任公司40%权益；本公司与集团公司关系的组织结构图见下：

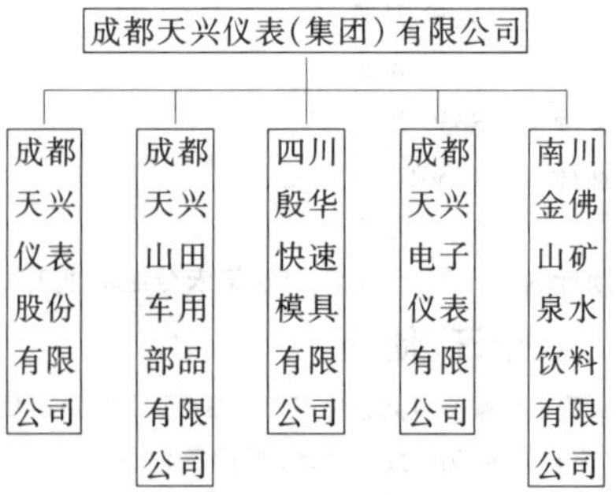

集团公司业务中从事汽车、摩托车车用仪表及其它车用零部件生产的资产已全部投入本公司，集团公司的其它合资、联营公司将继续生产车用机油泵、模具设计、电子转速表、矿泉水等产品，不从事与本公司相竞争的业务，集团公司承诺在未来也不从事与本公司相竞争的业务，同时本公司也不从事与集团公司竞争的业务。

本公司与集团公司及其合资、联营公司之间的交易将依照相互独立企业间的正常市场交易条件进行。

(7)其它关联企业

除集团公司外，本公司的关联企业为上海万友天兴仪表有限公司，该公司主要从事汽车、摩托车仪表生产，集团公司在上海万友天兴仪表有限公司中的61.2%的权益全部进入本公司，本公司与上海万友天兴仪表有限公司的关系符合法律规定，不妨碍本公司的正常业务活动。

7、公司的员工情况

截止1996年9月30日，本公司在册员工总数为1780人，员工的专业构成如下：

生产人员1367人，占76.80%；销售人员45人，占2.53%；

技术人员132人，占7.42%；财务人员28人，占1.57%；

其它行政人员208人，占11.68%；

在上述人员中，具备大专或大专以上学历的174人，中专学历的81人，高中文化程度以上660人，中等技工学校以上学历211人；

具有初级职称的182人；中级职称104人，高级职称29人；

年龄在30岁以下的663人；31岁—40岁443人，41岁以上的674人。

本公司现没有离退休职工。

本公司按照国家和地方的有关规定，保障员工享有生活福利、劳动保护和待业保险待遇，并已与集团公司签订了综合服务协议，为职工办理了养老保险统筹。

8、公司的经营业务范围

公司经登记注册的经营范围是摩托车与汽车配件的生产、加工、非标设备与金属切销机床附件、工、卡、量刃具的生产、加工、模具制造销售；仪器仪表新技术、新产品的开发应用及技术咨询；工程塑料制品的生产。

主营：摩托车与汽车车用零部件的生产、销售。

兼营：摩托车与汽车配件非标设备与金属切销机床附件、工、卡、量刃具的生产、加工、模具制造销售；仪器仪表新技术、新产品的开发应用及技术咨询；工程塑料制品的生产。

9、本公司实际从事的主要业务

公司实际从事的主要业务是摩托车与汽车车用零部件的生产、销售。

10、公司的主要产品品种情况

公司的主要产品品种及生产能力如下：

	摩托车仪表（万元）	汽车仪表（万元）	摩托车传感器（万套）
1994年	149	2	29
1995年	200	4	45
1996年	206	7	65

本公司产品主要用于汽车、摩托车行业，市场遍及全国各大主机生产厂家，国内市场占有率连续三年保持和超过1/3。

公司产品销售方式主要有三种：直销、代销和零售。

公司主要产品为汽车、摩托车仪表。各项产品销售收入占总收入比例：

	摩托车仪表（%）	汽车仪表（%）	车用传感器及其它车用零部件（%）
1994年	79.2	2.7	14.2
1995年	82.6	4.6	12.7
1996年	89.5	5.5	5.0

11、公司原材料的供应情况

公司生产所用主要原材料为塑料及黑色金属，属机电行业通用性质，由百余家配套厂家供应，大多呈现买方市场，价格波动不大。

12、计划进行技术改造的一般情况。(详见募集资金使用计划)

十、筹委会成员简介

筹委会主任：武卫华先生，候任董事长，1944年生，大学本科，高级工程师，曾任四川天兴仪表厂检验科副科长、常委副书记、副厂长、党委书记、厂长、现任成都天兴仪表(集团)有限公司董事长、总经理、党委书记，上海万友天兴仪表有限公司董事长。

委员：余伯强先生，候任董事，1951年生，大专学历，政工师，曾任四川天兴仪表厂组织部副部长、部长、党委副书记兼副厂长，现任成都天兴仪表(集团)有限公司董事、常务副总经理、党委副书记、纪委书记。

委员：荣建华先生，候任董事，1950年生，大专学历，经济师，曾任四川天兴仪表厂销售处副处长、处长，副总工程师，现任成都天兴仪表(集团)有限公司董事、副总经理

委员：施苏平先生，候任董事，1956年生，大专学历，工程师，曾任四川天兴仪表厂民品科副科长、技术处副处长，销售处处长、厂长助理，现任成都天兴仪表(集团)有限公司董事、副总经理

委员：黄茂彪先生，候任董事，1964年生，大学本科，工程师，曾任四川天兴仪表厂机械厂副处长、品质部副部长，现任成都天兴仪表(集团)有

限公司董事、副总经理

委员:武承辉先生,候任董事,1950年生,大专学历,经济师,曾任四川天兴仪表厂计划处副处长、处长,现任成都天兴仪表(集团)有限公司规划部副部长

委员:叶宇昕先生,候任董事,1967年生,大专学历,会计师,曾任四川天兴仪表厂财务处副处长,现任成都天兴仪表(集团)有限公司财务部副部长

委员:江河梁先生,候任监事,1948年生,曾任四川天兴仪表厂行政科副科长、供应处副处长、处长,副厂长,现任成都天兴仪表(集团)有限公司实业部部长

委员:赵泰山先生,候任监事,1951年生,现任成都天兴仪表(集团)有限公司纪委副书记,纪监审办公室主任

委员:丁先星先生,1948年生,大专学历,政工师,曾任四川天兴仪表厂车间党支部副书记、厂工会副主席、主席,现任成都天兴仪表(集团)有限公司董事、工会主席

十一、经营业绩

公司自成立以来,不断完善经营机制,努力提高经营管理水平,经济效益稳定增长。

1、生产经营的一般情况

集团公司自成立以来,完善了法人治理结构,按精简、效能和辅助协力的原则设置了内部管理机构,优化了组织结构,完善了公司财务核算体系和财务管理制度,改革了公司用人和分配制度,完善了员工激励机制,使公司逐步成为自主经营、自负盈亏、自我约束、自我发展的商品生产者和经营者。

2、根据中信会计师事务所出具的审计报告,下表列明公司近三年的经营业绩财务数据。

(单位:人民币千元)

项目	1996年	1995年	1994年
主营业务收入	112,801	107,081	76,186
营业利润	22,353	22,181	18,293
利润总额	22,351	22,158	18,398
净利润	15,772	14,819	12,302

以上数据均来源于中信会计师事务所中信会审字(1997)第001号审计报告。

3、业务收入构成

本公司近三年的业务构成如下表:

	摩托车仪表(%)	汽车仪表(%)	车用传感器及其它车用零部件(%)
1944年	79.2	2.7	14.2
1995年	82.6	4.6	12.7
1996年	89.5	5.5	5.0

4、完成的主要工作及产品性能、质量状况

本公司不失时机地争得主管机关和国家的支持先后投资近亿元进行技术改造,引进了国外先进的设备和生产线,解决了许多国内难以解决的产品质量问题,使产品质量和生产规模同步发展,在国内同行业居领先地位。根据国家有关部门鉴定,公司产品性能接近或达到国际同类产品先进水平,在荣获省优、部优称号基础上,连续多年荣获部省级以上金奖,技术监督部门"信得过"产品称号,主机厂"A级"配套信誉。

5、产品和市场情况

本公司注重新产品开发和销售,不断扩大市场占有率。公司近年来将新产品开发放在发展的首位,并在开发中注重超前意识,调整了开发机构,使产品开发形成闭环管理,直接面向市场,最大限度地满足客户的需求。注重产品结构的调整,尤其注重技术含量高、高档豪华仪表的研制和开发,使新产品产值率不断增长。同时公司通过多种销售方式,实行"名车配名表,强强合作,共同发展"的方针,扩大产品的国内市场占有率。目前,公司产品国内市场占有率已连续三年保持和超过1/3,使局部的市场波动对公司的经营影响较小。

6、职工数量及业务水平方面变化

本公司注重职工队伍建设,提高员工素质。经过几年的职工队伍建设,专业技术人员占职工人数的比例逐步增加,公司现有职工1780人,其中中高级技术人员133人,初级技术人员182人,以上技术人员占公司职工总数的17.70%。公司员工素质有了较大的提高。

十二、股本

1、经中信会计师事务所验证确认,成都天兴仪表(集团)有限公司作为本公司独家发起人,经国家体制改革委员会(体改生[1997]14号文)授权批准,将其从事汽车、摩托车仪表和其它车用部件的生产性资产连同相应的负债和在上海天兴万友仪表有限公司中的61.2%的权益,作为发起人出资投入本公司,其评估确认后的净资产值为6473.58万元,经国家国有资产管理局批准,以65.65%的折股比率,折为国有法人股4250万股,超过面值部分进入资本公积。

2、本次发行为公司首次发行,如发行成功,本公司的股本结构为:

	数量(万股)	占总股本比例(%)
发起人股(均为国有法人股)	4250	70.83
社会公众股	1750	29.17
其中:公司职工股	175	2.92
股份总数	6000	100.00

3、根据中信会计师事务所审计后财务报表资料(中信会审字[1997]第001号)本次发行成功后,本公司有关资产数据为

发行前净资产总额	6971.56万元
发行前总股数	4250万股
发行前每股净资产	1.64元
新股发行预计实收金额	8330万元
发行后净资产总额预计为	15301.56万元
发行后总股数	6000万股
发行后每股净资产预计为	2.55元(含96年未分配利润)

十三、债项

经中信会计师事务所审计,截至1996年12月31日,本公司负债总额为125.145千元,其中流动负债78.215千元,长期负债46.930千元。

主要借款情况如下表:

(一)短期借款　　单位:人民币元

贷款银行	贷款金额	月利率(‰)	借款期限	借款条件
工行龙泉支行	3,000,000.00	9.24	96.10-97.10	担保
工行南川支行	1,000,000.00	9.24	96.12-97.08	信用
工行南川支行	20,000.00	10.065	96.06-97.01	信用
工行南川支行	2,700,000.00	9.24	96.09-97.06	信用
工行南川支行	800,000.00	9.24	96.10-97.10	信用
工行南川支行	2,400,000.00	9.24	96.12-97.12	信用
工行南川支行	3,650,000.00	9.24	96.12-97.09	信用
工行南川支行	1,000,000.00	10.065	96.08-97.05	信用
工行南川支行	1,100,000.00	13.50	94.12-97.12	人行委托
工行龙泉支行	3,000,000.00	15.12	95.08-97.12	担保
工行龙泉支行	3,000,000.00	10.98	94.07-97.07	担保
工行龙泉支行	3,000,000.00	15.12	96.02-97.02	担保
工行龙泉支行	1,000,000.00	11.70	95.04-97.07	担保
合计	25,670,000.00			

(二)长期借款　　单位:人民币元

贷款银行	贷款金额	月利率(‰)	借款期限	借款条件
工行南川支行	2,800,000.00	15.12	94.08-99.08	人行委托

工行南川支行	2,000,000.00	15.12	94.12-98.12	人行委托
工行南川支行	5,000,000.00	15.12	94.12-99.12	人行委托
工行龙泉支行	6,500,000.00	10.98	94.07-98.07	担保
工行龙泉支行	1,000,000.00	11.70	95.04-98.07	担保
工行龙泉支行	6,000,000.00	11.70	95.04-98.07	担保
工行龙泉支行	5,000,000.00	15.12	95.08-98.08	担保
工行龙泉支行	4,000,000.00	15.12	96.02-99.02	担保
工行龙泉支行	6,000,000.00	15.12	96.02-2000.02	担保
工行南川支行	1,260,000.00	14.40	94.12-98.02	信用
工行南川支行	1,820,000.00	14.40	95.06-98.02	信用
工行南川支行	3,050,000.00	14.40	95.12-98.02	信用
工行南川支行	2,500,000.00	12.60	96.06-98.06	信用
合计	46,930,000.00			

此外无其它或有负债或合同承诺。

以上数据均来源于中信会计师事务所中信会审字(1997)第001号审计报告。

十四、主要固定资产

1、固定资产

本公司主要固定资产为房屋建筑物、机器设备、运输工具、办公设备、其它设备等。根据中信会计师事务所审计报告,截止1996年12月31日,本公司主要固定资产情况如下:

单位:人民币元

类别	原值	累计折旧	净值
房屋建筑物	4,865,860.00	39,332.37	4,826,527.63
机器设备	23,274,133.69	3,645,127.53	19,629,006.16
运输工具	1,793,417.19	412,644.82	1,380,772.37
办公设备	419,981.97	92,372.91	327,609.06
其它	2,051,311.08	193,804.97	1,857,506.11
合计	32,404,703.93	4,383,282.60	28,021,421.33

2、在建工程

单位:人民币元

工程名称	实际支用数	批准文号	资金来源
引进设备(奥拓技改)	20,718,742.64	兵总规(1993)11号	贷款
106装配车间工程	18,779,216.00	国家计委计投字(1993)2019号	自筹
双加技改	8,809,628.59	兵总建(1995)589号	自筹
设备安装工程	448,618.62		自筹
技术引进	16,401.24		自筹
工程物资	4,011.48		自筹
办公室改建	110,000.00		自筹
合计	49,916,137.93		

3、土地使用权

集团公司已通过出让方式取得本公司占用的南川市和成都市的土地使用权,将本公司占用的共计57469.83平方米的土地出租给本公司。上述土地使用权处置方案已经国家土地局国土批[1996]126文批准。

本公司合并报表中的无形资产指进入本公司的上海万友天兴仪表有限公司拥有的土地所有权,该土地使用权自1996年10月起按联营期30年平均摊销。

十五、财务会计资料

中信会计师事务所接受本公司委托,根据国家有关法律、法规及《企业会计准则》、《股份制试点企业会计制度》、《中国注册会计师独立审计准则》的规定,对本公司1994年、1995年和1996年的会计报表进行了审计,投资人欲对本公司的财务状况、经营成果及其会计政策进行更详细的了解,应当认真阅读附录中所记载的审计报告及注释。

(一)、资产负债表主要数据(见附表一)

(二)、利润及利润分配表主要数据(见附表二)

(三)、会计报表编制基础

公司的会计报表以天兴集团公司的会计报表为基础。资产负债表中的各项数字是以集团公司会计帐中记录的属于进入股份有限公司的内部非独立核算单位的资产及相关负债的数字填列。公司利润表是以集团公司会计帐中核算的属于进入股份有限公司的内部非独立核算单位的经营收支及应分担的期间费用调整编制。

公司上述会计报表已按《股份制试点企业会计制度》及有关补充规定进行了调整。

公司1996年9月30日的资产负债表已按照国家国有资产管理局国资评(1996)1132号文确认的北京中机审计事务所的资产评估结果进行了调整。

(四)、主要会计政策

1、会计制度

公司执行《股份制试点企业会计制度》及有关补充规定。

2、会计期间及记帐本位币

公司会计年度采用公历年度,即自公历1月1日至12月31日。公司以人民币为记帐本位币。

3、记帐原则及计价基础

公司按权责发生制原则记帐,以实际成本作为计价基础。

4、合并报表编制方法

1)公司合并报表的范围包括:

(1)公司拥有其半数以上(不包括半数)权益性资本的被投资企业;

(2)直接和间接方式拥有其半数(不包括半数)以上权益性资本的被投资企业。

2)公司在对被投资企业会计报表进行合并的过程中,按照有关规定,在合并会计报表时对下列事项进行了调整;

(1)公司权益性投资与被投资企业所有者权益中有关的部分;

(2)公司与并表被投资企业之间的相互往来;

(3)并表被投资企业之间未实现的内部销售。

3)公司1996年合并报表的被投资企业如下:

被投资企业名称	投资额	投资时间	占注册资本比例
上海万友天兴仪表有限公司	666.7万元	1996年	61.21%

5、坏帐准备

公司按期末应收帐款余额的5‰计提坏帐准备。

6、存货计价方法

公司原材料(包括主要材料、辅助材料、燃料、外购半成品、修理用备件、包装物)采用计划成本核算;低值易耗品在领用时一次摊销;产成品按实际成本计价,发出时采用加权平均法计算。

7、长期投资核算方法

公司向其他单位投出的资金,按投出时支付或确定的金额记帐。股权投资占被投资企业20%(含20%)以下的,采用成本法核算;股权投资占被投资企业20%以上的,采用权益法核算,股权投资占被投资企业50%以上的合并会计报表。

8、固定资产及其折旧

固定资产按实际成本计价。1996年9月30日资产负债表中的固定资产已按评估确认结果调整。

公司拥有的使用期限在一年以上的房屋、建筑物、机器、设备、器具、工具等资产作为固定资产;不属于生产经营主要设备的物品,单位价值在2,000元以上并且使用期限超过两年的,也作为固定资产。(天兴集团公司南川厂区的房屋、建筑物不作为股本投入,由公司租赁使用)

固定资产采用直线法计提折旧。根据固定资产的类别、原始价值、使用年限、预计残值(残值率为3%)确定其折旧率如下:

资产名称　　折旧年限　　年折旧率

房屋建筑物	30年	3.23%
机器设备	12-15年	8.08%-6.47%
运输工具	8年	12.10%
办公设备	5年	19.40%
其他	10-12年	9.70%-8.08%

9、税项

(1)企业所得税

公司企业所得税按应纳税所得额的33%计缴。

(2)增值税

增值税-销项税额按产品销售收入乘17%的税率计算,符合规定的进项税额从销项税额中抵扣。

(3)城市维护建设税

公司按增值税应纳税额的5%计缴城市维护建设税。

(4)教育费附加

1994年开始按增值税应纳税额的3%计缴教育费附加。

(5)交通费附加

根据四川省人民政府川办发(1992)70号"关于开征交通建设附加费的通知",公司按增值税应纳税额的4%计缴交通费附加。

(6)其他税项

其他税项按国家有关的具体规定计算缴纳。

10、产品销售收入的确认

销售收入以产品已经发出,货款已经收到或者取得收取货款的凭据时,作为销售收入的实现标志。

(五)财务分析指标

财务指标	1996年	1995年	1994年
资产负债率	62.82	69.86	61.11
流动比率	1.50	1.74	1.84
速动比率	0.78	0.91	1.03
存货周转率(次)	1.50	1.96	1.71
应收帐款周转率(次)	3.04	3.20	4.63
净资产收益率(%)	22.63	36.01	31.52
每股净利润	0.37	0.35	0.29

以上指标均根据中信会计师事务所中信会审字(1997)第001号审计报告的数据计算。

十六、资产评估

1、资产评估

公司于1996年9月聘请了北京中机审计事务所对成都天兴仪表(集团)有限公司进行了以进行股份制改造为目的的资产评估,评估基准日定于1996年9月30日。

根据北京中机审计事务所(96)中机资评(1996)第015号资产评估报告,截止到1996年9月30日,本公司帐面资产总值为14495万元,负债总额为9450万元,资产净值为5045万元;评估后资产总值为15983万元,负债为9510万元,资产净值为6474万元,比帐面净值增加了1429万元,增幅为28.32%。具体项目如下表:

单位:人民币万元

资产项目	评估前	评估后	评估增值	增减率(%)
一、资产总额	14,495	15,983	1,488	10.27
流动资产	9,254	9,004	-250	-2.70
长期投资	569	667	98	17.23
固定资产净值	4,672	6,102	1430	30.61
二、负债总额	9.450	9.510	60	0.63
三、净资产	5,045	6.474	1429	28.32

本次评估的主要评估方法为重置成本法。本次评估结果已获国家国有资产管理局国资评(1996)号1132文确认。

2、资产重组

集团公司将主要从事汽车、摩托车车用仪表及其它车用零部件的生产性资产连同相应的负债和在上海万友天兴仪表有限公司中的61.2%的权益投入本公司,折为发起人股4250万股,集团公司拥有的其它资产包括非经营性资产继续保留在集团公司。

3、土地评估

成都天兴仪表(集团)有限公司于1996年9月聘请了中国地产咨询中心对集团公司占用的土地进行了评估,面积总计为142885.22平方米,土地估价总值为2719.9万元,集团公司已取得上述土地的土地使用权证,并将其中股份公司占用的57469.83平方米的土地出租给股份公司,该项评估结果及土地使用权处置方式已经国家土地局(国土批[1996]126号文)确认和批复。

十七、盈利预测

本公司董事会对1997年公司盈利情况进行了预测,并委托中信会计师事务所以中信会审字(1997)第002号文对预测结果予以了验证。

(一)、盈利预测基准

本盈利预测是根据经中国注册会计师审计的成都天兴仪表股份有限公司(筹)1994年、1995年及1996年的会计报表,结合公司1997年度经营计划、投资计划,并充分考虑现实可能性和所有能力和潜力编制的。盈利预测所依据的会计政策与公司采用的会计政策一致。

(二)、盈利预测基本假设

公司1997年度盈利预测的编制建立在下列基本假设之上;

1、公司所遵循的国家现行法律、法规、制度及公司所在地的社会政治和经济政策无重大变化。

2、公司各项经营业务所涉及地区的有关政策、法律、法规及其他经济环境无重大变化。

3、公司在盈利预测期间内,有关利率、税率、汇率及市场行情在正常范围内变化。

4、公司的计划投资项目能如期完成;

5、公司计划增产措施能如期完成。

6、无其他人力不可抗拒和不可预见的因素造成重大不利因素。

(三)、盈利预测表

单位:人民币千元

项目	母公司1997年度	合并1997年度
一、主营业务收入	142,000	150,000
减:营业成本	92,500	99,200
销售费用	3,800	3,855
管理费用	15,600	16,690
财务费用	3,200	3,250
营业税金及附加	1,340	1,345
二、主营业务利润	25,560	25,660
加:其他业务利润	900	900
三、营业利润	26,460	26,560
加:投资收益	52	
四、利润总额	26,512	26,560
五、净利润(33%所得税)	17,771	17,771

十八、公司发展规划

本公司是我国最大的摩托车仪表生产厂家,在摩托车仪表、微车仪表及其它车用零部件生产上具有相当的实力,是国内规模最大、实力最强、技术领先、质量可靠的车用仪表生产基地,是车用仪表行业的排头兵。本公司将充分利用业已形成的商誉、经济实力和现代企业优势以及资源优势,以提高经济效益和公司整体实力为中心,以车用仪表的规模化经营为重点,逐步构成多元化、现代化的经营格局,力争到本世纪末在同行业中处于较大优势地位。

1、进一步转换经营机制，增强企业竞争力

本公司将通过股票上市进一步转换经营机制，逐步建立起适合社会主义市场经济的现代企业制度，优化资本结构，增强企业竞争力。

2、在重视产品开发、不断提高产品质量的前提下，大力提高产量，形成规模化经营，扩大市场份额。

本公司自投产以来，重视新产品开发和提高产品质量，已开发出新产品12个系列近200个品种，年生产量稳步上升，同时不断改进经营方式，实行灵活多样的销售策略，扩大产品的市场占有率，公司计划到2000年车用仪表的国内市场占有率达到50%。

3、以市场为导向，实施技术创新战略和产品差异化战略

企业的产品只有适应市场，才具有竞争力。公司在今后的发展中，将始终以市场为导向，以提高经济效益为目标，全力以赴致力于发展生产，在提高产品质量的同时，依靠科技进步不断改善产品结构，研制、开发新产品，建立以汽车、摩托车仪表支柱产品为基础的多品种的合理产品结构，增加市场竞争能力和提高经济效益。

4、规范公司行为，强化内部管理

本公司为实现上述目标，将严格规范公司行为，强化内部管理。

(1)严格按照《公司法》的要求，规范公司董事会的决策程序，建立健全公司监督体制和约束机制，对公司的生产、经营机构全面推行经营目标责任制，努力提高公司整体管理水平和运作效率。

(2)强化质量保证体系，加强企业内部管理，争创国际一流产品。

(3)大力加强职工队伍建设，提高员工整体素质，贯彻执行全员岗位责任制，在公司内创造一个公平竞争、优胜劣汰的环境。

(4)塑造公司形象，加强企业文化建设，培养员工的敬业意识，增强公司的凝聚力和战斗力，为实现公司的战略目标而努力。

十九、重要合同及重大诉讼事项

(一)、本公司有关的重大合同主要为：

1、与工商银行南川市支行、工商银行成都市龙泉驿支行签订的人民币贷款合同。该等贷款截止审计报告基准日1996年12月31日，合同金额总计为7260万元。

2、与集团公司签订的综合服务协议、房屋租赁协议、商标使用权租赁协议、土地使用权租赁协议等有关合同。

(二)、截止1996年12月31日，本公司尚无重大诉讼事项。

成都天兴仪表股份有限公司(筹)

1997年3月27日

附录

1、本公司1993年－－1996年度财务报表及审计报告；

2、本公司1997年度盈利预测及审阅报告；

3、北京中机审计事务所《资产评估报告》；

4、信达律师事务所关于本公司本次股票发行、上市的法律意见书；

5、信达律师事务所为本公司本次股票发行、上市出具法律意见书的工作报告；

6、本公司章程草案；

7、成都天兴仪表(集团)有限公司营业执照。

备查文件

1、中国兵器工业总公司《关于同意成都天兴仪表(集团)有限公司上报公开发行股票申请材料的函》兵总体(1997)2号

2、本公司设立的《发起人协议书》

3、中国兵器工业总公司《关于成都天兴仪表(集团)有限公司发行A种股票额度的批复》兵总体(1996)1012号

4、中国证券监督管理委员会复审意见书

5、深圳证券交易所上市承诺函

6、本公司与君安证券有限公司签订的关于本次股票发行的《承销协议书》

7、国家国有资产管理局关于对评估确认的批复

8、成都天兴仪表(集团)有限公司董事会同意成立股份公司并公开发行股票的决议

资产负债表

编制单位：成都天兴仪表股份有限公司　　金额单位：人民币元

资　产	注释	1996.12.31	1995.12.31	1994.12.31	负债及股东权益	注释	1996.12.31	1995.12.31	1994.12.31
流动资产					流动负债				
货币资金	1	7637085.22	9788727	15401138.04	短期借款	9	14570000	12470000	6970000
短期投资		0	0	0	应付票据		2200000	0	0
应收票据		0	3577972.8	0	应付帐款	10	38345253.2	20497372.62	10202212.87
应收帐款	2	49397677.29	25301263.16	16525420.99	预收货款		243656.4	1589088.92	396567.46
减：坏帐准备		246988.3868	126506.2005	82627.1	应付福利费		3186423.67	2061336.374	954853.0556
应收帐款净额		49150688.9	25174756.96	16442793.89	未付股利		0	0	0
预付货款		731000.08	3283939.35	4702902.5	未交税金	11	2526185.554	6102274.6	4440668
其他应收款	3	3454661.06	6516373.58	6525936.84	其他未交款	12	504634.9	69019.23	525422.11
待摊费用		0	0	0	其他应付款	13	5539235.57	6831094.04	7000278.27
存货	4	56088572.05	4358276.01	28663038.14	预提费用		0	0	393482.69
待处理流动资产净损失		0	0	0	一年内到期的长期负债	14	11100000	2620000	8050000
一年内到期的长期债券投资		0	0	0	其他流动负债		0	0	0
其他流动资产		0	0	0	流动负债合计		78215389.29	52870185.78	38933484.46
流动资产合计		117062007.3	91924045.7	71735809.41	长期负债				
长期投资					长期借款	15	46930000	42530000	22400000
长期投资		-	0	0	应付债券		0	0	0
		0.001465001			长期应付款		0	0	0
其中：合并价差(贷差以“-”号表示)		0	0	0	其他长期负债		0	0	0
固定资产					长期负债合计		46930000	42530000	22400000
固定资产原价	5	32404703.93	20760913.79	17952694.67	递延税项				
减：累计折旧		4383282.6	9542740.79	8217098.32	递延税款贷项		0	0	0
固定资产净值		28021421.33	11218173	9735596.35	负债合计		125145389.3	95400185.78	61333484.46

在建工程	6	49916137.93	31294344.51	16317595.85	少数股东权益		4230550.318	0	0
固定资产清理		0	0	0	股东权益				
待处理固定资产净损失		0	0	0	股本	16	42500000	31551179.18	31551179.18
固定资产合计		77937559.26	42512517.51	26053192.2	资本公积	17	22235695.33	0	0
无形资产及递延资产					盈余公积	18	746978.3964	9596301.044	7480060.311
无形资产	7	2025161.83	0	0	其中:公益金		248992.7988	1666047.918	959041.987
递延资产	8	2066762.51	2111102.8	2575722.34	未分配利润	19	4232877.58	7.4505BE-09	0
无形资产及递延资产合计		4091924.34	2111102.8	2575722.34	外币报表折算差额		0	0	0
其他长期资产					股东权益合计		69715551.31	41147480.22	39031239.49
其他长期资产		0	0	0					
递延税项					负债与股东权益总计		199091490.9	136547666	100364723.9
递延税款借项		0	0	0					
资产总计		199091490.9	136547666	100364723.9					

利润表

编制单位:成都天兴仪表股份有限公司　　　　金额单位:人民币元

项目	注释	1996 年度	1995 年度	1994 年度	项目	注释	1996 年度	1995 年度	1994 年度
一、主营业务收入	20	112,801,215.22	107,080,571.61	76,186,118.88	三、营业利润		22,353,243.79	22,181,281.62	18,293,031.23
减:营业成本		74,757,146.90	70,982,105.64	49,101,670.08	加:投资收益		0.00	–	–
销售费用		3,407,627.80	1,648,208.27	1,008,000.73	营业外收入	24	17,377.00	95,042.38	229,422.84
管理费用		11,055,637.34	11,552,559.75	7,527,282.76	减:营业外支出	25	19,491.00	118,772.98	124,051.54
财务费用	21	2,287,047.32	1,260,514.10	705,887.90	加:以前年度损益调整		–	–	–
进货费用		–	–	–	四、利润总额		22,351,129.79	22,157,551.02	18,398,402.53
营业税金及附加	22	985,976.38	761,796.37	685,148.23	减:所得税		6,573,317.21	7,338,900.20	6,096,723.97
					少数股东损益		5,343.11		
二、主营业务利润		20,307,779.48	20,875,387.48	17,158,129.17	五、净利润		15,772,469.47	14,818,650.82	12,301,678.55
加:其他业务利润	23	2,045,464.31	1,305,894.14	1,134,902.06					

财务状况变动表

1996 年度

编制单位:成都天兴仪表股份有限公司　　　　金额单位:人民币元

流动资金来源和运用	行次	金　额	流动资金各项目的变动	行次	金　额
一、流动资金来源:	1		二、流动资产本年增加数:	38	
1. 本年净利润	2	15772469.47	1. 货币资金	39	-215164.78
加:不减少流动资金的费用和损失:	3		2. 短期投资	40	0
(1)少数股东本期损益(亏损以"-"表示)	4		3. 应收票据	41	-3577972.8
(2)固定资产折旧	5	2087685.43	4. 应收帐款净额	42	23975931.94
(3)无形资产、递延资产及其他资产摊销(减其他负债转销)	6	609691.99	5. 预付帐款	43	-2552939.27
(4)固定资产盘亏(减盘盈)	7		6. 其他应收款	44	-3061712.52
(5)清理固定资产损失(减收益)	8		7. 待摊费用	45	0
(6)递延税款	9		8. 存货	46	12506296.05
(7)其他不减少流动资金的费用和损失	10		9. 待处理流动资产损失(减收益)	47	0
小计	11	18452828.72	10. 一年内到期的长期债券投资	48	0
2. 其他来源:	12		11. 其他流动资产	49	0
(1)固定资产清理收入(减清理费用)	13			50	
(2)增加长期负债	14	13000000		51	
(3)收回长期投资	15			52	
(4)投资转出固定资产	16			53	
(5)投资转出无形资产	17			54	
(6)资本净增加额	18	24335193.5		55	
(7)少数股东资本净增加额	19	4230550.318		56	
小计	20	41565743.82		57	
流动资金来源合计	21	60018572.54	流动资产增加净额	58	25137961.62
二、流动资金运用:	22		三、流动负债本年增加数:	59	
1. 利润分配:	23		1. 短期借款	60	2100000

(1)提取法定公积金	24	497985.5976	2.应付票据	61	2200000
(2)提取法定公益金	25	248992.7988	3.应付帐款	62	17847880.58
(3)单项留用利润	26		4.预收帐款	63	-1345432.52
(4)已分配股利	27	10792613.5	5.应付福利费	64	1125087.297
小计	28	11539591.89	6.未付股利	65	0
2.少数股东利润分配	29		7.未交税金	66	-3576089.046
3.其他运用:	30		8.其他未交款	67	-194384.33
(1)固定资产和在建工程净增加额	31	37495709.02	9.其他应付款	68	-1291858.47
(2)增加无形资产、递延资产及其他资产	32	2590513.52	10.预提费用	69	0
(3)偿还长期负债	33	8600000	11.一年内到期长期负债	70	8480000
(4)增加长期投资	34		12.其他流动负债	71	0
小计	35	48686222.54		72	
流动资金运用合计	36	60225814.43		73	
外币会计报表折算差额	37	0	流动负债增加净额	74	25345203.51
流动资金增加净额		-207241.8931	流动资金增加净额		-207241.8896

成都天兴仪表股份有限公司上市公告书

一、绪言

本公告书依据《中华人民共和国公司法》、《股票发行与交易管理暂行条例》、《公开发行股票公司信息披露实施细则》、《深圳证券交易所业务规则》以及国家其它有关证券管理的规定编写,旨在向投资者提供本公司基本情况及有关资料。

经中国证券监督管理委员会[证监发字(1997)103号文]和[证监发字(1997)104号文]批准,本公司已成功地向社会公众公开发行每股面值为1.00元人民币普通股股票1750万股。股票上市申请经深圳证券交易所[深证发(1997)142号文]审核批准,本公司股票将于1997年4月22日在深圳证券交易所挂牌交易,本公司总股本为6000万股,可流通股本为1750万股,其中向公司职工配售的175万股公司职工股将按国家规定半年后上市。

本公司于1997年3月28日在《中国证券报》和《证券时报》上刊登了《招股说明书(概要)》,距今不足6个月,故与其相重复的内容在此不再赘述,敬请投资者查阅本公司的《招股说明书(概要)》。

二、公司概况

1、概况:

公司法定名称:成都天兴仪表股份有限公司

英文名称:CHENGDU TIANXING INSTRUMENT AND METER CO,LTD

公司注册资本:6000万元

公司法定代表人:武卫华

公司成立日期:1997年4月14日

公司经营范围:摩托车与汽车配件的生产、加工、非标设备与金属切削机床附件、工、卡、量刃具的生产、加工、模具制造销售;仪器仪表新技术、新产品的开发应用及技术咨询;工程塑料制品的生产。

所属行业:工业

公司注册地址:四川省成都市高新技术产业开发区标准厂房

联系电话:(028)4600582

联系人:武承辉

2、公司历史沿革

本公司是由成都天兴仪表(集团)有限公司经国家体改委批准独家发起,并向社会公开募集人民币普通股设立的股份有限公司,注册资本为6000万元。集团公司将其从事汽车、摩托车仪表和其它车用零部件的生产性资产连同相应的负债和在上海天兴万友仪表有限公司中的61.2%的权益投入本公司,净资产评估后为6473.58万元,折为发起人股4250万股,折股比例为65.65%。

成都天兴仪表(集团)有限公司系1995年7月经中国兵器工业总公司(1995)兵总规字第580号文批准,由四川天兴仪表厂改制而成,主要从事汽车、摩托车车用仪表及其它车用零部件的生产销售。该公司从1984年起研制生产摩托车仪表和微车仪表,从90年代起产品国内市场占有率持续多年达到和超过1/3,目前已是国内最大的摩托车仪表生产厂家。

1996年9月,经中国兵器工业总公司兵体字[1996]810号文批准,由集团公司独家发起,并向社会公开募集1750万股人民币普通股设立本公司,集团公司将主要从事汽车、摩托车车用仪表及其它车用零部件的生产性资产连同相应的负债和在上海万友天兴仪表有限公司中的61.2%的权益投入本公司,净资产评估后为6473.58万元,折为发起人股4250万股,折股比例为65.65%。

1997年1月,国家体改委体改生[1997]14号文,同意设立本公司。

三、股票发行及承销

1、本次公开发行

发行数量:1750万股(其中向公司职工配售175万股)

发行价格:5.10元/股

发行方式:上网定价

配售比例:5.81390%

配售户数:369630户

持有1000股以上的户数:16677

发行费用总额:595万元

每股发行费用:0.34元

发行市盈率:15倍

2、股票承销

本次公开发行的1750万股社会公众股已全部由社会公众认购,承销团成员无包销比例及数量。

3、验资报告

根据中信会计师事务所中信会资字(1997)第005号文验资报告,成都天兴仪表股份有限公司本次发行人民币普通股股票1750万股,每股面值1.00元,发行价5.10元,总计募集资金为人民币89250000元,扣除发行费用5950000元,净额为83300000元,已于1997年4月10日汇入以下帐户:工商银行成都市龙泉驿支行十陵分理处2210022-10帐户,工商银行南川市支行302分理处2212001帐户和2212003帐户。

四、董事、监事和高级管理人员

姓名	职务	持股数(股)	持股比例(%)
武卫华	董事长兼总经理	4930	0.0082%
余伯强	董事副总经理	3700	0.0062%
荣建华	董事副总经理	3350	0.0056%
施苏平	董事副总经理	3350	0.0056%
黄茂彪	董事副总经理	3110	0.0052%
武承辉	董事	1800	0.0030%
叶宇昕	董事	1800	0.0030%
江河梁	监事会主席	2050	0.00342%
赵泰山	监事	1000	0.00167%
丁先星	监事	2050	0.00342%

五、公司设立

1、公司1997年4月13日召开的创立大会暨首届股东大会作出决议:本公司向社会公众发行的面值1元的1750万人民币普通股在深圳交易所上市。

2、公司注册资金:6000万元

3、公司注册时间:1997年4月14日

4、公司注册地点:四川省成都市高新技术产业开发区标准厂房

5、营业执照注册号码:(高新字)28934006

六、关联企业及关联交易

(一)本公司的大股东情况

股东名称	持股数量(股)	占总股本的比例(%)
成都天兴仪表(集团)有限公司	42500,000	70.83%

(二)本公司控股子公司情况

名称	注册资金(万元)	所占比例(%)	主营业务
上海万友天兴仪表有限公司	928	61.2%	汽车、摩托车仪表

七、股东结构及大股东持股情况

(一)本次上市前股东结构

股份种类	数量(万股)	占总股本比例(%)
总股本	6000	100.00
尚未流通股份		
发起人股(均为国有法人股)	4250	70.83
可流通股份		
本次公开发行股份	1750	29.17
其中:公司职工股	175	2.92

(二)前十名股东所持股数及比例

股东名称	持股数量(股)	占总股本的比例(%)
成都天兴仪表(集团)有限公司	42500,000	70.83%
武卫华	4930	0.0082%
余伯强	3700	0.0062%
荣建华	3350	0.0056%
施苏平	3350	0.0056%
黄茂彪	3110	0.0052%
孙恒洲	2160	0.0036%
王堂云	2610	0.0036%
丁先星	2050	0.0034%
江河梁	2050	0.0034%

八、主要财务会计资料

(一)审计报告

成都天兴仪表股份有限公司(筹):

我们接受委托,审计了贵公司编制的母公司及合并1994年12月31日、1995年12月31日、1996年12月31日的资产负债表,1994年度、1995年度及1996年度的利润表和1996年度的财务状况变动表。这些会计报表由贵公司负责,我们的责任是对这些会计报表发表审计意见。我们的审计是根据《中国注册会计师独立审计准则》进行的。在审计过程中,我们结合贵公司的实际情况,实施了包括抽查会计记录等我们认为必要的审计程序。

我们认为,贵公司上述会计报表的编制符合《企业会计准则》、《股份制试点企业会计制度》的有关规定,在所有重大方面公允地反映了贵公司1994年12月31日、1995年12月31日、1996年12月31日的财务状况,及贵公司1994年度、1995年度、1996年度的经营成果和1996年度资金变动情况,会计处理方法遵循了一贯性原则。

中信会计师事务所　　中国注册会计师　王　勇

地址:北京市朝阳区新源南路

六号京城大厦1001室　　中国注册会计师　郑卫军

邮政编码:100004

联系电话:(010)64662330　　1997年2月18日

(二)资产负债表主要数据(见附表一)

(三)利润及利润分配表主要数据(见附表二)

(四)会计报表编制基础

公司的会计报表以天兴集团公司的会计报表为基础。资产负债表中的各项数字是以集团公司会计帐中记录的属于进入股份有限公司的内部非独立核算单位的资产及相关负债的数字填列。公司利润表是以集团公司会计帐中核算的属于进入股份有限公司的内部非独立核算单位的经营收支及应分担的期间费用调整编制。

公司上述会计报表已按《股份制试点企业会计制度》及有关补充规定进行了调整。

公司1996年9月30日的资产负债表已按照国家国有资产管理局国资评(1996)1132号文确认的北京中机审计事务所的资产评估结果进行了调整。

(五)主要会计政策

1、会计制度

公司执行《股份制试点企业会计制度》及有关补充规定。

2、会计期间及记帐本位币

公司会计年度采用公历年度,即自公历1月1日至12月31日。公司以人民币为记帐本位币。

3、记帐原则及计价基础

公司按权责发生制原则记帐,以实际成本作为计价基础。

4、合并报表编制方法

1)公司合并报表的范围包括:

(1)公司拥有其半数以上(不包括半数)权益性资本的被投资企业;

(2)直接和间接方式拥有其半数(不包括半数)以上权益性资本的被投资企业。

2)公司在对被投资企业会计报表进行合并的过程中,按照有关规定,在合并会计报表时对下列事项进行了调整;

(1)公司权益性投资与被投资企业所有者权益中有关的部分;

(2)公司与并表被投资企业之间的相互往来;

(3)并表被投资企业之间未实现的内部销售。

3)公司1996年合并报表的被投资企业如下:

被投资企业名称	投资额	投资时间	占注册资本比例
上海万友天兴仪表有限公司	666.7万元	1996年	61.21%

5、坏帐准备

公司按期末应收帐款余额的5‰计提坏帐准备。

6、存货计价方法

公司原材料(包括主要材料、辅助材料、燃料、外购半成品、修理用备件、包装物)采用计划成本核算;低值易耗品在领用时一次摊销;产成品按实际成本计价,发出时采用加权平均法计算。

7、长期投资核算方法

公司向其他单位投出的资金，按投出时支付或确定的金额记帐。股权投资占被投资企业 20%(含 20%)以下的，采用成本法核算；股权投资占被投资企业 20%以上的，采用权益法核算，股权投资占被投资企业 50%以上的合并会计报表。

8、固定资产及其折旧

固定资产按实际成本计价。1996 年 9 月 30 日资产负债表中的固定资产已按评估确认结果调整。

公司拥有的使用期限在一年以上的房屋、建筑物、机器、设备、器具、工具等资产作为固定资产；不属于生产经营主要设备的物品，单位价值在 2,000 元以上并且使用期限超过两年的，也作为固定资产(天兴集团公司南川厂区的房屋、建筑物不作为股本投入，由公司租赁使用)。

固定资产采用直线法计提折旧。根据固定资产的类别、原始价值、使用年限、预计残值(残值率为 3%)确定其折旧率如下：

资产名称	折旧年限	年折旧率
房屋建筑物	30 年	3.32%
机器设备	12－15 年	8.08%－6.47%
运输工具	8 年	12.10%
办公设备	5 年	19.40%
其他	10－12 年	9.70%－8.08%

9、税项

(1)企业所得税

公司企业所得税按应纳税所得额的 33%计缴。

(2)增值税

增值税－销售项税额按产品销售收入乘 17%的税率计算，符合规定的进项税额从销售项税额中抵扣。

(3)城市维护建设税

公司按增值税应纳税额的 5%计缴城市维护建设税。

(4)教育费附加

1994 年开始按增值税应纳税额的 3%计缴教育费附加。

(5)交通费附加

根据四川省人民政府川办发(1992)70 号"关于开征交通建设附加费的通知"，公司按增值税应纳税额的 4%计缴交通费附加。

(6)其他税项

其他税项按国家有关的具体规定计算缴纳。

10、产品销售收入的确认

销售收入以产品已经发出、货款已经收到或者取得收取货款的凭据时，作为销售收入的实现标志。

(六)财务分析指标

财务指标	1996 年度	1995 年	1994 年
资产负债率	62.82	69.86	61.11
流动比率	1.50	1.74	1.84
速动比率	0.78	0.91	1.03
存货周转率(次)	1.50	1.96	1.71
应收帐款周转率(次)	3.04	3.20	4.63
净资产收益率(%)	22.63	36.01	31.52
每股净利润	0.37	0.35	0.29

以上指标均根据中信会计师事务所中信会审字(1997)第 001 号审计报告的数据计算。

九、董事会承诺

根据《股票发行与交易管理暂行条例》和《公开发行股票公司信息披露实施细则》、《深圳证券交易所业务规则》及国家有关法律、法规，本公司董事会向证券主管机关、深圳证券交易所、广大投资者作出如下承诺：

1、准确、及时地公告本公司中期、年度财务及经营业绩报告资料。

2、董事会成员、监事会成员及高层管理人员如发生人事变动，或前述人持有本公司股份数量发生变化时，及时通报证券管理机关。并适时通过新闻媒介以通告社会公众。

3、及时、真实地披露本公司重大经营活动信息。

4、自觉接受证券管理部门的监督和管理，认真听取政府、股东、证券管理及经营部门和社会公众的意见、建议和批评。

5、不利用内幕消息和不正当手段从事股票投机交易。

6、本公司没有无记录负债。

7、董事会及各位董事保证不就任何未经交易所审阅的可能影响股价变动之重大信息私自公告或发表意见。

十、重要事项说明

1、本公司本次发行的 1750 万社会公众股中向公司职工配售的 175 万股，将在本次上市半年后上市，本次上市流通的总股份为 1575 万股。

2、截止上市公告书刊登之日，本公司未涉及任何重大诉讼事项和仲裁，亦无任何尚未了结或可能面临的重大诉讼或索赔要求。

3、本公司上市后企业所得税税率为 33%。

4、本次发行中购买公司股票的股东、与老股东同享 1996 年度的股利分配权。

十一、备查文件

1、深圳证券交易所上市通知书

2、验资报告

3、本公司招股说明书

4、《上市协议书》

5、上市推荐报告

6、其它备查文件

成都天兴仪表股份有限公司

1997 年 4 月 18 日

附表一

资产	注释	1996.12.31	1995.12.31	1994.12.31	负债及股东权益	注释	1996.12.31	1995.12.31	1994.12.31
流动资产					流动负债				
货币资金	1	7637085.22	9788727	15401138.04	短期借款	9	14570000	12470000	6970000
短期投资		0	0	0	应付票据		2200000	0	0
应收票据		0	3577972.8	0	应付帐款	10	38345253.2	20497372.62	10202212.87
应收帐款	2	49397677.29	25301263.16	16525420.99	预收货款		243656.4	1589088.92	396567.46
减:坏帐准备		246988.3868	126506.2005	82627.1	应付福利费		3186432.67	2061336.374	954853.0556
应收帐款净额		49150688.9	25174756.96	16442793.89	未付股利		0	0	0
预付货款		731000.08	3283939.35	4702902.5	未交税金	11	2526185.554	6102274.6	4440668
其他应收款	3	3454661.06	6516373.58	6526936.84	其他未交款	12	504634.9	699019.23	525422.11
待摊费用		0	0	0	其他应付款	13	5539235.57	6831094.04	7000278.27

存货	4	56088572.05	43582276.01	28663038.14	预提费用		0	0	393482.69
待处理流动资产净损失		0	0	0	一年内到期的长期负债	14	11100000	2620000	8050000
一年内到期的长期债券投资		0	0	0	其他流动负债		0	0	0
其他流动资产		0	0	0	流动负债合计		78215389.29	52870185.78	38933484.46
流动资产合计		117062007.3	91924045.7	71735809.41	长期负债				
长期投资					长期借款	15	46930000	42530000	22400000
长期投资		0	0	0	应付债券		0	0	0
其中:合并价差(贷差以"-"号表示)		0	0	0	长期应付款		0	0	0
固定资产					其他长期负债		0	0	0
固定资产原价	5	32404703.93	20760913.79	17952694.67	长期负债合计		46930000	42530000	22400000
减:累计折旧		4383282.6	9542740.79	8217098.32	递延税项				
固定资产净值		28021421.33	11218173	9735596.35	递延税款贷项		0	0	0
在建工程	6	49916137.93	31294344.51	16317595.85	负债合计		125145389.3	95400185.78	61333484.46
固定资产清理		0	0	0	少数股东权益		4230550.318	0	0
待处理固定资产净损失		0	0	0	股东权益				
固定资产合计		77937559.26	42512517.51	26053192.2	股本	16	42500000	31551179.18	31551179.18
无形资产及递延资产					资本公积	17	22235695.33	0	0
无形资产	7	2025161.83	0	0	盈余公积	18	746978.3964	9596301.044	7480060.311
递延资产	8	2066762.51	2111102.8	2575722.34	其中:公益金		248992.7988	1666047.918	959041.987
无形资产及递延资产合计		4091924.34	2111102.8	2575722.34	未分配利润	19	4232877.58	0	0
其他长期资产					外币报表折算差额		0	0	0
其他长期资产		0	0	0	股东权益合计		69715551.31	41147480.22	39031239.49
递延税项									
递延税款借项		0	0	0	负债与股东权益总计		199091490.9	136547666	100364732.9
资产总计		199091490.9	136547666	100364724					

附表二

项目	注释	1996年度	1995年度	1994年度	项目	注释	1996年度	1995年度	1994年度
一、主营业务收入	20	112,801,215.22	107,080,571.61	76,186,118.88	三、营业利润		22,353,243.79	22,181,281.62	18,293,031.23
减:营业成本		74,757,146.90	70,982,105.64	49,101,670.08	加:投资收益		0.00	-	-
销售费用		3,407,627.80	1,648,208.27	1,008,000.73	营业外收入	24	17,377.00	95,042.38	229,422.84
管理费用		11,055,637.34	11,552,559.75	7,527,282.76	减:营业外支出	25	19,491.00	118,772.98	124,051.54
财务费用	21	2,287,047.32	1,260,514.10	705,887.90	加:以前年度损益调整		-	-	-
进货费用		-	-	-	四、利润总额		22,351,129.79	22,157,551.02	18,398,402.53
营业税金及附加	22	985,976.38	761,796.37	685,148.23	减:所得税		6,573,317.21	7,338,900.20	6,096,723.97
二、主营业务利润		20,307,779.48	20,875,387.48	17,158,129.17	少数股东损益		5,343.11		
加:其他业务利润	23	2,045,464.31	1,305,894.14	1,134,902.06	五、净利润		15,772,469.47	14,818,650.82	12,301,678.55

附表三

流动资金来源和运用	行次	金额	流动资金各项目的变动	行次	金额
一、流动资金来源:	1		一、流动资产本年增加数:	38	
1.本年净利润	2	15772469.47	1.货币资金	39	-2151641.78
加:不减少流动资金的费用和损失:	3		2.短期投资	40	0
(1)少数股东本期损益(亏损以"-"表示)	4		3.应收票据	41	-3577972.8
(2)固定资产折旧	5	2087685.43	4.应收帐款净额	42	23975931.94
(3)无形资产、递延资产及其他资产摊销(减其他负债转销)	6	609691.99			
(4)固定资产盘亏(减盘盈)	7		5.预付帐款	43	-2552939.27
(5)清理固定资产损失(减收益)	8		6.其他应收款	44	-3061712.52
(6)递延税项	9		7.待摊费用	45	0
(7)其他不减少流动资金的费用和损失	10		8.存货	46	12506296.05
小计	11	18452828.72	9.待处理流动资产损失(减收益)	47	0
2.其他来源:	12				
(1)固定资产清理收入(减清理费用)	13		10.一年内到期的长期债券投资	48	0
(2)增加长期负债	14	13000000	11.其他流动资产	49	0
(3)收回长期投资	15		流动资产增加净额	58	25137961.62

流动资金来源和运用	行次	金额	流动资金各项目的变动	行次	金额
(4)投资转出固定资产	16				
(5)投资转出无形资产	17		二、流动负债本年增加数:	59	
(6)资本净增加额	18	24335193.5	1. 短期借款	60	2100000
(7)少数股东资本净增加额	19	4230550.318	2. 应付票据	61	2200000
小计	20	41565743.82	3. 应付帐款	62	17847880.58
流动资金来源合计	21	60018572.54	4. 预收帐款	63	-1345432.52
二、流动资金运用:	22				
1. 利润分配	23		5. 应付福利费	64	1125087.297
(1)提取法定公积金	24	497985.5976	6. 未付股利	65	0
(2)提取法定公益金	25	248992.7988			
(3)单项留用利润	26		7. 未交税金	66	-3576089.046
(4)已分配股利	27	10792613.5	8. 其他未交款	67	-194384.33
小计	28	11539591.89			
2. 少数股东利润分配	29		9. 其他应付款	68	-1291858.47
3. 其他运用:	30		10. 预提费用	69	0
(1)固定资产和在建工程净增加额	31	37495709.02	11. 一年内到期长期负债	70	8480000
(2)增加无形资产、递延资产及其他资产	32	2590513.52	12. 其他流动负债	71	0
(3)偿还长期负债	33	8600000			
(4)增中长期投资	34			72	
小计	35	48686222.54		73	
流动资金运用合计	36	60225814.43			
外币会计报表折算差额	37	0	流动负债增加净额	74	25345203.51
流动资金增加净额		-207241.8931	流动资金增加净额		-207241.8896

成都天兴仪表股份有限公司一九九七年度中期报告

一、财务报告(已经审计)

审计报告

中信会审字(1997)第032号

成都天兴仪表股份有限公司全体股东:

我们接受委托,审计了贵公司编制的母公司及合并1997年6月的资产负债表,1997年1—6月的利润表。这些会计报表由贵公司负责,我们的责任是对这些会计报表发表审计意见。我们的审计是根据《中国注册会计师独立审计准则》进行的。在审计过程中。我们结合贵公司的实际情况,实施了包括抽查会计记录等我们认为必要的审计程序。

我们认为,贵公司上述会计报表的编制符合《企业会计准则》、《股份制试点企业会计制度》的有关规定,在所有重大方面公允地反映了贵公司1997年6月30日的财务状况及贵公司1997年1—6月的经营成果,会计处理方法的选用遵循了一贯性原则。

中信会计师事务所　　中国注册会计师　王　勇

中国注册会计师　郑卫军

一九九七年八月二十二日

一、财务报表

1. 简化的资产负债表　　单位:人民币元

项　目	年初数(合并)	年初数(母公司)	期末数(合并)	期末数(母公司)
流动资产	117,062,007.32	112,823,100.00	202,827,065.06	196,919,511.67
长期投资		6,675,740.78		6,601,288.86
固定资产净值	28,021,421.33	22,085,908.13	28,875,354.40	22,381,668.50
在建工程	49,916,137.93	49,642,987.56	56,350,268.38	56,227,768.38
无形资产及递延资产	4,091,924.34	1,545,845.66	3,795,904.29	1,338,695.28
资产总计	199,091,490.92	192,773,582.13	291,871,794.53	283,468,932.69
流动负债	78,215,389.29	76,128,030.82	82,551,477.70	78,331,984.50
长期负债	46,930,000.00	46,930,000.00	38,300,00.00	38,300,00.00
负债合计	125,145,389.29	123,058,030.82	120,851,477.70	116,631,984.50
少数股东权益	4,230,550.32		4,183,368.64	
股本	42,500,00.00	42,500,00.00	60,000,000.00	60,000,000.00
资本公积	22,235,695.33	22,235,695.33	88,035,695.33	88,035,695.33
盈余公积	746,978.40	746,978.40	746,978.40	746,978.40
未分配利润	4,232,877.58	4,232,877.58	18,054,274.46	18,054,274.46
股东权益合计	69,715,551.31	69,715,551.31	166,836,948.19	166,836,948.19
负债及股东权益合计	199,091,490.92	192,773,582.13	291,871,794.53	283,468,932.69

2、简化的损益表　　单位:人民币元

项　目	97年1-6月(母公司)	97年1-6月(合并)	96年1-6月(未经审计)(母公司)	96年1-6月(未经审计)(合并)
主营业务收入	55,180,905.75	56,160,926.73	52,769,954.76	52,114,583.31
主营业务利润	11,971,039.10	11,874,798.92	9,739,219.98	9,747,734.15
其他业务利润	1,743,517.92	1,743,517.92	981,822.87	981,822.87
投资收益	-74,451.92			4047.04
营业外收支净额	2,620,361.82	2,594,968.40	-1,014.72	-1,014.72
利润总额	16,260,466.92	16,213,285.24	10,724,075.17	10,728,542.30
所得税	2,439,070.04	2,439,070.04	3,153,289.82	3,155,192.26
净利润	13,821,396.88	13,821,396.88	7,570,785.35	7,570,785.35

注:1996年1-6月所得税按33%税率计算。

3、其他财务指标

项　目	1997年1-6月
每股收益(元/股)	0.23元(全面摊薄)
净资产收益率(%)	8.28%
每股净资产(元/股)	2.78元

注:扣除发行利息收入227万元后计算每股收益0.20元,净资产收益率7.21%

二、会计报表附注

1. 本期财务报告与上年度财务报告所采用的会计政策和会计方法是一致的。

2. 货币资产比年初增加 50,722,540.76 元主要是由于发行 1750 万 A 股募集的资金。

3. 短期投资比年初增加 5,000,000.00 元是认购 97(3)国债。

4. 应收票据比年初增加 13,731,000.00 元主要是由于为促销而采取的销售策略。

5. 预付帐款比年初增加 9,574,782.68 元,主要是募集的资金用于技术改造项目而预付的设备款。

6. 其他应收款比年初增加 2,863,234.47 元,主要是应收深圳君安证券有限责任公司冻结存款利息收入。

7. 在建工程由年初 49,916,137.93 增加到 56,350,268.38 主要是由于增加购入的设备所至。

8. 应付票据比年初增加 3,330,000.00 元,主要是采用了延期付款方式。

9. 短期借款比年初减少 1,190,000.00 元,是归还了到期的短期借款。

10. 预收货款比年初增加 1,157,022.11 元,是预收部分销货款。

11. 未交税金比年初增加 1,458,411.20 元,主要是未交所得税。

12. 股本增加 17,500,000.00 元系公司发行 17,500,000 社会公众股。

13. 资本公积本期增加 65,800,000 元系公司发行 17,500,000 社会公众股溢价。

14. 未分配利润增加 13,821,396.88 元系 97 年 1-6 月实现净利润转入。

15. 营业外收入主要是由于申购股票冻结资金利息计入损益。

16. 所得税经高新区地税局 1997 年 8 月 4 日成高地税[1997]001 号文批准,公司自 1997 年 1 月 1 日起按 15%税率缴纳企业所得税。经成都高新区 1997 年 8 月 4 日成高财政发[1997]001 号文件批准,公司 1997 年度、1998 年度缴纳的所得税由成都高新区财政全额返还,用于扩大再生产。

17. 关联交易

(1)关联企业

A、成都天兴仪表(集团)有限公司,为本公司的发起人,持有本公司股份 4250 万股,占公司股本总额的 70.83%。

B、上海万友天兴仪表有限公司,为本公司的控股子公司,本公司占有 61.21%的股权。

(2)关联交易事项

本公司按照与成都天兴仪表(集团)有限公司签订的综合服务协议、房屋租赁协议、土地使用权租赁协议和商标使用许可协议,并向其交纳相关费用。

二、经营情况的回顾与展望

(一)、上半年经营情况回顾

上半年,公司面对摩托车市场竞争日益激烈的严峻形势,对外加强市场开拓,调整产品结构,适应市场,对内加强企业管理,继续开展目标成本管理,把 97 年的多项经济指标落实到各个职能部门和分厂,经过全体员工的共同努力,1-6 月份实现主营业务收入为 5616.09 万元,实现税后利润 1382.14 万元,完成全年净利润预测数的 77.74%。

竞争激烈的摩托车市场,对公司车用仪表销售收入的完成造成了一定的困难,在严峻的市场形势下,公司经济效益没有出现滑坡,保持了稳定增长,源于公司扎扎实实做好了以下工作。

1、深化经营体制改革

公司根据企业发展的迫切需要,以规范股份公司运作为契机,对企业的组织、生产结构进行了较大的调整,充实了主要经营部门的领导力量,进一步统一了公司员工的思想认识,明确了公司发展的目标。

2、加强内部管理

公司以学邯钢、学长虹先进经验为主线,全方位强化内部管理。公司针对多品种、小批量、周期短、时间紧的买方市场新要求,加大了对生产组织管理、产品结构的调整力度,调整了生产线,改善了生产组织形式;为降低成本,进一步搞好投入产出的成本核算,推行目标成本管理,以控制原材料采购成本,减少生产过程中的废品损失和浪费,开展修旧利废等工作为重点,从而有效降低了成本。

3、调整产品结构,加快新品开发

今年上半年,本公司加强了产品结构调整,以满足市场需求为出发点,通过大力开发科技含量高、附加值高的新产品,保证经济效益得到稳步发展,累计开发新品 40 余种,其中批量生产和即将形成批量生产的 33 种,新品产值 1000 多万元。

4、调整销售策略,积极巩固、培养市场

市场是企业发展的命脉,上半年车用零部件企业竞争加剧,为了巩固、开拓市场,公司除加大新品开发力度外,还采取了让利不让市场的销售策略;同时加强了汽车仪表市场的开发力度,使汽车仪表的产量、销售收入较去年同期有较大增长。

募集资金的使用情况

公司通过前次向社会所募集的资金 8330 万元,到位仅两个月时间,公司严格按照《招股说明书》中所阐明的资金用途进行了认真的落实,成立了由主要领导负责的项目领导小组对工艺方案及设备选型进行论证,截止目前累计完成投资 1563.4 万元。

汽车组合仪表技术改造项目,完成投资 521.75 万元,购置国内设备 12 台,引进国外设备 2 台,同时公司还与日本 AIDI 公司签订了 2 台高速冲床的合同;

车用仪表机芯生产线技术改造项目,完成投资 1041.65 万元,购置国内设备 38 台,引进国外设备 8 台;

车用仪表字轮技术改造项目,正处于工艺方案论证及设备调研阶段。

以上三个项目在进度,与《招股说明书》基本一致。尚未投入的资金除购买国债外,余下资金全部为银行存款。

(二)、下半年经营计划

1、公司 1997 年计划完成工业总产值 16000 万元,销售收入 15000 万元,利润总额 1800 万元。

2、为了保证公司一九九七年度各项经济指标的全面完成,将继续加强目标成本管理,降低生产消耗,控制成本费用,增收节支,进一步降低成本;加强品质管理,认真贯彻实施 ISO9000 标准,深入开展群众性的质量攻关活动,努力使公司产品质量达到一个新的台阶;加大科技投入,开发高档次、高品质、高附加值新产品。

3、建设高素质的营销队伍,充实销售力量,加强对营销人员的专业培训,提高营销人员的专业技能,并充分发挥营销人员的才能,调动他们的积极性,在激烈的市场竞争中,发挥"天兴"产品的科技优势、名牌效应,使"天兴"产品占据更大的市场。

4、认真抓好投资项目管理与落实,对项目的进度上、质量上严格要求,争取早日使项目完工、投产,早日发挥募集资金效用。

三、重大事件说明

●1997 年 3 月 27 日公司筹委会在《中国证券报》、《证券时报》上刊登了成都天兴仪表股份有限公司(筹)《招股说明书概要》、《股票发行公告》;1997 年 4 月 2 日到 7 日采取"上网定价发行"方式成功向社会公开发行每股面值为 1 元的人民币普通股(A 种股票)1750 万股(含内部职工股 175 万股);1997 年 4 月 13 日在成都天兴仪表(集团)公司召开了成都天兴仪表股份有限公司创立大会

(二)、主要股东持股情况(截止 1997 年 6 月 30 日)

单位:万股

股东名称	持股数	占股本比例
(1)成都天兴仪表(集团)有限公司	4250	70.83%
(2)陈群	10	0.167%
(3)翁泽明	6.95	0.1158%
(4)刘玉萍	5	0.083%
(5)文海燕	5	0.083%
(6)戚启钊	4.95	0.0825%
(7)厦门苑城房产有限责任公司	4.3	0.0716%
(8)关文东	4.2	0.07%
(9)刘昭春	3.81	0.0635%
(10)申金华	3.8	0.063%

五、股东大会简介

一九九七年四月十三日,在成都天兴仪表(集团)有限公司召开了成都天兴仪表股份有限公司创立大会暨首届股东大会,会议由筹委会副主任余伯强主持,经成都市公证处公证员冯小禾、郑涛公证,出席会议的股东及股东代表共55名,代表股份4259.119万股,占全部股份总额的70.9853%,符合法定数额,会议所做决议与选举有效。

(一)、与会人员对各项议案进行了充分讨论,并以投票表决的方式通过了以下决议:

1.审议通过了《公司筹备组工作报告》。

2.审议通过了《关于设立成都天兴仪表股份有限公司的议案》。

3.审议通过了《成都天兴股份有限公司章程》。

暨首届股东大会;4月14日经成都市工商行政管理局注册登记成立了成都天兴仪表股份有限公司;1997年4月18日在《中国证券报》、《证券时报》上刊登了《成都天兴仪表股份有限公司上市公告书》;1997年4月22日本公司股票"天兴仪表"、代码0710在深圳证券交易所成功挂牌交易。

●1997年3月,本公司"天兴"牌摩托车、汽车仪表,在由国家统计局、经济日报社主持,国家经贸委、国家外国专家局参予的中国首届CIS战略成果专家认定工作中,被认定为"中国CIS著名品牌",同时本公司董事长、总经理武卫华先生被授予"中国著名CIS战略实践家"。

●97年4月本公司技术开发中心被四川省人民政府首批认定为十一家省级企业技术开发中心之一。

●1997年6月5日~6月10日,在由国家科学技术委员会、四川省人民政府联合主办的"97中国新技术、新产品交易博览会"中,公司"摩托车、汽车仪表系列产品"荣获金奖。

●根据国务院证券委、中国人民银行、国家经贸委5月21日联合发布的《严禁国有企业和上市公司炒作股票的规定》,公司对有关情况进行了认真检查,至今为止,本公司及子公司尚未在证券经营机构开设买卖股票的帐户,本公司今后如果从事股票投资,将严格遵循国家有关政策的规定。

●本公司在报告期内无重大诉讼、仲裁事项。

●本公司1997年中期不分红。

●1997年8月19日上午,由于在《中国证券报》刊登董事会公告,本公司股票停牌半天。公告主要内容:本公司被认定为高新技术企业,并享受有关税收优惠政策。

四、发行在外股票的变动和股权结构变化

(一)、成都天兴仪表股份有限公司股权结构

1997年6月30日　　单位:万股

	期初数	期末数
一、尚未流通股份		
1、发起人股份		
其中:国家持有股份		
境内法人持有股份	4250	4250
外资法人持有股份		
其它		
2、募集法人股		
3、内部职工股	175	175
4、优先股或其他		
尚未流通股份合计	4425	4425
二、已流通股份		
1、境内人民币普通股	1575	1575
2、境内上市的外资股		
3、境外上市的外资股		
4、其它		
已流通股份合计	1575	1575
三、股份总数	6000	6000

4.审议通过了《关于申请公司股票在深圳证券交易所上市交易的议案》。

5.审议通过了《关于聘请中信会计师事务所为本公司1997年度会计师的议案》。

6.审议通过了《成都天兴仪表股份有限公司创立大会决议》。

(二)、选举产生了成都天兴仪表股份有限公司第一届董事会董事。

(三)、选举产生了成都天兴仪表股份有限公司第一届监事会监事。

六、备查文件

1、载有公司董事长兼总经理武卫华先生亲笔签名的中期报告原本;

2、中信会计师事务所出具的无保留的审计报告;

3、报告期内发行新股时的《招股说明书》、《上市公告书》;

4、公司创立大会暨首届股东大会全套材料;

成都天兴仪表股份有限公司

一九九七年八月二十三日

广东韶钢松山股份有限公司

广东韶钢松山股份有限公司公司简介

一、公司概况

广东韶钢松山股份有限公司(韶钢松山)是由广东省韶关钢铁集团有限公司独家发起,以募集方式设立的股份有限公司。其发起人是中国500家最大工业企业之一,是国家重点扶持的512家大企业集团之一。

韶钢松山——韶钢精华的凝聚。韶钢松山主要由韶关钢铁集团有限公司下属9个主体生产厂(烧结、焦化、炼铁、炼钢、小型、中板、开坯、线材、小异型)剥离出来组建而成。这九个生产厂实行的是适应广东铁矿石丰富,在目前钢铁工业中效益最高、成本最低的钢铁生产工艺,是韶钢集团中的优质资产的最佳组合。

主业突出,产品极富竞争力。韶钢松山的主导产品是中板、线材、螺纹钢三大系列的市场畅销产品,年产销率达100%。为了使产品更具竞争力,公司坚持"以市场需求为导向,以品种质量为重点,以经济效益为目标"的生产经营方针,推行ISO 9000标准,6-20mmA、B级船板钢先后通过了中国船级社(CCS)和中、美、英、德、日五国船级社工厂认证,线材产品还荣获全国质量万里行"质量好的产品",产品远销香港、日本、新加坡等地;在国内,韶钢产品进入许多重点工程,如京九铁路、广州地铁、虎门大桥、茂名乙烯工程等。1996年,韶钢的钢材销售份额占广东省市场的18%。

回报高、潜力大的投资项目建成投产。到目前为止,用募股资金投资的中板厂六个技术改造项目、炼钢厂的新建连铸工程、开坯厂的线材改造等工程均可提前建成投产,发挥效益。这三项工程的投资回报率分别达17.77%、21.3%、21.52%,成为公司新的经济增长点。

职工队伍精干,经营业绩稳步提高。韶钢松山拥有一支高素质的职工队伍,在5562名职工中,具有大专以上学历的1086人,占职工总数的19.5%。人均年产钢量达160吨,远远超过国内先进水平,经营业绩稳步提高。公司近三年的经营业绩比较如下(单位:元):

项目	1997年1-6月	1996年	1995年
主营业务收入	983260836.21	2088450950	1826591713
主营业务利润	105061458.73	168654508	101522053
利润总额	105290262.94	168654508	101522053
净利润	89496723.50	112998520	93292053
净资产收益率	8.49%	31.44%	28.52%
每股盈利	0.28	0.471	0.389

"韶钢松山",钢铁板块中的绩优股,正以骄人的业绩,迈向二十一世纪!

二、公司高级管理人员简介

董事长:曾德新先生,51岁,大学本科学历,轧钢高级工程师,国家级有突出贡献专家,享受政府特殊津贴,全国"五一"劳动奖章获得者。曾任广东省韶关钢铁厂线材车间技术员、技术股长、车间主任、副厂长等职,现任广东省韶关钢铁集团有限公司董事长兼总经理,广东韶关钢松山股份有限公司董事长。

总经理:周力先生,42岁,大学本科学历,机械高级工程师,广东省冶金系统有突出贡献专家。他主持设计的"QYK-3型全液压线材打捆机"获得了国家专利。曾任广东省韶关钢铁集团有限公司第四轧钢厂副厂长、南海韶洲钢线制品有限公司董事长兼总经理、广东省韶关钢铁集团有限公司第六轧钢厂厂长、公司总经理助理。现任广东韶钢松山股份有限公司董事、总经理。

广东韶钢松山股份有限公司招股说明书概要

一、释义

在本招股说明书中,除非另有说明,下列词语具有如下意义:

本公司:指广东韶钢松山股份有限公司(筹)

筹委会:指广东韶钢松山股份有限公司筹备委员会

发行人:指广东韶钢松山股份有限公司(筹)

发起人:指广东省韶关钢铁集团有限公司

省政府:指广东省人民政府

主承销商:指广东证券公司

副主承销商:指广东粤财信托投资公司

分销商:指华夏证券有限公司

指君安证券有限公司

指广发证券有限责任公司

指北京证券有限公司

指海南港澳国际信托投资有限公司

指海南省国际信托投资公司

指珠海国际信托投资公司

推荐人:指广发证券有限责任公司、华夏证券有限公司、广东证券公司

元:指人民币元

二、绪言

本招股说明书是根据《中华人民共和国公司法》、《股票发行与交易管理暂行条例》、《公开发行股票公司信息披露实施细则》等有关证券管理法规、规定和发行人的实际情况编制而成,旨在向投资者提供有关本公司之各项详细资料。

本公司筹委会全体成员已审阅批准该招股说明书,确信其中不存在任何重大遗漏或者误导,并对其真实性、准确性、完整性负个别及连带的责任。

新发行的股票是根据本招股说明书所载明的资料申请发行的,除发行人和主承销商外,没有委托或授权任何其他人提供未在本说明书列载的信息和对本说明书作任何解释或者说明。

投资者如对本招股说明书有任何疑问,可咨询本次股票的发行人或主承销商。投资者须自行负担买卖本公司股票所应支付的税款,发行人、推荐人及承销商对此不承担责任。

为方便投资者,本公司在本次股票发行期间特设咨询电话:(0751)8787265　8786996

三、发售新股的有关当事人

1、发行人:广东韶钢松山股份有限公司(筹)

筹委会主任:曾德新

地址:广东省韶关市曲江县马坝

电话:(0751)8787265　8786996

传真:(0751)8786151　8785701

联系人:周力、许舜梅、刘树生、胡远志

2、财务顾问:中华企业股份制咨询有限公司

地址:北京市安德路惠天大饭店304室

法定代表人:孙效良

电话:(010)64225577

传真:(010)64290310

联系人:林振铎

3、主承销商:广东证券公司

地址:广东省广州市东风东路703号

法定代表人:钟伟华
电话:(020)87789051　87761319
传真:(020)87784506　87789051
联系人:黄平、刘小群、钟慧玲
4、副主承销商:广东粤财信托投资公司
地址:广东省广州市环市中路316号金鹰大厦15、16楼
法定代表人:孙亚余
电话:(020)83802385
传真:(020)83829249
5、分销商:
⑴华夏证券有限公司
地址:北京市复兴路乙63号
电话:(010)3200135
传真:(010)3200135
⑵君安证券有限公司
地址:深圳市罗湖区春风路5号
电话:(0755)2175560
传真:(0755)2296188
⑶广发证券有限责任公司
地址:广东省广州市农林下路83号广发金融大厦四楼
电话:(020)87310255
传真:(020)87667653
⑷北京证券有限公司
地址:北京市西城区德胜门东滨河路B11号
电话:(010)62058031
传真:(010)62057972
⑸海南港澳国际信托投资有限公司
地址:海南省海口市国贸大道港澳大厦一、二层
电话:(0898)9513372
传真:(0898)8513437
⑹海南省国际信托投资公司
地址:海南省海口市南宝路国托大厦九楼
电话:(0898)6779568
传真:(0898)6777333
⑺珠海国际信托投资公司
地址:珠海市吉大路1号
电话:(0756)2273851
传真:(0756)2273539
6、推荐人:广发证券有限责任公司、华夏证券有限公司、广东证券公司
7、发行人的律师事务所:广东明大律师事务所
地址:广东省广州市环市东路360号珠江大厦东10楼
法定代表人:郭锦凯
电话:(020)83332490 83848573
传真:(020)83847799
经办律师:郭锦凯、罗浩东、毛献萍
8、主承销商的律师事务所:广东对外经济律师事务所
地址:广东省广州市东风东路707号自动化大厦12楼
法定代表人:张锡海
电话:(020)87760231
传真:(020)87300550
经办律师:张锡海、张建中
9、会计师事务所:广州会计师事务所
地址:广东省广州市环市东路322号东梯3楼
法定代表人:池家骥
电话:(020)83801481
传真:(020)83800977
经办注册会计师:李柏生、蒋洪峰
10、资产评估机构:广东资产评估公司
地址:广东省广州市环市东路322号11楼
法定代表人:伍国生
电话:(020)83840773
传真:(020)83802985
经办评估人员:徐迎健、陈燮平、郑炳南、叶伯健、李迟、谭学研、陈勇翔、陈怀斯
11、资产评估确认机构:国家国有资产管理局
地址:北京市海淀区万泉河路66号
法定代表人:张佑才
电话:(010)62567744
传真:(010)62561817
12、收款银行:中国人民银行广东省分行营业部
地址:广东省广州市沿江西路137号
电话:(020)8188748转
13、股票登记机构:深圳证券交易所结算公司
地址:深圳市红岭路25号
法定代表人:黄铁军
电话:(0755)5567899
传真:(0755)5571127

四、发行情况

1、股票种类:每股面值1元的人民币普通股(A股);

2、发行日期:1997年4月21日;

3、发行地区:全国所有与深圳证券交易所联网的证券交易网点;

4、发行对象:中国法律规定有资格可以从事股票投资的自然人和法人;

5、承销方式:本公司本次股票发行由承销商以余额包销的方式承销;

6、承销期:1997年4月8日至1997年5月8日;

7、上市证券交易所:深圳证券交易所;

8、发行方式:向社会公开发行的7200万股,将采用“上网定价”的方式发行。向公司职工配售的800万股,将根据经当地劳动部门核准的职工人数和职工预约认购股份的情况配售;

9、每股发行价:本次新股溢价发行,每股发行价格为7.76元;

10、发行股票的种类和数量:本次将发售新股为面值1元的人民币普通股(A股),发行量8000万股;

11、发行总市值:若本次发行成功,扣除发行费用后,预计实收金额为60560万元。

12、发行价格确定的方法

发行价格的计算采用以下公式:

发行价格＝1994、1995、1996年平均每股税后利润×市盈率

$$=\frac{\text{1994年、1995年、1996年三年实现税后利润之和}}{\text{1996年末总股本}}\div 3\times \text{市盈率}$$

13、发行市盈率:根据本公司行业特点和1994年、1995年与1996年三年的平均每股税后利润及深圳证券交易所相类似上市公司发行市盈率等,经与各方协商,发行市盈率为14.8倍。

14、上市承诺:本次股票发行已获得深圳证券交易所的上市承诺。

五、风险因素与对策

投资者在评价本发行人此次发售的股票时,除本招股说明书提供的其他资料外,应特别认真地考虑可能存在下述各项风险因素。

1 经营风险

⑴原料供应风险

本公司的主要原料为铁矿石、废钢(约占采购成本的80%),85%以上是由省内客户供应,主要原料铁矿石产地(大宝山、大顶山铁矿)离本公司仅数十公里,货源充足,供货渠道相对稳定,生产所需的大部分原料能就地解决。由于原料品位原因,约占总量15%的铁矿石需进口解决,此项采购成本为总经营成本的4%。这部分原料的供应和价格若产生变化,有可能增大生产成本而影响本公司的经营业绩。

⑵能源供应风险

本公司主要燃料为重油和煤焦(约占99%)。由于国家分配指标所占比例逐年减少,自购量逐年增加,重油的供应越来越多地受市场变化的制约。另外,本公司以电、水作为主要生产资源,耗电量、耗水量较大而且要求供电、供水的连续性。虽然本公司所处地区水、电资源十分丰富,但由于本公司生产发展迅速,短暂的电力、水供应紧张状况仍有可能出现。

⑶运输方面的制约

钢铁生产所需的优质煤和重油,均由铁路运输,虽然本公司有铁路线与京广线相接、京九铁路通车后,缓解了广东的运输状况,但随着广东经济的快速发展,铁路运输日益繁忙,可能给公司带来一定的制约。

⑷对主要客户的依赖

本公司主要原料铁矿石85%－90%依靠省内客户供应(大宝山铁矿、大顶铁矿等),10%－15%依靠国外客户供应(奥大利亚哈姆斯利铁矿等),虽然本公司的主要原料供应客户稳定,但若主要客户发生变化,有可能影响本公司的经营。

⑸产业、产品结构相对集中的风险

本公司目前主要产品是建筑用钢材、汽车板材、造船用板材,产品结构相对较集中,易受建筑行业、汽车行业、船舶行业发展周期的影响。

⑹目前本公司已达年产100万吨钢的生产规模,各项经济指标在地方钢铁骨干企业中均处于前列,但按“九五”规划发展到150万吨钢的要求,生产规模仍需扩大,规模经济效益还有待充分发挥。

⑺汇率风险

目前本公司生产的产品3%外销创汇,引进国外先进技术设备及进口部分原料时需用外汇支付,外汇收支对比略有盈余,外汇市场上汇率波动将有可能影响本公司的盈利水平。

⑻融资能力的局限性

近年来,因国家采取宏观调控政策,银根收紧,对本公司融资能力有一定的限制。同时资本市场融资的成本较高,也在一定程度上影响了公司的生产经营。

2、行业风险

⑴产业政策的限制

本公司以生产冶金产品为主,预计到2000年广东省的钢材需求量将达到600万吨以上,而广东钢材供应为200万吨左右,只能满足三分之一的需求量,前景十分广阔。目前冶金行业属广东省九大支柱产业之一。且韶钢为省重点扶持的大企业集团之一。但随着我国冶金工业产量规模的迅速发展,其产品结构及行业规模将受政策性调控。

⑵环保因素的限制

本公司1995年、1996年环保支出分别为894万元、793万元,1997年预测环保支出为800万元,占成本比重分别为5‰、5.3‰、4.6‰。本公司生产所产生的废渣、废水、废气经过多年的治理,环保设施已符合有关的环保要求,但随着社会发展对环保要求条件的不断提高,公司将来仍需不断提高环保水平。

⑶对资源及其它行业的依赖

本公司以铁矿石、煤焦、重油为主要原燃料,以电、水为主要生产资源。本公司的生产经营对广东地区的建筑、房地产、基础设施、汽车、造船等行业有一定的依赖性。

⑷同行业竞争的风险

本公司以钢铁产品为主导,而钢铁行业目前正处于经济增长方式转变的时期。虽然本公司经过不断地自我改造和自我发展,生产技术和设备在同类企业中有一定的优势。已具备一定的竞争能力,但与国内外同行业间的竞争日趋激烈。

3、市场风险

本公司主要生产线材、小型材、中板等优质钢材,本公司的发起人韶关钢铁集团有限公司1995年在全国钢铁企业综合效益中排名第十位,1996年在全国盈利5000万元以上的大中型钢铁企业中排名第十三位,1996年其钢材销售份额占广东省市场的18%,占全国市场的1%。但由于市场周期性和区域市场的变化,使本公司的生产和销售受到一定程度的影响。

4、政策性风险

本公司所属行业是国民经济的重要基础原材料工业,但国家宏观政策、产业政策、国家基础投资政策有可能发生变化,这些政策的变化,会对本公司的生产经营造成一定的影响。同时,根据广东省政府粤办函〔1997〕114号文批准,本公司1997－1999年三年所得税负为15%,1999年以后,税收政策有可能发生变化。

5、加入世贸组织的风险

国家加入世界贸易组织,一方面可以降低原材料进口成本、扩大产品出口,从而增加本公司的销售收入,扩大国外市场占有率,给公司提供更大的发展机遇;另一方面,国外同类产品进口关税的降低及其他进口限制的取消,将使本公司面临更大的挑战和竞争。

6、项目投资风险

本次募股资金的投向,虽然经过公司充分的可行性论证。预期产生良好的效益,但资金使用相对集中在技术项目上。如果预期市场状况、政策发生变化,都有可能降低公司抵御风险的能力;另一方面,公司拟投资项目资金需求量较大,建设工期较紧,如果不能按期按量投入资金,将影响项目如期建成,因此存在一定的项目投资风险。

7、其它风险

本次募股资金投向的新项目已经过行业专家及权威机构充分的可行性论证。预计项目投产后将进一步提高公司的经济效益,但不排除在项目实际进行过程中,有可能遇到不可预测和不可抗拒的风险,由此造成的损失会给公司带来一定的影响。

8、股市风险

股票市场瞬息万变,国内外政治、经济形势的变化和国家金融政策的调整,公司的经营业绩及其发展前景以及股市中的投机行为等都会使股票的价格产生波动。本发行人提醒投资者对股价波动应有充分了解,以避免和减少损失。

本公司在分析上述各项风险因素的基础上,为减少和规避风险,本公司采取如下对策:

1、经营风险的对策

⑴针对原料供应和对主要客户的依赖性风险,虽然省内矿石资源丰富,供应稳定,运输方便,本公司在继续巩固原供应的基础上,仍将积极开拓新的国外原料供应渠道(如从印度、南非等地进口矿石),以保证原材料质量较好,价格较低。

⑵针对能源供应的风险,本公司一方面将继续挖掘潜力,调整能源结构,降低产品能耗;另一方面积极开发利用当地水、电资源,确保本公司生产所需的水、电资源的供应,以实现较好的经济效益。

⑶针对产业,产品结构相对集中的风险,本公司将继续通过推广邯钢经验,降低生产成本,提高产品质量,保持和扩大国内市场占有率,特别是广东市场占有率,从目前18%占有率的基础上进一步提高,进一步开拓国际市场,扩大产品出口量,同时,适应市场需求,在突出自身产品优势的基础上,增加产品品种、规格、向高、精、尖产品发展,开拓新市场,增强企业抵御风险的能力。

⑷针对汇率风险,本公司将进一步开拓国际市场,扩大出口量,提高公司创汇能力,力争外汇收支的基本平衡以降低汇率风险;同时,公司将密切注视国际外汇市场的走势,在国家外汇管理政策的前提下,开展外汇套期保值业务,选择对本公司有利的计价和结算币种,以规避汇率风险,减少财务费用。

2.行业风险对策

⑴本公司在不断扩大主营业务发展的基础上,将结合国民经济发展的需要,不断研究产品,开发新项目,大力发展边缘业务,调整产品结构和行业规模,尽量减少产业政策的限制。

⑵对环保因素的限制,本公司将提高环保意识,进一步改进环保措施。今后本公司将对已有的设施进行改进,并加强对废渣、废水、废气的回收、综合利用,以提高环保水平,同时进一步提高综合经济效益和社会效益。

⑶本公司将进一步强化企业内部管理,提高职工的专业技术水平,加大自身技术研究开发力度,提高产品质量,降低产品成本,同时投入相当的资金,用于引进国外先进生产设备及生产线,使公司生产的设备保持国内先进水平,保持和扩大本公司在国内同行中的影响和竞争优势,在竞争中求发展。

3、市场风险对策

针对市场风险,本公司将根据市场变化灵活经营,建立稳定的渠道和销售网络(联营型、投资型、松散型销售网),进一步开发新产品,提高产品质量,扩大客源,提高公司产品在建筑、房地产、基础设施、汽车、造船等行业的市场占有率;同时充分利用现有生产设备,加强各条钢铁生产线的技术装备,实行低成本新产品的战略的同时,充分发挥资源、技术以及地域等优势,开发新产品,增强公司的竞争实力,并加强市场调研,及时掌握市场需求的变化,坚持做到“以销定产、以产促销”,提高适应和驾驭市场的能力。

4、政策性风险对策

针对政策性风险,本公司将以“增加品种、提高质量、降低消耗,大力搞好资源综合利用”为宗旨,继续坚持以技术改造、挖潜和配套为重点,通过加强内部管理、转换经营机制,改进生产工艺,降低原料和能源消耗等措施,提高自身抗风险能力。同时,与有关部门保持密切联系,注重信息收集,加强对国家重大方针、政策的研究,以规避风险。

5、加入世贸组织风险的对策

本公司将不断改进现有的设备和工艺,提高技术水平和产品质量,进一步调整产品品种结构和挖潜改造,降低生产成本,利用我国加入世贸组织的机遇,有重点有步骤地开发国际市场,扩大产品出口,以迎接国际市

场竞争的挑战。

6、项目投资风险的对策

本公司将成立相应的投资决策小组，分析市场状况，采取定期监控制度，确保项目上按计划方向发展，按时收回投资，有效地降低项目投资的风险。

7、其他风险对策

本公司将严格实行股份制规范化运作，促进管理水平和企业素质的全面提高，从而增强抵御各种突发性风险的能力。

8、股市风险对策

本公司将严格按《中华人民共和国公司法》和《股票发行与交易管理暂行条例》等法规，规范公司行为，及时公开披露信息，加强与投资者的信息沟通，树立良好的公司形象。同时，通过进一步完善企业经营管理机制，提高企业经济效益，确保本公司盈利水平稳步提高，为股东谋求长期稳定的回报，提高本公司股票在二级市场的抗风险能力。

六、募集资金的运用

本公司本次发行股票8000万股，如发售成功，扣除发行费用后，将募集资金60560万元。

本公司拟将上述资金用作以下方面：

1、投资28214万元，用于中板厂的六个技术改造项目建设。

广东省1996年消费中板材达68－70万吨，韶钢现有中板厂设计能力12万吨，远远不能满足省内市场需求，预测到2000年全省对中板材的需求量将会增加到120万吨以上，缺口更大，而且广东、福建、湖南邻近几省仅韶钢拥有中板生产能力，因此，市场前景很好，这部分资金拟投向以下六个项目：

⑴轧机改造。项目投资4879万元，已经广东省经委粤经改〔1993〕078号文批准。

⑵加热炉改造。项目投资3859万元，已经广东省经委粤经改〔1993〕021号文批准。

⑶高压水除鳞装置改造。项目投资4798万元，已经广东省经委粤经改〔1993〕702号文批准。

⑷冷床改造。项目投资4792万元，已经广东省经委粤经改〔1993〕326号文批准。

⑸双边剪切机改造。项目投资4930万元，已经广东省经委粤经改〔1993〕735号文批准。

⑹定尺剪切机改造。项目投资4956万元，已经广东省经委粤经改〔1993〕146号文批准。

完成以上六个技术改造项目共计投资28214万元，所需资金全部通过本次募股资金解决。项目投产后，中板厂达到年产厚度4－40毫米，宽度2200毫米的优质中板25－30万吨的生产能力，成为我国同类中板轧机中装备水平最高的生产设备，可以满足广东省对中板材品种、规格90%以上的需求，为进一步通过技术改造扩大生产能力创造了有利条件。六个技术改造项目拟在本次募股资金完成后，于1997年第二季度动工，预计1998年底竣工投产，投产后可年增税后利润3598万元，年税后财务内部收益率为17.77%，投资回收期为7.01年(含建设期2年)。

2、投资4974万元，用于炼钢厂新建连铸工程。

为了扩大本公司炼钢生产规模、提高连铸技术，使炼钢在新的生产水平上保持全连铸，本公司拟投资新建一台三机三流，半径为6m，全弧形的小方坯连铸机。

该工程项目符合国家节能技术政策大纲，已列入“九五”期间国家节能基建重点推广项目范围。本项目已于1996年9月5日经广东省经委粤经改〔1993〕659号文批准。项目总投资4974万元，该项目资金全部通过本次募股资金解决。

项目采用先进的罗可普连铸机型，设计生产能力为33万吨。该项目已于1997年初动工，预计1998年元月竣工投产。项目投产后，年销售收入可达67650万元，创税后利润836万元，税后全部投资内部收益率为21.3%，投资回收期5.68年(含建设期1年)。

3、投资4265万元，用于开坯厂(三轧)技术改造工程项目建设。

该工程是充分利用开坯厂(三轧)现有的设备，公用设施和厂房，利用线材厂(四轧)技改后更换下来的闲置设备和备品备件，以较少的资金投入，增建一条线材生产线，拓宽线材市场。

根据对目前广东钢材市场需求调查，线材属短线产品，而且广东省内尚无高速线材生产线。广东省预测到2000年钢材消费量为900万吨。规划钢材生产量420万吨。缺口480万吨，其中线材缺口在120万吨以上，此外，港澳及东南亚市场也很广阔。因此，投资改造该项目，增加线材的生产量，具有较好的经济效益和社会效益。

本项目已于1996年12月经广东省经委粤经改〔1996〕1013号文批准其项目建议书，并于1997年2月经广东省重化工业厅粤化规〔1997〕22号文批准其可行性报告。该项目总投资4265万元，所需资金全部通过本次募股资金解决。该项目于1997年4月动工，1997年12月完工，建设期8个月。项目投产后，年产线材20万吨，年新增利税1298万元，税后利润681万元，税后财务内部收益率为21.52%，投资回收期(含 建设期)5.18年。

4.补充流动资金3311万元

由于国家加强了宏观调控，实行适度从紧的货币政策，各企业流动资金的筹措难度增大，贷款利率较高，在一定的程度上影响了企业的效益，制约了企业的发展。本次募集的资金拟划出3311万元用于补充本公司扩大生产所需的流动资金。上述资金的投入，将改善本公司的资金周转状况，提高公司的经济效益。

5、归还公司欠款19796万元

本公司是由广东省韶关钢铁集团有限公司改组设立的，在改组设立过程中，在建工程随所属生产厂重组进入股份公司，由此产生公司债务38000万元，为改善本公司的财务结构、降低财务费用，拟用19796万元归还集团公司。

本次募股资金所归还在建工程欠款有：A、1号高炉易地大修改造工程欠款10306万元。该工程已兴建完成，未交付使用，预期于1997年第一季度投产，投产后预期年新增税后利润2394万元，投资回收期43年；B、中板厂自控系统项目改造工程欠款4759万元，该项目经广东省经委粤经改〔1993〕763号文批准。中板厂水处理项目改造工程欠款4731万元，该项目经广东省经委粤经改〔1993〕657号文批准上述二个改造工程已兴建完成，预期于1997年第一季度投产，投产后预期年新增税后利润1066万元，投资回收期89年。

七、股利分配政策

1、本公司本次所发行的股票为记名式普通股，在股利分配方面的权益是平等的，即每股享有同等权利，承担同等义务。

2、本公司每一会计年度实现利润按下列顺序分配：

⑴依法交纳所得税；

⑵弥补上一年度亏损；

⑶提取法定公积金；

⑷提取法定公益金；

⑸提取任意公积金；

⑹支付普通股股利。

本公司实现利润按规定上缴所得税后，税后利润按下列比例分配：法定公积金10%，当法定公积金累计额已达公司在注册资本的百分之五十以上时，可不再提取；公益金5%－10%；任意公积金和普通股股利比例由公司董事会章程规定和当年经营实际情况提出，并报股东大会批准。

公司股利原则上每年派发一次，在年终结算后六个月内进行，经股东大会特别决议，公司可进行中期分红，股利分配可采取现金和送股两种形式。

3、本次公开发行股票后，新股东将参加自1997年1月1日起利润的分配。预计公司首次股利分配时间在1998年第二季度。具体实施时间由公司创立后的股东大会决定。

4、股利分配政策需由公司创立后选举产生的董事会确认，并经股东大会批准通过。

八、发行人情况

1、发行人的名称：广东韶钢松山股份有限公司(筹)

英文名称：SGIS Songshan Co.，Ltd

2、发行人成立的日期：本公司采取募集方式设立，在本次股票成功发行之后，本公司召开创立大会并向工商行政管理部门申请登记注册后即告成立。

3、发行人住所：广东省韶关市曲江县马坝

4、发行人的历史情况简介

本公司是经广东省人民政府粤办函〔1997〕第117号文批准由广东省韶关钢铁集团有限公司独家发起，采用募集方式设立的股份有限公司。本公司筹委会已于一九九六年十二月十七日在广东省工商行政管理局领取《企业名称预先核准通知书》(名称预核〔96〕第0900号)。

本公司的发起人广东省韶关钢铁集团有限公司前身是韶关钢铁厂，成立于1996年。1993年12月，经广东省政府粤办函〔1993〕264号文批准，韶关钢铁厂更名为广东省韶钢集团公司。1996年12月，广东省韶钢集团公司按《公司法》规范为广东省韶关钢铁集团有限公司。广东省韶关钢铁集团有限公司经过多年技改与扩建，目前拥有总资产41亿元，净资产21亿元，年产钢能力100万吨，为省属国有大型钢铁联合企业，它在全省乃至全国同行业具有重要的地位，现为中国500家最大工业企业之一，国家重点扶持的500家工业企业之一，在广东省最大100家工业企业中排行第9位，是广东省重点发展70家大企业集团试点之一，广东省187家建立现代企业制度试点企业之一，广东省国有资产授权经营试点企业。

本公司是由广东省韶关钢铁集团有限公司以其下属铁钢材生产线9个生产厂(烧结厂、焦化厂、炼铁厂、炼钢厂、小型厂〈一轧〉、中板厂〈二轧〉、开坯厂〈三轧〉、线材厂〈四轧〉、小异型厂〈五轧〉作为改组主体，将其生产经营性净资产35938万元，按66.78%的比例折价入股，对部分生产经营性资产和辅助生产性资产(原料厂、热电厂、动力厂、氧气厂、耐火材料厂等)和非生产经营性资产(学校、医院、幼儿园等)进行剥离，统一由集团公司管理，并向社会公开发行社会公众股，以募集方式设立而成。

本次重组后，股份公司与集团公司就产品供销、土地租赁、商标、专利使用和综合服务等方面签订了协议。明确股份公司的产品供应和销售暂由集团公司负责，集团公司在代销股份公司的产品时，按销售收入1%收取费用，股份公司在适当时向集团公司收购供销部门；本次重组，集团公司的土地、商标和专利均不折价入股，股份公司以有偿方式使用；集团公司向股份公司提供教育、医疗、职工住房等社会福利性设施，并参照市场价格收取使用费。

5、发行人的组织和管理结构

股东大会为本公司的权力机构，公司设董事会，董事会对股东大会负责。

广东韶钢松山股份有限公司(筹)组织结构和内部管理结构见附图：

6、关联企业情况

本公司的关联企业是其发起人广东省韶关钢铁集团有限公司，持有公司股份的75%，为本公司控股股东。

广东省韶关钢铁集团有限公司是省属国有大型钢铁联合企业，已具备年产100万吨钢的综合生产能力。

广东省韶关钢铁集团有限公司前身是韶关钢铁厂(以下简称韶钢)，成立于1966年，从建厂到1979年国家累计投资1.9亿元。1980年到1995年，省政府为促进韶钢的发展，对韶钢连续实行了三轮承包，使韶钢进入了快速发展阶段，1995年实际产钢80.4万吨，1996年产钢95万吨。1993年12月，经广东省政府粤办函〔1993〕264号文批准，韶关钢铁厂更名为广东省韶钢集团公司，经不断发展壮大，1996年12月广东省韶钢集团公司按《公司法》规范为广东省韶关钢铁集团有限公司。集团公司组织结构图见附图：

本公司设立后将承继发起人广东省韶关钢铁集团有限公司的全部钢铁生产主营业务，发起人已承诺不在境内外从事与本公司出现竞争或构成竞争的任何业务。

7、发行人的职工人数和职工构成

本公司注重提高公司员工的素质，一方面积极引进和招聘企业发展所需的管理人才和专业技术人才；另一方面重视对职工的业务培训，提高了职工的业务水平。截止1996年12月31日，本公司在册职工5562人，其中：工程技术人员537人，占职工总数9.7%；大专以上学历1086人，占职工总数19.5%。本公司职工队伍趋于年轻化，从1997年起，未来三年内，没有离退休人员的支出负担。本公司执行国家有关法律、法规和政策规定，给员工提供福利，包括实行社会统筹和社会保险制度。全体职工中年龄结构、教育程度、专业构成分别如下：

(1)年龄结构：

30岁以下	2522人	45.34%
31-40岁	1463人	26.3%
41-50岁	1257人	22.6%
50岁以上	320人	5.76%

(2)教育程度：

大专以上	1086人	19.5%
中专或高中	2923人	52.6%
高中以下	1553人	27.9%

(3)专业构成：

生产人员	4379人	78.7%
技术人员	537人	9.7%
管理人员	301人	5.4%
服务人员	263人	4.7%
其它人员	82人	1.5%

8、发行人的业务经营范围

主营：制造、加工、销售；黑色金属冶炼加工，金属制品、焦炭及煤化工产品。

兼营：技术协作，开发、转让、引进、咨询、服务，科研设计。

9、发行人从事的主要业务

钢铁产品及其副产品的生产和销售。

10、发行人的主要产品品种、生产能力、主要市场及其市场占有情况和销售额、销售方式

本公司生产的主要产品有棒材、线材和板材三大系列。经过多年的生产经营和技术改造，钢的设计生产能力达到57万吨/年，1994-1996年钢的实际产量分别为51.53万吨、57.51万吨、69.2万吨；钢材的生产能力达到73.55万吨/年。1994-1996年钢材的实际产量分别为70.38万吨、71.12万吨、90.22万吨。本公司产品的销售方式以间接销售渠道为主，直接销售渠道为辅，具体有订金供材、代理和串换等方式。1996年本公司的钢材主要市场情况如下表：

主要市场	销售额(万元)	销售量(万吨)
国内市场	203948	80.55
其中：广东省省内市场	196985	77.80
广东省省外市场	6963	2.75
国外市场	590万美元	2

本公司的钢材销售份额占广东省市场的18%，全国钢铁市场的1%。

11、主要原料的供应，自然资源的耗用情况

本公司所需的主要原燃料有铁矿石、煤、焦炭、重油等，1996年上述原料的供应情况如下：铁矿石116.4万吨；焦碳51.95万吨；精煤48.9万吨；重油3.95万吨。这些原原燃料的供应既有来自广东省内，也有来自湖南、河南、贵州、云南、江西等地，还有来自印度、澳大利亚和南非等地。本公司与这些原料的主要供应商均签有长期供货合同，主要条款中就供货时间、品质、等级、数量、结算支付形式等做出明确要求，规范双方的责任与权利，保障了本公司主要原燃料的供应。

本公司耗用的自然资源主要是铁矿石、煤、水、电等资源，1996年上述自然资源的耗用情况如下：铁矿石108.7万吨；煤50万吨；耗电23397万度；耗水3204万立方米。上述耗用的自然资源中，煤主要从湖南、河南、云南和贵州等地提供；水资源由附近水库和北江河供应，电资源由当地供电站供应。这些自然资源十分丰富，保障了生产。

12、工业产权和其它类似无形资产的有关情况

(1)专利情况

本公司获得专利权的技术有：

QYK型全液压线材盘卷打捆机，专利号：CN87216749.6

(2)荣誉情况

时间	荣誉称号
1991年	国家计量一级企业
1991年	国家安全管理先进单位
1992年	广东省质量效益型企业
1992年	国家二级企业
1993年	连续5年广东省重合同守信用企业
1993年	国家节能二档企业
1994年	广东省委、省政府授予"文明单位"称号
1995年	获得广东省"模范集体"称号
1995年	中国工业企业综合评价最优500家第61位、冶金企业第9位
1995年	全国先进财会工作集体
1996年	完善计量检测体系合格证书
1996年	炼钢厂、四轧厂通过ISO9002质量体系认证
1996年	被广东省委、省政府授予"文明单位"称号

⑶1993年－1996年公司主要产品获奖情况

产品成果一览表

产品名称	获奖名称
碳素结构钢	全国冶金产品博览会金杯奖
低碳钢热轧圆盘条	93质量万里行中"质量好的产品"（全国冶金系统仅有两家企业获此殊荣）
螺纹钢	广东省名牌产品 冶金部产品实物质量金杯奖

⑷本公司产品质量管理

本公司建立了一整套严格的质量管理和质量保证体系，一贯奉行"质量第一，用户至上"的宗旨。各种产品在市场中享有良好的质量信誉，并被广泛地用于核电站、地铁、桥梁、高层建筑等重点工程。

13、新产品、新项目研究开发的有关情况

本公司1996年的新产品主要有

A、高强管桩钢筋圆盘条；B、高强钢筋用钢坯；C、转炉连铸工艺生产的14mm船板钢和16Mn低合金板。

为了提高本公司产品的市场占有率，增强市场竞争能力，本公司计划1997年开发16－20mm的造船钢板和直径30－40mm螺纹钢和圆钢等。

在大力开发新产品的同时，本公司大力开发研究，推动科技进步。

1996年技术开发的项目有：A、转炉溅渣护炉；B、高炉高风温大喷煤工艺研究与应用；C、连铸坯热送热装的工艺研究与应用；D、高炉铁水区改进型铁路电气集中系统的研制开发等。

1997年研究开发的新项目有：A、铁水预处理；B、电子网络系统等工艺技术研究。

14、正在进行或计划中的投资项目

本公司正在进行的项目如下：

⑴炼钢厂转炉污水处理工程：已完成投资1616万元，用于3＃、4＃转炉建设污水处理系统。

⑵转炉板坯连铸机工程：已完成投资44万元，用于新建一座板坯连铸机。

⑶中板改造工程：已完成投资28117万元，用于中板厂各配套项目建设。

⑷1＃高炉易地大修改造：已完成投资10306万元，用于1＃高炉易地大修。

⑸其他零星工程：共完成投资712万元。

本公司计划投资的项目如下：

⑴投资28214万元，用于中板厂的六个技术改造项目建设。六个项目分别是：A、轧机改造；B、加热炉改造；C、高压水除鳞装置改造；D、冷床改造；E、双边剪切机改造；F、定尺剪切机改造。项目投产后，年增税后利润3598万元。

⑵投资4974万元，用于炼钢厂新建连铸工程。项目投产后，年创税后利润836万元。

⑶投资4265万元，用于开坯厂（三轧）技术改造工程项目建设。项目投产后，可年增税后利润681万元。

15、税项

本公司经广东省人民政府粤办函〔1997〕114号文批复，在1997年－1999年实行按规定所得税率计征后，对超过15%部分（18%）由省财政给予返还。

16、本公司在过去三年未发生重大改组、变更、收购、兼并和清理整顿行为。1996年12月，广东省韶钢集团公司按《公司法》规范为广东省韶关钢铁集团有限公司。

17、本次广东省韶关钢铁集团有限公司进行股份制改造，成立广东韶钢松山股份有限公司的资产重组过程如下：

广东省韶关钢铁集团有限公司经广东省人民政府粤办函〔1997〕117号文批准作为独家发起人，以募集方式设立广东韶钢松山股份有限公司。

集团公司以1996年12月31日为资产评估基准日，以其下属铁钢材生产线9个生产厂评估后的全部资产净值投人股份公司。土地仍保留在集团公司，股份公司以租赁方式有偿使用。

此次资产重组，集团公司以其经评估的净资产35938万元，按66.78%比率折为24000万股，占此次发行后股份公司总股本的75%。

重组后，集团公司与股份公司为两个独立法人。集团公司是股份公司的控股公司，处于绝对控股地位，并依照有关法律、法规的规定，持有其国有法人股。

18、关联交易

集团公司持有本公司75%的股份，为本公司的控股股东，为此双方在已签定《重组协议》及关联事务的协议中，就双方的供、销、土地租赁、专利和商标使用、综合服务等方面的权利与义务作出了明确的规定：

⑴集团公司作为股份公司的独家发起人，将其部分生产经营性资产和全部非生产经营性资产进行剥离，以其部分生产经营性净资产35938万元折价人股股份公司，为股份公司的控股股东；

⑵股份公司设立初期的物资供应及产品销售暂由集团公司负责，集团公司所得为产品销售收的1%，待时机成熟，股份公司将出资收购集团公司的供销部门；

⑶集团公司的土地、商标和专利均不折价人股，仍保留在集团公司，成份公司以有偿方式使用，待时机成熟，股份公司将出资收购集团公司的商标和专利；

⑷股份公司按不高于市场价格有偿使用集团公司提供的教育、医疗、职工住房等社会福利性服务。

重组后的集团公司与股份公司不存在同行业竞争问题。并且集团公司承诺将不会在中国境内外任何地方以任何形式从事与股份公司业务有竞争或构成竞争的业务活动。

九、发行人筹备委员会成员

1、筹委会成员简介

曾德新先生，现年50岁，大学本科学历，高级工程师。现任广东省韶关钢铁集团有限公司董事长兼总经理，本公司筹委会主任。于1970年加入韶钢，历任车间副主任、主任、副厂长（副总经理）、董事长兼总经理。曾德新先生具有扎实的基础理论和专业知识，丰富的现代企业管理经验，曾获得各类科技成果12项，是国家有突出贡献称号的专家。1995年5月出任集团公司总经理，带领集团公司走上了快速发展的道路。

黄茂林先生，现年59岁，广东省韶关钢铁集团有限公司董事、党委书记，中专学历，工程师。1966年加入韶钢，历任总调度值班主任、生产科副科长、车间主任、厂长助理、厂长、集团公司总经理等职。1995年任集团公司党委书记。曾荣获全国"五一"劳动奖章、广东省劳动模范称号。

彭大龙先生，现年46岁，广东省韶关钢铁集团有限公司董事、副总经理，大学本科学历，高级政工师，于1970年加入韶钢，历任车间主任、党委副书记、书记、厂政处长、集团公司党委副书记、副总经理等职。分管后勤行政工作。

伍建军先生，现年38岁，广东省韶关钢铁集团有限公司董事、副总经理，大学本科学历，高级工程师。于1982年加入韶钢，1985年起历任车间副主任、主任、分厂厂长、集团公司副总经理等职。分管企业计划管理、生产管理工作。

黄旭明先生，现年50岁，广东省韶关钢铁集团有限公司董事、副总经理，大学本科学历，高级工程师。于1970年加入韶钢，历任车间副主任、分厂副厂长、副总经理等职。分管机械动力及基建技改工作。

冯炳文先生，现年51岁，广东省韶关钢铁集团有限公司董事、副总经理，大学本科学历，高级工程师。于1970年加入韶钢，历任车间副主任、能源处副处长、技术开发处处长、副总经理等职。分管技术质量管理工作。

姚木成先生，现年47岁，广东省韶关钢铁集团有限公司董事，副总经理，大学本科文化，经济师。于1970年加入韶钢，曾任厂团委副书记、车间党总支副书记、驻韶关办事处副书记兼副主任、主任兼书记、公司副总经理等职。分管经营销售工作。

陈伟明先生，现年54岁，广东省韶关钢铁集团有限公司董事、总经济师，大学本科学历，高级经济师。于1968年加入韶钢，历任计划科副科长、计划办副主任、改革办主任、副总经济师、企管处处长、营销处处长、公司总经济师等职。陈伟明先生具有丰富的企业管理经验和组织实施企业改革的经验。分管企业管理工作。

黄权先生，现年48岁，广东省韶关钢铁集团有限公司董事、工会主席，大学专科学历，高级政工师。于1968年加入韶钢，历任车间党委副书记、工会生产部部长、办公室主任、副主席、主席等职。

2、筹委会成员承诺

本公司筹委会成员均为广东省韶关钢铁集团有限公司派出的领导干部，筹委会成员承诺：在股份公司正式成立后，筹委会成员将不在股份公司内担任双重职务，即不在股份公司高级经营管理岗位上任职。

十、经营业绩

1、生产经营的一般情况

广东省韶关钢铁集团有限公司由韶关钢铁厂改组设立,年生产能力100万吨,为省属国有大型钢铁联合企业,现为中国500家最大工业企业之一,国家重点扶持的500家工业企业之一,在广东省最大100家工业企业中排行第9位。

本公司近年来一直保持稳定的生产增长和利润增长。经广州会计师事务所粤会所审字〔1997〕第049号审计报告,广东韶钢松山股份有限公司(筹)1994年至1996年经营业绩如下:

(单位:人民币元)

项目	1996年度	1995年度	1994年度
主营业务收入	2,088,450,950	1,826,591,713	1,805,689,335
主营业务利润	168,654,508	101,522,053	179,321,462
利润总额	168,654,508	101,522,053	179,321,462
净利润	112,998,520	93,292,053	171,091,462

广东韶钢松山股份有限公司(筹)1994年至1996年取得了良好的经营业绩,主要原因是:国家实行加强宏观调控政策,全国钢铁行业进入了经济增长方式由粗放型向集约型转变、国内外两个市场逐步接轨的关键时期,市场竞争日益激烈。除特大型钢铁企业外,地方性钢铁联合企业出现了盈亏两极,以邯钢、安钢为代表的一极,坚持内涵挖潜,降低成本,灵活经营,雄踞于市场竞争的制高点。韶钢学习邯钢、安钢经验,加强管理,降低成本,依据自身的资源、地域、技术等有利条件,自我积累,自我发展,内涵挖潜,技术改造,装备不断更新上档,工艺、技术水平不断提高,做到少投入、高效能、多产出,充分发挥了钢铁工艺路线成本低,效益高的优势,近年以来生产和利润一直保持稳定增长,综合实力与邯钢、安钢等一起进入全国56家地方骨干钢铁联合企业中的前列。本公司是由集团公司部分钢铁主体改组设立的,对不良生产经营性资产和非生产经营性资产做了剥离,是集团公司良性资产的合理组合,这是本公司取得显著经营业绩的主要原因。

2、完成的主要工作

在国家有关部委,广东省各部门的支持配合下,对新产品开发与科研工作投入了大量的人力、财力、物力,完成了以下几项工作:

A、3号烧结机改造;B、2座12吨转炉改造;C、线材轧机一火成材技术改造;D、一轧加热炉节能改造;E、二轧加热炉节能技术研究与应用。

这几项工作在节约能源、保护环境、提高产品质量等方面取得了十分明显的经济和社会效益。其中"一轧加热炉节能改造"、"二轧加热炉节能技术研究和应用"两项科技成果分别获省冶金科技进步三等奖、一等奖及省科技进步三等奖。

3、发行人业务收入的主要构成

产品名称	1996年 销售额(元)	1996年 所占比例(%)	1995年 销售额(元)	1995年 所占比例(%)	1994年 销售额(元)	1994年 所占比例(%)
圆钢	60,407,828,	2.9	74,471,030	4.1	129,150,121	7.2
螺纹钢	697,814,567	33.4	538,993,368	29.5	507,352,593	28.1
线材	664,176,211	31.8	586,523,746	32.1	513,294,836	28.4
中板	500,064,523	23.9	347,776,020	19.0	392,809,793	21.8
船板	46,899,601	2.3	37,865,079	2.1	22,876,825	1.3
钢坯	14,584,961	0.7	95,155,070	5.2	27,095,294	1.5
其它	104,503,259	5.0	145,807,400	8.0	213,109,873	11.7
合计	2,088,450,950	100	1,826,591,713	100	1,805,689,335	100

4、产品市场情况

本公司根据产品的优良性能和品质,采用灵活的营销策略,并进行市场定位和市场细分,产品主要销往广州、珠江三角洲、韶关、湖南、江西等省市,并有部分出口港澳及东南亚地区。

本公司制定了"巩固南方、发展周边、开发省外、拓宽出口"的营销策略,以达到国内、国际销售互促互补的目的。1994年、1995年、1996年连续三年产销率达到100%。

5、产品性能质量的情况

本公司的主要产品有线材、棒材、板材三大系列,本公司还根据用户需求进行其它品种、规格产品的科研开发和批量生产,以满足社会需求。

本公司1994——1996年主要产品质量认证情况如下:

产品名称	质量认证
碳结钢板	冶金部的"产品质量认证"
热轧带肋钢筋	冶金部的"生产许可证"
低碳钢热轧圆盘条	冶金部的"产品质量认证"
船板钢	中国船级社的"工厂认可证书"
	中国船级社的"CCS"认可
螺纹钢	冶金部颁发的"生产许可证"

6、筹资和投资方面的情况

本公司筹资渠道主要是银行贷款。

7、生产经营设备、主要固定资产增加、改进的情况

公司不断进行技术改造,1996年主要建设工程6项,增加的主要设备有:A、1台33平方米烧结机及配套设施;B、2座10吨转炉扩容及相应污水处理设施;C、1台年产20-25万吨超低头板坯连铸机;D、1座6000立方米/h制氧机;E、一套7机架连轧粗轧机组;F、2台31500KVA变压器。

这些设备的增加或改进不仅使公司的技术装备上一个新台阶,还改善了劳动环境,减轻了劳动强度,提高了产品质量,为公司创造了良好的效益。

8、职工数量与业务水平情况

截止1996年12月31日,本公司在册职工5562人,其中:工程技术人员537人,占职工总数9.7%;大专以上学历1086人,占职工总数19.5%。

近年来,本公司根据生产与需要,针对生产关键技术岗位和薄弱环节,坚持理论结合实际安排职工培训计划,大力开展继续教育、学历教育和适应性培训工作,使公司职工素质得到迅速提高。

十一、股本

1、拟注册股份

本公司本次发行后拟注册股本为32000万股。

2、已发行股份

本公司本次发行前发起人持有国有法人股24000万股。

3、超过面值缴入的资本及其用途

本公司本次向社会公众公开发行人民币普通股8000万股(其中向职工配售800万股),如发售达到预期目标,则本公司总股本为32000万股,实收股本金22000万元,为本公司注册资本。本次溢价发行超过面值部分,扣除发行费用后全部进入资本公积金。

4、股权结构变动情况

本公司是经广东省人民政府粤办函〔1997〕第117号文批准,由广东省韶关钢铁集团有限公司独家发起,通过募集方式设立的股份有限公司。广州会计师事务所和广东资产评估公司对本公司的资产情况进行验证、评估。经审计验证,截止1996年12月31日,广东省韶关钢铁集团有限公司钢铁材生产线9个生产厂经评估后净资产为35938万元。该评估结果已获国家国有资产管理局国资评〔1997〕209号文确认。经广东省国有资产管理局粤国资-〔1997〕21号文批准,广东省韶关钢铁集团有限公司以其部分经营性净资产按66.78%比例折价入股本公司,折为24000万股国有法人股,由广东省韶关钢铁集团有限公司持有并行使股权。

5、本次设立发行时,广东省韶关钢铁集团有限公司采取独家发起,通过募集方式设立本公司,发起人认购股份为24000万股,为国有法人股。

6、本次发行后的股份结构如下表:

结构	股份(万股)	比例(%)
国有法人股	24000	75
社会公众股	8000	25
其 公开发行	7200	22.5
中 公司职工股	800	2.5
总股本	32000	100

7、本次发行后净资产总额:96498.21万元

8、本次发行前每股净资产:1.50元。

9、本次发行后每股净资产:3.02元。

10、本次发行前广东省韶关钢铁集团有限公司持有股份24000万股,占发行前总股本100%。

11、股票回购程序

根据《中华人民共和国公司法》、《股份有限公司规范意见》和《股票发

行与交易管理暂行条例》的有关规定,本公司非因减少资本或者与持有本公司股票的其他公司合并等特殊情况,不得回购公司已经发行在外的股票。如果任何个人持有本公司5‰以上的发行在外的普通股,则本公司将在征得国家证监会同意后,按照原买入价格和市场价格中较低的一种价格收购超过的部分,并在批准后十日内注销该部分股份,并依照法律、行政法规办理变更登记,并予以公告。

本公司若因减少资本或者与持有本公司股票的其他公司合并等特殊情况,回购本公司已发行在外的股票,则本公司必须在回购后十日内注销该部分股份,并依照法律、行政法规办理变更登记,并公告。

十二、债项

依据广州会计师事务所粤会所审字〔97〕第049号审计报告,截止1996年12月31日本公司的负债总额为637,814,402元,其中流动负债为257,814,402元,长期负债为380,000,000元。

流动负债中,主要包括:短期借款138,700,000元;应付帐款109,596,740。

长期负债中,主要是长期应付款380,000,000元。

本公司负债明细列示如下:

单位:万元

债项类别	金额 短期	长期	月利率(‰)	债务期间	抵押及担保的情况	其他限制条件
银行贷款						
工行韶关分行	2300		11.088	1996.12.27-1997.7.30	信用	
工行韶关分行	1400		11.088	1996.6.17-1997.8.30	信用	
工行韶关分行	1000		11.088	1996.4.30-1997.8.30	信用	
工行韶关分行	2500		12.078	1996.6.28-1997.6.20	信用	
工行韶关分行	2600		12.078	1996.6.28-1997.6.22	信用	
工行韶关分行	2000		11,088	1996.9.28-1997.4.25	信用	
工行韶关分行	1570		14.472	1996.4.30-1997.9.30	信用	
工行韶关分行	500		11.088	1996.10.30-1997.5.30	信用	
公司债						
对内部人员及关联企业负债						
韶关钢铁集团有限公司(注1	10960			1年		
韶关钢铁集团有限公司(注2		38000		1997.1.1 1998.12.31		
合　计	24830	38000				

注1:该笔款项为广东韶钢松山股份有限公司(筹)的九个生产厂的应付采购款项,因股份公司未正式成立,债务未办理转移手续,集团公司已承诺代付该款项,待股份公司正式成立后,向其收回该款项。根据有关供应协议,股份公司正式成立后将暂由集团公司供应其原材料。

注2:该笔款项为集团公司改组设立股份公司过程中,在建工程随所属生产厂重组进入股份公司,由此产生公司债务38000万元.股份公司已与集团公司签订了《长期借款协议》,股份公司承诺本款项分三期归还,1997年由本次募股资金归还部分欠款(19796万元),其余欠款在1998年内分二期归还。

目前本公司不存在或有负债和合同承诺情况。

十三、主要固定资产

1、截止1996年12月31日,本公司铁钢材生产线9个生产厂固定资产评估值59734.8万元,已累计提取折旧25606.4万元,固定资产净值34128.4万元。

其中:⑴房屋建筑及附属设施评估值13386.52万元。

⑵机器设备评估值20377.26万元.

⑶车辆评估值364.67万元。

2、在建工程40794.88万元。

3、本公司是由广东省韶关钢铁集团有限公司改组,以其部分生产经营性资产(铁钢材生产线9个生产厂)折价入股,而对部分生产经营性资产和辅助生产性资产(原料厂、热电厂、动力厂、氧气厂、耐火材料厂)和非生产经营性资产(学校、医院、幼儿园)进行剥离,统一由集团公司管理。集团公司与本公司建立了综合服务关系,为本公司提供原料供应、福利和社会性等服务;

4、经当地国有土地管理部门批准,铁钢材生产线9个生产厂所占用的土地仍保留在集团公司,本公司以租赁方式有偿使用。

十四、财务会计资料

以下为本公司截至1996年12月31日的主要财务数据,投资者欲对发行人的财务状况、经营成果及其会计政策进行更详细的了解,应仔细阅读附录中的审计报告。

1.资产负债表:　　　　单位:人民币元

项目	1997.12.31	1995.12.31	1994.12.31
资产			
流动资产:			
货币资金	47,354,718	23,537	15,354,795
应收帐款净额	104,669,531	99,739,774	97,946,514
其他应收款	2,944,374	4,169,185	4,435,869
存货	91,268,714	143,885,059	148,140,527
待摊费用	1,725,949	2,442,996	2,393,264
流动资产合计:	247,963,286	273,774,467	268,270,969
固定资产:			
固定资产原值	597,348,158	559,873,730	484,206,540
固定资产净值	341,284,480	337,234,559	300,109,551
在建工程	407,948,782	112,717,574	5,315,143
固定资产合计	749,233,262	449,952,133	305,424,694
资产总计	997,196,548	723,726,600	573,695,663
负债及所有者权益			
流动负债:			
短期借款	138,700,000	103,000,000	134,000,000
应付帐款	109,596,740	80,826,133	75,280,493
预收货款	42,180	3,337	
其他应付款	8,187,533	5,939,394	5,388,957
应付福利费	452,925	384,036	269,929
预提费用	835,024	2,488,470	1,671,054
流动负债合计	257,814,402	192,641,370	216,610,433
长期负债:			
长期应付款	380,000,000	204,000,000	30,000,000
长期负债合计	380,000,000	204,000,000	30,000,000
负债合计	637,814,402	396,641,370	246,610,433
所有者权益:			
股本	240,000,000	240,000,000	240,000,000
资本公积	119,382,146	87,085,230	87,085,230
所有者权益合计	359,382,146	327,085,230	327,085,230
负债及所有者权益总计	997,196,548	723,726,600	573,695,663

2、利润及利润分配表　　　　单位:人民币元

项目	1996年度	1995年度	1994年度
一、主营业务收入	2,088,450,950	1,826,591,713	1,805,689,335
减:营业成本	1,774,231,688	1,607,451,574	1,505,121,637
销售费用	25,035,395	21,813,528	21,415,645
管理费用	66,287,595	64,647,836	69,528,162
财务费用	47,112,282	22,308,810	21,279,240
营业税金及附加	7,129,482	8,847,912	9,023,189
二、主营业务利润	168,654,508	101,522,053	179,321,462
三、营业利润	168,654,508	101,522,053	179,321,462
四、利润总额	168,654,508	101,522,053	179,321,462
减:所得税	55,655,988	8,230,000	8,230,000
五、净利润	112,998,520	93,292,053	171,091,462
六、可分配利润	112,998,520	93,292,053	171,091,462

3、本公司财务状况及经营成果指标

主要财务比率及财务数据如下表:

指标	1996 年度	1995 年度	1994 年度
1、流动比率	0.96	1.42	1.24
2、速动比率	0.61	0.67	0.55
3、资产负债比率(%)	63.96	54.80	42.99
4、应收帐款周转率	20.40	18.42	18.38
5、存货周转率	15.09	11.01	10.16
6、净资产收益率(%)	31.44	28.52	52.31
7、每股净利(元)	0.471	0.389	0.713

4、主要会计政策

⑴公司执行的会计制度:集团公司 1996 年 12 月 31 日前均执行《工业企业会计制度》,股份公司上述有关年度会计报表已按《股份制试点企业会计制度》调整重编。

⑵会计期间:自公历 1 月 1 日起至 12 月 31 日止。

⑶记帐原则和计价基础:公司采用权责发生制和按历史成本法计价。

⑷记帐本位币:公司以人民币作为记帐本位币。

⑸坏帐准备:按应收帐款年未余额 3‰计提。

⑹存货:原材料、燃料按计划成本核算,有关成本差异每月按存用比例进行分摊,产成品按实际成本核算,发出时按加权平均法进行成本结转。

⑺固定资产及其折旧:固定资产除符合固定资产管理政策的按重估值计价外,按实际成本计价。固定资产折旧采用直线法平均计算,并按固定资产类别的原价、估计经济使用年限确定折旧率。

⑻维修及保养开支:维修及保养开支按实际发生额(含已发生应列支但未支付额)计入当期成才费用,年末用完之预提一次冲回。

⑼收入确认:销售收入均在货品交付予客户,并取得货款或取得索取货款的凭据时确认。

⑽税项:

①流转税

项目	税率
增值税——销项税	17%
——进项税	13-17%
*城市建设维护税	5%
教育附加税	3%

*:按应缴增值税、营业税额计征。

②所得税

1994 年、1995 年所得税实行定额上缴 823 万元;1996 年按 33%税率计算。

1997 年—1999 年经广东省人民政府〔1997〕114 号文批准按 33%计算缴交,超过 15%部分由广东省财政厅返还。

⑾利润分配

根据公司章程,股份公司成立后公司之税后利润按下列比例分配(具体比例由公司董事会拟定,报股东代表大会审议确定)。

法定公积金	10%
法定公益金	5-10%
任意盈余公积金	0-15%
分配股利	65-85%

十五、资产评估

1、资产评估结果

根据广东资产评估公司对广东省韶关钢铁集团有限公司的资产评估结果(详见粤资评〔1997〕045 号《资产评估报告》)截止 1996 年 12 月 31 日,铁钢材生产线 9 个生产厂的全部资产总值为 99719.65 万元,负债总值为 63781.44 万元,净资产值为 35938.21 万元。

2、资产评估情况　　(单位:万元)

项目	帐面净值	评估值	增(减)值	增减率%
㈠资产总额	96489.97	99719.66	+3229.69	+3.35
其中:				
⑴流动资产	24895.19	24796.33	-98.86	-0.40
⑵长期投资	—	—	—	—
⑶在建工程	40794.88	40794.88	0	0
⑷建筑物	12944.06	13386.52	+442.46	+3.42
⑸机器设备	17500.36	20377.26	+2876.90	+16.44
⑹车辆	355.48	364.67	+9.19	+2.59
⑺无形资产	—	—	—	—
⑻其它资产	—	—	—	—
㈡、负债总额	63781.44	63781.44	0	0
㈢、资产净值	32708.53	35938.22	+3229.69	+9.87

3、各类资产增减的主要原因

其中建筑物机器设备等固定资产增值较大的原因是目前大多数建筑物及其设备市场价格上涨而导致购置成本上升。

4、本次评估的主要方法如下:

⑴流动资产采用成本法;

⑵固定资产采用重置成本法和现行市价法;

⑶负债采用成本法。

十六、盈利预测

本发行人提醒投资者,鉴于盈利预测所依据的种种假设的不确定性,进行投资时不应过于依赖该项资料。

广州会计师事务所对本公司出具的一九九七年盈利预测表进行审阅,并出具了广东韶钢松山股份有限公司(筹)1997 年度盈利预测审核报告(粤会所函字〔97〕010 号),本公司一九九七年盈利预测如下:

单位:人民币元

项目	1997 年度盈利预测数
一、主营业务收入	2,042,573,500.00
减:营业成本	1,741,139,700.00
销售费用	20,547,800.00
管理费用	73,258,355.00
财务费用	13,265,100.00
营业税金及附加	6,904,592.00
二、主营业务利润	187,457,953.00
三、营业利润	187,457,953.00
四、利润总额	187,457,953.00
减:所得税(税率 33%)	61,861,124.00
所得税(税率 15%)	28,118,693.00
五、净利润	
所得税(税率 33%)	125,596,829.00
所得税(税率 15%)	159,339,260.00

对于本公司所得税的征收,经广东省人民政府"粤办函〔1997〕114 号"文批准,同意本公司 1997-1999 年所得税采取先征后返还的办法,按 33%的税率计征,超过 15%部分(18%)由财政返还,实际所得税负为 15%。

说明:1、以上盈利预测没有包含未投入使用的项目的收益。

2、本公司编制以上盈利预测的基准与假设是:

基准:

本公司筹委会根据本公司截至 1996 年 12 月 31 日的已审会计报表及本公司上市改组可行性研究报告等资料编制了本公司 1997 年度废除税后但未计非经常性项目的盈利预计。编制该项目预测所依据的会计政策在主要方面与本公司通常采用的会计政策相一致。

假设:

⑴、本公司所遵循的我国法律、法规、政策以及本公司所在地的社会经济环境仍为现时状况而无重大改革;

⑵、本公司的经济业务所涉及的国家和地区目前的政治、法律、经济政策(如:财税政策)并无重大改变;

⑶、本公司的经济运作不会受到诸如交通运输、水电通讯等的严重短缺或成本剧烈变动的不利影响;

⑷、现行的信贷利率、税率及汇率将在正常业务范围内波动;

⑸、本公司的主要投资项目在预定的时间内能达到预计的盈利水平,且能按有关规定进行利润分配;

⑹、本公司拟发行新股的股本金将预期募足,且拟投资的项目能按原定的时间产生预计的收益;

⑺、无其他人力不可抗拒因素造成的重大不利影响。

3、1997年预测盈利增加的原因

根据上述盈利预测报告，本公司1997年主营业务利润187,457，953元，比1996年增加了1,880.34万元，增长11.15%，主要原因是：调整产品结构、生产总量减少、增加高附加值的产品，导致销售收入比上年减少4,587.75万元，营业成本比去年减少3,309.20万元；通过与广东省韶关钢铁集团有限公司签订产品销售协议，可降低销售费用448.76万元；募股筹得的资金部分用于偿债，由此降低财务费用3,384.72万元。

十七、公司发展规划

1、发行人的生产经营发展战略

粤港钢铁市场是群雄必争之地，本公司公开发行股票成功后，必须不失时机地从战略高度考虑使产品的质量与国际接轨，争占国内外市场更多份额，使公司具有强劲的竞争力，并以现有积累的实力和规模作为新起点，树立“科技开发、勇于竞争、争创一流”的经营思想，坚持“一业为主，多元经营，综合发展”的经营方针，进一步增强公司市场竞争能力和公司整体发展后劲，实现企业规模效益。力争到2000年公司年钢产量达到150－180万吨，销售收入40亿元，利润3.2亿元。

2、发行人的发展目标和规模

⑴发展目标

到2000年，本公司发展成为符合现代企业制度要求的，以钢铁生产为主业多种经营为辅的，跨地区、跨行业、集工贸于一体的股份公司。到2010年，在2000年的基础上，进一步强化管理的现代化，全面地与国际市场接轨，走向世界，使公司成为集工贸，科技、金融于一体的，跨国经营的，具有国际先进技术水平的股份公司。

⑵发展规模

到2000年，年钢产量150－180万吨，销售额40亿元，利润3.2亿元；到2010年，年钢产量280－300万吨，销售额100亿元，利润8亿元。

3、发行人的市场发展计划

本公司地处潜力大、需求层次多的粤港市场，位于粤、湘、桂、赣四省的交通枢纽，周围地区资源丰富。本公司拟把粤北地区的矿产资源、水力资源、劳动力资源与技术、资金及生产要素结合起来，转变为经济优势，继续推进科技兴业，提高产品质量、开发适销对路的产品，增强本公司产品的优势，在此基础上，立足原来市场、辐射周围市场，不断提高市场占有率，力争使本公司成为粤、港地区发展钢铁工业的最佳基地。

4、发行人的销售计划

依据市场发展趋势，本公司以“以销定产、以产促销、以销促产”和“薄利多销”为营销策略。

5、发行人的生产经营计划

本公司根据市场发展的需要，采取多种经营的经营战略制定多种经营的发展方向、经营内容和分步发展规划，服务钢铁主业为宗旨，确保主业、辅业双丰收，并立足本地市场，积极开拓省内外和国际市场。

6、发行人的固定资产投资计划

⑴投资28214万元，用于中板厂的六个技术改造业项目建设。六个项目分别是：A、轧机改造；B、加热炉改造；C、高压水除鳞装置改造；D、冷床改造；E、双边剪切机改造；F、定尺剪切机改造。

⑵投资4974万元，用于炼钢厂新建连铸工程。

⑶投资4265万元，用于开坯厂（三轧）技术改造工程项目建设。

上述3个项目已经国家及省有关部门行文批准，项目建成投产后，将使本公司产品钢材生产能力提高，达到年度100－150万吨规模。

7、发行人的人员扩充计划

本公司在调整人员结构，强化员工培训的基础上，推出新的激励机制，引入劣汰竞争机制，进一步促进人才涌现，造就一批新型专业人才。本公司生产规模将不断扩大，但近期内员工人数将不再增加，主要采取内部调剂压缩定员的办法解决。因采用先进设备而裁减的员工将按国家政策予以分流安置。

8、发行人的资金筹措和运用计划

本公司除本次发行股票募集资金外，还将通过申请银行贷款和企业自筹等手段筹措资金，主要用于固定资产投资和技术改造。

十八、重要合同及重大诉讼事项

㈠重要合同

本公司与集团公司签定的主要合同有：

1、《重组协议》明确集团公司持有本公司75%的股份，成为本公司的控股股东，本公司承继集团公司全部钢铁生产主营业务，集团公司承诺不在境内外从事与本公司出现竞争或构成竞争的任何业务。

2、《产品销售协议》明确本公司在设立初期生产的全部产品暂由集团公司负责销售，销售价格由集团公司与本公司双方参照市场价格议定，集团公司销售本公司产品所得为总销售收入的1%，销售期限为三年。

3、《供应协议》明确了本公司的主要物资暂由集团公司负责供应，供应价格按进货地市场价＋运费＋装卸费＋采购费来计算，供货期限为三年。

4、《土地使用权租赁协议》明确集团公司将自己拥有的国有土地共930,437平方米以租赁的形式租给本公司使用，出租期限自1997年3月1日起至2017年2月28日。

5、《综合服务协议》，此协议规定：本公司职工福利、厂区服务事项委托集团公司社会服务性机构履行，职工享有与集团公司职工同等的福利待遇。集团公司在提供上述服务时，按不高于市场价格向本公司收取有关费用，服务期限为二十年。

6、《专利、商标使用许可证协议》，此协议规定：本公司有偿使用集团公司的专利和商标。本公司在使用集团公司商标时，每年支付使用费50万元，在使用专利时，每年支付10万元使用费。

7、《长期借款协议》，此协议规定：集团公司在改组设立本公司的过程中，在建工程随所属生产厂重组进入本公司，由此产生公司债务38000万元。本公司承诺在二年内分三期归还，第一期于1997年由本次募股资金部分偿还，余款于1998年分二期归还。

8、《债务转移协议》，此协议规定：本公司成立之后，集团公司将原来与工行韶关分行的银行贷款（13,870万元）转移给本公司承担，集团公司承担担保责任。

㈡重大诉讼事项

本公司目前没有任何尚未了结或直接可能的诉讼事项。

本公司筹委会成员没有任何刑事诉讼事项。

备查文件

1、主管部门批准发行、上市的文件

2、广东韶钢松山股份有限公司的《企业名称预先核准通知书》

3、广东韶钢松山股份有限公司章程（草案）

4、广州会计师事务所的审计报告、财务报表及附注

5、深圳证券交易所的上市承诺函

6、承销协议

7、国家国有资产管理部门关于资产评估的确认报告

8、重要合同

9、土地使用权租赁协议

有关本次发行的如招股说明书全文和其他备查文件在新股发行期间备置于本公司和主承商处，投资者可查阅。

广东韶钢松山股份有限公司（筹）

一九九七年四月十五日

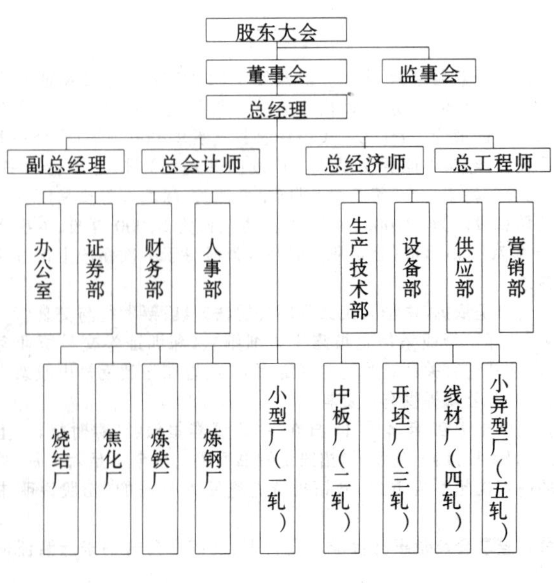

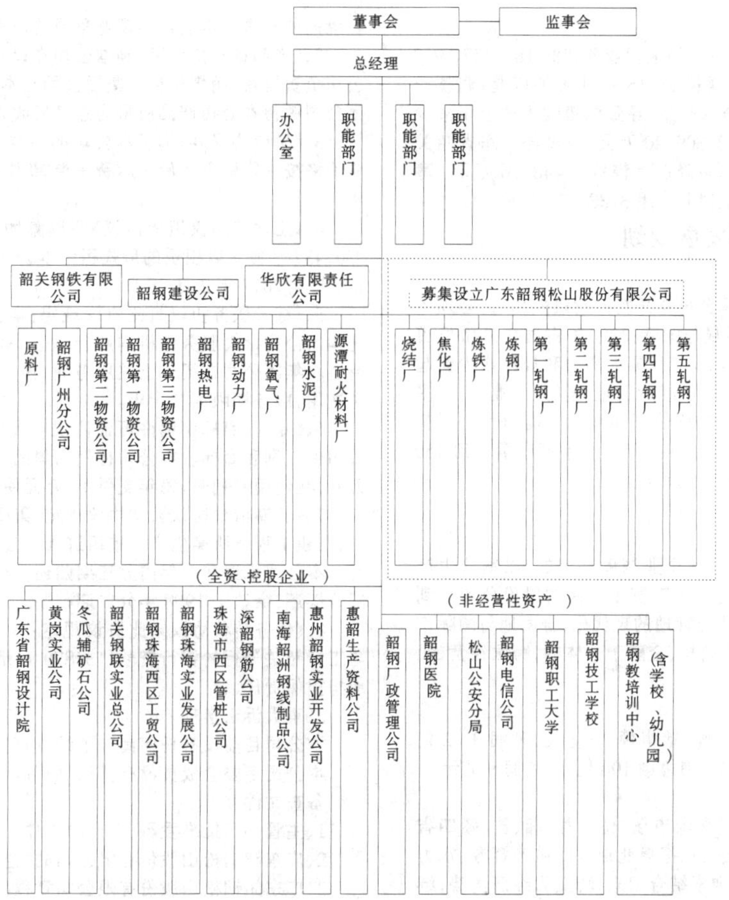

广东韶钢松山股份有限公司股票上市公告书

一、释义

在本上市公告书中,除非另有说明,下列简称具有如下意义:

省政府:指广东省人民政府

证监会:指中国证券监督管理委员会

深交所:指深圳证券交易所

集团公司(或发起人):指广东省韶关钢铁集团有限公司

董事会:指广东韶钢松山股份有限公司董事会

本公司(或公司或发行人):指广东韶钢松山股份有限公司

元:指人民币元

二、绪言

经中国证券监督管理委员会证监发字〔1997〕132号文和证监发字〔1997〕133号文批准,广东韶钢松山股份有限公司已成功地向社会公众公开发行每股面值为1.00元人民币普通股股票8,000万股(含公司职工股800万股)。经深圳证券交易所深证发〔1997〕155号《上市通知书》批准,本公司股票将于1997年5月8日(星期四)在深圳证券交易所挂牌交易。本公司总股份为32,000万股,可流通股份为8,000万股,本次上市流通股份为7,2000万股(公司职工股800万股将于本次新股上市6个月后上市流通)。

本公告书是依据《中华人民共和国公司法》、《股票发行与交易管理暂行条例》、《公开发行股票信息披露实施细则》、《深圳证券交易所业务规则》以及国家其它有关证券管理的规定而编制,旨在为韶钢松山股票上市的目的,向社会公众提供有关资料。

本公司已于1997年4月15日在《中国证券报》、《证券时报》、《上海证券报》、《韶关日报》上刊登了《招股说明书概要》,至今不足六个月,故与其重复的内容在此不再重述,敬请投资者查阅本公司的《招股说明书概要》。

本公司董事会及董事已批准本公告书,确信本公告书未遗漏任何重大事项,亦不存在任何误导和虚假成份,并愿就本公告书及相关资料的准确性、完整性、真实性负个别和连带责任。

三、公司概况

1、发起人简介

法定名称:广东省韶关钢铁集团有限公司

注册资金:人民币98,363万元

法定代表人:曾德新

成立日期:1989年9月11日

经营范围:制造、加工、销售;黑色金属冶炼及压延加工、金属制品、化工产品;设备安装、服装加工、技术协作、开发、转让、引进、咨询服务、科研设计、工程设计、建筑工程安装、气体、机械工业、水电气供应、大法码计量检定、冶金行业职业技能鉴定、冶金环境监测、冶金工程质量监督、冶金工业卫生检测、钢铁产品的质量检测、国内商业(国家法规政策专营专控项目除外)住宿服务。

所属行业:钢铁行业

注册地址:广东省韶关市江县马坝

联系电话:(0751)8783500 8786140

2、本公司历史沿革

本公司是经广东省人民政府粤办函〔1997〕117号文批准,由广东省韶关钢铁集团有限公司独家发起,通过募集方式设立的股份公司。经国家国有资产管理局国资评〔1997〕209号文确认,并经广东省国有资产管理局粤国资——〔1997〕21号文批准,集团公司将所属的铁钢材九个生产厂的经营性净资产35,938万元,按66.78%的比例,折为国有法入股24,000万股计入股本公司。经中国证券监督管理委员会证监发字〔1997〕132号文和证监发字〔1997〕133号文批准,本公司通过深交所交易系统成功地向社会公众公开发行8000万股人民币普通股股票(含公司职工股800万股),并于1997年4月30日进行工商登记,注册资本为32,000万元。

四、股票发行及承销

㈠本次公开发行

发行数量:8000万股(其中向公司职工配售800万股)

发行价格:7.76元/股

募集资金总额(扣除发行费用):60,560万元

发行方式:上网定价发行

配售比例:1.233061%

配售户数:72000户

持1000股以上的户数:72000户

发行费用总额:1,520万元

每股发行费用:0.19元

发行市盈率:14.8倍

㈡股票承销

本次公开发行的8000万股社会公众股已全部由社会公众认购,承销团成员无包销比例及数量。

㈢验资报告

粤会所验字〔97〕第029号

广东韶钢松山股份有限公司筹委会:

我所接受委托,对贵公司截至一九九七年四月二十五日止的实收股本真实性和合法性进行了审验。贵公司的责任是提供真实、合法、完整、的验资资料,保护资产的安全、完整,我们的责任是按照《独立审计实务公告第1号——验资》的要求,出具真实、合法的验资报告。

我所的验证,是按照《独立审计实务公告第1号——验资》及有关法律、法规的规定进行的,并根据中国证券监督管理委员会,广东省证券委员会的有关批文及贵公司提供的股标发行承销协议、托管机构的托管证明等有效文件,实施了必要的审验程度。现将验证结果报告如下:

一、截止于一九九七年四月二十五日广东韶钢松山股份有限公司总股本为人民币叁亿贰仟万元整(¥320,000,000),总股份为叁亿贰仟万股(320,000,000股)。已按有关规定募足股本金,其中发起人股份之股本金募集已由广州会计师事务所"粤会所验字〔96〕第013号"验资报告予以验证。公司已实收是次发行社会公众股及公司职工股募集的资金人民币陆亿壹仟捌佰捌仟肆万肆仟肆佰捌拾元(618,844,480),该款项已扣除上网发行时支付给证券商手续费1,955,520元,但未后除其余发行费用。该款分别存于贵公司于中国人民银行广东省分行开设的股本金专用帐户(帐号121-0337-110)伍亿伍仟陆佰柒拾陆万肆仟捌拾元(¥556,765,480)及于中国工商银行韶关分行开设的基本帐户(帐号:0221-0019-718)陆仟贰佰零捌万元整(¥62,080,000),其中股本面值人民币捌仟万元整(¥80,000,000),溢价人民币伍亿叁仟捌佰捌拾肆万肆仟肆佰捌拾元整(¥538,844,480元)列入资本公积。

二、经过本次募集社会公众股及公司职工股后,贵公司现时之股本结构如下:

1、发起人股份。以广东省韶关钢铁集团有限公司截止于一九九六年十二月三十一日之净资产359,382,146.36元,折价入股240,000,000股,占总股份的75%。

2、社会公众股,由社会公众股东以货币资金556,764,480元(该款已扣除券商手续费1,955,520元)按1:7.76溢价认购72,000,000股,占总股份的22.5%。

3、公司职工股,由公司职工以货币资金62,080,000元,按1:7.76溢价认购8,000,000股,占总股份的2.5%。

广州会计师事务所　　中国注册会计师:何威明　蒋洪峰

一九九七年四月二十五日

五、董事、监事及高级管理人员持股情况

姓名	职务	持股数(股)	比例(‰)
曾德新	董事长	2000	0.00625
黄茂林	董事	2000	0.00625
彭大龙	董事	2000	0.00625
伍建军	董事	2000	0.00625
黄旭明	董事	2000	0.00625
冯炳文	董事	2000	0.00625
姚木成	董事	2000	0.00625
陈伟明	董事	2000	0.00625
黄权	董事	2000	0.00625
周力	董事、总经理	2000	0.00625
余子权	董事、董事会秘书	2000	0.00625
卢建华	监事长	2000	0.00625
徐维忠	监事	2000	0.00625
吴恒昌	监事	1000	0.003125
包长吉	监事	2000	0.00625
葛弘模	监事	2000	0.00625
刘树生	财务主管	0	0

本公司董事、监事和高级管理人员共持有本公司股票31,000股,占公司股本总额的0.0969%,按照《中华人民共和国公司法》规定,其持有股份在任职期间不得转让。

六、公司成立

1、本公司1997年4月29日召开的创立大会暨首届股东大会作出决议:本公司向社会公众发行的面值为1元的8000万股人民币普通股在深圳证券交易所上市。

2、公司注册资金:人民币32,000万元

3、公司注册时间:1997年4月30日

4、公司注册地点:广东省韶关市曲江县马坝

5、营业执照注册号码:23112934-6

七、关联企业及关联交易

1、关联企业及其情况

本公司的关联企业是其发起人广东省韶关钢铁集团有限公司,成立于1966年。集团公司经过多年的技改与扩建,目前拥有总资产41亿元,净资产21亿元,具备年产100万吨钢的综合生产能力,为省属国有大型钢铁联合企业。它在全省乃至全国同行业中具有重要的地位,现为中国500家最大工业企业之一,国家重点扶持的500家工业企业之一,在广东省最大100家工业企业中排行第9位,是广东省重点发展70家大企业集团试点之一,广东省国有资产授权经营试点企业。集团公司持有本公司24000万股国有法人股,占总股本的75%,为本公司的控股股东。

2、关联交易

本公司与集团公司在关联事务中,就双方的供、销、土地租赁、专利和商标使用、综合服务等方面的权利和义务作了明确规定,包括:集团公司暂时负责本公司的物资供应和产品销售,并获得产品销售收的1%,有偿使用集团公司的土地、专利、商标和综合福利设施、服务等。针对这些关联交易,本公司与集团公司签订了《产品销售协议》、《供应协议》、《土地使用权租赁协议》、《综合服务协议》、《专利、商标使用许可证协议》等法律文件。本公司将继承集团公司的全部钢铁生产主营业务,集团公司已承诺不在境内外从事与本公司出现竞争或构成竞争的任何业务。

八、股本结构及大股东持股情况

1、上市前的股本结构

股本结构	数量(万股)	比例(%)
总股本	32000	100
尚未流通股份:		
发起人股(均为国有法人股)	24000	75
可流通股份:		
本次公开发行股份	8000	24
其中:公司职工股	800	2.5

2、前十名股东所持股数及比例

序号	股东名称	持股数(万股)	占总股本比例(%)
1	广东省韶关钢铁集团有限公司	24000	75
2	曾德新	0.2	0.000625
3	黄茂林	0.2	0.000625
4	彭大龙	0.2	0.000625
5	伍建军	0.2	0.000625

6 黄旭明	0.2	0.000625
7 冯炳文	0.2	0.000625
8 姚木成	0.2	0.000625
9 陈伟明	0.2	0.000625
10 黄权	0.2	0.000625

九、公司财务会计资料

(一)审计报告

粤会所审计字〔97〕第049号

广东韶钢松山股份有限公司筹委会:

我们接受委托,审计了贵公司1994年12月31日、1995年12月31日及1996年12月31日的资产负债表,1994年度、1995年度、1996年度的利润表及1996年度的财务状况变动表。我们的审计是依据 中国注册会计师独立审计准则进行的。在审计过程中,我们结合贵公司实际情况,实施了包括抽查会计记录等我们认为必要的审计程序。

我们认为,上述会计报表符合《企业会计准则》及《股份制试点企业会计制度》的有关规定,在所有重大方面公允地反映了贵公司上述会计期间截止日的财务状况和相应会计期间的经营成果及一九九六年度的资金变动情况,会计处理方法的选用遵循了一贯性原则。

广州会计师事务所　　中国注册会计师:李柏生

中国注册会计师:蒋洪峰

一九九七年三月十九日

(二)资产负债表、利润表、财务状况变动表(见附表)

(三)主要会计政策

1、执行的会计制度:集团公司1996年12月31日前均执行《工业企业会计制度》,股份公司上述有关年度会计报表已按《股份制试点企业会计制度》调整编制。

2、会计期间:自公历一月一日起至十二月三十一日

3、记帐原则和计价基础:公司采用权责发生制和历史成本法计价。

4、记帐本位币:公司以人民币作为记帐本位币。

5、坏帐准备:按应收款年末余额3‰计提。

6、存货:原材料、燃料按计划成本核算,有关成本差异每月按存用比例进行分摊,产成品按实际成本核算,发出时按加权平均法进行成本结转。

7、固定资产及其折旧

使用期限超过一年,单位价值在规定标准以上并且在使用过程中保持原有物质形态的资产为固定资产;固定资产除符合固定资产管理政策的按重估价值 计价外,其余按实际成本计价。固定资产折旧采用直线法平均计算,并按固定资产类别估计经济使用年限确定折旧率:

类别	估计使用年限	年折旧率(%)
房屋及建筑物	16-35	6.25-2.86
机器设备	5-12	20-8.33
运输设备	8	12.5

8、维修及保养开支

维修及保养开支按实际发生额(含已发生应列支但未支付额)计入当期成本费用,但对个别大修期长的固定资产项目(如高炉),按合理数预提,计入当期成本费用,年末未用完之预提一次冲回。

9、收入确认

销售收入均在货品交付予客户,并取得货款或取得索取货款的凭据时确认。

10、税项

(1)流转税

项目	税率
增值税-销项税	17%
-进项税	13-17%
城市建设维护税	5%
教育费附加	3%

(2)所得税

1994年-1995年享受广东省政府批准的税收优惠政策,每年定额所得税8,230,000元。

1996年按规定税率33%计缴。

1997年-1999年经广东省人民政府办公厅粤办函〔1997〕114号文件批准按33% 计算缴交,超过15%部分由广东省财政厅给予返还。

11、利润分配

根据公司章程,股份公司成立后公司之税后利润按下列比例分配(具体比例由公司董事会拟定,报股东代表大会审议确定)。

法定公积金	10%
法定公益金	5%-10%
任意盈余公积金	0%-15%
分配股利	65%-85%

(四)主要财务指标:

指标	1996年度	1995年度	1994年度
流动比率	0.96	1.42	1.24
速动比率	0.61	0.67	0.55
资产负债比率(%)	63.96	54.81	42.99
应收帐款周转率(%)	20.40	18.42	18.38
存货周转率	15.09	11.01	10.16
净资产收益率(%)	31.44	28.52	52.31
每股净利(元)	0.471	0.389	0.713

十、董事会上市承诺

本公司董事会将严格遵守《公司法》、《股票发行与交易管理暂行条例》、《公开发行股票信息披露实施细则》和《深圳证券交易所交易规则》及有关法律、法规的规定,并向证券主管机关、深圳证券交易所和广大投资者作出如下承诺:

1、按照法律、法规的规定程序和要求披露重大的信息,并接受证券主管机关、深圳证券交易所的监督管理;

2、及时、准确、真实地在证券主管部门指定的报刊公布中期报告、年终报告及经营业绩等资料,并置于规定场所供投资者查阅;

3、本公司董事、监事及高级管理人员,如发生人事变动或前述人员持有本公司股票数量发生变化时,及时通报证券管理机关,并及时通过证券主管部门指定的媒体通告社会公众。

4、在任何公共传播媒介出现的消息可能对本公司股票的市场价格产生误导性影响时,本公司知悉后将及时对消息予以公开澄清。

5、本公司董事、监事及高级管理人员将认真听取社会公众的意见和批评,不利用已获得的内幕消息和其他不正当手段直接或间接从事股票买卖活动。

6、本公司没有无记录负债。

十一、重要事项揭示

1、经广东省人民政府粤办函〔1997〕114号文批准,本公司1997-1999年所得税采取先征后返还的办法,按33%的税率计征,超过15%(18%)由省财政返还,实际所得税负为15%。

2、截止本上市公告书刊登之日,本公司及本公司董事、监事和高级管理人员没有任何尚未了结或直接可能的刑事诉讼事项。

3、根据国家有关规定,本公司800万股公司职工股将于本次上市半年后经批准方可上市。

十二、备查文件目录

1、中国证监会的复审意见书

2、深圳证券交易所上市通知书

3、广州会计师事务所的验资报告

4、创立大会决议

5、招股说明书

6、营业执照

十三、咨询机构

1、发行人:广东韶钢松山股份有限公司

地址:广东省曲江县马坝

电话:(0751)8787265

传真:(0751)8785701

联系人:庞大春、刘树生

2、主承销商及上市推荐人:广东证券公司

地址:广东省广州市东风东路703号13楼
电话:(020)87666000-1210
传真:(020)87784506
联系人:刘小群、钟慧玲

3、上市推荐人

(1)广发证券有限责任公司
地址:广东省广州市农林下路83号广发金融大厦
电话:(020)87667653
传真:(020)87310255
联系人:张慧龙

(2)华夏证券有限公司
地址:北京市复兴路乙63号
电话:(0755)3200135
传真:(0755)3200135
联系人:奕新林

广东韶钢松山股份有限公司
一九九七年五月六日

附表1、资产负债表

单位:人民币元

项目	1996.12.31	1995.12.31	1994.12.31
资产			
流动资产:			
货币资金	47,354,718	23,537,453	15,354,795
应收帐款净额	104,669,531	99,739,774	97,946,514
其他应收款	2,944,374	4,169,185	4,435,869
存货	91,268,714	143,885,059	148,140,527
待摊费用	1,725,949	2,442,996	2,393,264
流动资产合计:	247,963,286	273,774,467	268,270,969
固定资产:			
固定资产原值	597,348,158	559,873,730	484,206,540
固定资产净值	341,284,480	337,234,559	300,109,551
在建工程	407,948,782	112,717,574	5,315,143
固定资产合计	749,233,262	449,952,133	305,424,694
资产总计	997,196,548	723,726,600	573,695,663
负债及所有者权益			
流动负债:			
短期借款	138,700,000	103,000,000	134,000,000
应付帐款	109,596,740	80,826,133	75,280,493
预收货款	42,180	3,337	
其他应付款	8,187,533	5,939,394	5,388,957
应付福利费	452,925	384,036	269,929
预提费用	835,024	2,488,470	1,671,054
流动负债合计	257,814,402	192,641,370	216,610,433
长期负债			
长期应付款	380,000,000	204,000,000	30,000,000
长期负债合计	380,000,000	204,000,000	30,000,000
负债合计	637,814,402	396,641,370	246,610,433
所有者权益:			
股本	240,000,000	240,000,000	240,000,000
资本公积	119,382,146	87,085,230	87,085,230
所有者权益合计	359,382,146	327,085,230	327,085,230
负债及所有者权益总计	997,196,548	723,726,600	573,695,663

附表2、利润及利润分配表

单位:人民币元

项目	1996年度	1995年度	1994年度
一、主营业务收入	2,088,450,950	1,826,591,713	1,805,689,335
减:营业成本	1,774,231,688	1,607,451,574	1,505,121,637
销售费用	25,035,395	21,813,528	21,414,645
管理费用	66,287,595	64,647,836	69,528,162
财务费用	47,112,282	22,308,810	21,279,240
营业税金及附加	7,129,482	8,847,912	9,023,189
二、主营业务利润	168,654,508	101,522,053	179,321,462
三、营业利润	168,654,508	101,522,053	179,321,462
四、利润总额	168,654,508	101,522,053	179,321,462
减:所得税	55,655,988	8,230,000	8,230,000
五、净利润	112,998,520	93,292,053	171,091,462
六、可分配利润	112,998,520	93,292,053	171,091,462

附表三、财务状况变动表

一九九六年度

单位:人民币元

项目	金额
流动资金来源和运用	
一、流动资金来源:	
1、本年净利润:	112,998,520
加:不减少流动资金的费用和损失	
(1)固定资产折旧	33,424,507
小计	146,423,027
2、其他来源:	
(1)增加长期负债	176,000,000
(2)资本净增加额	32,296,916
小计	208,296,916
流动资金来源合计	354,719,943
二、流动资金运用:	
1、利润分配	
(1)已分配利润	112,998,520
小计	112,998,520
2、其他运用	
(1)固定资产和在建工程净增加额	332,705,636
小计	332,705,636
流动资金运用合计	445,704,156
流动资金增加净额	-90,984,213

财务状况变动表(续)

一九九六年度

项目	金额
流动资金各项目的变动	
一、流动资产本年增加数:	
1、货币资金	23,817,265
2、应收帐款净额	4,929,757
3、其他应收款	-1,224,811
4、待摊费用	-717,047
5、存货	-52,616,345
流动资产增加净额	-25,811,181
二、流动负债本年增加	
1、短期借款	35,700,000
2、应付帐款	28,770,607
3、预收帐款	38,843
4、其他应付款	2,248,139
5、应付福利费	68,889
6、预提费用	-1,653,446
流动负债增加额	65,173,032
流动资金增加净额	-90,984,213

广东韶钢松山股份有限公司1997年度中期报告

一、财务报告(已审计)

㈠审计报告〔粤会所审字〔97〕第309号〕

广东韶钢松山股份有限公司全体股东:

我们接受委托,审计了贵公司1997年6月30日的资产负债表,1997年1-6月的利润及利润分配表。我们的审计是依据中国注册会计师独立审计准则进行的。在审计过程中,我们结合贵公司实际情况,实施了包括抽查会计记录等我们认为必要的审计程序。

我们认为,上述会计报表符合《企业会计准则》和《股份制试点企业会计制度》的有关规定,在所有重大方面公允地反映了贵公司1997年6月30日的财务状况和1997年1-6月的经营成果,会计处理方法的选用遵循了一贯性原则。

贵公司于1997年4月29日成立,6月1日起正式运作,1997年1至5月份实现的利润,由原发起人——广东省韶关钢铁集团有限公司按上年度采用的会计处理方法计算转入。

广州会计师事务所　　中国注册会计师:李柏生

中国　广州　　中国注册会计师:蒋洪峰

环市东路322号3楼　　1997年8月5日

㈡财务报表

1.财务报表:

(1)简化的资产负债表　　单位:元

项目	年初数	期末数
流动资产	247,963,286,29	312,526,618.18
长期投资	-	-
固定资产净值	341,284,480.15	448,825,049.61
在建工程	407,948,781.76	528,962,724.04
无形及递延资产	-	3,242,003.78
其他长期资产	-	-
资产合计	997,196,548.20	1,293,556,395.61
流动负债	257,814,401.84	56,960,725.13
长期负债	380,000,000.00	182,031,904.03
负债合计	637,814,401.84	238,974,629.16
股东权益:		
其中:股本	240,000,000.00	320,000,000.00
资本公积	119,382,146.36	645,085,042.95
盈余公积	-	-
未分配利润	-	89,496,723.50
股东权益合计	359,382,146.36	1,054,581,766.45
负债及股东权益合计	997,196,548.20	1,293,556,395.61

⑵简化的损益表　　单位:元

项目	1997年1-6月	1996年1-6月
主营业务收入	983,260,836.21	944,004,393.96
主营业务利润	. 101,375,458.73	83,147,328.79
其他业务利润	228,804.21	-
营业外收支净额	3,686,000.00	-
利润总额	105,290,262.94	83,147,328.79
所得税	15,793,539.44	27,438,618.50
净利润	89,496,723.50	55,708,710.29

2.财务指标:

项目	1997年1-6月	1996年1-6月
⑴每股收益	0.28元人民币	0.23元人民币
⑵净资产收益率	8.49%	14.56%
⑶每股净资产	3.30元人民币	1.58元人民币

注:计算各项财务指标的总股本:

1997年6月30日总股本为32000万股;1996年6月30日总股本为24000万股。

3.财务报表附注:

⑴本期财务报告所采用的会计政策及会计方法和《招股说明书》财务报告所采用的会计政策和会计方法一致。

⑵流动资产比年初增加26.04%,其中:

A.货币资金期未数为5000.44万元,比年初增加5.60%,增幅少的主要原因是本公司按《招股说明书》所披露的募集资金用途,加快项目实施后而减少货币资金。

B.应收帐款期未数为971.61万元,比年初减少90.72%,主要原因是收回广东省韶关钢铁集团有限公司(以下简称集团公司)年初所欠货款。应收帐款帐龄一年以内占89%,一至两年以内占11%。

C.其他应收款期未数533.30万元,比年初增加81.13%。帐龄一年以内占93%,一至两年以内占7%。

D.存货期未数为23665.37万元。其中:库存材料832.80万元,产成品166.90万元,自制半成品16705.44万元,低值易耗品5960.23万元。

存货比年初增加159.29%,主要是炼铁厂的1#高炉易地大修(4#高炉)项目以及炼钢厂4#连铸机发行项目竣工投产后,增加了半成品库存,为下半年中板厂改造和开坯厂改造竣工投产备料。

E.待摊费用比年初增加909.35万元,主要原因是轧材系统领用的轧辊记入待摊费用(每月按产量分摊)及中修费用。

⑶固定资产净值比年初增加31.51%,主要是炼铁厂4#高炉竣工投产增加固定资产13000万元。

⑷在建工程期未余额为52896.27万元,比年初数增加12101.39万元,工程项目如下:

工程名称	完工程度	实际支用数(万元)	原计划(万元	文号	资金来源
A.3#、4#转炉连铸机及污水处理	95%	5263.32	6950	粤计资〔1996〕659号等	自有及借款
B.中板改造工程	95%	44231.02	42601	粤经改〔1993〕078号等	自有及借款
其中:利息支出		3242.96			
C.开坯厂技术改造	60%	2542.87	4265	粤经改〔1996〕1013号	自有及借款
D.其他零星工程		859.06	-		
合计		52896.27			

注:利息支出本期增加1904.58万元。

⑸递延资产今年增加324.20万元,全部是开办费。

⑹流动负债比年初减少77.91%,其中:

A.归还短期借款13870万元;

B.应付帐款期未数为24.32万元,比年初减少99.78%,主要是归还集团公司应付帐款10960万元;

C.其他应付款期未数为1095.16万元,比年初增加33.76%,主要是因为发行股票冻结认购款之利息收入368.80万元递延确认而挂帐,其余为应付职工的奖金及劳务费等;

D.未交税金期未数为1940.30万元,其中:应交增值税228.70万元,应交企业所得税1579.35万元,应交城建税132.24万元。

E.预提费用2439万元,主要是预提集团公司38000万元借款的利息1904.58万元债。

⑺长期负债比年初减少52.10%,主要是按《招股说明书》募集资金运用,归还集团公司借款19796万元。

⑻净利润:本公司净利润1997年1-6月实现8949.67万元,较去年同期5570.87万元,增长60.65%,主要原因是:

A.1996年1-6月按33%所得税率计交所得税,1997年1-6月根据广东省人民政府粤办函〔1997〕114号文批复,公司按实际所得税负15%计担所得税。

B.增加募集资金存款的利息收入及归还短期借款相应减少利息支出。

C.调整产品结构,增加高附加值的产品。

D.4#高炉投产后,工艺结构发生变化,铁、钢产量增加,外购坯轧材数量减少,降低了成本。

⑼关联企业及关联交易

A.关联企业

企业名称:广东省韶关钢铁集团有限公司　经济性质:国有独资

法人代表:曾德新

注册地址:广东省韶关市曲江县　　持股比例:75%

主营业务:黑色金属冶炼加工,金属制品、焦炭及煤化工产品生产、销售等。

B.关联交易

关联方企业名称	与关联方关系的性质	交易类型	交易比例或金额	定价政策
广东省韶关钢铁集团有限公司	控股	购买原材料等	100%	协议价
广东省韶关钢铁集团有限公司	控股	产品销售	99%	协议价
广东省韶关钢铁集团有限公司	控股	综合服务费	28,633,543.65	协议价
广东省韶关钢铁集团有限公司	控股	土地使用权租用费	6,978,277.50	协议价

二、经营情况与回顾

㈠上半年经营情况的回顾

1.主要指标完成情况

上半年,本公司主要产品完成情况较好。生铁产量完成41.79万吨,与去年同比增长38.84%;钢产量完成38.39万吨,与去年同比增长23.14%;销售坯材41.86万吨,与去年同比增长4.88%;实现净利润3949.67万元,完成年计划的56.17%。

2.采取的措施及进展情况

⑴完善基础管理,按照"精干高效、规范运作"的原则,建立健全股份公司规范运作的管理制度。

⑵深化企业内部改革,实行岗位技能工资制,形成了"上岗靠竞争,竞争靠技能,分配靠贡献"的机制。上半年,本公司全员劳动生产率达85707元/人,达到冶金行业的国内先进水平。

⑶坚决实行成本否决,挖潜力、降成本,不断刷新生产纪录。6月份,钢、铁产量分别突破7.52万吨、8.67万吨,创历史最好水平。

⑷1号高炉易地大修工程(在建工程)顺利投产,利用广东铁矿石资源丰富的优势,解决了铁钢生产流程中铁水相对不足的矛盾,提高了钢的产量,培植了新的经济增长点。

⑸以市场为导向,抓市场,抓销量,抓销价,抓服务,在广东、湖南、江西等地合理配置销售网点,并增加出口。上半年本公司销售钢材39.86万吨,产销率达100%,资金回笼率达100%,并生产出口钢铁产品1.59万吨。

3.募集资金使用情况

按《招股说明书》规定,募集资金主要用于以下项目:

在建工程:24841.39万元,其中中板工程16436.14万元,4#连铸机5003.32万元,开坯厂技术改造2542.87万元。其他零星工程859.06万元。

归还集团公司长期借款:19796万元。

归还短期借款13870万元,用以调整负债结构。

其余补充流动资金。

㈡1997年下半年的工作重点和措施

1.下半年是钢铁生产、销售的黄金季节,利用4号高炉(1号高炉易地大修工程)顺利投产、多项基建项目有望提前投入运行的良好条件,组织高水平的生产经营,确保完成全年生产经营目标;以市场为导向,抓成本,抓促销,确保实现产销率和资金回笼率达100%。

2.抓好战略研究与科学决策,继续寻找和拓展本公司新的经济增长点。

3.进一步加强内部管理,认真贯彻ISO9000标准;确保8月1日开始质量体系试运行,8月中旬6-20mmA、B级船板钢一次通过中、美、英、德、日五国船级社工厂认可,为扩大产品出口创造条件。

三、重大事件的说明

1.本公司股票(韶钢松山)于1997年5月8日在深圳证券交易所挂牌上市,标志着本公司的发展进入了一个新的阶段。

2.炼钢厂4号连铸机,原计划到1997年底建成投产,经精密组织,科学施工,该工程已试产成功,本公司的连铸比达到100%。该工程的投产,节约了能源,提高了成材率,成为新的利润增长点。

3.根据三部委5月21日联合颁布的《严禁国有企业和上市公司炒作股票的规定》,本公司进行了认真的自查。迄今为止,本公司没有在任何证券营业机构开设证券资金帐户,无炒作股票行为;今后如参与股票投资,将严格遵循有法规和本公司章程。

4.本报告期内无重大诉讼、仲裁事项。

5.本公司本年度中期暂不分红。

四、发行在外股票的变动和股权结构的变化

㈠股本变化原因

国家证监会〔证监发字〔1997〕132号和证监发字〔1997〕133号〕文批准本公司公开发行A股股票8000万股,1997年4月21日公开发行后本公司总股本由24000万股增至32000万股。

㈡股本变动及股本结构情况(单位:万股;每股面值:1.00元人民币)

	1996年12月31日	1997年6月30日
1.尚未流通股份		
⑴其中国有法人股	24000	24000
⑵内部职工股	0	800
尚未流通股份合计	24000	24800
2.已流通股份		
境内上市的人民币普通股	0	7200
已流通股份合计	0	7200
3.股份总数	24000	32000

㈢主要股东持股情况

股东名称	持股数(万股)	占总股本比例
1.广东省韶关钢铁集团有限公司	24000	75.000%
2.苏莅美	70	0.219%
3.赵海燕	42.54	0.133%
4.沈永奎	30.05	0.094%
5.兰州盛大商贸有限公司	29	0.091%
6.穆友庆	25	0.078%
7.李少锋	22.6	0.071%
8.徐佰群	18.3	0.057%
9.廖世芳	17	0.053%
10.黄招征	16.628	0.052%

五、股东大会简介

本公司于1997年4月29日,在韶钢招待所会议室召开了创立大会暨第一届股东大会,到会股东78人,代表本公司股份24015.5万股,占本公司股本总额的75.048%,符合《公司法》的规定。大会审议通过了如下决议:

1.审议了《关于广东韶钢松山股份有限公司筹备工作的报告》;

2.表决通过了《广东韶钢松山股份有限公司章程》;

3.表决通过了《广东韶钢松山股份有限公司发行股票上市议案》;

4.投票选举曾德新、黄茂林、彭大龙、伍建军、黄旭明、冯炳文、姚木成、陈伟明、黄权、周力、余子权11人为公司董事,组成本公司第一届董事会;

5.投票选举卢建华、徐维忠、吴恒昌3人为本公司监事。本公司职工民主推荐葛弘模、包长吉为公司职工代表监事,共同组成本公司第一届监事会。

六、备查文件

1.载有董事长、总经理亲笔签名的中期报告原本;

2.经审计的1997年中期财务报告;

3.本公司1997年度股东大会材料。

查阅地址:广东省韶关市浈江区本公司办公大楼证券部

电话:0751-8787265

广东韶钢松山股份有限公司

1997年8月19日

焦作市碱业股份有限公司

焦作市碱业股份有限公司简介

一、企业概况

焦作市碱业股份有限公司前身为焦作市化工三厂，始建于1958年，是国家大型综合性化工企业，国家二级企业，在全国最大500家化工企业中排名第194位，是河南省焦作市重点骨干企业，公司现有职工2300多人，其中各类专业技术人员348人，主营纯碱、优质重质纯碱、沉淀碳酸钙等产品，公司总资产2.75亿元，总股本5176.5万股，其中国有法人股3699万股，社会公众股1477.5万股。

自1989年实行股份制经营以来，生产规模迅速扩大，基础管理不断加强，产品质量稳步提高，经济效益显著增长，纯碱、轻质碳酸钙、优质重质纯碱被评为省优产品，形成了立足中原，辐射全国的良好销售势态，并且于1996年获得产品进出口自营权，开始批量进入国际市场，建立了良好的市场信誉。近几年来，公司多次被省、市政府命名为"重合同、守信用"企业，连续三年被河南省工商银行评为"AAA"企业，主导产品纯碱被省技术监督局定为"免检产品"。

展望未来，公司前景似锦。九五期间公司将投入技改资金5亿元进行大规模技术改造，调整产品结构，实现基础化工向高技术含量、高附加值的精细化工转移；同时，发挥上市公司优势进行资产重组、资本经营，迅速扩大规模，营造航空母舰，为实现"九五"末公司销售收入6亿元，利润1.2亿元目标而努力奋斗。

联系人：秦海员

电　话：(0391)2925951－288

传　真：(0391)2919211

地　址：河南省焦作市解放区民主北路15号

邮　编：454000

二、董事长、总经理介绍

董事长蒋新棠先生，56岁，大专文化程度，高级经济师，具有丰富的企业管理经验，历任焦作市化工三厂政工组干事、车间副主任、车间主任、生产副厂长、公司董事长、副总经理，现任碱业集团董事长、党委书记、总经理兼股份公司董事长，是河南省企业协会理事，焦作企业家协会副理事长，中国纯碱协会理事。

总经理王济民先生，55岁，大专文化程度，高级会计师，历任焦作市化工三厂主管会计、财务科长、副厂长、常务副厂长、公司董事、副董事、副总经理，现任碱业集团副董事长兼股份公司总经理。中国纯碱协会经济改革研究部成员。

焦作市碱业股份有限公司上市公告书

一、要览

1、总股本：5176.5万股

2、可流通股本：1477.5万股

3、本次上市流通股本：1477.5万股

4、证券编码：0719

5、股票简称：焦作碱业

6、上市地点：深圳证券交易所

7、上市时间：1997年3月31日

8、登记机构：深圳证券中央登记结算公司；河南证券登记公司

9、上市推荐人：中国南方证券有限公司

二、绪言

经中国证券监督管理委员会证监发字〔1997〕78号文批准，根据深圳证券交易所深证发〔1997〕109号《上市通知书》，本公司股票将于1997年3月31日(星期一)在深圳证券交易所挂牌交易。

本上市公告书系依据《中华人民共和国公司法》、国务院《股票发行与交易管理暂行条例》、《深圳证券交易所交易规则》及国家证券管理机关颁布的有关证券管理的现行法规、规定而编制，旨在向投资者提供有关本公司的基本情况和股票上市等资料。

本公司董事会及董事会各成员已批准了本上市公告书，确信其中不存在任何重大遗漏或误导，并愿对其中所载资料的真实性、准确性、完整性负个别及连带责任。

本次上市的股票是根据本上市公告书所载明的资料发行和申请上市的。除本公司和上市推荐人外，没有委托或授权任何其他人提供未在本上市公告书中列载的信息和对本上市公告书作任何解释或者说明。

投资人买卖公司之股票应根据有关法律规定支付相应税款，本公司、上市推荐人对此不承担任何责任。

三、释义和有关当事人

释义：在本上市公告书中除非另有说明，下列简称具有如下意义：

1、发起人、公司或本公司：指焦作市碱业股份有限公司

2、发起人：指原焦作市化工三厂

3、集团公司：指焦作碱业集团有限责任公司

4、股票：指焦作市碱业股份有限公司发行的面值一元的普通股，亦指构成公司注册资本的每一股份

5、元：指人民币元

6、证监会：指中国证券监督管理委员会

7、上市：指本公司股票获准在深圳证券交易所挂牌交易

8、交易所：指深圳证券交易所

9、省政府：指河南省人民政府

10、市政府：指焦作市人民政府

有关当事人：

1、公司：焦作市碱业股份有限公司

法定地址：河南省焦作市民主北路15号

法定代表人：蒋新棠

电话：(0391)2925951－238

联系人：王济民

2、上市推荐人：中国南方证券有限公司

法定地址：深圳市深南东路1号南方国际大厦十二层

法定代表人：王景师

电话：021－62788788－662

联系人：胡东良、俞露

3、公司律师：信达律师事务所

地址：深圳市深南中路东风大厦21层

法定代表人：徐育康

电话：0755－3243139

联系人：陈利民

4、会计师事务所：亚太会计师事务所

地址：郑州市经七路14号

法定代表人：祝田山

电话：0371－3932415

5、验资机构：焦作市审计事务所

地址：焦作市解放中路328号

法定代表人:马少堂
电话:0391－3933529
联系人:马少堂
6、资产评估机构:亚太资产评估事务所
地址:郑州市经七路14号
法定代表人:赵锐
电话:0371－3947386
经办评估师:赵锐
7、土地评估机构:
焦作市地价评估事务所
地址:焦作市解放中路228号
法定代表人:张爱延
电话:0391－2924783
联系人:李任强
金陵土地资产评估高新技术公司
地址:南京市宁海路122号
法定代表人:陈国钧
电话:025－3739125
联系人:孙在宏
8、上市交易所:深圳证券交易所
地址:深圳市福田区红荔西路203栋
法定代表人:庄心一
电话:0755－3203516
9、股票登记机构:
深圳证券中央登记结算公司
地址:广东省深圳市红岭中路25号
法定代表人:黄铁军
电话:0755－5567898
河南证券登记公司
地址:郑州市丰产路39号
法定代表人:裴向东
电话:0371－5714280
联系人:李彦

四、公司简介

一、公司概况
1、本公司名称:焦作市碱业股份有限公司
2、本公司成立日期:1989年2月23日
3、本公司注册地址:河南省焦作市民主北路15号
4、本公司法定代表人:蒋新棠
5、本公司其他情况
(1)经营范围:纯碱、优质重质纯碱、轻质碳酸钙的生产
(2)注册资本:伍仟壹佰柒拾陆万伍仟元
工商登记号:17000041－7－2/2
税务登记证号:410800100100006
(3)本公司职工情况

截止1996年9月30日,本公司在册职工人数2356人,其中管理人员322人,占总人数的13.7%,专业技术人员348,占总人数的14.8%,生产人员1686人,占总人数的71.5%。员工中具有大专及大专以上学历的有261人,中专学历的有350人,高中学历的有213人。拥有专业技术职称的有348人,其中具有高级职称的有14人,中级职称的112人,初级职称的有222人。公司职工实行全员劳动合同制,根据国家及当地政府有关法规和文件规定为保障职工利益,公司办理职工的养老保险金统筹、团体意外保险和家庭财产保险。

二、历史沿革

公司改制前是原焦作市化工三厂,始建于1958年,创立初期为石料厂,1979年转产化工产品轻质碳酸钙,实现了企业产品结构的根本性调整,1982年投资建成1－2万吨/年纯碱生产线,从而为企业的发展奠定了基础。1989年抓住机遇实行股份制改组后,通过加大资本投入,增强经营活力,调整产品结构,利用较先进的技术和设备,连续进行2－4、4－8、8－10万吨/年纯碱技改工程,并新建1－3万吨/年优质重质纯碱生产线,提高深加工生产能力,取得了良好的经济效益。1995年经市政府批准,组建焦作碱业集团有限责任公司,股份公司为其核心控股子公司。

三、产品、业务及市场

公司的主要产品为纯碱、优质重质纯碱和轻质碳酸钙,经历次技改扩建现已达到年生产能力纯碱11万吨,其中优质重质纯碱3万吨,轻质炭酸钙3万吨。纯碱又名苏打,是基本的工业原料,主要用于:玻璃、冶金、石油化工、纺织、医药、无机盐、合成纤纬、化肥、造纸和食品等工业部门及日常生活。优质重质纯碱是以纯碱深加工而成,其用途和纯碱相似。由于质量稳定,多年来已形成一个广泛的客户网络,本公司产品主要用于洛阳玻璃厂、中州铝厂、郑州铝厂、安阳玻壳厂、贵州铝厂、昆明玉钠厂,还有许多其他玻璃、铝、化工、日化企业。纯碱生产的主要原材料是石灰石和盐,焦作石灰石储量丰富,达54亿吨以上,价格低廉。公司主要采用河北、山东的盐,有良好的货源,供应可靠。生产另所需的水电汽煤氨消耗不大,且都资源丰富,供应充足。

公司的产品质量都达到优等品标准,纯碱是部优产品和省免检产品,优质重质纯碱是是省优产品。公司未来的发展目标是筹集资金进行10－20万吨/年纯碱和1－5万吨/年优质重质纯碱的改扩建工程,成为国内重要的纯碱生产基地。

1996年国内纯碱产量630万吨,供需基本平衡。预测到2000年国内纯碱需求量为700－720万吨,纯碱生产量应保持一定的增长速度。目前公司纯碱产量11万吨,占国内总产量的1.75%,到2000年公司纯碱产量将达到20万吨,预计市场占有率为2.8%。河南省内纯碱年需求量为60万吨以上,目前全省产量30万吨,本公司产品用户主要在省内,市场前景看好。1996年国内优质重质纯碱产量40万吨,市场供不应求,预计2000年国内需求量为130万吨,加上出口共计180万吨,需求增长很快。河南省内有安阳玻壳公司和洛阳浮法玻璃集团公司等浮法玻璃生产企业,年需求量36万吨,市场前景很好。

四、集团经营情况

1995年11月15日经焦作市人民政府焦政文(1995)131号文批准,组建焦作碱业集团有限责任公司,将包括本公司国有股权在内的国有资产授权集团公司经营。除本公司外集团另有下列下属企业:化学试剂公司、泡花碱公司、氯化钙公司、化学工贸公司、油漆公司。集团自成立以来,其经营运行情况良好,各项生产业务都有提高。纯碱、优质重质纯碱、轻质碳酸钙、氯化钙、泡花碱油漆等各产品均市场供不应求。1996年完成工业产值18505万元,实现销售收入18594万元,均比上年有了较大提高。

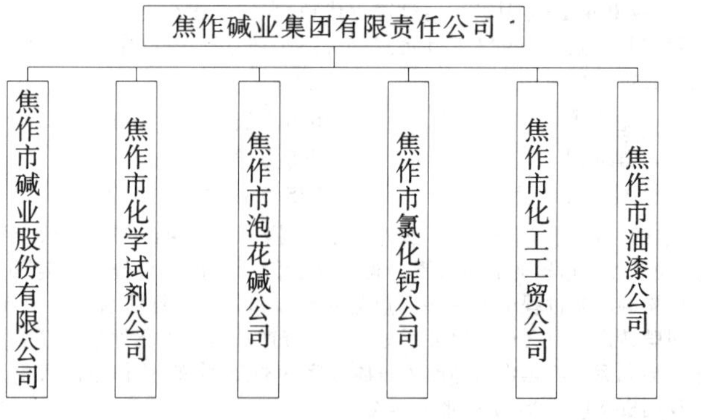

投资比例:
72%　100%　100%　100%　100%　100%

五、主要工业产权

公司的主要工业产权为商标权。公司已在国家工商局注册中文名为“冰凌花”的商标,并领取了国家工商局核发的《商标注册证》,公司对其拥有合法的所有权。因本公司的产品属化工原材料范围,且占市场比重很小,故此工业产权无无形资产价值。

六、本公司组织机构和内部管理公司

公司股东大会是本公司的最高权力机构,董事会是股东大会闭会期间行使股东大会权力的常设机构,是本公司的经营决策机构,向股东大会负责,董事长为公司的法定代表人。公司日常经营实行董事会领导下的总经理负责制,总经理由董事会聘任或解聘,并对董事会负责。监事会由股东代表和适当比例的公司职工代表组成,是公司的内部监督机构,行使对董事会董事和高级管理人员的监督权。

焦作市碱业股份有限公司组织结构图

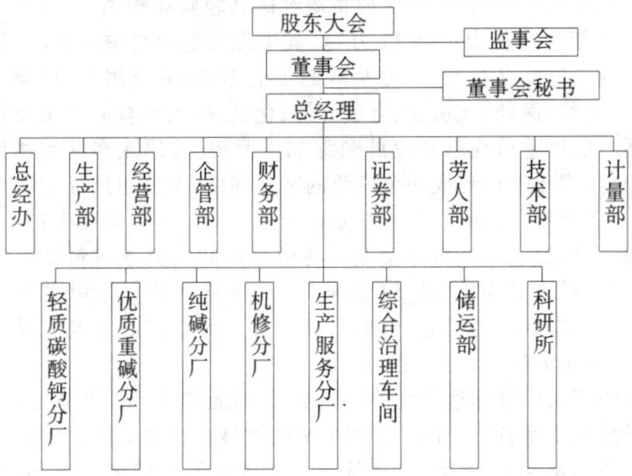

五、股票发行及股本结构

一、股本结构的变动

1989年2月21日经焦作市人民政府焦政文(1989)13号文批准,同意以焦作市化工三厂为基础,组建焦作市碱业股份有限公司。1988年经中国人民银行焦作市分行焦银发字(88)第216号批准,同意公司向社会公开发行股票2000万元,每股计人民币100元,共计20万股。

公司以1988年底的固定基金和流动基金净值2838.68万元按1:1的比例折合股本,折为国家股28.3868万股,每股100元。1989年公司制定了公司章程和招股说明书,决定分批按面值发行股票,股票实行保息分红,国家股每年保息5%,社会公众股每年保息12%,红利发放以企业实际留利的50%进行分红。1989年2-6月,公司通过银行代理,在工商银行民主北路等三个发行网点向社会公开发行第一批股票共计500万元,合5万股。至1989年12月31日,公司的股本结构为:

总股本	33.3868万股	100%
国家股	28.3868万股	85.0%
社会公众股	5万股	15.0%

1990年2-6月公司通过银行代理,在二个银行网点向社会公开发行第二批股票共计977.5万元,合9.775万股。至1990年12月31日,公司的股本结构为:

总股本	43.1618万股	100%
国家股	28.3868万股	65.8%
社会公众股	14.775万股	34.2%

1993年根据《股份有限公司暂行条例》及焦作市经济体制改革委员会"关于焦作市碱业股份有限公司完善股份制改造的报告的批复",公司对股份制改制过程中的一些不规范的地方和公司运行体系进行了规范。公司聘请焦作市会计师事务所对公司的资产和负债进行评估。经公司股东大会同意并经焦作市体改委焦体改字(93)56号文、焦作市国有资产管理局国资字〔93〕28号文批准,决定:

1、《股份有限公司暂行条例》公布后,股份有限公司发行的股票面值一般都为1元,故将公司所有国家股和社会公众股的股票面值全部拆细为每股面值1元。

2、公司以前实行的保息分红办法与《股份有限公司暂行条例》的有关内容不一致,为规范公司行为,体现收益共享,风险共担的原则,决定从1993年度起取消保息分红。

3、将经评估的土地使用权和以前年度国家股应收未收的股息红利作价入股,增加国家股的股本,使国家股由原来的2838.68万股增加到3699万股。

以前年度国家股应收未收的股息红利包括1989年股息141.93万元,1989年红利161.80万元,1990年股息141.93万元,1991年股息141.93万元,1992年股息141.93万元,加上经评估的土地使用权价值为2998.39万元,上述合计为3727.91万元。因公司成立时于1988年底实际拥有净资产为1555.19万元(按现行会计制度核算),而当时按国家固定基金和流动基金的余额2838.68万元按1:1折为2838.68万股,故本次折股时首先弥补国家股不足部分,然后按2.84:1的比例折为8603200股。

〔3727.91-(2838.68-1555.19)〕/860.32=2.84

至此,公司股本结构为:

总股本	5176.5万股	100%
国家股	3699万股	71.5%
社会公众股	1477.5万股	28.5%

历年来公司股本变动时的净资产情况为:

1989年发行5万股社会公众股后,截至年底的净资产为1943.44万元,合计3338.68万股,每股0.58元。(按拆细后计算)

1990年再次发行9.775万股社会公众股后,截至年底的净资产为2726.76万元,合计4316.18万股,每股0.63元(按拆细后计算)

1993年公司将经评估的土地使用权和以前年度国家股应收未收的股息红利折价入股后,截至年底的净资产为6638.82万元,合计5176.5万股,每股1.28元。

1995年11月15日经焦作市人民政府焦政文字(1995)131号文批准,同意组建焦作碱业集团有限责任公司,将包括焦作碱业股份有限公司国有股权在内的国有资产授权由焦作碱业集团有限责任公司经营。集团公司于1996年1月30日注册,企业法人营业执照登记号17350325--5。集团成立后国家股的性质改为国有法人股。至此,公司股本结构为:

总股本	5176.5万股	100%
国有法人股	3699万股	71.5%
社会公众股	1477.5万股	28.5%

二、前十名股东或持股占总股本1%以上的大股东

根据河南证券登记公司豫证登字(1997)第6号文《焦作市碱业股份有限公司股票登记、托管情况证明》,公司总股本5176.5万元,其中国有法人股3699万股,持股人为焦作碱业集团有限责任公司。社会公众股1477.5万股,持股数额前十名的股东为:

序号	股东名称	持股数量(万股)	占总股本比例
1	王虎森	25	0.483%
2	孙孝文	21.3	0.411%
3	孙惠明	20	0.386%
4	张桂荣	20	0.386%
5	王香兰	20	0.386%
6	杨丙珍	20	0.386%
7	王小英	20	0.386%
8	张立红	20	0.386%
9	温建芳	20	0.386%
10	祝　军	14	0.270%

六、历年股份制运作情况

经焦作市人民政府焦政文(1989)13号文批准,公司以1988年底的固定基金和流动基金净值为准,在剥离家属住宅楼、统建住宅楼、综合楼等共七项非生产性资产的123.62万元基金后,将剩下的2838.68万元基金净值作为国家股。公司在人员上未作剥离。1989年2-6月公司向社会公开发行社会公众股500万元。1990年1月30日公司召开股东代表大会,通过1989年度保息分红方案决议如下:国家股2838.68万元保息5%计141.93万元,个人股500万元保息12%计60万元,除保息外,公司分红基金为190.24万元,每股分红5.70元现金。

1990年8月14日公司召开股东代表大会,形成以下决议:通过公司章程;选举蒋新棠、王济民、郭社梅、金子贤、王立功、王存祥及张希望等七人为公司董事;选举宋贵山、祝运德、王玉乐等三人为公司监事。

1990年2-6月公司再次向社会公开发行股票977.5万元,使社会公众股达到1477.5万元。1991年2月20日公司召开股东代表大会,通过公司1990年度保息分红方案:国家股2838.68万元保息5%计141.93万元,个人股1477.5万元保息12%计177.3万元;公司1990年度不再分红。

1992年3月10日公司召开股东代表大会,通过1991年度保息分红方案:国家股2838.68万元保息5%计141.93万元,个人股1477.5万元保息12%计177.3万元;公司1991年度不再分红。

1993年3月24日公司召开股东大会，通过1992年度保息分红方案：国家股2838.68万元保息5%计141.93万元，个人股1477.5万元保息12%计177.3万元；公司1992年度不再分红。

1993年3月24日公司召开股东大会，根据有关股份有限公司规范的要求，通过关于调整公司股本的决议：将公司股票面值由原来的每股面值100元拆细为每股1元；同意公司增资扩股，将经评估的土地使用权及1989－1992年度国家股应收未收的保息额及红利作价入股，折为860.32万股国家股，国家股总额增为3699万股，公司股份总额增为5176.5万股；从1993年度起取消保息分红。

1994年3月11日公司召开股东大会，通过1993年度分红方案：公司缴纳税金及提取公积金分红基金为408.88万元，每股分红0.07元现金。1995年3月31日公司召开股东大会，通过1994年度分红方案：公司缴纳税金及提取公积金后分红基金为728.08万元，每股分红0.13元现金。1996年2月12日公司召开股东大会，通过1995年度分红方案：为增强公司发展后劲，同意1995年度不分红，公司缴纳税金及提取公积金后分红基金为695.54万元，结转以后年度再作分配。

1996年12月26日公司召开股东大会，经讨论一致同意本公司股票在证券交易所上市，并授权公司董事会办理申请股票上市的有关事宜。

1996年12月26日公司召开股东大会，经讨论形成以下决议：同意授权公司董事会根据国家法律、法规的规定制订公司章程修订稿；同意该章程修订稿作为申请股票上市的申报材料之一，提交政府主管部门审查；经政府主管部门审核同意后，同意将公司的章程修订稿提交公司股票上市后的公司股东大会审议通过，并在河南省工商行政管理局注册，公司章程自注册之日起正式生效。

1996年12月26日公司董事会召开会议，经讨论形成以下决议：同意公司章程修订稿；同意该章程修订稿作为申请股票上市的申报材料之一，提交政府主管部门审查；经政府主管部门审核同意后，同意将公司的章程修订稿提交公司股票上市后的公司股东大会审议通过并在河南省工商行政管理局注册，公司章程自注册之日起正式生效。

1997年1月20日公司董事会召开会议，经讨论形成如下决议：同意签署上市公告书，并由董事长代表董事会签字；股份公司对深圳证券交易所和社会公众的承诺函以及上市公告书由董事长代表董事会签字后，依规定向社会公众披露。

七、验资证明

根据焦作市审计事务所焦审资字(1990)第68号文，本公司于1989年2－6月向社会现金募集社会公众股50,000股，每股面值100元，计人民币500万元；于1990年2－6月向社会现金募集社会公众股97,750股，每股面值100元，计人民币977.5万元。上述两次现金募集社会公众股，共募集人民币1477.5万元，经核查帐目均已按时到位。

八、募集资金的运用

公司自1989年起多渠道筹集资金，进行纯碱4－8万吨/年技术改造工程。经中国人民银行焦作市分行批准，公司于1989、1990年分两次向社会公开发行股票，共募集资金1477.5万元，全部用于4－8万吨/年纯碱扩改工程。该项工程设计总投资4360万元，89－90两年利用募集资金和自有资金以及贷款，共投入2876万元，完成了大部分工程项目，遗留部分工程于91－93年完成。完成的主要项目有盐水澄清桶1台，石灰窨1座，C02压缩机7台，吸氨塔1座，碳化塔1座，煅烧炉1台，锅炉2台，废液澄清池1座，水井3眼，变压器2台。上述工程完工后迅速地发挥了效益，使纯碱产量逐年增加，从1988年的4.6万吨迅速增加到1992年的8.1万吨，1995年更是达到了10.1万吨，企业规模也上了一个档次。

九、公司章程摘录

1、股东的权利义务

第二十八条　经公司或公司委托的股票登记机构登记在册的公司股票持有人为公司股东。股东是公司的所有者，依照法律、法规和本章程的规定享有股利分配参与重大决策和选择管理者等权利。同时，以其所持有的股份对公司承担责任。

第二十九条　公司股东享有下列权利：

(1)按其股份领取股利和其他形式的利益分配；

(2)按规定出席或委托代理人出席股东大会并按所持股份行使表决权；

(3)依照法律、法规的规定和股东大会决议按其所持股份比例优先认购公司配售的股份；

(4)选举和被选举为公司董事会成员及监事会成员；

(5)查阅公司章程、股东大会会议记录和财务会议报告，对公司的经营提出建议或者质询，对公司的业务和生产经营活动进行监督；

(6)股东大会、董事会的决议违反法律、法规，侵犯股东合法权益的，股东有权向人民法院提起要求停止该违法行为或侵害行为的诉讼；

(7)在公司依法终止或清算时，按其所持股份的份额参加公司剩余财产的分配；

(8)依照法律、法规及本章程的规定转让股份；

(9)法律、法规和本章程规定的其他权利。

第三十条　公司股东应履行下列义务：

(1)遵守公司章程；

(2)依规定的认购方式和所认股份缴纳股金，并依其所持股份承担公司的亏损及债务，但以其所认购的股份为限；

(3)服从股东大会依法通过的决议；

(4)维护公司利益，反对和抵制有损公司利益的行为；

(5)在公司办理正式登记注册后，不得退股；

(6)积极支持公司改善经营管理，促进公司业务发展；

(7)有关法律、法规以及本章程所规定的其他义务。

第三十一条　除法律、法规和证券主管机关的有关规定及深圳证券交易所要求的义务外，公司的控股股东应以公司最大利益和不损害全体或部分股东利益为出发点处理下列事项：

(1)任命和免除董事或监事；

(2)以任何形式处理公司财产以及对公司有利的商业机会；

(3)董事、监事的个人利益。

2、股东会的职权和议事日程

第三十二条　股东大会是公司的最高权利机构，由公司全体股东组成。

第三十三条　公司股东大会分为年会和临时股东大会。股东大会年会每年举行一次，并应于上一会计年度完结后的六个月内举行。

第三十四条　股东大会由董事会召集。在举行股东大会的三十天前应以书面形式将会议日期、地点和议题通知公司股东并发布公告。股东大会会议通知可附有股东委派代理人的授权委托书。

第三十五条　股东大会由董事长主持。如公司董事长因故不能主持时，可由其指定副董事长或其他董事主持。

第三十六条　股东出席股东大会，应持有公司该次股东大会的出席证书。出席证书应列明股东姓名、拥有股数、大会时间、公司印签和签发日期。

第三十七条　股东可书面委托自己的代理人出席股东大会并代行权利。受委托的股东代理人出席股东大会，需持有股东的出席证书、委托书和本人身份证明，并在授权范围内行使表决权。

第三十八条　有下列情形之一时，应二个月内召开临时股东大会：

(1)董事会认为有必要时；

(2)公司有未弥补亏损达股本总额三分之一时；

(3)持有公司股份总额百分之十以上的股东提出书面请求时；

(4)董事人数不足本章程规定的三分之一时；

(5)监事会提议召开时。

临时规定大会不得对会议通知中未列明的事项作出决议。

第三十九条　股东大会进行表决时，每一股份拥有一票表决权。

第四十条　股东大会拥有下列职权：

(1)决定公司经营方针和投资计划；

(2)选举和更换董事，决定有关董事的报酬及支付方式事项；

(3)选举和更换由股东代表出任的监事，决定有关监事的报酬及支付方式事项；

(4)审议批准董事会的报告；

(5)审议批准监事会的报告；

(6)审议批准公司的年度财务预算方案、决算方案及其他财务报告；

(7)审议批准公司的利润分配方案和弥补亏损方案；

(8)依照有关法律、法规对公司增加或者减少注册资本作出决议；

(9)对公司发行债券或其他有价证券作出决议；

(10)决定聘用、解聘或不再聘用会计师事务所;
(11)对公司合并、分立、解散和清算等事项作出决议;
(12)修改公司章程;
(13)审议持有公司股份总额百分之十以上股东提出议案;
(14)审议公司的重大投资、企业收购、转让、兼并等事项;
(15)法律、法规规定的需由股东大会通过的事项。

第四十一条 股东大会作出的普通决议,需由出席股东大会的股东(包括股东的代理人)所持表决权的二分之一以上的同意方为有效。

第四十二条 股东大会作出的特别决议,须由出席股东大会的股东(包括股东的代理人)所持表决权的三分之二以上的同意方为有效。

第四十三条 前条所述之特别决议是指就公司合并、分立、解散和清算,修改公司章程的事项所作出的决议。

第四十四条 在股东大会上,对持有公司股份总额百分之十以上的股东(包括股东的代理人)提出的议案,董事会应列入会议议程并提交股东大会表决。

第四十五条 股东大会应当对所议事项的决议作成会议记录,由出席会议的董事签名。会议记录应当与出席股东的签名册及代理出席的委托书一并保存。

第四十六条 股东大会的决议内容,不得违反国家法律、法规和本章程的规定。

3、公司法定代表人及其职权

第五十三条 董事长是公司的法定代表人。

第六十五条 董事长行使下列职权:
(1)主持股东大会;
(2)领导董事会工作,召集和主持董事会会议;
(3)签署公司的股票、债券、重要合同及其它重要文件,并以董事会名义签发决议、会议记录及其它重要文件;
(4)检查董事会决议的实施情况,处理其权限内的事务,重要问题应向下次董事会会议报告;
(5)指导公司的重大业务活动;
(6)董事会决议授予的其他职权。

4、董事会的组成职权和议事日程

第四十七条 公司董事会是公司的常设执行机构,向股东大会负责。

第四十八条 公司董事会是由7名董事组成,设董事长一名,副董事长二名。董事可兼任公司的高级管理人员。

第四十九条 董事由股东大会选举产生。每届董事任期三年,连选可连任。董事在任期内如有过错,经股东大会决议可罢免。

第五十条 第一届董事会的董事候选人,由公司发起人提名。以后每届董事候选人由上届董事会提名。若有达到公司股份总额百分之十以上的股东提名的人士,亦可作为候选人提交股东大会选举。

第五十一条 选举和罢免公司董事,须经出席股东大会的股东(包括股东的代理人)所持表决权半数以上同意方为有效。

第五十二条 董事长由董事会全体董事过半数选举产生或罢免。董事会每届任期三年,连选可连任。

第五十四条 董事会会议至少每年召开二次,每次会议应当于会议召开十日以前以书面通知全体董事。董事会会议通知应载明会议的日期和地点以及讨论的事项。会议应由二分之一以上的董事出席方为有效。董事因故不能出席会议时,可书面委托其它董事出席会议并依委托书的授权范围进行表决。

董事长认为有必要或半数以上董事提议时,可召开董事会临时会议。除非经二分之一以上董事同意在其它地点举行董事会会议,会议应在公司住所地举行。

第五十五条 董事会会议实行一人一票的表决制度。董事会议须经出席董事会会议的全体董事过半数同意方为有效。

第五十六条 董事会行使下列职权:
(1)负责召集股东大会并向股东大会汇报工作;
(2)执行股东大会的决议;
(3)选举董事会董事长;
(4)决定公司经营计划和投资方案,决定公司的内部管理机构设置;
(5)制订公司的年度财务预、决算报告,利润分配方案及弥补亏损的方案;
(6)制订公司增减注册资本以及发行公司债券的方案;
(7)拟订公司合并、分立、终止和清算的方案;
(8)聘任和解聘公司总经理,以及根据总经理的提名,聘任或解聘公司副总经理、财务负责人,并决定其报酬和支付方式事项;
(9)制定职工工资福利标准及职工奖惩制度和办法;
(10)制订公司的行政、财务、人事、劳资等各项重要管理制度和规定;
(11)监督、协调、指导公司及下属公司、企业的经营管理工作;
(12)聘请公司的各种顾问,提请股东大会聘请、解聘或者不再续聘会计师事务所;
(13)决定公司重要资产的抵押、出租和转让和公司重大的合作、借款、投资;
(14)拟定公司章程的修订方案;
(15)公司股东大会所授予的其它职权;
(16)除法律、法规和本章程规定由股东大会决定的事项外的其它应由董事会决定的重大事项。

第六十六条 副董事长协助董事长进行工作。在董事长因故不能履行职权时,经董事会过半数同意可授权副董事长或其他董事代行其职权。

第五十八条 董事会可不经召集会议而通过书面决议,只要符合本章程规定的召开会议的通知时间以及决议供全体董事传阅,经取得本章程规定的通过决议所需的董事签署,则该决议应于构成决议通过所需最后一名董事签署之日起生效。

第六十七条 董事会会议记录系董事据以承担决策责任的证明。董事会每次会议记录,由到会董事及董事会秘书签名保存,并指定专人保管,十年内不得销毁。

第六十八条 公司设董事会秘书一名,由公司董事会任命。董事会秘书是公司的高级管理人员,履行下列职责:
(1)忠实执行法律、法规及本章程对公司的要求;
(2)妥善保存公司文件;
(3)参加公司董事会会议,制作会议记录和决议;
(4)参加公司股东大会,制作会议记录和决议;
(5)承董事会命发布公告;
(6)董事会授权的其它事项。

5、经营管理机构的组成职权和议事日程

第七十七条 公司设总经理一名,副总经理若干名。总经理由董事会聘任或者解聘。总经理对董事会负责。

第七十八条 公司实行董事会领导下的总经理负责制,由总经理负责公司的日常经营管理工作。

第七十九条 总经理的主要职责如下:
(1)主持公司的生产经营管理工作,组织实施股东大会和董事会决议;
(2)组织实施公司年度经营计划和投资方案;
(3)拟定公司内部管理机构设置方案;
(4)拟定公司的基本管理制度;
(5)制度公司的具体规章制度;
(6)提请聘任或者解聘公司副总经理、财务负责人;
(7)聘任或者解聘除应由董事会聘任或者解聘以外的管理人员;
(8)决定与公司职工有关的事项,包括奖惩、升降级、加减薪、聘任、解聘和终止服务;
(9)经董事会授权,代表公司处理对外事宜和签订包括投资、合作经营、合资经营、借款等在内的经济合同;
(10)签发日常行政、业务和财务文件;
(11)董事会授权的其他职权。

如总经理因故不能履行其职权,董事会应授权副总经理代行总经理职权。

第八十条 副总经理的主要职责如下:
(1)协助总经理的工作并在经董事会授权后,代总经理履行职权;
(2)负责分管部门的工作;

第八十一条 本章程第五十九条、第六十条、第六十一条、第六十二条、第六十三条和第六十四条有关董事的任职条件、免职以及赔偿等规定也适用于总经理、副总经理以及其他高级管理人员。

6、监事会的组成职权和议事日程

第六十九条　公司设监事会，由3名监事组成。其中1名监事为公司职工代表，由公司职工民主选举和罢免；其余2名监事由股东大会选举和罢免。

第七十条　监事会设主席一名，由全体监事三分之二以上选举和罢免。监事会主席每届任期为三年，连选可以连任。

监事会会议应由三分之二以上监事出席方为有效。监事会会议由监事会主席召集和主持。监事会主席不能出席会议，就委托其他监事代为其主持会议。

第七十一条　监事的任期每届为三年。监事任期届满，连选可以连任。监事不得兼任董事、总经理、副总经理或财务负责人。

第七十二条　监事会行使下列职权：

(1)检查公司的财务和资产状况，有权查阅公司的财务会计资料；

(2)对董事、总经理执行公司职务时违反法律、法规和本章程及股东大会决议的行为进行监督；

(3)当董事和总经理的行为损害公司的利益时，要求董事和总经理予以纠正；

(4)提议召开临时股东大会；

(5)法律、法规和本章程规定的其他权利。

第七十三条　监事列席董事会会议。

第七十四条　监事会决议需由出席会议的监事过半数通过方为有效。

第七十五条　监事应当依照法律、行政法规和公司章程，忠实履行监督义务。

第七十六条　前述第五十九条、第六十条、第六十一条、第六十二条、第六十三条和第六十四条有关董事的任职条件、免职以及赔偿等规定也适用于监事。

十、董事、监事及高级管理人员

蒋新棠先生，董事长，55岁，大专文化程度，高级经济师，具有丰富的企业管理经验，历任焦作市石料厂办事员，焦作市化工三厂政工组干事，车间副主任，生产副厂长，车间主任，公司董事，副董事长，副总经理，现任公司董事长、总经理和党委书记，持本公司股票8000股。

王济民先生，副董事长，54岁，大专文化程度，高级会计师，历任焦作市石料厂会计，焦作市化工三厂主管会计，财务科副科长，副厂长，常务副厂长，公司董事，副总经理，现任公司副董事长和常务副总经理，持本公司股票6000股。

郭社梅女士，副董事长，42岁，大专文化程度，高级政工师，历任市化工总厂车间团支部书记，市委驻轮胎厂工作队成员，市化工局政工科干事，副科长，科长，现任公司副董事长和党委副书记，持本公司股票3000股。

金子贤先生，董事，42岁，大专文化程度，经济师，历任焦作市化工三厂纯碱车间工段长，调度长，副主任，主任，公司纯碱分厂厂长，现任公司副总经理，持本公司股材料4000股。

王立功先生，董事，53岁，大专文化程度，高级会计师，历任焦作市采矿公司出纳员，8680部队给养员，市建筑二公司主管会计，市化工三厂财务科干事，副科长，科长，公司财务处处长，公司总会计师，现任公司副总经理，持本公司股票5000股。

王存祥先生，董事，45岁，大专文化程度，经济师，历任6097部队文书，市化工局武装部干事，副部长，部长，现任公司副总经理。持本公司股票3000股。

张希望先生，董事，35岁，大学本科学历，高级工程师，历任焦作市化工三厂纯碱车间技术员，副主任，主任，公司纯碱分厂副厂长，副总工程师，现任公司副总经理，持本公司股票3000股。

秦海员先生，董事会秘书，46岁，大学本科学历，经济师，历任焦作市安阳坡粘土矿干事，政工科科长，办公室主任，焦作市化工三厂办公室副主任，公司总经理办公室主任，现任公司董事会秘书和总经理助理，持本公司股票3000股。

孙歌东先生，总工程师，59岁，大学本科学历，教授级高级工程师，历任焦作市化工三厂技术副厂长，公司副总经理，现任公司总工程师，持本公司股票3000股。

宋贵山先生，监事会主席，50岁，大专文化程度，政工师，历任焦作市化工三厂轻钙车间干事，党支部书记，纯碱车间党支部书记，公司纯碱分厂党总支书记，公司纪委书记，现任公司监事会主席和工会主席，持本公司股票3600股。

祝运德先生，监事，42岁，大专文化程度，政工师，历任焦作市化工三厂干事，纪检委副科、副处、处级纪检员，现任公司纪检委副书记，持本公司股票0股。

王玉乐先生，监事，39岁，大专文化程度，助理工程师，历任焦作市化工三厂干事，现任公司纪检员，持本公司股票0股。

上述人员与公司之间无借款、担保等对价协议，并且与公司之间无竞业禁止情形。

十一、经营业绩

自股份制改造以来，公司不断在探索中求得发展，逐步规范公司运行机制。几年来，通过完善股份制经营，深化内部改革，优化企业经营结构和扩大生产经营规模，使企业的整体形象和经济效益发生了显著的变化。

——企业形象得到了提高。本公司是焦作市六大税利大户之一，对焦作市经济发展作出了重要的贡献，1991年本公司成为国家二级企业，1992年晋升为国家大型二类企业，1992年起跻身全国500家税利最大化工企业之列。

——主营业务取得了良好的发展。本公司主要经营业务为纯碱的生产与销售，公司建立以来，纯碱生产能力大大提高。1989年原焦作市化工三厂仅有4万吨纯碱的生产能力，到1996年已达到了10万吨纯碱、3万吨优质重质纯碱的生产能力，在国内主要纯碱生产企业中排名第九。公司一贯重视产品质量，建立了一整套完整的质量监控体系，本公司所产的纯碱是部优产品和省免检产品，产品销往全国各地；优质重质纯碱主要用于国家重点工程安阳玻壳厂的产品配套。纯碱生产能力的提高，大大增强了本公司的市场竞争能力，为今后业务的发展打下了良好的基础。

——实行股份制改造以来，由于增加了企业的筹资渠道，增强了企业的发展后劲，固定资产投资大大增加，加上不断强化经营管理，加强职工培训，提高劳动生产率，各项主要经济指标都取得了很大的提高（按拆细后的股本计算）：

年份	纯碱产量	销售收入	利润	每股收益
1989	5.6万吨	6613万元	280.48万元	0.084元/股
1990	6.0万吨	6956万元	125.05万元	0.030元/股
1991	7.7万吨	8649万元	32.11万元	0.007元/股
1992	8.1万吨	10460万元	33.01万元	0.008元/股
1993	8.5万吨	15400万元	511.11万元	0.10元/股
1994	9.15万吨	11904万元	851.95万元	0.16元/股
1995	10.1万吨	13299万元	800.48万元	0.15元/股

——近三年来，公司通过银行贷款和自筹资金，先后完成了4－8万吨/年纯碱技改的扫尾工程，8－10万吨/年纯碱技改工程和1－3万吨/年优质重质纯碱改扩建工程，共投入资金4040万元，其中贷款1564万元，自筹资金2476万元。公司新增生产经营设备146台套，其中主要设备21台套，包括纯碱压缩机、1000KWA变压器、盖氨塔、35吨锅炉等。公司主要设备处于国内同行业先进水平。

——除纯碱外公司的其他主要产品是优质重质纯碱和轻质碳酸钙，公司无重大投资收益，近三年来的业务收入主要构成是

销售收入	1996年1－9月	%	1995年	%	1994年	%
纯碱	86,429,691	70%	89,424,443	67%	95,255,052	80%
优质重质纯碱	20,201,461	16%	21,170,383	16%	8,625,309	7%
轻质碳酸钙	11,361,118	9%	12,648,131	10%	9,736,161	8%

从我公司以上经营情况来看，经过了1992年以前的徘徊后，生产经营已经进入了稳定发展的时期，随着生产投入的不断加大，将后有良好的股东投资回报。

十二、债项

根据亚太会计师事务所(96)亚会内审第27号《审计报告书》的审计结果，本公司截止1996年9月30日止，负债总额为174,773,101.49元，其中流动负债126,230,101.49元，长期负债48,543,000.00元。截止1996年9月30日止，公司未发行公司债，未向内部人员或关联人贷款，无逾期未偿还的债务，其主要债项为如下的银行贷款：

借款单位	金额	到期日	年利率(%)	借款条件

工行民主路支行	1,400,000.00	96.10.25	14.47	信用借款
工行民主路支行	2,200,000.00	96.11.26	14.47	信用借款
工行民主路支行	1,000,000.00	96.12.10	12.08	信用借款
工行民主路支行	1,000,000.00	97.01.29	14.47	信用借款
工行民主路支行	1,000,000.00	96.10.24	10.69	信用借款
工行民主路支行	3,000,000.00	97.03.30	11.09	信用借款
工行民主路支行	1,000,000.00	97.06.16	11.09	信用借款
市建行国际业务部	2,000,000.00	97.08.20	12.08	信用借款
市建行焦东办事处	1,200,000.00	98.04.15	8.46	信用借款
市建行焦东办事处	980,000.00	97.04.15	8.46	信用借款
市财务开发公司	3,060,000.00	97.07.30	15.12	信用借款
市工行信托部	2,000,000.00	97.06.07	11.09	保证借款
市信托投资公司	2,000,000.00	97.11.01	10.58	信用借款
省建行投资总公司	2,302,400.00	2000.09.01	15.12	保证借款
省建行投资总公司	2,252,000.00	2000.11.10	15.12	保证借款
省建行投资总公司	4,085,680.00	2001.08.10	15.12	保证借款
市建行焦东办事处	470,000.00	97.10.30	11.70	保证借款
市建行焦东办事处	420,000.00	97.10.30	11.70	抵押借款
市建行焦东办事处	1,400,000.00	97.10.30	11.70	抵押借款
市建行焦东办事处	1,000,000.00	97.10.30	11.70	抵押借款
市建行焦东办事处	12,530,000.00	97.12.25	8.46	信用借款
市财务开发公司	9,820,000.00	99.03.06	10.98	信用借款
市工行民主路支行	9,903,000.00	98.03.05	8.46	保证借款
国家开发银行	3,000,000.00	2001.07.31	14.94	保证借款

除上述债项外公司有下列或有负债:(1)担保焦作市氟化盐厂向中国银行焦作市分行借款人民币200万元;(2)担保焦作市化工总厂向中国工商银行焦作市中站支行借款人民币130万元,上述担保合同有充分的安全性。

公司无重大金额的须支付对价的主要合同承诺。

十三、主要固定资产

1、土地、建筑物、房屋

本公司土地共有五块,分别为北厂区109311.75平方米,南厂区52882.75平方米,南生活办公区24308.75平方米,东厂区42022.13平方米,西厂区248414.58平方米。上述土地于1993年经焦作市会计师事务所评估,价值为2998万元,经焦作市国资局批准,与1993年前国家股应收未收的股息红利一起折为860.32万股。国家股折价入股后该土地使用权由本公司持有。

厂区内房屋建筑部分属老建筑物,比较陈旧,使用功能不完善,但大部分在结构上没有明显的隐患出现。近几年新建和经装修改造后的建筑物,水平较高,如空压机房、重碱厂房、车间办公楼、新改造碳化楼和办公大楼等。

2、主要生产、经营设备

本公司多年来几经改造扩建,增加了很多新设备。由于工艺流程长,使用输送带和风机很多,特别是工艺要求配置的非标准设备如塔、窑、釜、桶、罐、管道甚多。历年来公司一贯实行严格的设备管理制度,特别是对跑、冒、滴、漏现象的预防,有效地防止了各种三废对设备的腐蚀损伤。由于设备保管好,多次获"无泄漏工厂"和"清洁文明工厂"的称号。

3、主要固定资产价值

根据亚太会计师事务所对本公司截止1996年9月30日财务报表的审计结果,本公司的主要固定资产价值如下:

单位:元

资产类别	原值	累计折旧	净值
房屋及建筑物	53,244,958.34	9,594,344.53	43,650,613.81
通用设备	18,688,595.18	10,632,370.08	8,056,225.10
专用设备	35,201,468.43	22,647,820.98	12,553,647.45
运输工具	5,108,112.03	1,469,237.48	3,638,874.55
其他	10,246,704.25	4,419,915.64	5,826,788.61
小计	122,489,838.23	48,763,688.71	73,726,149.52

十四、资产评估

根据《股份有限公司规范意见》,为进一步规范股份制管理体制,申请重新审批向社会公开发行股票及股票上市交易股份制试点,公司于1993年聘请焦作市会计师事务所,根据《国有资产评估管理办法》和《国有资产评估管理办法实施细则》对公司进行了资产评估,评估基准日为1993年3月31日。根据焦会师字(93)027号报告书,评估结果如下:

单位:元

项目	申报值	评估值	增值
资产合计	143,238,724	187,901,880	44,663,156
流动资产	70,166,395	65,055,392	-5,111,003
固定资产	54,918,675	75,622,189	20,703,514
无形资产	200,000	29,983,913	29,783,913
其他资产	17,953,653	17,240,386	-713,267
负债合计	121,290,237	129,882,246	8,592,009
权益	21,948,487	58,019,634	36,071,147

此次资产评估的主要方法:

(1)固定资产的评估采用重置成本法,在建工程采用历史成本法;

(2)无形资产的评估采用现行成本加成法;

(3)流动资产的评估采用历史成本法;

(4)债权债务的评估采用历史成本法。

十五、财务会计资料

一、资产负债表(附后)

二、利润及利润分配表(附后)

三、主要财务指标

项目	1996.9.30	1995.12.31	1994.12.31	1993.12.31
1偿债能力				
资产负债比例%	35.1	35.5	36.3	38.2
流动比率	0.90	1.03	1.00	1.21
速动比率	0.75	0.78	0.66	0.61
2经营能力				
应收帐款周转率(次)	2.18	2.97	3.63	6.10
存货周转率(次)	4.84	2.02	2.82	3.84
固定资产周转率(次)				
3获利能力				
资产报酬率%	3.15	3.73	4.54	2.94
净资产报酬率%	8.80	10.51	12.50	7.70
纯利润(千元)	8,508	8,005	8,52	5,111
每股盈利(元)	0.130	0.155	0.165	0.099

四、公司采用的主要会计政策

1.会计制度:《股份制试点企业会计制度》。

2.会计报表编制基础:本报告所附会计报表仅反映焦作市碱业股份有限公司自身的财务状况、经营业绩及资金变动情况,无子公司和控股公司。

3.会计期间:公历年制,元月一日至十二月三十一日。

4.记帐原则和计价基础:记帐原则"权责发生制";计价基础"历史成本"。

5.记帐本位币:人民币(RMB)元。

6.外币折算:外币发生,按当月月初市场汇率折合本位币记帐。每月终了,按月末市场汇率一次调整,汇兑损益,计入当期财务费用。

7.存货计价:采用实际成本计价。材料采购、发出时为实际成本;销售成本结转,按"移动平均法"计算。

8.坏帐准备:年末按应收帐款余额的3‰提取,计入当期损益。

9.长期投资:投资额占被投资单位权益性资本20%以下的采用成本法核算,20%-50%的采用权益法核算,50%以上的采用合并报表反映。

10.低值易耗品摊销:一次摊销法。

11.固定资产及折旧:固定资产按其形成过程的实际成本计价。固定资产标准:使用期限超过一年的房屋、建筑物、机器、机械运输工具,及其它与生产经营有关的设备器具、工具,或单位价值2000元以上,使用期限

超过二年的、不属于生产经营主要设备的物品；固定资产折旧：采用直线法分类计算，按月提取。

固定资产类别	估计经济使用年限	残值率(%)	年折旧率(%)
房屋建筑物	20-50	31.94	-4.85
通用设备	8-10	33.88	-12.13
专用设备	8-12	38.08	-12.13
运输工具	6-12	38.08	-16.17

12.递延资产及摊销：采用直线法，在受益期内摊销。

13.营业收入：按权责发生制原则，于商品已经发出、商品的所有权已自卖方转移给买方，收到货款或取得收取货款的证据时，作为营业收入的实现。

14.税项："增值税"，为保持前后期可比性，1993年按新税制的平均税赋进行调整，1994年1月1日起，适用17%的增值税税率，以当期销项税额抵扣当期进项税额后的余额作为应纳税额，因当期销项税额小于当期进项税额不足抵扣时，其不足部分结转下期继续抵扣。"城市维护建设税"，按应交纳增值税的7%计征。"教育费附加"按应交纳增值税的3%计征。"所得税"，按应纳税所得额的33%计征。

15.利润分配

分配顺序	分配比例(%)
弥补亏损	
提取法定盈余公积金	10
提取公益金	5-10
提取任意盈余公积金	
支付股利	

分配依据：根据《公司法》和《焦作市碱业股份有限公司章程》规定，利润分配按照每年年末实现的税后净利润和规定比例计算。其中：盈余公积金达到公司注册资本50%时，可不再提取。每年支付股利的分配方案由公司股东大会决定。

五、财务报表注释摘录(1996.9.30)

1.应收帐款：净额65,719,668.00元，比年初数上升33.47%。明细项目列示如下：

单位	
开封玻璃厂	9,291,986.88
沁阳市第一玻璃厂	4,826,215.65
郑州铝厂	4,419,382,.36
洛阳玻璃厂	3,939,620.00
洛阳玻璃厂九分厂	3,473,039.40
博爱平板玻璃厂	2,114,253.91
商丘振华玻璃厂	2,046,563.18

帐龄	金额	占总金额的比例
一年以内	43,262,656.63	65.6%
1-2年	11,526,427.62	17.5%
2-3年	5,355,050.93	8.1%
3年以上	4,214,517.08	6.5%

2.预付帐款：14,866,764.75元，比年初数上升48.65%，主要为原料盐供应合同增加。

单位	
修武县当阳峪第二车队	2,275,630.62
河北省盐业公司	1,710,836.29
江苏省盐业公司	1,414,341.36
平项山市塑料工业总公司	1,303,808.20
焦作市煤炭总公司	1,178,796.00

帐龄	金额	占总金额的比例
1年以内	9,263,715.05	62.3%
1-2年	2,933,123,73	19.7%
2-3年	189,193.43	1.3%
3年以上	2,470,732.54	16.6%

3.存货：余额17,959,057.55元，比年初数降低23.08%。原因为销售增长，成品库存下降。明细项目列示如下：

类别	金额
产成品	6,290,497.87
原材料	10,301,468.47
在产品	1,367,091.21
合计	17,959,057.55

4.固定资产及累计折旧：原值122,489,838.23元，比年初增长23.3%；累计折旧48,763,688.71元，比年初数上升13.6%；固定资产净值73,726,149.52元，比年初数增长30.5%。明细项目列示如下：

资产类别	原值	累计折旧	净值
房屋及建筑物	53,244,958.34	9,594,344.53	43,650,613.81
通用设备	18,688,595.18	10,632,370.08	8,056,225.10
专用设备	35,201,468.43	22,647,820.98	12,533,647.45
运输工具	5,108,112.03	1,469,237.48	3,638,874.55
其他	10,246,704.25	4,419,915.64	5,826,788.61
小计	122,489,838.23	48,763,688.71	73,726,149.52

5.在建工程：余额40,278,350.89元，比年初数上升17.35%。主要工程为：

纯碱扩建工程	22,223,522.38
"三废"治理工程	14,448,658.91

6.无形资产：28,126,236.28元，为1993年折价入股而取得的土地使用权，尚有47年的摊销期。

7.短期借款：10,600,000.00元，比年初数上升194.44%。均为信用借款，明细项目列示如下：

借款单位	金额	到期日	月利率(‰)
工行焦作分行民主路支行	1,400,000.00	96.10.25	12.06
工行焦作分行民主路支行	2,200,000.00	96.11.26	12.06
工行焦作分行民主路支行	1,000,000.00	96.12.10	10.065
工行焦作分行民主路支行	1,000,000.00	97.01.29	12.06
工行焦作分行民主路支行	1,000,000.00	96.10.24	8.91
工行焦作分行民主路支行	3,000,000.00	97.03.30	9.24
工行焦作分行民主路支行	1,000,000.00	97.06.16	9.24
合计	10,600,000.00		

8.应付帐款：74,909,219.18元，因原料盐进货增加，比年初数上升33.94%。主要单位如下：

河北黄骅盐业公司	50,752,943.64
新疆盐业公司	3,963,065.40
江苏省台北盐场	3,751,057.90

9.未交税金：余额6,948,866.80元，因本期销售实现较多，比年初数上升441.5%。

税项	金额
增值税	6,045,422.03
城市维护建设税	1,100,949.72
所得税	-577,295.27
房产税	275,844.22
其它	103,946.10
合计	6,948,866.80

10.一年内到期的长期负债：9,240,000.00元。

贷款单位	到期日	金额	借款条件
市建行国际业务部	1997.08.20	2,000,000.00	信用借款
市建行焦东办事处	1997.04.15	1,200,000.00	信用借款
市建行焦东办事处	1997.04.15	980,000.00	信用借款
市财务开发公司	1997.07.30	3,060,000.00	信用借款
市工行信托部	1997.06.07	2,000,000.00	保证借款

11.长期借款：48,543,000.00元，比年初数上升3.8%。

贷款单位	年利率(%)	到期日	金额	借款条件
市信托投资公司	10.58	1997.11.01	2,000,000.00	信用借款
省建行投资总公司	15.12	2000.09.01	2,000,000.00	保证借款
省建行投资总公司	15.12	2000.11.10	2,000,000.00	保证借款
省建行投资总公司	15.12	2001.08.10	4,000,000.00	保证借款
市建行焦东办事处	11.70	1997.10.30	470,000.00	保证借款
市建行焦东办事处	11.70	1997.10.30	420,000.00	抵押借款
市建行焦东办事处	11.70	1997.10.30	1,400,000.00	抵押借款
市建行焦东办事处	11.70	1997.10.30	1,000,000.00	抵押借款
市建行焦东办事处	8.46	1997.12.25	12,530,000.00	信用借款
市财务开发公司	10.98	1999.03.06	9,820,000.00	信用借款
市工行民主路支行	8.46	1998.03.05	9,903,000.00	保证借款
国家开发银行	14.94	2001.07.31	3,000,000.00	保证借款
合计			48,543,000.00	

12.股本:51,765,000.00元。股本结构列示如下:

*股本结构	
国有法人股	36,990,000.00
其中:焦作碱业集团公司	36,990,000.00
社会公众股	14,775,000.00
合计	51,765,000.00

*:一九九三年至今,公司股本结构未发生变化。

13.资本公积:截止1996年9月30日,资本公积余额13,135,600.75元,系一九九三年将经评估的土地使用权及1989年至1992年度国家股应收的股息红利折价入股所形成的资本溢价。

14.盈余公积:4,327,099.82元

15.未分配利润:13,661,870.14元,比年初数上升96.42%。

项目	1996.9.30	1995.12.31
年初未分配利润	6,955,399.26	551,518.79
加:本年净利润	6,706,470.88	8,004,850.59
减:盈余公积	——	800,485.06
减:公益金	——	800,485.06
减:已分配股利	——	
年末未分配利润	13,661,870.14	6,955,399.26

16.主营业务收入:123,875,216.58元,比1995年同期上升19.36%。

产品名称	1996年1至9月	1995年	1994年	1993年
纯碱	86,429,691.07	89,424,443.30	95,255,052.07	110,333,901.02
重碱	20,201,461.76	21,703,383.77	8,625,309.42	20,084,945.70
轻钙	11,361,118.42	12,648,131.45	9,736,161.55	10.565,404.55
其他	5,882,945.33	9,744,354.55	5,420,381.68	13,449.690.87
合计	123,875,216.58	132,987,323.07	119,036,904.72	154,433,942.14

17.营业成本:101,341,022.59元,比1995年同期上升8.14%。

产品名称	1996年1至9月	1995年	1994年	1993年
纯碱	67,650,086.42	64,831,769.34	67,443,653.14	93,254,097.87
重碱	18,424,518.23	18,173,028.81	7,090,485.73	19,477,417.38
轻钙	9,295,379.68	12,098,678.02	7,394,422.97	8,125,245.88
其他	5,971,038.26	9,964,957.63	7,039,877.51	15,886,027.38
合计	101,341,022.59	105,068,433.80	88,968,439.35	136,742,788.51

四、期后事项

1.1996年10月25日到期的工行焦作分行民主路支行短期借款140万元,已如期归还。

2.于1996年10月1日至本报告日到期的应付票据,已如期支付。

五、或有负债及承担项目

公司为下列企业和金融机构借款而签署的担保合同或担保书是或有负债:

1.担保焦作市氟化盐厂向中国银行焦作市分行借款人民币200万元。

2.担保焦作市化工总厂向中国工商银行焦作市中站支行借款人民币130万元。

十六、盈利预测

1、本公司对1996,1997年度盈利情况预测并经亚太会计师事务所审核验证,根据(96)亚会内审字第28号文《关于焦作碱业股份有限公司1996年度、1997年度盈利预测的审核报告》,预测结果如下:

单位:人民币万元

项目	96.1-9	96.9-12	96.1-12	97.1-12
一、主营业务收入	12387.52	3510.54	15898.06	16669.22
减:营业成本	10134.10	2873.98	13008.08	13586.03
销售费用	161.00	35.50	196.50	190.60
管理费用	763.47	186.53	950.00	950.00
财务费用	283.00	111.99	394.99	411.73
营业税金	88.11	29.89	118.00	111.37
二、主营业务利润	957.78	272.71	1230.49	1419.49
加:其他业务利润	56.12	23.88	80.00	90.00
三、营业利润	1013.90	296.59	1310.49	1509.49
加:营业外收入	0.17	3.83	4.00	15.00
减:营业外支出	13.10	1.90	15.00	25.00
四、利润总额	1000.97	298.52	1299.49	1499.49
减:33%所得税	330.32	98.51	428.83	494.83
净利润	670.65	200.01	870.66	1004.66
减:15%所得税	150.14	44.78	194.92	224.92
净利润	850.83	253.74	1104.57	1274.57

*:已审实现数

注:本公司所得税按33%计征,超过15%部分自1996年至2000年按焦作市财政局焦财工字(96)19号文及河南省人民政府豫政文〔1996〕246号文规定由财政部门返还本公司。

2、盈利预测基准和假设:

本盈利预测基准是根据公司1995年度和1996年度1-9月份经营业绩及1996年10-12月份和1997年度经营预算,结合现时各项生产、技术以及市场前景和公司制订的业务发展规划,本着实事求是、稳步发展的原则,在遵循我国现行法律、政策有关规定和《股份制试点企业会计制度》的前提下编制的。

本盈利预测假设:

(1)公司遵循的我国法律、法规、有关政策和公司经营决策无重大改变;

(2)公司所在地区焦作地区以及经营业务所涉及的地区的现行有关法律、法规及社会经济环境无重大改变;

(3)公司盈利预测期内,有关汇率、税率、信贷利率及市场情况在正常范围内变动;

(4)公司在盈利预测期内,投资及经营计划能如期实现,不受客观环境,较大变化的不利制约和经营费用大幅度上升的不利影响;

(5)无其他人力不可抗拒因素及不可预见因素造成的重大不利影响。

十七、重要合同及重大诉讼事项

1、重要合同

公司目前尚未履行完毕的重大合同主要包括:与国家开发银行、中国工商银行焦作市民主路支行、中国建设银行焦作市支行焦东办事处、中国建设银行河南分行投资总公司、焦作市财务开发公司及焦作市信托投资公司签订的长期借款合同,根据亚太会计师事务所审计,截至1996年9月30日,该等合同项下的借款金额为人民币49,183,080元。

2、重大诉讼

截止本上市公告书签署之日,本公司及本公司高级管理人员并未涉及任何未裁决或未执行的诉讼事项,亦无任何自然人或法人声称将对本公司及本公司高级管理人员提起诉讼。

十八、关联企业和关联交易

除持有本公司71.45%股权的股东焦作碱业集团有限责任公司外,公

司无其他关联企业。焦作碱业集团有限责任公司下属的化学试剂公司、泡花碱公司、氯化钙公司、化工工贸公司和油漆公司虽然也是从事化工行业,但因产品不同,所以在原材料供应和产品的市场覆盖上与本公司均无直接的业务联系或冲突。本公司和焦作碱业集团之间并未发生重大关联交易,也没有可以预见的重大关联交易。

本公司的董事长兼总经理蒋新棠先生兼任碱业集团的总经理,本公司的副董事长兼副总经理王济民先生兼任碱业集团的副总经理。未因上述兼职的存在而发生过损害公司和公司股东利益的情况。根据公司承诺函,公司上市后的首次股东大会上将解决关于集团和本公司总经理的兼职问题。

十九、上市推荐意见

南方证券有限公司作为上市推荐人,在审查了公司的有关材料后,认为焦作碱业是1990年以前向社会公开发行股票的遗留问题企业,自1989年公司成立以来有了很大的发展,经过股份制规范工作,公司符合下列上市条件:

(1)其股票已公开发行,社会公众股占总股本的25%以上;

(2)股本总额大于5000万元;

(3)持有面值人民币1000元以上的个人股东人数不少于1000人,个人持有的股票面值总额不少于1000万元;

(4)公司最近三年连续盈利;

(5)发起人认购的股本数额不少于公司总股本的35%,发起人认购的股本不少于3000万元。

综上所述,南方证券有限公司认为焦作碱业符合上市条件,可以向中国证监会推荐。

二十、风险因素、对策及公司发展规划

一、风险因素及对策

投资者在评价本公司此次上市的股票时,除本上市公告书提供的其他资料外,应特别认真考虑下述风险因素:

(一)经营风险:

本公司经营纯碱及优质重质纯碱的生产、销售业务,其主要特点是:资金技术密集,规模经济效益明显。在经营过程中,可能存在以下风险因素:

1、规模经营问题。对于纯碱化工产品生产而言,规模大,则效益明显,对生产消耗与成本的降低都有利。本公司在国内同类企业中,虽属大型企业,年产纯碱10万吨,产量排名全国第九,但在规模经济方面仍未达到最佳配置,因此规模经济方面的优势还不很明显。

2、经营产品集中的风险。本公司集中经营纯碱产品,主要客户是玻璃厂和铝厂,主要的原材料是盐,经济效益受化工原料整体市场和建筑材料市场影响较大。

对于上述风险,公司的对策是:

(1)、通过包括以前年度发行股票在内的各种融资渠道筹措资金,进行扩建及技术改造,使规模经济明显提高,增强市场竞争力;另一方面,本公司地处河南省重要的工业城市焦作,毗邻安阳玻壳厂、洛阳玻璃、长城铝业公司等用碱大户,产品配套环境良好,公司将充分利用良好的外部规模经济,提高效益。

(2)、针对经营产品集中的风险,本公司在进一步扩大纯碱的生产,发展稳定的大客户的同时,将进一步扩大优质重质纯碱的生产,提高深加工产品的利润水平。

(二)市场风险:

1、市场价格波动风险:近几年国内纯碱的市场价(不含增值税)在1150-1450元之间波动,本公司1996年度的纯碱平均出厂价为1124元/吨。国际市场价比较稳定,如我国主要出口市场东南亚地区为180美元/吨。根据国内纯碱生产发展和国际市场预测,国内纯碱市场价格将保持基本稳定、逐步上升的趋势,并可能有较小幅度的波动。1996年国内纯碱产量630万吨,供需基本平衡,预计到2000年全国需求量为700--720万吨。1996年本公司占全国总产量的1.75%,主要客户均在本省,目前全省年需求量为60万吨以上,而产量只有30万吨。

2、商业周期风险:化工产品市场存在其变动周期,这种周期性主要源于玻璃、氧化铝、轻工等行业对纯碱产品需求的变化。以前曾出现过较大的市场变动,近几年趋于稳步发展。

3、复关因素影响:加入世界贸易组织后,国内化工产品市场可能出现结构性调整,即随着关税保护作用的减少,国外某些化工产品具备了价格竞争力,同时,国外厂商在品种和质量方面也具有优势,因而冲击国内化工产品市场。反过来,国内化工产品在劳动力成本方面的优势也更充分地体现,可以借复关的机会增加出口,扩大创汇。

4、竞争风险:近年来,纯碱市场需求快速增长,供应紧俏,河南省的纯碱市场历来供小于求。但国内的产业发展往往会出现一哄而上的情况,如果因市场紧俏的刺激,各地厂家扩大和增加生产能力过多,可能导致几年后供过于求,价格下降,生产厂家的利润减少。

对于上述风险,本公司的分析和采取的措施为:

(1)、纯碱产品的价格是在波动中稳定的,本公司为规避价格波动的风险,将进一步依靠技术进步,扩大生产规模,降低成本,并采用的是预先签订全年销售合同的手段,尽可能减少风险。

(2)、就化工产品市场而言,周期性对其经营的影响远较机电、建筑行业的为轻。但本公司仍将加大科技投入,不断降低成本以提高抵御风险的能力。

(3)、近几年进口纯碱的到岸价为180美元/吨左右,加上关税和其他费用,价格高于国内产品,我国近几年是纯碱出口国,出口量稳步上升,所以复关对本公司的影响不大。

(4)、对于竞争风险,本公司认为,由于中国的建筑市场远未饱和的,且九五期间国家将大力推进安居工程,建筑用玻璃和建筑用铝的市场需求从长远来看增长前景广阔,且纯碱企业的投资较大,产量的增加不易赶上需求量的增长。在一个长期增长的市场中,真正的竞争风险在于质量、成本和长期安全、清洁地生产,本公司将通过努力提高质量、降低成本、做好服务、配合用户做好产品加工,在竞争中以优秀的表现取胜。

(三)外汇平衡与汇率风险:

本公司的所有原材料供应商和主要客户均为国内企业,全部用人民币结算,本公司对未来的发展规划也是立足国内,并无向外发展的计划,所以不存在外汇平衡与汇率风险问题。

(四)行业风险:

1、本公司的某些工艺,可能会由于污染、技术相对落后等问题,受到国家行业政策的限制。

2、安全生产的风险。化工产品的生产有其特殊性,某些产品须妥善保管。一旦发生事故,将会造成不同程度的损失,因而,存在着安全生产的风险。

3、环境污染的风险。本公司产品工艺流程所产生的废液若处理不当也有构成环境污染的可能。

对于上述风险,公司的对策是:

(1)、公司今后如果持续保持高速发展,规模越来越大,必须考虑节能的工艺线路和进一步减少污染的生产技术。

(2)、对于安全生产风险,本公司除进一步强化员工安全意识,全面提高管理水平外,还普遍采用自控、监控、自动报警等安全设施,并进一步引进先进技术,提高安全系数,确保安全稳定的生产。

(3)、对于三废污染,本公司已建设了一整套的环境保护设施,实施了一系列环保治理措施。在此基础上,公司将进一步引进先进技术和设备,加大环保的投资,使公司继续保持"清洁文明工厂"的标准。

(五)、股市风险:投资股票是一项风险和收益俱备的活动,投资者购买股票实际上是一种投资行为,一经购买便不能退股,只能转让。而股票市场价格又受到经济、政治、国家政策、投资者心理、信息等各种因素的影响。因此,投资者应特别注意股市风险,谨慎选择投资对象。

(六)、政策性风险:目前,本公司实际执行由财政返还18%所得税的政策,存在着将来上市公司所得税税率统一调整为33%的风险。

(七)、其他风险:此外,本公司不排除因政治、经济、自然灾害等不可抗拒因素对生产经营带来不利影响的可能性。

二、公司发展规划

1、公司发展战略:

公司近期经营发展战略是坚持以市场为导向,以提高企业经济效益为中心,以贷款回收为重点,千方百计筹措建设资金,加大技改投资力度,稳定和提高纯碱和优质重质纯碱的生产能力,使企业上规模、产品上档次,提高产品覆盖面;根据市场需求的变化,及时改变经营策略,积极主动采取应变措施;利用公司上市的锲机,提高公司的知名度,创立公司的市

场新形象;利用公司上市后筹集资金的优势,增加高附加值新产品与相关联产品的生产,使公司产品结构更好地适应市场的变化。

2、发展目标和规模

通过技术改造,扩大生产规模,调整产品结构,公司将继续以纯碱生产为主要经营目标,在上规模、上档次上做文章。九五期间公司的发展目标是以各种可能的途径筹集4.5亿元资金,进行10-20万吨/年纯碱,其中新增10万吨/年优质重质纯碱的技术改造项目。

以上项目的技术改造完成后,公司形成年产20万吨纯碱、其中15万吨优质重质纯碱的生产能力,并使公司的每年的销售收入5亿元、利税5000万元,从而成为我国一个重要的纯碱生产基地。

二十一、董事会上市承诺

本公司董事会将会严格按照《公司法》、《股票发行与交易管理暂行条例》、《公开发行股票信息披露实施细则》、《深圳证券交易所交易规则》和有关法律、法规的规定,并自股票上市之日起作出如下承诺:

1、按照法律、法规的规定程序和要求披露重大的信息、并接受证券主管机关、深圳证券交易所的监督管理。

2、及时、真实、准确地公布中期报告和年度报告、并备置于规定场所供投资者公众查阅。

3、本公司董事、监事及高级管理人员如发生人事变动或持本公司股票发生变化时,在报告证券主管机关、证券交易所的同时向投资者公布。

4、在任何公共传播媒介中出现的消息可能对本公司股票的市场价格产生误导性影响时,本公司知悉后将及时对该消息予以公开澄清。

5、本公司董事、监事及高级管理人员将认真听取社会公众的意见和批评,不利用已获得的内幕消息和其他不正当手段直接或间接从事股票买卖活动。

6、本公司没有无记录的负债。

二十二、附录

1、审计报告
2、盈利预测报告
3、资产评估报告
4、法律意见书
5、验资报告
6、公司章程
7、公司营业执照

二十三、备查文件

1、律师工作报告
2、土地评估报告
3、省政府所得税批复
4、土地使用权处置批复
5、上市推荐协议
6、国资局资产评估结果确认报告
7、国资局股权管理文件

焦作市碱业股份有限公司

1997年3月27日

利润及利润分配表

	1996.1-9	1995	1994	1993
1、主营业务收入	123,875,216.58	132,987,323.07	119,036,904.72	154,433,942.14
减:营业成本	101,341,022.59	105,068,433.80	88,968,439.35	136,742,788.51
销售费用	1,609,925.40	2,056,537.51	1,406,838.05	1,301,403.96
销售税金及附加	881,120.82	1,339,851.27	1,264,909.89	1, 422,459.45
管理费用	7,634,703.18	8,852,848.24	10,120,261.86	5,414, 608.59
财务费用	2,830,633.38	4,211,108.04	4,802,417.22	1,619,293.96
2.主营业务利润	9,557,811.21	11,458,544.21	12,474,038.35	7,933,387.67
加:其他业务利润	561,160.65	602,509.44	404,742,38	310,935.02
3.营业利润	10,138,971.86	12,061,053,65	12,878,780.73	8, 244,322.69
加:营业外收入	1,715.00	155,689.60	63,762.12	22,312.95
减:营业外支出	131.028.83	269,205.05	226,820.48	638,106.54
4.利润总额	10,009,658.03	11,947,538.20	12,715,722.37	7, 628,529.10
减:所得税	3,303,187.15	3,942,687.61	4,196,188.38	2,517, 414.60
5.净利润	6,706,470.88	8,004,850.59	8,519,533.99	5,111,114.50
加:以前年度未分配利润	6,955,399.26	551,518.79	465,341.60	0.00
6.可供分配的利润	13,661,870.14	8,556,369.38	8,984,875.59	5,111,114.50
减:提取法定盈余公积金		800,485.06	851,953.40	511,111.45
提取法定公益金		800,485.06	851,953.40	511,111.45
减:已分配普通股股利			6,729,450.00	3,623,550.00
7.未分配利润	13,661,870.14	6,955,399.26	551,518.79	465, 341.60

资 产 负 债 表

资产	1996.9.30	1995.12.31	1994.12.31	1993.12.31
流动资产:				
货币资金	5,827,259.63	1,792,556,17	830,576.80	4,759,122.74
应收帐款	65,917,420.26	49,388,801.17	40,173,631.66	25, 323,420.90
减:坏帐准备	197,752.26	148,166.40	120,520.89	75,970.26
应收帐款净额	65,719,668.00	49,240,634.77	40,053,110.77	25,247,450.64
预付帐款	14,866,764.75	10,001,024.68	5,384,460.24	6,045,685.89
其他应收款	5,923,728.89	6,865,086.11	3,190,561.49	2,490,398.45
存货	17,959,057.55	23,347.437.67	27,544,508.77	35,621,366.79
其中:原材料	10,301,468.47	9,215,823.66	7,820,535.09	18, 578,705.21
产成品	6,290,497.87	13,871,447.16	19,463,806.83	15,766, 387.54
在产品	1,367,091.21	260,166.85	260,166.85	324,141.70
待摊费用	5,045,521.05	3,582,892.67	4,241,255.17	0.00
流动资产合计	115,341,999.87	94,829,632.07	81,244,473.24	74,164,024.51
长期投资	416,360.00	416,360.00	416,360.00	416,360.00
固定资产				
固定资产原价	122,489,838.23	99,376,131.09	97,672,738.22	90,247,547.27
累计折旧	48,763,688.71	42,901,806.55	36,423,460.27	26, 855,442.83
固定资产净值	73,726,149.52	56,474,324.54	61,249,277.95	63,362,104.44
固定资产清理	-226,424.35	0.00	0.00	0.00
在建工程	40,278,350.89	34,322,984.72	15,562,922.43	6,268,046.96
固定资产合计	113,778,076.06	90,797,309.26	76,812,200.38	69,630,151.40
无形及其他资产	28,126,236.28	28,572,684.48	29,167,948.74	29,763,213.00

资产	1996.9.30	1995.12.31	1994.12.31	1993.12.31
资产总计	257,662,672.21	214,615,985.81	187,640,982.36	173,973,748.91
负债及所有者权益	1996.9.30	1995.12.31	1994.12.31	1993.12.31
流动负债				
短期借款	10,600,000.00	3,600,000.00	2,900,000.00	9,700, 000.00
应付票据	11,655,389.80	8,531,497.57	0.00	0.00
应付帐款	74,909,219.18	55,926,722.56	55,001,280.54	40, 209,409.35
预收帐款	2,008,462.42	9,371,697.29	6,976,427.14	6,373,117.99
其他应付款	1,956,619.99	306,928.35	256,193.77	274,158.73
应付福利费	541,396.11	626,455.05	1,450,168.00	1,069,775.12
未交税金	6,948,866.80	1,283,310.45	1,585,099.33	2,644,316.03
未付股利	7,398,000.00	7,398,000.00	7,398,000.00	2,589,300.00
其他未交款	939,949.78	705,274.70	460,564.33	204,506.43
预提费用	32,197.41	0.00	0.00	0.00
一年内到期长期负债	9,240,000.00	3,900,000.00	5,202,000.00	0.00
流动负债合计	126,230,101.49	91,649,885.97	81,229,733.11	63,100,583.65
长期负债				
长期借款	48,543,000.00	46,783,000.00	38,233,000.00	44, 485,000.00
应付债券				
长期负债合计	48,543,000.00	46,783,000.00	51,765,000.00	44,485,000.00
所有者权益				
股本	51,765,000.00	51,765,000.00	51,765,000.00	51,765,000.00
其中:国有法人股	36,990,000.00	36,990,000.00	36,990,000.00	36,990,000.00
社会公众股	14,775,000.00	14,775,000.00	14,775,000.00	14,775,000.00
资本公积	13,135,600.76	13,135,600.76	13,135,600.76	13,135,600.76
盈余公积	4,327,099.82	4,327,099.82	2,726,129.70	1,022,222.90
其中:公益金	2,163,549.91	2,163,549.91	1,363,064.85	511, 111.45
未分配利润	13,661,870.14	6,955,399.26	551,518.79	465,341.60
所有者权益合计	82.889,570.72	76,183,099.84	68,178,249.25	66,388,165.26
负债及权益合计	257,662,672.21	214,615,985.81	187,640,982.36	173,973,748.91

焦作市碱业股份有限公司1996年年度报告摘要

一、公司简况

公司名称：焦作市碱业股份有限公司

公司地址：河南省焦作市解放区民主北路15号

法人代表：蒋新棠

公司简称：焦作碱业

公司咨询机构：证券部

联系电话：0391—2925951转248

传真：0391—2919211

邮编：454000

二、主要财务数据与财务指标

（单位：人民币元）

指标项目	本年数	上年数	比上年增减(%)
1.主营业务收入	162,882,149.09	132,987,323.07	+22.47%
2.净利润	11,181,445.74	8,004,850.59	+39.68%
3.总资产	271,323,865.84	214,615,985.81	+26.42%
4.股东权益	87,364,545.58	76,183,099.84	+14.67%
5.每股收益	0.216	0.15	+44.00%
6.每股净资产	1.688	1.47	+14.82%
7.净资产收益率	12.80%	10.51%	+21.78%
8.股东权益比率	32.20%	35.50%	−9.30%

三、公司业务回顾

1996年是我国"九五"的开局之年，也是公司转机建制，经济迅速发展的一年。一年来，在公司董事会和经营班子的正确领导下，公司全体员工与广大股东风雨同舟、团结拼搏，使公司取得了可喜的成绩。

（一）圆满完成了各项主要经济指标。主营产品纯碱生产110014吨，完成年计划的104.8%，比上年增长8.2%；轻钙生产44409吨，完成年计划的108.3%，比上年增长3.03%；优质重质纯碱生产18974吨，完成年计划的103.8%，比上年增长4.5%。主营业务收入16288149.09元，比上年增长22.48%，实现利润总额13154642.05元，比上年增长10.10%。

（二）加大改革力度，夯实基础管理

(1) 按照《公司法》进一步规范股份制经营，修改了章程草案，完成了重新规范确认的申报、审批和工商注册登记工作；

(2) 按照公司董事会决议，进行了股票上市的申报、审批工作，并已于1997年3月31日在深交所挂牌上市；

(3) 补充完善了各项内部管理制度，实施了公司《基础管理100条》的考核和《班组建设"458"工程》的验收及公司监事会会同有关部门，年终进行了效能检查，促进了内部管理，效果显著；全年挖潜增效总价值超过300余万元，消化了部分涨价因素。

（三）加大投资力度，加快技改步伐。1996年融资2700万元(其中环保专项贷款225万元)，先后完成了3—10万吨/年优质纯碱技改工程可研，1—3万吨/年优质重质纯碱技改项目，形成3万吨/年的生产能力；8—10万吨/年纯碱扩建工程，安装了60立方米压缩机一台，予灰桶两个，1000KW变压器一台及供水工程；与之配套的一期3000KW热电土建工程已全部完工，35吨锅炉已于1996年7月1日点火送气；完成轻钙分厂压缩机抽气及净化系统的改造；上述技改项目增添了公司的发展后劲，并取得了良好的投资效益。

（四）狠抓营销，追逐最佳效益。1996年公司积极采取应变措施，及时调整经营策略，加强营销队伍，千方百计拓宽、占领市场，使主营产品产销率达100%，货款回收率95%，公司开展了进出口业务的申报、审批工作，为拓展国际市场出口创汇创造了条件。由于经营工作开创了新局面，保证了效益的持续增长。

（五）1997年，公司将进行新增10—20万吨/年纯碱可研；积极组织3—10万吨/年优质纯碱技改工程按计划开工；背压发电站一期工程7月1日投运发电；做好二期工程开工准备及搞好其它技改项目。上述技改属投资少、见效快、效益好的项目，公司经营规模和经济效益将有一个大的飞跃。

四、股本变化及股本结构情况

1. 公司结构为：总股本5176.5万股　100%

国有法人股3699万股　71.46%

社会公众股1477.5万股　28.54%

截止到1996年12月31日，公司社会公众股股东数量为5600户。

2. 前几名股东持股情况

序号	年末持股数量(万股)	占总股本比例
(1)	王虎森　25	0.483%
(2)	孙孝文　21.3	0.411%

(3)	孙惠明	20	0.386%
(4)	张桂荣	20	0.386%
(5)	王香兰	20	0.386%
(6)	杨丙珍	20	0.386%
(7)	王小英	20	0.386%
(8)	张立红	20	0.386%
(9)	温建芳	20	0.386%
(10)	祝 军	14	0.270%

3. 公司董事、监事、高级管理人员持股情况

序号	姓名	职务	1996年9月底持股数	1996年12月持股数
1	蒋新棠	董事长	8000	8000
2	王济民	副董事长、总经理	6000	6000
3	郭社梅	副董事长、党委副书记	3000	3000
4	金子贤	董事、副总经理	4000	4000
5	王立功	董事、副总经理	5000	5000
6	王存祥	董事、副总经理	3000	3000
7	张希望	董事、副总经理	3000	3000
8	宋贵山	监事会主席	3600	3600
9	孙歌东	总工程师	3000	3000
10	秦海员	董事会秘书、总经助理	3000	3000
11	祝运德	监事、纪委副书记	0	0
12	王玉乐	监事、纪委纪检员	0	0

五、重要事项：

本报告期内董事会、股东大会情况说明

1996年2月12日，公司股东大会决议，1. 同意1995年度公司不分红，当年股东可分配的利润待以后年度再作分配。2. 同意焦作碱业股票申报上市。

1996年元月8日，公司董事会审议通过了1995年度董事会工作报告；监事会工作报告；1995年度财务决算和1996年度财务预算的报告。

1996年12月26日，公司董事会决议：同意公司章程修订稿，并作为申报股票上市的申报材料之一，提交政府主管部门审查。公司章程修订稿须经股票上市后召开的股东大会通过。

1996年12月26日临时股东大会决议，同意公司股票上市，并授权公司董事会办理申报股票上市事宜。

六、财务报告：

(一)审计意见

公司财务报告经亚太会计事务所所长祝田山、谢玉敏等注册会计师审计，并出具无保留意见的审计报告(97)亚太审字第004号。

(二)财务报表(附后)

(三)财务报表(附注)

1. 公司采用主要会计政策

(1)会计制度

公司执行(股份制试点企业会计制度)

(2)会计年度

公司会计年度为公历年度即每年1月1日至12月31日止

(3)记帐原则和计价基础

记帐原则"权责发生制"；计价基础"历史成本"

(4)存货计价方法

采用实际成本计价，材料采购，发出时为实际成本；销售成本结转，按"移动平均法"计算；低值易耗品摊销：一次摊销法。

(5)长期投资核算方法

投资额占被投资单位权益性资本20%以下的采用成本法核算，20%－50%的采用权益法核算，50%以上的采用合并报表反映。

(6)固定资产及折旧

固定资产按其形成过程的实际成本计价。固定资产标准：使用期限超过一年的或单位价值2000元以上的，使用期限超过二年的固定资产折旧采用直线法分类计算，按月提取。

(7)税项

A. 所得税，自成立至1995年12月31日，按应纳税所得额的33%计征，自1996年起，根据河南省政府予政文〔1996〕246号文件批复，实际所得税赋为应纳税所得额的15%；

B. 增值税按17%税率计征，扣抵进项税后交纳；

C. "城市维护建设税"，按应交纳增值税的7%计征；

D. "教育费附加"，按应交纳增值税的3%计征。

(8)坏帐准备

本公司年末按应收帐款余额的3%提取，计入当期损益

(9)利润分配

根据《公司法》及本公司章程的规定，税后利润分配顺序为：

分配顺序	分配比例(%)
弥补亏损	
提取法定盈余公积金	10%
提取公益金	5－10%
提取任意盈余公积金	
支付股利	

2. 会计报表项目注释(1996年12月31日)

(1)货币资金	3731144.77元
现 金	1939.29元
银行存款	3729205.48元
合 计	3731144.77元

(2)应收帐款：

帐 龄	比例(%)	
1年以内	69.9	46869701.40元
1－2年	16.42	11007076.71元
2－3年	5.68	3806614.60元
3年以上	8	5365337.57元
合计	100%	67048730.28元

注：1996年12月31日应收帐款净额比年初数上升较大的原因：销售量扩大，相应赊销部分形成的应收帐款增加。

(3)预付帐款 27475124.16元

注：1996年12月31日预付帐款比年初上升较大的原因：预付的运费款及原料盐合同供货增加。

(4)其它应收款 7808278.95元

其中：

备用金	2442427.84元
焦作市解放区保险公司	1657322.87元
代垫火车运费	1411022.31元
焦作碱业集团公司	943291.55元
市劳动保险处	304046.61元
焦作市保险公司团寿险	132000.00元
其它	918167.77元

(5)存货 11931441.96元

其中：

成产品	3207391.26元
原材料	7611760.94元
在产品	1112289.76元

(6)长期投资 416360.00元

本公司长期投资均为1998年3－11月份到期的河南省地方电力开发公司债券、无息。

(7)固定资产及累计折旧：

A. 固定资产原价

项目	期初价值	本期增加	本期减少	期末价值
房屋及建筑物	32406704.41	21628303.93	770050.00	53264958.34
通用设备	18846371.38	199775.04	357551.24	18688595.18
专用设备	34775483.68	731434.27	305449.52	35201468.43
运输设备	3972814.76	1180629.83	45332.56	5108112.03

其它	9374756.86	2758708.25	1193760.86	10939704.25
小计	99376131.09	26498851.32	2672144.18	123202838.23

B.累计折旧

项目	期初价值	本期增加	本期减少	期末价值
房屋及建筑物	8569277.89	1919218.05	437535.93	10050960.01
通用设备	9470925.07	1883817.70	316151.42	11038591.35
专用设备	20102044.34	3451288.34	250940.14	23302392.54
运输设备	1212613.24	404608.63	40234.47	1576987.40
其它	3546946.01	1405474.13	236764.62	4715655.52
固定资产净值	56474324.54	72518251.41		

(8)在建工程　48272456.00 元

工程名称	进度	实际支出	原预数	批准文号	资金来源
纯碱扩建	在建	28665128.64	4988 万	予计经(94)1183 号	
废水治理	在建	14829551.85	1200 万	予计经(91)2215 号	
技改工程	在建	1159098.48	-	自　建	
供水工程	在建	583247.42	-	自　建	
电话总机	在建	109600.00	-	自　建	
轿 车	在建	1031726.50	-	自　建	
其 它	在建	1894103.11	-	自　建	
合 计		48272456.00			

注:1996 年 12 月 31 日在建工程各项目余额较年初上升较大的有纯碱扩建工程增加 18379412.07 元,三废治理工程增加 2401631.21 元。

(9)无形资产　27976316.71 元

种类	原值	已摊金额	1996.12.31	剩余摊销年限
土地使用权	29983913.00	2007596.29	27976316.71	47
合　计	-	-	-	-

注:土地使用权系 1993 年因国家土地评估作价入股而取得。

(10)短期借款　10608000.00 元

借款单位	1996 年 12 月 31 日	到期	月利率(‰)	供款条件
工行焦作分行民主支行	1808000.00	97.06.15	9.24	信用借款
工行焦作分行民主支行	4140000.00	97.06.21	9.24	信用借款
工行焦作分行民主支行	3660000.00	97.07.21	9.24	信用借款
农行焦作分行塔南支行	1000000.00	97.04.04	8.415	信用借款
合　计	10608000.00			

注:截止 1996 年 12 月 31 日,短期借款余额比年初上升较大的原因是经营规模扩大,占用的流动资金增加。

(11)应付帐款　73630192.94 元

注:1996 年 12 月 31 日应付帐款余额比年初上升较大的主要原因:原材料盐进货增加。

(12)预收帐款　3190685.37 元

(13)其它应付款　2202247.60 元

(14)未付股利　7398000.00 元

注:与年初数相同,其内容为 1993 年度及 1994 年度分配股利而未付出的国有法人股股利。

(15)未交税金　7638705.68 元

A.应交增值税　5879702.22 元

B.应交城市维护建设费　1394388.11 元

C.应交所得税　-28514.97 元

D.应交房产税　275844.22 元

其　它　117286.10 元

(16)长期借款:40723000.00 元

贷款单位	年利率(%)	到期日	1996.12.31	借款条件
省建设银行投资总公司	15.12	2000.09.01	2000000.00	保证借款
省建设银行投资总公司	15.12	2000.11.10	2000000.00	保证借款
省建设银行投资总公司	15.12	2001.08.10	4000000.00	保证借款
市财务开发公司	10.98	1999.03.06	9820000.00	信用借款
市工行民主支行	8.46	1998.03.05	9903000.00	信用借款
国家开发行	14.94	2001.07.31	3000000.00	保证借款
国家开发行	14.94	2001.11.30	1000000.00	保证借款
国家开发行	14.94	2001.12.30	1000000.00	保证借款
市农行塔南支行	9.15	1999.04.09	3000000.00	保证借款
市农行塔南支行	9.15	1999.10.08	3000000.00	保证借款
市农行塔南支行	9.15	1999.10.15	2000000.00	保证借款

(17)资本公积金　13135600.76 元

注:自 1993 年 12 月 31 日至今,公司资本公积余额未发生变化,其内容为 1993 年公司将经评估的土地使用权及 1989 年至 1992 年度国家股应收的股息红利折价入股后所形成的资本溢价。

(18)盈余公积　6563388.97 元

年初数	本年增(减)数	年末数
4327099.82	2236289.15	6563388.97

注:公司每年净利润的 20% 提取盈余公积,其中 10% 为法定盈余公积,10% 为公益金,未提取任意盈余公积金。

(19)未分配利润	15900555.85 元
年初未分配利润	6955399.26 元
加本年净利润	11181445.74 元
减本年盈余公积	1118144.58 元
减本年公益金	1118144.57 元
减已分配股份	-
年末未分配利润	15900555.85 元

七、其它事项:

公司 1996 年度税后利润为 11181445.74 元,加上 1995 年度未分配利润 6955399.26 元,扣除提取的法定盈余公积金、盈余公益金,可分配利润为 15900555.85 元。

本次采取送红股的形式分配红利,每 10 股送 3 股,计送红股 1552.95 万股,共折送 15529500 元,可分配利润中尚余 371055.85 元结转下年度分配。送红股后股本增加为 6729.45 万股。

焦作市碱业股份有限公司董事会

1997 年 4 月 30 日

利　润　及　利　润　分　配　表

编制单位:焦作市碱业股份有限公司

单位:元

科目	附注	1996 年度	1995 年度
一、主营业务收入	24	162,882,149.09	132,987,323.07
减:营业成本	25	133,936,425.34	105,068,433.80
销售费用	26	1,956,225.16	2,056,537.51
销售税金及附加		1,561,373.54	1,339,851.27
管理费用	27	9,393,690.64	8,852,848.24
财务费用	28	3,357,597.22	4,211,108.04
二、主营业务利润		12,676,837.19	11,458,544.21
加:其他业务利润	29	645,212.69	602,509.44
三、营业利润		13,322,049.88	12,064,053.65
加:投资收益			
加:营业外收入	30	5,520.00	155,689.60
减:营业外支出	31	172,927.83	269,205.05
四、利润总额		13,154,642.05	11,947,538.20
减:所得税		1,973,196.31	3,942,687.61
五、净利润		11,181,445.74	8,004,850.59

科目	附注	1996 年度	1995 年度
加:期初未分配利润		6,955,399.26	551,518.79
六、可供分配的利润		18,136,845.00	8,556,369.38
减:提取法定盈余公积金		1,118,144.58	800,485.06
提取法定公益金		1,118,144.57	800,485.06
减:已分配普通股股利			
七、未分配利润		15,900,555.85	6,955,399.26

资　产　负　债　表

编制单位:焦作市碱业股份有限公司　　　　单位:元

资产	附注	1996.12.31	1995.12.31
流动资产:			
货币资金	1	3,731,144.77	1,792,556.17
短期资金			
应收票据			
应收帐款	2	67,048,730.28	49,388,801.17
减:坏帐准备		201,146.19	148,166.40
应收帐款净额		66,847,584.09	49,240,634.77
预收帐款	3	27,475,124.16	10,001,024.68
其他应收款	4	7,808,278.95	6,865,086.11
存货	5	11,931,441.96	23,347,437.67
其中:原材料		7,611,760.94	9,215,823.66
产成品		3,207,391.26	13,871,447.16
在产品		1,112,289.76	260,166.85
待摊费用	6	−4,573,332.14	3,582,892.67
长期投资:			
待处理流动资产净损失			
一年内到期的长期投资			
其他流动资产			
流动资产合计		122,366,906.07	94,829,632.07
长期投资:			
长期投资	7	416,360.00	416,360.00
固定资产:			
固定资产原价	8	123,202,838.23	99,376,131.09
减:累计折旧		50,684,586.82	42,901,806.55
固定资产净值		72,518,251.41	56,474,324.54
固定资产清理		−226,424.35	
待处理固定资产净损失			
在建工程	9	48,272,456.00	34,322,984.72
固定资产合计		120,564,283.06	90,797,309.26
无形及递延资产:			
无形资产	10	27,976,316.71	28,572,684.48
递延资产			
无形及递延资产合计		27,976,316.71	28,572,684.48
其他资产:			
其他资产			
递延税款借项			
资产总计		271,323,865.84	214,615,985.81
负债及股东权益	附注	1996.12.31	1995.12.31
流动负债			
短期借款	11	10,608,000.00	3,600,000.00
应付票据	12	11,995,875.00	8,531,497.57
应付帐款	13	73,630,192.94	55,926,722.56
预收帐款	14	3,190,685.37	9,371,697.29
其他应付款	15	2,202,247.60	306,928.35
应付工资			
应付福利费		446,190.28	626,455.05
未交税金	16	7,638,705.68	1,283,310.45
未付股利	17	7,398,000.00	7,398,000.00
其他未交款		1,151,423.39	705,274.70
预提费用			
一年内到期的长期负债	18	24,975,000.00	3,900,000.00
其他流动负债			
流动负债合计		143,236,320.26	91,649,885.97
长期负债:			
长期借款	19	40,723,000.00	46,783,000.00
应付债券			
长期应付款			
其他长期负债			
长期负债合计		40,723,000.00	46,783,000.00
递延税款贷项			
股东权益:			
股本	20	51,765,000.00	51,765,000.00
其中:国有法人股		36,990,000.00	36,990,000.00
社会公众股		14,775,000.00	14,775,000.00
资本公积	21	13,135,600.76	13,135,600.76
盈余公积	22	6,563,388.97	4,327,099.82
其中:公益金	23	3,281,694.48	2,163,549.91
未分配利润	24	15,900,555.85	6,955,399.26
股东权益合计		87,364,545.58	76,183,099.84
负债及权益合计		271,323,865.84	214,615,985.81

财　务　状　况　变　动　变

编制单位:焦作市碱业股份有限公司　　1996年度　　单位:元

资金来源和运用	行次	金额
一、流动资金来源:		
1.本年净利润		11,181,445.74
加:不减少流动资金的费用和损失		
(1)固定资产折旧		9,064,406.85
(2)无形资产、递延资产及其他资产摊销		596,367.77
(3)固定资产盘亏(减盘盈)		
(4)清理固定资产损失(减收益)		
(5)递延税款		
(6)其他不减少流动资金的费用和损失		
小计		20,842,220.36
2.其他来源:		
(1)固定资产清理收入(减清理费用)		1,616,941.95
(2)增加长期负债		-6,060,000.00
(3)收回长期投资		
(4)对外投资转出固定资产		
(5)对外投资转出无形资产		
(6)资本净增加额		2,236,289.15
小计		-2,206,768.90
流动资金来源合计		18,635,451.46
二、流动资金运用		
1.利润分配		
(1)提取法定盈余公积金		1,118,144.57
(2)提取公益金		1,118,144.57
(3)提取任意盈余公积金		
(4)已分配股利		
小计		2,236,289.15
2.其他运用		
(1)固定资产和在建工程净增加额		40,448,322.60
(2)增加无形资产、递延资产及其他资产		
(3)偿还长期负债		
(4)增加长期投资		
小计		40,448,322.60
流动资金运用合计		42,684,611.75
流动资金增加净额		-24,049,160.29
流动资金各项目的变动	行次	金额
一、流动资产本年增加数		
1.货币资金		1,938,588.60
2.短期投资		
3.应收票据		
4.应收帐款净额		17,606,949.32
5.预付帐款		17,474,099.48
6.其他应收款		943,192.84
7.存货		-11,415,995.71
8.待摊费用		990,439.47
9.待处理流动资产损失		
10.一年内到期长期投资		
11.其他流动资产		
流动资产增加净额		27,537,274.00
二、流动负债本年增加数:		
1.短期借款		7,008,000.00
2.应付票据		3,464,377.43
3.应付帐款		17,703,470.38
4.预收帐款		-6,181,011.92
5.其他应付款		1,895,319.25
6.应付工资		
7.应付福利费		-180,264.77
8.未交税金		6,355,395.23
9.未付股利		
10.其他未交款		446,148.69
11.预提费用		
12.一年内到期长期负债		21,075,000.00
13.其他流动负债		
流动负债增加净额		51,586,434.29
流动资金增加净额		-24,049,160.29

焦作市碱业股份有限公司1997年度中期报告

一、财务报告

1.财务报表(未经审计)

(1)简化的资产负债表　　单位:人民币元

项目	1997年1-6月	1996年末
流动资产	112403676.10	122366906.07
长期投资	208310.00	416360.10
固定资产	69503276.92	72518251.41
在建工程	66150031.33	48272456.00
无形及递延资产	27554563.21	27976316.71
固定资产清理	-279458.35	-226424.35
资产总计	275540399.21	271323865.84
流动负债	113602492.94	143236320.26
长期负债	67475000.00	40723000.00
股本	51765000.00	51765000.00
资本公积	13385600.76	13135600.76
盈余股金	6563388.96	6563388.96
未分配利润	22748916.55	15900555.85
股东权益	94462906.27	87364545.58
负债及股东权益总计	275540399.21	271323865.84

(2)简化的损益　　单位:人民币元

项 目	1997年1-6月	1996年1-6月
主营业务收入	69161704.44	66488856.97
主营业务利润	16869883.35	11988099.34
其他业务利润	107513.57	365752.41
营业外收支净额	-83940.80	-59410.75
利润总额	8056894.93	6801706.11
所得税	1208534.24	1020255.92
净利润	6848360.69	5781450.19

2.主要财务指标

项 目	1997年1-6月	1996年1-6月
每股收益	0.1323元	0.1117元
净资产收益率	7.25%	6.61%
每股净资产	1.825元	1.601元

3.财务报表附注

(1)本期财务报告与1996年度财务报告相比会计与会计方法没有发生变化。

(2)本报告期内会计主体未发生合并,分立收购等变化。

二、经营情况的回顾与展望

1.上半年经营情况的回顾

(1)上半年主营产品纯碱、优质重质碱、轻钙等产品产量分别比上年同期增长5.9%、35.91%、10.96%;主营产品销售收入、利润分别比上年同期增长4.02%、18.45%,取得了较好的经济效益,利润完成1997年度溢利预测的53.73%。

(2)上半年经营工作中一是面向市场,不断扩大市场占有份额,强化产品及服务质量,及时调整经营策略,产销平衡;二是培养高素质营销人才,加强销售队伍,奖罚分明;三是强化内部管理和开展成本予控活动。重新修订了电话费、医疗费、差旅费等管理办法,严格控制非生产性开支,狠抓增产节约,降能节耗,在练内功上下功夫。

(3)加大投资力度,增添企业发展后劲。上半年投入技改资金1000多万元进行技改。截止6月底,3000KW发电站工程已竣工,并完成调试;列入国家经贸委中、西部专项的3-10万吨/年优质重质纯碱项目已破土动工;一台Φ2.5m煅烧炉及一台290m^3/分流动压缩机已订货。

(4)改革有突破,管理上台阶。1997年3月19日经中国证监会批准,焦作碱业股票于1997年3月31日在深交所挂牌上市,从而为公司融资、资产重组,资本经营开辟了新渠道,拓展了新空间。与此同时,公司按照《公司法》进一步规范了运作机制,逐步完善了现代企业制度。上半年通过加强内部管理,取得了显著成效。主营产品各项单耗指标、单位成本明显下降,居国内同行业先进水平,综合管理工作又上了一个新台阶。

2.下半年经营情况的展望

①公司将继续确立以市场为导向,以追逐最佳经济效益为目标的经营方针,驱动技改、管理两只轮子,拓展国际、国内两个市场,外争宽松,内练硬功,确保1997年各项指标的实现和经济效益的增长。

②3000KW发电站于8月下旬并网发电;一台2.5m煅烧炉、一台290m^3/分汽动压缩机年底安装调试完毕并投入运行;力争完成10-20万吨/年优质重质纯碱工程及综合利用项目向国家经贸委申报的立项报批手续。

③做好1000万元企业债券的发行工作。

④重点抓好资产重组,资本经营工作,扩大规模,优化组合,营造航空母舰,增强抗风险能力和市场竞争能力。

⑤组织实施新产品开发,调整产品结构,逐步使公司产品向高附加值、高技术含量的精细化工方向转移,为实现公司"九五"销售收入6亿元,利润1.2亿元的目标奠定坚实的基础。

三、重大事件的说明

1.1997年3月19日经中国证券管理监督委员会证券监发〔1997〕78号文批准,焦作碱业股票上市,并于3月31日在深圳交易所挂牌交易。

2.1997年2月经国家计划委员会计财金〔1996〕2668号《关于下达1996年企业债券发行计划(技改部分)的通知》中,同意公司发行企业债券1000万元人民币。下半年,公司将委托焦作市信托投资公司面向社会代理发行(具体事宜另行公告)。

3.1997年5月,公司根据国务院证券委、中国人民银行、国家经贸委《关于严禁国有企业和上市公司炒作股票的通知》和深证发〔1997〕19号文精神,我们结合公司实际,认真进行了自查,无违规行为。并于1997年5月30日将自查结果向深交所作了书面报告。如果公司今后进行股票交易事宜,并保证严格遵守国家有关证券法规和本公司章程的规定进行。

4.关联企业和关联交易,除持有本公司71.46%股权的股东焦作碱业集团有限责任公司外,公司无其它关联企业,焦作集团公司下属的化学试剂公司、泡花碱公司、氯化钙公司、化工工贸公司和油漆公司虽然从事化工行业,但因产品不同,所以在原材料供应和产品市场履盖上与本公司均无业务联系或冲突。本公司与焦作碱业集团之间并未发生重大关联交易,也没有可预见的重大关联交易。

5.1997年7月23日上午在本公司三楼会议室召开焦作市碱业股份有限公司二届十次董事会,全体董事出席会议,监事及高级管理人员列席会议,董事长蒋新棠先生主持了会议,会议认真总结了上半年工作,分析了形势,部署了下半年工作,并形成如下决议:1997年度中期不进行利润分配。

四、股权结构情况:

1.股权结构:

项 目	1997年6月30日	1996年12月31日
总股本	5176.5万股	5176.5万股

国有法人股	3699 万股	3699 万股
社会公众股	1477.5 万股	1477.5 万股
股东总数	10000 户	5600 户

五、股东大会情况简介

1997 年 5 月 31 日上午 9 时在本公司四楼会议室召开焦作市碱业股份有限公司 1996 年度股东大会，出席股东 69 名，代表股份 37288900 股，占公司总股本的 72.03%，符合《公司法》和本公司章程规定，本次大会有效。经大会审议并表决通过了以下决议：

董事会工作报告；监事会工作报告；1996 年度财务决算和 1997 年度财务预算的报告；增补邵二国、赵海滨二位先生为监事的议案；1997 年度公司发行企业债券的议案，并授权董事会组织实施；与会股东审议了公司董事会 1996 年度利润分配方案，并听取了《预案》披露后许多股东来信、来电建议公司 1996 年度利润暂不分配，有利于公司技改工作，资产重组工作进行，有利于公司经济发展和广大股东的利益，公司董事会在股东大会上反映了这些建议，并经大会股票表决通过公司在提取 10% 法定公积金 1118144.58 元，加上年末分配 6955399.26 元，本年度可供分配利润为 15900555.05 元，1996 年度利润暂不分配。

六、备查文件

公司在办公地点备置了完整、齐备的备查文件供查阅。备查文件包括：

1. 载有公司董事长、总经理亲笔签名的中期报告原本；
2. 1996 年度股东大会材料。

联系电话：0391－9029086　　0391－2925951 转 248、288

传真：0391－2919211

联系人：秦海员　张德国

焦作市碱业股份有限公司

1997 年 8 月 18 日

股份制企业 1997 年会计报表

损　益　表

编制单位：焦作市碱业股份有限公司　　1997 年 6 月　　单位：元

项　　目	行次	本年累计数
一、主营业务收入	1	69161704.44
营业成本	2	57093803.53
销售费用(经营费用)	3	1111638.45
营业税金及附加	4	86379.01
主营业务利润	5	10869883.45
二、其他业务利润	6	107513.57
三、管理费用	7	2077311.82
四、财务费用	8	759249.47
五、营业利润	9	8140835.73
六、营业外收支净额	10	－83940.80
七、利润总额	11	8056894.93
八、所得税	12	1208534.24
九、净利润	13	6848360.69
十、单项留用的利润	14	
十一、提取的盈余公积	15	
其中：公益金	16	
十二、未分配利润	17	
十三、增值税	18	
(一)应交增值税		
1. 年初未抵扣数		
2. 销项税额	19	
出口退税	20	
进项税额转出	21	
转出多交增值税	22	
3. 进项税额	25	
已交税金	26	
减免税款	27	
出口抵减内销产品应纳税额	28	
转出未交增值税	29	
4. 年末未抵扣数	32	
(二)未交增值税		
1. 年初未交数	33	
2. 本年转入数	34	
3. 本年已交数	35	
4. 年末未交数	36	

股份制试点企业1997年会计报表

资产负债表

编制单位:焦作市碱业股份有限公司　　　　1997年6月　　　　单位:元

资　　产	行次	年初数	期末数	负债与股东权益	行次	年初数	期末数
		金额	金额			金额	金额
流动资产:				流动负债	41	10608000.00	16557500.00
货币资金	1	3731144.77	775827.55	短期借款	42	11995875.00	8198820.65
短期投资	2			应付票据	43	73630192.94	58760655.09
应收票据	3			应付帐款	44	3190685.37	
应收帐款	4	67048730.28	71290072.40	预收货款	45	446190.28	352559.50
减:坏帐准备	5	201146.19	201146.19	应付福利费	46	7398000.00	7398000.00
应收帐款净额	6	66847584.09	71088926.21	未付股利	47	7638705.68	9131934.90
预付帐款	7	27475124.16		未交税金	48	1151423.39	1203276.45
其他应收款	8	7808278.95	23605696.76	其他未交款	49	2202247.60	11981500.14
待摊费用	9	4573332.14	4436446.88	预提费用	50		18246.21
存货	10	11931441.96	12496778.70	一年内到期的长期负债	51	24975000.00	
待处理流动资产净损失	11			其他流动负债	52		
一年内到期的长期债券投资	12			流动负债合计	55	143236320.26	113602492.94
其他流动资产	13			长期负债:			
流动资产合计	15	122366906.07	112403676.10	长期借款	56	40723000.00	67475000.00
长期投资:				应付债券	57		
长期投资	16	416360.00	208310.00	长期应付款	58		
固定资产:				其他长期负债	60	40723000.00	
固定资产原价	17	123202838.23	123134008.63				
减:累计折旧	18	50684586.82	53630731.71	长期负债合计	65	40723000.00	67475000.00
固定资产净值	19	72518251.41	69503276.92	递延税项:			
在建工程	20	48272456.00	66150031.33	递延税款贷项	66		
固定资产清理	21	-226424.35	-279458.35	负债合计	67		181077492.94
待处理固定资产净损失	22			股东权益:			
固定资产合计	23	120564283.06	135373849.90	股本	68	51765000.00	51765000.00
无形资产及递延资产:			27554563.21	资本公积	69	13135600.76	13385600.76
无形资产	24	27976316.71		盈余公积	70	6563388.97	6563388.96
递延资产	25			其中:公益金	71	3281694.48	
无形及递延资产合计	30	27976316.71		未分配利润	72	15900555.85	22748916.55
其他长期资产:				股东权益合计	79	87364545.58	94462906.27
其他长期资产	31			负债及股东权益总计	80	271323865.84	275540399.21
递延税项:							
递延税款借项	32						
资产总计	40	271323865.84	275540399.21				

山东电缆电器股份有限公司

山东电缆电器股份有限公司简介

中国山东电缆电器股份有限公司，位于中国驰名中外的泰山脚下，与中国古老文明的孔子故里曲阜相毗邻。公司始建于1966年，总部设在中国泰安市。公司建立30多年以来，已发展成为国家大型一类企业、中国300户重点企业，公司拥有总资产8.96亿元，占地32万平方米，现有职工2000人，其中工程技术人员900人，高级技术职称121人。1996年，公司实现销售收入6.01亿元，实现利润6840万元，各项经济指标在中国电线电缆行业名列前茅，公司连续18年保持了经济稳定增长，实现利润近3年在中国电线电缆行业一直名列第一位，先后获得国家"五一"劳动奖状、国家500家最佳经济效益企业等6项国家级荣誉称号。

山东电缆电器股份有限公司拥有先进的电线电缆设备814台套，其中，从芬兰、德国、美国等7个国家引进了具有世界先进水平的6—110千伏、220千伏交联生产线、话缆生产线等8条电缆生产线，技术装备水平处于国内同行业领先水平。公司主要生产0.25千伏至220千伏的电力电缆、特种电缆、通信电缆等6大类、380多个型号、17000多个规格的电线电缆产品，产品以"泰山"牌注册。公司技术开发中心1994年被认定为省级技术开发中心，现已申报争取建立国家级技术开发中心，主要检测设备250—2500高压局部放电测试仪、MSR750—20500高压电缆测试系统、话缆综合测试仪、测偏仪、西林电桥等由美国、瑞士、瑞典、德国引进，具有国际当代水平。

公司于1996年12月通过了ISO9002质量体系认证，产品有9项获得国家专利、20多种获省优、部优，交联电缆连续3年被评为山东名牌产品，产品在世界上3个国家免检。近几年来，公司产品先后为中国北京天安门线路改造，京九、大秦铁路、北京西客站，国务院经贸办公大楼、中国外交部大楼等230多项国家重点建设工程配套使用。中国6大电力局和许多重点工程都以文件或信函的形式确定定点使用我公司的产品。与此同时，产品出口到东南亚、大洋州、中东、西亚等10几个国家和地区，并被2000年悉尼奥运会工程项目所使用，近4年累计出口创汇3468万美元。

山东电缆电器股份有限公司招股说明书概要

一、绪言

本招股说明书是根据《中华人民共和国公司法》、《股票发行与交易管理暂行条例》、《公开发行股票公司信息披露实施细则》等有关法规编写，旨在向社会公众提供本公司基本情况和本次发行的详细资料。发行人董事会成员已确认本招股说明书，确信其中不存在任何重大遗漏或者误导，并对其真实性、准确性、完整性负个别的和连带的责任。

经山东省证券管理办公室(1997)第2号文批准，同意山东电缆电器股份有限公司使用1996年度公开发行股票计划4000万元(面值)，向社会公众公开发行。本次发行已经中国证券监督管理委员会以证监发(1997)130号、131号文批准。

新发行的股票是根据本招股说明书所载明的资料申请发行的，除本发行人和主承销商外，没有委托或授权任何其他人提供未在本说明书中列载的信息和对本说明书作任何解释或者说明。

买卖发行人股票所应支付的税款，由投资者自行负担，发行人、推荐人和承销商对该税款不承担责任。

二、释义

在本招股说明书中，下列词汇除非另有所指，具有如下意义：

发行人或本公司：指山东电缆电器股份有限公司

董事会：山东电缆电器股份有限公司董事会

新股：指本次向社会公众发行4000万股人民币普通股

主承销商：指大鹏证券有限责任公司

上市推荐人：指大鹏证券有限责任公司

交易所：指深圳证券交易所

元：指人民币元

三、发售新股的有关当事人

1. 发行人：山东电缆电器股份有限公司

法定代表人：李田祚

地址：山东省泰安市文化路62号

联系人：初军　崔薇

电话：(0538)7223012　传真：(0538)7222439

2. 财务顾问：山东证券公司

法定代表人：胡荣甫

地址：济南市千佛山路北首

联系人：宋颖　丁可

电话：(0531)2969482　传真：(0531)2969497

3. 主承销商及上市推荐人：大鹏证券有限责任公司

法定代表人：徐卫国

地址：深圳市深南东路333号地王商业中心8层

联系人：周建国　宛楠

电话：(0755)2462024　传真：(0755)2462021

4. 副主承销商：天津证券有限责任公司

法定代表人：葛子平

地址：天津市赤峰道132号

联系人：丁进　王维祥

电话：(022)7111174　传真：(022)7119890

5. 分销商：长城证券有限责任公司

法定代表人：李仁杰

地址：深圳市福田区八卦三路平安大厦四楼

联系人：王学哲

电话：(0755)2414856　传真：(0755)2414862

6. 分销商：广东证券公司

法定代表人：钟伟华

地址：广州市东风路703号

联系人：尚世平

电话：(020)87784726　传真：(020)87784506

7. 分销商：光大证券有限公司

法定代表人：刘纪元

地址：北京市复兴门外大街六号光大大厦

联系人：雷杰

电话:(010)68561122　　传真:(010)68561008

8. 发行人之律师事务所:众鑫律师事务所

法定代表人:宋扬之

地址:北京市白石桥路52号奥林匹克饭店318室

经办律师:孙广亮

电话:(010)62172836　62176688—7318

传真:(010)62172846

9. 会计师事务所:山东烟台会计师事务所

法定代表人:刘天聚

地址:山东烟台市芝罘区胜利路2号

经办注册会计师:战淑萍　　孙祥祚

电话:(0535)6224385　　传真:(0535)6224381

10. 资产评估事务所:山东审计师事务所

法定代表人:林乐青

地址:山东省济南市石棚街15号

经办人员:万莉　阎青

电话:(0531)6922756　　传真:(0531)6922905

11. 资产评估确认机构:山东省国有资产管理局

法定代表人:孙肇琨

地址:山东省济南市经四路158号

电话:(0531)6911900

12. 土地估价机构:山东地产估价事务所

法定代表人:刘建功

地址:济南市东外环路中段

经办人员:刘建功　　姜文明

电话:(0531)8947642

13. 资金冻结行:中国人民银行济南市分行

帐号:0246304

14. 收款单位:山东证券公司

开户行:济南市工行市中区支行

帐号:1627302733

15. 股票登记机构:深圳证券中央登记结算公司

法定代表人:黄铁军

地址:深圳市红岭路25号

电话:0755—5567898　　传真:0755—5571127

四、本次发行的基本情况

1. 承销方式:余额包销

2. 承销期:从1997年4月22日至1997年5月6日共15天

3. 发行方式:全额预缴款、比例配售、余额即退

4. 本次发行采用网下发行方式。

5. 发行地区中国山东省济南市、泰安市、新泰市。

6. 发行对象:中国法律规定可以从事股票投资的中国境内法人和自然人。

7. 发行股票种类:记名式人民币普通股(A股),每股面值1.00元,共4,000万股。

8. 发行价格及其确定方法:

本次发行价格=1994年度每股税后利润+1995年度每股税后利润+1996年度每股税后利润/3×市盈率=6.86元

市盈率的确定主要是以发行人近三年的经营业绩并综合考虑各种市场因素,确定为14.00倍。

9. 本次募股预计实收金额

本次募股发行扣除各项发行费用后预计实收金额为26400万元。

10. 承销机构、承销数量、承销比例

承销机构	承销数量	承销比例
主承销商:大鹏证券有限责任公司	1400万股	35%
副主承销商:天津证券有限责任公司	1000万股	25%
分销商:长城证券有限责任公司	600万股	15%
广东证券公司	500万股	12.5%
光大证券有限公司	500万股	12.5%

11. 本次募股发生的费用

本次募股预计发生费用1040万元,主要包括

承销费及财务顾问费:650万元

律师费用:60万元

注册会计师费用:80万元

土地估价费用:50万元

资产评估费用:50万元

上市推荐费用:100万元

其他费用:50万元

五、风险因素与对策

投资者在评价发行人此次发售的股票时,除本招股说明书提供的其它资料外,应特别认真地考虑下述各项风险因素。

(一)风险因素

1. 经营风险

(1)主要原材料、能源的制约

本公司生产用主要原材料是铜、铝和电缆料,主要能源消耗是电和原煤。近几年来,这些原材料和能源的价格都有不同程度的上涨,产品制造成本相应提高,对本公司的经济效益产生一定影响。因而在公司今后的发展中,原辅材料及能源价格的上涨,将对公司效益的进一步提高产生制约。

(2)外汇风险

本公司是国家出口基地企业,并拥有进出口自营权,年出口创汇额在国内同行业中处于领先地位,出口收入约占营业总额的10%左右,因此汇率变动及国家外汇政策的变化,将对本公司的生产经营和损益产生一定影响。另一方面,随着我国金融国际化趋势的加快,人民币汇率及国家外汇政策也必然受国际金融波动的影响。

(3)产品质量风险

电线电缆产品质量的高低,技术性能的优劣,直接关系到国计民生和人民生命财产的安全与否,若出现质量波动,将直接影响公司信誉,从而影响企业发展。

2. 行业风险

电线电缆业涉及电力、能源、通讯、轻重工业等多个行业,是国民经济发展、城乡建设以及国防科技现代化建设等必不可少的重要组成部分,因此电线电缆业有着广阔的发展前景。据国家统计局1995年的资料,全国电线电缆行业制造企业已达2416家,其中存在着一些相当有实力的厂商,行业竞争较为激烈。

3. 政策性风险

电线电缆特别是超高压电缆及附件,受国家宏观政策调控和大中城市发展规划影响较大,而超高压电缆及附件等正是本公司之主导产品,主要应用于基础工业和一些大的能源、电力、通讯项目建设,故本公司生产经营有可能随国家经济政策的变动、大中城市改造发展步伐的快慢而出现一定的波动。再者,随着该行业企业的大量增加而出现的过度竞争,国家也会制定相关政策加以调控。

4. 市场风险

随着我国经济建设的发展,对电线电缆产品的需求量越来越大,市场竞争也日趋激烈,符合用户需求,质优价廉的产品才能立足于市场,因此在产品销售过程中有可能面临降价的风险。

5. 关于世界贸易组织

世界贸易组织于1995年1月1日成立,以取代关税及贸易总协定,我国一直在为加入该组织而努力。加入世界贸易组织后,将对我国的各行

各业产生影响。预计届时将会取消种种贸易保护措施，同时还会面临“知识产权”、“市场准入”等一系列问题，使国内企业更直接地面对国际市场竞争。

6. 股市风险

本公司股票将在证券交易所上市交易。股票市场瞬息万变，投资收益与风险共存。政治局势、宏观经济形势变化、国家重大经济政策调整、本公司经营状况、投资者心理变化等因素，都会对股票市场的价格带来影响，投资者对此应有充分了解。

(二)风险对策

本公司针对上述风险将采取以下决策：

针对经营风险

1. 本公司对铜、铝、电缆料等主要原辅材料均选定两个或两个以上大的供应厂家，避免对某一供应厂家的依赖而影响生产。另一方面，企业还通过协作等方式，加强对原辅材料生产环节的控制，以抵御原材料的价格和质量波动。

2. 本公司地处产煤区，长期以来和各大煤矿保持着良好、稳定的合作关系；在电力供应方面有鲁中电网到本公司的专供线，公司又是地方政府的重点企业，因此，通过本公司的努力，在能源供应方面将更加协调与巩固。

3. 增产节约、增收节支一直是本公司加强内部管理、提高经济效益的重要手段。本公司将通过上述管理措施的强化，内部改革的深化，消化原辅材料、能源涨价的影响，实现降低产品制造成本，不断提高经济效益的目的。

4. 本公司全体员工深刻理解“质量就是生命”的含义，所生产的6大类、380多个型号、17000多个规格的产品，全部采用了等效于IEC标准的国家标准和国外先进标准，“双标”采标率达95%以上，从而被评为“全国电线电缆行业质量信誉最佳企业”。今后本公司全体员工将一如既往的高标准、严要求，站稳国内市场，走向国际市场。

针对外汇风险

本公司一方面努力保持出口和进口的外汇收支平衡，另一方面积极开展补偿贸易等形式，从而减少汇率变动可能给本公司带来的损失。

针对行业风险

本公司将通过实施名牌战略、经济规模经营战略和集团化发展战略，一方面使本公司生产经营产生规模效益，增强企业实力；另一方面使本公司产品的产销量、质量稳步上升，从而在激烈的市场竞争中立于不败之地。

针对政策性风险

本公司将努力做好市场调查，加强对国家宏观经济政策的理解，尽可能地使本公司的发展战略与国家宏观经济政策协调一致，减少政策变动对公司经营的影响。

针对市场风险

本公司将努力降低制造成本，提高产品质量，以质优价廉的产品赢得客户的信赖；加强市场调研，根据客户的需求，不断开发研究新的产品品种、规格，使本公司产品步入良性周期循环；提高营销人员素质，加强促销工作，搞好售后服务，不断开拓国内国际两个市场。

关于世界贸易组织

加入世界贸易组织对本公司来讲，是风险与机遇并存。一方面，企业将面临着缺乏国家贸易保护而遇到进口产品对国内市场冲击的风险；但另一方面，企业也将冲破国外贸易壁垒，扩大我国电线电缆产品的出口。近几年来，本公司通过不断引进国外先进的设备，在消化、吸收国际先进技术水平的同时，开发新技术、新产品，大大提高了本公司产品的竞争力。同时，国外有些原材料如钢材价格比国内便宜，这样对产品成本的降低可以起到促进作用。总之，本公司将积极引进国际产品质量标准体系、管理体系和营销惯例来组织生产经营和推动技术进步，提高在国际市场上的竞争力，迎接挑战。

针对股市风险

公司将加强管理，降低成本，改善经营结构，保证公司盈利水平的提高，给股东以长期、稳定的回报，从根本上保证股东的利益。另一方面，公司将及时披露各项有关重大事项，及时向股东公布公司经营和效益状况，澄清股市上关于本公司的不实消息，避免公司股票价格的不正常变动，保护股东权益。

六、募集资金的运用

本公司本次拟向社会公众发售新股4000万元(面值)，每股发行价6.86元，扣除发行费用1040万元，实际可募集资金26400万元，除归还原技改贷款5200万元和补充流动资金4100万元外，拟投入以下技改项目：

(1)投资2960万元用于引进110KV及以上高压交联电缆附件生产设备及技术的项目。

该项目已经山东省经济贸易委员会鲁经贸改字(1996)第103号批准，项目总投资3960万元，固定资产投资2960万元(含外汇130万美元)，新增流动资金1000万元。

该项目建成投产后，可生产110KV及以上电缆附件500套，其中中间接头200套、终端300套，产品将按国际标准组织生产，主要性能将达到ANSI/IEEE404和DINVDEO263-91标准要求，向客户提供电缆、电缆附件包括安装在内的“交钥匙”工程。

项目计划于1997年开始投资，1998年建成投产，1999年形成生产能力。项目投产后，可新增销售收入8000万元，新增利润1400万元。

(2)投资2950万元用于引进局部网络第五类电缆生产及关键设备的项目。

该项目已经山东省经济贸易委员会鲁经贸改字(1996)102号文批准，项目总投资3100万元，固定资产投资2950万元(含外汇259万美元)，需补充流动资金150万元。

该项目现国内配套设备已基本配齐，急需引进关键生产设备和试验仪器，项目建成后，产品将按国家标准组织生产，主要性能全部达到国际标准要求，可年产第五类电缆10000公里。

项目计划于1997年第1季度兴建，年底建成投产，1998年达到设计能力。项目建成后，可新增销售收入7000万元，新增利润1750万元。

(3)投资2990万元用于为220KV交联电缆线配套关键设备及扩大电压等级至500KV交联电缆的项目。

该项目已经山东省经济贸易委员会以鲁经贸改字(1996)105号批准，项目总投资4090万元，其中固定资产投资2990万元(含外汇250万美元)，铺底流动资金1100万元。

该项目目标是进一步调整产品结构，实现电缆产品的升级换代，提高整体工艺水平，形成10KV—35KV—110KV220KV—330KV—500KV交联电缆系列产品。产品将按世界先进的日本标准组织生产。项目建成达产后，将在原有生产基础上新增500KV交联电缆15公里。

项目计划1997年进行投资兴建，1998年建成达产，新增收入9960万元，新增利润2388万元。

(4)投资2980万元用于引进高压试验设备建立高压试验室的项目。

该项目已经山东省经济贸易委员会以鲁经贸改字(1996)第104号文批准，项目固定资产投资2980万元，其中用汇280万美元。

该项目是配合本公司引进110KV及以上高压交联电缆附件生产设备及技术技改项目的技改项目。该项目完成后，可保证对本公司生产的110KV及以上高压交联电缆附件进行全性能试验和型式试验，该项目的效益与110KV及以上高压交联电缆附件生产设备及技术技改项目的效益是一致的。

项目计划于1997年开始投资，1998年建成，1999年可投入使用。

(5)投资2970万元用于引进500KV超高压交联电缆局部放电检测设备的项目。

该项目已以山东省经济贸易委员会以鲁经贸改字(1996)106号文批准，项目固定资产投资2970万元，其中用汇220万美元。

引进配套超高压局部放电测试设备及耐压试验设备,将填补我国220KV以上电压等级的局部放电测试系统的空白,使本公司的高压检测水平达到或接近世界先进水平。

项目计划于1997年投资兴建,1998年建成后即可投入使用。

七、股利分配政策

1. 根据国家有关法律和本公司章程的规定,本公司的税后利润按如下顺序分配:

a. 弥补以前年度亏损(如有亏损)

b. 提取法定公积金　　10%

c. 提取法定公益金　　5—10%

d. 提取任意公积金　　经股东大会决议提取任意公积金

e. 支付普通股股利

本公司股利分配方案由公司董事会制定,提交股东大会审议批准后实施。

本公司每年分红一次。分红本着同股同权的原则,采取现金红利和股票红利两种形式。本次发行后,预期首次股利分配于1998年第2季度派发。根据公司董事会分配预案,1996年度股利暂不分配,新股东不享有1996年度分红,但享有1997年度分红权利,本预案待公司1996年度股东大会通过后执行。

八、发行人情况

1. 发行人名称:山东电缆电器股份有限公司

英文名称: SHANDONG ELECTRIC CABLE AND APPLIANCE CO.,LTD.

2. 成立日期:1994年3月28日

3. 注册地址:山东省泰安市文化路62号

4. 发行人的历史沿革:

本公司的发起人之一是山东电缆电器集团总公司,其核心企业为山东电缆厂。1992年12月经泰安市体改委批准,以山东电缆厂为核心企业,成立山东电缆电器集团总公司。山东电缆电器集团总公司是国家定点生产电线电缆的大型骨干企业、国家二级企业,山东省百家股份制试点企业之一。

本公司的另外一家发起人为中国成套设备进出口(集团)总公司,该公司是以中国成套设备出口为核心由境内外近百家企业组成的,是中华人民共和国对外贸易经济合作部的直属企业。公司主要经营成套设备和技术进出口,兼营除国家规定统一联合经营的16种商品外的商品出口业务和经营三类进口商品业务等。

本公司是1993年3月经山东省泰安市经济体制改革委员会以泰经改发(1993)第015号文批准,由山东电缆电器集团总公司和中国成套设备进出口(集团)总公司共同发起,以定向募集的方式设立的股份有限公司。其中山东电缆电器集团总公司以其评估确认的国有经营性净资产6487.69万元人民币按1:1.58折为国家股4106万股,中国成套设备进出口(集团)总公司以人民币现款3360万元按1:1.68折为法人股2000万股,合计6106万股作为发起人股,另向内部职工按每股1.68元人民币溢价定向募集3894万股内部职工股。经泰安市审计师事务所验证,上述股本金已全部到位。1994年3月,公司在泰安市工商行政管理局注册登记。公司注册资本10000万元,总股本10000万股,其中发起人股6106万股,内部职工股3894万股。1996年11月,经公司股东大会决议通过,并经山东省人民政府规范确认,本公司由山东电缆电器(集团)股份有限公司更名为山东电缆电器股份有限公司。

在公司设立过程中,山东电缆电器集团总公司的折股以外的133.09万元经营性资产和2829.05万元非经营性资产不再进入股份公司,由股份公司有偿使用,产权仍归国家。

本公司是集生产、经营、科研、外经外贸于一体、国家定点生产电线电缆的大型骨干企业,拥有进出口自营权,公司自成立以来,将自身的技术、人才优势与募集到的资金相结合,通过不断深化企业内部改革、引进国外先进设备、技术,拓展国内国际两个市场、努力扩大生产经营规模,从而使企业的经济效益和综合实力稳步增长。1993年公司列入山东省机械行业经济效益排头兵企业,1994年公司进入山东省工交财贸系统百家利润大户企业,1995年获中国电线电缆进出口联营公司出口奖,山东省"八五"技术改造先进单位,山东省机械工业"五十强"企业,从1994年至1996年利润总额连续三年名列全国同行业第一,跻入国家经贸委全国300户重点企业之一,是全国电线电缆行业中唯一列入300户的企业。截止1996年12月31日,本公司总资产600,455,005元,净额产244,682,362元,在册职工人数1998人。公司董事长兼总经理李田祚是八届全国人大代表、全国劳动模范、全国五一劳动奖章获得者、全国优秀经营管理工作者,第四届中国机械工业优秀企业家。

5. 发行人的组织结构和内部管理机构

本公司的组织结构和内部管理结构图(见附图):

6. 发行人员工人数及其专业构成

截止1996年12月31日,发行人正式在册员工1998人,其具体构成如下:

类　别	人数	比重(%)
生产人员	1231人	61.61
销售人员	166人	8.30
技术人员	315人	15.76
财务人员	24人	1.20
管理人员	262人	13.11
合　计	1998人	100.00

上述人员中,具有专科以上学历的有346人,中专(高中)学历的有1189人,中专(高中)以下的有463人。具有高级技术职称的有91人,中、初级技术职称的有342人。

7. 发行人的经营业务范围

电缆及电线产品、电子器件及电器设备、橡胶及塑料制品、输变电设备的制造与销售,金属材料压延加工。

8. 发行人主要产品及销售情况

(1)主要产品品种

本公司是国家定点生产电线电缆的大型骨干企业,主要生产从0.25千伏至220千伏的六大类、380多个型号、17000多个规格的产品。其中主导产品中的电焊机电缆、钢芯铝绞线、交联聚乙烯绝缘电力电缆等获部优产品称号,交联聚乙烯绝缘电力电缆填补了国内空白,产品达到国际九十年代水平;耐火电缆、船用电力电缆、电动潜油电缆、阻燃交联电缆获山东省机械工业系统科学技术进步奖;额定电压0.6/1KV架空绝缘电线、10KV耐候绝缘架空电缆获山东省优秀新产品奖。YJV、YJLV系列电力电缆获山东省出口免检证书;35KV及以下塑料绝缘电力电缆在1993—1996年间连续4年获山东省免检产品;交联电缆被评为山东名牌产品。点火电缆获国家专利。

(2)产品销售及市场推广

目前,公司在国内以山东为中心,以全国各大城市为分布点,建成销售办事处23个,形成辐射状的营销网络,产品畅销全国除台湾外29个省、市、自治区,产品市场占有率达到20%。同时,公司产品还出口新加坡、马来西亚、巴基斯坦、孟加拉、印度尼西亚、香港等十几个国家和地区,出口创汇额占销售收入的10%左右。

9. 发行人业务收入的主要构成

发行人1996年度的主营业务收入总计413.945千元。主营业务收入的构成如下表:

产品名称	销售收入(千元)	占主营业务收入的比重(%)
裸　线	39,976	9.66
矿用电缆	22,496	5.43
橡套电缆	9,194	2.22

全塑力缆	79,804	19.27
交联电缆	157,207	37.98
架空线	14,652	3.54
控制电缆	5,893	1.42
话缆	22,549	5.45
其它产品	62,174	15.03
合　计	413,945	100.00

10. 主要原材料的供应情况

本公司产品生产所需原材料主要是铜、铝、钢丝、钢带、橡胶、电缆料，供应厂家主要为大冶有色金属公司、太原铜业公司、常州冶炼厂、山东铝厂、平阴铝厂、天津钢丝厂、新乡带钢厂、济南塑料一厂等单位，产品质量稳定，供应量足、运输渠道畅通；电、煤等本地资源丰富，供应均有保障。

11. 税收政策的优惠

根据山东省人民政府鲁政字(1997)65号文，本次发行上市后所得税按33%的税率执行，由当地财政部门按18%返还，实际税负为15%。

九、董事、监事及高级管理人员

董事

李田祚先生，58岁，大专文化，高级经济师，历任山东电缆厂生产供应科科长、副厂长、党委副书记、厂长书记。有30多年的企业管理经验：期间任企业主要负责人10多年。曾获全国优秀经营管理者、全国机械工业优秀企业家、全国"五一"劳动奖章获得者、全国劳动模范、八届全国人大代表称号，现任本公司董事长、总经理兼山东电缆电器总公司董事长。

蔡吉臣先生，62岁，大专文化，高级经济师，历任山东电缆厂生产供应科副科长、科长、副厂长、有30多年的企业经营管理经验，现任本公司副董事长、常务副总经理兼总经济师。

王金丑先生，58岁，大学文化，高级工程师，历任中国外经总局中心计划服务局处长，中国成套设备进出口(集团)总公司副总经理，现任本公司副董事长。

赵文才先生，48岁，大专文化、高级经济师，历任山东电缆厂财务销售科副科长、科长、供应科科长、供销处处长、副厂长，有长期的市场营销经验，现任本公司董事、副总经理。

马玉新先生，42岁，大专文化，高级经济师，历任山东电缆厂生产供应科副科长、生产、财务、销售科科长、生产处处长、副厂长，有长期的生产管理经验，现任本公司董事、副总经理。

苏志新先生，59岁，大专文化，高级工程师，历任山东电缆厂技术科科长、副厂长、总工程师，现任本公司董事、总工程师。

张延奎先生，48岁，大专文化，高级经济师，历任山东电缆厂车间主任、厂办副主任兼企管办主任、厂办主任、副厂长，现任本公司董事，副总经理。

王正烈先生，51岁，大专文化，历任山东电缆厂车间主任、党支部书记、后勤部部长、副厂长，现任本公司董事、副总经理。

乔新家先生，34岁，大专文化，工程师，历任山东电缆厂工艺科副科长、供销处副处长、销售处处长，现任本公司董事、副总经理。

监事

袁训圣先生，57岁，大专文化，高级政工师，历任山东电缆厂纪委书记、党委副书记，现任本公司党委副书记、监事会主席。

赵西永先生，50岁，大专文化，高级政工师，历任山东电缆厂机修车间副主任、党办副主任、组织科科长、工会主席，现任本公司监事。

薛振来先生，47岁，大专文化，高级技师，现任本公司监事。

十、经营业绩

1. 生产经营的一般情况

根据山东烟台会计师事务所(97)烟会审字18号审计报告，截止1996年12月31日止，本公司前三年的经营业绩如下：

(单位：千元)

	1996年度	1995年度	1994年度
销售收入	413.945	259,379	179,703
销售利润	65,192	58,904	46,541
利润总额	68,398	58,786	47,088
税后利润	57,805	50,343	40,025

2. 完成的主要工作

(1)本公司始终坚持依靠科技进步，先后高起点、高标准引进了代表当代世界先进水平的电线电缆生产设备117台(套)。其中，220千伏交联电缆生产线于1996年6月18日竣工投产，是目前世界上生产高、中压交联聚乙烯绝缘电力电缆最先进的生产线，填补了国内空白，其自动化程度为当代国际先进水平。

(2)本公司先后承担了北京天安门线路改造、大秦、宝中、京九铁路、三峡工程、州电厂、北京电力改造的"9511"工程、北京西客站和国务院经贸委办公大楼等230多项国家重点建设项目的部分线缆配套任务。

(3)1996年，公司通过了国际标准化组织发布了ISO9000《质量管理和质量保证》国际标准体系的审核，使公司走上了全面质量管理，即以质量为中心的现代化企业管理的道路。

4. 筹资和投资方面的情况

近几年，本公司通过股份制改造和银行贷款共筹集资金1.6亿元，投资于以下技改项目：

(1)投资5787.25万元用于特种电缆技术改造项目，主要生产耐高温潜油泵电缆、承荷探井电缆、井筒电缆、船用电缆和阻燃全系列矿用电缆等5种特种电缆。

(2)投资3690.89万元用于全塑市话电缆的技术改造项目，可年产3600对及以下系列的全塑市话电缆60万对公里，已于1996年8月取得了邮电部通信设备进网质量认证和进网批文证书。

(3)投资6500万元用于引进220KV超高压交联电缆生产线项目，引进芬兰立式交联机组1套、瑞士局部放电测试仪及串联谐振电源和试验设备各一套，可生产35—220KV交联电缆950公里，已于1996年6月18日竣工投产，填补国内空白并发展出口，产品达到国际九十年代初先进水平。

6. 经营管理的改进情况

本公司从1994年开始先后进行了全员劳动合同制和岗位技能工资制的劳动分配制度改革，实行干部聘任制的人事制度改革，以及大病医疗统筹的医疗制度改革；其经营管理水平上了新的台阶。

7. 员工素质的变化情况

本公司一贯倡导"以人为本，以科技为先导"，高度重视对员工进行长期的技术和管理培训，已建立一整套相对科学、比较完善的职工培训制度和实施程序，员工的文化素质和技术等级大幅度提高。

十一、股本

1. 注册股份

本公司发行前注册资本为10000万元，发行成功后拟注册资本14000万元。

2. 本次拟向社会公众公开发行股票4000万股。

3. 本次A股发行后超过面值并扣除发行费用后缴入的资本金约为22400万元，将进入本公司的资本公积金。

4. 本公司已发行内部职工股3894万股，已全部按照要求在山东证券登记有限公司集中托管，根据国家有关规定，新股上市三年之后，再上市交易。

5. 本次发行前后公司的股本结构(单位：万股)

	本次发行前		本次发行后	
类别	股份	比例(%)	股份	比例(%)
发起人股	6106	61.06	6106	43.62
其中：国家股	4106	41.06	4106	29.33

国有法人股	2000	20.00	2000	14.29
内部职工股	3894	38.94	3894	27.81
社会公从股			4000	28.57
总股本	10000	100.00	14000	100.00

6. 本次发行前净资产总额244,682,362元,每股净资产2.45元;本次发行后净资产总额508,682,362元,每股净资产3.63元。

7. 本公司发行前前十名股东名单

股东名称	持股数(万股)	占发行前总股本比例(%)
泰安市国有资产管理局	4106	41.06
中国成套设备进出口集团总公司	2000	20.00
崔国栋	50	0.50
王金梅	50	0.50
黄爱荣	50	0.50
毛震宇	50	0.50
王同连	50	0.50
赵瑞英	50	0.50
郭东莲	50	0.50
高玉林	50	0.50

8. 本公司董事、监事、高级管理人员持股情况

姓名	职务	持股数(股)	占发行前总股本的比例(‰)
李田祚	董事长 总经理	18000	0.180
蔡吉臣	副总经理	8000	0.080
王金丑	副总经理	0	0
赵文才	副总经理	5000	0.050
马玉新	副总经理	10000	0.100
苏志新	总工程师	5000	0.050
张延奎	副总经理	5000	0.050
王正烈	副总经理	5575	0.056
乔新家	副总经理	5375	0.054
袁训圣	监事会主席	5000	0.050
赵西永	监事	6500	0.065
薛振来	监事	3000	0.030

9. 股票回购程序

根据《公司法》和《股票发行和交易管理暂行条例》的规定:未按照国家有关规定进行申请和批准,股份有限公司不得购回其发行在外的股票。

经国家有关机构批准可购回股份,按照公司章程(见附录)规定的程序办理。

十二、债项

根据山东烟台会计师事务所出具的审计报告,截止1996年12月31日本公司负债总计348,024,180元,其中流动负债304,264,060元,长期负债43,760,120元。

在流动负债中,应付帐款主要是贵州铝厂、绍兴县申越电缆带钢厂等单位的购货款,合计36,323,615元。其他应付款主要是木轮押金、预收购房款等,合计85,940,654元;短期借款132,616,725元。借款明细如下表:

单位:人民币万元

贷款金融机构	金额	年利率	借款期限	借款条件
山东省工行	300	10.98%	1996.08.30—1997.08.30	担保
山东省工行	700	11.70%	1996.09.30—1997.07.12	担保
山东省工行	3199.62	8.1813%	1996.07.18—1997.07.18	担保
新泰中国银行	375.45	11.088%	1996.05.10—1997.08.20	信用
新泰中国银行	130	11.088%	1996.09.10—1997.08.20	担保
新泰市工行	1490	14.472%	1996.02.08—1997.03.25	担保
新泰市工行	3942	12.078%	1996.05.21—1997.11.25	担保
新泰市工行	1615	11.088%	1996.07.30—1997.11.25	担保
新泰市工行营业部	756	12.078%	1996.07.15—1997.06.30	担保
新泰市工行营业部	200	11.088%	1996.12.17—1997.04.20	担保
新泰市财政局	400	10.8%	1996.12.09—1997.01.20	担保
新泰市建行	100	10.098%	1996.10.04—1997.04.04	信用
其它	53.6			担保
合计	13,261.7			

在长期负债中,长期应付款为3,760,120元;长期借款40,000,000元,合计43,760,120元,长期借款明细如下:

单位:人民币千元

贷款金融机构	金额	年利率	借款期限	条件
新泰市工行	16200	13.5%	1995.08.04—1998.08.01	担保
新泰市工行	15800	11.7%	1995.05.15—1998.04.20	担保
新泰市工行	8000	13.17%	1994.12.09—1997.05.25	担保
合计	40000			

除上述债务以外,截止本招股说明书签署之日止,本公司未替任何法人或自然人提供财务承诺。

十三、资产评估

根据山东审计师事务所鲁审事评字(1994)第07号评估报告,山东电缆电器集团总公司各项资产评估结果见下表(以1993年12月31日为基准日):

单位:千元

资产项目	帐面原值	帐面净值	评估价值	增加值	增加率(%)
流动资产	243,165	243,165	239,844	-3,321	-1.37
长期投资	3,495	3,495	3,425	-69	-1.98
固定资产	74,520	56,252	85,022	28,770	51.15
无形资产	4,148	4,148	21,468	17,320	417.53
资产总计	325,328	307,060	349,759	42,670	13.91
流动负债	187,493	187,493	187,493	0	0
长期负债	69,099	69,099	69,099	0	0
负债总计	256,592	256,592	256,592	0	0
净资产	68,740	50,468	93,167	42,700	84,61

注:在评估后的净资产中,生产经营性净资产64,877千元,非生产经营性净资产28,290千元。

十四、财务会计资料

下表摘自山东烟台会计事务所对发行人最近三年及截至1996年12月31日的审计报告书,如果投资者欲对发行人的财务状况、经营成果及其会计政策进行更详细的了解,应当认真阅读在附录中所载的发行人财务报表和注释。(单位:人民币元)

1、资产负债表(合并)

资产	附注	1996年12月31日	1995年12月31日	1994年12月31日
流动资产:				
货币资金	03	41,855,241.69	27,277,584.98	10,048,805.88
短期投资				
应收票据				
应收帐款	04	108,941,428.99	32,031,209.92	31,336,171.79
减:坏帐准备		302,816,46	86,094.48	94,008.51
应收帐款净额		108,638,612.53	31,945,115.44	31,242,163.28
预付货款	05	7,531,410.50	14,890,468.14	18,420,598.81
其他应收款	06	19,641,622.54	66,528,817.88	55,523,757.61
待摊费用	07	6,814,434.72	11,590,747.62	11,566,444.59
存货	08	145,356,719.79	152,545,515.85	107,175,952.36
待处理流动资产净损失				
一年内到期的长期债券投资				

项目	附注	1996年	1995年	1994年
其他流动资产				
流动资产合计		329,838,041.77	304,778,249.91	233,977,722.53
长期投资:				
长期投资	09	1,428,795.32	5,170.395.32	5,437,995.32
固定资产				
固定资产原价	10	233,829,561.47	164,591,320.00	122,872,755.67
减:累计折旧		37,253,872.79	29,238,326.21	23,958,382.29
固定资产净值		196,575,688.68	135,352,993.79	98,914,373.38
在建工程	11	54,866,690.85	63,453,743.10	57,581,224.15
固定资产清理				
待处理固定资产净损失				
固定资产合计		251,442,379.53	198,806,736.89	156,495,597.53
无形资产及递延资产:				
无形资产	12	16,075,799.20	16,444,492.80	16,813,186.40
递延资产	13	1,669,988.84	2,226,651.78	2,783,314.72
无形资产及递延资产合计		17,745,788.04	18,671,144.58	19,596,501.12
其他长期资产:				
其他长期资产				
资产总计		600,455,004.66	527,426,526.70	415,507,816.50
负债及股东权益				
流动负债:				
短期借款	14	132,616,725.00	87,368,388.63	79,396,314.86
应付票据	15	5,280,000.00	400,000.00	1,000,000.00
应付帐款	16	36,323,614.55	21,364,712.09	32,518,789.73
预收货款	17	26,800,538.28	23,969,792.07	156,022.76
应付福利费		-1,714,657.40	-733,679.25	-435,948.78
未付股利	18		29,900,000.00	33,600,000.00
未交税金	19	18,102,189.99	5,810,021.93	-1,394,632.81
其他未交款	20	914,995.60	216,566,64	-29,270.23
其他应付款	21	85,940,653.77	92,407,067.46	39,332,275.51
预提费用			661,231.30	3,418,272.18
一年内到期的长期负债			31,930,636.46	
其他流动负债				
流动负债合计		304,264,059.79	293,294,737.33	187,561,823.22
长期负债:				
长期借款	22	40,000,000.00	40,000,000.00	53,699,640.46
应付债券				
长期应付款				
其他长期负债		3,760,119.74	11,987.24	
其中:住房周转金		3,854,137.67		
长期负债合计		43,760,119.74	40,011,987.24	53,699,640.46
递延税项:				
递延税款贷项				
负债合计		348,024,179.53	333,306,724.57	241,261,463.68
少数股东权益		7,748,463.14	7,242,278.79	7,812,180.00
股东权益				
股本	23	100,000,000.00	100,000,000.00	100,000,000.00
资本公积	24	60,009,444.27	60,009,444.27	60,009,444.27
盈余公积	25	24,672,917.72	13,555,211.87	6,003,709.29
其中:公益金		7,408,645.89	4,518,403.96	2.001,236.43
任意盈余公积		2,40.980.04		
未分配利润	26	60,000,000.00	13,312,867.20	421,019.26
股东权益合计		244,682,361.99	186,877,523.34	166,434,172.82
负债及股东权益总计		600,455,004.66	527,426,526.70	415,507,816.50

2. 利润及利润分配表(合并)

项目	附注	1996年度	1995年度	1994年度
一、主营业务收入	27	413,944,592.89	259,378,561.50	179,702,650.57
减:营业成本	28	316,736,216.60	184,713,372.92	121,838,793.72
销售费用	29	11,937,730.17	5,995,540.92	1,326,715.34
管理费用		12,628,836.83	8,324,208.57	5,227,118.41
财务费用		5,981,317.37	3,139,101.05	4,296,886.97
营业税金及附加		1,752,218.95	911,067.30	807,697.31
二、主营业务利润		64,908,272.97	56,295,270.74	46,205,438.82
加:其他业务利润	30	284,363.79	2,608,550.25	335,785.12
三、营业利润		65,192,636.76	58,903,820.99	46,541,223.94
加:投资收益	31	239,929.45	204,974.24	441,407.87
补贴收入		2,654,128.81		
营业外收入	32	704,816.52	686,365.35	976,108.45
减:营业外支出	33	393,323.12	1,009,591.39	867,824.32
加:以前年度损益调整				
四、利润总额		68,398,188.42	58,785,569.19	47,087,915.94
减:所得税	34	10,087,165.42	9,012,119.88	7,063,187.39
少数股东损益		506,184.35	-569,901.21	
五、净利润		57,804,838.65	50,343,350.52	40,024,728.55
加:年初未分配利润		13,312,867.20	421,019.26	
盈余公积转入数				
六、可分配的利润		71,117,705.85	50,764,369.78	40,024,728.55
减:提取法定盈余公积金		5,780,483.87	5,034,335.05	4,002,472.86
提取法定公益金		2,890,241.94	2,517,167.53	2,001,236.43
转入资本公积				
七、可供分配的利润		62,446,980.04	43,212,867.20	34,021,019.26
减:已分配优先股股利				
提取任意公积金		2,446,980.04		
已分配普通股股利			29,900,000.00	36,600,000.00
八、未分配利润		60,000,000.00	13,312,867.20	421,019.26

根据山东烟台会计师事务所审计报告,本公司最近三年各项主要财务指标及财务数据如下:

指标名称	1996年	1995年	1994年
速动比率	0.61	0.77	0.68
流动比率	1.08	1.54	1.25
每股净资产(元/股)	2.45	1.87	1.66
应收款周转率	5.89	8.21	4.78
存货周转率	2.13	1.42	1.07
每股收益(元/每股)	0.58	0.50	0.40
净资产收益(%)	23.62	26.94	24.11
资产负债率(%)	57.96	63.19	57.69
销售利润率(%)	16.52	22.66	26.20

十五、盈利预测

根据山东烟台会计师事务所烟会审字(1997)16号盈利预测审核报告,发行人1997年度盈利预测如下:

单位:人民币千元

项目	1997年
一、主营业务收入	513,118
减:营业成本	391,110
销售费用	13,728
管理费用	13,890
财务费用	5,384
营业税金及附加	2,120
二、主营业务利润	86,886
加:其他业务利润	367
三、营业利润	87,253
加:投资收益	365
营业外收入	904

减:营业外支出	407
四、利润总额	88,115
减:所得税(33%)	27,600
少数股东权益	3,520
五、净利润	
按33%所得税率计算	56.995
(按征后返还18%计算)	71,378

注:根据上述预测的利润总额指标,按照根据山东省人民政府鲁政字65号文规定《关于山东电缆电器股份有限公司所得税问题的批复》,山东电缆电器股份有限公司所得税交纳按先征33%后由当地财政部门返还18%执行,返还部分用于企业发展。根据公司董事会决议,年末将返还部分计入任意盈余公积金,不用于分配现金股利。公司1997年税后利润为71,377,750元,如果按国家法定33%所得税率计算,股份有限公司税后利润为56,995,450元。

十六、公司发展规划

"九五"期间,本公司将进一步加大技改力度,引进国内外先进技术设备和管理经验,发展高科技电线、电缆产品,建成国内生产电线电缆产品品种最全、技术力量最雄厚的企业之一,进而成为具有国际竞争力的世界级电线电缆制造企业而继续努力奋斗。具体目标如下:

1.产品发展目标

围绕电力、交通、化工、煤炭及通讯的发展及要求,坚持"引进、消化、吸收、发展"的原则,在现有产品的基础上,扩大生产规模,健全产品系列,实现合理经济规模。

至"九五"期末,将发展形成500KV及以下皱纹铝护套超高压交联电缆及其电缆附件,耐火、无烟、无卤、无毒阻燃电缆,局部网络用5号和6号电缆,油井煤矿用特种电缆系列,并根据市场需求应时开发新产品。主导产品达到同期国际先进水平。

2.技术进步目标

建立企业技术进步机制,提高技术创新的消化吸收能力,在现有省级技术开发中心的基础上,争取建立国家级技术开发中心。"九五"期间,通过对110KV及以上电缆附件、局部网络第五类电缆及500KV交联电缆等的技术改造,实现产品结构的调整;完善产品检测设备及质量控制手段,建立500KV及以下高压试验大厅及建立燃烧试验室。"九五"末,使公司整体装备水平达到国际先进水平。

3.生产经营发展目标

"九五"末,工业总产值达到15亿元,实现销售收入15亿元,实现利润1.8亿元,保持经济效益在全国同行业的领先地位。

4.质量保证目标

在取得ISO9000质量认证体系的基础上,严格按照质量体系的标准运行,将全面的质量管理作为现代企业管理的一个重要手段,实现管理效益最大化,完成与国际市场的接轨,以满足国际贸易往来和经济合作的需要。

5.产品销售服务发展目标

巩固产品在国内市场的优势,促进国内市场占有率的进一步提高,大力开拓国际市场,设立国外销售服务网点,加强同国外的外贸联系,扩大出口份额,使出口创汇收入达到销售收入的15%以上。

十七、重要合同及重大诉讼事项

重要合同

(1)借款合同,共计四份:

a.1994年12月9日,公司与中国工商银行新泰支行签订的技术改造借款合同借款金额为400万元,借款期限为1994年12月23日至1997年5月25日,合同编号为第94—6号;

b.1994年12月23日,公司与中国工商银行新泰支行签订技术改造合同,借款金额为400万元,借款期限自1994年12月23日至1997年5月25日,合同编号为94—8号;

c.1995年8月4日,公司与中国工商银行新泰支行签订技术改造合同,借款金额为1580万元,借款期限自1995年5月至1998年5月25日,合同号为(95)技改第1号;d.1995年8月4日,公司与中国工商银行新泰支行签订技术改造合同,借款金额为1520万元,借款期限自1995年8月4日至1998年8月1日,合同编号为(95)技改字第6号。

重大诉讼事项

截止招股说明书签署之日止,公司及公司董事、监事及高级管理人员不存在任何针对公司或与公司有关的正在进行或者可能发生的诉讼,仲裁或行政处罚程序,也不存在任何诉讼、仲裁或者行政处罚的威胁。

十八、董事会成员签署意见

发行人董事会成员已确认本招股说明书,确信其中不存在任何重大遗漏或者误导,并对其真实性、准确性、完整性负个别的和连带的责任。

董事会成员签署:李田祚　蔡吉臣　马玉新　赵文才

张延奎　乔新家　王正烈　王金丑

附录:

1.烟台会计师事务所出具的审计报告
2.烟台会计师事务所出具的盈利预测审核报告
3.山东电缆电器股份有限公司的章程(草案)
4.山东电缆电器股份有限公司的营业执照
5.众鑫律师事务所出具的法律意见书
6.山东审计师事务所出具的资产评估报告

备查文件:

1.山东电缆电器股份有限公司注册登记文件;
2.山东省证券管理办公室下达发行额度的文件;
3.深圳证券交易所上市承诺函;
4.承销协议;5.山东省国有资产管理局关于资产评估确认通知;
6.山东电缆电器股份有限公司的重要合同;
7.其他有关文件。

大鹏证券有限责任公司

山东电缆电器股份有限公司

一九九七年四月十七日

附图

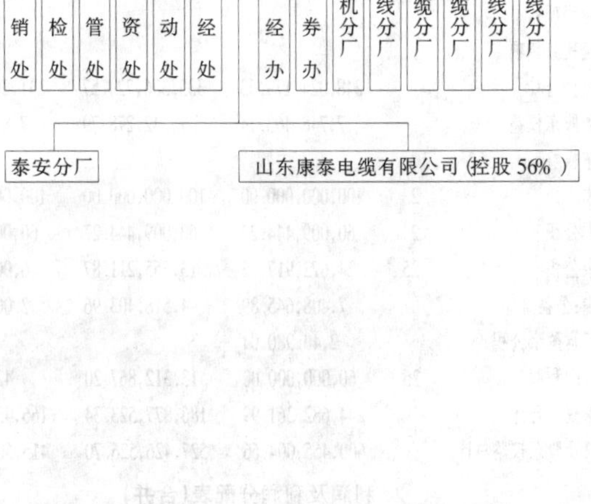

山东电缆电器股份有限公司1997年度中期报告

一、财务报告(已经审计)

(一)审计报告[烟会审字(1997)150号]

山东电缆电器股份有限公司全体股东:

我们接受委托,审计了贵公司1997年6月30日的资产负债表及合并的资产负债表和该年度1—6月利润表及合并的利润表。这些会计报表由贵公司负责,我们的责任是对这些会计报表发表审计意见。我们的审计是依据《中国注册会计师独立审计准则》进行的。在审计过程中,我们结合贵公司的实际情况,实施了包括抽查会计记录等我们认为必要的审计程序。

我们认为,上述会计报表符合《企业会计准则》和《股份制试点企业会计制度》的有关规定,在所有重大方面公允地反映了贵公司1997年6月30日的财务状况和1997年1—6月的经营成果,会计处理方法的选用遵循了一贯性原则。

山东烟台会计师事务所　　中国注册会计师　战淑萍

中国注册会计师　孙祥祚

地址:中国·烟台　　1997年8月1日

(二)财务报表

1. 简化的合并损益表(见附表一)(附后)

2. 简化的资产负债表(见附表二)(附后)

(三)财务指标对照表

项目	1997年1—6月	1996年1—6月
每股收益	0.40	0.32
净资产收益率	10.00%	13.17%
每股净资产	4.04	2.45

附注:(1)以上数据按1997年6月30日股本总额14000万元计算

(2)按资本公积金转增股本后的股本总额计算,每股收益为0.31元;每股净资产为3.11元。

(四)报表附注

1. 本报告期内所采用的会计政策和会计方法与上年一致。

2. 应收帐款:233,336,869.49元

其帐令列示如下:

帐令	金额	比例(%)
一年以内	193,101,491.72	82.76
一至二年	39,758,400.09	17.05
二至三年	266,973.85	0.10
三年以上	210,003.83	0.09
合　计	233,336,869.49	100.00

3. 其他应收款:48,344,832.97

帐令	金额	比例(%)
一年以内	41,100,954.00	85.00
一至二年	4,834,560.79	10.00
二至三年	2,308,438.66	4.78
三年以上	100,879.52	0.22
合　计	48,344,832.97	100.00

4. 长期投资较年初增长38,000,000.00元主要对山东证券有限责任公司投资所致。

5. 资本公积较年初增长224,448,700.00元系1997年发行40,000,000股新股溢价收入及有效申购冻结利息减去发行费用所致。

6. 投资收益:83,825.00元

国库券收益　　3,325.00元

泰安交行1996年分红计　　80,500.00元。

7. 未分配利润比期初增加56,126,345.53元,是1997年1—6月份实现的净利润。

8. 关联企业

(1)企业名称	注册地点	主营业务	关系	经济性质
交行泰安支行	泰安	金融	参股	国有
青岛润强实业公司	青岛	电子信息产品信息服务	母公司	国有
山东证券有限责任公司	济南	证券	参股	国有
山东福田带钢厂	新泰	电缆用带钢	参股	国有

(2)关联交易

本公司不存在关联交易

9. 青岛润强实业公司系本公司控股公司,控股60%,该公司正在建设初期,故未合并该公司报表。

10. 主营业务利润较去年同期有较大的提高主要是由于1996年下半年投入运行的220KV交联生产线今年发挥了效益。该生产线生产的高附加值的110KV交联电缆上半年销售额为99,698,557.63元,占销售收入的40.58%,并且充实扩大了销售队伍,新增了杭州、内蒙、重庆等销售网点,扩大了市场占有率。

二、经营情况的回顾和展望

1. 上半年经济指标完成情况

1997年上半年公司的主营业务收入24569.4万元,完成全年主营业收入预测的47.88%,比去年同期增长11.31%,利润总额6730.5万元,完成全年利润预测的76.38%,比去年同期增长78.30%,其它经济技术指标比去年同期均有较大幅度的增长,生产经营形势有突破性的进展。

2. 采取的措施及进展情况

为了更好地实现1997年的各项任务和目标,公司上半年主要采取了以下几方面的措施。

(1)强化营销策略,开拓两个市场。公司面对市场价格竞争的日益激烈和订货方式的转变,及时调整了内部组织结构,充实营销队伍,增设销售网点,加强售后服务,同时,积极参与国际招标,利用公司自营和进出口权的条件,灵活经营,扩大出口,增强了创汇能力。

(2)优化管理,降低成本,提高效益。公司在严格生产管理和质量管理,积极开展节约挖潜的基础上,狠抓"两个强制管理",有效地降低了生产成本,产品质量和经济效益有了明显的提高。

(3)组织实施技改计划,开发研制新产品。新的募集资金的注入,加快了技改的步伐,公司在积极组织技改项目实施的同时,狠抓了新产品的研制开发工作,使一批新产品投放市场后,满足了市场需求,促进了效益的提高。并且广泛采用新材料、新工艺、新配方,降低了生产成本和费用。

(4)强化管理,规范运作,提高公司的整体素质。公司以"山东电缆"股票上市为契机,强化内部管理,树立对全体股东负责和依法运作的观念,完善股东会、董事会、监事会的职责,议事规则和管理秩序,重新修订和完善了各项管理制度,对生产、经营工作起到了有力的监督、促进和保证作用。

3. 下半年经营措施

(1)强化生产调度,科学合理组织生产,做到均衡生产,充分发挥和挖掘两条关联电缆生产线的潜力。

(2)加强销售人员的业务培训,调动营销售人员的积极性,继续增设销售网点,拓宽销售渠道,扩大公司的知名度,提高产品覆盖率。

(3)加大技改力度和新产品开发,在积极组织现有技改项目的同时,抓紧办理变压器项目的各项准备和审批工作。根据市场需求,大力开发新产品。

(4)以严管理,以严考核,继续推行"两个强制管理"法,节能降耗,压缩各种非生产性费用开支。

4. 募集资金使用情况

(1)第五类电缆生产线及关键设备项目,该项目已完成了前期各项准备工作,部分设备正在洽谈之中。

(2)220KV交联电缆生产线配套关键设备扩大电压等级500KV交联电缆生产线项目,该项目的关键设备已签订合同,计251万美元,国内已投资配套设备167万元,项目正在建设中。

(3)500KV超高压交联电缆局部放电检测设备,其交联电缆局放测试仪已签订合同,计112万美元,其他设备国内配套,已投资468万元,项目正在建设中。

(4)高压试验设备建立高压试验室,其部分设备已经订购,其他设备还在洽谈之中,现已投资275万元,其中外汇10万美元。

(5)归还技改贷款800万元。

(6)补充流动资金8900万元。

本公司按照招股说明书的项目进行投资,没有改变资金使用用途,尚未投入资金作为银行存款,正在建设的技改项目后续资金能完全保证。

三、重大事件说明

1.1997年4月22日至27日,公司以“全额预缴、比例配售、余额即退”的方式,向社会公开发行人民币普通股4000万元。(详见4月17日《中国证券报》、《证券时报》刊登的《招股说明书概要》)。

2. 公司(山东电缆)股票于1997年5月9日在深交所挂牌上市。(详见5月7日《中国证券》、《证券时报》刊登的《上市公告书》)。

3. 按照国务院证券委、中国人民银行、国家经贸委5月21日联合发布的《严禁国有企业和上市公司炒作股票的规定》要求,公司经自查,至今为止,本公司及其子公司没有从事任何违反规定事项,本公司今后如果从事股票投资,将严格遵循国家政策法规和本公司章程的规定。

4. 本公司在报告期内无重大诉讼、仲裁事项。

5. 本公司本年度中期不分红。

6.1997年6月26日,公司一届四次董事会通过了按10:3的比例向全体股东用资本公积金转增股本的方案,本方案股东大会已通过,报有关部门批准后实施。

7. 对山东证券有限责任公司投资3800万元,已经第三次股东大会通过。

四、发行在外股票的变动和股权结构的变化

1. 本公司1997年4月经中国证监会批准向社会公开发行A股4000万股。

2. 股本结构情况(详见附表三)

3. 主要股东持股情况(截止1997年6月30日)

股东名称	持有股数(单位:股)	持股比例(%)
(1)泰安市国资局	41,060,000	29.33
(2)中国成套设备进出口集团总公司	20,000,000	14.29
(3)广州银信经济发展有限公司	1,297,432	0.93
(4)深圳市同一实业有限公司	974,380	0.70
(5)深圳地天泰投资咨询有限公司	940,193	0.67
(6)广州长兴房地产开发有限公司	807,636	0.58
(7)海口时越置业公司	766,461	0.55
(8)深圳市长雅投资有限公司	748,711	0.54
(9)赵伟	580,000	0.41
(10)林伟娟	566,888	0.40

五、股东大会

本报告期内公司没有召开年度股东大会和临时股东大会,经1997年6月26日一届四次董事会决议,已于1997年8月1日召开了1996年度股东大会,会议审查通过以下决议:

1. 审议通过了《1996年总经理工作报告》
2. 审议通过了《1996年董事会工作报告》
3. 审议通过了《1996年监事会工作报告》
4. 审议通过了《1996年度财务决算和1997年度财务预算的报告》
5. 通过了1996年度利润分配及资本公积金转增方案
6. 会议一致通过了《关于修改公司章程(草案)的决议》
7. 审议通过了更改公司名称的议案。
8. 会议一致通过了合资兴建变压器项目的提案
9. 会议一致通过了合资生产钢制品项目的提案

六、备查文件

1. 载有董事长兼总经理亲笔签名的中期报告原本;
2. 报告期内的《招股说明书》、《上市公告书》
3.1996年度股东大会全套资料

查阅地址:山东省新泰市金斗路99号公司证券办

山东电缆电器股份有限公司

1997年8月6日

简化的合并损益表

单位名称:山东电缆电器股份有限公司　　　　单位:人民币元

项目	母公司		合并	
	1997年1—6月	1996年1—6月	1997年1—6月	1996年1—6月
一、主营业务收入	222,940,394.72	196,633,348.74	245,694,028.34	220.737,901.25
二、主营业务利润	60,135,070.75	40,564,919.89	60,422,260.73	36,903,091.91
三、其他业务利润	139,262.06		192,025.02	123,352.81
四、投资收益	-1,163,094.71	-3,005,030.24	83,825.00	139,250.00
五、营业外收支净额	6,550,530.15	390,530.00	6,607,594.51	551,718.93
六、以前年度损益调整				
七、利润总额	65,661,768.25	37,950,419.65	67,305,705.26	37,747,413.65
八、所得税	9,535,422.72	5,722,923.28	9,535,422.72	5,722,923.28
九、少数股东损益			1,643,937.01	-203,006.00
十、净利润	56,126,345.53	32,227,496.37	56,126,345.53	32,227,496.37

简化的资产负债表

单位名称:山东电缆电器股份有限公司　　单位:人民币元

负债及股东权益	母公司		合并	
	1997年6月30日	1996年12月31日	1997年6月30日	1996年12月31日
流动资产	645,863,589.60	421,238,503.27	622,572,433.45	329,838,041.77
长期投资	39,555,623.57	-102,053.36	42,432,120.32	1,428,795.32
固定资产净值	104,099,782.63	107,938,099.89	193,049,395.90	196,575,688.68
在建工程	41,810,119.82	36,015,938.96	63,433,066.82	54,866,690.85
无形资产及递延资产合计	9,188,756.40	9,301,031.20	17,283,109.76	17,745,788.04
资产总计	840,517,872.02	574,391,519.96	938,770,126.25	600,455,004.66
流动负债	233,707,731.83	285,855,020.30	322,660,681.09	304,264,059.79
长期负债	41,552,722.67	43,854,137.67	41,459,637.50	43,760,119.74
负债合计	275,260,454.50	329,709,157.97	364,120,318.59	348,024,179.53
少数股东权益			9,392,400.14	7,748,463.14
股东权益:				
股本	140,000,000.00	100,000,000.00	140,000.000.00	100.000.000.00
资本公积	284,458,144.27	60,009,444.27	284,458,144.27	60,009,444.27
盈余公积	24,672,917.72	24,672,917.72	24,672,917.72	24,672,917.72
未分配利润	116,126,345.53	60,000.000.00	116,126,345.53	60,000.000.00
股东权益合计	565,257,407.52	244,682,361.99	565,257,407.52	244,682,361.99
负债及股东权益总计	840,517,862.02	574,391,519.96	938,770,126.25	600,455,004.66

股本结构情况表

1997年6月30日　　数量单位:万股　　每股面值:1元

	期初数	本次变动增减(+,-)						期末数
		发行新股	配股	送股	公积金转股	其他	小计	
一、尚未流通股份								
1. 发起人股份	6106							6106
其中:								
国家拥有股份	4106							4106
境内法人持有股份	2000							2000
外资法人持有股份								
其他								
2. 募集法人股								
3. 内部职工股	3894							3894
4. 优先股或其他								
尚未流通股份合计	10000							10000
二、已流通股份								
1. 境内上市的人民币普通股		4000						4000
2. 境内上市的外资股								
3. 境外上市的外资股								
4. 其他								
已流通股份合计		4000						4000
三、股份总额	10000	4000						14000

北京化二股份有限公司

北京化二股份有限公司(筹)简介

一、公司概况

北京化二股份有限公司是经北京市人民政府批准,由北京化学工业集团有限责任公司(以下简称化工集团公司)作为独家发起人,在对北京化工二厂进行资产重组的基础上,以社会募集方式设立的股份有限公司。公司于1997年6月6日创立,总股本为32,000万股,公司唯一发起人化工集团公司持有本公司股票24,000万股,占总股本的75%。社会公众股8,000万股,占总股本的25%,于1997年5月22日在深圳证券交易所上网定价发行成功,并于6月16日在深交所挂牌上市。

北京化二股份有限公司的前身北京化工二厂,始建于1958年是北京化工集团公司的重要组成部分,是生产经营基本化工原料的国有大型一类企业,也是我国化工原料的重要生产基地之一,在全国化工和氯碱行业以及在北京市的工业中具有十分重要的地位。主要生产经营聚氯乙烯、烧碱等两大系列,23种规格型号的产品。产品广泛应用于石油化工、轻工、医药、纺织、冶金、电力、汽车、建筑、塑料、城市供水等国民经济的重要部门,与人民生活密切相关。长期以来,企业一直视产品质量为自己的生命,以质量求生存、靠品种求发展。公司主要产品用"长城牌"注册商标,在国内拥有稳定的销售市场,并远销国外,具有很高的质量信誉。主导产品聚氯乙烯、烧碱多次荣获国家、化工部、北京市颁布的各种奖项,其中"长城牌"聚氯乙烯荣获国家银质奖(未设金奖),是北京市名牌产品之一。

公司的前身北京化工二厂,1990年－1992年曾连续三次被选入中国500家最大工业企业和最佳经济效益企业名单,曾多次被化工部和北京市评为经济效益最佳企业,是中国氯碱工业和北京市的支柱企业之一,曾在全国化学工业50家最大经营规模企业中排名第13位,在化学工业最佳经济效益企业中排名第9位。

公司始终把技术进步、科学管理作为自身发展的战略基石,自觉转变经济增长方式、坚持技术投入、提高技术含量把内涵发展与外延扩张有机的结合起来,努力走出了一条科技、效益、规模型发展的成功之路。企业呈现出技术密集型、资金密集型的特点,并不断得到发展壮大。

随着年产8万吨聚氯乙烯,年产8万吨离子膜法烧碱项目的建成投产,公司主要生产装置的技术水平已达到九十年代的国际先进水平,主要产品聚氯乙烯和烧碱的生产能力将分别达到16万吨/年,实现翻番,产品的质量也将达到国际先进水平,继续保持在全国同行业中的优势地位。

由单纯生产经营向生产经营与资本运营相结合的转变,为公司谋求更大的发展提供了良好的条件,拓展了发展的空间。经过不断的努力,不久的将来北京化二股份公司将成为一个总资产超过二十亿元,具有合理的经济规模;最先进的生产技术以及很好的经济效益,并具有代表水平的化工企业上市公司,必将以优良的业绩回报广大投资者。

二、公司主要领导简介

董事长:项大北先生,1954年出生,经济学硕士,高级工程师。曾任北京化工二厂党委书记、厂长,现任北京化工集团有限责任公司副总经理,本公司董事长。持有本公司股票5,000股。

总经理:孙绍刚先生,1966年出生,经济学硕士,工程师。曾任北京化工二厂副厂长、常务副厂长、厂长,现任本公司副董事长、总经理。持有本公司股票5,000股。

北京化二股份有限公司(筹)招股说明书概要

一、释义

在本招股说明书中,除非上下文另有规定,下列词语具有以下含义:

本公司/发行人	指北京化二股份有限公司(筹)
化工二厂	指北京化学工业集团有限责任公司化工二厂
发起人	指北京化学工业集团有限责任公司
元	指人民币元
主承销商	指中信证券有限责任公司
公司章程	指本公司的公司章程(草案)
A股	指每股面值1.00元的记名式人民币普通股
重组	指为成立本公司而进行的资产及债务分离(详见本招股说明书"重组"一书)
本次发行	指本次向社会公众发行的8000万股A股
化工集团公司	指北京化学工业集团有限责任公司
筹委会	指北京化二股份有限公司筹备委员会
董事或董事会	指本公司董事或董事会
监事	指本公司监事
产品	指本公司所生产的聚氯乙烯、烧碱等产品

二、绪言

本招股说明书概要是根据《中华人民共和国公司法》、《股票发行与交易管理暂行条例》、《公开发行股票公司信息披露实施细则》等国家法规以及本公司的实际情况编写而成,以便为投资者提供本公司的基本情况。本公司筹委会全体成员已批准本招股说明书概要,确信所摘内容与招股说明书正文一致,其中不存在任何重大遗漏或者误导并对其真实性、准确性、完整性负个别的和连带的责任。

新发行的股票是根据本说明书所载明的资料申请发行的。除本发行人和主承销商外,没有委托或授权任何其他人提供未在本说明书中列载的信息和对本说明书作任何解释或者说明。

投资人须自行负担买卖本公司股票所应支付的税款,发行人、主承销商和上市推荐人对此不承担任何责任。

本次发行业经中国证券监督管理委员会[证监发字(1997)252号]文和[证监发字(1997)253号]文批准。

三、新股发售的有关当事人

发行人:

北京化二股份有限公司(筹)

筹委会负责人:项大北

地址:北京市朝阳区大郊亭

电话:(010)67712530　传真:(010)67781459

联系人:李爱民、李崇华

发行人财务顾问:

北京海问证券投资咨询事务所

法定代表人:韩家乐

地址:北京市亚运村北辰东路住总4号院

电话:(010)64957036　传真:(010)64957022

联系人:龙涛

主承销商：
中信证券有限责任公司
法定代表人：常振明
地址：北京市朝阳区新源南路6号京城大厦
电话：(010)64665844　传真：(010)64661041
联系人：贾文杰　宋成　甘亮
副主承销商：
光大证券有限责任公司
法定代表人：刘纪元
地址：北京复兴门外大街6号光大大厦
电话：(010)68561513　传真：(010)68561008
联系人：陈美霞
分销商：
申银万国证券股份有限公司
法定代表人：阚治东
地址：上海市南京东路99号
电话：(021)64318683　传真：(021)64310778
联系人：王文星
国泰证券有限公司
法定代表人：金建栋
地址：上海浦东乳山路61号
电话：(010)67637911　传真：(010)67638440
联系人：何继兵
大鹏证券有限责任公司
法定代表人：徐卫国
地址：深圳市深南东路333号信兴广场地王商业中心商业大楼8层
电话：(010)63485596　传真：(010)63485664
联系人：张瑾
中国新技术创业投资公司
法定代表人：徐振国
地址：北京建国外大街22号
电话：(010)65227550—917　传真：(010)65227560
联系人：高炬
中国旅游国际信托投资有限公司
法定代表人：刁玉良
地址：北京市北京站东街6号
电话：(010)65158640　传真：(010)65158642
联系人：姜玉梅　王晓茹
中国东方信托投资公司
地址：北京市西城区西直门外高梁桥斜街18号中苑宾馆B楼
法定代表人：唐棣华
电话：(010)62178888—7212　传真：(010)62182677
联系人：王新宇　李耀
中国人保信托投资公司
法定代表人：朱斌
地址：北京市天坛东路70号
电话：(010)67119486　传真：(010)67119456
联系人：刘素然
中煤信托投资有限责任公司
法定代表人：王忠民
地址：北京市西城区阜外大街22号
电话：(010)64279933—6521　传真：(010)64204470
联系人：邵家庆　叶晓
中国电力信托投资有限公司
法定代表人：邹泽锦
地址：北京丰台区右安门外东河路2甲1号
电话：(010)63414215　传真：(010)63538963
联系人：唐澍明
海南省证券公司
法定代表人：文哲
地址：海口市龙昆路珠江广场帝豪大厦27层
电话：(0898)6781562　传真：(0898)6792799
联系人：金树良、乔镜霖
大连证券有限责任公司
法定代表人：石雪
地址：大连市中山区鲁迅路20号
电话：(0411)2825838　传真：(0411)2808390
联系人：刘朋林
西安证券公司
法定代表人：王文学
地址：西安市西大街344号
电话：(029)7288437　传真：(029)7235117
联系人：黄全成　崔燕
厦门证券公司
法定代表人：苏金龙
地址：厦门市莲前西路2号莲富大厦17楼
电话：(0592)5161816　传真：(0592)5161102
联系人：胡来旺　陈巍
海南省国际信托投资公司
法定代表人：彭振明
地址：海口市滨海大道国信大厦9楼
电话：(0989)6777298、6236498　传真：(0989)6777333
联系人：陆涛　王朝阳
上市推荐人：
中信证券有限责任公司
发行人律师：
北京市海问律师事务所
法定代表人：何斐
地址：北京市亚运村北辰东路住总3号院
电话：(010)64957040—7046　传真：(010)64957037
经办律师：杨静芳　佟忠
主承销商律师：
北京市金诚律师事务所
地址：中国北京东三环北路19号华鹏大厦6层
电话：(010)65925106　传真：(010)65925107
经办律师：刘治海　庞正忠
会计师事务所
毕马威华振会计师事务所
法定代表人：颜泽夔
地址：北京市朝阳区呼家楼京广中心2609室
电话：(010)65913388　传真：(010)65004059
经办注册会计师：罗铮　陈玉红
资产评估机构：
中华会计师事务所
法定代表人：陆兵
地址：北京市西城区阜外大街1号四川大厦东8楼
电话：(010)68364746　传真：(010)68364743
项目负责人：许天宁　胡荣
土地评估机构：
北京市房地产价格评估事务所

法定代表人:杨于北
地址:北京市东城区南河沿大街大甜水井胡同37号
电话:(010)65273525
北京北方房地产咨询评估中心
法定代表人:高向军
地址:北京市友谊宾馆苏园公寓60841室
电话:(010)68498925　68498888—60841
联系人:高向军　白龙吉
资产评估确认机构:
中华人民共和国国家国有资产管理局
法定代表人:张佑才
地址:北京市海淀区万泉河路66号
电话:(010)62567744　传真:(010)62561817
股票登记机构:
深圳证券结算有限公司
法定代表人:黄铁军
地址:深圳市红岭中路25号
电话:(0755)5567898　传真:(0755)5571127

四、承销

1.承销方式:本次公开发行采用余额包销方式。

2.发行期:1997年5月22日

3.发行地区:与深圳证券交易所交易系统联网的各证券交易网点

4.发行方式:在深圳证券交易所上网定价发行

5.发行对象:中华人民共和国公民及法人(法律、行政法规禁止购买者除外)

6.股票种类:本次发行的股票全部为"北京化二股份有限公司"记名式人民币普通股,每股面值人民币1.00元,共计8,000万股。

7.发行价格及确定价格的方式

发行价格:7.20元/股

确定价格的方式:

1)发行市盈率按15倍计;

2)本次发行前三年平均每股税后利润

=(1994年每股税后利润+1995年每股税后利润+1996年每股税后利润)/3=0.48元/股;

3)计算中1994年至1996年股本均取公司1996年12月31日(资产评估基准日)的评估后净资产,按1.402:1比例折股形成的股本24,000万股;

8.预计实收金额:人民币56,075万元

五、风险因素与对策

提示:投资者在评价本发行人此次发售的股票时,应特别认真地考虑下述各项风险因素。

1.经营风险

(1)原料供应风险

本公司生产聚氯乙烯、烧碱所用的主要原料有乙烯、工业盐、电等,其消耗量分别占全部制造成本的21.6%、9.5%和25.2%。主要原料基本上都是由本公司直接向国内供应商采购,按合同规定或国家分配指标供给本公司。

乙烯由燕山石化总公司和北京化学工业集团有限责任公司东方化工厂供应。其中,所需乙烯的50%由国家分配指标,确保供应,其余部分由本公司自行采购。随着我国市场经济的不断发展和完善以及个别供应厂商有可能出现的短时间资源制约,乙烯的供应将越来越多地受市场变化的影响,因此,乙烯供应状况、价格变化,有可能对本公司的生产带来一定的影响。

目前本公司生产所用工业盐主要是由天津、河北等地的盐厂供应。近年来,盐的市场一直供大于求,价格也有下降的趋势。但由于盐的产量受自然环境影响很大,如遇大风、降水频繁的情况时,供应量会相应减少,价格会随之上涨,所以盐的供应是否稳定,将对本公司的生产经营产生一定影响。

电是生产烧碱的主要原料,本公司生产用电是由国家供电部门计划分配,用电量基本可以保证,但电价的上涨将会对本公司的生产成本和利润水平造成影响。

(2)产品结构的风险

目前,本公司主要生产聚氯乙烯、烧碱两大系列23种规格和型号的产品,产品系列偏少,结构不尽合理,若遇市场变化,有可能影响本公司的生产经营。

(3)对主要客户依赖的风险

在本公司的产品销售中,相对稳定的长期客户约占80%左右,长期客户数量的变化,有可能影响本公司的销售。

(4)项目投资的风险

本公司此次募集的资金,将主要投入到新建年产8万吨聚氯乙烯项目,收购年产8万吨离子膜法烧碱项目中,收购工作能否顺利完成,两个项目能否按期投产并正常运转、发挥效益,将直接影响本公司的盈利能力。

2.行业竞争风险

随着我国经济的发展,氯碱工业近年来发展较快,到1996年底,氯碱行业的两大代表产品聚氯乙烯和烧碱的年总产量分别达到137万吨和532万吨,分别居世界第三位和第二位。但是,与世界人均消费水平和发达国家人均消费水平相比,差距仍然十分明显,因此我国氯碱工业还有较大的发展空间。

1993年以来,聚氯乙烯市场需求旺盛,从而拉动了现有氯碱企业的改扩建和资本投入,总产能也随之逐年加大,近三年来,全国已有9个省、市增加聚氯乙烯产能约22万吨。特别是随着天津、上海等地合资新建、扩建同类生产装置的建成投产,本公司将在生产规模、产品技术、质量和品种方面面临竞争。

3.政策风险

在国民经济的支柱产业中,化工行业与整个国民经济的关联性很强,特别是作为基本化工原料的氯碱行业,在支柱产业和化工行业中占据了重要的地位。目前,每生产1亿元产值的氯碱产品,可以带动下游工业创造出15至20亿元的产值,经济效益和社会效益显著。因此,氯碱行业具有较大的发展空间和强有力的政策支持。但是,国家产业政策的变化,特别是对氯碱行业的政策发生变化,将会给本公司的经营带来一定的风险。

4.市场风险

目前国内氯碱产品市场相对较好,利润率也较高,各氯碱企业都有扩大规模的内在要求。目前,本公司聚氯乙烯的年生产能力名列全国第三位,烧碱年生产能力为全国第五位。但是,随着氯碱行业的迅速发展和部分生产企业扩展计划的实现,市场竞争将更加激烈。

5.加入世界贸易组织的风险

我国从1996年1月1日起降低了出口退税税率,1996年4月1日起又降低了进口关税,其中,聚氯乙烯和烧碱的进口税率分别由28%、20%降低到18%和14%。加入世界贸易组织将有利于本公司的产品进入国际市场,扩大出口,但同时,存在着进一步降低氯碱产品关税税率的可能。本公司面临着国外同类产品的竞争。

6.股市风险

本公司股票发行结束后将尽快挂牌上市。股票价格不仅仅取决于企业的经营状况,同时也受到利率、汇率、通货膨胀以及国家有关政策等因素的影响,股票市场价格波动属股市正常现象。为此,本公司提醒投资者,必须正视股价波动及今后股市中可能涉及的风险。

7.环保风险

本公司生产装置达到了国际80年代末、90年代初的国际先进水平,

环境保护在同行业中处于领先地位,主要环保指标均达到国家和北京市的有关标准。但是,作为化工行业,在生产过程中可能会产生对环境有害的化学物质。本公司在引进技术和扩大生产规模时,均以装置的环保指标是否达标为优先考虑的条件,并且每年都有一定数量的资金投入到环境保护措施中。本公司近5年用于环境保护的投资为2,846.3万元。

针对上述风险,本公司拟采取如下对策:

1.针对经营风险

(1)针对原料供应的风险

在工业盐、乙烯等原料的供应方面,本公司与供应商之间具有良好的关系及长期稳定的合同,同时,与供应商在经济上具有较强的互补性。本公司将继续巩固和发展这一良好的关系,以确保供应渠道的稳定、畅通。在巩固原有供货渠道的同时,本公司将积极开辟新的供应渠道。对主要原料,采取两家以上供应商的策略,既可确保供应又可抑制价格涨幅,提高原料质量,降低生产成本。

在拓宽原料供应渠道的同时,本公司还将通过对产品生产工艺的技术改造和加强内部管理来进一步挖掘潜力,降低原料消耗和能源消耗,从而达到降低产品成本的目的。

(2)针对产品结构集中及对主要客户依赖的风险

本公司将结合市场的需求,特别是针对目前国内聚氯乙烯硬制品生产对低聚合度聚氯乙烯需求旺盛的现实,充分发挥本公司长期从事聚氯乙烯生产所积累的丰富经验和品种优势,依靠新建年产8万吨聚氯乙烯项目的技术优势,不断开发聚氯乙烯新型号、新品种,拓宽聚氯乙烯的应用领域。同时将对烧碱的规格进行调整,大幅度地提高高浓度浇碱占烧碱总产量的比例,向氯碱产品的深加工方向发展。增加氯碱产品的附加值,大力发展下游产品,从而降低因产品品种偏少而可能带来的风险。同时,本公司将通过开辟新的销售渠道,扩大产品销售,提高市场占有率。

(3)针对投资项目的风险

目前,新建年产8万吨聚氯乙烯、年产8万吨离子膜法烧碱项目进展顺利,本公司将努力加强项目管理和预算控制,并做好各项生产准备,确保投资项目按期完工、投产,尽快产生新的经济效益。

2.针对行业竞争风险

氯碱工业在我国发展前景广阔。根据国家有关部门预测,我国2000年聚氯乙烯的需求量可达250万吨,而实际产量预计只有180万吨,尚有70万吨的缺口。目前,本公司在生产装置、生产技术、产品质量和管理水平方面处于国内领先地位,同时,本公司拥有一支高素质、经验丰富的职工队伍。随着新建项目的建成、投产,以及新技术的运用,本公司的生产能力将进一步提高,形成规模效益,这将有效地增强本公司的竞争实力。

3.政策风险

国家"九五计划"和"2010年远景目标发展纲要"都把基础化工行业列为重点支持和发展的支柱产业。氯碱工业是国家重点支持和发展的基础化工行业之一,本公司将抓住机遇,加快发展进程,通过不断地调整产品结构来满足国民经济各个部门对基础化工行业的需要。在调整中发展,在发展中调整。

4.市场风险

在氯碱行业的市场竞争中,质量与价格的竞争已经成为竞争的焦点。本公司将继续发挥公司产品在国内市场上的质量优势,以先进的技术和严格的质量标准、完善的质量保证体系、优质的售后服务以及几十年来所建立起的企业信誉吸引客户,从而进一步拓展销售渠道,扩大销售网络。在保证目前销售市场份额的基础上,向全国市场辐射,积极开拓国际、国内两个市场,提高市场占有率。继续加大市场调研和新产品开发力度,在实施名牌战略的同时,走多元化发展的道路,调整产品结构,分散市场风险。

5.关于加入世界贸易组织

面对国外同行业的竞争,本公司将积极引进国外的先进技术、先进设备,增加产品品种,利用本公司雄厚的经济、技术力量从事新产品的研制和开发,使公司产品向高附加值和深加工方向发展。同时,本公司将继续加强质量管理,努力降低成本,提高公司产品与国际同类产品在质量、价格上的竞争能力。积极开拓海外市场,最大限度地减少我国加入世界贸易组织后,对本公司经营的影响。

6.环保风险

本公司生产装置的环保水平在国内同行业中居领先地位,拥有比较完善的环保设施和监测、管理系统。本公司仍将通过加大环保资金投入,不断地实施技术改造,以提高环境保护质量,提高综合利用的能力。本公司将认真实施"公司2000年环境保护规划"中的项目,以达到规划的目标。

六、募集资金的运用

(一)募集资金计划用途

本次股票发行成功后,预计可募集资金为57,600万元,扣除发行费用1,525万元,实际募集资金56,075万元。所募集资金将用于投资年产8万吨聚氯乙烯项目建设和收购化工集团公司年产8万吨离子膜法烧碱项目及收购后对该项目的尾款投入,同时将安排部分资金用做上述两项目投产所需流动资金及补充原生产经营流动资金的不足,余款将用于偿还贷款。

(二)项目简介

1.新建年产8万吨聚氯乙烯项目

(1)项目基本情况

该项目已经国家经贸委国经贸改[1994]573号文批准立项,并于1995年5月开工,预计将在1997年内建成投产。

本公司在原有年产8万吨聚氯乙烯生产装置的基础上,通过引进国际先进技术、实施对关键设备的技术改造,新建年产8万吨聚氯乙烯项目。项目包括年产8万吨中间产品氯乙烯单体生产装置和年产8万吨聚氯乙烯生产装置。项目所需主要原料乙烯和氯气分别由北京化学工业集团有限责任公司东方化工厂和本公司的氯碱分厂提供,所需水、电、汽等由本公司已完成的公用工程系统配套改造项目和原辅助设施挖潜解决。项目建设条件具备,进展顺利,募集资金到位后的投入将使项目迅速达产,形成生产能力。

(2)项目筹资情况

项目总投资为78,518万元。其中银行贷款54,543万元,自筹资金5,317万元,本次股票发行成功后将安排18,658万元募集资金投入该项目的尾期工程建设以及偿还部分项目贷款。

2.收购年产8万吨离子膜法烧碱项目

(1)项目基本情况

本公司拟投资向化工集团公司收购年产8万吨离子膜法烧碱项目,该项目已经国家经贸委国经贸改[1994]722号文、北京市经济委员会(93)京经技字第403、404号文立项批准。该项目已于1995年5月开工建设,预计将在1997年内建成投产。

化工集团公司现有年产8万吨离子膜法烧碱在建工程项目,将由本公司在募集资金到位后依据项目评估之净资产整体收购。该项目业经中华会计师事务所评估,经北京市国有资产管理局京国资估[1997]179号文确认,净资产为5,531万元。本收购项目投产后,将全部替代本公司石墨阳极法烧碱,且在公司原年产11.5万吨烧碱产量的基础上每年净增4.5万吨,达到年产16万吨的生产能力。目前项目进展顺利,收购完成后建设资金的注入将使该项目迅速形成生产能力并发挥明显的综合效益。

(2)项目筹资情况

年产8万吨离子膜法烧碱项目总投资为30,571万元。其中:银行贷款21,715万元;本次股票发行成功后将安排5,531万元向化工集团公司收购该项目,安排3,325万元募集资金投入该项目的尾期工程建设,安排一定数量的资金用于偿还银行贷款。

本次资产重组因考虑到发行额度的限制,该项目未进入本公司,由化工集团公司管理;同时考虑到该项目与本公司存在密切的业务与资产关

联关系以及为避免化工集团公司与本公司存在同业竞争问题，本公司成立后将使用此次募集到位的资金向化工集团公司以该项目评估后的净资产价值收购该项目，与之相应的负债一并转入本公司，化工集团公司与本公司已就该项目的收购签定了协议。（表1见附表一）

3.补充流动资金及偿还贷款

本公司新建聚氯乙烯项目的建成投产及烧碱项目收购后的生产运营需要补充流动资金。本公司将安排约7,000万元用于上述两项目所需流动资金并补充公司原有生产经营流动资金的不足。余款将用于偿还贷款，以改善本公司的资产负债结构、降低公司的财务费用。

七、股利分配政策

本公司的股利分配本着同股同利的原则进行。在每个会计年度结束后的6个月内，公司董事会根据当年的经营业绩和未来的经营发展计划提出股利分配方案，经股东大会批准后实施。公司向个人分配股利时，按《中华人民共和国个人所得税法》和国家税务总局发布的《征收个人所得税若干问题的规定》，由本公司代扣、代缴个人收入所得税。

根据公司章程规定，本公司的税后利润按下列顺序分配：

(一)弥补亏损；

(二)提取税后利润的10%列入法定公积金；

(三)提取税后利润的5%－10%列入法定公益金；

(四)经股东大会决议，可提取任意公积金；

(五)按股东持股比例分配股利。

除股东大会特别决议外，本公司每年派发一次年度股利，年度股利在每一会计年度结束后的6个月内分配。预计首次股利分配的时间在1998年6月底以前。认购本次发行股票的社会公众股股东同原有股东共享本公司1997年1月1日后的利润分配。股利分配采取现金或股票形式。

八、发行人情况

1.发行人名称：

中文名称：北京化二股份有限公司(筹)

英文名称：BEIJING HUAER COMPANY LIMITED

2.发行人名称预先核准日期：1997年3月12日

3.发行人地址：北京市朝阳区大郊亭

4.发行人的历史沿革：

(1)历史简况

本公司前身化工二厂，始建于1958年，原名为北京化工二厂，行政隶属于北京市化学工业局。1985年，北京市化学工业局改组为北京市化学工业总公司。1991年，经北京市人民政府京政办发[1991]29号文批准，北京化学工业总公司组建为北京化学工业集团公司，北京化工二厂成为其组成部分，同时被撤消法人资格。1995年，北京化学工业集团公司被国务院确定为全国100户建立现代企业制度试点单位之一，并于1995年12月31日经北京市人民政府和国家经济体制改革委员会联合颁发的京政函字[1995]83号文批准，改制为北京化学工业集团有限责任公司，成为国有独资公司，北京化工二厂仍为其组成部分。1996年8月9日，北京化工二厂更名为北京化学工业集团有限责任公司化工二厂。

本公司是经北京市京政函[1997]26号文批准，由化工集团公司独家发起，对其化工二厂的业务和资产进行了重组，将化工二厂的氧氯化分厂、聚氯乙烯分厂、氯碱分厂等主要经营性资产投入本公司，以募集方式设立的股份有限公司。

5.本公司组织结构及发起人的关系

(1)本公司组织机构图(见附图)

(2)发起人简介

本公司是由化工集团公司独家发起，以募集方式设立的股份有限公司。本公司的发起人基本情况简介如下：

化工集团公司，注册资金187,227.9万元人民币，法定住所北京市朝阳区双井垂杨柳，法定代表人曹印修。化工集团公司前身是北京化学工业集团公司，是国务院确定的全国100户建立现代企业制度的试点单位之一。化工集团公司经北京市政府和国家体改委联合颁发的京政函字[1995]83号文批准，于1996年6月25日由北京化学工业集团公司改制为有限责任公司。

化工集团公司是我国化工行业的特大型企业和全国500家大型企业之一，下属25个生产企业、12个科研院所，职工7万余人。其经营范围主要包括：生产、制造、销售石油化工产品、化学试剂、塑料、合成纤维、化学建材及化工设备等。1996年，实现销售收入71.6亿元，利税4.1亿元。截至1996年底，化工集团公司总资产122.8亿元，净资产30.8亿元，在全国100户化工企业和北京市经济百强中均名列第二位。

(3)本公司与化工集团公司的关系

本公司成立后，将成为化工集团公司的控股子公司，化工集团公司持有与本公司的国有法人股并行使相应的权利。

本公司依法成立，并在化工集团公司的年产8万吨离子膜法烧碱项目依据本公司与化工集团公司签署的有关合同成功收购后，化工集团公司没有本公司相同的产品，不存在同业竞争。

化工集团公司与本公司就公用设施、生产生活服务设施、商标及房屋土地使用权等问题，签定了综合服务协议或相应的合同，明确双方的权利、义务关系及相关服务的收费标准。

6.人员情况

截止本招股说明书签署之日，本公司有职工3333人，其中行政管理人员178人，占总人数的5.34%；生产人员1851人，占总人数的55.54%；营销人员78人，占总人数的2.34%；工程技术人员601人，占总人数的18.03%；财务人员67人，占总人数的2.01%；维修人员558人，占总人数的16.74%。

上述人员中具有高级技术职称的26人，占总人数的0.8%；具有中级技术职称的123人，占总人数的3.7%；具有初级职称的491人，占总人数的14.7%，共计640人，占全部职工的19.2%。

本公司职工实行全员劳动合同制，享有住房、劳动保护、人身、财产保险、医疗卫生及物价补贴的福利。根据国家和北京市政府的有关规定，参加北京市养老保险基金社会统筹、失业保险基金社会统筹。本公司退休职工的工资由社会统筹支付。

7.经营范围及经营方式

主营：加工、制造：聚氯乙烯，氯醋共聚物，烧碱(液体、固体)，盐酸、次氯酸钠，液氯、聚氯乙烯制品，二氯乙烷，氯乙烯。

兼营：加工：通用零部件；修理：泵、钢瓶；租赁：闲置设备；销售：化工产品，化工设备；公用工程服务；化工方面的技术咨询，技术转让，技术服务。

8.主要业务

本公司是我国主要的氯碱生产企业，主营业务为生产和销售聚氯乙烯、烧碱等基本化工原料。本公司产品有聚氯乙烯、烧碱(液体、固体)、氯醋共聚物、盐酸、液氯等。主要产品用“长城牌”注册商标，产品广泛应用于石油化工、轻工、医药、纺织、冶金、电力、汽车、建筑材料、塑料、城市供水等各个行业。聚氯乙烯国内市场占有率为5%，烧碱国内市场占有率为2%，同时产品远销韩国、日本、中东及香港等国家和地区，在国内、国外拥有稳定的市场。本公司1996年实现销售收入66,660万元，主要产品销售收入构成情况如下(表2)：

(表2) 单位：千元

品名	1996年		1995年		1994年	
	销售收入	比例	销售收入	比例	销售收入	比例
聚氯乙烯	435,272	66%	400,469	62%	349,723	67%
液碱	122,906	18%	122,964	19%	69,729	13%

9.主要产品和产量

(1)产品品种及规格

聚氯乙烯：为白色无定型粉末，无毒无嗅。该产品作为基本化工原料

之一,广泛应用于轻工、建材、农业、包装、医药、电器、车辆、日用生活等领域。本公司产品主要品种有悬浮法聚氯乙烯的SGI—SG7型;高聚合度聚氯乙烯P2500型;交联聚氯乙烯。

烧碱;强碱性产品,其存在形式有白色粉状、片状、块状固体或液体状。该产品在轻纺、石油、造纸、基础化学、化学农药、医药、冶金等重要工业领域中有着广泛的用途。本公司烧碱品种有固体、液体;规格有氢氧化钠含量30%、42%、45%、99.8%等。

(2)产量

本公司1994年至1996年的主要产品产量见表3:

(表3) 单位:吨

产品名称	1994年		1995年		1996年	
	产量	市场占有率	产量	市场占有率	产量	市场占有率
聚氯乙烯	60,321	5.05%	63,555	4.85%	77,146	5.63%
烧碱	107,622	2.51%	113,203	2.89%	112,914	2.12%

10. 原料、能源供应

本公司生产所需原料、能源有数十种,除所需乙烯的50%由国家分配指标外,其余全部由公司按合同自行采购。由于本公司与供应厂商有着良好的关系以及在经济上与供应厂商的互补性较强,本公司生产所需原料、能源供应有可靠保证,因此,近十几年来,尚未发生因原料、能源供应出现问题而影响公司的生产经营。

11. 研究与开发

本公司设立后,化工集团公司将根据与本公司签定的综合服务协议,在新产品的开发研究和生产工艺的改进等方面为本公司的进一步发展提供技术支持,该项工作将主要由化工二厂的研究所承担。该所现有科研人员77人,其中具有高中级技术职称的人员近50%,主要从事聚氯乙烯和烧碱两大系列产品的研究开发工作,拥有先进的科研设备和中、小试验基地、科研经费充足。它将根据股份公司生产经营的需要确定科研课题,确保本公司在新产品开发、技术改造等方面保持同行业的领先地位。此外,本公司主要技术部门和各生产分厂的技术人员,也将不断至力于本公司产品开发和生产技术、工艺、装置的改进工作,发展新产品,提高产品质量、扩大市场份额。

12. 优惠政策

根据北京市财政局京财工[1997]285号文《关于北京化二股份有限公司上市后所得税实行"先征后返"的函》,本公司股票上市后,所得税依法缴纳后,超过15%税负上交的所得税部分,由市财政返还给本公司,返还资金并入本公司税后利润统一进行分配。

13. 重组

本公司是根据北京市京政函[1997]26号文批复,经化工集团公司董事会决议通过,在对化工二厂的经营性资产非经营性资产进行剥离的基础上,对化工二厂的部分经营性资产进行了资产评估,并以评估后的净资产投入本公司,以化工集团公司作为独家发起人,采用募集方式设立的股份有限公司。

进入本公司的资产有氧氯化分厂、聚氯乙烯分厂、氯碱分厂、供水车间、供汽车间、电修车间、仪表车间、储运车间等生产、销售、技术服务部门及相关的辅助生产部门。未进入本公司的资产主要有与有机硅等产品相关的经营性资产、年产8万吨离子膜法烧碱项目和非生产经营性资产。对于与有机硅产品相关的未进入本公司的经营性资产,将由化工集团公司安排经营和管理。对于年产8万吨离子膜法烧碱项目,因发行额度的限制而在本次重组中未能进入本公司。考虑到该项目与股份公司业务及资产存在密切关联关系及同业竞争关系,本公司拟在设立后用募集资金按该项目的评估净资产值向化工集团公司收购该项业务及资产。本公司筹委会已与化工集团公司就该项目签订收购合同。对于职工医院、后勤、研究所等未投入本公司的非经营性资产,将由化工集团公司安排经营和管理,并向本公司有偿提供服务。本公司筹委会已与化工集团公司就该等非经营性资产的有偿使用签订《综合服务协议》,在该协议中明确双方的权利和义务。

本次重组以1996年12月31日为基准日,将投入本公司的资产、损益、债权和债务均划归本公司持有和承担;将未投入本公司的资产、损益、债权和债务仍留归化工集团公司持有和承担。

本公司使用的国有土地,由化工集团公司从国家以出让的方式获得使用权,然后再有偿租赁给本公司使用。化工集团公司已与北京市房屋土地管理局签订了《国有土地使用权出让合同》。本公司筹委会已与化工集团公司签订了《国有土地使用权租赁合同》,明确了租用范围,收费标准及其他相互之间的权利义务。

14. 关联交易

本公司是由化工集团公司作为独家发起人,以募集方式设立的股份有限公司。化工集团公司将化工二厂的部分经评估确认的净资产投入本公司,化工集团公司将成为本公司的控股股东,持有本公司75%的股份。本公司与化工集团公司将在土地租赁、生活后勤服务、原料供应、进出口代理、商标许可使用和产权转让等方面存在关联交易关系。上述关联交易拟由本公司和化工集团公司依照等价有偿、平等互利的原则,采用经济合同的方式予以确认,其交易价格和条件均按市场情况确定,以维护本公司及全体股东的利益。

15. 放弃竞争承诺

化工集团公司是本公司的控股股东,持有本公司75%的股份。除本公司以外,化工集团公司还拥有25家下属企业。经过本次重组,化工集团公司主营业务中生产和销售聚氯乙烯、烧碱等业务已纳入本公司,同时承诺目前及今后不从事与股份公司相同或类似产品的生产与经营。

16. 质量管理

本公司始终把质量视为企业的生命,多年来坚持"以优质产品占领市场、服务用户,在不断提高产品质量中使企业求得生存和发展"的经营管理目标,严格质量管理,制定了严密的质量管理制度。公司成立了以总经理为首的质量管理领导小组,建立了从公司到分厂、车间、工段、班组的全面质量管理网络,明确规定了严格的工艺操作规程,落实了各环节的岗位责任制,形成了科学、规范的质量管理体系。公司还十分注重加强质量的日常动态管理,不断改进管理方式。除定期召开产品质量调度会、分析协调会专门研究质量问题外,还利用现代化计算机管理手段,建立起全方位的质量信息管理系统,提高了质量管理的综合水平。

本公司的主导产品"长城牌"聚氯乙烯为北京市名牌产品,荣获国家银质奖(未设金质奖);"长城牌"烧碱获化工部优质奖。

17. 生产保障措施

本公司为连续性生产的大型化工企业,因此,保证生产的不间断运行是生产管理的主要目标。本公司十分重视安全生产工作,制定了一整套的安全规章制度,并采取了以下措施加强生产保障:

(1)切实执行安全工作各级领导负责制,建立起以安全主管部门为核心,专职安全管理人员和企业全员相结合的严密的安全管理网;

(2)开展经常性的安全工作检查和安全工作预评价,及时消除各种不安全的隐患;

(3)本公司全部的生产装置均设有自动报警和联锁自动停车系统,安全系数很高;

(4)本公司积几十年的经验,形成了一套强有力的生产运行指挥系统,既能有效、充分、合理、经济地调整生产运行,又可以准确及时地处理问题,把不利因素可能带来的损失减少到最低限度;

(5)根据国家有关部门的规定和企业生产的自身要求,本公司建立了完善的设备管理系统,实施设备定期维护保养和日常巡视检查相结合的保证措施。

本公司拥有经验丰富,技术水平高的设备管理、检修人员,设备检测、维修手段先进,能很好地为生产经营提供可靠的保障。

18. 环境保护

本公司地处首都北京东郊,环境保护十分重要。公司高度重视环境

保护工作,严格贯彻执行《中华人民共和国环境保护法》、《中华人民共和国水污染防治法》、《中华人民共和国大气污染防治法》等国家、化工部和北京市政府颁布的法律、行政法规,并结合公司的实际情况制定了完善的环保规章制度,建立起有效的环保管理和监控网,经济性地开展对环境保护质量的评价工作,不断地促进环保向更高的水平迈进。

本公司主要生产装置近年来进行了较大规模的技术改造,生产技术水平已达到90年代初的国际先进水平。在实施技改的同时,配置了环保装置,采取了多种环保措施,从而保证了生产排放的废气、废水均达到国家颁布的环保标准,进一步提高了环保水平。1991年至1995年用于环保措施的投资为2846.3万元,1994年、1995年和1996年环保治理费支出分别为777.35万元、528.74万元和122.23万元,既提高了综合利用的能力,又带来了可观的经济效益和社会效益。本公司1997年、1998年预计环保治理费支出分别为50万元。目前,本公司正在认真贯彻实施"公司2000年环境保护规划",将大幅度提高环保质量,继续保持本公司环保水平在全国同行业中的领先地位。

九、筹委会成员

项大北先生:43岁,毕业于中国人民大学,获硕士学位,高级工程师。1976年起从事企业管理工作,历任北京化工二厂车间副主任、团委书记、副厂长、党委书记、厂长,深圳北京化工实业总公司副总经理,现任北京化学工业集团有限责任公司副总经理。具有丰富的企业管理经验,曾获北京市工业系统"十佳厂长"称号。本公司筹委会主任。

孙绍刚先生:30岁,经济管理专业研究生,工程师。1989年参加工作从事企业管理,历任北京化工二厂分厂副厂长、厂长,北京化工二厂副厂长,常务副厂长、现任厂长。具有丰富的企业管理经验,曾获北京市工业企业优秀科技人员三等奖。本公司筹委会副主任。

张荣立先生:41岁,大专文化程度,会计师。1974年参加工作,历任北京化工机械厂党委办公室副主任、财务科长、厂长助理、党委副书记,北京化学工业集团有限责任公司经理办公室副主任、财务处处长,现任化工集团公司副总会计师。

张玉秋先生:42岁,大专文化程度,经济师。1975年进入北京化工二厂工作,曾任工段厂,车间副主任,分厂党总支书记,北京化工二厂副厂长,熟悉化工设备、劳动人事管理,有较强的协调能力。现任北京化工二厂常务副厂长。

万连英先生:44岁,大专文化程度,政工师。1970年进入北京化工二厂,1977年起担任基层领导及厂级领导,先后担任支部书记、总支书记、厂工会主席、党委副书记,有丰富的企业管理经验和处理问题的能力,熟悉人事管理工作。现任北京化工二厂副厂长。

李爱民女士:46岁,大专文化程度,会计师。1969年进入北京化工二厂工作,先后担任会计员、财务科副科长、科长、副总会计师,现任北京化工二厂总会计师。熟悉工业会计业务,有丰富的企业财务管理经验,曾获北京市先进财务工作者称号。

十、经营业绩

本公司1994年-1996年三个会计年度的经注册会计师审计的经营业绩见表4。

表4 (单位:千元)

项目/年份	1996年度	1995年度	1994年度
主营业务收入	666,603	647,270	519,644
主营业务利润	98,593	144,322	122,610
利润总额	114,393	166,387	121,467
减:所得税	16,500	20,000	20,000
税后利润	97,893	146,387	101,467

注:1994年至1996年,本公司的主营业务收入呈上升趋势,且连年盈利。特别是1995年,化工产品市场需求旺盛,本公司主营业务收入和利润均比1994年有较大幅度增长。进入1996年后,化工产品市场趋于平稳,加之部分原材料价格上涨,使本公司的盈利水平相对1995、1994年有所下降,但本公司不断提高生产效率和管理水平,积极拓展经营业务领域,努力降低生产、销售成本和各项费用开支,使本公司的盈利仍保持较高水平。

1997年,随着本公司年产8万吨聚氯乙烯项目的建成投产、年产8万吨离子膜法烧碱项目收购工作的完成及投产,将形成本公司新的效益增长点,使本公司中盈利能力进一步提高。

十一、股本

1.股本形成

本公司是经北京市人民政府京政函[1997]26号文批准,由化工集团公司独家发起,以募集方式设立的股份有限公司。化工集团公司将其化工二厂的氧氯化分厂、聚氯乙烯分厂、氯碱分厂、供水车间、供电车间、电修车间、仪表车间等经营性资产和业务投入到拟成立的股份公司。经中华会计师事务所评估,国家国有资产管理局国资评[1997]353号文确认,北京市国有资产管理局京国资工[1997]178号文批准,化工集团公司投入的净资产为33,646.52万元,按1.402:1折为国有法有股24,000万股,发起人出资溢值部分9,646.52万元,进入本公司资本公积金。本次发行,将以每股7.20元向社会公众发行8,000万股(其中向公司职工配售800万股),新股发行超过面值的部分计人资本公积金。

2.股本结构

本次发行前股本结构如下:

(表5)

	股数(万股)	占总股本比例(%)
发起人股合计	24,000	100

本次A股发行完成后,将形成本公司如下股本结构:

(表6)

	股数(万股)	比例(%)
发起人股	24,000	75
其中:国有法人股	24,000	75
社会公众股:	8,000	25
其中:公司职工股	800	2.5
总股本	32,000	100

3、发行前后净资产情况(见表7)

	净资产总额(万元)	股份(万股)	每股净资产(元)
发行前	33,646.5	24,000	1.40
发行后	89,721.5	32,000	2.80

4.筹委会成员持股情况

目前,本公司筹委会成员未持有本公司股票。

十二、债项

截止1996年12月31日,本公司的债项见表8(见附表二)。

本公司无任何可预见的或有负债。

以上财务数据经毕马威华振会计师事务所审核确认。

十三、财务会计资料

1.主要财务会计资料

毕马威华振会计师事务所接受本公司的委托,根据国家有关法律、行政法规和本公司提供的有关文件资料,自1994年至1996年的会计报表进行了审计验证。其主要财务会计数据如下:

(1)资产负债表

(表9) 单位:千元

资产	1996年12月31日	1995年12月31日	1994年12月31日
流动资产:			
货币资金	31,569	45,933	106,438
短期投资	30,000	163,000	

应收帐款	9,070	5,034	3,226
减:坏帐准备	(45)	(25)	(16)
应收帐款净额	9,025	5,009	3,210
预付货款	8,579	11,159	3,500
其他应收款	16,177	11,780	4,585
待摊费用	16,917	17,526	26,686
存货	104,828	90,736	53,683
流动资产合计	217,095	345,143	198,102
长期投资:	9,401	8,215	12,408
固定资产原值	565,151	388,821	346,969
减:累计折旧	(363,291)	(256,508)	(228,142)
固定资产净值	201,860	132,313	118,827
在建工程	659,484	372,129	105,475
资产总计	1,087,840	854,800	434,812
负债及股东权益			
流动负债:			
短期借款	51,100	43,900	44,370
应付帐款	35,322	69,279	37,396
预收帐款	-	11,616	19,461
应付工资	1,744	4,268	4,583
应交税金	6,528	2,899	(2715)
其他应付款	111,253	52,689	18,070
预提费用	-	7,000	2,168
一年内到期的长期负债	72,927	8,000	4,000
流动负债合计	278,874	199,651	127,333
长期借款	472,501	410,358	123,869
长期负债合计	472,501	410,358	123,869
负债合计	751,375	610,009	251,202
所有者权益	-	247,791	183,610
股本	240,000	-	-
资本公积	96,465	-	-
股东/所有者权益合计	336,465	247,791	183,610
负债及股东/所有者权益总计	1,087,840	857,800	434,812

(2)利润表

(表10)

单位:千元

项目	1996年度	1995年度	1994年度
一、主营业务收入	666,603	647,270	519,644
减:营业成本	499,760	430,482	351,162
销售费用	1,011	996	699
管理费用	62,024	63,780	38,960
财务费用	2,747	5,015	3,657
营业税金及附加	2,468	2,675	2,556
二、主营业务利润	98,593	144,322	122,610
加:投资收益	20,442	23,100	2,159
加:其他业务利润	(5,772)	191	(4,724)
加:营业外收入	1,167	3,989	1,422
减:营业外支出	37	5,215	-
利润总额	114,393	166,387	121,467
减:所得税	16,500	20,000	20,000
净利润	97,893	146,387	101,467

(3)主要会计指标

(表11)

主要会计指标	1996年	1995年	1994年
净资产收益率(%)	29.09	59	55
每股收益(元)	0.41	0.61	0.42
流动比率	0.78	1.73	1.56
速动比率	0.40	1.27	1.13
存货周转率(%)	511.10	596.16	654.14
应收帐款周转率(%)	9452.68	15672.40	16108.00
股东权益比率(%)	30.93	28.89	42.23

注:每股收益值是按2.4亿的股本计算。

2.主要会计政策

本公司编制财务报表所采用的主要会计政策,是根据中华人民共和国《企业会计准则》、《股份制试点企业会计制度》和国家颁布的其他有关股份制试点企业财务会计制度的有关补充规定制订的:

(a)存货

本公司辅助材料及备品备件采用计划成本法进行日常核算,并按月结转成本差异,将计划成本调整为实际成本。其余存货均采用实际成本法核算。产成品成本中包括直接人工费用和应分摊的间接费用。存货成本按加权平均法结转。

(b)固定资产

与购置或建造固定资产有关的一切直接或间接成本,包括购建期间的利息支出及汇兑损益,全部资本化为固定资产。

当厂房或机器设备能持续批量生产所销售数量及质量的产品时,则其可视作已投产,转为固定资产。

本公司固定资产按直线法计提折旧,即固定资产原值除以预计使用年限。无残值。各类固定资产的预计使用年限分别为:

厂房及建筑物	10-35年
机器及设备	4-12年

在建工程不计提折旧。

(c)销售

销售在发出商品、提供劳务,同时收取货款或取得索取价款凭据时予以确认。

(d)维修保养费

维修保养费用实际发生时在当期损益帐中列支。

(e)研究及开发费用

研究及开发费用均以实际发生法在当期损益帐中列支。

(f)投资

短期投资以成本法核算。长期债券投资,在持有期间计提应收利息。

(g)坏帐准备

应收帐款的坏帐准备按年末应收帐款余额的0.5%计提。

(h)外币折算

外币交易按期初中国人民银行公布的外汇牌价中间价折合人民币。货币性外币资产和负债按结算日中国人民银行公布的外汇牌价折合为人民币,除有关兴建固定资产所借款项的外币换作为汇兑损益计入损益表。

十四、资产评估

1.资产评估情况

在本次公开发行股票前,本公司委托中华会计师事务所对发起人即化工集团公司投入的各类资产进行了评估。以1996年12月31日为基准日期的评估结果如下:本公司的总资产为108,784.02万元,总负债为75,137.50万元,净资产为33,646.52万元。资产评估情况详见表12:

(表12)

评估基准日期:1996年12月31日　单位:万元

项目	帐面原值	帐面净值	重置价值	评估值	增减值	增减率%
流动资产	21670.84	21670.84	22183.11	21709.52	38.68	0.18
长期投资	636.50	636.50	940.14	940.14	303.64	47.70
在建工程	56678.94	56678.94	65948.37	65948.37	9269.43	16.35

房屋建筑物	7610.17	4079.57	11559.22	5297.28	1217.71	29.85
机器设备	32111.10	7359.88	44955.90	14888.71	7528.82	102.30
资产总计	118707.55	90425.73	145586.74	108784.02	18358.29	20.30
流动负债	11364.74	11364.74	20594.74	20594.74	9230.01	81.22
长期负债	54542.76	54542.76	54542.76	54542.76	0	0
负债合计	65907.49	65907.49	75137.50	75137.50	9230.00	14.00
净资产	52800.06	24518.24	70449.24	33646.52	9128.29	37.23

2. 各类资产增(减)值的主要原因：

(1)流动资产经评估增值38.68万元，增减率0.18%，系存货按市价法评估及待摊费用按国资局有关要求调整所致。

(2)按重置成本法，固定资产评估增值8746.53万元，增减率为76.46%。

十五、盈利预测

根据本公司现实生产能力和潜力，以及业务发展和确定的各项假设条件，并依据《股份制试点企业会计制度》，采用符合我国现行法律、行政法规和制度规定的计算方法，对公司1997年会计年度盈利预测如下：

1. 盈利预测基本假设

在编制盈利预测时，本公司采用的基本假设说明如下：

1. 中国现行政治、法律、财政或经济状况将不会有重大变动。

2. 发售A股(80,000,000股)如期进行，所获得的人民币560,750千元(已扣除发行费用)将于一九九七年七月一日按期全额收到。

3. 现行的税务法规及税率将不会有重大变动。

4. 一九九七年度利率及汇率将不会有重大变动。

5. 本公司运作将不会受原材料短缺、劳务不足或任何其他非所能控制的因素的不利影响。

6. 编制本盈利预测时所采用的主要利率为一年期银行流动资金贷款年利率为9.18%，一九九七年通货膨胀率为国家统计局预测的6%。

2.1997年盈利预测(见表13)

盈利预测表

(表13) 单位：千元

项目	1997
销售收入(除增值税后)	888,181
减：销售成本	708,163
销售税金及附加	3,286
毛利	176,732
减：销售费用	1,192
管理费用	66,018
财务费用	5,000
主营业务利润	104,522
税前利润	123,322
所得税(15%计)	20,268
所得税(33%计)	44,590
税后利润(15%计)*	98,054
税后利润(33%计)*	73,732
每股盈利*(元,15%计)	0.31
每股盈利*(元,33%计)	0.23

注：税后利润中扣除500万风险准备金；

每股盈利按发行后32,000万股计算。

3. 上述预测结果已经毕马威华振会计师事务所审核验证。

十六、公司发展规划

本次股票发行结束后以及随着本公司新建项目在年内的建成投产，本公司将进入一个新的发展时期。本公司的政策优势、规模优势、产品优势、质量优势、管理优势，将得以更加充分地发挥。本公司将继续为我国氯碱工业的发展和国民经济实现持续、稳定增长作出应有的项献。

本公司发展战略；建立现代企业制度，营造社会主义市场经济的微观基础，以技术进步为先导、科学管理为依托、经济效益为中心，通过"三改一加强"，调整资产结构、产品结构和管理架构，实现产权多元化、资源配置最优化和技术、管理现代化的目标，使本公司在国内、国际市场中具有较强的竞争能力。

本公司的发展目标：

1. 继续挖潜改造增加生产能力

在聚氯乙烯和烧碱年生产能力分别达到16万吨的基础上，通过挖潜和改造再增加聚氯乙烯生产能力2万吨/年；烧碱生产能力2万吨/年，使主导产品的产量继续增长。

2. 积极开发聚氯乙烯、烧碱的新品种。

"九五"期间聚氯乙烯将增加新品种2--3种，聚氯乙烯应用范围的覆盖面将进一步扩大。烧碱产品的品种结构也将发生较大的变化，高纯固碱和片状固碱的生产能力将实现翻番，达到5万吨/年，高浓度液体烧碱的比例将达到60%以上，实现调整产品结构和增加产品附加值的目标。

3. 发展聚氯乙烯深加工制品

本公司将利用自身的优势，采用国际标准，引进最先进的技术与装置，生产建筑及工业用各种聚氯乙烯制品。形成年产5万吨，具有200余种规格和型号的聚氯乙烯制品生产线。

4. 在稳定发展主营业务的同时，本公司将加大资本的营运能力，积极开拓多元化经营，在适当的时机，实施跨行业的兼并和收购，实现资源配置最优化。

5. 加速高中级科技、管理人才的培养。

到"九五"末期，本公司各类高中级专业技术人才的比例增长10.4%，为公司的发展奠定坚实的人才基础。

本公司的发展，具有广阔的前景。"九五"计划以及对未来总体发展的战略布局，将使本公司在今后激烈的国内竞争中处于优势地位，并将以其实力参与国际竞争。到本世纪末，本公司将成为年销售收入22亿元、利润2.5亿元、具有现代化生产技术和现代化管理的、多方位经营的支柱型基本化工原料生产基地，从而为国民经济的发展和社会进步做出应有的贡献。

十七、重要合同及重大诉讼事项

(一)重要合同

截止本招股说明书刊登之日，本公司签订的重大合同如下：

1.1997年4月25日，本公司筹委会与化工集团公司签订《资产投入协议》，根据该资产投入协议，化工集团公司同意对一切与其投入资产有关的潜在责任向本公司作出赔偿保证；而对于与其投入资产有关的合同涉及需征得合同对方的同意才能将合同权利义务依法转让至本公司名下而在本合同签订时该等手续尚未办妥的，化工集团公司同意以代理人身份代本公司持有。

2.1997年4月7日，本公司筹委会与化工集团公司签订《综合服务协议》，根据该合同规定化工集团公司向本公司提供职工培训、员工住房的管理维修、饮食等一系列综合福利服务，每年总费用为1,210万元人民币；本公司向化工集团公司提供联防、电话、档案资料等服务，每年总费用10万元人民币。上述费用基数一定三年不变，自第四年起，双方将参考通货膨胀率作适当调整。

3.1997年4月25日，本公司筹委会与化工集团公司签订《土地使用权租赁合同》，该合同规定本公司成立后使用的土地以向化工集团公司租用的方式解决。土地使用权的租期为五十年，有关租金1997年免交，1998年和1999年为每年200万元人民币，从2000年起，租金由双方视具体情况每年定一次。

4.1997年4月25日，本公司筹委会与化工集团公司签订《商标使用许可合同》，根据该合同规定化工集团公司许可本公司有偿、独家使用"长城牌"注册商标和"日月牌"注册商标于本公司生产的有关产品上。

5.1997年4月25日，本公司筹委会与化工集团公司签订《八万吨离

子膜烧碱项目收购合同》,根据该合同规定本公司在成立后,将立即向化工集团公司收购与本公司业务存在密切关联的八万吨离子膜烧碱项目。该项目的收购时间定为1997年7月1日,收购价格为该项目经北京市国有资产管理局确认的评估净资产值,即55,314,436元人民币。

6.1997年4月25日,本公司筹委会与化工集团公司签订《乙烯供应合同》,该合同规定化工集团公司保证其属下的东方化工厂每年向本公司提供四万吨乙烯。

7.1997年4月25日,本公司筹委会与北京化学工业集团进出口公司签订《进出口代理合同》,本公司指定该公司作为其非独家进出口代理,进出口本公司生产业务所需的原料及设备,以及出口本公司的产品。根据国内贸易惯例,代理费为每笔代理业务金额的1.5%-2%,具体比例由双方根据每笔代理业务另行议定。

上述关联交易均由本公司和化工集团公司依照等价有偿,平等互利的原则,采用经济合同的方式予以确认,其交易价格和条件均按市场情况确定,以维护本公司及全体股东的利益。

(二)重大诉讼事项

截止本招股说明书刊登之日,本公司及本公司筹委会成员并无涉及任何重大诉讼事项。

十八、备查文件

投资者可以按下述时间,地点查阅以下文件:

查阅时间:1997年5月20日至1997年6月20日

查阅地点:北京化二股份有限公司(筹)　　中信证券有限责任公司

深圳证券交易所

一、主管部门和证券交易所批准发行上市的文件

二、承销协议

三、国有资产管理部门关于资产评估的确认报告

四、发行人改组的其他有关文件

五、重要合同

六、证监会要求的其他文件

北京化二股份有限公司筹备委员会

一九九七年五月十九日

附图

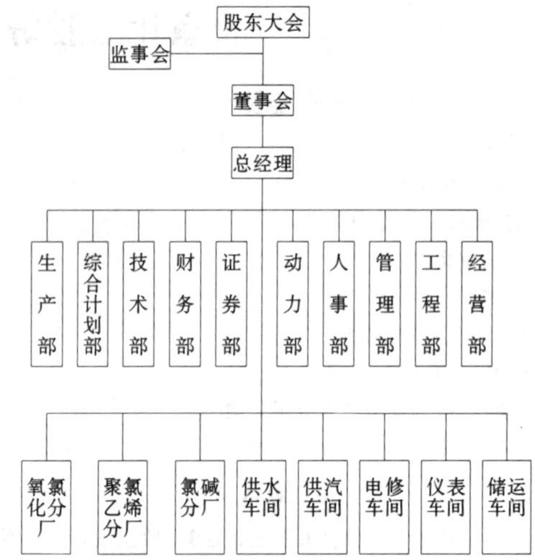

附表一:表1　**北京化二股份有限公司新建项目投资计划表**

单位:万元

项目名称	用款时间	项目总投资	资金来源	募集资金用途	见效日期	资金回收期	实现利润总额*
年产8万吨聚氯乙烯项目	95.5-97.10	项目总概算78,518	贷款投入:54,543;自筹投入:5,317;待募集股金投入:18,658	聚氯乙烯工程的项目尾款18,658的投入	97.9	6.4年	9,500
年产8万吨离子膜法烧碱项目	95.5-97.10	项目总概算30,571	贷款投入:21,715;待募集股金投入:8,856	用于向化工集团公司以5,531的净资产价值收购8万吨烧碱项目、项目尾款3,325的投入	97.9	7.38年	1,600

注:实现利润总额是按产销率100%预计的。

附表二:(表8)　　(单位:千元)

	短期	长期	年利率%	债务期间	抵押或担保情况	其他限制条件	备注
银行贷款	800		11.088	1996.9.26--1997.3.26	无	无	
	20,000		11.088	1996.10.23--1997.4.23	无	无	
	2,700		12.078	1996.7.22--1997.1.22	无	无	
	7,400		11.088	1996.9.25--1997.3.25	无	无	
	3,000		12,078	1996.7.1--1997.2.1	无	无	
	2,000		11.088	1996.9.2--1997.3.2	无	无	
北京市财政局技改贷款	200		2.4	1993.10.8--1996.11	担保	无	
	15,000		5.04	1996.8.26--1997.9	担保	无	
银行贷款		*3,890.8	9.35(三个月浮动一次)	1995.4.17--2000.4.16	无	无	分期偿还
		*13,000	相同期限6个月浮动的美元现汇贷款利率	1995.12--2000.12	无	无	分期偿还
		*3,974.2	五年以上三个月浮动利率计收	1992.8-1999.8	担保	无	分期偿还
		*6,300.8	相同期限6个月浮动的美元现汇贷款利率	1995.9--2000.9	无	无	分期偿还
		192,000	10.98	1994.12.12--2002.4.30	担保	无	分期偿还
		△36,000	10.98	1994.12.12--1997.10	无	无	分期偿还
		△*2,500	五年以上三个月浮动利率计收	1992.8--1997.12	担保	无	分期偿还
		△*1,950	9.35(三个月浮动一次)	1995.4--1997.12	无	无	分期偿还
		128,000	12.42	1997.1.10--2003.1.10	担保	无	一次偿还
合计	51,100	545,428					

注:*为美元贷款,以8,2982的汇率折人民币。△为一年内到期的长期负债72,927人民币千元。

北京化二股份有限公司股票上市公告书

一、要览

总股本:32,000万股

可流通股份:8,000万股

本次上市流通股份:7,200万股

证券简称:北京化二

证券代码:0728

上市地点:深圳证券交易所

上市日期:1997年6月16日

股份登记机构:深圳证券结算有限公司

上市推荐人:中信证券有限责任公司

二、绪言

本上市公告依据《中华人民共和国公司法》、《股票发行与交易管理暂行条例》、《公开发行股票公司信息披露实施细则》、《深圳证券交易所业务规则》以及国家有关证券管理的规定编制,为股票公开上市之目的而向社会公众披露公司基本情况及相关资料。

本公司是1997年4月经北京市人民政府京政函[1997]26号文批准,采用募集方式设立的公司,并经中国证券监督管理委员会证监发字[1997]252号、253号文批准,已成功地向社会公众发行每股面值为1.00元人民币的普通股股票8,000万股(含公司职工股800万股)。经深圳证券交易所深证发[1997]231号《上市通知书》批准,本公司7,200万股社会公众股,将于1997年6月16日在深圳证券交易所挂牌交易,股票简称"北京化二",证券代码:0728。本公司总股本为32,000万股,可流通股本为8,000万股,其中公司职工股800万股将按国家规定半年后上市。

本公司于1997年5月20日在《中国证券报》、《证券时报》上刊登了《招股说明书(概要)》,距今不足6个月,故与其相重复的内容在此不再赘述,敬请投资者查阅本公司的《招股说明书(概要)》。

本公司董事会已批准本上市公告书,确信其中未遗漏任何重大事项,亦不存在任何误导和虚假成份,并就上市公告书及相关资料的真实性、准确性、完整性负个别的和连带的责任。

三、发行公司概况

1. 概况

公司法定名称:北京化二股份有限公司

英文名称:BEIJNG HUAER COMPANY LIMITED

公司注册资本:320,000,000元

公司法定代表人:项大北

公司成立日期:1997年6月6日

公司经营范围:

主营:加工、制造:聚氯乙烯,氯醋共聚物,烧碱(液体、固体),盐酸,次氯酸钠,液氯,聚氯乙烯制品,二氯乙烷,氯乙烯。

兼营:加工:通用零部件;修理:泵、钢瓶;租赁:闲置设备;

销售:化工产品,化工设备;公用工程服务;化工方面的技术咨询,技术转让,技术服务。

所属行业:化学工业

公司注册地址:北京市朝阳区大郊亭

联系电话:(010)67712530

传真电话:(010)67781459

联系人:李爱民　李崇华

2. 历史沿革

本公司前身化工二厂,始建于1958年,原名为北京化工二厂,行政隶属于北京市化学工业局。1985年,北京市化学工业局改组为北京市化学工业总公司。1991年,经北京市人民政府京政办发[1991]29号文批准,北京化学工业总公司组建为北京化学工业集团公司,北京化工二厂成为其组成部分,同时被撤消法人资格。1995年,北京化学工业集团公司被国务院确定为全国100户建立现代企业制度试点单位之一,并于1995年12月31日经北京市人民政府和国家经济体制改革委员会联合颁发的京政函字[1995]83号文批准,改制为北京化学工业集团有限责任公司,成为国有独资公司,北京化工二厂仍为其组成部分。1996年8月9日、北京化工二厂更名为北京化学工业集团有限责任公司化工二厂。

本公司是经北京市人民政府京政函[1997]26号文批准,由化工集团公司独家发起,对其化工二厂的业务和资产进行了重组,将化工二厂的氧氯化分厂、聚氯乙烯分厂、氯碱分厂等主要经营性资产投入本公司,以募集方式设立的股份有限公司。

3. 发起人简介

本公司的独家发起人北京化学工业集团有限责任公司,注册资金:187,227.9万元人民币,法定住所:北京市朝阳区双井垂杨柳,法定代表人:曹印修。其前身是北京化学工业集团公司,为国务院确定的全国100户建立现代企业制度的试点单位之一。化工集团公司经北京市政府和国家体改委联合颁发的京政函字[1995]83号文批准,于1996年6月25日由北京化学工业集团公司改制为有限责任公司。

化工集团公司是我国化工行业的特大型企业和全国500家大型企业之一,下属25个生产企业、12个科研院所,职工7万余人。其经营范围主要包括;生产、制造、销售石油化工产品、化工试剂、塑料、合成纤维、化学建材及化工设备等。1996年,实现销售收入71.6亿元,利税4.1亿元。截至1996年底,化工集团公司总资产122.8亿元,净资产30.8亿元,在全国100户化工企业和北京市经济百强中均名列第二位。

四、股票发行与承销

1. 本次公开发行

发行数量:8,000万股(其中向公司职工配售800万股)

发行价格:7.2元/股

发行方式:上网定价

中签率:2.458165%

有效申购户数:99,034户

持有1,000股以上的户数:47,163

发行费用总额:1,532.9324万元

每股发行费用:0.19元

发行市盈率:15倍

2. 股票承销

本次公开发行的8,000万股社会公众股已全部由社会公众认购,承销团成员无包销比例及数量。

3. 验资报告

根据毕马威华振会计师事务所的验资报告,北京化二股份有限公司本次发行人民币普通股股票8,000万股,每股面值1.00元人民币,发行价7.2元,总计募集资金为576,000,000元,扣除发行费用15,329,324元,净额为560,670,676元,已于1997年5月29日全部缴入北京化二股份有限公司(筹)在银行开立的帐户。其中股本为人民币80,000,000元,股本溢价为人民币480,670,676元,计入股份公司的资本公积。

五、董事、监事及高级管理人员持股情况及持股比例

1. 董事、监事及高级管理人员简介

(1)董事

项大北先生,1954年出生,本公司董事长,经济学硕士,高级工程师。曾任北京化工二厂党委书记,厂长,现任北京化学工业集团有限责任公司副总经理。

孙绍刚先生,1966年出生,本公司副董事长兼总经理,研究生毕业,工

程师。曾任北京化工厂副厂长、常务副厂长，现任北京化工二厂厂长。

张荣立先生，1956年出生，本公司副董事长，大专毕业，会计师。曾任北京化学工业集团有限责任公司办公室主任，财务处长，现任北京化学工业集团有限责任公司副总会计师。

张玉秋先生，1955年出生，本公司董事，大专毕业，经济师。曾任北京化工二厂副厂长，现任北京化工二厂常务副厂长。

万连英先生，1953年出生，本公司董事、党委书记，大专毕业，政工师。曾任北京化二厂工会主席、党委副书记、副厂长。

李爱民女士，1951年出生，本公司董事、总会计师，大专毕业，会计师。曾任北京化工二厂财务科长，副总会计师，总会计师。

刘新怡先生，1940年出生，本公司董事，大学毕业，高级工程师。曾任北京化学工业集团有限责任公司科研处处长，现任北京化学工业集团有限责任公司规划处处长、副总工程师。

蔡书元先生，1939年出生，本公司董事、总工程师，大学毕业，教授级高级工程师。曾任北京化工二厂副总工程师、总工程师。

付庭祥先生，1941年出生，本公司董事，大专毕业、高级政工师。曾任北京化工二厂纪委书记、北京化工集团公司纪委副书记，现任北京化工二厂党委书记。

龙涛先生，1953年出生，本公司董事，经济学硕士，现为北京海问证券投资咨询事务所董事长及中央财政金融学院会计系副教授。

(2)监事

刘先先生，1942年出生，本公司监事会监事长，大学毕业，高级政工师，曾任北京化工二厂党委副书记，纪委书记，副厂长。

刘卫东先生，1955年出生，本公司监事，大专毕业，经济师。曾任北京化工集团公司法规处副处长，现任北京化学工业集团有限责任公司改革办副主任，法律顾问。

王世喜先生，1951年出生，本公司监事，中专毕业，工人技师。曾任北京化工二厂聚氯乙烯分厂工段长，车间主任。

(3)其他高级管理人员

辛宝华先生，1953年出生，本公司副总经理，大专毕业，政工师。曾任北京化工二厂党委副书记，副厂长，副厂长兼北京乙烯工程化工二厂分指挥部常务副指挥长。

王新友先生，1955年出生，本公司副总经理，大专毕业，经济师。曾任北京化工二厂副厂长。

和贵增先生，1954年出生，本公司副总经理，大学毕业，高级经济师。曾任北京化工二厂党委副书记，副厂长，北京市委工业部办公室副主任，北京工程塑料厂党委书记，常务副厂长。

王充先生，1939年出生，本公司副总经理，大学毕业，高级工程师，曾任北京化工二厂副厂长。

赵源先生，1944年出生，本公司副总经理，中专毕业，工程师。曾任北京化工二厂副厂长。

孟繁奎先生，1956年出生，本公司副总经理，大专毕业，工程师。曾任北京化工二厂副厂长。

邴涓林先生，1959年出生，本公司总经济师，工学硕士，高级工程师。曾任北京乙烯工程化工二厂分指挥部副指挥长。

李崇华先生，1956年出生，本公司董事会秘书，大专毕业，经济师。曾任北京化工二厂综合计划室主任，副总经济师，改制办公室主任。

2. 董事、监事及高级管理人员持股情况

姓　名	职　务	持股数(股)	占总股本的比例(%)
项大北	董事长	5,000	0.00156
孙绍刚	董事、总经理	5,000	0.00156
张荣立	副董事长	3,000	0.00009
张玉秋	董事	5,000	0.00156
万连英	董事	5,000	0.00156
李爱民	董事、总会计师	5,000	0.00156
刘新治	董事	5,000	0.00156
蔡书元	董事、总工程师	5,000	0.00156
付庭祥	董事	5,000	0.00156
龙　涛	董事	0	0
辛宝华	副总经理	5,000	0.00156
王新友	副总经理	5,000	0.00156
和贵增	副总经理	5,000	0.00156
王　充	副总经理	5,000	0.00156
赵　源	副总经理	3,000	0.00009
孟繁奎	副总经理	5,000	0.00156
邴涓林	总经济师	5,000	0.00156
刘　先	监事会监事长	3,000	0.00009
刘卫东	监事	3,000	0.00009
王世喜	监事	2,600	0.00008
李崇华	董事会秘书	3,300	0.00010
合　计		87.900	0.02747

六、公司设立

本公司1997年6月6日，在北京召开了公司创立大会暨首届股东大会。会议通过了《关于设立北京化二股份有限公司的决议》及《关于北京化二股份有限公司股票在深圳证券交易所挂牌交易的决议》等有关事项。1997年6月6日在北京市工商行政管理局办理了工商登记，公司注册资本为320,000,000元；注册地址：北京市朝阳区大郊亭；营业执照号码：11510513。

七、关联企业与关联交易

1. 关联企业

本公司的关联企业是其发起人北京化学工业集团有限责任公司，持有本公司24,000万股国有法人股，占总股本的75%，为本公司的绝对控股股东。本公司董事长项大北现任北京化学工业集团有限责任公司副总经理。

2. 关联交易

本公司与化工集团公司在土地租赁、生活后勤服务、原料供应、进出口代理、商标许可使用和产权转让等方面存在关联交易关系。上述关联交易已由本公司和化工集团公司依照等价有偿，平等互利的原则，采用经济合同的方式予以确认，其交易价格和条件均按市场情况确定，以维护本公司及全体股东的利益。化工集团公司主营业务中生产和销售聚氯乙烯、烧碱等业务已纳入本公司，同时承诺目前及今后不从事与本公司相同或类似产品的生产与经营。

八、股东结构及大股东持股情况

1. 上市前的股本结构

股份种类	数　量	占总股本比例(%)
总股本	32,000万股	100
尚未流通股份		
发起人股		
(均为国有法人股)	24,000万股	75
可流通股份		
本次公开发行股份	8,000万股	25
其中：公司职工股	800万股	2.5

2. 前十名股东持股数及持股比例

序号	股东名称	持有股数(股)	持股比例(%)
1.	北京化学工业集团有限责任公司	240,000.000	75
2.	项大北	5,000	0.00156
3.	孙绍刚	5,000	0.00156
4.	张玉秋	5,000	0.00156
5.	万连英	5,000	0.00156
6.	李爱民	5,000	0.00156
7.	刘新怡	5,000	0.00156
8.	蔡书元	5,000	0.00156
9.	付庭祥	5,000	0.00156
10.	辛宝华	5,000	0.00156

九、财务会计资料

1．审计报告摘录

北京化二股份有限公司筹委会：

我们接受委托，审计了贵公司根据所附会计报表注释1所载的基准编制的1994年12月31日、1995年12月31日及1996年12月31日的资产负债表和1994年度、1995年度及1996年度的利润表和1996年度的财务状况变动表。这些会计报表由贵公司负责。我们的责任是根据我们审计的结果，对这些会计报表发表独立意见。我们的审计是依据中国注册会计师独立审计准则进行的。在审计过程中，我们结合贵公司的实际情况，实施了包括抽查会计记录等我们认为必要的审计程序。

我们认为，上述会计报表符合《企业会计准则》及有关《股份制试点企业会计制度》的规定，在所有重大方面公允地反映了贵公司1994年12月31日、1995年12月31日及1996年12月31日的财务状况及1994年度、1995年度及1996年度的经营成果和1996年度的资金变动情况，会计处理方法的选用遵循了一贯性原则。

毕马威华振会计师事务所

1997年4月21日

2．主要财务会计资料

本公司主要财务会计数据如下：

(1)资产负债表 单位：千元

资　　产	1996年12月31日	1995年12月31日	1994年12月31日
流动资产：			
货币资金	31,569	45,933	106,438
短期投资	30,000	163,000	—
应收帐款	9,070	5,034	3,226
减：坏帐准备	(45)	(25)	(16)
应收帐款净额	9,025	5,009	3,210
预付货款	8,579	11,159	3,500
其他应收款	16,177	11,780	4,585
待摊费用	16,917	17,526	26,686
存货	104,828	90,736	53,683
流动资产合计	217,095	345,143	198,102
长期投资：	9,401	8,215	12,408
固定资产原值	565,151	388,821	346,969
减：累计折旧	(363,291)	(256,508)	(228,142)
固定资产净值	201,860	132,313	118,827
在建工程	659,484	372,129	105,475
资产总计	1,087,840	857,800	434,812
负债及股东权益			
流动负债：			
短期借款	51,100	43,900	44,370
应付帐款	35,322	69,279	37,396
预收帐款	—	11,616	19,461
应付工资	1,744	4,268	4,583
应交税金	6,528	2,899	(2715)
其他应付款	111,253	52,689	18,070
预提费用	—	7,000	2,168
一年内到期的长期负债	72,927	8,000	4,000
流动负债合计	278,874	199,651	127,333
长期借款	472,501	410,358	123,869
长期负债合计	472,501	410,358	123,869
负债合计	751,375	610,009	251,202
所有者权益	—	247,791	183,610
股本	240,000	—	—
资本公积	96,465	—	—
股东/所有者权益合计	336,465	247,791	183,610
负债及股东/所有者权益总计	1,087,840	857,800	434,812

(2)利润表

单位：千元

项目	1996年度	1995年度	1994年度
一、主营业务收入	666,603	647,270	519,644
减：营业成本	499,760	430,482	351,162
销售费用	1,011	996	699
管理费用	62,024	63,780	38,960
财务费用	2,747	5,015	3,657
营业税金及附加	2,468	2,675	2,556
二、主营业务利润	98,593	144,322	122,610
加：投资收益	20,442	23,100	2,159
加：其他业务利润	(5,772)	191	(4,724)
加：营业外收入	1,167	3,989	1,422
减：营业外支出	37	5,215	—
利润总额	114,393	166,387	121,467
减：所得税	16,500	20,000	20,000
净利润	97,893	146,387	101,467

(3)财务状况变动表(1996年度，单位：千元)

项目	金额
流动资金来源	
本年净利润	97,893
加：不减少流动资金的费用和损失：	
固定资产折旧	106,783
小计	204,676
其他来源	
增加长期负债	62,143
增加资本公积—固定资产重估增值	87,465
小计	149,608
流动资金来源合计	354,284
流动资金运用	
利润分配	
上交利润	96,684
其他运用	
增加固定资产及在建工程	463,685
增加长期投资	1,186
小计	464,871
流动资金运用合计	561,555
流动资金减少净额	(207,271)
流动资产本年增加/(减少)数	
货币资金	(14,364)
短期投资	(133,000)
应收帐款净额	4,016
预付货款	(2,580)
其他应收款	4,397
待摊费用	(609)
存货	14,092
流动资产减少净额	(128,048)
流动负债本年增加/(减少)数	
短期借款	7,200
应付帐款	(33,957)
预收货款	(11,616)
应付工资	(2,524)
未交税金	3,629
其他应付款	58,564
预提费用	(7,000)
一年内到期的长期负债	64,927
流动负债增加净额	79,223
流动资金减少净额	(207,271)

(4)主要会计指标

主要会计指标	1996年	1995年	1994年
净资产收益率(%)	29	59	55
每股收益(元)	0.41	0.61	0.42
流动比率	0.78	1.73	1.56
速动比率	0.40	1.27	1.13

存货周转率(%)	511.10	596.16	654.14
应收帐款周转率(%)	9452.68	15672.40	16108.00
股东权益比率(%)	30.93	28.89	42.23

注:每股收益值是按2.4亿的股本计算。

3.财务报表附注

(a)会计政策

本公司编制财务报表所采用的主要会计政策,是根据中华人民共和国《企业会计准则》、《股份制试点企业会计制度》和国家颁布的其他有关股份制试点企业财务会计制度的有关补充规定制订的。

(b)会计年度

会计年度自公历1月1日起至12月31日止。

(c)记帐原则和计价方法

本公司按照权责发生制的原则记帐,计价方法为历史成本法。

(d)存货

本公司辅助材料及备品备件采用计划成本法进行日常核算,并按月结转成本差异,将计划成本调整为实际成本。其余存货均采用实际成本法核算。产成品成本中包括直接人工费用和应分摊的间接费用。存货成本按加权平均法结转。

(e)固定资产

与购置或建造固定资产有关的一切直接或间接成本,包括购建期间的利息支出及汇兑损益,全部资本化为固定资产。

当厂房或机器设备能持续批量生产所销售数量及质量的产品时,则其可视作已投产,转为固定资产。

本公司固定资产按直线法计提折旧,即固定资产原值除以预计使用年限。无残值。各类固定资产的预计使用年限分别为:

厂房及建筑物	10—35年
机器及设备	4—12年

在建工程不计提折旧。

(f)销售

销售在发出商品、提供劳务,同时收取货款或取得索取价款凭据时予以确认。

(g)维修保养费

维修保养费用实际发生时在当期损益帐中列支。

(h)研究及开发费用

研究及开发费用均以实际发生法在当期损益帐中列支。

(i)投资

短期投资以成本法核算。长期债券投资,在持有期间计提应收利息。

(j)坏帐准备

应收帐款的坏帐准备按年末应收帐款余额的0.5%计提。

(k)外币折算

外币交易按期初中国人民银行公布的外汇牌价中间价折合人民币。货币性外币资产和负债按结算日中国人民银行公布的外汇牌价折合为人民币,除有关兴建固定资产所借款项的外币换算差额在兴建期内予以资本化外其他外币换算差额作为汇兑损益计入损益表。

十、董事会上市承诺

本公司董事会将严格遵守《公司法》、《股票发行与交易管理暂行条例》、《公开发行股票信息披露实施细则》和《深圳证券交易所交易规则》及有关法律、法规的规定,并向证券主管机关、深圳证券交易所和广大投资者作出如下承诺:

1.按照法律、法规的规定程序和要求披露重大的信息,并接受证券主管机关、深圳证券交易所的监督管理;

2.及时、准确、真实地在证券主管部门指定的报刊上公布中期报告、年终报告及经营业绩等资料,并置于规定场所供投资者查阅。

3.本公司董事、监事及高级管理人员,如发生人事变动或前述人员持有本公司股票数量发生变化时,及时通报证券管理机关,并及时通过证券主管部门指定的媒体通告社会公众。

4.在任何公共传播媒介出现的消息可能对本公司股票的市场价格产生误导性影响时,本公司知悉后将及时对消息予以公开澄清。

5.本公司董事、监事及高级管理人员将听取社会公众的意见和批评,不利用已获得的内幕消息和其他不正当手段直接或间接从事股票买卖活动。

6.本公司没有无记录负债。

十一、重要事项揭示

1.本公司本次自社会公开发行人民币普通股8,000万股,其中800万股向公司职工配售,本次上市流通股份7,200万股,公司职工股800万股按规定在本公司股票上市之日期满半年后方可申请上市。

2.根据北京市财政局京财工(1997)285号文《关于北京化二股份有限公司上市后所得税实行"先征后返"的函》,本公司股票上市后,所得税依法缴纳后,超过15%税负上交的所得税部分,由市财政返还给本公司,返还资金并入本公司税后利润统一进行分配。

3.截止上市公告书刊登之日,本公司未涉及任何重大诉讼事项和仲裁,也无任何尚未了结或可能面临的重大诉讼或索赔要求。

十二、咨询机构

1.上市公司:北京化二股份有限公司
法定代表人:项大北
地址:北京市朝阳区大郊亭
电话:(010)67712530
联系人:李爱民　李崇华

2.上市推荐人:中信证券有限责任公司
法定代表人:常振明
地址:北京市朝阳区新源南路6号京城大厦
电话:(010)64661040
联系人:贾文杰　甘亮

十三、备查文件

1.深圳证券交易所上市通知书;

2.中国证监会证监发字[1997]252号、253号文;

3.北京市政府京政函[1997]26号文;

4.本公司营业执照;

5.本公司创立大会决议;

6.毕马威华振会计师事务所出具的审计报告、验资报告;

7.上市推荐协议;

8.其它文件;

北京化二股份有限公司

1997年6月12日

北京化二股份有限公司1997年度中期报告

一、财务报告(未经审计)

(一)财务报表

1.简化的损益表　　单位:人民币万元

项目	1997年1—6月	1996年1—6月
主营业务收入	32,943.37	25,649.76
主营业务利润	3,397.23	5,052.48
其它业务利润	-12.03	-410.52
投资收益	914.48	1,968.42
营业外收支净额	0.91	32.02
以前年度损益调整	—	—

利润总额	4,300.59	6,642.40
所得税	610.85	958.50
净利润	3,689.74	5,683.90
加:期初未分配利润	—	—
可供分配利润	2,951.79	—

2. 简化的资产负债表　　单位:人民币万元

资产	1997年6月30日	1996年6月30日
流动资产	63,435.51	21,709.52
长期投资	243.88	940.14
固定资产净值	19,844.65	20,185.99
在建工程	67,738.94	65,948.37
无形及递延资产	—	—
其他长期资产	—	—
资产合计	151,249.34	108,784.02
流动负债	27,583.12	27,887.44
长期负债	30,281.21	47,250.06
股本	32,000.00	24,000.00
股本公积	57,695.26	9,646.52
盈余公积	737.95	—
未分配利润	2,951.79	—
所有者权益合计	93,385.00	33,646.52
负债及所有者权益合计	151,249.34	108,784.02

(二)财务指标

	1997年1—6月 (以期末总股本32,000万股计算)	1996年1—6月 (以1996年末总股本24,000万股计算)
每股收益(元/股)	0.115	0.237
净资产收益率(%)	3.94	16.89
每股净资产(元/股)	2.92	1.40

(三)财务报表注释

1. 本期财务报告所采用的会计政策和会计方法与1996年度财务报告所采用的会计政策和会计方法相一致。

2. 本公司向关联企业北京化工集团有限责任公司按1997年4月7日签订的《综合服务协议》支付劳务费用600万元。北京化工集团公司为北京化二股份有限公司的独家发起人,持有本公司股票24,000万股,占总股本的75%。

3. 流动资产比年初增加41,725.99万元,主要有以下两方面原因。

A、货币资金增加28,536.14万元,主要是发行A种股票募集的资金待使用部分。

B、短期投盗增加1.2亿元为存入商业银行的定期存款。

4. 应收帐款757.35万元,帐龄为:

一年以内697.16万元

二年以内19.27万元

三年以内40.92万元

5. 其他应收款1,257.98万元,帐龄为:

一年以内1,138.05万元

二年以内93.79万元

三年以内26.14万元

6. 长期投资减少是因原购国库券到期兑付所致。

7. 投资收益914.48万元主要是到期国库券利息220万元,委托证券公司国库券回购收益290万元,其余为存款利息收益。

8. 在建工程增加的原因是将募股资金投入到八万吨聚氯乙烯项目中所致。

9. 长期借款减少的原因是募集资金到位后按原定用途归还长期借款所致。

10. 股东权益增加是因溢价发行A股募集资金57,600万元扣除发行费用1,532.93万元后的净额56,067.07万元及上半年实现的净利润。

11. 本期实现利润总额为4,300.39万元,比上年同期减少2,341.81万元,其中主要为主营业务利润减少1,655.25万元,投资收益减少1053.93万元,其它业务利润减亏398.48万元。

二、经营情况的回顾与展望

1. 上半年经营情况的回顾

1997年上半年,本公司紧紧围绕"第三次创业"发展战略的具体实施,利用公司发行股票并上市的有利契机,切实转换经营机制。在十分激烈的市场竞争中,克服诸多的不利因素,取得了一定的成绩。公司产品质量和市场份额的优势得到了巩固和发展,新建设的项目取得了成果。

上半年实现主营业务收入32,943.37万元,比去年同期增长28.44%;实现净利润3,689.74万元,比去年同期下降35.08%,为1997年全年盈利预测9805万元的37.6%。上半年经营情况主要有以下几个方面的特点:

(1)适应市场的需求,巩固和提高产品的市场占有率。

上半年,特别是一季度化工产品市场需求不旺,据此,公司及时调整经营战略,努力增加适销对路产品的生产,使产品产销率达到了100.73%,实现了产品少库存无积压的目标,且销售回款良好。主要产品的市场占有率仍然保持了较高的水平。国家统计局对今年上半年的调查分析表明,在我国286种主要工业产品中,有18种产品为生产能力利用率较高而且产销衔接较好,本公司生产的聚氯乙烯被列为18种产品之一。

(2)扎扎实实抓管理,降低物质消耗,消化部分涨价因素。

上半年公司深入开展成本目标管理,通过分解成本项目与采取技术措施的配套落实,实现了主要产品单位物质消耗一定幅度的降低,从而消化了部分原料、能源等价格上涨带来的减利因素。

(3)技术改造项目进展顺利。

新建年产8万吨聚氯乙烯(含年产8万吨氯乙烯项目)、年产8万吨离子膜法烧碱项目,经过上半年的最后努力,在总计两年多一点的时间里,以高质量和最快的速度基本建成。其中年产8万吨离子膜法烧碱项目已投入试生产,年产8万吨聚氯乙烯项目(含年产8万吨氯乙烯项目)已工艺试车成功。

由于北京东方化工厂6月27日乙烯储罐区发生严重失火事故,使新建的年产8万吨聚氯乙烯装置(含年产8万吨氯乙烯装置)受到原料乙烯的制约,在短时间内不能充分发挥其大幅度增加产量的重要作用,对全年任务的完成预计也会产生一定的影响。但新装置的建成可以置换原有装置的运行,从而取消年度大检修,可为全年争取到更多的作业时间。

(4)实现利润受市场及原料价格上涨等因素影响比去年同期下降。

上半年实现利润,受一季度烧碱市场需求不旺的影响以及部分原料、能源如电、蒸汽、乙烯等价格上涨幅度过大的影响,未能实现时间过半任务过半的目标。根据计算,1997年上半年主要原材料涨价比去年同期增高3,480万元,但由于采取了相应的节能降耗技术措施以及管理措施,仅使主营业务利润比去年同期下降1655.25万元。

2. 下半年展望

(1)力保1997年全年利润目标的实现

上半年由于生产、建设交叉进行,全年总体计划的安排后重前轻。因此,下半年要充分利用内外部的有利条件,抓紧实施向作业时间、向降低物耗、向开源节流、向管理要效益等各种具体增效的措施。力保全年9,805万元利润目标计划的实现。

(2)进一步强化市场的开拓,提高产品产销率和货款回收率,确保主营业务收入有一定幅度的增长。

(3)加大调整品种结构的力度,努力提高产品的附加值,发挥新建聚氯乙烯装置在品种,质量方面的优势,聚氯乙烯的新品种实现大批量生产。

(4)为适应公司上市后再发展的需要,公司要继续做好经济效益新增长点的储备,并将进一步完善内部管理机制,切实解放思想,更新观念,实现两个根本的转变。

三、重大事件的说明

1．经中国证券监督管理委员会证监发字[1997]252号、253号文批准,本公司于1997年5月22日向社会公开发行A股8,000万股,其中社会公众股7,200万股,获成功。公司7,200万股社会公众股股票于1997年6月16日在深圳证券交易所挂牌上市,800万股公司内部职工股半年后上市交易。

2．本报告期内公司无重大诉讼、仲裁事项。

3．根据国务院证券委、中国人民银行、国家经贸委5月21日联合发布的《严禁国有企业和上市公司炒作股票的规定》,公司进行了严格认真的检查,至今本公司尚未开设买卖已上市流通股票的帐户,因此,无任何违规情况。今后若进行股票投资,将严格遵循国家有关法律、法规的规定。

4．募集资金的使用情况

本次公开发行股票募集资金57,600万元,扣除发行费用1,532.9万元后,实际募集资金56,067.1万元。所募资金用于年产8万吨聚氯乙烯项目建设的尾期投入;向化工集团公司收购年产8万吨离子膜法烧碱项目及其该项目的尾期投入;同时安排部分资金用做上述项目投产所需流动资金;余款将用于归还上述项目建设期时的技术改造贷款。

(1)年产8万吨聚氯乙烯项目(含年产8万吨氯乙烯项目)概算总投资78,518万元,目前该项目已基本建成,计划募集资金投入18,658万元,现已投入3,313.5万元。

(2)年产8万吨离子膜法烧碱项目已经建成,并投入试生产。该项目概算总投资30,571万元,计划于1997年7月实施收购,收购该项目需投入募股资金5,531万元;项目尾期投入3,325万元,合计计划投入募股资金8,856万元。现实际已投入122.7万元。

(3)已归还上述项目建设期的贷款及利息23,345.4万元。

(4)本次实际募股资金56,067.1万元,扣除上述按招股说明书中承诺的用途已经使用的部分外,尚有余款29,285.5万元,目前全部在银行储备待用。

公司本次发行股票所募集资金用途,符合国家产业政策,特别是募集资金应用于即将建成投产的技术改造项目及其归还该项目建设期时的贷款,符合投资者的利益和改变资本结构以及提高公司经济效益的基本原则。公司目前实际的执行情况及其今后的实施计划,都没有也不会改变募集资金的用途。

(5)本公司本年度中期不分红。

四、发行在外股票的变动和股权结构的变化

1．股票发行

经中国证券监督管理委员会证监发字[1997]252号、证监发[1997]253号文批准,本公司于1997年5月22日在深圳证券交易所,采用上网定价的方式,向社会公开发行人民币普通股7,200万股,另向公司职工配售股份800万股。发行的社会公众股7,200万股股票于1997年6月16日在深圳证券交易所挂牌上市。

2．股本结构

本次股票发行结束后,公司的股本结构为:

股份单位:万股;面值:人民币壹元

股份类别	发行前	发行后	1997年6月30日
一、尚未流通股份			
1．发起人股	24,000	24,000	24,000
国有法人股	24,000	24,000	24,000
2．内部职工股	—	800	800
尚未流通股合计	24,000	24,800	24,800
二、已流通股份	—	7,200	7,200
三、股份总数	24,000	32,000	32,000

3．前十名股东持股情况(截止6月27日)

股东名称	持股数(单位:股)	持股比例(%)
(1)北京化工集团公司	240,000,000	75.0
(2)周人英	475,000	0.148
(3)林青青	400,200	0.125
(4)丁一娈	290,000	0.091
(5)陈多	265,000	0.082
(6)谢贵兰	240,000	0.075
(7)西安证券	220,000	0.069
(8)林良三	210,000	0.066
(9)张宏芳	200,000	0.063
(10)赵根群	200,000	0.063

五、股东大会简介

北京化二股份有限公司创立大会暨首届股东大会于1997年6月6日上午在北京化二股份有限公司会议楼举行,出席会议的股东及股东代理人共81人,代表股份240,239,200股,占公司股份总额的75.07%,符合《中华人民共和国公司法》股东大会依法有效召开的有关规定。大会审议,表决通过了如下决议:

1．审议通过了本公司筹建工作报告。

2．审议通过了本公司章程。

3．审议通过了发起人用于抵作股款的财产作价的议案。

4．审议通过了公司设立费用的报告。

5．通过了公司股票在深交所上市的议案。

6．选举项大北、孙绍刚、张荣立、张玉秋、万连英、李爱民、刘新怡、蔡书元、付庭祥、龙涛为第一届董事会董事。

7．选举刘先、刘卫东、王世喜(职工代表)为第一届监事会监事。

六、备查文件

1．载有董事长、总经理亲笔签名的中期报告原本。

2．公司股东大会资料。

3．北京化二股份有限公司《招股说明书》、《上市公告书》。

4．本公司公司章程。

查阅地址:北京市朝阳区大郊亭北京化二股份有限公司办公楼

北京化二股份有限公司

1997年8月8日

北京燕京啤酒股份有限公司

北京燕京啤酒股份有限公司招股说明书概要

一、释义

在本招股说明书概要中,下列词语的含义是:

1. 本公司:指北京燕京啤酒股份有限公司(筹)。
2. 发行人:指北京燕京啤酒股份有限公司(筹)。
3. 燕京集团:指北京燕京啤酒集团公司
4. 股票:指本公司本次发行的每股面值壹元的记名式普通股股票。
5. 公司职工股:指专供公司职工认购之股份。
6. 主承销商:指北京证券有限公司。
7. 上市推荐人:指北京证券有限公司。
   南方证券有限公司
8. 筹委会:指本公司设立及股票发行之筹备委员会。
9. 元:指人民币元。

二、绪言

本招股说明书概要根据《中华人民共和国公司法》、《股票发行与交易管理暂行条例》、《公开发行股票公司信息披露实施细则(试行)》的规定,按照中国证券监督管理委员会制定的《招股说明书的内容与格式》编制。

本公司本次向中华人民共和国境内的自然人和法人(法律、法规规定不得购买者除外)公开发行股票,已经北京市证券监督管理委员会京证监发(1997)6号文批复,并经中国证券监督管理委员会证监发(1997)6号文审核批准。本招股说明书概要旨在说明股票发行目的,并向投资人披露公司情况及有关资料。本股份公司筹委会成员已批准该招股说明书概要,确信所摘内容与招股说明书正文内容一致,且无重大误导、虚假及遗漏,并对其内容的真实性、准确性、完整性负个别的和连带的责任。

本次发行的股票是根据本说明书中所载明的资料申请发行的。除本发行人和主承销商外,没有委托或授权任何其他人提供未在本招股说明书概要中列载的信息和对本说明书概要做任何解释或者说明。

本招股说明书概要提醒投资人自行负担买卖本公司股票所应支付的税款,发行人、承销商和上市推荐人对此不承担责任。

三、发售新股的有关当事人

1. 发行人及其法定代表人:

(1)北京燕京啤酒集团公司
法定代表人:李福成
地址:北京市顺义县城南
电话:010-69447711　　传真:010-69441273
联系人:丁广学

(2)北京市西单商场股份有限公司
法定代表人:王　权
地址:北京市西城区西单北大街120号
电话:010-66024984　　传真:010-66014196
联系人:刘秀玲、王　健

(3)北京市牛栏山酒厂
法定代表人:赵长树
地址:北京市顺义县牛山镇
电话:010-69412531　　传真:010-69412530
联系人:陈英丽

2. 发行人:北京燕京啤酒股份有限公司(筹)
筹委会主任:李福成
地址:北京市顺义县城南
电话:010-69447711　　传真:010-69441273
联系人:丁广学

3. 主承销商:
机构名称:北京证券有限公司
法定代表人:张克俭
地址:北京市西城区德外北滨河路B11号
电话:010-62058007　　传真:010-62057910
联系人:李弘吉　刘改军　杜　军

4. 副主承销商:
机构名称:君安证券有限公司
法定代表人:张国庆
地址:中国深圳市春风路五号
电话:0755-2175560　　传真:0755-2296188
联系人:武朝阳

5. 分销商:

(1)广东证券公司
法定代表人:钟伟华
电话:020-87784726　　传真:020-87784506
联系人:黄平

(2)广发证券有限责任公司
法定代表人:陈云贤
地址:广州市农林下路83号广发金融大厦四楼
电话:020-87310888-2420　　传真:020-87310255
联系人:陈选良

(3)国泰证券有限公司
法定代表人:金建栋
地址:中国上海浦东新区乳山路61号
电话:010-68498545　　传真:010-68498543
联系人:徐京华

(4)厦门国际信托投资公司
法定代表人:游永华
地址:厦门市湖滨北路振业十层
电话:0592-5092090　　联系人:刘珂滨

(5)甘肃证券有限责任公司
法定代表人:谢铁牛
地址:甘肃兰州市兰州饭店中6楼
电话:0931-8861500　　传真:0931-8861562
联系人:杨楠

(6)中国民族国际信托投资公司
法定代表人:马茂宗
地址:北京王府井大街241-245号
电话:010-65139083　　联系人:王青文

(7)中国人保信托投资公司
法定代表人:朱斌
地址:北京市天坛东路70号
电话:010-67119480
联系人:陈东

(8)海南赛格国际信托投资公司
法定代表人:李建民
地址:海口市滨海大道华信大厦
电话:010-6787556、6786556　　传真:010-63493688
联系人:李兆光

6. 上市推荐人:
(1)机构名称:北京证券有限公司
法定代表人:张克俭

地址:北京市西城区德外北滨河路 B11 号
电话:010-62058007　　传真:010-62057910
联系人:李弘吉、刘改军、杜　军
(2)机构名称:南方证券有限公司
法定代表人:王景师
地址:深圳市深南东路 56 号南方国际大酒店
电话:010-67642135　　传真:010-67612137
联系人:张业丰
7. 发行人律师事务所及经办律师:
机构名称:信利律师事务所
法定代表人:高宗泽
地址:北京东城区劳动人民文化宫文华宫写字楼
电话:010-65237536、65237537　　传真:010-65237515
经办律师:高宗泽、谢思敏
8. 会计师事务所和经办注册会计师
机构名称:京都会计师事务所
法定代表人:于连国
地址:北京市海淀区车公庄西路 32 号
电话:010-68475950　　传真:010-68475945
经办注册会计师:张　森、郑建彪
9. 资产评估机构和经办评估人员
机构名称:北京德威评估公司
法定代表人:刘　捷
地址:北京市海淀区车公庄西路 20 号
电话:010-68438529　　传真:010-68472789
经办评估人员:邓小丰、刘宏跃
10. 资产评估确认机构:
机构名称:国家国有资产管理局
法定代表人:张佑才
地址:北京市海淀区万泉河路 66 号
电话:010-62567744　　传真:010-62561817
11. 土地评估机构:
机构名称:
(1)北京市房地产价格评估事务所
法定代表人:杨于北
地址:北京东城区南河沿大街大甜水井胡同 37 号
电话:010-65273525　　传真:010-65272267
联系人:杨于北
(2)中国地产咨询评估中心
法定代表人:冯庆祥
地址:北京市海淀区大柳树路 21 号
电话:010-62172342
联系人:张　洁
12. 股票登记机构:
机构名称:深圳证券登记有限公司
法定代表人:黄铁军
地址:深圳市红岭中路 25 号
电话:0755-5585543

四、发行情况

1. 股票种类:人民币记名式普通股
2. 每股发行价:人民币 7.34 元
3. 每股面值:人民币 1 元
4. 发行数量:8,000 万股普通股
5. 发行总市值:58,720 万元
6. 发行地区:与深圳证券交易所联网的各证券交易网点
7. 发行对象:持有中华人民共和国居民身份证的公民和机构投资者(法律法规禁止者除外)
8. 本次发行股票的承销期为:1997 年 6 月 6 日至 1997 年 6 月 16 日
9. 上市交易所:深圳证券交易所
10. 预计上市日期:1997 年 6 月
11. 发行方式:上网定价发行
12. 本次股票发行价格采用如下计算方式:
1997 年每股税后利润预测:
0.48 元(按实际所得税负 15%及全面摊薄法计)
0.53 元(按实际所得税负 15%及加权平均法计,预计募集股金到位日期为 1997 年 7 月 1 日)
本次发行价定为每股 7.34 元。
其中:
A:1994 年每股税后利润为 0.32 元
1995 年每股税后利润为 0.57 元
1996 年每股税后利润为 0.68 元
发行市盈率:
14 倍(按 1994 年、1995 年、1996 年三年模拟已实现每股税后利润算术平均值计算,0.524 元/股)
13.85 倍(按加权平均法计算,预计股金到位时间为 1997 年 7 月 1 日,每股税后利润 0.53 元/股)
B:发行市盈率定为 14 倍。
13. 本次发行的股票预计募集资金为 58,720 万元,扣除发行费用 1,680 万元,预计实收金额 57,040 万元。
14. 发行前每股净资产:1.54 元
发行后每股净资产:
3.04 元(未扣除发行费用,14 倍市盈率)
2.98 元(扣除发行费用,14 倍市盈率)

五、风险因素及对策

提示:投资者在评价本发行人此次发售的股票时,应特别认真地考虑下述各项风险因素。

1. 经营风险:

原材料风险:本公司生产所用的原材料主要是啤酒大麦、大米、酒花等,它们分别占产品单位成本的 33.04%、11.10%、0.89%,其中大米、酒花等原料的供应主要是甘肃、新疆等基地及湖南、湖北等省的供应基地来解决,因此,其供应量和价格直接受到这几个供应基地产量及收购价的影响,波动性较大,对本公司盈利能力会产生一定影响。啤酒大麦作为主要原材料目前依赖国外进口,虽然本公司已有几个稳定供应客户,但由于国际市场供求变化较大,因此会对本公司的盈利产生一些影响。

主营业务风险:本公司主要业务收入来自于啤酒的生产和销售,业务经营相对单一,尽管由于本公司在啤酒产品品种方面进行了扩充,能够满足大部分消费者的需要,但如果市场对啤酒的总需求下降,仍将对本公司的经营带来一定的影响。

2. 行业风险:

由于啤酒生产受国家政策支持及国家轻工总会扶持,行业发展迅速,市场前景看好,所以这一行业在我国发展很快。目前国内啤酒生产厂家约 630 家,仅有 8 家年产量愈 200,000 吨。约 25 家年产量 100,000 至 200,000 吨。除去国家行业政策变化因素外,行业本身存在着一定风险。主要表现为各地啤酒生产厂家在不断地进行技术改造和扩大生产规模,行业内部的竞争日趋激烈,并可能因此导致供求失衡。

3. 市场风险:

由于啤酒产品生产与销售所具有的特殊性,因此不可避免的受到季节性的影响,另外,目前国内啤酒市场正处于发展期,呈上升趋势,而国外资本正努力打进这一市场,抢占市场份额,一九九六年进口啤酒在全国市场占有率接近 3%,使行业内部竞争更加激烈,因此会对公司经营造成一定风险。

4. 政策性风险:

国家经济政策、关税政策及税收制度的变化,都将直接和间接影响到本公司的生产经营活动。国家农业政策的调整可能会影响本公司的主要原材料啤酒大麦、大米、酒花的供应。

5. 股市风险:

股票市场的价格变化莫测,股票价格不仅受宏观经济周期、利率、资金供求关系等因素的影响同时也会因国际国内政策、经济形势及投资者心理因素的变化而产生波动,因此,股票交易是一种风险较大的投资活动,投资者对此应有完备的心理准备。

针对上述风险,本公司将积极、主动地采取以下对策:

1)针对原材料供应风险的对策:

A. 本公司生产所用的原材料大米、酒花等,完全可以由甘肃、新疆、湖南、湖北等原材料供应基地解决,本公司成立后,将与上述供应基地签订长期供货协议,以公平的市场价格保证啤酒生产原料的稳定供应。

B. 对于啤酒大麦供应在一定时期内由国外进口,除了与现有的国外客户保持密切关系外,同时本公司正积极扩大供应基地的范围,以保证啤酒大麦的充足供应。

C. 强化目标成本管理,降低消耗使单位产品的原材料消耗呈下降趋势。

2)针对主营业务单一风险的对策:

本公司将不断致力于啤酒产品的开发,目前主要生产11(清爽、10(干啤、11(、12(特制及易拉罐等几大品种,本公司在近期内将依靠降低生产成本、提高产品质量,通过价格优势和品质优势来保持市场占有率,长远目标是开发高档啤酒产品,通过联营及收购兼并其它中小型啤酒厂来扩大规模,使品种多样化,增强企业抵抗风险的能务。另外矿泉水的生产,将使产品品种多元化。

3)针对行业竞争的风险:

本公司即将上马的技改工程,将使本公司在产品质量、生产规模、占领市场、扩大市场占有率方面处于国内领先地位,在本次各投资项目达产后,本公司的生产能力将达到80万吨;同时,本公司具有较强的技术力量,在八十年代末,燕京集团已与中国食品发酵工业研究所进行了良好的合作,目前正进一步扩大合作范围及领域;在巩固提高现有生产能力与技术指标的同时,研究开发高档啤酒产品,提高劳动生产率,从而增强产品的竞争能力。在技改工程完工后,本公司的生产能力将会有更大的提高,并能更加充分满足市场的发展需求,从而增强本公司在啤酒行业内的竞争地位。

4)针对市场风险的对策:

A. 建立物流配送中心,增设新的销售网点,提高产品的市场占有率。本公司拟在全国十八个大中城市通过代销联营等方式,建立新的销售网点,充实销售人员队伍,提高销售人员业务素质。开拓新的销售渠道,保持啤酒销售的旺盛势头。

B. 开拓全国啤酒市场,在巩固北京地区现有市场的同时,继续扩大天津、河北市场,提高市场占有率。北京地区啤酒消费量较大,也是本公司目前主要销售市场,因此,本公司与北京地区的客户建立并保持着良好的业务关系;同时本公司亦在外埠还设有销售网点,今后,要通过改善售后服务,提供方便的运输条件,采取灵活方便的结算方式等途径,巩固和发展与新老客户的关系。进一步拓展外埠市场。

C. 在与科研部门保持密切协作的基础上,不断进行新技术、新工艺的引进和开发,注重人才的培养,形成一套完整的开发、使用人才制度,使本公司在市场竞争中立于不败之地。

D. 保持价格优势:面对来自国内外同行业的激烈竞争,本公司将继续保持在价格上的优势,积极稳定的扩大市场占有份额。

5)针对政策风险的对策:

本公司将利用现有行业政策优势,加速发展生产;同时,本公司将加强对国家政策的研究力度,做好国家政策与市场变动的预测工作。以严格科学的方法管理本公司的生产经营活动,来避免由于政策变动而带来的不利影响。

6)针对股市风险的对策:

股票市场的价格波动是股市的正常现象,为此,本公司提醒投资者,必须充分意识到今后股市中可能遇到的风险,以便做出正确的投资决策,本公司将严格按照《公司法》等法律法规要求运作,并按照国家证券管理部门和证券交易所的法规、规章进行信息披露。

六、募集资金的运用

1. 本次资金募集情况

本次向社会公众公开发行股票市价总值58,720万元,其中含向公司职工配售股票的市价总值5,872万元,扣除发行费用1,680万元,预计实际募集资金57,040万元。

2. 本次募集资金用途

(1)落实"双加"工程,即在本公司现有部分场地及公用设施上进行年新增15万吨啤酒改扩建工程,投资总额为30,757万元人民币,其中固定资产总额为19,879万元人民币,流动资金为10,878万元。

(2)燕京北厂新增10万吨啤酒产量的改扩建工程。在兼并"华斯"的基础上,改造现有车间及公用设施,提高啤酒的生产能力及工艺技术水平。该工程总投资额为13,829万元人民币,共分五个项目分别实施。

A. 扩建糖化车间,项目固定资产投资为2,972万元人民币。

B. 新增发酵能力技改工程,项目固定资产投资为2,742万元人民币。

C. 新增2万瓶/小时灌装线,项目固定资产投资为2,763万元人民币。

D. 综合技改工程,该项目固定资产投资为2,632万元人民币。

E. 电站增容改造,该项目投资为2,720万元人民币。

(3)燕京南厂调整产品结构技改工程。使燕京啤酒多品种、系列化,增强市场竞争能力。该工程投资总额为9,853万元人民币。共分四个项目实施。

A. 新增易拉罐灌装线,该项目共需投资为2,997万元人民币。

B. 新增2万吨/年的小瓶灌装线。该项目共需投资2,042万元人民币。

C. 新增2万瓶/小时灌装线,该项目投资为2,040万元人民币。

D. 供汽工程。新增20吨/小时锅炉两台,该项目投资为2,774万元人民币。

(4)新增矿泉水和纯水工程。共需投资4,846万元。

A. 矿泉水工程,该项目固定资产投资为2,900万元人民币。

B. 纯水工程,该项目固定资产投资为1,946万元人民币。

(5)建立燕京啤酒的物流配送中心。拟在全国十八个大中城市建立燕京啤酒销售网点,共需投入资金6,000万元。

项目缺口资金的筹措计划:

上述五个项目共计需投资65,285万元,本次发行股票约可募集资金57,040万元,尚有8,245万元资金缺口,已与银行达成初步意向通过银行贷款解决。

3. 项目投资简介

目前,燕京集团已被列入国家经贸委第二期"双加工程"企业,进行15万吨改扩建工程项目。为了适应市场需求和企业自身发展的要求,本公司成立后计划进行10万吨啤酒生产技术改造项目,以扩大生产能力。为进行15万吨"双加工程"改扩建工程项目和10万吨啤酒生产技改项目,需进行的项目投资有以下内容:

1)落实"双加"工程,即利用本公司现有部分场地及公用设施进行年新增15万吨啤酒技术改造,主要产品为12度、11度特制啤酒、10度干啤酒等。本项目已获得国家经贸委国家经贸委计改[1996]086号文认可,预计总投资30,757元人民币,其中固定资产总额为19,879万元人民币,流动资金为10,878万元。投资期为1996年7月至1997年12月。完工后即可投人使用。预计该项目每年增加利润6,329万元,投资回收期为5.24年。

2)燕京北厂新增10万吨啤酒产量的改扩建工程。在历经10余年的发展后,本公司已具有较强的经济实力和发展后劲,并具备良好的市场信誉和把握未来市场的能力,在啤酒市场需求竞争日趋激烈的情况下,加大投资力度,进行扩建改造已势在必行。因此在兼并"华斯"的基础上,改造现有车间及公用设施,提高啤酒的生产能力及工艺技术水平。该工程总投资额为13,829万元人民币,共分五个项目分别实施。

A. 扩建糖化车间,按照本公司的"九五"发展规划,本项目的实施不但可适应扩产10万吨啤酒的需要,同时也可保证多种优质啤酒上档次、上水平,以满足市场对品种、质量的要求。本项目总投资为2,972万元人民币,建设期2年,投资回收期3.91年。本项目已经北京市顺义县经济委员会顺经字(96)第74号文批复立项。

B. 新增发酵能力技改工程:为保证啤酒的质量、生产出优质啤酒,新增十八个发酵罐。本项目总投资为2,742万元人民币,投资回收期为3.8年。本项目已经北京市顺义县经济委员会顺经字(96)第72号文批复立项。

C. 新增2万瓶/小时灌装线:为使北厂达到新增10万吨啤酒的目标,提高现有包装能力和设备装备水平,新增一条2万瓶/小时灌装线。本项目总投资为2,763万元人民币,建设期1年,投资回收期3.53年。

本项目已经北京市顺义县经济委员会顺经字(96)第75号文批复立项。

D. 综合技改工程：为保证燕京啤酒的质量，提高企业的规模效益，进行北厂的综合技术改造工程。该项目总投资为2,632万元人民币，投资回收期4.8年。本项目已经北京市经济委员会(96)京经区县字第240号文批复立项。

E. 电站增容改造：为满足北厂增加啤酒产量10万吨用电的需求，进行北厂电站增容改造工程。该项目投资为2,720万元人民币。建设期六个月，4.53年收回投资。本项目已经北京市顺义县经济委员会顺经字(97)第25号文批复立项。

3)燕京南厂调整产品结构技改工程。为使燕京啤酒多品种、系列化，增强市场竞争能力和抗风险能力，实施该工程，投资总额为9,853万元人民币。共分四个项目实施。

A. 新增易拉罐灌装线：为适应市场需求，提高产品档次，扩大生产能力，从西德引进一条易拉罐灌装线。该项目共需投资为2,997万元人民币，建设期1年，投资回收期2年。本项目已经北京市顺义县经济委员会顺经字(96)第73号文批复立项。

B. 新增2万吨/年的小瓶灌装线：为继续开拓国内市场，树立市场观念，搞好啤酒出口创汇，需新增3.6万瓶/小时的小瓶灌装线。该项目共需投资2,042万元人民币，建设期1年，投资回收期3.6年。本项目已经北京市顺义县经济委员会顺经字(97)第10号文批复立项。

C. 新增2万瓶/小时灌装线：为满足市场需求，缓解供需矛盾，满足人民生活消费需求，因此有必要继续提高生产能力，新增一条灌装生产线。该项目投资为2,040万元人民币，投资回收期3.7年。本项目已经北京市经济委员会(96)京经区县字第241号文批复立项。

D. 供汽工程，新增20吨/小时锅炉两台：为确保旺季啤酒正常生产的需要，保证蒸汽的供应。该项目投资为2,774万元人民币，建设期1年，投资回收期3.6年。本项目已经北京市顺义县经济委员会顺经字(97)第17号文批复立项。

4)新增矿泉水和纯水工程：为适应市场发展趋势，充分合理利用现有资源，增强多品种产品竞争能力，提高企业经济效益，投资建设高级饮用纯净水厂及饮用矿泉水厂，共需投资4,846万元。

A. 矿泉水工程：为调整产品结构，生产燕京系列产品，提高企业经济效益，建2万吨/年饮用矿泉水生产线。该项目总投资为2,900万元人民币，建设期1年，投资回收期3.9年。本项目已经北京市顺义县经济委员会顺经字(97)第19号文批复立项。

B. 纯水工程：为适应市场发展趋势，充分利用现有资源，增加燕京系列产品，建2万吨/年饮用纯净水生产线。该项目总投资为1,946万元人民币，建设期1年，投资回收期4年。本项目已经北京市顺义县经济委员会顺经字(97)第20号文批复立项。

5)建立物流配送中心。为扩大市场占有份额，实施名牌战略，拟在全国十八个大中城市建立燕京啤酒销售网点，共需投入资金6,000万元。

4. 项目投资一览表：

项目名称	总投资额(万元)	内部收益率(%)	建设期(年)	投资回收期(年)	批复文号
1)落实"双加"工程	30,757	29.77	1.50	5.24	经贸委技改[1996]086号
2)北厂新增10万吨改扩建工程(分五个项目)	13,829				
A:扩建糖化车间	2,972	21.24	2.00	3.91	顺经字(96)第74号文
B:新增发酵能力技改工程	2,742	34.30	1.00	3.80	顺经字(96)第72号文
C:新增2万瓶/小时灌装线	2,763	38.37	1.00	3.53	顺经字(96)第75号文
D:综合技改工程	2,632	34.00	0.92	4.80	(96)京经区县字第240号文
E:电站增容改造	2,720	21.00	0.50	4.53	顺经字(96)第75号文
3)南厂调整产品结构技改工程(分四个项目)	9,853				
A:新增易拉罐灌装线	2,997	33.00	1.00	2.00	顺经字(96)第73号文
B:新增2万吨/年的小瓶灌装线	2,042	37.48	1.00	3.60	顺经字(97)第10号文
C:新增2万瓶/小时灌装线	2,040	36.24	1.00	3.70	(96)京经区县字第241号文
D:供汽工程	2,774	37.00	1.00	3.60	顺经字(97)第17号文
4)新增矿泉水和纯水工程(分两个项目)	4,846				
A:矿泉水工程	2,900	35.60	1.00	3.90	顺经字(97)第19号文
B:纯水工程	1,946	34.80	1.00	4.00	顺经字(97)第20号文
5)建立物流配送中心项目	6,000	33.00	1.00	3.90	拟经股东大会审议通过

5. 投资项目使用资金计划时间表

投资项目名称	投资年月	投资金额万元	投产年月	利润预测万元/年
项目一	96.07	30,757	97.12	6,329
项目二				
A	97.01	2,972	98.12	760
B	97.01	2,742	97.12	1,159
C	97.01	2,763	97.12	874
D	97.02	2,632	97.12	1,000
E	97.05	2,720	97.11	600
项目三				
A	97.02	2,997	98.01	710
B	97.04	2,042	98.05	630
C	97.04	2,040	98.05	1343
D	97.02	2,774	98.01	814
项目四				
A	97.03	2,900	98.02	1,189
B	97.03	1,946	98.02	806
项目五	97.05	6,000	97.10	1,342

上述投资项目依投资计划分步实施。项目实施过程中若出现资金闲置时，用于调节流动资金。

6. 项目缺口资金的筹措计划：

上述五个项目共计需投资65,285万元，本次发行股票约可募集资金57,040万元，尚有8,245万元资金缺口，已与银行达成初步意向通过银行贷款解决。

七、股利分配政策

1. 根据本公司章程(草案)之规定，本公司税后利润分配顺序为：

(1)弥补以前年度发生的亏损；

(2)提取法定公积金10%；

(3)提取法定公益金5%－10%；

(4)经股东大会决议，提取任意公积金；

(5)支付普通股股利。

2. 根据本公司章程(草案)之规定，法定盈余公积金、任意盈余公积金、公益金的提取比例及普通股股利的支付，由本公司董事会依照法律规定和公司经营发展状况提出方案，并提交股东大会审议通过。

3. 本公司在股利分配方面实行同股同权、同股同利的原则。公司股利的派发分配，于每个会计年度终结后六个月内进行。

4. 本公司派发股利采取现金、股票两种形式。在分派股利时，本公司按有关法律、法规代扣股东股利收入的应纳税金。

具体分配比例由本公司董事会视公司经济和经营发展情况提出方案，经股东大会决议后执行。

5. 本公司1997年度的税后利润，由新老股东按持股比例共同享有及分配。预计本次发行后首次派发股利的时间是1998年6月30日或该日之前。

八、验资报告

根据北京德威评估公司1997年2月15日"北京燕京啤酒集团公司资产评估报告"，并经国家国有资产管理局国资评(1997)242号文批复，原公司以评估后净资产中的322,581,577.31元投入本公司，作为折股依

据。经京都会计师事务所京都会验字(1997)第052号“验资报告书”验证,截止1997年5月12日,本公司三家发起人投资均已全部到位,实缴出资额为:

单位:元

发起人	出资方式	认缴出资额	实缴出资额	备注
北京燕京啤酒集团公司	实物资产货币资金	322,581,577.31	322,581,577.31	
北京市西单商场股份有限公司	现金投入	15,000,000.00	15,000,000.00	
北京市牛栏山酒厂	现金投入	15,000,000.00	15,000,000.00	

九、发行人情况

1.公司名称:北京燕京啤酒股份有限公司(筹)

2.筹建登记日期:1996年12月25日领取(京)企名预核[1996]第435137号“企业名称预先核准通知书”。

3.注册地址:将在北京市顺义县城南

4.历史沿革及公司改制情况:

北京燕京啤酒股份有限公司(筹)是1997年4月25日经北京市人民政府京政函[1997]27号文件批准,由北京燕京啤酒集团公司、北京市西单商场股份有限公司、北京市牛栏山酒厂等三家发起人,共同设立“北京燕京啤酒股份有限公司”。燕京集团作为主要发起人,以净资产32,258.16万元(以1996年12月31日为基准日的评估值)投入股份公司;其他发起人全部以现金方式投资入股,共投入现金3,000万元,按国家有关规定,均以65.1%的比例折成股份,共计22,953万股,其中燕京集团持股21,000万股,其他发起人持股1,953万股。本公司筹委会于1996年12月25日在北京市工商行政管理局领取(京)企名预核[1996]第435137号“企业名称预先核准通知书”,已经北京市证券监督管理委员会京证监发(1997)6号文批复,并经中国证监会证监发字[1997]280号和证监发字[1997]281号文审核同意,向社会公众公开发行股票。

5.主要发起人

北京燕京啤酒集团公司　北京燕京啤酒集团公司是由国务院七部委确定的国有独资大型一档企业,国家预算内企业,中国目前最大的啤酒生产企业,1996年全国啤酒产销量第一。燕京集团隶属于北京市顺义县人民政府。1996年被国家确定为1,000家重点扶植企业中首批300家重点扶植企业之一。

1993年7月在原北京市燕京啤酒厂基础上组建的北京燕京啤酒集团公司,现有六个生产企业,包括年产58.9万吨啤酒的二个啤酒厂,年产1万吨饮料的饮料厂,年生产能力8亿套商标的印刷厂,年生产能力10亿只瓶盖的制盖厂和年生产能力1万吨高级酱油的调味品厂。

燕京集团占地面积89.2万m^2,总资产14.03亿元,现有职工5,600人,其中正式职工5,020人,在正式职工中工程技术人员650人。

1980年9月,投资640万元兴建的年产1万吨啤酒的燕京啤酒厂,经过16年的艰苦创业,已发展成为全国第一家年产量突破50万吨的大型啤酒企业。在全国630家啤酒厂中,燕京啤酒产销量第一,占全国总产量的3.5%。1996年产量58.9万吨,利税总额3.66亿元,其中税前利润为1.5亿元,其他各项经济技术指标均保持全国啤酒行业领先水平。燕京集团以良好的经营业绩,在北京市国有大中型企业利税总额排序中连续两年列第五位,1996年达第四位。在北京市啤酒行业连年保持啤酒产量、市场占有率、利税总额第一的地位。在国家统计局1995年公布的中国500家最大工业企业中居第361位,列饮料制造业第32位,连年被评为中国500家最佳经济效益企业。

燕京集团以市场为导向,坚持抓质量、创名牌,坚持以科技为先导,坚持走以内涵为主扩大再生产的道路,通过整体设计、分步实施的战略,扎扎实实发展民族工业。燕京集团的发展及重大投资项目得到了国家计委、国家经贸委、轻工总会和市政府及有关部门的大力支持,使燕京啤酒集团逐步发展成为大型的、有生气的民族啤酒工业企业。

其特点:一是以建立现代企业制度为目标,走内涵式扩大再生产道路,形成自我积累、自我发展的良性循环。八十年代,平均每年增产一万吨;进入九十年代,平均每年增产五万吨。近两年,平均每年增产十万吨。二是依靠科技进步创名牌。从1987年开始,燕京集团和中国食品发酵工业研究所签订技术合作协议,聘请多名教授及专家为技术顾问,率先实现了生产企业与科研部门的密切合作。“七五”和“八五”的国家级攻关项目“酶法糖化工艺”、“高发酵度酵母实验”等都是在燕京集团完成,并转化为生产力的。燕京集团广泛吸收、采用新技术、新工艺,利用微机控制发酵工艺,形成了燕京啤酒清爽怡人的独特风格。燕京集团在啤酒行业首批通过ISO9002质量体系和产品质量认证。燕京啤酒多次在国内外评比中获奖,是北京市名牌产品,人民大会堂国宴特供酒。“燕京牌”商标被评为北京市著名商标,1997年4月经国家工商行政管理局认定为驰名商标。三是适应市场要求,建立了国家、集体、个体批发及零售组成的销售网络。目前燕京啤酒在北京市场占有率达到85%以上,天津市场占有率达到25%以上,产品还销往全国十五个省、市、自治区。燕京集团通过整体设计、分步实施的战略,扎扎实实发展民族工业,走出了一条投资省、周期短、还本快、效益好的企业发展路子。

1995年9月,燕京集团兼并了北京华斯啤酒集团公司,在北京市实现了首家集团之间的兼并,兼并后实行“五统一、一独立”的管理办法。1996年,燕京集团北厂(原北京华斯啤酒集团公司)生产啤酒14.4万吨,实现利润1,185万元,税金5,264万元,为北京市消灭了一个亏损大户。

北京燕京啤酒集团公司是国家经贸委“抓大放小”重点扶持的1,000家大企业之一,也是首批300家重点扶持企业。列入轻工总会提出的“北有青岛、南有珠江、首都有燕京”的中国啤酒工业发展格局。燕京集团将积极落实国家经贸委提出的“双加工程”,在有关部门的大力支持下,进一步加快改造步伐,实现集约化经营,增强企业市场竞争能力,到2000年啤酒产量将达到100万吨,同时,不断调整产品结构,使产品上档次、上水平,使燕京啤酒不仅是国内名牌,还要成为国际名牌,为发展民族工业做出新的贡献。

北京市西单商场股份有限公司　西单商场是名扬海内外的老字号企业,始建于1930年,至今已有66年的历史,1993年进行了股份制改造,组建为北京市西单商场股份有限公司。

在改革开放的进程中,西单商场以“求实、奋进”为企业精神,取得了令人瞩目的成绩。其经济效益一直居于同行业前列,并连续八年保持北京市零售企业销售额第一。1989年在全国零售企业中首批晋升为国家二级企业,1991年至1994年均被评为全国百家最大规模、最佳效益商店。

1995年4月29日,经过全面改扩建的西单商场重张营业,其建筑面积6.5万平方米,营业面积近3万平方米,经营品种8万余种。商场内外新装16部自动扶梯和1部残疾人电梯,中央空调、电子监控系统和先进的计算机管理信息系统,使商场的现代化程度跃上新台阶。

目前西单商场继续保持着“新、优、名、特、全”的经营特色,坚持“中档商品为主,高档商品兼备,小商品齐全”的市场定位,面向工薪阶层,满足了社会各界各阶层的消费需求。

为增强企业自我发展能力,西单商场将遵循“以商业为主体,以零售为基础,规模经营,全方位发展”的方针,按照“短、平快”项目与中长期发展战略目标相结合的原则,加速北京西客站瑞海大厦项目的建设,使之成为该公司实现东西“两翼齐飞”的一支柱企业。同时,超市连锁经营仅在1996年的时间里就发展逾20家连锁店,并力求在1997年发展50-60家连锁店。

北京市牛栏山酒厂　北京市牛栏山酒厂始建于明末清初,1952年正式建厂。四十几年来,企业从小到大,现已发展成为国有大型二档企业,是北京市年产白酒5万吨以上的生产厂家之一。

北京市牛栏山酒厂位于北京市顺义县。主要生产浓香型白酒、清香型白酒、配制酒、黄酒四大类,共计五十余种不同规格的产品,畅销全国21个省、市、自治区,并远销俄罗斯、韩国、台湾、香港、美国、日本等国家和地区,深受消费者的青睐。

北京市牛栏山酒厂始终坚持“质量是市场、质量是效益、质量是生命”的质量方针,抓质量、上水平。该厂的华灯牌北京醇酒、华灯牌精制二锅头酒、华灯牌北京二锅头酒、潮白河牌二锅头酒通过中国方圆标志认证委员会的国家质量认证,自1996年2月份起准许使用中国方圆标志。该厂的宗旨是:“产品质量第一,客户是上帝,广交天下朋友,让所有消费者都满意”。

6.组织机构(见图示)

(1)北京燕京啤酒集团公司组织机构图:(发行前)

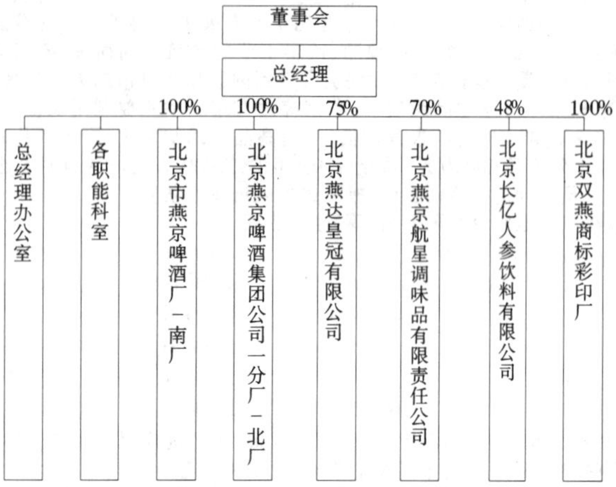

(2)北京燕京啤酒股份有限公司(筹)组织机构图:(发行后)

本公司设股东大会、董事会、监事会,实行董事会领导下的总经理负责制。组织机构图示如下:

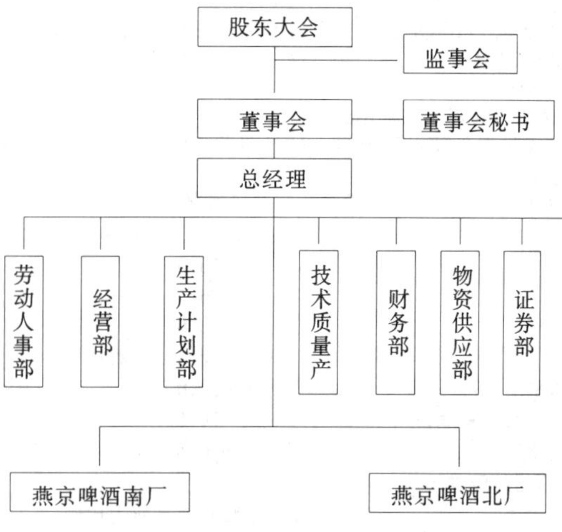

(3)北京燕京啤酒集团公司组织机构图:(发行后)

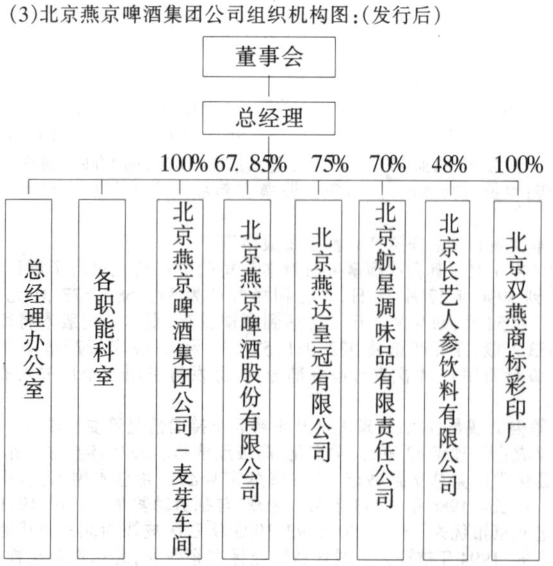

7. 发行人职工情况

截止到1997年4月7日,本公司在册职工人数为4,775人,大专以上文化程度312人,各类专业技术人员占总人数的6.5%,其中:教授级高工1人,高级技术职称12人,中级职称62人。本公司目前尚无退休职工。公司成立以后,即根据北京市政府(95)1号令精神拟与员工签订"全员劳动合同制",本着国家、企业、个人三方负担的原则,组织职工参加北京退休基金社会统筹,并建立起企业补充养老保险制度。

本公司在册职工学历、年龄、岗位结构分别如下:

(1)学历结构:

中专:	296人	占6.2%
大专以上:	312人	占6.5%

(2)年龄结构:

30岁以下:	2,513人	占52.6%
31－40岁:	1,593人	占33.4%
41－50岁:	598人	占12.5%
51岁以上:	71人	占1.5%

无离退休职工。

(3)岗位结构:

生产人员:	4,065人	占85.1%
技术人员:	312人	占6.5%
管理人员:	266人	占5.6%
销售人员:	88人	占1.9%
财务人员:	44人	占0.9%

8. 业务经营范围

主营:制造、销售啤酒、矿泉水、啤酒原料、饲料、酵母、塑料箱。

兼营:商业、餐饮业、工程咨询、技术咨询、技术转让。

9. 本公司主要业务

本公司主要业务为:啤酒产品的生产与开发,目前主要生产11°清爽、10°干啤、11°、12°特制四大品种以及饲料、酵母粉、酒糟等的销售。

10. 本公司主要产品品种,生产能力及市场情况:

(1)主要产品品种:本公司目前可以同时生产的主要啤酒产品有11°清爽、10°干啤、11°、12°特制八个品种,可以满足不同消费者的需求。本公司主要啤酒产品品种如下:

啤酒类型	推出年度	包装类型
11度清爽型啤酒	1987年	大瓶装
10度干啤酒	1989年	大瓶装
12度特制啤酒	1985年	大、小瓶装
10度超级干啤酒	1996年	大瓶装
11度特制啤酒	1994年	大瓶装
11度精品啤酒	1996年	罐装
12度冰啤酒	1997年	大瓶装
扎啤	1993年	桶装

(2)主要产品的年生产能力:本公司主要产品的年生产能力如下:

项目	单位	1996年	1995年	1994年
啤酒产量	吨	589,088	356,636	233,388
销售收入	千元	939,190.09	511,970.60	293,912.03

1997年预计年产量达60万吨,销售收入达1,047,501.6千元。

(3)市场情况(占有情况、销售额、销售方式)

燕京啤酒为优质产品,其市场以北京为中心幅射全国各地。近年来,燕京啤酒产量稳定提高,北京市场供不应求。一九九六年总产量为58.9万吨,约占全国啤酒总销量的3.5%(其中北京市场41万吨,占有率为85%;外埠市场16.1万吨,占有率为1%)一九九七年预计销售量为60万吨,约占全国总销量的3.5%以上。

燕京啤酒在国内销售渠道众多,地区广泛。目前主要经销机构为:国营烟酒经销公司、集体经销商、个体经销商等。本公司的销售形式为批发和直销相结合。在河北、天津、西安、哈尔滨、成都、福州、湛江、温州、海南等地以代理的形式设立啤酒销售网点。

11. 主要原材料的供应情况:

制造啤酒的原材料主要有大麦、大米、酒花和水。本公司1996年约购进85,000吨大麦。因国外大麦质量较好,价格适中,所以大部分从国际市场上采购。进口大麦事宜主要委托专业进出口公司代理。本公司设有专门化验室事先对欲采购原材料的样品进行化验,化验合格后再大量采购。同时,对所有进厂的原材料进行抽检,以确保原材料的质量符合生产要求。1996年本公司主要从澳大利亚、加拿大、法国进口大麦。近年来国际市场大麦供应充足,本公司与国外进口商有着良好的信誉关系,能保证大麦的充分供应。

大米可在国内市场自由采购。本公司1996年需用量24,000吨,主

要从安徽、湖北、湖南等地采购，由于近年来国内大米供应充足，市场发达，本公司所需完全能够保障。

12. 工业产权及类似无形资产情况

本公司啤酒产品及将来生产的矿泉水产品使用“燕京牌”商标，该商标由燕京集团拥有，本公司已与燕京集团签署了“商标使用许可协议”，有权在中国境内以独家和排他方式使用“燕京牌”注册商标，仅限于用于啤酒、矿泉水的生产、销售及提供相关服务。目前“燕京牌”商标已向美国、日本等23个国家和地区办理了申请注册。并于1997年4月经国家工商行政管理局认定为驰名商标。

13. 新产品、新项目研究开发情况

燕京啤酒集团与中国食品发酵工业研究所早在1987年就签订了技术服务合同，并聘请了六名专家为技术顾问。“七五”和“八五”期间国家级科技攻关项目如：“酶法糖化工艺”、“高发酵度酵母实验”等都是在燕京集团完成，并转化为生产力的。本公司已与燕京集团和中国食品发酵工业研究所签订备忘录，从1997年1月起本公司获得此项技术服务。燕京集团1995年用于研究新产品及提高产品质量的支出已占公司营业额的一定比例，近年来，本公司研究投产的新产品有：燕京干啤酒、全麦啤酒，正在研制的产品有燕京冰啤，目前正在着手准备进行的高级淡爽、小包装啤酒的开发。

14. 政府的优惠政策

按顺政发[1994]21号、顺政发[1995]10号及顺政发[1996]3号文件批复，本公司在94年、95年、96年三年内均按照税收计划缴纳所得税。在股份公司正式成立后，本公司根据北京市财政局京财工(1997)286号文享受15%的实际所得税负。

1996年，国家经济贸易委员会根据其促进具有强劲增长潜力的基本企业的政策，将燕京集团列为首批实施的300家重点企业之一。因此，燕京集团可向中国工商银行取得融资保证，并可进一步取得退税待遇。

15. 发行人过去三年内的改组、变更、收购、兼并行为：

一九九五年九月，燕京集团兼并了北京华斯啤酒集团公司，在北京市实现了首家集团之间的兼并，兼并后实行“五统一、一独立”的管理办法。即实行“统一生产计划和管理、统一工艺技术指标、统一使用‘燕京牌’商标、统一原材料采购、统一市场划分和定价；独立经济核算”。1996年，燕京啤酒集团北厂(原北京华斯啤酒集团公司)生产啤酒14.4万吨，实现利润1,185万元，税金5,264万元，为北京市消灭了一个亏损大户。

16. 本公司与北京燕京啤酒集团公司的关联交易情况

本公司在啤酒生产中所需的瓶盖和商标印刷标识，将从燕京集团采购，并参照市场同类产品定价，一般每年三月底定价一次，全年执行同一价格，当需对所定价格进行调整时，双方将另行协商定价，但每年调整不得超过两次；本公司在啤酒生产中所需的原材料麦芽将从燕京集团采购，参照市场同类产品的价格，按质论价，由双方于每季度终了前协商一次，上一季度的定价于下一季度执行，如双方没有进行该项协商，视为正在执行中的定价顺延至下一季度执行，因此本公司就具体的采购及结算方法与燕京集团达成协议；另外本公司将听装啤酒委托燕京集团进行加工，本公司向燕京集团支付灌装加工费，按1996年的现时费用计算，该项灌装加工费为每罐0.16元人民币，在1997年全年予以执行，双方就具体的加工费用及加工费率的调整达成协议。为此，本公司已与北京燕京啤酒集团公司分别签署了《采购及供货协议》和《委托加工协议》。在上述经济活动中，双方完全遵循市场规则，执行市场价格。

本公司已与北京燕京啤酒有限公司签署了《重组协议》，并就综合服务、资产租赁及土地租赁等分别达成了协议。

十、经营业绩

本公司由于决策准、行动快、收到了较好的社会效益和经济效益，市场占有率逐年提高，1995年啤酒产量占全国啤酒总产量的2.3%，1996年达到3.5%以上。燕京啤酒在北京市场占有率达85%以上，天津占有率达25%以上，在全国15个省市建立了销售网点，另外，在23个国家和地区进行了商标注册。

从八十年代末开始，燕京集团和中国食品发酵工业研究所签订技术协议，率先实现了生产企业与科研部门的密切合作，并聘请该所六名专家为技术顾问。“七五”和“八五”的国家级科技攻关项目“酶法糖化工艺”、“高发酵度酵母实验”等都是在燕京集团完成的。燕京集团广泛吸收、采用新技术、新工艺，利用微机控制发酵工艺，形成了燕京啤酒清爽怡人的独特风格。

与此同时，本公司坚持抓质量、创名牌，以市场为导向，坚持以科技为先导；坚持以走内涵为主扩大再生产的道路。通过整体设计、分步实施战略，实现了连续三年利润翻番。目前，本公司发展前景异常良好。首先是外部环境良好，国内啤酒行业正处于发展期，从生产量到销售量，与国外许多国家、地区相比，具有相当大差距，又鉴于中国消费市场的广大，啤酒工业发展空间非常广阔。第二，国内啤酒发展状况各地不同，竞争激烈，但从今后市场发展而言，具备规模优势、良好效益和品牌的企业，将在日趋激烈的竞争中进一步扩大影响和竞争优势。燕京啤酒集团公司已经具备了上述方面的优势条件，并且在近几年的发展中取得了良好的经济效益。第三，就保护和发展民族啤酒、饮料工业的政策导向而言，燕京集团已被列入国家重点扶持企业，发展上会得到国家和北京市的大力支持。第四，燕京集团十分注重品牌效应，燕京啤酒在市场中主要利用电视、杂志、报纸等多种媒体进行广告宣传活动，提高品牌的知名度，广告宣传的预算由1993年不足600万元，增至1996年的3,000万元。并且对本公司的销售人员定期进行培训工作，提高销售人员业务素质。

北京燕京啤酒股份有限公司(筹)经营业绩

项　目	单位	1996年	1995年	1994年
啤酒产量	吨	589,088.00	356,636.00	233,388.00
销售收入	千元	939,190.09	511,970.59	293,912.03
税前利润	千元	156,453.29	128,306.31	73,753.00
税金	万元	20,844.00	11,596.00	6,476.00
净利润	千元	143,453.29	119,306.30	67,253.00

说明：1). 北京燕京啤酒股份有限公司(筹)生产规模迅速发展，平均每年增产啤酒十万吨。96年实际生产啤酒58.9万吨。

2). 1994—1996年利润总额平均每年以45%的增长速度递增。

3). 预计1997年税前利润总额176,600.6千元，净利润150,110.51千元。

十一、股本

1. 拟注册股本：本次发行后拟注册股本将为30,953万元。

2. 股本形成过程

截止招股说明书签署日，发行人股本总额为22,953万股，其中北京燕京啤酒集团公司以部分净资产32,258.16万元折成21,000万股，其余两家发起人以现金3,000万元认购1,953万股，折股比例为65.1%，经京都会计师事务所京都会验字(1997)第052号“验资报告书”验证，三家发起人的股本金已全部到位。

3. 超过面值缴入的资本及其用途

三家发起人认购股份超过面值缴入的资本共12,305.16万元，全部计入资本公积金。

4. 本次发行时股本结构、主要股东及其持股情况

股本结构	股份(万股)	所占比例(%)
国有法人股	21,976.5	95.75
法人股	976.5	4.25
总计	22,953.0	100.00
股　东	股份(万股)	持股比例(%)
北京燕京啤酒集团公司	21,000.0	91.50
北京市西单商场股份有限公司	976.5	
北京市牛栏山酒厂	976.5	4.25

5. 本次发行后的股本结构

股本结构	股份(万股)	所占比例(%)
尚未流通股份		
其中：		
国有法人股	21,976.5	71.00
法人股	976.5	3.15
可流通股份		
社会公众股	7,200.0	23.26
公司职工股	800.0	2.59
总计	30,953.0	100.00

注：本次发行中，8,000万股社会公众股的10%，即800万股向公司职工配售；根据现行规定，公司职工股票在新股上市半年后方可上市流通。

6. 本次发行前后净资产总额及每股净资产

1997年1月京都会计师事务所对本公司的资产情况进行了审计、验证，截止到1996年12月31日，本公司净资产为322,581,577.31元，每股净资产1.54元，如本次公开发行达到预期目标，则本公司股本将增加到30,953万股，净资产总额922,981,577.31元，每股净资产增至2.98元(扣除发行费用)。本次发行溢价部分，扣除发行费用后全部进入资本公积金。

7. 筹委会成员、高级管理人员及重要职员持股情况筹委会成员：

李福成：男，现年42岁，大学文化，高级经济师。1971年参加工作，历任顺义县化肥厂党总支副书记、北京市燕京啤酒厂党总支副书记、副厂长、书记、厂长。1988年、1993年两次荣获“首都劳动奖章”，1990、1991年两度当选北京市优秀厂长，1990、1992、1993年三次被评为北京市优秀科技领导干部，1994年被评为全国食品行业优秀企业家，北京市劳动模范，全国劳动模范，并于1993年当选北京市第八届政协委员。现任本公司筹

委会主任,兼北京燕京啤酒集团公司董事长。

戴永全:男,现年37岁,大学文化,工程师。1979年参加工作,历任北京市燕京啤酒厂厂长公室副主任、副厂长,1991年荣获顺义县科技进步二等奖,1992年荣获顺义县"青年标兵"称号,1993年被评为顺义县"十大潮白新星"。现为本公司筹委会成员。

丁广学:男,现年37岁,大学文化,经济师。1980年参加工作,历任北京市燕京啤酒厂技术科副科长、厂长办公室副主任、北京市燕京啤酒厂党总支副书记。现为本公司筹委会副主任。

李秉骥:男,现年49岁,高中文化。1973年参加工作,历任北京市燕京啤酒厂包装车间主任、顺义县砖厂副厂长、北京市燕京啤酒厂副厂长。现为本公司筹委会成员。

王启林:男,现年38岁,大学文化,工程师。1983年参加工作,历任北京市燕京啤酒厂糖化车间副主任、设备科副科长、北京市燕京啤酒厂副厂长。1989年至1991年连续三年被评为北京市优秀青年工程师。1992年被评为北京市优秀企业科技人员和北京市优秀青年知识分子,当选顺义县"十大潮白新星"。现为本公司筹委会成员。

邓德昌:男,现年55岁,初中文化,助理工程师。1969年参加工作,曾任北京市燕京啤酒厂副厂长,现为本公司筹委会成员。

李颖娟:女,现年44岁,大学文化,经济师。1968年参加工作,历任北京市燕京啤酒厂设备科科长、副厂长、北京荣昌棉纺厂厂长。现为本公司筹委会办公室主任。

朱立青:女,现年47岁,大专文化,高级会计师。1968年参加工作,历任北京市西单商场财会科副科长、科长、副总经理兼总会计师、西单集团副总经理兼总会计师,现为本公司筹委会成员。

赵长树:男,现年47岁,大专文化,经济师。1970年参加工作,历任顺义县牛栏山水泥厂车间主任、书记、厂长,地方工业公司副经理、牛栏山酒厂厂长、北京醇集团总经理,现为本公司筹委会成员。

高级管理人员及重要职员:

王荣生:男,现年50岁,初中文化。1965年参加工作,历任北京燕京啤酒集团公司工会副主席、政工科长、第二糖化车间主任。拟任本公司总经理办公室主任、生产计划部部长、党支部书记。

赵春香:女,现年39岁,大专文化,会计师。1979年参加工作,历任北京燕京啤酒集团公司财务科副科长。拟任本公司财务部部长,总会计师。

冯景章:男,现年50岁,大学文化,高级工程师。1970年参加工作,历任北京燕京啤酒集团公司发酵车间主任、党支部书记、技术科科长、副总工程师。拟任本公司技术质量部部长、副总工程师。

苏长江:男,现年46岁,中专文化,政工师。1968年参加工作,历任北京燕京啤酒集团公司劳资科科长。拟任本公司劳动人事部部长。

郭卫平:男,现年31岁,大专文化。1982年参加工作,历任北京燕京啤酒集团公司运输科副科长、科长、总经理助理。拟任本公司总经理助理、经营部部长。

公司董事、监事将由公司股东大会选举产生;高级管理人员及重要职员将由公司董事会聘请。以上人员的薪资报酬及福利待遇等分别由公司股东大会和董事会决定。

截止到1997年5月12日,本公司筹委会成员,拟在本公司任职的高级管理人员及重要职员均未持有本公司股票。

8. 股票回收程序

本公司除非因减少资本等特殊情况,不得收购或库存本公司已发行的股票,如经股东大会特别决议减少公司资本需收购或库存本公司已发行股票时,将申请政府主管部门和中国证监会批准,并予以公告披露。

十二、财务会计资料

声明:投资人如欲对本公司的财务状况、经营成果及其会计政策进行更详细的了解,请认真阅读招股说明书附录中所载的公司财务报表和注释。

审计报告

京都会审字〔1997〕第101号

北京燕京啤酒股份有限公司筹委会:

我们接受委托,审计了北京燕京啤酒股份有限公司(筹)一九九四年十二月三十一日、一九九五年十二月三十一日、一九九六年十二月三十一日的资产负债表,一九九四、一九九五和一九九六年度利润表及一九九六年度财务状况变动表。这些会计报表由贵公司(筹)负责,我们的责任是在审计的基础上对这些会计报表发表意见。我们的审计是根据《中国注册会计师独立审计准则》进行的。在审计过程中,我们结合贵公司(筹)实际情况,实施了包括抽查会计记录等我们认为必要的审计程序。

我们认为,上述会计报表的编制符合《企业会计准则》及《股份制试点企业会计制席》的有关规定,在所有重大方面公允地反映了贵公司(筹)一九九四年十二月三十一日、一九九五年十二月三十一日、一九九六年十二月三十一日财务状况,一九九四、一九九五和一九九六年度经营成果及一九九六年度资金变动情况,会计处理方法的选用遵循了一贯性原则。

京都会计师事务所　　中国注册会计师:张　森

中国·北京·中咨大厦　　中国注册会计师:郑建彪

一九九七年五月十二日

(1)资产负债表

编制单位:北京燕京啤酒股份有限公司(筹)　　单位:人民币元

项　目	附注	96.12.31	95.12.31	94.12.31
流动资产:				
货币资金		13770778.07	3169504.72	293325.24
应收帐款	4	42998193.73	26061650.49	10606477.00
减:坏帐准备		214990.97	130308.26	53032.39
应收帐款净额		42783202.76	25931342.23	10553444.61
预付帐款	5	15469442.41	138010482.19	12667319.25
其他应收款	6	32647459.51	68995838.77	6056508.47
待摊费用	7	5447499.64	2597953.75	462564.34
存　货	8	109613057.41	114112236.68	70519441.27
流动资产合计		219731439.80	352817358.34	100552603.18
固定资产:				
固定资产原价		690885224.00	448081724.03	222650560.90
减:累计折旧		140690658.00	89640718.35	45320070.18
固定资产净值	9	550194566.00	358441005.68	177330490.72
在建工程	10	1949672.09	15637181.57	31922297.27
固定资产合计		552144238.09	374078187.25	209252787.99
无形及其他资产:				
递延资产	11	17443041.65	7471041.65	——
无形及其他资产合计		17443041.65	7471041.65	——
资产总计		789318719.54	734366587.24	309805391.17
流动负债:				
短期借款	12	13000000.00	193100000.00	30000000.00
应付帐款	13	868027.09	1421923.99	84309.02
应付福利费		565183.78	504619.03	-38483.75
未付股利		——	55032121.44	——
未交税金	14	142004841.43	62613369.64	23003909.05
其他未交款		177627.66	4617446.85	1566795.06
其他应付款	15	15481061.77	54274001.27	30773306.22
预提费用	16	4740400.50	3913669.02	3317011.84
流动负债合计		176837142.23	375477151.24	88706847.44
长期负债:				
长期借款	17	289900000.00	216010722.50	108036849.81
长期应付款		——	3000000.00	——
长期负债合计		289900000.00	219010722.50	108036849.81
股东权益:				
股本	18	210000000.00	81115816.52	50995972.86
资本公积	19	112581577.31	——	——
盈余公积	20	——	27983896.31	10087950.56
未分配利润	21	——	30779000.67	51977770.50
股东权益合计		322581577.31	139878713.50	113061693.92
负债及股东权益合计		789318719.54	734366587.24	309805391.17

(2)利　润　表

编制单位:北京燕京啤酒股份有限公司(筹)　　单位:人民币元

项　目	附注	1996年度	1995年度	1994年度
一、主营业务收入	22	939190092.28	511970594.79	293912028.65
减:营业成本	23	591218221.15	250699778.17	144125699.35
销售费用		35689223.51	17980407.29	7995282.14
管理费用		26700455.99	14320204.98	10740969.34
财务费用	24	8205809.81	34607927.71	13910842.74
营业税金及附加		138068935.05	83858320.08	53428568.57
二、主营业务利润		139307446.77	110503956.56	63710666.51
加:其他业务利润	25	144064.96	2698105.94	9566072.16
三、营业利润		139451511.73	113202062.50	73276738.67
加:投资收益				
营业外收入	26	2438554.54	2756342.13	727565.05
减:营业外支出	27	748173.33	700.00	251300.00
加:以前年度损益调整		15311398.15	12348600.34	——
四、利润总额		156453291.09	128306304.97	73753003.72
减:所得税		13000000.00	9000000.00	6500000.00
五、净利润		143453291.09	119306304.97	67253003.72

(3)主要财务指标

指标名称	1996年	1995年	1994年
流动比率	1.24	0.94	1.13
速动比率	0.62	0.64	0.34
资产负债率	59%	81%	63.5%
应收帐款周转率(次)	27.20	27.92	27.71
存货周转率(次)	5.29	2.72	2.04
净资产收益率	44%	85%	59%
每股净利润(元)	0.68	1.47	1.32
营运资金(元)	42894297.57	-22659792.90	11845755.74

注:每股净利润是以当年模拟的股本数为基础进行计算而得出的。

(4)财务状况变动表

编制单位:北京燕京啤酒股份有限公司(筹) 单位:元

流动资金来源和运用	行次	1996年度金额	流动资金各项目的变动	行次	1996年度金额
一、流动资金来源:			一、流动资产本年增加数		
1.本年净利润	1	143453291.09	1.货币资金	38	10601273.35
加:不减少流动资金的费用和损失	2		2.短期投资	39	——
(1)少数股东本期损益	3		3.应收票据	40	——
(2)固定资产折旧	4	51049939.65	4.应收帐款净值	41	16851860.53
(3)无形、递延及其他资产摊销	5	435500.00	5.预付货款	42	-122541039.78
(4)固定资产盘亏(减盘盈)	6		6.其他应收款	43	-36348379.26
(5)清理固定资产损失(减收益)	7		7.待摊费用	44	2849545.89
(6)递延税款	8		8.存货	45	4499179.27
(7)其他费用和损失	9		9.待处理流动资产净损失	46	
小　计	10	194938730.74	10.一年内到期的长期债券投资	47	
2.其他来源:	11		11.其他流动资产	48	
(1)固定资产清理收入(减清理费用)	12			498	
(2)增加长期负债	13	70889277.50		50	
(3)收回长期投资	14			51	
(4)对外投资转出固定资产	15			52	
(5)对外投资转出无形资产	16			53	
(6)资本净增加额	17	213481864.48		54	
(7)少数股东资本净增加额	18			55	
小　计	19	284371141.98		56	
流动资金来源合计	20	479309872.72	流动资产增加净额	57	-133085918.54
二、流动资金运用	21		二、流动负债本年增加数:	58	
1.利润分配	22		1.短期借款	59	-180100000.00
(1)提取法定公积金	23	14345329.11	2.应付工资	60	
(2)提取法定公益金	24	7172664.55	3.应付帐款	61	-553896.90
(3)提取任意公积金	25		4.预收货款	62	
(4)已分配股利	26	152714298.10	5.应付福利费	63	60564.75
小　计	27	174232291.76	6.未付利润	64	-55032121.44
2.少数股东利润分配	28		7.未交税金	65	79391471.79
3.其他运用:	29		8.其他未交款	66	-4439819.19
(1)固定资产和在建工程净增加额	30	229115990.49	9.其他应付款	67	-38792939.50
(2)增加无形、递延及其他资产	31	10407500.00	10.预提费用	68	826731.48
(3)偿还长期负债	32			69	
(4)增加长期投资	33			70	
小　计	34	239523490.49		71	
	35			72	
流动资金运用合计	36	413755782.25	流动负债增加净额	73	-198640009.01
流动资金增加净额	37	65554090.47	流动资金增加净额	74	65554090.47

(5)会计报表附注

单位:人民币元

附注1:公司设立情况

本公司系经北京市经济体制改革委员会以京体改发(1997)10号批复,由北京燕京啤酒有限公司、北京市西单商场股份有限公司及北京市牛栏山酒厂共同发起,以募集设立方式设立的股份有限公司。预先核准的企业名称为"北京燕京啤酒股份有限公司"。本公司经营范围主营:制造、销售啤酒、矿泉水、啤酒原料、饲料、酵母、塑料箱;兼营:商业、餐饮业、工程咨询、技术咨询、技术培训、技术转让。

北京燕京啤酒有限公司作为主要发起人,以截至1996年12月31日止与啤酒生产有关的经营性资产投入本公司。经北京德威评估公司评估的净资产计322581577.31元,折合210000000股;其他发起人以现金方式出资计30000000.00元,折合19530000股;北京市证券监督管理委员会以京证监发(1997)6号批复批准本公司股票公开发行计划指标为80000000股。一俟发行成功,本公司实收股本计309530000.00元,注册资本计309530000.00元。

北京德威评估公司的评估报告业经北京市国有资产管理局京国资估(1997)99号函和国家国有资产管理局国资评(1997)242号批复确认。本公司1996年12月31日资产负债表和会计报表附注有关数据业已根据评估结果调整,其中:评估总资产中用水权、用电权评估增值部分计24215458.35元,依据现行会计制度有关规定无法入帐,1996年12月31日资产负债表未予调整该部分。

附注2:会计报表编制基础与方法

本报告所载拟设立本公司的会计报表是在假设北京燕京啤酒股份有限公司已经成立,在整个有关期间已接受与啤酒生产有关的经营性资产、负债连同有关业务的基础上编制的,同时假设有关资产重组的现时结构于有关期间业已存在,且并无转变。

附注3:重要会计政策

本会计报表所载财务信息系本公司基于下列会计政策编制的,并假设截至1996年12月31日止三年已一致地采用这些会计政策。

(1)公司执行的会计制度

本公司执行中华人民共和国《企业会计准则》和《股份制试点企业会计制度》及其补充规定。

(2)会计年度

本公司会计年度自公历每年一月一日起至十二月三十一日止。

(3)记帐原则和计价基础

本公司采用权责发生制原则,以实际成本为计价基础。

(4)存货计价

本公司存货按实际成本计价,领用或发出的存货采用加权平均法确定其实际成本。

产品生产成本包括直接材料、直接人工及制造费用。

低值易耗品按"五.五"摊销法摊销。

(5)坏帐准备

本公司于决算日,按应收帐款余额的5‰计提坏帐准备,并计入当年度损益类帐项。

(6)固定资产及其累计折旧

本公司固定资产系使用年限在一年以上且单位价值在2000元以上的房屋建筑物、机器设备、运输工具等。固定资产以实际成本计价,固定资产折旧采用直线法平均计算,各类固定资产的折旧年限及年折旧率如下:

类　别	折旧年限(年)	年折旧率(%)
房屋及建筑物	35-40	2.77-2.43
专用设备	12-14	8.08-6.93
通用设备	12-14	8.08-6.93
运输工具	9-12	10.78-8.33

(7)递延资产及其摊销

本公司递延资产系购入的用水权、用电权及电话初装费,以实际成本计价。递延资产采用直线法自购入次月起用水权、用电权按受益期20年平均摊销,电话初装费按5年平均摊销。

(8)税项

A. 增值税

本公司产品销售收入按17%的税率计算当期销项税额,扣减允许在当期抵扣的进项税额后缴纳。

B. 营业税

本公司其他业务收入中应纳营业税项目按3%的税率缴纳营业税。

C. 消费税

本公司酒类产品计缴消费税,实行从量定额办法:220元/吨。

D. 城市维护建设税和教育费附加

本公司按应交营业税、增值税、消费税额的1%和3%分别计缴城市维护建设税和教育费附加。

E. 企业所得税

a. 根据北京市顺义县人民政府顺政发(1994)21号、顺政发(1995)10号及顺政发(1996)3号文件,本公司1994年至1996年实际缴纳所得税分别为6500000.00元、9000000.00元、13000000.00元。

b. 根据北京市财政局京财工(1997)286号函同意本公司改组、上市后依法缴纳所得税后超过15%税负部分由市财政局实行"先征后返"。

(9)收入确认

本公司系以产品已经发出,劳务已经提供,同时收讫价款或者取得索取价款的凭证时作为销售收入实现。

(10)利润分配

本公司税后利润按以下顺序分配(1)弥补亏损,(2)提取10%法定盈余公积金,(3)提取5%法定公益金,(4)提取任意盈余公积金,(5)股利分配:由董事会按法律规定和公司经营状况拟定,提交股东大会审议通过。

附注4:应收帐款

应收帐款的帐龄分析列示如下:

帐　龄		1996.12.31 金额	占该帐项余额的(%)
一年以内	RMB	20,785,537	48.34
一年至二年		12,180,909	28.33
二年至三年		10,022,541	23.31
三年以上		9,208	0.02
总计	RMB	42,998,194	100.00

附注5:其他应收款

其他应收款的帐龄分析列示如下:

帐　龄		1996.12.31 金额	占该帐项余额的(%)
一年以内	RMB	26,707,631	81.81
一年至二年		4,036,737	12.36
二年至三年		1,903,092	5.83
三年以上		——	——
总计	RMB	32,647,460	100.00

(6)财务指标说明

A. 资本支出对财务状况的影响

本公司计划进行的重大资本支出项目主要有以下内容:

1. 国家经贸委重点支持的"双加工程"即15万吨啤酒改扩建项目,投资总预算为30,757万元。96年开始,预计97年底竣工。

2. 北厂新增10万吨啤酒产量的改扩建工程,固定资产总投资预计为13,829万元。总体建设预计于97年下半年进行。

3. 南厂调整产品结构技改工程。1997年投资,投资估算为9,853万元。

4. 新增矿泉水和纯净水工程。投资预算为4,846万元。97年开始投资。

5. 建立物流配送中心。总投资6,000万元,97年下半年开始投资建设。

以上投资项目分步进行,总体建设期均不超过两年。各项投资完成投产后,对股份公司效益增长具有良好的促进作用;以上项目全部竣工投产后,预计项目投资内部收益率平均在30%以上。

以上投资项目的资金来源主要有两个,一是本次发行后所募集的资金,一是银行借款。根据公司盈利现状及盈利前景分析,短缺资金通过银行贷款筹借并不存在困难。

以上投资项目对1997年公司财务状况不产生直接影响,并不增加当期新的利润。

B. 关于盈利情况

本公司自1994年至1996年间,经济效益良好,连续三年实现利润大幅增长,其中利润总额由1994年的7,375万元增长到1996年的15,645万元,净利润由6,725万元增长到14,345万元;增长的主要原因是公司产品适应市场需要,产销量增长迅速,1996年啤酒产量已达58.9万吨,列全国行业第一;另外,本公司1995年兼并北京华斯啤酒集团公司后,为本公司带来了新的利润增长源,使本公司产销量与利润均有增加。

从利润构成上看,本公司以生产销售啤酒为主营业务,主营业务利润一直占主导地位,其他业务利润及营业外收支余额在总利润中所占比率是下降趋势。其中其他业务利润94、95、96年分别为9,566,072元、2,698,106元、144,065元,增减主要原因是料箱维修96年比94年、95年分别减少9,572,772.85元、2,698,105.94元。营业外收支余额增减主要原因为罚款收支有所变化及95年度固定资产变价收入所致。

本次募集资金到位后,对于加强企业规模优势、保持企业产销量及经济效益的领先地位将起到良好促进作用。

C. 关于股本及其他净资产变化情况

本公司属新改制企业,1994年股本以该年度公司净资产为依据,按着股份公司与集团公司资产结构情况、经营相关情况确定;在此基础上,以同样划分和确定方法,将兼并北京华斯啤酒集团公司后增加的净资产一部分划入本公司做为股本。这样,94、95两年股本分别为5,100万股、8,112万股。1996年股本由本公司当年末净资产32,258万元(经评估后)按65.1%比率进行折股形成,折余资产11,258万元做为当年的资本公积金。

1995年盈余公积金较1994年增加1,790万元,原因是公司按正常利润分配标准进行分配而主营业务利润增长幅度较大;1995年未分配利润较1994年减少2,120万元。

主要为本公司依据规定将95年利润留存于燕京集团。截止1996年12月31日,未分配利润已做为燕京集团净资产折价入股。

D. 关于资产流动情况的说明

公司营运资金概况:(单位:万元)

	1996.12.31	1995.12.31	1994.12.31
营运资金	4,289	-2,266	1,185

1995年公司营运资金出现负数为-2,266万元,其原因是当年为顺利实现对原北京华斯啤酒集团公司的收购兼并,以部分短期借款偿还公司部分长期贷款及该公司原外方股东的资本金,并为兼并华斯啤酒进行了技改项目支出。

公司流动性比率指标(次/年)

	1996.12.31	1995.12.31	1994.12.31
应收帐款周转率	27.20	27.92	27.71
存货周转率	5.29	2.72	2.04

1994年至1996年,公司应收帐款周转情况正常且保持高流动比率;同期,存货周转呈加速趋势,主要为公司产量增加较大,而产品适合市场需求,平均存货相对较少。

十三、债项

截止1996年12月31日本次发行前,本公司债项主要为银行贷款:

1. 长期负债

贷款单位	贷款金额	期限	利率(‰)	贷款条件
中国工商银行北京市分行顺义支行	RMB14,000,000.00	94.9.28-97.9.28	9.15	抵押
中国工商银行北京市分行顺义支行	16,000,000.00	95.12.29-98.12.29	11.25	抵押
中国工商银行北京市分行顺义支行	20,000,000.00	95.6.8-98.6.8	9.75	抵押
中国工商银行北京市分行顺义支行	5,000,000.00	96.5.31-99.5.31	10.95	抵押

中国工商银行				
北京市分行顺义支行	41,500,000.00	96.9.17-98.9.17	11.25	抵押
中国工商银行				
北京市分行顺义支行	45,400,000.00	96.9.10-99.9.10	9.15	抵押
中国工商银行				
北京市分行顺义支行	10,000,000.00	95.9.26-98.9.26	11.25	抵押
顺义县财政局				
财政信用资金管理所	20,000,000.00	95.11.1-98.11.1	10.00	信用
中国农业银行				
北京市分行顺义支行	20,000,000.00	95.2.18-98.2.17	9.75	抵押
中国农业银行				
北京市分行顺义支行	20,000,000.00	95.11.3-98.11.3	10.95	抵押
中国农业银行				
北京市分行顺义支行	16,000,000.00	96.6.13-99.6.13	10.95	抵押
中国农业银行				
北京市分行顺义支行	5,000,000.00	95.12.25-98.12.25	11.25	抵押
中国工商银行				
北京市分行顺义支行	50,100,000.00	96.11.21-98.11.21	11.25	抵押
中国工商银行				
北京市分行顺义支行	6,900,000.00	96.4.11-99.4.11	11.25	担保
	RMB289,900,000.00			

2. 一年内到期的长期负债

贷款单位	贷款金额	期限	利率(‰)	贷款条件
中国工商银行				
北京市分行顺义支行	14,000,000.00	94.9.28-97.9.28	9.15	抵押

3. 短期负债

贷款单位	贷款金额	期限	利率(‰)	贷款条件
中国农业银行				
北京市分行顺义支行	RMB3,000,000.00	96.1.30-97.6.30	12.06	抵押
北京市顺义县农村信用				
合作社联合社营业部	5,000,000.00	94.8.1-95.8.1	10.065	抵押
顺义县财政局财政信用				
资金管理所	5,000,000.00	96.6.11-97.6.11	10	信用
	RMB13,000,000.00			

逾款借款说明

本公司短期借款计人民币3,000,000元已逾期,

根据中国农业银行北京市分行顺义支行与本公司签署的"延期还款协议书"该项借款延期到1997年6月30日偿还。

本公司短期借款计人民币5,000,000元已逾期,根据北京市顺义县农村信用合作社联合社业部与本公司签署的"延期还款协议书",该项借款延期到1997年8月1日偿还。

十四、主要固定资产

截止1996年12月31日,本公司固定资产净值为550,194.6千元,主要包括如下几类:

单位:人民币元

固定资产类别	96.12.31 原值	96.12.31 累计折旧	96.12.31 净值
房屋及建筑物	232,825,110	23,565,900	209,259,210
专用设备	369,877,806	92,767,476	277,110,330
通用设备	64,777,656	17,531,972	47,245,684
运输设备	23,404,652	6,825,310	16,579,342
合计	690,885,224	140,690,658	550,194,566

以上均为经营性固定资产。

十五、资产评估

本公司为向社会公众公开发行股票,1997年1月,对燕京集团准备投人北京燕京啤酒股份有限公司(筹)的全部资产进行了评估。

1. 资产评估文件

(1)国家国有资产管理局1997年1月20日国资评(1997)85号"关于北京燕京啤酒股份有限公司(筹)公开发行上市股票项目资产评估立项的批复"。

(2)国家国有资产管理局1997年3月19日国资评(1997)242号"关于北京燕京啤酒集团公司组建股份有限公司并发行A种上市股票项目资产评估结果的确认批复"。

(3)北京市国有资产管理局1996年11月19日京国资估(1996)382号"关于北京燕京啤酒集团公司资产评估立项的请示"。

(4)北京德威评估公司1997年2月25日"资产评估报告"。

2. 评估目的

拟为燕京集团根据资产负债重组方案成立股份有限公司并上市,确定期基准日总资产、总负债及净资产,为燕京集团进行股份制改造并上市提供价值依据。

3. 资产评估时采用的主要评估方法

对于不同的资产、项目,分别采用适当的评估方法进行评估。

本公司全部资产中的机器设备、房屋建筑物采用重置成本法;流动资产及各项负债在调查核实调整分析的基础上,以帐面值计算评估值。

4. 评估结果

评估基准日期:1996年12月31日

项目	帐面净值	评估现值	增值额	增值率(%)
1)流动资产	200,964	195,516	-5,448	-2.71
2)固定资产	493,227	552,144	58,917	11.95
3)无形及递延资产	17,395	41,659	24,264	139.49
4)资产总额	711,586	789,319	77,733	10.92
5)流动负债	176,837	176,837	——	——
6)长期负债	289,900	289,900	——	——
7)负债总额	466,737	466,737	——	——
8)净资产	244,849	322,582	77,733	10.92

注:1)表中"-"号表示评估减值或减值率;

2)公司没有土地使用权;拥有用水、用电权;没有长期投资;

3)京都会计师事务所京都会审字(1997)第101号《审计报告》已据此调帐。

5. 评估增减主要原因

(1)流动资产评估减值的原因在于:

应收帐款:

A. 对方找不到人;

B. 发出产品变质损失;

C. 原华斯酒厂三年以上未清理债权;

存货:

A. 盘亏;

B. 包装物不合格而报废;

(2)固定资产评估增值的原因在于:

房产:由于近些年建材市场价格上涨幅度较大,工程造价处在九六年颁布了新定额,该定额比九二年定额价格上涨20%—27%,而且该厂房屋主要为七八十年代建筑,因此按现值测算结果增值较大;

设备:由于设备市场价格和材料市场价格的上涨造成评估增值:

(3)无形及递延资产增值的原因在于:

本次评估的无形及递延资产包括用水用电权及电话初装费,原帐面值为17395153.03元,评估值为41658500.00元,评估增值24263346.97元。增值原因为:一、企业原发生成本已进行摊销或直接进当期损益,致使帐面余额减少,导致增值增加;二、评估是按现行北京市有关取费标准重新计算评估值,而先行价格比企业发生成本有所提高。

十六、盈利预测

本招股说明书提醒投资者,鉴于盈利预测所依据的种种假设的不确定性,投资者在进行投资判断时不应过于依赖本节资料。

A. 盈利预测的基准与假设

(一)、基准

本盈利预测是根据公司1996年的经营业绩基础、生产能力、市场占有率、潜力和企业发展规划,遵循我国的现行法律、法规的有关规定和股份制试点企业财务会计制度,按照公认的会计原则,采用规定的计算方法,本着求实、稳健的原则编制的,会计处理方法符合一贯性原则。

(二)、假设

1. 公司所遵循的国家现行法律、法规、制度、啤酒行业政策及公司所在地的社会政治、经济政策无重大变化。

2. 公司各项经营业务所涉及地区的有关现行政策、法律、法规及其它经济环境无重大改变。

3. 公司在盈利预测期间内,有关税率、利率及市场行情在正常范围内变化。

4. 无其它人力不可抗拒和不可预见的因素造成重大不利影响。

B. 经京都会计师事务所审阅的北京燕京啤酒股份有限公司(筹)一九九七年度盈利预测表:

单位:人民币万元

项　目	1997年预测
主营业务收入	104750.16
减:营业成本	62922.20
销售费用	3006.30
管理费用	4957.60
财务费用	2663.20
营业税金及附加	14011.80
主营业务利润	17189.06
加:其它业务利润	201.00
营业利润	17390.06
加:投资收益	0
营业外收入	300.00
减:营业外支出	30.00
利润总额	17660.06
所得税(按33%税率)	5827.82
所得税(按15%税率)	2649.01
净利润(按33%税率)	11832.24
净利润(按15%税率)	15011.05

C. 盈利预测说明

1997年盈利预测是根据南、北两个啤酒厂的1996年实际发生额以及模拟股份制的核算制度编制的,资产重组后,90%的生产经营性资产进入股份公司,属于发起人投入的资产。股份公司的财务核算依据国家的股份制企业会计制度和企业现行的财务政策,会计核算遵循一贯性原则。土地、商标、综合服务设施收费标准均按协议执行,所发生的费用进入管理费用。

由于"燕京"啤酒深受广大消费者的青睐,市场需求不断增加,不仅占领北京的绝大部分市场,而且还开发了天津、河北、湖南、湖北、四川、安徽、海南、浙江、山东、辽宁、吉林、黑龙江、内蒙古等外埠市场,实现了产销平衡。

(1)主营业务收入

1997年预计销售啤酒60万吨,实现销售收入104750万元,增加10831万元,增长12%,编制依据是,11度清爽啤酒、10度干啤酒、12度特制啤酒、11度特制啤酒、扎啤、易拉罐啤酒按1996年实际价格计算。1997年我们又推出两个新品种(冰啤、11度精品啤酒),新品种上市后深受广大消费者的欢迎,预计可销售20000吨,增加收入8234万元。

(2)营业外收入

主要是碎瓶渣收入,预计收入为300万元。

(3)其它业务利润

是指本公司车辆为客户运送啤酒所取得的运费收入扣掉成本费用后的差额。

(4)营业成本

营业成本预计62922.2万元,其计算依据是:材料成本按1996年实际消耗计算;工资成本执行1996年人均实际发放数额(包括标准工资、各种津贴、奖金等);能源消耗和制造费用参照1996年标准执行。

(5)销售费用

1997年的销售费用按销售收入的2.87%提取,预计支付3006万元,其中,广告费用2880万元,成品库啤酒损失126万元。

(6)管理费用

管理费用的编制是以1996年实际发生额为基础,按照一定的比例和人数分摊日常管理费用,计2705.78万元。资产重组后,增加递延资产摊销94.35万元;商标使用费838万元(扣除集团公司20%的返还数);土地使用费209.67万元;开办费60万元;综合服务设施费1049.80万元,总计支出管理费用4957.6万元。

(7)财务费用

预测财务费用是根据资产重组后的银行借款数计算,重组后的银行短期借款为1300万元,月利率为12‰,年支付利息187.20万元;长期借款28990万元(预计归还7050万元),按借款合同利率计算,年支付利息3160万元;考虑存款利息收入和募集资金到位后的利息收入,预计690万元;银行工本费、手续费等6万元,总计支付财务费用为2663.20万元。

(8)营业税金及附加

此项税费包括消费税、营业税、城建税、教育费附加,消费税按每吨啤酒220元计征(指销量),城建税、教育费附加按消费税、增值税和营业税的1%、3%计算。

(9)所得税:1997年 税是按33%税率及根据北京市财政局京财工(1997)286号文按15%税率为别计算。

十七、公司发展规划

啤酒工业目前在我国已有了长足的进步,但现实存在的问题依然十分严峻,这不仅表现在工艺技术、品种质量的进一步提高,消耗指标的进一步下降,而且对于企业而言,其所面临的主要任务是进行结构性调整,促进增长方式由粗放型向集约型转变。据统计年产啤酒5万吨以下的企业占啤酒企业总数87%,但其产量总和仅为全国总产量的40%,此外,年产2万吨以下的小厂目前尚存200余家。由于啤酒产品在我国的即期市场和潜在市场,也引起了国际资本集团和知名啤酒集团的极大关注。因此啤酒工业为了进一步拓展及迎接外国资本的挑战,其自身的调整和技术改造任务将是十分繁重的。

目前国家已将燕京等10家企业列为重点扶持的啤酒企业,按照国家轻工业"九五"计划和轻工总会关于形成"南有珠江、北有青岛、首都有燕京"的发展构思,本公司在成为上市公司后,将根据"三改一加强"的原则,努力发展集约型经济和区域经济,实施名牌战略和集团化战略,坚持滚动改造,并抓住机遇,谋求更大的发展。

(一)、发展目标:

到2000年,啤酒年总生产能力达100万吨;实现销售收入28亿元;利税总额达到10亿元。

(二)、发展战略:

以市场为导向,坚持抓质量、创名牌、坚持以科技为先导;坚持走以内涵为主扩大再生产的道路。通过整体设计、分步实施战略,扎扎实实地发展民族工业,实现公司发展目标。

(三)、发展规划:

为实现公司的发展规划,公司将着重对以下几方面进行发展。

(1)南厂扩产技改工程。该工程为"双加工程"的改扩建项目,并已获得国家经贸委的初步认可。在现有南厂的基础上,通过对各工序生产能力的进一步挖潜和技术改造,使啤酒年生产能力增加15万吨,预计该项目完工后,每年可增加利润6,329万元。

(2)北厂扩产技改工程。北厂在一期技改工程完善10万吨的基础上,通过二期改造工程扩产至20万吨,实现北厂产量达20万吨的目标,并能新增麦芽处理能力1万吨/年,完善制麦技术、糖化技术、发酵技术等;并能进一步对工艺进行优化,形成不同品种、不同工艺、不同风味,创造出一整套适合燕京特点的工艺技术,以保持在同行业中的领先水平。

(3)调整产品结构技改工程。使燕京啤酒多品种、系列化,增强市场竞争能力,扩大市场占有份额,树立良好的市场观念,确保公司的稳定康朗发展。为实现产品品种多样化,新增了矿泉水及纯净水等饮料的生产,这不仅能够改善产品结构,而且也对公司今后的发展形成了新的利润增长点,为公司的生产、经营多元化开辟了一个崭新的局面。

(4)在品种方面,坚持以市场需求为导向,继续提高11(清爽型啤酒质量,同时增加产量,改进包装,牢固占领北京市场,不断增加10(干啤酒产量,以满足天津和外埠市场的需要,同时要努力开发研制新品种,包括全麦啤酒、全新棕色瓶、带四商标的高档燕京酒、超级干啤等。在市场方面,实行"保北京市场,扩大天津市场,开发外埠市场"的战略。建立物流配送中心,增设新的销售网点,提高产品的市场占有率。本公司拟在全国十八个大中城市通过代销联营等方式,建立新的销售网点,充实销售人员队伍,提高销售人员业务素质。开拓新的销售渠道,保持啤酒销售的旺盛势头。即以北京为中心,辐射全国,形成全方位市场。

(5)加强公司管理,实现科学管理,由表面管理向深层次转变;由单一管理向全方位管理转变;实现公司经营管理最佳化、使设备和人员处于最佳状态,使公司资金、资源、人力等生产原素得到有效应用。健全、完善人才培养制度,为公司的进一步发展储备力量。

十八、重要合同及重大诉讼事项

1. 本公司履行中的重要合同共13项:

(1)1997年3月,本公司与燕京集团签订《重组协议》,就双方的资产重组及资产重组有关的事作出安排。

(2)1997年3月,本公司与燕京集团签订《土地租赁使用协议》,本公司承租燕京集团所有的438,409.9平方米的土地,租赁期为10年,租赁期间租金额为人民币1,812.68万元。

(3)1997年3月,本公司与燕京集团签订《商标使用许可协议》,本公司获得许可在中国境内以独家和排他方式使用"燕京牌"注册商标并仅限于用于啤酒、矿泉水的生产、销售及提供相关服务,商标使用许可费为本公司每年销售收入的1%。

(4)1997年3月,本公司与燕京集团签订《资产租赁协议》,就本公司有偿使用燕京集团的某些资产作出安排。

(5)1997年3月,本公司与燕京集团签订《采购及供货协议》,就本公司向燕京集团购买生产所需的瓶盖,商标印刷标识和麦芽的有关事宜作出安排。

(6)1997年3月,本公司与燕京集团签订《委托加工协议》,就本公司向燕京集团委托加工听装啤酒的有关事宜作出安排。

(7)1997年3月,本公司与燕京集团签订《综合服务协议》,就本公司有偿使用燕京集团的非生产经营性资产的有关事宜作出安排。

(8)1997年3月,本公司、燕京集团与中国农业银行顺义县支行签订《未履行完结人民币资金借款合同的补充协议》,就三方之间继续履行五份人民币借款合同的有关事宜作出安排,涉及借款金额为人民币6,400万元。

(9)1997年3月,本公司、燕京集团与中国工商银行顺义县支行签订《未履行完结人民币资金借款合同的补充协议》,就三方之间继续履行九份人民币借款合同的有关事宜作出安排,涉及借款金额为人民币20,890万元。

(10)1997年3月,本公司、燕京集团与顺义县财政局财政信用资金管理所签订《未履行完结人民币资金借款合同的补充协议》,就三方之间继续履行二份人民币借款合同的有关事宜作出安排,涉及借款金额为人民币2,500万元。

(11)1997年3月,本公司、燕京集团与顺义县信用合作社联社签订《未履行完结人民币资金借款合同的补充协议》,就三方之间继续履行一份人民币借款合同的有关事宜作出安排,涉及借款金额为人民币500万元。

(12)1996年1月,燕京集团与中国食品发酵工业研究所签订技术服务合同,燕京集团据此获得提高啤酒质量技术服务,期限为1996年1月至1997年12月底。1997年3月,本公司、燕京集团与中国食品发酵工业研究所签订备忘录,从1997年1月起本公司获得此项技术服务。

(13)1997年3月,本公司与北京证券有限公司签订关于本公司公开发行股票的承销协议,由北京证券有限公司担任本次股票发行的主承销商和上市推荐人,并就北京证券有限公司以余额包销方式承销本公司公开发行的8,000万股人民币A股的有关事宜作出安排。

经信利律师事务所审查,认为北京燕京啤酒股份有限公司(筹)所订立的重要合同的基本内容和程序均未违背国家有关法律和法规。

2. 本公司无重大诉讼事件

经信利律师事务所审查,截止法律意见书出具之日,本公司不存在影响本次股票发行和上市的重大诉讼、仲裁案件,亦不存在以本公司为被处罚人的行政处罚案件。

十九、其他重要事项

根据北京市人民政府的部署和要求,燕京集团有意在英属维尔京群岛注册成立"北京企业(啤酒)有限公司",该公司将由燕京集团全资拥有。

二十、招股说明书及备查文件查阅地点

备查文件的查阅地点为:

1. 北京燕京啤酒股份有限公司(筹)
筹委会主任:李福成
地址:北京市顺义县城南
电话:(010)69447711
传真:(010)69441273

2. 深圳证券交易所
地址:深圳市福田区红荔西路203栋
电话:(0755)3203431
传真:(0755)3203505

3. 主承销商
机构名称:北京证券有限公司
法定代表人:张克俭
地址:北京市西城区德外北滨河路B11号
电话:(010)62058007
传真:(010)62057910

北京燕京啤酒股份有限公司
1997年5月30日

北京燕京啤酒股份有限公司股票上市公告书

一、释义

本上市公告书中,除非另有所指,下列简称具有如下意义:

1. 本公司:指北京燕京啤酒股份有限公司。
2. 发行人:指北京燕京啤酒股份有限公司。
3. 燕京啤酒有限公司:指北京燕京啤酒有限公司
4. 燕京集团:指北京燕京啤酒集团公司。
5. 股票:指本公司本次发行的每股面值壹元的记名式普通股股票。
6. 公司职工股:指专供公司职工认购之股份。
7. 主承销商:指北京证券有限公司。
8. 上市推荐人:指北京证券有限公司
南方证券有限公司
9. 元:指人民币元。

二、绪言

本上市公告书依据《中华人民共和国公司法》、《股票发行与交易管理暂行条例》、《公开发行股票公司信息披露实施细则(试行)》的规定,按照中国证券监督管理委员会制定的公开发行股票的公司信息披露的内容与格式准则第七号《上市公告书的内容与格式(试行)》编制。经中国证券监督管理委员会证监发字[1997]280号文和证监发字[1997]281号文批准,已向社会公众公开发行人民币普通股7,200万股,另向公司职工同时配售800万股公司职工股,每股面值1.00元,每股发行价7.34元。接深圳证券交易所深证发[1997]277号《上市通知书》,本公司7,200万股社会公众股将于1997年7月16日在深圳证券交易所挂牌交易。本公司总股本为30953万股,可流通A股为8,000万股,本次上市交易7,200万股,其余800万股公司职工股待社会公众股上市6个月后上市交易。公司股票代码为0729,股票简称"燕京啤酒",交易单位为"股"。

本公司于1997年6月23日在《证券时报》、《上海证券报》及《中国证券报》上刊登了《招股说明书概要》,距今不足3个月,故与其重复的内容在此不再重述。敬请投资者查阅本公司的《招股说明书》及《招股说明书概要》。

本股份公司董事会成员已批准本上市公告书,确信其中不存在任何重大遗漏或者误导,并对其内容的真实性、准确性、完整性负个别的和连带的责任。

三、本公司概况

1. 本公司的法定名称:北京燕京啤酒股份有限公司
(BEIJING YANJING BREWERY CO.,LTD.)
2. 本公司的法定代表人:李福成
3. 本公司的成立日期:1997年7月8日
4. 本公司的注册地址:北京市顺义县双河路北侧
5. 本公司注册资本:309,530,000元
6. 本公司经营概况:

(1)经营状况(范围)

制造、销售啤酒、矿泉水、啤酒原料、饲料、酵母、塑料箱;销售五金交电、建筑材料、日用百货;餐饮服务;技术咨询、技术培训、技术转让。

经营方式:加工、制造、销售、服务、设计、咨询。

(2)主要业务

本公司主要业务为:啤酒产品的开发,目前能生产11°清爽、10°干啤、11°、12°特制四大品种。以及饲料,酵母粉,酒糟等的销售。

7. 公司职工情况

本公司在册职工人数为4,775人,大专以上文化程度312人,各类专业技术人员占总人数的6.5%,其中:教授级高工1人,高级技术职称12人,中级职称62人。本公司成立以后,即根据北京市政府(95)1号令精神拟与员工签订"全员劳动合同制",本着国家、企业、个人三方负担的原则,组织职工参加北京养老基金统筹和职工失业保险,并同时参加北京市大病医疗统筹。

8. 本公司的历史沿革:

北京燕京啤酒股份有限公司是1997年4月25日经北京市人民政府京政函[1997]27号文件批准,由北京燕京啤酒有限公司、北京市西单商场股份有限公司、北京市牛栏山酒厂三家发起人共同发起,采取社会募集方式设立的股份有限公司。本公司筹委会于1996年12月25日在北京市工商行政管理局领取(京)企名预核[1996]第435137号"企业名称预先核准通知书",本公司已于1997年7月8日在北京市工商行政管理局办理了登记注册手续,并经中国证监会证监发字[1997]280号文及证监发字[1997]281号文审核同意,向社会公众公开发行股票。

燕京啤酒有限公司实施股份制改造的方案:

1)燕京啤酒有限公司现有资产状况:

现有总资产78,931.9万元(其中固定资产55,214.4万元,流动资产21,973万元),总负债46,673.7万元,净资产32,258.2万元。

2)关于股本设置:

A. 根据燕京啤酒有限公司的资产状况,充分考虑到市场现状和未来趋势以及股份公司成立后的运营因素,因此按以下方案设置股份公司股本:

总股本30,953万股,其中发起人持股22,953万股,占74.15%;社会公众持股8,000万股(含800万股公司职工股),占25.85%。

B. 燕京啤酒有限公司作为主要发起人,联合其他两家发起人,共同

设立"北京燕京啤酒股份有限公司"。燕京啤酒有限公司以评估后净资产32,258.2万元投入股份公司,其他发起人全部以现金方式投资入股,共投入现金3,000万元。按国家有关规定,均以65.1%的比例折成股份,共计22,953万股,其中燕京啤酒有限公司持股21,000万股,其他发起人持股1,953万股。

C.设立股份公司按发行前35,258.2万元净资产计(含其他发起人入股3,000万),则发行前每股净资产1.54元;发行后每股净资产可达3.04元(未扣除发行费用)。

北京燕京啤酒有限公司　　北京燕京啤酒有限公司是由燕京集团在英属维尔京群岛注册成立并全资拥有的"北京企业(啤酒)有限公司"与燕京集团在北京合资成立的。根据合资合同规定,燕京集团拥有燕京啤酒有限公司20%的权益,北京企业(啤酒)有限公司拥有燕京啤酒有限公司80%的权益。

北京市政府控股的北京控股有限公司是一家在香港注册成立的公司,燕京集团与北京控股有限公司进行股权置换,以其拥有的北京企业(啤酒)有限公司100%权益持有北京控股有限公司6.9%的权益;北京企业(啤酒)有限公司转为北京控股有限公司全资拥有。因此北京控股有限公司拥有燕京啤酒有限公司80%的权益。北京燕京啤酒有限公司的实际资产来源于北京燕京啤酒集团公司。北京燕京啤酒集团公司是国务院七部委确定的国有独资大型一档企业,国家预算内企业,中国目前最大的啤酒生产企业,1996年全国啤酒产销量第一。隶属于北京市顺义县人民政府。1996年被国家确定为1,000家重点扶植企业中首批300家重点扶植企业之一。

一九九三年七月在原北京市燕京啤酒厂基础上组建的北京燕京啤酒集团,现有六个生产企业,包括年产57.1万吨啤酒的二个啤酒厂,年产1万吨饮料的饮料厂,年生产能力8亿套商标的印刷厂,年生产能力8亿只瓶盖的制盖厂和年生产能力1万吨高级酱油的调味品厂。

全公司占地面积89.2万m^2,总资厂14.03亿元,现有职工5,600人,其中正式职工5,020人,在正式职工中工程技术人员650人。

1980年9月,投资640万元兴建的年产一万吨啤酒的燕京啤酒厂,经过16年的艰苦创业,已发展成为全国第一家年产量突破50万吨的大型啤酒企业。在全国630家啤酒厂中,燕京啤酒产销量第一,占全国总产量的3.5%。燕京啤酒以良好的经营业绩,在北京市国有大中型企业利税总额排序中连续两年列第五位,在北京市啤酒行业连年保持啤酒产量、市场占有率、利税总额第一的地位。在国家统计局1995年公布的中国500家最大工业企业中居第361位,列饮料制造业第32位,连年被评为中国500家最佳经济效益企业。燕京啤酒多次在国内外评比中获奖,是北京市名牌产品,人民大会堂国宴特供酒。"燕京牌"商标被评为北京市著名商标,1997年4月经国家工商行政管理局认定为驰名商标。

1995年9月,燕京集团兼并了北京华斯啤酒集团公司,在北京市实现了首家集团之间的兼并,兼并后实行"五统一、一独立"的管理办法。1996年,燕京集团北厂(原华斯啤酒集团)生产啤酒14.4万吨,实现利润1,185万元,税金5,264万元,为北京市消灭了一个亏损大户。

燕京啤酒是国家经贸委"抓大放小"重点扶持的1,000家大企业之一,也是首批300家重点扶持企业。列入轻工总会提出的"北有青岛、南有珠江、首都有燕京"的中国民族啤酒工业发展格局。燕京集团将积极落实国家经贸委提出的"双加工程",在有关部门的大力支持下,进一步加快改造步伐,实现集约化经营,增强企业市场竞争能力,到2000年啤酒产量将达到100万吨,同时,不断调整产品结构,使产品上档次、上水平,使燕京啤酒不仅是国内名牌,还要成为国际名牌,为发展民族工业做出新的贡献。

四、股票发行与承销

1.股票发行:

股票种类:人民币记名式普通股

每股发行价:人民币7.34元

每股面值:人民币1元

发行数量:8,000万股普通股

发行总市值:58,720万元

1997年每股税后利润预测:0.48元(按实际所得税赋15%计)

发行市盈率:14倍(按1994年、1995年、1996年三年模拟已实现每股税后利润算术平均值计算)

发行市盈率:13.85倍(按加权平均法计算,预计股金到位时间为1997年7月1日)

发行前每股净资产:1.54元

发行后每股净资产:3.04元(未扣除发行费用)

本次发行实收金额:57,040万元。

配售比例:1.131265%

配售户数:321914户

持1000股以上的户数:71307户

发行费用总额:1680万元

每股发行费用:0.21元/股

2.股票承销

本次公开发行的7200万股社会公众股已全部由社会公众认购,公司职工股800万股已全部由公司职工认购,承销团成员包销数量为零。

3.验资报告:

验资报告

京都会验字(1997)第072号

签发人:何炬

北京燕京啤酒股份有限公司全体股东:

我们接受委托,对北京燕京啤酒股份有限公司(筹)截至一九九七年七月八日止的实收股本及相关的资产和负债的真实性和合法性进行了审验。在审验过程中,我们按照《独立审计实务公告第1号——验资》的要求,实施了必要的审验程序。提供真实、合法,完整的验资资料,保护资产的安全、完整是贵公司(筹)的责任。我们的责任是按照《独立审计实务公告第1号——验资》的要求,出具真实、合法的验资报告。

贵公司(筹)申请的注册资本为309530000元。本次公开发行前,贵公司(筹)的股本总额计229530000元,业经京都会计师事务所以京都会验字(1997)第052号验资报告验证。本次向社会公众发行人民币普通股8000万股(其中:内部职工股800万股),每股面值1元,发行价为7.34元/股,应募集股款计587200000元,扣除发行费用计16800000元,实际应募集股款计570400000元。

经审验,截至一九九七年七月八日止,贵公司(筹)已收到向社会公开募集股款计570400000元,(已扣除预计发行费用计16800000元),其中股本计80000000元,资本公积计490400000元,与上述募集股款相关的资产为货币资金,已全部存入中国农业银行北京市顺义县支行(帐号801054-06)、中国工商银行顺义县支行(帐号043205-89)北京燕京啤酒股份有限公司临时存款帐户。

附件1.投入股本明细表

附件2.验资事项说明

京都会计师事务所　　中国注册会计师:张　森

中国　北京　　中国注册会计师:郑建彪

一九九七年七月八日

五、本公司董事、监事、高级管理人员简介及持有本公司股票情况

董事长兼总经理:

李福成:男,现年42岁,大学文化,高级经济师。任本公司总经理,持有本公司股票8000股。占总股本的0.0026%。

副董事长:戴永全:男,现年37岁,大学文化,工程师。任本公司常务副总经理,持有本公司股票5000股。占总股本的0.0016%。

副董事长:

李秉骥:男,现年49岁,高中文化。任本公司常务副总经理,持有本公司股票5000股。占总股本的0.0016%。

董事:丁广学:男,现年37岁,大学文化,经济师。任本公司副总经理,持有本公司股票3000股。占总股本的0.001%。

董事:董学增:男,现年34岁,大专文化,任本公司副总经理,持有本公司股票3000股。占总股本的0.001%。

董事:王启林:男,现年38岁,大学文化,工程师。任本公司副总经理,持有本公司股票3000股。占总股本的0.001%。

董事:邓德昌:男,现年55岁,初中文化,助理工程师。任本公司副总经理,持有本公司股票3000股。占总股本的0.001%。

董事:朱明仁:男,现年43岁,大专文化,任本公司副总经理,持有本公司股票3000股。占总股本的0.001%。

董事:李守清:男,现年50岁,大专文化,任本公司副总经理,持有本公司股票3000股。占总股本的0.001%。

董事:刘士福:男,现年55岁,初中文化,任本公司副总经理,持有本公司股票3000股。占总股本的0.001%。

董事:李颖娟:女,现年44岁,大学文化,经济师。任本公司副总经理兼董事会秘书,持有本公司股票3000股。占总股本的0.001%。

董事:朱立青:女,现年47岁,大专文化,高级会计师。持有本公司股票2000股。占总股本的0.0006%。

董事:赵长树:男,现年47岁,大专文化,经济师。未持有本公司股票。

监事会主席:

张文彬:男,现年58岁,初中文化。持有本公司股票3000股。占总股本的0.001%。

监事:王淑惠:女,现年43岁,大专文化。持有本公司股票1000股。

占总股本的0.0003%。

监事:王　启:男,现年46岁,高中文化。未持有本公司股票。

高级管理人员及重要职员:

邓连成:男,现年37岁,大专文化,任本公司副总经理,持有本公司股票3000股。占总股本的0.001%。

赵春香:女,现年39岁,大专文化,会计师。任本公司总会计师,持有本公司股票3000股。占总股本的0.001%。

郭卫平:男,现年31岁,大专文化。任本公司副总经理,持有本公司股票3000股。占总股本的0.001%。

合计:57000股,占总股本的0.0184%。

六、公司设立

1. 本公司1997年7月8日召开的创立大会暨首届股东大会作出决议;本公司向社会公众发行的面值1元的7200万人民币普通股在深圳证券交易所上市。

2. 本公司注册资金:30953万元。

3. 本公司注册时间:1997年7月8日。

4. 本公司注册地点:北京市顺义县双河路北侧。

5. 营业执照号码:11510844。

七、关联企业及关联交易

1. 本公司的大股东情况:

股东名称	持股数量(股)	占总股本的比例(%)
北京燕京啤酒有限公司	210,000,000	67.85
北京市西单商场股份有限公司	9,765,000	3.15
北京市牛栏山酒厂	9,765,000	3.15

2. 本公司的关联交易情况

本公司在啤酒生产中所需的瓶盖和商标印刷标识,将从燕京集团采购,并参照市场同类产品定价,一般每年三月底定价一次,全年执行同一价格,当需对所定价格进行调整时,双方将另行协商定价,但每年调整不得超过两次;本公司在啤酒生产中所需的原材料麦芽将从燕京集团采购,参照市场同类产品的价格,按质论价,由双方于每季度终了前协商一次,上一季度的定价于下一季度执行,如双方没有进行该项协商,视为正在执行中的定价顺延至下一季度执行,因此本公司就具体的采购及结算方法与燕京集团达成协议;另外本公司将听装啤酒委托燕京集团进行加工,本公司向燕京集团支付灌装加工费,按1996年的现时费用计算,该项灌装加工费为每罐0.16元人民币,在1997年全年予以执行,双方就具体的加工费用及加工费率的调整达成协议。为此,本公司已与北京燕京啤酒集团公司分别签署了《采购及供货协议》和《委托加工协议》。在上述经济活动中,双方完全遵循市场规则,执行市场价格。

本公司已与北京燕京啤酒有限公司签署了《重组协议》,并就综合服务、资产租赁及土地租赁等分别与燕京集团达成了协议。

八、股本结构及大股东情况

1. 股本形成过程

经北京市体改委〔1997〕10号文批准,由北京燕京啤酒有限公司为主要发起人,与北京市西单商场股份有限公司、北京市牛栏山酒厂三家单位共同发起,采取社会募集方式设立的股份有限公司。本公司筹委会已于1996年12月25日在北京市工商行政管理局领取(京)企名预核〔1996〕第435137号"企业名称预先核准通知书"。并经中国证监会证监发字〔1997〕280号文和证监发字[1997]281号文审核同意,本公司于1997年6月25日利用深圳证券交易所系统实行上网定价发行人民币普通股股票7200万股,发行价为每股7.34元,此次公开发行股票的主承销商为北京证券有限公司,本次发行总有效申购户数为321914户,总有效申购股数为6,364,557,000股,超额认购倍数为88.3966倍,中签率1.131265%,所募集资金已全部到位,并经京都会计师事务所验证确认。

2. 股本结构

(1)本次发行前公司股本结构如下:

	面值(元)	比例(%)
国有法人股	9,765,000	4.25
法人股	219,765,000	95.75
总计	229,530,000	100.0

(2)本次发行前后本公司股权结构为:

股本结构	本次发行前股份(万股)	所占比例(%)	本次发行后股份(万股)	所占比例(%)
一、尚未流通股份				
其中:				
国有法人股	976.5	4.25	976.5	3.15
法人股	21,976.5	95.75	21,976.5	71.00
公司职工股			800.0	2.59
二、可流通股份				
社会公众股			7,200.0	23.26
总　计	22,953.0	100.0	30,953.0	100.00

注:本次发行中,8,000万股社会公众股的10%,即800万股向公司职工配售;根据现行规定,公司职工股票在新股上市半年后方可上市流通。

(3)前十名股东持股情况

股东名称	数量(股)	持股比例(%)
北京燕京啤酒有限公司	210000000	67.84
北京市西单商场股份有限公司	9765000	3.15
北京市牛栏山酒厂	9765000	3.15
李福成	8000	0.0026
戴永全	5000	0.0016
李秉骥	5000	0.0016
丁广学	3000	0.001
董学增	3000	0.001
王启林	3000	0.001
邓德昌	3000	0.001

九、主要财务会计资料

(一)审计报告

审计报告

京都会审字(1997)第496号

北京燕京啤酒股份有限公司筹委会:

我们接受委托,审计了北京燕京啤酒股份有限公司(筹)1994年12月31日、1995年12月31日和1996年12月31日、1997年1月31日的资产负债表,1994年、1995年、1996年、1997年1月利润表及1996年度财务状况变动表。这些会计报表由贵公司(筹)负责,我们的责任是在审计的基础上对这些会计报表发表意见。我们的审计是根据《中国注册会计师独立审计准则》进行的。在审计过程中,我们结合贵公司(筹)的实际情况,实施了包括抽查会计记录等我们认为必要的审计程序。

我们认为,上述会计报表的编制符合《企业会计准则》及《股份制试点企业会计制度》的有关规定,在所有重大方面公允地反映了贵公司(筹)1994年12月31日、1995年12月31日和1996年12月31日、1997年1月31日财务状况,1994年、1995年和1996年、1997年1月经营成果及1996年度的资金变动情况,会计处理方法的选用遵循了一贯性原则。

京都会计师事务所　　中国注册会计师:张　森

中国·北京·中咨大厦　　中国注册会计师:郑建彪

一九九七年六月二十八日

会计报表附注　　单位:人民币元

附注1:公司设立情况

本公司系经北京市经济体制改革委员会以京体改发(1997)10号批复批准,由北京燕京啤酒有限公司、北京市西单商场股份有限公司及北京市牛栏山酒厂共同发起,以募集设立方式设立的股份有限公司。预先核准的企业名称为"北京燕京啤酒股份有限公司"。本公司经营范围:制造、销售啤酒、矿泉水、啤酒原料、饲料、酵母、塑料箱;销售五金交电、建筑材料、日用百货;餐饮服务;技术咨询、技术培训、技术转让。

北京燕京啤酒有限公司作为主要发起人,以截至1996年12月31日止与啤酒生产有关的经营性资产投入本公司。经北京德威评估公司评估的净资产计322581577.31元,折合210000000股;其他发起人以现金方式出资计30000000.00元,折合19530000股;北京市证券监督管理委员会以京证监发(1997)6号批复批准本公司股票公开发行计划指标为80000000股。一俟发行成功,本公司实收股本计309530000.00元,注册资本计309530000.00元。

北京德威评估公司的评估报告业经北京市国有资产管理局京国资估(1997)99号函和国家国有资产管理局国资评(1997)242号批复确认。本公司1996年12月31日及1997年1月31日资产负债表和会计报表附注有关数据业已根据评估结果调整,其中:评估总资产中用水权、用电权评估增值部分计24215458.35元,依据现行会计制度有关规定无法入帐,1996年12月31日及1997年1月31日资产负债表未予调整该部分。

附注2:会计报表编制基础与方法

本报告所载拟设立本公司的会计报表是在假设北京燕京啤酒股份有限公司已经成立,在整个有关期间已接受与啤酒生产有关的经营性资产、负债连同有关业务的基础上编制的,同时假设有关资产重组的现时结构于有关期间业已存在,且并无转变。

附注3:重要会计政策

本会计报表所载财务信息系本公司基于下列会计政策编制的,并假设截至1997年1月31日止三年零一个月已一致地采用这些会计政策。

(1)公司执行的会计制度

本公司执行中华人民共和国《企业会计准则》和《股份制试点企业会计制度》及其补充规定。

(2)会计年度

本公司会计年度自公历每年一月一日起至十二月三十一日止。

(3)记帐原则和计价基础

本公司采用权责发生制原则,以实际成本为计价基础。

(4)存货计价

本公司存货按实际成本计价,领用或发出的存货采用加权平均法确定其实际成本。

产品生产成本包括直接材料、直接人工及制造费用。

低值易耗品按"五.五"摊销法摊销。

(5)坏帐准备

本公司于决算日,按应收帐款余额的5‰计提坏帐准备,并计入当年度损益类帐项。

(6)固定资产及其累计折旧

本公司固定资产系使用年限在一年以上且单位价值在2000元以上的房屋建筑物、机器设备、运输工具等。固定资产以实际成本计价,固定资产折旧采用直线法平均计算,各类固定资产的折旧年限及年折旧率如下:

类　　别	折旧年限(年)	年折旧率(%)
房屋及建筑物	35-40	2.77-2.43
专用设备	12-14	8.08-6.93
通用设备	12-14	8.08-6.93
运输工具	9-12	10.78-8.33

(7)递延资产及其摊销

本公司递延资产系购入的用水权、用电权及电话初装费,以实际成本计价。递延资产采用直线法自购入次月起用水权、用电权按受益期20年平均摊销,电话初装费按5年平均摊销。

(8)税项

A.增值税

本公司产品销售收入按17%的税率计算当期销项税额,扣减允许在当期抵扣的进项税额后缴纳。

B.营业税

本公司其他业务收入中应纳营业税项目按3%的税率缴纳营业税。

C.消费税

本公司酒类产品计缴消费税,实行从量定额办法:220元/吨。

D.城市维护建设税和教育费附加

本公司按应交营业税、增值税、消费税额的1%和3%分别计缴城市维护建设税和教育费附加。

E.企业所得税

a.根据北京市顺义县人民政府顺政发(1994)21号、顺政发(1995)10号及顺政发(1996)3号文件,本公司1994年至1996年实际缴纳所得税分别为6500000.00元、9000000.00元、13000000.00元。

b.根据北京市财政局京财工(1997)286号函同意本公司改组、上市后依法缴纳所得税后超过15%税负部分由市财政局实行"先征后返"。

(9)收入确认

本公司系以产品已经发出,劳务已经提供,同时收讫价款或者取得索取价款的凭证时作为销售收入实现。

(10)利润分配

本公司税后利润按以下顺序分配(1)弥补亏损,(2)提取10%法定盈余公积金,(3)提取5%法定公益金,(4)提取任意盈余公积金,(5)股利分配:由董事会按法律规定和公司经营状况拟定,提交股东大会审议通过。

附注4:应收帐款

应收帐款的帐龄分析列示如下:

帐　龄	1997.1.31 金额	1997.1.31 占该帐项余额的(%)	1996.12.31 金额	1996.12.31 占该帐项余额的(%)
一年以内	25276859.88	53.23	20785536.61	48.34
一年至二年	12180908.52	25.65	12180908.52	28.33
二年至三年	10022540.60	21.10	10022540.60	23.31
三年以上	9208.00	0.02	9208.00	0.02
	47489517.00	100	42998193.73	100

截止一九九七年一月三十一日止,本公司无应收关联公司款项。

附注5:其他应收款

其他应收款的帐龄分析列示如下:

帐　龄	1997.1.31 金额	1997.1.31 占该帐项余额的(%)	1996.12.31 金额	1996.12.31 占该帐项余额的(%)
一年以内	26790692.91	81.85	26707630.31	81.81
一年至二年	4036737.00	12.33	4036737.00	12.36
二年至三年	1903092.20	5.82	1903092.20	5.83
三年以上	——	——	——	——
	32730522.11	100	32647459.51	100

附注6:待摊费用

待摊费用明细项目列示如下:

	1997.1.31	1996.12.31
保险费	620135.44	725116.08
报刊费	84252.28	92330.98
取暖费	161874.51	243110.16
广告费	4372601.79	3900740.00
修理费	——	398838.64
应抵扣的期初进项税额	5000.00	5000.00
养路费	34987.70	4586.00
办公用品	76034.86	77777.78
	5354886.58	5447499.64

附注7:存货

存货明细项目列示如下:

	1997.1.31	1996.12.31
原材料	54416989.61	55219005.82
包装物	33594717.17	32481490.43
低值易耗品	3673345.00	3673345.00
半成品	17001772.69	15503905.14
产成品	1117224.52	2735311.02
	109804048.99	109613057.41

附注8:固定资产及其累计折旧

固定资产原值及其累计折旧明细项目列示如下:

	1996.12.31	本期增加	本期减少	1997.1.31
固定资产原价:				
房屋及建筑物	232825110.00	——	——	232825110.00
专用设备	369877806.00	657097.45	——	370534903.45
通用设备	64777656.00	391898.36	——	65169554.36
运输工具	23404652.00		——	23404652.00
	690885224.00	1048995.81	——	691934219.81
累计折旧:				
房屋及建筑物	23565900.00	284290.46	——	23850190.46
专用设备	92767476.00	1415666.99	——	94183142.99
通用设备	17531972.00	511692.14	——	18043664.14
运输工具	6825310.00	108927.22	——	6934237.22
	140690658.00	2320576.81	——	143011234.81
固定资产净值	550194566.00			548922985.00

附注9:递延资产

递延资产明细项目列示如下:

项　目	原值	已摊金额	1996.12.31	本期摊销	1997.1.31	剩余摊销年限
用水权	500000.00	——	500000.00	2083.33	497916.67	19年零11个月
用电权	17260000.00	594458.35	16665541.65	71916.67	16593624.98	19年零4个月
电话初装费	277500.00	——	277500.00	4625.00	272875.00	4年零11个月
	18037500.00	594458.35	17443041.65	78625.00	17364416.65	

附注10:未交税金

未交税金明细项目列示如下:

	1997.1.31	1996.12.31
增值税	42923009.53	43338004.26
消费税	95652696.18	92383182.68
营业税	307732.60	178282.23
城建税	969949.31	1067809.38
产品税	2286427.93	2286427.93
教育费附加	2714134.95	2714134.95
土地使用费	——	37000.00
所得税	-53520.00	——
	144800430.50	142004841.43

说明:增值税、消费税、营业税、城建税、教育费附加、土地使用费系欠付包含以前年度税费。产品税计2286427.93元系实行新税制前一九九三年应交未交产品税。

附注11:期后事项

A.由于现行会计制度无关于用水权、用电权等作为无形资产的调帐规定,北京燕京啤酒集团公司原评估的用水权、用电权增值部分无法投入本公司,已用相当金额的货币资金投入,北京燕京啤酒集团公司欠付本公司24215458.35元(其他应收款)已于一九九七年五月十二日汇入本公司帐户内。

B.根据北京市人民政府的部署和要求,北京燕京啤酒集团公司于一九九七年二月二十日在英属维尔京群岛注册成产并全资拥有"北京企业(啤酒)有限公司",其与北京燕京啤酒集团公司于一九九七年三月十三日合资成立北京燕京啤酒有限公司,根据合资合同规定,北京燕京啤酒集团公司拥有北京燕京啤酒有限公司20%的权益,北京企业(啤酒)有限公司拥有北京燕京啤酒有限公司80%的权益。

根据北京市人民政府京政函(1997)27号文件,本公司系由北京燕京啤酒有限公司,北京市西单商场股份有限公司,及北京市牛栏山酒厂共同发起,以募集方式设立的股份有限公司。

附注12:或有负债

截止一九九七年一月三十一日止,本公司以其价值406883626.00元的厂房及设备抵押予银行以取得银行借款;本公司无担保等或有负债。

北京燕京啤酒股份有限公司(筹)

一九九七年六月二十八日

(二)近三年的主要财务指标:

指标名称	1996年	1995年	1994年
流动比率	1.24	0.94	1.13
速动比率	0.62	0.64	0.34
资产负债率	59%	81%	63.5%
应收帐款周转率(次)	27.20	27.92	27.71
存货周转率(次)	5.29	2.72	2.04
净资产收益率	44%	85%	59%
每股净利润(元)	0.68	1.47	1.32
营运资金(元)	42894297.57	-22659792.90	11845755.74

注:每股净利润是以当年模拟的股本数为基础进行计算而得出的。

十、董事会对公司股票上市的承诺

本公司董事会将严格遵守《中华人民共和国公司法》、《股票发行与交易管理暂行条便》,《公开发行股票公司信息披露实施细则(试行)》,《深圳证券交易所业务规则》和其它有关法律、法规的规定,并向广大投资者作出如下承诺:

1.按照法律、法规的规定程序和要求,及时、真实地披露本公司重大的经营活动信息,并接受证券主管机关、深圳证券交易所的监督管理。

2.准确、及时、真实地在证券主管部门指定的报刊上公布中期报告和年度报告。

3.本公司董事、监事和高级管理人员如发生人事变动,或前述人持有本公司股份数量发生变化时,及时报告证券主管部门、深圳证券交易所,并通过证券主管部门指定的报刊通告社会公众。

4.本公司董事、监事和高级管理人员将认真听取社会公众的建议和批评。

5.不利用内幕消息和不正当手段从事股票投机交易。

6.本公司没有无记录负债。

7.董事会及各位董事保证不就任何未经证券交易所审阅的可能影响股份变动之重大信息私自公告或发表意见。

十一、重要事项揭示

1.截止本公告书刊登之日,本公司及本公司的董事、监事和高级管理人员并无涉及任何重大诉讼及仲裁,而且据本公司董事会所知,亦无任何未了结或面临重大威胁之诉讼。

2.本公司本次发行8000万社会公众股中向公司职工配售的800万股股票,根据现行规定,公司职工股票在新股上市半年后方可上市流通。本次上市流通的总股本为7200万股。

十二、咨询机构

1.发行人:
北京燕京啤酒股份有限公司
法定代表人:李福成
地址:北京市顺义县城南
邮政编码:101300
电话:010-69447711
传真:010-69441273
联系人:丁广学

2.上市推荐人:
北京证券有限公司
法定代表人:张克俭
地址:北京市西城区德外东滨河路B11号
邮编:100011
电话:010-62058007
传真:010-62057910
联系人:李弘吉、刘改军、杜　军

南方证券有限公司
法定代表人:王景师
地址:深圳市深南东路56号南方国际大酒店
电话:010-67612135
传真:010-67612137
联系人:张业丰

3.发行人律师事务所及经办律师:
机构名称:信利律师事务所
法定代表人:高宗泽
地址:北京市东城区劳动人民文化宫内文华宫写字楼
邮政编码:100006
电话:010-65237536　65237537
传真:010-65237515
经办律师:高宗泽　谢思敏

4.会计师事务所和经办注册会计师
机构名称:京都会计师事务所
法定代表人:于连国
地址:北京市海淀区车公庄西路32号
电话:010-68475950
传真:010-68475945
经办注册会计师:张　森　郑建彪

5.股票登记机构:
机构名称:深圳证券登记有限公司
地址:黄铁军
电话:0755-5585543

十三、备查文件

1.深圳证券交易所上市通知书;
2.京都会计师事务所的验资报告;
3.《股票发行上市工作协议》;
4.招股说明书;
5.信利律师事务所的法律意见书;
6.公司成立的有关批准及注册登记文件;
7.公司章程;
8.公司营业执照
9.创立大会纪要
10.其他备查文件

北京燕京啤酒股份有限公司

一九九七年七月十四日

资产负债表

编制单位:北京燕京啤酒股份有限公司(筹)　　　　单位:人民币元

项目	附注	97.1.31	96.12.31	95.12.31	94.12.31
流动资产:					
货币资金		15644996.82	13770778.07	3169504.72	293325.24
应收帐款	4	47489517.00	42998193.73	26061650.49	10606477.00
减:坏帐准备		237447.59	214990.97	130308.26	53032.39
应收帐款净额		47252069.41	42783202.76	25931342.23	10553444.61
预付帐款	5	19575695.48	15469442.41	138010482.19	12667319.25
其他应收款	6	32730522.11	32647459.51	68995838.77	6056508.47
待摊费用	7	5354886.58	5447499.64	2597953.75	462564.34
存　货	8	109804048.99	109613057.41	114112236.68	70519441.27
流动资产合计		230362219.39	219731439.80	352817358.34	100552603.18
固定资产:					
固定资产原价		691934219.81	690885224.00	448081724.03	222650560.90
减:累计折旧		143011234.81	140690658.00	89640718.35	45320070.18
固定资产净值	9	548922985.00	550194566.00	358441005.68	177330490.72
在建工程	10	2103908.16	1949672.09	15637181.57	31922297.27
固定资产合计		551026893.16	552144238.09	374078187.25	209252787.99
无形及其他资产:					
递延资产	11	17364416.65	17443041.65	7471041.65	——
无形及其他资产合计		17364416.65	17443041.65	7471041.65	——
资产总计		798753529.20	789318719.54	734366587.24	309805391.17
流动负债:					
短期借款	12	13000000.00	13000000.00	193100000.00	30000000.00
应付帐款	13	717426.66	868027.09	1421923.99	84309.02
应付福利费		671087.11	565183.78	504619.03	-38483.75
未付股利		——	——	55032121.44	——
未交税金	14	144800430.50	142004841.43	62613369.64	23003909.05
其他未交款		5845978.53	177627.66	4617446.85	1566795.06
其他应付款	15	12211955.84	15481061.77	54274001.27	30773306.22
预提费用	16	5703241.47	4740400.50	3913669.02	3317011.84
流动负债合计		182950120.11	176837142.23	375477151.24	88706847.44
长期负债:					
长期借款	17	289900000.00	289900000.00	216010722.50	108036849.81
长期应付款		——	——	3000000.00	——
长期负债合计		289900000.00	289900000.00	219010722.50	108036849.81
股东权益:					
股本	18	210000000.00	210000000.00	81115816.52	50995972.86
资本公积	19	112581577.31	112581577.31	——	——
盈余公积	20	——	——	27983896.31	10087950.56
未分配利润	21	3321831.78	——	30779000.67	51977770.50
股东权益合计		325903409.09	322581577.31	139878713.50	113061693.92
负债及股东权益合计		798753529.20	789318719.54	734366587.24	309805391.17

利　润　表

编制单位:北京燕京啤酒股份有限公司(筹)　　　　单位:元

项目	附注	1997.1	1996年度	1995年度	1994年度
一、主营业务收入	22	61167270.60	939190092.28	511970594.79	293912028.65
减:营业成本	23	43814587.53	591218221.15	250699778.17	44125699.35
销售费用		3020269.32	35689223.51	17980407.29	7995282.14
管理费用		3233659.41	26700455.99	14320204.98	10740969.34
财务费用	24	730195.00	8205809.81	34607927.71	13910842.74
营业税金及附加		7322416.94	138068935.05	83858320.08	53428568.57
二、主营业务利润		3046142.40	139307446.77	110503956.56	63710666.51
加:其他业务利润	25	217813.38	144064.96	2698105.94	9566072.16
三、营业利润		3263955.78	139451511.73	113202062.50	73276738.67
加:投资收益					
营业外收入	26	58876.00	2438554.54	2756342.13	727565.05
减:营业外支出	27	1000.00	748173.33	700.00	251300.00
加:以前年度损益调整		——	15311398.15	12348600.34	——
四、利润总额		3321831.78	156453291.09	128306304.97	73753003.72
减:所得税		——	13000000.00	9000000.00	6500000.00
五、净利润		3321831.78	143453291.09	119306304.97	67253003.72

财务状况变动表

编制单位:北京燕京啤酒股份有限公司(筹)　　单位:元

流动资金来源和运用	行次	1996 年度	流动资金各项目的变动	行次	1996 年度
一、流动资金来源:			一、流动资产本年增加数		
1.本年净利润	1	143453291.09	1.货币资金	38	10601273.35
加:不减少流动资金的费用和损失	2		2.短期投资	39	——
(1)少数股东本期损益	3		3.应收票据	40	——
(2)固定资产折旧	4	51049939.65	4.应收帐款净值	41	16851860.53
(3)无形、递延及其他资产摊销	5	435500.00	5.预付货款	42	-122541039.78
(4)固定资产盘亏(减盘盈)	6		6.其他应收款	43	-36348379.26
(5)清理固定资产损失(减收益)	7		7.待摊费用	44	2849545.89
(6)递延税款	8		8.存货	45	-4499179.27
(7)其他费用和损失	9		9.待处理流动资产净损失	46	
小　　计	10	194938730.74	10.一年内到期长期债券投资	47	
2.其他来源:	11		11.其他流动资产	48	
(1)固定资产清理收入(减清理费用)	12			498	
(2)增加长期负债	13	70889277.50		50	
(3)收回长期投资	14			51	
(4)对外投资转出固定资产	15			52	
(5)对外投资转出无形资产	16			53	
(6)资本净增加额	17	213481864.48		54	
(7)少数股东资本净增加额	18			55	
小　　计	19	284371141.98		56	
流动资金来源合计	20	479309872.72	流动资产增加净额	57	-133085918.54
二、流动资金运用	21		二、流动负债本年增加数:	58	
1.利润分配	22		1.短期借款	59	-180100000.00
(1)提取法定公积金	23	14345329.11	2.应付工资	60	
(2)提取法定公益金	24	7172664.55	3.应付帐款	61	-553896.90
(3)提取任意公积金	25		4.预收货款	62	
(4)已分配股利	26	152714298.10	5.应付福利费	63	60564.75
小　　计	27	174232291.76	6.未付利润	64	-55032121.44
2.少数股东利润分配	28		7.未交税金	65	79391471.79
3.其他运用:	29		8.其他未交款	66	-4439819.19
(1)固定资产和在建工程净增加额	30	229115990.49	9.其他应付款	67	-38792939.50
(2)增加无形、递延及其他资产	31	10407500.00	10.预提费用	68	826731.48
(3)偿还长期负债	32			69	
(4)增加长期投资	33			70	
小　　计	34	239523490.49		71	
	35			72	
流动资金运用合计	36	413755782.25	流动负债增加净额	73	-198640009.01
流动资金增加净额	37	65554090.47	流动资金增加净额	74	65554090.47

北京燕京啤酒股份有限公司1997年度中期报告

一、财务报告(未经审计)

(一)财务报表

表一、资产负债表(简化)

编制:北京燕京啤酒股份有限公司　　单位:人民币元

项　　目	1997年6月30日	1996年12月31日
流动资产	338077629.90	219731439.80
固定资产净值	554810557.62	550194566.00
在建工程	5864752.51	1949672.09
无形资产及递延资产	24599613.97	17443041.65
资产总计	923352554.00	789318719.54
流动负债	242127236.57	176837142.23
长期负债	251000000.00	289900000.00
负债合计	493127236.57	466737142.23
其中:股本	229530000.00	210000000.00
资本公积	123051577.31	112581577.31
未分配利润	77643740.12	0

表二、损益表(简化)

编制:北京燕京啤酒股份有限公司　　单位:人民币元

项　　目	97年1-6月	96年1-6月
主营业务收入	604430868.47	470670925.43
主营业务利润	87309739.55	73608280.86
其它业务利润	1618521.33	1832920.27
营业外收支净额	2417315.74	746174.36
利润总额	91345576.62	76187375.49
所得税	13701836.50	11428106.32
净利润	77643740.12	64759269.17

(二)主要财务指标

	97年6月30日	96年6月30日
1.每股收益	0.338	0.308
2.净资产收益率	18%	16.64%
3.每股净资产	1.87	1.85

注:社会公众股8000万股所募集的资金是于1997年7月4日到达本公司帐户的,故上述指标是按当时发起人股22953万股计算的。按募集后股本总额摊薄计算,每股收益为0.251元,净资产收益率为7.76%,每股净资产为3.23元。

(三)财务报表附注:

1.本财务报表与上年度相比,所采用的会计政策和会计方法没有发生变化。

2.流动资产中的应收销货款较期初增加1400万元,主要是啤酒销售进入旺季,销售量集中、金额大,厂内送酒采用先送后收款方式结算,造成1997年6月30日结帐时出现未达帐款的时点数字。

3. 无形资产及递延资产较期初增加763万元,购买用电权支出512万元;本公司开办费251万元,1-6月无形及递延资产摊销为47.2万元。

4. 股东权益较期初增加10764.4万元,主要是:

A. 股本较期初增加1953万元,是发起人投入的股本;

B. 资本公积金较期初增加1047万元,是发起人折股溢价;

C. 未分配利润较期初增加7764.4万元,为公司上半年净利润;

5. 公司主营业务收入较去年同期增加13376万元,主营业务利润比去年同期增加1370万元,其原因主要是公司在报告期内增加啤酒销售量和调整产品结构,增加中、高档啤酒的销售所致。

6. 关联公司及其交易

(1)关联企业

公司名称	注册地	注册资本	持股比例(发行后)	关联性质
北京燕京啤酒有限公司	北京	3883万美元	67.85%	本公司母公司是有限公司的主要股东
北京燕京啤酒集团公司	北京	3.41亿元人民币		

(2)关联交易

本公司与北京燕京啤酒集团公司就有关事项签订综合服务、土地租赁、商标使用许可等关联协议,并已支付相应费用。

A. 根据本公司与北京燕京啤酒集团公司签订的《综合服务协议》,支付其有关住房、医疗、食堂、办公设施等有关费用523.4万元。

B. 根据本公司与北京燕京啤酒集团公司签订的《土地租赁使用协议》,支付其土地使用费104.8万元。

C. 根据本公司与北京燕京啤酒集团公司签订的《商标使用许可协议》,按本公司销售收入的1%支付商标使用费604.4万元。

今年上半年共支付关联交易费用1232.6万元。

二、经营回顾与展望

(一)上半年经营情况回顾

1. 上半年生产啤酒363733吨,同比增长25.5%;主营业务收入为60443.1万元,同比增长28.42%;实现净利润7764.4万元,同比增长19.9%,完成97年预测利润的51.72%。

2. 由于燕京啤酒市场前景很好,产品供不应求,因此公司采用先期投入的办法,使招股说明书中所列项目提前施工,北厂综合技术改造项目中的糖化车间工程、灌装车间工程、发酵工程,南厂"双加工程"技术改造项目中的糖化、发酵、灌装及公用工程在募股资金到位后,进展顺利,可望提前完工并产生效益,矿泉水土建工程已经完成,设备安装调试正在进行中,预计公司本年啤酒产销量将超过预定产销目标,经济效益也会相应增长。

3. 为了提高公司的经济效益,上半年大力调整产品结构,开发出了高档11度精品,引进国外工艺开发出12度冰啤酒,提高了公司在高档啤酒中的竞争能力,高档啤酒市场的前景也非常看好。

4. 在市场开发方面:公司坚持巩固北京市场,扩大天津、河北市场、开发全国市场的方针,新建立了石家庄地区、保定地区、承德地区的销售网络,形成了大华北市场格局,华北以外的市场开发也有新的突破。

(二)下半年工作计划

1. 在抓好公司生产经营的同时,继续抓好募集资金使用工作、加快招股说明书中所列项目的建设进度,力争提前完工。

2. 深入开展学习邯钢、加强企业管理,提高经济效益的活动,以原材料采购、包装物管理为基础,增产节约、降低消耗、降低成本、增加效益。

3. 实行高层次、全方位的市场扩展计划,建立全国销售网,增加全国市场销售量。

三、重大事件说明

1. 经中国证监会证监发字(1997)280和证监发字(1997)281号批准,公司于1997年6月25日以"上网定价"发行方式在深圳证券交易所公开发行7200万A股。

2. 按照国务院证券委、中国人民银行、国家经贸委5月21日联合发布的《严禁国有企业和上市公司炒作股票的规定》的要求,公司未从事股票投资。今后如果进行股票投资,也将严格按照有关规定进行操作。

3. 本报告期内公司无重大诉讼、仲裁事项。

4. 本公司1997年度不进行中期分红。

四、发行在外股票的变动和股权结构的变化

(单位:万股　每股面值:1元)

股本结构	发行前	所占比例	发行后	所占比例
一、尚未流通股份				
1. 发起人股份				
国有法人股	976.5	4.25%	976.5	3.15%
法人股	21976.5	95.75%	21976.5	71.00%
2. 内部职工股			800	2.59%
二、已流通股份				
境内上市的人民币普通股			7200	23.26%
三、股份总数	22953	100%	30953	100%

注:本公司于1997年6月25日公开发行7200万股人民币普通股,1997年7月16日在深圳证券交易所挂牌上市。

北京燕京啤酒股份有限公司前十名股东

股东名称	持股数(股)	持股比例%
1)北京燕京啤酒有限公司	210000000	67.85
2)北京市西单商场股份有限公司	9765000	3.15
3)北京市牛栏山酒厂	9765000	3.15
4)北京瀚翔艺术发展公司	1467100	0.474
5)陈金	505697	0.163
6)北京中科信证券营业部	500000	0.162
7)徐庭煜	360000	0.116
8)缺少资料	336200	0.109
9)陈宁宁	296000	0.096
10)范奕明	290000	0.094

注:截止1997年7月31日

五、股东大会简介

1997年7月8日上午,公司在顺义县顺义宾馆召开了"北京燕京啤酒股份有限公司创立大会暨第一届股东大会"。出席本次会议的股东及股东代表85人,代表股份23753万股,占公司总股份的76.74%,符合《公司法》和公司章程的有关规定,会议合法有效,大会审议通过了以下决议:

1. 审议通过《北京燕京啤酒股份有限公司筹建工作报告》;

2. 审议通过《关于设立北京燕京啤酒股份有限公司的议案》;

3. 审议通过《北京燕京啤酒股份有限公司章程》;

4. 审议通过《北京燕京啤酒股份有限公司设立费用的报告》;

5. 审议通过《关于北京燕京啤酒股份有限公司社会公众股股票在深圳证券交易所交易的议案》;

6. 选举产生第一届董事会成员和第一届监事会成员。

股东大会有关事宜已在1997年7月9日《上海证券报》、《中国证券报》、《证券时报》公告。

六、备查文件

在本公司办公室备有以下文件,随时供股东查阅:

1. 载有董事长亲笔签名的中期报告原件;

2. 公司有关财务报表;

3. 公司《章程》;

4. 第一届股东大会会议记录。

北京燕京啤酒股份有限公司

一九九七年八月十四日

中国振华(集团)科技股份有限公司

中国振华(集团)科技股份有限公司简介

一、企业概况

中国振华(集团)科技股份有限公司(以下简称振华科技),是由中国振华电子集团公司将集团内四家优势企业、优势产品和优势资产实行"三优"迭加组建起来的上市公司。股票名称为"振华科技",代码是0733,总股本为17500万股,其中社会公众股7000万股。

"振华科技"下设3个分公司和3个控股子公司,现有员工3400余人,其中具有高、中级专业技术职称的636人。

中国振华(集团)科技股份有限公司的宗旨是:发展高科技,挤占大市场,争创高效益,佳绩报股东。公司发展目标是把企业建成具有较强综合实力的现代化大型企业。公司的发展思路是实施优势发展战略,有所为、有所不为;抓好龙头产品形成带动效应;抓好拳头产品,形成规模效应;高科技、高质量、高效益发展。公司的经营方针是不断加快科技进步,不断加大市场份额,不断加强经济实力。公司的经营策略突出"四个一"即发展大公司、挤占大市场、搞活大流通、科工贸金一体化;工业制造、软件生产、系统集成、应用开发、信息服务一条龙;三线军工基地、贵阳高新技术基地、深圳窗口基地,优势互补成一体;严格管理,搞活机制,以人为本,苦练内功,两个文明一起抓。

公司的主导产品是:微电子及新型电子元器件;程控交换机等数字通信产品;计算机及其软硬件;机电一体化成套设备等。在这四大门类的产品中,厚薄膜混合集成电路、钽电解电容器、高压真空开关管、数字用户程控交换机、石材加工和彩管玻壳生产线等机电一体化成套设备,无论在产品性能、产品质量,还是在市场占有率上,都在国内同类产品中处于先进行列。钽电解电容器和厚膜混合集成电路,双双通过ISO9002质量体系认证,年产量分别为1亿只和500万块,钽电解电容器国内市场占有率连续多年保持在50%以上,且大量出口;高压真空开关管在国内属最早研制生产,现年产6万只,两大系列四个电压等级共40多种型号,产品覆盖全国20多个省、市,国内市场占有率达30%以上,产品获贵州省"名牌产品"称号,产量和质量名列同行业前茅;引进荷兰飞利浦公司技术生产的SOPHO-S系列数字用户程控交换机,已通过ISO9002质量体系认证,年产15万线,在国内引进的10种机型中,销售量连续数年位居前列;电子专用设备、彩管玻壳生产线等机电一体化成套设备在开发手段、生产能力、产品质量及市场份额上都处于国内同行业领先水平。

振华科技股份公司从它诞生之日起,就以新的管理体制和机制运行。它不仅严格按照现代企业制度和《公司法》的要求,建立了完善的治理机构,而且不遗余力地实施其宗旨。

在党的十五大精神鼓舞下,"振华科技"正在一方面抓紧现有产品的技术改造,不断加大产品的科技含量,提高其附加值;另一方面已与香港同创科技有限公司合资兴建了贵州同创振华信息产业有限公司、生产、开发、营销计算机及其软硬件,在高新技术领域寻求新的经济增长点;同时投资振华集团财务公司,实现其工业资本与金融资本的有效结合,进一步扩大融资渠道,以便在更加广阔的领域发展壮大。

二、董事长、总经理介绍

陈清洁:男,1944年生,中共党员,浙江大学半导体专业毕业,高级工程师。历任红云器材厂副厂长、党委副书记,广东红棉电子厂厂长,电子工业部贵州管理局党委副书记,振华集团公司党委副书记、副总经理、书记,贵州省总工会主席、党组书记,现任振华集团公司总经理、党委书记。具有党政领导和企业管理的丰富经验和突出业绩。曾于1988年在美国哥伦布首府大学经济管理学院研究生班毕业。1993年当选为八届全国人大代表,中共贵州省委第七届委员。

朱亨林:男,1943年生,中共党员,哈尔滨工业大学压力加工专业毕业,高级工程师。曾任凯旋机械厂党委书记、厂长、集团进出口公司经理。现任中国振华(深圳)电子工业公司副总经理、深圳程控厂厂长。具有丰富的企业管理经验和较突出的工作业绩。

中国振华(集团)科技股份有限公司(筹)招股说明书概要

一、绪言

本招股说明书概要是根据《中华人民共和国公司法》、《股票发行与交易管理暂行条例》、《公开发行股票公司信息披露实施细则》和国家现行有关证券管理法规而编写,本公司筹委会已批准本招股说明书概要,确信其中所摘内容与招股说明书正文一致且不存在任何重大遗漏或者误导性提示,并对其真实性、准确性、完整性负个别的和连带的责任。

本次发行的股票是根据招股说明书所载明的资料申请发行的。除发行人和主承销商外,没有委托或授权任何其他人提供未在招股说明书中列载的信息和对招股说明书作任何解释或者说明。

本公司股票之买卖,应由投资者按规定自行负担相应的税款,发行人,推荐人和承销商对此不承担任何责任。

本次发行业经中国证券监督委员会证监发字[1997]323号文和证监发字[1997]324号文批准。

二、释义

在本招股说明书概要中,除另有说明外,下列词语简称具有以下含义:

证监会　指中国证券监督管理委员会;

本公司或发行人　指即将成立的中国振华(集团)科技股份有限公司;

发起人或振华集团公司　指中国振华电子集团公司,为本公司的独家发起人;

主承销商　指光大证券有限公司;

承销团　指由光大证券有限公司为主承销商牵头组织的承销团;

新股　指本公司本次发行的7,000万股人民币普通股;

重组　指为成立本公司而进行的资产及债务的分离(详见本招股说明书概要"重组"一节);

筹委会　指中国振华(集团)科技股份有限公司筹备委员会;

元　除文义另有所指外,均指人民币元。

三、发售新股的有关当事人

1、发行人:中国振华(集团)科技股份有限公司(筹)

筹备委员会负责人:陈清洁

拟设股份公司住所:贵州省贵阳市乌当区新添大道150号

电话:(0851)6845114 传真:(0851)6846354
联系人:杨学政 陈伍章 姚文惠
2、主承销商:光大证券有限公司
法定代表人:刘纪元
住所:北京市复兴门外大街六号光大大厦
电话:(010)68561122 传真:(010)68561008
深圳联系地址:深圳市振兴路六号建艺大厦15楼
电话:(0755)3228777 电话:(0755)3228950
联系人:曹海峰 刘瑞斌
副主承销商:厦门证券公司
法定代表人:苏金龙
住所:厦门市槟榔小区商业中心之一(二层)
电话:(0592)5081345 传真:(0592)5081345
联系人:胡来旺
分销商:贵州证券公司
法定代表人:宋建生
住所:贵阳市中华路111号
电话:(0851)5814411 传真:(0851)5828549
联系人:徐克非 谢丽涛
分销商:平安证券有限责任公司
法定代表人:马明哲
住所:深圳市八卦岭三路平安大厦二楼
电话:(0755)2262888-3622 传真:(0755)2400862
联系人:李清振 陈洁
分销商:蔚深证券有限责任公司
法定代表人:熊秉权
住所:深圳市福田区振华路飞亚达大厦8楼
电话:(0755)3236140 传真:(0755)3241584
联系人:罗亚斌 郇绍奎
分销商:中国新技术创业投资公司
法定代表人:张晓彬
住所:北京市东城区前门东大街3号
电话:(010)65227550 传真:(010)65227726
联系人:高伟 赵峰
分销商:国泰证券有限公司
法定代表人:金建栋
住所:上海市浦东新区乳山路61号
电话:(021)4317268
深圳联系地址:深圳市华强北路3号深纺大厦13层
电话:(0755)3200792 传真:(0755)3217225
联系人:杨小燕
分销商:长城证券有限责任公司
法定代表人:李仁杰
住所:深圳市福田区八卦岭三路平安大厦4楼
电话:(0755)2414863 传真:(0755)2414862
联系人:王学哲 王川江 谭晓蓉
分销商:湘财政券有限责任公司
法定代表人:陈学容
住所:湖南省长沙市韶山路附20号
电话:(0731)8855410 传真:(0731)4431321
联系人:肖贤辉
分销商:海通证券有限公司
法定代表人:李惠珍
住所:上海市四川中路175号
电话:(021)62341406
深圳联系地址:深圳市红荔西路201栋4楼
电话:(0755)3259766 传真:(0755)3259737
联系人:李保国
3. 上市推荐人:光大证券有限公司
法定代表人:刘纪元
住所:北京市复兴门外大街六号光大大厦
电话:(010)68561122 传真:(010)68561008
深圳联系地址:深圳市振兴路六号建艺大厦15楼
电话:(0755)3228777 传真:(0755)3228950
联系人:曹海峰 刘瑞斌
上市推荐人:贵州证券公司
法定代表人:宋建生
住所:贵阳市中华路111号
电话:(0851)5814411 传真:(0851)5828549
联系人:徐克非 谢丽涛
4. 发行人法律咨询机构:信达律师事务所
负责人:徐育康
住所:深圳市深南中路东风大厦21层
电话:(0755)3244672 传真:(0755)3243108
经办律师:刘凤良 霍庭 张炯 万兵
5. 主承销商律师:中银律师事务所
负责人:朱玉栓
住所:北京市西城区南礼士路21号核工之家
电话:(010)68573796 传真:(010)68573559
经办律师: 朱玉栓 林静 汤欣
6. 财务审计机构:贵州会计师事务所
法定代表人:马健
住所:贵州省贵阳市花溪大道北段187号
电话:(0851)5871572 传真:(0851)5871572
经办注册会计师: 杨雄 张再鸿
7. 资产评估机构:深圳维明资产评估事务所
法定代表人:刘鸿聆
住所:深圳市深南中路爱华大厦8层
电话:(0755)3215873 传真:(0755)3350329
经办评估人员:陈俊发
8. 资产评估确认机构:中华人民共和国国有资产管理局
法定代表人:张佑才
住所:北京市海淀区万泉河路66号
电话:(010)62567744 传真:(010)65359066
9. 土地评估机构:贵阳市土地评估事务所
法定代表人:杜华智
住所:贵阳市瑞金北路59号
电话:(0851)6830989 传真:(0851)6830989
经办评估人员:韩邦柱 赵晓欧 邓永忠 张岚
10. 土地评估确认机构:贵州省国土厅
住所:贵州省贵阳市省政府大院
电话:(0851)6827050
11. 股票登记机构:深圳证券登记有限公司
住所:深圳市红岭中路25号

四、发行情况

1、承销方式:本次公开发行采取余额包销方式。
2、承销期:1997年6月11日至1997年7月10日
3、发行方式:上网定价。
4、发行地区:深圳证券交易所联网的各证券交易网点。
5、发行对象:符合法律法规规定之可以购买本股票的境内投资者。

6、挂牌交易:本公司已得到深圳证券交易所的承诺,本次发行的社会公众股(A股)在发行结束后,将尽快在深圳证券交易所挂牌交易。

7、发行新股的种类和数量:面值1元之人民币普通股(A股)7,000万股(其中:公司职工股700万股)。

8. 发行价格及计算方法:每股7.81元,该价格由以下方法确定:

发行价格=1996年、1995年、1994年每股税后利润的算术平均数×市盈率

$$=\frac{(5,409.7\text{万元}+5,473.2\text{万元}+4,503.3\text{万元})\div 3}{10,500\text{万股}}\times 16$$

=0.488元/股×16

=7.81元

9. 发行总市值:53,190万元(已扣除发行费用)。

10. 承销机构及承销数量:

承销机构	承销数量(万股)	承销比例(%)
主承销商:光大证券有限公司	700	10%
副主承销商:厦门证券公司	700	10%
分销商:贵州证券公司	700	10%
分销商:平安证券有限公司	700	10%
分销商:蔚深证券公司	700	10%
分销商:中国新技术创业投资公司	700	10%
分销商:湘财证券公司	700	10%
分销商:国泰证券公司	700	10%
分销商:长城证券公司	700	10%
分销商:海通证券公司	700	10%

11. 发行费用:预计发行费用1,480万元(包括承销费、上网发行手续费、审计费、资产评估费、复审费、土地评估费、差旅费等)。

五、风险因素与对策

投资者在评价本发行人此次发售的股票时,除本招股说明书提供的其它资料外,应特别认真地考虑下述各项风险因素。

风险因素:

(一)、经营风险

1. 主要原材料的供应及价格

由于本公司主导产品的种类较多,需要有强大的原材料供应体系的支持,因此原材料能否保质保量并及时的供应,将直接影响到本公司的生产经营;原材料供应价格的上下波动也将对产品的制造成本造成一定影响。

本公司的产品大多属高科技电子产品,为保证产品的质量,个别产品(如钽电容器的包封材料、程控交换机的部分配件)的主要原材料由国外进口,因此本公司原材料的供应对海外市场有一定的依赖性。

2. 对主要客户的依赖

本公司的主导产品中,电子专用设备(包括表面组装设备、彩管玻壳生产线及各类建材设备等)的生产属订单式小批量的生产模式。由于购置此类产品的主要客户基本为各种专业生产厂家,并用于固定资产的投资,因此产品的生产大体按客户订单进行,对市场客户的依赖性较强。

3. 能源和交通方面的制约

煤和电是本公司产品生产过程中使用的主要能源。1996年生产用耗煤量为2,865.7吨,耗电量为2,211.9万度,贵州省是能源大省,煤产量丰富,水电、火电供应充足,价格稳定且相对便宜,但是由于水电受气侯条件的影响,短暂的电力紧张不可避免,生产有时会受到制约。

本公司的原材料供应和产品销售,主要依靠铁路运输,由于本公司地处西南内陆,受铁路运输"瓶颈"制约,原材料的输入和产品的输出,都在一定程度上受到运输能力的制约。

4. 产品价格方面的限制

由于本公司的主导产品均为高新科技产品,随着技术水平的日趋成熟和推广,产品的价格呈下降趋势,而且近年来,国外一些大型的电子公司以其先进的技术水平和雄厚经济实力不断冲击国内电子市场,使国内同类产品的生产厂家面临严重的竞争压力,这就造成了国内优秀的电子产品为增强市场竞争能力而竞相降价,给经营带来一定的风险。

5. 融资能力的局限性

本公司生产经营的流动资金主要来自银行借款,技术改造所需资金的主要来源为国家专项贷款。由于基本不存在直接融资的渠道,而且贵州省的经济不够发达,所以本公司融资能力有一定的局限性。

6. 外汇风险

本公司部分原材料需要进口,同时约有10%的产品用于出口,因此外汇市场汇率的波动将直接影响本公司的外汇汇兑损益,对生产销售也造成一定的间接影响。

7. 技术水平方面的风险

本公司生产的产品主要涉及通信和电子元器件行业,但产品的可靠性、新产品开发的能力和速度、产品品种规格,产品性能及生产效益方面与国外同类产品相比均有一定的差距,技术水平有待进一步提高。

8. 产品更新换代的风险

电子行业本身具有产品更新换代速度快的行业特征,尤其进入九十年代以来,世界电子信息的发展速度更为迅猛,产品更新换代的周期进一步缩短。因此,如是本公司在生产经营过程中,不能及时研究和吸收国外先进的科研成果,面向国内市场,适时调整产品结构,将面临产品滞销的生产经营风险。

9. 加入世界贸易组织的风险

加入世界贸易组织(WTO)已成为我国适应国际市场竞争,利用优惠政策谋求更大贸易收益的大趋势,但我国电子行业仍属新兴产业,加入WTO后,国内市场的保护措施将逐渐减弱,电子行业市场将面临外国先进产品对本国产品构成的威胁。而且,随着对国外商标和技术的知识产权保护走上正轨,取得国外的先进技术而必须交纳的巨额专利使用费也会加重国内电子行业产品的成本负担。

(二)、行业风险

1. 产业政策的限制

由于本公司的主导产品属电子元器件产业,并且电子元器件产业是电子工业的基础支柱产业,整个电子行业的发展直接影响到该产业的发展快慢和技术水平。因此,本公司的生产必然受国家关于电子行业政策的影响。

2. 对其他行业的依赖

本公司之主导产品主要用于通信行业和电子整机行业,因此这两个行业的发展速度和发展水平将制约本公司产品的市场需求。

3. 对有限自然资源的依赖

本公司主导产品之一的系列钽电解电容器的主要原材料钽,是世界范围内的稀缺资源,国内开采和加工钽资源的厂家较少,钽材供应是否能满足需求和供应渠道是否畅通将直接影响到本公司的正常生产经营。

4. 行业内部的竞争

目前,国家为加快国民经济现代化和信息化进程,逐步加大对电子及通信行业的投资力度。仅1994-1996年度国家经贸委实施的"双加"工程对新型电子元器件项目的投资总额达12亿元,使得国内一批新型电子元器件生产厂家的竞争实力不断提高。通信是国家历来重点发展的产业之一,因此行业内部竞争已十分激烈。近年来,加之国外一些大的专业生产厂商看好中国市场,纷纷来华投资建厂,并带来国外先进的技术和管理手段,使行业内部的竞争更加趋于激烈。

(三)、市场风险

1. 密切相关行业限制的风险

与本公司密切相关的行业主要是电子整机行业,属国家重点扶持的行业,但作为公司产品之一的建材设备(包括各类石材加工设备和新型墙体材料生产设备)的生产则直接依赖于建筑行业的发展。该行业可能会受到国家压缩基建规模投资的限制,从而影响到本公司此类产品的生产和市场销售。

2. 生产能力的限制

新型电子元器件属高投入、高产出、高风险、高效益的生产模式,生产能力的提高不仅需要技术改造的投入,而且还要辅以相当一部分流动资金才能使生产能力得以切实的提高,因此技改和配套资金是否及时而充分地到位将影响到本公司生产能否形成规模效益。

(四)、政策性风险

本公司属新成立的高新技术企业,享受自投产年度起免征所得税两年的优惠政策。故国家税收政策的变动,将直接影响本公司的经济收益。

国家加强宏观调控,实行适度从紧的货币政策,亦会对本公司的生产经营产生一定的间接影响。

(五)、股市风险

除以上提请投资者注意的投资风险外,还应考虑到投资本公司股票涉及到的股市风险。本公司股票的价格可能由于出现上述的投资风险而产生波动,也可能暂时背离本公司的经营状况和经营业绩,受国际、国内的政治、经济,股市投资者心理及其他不可预料事件的影响而产生的波动,投资者应予以充分考虑。

针对以上风险,本公司将积极采取以下对策:

(一)经营风险对策

针对经营风险,本公司将采取以下对策:

1. 主要原材料的供应及价格风险的对策

由于本公司下属的生产厂均为发展历史在三十年以上的老企业(除深圳程控厂外),在原材料的供应方面已基本形成高质量的原材料定点协作的供应体系。为了保证生产产品的质量,本公司在原材料采购方面严格把关,通过在全国范围内选择供货商,以降低独家供应的风险。本公司部分产品的原材料需从国外进口,如钽电解电容器的包封材料及SOPHO-S数字全时分用户程控交换机部件等。由于生产时间较长,已与国外供应商签定了长期供货合同,原材料供应的数量和质量基本得以保证。

在原材料供应的价格方面,本公司的产品属高新科技产品,产品的附加值较高,原材料价格基本占销售价格的50%左右,原材料价格的波动对生产经营的影响不大。

2. 对主要客户依赖的对策

对于本公司电子专用设备生产的特点,为了降低依赖市场客户带来的经营风险,本公司将不断开发新产品、新项目,以适应市场对各类电子专用设备的需求。并且由于在全国范围内,此类生产电子专用设备的厂家相对较少,市场需求呈日益上升的趋势,因此产品的市场前景较为广阔。

3. 能源和交通风险的对策

本公司对于能源消耗的问题,将通过加强节能管理,降低单位产品能耗,以降低产品成本,保证生产的正常运行。

对于交通运输的制约,由于本公司的主要产品为高科技产品,体积小,重量轻,故便于通过各种方式进行运输;而且南昆铁路的正式通车和贵阳龙洞堡机场的即将启用,将极大改善西南地区运输紧张的状况。

4. 产品价格方面的对策

本公司将不断扩大产品生产规模,增加产品的规格和品种,提高产品技术含量及档次,提高原材料国产化比例,降低单位成本以降低产品价格下降带来的风险,从而增强产品的市场竞争能力。

5. 融资能力风险的对策

本公司下属的各分公司长期以来以其良好的信誉与当地的金融机构之间建立并保持了密切的合作关系;此外,本公司成立后,将继续探索资本经营途径,在加强内部积累的同时,拓宽融资渠道,增强直接融资的能力。

6. 外汇风险的对策

在原材料和机构设备进口方面,本公司将加快国产化研制和开发的速度,提高原材料和设备的国产化比率,降低产品的单位成本;在产品的外销方面,本公司将在扩大生产规模、提高产品质量,增加产品品种的同时,根据汇率的变化,及时调整产品内外销的比例,以减少汇兑风险,增强创汇能力。

7. 技术水平方面的对策

本公司下属的各分公司经过长期的发展,形成雄厚的科研力量,建立了自己的科研中心。同时,在多年的生产经营过程中,还与西门子、贝尔等国外专业公司进行广泛的技术交流和研究,为本公司提供强大的技术支持,从而缩短与国外同类产品的差距。

8. 产品更新换代风险的对策

针对电子产品更新换代速度快的行业特征,本公司将积极面对市场,利用科研技术方面的优势,及时了解国内外市场的动向,吸收国外先进的研究成果,调整产品的结构,以顺应世界通信和电子元器件行业的发展趋势。

9. 加入世界贸易组织风险的对策

针对上述加入世界贸易组织(WTO)而给经营造成的风险,本公司将采取加快技术改造步伐,以实现引进技术的国产化,并利用国家产业政策重点扶持的关键技术和重点产品(如厚膜混合集成电路、数控程控交换机和光纤设备等)提高自身的技术水平,本公司还会通过及时调整产业机构和发展多元化经营分散风险。此外,随着中国加入WTO进程的加快,国家政府也为抵御WTO的冲击做好国内立法上的准备,本公司将日益重视对新的法律法规的学习和研究,以法律的手段来保护自身利益在激烈的国际竞争中免受损失。

(二)行业风险对策

针对行业风险,本公司将采取以下措施;

1. 国家的产业政策

党的十四大提出了振兴电子工业,使其成为国民经济支柱产业的战略决策。十四届五中全会和八届人大四次会议批准通过的《国民经济和社会发展"九五"计划和2010年远景目标纲要》中又明确提出将新型元器件作为电子工业的发展重点。这对于加速实现我国国民经济信息化,把电子工业建成国民经济支柱产业,具有决定性的意义。因此,国家关于电子工业的产业政策将会对本公司的生产经营产生有利的影响。

2. 对其他行业的依赖

尽管本公司的主导产品对通信和电子整机存在严重的依赖。但是,为适应国民经济和社会发展的需要,通信已成为国家重点和优先发展的行业;电子整机行业,如上所述亦为国民经济发展的支柱产业。因此,对这些行业发展状况的依赖不会对本公司的长远发展构成风险。

3. 对有限自然资源依赖的对策

虽然本公司主导产品之一的钽电容器所需原材料钽为稀缺资源,但由于钽电容器产品轻、薄、小的特点,每年仅需8吨左右的钽材,而我国钽资源储量丰富,年产量约为100吨,且钽材用途并不广泛,故基本不存在原材料供应不足的风险。

4. 行业内部竞争风险的对策

本公司主导产品钽电容器、真空开关管、厚膜混合集成电路在国内同行业中技术水平和产销量均居领先地位;但程控交换机与电子专用设备由于行业内部竞争异常激烈,市场占有率较低。本公司将以建立现代企业制度为契机,凭借技术优势和股份制企业的资金优势,扩大现有的生产规模,开发研究新产品,提高产品质量,以提高本公司在电子和通信行业中的声誉和地位。

(三)市场风险对策

针对市场风险,本公司将采取以下措施:

1. 相关行业限制的对策

本公司产品之一的建材设备,直接依赖建筑行业,该行业可能会受到国家压缩基建规模投资的限制。但本公司及时顺应我国墙体材料改革政策,调整产品结构,推出新型墙体材料生产线成套装备,并将利用本次所募资金进一步扩大生产规模,最先占领此新兴的市场,以克服建筑行业对本公司产品发展的限制。

2. 生产能力限制的对策

针对新型元器件生产模式的特征,本公司在不断加大技术改造的同时,通过此次股份制改造为生产经营募集所需资金,以提高生产能力,形成规模经营,并将凭借上市公司的融资优势,增强自身发展的动力。

(四)政策性风险对策

本公司将不断强化科学管理,提高整体素质,走资产经营和资本经营并举之路,建立专业性多元化经营体系,增强应变能力。

(五)股市风险对策

本公司将严格按照《公司法》等有关法规规范运作,加强信息披露工作。本公司将按上市公司的标准严格要求,及时准确地公告中期、年度财务报告以及重大经营活动信息,自觉接受证券管理部门及股东的监督,以保护本公司及广大股东的利益。

六、募集资金的运用

本次新股如发行成功,在扣除有关发行费用后将募集53,190万元资金,募集资金用于以下几个项目:

1. 投资2,950万元用于光纤接入设备生产线技术改造项目,该项目已于1997年2月15日经贵州省经济贸易委员会和贵州省电子工业厅以黔经贸改字[1997]240号文批准。该项目是为适应国内外光纤通信发展的需要,在消化、吸收国外先进经验的基础上,充分利用现有生产能力,技术条件,通过引进专用技术,新增SMT及其测试设备,波峰焊机等。提高产品档次和生产能力,将现有生产线的生产能力由年产5,000线各项目达产后增至8万线,该项目技术改造总投资2,950万元,项目达产需新增配套流动资金3,500万元,项目于1998年达产,当年可实现销售收入2,400万元,新增利润326万元,税后利润336.6万元:到2000年实现年销售收入9,600万元,新增利润1,873万元,税后利润1,592万元,该项目投资回收期为4.9年(含建设期),预计到2001年底收回全部投资:投资收益率为24.68%。

2、投资11,416.7万元用于片式钽电容器生产线技术改造项目。该项目已经电子工业部电子计[1996]308号文,中国振华电子集团公司振华司发字[1997]381号文批准和根据国家经贸委国经贸改[1996]555号文列人第二批"双加"技术改造工程项目导向性计划。项目旨在适应片式元件行业的日益发展,缩小我国片式钽电容器技术和质量水平与国外的差距,通过对现有生产线进行改造,引进国外先进的关键生产设备和配套仪器,将片式钽电容器现有生产线的生产能力由年产2,500万只提高到3亿只。该项目技术改造总投资11,416.7万元,新增配套流动资金4,600万元,预计1998年底全部建成投产,可新增年销售收入20,821.5万元,新增税后利润3,163万元,投资回收期4.9年(含建设期);投资收益率为19.74%。

3. 投资4,300万元用于陶瓷外壳结构真空开关管技术改造项目。该项目一期工程已经电子工业部以电子划[1993]104号文批复投资1,500万元,二期工程于1997年3月3日经贵州省经济贸易委员会和贵州省电子工业厅以黔经贸改字[1997]233号文批复投资2800万元。该项目是在本公司"八五"技术改造的基础上,将两期技改合并实施建成年产5万只陶瓷外壳结构真空开关管的生产线,以适应真空开关管的发展趋势。项目技术改造总投资4,300万元,项目达产需新增配套流动资金3,500万元。预计在1998年正式达产,可实现年销售收入1.25亿元,新增税后利润2,558万元。项目投资回收期为6.3年(含建设期),投资收益率为32.79%。

4. 投资5,000万元用于厚膜混合集成电路技术改造项目。该项目已于1995年3月28日列人国家经贸委国经贸改[1995]133号第一批"双加"技改工程项目导向性计划。该项目是在本公司现有厚膜混合集成电路生产技术的基础上,增加新产品开发能力,扩大生产规模,使本公司的厚膜混合集成电路生产线达到年产1,000万块的规模生产能力,该项目技术改造总投资5,000万元(含406,60万美元)。项目达产需新增配套流动资金3,000万元。项目建成后年新增销售收入37,632万元;年实现利润总额2,430万元,税后利润2,065.5万元;投资回收期5.3年(含建设期),投资收益率为22.97%

5. 投资2,700万元用于新型墙体材料生产线成套装备技术改造项目。该项目已于1996年8月18日经中国振华电子集团公司以振华司发[1996]380号文批准。项目旨在顺应我国墙改政策,在消化吸收国外先进产品资料,分析对比的基础上,将现有生产线的生产能力由年产70台(套)新型墙体材料生产线成套装备提高到达产后的380台(套),到2000年可望达到500台(套)的正常产量。该项目技术改造总投资2,700万元,项目建成需新增配套流动资金800万元。在达产当年(1998年),可实现销售收入6,720万元,年创利润692万元,税后利润588万元,投资收益率16.8%,动态投资回收期为5年(含建设期)。

6. 拟以4,000万元偿还银行贷款,改善资产负债结构,减轻财务负担,增强盈利能力。

7. 募股资金剩余部分7,423.3万元将用于补充股份公司现有生产项目的流动资金。

七、股利分配政策

根据公司章程,本公司每年的税后利润,按下列顺序和比例分配:

1. 弥补以前年度亏损;
2. 提取10%的公积金;
3. 提取5%-10%的公益金;
4. 提取任意公积金;
5. 支付股利。

本公司原则上每年分派股利一次,按股分配,在公司年终决算后进行;董事会有特别决议并经股东大会表决通过除外。

预期本次股票发行后首次股利分配时间为1998年6月前,股利支付可采取现金和股票的形式。本次发行的社会公众股股东享有的利润分配权利自认购股份的当月起计算。

以上股利分配政策尚需本次发行之后由首届股东大会选举出的董事会予以确认。

八、发行人情况

1. 发行人名称:中国振华(集团)科技股份有限公司
2. 发行人名称预先核准日期:1997年3月31日
3. 发行人拟注册地址:贵州省贵阳市乌当区新添大道150号
4. 发行人历史沿革

本公司是中国振华电子集团公司为独家发起人,以其优势资产进行重组,即将发起人下属之全资子企业程控交换机厂(以下简称程控厂)、中国振华集团新云器材厂(以下简称新云厂)、中国振华集团宇光电工厂(以下简称宇光厂)和中国振华集团建新机械厂(以下简称建新厂)的部分生产经营性资产重组后募集设立的股份公司。此次投入本公司的全部生产经营性资产经国家国有资产管理局以国资评[1997]351号文确认后为16,099.22万元,折为10,500万股国有法人股,由发起人持有。

发起人的前身是成立于1965年中国电子工业部在贵州省的国防电子工业生产基地(0八三基地),1984年根据电子工业部电办字[1984]1984号文,成立"中国振华电子工业公司",仍保留"0八三基地"称号。1985年根据电子工业部电体字[85]1582号文和贵州省人民政府黔府通[85]325号文确定为部省双重领导。1989年根据国家计委计综合[1989]369号文,被批准在国家计划单列。1991年根据国务院国发[1991]71号文,被批准列入全国五十五家试点企业集团之一,并改名为"中国振华电子集团公司",经过三十多年的发展,发起人已成为一个总资产33.6亿元,集科、工、贸、金于一体的综合性大型企业集团。

5、重组

重组的基本内容:发起人将下属四个全资厂——程控厂、新云厂、宇光厂和建新厂的生产经营性资产与非生产经营性资产进行剥离,剥离后的生产经营性资产以其1996年12月31日的帐面净资产(资产减负债)经评估后作价折为国有法人股,投人发行人,由发起人持有;四个全资厂

重组进入本公司的部分分别设为本公司下属的深圳程控、新云、宇光、建新分公司,无独立法人地位,其相应的债权债务关系由本公司承继;原属新云厂的部分对外投资权益同时转由本公司享有,成为本公司控股或参股的具有独立法人地位的有限责任公司;其它未划入本公司的资产和负债仍留在原企业,保留名称和独立法人地位,原企业依法履行减资程序后,由发起人统一管理。

重组前四家全资厂的主要情况:

(1)程控厂是发起人投资并委托中国振华(深圳)电子工业公司代管的生产厂,主要从事以程控交换机为主的电子通讯产品的生产和经营。

(2)新云厂是我国较早研制生产钽电解电容器、混合集成电路和片式元件的骨干企业,主要产品是系列钽电解电容器。

(3)宇光厂是国内最早研制和生产真空开关管的厂家之一。该厂的主要产品是玻璃和陶瓷外壳结构真空开关管。

(4)建新厂是研制、生产电子专用设备的专业生产厂家,其主要产品是包括彩电玻壳成套设备、建材设备等在内的电子专用设备。

重组后的关系图如后:

6. 本公司的组织机构

本公司的生产经营管理机构由总经理领导下的七部组成,即经理部、财务部、经济运行部、经济发展部、证券部、人事劳资部,技术开发部。

本公司组织机构设置见后图:

7. 本公司现有员工3,442人,其中,专科以上文化程度占员工总数的21.32%;高中,技校以上文化程度占员工总数的68.76%;高级职称占专业人员总数的18%;中级以上职称占专业人员总数的47.1%。本公司目前无离退休人员。

8. 业务经营范围

主营:电子、机械产品;

兼营:贸易、建筑、信息、技术咨询服务等第三产业。

9. 本公司主要业务

本公司的主要业务包括:从事程控交换机及配套的终端设备的生产经营;研制、生产和销售系列钽电解电容器;研制、生产和销售各种类型的真空开关管;生产和销售厚膜混合集成电路及网络;生产和销售各类电子专用设备(包括彩管玻壳生产线、表面组装设备等)及以建材加工设备为主的机电设备。

10. 主要产品、生产能力及主要市场情况

品种	生产能力	主要市场	市场占有率
程控交换机	15万线/年	国家机关系统	7%
钽电解电容器	1亿只/年	上海、北京、天津、深圳、西安、东南亚、美国等	50%-55%
厚膜混合集成电路	500万块/年	深圳、广东、沿海占50%,内地占	10%
真空开关管	6.5万只/年	湖北、山东、浙江	30%-33%
各类电子专用设备	1,000台/年	四川、广东、福建、河南	5%

11. 主要材料供应

主要产品	主要原材料	辅助原材料	原材料供应地
程控交换机	电子元器件、结构件	配套设备	荷兰、美国、国内厂家
钽电解电容器	钽粉、钽材	银材、乙二醇、硝酸锰	宁夏、广东、株洲上海、昆明
真空开关管	无氧铜、不锈钢	玻封合金、触头	江西、上海、沈阳
厚膜混合集成电路	陶瓷片、电子浆料、引线	金属零部件	香港、国内厂家
电子专用设备	各类钢材、铸铁、机电	非金属标准件木材	重庆、武汉、上海、贵阳

12. 业务收入构成

1996年、1995年、1994年本公司各项营业收入构成:

单位:万元

业务内容	1996年业务收入	比例	1995年业务收入	比例	1994年业务收入	比例
1. 出口产品销售	4,755.82	11.50%	3,607.57	8.87%	1,768.90	5.57%
其中:电子元器件	4,755.82	11.50%	3,607.57	8.87%	1,768.90	5.57%
2. 内销	36,601.68	88.50%	37,055.84	91.13%	29,991.13	94.43%
(1)程控交换机	10,776.77	26,06%	11,383.03	27.99%	10,536.96	33.18%
(2)钽电解电容器	5,124.42	12,39%	6,222.53	15.30%	4,834.84	15.23%
(3)真空开关管	10,043.95	24.29%	8,838.26	21.74%	5,641.45	17.76%
(4)厚膜混合集成电路	3,023.52	7.31%	3,409.81	8.38%	1,411.65	4.44%
(5)机械电子设备	6,444.08	15.58%	6,300.32	15.49%	7,124.00	22.43%
其他	1,188.94	2.87%	901.89	2.23%	442.23	1.39%
合计	41,357.50	100%	40,663.41	100%	31,760.03	100%

13. 关联交易

到目前为止,本公司筹委会已拟订了本公司成立后与发起人或下属企业可预见的关联交易的有关合同,包括土地使用权租赁合同、商标使用许可合同、生产服务合同、房屋租赁合同(包括本公司在贵阳市和深圳市的两个部分)和水电气供应合同;该等合同的内容合法、公平。

本公司已作出书面承诺;在本公司成立后,按该等合同的全部内容及时签署,如客观情况需要对该等合同的条款进行修改,则发起人一定按公平合理的原则与本公司协商,并保证该等合同依法公平履行。

本公司的发起人已对同业竞争问题做出承诺,不与本公司进行同业竞争。

14. 筹备委员会成员简介

陈清洁:男,1944年生,大学毕业,高级工程师。历任广东红棉电子厂厂长,电子工业部贵州管理局党委副书记,振华集团公司党委副书记、副总经理、书记,贵州省总工会主席、党组书记。现任振华集团公司总经理,党委书记,本公司筹委会主任。1993年当选为八届全国人大代表,中共贵州省委第七届委员。

杨永光:男,1938年生,大学毕业,高级工程师。历任建新厂副厂长、厂长。现任振华集团公司副总经理、本公司筹委会副主任。是享受国家政府特殊津贴的专家。

向性双:男,1943年生,大学毕业,高级经济师。历任建新厂副厂长、党委副书记、书记、厂长。现任振华集团公司副总经理、党委副书记、本公司筹委会副主任。是享受贵州省政府特殊津贴的专家。

吴德华:男,1945年生,大学毕业,高级工程师。历任长红机器厂副厂长、厂长,党委书记,深圳华神公司经理,现任振华集团公司副总经理。

唐尚斌:男,1941年生,中专毕业,高级会计师。历任南华仪器厂副总会计师、总会计师,振华集团公司财务处处长,现任振华集团公司总会计师。

史汉兴:男,1942年生,大学毕业,高级工程师。历任新云厂副厂长、厂长、党委书记。现任振华集团公司副总经理。

申自强:男,1949年生,大学普通班毕业,高级工程师。历任振华集团公司综合计划处副处长、处长、现任振华公司副总经理。

傅荣德:男,1942年生,大学毕业,高级工程师,历任宇光厂副厂长,现任宇光厂厂长。

曾润生:男,1949年生,大学普通班毕业,高级工程师。历任建新厂副厂长、党委书记,现任建新厂厂长。

朱亨林:男,1943年生,大学毕业,高级工程师。历任凯旋机械厂党委书记、厂长。现任深圳振华副总经理、程控厂厂长。

张正明:男,1949年生,大专毕业,高级经济师。现任新云厂副厂长。

本公司筹委会已做出承诺:本公司经理层人员不双重任职。

九、经营业绩

1. 生产经营的一般情况

本公司主要从事电子通讯类整机和电子元器件类产品的生产和销售,主要产品数字用户程控交换机,钽电解电容器、真空开关管,厚膜混合集成电路和电子专用设备等在电子产品领域市场竞争异常激烈。产品价格竞相下降的情况下,仍然取得了产品销售收入和利润均呈较大幅度增长的态势,产品产量1996年真空开关管比1995年增长30%,专用设备和厚膜电路分别增长15%和3%。数字用户程控交换机和钽电解电容器均保持了上年度的产量水平,产品成本有较大幅度的降低。这为本公司长期稳定的发展打下了良好的基础。

2.本公司1994－1996年三个会计年度经注册会计师审计后的经营业绩如下：

(单位:元)

	1996年	1995年	1994年
一、主营业务收入	413,575,049.05	406,634,148.36	317,600,306.09
二、主营业务利润	60,465,146.57	56,730,964.26	48,194,784.44
三、营业利润	62,499,463.80	57,022,150.62	48,784,614.07
四、利润总额	71,782,237.86	66,362,675.01	51,211,481.72
减:所得税	8,427,042.39	4,124,723.84	3,590,620.07
少数股东权益	9,257,784.54	7,505,807.01	2,587,853.30
五、净利润	54,097,410.93	54,732,144.16	45,033,008.35

十、股本

1.本次发行系本公司首次对外公开发行社会公众股,如发售成功,本公司实收股本将为17,500万股,每股面值1元,则本公司实收资本17,500万元为本公司注册资本。

2.本次公开发行前,本公司总股本为10,500万股,均为国有法人股。

3.超过面值缴入的资本及其用途

(1)公司发行股份

本公司此次公开发行7,000万股社会公众股,为溢价发行,发行价为每股7.81元,扣除发行费用后,超过面值部分的收入作为本公司的资本公积金。

(2)用途

超过面值缴入的资本作为本公司的资本公积金,将按公司章程用于本公司的经营发展或弥补可能发生的亏损。

4.发起人认购股份情况

发起人以其经国家国有资产管理局以国资评[1997]351号文确认后的净资产16,099.22万元以1.53元折1股的比例折合10,500万国有法人股。

5.本次新股发行成功后,则本公司股权结构如下:

	股数	股权比例
国有法人股	10,500万股	占股本总额的60%
社会公众股	7,000万股	占股本总额的40%
其中:公司职工股	700万股	占股本总额的4%
合计	17,500万股	100%

6.发行前净资产总额(经评估):16,099.22万元

发行前总股数:10,500万股

发行前每股净资产:1.53元/股

新股发行预计实收金额:53,190万元(扣除发行费用后)

发行后净资产总额:69,289.22万元

发行后总股数:17,500万股

发行后每股净资产:3.96元/股

十一、主要会计资料

提示:投资者如果欲对发行人的财务状况,经营成果及其会计政策进行更详细的了解,应当认真阅读在附录中所载的发行人财务报表和注释。

本公司1994年,1995年和1996年财务会计报表已经贵州会计师事务所审计。

合并资产负债表

编制单位:中国振华(集团)科技股份有限公司筹备委员会　单位:元

资产	附注	1996.12.31	1995.12.31	1994.12.31
流动资金:				
货币资金	三.1	47,058,256.73	40,907,534.66	32,553,634.16
短期投资		0.00	0.00	15,000.00
应收票据	三.2	3,227,000.00	1,150,000.00	0.00
应收帐款	三.3	148,464,334.39	135,699,591.53	101,367,210.06
减:坏帐准备		382,673.92	322,693.84	273,865.68
应收帐款净额		148,181,513.78	135,376,897.69	101,093,344.38
预付帐款	三.4	4,416,425.45	970,911.82	3,025,893.89
其他应收款	三.5	29,430,430.20	26,924,623.15	30,177,215.37
待摊费用	三.6	329,311.82	1,332,173.88	2,241,520.72
存货	三.7	136,226,707.78	127,581,040.99	119,659,563.37
待处理流动资产净损失		0.00	0.00	4,850,000.00
一年内到期长期债券投资	三.8	33,200.00	0.00	0.00
其他流动资产		0.00	0.00	0.00
流动资产合计		368,902,845.76	334,243,182.19	293,616,171.89
长期投资:				
长期投资		4,391,830.00	0.00	0.00
其中:合并价差		4,391,830.00	0.00	0.00
固定资产:				
固定资产原值	三.9	247,646,168.01	181,665,490.50	132,567,559.76
减:累计折旧	三.9	82,317,363.91	48,892,449.06	40,159,842.92
固定资产净值		165,328,804.10	132,773,041.44	92,407,716.84
在建工程		0.00	13,435,757.24	8,775,623.93
固定资产清理		0.00	0.00	0.00
待处理固定资产净损失		0.00	0.00	390,000.00
固定资产合计		165,328,804.10	146,208,798.68	101,573,340.77
无形资产及递延资产:				
无形资产	三.10	394,166.62	250,000.00	0.00
递延资产	三.11	3,148,626.11	3,970,771.19	414,500.35
无形资产及递延资产合计		3,542,792.73	4,220,771.19	414,500.35
其他长期资产:				
其他长期资产		0.00	0.00	0.00
资产总计		542,166,272.75	484,672,752.06	395,604,013.01

合并资产负债表(续)

负债及股东权益	附注	1996.12.31	1995.12.31	1996.12.31
流动负债:				
短期借款	三.12	165,744,138.00	135,375,326.08	108,909,619.74
应付票据		0.00	0.00	0.00
应付帐款	三.13	29,845,883.64	32,797,703.74	26,371,156.96
预收帐款	三.14	24,797,115.14	29,203,694.93	40,334,382.97
应付福利费		6,768,038.94	5,887,820.29	4,748,827.29
未付股利	三.15	11,043,969.43	7,756,191.46	10,113,623.39
未交税金	三.16	12,325,591.29	4,442,539.52	－702,440.75
其他未交款		348,261.25	297,844.04	250,936.35
其他应付款	三.17	33,482,083.06	28,038,979.53	19,391,694.20
预提费用		756,031.36	1,847,029.06	950,475.70
一年内到期的长期负债	三.18	14,767,865.15	21,578,343.01	0.00
其他流动负债		0.00	0.00	0.00
流动负债合计		299,878,977.26	267,225,471.66	210,368,275.85
长期负债:				
长期借款	三.19	31,854,227.35	50,255,492.29	40,900,139.79
应付债券		0.00	0.00	0.00
长期应付款	三.20	7,342,576.92	10,191,990.36	4,159,566.79
其他长期应付款	三.21	11,192,131.07	11,334,068.77	6,000,000.00
其中:住房周转金		0.00	0.00	0.00
长期负债合计		50,388,935.34	71,781,551.42	51,059,706.58
少数股东权益:				
少数股东权益	三.22	30,906,165.30	29,255,326.45	18,768,607.84
股东权益:				
股本	三.23	105,000,000.00	91,155,804.69	91,528,877.64
资本公积	三.24	55,992,194.85	2,155,840.85	926,422.51
盈余公积	三.25	0.00	19,376,111.00	19,507,622.21
其中:公益金		0.00	9,901,685.79	5,069,339.72
未分配利润	三.26	0.00	3,722,645.99	3,444,500.38
股东权益合计		160,992,194.85	116,410,402.53	115,407,422.74
负债及股东权益总计		542,166,272.75	484,672,752.06	395,604,013.01

单位负责人:陈清洁　总会计师:唐尚斌　财务负责人:蒋明忠

复核:姚文惠　制表:朱金城

合并财务状况变动表(附一)

合并利润表

编制单位:中国振华(集团)科技股份有限公司筹备委员会

单位:元

项目	附注	1996.1-1996.12	1995.1-1995.12	1994.1-1994.12
一、主营业务收入	三.27	413,575,049.50	406,634,148.36	317,600,306.09
减:营业成本	三.28	267,274,741.85	274,020,722.15	210,432,579.75
销售费用		26,932,559.09	26,207,563.40	18,712,507.15
管理费用		31,668,263.76	27,728,260.56	21,624,702.46
财务费用	三.29	25,440,510.84	20,666,531.20	17,669,692.63
进货费用		0.00	0.00	0.00
营业税及附加		1,793,827.39	1,280,106.79	966,039.66
二、主营业务利润		60,465,146.57	56,730,964.26	48,194,784.44
加:其他业务利润	三.30	2,034,317.23	291,186.36	589,829.63
三、营业利润		62,499,463.80	57,022,150.62	48,784,614.07
加:投资收益		0.00	0.00	0.00
补贴收入	三.31	6,631,373.86	8,417,834.03	669,344.30
营业外收入	三.32	511,078.17	1,394,254.27	527,699.54
减:营业外支出	三.33	384,188.95	471,563.91	207,001.18
加:以前年度损益调整	三.34	2,524,510.98	0.00	1,436,824.99
四:利润总额		71,782,237.86	66,362,675.01	51,211,481.72
减:所得税		8,427,042.39	4,124,723.84	3,590,620.07
少数股东损益		9,257,784.54	7,505,807.01	2,587,853.30
五、净利润		54,097,410.93	54,732,144.16	45,033,008.35

单位负责人:陈清洁　总会计师:唐尚斌　财务负责人:蒋明忠

复核:姚文惠　制表:朱金城

根据贵州省会计师事务所的审计报告的财务数据,经本公司计算,主要财务指标如下:

项目	1996年	1995年	1994年
流动比率	1.23	1.25	1.39
速动比率	0.78	0.77	0.83
资产负债率	64.61%	69.95%	66.08%
应收帐款周转率	291.70%	343.92%	289.90%
存货周转率	202.63%	221.66%	181.49%
净资产收益率	33.60%	47.02%	39.02%
每股净利(元/每股)	0.52	0.52	0.43

财务指标说明:

1. 本公司1996年、1995年和1994年末的净资产分别为16,099.22万元、11.641.04万元和11,540.74万元;总资产分别为54,216.63万元、48,467.28万元和39,560.40万元;净资产占总资产的比例分别为35.39%、30.05%和33.92%,财务状况趋于合理。

2. 公司1994、1995、1996年度连续三年盈利,且呈增长态势,利润总额分别为51,211,481.72、 66,362,675.01、 71,782,237.86元,税后利润分别为45,033,008.35元、54,732,144.16元、54,097,410.93元。

盈利水平变化的主要原因是:

(1)本公司下属的宇光分公司"八五"期间对玻璃外壳结构真空开关管生产线的技术改造工程的建成并达产,利润总额逐年提高;

(2)本公司下属的新云分公司"八五"期间对片式钽电容器生产线的技术改造于1996年9月竣工并验收,利润水平有较大幅度的提高;

(3)本公司下属的深圳程控分公司"八五"期间对程控交换机扩产工程建成、利润水平有所增长;

(4)本公司下属的建新分公司"八五"期间对表面组装设备技术改造工程于1995年竣工并验收、利润水平有所增长;

(5)按同口径计算,本公司1994、1995、1996年利润水平呈逐年上升趋势,但由于1994、1995两年,本公司所属的分公司在改制前为振华集团公司的下属企业,根据振华集团公司内部利润承包上缴规定,其上缴利润为工厂年获利水平的10%-15%,1996年振华集团公司按国家所得税政策向企业征收,因此1996年的净利润略低于1995年的净利润水平。

3. 营运资金和流动性比率增减变化的原因

(1)本公司营运资金1994、1995、1996年分别为83,247,896.04、67,017,710.53和69,023,868.50元。随着生产规模的逐步扩大,本公司1994年-1996年流动资产和流动负债均呈逐年上升趋势,但由于1995年本公司下属各分公司的"八五"技术改造项目的陆续投产,流动负债的增长水平偏高,造成营运资金低于1994年和1996年。

(2)流动性比率增减变化的原因

A、流动比率1994年—1996年呈逐年下降趋势,主要原因是为扩大生产规模而增加的短期借款1995年比1994年增加2,646万元,1996年比1995年增加3,037万元;

B、速动比率1994年-1996年呈逐年下降趋势,主要原因是生产规模扩大引起的储备存货的相应增加,1995年比1994年增加792万元,1996年比1995年增加856万元;

C、应收帐款周转率1995年偏高的主要原因是由于技术改造项目达产后,销售收入有大幅度的提高,应收帐款发生额相应增高。

十二、资产评估

经深圳市维明资产评估事务所评估,并经国有资产管理局以国资评[1997]351号文确认,截止1996年12月31日,本公司各类资产及负债的帐面值,评估值、评估增值及增值幅度如下:

(单位:元)

资产类别	帐面净值	评估值	增减值	增减幅度(%)
(一)资产总额	416,501,509.44	442,607,019.26	26,105,509.82	6.27
1. 流动资产	284,658,097.12	285,372,820.72	714,723.60	0.25
2. 长期投资	28,021,935.27	32,413,765.43	4,391,830.16	15.67
3. 固定资产	103,427,310.43	124,426,266.49	20,998,956.06	20.30
4. 无形资产	394,166.62	394,166.62	0.00	0.00
(二)负债总额	281,614,824.41	281,614,824.41	0.00	0.00
1. 流动负债	246,068,465.99	246,068,465.99	0.00	0.00
2. 长期负债	35,546,358.42	35,546,358.42	0.00	0.00
(三)股东权益合计	134,386,685.03	160,992,194.85	26,105,509.82	19.35

十三、债项

经贵州会计师事务所审计,截止1996年12月31日,本公司合并会计报表负债总额350,267,912.60元,其中流动负债299,878,977.26元,长期负债50,388,935.34元。

1. 主要债务

本公司负债中银行借款总计212,366,230.50元,其中短期借款165,744,138.00元,长期借款46,622,092.50元(其中:一年内到期的长期负债为14,767,865.15元)。自1996年12月31日到本招股说明书刊登之日止,本公司没有增加新的贷款规模,债务情况无重大变化。以下为本公司借款的详细情况:

(1)短期借款中500万元(含500万元)以上的(附二);

(2)长期借款

期末长期借款余额46,622,092.50元,扣除已列入"一年内到期的长期借款"14,767,865.15元后,本项目为31,854,227.35元,其中:借款本金29,980,000.00元,利息:1,874,227.35元(附三)

2. 主要债权

本公司期末应收帐款余额148,564,187.70为应收销货款,属正常购销业务。

本公司其他应收款期末余额29,430,430.20元。其中有3,189,148.19元属中国振华电子集团公司欠款,本公司杨光等五人借款1,262,984.00元(系销售网点销售周转费用)。

十四、主要固定资产

经深圳维明评估事务所评估,国有资产管理局确认,截止1996年12月31日,本公司主要固定资产情况(附四):

十五、盈利预测

贵州会计师事务所对本公司1997年度的盈利预测进行了审核。

1. 盈利预测表

(单位:人民币元)

项目	1-2月未审实现数	3-12月预测数	全年预测数合计
主营业务收入	52,526,640.80	443,558,310.92	495,084,951.72
减:营业成本	36,181,875.39	293,433,999.98	329,615,875.37
销售费用	3,661,924.44	31,593,875.56	35,255,800.00
管理费用	3,055,214,73	34,013,301.19	37,068,515.92
财务费用	3,295,394.85	15,083,605.15	18,379,000.00
进货费用	0.00	0.00	0.00
营业税及附加	208,462.68	2,311,537.32	2,520,000.00
主营业务利润	5,123,768.71	67,121,991.72	72,245,760.43
加:其他业务利润	65,913.56	944,086.44	1,010,000.00
营业利润	5,189,682.27	68,066,078.16	73,255,760.43
加:投资收益	0.00	0.00	0.00
营业外收入	1,175,832.90	5,114,167.10	6,290,000.00
减:营业外支出	123,396.36	194,103.64	317,500.00
加:以前年度损益调整	0.00	0.00	0.00
利润总额	6,242,118.81	72,986,141.62	79,228,260.43
减:所得税	882,652.84	9,444,711.40	10,327,364.24
少数股东损益	234,932.08	7,637,377.02	7,872,309.10
净利润	5,124,533.89	55,904,053.20	61,028,587.09

2.盈利预测的说明

(1)营业收入:采用不含税口径预测,以1994年-1995年的销售实际为依据,结合本公司产品市场占有率及1997年生产计划来确定;

(2)营业成本:以上年实际单位成本为基础,考虑97年工资,费用增加,提高3%左右;

(3)销售费用:预测数比96年实际数增加31%,主要是开拓市场,加大销售力度,随之增加的费用;

(4)管理费用:首先考虑固定的工资及附带费用和折旧情况,其余费用根据1996年实际发生数,并结合预测期内的费用变化情况进行预测;

(5)财务费用:以预测期内已有借款和计划借款及考虑下半年募集到资金可减少财务费用来预测;

(6)营业外收入;主要是深圳特区地产地销产品免交的增值税;

(7)其他业务利润,主要是本公司出售维修设备的零备件及调剂材料收入与成本差额按历史水平测算;

(8)营业税金及附加:采用现有税率,根据经营变化进行预测;

(9)所得税:本公司经贵州省科学技术委员会以黔科工复(1997)4号文认定为高新技术企业,根据财政部国家税务总局财税字(94)001号文,按15%的税率计算所得税。

(10)每股净盈利按全面摊薄法计;

1997年每股盈利=税后利润/股本总额=0.35元/股

(11)预计市盈率(倍)

预计市盈率=每股发行价格/每股税后利润=7.81元/0.35元=22.31。

(12)预计每股净资产(元/股)

预计每股净资产=净资产/股本=3.96

(13)1997年预测主营业务收入495,084,951.72元,较前三年平均数379,269,843.65元,增长30.54%,是宇光和新云分公司"八五"技术改造增加了产品品种,扩大了生产规模,且这些产品均属发展成熟期。

十六、公司发展规划

(一)、生产经营发展战略

本公司是振华集团公司优势发展战略的产物,遵循集团发展规划,本公司将在发展优势产品的同时,实现市场优势互补,并不失时机地对其他有市场、有前途、高技术的产品或项目,采取开发、收购,参股等不同形式进行扩展,不断发展壮大本公司的经济实力。

(二)、发展目标和规模

本公司发展的战略目标是:以深化企业内部改革、建立现代企业制度为动力,以高新科技产品开发为先导,以提高企业经济效益为中心,优化企业内部结构,增强企业在国际和国内两个市场的竞争力并始终保持强劲的发展势头,把企业建成具有较强综合实力的现代大型企业。

为此,本公司将以股份制改造为契机,调整现有经营方向,优化配置存量资产,改造经营方式,具体措施如下:

1.钽电容器:本公司生产的钽电容器在国内市场占有率达50%以上。随着技术改造项目的完成,生产规模扩大,彩电市场可望达到70%的占有率;在通讯市场继续开拓天津摩托罗拉、南京爱立信(片式钽电容器年需用量1.7亿只),同时积极开拓电话机市场,力争在"九五"末期将国内市场占有率提高到70%。

在国际市场上,巩固现有代理商,保持欧、美及港、台、东南亚等国家和地区40多家公司的商务往来和业务关系,并紧跟国际小型,大容量、低抗阻的发展趋势,争取更大出口创汇额度。

2.真空开关管,随着国民经济的发展,对电力能源的需求量愈来愈大,预测到2000年国内市场电力开关需求量将达到40万只以上。对此,本公司将通过技术改造等手段提高生产能力和产品性能,确保现有30%的市场份额,力争达到40%。

3.厚膜混合集成电路:目前国内市场占有率在沿海约50%,国外客户主要分布在新加坡、美国、香港等地,由于其广泛地应用领域,市场需求持续增长,预测到2000年国内市场销售额将达到60-80亿元,国际市场销售额达180-200亿美元。本公司将抓住全球电子基础产品的生产与采购向亚太地区转移的机遇,积极开拓国际市场,在市场占有率和效益上争创全国同行业第一。

预计到"九五"期末,本公司将达到总资产12亿元,年销售收入12亿元,出口创汇3,000万美元,利润总额2亿元,并本着与企业经济效益同步增长的原则,保证员工收入有所增长。

十七、重要合同及重大诉讼事项

一、重要合同

1.本公司与光大证券有限公司签署的A股承销协议。

2.重大加工定做合同:

(1)1996年5月25日中国振华集团建新机械厂与河南安阳彩色显像管玻壳有限公司签订的《加工定作合同》,合同金额3.374万元人民币,合同约定的交货期限经双方协商同意由1996年12月延期至1997年6月;

(2)1997年2月20日中国振华集团建新机械厂与河南安阳彩色显像管玻壳有限公司签订的《加工定作合同》,合同金额2,258万元人民币,合同未约定交货期限。

上述合同,本公司已向有关合同对方发出即将变更合同主体的书面通知,并已取得对方的同意;发起人已承诺在本公司成立后,尽快办理有关合同变更手续。

二、诉讼事项

截止至本招股说明书刊登之日,本公司及本公司筹委会成员并无涉及任何重大诉讼事项。

十八、招股说明书及备查文件查阅时期和地点

招股说明书及备查文件的查阅时期:1997年5月25日至1997年6月25日

招股说明书及备查文件的查阅地点:

1.中国振华(集团)科技股份有限公司(筹)

住所:贵州省贵阳市乌当区新添大道150号

电话:(0851)6846354　传真:(0851)6846354

联系人:杨学政　陈伍章　姚文惠

2.光大证券有限公司

住所:北京市复兴门外大街六号光大大厦

电话:(010)68561122　传真:(010)68561008

深圳联系地址:深圳市振兴路六号建艺大厦15楼

电话:(0755)3228777　传真:(0755)3228950

联系人:曹海峰　刘瑞斌

附录

1、深圳市维明资产评估事务所《关于中国振华电子集团公司的资产评估报告书》

2、贵阳市土地评估事务所《土地评估报告》

3、贵州会计师事务所《关于中国振华(集团)科技股份有限公司一九九七年度盈利预测的审阅函》

4、验资报告

5、信达律师事务所《关于中国振华(集团)科技股份有限公司(筹)一九九六年度股票发行、上市的法律意见书》

6、中国振华(集团)科技股份有限公司(筹)《章程》(草案)

7、中国振华电子集团公司企业法人营业执照

中国振华(集团)科技股份有限公司筹委会

1997年6月11日

附图一

合并财务状况变动表

编制单位:中国振华(集团)科技股份有限公司筹备委员会　　单位:元

流动资金来源和运用	1996.1-1996.12	流动资金各项目和变动	1996.1-1996.12
一、流动资金来源		一、流动资产本年增加数	
1.本年净利润	54,097,410.93	1.货币资金	6,150,722.07
加:不减少流动资金的费用和损失		2.短期投资	
(1)少数股东本期损益(亏损以"-"号表示)	9,257,784.54	3.应收票据	2,077,000.00
(2)固定资产折旧	44,248,416.20	4.应收帐款净额	12,804,616.09
(3)无形资产、递延资产及其他资产摊销(减其他负债转销)	677,978.46	5.预付帐款	3,445,513.63
(4)固定资产盘亏(减盘盈)		6.其他应收款	2,505,807.05
(5)清理固定资产损失(减收益)	-220,029.34	7.待摊费用	-1,002,862.06
(6)递延税项		8.存货	9,531,947.42
(7)其他不减少流动资金的费用和损失		9.待处理流动资产净损失(减收益)	
小计	108,061,560.79	10.一年内到期的长期债券投资	33,200.00
2.其他来源		11.其他流动资产	
(1)固定资产清理收入(减清理费用)	1,626,036.57		
(2)增加长期负债			
(3)收回长期投资		流动资产增加净额	35,545,944.20
(4)对外投资转出固定资产		二、流动负债本年增加数	
(5)对外投资转出无形资产		1.短期借款	30,368,811.92
(6)资本净增加额	39,435,495.84	2.应付票据	
(7)少数股东资本净增加额	6,392,828.21	3.应付帐款	-2,951,820.10
小计	47,454,360.62	4.预收货款	-4,406,579.79
流动资金来源合计	155,515,921.41	5.应付福利费	880,218.65
二、流动资本运用		6.未付股利	3,287,777.97
1.利润分配		7.未交税金	7,883,051.77
(1)提取法定公积金	5,409,741.09	8.其他未交款	50,417.21
(2)提取法定公益金	5,409,741.09	9.其他应付款	5,443,103.53
(3)提取任意公积金		10.预提费用	-1,090,997.70
(4)已分配股利	38,131,632.27	11.一年内到期的长期负债	-6,810,477.86
小计	48,951,114.45	12.其他流动负债	
2.少数股东利润分配	10,908,623.39		
3.其他运用			
(1)固定资产和在建工程净增加额	71,371,128.89		
(2)增加无形资产、递延资产及其他资产			
(3)偿还长期负债	21,392,616.08		
(4)增加长期投资			
小计	92,763,744.97		
流动资金运用合计	152,623,482.81	流动负债增加净额	32,653,505.60
流动资金增加净额	2,892,438.60	流动资金增加净额	2,892,438.60

附图二　　单位:万元

贷款单位	借款日	还款日	月利率	外币金额	货款金额	货款条件
广东发展银行深圳分行	96.11.28	97.10.28	8.9925‰		500	担保
深圳城市合作商业银行	96.12.10	97.12.10	8.9925‰		500	担保
深圳工商银行上步支行	96.6.4	97.6.4	9.7875‰		600	抵押
招商银行福田支行	96.10.15	97.7.15	8.9925‰		1,500	抵押
中国银行上步支行	96.11.12	97.11.12	8.9925‰		600	担保
工行都匀市支行	96.11.19	97.11.19	9.15‰		750	担保
工行都匀市支行	96.11.14	97.9.20	9.24‰		500	担保
工行都匀市支行	96.11.22	97.8.22	9.24‰		580	担保
工行凯里市支行	96.2.12	97.2.12	12.06‰		1,273	抵押
工行贵阳乌当支行	96.6.4	97.6.4	10.065‰		500	抵押

附图三　　单位:元

贷款单位	借款日	到期日	年利率	金额	代理款条件
工商银行乌当支行	96.9.20	98.9.20	11.7%	1,500,000.00	担保
工商银行乌当支行	95.8.15	98.8.15	10.98%	3,000,000.00	担保
工行凯里市支行	95.10.3	98.2.28	14.472%	2,500,000.00	担保
中行贵州省分行	95.4.20	98.4.20	3.5%	8,873,880.65	担保
振华集团财务公司	96.8.30	99.8.30	10%	2,000,000.00	担保
振华集团财务公司	95.9.30	98.8.30	10%	1,500,000.00	担保
中国人民银行乌当支行	93.12.20	98.12.20	10.98%	8,180,346.20	担保
中行凯里市支行	95.12.25	98.12.25	13.5%	4,300,000.00	担保
合计				31,854,227.35	

附图四 单位:万元

固定资产类别	帐面值		评估值		增减值	增减率%
	原值	净值	重置价格	评估净值		
房屋及建筑物	2,117.38	1,895.35	2,841.58	2,418.24	522.89	27.59
机器设备	10,626.88	7,454.88	133,10.88	8,759.32	1,304.43	17.50
电子仪器仪表	1,847.31	489.40	1,913.16	639.63	150.23	30.70
运输设备	779.53	503.09	898.88	625.44	122.35	24.32
合计	15,371.10	10,342.72	18,964.50	12,442.63	2,099.90	20.30

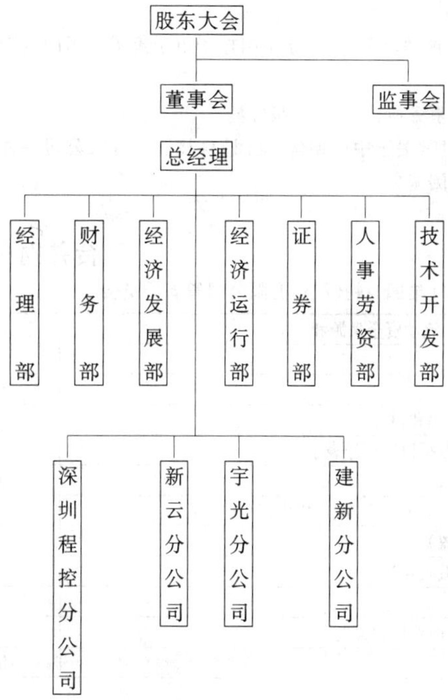

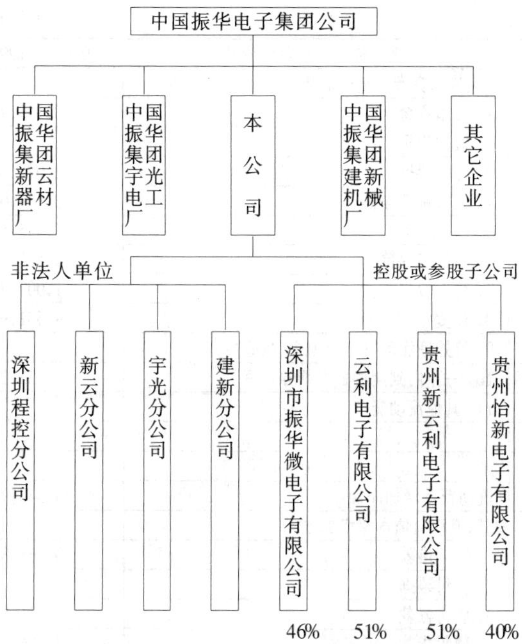

中国振华(集团)科技股份有限公司上市公告书

一、要览

总股本:17,500万股

可流通股本:7,000万股

本次上市流通股本:6,300万股

证券简称:振华科技

证券代码:0733

上市地点:深圳证券交易所

上市时间:1997年7月3日

股份登记机构:深圳证券登记有限公司

二、绪言

本公司股票上市公告书根据《中华人民共和国公司法》、《股票发行与交易管理暂行条例》、《公开发行股票公司信息披露实施细则》、《深圳证券交易所业务规则》和国家现行有关证券管理法规编制。

本次股票发行经中国证券监督管理委员会以证监发字[1997]323号文和证监发字[1997]324号文审核批准;股票上市申请经深圳证券交易所深证发[1997]263号《上市通知书》审核批准,将于1997年7月3日在深圳证券交易所挂牌交易。

本公司总股本17,500万股,可流通股本7,000万股。本次上市流通股6,300万股,均为1997年6月17日向社会公开发行的人民币普通股,公司职工股700万股预计将于本次发行股票上市半年以后上市流通。本公司于1997年6月11日在《中国证券报》、《上海证券报》和《证券时报》上刊登了《招股说明书(概要)》,距今时间不足六个月,相同内容不再重复。

本公司董事会和董事会成员已批准本上市公告书,确信其中不存在任何重大遗漏或误导,并对上市公告书所载资料的真实性、准确性、完整性负个别和连带责任。

三、发行公司概况

1.发行公司发起人简介

法定名称:中国振华电子集团公司

法定代表人:陈清洁

注册资金:26,057万元人民币

成立日期:1984年8月21日

经营范围:

主营:机械电子产品。

兼营:机械电子产品维修、技术咨询。

所属行业:电子

注册地址:贵州省贵阳市乌当区新添大道150号

联系电话:(0851)6846354

2.历史沿革

本公司是经贵州省体改委黔体改企字[1996]23号文和贵州省人民政府黔府函[1997]67号文批准,由中国振华电子集团公司作为独家发起人,以其优势资产进行重组,即将发起人下属之全资子企业程控交换机厂(以下简称程控厂)、中国振华集团新云器材厂(以下简称新云厂)、中国振华集团宇光电工厂(以下简称宇光厂)和中国振华集团建新机械厂(以下简称建新厂)的部分生产经营性资产重组后募集设立的股份公司。

此次投入本公司的全部生产经营性资产经国家国有资产管理局以国资评[1997]351号文确认后为16,099.22万元,折为10,500万股国有法人股,由发起人持有。

本公司1997年6月17日向社会公开发行了6,300万股社会公众

股,每股面值1.00元,每股发行价为7.81元。公司于1997年6月25日召开创立大会宣布公司成立,并于1997年6月26日在贵州省工商行政管理局办理了工商注册登记。设立后,本公司总股本为17,500万股,中国振华电子集团公司作为独家发起人,以60%的比例控股。

四、股票发行与承销

1. 股票公开发行

发行方式:	上网定价发行;
社会公众股发行数量:	7,000万股;
公司职工股:	700万股;
发行价格:	7.81元;
募集资金总额:	546,700,000元;
配售比例:	1,687662%;
持1000股以上(含1000股)的户数:	48,898户;
发行费用总额:	14,631,074.18元;
每股发行费用:	0.21元;
发行市盈率:	16倍。

2. 股票承销

本次公开发行为超额认购,故无余额由承销团包销。

3. 验资报告

(1)验资报告

(97)黔会验字第117号

中国振华(集团)科技股份有限公司筹备委员会:

我们接受委托,对中国振华(集团)科技股份有限公司(筹)截至一九九七年六月二十四日止的实收股本及相关的资产和负债的真实性和合法性进行了审验。在审验过程中,我们按照《中国注册会计师独立审计实务公告第一号-验资》的要求,实施了必要的审验程序。中国振华(集团)科技股份有限公司(筹)的责任是提供真实、合法、完整的验资资料,保护资产的安全、完整,我们的责任是按照《独立审计实务公告第一号-验资》的要求,出具真实、合法的验资报告。

中国振华(集团)科技股份有限公司(筹)申请的注册资本为人民币175,000,000.00元。根据我们的审验,截至一九九七年六月二十四日止,中国振华(集团)科技股份有限公司(筹)已收到各股东投入的资本人民币707,692,194.85元,其中发起人股东投入的资本人民币160,992,194.85元,向社会募集的资本人民币546,700,000.00元,投入的资本包括股本175,000,000.00元,资本公积518,061,120.67元(已扣除发行费用14,631,074.18元),与上述投入资本相关资产总额为人民币979,384,416.33元,负债总额为人民币286,323,295.66元。

贵州会计师事务所　中国注册会计师　杨雄　张再鸿　李可贞

1997年6月24日

(2)募集资金的入帐时间:1997年6月23日

(3)入帐金额:532,068,925.82元

(4)开户银行:中国光大银行深圳分行营业部

入帐帐号:5840-1101101521003593

开户银行:振华集团财务公司

入帐帐号:111037

五、董事、监事及高级管理人员持股情况

姓名	职务	持股数(股)	持股比例(%)
陈清洁	董事长	8,000	0.0045
杨永光	副董事长	8,000	0.0045
史汉兴	副董事长	8,000	0.0045
吴德华	董事	8,000	0.0045
唐尚斌	董事	8,000	0.0045
申自强	董事	8,000	0.0045
朱亨林	董事、总经理	8,000	0.0045
傅荣德	董事、副总经理	8,000	0.0045
曾润生	董事、副总经理	8,000	0.0045
张正明	董事、副总经理	8,000	0.0045
杨学政	董事、董事会秘书	4,000	0.002285
向性双	监事会主席	8,000	0.0045
合计		92,000	0.051785

六、公司设立

1、本公司于1997年6月25日召开了创立大会暨第一届股东大会,大会审议并通过了本次向社会公开发行的7,000万股(其中包括700万股公司职工股)A股股票在深圳证券交易所上市交易的决议,并责成公司董事会做好各项准备工作。

2、公司注册资金:175,000,000元人民币。

3、公司注册时间:1997年6月26日。

4、公司注册地点:贵州省贵阳市新添大道150号。

5、营业执照注册号码:29082325-8-1

七、关联企业及关联交易

1. 关联企业

(1)中国振华电子集团公司

中国振华电子集团公司作为本公司的控股股东,持有本公司60%的股份,将依照公司章程行使股东权利,并承担相应的责任与义务。本公司已与中国振华电子集团公司签订了关于职工住房、食堂、托儿所、医疗服务、交通及水电气供应等方面的有偿服务协议,业务、资产、人员已进行了分离,具备独立的财务核算体系及经营管理体系。

(2)深圳市振华微电子有限公司

深圳市振华微电子有限公司是本公司的参股子公司,本公司占有46%的股权。该公司注册资本1,015万元,主要从事研制、生产、销售厚膜混合集成电路及网络。

(3)贵州云利电子有限公司

贵州云利电子有限公司是生产铝电解电容器的中港合资企业,是本公司的控股子公司,本公司占有51%的股权。该公司注册资本128万美元,年产各类铝电解电容器5亿只,各技术指标均达到国际标准,并荣获ISO9002质量认证。

(4)贵州新云利电子有限公司

贵州新云利电子有限公司是生产铝电解电容器的中港合资企业,是本公司的控股子公司,本公司占有51%的股权。该公司注册资本320.4万美元。

(5)贵州怡新电子有限公司

贵州怡新电子有限公司是生产电解电容器导针系列产品的中港合资企业,是本公司的参股子公司,本公司占有40%的股权。该公司注册资本128.95万美元。

2. 关联交易

本公司与上述关联企业之间不可避免的关联交易,按正常商业条款遵照公平、公正的市场原则,与其签订了《土地使用权租赁合同》、《房屋租赁合同》、《水、电、气供应合同》、《生活服务合同》、《商标使用许可合同》,以确保股东权益不受侵犯。

本公司已经获得中国振华电子集团公司承诺,集团公司与本公司之间不会产生同业竞争问题。

八、股本结构及大股东持股情况

1. 上市前的股本结构

股本类别	股数	股权比例
(1)尚未流通股份		
发起人股份	10,500万股	60%
其中:		
国有法人股	10,500万股	60%
(2)流通股份		
社会公众股	7,000万股	40%
其中:		

公司职工股	700 万股	4%
总计	17,500 万股	100%

2. 本公司前十名股东所持股数及比例

股东名称	持股数量(股)	占总股本比例(%)
中国振华电子集团公司	105,000,000	60
陈清洁	8,000	0.0045
杨永光	8,000	0.0045
史汉兴	8,000	0.0045
吴德华	8,000	0.0045
唐尚斌	8,000	0.0045
申自强	8,000	0.0045
朱亨林	8,000	0.0045
傅荣德	8,000	0.0045
曾润生	8,000	0.0045

九、公司财务会计资料

(一)、审计报告《贵州会计师事务所(97)黔会审字第 086 号审计报告》中国振华(集团)科技股份有限公司筹备委员会:

我们接受委托,审计了贵公司 1994 年 12 月 31 日、1995 年 12 月 31 日、1996 年 12 月 31 日的资产负债表及合并资产负债表;1994 年度、1995 年度、1996 年度的利润表及合并利润表;1996 年度财务状况变动表及合并财务状况变动表。这些会计报表由贵公司负责,我们的责任是对这些会计报表发表审计意见。我们的审计是根据中国注册会计师独立审计准则进行的。在审计过程中,我们结合贵公司的实际情况,实施了包括抽查会计记录等我们认为必要的审计程序。

我们认为,上述会计报表,符合《企业会计准则》和《股份制试点企业会计制度》的有关规定,在所有重大方面公允地反映了贵公司 1994 年 12 月 31 日、1995 年 12 月 31 日、1996 年 12 月 31 日的财务状况及 1994 年度、1995 年度、1996 年度的经营成果和 1996 年度资金变动情况,会计处理方法的选用遵循了一贯性原则。

贵州会计师事务所　　中国注册会计师:杨雄　张再鸿　李可贞

地址:中国·贵州·贵阳市花溪

大道北段 187 号　　一九九七年四月十二日

(二)、财务报表(附后)

(三)、重要会计政策

1、会计制度

原执行《工业企业会计制度》,本会计报表是根据《企业会计准则》和《股份制试点企业会计制度》而制定的下列会计政策模拟编制的,并假设从 1994 年 1 月 1 日起至 1996 年 12 月 31 日止的三个会计年度一直采用该会计政策。

2、会计年度

会计年度自公历 1 月 1 日至 12 月 31 日。

3、合并会计报表编制方法

母公司会计报表由四个内部独立核算的分公司汇总编制。合并会计报表包括母公司和四个控股或参股的子公司(因母公司对深圳振华微电子有限公司有权任免董事会等权力机构的多数成员、对贵州怡新电子有限公司在董事会及经营班子中拥有实际控制权,所以将上述两个公司作为母公司的子公司,纳入合并会计报表的合并范围),按照财政部《合并会计报表暂行规定》进行编制。

4、记帐原则和计价基础

会计核算采用权责发生制原则,以历史成本为计价基础。

5、货币折算

以人民币为记帐本位币。年度涉及外币经济业务,人民币与外币的汇率按市场汇价的中间价折算,年末凡涉及外币余额,均按年末市场汇价的中间价进行调整,由此产生的汇兑差额,记入当期损益。

6、坏帐准备

按应收帐款年末余额的千分之三计提坏帐准备,纳入合并范围的子公司采用直接转销法,因数额影响不大,未对其进行调整。

7、存货计价方法

原材料按计划成本核算,实际成本与计划成本差异另设"材料成本差异"核算,发出材料按实际成本差异率,分摊成本差异调整为实际成本、产成品发出按加权平均法计算。

低值易耗品采用分期摊销法。

8、长期投资核算方法

长期投资为股权投资。公司对拥有 20%以下股权的均采用成本法核算,对拥有 20%以上至 50%股权的,按权益法核算;股权比例在 50%以上或股权比例虽然未达到 50%以上,但符合《合并会计报表暂行规定》有关纳入合并会计报表合并范围相关规定的,按权益法核算并合并会计报表。

9、固定资产及折旧

凡使用年限在一年以上的房屋、建筑物、机器设备、器具、工具等;不属于经营主要设备的物品,单价在 2000 元以上,并且使用期限超过两年的,均确认为固定资产。

固定资产按历史成本计价,采用直线法计提折旧

固定资产类别	折旧年限	残值率(%)	年折旧率(%)
房屋及建筑物	30－40	3	3.23－2.43
机器设备	10－14	3	9.70－6.93
运输设备	6－12	3	16.17－8.08
电子设备	5－12	3	19.40－8.08
其他设备	5	3	19.40

10、无形资产及摊销

无形资产为技术转让费,按合同规定的使用期限五年分期平均摊销。

11、递延资产及其摊销

递延资产为房屋装修费及开办费,均按 5 年平均摊销。

12、销售基准

产品销售以产品已经发出、销售货款收到;或产品已经发出,并取得收取货款的合法凭证,作为销售实现。

13. 税项

(1)流转税

产品销售收入及加工收入缴纳增值税,均按 17%计提销项税,再抵扣经税务部门核准的进项税后缴纳,其中:产销均在深圳市的,根据深税发(1993)507 号"关于深圳特区地产地销产品征免税问题的通知"的有关规定,免征增值税,出口产品增值税率为零。

按应纳增值税的 7%和 3%交纳城建税和教育费附加;深圳市按 3%和 1%缴纳城建税及教育费附加,其中:产销均在深圳市的免交城建税和教育费附加。

租赁收入及转让无形资产收入缴纳营业税,按 5%计征,按征收营业税额的 7%和 3%缴纳城建税及教育费附加。

(2)所得税

根据国家税务总局国税函发(1994)664 号文批复,改制前集团公司实行一户纳税,实际税负为零。属集团公司紧密层企业的新云厂、宇光厂、建新厂一九九四年、一九九五年实行向集团公司上交承包利润,新云厂一九九六年按 33%缴纳所得税,宇光厂、建新厂属高新技术企业,一九九六年根据财政部国家税务总局财税字(94)001 号文的规定,按 15%缴纳所得税。程控厂一九九四至一九九六年度根据(91)深税减免字第 042 号文和(1995)深地税减免字第 64 号文批复,均按 7.5%缴纳所得税。改制后股份公司根据贵州省科学技术委员会黔科工复(1997)4 号"关于认定'中国振华(集团)科技股份有限公司''贵阳中信现代药业有限公司'为高新技术企业的批复",被认定为高新技术企业,根据财政部国家税务总局财税字(94)001 号文的规定,按 15%的税率缴纳所得税。

纳入合并范围的子公司中,深圳振华微电子有限公司根据深圳市地方税务局第一分局(1995)深地税减免字第 32 号文批复,一九九五年至一九九六年免征所得税,一九九七至一九九九年按 15%的税率减半征收;贵州云利电子有限公司,贵州怡新电子有限公司,贵州新云利电了有限公司

属生产性外商投资企业且投资期限在十年以上,根据《外商投资企业及外国企业所得税法》有关规定,按33%的税率及从开始获利年度起免征两年、减半征收三年所得税的税收优惠办法计算缴纳所得税,其中贵州云利电子有限公司一九九四年至一九九六年根据凯里市税务局核准,减半征收所得税,贵州新云利电子有限公司、贵州怡新电子有限公司一九九五年至一九九六年均免征所得税。

(3)按规定缴纳房产税、土地使用税、车船使用税等。

14. 利润分配

(1)弥补以前年度亏损;

(2)提取10%法定盈余公积金;

(3)提取5%-10%的法定公益金;

(4)提取任意盈余公积金;

(5)支付股利。

(四)、主要财务指标

根据贵州省会计师事务所的审计报告的财务数据,经本公司计算,主要财务指标如下:

项目	1996年	1995年	1994年
流动比率	1.23	1.25	1.39
速动比率	0.78	0.77	0.83
资产负债率	64.61%	69.95%	66.08%
应收帐款周转率	291.70%	343.92%	289.90%
存货周转率	202.63%	221.66%	181.49%
净资产收益率	33.60%	47.02%	39.02%
每股净利(元/每股)	0.52	0.52	0.43

十、董事会上市承诺

本公司董事会将严格遵守《中华人民共和国公司法》、《股票发行与交易管理暂行条例》、《公开发行股票公司信息披露实施细则》、《深圳证券交易所业务规则》和国家有关法律、法规的规定,并自股票上市之日起作出如下承诺;

1. 按照法律、法规的规定程序和要求披露重大的信息,并接受证券主管机关、深圳证券交易所的监督管理;

2. 及时、认真、准确地公布中期报告和年度报告、并备置于规定场所供投资者公众查询;

3. 本公司董事、监事及高级管理人员如发生人事变动或持本公司股票发生变化时,在报告证券主管机关、证券交易所的同时向投资者公布;

4. 在任何公共传播媒介中出现的消息可能对本公司股票的市场价格产生误导性影响时,本公司知悉后将及时对该消息予以公开澄清;

5. 本公司董事、监事及高级管理人员将认真听取社会公众的意见和批评,不利用已获得的内幕消息和其他不正当手段直接和间接从事股票买卖活动;

6. 本公司没有无记录负债。

十一、重要事项揭示

1. 股利分配

本次股票发行后,本公司首次股利分配时间为1998年6月或之前。1997年税后利润根据公司章程所规定的利润分配政策进行分配,新股东享有的利润分配权利自认购股份的当月起计算。

2. 截止本上市公告书刊登之日,本公司及本公司董事、监事、高级管理人员均未涉及任何重大诉讼和仲裁,亦无任何尚未了结或可能面临的重大索赔要求。

十二、备查文件目录

1、深圳证券交易所上市通知书;

2、审计报告;

3、资产评估报告;

4、招股说明书;

5、验资报告;

6、发行人成立的注册登记文件;

7、《上市协议书》;

8、国家证券主管部门批准上市的文件;

9、其他备查文件;

十三、上市咨询机构

1. 本公司:中国振华(集团)科技股份有限公司

法定代表人:陈清洁

住所:贵州省贵阳市乌当区新添大道150号

电话:(0851)6845114　传真:(0851)6846354

联系人:杨学政　陈伍章　姚文惠

2. 上市推荐人:光大证券有限公司

法定代表人:刘纪元

住所:北京市复兴门外大街六号光大大厦

电话:(010)68561122　传真:(010)68561008

深圳联系地址:深圳市振兴路六号建艺大厦19楼

电话:(0755)3228777　3228766　传真:(0755)3228950

联系人:曹海峰　刘瑞斌

上市推荐人:贵州证券公司

法定代表人:宋建生

住所:贵阳市中华路111号

电话:(0755)5814411　传真:(0755)5828549

联系人:徐克非　谢丽涛

中国振华(集团)科技股份有限公司

1997年6月27日

合并资产负债表

资产	附注	1996.12.31	1995.12.31	1994.12.31	资产	附注	1996.12.31	1995.12.31	1994.12.31
流动资产:					负债及股东权益				
货币资金	三.1	47,058,256.73	40,907,534.66	32,553,634.16	流动负债:				
短期投资		0.00	0.00	15,000.00	短期借款	三.12	165,744,138.00	135,375,326.08	108,909,619.74
应收票据	三.2	3,227,000.00	1,150,000.00	0.00	应付票据		0.00	0.00	0.00
应收帐款	三.3	148,464,334.39	135,699,591.33	101,367,210.06	应付帐款	三.13	29,845.883.64	32,797,703.74	26,371,156.96
减:坏帐准备		382,673.92	322,693.84	273,865.68	预收帐款	三.14	24,797,115.14	29,203,694.93	40,334,382.97
应收帐款净额		148,181,513.78	135,376,897.69	101,093,344.38	应付福利费		6,768,038.94	5,887,820.29	4,748,827.29
预付帐款	三.4	4,416,425.45	970,911.82	3,025,893.89	未付股利	三.15	11,043,969.43	7,756,191.46	10,113,623.39
其他应收款	三.5	29,430,430.20	26,924,623.15	30,177,215.37	未交税金	三.16	12,325,591.29	4,442,539.52	-702,440.75
待摊费用	三.6	329,311.82	1,332,173.88	2,241,520.72	其他未交款		348,261.25	297,844.04	250,936.35
存货	三.7	136,226,707.78	127,581,040.99	119,659,563.37	其他应付款	三.17	33,482,083.06	28,038,979.53	19,391,694.20
待处理流动资产净损失		0.00	0.00	4,850,000.00	预提费用		756,031.36	1,847,029.06	950,475.70
一年内到期长期债券投资	三.8	33,200.00	0.00	0.00	一年内到期的长期负债	三.18	14,767,865.15	21,578,343.01	0.00
其他流动资产		0.00	0.00	0.00	其他流动负债		0.00	0.00	0.00
流动资产合计		368,902,845.76	334,243,182.19	293,616,171.89	流动负债合计		299,878,977.26	267,225,471.66	210,368,275.85

长期投资:					长期负债:				
长期投资		4,391,830.00	0.00	0.00	长期借款	三.19	31,854,227.35	50,255,492.29	40,900,139.79
其中:合并价差		4,391,830.00	0.00	0.00	应付债券		0.00	0.00	0.00
固定资产:					长期应付款	三.20	7,342,576.92	10,191,990.36	4,159,566.79
固定资产原值	三.9	247,646,168.01	181,665,490.50	132,567,559.76	其他长期应付款	三.21	11,192,131.07	11,334,068.77	6,000,000.00
减:累计折旧	三.9	82,317,363.91	48,892,449.06	40,159,842.92	其中:住房周转金		0.00	0.00	0.00
固定资产净值		165,328,804.10	132,773,041.44	92,407,716.84	长期负债合计		50,388,935.34	71,781,551.42	51,059,706.58
在建工程		0.00	13,435,757.24	8,775,623.93	少数股东权益:				
固定资产清理		0.00	0.00	0.00	少数股东权益	三.22	30,906,165.30	29,255,326.45	18,768,607.84
待处理固定资产净损失		0.00	0.00	390,000.00	股东权益:				
固定资产合计		165,328,804.10	146,208,798.68	101,573,340.77	股本	三.23	105,000,000.00	91,155,804.69	91,528,877.64
无形资产及递延资产:					资本公积	三.24	55,992,194.85	2,155,840.85	926,422.51
无形资产	三.10	394,166.62	250,000.00	0.00	盈余公积	三.25	0.00	19,376,111.00	19,507,622.21
递延资产	三.11	3,148,626.11	3,970,771.19	414,500.35	其中:公益金		0.00	9,901,685.79	5,069,339.72
无形资产及递延资产合计		3,542,792.73	4,220,771.19	414,500.35	未分配利润	三.26	0.00	3,722,645.99	3,444,500.38
其他长期资产:					股东权益合计		160,992,194.85	116,410,402.53	115,407,422.74
其他长期资产		0.00	0.00	0.00	负债及股东权益总计		542,166,272.75	484,672,752.06	395,604,013.01
资产总计		542,166,272.75	484,672,752.06	395,604,013.01					

合并利润表

项目	附注	1996.1-1996.12	1995.1-1995.12	1994.1-1994.12	项目	附注	1996.1-1996.12	1995.1-1995.12	1994.1-1994.12
一、主营业务收入	三.27	413,575,049.50	406,634,148.36	317,600,306.09	加:投资收益		0.00	0.00	0.00
减:营业成本	三.28	267,274,741.85	274,020,722.15	210,432,579.75	补贴收入	三.31	6,631,373.86	8,417,834.03	669,344.30
销售费用		26,932,559.09	26,207,563.40	18,712,507.15	营业外收入	三.32	511,078.17	1,394,254.27	527,699.54
管理费用		31,668,263.76	27,728,260.56	21,624,702.46	减:营业外支出	三.33	384,188.95	471,563.91	207,001.18
财务费用	三.29	25,440,510.84	20,666,531.20	17,669,692.63	加:以前年度损益调整	三.34	2,524,510.98	0.00	1,436,824.99
进货费用		0.00	0.00	0.00	四:利润总额		71,782,237.86	66,362,675.01	51,211,481.72
营业税及附加		1,793,827.39	1,280,106.79	966,039.66	减:所得税		8,427,042.39	4,124,723.84	3,590,620.07
二、主营业务利润		60,465,146.57	56,730,964.26	48,194,784.44	少数股东损益		9,257,784.54	7,505,807.01	2,587,853.30
加:其他业务利润	三.30	2,034,317.23	291,186.36	589,829.63	五:净利润		54,097,410.93	54,732,144.16	45,033,008.35
三、营业利润		62,499,463.80	57,022,150.62	48,784,614.07					

合并财务状况变动表

流动资金来源和运用	1996.1-1996.12	流动资金各项目和变动	1996.1-1996.12
一、流动资产来源		一、流动资产本年增加数	
1.本年净利润	54,097,410.93	1.货币资金	6,150,722.07
加:不减少流动资金的费用和损失:		2.短期投资	
(1)少数股东本期损益(亏损以"-"号表示)	9,257,784.54	3.应收票据	2,077,000.00
(2)固定资产折旧	44,248,416.20	4.应收帐款净额	12,804,616.09
(3)无形资产、递延资产及其他资产摊销(减其他负债转销)	677,978.46	5.预付帐款	3,445,513.63
(4)固定资产盘亏(减盘盈)		6.其他应收款	2,505,807.05
(5)清理固定资产损失(减收益)	-220,029.34	7.待摊费用	-1,002,862.06
(6)递延税项		8.存货	9,531,947.42
(7)其他不减少流动资金的费用和损失		9.待处理流动资产净损失(减收益)	
小计	108,061,560.79	10.一年内到期的长期债券投资	33,200.00
2.其他来源		11.其他流动资产	
(1)固定资产清理收入(减清理费用)	1,626,036.57		
(2)增加长期负债			
(3)收回长期投资		流动资产增加净额	35,545,944.20
(4)对外投资转出固定资产		二.流动负债本年增加数	
(5)对外投资转出无形资产		1.短期借款	30,368,811.92
(6)资本净增加额	39,435,495.84	2.应付票据	
(7)少数股东资本净增加额	6,392,828.21	3.应付帐款	-2,951,820.10
小计	47,454,360.62	4.预收货款	-4,406,579.79
流动资金来源合计	155,515,921.41	5.应付福利费	880,218.65
二.流动资金运用:		6.未付股利	3,287,777.97
1.利润分配		7.未交税金	7,883,051.77
(1)提取法定公积金	5,409,741.09	8.其他未交款	50,417.21
(2)提取法定公益金	5,409,741.09	9.其他应付款	5,443,103.53
(3)提取任意公积金		10.预提费用	-1,090,997.70
(4)已分配股利	38,131,632.27	11.一年内到期的长期负债	-6,810,477.86
小计	48,951,114.45	12.其他流动负债	
2.少数股东利润分配	10,908,623.39		

3. 其他运用			
(1)固定资产和在建工程净增加额	71,371,128.89		
(2)增加无形资产、递延资产及其他资产			
(3)偿还长期负债	21,392,616.08		
(4)增加长期投资			
小计	92,763,744.97		
流动资金运用合计	152,623,482.81	流动负债增加净额	32,653,505.60
流动资金增加净额	2,892,438.60	流动资金增加净额	2,892,438.60

中国振华(集团)科技股份有限公司1997年度中期报告摘要

一、财务报告(未经审计)

1. **简化的资产负债表**　1997年6月30日　　金额单位:元

	年初数(母公司)	年初数(合并)	期末数(母公司)	期末数(合并)
资产:				
流动资产	285,372,820.71	376,612,988.38	876,137,832.39	958,126,169.10
长期投资	32,413,765.43	4,391,830.16	38,499,919.80	4,201,334.22
固定资产净值	124,426,266.49	165,328,804.10	117,220,004.32	162,991,447.88
在建工程			1,358,648.05	1,877,267.24
无形资产	394,166.62	394,166.62	394,166.62	394,166.62
递延资产		3,152,418.42		2,736,280.74
资产总计	442,607,019.25	549,880,207.68	1,033,610,571.18	1,130,326,665.80
负债及股东权益:				
流动负债	246,068,465.99	307,589,119.89	284,836,030.05	332,034,783.17
长期负债	35,546,358.42	50,392,727.65	27,020,105.59	38,796,083.55
负债合计	281,614,824.41	357,981,847.54	311,856,135.64	370,830,866.72
少数股东权益		30,906,165.30		37,741,363.54
股东权益	160,992,194.84	160,992,194.84	721,754,435.54	721,754,435.54
其中:股本	105,000,000.00	105,000,000.00	175,000,000.00	175,000,000.00
资本公积	55,992,194.84	55,992,194.84	518,161,005.51	518,161,005.51
盈余公积			6,082,893.77	6,082,893.77
其中:公益金			2,975,081.27	2,975,081.27
未分配利润			22,510,536.26	22,510,536.26
负债及股东权益	442,607,019.25	549,880,207.68	1,033,610,571.18	1,130,326,665.80

2. **简化的损益表**　1997年1－6月　　金额单位:元

	本期实际数(母公司)	本期实际数(合并)	上年同期(母公司)	上年同期(合并)
主营业务收入	148,977,825.04	186,381,169.20	135,037,512.45	175,287,547.08
主营业务利润	21,598,622.28	24,708,523.30	20,807,178.67	21,812,506.99
其他业务利润	1,207,039.11	1,478,696.92	139,526,49	153,579,47
投资收益	2,355,484.11		39,200.00	39,200.00
营业外收支净额	7,209,920.13	9,495,024.00	1,292,047.63	2,237,863.38
加:以前年度损益调整				
利润总额	32,371,065.63	35,682,244.22	22,277,952.79	24,243,149.84
减:所得税	3,777,635,60	4,075,843.27	3,341,692.91	3,341,692.91
减:少数股权损益		2,825,864.70		1,316,532.31
净利润	28,593,430.03	28,780,536.25	18,936,259.88	19,584,924.62

3. 财务指标

	本　期	上年同期
(1)每股收益(加权平均)	0.256元	0.186元
每股收益(全面摊薄)	0.164元	0.186元
(2)净资产收益率(加权平均)	15.88%	12.16%
净资产收益率(全面摊薄)	3.99%	12.16%
(3)每股净资产	4.12元	1.53元

说明:发行社会公众股募集资金54670万元于1997年6月25日才验资到位,而收益实现的期间是1－6月份,两者无配比性。按加权平均净资产收益率计算比半年期存款利率高出10.43个百分点。

4. 财务报表附注

(1)本报告期所采用的会计政策与会计方法与上年一致,合并报表的单位无变化。

(2)流动资产比年初数增加581,513,180.72元,主要是:

1)货币资金增加501,323,467,18元。本公司在深交所发行公众股7000万股,募集资金6月25日到位,使货币资金增加536,853,504.92元。

2)应收帐款上升42,617,173.32元,其中主要原因之一销量比上年同期增加,销售收入比上年同期有较大幅度上升,应收帐款的基数加大。如:高压真空开关管上升22.69%,程控交换机上升24.23%。原因之二,个别用户付款期延长,引起应收帐款余额上升,但这种原因造成上升的比重很小。从本公司的销售情况看,其应收帐款余额上升,但这种原因造成上升的比重很小。从本公司的销售情况看,其应收帐款余额属正常范围。本公司应收帐款中没有持本公司5%以上股权的股东。

(3)在建工程比年初上升1,358,648.05元,主要是上半年购建需安装未完工的设备。

(4)流动负债比年初上升24,445,663.28元,主要内容是短期贷款增加420万元,应付帐款增加15,952,165.25预收帐款增加13,096,335.65元,其余项目均下降。

(5)长期负债下降11,596,644.10,主要是归还凯里市工行科技开发贷款及归还深圳发展银行融资租赁设备款。

(6)股东权益

项目	期初数	本期增加	本期减少	期末数
股本	105,000,000.00	70,000,000.00		175,000,000.00
资本公积	55,992,194.84	462,168,810.67		518,161,005.51
盈余公积		6,082,893.77		6,082,893.77
未分配利润		22,510,536.26		22,510,536.26

说明:上半年未分配利润中4,736,719.95元属全体股东享受,其余由老股东享受。

公司于1997年6月19日在深交所成功发行社会公众股7,000万股,发行价为7.81元/股,发行后,股本增加7000万元。募集资金54670万元,扣除股本7,000万元和发行费用14,631,074.18元后,其余记入资本公积。冻结资金利息收入4,836,577.30元,其中有效申购冻结资金利息收入99,884.85元记入资本公积,其余部分记入营业外收入。

5. 关联企业及关联交易

本公司的关联企业有中国振华集团公司下属的宇光电工厂、新云器材厂、建新机械厂,这三个工厂为本公司提供机械加工、水电供应、医疗保健、子弟就读入托、住房管理、部分厂房租赁等业务,收费标准按双方签定的服务协议执行。股份公司没有股票投资。

二、经营情况回顾与展望

1. 上半年经营情况回顾

1997年上半年,公司实施优势发展战略,进行“三优”(优势资产、优势企业、优势产品)叠加,组建股份有限公司,促优势产品上经济规模,挤占大市场,取得了明显成效。实现利润总额3,568万元,完成1997年度溢利预测的45%,利润总额较去年同期增长47.19%;净利润2,878万元,较去年同期增长46.98%。利润增长因素:盈利水平高的产品销售收入比重上升;财务费用下降;投资收益上升;营业外收入上升。

上半年做了如下工作:

(1)同心协力,努力工作,使“振华科技”股票于1997年7月3日在深圳证券交易所上市。

(2)努力开拓市场,高压真空开关管、新型元器件市场进一步拓宽;异型大理石加工设备面市后,市场前景看好;程控交换机在激烈的市场竞争中,不但站稳了脚根,销售收入有较大增长,仍保持了同种交换机销量在全国第一的地位。

(3)强化以产品质量为中心的管理工作,公司主导产品全系列钽电解电容器通过 IECQ 和 ISO9002 体系认证后,优质产品宇光牌高压真空开关管、石材加工成套设备以及国家级重点新产品 MY88662 等质量进一步提高。

(4)确立了公司的发展战略,明确了公司的发展思路、发展目标、经营策略,致力于发展高科技,争创高效益,让全体股东获得满意的回报。

2. 下半年经营计划

(1)公司力争全年完成主营业务收入 495,08.4 万元,利润总额 7,922.8 万元,净利润 6,102.9 万元,树立公司的良好形象,给投资者以优厚的回报。

(2)坚持外抓市场、内抓管理,努力提高主营业务的运营质量,积极开拓国内和国外市场,进一步提高产品的市场占有率;认真开展"学邯钢、抓管理"活动,进一步完善管理制度,强化内部财务监控,提高资金运营的质量和效益;实行经营目标考核,充分调动全体员工的积极性、创造性和劳动热情,确保并争取超额完成年度利润目标。

(3)根据招股说明书募集资金使用计划,已经启动厚膜混合集成电路、片式钽电容器、陶瓷外壳结构真空开关管等技术改造项目。下半年还将加大力度加快速度。抓好募股资金的运用,着力培育新的经济增长点。

三、重大事件说明

1. 本公司(振华科技)股票于 1997 年 7 月 3 日在深圳证券交易所挂牌上市,为本公司的发展注入了新的活力。

2. 董事会决定提请临时股东大会讨论以下技改项目及机构调整项目:

1)本公司拟现金投入 3600 万元人民币与香港同创信息产业集团公司共同开发、生产、销售新一代计算机和电子信息产品,使之成为本公司的经济增长点。

2)本公司拟向振华集团财务公司(已通过评估)投资 5000 万元人民币,已上报中国人民银行总行,正在审批过程中,拓宽经营渠道,使本公司成为电子、机械高科技产品为主体,科、工贸、金及咨询、服务于一体的综合性股份公司。

3)拟由新云分公司与四三二六厂组建中国振华(集团)新云电子元器件有限责任公司。

4)拟向生产高附加值产品的深圳振华微电子有限公司投资参股 5000 万元。

3. 按照国务院证券委、中国人民银行、国家经贸委 5 月 21 日联合发布的《严禁国有企业和上市公司炒作股票的规定》的要求,本公司经自查,没有从事任何违反规定的事项,没有在任何交易所开立证券帐户,无股票炒作行为。今后如果参与股票投资将严格遵循国家有关政策和本公司章程的规定。

4. 本报告期内无重大诉讼、仲裁事项。

5. 中国振华(集团)科技股份有限公司经黔科工复(1997)4 号文《关于认定"中国振华(集团)科技股份有限公司""贵阳中信现代药业有限公司为高新技术企业的批复"》认定为高新技术企业,其下属分公司经(1991)黔科计复字 9 号《关于"贵阳新天技术产业开发试验区"第二批新技术企业的批复》认定为高新技术企业,其生产的产品符合国家产业政策,主营产品的核心技术为高科技,在约定的范围内可对抗任何第三人。本公司及分公司均在国家级高新技术开发区内注册。深圳市科学技术局以深科(1994)58 号《关于深圳市高新技术企业认定的通知》认定深圳振华微电子有限公司为高新技术企业,证书编号:S940006;深圳市科学技术局以深科(1994)98 号《关于深圳市高新技术项目认定的通知》认定本公司深圳分公司引进的数字用户程控交换机(SOPHO-S)项目为高新技术项目,证书编号 94020。深圳市政府高新技术工业村筹建领导小组深府村(1994)006 号《关于批准首批项目进入深圳市政府高新技术工业村的通知》通知本公司深圳分公司及深圳振华微电子有限公司进入高新技术工业村。

6. 本公司 1997 年度不中期分红。

四、发行在外股票的变动和股权结构变化

1. 股权结构情况(单位:股。每股面值:1.00 元人民币)

	1997 年 6 月 30 日	比率(%)
1)尚未流通股份		
国有法人股	105000000	60
公司职工股	7000000	4
尚未流通股合计	112000000	64
2)已流通股份		
社会公众股	63000000	36
已流通股份合计	63000000	
3)股份总额	175000000	100

注:本报告期内公司股票还未上市(1997 年 7 月 3 日在深圳证券交易所上市)

2. 截止 1997 年 6 月 30 日前 10 名股东持股情况:

股东名称	持股数(万股)	所占比例(%)
中国振华电子集团公司	10500	60
陈清洁	0.8	0.0046
杨永光	0.8	0.0046
史汉兴	0.8	0.0046
吴德华	0.8	0.0046
唐尚斌	0.8	0.0046
申自强	0.8	0.0046
朱亨林	0.8	0.0046
付荣德	0.8	0.0046
曾润生	0.8	0.0046

五、股东大会简介

1997 年 6 月 25 日,在贵州省贵阳市省政府礼堂召开了中国振华(集团)科技股份公司创立暨第一次股东大会。本次股东大会,出席会议的股东及股东委托人共 5 名,合计代表 11155.6 万股股份,占本公司股份总额为 63.75%,符合法定数额,会议所做决议经现场公证有效。与会股东对提交的各项议案进行了充分讨论,一致通过以下决议;

1. 审议通过了《中国振华(集团)科技股份有限公司筹备工作报告》,决定设立中国振华(集团)科技股份有限公司。

2. 审议通过了《关于设立中国振华(集团)科技股份有限公司费用的报告》。

3. 审议通过了《中国振华(集团)科技股份有限公司章程》。

4. 审议通过了《关于聘请贵州会计师事务所为本公司 1997 年度财务审计机构的方案》。

5. 投票选举产生了本公司第一届董事会。

6. 投票选举产生了第一届监事会。

7. 审议通过了《关于中国振华(集团)科技股份有限公司股票在深圳交易所上市的方案》。

8. 授权董事会处理一切有关公司的设立、注册登记及上市等有关事宜,制定 1997 年下半年本公司工作计划。

六、备查文件

本公司在办公地点备置了完整、齐备的备查文件供查询。备查文件包括:

1. 载有本公司董事长亲笔签名的中期报告原本。

2. 本公司第一次股东大会的文件。

3. 本公司的《上市公告书》。

中国振华(集团)科技股份有限公司

1997 年 8 月 23 日

南方摩托股份有限公司

南方摩托股份有限公司简介

一、公司概况

经国家体改委〔1997〕54号文批准，由中国南方航空动力机械公司作为独家发起人，以其摩托车发动机制造厂、总装厂、齿轮厂、黑色铸造车间、销售公司、运输公司、设计所和相关职能部门的资产和负债，以及其在株洲南方摩托车制造有限公司中75%的权益重组，采取募集方式创建本公司。1997年3月7日，国家工商行政管理部门核准公司名称为“南方摩托股份有限公司”，1997年6月20日，南方摩托股份有限公司正式成立，1997年6月26日，南方摩托股票在深圳证券交易所挂牌上市。总股本为28500万股，其中国家股20000万股，占总股本70.18%。

发起人——中国南方航空动力机械公司，是中国航空工业总公司所属的大型骨干企业，国家首批57家试点企业集团之一的中国南方航空动力机械集团的核心企业，同时也是国家重点支持的300家企业之一。早在1954年南方公司就研制成功了共和国第一台航空发动机，受到毛泽东主席的亲笔信嘉勉。改革开放后，又成功地进行了以建设高科技、第一流的军民结合型企业为主体目标的第二次创业，研制成功了具有当代世界先进水平的直升机动力，为驻港部队提供了优良的技术设备。与此同时，自行研制开发了南方牌系列摩托车，并通过引进、消化、吸收世界摩托车工业最新设计、制造技术，通过合资合作、兼并联营，实现了规模经营和集约经营，使南方摩托逐渐发展成为系列产品和名牌产品，南方公司也逐步发展成为航空工业和国防工业的优秀企业。

南方摩托股份有限公司为适应国民经济产业结构升级和两个根本性转变的要求以及日益激烈的市场竞争，在不断深化内部改革、降低成本、强化管理的同时，重点突出技术进步和新产品开发，大力优化经济结构，努力拓展市场空间。针对中国摩托车市场竞争日益激烈，产量急剧增长，但产品质量、技术档次、开发能力与日本等发达国家相比尚有差距的形势，公司制定了“高起点、高科技开发，调整产品结构；高起点、大规模进行技术改造，以科技进步为依托，不断强化自主研制能力；强化摩托车集团经营，全方位提高品牌竞争实力”的经营战略，每年确保2－4种新型发动机和整车研制、鉴定、生产和投入市场。目前，公司已形成了从50毫升到750毫升6种排量40余个品种的南方车族。特别是成功地自行研制了125毫升和100毫升四冲程发动机，成为目前国内唯一自行设计、研制四冲程摩托车发动机的企业。领先一步的新产品能力，来自强大的综合技术实力。公司通过技术改造、技术引进和技术合作，先后改造建成了具有国内一流水平的计算机辅助设计和制造系统、摩托车检测中心。1996年又投资近2亿元开始建设国家“双加工程”重点项目——具有国际先进的水平摩托车发动机柔性加工及装配线，为发展21世纪领先和主导产品，奠定了坚实的基础，在进一步提高公司整体竞争实力的同时，也大大增强了民族摩托车生产的自我发展能力。

随着世纪之交的迫近，面对日益激烈的市场竞争，公司制订了面向21世纪的发展纲要。将充分利用国家产业政策，以国家重点扶持为契机，充分发挥公司产品多、规模系列齐全的优势，进一步提高产品质量，降低产品成本，加强销售服务，继续提高科技开发能力，确保公司产品技术领先同行业水平，不断提高公司的竞争力。与此同时，为克服行业单一的风险，在加快扩展摩托车生产规模的同时，积极开拓对外贸易、汽车发动机制造、船舶发动机制造、电脑加油机制造等业务领域，实现“摩托为主，多种经营”的战略方针。此外，公司本着“专业化、大协作、就近形成”的原则，以南方摩托车产品为龙头，以地方工业为依托，通过产品纽带，继续完善以南摩股份公司为核心企业的南方摩托集团的建设，集团规划到2000年，迈入国家摩托车生产大集团行列。

二、董事长、总经理介绍

陶光孟先生，55岁，1965年哈尔滨军事工程学院毕业，研究员级高级工程师，享受政府特殊津贴。历任副主任、检验处副处长、质保部部长、南方公司总工程师、总经理、南摩股份公司董事长和总经理，同时兼任湖南省科协副主席、中国质量协会理事、中国航空学会理事、南京航空航天大学兼职教授。曾多次在航空工业总公司立功受奖，被评为优秀企业家。

面对90年代中国企业走向全面激烈竞争的局面，陶光孟敏锐而又强烈地感到，必须做出新的总体对应抉择，必须构建一种全新的企业体制和多角化战略，通过制度创新来保证与促进企业持续稳定的发展。他果断决策，推动南方公司彻底由计划经济向市场经济，由粗放型经营向集约化经营的双重转变。1994年，公司在多年进行军民分线的基础上，按照建立现代企业制度的要求，采取“三分开”的方法，即军民品生产线分开，社会服务单位、生活服务系统与科研生产母体分开，经营性处室与公司机关分开，对企业组织结构进行了调整，建立了10多个子、分公司、实行资产经营责任制，着力盘活存量资产；1995年组建了南方摩托事业部；1996年在事业部的基础上，以地方工业为依托，通过产品和资产纽带，组建了南方摩托集团；1997年完成企业股份制改造，创建了南方摩托股份有限公司。这一系列的决策和实践，不仅仅使公司的生产和管理产生了质的飞跃，更主要的是由制度创新给公司带来的资源配置、生产管理、技术进步、人才引进、市场营销、宏观决策等诸多方面的自上而下的革命，推动着公司不断超越自我。

“至尊、至善、至诚”被陶光孟先生视作人格的立身之本。豁达、坦荡、果断、谦恭，是他性格的典型特征。在生产经营管理实践中，积极倡导和实践“以人为本”的经营管理哲学，十分注重通过自身的清正廉洁、率先垂范来影响、调动和发挥广大职工群众的积极性。陶光孟先生一心奉献，不图名利，献身事业，赢得了公司广大干部职工的依赖和尊重，赢得了中国航空工业总公司及省市领导的高度赞扬。

南方摩托股份有限公司招股说明书概要

一、绪言

本招股说明书是根据《中华人民共和国公司法》、《股票发行与交易管理暂行条例》等有关法律、法规编写，旨在向社会公众提供本公司基本情况和本次发行的详细资料。本公司筹委会成员已批准本招股说明书，确信其中不存在任何重大遗漏或者误导，并对其真实性、准确性、完整性负个别的和连带的责任。

新发行的股票是根据本说明书所载明的资料申请发行的。除本公司和主承销商外，没有委托或授权任何其他人提供未在本说明书中列载的信息和对本说明书作任何解释或者说明。

买卖本公司股票所应支付的税款，由投资者自行负担，发行人、推荐人和承销商对该税款不承担责任。

本次发行已经证监会“证监发字〔1997〕306号”和“证监发字〔1997〕307号”文审该批准。

二、释义

在本招股说明书中，除另有说明外，下列名词之含义应由下述释义规范：

发起人、南方公司	指中国南方航空动力机械公司
发行人	指南方摩托股份有限公司(筹)
本公司	指南方摩托股份有限公司(筹)
南方动力集团	指中国南方航空动力机械集团
中航总	指中国航空工业总公司

筹委会	指本公司设立及股票发行之筹备委员会
合作公司	指株洲南方摩托车制造有限公司
新股、本次股票	指本公司本次向社会公众(包括本公司职工)发行的人民币普通股8500万股
本次发行	指本次股票的发行
中国证监会	指中国证券监督管理委员会
主承销商	指深圳国投证券有限公司
上市推荐人	指深圳国投证券有限公司
承销协议	指本公司与主承销商达成的承销协议
元	指人民币元

三、发售新股的有关当事人

1、发行人:南方摩托股份有限公司(筹)
负责人:陶光孟
公司地址:湖南省株洲高新技术产业开发区天台西路1号
电话:(0733)8810331
传真:(0733)8822995
联系人:马宁
2、承销机构
主承销商:深圳国投证券有限公司
公司地址:深圳市红岭中路七号国际信托大厦三楼
电话:(0755)5894167
传真:(0755)5564179
联系人:孙玉景　路永忠　张军
3、上市推荐人:深圳国投证券有限公司
4、副主承销商:航空信托投资有限责任公司
公司地址:北京朝阳区惠新西街21号恒信大厦附二楼
电话:(010)64951702
传真:(010)64928268
联系人:任一夫
5、分销商:蔚深证券有限责任公司
公司地址:深圳市福田区振华路飞亚达大厦8层
电话:(0755)3241579
传真:(0755)3241579
联系人:鲍钺　吴俊誉
6、分销商:湘财证券有限责任公司
公司地址:长沙市黄兴中路63号中山国际大厦
电话:(0731)8855410
传真:(0731)8855410
联系人:肖贤辉
7、分销商:辽宁省国际信托投资公司
公司地址:沈阳市和平区和平南大街43号
电话:(024)3239263
传真:(024)3851650
联系人:李扬　刘裕
8、分销商:湖南省国际信托投资公司
公司地址:长沙市赤岗北路100号
电话:(0731)2229999-8608
传真:(0731)4416134
联系人:黄勇　彭术乔
9、分销商:广西证券有限责任公司
公司地址:南宁市教育路7-1号
电话:(0771)5855622
传真:(0771)5861083
联系人:刘熔
10、分销商:中国新技术创业投资公司
公司地址:北京建国门外大街22号
电话:(010)65227550
传真:(010)65227560
联系人:高炬
11、分销商:内蒙古自治区信托投资公司
公司地址:呼和浩特市迎宾北路12号
电话:(0471)6939802
传真:(0471)6939803
联系人:杨长青　杜义学
12、分销商:新疆维吾尔自治区证券公司
公司地址:乌鲁木齐市新华南路32号
电话:(0755)5581255
传真:(0755)5581255
联系人:柯延新
13、发行人律师:北京市嘉和律师事务所
公司地址:北京东城区春秀路甲一号华厦宾馆三号楼二层
电话:(010)64156612
传真:(010)64156614
经办律师:颜羽　徐莹
14、承销商律师:信达律师事务所
公司地址:深圳深南中路东风大厦21层
电话:(0755)3244692　3243139
传真:(0755)3243108
经办律师:郑伟鹤　靳庆军
15、会计师事务所:湖南省会计师事务所
公司地址:长沙市黄兴路182号
电话:(0731)5815215
传真:(0731)5815199
经办注册会计师:周重揆　曹国强
16、资产评估机构:陕西岳华会计师事务所
公司地址:中国西安高新技术开发区(西区)中航大厦五层
电话:(029)8211724
传真:(029)8210411
经办评估人员:赵全林　李延成
17、资产评估确认机构:国家国有资产管理局
公司地址:北京市海淀区万泉河路66号
电话:(010)62567744
传真:(010)63464595
18、股票登记机构:深圳证券登记公司
公司地址:深圳市红岭中路25号
电话:(0755)5571137
传真:(0755)5564759
19、收款银行:中国工商银行株洲高新技术开发区支行
公司地址:湖南省株洲高新技术开发区天台西路1号
电话:(0733)8811933
传真:(0733)8822890

四、本次发行基本情况

1、承销方式:余额包销。
2、承销期的起止日期:从1997年6月12日至1997年6月18日。
3、拟上市日期:1997年6月
4、拟上市地:深圳证券交易所
5、发行方式:上网定价发行
6、发行地区:中华人民共和国境内
7、发行对象:中华人民共和国法律规定可以从事股票投资的境内自然人和法人。
8、发行股票的类别:本次发行的新股为人民币普通股,每股面值1元,共8500万股
9、发行价格及确定方法:7.20元
发行价格计为:
本公司96年、95年、94年税后利润之和÷{〔96年评估后净资产×0.6+95年净资产×0.3×(1+评估增值率)+94年净资产×0.1×(1+评估增值率)〕×折股比率}×市盈率=7.20元
10、本次发行预计实收金额
本次发行募集资金为61,200万元,扣除发行费用1,473.5万元,预计实收金额为59,726.5万元。
11、承销机构
主承销商:深圳国投证券有限公司

副主承销商:航空信托投资有限责任公司

分销商:蔚深证券有限责任公司、湘财证券有限责任公司、湖南省国际信托投资公司、辽宁省国际信托投资公司、广西证券有限责任公司、中国新技术创业投资公司、内蒙古自治区信托投资公司、新疆维吾尔自治区证券公司

五、风险因素与对策

投资者在评价本发行人此次发售股票时,除本招股说明书提供的其他资料外,应特别认真地考虑下述各项风险因素。

(一)风险因素包括(但不限于)下列各项:

1、经营风险

(1)对主要零部件生产厂家和原材料的依赖

本公司摩托车生产所需的部分零部件,如磁电机、仪表、灯具、车轮和消声器等,主要依赖国内生产厂家供应。个别关键件如化油器等,主要依赖从日本等国家和地区进口。

摩托车生产的主要原料(如钢铁、铝材等)依赖国内生产厂家供应。原材料和零部件的价格占摩托车制造成本的比例较大,其价格的变化直接影响到制造成本的变化,从而使本公司经营带来一定的风险。

(2)对主要客户的依赖

本公司产品主要通过所属销售公司在全国的网点销售,但仍有部分产品依赖各地区的地区销售代理商销往全国各地。另有部分产品通过南方动力集团的进出口公司出口东南亚和南美,对国外客商有一定依赖性。对国内外客户的依赖,会给本公司经营带来一定的风险。

(3)能源或者交通方面存在的制约

本公司地处京广、浙赣、湘黔三大铁路交汇处的株洲市,本公司有铁路专用线,京广高速公路及320国道与本公司毗邻,交通方面制约较小。随着公司扩建项目的完成,对电力需求较大,可能会受一定程度上的制约。

(4)产品价格方面的限制

目前我国摩托车生产厂家较多,价格竞争激烈,有不少生产厂家为扩大销售降低产品价格,这将直接影响到本公司经营业绩。

(5)产品外销的限制

目前我国还未能加入世界贸易组织,这样就使本公司产品的外销在不同程度上受国外关税政策限制。

(6)本公司产品生产与销售无任何补贴。

(7)融资能力的局限性。本公司信用等级被评为“AAA”,有较强融资能力,但融资能力在不同程度上仍受国家适度从紧的金融政策的变化影响。

(8)外汇风险(包括汇率风险)

本公司每年需从国外进口一定数额的关键零部件。受汇率变动影响,存在一定外汇风险。

(9)本公司经营基本不受自然条件的限制。

2、行业风险

(1)产业政策的限制

摩托车生产近几年发展较快,产量迅速增加,1994年全国产量为522.7万辆,1995年为783.6万辆,1996年为929.5万辆。同时由于摩托车行业利润率较高,许多资金涌入该行业,纷纷设立生产厂家,导致生产厂家增加较多,94年103家,95年118家,96年136家。这样,就出现重复引进、重复生产、单个厂家生产规模小等缺点,造成一定的资源浪费。另外,摩托车大量生产并供给消费者使用,将产生较多污染及给交通带来一定程度影响,这些变化及其产生的后果都有可能促使国家在产业政策方面实施某种程度的限制,从而对本公司生产经营产生一定影响。

(2)摩托车行业发展不同程度上依赖其他行业,如冶金、石油和橡胶行业等。这些相关行业生产成本和行业发展的变化将会给本公司经营带来一定的影响。

(3)本公司业务对有限的自然资源不存在严重依赖。

(4)行业内部竞争的情况

近年来,国内外投资厂商看好我国摩托车市场,纷纷投资摩托车工业,促使我国摩托车行业内部竞争日益加剧。从1996年全国摩托车生产企业产量排名情况看,目前我国摩托车行业内排名靠前的几家大的厂家为:轻骑集团、嘉陵集团、金城集团、建设集团、海南新大洲等。其中,轻骑集团、嘉陵集团、新大洲等公司利用及早发行股票及上市的时机,迅速扩大规模,增加产量,成为行业内部竞争能力较强的企业。本公司在96年摩托车生产企业产量排行榜中排名为第13位。在众多的摩托车厂家中,排在前列,在摩托车行业中有一定地位和独特优势。但日益激烈的竞争使每一个厂家都面临着挑战,优胜劣汰已成为摩托车行业发展趋势。因此,众多厂商的竞争,特别几家大的厂家的竞争,对本公司的经营发展将会产生一定的影响。

(5)行业单一的风险

本公司全部业务是生产摩托车及摩托车发动机,主营业务突出,存在着经营行业单一的风险。

3、市场风险

(1)商业周期的影响

摩托车产品属于高档消费品,受经济景气程度影响。经济增长时期,社会购买力加强;而经济不景气时期,则社会购买力减弱。这种商业周期性变化对本公司产品的销售会带来一定的影响。

(2)市场不够发达或存在市场分割的情况。

我国市场还处于发展初级阶段,市场机制不够完善,人为的市场分割现象仍然存在,这对本公司产品销售构成一定影响。

(3)主要出口市场所在的国家和地区经济、政治稳定的影响

目前本公司产品出口市场为东南亚、非洲、中东和南美洲国家,这些国家和地区经济、政治稳定性程度将给本公司产品出口带来一定的影响。

(4)市场变化产生的影响

近年来,我国摩托车市场发生较大变化,随着居民生活水平日益提高,对摩托车的需求量增加很快,同时,高、中、低三档摩托车产品市场分化愈来愈细,这些变化对摩托车生产厂家带来不同程度的影响。从几个主要摩托车生产厂家的市场占有率近三年的变化来看,摩托车产品市场变化是很快的。其中以几个大的生产厂家来看,轻骑集团与新大洲是以生产50ml踏板车占优势,嘉陵集团则是以生产70ml、50ml、90ml摩托车占优势,而本公司则是以生产125ml摩托车占优势,本公司125ml摩托车产量是生产125ml摩托车第二大厂家产量的2倍,近年来,本公司的摩托车产品市场占有率一直保持在3.2%左右,但本公司生产规模相对其它大的厂家处于劣势。随着人们生产水平的提高,对摩托车产品的需要变逐步趋向中高档摩托车,这对本公司的市场发展是有利的,但市场变化亦会使生产厂家采取不同的措施,生产出各种新型的摩托车产品以适应市场变化的需求,这样市场变化就可能引起生产厂家的新的竞争,从而对本公司的生产销售带来一定的影响。

(5)行业生产能力、市场容量的限制

根据一九九五年六月全国摩托车“九五”规划:2000年全国摩托车市场需求量为1100万辆,保有量为4530万辆,目前,全国人均摩托车占有率约80人一辆,而经济发达地区的一些中、小城市已达6-10人一辆。因此,摩托车产品在经济相对落后发展的广大地区潜在着巨大的摩托车需求市场。但由于我国摩托车行业厂家增加较快,产量迅速增加,行业生产能力逐渐增强,已能适应逐步增长的摩托车需求市场。

由于我国人均收入目前还处于较低水平,高档消费品的消费能力有限,摩托车产品产量短时期内急剧增加,将会受到目前市场容量的影响,从而可能给本公司产品的销售带来一定的影响。

(6)对海外市场的依赖

本公司产品对海外市场有一定的依赖,当地摩托车生产和消费市场的变化,会给 本公司产品出口带来影响。

4、政策风险

我国正逐步建立和完善社会主义市场经济体制,行业、税收、环保等法规和政策的调整变化,都将对本公司经营效果构成影响。

(1)环保政策的影响

随着全球经济的发展,工业化程度越来越高,由此造成环境污染日益严重,环境保护逐渐受到各国政府和人民的重视,我国亦面临这种情况,并加强制定环境保护政策。摩托车产生废气和噪声都对周围环境产生较大的污染,因此,进一步控制摩托车排放污染和噪声污染是我国加强环保政策发展方向之一,这将给摩托车生产带来一定影响。为使产品适应不断提高的环保要求,本公司将增加投入开发,研制、生产等方面的费用,在这可能会导致本公司生产成本上升,从而对经营效益产生一定影响。

(2)交通政策的影响

随着我国经济迅速发展,机动车辆急剧增加,各大中城市交通建设相应严重滞后,造成交通拥挤、阻塞问题。面对这一愈来愈严重的影响。政府除加快交通建设外,亦对机动车辆的增加作出种种限制,特别是摩托车,各大中城市对增加此类机动车辆的限制愈来愈严格,限制政策愈来愈多,这将会对本公司的摩托车销售造成一定的不利影响。

(3)税收政策的影响

国家鼓励发展的行业会给予税收优惠政策,国家限制发展的行业会给予相应较高的税收政策,这种税收政策的变化会给 本公司摩托车生产带来直接的影响。合作公司系中外合作企业,根据第八届人大常委会第五次会议通过的《关于外商投资企业和外国企业适用增值税、消费税、营业税等税收暂行条例的决定》及国务院有关文件精神,外商投资企业五年内继续享受原工商统一税的税负,即从 1994 年 1 月 1 日起至 1998 年 12 月 31 日止,合作公司依照《中华人民共和国增值税暂行条例》和《中华人民共和国消费税暂行条例》计算缴纳的税款,超出依照原《中华人民共和国工商统一税条例(草案)》计算出的部分(原适用税率 4.5%),由税务部门退给企业,作为营业外收入。合作公司税收优惠政策 98 年 12 月 31 日到期,届时税收优惠政策变化将给本公司带来一定影响。

关税政策的变化亦会给本公司带来一定影响,目前我国对机动车辆进出口尚实行保护性关税,随着我国外贸行业不断发展,加入世贸组织已势在必行,相应地需要降低关税,这样,本公司生产经营就可能受到外国产品大量进口冲击市场的影响。

5、其他风险

募集资金投入新项目后,新增生产能力能否充分发挥,存在一定的风险。

(二)风险之对策

对于上述风险因素,发行人拟采取以下措施减少其影响。

1、经营风险对策

(1)对于主要配套零部件和原材料供应,一方面与各供应商建立长期的供销合作关系,以保证供给;另一方面,广泛拓宽进货渠道,多方选择供应厂商,避免独家供应所导致的对个别厂商的依赖。

(2)加大本公司销售辐射范围,增加销售能力,增加销售网点;拓宽海外市场,减少对主要客户的依赖风险。

(3)南方公司与美国企业合资设立的株洲南方热电有限公司正在建设中,热电项目投产后将使本公司的电能热能需求得到保障。

(4)努力扩大适销产品的生产规模,降低生产成本,开发高科技含量产品,使本公司产品的价格具有竞争力。

(5)通过本公司和南方公司在国外设立的合资企业,减轻国外主要进口国对本公司产品关税和非关税壁垒的限制。

(6)上市成功后,通过配股和发行公司债券等方式筹集资金,将减轻本公司受宏观金融信贷政策的影响。

(7)运用各种保值手段,降低外汇(汇率)风险。

2、行业风险对策

(1)利用产业政策优势,以国家重点扶持为契机,本公司将迅速扩大生产规模,尽快步入摩托车行业前列。

(2)本公司参与了机械工业部组织的对二冲程发动机的行业性国际合作攻关;采取各种措施提高质量水平,使二冲程发动机更好地满足环保高标准要求,增加四冲程发动机品种与产量,优化产品结构,以减少环保因素限制可能带来的风险。

(3)面对同行业日益激烈的竞争,发挥本公司摩托车品种多规格全的优势,提高批量生产能力到 70 万辆,形成经济规模,增强公司的竞争能力。

(4)为克服行业单一的风险,本公司坚持以摩托车业为主,多种经营的方针,正在开拓对外贸易、汽车发动机、船舶发动机、电动车、电脑加油机的研制和其他业务领域。

3、市场风险对策

(1)以良好的产品质量、系列化的品种结构和具有竞争力的价格为基础,加强广告宣传,坚持多元经营战略,以降低商业周期为本公司生产经营的影响。

(2)优化销售策略,加大销售力度,以名优产品和良好的售前售后服务赢得消费者的认同,降低国内市场机制不完善的影响。

(3)针对产品外销地区的经济、政治稳定性程度,采取不同对策,适时调整产品出口结构,并在结汇上采用即期信用证结算,以降低风险。

(4)增加生产能力,扩大生产规模产量,拓宽生存空间;降低生产成本,用质优价廉的产品提高市场占有率。

(5)择优选择国外合资合作伙伴,生产当地适销产品,建立自己的销售机构,增加销售网点,不断开拓新的客户和市场、以减轻本公司产品在海外市场的风险。

4、政策风险政策

本公司将加强对国家宏观经济政策以及摩托车行业政策的研究和把握,增强决策层对经济发展和政策变化的预测和判断能力,适时调整和制定相应的对策,提高企业的应变能力,避免和减少因政策变化可能对本公司产生的不利影响。

5、其他风险对策

针对募集资金投向新项目可能发生的风险,认真做好新项目的可行性研究和摩托车市场的调查研究及市场预测,使投资决策建立在科学基础上,避免或减少募集资金投向新项目可能发生的风险。

(三)股市风险对策

股票投资是一种相对高风险、高收益的投资。在我国影响股票市场价格变动的因素,主要受股票供求关系变化,公司经营状况和盈利状况的变化,国家金融经济政策的变化,国内外政治经济形势的变化,投资者心理预期以及股票市场的成熟等因素的影响。股票市场价格瞬息万变,股票投资风险较大。在我国目前证券法规不够健全、投资者投资理念尚未成熟的情况下,务请广大投资者投资购买股票前充分了解股价波动情况,谨慎投资。

六、募集资金的运用

1、募集资金的用途

本次股票发行完毕可募集资金为 61,200 万元,扣除发行费用 1,473.5 万元后,实际募集资金为 59,726.5 万元,计划投向以下项目:

(1)摩托车发动机"双加"工程技术改造项目

本项目是国家为加大投资力度,加快改造步伐,促进重点行业上水平,而选定的"双加"工程技术改造项目,已经国家经济贸易委员会国经贸改〔1995〕585 号文批准立项。

本项目主要内容是新建厂房 10,000 平方米;增置两条由加工中心组成的柔性式发动机壳体机械加工线,一条曲轴连杆机械加工线,两条侧盖加工线;增置两条发动机装配线和试车线;建设一座立体仓库。

本项目总投资为 30,890 万元,其中固定资产投资 19,800 万元。本项目峻工达产后,预计年产品销售收入 116150 万元,年利润总额 8986 万元,内部收益率 34.02%,投资利润率 27.9%。

(2)摩托车整车扩产技术改造项目

本项目是对本公司控股的中外合作株洲南方摩托车制造有限公司进行摩托车整车扩产技术改造。已经湖南省计划委员会湘计工〔1997〕071 号文和株洲市计划委员会株计字〔95〕268 号文批准立项。

本项目的主要内容是新建涂装厂房 10,400 平方米,配置四条喷漆线,新建 10,000 平方米车架生产及整车包装厂房,配置一条冲压生产线,一条管件成型线,四条机器人焊接生产线,两条整车包装线,改造充实油箱生产线,完善有关配套设施。

本项目总投资 32,662 万元(其中本公司按 75%投资比例投入 24,497 万元),其中新增固定资产投资 16,800 万元,本项目达产后,预计产品销售收入 38,700 万元,利润总额 14,838 万元,内部收益率 33.2%,投资利润率 35%。

2、投资项目时间安排

(1)发动机项目:本项目 1996 年 3 月开始建设,预计 1997 年 5 月开始部分投产,全部峻工时间预定为 1998 年 5 月。本项目由南方公司投资兴建,已投入资金约 1.3 亿元。待本公司募集资金到帐后,南方公司承诺既将"双加工程"项目资产根据双方签订的转让协议书转让给本公司。

(2)整车项目:本项目从 1997 年 3 月开始建设,预计 1998 年 5 月开始产生效益,全部竣工时间预定为 1998 年底。

根据资金使用计划,项目本年度实际需投入资金 41,000 万元,尚余资金 18,726.5 万元,暂作为本公司流动资金周转使用,待明后年按计划继续投入。

七、股利分配政策

1、股利分配的一般政策

根据国家的有关规定和本公司章程,本公司实现的利润依法缴纳所得税后,按下列顺序分配:

(1)提取法定公积金,按税后利润的 10%提取。

(2)提取法定公益金,按税后利润的 5%-10%提取。

(3)经股东大会决议,提取任意盈余公积金。

(4)依股东所持股份比例支付股利。

具体分配比例及分配方式,均由董事会依据的有关法规和公司章程提出分配方案,经股东大会审议批准后实施。

2、本公司采取现金股利和股票股利的形式分派股利。现金股利以人民币派付。

3、本公司股利每年派付一次。本公司董事会认为必要时，提请股东大会通过后，也可派发中期股利。公司分派股利时，将以公告和书面形式通知股东。

4、根据本公司筹委会南股筹字〔1997〕02 号 文，自 1997 年 1 月 1 日起，本公司的税后利润将由新老股东共同享有。

八、发行人情况

1、发行人名称：南方摩托股份有限公司(筹)

2、发行人成立日期：工商行政管理部门签发企业法人营业执照之日为公司成立之日

3、发行人住所：湖南省株洲高新技术产业开发区天台西路 1 号

4、发行人历史情况简介

(1)发起人简介

中国南方航空动力机械公司是中国航空工业总公司下属的中小型航空发动机和摩托车科研、生产基地，是我国最早研制，生产航空发动机和军、警用摩托车的大型骨干企业。四十多年来，先后研制生产了我国第一台航空发动机，第一台摩托车发动机、第一批燃气轮机发电站等 10 个“中国第一”产品，已形成 5 个系列、14 个品种、20 多个型号的航空发动机和船用轻型燃气轮机；6 个系列、30 多个型号的摩托车及发动机的科研、生产能力。曾获得全国优秀企业“金马奖”等称号。

(2 历史沿革

南方公司的前身是株洲兵工厂，创始于 1950 年 1 月。1951 年 10 月 1 日中央重工业部命令兵工厂转产，并更名为“株洲三三一厂”以研制和生产航空发动机为主。1952 年 8 月 27 日，第二机械工业部第四局〔52〕四办字第 103 号通知，更名为“中央第二机械工业部第四局三三一厂”。1983 年 4 月 15 日，国防科工委〔1983〕综计字第 851 号文航空工业航计函〔1983〕972 号文批复公司与 608 航空发动机研究所组成“国营南方动力机械公司”。1992 年 6 月 6 日国家计委、国家体改委、国务院经贸办规划〔1992〕776 号文同意更名为“中国南方航空动力机械公司”，并同意以中国南方动力机械公司为核心企业组建“中国南方航空动力机械集团”。

本公司是经国家体改委体改生〔1997〕54 号文批准，由中国南方航空动力机械公司作为独家发起人，以其摩托车齿轮厂、发动机制造厂、黑色铸造车间、压铸车间、销售公司、运输公司、摩托车设计所和相关职能部门的全部资产及负债，以及其在株洲南方摩托车制造有限公司中 75% 的权益重组，采取募集方式设立的股份有限公司。1997 年 3 月 7 日，国家工商行政管理局预核准本公司名称为“南方摩托股份有限公司”。若本次发行成功，则本公司实收股本 28,500 万元，并将在湖南省株洲高新技术产业开发区注册登记，注册资本为 28,500 万元。

5、本公司组织结构和内部管理机构

(1)本公司的最高权力机构是股东大会。股东大会下设的董事 会，是股东大会是常设执行机构，在股东大会闭会期间，负责本公司的重大决策，并向股东大会负责。

(2)本公司组织结构：(见附图)

6、本公司人员构成

本公司现有职工 6,743 人。其中生产人员 4,878 人，占 72.3%；销售人员 328 人，占 4.9%，技术人员 1261，占 18.7%，行政人员 276 人，占 4.1%。

各类专业技术人员中有中级以上职称人员 1,016 人，其中高级职称人员 135 人。职工的教育程度：研究生 7 人，本科、大专 1,104 人，中专 1,943 人，其他 3,689 人。

7、本公司业务经营范围

主营：摩托车、摩托车发动机及其派生产品的科研生产、销售、安装以及上述产品所需技术、设备、零部件的技术转让和销售；

兼营：上述产品的技术服务、维修及其相关的第三产业业务。

8、本公司的主要产品品种、主要市场及其市场占有率

(1)本公司的主要产品品种

本公司现已形成 6 个系列产品、30 多个型号的摩托车及其发动机产品，主要有：

①南方 NF125 系列摩托车、NF125 型摩托车 1988 年获全国摩托车厂牌赛团体、个人、外观质量三个第一。1993 年 NF125 系列摩托车获国内贸易部“金桥奖”。

②摩托车、发动机主要有长江 CT750 系列，1988 年获得国家质量奖审定委员会银质奖章；获得 1990 年全国摩托车“骏马奖”一等奖。

(2)本公司产品的主要市场和市场占有率

本公司产品销售的主要市场在我国农村和城镇。

产品市场占有率：本公司摩托车发动机在全国的市场占有率近三年来平均为 4%，摩托车整车在全国的市场占有率近三年来平均为 3.2%，大功率发动机的市场占有率达 75% 以上。125 毫升系列摩托车市场占有率为 14%；55 毫升摩托车为 11%。

(3)发行人业务收入的主要构成

本公司 1994 年到 1996 年业务收入主要构成如下：

单位：万元

项目	1996 年	1995 年	1994 年
主营业务收入	100%	100%	100%
	138,153	131,492	148,817
其中：MF125/NY125	65%	56.6%	64.8%
	89,800	74,424	96,433
NF500	3.5%	12.4%	2.7%
	4,835	16,305	4,018
750 发动机	6.9%	8.9%	8.0%
	9,533	11,703	11,905
摩托车配件	20.8%	18.0%	21.9%
	28,736	23,669	32,591

9、主要原材料的供应

本公司摩托车生产已基本实现国产化，原材料的供应主要来自国内的生产厂家。

耗电 4500 万千瓦小时，电力供应主要来自华中电网。

10、关联交易

本公司与南方公司就水、电、油、煤等方面以及生产后勤保障和生活的需要而进行的交易，将根据本公司正式设立后与南方公司共同签署的“综合服务协议”，按相互独立企业间的有偿服务的方式进行。

本公司与南方公司在生产、委托加工和产品销售等方面因业务需要而进行的交易，将根据本公司正式设立后与南方公司签署的“原材料、零部件供应、加工及产品销售原则协议”，按相互独立企业间的正常市场交易条件进行。

九、筹委会成员

本公司筹委会成员承诺：若筹委会成员被任命为本公司的高级管理人员，则在法律规定的时间内，辞去在南方公司担任的高级管理职务。

吴沈锋先生，66 岁，1952 年上海交大毕业，一级高级经济师，享受政府特殊津贴。历任副科长、科长、分厂副厂长、处长、公司副总工程师、公司总工程师、公司总经理，现任南方动力集团董事长、省人大代表、北京航空航天大学兼职教授。曾评为全国劳动模范、全国优秀企业家、国家级有突出贡献专家，并获全国五一劳动奖章。

陶光孟先生，55 岁，1965 年哈尔滨军事工程学院毕业，高级工程师，享受政府特殊津贴。历任副主任、检验处副处长、公司质量保证部部长、公司总工程师，现任南方公司总经理，兼任湖南省科协副主席、中国质量协会理事、中国航空学会理事、南京航空航天大学兼职教授。曾多次在航空工业总公司立功受奖，被评为优秀企业家。

邱杰雄先生，52 岁，1967 年哈尔滨军事工程学院毕业，研究员级高级政工师。历任航空工业部第六零八研究所党办副主任、公司党委副书记、副总经理，现任南方公司常委书记、市人大代表、兼任市政研会会长、省政研会副会长，曾被评为航空工业总公司劳动模范、全国优秀思想政治工作者。

徐伏清先生，56 岁，1965 年北京航空学院毕业，高级工程师，享受政府特殊津贴。历任副主任、主任、副处长、处长、公司副总经理，现任南方公司总工程师，兼任航空工业总公司航空学会理事、中南地区航空劳动协会理事长。曾荣获国家科技进步奖、国家管理成果二等奖，被评为航空工业总公司有突出贡献专家。

潘国成先生，57 岁，中专，1957 年北京航空工业学校毕业，高级工程师。历任技术科长、副处长、副总经济师，航空工业部第三设计院院长，现任南方公司副总经理。

王昆隆先生，51 岁，1970 年北京航空学院毕业，高级工程师。历任车

间副主任、主任、分厂副厂长、公司副生产长、副总工程师,现任中国南方航空动力机械公司副总经理。兼任中国摩托车行业学会理事、中国内燃机学会理事、湖南省内燃机学会常务理事等职。王先生主持、参与了近三十个型号摩托车及发动机的研制、开发工作。

王湘波先生,34岁,湖南大学国际商学院硕士研究生,经济师。历任分团委书记、公司团委副书记、团市委副书记、公司办公室主任,现任南方公司副总经理,兼任全国青联委员,全国青年企业家协会理事、航空工业总公司建设的会常务理事。

刘迪群先生,41岁,1982年湖南师范大学毕业,高级政工师。历任分团委书记、组织科长,公司团委书记、分厂党委书记。现任南方公司党委副书记、工会主席,兼任中国国际工会执委、省企业文联执行主席。

蔡三定先生,41岁,1978年南京航空学院毕业,高级政工师。历任人事劳资处副处长、组织部副部长、航空部第三设计院党委书记兼副院长、公司组织人事部部长,现任南方公司党委副书记。

夏舜谋先生,55岁,中专,高级经济师。历任党支部书记、分厂党总支办副主任、公司党委办副主任、公司办主任,现任南方公司副总经理,兼任国家摩托车协会副理事长。

周庆贵先生,57岁,1962年西北工业大学毕业,研究员级高级工程师。历任航空工业部第六零八所研究室副主任、主任、公司组织部副部长、公司副总经理,湖南航空局第一副局长、党组副书记,现任南方公司副总经理,兼任湘鄂赣航空质量协会副理事长。曾多次评为航空工业总公司先进质量工作者。

黄月梅女士,55岁,1967年北京航空学院毕业,研究员级高级工程师。历任分厂党办主任、分党委副书记、书记、组织部副部长、部长、人事处处长、干部部部长,现任南方公司党委副书记、副总经理。

罗光景先生,55岁,中专,高级经济师。历任分团委书记、车间副主任、分党委副书记、书记、厂长,现任南方公司副总经理,兼任市南区人大常委会委员。曾多次被评为公司劳动模范。

徐凯先生,51岁,1970年中南工业大学毕业,高级经济师,享受政府特殊津贴。历任三三零厂生产计划科副科长、科长、厂长兼党委书记,现任南方公司副总经理,兼任省企业管理协会常务理事、省国防工办管理协会理事。曾评为航空工业部劳动模范、省国防工业系统优秀专业工作者。

李绳正先生,60岁,1958年北京航空学院毕业,研究员级高级工程师,享受政府特殊津贴。历任航空工业部第六零八所基建技术科科长,六零八研究所副所长、公司副总经理,现任南方公司科技委主任、兼任中国航空学会航空发动机委员会委员、省政协委员、省科协委员、市科协副主席等职。

十、经营业绩

1、生产经营的一般情况

(1)经济效益持续增长

本公司"八五"期间,累计完成工业总产值46.3亿元,年均增长39.6%,工业增加值14.6亿元,年均增长33%。实现销售收入49.1亿元,年均增长49%;实现利税总额7.8亿元,年均增长40%。

(2)技术改造成效明显

本公司几年来,累计投资1亿多元,用于改造摩托车发动机生产线和摩托车整车生产线及其相关配套设施。大大提高了摩托车发动机和摩托车的产量和质量。

(3)产品质量稳中有升

本公司重视产品质量,建立了较为严密的质量管理体系。对整个生产过程实行监控,保证了产品的质量稳定性和性能可靠性。

(4)新产品开发成果显著

本公司拥有大批高素质的科研人员,1994年以来,本公司每年以50%以上的速度开发新产品,增加新品种,迄今已成功开发设计了从50ml到达750ml共6个系列30多个品种的摩托车及其发动机系列产品。

2、经营业绩

本公司1994年至1996年12月31日经营业绩如下:

单位:万元

项 目	1996年	1995年	1994年
主营业务收入	138,153	131,492	148,817
营业利润	3,109	5,696	7,660
利润总额	8,103	12,207	13,509
税后利润	5,638	9,526	9,531

3、完成的主要工作:

(1)新产品开发:摩托车和发动机分别有15个型号和5个型号通过了部省级技术鉴定。在新材料、新技术、新工艺方面共有19项成果获部级技术进步奖。其中两项成果获国家级技术进步三等奖。

(2)企业管理:公司先后推行了岗位技能工资制和全员劳动合同制,实行了目标管理。在管理科研活动中,共有17项管理成果获部省级奖,1项获国家管理创新成果二等奖。

(3)技术改造:公司重视技术改造,先后投入大量资金进行摩托车生产线的改造。NYIE50FM发动机左右机体生产线、车架生产线的技术改造。摩托车发动机8000余平方米的厂房建设完成,两条具有国内先进水平的发动机曲轴箱体柔性生产线已基本调试完毕。

4、职工数量与业务水平

本公司职工业务水平近来不断提高,高级专业技术人员从1995年的101人增加到1996年的135人,中级专业技术人员从834人增加到881人,高级技师从11人增加到18人,技师从138人增加到162人。

十一、股本

1、拟注册股本:28,500万元;

超过面值缴入的资本为51,226.5万元,转为资本公积金。

2、本次发行前的股权结构表:

股本类型	股数(万股)	占总股本比例(%)
总股本	20,000	100
发起人持股	20,000	100
其中:国有法人持股	20,000	100

3、本次发行后的股权结构表:

股本类型	股数(万股)	占总股本比例
总股本	28,500	100
发起人持股	20,000	70.175
其中:国有法人持股	20,000	70.175
社会公众持股	8,500	29.825
其中:公司职工持股	850	2.9825

4、本次发行前后净资产情况:

类别	净资产总额(万元)	总股本(万股)	每股净资产
发行前	29,733.51	20,000	1.49
发行后	89,460.01	28,500	3.14

发行后每股净资产已扣除发行费用。

5、本次发行前持有发行人5%以上股权的股东名单及其简要情况:

本次发行前,南方公司为本公司的唯一发起人股东,持有本公司20,000万股国有法人股,占发行前总股本的100%。

十二、债项

根据湖南省会计师事务所湘会师〔1997〕内审字第061号审计报告,截止到1996年12月31日,本公司负债总额为75,467万元,其中流动负债为70,137万元,长期负债为5,330万元。

本公司截止招股说明书签署之日尚不存在公司债、或有负债、主要合同承诺以及对内部人员和关联企业的负债。

十三、主要固定资产

截止到1996年12月31日,本公司的固定资产包括机要设备、仪器仪表、运输设备、管线设备、房屋建筑物第共计21,635万元,其中机器设备13,020万元,仪器仪表770万元,运输设备1,298万元,管线设备874万元房屋建筑物8,586万元。

本公司固定资产所处位置主要座落在湖南省株洲市董家段。本公司所使用土地经国家土地管理局土批〔1997〕34号文批准,由南方公司以出让的方式取得,以有偿租赁使用的方式出租给本公司。

十四、财务会计资料

湖南省会计师事务所接受本公司委托,根据国家有关法律、法规及《企业会计准则》、《股份制试点企业会计制度》、《中国注册会计师独立审计准则》的规定,对本公司1994年、1995年、1996年的会计报表进行了审计,并于1997年3月28日出具湖南省会计师事务所湘会师〔1997〕内审

字第061号审计报告，摘录如下：

审计报告

南方摩托股份有限公司筹委会：

我们接受委托，审计了南方摩托股份有限公司(筹)〔以下简称贵公司(筹)〕1994年12月31日、1995年12月31日、1996年12月31日的合并资产负债表及公司资产负债表，1994年度、1995年度、1996年度的合并利润表及公司利润表和1996年度合并财务状况变动表及公司财务状况表。这些会计报表由贵公司(筹)负责，我们的责任是对这些会计报表发表审计意见。我们的审计是依据中国注册会计师独立审计准则进行的。在审计过程中，我们结合贵公司(筹)的实际情况，实施了包括抽查会计记录等我们认为必要的审计程序。

我们认为，上述会计报表符合《企业会计准则》和《股份制试点企业会计制度》的有关规定，在所有重大方面公允的反映了贵公司(筹)1994年12月31日、1995年12月31日、1996年12月31日的财务状况和1994年度、1995年度、1996年度的经营成果及1996年度资金变动情况，会计处理方法的选用遵循一贯性原则。

湖南省会计师事务所 **中国注册会计师：周重揆**

湖南 长沙 **中国注册会计师：曹国强**

一九九七年三月二十八日

1、财务报表

经湖南省会计师事务所审计的1994年、1995年、1996年的合并资产负债表、合并利润表和合并财务状况变动表：见附表一、附表二、附表三。

2、主要会计政策

(1)会计制度

本企业原执行《国营工业企业会计制度》，所属中外合作企业株洲南方摩托车制造有限公司执行《外商投资工业企业会计制度》。本报告所列会计报表已按《股份制试点企业会计制度》进行调整编制。股份有限公司成立后，公司本部将执行《股份制试点企业会计制度》，所属子公司株洲南方摩托车制造有限公司仍执行《外商投资工业企业会计制度》。

(2)会计期间

采用公历所制，即会计年度自公历1月1日起至12月31日止。

(3)合并报表编制方法。

本企业所属的株洲南方摩托车制造有限公司，系本企业控股的中外合作经营企业，主营业务为摩托车的组装及试制。根据合作公司章程及合同规定，本企业拥有75%的股权，并每年固定分配给外商15万元利润。本企业根据财政部颁布的《合并会计报表暂行规定》及章程、合同的有关规定对该合作公司采用权益法进行核算，并采用抵销内部投资与所有者权益、内部债权债务、内部销售等内部交易事项的方法而编制合并会计报表。

(4)记帐原则和计价基础

采用权责发生制的原则和采用历史成本作为计价基础。

(5)记帐本位币及外币折算方法

以人民币作为记帐本位币。发生的外币业务，以业务发生时的国家外汇市场汇价折合为人民币记帐，每月终了，将外币现金、外币银行存款和以外币结算的各项债权、债务的帐户的月末差额，作为汇况损益，计入财务费用。

(6)坏帐损失的核算

采用备抵法。按应收帐款余额的3‰计提坏帐准备金。

(7)存货的计价方法

a、原材料采用计划成本进行日常核算，月末根据材料成本差异调整为实际成本；

b、产成品按实际成本核算，发出产成品采用加权平均法计价；

c、低值易耗品采用“五五”摊销法，于领用和报废时各摊销50%。

(8)长期投资核算方法

a、债券投资

债券投资收益按权责发生确认。

b、股权投资和联营投资

本企业长期投资额占被投资企业股权比例20%以下时，采用成本法核算；投资额占被投资企业股权比例在20%－50%之间的，采用权益法核算；投资额占被投资企业股权比例50%(不含50%)以上或实际拥有控股权时，采用权益法核算并合并会计报表。

(9)固定资产及其折旧

a、固定资产的标准及计价

使用年限在1年以上的生产经营用房屋建筑物、机器设备、运输设备及其他设备和单位价值在2000元以上、使用年限在2年以上的非生产经营用设备和物品，作为固定资产核算。固定资产按历史成本计价。

b、折旧

固定资产折旧采用直线法，预计净残值为5%，各类固定资产折旧年限、折旧率如下表：

项目	预计使用年限	净残值率	年折旧率
房屋建筑物	40年	5%	2.375%
专用设备	16年	5%	5。93%
通用设备			
其中：机动设备	14年	5%	6.78%
仪器及电子设备	12年	5%	7.91%
运输设备	12年	5%	7.91%
其他	5年	5%	19.00%

(10)收入的确认

以产品已经发出或劳务已提供，同时收到货款或取得索取货款的凭据时，作为收的实现。

(11)税项

a、流转税

(a)增值税 摩托车发动机、配件、整车销售及材料销售，缴纳增值税，适用税率17%。

(b)消费税 株洲南方摩托车制造有限公司摩托车整车销售缴纳消费税，适用税率10%。

株洲南方摩托车制造有限公司系中外合作企业，根据第八届全国人大常委会第五次会议通过的《关于外商投资企业和外国企业适用增值税、消费税、营业税等税收暂行条例的决定》及国务院有关文件精神，外商投资企业五年内继续享受原工商统一税的税负，即从1994年1月1日起至1998年12月31日止，株洲南方摩托车制造有限公司依照《中华人民共和国增值税暂行条例》和《中华人民共和国消费税暂行条例》计算缴纳的税款、超出依照《中华人民共和国工商统一税条例(草案)》计算出的部分(原适用税率4.5%)，由税务部门退给企业，作为营业外收入。

(c)营业税 运输收入缴纳营业税，适用税率3%

(d)城建税 适用税率为7%，以增值税、消费税、营业税为计征基础

(e)教育费附加 适用征收率为3%，以增值税、消费税、营业税为计征基础。

b、所得税

本企业1994年、1995年、1996年执行国家统一的所得税政策，适用税率33%。

其中株洲南方摩托车制造有限公司根据《中华人民共和国外商投资企业和外国企业所得税法》第八条关于“对生产性外商投资企业，经营期在十年以上的，从开始获利的年度起，第一年和第二年免征企业所得税，第三年至第五年减半征收企业所得税”的规定，1994年、1995年免征企业所得税，1996年按15%的税率缴纳所得税。

株洲高新技术产业开发区已于1992年被国家科委〔92〕国科发火字第858号认定为国家高新技术产业开发区享受国家级高新技术产业开发区的优惠政策。根据湖南省科学技术委员会湘科工字〔1997〕51号《关于认定南方摩托股份有限公司为高新技术企业的批复》，股份有限公司成立以后，进入株洲高新技术产业开发区，享受国家优惠政策。根据国家税务总局〔1994〕001号《国家高新技术产业开发区税收政策的规定》本企业所得税享受从投产年度起，免征两年，之后按15%的税率缴纳。

(12)利润分配

以下为本公司1996年的各项财务指标：股份有限公司成立后税后利润按下列顺序进行分配：

a、弥补以前年度亏损；

b、提取10%的法定公积金，5%至10%的法定公益金，公司法定公积金累计额达到公司注册资本的50%时，不再提取。

c、经股东大会决议，提取任意盈余公积金。

d、弥补亏损和提取公积金、法定公益金后的利润，经股东大会决议，按照股东持有的股份比例分配。

3、1996年12月31日合并会计报表项目注释(摘要)

(金额单位：人民币元)

(1)货币资金 46885239.11 包括：

a、现金 30977.88

b、银行存款 46854261.23

合计 46885239.11

(2)应收票据 40057552.00

系销售产品形成的应收票据,全部系银行承况汇票。比上年增加38457552,系行业竞争激烈,销售结算方式由现金结算改为票据结算所致。

(3)应收帐款 320699102.98

帐龄	金额	所占比重(%)
一年以内	250137964.47	78
一年至二年	31823304.74	9.9
二年至三年	38018927.87	11.9
三年以上	718905.90	0.2
合计	320699102.98	100.00

应收帐款中无持有5%以上股份的股东欠款。

(4)长期投资 35698168.89 包括:

a、国库券 88100.00

b、会计报表合并价差 35610068.89

会计报表合计价差中35428190.80为投资于株洲南方摩托车制造有限公司的权益评估增值。

(5)存货 237417162.75 包括:

a、原材料 68508534.16

b、低值易耗品 25506908.61

c、在产品及自制半成品 99964231.51

d、产成品 43437488.47

合计 237417162.75

(6)应付帐款 396352547.22

系应付购进材料款,其中应付中国南方航空动力机械公司款项553513.72

(7)其他应付款 43500815.63 主要项目如下:

债权人名称或项目	金额	所占比重(%)	内容
暂借款	32042670.00	73.66	销售门市部抵押金
暂收款	3065132.78	7.05	代收代付款
存入保证金	2231700.00	5.13	包装物押金
劳动服务公司	1423563.64	3.27	劳务工资
养老保险金	1069109.15	2.46	养老保险金
年终奖	763964.00	1.75	未付年终奖金
其他	2905676.06	6.68	其他
合计	43500815.63	100.00	

(8)长期借款 金额单位:万元

贷款单位	币种	金额	期限	年利率	借款条件	备注
工行株洲董家段支行	人民币	1000.00	96.8-99.5	13.14%	信用	
工行株洲董家段支行	人民币	1000.00	96.8-99.6	13.14%	信用	
工行株洲董家段支行	人民币	2000.00	96.8-99.7	13.14%	信用	
建行长沙市三支行	人民币	1330.00	93.10-97.10	10.08%	担保	
合计	人民币	5330.00				

(9)未分配利润 409114.47

本公司所取得的盈利已全部上交给发起人---南方公司,合并资产负债表中未分配利润409114.47元系合并抵消内部应收帐款,减少坏帐准备而形成的内部利润。

(10)主营业务收入

	1996年	1995年	1994年
摩托车整车	950304543.56	907694814.76	950305797.29
摩托车发动机	144224418.15	170091036.10	144221398.66
摩托车配件、备件	287000896.16	237130743.75	393641438.05
合计	1381529857.87	1314916594.61	1488168634.00

(11)主营业务成本

	1996年	1995年	1994年
摩托车整车	808960784.63	720981991.36	754868757.94
摩托车发动机	132458916.72	133257822.23	112990254.78
摩托车配件、备件	241811079.78	202883341.96	361744940.32
合计	1183230781.13	1057123155.55	1229603953.04

(12)财务费用

	1996年	1995年	1994年
利息净支出	23485534.79	26425115.12	33247021.83
汇兑净损失	-786325.28		
其他	353381.68	660121.38	810186.94
合计	23052591.19	27085236.50	34057208.77

(13)营业外收入

	1996年	1995年	1994年
退税收入	53540141.09	63257494.51	52207724.73
固定资产盘盈	36700.00		
处理固定资产收益	262932.60	378254.98	181696.72
罚款收入	410632.37	456719.38	398565.32
其他	335682.03	1273611.74	340338.27
合计	54586088.09	65365080.61	53128375.04

*退税收入系株洲南方摩托车制造有限公司按照国家政策规定由税务部门退还的增值税和消费税。

4、积压项财务指标

以下为本公司94年、95年、96年的各项财务指标(%):

财务指标	96年	95年	94年
流动比率	102.34	104.61	117.57
速动比率	68.49	83.10	63.57
资产负债率	69.86	83.15	84.98
应收帐款周转率	458	570.72	347.33
存货周期率	526	765.58	266.19
净资产收益率	18.82	77.36	87.63

十五、资产评估

根据陕西岳华会计师事务所1997年3月29日出具的陕岳会内评字〔1997〕007号文资产评估报告书,并经国家国有资产管理局国资评〔1997〕333号文确认后,本公司资产总额为96,800.10万元,负债总额为67,066.58万元人民币,净 资产总额为29,733.51万元。评估结果见下表:

单位:人民币万元

资产项目	帐面原值	帐面净值	重置价值	评估价值	增减值	增减率%
流动资产	63045.51	62944.13	63242.51	63242.51	298.38	0.47
长期投资	8379.73	8379.73	11922.55	11922.55	3542.82	42.28
建筑物	4607.14	3328.82	10008.61	6586.09	3257.27	97.85
机器设备	13240.46	7670.32	21722.88	15648.95	7378.63	96.2
资产总计	89272.84	82323	106896.55	96800.10	14477.10	17.59
流动负债		63066.58		63066.58		
长期负债		4000		4000		
负债总计		67066.58		67066.58		
净资产		15256.42		29733.52	14477.10	94.89

本公司评估基准日为1996年12月31日。

本次评估主要采用重置成本法,一切取价标准均为评估基准日有效的价标准,评估后增值的资产包括建筑物、机器设备和长期投资,其增值的主要原因系价格因素变化调整。本公司根据确认后的资产评估结果已进行了相应的帐务处理。

十六、盈利预测

本公司提醒投资者,鉴于盈利预测所依据的种种假设的不确定性,进行投资判断时不应过于依赖该项资料。

根据湖南省会计师事务所湘会师〔1997〕预字第007号文盈利预测审核报告,本公司1997年利润为9957万元,每股税后利润为0.35元(按全面摊薄计算),税率按本公司本部免征所得税、子公司所得税率为15%计算。详见盈利预测表:

单位:万元

项　　目	1-3月报表数	4-12月预计数	合计
一、主营业务收入	38132	136811	174943
减:营业成本	31699	115315	147014
销售费用	1181	3099	4280
管理费用	1952	4258	6210
财务费用	547	2143	2690
营业税金及附加	2616	8816	11432
二、主营业务利润	137	3180	3317
加:其他业务利润		3180	
三、营业利润	137		3317
加:投资收益		5222	
营业外收入	2473	480	7695
减:营业外支出	20	7922	500
四、利润总额	2590	418	10512
减:所得税	122	15	540
少数股东收益			15
五、净利润(按优惠政策)	2468	7489	9957
或净利润(按33%)	1735	5293	7028
六、每股税后利润(按优惠政策)			0.35
或每股税后利润(按33%)			0.25

1、盈利预测基准

本盈利预测是根据公司1994年至1996年的经营业绩及现时各项基础、生产能力和业务发展规划,在遵循我国现行法律、法规和股份制企业财务会计制度,按照公认的会计准则,秉着求实、稳健的原则,采用适当的方法而编制的。

2、盈利预测假设

(1)本公司所遵循的国家现行法律、法规、制度及社会政治和经济政策无重大变化;

(2)本公司在盈利预测期间内,有关信贷利率、税率、市场行情无重大变化;

(3)本公司各项经营业务所涉地区的有关现行政策、法律、法规及其经济环境无重大变化,公司业务发展能如期实现;

(4)无其他人力不可抗拒和不可预见的因素造成不利的重大影响;

(5)本次股票发行成功。

十七、公司发展规划

1、公司的生产经营发展战略

本公司发展战略为"市场为纲,效益至上;实施名牌战略、争创名流企业";实现"双百"工程(即摩托车整车、发动机年产均要突破100万辆、100万台),跻身全国四强;走出一条以摩托车及发动机生产为主、多元发展,实物经营与资产经营机结合的新路。

2、本公司发展目标和规模

产量:2000年本公司摩托车总规模为100万辆,发动机为110万台;其中座式车35万辆,中、高档跨式车65万辆。

品种:今后五年内摩托车发动机发展到六大系列十八个品种,整车发展到八大系列四十多个品种。

技术水平:通过消化吸收引进技术,形成自主开发新产品的能力。主要摩托车产品、发动机的技术性能指标,接近或达到世界90年代水平。

3、本公司的生产经营计划

产品开发:积极引进国内外专业技术人才,加强对设计人员的技术业务培训,提高设计,试验人员的业务技术水平,加强摩托车设计所的建设,增强摩托车设计所的设计开发、试制、试验、检测能力,加强摩托车试验基地的建设。

产品结构调整:增加坐式摩托车、小排量摩托车、高性能摩托车的比例,产品实现多品种、系列化。提高摩托车国产化率,实现先进的产品自制率(按零件数计算约30%)。

4、本公司的市场发展计划

(1)市场发展目标:本公司的摩托车产品力争销量在国内市场占有率达到12%以上,出口外销逐步达到产品生产总量10%。

(2)市场发展策略:中、小排量的摩托车以较低的价格占领中、小城镇及广大的农村市场;中、大排量的摩托车以先进技术及优良性能优势占领沿海地区及国际市场。

5、本公司的销售计划

销售目标:2000年实现摩托车整车销售突破100万辆,销售收入达到60亿元。

销售策略:加快销售网点建设,全方位开拓销售渠道,进一步完善销售系统,拓展国外销售市场;加强售前售后服务工作。

6、本公司的固定资产投资计划及设备更新计划

本公司固定资产投资和设备更新近几年将投资重点落实在以下项目建设:

(1)建设NF90发动机及整车生产线;

(2)扩建中小排量四冲程发动机及整车生产线;

(3)建设摩托车试验大楼及中间试验基地;

(4)扩建NF250发动机生产线。

十八、重要合同及重大诉讼事项

1、重要合同

(1)借款合同

南方公司借款合同涉及借款金额共计人民币13500万元,美元521万元。提供贷款的金融机构分别为中国工商银行株洲市分行董家段支行、中国南方航空动力机械集团财务公司和中国工商银行株洲市分行国际业务部。上述合同转为本公司的借款合同,已获得贷款人及担保方的同意与确认,在本公司依法设立后,将完成主体变更的法律手续。

(2)转让合同

本公司筹委会与南方公司就双加工程项目签定了"双加工程项目资产转让协议书"。根据协议规定,待本公司募集资金到帐后,南方公司即将双加工程项目资产转让给本公司。本公司已获南方公司承诺,待本公司设立后,即正式签订生效。

(3)其他合同

本公司筹委会与南方公司签订的"综合服务协议"、"原材料、零部件供应、加工及产品销售原则协议"、"土地租赁合同"和"商标使用合同"等,已获南方公司承诺,行本公司设立后,即正式签订生效。

2、重大诉讼事项

根据本公司筹委会所知,截止招股说明书签署之日,本公司未涉及任何重大诉讼事项和仲裁,亦无任何尚未了结或可能面临的重大诉讼或索赔要求。

十九、其他重要事项

本公司1996年利润较1995年有较大幅度下降,其原因是:(1)本公司控股的合作公司从95年起将94年度未分配利润全部投入扩大再生产和进行新产品研制,到96年下半年新建整车生产线才陆续完工投产,新研制的四冲程发动机和坐式摩托车也于96年末才陆续批量生产;(2)在激烈的市场竞争中老机产量有些减少,新机批量未达到,再加上价格略有下调,使主营业务收入比上年减少,所得税率由免征到期改按15%征收,使利润减少。

从财务角度分析,有以下几种原因:

a、由于主营业务收入下降(详见下表)和销售价格平均下调3-4%,导致利润减少5949.44万元;

b、其他业务利润减少405.32万元;

c、营业外支出增加,导致利润减少353.32万元;

d、三项费用减少,使利润增加1669.10万元;

其中:销售费用减少244.02万元;

管理费用减少1021.82万元;

财务费用减少403.26万元;

e、由于合作公司(控股子公司)销售收入下降23626万元,使消费税减少966.91万元;

f、以上增加和减少省利润相抵后,96年比95年减少利润4072.07万元,再加上以前年度损益调整等因素,使96年比95年利润总额减少4103.81万元。

95、96年销售收入表

	96年销量(万辆)	96年收入(万元)	95年销量(万辆)	95年收入(万元)
750发动机	3.010	11169.37	3.107	11990.48
125发动机	14.891	21118.91	15.314	22487.57

50、55发动机	2.602	4018.96	4.531	7270.15
90发动机	2.543	4538.79	0	0
156发动机	4.563	3940.9	1.018	2671.83
小计		44786.93		44420.3
NF125车	14.512	65600.58	14.756	69241.67
NF90车	0.801	4241.29	0	0
NF50车	1.015	4237.84	1.621	7058.43
NF55车	1.143	4967.65	1.815	8103.57
小计		79047.36		84403.67
其它		14318.69		2667.96
合计		138152.98		131491.66

本公司有一部分利润来源于子公司合作公司，合作公司系中外合作企业，根据第八届人大常委会第五次会议通过的《关于外商投资企业和外国企业适用增值税、消费税、营业税等税收暂行条例的决定》及国务院有关文件精神，外商投资企业五年内继续享受原工商统一税的税负，即从1994年1月1日起至1998年12月31日止，合作公司依照《中华人民共和国增值税暂行条例》和《中华人民共和国消费税暂行条例》计算缴纳的税款，超出依照原《中华人民共和国工商统一税条例(草案)》计算出的部分(原适用税率4.5%)，由税务部门退给企业，作为营业外收入。本公司94、95、96三年营业外收入分别为5313万元、6537万元、5459万元。

本公司的子公司合作公司94、95、96年利润分别占本公司94、95、96年利润的44%、38%、18%；94、95、96年退税收入占合作公司利润的88%、136%、369%；详见下表。

利润分析表　　　　　　　　　　　　　　　　　　单位：元

	94年	95年	96年
利润总额	135089480.55	122067708.73	81029617.41
其中：合作公司利润	58867632.44	46339411.84	14205650.46
占总利润比例(%)	44	38	18
合作公司营业外收入	53128375.04	64735584.65	53691549.28
其中：退税收入	52207724.73	63257494.51	52551577.32
退税收入占利润比例(%)	88	136	369

二十、筹委会成员及主承销商的签署意见

本公司筹委会已确认本招股说明书，确信其中不存在任何重大遗漏或者误导，并对其真实性、准确性、完整性负个别的和连带的责任。

附件：

1、湖南省会计师事务所审计报告；

2、湖南省会计师事务所盈利预测审核报告；

3、陕西岳华会计师事务所资产评估报告书；

4、北京市嘉和律师事务所关于南方摩托股份有限公司1997年度股票发行与上市的法律意见书及工作报告；

5、湖南省会计师事务所验资报告；

6、信达律师事务所关于深圳国投证券有限公司作为主承销商承销南方摩托股份有限公司1997年度发行之股票的法律意见书；

备查文件

本次股票发行期间，下列文件可在本公司及主承销商的办公地点查阅：

1、国家经济体制改革委员关于同意设立南方摩托股份有限公司的批复；

2、中国南方航空动力机械公司关于同意南方摩托股份有限公司公开发行股票的决议；

3、南方摩托股份有限公司章程(草案)；

4、招股说明书及其附件；

5、本次发行所筹集资金的可行性报告；

6、投资立项批文；

7、国家国有资产管理局对中国南方航空动力机械公司组建股份有限公司并发行A股上市股票项目资产评估结果的确认批复；

8、中国南方航空动力机械公司与南方摩托股份有限公司(筹)签订的土地租赁合同；

9、承销协议；

10、深圳证券交易所上市承诺函。

南方摩托股份有限公司(筹)

1997年6月5日

南方摩托股份有限公司

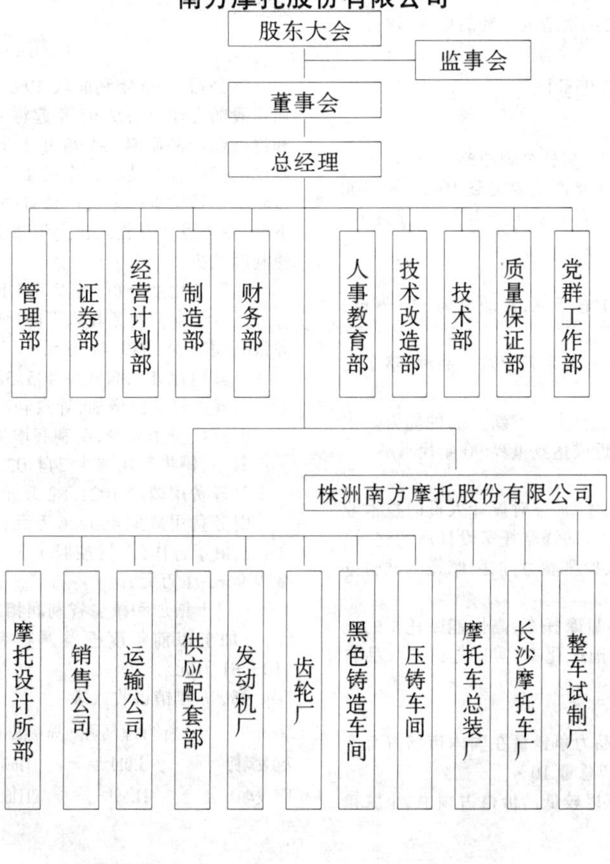

附表一:合并资产负债表

编制单位:南方摩托股份有限公司(筹)　　　　单位:千元

资产	附注	1996年12月31日	1995年12月31日	1994年12月31日	负债及所有者权益	附注	1996年12月31日	1995年12月31日	1994年12月31日
流动资产					流动负债:				
货币资金	4-1	46885.24	54392.00	19937.97	短期借款	4-9	170377.20	138832.06	199947.00
短期投资					应付票据		32770.00		
应收票据	4-2	40057.55	1600.00		应付帐款	4-10	396352.55	338010.19	339261.10
应收帐款		320699.10	282128.22	243946.86	预收货款		15862.30	652.09	6526.82
减:坏帐准备		962.10	846.39	731.84	应付福利费		1207.06	-2401.06	177.44
应收帐款净额		319737.01	281281.83	243215.02	未付股利				
预付货款		34619.27	84335.89	69903.69	未交税金	4-11	40214.30	31123.78	4316.90
其他应收款	4-4	31395.56	30960.40	86365.38	其他未交款	4-12	884.26	508.19	-6.05
待摊费用	4-5	7693.67	9131.67	1369.40	其他未付款	4-13	43500.82	64807.28	5327.04
存货	4-6	237417.16	212746.01	313941.80	预提费用	4-14	200.00	1788.97	35.00
待处理流动资产净损失				-696.00	一年内到期的长期负债				
一年内到期的长期债券					其他流动负债				
其他流动资产					流动负债合计		701368.48	573321.49	63676.65
流动资产合计		717805.45	674447.79	734037.27	长期负债:				
长期投资:					长期借款	4-15	53300.00	115400.00	8430.00
长期投资	4-7	35698.17	269.98	398.35	应付债券				
其中:合并价差		35610.07	181.88	181.88					
固定资产:					长期应付款			184.80	73.90
固定资产原价	4-8	456437.55	197584.55	166549.30	住房周转金			2102.14	
减:累计折旧		129656.65	80096.04	70404.00	其它长期负债			1.00	
固定资产净值		326780.91	117488.52	96145.30	长期负债合计		53300.00	117687.94	8503.90
固定资产清理					递延税项:				
在建工程			49286.39	25571.15	递延税款货项				
待处理固定资产净损失					负债合计		754668.48	691009.43	72180.55
固定资产合计		326780.91	166774.90	121716.45	少数股东权益:		27871.80	27403.99	2562.69
无形资产及递延资产:					所有者权益				
无形资产					股本	4-16	200.00	93900.00	93900.00
递延资产					资本公积	4-17	97335.13	464.03	296.18
无形资产及递延资产合计					盈余公积			28514.27	1425.60
其他长期资产:					其中:公益金			9504.76	475.20
其他长期资产					未分配利润		409.11	200.96	26.76
递延税项:									
递延税款借项					所有者权益合计		297744.25	123079.25	10871.97
资产合计		1080284.52	841492.67	856152.07	负债与股东权益总计		1080284.52	841492.67	85615.21

附表二:合　并　利　润　表

编制单位:南方摩托股份有限公司(筹)　　　　单位:千元

项目	附注	1996年度	1995年度	1994年度
一、主营业务收入	4-19	1381529.86	1314916.59	1488168.63
减:营业成本	4-20	1183230.78	1057123.16	1229603.95
销售费用		22531.12	24971.33	13120.33
管理费用		51896.49	62114.76	45363.90
财务费用	4-21	23052.59	27085.24	34057.21
进货费用				
营业税金及附加		78686.34	99673.98	90767.22
二、主营业务利润		22132.53	43948.13	75256.02
加:其他业务利润	4-22	8954.84	13007.98	1345.70
三、营业利润		31087.37	56956.11	76601.71
加:投资收益			54.60	38.47
营业外收入	4-23	54586.09	65366.08	53128.38
减:营业外支出	4-24	4740.42	1203.21	733.33
加:以前年度损益调整	4-25	96.58	894.13	6054.26
四、利润总额		81029.62	122067.71	135089.48
减:所得税		24047.75	24924.02	25064.93
减:少数股东本期损益		602.81	1887.73	14716.91
五、净利润		56379.06	95255.96	95307.64

附表三:合并财务状况变动表

编制单位:南方摩托股份有限公司(筹)　　　　单位:千元

流动资金来源和运用	1996 年度	流动资金各项目的变动	1996 年度
一、流动资金来源		一、流动资产本年增加数	
1、本年净利润	56379.06	1、货币资金	-7506.76
加:不减少流动资金的费用和损失		2、短期投资	
(1)固定资产折旧	13481.73	3、应收票据	38457.55
(2)无形资产、递延资产及其他资产摊销(减其他负债转销)		4、应收帐款净额	38455.17
(3)固定资产盘亏(减盘盈)	-36.70	5、预付货款	-49716.61
(4)清理固定资产损失(减清理费用)	277.71	6、其他应收款	435.16
(5)递延税款		7、待摊费用	-1438.01
(6)少数股东权益本期收益	602.81	8、存货	24671.16
小计	70704.61	9、待处理流动资产净损失(减收益)	
2、其他来源		10、一年内到期的长期债券投资	
(1)固定资产清理收入(减清理费用)	431.68	11、其他流动资产	
(2)增加长期负债			
(3)收回长期投资			
(4)对外投资转出固定资产			
(5)资本净增加额	174456.84		
少数股东资本净增加额	467.81	流动资产增加净额	43357.66
小计	175356.33	二、流动负债本年增加数	
流动资金来源合计	246060.93	1、短期借款	31545.14
二、流动资金运用		2、应付票据	32770.00
1、利润分配:		3、应付帐款	58342.35
(1)提取盈余公积	5596.99	4、预收货款	15210.22
(2)提取法定公益金	2798.50	5、应付福利费	3608.12
(3)已分配股利	47424.46	6、未付股利	
小计	55819.95	7、未交税金	9090.52
2、其他运用		8、其他未交款	376.07
(1)固定资产和在建工程净增加额	174964.19	9、其他应付款	-21306.46
(2)增加无形资产、递延资产及其他资产		10、预提费用	-1588.97
(3)偿还长期负债	64387.94	11、一年内到期的长期负债	
(4)增加长期负债	35428.19	12、其他流动负债	
(5)少数股东利润分配	150.00		
小计	274930.31	流动负债增加净额	128046.99
流动资金运用合计	330750.26	流动资金增加净额	-84689.33
流动资金增加净额	-84689.33		

南方摩托股份有限公司股票上市公告书

一、要览

总股本:28500 万股

可流通股本:8500 万股

本次上市流通股本:7650 万股

股票简称:"南方摩托"

证券编码:0738

上市地点:深圳证券交易所

上市时间:1997 年 6 月 26 日

登记机构:深圳证券登记有限公司

上市推荐人:深圳国投证券有限公司

二、绪言

本公告书依据《中华人民共和国公司法》、《股票发行与交易管理暂行条例》、《公开发行股票公司信息披露实施细则》、《深圳证券交易所业务规则》和国家其它有关证券管理的规定而编写,旨在向投资者提供南方摩托股份有限公司(以下简称本公司)基本情况及有关资料。

经中国证券监督管理委员会证监发字〔1997〕306 号文和证监发字〔1997〕307 号文批准,本公司已成功地向社会公众公开发行每股面值为 1.00 元人民币普通股股票 8500 万股(含公司职工股 850 万股)。股票上市申请经深圳证券交易所深证发〔1997〕249 号《上市通知书》审核批准,本公司股标将于 1997 年 6 月 26 日在深圳证券交易所挂牌交易。本公司总股本为 28500 万股,可流通股份 8500 万股,本次上市流通股份为 7650 万股《公司职工股 850 股将于本次新股上市 6 个月后上市流通)。

本公司已于 1997 年 6 月 5 日在《证券时报》、《中国证券报》上刊登了《招股说明书根概要》,距今不足 6 个月,故与其重复的内容在此不再重述,敬请投资者查阅本公司的《招股说明书概要》。

本公司董事会成员已批准本公告书,确信其中不存在任何重大遗漏或者误导,并对其真实性、准确性、完整性负个别的和连带的责任。

三、公司概况

1、发起人简介

法定名称:中国南方航空动力机械公司

注册资金:36,820 万元

法定代表人:陶光孟

成立日期:1951 年 9 月

经营范围:主营:生产经营航空发动机、工业燃气轮机及成套设备、摩托车及发动机、航模系列产品、仪器仪表、机床、电机、电器、内燃机零配件

以及航空零部件转包加工。兼营：五金、压力容器制造及检测、提供摩托车检测、理化检测、仪表检测以及汽车货运服务。

所属行业：机械行业

注册地址：湖南省株洲市董家段

联系电话：(0733)8551330

2、本公司历史沿革

本公司是1997年4月28日经国家经济体制改革委员会体改生〔1997〕54号文批准，由中国南方航空动力机械公司(以下简称南方公司)作为独家发起人，以其部分资产和权益重组，采取募集方式设立的股份有限公司。经国家国有资产管理局国资评〔1997〕333号文确认，南方公司将其所属净资产29733.51万元，按67.26%的比例，折为国有法人股20000万股入股本公司。经中国证券监督管理委员会证监发字〔1997〕306号文和证监发字〔1997〕307号文批准，本公司于1997年6月12日通过深圳证券交易所交易系统成功地向社会公众公开发行每股面值为1.00元人民币普通股股票7650万股(另向本公司职工配售850万股)。并已于6月20日进行工商登记，注册资本为28500万元。

四、股票发行及承销

1、本次公开发行：

发行数量：8500万股(其中向公司职工配售850万股)

发行价格：7.20元/股

募集资金总额(扣除发行费用)：59726.5万元

发行方式：上网定价发行

配售比例：1.032963%

有效申购户数：373013户

持1000股以上的户数：81947户(含公司职工股户数)

发行费用总额：1473.5万元

每股发行费用：0.17元

发行市盈率：16倍

2、股票承销

本次公开发行的8500万股社会公众股已全部由社会公众认购，承销团成员无包销比例和数量。

3、验资报告：

湘会师〔1997〕内验字第053号

南方摩托股份有限公司筹委会：

我们接受委托，审验了贵筹委会本次发行人民币普通股(A股)的实收股款情况。在审验过程中，我们按照《独立审计实务公告第一号——验资》的要求，实施了必要的审验程序。贵筹委会的责任是提供真实、合法、完整的验资资料，保护资产的安全、完整。我们的责任是按照《独立审计实务公告第一号——验资》的要求，出具真实合法的验资报告。

南方摩托股份有限公司(筹)的申请注册资本为285000000元。根据我们的审验，截至一九九七年六月十九日止，贵筹委会已收到各股东投入的资本捌亿玖仟肆佰伍拾玖万玖仟陆佰玖拾伍元捌角壹分(￥894599695.81元)，其中发起人投入的资本为297335134.81元，向社会募集的资本为597264561元。投入的资本中包括股本285000000元，资本公积609599695.81元。与上述投入资本相关的资产总额为1565265520.94元，负债总额为670665825.13元。

附件(一)投入股本明细表

附件(二)验资事项说明

湖南省会计师事务所　　　　中国注册会计师　李双桂

湖南　长沙　　　　　　　　中国注册会计师　周重揆

一九九七年六月十九日

附注：(1)附件(一)和附件(二)请查阅备查文件。

(2)深圳国投证券有限公司已于1997年6月19日将扣除发行费用后的剩余股款划入湖南省株洲市人民银行南动集团财务公司的本公司股款专用帐户(帐号：88000168)。

五、董事、监事及高级管理人员持股情况

姓名	职务	持股数(股)	持股比例(%)
陶光孟	董事长兼总经理	3000	0.0011
邱杰雄	副董事长	3000	0.0011
徐伏清	董事	2000	0.0007
潘国	董事	2000	0.0007
王湘波	董事兼副总经理	2000	0.0007
刘迪群	董事	2000	0.0007
王昆隆	董事兼副总经理	2000	0.0007
石伟	董事	2000	0.0007
李同芳	董事	2000	0.0007
邹克强	财务负责人	2000	0.0007
马宁	董事会秘书	2000	0.0007
郑书生	副总经理	2000	0.0007
李建军	副总经理	2000	0.0007
蔡三定	监事会召集人	2000	0.0007
柳兰姣	监事	2000	0.0007
孙继光	监事	2000	0.0007

本公司董事、监事和高级管理人员共持有本公司股票34000股，占公司股本总额的1.19%，按照《中华人民共和国公司法》的规定，其持有股份在任职期间不得转让。

六、公司设立

1、本公司1997年6月20日召开的公司创立大会暨首届股东大会作出决议：本公司向社会公众发行的面值为1.00元的8500万股人民币普通股在深圳证券交易所上市。

2、公司注册资本：人民币28500万元

3、公司注册时间：1997年6月20日

4、公司注册地点：湖南省株洲高新技术开发区天台西路1号

5、营业执照注册号码：18380588－X

七、关联企业和关联交易

1、关联企业及其概况

本公司的关联企业是其发起人南方公司，位于湘江之滨、京广、浙赣、湘黔三大铁路交汇的湖南省株洲市，创建于1951年，是我国最早研制、生产航空发动机和军、警用摩托车的大型骨干企业。四十多年来，先后研制生产了我国第一台航空发动机、第一台摩托车发动机、第一批燃气轮机发电站等10个“中国第一”产品，已形成5个系列、14个品种、20多个型号的航空发动机和船用轻型燃气轮机生产能力。现为国家大型一档企业，是国家首批57家试点企业集团之一——中国南方航空动力机械集团的核心企业，也是国务院1996年选定的国家重点支持的1.000家国有大中型企业中的前300家重点企业之一。持有本公司20000万股国有法人股，占总股本的70.175%，为本公司的控股公司。

2、关联交易

本公司与南方公司在关联事务中，就双方的供、销、土地租赁、商标使用和综合服务等方面的权利和义务作了明确规定，本公司以有偿使用方式使用南方公司的土地、商标、基础设施和综合福利设施等。针对这些关联交易，本公司与南方公司签定了《综合服务协议》、《原材料、零部件供应、加工及产品销售(包括售后服务)的原则协议》、《商标使用许可合同》、《避免同业竞争协议书》和《土地租赁合同》等法律文件，以保障双方的利益。在该等法律文件中，南方公司就可能与本公司发生的业务竞争已作出不竞争的承诺，以保护本公司其他股东的利益。

八、股本结构及大股东持股情况

1、上市前的股本结构

股本结构	数量(万股)	比例(%)
总股本	28500	100
尚未流通股份:		
发起人股(均为国有法人股)	20000	70.175
可流通股份:		
本次公开发行股份	8500	29.825
其中:公司职工股	850	2.9825

2、前十名股东所持股数及比例

序号	股东名称	持股数(股)	占总股本比例(%)
1	南方公司	200000000	70.175
2	姚孟捷	5000	0.0018
3	曹晋东	5000	0.0018
4	吴剑英	5000	0.0018
5	熊信香	5000	0.0018
6	周正凯	5000	0.0018
7	廖书政	5000	0.0018
8	张宇正	5000	0.0018
9	冯元娥	5000	0.0018
10	黎国智	5000	0.0018

九、公司财务会计资料

1、审计报告

湘会师〔1997〕内审字第061号

南方摩托股份有限公司筹委会:

我们接受委托,审计了南方摩托股份有限公司(筹)〔以下简称贵公司(筹)〕1994年12月31日,1995年12月31日、1996年12月31日的合并资产负债表及公司资产负债表,1994年度、1995年度、1996年度的合并利润表及公司利润表和1996年度合并财务状况变动表及公司财务状况变动表。这些会计报表由贵公司(筹)负责,我们的责任是对这些会计报表发表审计意见。我们的审计是贵公司(筹)负责,我们的责任是对这些会计报表发表审计意见。我们的审计是依据中国注册会计师独立审计准则进行的。在审计过程中,我们结合贵公司(筹)的实际情况,实施了包括抽查会计记录等我们认为必要的审计程序。

我们认为,上述会计报表符合《企业会计准则》和《股份制试点企业会计制度》的有关规定,在所有重大方面公允的反映了贵公司(筹)1994年12月31日、1995年12月31日、1996年12月31日的财务状况和1994年度、1995年度、1996年度的经营成果及1996年度资金变动情况,会计处理方法的选用遵循一贯性原则。

湖南省会计师事务所　　　中国注册会计师:周重揆

湖南　长沙　　　中国注册会计师:曹国强

一九九七年三月二十八日

2、合并资产负债表、合并利润表、合并财务状况变动表(见附表)

3、主要会计政策

(1)会计制度

本企业原执行《国营工业企业会计制度》,所属中外合作企业——株洲南方摩托车制造有限公司执行《外商投资工业企业会计制度》。本报告所列会计报表已按《股份制试点企业会计制度进行调整编制。股份有限公司成立后,公司本部将执行《股份制度试点企业会计制度》,所属子公司株洲南方摩托车制造有限公司仍执行《外部投资工业企业会计制度》。

(2)会计期间

采用公历年制,即会计年度自公历1月1日至12月31日止

(3)合并报表编制方法

本企业所属的株洲南方摩托车制造有限公司,系本企业控股的中外合作经营企业,主营业务为摩托车的组装及试制。根据合作公司章程及合同规定,本企业拥有75%的股权,并每年固定分配给外商15万元利润。本企业根据财政部颁布的《合并会计报表暂行规定》及章程、合同的有关规定对该合作公司采用权益法进行核算,并采用抵销内部投资与所有者权益、内部债权债务、内部销售等内部交易事项的方法而编制合并会计报表。

(4)记帐原则和计价基础

采用权责发生制的原则和采用历史成本作为计价基础。

(5)记帐本位币及外币折算方法

以人民币作为记帐本位币。发生的外币业务,以业务发生时的国家外汇市场汇价折合为人民币记帐,每月终了,将外币现金、外币银行存款和以外币结算的各项债权、债务帐户的月末差额,作为汇兑损益,计入财务费用。

(6)坏帐损失的核算

采用备抵法。按应收帐款余额的3‰计提坏帐准备金。

(7)存货的计价方法

a、原材料采用计划成本进行日常核算,月末根据材料成本差异调整为实际成本;

b、产成品按实际成本核算,发出产成品采用加权平均法计价;

c、低值易耗品采用“五五”摊销法,于领用和报废时各摊销50%。

(8)长期投资核算方法

a、债券投资

债券投资收益按权责发生确认。

b、股权投资和联营投资

本企业长期投资额占被投资企业股权比例20%以下时,采用成本法核算;投资额占被投资企业股权比例在20%-50%之间的,采用权益法核算;投资额占被投资企业股权比例50%(不含50%)以上或实际拥有控股权时,采用权益法核算并合并会计报表。

(9)固定资产及其折旧

a、固定资产的标准及计价

使用年限在1年以上的生产经营用房屋建筑物、机器设备、运输设备及其他设备和单位价值在2000元以上、使用年限在2年以上的非生产经营用设备和物品,作为固定资产核算。固定资产按历史成本计价。

b、折旧

固定资产折旧采用直线法,预计净残值为5%,各类固定资产折旧年限、折旧率如下表:

项目	预计使用年限	净残值率	年折旧率
房屋建筑物	40年	5%	2.375%
专用设备	16年	5%	5.93%
通用设备			
其中:机动设备	14年	5%	6.78%
仪器及电子设备	12年	5%	7.91%
运输设备	12年	5%	7.91%
其他	5年	5%	19.00%

(10)收入的确认

以产品已经发出或劳务已提供,同时收到货款或取得索取货款的凭据时,作为收入的实现。

(11)税项

a、流转税

(a)增值税　摩托车发动机、配件、整车销售及材料销售,缴纳增值税,适用税率17%。

(b)消费税　株洲南方摩托车制造有限公司摩托车整车销售缴纳消费税,适用税率10%。

株洲南方摩托车制造有限公司系中外合作企业,根据第八届全国人大常委会第五次会议通过的《关于外商投资企业和外国企业适用增值税、消费税、营业税等税收暂行条例的决定》及国务院有关文件精神,外商投

资企业五年内继续享受原工商统一税的税负，即从 1994 年 1 月 1 日起至 1998 年 12 月 31 日止，株洲南方摩托车制造有限公司依照《中华人民共和国增值税暂行条例》和《中华人民共和国消费税暂行条例》计算缴纳的税款，超出依照《中华人民共和国工商统一税条例(草案)》计算出的部分(原适用税率 4.5%)，由税务部门退给企业，作为营业外收入。

(c)营业税　运输收入缴纳营业税，适用税率 3%

(d)城建税　适用税率为 7%，以增值税、消费税、营业税为计征基础。

b、所得税

本企业 1994 年、1995 年、1996 年执行国家统一的所得税政策，适用税率 33%。

其中株洲南方摩托车制造有限公司根据《中华人民共和国外商投资企业和外国企业所得税法》第八条关于"对生产性外商投资企业，经营期在十年以上的，从开始获得的年度起，第一年和第二年免征企业所得税，第三年至第五年减半征收企业所得税"的规定，1994 年、1995 年免征企业所得税，1996 年按 15% 的税率缴纳所得税。

株洲高新技术产业开发区已于 1992 年被国家科委〔92〕国科发火字第 858 号认定为国家高新技术产业开发区享受级国家高新技术产业开发区的优惠政策。根据湖南省科学技术委员会湘科工字〔1997〕51 号《关于认定南方摩托股份有限公司为高新技术企业的批复》，股份有限公司成立以后，进入株洲高新技术产业开发区，享受国家优惠政策。根据国家税务总局〔1994〕001 号《国家高新技术产业开发区税收政策的规定》本企业所得税享受从投产年度起，免征两年，之后按 15% 的税率缴纳。

(12)利润分配

股份有限公司成立后税后利润按下列顺序进行分配：

a、弥补以前年度亏损；

b、提取 10% 的注定公积金，5% 到 10% 的法定公益金，公司法定公积金累计额达到公司注册资本的 50% 时，不再提取。

c、经股东大会决议，提取任意盈余公积金。

d、弥补亏损和提取公积金、法定公益金后的利润，经股东大会决议，按照股东持有的股份比例分配。

4、主要财务指标

以下为本公司 94、95、96 年的各项财务指标(%)：

财务指标	96 年	95 年	94
流动比率	102.34	104.61	117.57
速动比率	68.49	83.10	63.57
资产负债率	69.86	83.15	84.98
应收帐款周转率	458	570.72	347.33
存货周转率	526	765.58	266.19
净资产收益率	18.82	77.36	87.63
每股收益(元)	0.28	0.48	0.48

十、董事会上市承诺

本公司董事会将严格遵守《公司法》、《股票发行与交易管理暂行条例》、公开发行股票公司信息披露实施细则》、《深圳证券交易所业务规则》和有关法律、法规的规定，并自股票上市之日起作出如下承诺：

1、按照法律、法规的规定程序和要求披露重大的信息，并接受证券主管机关、深圳证券交易所的监督管理。

2、及时、真实、准确地公布中期报告和年度报告，并备置于规定场所供投资者查阅。

3、本公司董事、监事及高级管理人员，如发生人事变动或持有本公司股票数量发生变化时，在报告证券主管机关、深圳证券交易所的同时向投资者公布。

4、在任何公共传播媒价中出现的消息可能对本公司股票的市场价格产生误导性影响时，本公司知悉后将及时对该消息予以公开澄清。

5、本公司董事、监事及高级管理人员将认真听取社会公众的意见和批评，不利用已获得的内幕消息和其他不正当手段直接或间接从事股票买卖活动。

6、本公司没有无记录负债。

十一、重要事项揭示

1、截止本上市公告书刊登之日，本公司及本公司董事、监事和高级管理人员没有尚未了结或可能的刑事诉讼事项。

2、根据国家有关规定，本公司 850 万股公司职工股将于本次上市后半年经批准方可上市。

3、本公司章程已经创立大会暨第一届股东大会决议通过，章程第三十二条第二款内容如下："公司若与关联股东进行可能会对公司产生重大影响的重大关联交易时，就应由公司股东大会决议通过后方能进行。董事会应依照公平、合理、合法的原则和该等关联交易的交易理由、交易价格等重要交易内容进行审议后报股东大会作出决议。在相同条件下，关联股东向公司提供的交易价格应与关联股东向任何第三方提供的交易价格相同。公司应于作出该决议后的十天内在中国证券报将表决事项、交易标的、价格、数量以及支付期限等实质内容予以充分披露。股东大会或董事会的决议如违反法律、行政法规，侵犯其它股东合法权益的，其他股东有权向人民法院提起要求停止该违法行为和侵害行为的诉讼"。

4、自 1997 年 1 月 1 日起，本公司的税后利润将由新老股东共同享有。

十二、备查文件目录

1、中国证监会的复审意见书

2、深圳证券交易所上市通知书

3、湖南省会计师事务所的验资报告

4、公司创立大会决议

5、招股说明书

6、公司营业执照

7、其它备查文件

十三、咨询机构

1、发行人：南方摩托股份有限公司(筹)

法定代表人：陶光孟

公司地址：湖南省株洲高新技术产业开发区天台西路 1 号

电话：(0733)8810331

传真：(0733)8822995

联系人：马宁

邮编：412002

2、承销机构

主承销商：深圳国投证券有限公司

法定代表人：叶连捷

公司地址：深圳市红岭中路七号国际信托大厦三楼

电话：(0755)5894167

传真：(0755)5564179

联系人：孙玉景 张军

邮编：518001

南方摩托车股份有限公司

1997 年 6 月 24 日

附表一:合并资产负债表

编制单位:南方摩托股份有限公司(筹)　　　　单位:千元

资产	附注	1996年12月31日	1995年12月31日	1994年12月31日	负债及所有者权益	附注	1996年12月31日	1995年12月31日	1994年12月31日
流动资产					流动负债:				
货币资金	4-1	46885.24	54392.00	19937.97	短期借款	4-9	170377.20	138832.06	199947.00
短期投资					应付票据		32770.00		
应收票据	4-2	40057.55	1600.00		应付帐款	4-10	396352.55	338010.19	339261.10
应收帐款		320699.10	282128.22	243946.86	预收货款		15862.30	652.09	652.09
减:坏帐准备		962.10	846.39	731.84	应付福利费		1207.06	-2401.06	177.44
应收帐款净额		319737.01	281281.83	243215.02	未付股利				
预付货款		34619.27	84335.89	69903.69	未交税金	4-11	40214.30	31123.78	43168.91
其他应收款	4-4	31395.56	30960.40	86365.38	其他未交款	4-12	884.26	508.19	-60.46
待摊费用	4-5	7693.67	9131.67	1369.40	其他未付款	4-13	43500.82	64807.28	53270.43
存货	4-6	237417.16	212746.01	313941.80	预提费用	4-14	200.00	1788.97	350.00
待处理流动资产净损失				-696.00	一年内到期的长期负债				
一年内到期的长期债券					其他流动负债				
其他流动资产					流动负债合计		701368.48	573321.49	636766.51
流动资产合计		717805.45	674447.79	734037.27	长期负债:				
长期投资:					长期借款	4-15	53300.00	115400.00	84300.00
长期投资	4-7	35698.17	269.98	398.35	应付债券				
其中:合并价差		35610.07	181.88	181.88					
固定资产:					长期应付款			184.80	738.97
固定资产原价	4-8	456437.55	197584.55	166549.30	住房周转金			2102.14	
减:累计折旧		129656.65	80096.04	70404.00	其它长期负债			1.00	
固定资产净值		326780.91	117488.52	96145.30	长期负债合计		53300.00	117687.94	85038.97
固定资产清理					递延税项:				
在建工程			49286.39	25571.15	递延税款货项				
待处理固定资产净损失					负债合计		754668.48	691009.43	721805.47
固定资产合计		326780.91	166774.90	121716.45	少数股东权益:		27871.80	27403.99	25626.88
无形资产及递延资产:					所有者权益				
无形资产					股本	4-16	200000	93900.00	93900.00
递延资产					资本公积	4-17	97335.13	464.03	296.18
无形资产及递延资产合计					盈余公积			28514.27	14256.60
其他长期资产:					其中:公益金			9504.76	4752.01
其他长期资产					未分配利润		409.11	200.96	267.52
递延税项:									
递延税款借项					所有者权益合计		297744.25	123079.25	108719.71
资产合计		1080284.52	841492.67	856152.07	负债与股东权益总计		1080284.52	841492.67	856152.07

附表二:合 并 利 润 表

编制单位:南方摩托股份有限公司(筹)　　　　单位:千元

项目	附注	1996年度	1995年度	1994年度
一、主营业务收入	4-19	1381529.86	1314916.59	1488168.63
减:营业成本	4-20	1183230.78	1057123.16	1229603.95
销售费用		22531.12	24971.33	13120.33
管理费用		51896.49	62114.76	45363.90
财务费用	4-21	23052.59	27085.24	34057.21
进货费用				
营业税金及附加		78686.34	99673.98	90767.22
二、主营业务利润		22132.53	43948.13	75256.02
加:其他业务利润	4-22	8954.84	13007.98	1345.70
三、营业利润		31087.37	56956.11	76601.71
加:投资收益			54.60	38.47
营业外收入	4-23	54586.09	65366.08	53128.38
减:营业外支出	4-24	4740.42	1203.21	733.33
加:以前年度损益调整	4-25	96.58	894.13	6054.26
四、利润总额		81029.62	122067.71	135089.48
减:所得税		24047.75	24924.02	25064.93
减:少数股东本期损益		602.81	1887.73	14716.91
五、净利润		56379.06	95255.96	95307.64

附表三:合并财务状况变动表

编制单位:南方摩托股份有限公司(筹)

单位:千元

流动资金来源和运用	1996 年度	流动资金各项目的变动	1996 年度
一、流动资金来源		一、流动资产本年增加数	
1、本年净利润	56379.06	1、货币资金	-7506.76
加:不减少流动资金的费用和损失		2、短期投资	
(1)固定资产折旧	13481.73	3、应收票据	38457.55
(2)无形资产、递延资产及其他资产摊销(减其他负债转销)		4、应收帐款净额	38455.17
(3)固定资产盘亏(减盘盈)	-36.70	5、预付货款	-49716.61
(4)清理固定资产损失(减清理费用)	277.71	6、其他应收款	435.16
(5)递延税款		7、待摊费用	-1438.01
(6)少数股东权益本期收益	602.81	8、存货	24671.16
小计	70704.61	9、待处理流动资产净损失(减收益)	
2、其他来源		10、一年内到期的长期债券投资	
(1)固定资产清理收入(减清理费用)	431.68	11、其他流动资产	
(2)增加长期负债			
(3)收回长期投资			
(4)对外投资转出固定资产			
(5)资本净增加额	174456.84		
(6)少数股东资本净增加额	467.81	流动资产增加净额	43357.66
小计	175356.33	二、流动负债本年增加数	
流动资金来源合计	246060.93	1、短期借款	31545.14
二、流动资金运用		2、应付票据	32770.00
1、利润分配:		3、应付帐款	58342.35
(1)提取盈余公积	5596.99	4、预收货款	15210.22
(2)提取法定公益金	2798.50	5、应付福利费	3608.12
(3)提取任意公积金		6、未付股利	
(4)已分配股利	47424.46	7、未交税金	9090.52
小计	55819.95	8、其他未交款	376.07
2、其他运用		9、其他应付款	-21306.46
(1)固定资产和在建工程净增加额	174964.19	10、预提费用	-1588.97
(2)增加无形资产、递延资产及其他资产		11、一年内到期的长期负债	
(3)偿还长期负债	64387.94	12、其他流动负债	
(4)增加长期投资	35428.19		
(5)少数股东利润分配	150.00		
小计	274930.31	流动负债增加净额	128046.99
流动资金运用合计	330750.26		

南方摩托股份有限公司1997年度中期报告

一、财务报告(未经审计)

1、财务报表

(1)简易的资产负债表

单位:元

项目	合并数		母公司	
	年初数	期末数	年初数	期末数
流动资产	717,805,449.32	1,203,278,818.67	632,425,097.15	1,142,376,489.17
长期投资	35,698,168.89	35,698,168,.89	119,225,451.70	128,631,429.06
固定资产净值	326,780,905.63	316,223,222.59	216,350,411.09	207,651,734.34
在建工程		118,423,377.05		118,423,377.05
无形资产及递延资产		1,094,268.83		1,094,268.83
其它长期资产				
资产总计	1,080,284,522.84	1,674,623,356.03	968,000,959.34	1,598,082,798.95
流动负债	701,368,480.30	660,925,422.89	630,665,825.13	620,076,377.17
长期负债	53,300,000.00	47,470,800.00	40,000,000.00	39,970,800.00
负债合计	754,668,480.30	708,396,222.89	670,665,825.13	660,047,177.17
少数股东权益	27,871,794.26	27,946,794.26		
股本	200,000,000.00	285,000,000.00	200,000,000.00	285,000,000.00
资本公积	97,335,134.81	609,600,134.81	97,335,134.81	609,600,134.81
盈余公积				
未分配利润	409,114.47	43,680,204.07	43,435,486.97	
股东权益合计	297,744,249.28	938,280,338.88	297,335,134.81	938,035,621.78

(2)简易的损益表

单位:元

项目	合并数		母公司	
	1997年1-6月	1996年1-6月	1997年1-6月	1996年1-6月
主营业务收入	747,427,091.92	690,764,928.93	747,427,091.92	682,950,001.70
主营业务利润	10,713,470.66	11,066,265.91	33,471,173.68	38,248,489.42
其它业务利润	1,342,963.45	4,477,420.43	1,441,667.66	4,122,371.59
投资收益	9,405,977.36	5,735,998.89		
营业外收支净额	33,371,883.61	24,922,833.43	-883,331.73	1,010,445.42
利润总额	45,428,317.72	40,514,808.71	43,435,486.97	38,943,425.13
所得税	1,673,113.65	12,023,874.44	10,958,450.66	
少数股东权益	75,000.00	301,402.55		
净利润	43,680,204.07	28,189,531.71	43,435,486.97	27,984,974.48

(3)主要财务指标

截止1997年6月30日的财务指标为:

净资产收益率4.66%

每股净资产3.29元

每股净收益0.1533元

2、财务报表附注

(1)本期财务报告所采用的会计政策及会计方法和以前年度相比,除税收享受高新技术产业开发区优惠政策外,其它没有变化。

(2)流动资产较年初增加485,473,369.35元,主要是货币资金增加323,679,028.77元,应收票据增加56,954,239.20元,预付帐款增加51,156,697.85元,应收帐款较年初增加54,799,126.81元。

(3)在建工程较年初增加118,423,377.05元,主要是"双加工程"技改投入和其他技措项目投入。

(4)流动负债较年初减少40,443,057.41元,主要是应付票据增加38,788,224.33元,应付帐款减少14,789,932.66元,短期借款减少50,130,100.00元。

(5)长期负债较年初减少5,829,200.00元,主要是长期借款减少5,829,200.00元。

(6)股东权益增加640,536,089.60元,主要是本期上市股票发行募集资金612,000,000.00元,扣除发行费用14,735,000.00元,扩充股本85,000,000.00元,扩增资本公积512,265,000.00元,本年实现利润增加43,680,204.07元,减去期初合并报表差形成的未分配利润409,114.47元。

(7)营业外收支净额33,371,883.61元,主要是公司控股的合作企业退税收入。

(8)利润总额45,428,317.72元中,不含股票申购冻结资金利息收入。

3、关联企业及关联交易

(1)关联企业

企业名称:中国南方航空动力机械公司

注册地:湖南省株洲市

法定代表人:陶光孟

注册资金:36820万元

经济性质:全民所有制

主营业务:航空发动机、工业燃气轮机、摩托车及其发动机部分零组件等。

南方公司持有本公司20000万股国有法人股,占总股本的70.175%,为本公司的控股公司。

(2)关联交易

南方公司为本公司提供水电、部分物质材料、工装、部分摩托车零件制造及加工和生活后勤,应付帐款19,095,426.72元。

二、经营情况的回顾与展望

1、上半年经营情况的回顾

(1)公司上半年实现主营业务收入747,427,091.92元,完成溢利预测的42.73%,比去年同期增长8.20%;完成利润总额45,428,317.72元,完成溢利预测的43.22%,比去年同期增长12.13%;产品产销率达96.67%,各项经济技术指标上半年完成情况和发展势态良好。

(2)公司1996年研制开发的NF125-3跨式车。NF90T-2座式车,NF100D低跨式车和125ml,100ml四冲程发动机,在去年通过国家鉴定的基础上,今年上半年具备了转批生产条件。今年计划研制开发的NF125T-3车和152FM,150FMA,IE50FMA发动机,上半年已完成工程设计,进入试制阶段。新产品研制步伐的加快,使南方车族结构更趋优化,培育起新的经济增长点。

(3)围绕实施名牌战略和岗位创优,加强了以工序质量为重点的内部质量控制和管理,并把严格的质量控制与管理向配套厂延伸。

(4)通过年初推行"以利润考核为中心,以降低成本为重点"的内部经济责任制,把成本、利润、质量指标与单位工资收入全面挂钩,利用分配杠杆,全面推进"降成本、增效益"工程,取得了明显成效。

(5)公司募集资金严格按照招股说明书载明使用,至1997年6月30日已实际使用227,265,000元,其中用于"双加工程"93,324,000元,两条壳体柔性生产线已投入使用,其他建设项目可按计划进度完成;用于"整车扩产"项目4,986,000元,主要用于基建前期工程和购置设备;用于流动资金周转128,955,000元;结余资金全部在各银行帐户上存留。

2、下半年计划

(1)以落实岗位责任制为中心,强化投入产出全过程的质量控制,促进产品质量上新台阶。

(2)加大劳动人事分配制度改革力度,加速内部机制的转换,建立与上市公司运行机制相适应的、科学的、激励和约束相结合的劳动人事分配制度,不断提高经济效益和劳动生产率。

(3)继续深入推进"降成本增效益"活动,进一步加强经济责任制,加强经营管理,控制成本费用,不断提高经济运行质量。强化资本营运能力,开展多元化经营。

(4)大力开拓市场,在加强市场研究和优质服务的基础上,以摩托车发动机"双加工程"。建成的柔性生产线为支撑,重点强化发动机销售,与此同时积极拓展海外市场,加强产品出口。

三、重大事项的说明

1、经中国证券监督委员会证监发字〔1997〕306号和证监发字〔1997〕307号文批准,本公司于1997年6月12日向社会公开发行A股8500万股,其中社会公众股7650万股,并获成功。公司7650万A股股票于1997年6月26日在深圳证券交易所挂牌上市,标志着公司的发展进入了一个新阶段。

2、按照国务院证券委、中国人民银行、国家经贸委1997年5月21日联合发布的《关于严禁国有企业和上市公司炒作股票的通知》的要求,公司经自查,没有在深、沪交易所开设股票投资,将严格遵循国家政策法规和本公司章程的规定。

3、本公司1997年中期利润暂不分配。

4、在1997年上半年中,本公司无重大诉讼和仲裁事项。

四、发行在外股票的变动和股权结构变化

(一)股票发行情况

经中国证券监督管理委员会证监发字〔1997〕306号、证监发字〔1997〕307号文批准,本公司于1997年6月12日在深圳证券交易所采用上网定价方式向社会公开发行人民币普通股7650万股,另向公司职工配售股份850万股,发行的社会公众股7650万股股票于1997年6月26日在深圳证券交易所挂牌上市。

(二)股权结构情况(单位:万股,每股面值:1.00元人民币)

	1997年6月30日	比率(%)
1、未流通股份		
(1)国家股	20000	70.18
(2)内部职工股	850	2.98
未流通股份合计	20850	73.16
2、已流通股份		
境内上市的人民币普通股	7650	26.84
3、股份总数	28500	100.00

(三)公司前10名股东持股情况(截止1997年6月30日)

股东名称	持股数(万股)	所占比例(%)
(1)南方动力	20000	70.18
(2)深圳国投证券有限公司北京营业部	186.7704	0.66
(3)张炎	40	0.14
(4)先绍清	40	0.14
(5)周易新	33.91	0.12
(6)陈方	30.1	0.105
(7)北京润佳经贸发展有限责任公司	30	0.105
(8)张军	20.3	0.071
(9)梁耀深	20	0.070
(10)杨大源	20	0.070

五、股东大会简介

本公司创立大会暨第一届股东大会于1997年6月20日在湖南省株洲市中国南方航空动力机械公司科技中心召开。出席会议的股东及股东代表共6人,代表股份20002.1万股,占公司总股本的70.18%,经大会审议,通过如下决议:

1、审议通过《南方摩托股份有限公司筹备工作报告》;

2、审议通过《南方摩托股份有限公司设立费用的报告》;

3、审议通过《南方摩托股份有限公司章程》;

4、投票选举陶光孟、邱杰雄、徐伏清、潘国成、王湘波、王昆隆、刘迪群、石伟、李同芳共9人为公司董事,组成公司首届董事会;

5、投票选举蔡三定、孙继光两人为公司股东代表监事,与公司职工民主选举产生的职工代表监事柳兰姣(女)共同组成公司首届监事会;

6、审议通过《关于南方摩托股份有限公司股票在深圳证券交易所上市的方案》。

六、备查文件

1、载有董事长、总经理亲笔签名的中期报告原本;

2、招股说明书;

3、上市公告书;

查阅地址:湖南省株洲高新技术产业开发区天台西路1号

南方摩托股份有限公司

1997年8月17日

山西三维集团股份有限公司

山西三维集团股份有限公司简介

一、公司概况

山西三维集团股份有限公司是国家大型一档企业,注册地址在山西省太原市,生产经营场所在著名的古槐之乡——山西省洪洞县境内。现有员工1922人,资产总值8.2亿元,占地19,7万平方米。其前身为国家二级企业——山西维尼纶厂。该厂1970年始建,1986—1995年连续十年盈利,成为全省骨干企业、先进企业、利税大户。1996年1月经山西省人民政府批准改制成为股份有限公司,注册资本12000万元,1997年2月经山西省证管办批复,发行境内人民币普通股6000万股,1997年6月27日在深圳证券交易所上市,成为山西省第八家上市公司,公司注册资本增加到18000万元。

公司主营:有机化工、煤化工、精细化工和建材产品的生产制造。工艺设备先进,检测设施完善;自控水平高,技术力量强,管理现代化,产品质量好。主要产品三维牌聚乙烯醇(PVA)系名牌免检产品,国内品种最全、用途最广,年产2.5万吨;重要产品白乳胶年产3万吨,有十二个系列,四十多个品种,是引进德国汉高公司先进技术与设备形成的国内品种最多、质量最好、用途最广、技术含量最高、适用性最强的名牌产品,广泛应用于化工、建材、装璜、造纸、卷烟等行业。精细化工产品丁炔二醇年产1000吨,系省优产品。其技术水平和产品质量国际领先,广泛应用于医药、电镀、化工等行业。

公司所在地是能源重化工大省中最富活力的经济增长地带,交通便利,通讯完善,水、煤、电资源丰富,原材料质优价廉,经济环境宽松,人文地理优越,具有得天独厚的发展优势。

公司产品销售网覆盖全国23个省市,在东北、华北、中原、华东地区居同行业市场主导地位,部分产品出口创汇。

公司坚持科技兴企战略,注重国际国内先进技术的引进,不断加大科技投入力度,连年开发新产品。继PVA17—88、PVA17—99系列产品、1,4丁炔二醇、多品种白乳胶、季戊四醇产品开发之后,又引进俄罗斯先进技术,今年已建成世界上第一套等离子体裂解煤制乙炔工业装置,标志乙炔化工领域的一场工艺革命将从三维集团公司启动;引进德国先进技术即将建设的国内第一套2万吨级1,4丁二醇项目行将填补国内空白,以产顶进,满足国际国内汽车、家电、化工等行业的迫切需求。

公司经济效益连年大幅度增长,连年当选"山西省模范企业"、"山西省最佳企业"、"全国质量效益型先进企业"、"山西省科技先导型企业",成为九五期间重点发展企业。

改革开放的大潮,培育、锻炼着"奋力拼搏、争创一流"的三维精神,重塑、升华着黄河文明的这颗明星。公司以"追求一流技术,生产一流产品,创建一流企业"为宗旨,在九五期末,将发展成为一个集有机化工、精细化工、煤化工于一体,科工贸全面发展的多功能、外向型、高效益的大型企业集团,走向国际国内市场,创造新的辉煌。

电话:(0351)2025182(太原)
(0357)6663121 6663401(洪洞)
传真:(0357)6222727
电挂:4850
邮编:031603
法人代表:仝立祥
经营场所:山西洪洞赵城

二、董事长兼总经理仝立祥介绍

仝立祥,男,汉族,1943年生,1968年毕业于太原工学院化工系,1979年调入山西维尼纶厂,历任有机车间技术员、车间副主任、副总工程师、有机分厂副厂长。1987年—1990年任总工程师。他具体组织了PVA17—88、丁炔二醇、乳胶等新产品开发。均创造了当年建设当年投产的优异成绩。所负责的产品质量连续三年名列全国同类厂第二名。

1990年5月出任厂长兼总工、党委委员。1994年3月再度出任厂长、党委委员。1996年1月企业改制后任山西三维集团股份有限公司董事长兼总经理,党委副书记,兼任山西维尼纶厂厂长。他勇于改革,不断进取,领导企业在全省第一家实行"利税分流"试点工作,取得卓著效益;连续五年实现利税超两千万元,名列全省前茅,成为全省盈利大户;主导产品产量与单耗保持了全国同类厂先进水平;新产品开发继续取得重要成绩;建成了3.5万吨乳胶项目、1700万块碳化砖环保项目、4000吨醋酸项目、1000吨季戊四醇项目和7000吨PVA扩建项目,使原企业生产能力增长了两倍。应用高新技术,促进技术开发,他亲自主持开发的丁炔二醇项目荣获北京市科技进步二等奖。和清华大学合作改造合成反应设备和工艺,提高合成生产能力20%以上。92年比改造前实增合成产品VAC4334吨,年增产值2300万元,利税400万元。鉴定认为"具有国际领先水平",获国家级科技进步二等奖。企业管理迈上新的台阶,安全工作创部级"三无",计量管理达国家一级;创部优产品一个,省优产品三个,省免检产品一个,名牌产品一个。十几项专业管理均进入省级先进,历年受到表彰奖励。企业连年当选省最佳企业、省模范企业、省质量效益型优秀企业。91年8月晋升为国家二级企业。95、96连续两年当选"全国质量效益型先进企业",获全国纺织工业先进集体,97年5月获全国五一劳动奖状。97年6月成为股票上市公司。

他本人先后当选省纺系统优秀企业家,全省质量管理优秀厂长、临汾地区特级劳动模范。92年被纺织部授予"有突出贡献的中青年专家"称号,享受特殊津贴。93年5月获"全国优秀科技工作者"称号,获全国"五一"劳动奖章,并晋升为教授级高级工程师。94年5月荣立山西省职工为四化建功"一等功",并当选山西省科技功臣,获重奖。95年当选山西省特级劳动模范,全国纺织工业劳动模范、全国劳动模范。96年5月当选山西省优秀企业家。

山西三维集团股份有限公司招股说明书概要

一、绪言

本招股说明书概要系根据《中华人民共和国公司法》、《股票发行与交易管理暂行条例》、《公开发行股票公司信息披露实施细则》及国家证券管理机关颁布的有关证券管理的现行法规、规定而编制。本招股说明书概要已经本公司董事会全体董事审议通过,旨在向投资者提供有关本公司及本次发行的资料。本公司董事会全体董事批准本招股说明书概要,确认本招股说明书概要不存在任何重大遗漏或误导,并愿就其中所载资料

的真实性、准确性、完整性负个别及连带的责任。

本次发行经中国证券监督管理委员会"证监发[1997]341"号文和"证监发字[1997]342号"文批准。

新发行的股票是根据本说明书所载明的资料申请发行的。除本发行人主承销商外,没有委托或授权任何其他人提供未在本招股说明书概要中列载的信息和对本说明书作任何解释或说明。

投资者须自行负担买卖本公司股票所应支付的税款,本公司、承销商和上市推荐人对此不承担任何责任。

二、释义

本招股说明书概要,除非另有说明,下列简称有如下含义:

本公司:指山西三维集团股份有限公司

原厂:指改制前的山西维尼纶厂

发行人:指山西三维集团股份有限公司

发起人:指山西省纺织总会、山西省经济建设投资公司、山西省经贸资产经营有限责任公司、太原现代装饰集团有限公司、太原利普公司。

省政府:指山西省人民政府

证管办:指山西省证券管理办公室

承销机构:指以国泰证券有限公司为主承销商,大同证券公司为副主承销,君安证券有限公司、中国对外经济贸易信托投资公司、中国人保信托投资公司、中国科技国际信托投资公司为分销商。

主承销商:指国泰证券有限公司

上市推荐人:指国泰证券有限公司

股票:指本公司面值1.00元的人民币普通股

本次发行:指本公司本次向社会公众增资发行6,000万股(含公司职工股600万股)股票

交易所:指深圳证券交易所

上市:指本公司获准在深圳证券交易所挂牌交易

元:指人民币元

三、发售新股的有关当事人

1.发行人:山西三维集团股份有限公司

法定地址:山西省太原市桃园北路59号

法定代表人:仝立祥

电话:0357—6663663 传真:0357—6222727

联系人:张亚平

2.承销商

主承销商:国泰证券有限公司

法定代表人:金建栋

法定地址:上海市浦东新区乳山路61号

办公地址:深圳市华强北路3号深纺大厦1306室

电话:(0755)3217225 联系人:张宇进

副主承销商:大同证券公司

法定代表人:董祥

法定地址:山西省大同市四牌楼

电话:(0352)2067766 传真:(0352)2051178

联系人:肖宁

分销商:君安证券有限公司

法定代表:张国庆

法定地址:深圳市春风路5号

电话:(0755)2175560 传真:(0755)2296188

联系人:吴坚

分销商:中国对外经济贸易信托投资公司

法定代表人:郑敦训

法定地址:北京市复兴门外大街A2号中化大厦

电话:(010)68569023 传真:(010)68569006

联系人:包林生

分销商:中国人保信托投资公司

法定代表人:朱斌

法定地址:北京市崇文区天坛东路70号银运通商务大厦

电话:(010)62628952 传真:(010)62628951

联系人:杨琳

分销商:中国科技国际信托投资公司

法定代表人:张钢

法定地址:北京朝阳区北辰东路8号

电话:(010)64953021 传真:(010)64953031

联系人:吴涛

3.上市推荐人:国泰证券有限公司

4.发行人法律顾问:山西第二律师事务所

法定代表人:阎怀庆

法定地址:山西省太原市新建南路44号

电话:(0351)2022601 传真 (0351)4079055

联系人:原建民、寇峰

5.主承销商法律顾问:信达律师事务所

法定代表人:徐育康

法定地址:深圳市人民南路国贸大厦43层

电话:(0755)2200301 2200300

传真:(0755)2250442

经办律师:陈利民

6.会计师事务所:山西会计师事务所

法定代表人:陈广清

法定地址:山西太原迎泽大街345号

电话:(0351)4077434 传真:(0351)4077434

联系人:宋晓伟 赵秀琴

7.资产评估机构:山西资产评估中心

法定代表人:王树堂

法定地址:山西省太原市文源巷18号

电话:4036273 项目负责人:侯岚 刘荣

8.资产评估确认机构

山西省国有资产管理局

法定代表人:王秀森

法定地址:山西省太原市文源巷18号

电话:(0351)4044185 4047845 传真:(0351)4063232

9.土地评估机构

安徽省地产评估事务所

法定代表人:蒋立爱

法定地址:安徽省合肥市永红路

电话:0551—2812879 联系人:蒋立爱

山西沃土用地评估所

法定代表人:王小平

法定地址:山西省太原市并州南路太堡街9号

电话:0357—4185985 联系人:杜翠花

10.收款银行:中国工商银行太原分行

地址:山西省太原市金融大厦

电话:0351—4036349 传真:0351—4060141

联系人:薄凌云 张虹

11.股票登记机构

深圳证券登记有限公司

法定代表:黄铁军

法定地址:深圳市红岭中路25号

电话:0755—5567898 传真:0755—5564759

四、本次发行的有关情况

1.发行股票类别:人民币普通股(A股)

2.发行日期:自1997年6月17日至1997年6月19日

3.发行地区:山西省太原市

4.发行对象:中华人民共和国公司及其他投资者(法律、法规规定禁止购买者除外)。

5.承销日期:自1997年6月17日至1997年6月24日

6.发行方式:"全额预缴款、比例配售、余款转存"

7.每股发行价:5.55元

8.每股面值:1.00元

9.发行数量:6000万股,其中向公司职工配售600万股

10.发行市盈率:16.81倍

11.发行总市值:33,300万元

12.拟上市证券交易所:深圳证券交易所

13.预计上市日期:预计新股发行结束后的适当时间在深圳交易所上市。

五、风险因素与对策

投资者在评价本发行人此次发行的股票时,应特别认真地考虑下述各项风险因素:

1.经营风险

(1)本公司生产中所用的部分原材料如醋酸、硫酸、固碱、活性炭,近年受宏观经济周期影响,价格波动较大,而产成品市场价格的变动滞后于原材料价格的变动,公司的利润可能受影响。

(2)本公司生产经营所需能源主要有电力、煤炭、水资源。煤炭和水资源供应有保证,不会影响公司生产。但本公司地处山西省洪洞县,农忙时节可能出现供电局限制用电,最多每月可达100小时。限电导致原材料电石生产供应不足,需增加外购电石,使生产成本增加。

(3)我国目前未加入世界贸易组织,但本公司产品已销往多个国家。一些进口国家可能以反倾销等理由予以抵制,将制约部分国外市场的扩展。

(4)本公司产品属于有机化工、精细化工类,属于原材料,未能开发更多的下游的实际应用产品,产品结构略显单一。

(5)本公司在部分设备及技术方面如乙炔生产采用落后的电石法,存在技术老化,设备过时的情况。

(6)本公司在产品外销结算中存在汇率风险。

2.行业风险

(1)聚乙烯醇(PVA)是本公司主要产品,该行业在国内有生产厂家13个,近年来市场求量不断增加,经扩建1996年产量达到了25万吨。但目前现有品种在国内市场已接近于饱和,行业内部竞争激烈。

(2)本公司在产品生产过程中,排出的电石渣、炉渣和二氧化碳气对周围的自然环境造成一定污染,目前正在逐步得到治理改善。

3.市场风险

(1)聚乙烯醇行业的商业周期一般为4-5年。如国内市场1986年复苏,1992年回升,目前市场形势略有降势。

(2)本公司产品主要市场为中国东北、华北、华东地区,西北地区也拥有部分市场,同行业厂家分享了其他地区市场,目前在国内市场略显饱和的状态下扩展海外市场显得尤其重要。

4.其他风险

本公司本次募集奖金投向项目为工业技改项目,建设期预计为2年,2年内本公司无法马上形成新的稳定的盈利增长点。

5.股市风险

本公司提醒各位投资者,我国证券市场属于新兴市场,市场规模较小,发育不完善,股票价格波动剧烈,投资者必须正视今后股市可能发生的风险,以便做出正确的投资决策。

针对上述多项风险因素,本公司将采取以下对策:

1.经营风险之对策

(1)对于原材料价格波动的风险,本公司组织采购、销售人员及公司研究、开发人员共同协作,在销售处、公司驻外下属单位及已形成的供销网络安排兼职人员,及时把握国内原材料及同行业产品价格变化趋势,及时确定原材料存货的增减,及时调整产品价格,从而达到规避风险的目的。

(2)对于农忙时电力供应不足的具体情况,本公司一方面已和电力供应部门进行协调,努力使限电影响减到最小;另一方面适当外购部分电石,保证主导产品的原料供应。同时,引进俄罗斯等离子体裂解煤制乙炔新技术,力求取代高耗能的电石乙炔旧工艺。此外,山西省属煤炭资源丰富地区,九五期间将大力发展电力工业,扩建新建大、中型电厂多家,本公司相信未来将不存在电力供应不足问题。

(3)对于部分国家限制本公司产品进口的问题,将随着我国和世界贸易组织谈判的深入,最终加入世界贸易组织而获得解决。届时将会给本公司产品出口铺平道路,为本公司发展带来新的机遇。

(4)本公司目前已制定长远的发展规划,最终将向生产的纵深方向发展,从而形成原材料到应用商品的一条龙生产,产品将直接面向消费者。

(5)本公司将通过本次募集资金对现有生产设备,生产工艺进行技术改造,继续坚持"引进、消化、吸收、创新",加强技术研究和产品开发的投入,增强公司经营发展的内在动力。

(6)对于汇率波动可能给本公司带来的汇兑损失,本公司在产品出口方面将选择硬通货币作为结算货币,并采用套期保值等金融手段避免损失发生的可能性。

2.行业风险对策:

(1)本公司目前生产技术水平、生产规模在国内同类企业中均处于领先地位。本公司力争抓住本次发行股票募集资金的机遇,完成技术改造、提高本公司产品的技术含量、产品质量,开发高强度、高模等特殊品种的聚乙烯醇(PVA)产品,大力发展国内竞争强度较小的1,4丁二醇产品的生产,寻找以技术创效益的途径。

(2)对于本公司产品排放的废渣、废气所带来的环境污染问题,本公司采取"综合治理、变害为利"的方针,拟与山西维尼纶厂合作尽快完善已建成的一套年产1700万块碳化砖生产装置,消化废渣、废气,其附属产品用于本公司的建筑和铺路工程,消除污染,净化环境。

3.市场风险对策

(1)对于商业周期,本公司认为是经营合理现象,因此本公司将正视商业周期的运行规律,力争在周期的不同阶段,采用不同的生产策略,控制成本,以求取得资源的最佳合理配置,从而促使效益最大化。

(2)对于目前国内市场已接近饱和的情况,从发展的眼光来看,我国国内潜在市场尚未能全部开发出来,随着我国经济的起飞,新一轮宏观经济调整的结束,国内市场仍有扩大的需求。在国际市场上,能生产本公司产品的国家约二十个,大分部生产能力很小。西欧、美国、日本、中国是世界上最大的生产基地,印度、澳洲、非洲基本尚属空白,而美、日、西欧由于劳动成本较高,相比之下本公司产品在出口价格方面具有一定的优势。

4.其它风险对策

本公司将在本次募集成功后,依设计方案和施工计划,保证按时按质完成技改工程。在建设期间,本公司拟通过加强管理,提高生产效率,控制成本,制定本公司产品合理市场价格来提高公司经营业绩。

5.股市风险对策

从我国证券市场几年发展过程来看,虽然股市波动较为剧烈,但是一些业绩优良的上市公司总体股价呈上升趋势,且波动较小。本公司全体员工将坚持科技兴厂和稳健、务实的经营作风,努力提高经济效益,向投资者提供良好的回报,减少股市风险给投资者可能带来的损失。

六、募集资金的运用

本公司本次新增发行面值1.00元人民币普通股6000万股,本次每股发行价格5.55元,预计可募集资金为人民币33,300万元,扣除发行费用960万元,实际可募集资金约32,340万元。

假设发行成功,所募集资金分别用于下列用途:

(一)2万吨/年1,4丁二醇技改工程

公司年产2万吨丁二醇技改工程是公司原有1000吨/年丁炔二醇装置的基础上,引进德国林德公司的专利技术、基础设计、专利设备进行改扩建的重大技改工程。该工程经国家经济贸易委员会"国经贸改[1996]555号"文批准为"双加工程"项目,并被列为国家"九五"技术改造计划重点工程。本公司已与化学工业部第六设计院签定了设计合同,并已完成总体规划方案设计,与德国林德公司签署了技术转让协议。项目建成后,将成为我国第一套丁二醇工业化生产装置,对填补我国市场空白,以产顶进,为国家节省外汇,促进我国精细化工产品的发展,具有十分重要的意义。

本工程建设投资为19,500万元,其中设备购置费11,085.05万元,安装工程费4,586.66万元,建设工程费734.00万元,其它工程费2,094.29万元,铺底流动资金1,000万元。计划1997年7月开工,预计1999年6月建成试产,投产后预计年新增销售收入32,272.00万元,新增利润7031.00元,创汇800.00万美元,投资回收期(含建设期2年)4.87年,投资利润率24.16%。

本项目另有2个相关配套工程:一是2000吨/年氢气生产装置,二是4万吨/年甲醛生产装置。配套工程所产氢气、甲醛不对外销售,用作本公司1,4丁二醇的原材料。

(二)2000吨/年氢气生产装置

该项目是1,4丁二醇主体工程的配套项目。2000吨/年氢气生产装置建成后,其中1000吨供给1,4丁二醇生产装置所需,另外的1000吨用于2400吨/年等离子裂煤制乙炔工程所需。该项目拟从德国引进变压吸附法氢气精制的PSA系统的技术和设备,其他部分利用国内技术。项目投资2,989万元,计划开工日期为1998年2月,工期为12个月,投产日期为1999年2月。项目完成后,预计纯氢气生产成本为4427元/吨,而纯氢气的市场价格为10000元/吨,年降低成本1,114.60万元。该项目已经"晋经贸改专字[1996]299号"文批准。

(三)年产4万吨甲醛生产装置

该项目是1,4丁二醇主体工程的配套项目,拟从国外引进铁和钼的氧化剂为催化剂的甲醇生产装置,所产甲醇用于2万吨1,4丁二醇的生产原料。项目总投资2980万元,计划开工日期为1997年9月,预计投产日期为1998年10月。项目投产后,预计甲醇的生产成本为984元/吨,年降低成本1,864万元。该项目已经"晋经贸改字[1996]299号"文批准。

(四)等离子体裂解煤生产乙炔技改工程

本公司引进俄罗斯等离子体裂解煤生产乙炔是当今世界上一项高新技术。该技术具有低能耗,无污染等特点,并可联产甲醇等产品,有显著的经济效益和社会效益,对我国乙炔化工行业和煤炭深加工具有十分重要的意义。该项目拟先初步形成年产乙炔2400吨的生产规模,待成熟掌握技术的前提下再进行扩建。该项目已经山西省经济委员会"晋经科字[1994]199号"批复,进行中试已成功,现拟投建。

本项目计划总投资额2450万元,其中设备购置费1,737.50万元,安装工程费291.52万元,其他费用150.52万元。该项目计划1997年7月开工,1998年7月建成。投产后预计年新增销售收入1423万元,新增利润852万元,投资回收期(含建设期1.5年)4.51年,投资利润率29.66%。

(五)催化剂再生装置技改项目

该项目拟引进两套德国催化剂再生装置(合成催化剂再生装置和加氢催化剂再生装置),变压吸附成套设备等。目的在于完善现有催化剂设备,提高催化剂回收率,降低成本。项目总投资4500万元,计划开工期为1998年12月,建设期为1年,1999年12月建成。该项目完成后,年节约近1500万元催化剂费用。该项目已经"晋经贸改专字[1996]78号"文批准。

(六)2万吨/年聚醋酸乙烯乳液技改工程

2万吨/年聚醋酸乙烯乳液,是在已引进的德国汉高公司先进技术的基础上,采用国产设备,在太原高新技术开发区扩建的生产装置,此项目已经"晋经贸改专字[1995]105号"文批准立项。

本项目建设总投资为2998万元人民币,其中固定资产投资2738万元,铺底流动资金260万元。计划开工期为1997年7月,1998年6月建成。投产后预计年新增销售收入11000万元,年平均利润827万元,投资回收期(含建设期1年)4.82年,投资利润率27.57%。

(七)1万吨/年四氢呋喃生产线技改项目

引进国外四氢呋喃先进生产工艺技术和关键设备,建设1万吨/年四氢呋喃生产装置,项目总投资4825万元,计划开工期为1998年10月,建设期为1年,1999年10月建成。项目完成后,年可新增销售收入21750万元,年创利税6300万元,利润3055万元。该项目已经山西省经济贸易委员会"晋经贸改专[1997]7号"文批准立项。

(八)三台20T/H锅炉技改项目

该项目拟在解决公司锅炉经济运行与生产、环保等方面的矛盾。三台20T/H锅炉技改项目总投资1,859万元,计划开工期为1997年8月,建设期为5个月,1998年1月建成。项目完成后,可以提高锅炉热效率5—10%,节约能源,年降低成本420万元,锅炉设备达到环保排放标准。

全部技改项目投资建设周期一览

项目	投资总额	本次募集资金投入(万元) 1997年下半年	1998年上半年	1998年下半年	预计投产时间	新增利润总额
1,4丁二醇技改工程	19,500	2750	5790	10960	1999年6月	7,031
2000吨/年制氢生产装置	2,989		2539	450	1999年2月	
4万吨/年甲醛生产装置	2,980	890	2090		1998年10月	
等离子体裂解煤生产乙炔技改工程	2,450	1500	950		1999年7月	852
催化剂再生装置技改项目	4,500		1350	3150	1998年12月	
聚醋酸乙烯乳液技改工程	2,998	2000	998		1998年6月	827
四氢呋喃生产线技改项目	4825		1500	3325	1999年10月	3055
三台20T/H锅炉技改项目	1,859	1859			1998年1月	
合计	42,101	8999	15217	17885		11,765

全部技改项目总计投资46651万元,本次实际可募集资金32,340万元。预计募集资金到位后,1997年预计需投入9000万元,剩余资金用于补充流动资金。1998年为完成项目后续投资,本公司预计将通过银行贷款或配股解决后续资金。

七、股利分配政策

本公司本着同股同利的原则,按各股东持股比例派发股利,派发股利采取现金或(和)股票形式。

本公司在本次发行股票后的第一个盈利年度准备向全体股东派发一次股利,预计首次派发股利时间为1998年。

本公司1996年度利润暂不分配,未分配利润由老股东享有。

1997年本次股票发行完成前利润由新老股东共享。

本公司向个人派发股利时,由公司按《中华人民共和国所得税法》和国家税务总局发布的《征收个人所得税若干问题的规定》代扣代缴个人所得税。股利派发形式、股利是否派发由本公司股东大会决定。

根据本公司章程,本公司税后利润按下列顺序分配:

(1)弥补亏损;

(2)提取法定盈余公积金10%(该项公积金达注册资本50%时,可以不再提取);

(3)提取法定公益金5—10%;

(4)提取任意盈余公积金;

(5)支付普通股股利。

公益金、任意公积金由董事会根据公司的实际情况需要拟定提取的比例,提请公司股东大会审议批准,并按股东大会的决议使用。公司分配股利采用现金股利和股票股利两种形式。股利分配方案经股东大会审议批准后,由董事会组织实施,并在股东大会决定或证券主管机关规定的时间内发放。

八、发行人情况

1.发行人名称:山西三维集团股份有限公司

2. 发行人成立日期:1996 年 2 月 6 日

3. 发行人注册地址:山西省太原市桃园北路 59 号

4. 发行人历史情况简介

(1)历史沿革

山西省三维集团股份有限公司(以下简称本公司)是经 1995 年山西省企业改革领导组“晋企领字[1995]4 号”文和山西省经济贸易委员会“晋经贸传[1995]200 号”文件及省政府“晋政函[1996]19 号”文批准,1996 年 2 月以发起设立方式设立。主要发起人是山西省纺织总会和山西省经济建设投资公司、山西省经贸资产经营有限公司、太原现代装饰集团有限公司、太原利普公司。

原厂是山西省最大的化工化纤联合企业,于 1970 年动工兴建,是当时全国同时兴建的九个维尼纶厂之一。自 1987 年开始,原厂大力发展有机化工产品和精细化工产品,使主要产品聚乙烯醇(PVA)17－99 生产能力比原设计增长 30%以上,达到 1.7 万吨/年,醋酸乙烯(VAC)4.5 万吨/年,并发展形成年产 PVA17－88 品种 1000 吨,1,4 丁炔二醇 1000 吨、白乳胶 1.5 万吨、醋酸 4000 吨,季戊四醇 1000 吨、碳化砖 1700 万块等多元化产品的生产能力,使原厂产品结构大大改善,成为山西省国营工业骨干企业。1991 年晋升为国家二级企业,1995 年当选全国质量效益型优秀企业。改制后的本公司 1996 年也当选全国质量效益型优秀企业,成为九五期间全国一千家重点发展企业之一。

5. 组织结构

(1)山西三维集团股份有限公司组织结构图

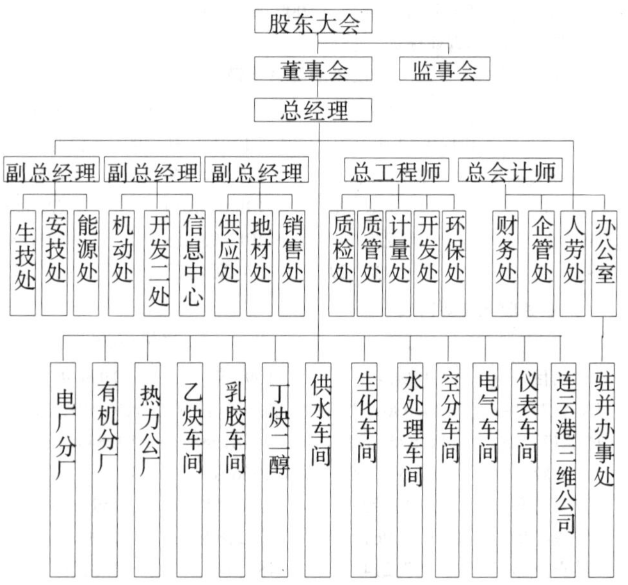

(2)下属企业

连云港开发区三维工贸公司是本公司的全资附属企业,也是本公司唯一的下属企业,注册资金 51 万元人民币,经营方式是生产销售和批发零售,下设烟台、新浦、常州三个营业部,主要生产强化乳胶系列产品、液体 1,4 丁二醇和聚醋酸乙烯乳液产品,各类产品综合年生产能力为 3000 吨,并批发销售本公司各类产品。

6. 职工情况

截止至 1996 年 12 月 31 日,本公司现有员工 1,922 人,其具体构成如下:

类别	人数	占职工总数比例
生产人员	960	49.94%
生产辅助人员	344	17.89%
销售人员	58	3.01%
技术人员	253	13.16%
财务人员	35	1.82%
管理人员	342	17.79%
合计	1,922	100%

若按技术等级划分,本公司高级职称者 25 人,占 1.3%,中级职称者 112 人,占 5.83%,初级职称 315 人,占 16.39%。

本公司根据生产经营需要,全面实行了劳动合同制。原厂离退休人员均未进入股份公司,由山西维尼纶厂承担。本公司职工工资、福利、安全生产及劳动保护、社会保险问题均按国家和地方政府有关规定执行。本公司全体职工目前参加了 4 种职工社会保险,分别是职工养老保险、生育保险、工伤保险、失业保险。

7. 经营业务范围

公司的经营范围:生产销售化工及化纤产品;焦炭运销;批发零售普通机械、化工产品、电器机械及器材、仪器仪表、金属材料(除贵金属)、建材、纺织品、塑料制品、装潢材料;化工、化纤的技术开发和引进。

8. 产品品种及生产能力

(1)聚乙烯醇(PVA)17—32—88—99 釜式、皮带式系列组合产品 2.5 万吨/年。

(2)白乳胶 12 个系列,40 多个品种 1.5 万吨/年

(3)1,4 丁炔二醇 1,000 吨/年

9. 产品销售情况

本公司产品的主要市场在中国东北、华北、西北、中原地区,并通过山西省外贸部门出口国外,拥有部分国外市场,主要有英国、德国、伊朗、马来西亚、菲律宾、巴基斯坦、荷兰等国。本公司产品销售量占本公司产品总销量的 90%左右,且市场占有率远高于国内同类企业。

10. 业务收入主要构成

以下为本公司截止到 1996 年 12 月 31 日的前三年主要产品的销售额:

单位:人民币(元)

项目	1996 年	1995 年	1994 年
PVA17—99	190,096,532	243,666,101	129,940,536
PVA17—88	14,876,694	15,918,588	10,849,454
乳胶	30,052,109	42,966,134	19,334,314
丁炔二醇	2,843,929	3,006,473	2,591,251
醋酸乙烯	654,961	7,732,828	5,390,154
其它产品	107,214	484,346	362,019
合计	238,625,439	313,774,470	168,467,728

11. 原料、能源

本公司生产用主要原料有醋酸、甲醇、硫酸、固碱、活性炭、原煤、焦炭、石料、电极糊、碳精棒等,其中醋酸、甲醇、硫酸、固碱、活性炭等,由公司长期形成的原材料供应商提供,醋酸、甲醇本公司可自产。原煤、焦炭、石料、电极糊、碳精棒可在本公司所在地山西省洪洞县直接采购。

本公司生产的所需能源有电力、煤炭、水资源,本公司所在地山西省洪桐县有丰富的煤炭资源;水资源方面本公司在汾河滩打有群井,供应充足;对于电力,本公司仅在农忙时限电出现电力供应不足,为此,本公司已和电力部门协调,尽量减少影响生产的程度。

12. 本公司税收政策

母公司:1994、1995、1996 年按应纳所得税 33%计算。根据山西省人民政府“晋政函[1997]44 号”文,同意本公司从 1997 年起,享受所得税全额返还的优惠政策。

子公司:根据连云港市政府“连政发[1994]59 号”文规定,1994 年实际税负为 0,1995 年实际税负为 10.73%,1996 年按 33%税负计算。

13. 关联交易

山西省纺织总会是本公司的最大股东,同时也是山西维尼纶厂的主管部门,因此本公司和山西维尼纶厂属关联公司。根据本公司和山西维尼纶厂签订的重组协议和综合服务合同,本公司成立后,由山西维尼纶厂提供医疗、幼儿园、学校、职工住房等社区服务,并提供部分辅助生产原料,根据山西会计师事务所“[1997]晋师股审字第 7 号”审计报告,本公司和山西维尼纶厂关联交易如下:

单位:人民币元

项目	金额	1996年占该类交易比例%	1995年	1994年
一、采购				
醋酸	0	0	952,801	109,690
碳化砖	961	100%	11,641	633
甲醛	1,158,226	100%	1,142,969	993,357
二、支付管理费				
医院	1,332,548	100%	1,001,981	884,027
学校	823,528	93%	1,182,740	1,108,664
幼儿园	61,996	100%	27,859	53,219

九、董事、监事、高级管理人员简介

仝立祥,男,54岁,大学本科学历,教授级高级工程师。历任原厂有机分厂副厂长、总工程师、厂长。曾获国家级科技进步二等奖、北京市科技进步二等奖;荣获全国五一劳动奖章;当选全国劳动模范、全国优秀科技工作者,享受政府特殊津贴。现任本公司董事长兼总经理,党委副书记。

王培勤,男,49岁,大专文化程度,高级经济师。历任电气车间副主任、主任、副厂长,曾当选临汾地区特级劳动模范。现任本公司党委书记、副董事长。

杨学英,男,37岁,大学本科学历,高级工程师。历任原厂有机分厂一车间副主任、主任,有机分厂副厂长,曾当选山西省纺织科技功臣,荣获山西省职工为四化建功一等功。现任本公司副董事长兼副总经理。

寇庶文,男,57岁,大专学历,高级工程师。曾任山西省纺织工业厅化纤处副处长。现任山西省纺织总会副总工程师、本公司董事。

冯子如,男,55岁,中专学历,高级会计师。曾任山西省纺织工业厅财务处副处长、处长。现任本公司董事。

谷建春,男,29岁,大学本科学历,工程师。现任山西省经济建设投资公司副处长、本公司董事。

李国英,男,53岁,大学本科学历,高级工程师。曾任山西省经贸委技改处处长。现任山西省经贸资产经营有限责任公司总经理、本公司董事。

杨敬泽,男,49岁,大专文化,高级经济师,历任原厂设备科科长、生产技术处处长、副厂长。现任本公司董事、副总经理。

吕守德,男,50岁,大学本科学历,高级会计师。历任原厂财务科科长、副总会计师。曾当选全国纺织系统先进财务工作者,临汾地区特级劳动模范。现任公司董事、总会计师。

李小杵,男,50岁,大学本科学历,高级会计师。历任原厂财务科科长、副总会计师。曾当选全国纺织系统先进财务工作者、临汾地区特级劳动模范。现任公司董事、总会计师。

冯发财,男,47岁,大专文化程度,助理工程师。历任原厂生产科副科长、电石分厂厂长、工会主席。现任本公司董事、工会主席。

王张寿,男,53岁,大学本科学历,高级政工师。历任原厂党委办公室副主任、党委综合办公室主任、宣传部部长。现任公司董事。

高如龙,男,41岁,大学本科学历,高级工程师。历任原厂有机分厂二车间主任、有机分厂副厂长、有机分厂厂长。曾当选临汾地区特级劳动模范,现任公司董事。

褚赤生,男,51岁,大学本科学历,高级经济师。历任原厂车间副主任、厂办公室主任、企管处处长。现任公司董事。

孙自瑾,男,39岁,大专学历,经济师。曾任原厂有机车间副主任、车间主任、开发处处长。曾当选山西省纺织系统科技功臣、临汾地区科技先进工作者,现任公司董事。

张芳绪,男,47岁,大专文化程度,高级经济师。历任原厂人劳科科长、人劳处处长、党委副书记兼纪检委书记。现任公司监事会主席。

韩洪兴,男,59岁,大学本科学历,高级工程师,历任原厂生产技术科科长、副厂长、厂党委书记。曾当选全国纺织系统优秀政治思想工作者、山西省劳动模范,荣获山西省职工为四化建功一等功。现任公司监事。

张孝铭,男,45岁,大专文化程度,工程师。曾任中晋农业发展公司副总经理。现任山西省经济建设投资公司计财处副处长、本公司监事。

岳丽华,女,44岁,大学文化程度,高级经济师。曾在山西省经贸委工作,任企业处副处长,现任山西省经贸资产经营有限公司副总经理、本公司监事。

蔡秦生,男,51岁,大专文化程度,政工师。曾任原厂工会副主席,现任本公司监事。

朱玲芬,女,49岁,大专文化程度,经济师。曾任原厂供销科副科长、供应科科长、供应处处长。现任本公司监事。

范勇,男,41岁,大专文化程度,工程师。曾任原厂仪表车间副主任、主任、党支部书记,现任本公司监事。

十、经营业绩

1.一般经营情况

本公司对外销售产品为聚乙烯醇(PVA)17—99、17—88,1,4丁炔二醇和乳胶共三大类。其中,聚乙烯醇17—88为部优、省优产品,聚乙烯醇17—99为省优、免检、名牌产品,丁炔二醇和白乳胶也是省名牌产品,这些产品广泛用于化工、化纤、建材、纺织、电镀、医药、油漆、涂料等行业。

本公司的前身为原山西维尼纶厂1986年起,连续10年盈利,先后当选山西省先进企业、山西省最佳企业、山西省模范企业、山西省质量效益型优秀企业、山西省科技先导型企业、全国纺织系统先进集体、全国质量效益型优秀企业等光荣称号,1991年晋升为国家二级企业。本公司于1996年当选全国质量效益型优秀企业,成为九五期间全国一千家重点发展企业之一。

经山西会计师事务所出具的"(1997)晋师股审字第7号"审计报告,本公司近三年的经营业绩如下:

近三年的经营业绩

单位:人民币元

	1996年12月31日	1995年12月31日	1994年12月31日
主营业务收入	238,625,439	313,774,470	168,467,728
营业利润	41,046,228	101,043,059	31,221,053
利润总额	40,226,347	101,400,223	31,221,168
净利润	26,936,829	70,609,163	20,884,513

2.业务收入主要构成

单位:人民币(元)

项目	1996年	1995年	1994年
PVA17—99	190,090,532	243,666,101	129,940,536
PVA17-88	14,876,694	15,918,588	10,849,454
乳胶	30,052,109	42,966,134	19,334,314
丁炔二醇	2,843,929	3,006,473	2,591,251
醋酸乙烯	654,961	7,732,828	5,390,154
其它产品	107,214	484,346	362,019
合计	238,625,439	313,774,470	168,467,728

3.完成的科研成果

本公司在多年来的产品开发中,引进了许多国内外先进的技术,如从北京市化工研究院引进的国内首创的低压悬浮床1,4丁炔二醇生产技术;从贵州有机化工厂引进的利用废渣、废气的碳化砖生产技术;从德国汉高公司引进的专门用途的均聚或共聚聚醋酸乙烯乳液生产技术;与清华大学协作共同完成的醋酸乙烯合成反应器的改造;从北京化工大学引进的可生产高聚合度聚醋酸乙烯的聚合釜结构设计专利;与天津化工研究院合作开发的水质处理技术等。

4.筹资与投资情况

本公司目前资金主要来源于自身盈利的积累和商业银行贷款。本公司目前长期投资为1008万元,系持有中国光大银行0.2%的股份,计560万股。

十一、股本

本公司是经省政府1996年1月"晋政函[1996]19号"文批准,由山西省纺织总会、山西省经济建设投资公司、山西省经贸资产经营有限责任公

司、太原现代集团有限公司、太原利普公司五家共同发起设立。其中山西省纺织总会以其下属的原山西维尼纶厂的主要经营性资产经评估后的净资产13,548.93万元投入本公司,按77.45%折为10,493.67万股国家股,山西省经济建设投资公司投入股份公司"贷改投"资金1367.6万元,折股为1,059.21万股国家股;山西省经贸资产经营有限责任公司投入股份公司"贷改投"资金542.3万元,折股为420.01万股国家股;太原现代集团有限公司、太原利普公司以现金入股,按相同比例分别折股为15.49万股、11.62万股。该股权设置方案,于1995年12月经山西省国有资产管理局"晋国资企函字[1995]第113号"文批准。

1、本次发行前注册资本:12,000万元。本次发行后注册资本:18,000万元。

2、本次向境内发行每股面值人民币1.00元的记名式普通股6,000万股,每股发行价5.55元,其中向社会公众发行5,400万股,向公司职工配售600万股。此次向公司职工配售的600万股将在社会公众股上市之日起半年后流通。

3、超过面值缴入的资本及其用途:本公司发起设立时,净资产折股比例为77.45%,每股净资产1.29元,超过面值部分3,493.82万元转入资本公积金。本次A股发行后,超过面值并扣除发行费用缴入的资金为26,340万元,将进入本公司资本公积金。

4、发行前后股本结构

	发行前股本结构		发行后股本结构	
类别	股数(万股)	占总股本比例	股数(万股)	占总股本比例
发起人股	12,000.00	100%	12,000.00	66.67%
其中:国家股	11,972.89	99.77%	11,972.89	66.52%
法人股	27.11	0.23%	27.11	0.15%
社会公众股	0	0	6,000.00	33.33%
其中:公司职工股	0	0	600.00	3.33%
总股本	12,000.00	100%	18,000.00	100%

5.本次发行后净资产总额:484,362,255元。

6.本次发行前每股净资产:1.34元

7.本次发行后每股净资产:2.69元

8.发起人持股情况

山西省纺织总会10,493.67万股

山西省经济建设投资公司1,059.21万股

山西省经贸资产经营有限责任公司420.01万股

太原现代装饰集团有限公司15.49万股

太原利普公司11.62万股

9.本次发行前本公司董事、监事、高级管理人员均无持有本公司任何股份。

10.股票回购程序。根据国务院1993年《股票发行和交易管理暂行条例》的有关规定,未经国家有关规定进行申请并获批准,股份有限公司不得购回本公司发行的在外股票。

十二、主要会计资料

根据山西会计师事务所出具的"山西三维集团股份有限公司审计报告"([1997]晋师股审字第7号)对本公司1994—1996年三个会计年度的财务报表进行审计验证,以下为审计报告内容:

山西三维集团股份有限公司全体股东:

我们接受委托,审计了贵公司1994年12月31日、1995年12月31日、1996年12月31日的资产负债表及合并资产负债表;1994年度、1995年度、1996年度有关会计期间的利润及利润分配表和合并利润及利润分配表;1996年财务状况变动表及合并财务状况变动表。这些会计报表由贵公司负责,我们的责任是对这些会计报表发表审计意见。我们的审计是依据中国注册会计师独立审计准则进行的。在审计过程中,我们结合贵公司的实际情况,实施了包括抽查会计记录等我们认为必要的审计程序。

我们认为,上述会计报表符合《企业会计准则》和《股份制试点企业会计制度》的规定,在所有重大方面公允地反映了贵公司上述会计期间截止日的财务状况和相应会计期间的经营成果,以及1996年度的资金变动情况,会计处理方法的选用遵循了一贯性原则。

山西会计师事务所　　中国注册会计师 宋晓伟

中国·太原　　中国注册会计师 赵秀琴

1997年4月23日

山西三维集团股份有限公司

会计报表附注

一、编列基准

山西三维集团股份有限公司的设立日期为1996年2月6日,建帐日期为1996年2月1日。本公司的财务资料是在假设本公司设立之前,已接收山西维尼纶厂部分资产、负债和有关业务的基础上编制的。

二、重要会计政策

1、会计制度

本公司执行《股份制试点企业会计制度》

2、会计期间

自公历每年1月1日至12月31日为一个会计年度。

3、合并会计报表的编制方法

本公司将全资子公司的会计报表加以合并,编制合并会计报表,母公司和子公司采用的会计政策一致,公司间的重要内部交易和资金往来均在报表合并时抵销。

纳入合并报表的子公司为:

人民币元

公司名称	业务性质	设立时间	注册资本	实际投资额	公司持股比例
连云港开发区三维工贸公司	生产销售	1992年	510,000	2,570,437	100%

4、记帐原则和计价基础

按权责发生制原则,采用实际成本计价。

5、货币资金

以人民币为记帐本位币,公司无外币收付业务。

6、坏帐准备

本公司按应收帐款年末余额的5‰计提坏帐准备。

7、存货计价

存货以实际成本计价,发出时按加权平均计价,低值易耗品采用领用时一次摊销。

8、长期投资

以实际成本计价,投资额占被投资企业资本总额的50%以上的,采用权益法核算,期末编制合并会计报表;投资额占被投资企业资本总额的25—50%的,采用权益法核算;投资额占被投资企业资本总额的25%以下的,采用成本法核算。

9、固定资产及其折旧

固定资产按实际成本计价,使用期限超过一年的房屋、建筑物、机器、机械、运输工具及其他与生产经营有关的设备、器具、工具等;单位价值在2,000元以上,使用期限超过一年,不属于生产经营的主要设备均定为固定资产。

固定资产折旧采用直线法,各类固定资产的估计使用年限、残值率、年折旧率如下:

分类	使用年限	残值率	年折旧率
房屋及建筑物	35	5%	2.71%
机器设备	14	5%	6.79%
运输设备	12	5%	7.91%
家具及办公设备	8	5%	11.88%

10.在建工程

以实际成本计价,包括与在建工程有关的借款利息支出予以资本化。

11.无形资产及其摊销

无形资产以实际成本计价,按受益年限摊销。

12.销售收入的确认

商品已经发出,所有权已经转移,收到货款或取得收取货款的凭据时,确定为销售收入的实现。

13.税项

税　　种	计税依据	税率 1996年	1995年	1994年
所得税	应纳税所得税	33%	33%	33%
增值税	产品销售收入	17%	17%	17%
增值税	其他业务收入—材料	17%	17%	17%
营业税	其他业务收入—劳务	3%	3%	3%
城建税	应纳增值税、营业税	1%	1%	1%
教育费附加	应纳增值税、营业税	3%	3%	2%
价格调控基金	应纳增值税、营业税	1.5%	1.5%	—
房产税	房产余值	1.2%	1.2%	1.2%
土地使用税	实际占用土地面积(年)	0.3元/M^2	0.3元/M^2	0.3元/M^2
车船使用税	小卧车、客货车按辆数(年)	60元/辆	60元/辆	60元/辆
	大货车按净吨位(年)	42元吨	42元/吨	42元/吨
印花税	按实收资本、资本公积额			
	固定资产增加额贴花	0.5‰	0.5‰	0.5‰
	按购销合同额、财产保险合同额贴花	0.3‰	0.3‰	0.3‰
	按借款合同额贴花	0.5‰	0.5‰	0.5‰

山西省人民政府晋政发(1995)71号“关于进一步完善价格调控基金征收管理工作的通知”规定凡在本省境内从事生产、经营、服务等项活动,有销售营业收入的单位和个人,均应交纳价格调控基金。价格调控基金以消费税、增值税、营业税为计征依据,征集比例按税前“三税”额的1.5%计征。”

14.利润分配

净利润的分配,按公司章程规定如下:

(1)法定盈余公积,按10%计提;

(2)公益金,按5%计提;

(3)任意盈余公积:按董事会决议规定的比例计提。

财务指标:

项目	1996年	1995年	1994年
流动比率(%)	84.19	157.09	151.14
速动比率(%)	55.91	118.17	118.76
应收帐款周转率(%)	715.63	1048.36	642.15
存货周转率(%)	335.29	529.40	560.46
资产负债率(%)	58.98	54.66	50.22
净资产收益率(%)	16.73	45.57	24.84
每股盈利(元)	0.22	0.59	0.17

数字及指标变动较大的原因

(1)营运资金1996年为负值是因为1996年一年内到期的长期负债增加和在建工程占用资金所致。

(2)固定资产及累计折旧变动较大是因为本公司设立时资产评估增值调帐所致。

(3)税后利润1996年度与1995年相比跌幅较大是因为本公司所处行业的商业周期所致。

十三、资产评估

1.资产评估情况

本公司设立之前,原厂委托山西省资产评估中心对主要发起人拟投入本公司的主要生产经营性资产进行了评估,以1995年9月30日为基准日的评估结果如下:本公司的总资产为286,401,190.87元,总负债为150,911,911.31元,净资产为135,489,279.56元。

资产占有单位名称:山西维尼纶厂　　评估基准日:1995年9月30日

单位:人民币元

资产项目	帐面原值	帐面净值	调整后净值	重置价格	评估值	增加值	增加率%
流动资产	16520792.49	165207292.49		165207292.49	165207292.49	0	0
长期投资	2570437.33	2570437.33		2570437.33	2570437.33	0	0
在建工程	11281360.05	112181360.05		11281360.05	11281360.05	0	0
建筑物	44588148.92	26403416.00		56506122.00	30220339.00	3816923.00	14.45
机器设备	92105408.84	48468026.00		135329541.00	71621762.00	23153736.00	47.80
土地使用权							
无形资产				5500000.00	5500000.00	5500000.00	100.00
其它资产							
资产总计	315752647.63	253930531.87		376394752.87	286401190.87	32470659	12.78
流动负债		74613455.39			74613455.39	0	0
长期负债		76298455.92			76298455.92	0	0
负债总计		150911911.31			150911911.31	0	0
净资产		103018620.56			135489279.56	32470659	31.51

2.以上结果已经山西省国有资产管理局以“晋国资评管函字[1995]第102号”文确认,并在本公司设立后进行了帐务调整。

3.评估方法

(1)机器设备主要采用重置成本法评估;

(2)房屋建筑、构筑物采用重置成本法评估;

(3)流动资产中货币资金、存货、应收帐款、预付帐款、其它应收款、待摊费用等,采用帐面历史成本法评估;

(4)长期投资以帐面值作为评估值;

(5)无形资产“三维牌”商标采用收益现值法评估;

(6)在建工程以帐面值作为评估值。

十四、盈利预测

本公司提醒投资者,鉴于盈利预测假设的不确定性,进行投资决策时不应过分依赖该项资料。

1.盈利预测表

经山西会计师事务所注册会计师审定的盈利预测表如下:

项目	1997年度(人民币元)
一、主营业务收入	321,429,535
减:营业成本	248,103.635
销售费用	3,422,170
管理费用	27,786,280
财务费用	(3,784,555)
营业税金及附加	920,000
二、主营业务利润	44,982,005
加:其它业务利润	(90,749)
三、营业利润	44,891,256
加:营业外利润	430,750
补贴收入	200,000
减:营业外支出	1,156,785
四、利润总额	44,365,221
减:所得税33%	14,640,523
所得税	0
五、净利润　按税负33%计算	29,724,698
按税负为0计算	44,365,221

注:根据山西省人民政府“晋政函[1997]44号”文“关于同意山西三维集团股份有限公司享受所得税优惠政策的批复”,“同意你公司从1997年起,享受所得税全额返还的优惠政策”。

1997年每股盈利:

0.30元/股(按加权平均法计算,所得税全额返还,预计股金1997年6月到位)

0.20元/股(按加权平均法计算,所得税按33%计算,预计股金1997年6月到位)

0.25元/股(按全面摊薄法计算,所得税全额返还)

0.17元/股(按全面摊薄法计算,所得税按33%计算)

2.基准

本盈利预测是公司在充分考虑现时的基础和所有能力及潜力并在下列各项假使的前提下编制的,所依据的会计政策在各主要方面均与本公司采用的会计政策一致。

3.主要假设

1、本公司所遵循的国家有关法律、法规、政策以及财政经济状况如现时无重大变化;

2、本公司所在地区的政治、法律和经济状况等社会环境无重大变化;

3、本公司生产经营之国内、国际市场无重大变化;

4、现行银行信贷利率无重大变化;

5、会计政策及核算方法无重大变化;

6、本公司适用的课税基准和税率无重大变化;

7、无其他人力不可抗拒及不可预见因素对经营成果造成不利影响。

十五、公司发展规划

本公司地处国家中西部地区,是九五期间国家产业政策重点扶持的地区和行业。同时本公司又是九五期间全国一千家重点发展企业之一。本公司将把握九五期间的发展机遇,进一步发挥已有的地理环境优势,运用本次公开发行股票的募集资金,加强新的投入和技术改造,使本公司的生产规模达到行业合理的经济规模,从而降低单位原材料及零配件的采购成本及其他成本,提高规模经济效益。

本公司制定了"九五发展规划"和"2010年远景发展目标"。在短期内,本公司拟引进国外生产技术和设备,投建1,4丁二醇生产装置,稳定和提高其工艺质量及收率,在一期工程完成并投产后,扩大模数,进行二期工程。

本公司将利用中国加入世界贸易组织的发展机遇,利用成本优势及技术优势,争取自营出口权,扩大产品外销渠道,特别是开拓美洲、欧洲、非洲市场。在国内采用合作或兼并的方式,联合与生产原材料有关的企业,形成一条龙、规模化生产,减少商贸环节,降低生产成本,保证原材料及产品质量,在巩固华北、东北、华东、中原地区市场基础上,拓展中南和西南地区市场。

为实现上述目标,本公司利用本次发行A股机会,拟采取以下措施:

1.广开融资渠道,完善生产体系,扩大经营规模,促进规模效益。

2.上述项目建成后均有较高自动化水平,因此,本公司在生产上将着重现有人员的技术培训,及招聘少数学历高、精通技术的工作人员。预计九五期间,本公司仍将维持现有公司员工人数水平。

3.深化企业改革,加强管理,提高企业素质。

公司将严格按国家建立现代企业制度的要求,进一步深化领导、人事、劳动和分配制度的改革,强化成本管理,争创最佳效益。

4.努力开发名优产品,提高市场竞争力。

公司将坚持以市场为导向,突出主业,突出重点的原则,加大传统产品的改造和提高,同时大力抓好新产品新项目的开发,提高国内市场占有率,争取扩大国外市场。

本公司上述全部项目建成后,每年可新增销售收入66445万元,新增利润11765万元。到"九五计划"末期,预计本公司总资产规模将扩大到8亿元以上,年工业总产值增大到10亿元,年销售额实现9亿元以上,实现年税后利润1—1.5亿元,成为国内同行业规模较大,效益较佳的化工原料生产企业集团。

十六、重要合同及重大诉讼事项

本公司的重要合同有9份:本公司与山西维尼纶厂的《重组协议》、《土地使用权租赁合同》、《综合服务合同》,本公司的重大业务合同2份、本公司与银行的贷款合同4份。

A、《重组协议》

本公司是在原厂重组的基础上,将原厂主要经营性资产分离出来,根据《公司法》规定发起设立的。本公司设立后,原厂保留部分经营性资产和辅助生产部门,变更登记后仍具有法人资格。《重组协议》约定了重组时本公司与原厂之间的资产、债权、债务及其他权利、义务转移的时效、方式,以及确定获得批准立项的投资项目转移给本公司等内容。

B、《土地使用权租赁合同》

1997年5月18日山西维尼纶厂(甲方)与本公司(乙方)修订了土地租赁合同。按合同规定,甲方将生产、办公用地191,720平方米的使用权租赁给乙方,乙方同意承租,并保证在承租土地使用权期间,将该土地用于本公司的生产经营项目。这地块土地使用权出租年限为50年,本合同的生效日追溯至1997年1月1日。同时乙方同意每年向甲方支付租赁费,其标准依据土地管理部门确认的土地评估价格确定。租赁期开始的前五年,每年租金40万元。

C、《综合服务合同》

山西维尼纶厂重组后,将季戊四醇、醋酸、甲醛、碳化砖等辅助生产设施,以及职工医疗、幼儿园、学校、职工住房等社区服务项目,均留在山西维尼纶厂。1997年5月18日本公司与山西维尼纶厂修订了综合服务合同。由本公司向山西维尼纶厂支付"医疗费用每年133万元,幼儿园及中小学教育费88万元,职工住房租赁费及水、电、煤气等杂费。辅助环节产品供应与铁路运输按约定价格支付。双方的收费标准,依据国家和地方有关法规和改革配套规定,并参照成本和市场情况确定。上述费用按年支付的,每年12月20日前支付。按月支付的,每月28日前支付。合同期限为5年,期满可续展合同。

D、本公司与上海太平洋化工(集团)公司吴泾化工总厂签订的冰醋酸采购合同,由该厂为本公司供应冰醋酸5000吨,总金额2700万元整,供货时间为1997年1—12月均衡供应。

E、本公司与郑州市管城供销公司签订销售合同,由本公司供应该公司聚乙烯醇(PVA)17—99,1500吨,单价11800元;聚乙烯醇(PVA)17—88,50吨,单价15000元;白乳胶200吨,单价5600元;合同总金额1957万元整;供货时间为1997年1—12月均衡供应。

F、本公司于1995年7月3日、8月23日、12月25日与中国工商银行山西省分行洪洞县支行分别签订金额为2000万元、2900万元和2800万元的三年和四年贷款合同,分期还款期限分别为96年7月、97年7月、98年7月;96年12月、97年12月、98年12月;97年12月、98年12月、99年12月;贷款用于PVA扩建改造工程。目前这三项合同均正常履行。

G、本公司与中国工商银行山西省分行洪洞县支行于1995年6月5日签订金额为700万元的三年贷款合同,分期还款期限分别为96年6月、97年6月、98年6月,贷款用于煤制乙炔工程。目前该合同正常履行。

本公司没有因环境保护、知识产权、产品质量、劳动安全、人身权等原因产生侵权之债。

本公司董事会成员目前无涉及任何刑事诉讼案。

十七、备查文件

1.审计报告、财务报表及附注

2.发行人成立的注册登记文件

3.主管部门和证券交易所批准上市的文件

4.承销协议

5.国有资产管理部门关于国有资产评估的确认文件

6.国有资产管理部门关于国有股权界定及持有人批复

7.土地使用权租赁协议

8.地方土地管理局关于土地使用权处置方案

9.发行人改组的其他有关资料

10.重要合同

本公司备查文件将于1997年6月12日至1997年7月12日置放于主承销商办公地址、本公司太原办事处、山西省洪洞县本公司生产基地,欢迎投资公众前往查阅。

山西三维集团股份有限公司

1997年6月13日

资 产 负 债 表

编制单位:山西三维集团股份有限公司(合并)　附注一、二　　　　单位:人民币

项目	附注	1996.12.31	1995.12.31	1994.12.31	流动负债:		1996.12.31	1995.12.31	1994.12.31
流动资产:					短期借款	12	58,380,000	44,680,000	36,530,000
货币资金	1	33,226,184	67,209,453	16,962,451	应付帐款	13	30,201,800	20,718,828	8,782,076
应收帐款	2	33,063,910	33,625,399	26,234,902	预收货款		3,101,426	3,878,680	8,619,426
减:坏帐准备	3	165,319	168,127	131,175	应付福利费		·818,945	1,187,398	524,744
应收帐款净额		32,898,591	33,457,272	26,103,727	未付股利	14	37,267,477	31,485,240	
预付货款	4	24,689,591	27,626,580	22,308,848	未交税金	15	12,927,163	5,549,167	5,302,104
其他应收款	5	7,690,973	9,801,122	4,346,794	其他未交款	16	850,480	587,532	147,760
存货	6	50,941,653	47,407,841	21,020,127	其他应付款	17	6,611,098	1,343,453	1,701,246
待摊费用	7	3,223,450	5,840,272	7,360,955	一年内到期的长期负债	18	30,000,000	12,370,000	3,300,000
流动资产合计		151,669,879	191,342,540	98,102,902	流动负债合计		180,158,389	121,801,298	64,907,356
长期投资:	8				长期负债:		—	—	—
长期投资:		10,080,000	–	–	长期借款	19	51,264,000	65,000,000	19,922,211
固定资产:	9				长期应付款		–	–	–
固定资产原值		226,939,722	205,448,910	211,666,985	长期负债合计		51,264,000	65,000,000	19,922,211
减:累计折旧		104,845,498	92,641,768	45,968,158	负债合计		231,422,389	186,801,298	84,829,567
固定资产净值		122,094,224	112,807,142	65,698,827	股东权益:				
在建工程	10	99,123,925	26,994,037	4,437,833	股本	20	120,000,000	120,000,000	63,201,992
固定资产合计		221,218,149	139,801,179	70,136,660	资本公积	21	36,938,280	34,938,280	
无形及递延资产:					盈余公积	22	5,670,458	1,603,748	3,155,983
无形资产	11	9,416,616	10,617,489	528,000	其中:公益金		1,890,153	534,583	1,051,994
递延资产		–	–	148,510	未分配利润	23	(1,646,483)	(1,582,118)	17,728,530
无形及递延资产总计		9,416,616	10,617,489	676,510	股东权益合计		160,962,255	154,959,910	84,086,505
资产总计		392,384,644	341,761,208	168,916,072	负债及股东权益总计		392,384,644	341,761,208	168,916,072

利润表及利润分配表

编制单位:山西三维集团股份有限公司(合并)　　　　单位:人民币元

项目	注释	1996 年度	1995 年度	1994 年度
一、主营业务收入	24	238,625,439	313,774,470	168,467,728
减:营业成本	25	164,877,412	181,129,495	117,810,030
销售费用		3,957,808	2,444,492	1,344,092
管理费用		24,736,318	23,595,388	13,159,806
财务费用		3,236,809	4,422,078	4,347,529
营业税金及附加		671,028	1,056,739	531,658
二、主营业务利润		41,146,064	101,126,278	31,274,613
加:其他业务利润	26	(99,836)	(83,219)	(53,560)
三、营业利润		41,046,228	101,043,059	31,221,053
加:投资收益		–	–	–
补贴收入	27		1,224,066	–
营业外收入	28A	380,704	412,004	607,030
减:营业外支出	28B	1,200,585	1,278,906	626,915
四、利润总额		40,226,347	101,400,223	31,201,168
减:所得税	29	13,289,518	30,791,060	10,316,655
减:少数股东损益		–	–	–
五、净利润		26,936,829	70,609,163	20,884,513
加:年初未分配利润		(1,582,118)	17,728,530	(13,359)
六、可供分配的利润	30	25,354,711	88,337,693	20,871,154
减:提取法定盈余公积		2,711,140	1,059,771	2,095,083
提取法定公益金		1,355,570	529,885	1,047,541
净资产折股		–	39,040,869	–
已分配上年股利		–	17,804,046	–
已分配当年股利		22,934,484	31,485,240	
七、未分配利润		(1,646,483)	(1,582,118)	17,728,530

财 务 状 况 变 动 表

编制单位:山西三维集团股份有限公司(合并)　　1996 年度　　单位:人民币元

流动资金来源和运用	金　额	流动资金各项的变动	金　额
一、流动资金来源:		一、流动资产本年增加数:	
1.本年净利润	26,936,829	1.货币资金	(34,983,269)
加:不减少流动资金的费用和损失		2.应收票据	—
(1)少数股东本期损益	—	3.应收帐款净额	(558,681)
(2)固定资产折旧	12,271,180	4.预付帐款	(2,937,552)
(3)无形资产、递延资产及其他资产摊销	1,200,873	5.其他应收款	(2,110,149)
(4)固定资产盘亏	—	6.存货	3,533,812
(5)清理固定资产盘亏	3,550	7.待摊费用	(2,616,822)
小计	40,412,432	8.一年内到期的长期债券投资	—
2.其他来源:			
固定资产清理收入(减清理费用)	(92,630)		
增加长期负债	—		
收回长期投资	—		
资本净增加额	4,498,684		
小计	4,406,054		
流动资金来源合计	44,818,486	流动资产增加净额	39,672,611)
二、流动资金运用:		二、流动负债本年增加数:	
1.利润分配:		1.短期借款	13,700,000
(1)提取盈余公积	2,477,054	2.应付票据	—
(2)已分配股利	22,934,484	3.应付帐款	9,481,972
		4.预收帐款	(777,254)
小计	25,411,538	5.其他应收款	5,267,645
2.其他运用:		6.应付福利费	(368,453)
1)固定资产和在建工程净增加额	93,620,700	7.未交税金	7,377,996
2)增加无形资产、递延资产及其他资产		8.未付股利	5,782,237
3)增加长期投资	10,080,00	9.其他未交款	262,948
4)偿还长期负债	13,736,000	一年内到期的长期负债	17,630,000
小计	117,436,700		
流动资金运用合计	142,848,238	流动负债增加净额	58,357,091
流动资金增加净额	(98,029,752)	流动资金增加净额	(98,029,752)

山西三维集团股份有限公司股票上市公告书

一、要览

总股本:　　18,000 万股

可流通股本:　　6,000 万股

社会公众股:　　6,000 万股

其中:公司职工股:　　600 万股

本次上市流动股本:　　5,400 万股

股票简称:山西三维

股票代码:0755

上市地点:深圳证券交易所

上市时间:1997 年 6 月 27 日

登记机构:深圳证券登记有限公司

上市推荐人:国泰证券有限公司　　长城证券有限公司

二、绪言

本上市公告书依据《中华人民共和国公司法》、《股票发行与交易管理暂行条例》、《公开发行股票公司信息披露实施细则(试行)》、《深圳证券交易所业务规则》等国家法律、法规的规定编制的。本公司股票上市申请经深圳证券交易所深证发(1997)257 号文批准,于 1997 年 6 月 27 日(星期五)在深圳证券交易所挂牌交易,本次上市流通的股票为 1997 年 6 月 17 日至 19 日在太原市向社会公众发行的 5,400 万股 A 股,公司职工股 600 万股的上市日期将按国家及及深圳证券交易所有关规定半年后上市。

本公司于 1997 年 6 月 13 日在《深圳证券报》和《证券时报》刊登《招股说明书概要》,距今不足 6 个月,故与其相重复的内容在此不再赘述,敬请社会公众查阅本公司的《招股说明书概要》。

本公司董事会成员已批准该上市公告书,确信本公告书不存在任何重大遗漏或者误导,并对其真实性、准确性、完整性负个别的和连带的责任。

三、本公司概况

(一)概况

法定名称:山西三维集团股份有限公司

注册资金:18,000 万元

法定代表人:仝立祥

成立时期:1996 年 2 月 6 日

注册地址:山西省太原市桃园北路 59 号

联系电话:0357—6663121　6663696

经营范围:生产销售化工及化纤产品;焦炭运销;批发零售普通机械、化工产品、电器机械及器材、仪器仪表、金属材料(除贵金属)、建材、纺织品、塑料制品、装潢材料;化工、化纤的技术开发和引进。

所属行业:化工工业

(二)公司历史沿革

山西省三维集团股份有限公司(以下简称本公司)是于1995年山西省企业改革领导组"晋企领字[1995]4号"文和山西省经济贸易委员会"晋经贸传[1995]200号"文件及省政府"晋改函[1996]19号"文批准,1996年2月以发起方式设立的股份有限公司。发起人为山西省纺织总会和山西省经济建设投资公司、山西经贸资产经营有限公司、太原现代装饰集团有限公司、太原利普公司。

1997年6月10日经中国证券监督管理委员会"证监发字[1997]341号"文和"证监发字[1997]342号"文批准,同意山西三维集团股份有限公司向社会公开发行人民币普通股6000万股(含公司职工股600万股),每股面值一元,以溢价每股5.55元发行。1997年6月23日,本公司在山西省工商行政管理局完成变更登记。

四、股票发行及承销

四、股票发行及承销

(一)本次公开发行

发行数量:6,000万股(其中公司职工股600万股)

发行价格:5.55元/股

募集资金总额:新股发行募得股金33,300万元,扣除发行费用960万元后,实际募集资金额为32,340万元。

发行方式:全额预缴款、比例配售、余款转存

配售比例:18.663%

配售户数:13137

持有1000股以上的户数:3615户

发行费用总额:960万元

每股发行费用:0.16元

发行市盈率:16.81倍

(二)股票承销

本次公开发行的5,400万股社会公众股和600万股职工股已全部由社会公众及公司职工认购,承销团成员无包销比例及数量。

主承销商及承销团成员分销比例及数量

机构名称	承销数量(万股)	承销金额(万元)	比例
国泰证券有限公司	1800	9990	30%
大同证券公司	900	4995	15%
君安证券有限公司	1200	6660	20%
中国对外经济贸易信托投资公司	720	3996	12%
中国科技国际信托投资公司	780	4329	13%
中国人保信托投资公司	600	3330	10%

(三)验资报告

(1997)晋师股验字第8号

山西三维集团股份有限公司:

我们按受委托,对贵公司截至1997年6月20日止募集资金的真实性和合法性进行了审验。在审验的过程中,我们按照《独立审计实务公告第1号—验资》的要求,实施了必要的审计程序。贵公司的责任是提供真实、合法、完整的验资资料,保护资产的安全、完整,我们的责任是按照《独立审计实务公告第1号——验资》的要求,出具真实、合法的验资报告。

贵公司经中国证券管理委员会"证监发字(1997)341号"和"证监发字(1997)342号"文批复,本次发行普通股(A股)6000万股(含公司职工股600万股),每股面值人民币一元。股票发行价为每股人民币5.55元,发行的股本及溢价收入为333,000,000元,扣除预计发行费用9,600,000元后募集资金总额323,400,000元。

根据我们的审验,截至1997年6月20日止,贵公司本次发行A股实际募集资金(扣除已发生的的发行费用后)计327,372,000元(大写人民币叁亿贰仟柒佰叁拾柒万贰仟元整),分别存入中国工商银行太原市分行桥头街办事处帐户294,072,000元(帐号:02022112046),存入中国工商银行洪桐县支行赵城办事处帐户33,300,000元(帐号:2490120000)。

上述募集资金中,股本金60,000,000元,溢价收入267,372,000元,溢价收入作为资本公积入帐。

附件1:《投入股本明细表》

附件2:《验资事项说明书》

山西会计师事务所　中国注册会计师　白银泉

中国注册会计师　赵秀琴

地址:中国·太原　一九九七年六月二十日

五、董事、监事及高级管理人员持股情况

姓名	职务	持股数量(股)	持股比例(‰)
仝立祥	董事长兼总经理	5000	0.028
王培勤	副董事长	5000	0.028
杨学英	副董事长兼副总经理	3000	0.016
寇庶文	董事	0	0
冯子如	董事	0	0
谷建春	董事	0	0
李国英	董事	0	0
杨敬泽	董事兼副总经理	3000	0.016
吕守德	董事兼副总经理	3000	0.016
李小杵	董事兼总会计师	3000	0.016
冯发财	董事兼工会主席	3000	0.016
王张寿	董事	1000	0.006
高如龙	董事	1000	0.006
褚杰生	董事兼董事会秘书	1000	0.006
孙自瑾	董事	1000	0.006
张芳绪	监事会主席	3000	0.016
韩洪兴	监事	3000	0.016
张考铭	监事	0	0
岳丽华	监事	0	0
蔡素生	监事	1000	0.006
朱玲芬	监事	1000	0.006
范　勇	监事	1000	0.006

本公司董事、监事及高级管理人员共持有本公司股票38,000股,占总股本0.21‰,其持有股份按照《中华人民共和国公司法》规定在任职期间不得转让。

六、公司设立

(一)公司1996年11月16日在公司会议室召开临时股东大会决议,与会股东全体一致通过公司"申请公开发行境内人民币普通股(A股)并在深圳证券交易所上市的决案",并授权公司董事会负责本次申请公开发行(A股)全部事宜。

(二)本次股票成功发行后,本公司变更注册登记工作已结束,详细资料如下:注册资18,000万元

注册时间:1997年6月23日

法定代表人:仝立祥

注册地址:山西省太原市桃园北路59号

营业执照注册号码:11005586—2—2

七、关联企业及关联交易

(一)关联公司

本公司成立时,山西省纺织总会仅将经营性资产投入本公司,而医院、学校、幼儿园等非经营性资产和醋酸、碳化砖、甲醛三个辅助性生产车间仍留在山西维尼纶厂,山西省纺织总会是本公司的最大股东,同时也是山西维尼纶厂的主管部门,因此本公司和山西维尼纶厂属关联公司。

关联交易

根据本公司和山西维尼纶厂签订的重组协议和综合服务合同,本公司成立后,由山西维尼纶厂提供医疗、幼儿园、学校、职工住房等社区服务,并提供部分辅助生产原料,双方收费标准依据国家和地方有关法规,参照成本和市场价格确定。

根据山西会计师事务所"[1997]晋师股审字第7号"审计报告,本公

司和山西维尼纶厂关联交易如下：

单位：人民币元

项目	金额	1996年占该类交易比例%	1995年	1994年
一、采购				
醋酸	0	0	952,801	109,690
碳化砖	961	100%	11,641	633
甲醛	1,158,226	100%	1,142,969	993,357
二、支付管理费				
医院	1,332,548	100%	1,001,981	844,027
学校	823,528	93%	1,182,740	1,108,664
幼儿园	61,996	100%	27,859	53,219

八、股本结构及大股东持股情况

（一）本公司本次上市前股本结构如下：

类　　别	股数（万股）	占总股本比例
总股本	18,000.00	100%
尚未流通股份	12,000.00	66.67%
发起人股	12,000.00	66.67%
其中：国家股	11,972.89	66.52%
法人股	27.11	0.15%
可流通股份	6,000.00	33.33%
本次公开发行股份	6,000.00	33.33%
其中：公司职工股	600.00	3.33%

（二）前十名股东所持股数及比例

股东名称	持有股数	占总股本比例
山西省纺织总会	10,493,6712万股	58.30%
山西省经济建设投资公司	1,059,2089万股	5.88%
山西省经贸资产经营有限责任公司	420.0124万股	2.33%
深圳市安妮投资咨询有限公司	167.4630万股	0.93%
山西中成投资顾问有限公司	149,3040万股	0.83%
苏州市华银物业发展有限公司	80.6241万股	0.45%
山西洪洞县官庄企业总公司	75.9397万股	0.42%
苏州市胥城物资贸易有限公司	69,9862万股	0.39%
山西省信托投资有限公司	66.0670万股	0.37%
太原市环通实业集团有限公司	50,8753万股	0.28%

九、公司财务会计资料

（一）审计报告

(1997)晋师股审字第7号

山西三维集团股份有限公司全体股东：

我们接受委托，审计了贵公司1994年12月31日、1995年12月31日、1996年12月31日的资产负债表及合并资产负债表；1994年度、1995年度、1996的度有关会计期间的利润及利润分配表和合并利润及利润分配表；1996年度财务状况变动表及合并财务状况变动表。这些会计报表由贵公司负责，我们的责任是对这些会计报表发表审计意见。我们的审计是依据中国注册会计师独立审计准则进行的。在审计过程中，我们结合贵公司的实际情况，实施了包括抽查会计记录等我们认为必要的审计程序。

我们认为，上述会计报表符合《企业会计准则》和《股份制试点企业会计制度》的规定，在所有重大方面公允地反映了贵公司上述会计期间截止日的财务状况和相应会计期间的经营成果，以及1996年度的资金变动情况，会计处理方法的选用遵循了一贯性原则。

山西会计事务所　中国注册会计师　宋晓伟
中国·太原　中国注册会计师　赵秀琴
一九九七年四月二十三日

（二）资产负债表、利润及利润分配表、财务状况变动表（合并）

（三）山西三维集团股份有限公司会计报表附注

一、编列基准

山西三维集团股份有限公司的设立日期为1996年2月6日，建帐日期为1996年2月1日。本公司的财务资料是在假设本公司设立之前，已接收山西维尼纶厂部分资产、负债和有关业务的基础上编制的。

二、重要会计政策

1、会计制度

本公司执行《股份制试点企业会计制度》。

2、会计期间

自公历每年1月1日至12月31日为一个会计年度。

3、合并会计报表的编制方法

本公司将全资子公司的会计报表加以合并，编制合并会计报表，母公司和子公司采用的会计政策一致，公司间的重要内部交易和资金往来均在报表合并时抵销。

纳入合并报表的子公司为：

公司名称	业务性质	设立时间	注册资本	实际投资额	公司持股比例
连云港开发区三维工贸公司	生产销售	1992年	510,000	2,570,437	100%

4、记帐原则和计价基础

按权责发生制原则，采用实际成本计价。

5、货币资金

以人民币为记帐本位币，公司无外币收付业务。

6、坏帐准备

本公司按应收帐款年末余额的5‰计提坏帐准备。

7、存货计价

存货以实际成本计价，发出时按加权平均计价，低值易耗品采用领用时一次摊销。

8、长期投资

以实际成本计价，投资额占被投资企业资本总额50%以上的，采用权益法核算，期末编制合并会计报表；投资额占被投资企业资本总额25—50%的，采用权益法核算；投资额占被投资企业资本总额的25%以下的，采用成本法核算。

9、固定资产及其折旧

固定资产按实际成本计价，使用期限超过一年的房屋、建筑物、机器、机械、运输工具及其他与生产经营有关的设备、器具、工具等；单位价值在2,000元以上，使用期限超过一年，不属于生产经营的主要设备均定为固定资产。

固定资产折旧采用直线法，各类固定资产的估计使用年限、残值率、年折旧率如下：

分　　类	使用年限	残值率	年折旧率
房屋及建筑物	35	5%	2.71%
机器设备	14	5%	6.79%
运输设备	12	5%	7.91%
家俱及办公设备	8	5%	11.88%

10、在建工程

以实际成本计价，包括在与建工程有关的借款利息支出予以资本化。

11、无形资产及其摊销

无形资产以实际成本计价，按受益年限摊销。

12、销售收入的确认

商品已经发出，所有权已经转移，收到货款或取得收取货款的凭据时，确定为销售收入的实现。

13、税项

税种	计税依据	税率 1996年	1995年	1994年
所得税	应纳税所得税	33%	33%	33%
增值税	产品销售收入	17%	17%	17%
增值税	其他业务收入－材料	17%	17%	17%
营业税	其他业务收入－劳务	3%	3%	3%
城建税	应纳增值税、营业税	1%	1%	1%
教育费附加	应纳增值税、营业税	3%	3%	2%
价格调控基金	应纳增值税、营业税	1.5%	1.5%	-
房产税	房产余值	1.2%	1.2%	1.2%
土地使用税	实际占用土地面积(年)	0.3元/M^2	0.3元/M^2	0.3元/M^2
车船使用税	小卧车、客货车按辆数(年)	60元/辆	60元/辆	60元/辆
大货车按净吨位	(年)	42元/吨	42元/吨	42元/吨
印花税	按实收资本、资本公积额	0.5‰	0.5‰	0.5‰
	固定资产增加额贴花			
	按购销合同额、财产保险合同额贴花	0.3‰	0.3‰	0.3‰
	按借款合同额贴花	0.5‰	0.5‰	0.5‰

山西省人民政府晋政发(1995)71号"关于进一步完善价格调控基金征收管理工作的通知"规定"凡在本省境内从事生产、经营、服务等项活动,有销售营业收入的单位和个人,均应交纳价格调控基金。价格调控基金以消费税、增值税、营业税为计征依据,征集比例按税前"三税"额的1.5%计征。"

14.利润分配

净利润的分配,按公司章程规定如下:

(1)法定盈余公积,按10%计提;

(2)公益金,按5%计提;

(3)任意盈余公积:按董事会决议规定的比例计提。

(四)合并会计报表部分项目附注(1996年12月31日)

1.应收帐款

帐龄	户数	人民币元	占总金额百分比
(1)一年以内	100	15,231,919	46.07
(2)一年以上二年以内	56	4,738,919	14.33
(3)二年以上三年以内	62	6,378,864	19.29
(4)三年以上	76	6,714,208	20.31
	294	33,063,910	100

本公司的应收帐款期末余额没有持有本公司5%以上股权单位,对帐龄在三年以上的部分,估计可回收率为97%。约有2万元可能收不回来。

2.存货

项目	人民币元
主要原材料	6,428,269
辅助材料	4,071,228
备件	9,231,271
低值易耗品	69,197
产成品	24,584,517
在产品	6,535,871
包装物	21,300
	50,941,653

3.长期投资

人民币元

被投资单位名称	股数	占被投资公司股权的比例	投资金额
中国光大银行	560万	0.2%	10,080,000

4.固定资产及累计折旧

A.固定资产原价

人民币元

类别	期初价值	本期增加	本期减少	期末价值
房屋及建筑物	57,655,881	2,923,618	-	60,579,499
机器设备	138,554,179	17,394,328	71,000	155,877,507
运输设备	6,208,882	572,402	-	6,781,284
家俱办公用具	3,029,967	671,465	-	3,701,432
	205,448,909	21,561,813	71,000	226,939,722
B.累计折旧				
房屋及建筑物	26,570,906	1,574,635	-	28,145,541
机器设备	64,413,951	9,811,191	67,450	74.157,692
运输设备	1,141,653	503,073	-	1,644,726
家俱及办公用具	515,258	382,281	-	897,539
	92,641,768	12,271,180	67,450	104,845,498

5.在建工程

人民币元

工程名称	工程进度%	实际支用数	原预算数	资金来源
(一)建筑工程				
1、供水综合楼	100	75,931	540,934	企业自筹
2、热力分厂办公楼	100	22,462	287,500	企业自筹
3、热力分厂浴室	100	131,100	67,800	企业自筹
(二)技改工程				
1、PVA扩建	100	85,665,063	82,860,000	贷款
2、2万吨乳胶	15	735,000	29,988,000	企业自筹
3、8#、9#、10#锅炉异地改造	50	102,000	1,059,400	企业自筹
4、煤制乙炔		12,392,369	27,580,000	贷款
		99,123,925	142,383,634	

(1)建筑工程的实际支用数不含欠付未结算的工程款。

(2)在建工程1996年增加的主要原因是:技改项目PVA、煤制乙炔的工程支出增加。

6、无形资产

人民币元

项目	原值	已摊金额	期末余额	剩余摊销年限
商标	5,500,000	1,057,692	4,442,308	5年3个月
专有技术	5,155,744	687,433	4,468,311	13年
土地使用权	550,000	44,003	505,997	46年
	11,205,744	1,789,128	9,416,616	

商标:于1992年3月30日在国家工商行政管理局商标局登记注册,注册号:第588452号,原值于1995年经评估确认。

专有技术:聚醋酸乙烯乳液扩建,系引进德国汉高公司醋酸乙烯乳液系列产品工艺、配方、技术软件等。

土地使用权:系子公司连云港三维工贸公司购买的土地使用权。

7、应付帐款

帐龄	户数	人民币元	占总额的比例(%)
1年以内	142	29,297,256	97.00
1—2年	31	898,602	2.98
2—3年	3	3,201	0.01
3年以上	1	2,741	0.01
	177	30,201,800	100

应付帐款1996年增加的原因是年末未付的电费和贷款增加。

8.未交税金

项目	人民币元
增值税	3,819,579
营业税	913
城建税	225,926
房产税	85,471
固定资产投资方向调节税	165,060

印花税	49,957
所得税	8,580,257
	12,927,163

1996 年末交税金增加的主要原因是年末所得税未交数增加。

9.一年内到期的长期负债

人民币元

贷款单位	起讫时间	年利率(%)	金　额	借款条件
一、PVA扩建				
工商银行赵城办事处	1995.8.25－1997.6.30	12.24	5,000,000	有担保
工商银行赵城办事处	1995.8.25－1997.12.20	13.5	12,000,000	有担保
二、等离子裂度技术				
工商银行赵城办事处	1994.12.27－1997.6.30	10.98	3,000,000	有担保
工商银行赵城办事处	1995.6.23－1997.6.1	11.7	2,000,000	有担保
三、PVA综合治理				
工商银行赵城办事处	1995.12.29－1997.12.30	13.5	8,000,000	有担保
			30,000,000	

上述贷款均由山西焦化集团有限公司提供担保。

10、长期借款

人民币元

贷款单位	起讫时间	年利率(%)	金　额	借款条件
一、PVA扩建				
工商银行赵城办事处	1995.7.1－1998.7.1	11.7	5,000,000	有担保
工商银行赵城办事处	1995.8.25－1998.12.20	15.12	3,000,000	有担保
二、等离子体裂解煤制乙炔技术				
工商银行赵城办事处	1995.6.23－1998.6.1	11.7	3,000,000	有担保
三、PVA综合治理				
工商银行赵城办事处	1995.12.29－1998.12.20	13.5	10,000,000	有担保
工商银行赵城办事处	1995.12.29－1999.12.20	13.5	10,000,000	有担保
四、科技开发				
工商银行赵城办事处	1996.12.31－1998.6.25	10.98	3,000,000	有担保
五、技改(设备及安装)				
工商银行赵城办事处	1996.12.31－1998.12.20	10.98	10,000,000	有担保
铺底流动资金				
工行临地信托公司	1990.10.30－2000.10.30	5.04	2,000,000	有担保
技改购设备				
工商银行赵城办事处	1996.7.31－1998.8.20	13.14	5,000,000	有担保
有机皂化除尘装置				
省信托投资公司	1996.12.26－		100,000	有担保
有机蒸汽冷凝水回用				
省信托投资公司	1996.2.26－		164,000	有担保
			51,264,000	

上述长期借款均由山西焦化集团有限公司提供但保。

11、主营业务收入

人民币元

项目	1996 年度	1995 年度	1994 年度
PVA17—99	190,090,532	243,666,101	129,940,536
PVA17—88	14,876,694	15,918,588	10,849,454
乳胶	30,052,109	42,966,134	19,334,314
丁炔二醇	2,843,929	3,006,473	2,591,251
醋酸乙烯	654,961	7,732,828	5,390,154
其他产品	107,214	484,346	362,019
	238,625,439	313,774,470	168,467,728

12、主营业务成本

人民币元

项目	1996 年度	1995 年度	1994 年度
PVA17—99	125,133,135	123,185,252	86,939,709
PVA17－88	9,773,165	9,924,238	7,768,693
乳胶	25,653,658	37,820,576	15,756,944
丁炔二醇	3,582,768	3,415,844	2,422,394
醋酸乙烯	618,537	6,589,349	4,620,327
其他产品	116,149	194,236	301,963
	164,877,412	181,129,495	117,810,030

13、所得税

人民币元

项目	1996 年度	1995 年度	1994 年度
所得税	13,289,518	30,791,060	10,316,655

母公司:按应纳税所得额的 33%计提。

子公司:根据连云港市政发(1994)59 号文规定,1994 年公司实际税负为 0,1995 年实际税负为 10.73%,1996 年按 33%税负计算。

14、利润分配

人民币元

项目	1996 年度	1995 年度	1994 年度
(1)净利润	26,936,829	70,609,163	20,884,513
加:年初未分配利润	(1,582,118)	17,728,530	(13,359)
(2)可供分配利润	25,354,711	88,337,693	20,871,154
减:提取法定盈余公积	2,711,140	1,059,771	2,095,083
提取法定公益金	1,355,570	529,885	1,047,541
净资产股利	—	39,040,869	—
已分配股利	22,934,484	49,289,286	—
(3)未分配利润	(1,646,483)	(1,582,118)	17,728,530

1994 年净利润按公司重组方案,提留公积金后,次年全额交山西维尼纶厂,1995 年 1—9 月实现净利润 39,040,869 元,作为净资产于 1995 年 9 月 30 日折为股本,10—12 月实现净利润 31,485,240 元,全额转入未付股利,交维尼纶厂。

15、或有负债及期后事项

本公司目前尚无任何重大担保、重大财务承诺及其他或有负债。

财务指标:

项　　目	1996 年	1995 年	1994 年
流动比率(%)	84.19	157.09	151.14
速动比率(%)	55.91	118.17	118.76
应收帐款周转率(%)	715.63	1048.36	642.15
存货周转率(%)	335.29	529.40	560.46
资产负债率(%)	58.98	54.66	50.22
净资产收益率(%)	16.73	45.57	24.84
每股盈利(元)	0.22	0.59	0.17

数字及指标变动较大的原因

(1)营运资金 96 年为负值是因为 96 年一年内到期长期负债增加和在建工程占用资金所致。

(2)固定资产及累计折旧变动较大是因为本公司设立时资产评估增值调帐所致。

(3)税后利润 96 年与 95 年相比跌幅较大是因为本公司所处行业的商业周期所致。

十、董事会上市承诺

本公司董事会将严格遵守《中华人民共和国公司法》、《股票发行与交易管理暂行条例》、《公开发行股票公司信息披露实施细则》、《深圳证券交易所业务规则》和有关法律、法规的规定,并自股票上市之日起作出如下承诺:

1、按照法律、法规的规定程序和要求披露重大的信息、并接受证券主管机关、深圳证券交易所的监督与管理。

2、及时、真实、准确地公布中期报告和年度报告,并备置于规定场所供投资者查阅。

3、本公司董事、监事及高级管理人员如发生人事变动或持本公司股

票发行变化时,在报告证券主管机关、证券交易所的同时向投资者公布。

4、在任何公共传播媒介中出现的消息可能对本公司股票的市场价格产生误导性影响时,本公司知悉后将及时对该消息予以公开澄清。

5、公司董事、监事及高级管理人员将认真听取社会公众的意见和批评,不利用已获得的内幕消息和其他不正当手段直接或间接从事股票买卖活动。

6、本公司没有无记录负债。

十一、重要事项揭示

(一)公司税后利润按下列顺序分配:

1、弥补亏损;

2、提取法定盈余公积金 10%(该项公积金达注册资本 50%时,可以不再提取);

3、提取法定公益金 5—10%;

4、提取任意盈余公积金;

5、支付普通股股利。

本公司在本次发行股票后的第一个盈利年度准备向全体股东派发一次股利,预计首次派发股利时间为 1998 年 6 月。1996 年度利润暂不分配,1996 年度利润由老股东享有;1997 年本次股票发行完成前利润由新老股东共享,并按同股同权、同股同利的原则分配。

(二)根据山西省人民政府"晋政函[1997]44 号"文,同意本公司从 1997 年起,享受所得税全额返还的优惠政策。

(三)根据国家有关规定,本公司 600 万股职工股将于本次社会公众流通股上市半年后,经批准方可上市。

(四)截止本公告书公布之日,本公司无重大诉讼事项。

十二、备查文件目录

1、主管机关批准本公司股份制改组及公开发行股票的批文

2、深圳证券交易所上市通知书

3、验资报告

4、股东大会会议纪要及决议

5、上市推荐报告

6、上市协议

7、招股说明书中所列其它备查文件

十三、咨询机构

1、发行人:山西三维集团股份有限公司

法定地址:山西省太原市桃园北路 59 号

法定代表人:仝立祥

电话:0357—6663663

传真:0357—6222727

联系人:褚杰生　张亚军

2、上市推荐人:国泰证券有限公司

法定代表人:金建栋

法定地址:上海市浦东新区乳山路 61 号

办公地址:深圳市华强北路 3 号深纺大厦 1306 室

电话:(0755)3217225

联系人:张宇进　广宏毅

3、上市推荐人:长城证券有限公司

法定代表人:李仁杰

办公地址:深圳市福田区八卦三路平安大厦四楼

电话:(0755)2414856

联系人:张岚

山西三维集团股份有限公司

1997 年 6 月 24 日

资　产　负　债　表

编制单位:山西三维集团股份有限公司(合并)　附注一、二　　单位:人民币元

项目	附注	1996.12.31	1995.12.31	1994.12.31	项目	附注	1996.12.31	1995.12.31	1994.12.31
流动资产:									
货币资金	1	33,226,184	67,209,453	16,962,451	流动负债:				
应收帐款	2	33,063,910	33,625,399	26,234,902	短期借款	12	58,380,000	44,680,000	36,530,000
减:坏帐准备	3	165,319	168,127	131,175	应付帐款	13	30,201,800	20,719,828	8,782,076
应收帐款净额		32,898,591	33,457,272	26,103,727	预收货款		3,101,426	3,878,680	8,619,426
预付货款	4	24,689,028	27,626,580	22,308,848	应付福利费		818,945	1,187,398	524,744
其他应收款	5	7,690,973	9,801,122	4,346,794	未付股利	14	37,267,477	31,485,240	
存货	6	50,941,653	47,407,841	21,020,127	未交税金	15	12,927,163	5,549,167	5,302,104
待摊费用	7	3,223,450	5,840,272	7,360,955	其他未交款	16	850,480	587,532	147,760
					其他应付款	17	6,611,098	1,343,453	1,701,246
流动资产合计		151,669,879	191,342,540	98,102,902	一年内到期的长期负债	18	30,000,000	12,370,000	3,300,000
长期投资:	8				流动负债合计		180,158,389	121,801,298	64,907,356
长期投资:		10,080,000	–	–	长期负债:		—	—	—
固定资产:	9				长期借款	19	51,264,000	65,000,000	19,922,211
固定资产原值		226,939,722	205,448,910	111,666,985	长期应付款		–	–	–
减:累计折旧		104,845,498	92,641,768	45,968,158	长期负债合计		51,264,000	65,000,000	19,922,211
固定资产净值		122,094,224	112,807,142	65,698,827	负债合计		231,422,389	186,801,298	84,829,567
在建工程	10	99,123,925	26,994,037	4,437,833	股东权益:				
固定资产合计		221,218,149	139,801,179	70,136,660	股本	20	120,000,000	120,000,000	63,201,992
					资本公积	21	36,938,280	34,938,280	–
无形及递延资产:					盈余公积	22	5,670,458	1,603,748	3,155,983
无形资产	11	9,416,616	10,617,489	528,000	其中:公益金		1,890,153	534,583	1,051,994
递延资产		–	–	148,510	未分配利润	23	(1,646,483)	(1,582,118)	17,728,530
无形及递延资产总计		9,416,616	10,617,489	676,510	股东权益合计		160,962,255	154,959,910	84,086,505
资产总计		392,384,644	341,761,208	168,916,072	负债及股东权益总计		392,384,644	341,761,208	168,916,072

利 润 及 利 润 分 配 表

编制单位:山西三维集团股份有限公司(合并)　　　　单位:人民币元

项目	注释	1996年度	1995年度	1994年度
一、主营业务收入	24	238,625,439	313,774,470	168,467,728
减:营业成本	25	164,877,412	181,129,495	117,810,030
销售费用		3,957,808	2,444,492	1,344,092
管理费用		24,736,318	23,595,388	13,159,806
财务费用		3,236,809	4,422,078	4,347,529
营业税金及附加		671,028	1,056,739	531,658
二、主营业务利润		41,146,064	101,126,278	31,274,613
加:其他业务利润	26	(99,836)	(83,219)	(53,560)
三、营业利润		41,046,228	101,043,059	31,221,053
加:投资收益		–	–	–
补贴收入	27		1,224,066	–
营业外收入	28A	380,704	412,004	607,030
减:营业外支出	28B	1,200,585	1,278,906	626,915
四、利润总额		40,226,347	101,400,223	31,201,168
减:所得税	29	13,289,518	30,791,060	10,316,655
减:少数股东损益		–	–	–
五、净利润		26,936,829	70,609,163	20,884,513
加:年初未分配利润		(1,582,118)	17,728,530	(13,359)
六、可供分配的利润	30	25,354,711	88,337,693	20,871,154
减:提取法定盈余公积		2,711,140	1,059,771	2,095,083
提取法定公益金		1,355,570	529,885	1,047,541
净资产折股		–	39,040,869	–
已分配上年股利		–	17,804,046	–
已分配当年股利		22,934,484	31,485,240	
七、未分配利润		(1,646,483)	(1,582,118)	17,728,530

财 务 状 况 变 动 表

编制单位:山西三维集团股份有限公司(合并)　　1996年度　　单位:人民币元

流动资金来源和运用	金　额	流动资金各项的变动	金　额
一、流动资金来源:		一、流动资产本年增加数:	
1.本年净利润	26,936,829	1.货币资金	(34,983,269)
加:不减少流动资金的费用和损失		2.应收票据	—
(1)少数股东本期损益	—	3.应收帐款净额	(558,681)
(2)固定资产折旧	12,271,180	4.预付帐款	(2,937,552)
(3)无形资产、递延资产及其他资产摊销	1,200,873	5.其他应收款	(2,110,149)
(4)固定资产盘亏	—	6.存货	3,533,812
(5)清理固定资产损失(减收益)	3,550	7.待摊费用	(2,616,822)
小计	40,412,432	8.一年内到期的长期债券投资	—
2.其他来源:			
固定资产清理收入(减清理费用)	(92,630)		
增加长期负债	—		
收回长期投资	—		
资本净增加额	4,498,684		
小计	4,406,054		
流动资金来源合计	44,818,486	流动资产增加净额	(39,672,611)
二、流动资金运用:		二、流动负债本年增加数:	
1.利润分配:		1.短期借款	13,700,000
(1)提取盈余公积	2,477,054	2.应付票据	—
(2)已分配股利	22,934,484	3.应付帐款	9,481,972
		4.预收帐款	(777,254)
小计	25,411,538	5.其他应收款	5,267,645
2.其他运用:		6.应付福利费	(368,453)
1)固定资产和在建工程净增加额	93,620,700	7.未交税金	7,377,996
2)增加无形资产、递延资产及其他资产		8.未付股利	5,782,237
3)增加长期投资	10,080,000	9.其他未交款	262,948
4)偿还长期负债	13,736,000	一年内到期的长期负债	17,630,000
小计	117,436,700		
流动资金运用合计	142,848,238	流动负债增加净额	58,357,091
流动资金增加净额	(98,029,752)	流动资金增加净额	(98,029,752)

山西三维集团股份有限公司1997年度中期报告

一、财务报告(已经审计)

(一)审计报告([1997]晋师股审字第11号)

山西三维集团股份有限公司全体股东:

我们接受委托,审计了贵公司1997年6月20日的资产负债表、1997年1至6月的利润表,这些会计报表由贵公司负责,我们的责任是对这些会计报表发表审计意见。我们的审计是依据中国注册会计师独立审计准则进行的。在审计过程中,我们结合贵公司的实际情况,实施了包括抽查会计记录等我们认为必要的审计程序。

我们认为,上述会计报表符合《企业会计准则》和《股份制试点企业会计制度》的有关规定,在所有重大方面公允地反映了贵公司1997年6月30日的财务状况和1997年1至6月的经营成果,会计处理方法的选用遵循了一贯性原则。

山西会计师事务所　　中国注册会计师　宋晓伟

中国注册会计师　吴淑敏

1997年7月14日

(二)财务报表

1.简化的资产负债表

单位:人民币元

项目	1996年12月31日	1997年6月30日
流动资产	145,798,407.00	491,998,816.00
长期投资	21,411,307.00	21,411,307.00
固定资产净值	120,050,341.00	115,369,406.00
在建工程	99,123,925.00	129,835,601.00
无形资产及递延资产	8,910,619.00	8,315,683.00
其他长期投资		
资产总计	395,294,599.00	766,930,813.00
负债及股东权益		
流动负债	183,045,056.00	188,313,294.00
长期负债	51,264,000.00	75,189,897.00
负债合计	234,309,056.00	263,503,191.00
股本	120,000,000.00	180,000,000.00
资本公积	36,938,280.00	300,338,280.00
盈余公积	4,047,263.00	4,047,263.00
未分配利润		19,042,079.00
股东权益合计	160,985,543.00	503,427,622.00
负债及股东权益合计	395,294,599.00	766,930,813.00

2.简化的损益表

单位:人民币元

项目	1997年1—6月	1996年1—6月
主营业务收入	123602141.00	117127826.00
主营业务利润	23701557.00	33074376.00
其他业务利润	1700862.00	288720.00
营业外收支净额	265859.00	522198.00
利润总额	19042079.00	9902255.00
所得税	0	3267744.00
净利润	19042079.00	6643511.00

(三)主要财务指标

	1997年上半年	1996年上半年
1.每股收益		
全面摊薄	0.106元	0.055元
加权平均	0.127元	
2.净资产收益率	3.78%	2.61%
3.每股净资产	2.797元	2.114元

注:1)由于本公司是1997年6月27日发行上市公司,为便于投资者正确阅读和合理评价本公司的经营业绩,本公司按两种方法计算每股收益指标,供投资者参考。

2)上述1、2项收益指标则分别为每股收益(摊薄)0.106元、(加权)0.127元,净资产收益率3.78%。

3)每股净资产2.797元。

(四)财务报表项目附注(1997年6月30日)

本期财务报表所采用的会计政策及会计方法和上年度采用的会计政策和会计方法一致,本公司的全资子公司连云港开发区三维工贸公司的资产、负债及净利润数额小,本期未作合并报表。

1.货币资金增加系本期溢价发行A股的资金存款。

2.应收帐款:

1)无持本公司5%以上股份的股东欠款。

2)本期应收帐款增加,主要原因:乳胶和PVA增加新品种生产,为开辟市场进行试销,制定了货款回收优惠政策而形成应收帐款增加。

3.其他应收款:

1)无持有5%以上股份的主要股东欠款。

2)本期增加系山西维尼纶厂将原代付工程预付款转入。

4.在建工程:

1)本期结算PVA扩建工程。

2)2万吨乳胶技改,等离子体裂解煤生产乙炔技改工程,本期实际支出增加。

5.短期借款:由于本期产量增加,原材料存货增加,本期增加了短期借款。

6.其他应付款:

1)发行费用未结算部分增加。

2)欠山西维尼纶厂往来款项增加。

7.应付福利费:系根据关联协议,支付了山西维尼纶厂本期应负担的福利费。

8.未付利润:22,934,484.00

1)系1996年未分配给各股东利润。

2)本期未付利润减少,为所欠山西维尼纶厂利润(从评估基准日到股份公司成立日利润,全部归属原企业)全部结清。

9.预提费用:为本期预提的大修费用(未使用部分)

10.专项应付款:系按1993年底职工基本工资的5%计提的住房公积金。

11.股本:本期增加6000万元,系本期公开发行的社会公众股A股6000万股,每股面值1元。

12.资本公积:本期增加26340万元,系本期溢价发行A股,溢价扣除预计的发行费用部分。

13.未分配利润:系本期实现的净利润。

14.未交税金

本期减少为未交所得税减少

根据山西省人民政府晋政函(1997)44号文"关于同意山西三维集团股份有限公司享受所得税优惠政策的批复","同意你公司从1997年起,享受所得税全额返还等优惠政策"。

管理费用下降1)严格控制费用开支。

2)本期处理了部分保险公司赔款及存货盘盈。

15.关联公司及关联交易

① 关联公司

企业名称	经济性质	法人代表地址	注册地址	注册资本(万元)	主营业务	所持股份(万股)
山西维尼纶厂	国有	仝立祥	洪洞赵城	9,673.80	生产销售化工产品、包装品、建材	省纺织总会100%持股
山西省经济建设投资公司	国有	高凤翔	太原	10,000	国有资产产权经营	1,059.21
山西省经贸资产经营有限公司	国有	李国英	太原	65,473	技术改造投资	420.01
太原现代装饰集团有限公司	集体	王茂春	太原	1,200	设计建筑工程	15.49
太原利普公司	集体	张　海	太原	120	经销金属建材、化工原辅材料	11.62

②关联交易

1)山西维尼纶厂为公司提供材料、劳务

项目	人民币元
甲醛	888,516
纸桶	1,308,915
机修劳务	16,000,640
土建修劳务	1,593,173
	5,391,244

2)股份公司为山西维尼纶厂提供材料劳务

项目	人民币元
原材料	3,171,233
辅助材料	1,345,329
备品备件	451,518
动力电	251,545
蒸汽	374,580
水	123,621
	5,717,826

3)支付费用

项目	人民币元
土地租赁费	200,000
幼儿园、学校费用	440,000
医院医疗费用	665,000
	1,305,000

二、经营情况的回顾与展望

(一)上半年经营情况回顾

1.上半年公司生产系统运行正常,保持了安全稳定的生产局面,主要产品产量、质量计划完成得较好;共生产实物电石17880.6吨,完成年计划的51.1%,比上年同期增长13.5%;平均发气量稳定保持在280升/公斤以上。由于新扩建的PVAⅢ系列稳定投入运行,公司主导产品聚乙烯醇(PVA)产量达到11544吨,创历史最高水平,该产品产量和品种均居国内同类企业第一;完成年计划的52.5%,比上年同期增长58.9%,6月份产量2091.5吨,亦创历史最高水平;PVA17—99产品优级品率达到98%,比上年增长3.4个百分点;PVA17—88优级品率达到82.1%,比上年增长13.1个百分点,单位成本降低9194.2元/吨。

白乳胶产品因受一季度销售淡季正常影响而适量限产,上半年产量2419.9吨,完成年计划的20.2%,单位成本降低530.7元/吨。

上半年完成工业总产值9729.1万元,完成年计划的54.7%,比上年同期增长44.5%。

2.针对上半年竞争激烈的市场形势,本公司强化管理,通过增产、降耗的有力措施,同时依靠良好的产品质量、信誉和售后服务,仍然取得了较好的经营成果:

主导产品PVA销售9988.2吨,比上年同期多销2714.4吨;

上半年全部产品产销率为87.1%,主要是新产品市场正在拓展过程所致。上半年实现销售收入12276.2万元,比上年同期增长563.4万元;主营业务收入实现12366.2万元;主营业务利润实现2370.2万元。

实现税金925.96万元,比上年同期增长8.5%,净增72.3万元;实现净利润1904.2万元,比上年同期增长92.3%,净增913.97万元。

3.上半年公司继续强化管理,深挖潜力,大力开展现场管理、目标成本管理活动,收到良好成效;公司生产现场环境整洁,物流有序,纪律严明,主要产品单位成本大幅度降低,为公司稳定提高经济效益提供了重要保证。

上半年公司大力开展了ISO9000质量认证活动,通过宣贯ISO9000质量认证标准,组织职工学习培训,强化了公司员工的质量意识,加强了全面质量管理,为公司产品取得国际质量认证进行了大量前期工作。

4.上半年等离子体煤制乙炔工程项目全部建成;在太原高新技术产业开发区建设的太原乳胶厂土建已基本完工,正在进行设备管道的安装。1997年6月,1,4丁二醇项目已通过中国国际工程咨询公司的可研评估,现正在继续与外商谈判引进事宜。

(二)下半年经营计划

1.省政府、省经贸委已把我公司列为全省进行资本运营的五个试点企业之一。下半年公司将投入相应的人力、物力、聘请专家、组织人员,积极开展考察调研工作,开始实施资本运营计划,以求扩大企业规模,壮大企业实力,并不断提高资金运营效率,增加短期投资收入。

2.公司下半年将以"提高产量、降低成本、节约开支、扩大销售"为主要经营方向。一方面继续抓好目标成本管理、现场管理,进一步降低产品成本,减少不必要的开支;另一方面,将通过增加销售人员、增设销售网点、扩大销售地域、降低运输成本、开展上门送货、上门服务、增加广告投入、全员参与销售等有效措施,拓展新市场,努力完成全年销售计划,保证公司经营效益的稳定提高。

3.8月份公司将进行一年一度的设备大检修,力争用最短的时间搞好大检修,为今年下半年和明年上半年的生产打好物质基础。

4.年内全面完成太原乳胶厂的基建和试生产;在目前单机试车成功的基础上,年内进行等离子体煤制乙炔项目的试生产;9月份,新建三台20吨/H锅炉技改工程将正式投入使用,保证全公司正常用汽,同时大大改善环保质量,取得显著社会效益。

(三)募集资金的使用情况:公司本次发行人民币普通股6000万股,每股发行价5.55元,募集资金33300万元,扣除发行费用960万元后,募集资金为32340万元;其中6000万元增加注册资金,26340万元列入资本公积金科目,现存山西洪洞工商行专用帐户。

三、重大事件说明

1.公司(山西三维)股票于1997年6月17日—19日在太原发行,募集资金32340万元。1997年6月27日"山西三维"股票在深圳证券交易所挂牌上市。

2.1997年5月公司荣获"全国五一劳动奖状",并获"山西省技术改造全优企业","山西省技术创新先进企业"称号。

3.按照国务院证券委、中国人民银行、国家经贸委5月21日联合发布的《严禁国有企业和上市公司炒作股票的规定》的要求,公司经自查,没有任何违反规定的事项。截止目前,公司尚未开立股票帐户。本公司今后如有从事股票投资,将严格遵循国家有关政策法规和本公司章程规定。

4.本报告期内公司无重大诉讼、仲裁事项。

5.本公司中期不分红。

6.公司住所迁址的筹备工作正在进行。具体迁址时间将另行公告。

四、发行在外股票的变动和股权结构变化

(一)山西三维集团股份有限公司股权结构　　单位:万股

	1996年12月31日	1997年6月30日
1.尚未流通股份		
(1)发起人股份	12000	12000
其中:国家股	11972.8925	11972.8925
企业法人股	27.1075	27.1075
(2)内部职工股	0	600
尚未流通股份合计	12000	12600
2.已流通股份	0	5400
境内上市人民币普通股	0	5400
已流通股份合计	0	5400
3.股份总额	12000	18000

(二)主要股东持股情况(1997年6月30日)　　单位:万股

	持股数	占总股本比例(%)
山西省纺织总会	10493.6712	58.30
山西省经济建设投资公司	1059.2089	5.88
山西省经贸资产经营有限公司	420.0124	2.33
深圳市安妮投资咨询有限公司	167.0000	0.93
山西中成投资顾问有限公司	120.0000	0.67
山西洪洞县官庄企业总公司	75.9397	0.42
林治	55.0000	0.31
温杰明	50.0000	0.28
财盛实业	46.7000	0.26
山西鸿运化工集团有限公司	45.7616	0.25

五、股东大会简介

1997年6月14日,在山西三维集团股份有限公司总部太原市桃园北路59号公司会议室召开了公司第二次临时股东大会,出席股东代表或委托代表5人,共代表股份12000万股,占公司总股本的100%,符合法定数额,会议所作出的决议有效。

大会由公司副董事长王培勤主持,与会股东代表对公司第二次临时董事会所通过并提交股东大会的五项议案进行了充分讨论,一致通过如下决议:

1.审议通过本公司采用全额预缴款、比例配售、余款转存发行方式发行社会公众股6000万股(其中包括内部职工股600万股),筹集资金33300万元,用于建设2万吨/年丁二醇、2万吨/年乳胶和三台20吨/H锅炉等项目的议案。

2.审议通过公司发行的6000万元社会公众股申请在深圳证券交易所上市(其中600万元内部职工股在本次发行上市半年后方可申请上市)的议案,并授权公司董事会全权处理有关本公司股票上市申请与管理事宜。

3.审议通过了1997年度本次股票发行完成前利润由新老股东共享的议案。

4.审议通过本次公司发行社会公众股6000万元后公司注册资金由12000万元增加为18000万元和公司的股权结构、股权设置及分布议案。

5.审议通过关于公司总部迁往太原高新技术产业开发区V1—4区,并对公司章程作相应修改的议案。

6.对《公司章程(修改草案)》中第一章第四条有关公司住所、第一章第六条有关公司设立方式内容进行了相应修改。

六、备查文件

公司办公地点置备于完整、齐备的备查文件供查阅,备查文件包括:

1、公司董事长、总经理亲笔签署的《1997年度中期报告》原件

2、公司经审计的《1997年度中期财务报告》原件

3、报告期内发行新股时的《招股说明书》

4、报告期内发行新股时的《上市公告书》

咨询电话:(0357)6663123　6663122

山西三维集团股份有限公司

1997年8月22日

四川峨眉柴油机股份有限公司

四川峨眉柴油机股份有限公司招股说明书概要

一、释义

在本招股说明书概要中，除非文中另有所指，下列简称具有以下所规定的含义：

发行人、公司或本公司	指四川峨眉柴油机股份有限公司
集团公司	四川内燃机工业集团公司
本次发行	指本次向社会公众公开发行3000万股人民币普通股的行为
主承销商	指君安证券有限公司
上市推荐人	指君安证券有限公司
元	指人民币元

二、绪言

本招股说明书概要是根据《中华人民共和国公司法》、《股票发行与交易管理暂行条例》、《公开发行股票公司信息披露实施细则》、《公开发行股票公司信息披露的内容与格式准则》等其他有关法规以及发行人的实际情况为依据编制而成的。

本公司董事会已批准该招股说明书概要，本公司董事会愿就本招股说明书概要所载资料在刊发当日的真实性、准确性、完整性承担个别的和连带的责任，并确信概要所摘内容与招股说明书正文一致且无重大误导、虚假及遗漏。

新发行的股票是根据本招股说明书概要所载明的资料申请发行的，除发行人和主承销商外，没有委托或授权任何其它人提供未在本招股说明书概要中列载的信息和对本招股说明书概要作任何解释或者说明。

投资者须自行负担买卖本公司股票所应支付的税款，发行人、承销商及上市推荐人对此不承担任何责任。

本次发行已经中国证券监督管理委员会证监发字(1997)336号文和证监发字(1997)337号文批准。

三、发售新股的有关当事人

1、发行人：四川峨眉柴油机股份有限公司
地 址：四川省内江市椑木镇
法定代表人：林长江
联系人：曹邦俊　徐　琳
电　话：(0832)2411131－2234
传　真：(0832)2411301

2、主承销商：君安证券有限公司
地　址：深圳市春风路五号
法定代表人：张国庆
联系人：厉怒江　顾显波
电　话：(0755)2175560
传　真：(0755)2296188

3、副主承销商：中国科技国际信托投资公司
地　址：北京市朝阳区北辰东路8号国际会议中心四层
法定代表人：张　钢
联系人：吴　涛　刘跃雄
电　话：(010)64953021　(0832)2028971
传　真：(010)64953021

4、分销商：四川省信托投资公司
地　址：成都市蜀都大道福兴街30号
法定代表人：梁昌飞
电　话：(028)6756478
传　真：(028)6623605
联系人：吕　莉

5、上市推荐人：君安证券有限公司
地　　址：深圳市春风路五号
法定代表人：张国庆
联系人：厉怒江　顾显波
电　话：(0755)2175560
传　真：(0755)2296188

6、发行人法律顾问：四川省中辰律师事务所
地　址：成都市人民东路48号物资大厦10层
法定代表人：刘西荣
经办律师：刘西荣　刘　榕
电　话：(028)6744456－20829　6611178
传　真：(028)6611178

7、主承销商法律顾问：北京众天律师事务所
地　址：北京市海淀区志新东路14号太极饭店四层
法定代表人：苌宏亮
经办律师：苌宏亮　许军利
电　话：(010)62326688－3411
传　真：(010)62325870

8、财务审计机构：四川会计师事务所
地　址：四川省成都市红庙子街60号
法定代表人：黄万清
经办注册会计师：刘　瑜　贺　军
电　话：(028)6756646　6621132
传　真：(028)6758729

9、资产评估机构：四川省资产评估事务所
地　址：成都市玉双路3号国资大厦三楼
法定代表人：唐光兴
经办评估人员：唐光兴　吴健萱
电　话：(028)4332920
传　真：(028)4332922

10、资产评估确认机构：国家国有资产管理局
地　址：北京市海淀区万泉河路66号
局　长：张佑才
电　话：(010)62567744
传　真：(010)62561817

11、股票托管机构：四川证券交易中心
地　址：成都市人民中路一段16号
法定代表人：刘国安
联系人：周文红
电　话：(028)6646903
传　真：(028)6648762

12、股票登记机构：深圳证券登记有限公司
地　址：深圳市红岭路25号
电　话：(0755)5567889
传　真：(0755)5571127

四、发行情况

1、股票类型：本次发行的股票为记名式人民币普通股，每股面值人民

币1.00元,共计3000万股。

2、承销方式:本公司本次公开发行的3000万股社会公众股股票,由承销团采用余额包销的承销方式。

3、发行日期:1997年6月16日。

4、发行地区:与深圳证券交易所交易系统联网的各证券交易网点。

5、发行对象:中华人民共和国境内的合法投资者,国家法律、法规禁止者除外。

6、发行方式:上网定价发行。

7、承销起止日期:1997年6月16日至1997年6月23日

8、预计上市日期及上市交易所:预计1997年6月27日在深交所挂牌上市。

9、发行价格:6.19元/股,按发行市盈率16.3倍,乘以1996年、1995年、1994年三年实际平均每股税后利润的算术平均值0.38元/股确定。

10、预计实收金额:本次发行普通股3000万股,发行总市值18570万元,扣除发行费用,预计实收金额17730万元。

五、风险因素与对策

投资者在评价本发行人此次发售的股票时,除本招股说明书提供的其它资料外,应特别认真地考虑以下各项风险因素。

(一)风险因素

1、经营风险

(1)原材料供应及价格风险

本公司为柴油机生产企业,生产用原材料主要为钢材、生铁及各种外购外协配套件等,原材料成本占产品制造成本的70%左右,如果上游产品生产企业供应能力不足或产品价格上涨时,直接影响本公司制造成本,会使本公司经营业绩受到不利影响。

(2)对主要客户的依赖风险

本公司主要生产和经营柴油机,虽拥有国内领先的高性能、节能、节材机型,但由于本公司生产的柴油机主要与农机产品配套,对农用车、拖拉机等生产厂家有一定的依赖性。从市场分布看,本公司产品销往全国二十八个省、市、自治区,并通过专业进出口公司收购、代理以及自营等方式,有20%左右的产品销往越南、印度尼西亚、泰国、缅甸、秘鲁、坦桑尼亚等国家,其国内销量的75%集中在山东、江苏、河南、河北等地区,故本公司产品对华北、华东地区的客户依赖性较大。可能给公司的经营带来一定的风险。

(3)交通运输方面影响

由于本公司地处四川省,而主要产品客户位于华北、华东等地,公司产品运输主要通过铁路完成,对铁路远距离运输依赖性较大,交通运输费用约占产品销售成本3%左右,当铁路运输价格波动时,直接影响产品的销售成本。

(4)产品价格因素风险

本公司产品属农机产品,不存在价格限制,市场价格竞争激烈,产品价格受农业经济状况和农民购买力水平的影响较大,会发生波动,价格的变动将直接影响本公司的销售收入和盈利水平。

(5)产品出口受制约的风险

国家对单缸柴油机出口实行许可证管理制度。本公司虽有自营进出口权,但仍需通过投标方式取得出口配额后才能出口,而且国家对机电产品出口退税率的调整,将导致公司出口产品成本变化,直接影响公司的盈利水平。

(6)产品生产与销售无任何补贴风险

公司产品的生产与销售完全是企业行为,国家对农机产品生产企业的生产和销售无任何补贴,因此,当公司的生产和销售遇到困难时,经营业绩会受到影响。

(7)产品结构过度集中的风险

本公司主导产品虽有四大品种23个变型产品,目前呈供不应求状态,但本公司所属行业内竞争激烈,公司经营业绩可能会因产品结构单一、过度集中而受到影响。

(8)公司主要产品的技术先进程度

公司主要产品峨眉牌系列柴油机由公司自行研制开发,技术水平在国内处于领先地位,EM195型柴油机被机械工业部鉴定为整机性能指标达到国内目前195机型的领先水平,其结构设计取得了国家专利。

(9)融资能力的局限性

本公司目前生产经营的流动资金主要来源于银行贷款,融资渠道比较单一,融资能力有一定的局限性。

(10)外汇风险

公司目前产品出口额占总销售额的20%左右,这构成了公司目前一部分稳定的收入来源,若外汇汇率发生波动,将直接影响到公司的盈利水平。

2、行业风险

我国是一个农业大国,大力发展农业,是我国的一项长期基本国策。单缸柴油机行业直接服务于农业,产品本身所具有的配套广泛、适应性强、价格便宜等特点又与我国目前农村经济条件和农民购买力水平相适应,其发展前景良好。但是目前,全国生产单缸柴油机的企业较多,全国单缸柴油机年生产能力约为500万台,分布在近100户企业中,预计97年小柴市场的需求量约为700万台,到2000年,预计国内外市场对小柴的需求量接近900万台。行业内的竞争较为激烈,上规模、上档次已成为行业竞争的特点,优胜劣汰已成为柴油机行业发展的必然趋势,由此增加了公司的行业风险。

3、市场风险

本公司产品生产规模在全国单缸柴油机行业中位于第六位,在180、185系列档次产品中,本公司生产规模位于全国同类企业之首,国内市场占有率在60%以上。公司产品市场范围主要分布在华东、华北等地区,其中华东地区的山东、江苏占有销售份额的60%左右。但由于本公司产品的配套范围主要在手扶拖拉机和农用三轮车方面,产品的最终市场在农村,农村虽是一个有很大需求的市场,但终究还有一个市场饱和的时期,加之农村市场受自然(灾害)条件的影响较大,因此,当农业生产出现滑坡和农民购买力水平下降时,公司产品市场将受到影响。

随着国家农业机械化水平的提高,加之一些发展中国家加强对农业机械化方面的投入建设,对单缸柴油机需求的增长仍将呈旺盛的增长态势。

4、政策风险

国家在信贷政策、固定资产投资、税收等方面对国民经济实行宏观调控,公司目前所享受15%所得税和13%增值税的税收优惠政策的变化,可能会对公司生产经营产生不利影响。

5、项目投资风险

本次募集的资金拟投向EM系列柴油机的技术改造项目,该技改项目计划将原有的生产规模扩大一倍以上,达年产80万台,其中新型EM195柴油机年产达40万台,新型EM195柴油机各方面性能指标目前达国内领先水平,是老型195的理想换代产品,国内外市场前景良好。该技改项目完成后的保本点为54.57%,保本产量为43.66万台。项目要新增固定资产投资15000万元。项目一次性投资较大,回收期较长,在该项目投产后带来高收益的同时亦伴随着技改失败可能带来的投资风险。

6、股市风险

股票市场投资风险与投资收益并存。除本公司经营状况外,股票价格还受政治、宏观经济形势、国家经济、金融政策、投资者心理因素变化等影响。

(二)对策

针对以上风险,本公司将采取以下对策予以规避。

1、经营风险对策

(1)原材料供应及价格风险对策

本公司将加强与供应商的联系和信息反馈,保持长期、良好、稳定的合作关系。公司将继续开辟新的供应渠道,拓宽供应面,增加供应量。同时,公司将更加合理地实施目标成本管理,千方百计降低采购成本和制造成本,尽量减少部分原材料涨价所带来的不利影响,增强公司抗风险能力。

(2)对主要客户的依赖风险对策

本公司将不断开拓市场,一方面努力拓宽新的配套领域和寻求新客户,另一方面,积极稳固与现有主要客户的长期协作关系,同时重点开发西部地区的市场,扩大产品出口,减少对少数大客户的依赖。

(3)交通运输方面影响的对策

本公司通过加深密切与当地有关部门协商合作关系,有效安排公司产品的运输时间,同时加大西部地区的市场开发,减少对长途运输的依赖。

(4)产品价格因素风险对策

公司通过扩大生产规模、降低成本等方式,来提高自身的抗风险能力,同时公司在保证产品质量的前提下,根据市场行情,适时制定合理价格。

(5)产品出口受制约的风险对策

公司将加强与出口商会的沟通和联系,争取增加峨眉柴油机出口配额,公司还将加强自营进出口的工作,在巩固现有国外市场前提下,拓宽国外新的市场,提高出口额在总销售额中的比重。

(6)产品生产与销售无补贴的风险对策

公司通过加强自身管理,用现代企业制度规范公司的行为,提高公司整体素质,使公司真正成为市场的主体。

(7)产品结构过度集中的风险对策

公司在扩大生产新产品EM195型柴油机规模的前提下,将积极开发双缸和多缸柴油机产品,争取使公司产品结构趋于多元化。

(8)保持技术先进性的对策

公司加大科研方面的投入,引进一些国外同类产品的先进开发设备,在继续保持国内领先水平的前提下,缩短与国外同类先进产品的差距。

(9)融资渠道局限性对策

公司作为内江市的龙头支柱企业,与中国工商银行内江分行等几家金融单位保持着密切的合作关系,公司还将拓宽融资渠道,增加直接融资比例。

(10)外汇风险对策

针对目前国际外汇市场动荡的实际状况,公司将及时了解汇率动向,把握产品的进出口时机,同时,公司采取适当的货币结算方式,最大程度上避免因汇率变化所带来的风险。

2、行业风险对策

本公司将加快步伐实施公司"九五"80万台柴油机综合生产能力技术改造项目,通过提高产量和质量以及实施产品结构调整,提高公司产品的市场占有率。同时,公司还将实施"一业为主、综合经营"的发展战略,在大力发展主机产业的前提下,向汽车配件、摩托车配件发展,不断拓展新的经济增长点,分散行业风险,提高公司竞争力。

3、市场风险对策

本公司将充分发挥峨眉柴油机的名牌优势,进一步调整和优化产品结构,加快新EM195柴油机的技术改造步伐,让具有显著节能、节材效应的新一代195柴油机快批量投放市场,扩大公司产品在市场上的占有份额。

4、政策风险对策

公司将抓住国家大力发展农业和加强农业基础地位建设的基本国策,充分利用公司是四川省现代企业制度试点企业、四川省重点支持发展的扩张型企业优势,加快公司现代企业制度试点步伐和实施"九五"发展步伐,提高公司在市场经济中的应变能力。

5、项目投资风险对策

公司充分认识到项目投资可能出现的风险,聘请了国内相关行业的专家对该技改项目进行了充分的论证。另一方面,公司将加快该项目的技术改造步伐,争取尽快将EM195柴油机批量投向市场,尽快产生社会经济效益,最大限度的降低项目投资风险。

6、股市风险对策

公司将努力改善经营管理,提高经济效益,给股东以长期稳定的回报。公司将严格按《公司法》和《股票发行与交易管理暂行条例》、《公开发行股票公司信息披露实施细则》等法律、法规,规范公司行为,及时、公正、公开披露信息,加强与投资公众的信息沟通,树立公司良好形象。

六、募集资金的运用

(一)募集资金的投向

在资金募集量约为1.9亿元的情况下,将资金全部投资于年产80万台峨眉柴油机(其中:新EM195型柴油机年产40万台)技术改造工程项目,其中新增固定资产投资15000万元(设备购置及安装工程10500万元,建筑工程2870万元,其他费用1630万元),新增流动资金4000万元。该项目立项已获国家经贸委国经贸厅改〔1997〕56号文批准。

(二)募集资金的年度使用计划

单位:万元

项目	1997年	1998年	1999年	2000年	2001年	合计
固定资产投资	3750.0	8250.0	3000.0			15000.0
流动资金			387.1	1277.5	2335.4	4000.0
合计	3750.0	8250.0	3387.1	1277.5	2335.4	19000.0

上述项目资金运用轻重缓急以最终的项目计划为准,项目运用出现资金闲置时,该部分资金用于补充流动资金,资金不足部分,由公司自行筹集解决。

(三)投资项目的效益

根据本公司新型EM195柴油机设计上的优点,其所具有的节能、节材性能,新型195型柴油机的成本要低于目前市场上的同类型产品,这将为公司带来稳定的利润来源。投资项目完成后,所形成的年产80万台的规模效益,在产销同步、产品完全为市场所接纳的前提下,将可实现年销售收入138250万元,税后利润12504.2万元,财务内部收益率为29.82%,财务净现值为17491.6万元,投资回收期为5.80年。本项目的盈亏临界点为54.57%,保本产量为43.66万台。由于本项目投资时间跨度大,投资回收期较长,保本点较高,当市场需求发生变化时,有可能给投资带来风险。

(四)本公司1994年成立时,募集资金1628.59万元,用于扩大EM180、EM185型柴油机的生产能力(外加技改贷款),至1995年末完成项目,年新增生产能力10万台,年新增税后利润1000余万元。

七、股利分配政策

1、股利分配的一般政策

根据国家有关政策和公司章程的规定,公司将在每个会计年度决算后以现金或股票形式,按股东持股比例进行一次股利分配。公司向个人分配股利时,由公司按《中华人民共和国个人所得税法》规定代扣、代缴个人所得税。

2、股利分配的具体顺序和比例

按本公司章程规定,税后利润具体分配顺序和比例如下:

(1)弥补亏损;

(2)提取法定公积金10%,当法定公积金已达到公司注册资本的50%时,可不再提取;

(3)提取法定公益金5-10%,具体比例由股东大会决定;

(4)提取任意公积金,具体比例由股东大会决定;

(5)支付普通股股利。

公司的利润分配严格执行国家财务会计制度及税收法律、法规的规定。公司股利的最终分配比例由董事会根据公司当年业绩和今后的生产经营规划拟订,并经股东大会通过后按程序报批确认执行。

3、首次股利派发期

预计在1998年6月30日前首次派发股利。

4、本次股票发行成功后,新股东参与本次股票发行完成前的未分配利润的分配。

5、历年股利派发情况

本公司94年度和95年度,已分别按每股0.104元和0.121元人民币派发现金股利。

为使公司尽快形成年产80万台柴油机生产能力,加快技改步伐,经1996年度股东大会通过决议,1996年度股利暂不派发,与1997年度股利一并实施分配。

八、发行人及发行人主要成员的情况

1、发行人名称:四川峨眉柴油机股份有限公司

2、成立日期:1994 年 5 月 18 日

3、公司住所:四川省内江市椑木镇

4、历史沿革

本公司经四川省经济体制改革委员会川体改〔1993〕157 号文、川体改〔1994〕158 号文批准,以四川内燃机厂为主要发起人,联合四川省信托投资公司、白马发电厂电力开发总公司、中国冶金进出口四川公司、四川省机械进出口公司和中国出口商品基地建设四川公司五家法人单位共同发起,以定向募集方式设立的股份有限公司。四川内燃机厂以其经评估后确认的生产经营性净资产 5149 万元,按 1:1 的比例折为国家股 5149 万股,并在 1994 年 1 月 8 日至 1994 年 3 月 14 日,以每股发行价 1 元的价格定向募集法人股 1459.19 万股,同时按每股发行价 1 元向本公司内部职工募集 169.4 万股内部职工股。该次定向募集完成后,公司总股本 6777.59 万股,其中,国家股 5149 万股,占总股本比例 75.97%;法人股 1459.19 万股,,占总股本比例 21.53%;内部职工股 169.4 万股,占总股本比例 2.5%。公司随后于 1994 年 5 月 18 日在四川省内江市工商行政管理局进行了注册登记。

本公司主要发起人四川内燃机厂,是国家大型企业,原名为四川农业机械厂,隶属于四川省机械工业厅,1980 年 8 月更名为四川内燃机厂,1985 年下放内江市管理,1993 年度被国家统计局评为中国 500 家最大机械工业企业,机械工业部重点企业和机械部定点生产单缸小马力柴油机的专业厂,是四川省委、省政府于 1993 年 9 月确立的 22 户探索建立企业新体制试验企业之一。

1993 年经四川省内江市国有资产管理局国资〔1993〕29 号文批准,四川内燃机厂全部生产经营性净资产 5149 万元,折成国家股 5149 万股。国家股持有人为四川省内江市国有资产管理局。四川内燃机厂的非生产经营性净资产独立于本公司单独管理(后划归集团公司管理)。

1994 年 7 月,经四川省经济委员会川经〔1994〕企管 1076 号文批准,以本公司为核心子公司,组建四川内燃机工业集团公司。内江市国有资产管理局以内国资〔1994〕116 号文授权该集团公司代为行使对本公司的控股权和国有资产管理职能。本公司成为该集团公司的控股子公司。

5、公司的组织结构和内部管理机构

四川峨眉柴油机股份有限公司组织结构图

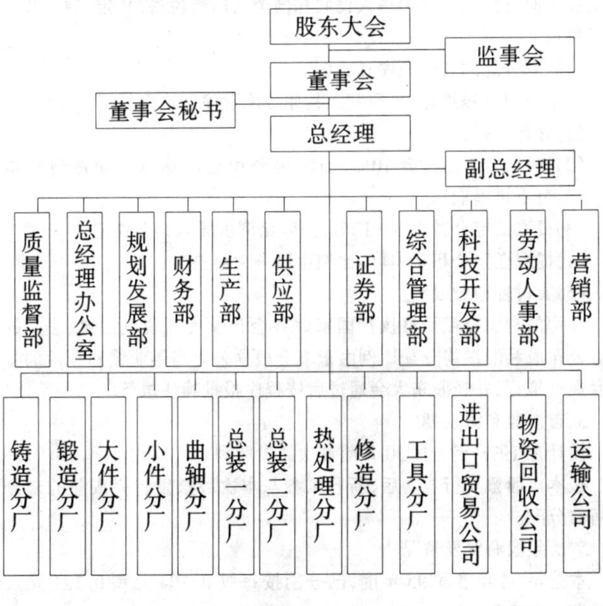

6、本公司与集团公司及其子公司的关系

(1)本公司是集团公司的控股子公司,本公司国家股权由内江市国有资产管理局委托集团公司管理,集团公司代为行使对本公司的控股权,并依据持股比例行使股东权利,承担股东义务。

(2)生产经营划分

本公司主要从事峨眉牌柴油机的生产经营,集团公司及其所属各子公司从事与柴油机相关的零、配件等产品的生产经营,并为本公司提供生产协作和其它如食堂、医院、学校、职工宿舍等设施的后勤服务。本公司就上述提供生产协作和后勤服务的项目,与有关各方签订了协议,依据市场经济的一般商业准则进行交易。

(3)集团公司除控股本公司外,还拥有四川迅达农用机械有限公司 49%的权益,四川内燃机动力配件供销公司 100%的权益。集团公司与其他子公司关系的组织结构图如下:

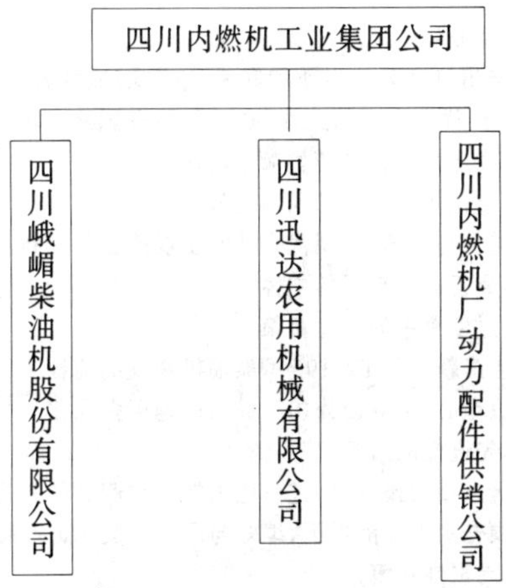

集团公司中从事柴油机生产经营的资产包括房屋、土地、设备等已全部投入本公司,集团公司的其它各合资联营公司不从事与本公司相竞争的业务。集团公司承诺在未来也不从事与本公司相竞争的业务,同时本公司也不从事与集团公司相竞争的业务。

本公司与集团公司及各子公司之间的交易,依据相互独立企业间的正常市场交易条件进行。

本公司目前尚无控股子公司。

7、公司经营业务范围

主营:单缸柴油机的生产、销售

兼营:拖车、石油机械、0.5 吨农用三轮运输车、汽配件、3GFB 型柴油发电机组、成套设备生产及相关的技术出口业务。

8、公司实际从事的主要业务

本公司实际从事的主要业务是单缸柴油机的生产、销售。

9、公司的主要产品品种、生产能力及主要市场情况

本公司主要产品品种为 EM180 型、EM185 型、EM190 型、EM195 型四个品种 23 个系列变型产品,年生产能力为 30 万台,各品种的生产能力可根据市场状况调整,其中 EM180、185 型柴油机在国内市场占有率在 60%以上。

国内市场:本公司的产品主要分布在山东、江苏、河南、河北、山西、四川、安徽、广西等地,其中山东市场的销售额最大,占本公司全部销售额的 45%左右,其次是江苏,占公司销售额的 15%左右,山西、河南、四川各占 10%左右。

国外市场:本公司产品主要分布在泰国、印尼、越南、马来西亚、孟加拉、菲律宾、缅甸及非洲、南美洲等地。

公司产品在国内市场的销售方式以直销为主,约占 70%左右,代销和零售为辅,约占 30%。

对出口产品,每年约 1/3 的产品由公司自营出口,2/3 的产品由有关的进出口公司收购后出口。

10、主要原材料及供应情况

本公司产品主要原料生铁、钢材、铜、铝从四川、上海宝钢、湖北武钢购进。零部件和辅料主要从四川省内购进,由近百家配套厂家供应,大多呈买方市场,价格波动不大。

11、关联交易

(1)本公司与集团公司签订了《非生产经营性资产有偿使用协议书》,协议规定,双方本着市场交易原则,有偿使用非生产经营性资产,协议有效期为10年。

(2)本公司与集团公司签订了《零配件供应合同》,就供应价格、结算方式、违约责任、有效期等作了相应规定。

12、董事及高级管理人员简介

董事长:林长江先生,现年51岁,大学文化,高级工程师,历任四川内燃机厂总工办主任、副厂长、厂长、党委副书记。全国"五一劳动奖章"获得者,并相继获得四川省优秀企业家和四川省农机优秀厂长等荣誉称号,是享受政府特殊津贴的专家和中国机械工业科技专家。现任公司董事长、总经理、总工程师、党委副书记。

副董事长:管佑军先生,现年53岁,大学文化,高级工程师,高级政工师,历任四川内燃机厂车间副主任、主任、副厂长、厂长、党委书记。相继获得四川省劳动模范、四川省优秀思想政治工作者、四川省机械行业优秀企业管理者和四川省农机行业企业管理先进工作者等荣誉称号。现任公司党委书记、副董事长。

董事:卿松先生,现年45岁,大专文化,工程师,历任四川内燃机厂设动科副科长、车间主任、副厂长。现任公司董事、副总经理。

董事:朱华甫先生,现年46岁,中专文化,经济师,历任四川内燃机厂车间副主任、主任、党支部书记、副厂长。现任公司董事、副总经理。

董事:曹邦俊先生,现年47岁,大专文化,高级经济师,历任四川内燃机厂工会副主席、主席、副厂长。相继获得四川省机械行业优秀企业管理工作者和四川省农机行业企业管理先进工作者等荣誉称号,是四川省机械工业拔尖人才。现任公司董事、总经济师、副总经理。

董事:王洪先生,现年35岁,大专文化,工程师,历任四川内燃机厂车间副主任、生产科副科长、动力配件公司经理、总经理助理、副厂长。现任公司董事、副总经理。

董事:谢丹先生,现年40岁,大专文化,政工师,历任四川内燃机厂工会秘书,党办副主任、党委副书记、纪委书记、工会主席、公司监事会主席。现任公司董事、公司党委副书记、纪委书记、工会主席。

董事:孙家水先生,现年54岁,大学文化,高级工程师,曾任四机部766厂技术员,航空工业部607所工程师、主任工程师、内江市经委副主任、市政府外事办主任、旅游局长。现任四川省信托投资公司投资部经理,本公司董事。

董事:胡永才先生,现年57岁,大学文化,高级工程师,曾任中国人民解放军军分区参谋、县人武部军事科长、副部长。1985年转业到内江市保险公司任办公室主任、副总经理等职。现任内江市保险公司经理,本公司董事。

董事:刘跃雄先生,现年38岁,大专文化,1979年在江苏徐州00435部队服役,1981年后历任内江地区人民银行储蓄科副科长、工行内江市分行储蓄科科长。现任工行四川省信托投资公司内江办事处经理,本公司董事。

董事:张晓明先生,现年45岁,大学文化,高级经济师,历任白马发电厂财务科副科长、科长、经营副厂长、总经济师。现任白马发电厂电力开发总公司总经理,本公司董事。

董事:陈陵先生,现年36岁,高中文化,助理经济师,历任四川内燃机厂车间副主任、农用运输车公司经济、物资回收科科长。现任公司董事、总经理助理。

董事:周琳女士,现年35岁,大专文化、会计师。历任四川内燃机厂财务科副科长、农用运输车公司经理、物资回收科科长。现任公司董事、总经理助理。

董事会秘书:徐琳女士,现年28岁,大专文化,经济师,现任本公司董事会秘书。

公司董事长林长江先生已经表示承诺,最迟于1997年12月31日前辞去四川内燃机工业集团公司董事长兼总经理职务。

原内江保险公司所持股份已转让给成都远大机械厂,代表部分股份的公司董事胡永才先生,任职至下届股东大会选举出新董事为止。

九、经营业绩

1、公司生产经营的一般情况

公司主营单缸柴油机,该行业归属农机行业,属国家扶持产业,公司充分抓住农业经济好转的机遇,开发了性能良好的峨眉牌柴油机的系列产品,在公司转换经营机制的同时,严格按现代企业制度进行经营管理,使得公司在近三年的经营业绩大幅度增长。2、公司1994-1996年经营状况如下:

单位:万元

	1996年	1995年	1994年
主营业务收入	33,497.28	31,514.84	16,898.12
主营业务利润	3,636.30	3,504.60	1,636.91
利润总额	3,742.37	3,594.30	1,682.88
净利润	3,181.69	3,055.00	1,430.45

以上数据来源于四川会计师事务所川会师业——〔1997〕第131号审计报告。

3、公司业务收入的主要构成

三年来,单缸柴油机(目前以EM180、EM185、EM190柴油机为主)生产和销售一直占公司收入的90%以上。

三年业务收入构成如下:

	柴油机(%)	零配件(%)	三轮车(%)
1994年	97.03	0.48	2.49
1995年	98.95	0.32	0.73
1996年	98.62	1.38	--

4、完成的主要工作

公司研制开发的新一代EM195柴油机具有体积小、重量轻、技术指标先进,还具有节能、节材、匹配性好等优点,已于96年底通过国家机械工业部部级鉴定(GJ鉴字9605021号),现已小批量生产。

5、产品市场

国内市场情况

本公司产品在国内市场覆盖率达到80%左右,畅销28个省区,主要分布在山东、江苏、河南、河北、山西、陕西、四川、安徽、广西等地,其中山东销售额占45%左右,江苏占10-15%,四川占11%,山西、河南各占10%左右。

国际市场情况

公司产品销往国外的有越南、泰国、马来西亚、印度、菲律宾、缅甸、孟加拉国、斯里兰卡及非洲、南美洲等三十多个国家和地区。

6、产品性能、质量方面的情况

公司自行研制开发的产品EM180、EM185、EM190型柴油机具有结构紧凑、性能优良、功率适中、匹配适应性强及外形美观等特点,主要技术性能指标,相当于日本80年代末90年代初同类产品先进水平。新一代EM195柴油机更具有体积小、重量轻、节能、节材等优点。

其中EM180型柴油机于1988年6月获国家机械委优质产品证书,EM180型柴油机于1989年1月获机械电子工业部优质产品证书,EM180、EM185型柴油机于1990年4月4日分别获国家机电工业节能产品证书,EM180型柴油机于1991年4月获北京国际博览会组织委员会颁发的第二届北京国际博览会银奖,EM180型柴油机于1990年2月获中国质量协会用户委员会、农机质量管理协会、国家内燃机质量检测中心、国家拖拉机质量监督检测中心等四部门颁发的全国单缸柴油机"双十佳"产品金马奖。新一代EM195柴油机于1996年12月已通过机械工业部部级鉴定。

7、筹资与投资的情况

本公司前三年主要的筹资渠道为银行贷款,包括国家专项技改贷款,省、市政府专项技改贷款及定向募集股票筹资等,1994年至1996年共筹集了3858.59万元用于技术改造(其中贷款1994年为160万元,1995年为190万元,1996年为1880万元;定向募集股票为1628.59万元),通过技改后,1996年末峨眉牌柴油机年生产能力已达30万台,比1993年末增长300%。本公司"九五"期间技改筹资主要由公司面向社会公开发行股

票解决。

8、公司生产经营设备，主要固定资产增加、改进的情况"八五"期间，公司共完成投资2501.93万元，累计转为固定资产1882.25万元。完成投资项目中，建成总装联合厂房7387平方米，理化计量楼1559平方米，锅炉房及两个配电房215平方米，新增各类设备仪器302台(套)，使公司生产规模进一步扩大。

9、职工数量与业务水平的变化情况

	1994年	1995年	1996年
年末人数	2486	2607	2726

1996年末，公司职工人数为2726人，其中拥有大专以上学历的233人，中专学历144人，具有各类专业技术职称的398人，在取得专业技术职称的人员中，具有高级技术职称的30人，中级技术职称127人，分别占的比重为7.54%和31.91%。

十、股本

1、本公司注册股本6777.59万元。

主要发起人四川内燃机厂已于1992年11月经内江市会计师事务所在对前三年效益确认的基础上进行了资产评估，经内会师评(93)字第71号《四川内燃机厂资产评估结果报告书》公告，评估前四川内燃机厂国有净资产总额3970万元。其中生产经营性净资产3409万元，非生产经营性资产561万元。评估后国有净资产总额6212万元(含土地增值1503万元)，评估增值2242万元，增值56.47%，其中生产经营性净资产5149万元，评估增值1740万元，增值51.04%，非生产经营性净资产1063万元评估增值502万元，增值89.48%。评估结果已经内江市国有资产管理局内国资〔1993〕第22号予以确认，并经四川省审计师事务所川审事〔1993〕字第66号文予以验证。四川内燃机厂以其生产经营性资产5149万元(其中生产经营性土地使用权折价为1101.23万元)按1元/股折合为5149万股投入四川峨眉柴油机股份有限公司，同时，按1元/股的发行价格向发起人法人、社会法人及内部职工定向募集1628.59万元，总股本为6777.59万元。

2、本次发行前公司股本结构如下：

(1)按发起人股、募集法人股及内部职工股分类为：

股份类别	股数(万股)	占股本总比例(%)
发起人股	5649.00	83.35
其中：国家股	5149.00	75.97
法人股	500.00	7.38
社会法人股	959.19	14.15
内部职工股	169.40	2.5
合计	6777.59	100.00

(2)按国家股、法人股及内部职工股分类为：

股份类别	股数(万股)	占总股本比例(%)
国家股	5149.00	75.97
法人股	1459.19	21.53
内部职工股	169.40	2.50
合计	6777.59	100.00

3、关于内部职工股

本公司内部职工股169.40万股，是1994年1月8日-3月14日发行的，发行严格地限制在本企业职工范围内，发行期间已按有关规定在四川省信托投资公司办理了集中托管手续。本次新股发行成功后，原内部职工股将集中托管到深圳证券交易所，并将按中国证监会〔1996〕12号文规定，从新股发行之日起，期满三年后方可上市流通。

4、本次发行后，公司股本结构如下：

股本类别	持股数量(万股)	占总股本的比例(%)
国家股	5149.00	52.66
法人股	1459.19	14.93
内部职工股	169.40	1.73
社会公众股	3000.00	30.68
合　计	9777.59	100.00

5、本次股票发行前每股净资产1.91元，发行后净资产总额为29237.51万元(扣除发行费用)，发行后每股净资产2.99元(扣除发行费用)。

6、主要股东

本次发行前，公司前十名股东名单如下：

持股单位	股数(万股)	占总股本比例(%)
内江市国有资产管理局	5149	75.97
四川峨眉柴油机股份有限公司工会*	678.19	10.00
四川省信托投资公司	200	2.95
中国工行四川信托投资内江办事处	105	1.55
白马发电厂电力开发总公司	100	1.47
成都远大机械厂**	90	1.33
海南科工贸企业总公司	86	1.27
中国冶金进出口四川公司	80	1.18
四川省机械进出口公司	60	0.89
中国出口商品基地建设四川公司	60	0.89
合计	6608.19	97.50

*：为原四川峨柴职工持会所形成的股份。

**：为原内江保险公司所持股份转让而来。

7、本公司董事、监事、高级管理人员持股情况

姓名	职务	股数(股)	占总股本比例(%)
林长江	董事长	1300	0.0019
管佑军	副董事长	1300	0.0019
卿　松	董事	1100	0.0016
朱华甫	董事	740	0.0011
曹邦俊	董事	1100	0.0016
王　洪	董事	740	0.0011
谢　丹	董事	1100	0.0016
周　琳	董事	300	0.0004
陈　陵	董事	740	0.0011
孙家水	董事	0	0
胡永才	董事	0	0
张晓明	董事	600	0.0009
刘跃雄	董事	0	0
廖名有	监事会主席	1100	0.0016
袁　勇	监事	200	0.0003
郭正炳	监事	400	0.0006
唐开永	监事	300	0.0004
唐　辉	监事	500	0.0007
徐　琳	董事会秘书	300	0.0004
合　计	监事	11820	0.0174

十一、债项

根据四川会计师事务所川会师业-〔1997〕第131号审计报告，截止1996年12月31日，本公司负债总额14030.10万元，其中：流动负债11980.10万元，长期负债2050.00万元。

主要借款情况如下：

(一)短期借款

本公司短期借款1996年12月31日报表余额明细如下：

单位：元

贷款单位	金额	期限	月利率‰	借款条件
工行内江市中区支行	10,700,000.00	96.6-97.6	10.065	抵押
工行内江市中区支行	1,000,000.00	96.7-97.2	10.065	担保
工行内江市中区支行	2,000,000.00	96.9-97.4	9.24	担保
工行内江市东兴区支行	200,000.00	96.11-97.6	9.24	担保

工行内江市东兴区支行	6,500,000.00	96.12-97.7	9.24	担保
农行内江市分行营业部	500,000.00	96.6-97.1	10.065	担保
农行内江市分行营业部	800,000.00	96.7-97.2	10.065	担保
农行内江市分行营业部	3,000,000.00	96.10-97.5	9.24	担保
农行内江市分行营业部	2,000,000.00	96.12-97.7	9.24	担保
农行内江市分行营业部	1,000,000.00	96.12-97.7	9.24	担保
工行内江市中区支行国际业务部	1,665,800.00	96.11-96.12	7.493	质押*
内江市财政局	1,000,000.00	96.12-97.12	6	担保
工行内江市中区支	800,000.00	96.9-97.9	8.415	担保
合计	31,165,800.00			

*此项贷款系用本公司自营出口销售产品所收外汇作质押，已按银行要求延期至1997年1月2日全数偿还。

(二)长期借款

本公司长期借款报表余额1996年12月31日20,500,000.00元共2笔，1995年12月31日4,400,000.00元共2笔。1996年12月31日报表余额明细如下：

单位：元

贷款单位	金额	期限	年利率%	借款条件
工行内江市中区支行	18,000,000.00	96.12-98.12	10.98	担保
内江市财政局	2,500,000.00	95.7-98.6	8.4	信用
合　计	20,500,000.00			

附注：一年内到期的长期借款

本公司一年内到期的长期借款1996年12月31日报表余额明细如下：

单位：元

贷款单位	金额	期限	年利率%	借款条件
工行内江市区支行	1,900,000.00	95.7-97.7	13.5	担保

(三)或有事项

截止1996年12月31日，本公司以自有财产为四川银山化工(集团)股份有限公司提供了债务担保，担保金额为9,400,000.00元，担保期限为1999年9月25日。

(四)其他

无对内部人员、关联企业负债及合同承诺。

十二、主要会计资料

四川会计师事务所川会师业-〔1997〕第131号审计报告

四川峨眉柴油机股份有限公司全体股东：

我们接受委托，审计了贵公司1994年12月31日、1995年12月31日、1996年12月31日资产负债表，1994年、1995年、1996年度利润及利润分配表和1996年度财务状况变动表。这些会计报表由贵公司负责。

我们的责任是对这些会计报表发表审计意见。我们的审计是依据《中国注册会计师独立审计准则》进行的。在审计过程中，我们结合贵公司实际情况，实施了包括抽查会计记录等我们认为必要的审计程序。

我们认为，本报告后附的已审上述会计报表符合《企业会计准则》和《股份制试点企业会计制度》的规定，在所有重大方面公允地反映了贵公司1994年12月31日、1995年12月31日、、996年12月31日的财务状况及1994年、1995年、1996年度的经营成果和1996年度的资金变动情况。会计处理方法的选用遵循了一贯性原则。

四川会计事务所　　中国注册会计师　刘瑜

中国注册会计师　贺军

报告日期：1997年4月18日

(一)资产负债表主要数据

项　目	附注	1996-12-31	1995-12-31	1994-12-31
流动资产：				
货币资金	1	14,348,371.32	10,543,655.13	6,375,729.07
短期投资				
应收票据	2	7,275,000.00		
应收帐款	3	63,938,432.76	23,628,216.32	37,674,621.72
减：坏帐准备				
应收帐款净额		63,938,432.76	23,628,216.32	37,674,621.72
预付货款	4	19,925,815.35	27,567,640.13	16,629,406.56
其他应收款	5	24,163,642.90	20,451,909.29	20,610,267.52
待摊费用	6	1,673,015.73	2,029,514.81	2,174,526.94
存货		71,444,169.17	73,171,789.50	38,556,117.56
待处理流动资产净损失			-285,352.07	549,706.16
一年内到期的长期债券投资				
其他流动资产				
流动资产合计		202,768,447.23	157,107,373.11	122,570,375.53
长期投资：				
长期投资	7	562,995.00	709,977.33	810,601.33
固定资产：				
固定资产原价	8	70,647,512.49	68,551,937.25	58,047,314.56
减：累计折旧	8	20,588,511.52	16,408,380.88	14,169,686.04
固定资产净值	8	50,059,000.97	52,143,556.37	43,877,628.52
在建工程	9	5,468,361.59	4,702,934.95	3,907,106.04
固定资产清理				
待处理固定资产净损失				
固定资产合计		55,527,362.56	56,846,491.32	47,784,734.56
无形资产及递延资产：				
无形资产	10	10,406,598.22	10,626,843.69	10,847,089.16
递延资产	11	210,699.67	280,932.87	351,165.97
无形资产及递延资产合计		10,617,297.89	10,907,776.56	11,198,255.13
其他长期资产：				
其他长期资产				
递延税项：				
递延税款借项				
资产总计		269,476,102.68	225,571,618.32	182,363,966.55
流动负债：				
短期借款	12	31,165,800.00	25,400,000.00	18,050,000.00
应付票据		4,900,000.00		
应付帐款	13	69,272,489.99	54,363,987.63	42,311,652.20
预收货款	14	5,075,322.96	21,634,644.18	16,640,620.73
应付福利费		1,721,756.47	1,088,571.11	339,988.19
未付股利		75,338.40	12,997,382.00	7,075,000.00
未交税金	15	-12,921,910.47	-9,445,390.39	-3,668,930.36
其他未交款	16	4,257,858.90	4,319,544.83	4,352,194.69
其他应付款	17	13,664,372.55	8,941,623.56	14,468,072.40
预提费用		689,966.03	1,040,000.00	
一年内到期的长期负债	18	1,900,000.00	3,500,000.00	
其他流动负债				
流动负债合计		119,800,994.83	123,813,362.92	99,568,597.85
长期负债：				
长期借款	19	20,500,000.00	4,400,000.00	7,790,000.00
应付债券				
长期应付款				
其他长期负债				
长期负债合计		20,500,000.00	4,400,000.00	7,790,000.00
递延税项：				
递延税款贷项				
负债合计		140,300,994.83	128,213,362.92	107,358,597.85
股东权益：				
股本	20	67,775,900.00	67,775,900.00	67,775,900.00
资本公积				
盈余公积	21	25,501,559.35	14,365,660.99	2,145,670.31
其中：公益金		5,361,063.73	3,770,221.11	715,223.44
未分配利润	22	35,897,648.50	15,216,694.41	5,083,798.39
股东权益合计		129,175,107.85	97,358,255.40	75,005,368.70
负债及股东权益总计		269,476,102.68	225,571,618.32	182,363,966.55

(二)利润及利润分配表主要数据

单位：元

项　目	附注	1996年	1995年	1994年
一、主营业务收入	23	334,972,822.64	315,148,439.57	168,981,238.89
减:营业成本	24	262.674,651.36	248,003,263.40	143,037,924.07
销售费用	26	4,401,379.02	8,296,582.25	1,466,238.85
管理费用		25,206,063.82	20,133,474.47	6,357,763.98
财务费用	25	5,089,228.39	3,044,432.55	931,014.22
进货费用				
营业税金及附加	26	1,238,483.86	624,723.23	819,182.41
二、主营业务利润		36,363,016.19	35,045,963.67	16,369,115.36
加:其他业务利润	27	1,452,010.52	1,072,436.62	709,340.61
三、营业利润		37,815,026.71	36,118,400.29	17,078,455.97
加:投资收益	28	102,837.67	25,000.00	
补贴收入				
营业外收入	29	3,151.35	197,388.26	105,448.33
减:营业外支出	30	497,317.08	397,782.83	355,117.59
加:以前年度损益调整				
四、利润总额		37,423,698.65	35,943,005.72	16,828,786.71
减:所得税		5,606,846.20	5,393,029.02	2,524,318.01
五、净利润		31,816,852.45	30,549,976.70	14,304,468.70
加:年初未分配利润		15,216,694.41	5,083,798.39	
盈余公积转入数				
六、可分配的利润		47,033,546.86	35,633,775.09	14,304,468.70
减:提取法定公积金		3,181,685.25	3,054,997.67	1,430,446.87
提取法定公益金		1,590,842.62	3,054,997.67	715,223.44
七、可供股东分配的利润		42,261,018.99	29,523,779.75	12,158,798.39
减:已分配优先股股利				
提取任意公积金		6,363,370.49	6,109,995.34	
已分配普通股股利			8,197,090.00	7,075,000.00
八、未分配利润		35,897,648.50	15,216,694.41	5,083,798.39

(三)一九九六年度财务状况变动表

单位:元

流动资金来源和运用	本年实际	上年实际
一、流动资金来源:		
1、本年净利润	31,816,852.45	30,549,976.70
加:不减少流动资金的费用和损失		
(1)固定资产折旧	4,692,872.64	3,970,554.00
(2)无形资产、递延资产及其他资产摊销	403,661.54	290,478.57
(减其他负债转销)		
(3)固定资产盘亏(净盘盈)		
(4)清理固定资产损失(减收益)	233,909.49	414,150.33
(5)递延税款		
(6)其他不减少流动资金的费用和损失		
小　计	37,147,296.12	35,225,159.60
2、其他来源:		
(1)固定资产清理收入(减清理费用)	122,831.00	314,075.00
(2)增加长期负债	18,000,000.00	1,900,000.00
(3)收回长期投资	146,982.33	100,624.00
(4)对外投资转出固定资产		
(5)对外投资转出无形资产		
(6)资本净增加额	11,135,898.36	12,219,990.68
小　计	29,405,711.69	14,534,689.68
流动资金来源合计	66,553,007.81	49,759,849.28
二、流动资金运用:		
1、利润分配		
(1)提取法定公积金	3,181,685.25	3,054,997.67
(2)提取法定公益金	1,590,842.62	3,054,997.67
(3)提取任意公积金	6,363,370.49	6,109,995.34
(4)已分配股利		8,197,090.00
小　计	11,135,898.36	20,417,080.68
2、其他运用:		
(1)固定资产和在建工程净增加额	730,484.37	14,630,769.29
(2)增加无形资产、递延资产及其他资产	313,182.36	129,766.80
(3)偿还长期负债	1,900,000.00	4,290,000.00
(4)增加长期投资		
小　计	5,743,667.37	19,050,536.09
流动资金运用合计	16,879,565.60	39,467,616.77
流动资金增加净额	49,673,442.21	10,292,232.51
流动资金各项目的变动		
一、流动资产本年增加数:		
1.货币资金	3,804,716.19	4,167,926.06
2.短期投资		
3.应收票据	7,275,000.00	
4.应收帐款净额	40,310,216.44	-14,046,405.40
5.预付货款	-7,641,824.78	10,938,233.57
6.其他应收款	3,711,733.61	-158,358.23
7.待摊费用	-356,499.08	-145,012.13
8.存货	-1,727,620.33	34,615,671.94
9.待处理流动资产损失(减收益)	285,352.07	-835,058.23
10.一年内到期的长期债券投资		
11.其他流动资产		
流动资产增加净额	45,661,074.12	34,536,997.58
二、流动负债本年增加数		
1.短期借款	5,765,800.00	7,350,000.00
2.应付票据	4,900,000.00	
3.应付帐款	14,908,502.36	12,052,335.43
4.预收货款	-16,559,321.22	4,994,023.45
5.应付福利费	633,185.36	748,582.92
6.未付股利	-12,922,043.60	5,922,382.00
7.未交税金	-3,476,520.08	-5,776,460.03
8.其他未交款	-61,685.93	-32,649.86
9.其他应付款	4,749,748.99	-5,553,448.84
10.预提费用	-350,033.97	1,040,000.00
11.一年内到期的长期负债	-1,600,000.00	3,500,000.00
12.其他流动负债		
流动负债增加净额	-4,012,368.09	24,244,765.07
流动资金增加净额	49,673,442.21	10,292,232.51

(四)说明

主要会计政策

(1)会计制度:本公司执行《企业财务通则》、《企业会计准则》和《股份制试点企业会计制度》及有关补充规定。

(2)会计期间:本公司以公历每年1月1日至12月31日作为一个会计年度。

(3)记帐原则和计价基础:本公司以权责发生制作为记帐原则,各项财产物资按取得时的实际成本计价入帐。

(4)货币换算:本公司以人民币为记帐本位币。发生外币业务均按其发生当日外币市场汇价(中间价)折合人民币记帐,每月终了按当月末外币市场汇价(中间价)折合人民币进行调整(自营出口产品结汇按银行实际结汇价折合人民币进行调整),产生的差额,作为汇兑损益,计入当期损益。

(5)坏帐核算:本公司采用直接转销法核算坏帐损失。坏帐的确认遵照《企业会计准则》第十三条之规定。

(6)存货计价方法:

本公司存货实行永续盘存制核算。

①原材料采用计划成本计价,月末按当月差异率结转材料成本差异。其计划成本价格定期(一年或半年)按实际成本进行修订。

②产品生产成本采用分步法核算。半成品及在制品采用计划成本计价,月末按当月差异率结转成本差异,其计划成本价定期进行修改。

③产成品销售发出采用后进先出法结转成本，1997 年改为加权平均法计算。

④低值易耗品采用领取时一次摊销法核算。

(7)长期投资核算方法：债券投资按取得时的实际成本进行核算，并依据约定的利率按期计算投资收益。股权投资除股权占被投资公司股权比例 20% - 50%按权益法核算，占 50%以上按权益法核算且合并报表外，其他不控股的股权投资及联营投资均按成本法核算。

(8)固定资产及其折旧：本公司固定资产标准按使用年限在一年以上，单位价值在 2000 元以上的标准确定。固定资产按历史成本计算入帐，采用直线法计提折旧，并预留原值 4%的残值。

各类资产折旧年限及年折旧率如下：

类　　别	折旧年限(年)	年折旧率(%)
房屋建筑物	20 - 40	4.8 - 2.4
通用设备	10 - 18	9.6 - 5.33
专用设备	8 - 12	12 - 8
运输工具	6 - 12	16 - 8
其　　他	5 - 12	19.2 - 8

(9)无形资产及其摊销：本公司无形资产系土地使用权，按 50 年使用期平均摊销。

(10)递延资产及其摊销：本公司递延资产系开办费，按 5 年期限平均摊销。

(11)收入实现的确认：本公司以产品业已发出销售，所有权转移给买方，同时收讫货款或取得收取货款的凭证时确认产品销售收入的实现。

(12)税项：

本公司应纳税项及其税率如下：

①企业所得税：本公司为四川省 22 户探索建立企业新体制试验企业，经内江市人民政府内府办函〔1994〕133 号批复，公司 1994 - 1996 年均按 15%负担所得税。根据四川省人民政府川府函〔1997〕168 号文，本公司上市后执行 33%所得税率，由财政返还 18%，实际税负水平为 15%。

②增值税：内销农用柴油机按财政部、国家税务总局财税字〔1994〕060 号文"关于增值税几个税收政策问题的通知"依 13%税率计算，并从 1994 年 1 月 1 日起执行。出口销售柴油机按 17%税率计算，其中属自营出口部份，由当地税务部门按国家规定税率退税。

③流转税附加：城市建设维护税按应交增值税的 7%计缴，教育费附加按应交增值税的 3%计缴。

④其他各税：按国家有关规定计缴。

(13)外销产品的确认：由公司专设的有进出口经营权的机构发运，使用出口外销专用发票制票，购货方为外商或为我国境内的专门进出口经营机构和经国家外贸部批准具有进出口经营权的其他企业单位的产品为出口外销产品。

(14)利润分配

根据本公司章程第六十六条规定，净利润按下列顺序进行分配：

①弥补以前年度亏损；

②提取百分之十法定公积金；

③提取百分之五至百分之十法定公益金；

④经股东大会决议，提取任意盈余公积金；

⑤分配股利。

(五)会计报表主要项目附注

1、应收帐款

本公司应收帐款报表余额 1996 年 12 月 31 日 63,938,432.76 元，1995 年 12 月 31 日 23,628,216.32 元。均无持有本公司 5%以上股份的股东欠款。

帐款帐龄分析如下：

单位：元

	1996 - 12 - 31			1995 - 12 - 31		
帐龄	户数	金额	比例%	户数	金额	比例%
1 年以内	96	59,649,539.49	93.29	64	19,721,500.66	83.47
1 - 2 年	27	1,159,415.92	1.81	48	3,169,211.95	13.41
2 - 3 年	39	2,562,706.84	4.01	16	476,470.23	2.02
3 年以上	19	566,770.51	0.89	13	261,033.48	1.10
合计	181	63,938,432.76	100	141	23,628,216.32	100

注：1996 年 12 月 31 日余额较 95 年增加 40,310,216.44 元，上升 1.5 倍。主要是：

(1)出口产品受到外贸公司政策影响，资金回笼较差。

(2)内销产品销量较上年增长 16.7%，相应增大应收帐款额。

(3)受整个经济大气候影响，资金回笼减慢，周期增长。

2、其他应收款

本公司其他应收款报表余额 1996 年 12 月 31 日 24,163,642.90 元，1995 年 12 月 31 日，451,909.29 元，持有本公司 5%以上股份的股东欠款仅有四川内燃机工业集团公司 1996 年 12 月 31 日余额 1,208,102.94 元。

帐款帐龄分析如下：

单位：元

	1996 - 12 - 31			1995 - 12 - 31		
帐龄	户数	金额	比例%	户数	金额	比例%
1 年以内	138	13,033,207.27	53.94	155	10,134,836.52	49.55
1 - 2 年	43	1,983,921.34	8.21	117	10,313,473.77	50.43
2 - 3 年	93	7,483,471.29	30.97	4	3,599	0.02
3 年以上	10	1,663,043.00	6.88	-	-	-
合计	286	24,163,642.90	100	276	20,451,909.29	100

金额较大的单位分别列示如下：　　单位：元

单位	款项性质内容	1996 - 12 - 31	1995 - 12 - 31
四川省拓展公司	暂借业务款	2,500,000.00	
海南内江房地产开发公司	代垫购料款	2,000,000.00	
内江有色金属厂	代垫购货款	2,000,000.00	
内江市内配厂	代垫购货款	1,790,143.04	1,790,143.04
四川内燃机工业集团公司	代垫费用款	1,208,102.94	
内江制药厂	暂借业务款	1,200,000.00	
海南贸易总公司	暂借业务款	1,192,657.32	1,244,246.30
内江柴配厂	代垫购货款	950,000.00	950,000.00
四川省农机总公司	暂借业务款	716,571.24	790,171.24
成都锻造厂	代垫购货款	700,000.00	700,000.00
内江新宇矿山机械厂	代垫购货款	700,000.00	609,800.00
达木河煤矿	暂借周转金	300,000.00	600,000.00
四川省机电产品物资公司	暂借业务款	300,000.00	300,000.00

注：上述十三家单位应收暂借和代垫的款项 1555.75 万元，其中，四川省拓展公司、内江市柴配厂、成都锻造厂、内江新宇矿山机械厂、内江制药厂、海南贸易总公司、四川省农机公司、四川省机电产品物资公司 8 家单位 824 万元，按月息 12‰收取利息占用费，占应收款项总额的 53%，其余 5 家 731.74 万元无利息占用费。

3、长期投资

本公司长期投资报表余额明细如下：

单位：元

	1996 - 12 - 31			1995 - 12 - 31		
被投资单位	股数	比例%	金额	股数	比例%	金额
一、股权投资：						
四川省信托投资公司	500,000	0.5	501,005.00	500,000	0.5	501,005.00
四川省农业机械股份有限公司	40,000	0.2	40,000.00	40,000	0.2	40,000.00
小 计			541,005.00			541,005.00
二、债券投资 *	到期日	年利率	金额	到期日	年利率	金额
金融债券	96.7	10.8%	20,000.00			
国库券	91.8	6.9%	15,500.00	91 - 96	6.9%	120,500.00

电力建设债券	2001	7.8%	6,490.00	2001	7.8%	6,490.00
小计			21,990.00			146,990.00
三、应计利息						21,982.33
总计			562,995.00			709,977.33

*1、债券投资的面值与投资金额一致。

*2、债券投资存续期内的应计利息,以及出售时收回的本息与债券帐面成本及尚未收回应计利息的差额,计入当期损益。由于96年债券投资本金额仅2,199万元,按重要性原则,应计利息未计算。

4、盈余公积 单位:元

项目	1996-12-31	1995-12-31	1994-12-31
年初余额	14,365,660.99	2,145,670.31	-
其中:公益金	3,770,221.11	715,223.44	-
本年增加	11,135,898.36	12,219,990.68	2,145,670.31
其中:公益金	1,590,842.62	3,054,997.67	715,223.44
本年减少	—	—	—
其中:公益金	—	—	—
年末余额	25,501,559.35	14,365,660.99	2,145,670.31
其中:公益金	5,361,063.73	3,770,221.11	715,223.44

注:1、1994年初盈余公积无余额,本年增加2,145,670.31元,系按本公司税后净利润计提10%法定公积金1,430,446.87元,计提5%法定公益金715,223.44元,本年无减少变动;

2、1995年增加盈余公积12,219,990.68克,系按本公司当年税后净利润计提10%法定公积金3,054,997.67元,10%法定公益金3,054,997.67元,20%任意公积金6,109,995.34元,本年无减少变动;

3、1996年增加盈余公积11,135,898.36元,系按本公司当年税后净利润计提10%法定公积金3,181,685.25元,5%法定公益金1,590,842.62元,20%任意盈余公积金6,363,370.49本年无减少变动。

5、未分配利润 单位:元

项目	1996年	1995年	1994年
一、净利润	31,816,852.45	30,549,976.70	14,304,468.70
加:年初未分配利润	15,216,694.41	5,083,798.39	—
二、可分配的利润	47,033,546.86	35,633,775.09	14,304,468.70
减:提法定公积金	3,181,685.25	3,054,997.67	1,430,446.87
提法定公益金	1,590,842.62	3,450,997.67	715,223.44
三、可供股东分配的利润	42,261,018.99	29,523,779.75	12,158,798.39
减:提任意公积金	6,363,370.49	6,109,995.34	—
已分配股利	—	8,197,090.00	7,075,000.00
四、未分配利润	35,897,648.50	15,216,694.41	5,083,798.39

注:根据1997年4月18日公司1996年度股东大会决议,对公司96年度实现的税后利润按10%和5%的比例分别提取法定公积金和法定公益金并提取20%任意公积金,其后不进行股利分配,留待97年度一并进行分配。

6、投资收益

单位:元

项目	1996年	1995年	1994年
债券投资收益	52,837.67	—	—
非控股公司分来的利润	50,000.00	25,000.00	—
合计	102,837.67	25,000.00	—

(六)承诺事项

无合同承诺事项。

(七)或有事项

1、截止1996年12月31日,本公司以自有财产为四川银山化工(集团)股份有限公司提供了债务担保,担保金额为9,400,000.00元,担保期限为1999年9月25日。

2、本公司无未决诉讼、未决索赔、税务纠纷等或有损失事项。

(八)关联交易

本公司截止1996年12月31日尚未发生与关联单位的交易。

(九)期后事项

(1)公司其他应收款项1555.75万元,截止目前为止,已收回722.80万元,占应收款项总额的46.5%,余额832.95万元,各方已分别向本公司作出承诺,最迟于1997年10月30日前全额归还。

(2)公司未发生足以导致财务状况和经营成果发生重大不利影响的期后事项。

(十)公司近三年财务指标情况

1、94-96年度财务指标计算

指标名称	1996年	1995年	1994年
资产负债率(%)	52	57	59
流动比率	1.69	1.27	1.23
速动比率	1.10	0.68	0.84
应收帐款周转率(次)	7.65	10.28	6.48
存货周转率(次)	3.63	4.44	3.70
净资产收益率(%)	24.6	31.4	19
每股收益(元)	0.47	0.45	0.21

2、公司在最近三年中资产流动性的情况及变化趋势

本公司1994-1996年度各项财务指标显示,随着公司生产经营规模的不断扩大,经济效益的逐步提高,公司资产的流动性能不断增强,主要反映为资产负债率由94年的59%下降到96年的52%,流动比率由94年的1.23上升到96年的1.69,营运资金总额由1994年的2301万元上升到1996年的8297万元,上升了3.6倍,说明企业流动能力的增强主要依靠企业效益的提高,自身的发展能力已上了一个新的台阶。但同时也暴露了公司流动资产中的不足,应收帐款、存货的占用量在不断加大,速动比率的稳定性不强,公司在生产经营中依靠信贷资金扩大发展规模的力度不够。

3、公司在最近三年中利润构成、盈利水平变化趋势及原因

1994-1996年度是公司生产经营在经历了1989-1993年发展初期的第二个发展阶段,特别是1995年,实现利润3594万元,较94年1683万元上升了113.54%,而1996年在1995年取得长足发展的情况下,实现利润3742万元,较1995年上升4%,使企业的经营规模在1995年以后再上一个台阶。从三年利润的构成可以看出,本公司历来坚持主营为主,兼顾副营的经营方针,三年利润总额中其他业务利润、投资收益、营业外收入合计仅占利润总额的4.9%、3.6%、4.2%,今后公司在继续坚持发展主营业务的同时,将适当增加资本投资的运作,以扩大盈利能力。

4、公司最近三年股本及其他净资产项目的变化情况

本公司是以四川内燃机厂为主要发起人发起组建的,四川内燃机厂经评估后的生产经营性净资产5149万元折合5149万股作为股本,投人四川峨眉柴油机股份有限公司,其他实募法人股1459.19万股,个人股169.4万股,股本总额6777.59万股,1994-1996年间均无变化,净资产中,资本公积为零,盈余公积、公益金、未分配利润均为从当年净利润中提取形成,其他净资产无增加来源。

十三、资产评估的主要情况

(一)资产评估情况

根据四川省资产评估事务所川资评〔1997〕09号资产评估报告,截止到1996年12月31日,本公司帐面资产总额为26947.61万元,负债总额14030.10万元,净资产12917.51万元;评估后资产总额27908.56万元,负债为14030.10万元,净资产净值为13878.46万元,净资产增值960.95万元,增值率7.44%。

资产评估结果汇总表

评估基准日:1996年12月31日 单位:万元

资产项目	帐面原值	帐面净值	调整后净值	重置价值	评估值	增加值	增加率%
流动资产	20276.84	20276.84	20109.54	20281.18	20281.12	171.58	0.85
长期投资	56.30	56.30	56.30	71.29	71.29	14.99	26.62
固定资产	7064.75	5005.90	5005.90	9610.15	5696.15	690.25	13.79

在建工程	546.84	546.84	546.84	546.84	546.84		
土地使用权	1101.23	1040.66	1040.66	1124.79	1124.79	84.13	8.09
无形资产							
其它资产	21.07	21.07	188.37	188.37	188.37		
资产总计	29067.03	26947.61	26947.61	31822.83	27908.56	960.95	3.57
流动负债	-	11980.10		-	11980.10		
长期负债	-	2050.00		-	2050.00		
负债总计	-	14030.10		-	14030.10		
净资产	-	12917.51		-	13878.46	960.95	7.44

(二)评估说明:本次评估采用的主要评估方法有重置成本法、收益现值法。具体为固定资产;重置成本法;流动资产;重置成本法和现行市价法;无形资产:土地使用权采用成本逼近法和基准地价修正法。

本次评估结果已获国家国有资产管理局国资评〔1997〕318号文确认。

十四、盈利预测

一、盈利预测的基础

本公司盈利预测的基准是根据1994-1996年业经会计师事务所审计的经营业绩水平,以及本公司一贯遵守的会计政策(特别申明:从1997年1月1日起,本公司产成品销售发出已由后进先出法改为加权平均法)和现时的各项基础,生产能力及生产经营发展的各项计划,同时考虑市场需求,行业竞争的需要,本着求实稳健的原则而编制的。

二、盈利预测的假设

本公司预测1997年产品销售28万台,其中,内销各型柴油机22万台,外销(代理出口及自营出口)6万台,并从公司及股东长远利益出发,稳固和拓展市场,增大产品市场的覆盖面,提高行业竞争能力,采取适度调整产品售价策略较上年平均售价有所下调。

此外,本公司的盈利预测还有赖于以下各项假设;

(1)公司所遵守的我国有关法律、法规和制度在预测期内无重大改变;

(2)公司所在地的社会经济环境无重大改变;

(3)有关信贷及税收政策无重大变化;

(4)有关费率无重大变化;

(5)公司的原材料采购、产品销售市场环境不发生重大波动;

(6)无不可抗拒因素和不可预见因素造成的重大不利影响。

盈利预测情况说明

一、产品销售收入

本年度公司将加大手拖、三轮车及喷灌市场的配套领域的销售力度,计划销售量28万台,较上年增长12.9%,平均产品售价按上年实际平均售价下浮2%计算,预测内销产品收入28410万元,出口产品收入9225万元,共计37635万元,较上年增长12.35%,增加收入4138万元。

二、产品销售成本

本年度预计销售成本较上年增加4780万元,增长18.2%,主要原因一是产量提高,增大外扩产品的比重及出口产品的比重,物价上涨等因素增加采购成本4662万元;二是由于产成品成本结转销售从1997年1月1日起将原实行的后进先出法改为加权平均法,按1996年平均销售成本1098元/台,1997年1-2月平均销售成本1084元/台的变化测算,期初库存产成品单台成本可降低10元,可降低销售成本32万元;三是公司固定资产投资规模扩大,折旧增加,另人工成本也呈上升趋势,相应增加费用450万元;四是进一步强化目标成本管理,加大效益工资的成本否决力度,最大限度的降低生产制造过程中的物耗,减少支出300万元。

三、管理费用

本年目标控制2000万元,较上年实际2520万元压缩26%,其主要措施加强内部管理、节约开支、降低产品"三包"损失、差旅费、修理费、业务招待费等支出520万元。年初即将以上各项费用按目标值进行分解,保证全年差旅费降低50万元、修理费降低30万元、办公费降低20万元等措施的实现,并层层下达控制指标,落实奖罚措施。1997年1-3月管理费用总额391万元,已低于全年预计每月平均数,达到了预期效果。

四、财务费用

根据公司流动资金贷款规模和在建工程转固后的技贷情况,预计全年增加利息支出40万元左右。

盈利预测表

单位:万元

项目	1997年1-3月未审实际数	1997年4-12月预测数	1997年预测数
一、主营业务	6,726	30,909	37,635
减:产品销售成本	5,540	25,507	31,047
产品销售费用	79	371	450
管理费用	391	1,609	2000
财务费用	112	438	550
进货费用			
产品销售税金及附加	21	109	130
二、产品销售利润	583	2,875	3,458
加:其他业务利润	25	125	150
三、营业利润	608	3,000	3,608
加:投资收益	0	5	5
补贴 收入			
营业外收入	0.7	0.3	1
减:营业外支出	8	6	14
四、利润总额	601	2,999	3,600
减:所得税*			540
所得税*			1188
五、净利润*			3,060
净利润**			2,412

*:按15%实际税负水平计算。

**:按国家税务法规规定的企业所得税率33%计算。

十五、公司发展规划

(一)生产经营发展战略

本公司的发展战略为"一业为主、综合经营"。公司将充分利用股票上市给企业发展带来的新机遇,通过优化产品结构、完善公司的组织结构,提高生产的集约化程度,促使公司发展成为具有充分竞争实力、跨行业经营的大型企业集团。

(二)发展目标和规模

公司将以名牌产品为龙头,通过加快技术改造步伐,提高产品科技含量和专业化、协作化水平,促使公司柴油机生产规模在"九五"末期达到80万台水平,主营业务收入达到13.8亿元,实现净利润1.25亿元,出口创汇在4000万美元以上。公司将成为中国西部地区最大的柴油机生产企业,以及全国单缸柴油机行业前五强企业。

(三)市场发展计划

立足国内、积极开拓国际市场,是公司发展市场的战略核心。在"九五"期间,公司将通过调整产品结构,提高产品质量、拓宽配套服务领域、加强产品宣传等促销活动,使公司产品在国内市场的覆盖率达到80%,国际市场占有率达到15%以上。对国际市场,公司将充分利用自营进出口权的优势,大力发展周边贸易,开拓非洲、美洲及澳大利亚等市场。同时,通过在国外合资建厂等,使柴油机出口比重在"九五"末期达到销售量的30%以上。

(四)销售计划

在"九五"期间,公司将通过加强市场开发,提高产品质量等手段,使公司主导产品的销量达到80万台以上。

(五)生产经营计划

公司在"九五"期间将通过技术改造和零配件扩散,进一步强化内部管理,确保公司年产80万台峨眉牌柴油机的生产经营目标全面实现。

(六)固定资产投资计划及设备更新计划

公司将在"九五"期间投资1.9亿元左右的资金,用于80万台柴油机扩能技术改造项目。项目主体工程为扩建峨眉柴油机机体、缸盖、曲轴、

齿轮室盖加工生产线(共20条)及总装联合厂房和铸造中心。工程累计建筑面积3.19万平方米,购置、建造各类机器设备762台(套)。项目建成后,公司固定资产将增加1.5亿元以上,设备成新度系数达80%左右。

(七)人员扩充计划

公司在"九五"期间,通过生产规模的扩张及兼并、收购等方式,员工人数将增加到5000人以上。在员工总数中,中专以上学历的比例要达到20%以上,工程技术人员比重达到12%。在管理人员中,大专及以上学历的比重要达到90%以上。

(八)资金筹措和运用计划

公司通过发行股票筹措生产经营所需的资金,公司还可通过发行企业债券及申请银行贷款等途径进行筹资。公司将所募集到的资金,主要用于技改项目及新产品开发项目上,使公司不断增强竞争实力。

(九)内部管理计划

公司将在巩固现有国家二级企业规范化管理成果基础上,进一步转换经营机制,不断提高公司管理水平和决策水平,争创国内同行业的一流管理水平,确保公司在市场经济竞争中持续、稳步发展。

十六、重要合同及重大诉讼事项

(一)重要合同

截止本招股说明书刊登之日,本公司已签订的重要合同:

1、借贷合同

借贷合同共有3份,标的总额2640万元,此借贷合同均为信用借款,无财产担保或抵押,具体分述如下:

(1)本公司与中国工商银行内江市东兴区支行签定了短期借款合同,合同号1996东字第157号,合同标的1800万元人民币,月利率9.15‰,合同有效期1996年12月16日至1998年12月16日。

(2)本公司与中国工商银行内江市东兴区支行签定了短期借贷合同,合同号1996东字第161号,合同标的650万元人民币,月利率9.24‰,合同有效期1996年12月20日至1997年7月14日。

(3)本公司与中国工商银行内江市市中区支行签定了短期借贷合同,合同号1995-1-1-377号,合同标的190万元人民币,月利率11.25‰,合同有效期1995年7月17日至1997年7月15日。

2、投保合同

(1)本公司与中国人民保险公司内江市中区支公司签订了"企业财产保险合同",保险单号0028211,保险合同标的6563.42万元,投保基本险和附加险(包括暴风、暴雨、洪水、雷电保险);保险期限为1996年4月5日至1997年4月4日。1997年度已签续保合同。

(2)本公司与中国平安保险公司签定了"财产保险合同",保险单号002,保险合同标的6200.81万元,投保库存原材料和库存产品及半成品,保险期限为1996年3月28日至1997年3月28日。1997年度已签续保合同。

3、担保合同

本公司与国家开发银行及四川银山化工(集团)股份有限公司签订了《保证担保借款合同》,合同编号9583062,合同约定公司作为担保人,为四川银山化工(集团)股份有限公司担保"磷铵三改四"技改建设项目贷款940万元,承担连带责任。担保人以自有财产提供担保,合同有效期1995年9月25日至1999年9月25日。

4、其他重要合同

(1)本公司与集团公司于1994年7月签订了《非生产经营资产有偿使用协议书》,协议书规定,本公司依据有偿使用的原则,接受集团公司管理的各项非生产经营性资产提供的服务。

(2)本公司与集团公司于1997年5月签订了《峨眉牌商标使用许可合同》,合同规定,本公司有偿使用"峨眉牌"商标。

(3)本公司与集团公司于1996年12月签订了《零配件供应合同》,合同有效期15年。

(二)重大诉讼

截止本招股说明书签署之日,发行人、发行人所属母公司以及发行人的董事、监事和高级管理人员并无涉及任何重大诉讼事项,亦无任何尚未了结或面临重大威胁之诉讼。

十七、其他重要事项

本公司截止1996年12月31日,有其他应收款余额2416.4万元,除了与集团公司120.8万元在年终结算外,其余应收款项本公司承诺,在不迟于1997年10月31日全部收回。

十八、招股说明书及备查文件查阅地点:

1、四川峨眉柴油机股份有限公司

地 址:四川省内江市椑木镇

电 话:(0832)2411131-2234

传 真:(0832)2411301

2、君安证券有限公司

地 址:深圳市春风路五号

电 话:(0755)2175560

传 真:(0755)2296188

四川峨眉柴油机股份有限公司

1997年6月12日

四川峨眉柴油机股份有限公司上市公告书

一、要览

总股本:9777.59万股

可流通股本:3000万股

本次上市流通股本:3000万股

股票简称:内江峨柴

股票代码:0757

上市地点:深圳证券交易所

上市时间:1997年6月27日

登记机构:深圳证券登记有限公司

上市推荐人:君安证券有限责任公司

二、绪言

本公告书依据《中华人民共和国公司法》、《股票发行与交易管理暂行条例》、《公开发行股票公司信息披露实施细则》、《深圳证券交易所业务规则》以及国家其它有关证券管理的规定编写而成。

本公司本次新股发行经中国证券监督管理委员会证监发字〔1997〕第336号文和证监发字〔1997〕337号文批准,股票上市申请经深圳证券交易所深证发〔1997〕258号文同意,于1997年6月27日在深圳证券交易所挂牌交易。本公司总股本9777.59万股,本次上市流通的股票3000万股均为1997年6月16日向社会公开发行的新股。公司前次定向募集时发行的内部职工股169.40万股预计于三年后上市。

本公司于1997年6月12日在《中国证券报》、《证券时报》、《四川金融投资报》上刊登了《招股说明书概要》,距今不足六个月,故与其重复的内容在此不再重述,敬请投资者查阅本公司的《招股说明书概要》。

本公司董事会成员已批准本上市公告书,确信其中不存在任何重大遗漏或误导,并对其真实性、准确性、完整性负个别的和连带的责任。

三、公司概况

(一)概况

1.公司法定名称:四川峨眉柴油机股份有限公司

英文名称:SICHUAN EMEI BRAND DIESEL ENGINE JOUNT-STOCK CO.,LTD

2.公司注册资金:9777.59万元

3.公司法定代表人:林长江

4.公司成立日期:1994年5月18日

5. 经营范围:柴油机、三轮车、柴油发电机组等制造和销售

6. 所属行业:单缸柴油机

7. 注册地址及联系电话:

四川省内江市椑木镇　　邮政编码:641004

电话:(0832)2411131－2234

传真:(0832)2411301

(二)公司历史沿革

本公司经四川省体改委川体改〔1993〕157号文、川体改〔1994〕158号文批准,以四川内燃机厂为主要发起人,联合四川省信托投资公司、白马发电厂电力开发总公司、中国冶金进出口四川公司、四川省机械进出口公司和中国出口商品基地建设四川公司五家法人单位共同发起,以定向募集方式设立的股份有限公司。公司总股本9777.59万股。其中,国家股5149万股,占总股本比例75.97%;法人股1459.19万股,占总股本比例21.53%;内部职工股169.4万股,占总股本比例2.5%。

1994年7月,经四川省经济委员会川经〔1994〕企管1076号文批准,以本公司为核心子公司,组建四川内燃机工业集团公司。内江市国有资产管理局授权该集团公司代为行使对本公司的控股权和国有资产管理职能,本公司成为该集团公司的控股子公司。

四、股票发行及承销

(一)股票公开发行

发行数量:3000万股

股票发行价格:每股6.19元

股票面值:每股1元

发行方式:在深圳证券交易所上网定价发行

中签率:3.382557%

有效申购户数:95,202户

持1000股以上的户数:25,396户

发行费用总额:8,400,000元

每股发行费用:0.28元

发行市盈率:16.3倍

募集资金总额:177,300,000元(已扣除发行费用)

(二)股票承销

本次公开发行3000万股股票已全部被符合法律、法规规定的投资者所认购,承销团成员无包销比例及数量。

(三)验资报告

根据四川会计师事务所川会师业(1997)第150号《验资报告》,四川峨眉柴油机股份有限公司本次发行人民币普通股股票3000万股,每股面值1.00元,发行价每股6.19元。总计募集资金为185,700,000元,扣除发行费用8,400,000元,净额为177,300,000元,已于1997年6月23日汇入四川峨眉柴油机股份有限公司在中国工商银行内江东兴区支行的帐户,帐户号码为:2210053－266。

五、董事、监事及高级管理人员持股情况

姓名	职务	持股数(股)	持股比例(%)
林长江	董事长	1300	0.0019
管佑军	副董事长	1300	0.0019
卿　松	董事	1100	0.0016
朱华甫	董事	740	0.0011
曹邦俊	董事	1100	0.0016
王　洪	董事	740	0.0011
谢　丹	董事	1100	0.0016
孙家水	董事	0	0
胡永才	董事	0	0
刘跃雄	董事	0	0
张晓明	董事	600	0.0009
陈　陵	董事	740	0.0011
周　琳	董事	300	0.0004
廖名有	监事会主席	1100	0.0016
袁　勇	监事	200	0.0003
郭正炳	监事	400	0.0006
唐开永	监事	300	0.0004
唐　辉	监事	500	0.0007
徐　琳	董事会秘书	300	0.0004
合　计		11820	0.0174

六、公司设立

1. 本公司1997年3月28日召开的临时股东大会通过了公司申请向社会公开发行股票并在深圳证券交易所上市的决议。

2. 公司注册资金:9777.59万元

3. 本次发行后重新注册登记时间:1997年6月23日

4. 公司注册地点:四川省内江市椑木镇

5. 营业执照注册号码:20642014－X

七、关联企业及关联交易

(一)关联企业

本公司的大股东情况:

名称	持股数(万股)	持股比例(%)
内江市国有资产管理局	5149	52.66

本公司没有其它控股子公司。

(二)关联交易

(1)本公司与集团公司签订了《"峨眉"牌商标使用许可合同》,合同规定,本公司有偿使用"峨眉"牌商标至商标有效期满,届时本公司将购回该商标所有权。

(2)本公司与集团公司签订了《非生产经营性资产有偿使用协议书》,协议规定,双方本着市场交易原则,有偿使用非生产经营性资产,协议有效期为10年。

(3)本公司与集团公司签订了《零配件供应合同》,合同规定,集团公司保证按时、优质向本公司供应零配件,双方按市场价格进行结算,并在供货后30日内结清货款,合同有效期15年。

八、股本结构及大股东持股情况

(一)本公司上市前,股本结构为:

总股本9777.59万股,其中:

种类	股数(万股)	占总股本比例(%)
1. 尚未流通股份	6777.59	69.32
(1)发起人股	5649.00	57.78
其中:国家股	5149.00	52.66
境内法人股	500.00	5.12
(2)募集法人股	959.19	9.81
(3)内部职工股	169.40	1.73
2. 可流通股份		
本次公开发行股份	3000.00	30.68
合计	9777.59	100

(二)前十名股东所持股数及比例

持股单位	持股数(万股)	持股比例(%)
内江市国有资产管理局	5149	75.97
四川峨眉柴油机股份有限公司工会	678.19	10.00
四川省信托投资公司	200	2.95
中国工行四川信托投资公司内江办事处	105	1.55
白马发电厂电力开发总公司	100	1.48
成都远大机械厂	90	1.32
海南科工贸企业总公司	86	1.27
中国冶金进出口四川公司	80	1.18
四川省机械进出口公司	60	0.89
中国出口商品基地建设四川公司	60	0.89

九、公司财务会计资料

1. 审计报告　　　川会师业－〔1997〕第131号

四川峨眉柴油机股份有限公司全体股东:

我们接受委托,审计了贵公司1994年12月31日、1995年12月31日、1996年12月31日资产负债表,1994年、1995年、1996年度利润及利润分配表和1996年度财务状况变动表,这些会计报表由贵公司负责,我们的责任是对这些会计报表发表审计意见,我们的审计是依据《中国注册会计师独立审计准则》进行的。在审计过程中,我们结合贵公司实际情况实施了包括抽查会计记录等我们认为必要的审计程序。

我们认为,本报告后附的已审上述会计报表符合《企业会计准则》和《股份制试点企业会计制度》的规定,在所有重大方面公允地反映了贵公司1994年12月31日、1995年12月31日、1996年12月31日的财务状况及1994年、1995年、1996年度的经营成果和1996年度的资金变动情况。会计处理方法的选用遵循了一贯性原则。

四川会计师事务所　　中国注册会计师　刘　瑜

中国注册会计师　贺　军

报告日期:1997年4月18日

2.资产负债表、利润分配表、财务状况变动表(见附表一、二、三)

3.公司采用的主要会计政策

(1)会计制度:本公司执行"企业财务通则"、"企业会计准则"和"股份制试点企业会计制度"及有关补充规定。

(2)会计期间:本公司以公历每年1月1日至12月31日作为一个会计年度。

(3)记帐原则和计价基础:本公司以权责发生制作为记帐原则,各项财产物资按取得时的实际成本计价入帐。

(4)货币换算:本公司以人民币为记帐本位币。发生外币业务均按其发生当日外币市场汇价(中间价)折合人民币记帐,每月终了按当月末外币市场汇价(中间价)折合人民币进行调整(自营出口产品结汇按银行实际结汇价折合人民币进行调整),产生的差额,作为汇兑损益,计入当期损益。

(5)坏帐核算:本公司采用直接转销法核算坏帐损失。坏帐的确认遵照《企业会计准则》第十三条之规定。

(6)存货计价方法:

本公司存货实行永续盘存制核算。

(1)原材料采用计划成本计价,月末按当月差异率结转材料成本差异,其计划成本价格定期(一年或半年)按实际成本进行修订。

(2)产品生产成本采用分步法核算。半成品及在制品采用计划成本计价,月末按当月差异率结转成本差异其计划成本价定期进行修改。

(3)产成品销售发出采用后进先出法结转成本,1997年改为加权平均法计算。

(4)低值易耗品采用领取时一次摊销法核算。

(7)长期投资核算方法:债券投资按取得时的实际成本进行核算,并依据约定的利率按期计算投资收益。股权投资除股权占被投资公司股权比例20%-50%按权益法核算。占50%以上按权益法核算且合并报表外,其他不控股的股权投资及联营投资均按成本法核算。

(8)固定资产及其折旧:本公司固定资产标准按使用年限在一年以上,单位价值在2000元以上的标准确定。固定资产按历史成本计算入帐,采用直线法计提折旧,并预留原值4%的残值。

各类资产折旧年限及年折旧率如下:

类　别	折旧年限(年)	年折旧率(%)
房屋建筑物	20-40	4.8-2.4
通用设备	10-18	9.6-5.33
专用设备	8-12	12-8
运输工具	6-12	16-8
其他	5-12	19.2-8

(9)无形资产及其摊销:本公司无形资产系土地使用权,按50年使用期平均摊销。

(10)递延资产及其摊销:本公司递延资产系开办费,按5年期限平均摊销。

(11)收入实现的确认:本公司以产品业已发出销售,所有权转移给买方,同时收讫货款或取得收取货款的凭证时确认产品销售收入的实现。

(12)税项:

本公司应纳税项及其税率如下:

(1)企业所得税:本公司为四川省22户探索建立企业新体制试验企业,经内江市人民政府内府办函〔1994〕133号批复,公司1994-1996年均按15%计征所得税。根据四川省人民政府川府函〔1997〕168号文,本公司上市后执行33%所得税率,由财政返还18%,实际税负水平为15%。

(2)增值税:内销农用柴油机按财政部、国家税务总局财税字〔1994〕060号文"关于增值税几个税收政策问题的通知"依13%税率计算,并从1994年1月1日起执行。出口销售柴油机按17%税率计算,其中属自营出口部分,由当地税务部门按国家规定税率退税。

(3)流转税附加:城市建设维护税按应交增值税的7%计缴,教育费附加按应交增值税的3%计缴。

(4)其他各税:按国家有关规定计缴。

(13)外销产品的确认:由公司专设的有进出口经营权的机构发运,使用出口外销专用发票制票,购货方为外商或为我国境内的专门进出口经营机构和经国家外经贸部批准具有进出口经营权的其他企业单位的产品为出口外销产品。

(14)利润分配

根据本公司章程第六十六条规定,税后净利润按下列顺序进行分配:

(1)弥补以前年度亏损;

(2)提取10%法定公积金;

(3)提取5%至10%法定公益金;

(4)经股东大会决议,提取任意盈余公积金;

(5)分配股利。

十、董事会上市承诺

本公司董事会将严格遵守《公司法》、《股票发行与交易管理暂行条例》、《公开发行股票公司信息披露实施细则》、《深圳证券交易所交易规则》和有关法律、法规的规定,并自股票上市之日起作出如下承诺:

1.按照法律、法规的规定程序和要求披露重大的信息,并接受证券主管机关、深圳证券交易所的监督管理。

2.及时、准确地公布中期报告和年度报告,并备置于规定场所供投资者公众查阅。

3.本公司董事、监事及高级管理人员如发生人事变动或持本公司股票发生变化时,在报告证券主管机关、证券交易所的同时向投资者公布。

4.在任何公共传播媒介中出现的消息可能对本公司股票的市场价格产生误导性影响时,本公司知悉后将及时对该消息予以公开澄清。

5.本公司董事、监事及高级管理人员将认真听取社会公众的意见和批评,不利用已获得的内幕消息和其他不正当手段直接或间接从事股票买卖活动。

6.本公司没有无记录负债。

十一、重要事项揭示

1.截止1996年12月31日,本公司共有其他应收款金额2416.4万元,除与集团公司120.8万元在1997年末结算外,其余应收款项,本公司承诺在不迟于1997年10月31日全部收回。

2.截止上市公告书刊登之日,本公司未涉及任何重大诉讼事项和仲裁,也无任何未了结或可能面临的重大诉讼或索赔要求。

十二、咨询机构

发行人:四川峨眉柴油机股份有限公司

法定代表人:林长江

地址:四川省内江市椑木镇

电话:(0832)2411131-2234

传真:(0832)2411301

联系人:曹邦俊　徐琳

上市推荐人:君安证券有限公司

法定代表人:张国庆

地址:深圳市春风路5号

电话:(0755)2175560

传真:(0755)2296188

联系人:厉怒江　顾显波

十三、备查文件

1.深圳证券交易所上市通知书

2.招股说明书

3.审计报告

4.资产评估报告

5.本公司营业执照

6.公司章程

7.法律意见书

四川峨眉柴油机股份有限公司

1997年6月25日

利润及利润分配表

会股 02 表

编制单位:四川峨眉柴油机股份有限公司 单位:元

项目	附注	1996 年	1995 年	1994 年
一、主营业务收入	23	334,972,822.64	315,148,439.57	168,981,238.89
减:营业成本	24	262,674,651.36	248,003,263.40	143,037,924.07
销售费用	26	4,401,379.02	8,296,582.25	1,466,238.85
管理费用		25,206,063.82	20,133,474.47	6,357,763.98
财务费用	25	5,089,228.39	3,044,432.55	931,014.22
进货费用				
营业税金及附加	26	1,238,483.86	624,723.23	819,182.41
二、主营业务利润		36,363,016.19	35,045,963.67	16,369,115.36
加:其他业务利润	27	1,452,010.52	1,072,436.62	709,340.61
三、营业利润		37,815,026.71	36,118,400.29	17,078,455.97
加:投资收益	28	102,837.67	25,000.00	
补贴收入				
营业外收入	29	3,151.35	197,388.26	105,448.33
减:营业外支出	30	497,317.08	397,782.83	355,117.59
加:以前年度损益调整				
四、利润总额		37,423,698.65	35,943,005.72	16,828,786.71
减:所得税		5,606,846.20	5,393,029.02	2,524,318.01
五、净利润		31,816,852.45	30,549,976.70	14,304,468.70
加:年初未分配利润		15,216,694.41	5,083,798.39	
盈余公积转入数				
六、可分配的利润		47,033,546.86	35,633,775.09	14,304,468.70
减:提取法定公积金		3,181,685.25	3,054,997.67	1,430,446.87
提取法定公益金		1,590,842.62	3,054,997.67	715,223.44
七、可供股东分配的利润		42,261,018.99	29,523,779.75	12,158,798.39
减:已分配优先股股利				
提取任意公积金		6,363,370.49	6,109,995.34	
已分配普通股股利			8,197,090.00	7,075,000.00
八、未分配利润		35,897,648.50	15,216,694.41	5,083,798.39

资　产　负　债　表

会股 01 表

编制单位:四川峨眉柴油机股份有限公司 单位:元

项目	附注	1996－12－31	1995－12－31	1994－12－31	项　目	附注	1996－12－31	1995－12－31	1994－12－31
流动资产:					流动负债:				
货币资金	1	14,348,371.32	10,543,655.13	6,375,729.07	短期借款	12	31,165,800.00	25,400,000.00	18,050,000.00
短期投资					应付票据			4,900,000.00	
应收票据	2	7,275,000.00			应付帐款	13	69,272,489.99	54,363,987.63	42,311,652.20
应收帐款	3	63,938,432.76	23,628,216.32	37.674,621.72	预收货款	14	5,075,322.96	21,634,644.18	16,640,620.73
减:坏帐准备					应付福利费		1,721,756.47	1,088,571.11	339,988.19
应收帐款净额		63,938,432.76	23,628,216.32	37.674,621.72	未付股利		75,338.40	12,997,382.00	7,075,000.00
预付货款	4	19,925,815.35	27,567,640.13	16,629,406.56	未交税金	15	－12,921,910.47	－9,445,390.39	－3,668,930.36
其他应收款	5	24,163,642.90	20,451,909.29	20,610,267.52	其他未交款	16	4,257,858.90	4,319,544.83	4,352,194.69
待摊费用	6	1,673,015.73	2,029,514.81	2,174,526.94	其他应付款	17	13,664,372.55	8,941,623.56	14,468,072.40
存货		71,444,169.17	73,171,789.50	38,556,117.56	预提费用		689,966.03	1,040.00	
待处理流动资产净损失		－285,352.07	549,706.16		一年内到期的长期负债	18	1,900,000.00	3,500,000.00	
一年内到期的长期债券投资					其他流动负债				
其他流动资产					流动负债合计		119,800,994.83	123,813,362.92	99,568,597.85
流动资产合计		202,768,447.23	157,107,373.11	122,570,375.53	长期负债:				
长期投资:					长期借款	19	20,500,000.00	4,400,000.00	7,790,000.00
长期投资	7	562,995.00	709,977.33	810,601.33	应付债券				
固定资产:					长期应付款				
固定资产原价	8	70,647,512.49	68,551,937.25	58,047,314.56	其他长期负债				
减:累计折旧	8	20,588,511.52	16,408,380.88	14,169,686.04	长期负合计		20,500,000.00	4,400,000.00	7,790,000.00
固定资产净值	8	50,059,000.97	52,143,556.37	43,877,628.52	递延税项:				
在建工程	9	5,468,361.59	4,702,934.95	3,907,106.04	递延税款贷项				
固定资产清理					负债合计		140,300,994.83	128,213,362.92	107,358,597.85
待处理固定资产净损失					股东权益:				
固定资产合计		55,527,362.56	56,846,491.32	47,784,734.56	股本	20	67,775,900.00	67,775,900.00	67,775,900.00
无形资产及递延资产:					资本公积				
无形资产	10	10,406,598.22	10,626,843.69	10,847,089.16	盈余公积	21	25,501,559.35	14,365,660.99	2,145,670.31
递延资产	11	210,699.67	280,932.87	351,165.97	其中:公益金		5,361,063.73	3,770,221.11	715,223.44
无形资产及递延资产合计		10,617,297.89	10,907,776.56	11,198,255.13	未分配利润	22	35,897,648.50	15,216,694.41	5,083,798.39
其他长期资产:					股东权益合计		129,175,107.85	97,358,255.40	75,005,368.70
其他长期资产					负债及股东权益总计		269,476,102.68	225,571,618.32	182,363,966.55
递延税项:									
递延税款借项									
资产总计		269,476,102.68	225,571,618.32	182,363,966.55					

财　务　状　况　变　动　表

会股 03 表

编制单位:四川峨眉柴油机股份有限公司　　　　单位:元

流动资金来源和运用	本年实际	上年实际	流动资金各项目的变动	本年实际数	上年实际
一、流动资金来源:			一、流动资产本年增加数:		
1.本年净利润	31,816,852.45	30,549,976.70	1.货币资金	3,804,716.19	4,167,926.06
加:不减少流动资金的费用和损失			2.短期投资		
(1)固定资产折旧	4,692,872.64	3,970,554.00	3.应收票据	7,275,000.00	
(2)无形资产、递延资产及其他资产摊销	403,661.54	290,478.57	4.应收帐款净额	40,310,216.44	-14,046,405.40
(减其他负转销)			5.预付货款	-7,641,824.78	10,938,233.57
(3)固定资产盘亏(净盘盈)			6.其他应收款	3,711,733.61	-158,358.23
(4)清理固定资产损失(减收益)	233,909.49	414,150.33	7.待摊费用	-356,499.08	-145,012.13
(5)递延税款			8.存货	-1,727,620.33	34,615,671.94
(6)其他不减少流动资金的费用和损失			9.待处理流动资产损失(减收益)	285,352.07	-835,058.23
小计	37,147,296.12	35,225,159.60	10.一年内到期的长期债券投资		
2.其他来源:			11.其他流动资产		
(1)固定资产清理收入(减清理费用)	122,831.00	314,075.00	流动资产增加净额	45,661,074.12	34,536,997.58
(2)增加长期负债	18,000,000.00	1,900,000.00	二、流动负债本年增加数:		
(3)收回长期投资	146,982.33	100,624.00	1.短期借款	5,765,800.00	7,350,000.00
(4)对外投资转出固定资产			2.应付票据	4,900,000.00	
(5)对外投资转出无形资产			3.应付帐款	14,908,502.36	12,052,335.43
(6)资本净增加额	11,135,898.36	12,219,990.68	4.预收货款	-16,559,321.22	4,994,023.45
小计	29,405,711.69	14,534,689.68	5.应付福利费	633,185.36	748,582.92
流动资金来源合计	66,553,007.81	49,759,849.28	6.未付股利	-12,922,043.60	5,922,382.00
二、流动资金运用:			7.未交税金	-3,476,520.08	-5,776,460.03
1.利润分配			8.其他未交款	-61,685.93	-32,649.86
(1)提取法定公积金	3,181,686.25	3,054,997.67	9.其他应付款	4,749,748.99	-5,553,448.84
(2)提取法定公益金	1,590,842.62	3,054,997.67	10.预提费用	-350,033.97	1,040,000.00
(3)提取任意公积金	6,363,370.49	6,109,995.34	11.一年内到期的长期负债	-1,600,000.00	3,500,000.00
(4)已分配股利		8,197,090.00	12.其他流动负债		
小计	11,135,898.36	20,417,080.68	流动负债增加净额	-4,012,368.09	24,244,765.07
2.其他运用:			流动资金增加净额	49,673,442.21	10,292,232.51
(1)固定资产和在建工程净增加额	3,730,484.37	14,630,769.29			
(2)增加无形资产、递延资产及其他资产	113,182.87	129,766.80			
(3)偿还长期负债	1,900,000.00	4,290,000.00			
(4)增加长期投资					
小计	6,743,667.24	19,050,536.09			
流动资金运用合计	16,879,565.60	39,467,616.77			
流动资金增加净额	49,673,442.21	10,292,232.51			

四川峨眉柴油机股份有限公司1997年度中期报告

一、财务报告(未经审计)

(一)财务报表

1.简化资产负债表

单位:人民币元

项　　目	1997年6月30日	1996年12月30日
流动资产	400,307,354.45	202,768,447.23
长期投资	542,995.00	562,995.00
固定资产净值	49,926,359.28	50,059,000.97
在建工程	7,550,139.83	5,468,361.59
无形资产及递延资产	10,617,297.89	10,617,297.89
资产合计	468,944,146.45	269,476,102.68
流动负债	128,212,235.25	119,800,994.83
长期负债	20,500,000.00	20,500,000.00
负债合计	148,712,235.25	140,300,994.83
股本	97,775,900.00	67,775,900.00
资本公积	147,300,000.00	-
盈余公积	25,501,559.35	25,501,559.35
未分配利润	49,654,451.85	35,897,648.50
股东权益合计	320,231,911.20	129,175,107.85
负债及股东权益合计	468,944,146.45	269,476,102.68

2.简化损益表

项　　目	1997年1-6月	1996年1-6月
主营业务收入	150,237,561.85	164,675,753.42
主营业务利润	15,828,222.56	13,899,398.32
其它业务利润	864,668.01	1,000,569.52

营业外收支净额	-79,871.80	-68,449.92
以前年度损益调整	-428,544.24	-
利润总额	16,184,474.53	14,831,517.92
所得税	2,427,671.18	2,224,727.69
净利润	13,756,803.35	12,606,790.23

3. 主要财务指标

截止 1997 年 6 月 30 日的主要财务指标为：

(1)每股收益 0.141 元，占全年盈利预测 0.313 元/股的 45.05%。

(2)净资产收益率 4.3%

(3)每股净资产 3.28 元

(4)资产负债率 31.71%

说明：1997 年中期按发行后总股本全面摊薄计算每股收益和每股净资产。

(二)财务报表附注

1. 本公司 1997 年中期财务报告中所采用的会计政策和会计方法与 1996 年度所执行的会计政策和会计方法一致。

2. 本公司截止 1997 年 6 月 30 日无关联交易。

3. 流动资产与年初相比增加 19754 万元。主要是：

(1)公司于 6 月 27 日在深交所成功发行社会公众股 3000 万股，使公司货币资金与年初相比增加 16356 万元。

(2)应收帐款较年初增加 3721 万元，其主要原因是公司部分用户的信誉度增强，为巩固和扩大销售市场，采用委托代销制销售产品，收款结算方式多样化，目前已初见成效。

(3)存货较年初下降 1458 万元，主要原因一是加强了产品推销力度，使产品资金占用减少 1000 万元；二是强化了储备资金、生产资金定额管理和考核，有效控制存货，降低库存占用额 458 万元。

(4)预付帐款较年初上升 1917 万元，主要原因一是公司预付的材料设备款 900 万元；二是购买原材料部分配套厂家发票未及时提供入帐结算，造成预付款增多 1017 万元，公司财务目前已积极清理结帐。

4. 在建工程较年初增加 211 万元，主要是增加新产品 EM195 柴油机齿轮时盖、飞轮、曲轴生产线的专机投入所致。

5. 短期借款较年初增加 1683.5 万元，主要是公司为缓解流动资金周转矛盾，弥补长期以来流动资金长期不足而增加的短期银行借款。从公司目前生产经营规模情况来看，属政常范围。

6. 股东权益较年初增加 19105 万元。

说明：(1)公司于 1997 年 6 月 27 日在深交所成功发行社会公众股 3000 万股，发行价为 6.19 元/股，发行后公司总股本增加 3000 万股，募集资金 17730 万元，扣除 3000 万元股本后溢价部分全部计入资本公积。由于发行费用因部分票据未到，中期暂未结算，冻结资金利息也因票据未到，中期亦暂未结算。

(2)未分配利润较年初增加 1376 万元，全部为 1—6 月新增利润。

7. 主营业务收入较去年同期减少 1443 万元，主要原因是公司出口柴油机增值税率按 17% 计征，但外贸公司收购柴油机出口退税率，海关按农用单缸柴油机 3 缸以下缸径对待只执行 6%(即增值税率只认定执行 13%，退税率为 6%)，挫伤了外贸公司出口积极性，直接影响出口业务收入下降 2379 万元所致。公司目前正积极着手争取政策和采取措施，进一步扩大出口业务量。另公司内销收入较上年同期增加 936 万元，增长 7.04%。

8. 以前年度损益调整减少利润 42.85 万元，属税务汇算调整 1996 年应交税金差额所致。

9. 利润总额较去年增加 135 万元。主要原因是公司在狠抓销售、强化服务、努力促销调整销售策略的同时，重点强化内部管理，落实挖潜增利责任制，使柴油机单台销售成本下降 50 元左右，期间费用较去年减少 240 万元，不仅消化了销售收入减少带来的不利影响，而且盈利水平较上年同期有所上升。

10. 所得税本期按 15% 计提。

二、经营情况的回顾与展望

(一)上半年经营情况的回顾

公司通过外抓市场、内抓管理和深入开展“学邯钢、抓管理、降成本、增效益”活动，把改革、改组、改造和加强企业管理有机地结合起来，使之在严峻的市场竞争中经受了考验，站稳了脚跟，取得了预期效果。

1. 强化品牌意识，以质量占市场。公司坚持“市场导向、质量第一”的宗旨，对内，不断加强产品质量控制和管理，严格质量奖惩，不断提高工艺技术装备水平；对外，公开向社会和用户作质量承诺，并将这一承诺延伸到外协配套厂家，使产品质量得到进一步的改善和提高。上半年，公司主产品一次合格率、一等品率和成品抽查合格率分别较同期提高 2.2、6.9、7.1 个百分点。今年 6 月，峨眉牌单缸柴油机荣获了中国质量管理协会用户委员会、中国农机流通协会用户委员会颁发的 1997 年度使用可靠产品称号。

2. 千方百计降成本，强化管理增效益。一是坚持“限额配套发料”管理，力争少投入、高产出，并实行从原材料进厂检验到配套发料和工艺过程监督“一条龙”管理，突出把好原材料、配件进厂关，堵赛了物资进厂中的不良现象；二是狠抓全员“双增双节”活动，制订了降低设计工艺成本、采购成本、管理费用、处理回收废旧物资、节能降耗等六大板块 24 项节约措施，实行费用、资金占用、成本目标的责任指标控制管理，责任到人头，与经济责任制挂钩，使降低成本取得明显的效果。

3. 健全完善激励机制，稳步推进内部改革。按照上市公司和现代企业制度建设的规范要求，积极稳妥地推进内部改革。在坚持抓好对分厂进行“独立核算、利润分成”、有关处室承包经营的基础上，细化了基础管理和专业管理，完善了激励机制，使责、权、利更加透明，充分调动了全体员工的生产经营积极性。

4. 技改工程步伐加快，不断增强竞争能力。柴油机主体工程中的 EM195 总装配生产线和铸造分厂建设前期准备工作已就绪；配套工程中 EM195 机体、缸盖、齿轮室盖、曲轴、飞轮 5 条生产线已完成工程量的 23%；EM180 机体生产线更新改造工程已完成 66%，综合废水处理站建设已完成工程量的 97%，现已进入调试运行阶段，为进一步增强公司市场竞争能力创造了条件。

(二)下半年工作重点和经营展望

1. 严格依法规范运作。认真贯彻国务院证券委、中国人民银行、国家经贸委、中国证监会、深圳证券交易所下发的文件及通知精神，按照“法制、监管、自律、规范”的八字方针指导公司的各项工作，严格按《公司法》及有关法律、法规规范运作，确保广大股东的合法权益。

2. 进一步强化内部管理。根据市场变化，合理调整产品结构，继续坚持以营销管理为龙头，以质量管理为主线，以成本管理为中心，强化营销管理，进一步拓展国内国外两个市场；严格质量管理，全面实施 ISO9000 质量保证体系；加强资金管理，提高资金运营效率；强化生产现场管理，降低消耗，减少费用，降低生产成本，提高经济效益，确保今年税后利润目标的如期完成。

3. 继续抓好在建技改工程。按期完成投资计划，并做好 EM195 柴油机总装生产流水线工程的开工准备工作。

4. 培育新的经济增长点。当前和今后一段时期公司致力于积极、科学、合理地培育新的利润增长点，慎重稳妥地开拓主营业务领域和资本经营业务，力争落实一至两个资本扩张项目，积极开发高附加值和高科技领域产品，进一步拓展公司创利能力，不断提高公司经济运行质量和经济效益，回报广大股东的信任和支持。

(三)募集股金的使用情况

公司于 1997 年 6 月 16 日公开发行股票募集资金 17730 万元，将主要用于本公司《招股说明书》所承诺的年产 80 万台峨眉牌柴油机生产能力及其配套技改项目，目前已按计划投入 800 万元技改资金，未使用资金作为银行存款存于银行。

三、重大事件说明

1. 经中国证监会证监发字(1997)336号和证监发字(1997)337号文件批准,公司于1997年6月16日以"上网定价"方式在深圳证券交易所公开发行3000万股A股,每股发行价6.19元,扣除发行费用,实募股金17730万元,已于1997年6月23日到位,同日在内江市工商行政管理局办理了股份变更登记注册。

2."内江峨柴"3000万股社会公众股于1997年6月27日在深圳证券交易所正式挂牌交易。

3. 遵照国务院证券委、中国人民银行、国家经贸委、997年5月21日合发布的《严禁国有企业和上市公司炒作股票的规定》,公司进行了自检自查。至今为止,本公司尚未在境内任何证券经营机构开设买卖已上市流通股票的帐户。本公司今后如果从事股票投资,将严格遵循国家政策法律法规和本公司章程的规定。

4. 公司董事会决定今年不派发中期股利,暂不考虑用资本公积金转增股本。

5. 报告期内公司无重大诉讼,仲裁事项。

四、发行在外股票的变动和股权结构的变化

(一)1997年6月10日,经中国证券监督管理委员会证监发字(1997)336号文和证监发字(1997)337号文批准,6月16日公司在深交所以"上网定价"方式公开发行人民币普通股3000万股成功。至此,公司的股份总额由6777.59万股增加为9777.59万股。

(二)股权结构情况(截止1997年6月30日) 单位:万元

	持股数(万股)	占股本比例(%)
1. 尚未流通股份		
(1)发起人股	5694.00	57.77
其中:国家股	5149.00	52.66
法人股	500.00	5.11
(2)社会法人股	959.19	9.87
(3)内部职工股	169.40	1.73
其中:高管人员持股	1.182	0.012
合 计	6777.59	69.32
2. 已流通股份		
	持股数(万股)	占股本比例(%)
(1)境内上市人民币普通股	3000	30.68
(2)境内上市外资股	/	/
(3)境外上市外资股	/	/
(4)其它	/	/
已流通股份合计	3000	30.68
3. 股份总额	9777.59	100

(三)公司前十名股东持股情况(截止1997年6月30日)

序号	股东名称	持股数(万股)	占股本比例(%)
1	内江市国有资产管理局	5149	52.66
2	四川峨眉柴油机股份有限公司工会	678.19	6.94
3	四川省信托投资公司	200	2.05
4	中国工行四川信托投资公司内江办事处	105	1.08
5	白马发电厂电力开发总公司	100	1.02
6	成都远大机械厂	90	0.92
7	海南科工贸企业总公司	86	0.88
8	中国冶金进出口四川公司	80	0.82
9	四川省机械进出口公司	60	0.61
10	中国出口商品基地建设四川公司	60	0.61

五、股东大会简介

(一)1997年3月28日,公司在本部会议厅召开了临时股东大会,出席会议的股东人数为199人,共代表股份6160.55万股,占股份总额的90.90%,符合《公司法》和《公司章程》的规定。与会股东对董事会提交的各项议案进行了充分讨论,一致通过了以下决议:

1. 四川峨眉柴油机股份有限公司向社会公开发行股票的决议;

2. 同意授权公司董事会开展股票公开发行与上市的工作。

(二)1997年4月18日,公司在本部会议大厅召开了1996年度股东大会(年会),出席会议股东207人,共代表股份6231.15万股,占总股份的91.94%,符合《公司法》和《公司章程》的规定。与会股东对董事会提交的九项议案进行了认真的审议,会议一致通过了以下决议:

1.1996年度董事会工作报告及1997年工作安排意见;

2.1996年度监事会工作报告;

3. 总经理1996年度工作报告及1997年工作安排;

4.1996年度公司财务决算及1997年财务预算报告;

5.1996年度利润分配方案;

1996年度可分配的利润47,033,546.86元,在提取法定公积金、法定公益金、任意公积金后未分配利润35,897,648.50元滚存至1997年度新老股东共同享有。

6. 关于公司章程修正案的议案;

7. 公司章程草案;

公司原章程为13章103条,修改后的章程仍为13章103条。修改的主要内容是将原定向公司内容修改为上市公司内容,总股本由6777.59万股修改为9777.59万股;

8. 选举产生了公司二届董事会:公司本届董事会仍由十三名董事组成;

9. 选举产生了公司二届监事会:公司本届监事会仍由五名监事组成。

六、备查文件

6. 载有董事长、总经理亲笔签名的中期报告原本。

7. 本公司1997年3月临时股东大会和1997年4月股东大会文件。

8. 本公司1997年上半年财务报告。

文件查阅地址:四川峨眉柴油机股份有限公司证券部

传真:0832—2411301

联系电话:0832—2411131转2234

四川峨眉油机股份有限公司

1997年8月16日

湖 北 车 桥 股 份 有 限 公 司

湖北车桥股份有限公司概况

一、公司简况

湖北车桥股份有限公司是国家定点生产各类汽车前后桥总成、汽车齿轮、钢板弹簧、汽车改装车和农用运输车的专业化企业，系中国汽车配件工贸集团、东风汽车集团成员单位，属机械部、湖北省机械行业重点骨干企业，是我国汽车车桥行业首家上市公司。

公司下辖9家专业化企业，占地面积达45万平方米，拥有固定资产5亿元。公司共有员工3000余人，技术力量雄厚，引进美国、日本、德国、瑞士等国家的先进齿轮加工设备和奥地利热处理生产线，具有年产各类汽车前后桥总成10万台，汽车齿轮350万件，主、从动螺旋锥齿轮18万套，钢板弹簧3000吨，农用运输车1.5万辆和汽车改装车5000辆的生产能力。公司坚持走汽车零部件"配套、维修、出口"的市场营销体系，坚持"质量第一"的宗旨，以自身的生产优势，走专业化、大规模的发展道路，努力降低产品成本，推行合理的销价，产品市场占有率不断得到提高。目前，公司生产的HT1060型汽车前后桥总成的全国市场占有率达25%，HT1090型汽车前后桥总成全国维修市场占有率达60%。自1993年获得国家外经贸部批准的自营进出口权以来，公司又成功地把T850、BM301、BM302等齿轮推入到了美国、加拿大、巴基斯坦、新加坡、香港等国家和地区。

湖北车桥股份有限公司创建于1978年，1988年进行股份制改造，1993年经国家体改委以体改生(1993)262号文确认为"进行规范化股份制企业试点"，批准为社会公众募集公司。企业实行股份制改造后，清产核资、界定产权，并完成了生产经营性资产的全部剥离，企业开始走上了自主经营、自负盈亏之路。企业不断转换经营机制，依靠先进的技术和现代化管理，充分发挥优势，以市场为导向，调整优化产品结构，取得了较好的经济效益和社会效益，多项经济指标居全国同行业前列，成长为湖北省最大的汽车零部件生产企业和湖北省最大的农用运输车生产企业。1995年公司效益排名湖北省机械行业前10名，荣获中国机械工业优秀企业称号，并跻身于中国交通制造业500强。1996年，公司完成工业总产值2.8亿元，销售收入2.5亿元，创利税3800万元。同年经国家统计局统计，公司生产的汽车驱动桥齿轮产量、产值和利税总额在全国同行业中分别居第三名、第五名和第三名。另外，公司开发的HT1090加强型主、从动螺旋锥齿轮疲劳强度试验达到132万次，在同行业产品中居于领先水平。湖北车桥股份有限公司将遵循追求最佳投资效益原则，奋力开拓，扎实工作，继续同政府部门加强联系，扩大开发规模，加大投资力度，加快对高科技、高附加值、高效益投资项目的调研筛选，培育新的利润增长点。

二、"巧匠"郭桂华

常言"巧妇难为无米之炊"，可郭桂华在他任湖北车桥股份有限公司董事长兼总经理的12年间，使这个仅160万元资产和190万元产值的作坊式小厂固定资产和产值分别增长至5.1亿元和2.8亿元，分别比建厂时增长了318倍和147倍，公司形成了拥有7个专业企业的集团化经营方式。去年企业销售收入突破2.5亿元，利税达3800万元，公司一跃成为湖北省最大的汽车零部件生产企业，效益居全国汽车零部件行业前列。在国家基本没有投入的情况下，郭桂华巧手盖出了一座企业大厦。

抓住一个产品

1984年4月，郭桂华到湖北车桥股份有限公司走马上任，看见稀稀拉拉趴着的几十台设备，单一且缺乏生命力的产品和异常紧张的职工住房，他顿时感觉肩头一沉。经过市场调研，他决定负债进行技术改造，开发极具市场潜力的"东风"系列新产品，营建"出口、配套、维修"的市场营销体系，让企业走专业化、大规模道路。

1986年，郭桂华力排众议，冒着掉"乌纱帽"的风险为仅200余万元资产的企业借款近1000万元，引进了国际上较为先进的美国格里森齿轮加工设备，提高了主导产品EQ140主、从动螺旋锥齿轮的质量，奠定了企业的发展基础。

"七五"期间，他和财务副总经理一起东奔西走，筹资近2000万元投入技术改造。进入"八五"后，郭桂华再次冒险，负债3000万元进行技术改造，引进了美国格里森双曲面齿轮机、奥地利艾协林公司可控气氛热处理生产线等先进设备。"九五"第一年，他又利用外国政府贷款引进了瑞士冷摆压精锻机等世界先进的齿轮加工设备。12年来，湖北车桥股份有限公司走引进和自我改造的道路，相继建成了EQ140型前后桥总成、减速器总成、差器总成和农用运输车等10条专业生产线，逐步形成了年产各类前后桥总成10万台套、各类汽车齿轮350万件、农用运输车15000辆的生产能力。郭桂华以敏锐的目光，凭借"东风"系列产品在市场大潮中站稳了脚跟。

12年后，郭桂华梦牵魂绕、苦心构筑的营销网点已遍布全国，180余个新老产品源源不断销往全国各地。企业获得自营进出口权后，他又把更多的产品推入了日本、新加坡、巴基斯坦、泰国等国际市场。

盘活员工思想

观念新则企业兴。郭桂华锐意改革，在企业实施"换脑"工程，力求为企业建立一个充满活力的新机制。

1986年，郭桂华推出了当时堪称惊人之举的三项制度改革：对中层以上干部实行聘任制，考核不合格者予以解聘；针对不同部门和岗位实施多种分配方案，收入向一线工人和有贡献人员倾斜；实施全员劳动合同制。这一系列改革当初面临重重阻力，郭桂华在全体员工大会上宣布："不换脑筋就换人"。经过一段时间"阵痛"，员工们终于认可了他的改革思路。从1986年至今，已有包括他爱人和两位副总经理爱人在内的300余名员工被"炒"离岗，有包括一名副厂长在内的30余名中层以上干部被解除职务，企业内部形成了"上岗靠竞争，收入靠贡献"的良性循环。

紧接着，郭桂华连连推陈出新：1987年，他决定"分离工厂"，实行厂内模拟市场。企业内设立内部银行，各车间、分厂实行内部独立核算，各单位之间物料转移视同市场上买卖关系。此举一出，各单位由过去只重产量，转而产量、质量、销售、成本并重，形成了人人关心市场，个个注重效益的局面。1988年，开始他又尝试试行股份制，使企业与政府、企业与员工的责、权、利得以明确，更进一步地调动了员工的积极性。

新体制给企业带来了勃勃生机，企业效益连续12年雄居荆州市机械行业榜首，连年被评为湖北省机械行业效益先进单位。

滚出企业集团

机遇，是企业发展的契机。郭桂华摒弃"小富即安"的思想，苦心捕捉每一个企业发展的良机。

1995年底，他一口"吞"下了号称公安县机械工业之母的湖北大江机床厂。他看中了这个多年亏损、资不抵债企业的良好基础。96年2月底，公司正式派人接管，当年第二季度即使这家被人们喻为车桥公司"老子"的企业停止亏损，焕发了青春。

企业地处公安县，使企业在信息上较之省城企业慢了半拍，郭桂华决意进军武汉。1996年6月，他投资1亿元与武汉柴林集团合资在武汉组建武汉华林公司，投产后，将成为全国最大的汽车齿轮生产基地。

同年12月，车桥公司又成功兼并了武汉市汽车车桥厂，首开外地县办企业兼并武汉市属企业的先河。他决定将这个亏损多年的老中型企业改建成生产各种型号微型车和面包车车桥的生产基地，充分发挥其地处省城的地理优势，力争早日盘活武汉车桥。

1997年初，他又拍板兼并了荆州轻型车桥股份有限公司。

几乎在一年的时间内，郭桂华变出了令人咋舌的魔术：一口气兼并了

2个本地企业,一个省城企业,合资在省城新建一个企业。

他任湖北车桥股份有限公司负责人期间,还先后出资建成荆州农用运输车厂,扩建了车桥专业厂,与香港合资组建了湖北耀华机械制造有限公司。

他成功地运用资产运营手段,将企业国有资产这块蛋糕越做越大。企业以最短的时间实现了从"小"到"大"的跳跃,用最少的投入赢得了最大的规模效益,在市场上也赢得了尽快扩大畅销产品产量的时间,同时也使亏损企业的有国资产得以重新配置,焕发生机。

12年的时间里,郭桂华"滚"出了一个大型企业集团。

有耕耘就有收获。1996年6月18日,湖北省委书记贾志杰视察车桥公司时赞叹道:"你们公司有三个不简单,一是你们有这么好的内部管理,不简单;二是你们在很多国有企业亏损的情况下,能有这么好的效益,不简单;三是你们在机械行业、汽车行业不景气的情况下,企业各项经济指标仍能保持大幅度的增长,不简单!"22年企业"老板"的经历,使郭桂华誉称满载:全国劳动模范、全国五一劳动奖章获得者、全国优秀经营管理者、湖北省劳动模范、湖北省明星企业家、湖北省优秀承包经营者等等,而谈起管理经验,他说得平平淡炎:"几乎每个人都能管好企业,关键看其责任心如何。责任心差,可潇洒一时;责任心强,则可风光企业于世。"

1997年6月27日,公司股票在深圳证券交易所隆重上市,至此,我国汽车车桥行业诞生了首家上市公司。企业发展了,郭桂华并没有驻足休息,他还在规划车桥公司的宏伟蓝图:在"九五"末期,公司争取工业总产值达到15亿元,创利税2.5亿元……

湖北车桥股份有限公司股票上市公告书

一、释义

本公告书中,除非另有所指,下列简称具有如下意义:

公司或本公司:湖北车桥股份有限公司

董事会:　本公司董事会

鄂车桥股票:　本公司发行的每股面值1元的人民币普通股票。

上市:　本公司股票获准在深圳证券交易所挂牌交易。

元:　文中未特别注明的情况下,指人民币元。

证监会:　中国证券监督管理委员会

深交所:　深圳证券交易所

二、绪言

经中国证券监督管理委员会〔证监发字(1997)358号文〕批准,股票上市申请经深圳证券交易所〔深证发(1997)256号文〕审核同意,本公司股票将于1997年6月27日(星期五)在深圳证券交易所挂牌交易。本公司总股本为5380万股,本次上市流通股份为2215万股。股票类别:A股;股票简称:湖北车桥;证券编码:0760;

本公司股票上市公告书依据《中华人民共和国公司法》、《股票发行与交易管理暂行条例》和《深圳证券交易所业务规则》以及国家其它有关证券管理的规定编制,旨在说明公司股票上市目的,并向社会公开披露公司基本情况及有关资料。

本公司董事会及其成员确信本公告书未遗漏公司任何重大事项,也不存在任何误导和虚假成份,并愿就本公告所载资料的真实性、准确性和完整性负个别及连带责任。上市公告书的内容由本公司董事会负责解释。

三、公司概况

(一)本公司概况

1、公司法定名称:湖北车桥股份有限公司

公司英文名称:Hubei Automobile Axles CO. Ltd

2、公司注册地址:湖北省公安县城关荆江大道178号

邮政编码:434300

3、公司法定代表人:郭桂华

4、公司经营范围:汽车配件制造、销售;汽车改装车、农用运输车制造、销售;汽车货运;备品备件进出口业务。

5、公司成立日期:1988年6月14日

6、公司注册资本:伍仟叁佰捌拾万元整

营业执照注册号:公安县工商行政管理局18197434-8

7、公司员工情况:本公司在册职工1456人,其中生产性人员1035名,占总人数的71.05%,行政管理人员323名,占总人数的22.18%。其他人员98名,占总人数6.73%。公司专业技术人员250名,其中高级专业技术人员16名,中级专业技术人员98名,初级专业技术人员136名,专业技术人员占总人数的17.2%。

离退休人员共计37人,由湖北省社会保险局统一管理,公司为此承担费用支出95年17.1万元,96年16.5万元,97年预计18.6万元。

(二)公司组织状况

1、公司沿革

公司发起人湖北车桥厂成立于1978年9月,原名湖北省公安县汽车配件厂,隶属于湖北省公安县工业局主管。

1981年开始生产东风牌汽车配套产品。

1983年企业经中汽总公司批准接纳为全国汽车配件联合经销部成员单位。同年试制产品EQ140后桥总成、差速器总成、减速器总成,并经湖北省汽车工业总公司鉴定投入正式生产。

1984年企业更名为湖北车桥厂。

1986年企业经东风汽车联营公司批准成为二汽集团定点生产厂,为其生产EQ140主被动齿轮、行星齿轮、半轴齿轮及EQ140减速器总成。

1987年正式成为二汽集团成员单位,华通牌HC2015型、HC2015D型农运输车通过省级鉴定。

1988年经湖北省人民政府经济体制改革办公室〔1988〕6号文批准,由湖北车桥厂整体改组设立湖北车桥股份有限公司,并经中国人民银行湖北省分行鄂银发〔1988〕17号文批准,向社会公众募集550万股,湖北车桥厂以其帐面资产1110万元折价入股,均以面值平价入股。同年6月经公安县工商管理局登记注册,成为向社会公开发行股票的股份制试点企业。

1990年为扩大生产规模,解决公司资金短缺问题,经中国人民银行湖北省公行鄂银发〔1990〕164号文批准,向社会公众股东配售股票304万股。

1991年企业产值突破五千万元,企业被湖北省人民政府评为"经济效益先进单位",并获得"明星企业"称号。

1993年经湖北省体改委鄂体改〔1993〕158号文批准向社会定向募集法人股1000万股,以平价发行,计1000万元。1993年10月,根据规范化要求,本公司聘请湖北资产评估公司对公司资产进行评估和重组,调整股本结构,经湖北省国资局鄂国资办评发(1993)99号文确认和批准,公司将评估增值的净资产转增股本。

1993年12月,国家体改委以体改生(1993)262号文《关于同意湖北省车桥股份有限公司进行规范化股份制企业试点的批复》,确认本公司为进行股份制试点的社会募集股份公司。

2、公司主要业务

本公司主要经营汽车配件制造、销售;汽车改装车、农用运输车制造、销售;经营本企业自产机电产品,成套设备及相关技术的出口业务。兼营本企业生产、科研所需的原辅助材料、机械设备、仪器仪表、备品备件及技术的进口业务、汽车货运。1994年被评为湖北省级先进企业。

1996年公司经过"七五"、"八五"技术改造已形成年产EQ140/1060、EQ140/1061汽车前、后桥总成10万台,减速器总成3万台,主、从动锥齿轮18万套,农用运输车10000辆的生产能力。

(三)、公司组织结构

公司组织结构(见附表一)

(四)、公司拥有权益的公司

公司名称	企业性质	注册资本	拥有股权	经营范围
荆州农用运输车厂	有限公司	1915万元	100%	农用运输车制造

湖北耀华机械制造有限公司	中外合资	386万元	67.62%	汽车桥壳及汽车配件的生产

（五）、关联交易：

本公司目前只有湖北耀华机械制造有限公司一家关联企业，经湖北省第一律师事务所审查，该公司目前经营状况良好，本公司与关联企业的关系不存在影响本公司重大合同条款履行的可能性。

（六）、主要固定资产情况：

根据湖北会计师事务所(97)鄂会师股审字第197号审计报告，截止1997年3月31日，本公司的主要固定资产情况如下：

单位：元

固定资产类别	原值	累计折旧	净值
房屋及建筑物	23,605,694.95	6,812,091.41	16,793,603.54
机器设备	68,095,543.39	21,470,847.44	46,624,965.95
运输工具	3,450,823.80	1,005,764.59	2,445,059.21
其它设备	8,035,078.86	585,092.20	7,449,986.66
合　计	103,187,141.00	29,873,795.64	73,313,345.36

（七）、募集资金运用情况

1、本公司经批准成立后，于1988年2月－1988年3月向社会发行社会公众股550万元，募集资金用于：

(1)农用运输车厂扩建项目98万元。

(2)补充流动资金452万元。

2、经股东大会同意，人民银行湖北分行鄂银发〔1990〕164号文批准，于1990年3月－1990年4月以1:1.5溢价向社会公众股东配售304万股，募集资金456万元，主要用于归还基建贷款。

3、经股东大会批准，湖北省体改委鄂政(1993)158号文件批准于1993年7月－1993年9月平价定向募集法人股1000万元，主要用于以下项目：

(1)引进热处理连续生产炉流水线650万元。

(2)购进国内配套齿轮加工设备350万元。

通过引进设备，本公司主要产品汽车齿轮产量大幅提高。

四、股本结构及主要股东持股情况

1、股票股本形成过程

本公司是1988年元月经湖北省经济体制改革办公室鄂改〔1988〕6号文和中国人民银行湖北省分行鄂银发〔1988〕17号文批准，由原湖北车桥厂独家发起改组成立的社会募集股份制试点企业。

(1)1988年1月公司成立时，原湖北车桥厂以其帐面净值1110万元作为国家股以1:1比例折价入股，同时向社会募集社会公众股550万股，以面值平价发行，总股本为1660万股。股本结构为：

类型	股数	比例
国家股	1110万股	占股本总额66.87%
社会公众股	550万股	占股本总额33.13%

(2)1990年3月24日经中国人民银行湖北省分行鄂银发〔1990〕164号文批准，经1990年4月25日1989年度股东大会审查确认，国家股东放弃配股，向公司社会公众股东按10:6比例配股，配售价每股1.5元，实际配售304万股。配售后总股本为1964万股，其中：

国家股	1110万股	占股本总额56.51%
社会公众股	854万股	占股本总额43.49%

(3)1991年3月20日，经公司1990年度股东代表大会决议，将1988年、1989年和1990年三年利润用红股方式发放，向股东发送红股570万股，总股本为2534万股，其中国家股1253万股，占股本总额的49.45%，社会公众股1281万股，占股本总额的50.55%。

(4)1993年6月公司1992年度股东代表大会决议通过，向原股东按同比例派送501万红股，总股本为3035万股，其中国家股为1499.8万股，社会公众股为1535.2万股。

1993年7月，经湖北省体改委鄂改〔1993〕158号文批准、向社会法人定向募集发行1000万股法人股，发行价为每股1元。增售法人股后，总股本为4035万股，其中：

国家股	1499.8万股	37.17%
法人股	1000万股	24.78%
社会公众股	1535.2万股	38.05%

(5)1993年10月经湖北资产评估公司评估后，由股东特别会议通过，并经湖北省国资局鄂国资办评发(1993)99号文批准，将评估增值部分的1345万股转增股本，其余部分14.5万元进入资本公积金。按同股同利原则，转增的股本由老股东按其拥有股份比例分享。由于1000万法人股股东是1993年评估基准日后的新增股东，故不享受本次的转增股的分配。

1993年12月经国家体改委体改生〔1993〕262号文确认进行规范化股份制企业试点。

至此，公司总股本为5380万股，公司股本调整完毕。

历次股本变动表　　单位：万股

年份	总股本	国家股	法人股	社会公众股	变动原因
1988.2	1660	1110		550	首次发行
1990.4	1964	1110		854	增资扩股
1991.3	2534	1253		1281	送红股
1993.7	4035	1499.8	1000	1535.2	增资扩股
1993.11	5380	2165	1000	2215	转增股本

注：本公司1993年11月经评估确认调整后的股本至本公告书公布之日未作变动。

2、公司股本结构：

总股本5380万股。列表如下：

股份类型	股数(万股)	占股本总额比例(%)
尚未流通股份	3165	58.8%
其中：国家股	2165	40.2%
法人股	1000	18.6%
本次流通股份		
社会公众股	2215	41.2%

3、公司主要股东持股情况

股东名称	持股数(万股)	占股本总额比例
湖北省公安县国有资产管理局	2165	40.24%
公安县经济投资开发公司	608.2	11.304%
铁道部物质武汉公司	200	3.717%
武汉汽车工业公司	138.00	2.565%
亚星集团扬州客车厂	53.8	1%

五、公司董事、监事及高级管理人员简介和持股情况

董事会成员：

董事长：郭桂华先生，45岁，大专学历，高级经济师。曾任公安县仪表厂副厂长，公安县电子公司经理。荣获全国劳动模范，全国“五一”劳动奖章。持有本公司股票4000股。

常务副董事长：曹春明先生，45岁，大专学历，会计师。曾任湖北车桥厂副厂长，曾获湖北省“明星厂长”等荣誉称号。持有本公司股票2000股。

副董事长：蔡中立先生，45岁，中专学历，经济师。曾任湖北车桥厂企管办主任、副厂长，现任公安县经济投资开发公司总经理，持有本公司股票2000股。

董事：郝全源先生，54岁，大专文化，高级工程师，曾任铁道部武汉物资办事处主任，铁道部武汉木材防腐厂厂长，现任中国铁路物资武汉公司经理。持有本公司股票零股。

董事：杨学明先生，50岁，大专文化。曾任武汉汽车齿轮厂党委副书记，现任武汉汽车工业公司副经理。持有本公司股票零股。

董事：徐润生先生，47岁，大专学历，工程师。曾任江苏扬州客车制造总厂生产科厂、副总工程师、常务副厂长。现任江苏亚星客车集团有限公司副董事长，副总经理。持有本公司股票零股。

董事：薛梅彬先生，34岁，大专文化，经济师。曾任公安县荆州农用运输车厂供应处处长、生产处处长、副厂长。现任荆州农用运输车厂厂

长。持有本公司股票1000股。

董事:宋宏章先生,47岁,大学文化,高级工程师。曾任公安县机床厂厂长,公安县工业局工业股股长。现任本公司总工程师。持有本公司股票1000股。

董事:周维新先生,48岁,中专学历。现任车桥厂设备处电工班班长。持有本公司股票1000股。

董事会秘书:

陈林:31岁,大专学历,兼任公司办公室副主任。持公司股票0股。

监事会成员:

监事会主席:邓小明先生,34岁,中专学历,经济师。曾任湖北车桥厂车间副主任,办公室主任。现任本公司党委副书记。持有本公司股票2000股。

监事:童程松先生,42岁,大专学历,经济师。持有本公司股票零股。

监事:黄文波先生,53岁,中专学历,经济师。曾任公安县机床厂车间主任、生产科科长、副厂长。现任湖北耀华机械制造有限公司执行经理。持有本公司股票1000股。

监事:张汉生先生,33岁,大专学历,助理会计师。现任铁道部铁路物资武汉公司财务科科长。持有本公司股票零股。

监事:冀学玲女士,36岁,中专学历,助理会计师。现任本公司财务处处长。持有本公司股票1000股。

高级管理人员

总经理:郭桂华

常务副总经理兼财务总监:曹春明。

(以上人员已介绍)

副总经理:肖恒炎先生,42岁,大专学历,经济师曾。任湖北车桥厂车间主任、办公室主任、副厂长。持有本公司股票1000股。

副总经理:张厚全先生,48岁,高中学历,经济师。曾任公安县电子公司副总经理,公安县元件厂厂长,公安县机床厂副厂长。持有本公司股票1000股。

副总经理:宋爱玲先生,39岁,大专学历,高级工程师。历任湖北车桥厂车间主任、副厂长。持有本公司股票1000股。

以上董事、监事和高级管理人员共持有本公司股票18000股,占本公司股本总数的0.033%,其持有股份按照《中华人民共和国公司法》规定在任职期间不得转让。

六、公司历次股东大会及发放股利情况

(1)1988年1月27日,公司(筹)召开第一次董事会,选举郭桂华为董事长,并制定公司募股章程。

(2)1989年1月24日,公司召开临时股东大会,审议通过公司章程和1988年度股利暂不分配的处理方案。

(3)1990年3月18日,公司召开第六次董事会,通过了公司向社会公众股东增资配股的决议。

(4)1990年4月25日,公司召开1989年度股东大会,通过了董事会关于向社会公众股东增资配股的情况的报告。

(5)1991年3月20日,公司召开1990年度股东大会,通过了董事会关于1988年、1989年和1990年三年股利分配方案,以面值1元向全体股东派送红股570万元。

(6)1992年1月28日,公司召开股东会,审议通过公司1991年年度报告和分红方案。每股分红利0.08元,共计202万元。

(7)1993年6月5日,公司召开1992年度股东大会,通过了董事会红利分配方案,及向原股东按同比例派送501万红股。通过了向社会法人增售1000万法人股的决议。

(8)1993年11月8日,公司召开临时股东会议,通过了公司将评估增值部分转增股本的决议,通过了授权公司为申请上市修改公司章程的决议,通过了公司《申请公司股票异地上市的决议》。

(9)1994年4月18日,公司召开1993年度股东大会,会议通过了《关于资本公积转增股本的决议》。通过了公司董事会对93年度的红利处理方案。

(10)1995年4月20日,公司召开1994年度股东大会,会议通过1994年度的红利分配方案。每股分红利0.24元,共计1282万元。

(11)1996年5月20日,公司召开临时股东大会,会议通过公司董事会提出的1995年度红利处理方案,暂不分配,滚存下一年度一并派发。

(12)1996年8月23日,公司召开临时股东会,会议通过了《关于公司修改章程的决议》、《关于董事会、监事会改选的决议》。

(13)97年4月16日召开1996年度股东大会,会议通过公司董事会关于1997年申请在深圳上市的议案,审议通过董事会关于红利滚存上市后一并分配的处理方案的议案。授权董事会办理申请上市有关事宜。

七、股利分配政策

1、公司税后利润先提

A、按10%提取公积金;

B、按5%-10%提取法定公益金;

C、提取任意盈余公积金;

其余按股东持有的股份比例进行分配。

2、公司股利每年支付一次,支付时间由股东大会决定。

3、公司股利分配形式:(1)现金;(2)股票。

4、滚存1995年度和1996年度未分利润共计4090万元上市后与97年中期利润一并分配,届时提交股东会审议通过后实施,股东将享有公司本次股票上市完成前滚存利润的分配。

八、公司章程(摘录)

第四章　股东和股东大会

第二十四条　公司股东享有以下权利:

(一)出席或授权委托代理人出席股东大会并按其所持股份行使表决权,根据同股同权的原则,每一股拥有同等的表决权;

(二)选举或被选举为公司的董事会成员、监事会成员;

(三)依照国家有关法律、行政法规及本章程规定转让股份;

(四)查阅公司章程、董事会纪要、股东会议记录和会计报告;

(五)按其股份获取股利;

(六)公司终止后,按其股份依法取得公司的剩余财产。

(七)对公司违反国家法律行政法规,侵犯股东权益的行为有权要求其纠正,仍不能纠正时,有权直接向国家授权部门报告或向人民法院提起诉讼。

第二十五条　公司股东应履行下列义务:

(一)依其所认股份和入股方式交足股金;

(二)遵守公司章程;

(三)按其所持股份承担公司的亏损和债务;

(四)服从和执行股东会议决议;

(五)维护公司利益,反对和抵制有损公司利益的行为。

第二十六条　本公司股东大会由全体股东组成。股东大会是本公司的权力机构,行使下列职权:

(一)决定公司的经营方针和投资计划;

(二)审议、批准董事会和监事会的报告;

(三)审议批准公司的利润分配及亏损弥补方案;

(四)审议批准公司的年度财务预算方案决算方案;

(五)审定公司增、减股本;

(六)对发行公司债券作出决议;

(七)选举和更换董事,决定其报酬事项,选举和更换由股东代表出任的监事,决定其报酬事项;

(八)对公司的分立、合并、解散和清算等事项作出决议;

(九)修改公司章程;

(十)公司章程规定需由股东大会作出决议的其他事项。

股东大会的决议内容不得违反法律、法规及本章程。

第二十七条　股东大会应当每年召开一次,每下列情形之一应当在二个月内召开临时股东大会:

1、董事人数不足本章程所定人数的三分之二时;

2、公司未弥补的亏损达股本总额的三分之一时;

3、持有公司股份百分之十以上的股东请求时;

4、董事会认为必要时;

5、监事会提议召开时。

第二十八条　股东大会会议由董事会依照《中华人民共和国公司法》规定负责召集。由董事长主持。董事长因特殊原因不能履行职务时，由董事长指定的副董事长或者其他董事主持，召开股东大会，应当将会议审议的事项于会议召开三十日以前在中国证监会指定的信息披露报刊上公告，通知各股东。临时股东大会不得对通知中未列明的事项作出决议。

第二十九条　股东出席股东会议，应持本公司当届股东大会的出席证书。出席证书写明股东姓名、拥有股数、大会时间、股东的印签、签发的签字和签发日期。

第三十条　股东出席股东大会，所持每一股份有一表决权。股东大会决议分为普通决议和特别决议。

(一)普通决议必须经出席会议的股东所持表决权的半数以上通过；

(二)特别决议必须经出席会议的股东所持表决权的三分之二以上通过。

第三十一条　股东大会作出下列决议时，应由特别决议通过：

(一)对公司合并、分立或解散公司作出决议；

(二)修改公司章程。

股东大会作出的其它决议，由普通决议通过。

第三十二条　股东可以委托代理人出席股东大会，代理人应当向公司提交股东授权委托书，并在授权范围内行使表决权。

第三十三条　股东大会应当对所议事项的决定作成会议记录，由出席会议的董事签名，会议记录应当与出席股东的签名册及代理出席的委托书一并保存。

第五章　董事会

第三十五条　董事会由九名董事组成，是公司股东大会执行机构，对股东大会负责。董事会设董事长一人副董事长二人，其他董事七人。

第三十六条　董事会设秘书一名，由董事会聘任，其工作条件、待遇、报酬由董事会讨论决定。

第三十七条　董事任期三年，任期届满，可以连选连任。在任期内如不称职或失职，股东大会认为有必要时可随时罢免。董事由出席股东大会股东过半数投票选举罢免。

第三十八条　董事会每半年召开一次，由董事长召集，应当于每次会议召开十日以前通知全体董事，三分之一以上董事或公司经理提议召开，则应召开临时董事会议，但应当于三日以前通知全体董事。会议应由二分之一以上的董事出席方为有效。董事因故不能出席，可以书面委托其他董事代为出席董事会，委托书中应载明授权范围。

第三十九条　董事会会议实行一人一票表决制度，做出决议必须经全体董事的过半数通过。

第四十条　董事会行使以下职权；

(一)负责召集股东大会并向股东大会报告工作；

(二)执行股东大会的决议；

(三)决定公司经营计划和投资方案；

(四)制定公司的年度财务预、决算、利润分配方案及弥补亏损方案；

(五)制订公司增、减股本的方案；

(六)制订发行公司债券的方案；

(七)决定公司重要资产的担保、出租、发包和转让；

(八)拟定公司设立、合并、解散的方案；

(九)聘任或解聘包括公司经理、副经理、财务负责人在内的高级管理人员，决定其报酬事项；

(十)制订公司章程修改方案；

(十一)决定公司内部管理机构的设置；

(十二)制定公司基本管理制度；

(十三)公司章程规定的其他职权。

第四十一条　董事长行使以下职权：

(一)主持股东大会和召集主持董事会会议；

(二)检查董事会决议的实施情况，并向董事会报告；

(三)签署公司股票、债券；

(四)提名总经理人选；

(五)在发生战争、特大自然灾害等紧急情况下，对公司事务行使特别裁决权和处置权，但这种裁决和处置必须符合公司的利益，并事后向董事会股东大会报告；

(六)公司章程规定或董事会决议授予的其他职权。

第四十二条　董事长因故不能履行职责时，可授权副董事长代行其职权

第四十四条　董事会应对会议所议事项的决定作成会议记录，出席会议的董事和记录员应在记录上签名，董事应当对董事会决议承担责任，董事会的决议违反法律、行政法规或者公司章程，致使公司遭受严重损失的，参与决议的董事对公司负赔偿责任表示异议并记载会议记录的董事可免除责任，但不出席会议，又不表示反对的董事视作未表示异议，不免除责任。

第六章　经营管理机构

第四十五条　公司实行董事会领导下的总经理负责制，设总经理一名副经理若干名，副总经理协助总经理工作。

第四十六条　总经理、副总经理由董事会聘任。经董事会聘任，董事长、副董事长、董事可以兼任总经理、副总经理。总经理、副总经理任期三年，可连聘连任。

第四十七条　总经理行使以下职权：

(一)组织实施本公司章程和董事会议决议，直接对董事会负责并报告工作；

(二)全面负责公司的日常行政、业务、财务等经营管理工作；

(三)组织和制定本公司年度经营、发展、财务、人事、劳资、福利等计划方案，报董事会批准后实施；

(四)组织和拟定本公司各项管理制度、岗位责任制度、经营奖罚制度，决定对公司职工的奖励、升级、聘请、惩罚、解雇或辞退；

(五)提请聘任或者解聘公司副经理、财务负责人；

(六)聘任或者解聘除应由董事会聘任或者解聘以外的管理人员；

(七)根据董事会的授权，代表本公司对外签署投资、合作经营、合资经营、借款、贷款等合同。

(八)行使董事会授予的其他职权。

公司经理行使职权时，不得变更股东大会和董事会的决议或超越授权范围。总经理列席董事会会议。

第七章　监　事　会

第五十条　公司设立监事会，对董事会成员和高级经营管理人员行使监督职能。监事会向股东大会负责并报告工作。

第五十一条　监事会由五人组成，其中公司职工推举的职工代表二人，股东大会选举的股东代表三人，监事的任期每届为三年。监事任期届满，连选可以连任。监事会主席由全体监事的三分之二以上选举和罢免。监事不得兼任董事、经理及财务负责人。

第五十二条　监事会行使下列职权：

(一)监督董事、经理等管理人员有无违反法律行政法规、公司章程及股东大会决议的行为，对董事经理损害公司利益的行为有权要求予以纠正；

(二)检查公司业务、财务状况，查阅帐簿和其他会议资料，并有权要求执行公司业务的董事和经理报告公司的业务情况；

(三)核对董事会拟提交股东大会的会计报告、营业报告和利润分配方案等财务资料，发现疑问可以以公司名义委托注册会计师、审计师复审；

(四)提议召开临时股东大会；

(五)代表公司与董事交涉直至对董事起诉；

第五十四条　监事会必须由全体监事出席，监事会的决议由出席会议监事的三分之二以上通过视为有效。

注：本章程摘录中标有下划线部分，根据法律、法规的要求需要进行部分修改，董事会承诺将提交下次股东会上完成文字修改。

九、公司前三年经营业绩

1、经营概述

本公司利用自身雄厚的技术力量和资源，从事汽车零部件的研究开发和生产，及农用车和改装车的制造，公司的经营符合国家关于将汽车工业作为国家支柱产业的政策。

本公司是湖北省大型的汽车零部件生产企业，产销居全国车桥齿轮

行业的前列,是东风汽车集团成员单位,湖北省机械行业重点企业,是机械部和省级先进企业。公司引进拥有美国、日本、德国等国家的先进齿轮加工设备和具有国际先进水平的奥地利艾协林热处理生产线,公司拥有年产各类汽车前后桥总成10万台、各类后桥齿轮18万套、行星半轴齿轮38万件及1万辆农用运输车〔机械农用(1993)392号文准〕和汽车改装车〔中汽先联字(1993)400号文准〕的生产能力。

企业利税在湖北省机械行业一直排在前10名。被省工商行评为"AAA"信用等级单位。

2、经营业绩

根据湖北省会计师事务所(97)鄂会师股审字第197号审计报告,截止1997年3月31日,本公司的主要经营业绩如下:

(单位:人民币万元)

项目	1997年1-3月	1996年	1995年	1994年
主营业务收入	6667.39	21894.69	14555.71	13598.83
主营业务利润	672.36	2475.56	1638.46	1510.96
营业利润	735.14	2727.45	1731.68	1530.13
利润总额	736.76	2767.26	1853.80	1608.01
净利润	649.14	2344.65	1754.54	1508.00

附注:1993年-1995年实行承包税,1996年经湖北省人民政府批准执行33%所得税,由当地财政返还18%。

十、验资报告

湖北会计师事务所(1993)鄂会师报字第556号

湖北车桥股份有限公司:

本所受你委托,对贵公司股本金额进行验证,并出具报告书。为此,本所指派注册会计师刘家汉、李贵斌完成此项业务。

我们根据国家有关法律、法规,湖北车桥股份有限公司股东特别会议决议,"同意湖北资产评估公司的资产评估结果,并将评估增值部分1,345万元转增股本,公司总股本为5,380万股"。依照《注册会计师验资规则(试行)》的规定,对提供的财务会计资料,进行了验证,现将结果报告如下:

贵公司根据湖北资产评估公司的资产评估结果报告,调整了帐务,编制了1993年9月30日评估后的资产负债表,股本金额5,380万元,余141,188.14元,列人资本公积。

经验证,截止1993年9月30日止,贵公司股本金额5,380万元,按面值1元折股5,380万股,与股东特别会议的精神相符。特此报告。

湖北会计事务所　中国注册会计师

刘家汉　李贵斌

一九九三年十一月十五日

十一、资产评估报告(摘要)

根据湖北资产评估公司鄂评字〔1993〕第21号评估报告:

(1)评估日期:本评估日期,始于1993年10月3日,止于1993年10月28日,评估基准日为1993年9月30日。

(2)评估对象:湖北车桥股份有限公司的全部资产,包括固定资产、流动资产、长期投资、无形资产及其它资产。

(3)评估目的:本评估为湖北车桥股份有限公司股票异地上市提供资产价值依据。

(4)评估原则:评估时遵循客观性、公正性、科学性和合理性的原则。

(5)资产评估结果表

单位:元

项目	帐面值	评估值	增值额
固定资产	32,642,207	45,811,401	13,169,194
在建工程	5,055,107	5,055,107	
长期投资	198,530	247,315	48,785
无形资产及其它	2,887,900	8,265,832	5,377,932
流动资产	71,944,873	74,469,681	2,524,808
合　计	112,654,117	133,849,336	21,195,219
负债类			
长期负债	18,575,811	21,510,811	2,935,000
流动负债	41,713,295	41,534,856	-178,439
合　计	60,289,106	63,045,667	2,756,561
减:非生产性资产	4,847,470	4,847,470	
净资产	52,365,011	65,956,199	13,591,188

湖北资产评估公司　评估项目负责人:杨　波　张祖斌

评估人员:毕海荣　林有济　赵亚平

罗才显　成乾坤　唐应军

一九九三年十月二十八日

十二、资产评估确认书(摘要)

根据湖北省国有资产管理局鄂国资办评发(1993)99号文:

你公司鄂车股字(1993)14号《关于对资产评估结果确认的请示》,以及委托湖北资产评估公司进行的《资产评估报告书》收悉。经审核验证,现就资产评估结果的确认及国家股本的设置方案一并通知如下:

一、截至1993年9月30日,你公司全部资产12,900.18万元,资产评估增值2,119.52万元,增值率18.81%,负债总额6,304.57万元,其中流动负债4,153.49万元,长期负债2,151.08万元,净资产(股东权益)6,595.61万元。

二、根据资产评估的特定目的,考虑到你公司的实际情况,净增资产6,595.61万元中,评估升值1,359.12万元,同意按评估前股权结构(国家股1499.8万元,法人股1,000万股,社会公众股1535.2万股)调增国家股665.2万元,社会公众股679.8万元,调整后的国家股本为2165万股,法人股1,000万股,社会公众股2,215万股。其余评估增值部分进人资本公积金。公司未分配利润,按原有股权结构比例增加股东权益。

湖北省国有资产管理局

一九九三年十月三十日

十三、审计报告(全文)

(97)鄂会师股审字第197号:

湖北车桥股份有限公司全体股东:

我们接受委托,审计了湖北车桥股份有限公司1997年3月31日、1996年12月31日、1995年12月31日、1994年12月31日的公司资产负债表和合并资产负债表,1997年1-3月、1996年度、1995年度、1994年度的公司利润及利润分配表和合并利润及利润分配表,1996年度公司财务状况变动表和合并财务状况变动表。这些会计报表由湖北车桥股份有限公司负责,我们的责任是对这些会计报表发表审计意见。我们的审计是依据中国注册会计师独立审计准则进行的。在审计过程中,我们结合湖北车桥股份有限公司实际情况,实施了包括抽查会计记录等我们认为必要的审计程序。

我们认为,上述会计报表符合《企业会计准则》和《股份制试点企业会计制度》的有关规定,在所有重大方面公允地反映了湖北车桥股份有限公司1997年3月31日、1996年12月31日、1995年12月31日、1994年12月31日财务状况及1997年1-3月、1996年度、1995年度、1994年度经营成果和1996年度资金变动情况,会计处理方法的选用遵循了一贯性原则。

湖北会计师事务所　中国注册会计师:许长顺

湖北省武汉市武昌水果　中国注册会计师:周　彪

湖横路7号3楼　报告日期:1994年4月22日

十四、会计报表(见附表)

十五、会计报告附注

一、公司设立概况

湖北车桥股份有限公司是湖北车桥厂改组成立的。1988年湖北省人民政府经济体制改革办公室鄂改〔1988〕6号文和中国人民银行湖北省分行鄂银发〔1988〕17号文批复,以湖北车桥厂的净资产1,110万元折价人股,形成国家股1,110万股,同时,向社会公开募集社会公众股550万元资金,形成社会公众股550万股,股票面值均为人民币壹元(下同),公司股本总数为1,660万股。1990年中国人民银行湖北省分行鄂银发〔1990〕164号文件批准以每股人民币1.50元价格向社会公众股配售304

万股,公司股本总数为1,964万股。1991年经公司股东大会批准向股东派送红股570万股,其中国家股143万股,社会公众股427万股,公司股本总数为2,534万股。1993年经公司股东大会批准,向股东派送红股501万股,其中国家股246.8万股,社会公众股254.2万股,同时,经湖北省体改委鄂体改〔1993〕158号文批准以每股人民币1元的价格发行法人股1,000万股,公司股本总数为4,035万股。1993年根据湖北省国有资产管理局鄂国资办评发〔1993〕99号文同意,将评估增值1,359.12万元中1,345万元增加股本,其中国家股665.2万股,社会公众股679.8万股,14.12万元增加资本公积,公司股本总数为5,380万股,股本结构为国家股2,165万股,占40.2%;法人股1,000万股,占18.6%;社会公众股2,215万股,占41.2%。公司注册资金为5,380万元。

公司经营范围:主营:汽车配件制造、销售;汽车改装车;农用运输车制造、销售;经营本企业自产机电产品;成套设备及相关技术的出口业务。

兼营:经营本企业生产、科研所需的原辅材料、机械设备、仪器仪表、备品备件及技术的进口业务。

公司注册商标为"华通"牌商标,主要产品为汽车后桥总成,农用运输车和汽车配件。

二、公司采用的主要会计政策

(1)会计制度

公司执行《企业会计准则》、《股份制试点企业会计制度》及其有关的补充规定。

(2)会计期间

公司会计期间为公历日历年度即公历1月1日至12月31日。

(3)合并会计报表的编制方法

A:合并会计报表的方法

公司合并会计报表执行财政部《合并会计报表暂行规定》。

合并会计报表时将本公司对被投资企业权益性资本投资与被投资企业所有者权益中本公司持有的份额相抵销,抵销时发生的差额列作合并价差,在合并资产负债表中以"合并价差"项目在长期投资项目中单独反映,被投资企业所有者权益各项目中不属于本公司拥有的数额,应当作各少数股东权益在合并资产负债表中股东权益项目之前,以总额单列一类反映。

纳入合并会计报表的被投资企业为外商投资企业时,对其会计报表按《股份制试点企业会计制度》的有关规定进行调整。

本公司与被投资企业及其相互间的债权与债务项目相互抵销。

本公司与被投资企业及其相互间发生的交易中未实现利润予以抵销,内部销售收入予以抵销,内部收取费用相互抵销。

除上述调整和抵销外,相同的资产、负债、成本和费用逐项合并。

B、纳入合并会计报表的被投资企业

公司名称:湖北耀华机械制造有限公司

注册地址:湖北省公安县

注册资本:人民币386万元

投资比例:67.62%

股份有限公司实际投资额:人民币261万元

经营范围:生产、销售汽车后桥壳及后桥壳零部件

成立时间:注册日1993年7月27日

(4)记帐原则和计价基础

公司按照权责发生制原则,采用借贷复式记帐法记帐,按实际发生的金额作为计价基础。

(5)外币折算方法

公司的会计核算以人民币为记帐本位币。发生涉及外币的经济业务按业务发生当月1日的市场汇价折合为人民币记帐,决算日货币性项目中的外币余额按决算日市场汇价折合为人民币金额进行调整,由此产生的各外币项目的人民币余额与原帐面余额的差额作为汇兑损益,并按会计制度规定分别记入相关科目进行会计核算。

(6)坏帐准备

公司及附属公司的坏帐损失采用备抵坏帐法进行核算,按期末应收帐款余额的5‰计提坏帐准备金,在资产负债表中作为应收帐款的减项单独反映。

(7)存货计价方法

公司存货按实际成本登记入帐进行核算,发出和领用原材料、自制半成品和产成品时,按移动平均法确定其实际成本进行核算。低值易耗品在领用后,采用一次性摊销法进行摊销。

(8)长期投资核算方法

公司对拥有20%以下股权的长期投资采用成本法核算,对拥有超过20%但不大于50%股权的长期投资采用权益法核算,对拥有50%以上股权的长期投资采用权益法核算并合并会计报表。

公司债券投资按购买时实际支付的款项记帐,价款中含有的应计利息单独反映,每期结帐时,应计算债券上的应计利息并进行会计处理。购入债券的溢价金额或折价金额在债券存续期间平均分摊。

(9)固定资产及其折旧

公司对于使用年限在一年以上的,单位价值在2,000元以上的劳动资料,作为固定资产进行核算。按照固定资产来源情况以会计制度的规定确定固定资产原价登记入帐。

公司固定资产折旧方法采用平均年限法,并按固定资产原价,估计经济使用年限和估计残值率,分类别确定折旧如下:

资产类别	估计经济使用年限	残值率	年折旧率
房屋及建筑物	30年	5%(10%)	3.17%(3%)
机器设备	15年	5%(10%)	6.33%(6%)
运输工具	10年	5%(10%)	9.50%(9%)
其他设备	10年	5%(10%)	9.50%(9%)

[说明]外商投资企业采用括号内的残值率和年折旧率

(10)无形资产及其摊销

A、土地使用权

a、按资产评估文件确认的评估值入帐的以折价入股方式取得的荆江大道178号生产用土地使用权,按使用年限50年,从1994年开始采用直线法平均摊销。

b、按资产评估文件确认的评估值入帐的以出让方式取得的长江路生产用土地使用权,按使用年限50年,从1994年开始采用直线法平均摊销。

B、专用技术

按资产评估文件确认的EQ140后桥壳加工生产线烘装设备图纸评估值入帐的专有技术,按合资年限20年中公司开始生产经营当日起剩余年限18年,从1995年开始采用直线法平均摊销。

(11)递延资产及其摊销　本公司递延资产为开办费,从开始生产经营当日起按5年期限采用直线法平均摊销。

(12)税项

税种	税率	备注
A、增值税	17%	应交增值税按17%计算的销项税额抵扣进项税额后计算缴纳。分7年平均抵扣。
B、所得税	33%	1993年、1994年、1995年所得税采用按国家税法规定税率计征,按企业承包协议确定的数额缴纳,差额部分由财政返回;1996年开始按33%征收,由同级财政返还18%;外商投资企业从开始获利年度起享受二免三减的所得税优惠政策。
C、城市维护建设税	5%	按流转税为计税依据。
D、教育费附加	3%	按流转税为计税依据。
E、堤防维护费	2%	按流转税为计税依据。执行湖北省人民政府鄂改发〔1994〕165号和湖北省地方税务局鄂地税发〔1994〕134号文件。

[说明]所得税问题的相关文件如下:

①公安县人民政府公政函〔1993〕36号;

②湖北省转换企业经营机制、建立现代企业制度领导小组鄂转机建制办〔1996〕24号文件;

③湖北省人民政府鄂政函〔1997〕57号。

(13)、利润分配

项目	1996年度	1995年度	1994年度

提取法定公积金	2,344,653.21	1,754,536.18	1,508,009.11
提取法定公益金	1,172,326.61	877,268.09	754,004.55
提取任意公积金	—	—	—
分配普通股股利	—	—	12,820,540.00

1994年按净利润计提10%法定公积金,5%法定公益金,没有计提任意公积金,普通股股利按每股0.2383元进行分配,以现金支付。

1995年按净利润计提10%法定公积金,5%法定公益金,未分配利润部分经股东大会同意暂不分配。

1996年按净利润计提10%法定公积金,5%法定公益金,未分配利润部分经股东大会同意,滚存利润待上市后一并分配。

(14)收入的确认

A、产品销售收入,以产品已经发出,产品的所有权已自卖方转移给买方,收到货款或收取索取货款的凭据时,作为产品销售收入的确认。

B、其他业务收入,以业务项目已经完成或劳务已经提供,收到价款或取得索取价款的证据时,作为其他业务收入确认。

三、合并会计报表项目附注

1、货币资金　　1997.03.31

项目	外币金额	人民币金额
(1)现　金		2,906,070.62
(2)银行存款(人民币户)		15,615,635.32
(3)银行存款(港币户)	HKD1,000.00	1,071.00
(4)外埠存款(人民币户)		200,000.00
合计		18,722,776.94

2、应收帐款　　1997.03.31

A、帐龄结构

	比　重	金额
(1)一年以内的	70.49%	47,058,357.28
(2)一年至二年的	16.90%	11,281,404.69
(3)二年至三年的	3.95%	2,635,850.23
(4)三年以上的	8.66%	5,784,142.28
合计	100.00%	66,759,754.68

B、坏帐准备

应收帐款期末余额为66,759,754.68元,坏帐准备计提比例为5‰,应计提数与实际计提数均为333,798.77元。

C、应收帐款无持有本公司5%以上股份的股东单位欠款。

3、预付帐款

预付帐款期末余额为19,864,871.19元,预付帐款中没有关联企业的往来款,其帐龄均为1年以内的。

4、其他应收款　　1997.03.31

A、帐龄结构	比重	金额
(1)一年以内的	16.93%	4,706,004.19
(2)一年至二年的	10.68%	2,969,648.98
(3)二年至三年的	13.59%	3,778,251.46
(4)三年以上的	58.80%	16,349,136.78
合计	100.00%	27,803,041.41

B、其他应收款期末余额中金额较大的前十户为:

1997.03.31

单位名称	性质	金额
(1)湖北大江机床厂	暂垫款	1,723,392.00
(2)中国技术进出口总公司	订金	245,000.00
(3)公安县金属回收厂	运费	200,000.00
(4)荆门银苑公司	绿地费	120,000.00
(5)武汉长江赛达联运公司	运费	182,802.15
(6)潜江技术监督所	市场实验检验费	142,537.00
(7)上海大众汽车有限公司	暂付款	124,139.00
(8)公安县检查院设备科	运费	113,500.00
(9)荆州风扇厂	废料	110,998.01
(10)中国诚信证券评估公司	财务顾问费	100,000.00
合计		3,062,368.16

C、其它应收款中没有关联企业的往来款。

5、待摊费用　　1997.03.31

项目	金额
期初存货进项税款	3,264,276.18
合计	3,264,276.18

期初存货进项税为1994年税制改革时存货中的进项税款,自1995年起分7年抵扣。

6、存货　　1997.03.31

类别	金额
(1)原材料	8,683,965.44
(2)产成品	53,359,569.39
(3)低值易耗品	52,636.60
(4)分期收款发出商品	220,508.00
合　　计	62,316,679.43

7、长期投资

A、债券投资　　1997.03.31

债券种类	起止日期	面　值	年利率	投资金额	应计利息
国家重点建设债券	86.7.12至97.7.11	6,100.00	6%	6,100.00	3,538.50
国家重点建设债券	86.6.12至97.6.11	6,500.00	6%	6,500.00	3,802.50
国家重点建设债券	91.8.30至98.8.29	25,000.00	14.06%	25,000.00	19,613.75
国家重点建设债券	91.6.13至99.6.12	20,000.00	13.96%	20,000.00	16,163.00
合　　计		57,600.00		57,600.00	43,117.75

债券投资金额和应计利息合计为100,717.75元。

B、联营投资　　1997.03.31

被投资单位名称	投资金额	出资比例	按权益法调整金额	期末余额
东风汽车集团零部件交易中心	50,000.00	会员制	—	50,000.00

东风汽车集团零部件交易中心是导用会员制形式组成的一种组织,没有联营期限,由于是会员制,对出资者没有出资比例。

A、B两项合计为150,717.75元。

8、固定资产及其折旧

固定资产原价	1996.12.31			1997.03.31
固定资产类别	期初余额	本期增加	本期减少	期末余额
房屋及建筑物	18,268,736.95	—	—	18,268,736.95
机器设备	68,043,743.39	51,800.00	—	68,095,543.39
运输工具	3,450,823.80	—	—	3,450,823.80
其他设备	8,018,028.86	17,050.00	—	8,035,078.86
合　　计	97,781,333.00	68,850.00	—	97,850,183.00
累计折旧				
房屋及建筑物	6,137,464.91	185,138.50	—	6,322,603.41
机器设备	20,620,847.18	850,000.26	—	21,470,847.44
运输工具	950,679.63	55,084.96	—	1,005,764.59
其他设备	408,717.86	176,374.34	—	585,092.20
合　　计	28,117,709.58	1,266,598.06	—	29,384,307.64
固定资产净值合计	69,663,623.42			68,465,875.36

固定资产中有3,000万元的房屋和机器设备用于抵押贷款。

9、在建工程　　1997.03.31

工程名称	工程进度	原预算数	实际支用数	利息资本化金额	批准文号	资金来源
(1)齿轮加工与热处理	65%	29,970,000.00	19,264,296.40	3,167,289.30	鄂经技改制技术改造项目〔1992〕053号	借款和自筹
(2)瑞士冷摆压精锻机项目	67%	22,000,000.00	2,694,225.44	558,710.70	鄂计外经字〔1994〕612号	外国政府贷款
(3)九层综合楼	40%	4,000,000.00	2,459,898.00	—	鄂车改字	自筹

				〔1995〕388号	
(4)行车(待安装)	96%	40,000.00	35,080.00	—	公司计划 自筹
合　计		56,010,000.00	24,453,499.84	3,726,000.00	

10、无形资产　　1997.03.31

无形资产种类	原值	已摊金额	期末余额	剩余摊销年限	摊销年限
(1)土地使用权(甲)	3,181,884.00	206,822.46	2,975,061.54	46.75年	50年
(2)土地使用权(乙)	4,723,948.00	307,056.62	4,416,891.38	46.75年	50年
(3)专有技术	360,000.00	45,000.00	315,000.00	15.75年	18年
合计	8,265,832.00	558,879.08	7,706,952.92		

11、递延资产　　1997.03.31

项目	原值	已摊金额	期末余额	剩余摊销年限	摊销年限
开办费	2,578,818.01	—	2,578,818.01	5年	5年
合　计	2,578,818.01	—	2,578,818.01		

递延资产是以武汉为中心,覆盖全国各地的销售公司的开办费用。

12、短期借款　　1997.03.31

贷款单位	起止日期	月利率	人民币金额	借款条件
(1)中国工商银行公安县支行	96.10.03至97.07.03	12.06‰	8,862,100.00	抵押借款
(2)中国工商银行公安县支行	96.11.06至97.08.06	12.06‰	8,700,000.00	抵押借款
(3)中国工商银行公安县支行	97.04.09至97.07.09	10.26‰	5,000,000.00	抵押借款
(4)中国工商银行公安县支行	97.01.02至97.07.02	10.26‰	6,000,000.00	抵押借款
(5)国泰证券公司	96.10.21至97.07.02	12.34‰	3,000,000.00	信用借款
(6)湖北省信托投资证券公司	96.08.15至97.07.15	12.96‰	7,480,000.00	信用借款
(7)公安县资金管理中心	96.05.25至97.05.25	10.98‰	800,000.00	信用借款
(8)中国银行公安县支行	96.07.08至97.07.08	10.08‰	300,000.00	信用借款
合　计			40,142,100.00	

用于抵押借款的资产是固定资产中房屋和机器设备。

13、应付票据　　1997.03.31

单位名称	票据类别	起止日期	性质	金额
(1)哈尔滨农机进出口公司	银行承兑汇票	96.11.12—97.05.11	货款	1,100,000.00
(2)湖北大江机床厂	银行承兑汇票	97.01.28—97.06.27	货款	200,000.00
(3)江苏海洋工程锻造厂	银行承兑汇票	97.01.28—97.06.27	货款	300,000.00
(4)山东兖州钢厂武汉公司	银行承兑汇票	97.01.28—97.06.27	货款	200,000.00
(5)中国汽车工业进出口总公司哈尔滨分公司	银行承兑汇票	97.01.28—97.06.27	货款	300,000.00
合　计				2,100,000.00

以上应付票据均为无息的应付票据。

14、应付帐款

应付帐款期末余额为41,259,686.83元。

15、预收帐款

预收帐款期末余额为5,742,380.58元

16、应付福利费

1996.12.31		1997.03.31	
期初余额	本期提取数	本期支用数	期末余额
959,791.15	222,825.47	358,855.80	823,760.82

17、应付股利　　1997.03.31

股利类别	金额
(1)公安县国有资产管理局	6,256,195.00
(2)香港耀国企业公司	120,298.61
合　计	6,376,493.61

18、未交税金　　1997.03.31

项　目	金额
(1)增值税	-1,315,753.17
(2)城市维护建设税	524.43
(3)所得税	3,719,127.36
合　计	2,403,898.62

增值税的负数为溢交的增值税。

19、其他未交款　　1997.03.31

项　目	金额
(1)教育费附加	3,787.79
(2)堤防费	7,156.00
合　计	10,943.79

20、其他应付款

其他应付款期末余额为46,823,867.29元

其中金额较大的前十户为:　　1997.03.31

单位名称	性质	金额
(1)武汉铁路物资公司	暂借周转金	12,630,000.00
(2)武汉车桥厂	投资款	10,650,344.00
(3)湖北省投资银行	应付利息	3,314,420.27
(4)职工住房集资费	住房集资	3,186,825.00
(5)应付工资	应付职工工资	418,622.73
(6)汽车司机送车风险金	暂收款	352,519.00
(7)公安县斗湖堤供电所	电　费	322,553.57
(8)北京电子系统工程公司	软件服务费	310,000.00
(9)职工教育经费	费　用	306,376.36
(10)工会经费	费　用	87,180.88
合 计		31,578,851.81

B、其它应付款中武汉铁路物资公司为关联企业的应付款项。

C、其它应付款中湖北省投资银行的应付利息是本金已经偿还,尚未支付的利息部分。

21、长期借款　　1997.03.31

贷款单位	起止日期	年利率	人民币余额	借款条件
(1)中国工商银行公安支行	95.09.03至98.03.03	13.50%	8,826,500.00	抵押借款
(2)中国工商银行公安支行	95.12.17至97.12.17	12.96%	9,622,500.00	抵押借款
(3)中国投资银行湖北分行	95.03.24至97.09.24	12.34%	2,965,417.82	信用借款
(4)公安县财政局	94.12.03至97.08.03	11.70%	5,587,106.98	周转金
合计			27,001,524.80	

用于抵押借款的资产是固定资产中的房屋和机器设备。

22、其他长期负债　　1997.03.31

项目	金额
住房周转金	724,864.00
合　计	724,864.00

23、少数股东权益　　1997.03.31

股东名称	投资金额	出资比例	期末余额
香港耀国企业公司	RMB1,250,000.00	33.38%	1,275,468.15

24、股本

项目	1997.03.31	1996.12.31	1995.12.31	1994.12.31
(1)国家股	21,650,000.00	21,650,000.00	21,650,000.00	21,650,000.00
(2)法人股	10,000,000.00	10,000,000.00	10,000,000.00	10,000,000.00
(3)社会公众股	22,150,000.00	22,150,000.00	22,150,000.00	22,150,000.00
合　计	53,800,000.00	53,800,000.00	53,800,000.00	53,800,000.00

25、资本公积

项　目	1997.03.31	1996.12.31	1995.12.31	1995年增加	1994.12.31
资产评估增值	10,712,597.89	10,712,597.89	10,712,597.89	10,571,409.89	141,188.00

1995年增加数为投资成立湖北省耀华机械制造有限公司的一条桥壳生产线资产评估增值数。

26、盈余公积

项目	1997.03.31	1997.1—3月增加	1996.12.31	1996年增加
(1)提取法定公积金	7,347,341.86	649,140.23	6,698,201.63	2,344,653.21
(2)提取法定公益金	3,673,670.92	324,570.11	3,349,100.81	1,172,326.67
(3)提取任意公积金	8,728,025.02	—	8,728,025.02	—
合　计	19,749,037.80	973,710.34	18,775,327.46	3,516,979.82

项目	1995.12.31	1995年增加	1994.12.31
(1)提取法定公积金	4,353,548.42	1,754,536.18	2,599,012.24
(2)提取法定公益金	2,176,774.20	877,268.09	1,299,506.11
(3)提取任意公积金	8,728,025.02	—	8,728,025.02
合计	15,258,347.64	2,631,804.27	12,626,543.37

27、未分配利润

	1997年1—3月份	1996年度	1995年度	1994年度
年初未分配利润	35,386,148.84	15,456,596.53	543,038.96	545,501.56
加:本年净利润	6,491,402.26	23,446,532.13	17,545,361.84	15,080,091.06
减:本年分配数	2,070,710.34	3,516,979.82	2,631,804.27	15,082,553.66
年末未分配利润	39,806,840.76	35,386,148.84	15,456,596.53	543,038.96

28、主营业务收入

类别	1997年1—3月份	1996年度	1995年度	1994年度
(1)车桥系列	36,095,047.43	116,522,888.46	125,819,385.61	116,465,388.79
(2)农用车系列	30,283,435.93	100,621,736.11	19,639,206.56	19,522,864.34
(3)汽零件系列	295,400.34	1,802,321.93	98,461.54	—
合计	66,673,883.70	218,946,946.50	145,557,053.71	135,988,253.13

29、财务费用

类别	1997年1—3月份	1996年度	1995年度	1994年度
(1)利息净支出	3,002,737.23	10,131,528.26	11,649,521.42	9,207,313.10
(2)汇兑净损益	—	20.70	22,143.40	15,296.42
(3)银行手续费	17,430.55	44,951.50	74,000.11	51,144.15
合计	3,020,167.78	10,176,500.46	11,745,664.93	9,273,753.67

30、其他业务利润

项目	1997年1—3月份	1996年度	1995年度	1994年度
(1)材料销售利润	619,202.17	2,451,406.61	932,169.75	191,647.43
(2)劳务利润	—	20,384.56	—	—
(3)外协利润	8,620.00	47,051.41	—	—
合计	627,822.17	2,518,842.58	932,169.75	191,647.43

31、投资收益

项目	1997年1—3月份	1996年度	1995年度	1994年度
债券投资收益	1,762.75	41,355.00	—	—
合计	1,762.75	41,355.00	—	—

投资收益中没有联营投资的收益。

32、营业外收入

项目	1997年1—3月份	1996年度	1995年度	1994年度
(1)处理固定资产收益	200,000.00	168,970.37	1,226,286.11	811,333.33
(2)固定资产盘盈	—	—	114,168.95	249,208.80
(3)罚款净收入	27,917.12	5,469.42	70,444.00	5,739.81
(4)无法支付的应付款项转入	165,398.93	666,586.49	—	—
合计	393.316.05	841,026.28	1,410.899.06	1,066,281.94

33、营业外支出

项目	1997年度	1996年度	1995年度	1994年度
(1)固定资产盘亏	—	5,527.20	68,800.08	75,363.14
(2)捐赠支出	49,189.00	28,284.50	120,000.00	205,100.00
(3)罚款支出	21,011.93	166,831.88	847.55	7,009.44
(4)非常损失	38,687.10	283,618.40	—	—
合计	108,888.03	484,261.98	189.647.63	287,472.58

四、期后事项

本公司没有需要披露的期后事项。

五、或有事项

本公司没有需要披露的或有事项。

六、承诺事项

本公司没有需要披露的承诺事项。

七、关联事项

公司没有需要披露的关联事项。

十六、财务指标分析:

指标名称	1996年	1995年	1994年
1)流动比率	1.362	1.459	1.183
2)速动比率	1.092	1.068	0.764
3)应收帐款周转率	4.295	5.594	8.292
4)股东权益比率	42.03%	7.34%	39.68%
5)存货周转率	5.05	3.55	3.27
6)每股净资产	2.206	1.77	1.247
7)每股收益	0.44	0.33	0.28
8)净资产收益率	19.9%	18.6%	22.5%

注:以上指标计算均采用湖北会计师事务所审计过的本公司财务数据。

十七、董事会上市承诺

根据《股票发行与交易管理暂行条例》、《公开发行股票公司信息披露实施细则》、《深圳证券交易所交易规则》和国家相关法规的要求,本公司董事会向主管机关、深圳证券交易所、社会公众作出如下承诺:

1、严格遵守《公司法》、《股票发行与交易管理暂行条例》、《深圳证券交易所交易规则》和有关法律、法规的规定。

2、按照法律、法规的规定程序和要求披露重大的信息,并接受证券主管机关、深圳证券交易所的监督管理。

3、准确、及时、真实地在主管部门指定的报刊上公布本公司中期、年度财务及经营业绩的报告,并备制于规定场所供投资者查阅。

4、本公司董事、监事及高级管理人员持本公司股票发生变化时,在按规定报告证券主管机关的深圳证券交易所的同时向投资者公布。

5、在任何公共传播媒介中出现的消息可能对本公司股票的市场价格误导性影响时,本公司知悉后将及时对该消息予以公开澄清。

6、本公司董事、监事及高级管理人员将认真听取公众的建议和批评,自觉抵制不正之风,不利用已获得的内部信息直接从事股票的买卖活动。

十八、风险因素及对策

一、风险因素

投资者在评价此次公开上市的股票时,除本上市公告书提供的其他资料外;应特别认真地考虑以下各项风险因素:

1、经营风险

(1)原材料供应

本公司生产所需的主要原材料为低碳合金钢和0.8—8MM普通冷、热轧钢板,主要来源于国内大冶钢厂、武钢、太原钢厂、上海宝钢。因此,本公司对上述原材料生产企业存在较强的依赖性,如果它们受国家宏观经济政策导向、通货膨胀等因素的影响,价格出现大幅波动时,势必引起本公司产品成本的波动,给正常的生产经营带来影响。

(2)农用车外购配套件产品质量

本公司农用车采取专业化协作的生产方式,约30%的配套件(发动机、变速箱)由专业生产厂协作生产,如果这些配套件生产厂家所提供的配套件的产品质量出现重大波动,将直接影响整车质量,进而影响本公司的生产经营。

2、行业风险

(1)受汽车工业发展及国家行业政策的制约

本公司主要产品为汽车零部件及农用运输车,其生产和销售对我国汽车工业发展状况有较强的依赖性,汽车工业的发展将在较大程度上制约本公司的发展。此外,本公司主要产品之一的农用运输车行业是国家扶持农村经济发展的产物,受国家产业政策庇护较多,暂按部颁《农用车技术条件》的标准生产,与国际同类车比较,农用车的科技含量比较低,产品本身的技术条件和性能还存在较大的差距,现有产品仅能满足我国农村现状需要。一旦国家产业政策发生变化,必然会影响该行业的发展。

(2)同行业之间竞争

本公司所从事的汽车零部件和农用车制造厂行业都面临着日趋激烈的市场竞争,如何在竞争中保持相对领先地位是对本公司的挑战。

3、市场风险

随着生产规模的扩大，市场容量的变化特别是市场供求关系的变化，使得能否有效地扩大本公司产品的市场占有率，使生产与销售很好地衔接，并迅速产生高效益，存在着一定的风险。

4、政策性风险

随着改革开放的深入，国家经济政策以及相关政策的变化有可能对本公司生产经营活动产生影响。

5、加入世界贸易组织

我国若加入世界贸易组织，则将对我国的各行各业产生影响，预计届时须按照互惠原则向其他成员国提供最惠国待遇，取消进口许可证，降低关税税率，同时还会面临着"知识产权"、"市场准入"等一系列问题，使国内企业更直接地面对国际市场竞争，这些对本公司来说会面临着国外高质量的同类产品进入中国市场的冲击。

6、股市风险

本公司股票将在证券交易所上市交易，股票市场瞬息万变，投资收益与风险共存，价格不仅取决于企业的经营业绩，同时也受到利率、汇率、通货膨胀以及国家有关政策等因素的影响，股票市场价格波动现象会经常发生，为此，本公司提醒投资者应正视股价波动及今后在股市中可能涉及的风险。

二、风险对策

针对上述风险，本公司将采取以下对策：

1、针对经营风险

(1)原材料供应

本公司将巩固和发展现有的供货主渠道，保持长期、稳定、良好的合作关系，同时开辟新的供货渠道，与国内一些大型钢铁生产企业建立更为直接、稳定的供应关系，提宽供应面，增加供应量。

(2)外购配套件产品质量

本公司目前的配套件检验制度主要采用公司内部制定的质量标准，参考国家标准及部颁标准，本公司将巩固与现有厂家的协作关系，加强合作，促使其产品质量稳定、可靠和稳步提高。同时，本公司将逐步向国家标准靠拢，采取淘汰制度，选用一流的配套件产品。另外，本公司也将逐步增加自身配套件生产的品种和数量，以消除该项风险，保证公司生产经营的新发展。

2、针对行业风险

本公司目前在全国汽车齿轮行业中产销利税名列前茅，车桥、农用运输车均在同行业名列前茅，且具有很强的发展后劲。公司"八五"技术改造项目即将全面投产受益，正在引进建设的瑞士冷摆精锻先进技术及设备，拟生产汽车差速器齿轮，变速器同步环，方向机齿轮产品。此外，公司"95进口汽车齿轮专项等技术改造"项目已列入国家经贸委计划，总投资10000万元，今年可投入实施等等，这些项目建成投产后，不仅使本公司的技术装备、工艺水平跃居世界领先地位，而且使产品加工能力，质量得到根本保障，主要材料利用率在原有基础上提高30%，成本大幅下降。本公司将以规模大、品质高，产品结构合理和规模经济效益显著等优势居国内同行业领先地位。

3、关于市场风险

在今后一段时期，我国的汽车工业发展仍将保持较快的增长速度，对汽车零部件的需求将不断增加，本公司将通过采取提高产品质量，调整产品结构，降低产品成本，扩大产品销售渠道，完善售后服务等有力措施，不断提高国内市场占有率；此外，鉴于南美、东南亚等地的发展中国家对汽车零部件及农用运输车需求潜力较大，公司正在积极筹划在保证销售利润率的前提下，开展本公司部分产品的出口业务，逐步打入国际市场。

4、关于政策风险

本公司将不断强化科学管理，提高企业整体素质，增强应变能力。

5、关于世界贸易组织

针对我国即将加入世界贸易组织的现实，尽量减少对公司的影响，本公司正积极采取措施，在已引进国际先进的设备和技术的基础上，进一步加大科技投入，提高装备水平和产品的科技含量，增加产品附加值。目前，本公司产品已由东风系列配套逐步转向国际用车配套，公司引进的美国格里森加工设备和奥地利艾协林热处理设备，为使产品与国际车辆系列接轨，打下了良好的基础，随着各类新产品开发，本公司产品已开始销往国外和香港地区，与国外的不同车辆配套。此外，本公司是国内较早开发农用运输车的企业之一，具有较为雄厚的农用运输车研制开发、生产实力。由于国外农用运输车价格远高于国内，加入世界贸易组织后不会对国内运输车形成竞争威胁，相反，我国的农用车可以满足东南亚、南美一些发展中国家的市场需求，本公司将抓住这一契机，开拓和占领国际市场。

6、关于股市风险

股市风险不可预见，本公司提醒投资者在购买本公司股票前，应对上述风险因素充分了解，尤其是在股市投资风险与投资收益始终并存的情况下，较高的投资风险可能带来较高的投资收益，但较高的投资收益同时伴随着较高的投资风险，股票价格受国家经济政策、股票市场供求关系，公司盈利水平等多种因素影响，处于经常变化之中，投资者在购买股票时，应密切注意上述因素的变化，在综合分析的基础上，对股票价格趋向作出较为准确判断。

十九、公司发展规划

汽车工业与人们的生活息息相关，是国家重点发展的支柱产业，本公司作为中国汽车工业配件工贸集团，东风汽车集团成员单位，机械部湖北省机械行业重点骨干企业，坚持以科技为先导，以市场为导向，以质量为根本，采取产品经营和市场经营并举的长期发展战略，运用现代企业制度的经营管理方式，推动生产要素的合理流动，促进产品结构的优化，将资源优势逐步转化为产品优势、品牌优势和技术优势，从而加快汽车工业的发展步伐，为股东追求股市效益回报，使公司在不久的将来成为生产各类汽车前、后桥总成、汽车齿轮、汽车半轴、钢板弹簧、农用运输车和汽车改装车的大集团、大企业、大基地。

1、加强技改力度，增强企业发展后劲

本公司将投入1亿元人民币，对原有生产装置进行改造，主要方向是：

(1)原装置关键部位的强化，以稳定提高主导产品质量；

(2)生产控制系统的灵活性改造，以适应多品种开发的需要；

(3)节能装置的综合应用，以进一步降低生产成本。

2、扩大生产规模，促进经济效益快速增长。

本公司以着手筹备各类汽车前、后桥总成、汽车半轴、汽车齿轮和钢板弹簧的生产线，这些项目拟用公司闲置厂房和公用工程的富余能力。使公司达到年生产汽车前、后桥总成30万台，汽车半轴40万只，汽车齿轮350万件，主、从动螺旋锥齿轮36万件，钢板弹簧10000吨，农用运输车1.5万辆和汽车改装车500辆的生产能力，企业争取工业总产值15亿元，创利税2.5亿元，力争在5年内进入国有大型零配件企业行列。

二十、重要事项说明

1、重要经营合同

1996年7月3日，公司与山东泰山轮胎厂签定购销合同，向该厂购价值1035万元的轮胎。该合同正在正常履行。

1995年11月28日，公司与江西橡胶厂签订购销合同，向该厂购价值902万元的轮胎。该合同已履行完毕。

2、税项及税率

公司承担的主要税项及税率主要有：

(1)所得税：1993年至1995年按国家税法规定计征，依企业承包协议确定的数额缴纳，差额部分由财政返还，以上由公安县人民政府公政函(1993)36号文批复同意执行。1996年开始按33%征收，由财政返还18%，以上由湖北省人民政府鄂政函(1997)57号文批复同意执行。

(2)增值税按产品销售收入的17%计算销项税，扣除进项税额后缴纳。

(3)关联企业湖北耀华机械设备制造有限公司从1996年开始享受外商投资企业所得税，二免三减的优惠政策。

3、法律意见书(摘要)　　　　鄂一律字(97)第3号

经办律师认为车桥公司已经具备了股票上市的实质条件，目前不存在影响股票上市的法律障碍，有关信息已经得到了充分披露。本次股票上市交易的行为合法。

(1)、车桥公司的重大债权、债务。

车桥公司已将近三年来该公司即将履行正在履行和已经履行完毕的重大合同提交给我们。经审查,这些合同的内容和形式均合法有效,已经履行完毕的合同内容没有瑕疵或纠纷。

我们已审查的重大合同的主体均为车桥公司,因此,没有因主体问题构成合同履行的障碍。

车桥公司没有因环境保护、知识产权、产品质量、劳动安全、人身权等原因产生侵权之债。

车桥公司其他就应收、应付帐目,债权债务关系明确,均属正常经营活动中产生的债权债务。

(2)、车桥公司涉及的诉讼、仲裁或行政处罚。

车桥公司目前不存在尚未了结的重大诉讼、仲裁或行政处罚事项。

(3)、车桥公司已募集资金的运用情况

A. 公司经批准成立后,于1988年2月—3月向社会发行社会公众股550万股,每股面值人民币1元,共募集资金550万元。

①用于农用运输车厂扩建项目98万元;

②补充流动资金452万元。

农用运输车技术改造项目,已经湖北省经委鄂经技改字(88)490号文批准立项,该项资金的运用与公司募股章程所述用途一致。

B. 经股东大会同意,中国人民银行湖北省分行鄂银发(1990)164号文批准,于1990年3月—4月以1:1.5溢价向社会公众股东配售304万股,募集资金456万元,主要用于归还基建贷款,该项资金的动用与湖北车桥股份有限公司"关于申请增资扩股的请示"所述用途一致。

C. 经股东大会同意,湖北省体改委鄂改(1993)158号文批准于1993年7月—9月向社会法人增售法人股1000万股,每股面值人民币1元,平价发行,共募集1000万元。主要用于:

①引进热处理连续生产炉流水线650万元;

②购进国内配套齿轮加工设备350万元。

该项资金的动用与湖北车桥股份公司"关于申请增售法人股的报告"所述用途一致。以上两项项目已经湖北省经委鄂经技改字(1992)053号文批准立项。

4、1991年、1993年度本公司未能按照"同股、同权、同利"原则,造成国家股东少分红利109.7万元,已根据国家国资局的要求进行纠正,即将国家股少分红利作为股份公司对国家股持股单位的负债,从股利分配之日起计息。

二十一、盈利预测(附表一)

一、基准

本公司1997年度盈利预测是根据公司1994年度和1996年度的经营业绩及其发展趋势的基础上,根据本公司的发展规划和生产经营计划,经过分析研究,本着适当发展、积极稳妥地原则编制的,并建立在公司所确定的各项基本假设上。

二、基本假设

1、本公司所遵循的国家现行法律、法规、政策仍为目前而无重大变化;

2、现行的信贷利率、税率、汇率在正常范围内变动;

3、本公司所在地湖北省荆州市公安县的社会经济环境无重大变化;

4、本公司各项生产经营计划能按期进行,不会受原材料、电力严重短缺而发生重大的不利影响;

5、本公司所涉及的车桥及农用车的市场环境、市场格局不会发生重大变化;

6、无其他人为不可抗拒及不可预见的因素造成重大不利影响。

二十二、中介机构

(1)第一上市推荐人:国泰证券有限公司

注册地址:上海市浦东新区乳山路61号

法定代表人:金建栋

联系人:程浩、王志举、乔史群

电话:010—68499287、027—7813706转20828

传真:010—68498503、027—7813706转20801

第二上市推荐人:湖北证券有限公司

联系人:李佳

联系地址:武汉市武昌彭刘杨路252号

电话:027—8311774

邮编:430061

(2)会计师事务所:湖北省会计师事务所

注册地址:武汉武昌区水果湖横路7号三楼

电话:027—7840916

经办注册会计师:许长顺、周彪

(3)资产评估机构:湖北资产评估公司

注册地址:湖北省武汉市水果湖北环路43号

法定代表人:唐纪文

电话:027—7824816

联系人:杨波

(4)资产评估确认机构:湖北省国有资产管理局

地址:武汉市武昌区水果湖北环路43号

电话:027—7844986－－－31602

联系人:赵健全

(5)律师事务所:湖北省第一律师事务所

注册地址:武汉市武昌区首义新村6栋51号

法定代表人:秦前坤

电话:027—8077353

经办律师:秦前坤 彭和平

(6)财务顾问:中国诚信证券评估有限公司

法定代表人:毛振华

办公地址:北京市东城区和平里东街民旺乙19号

电话:010—64275969

联系人:曹敏

二十三、备查文件

1、中国证监会对湖北省人民政府《关于湖北车桥股份有限公司股票异地上市上报材料上报国家证监会复审的请示》的批复

2、湖北省体改办《关于成立湖北车桥股份有限公司的批复》

3、人民银行湖北省分行《关于同意湖北车桥股份有限公司发行股票的批复》

4、国家体改委《关于同意湖北车桥股份有限公司进行规范化股份制企业试点的批复》

5、湖北车桥厂营业执照

6、湖北车桥股份有限公司营业执照

7、湖北车桥股份有限公司章程(修改案)

8、湖北资产评估公司《关于湖北车桥股份有限公司资产评估报告书》

9、湖北省国有资产局《湖北车桥股份有限公司国有资产评估价值确认通知书》

10、湖北会计师事务所《关于湖北车桥股份有限公司报表审计报告书》

11、湖北车桥股份有限公司1997年盈利预测报告

12、湖北会计师事务所《关于湖北车桥股份有限公司的验资报告》

13、湖北省第一律师事务所《关于湖北车桥股份有限公司股票异地上市交易的法律意见书》

14、深圳证券交易所《上市通知书》256号

二十四、备查文件查阅地址:

1、湖北车桥股份有限公司证券部

地址:湖北省公安县荆江大道178号

联系人:曹春明、邓兰云

电话:0716—5225770

2、国泰证券有限公司

地址:北京海淀区白石桥路友谊宾馆悦宾楼

电话:010—68499287

附表一： 湖北车桥股份有限公司

1997 年盈利预测表

项　目	单位	1997 年 1—3 月	1997 年 4—12 月	合计数
		已审实现数	预测数	
一、主营业务收入	万元	4,667.39	28,332.61	33,000.00
减：营业成本	万元	3,184.09	22,141.91	25,326.00
销售费用	万元	177.87	892.13	1,070.00
管理费用	万元	315.01	1,488.99	1,804.00
财务费用	万元	302.01	1,102.99	1,405.00
进货费用	万元			
营业税金及附加	万元	16.05	63.95	80.00
二、主营业务利润	万元	672.36	2,642.64	3,315.00
加：其他业务利润	万元	62.78	125.22	188.00
三、营业利润	万元	735.14	2,767.86	3,503.00
加：投资收益	万元	0.18	1.01	1.19
营业外收入	万元	39.33	37.67	77.00
减：营业外支出	万元	10.89	54.11	65.00
加：以前年度损益调整	万元			
四、利润总额	万元	763.76	2,752.43	3,516.19
减：所得税(A)	万元	251.83	891.62	1,143.45
所得税(B)	万元	114.47	405.28	519.75
少数股东损益	万元	0.15	16.04	16.19
五、净利润(A)	万元	511.78	1,844.77	2,356.55
净利润(B)	万元	649.14	2,331.11	2,980.25
六、每股收益(A)	元/股	0.10	0.34	0.44
每股收益(B)	元/股	0.12	0.43	0.55

注：A、按所得税税率 33%计算征收所得税时

B、按所得税税率 33%计算征收，由同级财政返回 18%所得税时

附表二

合并资产负债表

会合 01 表

编制单位：湖北车桥股份有限公司　　单位：元

资产	行次	1997.03.31	1996.12.31	1995.12.31	1994.12.31
流动资产：					
货币资金	1	18,722,776.94	6,070,708.24	8,529,134.15	6,304,909.70
短期投资	2				
应收票据	3		708,200.00		
应收帐款	4	66,759,754.68	72,550,860.63	29,408,273.22	22,630,678.12
减：坏帐准备	5	333,798.77	362,754.30	564,402.53	600,000.00
应收帐款净额	6	66,425,955.91	72,188,106.33	28,843,870.69	22,030,678.12
预付货款	7	19,864,871.19	30,020,927.62	350,000.00	
其他应收款	8	27,803,041.41	29,209,501.35	34,727,660.03	17,551,304.81
待摊费用	9	3,264,276.18	3,264,276.18	6,215,838.99	7,605,298.69
存货	10	62,316,679.43	35,310,109.40	29,494,970.40	30,210,563.79
待处理流动资产净损失	11				
一年内到期的长期债券投资	12				
其他流动资产	13				
流动资产合计	15	198,397,601.06	176,771,829.12	108,161,474.26	83,702,755.11
长期投资：					
长期投资	16	150,717.75	148,955.00	182,600.00	821,664.00
其中：合并价差(贷差以“-”表示)	17				
固定资产：					
固定资产原价	18	97,850,183.00	97,781,333.00	91,821,958.99	71,909,318.45
减：累计折旧	19	29,384,307,64	28,117,709.58	24,129,222.85	20,795,079.18
固定资产净值	20	68,465;875.36	69,663,623.42	67,619,735.15	51,114,239.27
在建工程	21	24,453,449.84	20,841,718.50	20,425,159.15	19,577,949.31
固定资产清理	22				
待处理固定资产净损失	23				
固定资产合计	30	92,919,375.20	90,505,341.92	38,117,894.30	70,692,188.58
无形资产及递延资产：					
无形资产	31	7,706,952.92	7,751,482.08	7,929,598.72	8,107,715.36
递延资产	32	2,578,818.01	2,320,493.51	1,198,217.81	950,443.82
无形资产及递延资产合计	33	10,285,770.93	10,871,975.59	9,127,816.53	9,058,159.18
其它长期资产：					
其他长期资产	34				
递延税项：					
递延税款借项	35				
资产总计	40	301,753,464.94	277,498,101.63	205,589,785.09	164,274,766.87

合并资产负债表(续)

会合 01 表

编制单位：湖北车桥股份有限公司　　单位：元

负债及股东权益	行次	1997.03.31	1996.12.31	1995.12.31	1994.12.31
流动负债					
短期借款	41	40,142,100.00	37,892,100.00	45,022,100.00	36,092,597.00
应付票据	42	5,100,000.00	4,840,000.00	2,492,000.00	2,000,000.00
应付帐款	43	41,259,686.83	26,233,844.42	3,459,220.60	5,931,955.00
预收货款	44	5,742,380.58	12,375,082.48	533,319.44	2,806,963.56
应付福利费	45	823,760.82	959,791.15	740,514.49	452,774.30
未付股利	46	6,376,493.61	5,279,493.61	5,159,195.00	12,820,540.00
未交税金	47	2,403,898.62	3,558,455.33	-87,990.66	333,340.77
其他未交款	48	10,943.79	16,875.00	567.29	2,392.44
其他应付款	49	46,823,867.29	38,278,462.19	12,846,773.12	6,487,056.28
预提费用	50		400,000.00	3,989,332.71	3,837,130.17
一年内到期的长期负债	51				
其他流动负债	52				
流动负债合计	55	148,683,131.54	129,834,104.18	74,155,031.99	70,764,749.52
长期负债：					
长期借款	56	27,001,524.80	27,001,524.80	34,037,732.89	25,421,489.02
应付债券	57				
长期应付款	58				
其他长期负债	59	724,864.00	714,464.00	926,830.00	977,758.00
长期负债合计	60	27,726,388.80	27,715,988.80	34,964,562.89	26,399,247.02
递延税项					
递延税款贷项	61				
负债合计	62	176,409,520.34	157,550,092.98	109,119,594.88	97,163,996.54
少数股东权益：					
少数股东权益	63	1,275,468.15	1,273,934.46	1,242,648.15	
股东权益					
股本	64	53,800,000.00	53,800,000.00	53,800,00.00	53,800,000.00
资本公积	65	10,712,597.89	10,712,597.89	10,712,597.89	141,188.00
盈余公积	66	19,749,037.80	18,775,327.46	15,258,347.64	12,626,543.37
其中：公益金	67	3,673,670.92	3,349,100.81	2,176,774.20	1,299,506.11
未分配利润	68	39,806,840.76	35,386,148.84	15,456,596.53	543,038.96
外币报表折算差额	69				
股东权益合计	70	124,068,476.45	118,674,074.19	95,227,542.06	67,110,770.33
负债及股东权益合计	80	301,753,464.94	277,498,101.63	205,589,785.09	164,274,766.87

合并财务状况变动表

附表三　　会合:03 表

编制单位：湖北车桥股份有限公司　　1996 年度　　单位：元

流动资金来源和运用	行次	金额
一、流动资金来源		
1、本年净利润	1	23,446,532.13
加：不减少流动资金的费用和损失		

流动资金来源和运用	行次	金额
(1)少数股东本期损益(亏损以"-"号表示)	2	151,584.92
(2)固定资产折旧	3	4,315,304.43
(3)无形资产、递延资产及其他资产摊销(减其他负债转销)	4	178,116.64
(4)固定资产盘亏(减盘盈)	5	
(5)清理固定资产损失(减收益)	6	
(6)递延税款	7	
(7)其他不减少流动资金的费用和损失	8	
小计	10	28,091,538.12
2、其他来源:		
(1)固定资产清理收入(减清理费用)	11	
(2)增加长期负债	12	
(3)收回长期投资	13	75,000.00
(4)对外投资转出固定资产	14	
(5)对外投资转出固定资产	15	
(6)资本净增加额	16	3,516,979.82
(7)少数股东资本净增加额	17	31,286.31
小计	19	3,623,266.13
流动资金来源合计	20	31,714,804.25
二、流动资金运用		
1、利润分配		
(1)提取法定公积金	21	2,344,653.21
(2)提取法定公益金	22	1,172,326.61
(3)提取任意公积金	23	
(4)已分配股利	24	
小计	25	3,516,979.82
2、少数股东利润分配	26	151,584.92
3、其他运用		
(1)固定资产和在建工程净增加额	27	6,702,752.05
(2)增加无形资产、递延资产及其他资产	28	1,122,275.70
(3)偿还长期负债	29	7,248,574.09
(4)增加长期投资	30	41,355.00
小计	31	15,114,956.84
流动资金运用合计	32	18,783,521.58
对外会计报表折算差额	33	
流动资金增加净额	40	12,931,282.67

合并财务状况变动表(续)

会合 03 表

编制单位:湖北车桥股份有限公司　　1996 年度　　单位:元

流动资金各项目的变动	行次	金额
一、流动资产本年增加数		
1、货币资金	41	-2,458,425.91
2、短期投资	42	
3、应收票据	43	708,200.00
4、应收帐款净额	44	43,344,235.64
5、预付货款	45	29,670,927.62
6、其他应收款	46	-5,518,158.68
7、待摊费用	47	-2,951,562.81
8、存货	48	5,815,139.00
9、待处理流动资产净损失(减收益)	49	
10、一年内到期的长期债券投资	50	
11、其他流动资产	51	
流动资产增加净额	60	68,610,354.86
二、流动负债本年增加数		
1、短期借款	61	-7,130,000.00
2、应付票据	62	2,348,000.00
3、应付帐款	63	22,774,623.82
4、预收货款	64	11,841,763.04
5、应付福利费	65	219,276.66
6、未付股利	66	120,298.61
7、未交税金	67	3,646,445.99
8、其他未交款	68	16,307.71
9、其他应付款	69	25,431,689.07
10、预提费用	70	-3,589,332.71
11、一年内到期的长期负债	71	
12、其他流动负债	72	
流动负债增加净额	79	55,679,072.19
流动资金增加净额	80	12,931,282.67

合并利润及利润分配表

附表四　　会合 02 表

编制单位:湖北车桥股份有限公司　　单位:元

项　目	行次	1997 年 1—3 月份	1996 年度	1995 年度	1994 年度
一、主营业务收入	1	66,673,883.70	218,946,946.50	145,557,053.71	135,988,253.13
减:营业成本	2	51,840,867.41	163,656,262.91	106,000,034.36	98,956,669.26
销售费用	3	1,778,685.34	7,027,711.92	3,159,810.37	3,293,575.67
管理费用	4	3,150,106.65	12,776,853.97	7,994,874.88	9,077,388.78
财务费用	5	3,020,167.78	10,176,500.46	11,745,664.93	9,273,753.67
进货费用	6				
营业税金及附加	7	160,468.22	554,000.00	272,080.36	277,231.48
二、主营业务利润	8	6,723,588.30	24,755,617.24	16,384,588.81	15,109,634.27
加:其他业务利润	9	627,822.17	2,518,842.58	932,169.75	191,647.43
三、营业利润	10	7,351,410.47	27,274,459.82	17,316,758.56	15,301,281.70
加:投资收益	11	1,762.75	41,355.00		
营业外收入	12	393,316.05	841,026.28	1,140,899.06	1,066,281.94
减:营业外支出	13	108,888.03	484,261.98	189,647.63	287,472.58
加:以前年度损益调整	14				
四、利润总额	15	7,637,601.24	27,672,579.12	18,538,009.99	16,080,091.06
减:所得税	16	1,144,665.29	4,074,462.07	1,000,000.00	1,000,000.00
少数股东损益	17	1,533.69	151,584.92	-7,351.85	
五、净利润	18	6,491,402.26	23,446,532.13	17,545,361.84	15,080,091.06
加:年初未分配利润	19	35,386,148.84	15,456,596.53	543,038.96	545,501.56
盈余公积转入数	20				
六、可分配利润	21	41,877,551.10	38,903,128.66	18,088,400.80	15,625,592.62
减:提取法定公积金	22	649,140.23	2,344,653.21	1,754,536.18	1,508,009.11
提取法定公益金	23	324,570.11	1,172,326.61	877,268.09	754,004.55
七、可供股东分配的利润	24	40,903,840.76	35,386,148.84	15,456,596.53	13,363,578.96
已分配优先股股利	25				
提取任意公积金	26				
已分配普通股股利	27	1,097,000.00			12,820,540.00
八、未分配利润	28	39,806,840.76	35,386,148.84	15,450,596.53	543,038.96

湖北车桥股份有限公司组织结构图

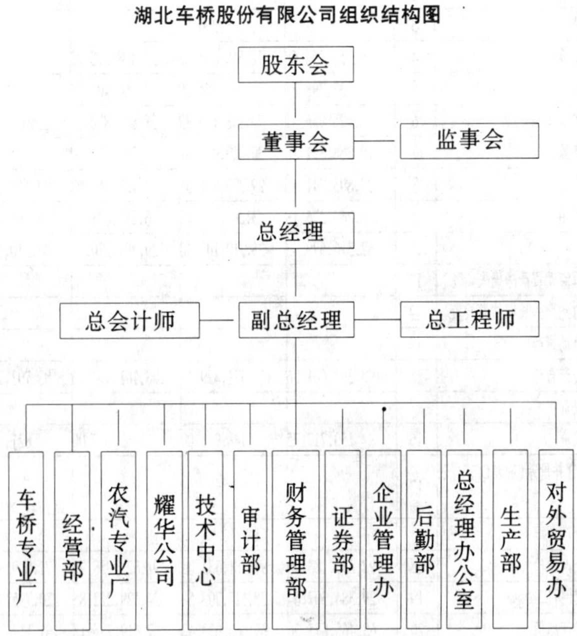

湖北车桥股份有限公司一九九七年中期报告

一、财务报告(已审计)

1．审计报告

审计意见:湖北会计师事务所注册会计师李贵斌、许长顺为本公司出具了无保留意见审计报告"鄂会师股审字(1997)第303号"。审计报告如下:

湖北车桥股份有限公司全体股东:

我们接受委托,审计了湖北车桥股份有限公司1997年6月30日的资产负债表、1997年1—6月份的利润及利润分配表。这些会计报表由湖北车轿股份有限公司负责,我们的责任是对这些会计报表发表审计意见。我们的审计是依据中国注册会计师独立审计准则进行的。在审计过程中,我们结合湖北车桥股份有限公司的实际情况,实施了包括抽查会计记录等我们认为必要的审计程序。

我们认为,上述会计报表符合《企业会计准则》和《股份制试点企业会计制度》的有关规定,在所有重大方面公允反映了湖北车桥股份有限公司1997年6月30日的财务状况和1997年1—6月份的经营结果,会计处理方法的选用遵循了一贯性原则。

湖北会计师事务所　中国注册会计师　李贵斌

湖北省武汉市武昌　中国注册会计师　许长顺

水果湖横路7号3楼　报告日期:1997年7月22日

2、财务报告

(1)简化资产负债表　单位:元

项目	1997.06.30 母公司	1997.06.30 合并数	1996.12.31 母公司	1996.12.31 合并数
流动资产	215,569,662.72	216,343,212.86	176,635,544.81	176,771,829.12
长期投资	2,850,744.44	135,341.00	2,803,937.96	148,955.12
固定资产净值	53,726,118.04	67,095,565.20	55,944,062.82	69,663,623.42
在建工程	26,303,662.63	26,338,742.63	20,808,718.50	20,841,718.50
无形资产及递延资产	9,532,219.60	9,842,219.60	9,751,975.59	10,071,975.59
资产总计	307,982,407.43	319,755,081.29	265,949,136.68	277,498,101.63
流动负债	144,959,667.06	155,431,868.23	119,559,073.69	129,834,104.18
长期负债	26,851,524.80	27,576,388.80	27,715,988.80	27,715,988.80
负债总计	192,536,055.86	183,008,257.03	147,275,062.49	157,550,092.98
少数股东权益		1,300,472.69		1,273,934.46
股东权益	135,446,351.57	135,446,351.57	118,674,074.19	118,674,074.19
其中股本	53,800,000.00	53,800,000.00	53,800,000.00	53,800,000.00
资本公积	10,712,597.89	10,712,597.89	10,712,597.89	10,712,597.89
盈余公积	21,455,719.07	21,455,719.07	18,775,327.46	18,775,327.46
未分配利润	49,478,034.61	49,478,034.61	35,386,148.84	35,386,148.84
负债及股东权益总计	307,982,407.43	319,755,081.29	265,949,136.18	277,498,101.63

(2)简化损益表　单位:元

项目	1997年1-6月份		1996年1-6月份	
主营业务收入	140,332,804.99	143,780,098.15	141,999,511.90	143,331,161.52
主营业务利润	16,714,304.41	16,764,097.12	15,806,284.48	16,101,377.63
其他业务利润	4,155,908.68	4,187,518.68	1,703,401.87	1,732,601.87
投资收益(调整数)	41,806.48	-13,614,00	260,015.05	39,095.00
营业外收支净额	97,902.91	101,458.91	888,735.95	891,150.95
利润总额	21,012,922.48	21,039,460.71	18,658,437.35	18,764,225.45
所得税	3,143,645.10	3,143,645.10	2,759,763.35	2,759,763.35
少数股东损益		26,538.23		105,788.10
净利润	17,869,277.38	17,869,277.38	15,898,674.00	15,898,674.00
年初未分配利润	35,386,148.84	35,386,148.84	15,456,596.53	15,456,596.53
可分配利润	53,255,426.22	53,255,426.22	31,355,270.53	31,355,270.53
可供股东分配利润	50,575,034.61	50,575,034.61	31,355,270.53	31,355,270.53
已分配普通股股利	1,097,000.00	1,097,000.00		
未分配利润	49,478,034.61	49,478,034.61	31,355,270.53	31,355,270.53

3、其它财务指标

指标名称	指标数 1997年上半年	1996年上半年
1、每股收益	0.332元/股	0.2955元/股
2、净资产收益率	13.19%	14.30%
3、每股净资产	2.52元/股	2.07元/股

4．财务报表附注

附1:公司采用的主要会计政策:与1996年度执行的会计政策一致。

附2:合并会计报表项目附注

①应收帐款

A、帐龄结构	比重	金额
(1)一年以内的	81.29%	75,010,561.61
(2)一年至二年的	10.53%	9,716,190.71
(3)二年至三年的	2.66%	2,450,119.77
(4)三年以上的	5.52%	5,100,239.27
合计	100%	92,277,111.36

B、坏帐准备

应收帐款期末余额为92,277,111.36元,坏帐准备计提比例为5‰,应计提数与实际计提数均为461,385.56元。

C、应收帐款中无持有5%以上股东的欠款。

②长期投资

A、债券投资

债券种类	起止日期	面值	年利率	投资金额	应计利息
国家重点建设债券	87.7.12至97.7.11	6,100	7%	6,100.00	4,270.00
国家重点建设债券	87.6.12至97.6.11	6,500	7%	6,500.00	4,550.00
国家重点建设债券	93.8.30至98.8.29	25,000	14.06%	25,000.00	10,545.00
国家重点建设债券	94.6.13至97.6.12	20,000	13.96%	20,000.00	8,376.00
合计				57,600.00	27,741.00

债券投资金额和应计利息合计为85,341.00元。

B、联营投资

1997.06.30

被投资单位名称	投资金额	出资比例	按权益法调整金额	期末余额
东风汽车零部件交易中心	50,000.00			50,000.00
A、B两项合计为	135,341.00			

③在建工程

工程名称	工程进程	原预算数	实际使用数	批准文号	资金来源
(1)齿轮加工与热处理	75%	29,970,000.00	19,264,296.40	鄂经技改制技术改造项目(1992)053号	借款和自筹
(2)瑞士冷摆压精锻机项目	69%	22,000,000.00	3,743,974.04	鄂计外经字〔1994〕612号	外国政府贷款
(3)九层综合楼	50%	4,000,000.00	3,330,472.19	鄂东改字(1995)388号	自筹

合计	56,010,000.00	26,3338,742.63

④无形资产

无形资产种类	原值	已摊金额	期末余额	剩余摊销年限	摊销年限
(1)土地使用权(甲)	3,181,884.00	222,731.88	2,959,152.12	46.5年	50年
(2)土地使用权(乙)	4,723,948.00	330,676.36	4,393,271.64	46.5年	50年
(3)专有技术	360,000.00	50,000.00		15.5年	18年
合计	8,265,832.00	603,408.24	7,662,423.76		

⑤递延资产

1997.06.30

项目	原值	已摊金额	期末余额	剩余摊销年限	摊销年限
开办费	2,179,795.84		2,179,795.84	5年	5年
合计	2,179,795.84		2,179,795.84		

⑥少数股东权益

1997.06.30

股东名称	投资金额	出资比例	期末余额
香港耀国企业公司	RMB1,250,000.00	32.38%	1,300,472.69

⑦资本公积

年初数	本年增加数	本年减少数	期末数
10,712,597.89	——	——	10,712,597.89

公司第八届董事会第三次会议审议通过《关于资本公积金转增股本的预案》,拟以1997年6月30日总股本53,800.00股为基数,每10股转增1.5股,共转增8,070,000股,共需资本公积金8,070,000.00元。

⑧未分配利润

	金　额
年初未分配利润	35,386,148.84
加:本年净利润	17,869,277.38
减:本年分配数	1,097,000.00
提取法定公积金	1,786,927.74
提取法定公益金	893,463.87
期末未分配利润	49,478,034.61

公司第八届董事会第三次会议审议通过1995年度、1996年度、1997年1—6月份分红方案,公司1997年1—6月份净利润为17,869,277.38元,提取10%法定公积金,提取5%法定公益金,1997年度可供股东分配利润为15,188,885.77元,加上1995年度、1996年度滚存未分配利润35,386,148.84元,扣除已分配国家股股利1,097,000.00元,累计可供股东分配利润49,478,034.61元,公司拟以1997年6月30日股本为基数,以滚存未分配利润向全体股东每10股送6.5股红股,送股后增加股本34,970,000股,应从未分配利润中支付34,097,000.00元,剩余未分配利润14,508,034.61元,滚存到以后年度一并分配。

⑨主营业务收入

类别	1997年1—6月份	1996年1—6月份
(1)车桥系列	77,855,334.68	73,044,576.56
(2)农用车系列	62,477,470.31	69,907,179.84
(3)汽配件系列	3,447,293.16	379,405.12
合计	143,780,098.15	143,331,161.52

投资收益

项 目	1997年1—6月份	1996年1—6月份
债券投资收益(调整数)	-13,614.00	39,095.00

5、关联关系及关联交易事项

本公司的关联关系是母公司与两个分公司之间的业务往来,在合并会计报表时已被抵销。

6、期后事项

本公司没有需要披露的期后事项。

7、或有事项

本公司没有需要披露的或有事项。

8、承诺事项

本公司没有需要披露的承诺事项。

二、经营情况的回顾与展望

1、上半年经营情况的回顾

1997年,公司认真实施提出的"一超二保三突破,四攻五创六实现"的奋斗目标,同心协力,开源节流,大胆地进行一系列的探索与实验。截止六月底,公司实现工业总产值1.39亿元,销售收入1.43亿元,税后利润1786.9万元,较1996年同期分别增长了-1.46%、0.31%、和12.4%,分别占全年计划的46.4%、43.4%和75.8%。

公司坚持汽车零部件"配套、维修、出口"的市场营销体系,坚持"质量第一"的宗旨,以自身的生产优势,走专业化、大规模的发展道路。今年上半年,公司努力降低产品成本,推行合理的销价,产品市场占有率不断得到提高,其中HCQ1060型汽车前后桥总成的全国维修市场占有率达25%,HCQ1090型汽车后桥总成维修市场占有率达27%。自1993年获得国家外经贸部批准的自营进出口权以来,公司成功地把T850、BM301、BM302等齿轮推入到了日本、新加坡、巴基斯坦、泰国等国际市场。同时,公司还不断为各项工作计划的顺利实施创造条件,如通过广泛开展创优评差,落实服务承诺等活动,内练素质,外塑形象,促使生产经营获得全面的发展。

继续优化产业结构,按照市场发展趋势和用户市场定位,不断开发新产品,年前推出的新一代华通牌改进型农用车,因载货能力大、底盘坚固、外型美观等优点,一举成为企业新的经济增长点。目前,公司开发的三条汽车前后桥总成装配线和一条静电喷漆线的安装,现已接近尾声。

公司致力完善法人治理机制,年初同各专业厂签订了经营承包合同,实行授权委托经营,逐步健全现代企业的组织领导、财务管理、质量管理、方针目标等各项制度,为高效运作打下坚实基础。

2、下半年计划

下半年将是实现公司经济发展的关键时期,公司将继续优化和调整汽车零部件"配套、维修、出口"和农用运输车主导产业结构,力争实现"一超二保三突破,四攻五创六实现"的奋斗目标,抓紧三条汽车前后桥总成装配线和一条静电喷漆线等在建工程,积极与韩国现代精工合作开发万通汽车国产化配套服务工程,走专业化、大规模的发展道路,增强竞争实力。内练素质求发展,下半年公司继续落实方针目标管理,积极开展QC小组活动,加强员工培训和人才引进。实施ISO9000国际质量体系认证和达标。

公司将遵循追求最佳投资效益原则,奋力开拓、扎实工作。下半年,继续同政府部门加强联系,扩大开发规模、加大投入力度,加快对高科技、高附加值、高效益投资项目的调研筛选,培育新的利润增长点。

三、重大事件说明

1、《1996年度利润分配的处理方案》于1997年4月16日召开股东大会讨论并通过;

2、公司募集资金使用情况

本公司于1993年以后从未曾募集过资金,原募集资金已在1994年度以前投按股东大会通过的项目使用完毕;

3、本公司对照《严禁国有企业和上市公司炒作股票的规定》的自查情况,经自查,本公司没有从事任何违规炒股事项;今后如果发生违规炒作股票,将严格按照有关规定进行处理;

4、本报告期内公司无重大诉讼、仲裁事项;

经自查,本公司没有从事任何违规事项。

5、公司A股于1997年6月27日在深交所挂牌上市;

6、1997年8月3日,董事会决议通过:

(1)审议通过《关于资本公积金转增股本的预案》,拟以1997年6

月30日总股本53,800,000股为基数,每10股转增1.5股,共转增8,070,000股,共需资本公积金8,070,000元,还剩资本公积金2,642,597.89元,留作以后年度一并分配。

(2)审议通过了1995年度、1996年度、1997年1—6月份分红方案,公司1997年1—6月份净利润为17,869,277.38元,提取10%法定公积金,提取5%法定公益金,1997年度可供股东分配利润为15,188,885.77元,加上1995年度、1996年度滚存利润35,386,148.84元,扣除已分配国家股利1,097,000.00元,累计可供股东分配利润49,478,034.61元,公司拟以现有股本为基数,以未分配利润向全体股东每10股送红股6.5股,送股后增加股本34,970,000股,应从未分配利润中支付34,970,000.00元,剩余未分配利润14,508,034.61元,滚存到以后年度一并分配。送配方案实施后尚余资金:(1)盈余公积为21,455,719.07元;(2)资本公积金2,642,597.89元;(3)未分配利润为14,508,034.61元,合计38,606,351.57元。

上述1—2项预案需提交公司1997年度第一次股东大会审议通过,并报省证管办批准后实施;

(3)公司定于1997年9月6日召开公司1997年度第一次股东大会。

四、发行在外股票的变动和股权结构变化

1、报告期内本公司无发行股票(包括送、配)及股票的派生种类,拆细或合股,以及发行在外股票的其它变化。

2、股权结构情况:(1996年6月30日)单位:万股

	1997年6月30日	比率%	1996年末	比率%
(一)尚未流通股	3165	58.8	3165	58.8
(1)国家股	2165	40.2	2165	40.2
(2)法人股	1000	18.6	1000	18.6
(二)流通股份	2215	41.2	2215	41.2
(三)股份总额	5380	100	5380	100

3、主要股东持股情况

股东名称	持有股份	占总股本比例
①湖北省公安县国有资产管理局	21650000股	40.24%
②公安县经济开发投资公司	6082000股	11.3%
③铁道部物资总公司武汉公司	2000000股	3.72%
④武汉汽车工业公司	1380000股	2.57%
⑤亚星集团扬州客车厂	538000股	1%
⑥陈　波	246500股	0.46%
⑦邹欢喜	245000股	0.45%
⑧王登梅	235000股	0.44%
⑨汪占元	210000股	0.39%
⑩齐德安	112880股	0.20%

五、股东大会简介

1、1997年4月16日在湖北车桥股份有限公司召开1996年度股东大会,到会股东人数为214人,代表股数4057万股,占总股本的75.4%,符合《公司法》和《公司章程》的要求。公司股东审议通过如下决议:

①《公司1996年度董事会工作报告》;

②、《监事会工作报告》;

③、《公司1996年度财务决算报告》;

④、《1997年财务预算报告》;

⑤、《公司1996年度利润分配的处理方案》。

2、本报告期内未召开临时股东大会。

六、备查文件

在本公司董事会办公室备有以下备查文件,随时供股东查阅:

1、董事长兼总经理亲笔签名的中期报告原本;

2、公司有关财务报告及审计报告原本;

3、公司章程。

地址:湖北省荆州市

联系电话:(0716)5225770

(0716)5225925

传　真:(0716)5225925

邮　编:434300

湖北车桥股份有限公司

一九九七年八月四日

合　并　资　产　负　债　表

会合01表

编制单位:湖北车桥股份有限公司　　单位:元

资　　产	行次	1997.06.30	1996.12.31
流动资产:			
货币资金	1	16,234,022.11	6,070,708.24
短期投资	2		
应收票据	3		708,200.00
应收帐款	4	92,277,111.36	72,550,860.63
减:坏帐准备	5	461,385.56	362,754.30
应收帐款净额	6	91,815,725.80	72,188,106.33
预付货款	7	20,346,165.78	30,020,927.62
其他应收款	8	30,986,838.95	29,209,501.35
待摊费用	9	3,769,906.56	3,264,276.18
存货	10	51,919,776.35	35,310,109.40
待处理流动资产净损失	11	1,270,777.31	
一年内到期的长期债券投资	12		
其他流动资产	13		
流动资产合计	15	216,343,212.86	176,771,829.12
长期投资:			
长期投资	16	135,341.00	148,955.00
其中:合并价差(贷差以"-"表示)	17		
固定资产:			
固定资产原价	18	97,352,860.00	97,781,333.00
减:累计折旧	19	30,257,294.80	28,117,709.58
固定资产净值	20	67,095,565.20	69,663,623.42
在建工程	21	26,338,742.63	20,841,718.50
固定资产清理	22		
待处理固定资产净损失	23		
固定资产合计	30	93,434,307.83	90,505,341.92
无形资产及递延资产:			
无形资产	31	7,662,423.76	7,751,482.08
递延资产	32	2,179,795.84	2,320,493.51
无形资产及递延资产合计	33	9,842,219.60	10,071,975.594
其他长期资产			
其他长期资产	34		
递延税项:			
递延税款借项	35		
资产总计	40	319,755,081.29	277,498,101.63

合并资产负债表(续)

会合01表

编制单位:湖北车桥股份有限公司　　单位:元

负债及股东权益	行次	1997.06.30	1996.12.31
流动负债:			
短期借款	41	41,802,100.00	37,892,100.00
应付票据	42	2,200,000.00	4,840,000.00

负债及股东权益	行次	1997.06.30	1996.12.31
应付帐款	43	42,300,276.28	26,233,844.42
预收帐款	44	2,261,315.20	12,375,082.48
应付福利费	45	998,764.62	959,791.15
未付股利	46	6,256,195.00	5,279,493.63
未交税金	47	4,133,821.99	3,558,455.33
其他未交款	48	3,853.79	16,875.00
其他应付款	49	55,475,541.35	38,278,462.19
预提费用	50	400,000.00	
一年内到期的长期负债	51		
其他流动负债	52		
流动负债合计	55	155,431,868.23	129,834,104.18
长期负债:			
长期借款	56	26,851,524.80	27,001,524.80
应付债券	57		
长期应付款	58		
其他长期负债	59	724,846.00	714,464.00
长期负债合计	60	27,576,388.80	27,715,988.80
递延税项			
递延税款贷项	61		
负债合计	62	183,008,257.03	157,550,092.98
少数股东权益:			
少数股东权益	63	1,300,472.69	1,273,934.46
股东权益:			
股 本	64	53,800,000.00	53,800,000.00
资本公积	65	10,712,597.89	10,712,597.89
盈余公积	66	21,455,719.07	18,775,327.46
其中:公益金	67	4,242,564.68	3,349,100.81
未分配利润	68	49,478,034.61	35,386,148.84
外币报表折算差额	69		
股东权益合计	70	135,446,351.57	118,674,074.19
负债及股东权益总计:	80	319,755,081.29	277,498,101.63

资产负债表

会股 01 表

编制单位:湖北车桥股份有限公司　　单位:元

资 产	行次	1997.06.30	1996.12.31
流动资产:			
货币资金	1	16,101,471.36	6,047,169.13
短期投资	2		
应收票据	3		708,200.00
应收帐款	4	92,189,741.36	72,515,040.63
减:坏帐准备	5	460,948.71	362,575.20
应收帐款净额	6	91,728,792.65	72,152,465.43
预付货款	7	20,245,939.72	30,020,927.62
其他应收款	8	30,893,237.56	29,208,001.35
待摊费用	9	3,766,606.56	3,264,276.18
存 货	10	51,562,837.56	35,234,402.10
待处理流动资产净损失	11	1,270,777.31	
一年内到期的长期债券投资	12		
其他流动资产	13		
流动资产合计	15	215,569,662.72	176,635,441.81
长期投资:			
长期投资	16	2,850,744.44	2,808,937.96
固定资产:			
固定资产原价	18	82,845,821.00	83,274,294.00
减:累计折旧	19	29,119,702.96	27,330,231.18
固定资产净值	20	53,726,118.04	55,944,062.82
在建工程	21	26,303,662.63	20,808,718.50
固定资产清理	22		
待处理固定资产净损失	23		
固定资产合计	25	80,029,780.67	76,752,781.32
无形资产及递延资产:			
无形资产	26	7,352,423.76	7,431,482.08
递延资产	30	2,179,795.84	2,320,493.51
无形资产及递延资产合计	35	9,532,219.60	9,751,975.59
其他长期资产:			
递延税项:			
递延税款借项	37		
资产总计	40	307,982,407.43	265,949,136.68

资　产　负　债　表(续)

会股 01 表

编制单位:湖北车桥股份有限公司　　单位:元

负债及股东权益	行次	1997.06.30	1996.12.31
流动负债:			
短期借款	41	41,752,100.00	37,842,100.00
应付票据	42	2,200,000.00	4,840,000.00
应付帐款	43	40,804,693.40	25,611,062.28
预收货款	44	2,250,957.60	12,342,841.48
应付福利费	45	974,125.48	905,491.68
未付股利	46	6,256,195.00	5,159,195.00
未交税金	47	3,835,414.46	3,396,920.00
其他未交款	48	3,853.79	16,875.00
其他应付款	49	46,882,327.33	29,044,587.20
预提费用	50		
一年内到期的长期负债	51		
其他流动负债	52		
流动负债合计	55	144,959,667.06	119,559,073.69
长期负债:			
长期借款	56	26,851,524.80	27,001,524.80
应付债券	57		
长期应付款	58		
其他长期负债	60	724,864.00	714,464.00
长期负债合计	61	27,576,388.80	27,715,988.80
递延税项:			
递延税款贷项	62		
负债合计	65	192,536,055.86	147,275,062.49
股东权益:			
股 本	66	53,800,000.00	53,800,000.00
资本公积	67	10,712,597.89	10,712,597.89
盈余公积	68	21,455,719.07	18,755,327.46
其中:公益金	69	4,242,564.68	3,349,100.81
未分配利润	70	49,478,034.61	35,386,148.84
股东权益合计	75	135,446,351.57	118,674,074.19
负债及股东权益总计:	80	307,982,407.43	265,949,136.18

西藏矿业发展股份有限公司

西藏矿业发展股份有限公司董事长、总经理介绍

一、董事长简介

董事长：肖永恩先生，汉族，男，现年50岁，本科学历，中共党员、工程师。1947年3月生于福建省罗源县，1970年参加工作，1975年12月毕业于北京大学地质地理系。先后曾任西藏东风矿技术员、生技科副科长、西藏罗布萨铬铁矿副矿长、矿长兼矿党委副书记，西藏自治区矿业发展总公司总经理兼总公司党委副书记、兼西藏藏华工贸有限公司董事长，西藏矿业发展有限公司董事长等职务。具有丰富的矿山生产与管理经验，堪称为西藏矿业经济新时期的开拓者和推动西藏矿业经济发展的带头人。

二、总经理简介

总经理：拉巴次仁先生，藏族，男，现年44岁，中专学历，中共党员、政工师、助理经济师。1953年生于西藏自治区堆龙德庆县，1970年参加工作，1970年毕业于西藏民族学院，1985年～1996年曾先后在西藏农牧学院干训部、西藏党校、中央党校、香港中国制造工业高级管理人员培训班学习深造。先后曾任西藏东风矿车间副主任、支部书记、政治处主任，西藏罗布萨矿党委副书记、书记兼矿长，西藏自治区矿业发展总公司副总经理兼罗布矿矿长和党委副书记，西藏矿业发展股份有限公司总经理等职务。具有丰富的矿山生产和管理经验，堪称为西藏矿业经济新时期的开拓者和推进西藏矿业经济跨世纪发展的领头雁。

西藏矿业发展股份有限公司招股说明书概要

一、释义

在本招股说明书中，除上下文另有说明外，下列名词之含义应由以下释义规范：

发起人	指西藏自治区矿业发展总公司及另四家发起人
总公司	指西藏自治区矿业发展总公司
发行人	指西藏矿业发展股份有限公司(筹)
筹委会	指西藏矿业发展股份有限公司筹备委员会
公司或本公司	指西藏矿业发展股份有限公司(筹)
股份公司	指西藏矿业发展股份有限公司(筹)
中国证监会	指中国证券监督管理委员会
承销协议	指本公司与主承销商达成的包销协议
主承销商	指光大证券有限责任公司
上市推荐人	指南方证券有限公司
承销团	指以光大证券有限责任公司为主承销商组成的本次股票发行的承销团
本次新股发行	指本次向社会公众发行的3500万股A股
A股	指每股面值为1.00的记名式人民币普通股
元	指人民币元

二、绪言

本招股说明书是根据《中华人民共和国公司法》、《股票发行与交易管理暂行条例》和国家现行有关证券管理法规而编写并公布，并经中国证监会证监发字〔1997〕第332号文和证监发字〔1997〕第333号文核准，旨在向投资者提供有关本公司的基本情况和本次发行的详细资料。本公司筹委会全体成员已批准了本招股说明书，确信其中不存在任何重大遗漏或者误导，并对其真实性、准确性、完整性负个别和连带的责任。

本公司新发行的股票是根据本招股说明书所载明的资料申请发行的。除本发行人和主承销商外，没有委托或授权任何其它人提供未在本招股说明书中所载的信息和对本招股说明书作任何解释或者说明。

本公司股票之买卖，应由投资者按规定负担相应的税款，发行人、推荐人和承销商对此不承担责任。

三、发售新股的有关当事人

1、发行人：西藏矿业发展股份有限公司(筹)
筹委会主任：肖永恩
地　址：西藏自治区拉萨市扎基路14号
电　话：0891—6336740　6336743　　传　真：0891—6336738
联系人：肖永恩　刘晓江

2、(1)主承销商
名　称：光大证券有限责任公司
法定代表人：刘纪元
地　址：北京市复兴门外大街6号光大大厦
电　话：028—6637609　6278053　　传　真：028—6269617
联系人：刘韬　任俊杰　吴承达

(2)副主承销商
名　称：北京证券有限公司
法定代表人：刘纪元
地　址：北京市西城区德胜门东滨河路B11号
电　话：010-62057992

(3)分销商
名　称：海通证券有限公司
法定代表人：李惠珍
地　址：上海市北海宁路30号
电　话：0755—3259766
联系人：李保国

(4)分销商：
名　称：成都证券公司
法定代表人：晏　姚
地　址：四川省成都市顺城街南延线大业大厦十六层
电　话：028—6622943
联系人：邹　斌

(5)分销商：
名　称：重庆有价证券公司
法定代表人：蒋钢
地　址：重庆市渝中区沧白路19号
电　话：023—63834144
联系人：潘慧中

3、上市推荐人
名　称：南方证券有限公司
法定代表人：王景师
地　址：深圳市深南东路56号南方国际大酒店
电　话：010—67642137　　传　真：010—67642137
联系人：李毅　鲍文革

4、发行人法律顾问
名　称：中银律师事务所
法定代表人：朱玉栓
地　址：北京西城区南礼士路21号核工之家648室
电　话：010—68573558　　传　真：010—68573559

经办律师:林静　朱玉栓
5、会计师事务所和经办注册会计师
名　称:深圳中诚会计师事务所
法定代表人:刘继忠
地　址:深圳市华富路5号南光大厦三楼
电　话:0755—3241573
经办注册会计师:易永健　刘继忠
6、资产评估机构和经办评估人员
名　称:北京中正评估公司
法定代表人:龙涛
地　址:北京友谊宾馆颐园62641室
电　话:010—68498091
经办评估人员:薛勇　黄林　弓佳
7、土地估价机构和经办评估人员
名　称:重庆市地价事务所
法定代表人:卢建辉
地　址:重庆市渝中区曾家岩28号
电　话:023—63876460
经办估价人员:卢建辉　谢勇　邢洁
8、资产评估确认机构
名　称:国家国有资产管理局
负责人:张佑才
地　址:北京市海淀区万泉河路66号
电　话:010—62567744
9、收款银行
(1)名　称:中国农业银行西藏自治区分行
地　址:拉萨市康昂东路12号
电　话:0891—6333750　6333719
(2)名　称:中国建设银行西藏自治区分行
地　址:拉萨市北京西路24号
电　话:0891—6333319
(3)名　称:中国银行西藏自治区分行
地　址:拉萨市林廓西路28号
电　话:0891—6335400
10、股票登记机构:深圳证券登记有限公司
法定代表人:黄铁军
地址:深圳市红岭路25号
电话:0755—5567899

四、发行情况

1、股票类型:本次发行的3500万股股票全部为人民币普通股
2、每股面值:1元
3、发行日期:1997年6月18日
4、发行对象:中国境内合法的投资者和法人(法律、法规禁止购买者除外)
5、发行地区:西藏自治区拉萨市
6、承销起止日期:1997年6月18日至1997年6月24日
7、上市交易所名称:深圳证券交易所
8、发行方式:"全额预缴款,比例配售,余款转存"
9、每股发行价:前三年平均每股税后利润×发行市盈率=0.46×15=6.9元
10、发行量:3500万股(其中350万股将配售给公司职工,该部分股份自社会公众股上市半年后即可上市流通)
11、发行总市值:24,150万元
12、本次发行前每股净资产1.5元,本次发行后每股净资产3.31元。

五、风险因素及对策

投资者在评价本发行人此次发售的股票时,应特别认真地考虑下述各项风险因素。

(一)风险因素

1.经营风险

(1)对主要客户的依赖:本公司的客户主要集中在西北、西南、东北、华东地区。存在上述地区经济发展速度影响本公司产品销售的可能。

(2)运输风险,由于西藏自治区位处西部偏远地区,交通落后,运输成本约占公司产品成本的40%。交通不便可能制约公司产品运输及销售。

(3)能源供应风险:采矿行业电力消耗量大,电力成本约占制造成本的15%左右。而西藏地区总体上存在着电力供应不足的问题,有可能对本公司的生产、经营带来不利影响。

(4)产品价格的限制:国家每年通过西藏自治区经贸体改委对包括总公司在内的西藏部分矿产企业下达铬铁矿计划销售指标,就以往的情况看,计划价较市场销售价为低,本公司如被分配给计划销售指标,将会影响公司利润。

(5)融资能力的局限性:西藏地区经济发展相对落后,银行存贷款规模偏小,融资能力有限,有可能制约公司的发展。

(6)自然条件的限制:本公司开采的矿山地处高原地区,冬季严寒气候会影响爆破效果,导致机器损大,相对加大生产成本。同时,恶劣的气候也会给运输、销售造成一定的困难。

(7)产品和业务结构风险:本公司目前的产品和业务主要集中于矿产资源的开采和冶炼,受国家宏观经济政策的影响较大。

2、行业风险

(1)对其他行业的依赖:本公司生产的铬铁矿主要用于冶金和化工行业,该等行业景气度将直接影响公司效益。

(2)资源限制:本公司目前从事的业务中铬铁矿开采占绝对比重,现有储量有限仅可供开采15年左右。如果缺乏后续项目,随着资源的枯竭公司的发展会受到影响。

(3)行业内部竞争:公司目前的铬铁矿资源在全国处于较大的优势地位,但不排除其他地区发现新的铬矿资源并在较短时间内形成生产能力的可能性。

3、市场风险

目前我国铬铁矿石年需求量约为70万吨,国内年供应量约为12万吨,缺口主要依靠进口。尽管公司产品与进口同品质产品相比具有较大的价格优势,但不排除国外商家向中国市场低价倾销、削弱公司产品市场竞争力的可能性。

同时,我国正积极申请加入世界贸易组织。一旦成功,我国有可能降低铬铁矿进口关税,这将对本公司产品的销售造成冲击。

4、政策性风险

国家目前对上市公司优惠政策的变化,将会影响到公司的生产经营和利润增长。

5、其它风险

(1)项目投资风险

公开发行募集资金中大部分将用于开采金、铜、锂盐、钾盐等新矿种,如果项目不能如期完成,对公司按时收回投资、实现预定目标将产生不良影响。

(2)环保风险

在开采过程中,有些矿种会产生放射性污染。而且矿山开采过程中会产生粉尘污染,如不采取有力措施加以控制,有可能因违反国家环保政策而受到制裁。

(3)现有股东的控制

总公司是本公司的最大股东,其下属的其他子公司也经营铬铁矿。同时,总公司有偿为本公司提供职工宿舍、部分场地设备和经营场所等综合服务。总公司有可能通过控股权干预公司在经营、人事等方面的决策。

(4)股市风险

由于股票市场的价格不仅取决于企业的经营状况,诸多外部条件的变化也会影响本公司的股价波动,投资者对此应有充分的认识。

(二)风险对策

本公司在充分了解上述风险后,采取或准备采取以下对策:

1、经营风险对策

(1)关于公司对主要客户依赖的风险

本公司将加大技术改造力度,加强内部管理,提高产品质量和服务质量,在巩固现有市场的基础上,充分发挥公司铬铁矿产品市场知名度高的优势,完善和扩大现有的销售网络,进一步开拓新客户,扩大市场占有率。

(2)关于交通运输风险

自治区政府已与格尔木铁路部门协调好,保证自治区的物资出藏后的铁路运输。本公司与专业公路运输部门建立了良好的协作关系,能够确保公司产品的出藏运输。

(3)关于能源风险问题

西藏地区电力供应总体上短缺,但公司矿山所在的山南地区却相对充裕。目前公司已与山南地区泽当供电局签订供用电协议,将保证公司

的电力供应；而且山南地区正在修建一级电站，预计1998年建成，届时将缓解地区用电压力。

(4)关于产品价格限制风险

西藏自治区经贸体改委已以藏经委字〔1997〕81号文件承诺，待公司公发上市之后，不向公司分配计划内销售指标。

(5)关于融资能力的局限性

公司一方面吸收自治区内外优秀企业以货币资金投资入股，另一方面通过本次面向社会公开发行股票筹集资金，已能保证公司新投资项目的资金需要和日常运转。

(6)关于自然条件的限制

公司经过多年的摸索已形成一套行之有效的技术管理办法来解决冬季生产可能存在的成本加大问题。

(7)关于产品和业务结构风险

公司将着手调整产品和业务结构，在继续壮大主营业务的基础上，适度开展多种经营。

2、行业风险对策

(1)针对资源限制，公司本次募集资金的大部分将投向金、铜、锂盐、钾盐等矿种的开发。这些新矿种的资源优势得天独厚，生产成本较低。新矿种的逐步开发投产，将形成公司新的利润增长点。

(2)针对行业内部竞争，公司将通过加强技术改造和质量管理，完善服务体系，进一步扩大产品优势，巩固公司在全国铬铁矿行业中的领先地位。

3、市场风险对策

公司目前主要采用露天开采方式，本次发行成功后将投资4960万元用于坑内开采项目，该项目完成后将形成年产10万吨铬铁矿石的生产能力，并可利用部分现有设备，降低生产成本，从而形成本公司产品价格进一步下调的潜力，并增强了与进口产品竞争的能力。

针对降低关税的风险，公司将立足自身，苦练内功，扩大经营规模，加快技改，降低产品成本，不断完善服务体系和提高服务质量，扩大与进口产品相比所具有的价格、运输、服务、信息等方面的优势，以应付加入世贸组织后可能带来的风险。

4、政策风险对策

针对政策风险，公司将扩大经营规模，加快技改，加大产品开发的深度和广度，降低产品成本，不断完善服务体系和提高服务质量，扩大产品优势，降低国家政策变化给公司经营带来的影响。

5、其他风险对策

(1)本公司未来的发展，很大程度上取决于能否按期完成项目建设计划及有效地控制成本。针对项目投资风险，公司将充分运用所募集的资金，加强项目预算的控制和管理，缩短项目建设周期，减小市场波动因素的影响。

(2)针对环保风险，因铬铁矿为三价铬，在开采过程中不发生化学变化，不会形成六价铬，所以无公害。针对开采过种中的粉尘污染问题，公司从矿山设计到生产过程都采取了必要措施，严格控制污染源，粉尘浓度很低，符合国家环保要求。

(3)针对公司与总公司之间的同业竞争和关联交易，公司已与其达成相关协议。总公司已出文承诺，忠实履行法律规定的股份公司大股东的诚信义务，严格按市场规则经营。同时针对综合服务，已签订《综合服务合同》，根据该合同，总公司向本公司提供的各项服务均按国家统一规定或市场价公平合理收费。

(4)股市风险对策：改善本公司的经营，提高本公司的素质是降低股市风险的有效途径。本公司一方面将妥善使用好募集资金，以良好的业绩给投资者以丰厚的回报；另一方面将严格按照《公司法》、《股票发行与交易管理暂行条例》、《公开发行股票公司信息披露实施细则》等法规，规范公司行为，及时、公正、公开地披露重要信息，加强与投资公众的沟通，树立公司的良好形象。

六、募集资金的运用

(一)、本次募集资金运用计划

本次公开发行人民币普通股票3500万元，发行成功后，扣除发行费用后，将募集资金23,140万元。本公司拟将上述资金用于以下投资项目：

1.罗布萨矿坑内开采项目；

2.尼木铜矿开采项目；

3.青藏铁合金厂改扩建项目；

4.浪卡子金矿开采项目；

5.扎布耶盐湖前期开发项目。

(二)、投资项目介绍

1、罗布萨铁矿坑内开采项目

西藏铬铁矿资源丰富，国内直接入炉冶炼铬铁合金和用于铬盐化工的富矿都集中于西藏，主要分布在罗布萨矿区。罗布萨矿区的资源条件得天独厚，其二号矿群储量为96.8万吨，矿石有用成分三氧化二铬的含量平均为57%，按目前的开采方式可供开采14年。铬铁矿是我国的短缺矿种，每年需大量进口。国内铬铁市场现在和未来仍是买方市场，其销售价格在高位。1995年以来铬铁矿销售价格成倍提高，罗布萨铬铁矿坑内开采项目的建设面临的将是良好的市场机遇。

罗布萨铬铁矿露天开采工程于九三年建成投产，累计生产20余万吨商品富矿，在一定程度上缓解了国内铬铁矿石的供需矛盾。罗布萨铬铁矿坑内开采项目以罗布萨矿二号矿群28号、31号露天采场下部的矿体为开采对象，生产规模为年产铬铁矿石5万吨，开采方式为地下开采，机械化配合人工作业，项目建设工期一年。该项目建成，矿山达产年总产值为6000—6500万元，实现净利润1800万元，投资回收期约2.75年。

该项目已经藏经委企字〔1997〕15号文批准。

2、关于尼木铜矿项目

西藏铜矿资源比较丰富。在尼木县铜矿区，铜矿石储量为160万吨，矿点的矿化及化探异常范围约为2.6平方公里，矿石含铜品位高，开采技术条件好。该项目建成后，每年可产出1万吨优质铜精矿和2000吨电解铜，实现销售收入7780万元，税后利润1963.33万元，投资回收期约2.44年。

该项目已经藏经委企字〔1997〕16号文批准。

3、关于青藏铁合金厂改扩建项目

铬铁合金市场供需失衡，每年国内需求缺口约在60万吨左右。随着冶炼技术的进步，市场上对高碳铬铁和微碳铬铁合金的需求逐步增长。因此，通过改扩建青藏铁合金厂，增加高碳铬铁的产量，新增微碳铬铁合金的生产，具有广阔的市场前景。该项目建成后，将新增高碳铬铁合金年生产能力10000吨，新增微碳铬铁合金年生产能力2000吨，实现年销售收入8900万元，年利润总额为2060.67万元，投资回收期约2.09年。

该项目已经藏经委企字〔1997〕17号文批准。

4、浪卡子金矿项目

西藏山南地区浪卡子境内金矿资源丰富，浪卡子金矿首采地段金矿石储量47万吨，矿石含金量为3—8G/T。该项目规模为年矿石产量4.2万吨，年选矿量4.6万吨，年黄金产量200公斤，开采方式为露天开采。该项目建成后，年产黄金202.34KG，年销售收入1797.7万元，可实现利润1000.05万元，投资回收期约4.6年。

该项目已经藏经委企字〔1997〕18号文批准。

5、关于扎布耶盐湖前期开发项目

扎布耶盐湖富含锂、硼、钾资源，具有巨大潜在价值。该矿的开发建设对西藏自治区的社会经济发展具有重要意义。自治区政府已决定由本公司立项，开发与科研并举。该项目建成后，预计实现年销售收入6000万元，净利润2200万元，投资回收期约2.23年。

该项目已经西藏自治区计委藏计工字〔1997〕227号文批准。

(三)募集资金运用时间表及缺口资金来源

金额：万元

项目	1997年	1998年	合计	资金来源	效益产生时间	投资回收期
罗布萨矿坑内开采	4160	800	4960	募股资金	1998年	2.75年
尼木铜矿	4300	500	4800	募股资金	1998年	2.44年
青藏铁合金厂改扩建	4300		4300	募股资金	1997年下半年	2.09年
浪卡子金矿	3800	800	4600	募股资金	1998年	4.6年
扎布耶盐湖前期开发	4900		4900	募股资金、自筹	1999年	2.23年
合计	21460	2100	23560			

(四)、项目缺口资金的筹措计划

上述五个项目共计需投资23,560万元，本次发行股票约可募集资金23,140万元，缺口资金由公司自筹。

七、股利分配政策

(一)股利分配的一般政策

本公司税后利润按下列顺序分配:

1、弥补以前年度亏损;

2、提取百分之十列入法定公积金;

3、提取百分之五至百分之十列入法定公益金;

4、提取任意盈余公积金;

5、按股东持股比例分配利润。

公司股利每年分配一次,每年度具体分红派息方案由董事会提出,并经股东大会决议批准后执行。

本公司股票均为人民币普通股,全部股票同股同利。

(二)公司法定公积金累计额达到公司注册资本的百分之五十以上时,可不再提取;公益金、任意公积金和普通股股利的比例,由公司董事会视公司经营状况和发展需要提出分配方案,并报股东大会提出分配方案,经股东大会批准后执行。

(三)公司股利原则上每年派发一次,在年终决算后六个月内进行。经股东大会特别决议批准,公司可进行中期股利的分配。股利分配可采取现金和送股两种方式。

(四)本次股票发行后,全体股东均享有1997年度利润。公司在股票发行后的第一个赢利年度将派发股利,预计在1998年第二季度进行,具体分配时间由公司创立后的股东大会决定。

(五)本公司1996年12月31日前的利润已计入本公司净资产进行折股。

八、发行人的情况

1、发行人名称

中文名称:西藏矿业发展股份有限公司(筹)

英文名称:TIBET MINERAL DEVELOPMENT CO.,LTD

2、发行人成立日期:创立大会后工商登记注册之日

3、本公司注册地址:西藏自治区拉萨市扎基路14号

4、本公司筹委会主任:肖永恩

5、发行人历史沿革及改制情况

本公司是在总公司以其部分经营性资产及相关业务重组的基础上,经西藏自治区人民政府藏政函〔1997〕23号文《西藏自治区人民政府关于同意募集设立西藏矿业发展股份有限公司的批复》批准,由总公司、四川都江堰海棠电冶厂、山南地区泽当供电局、西藏山南地区铬铁矿、西藏藏华工贸有限公司五家发起人共同发起,以社会募集方式设立的股份有限公司。本公司位于西藏自治区拉萨市,是一家从事铬铁矿、铜矿、金矿、钾盐、锂盐等矿产品开采、加工、销售的综合性企业。本公司生产的产品广泛用于冶金、化工等行业。

本公司的主要发起人是西藏自治区矿业发展总公司。总公司前身为1967年成立的西藏东风矿,至今发展历史已有近三十年之久。根据原西藏自治区工业电力厅藏电政复〔1993〕4号文件精神,西藏自治区罗布萨铬铁矿与西藏自治区矿产品经销公司合并成立总公司,于1994年正式挂牌。总公司现隶属于西藏自治区经贸体改委。

总公司拥中国最大的铬铁矿采选基地—罗布萨铬铁矿。该矿储量大、品位高、潜在价值数十亿元,是一座集爆破、铲装、洗选、运输于一体的一流矿山,年产高品位铬铁矿可达7万吨以上。西藏自治区矿产品经销公司配有100吨微控轨道式地中衡,货场能堆放几万吨矿石,拥有专用火车运输线,矿石由机械化装载。

截止1996年底,该公司资产总值26,103万元人民币,净资产值达15,273万元,下辖6个全资子公司和2个控股公司,在册员工1228人,已发展成为自治区最大的综合性矿产企业和自治区的纳税大户。自1994年成立以来,该公司的销售收入以年均28%的速度增长,利润的年平均增长速度为40%,在自治区工业企业中名列前茅。近年来该公司在自治区政府的大力支持下,充分发挥本地丰富的矿产资源优势,不断扩大生产经营规模,相继开发了115#、117#、109#等矿体,并通过内引外联,组建了西藏藏华工贸有限公司和青藏铁合金厂,综合实力迅速增强。

经西藏自治区劳动局核定,股份公司在册职工为821人,其中生产人员533人,销售人员105人,技术人员130人,管理人员33人,财务人员20人。职工的文化程度大致为:大专及大专以上学历的103人,占12.55%;中专及高中生288人,占35.08%;高中以下430人,占52.37%。

6、发行人组织结构和内部管理结构

本公司接照《中华人民共和国公司法》的规定将设立股东大会、董事会、监事会、总经理及有关生产经营管理机构,具体组织结构和内部管理结构图如下:

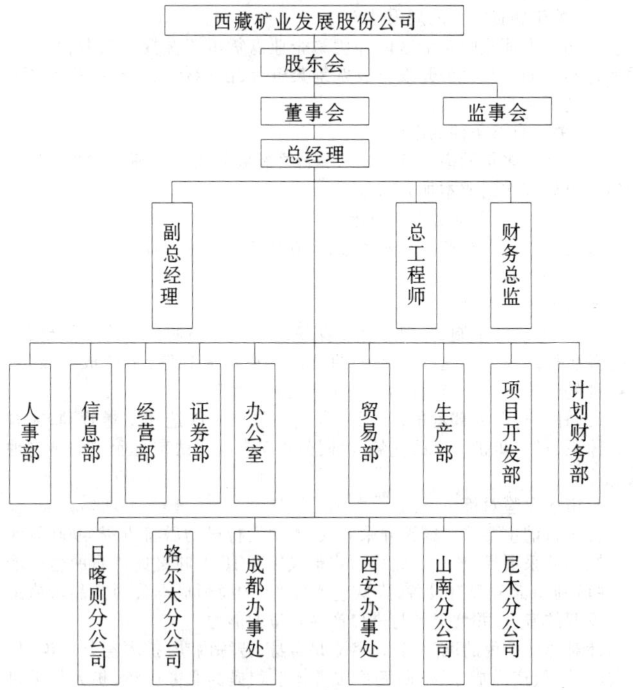

7、关联交易

本公司成立后,总公司持有公司41.78%的股权,是本公司的控股公司。

本次资产重组后,总公司仍将保留部分铬铁矿开采业务,与本公司存在同业竞争,但因我国目前年产铬铁矿12万吨,而年需求量为70多万吨,尚有约60万吨缺口靠进口弥补,产品供不应求;本公司的生产能力远大于重组后的总公司的生产能力。因此,总公司在业务上对本公司不会构成实质性竞争。总公司亦下文承诺:忠实履行法律规定的股份公司大股东的诚信义务,对于双方共同从事的铬矿生产,采取一视同仁的态度,严格按市场规则经营。

此外,本公司在职工宿舍、部分场地设备和经营场所方面需要总公司提供服务,为此,本公司筹委会已与总公司签订综合服务合同,按照市场条件明确双方的权利、义务关系。

总公司改制重组后结构示意如下:

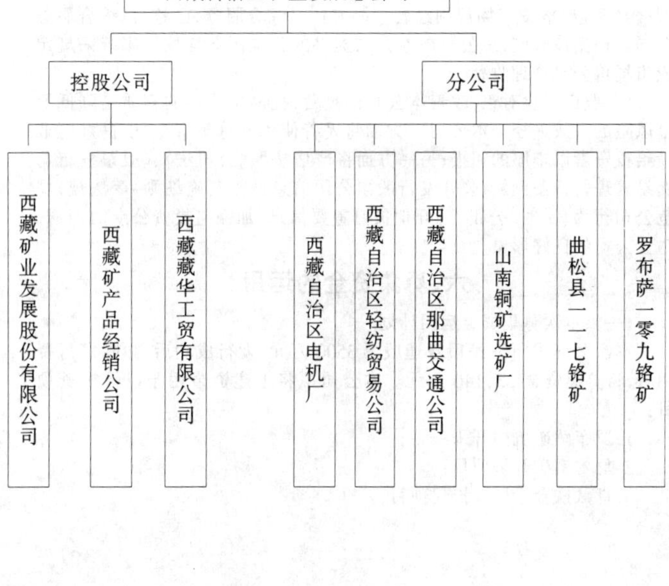

8、经营范围、经营方式

公司经营范围:铬矿、硼矿、铅锌矿、锡矿、高岭土、铜矿、金矿、锂矿开采及销售,铬矿深加工及销售,自营产品进出口贸易。

9、主要业务

本公司目前从事铬铁矿的开采和销售,产品主要用于钢铁冶炼和铬盐化工。

10、公司业务收入的主要构成

公司目前业务收入全部来自铬铁矿的开采和销售。

11 行业地位

铬铁矿是我国的短缺矿种,每年需大量进口。西藏铬铁矿资源丰富,质量上乘。西藏铬铁矿保有储量名列全国第一,占全国总储量的 40.13%,国内直接入炉冶炼铬铁合金和用于铬盐化工的富矿都集中于西藏,而且主要分布在罗布萨矿矿区所在的山南地区,公司的资源条件得天独厚。

公司所产铬矿石品位高,Cr_2O_3 的含量为 45%以上,是我国极少数铬矿石能达到冶金级使用标准的生产企业之一。据统计,1996 年全国年产铬铁矿石 12 万吨,本公司产量占 60%以上,在行业中处于明显的优势地位。

九、筹委会成员

肖永恩先生,50 岁,汉族,本科学历,中共党员,工程师。毕业于北京大学地质地理系,曾任西藏自治区罗布萨矿生技科副科长、科长、副矿长、矿长。现任西藏自治区矿业发展总公司总经理兼西藏藏华工贸有限公司董事长。具有丰富的矿山管理经验。

拉巴次仁先生,44 岁,藏族,中专学历,中共党员,曾任西藏自治区罗布萨矿车间主任、党委副书记、书记。现任西藏自治区矿业发展总公司副总经理兼罗布萨矿矿长。

段林珍女士,45 岁,汉族,中专学历,中共党员,曾任重庆市无线电测试仪器厂劳服司总经理,现任四川都江堰海棠电冶厂总经理。

索朗多吉先生,49 岁,藏族,中专学历,中共党员,曾任西藏自治区工业厅组织干事、副科长,西藏矿产品经销公司副书记、书记兼副经理,现任西藏自治区矿业发展总公司副总经理。

才旺赤列先生,51 岁,藏族,本科学历,中共党员,工程师,毕业于昆明工学院,曾任西藏自治区罗布萨矿车间主任、矿办主任、副矿长、矿长。现任西藏自治区矿业发展总公司副总经理兼西藏藏华工贸有限公司总经理。

覃发律先生,53 岁,汉族,中专学历,中共党员,经济师,曾任西藏自治区工业厅格尔木转运站副站长、西藏矿产品经销公司副经理、西藏自治区罗布萨矿副矿长。现任西藏自治区矿业发展总公司副总经理,兼西藏矿产品经销公司经理和青藏铁合金厂董事长。

王道刚先生,40 岁,汉族,大专学历,中共党员,工程师,曾任沃卡电厂车间主任、行管股股长、电厂副厂长。现任山南地区供电局局长。

王国新先生,39 岁,蒙族,大专学历,中共党员,曾任山南地区工业力局工业科长、副局长。现任西藏山南地区铬铁矿矿长。

泽丹顿珠先生,52 岁,蒙族,中专学历,中共党员,会计师。毕业于西藏民族学院会计专科,曾担任罗布萨矿财务科长,1994 年至今任西藏矿业发展总公司财务处长。

筹委会成员承诺:待股份公司成立后,筹委会成员如经创立大会选举担任公司高级管理人员,将不会在公司和总公司中双重任职。根据《公司法》61 条规定,山南地区铬铁矿将不在股份公司中担任董事、经理等职务。

十、经营业绩

1、生产经营的一般情况

本公司之前身为总公司的全资子公司罗布萨铬铁矿,是我国目前探明的铬铁矿石资源最丰富的矿区,是国内最大的铬铁矿生产企业,占全国铬铁矿总生产量的 60%以上。

2、销售及利润情况

公司 1994—1996 年经营业绩摘要如下:

单位:人民币千元

项目	1996 年	1995 年	1994 年
主营收入	82,767.23	61,257.62	33,560.40
营业利润	37,391.71	15,420.99	6,242.84
利润总额	37,304.38	15,419.29	7,416.10
净利润	31,708.72	13,106.40	6,303.68

资产负债表主要数据

单位:千元

项目	1996.12.31	1995.12.31	1994.12.31
营运资金	57,703.49	20,875.02	14,168.23
总资产	177,164.71	124,188.27	85,530.77
长期负债	46,553.73	43,114.78	7,351.89
股东权益	96,088.36	41,857.94	37,741.18

利润表主要数据

单位:千元

项目	1996 年	1995 年	1994 年
主营收入	82,767.23	61,257.62	33,560.40
营业利润	37,391.71	15,420.99	6,242.84
利润总额	37,304.38	15,419.29	7,416.10
净利润	31,708.72	13,106.40	6,303.68

3、产品或服务的市场情况

本公司产品在全国铬铁矿市场、特别是冶金级铬铁矿市场占有较大份额,在西南、西北、东北、华东地区市场销售情况尤为良好。为了计量精确,公司在格尔木市第一家配置了 100 吨微控轨道式地中衡。公司另设有专门的化验室,培训了专业质检员,对产品进行严格的质量把关。稳定优质的产品及服务在广大用户中赢得了良好的信誉。

十一、股本

1、注册股份:本公司成立后注册资本 9905 万元,本次向社会公众募集 3500 万股(含 350 万公司职工股),每股面值 1 元,发行价为 6.90 元。

2、股本形成过程

公司筹委会聘请北京中正评估公司对总公司投入本公司的资产进行了评估,并获得国家国资局国资评(1997)375 号文件确认。根据国资局确认的评估结果,总公司投入本公司的生产经营性净资产为 6208.34 万元,其他发起人投入的本现金资产经深圳中诚会计师事务所验资,投资额分别为:四川都江堰海棠电冶厂 1300 万元,山南地区泽当供电局 500 万元,西藏山南地区铬铁矿 600 万元,西藏藏华工贸有限公司 1000 万元。根据西藏自治区国资局藏国资字(1997)第 44 号文批复,发起人投入资产均按照 1:0.67 的比例折价入股,认购发起人股份。根据深圳中诚会计师事务所深诚证字(1997)第 020 号《验资报告》,发起人的出资已全部到位。由此形成公司发起人股如下:

股权性质	股份数量(万股)	所占比例
总股本	6405	100%
发起人股	6405	100%
其中:		
西藏矿业发展总公司	4138	64.61%
四川都江堰海棠电冶厂	867	13.54%
山南地区泽当供电局	333	5.20%
西藏山南地区铬铁矿	400	6.24%
西藏藏华工贸有限公司	667	10.41%

3、本次计划向社会公众公开发行 A 股 3500 万股,其中向公司内部职工配售 350 万股,每股面值 1 元,发行价每股 6.90 元。

本次发行后公司股权结构如下:

股权类别	持股数(万股)	持股比例(%)
发起人股	6405	64.66
社会公众股	3500	35.34
其中:公司职工股	350	3.53
总股本	9905	100

4、本次发行超过面值部分扣除发行费用后列入资本公积金。所募资金按本概要第六章所载用途使用。

5、本公司发起人投入的资本共计9608万元,按1:0.67折股,折为6405万股,超过面值部分列入资本公积金。

6、净资产

本次发行前净资产总额为9,608.84万元

本次发行后净资产总额为32,748.84万元

本次发行前每股净资产:1.5元

本次发行后每股净资产:3.31元

7、筹委会成员及高级管理人员持股情况

本次发行前,本公司筹委会成员及高级管理人员均未持有本公司股票。

十二、财务会计资料

以下为西藏矿业发展股份有限公司(筹)1994年至1996年之主要财务资料。如果投资人欲对发行人的财务状况、经营成果及其会计政策进行更详细的了解,应当认真阅读在附录中所载的发行人的财务报表和注释。

(一)审计报告

此部分材料摘自深圳中诚会计师事务所(深诚证字〔1997〕第018号)的审计报告。

"我们接受委托,审计了贵公司1994年12月31日、1995年12月31日及1996年12月31日的资产负债表与1994年度、1995年度、1996年度的利润表和1995年度、1996年的财务状况变动表。我们的审计是依据《中国注册会计师独立审计准则》进行的。

我们认为,上述会计报表符合《企业会计准则》和《股份制试点企业会计制度》的有关规定,在所有重大方面公允地反映了贵公司1994年12月31日、1995年12月31日及1996年12月31日的财务状况与1994年度、1995年度及1996年的经营成果和1995年度、1996年度资金变动情况,会计处理方法的选用遵循了一贯性原则。

(二)会计报表

1、资产负债表

资 产 负 债 表

单位:人民币元

项目	附注	1996-12-31	1995-12-31	1994-12-31
资产:				
流动资产				
货币资金		3,768,934.40	8,137,172.24	258,697.51
应收帐款	1	43,254,396.60	42,089,099.58	36,434,819.42
减:坏帐准备		--	20,088.86	6,583.65
应收帐款净额		43,254,396.60	42,069,010.72	36,428,235.77
预付货款	2	1,509,498.15	1,472,240.72	1,377,131.64
其他应收款	3	37,241,756.48	509,393.27	844,741.19无
存货	4	6,451,532.55	7,200,586.53	14,995,001.26
待处理流动资产净损失		--	702,122.30	702,122.30
流动资产合计		92,226,118.18	60,090,525.78	54,605,929.67
长期投资:				
长期投资			140,000.00	140,000.00
固定资产:				
固定资产原价	5	95,557,095.18	65,570,892.05	37,322,508.10
减:累计折旧	5	18,466,138.68	9,805,837.95	6,537,667.34
固定资产净值	5	77,090,956.50	55,765,054.10	30,784,840.76
无形资产及递延资产:				
无形资产	6	474,250.00	--	--
递延资产	7	7,373,382.07	8,192,646.74	--
无形资产及递延资产合计		7,847,632.07	8,192,646.74	--
资产总计		177,164,706.75	124,188,266.62	85,530,770.43
负债及股东权益				
流动负债:				
短期负债	8	5,000,000.00	5,000,000.00	4,000,000.00
应付帐款	9	16,874,733.06	23,245,088.11	22,111,534.33
应付工资		303,954.60	632,243.60	796,365.67
应付福利费		985.555.61	756,412.34	722,267.80
未交税金	10	8,311,889.96	6,804,180.86	4,415,466.81
其他未交款		--	--	161,004.09
其他应付款	11	3,046,490.90	2,431,474.95	4,924,215.90
预提费用			346,105.06	3,306,844.12
流动负债合计		34,522,624.13	39,215,504.92	40,437,698.72
长期负债:				
应付债券		--	1,022,304.00	1,024,104.72
长期应付款	12	46,528,133.98	41,973,918.69	6,291,762.77
其他长期负债	13	25,591.21	118,558.03	36,022.08
长期负债合计		46,553,725.19	43,114,780.72	7,351,888.85
负债合计		81,076,349.32	82,330,285.64	47,789,587.57
股东权益:				
股本	14	64,050,000.00	28,886,601.81	28,886,601.81
资本公积	15	32,038,357.43	2,430,074.54	857,672.73
盈余公积	16	--	6,494,502.19	6,094,791.40
其中:公益金		--	177,623.91	355,894.85
未分配利润	17	--	4,046,762.44	1,902,116.92
股东权益合计		96,088,357.43	41,857,940.98	37,741,182.86
负债及股东权益总计		177,164,706.75	124,188,226.62	85,530,770.43

2、利润表

利 润 表

单位:人民币元

项目	附注	1996	1995	1994
主营业务收入	18	82,767,233.19	61,257,619.70	33,560,400.24
减:营业成本	19	14,960,915.26	19,197,887.66	9,822,261.70
销售费用		15,758,772.59	14,244,125.96	8,398,555.78
管理费用		11,980,676.80	10,044,830.60	7,605,538.96
财务费用	20	594,178.52	272,055.07	566,026.66
营业税金及附加		2,597,441.56	2,087,575.15	1,149,112.98
主营业务利润		36,875,248.46	15,411,145.26	6,018,904.16
加:其他业务利润	21	516,458.55	9,842.94	223,904.16
营业利润		37,391,707.01	15,420,988.20	6,242,844.27
加:投资收益	22	86,900.00	920.00	20,000.00
营业外收入	23	121,532.26	97,859.26	62,601.65
减:营业外支出	24	295,762.54	100,474.99	95,901.72
加:以前年度损益调整	25	--	--	1,186,558.00
利润总额		37,304,376.73	15,419,292.47	7,416,098.20
减:所得税		2,509,580.63	306,673.26	83,656.55
净利润		34,794,796.10	15,112,619.21	7,332,441.65

3、财务状况变动

财务状况变动表

单位:人民币元

	1996-12-31	1995-12-31
流动资金来源和运用		

一、流动资金来源		
1.本年净利润	34,794,796.10	15,112,619.21
加:不减少流动资金的费用和损失	--	--
(1)固定资产折旧	3,856,189.86	3,268,170.61
(2)无形资产及递延资产	--	--
及其他资产摊销(减其他负债转销)	819,264.67	--
(3)清理固定资产损失(减收益)	(48,067.67)	--
小计	39,422,183.17	18,380,789.82
2.其他来源:		
(1)固定资产清理收入(减:清理费用)	144,546.47	--
(2)增加长期负债	4,554,215.29	35,764,691.87
(3)收回长期投资	140,000.00	--
(4)资本净增加额	58,277,178.89	1,972,112.60
小计	29,110,940.65	37,736,804.47
流动资金来源合计	102,538,123.82	56,117,594.29
二、流动资金运用		
1.利润分配		
(1)提取法定公积金	1,380,371.86	399,710.79
(2)已分配利润	29,722,743.25	12,568,262.80
(3)净资产折股	7,738,443.43	--
小计	38,841,558.54	12,967,973.69
2.其他运用		
(1)固定资产和在建工程净增加额	25,278,571.27	28,248,383.95
(2)增加无形资产、递延资产及其它资产	474,250.00	8,192,646.74
(3)偿还长期负债	1,115,270.82	1,800.00
小计	26,393,842.09	36,442,830.69
流动资金运用合计	65,235,400.63	49,410,804.38
流动资金增加(减少)净额	36,302,723.19	6,706,789.92
流动资金各项目的变动		
一、流动资产本年增加数		
(1)货币资金	(4,368,237.84)	7,878,474.73
(2)应收帐款净额	1,185,385.88	5,640,774.95
(3)预付货款	37,257,43	95,109.08
(4)其他应收款	37,206,613.21	(335,347.92)
(5)存货	(749,053.98)	(7,794,414.73)
(6)待处理流动资产净损失(减收益)	(702,122.30)	--
流动资产增加(减少)净额	32,609,842.40	5,484,596.11
流动负债本年增加数		
(1)短期借款	--	1,000,000.00
(2)应付帐款	(6,370,355.05)	1,133,553.78
(3)应付工资	(328,289.00)	(164,122.07)
(4)应付福利费	229,143.27	34,144.54
(5)未交税金	1,507,709.10	2,388,714.05
(6)其他未交款	--	(161,004.09)
(7)其他应付款	615,015.95	(2,492,740.95)
(8)预提费用	(346,105.06)	(2,960,739.06)
流动负债增加净额	(4,692,880.79)	(1,222,193.80)
流动资金增加(减少)净额	37,302,723.19	6,706,789.91

(三)主要财务指标

财务指标	1996年	1995年	1994年
流动比率	2.67	1.53	1.35
速动比率	2.48	1.35	0.98
资产负债率(%)	45.76	66.29	55.87
应收帐款周转率(次)	1.94	1.56	0.92
存货周转率(次)	2.11	1.73	---
净资产收益率(%)	36.21	36.10	19.43
每股净利(元)	0.84	0.36	0.18

(四)重要会计政策

1.会计制度

本公司执行中华人民共和国《企业会计准则》和《股份制试点企业会计制度》及其补充规定。

2.记帐原则和计价基础

记帐原则为权责发生制;计价基础为历史成本法。

3.会计期间

会计期间采用自公历每年的1月1日起至12月31日止为一个会计年度。

4.存货计价方法

存货以实际成本计价,发出存货的成本按先进先出法计算确定。低值易耗品于领用时采用一次性摊销法摊销。

5.固定资产及其折旧

(1)固定资产标准:指使用期限超过一年的房屋建筑物、机器设备、运输工具及其它与经营有关的工器具等,以及不属于经营的主要设备但单位价值在人民币2,000元以上,使用期限超过二年的物品。

(2)固定资产折旧方法:固定资产折旧采用直线法平均计算,并根据固定资产类别的原值、估计经济使用年限和预计残值(原值的5%)确定其折旧率。

(五)会计报表主要项目附注

附注1.应收帐款

应收帐款的帐龄分析列示如下:

帐龄	1996—12—31	
	金额	占该帐项目金额的百分比
1年以内	42,798,711.10	98.95%
1年至2年	--	--
2年至3年	455,685.50	1.05%
3年以上	--	--
合计	43,254,396.60	100%

附注2.其他应收款

按经济内容分类

内容	金　额	占该帐项金的百分比
应收股款	34,005,000.00	91.31%
垫付材料款	547,324.48	1.47%
暂借款	226,181.46	0.61%
其他	2,463,250.54	6.61%
合计	37,241,756.48	100%

附注3.固定资产及其累计折旧

固定资产及其累计折旧的增减变动明细项目列示如下:

	1996—1—1	本年增加	本年减少	1996—12—31
固定资产原价:				
房屋及建筑物	40,341,887.84	15,085,785.16	--	55,427,673.00
机器设备	1,326,377.79	1,175,745.68	3,733.47	2,498,390.00
专用设备	12,607,966.69	6,886,543.31	--	19,494,510.00
运输工具	10,289,698.02	5,103,077.52	112,145.54	15,280,630.00
电子设备	151,714.98	45,665.02	--	197,380.00
仪器仪表	--	41,972.18	--	41,972.18
其他设备	853,246.73	1,763,293.27	--	2,616,540.00
合计	65,570,892.05	30,102,082.14	115,879.01	95,557,095.18
累计折旧:				
房屋及建筑物	2,252,901.85	953,339.15	--	3,206,241.00
机器设备	287,612.64	224,269.36	--	511,882.00
专用设备	3,382,394.04	5,191,199.96	--	8,573,694.00
运输工具	3,703,209.58	2,087,642.92	19,400.00	5,771,452.50

电子设备	106,096.95	(9,731.95)	--	96,365.00
仪器仪表	--	2,053.18	--	2,053.18
其他设备	73,622.89	230,828.11	--	304,451.00
合计	9,805,837.95	8,679,700.73	19,400.00	18,466,138.68
固定资产净值	55,765,054.10			77,090,965.50

附注4.资本公积

1996年12月31日的资本公积32,038,357.43元系1996年12月31日股份制改组中的折余净资产。

1994年12月31日及1995年12月31日的资本公积分别为857,672.73元及2,430,074.54元系1994年清产核资评估增值,已作为折股净资产转为股本。

附注5.盈余公积

	1996-12-31	1995-12-31	1994-12-31
期初余额	6,494,502.19	6,094,791.40	5,891,056.58
加:计提盈余公积	1,380,371.86	399,710.79	203,734.82
本期减少(转增股本)	7,874,874.05	--	--
期末余额	--	6,494,502.19	6,094,791.40

(六)关联公司及其交易

1.本公司的关联公司名称及关系列示如下:

关联公司名称	与本公司的关系
西藏矿业发展总公司	本公司发起人股东

2.关联公司交易

根据与西藏矿业发展总公司签订的《综合服务合同》,由该公司统一为所属的西藏矿业股份有限公司(筹)提供资产租赁、产品销售等综合服务,有关期间向西藏矿业发展总公司支付的服务费用如下:

	1996	1995	1994
销售服务费	1,346,467.98	936,020.58	547,759.79
资产租赁费	266,002.39	238,133.64	190,169.73
合　　计	1,612,470.37	1,174,154.22	737,929.52

本公司改组主体原罗布萨铬铁矿大部分产品以内部计划价售与西藏矿业总公司下属格尔木经销公司和格尔木服务公司对外销售,有关期间的交易额为:

	1996	1995	1994
销售数量(吨)	54,533.85	61,863.65	36,410.31
销售金额	38,490,667.16	34,845,538.60	22,554,886.46

十三、债项

1、根据深圳中诚会计师事务所深诚证字(1997)第018号《审计报告》,截止1996年12月31日,本公司主要债项如下:

单位:万元

种类	金额	年利率	债务期限	担保或抵押	其他限制条件
银行贷款:					
农行西藏山南地区中心支行	500	8.1%	96.10.21-97.10.20	无	信用
关联企业负债:总公司	4650			无	信用
合计	5150				

注:关联企业负债为西藏自治区矿业发展总公司为本公司垫付的工程款4650万元。

2、或有负债:1996年11月21日,农行山南地区中心支行向曲松117#矿提供流动资金贷款500万元〔藏(山)农银借合96字第10号〕。本公司为该笔银行贷款提供担保。

3、主要合同承诺:1997年4月,本公司与公司签订了承包经营山南铜矿的合同,采取定额包干的形式,承包期限为三年。承包费定为150万元,分三个年度交纳,97年交40万元,98年交50万元,99交60万元。

十四、资产评估的主要情况

1、资产评估情况

公司已聘请北京中正资产评估公司对总公司投入公司的资产进行了评估,评估基准日为1996年12月31日。该次评估已经国家国资局国资评(1997)1089号文批准立项。

评估结果摘自北京中正资产评估公司编号(97)09号资产评估报告书:

在持续使用前提下,西藏自治区矿业发展总公司拟投入股份公司的合部资产价值为人民币14,315.97万元,其中负债为人民币8,107.63万元;净资产为人民币6,208.34万元。具体项目如下表:

单位:万元

资产类型	帐面原值	帐面净值	评估值	增减值	增减率%
流动资产	5873.13	5873.13	5822.11	-51.02	-0.87
固定资产	8561.44	7197.16	7709.10	511.94	7.11
无形资产	—	—	47.42	47.42	—
递延资产	737.34	737.34	737.34	—	—
资产合计	15171.91	13807.63	14315.97	508.34	3.68
流动负债	—	3452.26	3452.26	—	—
长期负债	—	4655.37	4655.37	—	—
负债合计	—	8107.63	8107.63	—	—
净资产	—	5700.00	6208.34	508.34	8.92
矿产资源使用权租金	—	—	160.00	160.00	—
地质勘探费租金	—	—	37.48	37.48	—
土地使用权租金	—	—	29.26	29.26	—
租金合计	—	—	226.74	226.74	—

本次评估固定资产、流动资产、勘探费采用重置成本法,矿产资源使用权租金采用收益法。

2、土地评估

本公司聘请重庆市地价事务所对公司占用的土地地价及租赁价格进行了评估,面积总计为252501.85平方米,土地估价总值为3319133元,年租金现值为292604元。公司已分别与山南地区乃东县、曲松县土地管理局签订了租赁协议,将租赁使用,该项评估结果及土地使用权处置方式已经自治区土地局藏土管字(1997)18号确认和批复。

上述评估结果已获国家国资局(1997)375号文确认。

十五、盈利预测

发行人提醒投资者:鉴于盈利预测的种种假设的不确定性,投资者在进行投资判断时不应过于依赖以下预测资料。

筹备委员会参照本公司一九九六年度经中国注册会计师审计的会计报表及本公司一九九七年度的生产经营计划、投资计划等,编制了本公司一九九七年度的盈利预测;编制该盈利预测所依据的会计原则在各重要方面均与本公司一般采用的会计原则一致。该盈利预测业经深圳中诚会计师事务所审核。

(一)一九九七年度盈利预测表　　单位:人民币万元

项目	1997年度〔预测〕	1996年度〔实际〕	增〔减〕百分比
一.主营业务收入	9,600	8,277	15.98%
减:营业成本	1,616	1,496	8.02%
销售费用	1,992	1,576	40.09%
管理费用	1,678	1,198	26.71%
财务费用	65	59	10.17%
营业税金及附加	309	260	18.85%
二.主营业务利润	3,940	3,688	6.83%
加:其他业务利润		52	
三.营业利润	3,940	3,740	5.35%
加:投资收益	497	9	5422.22%

营业外收人		12	
减:营业外支出		30	
四.利润总额	4,437	3,731	18.92%
减:所得税(30%)	1,182	1,119	
所得税(15%)	591	560	
五.净利润			
年得税(30%)	3,255	2,612	
所得税(15%0	3,846	3,171	21.29%

(二)盈利预测之基准与假设

1、基准

本盈利预测是根据业经中国注册会计师审计验证的公司前三年(1994—1996)的经营业绩,在充分考虑现时基础、经营能力及未来发展计划政策及采用的计算方法同国家现行法律、法规、会计准则及本公司一贯采用的会计政策相一致。

2、假设

在盈利预测期内

(1)本公司所遵循的国家及地方现行法律、法规、财经政策无重大改变;

(2)本公司各项经营业务所涉及的国家或地区目前的政治、经济、法律无重大改变;

(3)本公司之生产经营不受原材料严重短缺和成本重大变动之不利影响;

(4)本公司主要产品的价格无重大变化;

(5)本公司经营业务涉及的信贷利率、纳税基准和税率、以及外汇汇率将在正常范围内波动;

(6)本公司拟发售新股将预期完成,计划经营项目及投资项目按期实现或完成;

(7)无其他人力不可抗拒因素及不可预见因素造成重大不利影响。

十六、发展规划

本公司组建后到2000年,正值九五计划期间,公司将抓住机遇,发挥西藏特有的地域优势和政策优势,充分利用自治区得天独厚的矿产资源,以铬铁合金、铬盐为主导产品,发展深加工,并积极开采铜、金、硼、锂、钾等经济价值高的矿种,把公司建设成为我国重要的集开采、加工、销售于一体的大型矿产品开发公司。一旦募股资金到位,本公司将加速调整产品结构,不断提高经济效益,力争到本世纪末,资产规模达到10亿元,其中净资产3亿元,实现年销售收入40800万元,税后利润12200万元的目标。

为实现上述发展战略和总体目标,公司拟实施以下发展计划:

1、投资罗布萨铬铁矿坑内开采项目,将目前铬铁矿的生产规模扩大到年产10万吨;投资青藏铁合金厂改扩建项目,把罗布萨铬铁矿作为原料生产基地,发展铬矿深加工,提高产品附加值。

2、开发自治区的其它优势矿产资源,拟投资如下项目

(1)尼木铜矿;

(2)浪卡子金矿;

(3)扎布耶盐湖前期开发

3、在立足提高铬铁矿产品国内市场占有率的基础上,逐步参与国际易货贸易,为此公司将实施如下营销计划:

(1)坚持开发与科研并举,强化质量管理;

(2)扩大经营规模,降低产品成本;

(3)调整经营策略,增加营销手段,增设销售网点,完善信息网络,进一步提高产品的国内市场占有率;

(4)公司已获得自营产品进出口经营权,将在提高产品技术含量的基础上,以铬矿及铬矿制品为先导打入国际市场,为公司以后参与国际竞争摸索经验。

4、人才是公司发展的重要财富。为建立一支知识化、年轻化、专业化的高素质生产、技术及管理队伍,公司一方面立足内部培养、挖掘人才,另一方面以成都办事处为基地招纳贤才,提供优厚待遇和后勤保障,为内地人才进入公司解除后顾之忧。

本公司公开发行股票并成功上市后,将立足于主营业务,努力把股份公司建设成为中国最大的一流的集开采、加工、销售、科研开发于一体的现代化的大型矿产品综合开发公司。同时,将充分利用西藏自治区的矿产资源和优惠政策,依靠本公司的人才、技术优势,努力开发新产品,增加新的利润增长点,为广大股东提供丰厚的回报。如此,不仅将为我国冶金工业的长远发展提供一定的资源保障,而且为实现西藏自治区的科技兴藏战略、"九五"计划和2010年远景目标纲要发挥出应有的作用。

十七、重要合同及重大诉讼事项

一、重大合约:

截止本招股说明书签署之日,本公司签订的重大合同有:

1、重组协议:1997年2月28日,本公司与西藏自治区矿业发展总公司签订《重组协议》。

2、借款合同:1996年10月21日,本公司与中国农业银行西藏山南地区中心支行签订《信用供款合同》〔藏(山)农银借合96字第34号〕,借款金额为500万元,借款利息为月息6.75‰,借款时间自1996年10月21日起到1997年10月20日止。

3、土地租赁合同:1997年3月26日,本公司分别与乃东县、曲松县土地管理局签订了《土地租赁合同》。

4、综合服务合同:1997年3月15日,本公司与西藏自治区矿业发展总公司签订《综合服务合同》,就双方存在的经济服务关系的内容、服务方式、收费标准进行约定。

5、供用电协议:本公司与山南地区泽当供电局签订《供用电协议》,山南地区泽当供电局向本公司提供电力供应以保证公司的正常生产。

6、担保贷款:1996年11月12日,本公司与中国农业银行西藏山南地区中心支行签订《连带责任保证书》,为曲松117#矿的500万元流动资金贷款提供担保。

7、归还应付款协议:1997年2月11日,本公司与西藏自治区矿业发展总公司签订《归还应付款协议》,以解决矿业发展总公司对本公司的一笔应收款。

8、《基建工程垫付款协议》:截止1996年12月31日,西藏自治区矿业发展总公司为本公司垫付基建工程款4652.81万元。双方于1997年3月10日签订《基建工程垫付款协议》,根据该协议,本公司将于1997年12月31日前归还此笔垫付款。

9、承包营合同:1997年4月22日,本公司与西藏自治区矿业发展总公司签订《承包经营合同》,承包总公司下属的山南铜矿选矿厂。

10、铬铁开采权有偿使用合同:1997年5月27日,本公司与西藏自治区国有资产管理局签订了《铬铁矿开采权有偿使用合同》。

11、合同意向书:1997年3月18日,本公司与格尔木青藏联营铁合金厂签订了《青藏铁合金厂改扩建合作合同意向书》,确定了双方该项目合作的相关权利和义务。

二、本公司不存在对公司的财务状况、经营成果、声誉、业务活动、未来前景等可能产生较大影响的重大诉讼事项。本公司的董事、监事、高级管理人员也未受到任何刑事起诉。

十八、其他重要事项

截止本招股说明书签署之日,除本招股说明书披露的重要事项外,尚无其他重要事项发生。

十九、招股说明书及备查文件查阅地点

招股说明书及备查文件在发行人及主承销商办公地点查阅。

西藏矿业发展股份有限公司(筹)

一九九七年六月十四日

西藏矿业发展股份有限公司股票上市公告书

一、释义

在本公告书中,除非另有说明,下列简称具有如下意义:

公司(本公司)	指西藏矿业发展股份有限公司
总公司	指西藏自治区矿业发展总公司
发起人	指西藏自治区矿业发展总公司及另四家发起人
上市推荐人	指南方证券有限公司
A股	指每股面值为1.00元的人民币普通股
元	指人民币元
深交所	指深圳证券交易所
证监会	指中国证券监督管理委员会

二、绪言

经中国证券监督管理委员会证监发字〔1997〕332号和证监发字〔1997〕333号文批准,本公司已成功地向社会公众发行每股面值1.00元的人民币普通股3500万股。经1997年6月29日本公司创立大会暨第一届股东大会决议通过和深交所深证发〔1997〕268号《上市通知书》,本公司股票将于1997年7月8日(星期二)在深交所挂牌交易。本公司总股本为9905万股,可流通股份为3150万股,(另有350万股公司职工股将在本次股票上市6个月后方可上市流通)。股票简称"西藏矿业";证券编码"0762";交易单位为"股"。

本公告书依据《公司法》、《股票发行与交易管理暂行条例》、《公开发行股票公司信息披露实施细则(试行)》和《深圳证券交易所业务规则》等国家有关法律法规文件的规定,为本公司股票公开上市之目的向社会公众提供有关资料。

本公司已于1997年6月14日在《中国证券报》、《证券时报》刊登了招股说明书概要,距今不足6个月,故与其相重复的内容在此不再赘述,敬请社会公众查阅招股说明书。

本公司董事会及各位董事确信本公告书未遗漏任何重大事项,亦不存在任何误导和虚假之成份,并愿就本公告书及相关资料的真实性、准确性、完整性负个别及连带责任。

三、公司概况

(一)主要发起人简介:

1. 法定名称:西藏自治区矿业发展总公司
2. 成立日期:1994年
3. 注册地址:西藏自治区拉萨市扎基路14号
4. 联系电话:0891-6336740 6336743
5. 法定代表人:肖永恩
6. 公司经营范围:铬矿、硼矿、铅锌矿、锡矿、高岭土、铜矿、金矿、锂矿的开采及销售,铬矿深加工及销售,自营产品进出口贸易。
7. 注册资金:叁仟叁佰贰拾叁万元人民币

(二)发行公司历史沿革:

本公司是在西藏自治区矿业发展总公司以其部分经营性资产及相关业务重组的基础上,经西藏自治区人民政府藏政函〔1997〕23号文《西藏自治区人民政府关于同意募集设立西藏矿业发展股份有限公司的批复》批准,由总公司、四川都江堰海棠电冶厂、山南地区泽当供电局、西藏山南地区铬铁矿、西藏藏华工贸有限公司五家发起人共同发起,以社会募集方式设立的股份有限公司。本公司位于西藏自治区拉萨市,是一家从事铬铁矿、铜矿、金矿、钾盐、锂盐等矿产品开采、加工、销售的综合性企业。本公司生产的产品广泛用于冶金、化工等行业。

本公司的主要发起人是西藏自治区矿业发展总公司。该公司前身为1967年成立的西藏自治区东风矿,至今发展历史已有近三十年之久。根据原西藏自治区工业电力厅藏电政复〔1993〕4号文件精神,西藏自治区罗布萨铬铁矿与西藏自治区矿产品经销公司合并,成立西藏自治区矿业发展总公司,于1994年正式挂牌。该公司现隶属于西藏自治区经贸体改委。

截止1996年底,该公司资产总值26,103万元人民币,净资产值达15,273万元,下辖6个全资子公司和2个控股公司,在册员工1228人,已发展成为自治区最大的综合性矿产企业和自治区的纳税大户。自1994年成立以来,该公司的销售收入以年均28%的速度增长,利润的年平均增长速度为40%,在自治区工业企业中名列前茅。近年来该公司在自治区政府的大力支持下,充分发挥本地丰富的矿产资源优势,不断扩大生产经营规模,相继开发了115#、117#、109#等矿体,并通过内引外联,组建了西藏藏华工贸有限公司和青藏铁合金厂,综合实力迅速增强。

经西藏自治区劳动局核定,本公司在册职工为821人,其中生产人员533人,销售人员105人,技术人员130人,管理人员33人,财务人员20人。职工的文化程度大致为:大专及大专以上学历的103人,占12.55%;中专及高中生288人,占35.08%;高中以下430人,占52.37%。

四、股票发行及承销

1. 社会公众股发行数量:3500万股

其中公司职工股:350万股(指向公司职工发行的占社会公众股10%的部分)

股票发行价格:	6.90元/股
募集资金总额:	24,150万元
发行方式:	全额预缴款,比例配售,余款转存
配售比例:	9.681%
配售户数:	1840户
持股1000股以上的户数:	1636户
发行费用总额:	1010万元
每股发行费用:	0.29元
发行市盈率:	15倍

2. 股票承销:本次公开发行的股票已全部由社会公众认购,承销团成员包销股票的股数为零股。

3. 验资报告

募集资金入帐时间:	1997年6月26日
募集资金入帐金额:	23140万元
募集资金入帐帐号:	810250989
募集资金入帐银行:	中国农业银行西藏分行

五、董事、监事及高级管理人员简介及持股情况

肖永恩先生　董事长,50岁,汉族,本科学历,中共党员,工程师,毕业于北京大学地质地理系。曾任西藏自治区罗布萨矿生技科副科长、科长、副矿长、矿长、西藏自治区矿业发展总公司总经理兼西藏藏华工贸有限公司董事长。具有丰富的矿业管理经验。持有本公司股票18000股。

拉巴次仁先生　副董事长,44岁,藏族,中专学历,中共党员,曾任西藏自治区罗布萨矿车间主任、党委副书记、书记,西藏自治区矿业发展总公司副总经理兼罗布萨矿矿长。持有本公司股票16000股。

段林珍女士　副董事长,45岁,汉族,中专学历,中共党员,曾任重庆市无线电测试仪器厂劳动服务公司总经理,现任四川都江堰海棠电冶厂总经理。持有本公司股票12000股。

索朗多吉先生　董事,49岁,藏族,中专学历,中共党员,曾任西藏自治区工业厅组织干事、副科长,西藏矿产品经销公司副书记、书记兼副经理,现任西藏自治区矿业发展总公司副总经理。持有本公司股票12000股。

才旺赤列先生　董事,51岁,藏族,本科学历,中共党员,工程师,毕业于昆明工学院,曾任西藏自治区罗布萨矿车间主任、矿办主任、副矿长、矿长。现任西藏自治区矿业发展总公司副总经理兼西藏藏华工贸有限公司总经理。持有本公司股票12000股。

多吉次仁先生　董事,53岁,藏族,中专学历,中共党员,经济师,曾任西藏自治区罗布萨矿机电车间主任、副矿长、党委副书记,现任西藏自治区罗布萨矿副矿长兼党委书记。持有本公司股票12000股。

覃发律先生　董事,53岁,汉族,中专学历,中共党员,经济师,曾任西藏自治区工业厅格尔木转运站副站长、西藏矿产品经销公司副经理、西藏自治区罗布萨矿副矿长。现任西藏自治区矿业发展总公司副总经理,并兼任西藏矿产品经销公司经理和青藏铁合金厂董事长。持有本公司股票12000股。

王道刚先生　董事,40岁,汉族,大专学历,中共党员,工程师,曾任沃卡电厂车间主任、行管股股长、电厂副厂长。现任山南地区供电局局长。持有本公司股票12000股。

王国新先生　董事,39岁,蒙族,大专学历,中共党员,曾任山南地区工业电力局工业科长、副局长。现任西藏山南地区铬铁矿矿长。持有本公司股票12000股。

张友勤先生　董事,43岁,汉族,大专学历,中共党员,1972年参军,1978年转业在山南地区泽当供电所工作,曾任副所长,现任山南地区供电局党委书记。持有本公司股票3000股。

黎高先生　董事,42岁,汉族,大学本科学历,经济师,毕业于重庆商学院。曾任教于重庆商学院,有丰富的经济管理知识和水平。现任成都都江堰海棠电冶厂厂长。持有本公司12000股。

泽丹顿珠先生　监事会主席,52岁,藏族,中专学历,中共党员,会计师。毕业于西藏民族学院会计专科,曾担任罗布萨矿财务科长,1994年至今任西藏矿业发展总公司财务处长。持有本公司股票12000股。

陈荣发先生　监事,42岁,汉族,中共党员,助理会计师,曾任四川中江兴发乡会计、西藏军区56018部队后勤处财务会计、西藏矿产品经销公司财务科副科长、西藏自治区矿业发展总公司计财处副处长。现任西藏藏华工贸有限公司财务部主任。持有本公司股票8000股。

侯强先生　监事,30岁,汉族,大学本科学历,助理会计师,毕业于中国人民大学经济系,曾任教于重庆工业管理学院,有丰富的经济管理经验和知识。现在成都都江堰海棠电冶厂计财处工作。持有本公司股票8000股。

何国久先生　监事,38岁,汉族,中共党员。1972年在山南地区沃卡电厂参加工作,1972年毕业于四川经济管理干部学院,曾任沃卡电厂检修车间主任、电厂副厂长等职,具有丰富的企业管理经验。持有本公司股票8000股。

白玛次仁先生　监事,47岁,藏族,初中文化程度,中共党员,工程师。曾任某部队排长,转业后历任西藏山南地区打井队队长兼党支部副书记、山南地区铬铁矿副矿长等职。具有丰富的企业管理和党群工作经验,曾多次荣获地区优秀党员和先进工作者荣誉称号。持有本公司股票0股。

柳胜春先生　公司副总经理,35岁,汉族,中共党员,大学学历,工程师。毕业于包头钢铁学院,曾担任西藏罗萨铬铁矿生技科科长、副矿长。从事多年的矿山生产和管理工作,具有丰富的管理经验。持有本公司股票12000股。

张金庆先生　公司副总经理,35岁,汉族,中共党员,大学学历。毕业于吉林师范学院外语系。曾担任西藏桑日县政府秘书、西藏山南地区外事旅游局办公室主任、西藏泽当中国国际旅行社总经理。曾荣获西藏自治区"先进青年"称号。持有本公司股票0股。

刘晓江先生　董事会秘书,汉族,43岁,大专学历,中共党员,工程师。毕业于昆明工学院,长期从事矿山技术工作,组织完成尼木铜矿和浪卡子金矿及115#矿可行性研究报告。曾任西藏矿业发展总公司生产经营管理处副处长。持有本公司股票8000股。

六、公司设立

公司创立大会同意公司股票在深圳证券交易所交易的决议

公司注册资金:	9905万元
公司注册时间:	1997年6月30日
公司注册地点:	西藏自治区拉萨市扎基路14号
营业执照注册号码:	21966707-X

七、关联企业及关联交易

1. 关联公司

本公司成立后,西藏自治区矿业发展总公司持有本公司41.78%的股权,是本公司的发起人股东。

本次资产重组后,总公司仍将保留部分铬铁矿开采业务,与本公司存在同业竞争,但因我国目前年产铬铁矿12万吨,而年需求量为70多万吨,尚有约60万吨缺口需靠进口弥补,产品供不应求,本公司的生产能力远大于重组后的总公司的生产能力。因此,总公司在业务上对本公司不构成实质性竞争。总公司亦下文承诺:忠实履行法律规定的股份公司大股东的诚信义务,对于双方共同从事的铬矿生产,采取一视同仁的态度,严格按市场规则经营。

此外,本公司在职工宿舍、部分场地设备和经营场所方面需要总公司提供服务,为此,本公司筹委会已与总公司签订综合服务合同,按照市场条件明确双方的权利、义务关系。

2. 关联公司交易

根据与西藏矿业发展总公司签订的《综合服务合同》,由该公司统一为所属的西藏矿业股份有限公司(筹)提供资产租赁、产品销售等综合服务。有关期间向西藏矿业发展总公司支付的服务费用如下:

	1996	1995	1994
销售服务费	1,346,467.98	936,020.58	547,759.79
资产租赁费	266,002.39	238,133.64	190,169.73
合　计	1,612,470.37	1,174,154.22	737,929.52

本公司改组主体原罗布萨铬铁矿部分产品以内部计划价格售予西藏矿业总公司下属格尔木经销公司和格尔木服务公司对外销售,有关期间的交易额为:

	1996	1995	1994
销售数量(吨)	54,533.85	61,863.65	36,410.31
销售金额(元)	38,490,667.16	34,845,538.60	22,554,886.46

3. 总公司改制重组后结构示意图如下:

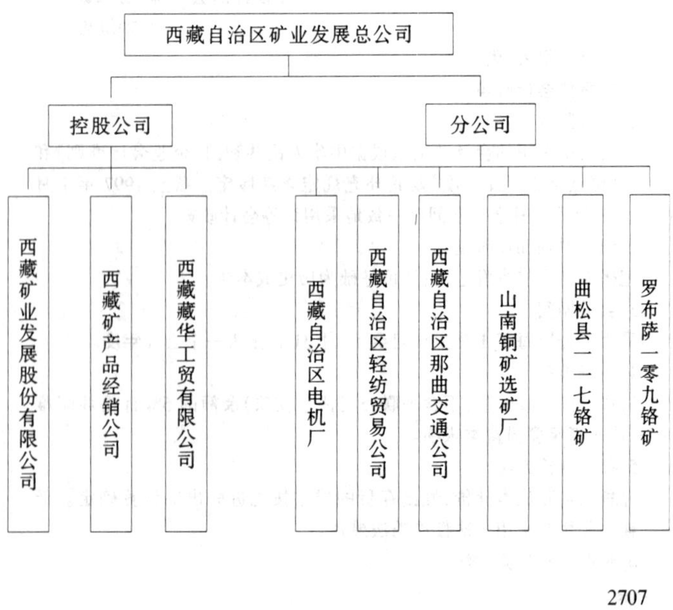

八、公司股本结构及大股东持股情况

1. 上市前的股本结构：

项　目	股数(万股)	比例%
总股本	9905	100.00
尚未流通股分：		
发起人股份：	6405	64.66
其中：国有法人股	4138	41.78
一般发起人股	2267	22.88
可流通股份：		
社会公众股	3500	35.34
其中：公司职工股	350	3.53

2. 前十名股东所持数额(万股)及比例(%)

(1)西藏自治区矿业发展总公司	4138	41.78
(2)四川都江堰海棠电冶厂	867	8.75
(3)西藏藏华工贸有限公司	667	6.73
(4)西藏山南地区铬铁矿	400	4.04
(5)山南地区泽当供电局	333	3.36
(6)西藏成都川萨出租汽车公司	47.92	0.48
(7)西藏时代有色金属开发有限公司	47.92	0.48
(8)北京莫尔泰科技发展有限责任公司	43.5644	0.44
(9)延边金融电脑有限责任公司	43.0126	0.43
(10)昆明市信托投资公司	29.0429	0.29

九、公司财务会计资料

(一)审计报告

此部分材料摘自深圳中诚会计师事务所(深诚证字[1997]第039号)的审计报告。

"我们接受委托，审计了贵公司1994年12月31日、1995年12月31日、1996年12月31日及1997年1月31日的资产负债表与1994年度、1995年度、1996年度及1997年度1月份的利润表和1996年度、1997年1月份的财务状况变动表。这些会计报表由贵公司负责，我们的责任是对这些会计报表发表审计意见。我们的审计是依据《中国注册会计师独立审计准则》进行的。在审计过程中，我们结合贵公司实际情况，实施了包括抽查会计记录等我们认为必要的审计程序。

我们认为，上述会计报表符合中华人民共和国《企业会计准则》和《股份制试点企业会计制度》的有关规定，在所有重大方面公允地反映了贵公司1994年12月31日、1995年12月31日、1996年12月31日及1997年1月31日的财务状况和1994年度、1995年度、1996年度及1997年1月份的经营成果和1996年度、1997年1月份资金情况，会计处理方法的选用遵循了一贯性原则。"

中国注册会计师：易永键

刘继忠

(二)会计报表(附后)

(三)重要会计政策

1. 会计制度

本公司所采用的会计政策系根据中华人民共和国《企业会计准则》和《股份制试点企业会计制度》及其补充规定重新厘定。截至1997年1月31日止三年另一月会计期间已一致地采用该等会计政策。

2. 记帐原则和计价基础

记帐原则为权责发生制；计价基础为历史成本法。

3. 会计期间

采用自公历每年1月1日起至12月31日止为一个会计年度。

4. 坏帐准备

决算日按应收帐款(不含关联公司往来款项)余额的5‰计提坏帐准备，并计入当年度损益类帐项。

5. 存货计价方法

存货以实际成本计价，发出存货的成本按先进先出法计算确定。低值易耗品领用时采用一次性摊销法摊销。

6. 长期投资核算方法

债券投资：债券投资按实际成本计价，其存续期内的应计利息计入当年度损益类帐项。

7. 固定资产及其折旧

(1)固定资产标准：指使用期限超过一年的房屋建筑物、机器设备、运输工具及其它与经营有关的工器具等，以及不属于经营的主要设备但单位价值在人民币2,000元以上，使用期限超过二年的物品。

(2)固定资产计价：固定资产按实际成本计价；惟罗布萨铬铁矿1994年的固定资产原值及累计折旧，按1994年西藏自治区工业电力厅所属国有企业清产核资处理意见，以评估后的价值调整入帐。

(3)固定资产折旧方法：固定资产折旧采用直线法平均计算，并按各类固定资产的原值、估计经济使用年限和预计残值(原值的5%)确定其折旧率。各类折旧率如下：

类　别	预计使用年限(年)	年折旧率(%)
房屋建筑物	20～35	4.75～2.71
机器设备	12	7.91
专用设备	10～20	9.50～4.75
运输设备	10	9.50
电子设备	5	19.00
仪器仪表	10	9.50
其他设备	10	9.50

8. 递延资产及其摊销

矿山基建山体表层剥离费：自96年1月开始按十年摊销；

9. 收入实现的确认

以商品(产品)已经发出或劳务已经提供，并收到价款或取得索取价款的凭据为销售实现的依据。

10. 税项

(1)主要税种和税率

税　种	计税依据	税率
增值税	矿产品销售收入	13%
资源税	矿产品销售量	31元/吨
营业税	营业收入	5%
城市维护建设税	增值税、营业税额	5%
企业所得税	应纳税所得额	30%

根据财政部国家税务总局(1994)财税字第022号文，本公司金属矿采选产品执行13%的增值税税率。

根据西藏自治区税务局藏税字(94)第99号文，本公司开采并销售的铬矿石均按每吨30元的税额计征资源税。

1994年至1996年原西藏罗布萨铬铁矿按30%的税率计缴企业所得税。本公司在改组中，如前述基于一定的假设对有关会计帐目进行模拟调整，对主要因销售给西藏矿产品经销公司的产品售价调整而新增的利润，根据西藏自治区国家税务局藏国税函〔94〕第18号《关于西藏矿产品经销公司免征所得税的批复》，未计缴企业所得税。另据西藏自治区人民政府以藏政函(1997)21号文及西藏自治区国家税务局以藏国税发(97)40号文批复，本公司从设立日起按15%的经计征所得税。

11. 利润分配

本公司的税后利润拟由本公司股东大会依据《中华人民共和国公司法》及本公司章程，在弥补以前年度未弥补亏损后按以下比例分配：

提取法定盈余公积金　　10%

提取公益金　　5—10%

提取任意盈余公积金及分红基金的比例由本公司股东大会根据公司实际情况确定。

(四)主要财务指标

财务指标	1996年	1995年	1994年
流动比率	2.67	1.53	1.35
速动比率	2.48	1.35	0.98
资产负债率(%)	45.76	66.29	55.87
应收帐款周转率(次)	1.94	1.56	0.92

存货周转率(次)	2.11	1.73	--
净资产收益率(%)	36.21	36.10	19.43
每股净利(元)	0.84	0.36	0.18

注:西藏矿业发展股份有限公司是以西藏自治区矿业发展总公司作为主要发起人,联合其他四家发起人共同发起,西藏自治区矿业发展总公司以生产经营性资产折股投入,其他四家发起人以货币资金折股投入(所投现金于1997年4月28日到帐)。根据证监(1996)12号文《关于股票发行工作若干规定的通知》第五部分关于发行定价问题的有关规定,在计算前三年每股税后利润时,按主要发起人西藏自治区矿业发展总公司投入的4138万股计算,而不是按所有发起人总股本的6405万股计算。前三年每股税后利润的计算结果分别为:1994年0.18元,1995年0.36元,1996年0.84元。

十、董事会上市承诺

本公司董事会将严格遵守《公司法》、《股票发行与交易管理暂行条例》、《公开发行股票公司信息披露实施细则(试行)》、《深圳证券交易所业务细则》及国家与深圳市有关法律、法规,并向证券主管机关、深交所、广大投资者作出如下承诺:

1、自觉接受证券管理部门的监督和管理,认真听取政府、股东、证券管理部门、证券经营部门和社会公众的意见、建议和批评。

2、准确和及时地公告本公司中期报告、年度报告及经营业绩资料和披露本公司重大经营活动信息。

3、本公司董事会、监事会及高级管理人员如发生人事变动,或前述人持有本公司股份数量发生变化时,及时通报证券管理机关,并及时通过证券管理部门指定的媒体通告社会公众。

4、本公司董事、监事及高级管理人员不利用内幕消息和不正当手段直接或间接从事任何目的的股票投机交易。

5、董事会及各位董事保证不就任何未经主管机关审阅的可能影响股价变动的重大信息私自公告和发表意见。

6、本公司没有无记录负债。

十一、重要事项揭示

1.根据国家有关规定,本公司350万股公司职工股将于本次上市半年后经批准方可上市。

2.截止本公告书公布之日,本公司无重大诉讼事项。

十二、备查文件

1.公司成立的注册登记文件
2.招股说明书
3.审计报告
4.验资报告
5.营业执照
6.公司章程
7.法律意见书

十三、咨询机构

1.西藏矿业发展股份有限公司
联系人: 刘晓江 曾泰
联系电话:0891—6336740 传 真:0891—6336738
2.上市推荐人:南方证券有限公司
联系人: 鲍文革 万新 李毅
联系电话:010—67642137 传 真:010—67617384
3.财务顾问:北京证券有限公司

西藏矿业发展股份有限公司
1997年7月4日

西藏矿业发展股份有限公司(筹)利润表

单位:人民币元

项 目	1997.1.1-1.31	1996	1995	1994
主营业务收入	3,897,738.03	82,767,233.19	61,257,619.70	33,560,400.24
减:营业成本	721,226.91	14,960,915.26	19,197,887.66	9,822,261.70
销售费用	935,585.15	15,758,772.59	14,244,125.96	8,398,555.78
管理费用	1,242,088.67	11,980,676.80	10,044,830.60	7,605,538.96
财务费用	76,152.62	594,178.52	272,055.07	566,026.66
营业税金及附加	126,381.00	2,597,441.56	2,087,575.15	1,149,112.98
主营业务利润	796,303.68	36,875,248.46	15,411,145.26	6,018,904.16
加:其他业务利润	28,455.13	516,458.55	9,842.94	223,940.11
营业利润	824,758.81	37,391,707.01	15,420,988.20	6,242,844.27
加:投资收益	--	86,900.00	920.00	20,000.00
营业外收入	--	121,532.26	97,859.26	62,601.65
减:营业外支出	--	295,762.54	100,474.99	95,905.72
加:以前年度损益调整	--	--	--	1,186,558.00
利润总额	824,758.81	37,304,376.73	15,419,292.47	7,416,098.20
减:所得税	247,427.64	2,509,580.63	306,673.26	83,656.55
净利润	577,331.17	34,794,796.10	15,112,619.21	7,332,441.65

西藏矿业发展股份有限公司(筹)资产负债表

单位:人民币元

	1997-1-31	1996-12-31	1995-12-31	1994-12-31
资 产:				
流动资产:				
货币资金	2,647,184.53	3,768,934.40	8,137,172.24	258,697.51
应收帐款	36,555,741.46	43,254,396.60	42,089,099.58	36,434,819.42
减:坏帐准备	23,038.59	--	20,088.86	6,583.65
应收帐款净额	36,532,702.87	43,254,396.60	42,069,010.72	36,428,235.77
预付货款	2,512,699.65	1,509,498.15	1,472,240.72	1,377,131.64
其他应收款	40,967,011.42	37,716,006.48	509,393.27	844,741.19
存货	6,643,089.21	6,451,532.55	7,200,586.53	14,995,001.26
待处理流动资产净损失	--	--	702,122.30	702,122.30
流动资产合计	89,302,687.68	92,700,368.18	60,090,525.78	54,605,929.67
长期投资:				
长期投资	--	--	40,000.00	140,000.00
固定资产:				
固定资产原价	95,557,095.18	95,557,095.18	65,570,892.05	37,322,508.10
减:累计折旧	18,877,236.39	18,466,138.68	9,805,837.95	6,537,667.34
固定资产净值	76,679,858.79	77,090,956.50	55,765,054.10	30,784,840.76
无形资产及递延资产:				
递延资产	7,305,110.02	7,373,382.07	8,192,646.74	--
资产总计	173,287,656.49	177,164,706.75	124,188,266.62	85,530,770.43
负债及股东权益				
流动负债:				
短期借款	5,000,000.00	5,000,000.00	5,000,000.00	4,000,000.00
应付帐款	13,116,778.78	16,874,733.06	23,245,088.11	22,111,534.33
应付工资	303,954.60	303,954.60	632,243.60	796,365.67
应付福利费	834,575.97	985,555.61	756,412.34	722,267.80
未交税金	8,602,163.28	8,311,889.96	6,804,180.86	4,415,466.81
其他未交款	--	--	--	161,004.09
其他应付款	2,026,556.88	3,046,490.90	2,431,474.95	4,924,215.90
预提费用	209,804.40	--	346,105.06	3,306,844.12
流动负债合计	30,093,833.91	34,522,624.13	39,215,504.92	40,437,698.72
长期负债:				
应付债券	--	--	1,022,304.00	1,024,104.00
长期应付款	46,528,133.98	46,528,133.98	41,973,918.69	6,291,762.77
其他长期负债	--	25,591.21	118,558.03	36,022.08
长期负债合计	46,528,133.98	46,553,725.19	43,114,780.72	7,351,888.85
负债合计	76,621,967.89	81,076,349.32	82,330,285.64	47,789,587.57
股东权益:				
股本	64,050,000.00	64,050,000.00	28,886,601.81	28,886,601.81
资本公积	32,038,357.43	32,038,357.43	2,430,074.54	857,672.73
盈余公积	--	--	6,494,502.19	6,094,791.40
其中:公益金	--	--	177,623.91	355,894.85
未分配利润	577,331.17	--	4,046,762.44	1,902,116.92
股东权益合计	96,665,688.60	96,088,357.43	41,857,940.98	37,741,182.86
负债及股东权益总计	173,287,656.49	177,164,706.75	124,188,226.62	85,530,770.43

西藏矿业发展股份有限公司(筹)财务状况变动表

单位:人民币元

	1997.1.1-12.31	1996		1997.1.1-12.31	1996
流动资金来源和运用			流动资金各项目的变动		
一、流动资金来源			一、流动资产本年增加数		
1.本年净利润	577,331.17	34,794,796.10	(1)货币资金	(1,121,749.87)	(4,368,237.84)
加:不减少流动资金的费用和损失			(2)应收帐款净额	(6,721,693.73)	1,185,385.88
(1)固定资产折旧	411,097.71	3,856,189.86	(3)预付货款	1,003,201.50	37,257.43
(2)无形资产及递延资产			(4)其他应收款	3,251,004.94	37,206,613.21
及其他资产摊销(减其他负债转销)	68,272.05	819,264.67	(5)存货	191,556.66	(749,053.98)
(3)清理固定资产损失(减收益)	--	(48,067.46)	(6)待处理流动资产净损失(减收益)	--	(702,122.30)
小计	1,056,700.93	39,422,183.17	流动资产增加(减少)净额	(3,397,680.50)	32,609,842.40
2.其他来源:			流动负债本年增加数		
(1)固定资产清理收入(减:清理费用)	--	144,546,47	(1)短期借款	--	--
(2)增加长期负债	--	4,554,215.29	(2)应付帐款	(3,757,954.28)	(6,370,355.05)
(3)收回长期投资	--	140,000.00	(3)应付工资	--	(328,289.00)
(4)资本净增加额	--	58,277,178.89	(4)应付福利费	(150,979.64)	229,143.27
小 计	--	63,115,940.65	(5)未交税金	290,273.32	1,507,709.10
流动资金来源合计	1,056,700.93	102,538,123.82	(6)其他未交款	--	--
二、流动资金运用			(7)其他应付款	(1,019,934.02)	615,015.95
1.利润分配			(8)预提费用	209,804.40	(346,105.06)
(1)提取法定公积金	--	1,380,371.86			
(2)已分配股利	--	29,722,743.25			
(3)净资产折股	--	7,738,443.43			
小计	--	38,841,558.54			
2.其他运用					
(1)固定资产和在建工程净增加额	--	25,278,571.27			
(2)增加无形资产、递延资产及其它资产	--	--			
(3)偿还长期负债	25,591.21	1,115,270.82			
小计	25,591.21	26,393,842.09			
流动资金运用合计	25,591.21	65,235,400.63	流动负债增加净额	(4,428,790.22)	(4,692,880.79)
流动资金增加净额	1,031,109.72	37,302,723.19	流动资金增加(减少)净额	1,031,109.72	37,302,723.19

西藏矿业发展股份有限公司1997年度中期报告

西藏矿业发展股份有限公司资产负债表

(未经审计)　　单位:人民币元

	附注	1997-6-30	1996-12-31
资产			
流动资产			
货币资金		250,695,611.47	3,768,934.40
应收帐款	1	72,249,042.44	43,254,396.60
减:坏帐准备		63,187.96	—
应收帐款净额		72,185,854.48	43,254,396.60
预付帐款	2	4,679,863.18	1,509,498.15
其他应收款	3	19,478,638.82	37,716,006.48
存货	4	4,352,007.78	6,451,532.55
待处理流动资产净损失		—	—
流动资产合计		351,391,975.73	92,700,368.18
长期投资:			
长期投资		—	—
固定资产:			
固定资产原价	5	95,407,107.18	95,557,095.18
减:累计折旧	5	20,898,537.72	18,466,138.68
固定资产净值	5	74,508,569.46	77,090,956.50
无形资产及递延资产:			
递延资产	6	6,963,749.73	7,373,382.07
资产总计		432,864,294.92	177,164,706.75
负债及股东权益			
流动负债:			
短期借款	7	8,000,000.00	5,000,000.00
应付帐款	8	23,578,042.91	16,874,733.06
应付工资		251,454.60	303,954.60
应付福利费		521,683.57	985,555.61
未交税金	9	15,025,508.07	8,311,889.96
其他未交款	10	185,285.55	—
其他应付款	11	2,491,713.85	3,046,490.90
预提费用	12	68,040.00	—
流动负债合计		50,121,728.55	34,522,624.13
长期负债			
应付债券			
长期应付款	13	46,528,133.98	46,528,133.98
其他长期负债	14	214,721.21	25,591.21
长期负债合计		46,742,855.19	46,533,725.19
负债合计		96,864,583.74	81,076,349.32
股东权益:			
股本	15	99,050,000.00	64,050,000.00

资本公积	16	227,906,106.13	32,038,357.43
盈余公积	17	—	—
其中:公益金		—	—
未分配利润	18	9,043,605.05	—
股东权益合计		335,999,711.18	96,088,357.43
负债及股东权益总计		432,864,294.92	177,164,706.75

(所附注释会计报表的组成部分)

西藏矿业发展股份有限公司利润表

(未经审计) 单位:人民币元

	附注	1997.1.1-6.30	1996
主营业务收入	19	25,898,160.93	82,767,233.19
减:营业成本	20	4,745,048.33	14,960,915.26
销售费用	21	3,448,915.54	15,758,772.59
管理费用		3,775,793.41	11,980,676.80
财务费用	22	438,811,56	594,178.52
营业税金及附加		912,044.21	2,597,441.56
主营业务利润		12,577,547.88	36,875,248.46
加:其他业务利润	23	326,081.75	516,458.55
营业利润		12,903,629.63	37,391,707.01
加:投资收益	24	—	86,900.00
营业外收入	25	67,956.15	121,532.26
减:营业外支出	26	52,150.00	295,762.54
加:以前年度损益调整	27	—	—
利润总额		12,919,435.78	37,304,376.73
减:所得税		3,875,830.73	2,509,580.63
净利润		9,043,605.05	34,794,796.10

(所附注释系会计报表的组成部分)

西藏矿业发展股份有限公司会计报表附注

单位:人民币元

一、公司概况

本公司是经西藏自治区人民政府于1997年4月10日以藏政函〔1997〕23号文批准,由西藏矿业发展总公司(以下简称西藏矿业总公司)为主要发起人,联合西藏藏华工贸有限公司(以下简称藏华工贸公司),西藏山南地区铬铁矿(以下简称山南铬铁矿),山南地区泽当供电局(以下简称山南供电局)和四川都江堰海棠电冶厂(以下简称都江堰电冶厂)五家共同发起,以西藏矿业总公司全资所属的西藏罗布萨铬铁矿为改组主体,以募集方式设立的股份有限公司。本公司业经中国证券监督管理委员会以证监发字〔1997〕332号文批复公开向社会发行人民币普通股3,500万股(含公司职工股350万股),每股面值1元。

本公司于1997年6月30日在西藏拉萨市注册成立,公司股本为9,905万股,每股面值1元。其中:西藏矿业总公司认购4,138万股,以罗布萨铬铁矿经营性净资产折股;都江堰电冶厂认购867万股,藏华工贸公司认购667万股,山南铬铁矿认购400万股,山南供电局认购333万股,以货币资金投入折合相应股份;向社会公众募集3,500万股。

本公司经营范围:铬矿,硼矿,铅锌矿,锡矿,高岭土,铜矿,金矿,锂矿开采及销售,铬矿深加工及销售,自营产品进出口贸易,仓储及运输。

二、资产评估结果及调帐说明:

按照股票发行并上市交易的有关规定本公司委托资产评估机构对改组范围内截至1996年12月31日止的主要发起人西藏矿业总公司所属罗布萨铬铁矿资产进行了评估。经国家国有资产管理局国资评(1997)375号文确认的评估结果:资产总计143,159,706.75元人民币,负债合计81,076,349.32元人民币,净资产计62,083,357.43元人民币,其中评估增值5,083,357.43元人民币,增值幅度为8.92%。

本公司已于股份有限公司正式成立日(股份公司营业执照正式签发日)1997年6月30日对评估结果作调整帐务处理。因评估基准日至调帐日的期间内资产数量已发生了增减变化,调帐时已区别情况进行处理:如原业经评估的固定资产、存货、应收帐款减少,减少的该部分资产,其原经确认的评估增值合计534,537.10元人民币不再调整其帐面价值。

三、重要会计政策

1.会计制度

本公司所采用的会计政策系根据中华人民共和国《企业会计准则》和《股份制试点企业会计制度》及其补充规定重新厘定,截至1997年6月30日止已一致地采用该等会计政策。

2.记帐原则和计价基础

记帐原则为权责发生制;计价基础为历史成本法。

3.会计期间

采用自公历每年1月1日起至12月31日止为一个会计年度。

4.坏帐准备

决算日按应收帐款(不含关联公司往来款项)余额5‰计提坏帐准备,并计入当年损益类帐项。

5.存货计价方法

存货以实际成本计价,发出存货的成本按先进先出法计算确定,低值易耗品于领用时采用一次性摊销法摊销。

存货的细节在附注4.中表述。

6.固定资产及其折旧

(1)固定资产标准:指使用期限超过一年的房屋建筑屋、机器设备、运输工具及其它与经营有关的工器具等,以及不属于经营的主要设备但单位价值在人民币2,000元以上,使用期限超过二年的物品。

(2)固定资产计价:固定资产按实际成本计价;惟罗布萨铬铁矿1996年12月31日的固定资产原值及累计折旧,按国家国有资产管理局国资评(1997)375号文确认的评估结果,以评估后的价值计价。

(3)固定资产折旧方法:固定资产折旧采用直线法平均计算,并按各类固定资产的原值、估计经济使用年限和预计残值(原值的5%)确定其折旧率,各类折旧率如下:

类别	预计使用年限(年)	年折旧率(%)
房屋建筑物	20-35	4.75-2.71
机器设备	12	7.91
专用设备	10-20	9.50-4.75
运输设备	10	9.50
电子设备	5	19.00
仪器仪表	10	9.50
其他设备	10	9.50

固定资产及其折旧的细节在附注5.中表述

7.递延资产及其摊销

矿山基建山体表层剥离费:自1996年1月开始按10年摊销;

递延资产的细节在附注6.中表述

8.收入实现的确认

以商品(产品)已经发出或劳务已经提供并收到价款或取得索取价款的凭据为销售实现的依据。

9.税项

(1)主要税种和税率

税种	计税依据	税率
增值税	矿产品销售收入	13%
资源税	矿产品销售量	30元/吨

营业税	营业收入	5%
城市维护建设税	增值税、营业税额	5%
企业所得税	应纳税所得税额	30%

根据财政部国家税务总局(1994)财税字第022号文,本公司金属矿采选产品执行13%的增值税税率。

根据西藏自治区税务藏税(1994)第99号文,本公司开采并销售的铬矿石均按每吨30元的税额计征资源税。

1996年原西藏罗布萨铬铁矿按30%的税率计缴企业所得税。本公司在改组中,基于一定的假设对有关会计帐目进行模拟调整,对主要因销售给西藏矿产品经销公司的产品售价调整而新增的利润,根据西藏自治区国家税务局藏国税函〔1994〕第18号《关于西藏矿产品经销公司免征所得税的批复》,未计缴企业所得税。另据西藏自治区人民政府以藏政函〔1997〕21号文及西藏自治区国家税务局以藏国税发〔1997〕40号文批复,本公司从设立日起按15%的税率计征所得税。

10. 利润分配

本公司的税后利润由本公司股东大会依据《中华人民共和国公司法》及本公司章程,在弥补以前年度未弥补亏损后按以下比例分配:

提取法定盈余公积金	10%
提取公益金	5-10%

提取任意盈余公积金及分红基金的比例由本公司股东大会依据公司实际情况确定。

利润分配的细节在附注18.中表述

四、会计报表主要项目附注

附注1. 应收帐款

(1)应收帐款的帐龄分析列示如下:

帐龄	1997-6-30 金额	占该帐项金额的百分比(%)
1年以内	71,793,356.94	99.37
1年至2年	—	—
2年至3年	455,685.50	0.63
3年以上	—	—
	72,249,042.44	100

(2)本帐户余额中持本公司5%以上股份的股东欠款明细如下:

名称	款项内容	金额
西藏矿业发展总公司	销售货款	59,611,450.01

本项目期末余额已抵销评估冲减的帐龄在2年以上的应收帐款869,651.67元。原经确认的评估减值1,075,632.82元,调帐时已扣除本期收回的应收帐款205,981.15元。

(3)坏帐准备:本公司按期末应收帐款余额的5‰提取坏帐准备。

1997年6月30日坏帐准备余额为63,187.96元。

附注2. 预付帐款

预付帐款之帐龄分析列示如下:

帐龄	1996-12-31 金额	占该帐项金额的百分比(%)
1年以内	4,174,893.76	89.21
1年至2年	257,079.20	5.49
2年至3年	247,890.22	5.33
	4,679,863.18	100

本帐户余额中没有持本公司5%以上股份的股东欠款

附注3. 其他应收款

(1)其他应收款之帐分析列示如下:

帐龄	1996-12-31 金额	占该帐项金额的百分比(%)
1年以内	19,478,638.82	100

(2)按经济内容分类

内容	金额	占该帐项金额的百分比(%)
垫付投资款	5,780,000.00	29.67
垫付材料款	1,393,761.47	7.16
暂借款	10,515,700.00	53.99
办事处经费	1,100,000.00	5.65
其他	689,177.35	3.53
	19,478,638.82	100

(3)本帐户余额中持本公司5%以上股份的股东欠款明细如下:

名称	款项内容	金额
西藏矿业总公司	暂借款	4,484,097.93
西藏矿业总公司	垫付投资款	5,780,000.00
西藏矿业总公司	垫付费用	226,095.51
		10,490,193.44

附注4. 存货

	1997-6-30
原材料	2,508,549.38
低值易耗品	260,013.11
产成品	1,583,445.29
	4,352,007.78

注:1997年6月30日存货余额中含1996年12月31日资产评估减值166,512.22元,其中原材料评估减值178,163.26元,低值易耗品评估增值11,651.04元。原经确认的评估增值为556,833.10元,调帐时已扣除本期已销售和领用的存货评估增值723,345.32元。

附注5. 固定资产及其累计折旧

固定资产及其累计折旧的增减变动明细项目列示如下:

	1996-12-31	本期增加	本期减少	1997-6-30
固定资产原价:				
房屋及建筑物	55,427,673.00	—	—	55,427,673.00
机器设备	2,498,390.00	—	—	2,498,390.00
专用设备	19,494,510.00	—	—	19,494,510.00
运输设备	15,280,630.00	—	174,760.00	15,105,870.00
电子设备	197,380.00	24,772.00	—	222,152.00
仪器仪表	41,972.18	—	—	41,972.18
其他设备	2,616,540.00	—	—	2,616,540.00
	95,557,095.18	24,772.00	174,760.00	95,407,107.18
累计折旧				
房屋及建筑物	3,206,241.00	1,013,034.43	—	4,219,275.43
机器设备	511,882.00	89,126.26	—	601,008.26
专用设备	8,573,694.00	656,182.43	—	9,229,876.43
运输设备	3,771,452.50	647,194.28	109,544.42	6,309,102.38
电子设备	96,365.00	20,319.99	—	116,684.99
仪器仪表	2,053.18	1,989.70	—	4,042.88
其他设备	304,451.00	114,096.37	—	418,547.72
	18,466,138.68	2,541,943.46	109,544.42	20,898,537.72
固定资产净值	77,090,956.50			74,508,569.46

以上固定资产期末余额中含1997年12月31日资产评估增值5,104,363.43元(经确认的评估增值为5,119,250.56元。调帐时已扣除报废的固定资产增值14,887.13元)。固定资产评估增值明细项目列示如下:

固定资产类别	评估增(减)值		增(减)值率%
	原值	累计折旧	
房屋建筑物	4,413,213.39	(797,145.76)	11.08
机器设备	236,011.22	119,372.57	6.24
专用设备	3,474,283.31	4,348,827.43	(7.41)
运输设备	1,582,241.46	1,031,589.96	6.21
电子设备	0.02	(38,557.80)	0.62
仪器仪表	(0.60)	2,053.18	(4.89)
其他设备	214,523.88	149,769.67	2.88
	9,920,272.68	4,815,909.25	

附注 6. 递延资产

1997－6－30

	矿山基建山递表层剥离费
原始发生额:	8,192,646.74
以前年度发生额	8,192,646.74
本期发生额	—
已摊金额	1,228,897.01
以前年度摊销额	819,264.67
本期摊销额	409,632.34
期末余额	6,963,749.73
剩余摊销年限	102 个月

附注 7. 短期借款

贷款单位	借款日	到期日	月利率	贷款金额	借款条件
中国农业银行西藏山南地区中心支行	96.10.21	97.10.20	6.75‰	5,000,000.00	信用借款
中国农业银行西藏山南地区中心支行	97.4.1	98.3.31	8.40‰	3,000,000.00	担保借款

本公司截止 1997 年 6 月 30 日无逾期贷款。

附注 8. 应付帐款

期末余额 23,578,042.91 元,主要内容有购材料款和矿石运费,截止 1997 年 6 月 30 日尚无应付持本公司 5%以上股份的股东款项。

附注 9. 应交税金

税种	1997－6－30
增值税	7,141,600.00
营业税	41,143.64
城建税	484,912.01
资源税	1,396,982.12
所得税	5,960,870.30
	15,025,508.07

附注 10. 其他未交款

内容	1997－6－30
矿产资源补偿费	185.285.55

附注 11. 其他应付款

其他应付款期末余额 2,491,713.85 元,截止 1997 年 6 月 30 日无应付持本公司 5%以上股份的股东款项。

按经济内容分类: 1997－6－30

内容	金额	百分比(%)
养路费	1,096,636.24	44.01
劳务费	605,450.30	24.30
资金	386,946.00	15.53
租金	219,482.44	8.81
其他	183,198.87	7.35
	2,491,713.85	100

附注 12. 预提费用

内容	金额
贷款利息	68,040.00

截止 1997 年 6 月 30 日余额为 46,528,133.98 元,全部系应付本公司股东西藏矿业发展总公司的基建工程垫款,系西藏矿业发展总公司为罗布萨矿山开采工程建设前期垫付的款项。根据本公司与矿业总公司签订的《基建工程垫付款协议》规定,该款项应于 1997 年 12 月 31 日前还清。

附注 14. 其他长期负债

项目	金额
住房周转金	214,721.21

附注 15. 股本

1997 年 6 月 30 日股本金构成如下:

股东名称	股本
西藏矿业发展总公司	41,380,000.00
四川都江堰海棠电冶厂	8,670,000.00
山南地区泽当供电局	3,330,000.00
西藏山南地区铬铁矿	4,000,000.00
西藏藏华工贸有限公司	6,670,000.00
社会公众股	35,000,000.00
(其中:职工内部股)	3,500,000.00
	99,050,000.00

各股东投入股本业经深圳中诚会计师事务所于 1997 年 6 月 26 日出具的深诚证字(1997)038 号验资报告验证。

附注 16. 资本公积

项目	1997－6－30	1996－12－31
资产评估增值	4,548,820.33	5,083,357.43
股票溢价	223,357,285.80	26,955,000.00
	227,906,106.13	32,038,357.43

资产评估增值比原经确认的少 534,537.10 元,系评估基准日至调帐日资产增减变动所致。

1997 年 6 月 30 日的股票溢价已扣除发行费用 10,100,000.00 元。

附注 17. 盈余公积

	1996－6－30	1996－12－31
期初余额	—	6,494,502.19
加:计提盈余公积	—	1,380,371.86
本期减少(转增股本)	—	7,874,874.05
期末余额	—	—

附注 18. 利润分配

	19971.1－6.30	1996
净利润	9,043,605.05	34,794,796.10
减:计得盈余公积	—	1,380,371.86
加:年初未分配利润(亏损)	—	4,046,762.44
减:上交西藏矿业发展总公司利润	—	29,722,743.25
净资产折股	—	7,738,443.43
年末未分配利润(亏损)	9,043,605.05	—

附注 19. 主营业务收入

	1997.1.1—6.30	1996
销售铬铁收入	25,898,160.93	82,767,233.19

附注 20. 主营业务成本

	1997.1.1—6.30	1996
销售铬铁收入	4,745,048.33	14,960,915.26

附注 21. 销售费用

	1997.1.1－6.30	1996
运费	2,841,697.55	13,784,963.50
销售服务费	519,907.46	1,346,467.98
其他	87,310.53	627,341.11
	3,448,915.54	15,758,772.59

附注22.财务费用

	1997.1.1－6.30	1996
利息净支出	435,300.95	590,023.73
手续费	3,510.61	4,154.79
	438,811.56	594,178.52

附注23.其他业务利润

	1997.1.1－6.30	1996
材料销售	—	516,458.55
运费收入	326,081.75	—

附注24.投资收益

	1997.1.1－6.30	1996
国库券利息收入	—	86,900.00

附注25.营业外收入

	1997.1.1－6.30	1996
固定资产处理净收益	67,030.79	60,000.00
废旧材料处理收入	—	61,532.26
其　他	925.36	—
	67,956.15	121,532.26

附注26.营业外支出

	1997.1.1－6.30	1996
*捐赠支出	1,000.00	279,000.00
固定资产清理损失	41,959.24	11,932.54
其　他	—	4,830.00
罚款支出	9,190.76	—
	52,150.00	295,762.54

*系向"希望工程"的捐赠支出。

五、关联公司及其交易

(1)本公司的关联公司名称及关系列示如下：

关联公司名称	与本公司的关系
西藏矿业发展总公司	本公司发起人股东

(2)关联公司交易

根据与西藏矿业发展总公司签订的《综合服务合同》，由该公司统一为西藏矿业发展股份有限公司提供资产租赁、产品销售等综合服务，有关期间向西藏矿业发展总公司支付的服务费用如下：

	1997.1.1－6.30	1996
销售服务费	519,907.46	1,346,467.98
资产租赁费	118,160.69	266,002.39
	638,068.15	1,612,470.37

本公司改组主体原罗布萨铬铁矿大部分产品以内部计划价售与西藏矿业总公司下属西藏矿产品经销公司对外销售，有关期间的交易额为：

	1996.1.1－6.30	1996
销售数量(吨)	23,160.69	54,533.85
销售金额	25,898,160.93	38,490,667.16

六、主要财务指标

	1997.1.1－6.30
(1)每股收益	0.09
(2)净资产收益率	2.69
(3)每股净资产	3.39

说明：由于行业特征及地区环境影响，公司历年上半年收益较低，主要利润在下半年形成，故1997年1－6月份净资产收益率低于同期银行存款利率。

二、经营情况的回顾与展望

1.公司概况

西藏矿业发展股份有限公司的主要发起人——西藏矿业发展总公司成立于1994年，位于圣地——拉萨市。经营范围是主营铬铁矿、硼矿、铅锌矿、铜矿、金矿、锂盐等开采及销售、加工铬铁合金及自营矿产品进出口贸易等。总公司成立以来，充分发挥西藏特有的矿产资源优势，不断开拓进取，组建了藏华工贸有限公司、罗布萨109＃铬铁矿、曲松117＃铬铁矿、罗布萨铜选厂、青藏铁合金厂等。目前，形成了矿产品开采、加工和销售的综合性矿产企业。经西藏自治区人民政府藏政函〔1997〕23号文批准，由西藏矿业发展总公司的下属全资企业——西藏罗布萨铬铁矿进行整体改组的基础上，联合四川都江堰海棠电冶厂、西藏山南地区泽当供电局、山南地区铬铁矿、藏华工贸有限公司五家企业共同发起，以募集设立方式于1997年6月30日设立西藏矿业发展股份有限公司。

2.上半年经营情况的回顾

本年度是公司成立、运作的第一个年度。1997年6月18日至20日成功地向社会公开发行了人民币普通股3500万股(含公司职工内部股350万股)。于6月29日召开了创立大会暨第一届股东大会，于6月30日注册成立西藏矿业发展股份有限公司，注册资本9905万元人民币。

公司成立以来，充分发挥管理层决策的整体优势，紧紧依靠党的政策，广大员工以开拓经营，转换机制，强化管理为业务工作重点，扎扎实实地开展各项工作。在市场开拓、产品开发、规范运作各方面，扎实有效地采取了如下措施：

a.建立了规范的运作机制，实行严格的定员定岗定任务责任制；

b.与分公司签定了产品、质量、成本及销售目标控制制度；

c.增设销售网点，拓展新的用户和业务；

通过采取以上各项有效措施，上半年经营取得了如下的成绩：

a.主营铬铁矿产、销量：25,815.24T和23,160.69T；

b.完成主营业务收入：2,589.82万元；

c.上半年实现利润总额：1,291.94万元。完成年度计划的29.12%，比去年同期上升62%；

未完成的主要原因：

a.由于受西藏矿山气候的影响，开工时间推迟，今年3月中旬开工，而且上半年近100天的工作时间主要是进行生产剥离工作，完成采剥总量43.6万T，占年度计划的56%(年度采剥总量为78万T)；b.上半年受市场价格的影响，价格比去年同期下跌112元/T。去年同期售价1238元/T，1997年上半年平均售价1126元/T。

3.下半年展望

公司下半年是生产、运输、销售的黄金时期。公司将加大销售力度，增加销售网点(已在西安、成都设立了办事处)，增大广告方面的投入，提高产品的知名度，促进产品销售，确保主管销售业务计划的完成。

青藏铁合金厂是公司本年度的重点工程，公司募集的资金已部分投入此项工程中，上半年已完成3＃炉建设，下半年将投入铬铁合金的生产。力争在年底前完成1万铬铁合金，并取得相当的投资回报，预计可获得近500万元的投资收益。

尼木铜矿和罗布萨坑内开采工程已开始实施，预计年底前可完成3200万元的投资，明年可受益。

从公司上半年的实际销量和销售订货,新的销售网点建立等情况分析,1997年度完成9600万元的销售计划是切实可行的。

三、重大事件的说明

1.1997年6月14日本公司筹委会在《中国证券报》、《证券时报》、《西藏日报》刊登了西藏矿业发展股份有限公司(筹)《招股说明书概要》、《股票发行公告》。

2.1997年6月18日到20日本公司在拉萨市采取以"全额预缴款,比例配售,余款转存"方式,成功地向社会公开发行每股面值为人民币1元的A股股票3500万股(含公司职工股350万股)。

3.1997年6月30日,经西藏自治区工商行政管理局注册登记成立了西藏矿业发展股份有限公司,并办理了有关变更手续。

4.1997年7月4日公司股票上市公告书在《证券时报》上公布。1997年7月8日,本公司3150万股A股股票在深圳证券交易所成功上市。

5.关于募股资金的使用说明

本公司于1997年6月18日至20日,向社会公开募集资金24150万元,扣除发行费,可运用资金为32140万元。主要投向为:罗布萨坑内开采投入4960万元,尼木铜矿投入4800万元;浪卡子金矿投入4600万元;青藏铁合金厂改建投入4300万元;扎布耶盐湖前期开发投入4900万元,不足部分公司自筹解决。青藏铁合金厂改扩建一期工程在上半年基本上完成,实际投入1960万元,计划下半年内罗布萨坑内开采工程投入1500万元,尼木铜矿投入1700万元,浪卡子金矿投入1300万元,扎布耶盐湖前期开发投入2000万元。

6.根据国务院证券委,中国人民银行,国有经贸委5月21日联合发布的《严禁国有企业和上市公司炒作股票的规定》,本公司对有关情况做了认真自查,至今为止,本公司及分公司尚未在境内任何证券机构开设买卖已上市流通股票的帐户,本公司今后如果从事股票投资,将严格遵循国家政策法规和本公司的章程的规定。

7.本公司在报告期内无重大诉讼、仲裁事项。

8.1997年8月13日经西藏矿业发展股份有限公司第一届董事会第三次董事会议决定,本公司中期不分红、配股。

四、发行在外股票的变动和股权结构变动

表一、高级管理人员持股(A)股明细表(截止1997年6月30日)

序号	股东姓名	职　务	持股数(股)
1	肖永恩	董事长	18000
2	拉巴次仁	副董事长、总经理	16000
3	索朗多吉	董事、副总经理	12000
4	才旺赤列	董事、副总经理	12000
5	多吉次仁	董事、副总经理	12000
6	覃发律	董事、副总经理	12000
7	泽丹顿珠	监事会主席	12000
8	陈荣发	监事	8000
9	张金庆	副总经理	0
10	刘晓江	董事会秘书	8000
合计			110000

表二、公司1997年6月份发行3500万股新股前后及截止1997年6月30日股本情况

单位:万股

项　目	发行前(6月初)	发行后(6月30日)	97.7.8
一、尚未流通股份			
1.发起人股份	6405	6405	6405
其中:境内法人持有股份	6405	6405	6405
2.社会公众股	0	3150	0
3.公司职工股	0	350	350
尚未流通股合计	6405	9905	6755
二、境内上市人民币普通股	0	0	3150
已流通股份合计	0	0	3150
三、股份总数	6405	9905	9905

3.主要股东持股情况(截止1997年6月30日)

股东名称	持有股数(股)	持股比例(%)
1.西藏矿业发展总公司	41380000	41.78
2.四川都江堰海棠电冶厂	8670000	8.75
3.西藏藏华工贸有限公司	6670000	6.73
4.西藏山南地区铬铁矿	4000000	4.04
5.山南地区泽当供电局	3330000	3.36
6.西藏成都川萨出租汽车公司	479200	0.48
7.西藏时代有色金属开发有限公司	479200	0.48
8.北京莫尔泰科技发展有限责任公司	435644	0.44
9.延边金融电脑有限责任公司	430126	0.43
10.昆山市信托投资公司	290429	0.29

五、股东大会简介

1.本公司于1997年6月29日,在西藏拉萨市经纺大厦召开公司创立大会暨第一届第一次股东大会,到会人数28人,代表股份6756.2万股,占总股本的68.21%。审议通过《西藏矿业发展股份有限公司筹办情况的报告》、《西藏矿业发展股份有限公司章程》、《关于申请西藏矿业发展股份有限公司在深圳证券交易所上市的决议》。选举产生了第一届董事会。选举产生了第一届监事会。

六、备查文件

1.载有董事长亲笔签名的中期报告原本;

2.公司创立大会暨第一届第一次股东大会资料;

3.第一届董事会第三次董事会议关于中期不分红、配股的决议;

4.公司招股说明书,上市公告书材料。

查阅地址:西藏拉萨扎基路14号西藏矿业发展股份有限公司董事会办公室

联系电话:0891-6324952　传真:0891-6336738

西藏矿业发展股份有限公司

董事长:肖永恩

1997年8月21日

中核苏州阀门股份有限公司

中核苏州阀门股份有限公司概况

公司简介

经国家批准,中核苏州阀门股份有限公司(简称中核苏阀)荣幸地成为中国核工业总公司系统第一家上市公司。

中核苏阀位于中国两大经济带——沿海经济带和长江经济带交汇处的江苏省苏州市,这里经济发展最具活力,地理环境十分优越,交通信息便捷通畅。

中核苏阀是中国阀门工业的排头兵,采用API标准等12种国际先进标准设计、制造工业用阀门超万种。主要生产品种有闸阀、截止阀、止回阀、旋塞阀、蝶阀、隔膜阀、调节阀、保温阀、高温高压电站阀、真空阀以及各种特殊要求的阀门,涉及国内外石化、炼油、化工、电力、冶金、造纸、制药等行业,销量在中国市场独占鳌头,产品出口到50多个国家和地区。

中核苏阀拥有优秀男女员工1500人,其中专业技术人员230人,集中了雄厚的人力资源。公司下设铸、锻、机械加工、焊接、热处理、装配等专业车间。设备工种配套齐全,计量、检测手段一流。

四十多年的奋斗发展,使中核苏阀成为中国最大的特种阀门开发研制与制造生产基地。

中核苏州阀门股份有限公司一贯质量优异,早已通过国际著名的挪威船级社(DNV)的ISO 9001质量体系认证。公司"H"、"SUFA"牌阀门产品为我国著名品牌产品,主要技经指标在全国阀门行业名列前茅,是国家经贸委授予的机电产品出口先进单位。

中核苏州阀门股份有限公司坚持依靠自身拥有的强大的科技力量,不懈地追求卓越,决定在"九五"期间投入亿元资金进行技术改造,以确保公司跻身国际一流,并随着中国四个现代化建设的发展,始终竭尽全力作出自己的贡献,决心继续开发高、新、难、特阀门产品同步世界新潮流,把中核苏州阀门股份有限公司建成在国际阀门界争雄的现代化大型企业。

中核苏州阀门股份有限公司竭诚为社会提供最佳的服务。

中核苏州阀门股份有限公司(筹)招股说明书概要

一、绪　　言

本招股说明书概要是根据《中华人民共和国公司法》、《股票发行与交易管理暂行条例》和《公开发行股票公司信息披露实施细则》等有关法律、法规编制,旨在为投资者提供本公司的基本情况和本次发行的详细情况本公司筹备委员会成员已审阅并批准本招股说明书概要,确信其中所摘内容与招股说明书正文一致且不存在任何重大遗漏或者误导,并对其真实性、准确性、完整性负个别的和连带的责任。

新发行的股票是根据招股说明书所载明的资料申请发行的。除本发行人和主承销商外,没有委托或授权任何其他人提供未在招股说明书及其概要中列载的信息和对招股说明书及其概要作任何解释或者说明。

投资者买卖本公司发行的股票所应支付的印花税、本公司分红派发现金时所应支付的个人所得税由投资者自行负担,本公司、推荐人及承销机构对该税款不承担责任。

二、释　　义

在本招股说明书概要中,除非下文另有说明,下列简称具有如下意义:

本公司、股份公司、公司或发行人:指中核苏州阀门股份有限公司。

发起人、原苏阀厂或五二六厂:指改制前的中国核工业总公司苏州阀门厂。

苏阀厂:指改制后的中国核工业总公司苏州阀门厂。

筹委会:指中核苏州阀门股份有限公司筹备委员会,在公司未正式成立之前,筹备委员会履行董事会职能。

主承销商、上市推荐人:指广发证券有限责任公司。

中核总:指中国核工业总公司。

宝原公司:指中国宝原工贸公司。

新　　股:指本公司本次发行的面值为1元的3000万股人民币普通股。

本次发行:指本公司发行面值为1元的3000万股人民币普通股之行为。

元:指人民币元。

三、发售新股的有关当事人

1、发　行　人:中核苏州阀门股份有限公司(筹)

地　　址:苏州市国家高新技术产业开发区(苏州新区)

筹委会主任:邵渭敏

电话:(0512)7533655-2577　　传真:(0512)7532587

联 系 人:薛卫东　沈　澄

2、主 承 销 商:广发证券有限责任公司

地　　址:广东省广州市农林下路83号广发大厦4楼

法定代表人:陈云贤

电话:(020)87310888-2420　　传真:(020)87310255

联 系 人:姚春潮　薛自强

副主承销商:南方证券有限公司

地　　址:广东省深圳市深南东路南方国际大酒店12层

法定代表人:王景师

电　　话:010-67642146

联 系 人:刘　中

分 销 商:中国民族国际信托投资公司

地　　址:北京市西城区展览路北露园1号10层

法定代表人:马茂宗

电　　话:010-66064195

联 系 人:王庆文

分 销 商:苏州证券公司

地　　址:苏州市人民路604号

法定代表人:汪大鸣

电　　话:0512-7297547

联 系 人:沈国强

3、上市推荐人:广发证券有限责任公司

4、发行人之律师事务所:中银律师事务所

地　　址:北京市西城区南礼士路21号648室

法定代表人:朱玉栓

电　　话:010-68573796

经 办 律 师:朱玉栓　唐金龙

联 系 人:刘兰玉

5、主承销商之律师事务所:广东对外经济律师事务所

法定代表人:张锡海
地　　址:广州市东风东路707号自动化大厦12楼
电　　话:(020)87760231
经 办 律 师:张建中　梁治烈
6、会计师事务所:中洲会计师事务所
地　　址:北京市海淀区阜成路33号北京商学院综合楼8层
法定代表人:陶省隅
电　　话:(010)68437056
传　　真:(010)68437084
经办注册会计师:胡世明　李晓英
7、资产评估机构:中评资产评估事务所
地　　址:北京市西城区三里河贵阳饭店四楼
法定代表人:袁东英
电　　话:(010)68513377-408
传　　真:(010)68518030
经办评估人员:邓春芳　张海涛
8、资产评估确认机构:国家国有资产管理局
法 定 代 表 人:张佑才
地　　址:北京市海淀区万泉河路66号
电　　话:010-62567744
9、土 地 评 估 机 构:中国地产咨询评估中心
法 定 代 表 人:冯庆祥
地　　址:北京市海淀区大柳树路21号
电　　话:(010)62187506
经 办 评 估 师:周维纾　董丽萍
10、股份登记机构:深圳证券登记有限公司
地　　址:广东省深圳市红岭中路25号
法 定 代 表 人:黄铁军
电　　话:(0755)5585536

四、发行情况

(1)股票种类:每股面值1元的人民币普通股(A股);

(2)发行日期:1997年6月16日

(3)发行地区:全国所有与深圳证券交易所联网的证券交易网点。

(4)发行对象:中国法律规定可以买卖股票的境内自然人和法人。

(5)承销期起止日:1997年6月16日至1997年6月23日。

(6)上市证券交易场所:深圳证券交易所

(7)发行方式:向社会公开发行的2700万股,将采用"上网定价"的发行方式;向公司职工配售的300万股,将根据经中国核工业总公司核准的职工人数和职工预约认购股份的情况配售。

(8)每股发行价格:本次发行采用溢价发行,每股发行价格为5.33元。

(9)发行价格的确定方法:其确定主要以本公司94、95、96年实际经营业绩为基础,并充分考虑本公司盈利增长潜力、在国内的声誉、财务状况、风险因素、国家宏观经济形势、行业状况、股票市场影响等因素。本公司94、95、96年实际每股税后利润分别为0.20元、0.44元、0.36元(以4500万股本计算,所得税率按15%计算);

发行价格=前三年平均每股税后利润×发行市盈率
=(0.20/股+0.44元/股+0.36元/股)/3×16
=5.33元/股

(10)发行市盈率为16倍。

(11)发行股票的种类和数量:本次将发售新股为面值一元的人民币普通股(A)股,发行量3000万股。本次发行将采用"上网定价"的发行方式,向社会公开发行的2700万股;并向公司职工配售的300万股。

(12)预计实收金额:若本次发行成功,扣除发行费用后,预计实收金额为15270万元。

(13)发行总市值:159,900,000.00元

(14)预计上市日期:1997年7月上旬。

五、风险因素与对策

投资者在评价发行人此次发售的股票时除本招股说明书概要提供的其它资料外,应特别认真地考虑下述各项风险因素。

(一)风险分析

1、经营风险

(1)主要原材料和零部件价格变动的风险

公司所需的原材料主要为各种钢材和金属炉料,本公司在生产过程中还大量向外采购各种规格的零部件,若今后上述原材料和零部件的价格上升,供货趋于紧张,将直接影响公司的盈利水平。

(2)产品生产规模的影响

本公司的业务结构全部集中于工业阀门的生产,其工业阀门的产量、质量将受到生产规模和技术水平的影响。目前本公司的生产经营规模不够大,市场占有率不高,而且随市场经济进程的不断加快,新竞争者的不断出现,将不可避免地对公司经营产生影响。

(3)汇率风险

由于本公司生产的产品70%出口,人民币汇率的提高将会对本公司的效益产生影响。

2、行业风险

(1)环保因素的影响

本公司属机械加工企业,须符合国家有关环保法规的要求。因本公司所属地苏州市是中外驰名的风景旅游城市,随着国家、地方政府在环保方面的要求不断提高,将增加本公司在环保方面的资金投入,可能给本公司的效益带来不利影响。

(2)行业内部竞争的影响

本公司主营业务所涉及的阀门行业近年来发展较快,国内生产通用阀门的生产厂家较多,企业之间的剧烈竞争可能给本公司的业务产生不利影响。

3、市场风险

(1)国内阀门市场受宏观经济波动的影响较大,宏观经济紧缩将导致市场需求的短期减少;

(2)国外阀门市场的需求受国际政治、经济的影响,若国际政治不稳定或国际经济不景气,将对本公司的外销造成影响。

4、政策性风险

(1)本公司70%的产品出口海外,国家1995、1996年两次调低出口退税率,对本公司的效益影响很大,如果国家再次调低出口退税率,本公司的收益将受到影响。

(2)本公司拟注册于苏州国家高新技术产业开发区,享受国家对国家高新技术产业开发区内企业的优惠政策,执行15%的所得税。若上述政策发生调整,将影响公司的利益。

(3)目前中国进口阀门的平均关税仍偏高,随着中国加入世贸组织进程的加快,进口阀门的平均关税率将会降低,使国内阀门市场的竞争加剧,可能会对本公司的业务带来不利的影响。

5、股市风险

由于股票市场的价格不仅取决于企业的经营状况,同时也受到利率、汇率、通货膨胀以及国家有关政策等因素的影响,还要受到市场投资参与者的心理预期、股票市场供求关系的影响。因此,股票市场存在着多方面的风险。

6、其他风险

本公司系由原苏阀厂独家发起向社会公开募集设立的股份公司,原苏阀厂作为本公司的唯一控股股东有可能对本公司经营决策产生影响,而由于历史原因导致了原苏阀厂与本公司之间存在土地、房屋、专利及商标租赁和综合服务等关联交易,上述原因可能产生使本公司全部或部分小股东利益损失的风险。

针对以上风险,本公司将采取以下对策:

1、针对经营风险的对策

(1)本公司所需的各种钢材主要来自抚顺钢厂、长城特殊钢股份有限公司、上钢五厂、上海不锈钢公司等国内大中型钢铁企业和一些固定的专业生产厂家。为减低钢材价格波动可能给本公司带来的风险,公司尽可

能地与有关定点供货企业签订长期供货关系协议,以保证其质量、数量和价格的稳定。

对于生产中所需的主要外购零部件,如毛坯等,本公司专门扶植定点生产厂家,并且与之签订长期的供货关系协议,以保证外购零部件的质量、数量和价格的稳定。

另外,本公司将加强对原材料及零部件采购价格的监控和严格内部材料消耗定额的管理,原材料及零部件价格做到货比三家,把外部原材料及零部件价格涨价因素控制到最低水平,同时通过完善材料定额消耗制度、通过改进工艺和提高周转水平,最大限度地降低材料单位消耗水平。

(2)针对产品生产规模,本公司将利用此次募股资金,新建大口径阀门装配车间、阀门总装分厂、2-12英寸阀门生产线以及对装配车间进行技术改造,进一步扩大本公司的生产规模。

(3)针对汇率风险,本公司将加强对人民币汇率走势的研究,指导外销部门通过采用多种货币结算的方法,有效地规避汇率风险。

2、针对行业风险,本公司将充分发挥在行业内部的技术领先优势,加大投入,加快新产品的开发工作,使本公司保持在行业中的竞争优势;针对环保风险,本公司将严格执行国家环保的有关政策法规,完善环保措施,使本公司的经营和环保都得到良好发展。

3、(1)针对国内市场风险,本公司一方面通过开拓外销市场以规避国内阀门市场的需求减少的风险,另一方面通过扩大在国内的销售网络与服务网络,尤其是与全国各行业的重要设计院建立广泛、深入、密切地联系,开展售前服务,同时,坚定不移地以市场为导向,以效益为目标,加大技术投入,增强新产品的开发能力,进一步完善内部管理,优化资源配置,缩短交货期,以优良的产品质量和售后服务取信于用户,提高市场竞争能力。

(2)针对国外市场风险,本公司继续贯彻实施全球化销售战略,以进一步拓宽市场的广度,以规避因局部地区的政治不稳定或经济不景气给本公司销售带来的风险。

4、针对政策风险,本公司通过此次募股资金,加大对技改的投入,以进一步扩大生产规模以及进一步提高产品档次,提高产品附加值,以抵消上述国家政策的变动所带来的负面影响。

5、针对股市风险,本公司将按照国家有关法律、法规的规定,稳健经营、规范运作,严格按照国务院证券委及国家证监会的有关规定,做好公司的信息披露工作。

6、针对本公司存在的关联交易情况,本公司采取了以下措施:

(1)本公司与原苏阀厂就生产协作和后勤服务签定了《重组协议》、《产品供销协议》、和《综合服务协议》。原苏阀厂承诺不竞争,并确保原苏阀厂以公平价格为本公司提供产品和服务。

(2)本公司与原苏阀厂就租用土地、建筑物和专利、商标的行为签订了长期《国有土地使用租赁合同》、《注册商标使用许可合同》、《 专利实施许可合同》、《房屋租赁合同》。

六、募股资金的运用

若本次申请公开发行3000万股社会公众股获得批准,并发行成功,可募集股金15990万元,扣除发行费用后,实际可运用资金15270万元。根据国家产业政策,阀门行业的市场需求和本公司的经营发展战略,本募股资金将主要用于以下项目:

(一)阀门生产线技术改造一期工程:新建大口径(特种)阀门装配车间、改建油漆车间项目,项目总投资为1500万元。本项目已经中国核工业总公司于1996年10月9日以核总计发〔1996〕424号文件《关于五二六厂核电阀、外贸阀生产线技术改造一期工程项目建议书的批复》批准。

本项目建成投产后,可年产14英寸~40英寸大口径阀门5千台,阀门油漆能力11万台/年,销售收入约10600万元/年,实现利润636万元,投资回收期5年。

(二)阀门生产线技术改造二期工程:

A. 组建2英寸-6英寸,8英寸-12英寸两条阀门生产线、装配车间增量改造、组建阀门检测中心、迁建特种阀门铸钢分厂等子项目。

本项目已经列入国家经济贸易委员会国经贸改〔1996〕555号《关于下达技术改造第二期"双加"工程导向性项目计划的通知》。

本项目组建2英寸-6英寸,8英寸-12英寸两条阀门生产线,将采用专机组进行加工,以提高工效和质量,2英寸-6英寸阀门生产线年产阀门3万台,8英寸-12英寸阀门生产线年产阀门1万台,全部出口,销售收入约1.1亿元,实现利润660万元;通过对装配车间增量改造后,扩大高温高压阀门的装配能力,增加产量1.5万台/年,新增产值3800万元,创利228万元;建立阀门检测中心将旨在完善测试和精密测量手段,开展电站阀、调节阀等特种阀门的试验、研究和开发,扩大本公司作为中核总和"苏州市阀门质量监督、检测中心"的业务范围,从而产生综合的经济效益和社会效益;迁建特种阀门铸钢分厂,通过采用炉外精炼技术,主要为本公司提供大口径、高磅级等高附加值阀门铸件,综合经济效益显著。该分厂年产特种钢铸件4000吨,其中碳钢、低合金钢2000吨,不锈钢铸件2000吨。

B. 新建总装分厂(厂外筹建)。

本项目已经中国核工业总公司于1997年2月21日以核总计发〔1997〕62号文件《关于五二六厂阀门总装生产线技术改造项目建议书的批复》批准。

新建总装分厂(厂外筹建)厂址在苏州国家高新技术产业开发区(苏州新区)。新建总装分厂的建设工期为15个月,新增固定资产投资2950万元,此项目将实现年产阀门8万台的生产能力,销售收入约2.2亿元,实现利润1320万元,投资回收期4.6年。

以下是本次募集资金运用的《投资额及使用计划》附表:

期目		工程内容	投资额及使用计划				
			总投资	96年	97年	98年	99年
一期	1	大口径阀门装配车间	1160	200	960		
	2	油漆车间	340	170	170		
		小计	1500	370	1130		
二期	1	总装分厂	2950		1840	1110	
	2	2~12英寸阀门生产线	3800		2000	1800	
	3	装配车间改造	1200		600	600	
	4	阀门检测中心	700		200	500	
	5	特种阀门铸钢分厂	3600			1800	1800
		小计	12250		4640	5810	1800
合计			13750	370	5770	5810	1800

从以上技术改造项目的固定资产及基建设施投资规模和所需增加的流动资金使用计划上分析,1997年本公司将投入5770万元资金于固定资产及基建设施;投入流动资金2994万元于新增项目,补充原生产流动资金3544.4万元,则1997年总投入资金达12308.4万元。对于暂时闲置的募股资金,本公司将用来进行短期国债投资,以发挥其最大效能。

若所募股金及时到位,以上技术改造项目能及时完成并投产,则本公司每年将新增销售收入47400万元,新增利润2844万元。

七、股利政策

1、根据《公司法》和本公司《公司章程草案》的有关规定,本公司每一会计年度净利润按如下顺序和比例进行分配:

a. 弥补上一年度亏损;

b. 提取法定公积金:　　10%;

c. 提取法定公益金:　　5-10%;

d. 提取任意公积金:　比例由股东大会决定;

e. 支付股利。

2、本公司在弥补亏损和提取法定公积金、法定公益金之前,不得向股东分配利润。当法定公积金达到公司注册资本的50%时,可不再提取。每一年度具体的利润分配比例和派付方式由董事会提议,报股东大会批准。

3、除股东大会另有决定外,本公司每年派付一次股利。股利在每个会计年度结束后六个月内依照每名股东的持股比例进行分配。但本公司董事会认为必要,提请股东大会讨论通过后,也可增派年度中期股利。

4、本公司股利分配采用现金和红股两种方式。

5、本公司所发行股票均为记名式人民币普通股,同股同权。

6、本次公开发行股票后，新股东将不参加本公司自1997年1月1日起至本公司股金到位日期间的利润分配。本次发行后的首次股利分配将视企业的经营情况，预计在1998年度第二季度进行分配。具体实施时间由公司创立后的股东大会决定。

7、上述股利分配政策有待于首届股东大会选举出的董事会予以确认并经股东大会批准通过。

八、发行人情况

1、发行人名称：中核苏州阀门股份有限公司(筹)

2、发行人成立的日期：本公司采取募集方式设立，在本次股票发行成功后，本公司召开创立大会并向苏州国家高新技术产业开发区登记注册后即告成立。

3、发行人住所：中国苏州国家高新技术产业开发区(苏州新区)

4、独家发起人——原苏阀厂简介

本公司是经国家体改委体改生字〔1997〕67号文批准，在对原苏阀厂进行股份制改组的基础上，由原苏阀厂独家发起，并向社会募集股份拟设立的股份有限公司。

原苏阀厂创建于1952年7月，原属苏州市地方领导，1962年初因国家国防工业建设需要，划归国家中央第二机械工业部(后改为核工业部，现为中国核工业总公司)，成为部属军工企业。1979年，贯彻“军转民”方针原苏阀厂产品开始由军品转为民品，生产各类工业用阀门，目前生产的阀门品种有闸阀、平板闸阀、截止阀、止回阀、球阀、旋塞阀、蝶阀、隔膜阀、调节阀、保温夹套阀、高温高压电站阀、仪表阀和真空阀以及其他各种特殊要求的阀门，品种规格达12000个，不同材质的有30多种，口径规格为1/8-36英寸，阀门压力等级为150磅级-2500磅级，产品广泛用于国内外石油开采、化工、电力、冶金、化纤、化肥、制药、食品、科研等部门，尤其是石化行业大中型企业成套项目的配套阀门。1988年，原苏阀厂的产品开始出口，1992年被国务院批准为机电产品出口基地，并被国家外经贸部授予出口自营权。1996年出口创汇2512万美元，阀门产品已远销50多个国家和地区，并且在中东阿联酋的迪拜设立了中东苏阀公司(原苏阀厂占股50%)，作为原苏阀厂在中东的一个窗口。

原苏阀厂注册资本为3100.10万元，96年底总资产为33539万元，净资产为11328万元，1996年实现销售28173万元，完成产值21660万元(90年不变价)，成为目前国内最大的阀门生产、销售及出口企业。原苏阀厂占地面积约为22万平方米，现有职工2090人，各类专业技术人员600余人。原苏阀厂属国有大型二类企业，全国二级企业，国家一级计量单位，江苏省高新技术企业，全国500家最大机械制造企业之一。原苏阀厂于1982年成为国内阀门行业首家获得美国石油学会API会标使用证的企业，并于1993年成为国内率先获得ISO9001质量体系认证的企业之一。

原苏阀厂拥有铸造、锻压、焊接、机加工(四、五、七车间)，工具制造设备维修、热处理、装配九个生产车间、34个职能处(科)室以及苏州瓦特斯阀门有限公司(原苏阀厂以一加工车间与美国瓦特斯公司于1995年合资成立，专门生产工业用球阀产品，原苏阀厂占股40%)，中东苏阀有限公司两家中外合资企业等单位。

5、改制重组

原苏阀厂此次股份制改组，采取分立改组的模式，即先将生产一般工业用阀门(苏州瓦特斯阀门有限公司生产的工业用球阀除外)生产线的资产从原苏阀厂分立出来，主要包括铸造、锻造、焊接、机加工(四、五)车间、工具制造设备维修车间、热处理、装配等八个车间，然后由原苏阀厂作为唯一发起人，将这一部分分立出来的资产，折股认购中核苏州阀门股份有限公司发行股本的一部分，其余部分股本向社会公开发行而募集设立股份公司。

原苏阀厂另一部分资产主要有生产核工程用阀门生产线的资产(主要是七车间的资产)以及其拥有的生产工业用球阀的苏州瓦特斯阀门有限公司的部分股权、生产服务部门的资产(主要包括能源动力设备、后勤基建维修部门的资产)、非经营性资产等，这些资产将留在苏州阀门厂(以下简称“苏阀厂”，即改制后的苏州阀门厂)，苏阀厂作为股份公司国有股权的唯一持有人依法行使股权，同时，苏阀厂作为上述剥离后母体的经营者，依法承担国有资产的保值增值的义务。

截止评估、审计基准日1996年12月31日，发行人正式在职职工1458人，其中生产人员882人，销售人员64人，技术人员170人，各类专业技术人员237中，具有高级职称的38人，中级职称的72人，初级职称127人。本公司职工参加苏州市养老金和医疗保险金统筹。目前，本公司按在职职工工资总额的21%，在职职工按本人工资总额的4%，向苏州市社会保险局交纳养老保险费，退休后由苏州市社会保险局负责支付退休养老金。医疗保险金统筹费用，本公司目前(从1997年7月1日起)按在职职工工资总额的12%，在职职工按本人工资总额的1%，向苏州市社会医疗保险机构缴纳，每年在职职工和退休职工的医疗费用主要由社会医疗保险机构和个人按比例承担。其他福利、劳保、待业保险均按国家有关规定执行。本公司承担退休职工539名，由于退休职工的费用主要如退休金及医疗费(占退休职工费用的90%以上)从1997年7月1日起均实行统筹，因此这些退休职工留在本公司，不会对本公司社会公众股股东的利益产生不利影响。

6、发行人的组织结构和内部管理结构

附图一：

中核苏州阀门股份有限公司组织机构设置

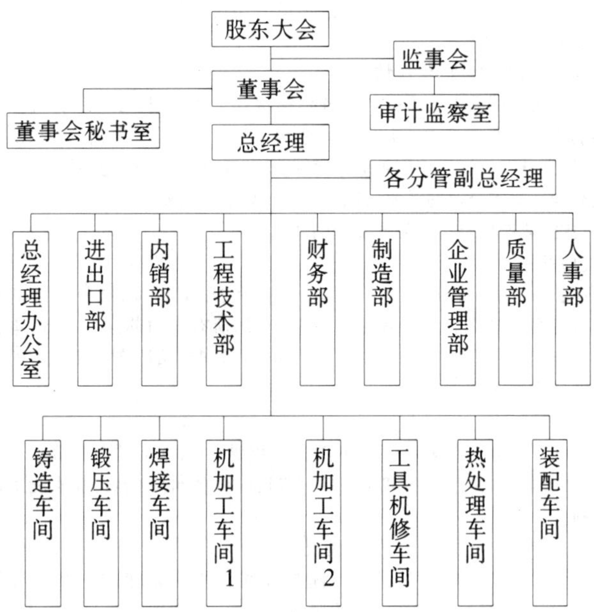

7、发行人的业务经营范围

主营：工业用阀门设计、制造、销售。

兼营：其他机电产品、金属制品的设计、制造、加工、销售；对外合资合作生产及“三来一补”业务；汽车货运以及投资融资。

本公司的业务经营范围在领取营业执照后，以正式登记内容为准。

8、发行人实际从事的主要业务：

本公司实际从事的主要业务为工业用阀门的设计、制造、销售。

9、发行人主要产品品种，生产能力及市场情况。

(1)主要产品品种

本公司承继了原苏阀厂除核工程用阀门以外的所有的阀门生产业务。生产的阀门品种有闸阀、平板闸阀、截止阀、止回阀、旋塞阀、蝶阀、隔膜阀、调节阀、保温夹套阀、高温高压电站阀、仪表阀和真空阀以及各种特殊要求的阀门，品种规格达8000多个，不同材质的有30多种，口径从规格为1/8英寸-36英寸，阀门压力等级为150磅级-2500磅级。

(2)主要产品的生产能力：

本公司设计生产能力为3000多吨，实际年生产阀门能力4000多吨，各种热加工和机加工设备达2300多台，检测手段设备完备。

(3)市场情况

本公司96年的销售额为23779.34万元,占全国阀门协会54家主要的高中压阀门厂(本公司生产的阀门均为高中压阀门)销售额的13.7%,为国内最大的阀门生产销售企业。

公司产品的主要市场分国内、国外二个市场,96年国内市场的销售额为7256.94万元,占本公司销售额的30.52%。本公司国内市场分布在石油开采、化工、电力、冶金、化纤、化肥、制药、食品、科研等部门,尤其是石化行业大型企业的成套项目和引进项目的配套阀门,如北京燕化、齐鲁石化、扬子石化、上海石化、辽化、大庆石化等。本公司1996年国内承接的8542.46万元的阀门订单中,石化类阀门订单为7155.40万元,占84%。本公司在国内石化行业阀门市场的占有率约为10%。国内市场的销售主要通过公司内销部组成全国各大区销售网点(目前拥有11个),承接国内三资企业的成套项目和引进项目的配套阀门来实现。

本公司国外市场的销售额为16522.40万元,占本公司销售额的69.48%,国外市场的占有率约为0.3%,占全国阀门协会54家主要高中压阀门厂出口交货值的37.6%,为国内最大的阀门出口企业。本公司国外市场主要集中于石油开采行业,分布在欧洲、亚澳、美洲、中东、以及非洲地区的近五十个国家和地区。本公司成立之前,产品的出口主要通过原苏阀厂的苏阀进出口公司经营,本公司成立后,其出口产品的销售主要通过本公司的进出口部委托外贸进出口公司进行代理,销售给直接用户或批发商。

10、主要原材料的供应情况

本公司使用的主要原材料为各种钢材和金属炉料,各种钢材和金属炉料的成本占本公司产品生产成本的48%左右。目前我国钢材的供应量较大,能充分满足钢材使用企业的需求,价格也比较平稳。各种金属炉料也能充分满足本公司的需要,且近年来价格也较平稳。

11、工业产权及类似无形资产的情况

(1)商标

本公司所使用的商标为"H"牌(国内)和"SUFA"牌(国外),该商标1995年获江苏省名牌产品商标。上述商标的所有权归苏阀厂所有,本公司通过与苏阀厂签订《注册商标使用许可合同》向苏阀厂支付使用费的形式有偿使用上述两商标。

(2)专利

苏阀厂拥有三项发明专利、四项实用新型专利,这七项专利暂不作价入股,本公司通过与苏阀厂签订《专利实施许可合同》的形式有偿使用该等专利。

12、新产品、新项目研究开发情况

本公司拥有特种阀门设计与制造方面的技术优势,拥有一批高级科技人才,其中研究员级的高级工程师就有9名(其中国家级专家1名,省部级专家3名),享受政府特殊津贴的高级科研人员有10多名,另外,原苏阀厂每年引进各类科技人员50名左右;本公司拥有阀门行业一流的科研手段,原苏阀厂在阀门行业最早引入计算机辅助设计(CAD),现已建立了CAD网络,另外还引进了能显示立体造型和进行有限元分析的计算机工作站。高级的科研人才和先进的科研手段的结合,使本公司的新产品(尤其是特种阀门)开发能力在阀门行业中处于领先水平。如原苏阀厂研制开发的30万吨乙烯裂解炉用32英寸清焦平板闸阀、蒙乃尔合金阀门、12英寸三通夹套底阀、250Z960Y－P_{54}140V型火电阀门、加氢装置用阀门、笼形调节阀等特种阀门,填补了国内空白,为国家节省了大量外汇,同时也为本公司注入了新的活力,拓宽了经营范围,提高了竞争能力。

13、政府政策的优惠及限制

(1)税收

①增值税:原苏阀厂出口退税率从1995年7月1日起,逐步从17%降低到目前的9%,差额部分计入产品成本,根据国务院有关部门的精神,本公司筹委会预期1997年仍将维持9%的出口退税率。

②所得税

原苏阀厂1994年的所得税税率为33%,1995年、1996年根据江苏省科学技术委员会苏科高〔95〕342号文,1995年原苏阀厂被评为江苏省高新技术企业,改按15%的税率缴纳所得税。本公司拟注册于苏州国家高新技术产业开发区,并于1997年3月28日取得苏州新区管委会承诺。该开发区属国家级的高新技术开发区,根据国家税务总局一九九一年三月《国家高新技术产业开发区税收政策的规定》,本公司将享受15%所得税率。

(2)出口自营权

原苏阀厂于1992年被国家外经贸部授予出口自营权,该出口自营权保留在苏阀厂,本公司产品的出口将委托有外贸进出口经营权的外贸公司代理出口(外贸公司按市场原则向本公司收取相应比例的代理佣金),同时立即着手向国家有关部门申领出口自营权的工作。

14、关联交易

本公司设立后,苏阀厂成为本公司的第一大股东,处于控股的地位,为规范关联交易,本公司与苏阀厂签订了《综合服务协议》、《房屋租赁合同》、《国有土地使用权租赁合同》、《注册商标使用许可合同》、《专利实施许可合同》、《产品供销合同》,其中载列了所提供的产品及服务的质量、数量等要求,收费标准以及终止任何一类产品及服务的通知期限等详情,以充分保证股份公司的利益不受侵害。

15、控股股东放弃竞争的承诺

为避免产生同行业竞争而损害股份公司的利益,控股股东——苏阀厂承诺不生产与本公司同一种类工业用途的阀门产品。

九、筹备委员会成员

邵渭敏先生,本公司筹委会主任,1944年生,大专,研究员级高级工程师。曾任技术员、车间副主任、副科长、科长、党委副书记。90年获"江苏省立功奖章"、92年"全国首届军转民十佳企业家"、95年获"全国劳动模范"等荣誉称号。现任中国核工业总公司苏州阀门厂厂长。

容铁华先生,本公司筹委会副主任,1939年生,大学本科,正研究员级高级工程师。曾任国营262厂副厂长兼总工程师、中国核仪器设备总公司副总经理兼总工程师。现任中国宝原工贸公司副总经理兼总工程师。

马志勇先生,1936年生,中专,高级政工师。曾任技术员、党支部书记、党委副书记、副厂长。现任中国核工业总公司苏州阀门厂党委书记。

许兴潮先生,1939年生,中专,高级政工师。曾任海军船机电长、政委、车间党支部书记、人武部长、经委副书记。现任中国核工业总公司苏州阀门厂党委副书记、纪委书记、副厂长。

徐铮先生,1947年生,大学本科,高级工程师。曾任技术员、车间副主任、厂工会主席。现任中国核工业总公司苏州阀门厂副厂长。

沈蔷影女士,1942年生,大专,工程师。曾任核工业部建工局施工处主任科员;宝原公司工程师、副处长、处长。现任中国宝原工贸公司计划与经营开发处处长。

章果禹先生,1940年生,大学本科,研究员级高级工程师。曾任技术员、工程师、副厂长。现任中国核工业总公司苏州阀门厂总工程师。

杨同兴先生,1955年生,大专,经济师。曾任副科长、科长、后勤处处长、厂长助理。现任中国核工业总公司苏州阀门厂副厂长。

刘虞生先生,1950年生,大专,政工师。曾任车间党支部副书记、车间副主任、人武部长、保卫科长、车间党支部书记、厂综合服务公司经理。现任中国核工业总公司苏州阀门厂工会主席。

张宗列先生,1955年生,大专,高级工程师。曾任副科长、车间副主任、计经处副处长。现任中国核工业总公司苏州阀门厂销售公司总经理。

徐中亮先生,1947年生,高中,统计师。曾任统计员、车间副主任、主任。现任中国核工业总公司苏州阀门厂生产处处长。

朱培林先生,1954年生,大专,工程师。曾任车间副主任。现任中国核工业总公司苏州阀门厂综合服务公司总经理,三产办主任。

王锦海先生,1939年生,高中,工程师。曾任车间副主任、副科长、科长(主任)现任中国核工业总公司苏州阀门厂纪委副书记、审计监察室主任。

何涛女士,1946年生,中专,会计师。曾任会计、副科长、科长。现任中国核工业总公司苏州阀门厂财务处处长。

本公司筹委会承诺,本公司经理层与控股股东苏阀厂经理层不双重任职。

十、经营业绩

1、生产经营的一般情况及经营业绩。

本公司主要从事一般工业用阀门的设计、生产与销售，据中洲会计师事务所中洲〔97〕发字第081号审计报告，本公司近年来生产一直呈现稳定的增长态势，主营业务收入逐年快速增长。本公司1994－1996年经营业绩如下：　　单位：万元

项目	1996年度	1995年度	1994年度
主营业务收入	23779.34	17816.69	11079.35
其中：			
出口阀门收入	16522.40	8099.14	3047.73
所占比例	70%	45%	28%
利润总额	1890.04	2311.36	1347.15

本公司1995年主营业务收入比1994年增长60.81%，1996年主营业务收入比1995年增长33.47%。本公司筹委会认为，主营业务收入快速增长的主要原因是本公司发起人原苏阀厂前三年采取了以下的几个措施：

(1)转换了营销机制。原苏阀厂对其两个内外销售部门均实行了承包责任制，切实转换机制使销售业务量与个人收入挂钩，极大地调动了销售人员的积极性，使销售人员能抓住95、96年阀门市场好转的机遇，利用原苏阀厂在新品开发、产品内在质量以及在国内外建立起来的销售网络方面的优势，多承接任务，提高在国内外阀门市场的占有率；

(2)合理调配生产布局，从生产结构上适应市场的要求。通过对生产车间的合理配置，逐步扩大零部件外购、本单位组装、销售。本公司生产布局的合理调整，走专业化分工、社会化协作的路子是本公司主营业务收入得以快速增长的主要原因；

(3)外销市场的开拓。由于中国的改革开放政策和经济全球化的趋势，为原苏阀厂阀门产品走上国际市场创造了有利的外部环境；而原苏阀厂高素质的人力资源和雄厚的技术优势是其领先一步走向国际市场的内在力量。“SUFA”商标在海外已有一定的知名度，因此实施全球战略、大力拓展海外市场是本公司主营业务收入得以快速增长的主要原因。

但本公司96年受国家退税率下调的影响比较大，96年出口退税率由14%下降至9%，差额部分进入成本，至使本公司96年的营业成本增加1321.79万元，从而使本公司96年的利润比95年有所减少。

2、产品的市场情况

(1)内销市场的情况

随着我国石油、化工、电力、钢铁、医药工业的发展，近几年国内阀门市场的需求量逐年增加，然而由于国内阀门生产厂家较多，因此阀门市场的供货能力，从量上看，已经出现了供过于求的局面，但另一方面，国内特种阀门的供货能力却严重不足，这类产品的技术和生产能力与国内需求不相适应。本公司将依托“H”牌阀门名牌产品的优势以及依靠原苏阀厂在特种阀门设计制造方面的技术优势，一方面加大营销机制的改革，对内实行承包制，以激发每个销售人员的积极性，另一方面进一步利用和扩大在全国各地的销售网络，继续实施“以国产代进口”的策略，重点抓大工程、大项目的阀门设备配套，以取得较高的附加值，占领特种阀门开发的制高点，同时逐步扩大生产规模，提高产品质量，降低产品成本，不断地提高竞争力和扩大市场占有率。

(2)外销市场的情况

国际阀门市场是一个十分巨大的市场，据统计，世界阀门市场的容量在350亿美元以上，其中用于炼油的API标准阀门市场约为70亿美元，主要分布在全世界20个主要炼油大国。原苏阀厂经过认真分析国内阀门市场竞争日趋激烈的状况，为了减少市场风险，必须参与国际市场的合作和分工，抓住我国沿海经济开发开放的大好机遇，产品销售走向国际市场。1988年原苏阀厂开始组织产品出口，当年创汇不到4万美元，但实现了“零”的突破，随后一年上一个台阶。1992年被国务院批准为机电产品出口基地。1995年以来，原苏阀厂克服了国家宏观调控后资金紧张、原材料价格上涨，人民币对美元升值以及出口退税率下调等诸多不利因素的影响，依靠名牌信誉，实施全球战略，1995年出口阀门销售收入8099.14万元(其中扣除了保留在苏阀厂的出口自营业务收入，以下类同)，1996年出口阀门销售收入16522.40万元，比1995年增长104%，占本公司全部销售收入(其中扣除了保留在苏阀厂的业务收入)的比重，也从95年的45%上升至70%。外销市场的拓展，主要得益于原苏阀厂与国际接轨的质量管理战略，在国际市场上创名牌的战略以及实施全球销售的战略。本公司将继承并发展原苏阀厂与国际接轨的质量管理战略，充分利用“SUFA”名牌商标的信誉以及从原苏阀厂继承过来的全球销售网络和多层次的客户网络，进一步拓展国际销售市场。

3、质量方面的情况

原苏阀厂一贯重视保证和提高产品实物质量和质量保证体系的建设和完善。通过教育、培训，不断提高本公司员工的质量意识和技能；通过进一步完善有关质量管理和质量检验的规范，使质量管理和质检工作有法可依；通过对新材料的研究以及新工艺的推广等，不断提高实物产品的质量；通过不断地引进当代比较先进的检测手段设备，包括超声波、χ及γ射线、磁粉等无损探伤手段等，保证产品的可靠性和安全性。

为了进一步打开国际市场，原苏阀厂进行了一系列的申请质量体系认证和国际石油公司的合格供方认证工作。1982年，原苏阀厂在国内阀门行业中首家获得美国石油学会API会标使用许可证，1991年12月通过挪威船级社(DNV)ISO9002质量体系认证，并于1993年成为国内率先通过挪威船级社(DNV)ISO9001质量体系认证的企业之一。原苏阀厂采用API、ANSI、ASME、MSS、JIS、JPI、BS、NF和DIN等国际先进标准进行阀门的设计、制造、检验，成为国内石油、化工、化肥、化纤、电力、医药、造纸和饮料等工业引进装置阀门和成套项目阀门的主要生产厂家，同时成为日本、西欧、美国和中东地区近十家世界大石油公司和工程公司的合格供货商。为进一步提高本公司阀门产品的质量水平，本公司成立以后，将利用部分募股资金，引进先进的生产设备和检测设备，加强装备；另外，本公司将继续坚持贯彻执行ISO9001质量体系标准，维护质量保证体系的正常运行，实施全员质量意识教育，并将质量管理延伸到市场调研、分供方的质量保证和用户服务等各个质量环节，确保“SUFA”、“H”牌阀门产品的良好声誉，使其能挤身于世界著名的阀门名牌之列。

十一、股本

1、拟注册股份：人民币7500万元

2、已发行的股份：

截止招股说明书签署日，发行人已发行股本总额为4500万元；

3、股权结构

本次发行前本公司的股权结构为：

类　别	股份数(万股)	占总股本比例(%)
法人持股	4500	100%
总 股 本	4500	100%

本次3000万股社会公众股发行后的股本结构如下：

类　别	股份数(万股)	占总股本比例(%)
法人持股：	4500	60%
社会公众股：	3000	40%
其中：公司职工股：	300	
总　股　本：	7500	100%

注：本次发行中，300万股向公司职工配售；根据现行规定，公司职工股要在新股上市半年后方可上市流通。

4、发行前后每股净资产

本次发行前每股净资产1.35元。

本次发行后每股净资产2.85元。

十二、财务会计资料

以下资料摘自中洲会计师事务所对发行人最近三年的审计报告(中洲〔97〕发字第081号)。投资者欲对发行人的财务状况，经营成果及其会计政策进行更深入的了解，应仔细阅读附录中的审计报告。

(一)主要的财务报表

1.资产负债表

1996年12月31日 单位:人民币元

序号	资　　产	注释	1996.12.31	1995.12.31	1994.12.31
	流动资产:				
	货币资金	01	8,165,594.81	14,650,181.20	16,085,818.64
	短期投资				
	应收票据				
	应收帐款	02	39,679,744.90	52,546,368.11	45,630,218.20
	减:坏帐准备		119,039.23	157,639.11	136,890.65
	应收帐款净额		39,560,705.67	52,388,729.00	45,493,327.55
	预付帐款	03	6,339,221.22	6,880,620.41	6,494,239.58
	其他应收款	04	10,130,590.49	4,706,531.04	7,394,733.80
	待摊费用	05	1,048,576.05	1,196,731.29	1,361,768.30
	存货	06	87,129,697.07	61,736,538.02	56,285,502.10
	减:存货变现损失准备				
	存货净额				
	待处理流动资产损失				
	一年内到期的长期债券投资				
	其他流动资产				
	流动资产合计		152,374,385.31	141,559,330.96	133,115,389.97
	长期投资:				
	长期投资				
	合并价差(合并报表填列)				
	固定资产				
	固定资产原价	07	68,175,365.85	41,596,030.95	30,525,695.20
	减:累计折旧		19,946,993.70	17,999,746.01	11,504,814.11
	固定资产净值		48,228,372.15	23,596,284.94	19,020,881.09
	在建工程	08	628,927.24	6,081,650.17	6,988,709.01
	固定资产清理				
	待处理固定资产净损失				
	固定资产合计		48,857,229.39	29,677,935.11	26,009,590.10
	无形资产及递延资产				
	无形资产				
	递延资产				
	无形资产及递延资产合计				
	其他长期资产:				
	其他长期资产				
	递延税款:				
	递延税款借项				
	资　产　总　计		201,231,684.70	171,237,266.07	159,124,980.07

1996年12月31日 单位:人民币元

序号	负债和所有者权益	注	1996.12.31	1995.12.31	1994.12.31
	流动负债				
	短期借款	09	38,140,000.00	33,840,000.00	28,370,000.00
	应付票据	10	500,000.00		
	应付帐款	11	32,157,717.88	23,147,885.27	17,833,473.06
	预收货款	12	8,844,074.49	2,010,452.89	1,138,120.07
	应付福利费				
	未付股利				
	未交税金	13	7,124,993.32	−1,457,655.95	540,139.35
	其他未交款	14	341,933.91	183,075.92	15,693.82
	其他应付款	15	24,356,827.86	27,960,916.21	20,030,094.36
	预提费用	16	1,482,050.70	1,129,061.28	1,003,236.50
	一年到期的长期负债				
	其他流动负债				
	应付工资				
	流动负债合计		112,947,598.16	86,813,735.62	70,930,757.16
	长期负债:				
	长期借款	17	27,350,000.00	32,370,000.00	40,070,000.00
	应付债券				
	长期应付款				
	其他长期负债				
	其中:住房周转金				
	长期负债合计		27,350,000.00	32,370,000.00	40,070,000.00
	递延税项:				
	递延税款贷项				
	负债合计		140,297,598.16	119,183,735.62	111,000,757.16
	净资产				
	负债及净资产总计				
	股东权益:				
	股本	18	45,000,000.00	42,254,150.71	42,254,150.71
	资本公积	19	15,934,086.54	4,064,897.98	4,064,897.98
	盈余公积	20		5,734,481.76	1,805,174.22
	其中:公益金			2,867,240.88	902,587.11
	未分配利润				
	股东权益合计		60,934,086.54	52,053,530.45	48,124,222.91
	负债及股东权益合计		201,231,684.70	171,237,266.07	159,124,980.07

2、利润及利润分配表

利润及利润分配表

编制单位：中核苏州阀门股份有限公司 单位：人民币元

项目	注释	1996 年度	1995 年度	1994 年度
一、主营业务收入	01	237,793,380.31	178,166,853.09	110,793,493.88
减：营业成本	02	182,109,552.62	126,889,449.10	78,657,313.85
销售费用	03	9,798,590.63	7,879,961.12	5,878,356.15
管理费用	04	20,747,451.27	15,676,027.02	11,094,590.89
财务费用	05	9,841,318.76	5,964,337.68	2,211,925.92
进货费用				
营业税金及附加	06	1,621,018.04	589,098.17	356,315.15
二、主营业务利润		13,675,448.99	21,167,980.00	12,594,991.92
加：其他业务利润	07	2,192,833.57	1,234,566.00	280,652.82
三、营业利润		15,868,282.56	22,402,546.50	12,875,644.74
加：投资收益				
补贴收入	08	2,245,725.56		
营业外收入	09	786,425.18	711,027.27	595,804.65
减：营业外支出				
加：以前年度损益调整				
四、利润总额	10	18,900,433.30	23,113,573.77	13,471,449.39
减：所得税	11	2,556,905.00	3,467,036.07	4,445,578.30
五、净利润	12	16,343,528.30	19,646,537.70	9,025,871.09
加：年初未分配利润				
盈余公积转入				
六、可分配的利润		16,343,528.30	19,646,537.70	9,025,871.09
减：提取法定公积金		1,634,352.83	1,964,653.77	902,587.11
提取法定公益金		1,634,352.83	1,964,653.77	902,587.11
七、可供股东分配的利润		13,074,822.64	15,717,230.16	7,220,696.87
减：已分优先股股利				
提取任意公积金				
已分普通股股利		13,074,822.64	15,717,230.16	7,220,696.87
八、未分配利润		0.00	0.00	0.00

3、财务状况变动表

编制单位：中核苏州阀门股份有限公司 1996 年度 金额单位：人民币元

流动资金来源和运用	行次	金额	流动资金各项目的变动	行次	金额
一、流动资金来源			一、流动资产本年增加量		
1、本年净利润	1	16,343,528.30	1、货币资金	41	-6,484,586.39
加：不减少流动资金的费用和损失			2、短期投资	42	
(1)固定资产折旧	2	1,947,247.69	3、应收票据	43	
(2)无形资产、递延资产及其他资产摊销	3		4、应收帐款净额	44	- -12,828,023.33
(3)固定资产盘亏(减盘盈)	4		5、预付货款	45	-541,399.19
(4)清理固定资产损失(减收益)	5		6、其他应收款	46	5,424,059.45
(5)递延税款	6		7、待摊费用	47	-148,155.24
(6)其他不减少流动资金的费用和损失	7		8、存货	48	25,393,159.05
	8		9、待处理流动资产净损失(减收益)	49	
小计	10	18,290,775.99	10、一年内到期的长期债券投资	50	
2、其他来源：			11、其他流动资产	51	
(1)固定资产清理收入(减清理费用)	11				
(2)增加长期负债	12				
(3)收回长期投资	13				
(4)对外投资转出固定资产	14				
(5)对外投资转出无形资产	15				
(6)资本净增加额	16	8,880,556.09			
小计	19	8,880,556.09			
流动资金来源合计	20	27,171,332.08	流动资产增加净额	60	10,815,054.35

流动资金来源和运用	行次	金　　额	流动资金各项目的变动	行次	金　　额
二、流动资金运用：			二、流动负债本年增加数		
1、利润分配：			1、短期借款	61	4,300,000.00
(1)提取法定公积金	21	1,634,352.83	2、应付票据	62	500,000.00
(2)提取法定公益金	22	1,634,352.83	3、应付帐款	63	9,009,832.61
(3)提取任意公积金	23		4、预收货款	64	6,833,621.60
(4)分配股利	24	13,074,822.64	5、应付福利费	65	
小　　计	26	16,343,528.30	6、未付税金	66	
			7、未交税金	67	8,582,649.27
2、其他运用			8、其他未交款	68	158,857.99
(1)固定资产和在建工程净增加额	27	21,126,611.97	9、其他应付款	69	-3,604,088.35
(2)增加无形资产、递延资产及其他资产	28		10、预提费用	70	352,989.42
(3)偿还长期负债	29	5,020,000.00	11、一年内到期的长期负债	71	
(4)增加长期投资	30		12、其他流动负债	72	1,314,500.00
小　　计	31	26,146,611.97			
流动资金运用合计	33	42,490,140.27	流动负债增加净额	79	26,133,862.54
流动资金增加净额	40	-15,318,808.19	流动资金增加净额	80	-15,318,808.19

(二)公司主要会计政策

1、公司执行的会计制度

股份制改组前执行财政部颁发的《工业企业会计制度》。股份制改组后，执行财政部、国家体改委联合颁发的《股份制试点企业会计制度》。

2、会计期间

自每年公历1月1日起至12月31日止为一个会计年度。本报告所载财务信息为1994年1月1日至1996年12月31日的财务信息。

3、记帐原则和计价基础

采用借贷记帐法、按照权责发生制核算，以历史成本作为计价基础。

4、记帐本位币

公司以人民币作为记帐本位币。

5、外币折算方法

以人民币为记帐本位币。涉及外币业务时，采用业务发生当日中国人民银行公布的市场汇价折合为人民币记帐。年度终了，按期末市场汇价进行调整。调整后的各外币帐户人民币余额与原帐面余额的差额作为汇兑损益，列作当期财务费用。

6、坏帐准备

坏帐准备按应收帐款年末余额的3‰计提。

7、存货计价方法

存货按实际成本计价，领用或发出的存货，采用加权平均法计算确定其实际成本。消耗性物料、周转材料和低值易耗品领用时，采用一次摊销的办法。

8、固定资产计价及折旧方法

固定资产的标准为使用年限在一年以上的房屋建筑物、机器、机械、运输、工具以及其他与生产经营有关的设备、器具、工具等；不属于生产经营主要设备的物品但单位价值在2000元以上且使用年限超过两年的。

固定资产按实际成本计价。其折旧采用直线法分类按月计提。各类固定资产净残值率为零(经中国核工业总公司批准)。主要固定资产分类折旧率如下：

类　　别	使用年限	年折旧率(%)
房屋建筑物	10-40	2.5-10
机械设备	12	8.3
动力设备	15	6.7
工业炉窑	10	10
仪器仪表	5-10	10-20
运输设备	10	10

9、收入实现的确认

公司销售收入的确认采用权责发生制的原则，于产品已发出，劳务已经提供，同时收到价款或者取得收取价款的凭据时，确认销售收入的实现。

10、产品成本计算方法

采用平行结转分步法，开展厂部和车间的二级核算，每个车间核算车间发生的直接成本，然后由财务处集中汇总核算产品成本。

11、税项

(1)增值税：1994年起经苏州市国家税务局确认为增值税一般纳税人。内销产品按产品销售收入的17%税率计算销项税，扣除进项税后交纳增值税。出口产品免征增值税，1994年至1995年7月1日，按“免、抵、退”办法处理；1995年7月1日后改按“先征后退”。

(2)营业税：附营对外运输业务按国家税务局统一规定的税率5%交纳营业税。

(3)城建税和教育费附加：根据苏州市国家税务局苏国税流函〔1994〕41号通知规定，城建税和教育费附加分别按照应交增值税、营业税税额的7%和4%计征。

(4)房产税：从价计征，以房屋原值的70%为计税依据，年税率为1.2%。

(5)车船使用税：按税务局核定的标准，货车按吨位，客车按座位计算交纳。

(6)所得税：公司1994年所得税税率为33%，1995年、1996年根据江苏省科学技术委员会苏科高〔95〕342号文件按15%的税率缴纳所得税。

12、利润分配

净利润的分配比例，按公司章程作如下分配：

(1)弥补以前年度亏损；

(2)法定盈余公积金：按净利润的10%提取；

(3)法定公益金：按净利润的5%-10%提取；

(4)任意盈余公积金：由股东大会确定；

(5)支付普通股股利。

公司组建前，法定盈余公积金按净利润的10%提取，公益金按净利润的10%提取，提取两金后的利润全部上交苏州阀门厂。

(三)财务指标分析

本公司历年的财务指标如下表：

财务指标	1996年	1995年	1994年
流动比率(倍)	1.35	1.59	1.88
速动比率(倍)	0.58	0.92	1.08
资产负债率(%)	69.72	69.60	69.76
股东权益比率(%)	30.28	30.40	30.24

应收帐款周转率(次)	6.01	3.40	2.44
存货周转率(次)	2.09	2.05	1.40
净资产利润率(%)	26.82	37.74	18.76
每股收益(元)*	0.363	0.437	0.201

*1996年、1995年、1994年每股收益是按股本4500万股计算。

十三、资产评估

1、根据中评资产评估事务所的资产评估报告(中评报字〔1997〕008号),截止评估基准日1996年12月31日,本公司本次发行所进行的资产评估结果为:原苏阀厂阀门生产线8个生产车间的全部资产总值为20123.17万元,负债总值为14029.76万元,净资产总值为6093.41万元。

2、资产评估情况

单位:万元

项目	帐面原值	帐面净值	重置全价	评估值	增加额	增加率%
流动资产	15210.61	15198.71	15210.61	15237.44	38.73	0.25
固定资产	5829.87	3934.33	8547.23	4822.84	888.51	22.58
其中:建筑物	2309.22	2065.81	4443.31	2657.55	591.74	28.64
机器设备	3520.65	1868.52	4103.92	2165.29	296.77	15.88
在建工程	62.89	62.89	62.89	62.89		
递延资产	5.01	5.01			-5.01	
资产总计	21108.38	19200.94	23820.73	20123.17	922.23	4.80
流动负债	11294.76	11294.76		11294.76		
长期负债	2735.00	2735.00		2735.00		
负债合计	14029.76	14029.76		14029.76		

本次评估中,房屋构筑物评估值为2657.55万元,增加额为591.74万元,增加率为28.64%,其主要原因是原建筑物的造价比较低,但由于修缮及时,保养使用得体,至今还有较高的使用价值;本次对机器设备的评估,采取了全面普查,20万元原值以上的机器设备检测解剖,从勘察情况分析,剥离后进入股份公司的机器设备均处于完好的运行状态,其增值的原因主要为(1)公司80年代的设备较多,差价大,影响价格增幅明显;(2)设备保养较好,成新率较高,也影响增值率较高。

十四、盈利预测

1、盈利预测审核报告

依据中洲会计师事务所中洲〔97〕发字第082号审核报告,本公司1997年度盈利预测如下:

单位:人民币万元

项目	1997年
一、主营业务收入	29,474
减:主营业务成本	22,590
销售费用	1,130
管理费用	2,442
财务费用	812.29
进货费用	
营业税金及附加	201
二、主营业务利润	2,298.71
加:其他业务利润	200
三、营业利润	2,498.71
加:投资收益	148.08
营业外收入	
减:营业外支出	
四、利润总额	2,646.79
减:所得税	397.02
五、净利润	2,249.77
六、每股税后利润(元)	0.30

注:本公司拟注册于苏州国家高新技术产业开发区,并于1997年3月28日取得苏州新区管委会承诺。该开发区属国家级的高新技术开发区,根据国家税务总局一九九一年三月《国家高新技术产业开发区税收政策的规定》,本公司将享受15%所得税率。

2、假设:

(1)基准

本盈利预测是依据业经中国注册会计师审计过的公司1994年、1995年和1996年的经营业绩以及现实各项基础、能力、潜力和业务发展规划,遵循我国现行法律、法规的有关规定和股份制试点企业财务会计制度,按照公认的会计准则,采用规定的计算方法,本着求实稳健的原则编制的。会计处理方法符合一贯性原则。

(2)假设

a、公司所遵循的国家现行法律、法规、制度及公司所在地的社会政治和经济政策无重大变动;

b、公司各项经营业务所涉及地区的有关现行政策、法律、法规及其他经济环境无重大改变;

c、公司在盈利预测期间内,利率、税率、汇率及市场行情在正常范围内变化;

d、各项投资项目所形成的盈利能力能如期实现;

e、无其他人力不可抗拒和不可预见的因素造成重大不利影响。

3、1997年股份公司盈利预测编制依据

(1)预计1997年企业内外销占总量比例与96年相同,分别是30%和70%。

(2)1997年计划产值比上年增长21.1%。主营业务收入预计增长23.9%,为29474万元。

(3)根据上述产量的增加,本公司按主营收入成本率测算的主营业务成本为22590万元。

(4)短期投资收益为148.08万元。

4、本公司筹委会提醒投资者,鉴于盈利预测所依据的各种假设的不确定性,进行投资判断时不应过于依赖该等资料。

十五、本公司发展规划

本公司股票上市后,本公司将进入一个全新的发展时期。本公司将坚持改革开放,推进技术创新,提高产品的技术含量,实施名牌战略,充分利用苏州市优越的地理环境和行业中的影响力以及中核总、苏州市人民政府的支持,发挥本公司股票上市的优势,壮大本公司的实力。

1、本公司的发展战略目标。

本公司发展战略以经济效益为中心,适应改革开放的市场经济,在激烈的竞争中,奉行独树一帜的创新理念。在"一业为主"的基础上,积极开拓新的市场,使企业保持良好的发展势头,使企业的经济实力和经营规模再上一个新的台阶,满足用户明确的和潜在的需求,以获得良好的回报。本公司预计:到2000年销售收入突破60000万元人民币,其中进出口总额超过5000万美元。届时,本公司将不但是国内最大的阀门科研、生产、销售、出口基地,并将进入世界著名阀门生产厂商的行列。

2、完善营销机制,扩大市场占有率

本公司的产品销往国内、国外两个市场。

"九五"期间,国家已明确石油、化工、电力等行业作为支柱行业,并将有较大的发展。例如,到2000年大型石化装置将向更大规模发展,原油的加工能力每年可达2.24亿吨;电力方面,国家每年将新增发电容量1600万千瓦。这些行业的发展,使国内阀门市场的前景看好。

目前,本公司外销阀门已占全年销售总额的70%,因此国际市场的稳定和拓展,对本公司至关重要。当前,国际市场阀门的年需求量超过350亿美元,市场前景十分广阔。根据公司制定的全球销售战略目标,"九五"期间本公司的销售范围将从目前50多个国家和地区扩大到70多个国家和地区。

为此,本公司制定了下述具体的营销具体策略:

(1)巩固和稳步发展国际市场,形成全球性的、开放式、高效的营销机制。

(2)在国内市场,充分利用本公司雄厚的技术优势,继续实施"以国代进"的策略,以"求实创新"的精神,占领阀门开发的制高点;同时逐步发展规模效应,提高和扩大市场占有率和覆盖面。

(3)实施名牌战略,开展多层次、多方位的营销战略,拓宽销售渠道,同时加大企业形象宣传和产品宣传的力度,本公司将以全新的面貌在营销组合中创造新的佳绩。

3、追求卓越,在生产经营中向管理要效益,走质量效益型道路。

本公司全体员工将以追求卓越的工作和积极上进的精神,抓好各项管理,在生产管理中坚持以"质量为中心"、"成本为中心"、"订单为中心"的原则,逐步转变生产方式,以适应大生产的需要。在财务管理中以"资金为中心"。在质量管理中,坚持贯彻执行ISO9001质量体系标准,保护质量保证体系的正常进行,实施全员质量意识教育,并将质量管理工作延伸到市场调研、分供方的质量保证和用户的服务等各个环节,确保"SUFA"、"H"牌的阀门产品具有良好的声誉,不断满足客户的要求。

4、发挥公司的技术优势,推进技术创新。

本公司将始终不渝地把科技进步作为提高产品技术含量的推动力,强化创新机制,加大科技投入,开发出高附加值的特种阀门产品。另外,通过募集的资金对现有阀门生产线进行技术改造,采用新技术、新工艺和新设备降低生产成本,提高产品质量,扩大和提高市场占有率。

与此同时,本公司将在市场调研的基础上大力开发非阀门产品的业务,以平衡和保持本公司发展的增长势头。

5、"以人为本",提高企业职工的整体素质。

公司要把培养一支高素质的员工队伍作为企业发展的第一要素来抓。注重培养科技开发、国际贸易、市场营销、财务会计、计算机和信息管理等方面的人才,建立综合管理、优胜劣汰及有计划引进的新的人才机制。

充分发挥原苏阀厂培训中心的职能,根据公司发展规划,开展各种形式的培训,提高员工的工作技能和水平,激励职工的积极性,发挥职工的最大潜能。

十六、重要合同及重大诉讼事项

一、重要合同及重大诉讼事项

(一)重要合同

1、本公司与控股股东苏阀厂签定的主要合同有:

a、《重组协议》明确中国核工业总公司苏州阀门厂持有本公司60%的股份,成为本公司的控股股东,本公司承继中国核工业总公司苏州阀门厂大部分阀门生产业务,中国核工业总公司苏州阀门厂承诺不生产与股份公司相同种类或用途的阀门产品。

b、《产品供销协议》明确本公司生产的产品按同等条件优先原则向中国核工业总公司苏州阀门厂提供;产品的价格有市场价格的依市场价格,没有市场价格的依双方协议价格,协议价格一般以上一年度实际结算价格为基础,每年原材料进货成本,工交费按不高于当地物价上涨指数的原则,由双方确定协定。

c、《国有土地使用租赁合同》明确中国核工业总公司苏州阀门厂将所拥有的国有土地共87342.835平方米以租赁的形式租给本公司使用,租赁期限为十年(期满后续签),自苏阀厂取得该宗土地使用权之日起计算(但不得早于本公司的成立之日)。双方同意合同生效后第一年租金为8.53元/m²,以后每年依此基准,以上年国家统计局公布的物价上涨指数为基础上浮10%,确定租金标准。

d、《综合服务协议》,此协议规定:本公司部分生产服务、职工福利、厂区服务等事项委托中国核工业总公司苏州阀门厂履行,职工享有与中国核工业总公司苏州阀门厂职工同等的福利待遇。中国核工业总公司苏州阀门厂在提供上述服务时,按法定价格或市场价格或协议价格向本公司收取有关费用,服务期限暂定为一年,合同期满后,如仍需对方提供服务时,则仍以本合同的原则和条件另行签订合同。

e、《注册商标使用许可合同》,此协议规定:中国核工业总公司苏州阀门厂同意本公司在中国境内外使用该注册商标生产和销售其产品。

f、《专利实施许可合同》,此协议规定:中国核工业总公司苏州阀门厂同意本公司以交纳使用费的方式取得并使用原苏阀厂拥有的专利。

g、《房屋租赁合同》,此协议规定:中国核工业总公司苏州阀门厂将所拥有的2处办公用房共3000平方米租赁给本公司使用,租赁期为十年,每年租金为人民币63.48万元。

2、本公司(承继原苏阀厂的债权债务关系)未履行完毕的重大合同有:

(1)1996年11月12日,原苏阀厂(需方)与长城特殊钢公司(供方)签订21份《钢材订货合同》,合同约定于97年二季度向需方提供锻材650吨,价值28万元。中型材35吨,价值176009元。

(2)1993年8月27日,原苏阀厂(借款方)与建行苏州分行(贷款方)签订《借款合同》,合同约定贷款方向借款方提供400万元贷款,借款期自93年8月28日至98年8月27日,月息为9.15‰。

(3)1996年4月25日,原苏阀厂(借款方)与工行苏州分行(贷款方)签订《借款合同》,合同约定贷款方向借款方提供1100万元借款,借期1年,月利率9.15‰。

(4)1996年3月28日,原苏阀厂(借款方)与工行苏州分行(贷款方)签订《借款合同》,合同约定贷款方向借款方提供200万元借款,借期自1996年3月28日至1997年10月11日,月息11.07‰。

(二)重大诉讼事项

截至目前,本公司没有尚未了结或可预见的诉讼、仲裁或被行政处罚的案件。

十七、其他重要事项

本公司认为对投资者作出投资判断有重大影响的事项在上述章节中已列明,在此不再重复。

备查文件

1、招股说明书

2、审计报告、财务报表及附注;

3、国家体制改革委员会关于批准发行人成立的文件;

4、中国核工业总公司关于本公司发行股票的批准文件;

5、深圳证券交易所同意上市的承诺函;

6、承销协议;

7、国家国有资产管理局关于资产评估的确认报告;

8、《中国核工业总公司苏州阀门厂资产重组方案》;

9、重要合同:《重组协议》;《产品供销协议》;《国有土地使用租赁合同》;《综合服务协议》;《注册商标使用许可合同》;《专利实施许可合同》;《房屋租赁合同》

文件查阅地点及联系人:

1、发 行 人:中核苏州阀门股份有限公司

地　　址:苏州市人民路679号

联系电话:0512-7533655-2577

联 系 人:薛卫东　沈　澄

2、主承销商:广发证券有限责任公司

地　　址:广州市农林下路83号广发大厦4楼

联系电话:020-87310888-2420

联 系 人:姚春潮　薛自强

中核苏州阀门股份有限公司(筹)

1997年5月18日

中核苏州阀门股份有限公司1997年度中期报告

一、财务报告(已审计)

本财务报告已经中洲会计师事务所中国注册会计师李晓英、李少秦审计。审计报告如下:

中核苏州阀门股份有限公司全体股东:

我们接受委托,审计了贵公司1997年6月30日的资产负债表和1997年1-6月的利润及利润分配表。这些会计报表由贵公司负责,我们的责任是对这些会计报表发表审计意见。我们的审计是依据中国注册会计师独立审计准则进行的。在审计过程中,我们结合贵公司的实际情况,实施了包括抽查会计记录等我们认为必要的审计程序。

我们认为,上述会计报表符合《企业会计准则》、《股份制试点企业会计制度》及国家其他有关财务会计法规的规定,在所有重大方面公允地反映了贵公司1997年6月30日的财务状况和1997年1-6月的经营成果,会计处理方法的选用符合一贯性原则。

1、简化的资产负债表 金额单位:元

资　　产	1996年12月31日	1997年6月30日
流动资产	152,374,385.31	305,858,162.07
长期投资	/	/
固定资产净值	48,228,372.15	48,801,509.86
在建工程	628,927.24	2,899,090.75
无形资产	/	/
资产总计	201,231,684.70	357,558,762.68
负债及股东权益		
流动负债	112,947,598.16	119,686,366.64
长期负债	27,350,000.00	24,000,000.00
负债合计	140,297,598.16	143,786,366.64
少数股东权益		
股本	45,000,000.00	75,000,000.00
资本公积	15,934,086.54	138,772,396.04
盈余公积	/	/
其中:公益金	/	/
未分配利润	/	/
股东权益合计	60,934,086.54	213,772,396.04
负债及股东权益合计	201,231,684.70	357,558,762.68

2、简化的损益表 金额单位:元

项　　目	1997年1-6月	1996年度
主营业务收入	169,859,084.23	237,793,380.31
主营业务利润	16,632,177.18	13,675,448.99
其他业务利润	2,390,308.17	2,192,833.57
投资收益	/	/
营业外收支净额		
利润总额	19,148,488.30	18,900,433.30
所得税	6,319,001.14	2,556,905.00
净利润	12,829,487.16	16,343,528.30

3、其他财务指标

指标项目	1997年1-6月
①每股收益	
加权平均	0.278元
全面摊薄	0.171元
②净资产收益率	6%
③每股净资产	2.85元

注:

本公司1997年6月16日上网发行股票,募股资金于1997年6月24日入帐。公司于1997年7月2日取得工商登记。因此,募股资金没有参与本公司上半年生产经营。为便于投资者合理评价本公司的经营业绩,现公布两种方法计算的每股收益,供投资者参考。

4、财务报表附注

(1)本期财务报告与1996年度财务报告相比,会计政策与会计方法没有发生变化。

(2)流动资产增加153,483,776.76元,主要是公司于1997年6月16日成功发行了3000万股股票所致。

(3)在建工程期初为628,927.24元,期末为2,899,090.75元,比年初增长2,270,163.51元,主要原因是"九五"技改项目按计划增大投入所致。

(4)股本比1997年初增加3000万元,系本公司于1997年6月16日向社会公开募集的股本。

(5)资本公积比1997年初增加122,838,309.50元,系1997年6月16日发行社会公众股股本溢价款扣除股票发行费用后转入部分。

(6)主营业务收入增长较快,主要是公司致力于国内外市场的进一步拓展,产品销售收入增长较多。

(7)主营业务利润增长较快的原因,主要是销售量的进一步扩大和产品结构的进一步调整,大口径高磅级阀门销售比重增大(该种产品成本利润率高于普通产品)。

(8)1997年上半年(公司注册成立之前)的所得税为33%,1997年下半年公司的所得税为15%。

(9)关联交易:本公司由中国核工业总公司苏州阀门厂改组而成,苏州阀门厂向本公司提供土地、商标、专利以及能源、动力、后勤等综合服务,构成关联交易。为遵守公平、公正的市场原则,本公司与苏州阀门厂签订了相关服务协议(详见《中核苏州阀门股份有限公司招股说明书概要》)。因此,本公司依据所签订的《土地、商标、专利使用许可协议》、《综合服务协议》向苏州阀门厂支付土地租金372,517.19元;支付商标权租金40,000.00元,支付专利权租金10,000.00元;支付房屋租金317,000.00元,以上费用均已包含在本公司上半年度成本支用范围中。

二、经营情况的回顾与展望

(1)上半年度经营情况的回顾

1997年上半年实现销售收入1.69859亿元,实现净利润1237.47万元,实现1997年度盈利预测的57%。其他经济指标均比去年有较大幅度提高。公司的生产经营和科研已步入快速、良性的发展轨道。主要工作措施如下:

1、致力于按现代企业制度规范运作,公司成立后,依法建立和完善了公司的组织结构,选举产生了董事会、监事会;聘任了公司经营管理班子,为公司内部高效运作和科学决策打下了基础。

2、转变经营机制,继续深化改革。强化企业内部管理,逐步建立起了权责分明、管理科学的内部管理体制;同时,深入市场在企业内部建立了符合市场经济发展客观规律和现代企业制度规范的经营管理体系,并使之正常有效科学地运转。

3、加强营销管理,扩大市场份额。公司凭借产品的技术优势,进一步加大经营工作力度,目前已在国内部分主要城市建立起高效的销售网络和用户服务体系,使产品的市场份额、产品出口继续保持良好的势头,销售收入有较大幅度的增长。

(2)下半年经营展望

1、公司下半年经营将继续贯彻公司年初计划,进一步强化主业产品的基础地位,形成规模经济。

2、充分利用募集资金,加快产品结构调整和技术改造力度。阀门生

产改造一期项目,已经完成并投入使用,这将给公司增加新的经济增长点。对将实施的二期工程,要精心设计、精心施工,严格控制和合理调用资金,争取早日完成该项工程。使之早日投产,扩大公司总体生产规模。

3、继续做好营销工作,进一步拓展国内国外二个市场,扩大主营业务规模,提高经济效益。

4、全面推进人事、劳动用工和分配制度的改革,实施人员优化组合,提高全员劳动生产率;进一步加强岗位培训,提高员工素质,加大公司人力资源的开发力度,以适应激烈的市场竞争的需要。

5、以经营管理为指导、量化考核为尺度,把降低成本、控制费用落实到公司经营管理的全过程。保证公司各项经营指标的全面完成。

6、加强科技进步,提高综合实力。公司将继续加大科技开发的投入,进一步引进先进设备,开发市场需求大的高品质、高附加值的主导产品。公司将不断开发和发展主营业务,以优质的主导产品扩大市场优势,创造良好业绩。给广大投资者带来满意的投资回报。

三、重大事件的说明

1、本次发行股票所募资金已于1997年6月24日到位,所有募股资金已在本期中报简化资产负债表的流动资产货币资金中反映。本公司将按照本公司招股说明书所列用途使用募股资金。

2、本公司对照国务院三部委1997年5月21日联合发布的《严禁国有企业和上市公司炒作股票的规定》进行自查。目前,我公司未持有已上市流通股票及未有以公司名义开列的股票帐户;本公司今后若从事股票投资,将严格遵守国家政策法规和本公司章程。

3、本公司中期利润不分配。

4、本报告期内公司无重大诉讼、仲裁事项。

四、发行在外股票的变动和股权结构的变化

1、发行在外股票的变动情况

1997年6月16日,经中国证券监督管理委员会批准本公司通过深圳证券交易所证券交易系统,采用"上网定价发行"的方式向社会公开发行A股股票2700万股,向本公司职工配售公司内部职工股300万股。

2、股权结构变动情况 (单位:万股　每股面值:1元人民币]

(一)尚未流通股份

	96.12.31	A股发行	97.6.30	
(1)发起人股				
其中:国家法人持有股份	/	/	/	/
境内法人持有股份	4500	/	4500	60%
外资法人持有股份	/	/	/	/
(2)募集法人股	/	/	/	/
(3)公司职工股	/	300	300	4%(300万股A股向公司内部职工配售)
(4)优先股或其他	/	/	/	/
合　计	4500	300	4800	64%
(二)已流通股份				
(1)境内上市人民币普通股	/	2700	2700	36%
(2)境内上市的外资股	/	/	/	/
(3)境外上市的外资股	/	/	/	/
合　计	/	2700	2700	36%
(三)股份总数	4500	2700	7500	100%

3、持有公司股份前十名股东的情况　(1997年6月30日)

股东名称	持股数(股)	持股比例(%)
中国核工业总公司苏州阀门厂	45,000,000	60
邵渭敏	5000	0.0067
马志勇	5000	0.0067
容铁华	4000	0.0053
徐　铮	4000	0.0053
沈蓄影	4000	0.0053
章果禹	4000	0.0053
杨同兴	4000	0.0053
徐中亮	4000	0.0053
张宗烈	4000	0.0053

五、股东大会简介

中核苏州阀门股份有限公司第一次股东大会于1997年6月24日在苏州市人民路679号中核总苏州阀门厂凯旋门饭店主持召开。参加会议的股东有58人,所持股份为4513.86万股,占总股本7500万股的60.1848%,符合《中华人民共和国公司法》与公司章程规定的比例。经大会审议表决通过如下决议:

1、审议通过了公司筹委会关于公司筹建工作的报告;

2、审议通过了批准公司设立的议案;

3、审议并通过了公司章程;

4、选举邵渭敏、容铁华、徐铮、沈蓄影、章果禹、杨同兴、张宗烈、徐中亮、朱培林为第一届董事会董事;

5、选举许兴潮、刘虞生、高峻、王锦海、何涛为第一届临事会监事;

6、审议通过了关于公司社会公众股票在深圳证券交易所申请上市的议案。

以上资料已于1997年7月8日在《上海证券报》、《中国证券报》、《证券时报》公布。

六、备查文件

本公司董事会备有以下备查文件,供股东查阅。

1、载有董事长、总经理亲笔签名的中期报告原本;

2、《中核苏州阀门股份有限公司招股说明书》

3、《中核苏州阀门股份有限公司上市公告书》

4、《中核苏州阀门股份有限公司章程》

5、中核苏州阀门股份有限公司创立大会暨第一次股东大会资料及其他资料

6、中洲会计师事务所出具的本公司中期审计报告

查阅地址:江苏省苏州市中核苏州阀门股份有限公司办公地点。

联系地址:(0512)7533655-2577

传　　真:(0512)7533655-2577

邮政编码:215001

中核苏州阀门股份有限公司

一九九七年十月二十五日

石家庄炼油化工股份有限公司

石家庄炼油化工股份有限公司(筹)招股说明书概要

一、绪言

本招股说明书概要系根据《中华人民共和国公司法》、国务院《股票发行与交易管理暂行条例》及国家证券管理机关的现行法规、规定而编制。本招股说明书概要已经本公司筹委会全体委员审议通过,旨在向投资者提供有关本公司及本次发行的资料。

发行人保证本招股说明书的内容真实、准确、完整。政府及国家证券管理部门对本次发行所作出的任何决定,均不表明其对发行人所发行的股票的价值或者投资人的收益作出实质性判断或者保证。任何与之相反的声明均属虚假不实陈述。

二、发售新股的有关当事人

1. 发行人:石家庄炼油化工股份有限公司(筹)
筹委会负责人:戢守山
注册地址:河北省石家庄市高新技术开发区
经办人:李金瑞、滕峰阁
电话:0311－5161138

2. 股票承销机构:
主承销商:国泰证券有限公司
法定代表人:金建栋
注册地址:上海市浦东新区乳山路61号
办公地址:北京市海淀区友谊宾馆乡园
电话:010－68483938　传真:010－68483942
联系人:王革文、赵志强

分销商:南方证券有限公司
法定代表人:王景师
地址:北京丰台区方庄芳群园4区23号楼
电话:010－67642146　传真:010－67612137
联系人:刘中

分销商:中国人民保险信托投资公司
法定代表人:朱斌
地址:北京市海淀区泛亚大厦
电话:010－68330576　传真:010－68330525
联系人:徐可任

分销商:中信证券有限责任公司
法定代表人:常振明
地址:北京市朝阳区新源南里京城大厦3层
电话:010－64661040,64660088转8320　传真:010－64661493
联系人:谭燕

分销商:石家庄信托投资股份有限公司
法定代表人:李天印
地址:河北省石家庄市平安北大街56号
电话:0311－6081420　传真:0311－6031935
联系人:岳印兴

分销商:河北证券有限公司
法定代表人:武铁锁
地址:河北省石家庄市裕华中路23号
电话:0311－6054243　传真:0311－6054239
联系人:马煊丽

分销商:河北省国际信托投资公司
法定代表人:程一铭
地址:石家庄市青园街219号
电话:0311－5822727　传真:0311－5813570
联系人:谢运展

分销商:广东证券公司
法定代表人:钟伟华
地址:广东省广州市东风东路703号
电话:020－91754210,87784720　传真:020－87789051
联系人:黄平

分销商:甘肃证券公司
法定代表人:谢铁牛
地址:甘肃省兰州市东岗西路434号
电话:0931－8861563　传真:0931－8861569
联系人:杨楠

分销商:赛格证券公司
法定代表人:李建民
地址:北京市复兴门外大街10号
电话:010－63493566,63492866　传真:010－63493688
联系人:龚涛

分销商:湖北证券公司
法定代表人:陈浩武
地址:湖北省武汉市武昌区彭刘杨路232号
电话:027－7807038　传真:027－7807038
联系人:梅玲

3. 上市推荐人:国泰证券有限公司(同上)

4. 发行人法律顾问:众鑫律师事务所
法定代表人:宋扬之
地址:北京东直门外小街甲27号
电话:010－64609052　传真:010－64609058
经办律师:王云杰、蒋兆康

5. 主承销商法律顾问:星河律师事务所
法定代表人:庄涛
地址:北京北三环中路甲19号大森林酒店二层
电话:010－62383709　传真:010－62383708
经办律师:袁胜华、王海

6. 会计师事务所:中华会计师事务所
法定代表人:陆兵
地址:北京市阜城门外大街1号四川大厦东楼八层
电话:010－68364748、68364749　传真:010－68364743
经办注册会计师:廖良汉、谢佳扬
联系人:谢佳扬、张达威

7. 资产评估机构:中华财务会计咨询公司
法定代表人:盛焕德
地址:北京市阜城门外大街1号四川大厦东楼九层
电话:010－68364755　传真:010－68364751
联系人:邱洪生、谢国满

8. 土地评估机构:中国地产咨询评估中心
法定代表人:冯庆祥
地址:北京海淀区大慧寺路2号
电话:010－62172342　传真:010－62176681
联系人:周维纾

9. 资产评估确认机构:国家国有资产管理局
地址:北京海淀区万泉河路66号
电话:010－62567744　传真:010－62561817

10. 股票登记机构:深圳证券登记有限公司
法定代表人:黄铁军
地址:深圳市红岭中路25号
电话:0755－5567898　传真:0755－5571127

三、发行情况

1. 股票类型:人民币普通股
2. 发行期:自1997年7月11日至1997年7月18日
3. 发行方式:上网定价
4. 发行地区:河北省石家庄市

5.发行对象:具有中华人民共和国国籍的自然人、境内登记的法人和经批准设立的其他机构。法律、法规规定不得购买的除外。

6.发行股票每股面值:1.00元;发行数量:12,000万股。

7.发行价格:5.89元/股,确定发行价的方法:结合本公司每股净资产、利润增长的速度,1994年、1995年、1996年度的平均每股税后利润和发展前景、市场供求等因素,按发行市盈率15.5倍,确定价格。每股发行价=(1994年税后利润+1995年税后利润+1996年税后利润)÷总股本÷3×市盈率=(142,842,326+296,559,137+245,453,300)÷600,000,000÷3×15.5=5.89元。

8.本次新股发行共募集资金70,680万元。扣除发行费用1,800万元(其中:承销费用1250万元;注册会计师费用100万元;评估费用102万元;律师费用28万元;上网发行费用247.38万元;其他费用72.62万元),预计实收金额68,880万元。

四、风险因素与对策

提示:投资者在评价本发行人此次发售的股票时,应特别认真考虑下述各项风险因素。

(一)、风险因素

1.经营风险

(1)原材料、能源的供应和价格的风险

本公司生产所用的主要原材料为原油,目前我国国内生产的原油和进口原油在总量和价格方面全部纳入国家计委平衡分配计划。本公司加工原油能力350万吨/年,主要由中国石化总公司计划供应,原油成本约占生产总成本的78%。虽然本公司属于中国石化总公司重点创利和重点支持企业,但是由于国家现行的原油分配供应政策,导致本公司原油来源渠道单一,数量和价格受计划控制较大,对本公司生产经营带来一定风险。

(2)本公司所用能源为电、渣油、催化烧焦等。其中电力、渣油分别占制造成本的2.56%和0.56%。在本公司所需能源中,只有电力需要外购,外购比例为80%。若国家对电力价格进行调整,将会对本公司的产品制造成本和生产组织产生一定影响。

(3)交通运输的制约

本公司所需原油约20%依靠铁路和公路运输,其余依靠输油管道运输。由于本公司地处京广、京九两大铁路动脉之间,并紧靠京石高速公路,交通顺畅,加之总厂1993年启用了输油管线,所以本公司在近期的原油供应和产品销售的运输能够得到保障。

在未来加工进口原油可能增加的情况下,可能将受到远离港口以及铁路转运站的限制,对本公司原油供应和产品销售略有少许影响。

(4)产品价格方面的限制

按照国家产业政策,总公司对下属炼油企业成品油价格统一规定,按照总公司计划统一销售。本公司其他化工产品价格随行就市,自行销售。

由于近年国家经济发展速度很快,目前对本公司成品油和化工产品需求比较旺盛。但由于国家对本公司成品油价格的限制,使得本公司产品中以市场确定价格比例较小,面对日益增加的进口化工产品价格的冲击,本公司在价格方面可能面临一定的风险。

(5)产品外销的限制

由于本公司离港口码头较远,考虑到运输费用,总公司一般不安排本公司生产的成品油出口计划。本公司石油化工产品在国内销售情况很好,近年也没有出口需要。

(6)产品的生产和是否有补贴销售

本公司原油和成品油一律由总公司统一分配、销售。按国家政策,本公司柴油享受销售一吨国家返还30元的补贴,补贴总额每年占本公司税前利润的5%左右。若该政策取消,短期内会对本公司经营效益产生一定影响。

(7)产业结构集中的风险

本公司目前的主营业务是成品油和化工产品的生产和销售,主要产品有汽油、柴油、煤油、液化气、石油焦、丙烯、二异丁烯、碳十二、苯、聚丙烯等,化工产品所占比例小,产品结构比较集中,可能带来一定风险。

2.行业风险

(1)国家产业政策的限制

石油化工行业是国家的基础支柱产业和能源工业的基础,对国民经济影响很大,原油、成品油在价格和数量方面至今仍受国家严格的计划控制。

(2)环保因素的限制

本公司所属的石油化工行业对环境污染较大。本公司在石油加工过程中,要产生各种污染环境的废水、废气、废渣,由于目前原油加工趋于重质化,进口高含硫原油比例增加,生产规模扩大,加工深度提高,更将引起污染物排放量增加,使本公司对污染治理难度增大,会对本公司今后的生产经营产生一定影响。

在过去三年里,本公司的工业废水、周围环境的空气质量及边界噪音均达到国家规定标准。并且,本公司将进一步加大环保投入,96年实际投入环保费用1512万元,97年、98年分别计划投入1926万元和2166万元,力争使本公司环保状况更上一层楼,始终做到在符合国家环保政策的前提下,提高经济效益。

(3)严重依赖有限的自然资源

本公司主要原材料为石油,石油是一种较为稀缺的自然资源,其开发数量受到一定的限制。

(4)严重依赖其他行业

石油化工行业要求必须有发达的交通运输业和能源工业,使原材料和能源运输以及产成品的销售渠道畅通;本公司的产品市场主要依赖国家汽车工业、家电工业和建筑业的发展速度和水平。

(5)行业内部竞争的情况

国家政策要求中国石化总公司的石化企业的原油和成品油统一配置、管理,企业严格按照石化总公司下达的采购计划和销售计划安排生产和销售,由于目前国内每年成品油和化工产品市场需求明显增长,相对来说行业内产品销售的竞争不激烈。但是企业争取原油分配计划,使本公司原油的来源具有一定的竞争。

3.市场风险

(1)发行人是否存在某种商业周期或受到商业周期的影响

本公司的产品主要是各种成品油和化工产品,国民经济发展速度快,产品市场需求大;国民经济发展速度慢,产品市场需求少,即经济发展景气对本公司发展可能产生一定影响。

(2)市场不够发达或存在市场分割的情况

本公司原油和成品油由中国石化总公司统一调配,市场由总公司计划控制,尚未形成真正意义上完善的市场。化工产品价格随行就市,直接通过市场销售。本公司产品全部内销,市场遍布全国各地,考虑到运费原因,本公司产品主要市场在华北地区,主要市场占有率为14%。目前及未来较长时期内,市场对本公司主要产品(成品油、聚丙烯等)需求比较旺盛,本公司产品市场潜力较大。

近三年,本公司吨油利润在中国石化总公司分别位居第六位、第三位、第七位。96年,综合评价指标位居总公司第二位。

4.政策性风险

石油化工行业属国家重点支持行业,在一定时期内,原油和成品油统配政策不会改变。环保政策的进一步严格也将可能制约石化行业的发展。

5.其他风险

(1)改造和扩建计划的风险

本公司未来的盈利增长计划及发展,较大程度的取决于能否有效地控制工程造价、保证工程质量和按时完成改造和扩建计划。本公司具有丰富的改造扩建经验,但其他不可预料因素可能在工程进度、施工成本等方面产生不能预测的风险。

(2)加入世界贸易组织的风险

当前我国加入世界贸易组织的谈判正在进行。加入世界贸易组织将有利于本公司更好的走向世界市场,引进国外先进技术,扩大本公司产品的出口。但由于目前本公司某些设备和生产工艺有待更新改造,个别装置能耗、物耗偏高,使部分产品成本和质量与国外同类产品相比仍有一定差距,加之本公司精细化工产品品种少,因此本公司将面对国外先进技术及产品的竞争和挑战。

(3)项目投资的风险

目前,虽然我国己内酰胺进口量很大,但由于己内酰胺价格经常波动,并且,随着本公司己内酰胺工程建成投产,国内己内酰胺需求可以得到一定缓解,本公司将可能面临国内、国外同业的竞争。但由于我国工业发展速度快,己内酰胺供求矛盾将仍然存在。

6.股市风险

本公司股票将挂牌上市。由于股票价格不仅仅取决于企业的经营状况,同时也受到利率、汇率、通货膨胀以及国家有关政策等因素的影响,因而存在股市风险。

(二)、针对上述风险的对策

1.经营风险的对策

(1)原材料、能源供应和价格风险的对策

目前,总公司对本公司的原油供应为每年180万吨-200万吨,在本

公司积极争取下,以后可望有所增加;同时,本公司正努力开发其他原油来源渠道,而且已初见成效,原油来源渠道单一的情况即将得到改变 。

(2)针对产品价格限制的对策

针对国家和总公司对原油、成品油价格的限制,本公司已经或很快采取以下对策:降低原油在途损耗、狠抓目标成本管理来降低制造费用、提高生产装置的负荷率以降低各种物耗、能耗,降低原油加工的生产成本,相对增加原油加工总成本与成品油价格的差价;调整产品结构,增加高附加值产品生产,进而提高吨原油的利润率;即将投资的聚丙烯项目属化工产品,其产品价格不受国家限制,使本公司产品的市场定价部分比例增大,减少了价格限制的范围。通过上述举措,本公司将会有效规避价格限制可能带来的风险。

(3)产业结构集中的对策

本公司主要产品为成品油及聚丙烯、石油焦等化工产品,市场前景广阔。本公司将进一步改善产品结构,提高各种产品的系列化程度,搞好深度加工和化工综合利用,充分利用原油加工提供的炼厂气及化工原料,大力发展化工产品和精细化工产品,提高产品附加值,以更好满足各类用户的需求;同时,本公司将投入力量,针对将来汽车工业、建筑业、家电工业和纺织业的需要,以聚丙烯为基础原料大力开发以塑代钢、以塑代木、以塑代棉的塑料改性产品,满足未来将出现的各种市场需求;另外,本公司本着提高经济效益的基本原则,适度涉足其他行业和产品,发展多种经营。

(4)针对产品外销限制的对策

本公司针对成品油总公司统一调配的政策,进一步提高化工产品的质量和比例,在稳固国内市场的同时,积极开拓海外市场,参与国际竞争。

(5)针对本公司柴油销售补贴的对策

国家对本公司成品油销售统一调配,其中对柴油销售每吨补贴 30 元人民币,本公司通过改进技术、加强管理、降低生产成本,预防该项政策可能带来的不利影响。

2. 针对行业风险的对策

(1)针对产业政策限制的对策

针对目前石化行业对原油和成品油的数量以及价格统一规定、统一调配的政策,本公司正设法开辟其他原油来源,并且已初见成效;同时,为避免总公司价格的限制,本公司正准备投资化工项目,使本公司产品的市场定价比例增大,以求更好的效益,加快本公司迈向市场的步伐;另外,本公司将继续发挥自身优势,利用技术和管理进一步降低生产成本,来求得原油和成品油价格固定的情况下,全部生产成本与成品油价差增大。

(2)针对环保因素限制的对策

针对原油加工趋于重质化,进口高含硫原油比例增加的状况,本公司将大力开发、引进国外先进的生产工艺和设备,努力降低治理"三废"的成本,在符合国家环保政策的前提下,提高经济效益。

(3)针对对其他行业依赖的对策

针对石化行业产品主要面对的行业的发展,本公司将及时作出科学预测,调整产品结构,增加高附加值产品生产,加强产品系列化程度,积极开发新产品,以满足其他行业的新需求和新的行业需求,保持主动的生产战略,减少对其他行业的依赖程度。

(4)针对行业内部竞争的对策

本公司在用户中享有较高声誉,将来进一步广开原油来源,通过扩大生产规模,提高产品质量,开发新产品,增加化工产品,在稳固原有客户的同时,开辟新行业、新客户,加大化工产品出口,保持在同行业竞争中立于不败之地。

3. 市场竞争风险的对策

本公司成品油质量已达到国内先进水平,化工产品质量部分达到或超过国际水平,具有国际竞争力。今后,本公司将进一步改进现有设备和工艺,提高技术水平和产品质量,降低生产成本,调整产品结构,开发新产品,扩大原油来源,增加生产规模,扩大主要市场,有重点有步骤地主动参与国际竞争,以迎接国内、国际竞争的挑战。

4. 股市风险的对策

股票市场价格的波动起落乃股市正常现象,为此,本公司提醒投资者,必须正视股价波动及今后股市中可能涉及的风险,以便作出正确的投资决策。

5. 其他风险的对策

针对工程改扩建可能存在的问题,为保证改扩建工程的进度和质量,有效控制施工成本,本公司将通过招标确定总承包商,一次确定总承包费,规避和转移此项风险。

本公司的 90#无铅车用汽油、石油焦等产品已达到国际同类产品先进水平,具有国际竞争力,面对重回世界贸易组织这个必然,本公司将进一步发挥自身的科研、技术优势,扩大现有优质产品的范围,提高产品的质量,以迎接国际竞争的挑战。

针对项目投资可能面临的风险,本公司将发挥自身的科技优势,加强产品的质量管理,同时降低生产的能耗和物耗,在保证质量的基础上,降低产品成本,在同业竞争中立于不败之地。

五、募集资金的运用

(一)、募集资金的计划用途:

本次股票发行所募集资金扣除发行费用后,实际募集资金约 68,880 万元,将用于 5 万吨/年己内酰胺工程建设;

(二)项目简介:

1. 项目名称:5 万吨/年己内酰胺工程

2. 申请投资项目的目的

"九五"期间,本公司常减压装置处理量将达到 350 万吨/年,每年可提供 5 万吨的苯、甲苯做为己内酰胺工程的化工原料。加之,考虑到河北省是我国主要纺织工业基地,但长期以来,河北省纺织原料工业十分薄弱,化纤原料生产能力较小,其中主要品种是人造纤维,而三大合成原料生产基本是空白。鉴于这些原因,国务院和国家计委已批准该工程建设。

3. 产品性能介绍

己内酰胺是生产锦纶和聚酰胺工程塑料的主要原料。可用于制造聚酰胺 6 纤维和聚酰胺塑料及薄膜。己内酰胺还可用于制造若干有机化合物,或与其他有机单体共聚,制造尼龙 610、612 等。除此以外,己内酰胺本身还是一种溶剂。

4. 产品市场需求

近年来,世界各国己内酰胺需求年增长率达 3%,尤其在亚洲,需求更是大于供给。在我国,每年依靠进口来满足国内需要,供需矛盾突出,1995 年我国己内酰胺需求量为 19 万吨。虽然在"七五"建设了南京、岳阳两套 5 万吨/年己内酰胺工程,但国内生产能力仍不足 12 万吨,己内酰胺供求缺口仍近 10 万吨。由于在南京、岳阳两套己内酰胺工程之后,没有再新建同类项目,与 1995 年相比,目前己内酰胺供需矛盾没得到缓解。

5. 装置的工艺

本公司将投资的己内酰胺工程在技术上采用甲苯法生产己内酰胺。该工艺包括:甲苯氧化、苯甲酸加氢、亚硝酰硫酸制造、亚硝酰化、硫胺结晶、己内酰胺萃取和精制等过程。

(三)、资金来源及使用

己内酰胺工程原为河北省与中国石化石家庄炼油厂合资建设,河北省出资 30%,总厂出资 70%,并于 1997 年 5 月 18 日已注册为石家庄化纤责任有限公司,注册资本 9 亿元。经石家庄化纤责任有限公司股东会决议,石家庄化纤责任有限公司注册资本由 9 亿元增加至 15.888 亿元,同意本公司投资己内酰胺工程,变以前两方投资为三方投资。注册资本增加后,石家庄化纤责任有限公司股权结构如下:

出资人	出资额(亿元)	出资比例
石家庄炼油化工股份有限公司	6.888	43.1%
中国石化石家庄炼油厂	6.3	40.6%
河北省建设投资公司	2.7	16.3%

己内酰胺工程总投资 35.7 亿元,全部投资资金中 2.36 亿美元(折合人民币 19.64 亿元)资金为银行贷款,其余约 16 亿元由石家庄炼油厂、本公司及河北省共同出资。该己内酰胺工程已于 1996 年开始建设,截止 1997 年 5 月底,已投入资金 25.5 亿元,其中石家庄炼油厂投入自有资金 4.73 亿元,河北省投入 1.77 亿元。银行贷款约 19 亿元,该贷款为意大利西亚那银行新加坡分行(MONTE DEI PASCHI DI SIENA,SINGAPORE BRANCH)牵头组织的银团贷款,贷款利率为 6.95%(年)。该项目剩余资金缺口由出资三方按照出资协议规定的比例陆续投入。

本公司拟通过本次发行股票募集约 6.888 亿元(扣除发行费用)资金,在 1997 年拟将全部募股资金作为资本金投入石家庄化纤有限责任公司,占己内酰胺工程资本投入的 43.1%。

(四)效益预测

5 万吨/年己内酰胺工程建设期 3 年,1996 年动工建设,预计 1997 年 7 月,该工程的纺丝部分可建成完工,整个工程预计 1998 年底建成投产。在目前国际、国内己内酰胺生产和市场销售情况的基础上,考虑到未来各方面因素影响,合理预测本公司己内酰胺产品产销率为 99.5%的前提下,预测己内酰胺工程回收期为 11 年(含工程建设期),年实现销售收入 120636 万元,税后利润 13668 万元。

(五)立项批文

5万吨/年己内酰胺工程项目已获国家计划委员会计原材[1992]67号、计原材[1993]1256号,计原材[1995]1562号和计投资[1996]2971号文件批准。

六、股利分配政策

本公司将按照同股同利的原则,在每个会计年度结束后的六个月内,由公司董事会根据该会计年度的经营业绩和未来的生产经营计划提出股利分配方案,经股东大会审议批准后予以执行。

根据公司章程规定,本公司的税后利润按下列顺序分配:

1. 弥补亏损;
2. 提取10%法定公积金;
3. 提取5%至10%法定公益金;
4. 提取任意公积金;
5. 支付股利。

本公司采取现金或股票的形式派发股利。

公司当年有盈利时,股利分配一年一次。

本公司向个人分配现金红利时,由本公司按中华人民共和国有关个人所得税的法律法规代扣、代缴个人收入所得税。

本次发行后,社会公众股东和发起人股东同股同权,共享1997年全年税后利润。

预计首次分配股利时间为:1998年6月前。

本股利分配政策系本公司筹委会根据《公司法》及本公司《章程》(草案)而制定,尚需提交本公司创立大会审议通过。

七、发行人情况

1. 名称:石家庄炼油化工股份有限公司(筹)
2. 预计成立日期:1997年6月
3. 注册地址:河北省石家庄市
4. 历史沿革:

本公司发起人是石家庄炼油厂,1983年5月石家庄炼油厂正式成立,隶属于河北省化工厅;1983年7月总厂划归中国石油化工总公司。1994年更名为中国石化石家庄炼油厂,现已发展成为年加工原油350万吨/年规模的大型炼油化工企业。

本公司是经中国石化总公司(1997)办字42号文和(1997)办字203号文批准,由石家庄炼油厂作为独家发起人,通过局部改制,以募集方式设立股份有限公司,并向社会公开发行股票。据此本公司筹委会成立并负责开展本公司筹备工作。1997年4月23日获得河北省工商行政管理局公司名称预先核准通知书。国家体改委1997年5月12日体改生(1997)68号文《关于同意设立石家庄炼油化工股份有限公司的批复》批准本公司设立。

5. 组织结构

本公司组织结构图如下:

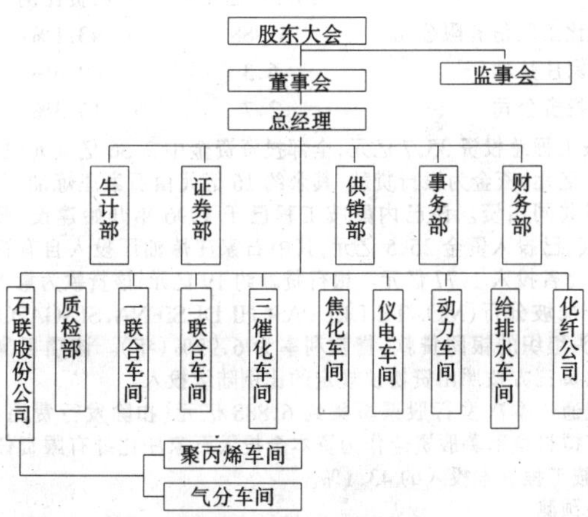

6. 关联企业

(1)石家庄炼油厂:为本公司的独家发起人,其产权投资图如下:

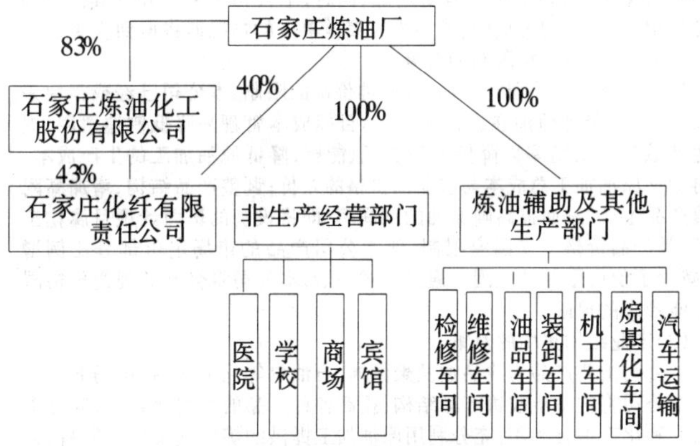

中国石化石家庄炼油厂向本公司提供生活后勤、原油储运及水、电、汽供应等方面服务,公司为此向中国石化石家庄炼油厂支付一定的费用,双方存在关联交易。就此双方已签订《中国石化石家庄炼油厂与石家庄炼油化工股份有限公司相互服务协议书》,有关内容见本招股书重要合同部分。

(2)石家庄石联股份有限公司

石家庄石联股份有限公司是以中国石油化工总公司石家庄炼油厂为依托,以定向募集方式成立的股份制试点企业。公司根据河北省体改委[1992]29号文和石家庄市体改委[1992]27号文批准于1992年12月成立,注册地址为河北省石家庄市,总股本7480万元,本公司持有5480万元。

石家庄石联股份有限公司主营业务为生产化工原材料,兼营石油产品。

石家庄石联股份有限公司现有年处理能力9万吨的石油液化气气体分馏装置和年生产能力2.5万吨的聚丙烯装置各一套。主要产品为丙烯、丙烷、聚丙烯。

(3)石家庄化纤有限责任公司

本公司向石家庄化纤有限责任公司投入全部募股资金作为资本投入,并按照出资比例分配税后利润和进行有关表决。就此双方已签订《石家庄炼油化工股份有限公司(筹)与石家庄化纤有限责任公司关于出资的协议书》。

7. 职工情况

截止1996年12月31日,本公司有职工4146人,其中各类人员及其构成如下:

类别	生产人员	技术人员	财务人员	行政人员	其他人员
数量	3423	486	42	110	85
比例	82.56%	11.22%	1.01%	2.66%	2.05%

本公司职工享有住房、教育、医疗等项福利。本公司每月按工资总额14%提取职工福利基金,以保障职工福利待遇。全体员工集体参加了河北省职工养老保险、失业保险的社会统筹。职工工伤保险、医疗保险也按地方政府的规定实施。

8. 经营业务范围

石油化工产品加工,主要包括成品油如汽油、煤油、柴油、液化气等,化工产品如聚丙烯、三苯、溶剂油等。

9. 主要业务

本公司是全国石化行业大型炼油化工企业之一,主要从事石油加工和销售,年加工原油能力达350万吨。主要产品有70#、90#、93#车用汽油,0#、-10#、-35#柴油、航空煤油、聚丙烯、石油焦等18个品种,25个牌号,其中90#无铅车用汽油、0#轻柴油、-10#轻柴油、聚丙烯等石油制品的产品质量达到国内同行业先进水平。

10. 生产经营情况

(1)主要产品品种:

本公司主要产品为成品油和化工产品,如汽油、煤油、柴油、液化气、聚丙烯、三苯、溶剂油等。

(2)主要市场及其市场占有情况:

本公司产品主要内销,销往河北、河南、山西、湖北、湖南、四川、广东和浙江等地,但由于运费原因,本公司成品油主要市场在华北地区。主要市场占有率为14%。

最大十个用户所占销售比例为40%,用户范围跨数个行业、若干省区,并无对某一用户的依赖现象。

本公司成品油的销售由总公司统销,化工产品销售通过市场由本公司面对客户直接销售。

11. 原材料、能源及燃料的供应

本公司生产的主要原材料为原油。全国85%以上的原油由总公司加工,根据本公司与总公司的原油供应协议,本公司每年可以获得近200万吨稳定的原油供应,并可望逐年增加;本公司已与一些油田签订了原油供货协议,原油来源有了新渠道。

本公司所用能源为电力、渣油等。在本公司所需能源中,只有电力需要外购,外购比例为80%,由于本公司地处华北电网腹地,所以所需电力有充足保障。

12. 重大改组

本公司是经中国石化总公司1997年1月中石化(1997)办字42号文《关于石家庄炼油厂进行股份制改制并向社会公开发行股票的批复》批准,由石家庄炼油厂作为独家发起人,通过局部改制,以募集方式设立股份有限公司,并向社会公开发行股票。

13. 股份公司与总厂的关系

总厂作为本公司的独家发起人,以其拥有的净资产折价入股,持有本公司83.3%的股份,是本公司的控股股东。

本公司成立后有完整独立的生产、质量、管理体系、市场销售体系和生产场所,虽然在原料、能源、电力供应以及后勤服务等方面与总厂发生联系,但遵照公平、公正的市场原则进行业务往来。就此,本公司和总厂之间拟签订《中国石家庄炼油厂与石家庄炼油化工股份有限公司(筹)相互服务协议书》及《中国石家庄炼油厂与石家庄炼油化工股份有限公司(筹)资产重组与分立协议书》,以确保股东权益不受侵犯。

本公司成立后,总厂作为大股东根据《公司法》和公司章程参加股东大会,推荐候选人并选举公司董事,通过董事会实现对本公司的管理和决策。同时,总厂作为国有法人股持股单位将依法行使股东权利并收取股利。、

14. 筹委会成员

戢守山先生,现年57岁,现任总厂厂长、本公司筹委会主任。戢先生1962年毕业于抚顺石油学院石油炼制专业,大学学历。于1962年12月加入抚顺石油二厂,1976年加入石家庄炼油厂,1984年起担任石家庄炼油厂副厂长、常务副厂长,1990年担任石家庄炼油厂厂长。戢先生拥有高级工程师和高级经济师职称,在石油炼制和石油化工以及经营管理方面有三十五年经验,1992年获全国"五一"劳动奖章。

戚念东先生,现年53岁,现任总厂党委书记、本公司筹委会副主任。戚先生于1967年毕业于北京石油学院石油炼制专业,大学学历。戚先生于1966年7月加入抚顺石油二厂。戚先生历任石家庄炼油厂设计室、技术处等部门负责人、副总工程师、总工程师。戚先生拥有高级工程师职称,在生产、经营管理上有丰富的工作经验。

田光先生,现年56岁,现任总厂副厂长、本公司筹委会委员,负责工程建设。田先生于1965年毕业于东北石油学院石油炼制专业,大学学历。1965年8月加入大连石油七厂,1990年6月加入石家庄炼油厂,历任沧州炼油厂副厂长、厂长,石家庄炼油厂副厂长。田先生拥有高级工程师职称,在生产、经营管理方面有丰富的工作经验。

刘家志先生,现年57岁,现任总厂副厂长、本公司筹委会委员。刘先生于1967年毕业于东北石油学院石油炼制专业,大学学历。1967年12月加入新疆独山子炼油厂,1975年10月加入乌鲁木齐石油化工总厂,1990年加入宁夏化工厂,1995年加入石家庄炼油厂,历任乌鲁木齐石油化工总厂炼油厂党委副书记、总厂厂长助理、化肥厂厂长,宁夏化工厂厂长。刘先生拥有高级工程师职称,在生产、经营管理方面有丰富的工作经验。

张沛生先生,现年56岁,现任总厂副厂长、本公司筹委会委员,负责化纤生产。张先生于1966年毕业于东北石油学院石油炼制专业,大学学历。1966年9月加入抚顺石油二厂,1976年加入石家庄炼油厂,历任石家庄炼油厂一联合车间主任、副总工程师、副厂长。张先生拥有高级工程师职称,在生产、经营管理方面有丰富的工作经验。

韩晋民先生,现年53岁,现任总厂副厂长、本公司筹委会委员,负责设备管理。韩先生于1970年毕业于北京石油学院石油开采专业,大学学历。1970年9月加入胜利油田,1976年加入石家庄炼油厂,历任石家庄炼油厂机动科、一联合车间负责人、厂党委副书记兼纪委书记、副厂长,韩先生拥有高级工程师职称,在生产、经营管理方面有丰富的工作经验。

刘国岭先生,现年56岁,现任总厂副厂长、本公司筹委会委员,负责生产经营。刘先生于1970年毕业于北京化工学校化工机械专业,中专学历。1976年加入石家庄炼油厂,历任石家庄炼油厂计划预算科、厂办负责人、副厂长。刘先生拥有工程师职称,在生产、经营管理方面有丰富的工作经验。

卢立勇先生,现年36岁,现任总厂副厂长、本公司筹委会委员,负责生产管理。卢先生于1982年毕业于河北工学院石油炼制专业,大学学历。1982年加入石家庄炼油厂,历任石家庄炼油厂副总调度长、总调度长、生产处长、厂长助理、副厂长。卢先生拥有高级工程师职称,在生产、经营管理方面有丰富的工作经验。

王彦题先生,现年53岁,现任总厂总工程师、本公司筹委会委员。王先生于1968年毕业于北京石油学院有机合成专业,大学学历。1968年加入大庆炼油厂,1976年加入石家庄炼油厂,历任石家庄炼油厂研究所、技术开发处负责人,副总工程师、总工程师。王先生拥有高级工程师职称,在科研和技术开发方面有较高的造诣和丰富的经验。

中国石化总公司和本公司筹委会已分别作出决议,承诺本公司将不出现董事长和经理层双重任职情况。

八、经营业绩

本公司设计年原油加工能力350万吨,近三年每年实际加工原油约200万吨,目前拥有固定资产891,423,352.04元,其中净资产856,590,636.75元(评估后)。在中国石化总公司系统,本公司一直位居吨原油创利"四小龙"之列。1994年、1995年、1996年原油加工量分别占总公司1.54%、1.64%、1.63%,利润分别占总公司1.76%、3.18%、4.48%,吨油利润在总公司排名分别为第六位、第三位、第七位。

以下为本公司经中华会计师事务所审计的1997年之前三个会计年度及1997年1-3月的经营业绩。

单位:万元

项　目	97年1-3月	1996年	1995年	1994年
主营业务收入	76,973.99	292,253.48	294,552.90	191,872.55
营业外收入	228.07	1,814.37	257.82	43.40
合计	77,202.06	294,067.85	294,810.72	191,915.95
利润总额	8,816.89	38,851.14	47,283.15	22,537.61
净利润	5,531.19	24,545.33	29,655.91	14,284.23
每股税后利润		0.41	0.49	0.24

公司1994年、1995年、1996年三年主要产品销售收入构成:

单位:万元

年份	1994年		1995年		1996年	
产品	销售收入	比例(%)	销售收入	比例(%)	销售收入	比例(%)
汽油	8.91	43.8	12.99	44	11.84	40.5
柴油	8.25	40.5	12.16	41.2	12.2	41.7
煤油	0.9	4.4	0.67	2.3	1.24	4.2
液化气	0.51	2.5	0.8	2.7	0.8	2.8
聚丙烯	0.86	4.2	1.53	5.2	1.4	4.8
石油焦	0.16	0.8	0.49	1.6	0.5	1.7
其它产品	0.77	3.8	0.88	3	1.26	4.3
合计	20.36	100	29.52	100	29.25	100

九、股本

1. 股本形成

经中石化(1997)办字42号文"关于石家庄炼油厂进行股份制改制并向社会公开发行股票的批复"批准,由石家庄炼油厂为独家发起人,拟采用募集方式设立本公司。发起人委托中华财务会计咨询公司对其拟投入本公司的经营性资产,包括一联合、焦化、二联合、二催化、动力站、仪表、电工、供排水、水净化等生产车间和石联股份公司以及有关生产管理处室的相关固定资产进行了评估。根据中华财务会计咨询公司的评估报告(1997)00080号,并经国家国有资产管理局国资评(1997)第382号文确认,发起人将评估后的主要经营性净资产856,590,636.75元,以70.05%的比例折为6亿国有法人股,由石家庄炼油厂持有。根据中华会计师事务所中华股验字(97)007号文确认,发起人认缴的股份全部到位。已发行股份为6亿股,溢价部分256,590,636.75元转入资本公积金。

本公司现有职工4146人,本此发行共向本公司职工配售1200万股。

2. 股权结构

本次发行前,本公司股本结构:

股份种类	股数(股)	占总股本比例
尚未流通股份	600,000,000	100%
其中:		
国有法人持股	600,000,000	100%
总股本	600,000,000	100%

本次发行后,本公司将形成如下股本结构:

股份种类	股数(股)	占总股本比例

国有法人持股	600,000,000	83.3%
社会公众持股	120,000,000	16.7%
其中:		
公司职工持股	12,000,000	1.67%
总股本	720,000,000	100%

十、财务会计资料

经中华会计师事务所对发行人1997年3月31日以前三年又三个月会计期间报表的审计,并出具审计报告如下:

石家庄炼油化工股份有限公司筹委会:

我们接受委托,对贵公司1994年12月31日、1995年12月31日、1996年12月31日、1997年3月31日的资产负债表及合并资产负债表和1994年度、1995年度、1996年度、1997年1-3月的利润表及合并利润表,以及1996年度和1997年1-3月的财务状况变动表及合并财物状况变动表进行了审计。这些会计报表由贵公司负责,我们的责任是对这些会计报表发表审计意见。我们的审计是依据《中国注册会计师独立审计准则》进行的。在审计过程中,我们实施了包括抽查会计记录等我们认为必要的审计程序。

我们认为,上述会计报表符合《企业会计准则》和《股份制试点企业会计制度》及其补充规定,在所有重大方面公允地反映了贵公司1994年12月31日、1995年12月31日、1996年12月31日、1997年3月31日的财务状况和1994年度、1995年度、1996年度、1997年度1-3月的经营成果及资金变动情况。会计处理方法的选用符合一贯性原则。

中华会计师事务所　　　　中国注册会计师:廖良汉

谢佳扬

中国·北京

1997年4月28日

(一)、财务报表

(二)主要会计政策

(1)会计制度

本公司会计核算执行《股份制试点企业会计制度》及有关补充规定。

(2)会计年度

本公司会计年度自公历1月1日起至12月31日止。

(3)合并会计报表的编制办法

本公司合并会计报表的范围包括:

本公司直接或间接拥有其过半数以上权益性资本的子公司。

本公司在对子公司进行合并的过程中,按财政部《合并会计报表暂行规定》的有关规定,对下列事项进行了调整:

1.本公司权益性投资与子公司所有者权益中有关的部分;

2.本公司与子公司之间的往来;

3.本公司与子公司之间未实现的内部销售。

本公司合并报表的子公司为:石家庄石联股份有限公司。该子公司系1992年经冀体改委股字(1992)29号文批准,并经河北省工商行政管理局注册。

注册号码:10436477-3

注册资本:人民币7480万元

本公司持股比例:73.26%

内部职工持股比例:26.74%

(4)记帐原则和计价基础

本公司以权责发生制为记帐原则,采用历史成本为计价基础。但1997年3月31日的资产负债表及股东权益已按评估确认值调整。

(5)记帐本位币

本公司会计核算以人民币为记帐本位币。

(6)外币折算方法

本公司外币业务均按实际发生时的人民币市场汇价折合为人民币记帐,并按期末(各月末和年末)的人民币市场汇价进行折合调整,发生的折合差异计入当期损益。

(7)存货

本公司的存货主要包括:原材料、自制半成品及产成品,均按实际成本核算。原材料、自制半成品及产成品发出成本采用加权平均法核算,低值易耗品采用一次摊销法摊销。

(8)固定资产及其折旧

本公司固定资产标准为使用年限在一年以上,单位价值在2000元以上的资产。固定资产按取得时的实际成本记帐。

固定资产折旧根据固定资产原值、扣除3%的残值及预计使用年限,采用直线法分类计提。各类固定资产的年折旧率列示如下:

类　别	折旧年限	年折旧率
房屋及建筑物	20-35	4.85—2.77%
专用设备	8-14	3.86—3.23%
通用设备	4-18	24.25—3.23%
运输设备	6	16.17%

(9)坏帐准备

本公司按应收帐款年末余额的5‰计提坏帐准备。

(10)收入实现的确认

本公司按照《企业会计准则》确认的权责发生制为基础,确认收入的实现。即在发出商品、提供劳务,同时收讫价款或者取得索取价款的凭据时,确认营业收入。

(11)税项

①企业所得税

本公司企业所得税自1994年起已按33%缴纳。

②流转税及附加

本公司流转税及附加包括增值税、消费税、营业税、城市维护建设税及教育费附加。本公司被认定为增值税一般纳税人。本公司生产销售产品,适用增值税税率为17%、13%和10%。汽油按277.6元/吨、柴油按117.6元/吨计缴消费税。营业税按应纳税额的3%—5%计缴。城市维护建设税,按增值税、消费税和营业税合计税额的5%计缴;教育费附加1994年、1995年按增值税、消费税和营业税合计税额的3%计缴,1996年、1997年按增值税、消费税和营业税合计税额的3.5%计缴。

③其他税项

本公司其他税项包括房产税、车船使用税、印花税等,这些税项依据有关税务法的规定计缴。

(12)利润分配

本公司根据税后利润的10%和5%计提法定盈余公积金和公益金。

(三)主要会计报表科目注释

4.应收帐款

截止1997年3月31日,本公司应收帐款余额为222,120,351元,按帐龄列示如下:

单位名称	1年以内	1—2年	2—3年	3年以上	合计
修武石油公司	—	—	8,357,209	—	8,357,209
邯郸石油公司	4,849,976	—	—	—	4,849,976
北京热电厂	—	2,962,869	—	—	2,962,869
华北油田	—	7,749,963	—	—	7,749,963
市石化经销公司	13,897,859	—	13,897,859	—	13,897,859
平顶山石油公司	3,238,244	—	—	—	3,238,244
其他	96,903,245	27,773,083	56,387,903	—	181,064,231
合计	118,889,324	38,485,915	64,745,112	—	222,120,351
帐龄比重	53.52%	17.33%	29.15%	0.00%	100%

上述预付帐款中没有持本公司5%以上股份的股东的欠款。

6.其他应收款

截止1997年3月31日,本公司其他应收款余额为99,754,015元,按帐龄列示如下:

单位名称	1年以内	1-2年	2-3年	3年以上	合计	
中国化学工程公司第十二化建设公司	1,613,239	—	—	—	1,613,239	材料款
中国石化石家庄炼油厂三达工程公司	1,945,574	—	—	—	1,945,574	材料款
藁城市邱头村供水	11,046,655	—	—	—	11,046,655	水费
石家庄市供电局	6,000,000	—	—	—	6,000,000	预付电费
中国石化石家庄炼油厂	6,423,610	—	—	—	6,423,610	周转金
其他	70,725,607	1,500,330	499,000	—	72,724,937	
合计	97,754,685	1,500,330	499,000	—	99,754,015	
帐龄比重	98.00%	1.50%	0.50%	0.00%	100%	

上述应收款项中主要是对方使用本公司的建筑材料、水和预交的电费以及炼油厂占用的周转金。

其中中国石化石家庄炼油厂是持有本公司5%以上股权的股东单位。

8.存货

截止1997年3月31日,本公司存货按类别列示如下:

项　目	1997.3.31	1996.12.31
原材料	56,852,899	40,206,509

自制半成品	44,542,296	43,589,864
产成品	27,218,651	50,520,857
低值易耗品	175,965	175,965
合　计	128,789,811	134,493,195

10. 固定资产

截止 1997 年 3 月 31 日，本公司固定资产及其累计折旧分类列示如下：

(1)固定资产原值

类　别	期初价值	本年增加	本年减少	期末价值
房屋建筑物	164,256,017	3,538	—	164,259,555
专用设备	1,077,584,056	261,993	—	1,077,846,049
通用设备	135,537,104	63,216	—	135,600,320
运输设备	455,046	—	—	455,946
小　计	1,377,833,123	328,747	—	1,378,161,870

(2)累计折旧

类　别	期初价值	本年增加	本年减少	期末价值
房屋建筑物	34,061,301	959,453	—	35,020,754
专用设备	312,430,739	23,305,897	—	335,736,636
通用设备	83,689,234	7,883,682	—	91,572,916
运输设备	-84,572	1,377,526	—	1,292,954
小　计	430,096,702	33,526,558	—	463,623,260
(3)固定资产净值	947,736,421			914,538,610

固定资产已根据评估确认值调整。

11. 递延资产

本公司递延资产是经 1996 年 12 月 31 日评估增加的通讯权(电话初装费)77,000 元，1997 年 1－3 月摊销 1,925 元，截止 1997 年 3 月 31 日余额为 75,075 元，剩余摊销年限为 9 年零 9 个月。

12. 短期借款

截止 1997 年 3 月 31 日，本公司短期借款余额为 40,000,000 元。

贷款银行	期限	利率	金额	借款条件
工行石化办	97.1.24—97.7.24	8.4%	40,000,000	信用

13. 长期借款

截止 1997 年 3 月 31 日，本公司长期借款余额按明细列示如下：

贷款银行	期限	利率	金额	借款条件
建行石炼办	1994.03.09—1999.03.08	13.86%	9,500,000	中化十二建担保
建行石炼办	1992.11.22—1997.11.22	11.66%	36,300,000	中化十二建担保
建行石炼办	1991.07.16—1999.07.15	9.72%	35,000,000	中化十二建担保
建行石炼办	1996.11.22—1998.11.22	10.08%	6,300,000	信用
工行石化办	1996.12.27—1998.12.27	10.08%	4,500,000	信用
工行石化办	1996.10.10—1998.10.10	11.09%	15,000,000	信用
工行石化办	1996.10.10—1998.10.10	11.09%	5,000,000	信用
工行石化办	1996.10.27—1998.10.27	11.09%	1,000,000	信用
工行石化办	1996.12.27—1998.12.27	10.08%	5,500,000	信用
工行石化办	1996.10.10—1998.10.10	11.09%	10,000,000	信用
工行石化办	1996.04.15—1999.04.15	12.24%	5,000,000	信用
工行石化办	1996.04.30—1999.04.30	12.24%	10,000,000	信用
工行石化办	1996.12.27—1998.09.10	10.98%	15,000,000	信用
应计利息			3,145,488	
合　计			161,245,488	

(四)、财务指标

项　目	1997 年 1－3 月	1996 年	1995 年	1994 年
流动比率	1.52	1.46	1.20	1.26
速动比率	0.94	1.09	0.81	0.81
资产负债率(%)	35.58	40.62	50.11	48.27
存货周转率	4.38	11.31	7.93	—
应收帐款周转率(%)	3.58	11.92	9.90	—
净资产收益率(%)	6.07	28.65	39.33	20.59
每股盈利(元/股)	0.09	0.41	0.49	0.24

十一、资产评估

本公司委托中华财务会计咨询公司对发起人投入的各类资产进行了评估，《资产评估报告》已经国家国有资产管理局确认。依据该《资产评估报告》，截止于 1996 年 12 月 31 日，发起人投入本公司的全部资产、负债、净资产评估价值如下：

评估基准日：1996 年 12 月 31 日　　　　单位：人民币元

项目	帐面值	评估值	增减额	增减率%
流动资产净值	435,889,776.32	445,280,804.31	9,391,027.99	2.15
其中：存货	119,205,642.18	127,426,333.78	8,220,691.60	6.90
固定资产净值	775,727,963.69	891,423,352.04	115,695,388.35	14.91
在建工程	0	0	0	0
长期投资	82,383,341.18	108,467,437.32	26,084,096.14	31.66
资产合计	1,294,001,081.19	1,445,248,593.67	151,247,512.48	11.69
流动负债	345,453,449.27	345,453,449.27	0	0
长期负债	243,204,507.65	243,204,507.65	0	0
负债合计	588,657,956.92	588,657,956.92	0	0
净资产	705,343,124.27	856,590,636.75	151,247,512.48	21.44

十二、盈利预测

本公司根据目前生产经营及未来发展计划情况，并依据会计原则和制度，对本公司 1997 年会计年度的盈利情况作如下预测：

(一)、盈利预测基准和假设：

1. 编制基准：

石家庄炼油化工股份有限公司(以下简称"本公司")参照本公司一九九六年至一九九七年一季度业经中国注册会计师审定的会计报表及本公司一九九七年度的生产经营计划、投资计划等，编制了本公司一九九七年度的盈利预测；编制该盈利预测所依据的会计政策在各重要方面均与本公司一般采用的会计政策一致。

本公司盈利预测的合并范围包括本公司(母公司)和本公司控股的子公司，即石家庄石联股份有限公司(73.26%股份)。

2. 主要假设

(1)国家现行的方针政策无重大改变；

(2)国家现行的利率、汇率等无重大变化；

(3)本公司执行的税收、税率政策不变；

(4)无其它人力不可抗拒因素造成的重大不利影响；

(5)国家统一安排的原油资源无较大改变；

(6)国家统一定价的原油及成品油价格不变；

(7)国家对石化行业制定的柴油退税(消费税)政策不变；

(8)本公司计划的投资项目能如期进行；本公司产品产销率为 100%，假设母公司内部转移到控股子公司的液化气全部生产成聚丙烯并销售。

(9)本公司所在地区的社会经济环境无重大改变；

(二)1997 年盈利预测：

单位：人民币元

项　目	97.1－3 月 实际数	97.4－12 月 预测数	合　计
主营业务收入	769,739,936	2,608,677,564	3,378,417,500
减：营业成本	576,600,767	2,009,285,033	2,585,885,800
销售费用	5,789,654	14,210,346	20,000,000
管理费用	31,384,385	115,657,032	147,041,417
财务费用	2,787,091	6,912,909	97,000,000
营业税金及附加	65,359,396	214,971,904	280,331,300
主营业务利润	87,818,643	247,640,340	335,458,983
加：其他业务利润	244,334	755,666	1,000,000
营业利润	88,062,977	248,396,006	336,458,983
加：投资收益	—	—	—
营业外收入	2,280,670	3,969,330	6,250,000
减：营业外支出	2,174,744	6,075,256	8,250,000
利润总额	88,168,903	246,290,080	334,459,001
减：所得税	29,095,738	81,190,665	110,286,403
少数股东权益	3,761,266	10,972,134	14,733,400
净利润	55,311,899	154,127,281	209,439,180

注：按采用 33%的所得税率计算。

(三)、1997 年每股盈利预测

按采用 33%的所得税率计算的净利润和公开发行股票后的总股本 72,000 万股计算的每股盈利为：

每股盈利＝净利润/总股本＝0.291 元/股

十三、公司发展规划

本公司在生产经营上,奉行“眼睛向内抓管理、挖潜增效降成本”的发展战略,优化生产流程,降低装置的各种能耗、物耗,调整产品结构,提高规模经营效益。“九五”期间,随着原油加工量的稳步增长,本公司甲苯产量将能满足五万吨/年己内酰胺工程的原料需求,所产己内酰胺在国际、国内市场需求旺盛。并且本公司将依据现有的优势,尽快实施0.2万吨低发泡板材、5万吨己内酰胺项目、0.2万吨民用细旦丝抽丝等项目的建设,弥补国内市场同类产品紧缺的状况,使本公司形成以汽、煤、柴、液化气等石油产品为主体,化工、化纤并重的产品结构体系,优化产品结构、增强市场应变能力,向多样化、多元化方向发展,成为集炼油、化工为一体的综合石油加工基地,进一步提高本公司综合实力。

为保证公司发展规划的实现,在战略上,本公司将建立现代企业制度、优化资源配置、进行资产重组。在人员管理上,按照“量出为入”的原则,严格控制职工人数增长;注意引进高层次、高质量的专业技术人才,逐步改善人员结构。在资金的筹措上,以合资、控股、参股等方式增强公司的融资能力,为公司的快速发展提供充足的资金保障。所有这些,使本公司真正形成以立足主导产品为基础,以提高经济效益为目的,进一步注重发展石油化工行业的深、精、细程度,适时涉足其他行业和产品,最终实现公司综合一体化经营。

十四、重要合同及重大诉讼事项

(一)重要合同

1. 与中国石化石家庄炼油厂于1997年5月签署的《中国石化石家庄炼油厂与石家庄炼油化工股份有限公司资产重组与分立协议书》,该协议对公司组建中的基本问题作出约定,主要包括:资产的划分、债权债务的划分、土地使用权的处置、税费、职工人员、工业产权、主管部门的审批、不竞争、情势变更、争议的解决等。

2. 与中国石化石家庄炼油厂于1997年5月签署的《中国石化石家庄炼油厂与石家庄炼油化工股份有限公司相互服务协议书》,该协议旨在从商业角度具体约定双方的经济关系,以使公司组建成为符合现代企业制度、按照市场经济原则运行的股份制公司。该协议详细规定了公司生产及职工生活中的各方面问题,包括中国石化石家庄炼油厂向公司提供的生活后勤、生产经营方面的服务,公司向中国石化石家庄炼油厂提供的产品、能源动力、电器设备检修方面的服务等,以及该等服务中的费用承担。该协议有效期十年。关于服务费用的确定遵循以下原则:

(1)有国家定价的,按国家定价;

(2)没有国家定价的,以市场价格为标准;

(3)市场价格标准难以衡量或不适应时,以实际成本为标准。付费结算依据该协议各款规定的结算办法分别执行。

3. 与中国石化石家庄炼油厂于1997年5月签署的《中国石化石家庄炼油厂与石家庄炼油化工股份有限公司土地租赁协议》。据此,公司向中国石化石家庄炼油厂租赁使用土地288873.09平方米,租期50年,公司每年缴付租金570.89万元。

4. 与石家庄化纤有限责任公司于1997年5月签署的《石家庄炼油化工股份有限公司(筹)与石家庄化纤有限责任公司关于出资的协议书》。据此,本公司向石家庄化纤有限责任公司作为资本投入出资688,800,000元,并按照本公司出资比例分配税后利润和进行有关表决。

(二)、涉及的诉讼、仲裁或行政处罚

本公司目前没有被牵涉到任何尚未了结或者可预见的法律诉讼、仲裁案件或者行政处罚的案件之中。

十五、招股说明书及备查文件查阅地点

查阅期间:1997年7月11日至1997年8月11日

查阅地点:石家庄炼油化工股份有限公司

国泰证券有限公司

石家庄炼油化工股份有限公司(筹)

1997年7月8日

附录:

1. 合并资产负债表

单位:人民币元

项目	注释	1997.3.31	1996.12.31	1995.12.31	1994.12.31
流动资产:					
货币资金		48,949,970	50,541,087	31,543,583	43,058,169
应收票据		—	—	—	214,870
应收帐款	4	222,120,351	208,283,431	281,995,140	313,315,506
减:坏帐准备	3	1,110,602	—	1,409,976	1,566,578
应收帐款净值		221,009,749	208,283,431	280,585,164	311,748,928
预付帐款	5	6,206,300	12,050,285	5,135,731	3,797,153
其他应收款	6	99,754,015	113,068,391	164,612,708	112,739,522
待摊费用	7	13,191,038	14,656,371	15,648,590	20,405,129
存货	8	128,789,811	134,493,195	240,100,472	269,885,677
流动资产合计		517,900,883	533,092,760	737,626,248	761,849,448
长期投资:					
其中:合并价差	9	17,569,437	17,569,437		
固定资产:					
固定资产原值	10	1,378,161,870	1,377,833,123	1,078,770,439	798,341,562
减:累计折旧	10	463,623,260	430,096,702	249,014,153	171,094,425
固定资产净值		914,538,610	947,736,421	829,756,286	627,247,137
在建工程					
固定资产合计		914,538,610	947,736,421	829,756,286	627,247,137
无形及递延资产	11	75,075	77,000	—	—
资产总计		1,450,084,005	1,498,475,618	1,567,382,534	1,389,096,585
流动负债:					
短期借款	12	40,000,000	—	315,810,000	118,290,000
应付票据		—	—	—	60,000,000
应付帐款	13	90,487,740	92,513,608	109,150,000	161,071,135
预收货款	14	78,631,459	168,177,200	94,809,732	213,271,635
应付福利款		995,282	1,104,598	800,720	442,456
未交税金	15	106,983,782	95,236,836	88,900,572	45,373,201
其他未交款		1,556,423	2,779,585	1,081,860	205,526
其他应付款	16	21,183,718	5,690,753	2,834,288	6,682,050
预提费用		—	—	—	—
流动负债合计		339,838,404	365,502,580	613,387,172	605,336,003
长期借款	17	161,245,488	243,204,508	172,098,460	65,219,768
负债合计		501,083,892	608,707,088	785,485,632	670,555,771
少数股东权益		37,097,578	33,177,894	27,862,620	24,929,678
股东权益					
股本	18	600,000,000	600,000,000	600,000,000	600,000,000
资本公积	19	256,590,636	256,590,636	74,354,858	66,516,698
盈余公积		—	—	79,679,424	27,094,438
未分配利润		55,311,899	—	—	—
股东权益合计		911,902,535	856,590,636	754,034,282	693,611,136
负债及股东权益总计		1,450,084,005	1,498,475,618	1,567,382,534	1,389,096,585

2. 合并利润表

单位:人民币元

项　　目	注释	1997.3.31	1996.12.31	1995.12.31	1994.12.31
一、主营业务收入	20	769,739,936	2,922,534,807	2,945,528,955	1,918,725,459
减:营业成本	21	576,600,767	2,118,290,619	2,022,503,404	1,381,026,767
销售费用		5,789,654,	15,915,343	29,630,986	16,918,536
管理费用		31,384,385	101,191,436	91,122,101	78,955,256
财务费用	22	2,787,091	28,840,579	23,679,388	16,232,420
营业税金及附加		65,359,396	279,597,795	298,298,992	195,795,713
二、主营业务利润		87,818,643	378,699,035	480,294,084	229,796,767
加:其他业务利润		244,334	(869,168)	(1,090,812)	(1,370,770)
三、营业利润		88,062,977	377,829,867	479,203,272	228,425,997
加:投资收益		—	—	—	—
营业外收入	23	2,280,670	18,143,707	2,578,188	433,954
减:营业外支出	24	2,174,744	7,462,204	8,824,543	4,651,316
加:以前年度损益调整		—	—	(125,453)	1,167,464
四、利润总额		88,168,903	388,511,370	472,831,464	225,376,099
减:所得税		29,095,738	128,341,988	156,719,384	74,374,113
少数股东权益		3,761,266	14,716,082	19,552,943	8,159,660
五、净利润		55,311,899	245,453,300	296,559,137	142,842,326

3. 合并财务状况变动表

单位:人民币元

流动资金来源和运用	1997年1-3月	1996年度	流动资金各项目的变动	1997年1-3月	1996年度
一、流动资金来源			一、流动资金本年增加数:		
1. 本年净利润	55,311,899	245,453,300	1. 货币资金	(1,591,117)	18,997,504
加:不减少流动资金的费用和损益			2. 短期贷款	—	—
(1)少数股东本期(减亏损)	3,761,266	14,716,082	3. 应收票据	—	—
(2)固定资产折旧	33,526,558	181,082,549	4. 应收帐款净额	12,726,318	(72,301,733)
(3)无形资产、递延资产、其他资产摊销	1,925	—	5. 预付帐款	(5,843,985)	6,914,554
(4)固定资产盘亏	—	—	6. 其他应收款	(13,314,376)	(51,544,317)
(5)清理固定资产损失	—	—	7. 待摊费用	(1,465,333)	(992,219)
小　　计	92,601,648	441,251,931	8. 存货	(5,703,384)	(105,607,277)
2. 其他来源:			9. 待处理流动资产净损失	—	—
(1)固定资产清理收入(减清理费用)	—	—	流动资产增加净额	(15,191,877)	(204,533,488)
(2)增加长期负债	—	71,106,048	二、流动负债本年增加数:		
(3)收回长期投资	—	—	1. 短期借款	40,000,000	(315,810,000)
(4)资本增加净额	—	102,556,354	2. 应付票据	—	—
(5)少数股东资本净增加额	3,919,684	5,315,274	3. 应付帐款	(2,025,868)	(16,636,392)
小　　计	3,919,684	178,977,676	4. 预收帐款	(89,545,741)	73,367,468
流动资金来源合计	96,521,332	620,229,607	5. 应付福利费	(109,316)	303,878
二、流动资金运用			6. 未付股利	—	—
1. 利润分配			7. 未交税金	11,746,946	6,336,264
(1)提取法定公积金	—	28,839,190	8. 其他未交款	(1,223,162)	1,697,725
(2)提取法定公益金	—	14,419,595	9. 其他应付款	15,492,965	2,856,465
(3)提取任意公积金	—	—	10. 预提费用	—	—
(4)已分配股利	—	210,862,916			
小　　计	—	254,121,701			
2. 少数股东利润分配	3,761,266	6,047,682			
3. 其他运用					
(1)股东资产和在建工程净增加额	328,74729	9,062,684			
(2)增加无形资产、递延资产及其他资产	—	77,000			
(3)偿还长期负债	81,959,020	—			
(4)增加长期投资	—	17,569,437			
小　　计	82,287,767	316,709,121			
流动资金运用合计	86,049,033	576,878,504	流动负债增加净额	(25,664,176)	(247,884,592)
流动资金增加净额	10,472,299	43,351,103	流动资金增加净额	(10,472,299)	43,351,103

4. 资产负债表

单位:人民币元

项　　目	注释	1997.3.31	1996.12.31	1995.12.31	1994.12.31
流动资产:					
货币资金		25,219,914	30,369,720	25,327,449	11,696,539
应收帐款		218,828,288	198,874,278	268,856,942	303,499,757
减:坏帐准备		1,094,141	—	1,344,285	1,517,499
应收帐款净值		217,734,147	198,874,278	267,512,657	301,982,258
预付帐款		6,206,301	12,050,285	5,135,731	3,797,153
其他应收款		28,988,751	61,914,779	103,828,699	89,249,530
待摊费用		13,014,125	14,469,444	14,421,607	19,049,247
存货		124,328,172	127,602,299	235,070,665	266,065,011
流动资产合计		415,491,410	445,280,805	651,296,808	691,839,738
长期投资:		119,206,257	108,467,437	76,335,659	68,300,233
固定资产:					
固定资产原值		1,300,161,500	1,300,099,425	1,019,360,167	746,654,407
减:累计折旧		440,687,325	408,676,073	237,865,750	165,393,199
固定资产净值		859,474,175	891,423,352	781,494,417	581,261,208
固定资产合计		859,474,175	891,423,352	781,494,417	581,261,208
无形及递延资产		75,075	77,000	—	—
资产总计		1,394,246,917	1,445,248,594	1,509,126,884	1,341,401,179
流动负债:					
短期借款		40,000,000	—	315,810,000	118,290,000
应付票据		—	—	—	60,000,000
应付帐款		90,487,740	92,513,608	109,150,000	162,563,065
预收货款		78,631,459	168,177,200	94,809,732	213,271,635
未交税金		95,388,912	83,147,187	75,622,453	33,926,809
其他未交款		1,501,015	1,615,455	1,059,796	186,855
其他应付款		14,917,131	—	—	—
预提费用		—	—	—	—
流动负债合计		320,926,257	345,453,450	596,451,981	588,238,364
长期借款		161,245,488	243,204,508	172,098,461	65,219,768
负债合计		482,171,745	588,657,958	768,550,442	653,458,132
股东权益					
股本		600,000,000	600,000,000	600,000,000	600,000,000
资本公积		256,590,636	256,590,636	74,354,858	66,516,698
盈余公积		—	—	66,221,584	21,426,349
未分配利润		55,484,536	—	—	—
股东权益合计		912,075,172	856,590,636	740,576,442	687,943,047
负债及股东权益总计		1,394,246,917	1,445,248,594	1,509,126,884	1,341,401,179

5. 利润表

单位:人民币元

项　　目	1997.3.31	1996.12.31	1995.12.31	1994.12.31
一、主营业务收入	736,335,639	2,798,426,253	2,808,141,738	1,843,861,082
减:营业成本	564,465,793	2,077,449,135	1,993,629,078	1,353,979,966
销售费用	5,789,654	15,915,343	29,630,986	16,918,536
管理费用	31,126,528	100,329,706	90,125,325	78,528,519
财务费用	2,961,947	29,448,473	24,758,465	16,806,660
营业税金及附加	64,909,535	278,056,761	296,479,752	194,551,459
二、主营业务利润	67,082,182	297,226,835	373,518,132	183,075,942
加:其他业务利润	244,332	(1,228,311)	(1,355,043)	(1,370,771)
三、营业利润	67,326,514	295,998,524	372,163,089	181,705,171
加:投资收益	10,304,801	40,317,882	53,569,507	22,355,150
营业外收入	2,280,670	18,135,707	2,556,147	433,954
减:营业外支出	2,174,744	7,359,359	8,824,543	3,474,983
加:以前年度损益调整	—	—	(125,453)	1,167,464
四、利润总额	77,737,241	347,092,754	419,338,747	202,186,756
减:所得税	22,252,705	101,235,708	120,703,849	59,344,430
五、净利润	55,484,536	245,857,046	298,634,898	142,842,326

6. 财务状况变动表

单位:人民币元

流动资金来源和运用	1997年1-3月	1996年度	流动资金各项目的变动	1997年1-3月	1996年度
一、流动资金来源			一、流动资金本年增加数:		
1. 本年净利润	55,484,536	245,857,046	1. 货币资金	(5,149,806)	5,042,271
加:不减少流动资金的费用和损失			2. 短期贷款	—	—
(1)固定资产折旧	32,011,252	170,810,323	3. 应收票据	—	—
(2)无形资产、递延资产、其他资产摊销	1,925	—	4. 应收帐款净额	18,859,869	(68,638,379)
(3)固定资产盘亏	—	—	5. 预付帐款	(5,843,984)	6,914,554
(4)清理固定资产损失	—	—	6. 其他应收款	(32,926,028)	(41,913,920)
小　计	87,497,713	416,667,369	7. 待摊费用	(1,455,319)	47,837
2. 其他来源:			8. 存货	(3,274,127)	(107,468,366)
(1)固定资产清理收入(减清理费用)	—	—	9. 待处理流动资产净损失	—	—
(2)增加长期负债	—	71,106,047	流动资产增加净额	(29,789,395)	(206,016,003)
(3)收回长期投资	—	—	二、流动负债本年增加数:		
(4)资本增加净额	—	116,014,194	1. 短期借款	40,000,000	(315,810,000)
小　计	—	187,120,241	2. 应付票据	—	—
流动资金来源合计	87,497,713	603,787,610	3. 应付帐款	(2,025,868)	(16,636,392)
二、流动资金运用			4. 预收帐款	(89,545,741)	73,367,468
1. 利润分配			5. 应付福利费	—	—
(1)提取法定公积金	—	24,585,705	6. 未付股利	—	—
(2)提取法定公益金	—	12,292,852	7. 未交税金	12,241,725	7,524,734
(3)提取任意公积金	—	—	8. 其他未交款	(114,440)	555,659
(4)已分配股利	—	208,978,489	9. 其他应付款	14,917,131	—
小　计	—	245,857,046	10. 预提费用	—	—
2. 其他运用					
(1)固定资产和在建工程净增加额	62,075	280,739,258			
(2)增加无形资产、递延资产及其他资产	—	77,000			
(3)偿还长期负债	81,959,020	—			
(4)增加长期投资	10,738,820	32,131,778			
小　计	92,759,915	312,948,036			
流动资金运用合计	92,759,915	558,805,082	流动负债增加净额	(24,527,193)	(250,998,531)
流动资金增加净额	(5,262,202)	44,982,528	流动资金增加净额	(5,262,202)	44,982,528

石家庄炼油化工股份有限公司股票上市公告书

一、要览

总股本:72,000万股

可流通股本:12,000万股

本次上市流通股份:10,800万股

证券简称:石炼化

证券代码:0783

上市地点:深圳证券交易所

上市日期:1997年7月31日

股份登记机构:深圳证券结算有限公司

上市推荐人:国泰证券有限公司

二、绪言

本上市公告书依据《中华人民共和国公司法》、《股票发行与交易管理暂行条例》、《公开发行股票公司信息披露实施细则》、《深圳证券交易所业务规则》及国家有关证券管理的规定编制,为股票公开上市之目的而向社会公众披露公司基本情况及相关资料。

本公司是1997年1月24日经中国石油化工总公司中石化[1997]办字42号文批准,由石家庄炼油厂独家发起,采用募集方式设立的公司;并经中国证券监督管理委员会证监发字[1997]375号、376号文批准,已成功地向社会公众发行每股面值1.00元人民币的普通股股票12,000万股(含公司职工股1,200万股)。经深圳证券交易所深证发[1997]286号《上市通知书》批准,本公司10,800万股社会公众股,将于1997年7月31日在深圳证券交易所挂牌交易,股票简称"石炼化",代码为0783。本公司总股本72,000万股,可流通股本为12,000万股,其中公司职工股1,200万股将按国家规定在半年后经批准方可上市交易。

本公司于1997年7月8日在《中国证券报》、《证券时报》、《上海证券报》上刊登了《招股说明书概要》,距今不足6个月,故与其相重复的内容在此不再赘述,敬请投资者查阅本公司的《招股说明书概要》。

本公司董事会已批准本上市公告书,确信其中未遗漏任何重大事项,亦不存在任何误导和虚假成份,并就上市公告书及相关资料的真实性、准确性、完整性负个别的和连带的责任。

三、发行公司概况

1、概况

法定名称:石家庄炼油化工股份有限公司

英文名称:Shijiazhuang Petrol-Chemical Co., Ltd.

注册资本:人民币720,000,000元

法定代表人:戢守山

成立日期:1997年7月24日

经营范围:石油化工产品加工,主要包括成品油如汽油、煤油、柴油、液化气等,化工产品如聚丙烯、三苯、溶剂油等。

所属行业:石油化工

注册地址:河北省石家庄市高新技术开发区

联系电话:0311—5161138　　传　　真:0311—5161234

联 系 人:李金瑞　滕峰阁

2、历史沿革

本公司是经中国石化总公司〔1997〕办字42号文和〔1997〕办字203号文批准,由石家庄炼油厂作为独家发起人,通过局部改制,以募集方式设立的股份有限公司,并向社会公开发行股票。据此本公司筹委会成立并负责开展本公司筹备工作。1997年4月23日获得河北省工商行政管理局公司名称预先核准通知书。国家体改委1997年5月12日体改生〔1997〕68号文《关于同意设立石家庄炼油化工股份有限公司的批复》批

准本公司设立。

在资产重组中,石家庄炼油厂将其从事炼油及化工项目的生产经营性资产和相关的债项划入股份公司,其余资产和负债留在本厂。石家庄炼油厂投入股份公司的资产包括一联合、焦化、二联合、二催化、动力站、仪表、电工、供排水、水净化等生产车间和石联股份公司以及有关生产管理处室的相关固定资产共891423352.04元(评估后净值)。石家庄炼油厂原有的油料储存和运输、外管网、其他辅助生产项目、公用工程、服务性工程、生活福利设施、治污工程等不进入股份公司。

3.发起人简介

本公司发起人是石家庄炼油厂,于1973年筹建,1978年动工建设。由于受国家宏观经济政策的影响,1981年该建设工程被迫缓建。同年实施维护性工程建设,在原有基础上再完善部分工程,于1983年试运行投产。1983年5月石家庄炼油厂正式成立,隶属于河北省化工厅;1983年7月总厂划归中国石油化工总公司。1985年,国家计委和中国石化总公司批准了石家庄炼油厂按350万吨/年规模恢复建设,经过8年艰苦努力,于1993年12月全部建成。1994年更名为中国石化石家庄炼油厂,从此总厂进入了全面、稳定的发展时期,总厂从建厂之初的年加工原油30万吨,现已发展成为年加工原油350万吨/年规模的大型炼油化工企业。

在总厂发展过程中,1987年在国内第一个采用大庆常压渣油催化裂化新技术,成为较早的以加工高价油为主的炼油厂;1991年11日,国内第一套全部设备国产化的重整加氢装置在总厂一次试车成功;1991年,总厂在全国首家采用CB-8双金属超低铂催化剂进行工业实验,获得一次成功;1988年12月,当年设计、当年施工、当年投产,一年建成一套一万吨聚丙烯装置;1992年,总厂在国内第一个用十四个月建成一套40万吨,年延迟焦化装置;1992年,80万吨/年重油催化裂化装置仅用三个月时间就完成了工程立项、设计、开工任务,创我国炼油行业同类装置工程建设前期准备、立项、开工实需时间最短记录。

四、股票发行及承销

1、本次公开发行

发行数量:12,000万股(其中向公司职工配售1200万股)

发行价格:5.89元/股

发行方式:上网定价

中签率(%):0.755701

有效申购户数:409,917

持有1000股以上的户数:111,979

发行费用总额:1800万元

每股发行费用:0.15元

发行市盈率:15.5倍

2、股票承销

本次公开发行的12,000万股社会公众股已全部由社会公众认购,承销团成员无包销比例及数量。

3、验资报告 中华股验字(97)019号

我们接受委托,对石家庄炼油化工股份有限公司截止1997年7月23日至的股本及相关的资产、负债的真实性、合法性进行了审验。在审验过程中,我们按照《独立审计实物公告第一号——验资》的要求,实施了我们认为必要的审验程序。石家庄炼油化工股份有限公司的责任是:提供真实、合法、完整的验资资料,保护资产的完整安全。我们的责任是:按照《独立审计实物公告第一号——验资》的要求,出具真实,合法的验资报告。

我们认为,截止1997年7月23日,石家庄炼油化工股份有限公司已收到其股东投入的资本1,545,390,636元(壹拾伍亿肆仟伍佰拾玖万零陆佰叁拾陆元)。其中发起人投入的资本为856,590,636元,向社会募集的资本为688,800,000元。投入的资本中包括股本720,000,000元,资本公积825,390,636元,其中发起人股本600,000,000元,资本公积256,590,636元。与上述投入资本相关的资产总额为2,134,048,594元;其中货币资金719,169,720元,实物资产1,414,878,874元。上述发起人投入的资本系经国家国有资产管理局国资企发[1997]71号《关于对石家庄炼油化工股份有限公司国有股权管理有关问题的批复》确认后的净资产作价入股。

中华会计师事务所 中国注册会计师:廖良汉

一九九七年七月二十三日 中国注册会计师:谢佳扬

开户银行:中国工商银行石化办

帐　　号:225-02210023-422

五、董事、监事及高级管理人员持股情况及持股比例

1.董事、监事及高级管理人员简介

戢守山先生,本公司董事长,现年57岁。戢先生于1962年毕业于抚顺石油学院石油炼制专业,大学学历。于1962年12月加入抚顺石油二厂,1976年加入石家庄炼油厂,1984年起担任石家庄炼油厂副厂长、常务副厂长,1990年起担任石家庄炼油厂厂长。戢先生拥有高级工程师和高级经济师职称,在石油炼制和石油化工以及经营管理方面有三十五年经验,1992年获全国"五一"劳动奖状。

戚念东先生,本公司副董事长,现年53岁。戚先生于1967年毕业于北京石油学院石油炼制专业,大学学历。戚先生于1966年7月加入抚顺石油二厂。戚先生历任石家庄炼油厂设计室、技术处等部门负责人、副总工程师、总工程师,现任石家庄炼油厂党委书记。戚先生拥有高级工程师职称,在生产、经营管理上有丰富的工作经验。

刘国岭先生,本公司董事,现年56岁。刘先生1976年毕业于北京化工学校化工机械专业,中专学历。1976年加入石家庄炼油厂,历任石家庄炼油厂计划预算科、厂办负责人。现任石家庄炼油厂副厂长。刘先生拥有工程师职称,在生产、经营管理方面有丰富的工作经验。

卢立勇先生,本公司董事,现年36岁。卢先生1982年毕业于河北工学院石油炼制专业,大本学历。1982年加入石家庄炼油厂,历任石家庄炼油厂副总调度长、总调度长、生产处长、厂长助理,现任石家庄炼油厂副厂长。卢先生拥有高级工程师职称,在生产、经营管理方面有丰富的工作经验。

王彦题先生,本公司董事,现年53岁。王先生于1968年毕业于北京石油学院有机合成专业,大学学历。1968年加入大庆炼油厂,1976年加入石家庄炼油厂,历任石家庄炼油厂研究所、技术开发处负责人,副总工程师,现任石家庄炼油厂总工程师。王先生拥有高级工程师职称,在科研和技术开发方面有较高的造诣和丰富的经验。

赵殿维先生,本公司董事,现年53岁,中专学历。1965年参加工作,历任石家庄炼油厂维修车间主任,厂办副主任、主任,厂长助理。现任本公司总经理。赵先生拥有工程师职称,在企业管理方面具有丰富经验。

何立丰先生,本公司监事会主席,现年50岁,何先生1986年毕业于抚顺石油学院工业管理专业,大专学历。何先生1967年加入抚顺石油二厂,1976年加入石家庄炼油厂,历任石家庄炼油厂一联合车间副主任、支部书记、厂长助理,现任石家庄炼油厂党委副书记兼工会主席。何先生拥有工程师职称,在生产和企业管理方面有丰富的经验。

梁铁树先生,本公司监事,现年55岁。1958年参加工作,历任石家庄炼油厂车间副主任、主任、党支部书记,现任石家庄炼油厂纪委副书记兼监察处长,梁先生在纪检方面具有丰富经验。

张默雄先生,本公司监事,现年38岁。张先生1990年毕业于河北机电学院工业经济管理、工业会计专业,大专学历。张先生1986年从中国人民解放军退伍加入石家庄炼油厂,曾任石家庄炼油厂审计处副处长,现任石家庄炼油厂审计处处长。张先生拥有经济师职称,具有注册会计师资格,在审计、监察方面有丰富的经验。

孟祥金先生,本公司副总经理,现年49岁,大专学历。1969年参加工作,历任抚顺石油二厂车间副主任,石家庄炼油厂车间副主任、党支部副书记、书记,厂长助理,经销处长和运销处长。孟先生拥有工程师职称,在生产销售方面具有丰富的经验。

尹兰虎先生,本公司副总经理,现年35岁,大学学历。1984年参加工作,历任石家庄炼油厂车间副主任,检查科长,计划处、财务处副处长,财务处长等职。尹先生拥有工程师职称,在企业生产计划和财务方面具有丰富的经验。

杨印龙先生,本公司副总经理,现年32岁,大专学历。1986年参加工作,历任石家庄炼油厂调度,车间主任,生产处长。杨先生拥有工程师职称,在生产管理方面具有丰富经验。

滕峰阁先生,本公司董事会秘书,现年31岁,大专学历。1987年参加工作,曾在石家庄炼油厂企管处、质检科和计划处工作。滕先生拥有经济师职称,在企业经营管理方面具有丰富的经验。

2. 董事、监事及高级管理人员持股情况

姓名	职务	持股数（股）	占总股本比例(‰)
戢守山	董事长	12000	0.017
戚念东	副董事长	10000	0.014
刘国岭	董事	10000	0.014
卢立勇	董事	10000	0.014
王彦题	董事	10000	0.014
赵殿维	董事兼总经理	10000	0.014
何立丰	监事会主席	10000	0.014
梁铁树	监事	5000	0.007
张默雄	监事	5000	0.007
孟祥金	副总经理	8000	0.011
尹兰虎	副总经理	8000	0.011
杨印龙	副总经理	8000	0.011
滕峰阁	董事会秘书	5000	0.007
合计		101000	0.14

六、公司设立

本公司1997年7月24日在石家庄召开了公司创立大会暨首届股东大会。会议通过了《关于设立石家庄炼油化工股份有限公司的决议》及《关于石家庄炼油化工股份有限公司在深圳证券交易所挂牌交易的决议》等有关事项。1997年7月24日已获河北省工商行政管理局批准。

注册资本：720,000,000元

注册地址：河北省石家庄市高新技术开发区黄河大道151号

营业执照号码：10436612－X

七、关联企业与关联交易

1、关联企业

本公司的关联企业是其发起人石家庄炼油厂与石家庄石联股份有限公司。

1)石家庄炼油厂：为本公司的独家发起人，持有本公司600,000,000股，占总股本的83.3%，为本公司的绝对控股股东。本公司董事长戢守山现任石家庄炼油厂厂长。

2)石家庄石联股份有限公司

石家庄石联股份有限公司是以中国石油化工总公司石家庄炼油厂为依托，以定向募集方式成立的股份制试点企业。公司根据河北省体改委[1992]29号文和石家庄市体改委[1992]27号文批准于1992年12月成立，注册地址为河北省石家庄市，总股本7,480万元，本公司持有5,480万元，占总股本的73.26%，为其控股股东；内部职工持有2,000万股，占总股本的26.74%。

2. 关联交易

1)中国石化石家庄炼油厂向本公司提供生活后勤、原油储运及水、电、汽供应等方面服务，公司为此向中国石化石家庄炼油厂支付一定的费用，双方存在关联交易。就此双方已签订《中国石化石家庄炼油厂与石家庄炼油化工股份有限公司相互服务协议书》，有关内容见本招股书重要合同部分。

2)石家庄石联股份有限公司主营业务为生产化工原材料，兼营石油产品。公司现有年处理能力9万吨的石油液化气气体分馏装置和年生产能力2.5万吨的聚丙烯装置各一套。主要产品为丙烯、丙烷、聚丙烯。

本公司向石家庄石联股份有限公司提供原料和能源，双方存在关联交易，就此双方已签订《石家庄石联股份有限公司与石家庄炼油化工股份有限公司(筹)关于原料和能源供应的协议》。石家庄石联股份公司作出承诺，石联股份公司的内部职工股三年后不上市。

八、股本结构及大股东持股情况

1. 本公司的股本结构

股份种类	股数(股)	占总股本比例
尚未流通股：	612,000,000	85%
国有法人股	600,000,000	83.33%
公司职工股	12,000,000	1.67%
可流通股：社会公众股	108,000,000	15%
总股本	720,000,000	100%

2. 前十名股东持股数及持股比例

股东名称	持股数(股)	持股比例
1)石家庄炼油厂	600,000,000	83%
2)戢守山	12,000	0.017‰
3)戚念东	10,000	0.014‰
4)刘国岭	10,000	0.014‰
5)卢立勇	10,000	0.014‰
6)王彦题	10,000	0.014‰
7)赵殿雄	10,000	0.014‰
8)何立丰	10,000	0.014‰
9)孟祥金	8,000	0.011‰
10)尹兰虎	8,000	0.011‰

九、公司财务会计资料

(一)审计报告

石家庄炼油化工股份有限公司筹委会：

我们接受委托，对贵公司1994年12月31日、1995年12月31日和1996年12月31日、1997年3月31日的资产负债表及合并资产负债表和1994年度、1995年度、1996年度、1997年1－3月的利润表及合并利润表，以及1996年度和1997年1－3月的财务状况变动表及合并财物状况变动表进行了审计。这些会计报表由贵公司负责，我们的责任是对这些会计报表发表审计意见。我们的审计是依据《中国注册会计师独立审计准则》进行的。在审计过程中，我们实施了包括抽查会计记录等我们认为必要的审计程序。

我们认为，上述会计报表符合《企业会计准则》和《股份制试点企业会计制度》及其补充规定，在所有重大方面公允地反映了贵公司1994年12月31日、1995年12月31日和1996年12月31日、1997年3月31日的财务状况和1994年度、1995年度、1996年度、1997年度1－3月的经营成果及资金变动情况。会计处理方法的选用符合一贯性原则。

中华会计师事务所　　中国注册会计师：廖良汉

中国·北京　　谢佳扬

一九九七年四月二十八日

(二)财务报表(见附录表)

(三)主要会计政策

(1)会计制度

本公司会计核算执行《股份制试点企业会计制度》及有关补充规定。

(2)会计年度

本公司会计年度自公历1月1日起至12月31日止。

(3)合并会计报表的编制办法

本公司合并会计报表的范围包括：

本公司直接或间接拥有其过半数以上权益性资本的子公司。

本公司在对子公司进行合并的过程中，按财政部《合并会计报表暂行规定》的有关规定，对下列事项进行了调整：

1. 本公司权益性投资与子公司所有者权益中有关的部分；

2. 本公司与子公司之间的往来；

3. 本公司与子公司之间未实现的内部销售。本公司合并报表的子公司为：石家庄石联股份有限公司，该子公司系1992年经冀体改委股字(1992)29号文批准，并经河北省工商行政管理局注册。

注册号码：10436477－3

注册资本：人民币7480万元

其中本公司持股比例：73.26%

内部职工持股比例：26.74%

(4)记帐原则和计价基础

本公司以权责发生制为记帐原则，采用历史成本为计价基础。但1997年3月31日的资产负债表及股东权益已按评估确认值调整。

(5)记帐本位币

本公司会计核算以人民币为记帐本位币。

(6)外币折算方法

本公司外币业务均按实际发生时的人民币市场汇价折合为人民币记帐,并按期末(各月末和年末)的人民币市场汇价进行折合调整,发生的折合差异计入当期损益。

(7)存货

本公司的存货主要包括:原材料、自制半成品及产成品,均按实际成本核算。原材料、自制半成品及产成品发出成本采用加权平均法核算,低值易耗品采用一次摊销法摊销。

(8)固定资产及其折旧

本公司固定资产标准为使用年限在一年以上,单位价值在2000元以上的资产。固定资产按取得时的实际成本记帐。

固定资产折旧根据固定资产原值、扣除3%的残值及预计使用年限,采用直线法分类计提。各类固定资产的年折旧率列示如下:

类　别	折旧年限	年折旧率
房屋及建筑物	20-35	4.85—2.77%
专用设备	8-14	3.86—3.23%
通用设备	4-18	24.25—3.23%
运输设备	6	16.17%

(9)坏帐准备

本公司按应收帐款年末余额的5‰计提坏帐准备。

(10)收入实现的确认本公司按照《企业会计准则》确认的权责发生制为基础,确认收入的实现。即在发出商品、提供劳务,同时收讫价款或者取得索取价款的凭据时,确认营业收入。

(11)税项

①企业所得税

本公司企业所得税自1994年起已按33%缴纳。

②流转税及附加

本公司流转税及附加包括增值税、消费税、营业税、城市维护建设税及教育费附加。本公司被认定为增值税一般纳税人。本公司生产销售产品,适用增值税税率为17%、13%和10%。汽油按277.6元/吨、柴油按117.6元/吨计缴消费税。营业税按应纳税额的3%—5%计缴。城市维护建设税按增值税、消费税和营业税合计税额的5%计缴;教育费附加1994年、1995年按增值税、消费税和营业税合计税额的3%计缴,1996年、1997年按增值税、消费税和营业税合计税额的3.5%计缴。

③其他税项

本公司其他税项包括房产税、车船使用税、印花税等,这些税项依据有关税务法规的规定计缴。

(12)利润分配

本公司根据税后利润的10%和5%计提法定盈余公积金和公益金。

(四)主要会计报表科目注释

4. 应收帐款

截止1997年3月31日,本公司应收帐款余额为222,120,351元,按帐龄列示如下:

单位名称	1年以内	1—2年	2—3年	3年以上	合计
修武石油公司	—	—	8,357,209	—	8,357,209
邯郸石油公司	4,849,976				4,849,976
北京热电厂	—	2,962,869	—	—	2,962,869
华北油田	—	7,749,963	—	—	7,749,963
市石化经销公司	13,897,859	—	13,897,859	—	13,897,859
平顶山石油公司	3,238,244	—	—	—	3,238,244
其他	96,903,245	27,773,083	56,387,903	—	181,064,231
合计	118,889,324	38,485,915	64,745,112	—	222,120,351
帐龄比重	53.52%	17.33%	29.15%	0.00%	100%

上述预付帐款中没有持本公司5%以上股份的股东的欠款。

6. 其他应收款

截止1997年3月31日,本公司其他应收款余额为99,754,015元,按帐龄列示如下:

单位名称	1年以内	1—2年	2—3年	3年以上	合计	
中国化学工程公司 第十二化建设公司	1,613,239	—	—	—	1,613,239	材料款
中国石化石家庄炼油厂 三达工程公司	1,945,574	—	—	—	1,945,574	材料款
藁城市邱头村供水	11,046,655	—	—	—	11,046,655	水费
石家庄市供电局	6,000,000	—	—	—	6,000,000	预付电费
中国石化石家庄炼油厂	6,423,610	—	—	—	6,423,610	周转金
其他	70,725,607	1,500,330	499,000	—	72,724,937	
合计	97,754,685	1,500,330	499,000	—	99,754,015	
帐龄比重	98.00%	1.50%	0.50%	0.00%	100%	

上述应收款项中主要是对方使用本公司的建筑材料、水和预交的电费以及炼油厂占用的周转金。

其中中国石化石家庄炼油厂是持有本公司5%以上股权的股东单位。

8. 存货

截止1997年3月31日,本公司存货按类别列示如下:

项　目	1997.3.31	1996.12.31
原材料	56,852,899	40,206,509
自制半成品	44,542,296	43,589,864
产成品	27,218,651	50,520,857
低值易耗品	175,965	175,965
合　计	128,789,811	134,493,195

10. 固定资产截止1997年3月31日,本公司固定资产及其累计折旧分类列示如下:

类　别	期初价值	本年增加	本年减少	期末价值
(1)固定资产原值				
房屋建筑物	164,256,017	3,538	—	164,259,555
专用设备	1,077,584,056	261,993	—	1,077,846,049
通用设备	135,537,104	63,216	—	135,600,320
运输设备	455,046	—	—	455,946
小　计	1,377,833,123	328,747	—	1,378,161,870
(2)累计折旧				
房屋建筑物	34,061,301	959,453	—	35,020,754
专用设备	312,430,739	23,305,897	—	335,736,636
通用设备	83,689,234	7,883,682	—	91,572,916
运输设备	84,572	1,377,526	—	1,292,954
小　计	430,096,702	33,526,558	—	463,623,260
(3)固定资产净值	947,736,421			914,538,610

注:固定资产已根据评估确认值调整。

11. 递延资产

本公司递延资产是经1996年12月31日评估增加的通讯权(电话初装费)77,000元,1997年1-3月摊销1,925元,截止1997年3月31日余额为75,075元,剩余摊销年限为9年零9个月。

12. 短期借款

截止1997年3月31日,本公司短期借款余额为40,000,000元。

贷款银行	期限	利率	金额	借款条件
工行石化办	97.1.24—97.7.24	8.4‰	40,000,000	信用

13. 长期借款

截止1997年3月31日,本公司长期借款余额按明细列示如下:

贷款银行	期限	利率	金额	借款条件
建行石炼办	1994.03.09—1999.03.08	13.86%	9,500,000	十二建担保
建行石炼办	1992.11.22—1997.11.22	11.66%	36,300,000	十二建担保
建行石炼办	1991.07.16—1999.07.15	9.72%	35,000,000	十二建担保
建行石炼办	1996.11.22—1998.11.22	10.08%	6,300,000	信用
工行石化办	1996.12.27—1998.12.27	10.08%	4,500,000	信用
工行石化办	1996.10.10—1998.10.10	11.09%	15,000,000	信用
工行石化办	1996.10.10—1998.10.10	11.09%	5,000,000	信用
工行石化办	1996.10.27—1998.10.27	11.09%	1,000,000	信用

工行石化办	1996.12.27—1998.12.27	10.08%	5,500,000	信用
工行石化办	1996.10.10—1998.10.10	11.09%	10,000,000	信用
工行石化办	1996.04.15—1999.04.15	12.24%	5,000,000	信用
工行石化办	1996.04.30—1999.04.30	12.24%	10,000,000	信用
工行石化办	1996.12.27—1998.09.10	10.98%	15,000,000	信用
应计利息			3,145,488	
合 计			161,245,488	

四、财务指标

项 目	1997年1-3月	1996年	1995年	1994年
流动比率	1.52	1.46	1.20	1.26
速动比率	0.94	1.09	0.81	0.81
资产负债率(%)	35.58	40.62	50.11	48.27
存货周转率	4.38	11.31	7.93	—
应收帐款周转率(%)	3.58	11.92	9.90	—
净资产收益率(%)	6.07	28.65	39.33	20.59
每股盈利(元/股)	0.09	0.41	0.49	0.24

十、董事会上市承诺

本公司董事会将严格遵守《中华人民共和国公司法》、《股票发行与交易管理暂行条例》及《深圳证券交易所交易规则》及有关法律法规的规定，并向证券主管机关、深圳证券交易所及广大投资者作出如下承诺：

1. 按照法律、法规的规定程序和要求披露重大的信息，并接受证券主管机关、深圳证券交易所的监督管理；

2. 及时、准确、真实地在证券主管部门指定的报刊上公布中期报告、年度报告及经营业绩 等资料，并置于规定场所供投资者查阅；

3. 本公司董事、监事及高级管理人员，如发生人事变动或前述人员持有公司股票数量发生变化时，及时通报证券管理机关，并及时通过证券主管部门指定的媒体通告社会公众；

4. 在任何公众传播媒介出现的消息可能对本公司、股票的市场价格产生误导性影响时，本公司知悉后将及时对消息公开澄清；

5. 本公司董事、监事及高级管理人员将听取社会公众的意见与批评，不利用已获得的内幕消息和其他不正当手段直接或间接从事股票买卖活动。

6. 本公司没有无记录负债。

十一、重要事项揭示

1. 本公司本次向社会公开发行人民币普通股12,000万股，其中1,200万股向公司职工配售，本次上市流通股份10,800万股，公司职工股1,200万股将遵守国家规定在股票上市之日期满半年后方可申请上市。

2. 截止本公告书公布之日，本公司无重大诉讼事项。

十二、咨询机构

1. 上市公司：石家庄炼油厂化工股份有限公司

法定代表人：戢守山

地址：河北省石家庄市

电话：0311—5161138　　联系人：赵殿维

2. 上市推荐人：国泰证券有限公司

法定代表人：金建栋

地址：北京海淀区白石桥路3号友谊宾馆

电话：010—68483938　　联系人：王革文、赵志强

十三、备查文件

1. 深圳证券交易所上市通知书
2. 中国证监会证监发字〔1997〕375号、376号文
3. 中国石油化工总公司中石化〔1997〕办字42号文
4. 本公司营业执照
5. 本公司创立大会决议
6. 招股说明书
7. 审计报告与验资报告
8. 其它文件

石家庄炼油化工股份有限公司1997年度中期报告

一、财务报告

(一)财务报表(未经审计)

1. 简化的资产负债表　　1997年6月30日　　单位：元

项目	合并 年初数	合并 期末数	母公司 年初数	母公司 期末数
流动资产	533092760	681896250	445280805	556711329
长期投资	——	——	108467437	133170882
其中：合并价差	17569437	17569437		
固定资产净值	947736421	881079802	891423352	832556119
无形及递延	77000	73150	77000	73150
资产总计	1498475618	1580618639	1445248594	1522511480
流动负债	365502580	434386106	345453450	417711785
长期借款	243204508	133687212	243204508	133687212
负债合计	608707088	568073318	588657958	551398997
少数股东权益	33177894	42194685		
股东权益	856590636	970350636	856590636	971112483
其中：股本	600000000	600000000	600000000	600000000
资本公积	256590636	256590636	256590636	256590636
盈余公积	——	——		
未分配利润	——	113760000		114521847

2. 简化的损益表　　1997年6月30日　　金额单位：元

项目	合并 去年同期	合并 97年1-6月累计数	母公司 去年同期	母公司 97年1-6月累计数
主营业务收入	1324833321	1486031736	1263416518	1418241236
主营业务利润	151671163	183563492	113771765	136248242
其他业务利润	-1366758	-902819	-1570006	-902819
投资收益	——	——	19147586	24269426
营业外收支净额	-2680026	351824	-2599222	-640318
利润总额	147624379	183012497	128750123	158974532
减：所得税	48716045	60394124	36168837	44452685
少数股东损益	6988895	8858373	——	——
净利润	91919439	113760000	92581286	114521847

3. 主要财务指标

	本期数	去年同期数
(1)每股收益(元/股)	0.19	0.15
(2)净资产收益率(%)	11.72	10.87
(3)每股净资产(元/股)	1.62	1.41

注：以上均按6月30日前的600000000股数计算。

4. 摊薄后主要财务指标：

	本期数
(1)每股收益(元/股)	0.16
(2)净资产收益率(%)	11.72
(3)每股净资产(元/股)	1.35

注：以上按7月11日发行后的720000000股数计算。

(二)财务报表附注

1. 本期财务报告所采用的会计政策与会计方法和1996年度财务报告一致。

2. 本报告所用数据1997年3月31日以前的为经中华会计师事务所审计后数，以后的为未经审计数。

3. 本报告期内主体未发生合并、分立等变化。

4. 本期财务报告的合并报告，本公司持有合并子公司石家庄石联股

份有限公司73.26%的股份。

5.股本、资本公积:本报告期内均未发生变化。

6.未分配利润:本报告期期末余额113760000元,系公司前半年实现的税后利润。

7.关联交易:中国石化石家庄炼油厂下属的未划入本公司的装卸油、油品车间等,为本公司提供的油品装卸、储存和运输等劳务所收取的费用列支如下:

项目	1997年1-6月
装卸费用	6184618
储存费用	12026185
运输费用	1517532

二、经营情况的回顾与展望

1.公司概况

石家庄炼油化工股份有限公司是由中国石化石家庄炼油厂独家发起、募集设立的生产经营性公司,是国家重要的基础原材料工业,属国家重点扶植的支柱产业。根据国家原油配置计划,每年可获取200万吨稳定的原油供应。公司主要产品有90#、93#车用汽油,0#、-10#轻柴油、航空煤油、液化气、聚丙烯、石油焦等18个品种、25个牌号。在原油价格上调幅度较大的1996年,公司经济效益综合评价指数仍列中国石化总公司第三位。

2.上半年经营情况回顾

今年上半年,公司面对严峻的经营形势,通过强化经营管理,优化资金运用、调整产品结构、挖掘内部潜力,各项指标完成情况均好于1996年同期水平。截止6月底,加工原油91.65万吨,比去年同期增长2.32%;主营业务收入14.86亿元,比去年同期增长12.15%;净利润11376万元,比去年同期增长23.8%。

3.下半年工作安排

(1)针对原油价格上调、燃料动力、运输费用上涨等减利因素,公司制订了四项挖潜增效、确保利润不减的措施:

(a)抓资源,力保全年原油进厂200万吨;

(b)优化产品结构,增产市场需求的高附加值产品;

(c)继续降低运贮、加工损失;

(d)压缩管理费用、财务费用、修理费用,确保公司以良好的经营状态步入上市公司行列。

(2)认真贯彻中国石化总公司"减员增效"会议精神,把住源头,降低人工成本,提高企业劳动生产率。

(3)抓好己内酰胺项目建设,组织好下游锦纶装置一次开工成功,尽快形成公司新的利润增长点。

三、重大事件的说明

1.1997年7月8日在《中国证券报》、《证券时报》、《上海证券报》刊登了石家庄炼油化工股份有限公司招股说明书概要和发行公告。

2.1997年7月11日,在深交所通过自动交易系统,网上发行12000万股A股股票,每股面值为人民币1元,发行价5.89元/股,冻结申购资金842亿元,发行取得圆满成功。

3.1997年7月24日,经河北省工商行政管理局审批,领取了营业执照。

4.1997年7月29日,在《证券时报》、《中国证券报》、《上海证券报》刊登了石家庄炼油化工股份有限公司上市公告书。

5.1997年7月31日,本公司10800万股A股股票在深圳证券交易所挂牌交易。

6.按照国务院证券委、中国人民银行、国家经贸委5月21日联合发布的《严禁国有企业和上市公司炒作股票的规定》的要求,公司经过自查,没有从事任何违反规定的事项,截止目前为止,本公司尚未在任何证券营业机构开设股票帐户。如本公司今后从事股票投资,将严格遵循国家有关政策法规。

7.本公司募股资金投入己内酰胺项目1.75亿元,剩余部分存放在银行。

8.上半年本公司实现税后净利润1.14亿元,完成全年盈利预测的54.3%,借助上市公司运营机制,下半年可望超额完成全年计划指标。

9.本公司中期利润暂不分配。

10.本公司上半年无重大诉讼、仲裁事项。

四、发行在外股票的变动和股权结构的变化

1.股权结构情况

1997年8月15日　　数量单位:万股　　每股面值:1元

	期初数	本次变动增减(+、-) 配股	送股	公积金转股	其他	小计	期末数
一、尚未流通股份							
1.发起人股份							
其中:							
国家拥有股份							
境内法人持有股份	60000						60000
外资法人持有股份							
其他:							
2.募集法人股							
3.内部职工股	1200						1200
4.优先股或其他							
尚未流通股份合计	61200						61200
二、已流通股份							
1.境内上市的人民币普通股	10800						10800
2.境内上市的外资股							
3.境外上市的外资股							
4.其它							
已流通股份合计	10800						10800
三、股份总数	72000						72000

2.主要股东持股情况(1997年8月15日)

序号	股东名称	持股数	持股比例%
1	石炼化厂	600000000	83.3
2	邵军	1138894	0.00158
3	山西海诚达实业有限公司	1051900	0.00146
4	北京东方人旅行社	1000000	0.00139
5	北京中矿汇技术有限公司	684200	0.00095
6	李国仪	473263	0.00066
7	隋文波	400500	0.00056
8	甘冬妹	381000	0.00053
9	周末兴	361000	0.0005
10	任　立	360000	0.0005

五、股东大会简介

石家庄炼油化工股份有限公司于1997年7月24日在石炼宾馆召开了公司创立大会暨首届股东大会,股东到会人数104人,代表总股份的85%,符合《公司法》和《公司章程》的规定。会议经石家庄市公证处公证员公证,通过了如下决议:

1.审议并通过石家庄炼油化工股份有限公司筹委会工作报告;

2.审议公司章程;

3.选举公司首届董事会、监事会;

4.审议公司设立及股票发行费用;

5.审议通过1997年度公司利润新老股东共享方案(详见上市公告书);

6.审议并通过公司股票在深交所上市的决议;

7.审议通过公司聘请的会计师事务所和律师事务所。

六、备查文件

1.石家庄炼油化工股份有限公司招股说明书。

2.载有董事长、总经理亲笔签名的中期报告原本。

3.公司创立大会暨首届股东大会文件。

4.查阅地址:公司证券部　　邮编:050032

电话:0311-5161138　　传真:0311-5161234

石家庄炼油化工股份有限公司

1997年8月22日